中华人民共和国六十年实录

(1949年–2009年)

吉林人民出版社

图书在版编目(CIP)数据

中华人民共和国六十年实录 / 徐达深,张树军,蒋建农主编. — 长春:
吉林人民出版社,2009.7
ISBN 978-7-206-06261-2

Ⅰ. 中… Ⅱ. ①徐…②张…③蒋… Ⅲ. 中国—现代史—
史料—1949~2009 Ⅳ. K270.6

中国版本图书馆 CIP 数据核字(2009)第 117210 号

中华人民共和国六十年实录(1–10 册)

主　　编:徐达深　张树军　蒋建农等
责任编辑:孙建军　封面设计:张　娜　张　迅
责任校对:丁　昊　门雄甲　迟　骏　刘　学　郭　威
吉林人民出版社出版 发行
(长春市人民大街 7548 号　邮政编码:130022)
印　　刷:北京画中画印刷有限责任公司
开　　本:720mm×1000mm　1/16
印　　张:370　字数:5 500 千字
标准书号:ISBN 978-7-206-06261-2
版　　次:2009 年 7 月第 1 版
印　　次:2009 年 7 月第 1 次印刷
定　　价:780.00 元

ISBN 978-7-206-06261-2
9 787206 062612 >

前 言

今年10月1日，是中华人民共和国60华诞。在历史长河中，60年仅仅是短暂的一瞬。但在这60年里，在中国共产党的英明领导下，我们伟大祖国却发生了翻天覆地的变化。如今，她犹如一位巨人站立在世界的东方。

我们每个人都会清楚地记得，新中国成立之初面对的是这样一个严峻的社会现实：不仅旧中国留下的是贫穷落后、满目疮痍，而且以美国为首的帝国主义国家，还妄图通过政治孤立、经济封锁和军事包围等手段，把新中国扼杀在摇篮中。不畏艰难的中国共产党，就是在这样复杂的局面和困难的情况下，勇敢地带领中国人民，艰苦奋斗、奋发图强、开拓进取、不断创新，沿着社会主义道路奋勇前进。经过60年的艰苦奋斗，我们伟大祖国取得了令华夏儿女骄傲和令世界人民瞩目的伟大成就。

喜看今天中华大地，到处生机勃勃，春意盎然：国民经济又好又快发展，改革开放取得丰硕成果，社会主义民主政治和精神文明建设成效显著，国防和军队建设迈出新步伐，人民生活总体上达到小康水平，祖国统一大业取得新进展，对外工作开创新局面，党的建设全面加强。感天动地的奋斗，沧海桑田的变化，辉煌巨大的成就，莺歌燕舞的形势，云蒸霞蔚的明天，我们伟大祖国以一幅壮美的历史画卷向全世界交上了一份精彩的答卷。

回顾历史，笑看今朝，展望未来，我不禁想起了梁启超先生在1900年发表的《少年中国说》中的一段话："红日初升，其道大光；河出伏流，一泻汪洋；潜龙腾渊，鳞爪飞扬；乳虎啸谷，百兽震惶；鹰隼试翼，风尘吸张；奇花初胎，矞矞皇皇；干将发硎，有作其芒；天戴其苍，地履其黄；纵有千古，横有八荒；前途似海，来日方长。"梁启超先生当年的天才畅想，现在已经变成了现实。

为纪念中华人民共和国成立60周年，也为祖国母亲60华诞献上一片赤子之心，我们吉林人民出版社邀请全国著名的中共党史和共和国史的专家担任主编，并组织中共党史研究室、中央文献研究室、中央党校、当代中国研究所等单位的近百位专家学者亲自撰稿，编辑出版了《中华人民共和国六十年实录》一书。该书采用编年体编撰，按年、月、日顺序记述自1949年至2009年中华人民共和国60年的光辉历程，着重记述共和国政治、经济、外交、军事、科技、文化、教育、体育等多方面的重要历史事件、重要会议、重要决策、重要人物以及共和国60年间所取得的重大成就。全书共600万字，分为5卷10册。第一卷：东方破晓（1949年—1956年）；第二卷：上下求索（1957年-1965年）；第三卷：神州板荡（1966年-1976年）；第四卷：改革开拓（1977年-1998年）；第五卷：巨龙腾飞（1999年-2009年）。在某种意义上说，该书是目前研究共和国史最丰富翔实全面系统的文献资料类工具图书。

在编撰过程中，全体编写人员严格遵循实事求是的原则，认真查阅中央档案馆、中央文献研究室等单位收藏的大量文献资料，反复核对，力求准确，使该书具有较高的史料价值和学术价值。全书始终突出主旋律，以大量事实歌颂中国共产党，歌颂社会主义制度，歌颂改革开放，是一部难得的共和国史教育的好教材。同时，全书编校精道，设计精美，制作精良，堪称是一部精品图书。

当然，编辑出版这样一部宏篇巨制，我们深感力不从心，书中难免有把握不当或挂一漏万之处，敬请读者指正。

吉林出版集团副总经理
吉林人民出版社社长　胡维革

2009年5月25日

编委会

第一卷　东方破晓

（1949 年–1956 年）

第二卷　上下求索

（1957 年–1965 年）

第三卷　神州板荡

（1966 年–1976 年）

主　编　陈东林　杜　蒲

副主编　王国军　张凤东

撰稿人　刘志男　李瑞华　李丹慧　杜　蒲　陈东林
苗　棣　胡茂桐　徐小宁　袁　熹　黄　明
王建军　王铁梅　金映喜　郇建军　耿大明
孙玉国　随　新　苏晓明　李铁男　张建喜
佟立伟　张　明　张传俊　于　鑫　丁　伟
徐敬华　何俊岩　孙建国　于立斌　陈明磊
何茂才　杨立新　陈立明　王国军　张凤东

审稿人　徐达深　徐中原

第四卷　改革开拓

（1977 年–1998 年）

主　编　谭宗级　叶心瑜　柳建辉

副主编　汤应武

撰稿人　王杰之　王智理　王　蓓　叶心瑜　孙怀新
李　蓉　汤应武　许睢宁　刘宋斌　陈　夕
张　翔　张战伟　张永琏　郑雅茹　柳建辉
高远戎　黄如军　韩　松　程　晓　谭宗级
陈大伟　凌　辉　袁志坚　杨　峰　孔晶宝
钮建平　霍中和　冯忠奎　李明军　韩　光

审稿人　谭宗级　叶心瑜　徐达深

第五卷　巨龙腾飞

（1999年-2009年）

主　编　张树军　蒋建农

副主编　孙建军　周知民

撰稿人

王　良	王　煋	王正芳	王宜秋	田　越
吕薇洲	朱学廉	刘　野	刘志男	刘建国
齐巧霞	纪家良	孙堂厚	杜　蒲	李中昉
李丹慧	李正华	李冰梅	李建斌	李晓勇
杨文秀	杨保华	杨建华	邹世允	张　红
张贵凤	张铁森	陈　进	陈立旭	陈东风
林建公	尚文桂	郑　萍	赵文博	赵福康
高裕民	高敬增	郭凡云	郭凡玲	黄春华
彭　捷	蒋仲辉	程大方	傅　岩	曾宪树
李明堂	刘齐才	王有义	刘鹏伟	张忠军
黄晓虹	周　义	冯友才	钱照今	陈宾忠
张　伟	洪云山	吴凤山	蒋玉涵	李　峰
郭大军	陈希民	蔡和民	胡为民	高　山

审稿人　张树军　蒋建农　周知民

编委会

《中华人民共和国六十年实录》
(总目录)

第一卷

东方破晓

(1949年—1956年)

(上)

编委会

目　录

1949年

1949年综述

6月，新政治协商会议筹备会在北平召开，会议通过了《新政治协商会议筹备会组织条例》和《关于参加新政治协商会议的单位及其代表名额的规定》，选出了筹备会常务委员会。6月30日，毛泽东发表《论人民民主专政》一文，阐明了即将成立的中华人民共和国的性质，各阶级在国家政权中的地位以及新中国内政外交的基本政策，指出我们的人民民主专政是工人阶级领导的、以工农联盟为基础的、包括城市小资产阶级和民族资产阶级在内的政权，对人民内部的民主方面和对反动派的专政方面的结合就是我们的人民民主专政，在中国的历史条件下，不可能有资产阶级共和国，而只能经过由工人阶级领导的人民共和国到达社会主义和共产主义。9月，由各民主党派、各人民团体、各地区、人民解放军、各少数民族、国外华侨及其他爱国分子的代表共662名组成的中国人民政治协商会议第一届全体会议在北平举行。会议通过了《中国人民政治协商会议共同纲领》、《中华人民共和国中央人民政府组织法》等文件，确定了国都、纪年、国歌、国旗，并举行了人民英雄纪念碑奠基典礼。10月1日，在北京天安门广场上举行了开国大典。毛泽东庄严宣布："中华人民共和国中央人民政府成立了。""本政府为代表中华人民共和国全国人民的唯一合法政府。”中国人民解放军总司令朱德检阅了海陆空军，宣读了《中国人民解放军总部命令》，命令人民解放军迅速解放一切尚未解放的国土。中华人民共和国的成立，标志着中国进入新民主主义社会，开始了向社会主义社会过渡的时期。

本月，第四野战军及第二野战军第四兵团向中南进军；8月，程潜、陈明仁宣布起义，长沙、湘潭和平解放。9月上旬，解放军攻克鄂西、湘北及赣西北、赣西南广大地区，接着经湖南西部南下广西，相继解放湘南、湘西、华南重镇广州、容县、博白、廉江、钦州等地；12月，解放南宁；歼灭白崇禧集团主力等国民党军40余万人。同时，第三野战军第十兵团由苏州向福建进军。8月，解放福州；10月，解放漳州、厦门、鼓浪屿。7月，第一野战军向西北进军，连克平凉、元水等地；8月，解放兰州；9月，解放西宁、银川、酒泉等地；在解放军胜利进军的影响下，陶峙岳、包尔汉宣布起义，新疆和平解放；歼灭胡宗南、马步芳、马鸿逵等部30余万人；9月，董其武率部起义，绥远和平解放；11月，第二野战军及第四野战军之一部向西南进军，突破敌人川鄂防线，解放綦江、涪陵、江津、重庆；12月，卢汉、刘文辉、邓锡侯等率部起义，其后解放军从东、南、西三面包围成都地区，30日，解放军进入成都；次年2月，解放昆明；4月，进入西昌地区。至此，除西藏外中国大陆全部解放。

随着人民解放军的胜利进军，人民政府先后没收官僚资本主义企业2 858个，在91万亿元（不包括手工业）的全部工业资本中，国营工业（包括公私合营工业）为70.9万亿元，占78.3%。铁路通车里程2.1989万公里，机车4 069台。公路通车里程8.0768万公里，载货运输汽车3.2543万辆。轮、驳船5 698艘，共37万吨。国家已控制了国民经济的命脉，建立了社会主义性质的国营经济。在农村，已在1.2亿人口地区进行了土地改革。

本年主要经济指标：由于战争的影响，全年工农业生产水平较低，工农业总产值（按1952年不变价格计算）466万亿元。其中工业总产值140万亿元；农业总产值326万亿元。工农业主要产品产量普遍低于解放前的最高水平。钢，15.8万吨；原油，12万吨；煤，3 200万吨；发电量，43亿度；水泥，66万吨；粮食，1.1318万吨；棉花，44.4万吨；油料作物，256.4万吨。全年财政收入304亿斤粮，支出567亿斤粮，财政赤字264亿斤粮，赤字占支出的46.4%。

6月15日—19日　新政治协商会议筹备会第一次全体会议在北平召开。出席会议的包括新政治协商会议原提议人中国共产党与赞同中共主张的各民主党派、无党派民主人士、各人民团体、各界民主人士、国内少数民族和海外华侨等23个单位，共134人。中共中央政治局委员周恩来任临时主席并致开幕词，中共中央主席毛泽东、中国人民解放军总司令朱德、中国国民党革命委员会代表李济深、中国民主同盟代表沈钧儒、无党派人士郭沫若、产业界人士代表陈叔通、海外华侨民主人士陈嘉庚等在开幕会上讲话。毛泽东在讲话中指出，召开新政协的时机已经成熟，筹备会的任务是：完成各项必要的准备工作，迅速召开新的政治协商会议，成立民主联合政府。他说，“中国的命运一经操在人民自己的手里，中国就将如太阳升起在东方那样，以自己的辉煌的光焰普照大地，迅速地荡涤反动政府留下来的污泥浊水，治好战争的创伤，建设起一个崭新的强盛的名副其实的人民共和国。”16日，会议听取周恩来关于《新政治协商会议筹备会组织条例（草案）》说明后，一致通过《新政治协商会议筹备会组织条例》。根据该条例选举以毛泽东为主任，周恩来、李济深、沈钧儒、郭沫若、陈叔通为副主任，李维汉为秘书长，齐燕铭等9人为副秘书长的21人新政治协商会议筹备会常务委员会，负责处理日常事务。当日晚，筹备会常务委员会举行第一次全体会议，通过《各单位代表参加小组的办法》。《办法》规定筹备会设6个小组，分别进行以下工作：第一小组，拟定参加新政治协商会议的单位及各单位的代表名额；第二小组，起草新政治协商会议组织条例；第三小组，起草共同纲领；第四小组，拟定中华人民共和国政府方案；第五小组，起草大会宣言；第六小组，拟定国旗国歌国徽方案。会议指定李维汉为第一小组组长，章伯钧为副组长；谭平山为第二小组组长，周新民为副组长；周恩来为第三小组组长，许德珩为副组长；董必武为第四小组组长，黄炎培为副组长；郭沫若为第五小组组长，陈劭先为副组长；马叙伦为第六小组组长，叶剑英、茅盾为副组长。六个小组随即着手工作。会议还通过了《关于新政治协商会议筹备会全体会议执行表决具体办法》。该《办法》规定，一般决议，各单位列名第一的代表起立表决；重大议案，由主席采取全体起立的方式表决。19日，全体会议在听取李维汉代表第1小组所作的说明后，通过了《关于参加新政治协商会议的单位及其代表名额的规定》。根据该《规定》，参加新政治协商会议的单位及其代表名额为：（甲）党派代表14个单位，142人；（乙）区域代表9个单位，102人；（丙）军队代表6个单位，60人；（丁）团体代表16个单位，206人；共45个单位，510个代表名额，另设1个特别邀请单位，其代表名额与人选，由常务委员会另行商定。每一单位，其代表名额满10人以上者，得推候补代表2人，不满10人者得推候补代表1人，候补代表得列席新政协会议。会议还对上次全体会议通过的《新政治协商会议筹备会组织条例》作了文字上的修改。最后，会议通过2项动议：一、邓初民、许德珩、沈钧儒等提议全体代表起立向中国人民领袖毛泽东主席和中国人民解放军朱德总司令致敬。全体代表当即一致起立，热烈鼓掌。二、毛泽东提议在本年7月7日由参加新政协筹备会的各党派、各团体、各单位联名发表纪念文件，即经会议一致通过。在会上，周恩来还就“无党派民主人士”的名称问题作了说明。他说，“无党派民主人士”是由于历史的发展形成的一个组织形式。由于国民党反动统治的严重压迫，有许多民主人士只能单枪匹马地从事民主运动，他们虽然未能形成一个政党或组织，但领导着、联系着许多方面人士在奋斗，长期参加民主政治活动。因此，严格、正确地说，无党派民主人士是没有党派组织的、有党派性的民主人士。新政治协商会议筹备会第一次全体会议于当日闭幕。

6月16日　新政治协商会议筹备会第一次全体会议通过《新政治协商会议筹备会组织条例》。《条例》共9条。规定，新政治协商会议，为全中国拥护新民主主义、反对帝国主义、反对封建主义、反对官僚资本主义及同意一切人民民主力量，推翻国民党反动统治，建立人民民主共和国的各民主党派、各人民团体、各解放区人民政府、人民解放军、国内少数民族、海外华侨及无党派和各界民主人士的代表人物所组成，国民党反动政府系统下的一切反动派及反动分子不容许参加。根据以上原则，新政治协商会议筹备会由23个单位组成。每个单位为4—7人，其确定名额按各单位情况协商而定。新政治协商会议筹备会的中心任务为：一、商决并邀请参加新政治协商会议之单位和代表；二、决定新政治协商会议开会之时间、地点及议程；三、拟定新政治协商会议组织条例草案；四、制定共同纲领草案；五、提出建立中华人民共和国政府之方案。新政治协商会议筹备会设常务委员21人，组成常务委员会，处理日常事务，由各单位协商推举。常务委员会设主任1人，副主任5人，秘书长1人，副秘书长若干人。按工作需要，得设立各种小组，并由常务委员会指定各小组组长、副组长。新政治协商会议开会须有参加单位半数以上出席。表决时，每单位不论其人数多少，均为一票。一般决议，经多数通过，全体执行；但对有关基本方针之决议，经多数通过仍有不同意者，有保留至新政治协商会议开会时重新提出、或不签名、或退出新政治协商会议筹备会之自由。

同　日　《光明日报》在北平创刊。为中国民主同盟机关报。毛泽东为该报题词："团结起来，光明在望"。周恩来的题词是："光明之路"。1952年11月29日《光明日报》改为各民主党派共同主办。

6月18日　新政协筹备会第二小组举行成立会。会议推定周新民等草拟讨论提纲，并定于6月28日举行第二次会议，根据提纲讨论后的情况，再推举代表草拟新政协组织条例草案。

同　日　新政协筹备会第三小组举行第一次会议。周恩来主持会议。他说，我们的政协会议，加上一个"新"字，以区别于旧的政治协商会议。共同纲领将"决定联合政府的产生，也是各党派各团体合作的基础"。会议决定由中共起草共同纲领初稿，组员则分为政治法律、财政经济、国防外交、文化教育、其他（包括华侨、少数民族、群众团体、宗教问题等）5个小组讨论，写出具体条文，供起草人参考。

同　日　新政协筹备会第四小组举行成立会。董必武主持会议。会议决定成立"起草中华人民共和国政府组织机构提纲草案委员会"，推出张志让、张东荪、滕代远、阎宝航、雷洁琼、陈其尤、林砺儒7人为委员，张志让为召集人。

同　日　新政协筹备会第五小组举行成立会。会议推定郭沫若、胡愈之、胡乔木拟出新政协大会宣言初稿。

6月19日　中华全国第一次科学会议筹备会成立大会在北平召开。出席大会的有来自东北、华北、天津等地和北平的科学界人士120余人。朱德、陈云、林伯渠等出席大会并讲了话。朱德在讲话中指出，中国要从农业国变为工业国，科学的发展是很重要的，科学工作者要加强团结，并和工人、农民团结一致，共同完成建设新中国的大业。

6月19日、21日　毛泽东、周恩来分别致信宋庆龄，欢迎北上，共商建国大计。19日，毛泽东在信中说："重庆违教，忽近四年。仰望之诚，与日俱积。兹者全国解放在即，建设大计，亟待商筹，特派邓颖超同志趋前致候，专程欢迎先生北上。敬希命驾莅平，以便就近请教，至祈勿却为盼。"21日，周恩来在信中表示："沪滨告别，瞬近三年，每当蒋贼肆虐之际，辄以先生安全为念。今幸解放迅速，先生从此永脱险境，诚人民之大喜，私心亦为之大慰。现全国胜利在即，新中国建设有待于先生指教者正多，敢借颖超专诚迎迓之便，谨陈渴望先生北上之情。敬希早日命驾，实为至幸。"

6月21日　新政协筹备会常务委员会举行第二次会议。到会者16人，列席会议5人。周恩来任会议主席。经过讨论，会议通过五项决议：一、常务委员因故不能出席常委会，毋需请人代理；二、第四小组副组长黄炎培南下期间，其职务由张奚若代理；三、修正《关于参加新政治协商会议的单位及其代表名额的规定》全文；四、关于工商、教育、社会科学等团体的筹备发起与促成工作。并指定：工商方面由陈云、李烛尘等5人负责；教育方面由李维汉、董必武等7人负责；社会科学方面由周恩来、郭沫若、沈钧儒3人负责；五、"七七"纪念文告由第五小组起草。

同　日　周恩来宴请即将赴沪的民主人士。应邀赴宴的有黄炎培、陈叔通、盛丕华、包达三、张䌹伯、王却尘、吴羹梅、胡子婴等。陪同宴请的有陈云、李维汉。周恩来对他们在沪期间应做何工作提出建议。为能充分发挥民主人士作用，25日，周恩来起草中共中央致华东局并转上海市委电：对已由平赴沪的黄炎培诸人，再加已在沪的颜惠庆、江庸、张元济、俞寰澄、施复亮和将由香港到沪的章士钊，一律聘为顾问。中心是“动员上海资本家恢复生产，打通航运，打击帝国主义分子的阴谋活动。马寅初将赴杭州，请告浙江予以照料。”

6月22日　周恩来在新政协筹备会党组会上作“新政协筹备会的工作与统战工作”的报告。报告指出：新的政治协商会议的召开，就是人民民主统一战线的具体组成。中央政府成立后，政协便成为中共领导的各党派的协议机关，国家的一切大事都可以事前在此协商。人民民主统一战线工作是长期的。我们要善于和党外人士相处，态度应该是谦虚的、诚恳坦白的，只有这样，才能做到长期合作，保证人民民主统一战线不断前进。

6月23日　董必武在新政协筹备会第四小组起草讨论提纲委员会会议上作《政府组织纲要中的基本问题》的报告。报告分别对国家名称、国家属性、最高政权机关及其组织原则提出了初步意见，他说，在人民代表大会召开前，由新政协产生政府，人民政府委员会是最高政权机关，将来是人民代表大会；政务院是最高行政机关；请与会者考虑这些问题。经讨论，获得一致意见，并决定以起草讨论提纲委员会的名义，提交第四小组全体会议讨论。

6月24日　中国民主同盟领导人张澜、史良、罗隆基、郭春涛、王葆真等由上海抵平，参加新政协筹备工作。中共中央代表林伯渠、董必武、李维汉及已在北平的民主人士李济深、沈钧儒、郭沫若、章伯钧、谭平山、彭泽民等15人到车站迎接。

6月26日　前国民党南京政府和该代表团首席代表张治中发表对目前中国形势的看法和立场的声明。声明说：我留居北平已80天了，以我所见所闻的，觉得处处显露出一种新的转变，新的趋向，象征着我们的国家民族的前途已显出新的希望。我以国民党党员一分子的立场，只有感到无限的愧疚；但是站在国民一分子的立场说，又觉得极大的欣慰。目前，大局已演变到此，我觉得，各地同志们，应该惩前毖后当机立断，毅然决然表示与中共推诚合作，为孙先生的革命三民主义，亦即为中共新民主主义的实现而共同努力。

本　月　刘少奇提出《关于新中国的经济建设方针》的党内报告提纲。方针共十四条。《方针》认为，在推翻帝国主义及国民党统治以后，新中国的国民经济主要由以下五种经济成分所构成：一、国营经济；二、合作社经济；三、国家资本主义经济；四、私人资本主义经济；五、小商品经济和半自然经济。这五种经济中，小商品经济和半自然经济占着绝对优势。合作社经济今天还很少，但可以很快地发展。国家资本主义经济也很少，但可能在一个颇大程度上去组织。国营经济则在接收全国官僚资本后，以及在将来收回若干大企业后，是一个可观的但还是很小的成分。不过他可以使社会的经济命脉操在国家手中，而居国民经济的领导地位。在无产阶级、共产党领导之下，由上述五种经济成分所构成的国民经济，我们称之为新民主主义经济。新民主主义经济的内部，是存在着矛盾和斗争的。这种矛盾和斗争，将要决定中国将来的发展前途到底是过渡到社会主义社会，抑或是过渡到资本主义社会。我们认为新民主主义经济是一种过渡性质的经济。这种过渡所需要的时间，将比东欧、中欧各人民民主国家长得多。新中国的经济建设方针，应该是，一般说来，前述五种经济成分，除开那些投机操纵的经营及有害于新民主主义的国计民生的经济而外，都应加以鼓励、使其发展。但必须以发展国营经济为主体。普遍建立合作社经济，并使合作社经济与国营经济密切地结合起来。扶助独立的小生产者并使之逐渐地向合作社方向发展。组织国家资本主义经济，在有利于新民主主义的国计民生的范围内，容许私人资本主义经济的发展，而对于带有垄断性质的经济，则逐步地归国家经营，或在国家监督之下采用国家资本主义的方式经营。对于一切投机操纵及有害国计民生的经营，则用法律禁止。这就是说，在可能的条件下，逐步地增加国民经济中的社会主义成分，加强国民经济的计划性，以便逐步地稳当地过渡到社会主义。今后中国的经济建设必须反对两种错误倾向：一种是资本主义的倾向，就是把中国今后经济发展方针看做是发展普遍的资本主义经济，把一切希望寄托于私人资本主义经济的发展，向资本家作无原则的让步，对小资产阶级的弱点表示迁就，自觉或不自觉地要把中国建设成为资本主义共和国，这就必然会是半殖民地半封建的旧统治的复辟，这是在新民主主义经济建设中放弃无产阶级领导地位的资产阶级或小资产阶级的路线。另一种是冒险主义的倾向。就是在我们的经济计划和措施上超出实际的可能性，过早地、过多地、没有准备地去采取社会主义的步骤，因而使共产党失去农民小生产者的拥护，破坏城市无产阶级与农民的联盟，这就要使无产阶级领导的新民主主义政权走向失败。

7月1日　人民日报发表毛泽东《论人民民主专政》一文。文章指出：历史的经验表明，资产阶级共和国的方案，在中国是行不通的。“唯一的路是经过工人阶级领导的人民共和国”。“总结我们的经验，集中到一点，就是工人阶级（经过共产党）领导的以工农联盟为基础的人民民主专政。这个专政必须和国际革命力量团结一致。这就是我们的公式，这就是我们的主要经验，这就是我们的主要纲领”。“人民民主专政的基础是工人阶级、农民阶级和城市小资产阶级的联盟，而主要是工人和农民的联盟，因为这两个阶级占中国人口的70%~80%，推翻帝国主义和国民党反动派，主要是这两个阶级的力量。由新民主主义到社会主义，主要依靠这两个阶级的联盟”。毛泽东强调“人民民主专政需要工人阶级的领导，因为只有工人阶级最有远见，大公无私，最富于革命的彻底性”。“严重的问题是教育农民。农民的经济是分散的，根据苏联的经验，需要很长的时间和细心的工作，才能做到农业社会化”。“农业社会化的步骤，必须和以国有企业为主体的强大的工业的发展相适应。人民民主专政的国家，必须有步骤地解决国家工业化的问题”。“为了对付帝国主义的压迫，为了使落后的经济地位提高一步，中国必须利用一切于国计民生有利而不是有害的城乡资本主义因素，团结民族资产阶级共同奋斗”。“但是民族资产阶级不能充当革命的领导者，也不能在国家政权中占重要的地位”。毛泽东还指出，我们要经过人民共和国由农业国进到工业国，由新民主主义社会进到社会主义社会和共产主义社会。《论人民民主专政》这篇重要文章，和毛泽东在中共七届二中全会上的报告，构成了新政协制定共同纲领的政治基础。

同　日　各民主党派致电祝贺中国共产党诞辰28周年。中国国民党革命委员会李济深、中国民主同盟沈钧儒、章伯钧、民主建国会黄炎培、中国民主促进会马叙伦、中国农工民主党彭泽民、中国人民救国会李章达、三民主义同志联合会谭平山、中国国民党民主促进会蔡廷锴、中国致公党陈其尤在联名电文中说，“当此人民革命接近全国胜利的今天，欣逢贵党诞生28周年纪念，我们兴奋愉快的心情，简直非语言文字所能状其万一。4.75亿人挣脱数千年封建专制的枷锁，洗刷100年帝国主义欺凌的耻辱，这是一件痛快无比的大事；而这一大事之快要完成，300余万共产党员在毛主席领导下艰苦奋斗，实为其最主要的因素。假使中国人民没有共产党，就不知道黑暗的日子何时始能终了，贵党之诞生，实为新中国出现的信号，中国人民为贵党之诞生而狂欢，正是理所当然。我们充分相信，中国人民必然永远地在贵党领导之下，人民民主的工业化的中国必然建创成功，而贵党又必然与中国人民同寿同荣。”

7月2日　第一次中华全国文学艺术工作者代表大会在北平召开。全国文艺工作者分别组成平津（1、2团）、华北、西北、华中、东北、部队、南方（1、2团）等10个代表团，另有特邀代表，共824人。朱德代表中共中央、董必武代表中共中央华北局和华北人民政府、陆定一代表中共中央宣传部、叶剑英代表中共北平市委、北平军管会和北平市人民政府向大会致贺并讲话。郭沫若向大会作《为建设新中国的人民文艺而奋斗》的报告，茅盾作《在反动派压迫下斗争和发展的革命文艺》的关于国民党统治区革命文艺运动的报告，周扬作《新的人民的文艺》的关于解放区文艺运动的报告；周恩来作《在中华全国文学艺术工作者代表大会上的政治报告》。大会期间，中共中央主席毛泽东亲临会场向代表致意欢迎。大会在总结历史经验的基础上，一致拥护毛泽东《在延安文艺座谈会上的讲话》提出的文艺新方向，并确定为今后文艺运动的总方针。大会选举产生了中华全国文学艺术工作者联合会全国委员会。郭沫若为主席，茅盾、周扬为副主席。同时分别建立了中国文联下属各协会及其领导机构。

这次大会是国民党统治区与解放区长期被分割开的2支文艺大军的胜利会师，是中国文艺运动史上一次空前团结的盛会。

7月2日—8月14日　刘少奇率中共中央代表团（成员有王稼祥和高岗），秘密访问苏联，同斯大林商谈建立新中国的问题。这是新中国诞生前夕中共中央高级领导人极其重要的一次出访。7月1日傍晚毛泽东在中南海颐年堂召开会议，讨论这次访苏的任务和会谈方针，毛泽东作了重要指示。7月2日刘少奇等离开北京前往苏联，7月8日抵莫斯科。7月10日下午斯大林和苏共中央政治局委员，在莫斯科郊外孔策沃附近的斯大林别墅，隆重欢宴刘少奇为首的中共中央代表团，斯大林高度评价中国革命和中国共产党，高度赞扬毛泽东等领导人。随后，刘少奇同斯大林及苏共中央其他领导人进行了5次正式会谈。在会谈中，刘少奇向斯大林详细介绍了中国大陆即将全部解放和新中国开国准备工作的情况，着重说明新中国新民主主义的国家性质和政权性质，以及对内对外政策。同时阐明中共中央对以下几个问题的立场：一、关于中苏建立新型外交关系问题。新中国对苏联执行“一边倒”方针，坚决为增进中苏两大民族的友谊而不懈努力，巩固中苏友谊对两国和全世界都有极为重大的意义。二、关于外国对新中国的承认问题。帝国主义可能有一段时间不理我们，或提出足以束缚我们手脚的条件作为承认我们的代价，这当然不能答应。如果各帝国主义国家采取承认新中国的政策，我们准备经过谈判，与之建立外交关系。新中国成立后，希望苏联及东欧各民主国家快些予以承认。三、对处理苏联与国民党政府签订的《中苏友好同盟条约》问题，一是继承旧约；二是重新订约；三是暂时维持原状，在适当的时机重新加以签订。四、关于中苏合作的一些具体问题，中共中央感谢苏联给予3亿美元的贷款，希望中苏通邮、通车、通航诸问题能迅速办理；由中苏合办一航空公司，同时解决通商问题；除苏联派专家外，希望派一些教授到中国讲学；帮助中国建立海岸防御工程、军事工业和创办空军与海军2个学校。最后刘少奇转达毛泽东在中苏建交后公开访问莫斯科的意向，请斯大林考虑时机和方式。斯大林对刘少奇关于中国情况的介绍表示满意，并谈了几点意见：一、中国共产党的方针政策是正确的，中苏两党应建立密切关系，互相帮助。苏联将给予新中国提供援助。二、对帝国主义国家，你们可以观察，了解他们，看他们表现如何。你们有很好的法宝，他们要做买卖，中国是最好做买卖的对象。你们的政府一成立，我们立刻承认。同东欧各民主国家建立外交关系，可直接向他们谈，苏联可以帮助。三、关于苏联1945年同国民党签订的《中苏友好同盟条约》的问题，我们承认这个条约是不平等的，已和毛泽东同志交换过意见，那个时候不得不采取那样的政策，此事等毛泽东来莫斯科再解决；对日和约未签字，美国不从日本撤兵，苏联在旅顺驻兵为了抵制美蒋的进攻，如中国共产党愿意苏联撤兵，我们就马上撤退；处理大连问题，因大连是自由港，与有关政府未建立外交关系前，中苏可以共同利用它。四、中国新政府成立后，请毛泽东同志马上来，如不便来，我们可派代表团去中国。五、新的世界大战打不起来，美国没有准备好。我们要建设，和平是最重要的，要争取和平多几年。正常的情况是这样，但历史上也有冒险家。虽然发生战争的可能性不大，但不能不作准备。斯大林还谈到他在1945年要求中共与国民党妥协问题上的失误，斯大林说："由于不了解情况，我们过去曾给中国的革命出了一些不好的主意，给你们的工作带来困难，干扰、妨碍了你们，我为此感到内疚。"刘少奇听了斯大林的自我批评后，随即表示"没有什么妨碍"。斯大林一再对中共表示歉意，并说中国共产党是一个成熟的党，在政治、理论和国家建设各方面都将取得迅速发展，祝愿中共站在国际共产主义运动的前列。刘少奇说："我们还是你们的学生。"斯大林毫不迟疑地表示，学生也可以超过先生，革命的中心将会从欧洲移到东方，那时，你们的历史责任就加重了。我们会落后的，你们会进步很快，也一定会超过先生，希望中苏两国无论什么时候都要讲团结。7月31日刘少奇接毛泽东电，电文要求刘少奇先回国；王稼祥可留莫斯科帮助刘亚楼、张学思等接洽创办空、海两校的事情完毕后，回国参加全国政治协商会议后再去苏联。刘少奇等于8月14日回国，苏联专家负责人柯瓦廖夫及一批苏联专家同行。当天，刘少奇向斯大林发出感谢信，表示，代表团在苏联访问期间，承蒙“特别盛意的招待与关注，使我们十分感激”，“使我们这一次来到苏联的任务获得十分满意的成就，特别是使中国及时地获得苏联的借款与专家的帮助”。信中说，根据中共中央的指示，王稼祥留在莫斯科代表中共中央与苏共中央联系。刘少奇这次为期1个多月的访问，为苏联最早承认新中国并建立中苏新型外交关系，以及毛泽东尔后访问苏联，奠定了基础。9月3日，刘少奇在北平的高干会上作中苏关系的报告，着重指出，全党现在的任务是集中全力恢复和发展国民经济，这是中国人民的最高利益，需要苏联在这方面的帮助。中国与苏联的友谊，在中国人民经济建设上来讲，是一个具有决定性的条件。

7月5日　新政协筹备会常务委员会第三次会议。会议通过《新政治协商会议筹备会各民主党派各团体为纪念“七七”抗日战争12周年宣言》（根据毛泽东的提议拟写）。《宣言》指出，今年的“七七”是最令人欢欣鼓舞的一次纪念。代表中国人民意志的新政治协商会议不久就可以召开，产生民主联合政府，着手新中国的建设工作。中国人民当然要和一切愿意以平等友好态度对待我们的外国政府建立外交关系。同时当然要反对一切方式的侵略和威胁。中国是离日本最近、与日本关系最密切，并且是抵抗日本最早最久牺牲最大的国家，处理日本问题必须征求中国的意见，决不允许由美国政府一意孤行，擅作决定。中国虽然受了日本帝国主义的侵略，但是中日两国的人民却极愿意在日本按照波茨坦协定实行非军国主义化而且是民主化的条件下和平相处，建立经济的和文化的合作。美国政府和美国统帅部的对日政策不是执行波茨坦协定而是推翻波茨坦协定，不是使日本非军国主义化，不是使日本真正地民主化，而是使日本反民主化，继续军国主义化。为了最后实现抗日战争的目的，我们一致要求迅速签订对日和约，我们一致主张实现在准备对日和约的时候，必须严格地遵照波茨坦协定所规定的由四国外交部长会议准备的程序，并且必须由中国新政治协商会议所产生的民主联合政府派遣中国的全权代表。《宣言》最后表示在中国人民今后的道路上不是没有困难的，但是没有什么困难能够阻止我们的前进。我们的奋斗从来不是孤立无援的，在国际民主阵营中间，有我们强大的同盟军，这首先是苏联，其次就是各新民主国家，各殖民地半殖民地为独立而奋斗的人民和全世界为和平而奋斗的人民。7月7日，《宣言》正式发表。

7月6日　周恩来在中华全国文学艺术工作者代表大会上作政治报告。报告首先指出，战争已进入第四年，这将是我们取得全国胜利的一年。接着着重论述了文艺工作几个重大原则问题。第一，团结问题。出席这次大会的753位代表是有很大的代表性的。代表着7万上下的新文艺部队。希望代表们回去以后，能领导各方面的文艺工作者发扬这次大会的团结精神，并经常地密切地联系这支广大的文艺部队。第二，为人民服务的问题。首先应该去熟悉工农兵，因为工农兵是人民的主体，而工农兵又是今天在场的绝大多数所不熟悉或不完全熟悉的。我们主张文艺为工农兵服务，当然不是说文艺作品只能写工农兵。但是主要的力量应该放在哪里必须弄清楚，不然就不可能反映出这个伟大的时代，不可能反映这个伟大时代的伟大人民。第三，普及与提高的问题。现在还是普及第一。普及性的作品还很粗糙，需要改进、需要提高，这是事实，但是因此而轻视普及工作，是完全错误的。新生的事物常常大喊大叫，它要改造这个旧世界，这是一种革命气概。脱离人民的旧文艺已经是腐朽了，尽管外表如何好看，内部已经烂了，希望是属于新的方面。我们看普及性的作品虽然还不高，但它们确是广大人民所喜闻乐见的，所以我们必须重视新文艺在普及方面的生长和成就，即使是一些小的生长，小的成就。第四，改造旧文艺的问题。凡是在群众中有基础的旧文艺，都应当重视它的改造。这种改造，首先和主要的是内容的改造，伴随而来的，也必须对旧形式有适当的和逐步的改造。使我们高兴的是，旧文艺界许多有成就的朋友，愿意参加这个改造工作。我们应当尊重一切受群众爱好的旧艺人。尊重他们方能改造他们。应该使包含几十万艺人并影响几千万观众、听众、读者的旧文艺部队的巨大力量，动员起来积极地参加这个改革运动。第五，文艺界要有全局观念的问题，文艺界的朋友，过去限于环境，工作也还有局部性，现在聚会一堂，商讨今后全国的文艺工作，那就不能不要求我们大家要有全局观念。最后，组织问题。不仅要成立一个中华全国文学艺术界联合会，而且还要成立分部门的文学、戏剧、电影、音乐、美术、舞蹈等协会。只有这样，才便于进行工作、训练人材，便于推广，便于改造。

7月9日　周恩来为保护民主人士致电中共中央华东局和中共上海市委。周恩来获悉国民党潜伏特务正在侦察6月下旬由平赴沪指导经济工作的民主人士的行踪后，为中共中央起草致华东局和上海市委电稿，指示：望你们对黄炎培、陈叔通等“加意保护”。马寅初赴杭州，“亦望通知杭（州）军管会予以保护”。

7月10日　中共中央新政协筹备会党组干事会组成。会内共有干事21人，其中常委5人，分别为周恩来、林伯渠、李维汉、徐冰、李立三。周恩来为书记。干事会的分工是：周恩来、林伯渠、李维汉、齐燕铭负责党派工作；聂荣臻、叶剑英、罗瑞卿负责军事工作；胡乔木、徐冰、钱俊瑞、廖承志负责文教工作；李立三、蔡畅、冯文彬负责工青妇工作；连贯、杨静仁负责农民工作和民族工作。

同　日　中共中央发出关于参加新政协的代表名额问题给各中央局的指示电。中共中央指示中共西北局、华北局、华东局、东北局、山东分局，要求他们在7月20日以前推选出各该地区参加新政协的农民代表，代表名额分配为：西北2名、华北4名及候补1名、华中3名、东北3名。各解放区参加新政协代表名额的分配，应包括工、农、妇、文化、财经、民主人士、私营工商业家等。请各局迅速讨论，决定名单。同时，中共中央统战部电示香港的乔木（即乔冠华），邀请并设法帮助在广西的李任仁、云南的杨杰经港来平，参加新政协会议。

7月11日—9月23日　人民解放军解放兰州、西宁、银川。第一野战军和拨归该野战军建制的第十八、十九两兵团，迅速向西北进军。于7月11日发起西北进军的第一个战役——扶郿战役。歼灭胡宗南部4个军4.3万余人。胡宗南余部退据秦岭地区，马步芳部逃至兰州、西宁地区，马鸿逵部逃向银川及其以南地区。7月下旬，解放军除以第十八兵团于秦岭以北监视胡宗南集团以外，以3个兵团及1个军乘胜向陇东地区展开追击，连克平凉、天水等地。8月中旬，发起兰州战役，8月26日，经过激烈攻坚作战，解放甘肃省会兰州。9月5日，解放青海省会西宁，基本歼灭马步芳集团。9月上旬，解放军同时发起宁夏战役和河西战役，9月23日，解放宁夏省会银川及张掖、酒泉，歼灭马鸿逵集团和马步芳残部。

7月16日　中苏友好协会筹备委员会成立。在出席世界拥护和平大会的中国代表团联合各方面爱国民主人士召开的中苏友好协会发起人大会上，选举产生了中苏友好协会筹备委员会。其任务是建立与巩固中苏两国文化经济和各方面的联系，介绍苏联的建设经验和科学技术，发展和巩固两国人民的深厚友谊，为争取世界永久和平而奋斗。宋庆龄、刘少奇、周恩来、郭沫若、林伯渠、董必武、吴玉章、何香凝、李济深、谭平山、沈钧儒、张澜、黄炎培等81人为筹委会委员。筹委会下设由钱俊瑞、萧三、宦乡、沈志远、赖亚力、廖承志等18人组成的干事会。在17日召开的筹备委员会上推定宋庆龄为主任，周恩来、郭沫若、李济深、沈钧儒、张澜、黄炎培为副主任，钱俊瑞为干事会总干事，萧三、宦乡、沈志远、赖亚力为副总干事。

7月19日　中华全国文学艺术界联合会成立，简称“全国文联”。在第一次中华全国文学艺术工作者代表大会上正式成立。会址设在北平。宗旨为团结同全国一切爱国的民主的文学艺术工作者和全国人民一起，为彻底打倒帝国主义、封建主义和官僚资本主义，建设中华人民共和国和新民主主义的人民文学艺术而奋斗。该会以全国文学艺术界代表大会为最高权力机关。在代表大会闭会期间以大会选出的全国委员会为最高权力机关。在全国委员会闭会期间，由全国委员会常务委员会负责处理会务。全国代表大会每3年召开1次，职权为：决定工作方针和任务，制订或修改章程，批准新会员，审查全国委员会的工作报告，选举全国委员会。全国委员会每年举行1次会议，职权为：执行全国代表大会的工作报告，听取并审查常务委员会的工作报告，召集下届全国代表大会并规定其代表名额及选举办法。常务委员会每2个月开会1次，职权为：执行全国委员会的决议，处理日常会务，召集下一次全国委员会。经大会选举，产生了以郭沫若、丁玲、茅盾、周扬、曹禺、沙可夫、古元、赵树理、梅兰芳等87人为委员，彦涵、何士德、黄佐临等26人为候补委员的全国委员会。在23日召开的全国委员会第一次会议上，选举产生了郭沫若、茅盾、周扬、丁玲、郑振铎等21人组成的常务委员会。常委会推举郭沫若为主席，茅盾、周扬为副主席，沙可夫、黄药眠、周巍峙为秘书长。

7月19日　张闻天向中共中央东北局提出《关于东北私人资本主义的报告》。《报告》指出，从“八一五”解放到全东北解放（实际时间可算到今年3月），是东北私人资本从日帝的殖民经济体系的一个附属的有机部分转变为新民主主义经济体系的一个附属的有机部分的过渡时期。在这时期私人资本主义“一般的都得到相当的发展”，主要是商业资本的活动。全东北解放后，私人资本主义发展的条件发生了根本变化。大部分私人工商业同过去比较起来，现在开始表现出了停滞与萧条的状态。国营商业与合作社的力量增强了。国家在经济战线上开始取得了主动，加强了计划性。东北私人资本主义商业投机困难了。军工军需加工订货减少了。价廉物美的东北大城市的本地工业品及关内来的工业品，进入东北内地市场来，同本地货竞争了。许多原料的来源，还不够发展着的公营企业的需要。物价、原料与市场的条件，都起着不利于私人资本“自由发展”的巨大变化。私人资本主义向何处去？物价如何？原料如何？市场如何？国家意图如何？成为每一个资本家所要解答的严重课题了。《报告》认为，如果我们不在国家经济建设计划中给私人资本指定一定的活动地盘，在原料与市场方面给以一定的照顾，并在税收政策、价格政策、劳动政策、运输政策、借贷政策等方面给以一定的有利条件，逐步引导它使之循着我们所需要的方向发展，因而使之成为新民主主义经济体系中的一个附属的有机部分，那今后东北私人资本主义的健全与正常的发展，是不可能的。不如此，我们也不能充分利用私人资本的积极性，使之为新民主主义的经济建设而服务。《报告》进而指出，为了进一步发挥私人资本家的积极性，纠正一切偏向，尤其是“左”的偏差，今天极为必要。“左”的偏差，主要表现在：第一，在公私兼顾方面。原来强调国家的利益及国营企业的利益是对的，但如果由于强调了这一方面而侵犯了正当的私人工商业，那就不对了。第二，在劳资两利方面。原来在城市工作中强调依靠工人阶级的方针是对的，但如果由于强调了这一方面而发生片面的工人福利观点，因此损害了劳资两利的原则，那就不对了。第三，在税收政策方面。原来给工商业者以一定的税收负担以解决国家财政收入，那是正确的。采取各种办法限制商人投机倒把的活动，也是正确的。但是如果为了税收，给工商业者的活动以过多的过分的干涉与限制，那就不对了。在实际工作中发生以上“左”的偏差，其思想根源主要是对私人资本主义在东北经济体系中的必要性与重要性的程度认识不足。其他如片面的国家观点，片面的财经观点，片面的群众观点，也常常容易侵犯到私人资本的利益。而这种观点，常常是较之右的观点更加难于克服的。在党内，“‘左’比右要好”的残余思想也还是或多或少地存在着的。所以在干部中就私人资本主义存在与发展的必要性与重要性进行反复的教育，坚决贯彻中央公私兼顾、劳资两利的方针，在目前是非常重要的。

7月21日　周恩来出席新民主主义青年团中央举行的欢送会。此次欢送会欢送出席第二次世界民主青年代表大会和国际青年节的中国代表团。周恩来预计在世界民主青年代表大会上，中国青年代表团将推出6—10人为理事，1人为副主席。为此，拟出名单：廖承志、冯文彬、萧华、韩天石、陈家康、钱三强、吴晗、区棠亮、李昌、张廉震，副主席由廖承志担任。

7月27日—8月15日　受中共中央委托，陈云主持召开上海财政经济会议。华东、华北、华中、东北、西北5个地区的财政、金融、贸易部门领导人参加的财经会议，主要是调查了解上海和各地财经情况，研究恢复经济和整顿全国财经工作的意见，会议确定全力支持解放战争彻底胜利和维持新解放区首先是大城市人民生活的方针，并就统一财政经济，控制市场物价提出了措施和步骤。会议决定发行公债、整顿税收以紧缩通货，加强征收公粮，并成立全国统一的内外贸易公司（如粮食、花纱布），以统一集中掌握与调运物资，加强在市场斗争中的力量。

7月30日　擅自闯入长江的英国军舰“紫石英”号由镇江逃走。4月20日，英国军舰“紫石英”号于解放军渡江之际，擅自闯入长江下游，双方发生了激烈的炮战。至21日，英舰被击伤，死亡17人，重伤20人，降下白旗，于三江莹搁浅。4月30日，解放军总部发言人李涛发表声明：解放军有理由要求英国政府承认错误，并道歉和赔偿。其后，解放军代表康矛召与“紫石英”号舰长克仁斯少校进行了多次谈判。5月13日，解放军镇江前线司令部袁仲贤将军致函英国远东舰队总司令布朗特，要求英方承认错误，予以道歉，赔偿损失，然后才准许英舰离开长江。由于英方迟迟不予接受条件，谈判拖延了百日之久。7月30日晚，“紫石英”号乘中国客轮“江陵解放”号经过该舰下驶之际，尾随潜逃。9时50分，解放军大港炮兵向英舰发炮警告，英舰也开炮射击。“紫石英”号在双方弹雨纷飞中强傍“江陵解放”号左侧驶行，使这艘客轮及船上数百名乘客陷入弹火之中。“江陵解放”号不幸被炮火误中起火下沉，乘客伤亡惨重。“紫石英”号多处中弹，轮机发生故障，在天生港修理后继续下驶，偷渡江阴后东逃，在黎明前又撞沉中国渡船1艘，利用水涨之机，避开吴淞航道，从崇明岛北口逃出长江。

8月1日　周恩来、陆定一就武汉大学问题致信中共中央华中局。称：对武汉大学应加爱护和帮助发展，目前不宜由我们的人来担任校长或将中原大学并入。对各种问题和具体办法，望从长商讨，以求符合坚持改造稳步前进的方针。

8月4日　长沙、湘潭等地和平解放。人民解放军于5月中旬解放武汉后，中南地区之敌以国民党华中军政长官白崇禧所部为骨干，建立了“湘粤联合防线”，妄图阻止解放军南进。为歼灭该敌，解放中南广大地区，中央军委决定：第四野战军并指挥第二野战军之第四兵团，迅速向中南进军。从6月底—9月上旬，相继解放鄂西、湘北及赣西北、赣西南广大地区，8月4日，国民党湖南省主席程潜及第一兵团司令官陈明仁率部起义，长沙、湘潭等地和平解放，起义部队被改编为中国人民解放军第二十一兵团。

8月6日　周恩来就最近国民党飞机轰炸长江下游沿岸几大城市致电在莫斯科的刘少奇、王稼祥。这是周恩来为中共中央起草的电稿。电称：请告苏联方面，“我们甚望高射炮360门能提前订货并早日运来”。11日，又为中共中央起草致高岗电稿，告之，近期友方将送来高射炮360门，均在东北交货，由你和伍修权负责接收。

8月8日　陈云作“克服财政经济的严重困难”的报告。报告指出，为了保证今年秋季的支出，8月—10月每月需发行1 633亿元人民币，以7月底2 800亿元为基数，每月发行指数增加58%。假定其他情况不变，则物价也将上涨58%。这些发行，主要是解决军费开支及修复现有铁路的费用，还没有考虑到工业的投资和农产品的收购。11、12月除军费外，要收购棉花和出口物资，2项合计每月需发行1 692亿元，还须另外筹划。物价上涨指数是否可能降低？到冬季，由于解放地区扩大，农产品上市，工业生产的恢复和纱布的推销等等因素，物价上涨率有可能降低。按保守的估计，可能降低20%左右，这样，物价上涨可能只有40%左右。开支能否少一些呢？不能。首先，军费不能减，减少了就不能保证部队的需要。其次，为收购棉花和出口物资而发的票子也不能减，减少了农工业生产都会有困难。提倡节约，可以省一些，但数目不会大。

8月9日　周恩来审改中共中央关于工业商业应合并成立工商业联合会的指示电稿。周恩来在电稿中加写：“公家人员加入者不要太多，以免私营企业家因公家人占多数不便讲话而裹脚不前。工商业联合会重心应是私营企业，工业较商业比重应逐渐增加。”

8月10日　中共中央发出关于新区农村工作问题给华中局的复信。8月6日，中共华中局关于河南土改中如何对待中农问题请示中央，究宜按中间不动两头平肯定不动中农原则，抑宜按土地法大纲平分原则（即在绝大多数贫农要求并须征得中农本人同意条件下，仍可以调剂中农一部分土地）进行工作。中共中央在答复中指出，我们同意以中间不动两头平的政策作为解决河南土地问题的基点，对中农土地完全不动，而不要照土地法大纲上关于中农土地的规定。

在中央人民政府成立后，土地法大纲需要有所修改。除上一点外，在南方及其他新区实行改革土地制度时，必须在某些政策上（例如不要将地主富农扫地出门）及工作方法上（例如，要开区乡农民代表会议等）改正过去在北方土改中做得不好的地方。而且，各级党的领导机关必须完全掌握全部农村运动的领导，绝不许再有过去那样无政府、无纪律的状态出现。除河南等若干地方外，最广大的新区今年及明年的全年都不是实行分配土地的时间，而是准备分配土地的时间。但就在此准备期间，各中央局、中央分局及省委、区党委，必须完全掌握农村工作的领导职务，千万不要放松此种职务。一切重大决定，均须事先报告中央，获得批准然后实行。

8月12日、14日、18日、28日、30日、9月16日　新华社就美国国务院发表《美国和中国的关系》白皮书连续发表6篇社论。社论揭露了美帝国主义对华政策的侵略本质和它对于中国人民的根深蒂固的仇恨；批评了存在于一部分人中间的对于帝国主义的不切实际的幻想，号召他们“丢掉幻想，准备斗争”。社论还批评了对中国革命的唯心主义解释，论证了资产阶级共和国方案在中国的破产，对中国近代革命的发生和中国革命的胜利，作了理论上的说明。社论的发表引起全国各民主党派、各人民团体、各报社、各学校以及各界人士的注意和讨论。这6篇社论的题目分别是：《无可奈何的供状——评美国关于中国问题的白皮书》（8月12日）；《丢掉幻想，准备斗争》（8月14日）；《别了，司徒雷登》（8月18日）；《四评白皮书》（8月28日）；《五评白皮书》（8月30日）；《六评白皮书》（9月16日）。其中的“四评”、“五评”、“六评”收入《毛泽东选集》时分别将题目改为《为什么要讨论白皮书？》、《“友谊”，还是侵略？》、《唯心史观的破产》。

8月13日　国民党44名高级军政人员在香港发表《我们对于现阶段中国革命的认识与主张》的声明。声明严斥蒋介石反动集团背叛孙中山先生的三民主义，投靠帝国主义、实行法西斯独裁的反动行为，表示拥护中国共产党所领导的反帝、反封建、反官僚资本主义的新民主主义革命。声明号召有爱国心的国民党员立即与蒋介石及其反动集团决裂，坚决地向人民靠拢，为建设新民主主义新中国而共同努力。签署声明的是：黄绍竑、贺耀祖、龙云、罗翼群、刘斐、刘建绪、李任仁、胡庶华、舒宗鎏、李觉、周一志、李默庵、潘裕昆、覃异之、张潜华、谌小岑等。其中黄绍竑、刘斐作为特别邀请人士参加人民政协第一届全体会议。

8月17日　中共中央为财经问题致电上海的陈云并华东局。这是周恩来为中共中央起草的电文，称：请在动身回平前抽时间邀请上海工商界代表人物分批座谈财经问题，以便今后我们在商决公债及其他有关问题时有“更多的把握”。对其中好的和比较好的意见，“应予以考虑，使他们敢于言，尽其言，并能得到应有的结果”。

8月18日　新政协筹备会各单位首席代表座谈参加新政协代表名单问题。出席座谈会的有：李济深、彭泽民、陈其尤、马叙伦、周建人、李维汉、张奚若、陈叔通、林伯渠、沈钧儒、廖承志、章伯钧、张冲、谢邦定、茅盾、胡愈之、蔡廷锴、黄炎培、郭沫若，谭平山、聂荣臻、陈其瑗。李维汉作了“新政协代表名单协商经过情形”的发言。他说：新政协任务重大，参加的范围很广泛，这是由于：一、这次会议是首届会议，是一个历史的、总结的会议，故其范围包括一切参加奋斗的方面，直到最后对地方性的和平解放有贡献者均包括在内；二、今天革命形势的发展，要求我们开这个包括各方面、各地区、范围很广的会议，这是根据政治环境的发展和需要来决定的。这次会议要执行全国人民代表大会职权，要制定宪法性的纲领与组织法。按照新政协的章程不能有反动分子参加，这是原则性的界限。必须严格遵守。同时，在上述原则下，尽可能照顾到各方面。

8月24日　毛泽东称赞民建发表的声明。中国民主建国会发言人发表题为《加强内部团结和警惕，答告美帝好梦做不成》的声明。声明指出，美国国务院发表《美国与中国关系》的白皮书，是为了掩盖失败，欺骗人民。白皮书所提的发展“民主个人主义”的好梦是做不成的。中国民族资产阶级和帝国主义基本利益的矛盾决定了它对一切帝国主义（包括美帝国主义在内）的态度。中国民族资产阶级不会变成美帝发展“民主个人主义”的资本或条件。只有新民主主义才是它唯一的光明幸福的道路。同日，毛泽东致信中国民主建国会主要负责人黄炎培，称赞“对白皮书的声明写得极好，这对于民族资产阶级的教育作用是极大的。民建的这一类文件（生动的积极的有原则的有前途的有希望的），当使民建建立自己的主动性，而这种主动性是一个政党必不可少的。”28日，毛泽东在致黄炎培的另一信中，再次肯定“民建此次声明，不但是对白皮书的，而且说清了民族资产阶级所以存在发展的道理，即建立了理论，因此建立了民建的主动性，极有利于今后的合作。”

8月26日、27日　新政协筹备会常务委员会举行第四次会议。议题是：一、协商《中国人民政治协商会议第一届全体会议代表名单（草案）》；二、听取和讨论谭平山代表第二小组所作关于《中国人民政治协商会议组织法（草案）》起草情况报告；三、听取和讨论董必武代表第四小组所作关于《中华人民共和国中央人民政府组织法（草案）》起草情况的报告。

8月27日　出席中国人民政治协商会议的新疆第一批代表遇难。新疆保卫和平民主同盟（简称“新盟”）主席、新疆省副主席阿哈买提江，新盟中央组织委员会委员、新疆省伊犁、阿山、塔城3区民族军总指挥伊斯哈克伯克，新盟中央委员、情报处长阿不都克里木，新盟中央委员、民族军副总指挥达列尔汉，中苏文化协会新疆分会会长罗志作为新疆人民出席新政治协商会议的第一批代表在来北平途中因气候恶劣，飞机失事，不幸遇难牺牲。同时遇难的还有其他随员和飞机驾驶员。11月22日，中央人民政府主席毛泽东向新盟中央致唁电，表示深沉的哀悼，称赞阿哈买提江等5位同志生前为新疆人民解放事业英勇奋斗，最后又为建立中华人民共和国的事业而牺牲，值得全中国人民永远怀念。毛泽东还为5位同志题写了碑文。中共中央、全国政协、周恩来也分别发了唁电。

8月28日　宋庆龄由上海抵达北平。宋庆龄作为特别邀请人士来北平参加新政协会议。毛泽东、朱德、周恩来、林伯渠、董必武等前往车站欢迎。陪同宋庆龄来北平的有全国民主妇女联合会副主席邓颖超、廖仲恺先生之女廖梦醒、上海市军管会交际处处长管易文。

9月1日　冯玉祥遇难周年祭日追悼会在北平举行。参加追悼会的有李济深、宋庆龄、周恩来、沈钧儒、张澜、何香凝、郭沫若等600余人，毛泽东、朱德及各民主党派、各人民团体送了花圈和挽联。周恩来在致词中说："冯玉祥先生从一个典型的旧军人转变成一个民主的军人，他经过曲折的道路，最后定向了新民主主义的中国。""纪念冯玉祥先生的最好办法，就是坚持对帝国主义的斗争，尤其是对美帝国主义的斗争。"1948年7月31日冯玉祥响应中国共产党的号召从美国启程，准备回国参加新政协，搭乘的苏联"胜利号"船于9月1日在横渡黑海途中失事，不幸罹难。

同　日　中共山西省委、山西省人民政府、山西省军区成立。程子华任省委书记、省军区司令员兼政治委员。

9月3日　毛泽东提出"必须维持上海，统筹全局"的指示。毛泽东在指示电中强调，中央同意此次上海会议决定的总方针及许多具体办法。我们必须维持上海，统筹全局。着重整理税收，以增加收入。着重节约那些本来可以减少的开支，但不要减少那些必不可少的开支。着重反对浪费，从这里可以得到一笔很大的钱。各级领导人多和党外各界人士接触，如像陈云此次找各界代表人物谈话，你（编者注：即饶漱石）找3个旧职员谈话那样，探听各界气候，将具体问题向他们请教及交换意见，而不是泛泛的交际性的接触。积极利用城市的各界代表会议及各县的全县代表会议，将一切施政中的重大问题，逐一提出自己有了准备、想过了的、有了办法的问题向会议作报告，并交付讨论，征求他们的意见。此种会议，党员及完全可靠的左翼分子总共超过1/2，能保证通过我们的意见即够，以便团结大批的中间分子及一部分必须拉拢的右翼分子，使他们向我们靠拢。此种会议，城市最好每个月开会1次或3个月开会2次，各县似以2个月开会1次为宜。

9月4日　中共中央发出召开各界代表会议必须反对形式主义的指示。指示指出，必须反对形式主义，每次会议要有充分准备，要有中心内容，要切切实实讨论工作中存在的为人民所关心的问题，要展开批评与自我批评，要当做一件大事去办，否则将损害党的政治威信。在新解放区，各界代表会的开始若干次，代表的产生可以推派和聘请为主，由可靠民众团体的民主选举为辅。以后，即可改为由各团体各界的民主选举为主，推派和聘请为辅。总之以既能保证会议由我党领导，又能养成民主精神为原则。尚未彻底完成土改的省、县、区三级均开各级代表会议，乡村开农民代表会议，而以县的各界代表会议为中心。已完成土改的省、县、区、乡四级，均开人民代表大会。但在开始若干次，亦可开各界代表会议，以为过渡。无论是各界代表会议，或人民代表大会，党员均不要太多，以能保证通过决议为原则。大体上，党员及可靠的左翼分子略为超过1/2即够，以便吸收大批中间分子及少数的右翼分子，争取他们向我们靠拢。会议之前由党委（市委、县委等）召集代表中的党员开会1次，决定方针。能开党的代表大会或代表会议更好，但不要每次都如此。

9月7日　周恩来在北京饭店向参加新政协的代表作《关于人民政协的几个问题》的报告。报告讲了3个问题：第一，关于参加人民政协的单位及其代表名额和人选问题。周恩来讲，为了扩大政协的代表性，首先要扩大参加政协的成分、单位和名额，使它能代表全国各民主阶级、各民族人民的愿望和要求。参加会议成员的条件应该是“拥护新民主主义、反对帝国主义、反对封建主义、反对官僚资本主义及同意一切人民民主力量，推翻国民党反动统治、建立人民民主共和国”。我们邀请代表就是根据这个政治标准。在确定代表名额和人选的时候，不是平均主义的，而是有重点的，重点在哪里呢？就是“以工农联盟为基础，以工人阶级为领导”。有了重点，同时又照顾到各个方面。在各人民团体的代表中，除工人代表、农民代表外，还有妇女代表、青年代表、学生代表、文艺工作者代表、新闻界代表、工商界代表、教育工作者代表、自然科学工作者代表、社会科学工作者代表。我们也照顾到还不能立刻组织团体的方面，如自由职业者代表。还照顾到海外华侨和少数民族。这就是参加人民政协的45个单位产生的大体情况。但还是不够全面，所以又设了一个特邀单位。第二，关于人民政治协商会议组织法草案。政协是沿用了旧的政治协商会议的名称，但以它的组织和性质来说，能够发展成今天这样的会，决不是发源于旧的政协。旧的政治协商会议已经让国民党反动派破坏了。可是大家都熟悉这一组织形式，所以今天我们沿用了这个名称，而增加了新的内容。中国人民政治协商会议是一个包含了工人阶级、农民阶级、城市小资产阶级、民族资产阶级和一切爱国民主人士的统一战线组织。既然这是一个组织，就不应该开一次会就结束，而应该长期存在。人民政协的全体会议闭幕后将设全国委员会，领导实行全体会议的决议。另外在全国中心城市、重要地区和省会，根据需要设立地方委员会。通过这个组织进行地方的统一战线工作。在全国各地方未能实行普选以前，人民政协会议和它的地方委员会分别执行全国和地方的人民代表大会的职权。召开全国人民代表大会以后，人民政协才不再代行全国人民代表大会的职权，但是它仍将以统一战线的组织形式而存在，国家大政方针，仍要经过人民政协进行协商。第三，关于中华人民共和国中央人民政府组织法草案。要解释的，是国名问题。在组织法草案上去掉了中华人民民主共和国的“民主”二字，原因是感觉到“民主”与“共和”有共同的意义，无须重复，作为国家还是用“共和”二字比较好。关于国家制度，有一个问题就是我们的国家是不是多民族联邦制。这里主要的在于民族政策是以自治为目标，还是超过这个自治范围。今天的帝国主义者想分裂我们的西藏、台湾甚至新疆，各民族不要听帝国主义者的挑拨。为了这一点，我们国家的名字，叫中华人民共和国，而不叫联邦。关于政府组织，是在中央人民政府委员会由民主方式产生主席，主席下面的组织，首先是政务院，其他还有人民革命军事委员会，最高人民法院和最高人民检察署。政务院下设有30个单位。政务院下面设立人民监察委员会的目的是为了建立监察制度，监察行政部门，是否执行了政府的决议和政策，是否有贪污腐化等情形。

同　日　程潜由湖南抵达北平。程潜在湖南和平起义后，被中央军委任命为湖南省军政委员会主席，作为新政协特别邀请人士到北平参加会议。毛泽东、朱德、周恩来、林伯渠、董必武、李济深、郭沫若等前往车站欢迎。与程潜同车到平的还有李明灏等人。

9月8日　毛泽东在北平中南海约见张治中，继续部署新疆和平解放工作。毛泽东告诉张治中，解放大军已经决定由兰州及青海分两路进军新疆，希望张治中致电新疆军政当局，号召他们起义。张治中表示早有这样打算，只是自5月份之后，与陶峙岳、包尔汉中断了通讯联系。毛泽东告诉张治中，中共中央已派邓力群去伊宁建立电台，你的电报可以由他转发。9月10日张治中连发2份电报，一份致国民党新疆警备总司令陶峙岳和国民党新疆省主席包尔汉；一份专致陶峙岳。

同　日　北平市军管会主任换位。北平市军管会主任叶剑英奉调任中共华南分局第一书记，聂荣臻继任北平市军管会主任兼市长。

9月10日　毛泽东详细电示彭德怀关于进军新疆的部署。指示电强调："必须集中注意力争取11月中旬由玉门向新疆进军。""陶峙岳、赵锡光等已准备与我们和平解决，新疆省主席包尔汉已派人至伊犁附近接洽和平谈判，我已令邓力群率电台日内进驻迪化，故新疆已不是战争问题，而是和平解决的问题。"

9月13日　新政协筹备会常务委员会举行第五次会议。议题是：讨论修改《中国人民政治协商会议共同纲领（草案）》，并决定交筹备会全体代表与到达北平的新政治协商会议代表分组讨论。

9月16日　新政协筹备会常务委员会举行第六次会议。议题是：通过《中国人民政治协商会议组织法修改草案》、《中华人民共和国中央人民政府组织法修改草案》、《中国人民政治协商会议共同纲领修改草案》。决定国旗、国徽方案和宣言移交由中国人民政治协商会议全体会议主席团决定；9月17日下午2时召开常委会第七次会议。

同　日　毛泽东提出"必须召开各界人民代表会议"的指示。毛泽东指示，各界人民代表会议，不但在3万人口以上的城市一律应当召开，在新解放区的县也应一律召开全县性的各界人民代表会议，以为人民政府与各界人民群众发生密切联系的机关，其重要性和城市的各界人民代表会议是一样的。区与乡则召开农民代表会议，但应吸收革命知识分子参加。老解放区，凡属条件成熟的地区，则应召开普选的全权的人民代表大会；凡属条件尚未成熟的地区，亦可召开各界人民代表会议以为过渡。总之，不论是过渡性的人民代表会议，或是全权的普选的人民代表大会，必须召开。召开是正确的，不召开是不许可的。同日，新华社发表《迅速召开各界人民代表会议》的社论。

9月17日　新政协筹备会常务委员会举行第七次会议。议题是：通过《中国人民政治协商会议第一届全体会议主席团名单（草案）》。

同　日　中国民主革命同盟发表结束声明。王昆仑、王炳南、许宝驹、阎宝航、金仲华、吴觉农、袁翰青代表发表的声明说，中国民主革命同盟是一个在国民党反动统治下秘密组成的革命团体，有各民主党派的分子参加，我们若干同志也参加了各种人民团体。我们是为了与中共配合工作而建立的团体，从开始到现在都有中共的同志参加。现在，人民民主革命获得了基本的胜利，历史条件已经变更，没有继续存在的必要，根据目前形势和盟员的意志，郑重决议，自即日起宣告本盟结束。

同　日　新政治协商会议筹备会在北平举行第二次全体会议。到会代表126人。由沈钧儒、周恩来、陈叔通任主席。筹备会常务委员会副主任周恩来代表常委会作3个月来筹备工作的报告，主要内容为：第一，经过有关方面的协商，确定并邀请参加会议的45个单位的代表510人，候补代表77人，特邀民主人士74人，共661人。现已到达北平的代表为635人。第二，《中国人民政治协商会议组织法草案》、《中国人民政治协商会议共同纲领草案》和《中华人民共和国中央人民政府组织法草案》已经定稿，常务委员会提请全体会议加以讨论并作原则通过，以便提交中国人民政治协商会议第一届全体会议讨论通过。第三，由于起草《中国人民政治协商会议第一届全体会议宣言》和拟制中华人民共和国国旗、国徽、国歌2项工作尚未完成，常务委员会提议把这2项工作移交中国人民政治协商会议第一届全体会议，并由原来负责该2项工作的2个小组向中国人民政治协商会议主席团提出报告。会议决议：一、批准常务委员会的筹备工作报告；二、基本通过常务委员会所提出的《中国人民政治协商会议组织法(草案)》、《中国人民政治协商会议共同纲领（草案)》、

《中华人民共和国中央人民政府组织法（草案）》，并授权常务委员会将这三个草案提交中国人民政治协商会议第一届全体会议审议；三、关于起草大会宣言和拟定国旗、国徽、国歌2项工作，同意原担任此2项工作的第五小组和第六小组直接向中国人民政治协商会议第一届全体会议主席团提出报告；四、关于中国人民政治协商会议第一届全体会议的开幕日期，授权常务委员会决定并负责召集；五、通过常务委员会提出的中国人民政治协商会议第一届全体会议主席团及秘书长名单。会议于当天下午5时闭幕。在本次会议上，根据周恩来提议，新政治协商会议定名为中国人民政治协商会议。

9月19日　绥远和平解放。平津战役的胜利，在国民党绥远省主席董其武所部6万余人内部引起很大震动。在内外交困的情况下，经过傅作义斡旋，绥远守军接受人民解放军提出的以和平方式解决绥远问题的主张。经谈判，双方于3月23日达成划界驻守、平绥通车、使用人民币和互派联络员的协议。9月19日，董其武等率1个兵团部、16个师（旅）起义，并于1950年4月10日改编为中国人民解放军第二十三兵团。绥远的和平解放，是解放战争中继天津方式、北平方式之后，解决国民党军的第三种方式。毛泽东指出，这种方式“是有意地保存一部分国民党军队，让它原封不动，或者大体上不动，就是说向这一部分军队作暂时的让步，以利于争取这部分军队在政治上站在我们方面，或者保持中立，以便我们集中力量首先解决国民党残余力量中的主要部分，在一个相当的时间之后（例如，在几个月、半年、或者一年之后）再去按照人民解放军制度将这部分军队改编为人民解放军”。

同　日　中国人民政协代表、中国国民党革命委员会中央执行委员杨杰在香港被国民党特务暗杀。杨杰，1898年生。云南大理人，字耿光，1913年毕业于日本陆军士官学校炮兵科。在日本时加入同盟会。1911年曾回国参加辛亥革命。1916年参加讨袁护国战争。1920年再度赴日，入陆军大学深造。1924年毕业回国，任冯玉祥国民军第三军参谋长。1926年任国民革命军第六军总参议，随军北伐。此后历任师长、军长、国民政府军事委员会常务委员兼办公厅主任、第一集团军总参谋长、长江要塞总司令、总司令部总参谋长、陆军大学校长等职。1933年9月，赴欧考察军事，此后致力于军事理论研究。“七七”事变后率领实业考察团赴苏。1938年5月，任驻苏大使。1940年回国，任军事委员会顾问。抗战胜利后，参加组织三民主义同志会，推动国民党民主派反对蒋介石独裁的活动。1948年1月，当选为国民党革命委员会中央执行委员，在云南积极配合中国人民的解放斗争。新政协筹备时，被推为中国国民党革命委员会参加新政协的代表之一而成为人民政协代表。9月，离昆明经香港来北平出席中国人民政协途中，于19日被国民党特务暗杀于香港寓所。22日，中国人民政治协商会议第一届全体会议向中国国民党革命委员会和杨杰将军家属致电吊唁。著有《国防新论》、《孙子兵法解》、《现代国防的基本条件》等。

9月20日　新政协筹备常务委员会举行第八次会议。议题是：一、决定于9月21日下午召开中国人民政治协商会议第一届全体会议；二、通过中国人民政治协商会议第一届全体会议议事日程；三、通过《中国人民政治协商会议第一届全体会议议事规则（草案）》。

9月21日　《人民日报》发表《旧中国灭亡了，新中国诞生了!》的社论。社论说，中国人民政治协商会议的开幕，是中国光辉灿烂的人民的新世纪的开端。这个会议宣告了旧中国的永远灭亡和新中国的伟大诞生。全国人民早已渴望着召开这样的一个真正由人民自己做主人的人民政治协商会议。全国人民都鲜明地记得，在1946年1月所举行的政治协商会议被国民党反动派破坏了。从3年前的那个旧政协到今天的这个中国人民政治协商会议，划分了2个根本不同的历史时期。中国人民所要建立的新的国家制度，必须是以工人阶级为领导的、以工农联盟为基础的、团结各民主阶级和国内各民族的人民民主专政的国家制度。这样的国家制度和政权形式，是经过了近100年无数革命先烈前仆后继牺牲奋斗而来的，特别是经过了中国共产党28年的英勇斗争和中国人民解放军22年的艰苦奋战而来的。从此，全世界的人都将看到中国人民以空前英勇的姿态站起来，成为有高度文明的新社会新国家的光荣的主人。

同　日　中国人民政治协商会议第一届全体会议在北平召开。出席会议的有党派代表、区域代表、军队代表、团体代表等共45个单位，其中正式代表510人，候补代表77人；还有特别邀请人士75人，共计662人。毛泽东、刘少奇、周恩来、李济深、张澜、黄炎培等89人当选为大会主席团成员。毛泽东、刘少奇、周恩来等31人当选为主席团常务委员。林伯渠为秘书长，齐燕铭、余心清、周新民等9人为副秘书长。大会一致通过设立中国人民政治协商会议组织法草案整理委员会，由委员54人组成，谭平山为召集人。设立中国人民政治协商会议共同纲领草案整理委员会，由委员52人组成，周恩来为召集人。设立中华人民共和国中央人民政府组织法整理委员会，由委员51人组成，董必武为召集人。设立中国人民政治协商会议第一届全体会议宣言起草委员会，由委员53人组成，郭沫若为召集人。设立国旗、国徽、国歌、国都、纪年方案审查委员会，由委员55人组成，马叙伦为召集人。设立代表提案审查委员会，由委员14人组成，高岗为召集人。大会的第一天，首先由毛泽东宣布大会开幕并致开幕词。他说："中国人民政治协商会议宣布自己执行全国人民代表大会的职权。""我们的工作将写在人类的历史上，它将表明：占人类总数四分之一的中国人从此站立起来了。""随着经济建设的高潮的到来，不可避免地将要出现一个文化建设的高潮。中国人被人认为不文明的时代已经过去了，我们将以一个具有高度文化的民族出现于世界。"中国共产党代表刘少奇、特别邀请代表宋庆龄、中国国民党革命委员会代表何香凝、中国民主同盟代表张澜、解放区代表高岗、中国人民解放军代表陈毅、民主建国会代表黄炎培、中华全国总工会代表李立三、特别邀请新疆代表赛福鼎、特别邀请代表张治中、特别邀请代表程潜、国外华侨民主人士司徒美堂相继发言，表示了对新中国光明前途的共同信念。22日，筹备会代理秘书长林伯渠作《关于中国人民政治协商会议筹备工作的报告》；筹备会第二小组组长谭平山作《关于草拟中国人民政治协商会议组织法的报告》；筹备会第四小组组长董必武作《关于草拟中华人民共和国中央人民政府组织法的经过及其基本内容的报告》；筹备会第三小组组长周恩来作《关于草拟中国人民政治协商会议共同纲领的经过及其特点的报告》。23日—25日，各单位代表在大会上发言并进行了分组讨论。27日，全体会议一致通过《中国人民政治协商会议组织法》、《中华人民共和国中央人民政府组织法》以及中华人民共和国国都、纪年、国歌、国旗等四个决议案。四个决议案规定：一、中华人民共和国的国都定于北平，自即日起改名北平为北京；二、中华人民共和国的纪年采用公元，今年为1949年；三、在中华人民共和国的国歌未正式制定前，以义勇军进行曲为国歌；四、中华人民共和国的国旗为红地五星旗，象征中国革命人民大团结。29日，全体会议一致通过：一、《中国人民政治协商会议共同纲领》；二、中央人民政府副主席和全体委员的名额；三、《中国人民政治协商会议第一届全体会议关于选举中国人民政治协商会议全国委员会和中央人民政府委员会的规定》；四、会议主席团常务委员会关于代表提案的审查报告。9月30日，全体会议选举毛泽东、刘少奇、周恩来等180人为政协第一届全国委员会委员，选举毛泽东为中央人民政府主席，朱德、刘少奇、宋庆龄、李济深、张澜、高岗为副主席，陈毅、贺龙、李立三、林伯渠等56人为委员。通过了《中国人民政治协商会议第一届全体会议宣言》，称："第一届全体会议业已胜利地完成了自己的任务，""我们应当将全中国绝大多数人组织在政治、军事、经济、文化及其他各种组织里，克服旧中国散漫无组织的状态，用伟大的人民群众的集体力量，拥护人民政府和人民解放军，建设独立、民主、和平、统一、富强的新中国。"通过了《慰问中国人民解放军电》和在北京天安门外竖立"为国牺牲的人民英雄纪念碑"的决定及纪念碑的碑文。最后朱德致闭幕词。他庄严宣告：我们既然能够团结一致，开创了中华人民共和国，我们就一定能够团结一致把我们的国家引导到繁荣昌盛的境地。

9月23日　中共中央发出给东北局的指示。指示指出，在已解放的城市，可用指定和邀请的办法召开各界代表会议，等到城市人民团体已经组织起来或原来就有组织的地方，各界人民代表会议的代表，就主要是由各人民团体直接或间接选举的，与有无名义上的军管无关。各界人民代表会议与人民代表会议之间，也不应再行划分什么区别。但人民代表会议与人民代表大会之间，在职权上及代表选举方法上则应有区别，人民代表大会是全权的，其代表主要应由人民直接选举或由下级人民代表大会间接选举，而不是由各人民团体选举。因在东北还没有经验，目前还不宜普遍召开全权的人民代表大会，还是暂时召开几次人民代表会议，逐渐扩大代表会议的权力，待有了经验之后，再召开普选的全权的人民代表大会。上级人民政府对下级人民代表会议或人民代表大会的决议，有废除或令其停止执行的权力，而不要规定一律须经上级政府批准。下级人民代表会议或人民代表大会选举之人民政府，须由上级政府加委。

同　日　中共中央主席毛泽东和中国人民解放军总司令朱德设晚宴招待国民党起义军人。应邀参加宴会的有：程潜、张治中、傅作义、邓宝珊、黄绍竑、李书诚、李明灏、刘斐、陈明仁、孙兰峰、李任仁、吴奇伟、高树勋、张轸、曾泽生、何基沣、刘善本、林遵、邓兆祥、左协中、廖运周、李明扬、张醁村、黄琪翔、周此峰、程星龄等26人。应邀作陪的有：李济深、陈铭枢、蔡廷锴、蒋光鼐、周恩来、陈毅、刘伯承、粟裕、黄克诚、聂荣臻、罗瑞卿、邢肇棠、周保中、赵寿山、张学思、杨拯民。席间，毛泽东几次举杯为起义人员响应人民和平运动立下的功绩干杯。毛泽东说，由于国民党中一部分爱国军人举行起义，不但加速了国民党残余军事力量的瓦解，而且使我们有了迅速增强的空军和海军。

9月25日　毛泽东、周恩来在中南海主持召开国旗、国徽、国歌、纪年、国都协商座谈会。参加会议的有郭沫若、茅盾、黄炎培、陈嘉庚、张奚若、马叙伦、田汉、徐悲鸿、李立三、洪深、艾青、马寅初、梁思成、马思聪、吕骥、贺绿汀等18人。经过讨论，除国徽一项决定继续由原小组设计外，其他均获一致意见。

同　日　《文艺报》正式创刊。《文艺报》为全国文联的机关刊物，在文代会筹备和召开期间，曾试版发行过13期。创刊号上发表了茅盾的《一致的要求和期望》。文章指出，文代会几百件提案表示了文艺界同人的一致要求和期望，归纳起来是：一、加强理论学习；

二、加强创作活动；三、加强文艺的组织工作；四、继续对封建文艺以及买办文艺、帝国主义文艺展开顽强的斗争。

同　日　《中国儿童》杂志创刊。该刊由中国新民主主义青年团中央主办。毛泽东在创刊号上题词："好好学习，天天向上"，勉励新中国的少年儿童茁壮成长。

9月25、26日　陶峙岳、包尔汉先后通电起义，新疆和平解放。9月24日—25日新疆上层反动分子叶成、马呈祥、罗恕等人从南疆奔印度相继逃走。陶峙岳即于25日召集总部紧急会议，宣布和平起义，发出起义通电，26日国民党省政府主席包尔汉等也通电起义。28日毛泽东、朱德复电嘉勉，电文说："你们在9月25日及26日通电收到了。我们认为你们的立场是正确的。你们声明脱离广州反动残余政府，归向人民民主阵营，接受人民政治协商会议的领导，听候中央人民政府及人民革命军事委员会的命令处置。此种态度符合全国人民的愿望，我们极为欣慰。希望你们团结军政人员，维持民族团结和地方秩序，并和现在正准备出关的人民解放军合作，废除旧制度，实行新制度，为建立新新疆而奋斗。"彭德怀也给起义将士复电："将军等率领部队起义，脱离反动阵营，甚为欣慰，希望坚持进步，彻底改造部队，为共同建设各族人民的新新疆而奋斗。"起义部队改编为中国人民解放军第二十二兵团。

9月27日　中国人民政治协商会议第一届全体会议通过《中国人民政治协商会议组织法》。《组织法》共六章20条。规定中国人民政治协商会议（以下简称中国人民政协）为全中国人民民主统一战线的组织，旨在经过各民主党派及人民团体的团结，去团结全中国各民主阶级、各民族，共同努力，实行新民主主义，反对帝国主义、封建主义及官僚资本主义，推翻国民党的反动统治，肃清公开的及暗藏的反革命残余力量，医治战争创伤，恢复并发展人民的经济事业及文化教育事业，巩固国防，以建立及巩固由工人阶级领导的以工农联盟为基础的人民民主专政的独立、民主、和平、统一及富强的中华人民共和国。中国人民政协全体会议每3年开会1次，其职权为：一、制定或修改中国人民政治协商会议组织法；二、制定或修改共同纲领；三、在普选的全国人民代表大会召开以前，执行全国人民代表大会的职权；四、在普选的全国人民代表大会召开以后，就有关国家建设事业的根本大计或重要措施，向全国人民代表大会或中央人民政府委员会提出建议案；五、选举中国人民政协全国委员会。中国人民政协全体会议须有参加代表过半数的出席，始得开会；须有出席代表过半数的同意，始得通过决议。在全体会议闭幕后，设立全国委员会，每半年开会1次，其职权为：一、保证实行中国人民政协全体会议及全国委员会的决议；二、协商并提出对中华人民共和国中央人民政府的建议案；三、协助政府动员人民参加人民民主革命及国家建设的工作；四、协商并提出参加中国人民政协的各单位在全国人民代表大会代表选举中的联合候选名单；五、协商并决定下届中国人民政治协商会议的参加单位、名额及代表人选，并召集之；六、指导地方民主统一战线的工作；七、协商并处理其他有关中国人民政协内部合作的事宜。全国委员会互选常务委员若干人，主席1人，副主席若干人。经中国人民政协全国委员会决议，在中心城市、重要地区及省会得设立中国人民政协地方委员会，为该地方各民主党派及人民团体的协商并保证实行决议的机关。

同　日　中国人民政治协商会议第一届全体会议通过《中华人民共和国中央人民政府组织法》。《组织法》共六章31条。规定中华人民共和国是工人阶级领导的，以工农联盟为基础的，团结各民主阶级和国内各民族的人民民主专政的国家。中华人民共和国政府是基于民主集中制原则的人民代表大会制的政府。中央人民政府委员会由主席1人，副主席6人，委员56人及秘书长1人组成，对外代表中华人民共和国，对内领导国家政权，依据共同纲领，行使下列职权：一、制定并解释国家的法律，颁布法令，并监督其执行；二、规定国家的施政方针；三、废除或修改政务院与国家的法律、法令相抵触的决议和命令；四、批准或废除或修改中华人民共和国与外国订立的条约和协定；五、处理战争及和平问题；六、批准或修改国家的预算和决算；七、颁布国家的大赦令或特赦令；八、制定并颁发国家的勋章、奖章，制定并授予国家的荣誉称号；九、任命各项政府人员。中央人民政府委员会每2个月开会1次，政务院由中央人民政府委员会任命总理1人，副总理若干人，秘书长1人，政务委员若干人组成，对中央人民政府委员会负责并报告工作，在中央人民政府委员会休会期间，对中央人民政府主席负责并报告工作，政务院根据并为执行共同纲领、国家的法律、法令和中央人民政府委员会规定的施政方针，行使下列职权：一、颁发决议和命令，并审查其执行；二、废除或修改各委、部、会、院、署、行和各级政府与国家的法律、法令和政务院的决议、命令相抵触的决议和命令；三、向中央人民政府委员会提出议案；四、联系、统一并指导各委、部、会、院、署、行及其所属机关间的相互关系、内部组织和一般工作；五、领导全国各地方人民政府的工作；六、任免或批准任命各县市以上的主要行政人员。政务院的政务会议，每周举行1次。本组织法还对人民革命军事委员会、最高人民法院及最高人民检察署的设置、职权及组成作了具体规定。

9月28日—次年3月　人民解放军进军新疆。9月28日，第一野战军前委发出进军新疆的指令，第一野战军前委指令指出：“新疆是我国最大的一个行省，油源及其他矿藏极其丰富，久为帝国主义所垂涎。四百万人民处于帝国主义走狗中国反动派的蹂躏之下，迫切需要我军解放他们。现新疆的国民党上层反动分子马呈样、叶成等逃跑，陶峙岳等通电求和，但新疆的问题仍未真正解决，我们必须充分做好作战准备，以防万一，消灭反动派在西北的残余势力，解放祖国边疆，以便开发油源，修建铁路。这对发展经济、巩固国防有极其重大的意义。这永垂不朽的艰巨而重大的任务光荣地落在你们一、二兵团之二、六军身上（酒泉解放后二兵团六军归一兵团指挥进驻新疆）。”10月初，彭德怀亲自主持召开酒泉会议，具体部署进军新疆。在酒泉召开的一兵团党委扩大会议，由师团以上干部参加。王震司令员作了关于进军新疆各项政策的报告；甘泗淇主任特别就执行党的民族政策作了重要讲话。10月5日，陶峙岳赶到酒泉，向彭德怀汇报新疆情况，请示和商讨人民解放军进疆及起义部队整编问题，陶峙岳还向参加会议的师团领导干部作了关于新疆情况的报告。彭德怀在会议上就进军的各方面政策和注意事项作了重要指示。为了解和掌握新疆各地情况，兵团政治部还指派二军联络部长张希康，二军政治部联络员王天逸，先期赴迪化、焉耆、阿克苏、喀什、和阗等地，秘密与各族各界有关人士联络、座谈，宣传中国共产党和人民解放军政策，为大军进驻各地做好准备工作。入疆部队二军、六军统由第一兵团司令员王震率领。10月12日二军先头部队及战车团西出玉门关，穿星星峡，向新疆开始了气势磅礴的大进军。10月13日抵哈密，10月20日进入迪化市区。六军先后空运、车运至北疆各地，11月5日先遣营乘机抵达迪化。一兵团指挥部于10月10日由张掖至酒泉，11月6日乘飞机抵迪化。12月17日，我一兵团部队与“三区”民族军及和平起义部队在迪化胜利会师。彭德怀、张治中、王震等亲临检阅。新疆军区和新疆省人民政府宣告成立。彭德怀为新疆军区司令员兼政治委员，王震为第一副司令员、陶峙岳为第二副司令员、赛福鼎为第三副司令员。新疆省人民政府省主席包尔汉，副主席高锦纯、赛福鼎。民族军列编为中国人民解放军第五军。至1950年3月，各部队先后抵达指定地区，胜利完成了进军任务。

9月29日　中国人民政治协商会议第一届全体会议通过《中国人民政治协商会议共同纲领》。除序言外，共有七章60条。《共同纲领》为中华人民共和国的建立规划了国体、政体及各项政策。在“总纲”中规定，中华人民共和国为新民主主义即人民民主主义的国家，实行工人阶级领导的，以工农联盟为基础的，团结各民主阶级和国内各民族的人民民主专政，反对帝国主义、封建主义和官僚资本主义，为中国的独立、民主、和平、统一和富强而奋斗。在“政权机关”中规定，中华人民共和国的国家政权属于人民。人民行使国家政权的机关为各级人民代表大会和各级人民政府。各级人民代表大会由人民用普选方法产生之。各级人民代表大会选举各级人民政府。各级人民代表大会闭会期间，各级人民政府为行使各级政权的机关。国家最高政权机关为全国人民代表大会。全国人民代表大会闭会期间中央人民政府为行使国家政权的最高机关。中国人民政治协商会议为人民民主统一战线的组织形式。其组织成分，应包含有工人阶级、农民阶级、革命军人、知识分子、小资产阶级、民族资产阶级、少数民族、国外华侨及其他爱国民主分子的代表。在普选的全国人民代表大会召开以前由中国人民政治协商会议的全体会议执行全国人民代表大会的职权，制定中华人民共和国中央人民政府组织法，选举中华人民共和国中央人民政府委员会，并付之以行使国家权力的职权。在普选的全国人民代表大会召开以后，中国人民政治协商会议得就有关国家建设事业的根本大计及其他重要措施，向全国人民代表大会或中央人民政府提出建议案。各级政权机关一律实行民主集中制。其主要原则为：人民代表大会向人民负责并报告工作。人民政府委员会向人民代表大会负责并报告工作。在人民代表大会和人民政府委员会内，实行少数服从多数的制度，各下级人民政府均由上级人民政府加委并服从上级人民政府。全国各地方人民政府均服从中央人民政府。在“军事制度”中规定，中华人民共和国建立统一的军队，即人民解放军和人民公安部队，受中央人民革命军事委员会统率，实行统一的指挥，统一的制度，统一的编制，统一的纪律。在“经济政策”中规定，经济建设的根本方针是以公私兼顾、劳资两利、城乡互助、内外交流的政策，达到发展生产、繁荣经济之目的。国家应在经营范围、原料供给、销售市场、劳动条件、技术设备、财政政策、金融政策等方面，调剂国营经济、合作社经济、农民和手工业者的个体经济、私人资本主义经济和国家资本主义经济，使各种社会经济成分在国营经济领导之下，分工合作，各得其所，以促进整个社会经济的发展。在“文化教育政策”中规定，文化教育为新民主主义的，即民族的、科学的、大众的文化教育。人民政府的文化教育工作，应以提高人民文化水平、培养国家建设人才、肃清封建的、买办的、法西斯主义的思想、发展为人民服务的思想为主要任务。在“民族政策”中规定，中华人民共和国境内各民族一律平等，实行团结互助、反对帝国主义和各民族内部的人民公敌，使中华人民共和国成为各民族友爱合作的大家庭。反对大民族主义和狭隘民族主义，禁止民族间的歧视、压迫和分裂各民族团结的行为。在“外交政策”中规定，中华人民共和国外交政策的原则，为保障本国独立、自由和领土的完整，拥护国际的持久和平和各国人民间的友好合作，反对帝国主义的侵略政策和战争政策。

9月30日　出席第一届政协会议的全体代表在天安门广场隆重举行人民英雄纪念碑奠基典礼。周恩来代表主席团致词："为号召人民纪念死者，鼓舞生者，特决定在中华人民共和国首都北京建立一个为国牺牲的人民英雄纪念碑。"全体代表脱帽静默致哀。默哀毕，毛泽东主席宣读纪念碑碑文："三年以来，在人民解放战争和人民革命中牺牲的人民英雄们永垂不朽！三十年来，在人民解放战争和人民革命中牺牲的人民英雄们永垂不朽！由此上溯到一千八百四十年，从那时起，为了反对内外敌人，争取民族独立和人民自由幸福，在历次斗争中牺牲的人民英雄们永垂不朽！"最后，毛泽东主席和各单位首席代表一一执锹铲土，表示他们对于先烈的崇敬。

10月1日　中华人民共和国中央人民政府成立。在中国人民政治协商会议第一届全体会议上经参加政治协商会议的各单位协商，由全体代表用无记名联名投票方法选举毛泽东为中华人民共和国中央人民政府主席，朱德、刘少奇、宋庆龄、李济深、张澜、高岗为副主席，陈毅、贺龙、李立三、林伯渠等56人为中央人民政府委员。10月1日下午2时，中央人民政府委员会召开第一次会议，正、副主席及委员宣布就职，中央人民政府成立。会议决定接受《中国人民政治协商会议共同纲领》为本政府的施政方针；选举林伯渠为中央人民政府委员会秘书长，任命周恩来为政务院总理兼外交部长，毛泽东为中央人民政府军事委员会主席，朱德为人民解放军总司令，沈钧儒为中央人民政府最高人民法院院长，罗荣桓为中央人民政府最高检察署检察长，并责成他们从速组成各项政府机关，推行各项政府工作。会议向各国政府郑重宣告，中华人民共和国中央人民政府为代表中华人民共和国全国人民的唯一合法政府，本政府愿与遵守平等、互利、互相尊重领土主权等项原则的任何外国政府建立外交关系。

同　日　北京天安门广场隆重举行开国大典。参加典礼的有中国人民政协全体代表和首都各工厂职工、学校师生、机关人员、市民、近郊农民和城防部队共30万人。中央人民政府委员会秘书长林伯渠宣告典礼开始，中央人民政府主席、副主席、各委员就位，乐队奏义勇军进行曲。毛泽东主席庄严宣布："中华人民共和国中央人民政府已于本日成立了。"他按动电钮，第一面五星红旗在新中国首都徐徐升起，军乐声中54门礼炮齐鸣28响。30万群众发出经久不息的欢呼。升旗仪式后，毛泽东主席宣读了《中华人民共和国中央人民政府公告》，公告说，本政府接受中国人民政治协商会议共同纲领为施政方针，为代表中华人民共和国全国人民的唯一合法政府。然后，阅兵式开始。由中国人民解放军总司令朱德任检阅司令员，华北军区司令员兼京津卫戍区司令员聂荣臻任阅兵总指挥。朱总司令驱车检阅各兵种部队回到主席台，宣读《中国人民解放军总部命令》，命令人民解放军迅速解放一切尚未解放的国土。接着，受阅部队由东向西行进，以海军陆战队的2个排为先导，依次是1个步兵师、1个炮兵师、1个战车师、1个骑兵师。空军的14架歼击机、轰炸机和教练机也掠过广场的上空。阅兵式持续近3个小时，及至夜幕降临才告结束。18时半，100门礼炮从四周施放礼花，广场上一片火树银花不夜天的喜庆景象。19时许，群众游行开始，在人民解放军进行曲中，游行队伍分两路向东西行进，"人民共和国万岁！"、"毛主席万岁！"的口号响彻云霄，毛主席在扩音器前大声回答："同志们万岁！"并一再向群众招手。21时25分，游行结束。

同　日　中国人民解放军总司令朱德在庆祝中华人民共和国中央人民政府成立时发布《中国人民解放军总部命令》。命令指出，我们中华人民共和国的武装部队，在反对美国帝国主义所援助的蒋介石反动政府的革命战争中，已经取得了伟大的胜利。敌人的大部分已经被歼灭，全国的大部分国土已经解放。但是残余的敌人还在继续勾引外国侵略者，进行反抗中华人民共和国的反革命活动。我们必须继续努力，实现人民解放战争的最后目的。朱德总司令命令中国人民解放军全体指战员工作员，坚决执行中央人民政府和伟大的人民领袖毛主席的一切命令，迅速肃清国民党反动派军队的残余，解放一切尚未解放的国土，同时肃清土匪和其他一切反革命匪徒，镇压他们的一切反抗和捣乱行为。

同　日　北京新华广播电台在天安门广场进行中华人民共和国开国大典实况广播。全国各地人民广播电台同时联播。这是我国人民广播史上第一次全国规模的实况广播。12月5日，北京新华广播电台改名为中央人民广播电台。

同　日　《人民日报》发表《中华人民共和国万岁》的社论。社论指出，前程无限光辉的中华人民共和国已经诞生，4.75亿中国人民开始自己当权管理国家，我们这个古老的东方民族揭开了历史的新的巨册。现在，放在我们全国人民面前的任务就是，在中国共产党的领导之下，紧紧地团结在中央人民政府周围，不折不扣地执行共同纲领和大会其他决议，使它们变成群众的实际行动。监督各级人民政府和一切民主党派、人民团体忠实地履行这些国家的根本大法，使人民的意志得以迅速地而又有步骤地成为国家的现实。协助政府，把革命进行到底，肃清公开的和隐藏的反革命残余力量，治愈战争的创伤，恢复和发展人民的经济事业和文化教育事业，巩固国防，使我们新中国富强起来。拥护我们新生的祖国，加强人民民主政府的力量，和以苏联为首的爱好和平民主的国家和人民团结在一起，以保障中国人民革命胜利的果实，并促进世界的和平与自由。

同　日　政务院财经委员会（简称中财委）成立。主任陈云，副主任薄一波、马寅初（1951年以后增加李富春），秘书长薛暮桥。中财委是由原党中央财经部和华北财经办事处合并组成的。当时解放战争还在继续进行，这一年又发生严重水灾，商品奇缺，物价猛涨，国民经济面临极大困难。1949年5月陈云调到中央主持财经工作，筹组中财委机构，即着手研究解决全国面临的严重经济困难的问题。8月在上海召开了5个大区财政、金融、贸易部门领导干部参加的财经会议。这次会议研究确定了财经工作方针，即全力支持解放战争彻底胜利和维持新解放区首先是大城市人民生活。根据这一方针，统筹安排了1949年下半年和1950年全国财政收支概算，并初步研究和部署了统一全国财政经济、控制市场物价的措施和步骤。此外，还决定由各部门以召开专业会议的方式，具体研究本行业的计划，以便指导和统一安排生产建设。

10月2日　中国保卫世界和平大会在北京举行成立大会。出席大会的有朱德、李济深、高岗、陈毅、李立三等各民主党派和人民政协特邀代表、各社会团体、各地区、少数民族、国外华侨的代表1 000余人。林伯渠致开幕词。中国保卫世界和平大会筹备委员会总干事钱俊瑞作报告。大会一致通过斯大林、毛泽东和世界保卫和平大会主席居里教授为大会名誉主席。选举产生了中国保卫世界和平大会全国委员会，由郭沫若、陆定一、沈雁冰、周扬、萧三等140名委员组成，郭沫若为主席，刘宁一、蔡畅、廖承志、沈雁冰、马寅初为副主席，刘宁一兼任秘书长。最后通过了大会宣言。

10月3日　中国和苏联建交。10月2日，苏维埃社会主义共和国联盟外交部副部长安德列·葛罗米柯受苏联政府的委托照会中华人民共和国外交部长周恩来，表示确信中华人民共和国中央人民政府是绝大多数中国人民意志的代表者，苏联政府决定建立苏联与中华人民共和国之间的外交关系，并互派大使。3日周恩来复电表示热烈欢迎中苏建交，并互派大使。

同　日　中央人民政府委员会举行第二次会议。会议听取了外交部周恩来部长关于建立外交关系情况的报告。报告说，中央人民政府公告发布后，苏联政府于10月2日首先承认中华人民共和国，我国外交部于10月3日电复苏联外交部葛罗米柯副部长，表示欢迎中苏建交，并互派大使。苏联政府任命了罗申为驻中华人民共和国大使，征求我中央人民政府的同意，为此特向中央人民政府委员会提出报告。会议根据周恩来的提议，通过任命王稼祥为中国驻苏联大使。戈宝权为驻苏联大使馆参赞兼代办。报告还说，外交部即将发出声明，通知原国民党政府派驻的驻外使馆，一律停止活动，听候交接。

10月4日　中国和保加利亚建交。当日，保加利亚人民共和国外交部长波普托莫夫致电中华人民共和国政务院总理兼外交部长周恩来，代表保加利亚政府决定同中国建立外交关系，并互派大使。周恩来于同日复电同意。

同　日　周恩来就接管原中华民国国民政府驻苏大使馆各项事宜发出指示。周恩来指示中华人民共和国驻苏联大使馆参赞兼代办戈宝权，以周恩来总理名义，命令原中华民国国民政府驻苏大使馆及驻苏各领事馆的一切工作人员，必须负责保管中国大使馆与各领事馆的档案、文件和一切财产，安心听候接管。

10月5日　中国和罗马尼亚建交。当日，罗马尼亚社会主义共和国外交部长安纳·波克致电中华人民共和国政务院总理兼外交部长周恩来，代表罗马尼亚政府决定同中国建立外交关系。周恩来于同日复电，欢迎中罗两国建立外交关系，并决定互派外交代表。

同　日　中苏友好协会总会在北京举行成立大会。出席大会的有朱德、刘少奇、宋庆龄、董必武、郭沫若、吴玉章、李济深等各民主党派、各人民团体、海外华侨、各少数民族和东北、上海、汉口等地中苏友好协会总分会的代表共1 000余人以及法捷耶夫率领的苏联文化艺术科学工作者代表团、新任苏联驻华大使馆参事兼代办齐赫文斯基等。宋庆龄致开幕词，她说："现在，有了中国人民革命的胜利，和中苏两大人民的团结合作，全人类的希望就更接近实现了。让我们更紧密地携手吧，让我们更坚决地斗争吧，我们的力量是无比地强大。"接着刘少奇作报告，他以30年来中国革命的历史和今天的事实说明苏联是中国人民过去、现在和将来的最好的先生和朋友。大会通过了中苏友好协会章程（五章18条）和向斯大林大元帅和毛泽东主席的致敬电。大会选举刘少奇为会长，宋庆龄、吴玉章、沈钧儒、李济深、郭沫若、张澜、黄炎培7人为副会长，丁西林等197人为理事。

同　日　中共中央发出《关于少数民族工作指示草案》的修正意见。中央认为，大体上同意二野前委所拟的草案。唯一项关于党的民族政策申述，应根据人民政协共同纲领中民族政策的规定。又关于各少数民族的"自决权"问题，今天不应再去强调；过去在内战时期，我党为了争取少数民族，以反对国民党的反动统治（它对各少数民族特别表现为大汉族主义），曾强调过这一口号，这在当时是完全正确的。但今天的情况，已有了根本的变化，国民党的反动统治基本上已被打倒，我党领导的新中国业经诞生，为了完成我们国家的统一大业，为了反对帝国主义及其走狗分裂中国民族团结的阴谋，在国内民族问题上，就不应再强调这一口号，以免为帝国主义及国内各少数民族中反动分子所利用，而使我们陷于被动的地位。在今天，应强调中华各民族的友爱合作和互助团结，此点希望你们加以注意。

10月6日　中国和匈牙利建交。当日，匈牙利人民共和国外交部长古拉致电中华人民共和国政务院总理兼外交部长周恩来，代表匈牙利政府决定同中国建立外交关系，周恩来于同日复电同意。

同　日　中国和朝鲜建交。当日，朝鲜民主主义人民共和国外交部长朴宪永致电中华人民共和国政务院总理兼外交部长周恩来，代表朝鲜政府决定同中国建立外交关系。周恩来于同日复电同意建交。

同　日　中国和捷克斯洛伐克建交。当日，捷克斯洛伐克副总理、代理外交部长西罗基致电中华人民共和国政务院总理兼外交部长周恩来，代表捷克斯洛伐克政府决定同中国建立外交关系。周恩来于同日复电同意。

同　日　苏联塔斯社北京分社成立。

10月7日　中国和波兰建交。当日，波兰人民共和国外交部长莱西斯基致电中华人民共和国政务院总理兼外交部长周恩来，代表波兰政府决定同中国建立外交关系。周恩来于同日复电同意。

10月8日　中央人民政府委员会秘书长林伯渠对新华社记者发表关于国庆日的谈话。他指出，10月10日是有历史意义的辛亥革命的纪念日。但是孙中山先生所领导的辛亥革命的成果，迅速地被窃国大盗袁世凯所篡夺，这个革命本身是失败了。1925年—1927年的革命，其成果又为蒋介石所篡夺，也是失败了。因此，38年以来的所谓“中华民国”，是违背全国人民的意志的，也是违背孙中山先生的意志的。我们过去纪念10月10日是因为我们要唤起全国人民，继承孙中山先生和其他革命先烈的遗志，推翻内外压迫者，建立真正的中华人民共和国。现在全国人民的奋斗已经获得成功，旧中国已死亡，新中国已诞生，中华人民共和国必须规定新的国庆日，这将由中央人民政府在最近规定。全国人民及国外华侨，如有在10月10日开纪念会的，应当允许，但不应以这一天当做国庆日来庆祝了。

10月9日　中国人民政治协商会议全国委员会在北京召开第一次会议。出席会议的有151名全国委员会委员。周恩来作《参加第一届全国委员会各单位协商的经过》报告。他叙述了关于主席、副主席、常务委员的人选协商经过，分析了全国委员会所应当进行的政治性的和组织性的工作内容，说明拟订中的全国委员会工作条例，已根据各方面意见，规定在全国委员会内设立政治法律、财政经济、文化教育、外交、国防、民族事务、华侨事务、党派事务等8个组，以利工作的进行。会议一致通过本届全国委员会主席：毛泽东；副主席：周恩来、李济深、沈钧儒、郭沫若、陈叔通；常务委员：毛泽东、刘少奇、周恩来、李维汉等28人；秘书长：李维汉。会议还通过了许广平代表因病请假由马叙伦委员提出的“以10月1日为中华人民共和国开国的国庆纪念日”的建议案，决定送请中央人民政府采纳施行。

10月10日　苏联第一任驻华大使罗申乘专车抵京。前往车站迎接的有外交部长周恩来、北京市市长聂荣臻、中国驻苏大使王稼祥、外交部办公厅主任王炳南、副主任兼交际处长阎宝航以及董必武、沈钧儒、郭沫若、章伯钧、滕代远、张治中、邵力子等50余人和工人、青年、学生、妇女等3 000多群众。当日，《人民日报》发表《欢迎罗申大使》的社论。16日下午5时，罗申大使向中华人民共和国中央人民政府主席毛泽东递交了国书。

同　日　毛泽东、朱德电复9月19日在吴淞口外起义的国民党海防第一舰队旗舰“长治”号全体起义人员。电文说，希望你们努力学习，积极参加建设中国人民海军和完成解放中国全境的伟大事业。

同　日　外交部长周恩来电复国民党政府驻法国大使馆暨驻巴黎总领事馆全体馆员。来电对他们声明脱离国民党反动残余集团，接受中华人民共和国中央人民政府领导的爱国行动表示欢迎，号召一切国民党派遣的使领馆人员效法其榜样。并说，所有这种脱离反动阵营的有功人员，本部均将量才录用，使能对于祖国有所贡献。

同　日　李济深发表广播词。中央人民政府副主席李济深在北京新华广播电台发表广播词，号召华南、西南反动统治下的军政人员举起义旗，走向新生。

同　日　中国文字改革协会在北京成立。这是新中国成立后的第一个全国性的群众文字改革组织，是民办学术研究团体。5月，吴玉章等人首先发起组织“中国文字改革研究会”。8月初，决定改称“中国文字改革协进会”。8月底，又改为“中国文字改革协会”。10月10日，召开成立大会。通过了《中国文字改革协会章程》，规定该会的宗旨是：提倡中国文字改革，研究和实验中国文字改革的方法，团结文字改革工作者。主要工作任务是：以采用拉丁字母的拼音方案为研究的主要目标，研究汉字的整理与简化，研究汉语统一问题和以北方话为统一汉语的问题，有系统地研究少数民族语言文字等等。成立大会上选举吴玉章、丁西林等78人为理事。在第一次理事会议上，推选吴玉章为常务理事会主席，黎锦熙、胡乔木为副主席。1952年2月5日，“中国文字改革研究委员会”成立，“中国文字改革协会”结束工作。

10月11日　新华总社就关于土改后农村阶级划分问题复电东北总分社。电称，中农和贫农都是劳动者，在确定中农、贫农成分的问题上，时间标准没有特殊意义，在必须规定一个时间作为界限时，可以定为一年，即贫农升为中农一年后，或中农降为贫农一年后，即可定为中农或贫农。但在彻底完成土地改革的农村中，封建剥削关系已被消灭，土地业已大体平分，这时候在农村中的动员口号是生产发家，而不要强调阶级划分，特别是不要强调中贫农的界线，否则对于发展生产是不利的。因此除了对于旧富农和地主，根据已有的3年、5年的规定改变其成分外，对于确已具备富农条件，确已连续富农生活满3年以上的翻身农民，开始得定新富农成分，其余在通常情况下可一般称之为农民，而不应不必要地强调中贫农的界线。在发展党员时，对于原属贫农的中农，目前亦可按贫农对待。

10月13日　毛泽东发出关于松江县召开各界人民代表会议经验给各中央局书记的电报。电文说，这是一件大事。如果全国一千几百个县都能开起全县代表会来，并能开得好，那对于我党联系数万万人民的工作，对于使党内外广大干部获得教育，都是极为重要的。请你们选择一个县，亲自出席，取得经验，以利指导所属。

10月14日　广州等地解放。从9月中旬到10月下旬，解放军遵照中央军委关于对白崇禧部作战不要采取近距离包围迂回方法，而应采取远距离包围迂回方法，方能掌握主动的指示，以第十三兵团为右路军，经湖南西部南下广西，断敌向云南、贵州的逃路；以第四兵团、第十五兵团为左路军，自江西进军广东，尔后第四兵团迂回广西；以第十二兵团为中路军，经湖南南部直趋广西北部。9月中旬、下旬和10月初，各路军开始行动。10月上旬，中路军在右路军一部协同下，在衡阳、宝庆（今邵阳）地区歼灭白崇禧集团主力4个师，解放湘南、湘西地区；左路军于10月14日解放华南重镇广州，并在阳江、阳春地区追歼国民党广州绥靖公署主任余汉谋部4万余人。国民党政府行政院院长阎福山于10月11日逃至台湾；代总统李宗仁13日逃至桂林，11月2日从南宁逃往香港。

10月15日　公安部召开第一次全国公安会议。参加会议的有东北人民政府、中原临时人民政府、北京市人民政府、天津市人民政府、上海市人民政府、南京市人民政府、西安市人民政府、内蒙古人民政府、华北军区保卫部、铁道部等公安部门负责人及公安部各局负责干部20余人。公安部长罗瑞卿主持会议并致开幕词，他指出，这次会议是全国公安工作的第一次大集会，意义重大。根据会议汇总的工作成果，10个月来各地破获国民党土匪特务组织11个站，6个省、区室，160个组、队，逮捕特务分子4 046名，内有组长以上重要特务1 147名，破获潜伏电台666部，其他武器、文件、档案等无数，给予国民党潜伏的特务以摧毁性打击。人民公安工作者同时初步学会城市管理，使交通、盗窃事件迅速减少，保卫了城市的社会秩序。会议针对现实斗争情况，讨论了公安工作的任务、方针及需要解决的若干问题，准备制成方案呈请中央人民政府批准颁布施行。会议期间，毛泽东、朱德、周恩来、董必武分别作了重要指示。

10月16日　中国和蒙古建交。10月6日，蒙古人民共和国总理兼外交部长却尔巴桑致电中华人民共和国政务院总理兼外交部长周恩来，代表蒙古政府表示愿意同中国建立外交关系。周恩来于16日复电，欢迎中蒙两国建立外交关系。

同　日　毛泽东主席致电德意志民主共和国威廉·皮克总统和奥托·格罗提渥总理。致电中热烈祝贺德意志民主共和国的成立。

10月18日　中国人民政治协商会议第一届全国委员会常务委员会在北京举行第一次会议。内容是：一、通过《中国人民政治协商会议全国委员会工作条例》；二、任命全国委员会副秘书长及政治法律组、财政经济组、文化教育组、国防组、外交组、民族事务组、华侨事务组、宗教事务组的组长。

10月19日　中央人民政府委员会在北京召开第三次会议。会议任命齐燕铭为中央人民政府委员会办公厅主任；董必武、陈云、郭沫若、黄炎培为政务院副总理；谭平山、谢觉哉、罗瑞卿、薄一波、曾山、滕代远、章伯钧、李立三、马叙伦、陈劭先、王昆仑、罗隆基、章乃器、邵力子、黄绍竑为政务院政务委员；李维汉为政务院秘书长；董必武为政务院政治法律委员会主任，彭真、张奚若、陈绍禹、彭泽民为副主任；沈钧儒、罗荣桓、吴溉之等47人为委员；陈云为中财委主任，薄一波、马寅初为副主任，李富春、贾拓夫、邓子恢、曾山等59人为委员；郭沫若为政务院文教委员会主任，马叙伦、陈伯达、陆定一、沈雁冰为副主任，周扬、丁燮林、钱俊瑞等42人为委员；谭平山为政务院人民监察委员会主任，刘景范、潘振亚为副主任，张秀岩、张若尧、朱蕴山等15人为委员；谢觉哉为内务部部长；罗瑞卿为公安部部长；薄一波为财政部部长；叶季壮为贸易部部长；陈云为重工业部部长；陈郁为燃料工业部部长；曾山为纺织工业部部长；杨立三为食品工业部部长；黄炎培为轻工业部部长；滕代远为铁道部部长；朱学范为邮电部部长；章伯钧为交通部部长；李书城为农业部部长；梁希为林垦部部长；傅作义为水利部部长；李立三为劳动部部长；沈雁冰为文化部部长；马叙伦为教育部部长；李德全为卫生部部长；史良为司法部部长；陈绍禹为法制委员会主任委员；李维汉为民族事务委员会主任委员；何香凝为华侨事务委员会主任委员；郭沫若为中国科学院院长；邹大鹏为情报总署署长；孔原为海关总署署长；胡乔木为新闻总署署长；胡愈之为出版总署署长；南汉宸为中国人民银行行长；吴溉之、张志让为最高人民法院副院长；李六如、蓝公武为最高人民检察署副检察长。会议决定组成人民革命军事委员会。毛泽东为主席，朱德、刘少奇、周恩来、彭德怀、程潜为副主席；贺龙、刘伯承、陈毅、林彪、徐向前、叶剑英、聂荣臻、高岗、粟裕、张云逸、邓小平、李先念、饶漱石、邓子恢、习仲勋、罗瑞卿、萨镇冰、张治中、傅作义、蔡廷锴、龙云、刘斐为委员；徐向前为人民革命军事委员会总参谋长，聂荣臻为副总参谋长。会议批准任命叶剑英为广东省人民政府主席兼广州市人民政府市长。

同　日　人民革命军事委员会组成。根据中央人民政府委员会第一次会议和第三次会议的任命，毛泽东为人民革命军事委员会主席，朱德、刘少奇、周恩来、彭德怀、程潜为副主席，贺龙、刘伯承、陈毅、林彪、徐向前、叶剑英、聂荣臻、高岗、粟裕、张云逸、邓小平、李先念、饶漱石、邓子恢、习仲勋、罗瑞卿、萨镇冰、张治中、傅作义、蔡廷锴、龙云、刘斐为委员。同时，中央人民政府委员会还任命徐向前为人民革命军事委员会总参谋长，聂荣臻为副总参谋长。1951年11月5日，中央人民政府委员会第十三次会议增补林彪、高岗为人民革命军事委员会副主席。1954年6月19日，中央人民政府委员会第三十二次会议决定增补刘伯承、贺龙、陈毅、罗荣桓、徐向前、聂荣臻、叶剑英为人民革命军事委员会副主席，徐海东为人民革命军事委员会委员。

10月20日　人民革命军事委员会在北京举行第一次会议。出席会议的有毛泽东、朱德、刘少奇、周恩来、程潜、贺龙、刘伯承、陈毅、聂荣臻、高岗、粟裕、张云逸、邓小平、罗瑞卿、张治中、傅作义、蔡廷锴、刘斐等18人。会议由毛泽东主持，着重讨论了人民解放军继续向全国进军和今后的建军等问题，决定在人民革命军事委员会下成立国防研究小组，张治中为组长。

同　日　中国首任驻苏大使王稼祥离京赴苏。中华人民共和国驻苏大使王稼祥率公使衔参赞曾涌泉等9人乘专车离京赴苏。中央人民政府委员会秘书长林伯渠、政务院总理兼外交部长周恩来、副总理郭沫若、最高人民法院院长沈钧儒和彭真、李立三、蔡畅等100余人以及苏联新任驻华大使罗申等前往车站送行，当日，《人民日报》为欢送王稼祥大使发表了《把中国人民的友情带到苏联去》的社论。

同　日　毛泽东为王稼祥赴苏致信斯大林。信中说，王稼祥同志到苏联的任务，除担任我国驻苏大使并以我国外交部副部长资格兼管对东欧各新民主国家的一般外交事务外，同时以中共中央代表的资格和你及联共中央接洽有关两党之间的事务。请你及联共中央同志们站在同志的立场上随时对他给以指导，使他的工作获得较多和较好的成就。

10月21日　周恩来主持召开政务院第一次扩大政务会议，宣告政务院成立。一、周恩来就政务院的组织与干部等问题作了报告。政务院以总理1人、副总理4人、秘书长1人和政务委员15人组成。政务院在中央人民政府领导之下进行国家事务工作。军事方面不属于政务院而属于人民革命军事委员会。政务院作为国家管理机构的首脑部包括很广泛，不仅有它所属的各部、会、院、署、行，还有指导各行政部门的3个指导委员会，即政治法律委员会（简称政法委）、财政经济委员会（又是中共中央的财经委员会，简称中财委）、文化教育委员会（简称文教委），另外还有人民监察委员会（简称监委）。政务会议研究日常工作，由政务院的21人组成，便于议事和工作；政务会议成员加上各委、部、会、院、署、行的主要负责人参加，成为政务院扩大会议，共有40多人，讨论一般政策，报告一般工作。二、政法委董必武主任、中财委陈云主任、文教委郭沫若主任、监委谭平山主任分别报告了当天上午各委开会成立的情况。周恩来总理指出，一、政务院扩大会议可作决定，但要经政务会议批准；二、政府各部门新闻报导要统一发布；三、各部门组织条例由政务院规定若干原则，再分别自拟；四、各经济部门业务范围由中财委指导、规定，提请政务院批准。

同　日　政务院举行第一次政务会议。会议讨论了接收前国民党政府中央各机关人员、档案、图书、财产、物资等问题，以及政务委员及其所属机关的办公制度、办公程序等问题，决定成立小组具体拟订规章，由董必武负责召集。

同　日　毛泽东给包尔汉、伊斯哈科夫致感谢电。毛泽东同日分别电复新疆省临时人民政府主席包尔汉、新疆保卫和平民主同盟中央组织委员会临时代理主席艾斯海提·伊斯哈科夫。感谢他们来电祝贺新中国的成立，希望他们为建设新疆而努力。

10月23日　青年团中央扩大常委会通过《中国新民主主义青年团中央委员会关于建立中国少年儿童队的决议》。《决议》规定，中国少年儿童队是在中国新民主主义青年团领导下的少年儿童组织，吸收9岁到15岁的少年儿童参加。这个组织是在学习和各种集体活动中，团结和教育少年儿童，培养他们成为爱祖国、爱人民、爱劳动、爱科学和爱护公共财物的新中国的优秀儿女。各级团委要加强领导少年儿童工作，要广泛地向少年儿童、向小学教师宣传少年儿童队的性质及作用，并须在取得教师们的支持和协助下，首先从工作条件较好的学校与人口较集中、团的工作基础较好的村镇开始。以学校、工厂、机关、街道、村庄（或乡）为单位进行组织，以8人—15人编为小队，3个—5个小队编为中队，3个—5个中队编为大队，每小队设正副队长各1人，中队和大队设队长1人，副队长2人。在村庄（或乡）设村队部（或乡队部），在学校、工厂、街道设学校、工厂、街道队部，工作需要时，可设学习、娱乐、生活等干事分工合作。区级以上不设队部，由青年团区委以上的少年儿童部门负责领导。少年儿童队队部队长由队员选举产生。

同　日　毛泽东发出关于新疆问题给彭德怀的电报。电报谈到新疆民族军与人民解放军配合工作问题时说，我们认为民族军是较有训练的维吾尔族的人民军队，在过去数年中以自己的革命行动钳制了国民党反动军队10万人，对于中国革命起了相当大的配合作用。维吾尔人口300余万，为新疆的主要民族，过去反动派压迫新疆人民主要地就是压迫维吾尔族。现在人民解放军入疆，维吾尔族及各族人民表示热烈欢迎。人民解放军只有和维吾尔族（以及其他各族）

建立兄弟般的关系，才有可能建设人民民主的新疆。因此，1.4万人的民族军，应使之和人民解放军一道，分布全疆各地，作为人民解放军联系维吾尔族、吉尔吉斯族、蒙古族等民族的桥梁，进行民众工作，建立人民政权，建立地方武装和建立党的组织。此事如何具体进行，请与赛福鼎进行初步商谈，尔后，由分局逐步解决。

10月25日　政务院第二次政务会议。会议决定：一、接收前国民党政府中央各机关人员档案物资，通过关于指导接收工作委员会工作条例的几项原则。决议由副总理陈云、董必武、政务委员邵力子等人组织政务院指导接收工作委员会，并根据会议通过的原则拟定关于指导接收工作委员会工作条例，由陈云副总理召集。二、呈请中央人民政府主席发布命令，宣布华北人民政府工作结束，其所辖5省2市（河北、山西、绥远、热河、察哈尔省，北京、天津市）归中央直属，中央人民政府各委、部、会、署、行以华北人民政府为基础建立工作机构，于11月1日正式开始办公。三、通过拟定政务院各部门组织通则的原则。

同　日　《人民文学》创刊。该刊为全国文协（后改称作协）的机关刊物，月刊。茅盾任主编，艾青任副主编，毛泽东为《人民文学》题辞："希望有更多好作品出世。"茅盾在发刊词中说，要通过各种文学形式，反映新中国的成长，表扬和赞扬人民大众在革命斗争和生产建设中的伟大业绩，创造富有思想内容和艺术价值、为人民大众所喜闻乐见的人民文学，以发挥其教育人民的伟大效能。肃清为帝国主义者、封建阶级、官僚资产阶级服务的反动的文学及其在新文学中的影响，改革在人民中间流行的旧文学，批判地接受中国的和世界的文学遗产，特别要继承与发展中国人民的优良的文学传统。创刊号载有在"鲁迅先生逝世13周年纪念"专栏下的巴金、胡风、郑振铎、冯雪峰的文章和刘白羽、康濯、马烽的小说，画页上有徐肖冰拍摄的毛泽东像。

10月26日—27日　中华全国体育总会筹备会议在北京举行。中央人民政府副主席朱德到会讲话。全国青联主席廖承志致开幕词，号召努力发展新中国的体育事业。青年团中央书记冯文彬向大会作了《新民主主义的国民体育》的报告，报告论述了开展国民体育的任务、意义和在新中国经济建设中的重要作用。与此同时，成立于1924年8月的“中华全国体育协进会”在北京召开理事会，宣布停止活动，改组为即将成立的“中华全国体育总会”。

10月27日　中国和德意志民主共和国建交。25日，中华人民共和国政务院总理兼外交部长周恩来致电德意志民主共和国外交部长窦丁格尔，代表中国政府决定同德意志民主共和国建立外交关系。27日，窦丁格尔复电，同意两国建交。

同　日　中央人民政府采取紧急措施扑灭察北鼠疫。10月14日，在察北康保境内联合县租银地的一个察汉崩崩村开始发现鼠疫。数日后呈流行趋势。26日，已侵入张家口市。染病者快则1天，慢则3—5天即死。为了扑灭鼠疫，防止蔓延，政务院于27日晚召开紧急防疫会议决定：一、严密封锁交通，责成华北人民政府与华北军区赶调部队，并动员各省、各专署及各县区村党政军民进行封锁，在张家口至北京之间，建立3道封锁线，京绥路南口至张家口，张家口至大同段，铁道部已下令即日起停止通车，公路及人行路均在封锁之列。二、赶调医疗防疫人员与药品加强疫区防治力量，卫生部已电令东北全部防疫队与疫苗200万人份入关，星夜赶赴疫区工作，并动员京津医务卫生人员参加防疫运动，指定天坛防疫处赶制药苗。动员了1 186名防疫工作人员，对疫区群众进行普遍注射。防疫经费共支出8 442亿元。三、责成卫生部赶制宣传品，动员各地报纸、广播电台、电影，并组织各种宣传队，广泛开展宣传。四、组织中央防疫委员会，由董必武任主任委员。

10月28日　政务院举行第三次政务会议。会议通过了《政务院及其所属各机关组织通则》、《政务院指导接收工作委员会工作条例》，推选副总理陈云为政务院指导接收工作委员会主任，董必武、邵力子、黄绍竑、章乃器、郭春涛等为委员。通过任命绥远省政府名单呈请中央人民政府批准，以及通过任命政务院参事32人。会议还听取了董必武所作的紧急防疫会议情况报告。

同　日　毛泽东致电斯大林请苏联帮助防治鼠疫。电称，张家口以北地区发生肺鼠疫，死60余人。已蔓延至张家口，死4人，威胁京津。请考虑是否可以空运生菌疫苗400万人份，血清10万人份至北京应用，所需代价，中国政府当以物物交换办法照付。再则，苏联政府是否可以再派一防疫队来北京转往张家口帮助我们进行防治鼠疫工作。

10月29日　毛泽东为中央军委拟关于攻击金门岛失利的教训的通报。通报说，查此次损失，为解放战争以来之最大者。其主要原因为轻敌与急躁所致。当你们前次部署攻击厦门之同时，拟以1个师攻占金门，即为轻敌与急躁表现。当时我们曾电你们，应先集中力量，攻占厦门，而后再转移兵力攻占金门，不可分散力量。但未引起你们深刻注意，致有此失。除希将此次经验教训深加检讨外，仍希鼓励士气，继续努力，充分准备，周密部署，须有绝对把握时，再行发起攻击。当此整个解放战争结束之期已不在远的时候，各级领导干部中主要是军以上领导干部中容易发生轻敌思想及急躁情绪，必须以金门岛事件引为深戒。

10月30日　毛泽东向各中央局、分局、前委负责同志批转薄一波《关于华北各城市召开各界代表会议的情形和经验的报告》。电文指出，华北局书记薄一波同志1949年10月29日给我的一个报告总结了华北各城市所开各界代表会议的主要经验，写得清楚明确，可为一切各界代表会议或人民代表会议所取法。薄一波关于华北各城市召开各界代表会议的情形和经验给毛泽东的报告，主要归纳了这样几条经验：一、各城市各界代表会议，一般都以当前生产上的重要问题为课题，都解决了一些问题，如原料如何供给，产品如何推销，劳资关系如何调整，城市粮食如何供应等。往往一次会议，如太原各界代表会议，就可以把敌人过去多年来的反动宣传一扫而光。认为“共产党真民主，说到做到，做不到就不说”。增强了共同克服困难的力量，领导机关也受到教育，感觉到党的决定，群众不一定执行，人民代表会议的决定，群众则勇于执行。二、许多地方，各界代表会议召开前，都进行了充分的筹备工作，成立筹备机构，利用座谈会、报纸、黑板报、讲演会、画报、漫画和秧歌等方式，宣传解释各界代表会议的任务和代表的标准、职权等，先行广泛搜集群众意见，给会议作准备。推选代表，既有严肃性，又有广泛的代表性。代表产生方法，一般是由各人民团体推选，加政府聘请。三、每次会议，应抓紧解决为广大群众所迫切要求要解决的一两个问题，决议后一定要贯彻执行。不能执行的，不要决定。决定了但行不通的，应向代表和群众说明道理，加以解释，以示信于人民。执行决议，是一个关键。四、谦虚征询各方意见，解答问题使每个代表都有充分发言的机会，是开好代表会的关键。认真报告人民政府的工作，尤其把财政公开出来，代表们甚受感动，认为“这才是真民主，是对人民负责的”。在讨论问题时，对偏右分子所提出的显而易见是错误的议论和意见，表示愿意充分考虑，不表示不耐烦，更不立即给以打击，直至大家都反对他时再作结论。五、会议后，各个代表向其所代表的机关、团体、学校、工厂、部队和行业，分头报告和解释会议的决议很重要。这解决了一个大问题，即完全可以补偿干部的不足。一个各界代表会议，可以当几百几千干部用。

同　日　中财委提出敌封锁我海航后航务情况的报告。报告提出，敌在每一港口撤退时均有计划将船舶炸沉或劫走，华北全部航海船只均被劫空，上海90万吨位只留下可航行者14.5万吨位。自6月26日，我公布津沪通航后，蒋军即宣布封锁我各海口。据7、8、9月不完全统计，来解放区外籍商船中途受阻返回者达12次，较大劫掠6次，受害船只30余艘。8月份，仅上海即炸沉约2万吨，香港20万吨船只不能驶回。从沪驶出船只很少，计6月份3艘，计1 411净吨；7月份减至81净吨（机帆船），9月份又减为57净吨（机帆船），均自沪驶出未回。敌对我本国籍船只采取长期扣留，抢劫载货，对一般船员带走或扣押，对我干部则予杀害。总计本国籍船受害者50余艘，其中击沉者甚多；对外籍船多加阻劝，不敢长期扣留或动用，只在沪没收过1次，而美船则未出过事。因英美与我贸易运输利润极大，英美商业资本家争相与我贸易，甚至英帝派兵舰护商船行驶。外籍船总艘数中，英占46%，美占19%，巴占16%，挪占14%；在总吨数中英占32%，美占36%，巴占16%，挪占13%。香港港务局口头上禁止船只往来我区港口，但出口结关多系默许。由港来津船只，出口关手续皆准备二份，一份是伪造的（如出口至朝鲜仁川，或日本门司)，一份是真的，到我华北港口，以防万一。英舰为保护其商船，在遇到国民党军舰时，常有敌对行为，这实际是英帝国主义在与我贸易上之矛盾。

10月31日　华北人民政府结束工作，正式向政务院办理移交手续。28日，华北人民政府发表公告，于10月31日结束工作，停止办公。公告称，奉中央人民政府10月27日命令，中央人民政府业已成立，华北人民政府工作着即结束。原华北人民政府所辖河北、山西、热河、察哈尔、绥远5省和京、津2市自11月1日改归中央直属。中央人民政府的有关机构应以华北人民政府所属有关各机构为基础迅速建立起来，并于数日内将交接手续办理完毕。华北人民政府由原晋察冀与晋冀鲁豫两边区人民政府自1948年5月开始联合办公，9月组成。董必武为主席，蓝公武、杨秀峰为副主席。

同　日　中央人民政府举行了授印仪式。毛泽东颁发中央人民革命军事委员会印信，政务院印信，中央人民政府最高人民法院印信，中央人民政府最高人民检察署印信。中央人民政府委员会颁发了政务院各委、部、会、院、署、行的印信，政务院印于11月1日启用。

本　月　中国科学院接管的前北平研究院物理研究所制造出我国第一架“巴拿马瞄准镜”。这是受人民解放军第四野战军的委托研制的。这种瞄准镜为世界各国炮兵部队通用的作战仪器，它可以瞄准目标并测量目标的距离。

本　月　中共中央发出关于新区实行土地改革的方针的指示。指示指出，今后在新区实行土地改革，应采取“中间不动两头动”的方针。这较之过去实行的“原则上不动中农”的方针，是更明确地保障了中农（包括富裕中农在内）利益不受侵犯，更符合于巩固团结中农，顺利完成土改；并使农村生产更少受破坏影响。

本　月　中共中央华东局改组。饶漱石任第一书记，陈毅为第二书记，谭震林为第三书记，张鼎丞为第四书记，康生为副书记。

本　月　人民解放军开始剿匪斗争。遵照中共中央和中央军委的决策与战略部署，人民解放军先后抽调6个兵团部、41个军部、140个师另两个旅、20个团和海军一部等主力部队，对华东、中南、西南和西北地区的国民党军队残余、特务及土匪展开清剿斗争。至1953年，共歼灭土匪和武装特务260多万人，在全国范围内基本上平息了匪患，巩固了人民政权。

11月1日　粟裕继刘伯承就任南京军管会主任。

同　日　中国科学院在北京成立。这是在接收前北平研究院原子研究所、物理研究所、化学研究所、植物学研究所、史学研究所、接收前中央研究院历史语言研究所图书史料整理处的基础上，调集全国一批优秀科学家而成立的。郭沫若任院长，陈伯达、李四光、陶孟和、竺可桢任副院长。严济慈为办公厅主任（12月16日任命）。科学院的任务是：有计划地利用近代科学研究成就以服务于工业、农业和国防的建设，组织并指导全国的科学研究以提高我国科学研究水平。它是中华人民共和国科学技术领导机构和综合研究部门。主要研究基础性科学理论问题和国家建设中关键性、综合性的科学技术课题。院部设在北京。

同　日　冀鲁豫军区政治部组织部提出《关于健全党委制的几点意见》的报告。《意见》指出和分析了建立各级党委会以后工作上存在的问题，提出了今后加强党委工作的意见。要求各级党委，加强党委制的学习和教育，树立对部队全盘工作的绝对领导；加强部队思想领导，开展批评和自我批评；建立和健全党委会的组织工作和会议制度，加强支委会领导，使其成为连队最高领导机关。

11月1日、5日　中财委两次开会研究稳定市场物价问题。全国物价继4月、7月两次大幅度上涨之后，于10月份又猛烈上涨。上涨的原因是：为支援解放战争，财政出现大量赤字，货币发行过多；国民党统治时期长期恶性通货膨胀的影响；投机资本猖狂的投机倒把活动。会议认为，稳定物价是人民政权面临的最紧迫的任务之一，并确定了稳定物价的具体部署和步骤。为制止高价抢购房子，11月1日周恩来通令所属各机关，凡需购房，均须向政务院呈报房屋情况价目，经指定机关审批始得购买，否则以违法论，同时函达政协全国委员会、中央军委、最高人民法院和最高人民检察署，都采取同一办法，通知所属遵照办理。

11月2日　中央政治局会议决定中央人民政府各部门党组书记人选。周恩来为政务院党组书记，董必武、陈云为第一、第二副书记。董必武为政法委党组书记；陈云为中财委党组书记，薄一波为副书记；陆定一为文教委党组书记，胡乔木为副书记；刘景范为监委党组书记。并决定以谢觉哉为内务部党组书记，周恩来为外交部党组书记，罗瑞卿为公安部党组书记，薄一波为财政部党组书记，叶季壮为贸易部党组书记，陈云为重工业部党组书记，陈郁为燃料工业部党组书记，曾山为纺织工业部党组书记，杨立三为食品工业部党组书记，龚饮冰为轻工业部党组书记，滕代远为铁道部党组书记，王诤为邮电部党组书记，李远运为交通部党组书记，罗玉川为农业部党组书记，李范五为林垦部党组书记，李葆华为水利部党组书记，李立三为劳动部党组书记，周扬为文化部党组书记，钱俊瑞为教育部党组书记，贺诚为卫生部党组书记，李木基为司法部党组书记，陈绍禹为法制委员会党组书记，乌兰夫为民族事务委员会党组书记，廖承志为华侨事务委员会党组书记，陈伯达为科学院党组书记，邹大鹏为情报总署党组书记，孔原为海关总署党组书记，胡乔木为新闻总署党组书记，胡绳为出版总署党组书记，南汉宸为人民银行党组书记。

同　日　毛泽东起草中央关于对旧人员处理问题的电报。电称，关于新华社9月16日《六评白皮书》社论中所称对待旧人员的原则及办法（编注：《六评白皮书》社论对旧人员的原则是："对于国民党旧工作人员，只要有一技之长而不是反动有据或劣迹昭著的分子，一概予以维持，不要裁减。十分困难时，饭匀着吃，房子挤着住。已被裁减而生活无着者，收回成命，给以饭吃。国民党军起义的或被俘的，按此原则，一律收留。凡非首要的反动分子，只要悔罪，亦须给以生活出路。"），中央曾向各中央局分局前委作了指示，全国各地党的组织、人民解放军及人民政府必须一律遵照执行，必须避免过去北京、上海、南京等处粗鲁地不负责任地遣散大批旧人员（北京万余人，沪宁两万余人）的错误，不要重犯。最近西北局关于处理旧人员问题有一具体办法，中央业已转发你们参考办理，请加注意，并转告所属注意为要。

11月4日　政务院举行第四次政务会议。董必武副总理向会议作了关于中央防疫委员会工作的报告，说明察北鼠疫情况以及关于政法委员会所属各部、会成立情况和已进行的工作情况的报告。中财委陈云主任、文教委郭沫若主任、监委谭平山主任分别报告各委部门机构成立情况；周恩来总理兼外交部长报告了外交部、情报总署、华侨事务委员会成立情况。中财委陈云主任报告中财委所属各部门举行各种全国性的专业会议计划，今年11月—明年2月份将举行23个专业会。会议批准齐燕铭代秘书长作的《关于首都各机关房屋统筹分配委员会成立及其工作情况的报告》。薄一波提出解决机关房屋问题的三项原则：一、力求清理使用现有房屋，不购买房屋；二、对临时训练班和学校不批拨城内房屋；三、除特殊情况（如中央人民政府及招待外宾之房）外，各机关房屋用具皆应因陋就简地使用。

同　日　中共中央组织部发出《关于干部鉴定工作的规定》。《规定》指出，建立干部鉴定制度，不仅是推动干部的重要方法，而且也是正确执行党的干部政策的重要方法。《规定》对干部鉴定的内容、方法与时间要求等作了具体规定。

11月5日　全国隆重庆祝苏联十月革命节。在苏联十月社会主义革命32周年之际，全国各地纷纷举行纪念活动，借以扩大宣传中苏友谊，开展国际主义教育，学习苏联。11月5日，毛泽东致电斯大林，祝苏联的社会主义建设日益发展，祝苏联为首脑的世界和平民主阵营无比强大，祝中苏两国人民永远友好合作。同一天，中苏友协、宋庆龄也分别发去贺电。中国参加十月革命纪念典礼的代表团，在团长丁玲的率领下也于5日抵达莫斯科。11月7日上午，中央人民政府主席毛泽东、副主席朱德、刘少奇等应邀前往苏联大使馆参加纪念会。毛泽东举杯祝贺斯大林健康。下午5时，外交部长周恩来举行盛大鸡尾酒会庆祝十月革命32周年。晚7时半，中苏友协总会隆重集会，中央人民政府负责人员、各界人民代表、苏联驻华大使馆人员、苏联专家等1 000余人到会。中苏友谊总会会长刘少奇、副会长郭沫若、苏联大使罗申先后讲话，共祝十月革命胜利万岁，中国人民革命胜利万岁，中苏两国人民的不朽友谊万岁。

11月7日　中国政府领导人出席苏联驻华大使罗申举行的庆祝苏联革命32周年鸡尾酒会。出席酒会的有中央人民政府主席毛泽东、副主席朱德、刘少奇、李济深、张澜，秘书长林伯渠，政务院总理周恩来，副总理董必武、陈云、郭沫若、黄炎培以及政府各机关、社会团体、民主党派负责人700余人。当日下午，外交部长周恩来举行盛大鸡尾酒会，庆祝十月革命节。

11月8日　周恩来在外交部成立大会上谈新中国的外交。周恩来指出，我们现在的外交任务，是分成两方面的。一方面是同苏联等人民民主国家建立兄弟的友谊。我们在斗争营垒上属于一个体系，目标是一致的，都为持久和平、人民民主和社会主义前途而奋斗。另一方面是反对帝国主义。外交工作有两方面：一面是联合，一面是斗争。对兄弟国家战略上是要联合，但战术上不能没有批评。对帝国主义战略上是反对的，但战术上有时在个别问题上是可以联合的。今天开辟外交战线，首先要认清敌友。对帝国主义在全盘战略上应该藐视它，但在具体战斗上应该重视它。要认清帝国主义的本质，要有独立的精神，要争取主动，没有畏惧，要有信心。凡是没有承认我们的国家，我们一概不承认他们的大使馆、领事馆与外交官的地位，只是把他们的外交官当做外侨来看待，享受法律的保护。他们犯了法，我们一样照法办事。我们对每一个斗争、每一件事情，都要重视，都要有信心，不要怕，但也不要盲目行动，否则就会产生盲目排外的情绪。遇事就仔细想、分析研究，看是属于哪一类性质，其后果如何，分析好的一方面，也要分析坏的一方面。要多思考、多分析研究，善于斗争。现在我们是代表国家，一切都要正规化，更应该加倍谨慎。另外，联合一方面，就兄弟国家来说，我们是联合的，战略是一致的，但国与国之间，在政治上不能没有差别，在民族、宗教、语言、风俗习惯上是有所不同的。所以要是认为同这些国家之间毫无问题，那就是盲目乐观。乐观是应当的，但对这些国家也要注意联合中的某些技术问题。我们应当通过相互接触，达到彼此思想沟通。这个联合工作是不容易的，做得不好，就会引起误会。误会是思想上没有沟通的结果。我们应当研究如何改善关系，不要因为是兄弟国家，就随随便便。我们要藐视帝国主义，但不轻视具体斗争；要联合兄弟朋友，但不要马虎。一种是联合，一种是斗争，这两种都通过外交形式出现。外交是代表国家的工作，在开辟战场之初，应当在工作中锻炼培养，要求每一个同志一切从学习出发，不要骄傲，不要急躁，不要气馁。要戒骄戒躁，谦虚谨慎，同时必须有严格纪律。一切都要事先请示、商讨，批准后再做，做完后要报告，这一点很重要。

同　日　人民公安部队中央纵队在北京成立。中央人民政府副主席朱德、公安部长罗瑞卿等亲临检阅并在成立大会上发表讲话。朱德要求人民公安部队要在行动上、言论上处处做人民的表率，要在军民团结和遵守纪律方面格外要求严格。罗瑞卿在讲话中指出，人民公安部队中央纵队负有两大任务：一是警卫人民的首都北京；一是作为全国公安部队的模范。他说，公开的敌人虽然被人民解放军打倒了，但残余的敌人决不就此甘心，他们时时刻刻企图复辟，企图夺回人民的胜利果实，所以全国如果没有一支强大的公安部队，肃清土匪特务，镇压内外敌人的一切破坏和捣乱，人民的胜利是没有保障的，人民的建设事业更是谈不上的。人民公安部队中央纵队司令员为吴烈，政委为周衍。

同　日　人民解放军海军组建第一支水面舰艇部队。这支部队是由人民解放军华东军区海军第一、二舰艇大队组成的。

11月9日　中共中央发出中央政治局通过的《关于成立中央及各级党的纪律检查委员会的决定》。《决定》共五项8条。《决定》规定：一、为了更好地执行党的政治路线及各项具体政策，保守国家与党的机密，加强党的组织性与纪律性，密切地联系群众，克服官僚主义，保证党的一切决议的正确实施，特决定成立中央及各级党的纪律检查委员会。二、中央及各级纪律检查委员会的任务与职权是：1.检查中央直属各部门及各级党的组织、党的干部及党员违犯党的纪律的行为；2.受理、审查并决定中央直属各部门、各级党的组织及党员违犯纪律的处分，或取消其处分；3.在党内加强纪律教育，使党员干部严格地遵守党纪，实行党的决议与政府法令，以实现全党的统一与集中。三、中央纪律检查委员会，在中央政治局领导之下工作。四、各中央局、分局省委、区党委、市委、地委、县委党的纪律检查委员会，由各该级党委提出名单。经上两级党委批准后，在各该党委会指导之下进行工作。上级党的纪律检查委员会，有权改变或取消下级党的纪律检查委员会的决定。五、中央及各级党的纪律检查委员会，必须设置一定的工作机关，建立经常的工作，并规定自己的工作细则，中共中央决定由朱德任中央纪律检查委员会书记，王从吾、安子文为副书记，刘澜涛、谢觉哉、李葆华、刘景范、李涛、薛暮桥、梁华、冯乃超等为委员。

同　日　中国、中央两航空公司全体员工起义。中国航空公司和中央航空公司是原国民党政府的两个民用航空公司。1948年底，这两个公司将营业机航基地从上海分别迁移到香港和广州。1949年11月9日，中国航空公司总经理刘敬宜、中央航空公司总经理陈卓林乘机由香港飞抵北京，代表两公司4 000名员工，发布全体员工起义通电，同时飞回大陆的还有11架飞机。12日，毛泽东向两航全体起义员工发表祝贺电报，称赞他们在两位总经理的领导下，毅然脱离国民党反动残余，投入人民祖国的怀抱，这是一个有重大意义的爱国举动。希望他们团结一致，为建设人民航空事业，并为保卫留在香港的祖国财产而奋斗。同日，周恩来致函宣布两公司受中央人民政府管辖，并任命刘敬宜为中国航空公司总经理，陈卓林为中央航空公司总经理。

11月10日　中财委决定豁免棉花进口税。中财委为照顾部分私营纱厂生产需要，决定今后凡私营厂商申请进口原棉，准以国产棉布棉纱出口交换，并为奖励自备外汇进口及照顾厂商交换中的利益起见，棉花进口税一律予以豁免。

11月11日　政务院召开第五次政务会议。会议听取董必武副总理关于防疫工作的报告，报告指出鼠疫已停止蔓延和缩小的趋势；

听取了陈云副总理《关于指导接收委员会工作的报告》。鉴于南京是国民党中央和前政府所在地，上海为我国最大商埠，会议决定组织政务院指导接收工作委员会华东区工作团，由董必武领导，统筹指导和处理华东区有关前国民党政府各机关人员、档案、图书、财产、物资等接收事宜。会议还通过《政务院组织条例（草案）》，呈请中央人民政府委员会批准后施行。

同　日　中国人民解放军组建空军。以原第四野战军第十四兵团机关为基础组建，归中央军委建制。司令员刘亚楼，副司令员常乾坤，政治委员肖华，副政治委员吴法宪（兼政治部主任）、王弼，参谋长王秉璋。下辖西北、西南，华东，中南、华北、东北航空处，第一、第二、第三、第四、第五、第六、第七航空学校，及空军混成第四师，伞兵第一师等部。

11月12日　中央防疫实验处制成我国首批鼠疫菌苗。此项研制成果为消灭蔓延于华北、东北等地的鼠疫提供了急需品。为此中央卫生部部长李德全亲自向该处14名优秀工作人员授奖。

同　日　中国国民党第二届民主派代表会议在北京召开。会议通过了《中国国民党民主派代表会议宣言》、《中国国民党革命委员会组织总章》、《中国国民党革命委员会关于当前政治任务决议案》等文件。文件阐明了中国共产党领导是中国民主革命胜利的根本保证。中国国民党革命派如果要继承孙中山的革命传统，为中国革命贡献力量，就必须参加以中国共产党为首的人民民主统一战线，协助人民政府进行伟大的新民主主义建设工程，努力巩固人民民主专政，实行人民政协的共同纲领，建设新民主主义的中国。人民政协的共同纲领，是中国国民党革命委员会的行动纲领，要站在自己岗位上，竭智尽忠，依据自己的历史和社会的关系，协助各级人民政府，求其彻底实现。要克服落后和散漫的组织建设上的弱点，改造党员的思想和作风，使党组织成为一个进步的有纪律的，并与群众密切联系的为人民服务的革命政党。会议决定自1949年11月16日起，中国国民党革命委员会、三民主义同志联合会、中国国民党民主促进会以及党内其他民主分子，合并组成一个统一组织——中国国民党革命委员会（简称“民革”）。会议选举产生中国国民党革命委员会第一届中央委员会。22日，第一届中央委员会召开全体会议，选举李济深、何香凝、谭平山等21人为中央常务委员，李济深为主席。

11月13日　中财委发出《制止物价猛涨》的指示，对稳定物价作出总体部署。建国初期物价继续飞涨是财经工作中突出的困难。1949年1月、4月、7月已有3次物价大波动，10月又掀起了物价风潮，虽采取了措施，仍继续上涨。陈云为中财委起草的制止物价猛涨的指示，分析了物价上涨的形势，认为目前物价上涨幅度已与通货发行指数相适应。稳定物价已有可能。为此，在物资、运输、金融、税收、价格等方面作了通盘部署，决定立即收缩信贷、调运物资，要求上海、北京、天津等城市准备好足够数量的粮食、布匹，力争在11月底或12月初全国各主要城市一起抛售。同时起征能起收缩银根作用的税收，以打击投机商人。这是一次全国统一指挥、各方面配合的大“战役”。各部门按照中财委指示，积极做好准备，从11月25日开始，一起抛售物资和进一步收缩银根，仅半个月时间，给囤积居奇、投机倒把者以严厉打击，全国物价暂时趋向平稳。

11月14日　国民党资源委员会在香港员工起义。在前国民党政府经济部长兼资源委员会主任孙越崎（已于6月辞职）发动和组织下，资源委员会在香港的国外贸易事务所员工举行大会，一致决议脱离国民党政府，并于14日致电中华人民共和国中央人民政府，听候指示。19日，毛泽东复电慰勉。在孙越崎离港北上途中，中央人民政府已任命他为中财委计划局副局长，主管基本建设、轻工业和天然财富等业务。

同　日　毛泽东向彭德怀、西北局发出关于西北少数民族工作的指示。指示说，据青海省委迭次反映，马匪余党，在许多地方煽动群众，组织反抗。此次兰州会议上请予以严重注视。除大力剿匪，省委地委县委集中注意做艰苦的群众工作，在一切工作中坚持民族平等和民族团结政策外，各级政权机关均应按各民族人口多少，分配名额，大量吸收回族及其他少数民族能够和我们合作的人参加政府工作。在目前时期应一律组织联合政府，即统一战线政府。在这种合作中大批培养少数民族干部。此外，青海、甘肃、新疆、宁夏、陕西各省省委及一切有少数民族存在地方的地委，都应开办少数民族干部训练班，或干部训练学校。请你们注意这一点，要彻底解决民族问题，完全孤立民族反动派，没有大批从少数民族出身的共产主义干部，是不可能的。

11月15日　外交部长周恩来致电联合国秘书长赖伊。电文指出，目前以代表中国人民名义参加联合国组织并出席本届联合国大会的所谓“中国国民党政府代表团”已经变成了一小堆流亡分子的御用工具，绝对没有代表中国人民的任何资格；中华人民共和国中央人民政府正式要求联合国立即取消该“代表团”继续代表中国人民参加联合国的一切权利。

同　日　外交部长周恩来致电联合国大会罗慕洛主席。电文指出，中华人民共和国中央人民政府否认目前正出席本届联合国大会之所谓“中国国民政府”派遣的蒋廷黼所领导的代表团的合法地位，认为他们已经不能代表中国，并也无权代表中国人民在联合国组织中发言。

同　日　华中、西南3省解放。湖北、湖南两省全部解放后，人民解放军向西南挺进。同日，解放贵阳。

11月16日　亚洲、澳洲工会会议在北京举行。参加会议的有中国、苏联、蒙古、民主朝鲜、南朝鲜、印度、越南、缅甸、暹罗（今名泰国）、印度尼西亚、锡兰（今名斯里兰卡）、菲律宾、马来亚（今名马来西亚）、伊朗等国家的工会代表共117人。世界工会联合会副主席、亚澳工会会议主席团主席刘少奇致开幕词。中华全国总工会副主席李立三作《关于中国工人运动的报告》。会议经过讨论，通过了《关于建立世界工联亚洲联络局的决议》和《告亚洲各国工人和一切劳动者书》等文件。

11月17日　燃料工业部主持召开全国煤矿会议。会议分析了煤矿的现状及存在的问题，安排了1950年全国煤矿生产3 668万吨的计划。会议决定在全面恢复的总方针下，采取以下具体措施；一、改进技术，提高生产效率，提高质量；二、加强保卫工作，在安全生产的原则下，完成生产任务；三、加强经济核算制度。开展节约运动，降低成本，要求1950年比1949年第四季度降低成本8%~15%；四、充分发挥现有设备的效能，大力制造矿山机械；五、培养技术人员；六、改善职工待遇，克服平均主义，做到多劳多得，实行计件累进奖励工资制。

11月18日　政务院举行第六次政务会议。会议批准陈云副总理作的《关于物价问题的报告》，公安部罗瑞卿部长作的《关于公安会议的报告》、水利部傅作义部长作的《关于各解放区水利联席会议的报告》，以及通过北京市人民政府聂荣臻市长作的《关于召开北京市第二届各界人民代表会议的报告》。陈云《关于物价问题的报告》指出，最近，全国物价上涨得厉害。究其原因，主要是财政赤字太大，钞票发行太多，现在发行的钞票比7月份增加5倍。目前军队和其他吃公家饭的总共有700万人；军队打仗，要先带一批款，新解放区收不上税，钱粮都要补贴；加上经济建设方面的投资，4个月的财政支出5.43万亿元，收入仅1.88万亿元，赤字达3.53万亿元。预计明春绝大部分地区可解放，开支更多。在这种情况下，我们的方针是，保证军政费用的必须开支，力争金融波动的次数减少。为此应采取的办法，一是多生产、少开支；二是多收多借，组织管制。即多收公粮，增加税收，多借内债，拟发行折实公债，并加强市场管制。周恩来指出，战争的负担亦即胜利的负担，今天的困难都是为胜利而负担的。负担增加是必然的过程，它与国民党反动派时期的物价上涨、负担增加是性质完全不同的两回事。我们必须把真实情况向人民说清楚。今天的工作中心是恢复生产。设想将来可用一部分军队参加生产，凡是已肃清土匪的地方，当地的军队就可参加生产。城市重点恢复工业生产。措施运用恰当，估计两年左右可使物价稳定下来。会议决议，为研究开源节流、发行公债等问题成立小组，由陈云副总理召集。会议并建议政协全委会财政经济组讨论物价问题，并向其常委会提出报告。《关于公安会议的报告》，罗瑞卿说，公安会议统一了对敌情和新形势下公安工作任务的认识，确定目前工作的重点是：在新解放地区的大中城市交通线上及海口，继续摧毁敌特潜伏力量；在农村结合军队、群众限期肃清土匪；在华北、东北地区，进一步缩小敌特破坏的可能。公安会议拟订了公安部门各级的组织形式，以及公安武装和警察的组织形式。各级公安部门除受同级政府领导外，同时接受上级公安部门的领导。《关于各解放区水利联席会议的报告》，傅作义说，1950年度水利工作计划的重点是，在受洪水威胁的地区，着重防洪排水；在干旱地区，着重开渠灌溉；同时应加强水利事业的调研工作。为了统筹规划各重要水道的水利事业，拟先设置黄河水利委员会、长江水利委员会、淮河水利工程局，由水利部直接领导。会议通过《关于筹备召开北京市第二届各界人民代表会议的报告》，并批准该代表会议执行人民代表大会的职权，选举北京市市长、副市长和政府委员；批准该代表会议讨论并通过征收工商业税、农业税、房产税、地产税、小学教育和清洁卫生费5个征税案。

11月19日　政务院批准任命陈克寒为新华社社长，吴冷西为总编辑，免去胡乔木的兼职。

11月20日　北京市第二届一次各界人民代表会议召开。经中央人民政府批准，这次会议开始执行市人民代表大会的职权，作为全市最高权力机关。会议选举聂荣臻为市长，张友渔、吴晗为副市长；选举彭真为市协商委员会主席，刘仁、钱端升、梁思成、余心情为副主席。会议通过了《封闭妓院的决议》和《关于开办业余补习学校的决议》。

11月21日　北京封闭全市妓院。北京市第二届各界人民代表会议一致通过封闭妓院的决议，认为妓院乃旧统治者和剥削者摧残妇女精神与肉体，侮辱妇女人格的兽性的野蛮制度的残余，传染梅毒、淋病，危害国民健康极大。而妓院老板、领家和高利贷者乃极端野蛮狠毒之封建余孽。根据全市人民之意志，决定立即封闭一切妓院，集中所有妓院老板、领家、鸨儿等加以审查和处理，并集中妓女加以训练；改造其思想，医治其性病，有家可归者送其回家，有结婚对象者助其结婚，无家可归，无偶可配者，组织学艺，从事生产，没收妓院财产以作救济妓女之用。聂荣臻市长郑重宣布，市政府马上执行。下午5时许，公安局出动干部和公安总队2 400余人，在市民政局、市妇联的协助下，分别将全市的196家妓院的1 200多名妓女收容在临时设立的妇女生产教养院。同时对极端野蛮狠毒的385个妓院老板、领家集中审查，按罪行大小依法处理，妓院财产全部没收。北京市第二届各界人民代表会议封闭妓院的决议，受到毛泽东的称赞。

11月22日　贵州省会贵阳军管会成立，苏振华任主任。

同　日　中国人民解放军海军学校在大连成立。该校是根据中央军委指示，以原安东海军学校为基础建立的。肖劲光任校长兼政治委员。该校于1950年2月1日开学。这是中国人民解放军海军第一所培训水面舰艇初级干部的正规学校。

11月22日、12月4日　桂林、南宁解放。从11月上旬—12月中旬，人民解放军按预定部署分路向广西挺进，将逃敌白崇禧集团余部17万余人歼灭于容县、博白、廉江、钦州地区。11月22日，解放桂林；12月4日，解放南宁。

11月23日　毛泽东、朱德发出给班禅额尔德尼的复电。10月1日，班禅额尔德尼从青海给毛泽东、朱德发电，表示拥护中央人民政府成立，期望西藏早日解放。23日，毛泽东、朱德复电，对此表示欣慰。电文说，西藏人民是爱祖国而反对外国侵略的，他们不满意国民党反动政府的政策，而愿意成为统一的富强的各民族平等合作的新中国大家庭的一分子。中央人民政府和中国人民解放军必能满足西藏人民的这个愿望。希望先生和全西藏人士一致努力，为西藏的解放和汉藏人民的团结而奋斗。

同　日　中国和阿尔巴尼亚建交。当日，阿尔巴尼亚社会主义人民共和国部长会议主席兼外交部长霍查致电中华人民共和国政务院总理兼外交部长周恩来，代表阿尔巴尼亚政府决定同中国建立外交关系。周恩来于同日复电同意。

同　日　中共中央西南局成立。邓小平任第一书记，刘伯承任第二书记，贺龙任第三书记。

11月24日　中央人民政府财政部主持召开全国税务会议。会议研究决定：一、农民负担已经很重，不能再加，今后增加税收主要应该在城市工商业税收上多想办法。二、为简化税制，税种、税目应尽量减少。三、税率一般可按照原有规定，不使其降得过低。全国范围的税收确定为14种。会议还制定了《全国税政实施要则（草案)》、《全国各级税务机关暂行组织规程（草案)》等文件，这些草案于1950年1月27日经政务院会议通过。

11月25日　政务院举行第七次政务会议。一、会议原则批准文教委郭沫若主任作的《关于文教委工作的报告》。报告说，文教委注意纠正了文艺创作演出中过于求真而流于自然主义的倾向。认为文艺的新方面，应使革命浪漫主义与写实主义结合起来，成为新现实主义，要表现和歌颂中国劳动人民的品质，要树立新民主主义的文艺风气。二、会议决议，由谢觉哉、章乃器政务委员等修改政务院及其所属机关工作人员任免暂行办法初稿。周恩来总理指出，工作人员任免应由会议决定，政务院各部门任定工作人员后，呈请政务院备案，不需呈请政务院总理批准。各部、会、院、署、行工作人员任免，先由所属各委决定，再交政务院人事局办理任免事项，并提交政务会议通过。

11月26日　沈阳市人民法院审判一起间谍案。这是由美国前驻沈阳领事馆指挥的间谍案。经过沈阳市人民法院审理后，依法判决被告日本人佐佐木弘经等有期徒刑2—6年；判决中国籍各犯被剥夺公民权4—6年。掩护和指挥这一间谍案的前驻沈阳美国领事馆全体外籍人员，限期驱逐出中国国境。

11月27日　中共中央发出必须将市县各界人民代表会议看成团结各界人民的重要工具的指示。指示认为，必须将这种市的县的各界人民代表会议看成是团结各界人民，动员群众完成剿匪反霸、肃清特务，减租减息，征税征粮、恢复与发展生产，恢复与发展文化教育直至完成土地改革的极重要的工具。一律每3个月召开1次。

11月28日　政务院举行第八次政务会议。一、会议原则通过《省各界人民代表会议组织通则》、《市各界人民代表会议组织通则》和《县各界人民代表会议组织通则》。二、通过《政务院关于任免工作人员的暂行办法》。《办法》规定：政务院提请中央人民政府委员会批准任免各委正、副秘书长及其他同级人员；大行政区人民政府正、副主席、委员，正、副秘书长，正、副部长及其他同级人员；大行政区直属市正、副市长、委员；省人民政府正、副主席、委员；中央直辖市正、副市长、委员；大学正、副校长。政务院任免或批准任免直属厅、室、局、处的主任、局长、处长与其副职及其他与以上各职同级人员；政务院参事、专门委员及其他同级人员；各委、部、会、院、署、行的厅主任、司长、局长、处长与其副职及其他与以上各职同级人员；大行政区人民政府的厅长、局长、处长与其副职及其他与以上各职同级人员；省（中央直辖市）人民政府正、副秘书长、厅长、局长、处长与其副职及其他与以上各职同级人员；大行政区直辖市人民政府正、副秘书长，正、副局长及其他与以上各职同级人员；省直辖市正、副市长、委员；专区专员、副专员，正、副县长、委员；高等专门学校正、副校长；驻外国的总领事、副总领事。上述规定以外的各级工作人员任免，需报政务院备案。此《办法》于1950年1月5日发出。三、修订通过《政务院试行组织条例》。《条例》补充规定，秘书长主持政务院内部日常工作。

同　日　中财委提出平抑物价的标准。中财委规定，为避免今后一定期间内物价再度波动，此次平抑结果，决定跌至如下价格为止：布价：以上海11万元为标准，天津12.5万元，汉口13万元，西安照上海标准规定具体价格即报中财委。粮食：上海大米600元，汉口大米550元，天津小米650元。中财委认为此次平抑物价后，一定会出现银根吃紧，物价继续跌至预定标准以下时，得酌量发行票子收买纱布和米，即上海布跌至10.5万元以下，米价跌至550元以下；汉口布价跌至12.5万元以下，米跌至500元以下；天津布价跌至12万元以下，小米跌至600元以下时，即可买进，勿使续跌。但此项发行票子，仍须事先请示，所收买之物资，应归发行库所有，储存不得动用，以备作下一次物价波动时回笼货币之用。

11月29日　外交部长周恩来发表《对国民党反动匪帮逃往越南等地的声明》。《声明》指出，中国人民解放军在目前迅速地继续消灭国民党残余军队，正日益接近我国的西南国境，蒋介石正在把他们的希望转向越南及其他和中国国境毗连的地方，企图把这些地方作为他们的残兵败将的逋逃所，并准备把它们作为等待时机以便卷土重来的基地。为此，中华人民共和国中央人民政府向法国政府及和中国国境毗连的各国政府郑重声明，彻底消灭国民党所有反动武装力量，乃我政府不可动摇的政策。不管战败了的国民党反动军队，逃到什么地方，我中华人民共和国中央人民政府都保有权利过问这一事实，而容留国民党反动武装力量的任何国家的政府必须对此事实负责，并承担由此产生的一切后果。

同　日　中央人民政府机关节约救灾委员会成立。这是在内务部召开节约救灾会议上决定成立的。该委员会并在中央政府各机关中开展“一两米”节约运动，规定各机关工作人员自11月份起，至明年2月底止，每人每月节约小米2斤，救助灾民。

11月29、30日　中国人民政治协商会议第一届全国委员会常务委员会在北京举行第二次会议。会议内容是：讨论1950年全国收支预算概算书和发行人民胜利折实公债的决定草案。中央人民政府委员、政务委员列席了会议。

11月30日　人民解放军解放重庆。11月1日，第二野战军主力在第四野战军一部的配合下，在北起湖北巴东，西至贵州天柱宽约500公里的正面上，向敌实施多路进攻。担任战略迂回的第五兵团等部由湘西出发，直出贵州，15日解放贵阳、思南等地，至12月初，前出至川南的纳溪、合江、自贡等地；第三兵团及第四野战军一部由鄂西和湘西分路出发，突破国民党军川鄂边防线，占领秀山、酉阳、彭水等地，并乘胜将宋希濂集团和罗广文兵团大部歼灭于咸丰、南川地区，解放重庆外围之綦江、涪陵、江津等地。蒋介石及“国民政府”于11月29日由重庆逃往成都。30日，重庆解放。

同　日　人民解放军第一野战军与西北军区合并，称西北军区。彭德怀任司令员、习仲勋任政治委员。

本　月　中共中央政治局通过《关于在中央人民政府内组织中国共产党党委会的决定》。决定共四项7条。《决定》规定：一、凡参加中央人民政府工作之党员，除中央允许者外，必须一律参加支部组织，过党的组织生活。二、中央人民政府内中国共产党党委会的基本工作为：1.按照中央人民政府的政策和决议保证行政任务的完成，正确地团结党外人士，诚恳地帮助其进步，获得工作成绩，并严密地注意保守国家机密及注意政府机关内及其周围有无破坏分子和暗藏的反动分子进行活动；2.教育党员保守机密，组织党员学习，提高党员的觉悟程度及精通自己的业务，成为执行任务、奉公守法、遵守纪律的模范；3.统一领导、吸收党员，征收党费，审查与鉴定党员及执行党的纪律等工作。三、中央人民政府党委会下，按照党员人数及工作部门的性质，暂分设6个分党委。即政治法律委员会分党委、财政经济委员会分党委、文化教育委员会分党委、中央人民政府委员会直属机关、最高人民法院及最高人民检察署分党委、政务院直属机关及人民监察委员会分党委，中国人民大学分党委。并在各院、委、部、会、署、厅、司、局、处等处组织总支和支部。从党委会到支部，一切党的组织在适当时期，均应公开。在总支委员会以上，必须有专门干部从事党委工作。人民革命军事委员会所属党的组织，受政治部领导，不属政府党委会。四、党委会及分党委暂由中央指定，俟有可能条件时，再由党员大会或党代表大会选举。

12月2日　政务院召开第九次政务会议。会议修订通过《政务院及其所属各机关组织通则》。《通则》规定：一、各机关得设办公厅；为分掌业务，得设司或处；厅、司或处以下得设处或科。其工作有半独立性质者得设局；工作有特定性质者得设室、组、所或会。二、各级负责人，厅、室称主任，会称主任委员，司称司长，局、组、所、处、科以此类推，必要时均得设副职。三、各委得设正副秘书长，一般机关均得设秘书。各机关视工作需要，分别酌设顾问、参事、专门委员、工程师、技师、视察等。四、各机关应实行会议制度，其所属各部门亦得分别设各项工作会议。五、各机关的内部组织，必要时得由政务会议议决增、减或合并。六、各机关拟定的组织条例经政务院核准后，可先试行若干时期，再送请中央人民政府委员会批准。

同 日　中央人民政府委员会举行第四次会议。一、通过《1950年度全国财政收支概算》。中财委副主任兼财政部长薄一波作《关于1950年度财政收支概算草案编成的报告》，报告说，这个概算的支出项下，各种科目所占的比重如下：军事费38.8%，行政费21.4%，国营企业投资23.9%，文化教育卫生费4.1%，地方补助费2.3%，东北公债还本付息0.1%，总预备费9.4%。二、通过《发行人民胜利折实公债的决定》。决定说，为支援人民解放战争，迅速统一全国，以利安定民生，走上恢复与发展经济的轨道，决定于1950年度发行一次人民胜利折实公债。本公债之募集及还付本息，均以实物为计算标准，其单位定名为“分”。公债总额为2亿分。于1950年内分期发行，分5年偿还，年息5厘。此件12月4日公布。中财委主任陈云就物价问题和发行公债问题作了报告。三、听取东北人民政府副主席李富春作的《关于1950年东北财政经济计划的报告》。李富春说，东北4年来，在财政上从逐渐减少赤字达到力争收支平衡；在物价上从不断上涨达到力争相对稳定；在金融上从大量发行到完全不靠发行；在生产上从先掌握乡村与农业，达到解放城市，掌握工业，逐步恢复生产。发生这些转变，关键是东北境内已无战争，有较丰富的资源，国营经济的比重较大。土改已全部完成。四、听取华东军政委员会主席饶漱石作的《关于华东工作情况的报告》。报告说，明年华东承担的公粮、税收任务，占全国粮税收入总额的32%，这是非常艰巨的。完成这一任务虽有困难，但也存在着克服困难的条件：华东区域广大，所辖36个市405个县，有丰富的物产，有1.3亿多人口，有全国最集中和较有组织的近代产业工人，工商业发达，税收一向占全国税收的半数以上。五、听取中南军政委员会副主席邓子恢作的《关于中南工作情况的报告》。报告说，中南包括湘、鄂、赣、豫、粤、桂6省，人口1.36亿。6月份以来的任务是，前方消灭残敌接管新区，后方剿匪反霸恢复生产。经过半年的工作，现已基本完成任务。但今后新区接管、剿匪反霸、恢复生产任务仍很艰巨。关于财经工作，我们完全拥护中央统筹统支方针与明年收支概算及公债发行计划，并坚决完成给中南的征粮税收及推销公债任务。六、通过政务院提请通过的《省各界人民代表会议组织通则》、《市各界人民代表会议组织通则》、《县各界人民代表会议组织通则》。周恩来在说明上述《组织通则》的内容、作用时指出，各界人民代表会议是解放初期人民革命政权联系群众、动员群众的最好方法。毛泽东指出，颁布这些组织通则很重要，这些组织通则就是目前时期适合的通用的法律，各地方人民政府虽然可以按照具体情况有所增益，但是必须无例外地执行。七、通过《关于中华人民共和国国庆日的决议》。中央人民政府委员会采纳了政协第一届全国委员会的建议案，宣告：自1950年起，以每年的10月1日，即中华人民共和国宣告成立的日子为中华人民共和国的国庆日。八、通过《政务院及其所属各机关组织通则》。对政务院所属各机关的机构设置、人员职称及其任免权限和会议制度作了具体规定。九、通过政务院提请批准的任命案。毛泽东指出，中国是一个大国，必须设立大行政区军政委员会这样一级有力量的地方机构，才能把事情办好。应该统一的，必须统一，决不可各自为政；但是统一和因地制宜必须相结合。在人民的政权下，产生像过去那样的封建割据的历史条件已经不存在了，中央和地方的适当的分工将有利而无害。会议根据政务院提议，任命高岗为东北人民政府委员会主席，李富春、林枫、高崇民为副主席；饶漱石为华东军政委员会主席，曾山、粟裕、马寅初、颜惠庆为副主席；林彪为中南军政委员会主席，邓子恢、叶剑英、程潜、张难先为副主席；彭德怀为西北军政委员会主席，习仲勋、张治中为副主席；刘伯承为西南军政委员会主席，贺龙、邓小平、熊克武、龙云、刘文辉、王维舟为副主席；傅作义为绥远军政委员会主席，高克林、乌兰夫、董其武、孙兰峰为副主席；董其武为绥远省人民政府委员会主席；马明芳为陕西省人民政府委员会主席；邓宝珊为甘肃省人民政府委员会主席；赵寿山为青海省人民政府委员会主席；潘自力为宁夏省人民政府委员会主席；杨勇为贵州省人民政府主席；张云逸为广西省人民政府主席；叶剑英为广东省人民政府主席；包尔汉为新疆省人民政府主席；聂荣臻为北京市人民政府市长；叶剑英为广州市人民政府市长；陈毅为上海市人民政府市长；贾拓夫为西安市人民政府市长；陈锡联为重庆市人民政府市长；乌兰夫为内蒙古自治区人民政府委员会主席。毛泽东在会议上发表讲话。毛泽东指出，我们的情况概括地说来是：有困难的，有办法的，有希望的。我们的财政情况是有困难的，我们必须要向人民说明我们的困难所在，不要隐瞒这种困难。但是我们同时也必须向人民说明：我们确实有办法克服困难。我们现在有办法克服困难，我们的事业就是有希望的，我们的前途就是光明的。我们的情况会一年比一年好起来，估计明年要比今年好。在三年五年的时间内，我们的经济事业可以完全恢复；在十年八年的时间内，我们的经济就可以得到巨大的发展。

同　日　中央防疫实验处试制青霉素成功，各项指标均达到国外同类产品水平。

12月3日　周恩来就“中国”、“中央”两航空公司留港资财问题发表声明。声明说，中国航空公司和中央航空公司为我中华人民共和国中央人民政府所有，受中央人民政府民航局直接管辖。两航空公司留在香港的资财，只有我中央人民政府和我中央人民政府所委托的人员，才有权处置，决不容许任何人以任何手段侵犯、移动或损坏。我中央人民政府的此项神圣的产权，应受到香港政府的尊重。如两航空公司留港资财，有被非法侵犯、移动或损坏情事，则香港政府必须负完全责任，并将引起相应的后果。

同　日　重庆市军事管制委员会成立，张际春任主任。

12月5日　中央人民革命军事委员会主席毛泽东颁发《关于1950年军队参加生产建设工作的指示》。《指示》规定，人民革命军事委员会号召全军，除继续作战和服勤务者以外，应当负担一部分生产任务，使我人民解放军不仅是一支国防军，而且是一支生产军，借以协同全国人民克服长期战争所遗留下来的困难，加速新民主主义的经济建设。生产项目应在人民政府允许之下，以农业、畜牧业、渔业、水利事业、手工业、各项建筑工程、各项可能从事的工业和运输事业为范围，禁止从事商业。根据过去的经验，军队的生产运动，必须严格禁止开商店从事商业行为。干部中如有企图以走私、囤积、投机希图暴利的思想或发现此种行为，必须迅速予以纠正和制止。在进行农业生产时，必须注意不要因开荒引起水患，不要因争地引起人民不满。为了使军队正确执行生产任务，开展生产运动，文件规定：一、在师、军及军分区以上各级，成立有司令部、政治部、后勤部的代表参加的生产委员会，其任务为掌握生产方向，审定生产计划，监督生产计划的实施，检查违法行为。二、建立军队的生产合作社，建立合作社的各级领导机关，在军队生产委员会的监督和领导之下，掌管全部生产资金、生产活动和生产结果的处理。合作社系统和军队指挥系统平行，相互密切联系，但不相混淆。三、实行公私兼顾原则，公平合理地分配生产红利，其中应有40%为生产者个人所有，其余为该生产单位及国家所有，借以建立公私革命家务，一方面做到军队部分自给，一方面使生产者个人有所收获。此项个人收获，或自己留用，或寄回家用，或存储于合作社备用，由个人自己决定。四、在土地缺少地区，除参加各种可能的手工业、工业、水利事业、运输事业和建筑工程之外，军队首长可和当地人民政府商量并在农民自愿原则下，参加劳力、资金、肥料、农具，与农民伙种，使之增加产量，公平分配成果。但必须注意不得强制执行，不得与民争利。五、各军区部队的生产计划，须与各大行政区和各省人民政府的生产计划相结合，统筹生产资金。所有军队生产资金均作为投资，必须计算利息和订定还期。所有军队生产事业均须照章纳税，并遵守人民政府一切法令，不得违犯。

同　日　北京新华广播电台改名为中央人民广播电台。

12月6日　政务院文教委员会成立办理留学生回国事务委员会。该委员会统一办理留学生及学者回国事宜。

12月8日　政务院指导接收委员会华东区工作团首批人员在团长董必武、副团长南汉宸的率领下启程前往南京，工作团10日抵宁。

12月9日　云南、西康和平解放。12月上旬，胡宗南集团和川境国民党军残部，在人民解放军的追击和迂回包围下，纷纷猬集成都地区，12月9日，国民党云南省政府主席卢汉、西康省政府主席刘文辉，西南军政长官公署副长官邓锡侯、潘文华等，在人民解放军的政治争取下，分别于昆明、雅安、彭县等地率部起义，云南、西康宣告和平解放。第二野战军各部乘胜向川西急进。10日，蒋介石及“国民政府”逃亡台湾。

同　日　广西军区司令部成立，张云逸任司令员兼政治委员。

同　日　政务院第十次政务会议在北京举行。会议讨论了《各大行政区工作机构的组织通则草案》；通过了《关于统一发布中央人民政府及其所属各机关重要新闻的暂行办法》。周恩来指出，成立大行政区人民政府委员会是必要的，大行政区从军事上联成一片，在民族、经济、交通等方面又有共同点。它的各界人民代表会议执行着人民代表大会的职权，选举人民政府委员会，在中央已定的政策下领导省贯彻执行，而不是代替省的工作。会议决定成立小组，由谢觉哉召集，起草大行政区军政委员会、人民政府委员会组织通则。《关于统一发布中央人民政府及其所属各机关重要新闻的暂行办法》规定：凡须经过中央人民政府委员会、政务院、中央军委、最高人民法院、最高人民检察署通过或同意的一切公告，以及须经上述机构负责首长同意后发布的一切公告性新闻，均由国家通讯社即新华通讯社统一发布。属于国防、军事、公安、外交、财经等方面的机密不得作为新闻发表。对外国记者发布中央人民政府及所属各机关的新闻，由新闻总署国际新闻局统一办理，各政府机关不得自由对外发布新闻。

12月10日　亚洲妇女代表会议在北京举行。国际民主妇女联合会副主席蔡畅致开幕词，国际民主妇女联合会总书记古久里夫人作关于《国际民主妇联为民族独立与和平的斗争》的报告。中华全国妇女联合会副主席邓颖超作了关于《亚洲妇女为民族独立、人民民主与世界和平而斗争》的报告。会议经过讨论，通过了《致亚洲各国妇女姊妹书》和《关于争取妇女权力的决议》、《告美国、英国、法国、荷兰妇女书》等宣言和决议。11日，周恩来宴请与会的各国代表和来宾。他在致词中说，世界上任何革命运动没有妇女参加是不会达到完全胜利的。中国的经验是，妇女的解放运动必须与民族独立运动、人民民主运动结合起来才能得到胜利。

12月11日　毛泽东、朱德电复宣布起义的国民党云南省主席、

云南绥靖公署主任卢汉。电称，云南宣布脱离国民党反动政府，服从中央人民政府，加速西南解放战争之进展，必为全国人民所欢迎。为便于具体解决云南问题，即盼迅速与重庆直接联络，接受刘伯承、邓小平两将军指挥，并望通令所属一体遵行下列各项：一、配合我军消灭一切敢于抵抗的反革命军队。二、保护一切国家财产，维持地方秩序，听候接收。三、逮捕重要反革命分子，镇压反革命活动。四、保护人民革命活动，并与云南人民革命武装建立联系。卢汉是12月9日宣布起义的。

同　日　中财委发布《关于某些公营企业原有年终双薪或奖金问题的处理办法的通告》。《通告》说，有些公营企业原在国民党时代有年终发双薪或奖金的待遇，我们本不愿废除。但若照发，一则企业间因有无多寡而苦乐不均，二则国家财政负担不起。为此决定：所有公营企业原无此待遇的，一律照旧不发。原来有年终双薪或奖金的，不超过半个月工资者，按原数照发；超过半月工资者，除加发半月工资的双薪或奖金外，其超过部分折半发给，但最高不得超过两个月的工资，并可分期发给。12月12日，中共中央发布指示，要求各地党委和企业负责人动员职工群众，响应中财委上述通告。

12月12日　贸易部召开城市供应会议。建国初期全国主要物资极为缺乏，供求严重失调，因此，力求主要物资实现供求平衡，是稳定经济和保障人民生活的重要条件。会议对4种物资进行了供需的测算和平衡。一、确定粮食消耗标准为：在城市，大米区每人每年平均消耗264斤贸易粮，小米区402斤原粮；在农村，大米区每人每年平均消耗240斤贸易粮，小米区按地区、产量情况及人民生活水平，消耗360斤—420斤原粮。各区上调公粮51亿斤，另购粮10.1亿斤，进口2亿斤，使国家共掌握63.1亿斤贸易粮，用作调剂全国大中城市、一部分小城市及灾区的粮食缺额（东北另有18亿斤米在外）。二、确定纱布消耗标准为：城市全年平均每4人1匹布，农村按地区及人民购买力的不同，平均每8人—15人1匹布。按此标准各地（包括东北）需布5 818万匹，另加中贸部掌握机动布1 000万匹，共需6 818万匹布。为生产上述纱布，除国内收购棉花外，尚需进口棉花9.35万吨。三、全国国营贸易部门销煤622万吨（东北除外），产销可以平衡，主要是运输问题。四、食盐产销平衡有余。出口盐95万吨，其中东北出口55万吨，华北、中南、华东共出口40万吨。陈云在讲话中指出，我们的政策应该是集中统一，越是力量不足，越要集中使用。集中与统一，是有困难的，但这困难，比不统一造成的物价大波动的损失，要小得多。

12月14日　人民解放军解放广西全省。

12月15日　政务院就公营企业单位购房事宜发布通告。通告说，查驻京各级机关购买房屋，曾经通令一律须经批准，并指定由房屋统筹分配委员会统一办理在案。近查企业部门尚有自行购房情事。兹决定凡公营企业单位如因需要在京筹款购房者，亦须通过房委会审核，经批准后方准购买，否则以违法论。

12月16日　政务院举行第十一次政务会议。一、会议通过了《大行政区人民政府委员会组织通则》。《通则》规定，凡军事行动已经结束，土地改革已经彻底实现，各界人民已有充分组织的大行政区，即应实行普选，召开大行政区的人民代表大会，正式选举大行政区的人民政府委员会。在大行政区人民政府委员会成立后，军政委员会即宣告结束。各大行政区人民政府委员会是各该区所辖省（市）高一级的地方政权机关，并为政务院领导地方政府工作的代表机关。各大行政区人民政府委员会由主任1人，副主任若干人，委员若干人组织。它根据需要，可下设若干委、部、局等机构，分管大行政区内的行政事务。在区内的中央经营之企业和中央直属之学院、医院、图书馆、博物馆以及全国性的应划归中央经营的文化企业等也要同时受所在大行政区政府领导。《通则》还规定大行政区有拟定与地方政务有关的暂行法令条例的权力。二、通过《政务院关于生产救灾的指示》，此件12月16日发出。通过《1950年第一期人民胜利折实公债条例》，此件12月16日发布。通过《政务院关于成立中国人民大学的决定》。决定说，设中国人民大学的目的是为适应国家建设需要，接受苏联的先进经验，聘请苏联教授，有计划、有步骤地培养新中国的各种建设干部。该校教育方针为，教学与实际联系，苏联经验与中国情况相结合。三、会议批准燃料工业部长陈郁作的

《关于全国煤矿会议的报告》。《报告》说，解放后已恢复了240个矿井，约占其总数的74%，煤矿职工达18万余人，日产煤由4万余吨增至10万吨。煤矿工作存在的缺点是各矿领导对改进技术不够重视，保安工作也不健全，工资制度存在平均主义，矿工生活改善不够。1950年全国国营煤矿生产总方针以全面恢复为主，部分建设以东北为重点。周恩来在会议上通报了外交工作情况，他说：新中国成立之后，苏联、捷克、波兰、匈牙利、北朝鲜、罗马尼亚、保加利亚、蒙古、民主德国、阿尔巴尼亚都承认了我国，有的国家已派大使建交。英国集团倾向于承认我国。法国现在搞两面政策，一面要利用国民党反动派的残余军队对付越南的胡志明，另一方面又不敢和我们冲突。美国还不会承认我国。由于英国、印度、缅甸等很快会与新中国建交，估计明年的外交形势比现在更为复杂、紧张。建国后我们一开始对联合国不声不响，这次突然去电表明国民党政府无资格代表中国，我们的这个态度，打乱了他们的阵脚。赖伊以联合国秘书长名义回了电报，这样彼此就算备了案。毛泽东主席访苏恰逢斯大林70寿辰，东欧各国元首或主要代表可能都去，这样可共同交换对世界形势的意见，以便加强和平民主阵营的团结。此次访问拟同苏联订立一个条约。局部问题的条约已在商谈，还须有一个总的条约，包括旅大问题在内。此外还要谈外债问题。毛主席访苏的消息一发布，估计英、美报纸必哗然，对此我们要有思想准备。

同　日　政务院颁发《关于发行1950年第一期人民胜利折实公债的指示》。《指示》规定，这批公债的募集及还本付息，均以实物为计算标准，其单位定名为“分”。每分所含实物为“大米6市斤，面粉1.5市斤，白细布4市尺，煤炭16市斤”。公债总额为2亿分，在1950年内分期发行。公债分5年偿还，年息为5厘。第1期公债从1950年1月5日起发行，总额为1亿分。同日，政务院公布了《1950年第一期胜利折实公债条例》。

同　日　政务院通过《关于生产救灾的指示》。《指示》指出，由于全国各地的旱、冻、虫、风、雹、水、疫等灾害相继发生，尤以水灾为最严重，全国被淹耕地约1亿亩，减产粮食120亿斤，灾民约

4 000万人，经过顽强救灾斗争，大大缩小了灾害的影响，但全国无吃、缺吃的灾民仍有700万—800万人。《指示》要求灾区各级人民政府把救灾作为工作的重点，组织有政府各部门参加的生产救灾委员会，发动与组织人民战胜灾荒。为帮助灾民解决生产自救中的困难，各地人民政府要给予灾民或合作社一部分贷款，拨出一批救济粮扶助灾民生产自救，并要开展节约互助运动，机关干部带头节约救灾，响应中央人民政府号召，开展每人每天节约1两米的运动。

12月16日—次年3月4日　毛泽东、周恩来对苏联进行友好访问。16日，中华人民共和国中央人民政府主席毛泽东抵达莫斯科并在车站发表演说，指出，“目前的重要任务是巩固以苏联为首的世界和平阵线，反对战争挑拨者，巩固中苏两大国家的邦交和发展中苏人民的友谊。”毛泽东于当日会见了斯大林。21日，毛泽东在莫斯科举行的庆祝斯大林70寿辰大会上致祝词，说：“斯大林同志是世界人民的导师和朋友，也是中国人民的导师和朋友。”“中国人民在反抗压迫者的艰苦斗争中，深切地感觉到斯大林同志的友谊的重要性。”1月11日，毛泽东晋谒列宁墓并献了花圈。1月20日，中华人民共和国政务院总理兼外交部长周恩来抵达莫斯科，参加中苏两国会谈。1月21日，毛泽东、周恩来出席了纪念列宁逝世26周年大会。访苏期间，毛泽东、周恩来同苏联部长会议主席斯大林和苏联外交部长维辛斯基举行谈判，讨论了中华人民共和国与苏联双方有关的政治和经济问题。双方愿意多方巩固和发展友好合作关系，并确定了为保证普遍和平与各国人民的安全而合作的愿望。毛泽东等还了解了苏联的经济和文化建设，访问了苏联的一些城市，参观了工厂、农场等。1950年2月14日，中苏两国政府发表公告，宣布中华人民共和国与苏维埃社会主义共和国联盟同日在苏联克里姆林宫签订：《中苏友好同盟互助条约》、《关于中国长春铁路、旅顺口及大连的协定》、《关于贷款给中华人民共和国的协定》。周恩来与维辛斯基互换照会。当晚，中国驻苏联特命全权大使王稼祥举行盛大鸡尾酒会，庆贺毛泽东、周恩来访苏之行，招待苏联党政领袖。斯大林莅临酒会，并与毛泽东举杯祝酒。2月17日，毛泽东、周恩来离莫斯科回国。毛泽东在临别演说中高度评价了中苏两国人民的团结和友谊，同时指出，这次访问，证实了中国共产党人历来的信念，即苏联经济文化及其他各项重要的建设经验，将成为新中国建设的榜样。3月4日，毛泽东、周恩来回到北京。

12月17日　新疆军区成立，彭德怀为司令员兼政治委员，王震为第一副司令员（兼）。

同　日　新疆省人民政府成立。包尔汉为政府主席，高锦纯、赛福鼎为副主席。

12月19日　毛泽东就同缅甸建交问题致电刘少奇、周恩来。电文是毛泽东在访苏时发出的。电称，缅甸政府要求与我国建立外交关系，应复电询问该政府是否愿意和国民党政府断绝外交关系，同时请该政府派一负责代表来北京商谈，依商谈结果再定建立外交关系。此种商谈手续是完全必要的，对一切资本主义国家都应如此。

12月20日　外交部长周恩来发表声明。严重抗议法国飞机14日侵犯中国领空。声明说，法国飞机这种明目张胆地侵犯我中华人民共和国神圣领空的行为，不仅是违反了一般国际约束，而且是发生在我军围歼企图逃入越南境内的国民党残部的战斗正在激烈进行的时候，这个事实，显然证明了是法国当局有意解救和掩护国民党残余匪军，公然干涉中国人民解放战争的一种故意行动。我代表中华人民共和国中央人民政府对于法国飞机这种无可忍受的敌意行为，提出严重抗议，并且郑重声明，由于这一敌意行为所引起的一切后果，应由法国政府承担。

12月22日　毛泽东就准备对苏贸易条约问题致电中央。电称，波兰、捷克、德国都想和我们做生意。似此，除苏联外又有这3个国家即将发生通商贸易关系。此外，英国、日本、美国、印度等国或已有生意或即将做生意。因此，你们在准备对苏贸易条约时应从统筹全局的观点出发，苏联当然是第一位，但同时要准备和波、捷、德、英、日、美等国做生意，其范围和数量要有一个大概的计算。电报是毛泽东访苏期间发回的。

12月22日、23日　周恩来对参加全国农业会议、钢铁会议、航

务会议代表讲话，阐述当前财经形势和新中国经济的几种关系。关于国家财经计划问题。周恩来说，1950年度全国财政收支概算体现了全国开始从军事方面转向建设方面的形势下政府的一些政策。制定这个财经计划根据四个方面：一、承受负担。为了全国的胜利，要求人民承受必要的负担。军费在财政支出上仍占很大比重，明年军队和其他靠公家吃饭的人将增加到900万。二、恢复生产。生产是我们新中国的基本任务，当前生产任务的重心是恢复不是发展。当然也不排斥可能而且必要的发展。三、开源节流。开源主要是依靠人民，一是来自农村的负担；二是来自城市的负担；三是国家企业的收入；四是预支，即借债，但中国的建设主要应靠自力更生。从预算的分配来看，开支主要的还是用于支援战争，解放全中国，其次用于建设、恢复生产。财政支出总共不到600亿斤粮食，这说明我们的开支是节约的，生活水平是低的。四、掌握政策。我们要在上述总的方向下掌握政策，避免各部门闹独立性。关于新中国经济的几种关系：一、城乡关系。我们确定了城市领导乡村、工业领导农业的方针。在实际工作中，既要防止忽视工业，也要防止忽视农业和乡村的倾向。明年计划增产100亿斤粮食，经过三五年努力就可恢复到年产2 800亿斤的战前最高水平。这样就可以提高4亿农民的购买力，增加他们对工业品的需要和对工业原料的供应。今年全国棉花产量为800多万担，明年计划增加到1 300万担。京、津、沪3地1 000万人口的吃穿都要靠乡村来供应，城市离不开农村而且依靠农村。工业离不开农业而且要以农业为基础。二、内外关系。国家建设以国内力量为主。生产建设上要自力更生，政治上要独立自主。我们欢迎友邦在平等互助基础上的帮助。现在同帝国主义国家也可以在有利的条件下做买卖，对此我们既不拒绝，也不强求。我们欢迎友邦在平等互助的基础上的帮助，这种真正的帮助，有助于我们自力更生。三、工商关系。以工业为主。要鼓励私人资本发展工业生产。四、公私关系。确定以公为主。要引导私营企业走新民主主义道路。经过一个相当长的时期，使我国健全地、有步骤地、不急躁地走向社会主义。五、劳资关系。必须在发展生产的基础上保护劳动和限制私营资本。六、上下关系。指中央与地方的关系。目前我们还不能完全做到集中和统一，但也不允许各自为政，要既利于国家统一，又利于因地制宜。上述6种关系，各个部门都会遇到，尤其是生产部门。必须正确解决这6种关系，才不会犯本位主义，才能有全局观念，才能使本部门的生产在统一计划中占有适当的地位，才能使各方面的计划掌握重心，准确地加以实施。

12月23日　政务院第十二次政务会议。一、会议通过《关于全国农业生产会议的报告》。农业部的《报告》说，全国农业生产会议于12月8日—20日举行，会议确定，1950年农业生产的方针以恢复为主，计划增产粮食100亿斤，皮棉13亿斤。会议并讨论了保证增产的具体措施：1. 大量组织劳动力以恢复与提高耕作水平，动员妇女参加农业生产；2. 兴修水利，整理修筑渠道，扩大浇地面积580万亩；3. 增施肥料，消除病虫害，推广优良品种。二、原则批准财政部《关于第一次全国税务会议的报告》。税务会议决定，今后增加税收主要应在城市工商业上多想办法，为简化税制，税种、税目应尽量减少；税率一般的暂依国民党统治时期的规定，不使其降得过低；全国税收确定为14种，并建立由上而下统一的税收机构。三、会议通过《政务院关于统一全国年节和纪念日放假办法》。《办法》规定，假日分为3种。甲、属于全体者：新年放假1日，1月1日；春节放假3日，夏历正月初一日、初二日、初三日；劳动节放假1日，5月1日；国庆纪念日放假2日，10月1日、2日。乙、属于部分人民之节日。为了便于部分人民的群众活动，得放假半天，或只其中一部分人放假，其他一部分人得推代表参加庆祝。妇女节（限于妇女）3月8日；青年节(限于中等学校以上的学生）5月4日；儿童节6月1日；人民解放军建军纪念日（限于军队及军事机关）8月1日。丙、凡属于少数民族习惯之假日，由各少数民族集居地区之地方人民政府，斟酌各该民族习惯，规定放假日期。其他各种纪念节日如二七纪念、五卅纪念、七七抗战纪念、八一五抗战胜利纪念、九一八纪念、护士节、教师节、记者节等，均不必放假。丁、凡属于全体之假日，如适逢星期日，应在次日补假。凡属于部分人民之假日，如适逢星期日，则不补假。会议还通过成立政务院及其所属各单位机构编制审查委员会的决定，章乃器为主任委员。决定成立起草省（市）县（市）人民政府组织通则，由谢觉哉召集。会议原则批准关于中朝通邮通电问题的报告。陈云向会议报告了第一期人民胜利折实公债各大行政区的分配比例：华东45%，华中30%，华北15%，西南7%，西北3%。

同　日　中财委发言人谈中国银行商股股权及商股董事处理的有关问题。谈话指出：一、商股股权的处理原则，接收其官股，没收商股中之战犯股权，对战犯以外的商股股权一律承认。二、官股、商股董事的处理，该行官股董事及监察人员须另行委派，其商股董事和监察人员除战犯及继续附敌作恶者外，凡愿为人民服务并有具体表示者，均待留任。三、召开董事会时间，一俟商股董事到京，官股董事派定，并满法定人数后即可开会。四、中国银行总处对海外行处从业人员的态度，只要他们决心为人民服务，我们一定给他们工作机会，凡建立功劳的，当给予奖励。

同　日　宁夏省人民政府成立。潘自立为政府主席，邢肇棠、李景林、孙殿才为副主席。

12月23日—31日　第一次全国教育工作会议在北京召开。参加会议的有部分大行政区、省、市、自治区的教育部、厅、局长和中央有关部门负责干部200余人，教育部部长马叙伦致开幕词，政务院副总理郭沫若、黄炎培，文教委员会副主任陆定一，中央人民政府委员徐特立等到会讲话。教育部副部长钱俊瑞作总结报告。会议结合讨论教育部1950年上半年工作计划，研究解决了一些全国性问题，确定了全国教育工作的总方针，明确了改革旧教育的方针、步骤和发展新教育的方向，其要点是：一、中华人民共和国的教育是新民主主义的教育，它的主要任务是提高人民文化水平，培养国家建设人才，肃清封建的、买办的、法西斯的思想，发展为人民服务的思想，这种新教育是民族的、科学的、大众的教育，其方法是理论与实际一致，其目的是为人民服务，首先为工农兵服务，为当前的革命斗争与建设服务。建设新教育要以老解放区新教育经验为基础，吸收旧教育某些有用的经验，特别要借助苏联教育建设的先进经验。

二、教育必须为国家建设服务，学校必须为工农开门。三、教育工作的发展方针是普及与提高的正确结合。在相当长的时期内以普及为主，除维持原有学校外，教育应注重为工农服务，学校要为工农子女和工农青年开门。创办人民大学、工农速成中学，大办工人补习教育。争取从1951年开始进行全国规模的识字运动。普及以工农兵为主要对象，但也不放松一般儿童教育的推行。在这样普及的基础上，从识字教育和基本政治文化科学教育提高到较高的科学技术教育和政治教育。四、老解放区教育，首先是中小学教育，现在应以巩固与提高为主，条件许可时，可适应群众需要作某些发展。巩固与提高的关键是适当解决师资和教材问题。要改进师范教育，加强教师轮训和在职学习，培养大批称职的教师。中等学校在今后若干年内，应该着重向中等技术学校发展，以培养大批中级建设干部。五、新解放区教育工作的关键是争取、团结、改造知识分子。必须坚决地、正确地执行争取、团结、改造知识分子的政策。坚决执行维持原有学校，逐步作可能与必要的改善的方针。新区学校安顿以后的主要工作，是有效地在师生中进行政治教育，使他们逐步建立革命人生观。在新区，对失业知识分子和失学青年要妥善安置。六、对中国人办的私立学校，采取保护维持，加强领导，逐步改造的方针。七、改革旧教育是一项艰巨的任务，是一个比较长期的过程，必须经过各级教育的不断改革，积累比较成熟的经验之后，才能进行比较全面的改革，不能性急。八、目前国家财政还很困难，但是我们有办法、有希望。在可能的条件下，我们应设法改善各级教育工作者的物质和政治待遇。教育工作者本身，应该发扬艰苦奋斗的作风，克服一切困难，完成自己的光荣历史使命。会议还拟定了创办中国人民大学实施计划，草拟了工农速成中学实施方案，讨论了改进北京师范大学和改进各地师范学校的意见，并决定集中一批有经验的干部、教师编审中小学教科书等事项。1950年初，各地教育行政部门传达和贯彻了这次会议精神。

12月24日　内务部发布《关于统一行政区划变更权限的规定》。《规定》县（市、旗）以上行政单位的增设、裁减、更名或界线变更，须呈中央人民政府批准施行。

12月25日　陈云作《技术人员是实现国家工业化不可缺少的力量》的讲话。陈云说，据我所知，中国的产业工人不过300万，技术人员和管理人员大约30万。这些技术人员和管理人员都是想在自己的岗位上工作的，只要领导正确，他们是可以做些事业的。这些人是我们的"国宝"，是实现国家工业化不可缺少的力量，要很好地使用他们。技术人员在思想政治上几年来有很大的变化，不应该再用老的眼光去看待他们。陈云这个讲话是在全国钢铁工业会议上作出的。

12月25日—26日　中国地质学会第二十五届年会在北京举行。参加会议的有北京地质调查所、北京大学地质系、清华大学地学系、北京矿业研究所、中国物理学会等单位的164人。苏联专家也参加了会议。会上宣读论文14篇。孙云铸、王鸿桢、竺可桢、严济慈、顾功叙、马毓泉、夏湘容、马杏垣、王竹泉、岳希新、孟宪民、高平等发了言。顾功叙演示了用盖革—米勒计算器鉴定含有放射性元素的矿物实验。苏联专家介绍了地质勘察的经验。

12月27日　绥远省军政委员会成立。主席傅作义，副主席高克林、乌兰夫、董其武、孙兰峰。

12月28日　陈云提出财政经济要统一管理。在这份陈云起草的、以陈云和薄一波名义复华东财委，并发给中南、西南、西北等大区财委的电报中，陈云指出，现在全国物资仍然很不足，但物资越是不足，越要集中使用，机动权必须放在最高司令部手里，不能分散在各个地方。不久，他又进一步指出，新解放区实行财政、税收、公粮、贸易及各主要经济部门管理的基本统一，在工作进度上是跃进性的，无疑会有许多困难。但中央开支主要靠发行货币，公粮、税收均在县、市、省手里，收入的多寡迟早，中央无法确实掌握。而公粮变卖及现金税收，又恰恰是今后按月按季回笼货币的主要手段，这种情况如不作基本统一，则困难将更大，为害将更烈。因此，应该克服统一中可能出现的小困难，避免由于不统一而产生的物价混乱等大困难。在上述方针下，对于华东与所属地方的财政关系，我们主张对公粮不实行比例提成，地方税不采取分成办法。具体如，税收中，除关税、盐税、货物税、工商税外，划一部分归地方收是好的，但地方征收的各项税款均要计算数字，规定任务，并与地方经费开支加以比较，多则上解若干，不足则由中央补助若干，超收部分，地方可提成50%~70%。公粮收入，除经中央或各大行政区批准之地方附加归地方支配外，其余全由中央或大行政区支配。中央和大行政区根据省、市全年或半年需要吃粮之预算，1年1次或半年1次分给地方管理使用，但吃粮以外，另拨粮食作财政开支时，大行政区须先与中央商定。粮食不能随便分散使用，必须集中使用于各大区之间，使用于各大城市的调剂，并且作为今后货币回笼的一个主要手段。属于中央掌握的粮食，由中央统一调度，地方负责保管。管理上坚持先大公后小公的原则。这样就不会在公粮管理上遭受不应有的损失。大项目的投资（如铁路、工业、水利等）属于中央各部直接掌握者，由中央各部直接管理。属于大行政区掌握者，由大行政区管理。

12月30日　成都解放。20日，第二野战军主力前出至简阳、乐山、邛崃等地，从东、南、西3面逼近成都；与此同时，第十八兵团在秦岭地区完成了抑留胡宗南部任务后，乘胡部南撤时，分路实施猛烈追击，并迅速前出江油、绵阳、巴中一线。这样，数十万国民党军便被包围在成都附近地区。在此情况下，其第十六、第十五、第二十、第七兵团和第十八兵团纷纷举行起义，仅第五兵团企图顽抗而迅速被歼。30日，贺龙率第十八兵团一部进入成都。

同　日　政务院举行第十三次政务会议。会议一、审议批准了《海关总署试行组织条例》。《条例》规定，海关总署统一掌管全国一切海关事宜，执行贸易部根据中央人民政府对外贸易政策法令所颁布的有关进出口货物的决定。海关总署设署长1人，副署长若干人，由中央人民政府委员会任命。条例还就海关总署的职权、内部机构设置、各厅处的职掌划分、地方机构、地方海关的职权等作了规定。二、批准董必武副总理作的《关于政务院指导接收工作委员会华东区工作团的工作报告》，会议提出2点意见：1. 5 000—6 000旧人员的训练，由教育部派人主管，经训练后，动员组织去作小学教师。2. 图书、文物、档案的集中、清理和分配，由文教委主持，非急需者绝不北运；并有计划有步骤地在全国设立图书馆和博物馆，不要集中到北京。会议批准郭春涛副秘书长作的《关于政务院所属各委、部、会、院、署、行组织条例草案审查报告》。报告说，政务院共34个部门，除贸易部组织条例草案尚未送审外，其余部门的草案中拟设的一级机构就有313个单位，加上二级、三级机构，试算33个部门科以上单位共2 191个，需3 286个科以上干部。鉴于各部门高中级干部缺乏，人才不宜过分集中于中级，又鉴于国家财政困难，故各部门条例规定设置的机构不一定同时全设，应由主管领导视需要，逐步增设。三、通过《政务院关于发行1950年第一期人民胜利折实公债的指示》，《指示》要求县、市以上各级人民政府，组织公债推销委员会。会议还通过《政务院关于元旦春节不许宴客拜年的公告》。

12月31日　毛泽东就同意争取在旧历年前进攻海南岛的方针致电林彪。电称，同意邓华、赖传珠、洪学智27日来电所取方针，即努力争取在旧历年前进攻海南岛，但以充分准备确有把握而后动作为原则，避免仓促莽撞造成损失。为此，邓、赖、洪应速到雷州半岛前线亲自指挥一切准备工作，并且不要希望空军帮助。

同　日　中共中央发出《告前线将士和全国同胞书》。文件指出，在全军将士忘我的努力和全国人民积极支援之下，在1949年内已经解放了除西藏以外的全部中国大陆，歼灭了敌军260万人，中国人民解放军和中国人民在1950年的光荣任务就是解放台湾、海南岛和西藏，完成统一中国的事业。随着战争的胜利结束，中国人民已经可能并且必须把主要的力量逐步转入和平建设工作。

同　日　经改组合并的绥远省人民政府奉中央人民政府命令宣告成立。省政府主席董其武，副主席杨植林、奎壁、孙兰峰。

本　月　毛泽东作出对西北少数民族工作的指示。指示提出，马匪余党，在许多地方，煽动群众，组织反抗，请予严重注视。除大力剿匪，省委、地委、县委集中注意做艰苦的群众工作，在一切工作中，坚持民族平等和民族团结政策外，各级政权机关，均应按各民族人口多少分配名额，大量吸收回族及其他少数民族能够和我们合作的人参加政府工作。在目前时期，应一律组织联合政府，即统一战线政府。在这种合作中，大批培养少数民族干部。此外，青海、甘肃、新疆、宁夏、陕西各省及一切有少数民族存在的地委，都应办好少数民族干部训练班或干部训练学校。请你们注意这一点；要彻底解决民族问题，完全孤立民族反动派，没有大批从少数民族出身的共产主义干部，是不可能的。

本　月　毛泽东批准《中央人民政府最高人民检察署试行组织条例》。《条例》规定，全国各级检察署独立行使职权，不受地方机关干涉，只服从最高人民检察署指挥。这个规定，改变了新民主主义革命时期"审检合署"制度。

本　月　人民革命军事委员会总政治部颁布《中国人民解放军革命军人委员会条例（草案）》。为了使全军各部队在1947年冬季以来开展新式整军运动中形成的民主作风，能够通过一定的组织形式作为一个制度巩固下来，并经常发挥它的作用，总政治部根据一些部队的经验，于1948年2月5日发出通知，提出各部队都可在连队中普遍成立士兵委员会的组织。根据全军试验的结果，总政治部又颁布了这个《条例（草案）》，规定在连队（机关伙食单位）建立革命军人委员会组织，其任务是在本单位行政首长领导下，进行连队（机关伙食单位）中政治、经济、军事、文化的民主生活。

本　月　西南军区成立。贺龙任司令员、邓小平任政治委员。

本　月　华中军区改称中南军区。

1950年

1950年综述

2月14日，中苏两国政府签订《中苏友好同盟互助条约》、《关于中国长春铁路、旅顺口及大连的协定》、《关于贷款给中华人民共和国的协定》。同时，还签订了由苏联帮助中国建设与改造50个企业的协定。

3月，中财委召开全国财政会议，认为新中国财政困难，除政府开支庞大，通货膨胀和投机资本捣乱外，一个重要的原因是国家的财政制度不健全，收支系统不统一。为了从根本上改变这种局面，政务院采取有力措施统一全国的财政收支、物资调度和现金管理。6月，中共七届三中全会在北京召开，会议决定争取在3年时间内，实现国家财政经济状况的根本好转，为有计划的经济建设创造条件。会议强调必须稳步前进，调节好各方面的关系，不要四面出击。

6月，中央人民政府通过《中华人民共和国土地改革法》，规定："废除地主阶级封建剥削的土地所有制，实行农民的土地所有制，借以解放农村生产力，发展农业生产，为新中国的工业化开辟道路。"根据全国解放后的新情况，《土地改革法》将过去征收富农多余土地财产的政策改变为保存富农经济的政策，以便更好地孤立地主，保护中农和小土地出租者，稳定民族资产阶级，以利早日恢复和发展生产。此后，在有3.1亿人口的地区分期分批地有计划有步骤地开展土地改革。

6月25日，朝鲜内战爆发。27日，美国派出海军和空军武装干涉朝鲜内政，扩大朝鲜战争，并命令海军第七舰队向中国领土台湾沿海出动，决定以武力阻止中国人民解放台湾。10月，鉴于美帝国主义不顾中国政府的一再警告，把战火烧到中国东北边境，严重威胁中国安全，中共中央根据朝鲜党和政府的请求和祖国安全的需要，作出抗美援朝保家卫国的战略决策。中国人民志愿军跨过鸭绿江，同朝鲜人民军一道，连续进行二次战役，把敌人赶回三八线附近，从而扭转了朝鲜的战局。与此同时，全国人民以实际行动热情地投入到轰轰烈烈的抗美援朝运动中，既支援了朝鲜前线的战争，又推动了国内的社会改革运动和经济恢复工作。

10月，针对大陆上残留的200多万土匪、恶霸、特务、反革命党团骨干分子、反动会道门头子和其他反革命分子猖狂的反革命活动，中共中央发出《关于镇压反革命活动的指示》，要求坚决纠正镇压反革命中“宽大无边”的偏向，全面贯彻“镇压与宽大相结合”的政策。根据这一指示，各地党委广泛发动群众，开始了大规模的镇压反革命运动，中国人民解放军也进行了大规模的剿匪作战。

主要经济指标：工农业总产值575万亿元，比上年增长23.4%，其中工业总产值191万亿元，比上年增长36.4%；农业总产值384万亿元，比上年增长17.8%。工农业主要产品产量：钢61万吨，比上年增长2.86倍；煤4 300万吨，比上年增长34.3%；原油20万吨，比上年增长66.7%；布25.2亿米，比上年增长33.3%；粮食2 643亿斤，比上年增长16.7%；棉花1 386万担，比上年增长55.8%；油料作物5 418万担，比上年增长16.4%。基本建设投资总额11.34万亿元。财政总收入65.2万亿元，总支出68.1万亿元，财政赤字2.9万亿元。

1月1日　《人民日报》发表题为《完成胜利，巩固胜利》的元旦社论。社论指出，1950年，中国人民将要解放全部国土，并将基本上克服财政经济上的困难，使国家转入生产建设的轨道。1950年的主要任务是：第一，以一切力量完成人民解放战争，肃清中国境内的一切残余敌人，解放台湾、西藏、海南岛，完成统一祖国大业；第二，厉行生产节约。动员全体人民，以最大努力恢复生产；第三，准备或着手进行新解放区的土地改革；第四，继续加强全国人民的革命大团结，继续加强中国与苏联和各人民民主国家的革命大团结，社论号召全国人民团结一致，为祖国的建设和发展而奋斗。

同　日　广东省人民政府成立，叶剑英任主席。

同　日　青海省人民政府成立，赵寿山任主席。

1月2日　毛泽东在莫斯科回答塔斯社记者问。毛泽东说："中国的军事正在顺利进行中。目前，中国共产党和中华人民共和国中央人民政府正在转入和平的经济建设。""我打算住几个星期。我逗留苏联时间的长短，部分地决定于解决有关中华人民共和国利益的各项问题所需的时间。""在这些问题当中，首先是现有的中苏友好同盟条约问题，苏联对中华人民共和国贷款问题，贵我两国贸易和贸易协定问题，以及其他问题。此外，我还打算访问苏联的几个地方和城市，以便更加了解苏维埃国家的经济与文化建设。"

同　日　毛泽东就周恩来去苏联参加谈判问题致电中央。电称，最近两日这里的工作有一个重要发展。斯大林同志已同意周恩来同志来莫斯科，并签订新的中苏友好同盟条约及贷款、通商、民航等项协定。你们接到此电后，请于5天内准备完毕。希望周恩来偕同贸易部长及其他必要助手和必要文件材料，于1月9日从北京动身，坐火车来莫斯科，由董必武同志代理政务院总理。

同　日　京汉铁路和粤汉铁路中断12年之后全线通车。

同　日　《人民海军》创刊。毛泽东、朱德、刘少奇、周恩来为创刊号题词。毛泽东的题词是："我们一定要建设一支海军，这支海军要能保卫我们的海防，有效地防御帝国主义的可能的侵略。"《人民海军》是华东军区人民海军司令部机关刊物。

1月3日　中财委第十次会议通过《关于全国铁路1950年工作计划概要》。《概要》根据1949年全国铁路已达到的基本情况，1950年国家经济建设对铁路运输增加的要求，及国家财政困难的情况，决定1950年工作计划以恢复未通车的铁路并补强已修复铁路上必不可少的技术设备，保证必须负担的运输任务。对新建工程，则只就所急需者开始进行土石方桥梁隧道等工程以及勘测设计工作。运输方面，要提高车辆周转率，全年运输货物9 649万吨，客运1.67亿人次。修复改善工程方面，要修复干支线，修建复线、改线，修复桥梁等。新建工程，要对天水至兰州、沙城至丰台段，完成测量定线和部分土石方及隧道工程。完成对郑州黄河大桥和汉口长江大桥的勘测钻探设计工程。《概要》还对整修及恢复工厂、增设通讯号志设备等方面作了计划规定。1月6日，政务院第十四次政务会议原则批准《概要》。1月28日铁道部颁布施行。

同　日　政务院决定中国人民大学招收一部分产业职工以培养国家各种建设部门的骨干。要求各地介绍劳动英雄、生产模范、技术工人和熟练工人及有管理经验的职工入学。

1月5日　人民胜利折实公债开始发行。公债共21亿份，是根据1949年12月2日中央人民政府委员会第四次会议通过的决定发行的。发行折实公债的目的，是为了弥补国家财政赤字，减少现钞发行，有计划地回笼货币，使全国的物价达到逐渐稳定，以保证各阶层人民的生活安定和工商业的正常发展。折实公债推销对象主要放在大中小城市的工商业者，城乡殷实富户和富有的退职文武官吏。推销公债必须贯彻民主精神，做到公平合理，反对强行摊派。到4月，发行公债工作基本完成。

同　日　中国外交部长周恩来发表郑重声明。声明令所有前国民党政府驻外使领馆和办事机构人员，均应负责保护资财文件，听候接管，不得破坏盗卖。

1月6日　政务院举行第十四次政务会议。原则批准教育部《关于全国教育工作会议的报告》，交通部《关于全国航务公路会议报告》，铁道部《1950年工作计划报告》，贸易部《关于全国城市供应会议报告》。会议还批准陈云副总理《发行大面额钞票计划的报告》、《新疆省人民政府委员会目前施政方针的报告》，中国邮电部和朝鲜民主主义共和国通信省通邮、电报通讯、有线电话通讯3个协定。以及《中央直属机关新参加工作人员薪金标准的暂行规定》。还修改通过省、市、县《人民政府组织通则》。《省人民政府组织通则》、《市人民政府组织通则》、《县人民政府组织通则》分别规定：（一）省、市、县人民行使政权的机关为同级人民代表大会（或各界人民代表大会以下各条款同）和人民政府。省、市、县人民代表大会闭会期间，同级人民政府为行使政权机关。省人民政府委员会受主管大行政区人民政府委员会（或军政委员会）的直接领导；市人民政府委员会，按其隶属关系分别受中央或大行政区或省的直接领导；县人民政府委员会受省人民政府委员会领导，及主管区专员的监督指导。（二）省、市、县人民代表大会分别选举出省人民政府主席1人、副主席若干人，市长1人，县长1人（必要时得设副市长、副县长）及委员若干人，并呈报批准任命。省人民政府委员会任期2年，市、县级任期1年，连选得连任。通则还对省、市、县政府的职权范围、工作机构、会议制度及省可根据需要划分若干专员区等作了规定。上述3个通则于同日发布。《省人民政府组织通则》共15条。规定：省人民行使政权的机关为省人民代表大会（或省各界人民代表会议）和省人民政府。在省人民代表大会闭会期间，省人民政府即为省的行使政权的机关。省人民政府委员会为省一级的地方政权机关，受主管大行政区人民政府委员会或军政委员会的直接领导；在不设大行政区人民政府的地区，省人民政府委员会受政务院的直接领导。省人民政府委员会由省人民代表大会选举省人民政府主席1人，副主席若干人和委员若干人组成，呈报中央人民政府委员会批准任命。省人民政府委员会任期为2年，可连选连任。省人民政府主席主持省人民政府委员会议，领导省人民政府委员会的工作，副主席协助主席执行职务。省人民政府委员会在政务院或大行政区人民政府委员会直接领导下行使下列职权：一、执行并向所辖各县、市转发上级人民政府的决议和命令，在职权范围内颁发决议和命令，并审查其执行。二、实施省人民代表大会通过的决议案。三、拟定与省政府有关的暂行法令条例，报告上级人民政府批准或备案。四、提请上级人民政府任免或批准任免，或由省人民政府委员会自行任免或批准任免所属县的主要行政人员。五、废除或修改所辖县、市人民政府或县、市各界人民代表会议与上级人民政府的决议、命令相抵触的决议和命令。六、编制各该省的概算或预算和决算报请上级人民政府核准，并审核所辖县、市的概算或预算，转报大行政区转请中央核准。各省的概算或预算和决算应提经省人民代表大会审查通过或追认。七、统一领导和检查省人民政府各工作部门的工作并领导和检查所辖各专员公署及各县、市人民政府的工作。《通则》还规定了省人民政府委员会对上下级的工作关系、应设立的各部门工作机构等问题。《市人民政府组织通则》共14条。《通则》规定：市人民行使政权的机关为市人民代表大会（或市各界人民代表会议）和市人民政府。在市人民代表大会闭会期间，市人民政府即为市的行使政权的机关。市人民政府委员会为市地方政权机关，按其隶属关系分别受中央或大行政区或省的直接领导。市人民政府委员会由市人民代表大会选举市长1人、副市长若干人及委员若干人组成，并报上级人民政府委员会批准任命。市长主持市人民政府委员会议，领导市人民政府委员会的工作，副市长协助市长执行职务。市人民政府委员会任期为1年，可连选连任。市人民政府委员会在上级政府领导下执行下列职权：一、执行上级人民政府的决议和命令。二、实施市人民代表大会通过并经上级人民政府批准的决议案。三、拟定与市政府有关的暂行法令条例，报告上级人民政府批准施行。四、遵照政务院关于任免工作人员的暂行办法，提请上级人民政府任免或批准任免主要行政人员，并在市的职权范围以内任免上述人员以外的行政人员。五、在国家概算或预算规定范围内，编制概算或预算和决算，提经市人民代表大会审查通过后，报请上级人民政府核准。六、统一领导和检查市人民政府各部门的工作。《通则》还规定了市人民政府委员会应设立的各部门工作机构、人员编制等问题。《县人民政府组织通则》共13条。《通则》规定：县人民行使政权的机关为县人民代表大会（或县各界人民代表会议）和县人民政府。在县人民代表大会闭会期间，县人民政府即为县的行使政权的机关。县人民政府委员会为县一级地方政权机关，受省人民政府委员会的领导及主管区专员的监督指导。县人民政府委员会由县人民代表大会选举县长1人（必要时设副县长）及委员若干人组成，并报省人民政府批准任命，任期为1年，可连选连任。县长主持县人民政府委员会议，领导县人民政府委员会的工作，副县长协助县长工作。县人民政府委员会在省人民政府委员会领导下，有下列职权：一、执行上级人民政府的决议和命令；二、实施县人民代表大会通过的决议案；三、拟定与县政府有关的单行法规；四、提请省人民政府任免或批准任免，或自行任免县的及所辖区、乡（行政村）的行政人员；五、废除或修改辖区、乡（行政村）人民代表大会的与上级人民政府决议、命令相抵触的决议和命令；六、编制县的概算或预算和决算，监督审核区、乡（行政村）财政收支；七、统一领导和检查所辖区、乡（行政村）人民政府的工作。《通则》还原则规定了县人民政府委员会应设立的各部门工作机构和人员编制等问题。

同　日　北京市军事管制委员会颁发收回在北京市内外国兵营的布告。14日—16日，北京市军管会分别收回了前美国、法国、荷兰在北京兵营的地产，并征用了各该地面上的兵营和其他建筑物。

1月7日　中央人民政府委员会召开第五次会议。会议由刘少奇主持。主要内容是：一、听取西北军政委员会彭德怀主席作的关于西北工作情况的报告。报告说，半年进军近万里，西北5省全部解放。陶峙岳将军所部6万余人已改编为人民解放军。各级人民政府大部建立，多数县市召开了各界人民代表会议。西北土地辽阔，蕴藏丰富，是建设新中国的工业基地之一，并可建设为巩固的国防基地，须大力从事生产建设，克服财经困难。西北为多民族区，情况复杂，交通不便，经济文化落后，须坚持民族平等政策，逐步实行各项社会改革，团结各民族建设大西北。二、批准中国和朝鲜通邮、电报通讯和有线电话通讯等3个协定和2个附加协议书，自2月1日起生效。三、批准任命包尔汉为新疆省人民政府主席。

1月8日　周恩来致电联合国大会主席、秘书长并转安理会会员国。中国外交部长周恩来致电联合国大会主席罗慕洛、秘书长赖伊并转安理会会员国苏联、美国、法国、英国、厄瓜多尔、印度、古巴、埃及、挪威政府。电文指出：中华人民共和国中央人民政府认为，中国国民党反动残余集团的代表留在联合国安全理事会是非法的，并主张将其从安全理事会开除出去，特此电达，希予采纳照办为荷。

同　日　甘肃省人民政府成立，邓宝珊任主席。

1月9日　周恩来总理发布命令。命令驻香港国民党中央政府和地方政府的一切机构的员工负责保护国家财产，听候接收。

同　日　湘桂铁路桂林柳州段通车。

1月10日　陕西省人民政府成立，马明方任主席。

同　日　周恩来批准发布中央贯彻婚姻法运动委员会名单。主任为沈钧儒，副主任为刘景范、何香凝、彭泽民、邓颖超、史良、肖华。

1月11日　政务院人民监察委员会在北京召开第四次会议。谭平山主任委员讲话，强调人民监察机关的任务在于推动厉行廉洁的、朴素的、爱护国家资财的、为人民服务的革命工作作风。

1月12日　财政部和公安部联合发布命令。统一规定全国各地人民警察的等级划分、服装、领章、帽徽及其供给待遇标准。

1月13日　政务院举行第十五次政务会议。主要内容有：一、通过《关于处理老解放区市郊农业土地问题的指示》。《指示》要求京津两市及河北，山西、察哈尔、绥远、平原和山东六省所属各市的郊区均应于今年春耕以前完成土地改革。规定：（一）没收地主土地、征收旧式富农出租的土地，一律归国家所有，由市人民政府管理，并分配给无地与少地农民使用。（二）没收地主的耕畜、农具及多余的粮食分配给农民，以解决农民生产资金的困难。征收地主在农村多余的房产，分配给农民居住，地主的其他财产一律不动，一律不得追挖地主底财，并允许地主将底财投资于工业和商业。（三）对地主、旧式富农兼营的工商业，包括车马运输业在内，不得没收和分配。（四）自耕农的土地，包括旧式富农雇工耕种的土地在内，其土地所有权与使用权照旧保持不变。（五）凡用机器耕种或有其他进步设备的农田及菜园、果圃、农事试验场等，无论其所有权有无变动，一律由原经营者继续使用。二、原则批准邮电部朱学范部长作的《关于全国邮政会议的报告》。报告说，全国邮政会议强调人民邮政是国营事业，旧中华邮政的各种规章制度，凡是合理的，应保留下来。会议决定全国成立邮政总局，各大行政区的管理总局改为全国邮政总局的总分局。军邮继续保持，归人民解放军建制，业务运输，由各地邮政协助。邮资自1950年起统一调整。全国邮政统一后，须编制全国邮政概算及生产计划。全国邮局代办所须恢复整理。包裹业务，应以普通人民小包为主，但在过渡期间，不适应小商人需要，可兼收商品包裹。储金汇兑业务，应在政策上完全接受人民银行的领导。三、批准重工业部何长工副部长作的《关于钢铁会议简要报告》。报告说，钢铁会议确定1950年全国钢铁工业总投资为156万公吨。1950年生铁、钢锭、钢材的生产任务与新建工程计划及投资分配，均以东北为重点。钢铁工业局及东北重工业部为钢铁企业的直接领导机关，中央重工业部为全国重工业计划决策机关。工厂实行管理民主化，推行经济核算制，运用苏联经验建立技术操作规程，规定新的生产定额。陈云发言说：（一）中国的钢铁工业，是帝国主义国家为适应他们的需要而建立起来的。其特点是，炼铁的设备多，炼钢的设备少，轧钢设备又不能适应钢炉生产的能力，各个环节极不平衡。改变这种不合理状况，需要做许多具体工作。（二）对钢铁工业的投资数目很大，是因为钢铁工业是一切工业之母。当前最迫切的问题是，把关内的技术人员调到关外去。四、通过《关于中央直属机关新参加工作人员薪金待遇标准的暂行规定》，不公开发表，只发送各机关试行；并决定成立实施这一暂行规定研究小组，由齐燕铭召集。

同　日　香港招商局起义。香港招商局在汤传篪、陈天骏经理领导下，全体员工及13艘轮船宣布起义。帝国主义和国民党当局进行了多方面的阻挠和迫害，8月上旬，香港当局对进出口的飞机、船只进行管制，企图扣留起义船只。起义员工经过9个月的护产斗争，于7月13日—10月21日将13艘轮船先后开回祖国。13艘轮船的总吨位为2.5833万吨，载重吨位为3.1133万吨。

同　日　毛泽东关于向联合国派出中国代表等问题致电刘少奇。电称，苏联外交部长维辛斯基建议我国向联合国去电派遣自己的代表出席联合国会议以代替国民党代表，因现在为国民党代表问题安理会斗争颇紧张，苏联主张开除国民党代表，美、英等多数国家反对开除，故中国有进一步表示之必要。我同意他的建议，代表团首席人选请中央考虑电告。

1月15日　广西全省地质图完成。新华社报道，中国科学院接管的前中央研究院地质研究所，最近完成了一部1:250000的广西全省地质图。这是中国第一部面积最广、最完整的地质图。

1月18日　中华人民共和国同越南民主共和国建立大使级外交关系。

同　日　外交部长周恩来就法国武装部队对我越南华侨实施暴行一事照会法国外交部长舒曼。照会指出，这是中国人民所不能忍受的，其全部责任应由法国政府负担。中国政府保留对上述及其他类似事件提出相应要求的一切权利。

同　日　毛泽东提出任命张闻天为驻联合国中国代表团首席代表。

同　日　中央人民政府民族事务委员会召开西藏问题座谈会。会中，朱德重申了解放西藏的决心，并说明人民政协共同纲领所规定的民族政策。

1月19日　西北军政委员会在西安成立。西北军政委员会辖西安市、陕西省、甘肃省、宁夏省、青海省、新疆省等省级行政区。彭德怀任主席，习仲勋、张治中任副主席。下设政法、财经、文教、监察委员会及部、局等机构。负责召集西北各界人民代表会议，代行西北人民代表大会职权，产生西北行政区人民政府委员会。1952年11月15日中央人民政府委员会第四次会议决定，将大行政区人民政府或军政委员会统一改为行政委员会，不再作为一级政权，只代表中央人民政府在各区领导与监督地方政府机关。1953年1月改为西北行政委员会，彭德怀任主席。1954年11月根据中央人民政府委员会的决定撤销。

同　日　外交部长周恩来照会联合国大会罗慕洛主席和赖伊秘书长。照会称：中华人民共和国中央人民政府业已任命张闻天为中华人民共和国出席联合国会议和参加联合国工作，包括安全理事会的会议及其工作的代表团的首席代表。我并要求速复何时开除中国国民党反动残余集团的非法代表出联合国及其安全理事会，以张闻天为首席代表的合法的中华人民共和国的代表团，何时可以出席联合国及其安全理事会的会议并参加工作。

1月20日　周恩来、李富春等抵莫斯科参加中苏会谈。周恩来在车站迎接仪式上发表演说：我这次奉中华人民共和国中央人民政府毛泽东主席的指示，来到莫斯科参加关于巩固中苏两大国邦交的会商。22日，毛泽东、周恩来同斯大林、莫洛托夫会谈。毛泽东在发言中说，在新情况下中苏两国的合作关系应以条约形式固定下来，条约的内容应是密切两国的政治、军事、经济、文化、外交的合作，以共同制止日本帝国主义的再起及日本或与日本勾结的其他国家的重新侵略。斯大林同意这一意见，并说中苏条约应是一个新的条约。斯大林还谈了中长铁路问题、旅大问题、贸易及贸易协定问题、贷款问题、民航合作问题等。毛泽东提议中长路、旅顺口、及大连3个问题写在一个协议中。斯大林说："旅顺口问题的解决办法，一个是限定归还，在对日和约缔结后撤兵；一个是现在撤兵，但过去的条约形式暂不变更。"毛泽东同意前一个办法。说到大连问题时斯大林说可由中国自行处理。关于中长路、中方提出缩短年限、将资本比例由中苏各占一半改为51:49，由中国派人担任局长等3项意见。苏方同意缩短年限，但不同意改变资本比例，仍主张资本各半，并提出双方人员定期轮换，轮流担任正副局长。斯大林还提出不允许第三国居民进入和在中国东北、新疆地区居留的问题。23日，周恩来、王稼祥、李富春同米高杨、维辛斯基、罗申进行具体会谈。在协商《中苏友好同盟互助条约》时，周恩来强调：友好同盟的具体内容自然就包括互助合作在内了，而后者也应该是条约的具体内容。在毛泽东主持下，由周恩来负责起草《中苏友好同盟互助条约》草案；

苏方对此条约表示满意。这就为双方达成协议，奠定了良好的基础。

同　日　中国外交部发言人发表谈话。发言人就美国合众社一再宣传西藏拉萨当局特派出所谓“亲善使团”分赴英、美、印度等国，以表明其“独立”一事发表谈话，严正指出，西藏是中华人民共和国的领土，中央人民政府将不能容忍拉萨当局这种背叛祖国的行为，任何接待这种非法“使团”的国家，将被认为是对中华人民共和国抱有敌意。

同　日　政务院举行第十六次政务会议。一、批准《河南省土地改革条例》。规定，土地改革是改变封建性及半封建性剥削的土地所有制为农民的土地所有制。没收地主的和征收旧式富农多余的土地、耕畜、农具、粮食及房屋，不得追挖底财，不得将地主扫地出门。保护工商业，保护中农。划定地主富农成分，要经过民主评定、本人同意和区人民政府批准3个步骤。二、批准《政法委所属各部、会1950年春季工作计划报告》。指出，政法委1950年春季机关工作要点是，初步建立调查研究工作，了解各地情况及对基本政策的反映。继续改进机关人员学习方法，有计划地提高一般干部的政治文化水平和工作能力。推行生产节约，调节机关开支，减少浪费，组织本委及所属各部、会消费合作社，供应职工生活必需品；举办生产事业，吸收机关人员及家属有余劳力及财力，克服困难。建立健全日常工作制度、机关财政制度等。三、修订通过的《关于中央直属机关新参加工作人员工资标准的试行规定》。指出，中央人民政府成立以来，因为待遇标准未确定，各机关对新参加工作的人员，大都采取暂行借支办法，诸感不便，为此特作本规定。规定共9条，工资标准共25级。工资以小米计数，最高工资标准为3 400斤，最低为120斤。薄一波对规定作了说明。他说，这个工资标准，一不在报上发表；二是试试看，可以修改；三是工资等级不等于职级。据计算，全面实行薪金制，需增加70亿斤粮食，财政上办不到，只能规定新参加工作者的工资标准。

同　日　政务院发布《关于全国盐务工作的决定》。《决定》说，目前盐业的生产运销，私营占主要成分。1950年度的方针和任务是：

一、公私兼利，按销定产，提高质量，减低成本。二、东北继续统销，关内公私兼运兼销。三、提高税额，税不重征。为了鼓励生产和出口，工农业用盐及出口盐全部免税。全国盐务组织，采取五级制，财政部设盐务总局，各大区设盐务管理局，再下设直属或区属盐务管理局，再下设盐场管理处或分场场务所。

1月21日　人民解放军进驻新疆南部的和田城。

1月23日　第二野战军第四兵团和第四野战军一部由广西入云南，在滇桂黔边纵队的协助下，歼敌2.7万多人。国民党第八军及第二十六军在滇越边境元江地区大部被歼。伪陆军副司令汤尧等被擒。李弥、余程万及其残部1万余人逃往国外。

1月24日　新解放区开始有步骤有准备地改革土地制度。当日，中共中央发出《关于在各级人民政府内设土改委员会和组织各级农协直接领导土改运动的指示》，新解放区的土地改革运动开始准备。在各级人民政府内设土改委员会和组织各级农民协会，直接指导土改运动。指示说，今后土地改革，以各级人民政府及其所组织的土地委员会和各级农民代表大会所选出的农协委员会来直接指导执行，比较由各级共产党的委员会来直接指导执行为好。高级政府的土地委员会的任务是制订和提出土地改革中的各种法令和办法并处理土地改革中的各种问题。为了动员、组织与指导农民群众去实行土地改革，还应组织各级农民协会作为土地改革中农民群众的直接指挥机关。在尚未进行土地改革的地区，在一个时期内，农民协会应该成为乡村中一切组织的中心，这也是彻底改革乡村政权的关键。6月，刘少奇在中国人民政协一届二次会议上，代表中共中央作了《关于土地改革问题的报告》，阐明了土地改革的重大意义和党的方针政策。会议讨论并同意刘少奇的报告和中共中央建议的土地改革法案等。6月30日，中央人民政府公布了《中华人民共和国土地改革法》。为了保证土地改革的顺利进行，7月14日政务院颁布了《农民协会组织通则》和《人民法庭组织通则》，把农民协会和人民法院作为改革土地制度的合法执行机关和司法机构，直接由县、市人民政府领导。8月22日，政务院颁布了《关于划分农村阶级成分的决定》。

为了有准备有步骤有计划地进行土地改革，中共中央决定，从1950年冬季开始，用两年半或三年左右的时间，根据各地区的不同情况，在全国分期分批地完成土地改革，并规定在开展土地改革运动之前，县以上的领导机关要选择少数地区进行典型试验，在做法上采取以点带面，点面结合，在总结经验的基础上，分批展开。从1950年冬季开始，土地改革在2.6亿农业人口的新解放区分期分批有计划有步骤地展开。在土地改革运动中，中共中央规定的土地改革的总路线和总政策是：依靠贫农、雇农，团结中农，孤立富农，有步骤有分别地消灭封建剥削制度，发展农业生产。土地改革的基本内容是没收地主的土地和财产分给无地少地的农民，把封建剥削的土地所有制改变为农民的土地所有制。同时采取保护民族工商业的政策，对于地主兼营的工商业及其直接用于工商业的土地和财产、资金并不没收。土地改革运动坚持了有领导地发动群众的方针，做到领导骨干与广大农民群众相结合。为了深入地发动群众，各地政府都派出土改工作团深入农村，发动农民群众，建立农会，组织农民向封建地主阶级开展斗争。建立了城乡最广泛的反封建统一战线，不但在农村建立了占90%以上的贫雇农和中农的统一战线，保护了小土地出租者，孤立了富农，而且在城市组织各方面的人士，包括广大的知识分子和民主党派成员下乡参加土地改革。同时，把许多同封建土地剥削有联系的资本家，也团结到反封建的队伍中来。在土改中，对于地主分子，除个别罪大恶极、民愤极大的予以镇压外，都分给一定数量的土地，让其在劳动中改造成为新人。土地改革分3批进行，一般都经历了发动群众、划分阶级成份、没收和分配土地、复查总结等阶段。第一批，1950年冬季—1951年春季，在1.2亿农业人口地区进行。第二批，1951年冬季—1952年春季，在1.1亿农业人口地区进行。第三批，1952年冬季—1953年春季，在3 000多万农业人口地区进行。到1953年春，除中央决定暂时不进行土地改革的西藏、新疆等少数民族地区外，全国大陆的土地改革全部完成。加上老解放区的土地改革，全国大约有3亿多无地和少地的农民分得了大约7亿亩土地和其他一些生产资料，免除了每年向地主交纳大约700亿斤粮食的地租。土地改革的胜利，彻底消灭了封建土地所有制，解放了农业生产力，进一步巩固了工农联盟和人民民主专政，为国民经济的恢复和发展，为国家的社会主义工业化和对农业的社会主义改造创造了条件。

1月26日　外交部副部长李克农就泰国政府虐待和杀害华侨问题向泰国外交部提出严重抗议。李克农指出：据报告有华侨上千人因拥护毛泽东主席所领导的中华人民共和国，被泰国政府逮捕入狱，或将被驱逐出境。他们经常地遭到殴打，并有10余人被打死或被毒毙。本人特代表中华人民共和国中央人民政府，要求泰国政府：一、立即停止对于被拘押在曼谷大监狱的华侨的虐待行为；二、立即释放这些被拘押的华侨，并停止驱逐华侨出境；三、保证以后不再发生同样事件。我国政府对于此次泰国政府非法拘押、虐待和杀害华侨的行为保留提出要求的一切权利。

1月27日　政务院举行第十七次政务会议。一、批准天津市人民政府刘秀峰副市长作的《关于天津市第二届人民代表会议的总结报告》。报告说，此届代表选举照顾得较周到。工商界对工商界人物能当副市长和市政府委员很满意，工人对工人当市政府委员反映也好。二、原则通过《全国税政实施要则》、《全国各级税务机关暂行组织规程》、《工商业税暂行条例》、《货物税暂行条例》4个文件，并于1月31日发布。三、原则通过《政务院关于关税政策和海关工作的决定》。指出，过去帝国主义者掌握着我国海关大权，大量地向我国输入产品，吸收廉价原料，并借此绞杀和阻碍了我国民族工业的自由发展。在目前条件下，国家海关工作与国家对外贸易工作所进行的监督与某种管制，在恢复与发展我国人民经济中，应起重要的作用。海关税则，必须保护国家生产，必须保护国内产品与外国商品的竞争。海关总署必须是统一集中的和独立自主的国家机关，海关总署负责对各种货物及货币的输入输出执行实际的监督管理，征收关税，与走私进行斗争，以此来保护我国不受资本主义国家的经济侵略。为此决定：准许海关总署在新海关税则未规定施行前，输入货物暂用1948年的进口税则，输出货物暂用1945年经修订的出口税则，但某些方面必须经过政务院订正。在中财委下组织一个专门委员会，遵照下列基本原则制定新的海关税则：一、对于国内能大量生产的或者暂时还不能大量生产但将来有发展可能的工业品及半制品，在进口时，海关税率应规定高于该项商品的成品与我国同样货物的成本间的差距，以保护国家民族生产；二、对于一切奢侈品和非必需品，定征更高税率；三、对于国内生产很少或者不能生产的设备器材、工业原料、农业机械、粮食种子及肥料等，其税率要低或免征关税；四、凡与中华人民共和国有贸易条约或协定的国家，应规定一般正常的税率；凡与中华人民共和国没有贸易条约或协定的国家，要规定比较高的税率；五、为了发展出口货物的生产，对于经中央人民政府奖励的一切半制成品及加工原料的输出，只定很低的税率或免税输出。该《决定》于3月11日公布。

同　日　华东军政委员会在上海成立。华东军政委员会辖上海市、江苏省、浙江省、安徽省、山东省、福建省、台湾省等省级行政区。饶漱石任主席，曾山、粟裕、马寅初任副主席。下设政治、财经、文教、监察委员会及部、局等机构。负责召集华东各县人民代表会议，代行华东人民代表大会职权，产生华东行政区人民政府委员会。1952年11月15日，中央人民政府委员会第十九次会议决定，将大行政区人民政府或军政委员会统一改为行政委员会，不再作为一级政权，只代表中央人民政府在各区领导与监督地方行政机关。遂改为华东行政委员会，饶漱石任主席。1954年11月根据中央人民政府委员会的决定撤销。

1月29日　全国开始推广卡介苗接种工作。卫生部为了展开对结核病的预防，决定今年在各城市大力推广卡介菌苗接种工作。所需费用由各级人民政府负担，不再向人民收费。

1月31日　政务院颁发《全国税政实施要则》、《工商业税暂行条例》和《货物税暂行条例》。《全国税政实施要则》共12条，根据人民政协共同纲领第40条“国家的税收政策，应以保障革命战争的供给，照顾生产的恢复和发展及国家建设的需要为原则，简化税制，实行合理负担”总的精神制定。主要内容有：一、除上述3个原则外，关于税收政策的要求是：其一要简化税制，包括简化税收机构，简化税种税率，简化征收方法。其二是要合理负担。要求做到乡村与城市、工业与商业、坐商与行商、大企业与小企业以及行与行、户与户之间的负担合理。二、要求迅速整理全国各地实行的税收、税种、税目和税率极不一致的状况，在短期内逐步实施，达到全国税收统一。三、关于税收立法的规定：凡有关全国性的税收条例法令，均由政务院统一制定颁布实施；凡有关全国性的各种税收条例的实施细则，由中央税务机关统一制定，由财政部批准施行；凡有关地方性税收的立法属于县范围的，由县人民政府拟议报请省人民政府核转大行政区人民政府或军政委员会批准，报中央备案。四、各地区应依不同税源情况，掌握不同税收重点，在税政实施中，一方面须克服仁政观点，不可轻言减免，同时须克服单纯的财政观点，照顾正当的必需的生产恢复和发展，不使负担过重。这个《要则》是由1949年11月在北京召开的全国税务会议制定的。1950年1月27日政务院第十七次政务会议原则通过。

同　日　留居青海省的西藏班禅堪布会议厅致电毛主席、朱德总司令。表示为反对西藏拉萨当局派出所谓“亲善使团”向英美表示“独立”的举动，愿意率领全西藏爱国人民，支援解放军解放西藏。

本　月　人民解放军开始进行大规模的剿匪斗争。按照中共中央和中央军委的指示，人民解放军先后抽调39个军140多个师大约150余万人的兵力，迅速展开大规模的剿匪斗争。各剿匪部队，在当地党委统一领导和民兵及广大人民群众的协助下，贯彻军事打击、政治争取、发动群众三者紧密结合的方针和首恶者必办、胁从者不问、立功者受奖的政策，结合民主改革、减租减息、镇反清霸、宣传抗美援朝等中心工作，对国民党残余、特务、土匪及其他反动武装展开清剿斗争。整个过程，大体分为3个阶段，即：重点进剿、分区驻剿、结合农村土地改革彻底清剿。同时，参加剿匪的部队还协助地方党政机关进行宣传群众、组织群众、建立民主政权、恢复发展生产以及土地改革等工作。经过1950年—1952年底的剿匪斗争，人民解放军取得了歼灭匪特武装240余万人的胜利，在全国范围内基本上平息了匪患，巩固了新生的人民政权，安定了社会秩序，保证了经济恢复工作和生产建设工作的顺利进行。

1月—3月　废除封建把头制度。1月6日—10日，全国纺织工会代表会议召开，会议通过了《关于废除搜身制的决议》。1月22日—2月2日，全国煤矿工会代表会议召开，会议通过了关于管理民主化与废除封建把头制等项决议，并向中央燃料工业部建议明令规定，原把头不得担任行政管理工作。2月6日，中国搬运工会第一届代表大会通过《关于设立搬运公司、废除各地搬运事业中封建把头制度向中央人民政府的建议》。3月21日，燃料工业部发出《关于全国各煤矿废除把头制的通令》。3月24日，政务院第二十五次政务会议通过《关于废除各地搬运事业中封建把头制度暂行处理办法》，3月31日，政务院接受中国搬运工会第一届代表大会的建议，作出《关于设立搬运公司废除各地搬运事业中封建把头制度的决定》。这样，各行业逐步废除了在中华人民共和国成立以前中国工业手工业存在的封建把头制度，建立了新的管理体制。

2月2日　外交部副部长李克农致电联合国。告以我国政府已任命冀朝鼎为我国出席将于2月7日开会的联合国经济暨社会理事会的代表。李克农认为联合国各组织迄今仍不开除国民党反动派残余集团的非法代表是不合理的，并要求联合国迅速通知以张闻天为首的代表团及冀朝鼎出席联合国有关组织的时间。

2月3日　政务院举行第十八次政务会议。一、原则批准中苏邮政、电信两协定草案。二、批准文教委郭沫若主任作的《关于文教委召开第二次全体委员会议准备工作的报告》。报告指出，文教委目前工作重点是计划、审核、人事3项。郭沫若还就文教委所辖文化部、教育部、卫生部、科学院、新闻总署和出版总署的工作安排，作了报告。三、通过《印信条例》。规定，印信分“印”、“关防”2种，前者为正方形，后者为长方形。中央人民政府及所属各级机关暨中央军委直属各部以及总政治部所属各级政治部均用“印”；中国人民解放军总司令部及其所属部队以及所有临时性军事机关均用“关防”。印信一律用宋体字。中央人民政府印边长9公分，边宽8公厘。省、直辖市以上政府、中央机关及驻外使馆的印信一律边长7公分，边宽6公厘。上述机关所属对外行文的各级机关的印信则边长6公分，边宽6公厘。中央军委所属机关、部队的印信尺度由军委规定。常设机关印信用铜质或铜镶木质，临时机关用木质。此件2月6日发布。四、会议听取了薄一波委员关于财政部参事缪秋杰泄露国家机密问题的报告。薄一波说，缪秋杰在盐务界做了近30年事，他参加了去年财政部召开的盐务会议后，将国家拟实行的盐税征收办法这一经济机密写信告知上海私营商家，会未结束，即发生抢购食盐事件，致使国家受到很大损失。这件事提醒我们，应有一个保守国家机密的规定。会议决定，为保守国家机密，有必要制定保守国家机密及制裁泄露机密的条例。成立起草小组，由谭平山召集。五、通过《政务院关于1950年公路工作的决定》、《政务院关于1950年航务工作的决定》。《公路工作的决定》规定了1950年公路工作的任务、工程计划、公路等级之划分、工程标准、民工修路、公路业务的组织领导等方面的原则和办法。《航务工作的决定》规定了1950年航务运输的主要任务、航务上各项工程建设及助航设备计划、航务管理、航务的组织领导及培养航务人员等方面的原则。上述两个文件3月12日发出。六、会议批准东北各省于今年春耕前，分别召开各界人民代表会议，执行省人民代表大会职权，选举各省人民政府主席、副主席和委员；批准热河省各界人民代表会议于3月22日召开，并准其执行人民代表大会职权。

2月5日　中南军政委员会在汉口成立。林彪任主席，邓子恢、叶剑英、程潜、张难先任副主席。中南军政委员会辖武汉市、河南省、湖北省、湖南省、江西省、广东省、广西省等省级行政区。下设政法、财经、文教、监察委员会及部、局等机构。负责召集中南各界人民代表会议，代行中南人民代表大会职权，产生中南行政区人民政府委员会。中原临时人民政府宣告结束。1952年11月15日，中央人民政府委员会决定，将大行政区人民政府或军政委员会统一改为行政委员会，不再作为一级政权，只代表中央人民政府在各区领导与监督地方政府机关，遂改为中南行政委员会，林彪任主席。1954

年根据中央人民政府委员会的决定撤销。

同　日　新华社报道，解放军总部发表总结战绩公报。解放军总部发表解放战争第四年度下半年(1949年7月—1949年12月）及解放战争3年半（1946年7月—1949年12月）总结战绩公报。其中解放战争第四年度上半年共歼敌259个师，175万多人，缴获各种炮7 400多门及大量物资，解放县以上的城市953座。解放战争3年半共歼敌650个师，744万多人，缴获各种炮5.2 万多门，解放县以上的城市1 549座。

2月7日　政务院政法委员会举行第六次常务会议。内务部长谢觉哉作关于目前全国救灾工作的报告。会议根据司法部长史良的报告，认为旧的律师制度必须废除，责成司法部和有关方面商讨建立人民律师制度。会议还讨论了《人民法庭组织通则（草案)》。

同　日　杨虎城将军遗体在西安下葬。毛泽东主席、刘少奇副主席、林伯渠秘书长、周恩来总理送了花圈、挽联。朱德、李济深副主席亲临致祭。

2月8日　中国外交部副部长李克农照会苏联驻华大使馆代办，代表中国政府郑重声明。声明说：完全同意苏联政府提出的关于根据1946年4月3日远东委员会决议，于最近期内委任国际特别军事法庭，来审讯日本天皇裕仁等5大细菌战犯。在召开这一国际特别军事法庭时，在中国方面，只能由中华人民共和国中央人民政府派代表参加，决不能再由早已丧失代表中国资格的蒋介石集团的人员参加。

同　日　西南军政委员会在重庆成立。刘伯承任主席，贺龙、邓小平、王维舟、熊克武、刘文辉、龙云任副主席。西南军政委员会辖重庆市、四川省、贵州省、云南省、西康省、西藏地方、昌都地区等省级行政区。下设政法、财政、文教、监察委员会及部、局等机构。负责召集西南各县人民代表会议，代行西南人民代表大会职权，产生西南行政区人民政府委员会。1952年11月15日，中央人民政府委员会第十九次会议决定，将大行政区人民政府或军政委员会统一改为行政委员会，不再作为一级政权，只代表中央人民政府在各区领导与监督地方政府机关，遂改为西南行政委员会，刘伯承任主席。1954年根据中央人民政府委员会的决定撤销。

同　日　广西省人民政府成立，张云逸任主席。

2月10日　政务院举行第十九次政务会议。一、会议听取华东军政委员会马寅初副主席作的关于该会成立经过的报告，及曾山副主席作的关于华东区生产救灾、征收公粮、推销公债和最近国民党飞机轰炸上海情形报告。会议决定，成立审查华东军政委员会组织条例小组，由邵力子召集；成立审查华东军政委员会各单位人选小组，由章乃器召集；责成中财委审查华东区农业税征收通则、华东新解放区农村减租条例。二、批准内务部谢觉哉部长作的《关于目前生产救灾的报告》。主要谈了深入灾区检查与布置工作的情况，扶持副业生产度过灾荒、加强以工代赈、发放急赈粮和救济粮等问题。会议还听取了平原省政府委员杜毓法的关于平原省灾情的报告。会议决定，发给平原省急赈粮350万斤小米，加发河北、平原2省救济粮1 200万斤小米。三、听取监委谭平山主任作的关于各级政府工作人员保守国家机密办法要点草案的报告，决定先将草案发下去试行。会议加推最高人民法院沈钧儒院长等为保守国家机密问题研究委员会委员，并责成该委员会根据草案的基本精神，拟一指示性文件。四、批准政务院指导接收工作委员会华东区工作团南汉宸副团长作的《关于华东区工作团工作情况的报告》，会议决定，由政务院秘书厅会同参事室审查政务院指导接收工作委员会南京办事处工作条例。五、成立小组，由谢觉哉召集，审查政法委提请审查的《人民法庭组织通则（草案）》。

2月13日　中财委主任陈云在全国财政会议上作《关于财经工作统一的决定》的报告。他说，我们现在仍然处在战争与经济困难的环境中，面临着严重的斗争，这个斗争不仅表现在军事上，而且越来越表现在经济上。为了战胜暂时的财政困难，在落后贫困的经济基础上前进，必须尽可能地集中物力财力，加以统一使用。决不应该把眼光放得很小，凌凌乱乱地去办若干无计划的事。我们搞财经工作的同志，很容易陷于局部观点和本位主义之中，把某些重点问题忽略过去。提醒同志们，要把自己的工作放在全国大范围来看。财经部门的同志，应该首先觉悟，首要教育做财经工作的同志，树立整体思想，要有全局观念。

2月13日—25日　中财委召开全国财政会议。统一全国财政经济工作。1949年冬，中共中央确定了全国财政经济实行统一管理的方针，中财委为此召开了一系列专业会议，做了充分的准备。1951年1月，财政收入没有完成计划，支出超过概算，货币继续大量发行。财政困难的原因，在很大程度上是由于国家的财经制度不健全，现金管理、物资管理制度还未建立，财政预决算制度和收支系统还不统一，各地自收自用的现象普遍存在，使得本来有限的财力、物力得不到有效的使用。为了迅速克服财政经济上的困难，中财委召开了这次会议。会议主要讨论了统一财经、紧缩编制、现金管理和物资平衡等四个重大经济问题，并作了具体部署。陈云在会上作了题为《关于财政工作统一的决定》的报告。根据会议提出的意见，在3月间，政务院先后通过和颁布了《关于统一国家财政经济工作的决定》，《关于统一管理1950年度财政收入的决定》，《关于统一国家公粮收支保管调度的决定》，《关于统一全国国营贸易实施办法的决定》及《中央金库条例》等，在全国范围内进行了统一全国财政经济工作。主要内容有：首先，统一全国财政收支并将重点放在统一财政收入上。规定，公粮除5%~15%地方附加外，均须按中央规定的税则、税率征收，交中央粮库；税收除批准征收的地方税外，所有关税、盐税、货物税、工商税的一切收入，均每日结算解缴中央金库，国营企业均须按时纳税交中央或地方金库；支出方面，统一全国编制与供给标准，改变机构庞大、人浮于事的状况，杜绝虚报冒领现象。其次，统一全国贸易。各地国营贸易公司的资金、业务计划、商品调度，统一由中央贸易部掌握指挥，地方不能干预。第三，统一全国现金管理，指定人民银行为国家现金调度的总机构，外汇牌价及外汇调度也由人民银行统一管理，一切军政机关和公营企业的现金，除留若干近期使用外，一律存入国家银行，不得存入私营行社。由于全国各地认真贯彻中央的精神，严格执行有关规定，人民踊跃按期缴纳公粮、税收和购买公债等，使统一全国财政经济工作很快就取得了巨大成绩。到四五月间，全国财政经济工作实现了统一管理，财政收支接近平衡，通货膨胀停止，物价趋于稳定，全国财政经济状况初步好转。统一全国财政经济工作的管理，是新中国成立以后中国共产党在财政经济方面采取的一个重大措施，它的迅速实现，为我国国民经济的恢复和发展提供了有利条件。同时，从此也逐步形成了中国高度集中的财政经济管理体制。

2月14日　中华人民共和国同苏维埃社会主义共和国联盟在莫斯科签订中苏间友好条约协定。其中包括《中苏友好同盟互助条约》、《关于中国长春铁路、旅顺口及大连的协定》、《关于贷款给中华人民共和国的协定》。同时还签订了由苏联帮助中国建设与改造50个企业的协定。《中苏友好同盟互助条约》共6条。主要内容是："缔约国双方保证共同尽力采取一切必要的措施，以期制止日本或其他直接间接在侵略行动上与日本相勾结的任何国家的重新侵略与破坏和平。一旦缔约国任何一方受到日本或与日本同盟的国家的侵略，因而处于战争状态时，缔约国另一方即尽其全力给予军事及其他援助。""双方宣布，愿以忠诚的合作精神，参与所有的确保世界和平与安全为目的之国际活动，并为此目的之迅速实现充分贡献其力量。双方同意与第二次世界战争期间同盟国于尽可能的短期内共同取得对日和约的缔结。双方均不缔结反对对方的任何同盟，并不参加反对对方的任何集团及任何行动或措施"；"双方根据巩固和平与普遍安全的利益，对有关中苏两国共同利益的一切重大国际问题，均将进行彼此协商"，"双方保证以友好合作的精神，并遵照平等、互利、互相尊重国家主权与领土完整及不干涉对方内政的原则，发展和巩固中苏两国之间的经济与文化关系，彼此给予一切可能的经济援助，并进行必要的经济合作。"《条约》有效期间为30年。1979年4月3日，中国第五届全国人民代表大会常务委员会第七次会议通过决议，决定不延长即将期满的《中苏友好同盟互助条约》。《关于中国长春铁路、旅顺口及大连的协定》共4条。《协定》规定："一俟对日和约缔结后，但不迟于1952年末，苏联政府将中国长春铁路的一切权利以及属于该路的全部财产无偿地移交中国政府；苏联军队即自共同使用的旅顺口海军根据地撤退，并将该地区的设备移交中国政府；大连的行政完全直属中华人民共和国政府管辖，现时苏联方面临时代管或租用的大连所有财物，由中国政府接管，在1950年内完成。”1952年12月31日，苏联政府将中国长春铁路移交给中国。关于从旅顺口海军根据地撤军问题，1952年9月15日，中苏两国外交部长《关于延长共同使用中国旅顺口海军根据地期限的换文》指出，由于日本和美国缔结片面“和约”所造成的局势而决定延迟执行。朝鲜停战和印度支那恢复和平后，1954年10月12日，中苏两国发表关于旅顺口海军根据地问题的联合公报，宣布1955年5月苏军自旅顺口撤退，并在5月底前将该地区设备无偿地移交中国。1955年5月25日，苏军从旅顺口海军根据地撤退完毕，并将该地区的设备无偿地移交中国政府。《关于贷款给中华人民共和国的协定》。《协定》规定，苏联政府贷款3亿美元（年利1%）给中国政府，用作偿付苏联同意交付给中国的机器设备及其器材之用。贷款分5年交付，每年交付1/5。

2月15日　新华社报道：人民邮政全面恢复，全国已经解放的大小城市以及乡村均可互通信件。

2月16日　政务院举行第二十次政务院会议。会议通过了《关于各级人民政府工作人员保守国家机密的指示》，修正批准了《华东军政委员会组织条例》。《关于各级人民政府工作人员保守国家机密的指示》共6点，指出，为使国家不遭受破坏与损失，各级政府的工作人员均有保守国家机密的责任。保守国家机密主要范围如下：有关国家军事、外交、财政经济等方面不应公开之事项；国家各种措施之未决定，或虽经决定而尚未公布之事项；各级政府认为应保守秘密之事项。为保守国家机密，各级政府应注意：有关机密的文电、资料等均应由机要秘书、或首长指定之人员负保管全责；阅读机密文电、资料等人员，应严格限制；各机关发出之机密文件，应标志机密字样，由机要人员负责办理。《指示》要求建立会议保密制度，慎重任用和介绍工作人员，各级政府工作人员要注意个人方面的保密。《指示》还对泄露国家机密行为的处理作了规定。

2月17日　毛泽东、周恩来在苏联就新解放区土地改革问题致电刘少奇。指出，关于新解放区土地改革和征收公粮的指示草案，一般甚好，而且亟须适时发出。唯第四部分因涉及分配土地问题本身，可否暂缓发表。因斯大林曾在我向其报告土改政策时，提议将分配地主土地与分配富农土地分成两个较长的阶段来做，即使目前农民要求分配富农多余的土地，我们固不禁止，但也不要在法令上预作肯定。我们虽对中国半封建富农作了解释，并说明对资本主义富农并不没收，他们举十月革命后的苏联为例，要我们把反富农看成是严重斗争。他的中心思想是在打倒地主阶级时，中立富农并使生产不受影响。因为此事不但关系富农而且关系民族资产阶级，江南土改的法令必须和北方土改有些不同，对于1933年文件及1947年土地法等，亦必须有所修改。故我们主张目前政务院只发表新区土改征粮指示的前三部分，而将第四部分留待我们归后讨论。

2月19日—3月2日　燃料工业部在北京召开第一次全国电业会议。会议通过的决议案规定，1950年基本方针和任务是，保证安全发供电，并准备有重点地建设二三年内工业生产所需的电源设备。在此总方针下，大力改进技术和管理制度，并进一步开展民主改革工作，努力消灭事故与贯彻定额管理，达到质好、量多、效率高与成本低的目标，以帮助其他工业的生产与发展。这不仅是1950年的任务，也是3年恢复时期的任务。

2月20日—22日　中华全国学生联合会第十四届执委会举行第十二次会议。会议通过了中国学生当前任务的决议。指出，由于革命形势的发展，学生运动已进入一个新时期。中国学生当前的基本任务就是要在人民政府领导下，团结广大同学，开展新民主主义学习。全国学生还必须自下而上地配合对旧学制、旧课程教材的改革，并继续支援解放战争，努力学习国际主义。朱德于22日到会讲话，勉励学生们要热爱劳动，热爱祖国，好好学习马列主义、自然科学和军事知识，成为为人民为国家服务的爱国主义者，为建设新民主主义的中国而奋斗。

2月21日　贸易部公布《关于出口货物统购统销的决定》。《决定》指出，为了避免由于各地区对出口货物统购统销的办法不一致，而给投机商人造成可利用的空隙，经中财委批准决定：钨、锑、锡金属矿砂实行统购统销。大豆、猪鬃实行统销，其中猪鬃还在东北实行统购。

同　日　中国人民银行总行召开全国金融会议。确定：1950年银行的主要任务是在稳定金融的总方针下，实行现金管理，大量吸收存款，建立仓库，掌握外汇，控制游资，以稳定金融，扶植生产。全行存款计划，争取达到1949年底存款的2.6倍。计划放款1 025万公债分，主要贷给国营贸易企业。外汇收入计划4.7亿美元。

2月22日　西南军区成立。根据中央军委的决定，以中国人民解放军第二野战军的领导机构为基础组建。贺龙任司令员，邓小平任政治委员，陈赓、周士第、李达任副司令员，宋任穷、张际春、李井泉任副政治委员，李达、张际春分别兼任参谋长和政治部主任。西南军区下辖西康、川西、川北、川东、川南、云南、贵州等7个军区。1952年2月，西藏军区成立，列入西南军区建制。

2月24日　政务院举行第二十一次政务会议。会议原则通过《关于新解放区土地改革和征收公粮的指示》，通过《政务院严禁鸦片烟毒的通令》，以及《中苏互相交换邮件和包裹协定》、《中苏建立电报电话联络协定》。《关于新解放区土地改革和征收公粮的指示》指出：一、所有华东、华中、华南、西北、西南的新解放区，由于准备工作及群众的觉悟与组织还未达到应有的程序，决定在1950年秋收以前，一律不实行分配土地的改革。秋收之后，各省人民政府根据准备工作、群众的觉悟和组织的情况，决定开始实行分配土地的改革。新疆及全国各少数民族居住的地区是否实行分配土地的改革，另行决定。二、所有新解放区，在实行分配土地以前，应一律实行减租；不许荒废土地，各地人民政府应保障一切耕种土地者收获的权利；禁止一切破坏行为，如宰杀耕畜、破坏农具、砍伐树木等。三、目前在新解放区征粮中发生了不少问题，如：有些地主须以其总收入的80%以上来交公粮，还有地主须以其粮食收入的全部来交公粮，或者全部交了还有不够的。这是一种缺点和错误，必须纠正和补救。特决定：中央人民政府所征收之公粮，在新区不到农业总收入的17%，地方人民政府附加公粮不得超过征粮的15%；应按照各户实际收入规定其公粮征收额；公粮征收面一般不得少于农村人口的90%；等等。各地人民政府应根据以上各项，规定详细办法，并派人实地检查，安定农村以进行今年的春耕。四、为了在1950年秋收以后或在1951年秋收以后各新解放区顺利进行分配土地的改革，各新解放区的人民政府或军政委员会应抓紧进行各项准备工作。某些地方土匪还未肃清者，应迅速肃清，尚未减租者，应即进行减租。对有罪大恶极的恶霸分子及反对农民运动、破坏土地改革分子，省、县人民政府应主动地适时地加以逮捕，送交人民法院或组织人民法庭依法审判，处以应得之罪行。对于这些犯罪分子，应允许农民控告，但必须严格禁止乱打、乱杀、乱逮捕、乱处罚及戴高帽游行等行为。该《指示》于2月28日公布。《政务院严禁鸦片烟毒的通令》，共8点。《通令》指出，自帝国主义侵略我国，强迫输入鸦片危害我国已有百余年。现在全国人民已得解放，为了保护人民健康，恢复与发展生产，持规定严禁鸦片毒品及其他毒品，办法如下：各级人民政府应协同人民团体，做广泛的禁烟禁毒宣传，在烟毒较盛地区，讨论定出限期禁绝办法；由政府民政、公安部门及各人民团体派员组织禁烟禁毒委员会；禁绝种烟；全国各地禁止贩运制造及售卖烟土毒品；散存于民间的烟土毒品，应限期令其交出；限期登记吸食烟毒的人员，并定期戒除；各级人民政府卫生机关应配制戒烟药品及宣传戒烟戒毒药方。《通令》要求大行政区、中央直辖省、市人民政府，按本地区情况，制定查禁办法及禁绝种吸日期，按政务院批准施行。本通令于同日颁布。

2月27日　中央救灾委员会成立。政务院政法委员会奉政务院命令，召集内务部、中财委、财政部、农业部、水利部、铁道部、交通部、贸易部、食品工业部、合作事业管理局、卫生部及全国妇联等13个单位的负责人员开会，宣布成立中央救灾委员会。会议确定以董必武为中央救灾委员会主任，薄一波、谢觉哉、傅作义、李书城为副主任，陈其瑗、戎子和、姚依林、宋裕和、石志仁、李运昌、李德全、孟用潜、叶笃义、薛暮桥、罗权章等11人为委员，并决定请政务院派两位政务委员，全国总工会、全国青联、解放军救济总署、中国人民银行各派1人负责担任该会委员。该会依托内务部。董必武在会上作了《深入开展救灾工作》的报告。报告说，去年全国许多地区遭到很大的灾害。在中央人民政府提出“不要饿死一个人”的口号下，经过干部和广大群众的努力已胜利渡过严重的冬荒，但目前正处在春荒时节，全国急待救的灾民约700万人，所有灾区应把救灾工作作为当前的中心工作。救灾的方针是：生产自救，节约度荒，群众互助，以工代赈，辅以必要的救济。中央准备再拨出1.3亿元、2.12亿斤粮食，作为急救用。

2月28日　中财委发出《关于国营工厂建立工厂管理委员会的指示》。《指示》指出，目前全国绝大部分地区解放战争已告结束，1950年的中心任务，是恢复与发展生产。要完成这一伟大任务，在国营、公营工厂企业中，必须把原来官僚资本统治时代遗留下来的各种不合理的制度进行一系列的改革。这种改革的中心环节，就是建立工厂管理委员会，实行工厂管理民主化，使工人亲身感到自己是企业的主人，而改变其劳动态度，发挥其生产积极性与创造性。《指示》要求，在尚未建立工厂管理委员会的工厂企业中，应根据1949年华北人民政府颁布的《关于在国营、公营企业中建立工厂管理委员会与职工代表会议的实施条例》，立即着手建立。

同　日　林垦部在北京主持召开全国林业会议。会议提出林业工作当前的方针是：普遍护林，重点造林。会议研究并确定了林业工作中的一些具体政策，主要是：一、所有不能耕种之宜林荒山荒地一律收归国有，奖励人民承领造林，造林后林权与地权均归造林者所有，并免征土地税。二、非经人工营造或抚育的天然林，一律收归国有。三、在土改时，宜林荒山荒地较多的造林重点县，应保留中等土地100亩以上，经营苗圃；一般县除保留公营农场外，应附带保留10亩以上土地兼营苗圃。四、国有森林应由中央或中央委托的各级林业机构经营代伐，其他任何机关、部队、地方政府或公私企业，不得自行采伐，会议还拟订了1950年林业工作的具体计划。

3月1日　陈云在中央人民政府委员会召开的座谈会上作关于统一全国财经工作的报告。报告阐述了全国财政收支概况与工作情况，以及关于统一国家财政经济工作的决定，今后收支情况和对物资情况的估计。邵力子、李书城、黄炎培、李济深、龙云等参加座谈。

3月2日　海关总署发出冻结前国民党海关总税务司署所存外汇的通知。海关总署在致伦敦汇丰银行、加尔各达汇丰银行、香港中国银行函中，请其冻结前国民党海关总税务司署所存外币外款，并声明前国民党海关总税务司所留印鉴作废。

3月3日　政务院举行第二十二次政务会议。会议通过陈云为政务院起草的《关于统一国家财政经济工作的决定》。《决定》指出，目前我们的财政经济情况，有以下一些特点：一、根据各大区报告，全国军政公教人员实有近900万人。二、去年秋季规定征收的公粮，虽已大部征齐，但在若干地区尚未征齐，且在征收工作中发生某些偏向；税款的实收数字与预定计划亦有距离。三、过去国家支出的大部由中央人民政府负责和依靠增发通货，现在则公粮和税收大多尚由各区、省、市、县人民政府管理。此种财政上的不统一和收支机关之间的脱节现象，如果任其继续下去，则势必额外增加通货的发行。四、除西藏外，中国大陆已全部解放，由通货膨胀而来的金融物价波动，已不能限于一地，而势必影响全国。但是全国人民经过了12年战争和通货膨胀之后，生活已极困难，需要我们努力制止通货膨胀。上述的财政收支不平衡和收支机关脱节的现象，如不速求克服，则不但1950年的财政概算有被冲破的危险，而且由此而来的金融物价波动，将大大增加全国人民的困难。但是必须指出，目前财政情况比之去年已有改善，进一步缩小财政收支之间不平衡和防止金融物价大波动的可能性已经存在。其关键在于节约支出，整顿收入，统一财政收支的管理。为了达到这个目的，政务院特作如下各项决定：一、成立全国编制委员会。以薄一波为主任，由人民革命军事委员会派聂荣臻为副主任。各大行政区、省、大市均分设编制委员会，制订并颁布各级军政机关人员、马匹、车辆等编制。各部队各机关的首长必须亲自负责，核实现有人员、马匹，消灭虚报数字。立即制止各机关不经批准自行添招人员及招人开训练班的现象。政府及企业部门编外及多余的人员，不得擅自遣散，均由全国和各地编制委员会统一调配使用。二、成立全国仓库物资清理调配委员会。以陈云为主任，杨立三为副主任。各大行政区、省、市、县，各后勤部，各工商企业，均分设仓库物资清理调配委员会、各级首长应亲自负责，指导清查仓库，在本年6月底前查明所有仓库存货，无隐瞒地逐级转报全国仓库物资清理调配委员会，不得打埋伏，不得擅自转移。所有库存物资，由中财委统一调度，合理使用，以便减少今年的财政支出及向国外订货。三、厉行节约。所有机关和公立学校，必须规定工作人员的数量及每个人员的工作任务。所有国家工厂和企业，除规定职工人数及生产的质与量外，必须实行原料消耗的定额制度，铲除囤积材料的浪费行为。一切国营经济部门，均须提高资金的周转率，保护机器资材，建立保管制度，严惩贪污浪费人员。全国均应节省一切可能节省的开支，缓办应该缓办的事项，以便集中财力于军事上消灭残敌，经济上重点恢复。四、全国各地所收公粮，除地方附加粮外，全部归中央人民政府财政部统一调度使用。各省、市、县、区人民政府，非依粮食局支付命令，不得支取公粮。同时，省、市、县、区人民政府负有保管公粮不使损失腐烂以及协助运输的责任。除人马口粮和集中起来的残废军人优待、救济、婴儿保育粮外，不经批准，各地不得以公粮拨作经费。责成中央人民政府财政部制定关于公粮支付、保管、运输的各项规定。五、除批准征收的地方税外，所有关税、盐税、货物税、工商税的一切收入，均归中央人民政府财政部统一调度使用。全国各大城市及各县如在2月底尚未建立国库者，统限于3月中建立好，并代理地方库业务。3月份起所有税款逐日入库。六、为了调节国内供求，组织对外贸易，有计划地供售物资和回笼货币，各地国营贸易机构业务范围的规定和物资的调动，均由中央人民政府贸易部统一负责。各地人民政府及其财政经济委员会，负有监督和协助本地贸易机构执行中央人民政府贸易部统一计划的任务。非经中央人民政府贸易部批准，各地贸易机构不得改变中央人民政府贸易部规定的业务计划。各地贸易机构除经中央人民政府贸易部批准者外，不得向国库支取贸易金款。一切部队机关，必须严遵毛主席命令；不得经营商业。七、国家所有的企业，分为三种：一是属于中央人民政府各部直接管理者；二是属于中央人民政府所有，暂时委托地方人民政府或军事机关管理者；三是划归地方人民政府或军事机关管理者。依此标准，责成中财委划清现有各类国营企业的管理责任，并制定对这些企业投资贷款的条例。八、指定人民银行为国家现金调度的总机构。国家银行应增设分支机构，代理国库。外汇牌价和外汇调度由人民银行统一管理。各公营经济部门及各机关请求外汇，统由中财委审核。私人请求外汇办法仍旧。九、中央人民政府财政部必须保证军队与地方人民政府的开支及恢复人民经济所必需的投资。对军队及地方经费的现金支付办法，应按照编制的确有人数，根据供给标准和全国概算所列的现金部分，按月按季地批准各部队各部门的预算，按期支付现金。其原则是先前方、后后方，先军队、后地方。对地方经费的支付，照供给标准应发经费数额，扣除其地方税收及企业收入中归地方的部分。国有企业的投资，文教社会事业费的支付，依照全国概算及中财委批准的各期支付数量支付之。国营企业请领投资款项前，必先有经过批准的工程预算。为确保军政费、事业费及企业投资的币值，国家银行对一切军政部门及公营企业举办短期无息的或一定数量低息的折实存款。此外会议还通过《公营企业缴纳工商业税暂行办法》。办法规定，公营企业应纳的工商业税，除属于所得额计算部分由财政部另订提取利润办法外，属于营业额计算部分，应由纳税单位向所在地税务机关照章纳税。此件同日公布。通过《中央金库条例》。条例规定，中央人民政府为统一国家财政收支，设立中央总金库，各大行政区设中央区金库，各省（市）设中央分金库，各县（市）设中央支金库，必要时得于适当地点设经收处；各级金库均由中国银行代理；凡一切国家财政收入，均须由经收机关照规定期限全部缴纳同级金库，除有特别规定者外，不得坐支抵解及自行保管；金库款的支配权，统属于中央人民政府财政部；各金库间存款之运解调度权属于中央总金库。此件同日发布。成立专门小组，审查《关于统一全国各级人民政府党派群众团体员额暂行编制》、《全国各级人民政府1950年度暂行供给标准》及

《政务院关于统一管理1950年度财政收支的决定》3个草案。另外分别成立小组，审查《政务院关于全国仓库物资清理调配的决定》、《政务院关于统一国家公粮收支保管调度的决定》、《政务院关于统一全国国营贸易实施办法的决定》、《中南军政委员会组织条例》及中南区各项名单草案，和《中南1950年工作任务草案》。会议决议由法制委员会对《婚姻条例草案》再加研究修改。会议决定，中财委审核《中南区1950年财政收支概算》、《中南区1950年恢复国民经济各主要部门的计划大纲》及《中南区减租减息条例》3个草案。政法委审核《中南人民法庭暂行条例草案》。

同　日　中共中央向各级党委发出《关于全党保证实现〈政务院关于统一国家财政经济工作的决定〉的通知》。《通知》指出，政务院《关于统一国家财政经济工作的决定》是完全正确的和适时的。各级党委必须用一切方法去保障这个决定的全部实施。过去各解放区被分割的状态已经改变，全国在地域、交通及物资交流与币制等等方面已经统一。在这种情况下，如果国家财政收入的主要项目不作统一的管理和有计划的使用，则不但不利于国家的财政和经济工作，而且将严重地影响人民的经济生活与妨害国家经济的恢复和建设的发展。各级党委要切实转变过去被分割状态下形成的财政经济工作各自分散处理的状况，要认识到在统一财政经济工作管理过程中，各地将不可避免地在财政和物资的征收及调度等等方面发生暂时的困难。为此，各级党委要向国家机关各部门工作的中共党员和非党群众进行解释，准备承受暂时的困难，保证决定迅速全部实现，以便克服国家财政上的困难，避免金融物价的大波动，迅速恢复和发展经济。《通知》认为完成1949年的税收预定计划，是克服财政困难和实现1950年概算的主要环节，要求中央各级党委抽调得力干部加强税收机关，保证1949年税收计划的全部完成。

3月4日　毛泽东、周恩来一行访问苏联后返抵北京。朱德、刘少奇等到车站迎接。

3月5日　中国人民解放军发起海南岛登陆战役。该岛共有敌军10万余人，统由薛岳指挥，企图凭借海峡天险固守。解放军由第四野战军的十五兵团执行攻岛任务。遵照中央军委的指示，采取“积极偷渡，分批小渡与最后登陆相结合”的作战方针，战前作了充分准备。5日—11日，26日—4月1日，两批偷渡部队在琼崖纵队的有力支持下，偷渡成功，为主力部队登陆作战创造了有利条件。4月16日和24日，主力部队和第二梯队在琼崖纵队和偷渡部队的全力接应下，顺利登陆。解放军在没有海军、空军支援的情况下，大兵团渡海成功。至5月1日，海南岛全岛解放。此战役共歼敌3.3万余人，其余逃往台湾。

3月7日　政务院发布《关于关税政策和海关工作的决定》。《决定》指出，在目前条件下，国家海关工作与国家对外贸易工作上所进行的监督与某种管制，在恢复与发展我国人民经济中，应起重要的作用。海关税则，必须保护国家生产，必须保护国内生产品与外国商品的竞争。海关总署必须是统一集中的和独立自主的国家机关，海关总署负责对各种货物及货币的输入输出，执行实际的监督管理，征收关税，与走私进行斗争，以此来保护我国不受资本主义国家的经济侵略。《决定》准许海关总署在新海关税则未规定实施前，在输入货物方面暂用1948年的进口税则，在输出货物方面暂用1934年的出口税则（1945年修正本），但某些方面须经政务院的订正。为了制定新的海关税则，决定在中财委下组织一个专门委员会，由中财委派代表1名任委员会主任，中央人民政府贸易部、重工业部、燃料工业部、纺织工业部、轻工业部、铁道部、农业部、交通部、食品工业部、邮电部及海关总署各派代表1人组成。为了工作进行顺利，给该委员会主任以权力，得由参加委员会其他各部抽调专家，参加制定海关税则的工作。该委员会必须在1950年8月1日以前完成上述工作。《决定》还提出，必需制定中华人民共和国的海关法规，确定海关的组织、权限与职责等，特决定由中央人民政府海关总署于1950年7月1日以前将海关法规草案提请政务院审核。

3月7日—21日　全国劳动局长会议在北京召开。会议的中心议题是解决劳资关系问题。本着劳资两利、公私兼顾的政策，会议提出解决劳资纠纷的措施是：成立劳资协商会议，建立平等的、契约的劳资关系，用法令解决争议，说服劳资双方认真贯彻劳资两利、公私兼顾的政策。会议还讨论了《工会暂行法》、《关于在私营企业中设立劳资协商会议的指示》、《省市劳动局暂行组织通则》、《各市劳动介绍所组织通则》、《关于开展工人业余教育的指示》等草案。

3月8日　山东省人民政府成立，康生任主席。

3月8日—14日　轻工业部召开全国第一次手工业生产座谈会。会议讨论了手工业在国民经济中的地位、手工业生产方针以及工艺美术等问题，并对这些问题作出了决议。

3月9日　朱德致函毛泽东。函内概述各级党的纪律检查委员会的工作情况。指出全党存在的一些问题：如纪律松懈，违犯党纪及违法事件不少；处分党员时不够慎重，滥用职权；对私人生活性质的错误处分过重，而对于党员违犯党章、党纪与党的政策和决议及违犯国家的法律、法令等重大问题却注意得不够；党政不分的现象以及不按照党章所规定的处分办法处分党员的现象还存在着。以上偏向，已经并正在分别加以纠正。

同　日　政务院人民监察委员会发出通报。处理1月23日发生的济南铁路局津浦线花旗营站造成死伤62人的撞车事件。对有关人员分别予以法律或纪律处分。铁道部部长滕代远、副部长吕正操均给予批评处分。

同　日　周恩来批准中财委关于处理冻结美国在华财产所提的意见。一、建筑物及相随家具可征用，但详细登记，负责保管。二、急需又不易买到的物资及易霉烂损坏物资，可作价征购，价款存银行冻结。三、其余物资应尽可能封存冻结。

3月10日　政务院举行第二十三次政务会议。会议听取周恩来作的外交问题报告；讨论通过《政务院关于春耕生产的指示》、《关于全国仓库物资清理调配的决定》、《关于统一全国国营贸易实施办法的决定》、《政务院关于全国仓库物资清理调配的决定》。修正批准《中南区1950年的工作任务》和《中南军政委员会组织条例》。原则通过《关于全国各级人民政府党派群众团体员额暂行编制草案》和

《全国各级人民政府1950年度暂行供给标准草案》。

同　日　政务院发布各项指示决定。其中包括《关于春耕生产的指示》、《关于全国仓库物资清理调配的决定》、《关于统一全国国营贸易实施办法的决定》。《关于春耕生产的指示》要求在新解放区，春耕期间以组织群众生产为第一要务，一切工作均应服从春耕生产。《指示》宣布：一、未实行土地分配前，地主的土地仍归地主所有，地主在依法减租后向农民收租是合法的；二、保障一切耕种土地者收获的权利，地主自耕部分的收获权亦受保护；三、不许荒废土地；四、逃亡地主等的土地由当地人民政府代管，由原来耕种的农民耕种；五、有计划发放农贷，积极发展农村借贷关系；六、不禁止农业经营中的雇佣劳动；七、奖励劳动耕作，改进技术；八、严禁宰杀耕畜、破坏农具、砍伐树木、拆毁建筑等破坏行为。在老解放区，《指示》要求继续在自愿互利的原则下贯彻组织起来的政策，反对互助变工中的不等价交换、强迫命令和自流倾向；提倡劳动发家，生产致富，反对不事生产、“贫光荣”和“靠斗争吃饭”的二流子思想。公粮按土地常年生产量比例征收，以奖励精耕细作。《关于全国仓库物资清理调配的决定》的主要内容有：一、全国各地区各部门所有接管的仓库及各企业各部门的自备仓库，限于6月30日前一律清查完毕；二、清查出来的所有物资器材，统一归全国物资清理调配委员会，商请中财委或人民革命军事委员会调配；三、清理仓库所有收入，一律归国库；四、国民党时期所有对各公营企业的物资器材分配计划及全国各公营企业之间的经济往来，一律无效，全国各公营企业一律重新登记资产，核定资金。本《决定》于3月16日公布。《关于统一全国国营贸易实施办法的决定》规定，全国的国营贸易、合作社贸易和私营贸易的国家总领导机关为中央人民政府贸易部。在中央贸易部的领导下，设立全国范围的粮食、花纱布、百货业、盐业、煤业、土产等国内贸易专业总公司；设立全国范围的猪鬃、土产、油脂、茶业、矿业、进口等对外贸易专业总公司。在各省设立粮食、百货和土产3大公司的省公司。各大城市的国营批发贸易，由各该全国专业总公司直接领导。中央贸易部领导下的各专业总公司，均为经济核算单位，具有固定贸易和流动资金，各大区、各省专业公司的资金均受该全国专业总公司的调度。《决定》还具体规定了中央贸易部、全国范围的专业总公司、各大区和省人民政府贸易部执行的职权。此《决定》公布实施，对于统一全国的国营贸易，调节全国和地方的物资供求，完成国家进出口计划，促进全国的国营贸易事业和工农业生产的恢复和发展，起了积极作用。本《决定》于3月14日公布。

同　日　朱德在空军政治工作会议上作《建设一支强大的人民空军》的讲话。朱德阐述建设新中国空军的目的和意义，提出建设空军的方向和目标。讲话要求把新中国的空军建设成为一支完全新式的、强大的人民空军。每一个空军人员都要有很高的政治觉悟，全心全意为人民服务的精神，忠于职守，时刻准备着战斗。要求空军的政治工作人员，不仅政治上要坚定可靠，还要保证学会技术，把政治和技术很好结合起来。讲话还对做好干部工作，学会当家理财等提出了具体要求。

3月11日　全国盐务工作会议通过《关于全国盐务工作的决定》，并经政务院批准发布。《决定》规定了全国盐务方针、任务及全国盐务组织机构、产销关系、销区划分。

同　日　周恩来就原美国领事馆枪弹处理问题指示上海外事处。如美方请求将其运回美国，可予照准；不运定则封存。个人请求保留的自卫手枪及猎枪，也应遵照法令向公安局登记，并签具保证书，不得作其他用途，但不发给枪照。

3月12日　毛泽东给中共中央中南局并华东局、华南分局、西南局、西北局发出通知，征询对待富农策略问题的意见。提出，在今冬开始的南方几省及西北某些地区的土地改革运动中，不但不动资本主义富农，而且不动半封建富农，待到几年之后再去解决半封建富农问题。请你们考虑这样做是否有利些。这样做的理由：第一是土改规模空前伟大，容易发生过左偏向，如果我们只动地主不动富农，则更能孤立地主，保护中农，并防止乱打乱杀，否则很难防止；第二是过去北方土改是在战争中进行的，战争空气掩盖了土改空气，现在基本上已无战争，土改就显得特别突出，给予社会的震动特别显得重大，地主叫唤的声音将特别显得尖锐，如果我们暂时不动半封建富农，待到几年之后再去动他们，则将显得我们更加有理由，即是说更加有政治上的主动权；第三是我们和民族资产阶级的统一战线，现在已经在政治上、经济上和组织上都形成了，而民族资产阶级是与土地问题密切联系的，为了稳定民族资产阶级起见，暂时不动半封建富农似较妥当的。关于暂时不动富农的问题，去年11月有饶漱石、邓子恢、李富春3位同志参加的政治局会议中，我曾提出过，惟未作详细的分析和未作出决定，现在已到需要作决定的时机了，决定之后需要修改土地法及其他有关土改的文件，并颁布出去，以利新区各省土改干部的学习，方有利于今年秋后开始土改，否则将错过时机，陷于被动。因此，不但请中南局，而且请华东局，华南分局，西南局，西北局的同志们对此问题加以讨论，并请将此电转发所属各省省委、各市市委加以讨论，将赞成和反对的意见收集起来迅速电告中央，以凭考虑决策，是为至要。

同　日　新华社报道，文化部与中华全国音乐工作者协会重新公布国歌歌谱。使各地所唱国歌《义勇军进行曲》在词句与节奏上达到统一。同时还向各地征求国歌乐队谱，以便择优采用，做到全国统一。

3月13日　中共中央致电东北局对东北文化机关禁演旧剧的错误做法，提出批评。指示电说，东北戏曲改革工作，由于在编写修改剧本上采取了与旧艺人合作的群众路线，获得了成绩，这是好的。但你们提出号召，要在1951年底前在全东北肃清含有封建、迷信、淫荡等毒素的旧戏曲，则是一种急性病，机械执行起来将发生很不好的结果。不知实现这一号召的根据及执行计划如何？如果你们依靠行政命令的办法来达到这个目的，则是错误的。近据东北来京艺人所谈及沈市报上消息，因你处禁演旧戏太多，能唱的戏太少，以致有些地方（如沈阳）的旧剧班无法维持下去，艺人生活很成问题，有些戏院，就“贴新戏，演旧戏”应付政府。如根据你们这一号召，并以行政命令的办法来实行这个号召，今后将会禁演更多旧剧。这种限期消灭旧戏的办法是不妥当的。因为新旧戏的斗争，是属于群众思想的问题，同时也是关系旧艺人职业的社会问题。过多的禁演旧戏，一方面使旧艺人无戏可演，势必大批失业；另一方面又因新戏在数量与质量上都还不能满足市场需要，致使群众无戏可看，引起群众不满，同时新戏如不讲求改进，粗制滥造，亦将反而影响其在群众中的威信与推广的前途。现在人民已经取得政权，旧艺人亦归向我们。对于一般旧戏，原则上不应采取禁演的政策，而应采取与演这些戏的旧艺人共同商量修改的政策。对于演新戏，也不应用法令来强制执行，而应采取自愿和鼓励帮助的原则。只有这样做，才能既团结旧艺人，又改革了旧戏。对于东北文艺工作者及政府文化机关工作人员中的某些“左”倾幼稚病的观点和做法，望东北局加以纠正。3月16日，中共中央提出《对东北戏曲改革工作的指示》。指出，限期消灭旧戏的办法是不妥当的。因为新旧戏的斗争是属于群众的思想问题，同时也是关系旧艺人职业的社会问题。

3月14日　周恩来对纺织等10个专业会议代表作报告。报告的主要内容是：一、外交问题。《中苏友好同盟互助条约》缔结后，世界和平民主阵容的力量更强大地表现出来，已超过了帝国主义侵略阵容的力量。两个阵容的斗争更尖锐，外交阵线上敌、我、友的形势表现得更为清楚，我们要增强本身的力量，巩固世界和平与普遍安全，揭发帝国主义的战争企图和制止帝国主义的挑衅，要在和平竞赛中战胜它。我们的外交路线是团结国际友人，制止日本或与日本相勾结的任何国家重新侵略和破坏和平。但对战争须有准备。二、军事问题。到现在为止，全国大部分地区都已解放，只剩下西藏和台湾、海南、金门、舟山群岛。彻底干净地消灭反动残余集团的最后根据地，解放全中国是现在的中心任务。要把更多的人力、物力、财力放在军事上。三、土改问题。从全国范围来说，实行土改的地区还未过半数，封建势力的根子仍没有消灭，因此我们必须逐步地、分期地实行土改，实行土改必然会震动许多阶层的人，这就需要很大的决心及正确谨慎的步骤才能做好。四、财经问题。现在我们需要强调统一。应当采取在国家统一政策的领导下实行因地制宜，在因地制宜的发展上走向统一的原则。但也不能忽视地方的特殊性。今年的财政工作，还要把军事放在第一位。五、公安问题。要提高警惕，防止麻痹。

同　日　政协第一届全国委员会举行第一次工作会议。参加会议的有政协全国委员会秘书长、副秘书长、工作组组长、各民主党派秘书长。会议决定：一、为充实政协全国委员会的日常工作，由秘书长每周召集1次工作会议；二、采取以下办法加强各民主党派间的联系：（一）属于各民主党派共同事务性质的问题，如有一方提议，政协全国委员会秘书长得召集各民主党派秘书长联席会议，进行协商。（二）有关重要宣传事项，需经各方协商者，得由政协全国委员会秘书长邀请有关单位宣传部门开会商讨。（三）举行各民主党派座谈会，每2周1次；三、成立高级学习组，推定王昆仑、章乃器、邢西萍3人拟订计划和方案，并进行筹备工作；四、成立文化俱乐部。

3月15日　财政部发出《关于抛售物资、催收公债、回笼货币、稳定物价的指示》。《指示》指出，过去物价波动的基本原因是纸币发行过多，财政上有巨额赤字。为了完成物价由长期剧烈波动到基本稳定的转变，财政部决定采取以下措施：一、不抛出货币，加紧催收公债、税款，使银根紧的现象遍及全国各中小城市，使全国物价平均可能下降10%；二、在物价下降至一定程度时，有把握地增发通货，使物价恢复正常；三、贸易部要改变过去由于通货不断膨胀形成的保守思想，放手抛售物资，大力回笼货币。

3月16日—4月　第一次全国统战工作会议在北京召开。出席和列席会议的代表及中央党政机关、工会、青年团、妇联等群众团体党组的负责同志共93人。3月21日，中共中央统战部部长李维汉在会上作题为《人民民主统一战线的新形势与新任务》的报告。会上，中共中央统战部副部长徐冰作《关于民主党派工作问题的报告》，中央各有关部门和地方统战部向大会作了工作报告。邓颖超、薛暮桥、南汉宸等分别就妇女问题、对资产阶级的策略问题作了发言。4月12日、13日，周恩来到会连续作了两次讲话，主要讲国内外形势和如何处理好人民民主统一战线内部的各种关系以及如何发挥人民民主统一战线积极作用的有关问题。毛泽东听取了会议的汇报并对统一战线工作作了一系列重要指示。会议认为，新中国成立以后，中国共产党的统一战线工作的总任务，是要在实行共同纲领、巩固工农联盟的基础上，密切团结全国各民族、各民主阶级，各民主党派。各人民团体，广大华侨，各界民主人士及其他爱国分子，争取尽可能多的能够同我们合作的人，为着稳步地实现党在新时期的历史任务而奋斗。会议就新的时期人民民主统一战线内部的各方面关系问题，包括阶级关系、党派关系、民族关系、上下关系等进行了认真的讨论，统一了认识，明确了一些基本方针政策。会议强调，对民族资产阶级必须执行既团结又斗争，斗争为了团结的方针，以达到团结它共同发展国民经济的目的。要充分看到民主党派的作用，从整体上和长远来看，必须要民主党派。民主党派是联系小资产阶级和资产阶级的，政权中要有他们的代表，要团结他们，使他们进步，帮助他们解决问题，给他们事做，对他们要平等，要实行民主。必须加强民族统战工作，在民族统战工作中必须采取谨慎缓进的方针，切忌主观急躁，或机械地搬用汉民族中的经验。会议认为：中国工会既是工人阶级的群众组织，同时也带有统一战线性质，青联、学联、妇联这些团体都带有统一战线的性质，其他学术团体也是一样。会议强调反对党内存在的“左”倾关门主义和轻视统战工作各种观点等主要倾向，要在党内广泛开展对统一战线政策的宣传教育。

3月17日　节约救灾，开展1两米运动。全国总工会、全国，妇联、青年团、全国青联、全国学联、中苏友好协会总会、全国文联、全国解放区救济总署等13个团体，发起节约救灾，开展1两（或更多）米运动，协助灾区同胞克服灾荒。

同　日　政务院召开第二十四次政务会议。批准《关于文教委工作计划要点的报告》，通过《政务院关于1950年水利春修工程的指示》。文教委主任郭沫若作的《关于文教委工作计划要点的报告》指出，1950年文教委的基本任务是恢复全国几亿人所关怀的文教事业，巩固和发展已有的人民文教事业。文教工作总的方针是：一、扩大文化教育的普及，以提高一般人民首先是工农兵的文化生活；二、加强文化教育科学卫生事业与目前国家生产建设的密切配合；三、配合国家建设需要、培养大批工农干部与建设人才；四、扩大新民主主义与《共同纲领》的宣传教育。五、有步骤有重点地改革旧文化教育的内容及制度。《政务院关于1950年水利春修工程的指示》经会议通过后于3月21日发布。指示说，1949年的水灾面积，约达1亿市亩。灾情主要是由于江河堤防的溃决和泛滥造成的。1950年水利建设的方针，以防洪、排水和灌溉为首要任务，由于工程浩大与时间紧迫，今年的春修工程实在是一件极艰巨的任务，争取胜利地完成这一任务，是我们1950年战胜水灾的决定关键。因此，政务院特指示下列几点，要求各级人民政府和水利机关、以及其他有关机关切实执行。一、加强组织领导和准备工作。有关地区的行政领导机关，必须将此作为中心工作之一。除各级水利机关加强领导外，必须建立强有力的联合领导机关，以便统一动员和组织群众。必须加强与工程有关的各方面事务的组织性与计划性，事先精心策划，严密组织，坚决避免准备不足贸然施工的游击作风。二、提高工程质量，保证经济效益。千里之堤，溃于蚁穴。必须强调提高工程质量的要求，反对单纯完成数量的观点。三、在灾区的工程，要结合救灾，切实做到以工代赈。四、为保证胜利完成任务，水利部要抓紧春修工程的全面领导，并以黄河、长江、淮河等主要河流为工作的重点。《指示》号召各地区应积极地动员起来，抓紧时机，为完成1950年春修工程任务而奋斗。

3月18日　中共中央发出《关于镇压反革命分子活动的指示》。《指示》针对近期在许多地区反革命分子活动仍然十分猖獗的情况，要求各地对反革命活动必须予以严厉的、及时的镇压，决不能宽容。规定：对于一切手持武器聚众暴动，向我公共机关和干部进攻、抢劫仓库物资之匪众，必须给以坚决的镇压和剿灭，对捕获的匪首和组织者处以极刑；对于为了反革命目的而杀害干部、破坏工厂、仓库、铁路、轮船及其他公共财产者，一般应处以极刑或长期徒刑；在剿匪地区，对于土匪过去的犯罪行为，只要他们投降，改邪归正，一般的可既往不咎，但对于继续抵抗我军的土匪首领、有政治背景的土匪分子、窝藏和勾结土匪的豪绅地主、不愿改邪归正的惯匪，应加以严厉处理；在镇压反革命活动和土匪的行动中，决不应发生乱打、乱杀、错打、错杀的现象，凡死刑和长期徒刑应经法院审讯和判决，经省政府主席批准后执行。

同　日　中国外交部长周恩来就美国国务卿艾奇逊3月15日关于《美国对亚洲的政策》的演说发表谈话。指出，亚洲人民自己的事情，应当由亚洲人民自己来处理，而无论在什么时候，也不应当由太平洋彼岸的美帝国主义者，例如艾奇逊之流来加以干涉。

同　日　交通部章伯钧部长就接管原属国民党政府所有各轮船发表声明。声明说，最近起义驶往新加坡的“海玄”轮和在香港起义的各轮，以及在各国港口原属于国民党政府及中国官僚资本所有的各轮，均应为中华人民共和国所有，受中央人民政府交通部直接管辖。各轮只有我中央人民政府和我中央人民政府所委托的人员，才有权处置，决不容许任何人以任何手段侵犯、损坏、扣留、转移或干涉其行动。我中央人民政府的此项神圣的产权应受到新加坡政府、香港政府和各国政府的尊重。

3月19日　中国保卫世界和平大会工作委员会召开首次会议。会议通过了《中国保卫世界和平大会委员会1950年工作计划》，提出1950年两项主要任务是：向全国人民报导世界和平阵营力量壮大和世界保卫和平运动的各种活动，揭露帝国主义的战争阴谋，加强国际主义教育；向世界传达中国人民保卫和平的决心和努力，加强与世界拥护和平大会常设委员会及各国保卫和平委员会之间的联系。

3月20日　公安部颁布公告。公告禁止外国侨民及其团体私设电台，已设者限一周内拆除并将电台及其附属设备呈缴当地公安局。

同　日　政务院批准《全国汽车管理暂行办法》。该《暂行办法》由总则、车辆管理、驾驶人管理、行车管理、附则等共五章42条组成。交通部于4月11日发布。

3月22日　周恩来签署政务院关于加强中央人民政府对中国银行的领导和监督的命令。命令指定南汉宸、曹菊如、马寅初、胡景沄、沙千里、章汉夫、章乃器、王绍鏊、龚饮冰、冀朝鼎、詹武、孙晓村、郑铁如等13人为中国银行官股董事，何香凝、陈嘉庚、司徒美堂、许涤新、李世璋5人为官股监事。中国银行原有之商股董监事除战争罪犯外，均继续有效。

3月23日　教育部发出《华北区国立高等学校学生人民助学金暂行条例及各校人民助学金暂定限额的规定》。规定学生人民助学金分5等，研究生人民助学金分3等；人民助学金根据“自报公议、民主评定”的原则进行评议。

3月24日　政务院举行第二十五次政务会议。会议通过《关于统一管理1950年度财政收支的决定》、《关于统一国家公粮收支、保管、调度的决定》。《关于统一管理1950年度财政收支的决定》的主要内容是：一、国家财政统一于中央人民政府。税收制度、财政收支程序、供给工资标准、行政人员编制及全国总预算，均由中央人民政府财政部根据中央人民政府委员会批准的全国财政收支总概算会商有关部门统一制定或编制，分别呈经政务院批准或转呈中央人民政府委员会批准后实行。二、各地所收的国家公粮及其折征之代金或其他实物、关税、盐税、货物税、工商业税，均归中央人民政府所有。税款一律解缴中央人民政府金库。国家公粮统限于征收后半月内全部归入中央公粮库。其他实物则由各地暂行代管，听候中央人民政府财政部调拨。其他各项税收，由中央人民政府财政部根据地方财政预算，划归地方人民政府留用。国营企业的收入和折旧准备金提存，清理仓库物资，战争缴获物资，没收汉奸战犯的逆产，新解放城市接管之金银外钞及其他实物、公债收入，中央级的公产收入等等均归中央人民政府所有。三、军事开支，统由军事系统按月按季编造预算，经人民革命军事委员会总后勤部批准后，报请中央人民政府财政部核实后支拨。中央人民政府的行政费、外交费、财务费、公安费、政治事业费、文教费、卫生事业费、社会事业费、经济建设费和国营企业投资等，均列入中央人民政府预算，由中央人民政府财政部掌管，按全国收支概算逐项审核开支。中央人民政府金库、各级中央公粮库、物资仓库，没有中央人民政府财政部的指拨令，一律拒付银款或其他实物。四、严格执行预决算、审会计制度及严格的财政监察制度，核实人数，核实开支，节余缴公，无预算不拨款，无计算不审核预算，纠正以临时批发代替审核的做法。该《决定》于通过之日颁布，《关于统一国家公粮收支、保管、调度的决定》的主要内容有：一、征收国家公粮的税则和税率，统由政务院规定，各级地方人民政府不得自定或修改。国家公粮征收任务的分配，由政务院依据各地情况决定之，各级地方人民政府必须严格遵照中央规定的税则、税率和征粮政策，完成征收任务。二、实行严格的公粮入库制度和公粮支付制度。国家公粮入中央公粮库，县地方粮入县公粮库。入库公粮除县地方公粮外，经由中央财政部指拨，其他任何机关或个人，不得动支。除去拨抵经费的粮食外，其他开支，凡能以货币或实物支付者，一律不得支用国家公粮。各级人民政府和人民解放军均须按规定编制内的实有人数，分别编造年度和季度需用粮食预算，逐级审查，最后由中央财政部核定拨发。三、中央设粮食管理总局，受中央财政部领导，各级地方政府设粮食局，以加强对国家公粮管理。四、国家公粮的调度权属于中央财政部，并要求有计划地在几年内建设粮食仓库和粮食加工工厂，严格执行粮库管理和检查制度。该《决定》于3月26日颁布。

3月27日　中苏两国政府在莫斯科签署3个协定。即：《关于在新疆创办中苏石油股份公司协定》、《关于在新疆创办中苏有色及稀有金属股份公司协定》、《关于创办中苏民用航空股份公司协定》。

同　日　中苏签订《苏联与中华人民共和国关于恢复和改建鞍钢技术援助协议书》。根据协议，苏联随即派专家到鞍钢收集设计资料，进行技术援助。随后又陆续派出设计、施工、生产大批专家，到鞍山帮助与指导有关方面工作。

同　日　西昌解放。3月中旬—4月初，解放军推进西昌地区，全歼国民党贺国光部1 000余人。

3月28日　中共中央发出《关于改新华社为统一集中的国家通讯社的指示》。《指示》指出："使新华社成为统一的集中的国家通讯社的条件，现已成熟。过去新华社的各总分社、分社、支社是带有浓厚的地方性的，他们在工作上是以地方为主，组织上是受地方负责机关的支配。这种分散性，在战争与地区被分割的条件下是正确的和必要的。但现在全国已基本解放，这种分散性已不需要，而且已成为一种落后和有害的现象。现在新华社所需要的是强有力的统一和集中。今后新华社的各总分社、分社和支社，除向总社发稿和印发总社的稿件外，不应再单独对外发稿；其所有人员，应全部交新华社统一调度与供给。但在执行这一改变后，各地方党的和政府的领导机关对新华社在各地的机关和工作人员的领导与监督责任，不应有丝毫减弱，在政治上思想上和生活上仍应负责领导，在工作上仍应给予帮助和监督。”这个文件还对各地总社、分社和支社的业务工作和组织关系作了具体规定。

3月29日　中国外交部长周恩来致电国际电讯联盟秘书长艾奈斯特。电报申明中华人民共和国中央人民政府是代表中国人民的唯一合法政府。中国政府已任命邮电部电信总局局长李强为参加国际电讯联盟的首席代表，中国国民党集团的非法“代表”已没有资格出席4月1日在意大利召开的国际广播会议。

同　日　中国民间文艺研究会成立。其宗旨是，搜集、整理和研究中国民间文学、艺术，增进对人民的文学艺术遗产的尊重和了解，并吸取和发扬它的优秀部分，批判和抛弃它的落后部分，使其有助于新民主主义文化的建设。该会总会设在北京，选举郭沫若为理事长，老舍、钟敬文为副理事长，沈雁冰、周扬、吕骥等47人为理事。该会成立后开始编辑出版《民间文艺集刊》。

3月29日—4月16日　新闻总署召开全国新闻工作会议。会议研究和讨论了改进报纸工作、统一新华通讯社的组织和工作、建立全国广播收音网等问题。会议认为，改进报纸工作的中心问题是加强报纸与人民群众的联系。现在多数报纸的弱点，是还不够很好地适应群众对于报纸的需要。许多报纸对劳动人民的工作和生活以及经济建设中的情况和问题没有能注意报道和讨论。对于批评和自我批评缺乏经常的注意和充分的责任心，对于许多被批评者忽视批评和压制批评的现象没有努力进行有效的纠正。针对这些情况，全国报纸要把首要的篇幅用于人民的生产劳动和经济建设工作，全国报纸要把开展批评和自我批评、建立和领导通讯员网和读报组的工作，以及负责地答复读者来信当作重要的政治任务，并要求报纸编辑部门的组织形式和工作方法适应上述任务作适当的改组。会议认为，现在新华社分散的状况是战争所形成的，曾经适合于长期战争中的情况和要求，但是不能适合今天全国统一的情况和统一的国家通讯社的要求，因此，必须统一新华通讯社的组织和工作。会议认为，应在全国建立广播收音网，以便人民广播事业在确实的群众基础上发挥应有的宣传教育作用。应在全国每个县政府、每个部队的政治机关都设置收音员，负责抄收每天所广播的新闻、政令和其他重要内容的要点，加以印发和张贴。

3月30日　中共中央发出《关于土地法大纲中若干问题征询各中央局的意见》的电报。电报指出：为准备秋收后在一些省区实行土地改革，拟以中央人民政府名义公布新的土地法及划分阶级的决定。在新的情况下，过去公布之土地法大纲及1933年文件，经我们研究后，有些地方已可做肯定的修改，有些问题则仍须征求各地意见。兹将拟征求各地意见的诸问题开列于后，望于研究后在20天内答复。一、土地改革可否分为两个阶段。两个阶段的间隔不是几个月，也不是几年。在第一阶段内，采取中立富农集中力量消灭地主阶级的政策。即是说只没收分配地主阶级的土地、牲畜、农具、粮食、房屋，而对富农的土地财产一律不动。照此办法，无地少地的农民能分到多少土地，相当于全村平均数的百分之几十？二、对富农的政策，如只没收分配其出租的土地，其余的土地财产一概不动，这是否仍能达到中立富农之目的？照此办法，连同没收地主之土地，加以分配后，无地少地的农民又能分到多少土地，相当于全村平均数的百分之几十？三、在这种“僧多粥少”的情况下，是否可以规定：(一) 对向来不依靠农业为生的人，原则上一律不分给土地。(二) 不动富农时，雇工可否不分地，而只适当地改善其工资待遇？四、假如富农的财产全部不动，而地主一般又没有多少耕畜、农具和存粮，农民分得土地后，生产资金的困难有无办法解决，又如何解决？

五、高利贷问题究应如何处理？能否规定出一个一般性的标准作为高利息和普通利息之间的界限，并规定出适当的处理办法，以便农民既能免除过去高利贷的盘剥，而今后农村借贷关系又不致搞死；还是在新的土地法中不提高利贷问题，还是只废除地主的债权，而其他一律不废？六、对南方的鱼塘、桑田、竹园、茶山等特殊土地应注意哪些具体问题，你们的处理意见如何？此外，还有哪些特殊土地问题应该在新的土地法中加以规定？七、江浙部分地区有所谓田底权与田面权（即永久使用权，但与永佃权又有不同，因为田面权还可出租和买卖）问题，在分配土地时，对田面权特别是中贫农的田面权应如何处理？其他地方是否也有此问题？八、在分配土地时对典当地应如何处理？九、分配土地的方法应如何规定？以乡（行政村）为单位分配土地有无困难，分配土地的单位以如何规定为宜？十、县政府内可否成立吸收开明绅士参加的土地委员会负责处理土地改革事宜，还是即由农协办理？十一、南方富农的收入与剥削的情况比北方均较为复杂，在划分阶级计算总收入与剥削收入时，是只按其在农业上的总收入与剥削收入计算为好，还是连同其在副业及其他方面的收入与剥削收入一起计算为好？这两种不同计算方法在实际上会产生何种不同的结果？十二、佃富农是否可以参加农会？十三、在分配土地时，有无留出1部“公共事业田”之必要？十四、东北、华北虽已完全实行或大部实行了分配土地，但对以上各项问题，仍望就你们的经验及所见电告。

同　日　新华社报道，教育部发出通告，规定6月1日为儿童节。同时，旧的“四四”儿童节废止。

3月31日　政务院举行第二十六次政务会议。会议通过《契税暂行条例》，于4月3日公布。《条例》共17条。规定：凡土地房屋的买卖、典当、赠与或交换，均应凭土地房屋所有证，并由当事人双方订立契约，由承受人依照本条例完纳契税。买契税，按买价征收6%；典契税，按典价征收3%，赠与契税，按现值价格征收6%。伪造证据，侵占他人产业，或以应没收之敌逆房地产冒名补契投税者，除没收已交税额外，并送请人民法院处理。会议还批准《邮电部关于全国电信会议综合报告》，通过《政务院接受中国搬运工会第一届代表大会关于设立搬运公司，废除各地搬运事业中封建把头制度之建议的决定》。

本　月　中国人民解放军炮兵司令部成立。炮兵司令部是以第四野战军特种兵司令部机关为基础组建的，归中央军委建制。司令员陈锡联，副司令员苏进、万毅，副政治委员彭嘉庆、邱创成。苏进兼参谋长。下辖战车师，师长黄鹄显，政治委员刘登瀛。

4月1日　中华人民共和国和印度共和国建立外交关系。

4月2日　湖南省人民政府成立，王首道任主席。

4月3日　中国外交部长周恩来就2日中国民航7架飞机在香港被炸毁一事发表声明。声明说，中国民航飞机在由英警负责警卫的香港政府军事禁区内被炸毁事件，香港政府应负完全直接责任，并应立即将两航公司所有在港的资产完全交由我中央政府民航局委托的人员处理。在两航公司飞机及其一切资产尚在香港期间，香港政府仍应对之负保护的全责。

同　日　中共中央指示西南局并其他中央局，在民族杂居地区成立民族民主联合政府。指示说，西南汉族与藏、苗、彝等族杂居的专区和县的各级政府，若当地少数民族占多数时，原则上应按各民族人口比例，分配当地政府委员会及人民代表会议的名额，大量吸收少数民族中能够和我们合作的人参加政府工作。若当地少数民族占少数时，各少数民族在当地政府机关中均应有相当名额的代表。这样组成民族民主联合的政府，在取得少数民族信任和培养少数民族干部方面，作用很大，应该特别注意。这样的各级联合政府中，少数民族的委员就可以反映他们民族的要求和意见。政府凡在处理关涉到少数民族的工作问题时，必须和少数民族的委员充分协商，力求取得他们的同意，然后作出决定。在初解放的地区一时不可能依上项原则组成政府委员会，则可先成立民族协商委员会，遇有关系民族的重要问题，先经协商委员会协商，取得大多数同意，然后提交政府决定执行。但此系过渡方式，必须在实际工作中，争取早日成立依据上项原则组成的政府委员会。同时民族杂居地区政府的各种工作，无不与当地各个民族相关联，因此当地的整个政府都要做少数民族的工作，即不需要再设立民族事务委员会，以免减轻政府委员会及所属各部门对少数民族工作的责任，以致有关少数民族的问题不能很好地解决。省级政府如贵州、云南，需要设立民族事务委员会，如青海、新疆，即是包括两个以上具有相当数量人口的多民族省份，其政府组织也应依据上述民族杂居的专区、县政府组织原则，不必另设民族事务委员会。已设立者可使之成为研究和联络性质的机构。

4月5日—25日　全国工会组织工作会议召开。会议的基本内容是解决全国各地工会组织建立起来以后，如何进行整顿与巩固，以及工会组织如何进行工作等问题。会议制定了一系列的组织条例，即工会基层组织，生产工资工作、合理化建议工作、组织工作、文教工作、安全卫生工作、居住、生活工作、互助、女工工作等委员会的组织条例及工会小组组织等条例草案，还制定了关于产业工会范围草案，订出了关于全国各产业工会的下级组织与地方工会的工作关系的决定草案，拟具了建立组织员的规定，关于各级工会如何总结工作与进行选举，审查委员会组织条例等草案。

4月7日　政务院举行第二十七次政务会议。会议通过并公布了《关于实行国家机关现金管理的决定》。《决定》的主要内容是：一、对国家机关实行现金管理，并指定中国人民银行为现金管理的执行机关，负责办理及检查现金管理事宜。二、一切公营企业、机关、部队及合作社等所有现金及票据，除准予保留规定的限额外，其余必须存入中国人民银行，不得存入私人行庄。它们之间的相互往来，须使用转账支票，经过中国人民银行转账。三、各公营企业、机关、部队及合作社在具备必需条件后，应按期编制现金平衡的收支计划。四、为使中国人民银行成为现金出纳的中心，人民银行应健全机构、改善业务手续。此次会议还听取了中财委中央技术管理局关于《奖励生产技术暂行条例》的说明。会议决议指定李立三等3人成立小组将此文件改写为决定和条例两个文件。

4月10日　政协第一届全国委员会常务委员会举行第三次会议。

中央人民政府委员，政务院政务委员列席了会议。会议听取了政务院总理兼外交部长周恩来作关于签订中苏友好同盟互助条约的报告，并讨论了《中华人民共和国婚姻法（草案)》。

同　日　中国新民主主义青年团中央决定5月4日为青年团成立纪念日。早在1939年，陕甘宁边区的西北青年救国联合会曾经决定把5月4日定为中国青年节。1949年12月23日，政务院正式决定5月4日为中国青年节，以纪念1919年5月4日北京爱国学生反对“巴黎和约”瓜分中国、废除“21条”的正义行动。为了使青年团组织更好地继承和发扬“五四”以来中国青年的革命传统，团中央决定把5月4日同时作为青年团成立纪念日。

4月11日　中央人民政府委员会举行第六次会议。会议的主要内容是：一、听取周恩来总理兼外交部长报告中苏条约协定签订经过。周恩来说，我将已经在莫斯科签订的《中苏友好同盟互助条约》、《中苏关于中国长春铁路、旅顺口及大连的协定》、《中苏关于贷款给中华人民共和国的协定》3个文件，向中央人民政府委员会第六次会议提出，请求予以批准。上述条约和协定，是根据中苏两国人民的根本利益签订的。条约和协定的签订，不仅巩固和发展了中苏两大国家全面的友好互助合作，也有力地保卫了远东和平与世界和平。中苏友好新条约签订以后，旧的条约就应该废除，所以双方也进行了换文。但是对于承认蒙古人民共和国的独立以及过去有效的措施，我们是采取保留的态度，不予否定。毛泽东主席指出，实行人民民主专政和团结国际友人是巩固革命胜利的两个基本条件。这次缔结的中苏条约和协定，使中苏两大国家的友谊用法律形式固定下来，使得我们有了一个可靠的同盟国，这样就便利我们放手进行国内的建设工作和共同对付可能的帝国主义侵略，争取世界和平。会议通过《关于中苏条约协定问题的决议》。决议说，1950年4月11日中华人民共和国中央人民政府委员会第六次会议批准了1950年2月14日在莫斯科签订的《中苏友好同盟互助条约》、《中苏关于中国长春铁路、旅顺口及大连的协定》及《中苏关于贷款给中华人民共和国的协定》。二、听取中南军政委员会林彪主席作的中南工作情况的报告。

报告说：（一）中南区从去年12月12日人民解放军占领镇南关，结束中南区域内最大、最艰苦的桂粤歼灭战以来，我军除继续准备与进行海南岛登陆作战外，已在按国防与治安需要重新部署，一部分剿匪，其余整训和生产。（二）2月间举行中南军政委员会第一次会议，通过了中南区1950年工作任务和军政委员会组织条例，修正通过了减租减息等条例，配备了军政委员会及其各部重要人员名单和各省人民政府委员会名单。各县市大多已开过各界人民代表会议。（三）征收公粮任务，鄂、豫、湘、赣各省已经全部完成，两广完成50%以上。税收已经完成了1949年及今年一二月份任务，并稍有超过。公债已实销2 000万分，占原定任务的66%强，已初步达到配合全国平衡收支、稳定物价的目的。（四）在进行剿匪、稳定物价的同时，围绕春耕度荒任务，进行减租退租工作。（五）救灾工作。各地灾民约有1 000余万人。除减租外，各种贷粮共达2.8亿斤，贷种约达6 639万斤。中央批准的1亿斤，准备有重点地使用。三、听取西南军政委员会邓小平副主席作的西南工作情况的报告。报告说，人民解放军三大野战军（第一、二、四野战军）部队，从去年11月初开始进军西南的战役，至12月27日宣告结束，提前两个月完成战役计划，消灭蒋胡残余部队约90万人，其中包括投降俘虏40余万，起义40余万。我们同时进行了接管城市、改造原国民党军队及屯集公粮等3项主要工作。春耕生产已引起各地注意，并与剿匪征粮配合进行。少数民族工作也有成绩。我们到西南后的主要工作方法，是开各界人民代表会议和农民代表会议。四、任命李富春为政务委员兼中财委副主任、重工业部部长（陈云副总理辞去重工业部部长兼职），张闻天为中华人民共和国出席联合国首席代表。批准任命杨秀峰为河北省人民政府主席，程子华为山西省人民政府主席，黄敬为天津市人民政府市长，李先念为湖北省人民政府主席，王首道为湖南省人民政府主席，邵式平为江西省人民政府主席，吴德峰为武汉市人民政府市长，卢汉为云南省军政委员会主席，陈赓为云南省人民政府主席，廖志高为西康省人民政府主席，阎红彦为川东人民行政公署主任，李大章为川南人民行政公署主任，李井泉为川西人民行政公署主任，胡耀邦为川北人民行政公署主任。

4月12日　政协第一届全国委员会常务委员会举行第四次会议。中央人民政府委员、政务院政务委员列席了会议。会议听取了政务院副总理兼财经委员会主任陈云作关于财政情况和粮食状况的报告，并继续讨论《中华人民共和国婚姻法（草案）》。

同　日　中财委决定向农村投放5 000万元货币。由于物价下落，各地反映银根吃紧，货币不够周转。大批货币集中在城市，没有下乡，而农村在物价平稳后也需要一批货币参加周转。因此，中财委决定向农村投放货币，由贸易部掌握，到农村收购农副产品。

4月13日　中央人民政府委员会举行第七次会议。出席会议的有中央人民政府主席、副主席和常务委员42人，列席会议的有中国人民政协全国委员会委员、最高人民法院副院长、最高人民检察署副检察长、中央人民政府所属各部、委、署、行负责人及京津两市正副市长共160余人。会议听取和批准了政务院副总理兼中财委主任陈云《关于财政状况和粮食状况的报告》，通过了《中华人民共和国婚姻法》。陈云在报告中指出，国家的财政情况已有好转，收支接近平衡，物价趋于稳定，预计随着金融物价由长期波动走向稳定，工商界也会遇到一些困难，但它是由坏转好的困难，是暂时的困难。1949年全国灾情严重，但比大灾的1931年要好，现政府正组织粮食调运，大中城市不会发生粮食恐慌。毛泽东主席在会上作了讲话，指出：中财委6个月工作的方针是正确的。我们国家的财政情况已开始好转，这是很好的现象。但整个财政经济情况的根本好转还需要3个条件，即：土地改革的完成，现有工商业的合理调整和国家军政费用的大量节减。这些应当争取逐步实现，也是可以实现的，那时就可以出现根本的好转。今后几个月政府财经领导机关的工作重点，应当放在调整公营企业和私营企业以及公私合营企业各部门的相互关系方面。极力克服无政府状态。毛泽东说，共同纲领的规定："在经营范围、原料供给、销售市场、劳动条件，技术设备、财政政策、金融政策等方面，调剂各种社会经济成分在国营经济领导之下，分工合作各得其所"，必须充分实现，方有利于整个人民经济的恢复和发展，现在已经发生的在这方面的某些混乱思想，必须澄清。

同　日　中共中央发出关于少数民族应实行区域自治及其政府名称规定的指示。指示指出，在少数民族聚居地区，应依共同纲领第51条，实行民族的区域自治的基本内容，即共同纲领第6章各条的规定，应逐步加以实现。经中央人民政府认可为民族自治区者，其政府的名称可采用某某自治区人民政府，如现在的内蒙古的政府，称为内蒙古自治区人民政府，但不要在“政府”二字上面冠以自治二字，称为自治政府或自治委员会等，因为这是不必要的，且在中国的历史上这样的名称多是反革命派的做法，如我们也这样做，将在思想认识上，给少数民族人民以不良影响。

同　日　周恩来在全国统一战线工作会议上发表第二次讲话。讲话针对当时的一些争论，阐述了《发挥人民民主统一战线积极作用的几个问题》。周恩来说：一、关于民族资产阶级问题。现在到处都有人问：“到底什么时候实现社会主义？”可见如何对待民族资产阶级已经是一个相当普遍性的问题了。最近中央政治局会议也谈到这个问题。我们与资产阶级是继续合作下去，还是同它搞翻？四个阶级搞垮它一个，今天没有哪一个同志这样说，大家都还是说搞社会主义要15年左右。那么在这期间，总还要跟资产阶级搞团结合作吧！因此不是搞垮它的问题，假若今天的方针是搞垮资产阶级，那么，就必须修改《共同纲领》了，既不修改，那就是要团结它。当然，同资产阶级有团结还要有斗争，但以团结为主，斗争是为了团结。而今天的团结，又是为了明天实现社会主义。因此，我们就要想想，在对待民族资产阶级的政策问题上，今天如何为明天准备条件。关于私营经济，《共同纲领》写得很明白，它是我们国家五种经济成分之一。我国的私营经济是很复杂的，我们要分别情况，区别对待。我们应该承认，今天国营经济力量还很小，有利于国计民生的私营经济是有一定的积极作用的，应该予以扶助使其发展。在我国人民民主专政的条件下，资本主义经济是要受到限制的，但是我们必须注意发挥它的积极作用。二、关于民主党派问题。各个民主党派，不论名称叫什么，仍然是政党，都有一定的代表性。但不能用英、美政党的标准来衡量他们。他们是从中国的土壤中生长出来的。民主党派在人民民主统一战线中起着相当重要的作用。在政治上他们也能够更好地同我们合作和配合，有些工作他们去做有时比我们更有效，在国际上也有影响。民主党派的成员在我们的帮助和教育下，愿意同我们一道进入社会主义，我们多了一批帮手，这不是很好嘛！民主党派可以发展，也有发展前途，但不可能发展得很大。这是由他们的历史和中国的社会条件所决定的。如民革，虽说有几十万国民党中上层党员可以由他们去发展，但实际上能发展到几万人就算难得了。三、关于人民团体问题。工会是工人阶级的群众性组织。但有没有统一战线性质呢？应该说有。中国工会强调阶级教育，不同政治主张的差别并不大，但这里仍有统一战线性质。如劳协也包括在工会之内，同时工会中也有不同政治主张的分子，现在还把知识分子组织进来，民主党派分子也会参加进去，虽然这是少数，但也就包含有不同的阶级成分。因此，中国工会既是工人阶级的群众性组织，同时也带有统一战线的性质。青联中有各民主党派的青年，也有资产阶级的青年，也有劳动青年，这势必是统一战线的组织。学联也有类似的情况。妇联包括的更广泛。这些团体都带有统一战线性质，其他学术团体也是一样。四、关于政权中的统一战线问题。我国的人民民主专政是共产党领导下的人民民主统一战线的政权，应该更重视统一战线问题。各界人民代表会包括各阶级、阶层的代表，协商机构也把各阶级、阶层的人容纳进来。区级以上的国家机关行政人员有240万人，估计至少有半数是非党员，其中很多是知识分子，他们是从各阶级、阶层来的，里面还有各民主党派的分子。因此，我们要很好地处理各方面的关系。党政关系。我们已经在全国范围内建立了国家政权，而我们党在政权中又居于领导地位。所以一切号令应该经政权机构发出。这点中央已经注意到，各地也应该注意。由于过去长期战争条件，使我们形成了一种习惯，常常以党的名义下达命令，尤其在军队中更是这样。现在进入和平时期，又建立了全国政权，就应当改变这种习惯。例如发行公债、增减税收都应由政府颁布法令。当然，党员要起骨干作用，但必须团结非党群众才能把工作做好。党政有联系也有区别。党的方针、政策要组织实施，必须通过政府、党组织保证贯彻。党不能向群众发命令。就是在军队中，一切命令也还是由各级司令员下达，政委部署。

4月13日—24日　燃料工业部在北京召开全国石油工业会议。会议认为，中国石油工业的方针主要是在3年内恢复已有的基础，发挥现有设备效能，提高产量，有步骤有重点地进行勘探和建设工作，以适应国防、交通和工业的需要。因此，必须加强统一领导和有计划地使用现有工程干部和各项设备器材，学习先进技术，实施企业化的定额管理制度，以达到质好、量多、成本低与效率高的目标。会议决定成立石油管理总局，确定以大力开发西北石油资源，迅速恢复东北人造石油工业为重点。应有计划地向该两地调送大批优秀干部，以适应石油工业总任务的要求。

4月14日　政务院举行第二十八次政务会议。会议批准《政务院关于全国林业工作的指示》；批准绥远省人民政府董其武主席作的《关于绥远省工作情况的报告》；批准山西省人民政府程子华主席作的《山西省第一届各界人民代表会议的总结报告》。《政务院关于全国林业工作的指示》于5月16日发出。指示说我国现有的森林面积占领土面积的5%，木材产量向来不足。而大部分地区对森林的破坏和滥伐行动，迄未停止，当前森林工作的方针，应以普遍保护森林为主。严格禁止一切的破坏森林的行为。其次，在风沙、水旱灾害严重的地区，应选择重点，发动群众，斟酌土壤气候各种情形，有计划地造林。同时，应制订各森林地区的合理采伐计划，并推行节约木材的社会运动。国营森林企业，由中央人民政府委托大行政区或省林业机关统一经营。《关于绥远工作情况的报告》主要内容是：一、今年1月1日绥远省人民政府成立，进行了调整行政区划，制定1950年施政方针和政权改造等项工作。二、部队整编工作已于3月中旬完毕。三、绥远全境除还有零星散匪外，已无股匪。四、力争完成中央要求生产杂粮16亿斤，成活林材100万株，繁殖大牲畜6万头的任务。五、预计可超出中央核定的6 680万斤年度税收任务；推销公债41万多分，超额完成中央分配的任务。六、制定了《解决绥远蒙古民族问题的方案》。周恩来指出，绥远省能在半年左右获得今天的成绩，是令人兴奋的事。绥远的工作可以成为一个示范，全国各地都有个合作共事的问题。

4月15日—25日　中国民主促进会第一次全国代表大会在北京举行。大会通过《关于本会应继续存在并加强工作的决议》，指出，为了巩固与扩大人民民主统一战线，为了提高自己对于人民革命事业的贡献，本会不但不应该结束，而且还要更加努力，设法从各方面来充实自己的内容，加强自己的工作。大会修改了会章，通过《关于接受人民政治协商会议共同纲领为本会纲领的决议》、《关于接受中国共产党的领导，学习中共〈加强与非党群众及民主人士合作〉的精神，以巩固扩大民主统一战线的决议》等6项决议，选举产生了民主促进会第三届中央理事会。4月26日，民主促进会三届一中全会选举马叙伦为主席，王绍鏊为副主席，许广平为秘书长，马叙伦、王绍鏊、许广平、周建人、徐伯昕、林汉达、葛志成为常务理事。

4月16日　毛泽东就税收和失业问题致电上海市陈毅市长。电文说，税收问题和失业问题能照正确原则解决，取得各方同意妥慎进行，甚好甚慰。目前处在转变的紧张时期，力争使转变进行得好一些，不应当破坏的事物，力争不要被破坏，或被破坏得少一些。把握住了这一点，就可以减少阻力，就有了主动权。

4月19日　中共中央发出《关于在报纸刊物上层开批评和自我批评的决定》。《决定》指出：一、吸引人民群众在报纸刊物上公开地批评我们工作中的缺点和错误，并教育党员，特别是党的干部在报纸刊物上作关于这些缺点和错误的自我批评，在今天是更加突出地重要起来了。因为今天大陆上的战争已经结束，我们的党已经领导着全国的政权，我们工作中的缺点和错误很容易危害广大人民的利益，而由于政权领导者的地位，领导者威信的提高，就容易产生骄傲情绪，在党内党外拒绝批评，压制批评。由于这些新的情况的产生，如果我们对于我们党的人民政府的及所有经济机关和群众团体的缺点和错误，不能公开地及时地在全党和广大人民中展开批评与自我批评，我们就要被严重的官僚主义所毒害，不能完成新中国的建设任务。由于这样的原因，中共中央特决定：在一切公开的场合，在人民群众中，特别在报纸刊物上展开对于我们工作中一切错误和缺点的批评与自我批评。二、为了公开地并且在报纸刊物上正确地展开批评与自我批评，应当在党内和人民中进行两方面的教育。第一，要教育党员特别是干部认识：在报纸刊物上进行批评和自我批评，是为了巩固党与人民群众的联系、保障党和国家的民主化、加速社会进步的必要方法。使得人民群众能够自由地在报纸刊物上发表他们对于党和人民政府的批评和建议，纵然这些批评和建议并非完全成熟与完全正确，而他们也不会因此受到打击与嘲笑，乃是提高人民群众的觉悟性和积极性，吸引人民群众踊跃参加国家建设事业的重要步骤。因此党的各级领导机关和干部必须对于反映群众意见的批评采取热烈欢迎和坚决保护的革命态度，而反对对群众批评置之不理、限制发表和对批评者实行打击、报复与嘲笑的官僚主义态度。这在今天是主要的方面。第二，要同时教育报纸刊物的编辑人员、记者、通讯员和人民群众去区别正确的批评和破坏性的批评。我们所提倡的批评，乃是人民群众（首先是工人、农民）以促进和巩固国家建设事业为目的的、有原则性有建设性的、与人为善的批评，而不是为着反对人民民主制度和共同纲领、为着破坏纪律和领导、为着打击人民群众前进的信心和热情，造成悲观失望情绪和散漫分裂状态的那种破坏性的批评。报纸刊物的编辑人员、记者、通讯员和读报组，应当欢迎和领导正确的批评而反对破坏性的批评。对于这种破坏性的批评，特别是反革命分子破坏人民民主专政的言论，则是应该而且必须加以拒绝的。三、为了保障在报纸刊物上的批评和自我批评得以顺利而有效地进行，中共中央特规定下列各项办法，望各级党委与党报工作者切实地加以执行：1. 凡在报纸刊物上公布的批评，都由报纸刊物的记者和编辑负独立的责任。2. 对于工农通讯员的稿件，同样适用上述办法。3. 读者来信中的有益的批评，凡报纸刊物能判断其为真实者，应当加以发表。4. 批评在报纸刊物上发表后，如完全属实，被批评者应即在同一报纸刊物上声明接受并公布改正错误的结果。

同　日　新华社报道，1948年冬解放的东北新区土地改革工作全部完成。东北解放新区包括沈阳、长春2市郊区，辽西省15个县和辽东、吉林、热河3省的83个区，人口约700多万，土地约3 000多万亩。

4月20日　各民主党派、无党派人士双周座谈会举行第1次会议。会议讨论了中共中央发表的斯大林、毛泽东论共产党员。要善于和非党群众团结合作的两个文件；通过了《政协全国委员会学习座谈会进行学习办法（草案）》；推定王昆仑、章乃器、邢西萍、沈志远、郭则沉、于振瀛、于光远、胡华、王惠德9人组成学习座谈会干事会。双周座谈会是由民主党派发起，由参加政协的各民主党派、人民团体所推派的代表为主体的时事政治座谈会，成立的目的是为了沟通思想，对政策时事、统一战线工作交换意见。

同　日　天津市人民政府组成海事处理委员会。着手调查处理美国轮船“加利福尼亚金熊号”在大连开往烟台的航线上，无理撞沉我国“新安轮”，酿成旅客、船员70人惨遭溺毙的严重事件。

4月21日　政务院举行第二十九次政务会议。一、通过《关于全国劳动局长会议综合报告》和《中华人民共和国工会法》、《劳动部关于在私营企业中设立劳资协商会议的指示》、《政务院关于开展职工业余教育的指示》。李立三作的《关于全国劳动局长会议综合报告》说，这次全国劳动会议主要讨论了6个问题：劳动政策与劳动部的任务（省、市劳动局组织通则），劳资关系（关于建立劳资协商会议的指示），工会法，职工业余教育，设立劳动介绍所与失业技术员工登记介绍办法，工厂卫生暂行条例。其中劳资关系是中心议题。会议一致同意，在新民主主义政权下的新的劳资关系应当是民主的、平等的、两利的、契约的关系。关于劳资关系中的各项具体问题，应当由劳资双方自愿订立的集体合同、劳动合同或集体协议及政府颁布的统一的法令、条例等来规定，并建立劳资协商会议来解决各种日常问题。关于劳资争议问题，应当以交涉、谈判及劳动局调解仲裁来解决。《工会法》规定，工会是工人阶级自愿结合的群众组织。凡在中国境内一切企业、机关和学校中以工资收入为其生活资料的全部或主要来源的体力与脑力的雇佣劳动者及无固定雇主的雇佣劳动者，均有组织工会之权。该法还对工会的权利与责任、工会基层组织、工会经费等作了规定。《劳动部关于在私营企业中设立劳资协商会议的指示》说，为便于劳资双方平等协商有关生产、业务与职工待遇等问题，可在双方同意下设协商会议组织。该组织一般适于雇佣50人以上的私人厂店。劳资协商会议为劳资平等协商机关，不负企业经营管理责任。《政务院关于开展职工业余教育的指示》说，各地人民政府有关部门、企业管理机关及工会组织应进行共同研究，以便有计划、有组织、有步骤地开展这一工作。二、批准《关于新闻工作会议的报告》、新闻总署《关于改进报纸工作的决定》、《关于建立广播收音网的决定》、《关于分发〈参考消息〉的办法》。新闻总署胡乔木署长作的《关于新闻工作会议的报告》说，这次会议讨论了6个问题：改进报纸工作，统一新华社，改进广播工作，调整各级新闻机构的编制，调整各新闻组织间的分工，改进新闻总署的工作。三、会议决议：成立小组审查《省、市劳动局暂行组织通则》、《劳动介绍所组织通则》和《失业技术员工登记介绍办法》3个草案。四、批准《中苏关于在新疆创办石油股份公司协定》、《中苏关于在新疆创办有色及稀有金属股份公司协定》、《中苏关于建立民用航空股份公司协定》、《中苏关于苏联专家在中国之工作条件的协定》。关于中苏合股石油公司和有色及稀有金属公司的协定规定，2个股份公司均按平权合股原则组成，其目的在协助中国工业的发展及加强中苏间的经济合作。关于民航公司协定规定，该公司按平权合股原则组成，经营北京至赤塔、至伊尔库茨克、至阿拉木图等民航线。关于专家协定规定，派往中国的苏联专家工作期限为1年；中方提供与同等程度的中国专家相等的工资待遇，以中国货币付薪；中国政府交付苏联政府每个专家每月1 500—3 000卢布。

同　日　新华社报道，华北新解放区去年冬天开展的土地改革已基本完成。华北5省除绥远只实行减租外，尚有占新区总数24%的村庄，因灾荒不能进行土改或尚待完成。

4月22日　中财委发出关于严禁机关部队从事商业经营的指示。

文件指出：政务院《关于统一国家财政经济工作的决定》第六条曾规定一切部队机关不得经营商业。根据各地报告，某些机关、部队、学校，仍有借口生产，从事商业经营者；亦有不经当地国营贸易机关，而直接在市场抢购大宗物资者；更有不顾政府法令，进行投机活动者。此种行为，往往助长物价波动，使国营贸易机关掌握市场物价更感困难。兹为加强市场管理，杜绝不良现象，特再重申下列规定：一、国营贸易机关是负责调节供求的统一的领导机构，任何机关、部队、学校不得从事商业经营。过去机关、部队、学校所设商店，应移交给国营贸易机关，收回资金，或自行结束。机关、部队、学校的消费合作社，只能在各该机关、部队、学校内部经营消费业务，并须遵守合作法规。二、群众的合作社，在收购与抛售物资时，必须接受当地工商管理机关或贸易机关之指导与监督。三、凡机关、部队、学校因供给需要，在本地或外地采购大宗物资时，必须经过当地国营贸易机关，不得直接或委托私商在市场进行收购。四、各地财经机关在外区设立采购或销售物资之代表机关时，必须经上级财委批准（各大行政区之间互设此类机关时，以统一设一个机关为宜），并在当地进行登记，接受当地国营贸易机关之指导与监督。如不设机关，只派代表时，亦须到当地国营贸易机关登记，并服从其指导与监督。这些代表应尽可能住在公家机关，勿住旅馆，勿受私商招待。所带款项，必须存入国家银行。五、对于违犯以上各条规定之任何单位，当地政府均有权视其情节轻重，分别予以征购、没收等应得之处分。其关系重大者，可冻结其物资或现金，报请上级处理。六、为积极防止上述不良现象，并适当解决本地或外地各机关、部队、学校、合作社采购任务，各地国营贸易机关必须主动地负责定期召集会议，了解情况，进行有准备、有计划的供应物资，以满足各单位需要，并保障军需物资的采购。

同　日　邓子恢向中央提出关于湘、鄂、赣3省灾情的报告。报告说，目前湘、鄂、赣3省灾情还很严重，湖南灾情，中央已经知道，湖北灾情更有过之无不及。最近所知，仅黄梅一县即有许多灾民死亡，该县于去年解放前后水灾即死亡不少，灾民大批流亡湘赣各地，现尚差1万余人未回。据老百姓估计，可能大部在流亡中病死(尚未确实)。回来灾民则缺粮、缺种、缺牛，春耕困难，我们正在急赈。江西之南昌、九江、鄱阳3个分区灾情亦重，近已发现饿死人现象。当地大米跌价，但碎米及糠却涨价，便可想见灾情之一般。两广则受兵灾、匪灾、水灾，他们虽反映较少，但灾情亦不轻。

同　日　政务院复示西北军政委员会彭德怀主席。复示同意对青海游牧区旧千百户暂时给以委任状。使其在上级人民政府领导之下执行职务，以便安定社会秩序，接近群众，发现为多数人民所愿意采取的新的政权形式。

4月24日—29日　卫生部召开全国卫生科学研究工作会议。会议讨论并确定全国卫生科学研究工作的总方针是：在为人民保健事业服务的目的下，团结全国卫生科学工作者，根据预防为主的方针，有组织有计划地配合人民的实际需要，进行卫生科学研究工作，首先应集中人才物力，解决危害人民最大的传染病、职业病及地方病问题，以保证生产及国防建设。

4月24日—29日　中国人民救济代表会议在北京举行。董必武、谢觉哉等在会上作报告，宋庆龄致闭幕词。会议决定成立人民救济总会，通过《中国人民救济总会章程》，并于5月3日公布施行。

4月25日　政务院政治法律委员会举行第五次会议。彭真作报告阐述当前政法方面的中心任务。

同　日　中国长春铁路公司正式成立。该公司理事会主席由中方代表充任，副主席由苏方代表充任，其他领导职位也由中苏两方分别担任，在共同管理期间，每隔1年轮换1次。

4月26日　中共中央关于实行民族区域自治和其政府名称问题指示西南局并其他中央局。指示说，经中央人民政府认可为民族自治区者，其政府的名称可采用某某自治区人民政府，但不要在“政府”二字上面冠以“自治”二字。

4月28日　政务院举行第三十次政务会议。会议批准了民族事务委员会副主席乌兰夫在会上作的关于民族工作问题的报告。并听取黄绍竑政务委员报告《关于奖励发明、生产技术改进与合理化建议的决定》及《保障发明权与专利权暂行条例》。《民族事务委员会关于当前民族工作问题报告》说，由于中央人民政府的成立和人民解放战争的胜利，国内的民族关系，除待解放的西藏和台湾外，已经在全国范围内起了根本的变化——从压迫与被压迫关系转变到平等、互助的关系。各少数民族人民都热诚地拥护中央人民政府及共同纲领中的民族政策，他们认为民族平等、团结、互助和区域自治的政策，正是他们多年来殷切的愿望。今天的问题是如何尽量减除民族间残存的隔阂和歧视，加强和巩固各民族人民的团结及推行民族区域自治，并尽可能有计划、有步骤地帮助各少数民族逐渐发展其政治、经济和文化。由于各少数民族地区政治、经济、文化发展的极不平衡，我们的一切工作必须采取慎重缓进的方针，稳步前进。一切急性的做法，必会犯错误甚至造成严重的损失。当前，应抓以下几个重要工作：举办民族学院培养少数民族干部；出版刊物交流经验；加强调查研究，深入了解少数民族情况；发展解放较久的少数民族地区的某些经济、文化建设事业；组织少数民族代表人物来京参观。在讨论中，李维汉发言说，个别少数民族也曾闹过独立。最近，内蒙古有过三种意见：一是与外蒙古合并，二是自治，三是要求中国实行联邦制。经乌兰夫同志努力说服后，现在才了解，和祖国在一起对他们是有利的。民族矛盾，实际就是阶级矛盾的一种表现形式。少数民族与汉族间形成的隔膜，是大汉族主义造成的。今天我们应背起这历史的债务，认错还债。周恩来总理指出民族事务委员会的人要常列席政务会，以提醒大家注意民族问题。我们要替祖宗受过，以达到兄弟民族大团结。经济上要为少数民族解决困难，政治上要给以区域自治权，但自治不等于民族自决。这是为防止帝国主义挑拨他们脱离中国的大家庭。会议决议由李维汉等人成立小组，对《关于奖励发明、生产技术改进与合理化建议的决定》及《保障发明权与专利权暂行条例》草案再进行审查。

同　日　中国外交部长周恩来致电联合国赖伊秘书长并转达经济暨社会理事会与亚洲及远东经济委员会各会员国。电报说，中华人民共和国中央人民政府业已任命冀朝鼎为出席联合国经济暨社会理事会所属亚洲及远东经济委员会5月16日在曼谷召开的全体委员会会议的代表。中国国民党残余集团的非法代表没有参加该委员会会议的资格，必须从该委员会驱逐出去。

同　日　中国外交部周恩来部长分别致电国际红十字协会秘书鲁希和红十字会国际委员会秘书长杜旭沙。电报说，中华人民共和国中央人民政府是代表中国人民的唯一合法政府。请即将中国国民党残余集团的所谓“代表”从国际红十字协会开除出去，并转知国际红十字协会各机构及有关各国红十字会。

4月29日　政协全国委员会在北京召开庆祝五一劳动节干部大会。刘少奇在大会上讲话，指出，中国人民革命胜利了，中国人民将创造美好的将来。但目前还暂时地处在困难的情况中。我们已经具备了克服困难的基本条件：帝国主义已被从中国赶走；人民解放战争已接近于胜利结束；东北与华北的土地改革，除绥远外已经结束；国家财政经济工作已经统一，国家财政收支已接近平衡，金融物价已趋向稳定；进行建设的国际条件也是很好的。我们当前的任务是：解放台湾、西藏，肃清土匪特务，巩固国防；调整工商业与公私关系；某些生产的转业；救济灾民，救济失业工人；完成新解放区的土地改革；认真纠正缺点错误，整训干部。刘少奇说，我们必须给劳动者，特别是那些在劳动事业中有重大发明和创造的劳动英雄和发明家们以应得的光荣，而给那些不劳而食的社会寄生虫以应得的贱视。这就是我们的新道德标准之一。

同　日　政务院通过的劳动部关于在私营企业中设立劳资协商会议的指示发布。该指示共14条：一、根据人民政府“发展生产、繁荣经济、公私兼顾、劳资两利”的方针，在私营工商企业中，为了便于劳资双方进行有关改进生产、业务与职工待遇各项具体问题的协商起见，在劳资双方同意之下，得设立劳资协商会议的组织。二、劳资协商会议的组织，一般适用于雇用50人以上的私人工厂、商店；凡雇用50人以下者，得根据本指示的精神与具体情况斟酌办理之。同时在同一城市的同一产业或行业中劳资双方均认为必要时，亦得设立该产业或行业的劳资协商会议。三、劳资协商会议为劳资双方平等协商的机关，不负企业经营与行政管理的责任。四、劳资协商会议之组成以由劳资双方代表机关分别选派同等数量之代表为原则(在企业单位中的协商会议，企业主或所委任之经理、本企业单位厂长与工会组织的主席应为当然代表)，双方代表名额由双方协商规定之，一般以每方2人—6人为宜。五、参加劳资协商会议之代表，应比较固定，双方各自选定代表后，应将代表姓名通知对方。但遇必要时，双方均有自行更换其代表之权。六、在工商企业中的劳资协商会议应有经常会议，每月开会次数由双方协商规定之。除经常会议外，必要时，有一方提议，取得对方同意后，即可随时召集。开会时间一般以不占用生产时间为原则。在同一产业或行业的劳资协商会议，不必规定固定会期，在双方同意时即可召集会议。七、劳资协商会议之主席，由出席会议之劳资双方代表轮流担任之（如一次为劳方代表担任，下一次即为资方代表担任)，每次会议由轮值主席负责召集之。八、劳资协商会议在劳资双方同意之下，得协商下列各项问题：1. 有关订立集体合同及如何履行集体合同中各项规定之事项；2. 有关生产计划之研讨与生产任务之完成及提高产量、质量，节约材料、工具等事项；3. 有关改进生产组织，如劳动力配备、机器工具的调整、原料调配等事项；4. 有关改良技术，改善操做法，提高生产效率与工人技术水平等事项；5. 有关业务、管理之改进及工厂规则、奖惩制度之拟定与修改等事项；6. 有关职工之雇用与解雇、职级升降及其他人事问题等事项；7. 有关工资、工时、生活待遇及其他职工福利设施等事项；8. 有关工商企业安全卫生及职工疾病、伤亡、残废、女工生育待遇等事项。九、劳资协商会议中协商的各项问题，劳资双方都有通过各自之代表提出议案之权利。协商会议开会时，如有必要，可由主席通知原提案人或有关负责人到会报告。十、劳资协商会议协商程序如下：1. 由劳资双方代表分别将准备协商之问题，于会议前通知对方，使双方代表能事先研究，征求有关方面和职工的意见；2. 举行会议时，由轮值主席将问题按双方同意的次序，逐一提交会议研究计划，以取得协议；3. 有关一般问题的协议，经劳资双方代表一致同意后，即可成立。比较重大问题的协议，须由双方代表报告有关人员和全体职工，取得同意后，方得成立；4.会议中如有临时提议，须俟各项议程讨论完毕后提出，并取得双方同意，始得讨论；5.凡已取得协议之比较重大事项，须写成双方代表同意并经双方代表签字之会议纪录3份，双方各执一份，另一份送当地劳动局备案。十一、凡已取得协议之事项，由劳资双方代表分别在有关人员和职工中传达或共同召集会议传达并负责执行；其未取得协议之事项，由双方于会后分别研讨磋商，以便在下次会议中再行协商。十二、如在会议中发生争议，无法解决时，应按劳动争议解决程序之规定处理之。十三、劳资双方成立之协议，不得与政府法令及集体合同之规定相抵触。集体合同如有修改必要时，必须根据原签订集体合同之程序处理之。十四、各地劳动局接到本指示后，应召集当地工会组织与工商业者团体之代表共同商议执行本指示之办法，以期在劳资双方同意和自愿的条件下，有准备、有步骤地逐渐推行。

同　日　青年团中央颁布中国少年儿童队队旗、队歌、队礼、队员标志、队长级别标志、队员入队誓词、队员口号和入队仪式规则。队旗：旗为长方形、旗面为红色，中央为黄色的五角星及火把。队歌：作词，郭沫若；作曲，马思聪。歌词第一段为：我们新中国的儿童，我们新少年的先锋，团结起来继承着我们的父兄，不怕艰难不怕担子重，为了新中国的建设而奋斗，学习伟大的毛泽东。队礼：行法为右手五指并列，经过胸前自下至上，停在额前超过头顶一寸半。队员标志：红领巾。队长级别标志：左袖肘上部缝上横的红色布条，大队长带3条，中队长带2条，小队长带1条。队员入队誓词：我是中国少年儿童队队员，我在队旗下宣誓：我决心遵守队章，参加活动，在共产党和青年团的领导下，做一个好队员。我一定要好好学习，好好工作，好好劳动，准备着：为建设祖国，为实现毛主席的伟大理想，贡献出一切力量。队员口号：准备着：为建设祖国的事业，为实现毛主席的伟大理想而奋斗。队员入队仪式：全体立正；出旗；唱队歌；宣读新队员名单；宣誓；授予队员标志；结束。

4月30日　中央人民政府主席毛泽东命令公布《中华人民共和国婚姻法》，自1950年5月1日起施行。《婚姻法》共八章27条。规定：

废除包办强迫、男尊女卑、漠视子女利益的封建主义婚姻制度，实行男女婚姻自由、保护妇女和子女的合法利益的新婚姻制度；禁止重婚、纳妾、童养媳、干涉寡妇婚姻自由和借婚姻关系问题索取财物。结婚须男女双方本人完全自愿，不许任何一方对他方加以强迫或任何第三者加以干涉；结婚男女双方应到所在地人民政府登记，父母对子女有抚养教育的义务，子女对父母有赡养扶助的义务，双方均不得虐待或遗弃。夫妻在家庭中地位平等，夫妻有互爱、互敬、互相帮助、互相扶养、和睦团结、劳动生产、抚育子女、为家庭幸福和新社会建设而共同奋斗的义务。夫妻双方均有参加工作和社会活动的自由，对家庭财产有平等的所有权和处理权。男女双方自愿离婚的或男女一方坚持要求离婚并经区人民政府和司法机关调解无效时，准予离婚。该法还明确规定了男女结婚年龄和父母离婚后所生子女抚育教育等问题。本法由4月13日举行的中央人民政府委员会第七次会议通过。4月30日，中共中央发出通知，要求全党贯彻执行《婚姻法》。全国总工会、青年团中央、民主青联、全国学联和全国妇联发布关于拥护婚姻法的联合通知。

同　日　青年团中央公布中国新民主主义青年团团旗图样及制法规则。团旗旗面为红色，象征革命胜利；团旗左上角缀黄色五角星，黄色周围环绕以黄色圆形圈圈，象征中国青年一代团结在中国共产党的周围。团旗为长方形，其长与高为三与二之比。团旗通用尺度定为如下3种，酌情选用：长288cm，高192cm；长192cm，高128cm；长96cm，高64cm。

本　月　中央人民政府决定对工商业进行调整。1950年4月，全国财政收支接近平衡，金融物价趋于稳定，这为国民经济的恢复和发展，创造了良好的经济环境。但是伴随而来的，却是市场萧条，商品滞销，资本主义工商业在生产和经营中遇到严重的困难。表现在市场商品交易量大幅度下降；私营工业主要产品产量锐减，私营商业营业额也急剧下降；许多私营工商业者由于商品滞销，存货过多和负债累累而停工歇业；工人失业人数增加。造成私营工商业不景气现象的主要原因在于民族资本所固有的投机性，不适应于建国后新的经济形势，解放前形成的虚假繁荣随着建国后物价的稳定而消失。建国初期国家经济工作中的缺点和偏差，也在一定程度上加重了资本主义工商业的困难。大量资本主义工商业的停工歇业，对于建国初期发展生产、恢复经济、促进城乡交流、增加国家税收和积累、培养技术和管理人才等方面非常不利。因此，必须对工商业进行调整。5月，中财委召开的七大城市工商局长会议，提出了解决工商业困难的办法。6月，中共七届三中全会确定了调整工商业的方针和政策，并把它作为争取国家财政经济状况基本好转的条件之一。此后，调整工商业在全国普遍展开。调整工商业范围很广，包括调整公营与私营之间的关系，公营与公营之间的关系，私营与私营之间的关系，工业与商业之间的关系金融业与商业之间的关系，城乡之间的关系，国内各区域之间的关系，各企业内部的关系，以及出入口之间的关系等。其中，最主要的有三个基本环节：调整公私关系；调整劳资关系；调整产销关系。调整公私关系是整个调整工作的重点，包括两个方面：一是调整公私工商业关系，二是调整税负。调整工商业各项措施的实行，使私营工商业的生产经营状况，从7月份开始好转，市场逐渐活跃起来，市场商品成交量迅速增长。整个调整工作至1950年9月底结束。经过调整，帮助资本主义工商业度过了困难，鼓励了资本家经营的积极性，繁荣了经济，从而为国民经济的恢复和发展创造了有利条件。在调整中，照顾了资本主义工商业的合理利润，使他们在生产和经营中有利可图，从而缓和了同资产阶级的紧张关系，巩固了同资产阶级的联盟，有利于发展和壮大人民民主统一战线，孤立和打击当时主要敌人。在调整中，对资本主义工商业有计划地推行加工、订货、统购、包销，使国家既能利用资本主义工商业在恢复国民经济中的积极作用，又能限制它们的投机性、盲目性等消极作用。这些，又为探索对资本主义工商业的改造道路，积累了经验。

本　月　人民革命军事委员会总政治部成立。罗荣桓任主任，傅钟、肖华任副主任。总政治部在中共中央和人民革命军事委员会的领导下，负责组织领导全军的政治工作。

本　月　中国人民解放军海军司令部成立。海军司令部以原野战军第十二兵团机关为基础组建，归中央军委建制。司令员兼政治委员肖劲光，副司令员王宏坤，副政治委员苏振华、刘道生，参谋长罗舜初，刘道生兼政治部主任。司令部下辖海军学校（校长邓兆祥，政治委员朱军），华东海军司令部（司令员兼政治委员张爱萍）。

本　月　毛泽东在全国统一战线工作会议工商组讨论会的一份发言记录稿上作了关于对待民族资产阶级和私营工商业政策问题的批语。在发言记录稿谈到“今天斗争对象，主要是资产阶级”处，毛泽东批：今天的斗争对象主要是帝国主义封建主义及其走狗国民党反动派残余，而不是民族资产阶级。对于民族资产阶级是有斗争的，但必须团结它，是采用既团结又斗争的政策以达团结它共同发展国民经济之目的。在发言记录稿谈到对私营工商业的限制和排挤处，毛泽东批：应限制和排挤的是那些不利于国计民生的工商业，即投机商业、奢侈品和迷信品工商业，而不是正当的有利于国计民生的工商业，对这些工商业当它们困难时应给以扶助使之发展。在发言记录稿谈到私营工商业“要求划分阵地，要河水不犯井水，我们不允许”处，毛泽东批：应当划分阵地，即划分经营范围。讲得很幼稚。在发言记录稿谈到“国营经济是无限制地发展”处，毛泽东批：这是长远的事，在目前阶段不可能无限制地发展，必须同时利用私人资本。在发言记录稿谈到“我们的政策，是要‘与民争利’。但他们所谓的‘民’，是资产阶级。我们则要争于人民有利的事情。我们说，我们就是‘只许州官放火，不许老百姓点灯’。但这里的‘州官’是人民，我们放火可以，你们点灯就违反群众利益”处，毛泽东批：完全错误的说法。在发言记录稿谈到“‘与民争利’，表现在粮食、花纱布、火柴、百货、盐的控制”处，毛泽东批：除盐外，应当划定范围，不要垄断一切。只能控制几种主要商品（粮、布、油、煤）的一定数量，例如粮食的三分之一等。在发言记录稿谈到“百货公司必须建立，不然即不能稳定物价”处，毛泽东批：建立百货公司，并不是代替全部商业。在发言记录稿谈到“大资本家要停工，我们就让他停工。我们有钱，就接收过来”处，毛泽东批：这是不对的。

5月1日　中共中央决定开展整风运动。1日和21日，中共中央根据毛泽东和刘少奇的建议，先后发出了《关于全党全军进行大规模整风运动的指示》和《关于发展和巩固党的组织的指示》，随后，各中央局和大军区党委在5月底前后，都作出了关于执行中共中央指示的决定和安排。6月6日，毛泽东在党的七届三中全会上作了《为争取国家财政经济状况的基本好转而斗争》的报告，将加强党的建设、整顿党风列为党的8项重要工作之一，并对整风的方针、方法和目的作了原则性的规定。此后，全党遵照中共中央的部署，从6月起普遍开展了整风运动。新中国成立以后，中国共产党成为执政党。面临新的形势和任务，加强执政党的建设成为新的课题。建国初期，党的成员已发展到450万人，分布在部队、厂矿、农村、机关和学校等各条战线上，其中绝大多数起到了模范带头作用。但是，党内也出现了新的问题。在建国前后的两年中，党增加了200多万党员。由于革命战争的迅猛进行，党对他们还来不及给予有计划的教育和训练。在老党员中，有些人骄傲自满，以功臣自居，滋长了官僚主义作风，他们不用说服的办法而用粗暴的强制方法去完成任务。还有一小部分党员发生了贪图享受、革命意志衰退甚至腐化堕落的现象。在发展党员中，某些党的组织在革命迅速发展的形势下，由于缺乏严格的控制和审查，把一些不够条件的人接收为党员，一些坏分子也钻进党内。这在某种程度上造成了党的组织上、思想上和作风上不纯的现象。这些现象不克服，党就很难胜利地领导与团结全国人民，完成新的伟大的使命。鉴于这种情况，党决定进行整风。这次整风运动的重点，是整顿各级领导机关干部的作风，克服党内存在的骄傲自满情绪和官僚主义、命令主义作风，同时提高一般党员的思想水平和政治水平。整风的方法，一般是通过各种形式的会议或办训练班来进行，先由领导同志作启发性的整风报告，然后学习若干指定的文件，再自上而下地系统地检查工作，找出问题，开展批评和自我批评，最后做出整风工作的总结，确定改进工作的办法和制定工作制度。在整风中揭露出来的有严重错误的人和各种坏分子，不由整风会议和整风训练班直接处理，而按正常手续由专门负责机关进行处理。这次整风运动于1950年底按预定时间结束。通过整风，有效地克服了在一些党员干部中存在的骄傲自满情绪和命令主义作风，发扬了民主，加强了党内团结，密切了党与群众的关系。

同　日　中共中央发出《关于全党全军进行大规模整风运动的指示》。《指示》指出，由于我党已取得全国的胜利；由于两年多以来党的发展已增加了党员约200万人，其中很多人的思想作风极为不纯，还没有来得及给予有计划的教育训练；由于老党员老干部中亦有很多人骄傲自满，发展了严重的命令主义作风，任意违反党与人民政府的政策，采取蛮横态度去完成工作任务，破坏党与人民政府的威信，引起人民不满，甚至有贪污腐化、政治上堕落颓废、违法乱纪等极端严重现象发生。这些情况，迫切地要求各中央局、省委、大市委、区党委、地委及各大军区党委，在中央的总领导下，领导全党全军，进行一次大规模的整风运动，严格地整顿全党作风，首先是整顿干部作风。此项整风运动的主要方式，是阅读某些指定的文件，总结工作，分析情况，展开批评与自我批评。此项全党整风任务，要求在今年夏、秋、冬3季内完成。而在各个现正准备进行土改的新区，则要求在今年夏秋2季首先完成整干任务，以便秋后开始的土改工作能够顺利进行，避免发生严重错误。为了有领导有组织有准备地进行整党整干工作，并避免过去整党时犯的错误起见，中央要求各中央局、分局及所属各省委、大市委、区党委及各大军区党委，根据自己具体情况，作出整党整干计划，电告中央审查批准，然后按此进行。

同　日　毛泽东关于暂时不动富农的问题致电邓子恢并饶漱石。电文称：4月25日电悉。鉴于富农出租地数量不大，暂时不动这点土地，影响贫雇农所得土地的数量也不会大。现在我的意见仍为暂时不动较为适宜。但你们可根据你们自己的各项意见起草一个土改法令草案，在中央会议上作最后的讨论和决定。如华东局是赞成暂时不动富农出租土地的，则请华东局起草一个和华中不相同的土改法令草案，以便在中央会议上对照讨论。4月25日电是指中南局第三书记邓子恢给毛泽东的电报。电报中认为，如不征收富农出租土地，势必减少提供分配的土地，雇贫农所得，比之按人口平分标准，要少20%以上，这样就不能解决雇农的土地要求，其结果会使贫雇农积极性减低。有些地方甚至土改运动搞不起来。

5月5日　政务院颁发《各大行政区高等学校管理暂行办法》。《办法》规定，全国高等学校除华北区高等学校由教育部直接领导外，其他各大区高等学校暂由各大行政区教育部或文教部代表教育部领导。各大行政区高等学校的重要方针，除由中央教育部作一般性的统一规定外，各大行政区教育部或文教部可以作适应地方性的规定，但是须报请中央教育部核准后才能执行。《办法》对高等学校校长的任免、教育部与大行政区教育部或文教部的分工职掌作了规定。

5月8日—26日　中财委召开七大城市工商局长会议。参加会议的七大城市是：上海、天津、武汉、广州、北京、重庆、西安。会议针对全国财经工作统一后工商业遇到的商品滞销、生产减缩、关店歇业增多、失业人数增加等困难，分析了产生困难的原因，一是物价稳定以后，市场上虚假购买力消失，造成若干物资一时供过于求；二是过去适应半封建半殖民地经济的一些工商业，现在失去了市场；三是许多私营企业机构臃肿，经营不善；四是同一行业内部盲目竞争，地方与地方之间供应不协调。会议提出了解决工商业困难所应采取的措施：用扩大加工订货的方法，重点维持生产；用扩大农产品收购、增加农民购买力、组织工业品出口的办法，开导工业品的销路；联合公私力量，增加工业资金的周转；改善企业经营管理；举办失业救济以及用适当方式将市场趋势公告全国，指导私营工业的发展，减少其盲目性。会议着重研究了调整工商业的公私关系问题，规定：一、调整公私关系的原则是五种经济成分统筹兼顾、各得其所、分工合作、一视同仁；二、对私营工业企业，根据国家的需要与可能，1年组织2次加工订货，鼓励出口滞销物资，指导私营企业联营；在国营商业指导下，允许私营商业的存在，并保持合理的批零差价，使其有利可图；三、私人行庄仍可保留，但在营业范围应有所限制，国家银行可与之联合放款；四、在税收方面，一律按税律征收，并简化税目，改革税收办法。

5月9日　中华人民共和国和瑞典王国建立外交关系。

5月10日　英国政府命令香港当局拘押中国民航局所属的70架飞机。当日中国、中央两航空公司停放在香港启德机场的70架飞机被英政府命令香港当局拘押。5月17日，中国外交部副部长章汉夫就此事向英国政府提出严重抗议。

5月11日　中华人民共和国和丹麦王国建立外交关系。

同　日　新华社报道，国家文化教育委员会制定《统一学术名词工作的初步方案》。并决定设立学术名词统一工作委员会，郭沫若任主任。

5月12日　政务院举行第三十二次政务会议。听取了叶季壮、廖承志、陈绍禹的报告，批准了《中苏贸易协定》、《华侨事务委员会工作方针》、《法制委员会工作方针》。

5月14日　中国保卫世界和平大会委员会召集北京各界人民代表6 000余人举行集会，发起和平签名运动。6月23日，政协一届二次会议号召全国人民展开保卫世界和平签名运动，并决定7月1日—7日为和平宣言签名运动周。8月13日，中国保卫世界和平大会委员会通知各人民团体，号召扩大和平签名运动，争取2亿人参加签名。全国各地先后成立了34个和平大会分会。到11月，签名人数2.2亿人。参加签名的人包括全国各地区、各民族、各阶层和各种不同信仰、不同职业的人。

5月15日　中国外交部长周恩来就美国麦克阿瑟擅自规定释放日本战犯事发表声明。声明指出，中国政府对此绝对不予承认，美国政府必须立即纠正此种越权行为。

同　日　在瑞士蒙特罗举行的万国邮政联盟执行及联络委员会会议上，通过了中华人民共和国为中国唯一合法代表。台湾代表被逐出会议。中华人民共和国全权代表苏幼农于5月24日正式参加了会议。

5月16日　政务院发布《关于全国林业工作的指示》。《指示》指出，全国当前林业工作的方针和任务，应以普遍护林为主，严格禁止一切破坏森林的行为。其次在风沙水旱灾害严重的地区，应选择重点，发动群众，有计划地进行造林，并大量采种育苗。同时，应制定各森林区的合理的采伐计划，并进行节约木材的社会运动。为便于编制造林及采伐计划，应对宜林荒山荒地及交通条件较好的天然林进行重点调查，并及时培养干部，开办训练班，解决技术人员缺乏的困难。1950年的工作计划是，加强护林工作、封山育林、采集树种、育苗、造林、采伐木材、增修森林铁道和干部训练等。指示规定，公有林（包括国有林）应由林垦部或中央委托之各级林业机构经营采伐，统筹供应公私用材，其他任何机关、部队、学校或企业，不得自行采伐。关于林业的组织机构和领导问题，《指示》指出，大行政区林业占重要地位者，得于林业部下设立林业总局，省人民政府农业厅应改为农林厅，必要时在农林厅下设林业局。国营森林企业机构（如伐木公司、森林铁道、木材加工等），由中央人民政府委托大行政区或省林业机关直接统一经营管理。

5月16日—31日　人民解放军参谋会议在北京召开。朱德总司令、周恩来总理到会讲了话，聂荣臻代总参谋长作了总结报告。会议根据国内外基本形势，确定了海、陆、空军和公安部队的编制定额，兵团、野战军机构撤销，分别与所兼军区（省军区）合并，并提出了进行整编的原则和要求。同时，对有关军队建设的其他问题也作了相应的决定。

5月19日　中国科学院近代物理研究所成立，吴有训任所长。

同　日　毛泽东就黄炎培反映因征粮引起农民无力耕种事致信陈丕显。毛泽东在信中要求时任中共苏南区委书记的陈丕显，对川沙、南汇、奉贤三县情况派专人或亲自去作一次调查，对于时任政务院副总理黄炎培所说的情况作一个切合情况的答复。毛泽东并说，已经将中共苏南区委1950年5月15日给毛泽东的三四月份综合报告转给黄炎培看了，使他明了情形。该报告谈到苏南各城市近期出现的物资滞销、生产缩减、不少私营工商业歇业、大量工人失业的情况和采取的对策，还谈到为帮助苏南农村40多万灾民解决口粮、种子、肥料问题所采取的措施。

5月20日　政协第一届全国委员会常务委员会举行第五次会议。

会议听取了政务院总理兼外交部长周恩来作关于外交问题的报告和政协秘书长李维汉作关于政协全国委员会工作情况的报告；讨论了召开政协第一届全国委员会第二次会议的准备工作。

同　日　毛泽东致电饶漱石并告邓子恢、邓小平、彭德怀、高岗。电文指出，各中央局主要负责同志必须亲自抓紧财政、金融、经济工作，各中央局会议必须经常讨论财经工作，不得以为只是财经业务机关的工作而稍有放松，各分局、大市委、省委、区党委亦是如此。中央政治局现在几乎每次会议都要讨论财经工作。

5月21日　中共中央发出《关于发展和巩固党的组织的指示》。《指示》指出，随着革命战争胜利的发展，党的组织也有了很大发展。据1949年年终的统计，全国党员总数已达450万人以上，去年一年内即发展新党员140万人左右。在党的发展中，一般注意了工人成分，注意吸收在各种斗争中涌现的优秀分子入党，取得了很大成绩。但是，也存在严重的缺点。有的地区条件不成熟或不完全成熟，就开始大量的发展，因此没有保证新发展党员的一定质量；有的则不适当地实行“自报公议党批准”的建党的方法，放弃党的领导。有的则因为党与群众的关系上存在着关门主义，而错误地认为在党员的发展工作上也存在着关门主义，并强调提出反对关门主义，其结果是将一些不够党员起码条件或不完全具备党员条件的人吸收到党内来，把党员降低到一般群众的水平。由于中国革命已经在基本上获得了胜利，我党已成为全国人民所公认的领导政党，由于5年来党的发展已增加了党员的330万人，其中很多人的思想作风极为不纯，还没有来得及给以有计划的教育训练，这就使目前党的发展工作，必须采取严格审查的方针和稳步前进的办法。今后发展党的重点，应放在城市中，首先是工人阶级上，在3年—5年内要从产业工人中接收1/3的人入党。这一任务，在今天全国胜利的条件下，是可能与必要完成的。但必须有一定的步骤，而且要做许多工作。首先要加强工会及新民主主义青年团的组织与教育工作，待工人群众的政治觉悟提高到一定的程度，才能大量地、但同时又是经过个别审查地进行发展党的工作。在这以前，应该是也只能是审慎地、负责地个别接收。为了保证无产阶级成分在党内有一定的比例，今后对农民党员的发展，应加以限制。在老区，党的发展一般地已达到了人口的3%~5%，还有若干县份甚至到7%~10%，因此，今后的任务不是继续发展，而是如何加强党的教育和调整党的组织问题。即是说，在长期的教育工作中逐渐地把目前觉悟程度不够的党员提高到共产党员的水平，而对于那些毛病很大、经过教育又不愿改正的党员，应逐渐地采取一种适当的方法，劝告其退党或开除其党籍。然后，对于群众中真正的优秀分子，并经长期工作考验证明其确已具备了党员的条件时，应个别地、慎重地吸收入党。在新区农村中，目前暂不发展党的组织，应集中力量在各种斗争中组织和教育广大的农民，发现与培养真正的积极分子，俟土改完成后，再来进行发展党的工作。在今后三五年之内，农民党员以不超过人口的1%为标准。关于“自报公议党批准”的建党方法，是有缺点的，这很容易被误解为尾巴主义，也很容易在实际工作上使党陷于被动。这种方法以后不应继续提倡和采用，而以公开建党的口号来代替它。所谓公开建党，是指党在劳动人民中间应公开地进行关于党纲和党章的宣传教育，普遍提高他们的觉悟；在考察一切要求入党的人时，不仅听取介绍人的报告、本人的意见及党内的反映，而且还要采取各种方式征求群众的意见，使党的领导与群众的意见相结合，才能对被考察者有较全面的认识。因此，公开建党就必须防止不重视群众意见(或形式地征求群众意见）和放弃党的领导这两种偏向的发生。公开建党的目的，是为了更密切党与群众的联系，把党放在群众的切实帮助与监督之下，建设一个有战斗力的纯洁的布尔什维克式的党。

5月23日　中共中央发出关于保卫世界和平运动指示。向各中央局、分局、各省、市委、各野战军军区党委发出关于保卫世界和平运动的指示。指示指出：一、世界拥护和平大会常设委员会决定在全世界发动签名，要求禁用原子武器，此项运动已在欧洲各国及中国若干大城市展开。我们应当支持这一运动，利用这个方法来广泛进行反对帝国主义和团结国际友人的宣传，争取有几千万人在和平大宣言上签名。二、反对侵略战争，拥护世界和平，这是全世界当前的主要斗争任务。但由于中国现仍处于解放战争中，由于中国人民对于国际事情不熟悉，而蒋介石军事集团特务关于世界三次大战的欺骗宣传亦因此尚有若干市场，所以我们在进行反对新战争、反对原子武器的宣传运动时，必须注意以下各点：1.不要简单地讲反对战争拥护和平，要讲反对侵略战争拥护世界和平。中国人民解放战争是反对侵略战争拥护世界和平的伟大贡献。2.战争的危险是存在的，但是战争是可以避免的。全世界人民反对战争，但是并不害怕战争。帝国主义以战争吓人，但是战争真的打起来，帝国主义必然灭亡。这是我们关于战争和平问题的全部观点，必须完全说明。以苏联、中国为中坚的世界和平势力，已经超过帝国主义侵略势力，但帝国主义冒险家是不自量力的，各国人民必须团结奋斗，保持警惕，揭露阴谋，方能破坏敌人的计划。3.原子弹是一种大规模杀人的武器，因此必须禁用。但原子弹并不能决定战争胜负，且苏联亦已有原子弹，因此并不可怕。4.签名运动是有用的，表示全世界的和平势力大，造成侵略分子孤立，长自己志气，灭敌人威风。三、签名运动的领导，在已设和大分会地方由分会负责，应设而未设者迅速设立，无分会地方即由工农青妇团体与中苏友协负责。签名运动的时间暂定6、7、8月，人数暂以3 000万为目标，步骤是由大城市而中小城市而乡村，由有组织群众（工厂、部队、学校、农协）而无组织群众。方式由各地按具体情况自行选择，但必须在事前事后研究群众的思想动向，决定宣传内容，防止特务造谣，严禁强迫命令。

5月25日　人民解放军发起万山群岛战役。第四野战军一部向珠江口外的万山群岛之敌发起攻击。万山群岛控制着珠江入海孔道。国民党海军第三舰队辖舰艇30余艘和1个陆战团共1 900余人盘踞该群岛，给华南海上交通造成了严重障碍。人民解放军第四野战军第四十四军一部，在炮兵一部、广东军区江防部队舰艇16艘和地方武装配合下，经过10余次战斗，先后攻占垃圾尾、大小万山、白沥岛、三角山、三门岛等岛屿，8月3日占领担杆岛。随后，又解放了蚊尾洲。国民党军残部逃往台湾，12月7日，万山群岛全部解放。解放万山群岛之战是人民解放军陆、海军协同作战的开端。

5月29日　中共中央批准西南局关于与西藏地方政府谈判的条件。中央批示指出：西南局5月27日发来的与西藏地方政府的谈判条件，除第8条末句“由西藏人民采取协商方式加以解决”应改为“由西藏人民及西藏领导人员采取协商方式解决”外，余均同意。所提此项条件暂不公开发表，但可将其内容分别地在广播中作适当解释的办法，亦可同意。5月27日西南局所提关于与西藏地方政府谈判的条件是：一、西藏人民团结起来，驱逐英美帝国主义侵略势力出西藏。西藏人民回到中华人民共和国祖国的大家庭来。二、实行西藏民族区域自治。三、西藏现行各种政治制度，维持原状，概不变更。达赖活佛之地位及职权，不予变更，各级官员照常供职。四、实行宗教自由，保护喇嘛寺庙，尊重西藏人民的宗教信仰和风俗习惯。五、维持西藏现行军事制度，不予变更。西藏现有军队，成为中华人民共和国国防武装之一部分。六、发展西藏民族的语言、文字和学校教育。七、发展西藏的农牧工商业，改善人民生活。八、有关西藏的各项改革事宜，完全根据西藏人民的意志，由西藏人民采取协商方式加以解决。九、对于过去亲英美和亲国民党的官员，只要他们脱离与英美帝国主义和国民党的关系，不进行破坏和反抗，一律继续任职，不究既往。十、中国人民解放军进入西藏，巩固国防。人民解放军遵守上列各项政策。人民解放军的经费，完全由中央人民政府供给。人民解放军买卖公平。以上10条请审查。我们意见，这10条全文作为秘密谈判，不宜全文公布，以免帝国主义搞鬼。但可将这些内容分别地在广播中解释。如果谈判不成，需要战斗进军，只要在三、五两条文字上略加修改（精神不变），就可作为公开宣布的约法10条。

5月30日　政务院举行第三十四次政务会议。会议通过《关于1950年新解放区夏征公粮的决定》。主要内容是：一、夏征国家公粮的总额，以大区为单位，不得超过夏收正产物（指农作物的主要部分，不包括秸秆等副产物）总收入的13%；地方附加以省为单位，不得超过国家公粮征收额的15%。二、烈士家属、军人家属、供给制工作人员家属中生活困难者，孤寡老弱及夏收后灾区无力负担者，可以免征或减征公粮。三、夏粮征收实行累进率：贫农最高不得超过其夏收的10%，中农不得超过15%，富农不得超过25%，地主不得超过50%。特殊户每年收入在2 000石以上者，得由各省人民政府另行规定征收额，但最高亦不得超过80%。

5月31日　中财委试编出《1950年国民经济计划概要》。《概要》包括粮棉增产、水利建设、林业、钢铁工业、化学工业、有色金属工业、地质调查及探矿、棉纺工业、造纸工业、铁路运输及修建、航务、公路建设、邮电建设、粮食供应、花纱布供应、食盐产销、文教卫生费及社会事业费等二十多项事业发展的概括要求。国家对经济建设的投资总额为154.6亿斤米（另有4亿斤米农贷），其中东北地区投资79.9亿斤米，占51.7%，关内投资74.7亿斤米，占48.3%。东北地区投资中工业投资占75%，关内投资中铁路占19.7%，重工业和水利分别占12%与10.3%，关内投资分为中央投资和地方投资2部分，其中中央占57%。国家对文教卫生的事业费为28.45亿斤米，另有社会事业费11.4亿斤米（东北地区除外）。

6月1日　首都5 000名儿童代表集会，庆祝第一个国际儿童节。中央人民政府副主席朱德在庆祝大会上勉励小朋友们：要努力学习，学会各种科学知识，并把自己身体锻炼强壮，准备将来参加建设新中国的工作，把贫穷的、落后的中国变成有高度文化的强大工业基础的中国。

同　日　政协第一届全国委员会常务委员会举行第七次会议。会议讨论了《政协全国委员会常务委员会工作报告（稿）》；《中国人民政治协商会议关于地方委员会的决定（草案）》；国徽问题以及通过政协第一届全国委员会第二次会议列席名单。

同　日　政协第一届全国委员会举行工作会议。会议同意重申各民主党派不在军队中发展党员的协议，请各民主党派总部通知其下级党部，共同遵守。会议通过《各民主党派地方组织专任工作人员编制》。

同　日　政务院发出《关于开展职工业余教育的指示》。《指示》指出，开展职工业余教育是提高广大工业职员群众的政治、文化与技术水平的重要方法之一。目前职工业余教育的对象以工厂企业中的工人职员为主，职工业余教育的内容以识字为重点采取多种多样并能保持经常的方式进行。争取在三五年内做到职工中现有文盲一般能识字1 000个上下，并且有阅读通俗书报的能力。较高级的职工业余文化教育，应采取比较正规化的形式，设立中级班（相当高小、2年毕业）、高级班（相当中学、5年毕业）。凡修完主要课程后测验合格者，即可由政府教育部门发给毕业证书，其效力同于其学程相当的普通学校毕业证书。对职工的政治教育，可以用时事报告、专题讲演等方式进行，大工厂企业，可设立职工业余政治班，进行系统的政治理论教育。各工业企业应有计划地进行技术教育，可采用技术训练班、技术研究班或订立师徒合同等形式。职工的业余教育由政府教育部门负责，在工厂企业内部由工会负责，并组织各级职工业余教育委员会。到1951年底，城市工人参加业余学习的已经由1950年的50万人增至135万人，东北有10万职工、铁路系统有5万职工脱离了文盲状况。

6月1日—9日　第一次全国高等教育会议在北京召开。各大行政区教育部、全国各主要院校负责人、中央人民政府各部门代表和高等教育方面的专家共180余人出席会议，100多人列席了会议。会议根据共同纲领，讨论了新中国的高等教育方针、任务和若干重要问题。会议认为，全国高等教育必须密切配合国家经济、政治、文化和国防建设，并根据理论与实际一致的原则，有计划有步骤地改革旧有高等教育的内容。高等教育应认真坚持理论与实际一致的教育方针，为培养具有高度文化水平的、掌握现代化科学和技术成就的、全心全意为人民服务的、高级的国家建设人才而努力。应该准备和开始吸收工农干部和工农青年进高等学校，以培养工农出身的新型知识分子。会议指出，努力克服脱离实际的教条主义偏向，这是主要努力方向；同时也要防止轻视理论学习的狭隘实用主义或经验主义的偏向。6月8日，毛泽东、周恩来到会表示祝贺，周恩来就新民主主义的教育方针、理论与实际一致、团结与改革等问题作了指示。会议通过了《关于高等学校领导关系的决定》、《关于实施高等学校课程改革的决定》、《高等学校暂行规程》、《专科学校暂行规程》、《私立高等学校管理暂行办法》等5项草案，呈请政务院和教育部批准。

6月2日　政务院举行第三十五次政务会议。会议原则批准《内务部1950年夏季工作计划报告》。谢觉哉部长作的报告指出，人民代表会议及人民代表大会制度的建立，是这一时期民政工作的中心，依据此精神拟出内务部1950年夏季工作计划。周恩来总理指出，内务部工作很杂，但也要有中心。内务部现在主要工作是建政、救灾、抚恤复员和人事4项。会议还决议：监委组织条例草案和聘请监察通讯员试行办法草案皆可试行。原则批准监委处理河南新豫煤矿公司宜洛煤矿沼气爆炸灾变事件的通报。

6月3日　中央防汛总指挥部成立。董必武兼任总指挥部主任，水利部部长傅作义和解放军总参谋部作战部部长李涛兼任副主任。

6月6日　陈云在中国共产党七届三中全会发言中谈调整公私关系和整顿税收。发言首先讲调整公私关系。这个问题，就是毛泽东同志讲的5种经济成分统筹兼顾，要按照《共同纲领》第26条办事。5种经济成分，当然是兼顾好。因为私营工厂可以帮助增加生产，私营商业可以帮助商品流通，同时可以帮助解决失业问题，对人民有好处。国家政权、骨干厂矿、铁路运输、金融贸易机关都掌握在我们手里，我们力量大，资本家碰不起我们。当然“磨擦”是很厉害的，尤其今年特别多。现在我们掌握的粮食、棉花多了，在这种情况下，更应该注意统筹兼顾，既照顾到我们这一边，也要照顾到他们那一边。只要在5种经济成分统筹兼顾、各得其所的办法下面，才可以大家夹着走搞新民主主义，将来进到社会主义。但5种经济成分的地位有所不同，是在国营经济领导下的统筹兼顾。对于资本家，凡是妨害国计民生、投机操纵、偷税破坏等行为，都要反对，不能含糊。对待私营工厂，通过加工订货，有步骤地组织私营工厂的生产和销售。对公私工厂分配订货，要有一个适当的比例，大体照顾公私双方，这是工业方面。商业方面的公私关系包括：1. 价格政策，批发和零售的差价要适当；2. 农产品和农业副产品的收购要有分工。

3. 进口什么东西，要严加管制；出口的东西要放宽尺度。国家银行要领导私人银行和钱庄。私人银行吸收的存款很少，我们要想办法把它利用起来，使其能转动。黄金和白银，现在是处于相当的冻结中，要加以使用。根据人民币稳定的程度，有步骤地收美钞、黄金和白银。先收美钞，再收黄金，最后才是白银。其次，讲税收以及粮食、公债等问题。过去在税收工作中，对税率的大小是否超过人民的负担能力，也就是说轻重是否适度，没有过细考虑。收税要有税率和税目，还要有细则和办法。要精通业务，还要注意群众观点、政治观点。毛泽东同志提出，今年夏征要减少，秋征也要减少一点。至于税率，我看在三五年内，一般的不提高，一部分还可能略为降低一点。这样的方针是对的，是应该采取的。因为中国经过了12年的战争，人民很苦，这是第一。第二，新中国开国的时候，对老百姓总应该好一点。第三，在全国进行经济调整，要解决很多问题，如工人失业、商店关门等。调整就需要时间，因此在8年内，一部分商品的税率可以减低一些。最复杂的是工商税，其中，营业税征1%~3%，所得税征5%~30%。中国这样的农业国家，在政治上和经济上有几年的稳定，大家必定好好生产，国家收入肯定会增加。在目前的财政收支情况下，有两点是不可避免的。第一，要大量裁减国家机构的经费。现在军费占40%多，政费占23%。10%的预备费，大部分也是用在军政费上的。这3项合计达到3/4左右。第二，今后几年的工业投资规模，不能希望太大，只能有重点地进行。今年发了1亿份公债，对回笼货币、稳定物价，起了很好的作用。但是，这一次搞得太多了，如果分几次搞，可能好一点。中国是个农业国，工业化的投资不能不从农业上打主意。但是，也决不能不照顾农业，把占国民经济将近90%的农业放下来不管，专门去搞工业。搞经济工作，一定要多方考虑，统筹兼顾。现在我们是在粮食、棉花上打算盘。要先解决棉花、粮食的问题。在目前情况下，只能有重点地进行工业投资，先解决石油的问题，将来还要解决发电的问题，铁路的问题，等等。搞工业要有战略眼光。选择地点要注意资源条件，搞在什么地方，不能不慎重。经济建设要今年就做明年的准备工作，今年投资数量多少，明年投资数量多少，要有个计划，同时还要照顾到将来的投资计划。现在还在召开各种会议，讨论这件事。

6月6日—9日　中国共产党在北京举行七届三中全会。出席这次会议的有中央委员35人，候补中央委员27人，还有中央各部委机关、若干主要省市及中央人民政府的负责同志43人列席了会议。会议的主要议程是5个报告：毛泽东作《为争取国家财政经济状况的基本好转而斗争》的书面报告；刘少奇作《关于土地改革问题的报告》；陈云作《关于财经问题的报告》；周恩来作《关于外交工作与统一战线工作的报告》；聂荣臻作《关于人民解放军整编问题的报告》。以及3个专题报告：薄一波关于税收问题的报告；安子文关于党的组织情况及发展和巩固党的组织问题的报告；胡乔木关于整党工作的报告。毛泽东还在会上作了题为《不要四面出击》的重要讲话。几个大行政区的负责同志也作了发言。会议的内容主要是确定党在国民经济恢复时期的主要任务，以及为此所必须进行的各项工作和所应采取的战略方针。全会通过了毛泽东的《为争取国家财政经济状况的基本好转而斗争》的报告。报告提出了全党全军全国各族人民在国民经济恢复时期的主要任务。毛泽东在《不要四面出击》的讲话中提出了国民经济恢复时期的战略策略总方针。刘少奇在《关于土地改革问题的报告》中，阐明了土地改革的重大意义和党关于土地改革的方针政策。全会专门讨论了《中华人民共和国土地改革法草案》。陈云在《关于财经问题的报告》中指出，五种经济成分应当统筹兼顾。只有在五种经济成分统筹兼顾、各得其所的办法下面，才可以大家夹着走，搞新民主主义，将来进行社会主义。由于五种经济成分的地位不同，统筹兼顾是在国营经济领导下的统筹兼顾。会议经毛泽东提议，补选陈云为中央书记处书记。会议决定递补廖承志、王稼祥、陈伯达、黄克诚为中央委员，撤销黎玉、刘子久的候补中央委员职务。会议决定由刘少奇、彭德怀、习仲勋、王震、刘伯承、邓子恢、黄克诚、饶漱石、叶剑英、彭真、刘澜涛组成土改问题委员会。中共七届三中全会，是中华人民共和国成立后党的一次重要会议。会议所确定的基本任务和策略方针，是党在国民经济恢复时期的行动纲领和根本的指导思想。这次会议适时地为全党指明了继续前进的方向，有效地纠正了在党内某些同志中存在的急于消灭资本主义、实行社会主义的“左”的思想倾向，明确了稳步地向社会主义过渡的方针。这次会议对于巩固和发展人民革命事业，迅速地战胜财政经济困难，恢复和发展国民经济，有步骤地实现由新民主主义向社会主义的转变，都具有重大的指导意义。《为争取国家财政经济状况的基本好转而斗争》的报告，分析了国内情况，指出，革命战争在大陆上基本结束，但是在伟大胜利的形势下，仍然面临着很复杂的斗争，还有许多困难。西藏、台湾尚待解放，残余土匪、特务和间谍尚待肃清，遭受严重破坏的国民经济尚待恢复。我们面临的任务，就是要为争取国家财政经济状况的基本好转而斗争。报告指出，要获得国家财政经济状况的基本好转，必须具备三个条件：土地改革的完成，现有工商业的合理调整和国家机构所需经费的大量节减。为了创造上述三个条件，争取在3年内实现国家财政经济状况的基本好转，全党和全国人民必须努力做好以下8项工作：有步骤有秩序地进行土地改革工作；巩固财政经济工作的统一、财政收支的平衡和物价的稳定；复员一部分军人，整编行政机构；有步骤地、谨慎地进行旧有学校教育事业和旧有社会文化事业的改革工作，争取一切爱国的知识分子为人民服务；认真地进行对于失业工人、失业知识分子及灾民的救济工作，有步骤地帮助失业者就业；认真地团结各界民主人士。克服统一战线中的关门主义倾向和迁就主义倾向，开好各界人民代表会议；坚决地肃清一切危害人民的土匪、特务、恶霸及其他反革命分子；坚决地执行中央关于巩固和发展党的组织的指示，在全党进行一次大规模的整风运动，改善党和人民的关系。《不要四面出击》的讲话，对《为争取国家财政经济状况的基本好转而斗争》的书面报告作了说明，解释了报告的战略、策略思想。讲话指出，今年秋季，我们就要在约有3.1亿人口这样广大的地区开始土地改革，推翻整个地主阶级。在土地改革中，我们的敌人是够大够多的。第一，帝国主义反对我们。第二，台湾、西藏的反动派反对我们。第三，国民党残余、特务、土匪反对我们。第四，地主阶级反对我们。第五，帝国主义在我国设立的教会学校和宗教界中的反动势力，以及我们接收的国民党的文化教育机构中的反动势力反对我们。这些都是我们的敌人。我们要同这些敌人作斗争，在比过去广大得多的地区完成土地改革，这场斗争是很激烈的，是历史上没有过的。同时，革命胜利引起了社会经济改组。这种改组是必要的，但暂时也给我们带来很重的负担。由于社会经济改组和战争带来的工商业的某些破坏，许多人对我们不满。现在我们跟民族资产阶级的关系搞得很紧张，他们惶惶不可终日，很不满。失业的知识分子和失业的工人不满意我们，还有一批小手工业者也不满意我们。在大部分农村，由于还没有实行土地改革，又要收公粮，农民也有意见。我们当前总的方针是什么呢？就是肃清国民党残余、特务、土匪，推翻地主阶级，解放台湾、西藏，跟帝国主义斗争到底，为了孤立和打击当前的敌人，就要把人民中间不满意我们的人变成拥护我们的人。这件事虽然现在有困难，但是我们总要想各种办法来解决。我们要合理地调整工商业，使工厂开工，解决失业问题，并且拿出20亿斤粮食解决失业工人的吃饭问题，使失业工人拥护我们。我们实行减租减息、剿匪反霸、土地改革，广大农民就会拥护我们。我们也要给小手工业者找出路，维持他们的生活。对民族资产阶级，我们要通过合理调整工商业，调整税收，改善同他们的关系，不要搞得太紧张了。对知识分子，要办各种训练班，办军政大学、革命大学，要使用他们，同时对他们进行教育和改造。要让他们学社会发展史、历史唯物论等几门课程。就是那些唯心论者，我们也有办法使他们不反对我们。他们讲上帝造人，我们讲从猿到人。有些知识分子老了，七十几岁了，只要他们拥护党和人民政府，就把他们养起来。全党都要认真地、谨慎地做好统一战线工作。要在工人阶级领导下，以工农联盟为基础，把小资产阶级、民族资产阶级团结起来。民族资产阶级将来是要消灭的，但是现在要把他们团结在我们身边，不要把他们推开。我们一方面要同他们作斗争，另一方面要团结他们。要向干部讲明这个道理，并且拿事实证明，团结民族资产阶级、民主党派、民主人士和知识分子是对的，是必要的。这些人中间有许多人过去是我们的敌人，现在他们从敌人方面分化出来，到我们这边来了，对这种多少有点可能团结的人，我们也要团结。团结他们，有利于劳动人民，现在我们需要采取这个策略。团结少数民族很重要。全国少数民族大约有3 000万人。少数民族地区的社会改革，是一件重大的事情，必须谨慎对待。我们无论如何不能急躁，急了会出毛病，条件不成熟，不能进行改革。一个条件成熟了，其他条件不成熟，也不要进行重大的改革。当然，这并不是说不要改革。按照《共同纲领》的规定，少数民族地区的风俗习惯是可以改革的。但是，这种改革必须由少数民族自己来解决。没有群众条件，没有人民武装，没有少数民族自己的干部，就不要进行任何带群众性的改革工作。我们一定要帮助少数民族训练他们自己的干部，团结少数民族的广大群众。总之，我们不要四面出击。四面出击，全国紧张，很不好。我们绝不可树敌太多，必须在一个方面有所让步，有所缓和，集中力量向另一方面进攻。我们一定要做好工作，使工人、农民、小手工业者都拥护我们，使民族资产阶级和知识分子中的绝大多数人不反对我们。这样一来，国民党残余、特务、土匪就孤立了，地主阶级就孤立了，台湾、西藏的反动派就孤立了，帝国主义在我国人民中间就孤立了。我们的政策就是这样，我们战略政策方针就是这样，三中全会的路线就是这样。

6月8日　中华人民共和国和缅甸联邦建立外交关系。

同　日　周恩来在全国高等教育会议上发表讲话。他指出，新民主主义的教育是民族的、科学的、大众的教育。我们的教育是大众的，是为人民服务的，这是我们教育的方向。首先要向工农开门，培养工农出身的新型知识分子，这并不是为排斥原有的知识分子，而是在团结改造原有知识分子同时，增加新的血液。我们的教育要有科学的内容。科学也是体力劳动和脑力劳动的产物，需要有步骤有计划地以科学理论作为教育的内容。教育要有民族的形式。具有民族形式的教育，才易于被人民所接受，为人民所热爱。要注意各兄弟民族的特点和形式。我们的教育要采取理论与实际一致的方法，不应该犯脱离实际的教条主义错误，也不应该陷入没有理论指导的经验主义错误中去，这样才能使青年少走弯路，少碰钉子。我们的大学是要学习理论的，但是我们所要学习的是经过实践检验了的理论，目的是要用它进一步指导实践，更好地为人民服务。那些认为大学不需要学比较高深理论的看法是不对的。全国高等学校都要重视实践，都要提高理论水平。通才和专才只是在学识的范围与程度上有一定差别，而不是在理论与实践这一原则上有什么不同。因此，在大学反对理论与实际联系，或者主张少联系，都是不对的。另一方面，不适当地强调实践，忽视理论，把大学降低到专科学校的水平，也是不对的。大学和专科有差别。大学总是要学得广一点，深一点，理论更多一点。为了适应建设的需要，可以创办中等技术学校，也可以考虑在大学中缩短一部分专业的修业年限，但不能取消大学教育培养高级建设人才的方针。关于团结与改革问题，除了极少数反动分子，我们应该团结所有的教育工作者。教育改革不能漫无计划，兴之所至乱搞一气，要区别轻重缓急，分阶段有步骤地进行，在有些问题上要善于等待。在教育方面，也要"公私兼顾"。今天私立学校处于困难的境地，以前它们的经济来源大都依靠军阀、官僚资产阶级，现在没有了，学田，土改时也分了。这些困难，政府应该照顾。教会学校在与外国断绝关系后，经费上有很大困难，政府也应该照顾。私立学校问题怎样解决，教育部要考虑。这也是学校自身的事。现在，国家经济处在恢复过程中，大家要多想办法，度过这一二年。.

6月9日　中华人民共和国和印度尼西亚联邦共和国建立外交关系。

6月10日　政协第一届全国委员会常务委员会举行第八次会议。会议讨论通过《中国人民政治协商会议全国委员会号召全国人民参加保卫世界和平签名运动的办法（草案）》和政协第一届全国委员会第二次会议日程草案。

同　日　中共中央批转民族事务委员会乌兰夫、刘格平副主任委员上报的《关于对新疆少数民族宗教问题的意见》。文件指出，对于少数民族宗教问题的态度应十分审慎，切忌急躁。必须毫不动摇地坚持信教自由政策。在少数民族广大群众的觉悟未提高前，不要轻言改革。回族中的阿訇、满拉等在群众中都有一定的影响，目前不要反对他们一般的宗教剥削和宗教权利。对于勾结匪特及帝国主义的阿訇、满拉，处理时要向群众揭露其罪恶，而不要提及他们的宗教身份。中共中央认为上述意见是正确的。

6月13日　政协第一届全国委员会常务委员会举行第九次会议。会议讨论了《中华人民共和国土地改革法（草案）》；通过了《政协全国委员会常务委员会工作报告》。

6月14日—23日　政协全委会一届二次会议在北京举行。出席会议的政协委员149人，列席会议的中央人民政府委员25人，特邀人士38人，地方政协委员推派的代表46人，中央人民政府各部门负责人、地方人民政府负责人、人民解放军各军区和直属兵团负责人、驻外国大使共164人。政协全国委员会主席毛泽东致开幕词，指出这次会议的中心议题是讨论土地改革问题，希望在此会议上通过一个土地改革法案，经中央人民政府批准后付之实施。刘少奇在会上作《关于土地改革问题的报告》，阐明了土地改革的重大意义和党的方针政策以及应注意的事项。会上，陈叔通作了关于全国委员会常委会的工作报告，周恩来作了政治报告，陈云作了关于经济形势、调整工商业和调整税收诸问题的报告，郭沫若作了关于文化教育工作的报告，沈钧儒作了人民法院工作报告，薄一波作了关于调整税收问题的报告，聂荣臻作了军事报告。会议着重讨论了刘少奇的报告，一致同意全国委员会常委会的会务工作报告和中央人民政府的各项工作报告，原则通过了中共中央建议的中华人民共和国土地法草案，建议中央人民政府委员会审核通过后颁布施行。会议还通过了关于政协地方委员会的决定和国徽图案。会议接受中国保卫世界和平大会的建议，号召全国人民参加保卫和平签名运动。毛泽东作了《做一个完全的革命派》的闭幕词，指出战争和土改是考验全国一切人们、一切党派的两个关，号召包括民族资产阶级、各民主党派在内的各阶层人士积极参加支持土地改革，像过去过好战争关一样，过好土改关，做一个完全的革命派。

6月16日　周恩来在政协全委会一届二次会议上作政治报告。报告：一、国内外情况。现在世界上分为两大营垒，一个是以苏联为首的和平民主力量，在逐日壮大；另一个是以美帝为首的侵略力量，在逐日削弱。中国革命的胜利，改变了两大营垒的力量对比，以苏联为首的力量壮大了。战争是可以制止的。国内方面，人民解放战争已基本结束，人民解放军可以适当复员，以减轻人民的负担。从中华人民共和国建立以来的8个月中，政权建设取得很大成绩。财政经济情况已有所好转。二、国际关系。世界两个对立营垒，代表着两种不同的社会制度，两种制度是可以和平竞争的。因为我们的制度优于帝国主义，竞赛的结果，我们一定会胜利。到现在我们已与苏联和各人民民主国家（南斯拉夫除外）建立了外交关系，同时也与印度等14个国家建立了外交关系。我们的原则是，凡与我国建立外交关系的国家，必须要真正与国民党政府断绝外交关系。三、国内关系。人民民主统一战线有了很大的发展，现国内的阶级关系是，工人阶级、农民阶级、小资产阶级、民族资产阶级四个朋友团结合作，对准帝国主义、封建主义、官僚主义三个敌人。统一战线必须分清敌我。

同　日　人民解放军参加修筑的成渝铁路正式开工。成渝铁路全长530公里。全部工程由西南军区部队包修，中央人民政府铁道部负责技术指导，西南军政委员会交通部负责组织材料供应工作。西南军区直属队及川东、川南、川西、川北军区参加施工的部队2万余人，编为5个总队，与广大民工一道投入了各自分段的施工。1951年1月，为加强筑路力量，西南军区工兵司令部调5个工兵团和西南工兵学校2个大队，分别参加了各分段工程的施工。经全体筑路大军的团结协作，艰苦奋战，至1952年7月1日，成渝铁路全线修成通车。成渝铁路的修成，对加速西南地区政治、经济、文化等方面的发展有重要意义。

同　日　政务院颁布《征集革命文物令》。文件提出，中央革命博物馆业已在北京成立筹备处，正式开始征集、整理工作。要求全国各地区普遍收集一切有关革命的文献与实物。

6月17日　政务院文教委员会主任郭沫若在政协一届二次会议上作《关于文化教育工作的报告》。《报告》总结了中央人民政府成立以后，全国人民的政治学习运动，报告了全国文教建设工作的概况，提出了在文教工作中与执行政策有关的三个问题，即：进行文教事业的改革时应当采取谨慎步骤；在文教事业建设中应该坚持理论与实际相结合，提高与普及相结合的方针；对公营与私营文教事业应实行统筹兼顾的原则。

同　日　政务院发布《关于救济失业工人的指示》。决定：一、拨出4亿斤粮食作为救济失业工人基金；二、凡举办救济失业工人事业的地区，所有国营、私营的工商业企业的行政方面或资方，及所有在业工人和职员，均应按月缴纳一定的失业救济金；三、救济办法以以工代赈为主；四、目前失业现象最为严重的上海、南京、武汉、重庆、广州5市立即组织救济失业工人委员会。同日，经政务院批准，劳动部颁发了《救济失业工人暂行办法》，规定了具体细则。

同　日　政务院批准劳动部颁发《救济失业工人暂行办法》。《办法》共十章42条。《办法》规定，救济失业工人，应以以工代赈为主，同时采取生产自救、转业训练、帮助回乡生产及发放救济金等办法。救济范围，原则上暂以原在各国营、私营的工商企业与码头运输事业中工作的工人和职员以及从事文化艺术教育事业的工作人员，在解放以后失业，现在尚无工作或其他收入者为限。凡举办失业工人救济的城市，应在市人民政府下设立失业工人救济委员会，计划并指导一切救济事业。设立救济基金，所有国营、私营的工厂、作坊、商店的行政方面或资方，以及上述各企业及码头运输等事业中的在业工人和职员，按月缴纳所付工资总额的1%和所得实际工资的1%，作为救济基金，此外，还有政府的拨款及各界的捐助。《办法》还对失业工人的登记办法、以工代赈、生产自救、还乡生产、救济金的发给、失业工人的教育工作等作了详细的规定。

6月19日　中国外交部长周恩来致电盟国对日管制委员会主席赛鲍尔。要求驱逐国民党台湾当局的代表，并通知他，中华人民共和国政府已任命周士第将军为出席该委员会的中国代表团团长。

同　日　人民解放军空军组建第一支航空部队——空军第四混成旅。1949年12月—1950年2月，人民解放军空军以从陆军调来的建制部队、优秀指挥员和原东北航校的人员为骨干，吸收部队知识分子和原国民党航空技术人员参加，开办了6所航校。空军第一支航空部队就是以航校速成班第一批毕业学员为主组建的，由歼击、轰炸、强击航空兵团编成。

6月19日—7月16日　海关总署召开全国海关业务会议。会议的主要内容是根据中央人民政府关于海关工作和对外贸易工作的总的方针政策和政务院《关于关税政策和海关工作的决定》的精神，讨论和修正了海关总署所拟定的中华人民共和国海关法草案。会议并讨论了全国设关原则、设关地点和各关组织编制等人事条例和海关关旗、关徽等问题。会议详细讨论了新中国海关的新方针和新任务，特别着重讨论了进出口货运监管、征收关税，查禁走私三个主要任务及海关的组织、职权等问题。在组织机构上，会议规定各地方海关由总署统一领导，各关的组织形式亦由总署加以统一。在职权范围上，会议纠正了旧海关包揽一切的不正常现象，解除一切和海关无直接关系的工务，使海关与各有关部门有合理的分工和密切的配合。此外，关于设关原则和地点，都完全是根据本国经济发展和出进口贸易需要而决定，不再像过去视帝国主义的需要而遍设关卡。

6月22日　政务院发出《关于分配全国公私立高等学校本年暑假毕业生工作的通令》。通令要求教育部门和人事部门有计划地合理统筹分配高等学校的毕业生。首先是适应国家重点建设的需要，其次是各地各部门业务上的需要。并指出，对毕业生，一般应说服争取他们听从政府的分配，为人民服务。其表示愿自找职业者，可听其自行处理。高等学校毕业生参加工作，一般规定以半年至1年为见习期限。

同　日　新华社报道，邮电部邮政总局已发行全国统一邮票，原各地区发行的分区邮票9月1日起停用。

6月24日　政务院举行第三十六次政务会议。会议听取了周恩来《关于人民解放军1950年复员工作的决定》的报告，周恩来总理指出，毛泽东主席访苏前，曾发布过军队参加生产的指示，目的是减轻财政负担。截至今年5月底的统计，全国现有军队520万，拟复员120万。会议原则通过《中央人民政府革命军事委员会、政务院关于人民解放军1950年的复员工作的决定》，责成中央复员委员会切实执行。决定说，中国人民解放战争已基本结束，除台湾和西藏尚待解放仍有严重的战斗任务外，全国已开始进入经济建设的新阶段，人民解放军也将随之从战争状态转入正规建军的新时期。因此必须复员一部分，参加国家经济建设。为了完满地进行复员工作，必须在人民中和军队中，进行深刻的宣传教育，并充分进行物质准备和组织工作。复员工作的总原则是，服从国家经济建设与国防建设的需要。人民解放军和地方各级人民政府对复员军人必须妥为安置，使之各得其所。中央军委与政务院，共同组织中央复员委员会，领导并进行全国复员工作。东北、西北、华北三大军区，应于本年9月底以前办理完复员工作；华东、中南、西南三大军区则应于今年年底完成。凡复员回家生产的军人，按规定发给生产补助粮。起义部队，自起义之日按人民解放军待遇。同日下午，中央军委与政务院联席会议通过了《关于人民解放军1950年复员工作的决定》。该决定于6月30日发布。

同　日　政务院发布《铁路留用土地办法》，共7条。办法对铁路两旁留地问题作了具体规定：铁路路基高度在3米以内者，双轨线自线路中心起，两旁各留地30米，单轨线自轨道中心起，两旁各留地20米，铁路大桥头两旁各留地60米；特殊地形的桥头及路基，与路基高度超出3米者，按实际需要增加用地。

同　日　教育部颁发高等学校校历。规定：1学年分2学期，第一学期自8月1日—次年1月末，上课145天；第二学期自2月1日—7月末，上课144天。暑假62天，寒假14天。

6月26日　政务院举行第三十七次政务会议。会议批准《新疆省人民政府成立后五个月工作总结报告》、《青海省工作报告》、《甘肃省工作报告》。周恩来指出，要切实根据《共同纲领》中的民族政策办事，做好民族工作，要在经济工作方面多给少数民族地区一些照顾，多搞水利和轻工业。民族问题一不小心便会出乱子，凡涉及民族问题较重要的应请示大行政区，更重大的必须请示中央。新疆省主席包尔汉作的《工作总结报告》说，新疆人民政府成立后，在建立和改造各级政权机构方面，以及财政经济工作、文化教育工作和治安司法工作方面都取得了成绩，初步打下了人民民主政权的基础。工作的主要经验是，坚持集中统一，善于运用批评与自我批评，注意民族政策。今后主要工作是，继续进行剿匪、肃特、反霸，建立健全农会、牧会、工会，适当试行减租；改造下层政权，充实下层干部；整顿全疆税收，发展贸易，特别是整顿工业机构准备与苏联合办公司；建立严格的供给制度；继续举办行政人员训练班；在干部中加强统一领导的思想教育。青海省主席赵寿山作的《青海省工作报告》说，青海省人民政府自元旦成立后，在民族团结、治安工作、生产救灾、财经工作、整编工作和建政等方面做了许多工作。现在民族隔阂与民族偏见有所消除，社会秩序较以前安定，一些县的铺张浪费、贪污享乐、无组织无纪律的现象，已作纠正，重新制定了1950年全省收支概算，部署了征收公粮，超额完成了胜利折实公债的认购工作，物价趋于稳定，银行存款和汇总额增加，逐步摧毁了保甲制度，建立了农村人民基层政权。甘肃省主席邓宝珊作的《甘肃工作报告》说，到今年2月为止，全省股匪已大体肃清。现已基本渡过灾荒。通过去年临夏骚乱事件，全省民族工作更深入了一步。省内新区农村今年普遍实行减租，秋收后部分地区进行土地改革。财政收入增加，支出减少，制定了本省1950年新概算。3月以来，金融物价也相当稳定。

同　日　甘肃省向中央报告本省灾情。报告说，本省遭受的灾荒，主要是匪灾，以临夏分区为最重，灾民约40万人，其中5万人衣食无着，损失粮食35万石以上，房屋、牲畜和其他财产总值在80亿以上。酒泉分区被土匪抢去牲畜一万余头，全分区人民有30%没有口粮。此外，不少地区遭到风、雹、雨、冻、水、虫、鼠等灾害。据临夏、庆阳、平凉3个分区不完全统计，16个区、51个乡，遭灾的有2.26万余户，9.3万余人，受灾耕地面积228.9万余亩。牧畜区额齐纳旗因大水淹没草地，牲口死了一半。

6月27日　政务院举行第三十八次政务会议。批准《广东省工作报告》、《广西省工作报告》、《湖南省工作报告》。广东省人民政府主席叶剑英作的《广东省工作报告》说，广东省大陵是去年10月14日解放的，接着解放南澳、龟龄、三灶、涠洲、海南岛等。目前正在进行解放万山群岛的斗争。其他海岛地区尚待解放。剿匪工作经过集中力量分区包打，大股匪帮已消灭，估计还有3万名零星散匪。由于广东商业特别膨胀，而工业基础薄弱，经济进行重大改组后，许多城市相当萧条，失业问题曾直接威胁劳资双方。通过调整和救济，目前这个问题比较缓和。农村工作，由于许多干部还不懂运用人民代表会议联系发动群众，同时乡村政权掌握在旧保甲人员和地主手中，因此许多工作，如征收公粮等曾发生偏差。现在农村工作情况逐渐好转。广西省人民政府主席张云逸作的《广西省人民政府半年来工作报告》说，去年广西解放后，桂林、梧州、柳州、南宁等市相继成立军管会。今年2月8日，省人民政府宣告成立。半年来，各级人民政府做了一些工作，如接管城市、支援前线、剿匪、巩固治安、征粮收税、发行公债、恢复交通、恢复生产、恢复学校、培养与训练干部、减租减息、救济灾荒等。在进行这些工作时，采用了召开各界人民代表会议和工人、农民代表会议的方法。广西尚有残匪二三万人，剿匪肃特斗争还需做艰苦努力。边防方面，最近法帝有意向我挑衅，企图引起国际纠纷，因此必须建立和加强这方面的设备。今年的主要工作是肃清土匪、发动群众，创造土改条件。湖南省人民政府主席王首道作的《湖南省人民政府工作报告》说，湖南省自去年8月4日长沙和平解放至今年3月是临时省政府时期。这一时期主要工作是军事上扫清残敌，解放湖南全省，清剿土匪，收编游杂武装，恢复交通秩序，稳步地进行接管城市和开辟乡村工作，同时进行征粮支前和初步发动减租、反霸群众运动。4月1日省人民政府成立以后，主要进行了生产与救灾，执行全国财经统一与调整工商业的政策，改造乡村政权与准备土地改革等项工作。

6月28日　中央人民政府委员会举行第八次会议。会议听取了政务院总理兼外交部长周恩来关于目前国际形势的报告。周恩来指出，杜鲁门制造了朝鲜事件，并于6月27日在华盛顿发表了一个破坏远东和平、挑战性的声明，他要以战争来干涉为民族独立而斗争的国家的内政。杜鲁门已命令美国的空海军部队给予南朝鲜政府的部队掩护及支持，并公开干涉我国对台湾的解放。我们要警惕、检举美帝对中国人民的敌视行动，联合国在美国的压力下通过是非颠倒的决议，要求北朝鲜停战并撤至三八线。对此我们不能不表态。毛泽东主席在会上就国际形势等问题作了重要讲话，指出，中国人民早已声明，全世界各国的事务应由各国人民自己来管，而不应由美帝国主义来管。杜鲁门在今年1月5日还声明美国不干涉台湾，现在他自己证明了那是假的，并且撕毁了美国关于不干涉中国内政的一切国际协议。美国对朝鲜、菲律宾、越南等国内政的干涉，是完全没有道理的，全中国人民的同情和全世界广大人民的同情都将站在被侵略者方面。帝国主义是外强中干的，因为它没有人民的支持。只要全国人民团结起来，全世界人民团结起来，进行充分的准备，就能打败帝国主义的任何挑衅。会议一致同意外交部长周恩来关于谴责美国支持李承晚集团扩大朝鲜战争和武装侵略中国领土台湾的声明。会议还通过《中华人民共和国土地改革法》和《中华人民共和国工会法》。《中华人民共和国土地改革法》共六章40条。第一章总则，第二章土地的没收和征收，第三章土地的分配，第四章特殊土地的处理，第五章土地改革的执行机关和执行方法，第六章附则。《土地法》规定，土地改革的根本目的是废除地主阶级封建剥削的土地所有制，实行农民的土地所有制，借以解放农村生产力，发展农业生产，为新中国的工业化开辟道路。该法规定，没收地主的土地、耕畜、农具、多余的粮食及其在农村中多余的房屋，其他财产不予没收。征收祠堂、庙宇、寺院、教堂、学校和团体在农村中的土地及其他公地。地主兼营的工商业及其直接用于经营工商业的土地和财产不得没收，但工商业者在农村中的土地和原由农民居住的房屋，应予没收。革命军人、烈属、工人、职员、自由职业者、小贩及从事其他职业或因缺乏劳动力而出租小量土地者，均不得以地主论。

根据全国解放后的新情况，将过去征收富农多余土地财产的政策，改为保存富农经济的政策，规定保护富农所有自耕和雇人耕种的土地及其他财产，不得侵犯。富农所有出租的小量土地，亦可保留不动；只在某些特殊地区，经省以上人民政府的批准，才能征收其出租土地的一部或全部。《土地法》对土地的分配、特殊土地问题的处理及土地改革政策的执行机关和执行方法等问题，都作了具体的规定。该法于6月30日由中央人民政府主席毛泽东命令公布施行。《中华人民共和国工会法》共五章26条。《工会法》规定，工会是工人阶级自愿结合的群众组织，工会的组织原则是民主集中制。在国营及合作社经营的企业中，工会有代表受雇工人、职员群众参加生产管理及与行政方面缔结集体合同的权利；在私营企业中，工会有代表受雇工人、职员群众与资方进行交涉、谈判、参加劳资协商会议并与资方缔结集体合同的权利。工会有保护工人、职员群众利益，监督行政方面或资方切实执行政策法令所规定的劳动保护、劳动保险、工资支付标准、工厂卫生与技术安全规则及其他有关条例、指令等，并进行改善工人、职员群众的物质生活与文化生活的各种设施的责任。《工会法》还规定了工会应担负的工作、工会的基层组织、工会经费等事项。《工会法》集中了全国人民，首先是广大工人群众的意志和要求。该法草案最初由中华全国总工会根据各地工会组织提出的要求和意见起草，经过全国工会组织讨论修正后，作为初步草案提请劳动部审查。劳动部将这个草案提交到有各地工会组织和工商业者代表参加的全国劳动局长会议作详细的研究和修改，然后提请政务院讨论。政务院先将草案送请政治协商会议财经组审查，得到他们的同意后，提交到1950年4月29日召开的第二十九次政务会议讨论通过，同时又决定先在报上发表，广泛征求全国人民的意见。经过2个月的时间，除对个别条文提出一些修改意见外，一致拥护这个工会法草案。最后呈请中央人民政府委员会审查批准。工会法的产生，反映了全国人民，首先是工人群众的意志和要求，是代表工人阶级利益的国家大法。该法于6月29日由中央人民政府主席毛泽东命令施行。会议还通过政协全委会第一届二次会议提出的中华人民共和国国徽图案及对该图案的说明：国徽的内容为国旗、天安门、齿轮和麦稻穗，象征中国人民自五四运动以来的新民主主义革命斗争和工人阶级领导的以工农联盟为基础的人民民主专政的新中国的诞生。国徽图案及其说明9月20日公布。这次中央人民政府委员会批准任命贺龙、邓小平、熊志武、龙云、刘文辉、王维舟为西南军政委员会副主席，高扬为辽东省人民政府主席，周持衡为吉林省人民政府主席，刘云鹤为鞍山市人民政府市长，张树为抚顺市人民政府市长，柯庆施为南京市人民政府市长，邓华为海南军政委员会主席，方仲如为西安市人民政府市长，批准贾拓夫辞去西安市人民政府市长兼职。

同　日　中国外交部长周恩来代表中国政府发表关于美国政府侵略朝鲜台湾及干涉亚洲事务的声明。6月26日，美国总统杜鲁门给美国远东军总司令麦克阿瑟下达了“对韩国予以海空军支援”的训令，武装干涉朝鲜内政，扩大朝鲜战争。27日，美国总统杜鲁门发表声明，宣布美国政府决定以武力阻止中国政府解放台湾。美国第七舰队随即奉命向台湾沿海出动。对此，周恩来代表中国政府发表声明，强烈谴责美国政府侵略朝鲜、台湾及干涉亚洲事务的罪行。声明指出，杜鲁门总统6月27日发表声明宣布美国政府决定以武力阻止台湾的解放，美国第七舰队已奉杜鲁门之命向台湾沿海出动，这次美国海军的行动，是对中国领土的武装侵略，对于联合国宪章的彻底破坏。不管美帝国主义者采取任何阻挠行动，台湾属于中国的事实永远不能改变，这不仅是历史的事实，且已为开罗宣言、波茨坦宣言及日本投降后的现状所肯定。中国全体人民必将万众一心，为从美国侵略者手中解放台湾而奋斗到底。声明号召全世界一切爱好和平正义和自由的人类，尤其是东方各被压迫民族和人民，一致奋起，制止美帝国主义在东方的新侵略。

6月29日　中财委发出《对于今后稳定金融物价的指示》。《指示》指出，6月27日杜鲁门发表对整个亚洲人民的挑战的声明，在某一小部分人中间很可能发生动摇，反映在经济方面，很有可能发生抢购物资抬高物价的风潮和逃避资金等现象。28日、29日两天，天津股票市场甚波动，开滦、启新股票均跌落28%~30%。上海纱价从530万元涨至545万元。我们的对策是放手抛售物资，对一切投机捣乱分子给以打击，把可能到来的金融物价风潮打下去，继续稳定物价。一、按贸易部规定的牌价，放手抛售一切存货，不得惜售，不得抬价。二、贸易部应迅速但是稳当而有步骤地购买国内市场上缺乏的各种进口品，如五金器材、电料、化学药品等，以保证进口品价格的平稳。三、适当地调整外汇牌价，以利进口，并对私人供汇尺度适当放宽。四、加强黄金银元的管理，防止抬高黄金银元价格，扰乱市场。

同　日　中财委发布《关于调整税收及其实行日期的通知》。通知分别对直接税部分，货物税部分，地方税部分的税收调整及实行日期作了规定。

同　日　毛泽东对刘少奇《关于土地改革问题的报告》提出修改意见。意见表示：除对极少数犯了重大罪行的地主，即罪大恶极的土豪劣绅及坚决反抗土地改革的犯罪分子，应由法庭判处死刑或徒刑外，对于一般地主只是废除他们的封建的土地所有制，废除他们这一个社会阶级，而不是要消灭他们的肉体。

6月30日　政务院举行第三十九次政务会议。会议批准《上海市工作报告》、《重庆市工作报告》。上海市副市长潘汉年作的《上海市工作报告》说，上海的工商业充满了半殖民地经济的特点，重要工商业都被帝国主义及四大家族所操纵与垄断，相当多的私营工商业不得不充满了依赖性、投机性、盲目性。各种与国计民生有关的基本工商业没确实基础。解放后由于政府充分供应了煤粮，适当供应了必要的原料如棉花，并办了贷款、订货、加工、收购，使上海基本工商业得以勉强维持。“二六”轰炸后，各厂突然停工，信用呆滞，劳资纠纷迭起。同时由于财经统一、公债税收任务及时展开，通货收缩，公营企业贷款订货等暂停，全国物价下降，上海工商业的各种积病，于是全盘爆发，市场立刻表现出销路呆滞，资金枯竭，不少厂商关厂倒店，亦有的资方逃亡。三届人民代表会议针对这种情况，提出了克服困难维持生产的步骤和办法，调整公私关系和劳资关系，使整个恶化形势开始转向，且有不少逃亡资方陆续回沪。现在上海的局面已转入逐步恢复逐步改造的正常过程。重庆市市长陈锡联作的《重庆市工作报告》说，重庆市于去年11月30日解放，接管工作在1月下旬已告一段落。工商业生产停滞的现象正在逐步转变。社会秩序已基本安定。会议还听取董必武副总理就《政务院关于正确执行惩治反革命政策与清理积案的指示（草案）》的说明，会议决定该《指示》由政法委与有关方面再加研究。

同　日　新华社报道，中共党员已超过500万人。这是根据中共29周年纪念日前夕的不完全统计。其中地方党员约占365万人，部队党员约占120万人，其余属于中央直属机关和铁路系统。500万党员中，约有200万人是去年和今年入党的新党员。1945年抗日战争结束时，中共党员共有121万人，而在抗日战争开始时，中共党员只有4万人左右。

同　日　华东军区、第三野战军颁发《华东军区暂行军法条例（草案）》，共四章54条。规定了刑罚的种类，量刑的从轻、减轻、免除、暂缓刑罚的情节，批捕，审判权限，判决书的内容及上诉的程序。还规定了对战时渎职，违命罪，叛乱罪，贪污、盗窃罪，掠夺罪，奸淫罪，逃亡罪，自伤罪，伤害人命罪，盗卖军用品罪，私刻公章、伪造公印文、护照、证明文件罪，镇压群众运动罪，诬告罪20余种罪的惩处办法。这是一部集程序法、实体法于一体的军法条例。

本　月　中共中央作出关于处理少数民族问题的指示。指示针对最近若干下级党委和干部处理少数民族问题不慎重，不将所要处理的问题向上级报告和请示，因而发生了不少事件，甚至引起了少数民族发生暴动和仇杀事件，妨害了党的民族政策的正确实施的现象，提出，中央认为对于少数民族问题必须遇事向上级报告和请示，向各中央局、分局和中央报告与请示，不许下级擅自处理，既不报告，又不请示。以后各级党委如有不经报告和请示，擅自处理有关少数民族问题，因而引起事变者，应该认为是严重的违犯纪律的事件，并应受到应有的处分。如遇紧急情况发生，各地除立即向上级报告和请示外，各地亦应只作防御退却的处理，不得采取进攻的步骤。

指示指出，各地少数民族内部的社会改革，特别是少数民族的宗教信仰、风俗习惯及土地制度、租息制度、婚姻制度的改革等，必须从缓提出。不经各中央局和中央的批准，各地党委不得在少数民族的人民中提出这些改革和发布有关这些改革的决议和口号，并不得在报纸上进行有关这些改革的宣传煽动。如在回族的伊斯兰教民学校中及藏族的喇嘛教民学校中，暂时亦不要教社会发展史中猿变人的课程，以免刺激他们的宗教感情。在少数民族中进行工作，必须首先了解少数民族中的具体情况，并从少数民族中的具体情况出发来决定当地的工作方针和具体的工作步骤。必须严格防止机械搬用汉人地区的经验和口号，必须严格禁止以命令主义的方式在少数民族中去推行汉人地区所实行的各种政策。

7月4日　政务院、中央军委批准成立中央复员委员会。周恩来任主任，聂荣臻任副主任，委员有罗荣桓、罗瑞卿、肖华、安子文、武新宁、戎子和、杨立三、刘澜涛、张南生、马叙伦、谭平山、章乃器、李涛、陶希晋、贺诚、吕正操。秘书长傅秋涛。各大行政区、省、专署、县、区、乡和军队的兵团、军、师、团部均成立了复员委员会。1951年12月7日，中共中央决定把各级复员委员会改名为转业建设委员会。

同　日　政务院批准，外交部发布《外国记者登记证暂行条例》。

同　日　中财委颁布《关于适当限制某些已经过剩或已达饱和状态的生产的公告》。《公告》指出：凡生产已发生严重过剩的工业(如火柴、卷烟、肥皂、面粉、丝织、酱油业等)，过去仰赖外销市场，目前生产能力已超过需要的工业（如地毯、手帕、针织等)，按销售情况适当限制产量。而生产已是饱和状态的工业（如橡胶、玻璃、染织、毛巾、被单、铅笔、灯泡等)，则不应再盲目发展。

7月5日　教育部、出版总署联合发出《1950年秋季中小学教科用书表》。目的是为解决各地中小学教科书版本不一、供应紊乱等问题。

7月6日　政务院颁发《禁止珍贵文物图书出口暂行办法》。该《办法》共10条。规定：下列各种类之文物图书一律禁止出口：革命文献及实物、古生物（古代动植物之遗迹遗骸及化石等）、史前遗物（史前人类之遗物遗迹及化石等）、建筑物（建筑物及建筑模型或其附属品）、绘画（前代画家之各种作品、古壁画，以及前代具有高度美术价值之绣绘、织绘、漆绘等）、雕塑（具有高度艺术价值之浮雕、雕刻、雕像，以及前代金、石、玉、竹、木、骨、角、牙、陶瓷等美术雕刻）、铭刻（甲骨刻辞、玺印、符契，及古代金、石、玉、竹、木、砖、瓦等有铭记者）、图书（具有历史价值之简牍、图书、档案、名人书法、墨迹及珍贵之金石拓本等）、货币（古贝、古钱币）、舆服（具有历史价值之车舆、船舰、马具、冠履、衣裳、带佩、饰物及织物等）、器具（古代生产工具、兵器、礼乐器、法器、明器、仪器、家具、日用品、文具、娱乐用品等）；凡属上述文物图书，经中央人民政府核准运往国外展览，或与其他国家交换等，并发给许可执照者，准许出口；凡报运出口之文物图书，均须于起运或邮寄前，逐件详细开列种类、名称、大小、年代之清单及装箱单，报由海关或邮局审核；组成文物出口鉴定委员会。

同　日　中国外交部长周恩来致电联合国秘书长赖伊。指出安理会6月27日关于要求会员国协助南朝鲜当局的决议是非法的；美国总统杜鲁门关于以武力阻止我解放台湾的声明和美国海军侵入我台湾沿海的行动是公开的侵略行为。

7月6日—27日　中华全国合作社工作者第一次代表会议在北京召开。会议通过了《关于将中华人民共和国合作社法草案呈请中央人民政府审查通过并公布施行的决议》、《关于中华全国合作社联合章程》、《关于基层合作社和各级联合社章程准则》等。会议规定了合作社要走上正轨然后发展的方针，选出了合作社中央领导机关——中华全国合作社联合总社临时理事会，宣布成立了中华全国合作社联合总社。刘少奇、朱德及中财委副主任薄一波、秘书长薛暮桥在会上讲了话。刘少奇指出，在整个国民经济中，国营经济的力量还很弱，仅占5%左右，只有采取合作社的办法，把占整个国民经济90%的小商品经济与国营经济联结在一起，才能使95%的经济成为社会主义经济和半社会主义经济。因此，合作社办好，走上正轨，是我们国家走向社会主义的关键。刘少奇强调，供销合作社必须坚持集体经济性质。朱德指出，合作社本身一定要自力更生，要建立在社员群众发展生产和资金积累的基础上，只要加强领导，合作社就决不会走资本主义道路，而必然会走社会主义道路。

7月6日—8月12日　公安部召开第一次全国治安行政工作会议。会议研究了各地治安工作的情况，总结了工作经验，解决了城市和农村治安工作中的若干主要问题。会议着重讨论了城市治安行政工作问题，指出，城市治安行政工作的基本任务，第一是同敌人作斗争，取缔和镇压反革命的破坏活动；第二是同盗匪、流氓作斗争；第三是与可能发生的灾害作斗争。会议认为，必须巩固和加强人民警察的力量，使其能有效地执行对敌人实行专政，对人民实行民主的两个方面统一的任务。因此，会议决定，应有计划有步骤地争取在两三年内建设一支有政治觉悟和业务熟练的人民警察队伍。会议规定，目前新解放区治安工作的中心任务是配合人民解放军进行剿匪和配合土地改革工作；在一般老解放区的主要任务是进一步肃清封建残余组织和残余的政治土匪等反革命活动。会议讨论通过了《城市治安条例草案》和《农村治安条例草案》等，呈送政务院批准施行。公安部部长罗瑞卿在会议的总结中着重指出，今后治安行政工作的中心任务是：一、继续镇压反革命活动；二、为建立一支有政治觉悟而又精通业务的人民警察队伍而努力。

7月7日　政务院举行第四十次政务会议。讨论批准《人民监察委员会半年工作初步总结及今后工作任务的报告》。《报告》说，从去年11月底至今年1月底，我们的主要工作是接收华北人民监察院处理移交下来的案件，还指导东北、西北、华东、中南4大行政区及河北等7个省、市成立了监察机构，配备干部，进行业务学习，草拟各级人民监察委员会组织条例等。今后，人民监察工作必须注意做到以下几点：一、各级政府在整训干部期间，应集中注意力去纠正各级领导干部的骄傲自满情绪及官僚主义和命令主义作风；二、应使经常检查与事故检查有很好的结合；三、必须采取与广大群众相结合的群众路线；四、建立监察通讯员制度，以便联系群众，掌握情况；五、监察机关与监察人员，应积极学习毛主席的思想与作风，熟悉政府政策法令，以实事求是、大公无私的态度完成人民监察任务。会议还批准中央代表团吴德作的《中央代表团平原工作视察的报告》。

同　日　中央由周恩来主持军委召开了专门讨论保卫国防问题的会议。会议针对美国政府武装干涉朝鲜后朝鲜战局发展的严重形势，作出调集4个军3个炮兵师于7月底以前全部到达东北边境集结，组成东北边防军等5项决议。

同　日　军委总政治部发布《关于部队整编复员的政治指示》。《指示》指出：中央关于武装人员复员150万的决定，实行紧缩编制，核定人数，是为了克服胜利发展中的财政困难，减轻人民负担，以利于恢复发展生产，加强生产建设的力量。同时，也是为着建设更加精炼的国防力量。《指示》要求各级党委和政治机关必须认真对待此次人数众多的复员工作，加强领导，搞好动员教育，正确执行各项政策。《指示》还就复员中的一些具体工作提出了明确的要求。

7月11日　周恩来总理在北京高等学校毕业生分配工作动员大会上发表讲话。周恩来勉励毕业同学要确定为新中国服务的方向，站稳工人阶级立场，培养民主作风。要服从祖国分配，自觉地接受考验和锻炼，自强不息地为人民努力工作。

同　日　文化部公布有关电影事业的5个办法。即：《电影新片领发上演执照暂行办法》、《电影旧片清理暂行办法》、《国产影片输出暂行办法》、《国外影片输入暂行办法》、《电影业登记暂行办法》。《电影新片领发上演执照暂行办法》规定：凡已向文化部电影局登记核准的电影制片业，其新摄制的影片及剧本，一律免予审查。影片摄成后，向文化部电影局申请登记，请发全国上演执照。无上演执照者各地影院及放映队一律不得映演。《电影旧片清理暂行办法》规定：凡所有已映演与已进口的中外各种影片，均为旧片。旧片内容如有反世界和平、反人民民主、违反中国民族利益，或宣传色情、迷信、恐怖等足以妨碍新社会秩序者，得加以删剪或禁止映演。已向文化部电影局登记核准的电影制片业，其所产旧片和中央直属省、市的旧片，由电影局新片审查委员会审查；各大行政区的旧片，由各该区成立旧片审查委员会审查。审查通过，发给全国或区域上演执照。《国产影片输出暂行办法》规定：凡已登记核准的电影业，其影片输出应送请电影局影片审查委员会审查，审查通过后发给国外发行执照，凭照向对外贸易管理机关办理输出手续。影片输出发行收入的外汇，按人民银行外汇管理办理结汇。《国外影片输入暂行办法》规定：凡已登记核准的电影业，如申请输入外国影片或在香港及其他国外地方摄制的中国影片，应报经文化部电影局或其委托机关许可后，转请对外贸易管理机关发给输入许可证，凭证进口。进口影片应送请电影局新片审查委员会审查，审查通过，发给全国上演执照。《电影业登记暂行办法》规定，凡经营电影业，包括公营、私营、公私合营、外侨经营，或中外合营的电影制片业、电影院业及放映队、影片输入及影片贸易业、电影器材制造业等，其有固定场所及设备者，均应按规定向文化部电影局申请登记。登记核准后，发给登记证。凡已登记的电影制片业，不得摄制有与《共同纲领》相抵触的影片；凡已登记的电影院业及放映队、影片输出入及影片贸易业等，不得映演、贩卖无上演执照的影片。

7月12日　政务院发布《征集革命文物办法》。该《办法》共5条。规定：革命文物之征集，以五四以来新民主主义革命为中心，远溯鸦片战争、太平天国、辛亥革命及同时期的其他革命运动史料；凡一切有关革命的文献与实物，如秘密和公开时期的报纸、杂志、图书、档案、货币、邮票、印花、土地证、路条、粮票、摄影图片、表册、宣告、标语、文告、年画、木刻、雕像、传记、墓表，革命先烈的文稿、墨迹及用品，如兵器、旗帜、证章、印信、衣服等，以及在革命战争中缴获的反革命文献和实物等，均在征集之列；各级人民政府、各机关、各社会团体所组织的各种征集革命文物的机构，均应对上述文物认真征集，妥慎缴交中央革命博物馆筹备处或大行政区或省、市文教主管机关集中保管；征集方式分捐赠、寄存、收购3种；各大行政区或省市如条件具备时，可筹设地方革命博物馆或在原有博物馆内筹设革命文物陈列室。

同　日　政务院发出《关于保护古文物建筑的指示》。《指示》要求：凡全国各地具有历史价值及有关革命史实的文物建筑，如革命遗迹及古城廓、宫阙、关塞、堡垒、陵墓、楼台、书院、庙宇、园林、废墟、住宅、碑塔、雕塑、石刻等以及上述各建筑物内的原有附属物，均应加意保护，严禁毁坏；凡因事实需要，不得不暂时利用者，应尽量保持旧观，经常加以保护，不得堆存有易燃及有爆炸性的危险物；如确有必要拆除或改建时，必须经由当地人民政府逐级呈报各大行政区文教主管机关批准后始得动工；对以上所列文物建筑保护有功者，予以适当奖励，盗卖、破坏或因疏于防范而致损坏者，予以适当处罚。

7月13日　政协第一届全国委员会常务委员会举行第十一次会议。中央人民政府委员、政务院政务委员列席了会议。会议讨论了《农民协会组织通则（草案）》和《人民法庭组织条例（草案）》。

同　日　中国人民解放军东北边防军组成。6月25日，朝鲜内战爆发。26日，美国总统杜鲁门下令，美国远东军总司令麦克阿瑟“对韩国予以海空军支援”，武装干涉朝鲜内政，27日，美国总统杜鲁门又发表声明，宣布美国政府决定以武力阻止中国政府解放台湾。7月7日，美国又操纵联合国安理会通过非法决议，以美国军队为主组成所谓“联合国军”，扩大侵略战争。在这种情况下，中央军委决定以原第四野战军第十三兵团为主组建东北边防军，粟裕为司令员兼政治委员，下辖4个军，3个炮兵师，1个高射炮团，1个工兵团，共约22.5万余人，分驻凤城、辽阳、安东（今丹东）、通化、本溪等地，担负保卫东北边防安全的任务。10月，根据中国人民革命军事委员会主席毛泽东的命令，东北边防军改为中国人民志愿军赴朝参战。

同　日　中财委决定由人民银行收兑第二次国内革命战争时期民主政府发行的货币。

7月13日—25日　贸易部主持召开全国进出口贸易会议。会议的中心议题是调整对外贸易中的公私关系，恢复和扩展对外贸易。会议认为，1950年出口额将创造1932年以来的最高纪录，进口额中90%

以上为生产资料，改变了国民党时代的输入非必需品为主的现象，打破了洋商买办在国内操纵的地位，提高了出口货价格和收购农副产品的价格，促进了生产。外贸中存在的主要问题是，公私关系不够协调，没有把私商组织起来，造成私商间盲目竞争，另外在行政管理和价格政策掌握上也有偏差。为了解决这些问题，会议确定外贸的基本任务是保护与扶助生产、调剂供求、平稳物价，并制定了下列原则和办法：一、划分公私经营范围，国家除经营统购统销的出入口物品外，在出口上只经营几种主要出口物品之一部；在进口上，经营国家所需要的工业器材。对于民用器材的经营，只以能够调剂供求、稳定物价为限度。其余出入口商品，均归私人经营。二、采用“国际贸易研究会”、“同业公会专业小组”、“联合经营”三种形式，把进出口商组织起来。此外，对私营进口商申请外汇、公私营企业订立进出口合同的问题也作了具体的规定，并通过了相应的暂行办法。

7月14日　政务院举行第四十一次政务会议。会议通过《农民协会组织通则》、《人民法庭组织通则》。《农民协会组织通则》共5章20条。规定，农民协会是农民自愿结合的群众组织，其任务是：团结雇农、贫农、中农及农村中一切反封建的分子，遵照人民政府的政策法令，有步骤地进行反封建的社会改革，保护农民利益；组织农民生产，举办农业合作社，发展农业和副业，改善农民生活；保障农民的政治权利，提高农民的政治和文化水平，参加人民民主政权的建设工作。凡雇农、贫农、中农、农村手工业工人及农村中贫苦的革命知识分子，自愿入会者，得乡农民协会委员会批准后，即可成为农民协会会员。农民协会会员的权利是：在农民协会内，有发言权、表决权、选举和被选举权、建议权；有取得农民协会各项合法利益并取得农民协会合法保护的权利；有享受农民协会所举办的文化、教育及经济事业的优先权。农民协会会员的义务为：遵守会章、服从组织、执行决议、缴纳会费。农民协会的基层组织是乡农民协会，乡以上组织区、县、专区、省的农民协会，市设市郊农民协会。农民协会的组织原则为：民主集中制，少数服从多数，下级服从上级，会员服从组织。各级农民协会行使权力的机关是各级农民代表大会。农民协会经费来源是会员的会费和人民政府的补助。《通则》还对各级农民代表大会代表的产生办法等作了规定。该《通则》于15日公布施行。《人民法庭组织通则》规定，为保障革命秩序与人民政府的土地改革政策法令的实施，省及省以上人民政府得视情况的需要，以命令成立或批准成立县（市）人民法庭。其任务是运用司法程序，惩治危害人民与国家利益、阴谋暴乱、破坏社会治安的恶霸、土匪、特务、反革命分子及违抗土地改革法令的罪犯，以巩固人民民主专政顺利地完成土地改革。此外，关于土地改革中划分阶级成分的争执及其他有关土地改革的案件，亦均由人民法庭受理之。人民法庭任务完毕已无存在必要时，由省及省以上人民政府以命令撤销。人民法庭以县（市）为单位成立，必要时以区为单位或联合两个区以上设立分庭，实行巡回审判。人民法庭及其分庭直接受县（市）人民政府领导，同时又是县（市）人民法院的组成部分之一，其性质是县（市）人民法院之民事庭、刑事庭以外的特别法庭。人民法庭及分庭有权逮捕、拘禁并判决被告死刑、徒刑、没收财产、劳役、当众悔过或宣告无罪，其判决死刑、没收财产及5年以上徒刑的批准权属于省人民政府。大行政区直辖市人民法庭及分庭的判决的批准权属于大行政区人民政府。《通则》还对人民法庭办案过程中的一些问题、工作人员的调用及法庭经费等作了规定。该《通则》于20日公布施行。

7月15日—8月5日　第一届全国民政工作会议在北京举行。内务部长谢觉哉作了《关于人民民主建政工作报告》。《报告》指出，随着革命战争在全国的胜利，召开各级各界人民代表会议，已成为全国性的运动。止于目前，东北大行政区已召开了人民代表会议，并选出了东北人民政府；山东等省已召开人民代表会议并代行了省人民代表大会的职权，辽西等10省正在筹备召开人民代表会议；川北与苏南行政区已召开人民代表会议；川东与苏北行政区正在筹备召开人民代表会议；全国已有210个市、镇、城关召开过各界人民代表会议，其中北京、天津等7市已代行市人民代表大会职权；全国已有

1 707个县召开过人民代表会议，其中有18个县已代行人民代表大会的职权，有2个盟、36个旗开过人民代表会议。东北有1 212个区开过区人民代表会议，377个区开过人民代表大会，8 393个村开过村人民代表会议，1.7153万个村开过村人民代表大会。华北、西北等地的老解放区，部分区、村也召开了人民代表会议或代表大会。董必武作了《目前民主建政的主要形式》的讲话，指出，全国民政会议的中心议题，是民主建政问题。建政工作乃是目前一切民政工作的中心环节，只要把建政工作做好了，其他工作就容易推动。各界人民代表会议是中国现时实现人民民主专政一种最适宜的组织形式。林伯渠到会讲话，强调指出，各级政权的建设必须贯彻民主集中制原则。

7月20日　陈云、薄一波提出关于对待私商压低售价与国营商业竞争问题的意见。陈云、薄一波指出，私商低于我贸易公司牌价出售货物，本来是自3月物价稳定以来，各地普遍发生的现象。主要原因是因为当时银根抽紧，资金周转困难，急于抛售存货，取得周转资金所致。但现在低价出售的趋势，则带有新的性质，就是说在我调整工商业开始后，私人工商业很少将货物低价抛售。现在货价稳定下来，采取薄利多销方针，与我贸易公司竞争，与这一致，当着瞅准我某物资有弱点时，则哄抬物价，冀获厚利。这一问题，应引起我各地贸易工作者注意，并研究解决这一问题的策略和办法。物价稳定后，公私商业发生竞争，亦是一正常情况，这对国民经济和国营贸易基本上均无害处，私商唯利是图，低于成本，贱价出售货物，普遍恐慌，此现象只有收买他的货物；另外，应检查我国营贸易公司，大力改善经营，降低经营成本，从经营上和私商竞争，不可采取政治手段，强迫私商提价和国营贸易公司价格一样。因如此，将遭受人民反对与我不利，同时亦会松懈我国营贸易公司在降低成本、改善经营方面的努力。

同　日　毛泽东作出关于根治淮河的批语。批语指出：对淮河水患，除目前防治救灾外，必须考虑根治办法，现在开始准备，秋季起即组织大规模导淮工程，预期以一年完成导淮，免去明年水患。批语还要求邀集有关人员讨论目前防救和根本导淮两个问题。

同　日　政务院批准《西南军政委员会组织条例》公布施行。《条例》规定，西南军政委员会为西南区所辖省（行政区、市）高一级的地方政权机关，并为政务院领导地方政府工作之代表机关，本会所辖区域为云南、贵州、西康3省，川东、川西、川北、川南4行政区，重庆1直辖市及西藏。

7月21日　政务院举行第四十二次政务会议。会议通过《政务院、最高人民法院关于镇压反革命活动的指示》、《政务院关于救济失业教师与处理学生失学问题的指示》、外交部周恩来部长关于外交问题报告、教育部关于第一次全国高等教育会议的报告，以及《政务院关于召开全国战斗英雄代表会议和全国工农兵劳动模范代表会议的决定》。《关于镇压反革命活动的指示》指出，人民解放战争在大陆已基本结束，各级地方人民政府已先后成立。但在某些地区特别是有些新解放区，国民党反动派残余在帝国主义指使之下，仍在采取武装暴乱和潜伏暗害等活动方式，组织特务土匪、勾结地主恶霸，或煽动一部分落后分子，不断地从事反对人民政府及各种反革命活动，以破坏社会治安，危害人民与国家的利益。因此，积极领导人民坚决地肃清一切公开与暗藏的反革命分子，成为各级人民政府当前重要任务之一。各级人民政府必须遵照《共同纲领》第7条的规定，对一切反革命活动采取严厉的、及时的镇压，而在实行镇压和处理一切反革命案件中，又必须贯彻实行镇压与宽大相结合的政策，即首恶者必办，胁从者不问，立功者受奖的政策，不可偏废，以期团结人民、孤立反革命分子而达到逐步肃清反革命分子的目的。《指示》对重要反革命分子的处理作了原则规定。该《指示》于23日由政务院和最高人民法院联合发布。《关于救济失业教师与处理学生失学问题的指示》要求华东、中南、西南、西北大行政区军政委员会及所属各省市人民政府，华北各省市人民政府：一、除尽可能维持公立学校外，应本公私兼顾原则，积极维护各地城市中现有的私立学校，并领导其进行必要的和可能的改革，减低学费，多收学生，师生互助，多想办法，自力更生，克服困难。私立学校办理成绩较好，经多方设法仍无维持者，政府应予以适当的经费补助，少数办理太坏而确实无法维持和改造者，可劝导其和其他学校合并，其学生及教职员，均应予以适当的安置。二、适当增加公立学校的人民助学金名额，使真正因经济困难而失学的学生复学。三、尽可能举办中小学师资训练班及其他各种训练班，吸收失业的中小学教师，施以政治思想教育并辅以各种业务教育，毕业后一部分可适当分配工作，另一部分待将来安排教育工作岗位。四、除继续办理人民革命大学外，应在大城市中举办各种短期训练班、补习班及夜校等，吸收大中学失业青年及失业知识分子入学，毕业后设法介绍他们参加各项建设工作。五、对失业知识分子进行登记，除尽可能介绍职业外，应本以工代赈的精神，分配他们参加各种社会服务工作，发给生活维持费，其无法分配工作者，组织学习并发给失业救济金。周恩来外交问题的报告说，印度驻华大使向我们提出愿意调处朝鲜事件，使该事件地方化。我们答复，首先要中国代表出席联合国并参加安理会和苏联代表回到安理会后，在安理会中提出和讨论这个问题才适当。对印度愿出面调处朝鲜事件的意见，我们是赞成的。印度所以这样做，是怕引起世界大战，这不仅是印度，印尼和阿拉伯国家也是这样的。这表明了美帝不仅在朝鲜遭受打击，在亚洲，它统治的世界也发生了裂痕。现在我们对印度及其他东方国家的关系要搞好一点。教育部马叙伦部长作的第一次全国高等教育会议的报告说，高教会产生了5个文件（草案）：关于高等学校领导关系问题的决定；关于实施高等学校课程改革的决定；高等学校暂行规程；专科学校暂行规程；私立高等学校暂行管理办法。会议决定组成小组，审查上述5个文件，由罗隆基召集。《政务院关于召开全国战斗英雄代表会议和全国工农兵劳动模范代表会议的决定》说，定于1950年9月25日，在首都召开全国战斗英雄代表会议与工农兵劳动模范代表会议。战斗英雄代表名额为350人，工农兵劳动模范代表名额为460人。此件7月25日发布。

同　日　**中财委发布《公务轮船船员管理暂行规则》。**

7月22日　**教育部和青年团中央联合发布《关于加强教育行政部门与少年儿童队联系的决定》。**《决定》指出，中国少年儿童队是中国新民主主义青年团领导的少年儿童自己的组织。在学校中，它的任务与新民主主义国民教育的任务同样是为了教育少年儿童，使之成为新中国的优秀儿女。通过少年儿童队，易于培养少年儿童的自觉性、积极性与创造性，在学校中团结同学，学好功课，使国民教育培养新公民的目的能够完满达到。因此，教育行政部门与少年儿童队之间，应该建立密切的联系。各地教育行政部门，应该重视与指导少年儿童队的工作，并给予一切必要与可能的协助。各地青年团少年儿童工作部门，应该配合当地教育行政部门展开工作，学校中的少年儿童队应该尊重学校行政的指导，响应行政上的号召，遵守学习秩序，努力学好功课。各地教育行政部门与青年团少年儿童工作部门互派代表，出席讨论有关问题的会议。各地青年团少年儿童工作部门，在学校中聘请教师担任少年儿童队的辅导员时，应先取得教育行政部门的同意；教育行政部门在调动担任辅导员的教师时，亦应事先通知青年团少年儿童工作部门，并尽可能取得同意。少年儿童队的经费由当地教育行政部门与青年团共同商洽解决。

同　日　周恩来签发《对赴港九接收国民党物资机构的指示》。《指示》说，接收港九国民党机构的工作，是涉及外交、法律、统一战线各方面的复杂问题，因之领导必须统一，思想组织必须一致，始能完成任务。各单位必须在政务院派出的专员办事处领导下接收。采用一切可能的办法，抢运物资回国。英帝的阻挠是政治问题，不能过分依靠法律手段解决。

同　日　周恩来召集董必武、薄一波、傅作义等6人，研究导淮问题。议定，由水利部与中财委计划局负责草拟导淮根本方针及明年度水利计划。

7月23日　全国开始大张旗鼓镇压反革命运动。本日，政务院和最高人民法院公布了《关于镇压反革命活动的指示》，要求各级人民政府对一切反革命活动必须及时地采取严厉的镇压。10月10日，中共中央又发出《关于镇压反革命活动的指示》，要求各级党委全面贯彻党的“镇压与宽大相结合”的政策，应当根据已掌握的材料，对已被逮捕和尚未逮捕的反革命分子，按照罪恶的轻重，分别地加以处理。从1950年12月开始，一场大规模的以打击土匪、特务、恶霸、反动党团骨干和反动会道门头子为重点的镇压反革命运动在全国开展起来。1951年2月21日，中央人民政府公布了《中华人民共和国惩治反革命条例》，具体地规定了处理反革命案件的原则和方法，为镇压反革命提供了法律的武器和量刑的标准。从1950年12月到1951年9月，中共中央发出了一系列关于镇压反革命问题的指示，毛泽东多次作出重要批示，主要有：1951年12月19日发出的《镇压反革命分子，要打得稳打得准打得狠》，1951年2月25日发出的《大城市应当认真地严厉地大规模地镇压反革命》，3月30日发出《镇压反革命应当准确、精细、有计划、有步骤，完全由上面控制》，4月2日发出的《严格限制镇压范围，控制捕杀批准权》，5月8日发出的《关于处理党、政、军、群众团体内反革命分子问题的指示》，5月提出的《镇压反革命必须实行党的群众路线》等，为镇压反革命运动制定了正确的方针和政策。为加强对运动的具体领导，中央先后召开了五次全国公安会议，及时地研究处理运动中出现的各种问题。在中共各级党委和人民政府的领导下，各地广泛发动群众检举、揭发、监督、清查反革命分子，逮捕了大量暗藏的反革命分子，破获了许多反革命组织，并镇压了一大批罪大恶极的反革命分子。在运动中，坚持了准确、精细、有步骤、有计划地逐步展开，坚持了领导和群众相结合的方针，坚持了注重调查研究，重实据，不轻信口供，严禁逼供信，严格控制镇压范围，控制捕杀权，贯彻既不放过一个反革命分子，也不冤枉一个好人的原则，力求做到对反革命分子打得稳、打得准、打得狠。在处理反革命分子上，贯彻了镇压与宽大相结合的政策，即首恶者必办，胁从者不问，立功者受奖的政策。对于各种反革命的首要分子，对于罪大恶极的分子，对于解放后特别是经过宽大处理后仍然继续作恶的反革命分子，采取从严处理的原则。对于被反革命分子胁迫、欺骗参加反革命活动的胁从分子，采取从宽处理的原则。除了少数不杀不足以平民愤者以外，对于绝大多数的反革命分子，包括罪行重大的反革命分子，则采取劳动改造的政策，给他们以重新做人的机会。镇压反革命运动历时3年，到1953年取得了全面的胜利。这场斗争，给反革命分子以摧毁性的打击，基本上肃清了旧社会遗留的残余反动势力，巩固了人民民主专政，安定了社会秩序，提高了广大人民群众的觉悟，密切了党和人民政府同人民群众的联系，保证了抗美援朝、土地改革和其他各项民主改革以及国民经济恢复工作的顺利进行。

7月24日　周恩来总理召集李富春、薄一波、南汉宸等6人，研究货币改革问题。议定，货币改革应采取稳步前进方针，以2年后土改大体完成时再实施；但现在应立即着手研究实行币改的方针，草拟币改施行步骤。

同　日　中财委发布《关于各省、市人民政府劳动局与当地国营企业工作关系的决定》。《决定》要求，各地国营企业，应一律遵守并执行中央及当地政府颁布的各项劳动法令及当地劳动局根据这些法令发布的细则、决定、规章，省、市劳动局有权监督、检查国营企业有关劳动的诸项事宜。

7月24日—8月25日　教育部在北京召开全国高等学校政治课教学讨论会。会议讨论解决了政治思想教育中出现的过左情绪，教学方法上的教条主义倾向和教学内容上的讲授重点不明确，教学组织不健全等问题。10月4日，教育部根据讨论的情况发出通报，指出，目前高等学校政治思想教育首先并主要地要肃清封建的、买办的、法西斯主义的思想。提出了政治思想教育的3个重点（即进行反帝教育、土改教育、“五爱”教育）和3项规定（即不采取思想总结、思想检查、整风、坦白反省、斗争大会方式；欢迎教职员自愿参加，不要规定或勉强；在教会学校注意不要刺激人们的宗教感情）。通报还附发了《关于高等学校政治课教学方针、组织与方法的几项原则》。

7月26日—8月11日　最高人民法院、最高人民检察署、司法部和法制委员会共同在北京召开第一届全国司法会议。朱德、董必武、沈钧儒等出席了会议。董必武在题为《要重视司法工作》的讲话中指出，社会一经脱离了战争的影响，司法工作和公安工作，就成为人民国家中对付反革命、维持社会秩序最重要的工具。废除国民党反动政府一切压迫人民的法律、法令和司法制度，制定保护人民的法律、法令，建立人民司法制度，是我们司法工作的重要方针。当前建立人民司法工作必须：一、要建立一系列的司法机构，如各级法院、检察署。二、要准备培养各级司法工作干部。三、要有法律。会议的中心任务是根据《共同纲领》第17条的原则，求得在人民司法工作中统一观点，建立制度和解决一些必须与可能解决的问题。会议讨论并通过了法制委员会主任委员陈绍禹《关于目前司法工作的几个问题》的报告、最高人民法院副院长吴溉之的《人民法院审判工作报告》、司法部部长史良《关于目前司法行政工作报告》和最高人民检察署副署长李六如的《人民检察及工作报告》。会议根据以上报告的精神，组织了专门业务小组，分别研究和讨论了《人民法院暂行组织条例》、《刑法大纲》、《诉讼程序通则》、《犯人改造暂行条例》、《公司法》等草案。

7月27日、31日　政协第一届全国委员会常务委员会举行第十二、十三次会议。中央人民政府委员、政务院政务委员列席了会议。会议讨论了《政务院关于划分农村阶级成分的决定（草案）》。

7月28日　政务院举行第四十三次政务会议。听取中财委薛暮桥秘书长作的《私营企业投资暂行条例（草案）要点的报告》，原则批准《商标注册暂行条例》。会议通过《关于高等学校领导关系问题的决定》、《关于实施高等学校课程改革的决定》，批准《高等学校暂行规程》、《专科学校暂行规程》、《私立高等学校管理暂行办法》，并批准《商标注册暂行条例》。《关于高等学校领导关系问题的决定》规定，全国高等学校以由中央教育部统一领导为原则。中央教育部对全国高等学校（军事院校除外）均负有领导的责任，各大行政区人民政府或军政委员会教育部或文教部均有根据中央统一的方针政策，领导本区高等学校的责任；华北区内高等学校，除已交由省政府领导者外，由中央教育部直接领导，其他各大行政区内高等学校，暂由中央教育部委托各大行政区教育部直接领导，教育部要视条件，有计划有步骤地将各地区高等学校收为中央教育部直接领导；综合性大学及与几个业务部门有关的专门学院，归中央或大行政区教育部直接领导。该《决定》于8月2日由政务院公布。《关于实施高等学校课程改革的决定》共11条。《决定》规定，全国高等学校的课程，必须根据《共同纲领》第四十六条的规定，实行有计划有步骤地改革，达到理论与实际的一致。一方面要克服“为学术而学术”的空洞的教条主义偏向，力求与国家建设的实际相结合，这是现有高等学校的主要努力方向；另一方面要防止忽视理论学习的狭隘实用主义或经验主义偏向。废除政治上的反动课程，开设新民主主义革命的政治课程。各系课程应密切配合国家经济、政治、国防和文化建设当前与长期的需要，在系统的理论知识的基础上，实行适当的专门化；应根据精简的原则，有重点地设置和加强必需的和重要的课程，删除那些重复的和不必需的课程和内容，并力求各种学科的相互联系和衔接。高等学校应与政府各业务部门及其所属的企业和机关建立密切的联系，高等学校的教师应与上述部门的工作、生产和科学研究作适当的配合，应该有计划地组织学生的实习和参观，并将这种实习和参观作为教学的重要内容。高等学校各系规定修业年限以3年—5年为原则，每学期的实际授课时间以满17周为原则，学生每周实际的学习时间（包括自习及实验）以44小时为标准，最多不得超过50小时，课外活动时间每周以不超过6个小时为原则。《决定》指出，提高师资的质量和培养新的师资是实施课程改革的关键，因此全国高等学校的教师应努力加强自己的政治学习、业务学习及研究工作，应就各项主要课程，组织教学研究指导组，由教师实行互助，改进教学的内容与方法；应有计划有步骤地加强高等学校内研究部或研究所的研究工作，并以此作为培养国家高等学校师资的主要场所。用科学的观点和方法编订为新中国高等学校所适用的教材，是实行课程改革的重要条件。因此，在中央教育部领导下，成立高等学校教材编审委员会，有计划有步骤地编译各项适用的教材和参考书。该《决定》于8月2日由政务院公布。《高等学校暂行规程》共七章32条。规定，中华人民共和国高等学校的宗旨为，以理论与实际一致的教育方法，培养具有高级文化水平、掌握现代科学和技术的成就、全心全意为人民服务的高级建设人才。

高等学校的具体任务为：进行革命的政治思想教育，肃清封建的、买办的、法西斯主义的思想，树立正确的观点和方法，发扬为人民服务的思想；培养通晓基本理论并能实际运用的专门人才；研究自然科学、社会科学、哲学、文学、艺术；普及科学和技术的知识，传播文学和艺术的成果。高等学校包括大学和专门学院两类，其修业年限以3年—5年为原则。凡年满17岁、身体健康、在高级中学或同等学校毕业或有同等学历，经入学考试及格者，不分性别、民族、宗教信仰，均得入学；对革命干部、工农青年、少数民族学生、华侨学生，应予以入学及学习的特别照顾。大学及专门学院教师分为教授、副教授、讲师、助教4级，均由校（院）长聘任。大学及专门学院采取校(院）长负责制，在校（院）长领导下设校（院）务委员会，负责审查各系及各教研组的教学计划、研究计划及工作报告和通过决议全校（院）重大兴革事项。该《暂行规程》于8月14日由教育部颁布。《专科学校暂行规程》共24条。规定，专科学校以理论与实际一致的教育方法，培养能掌握现代科学和技术的成就，全心全意为新民主主义建设服务的专门技术人才。其具体任务为：进行革命的政治思想教育，肃清封建的、买办的、法西斯主义的思想，树立正确的观点和方法，发扬为人民服务的思想；培养通晓基本理论并能实际运用的专门技术人才；普及科学和技术知识，传播文学和艺术的成果。专科学校的修业年限为2年—3年。专科学校的教师分为教授、副教授、讲师、助教4级，均由校长聘任。专科学校采取校长负责制，在校长的领导下设校务委员会。该《暂行规程》于8月24日由教育部颁布。《私立高等学校管理暂行办法》共14条。规定：私立高等学校（大学、专门学院及专科学校）方针、任务、学制、课程、教学及行政组织，均须遵照《高等学校暂行规程》及《专科学校暂行规程》办理；私立高等学校的行政权、财政权及财产所有权均应由中国人掌握；全国私立高等学校均须重新申请立案；其校（院）长及副校（院）长由校董事会任免，其他主要人员由校（院）长任免，报经大行政区教育部核准转报中央教育部备案；其教学、行政及经费等情况，应按期报经大行政区教育部核准转报中央教育部备案；私立高等学校不得以宗教课目为必修科或强迫学生参加宗教仪式与活动；私立高等学校的资金、资产、校地、校舍房屋与一切设备的所有权尚未移转与学校者，应办移转手续；私立高等学校如欲停办或变更，其校董事会须于学年结束5个月前报经大行政区教育部审查转报中央教育部核准；华北5省2市的私立高等学校，由中央教育部依照以上各项规定直接管理。该《暂行办法》于8月14日由教育部颁布。《商标注册暂行条例》规定，一般公私厂、商、合作社对自己所生产、制造、加工或拣选的商品，需专用商标的，应依本条例规定，向中财委中央私营企业局申请注册。《暂行条例》就申请、审查、注册、异议等方面作了详细的规定。商标从注册之日起，注册人即取得专用权，专用权期限为20年，期满得申请继续专用。商标的专用权，以核准注册的图样、名称以及所指定的商品为限。该《暂行条例》于8月28日公布。

同　日　基督教开展“三自”革新运动。本日，中华基督教青年会全国协会出版组主任吴耀宗、中华基督教女青年会全国协会总干事邓裕志、北京燕京大学教授兼宗教学院院长赵紫宸、中华基督教青年会全国协会事工组主任刘良瑛、上海中华基督教青年会全国协会总干事涂羽卿等40余人发起，向各地教友发出题为《中国基督教在新中国建设中努力的途径》的宣言，以自治、自传、自养为内容的革新运动开展起来。“自学革新运动”，就是要求割断中国基督教与帝国主义的关系，要把教会的行政权真正掌握在中国人手里；由中国教士担负中国的传教工作；用中国人自己的钱来办自己的宗教事业，坚决拒绝接受帝国主义的津贴。也就是建立和发展自治、自传、自养的宗教事业。1年来表示同意而在宣言上签名的教友达18万余人，有力地推动了基督教的革新运动的开展。10月，中华全国基督教协进会在上海举行第十四届年会，冲破帝国主义分子的各种阻挠，通过号召全国基督教徒拥护之“三自”革新宣言的决议案。11月间，全国各地基督教徒自觉自愿地纷纷订立爱国公约，热烈积极地支援抗美援朝运动。12月29日，中央人民政府公布《关于处理接受美国津贴的文化教育救济机关及宗教团体的方针的决定》，1951年

1月5日，吴耀宗、涂羽卿等26位基督教领袖随即发表了拥护政务院处理方针的宣言。4月16日—22日，中国基督教各教会各团体的代表共151人，到北京参加中央文化教育委员会宗教事务处召集的会议，吴耀宗在会上作了《八个月来基督教"三自"革新运动的总结》的报告。会上成立了中国基督教抗美援朝"三自"革新运动委员会，促进全国基督教徒普遍参加抗美援朝运动和自立革新运动。

7月30日　中国人民解放军总部发布《解放战争四年综合战绩》公报。公报说，据统计，4年（1946年7月—1950年6月）的主要战绩为：一、消灭国民党军兵力：正规军——2个战区总部，1个"剿总"前进指挥部，3个军政长官公署，8个"绥靖"公署，2个警备总部，1个长官司令部，3个"绥靖"区司令部，1个边区司令部，35个兵团部，4个整编军军部（内3个兼整编师师部），183个军（整编师）部，572个整师（旅），包括师以下部队共554.247万人。非正规军——103个整师（旅）包括师以下部队共252.888万人。以上2项总计为807.135万人，内生俘者458.675万人，毙伤者171.111万人，投诚者63.351万人，起义者84.695万人，接受改编者29.303万人。二、向人民解放军投诚及被俘虏与击毙之国民党军高级军官1 668人，其中，投诚者273人，被俘者1 310人，被击毙者85人。三、缴获：各种火炮5.443万门，各种机枪31.9958万挺，长短枪316.1912万支，掷弹筒2.1462万个，枪榴筒1.5191万个，火焰喷射器228具，飞机189架，舰艇200艘，坦克622辆，装甲车389辆，火车机车1 016辆，汽车2.2012万辆。击落飞机190架，击毁坦克156辆，击毁军舰9艘。四、截至1950年6月，全国已解放国土面积849.55万平方公里，人口4.82532亿，县以上城市2 031座。人民解放军共负伤104.89万人，阵亡26.38万人，伤亡共计131.27万人，被俘1.37万人，失踪19.6万人，总计损失兵力152.25万人。敌我4年作战总兵力损失相比较为5.3:1。

同　日　中国电影在捷克斯洛伐克举行的第5届国际电影节比赛中获奖。中国影片《中华儿女》获5项奖之一的"人民解放斗争奖"；影片《赵一曼》的主要演员石联星获演员优等奖；《踏上生路》获纪录短片优等奖；《东北三年解放战争》、《百万雄师下江南》、

《红旗漫卷西风》和《大西南凯歌》等纪录片均获名誉奖状。

同　日　政务院颁发关于纪念“八一”建军节的通令。通令决定全国各级政府、各机关、各企业、各学校、各界人民团体于8月1日悬挂国旗一天，以资庆祝。

7月31日　周恩来召集李德全等6人研究红十字会改组问题。议定：一、名称仍用“中国红十字会”。二、红十字会理事会，经过协商加以改组。原有理事除逃到台湾及国外者外，均予保留；另由有关部门推派代表担任理事。新旧理事均由政务院聘任，将来由代表大会正式选举理事会。三、改组后的红十字会作为卫生部及救济总会的助手。四、经费暂由政府补助一部分。五、新理事会成立后，对外可发表声明，宣告改组完毕，并通知国际红十字会将派代表参加国际红十字会。

同　日　政务院发布《关于各地厂矿对于法定假日工资发放办法的决定》。《决定》规定，政府法定假日，工资照发；在假期内因特殊原因必须工作者，应增发工资。

本　月　中央军委总政治部发出《关于召开全国战斗英雄代表会议及选举部队劳动模范代表出席全国工农兵劳动模范代表会议的指示》。《指示》指出，政务院决定于1950年9月25日在首都召开全国工农兵劳动模范代表大会。军委总政治部决定与此同时召开全国战斗英雄代表会议，并选举部队劳动模范出席全国工农兵劳动模范代表会议。《指示》就战斗英雄，劳动模范的名额、条件和选举方法提出了具体要求。

8月1日　毛泽东签发中央人民革命军事委员会《关于在军队中实施文化教育的指示》。《指示》指出：中国人民解放战争除西藏、台湾等处尚待解放，各地残余土匪尚待剿灭之外，已经基本结束。国家的伟大的经济建设和文化建设工作已经开始。今后人民解放军的任务，除必须解放西藏、台湾及剿灭残余土匪外，主要的就是要进行国防建设，准备对付帝国主义的可能侵略，维持国内治安，巩固人民民主专政。同时，也要尽可能地参加国家的经济建设工作和其他工作。鉴于人民解放军指战员一般的文化水平太低的情况，为了要完成伟大的新任务，就必须提高全体指战员的文化科学与技术水平，并从军队中培养大批工农出身的知识分子。因此中央决定，全军除执行规定的作战任务和生产任务外，必须在今后一个相当时期内着重学习文化，以提高文化为首要任务，使军队成为一个巨大的学校，组织广大指战员，尤其是文化水平低的干部，参加文化学习。《指示》规定：一、全军规模的文化教育，自1951年1月正式开始，使一般战士及初级小学程度以下的干部达到高级小学的水平，使一般相当于高级小学程度的干部达到初级中学的水平，然后再继续提高。二、在连队的教育时间内，暂规定以60%的时间进行文化教育，以30%的时间进行军事教育，以10%的时间进行政治教育。三、各部队应按照在职与离职教育衔接并进的方法，而以在职教育为重点，举办下列各种文化学校：1. 在职的半日文化学校，由团以上各级普遍举办。按情况设立初小、高小、小学或专修等班级。2. 为离职干部办的速成小学和速成中学，暂由军及省军区以上各级筹办。一级军区可举办离职高级干部的文化补习班。3. 连队采取学校的形式，进行基本上完备的初小教育与高小教育。4. 各级军政大学，在1年或1年半内，以文化教育为主。部队其他学校，除军委规定或批准者外，暂时不办，或改组为文化学校。四、一切在职干部与战士，凡需要学习与补习文化者，不论职别，均应无例外地依照文化课程的考试甄别，参加在职文化教育的适当班次，并认真地进行学习。五、在职与离职文化学校的教育，应一律采取速成的、联系实际的但又是正规的教育方针。学校课程，应参照普通小学中学的课程予以精简、重编，保持其科学的系统，减去不必要的课程，增加必要课程的内容。小学以国文、算术为基本课，兼有少量的自然、历史与地理常识课，中学亦须着重国文、数学，但应辅之以自然、物理、化学、历史及地理诸课。此外，各种学校均须有一定的军事课及政治课。各种基本课程均应采用中央审定的课本。在中央未发审定的课本之前，可选用既有的课本。一切文化学校均应建立正规与合理的考试、分级、编班、升级、留级、毕业及发文凭等项制度，制定各种必需的条例及规则，主张学生的自觉纪律，规定教员的责任。各种文化学校的教育，以上课为主要方法，同时重视自修与辅导等活动，以利切实与迅速地进行教育与学习。六、各级在职与离职文化学校的领导人员和教员，由各一级军区统一调配。七、军队文化教育所必需的经费，应由一级军区政治部造出预算，经上级批准，由各级供给部门负责及时供应。八、部队文化教育工作，应在各级党委统一领导下进行。在团以上各级党委领导下，设立包括司、政、后勤及各有关部门负责与学校负责人在内的文化教育委员会，负责计划和教育的课程、时间、经费、设备及调配教员、学生等事宜。教育工作的实施，则由各级政治机关及学校负责人领导进行之。九、全年文化教育工作的管理机关为军委总政治部。全军文化教育的实施方案及其他必须统一处理的重大事项，军委总政治部必须按时予以解决。十、今年尚有5个月，凡没有担负作战任务及巨大工程任务的部队，除进行整风、生产、整编、复员、军事训练及政治训练等项工作外，应对调动、招聘和训练教员，调级学生，筹办校舍课本及其他教育用具等事，完成准备工作，务必于明年1月后一律开学。同时，可立即开始进行重点试办，取得经验。

同　日　教育部颁发《中学暂行教学计划（草案）》、《中等学校暂行校历（草案）》。《中学暂行教学计划（草案）》规定：中学设政治、语文、数学、自然（初中，包括植物、动物、达尔文学说基础、生理卫生）、生物（高中）、化学、物理、历史、地理、外国语、体育、音乐、美术、制图（高中）。初中3年、高中3年的总教学时数为7 200学时。《中等学校暂行校历（草案）》规定，中等学校1学年分为2学期，8月1日—次年1月31日为第一学期，2月1日—7月31日为第二学期。各授课145天。暑假52天，寒假23天，春假3天。

同　日　中苏民用航空公司正式开通3条航线。3条航线是：北京—阿拉木图，北京—伊尔库茨克，北京—赤塔。

同　日　中国国内民用航空正式开航。津、汉、穗线及津、汉、渝线两线班机飞行良好。津汉、津渝及津穗间航空邮件也开始运送。

同　日　中央军委和政务院颁布命令，通令施行新的《铁路军运暂行条例》。同时废止所有以前颁行的铁路军运条例法规。《条例》

规定，铁路对一切军运（部队从事工农业生产的原料、成品运输，不属军运范围）应与一般商运有所区别，单独建立承运簿，优先提车、运送；部队人员持正式护照乘坐各种客车、散座，一律享受半价优待，不受职级限制；运送伤病军人的列车或专车列为上级列车，尽一切可能优先运送。部队应按期向铁路提出托运计划，双方保证执行，若因铁路责任延误，得赔偿损失，责任在部队则应交付罚款。

同　日　中国人民解放军炮兵领导机构在北京成立。中国人民解放军炮兵领导机构，是以第四野战军炮兵领导机关部分人员为基础建立的。陈锡联任司令员。

8月2日　重工业部召开汽车工业会议。会议决定："我国建设汽车制造厂的整厂设计工作，由于国内汽车专门人才缺乏，确定聘请苏联专家承担全部设计。"

同　日　周恩来召集胡乔木、章汉夫商议组织中国人民赴朝慰问团。慰问团参加8月15日朝鲜国庆，并赴汉城慰问朝鲜人民军，庆祝其在反美帝侵略战争中的胜利，团长为郭沫若。

同　日　周恩来召集梁希、李范五等5人，讨论内蒙古林业管理问题。议定，严禁乱砍滥伐森林，严禁开荒烧山。内蒙古及东北各级政府成立林政局，按级分区负责保林育林工作。东北及内蒙古地区合股组织中国东北林业总公司，由中央人民政府委托东北人民政府农林部代管。

8月2日—11日　中国教育工会第一次全国代表大会在北京举行。大会确定了教育工会的工作方针和任务，选出了中国教育工会全国委员会委员65人。第一次全体委员会议推选吴玉章为全国委员会主席，刘子文、钱瑞生、方明、郎法华为副主席。

8月3日　毛泽东致电西北军政委员会主席彭德怀。致电表示：我们对班禅的地位，终须有适当安置，先就班禅集团内选择适当人员参加西北军政委员会工作是需要的，请物色候选人物报告中央，以便在适当时候发表。

8月3日、10日　政协第一届全国委员会举行工作会议。会议讨论了民主党派参加土改工作问题，决定成立"土地改革宣传委员会”，建议各民主党派参加这个委员会。经讨论，同意各民主党派推定参加人。

8月4日　政务院举行第四十四次政务会议。会议通过《关于划分农村阶级成分的决定》。该《决定》是为了正确实施土地改革法而制定的。《决定》共分甲（怎样分析农村阶级）、乙（关于土改中一些问题的决定）、丙（政务院的若干新决定）3个部分。甲、乙部分仍为1933年瑞金中华苏维埃共和国临时中央政府公布的《怎样分析农村阶级》和《关于土地改革中一些问题的决定》两个文件，除一小部分现时已不运用外，其余基本上适用。特将两个文件稿加以删改和补充，再行公布，作为解决土地问题的文件。丙部分为《政务院的若干新决定》。新决定对上述两个文件没有讲到，而在中华人民共和国成立后划分农村阶级成分中将要遇到的若干问题作出了明确的规定。主要内容有：一、对小手工业者、手工业资本家、手工工人、自由职业者、小商和小贩、商业资本家和商人、开明绅士、革命烈士家属、恶霸等九种人的经济地位及政治地位作了定性的分析，明确规定了应对其采取的政策。二、对少年儿童和青年学生的家庭出身规定，凡年龄在18岁以下的少年儿童及在学校中读书的青年学生，除在土地改革时已成为一个家庭的实际支配人得划分其阶级成分外，一般不应划分其阶级成分，只划分家庭出身。三、规定凡地主成分，在土地改革完成以后，完全服从政府法令，努力从事劳动生产，或作其他经营，没有任何反动行为，连续5年以上者，经乡人民代表大会通过，县人民政府批准后，得按照其所从事的劳动或经营的性质，改变其地主成分为劳动者的成分或其他成分。富农在土地改革完成后符合于上述条件年满3年者，可以改变其成分。该《决定》8月20日由政务院公布。这次政务会议还批准水利部傅作义部长作的《水利部对于目前防汛与水灾情况的报告》、《查勘黄河的报告》，以及贸易部叶季壮部长作的《全国进出口贸易会议的总结报告》。周恩来总理指出：（一）对外贸易要逐渐减少盲目性，加强计划性，明年要减少对美贸易，逐步摆脱美国影响。（二）要在不失主权的原则下租用外国船。要组成小组，研究如何利用外船在内河运输问题。（三）外汇银行不用不太好，应首先购买工业器材，其次是日用品，如煤油和糖，但须采取慎重政策。（四）贸易工作争取出口外，还要为发展城乡交流服务。

同　日　珠江口外所有岛屿已全部解放。这次战役共毙伤蒋军第三舰队司令齐志洪及手下官兵300多名，俘虏100多名；击沉运输舰、炮艇7艘，缴获许多军用物资。

同　日　有关部门发出“今年雹灾情况”的内部通报。报告指出，今年的雹灾，自4月以后，即先后在华北的河北、山西、平原、绥远、察哈尔5省，东北的辽、吉、黑3省，内蒙的兴安盟，中南的河南省，华东的山东省，西北的陕、甘等省部分地区发生。此外，在浙江、皖南、湖北、江西、湖南等省的个别地区，亦有轻微的雹灾发生。据6月底的统计，受灾面积达1 200余万亩。山西受灾最重，其次平原、河北、山东也相当严重。仅山西一省先后在64县发生110次雹灾，受灾面积达410万亩。各地砸死不少人畜，毁坏不少房屋。

8月6日　西北石油管理局和玉门矿务局成立。

8月7日　华东防空部队一年来击落、击伤入侵的美制蒋机17架。

8月7日—19日　全国卫生会议在北京召开。出席会议的代表421，列席代表161人，其中包括各地区，各军卫生部的负责人和中西医药界学者专家。会上，卫生部部长李德全作了报告，副部长贺诚作了总结报告。会议交流和总结了过去卫生工作的经验，讨论和明确了今后全国卫生建设的方针，并制定出一些具体办法以保证这一方针的贯彻执行。会议一致同意以“面向工农兵”、“预防为主”、“团结中西医”为新中国卫生工作的3大原则。会议认为，卫生工作要为工农兵服务，要发动全国劳动人民同疾病作斗争，保证人民群众身体健康，并以此保障经济建设的发展。会议认为，预防为主的方针，应首先针对危害群众最大的疾病和天花、破伤风、霍乱、鼠疫等病，要马上组织普遍的预防，定期予以全部或大部的消灭。要改变过去卫生医药工作中存在的以治疗为主的消极业务方针和工作方法。会议认为，要团结中西医。中医在中国历史长，数量多，分布普遍，对于今天在保障中国人民的健康是不可缺少的一种力量，必须长时期地加以扶植、保存，使其学习科学理论，帮助他们总结经验。西医也必须注意中国人民的生活习惯，学习农村中医接近群众的作风，而中西医一起在为人民服务的目标下紧密团结尤为重要。会议认为，建立全国各级基层卫生组织，是解决群众卫生需要的必要条件。因此必须努力争取在3年之内，基本上使全国大部分的县有2—7个专科医师、1个药师或调剂员的卫生院，区有1—2个医生、1个助产士的卫生所，乡村有卫生员，工矿街坊也都要有卫生组织。为适应卫生干部的广大需要，在医学教育上应采取高、中、初三级制和高级的分科重点制。目前最迫切的是在全国各地举办中等医科学校。会议还对整顿医院、公私医疗机构的合理分工、卫生工作人员的交流与合作、药品的生产自给等问题，也都获得了一致的切实可行的意见。毛泽东为这次会议题词："团结新老中西各部分医药工作人员，组成巩固的统一战线，为开展伟大的人民卫生工作而奋斗！"

8月8日　新华社报道，察哈尔省山阴县（今属山西省）城南故驿村，发现战国时代的古城。初步发掘出人头骨、瓦罐、铜质箭头、铜钱等。

同　日　新华社报道，国立南京博物馆在南京市内寻获大批史前彩色陶器。经鉴定，这批陶器是瑞典人安特生1923年、1924年在甘肃采集的。安特生在中国所采集的史前文物大半已运往瑞典，但还有数十箱在抗日战争时期散留在南京和上海。

8月9日　周恩来、李富春、薄一波、叶季壮讨论关于1950年下半年进口订货单及1951年财政收支概算。议定：一、今年秋征，中财委拟定了一个分担的概数，总数为209亿万元，但须各大区同意后才能决定。二、除铝和铅必须由美国进口外，其他物品可从别国进口，今后所有进口订货，一律由中贸部统一办理。

8月10日　有关部门发出"目前各地防汛与水灾情况"的内部通报。报告说，淮河成灾，主要是由于黄泛后，淮河支流普遍淤塞，失去排水效能，今年雨量较1931年更为集中，再加各河洪水的汇合而造成。据中共皖北区党委统计，受灾面积3 157万余亩，灾民达789万余人（内有无家可归者约150万人），淹倒房屋40余万间，淹死人已查明者1 000余人。今年灾情较往年为重，因无家底。但也有有利条件，除政府拨粮外，高邮湖、宝应湖有2 000万亩稻田将于8月10日开始收割。目前除紧急救济外，水利部拟召集河南、皖北、苏北等地负责人，共同商定具体计划，争取提早施工，以求根除淮域水患。另外，河南淮河上游暴雨之后，已使24县普遍成灾。据水利部统计，受灾面积为140万亩，河南统计为305万亩，但政务院讨论秋征时，河南又报为1 200万亩。已派人调查。

8月11日　政务院举行第四十五次政务会议。会议通过《关于奖励有关生产的发明、技术改进及合理化建议的决定》、《保障发明权与专利权暂行条例》。《关于奖励有关生产的发明、技术改进及合理化建议的决定》指出，为了促进生产事业的恢复与发展，必须鼓励工人、技术人员和职员以及一切从事有关生产的科学与技术研究工作者的积极性与创造性，使其能充分发挥知识、经验与智慧，致力于发明、技术改进及合理化建议的工作。为了有组织有领导的鼓励生产发明、技术改进及合理化建议，《决定》规定：一、由中财委统一管理全国有关这方面的事宜。二、责成各经济部门指定专人或适当的行政机构领导所属企业充分鼓励协助这方面的事宜。对意义重大者，负责组织研究与实验，对实验成功者，负责推广并报告上级。三、关于规模较大的公营企业主管人应指定企业适当的专门机构执行，如审查计划、指导实验、发给工资、负责推广等等任务。四、关于规模较大的私营企业的经理或厂长应负责指导本企业中工人、技术人员、职员从事这方面的研究，并要积极鼓励之。五、关于应由国家支付的研究费、实验费及奖金，准予编列预算或在预备费内开支。六、在鼓励、协助工作积极开展的时候，须注意防止不经过仔细研究和应有的实验过程而贸然从事试制，以致浪费国家财物，该《决定》于8月16日发布。《保障发明权与专利权暂行条例》的目的在于鼓励国民对生产科学的研究，促进国家经济建设发展。其主要内容是：一、凡中华人民共和国国民，无论集体或个人，在生产上有所发明者，均应呈报中央主管机关审核并得依其自愿申请发明权或专利权。二、本条例所指的发明，系在生产上创造新的方法，确能提高生产效能或产制新的生产品。确能增加使用价值者。关于医疗方法及与生产无直接关系的学术发明的保障办法另订。三、发明者申请发明权或专利权，经中财委中央技术管理局审定合格后发给发明证书或专利证书。四、关于发明人的权利方面，如得以自己资本或招股经营企业，运用其发明从事生产，转让他人或取得任何机关或他人的许可证及报酬，可由双方以契约规定。五、有关国防机密、军事技术或军事制造工业的发明；关系大多数人民福利须迅速推广的发明，如医药品及农牧业品种等；发明者在国家工厂、矿场、研究所、实验室及其他研究机关，在本人职务范围内的发明和受国家机关、企业、社会团体委托并领取报酬所完成的发明等等，只给予证书，不给予专利证书。《暂行条例》规定，专利权为共有时，不得单独行使，转让时必须向上级报批；私售于国外者，得撤销权利。该《暂行规定》10月9日发布。

8月12日　毛泽东将《中央关于调整若干工作关系问题的指示(草案)》批转周恩来。要求在政务院党组征求意见，并加以讨论，取得同意，然后发出。《指示》说，现在应以集中统一的整体思想和分工合作的科学方法来代替过去在长期农村分割环境中所形成的农村观点和一揽子的工作方法。无论中央与地方、上级与下级、这一部分与那一部分，都应在统一方针、统一政策、统一任务和统一计划下，适当地分工，密切合作，建立起既有统一领导又有科学分工的工作关系。

8月17日　政务院发布通报。要求：凡有建立在市内、城郊住宅与机关、学校附近地区，具有爆炸性、燃烧性的工厂或仓库，均必须迅速地限期迁往郊外空旷地区。

同　日　政协第一届全国委员会举行工作会议。会议讨论了政协全国委员会、各民主党派、各人民团体如何抗议美国轰炸朝鲜人民问题。22日，政协全国委员会各民主党派、人民团体联合对美国空军滥炸朝鲜发出抗议，要求联合国安理会迅予制止。

8月18日　政务院举行第四十六次政务会议。会议原则批准《全国民政会议综合报告》。《报告》指出，全国民政会议对于人民民主建政的性质和重要性有了一致的认识，对救济工作的方针、方法及长期性有了进一步认识。会议修改了区、乡组织通则草案，讨论了革命残废军人优待抚恤暂行条例，革命军人牺牲褒恤暂行条例，优待革命军人家属暂行条例，革命工作人员伤亡褒恤暂行条例，民兵民工伤亡抚恤暂行办法等草案。《报告》还说现在有28个省和9个行政区以及所有的市、县都召开了各界人民代表会议，大部分的乡区和村都召集了人民代表大会、人民代表会议或农民代表会议。周恩来总理指出，在一定时期内，民政建设、救济工作和复员工作是民政部门的3件主要任务，其中最主要的是民政建设会议决议：成立小组，审查全国民政会议及全国治安行政工作会议和全国司法会议通过的有关文件，由董必武副总理和政协政法组组长许德珩负责召集；另成立小组，研究大城市区人民政府和公安部派出所的职权问题，由董必武副总理召集。

8月18日—24日　中华全国自然科学工作者代表会议在北京召开。参加会议的有中央和各地区的有关科学机关的科学工作者代表468人。会议听取了中国科学院、工业部门、农业部门和卫生部门的工作报告，讨论并解决了各产业部门所提出的一部分技术问题和提案。会上各产业部门所提出的工作中的有关科学技术和理论的问题195件，会议期间经各方面专家研究已解决的有73件，有48件提出了解决的初步意见和途径，有38件需要较长时间加以研究。会议认为，我们国家需要一个全面的经济建设计划，因此，自然科学工作也必须有一个计划，结合国家经济建设实际，解决工业、农业、卫生等方面提出的科学技术问题。自然科学要提高，同时也要普及。会议产生了中华全国自然科学专门学会联合会和中华全国科学技术普及协会，并选出李四光、侯德榜、茅以升、刘鼎、严济慈等50人为自然科学专门学会联合会全国委员会委员，梁希、丁燮林、竺可桢、袁输青等50人为科学技术普及协会全国委员会委员，通过吴玉章为2个委员会的名誉主席。朱德在会上讲话指出：自然科学工作一定要同全国的经济建设、文化建设与国防建设密切地结合起来。这对发展自然科学是个极为重要的条件。周恩来在会议闭幕会上指出，建设独立、民主、和平、统一和富强的新中国，把中国由一个农业国变为工业国，这是中国科学家的奋斗目标。为了有效地工作，科学家必须团结。我们必须划清界限，分清敌友，破除门户之见，团结绝大多数愿意为人民服务的科学家，为祖国服务。

8月19日　中共中央发出关于天主教、基督教问题的指示。指示规定：一、我国的天主教、基督教一方面是宗教问题，另一方面在长时期中又被帝国主义用为对我们进行文化侵略的工具，其一部分组织又被帝国主义用为进行间谍活动的机关。2个宗教在我国都办有教堂、学校、医院及其他文化事业及救济事业机关，都受外国津贴，都有大量外国教士占踞领导地位。全国天主教教士（依靠宗教为主的神父、修女、修士等）中，外国人几乎占半数（1.2万人中占5 500人），基督教士中外国人占17%（1万人中占1 700人）。天主教在组织上是统一的，属罗马梵蒂冈教皇所管，基督教则组织上不统一，分成许多派；天主教的活动比较注重在乡村，并有大量土地，基督教则比较注重城市，并有青年会、女青年会为其外围团体。二、马克思主义者是彻底的无神论者，认为宗教有害于人民，但是马克思主义者对待群众性的宗教问题，从来是当作一种有历史必然性的社会问题和群众问题来处理的，从来是反对单纯地依靠行政命令简单急躁的办法来处理宗教问题的。根据解放前的统计，中国天主教徒约300万人，80%左右在农村。基督教徒70万人，70%左右在农村。农村中的教徒，绝大多数是贫苦农民。城市中的教徒，绝大多数是贫苦市民、工人、小贩等。教徒中妇女几乎一半。其中很多人信教很深。如果不采取谨慎步骤，不但不能使广大教徒从帝国主义影响下解放出来，而且还会使他们对我们发生极大反感和敌意，恰中帝国主义之计。此外，这两个宗教在世界多数国家都有很多信徒，如果我们所采步骤不适当，还会被帝国主义用来造成外国教徒群众的恶感。因此，我们对待目前中国的天主教、基督教，应当不帮助他们的发展，并反对其中的帝国主义影响；同时坚持保护信教自由，并在其中扩大爱国主义的影响，使天主教、基督教由帝国主义的工具变为中国人自己的宗教事业。三、新民主主义革命的胜利，使我国基督教、天主教中的帝国主义影响受到严重的打击，在土改已经完成的地区，广大人民反对作为帝国主义侵略工具的基督教、天主教，一部分教徒也已不再信教。但帝国主义者，由于政治的经济的侵略已告失败，正在力图保持他们在教会中的影响，经过教会来保持在我国的帝国主义影响和加紧进行间谍活动。帝国主义这种阴谋，是完全违反我们民族与人民的利益的，是我们所必须反对的。四、为了把作为帝国主义侵略工具的教会，变为中国人自己办的宗教事业，需要进行一系列艰苦的复杂的工作。我们现在的任务，不是进行群众的反宗教运动，而是领导人民大众，坚决实现《共同纲领》，实现土地改革，争取财政经济的根本好转，广泛进行唯物主义与科学知识的宣传，来逐渐缩小宗教的市场；同时，在基督教、天主教内部，利用各种机会和经过有爱国心的教徒，向教徒群众进行爱国主义的宣传，揭露帝国主义文化侵略与间谍活动的阴谋，领导和支持其中的爱国分子，团结虔诚的教徒的大多数，反对仍与帝国主义勾结的少数反动分子，有步骤地使教会摆脱帝国主义的影响及其经济关系，把教会变为中国人自治、自传、自养的宗教事业。对于教会中进行破坏活动与间谍活动的特务分子，不论是外国人或中国人，均须依照《共同纲领》第七条坚决惩处，但在惩处这些特务分子时，不要牵连整个教会、教堂或教会学校等，而要把那里的教徒的大多数也团结到爱国主义的旗帜之下，一同反对帝国主义和特务分子。五、在上述基本方针之下，我们正鼓励基督教中有爱国心的分子吴耀宗等签名发表宣言，号召以逐渐脱离帝国主义的影响与经济关系，实行自治、自传、自养为教会今后的目标。对于这个签名运动，各地的党政机关和人民团体应从旁予以适当的赞助，经过适当关系，组织有爱国心的教徒，签名响应，并在教徒中进行宣传。但在势力更大的天主教中，现在尚未发起此种运动，请各地注意团结天主教徒中有爱国心的分子，以求在适当时机发起同一运动。所有这些宣传运动，一概不得采取强迫命令办法，尤其不可由教外的人包办代替。六、关于教会工作中的一些具体问题，依照下列原则处理。在处理这些问题时，如有必要，可由各大行政区省、市协商委员会出面，召集当地教会的中国负责人座谈。1.关于传教问题：《共同纲领》第五条规定人民有宗教信仰自由，即有信仰宗教之自由，也有反对宗教之自由。人民政府保证此种自由。但宗教的宣传，则涉及社会秩序之安定问题。为了社会秩序之安定，教会不在教堂以外传教，同时其他团体也不在教堂内及其周围进行反宗教宣传。为了同样理由，教会在正在进行土改的地区应暂停活动。教会方面，可以出版宣传一般教义的书刊，但其内容不得违反《共同纲领》。以前教会方面曾有借宣传宗教为名出版污蔑人民民主之书刊（例如天主教上海教区在解放前以“现代问题研究社”名义所出版的《国家与世界大同》）等，教会方面应自动销毁。如再有发现，政府将予以查禁并处分其出版者，决不宽贷。2.关于教会学校、医院及救济机关：这些机关，在遵守《共同纲领》及政府法令条件之下，应视为私营事业，政府本着公私兼顾原则，一视同仁。教会学校应遵守政府法令设政治课为必修课，同时教会办的高等学校中亦得设宗教课为选修课。教会学校内不举行宣传宗教的或反对宗教的展览会、群众集会等。教徒学生与非教徒学生在信仰问题上不应互相攻讦，甚至有侵犯人格之行为，应当团结起来，一致反对帝国主义和特务分子。3.关于房屋等纠纷问题：在军事时期，政府所征用或借用的教会房屋，根据中央人民政府内务部今年1月指示，在地方上协商方法处理，一般应归还教会，特殊地应仍许借用，必要时得订立合同，一方面不得强迫占用，另一方面不应空着宽裕房子不许借用。

同　日　毛泽东代中央批转华东局关于组织人民法庭的指示。给各中央局、分局的该批语指出，华东局关于组织人民法庭的指示是正确的，希望你们也就需要情形发这样一个指示。此前，华东局1950年8月17日发出关于组织人民法庭的指示。指示规定：一、应在匪特活动较为频繁及定于今冬进行土地改革的县份，首先建立人民法庭。二、应在各县县委副书记、县农协主任、副县长或县公安局长等干部中，选择一人兼任县人民法庭审判长，另以一得力的专职干部任副审判长。三、确定担任人民法庭工作的干部及人员，应由各省

（区）进行短期的专门训练。四、应在干部较强、工作基础较好的县，先由县长或县委书记甚至专员，亲自审讯及办理一二个案件，作为示范，并吸取经验，以教育干部。

同　日　周恩来电示驻印度大使馆代办申健。电示一俟我国驻印度大使袁仲贤到职后，即可电约西藏爱古巴代表团至印度新德里晤面。袁大使可先表示中央人民政府欢迎西藏代表团前往北京商谈和平解决西藏问题。然后再解释西藏为中华人民共和国领土，西藏问题是中华人民共和国的内部问题，只能由中央人民政府与西藏地方当局自己商谈解决，外人不能干涉，我们认为西藏代表团是地方性的及民族性的代表团，而北京又是中央人民政府所在地，故亟愿西藏代表团前往北京商谈。印度政府曾向我大使馆表示，甚愿我西藏代表团早日到达北京，并闻英国政府已撤销其拒发签证的决定。如此，西藏代表团更可早日动身，我大使馆愿尽一切力量予以帮助。

8月21日　中国红十字会常务理事伍云甫向中央报告关于中国红十字会的改组问题。周恩来说，拟批准伍云甫的报告。中国红十字会尚有些社会事业基础，特别是医院及卫生人员，我们必须予以接管和维持，并应参加国际红十字会的组织，故我们在开全国人民救济代表会议时，即决定改组该会，胡兰生（建国前为中国红十字会秘书长）表示接受。现改组已完成，拟推李德全、伍云甫二人出席日内瓦国际红十字会大会。

同　日　周恩来召集铁道部长滕代远等研究关于中苏铁路联运问题。议定：一、自中苏边境至满洲里铁路，在我国境以内，应属我方所有；但自满洲里至欧特波尔接轨铁路未筑竣前，因该段铁路养路、人工等已由苏方维持，可暂时同意由苏方代管。但需在协定上说明一个是永久性的原则，一个是临时性的办法。二、如该段铁路暂归某方管理，则自欧特波尔调车来满洲里，不应向我收费。如将来接轨铁路筑竣后，经我方收回，双方可彼此抵账或互不收费。三、苏方军运米为维持旅大驻军需要，可按我方军运优待办法。

8月23日　毛泽东电示西南、西北局为解放昌都作准备。指示说，现印度已发表声明承认西藏为中国领土，惟希和平解决勿用武力。英国原不许西藏代表团来京，现已允许。如我军能于10月占领昌都，有可能促使西藏代表团来京谈判，求得和平解决。现我们正采取西藏代表来京并使尼赫鲁减少恐惧的方针。西藏代表到京时，我们拟以既定的10条作为谈判条件，争取西藏代表签字，使10条变为双方同意的协定。果能如此，则明年进军拉萨会要顺利些。

同　日　全国手工业生产指导委员会成立，黄炎培为主任委员。

8月24日　中国外交部长周恩来致电联合国安理会主席马立克及秘书长赖伊。要求制裁美国武装侵略中国领土的罪行。电报指出，美国总统杜鲁门6月27日宣布美国政府决定以武力阻止中国人民解放军解放台湾。同时，美国第七舰队便向中国台湾海峡出动，美国空军亦随着进入台湾，公然侵占我中华人民共和国领土，美国政府的这一行动乃是对中国领土的直接武装侵略，对联合国宪章的彻底破坏。中国人民对此不能容忍，决心收复台湾。周恩来代表中国政府向安理会提出控诉和建议：为了维持国际和平与安全，为了维护联合国宪章的尊严，安理会有义不容辞的责任，来制裁美国政府用武装侵略中国领土的罪行，并应立即采取措施，使美国政府自台湾及其他属于中国的领土完全撤出它的武装侵略部队。

8月24日、31日　政协第一届全国委员会举行工作会议。会议同意政务院人事局提出的：政务院政务会议通过的任免名单事先分送政协全国委员会常务委员会征求意见，如有意见，应以书面提出。若时间仓促，政务院的任免名单，可以在通过后再行送阅；会议决定各民主党派、无党派民主人士双周座谈会不另成立干事会，仍由工作会议担任各项准备工作；会议还决定工作会议由以下人员参加：正副秘书长、正副组长、学习座谈会干事会主任、文化俱乐部主任、秘书处正副处长，并请陈叔通副主席出席指导。

8月25日　政务院举行第四十七次政务会议。听取中国人民代表团团长郭沫若作的中国人民代表团参加朝鲜解放5周年庆典的报告；讨论批准《司法部关于第一届全国司法会议的综合报告》；任命李四光等24人为中国地质工作计划指导委员会委员，李四光为委员会主任，尹赞勋为副主任，章鸿钊为顾问。周恩来总理在听取郭沫若关于中国人民代表团参加朝鲜解放5周年庆典经过的报告后指出，朝鲜不到3 000万人抵抗着资本主义阵营的53个国家的侵略，真不容易，这是替亚洲人民打头阵当先锋。朝鲜民族与我们血肉相连，我们几个革命时期都有他们参加，现在我们要坚决帮助他们。司法部史良部长关于《第一届全国司法会议的综合报告》说，会议重要收获是提高了干部对法律的本质和人民司法工作功能的认识；明确了人民司法工作当前的任务，主要是镇压反革命活动，制裁破坏国家经济建设和社会秩序的罪犯，其次是调整人民内部纠纷。此外，还初步确定了审判工作、检察工作及司法行政工作的组织制度、工作范围及当前的主要任务。周恩来总理指出，为使各级政府、工作人员和人民重视和了解司法工作，有必要制定并颁布关于司法工作的决定。会议决定成立小组，审查政务院关于狱政工作的指示，和京、津、沪三市律师制度试行办法，由董必武副总理、政协政法组长许德珩召集。

8月25日—9月12日　水利部在北京召开治淮会议。参加会议的有华东水利部、中南水利部、皖北行署、苏北行署及河南省人民政府、淮河水利工程总局及河南黄泛区复兴局等单位的负责人和专家40余人。会议决定治淮的方针为蓄泄兼筹，并确定淮河上游的蓄洪发展水利为长远目标，中游蓄泄并重，下游则开辟入海水道。会议制定了治淮工程的步骤，决定1950年12月以前以勘测工作为中心，上游和下游的查勘蓄洪工程和入海水道为重点，同时并进行放宽堤距、疏浚、涵闸等勘测工作，中游地区在整个计划内选择对上、下游关系较小的部分工程先行开工，1951年2月即全部动工。为保证治淮工作的顺利进行，会议建议由华东、中南各有关地区在现有淮河水利工程总局的基础之上，组成治淮委员会，统一领导治淮工作，并成立淮河上、中、下游的3个工程局，以便统筹兼顾。

8月25日—9月18日　全国工资准备会议召开。会议主要讨论了工资单位、工资标准、工资等级、技术津贴等问题。会议研究了解决工资制度问题的三条原则和方案。三条原则是：第一，要在可能的范围内，调整得比较合理，打下全国统一的合理的工资制度的初步基础。第二，一定要照顾现实，尽可能做到为大多数工人拥护。

第三，要照顾目前国家财政经济能力，不能过多增加国家负担。方案的主要内容是：实行以实物为计算基础、用货币支付的工资制度；统一以“分”为全国工资计算单位，每“分”含量为粮食1市斤、布0.13市尺、油0.025市斤、盐0.025市斤、煤2市斤；工资标准根据各种产业部门在国民经济中的重要性、技术繁简和劳动条件的差别来确定；工资等级，工厂工人一般实行8级工资制，管理人员和技术人员分为2级—5级；技术人员可给技术津贴、最高可达本人工资的30%；对边远地区、重要企业的工人和职员可增发10%~30%的津贴；取消各种补贴，但对实有特殊困难的，可以酌情照顾。

8月25日—9月1日　卫生部和轻工部召开全国制药工业专业会议。确定了“发展原料药为主，制剂为辅，自强奋斗，生产自给”的方针，并对药厂的经营管理提出了“经营企业化，管理民主化”的要求，明确了中国制药工业的发展方向。

8月26日　中国外交部长周恩来致电联合国秘书长赖伊。谴责联合国容留国民党非法代表，并通知中国政府已任命出席联合国大会的代表。电报指出，中华人民共和国中央人民政府是代表中国人民的唯一合法政府。中国国民党反动派残余集团的所谓“代表”完全没有参加联合国一切会议及其机构的资格，故必须将他们从联合国一切会议及其机构中驱逐出去。时至今日，联合国容留国民党的非法代表在联合国各个机构之内，不但违背了联合国宪章，而且漠视了中华人民共和国4.75亿人民的正义要求。周恩来代表中国政府正式通知：中华人民共和国中央人民政府已任命张闻天为中国出席联合国第五届大会的首席代表，李一氓、周士第、冀朝鼎、孟用潜为代表。请即转达各方，并即办理一切赴会手续。

同　日　外交部长周恩来致电国际电讯联盟。通知中国任命李强为出席该联盟行政理事会的中国理事，并要求其驱逐国民党反动残余集团的所谓代表。

同　日　外交部长周恩来致电联合国赖伊秘书长，并请转联合国国际儿童紧急救济基金执行局赖赫门主席、斐德总干事。电称我国已任命伍云甫为参加该执行局的代表；国民党反动残余集团的所谓

"代表"必须从该执行局及所属各项机构和会议中驱逐出去。

同　日　外交部长周恩来分别致电联合国赖伊秘书长、国际货币基金盖特总经理、国际复兴及发展银行布莱克总裁。致电要求将中国国民党反动残余集团的所谓"代表"，从国际货币基金与国际复兴及发展银行两组织的各项机构和会议中驱逐出去，并通知有关各方。

8月26日—30日　有40年历史的中国护士学会在北京举行第四次代表会议。通过了新会章，将总会会址设在北京，并呈请政府批准该会改名为"中华护士学会"。

8月27日　中国外交部长周恩来致电联合国安理会主席马立克及秘书长赖伊。要求制裁美国军队飞机侵犯中国领空和扫射中国人民。电报指出，8月27日，美国侵略朝鲜军队军用飞机侵入我中华人民共和国领土上空，沿鸭绿江右岸扫射我建筑物、车站、车辆及中国人民以致伤亡。美国军队这种侵入中国领土上空的挑衅和残暴行为，是侵略中国主权，残杀中国人民，并企图扩大战争破坏和平的严重罪行，对此中国人民决不能容忍。周恩来代表中国政府提出控诉和建议：联合国安理会有义不容辞的责任来制裁美国军队侵入中国领空的挑衅和残暴行为，并应立即采取措施，使美国政府完全撤退其在朝鲜的侵略军队，以免事态扩大，并有利于联合国和平调处朝鲜问题。

同　日　中国外交部长周恩来致电美国国务卿艾奇逊。抗议美国飞机侵入中国领空并沿鸭绿江右岸射杀中国人民，要求美国政府惩办肇事美国空军并赔偿一切损失。

8月29日—12月1日　中央西北各民族访问团出发。访问团一行50余人，由团长沈钧儒和副团长萨空了、朋斯克、马玉槐率领，赴新疆、甘肃、宁夏、青海等少数民族聚居地区访问。8月30日，《人民日报》发表社论：《送西北访问团》。

8月30日　中国外交部及周恩来致电联合国安理会主席马立克和秘书长赖伊。控诉美国侵朝军队飞机继续侵犯中国领空扫射中国人民。电报指出，继8月27日之后，美国侵略朝鲜的空军于8月29日又入侵中国领空，并杀伤中国人民。周恩来代表中国政府再度向联合国提出控诉和要求：联合国安理会应该立即采取有效措施，制止美国侵略朝鲜军队扩大侵略的行为，并从速撤退美国侵朝军队，以免事态扩大，实为急不容缓之举。

8月31日　政务院发布《关于向国外订货须先经政务院财经委员会批准然后交贸易部统一办理的通知》。《通知》规定，中央及地方各机关、部队、团体今后向国外有计划订货时，必须按一定手续告经国务院财经委员会批准，然后一律交由贸易部统一向外办理，以免接收与结算上发生不必要混乱。

同　日　中共中央批转贸易部关于香港各单位贸易机构统一领导的方案。周恩来批示：关于统一我在香港各单位对外贸易机构的领导问题，酝酿了很久，这次得到了一个"联合经营统一领导"的方案，可以批准。各单位的资本和利息仍归各单位支配。

同　日　周恩来总理批准中国红十字会章程及理事人选。新的中国红十字会理事会确定李德全为会长，彭泽民、刘鸿生、熊谨玎、胡兰生为副会长。

本　月　中财委在北京召开全国计划会议。会议主要讨论了编制1951年计划和三年奋斗目标。会议根据中共七届三中全会的精神和美国发动侵略朝鲜战争的情况，着重研究了全国经济形势，认为我国仍面临着争取财政经济情况根本好转的艰巨任务。由于财力、物力和人力的限制，由于加强国防建设的需要，也由于工业本身半殖民地的影响还没有根本消除，在2—3年内不可能立即进行大规模的经济建设。因此，今后的主要任务是要搞好经济的调整与恢复，为将来大规模的经济建设做好准备。在工业方面应以现有为主进行调整与恢复。会议认为对工业的恢复不能盲目进行，而应根据合理的经济的原则，应以在调整中进行恢复。要求在3年内必须做好以下几项工作：一、组织生产过去依赖国外供应的原材料。二、改变工业生产过分集中于沿海地区的不合理现象，将一部分工厂适当迁移到接近原料、市场的地区。三、根据产销平衡的原则，合理地安排工业各部门的生产。四、对某些不合理的同类的大小工厂应适当地组织合并。五、在安排生产时应贯彻鼓励先进、淘汰落后的原则。六、在全国范围内进行技术人员和工人的调整，以适应工业建设的需要。会议确定，今后3年内在工业方面，新的建设应放在加强国防力量上。新的建设必须经过调查、勘察、设计，然后按施工图组织施工。

9月1日　政务院举行第四十八次政务会议。会议通过《公安部关于第一届全国治安行政会议综合报告》和政法委员会副主任彭泽民《关于中央慰问团的工作报告》，还通过了《新解放区农业税暂行条例》，以及政务院增设人事部和华北事务部的决定。公安部罗瑞卿部长作的《公安部关于第一次全国治安行政工作会议综合报告》说：会议以解决城市治安问题为主要内容。规定：（一）治安行政工作基本任务包括三方面，即同敌人作斗争，同盗匪、流氓等破坏分子作斗争，同危害人民生命财产安全的灾害作斗争。（二）目前治安工作的中心，在新区是配合进行剿匪、土改；在老区主要是肃清残匪及各种残余的反革命组织和活动。（三）争取三年左右建设一支有相当政治觉悟和业务水平的警察队伍。（四）拟订了全国统一的户口、交通、特种营业、外侨、枪支管理、违警罚则、派出所、农村治安、农村治安组织等9种条例性的规章草案。周恩来总理指出：(1) 政务院、政法委要加强对公安部的领导。(2) 增加骨干力量，吸收工农劳动者和革命知识分子加入公安队伍。(3) 加强对接收的旧工作人员（包括旧警察）的教育。(4) 建立奖惩制度。会议决议：成立小组，审查有关城市治安、农村治安及人民警察建设方案等草案，由董必武副总理和政协政法组组长许德珩召集。中央慰问团彭泽民团长作的《关于皖北、河南灾区慰问工作的报告》说，慰问团采取慰问与视察相结合的方式，把了解到的问题和群众的要求及时转报中央，推动了地方各级领导的救灾工作，群众的悲观情绪很快扭转，特别是当传达了毛主席和党中央治理淮河的决心后，感到了很大的安慰。董必武说，皖北这次水灾死了600多人，住房损失110万间。这次水灾主要因淮河多年失修，防汛基础差。毛泽东主席下决心明年要大力治理淮河。

同　日　政务院批准，中国人民银行、邮电部发布《查检邮件中夹带外币或外币票据暂行处理办法》。该《办法》共12条，对严格执行外汇管理，防止利用国内或国际邮件夹带外币或外币票据互相转让流通及私营外汇等事情作了具体规定。

同　日　第一坦克学校在北京成立。朱德总司令为该校题词："努力学习，建立强大的人民坦克部队，反对美帝侵略，巩固国防。"

9月2日　政务院批准《西北军政委员会组织条例》。《条例》规定，西北军政委员会为西北各省市高一级的地方政权机关，并为政务院领导地方政府工作的代表机关，该会辖陕西、甘肃、宁夏、青海、新疆5省及西安市。

同　日　根据毛泽东的指示，周恩来召集董必武、薄一波、傅作义等13人研究治淮计划。决定，治淮必须苏皖豫三省同时动手，要求9月份订出动员和勘测的具体计划，10月份动工，3年为期，根除淮患。

9月3日　中共中央批转中财委《关于掌握今年下半年物价的方针的报告》。《报告》指出，当前最严重的是秋粮价格下落，将造成工农业产品剪刀差的扩大，不利于农民和以粮食为计算单位的工薪劳动者。为稳定物价，决定大量开展农产品收购，积极组织工业品下乡，开放贸易贷款，以适应季节收购的需要，并拟批准增加纱布加工数量。

9月4日　中共中央发出《关于建立检察机构问题的指示》。要本年内将各大行政区各省、市检察署，全部建立，某些专区及县选择重点建立。1951年普遍建立各县检察署。各级正副检察长，必须有一能力较强资望较高的老干部负专责，切不可全是兼职，致同虚设。

同　日　人民革命军事委员会批准成立人民革命军事委员会总干部管理部。罗荣桓任部长。1954年10月11日起，军委总干部管理部改称中国人民解放军总干部部。1958年9月30日，总干部部撤销，其分管的干部工作并入总政治部干部部，由总政治部统一管理全军的干部工作。

9月5日　中央人民政府委员会举行第九次会议。会议听取周恩来关于外交问题的报告。通过关于增设中央人民政府人事部及中央人民政府华北事务部的决议，任命安子文为人事部部长，刘澜涛为华北事务部部长。批准公布《新解放区农业税暂行条例》。外交部长周恩来《关于外交问题的报告》指出，两个多月的朝鲜战争，朝鲜人民对美国的侵略进行了坚决地抗击，迫使美国不得不以其5个师的兵力和李承晚的残余伪军退缩在大邱—釜山之间的地区。目前美国还在不断地增援军队，并极力想把欧洲的几个资本主义国家拉进这场战争的漩涡。中国提出的两次对美国的控诉案，已被联合国安理会通过列入了议事日程。我们向安理会提出关于控诉美帝侵略台湾的议案，中国人民是有权力从美帝手中来解放台湾的。美国在侵略台湾、朝鲜之后，又在鸭绿江畔入侵了中国领空、扫射和杀伤我国人民，我们再度向安理会提出了对美国侵入中国领空的控诉，这又给了美国一个打击。就现在的情况看，朝鲜战争持久化的可能性正在增大。我们的军事、政治、经济、文化各方面以至1951年的概算，都要当做敌人在面前来讨论和制定。美国是有许多困难的，内部争吵，外部也不一致。他在军事上有3个弱点：战线太长，从柏林到朝鲜；路线太远，隔两个大洋；战斗力太弱。敌人是不可怕的，但美国可能乱来。对这一点我们应估计到，在朝鲜他已经干了，也可能在别处干。我们抓住他的弱点，最后打败他。对于资本主义国家的外交，平等互利的要做。英国对与我建立外交关系着急得很，因为他在上海有2亿英磅的投资。关于《新解放区农业税暂行条例》，财政部薄一波部长作了说明：去年农业税平均占农业总收入的17%，今年要降低到13%。公粮数量大体可保持去年水平。条例还规定了奖励劳动发展生产的政策。这次中央人民政府委员会会议，还批准任命晁哲甫为平原省人民政府主席，张苏为察哈尔省人民政府主席，于毅夫为黑龙江省人民政府主席，康生为山东省人民政府主席，吴芝圃为河南省人民政府主席。

同　日　朱德致函毛泽东，分析美国侵略军在朝鲜战争中的战略战术，并提出我们应采取的对策。信中指出，我们的对策应该是作长期打算。我们除整顿陆军外，应抓紧建设空军、海军以及装甲兵、工兵、炮兵、铁道兵等特种兵。现存的陆军除整编一部分继续留作陆军外，大部分也可转为新式兵种。

9月6日—10月13日　政协第一届全国委员会政治法律组与政务院联合举行政法草案审查会议。参加会议的有政法组组员、政务院政务委员、政务院参事、最高人民法院、最高人民检察署和政务院法制委员会等有关单位人员以及教授专家等共128人。会议审查讨论了民政会议草拟的区、乡、大城市区代表会议及人民政府组织通则等3个草案；民政会议草拟的有关优抚工作的5个条例草案；司法会议草拟的律师试行办法草案。会议还就治安会议草拟的农村治安3个条例草案、城市治安6个条例草案和人民警察建设草案征求了意见。

同　日　中财委报送毛泽东主席并中共中央《关于全国金融会议情况的报告》。《报告》指出，目前私营银行钱庄困难很大，半年来，全国倒闭了一半。因此，私营行庄的代表，对这次会议的希望甚为殷切。由于物价趋于稳定，私营行庄投机的可能性日渐缩小，再加上私营工商业的好转，需要它们协助其资金周转。同时，金融业中公私力量的对比，已发生了变化，国家银行控制存款占总额的90%，放款占97.7%，已取得了巩固的领导地位。因之，私营行庄自觉地要求我们领导。所以改造和运用它们的条件可以说已经成熟。我们对私营行庄的方针应该是：鼓励它们积极扶植工商业，其任务是扶植生产，沟通城乡，内外交流，吸收侨汇，促进资金回流。目前私营行庄与工商业的联系尚有扩大的可能，通货稳定后存款还会增加，故私营行庄还会有一定程度的发展。国家银行为了支持私营行庄，扶助工商业，决定建立下列业务关系：（1）行庄为扶助城乡交流，开展汇兑，人民银行可以代为调拨资金，汇率7折优待，并可代理人民银行汇兑。（2）放款发生周转不灵时，可向人民银行申请转抵押、转贴现，以鼓励放款于工商业。（3）行庄得申请办理人民银行的委托业务，如代收税款、代理储蓄、保险等。（4）行庄为开展中小城市的业务，可以考虑准予增设机构。（5）行庄资金因信用阻滞一时不易放出时，准予转存人民银行。金融会议明确了金融业为工商业服务的方针，具体规定：（1）利率应该下降，利差应该缩小。目前物价尚有局部需要调整，资金一般供不应求。因此，拟采取缓和的步骤，逐步地、机动地、有幅度地调整利率，接近于战前水平。利率应力求一致，目前先要向利率较低的上海看齐。京、津两地，应于9月底调整下降。今后利率由人民银行总行规定全国放款利率最高额，交由各地利率委员会根据当地具体情况拟定利率。利率委员会应由金融业、工商联及工商局代表组成。（2）联合放款应即增资扩大。除固定资金外，行庄可临时搭放，重点应注重时期较长数额较巨的放款，对中小型工商业亦应照顾。（3）公私金融业倡导组织投资公司，以便投资或长期贷款于工商业。（4）对工商业不通过行庄自行吸收股东及职工资金问题，为照顾开展自由借贷和工商业的困难以及行庄存款利差较高等情况，可以暂准办理。金融会议制定全国性银钱业管理办法草案，经过核定呈请批准，并俟行庄度过困难情况好转后，即可实施。会议还讨论了劳资关系中的裁员减薪问题，对此问题尚未解决，现正由劳动部研究具体解决办法。经过这次会议，私营行庄感到政府不但指出了出路，而且调正了公私关系，给行庄以转抵押、委托业务、汇兑折扣等支持，信用会逐渐恢复。中小行庄将来合并时，希望国家银行帮助解决过剩人员。大银行呆账的清理，已决定各地组织呆账清理委员会。上海呆账仅400亿，其中大半是过些时即可收回的，拟以转抵押方式接受一部分。另外，国家银行管理国家股份已经指派营事的（实则公私合营的），有上海、浙兴、金城、大陆、中南、国华、和成7家。正要求，我们尚未允许的，有聚兴城银行。

同　日　周恩来在教育部《关于处理北京私立辅仁大学问题的报告》上批示。辅仁大学天主教圣言会代表芮歌尼来信带示威作用，甚无道理，应由教育部邀其面谈，加以驳斥。同时告以我们对待教会设立的学校的原则：在遵守中央人民政府法令及《共同纲领》的条件下，可以继续办下去。教会与学校的关系，只是协助经费及主持宗教选修科，圣言会可以保留，但学校人事和行政方面，绝不容许教会干涉。教会可以开除它认为所谓背叛教义的教徒的教籍，但绝不容许干涉这些教徒的教授地位。

同　日　中华人民共和国成立后首次派赴波兰、捷克、罗马尼亚、匈牙利、保加利亚等5国学习语文、史地的25名留学生启程。12

月28日，派赴波兰、捷克学习工程的10名留学生启程。

9月7日　政协第一届全国委员会举行工作会议。会议通过了《政协全国委员会经费审核委员会暂行工作条例》，《民主党派中央机构动支特别费暂行办法》；拟定了各民主党派、无党派民主人士双周座谈会的参加范围；讨论了进一步发动群众参加保卫世界和平签名运动问题。

同　日　邓小平代表中共中央西南局在西南军区第一届英雄模范代表会议上发表《发扬积极的因素，战胜消极的因素》的讲话。《讲话》指出，23年的历史，在共产党一手培植一手领导的人民军队里面，始终贯穿着两种因素的斗争。一种是积极的因素，就是把革命推向前进的因素，这是主导因素；另一种是消极因素，即阻碍革命前进的因素。我们要向英雄、模范学习，发扬正气，克服邪气，发扬建设性的东西，克服破坏性的东西，发扬正确的东西，克服错误的东西，也就是发扬革命的积极因素，克服消极的因素。

9月8日　政务院举行第四十九次政务会议。会议批准人民银行《关于全国金融业联席会议的报告》，卫生部《关于全国卫生会议的报告》。通过《政务院关于新解放区征收农业税的指示》。人民银行行长南汉宸作的《中国人民银行关于全国金融业联席会议的报告》说，目前金融业的情况，已发生变化。由于通货和物价已经相对稳定，私营金融业与投机联系的可能日趋缩小。会议关于调整金融业的公私关系，强调统筹兼顾，国行适当领导和照顾行庄；关于调整金融业与工商业的关系，确定金融业为工商业服务的立场；关于调整金融业中的劳资关系，政府主管当局及工会将协助劳资双方，进行协议，使之能够适应通货稳定后的新情况。关于全国性的银钱业管理办法草案，将呈请核定公布。周恩来总理指出，这次金融会议大家都很满意。从本质上来看，银行是应该属于国家的。但在新民主主义制度下，为了照顾私营银钱业，没有把全部银行国有化。国家对私营银钱业既要指导，也要严格管理，不准投机倒把。私营银钱业的前途是要逐渐走向国有化的。陈云说，私营金融业的黄金时代是不能再有了。现保留的357家行庄，我们不能保证它们将来不关门。《卫生部关于全国卫生会议的报告》说，卫生会议确定了面向工农兵、预防为主、团结中西医为卫生工作的3大原则，会议作出关于发展医学教育、大量培养卫生人才，建立和发展全国基层卫生组织，调整卫生部门中公私关系，医药界团结改造和整顿医院等决议。周恩来总理指出，中西医要团结，要重视中医，改造中医，使之科学化；西医要把科学医学原理与中国实际相结合。《关于新解放区征收农业税的指示》。《指示》要求新解放区的各级人民政府，必须认真研究《新解放区农业税暂行条例》，掌握其原则，并参照各省(市)具体情况，制定适当的施行细则。新解放区各级人民政府应将这一工作列为当前重要任务之一，实行首长负责，直接领导。乡(村)人民政府必须普遍无例外地组织包括各阶层代表在内的农业税调查评议委员会，计算和评议各户应交税额，并适当调解和处理纳税户间的纠纷，使农业税征收得公平合理。该《指示》9月8日公布。

同　日　卫生部和中国人民救济总会主持协商会议，决定改组旧中国红十字会，建立新的总会机构。旧中国红十字会成立于1904年，在组织上受封建军阀、政客、官僚、反动阶层的把持和控制。新改组建立的中国红十字会，其政治基础是人民政协共同纲领规定的；提倡国民体育，推广卫生医药事业，并注意保护母亲、婴儿和儿童的健康。其思想基础是以爱国主义、国际主义和革命人道主义为指导。其方针是：根据“预防为主”的卫生工作总方针及“动员和组织人民实行自救助人”的救济福利方针，协助各级人民政府，面向人民大众，宣传并推广防疫、卫生、医药及救济福利事业。其任务是：团结群众，担任救护训练及宣传公共卫生，推动卫生防疫工作，进行医疗服务，办理灾害救助及救济性医药卫生工作。在必要的情况下，经政务院批准担负国际性救助及医疗服务等。总之，其目的在于协助政府医治战争创伤和消灭灾难，开展群众性的卫生运动和救护运动，从而提高人民的卫生文化水平及健康水平，保证国家的经济建设。会议选举李德全为会长，彭泽民、刘鸿生等为副会长。

9月8日—10日　北京市第二届三次各界人民代表会议召开。市长聂荣臻、副市长张友渔分别作市政府工作报告和财经工作报告，会议通过了相应的决议。

9月9日　中共中央转发河南夏季征粮经验。河南淮阳地区夏季征粮任务过重，干部强迫命令，按比例负担，按任务评量，畸轻畸重，贫雇农负担加重，尾欠户多为贫农，不少地方发现卖牲口、当青苗、卖树、借债等情况，多数地主要赖不交夏粮。河南省委及中共中央中南局布置采取的措施是：对尾欠者可以减、免、缓交，卖东西者适当退让，秋粮多夏麦少者改征秋粮，地主要赖者给以处分。中共中央在批语中指出，河南夏季征粮经验，值得引起极大注意。今年全国秋征工作，必须党政全力布置，加强领导，务必避免河南淮阳地区那样的极端恶劣现象，切勿大意，是为至要。

同　日　毛泽东作出关于失业工人救济问题的批语。给李立三的该批语指出：上海市委1950年8月30日关于上海失业工人救济工作情况给中央及华东局的报告，可转发各地参考。请考虑发一通知，叫各地调查解放前失业工人究有多少，以便考虑包括这批失业工人的救济问题。我意只要有可能，他们是应当救济的。如果不太多，譬如说只有几十万人，是可以考虑救济的。

同　日　据新华社报道，中南、华东、西南、西北各区已发展农民协会会员近4 000万人。他们成为改革土地制度和巩固农村人民民主政权的核心与基干力量。

9月10日　中共中央华北局提出关于绥远工作近况和存在的问题给毛泽东并中共中央的综合报告。报告说，由于坚持执行对起义部队团结改造的方针，8个月来绥远在改造起义部队和地方工作方面都取得了一定的成绩。对尚存在的问题准备采取以下措施：一、除继续做好团结改造上层的工作外，要加强群众工作，给群众做出几件善政来；二、在起义部队中采取有效办法加强政治工作、逐步树立党对部队的领导，达到改造和巩固部队的目的；三、继续剿匪肃特，镇压反革命，安定社会秩序；四、在整党整干中克服一些同志在改造起义部队问题上存在的“左”倾情绪和畏惧困难、失却信心的思想偏向。

9月13日　毛泽东主席电复南非联邦杜邦城南非印度人大会会议

联合书记梅尔。表示完全支持他们反对南非联邦政府歧视及压迫南部非洲的非白色人民的主张。

同　日　新华社报道，贸易部发出通知。通知规定中央及地方各机关、部队、团体今后向国外有计划订货时，必须先经中财委批准，然后一律交由贸易部统一向外办理。

9月14日　中华人民共和国和瑞士联邦建立外交关系。

同　日　全国总工会发布《关于加强女工工作的决定》和《女工委员会组织条例》。

9月15日　政务院举行第五十次政务会议。会议批准轻工业部关于《全国橡胶工业会议总结报告》和《全国火柴工业会议总结报告》；以及中央合作事业管理局《关于全国第一届合作社工作者代表会议向政务院的报告》。轻工业部黄炎培部长说，火柴会议、橡胶会议都是为了解决产销平衡、控制原料、制定价格和搞好公私关系等问题。火柴工业，近年盲目发展与增产，在全国范围内形成生产设备过剩2/3，产品过剩1/3，各地火柴同业互争市场，跌价倾销，引起滞销亏本、停工歇业等后果。会议确定组织全国火柴工业进行有计划地生产。橡胶工业在民族工业中历史较短，发展却相当迅速。今后橡胶生产的方针，应有重点有步骤地向制造生产资料方面发展，对生活资料的生产，则应面向农村，力求大众化。中央合作事业管理局局长孟用潜作的《关于全国第一届合作社工作者代表会议的报告》说，一年多来，全国合作社有很大发展，全国合作社资金共有5 514亿元。群众十分需要合作社，要求把剩余的农副产品推销出去，这一推销的组织工作实际就是组织农民的生产工作。老区群众迫切要求借贷工作的开展，合作社也应该为国家办理代购、代销、农贷等业务。目前主要应该在工人和城市劳动人民中组织消费合作社，在农村组织供销合作社及农业生产信用合作社，在独立生产的小手工业者及家庭手工业劳动者中组织手工业生产合作社。会议决定成立全国合作总社，并选举了薄一波、程子华等31人为理事，叶季壮等10人为监事。会议决议，中华人民共和国合作社法、中华全国合作社联合总社章程等草案，由政协常委会座谈后，以草案形式公布。

同　日　中苏石油股份公司在新疆乌鲁木齐成立。

9月15日—25日　中央人民政府出版总署在北京召开第一次全国出版会议。出席和列席会议的代表共324人，包括中央及全国各地区、各民族的出版行政机关、人民团体、公私出版、印刷、发行业、杂志社及书报摊贩的代表。会议的目的是调整出版业中的公私关系，初步解决出版业中的统一分工问题，使公私出版业能逐渐趋向计划化。会上，出版总署署长胡愈之作了题为《论人民出版事业及其发展方向》的报告，提出改进和发展出版印刷、发行、期刊工作的各项方案。各地代表提出138件提案。全体会议和分组会议在讨论署长的报告及各项方案和提案后，通过了发展人民出版事业的基本方针和改进与发展出版工作、期刊工作、发行工作、印刷工作等5项决议，并以此作为今后发展人民出版事业的总方针，即《共同纲领》所规定的，新民主主义的、民族的、科学的、大众的方针，也就是人民充分享有言论自由和出版自由权；而人民的国家又有责任和义务领导并协助各阶级人民从事言论和出版事业，指导其向有利于人民的方向发展。在实施这一方针时，必须坚持理论与实际相结合，提高与普及相结合的方针。另外，会议提出要改变无计划、无组织的现象，争取条件，逐步实行出版与印刷分工和出版专业化的方针；要改善企业经营、减少营业费用，争取全国书刊售价的逐渐划一，国营书店以批发工作为主，团结并组织一切公私贩卖业，建立广大的发行网；要趋向分工专业化，结合实际，避免重复浪费。并停止扩建，维持现有公私印刷厂，设法救济和安置失业工人。

9月16日　外交部长周恩来就9月11日安理会拒绝我国合理要求致电联合国安全理事会杰伯主席及赖伊秘书长。致电指出安全理事会9月11日的会议，在美国操纵和阻挠之下，竟使我国所提在该会讨论我国控诉美机侵犯我领空案时，必须有我国代表出席陈述意见和参加讨论的合理要求遭到拒绝。这完全违背了联合国宪章，为此坚决要求，程序上应首先决定，安全理事会在9月18日对我国控诉美国武装侵略台湾的议程进行讨论时，必须有我国代表出席陈述意见和参加讨论。安全理事会如果在没有中华人民共和国代表出席和参加讨论的情况下进行上述议程，则其所作的一切决议都将是非法的，因而也将是无效的。

同　日　毛泽东作出关于区域自治问题的批语。给刘少奇、周恩来、朱德等的该批语指出，区域自治问题，牵涉很广，有西藏、青海、宁夏、新疆、甘肃、西康、云南、广西、贵州、海南、湘西等处，有的必须成立内蒙古那样的大区域政府，有的必须成立包括几个县的小区域政府，有的是一个县或一个区的政府，疆域划分，人员配备，政策指导，问题甚多，必须加以统筹。西康区委1950年9月6日关于建立东藏自治区域人民政府问题给西南局并第十八军张国华、谭冠三等的报告中所称东藏自治区域，是与西康省政府并立的，还是属于西康之内的？其疆域如何？是否事前得到中央批准？请李维汉查告。

同　日　财政部公布《关于农业税土地面积及常年应产量订定标准的规定》。制定这个文件的目的，是为了统一土地面积和常年应产量的计算标准，保证新区老区农业税征收政策的正确执行。

9月17日　中国外交部长周恩来致电联合国秘书长赖伊。致电要求驱逐国民党非法代表并使中华人民共和国代表团出席本届联合国大会。电报指出，目前，除万国邮政联盟外，中国国民党集团的非法代表仍存在于联合国各项机构中，这是完全不合理的，违背联合国宪章的。周恩来代表中国政府郑重通知赖伊：中国国民党集团的代表团绝对不能代表中国人民，他们没有任何资格参加本届联大，更没有任何权利向联大提出任何议案。联合国第五届大会必须将中国国民党集团的非法“代表”立即驱逐出去，同时立即办理一切必要手续使中华人民共和国代表团得以出席本届联合国大会，并声明此届大会若无中华人民共和国代表团参加，或竟容留中国国民党反动残余集团非法“代表”在内，则其所作的一切与中国有关的决议均将是非法的，因而也将是无效的。

同　日　人民解放军空降部队——空军伞兵旅成立。

9月20日　中央人民政府主席毛泽东发布命令，公布中华人民共和国国徽图案。中华人民共和国国徽图案于1950年6月18日中国人民政治协商会议一届二次会议通过，6月28日中央人民政府委员会第八次会议批准采纳。中华人民共和国国徽内容为国旗、天安门、齿轮和麦穗，象征中国人民自五四运动以来的新民主主义革命斗争和工人阶级领导的以工农联盟为基础的人民民主专政的新中国的诞生。

9月20日—29日　教育部、中华全国总工会在北京联合召开第一次全国工农教育会议。出席会议的有各级政府教育部门、各级工会、青年团、全国妇联的负责人，各产业管理部门及大企业负责人，工农学习模范和模范教师，共500余人。会议在开幕前举行了两天预备会，由各地政府教育部门、文化部门、工会代表和工农学习模范、模范教师分别作了18个典型经验与问题的报告，帮助与会代表了解工农教育中的问题。9月27日，中央人民政府主席毛泽东和副主席朱德、李济深到会和大家见面，副主席朱德、李济深，政务院副总理董必武、郭沫若、黄炎培，全国总工会副主席李立三在会上讲话，中央教育部部长马叙伦主持了这次会议。会议讨论确定了工农教育的方针和任务，并制定了实施工农教育的措施。会议认为，中国英勇勤劳的工人和农民，创造了中国历史文明，但在旧中国被剥夺了享有文化和教育的权利。伟大的人民革命胜利，使工人、农民在国家政治生活中取得了当家作主的地位，也取得了享受各级正规教育的政治权利。会议指出，开展工农教育是巩固和发展人民民主专政，建立强大的国防和强大的经济力量的必要条件。没有工农文化教育的普及和提高，也就没有文化建设的高潮。开展工农教育，必须贯彻群众路线，根据群众的自觉自愿，充分依靠自己的力量进行工作。要克服轻视工农和对工农群众的恩赐观点及包办代替、命令主义的作风。经费主要依靠群众自己解决，政府重点予以补助。师资要实行以民教民为主的方针，必要与可能时，设一定的专任教师作为骨干。学习形式应多种多样，不能强求一律。领导关系方面，必须实现“政府领导、依靠群众组织、各方面配合”的原则，以达到统一领导、分工合作，将工作做好的目的。会议规定当前工农教育的方针，必须根据当前国家的总任务，以及文化教育（首先是识字教育）为主要内容，并适当地结合政治教育、生产技术教育。首先着重对于工农干部和积极分子的教育，并逐步地推广到一切迫切要求学习的工农群众中去。当前工农教育的基本任务是：一方面根据各地区的实际情况有计划有步骤地开展识字运动，逐步减少工农群众中的文盲；另一方面，对工农干部进行文化教育，以培养工农知识分子。会议通过了《关于举办工农速成中学和工农文化补习学校的指示》、《关于开展农民业余教育的指示》、《工农速成中学暂行实施办法》、《工农文化补习学校暂行实施办法》、《职工业余教育暂行实施办法》和《职工业余教育委员会组织条例》等六项草案，建议提请政务院、中央教育部、全国总工会审查批准后颁布施行。会议还交流了各地区各部门有关开展工农教育的经验。

9月21日　各民主党派、无党派民主人士双周座谈会通过《各民主党派双周座谈会暂行组织办法》。

同　日　中国民用航空管理局局长钟赤兵发表声明。指出中国民用航空管理局直辖中国航空公司和中央航空公司留置在美国、菲律宾、泰国、日本等国境内的财产，各有关国家政府应保护我产权，不得作任何处置。

9月22日　中国外交部发言人发表对麦克阿瑟关于美国侵略朝鲜报告的声明。声明就9月18日美国驻联合国代表奥斯汀在联合国安理会宣读麦克阿瑟关于美国侵略朝鲜战争的报告，指责中华人民共和国向朝鲜送出“大批原籍朝鲜的久经战斗的军队”，是横蛮无理的行为，也是怯弱无耻的表现。指出，确有居留在中国境内的朝鲜人民参加了1925年以来中国各个时期的革命战争，现在中国胜利了，这些居留中国境内的朝鲜人民回去保卫自己的祖国，参加祖国的建设事业，这是他们的正当权利和神圣责任，任何国家都找不到借口可以妄加干涉。中国人民对于他们参加保卫祖国、反对帝国主义侵略战争的英勇斗争，只有同情，只有拥护。美帝国主义者的指责，中国人民既不接受也不畏惧，中国人民将永远站在朝鲜人民方面，坚决反对美帝国主义侵略朝鲜、扩大战争的阴谋。

同　日　中央军委决定以第二十兵团机关为基础，组建公安部队领导机关。11月8日，中国人民解放军公安部队司令部成立，罗瑞卿任司令员兼政治委员。根据中共中央赋予的任务，公安部队统辖公安师和省（市）公安总队。1955年7月18日，按照国防部命令，公安部队改名为公安军。1957年9月1日，按照中央军委的决定，公安军番号撤销，公安军司令部改为总参谋部警备部，所属部队一部分交公安部门领导，一部分改为城市内卫部队，划归省军区建制领导。

9月23日　全国1 527名基督教负责人在北京发表题为《(中国基督教在新中国建设中努力的途径) 的宣言》。《宣言》提出中国基督教会及团体的基本方针是：肃清基督教内部的帝国主义影响，警惕帝国主义利用宗教的反动阴谋；培养一般信徒的爱国民主精神，实行自治、自养、自传。

9月24日　中国外交部长周恩来致电联合国秘书长赖伊并转联合国第五届联大主席安迪让及安理会主席杰伯。再次严重抗议美国军队用飞机侵我领空，杀伤我国人民，损坏我国财产的罪行。电报指出，美国侵朝军队的飞机9月22日又侵入中国领空进行侦察，并在安东（今丹东）市市区投掷炸弹，以致毁坏市区，炸伤居民，情况较美机前数次的扫射更为严重。周恩来代表中国政府再一次向联合国控诉美国这一侵略暴行，要求联合国大会立即将中国控诉美机侵略中国领空、肆行扫射轰炸、杀伤中国人民并损坏中国财产的提案列入大会议事日程，并接纳中国代表出席陈述意见和参加讨论。联合国大会应立即建议安理会采取有效办法，制裁美国侵略罪行，并从速撤退美国侵略朝鲜的军队，以恢复远东和世界的和平。

9月25日—10月2日　全国战斗英雄代表会议和全国工农兵劳动模范代表会议在北京同一个会场召开。1950年7月21日，政务院第四十二次政务会议通过《关于召开全国战斗英雄代表会议和全国工农兵劳动模范代表会议的决定》以后，人民解放军总政治部立即负责筹备这次会议。会前成立了资格审查委员会，经过有领导地逐级慎重评选，选出出席会议的代表共350名，其中战斗英雄258人，工作模范44人，模范单位代表5人，民兵代表43人。另有起义部队代表64人列席会议。这次代表会议的召开，是因为在中国共产党领导下，在广大群众的热烈支持下，人民解放军英勇善战，使解放战争和人民革命取得了全国范围的伟大胜利。召开这个会议，就是为了表扬部队中的战斗英雄，为了鼓励前线部队彻底歼灭残余匪帮和为减轻人民负担，开展生产运动，为了鼓励全国人民共同效力于解放全部国土，发展生产，繁荣经济，建设新中国的伟大事业。陈云副总理致开幕词，他指出，全国除西藏、台湾外的国土已全部解放，国家经济已得到初步好转，正为争取根本好转而努力。国际上美帝国主义正在扩大侵略战争，中国人民正在和世界人民一道，为维护世界和平，反对侵略战争而斗争。为此，必须鼓励全国战斗英雄，起桥梁、骨干与带头作用，为巩固国防，加强战斗力而奋斗。毛泽东主席在开幕会上代表中共中央祝词，指出，中国必须建立强大的国防军，必须建立强大的经济力量。这是两件大事。这两件事都有赖于同志们和全体人民解放军指战员一道，和全国工人、农民及其他人民一道，团结一致，协同努力，方能达到目的。毛泽东还为会议题词："战斗英雄们，你们是人民解放军的模范人物，希望你们继续努力，更加进步，为建设强大的国防军而奋斗。"在代表会议上，朱德及其他国家领导人、部队首长作了演说，战斗英雄作了典型报告，最后由人民革命军事委员会总政治部副主任肖华作题为《人民解放军的革命英雄主义运动》的总结报告。总政治部主任罗荣桓致闭幕词。会议一致通过《向毛主席致敬电》、《告全国军队和劳动人民书》。发出了《声援朝鲜反美侵略》及《慰问死难烈士家属与荣誉军人》的电报。会议总结了解放战争以来开展立功运动的主要经验，表扬了33个突出的英难模范人物，宣传了战斗英雄的模范事迹。

9月26日　中共中央发出《关于统一调整国家仓库的指示》。《指示》指出，全国各地因仓库缺乏，使粮食等物资遭受严重损失。仓库缺乏的主要原因之一，是现在仓库的使用极不合理。某些部门占有仓库超过实际需要，而缺乏仓库的部门，则被迫将许多贵重物资露天存放。某些部门与部门之间，为争用仓库发生纠纷。中央认为，在国家财政困难的情况下，现有仓库如经过合理调整，可以节约许多新建仓库的费用。因此，中央同意中财委的提议，在全国各大中城市中，将现有仓库按照各单位实际需要，统一作一次合理的调整，重新调整后，确有不足时，可考虑建筑若干新仓库。指示要求各中央局、分局、市委、省委、区党委及各级党委及军队党委，以对党、对人民负责的精神重视这一问题。

同　日　中国公安机关破获美国间谍阴谋武装暴动，炮轰天安门检阅台的重大案件。

同　日　京汉铁路黄河铁桥加固工程完工，开始通行大型机车。该桥为全国三大铁桥之一，年久失修，行车效率低，经这次加固后，行车效率较前提高2倍以上。

9月27日　周恩来就美国军舰炮击并非法盘查我国商船事件致电联合国主席。外交部长周恩来就美国侵略朝鲜军舰在成山角附近炮轰并非法盘查我国商船“安海二十一号”事件，致电联合国赖伊秘书长，并转联合国第五届大会安迪让主席及安全理事会杰伯主席。电文控诉美国政府破坏我国航行权利的新的侵略暴行，要求联合国大会立即为此案与我国控诉美机侵犯领空案一并列入议程，接纳我国代表出席陈述意见和参加讨论，并要求联合国制裁美国侵略罪行，从速撤退美国侵略朝鲜的一切武力，包括空军、海军在内。

9月29日　政务院举行第五十二次政务会议。会议通过《社会团体登记暂行办法》，10月19日公布。《办法》规定，社会团体的筹备或成立，都必须申请登记，凡危害国家和人民利益的团体要禁止成立或撤销其登记并予以解散。《办法》还对不同级别的社团申请登记的主管机关、登记内容与办法等作了明确规定。同时指出参加政协会议的各民主党派和人民团体以及机关、学派、团体、部队内部经其负责人许可组织的团体等不在本办法规定登记范围内。

同　日　周恩来总理盛宴欢迎参加国庆盛典的400余名民族代表。周恩来在致词中说，我们应该更进一步地加强和巩固民族团结，有步骤地和切实地实现民族区域自治政策，帮助各民族人民训练和培养成千成万的干部，并为逐步改善和提高各民族人民的经济、文化生活水平而努力，以便将中华人民共和国建设成为各民族友爱合作的大家庭。

同　日　**中苏有色金属及稀有金属股份公司在新疆乌鲁木齐成立。**

9月30日　**周恩来总理在中国人民政治协商会议全国委员会为建国1周年举行庆祝大会上作题为《为巩固和发展人民的胜利而奋斗》的报告。**报告从军事斗争、外交、巩固人民民主专政、统一财政和恢复经济、培养干部和提高文化等方面，全面地回顾和总结了建国一年以来中国人民在中央人民政府领导下所取得的伟大胜利。在外交方面，报告指出，一年来，中华人民共和国先后同苏联、保加利亚、罗马尼亚、匈牙利、朝鲜、捷克、波兰、蒙古、德意志、阿尔巴尼亚、缅甸、印度、越南、丹麦、瑞典、瑞士、印尼等17个国家建立了正式外交关系。巴基斯坦、英国、锡兰、挪威、以色列、阿富汗、芬兰、荷兰等8国，也已经表示愿与我国建立邦交，其中英国、挪威、荷兰、芬兰4国尚正在与我国进行建交的谈判中。中华人民共和国坚决地站在以苏联为首的世界和平民主阵营方面，中苏两国缔结了具有重大世界历史意义的《中苏友好同盟互助条约》。中国与波兰、捷克和朝鲜也已签订了关于贸易的合同与协定，与东德和匈牙利的贸易谈判正在进行。中国与若干资本主义国家也发展了贸易关系。英国政府一方面表示承认了中华人民共和国；另一方面又同意中国国民党反动残余集团的所谓代表继续非法地强占联合国中的中国席位。这样，就使中英的正式外交关系难于开始。英国在香港和其他地方对待中国居民的极端不合理的非友好态度，也不能不引起中央人民政府的严重关切。美国政府疯狂横暴的帝国主义侵略行为，已经证明了它是中华人民共和国最危险的敌人。中国人民决不能容忍外国的侵略，也不能听任帝国主义者对自己的邻人肆行侵略而置之不理。谁要是企图把中国近5亿人口排除在联合国之外，谁要是抹杀和破坏这1/4人类的利益而妄想独断地解决与中国有直接关系的任何东方问题，那就一定要碰得头破血流。在政权方面，报告指出，两年来，全国已经成立了1个大行政区人民政府和1个中央直属的自治区人民政府，4个大行政区的军政委员会，28个省人民政府，9个相当于省的行政区人民行政公署，12个中央和大行政区直辖的市人民政府，67个省辖的市人民政府，2 087个县人民政府。

同　日　中财委向毛泽东并中共中央报告关于全国保险会议情况。报告说，解放后我们接受并整顿了官僚资本的保险机构，目前国营保险公司已有713个，代理处560个，人员2 263人，到6月底承保额40.62万亿元，收保费1 053亿元。今后要积极主动开展业务，制定保险规章，实行低费率政策。

本　月　中共中央发布关于建立各级政府检察机关的指示。指示要求各级党委讨论并执行：一、限于本年内，将各大行政区、各省、市检察署全部建立，已建立的则加以充实。二、某些专区及县选择重点建立。三、1951年普遍建立各县检察署。四、调配一定数量的老干部作骨干，附以若干纯洁的知识青年。担负检察责任的干部必须政治品质优良，能力相当，作风正派之人。五、各级正副检察长，必须由有一定能力，资望较高的老干部专责，切不可全是兼职，致同虚设。

本　月　全国各地各界人民代表会议陆续召开。在建国1周年时，全国已有13个省和3个行政区开过各界人民代表会议（其中10个省和2个行政区代行了人民代表大会的职权）。中央和大行政区直辖市及省和相当于省的行署直辖市已全部开过各界人民代表会议（其中有7个中央和大行政区直辖市及13个省辖市代行了人民代表大会职权，并有2个省辖市召开了人民代表大会）。全国80%以上的县已开过各界人民代表会议（其中有18个县已代行了县人民代表大会职权，20个县已召开了县人民代表大会）。此外，东北7个旗，内蒙22个旗，绥远2个盟和7个旗，都已开过各界人民代表会议。县以下的区和乡村政权，在老解放区一般均已开过人民代表会议或人民代表大会，在新解放区已普遍召开农民代表会议；大城市亦有一部分开过各界人民代表会议。这些代表会议和代表大会的召开，都起了联系人民群众，贯彻政策，教育干部，推进工作的良好作用。

本　月　中国人民解放军装甲兵司令部成立。司令员许光达，副司令员聂鹤亭，参谋长张文舟。装甲兵司令部以原第一野战军第二兵团机关为基础组建，归中央军委建制。

9月—10月　中国军事顾问团帮助越南人民军总部组织实施边界战役。1950年初，应越南民主共和国主席胡志明的要求，中共中央先后派出以韦国清为团长的军事顾问团和中共中央代表陈赓前往越南，帮助越共中央和越南人民军总部组织指挥了这次战役。这次战役攻克和收复了中越边界地区的高平、东溪、那岑、同登、谅山、禄平等重要据点和城市，收复了老街等地，打通了中越边界线，使抗法战争中的越南军民有了可靠的后方，越南人民抗法斗争从此转入局部反攻阶段。至1952年底，中国军事顾问团还协助越南人民军取得了中游、东北、宁平、和平、西北等战役的胜利。

10月1日　中华人民共和国成立1周年庆祝大会在北京天安门广场举行。40余万人参加了庆祝大会。庆祝大会中进行了人民解放军陆海空军各兵种部队的盛大检阅和首都各阶层人民的盛大游行。出席阅兵式的有中央人民政府主席毛泽东、副主席朱德、刘少奇、宋庆龄、李济深、张澜，秘书长林伯渠，政务院总理周恩来，以及中央人民政府委员、各委、部、会、院、署、行首长，全国政协委员，各民主党派各人民团体的领导者。还有各族人民的代表、华侨代表、战斗英雄、劳动英雄代表。中国人民解放军总司令朱德检阅了陆军、空军、海军和公安部队，并向全军发布命令：进行充分的准备，加强国防建设，为解放台湾、澎湖、金门诸岛及帮助藏族解放西藏而奋斗，为肃清残余匪帮及特务、间谍，安定社会秩序而奋斗，为保卫我们神圣的领土、领海、领空而奋斗，为了与全世界爱好和平的人民共同捍卫世界和平而奋斗。

同　日　中国人民解放军总司令朱德签署《中国人民解放军总部命令》。《命令》指出，现在我们已经基本上完成了统一全中国的伟大事业，社会秩序日益安定，人民已经过着和平的安居乐业的生活。但是美帝国主义现在正在用武装部队侵略我们的邻居朝鲜，同时与蒋介石残余匪帮勾结公开侵占我国的台湾，大陆各省也还有一些残余匪帮及特务、间谍分子进行破坏人民政府的活动。因此，我命令你们进行充分的准备，加强国防建设，为了解放台湾、澎湖、金门诸岛及帮助藏族兄弟解放西藏而奋斗，为了肃清残余匪帮及特务、间谍，安定社会秩序而奋斗，为了保卫我国神圣的领海、领空而奋斗，为了与全世界爱好和平的人民共同捍卫世界和平而奋斗。

同　日　《人民日报》发表董必武《一年来中央人民政府在政治法律方面的几项重要工作》的纪念文章。文章分四部分论述了中央人民政府一年来，依照《共同纲领》，在为保卫人民民主革命胜利的成果和加强人民民主专政的政治建设上的重要工作，包括：一、和灾荒作斗争。人民政府把救灾、防灾工作视作重要的政治任务，本着组织生产自救，社会互助、以工代赈和辅之以必要的救济的方针，在国家财政困难和交通不便的情况下，不仅基本上保证了“不饿死人”的口号实现，推进了其他工作，而且奠定了长期防灾的决心和信心。二、建立人民代表会议的制度。按行政区划统计，全国计有28个省和9个相当于省的行政区（不包括待解放的台湾、西藏），12个中央及大行政区直辖市，67个省及行署的直辖市，2 087个县，均已建立了人民民主政权。有13个省和3个行政区开过各界人民代表会议，其中10个省和2个行政区代行了人民代表大会职权；中央和大行政区直辖市及省和行署直辖市，已全部开过各界人民代表会议，其中7个中央和大行政区直辖市及13个省辖市代行了人民代表大会职权，并有2个省辖市已召开了人民代表大会；80%以上的县开过各界人民代表会议，其中18个县已代行县人民代表大会职权，20个县已召开县人民代表大会。三、镇压反革命建立革命秩序。一年来，捕获国民党特务分子1.3万余人，各级人民司法机关主要任务是审理反革命案件，东北全区第一季度审理反革命案件3 400余件，裁判反革命分子（包括美帝间谍）3 700余人。在法制工作方面，除审订中央各部门和各级人民政府组织通则或条例外，已制定婚姻法、土地改革法、工会法等重要法典，现在拟订刑法大纲、人民诉讼程序、人民法院组织法大纲和公司法等。为了保护人民一切合法权益，巩固社会秩序，建立人民的司法制度和进行法制建设，今年召开了全国经济保卫工作、全国治安工作和全国司法工作等会议。四、加强民族团结。一年来各民族已在一律平等的基础上逐步形成为一个和睦的大家庭。中央先后派出2个访问团分赴西南和西北，增进民族的相互了解和友爱团结。除内蒙已实行了民族的区域自治，其他民族聚居区也已开始或正在准备实行民族区域自治。

同　日　《人民日报》发表陈云《中华人民共和国过去一年财政和经济工作的状况》一文。文章总结说，关于统一财政经济工作：第一是统一全国财政收支，使国家收入中主要部分的中央收入，集中使用于国家的主要开支。第二是统一全国物资调度，使国家所有的重要物资，如粮食、纱布、工业器材，从分散无力的状态中集中起来，变为有效的力量。第三是统一全国现金管理，由中国人民银行统一管理，集中调度，大大增加了国家能够使用的现金。关于平衡收支，稳定金融物价，关键在于节约支出，整顿收入。由于人民解放军及人民政府广大工作人员紧缩待遇，继续过着艰苦的供给制或低薪生活，节省了国家的财政支出。财政收入，一是公粮；二是税收。此外，还发了一批公债。因此，在国家财政收入上，大体上达到了预期的目的。平衡了收支，又加上财政经济统一管理，使得在全国范围内出现了金融稳定的局面。关于重点恢复生产。有2个重点，一个在交通，尤其是铁道；另一个在水利和农业。铁道共修复8 718公里，占全国通车铁路的40.39%，全国原有铁道，已基本上完全恢复。水利方面，全国土工达3.5亿公尺。棉田播种面积超过原定增值计划。关于调整工商业。用《共同纲领》所规定的人民经济轨道来安排，其中最突出的是3个基本环节：一、调整公私关系；二、调整劳资关系；三、调整产销关系。这3个问题解决之后，加上全国丰收，中国经济状况，已有很大的好转了。文章最后说，一年来的主要经验有2个方面，一方面，对于人民政权在财政经济工作和中国经济的潜在力量恰当地估计，就有创造极大的成就的可能；另一方面，我们是处在工人阶级领导之下的4个民主阶级联合专政与5种经济并存的时代，一切财政经济措施，必须是在国营经济领导下，统筹兼顾，分工合作。

10月2日　毛泽东就决定派军队入朝作战事致电斯大林。电称“我们决定用志愿军名义派一部分军队至朝鲜境内和美国及其走狗李承晚的军队作战，援助朝鲜人民。因为如果让整个朝鲜被美国人占去了，朝鲜革命力量受到根本的失败，则美国侵略者将更为猖獗，于整个东方都是不利的。我们既然决定出动中国军队到朝鲜和美国人作战，即准备在朝鲜境内歼灭和驱逐美国及其他国家的侵略军。”电报还对中国人民志愿军入朝作战是否能取得胜利，战局发展可能出现的最不利的情况，以及这一情况对我国的安全和经济建设工作将会产生的严重影响，作了透辟的分析与充分的估计。

同　日　周恩来批准《华北事务部暂行组织条例（草案）》试行。《条例（草案）》规定：华北事务部在政务院直接领导下，负责联系并指导华北5省、京津2市的工作。该条例10月31日正式施行。

10月3日　周恩来凌晨紧急约见印度驻华大使潘尼迦。周恩来就朝鲜战争问题郑重地说明了中国政府的立场：美国军队正企图超越三八线，扩大战争。美国军队果真如此做的话，中国不能坐视不顾，中国要管。周恩来请潘尼迦将中国的态度报告尼赫鲁总理。当天印度把中国的立场转告了美国。

同　日　中国人民大学举行开学典礼，中国人民大学成立。中国人民政府副主席朱德、刘少奇在开学典礼上讲话。中国人民大学的前身为陕北公学、华北联合大学、北方大学、华北大学。1949年12月16日，政务院通过《关于成立中国人民大学决定》。中国人民大学是综合大学，主要培养财经、政法及俄文等方面的建设人才。创办初期，本科设有经济计划、财政信用、工厂管理、合作社、贸易、法律、外交、俄文等系。专修科设有经济计划、财政银行、对外贸易、国内贸易、合作社、工厂管理、统计、法律、档案、外交、教育、史地等。还办有工农预科。本科招收中学程度者入学，3年毕业。专修科招收大学程度者入学，8个月结业。研究生1或2年结业。学员72%来自干部、工人，青年学生占28%。

10月6日　政务院举行第五十三次政务会议。会议批准《全国海关关务会议的总结报告》，以及教育部《关于处理北京私立辅仁大学问题的报告》。上海海关总署孔原署长作的《关于全国海关关务会议总结报告》说：关务会议讨论了海关法草案，决定对各海关实行统一管理和统一领导；确定对出入国境的各种货物、货币等执行实际的监督，征收关税，与走私作斗争是海关的三大任务；决定将海务、港务和国境巡卫等职务，分别移交有关部门；原则通过了地方海关组织通则与各关编制暂行方案。周恩来总理指出，海关总署一年来做了许多工作，基本上把半殖民地化的海关改变过来了，现在已全部收回过去外国人在我国海关占有的特权，我们国家大门的“钥匙”已经由我们自己掌握了。教育部马叙伦部长作的《关于处理北京私立辅仁大学问题的报告》说：今年6月辅仁大学发生了教会势力公开反对我政府教育政策的事件。7月，天主教会驻校代表芮歌尼提出5项无理要求，宣称如不照办，即以停办辅仁大学、解聘5名进步教授、减少或停发经费相要挟，企图组织新的校董会，撤换陈垣校长。教育部支持辅仁大学进步师生员工进行反对教会反动势力的违法活动。教会反动势力竟自8月份起停止拨发学校一切经费，进行对抗，并扬言要将学校撤到菲律宾去。9月25日，马叙伦部长找芮歌尼谈话，指出教会不得干预学校的行政，要求教会遵守中国政府有关法令，停止各种违法活动。9月30日，芮歌尼代表天主教会答复，仍然坚持原来的反动立场。教育部指出，这是关系到维护我国主权与帝国主义斗争的问题，建议对辅仁大学收回自办。周恩来总理指出，帝国主义对中国军事的和政治的侵略已经失败，经济的和文化的特权还存在着。我们必须有步骤地收回这些特权。对辅仁大学事件，已做到仁至义尽，必须将其教育权和财产权收回。对别的教会学校，可允许继续自办，如果有类似辅大情况，也照此办理。

同　日　人民解放军开始向西藏进军。为完成统一祖国大业、中共中央、中央军委于1950年1月指示中共中央西南局以第二野战军一部为主，在西北军区部队一部配合下，立即准备进军西藏。西南局遵照中共中央关于军事进攻的同时，争取和平解放西藏的方针，于6月经中共中央批准，向西藏当局提出了和平解放西藏的10项政策。但是，西藏当局中的顽固势力，在帝国主义分子策划下，不仅拒绝谈判，而且竭力阻止人民解放军进入西藏。为了打击西藏反动势力，争取和平解放西藏，10月6日—24日，第二野战军第十八军一部，在青海骑兵支队和第十四军一个团的配合下，进行昌都战役，歼灭藏军六个代本（一个代本相当于一个团）全部和三个代本一部，争取第九代本主官桑格旺堆的起义，共歼5 700余人，10月19日解放昌都，从而打击了西藏上层反动势力，促进了西藏爱国力量的发展，打开了进军西藏的大门，为和平解放西藏奠定了基础。

10月6日—20日　中央人民革命军事委员会人民武装工作部在北京召开全国人民武装工作会议。出席会议的有人民武装工作部部长张经武、副部长傅秋涛，各大军区人民武装工作部门的负责人及部分县、区的人民武装工作干部32人。这次会议的主要内容是，张经武作《关于人民武装工作的报告》；遵照《共同纲领》第二十三条关于实行民兵制度的规定，并根据全国民兵工作的基础，确定了全国人民武装工作的基本方针和任务；决定自上而下地建立人民武装的领导机构；确定民兵工作的经费等问题，并拟制了《民兵组织条例》。会议闭幕时，朱德、罗荣桓到会并讲话。朱德在讲话中指出，人民武装最主要的工作，是把广大的青壮年在不脱离生产的条件下组织起来，给他们必要的军事、政治训练，并由此逐渐地过渡到义务兵役制。

10月7日　中苏签定相关条约协定。周恩来总理兼外交部长与苏联驻中国大使罗申互换中苏友好同盟互助条约，中苏两国关于中国长春铁路、旅顺口及大连的协定，中苏两国关于苏联政府贷款给中华人民共和国的协定，中苏两国关于在新疆创办中苏石油股份公司的协定，中苏两国关于在新疆创办有色及稀有金属股份公司的协定和中苏两国贸易协定的批准书。

10月8日　中国人民志愿军组成。中国人民革命军事委员会主席毛泽东发出给彭德怀、高岗、贺晋年、邓华、洪学智、解方及中国人民志愿军各级领导同志关于组成中国人民志愿军的命令。命令指出：一、为了援助朝鲜人民解放战争，反对美帝国主义及其走狗的进攻，借以保卫朝鲜人民、中国人民及东方各国人民的利益，将东北边防军改为中国人民志愿军，迅即向朝鲜境内出动，协同朝鲜同志向侵略者作战并争取光荣的胜利。二、中国人民志愿军辖十三兵团及所属之三十八军、三十九军，四十军、四十二军，及边防炮兵司令部与所属炮兵一师、二师、八师。上述各部须立即准备完毕，待令出动。三、任命彭德怀为中国人民志愿军司令员兼政治委员。四、中国人民志愿军以东北行政区为总后方基地，所有一切后方工作供应事宜，以及有关援助朝鲜同志事务，统由东北军区司令员兼政治委员高岗调度指挥并负责保证之。五、中国人民志愿军进入朝鲜境内，必须对朝鲜人民、朝鲜人民军、朝鲜民主政府、朝鲜劳动党（即共产党）、其他民主党派及朝鲜人民的领袖金日成表示友爱和尊重，必须严格地遵守军事纪律和政治纪律，这是保证完成军事任务的一个极重要的政治基础。六、必须深刻地估计到各种可能遇到和必然会遇到的困难情况，并准备用高度的热情、勇气、细心和刻苦耐劳的精神去克服这些困难。目前总的国际形势和国内形势于我们有利，于侵略者不利，只要同志们坚决勇敢，善于团结当地人民，善于和侵略者作战，最后胜利就是我们的。

同　日　毛泽东主席就派遣志愿军入朝作战问题致电金日成首相。

10月8日—16日　农业部在北京召开农田水利工作会议。出席会议的有各大行政区、华北5省2市及农业部有关直属单位代表52人。会议总结了农田水利工作的经验，讨论了1951年的农田水利工作，并着重讨论了农田水利灌溉管理问题。会议指出，1950年我国农田水利的建设对各地农业的丰收起了巨大的作用，这是各级人民政府、各地人民的努力以及人民解放军积极参加工作的结果。会议认为，1951年度农田水利的建设方针是：广泛发动群众性的小型农田水利工程；继续有重点地兴建渠道，发展水车、水井及抽水机灌溉排水工程；鼓励私人投资农田水利建设；加强灌溉管理，改善管理机构，合理用水。会议明确规定，灌溉工作的管理方向应该是民主的、集中的、科学的管理方向，并规定在国营灌溉事业中，应先着手健全受益户小组及村水利委员会的基层管理组织，确立灌溉管理的规章，结合农业技术，以求达到合理用水、改良土壤及提高农产量的目的。同时选择重点进行试验，以作为国营及群众合营灌溉事业的示范。对民办的灌溉事业，应先健全其管理组织，逐步实现统一的管理，并注意积累资金，以改善工程设备。

10月9日　中财委颁布《保障发明权与专利权暂行条例施行细则》、《发明审查委员会规程》。

10月10日　中共中央发出《关于镇压反革命活动的指示》。指示说：为了打击帝国主义的阴谋破坏和彻底消灭蒋介石残部，为了保证土地改革和经济建设的顺利进行，为了巩固发展中国人民的胜利，“必须镇压一切反革命活动，严厉惩罚一切勾结帝国主义、背叛祖国、反对人民民主事业的国民党反革命战争罪犯和其他怙恶不悛的反革命首要分子”；必须对于一切“继续进行反革命活动”的分子，“予以严厉制裁”；“必须坚决地肃清一切危害人民的土匪、特务、恶霸及其他反革命分子。”“全党和全国人民对于反革命分子的阴谋活动，必须提高警惕性。”这是党中央、毛主席和人民政协共同纲领关于镇压反革命活动和肃清反革命残余问题所给予全党和全国人民的明确指示，也是全国人民目前迫切的要求。但是，有不少干部和党委，或者由于在胜利后发生了骄傲轻敌思想，或者由于在新的环境中受了腐朽的自由主义思想的影响，以致把统一战线中的反对关门主义问题与在对敌斗争中坚决镇压反革命活动问题相混淆，把正确的严厉镇压反革命活动与乱打乱杀相混淆，把“镇压与宽大相结合”的政策误解为片面的宽大。因此，在镇压反革命问题上，发生了严重的右的偏向，以致有大批的首要的、怙恶不悛的、在解放后甚至在经过宽大处理后仍然继续为恶的反革命分子，没有受到应有的制裁。这不仅助长了反革命的气焰，而且引起了群众的抱怨，说我们“宽大无边”、“有天无法”。这种右的偏向，必须采取步骤，加以克服。为此，特作如下规定：一、各级党委，对于已被逮捕及尚未逮捕的反革命分子，应即领导与督促主管部门，根据已有的材料，按照“镇压与宽大相结合”的政策，经过审慎的研究，分别地加以处理。对于首要的、怙恶不悛的、在解放后特别是经过宽大处理后仍然继续作恶的反革命分子，应依照政务院公布的惩治反革命条例加以镇压。当杀者，应即判处死刑。当监禁和改造者，应即逮捕监禁，加以改造。对于这些案件的执行，必须公布判决，在报纸上发布消息（登在显著地位），并采取其他方法，在群众中进行广泛的宣传教育。对于罪恶较轻而又表示愿意悔改的一般特务分子和反动党团的下级党务人员，应即实行管制，加以考察。这些分子如继续进行反革命活动，则应予以严厉制裁。对于真正的胁从分子、自动坦白的分子和在反对反革命的斗争中有所贡献的分子，应分别予以宽大的待遇，或给予适当的奖励。二、对于帝国主义的特务间谍组织和特务间谍分子，必须予以严厉的打击。已逮捕者，应分别情况，依法惩处。未逮捕而有证据或有重大嫌疑者，应依上级指示，予以逮捕。三、关于反革命案件的检查，应由检察、公安部门负责。其审判，仍由人民法院或军管会军法处负责。目前法院工作，应以处理反革命案件为重点。为了防止在坚决镇压反革命活动中发生“左”的偏向，各级党委必须坚持反对逼供信和禁止肉刑，必须注意重证据而不轻信口供。在判处死刑时，党内必须经过省委、大市委、区党委及受委托的地委批准。其中如有特别重要分子，则须报告中央批准。关于外国人的处理必须经过政务院批准。关于镇压反革命活动的情形，公安和司法部门应按级向上级作定期报告。四、法院、检察、公安机关，是人民民主专政的重要武器，各级党委应加强自己对于它们的领导，并适当地充实其干部。监狱管理必须严密，必须有可靠干部负责。五、关于执行镇压反革命活动的工作情形，各中央局必须于本指示发出1个月内即11月10日以前，作出第一次报告，并订出今后执行中央方针的计划，电告中央批准，然后照此实行。

同　日　中国外交部发言人就10月7日联合国大会非法通过英澳等8国受权美国侵略整个朝鲜提案发表声明。声明说，中国人民坚决反对美国扩大侵朝战争。美军正积极部署大规模地越过“三八线”，企图把侵略战争的火焰延烧到中国边境，中国人民对于这种严重状态不能置之不理。侵略者要对他们疯狂行为的一切后果负责。

同　日　中国人民银行行长南汉宸致电国际复兴及发展银行总裁布莱克。声明中国在该行的全部财产和权益属于中国人民。

10月11日　毛泽东对中国驻印度大使袁仲贤关于印度对西藏问题态度报告作出批语。批语说：一、西藏是中国领土，西藏问题是中国内政问题。人民解放军必须进入西藏。首先希望不经战争进入西藏，故要西藏代表团9月来北京谈判，该团故意拖延，至今尚未动身。现人民解放军已向昌都前进，数日内可能占领昌都。如西藏愿意谈判，代表团应速来京。二、朝鲜问题应照周总理9月30日演说内容答复，即中国不能坐视其邻人受侵略而置之不理，扩大战争的责任应由侵略国担负。

10月12日　中共中央发出《农副产品购销问题的意见》。指出，由于全国大部分地区农业丰收，农民有大量的余粮和各种土产急于出售。为搞好农副产品的购销工作，中央指示：1. 责成贸易部按照粮布的合理比价，规定粮棉收购牌价，在保证粮棉市价不落于牌价之下的原则下，大量进行收购。2. 责成财政部制定土产减税、免税办法，铁道部把土产运费减低到最低的可能限度。3. 各地除应积极供应农民生产资料（农具、肥料、种子等）外，还必须积极帮助推销城市工业生产的各种日用品。责成纺织工业部在1951年度计划中增加纺织工业品的生产，责成贸易部大量进口各种轻工原材料及某些成品，以供应城市工业生产，并尽量满足农民的需要。

同　日　教育部接办辅仁大学。辅仁大学为天主教会办的私立大学。中华人民共和国成立以后，教会先以减少补助经费的办法阻碍学校的进步和发展，进而以侵犯中国教育主权的无理要求作为拨付经费的条件，并从1950年8月份起停拨学校一切经费。辅仁大学有3 000余教师学生，为了保障他们的学习、工作不受到损失，教育部支持该校师生反对教会反动势力的违法活动，按期支付了学校所需的经费。9月25日，教育部部长马叙伦邀教会驻校代表谈话，申明中国政府对外国人在旧中国所办的教会学校的基本原则和解决辅仁大学的方针和办法，指出教会不得干涉学校行政，否则中国政府即将收回自办，并限本月内解决。9月30日，教会驻校代表复称，教会最高首长回电：“补助费决定停止，除非条件基本上改变，教会坚持决定。”至此，教育部报请政务院批准，接收辅仁大学自办，并提请任命陈垣为校长，负责主持校务。

10月13日　政务院召开第五十四次政务会议。会议批准《第一届全国出版会议的综合报告》，以及教育部《关于接办辅仁大学经过情形的报告》。出版总署胡愈之作《关于第一届全国出版会议的综合报告》说明，会议主要决定是：一、会议确定国营出版事业的统一分工与专业化。从1951年起，新华书店改为全国性的专业发行企业机构，并负责组织公私书刊贩卖业的力量，构成全国书籍发行网。筹建人民出版社，以出版全国性的政治理论书籍、党和政府的政策文件及政治时事读物为主。二、确定公私出版、发行、期刊、印刷业的调整和合作的总方针。三、加强对出版业的行政领导，纠正某些单位单纯营利观点。积极筹备成立全国新闻出版工会组织。教育部马叙伦部长作的《关于接办辅仁大学经过情形的报告》说，1月12日，遵照政务院指示，召开了接办辅仁大学大会，马叙伦部长宣读了给辅仁大学陈垣校长的命令。并对辅仁大学办学的方针作了指示。钱俊瑞、韦悫副部长分别讲话，着重指出宗教与教育应明确划分的原则，号召全校人员团结一致，警惕帝国主义的阴谋，在陈垣校长领导下办好人民的辅仁大学。

同　日　毛泽东关于我军应当入朝参战致电周恩来。电报说，一、与政治局同志商量结果，一致认为我军还是出动到朝鲜为有利。在第一时期可以专打伪军，我军对付伪军是有把握的，可以在元山、平壤线以北大块山区打开朝鲜的根据地，可以振奋朝鲜人民。在第一时期，只要能歼灭几个伪军的师团，朝鲜局势即可起一个对我们有利的变化。二、我们采取上述积极政策，对中国，对朝鲜，对东方，对世界都极为有利；而我们不出兵，让敌人压至鸭绿江边，国内国际反动气焰增高，则对各方都不利，首先是对东北更不利，整个东北边防军将被吸住，南满电力将被控制。总之，我们认为应当参战，必须参战，参战利益极大，不参战损害极大。此电报的精神成为我军入朝参战的总的指导思想，是中央最后下决心入朝参战的电报，此前对是否入朝参战有反复。

同　日　政务院和最高人民法院联合发布《关于人民司法机关迅速清理积案的指示》。《指示》指出，各地案件积压现象相当严重，足以使法律对一些反革命分子及其他罪犯失去及时有效的惩罚和教育，影响革命秩序的建立和巩固，同时使诉讼当事人受到诉讼拖延之累，影响生产，而人民司法机关的工作亦将因而陷于被动。为此，各级人民政府及人民司法机关应把积案的现状加以分析，采取慎重负责的态度和切实有效的办法，争取在一定时间内完成清理积案工作，并防止积案现象的继续发生。

同　日　教育部发出《关于加强对学校政治思想教育的领导的指示》。《指示》指出：一、全国各地自解放以来，对教育普遍地进行了改造整顿工作，在课程的改革上、政治思想的进行上，均获得了一定的成绩。但最近在新区土改政策的学习中，部分地区发生了严重的偏向和缺点。如湖南省部分中等学校搬用农村斗争的方式，斗争教员，斗争学生，甚至有因校长是地主，学校里发动斗争会罚他跪6小时的，严重地违反争取、团结、改造知识分子的政策，使得人心惶惶，多数教职员不敢暴露思想，达不到改造提高的目的。有的地区并在整顿旧教育过程中，对原有教职员，采取打击和清洗的办法，任意撤换校长和教员，以致人人自危不能安心工作。湖北省部分地区大量动员教职学员去搞中心工作，妨碍了系统教学的正常进行，而该省教育厅在其布置土改学习的通知中，竟错误地规定要在学校中"严格检查教职员中过去和现在，有无瞒田夺佃、私卖倒算、欺压农民等行为"，"若不坦白承认错误而发现上列事情时，就必须送交当地政府依法惩办。"如按此种精神执行，势必促成在学校中对地富家庭出身的教职员进行清算斗争，而杜绝他们进步的机会，结果将会影响文化科学的正常开展，使学校陷于混乱，影响教育前途甚大。二、各地文教机关和学校，必须彻底认识：对旧教育的改革是一个长期而细腻的工作，拖延改革固然是不对的，性急粗暴草率从事也是不对的，应该是有计划有步骤而且谨慎地进行；对教职员和学生，不管其家庭出身怎样，均应本着争取、团结、改造的政策，通过教育说服的方式，积极鼓励其前进，切勿以斗争、孤立、强迫反省或单纯清洗的办法来处理。三、前述各地区之偏向，虽已由有关领导机关及时纠正，但各地文教机关应该吸取经验教训，加强对各级学校之领导，提高警惕深入检查，防止性急粗暴的偏向发生；

另一方面应认清团结知识分子是为了要改造、求进步，而不是姑息妥协；因而必须注意坏分子借口团结知识分子的政策，在土改中钻政策空子的不法行为，以免人民的学校脱离人民，并影响人民政府的威信。

10月14日　政务院发布了《关于治理淮河的决定》。《决定》指出，为加强统一领导，贯彻治淮方针，应加强治淮机构，以现有淮河水利工程总局为基础，成立治淮委员会，由华东、中南两军政委员会及有关省、区人民政府指派代表参加，统一领导治淮工作，主任、副主任及委员人选由政务院任命，下分设河南、皖北、苏北三省、区治淮指挥部。另设上、中、下游3工程局，分别参加各指挥部为其组成部分。全部治淮计划与工程的实施，皆以根治淮河水灾为目的，今冬明春的工程，应在保证工程标准与完成工程任务的条件下，以工代赈，与救灾工作相结合。凡属重要的，上、下游密切相关的，或技术性较高的工程，均须依照前项规定，经过查勘设计于批准后再行动工。至于局部性的工程，在根治计划范围以内者，可以责成治淮委员会及各地区人民政府商定后先行施工。为配合当前以工代赈需要，并可先拨一部分粮款。

同　日　毛泽东关于朝鲜情况和我军入朝参战意见致电周恩来。电报说，一、美第一师、美第二师、美第廿四师，英第廿五旅及伪军第一师集结汉城以北三八线上开城金川地区作进攻平壤准备。美第二师拟开金川附近，准备立足。据此看来，美军是否进攻平壤及何时进攻平壤，似乎尚未作最后决定。二、伪军首都师、第三师已到元山，第六师、第七师、第八师正在逐步向元山区域集中，从海上得到补给。三、美陆战第一师在汉城，美军廿五师在大田水原线，美第七师在大邱釜山线，美第八军军部在大田，伪军两个师在南部各地被阻，朝鲜大部地区敌情是空虚的。四、金日成指挥的朝鲜各个尚能战斗的部队在三八线坚决对敌，南部人民军撤至三八线以北有5万余人，大部留在南朝鲜，人民军克复蔚珍港。彭德怀研究情况后，认为如果我军能以一个军进至平壤东北方面约200公里的德川县山岳地区，而以其余3个军及3个炮兵师位于德川以北的熙川、前川、江界地区，则第一，可能使美伪军有所顾虑而停止继续前进，保持平壤元山线以北地区至少是山岳地区不被敌占。如此，则我军可以不打仗，而争取时间装备训练。第二，如元山平壤两敌向北进攻德川等处山岳地带，则我军可以必要兵力箝制平壤之敌而集中主力歼灭由元山方向来攻之伪军，只要歼灭一二个或二三个完整的伪军师，局势就大为松动了。彭及高岗均认为打伪军有把握，他们和我一样，都认为参战为必需和有利。

10月15日　中共中央转发《关于第一次全国工农教育会议的报告》。转发报告的批示说，会议的报告及各项决定，中央认为是正确的，望各省、市、区党委、地委、县委加以注意并督促实行。第一次全国工农教育会议由中央教育部和全国总工会联合召开，到省、市以上政府教育部门、工会文教部负责人及有关机关、团体、学校的代表共400余人，并邀请了若干大企业的负责人参加，会议自9月18日开始，29日闭会。钱俊瑞、刘子久向毛泽东主席和中央书记处写了报告。报告说，一年来，工农群众教育与工农干部教育有显著发展。去冬老区农民入冬学的达1 200余万人，今年转为民校坚持常年学习的300万人，全国工人入业余学校学习的70余万人。今年起举办工农速成中学18所，学生2 500余人。山西举办工农速成小学，入学1 250余人。在职工农干部补习文化的，河北省已组织起4万余人，太原市已组织起1 500余人。但上述工作仍缺乏明确的方针和统一健全的领导。此次会议的目的就是为了：统一领导思想、明确方针任务、规定具体办法、改进领导关系，并适当地解决经费及学习时间等具体问题，将工作推进一步。会议经过反复讨论，首先对下列方针原则问题达到了一致的认识：一、明确了加强工农文化教育的重大政治意义。它是巩固与发展人民民主专政、建立强大国防军、建立强大经济力量的必要条件。工农群众尤其工农干部迫切要求提高文化，国家必须逐步满足此种要求，首先必须提高工农干部的文化水平，并着手培养工农出身的高级知识分子，作为国家建设的新的坚强骨干。二、当前工农教育的实施方针：教育对象，应首先着重对工农干部和积极分子的教育，并逐步地推广到有组织的青年男女和迫切要求学习的工农群众中去。教育内容，工农干部和积极分子及老区的工农群众，一般地应以识字、学文化为主要内容，并适当地结合政治教育、生产技术教育和卫生教育。在半老区、新区，则一般地应与当时当地的中心任务和群众斗争相结合，以政策时事教育为主，并通过这种学习，进行一定程序的识字教育。实施的步骤，应因地因时制宜，有重点地稳步前进，在巩固的基础上要求发展，目前只提“推行识字教育，逐步减少文盲”，还不提“扫除文盲”的口号，以免使工作陷于被动。反对急于求成及只追求数字、不讲求效果的形式主义作风。三、工农教育本身是一个巨大的群众运动，必须贯彻群众路线，充分发挥群众的积极性、创造性，依靠群众自己的力量来进行工作。工农群众的教育经费，主要靠群众自己解决，政府予以补助；师资问题，实行以民教民为主的方针，可能时设一定的专职教师作为骨干；学习组织，应适合当地具体条件与群众需要，采取多种多样的形式，不能强求一律，不能强求正规化。四、领导关系方面，必须实现“政府领导、依靠群众组织、各方面配合”的原则，以达到统一领导、分工合作，将工作做好的目的。克服本位主义、包办作风或相互推卸责任的偏向。根据上述方针原则，会议修正通过了：举办工农速成中学和工农文化补习学校的指示，开展农民业余教育的指示，职工业余教育、工农速成中学、工农文化补习学校3个暂行实施办法，及各级职工业余教育委员会组织条例等6项草案，将各种工农教育组织的任务、方针、制度、教学计划、经费、领导关系等问题，明文规定下来。各地区代表并按当地情况与主客观条件分别初步拟定了实施步骤和计划，确定了1951年开展工农教育的具体任务和各项补助经费的分配比例。

同　日　中共中央发出《关于加强保守党与国家的机密的决定》。《决定》指出，由于国内外的敌人对我采取一切办法进行阴谋破坏；由于革命在全国取得胜利，许多同志，特别是某些领导干部，滋长着一种骄傲、自满、麻痹、轻敌的思想。因而在工作中出现了多次暴露国家军事和财经方面的主要机密及大量普遍地丢失机密文件的现象。为此，全党要消除麻痹思想，提高警惕。《决定》规定了有关保密方面的制度和纪律。

10月17日　中国外交部长周恩来致电联合国第五届大会主席安迪让及秘书长赖伊。要求中国代表参加联大讨论对美国的两项控诉案议程，并抗议联大将所谓“福摩萨问题”列入日程。电报指出，1950年9月26日和10月7日，联合国第五届大会业已分别将有关美国侵略中国的两项控诉案列入大会日程，中华人民共和国完全有权利和必要派遣自己的代表团参加和出席联合国第5届大会。周恩来代表中国政府向联大提出坚决要求：在联合国大会以及大会所属有关委员会进行上述两项议程时，必须有中华人民共和国的代表出席陈述意见，并参加讨论。联合国大会如果在没有中华人民共和国代表出席和参加讨论的情况下进行上述议程，则其所作的一切决议都将是非法的和无效的。电报还指出，1950年10月7日联合国大会毫无理由地将美国提出的所谓“福摩萨问题”列入大会议程，这是美国企图盗用联合国名义来干涉中国内政，侵犯中国领土和主权。关于台湾，今天存在的只有美国侵略中国台湾的事实，并不存在关于台湾地位或前途的所谓“福摩萨问题”。周恩来代表中国政府和中国人民向联合国大会提出严重抗议，并坚决反对将所谓“福摩萨问题”列入联合国大会或其他任何会议的议程，坚决要求联合国大会取消此项非法决定。

10月18日　中国外交部长周恩来致电联合国秘书长赖伊，并转联合国第5届大会主席安迪让及安理会主席奥斯汀。致电控诉侵朝美军飞机侵犯中国领空。电报指出，美国侵朝军队的军用飞机10月13日、14日多次侵入中国辽东省上空，进行侦察的挑衅行为。这说明美国正在积极扩大侵朝战争，是中国人民决不能容忍的。周恩来代表中国政府对美军飞机侵入中国领空提出严重抗议，并再一次向联合国提出控诉和要求：联合国安理会应立即采取有效措施，制止美国侵朝军队扩大侵略的行为，并立即撤退美国侵朝军队，以免事态扩大。

10月19日　政协第五届全国委员会常务委员会举行第十七次会议。中央人民政府劳动部部长作《关于中华人民共和国劳动保险条例（草案）》的几点说明。会议就此进行了讨论。

同　日　政务院发布《政务院财经委员会关于工商业户牌号不得以本国及外国国名命名的决定》。《决定》规定：1.以“中华”或“中国”字样作为牌号者，准许使用。2.使用“中华人民共和国”全名为牌号者，应予禁止。3.使用“联合国”全名为牌号者，亦应禁止。4.使用外国国名为牌号，如有混淆购买人视听，或对于政治上有不良影响者，亦应由地方主管工商行政机关视其具体情况予以纠正。

同　日　中国人民志愿军入朝作战。本日，中国人民志愿军分别从安东（今丹东）、长甸河口、集安等地渡过鸭绿江，进入朝鲜北部地区，同朝鲜人民一起向侵略者作战。与此同时，中国人民掀起了全国性轰轰烈烈的抗美援朝运动。

10月20日　政务院举行第五十五次政务会议，会议通过《新区农村债务纠纷处理办法》。《办法》规定，解放前农民及其他劳动人民所欠地主的债务，一律废除；所欠富农的债务，若利倍于本者停利还本，利二倍于本者本利停付，付利不足本之一倍者，应承认富农的债权继续有效。会议还批准卫生部《关于全国制药工业会议的综合报告》，该会确定利用本国工业基础，发展制药工业的方针。规定麻醉药品和生物制品（血清疫苗）必须由中央卫生部统一制造。中药的利用，必须用近代科学方法加以整理研究，编成典籍。加强药品检验工作，保证用药的安全。

10月21日　新华社报道，全国各级政府机关行政人员整编工作告一段落。全国各级政府机关人员比2月减少约1/4左右，工作效率提高，财政开支大大节省。各地编余人员作如下处理：1.一部分老弱的及自愿回家生产的，已安置他们回乡生产或移地休养。2.一部分分配到财政企业部门工作。3.新区编余人员一部分进行学习，准备参加土地改革运动。4.文化水平较低的工农干部安置入学。5.其他人员已集中学习，等待统一调配。

10月22日　各民族联欢大会在北京举行。参加大会的有43个民族的代表共3.1万余人。政务院民族事务委员会主任李维汉、副主任乌兰夫出席了大会。大会通过了给毛主席的致敬信。在大会前不久，李维汉、乌兰夫在民族问题报告会上作了民族政策的报告。指出，全国各族人民要在团结合作基础上，消除历代反动统治阶级所造成的相互间的歧视与不信任现象，特别要经过长期努力，消灭反动统治阶级所造成的各民族间在政治、经济、文化上存在着的实际上的不平等现象，把中华人民共和国建设成一个强盛的、幸福的、友爱合作的大家庭。各民族要更亲密团结，肃清残敌，巩固国防，紧紧地团结在中央人民政府周围，实行区域自治，与各兄弟民族携手并进。

10月23日　中国外交部长周恩来致电联合国秘书长赖伊。通知对方：中华人民共和国中央人民政府已任命伍修权为大使衔特派代表，乔冠华为顾问，龚普生、安东、陈翘、浦山、周砚、孙彪、王乃静等7人为特派代表之助理人员，出席联合国安理会讨论中华人民共和国中央人民政府所提出的控诉武装侵略台湾案的会议。并请即办理入境手续。

同　日　中央军委批准以民航局部分人员为基础，组建人民解放军防空司令部。12月，中国人民解放军防空司令部成立。周士第任司令员，钟赤兵任政治委员。1951年1月7日，中央军委决定，将原有和新建的城防高射炮兵部队及城市防空部队，划归防空司令部建制领导。在此前后相继组建了京津卫戍区（华北）、华东、上海、东北、中南、安东（今丹东）防空司令部和西南防空处。1955年3月，根据军区机构的调整，军区防空机构统一调整合并，改设沈阳、北京、南京、广州军区防空司令部和昆明军区防空处。同年8月，防空司令部改称中国人民解放军防空军司令部。1956年，防空军部队先后组建了防空军军部、防空师、高炮师、探照灯团、雷达团、对空监视团等。防空军人数占全军总人数的3.7%。1957年2月，中央军委为了统一防空作战指挥，决定实行空、防合一体制，将防空军与空军合并，防空军番号撤销。

10月24日　周恩来在政协一届全国委员会常务委员会第十八次会议上作题为《抗美援朝，保卫祖国》的报告。报告分析了形势，阐明了我国政府抗美援朝的决策。报告指出，朝鲜问题是一个国际问题，它同国际上的其他问题是不可分割的。朝鲜要胜利，必须得到国际的援助，尤其是在困难的时候，更需要国际的援助。我们应该发扬革命的道义。只有朝鲜胜利了，和平阵营方不会被打开一个缺口。如果朝鲜这个缺口被打开，则其他方面要相继被打开。中朝是唇齿之邦，唇亡则齿寒。朝鲜如果被美帝国主义压倒，我国东北就无法安定。我们正在进行经济恢复工作，并计划减少军费用于经济建设、文教事业，但敌人不让我们这样做。敌人把火烧到了我们的大门口。现在对美帝如果不抵抗，一着输了，就会处处陷于被动，敌人将得寸进尺。朝鲜问题还连带着台湾问题，美帝侵略朝鲜，我们出兵去管，从我国安全来看，从和平阵营的安全来看，我们是有理的，它是无理的。政治上，我们有同盟国家、友好国家的支援，力争和平；方式上，我们采取志愿军的形式，无须宣战；宣传上，我们应该广泛宣传抗美援朝，保卫和平。同时，我们在国内要镇压敌特的捣乱，巩固广大人民内部的团结，经济建设不能停止，并且要照顾到人民生活的改善。

同　日　政务院批准《政务院政治法律委员会试行组织条例》、《政务院人民监察委员会试行组织条例》、《政务院财政经济委员会试行组织条例》、《政务院文教委员会试行组织条例》。

10月25日—11月5日　中国人民志愿军举行第一次战役。中国人民志愿军入朝后，以美国为首的“联合国军”和南朝鲜军继续疯狂地分兵冒进。10月25日，进到博川、云山、温井、熙川、五老里、咸兴等地，先头部队已占古场洞并继续向鸭绿江边之楚山前进。志愿军首长根据这一情况，决心利用战略战役上的突然性，在运动中歼敌一部。以2个师在黄草岭、赴战岭地区进行防御，钳制东线敌人；以主力5个军另一个师于西线在运动中歼灭敌人。志愿军一部在云山以北的朝阳洞地区和温井西北两水洞地区分别同南朝鲜军第一师、第六师的先头部队遭遇，并在两水洞地区歼南朝鲜军1个营和1个炮兵中队。接着，志愿军主力分向温井、云山、宁边、熙川地区及古场洞地区之敌展开猛攻。11月2日，攻克云山。与此同时，实施战役迂回的部队进至价川以北院里地区，使敌翼侧受到严重威胁。在这种情况下，两线之“联合国军”和南朝鲜军被迫于3日开始全线撤退，至4日，其主力全部撤到清川江以南地区。5日，志愿军第一次战役胜利结束。志愿军在东线的2个师和朝鲜人民军一部，在黄草岭、赴战岭地区阻击南朝鲜军首都师、第三师和美军陆战第一师的猛烈进攻，有力地配合了两线作战。这次战役，共歼灭“联合国军”和南朝鲜军1.5万余人，粉碎了“联合国军”在“感恩节”（11月23日）前占领全朝鲜的企图，并初步稳定了朝鲜战局，为尔后作战创造了有利条件。

10月25日　毛泽东代中央起草关于志愿军领导机构设置和主要干部配备的电报。电报指出：一、为了适应目前伟大战斗任务的需要，十三兵团司令部政治部及其他机构，应即改组为人民志愿军司令部政治部及其他机构；二、彭德怀为人民志愿军司令员兼政治委员，邓华、朴一禹、洪学智、韩先楚四同志均为副司令员，邓华、朴一禹二同志均兼副政治委员，解方为参谋长，政治部、后勤部及其他机构的负责同志均照旧负责；三、党委组织也照原名单加入彭、朴二同志，以彭德怀为书记，邓华、朴一禹二同志为副书记。

10月26日　中国人民抗美援朝总会成立，全国掀起了轰轰烈烈的抗美援朝运动。11月4日，中国共产党和中国国民党革命委员会等各民主党派发表联合宣言，誓以全力拥护全国人民的正义要求，拥护全国人民在志愿基础上为着抗美援朝保家卫国的神圣任务而奋斗。在中国共产党的领导下，全国开展了抗美援朝的宣传教育运动，清除了“恐美”思想，增强了民族的自尊心和自信心。大批青年踊跃报名参加志愿军和各种军事干部学校，大批农民、铁路员工、汽车司机和医务人员，志愿到朝鲜担负战地勤务和运输工作。后方群众积极做好拥军优属工作和防特防谍工作，开展增产节约运动。在各阶层人民中还普遍订立爱国公约，进行捐献飞机大炮运动。从1951年6月1日—1952年5月底的1年中，全国人民捐款折合飞机3 710架。抗美援朝运动支援了朝鲜前线的战争，也推动了国内的社会改革运动和经济恢复工作。

同　日　中共中央发出《关于时事宣传的指示》。《指示》指出：美军扩大侵略朝鲜并直接侵略台湾，严重威胁中国安全，中国不能置之不理。为了使全体人民正确地认识当前形势，确立胜利信心，消除恐美心理，各地应即展开关于目前时事的宣传运动。宣传中应注意以下几点：一、宣传的基本内容有二：1. 我国对美军扩大侵朝，不能置之不理；2. 我全国人民对美帝国主义应有一致的认识和立场，坚决消灭亲美的反动思想和恐美的错误心理，普遍养成对美帝国主义的仇视、鄙视、蔑视的态度。二、正确认识朝鲜形势对中国的关系，从中国方面说，中朝唇齿相依，美国侵朝与侵华是分不开的。美在发动侵朝的同时公开侵略台湾，并连续轰炸扫射我东北边境。美国不顾我国警告和苏联建议，悍然侵越"三八线"而直趋中朝边境。从北朝鲜缴获文件及其他方面证明，美国确有侵占朝鲜后进一步侵占我国东北的阴谋计划。美国此种计划与以前日本对华侵略历史如出一辙，日本是第一步侵略朝鲜、台湾，第二步侵略东北，第三步侵略全中国。由于这一切，为了我国的安全，不能对美军侵朝置之不理。从朝鲜方面说，朝鲜人民军在强大美军登陆仁川后的退却是必然的和必要的，但朝鲜人民反对美国的斗争仍然在继续着，经过持久的正确的努力，仍将转入反攻。在此种形势下，我国的支援对朝鲜人民的继续斗争有重大意义，而朝鲜人民的继续斗争，对我国安全亦有重大意义。美国如果竟敢在此时爆发世界战争，则其失败将更彻底，因为现在美国的军事准备尚未完成，而和平阵营势力则大于美英势力。我们要和平，不要战争，但不能听任美国侵入中朝边界而置之不理。

同　日　台湾民主自治同盟发表《告台湾同胞书》。号召台湾人民团结起来，反对美国侵略者，消灭蒋介石残余势力。

同　日　军委总政治部发出《关于整风工作的指示》。《指示》指出了当时部队中普遍存在的和平麻痹与战斗意志涣散的倾向，阐明了开展整风运动的必要性；提出整风运动的中心是提高战斗意志，保持与发扬人民解放军的光荣传统；规定了团以上干部和机关为整风的重点，要求通过整风，基本上克服和平麻痹、骄傲自满、贪图享受、脱离群众、战斗意志涣散等不良倾向。

同　日　中国人民保卫世界和平反对美国侵略委员会在北京成

立。简称中国人民抗美援朝总会，为全国人民抗美援朝运动的统一领导机关，由1950年7月成立的中国人民反对美国侵略台湾、朝鲜委员会同中国保卫世界和平大会委员会合并改组而成。11月23日，中国人民抗美援朝总会发表关于在全国普遍深入地开展抗美援朝、保家卫国运动的通知，指出该会当前的任务是：支持和领导全国各地爱国人民的抗美援朝、保家卫国运动，并且广泛地开展反对美国侵略的思想教育，使之普及和深入。要求各地统一成立抗美援朝的地方分会。该会总会设在北京，下设秘书处、行政处、宣传部、组织部、联络部，总会主席郭沫若，副主席彭真、陈叔通。

同　日　中财委批准《海关审理税则分类估价申诉案件暂行办法》、《海关处理滞报滞纳及过期未税进口货物暂行办法》。

10月27日　任弼时在北京病逝。任弼时，学名培国。湖南湘阴（今属汨罗市）人。1904年4月30日出生。1920年加入中国社会主义青年团。1921年赴苏联入莫斯科东方劳动者共产主义大学学习，改名为弼时。1922年加入中国共产党。1924年7月，参加少年共产国际第四次大会，秋季回国。1925年1月，在中国社会主义青年团第三次全国代表大会上当选为团中央执行委员会委员兼中央局组织部主任。5月，任团中央代理书记。9月，任团中央书记。1927年5月，在中共五大上当选为中央委员。在“八七会议”上当选为中共临时中央政治局委员。1928年初到上海参加中共中央机关工作。10月，在安徽南陵县被捕。1929年3月，经党营救出狱，任中共江苏省委常委、宣传部长。11月，在上海又被捕，年底被营救出狱。1930年春，任中共湖北省委书记和武汉市委书记，后任中共中央长江局委员。1931年1月，在中共六届四中全会上当选为中央政治局委员。4月，到江西中央革命根据地，任苏区中央局委员和组织部部长。1933年初，任中共临时中央组织部长。5月，改任中共湘赣省委书记兼军区政委。1934年7月，任中央代表和中国工农红军第六军团军政委员会主席，与肖克、王震一起率部西征。10月，在贵州印江县与贺龙率领的红三军会合，任红二军团政委，与贺龙等指挥创建了湘鄂川黔边革命根据地，任中共湘鄂川黔省委书记兼军区政委。1935午11月，与贺龙率部长征。

1936年7月，到达西康甘孜与红四方面军会师，任红二方面军政委，同朱德、贺龙、刘伯承等一起，同张国焘分裂党、分裂红军的活动进行了坚决斗争。1937年抗日战争爆发后，任八路军政治部主任。10月，任中共中央军委总政治部主任。1938年3月，赴莫斯科任中共驻共产国际代表团负责人。1940年3月，返回延安，参加中央书记处工作。1941年9月，任中共中央秘书长。1943年3月，任中共中央书记处书记。1945年6月，在中共七届一中全会上当选为中央政治局委员，中央书记处书记。解放战争时期，和毛泽东、周恩来等一起转战陕北，参与指挥西北和全国的解放战争。1949年全国胜利前夕，受党中央的委托，指导筹建了新民主主义青年团。4月，在中国新民主主义青年团第一次全国代表大会上被推选为青年团名誉主席。会后，病情日趋严重，党中央决定他休养。11月，赴苏联就医。1950年5月回国，6月还要求恢复部分工作。

同　日　政务院举行第五十六次政务会议。会议通过《中华人民共和国劳动保险条例（草案)》、《关于处理失业知识分子的补充指示》等。《劳动保险条例》对各项劳保待遇，劳动保险金的征集、保管、支配、执行监督等作了详细规定。《关于处理失业知识分子的补充指示》指出，中国现有知识分子为数本不多，在国家建设事业进一步恢复和发展过程中，将日益感到知识分子的需要和缺乏。但由于种种原因，主要由于过去教育制度所造成的知识分子一般存在着学用脱节与缺乏为人民服务观点的严重缺陷，致国家需要录用他们时发生很大困难。因此今后处理失业知识分子的基本方针，应当是经过训练或其他方式，帮助他们获得或增加为人民服务的观点和技能，尽可能吸收他们参加国家建设和社会服务的各种实际工作。文件规定，处理失业知识分子的范围是：一、凡程度在高中毕业以上或相当于高中毕业以上，曾有职业而目前失业者，或迄未获得职业者；二、具有相当学识并在地方上有相当声望的人士，愿为人民服务，但因年老或身体衰弱，现在不能担任辛劳工作而无法生活者。处理失业知识分子工作，中央由政务院文教委员会会同人事部、内务部、劳动部等有关机关计划指导，大行政区、省、市由大行政区人民政府（军政委员会）、省、市人民政府依当地情况指定适当机关计划指导。

10月28日　中国外交部长周恩来致电联合国秘书长赖伊并转联合国第五届大会主席安迪让及安理会主席奥斯汀。控诉美国飞机侵犯中国沿海。电报指出，10月7日，美国一架飞机侵入中国青岛东北，实行扫射，继作低空侦察。10月14日，又有美国一架飞机向中国山东海面上烟台水产公司10号渔船扫射。这证明美国政府正在把侵略中国台湾及侵犯中国东北领空的暴行扩大到侵犯中国沿海一带，这是中国人民所绝对不能容忍的。周恩来代表中国政府对美军飞机的侵略暴行提出严重抗议，并向联合国提出控诉和要求：联合国安理会应立即采取措施，制止美国这种侵略行为，并撤退美国侵略中国领土台湾及邻邦朝鲜的武装力量。

同　日　中华人民共和国和芬兰共和国建立外交关系。

同　日　中共中央批转10月26日中央公安部《关于全国公安会议的报告》。《报告》指出，朝鲜战争发生以后，反革命分子向我们发动了各种各色的谣言攻势，加紧破坏经济建设，特别是破坏军运，积极策划暗害活动，组织武装暴乱。公安会议强调必须坚决准确执行中央关于镇压反革命活动的指示，并作出如下的工作布置：第一，对于已被逮捕及尚未逮捕的反革命分子的处理仍按杀一批、关一批、管一批的原则办理。必须处决一批罪大恶极怙恶不悛的、在解放后甚至在经过宽大处理后仍然继续为恶的反革命分子。对于可以不杀的特务分子，及反动党团的中上层分子，要关一批，即判处徒刑，强迫劳动，加以改造。此外，一般特务分子和反动党团的下级党务人员，虽不逮捕惩罚，但亦须剥夺他们的政治权利并进行一定时期的管制。有些地区，要纠正放松管制的偏向。此项工作，应由各地作出计划交中央局批准并报中央。同时应使这一工作有领导有秩序的进行。第二，对于帝国主义特别美帝国主义的特务间谍组织和特务间谍分子要关一批，赶一批。有证据者，即应予以逮捕。有嫌疑者取得证据后予以逮捕。关与赶按照情况的必需和主观力量的可能来决定。每一具体案件的处理，都应事先请示中央或政务院批准，各地不得擅自处理。各大行政区、各大城市应集中力量先搞几个重大的帝国主义特务案件，领导同志要亲自动手，要重视反对外国特务的斗争，以便取得经验，教育干部。第三，会门特别是一贯道是目前和我们作斗争的最大的反革命组织，东北已从组织上打垮，华北已进行过若干重点取缔，但潜伏势力依然存在。今后在老区应对会门实行公开的正面的进攻方针，结合侦察工作，党政军民一齐动手，求得彻底摧毁这一反革命组织。当然，在处置的政策上，应该谨慎，因为它与广大群众性的迷信行为纠缠在一起。在新区，步骤更应稳些，先搞反动头子并为公开的正面的进攻准备必要的条件。第四，对付反革命谣言，必须实行讲、驳、追三个字的政策，即加强宣传，对谣言正面加以驳斥，以及追究谣言的来源等。除配合宣传、驳谣外，追谣主要是各级公安部门的责任。第五，清理积案与侦破新案相结合。要纠正久押不问的现象，但为了镇压及时并打击反革命气焰，必须以镇压现行犯为主。即对于现在正进行破坏活动的反革命，逮捕起来，必须先办，必须严办。第六，公安部门内部不纯。侦察、保卫机构和各部门的负责岗位，必须掌握在政治上有保证的同志手里。第七，为使处理反革命案件手续简化，镇压及时，又不出乱子，拟与最高法院商定一个改进办法，发一指示。《报告》着重指出，镇压反革命活动，肃清反革命残余，是当前对敌斗争的严重任务，亦是全党的长时期的战略任务，公安部门是政府的一个部门，又是党的执行这一任务的工作部门，必须按照主席指示强调各级党委的实际领导和取得全党的支持。公安部门的同志必须积极主动地善于取得党委的领导，并随时向党委报告工作，取得指示。只有如此，才能贯彻和完成这一艰巨任务。

同　日　政务院发布《关于改进和发展全国出版事业的指示》。《指示》指出：书籍杂志的出版、发行、印刷，是与国家建设事业、人民文化生活至关重要的政治工作。第一届全国出版会议决定本“统筹兼顾，分工合作”的原则调整公私出版业之间的关系，并逐渐消除出版发行工作的无组织、无计划的现象，以求有计划地充分供给为人民所需要的各种出版物，这个方针是正确的。为了在这个方针下改进和发展全国出版事业，特作如下指示：一、中央人民政府出版总署是中央人民政府负责指导和管理全国出版事业的总机关。过去出版总署集中力量于直接进行出版、发行和印刷工作，以致没有着重实行对于全国公私营出版事业的领导，这个缺点今后应当改正。在一方面，出版总署应当按时提出全国出版事业的总方针，以利于各公私营书刊出版、发行、印刷机构在统一的方针下分工合作；在另一方面，全国公私营的书刊出版机构应当按时向出版总署提出其工作计划和工作报告，以便得到及时的调整改善。二、书籍杂志的出版、发行、印刷是三种性质不同的工作，原则上应当逐步实现科学的分工。为了便于提高出版物的质量，专营出版工作的出版社，首先是公营出版社，应当按出版物的性质逐步实行大致的分工。出版总署也应当尽可能协助私营的大出版社确定专业的出版方向，并协助小出版社在自愿原则下合作经营，以克服出版工作中的盲目竞争、重复浪费和质量低劣现象。三、目前出版工作的主要缺点是出版物种类的分布不尽合理和出版物的质量低劣。为了克服这种缺点，出版总署应当充分地动员和组织各方面的著作和编译的力量，使为人民所迫切需要的出版物（尤其是通俗书刊）能有丰富的供应，同时要用各种有效的方法使出版物在质量上逐渐提高。出版总署应当推动和组织报纸、杂志、广播中关于出版物的介绍批评的工作，对于优良的、切合需要的出版物应予奖励，对于粗制滥造、不负责任的出版物应使之渐次淘汰。四、公私营的专业性的出版社应尽可能在出版总署的协助下与有关的政府部门或人民团体建立固定的联系，使出版物的内容更能适合于国家和人民的需要。凡有可能与必要自己建立编辑或出版机构的政府部门和人民团体，应逐步建立之，但应注意精简。少数已经建立出版或编辑机构的部门与团体，应认真改善对于出版机关的领导，克服现时存在着的自流状态。在军事、财经、工矿、交通、农业、卫生、公安等方面，目前出版物还比较少，出版总署应与有关部门共同设法增加这些方面的出版物。五、现时的出版力量多集中北京、上海两处，大行政区或省很少或几乎没有自己的出版力量。这种状况应予改变。为了适应各地方的社会、经济、文化生活的具体需要，为了使地方上的著译力量也充分动员起来，并为了使出版事业在全国普遍发展，出版总署应协助各大行政区分别筹建、改进或扶植地方的出版工作。地方的出版工作应特别照顾到农民、工人、县以下的工作干部以及少数民族的需要。六、出版期刊是出版工作中最重要方法之一，应予重视。现在出版的多数期刊没有计划、没有领导，没有比较健全的编辑部，因而其质量不能令人满意，甚至徒然浪费人力、物力。政务院责成出版总署会同各有关方面将现有期刊逐渐调整，并改善他们的编辑状况。与这些期刊有关的机关团体也应重视期刊的工作，把出版期刊当做指导工作的经常性的和锐利的武器，按时给以具体的指导。七、书刊的发行工作应当充分改善，以改变目前广大人民得不到读物的现象。国营的新华书店应从速完成其全国分支店的统一经营。国营书店应团结与组织一切私营的书店（包括代售书刊的摊贩小贩），共同把书刊发行工作做好，并逐渐在工厂、矿山、农村、部队、学校、机关中设立各种书刊代售代订处、书亭、书摊、图书室和流动的书刊供应组织等。全国各机关团体均有责任协助推广书刊发行的工作。为了利用邮局、火车和合作社来推广书刊发行工作，邮电部、铁道部和中央合作事业管理局应当作出专门的决定，并与出版总署订立专门的合同。八、书籍期刊的出版与发行工作，不论公私营，均不应单纯以营利为目的。为了使出版事业能够扩大发展，应允许公私营出版业取得合法的利润，但决不应攫取过分的非法利润。公私营出版业均应努力使经营合理化，以便书价适当地降低。出版总署对于公私营出版业的经营状况应予以检查和指导。九、全国文化用纸管理委员会应积极研究和解决文化用纸的供应问题，工业部门应力求发展和改进我国造纸工业，使出版事业能够获得足够的和比较廉价的国产纸张。十、由于目前全国书刊印刷业的生产力暂时有过剩的现象，中央及各地方的政府机关及人民团体应暂时停止建立新的印刷工厂，所有印件应交予现有的公私营印厂承印，以避免重复浪费。其有特殊的理由必须建立新的工厂者，应经同级的财政机关与出版行政机关共同核准。在沿海城市过分集中的印刷工厂，应即由有关政府部门协助，搬迁一部分至缺乏印刷设备的内地。

本　月　中国人民志愿军空军成立。中国人民志愿军空军由中国人民解放军空军航空兵部队的志愿人员组成。刘震任司令员（后期由聂凤智代理)。志愿军空军的基本任务是，夺取并保持重要地区的局部制控权，保卫重要运输线、军事目标和工业目标，支援地面部队作战。志愿军空军在参加抗美援朝战争中，共击落敌机330架，击伤95架，自己被击落231架，击伤151架。战后，志愿军空军根据志愿军领导机关的指示，褒奖在抗美援朝作战中有卓越贡献的人员。在战争中，志愿军空军边打边建，组建了许多新部队，改善了装备，培养了大批空勤人员和地勤人员、指挥干部和专业干部，部队的各项工作有了很大提高，这对于战后中国人民解放军空军的建设和发展具有重要的意义。

本　月　中国人民志愿军炮兵司令部成立。司令员方毅，政治委员邱创成，副司令员兼参谋长匡裕民，政治部主任吴涛。

11月1日　新华社报道，中共中央西南局、西南军区及第二野战军司令部联合发布进军西藏的政治动员令。

11月2日　政协第一届全国委员会常务委员会举行第十九次会议。会议讨论各民主党派关于抗美援朝的联合宣言草稿。罗隆基委员报告了起草联合宣言的经过。各民主党派负责人一致同意早日发表宣言。

同　日　中财委批准《贸易部代中央用货部门接运与苏联易货合同部分进口货物欠缴关税及货物税暂行办法》。

同　日　教育部发出通知，所有公私立高等学校、中等学校废除入学保证书制度。通知指出。入学保证书制度，是国民党反动政府用来限制学生政治活动的办法之一，人民政府领导下的学校，应即予以废除。

11月3日　政务院举行第五十七次政务会议。会议讨论了水利部《关于治淮问题的报告》，通过了《大城市区各界人民代表会议组织通则》、《大城市区人民政府组织通则》。水利部的报告说，经豫、皖、苏3省代表会商，提出了“蓄泄并重”的计划，预计5年完成治淮。周恩来总理指出，治理淮河的原则是：统筹兼顾，标本兼施；有福同享，有难同当；分期完成，加紧进行；集中领导，分工合作；以工代赈，重点治理。《大城市区各界人民代表会议组织通则》共13条，规定，区各界人民代表会议，由区人民政府召集。区各界人民代表会议的代表名额，不满10万人口的区以不超过150名为原则，10万人口以上的区以不超过200名为原则。区各界人民代表会议的代表，每年选举1次，连选得连任。区各界人民代表会议，是区人民政府的协议机关，其职权如下：听取人民政府的工作报告，讨论有关各该区的市政建设工作和人民福利事业，并提出批评和建议；向人民政府反映人民的意见和要求；协助区人民政府贯彻人民政府的施政方针和计划，推行各项工作；协助区人民政府维持治安，巩固革命秩序；在民族杂居之区，协助人民政府，加强民族团结。经市人民政府批准，代行区人民代表大会的下列职权：听取与审查人民政府的工作报告；建议与决议有关各该区的市政兴革事宜；选举区人民政府区长、副区长、委员，并得决议撤换之。区各界人民代表会议设主席团，由大会选举主席若干人组成，负责主持会议的进行。区各界人民代表会议设区协商委员会，选举主席1人，副主席及委员若干人组成。其职责如下：协助人民政府实行区各界人民代表会议的决议；协商并提出对区人民政府的建议；协助区人民政府动员人民巩固革命秩序，并参加各项建设工作；负责进行下届区人民代表会议的准备工作；负责进行本区人民民主统一战线工作。本《通则》于11月13日公布。《大城市区人民政府组织通则》共9条，规定，区人民行使政权的机关为区人民代表大会（或代行其职权的区各界人民代表会议）和区人民政府，在区人民代表大会闭会期间，区人民政府即为区的行使政权的机关。区人民政府委员会为区一级的地方政权机关，受市人民政府委员会的领导。区人民政府委员会由区人民代表大会选举区长、副区长及委员若干人，提请市人民政府批准任命组成，任期为1年，其职责如下：执行市人民政府的决议和命令；实施区人民代表大会通过并经市人民政府批准的决议案；统一领导区人民政府各部门的工作；根据市人民政府各有关局、处的业务指示，监督与协助或指导各局、处在本区内各分支机关的工作；向市人民政府反映市人民的意见和要求，并提出兴革意见。区长主持区人民政府委员会的工作，并领导区人民政府所属各室、科（股）工作，副区长协助区长执行职务。区人民政府的工作机构，根据工作需要和精简原则，酌设秘书室及民政、文教、卫生建设、工商劳动等科（股）。区人民政府委员会会议每月举行1次，由区长召集。委员过半数出席始得开会，须有委员过半数同意始得通过决议。区人民政府行政会议每周举行1次，由区长召集，副区长、秘书、各科（股）长及市人民政府各局、处在区所设分支机关负责人出席，其他必要人员列席。本《通则》于11月13日公布。

同　日　中财委发出《冻结现金、稳定物价措施的指示》。《指示》指出，由于朝鲜战争的影响，特别是中国人民志愿军入朝参战以后，社会上存货不存钱的心理抬头，游资集中进攻棉纱，同时，部队、机关、团体纷纷向国家银行提取存款。面对即将造成的现金短缺的金融危机和物价剧烈波动的情况，决定，从11月5日起，冻结部队、机关、团体的存款，并缓购、少收农产品，冻结期为1个月。同时发行6亿—7亿元新钞，此外还采取措施，团结私人行庄，紧缩对私人工商业信用；严禁金银外币黑市，打击投机分子。

同　日　政务院发布《关于加强人民司法工作的指示》。《指示》的主要内容有：一、为着保卫人民民主革命的胜利，镇压反革命活动，巩固新社会秩序及保护人民合法权益，人民的司法工作如同人民军队和人民警察一样，是人民政权的重要工具之一。因此，各级人民政府必须切实地领导和加强这一工作，并采取必要办法，使人民司法制度在全国范围内有系统地逐步地建立和健全起来，对这一工作采取轻视态度是错误的。二、必须划清新旧法律的原则界限。在目前我国新的法律还不能立求完备的情况下，中国人民政协共同纲领及中央人民政府委员会、政务院、最高人民法院及其他机关所发布的许多法律、法令、指示、决定，都是人民司法工作的重要依据。三、人民司法工作的当前主要任务，是镇压反动分子，保护人民。对反革命分子来说，首先是镇压，只有镇压才能使他们服罪，只有在他们服罪之后，才能谈到宽大。宽大只能结合着镇压来进行，有些地区发生“宽大无边”的偏向，是必须纠正的。在镇压时，分别轻重，分别首要与胁从是必要的，但在解放以后一切进行反革命活动的分子均必须予以惩办。人民司法工作的任务，是惩罚犯罪，保护善良。对破坏国家的建设和财产及破坏社会秩序和侵害人民正当权益的犯罪者，必须给以惩罚，只有惩罚才能使他们认罪，只有在他们认罪之后，才能谈到教育改造。教育只能结合着惩罚来进行，片面地强调“教育改造”是不对的；在惩罚认罪之后，忽视教育改造工作，也是必须纠正的。人民司法工作还须处理人民间的纠纷，对这类民事案件，亦须予以足够的重视，一方面应尽量采取群众调解的办法以减少人民诉讼；另一方面司法机关在工作中应力求贯彻群众路线，推行便利人民、联系人民和依靠人民的诉讼程序与各种审判制度。四、要积极提高审案的质量，同时应广泛进行法治的宣传教育工作，严格纠正违法乱纪现象的发生。五、必须配备一定数量的坚强干部作为骨干，并必须教育他们重视司法工作，帮助他们提高政策水平。六、司法经费由国库开支，所有罚款、没收财产等收入，均应统一上缴国库。

11月4日　《各民主党派联合宣言》发表。《宣言》指出：以美国为首的帝国主义者侵略朝鲜的行动正在严重地威胁着中国的安全。全中国人民早已集中注视美国侵略者在朝鲜的行动以及在中国领土、领空、领海上的行动。帝国主义者的侵略野心是无止境的。美帝国主义者在今年6月25日发动侵朝战争，他们的阴谋绝对不止于摧毁朝鲜民主主义人民共和国，他们要并吞朝鲜，他们要侵略中国，他们要统治亚洲，他们要征服全世界。4个月来的事实，已经充分地证明了这一点。在美国指使朝鲜傀儡李承晚发动向朝鲜人民的进攻以后，美国总统杜鲁门随即命令美国海空军到朝鲜进行战争，他同时命令美国第七舰队侵入我国台湾领海，武力干涉我国解放台湾；他同时命令增强对越南、菲律宾等地的侵略。这些事实，证明了美帝国主义发动侵朝战争的目的是要侵略中国，侵略整个亚洲。从美帝国主义者在6月发动侵朝战争以后，其侵朝空军曾多次侵入我国东北的领空，屠杀我国的人民，炸毁我国的财产。其侵朝海军竟在公海之内炮击我国的商船，破坏我国的航权。到了最近，美帝国主义者的狰狞面目更加暴露出来了。美帝国主义者及其帮凶们的武力侵占汉城以后，一意孤行，不顾我国的警告，越过朝鲜“三八线”，并以大量陆军向鸭绿江、图们江逼进，直接威胁我国的东北国境。历史的事实早已告诉我们，朝鲜的存亡与中国的安危是密切关联的。唇亡则齿寒，户破则堂危。中国人民支援朝鲜人民的抗美战争不只是道义上的责任，而且和我国全体人民的切身利害密切地关联着，是为自卫的必要性所决定的。救邻即是自救，保卫祖国必须支援朝鲜人民。全国人民现已广泛地热烈地要求用志愿的行动为着抗美援朝保家卫国的神圣任务而奋斗。这种要求是完全合理的，完全合乎正义的。诚如周恩来总理所说：“中国人民决不能容忍外国的侵略，也不能听任帝国主义者对自己的邻人肆行侵略而置之不理。”这两句话是代表中国4.75亿人民说的，它反映了人民的意志，体现了人民的要求。中国全体人民团结一致，保卫家乡，保卫祖国，保卫和平的坚强意志，是无论如何也不能摧毁的。问题应当以和平方式来解决，帝国主义者的侵略军应当从朝鲜撤回去。然而美帝国主义者及其帮凶们不但不愿意撤退侵略军，停止侵略战争与以和平方式解决朝鲜问题，反而向“三八线”以北，向中国的边境鸭绿江、图们江疯狂地发展这种侵略战争。这样就迫使我们认识了这样一个事实，那就是：世界上爱好和平的人民如果想要得到和平，就必须用积极行动来抵抗暴行，制止侵略。只有抵抗，才有可能使帝国主义者获得教训，才有可能按照人民的意志公正地解决朝鲜及其他地区的独立和解放的问题。正义是在我们方面，是在中国、朝鲜、越南、菲律宾的人民方面，是在全亚洲的人民方面，是在全世界爱好和平的人民方面。帝国主义侵略者是违反正义的，是丧失同情的，是自陷于孤立的。侵略者必定要走向最后失败，而最后胜利必归于正义的人民。

11月5日　全军军事学校及部队训练会议在北京召开。会议主要讨论了教育方针、教育计划、教育制度、教材、器材供应计划和学校编制等问题。朱德到会讲了话。会议确定的军事训练的基本方针是：在人民解放军现有素质的基础上，用迅速而有效的方法，使部队学会掌握现代化的兵器及其他军事技术，使指挥员学会组织与指挥各兵种的联合作战与协同动作，了解参谋与通信勤务，以加速军队的正规化和现代化建设。

11月6日　外交部发言人发表声明，驳斥麦克阿瑟及奥斯汀的无耻谰言。声明说，我国人民志愿援朝抗美是完全合理和正义的行为。中朝人民坚决要求美帝及其帮凶收起侵略的长矛，坚决主张外国挥队撤出朝鲜，和平解决朝鲜问题。

同　日　根据中央的决定，治淮委员会在安徽蚌埠成立。曾山为主任。治淮委员会以下，分设河南、皖北、苏北3省、区治淮指军部。

同　日　政务院发布《关于土地改革中对华侨土地财产的处理办法》。《办法》规定，对华侨的一些特殊情况予以照顾。在土地改革中对于华侨土地财产的处理事项，本办法已有规定者，遵照本办法规定处理；本办法未有规定者，遵照土地改革法及大行政区和省人民政府关于土地改革的法令规定处理。

11月7日　中共中央提出《关于统一调整全国工资问题的几个原则》。主要内容有：一、各地各企业单位工资高低不一，其中有许多不公平、不合理的现象，影响生产，影响团结极大，亟应调整。但工资是工人赖以为生的基本要素，因此处理时必须十分慎重，不能随便加以改变，以免影响工人生活、生产与政治情绪。二、调整工资的目的是使现有的工资较公平合理，便于发展生产、加强团结。但调整办法则应确定：高的不再高、低的逐渐向高的看齐，不应定一个折中标准，使高低双方都向中间看齐，因为这样会引起大多数工人工资的过分变动，而形成大的波动。但低的向高的看齐，是分过三年五年、十年八年逐步提升，提升过快会使企业本身与政府财政负担不起，结果也是对工人不利的。

同　日　中共中央转发中财委《关于限期清理企业资产与确定企业资金的建议报告》。《报告》建议清产核资分两期进行：第一期，结合1950年度的决算与盘存，清理中央直属（关内部分）的国营企业；第二期，清理委托大行政区代管的国营企业与地方企业。全部工作于1952年完成。规定，此次清理企业资产与资金，不论何种来源，统一作价作为国家收入，由中央财政部登账，然后再按照各企业的需要及国家经济建设方针，分别转为对各企业的投资。有余者，由中央收回另行支配；不足者，由中央补足。

同　日　政务院批准两项议定书。政务院批准东北人民政府呈报的《中苏联合委员会对于确定向中华人民共和国政府移交大连苏联方面临时代管或租用财产的具体办法之议定书》和《关于1945年苏联机关自日本所有者手中获得之工商业企业及其他财产无偿的移交给中华人民共和国政府之议定书》。

同　日　西南军政委员会和西南军区司令部宣布和平解放西藏的政策。人民解放军入藏之后，保护西藏全体僧侣、人民的生命财产；保障西藏全体人民之宗教信仰自由，保护一切喇嘛寺庙；帮助西藏人民开展教育和农牧工商业，改善人民生活；对于西藏现行政治制度及军事制度，不予变更；西藏现有军队成为中华人民共和国国防武装之一部分；各级僧侣、官员、头人等照常供职；一切有关西藏各项改革之事宜，完全根据西藏人民意志由西藏人民及西藏领导人员采取协商方式解决。

11月10日　政务院举行第五十八次政务会议。会议通过《城市郊区土地改革条例》。21日公布。《城市郊区土地改革条例》共21条，关于实施条例的范围方面，规定：凡适用本条例以进行郊区土地改革的大城市及决定建设的大工业区，由各大行政区人民政府（军政委员会）决定后公布之。华北5省所属者由省人民政府决定后公布之。凡适用本条例进行土地改革的城市郊区范围，由市人民政府根据情况划定，呈报大行政区人民政府（军政委员会）批准后决定之。华北5省所属者由省人民政府决定后公布之。《条例》在具体政策方面规定：地主在城市郊区的土地、耕畜、农具、多余的粮食及其在农村中多余的房屋，照土地法第2条的规定予以没收，地主的其他财产不予没收。富农在城市郊区的农业土地，照土地改革法第六条规定处理。中农（包括富裕中农在内）、贫农、雇农在城市郊区的土地及其财产，均予保护不动。有关祠堂、庙宇、寺院、教堂、学校和团体在城市郊区的农业土地和荒地，照土地改革法第三条规定，予以征收。但对依靠上述土地收入以为维持费用的学校、医院、福利等事业，要由当地人民政府另筹解决经费的办法。对清真寺所有土地，在当地回民同意下，得酌予保留。工商业家在城市郊区的农业土地和荒地及原由农民居住的房屋，照土地法第四条规定，予以征收，但其在郊区的其他财产和合法经营，如私人住宅、厂房、仓库以及在农村中有利于生产的投资等，应加以保护，不得侵犯。革命军人、烈士家属、工人、职员、自由职业者、小贩以及因从事其他职业或因缺乏劳动力而城市郊区出租小量农业土地者，照土地改革法第五条规定处理。凡在郊区使用机器耕种或有其他进步设备的农田及农业试验场、菜园、果园等，无论其为地主或农民所经营，无论其土地所有权有无变更，均由原经营者继续经营使用。《条例》规定，对于城市郊区所有没收或征收来的农业土地，一律归国家所有，由市人民政府管理，连同国家在郊区所有的其他可分的农业土地，及生产资料、房屋等，均交由乡农民协会统一地、公平合理地分配给贫苦农民耕种或使用。国家为市政建设及其他需要收回由农民耕种的国有土地时，应给耕种该项土地的农民以适当的安置并对其在该项土地上的生产投资（如凿井、植树等）及其他损失，予以公平合理的补偿。城市郊区一切可耕荒地，在不妨碍城市建设及名胜古迹风景的条件下，经市人民政府批准后，应统一分配给无地少地的农民耕种使用。垦种荒地者，免征农业税1年—3年。

11月11日　中国外交部长周恩来致电联合国秘书长赖伊和安理会主席贝勃勒。声明中国不能接受安理会1950年11月8日关于邀请中国代表参加讨论联合国军队总司令麦克阿瑟报告的决定。周恩来指出，因为这项邀请剥夺了中国代表在安理会上讨论中国人民最感迫切的问题，即美国武装干涉朝鲜和侵略中国问题的权利。提议：安理会应将中华人民共和国中央人民政府控诉美国武装侵略台湾议案与美国武装干涉朝鲜的问题合并讨论，以便中华人民共和国代表出席安全理事会讨论“控诉侵略台湾”议案时，得以同时提出控诉美国政府武装干涉朝鲜问题。

同　日　中国外交部发言人发表声明。指出，美国侵略朝鲜军队总司令麦克阿瑟11月6日非法向安理会提出所谓报告，诬指中国人民志愿援朝反抗美国侵略的正义行动是什么“外国干涉”。11月8日，美国驻联合国代表便就这个报告发表声明，企图再一次盗用联合国名义，进一步扩大侵朝战争，公开侵略中国。声明严正指出，中国人民志愿军前往朝鲜，援助朝鲜人民反抗美国侵略，是完全合理的和正义的行为，也是为了保家卫国。中国方面坚持和平解决朝鲜问题。

同　日　政务院发布《关于中央人民政府各部门去东北两千名干部之供给问题的几项通知》。11月13日，政务院举行欢送赴东北工作同志大会。周恩来总理、李富春作了报告。周恩来说，由于美帝国主义不断扩大侵朝战争，疯狂轰炸我国东北地区，东北已成为抗美援朝的前沿，急需增派干部，加强力量。11月3日，政务院进行了动员，号召干部北上。广大干部包括部长、副部长，共产党员、青年团员和无党派及其他民主党派人士都积极报名。经批准有2 492人赴东北工作。其中共产党员、青年团员占55%。李富春介绍了朝鲜战况和东北局势及工作情况。

11月12日　中共中央转发中共北京市委《关于抗美援朝运动开展情况报告》。《报告》提出了把抗美援朝运动继续推向前进的四点意见：一、应以肃清美帝国主义在华的影响，肃清部分群众中的崇美、恐美心理，孤立打击亲美分子为中心，不应强调动员群众参军，尤其不应勉强群众参军。二、群众抗美援朝的具体行动，应该是多种多样的，应该以多数群众可能办到的事情来号召。三、经过思想酝酿和扩大宣传，普遍号召工人高度发扬工人阶级的积极性，努力生产节约；号召学生继续抗美宣传，努力学习，掌握知识、技术，准备为祖国服务；号召机关工作人员提高工作效率，做好工作；号召工商业积极贯彻政府政策，反对投机操纵、囤积居奇，在经济战线上开展抗美援朝运动。各阶层人民都须注意防特防谍，巩固革命秩序。四、在郊区扩大抗美援朝运动。

11月13日　薄一波总结同党外人士合作共事的四点经验。这是薄一波起草的中财委分党组发给所属各部、署、行、局党组的关于交通部党组团结民主人士问题检讨的通报的一部分。同年11月17日，毛泽东批示，将该通报转发给中财委系统以外的各部门党组研究，并要那些问题严重的部照交通部党组的办法写出检讨。薄一波指出：根据交通部经验，与民主人士和其他党外人士要合作好，必须做到：一、要使党外人士有职有权。这不是句空话，共产党员应保证这句话不折不扣的实现。不论上级、同级、下级，都应尽到自己职分内的责任，不能因为党内已有决定而就不去同党外人士商量。该商量的必须商量，该请示的必须请示，该经过的必须经过。而在工作中遇到党外人士不同意见时，不应作硬性决定，除检讨自己意见有无不妥外，还应帮助说服党外人士，始能作决定。二、一切重要决定应有应该参加的党外人士（如部长、副部长等）参加决定。这决不只是形式的，而应该取得他们的实际同意，使他们真正感觉到有参加决定大事之权。许多事情需要党组事先商量，须要有党的明确领导。但这并不是说，一切事先商酌好了，然后拿出去通过了事。相反，有些事可以不事先讨论，如同中财委的委务会议一样，大事亦可讨论，党内意见亦不必尽同，只要领导上掌握得好，这并不是坏事，反而更活泼些。三、有些日常处理的重要事情（如电报、公文）和上级来的指示，下级来的报告，均应使应该看到的党外人士看到，每天在做什么事情他都知道。四、用人也应与党外人士商酌。党外人士所举荐的人，更应慎重考虑，能用者尽量予以录用。以上四点是一年来我们与党外人士合作得来的初步经验。

11月14日　贸易部公布《关于取缔投机商业的几项指示》。为了稳定物价，安定民生，支援抗美援朝战争，迅速恢复国民经济，《指示》决定取缔以下八种扰乱市场投机商业：一、超出人民政府批准之业务经营范围，从事其他物资之经营者。二、不在当地人民政府规定之交易市场内交易者。三、囤积、拒售有关人民生产或生活所必需的物资，以图窃取暴利，以招致物价波动，影响各该当地人民生产或生活者。工厂为图取厚利，囤积成品拒售及囤积原料转售，以招致物价波动，影响各该当地当时的人民生产或生活者。四、买空卖空、投击倒把企图暴利者。五、故意抬高价格抢购物资或出售物资及散布谣言，刺激人心，致引起物价波动者。六、不遵守当地人民政府所规定的商业行政管理办法，扰乱市场者。七、假冒伪造，使潮掺杂或违反商品规格及使用其他一切欺骗行为，以谋取非法利润者。八、一切从事投机活动者。指示还强调：本教育改造为主，处罚为辅的方针，有上述行为之一者，经查明属实者，应根据其情节轻重及各该当地具体情况处理。必须深入教育干部，明确管理的目的与范围，只有对影响人民生产及生活搞乱市场的投机商业予以严格的处分及取缔，而对正当合法的经营，应贯彻在国家统一的经济计划内实行贸易自由的政策，保障并积极组织鼓励私营厂商奉公守法，向有利于国计民生的方向发展。

11月15日　政务院公布《财政部设置财政检查机构办法》。《办法》规定：为建立财政检查制度，设置各级财政检查机构。财政部设财政检查司，主持全国财政检查事宜。各级财政检查机构的职权主要是关于执行财政政策、法令、制度的检查，关于政府机关、公营或公私合营企业、国家补助基金设立的合作组织和接受政府补助费的人民团体的预算、决算、编制的检查等七大项。

同　日　陈云在第二次全国财政会议上作《抗美援朝开始后财经工作的方针》报告。报告指出，明年的财经工作方针放在抗美援朝战争的基础之上，与今年放在和平的恢复经济的基础上完全不同，表现在财政上就是要增加军费及与军事有关的支出，同时各种收入也必然要减少。这就是应付第二种局势对策的主要点。战争第一，一切服从战争，一切为了战争的胜利。第二应该是维持市场，求得金融物价不要大乱。第三才是其他各种带投资性的经济和文化的支出。半年来物价稳定，在政治上经济上都起到了好的作用。因此，凡是对于市场物价稳定有影响的，我们应该慎重地来考虑。从今年初财经统一到调整工商业，由调整到现在的初步好转，证明了在一个统一的国家之内，力争市场物价稳定非常重要。这是财政问题，也是经济问题。我们所用的方法是求得收支平衡，削减以至消灭赤字，而不是用多发钞票弥补赤字。这样，才能真正实现市场物价的稳定。带投资性的支出列在第三，就是说，要在照顾第一、第二之后，剩有多少钱，便办多少事。总之，以没有赤字为原则。财政上的各项支出，必须分清主次，不能面面俱到。如果面面俱到，便会一事无成。我们要集中力量，把财力使用在主要方面，解决主要问题。

11月15日—27日　中财委在北京召开全国财政会议。会议根据朝鲜战争爆发以后的形势，研究了财经工作的方针。认为1951年财经方针应放在战争的基础上，一切服从战争，无论财力、物力应首先保证战争的胜利。在安排上国防第一、力争金融市场不乱第二，其余的只能摆在第三位。为了保证金融的稳定，会议提出采取削减投资，实行决算制度以控制支出，酌量增加一点税收等措施。会议还讨论了纱布、运输、土产运销等问题，并提出了具体办法。

11月16日　中国政府照会印度政府。照会答复11月1日印度政府关于西藏问题给中国政府的照会。指出，西藏是中国领土不可分割的一部分，西藏问题完全是中国的一个内政问题。中国人民解放军必须进入西藏，解放西藏人民，保卫中国边疆，这是中国政府的坚定方针。中国政府诚恳地希望中国人民解放军和平地进入西藏，因此，很早就欢迎滞留在印度的西藏地方代表团尽快地前来北京，进行和平谈判。但该代表团始终是受着明显的外力阻挠，迟不前来。无论西藏的地方当局愿否进行和平谈判，及谈判结果如何，任何外国的干涉都是不容许的。中国政府欢迎印度政府声明它对中国的西藏并无政治的或领土的野心，亦不求取新的特权地位。

11月16日—22日　郭沫若率领中国代表团出席在波兰首都华沙举行的第2届世界保卫和平大会。郭沫若团长11月18日在大会上发言，提出和平解决朝鲜问题的五项纲领：一、结束美国和其他国家对朝鲜的侵略，要求从朝鲜撤退一切外国侵略军。二、要求美国立即停止对于中国人民解放台湾的任何干涉。三、要求宣布麦克阿瑟是战争挑拨者。四、坚决反对原子武器及其他各种大规模毁灭人类的武器的使用，并要求宣布首先使用原子武器的政府为战争罪犯而加以制裁。五、要求世界各国同时裁减军备。

11月17日　政务院举行第五十九次政务会议。会议批准《关于全国工农兵劳动模范代表会议的总结报告》，燃料工业部《关于第一次全国水电工作会议的报告》。燃料工业部的报告说，我国水力发电蕴蓄量为1.4亿千瓦，目前仅开发0.39%。今后水电工业的基本方针是，在中央的统一领导和重点建设方针的指导下，有计划、有步骤地发展水电工业。今后一个时期，水力发电建设的重点放在西北、西南和华南。

11月21日　中共中央发出《关于失业救济问题的总结及指示》。指出，自1950年4月中央发出救济失业工人指示以后，各地作出了一些成绩。截至9月底，据不完全统计，全国失业工人有122.0231万人，失业知识分子18.8261万人，共计140.8492万人。此外，尚有失业者25.5769万人，将失业者12.0472万人。已采用各种救济办法给予救济的，计有：以工代赈7.8955万人，生产自救7.4798万人，还乡生产者6.2922万人，发放救济金40.5755万人，转业训练2.3157万人，介绍就业8.1458万人，共计72.6635万人，即有半数以上的失业工人已经得到救济。在救济金方面，由各地工人捐助者，据全国总工会的统计，共有28 700 009 200余万元，业已分别拨交各大城市总工会，作为紧急救济失业工人之用。由中央拨给各地的救济粮，已有200 003 700多万斤，其中有很大一部分尚未用完。实施救济之后，初步解决了失业工人生活上暂时的困难，逐渐消除了失业工人的不满，使他们转而相信人民政府。《总结及指示》提出今后注意的问题：第一，救济失业工人工作的好坏是具有重大政治意义的，各级党委必须加强对这一工作的领导。第二，改变原定救济解放后失业者的范围，对所有失业的工人职员及失业知识分子，除特务分子及反动有据者外，不问从什么时候起失业，一律予以救济。第三，除应普遍加强对失业工人的政治教育外，应注意对失业工人的转业训练。第四，加强劳动介绍所的组织和工作。第五，切实向企业行政方面或资方及在业工人征收失业救济金，纠正过去有些城市在这个问题上的放任态度及专门依靠中央拨发救济粮的错误想法。

11月22日　毛泽东致电中南局、华南分局、广西省委，并告西南局、西北局。指示：在时局紧张的情况下，必须限期剿没股匪，加速进行土改，发展地方武装和坚决镇压反革命活动，我党我军方能取得主动，否则有陷入被动的危险。

11月23日　政协第一届全国委员会举行工作会议。会议讨论了民主党派地方组织的经费问题以及发动慰劳朝鲜人民军和中国人民志愿军问题。

同　日　中国外交部长周恩来发表声明。声明谴责麦克阿瑟擅自释放日本甲级战犯重光葵。

同　日　中国外交部发言人发表声明。声明抗议中越边境法国驻越南的陆空部队不断侵入中国国境和领空，扫射轰炸中国军民。

11月23日—12月7日　水利部在北京召开全国水利会议。会议总结了1950年的全国水利工作，并根据国家当前的具体情况和水利建设的现有条件，初步确定了1951年全国水利工作的方针和任务。会议研究并提出1951年水利建设中应注意以下几点：第一，要掌握重点，厉行节约。全国在水利计划上要有重点，各地区各流域都要选择重点，甚至一个工程也要分别轻重缓急，以求把有限的经费使用在需要最切、意义最重、功效最大的工程上。第二，要加强计划设计工作，改进计划审核制度。要针对各河特征，先作出一个3年5年乃至10年的通盘计划，做好准备工作，而后在照顾全面之中掌握重点，有系统有步骤地分期进行。第三，加强施工中的组织领导，规定民工工资的统一的计算原则。第四，健全财务机构，加强财务工作。此外，会议对各级水利机构的领导关系、分工配合，以及平时堤防修守养护工作和干部的培育、计划、调配等问题，都进行了讨论，并分别作出了具体的规定。

11月24日　西康省藏族自治区人民政府在康定成立。

同　日　政务院举行第六十次政务会议。会议批准民委《关于各民族代表参加国庆节的报告》和《培养少数民族干部试行方案》、《筹办中央民族学院的试行方案》。《培养少数民族干部试行方案》规定，从中央至有关省县，应根据新民主主义的教育方针，普遍而大量地培养少数民族干部。目前以开办政治学校与政治训练班，培养普通政治干部为主，迫切需要的专业与技术干部为辅。《方案》指出，应尽量吸收知识分子，提高旧的，培养新的，并须培养适量志愿做少数民族工作的汉族干部，以便帮助各少数民族的解放事业和建设工作。《方案》决定在北京设立中央民族学院，在西北、西南、中南设分院，有关的省设民族干部学校，有关专区、县设民族干部训练班。并规定高等学校的少数民族学生一律实行公费待遇。《筹办中央民族学院的试行方案》规定中央民族学院的任务是：为国内各少数民族实行区域自治以及发展政治、经济、文化建设培养高级和中级的干部；研究中国少数民族问题，以及各少数民族的语言文字、历史文化、社会经济，发扬并介绍各民族的优良历史文化；组织和领导关于少数民族方面的编辑和翻译工作。《方案》规定中央民族学院设军政干部训练班(4—6个月)、本科政治系与语文系(均2年)，并设研究部，尽可能将研究人才集中到中央民族学院。

11月24日—12月16日　中国特派代表伍修权出席联合国安理会，控诉美国武装侵略中国领土台湾非法的和犯罪的行为。朝鲜战争爆发后，周恩来曾代表中国政府发表声明，强烈谴责美国侵略朝鲜、中国台湾和干涉亚洲事务的罪行，并向联合国安理会提出控诉美国武装侵略中国领土台湾等提案，严正要求联合国大会及安理会召开有关讨论美国侵略中国、侵略朝鲜的会议，必须有中华人民共和国政府的代表参加。8月29日，联合国安理会通过将中国政府控诉美国武装侵略中国领土台湾一案列入议程。9月16日，第5届联合国大会在纽约开幕，26日，大会全体会议通过将苏联所提“控诉美国侵略中国案”列入议程。29日，联合国安理会通过决议，邀请中华人民共和国的代表出席联合国大会和安理会，参加“美国侵略台湾案”的讨论，表达中国政府的立场。10月23日，外交部长周恩来致电联合国秘书长赖伊，中国政府派伍修权为大使衔特派代表，出席联合国安理会有关会议。11月8日，联合国重申了对中国的邀请，美国驻联合国代表想把中国代表的权限限制在讨论所谓“联合国军司令部”关于朝鲜战争的“特别报告”内。对此，外交部长周恩来于11月11

日复电安理会，要求将中国控诉美国侵略台湾同美国侵略朝鲜问题合并讨论，中国代表也将同时就这两个问题发言，否则中国将不接受安理会11月8日发出的邀请。并声明，中国不承认侵朝美军的所谓“联合国军司令部”，其提出的所谓“特别报告”是非法的。11月24日，中国特派代表伍修权、顾问乔冠华、特派代表助理龚普生、安东、陈翘、浦山、周砚、孙彪和王乃静到达纽约。11月28日，中国政府特派代表伍修权在安理会发言，控诉美国武装侵略中国领土台湾的罪行。伍修权在演说中列举大量事实，控诉了美国侵略中国台湾和侵朝空军轰炸扫射我国东北边境地区，杀伤我国和平居民的罪行。伸张了中国人民志愿军援助朝鲜人民反抗侵略的合理性和正义性，驳斥了所谓“台湾地位未定”的谬论，指出台湾是中国领土不可分割的一部分。伍修权代表中国政府向安理会提出三项建议：1. 联合国安理会公开谴责和制裁美国武装侵略台湾和武装干涉朝鲜的罪行；2. 联合国安理会立即采取有效措施，并采取具体步骤，使美国自台湾撤出其武装力量以保证太平洋和亚洲的和平与安全；3. 联合国安理会立即采取措施，使美国及其他外国军队一律撤出朝鲜。朝鲜内政由朝鲜人民自己解决，和平处理朝鲜问题。11月30日，在美国的操纵下，联合国否决了中国关于谴责和制裁美国侵略者，美军自台湾和朝鲜撤退的提议。12月16日，伍修权在联合国总部成功湖举行记者招待会，申明中国代表团是为争取和平而来，对美国操纵联合国否决中国政府合理的和平的建议表示坚决的反对和抗议。鉴于联合国在美国操纵下无限期休会的情况，中国政府声明伍修权及随行人员已无留在联合国的必要。19日，中国代表团奉命离开美国。在纽约机场及20日在伦敦机场，伍修权再次重申，中国有利于和平的提案虽被美国统治集团所拒绝，中国将为和平继续奋斗。30日，伍修权一行回到北京。

11月25日—12月24日　中国人民志愿军举行第二次战役。以美国为首的“联合国军”在遭到中朝人民军队第一次战役打击后，仍企图迅速占领全朝鲜。继11月6日的试探性进攻之后，于24日集中22万余人的兵力，分东西两线（主力置于西线），发动了所谓“圣诞节结束朝鲜战争的总攻势”。志愿军为了粉碎敌人的攻势，把战线推进至平壤、元山一线，决定采取诱敌深入的方针，将其诱至定州、香积山、新兴洞、妙香山和长津湖等预定作战地区，尔后突然地实施战役反击。25日，西线“联合国军”进至志愿军预定作战地区。当日晚，西线志愿军主力六个军开始发起反击。经一昼夜激战，左翼两个军将德川、宁远方向的南朝鲜两个师大部歼灭，随即迅速地向价川、顺川方向实施战役迂回；正面四个军则分别向博川、宁远、价川方向实施猛烈突击。28日晨，向价川以南迂回的一个师进至三所里，并随即以一部占领龙源里，切断了敌人的退路。29日，“联合国军”开始全线退却。志愿军随即在价川、龙源里、三所里地区展开追堵，围歼战，给予美帝第二师、土耳其旅以歼灭性打击，并重创了美军第二十五师和骑兵第一师。12月1日，西线“联合国军”丢弃大量辎重装备，向“三八线”及其以南地区撤逃。12月6日，中朝人民军队收复平壤，并以一部继续向“三八线”追击。东线志愿军两个军（后又增加一个军），于11月27日黄昏开始向长津湖地区之美第十军三个师反击。当晚即完成了对新兴里、柳潭里、下碣隅里之美军的分割包围，并占领了下碣隅里以南之富盛里，切断了美军的南逃退路。28日起，志愿军分别在柳潭里以南之死鹰岭地区和下碣隅里以南富盛地区与美军展开激战。30日晚对新兴路被围之敌发起进攻，至12月1日，将美第七师一个加强团全部歼灭。至此，东线之美军更加动摇，开始撤退与向南突围。中朝人民军队进行了阻击和追击，17日占领咸兴，24日收复兴南。活动于敌后的朝鲜人民军已于9日收复元山。美军被迫从海上撤逃。至此，战役全部结束。此役，中朝人民军队共歼敌3.6万余人，收复了“三八线”以北除襄阳以外的全部地区，解放了“三八线”以南之瓮津半岛和延安半岛，并迫使“联合国军”由进攻转入防御，从而扭转了朝鲜战局。

11月26日　周恩来发出《对伍修权在联合国大会政治委员会和安全理事会中发言的方针的指示》。《指示》强调，中国代表一切发言和要求，均应将反对美国政府侵略朝鲜、侵略台湾、侵略整个中国，和重新武装日本，与要求美军从朝鲜和台湾撤退，朝鲜人民自己解决朝鲜问题，并迅速缔结共同的对日和约，以保证太平洋和亚洲的和平安全联在一起。

同　日　劳动部公布经政务院批准的《关于劳动争议解决程序的规定》。《规定》的主要内容是，各级人民政府的劳动行政机关为处理劳动争议的机关。发生争议双方的任何一方，均可依照本规定直接向当地劳动行政机关进行申诉。劳动争议先由双方协商解决，不成者，由争议双方的上级工会组织与上级企业主管机关协商解决，再不成者，申请当地劳动行政机关调解。调解不成、由劳动争议仲裁委员会仲裁，不服仲裁，可向人民法院提出控诉，请求判决。

11月27日　政务院公布《进出口船舶、船员、旅客、行李检查暂行通则》。《通则》的目的是保证航行安全，维护国境治安，查禁走私、防止疫病传染。分别由港务局、海关、公安局、检疫机关按其主管的业务范围对进出口船舶、船员、旅客、行李施行检查。

11月30日　新中国接受首批外国留学生。波兰、捷克、罗马尼亚、匈牙利、保加利亚等5国首批交换留学生35人，本日起陆续到达北京，进入教育部委托清华大学举办的外籍学生中国语文专修班学习。

本　月　中国人民志愿军铁道兵指挥所成立。李寿轩任主任，下辖铁道兵第一师、第二师、第三师，后组建第四师。1951年8月，编入中朝联合铁道运输司令部，改称抢修指挥局，直至抗美援朝战争结束。在此期间，铁道兵部队为保障军运，顽强抢修，始终保持钢铁运输线“打不烂、炸不断”，为赢得战争做出了贡献。

12月1日　政务院举行第六十一次政务会议。会议听取并同意陈云副总理《关于财政问题的报告》和批准农业部《关于秋季农业生产工作的报告》，通过《关于决算制度、预算审核、投资的施工计划和货币管理的决定》。《决定》的主要内容是：1.实行决算制度。所有军队、政府、公立学校及受国家经费补助的团体，均须每年分四季向中央或各级人民政府财政部门作决算报告，每年3月31日作上年度的全年决算报告，再由财政部将上年度总决算案报中央人民政府核批。国营企业亦必须作出决算报告。决算之后，凡在预算中所余的款项，均须缴回国库。2. 实行预算审核。各部队、机关、学校、团体向财政部提出的经费预算，必须先经本单位首长亲自审核；财政部门有对此预算再加审查与核算的责任。3. 加强投资的计划性。所有建设项目必须审慎设计，作出施工计划、施工图案和财务支拨计划，并经过相应的各级人民政府批准后，方可拨款。4. 实行进一步的货币管理。部队、机关、国营企业、团体、合作社的现金使用，必须编造收支计划，并经适当机关的批准；在国内外的一切交易，全部通过中国人民银行划拨清算；各单位间不得发生赊欠和借贷，信贷集中于国家银行。陈云副总理《关于财政问题的报告》指出，11月7日中财委召开副主任会议，对全国财经情况作了估计，提出1951年财政收支方针及一些具体措施。目前市场情况已经有了好转，城乡消费能力也提高，城市失业问题已不太大，税收情况也较好，但军费开支大量增加，贸易资金不足，市场出现投机和黑市交易活动，11月5日实行了冻结存款措施，准备实行现金收支计划制度和现金划拨清算制度，加强现金管理。明年的方针是，国防支出为第一位，稳定金融市场为第二位，其他开支摆在第三位，《农业部关于1959年秋季农业生产工作的报告》说，今年粮食、棉花及各种特产均告丰收，原粮共产2 402亿斤，比去年多产202亿斤。皮棉共产1 421亿市担，比去年多产541万市担。今后应充分利用丰收的有利条件，号召农民扩大再生产，应将明后两年扩大棉田的计划提前，在明年完成。

同　日　中央人民革命军事委员会和政务院联合发布《关于招收青年学生、青年工人参加各种军事干部学校的决定》。《决定》共6条，规定了人民革命军事委员会所属的空军学校，海军学校及各特种兵学校，近期内在全国各地统一招生，凡是年龄在17—25岁，思想纯洁，身体健康，具有初中2年级以上文化程度的青年学生，及具有高小文化水平的青年工人，都可报名参加。《决定》要求各省、市(专署）县地方政府，即行成立军事干部学校招生委员会，负责当地的招生工作。报名参加各种军事干部学校的学生名单，应经过学校、工厂行政上备案后送交招生委员会。根据这项决定，吸收青年学生和青年工人参加人民解放军的各种军事干部学校，训练他们掌握各种现代化的军事科学知识和军事技术，从而成为优秀的军事干部，对国防现代化建设具有重要意义。

12月2日　青年团中央和全国学联号召全国青年参加各种军事干部学校。在中央人民革命军事委员会、政务院发布《关于招收青年学生、青年工人参加各种军事干部学校的决定》的第二天，12月2日，青年团中央和全国学联分别发出告全体团员和同学书，号召青年工人和学生积极行动起来，献身祖国，参加各种军事干部学校，学习军事科学与军事技术，为祖国为人民建功立业。12月8日，教育部指示各级人民政府教育部门和学校，协同有关方面，按照联合决定的要求，完成空军学校、海军学校、特种兵学校在全国初中2年以上文化程度的青年学生及高小文化水平的青年工人中招生的计划。全国青年参加军事干部学校运动迅速开展起来。全国广大学生热烈响应号召，在第一次动员后的1个月时间内，报名参加军事干部学校的学生达到25万人以上，完成了原定的动员任务。1951年6月，政务院决定各种军事干部学校再次在全国范围内广泛招生，到7月底，第二次动员学生参加军事干部学校的工作也基本结束，全国报名的学生有38万人，被录取学生中的党团员约占35%~40%。

同　日　中国人民解放军重庆市军事管制委员会宣布解散中华平民教育促进会，并接收其所属乡村建设学院等机构。中华平民教育促进会是旧中国的教育团体，1923年设总会于北京，朱其慧为董事长，在20个省区设分会。晏阳初是该会的主持人之一，他于1920年自美国回国后，即进行平民教育活动，并在美国成立该会的中美委员会。1929年，他以河北定县为实验区，实验“乡村建设计划”，并在邹平、无锡设立实验中心。抗日战争时期，又在重庆设乡村建设学院。1948年，晏阳初出任美蒋“中国农村复兴委员会”委员，向美国提出反共的教育计划。

同　日　毛泽东主席电复天津工商联主任委员李烛尘等。希望全国一切爱国的工商业家和人民大众一道，结成一条更加巩固的反对帝国主义侵略的统一战线（11月30日，天津市工商界抗美援朝、保家卫国示威游行大会致电毛泽东主席，决心同全国各阶层团结一致，共同为完成抗美援朝保家卫国的神圣任务而奋斗到底)。

12月4日　中央人民政府受权外交部长周恩来发表《关于对日和约问题的声明》。《声明》指出，中华人民共和国中央人民政府是代表中国人民的唯一合法政府，它必须参加对日和约的准备、拟制和签订。中国国民党反动残余集团绝对没有资格代表中国人民，没有资格参加任何有关对日和约的讨论和会议。对日和约的准备和拟制如果没有中华人民共和国的参加，无论其内容和结果如何，一概是非法的，也是无效的。美国政府在关于对日和约问题的备忘录中所拟订的方案，完全违反盟国共同对日作战的目的，并破坏了所有有关对日政策的国际协议。对日和约基础必须完全依照《开罗宣言》、《雅尔塔协定》、《波茨坦公告》及对投降后日本之基本政策。只有以这些国际协定为基础的对日和约，才能使日本民主化，才能清除日本的侵略势力，才能防止日本侵略势力的再起。

同　日　新华社广播关于朝鲜人民军和我人民志愿军正向平壤进攻的新闻。本社记者从朝鲜战场发来的消息：在朝鲜人民军与我人民志愿军大举反攻的情况下，美国侵略军的第二师、第二十五师、土耳其旅，李承晚军的第六师、第七师、第八师等部，受到了歼灭性的打击，各该部残敌，均向南面狂奔逃命。在此次作战中受打击较少的美侵略军骑兵第一师、步兵第二十四师，英澳第二十七旅及李承晚军的第一师等部，则交番掩护，节节南逃。英勇的朝鲜人民军和我人民志愿军全线追击，业已占领安州、新安州、价川、肃川、顺川、成川、江东等城。东线方面，被朝鲜人民军及我人民志愿军在咸兴北面长津湖一带地区所切断和包围的美军侵略军陆战第一师、步兵第七师两个师的主力，已被歼灭一大部分，残敌继续被歼击中。又咸兴向北面增援的敌军，已被数次击溃，并受到了歼灭性的打击。侵占城津、清津及鸭绿江边惠山镇等处的美侵略军步兵第七师一个团及李承晚军的首都师、第三师等部，正在慌忙地向咸兴、元山方向逃窜。东西两线敌军，恐慌万状，急于逃命。平壤城内之敌，正在罪恶地屠杀人民，焚毁物资及该城发电设备，大火弥漫平壤城。朝鲜人民军和我国人民志愿军正向平壤方向进攻中。

12月5日　中国邮政总局致电通知万国邮政联盟。中国接受1947年在巴黎签订的《万国邮政公约》。

12月6日　新华社播发关于平壤解放的新闻。本社记者从朝鲜前线报告：朝鲜人民军和我国人民志愿军本日解放平壤。美国和其他国家的侵略军以及李承晚军残部，向平壤以南溃退。朝鲜人民军和我国人民志愿军的正规部队，于12月6日下午2时进入平壤城。

同　日　中共中央批准公安部《关于经济保卫工作的报告》。《报告》指出，加强经济保卫工作，是今后需要特别注意的问题。朝鲜战争特别是美军在朝鲜仁川登陆以来，匪特等反革命分子狂妄嚣张，进行破坏。东北铁路自军运以来，一个月中发生大小政治事故154次。根据上述斗争形势，我们发出了以紧急性措施保卫要害的指示，接着又于11月9日发出严令各地及铁道公安机关保障铁道重要桥梁及其他重要设备不准被破坏的指示。目前，工矿中隐藏有伪军官、土匪、逃亡地主（有的是还乡团人员），这些人既无技术，劳动力亦差，危险则大，应一律清洗交地方管制或另给别的生路，如工人不足者可吸收失业的真正工人。

12月7日　中财委发出《关于统购棉纱、棉布的决定》。《决定》规定：一、自本决定公布之日起，凡公私纱厂自纺的棉纱及自织的棉布，均由国营花纱布公司统购。公私纱厂现存的棉纱、棉布，均须进行登记，由国营花纱布公司承购，停止自行在市场出售。二、国营花纱布公司，按前条规定实施统购时，其收购价格，须确切计算厂方的成本，并给以适当利润。三、公私纱厂为国营花纱布公司加工代纺、代织的棉纱、棉布，其工缴费的规定，亦须适当。四、公私纱厂生产的棉纱、棉布，均需符合国营花纱布公司规定的成品标准，不得降低质量。五、为使统购价格、工缴费、成品标准等项的规定趋于合理，由当地政府的工商局主持，工商联、总工会参加，召集国营花纱布公司及公私纱厂共同协商，提出具体方案，经中央人民政府贸易部批准实施之。六、中央人民政府贸易部，应根据棉纱和各种棉织品的生产和需要情况，规定棉纱的分配、加工和销售办法。七、各地人民政府，对纱布市场必须负责管理，取缔投机囤积，协助国营花纱布公司作有效的分配、销售。必要时，国营花纱布公司得增设零售店。

12月8日　政务院举行第六十二次政务会议。会议通过《对外贸易管理暂行条例》，以及《区各界人民代表会议组织通则》、《区人民政府及区公所组织通则》、《乡（行政村）人民代表会议组织通则》、《乡（行政村）人民政府组织通则》。《对外贸易管理暂行条例》于12月9日公布。《条例》规定，实行对外贸易管制，并采用保护贸易政策。对经营进出口业务的中外厂商的申请登记、进出口的货品分类、结汇方式、进出口许可证制度、违例处分等作了规定。《区各界人民代表会议组织通则》共11条，规定：凡需作为一级政权的区，设区各界人民代表会议，由区人民政府召开。区各界人民代表会议的代表名额最多不得超过120人。代表任期：在区各界人民代表会议末代行区人民代表大会职权以前，每次推选代表，连选得连任；代行人民代表大会职权后，每届代表任期1年，连选得连任。区各界人民代表会议的职权如下：听取区人民政府的工作报告，提出批评与建议；向区人民政府反映人民的意见和要求，讨论并建议本区兴革事宜；向人民传达并解释会议决议事项，并协助区人民政府动员人民推行之；协助区人民政府贯彻人民政府的施政方针和计划，推行各项工作。经县人民政府批准，并得代行人民代表大会的如下职权：听取与审查人民政府的工作报告；建议与决议本区兴革事宜；选举区人民政府区长、副区长和委员，并将决议撤换之。区人民代表会议设主席1人，副主席若干人，由代表会议选举，负责主持会议，联系代表，并协助区人民政府进行下届会议的筹备工作，区各界人民代表会议不设常驻机关。代表会议每3个月召开1次，代表过半数出席始得开会，出席代表过半数的同意始得通过决议。本《通则》12月30日发布。《区人民政府及区公所组织通则》共4章17条，规定：凡需作为一级政权的区，得由县人民政府呈请省人民政府批准设区人民政府。区人民行使政权的机关为区人民代表大会和区人民政府。在区人民代表大会闭会期间，区人民政府即为区的行使政权的机关。区人民政府委员会受县人民政府领导，由区人民代表大会选举区长1人、副区长及委员若干人组成，经县人民政府报请省人民政府批准任命。区人民政府委员会行使下列职权：执行上级人民政府的决议和命令；执行区人民代表大会通过并经上级人民政府批准的决议事项；领导、检查区人民政府各部门及所辖各乡的工作；提请县人民政府任免所辖各乡人民政府的乡长、副乡长及委员；废除、修改或提请县人民政府废除、修改所辖各乡人民代表大会或代表会议与上级人民政府政策法令相抵触的决议。区长主持区人民政府委员会会议及行政会议，并领导区人民政府的工作，副区长协助之。区人民政府委员会会议每月举行1次，委员过半数出席始得开会，出席委员过半数的同意始得通过决议。《通则》规定，凡不需作为一级政权的区，设区公所，为县人民政府的派出机关、区公所设区长1人，副区长、秘书及助理员若干人、由县人民政府委派，执行县人民政府交办事项，并指导、监督与协助所辖乡人民政府的工作。区公所的行政会议，由区长召集。为便于传达政策、联系群众、推动工作，区公所得召开干部扩大会议，由乡人民代表大会、乡人民政府及区和乡人民团体的负责人参加。本《通则》12月30日发布。《乡（行政村）人民代表会议组织通则》共十三条，规定：乡（行政村——下同）人民代表会议由乡人民政府召开，一般代行人民代表大会职权。代表每年改选1次，连选得连任。乡人民代表会议职权如下：听取与审查乡人民政府的工作报告；向乡人民政府反映人民的意见和要求；建议与决议本乡兴革事宜；审议本乡人民负担及财粮收支事项；向人民传达并解释乡人民代表会议决议事项，并协助乡人民政府动员人民推行。乡人民代表会议经县人民政府批准，并得选举乡长、副乡长及委员，或决议撤换之。乡人民代表会议设主席1人，副主席若干人，由会议选举。乡人民代表会议不设常驻机关，其每月开会1次，报告并检查上次会议决议的执行情况。会议须有代表过半数出席始得开会，出席代表过半数同意始得通过决议。本《通则》12月30日发布。《乡（行政村）人民政府组织通则》共八条，规定：乡人民行使政权的机关为乡人民代表大会和乡人民政府。在乡人民代表大会闭会期间，乡人民政府即为乡的行使政权的机关。

乡人民政府委员会为乡一级的地方政权机关，受区人民政府领导，在区设区人民政府的地区，受县人民政府领导及区公所的监督指导。乡人民政府委员会由乡人民代表大会选举乡长1人，副乡长及委员若干人组成，经区报县人民政府批准任命，任期为1年，连选得连任。乡人民政府委员会的职权如下：执行上级人民政府的决议和命令；实施乡人民代表大会通过并通过上级人民政府批准的决议案；领导和检查乡人民政府各部门的工作；向上级人民政府反映本乡人民的意见和要求，并提出兴革意见。乡长主持乡人民政府委员会会议，并领导全乡工作，副乡长协助之。乡人民政府委员会会议每10天或半月开会1次，委员过半数出席始得开会，出席委员过半数同意始得通过决议。本《通则》12月30日发布。

同　日　人民教育出版社成立。1950年9月全国出版会议提出了中小学教材必须全国统一供应的方针，并决定组建人民教育出版社。人民教育出版社由出版总署和教育部共同组建，是专门出版教科书及一般教育用书的出版社，在方针上受教育部领导，在出版事务上受出版总署领导。

12月12日　北京、莫斯科之间的有线电话开放通话。这条线路全长1.2万公里。

12月14日　政务院发布《关于设立海关原则和调整全国海关机构的指示》。《指示》指出，中华人民共和国设立海关的基本原则是，必须一反过去反动统治者为服从帝国主义大量倾销外货并廉价吸取原料的经济侵略措施，滥行开放对外贸易，到处设立海关机构的方针，而严格以独立自主精神，根据国家经济情况的需要，在应开放对外贸易的地方设立海关机构。《指示》规定设关原则为：在下列地方设立海关机构：中央人民政府决定开放对外贸易的港口；国界火车站和国际联运车站；陆路边境及国界江河上准许货物、旅客出入国境的地点；国际航空站；国际邮包、邮件交换地点；经中央人民政府特许贸易货物出进口的地方。依下列条件分别设立海关、分关、支关：凡经常有大宗出进口货物的地方或有少量出进口货物但有政治经济重要性的地方，设海关；凡经常有数量较少的出进口货物的地方设分关；凡不经常有出进口货物或经常有而数量很少的地方设支关。各地方海关直隶于海关总署。海关、分关、支关的设立、迁移或撤销，由海关总署会同中央贸易部、财政部及公安部办理。根据上述原则，《指示》决定暂在全国范围内设立地方海关26处，分关9处和支关35处。

同　日　政务院发布《关于举办工农速成中学和工农干部文化补习学校的指示》。《指示》指出，为了提高工农干部的文化水平以适应建设事业的需要，人民政府必须给予他们专门受教育的机会，培养他们成为新的知识分子。《指示》决定，在全国范围内有计划有步骤地举办工农速成中学和工农干部文化补习学校，吸收不同程度的工农干部给以适当时间的文化教育，尽可能地使全国工农干部的文化程度能在若干年内提高到相当于中学的水平。《指示》规定，工农速成中学修业年限暂定为3年，工农干部文化补习学校修业年限暂定为2年。学生由各机关、工厂、学校有计划地抽调或选送。工农干部及产业工人入学，在学习期间军龄、工龄继续计算，享受供给制待遇。工农速成中学由教育部和大行政区教育部统筹举办。工农干部文化补习学校由高级机关及各省、市、县人民政府分别举办。指示还对课程、学校设置、学生条件、教师、领导等问题作了原则规定，并责成教育部制定实施办法公布实行。

同　日　新华社报道，商务印书馆、中华书局、开明书店和三联书店、联营书店等5家私营和公私合营的书店联合组成中国图书发行公司。5家书店曾于1950年11月27日—12月4日在北京召开联合干部会议，确定了组织联合发行机构的基本方案，一致通过了《拥护建立中国图书发行公司的决议》和《对中国图书发行公司经营方针意见的决议》。5家书店为了贯彻第一届全国出版会议所作关于改进和发展书刊发行工作的方针，在自愿和统筹兼顾、分工合作的原则下，将5家现有分布在全国35个大中城市中的87处分支店，包括2 000多职工的发行业务从原来兼营出版的机构中划出，联合组成统一的公司，成为国营新华书店以外的全国第二个有组织的实行统一管理的专营书刊发行的企业机构。

12月15日　政务院举行第六十三次政务会议。会议通过了《工商业税暂行条例》、《货物税暂行条例》、《印花税暂行条例》、《屠宰税暂行条例》、《利息所得税暂行条例》和《工商业税民主评议委员会组织通则》、《税务复议委员会组织通则》等。均于12月19日公布。其中5个《暂行条例》有4个现已失效，只《屠宰税暂行条例》现仍有效，并已经数次修正。这次政务会议还批准《文化部关于电影工作的报告》。报告说，今后电影事业的方针是：（一）在适当普及的要求下逐步走向提高，紧密配合中国人民当前抗美援朝战争的总任务，扩大创作题材的范围，提高作品的思想性与艺术性，使作品能以革命精神与爱国精神教育群众，并为他们所喜好。（二）要扩大影片在国内外的发行工作，并注意城乡并重的原则。肃清中外有害影片。（三）国营电影事业必须企业化。（四）提高现有电影工作干部的水平，并培养新干部。（五）发展公私合营，改善公私关系，吸收私人资本。

同　日　中共中央批准中财委所提对美帝封锁我经济的七项对策。并批示：关于美帝在华一切财产，责成中财委及外交部会同各地限于年内进行普遍调查，于1951年1月上旬提出接收方案，报告中央，准备实施。中财委于12月12日向毛泽东、周恩来报告对美帝封锁我经济的七项对策：一、即令各地停开一切向美、日的购买证及许可证。二、即令中央贸易部限期退购一切已开美、日两国的购买证；将撤回之外汇，经转存别国手续后，立即抢购任何物资运回。三、装运在途之美货，应即与原代理行接洽，由银行担保，转运远东其他口岸或即委其转售，退回外汇。四、向西德及其他欧洲国家所订之货及英镑区之货，应尽速抢运，否则撤汇，或改买其他现货立即装回，以争取时间。五、即在中立国的存款，亦应购货运回，以策万全。六、我们正在考虑出口的新方式，在未有决定以前，已着令各地除易货外，一律暂停签发出口许可证，以免外汇遭受冻结。七、改变今后在国际贸易上的做法，一般取易货办法，凡须现汇购买者，须货到付款或付货；对资本主义国家的贸易，以后准备少做，尽量缩小与资本主义国家贸易的结算差额，以减少贸易外汇遭受冻结的危险。

12月19日　毛泽东致电黄克诚并告邓子恢。电报指示：对镇压反革命分子，请注意打得稳，打得准，打得狠，使社会各界没有话说。1951年1月17日，毛泽东在批转湘西四十七军关于镇压反革命情况的报告时指出："所谓打得稳，就是要注意策略。打得准，就是不要杀错。打得狠，就是要坚决地杀掉一切应杀的反动分子（不应杀者，当然不杀）。"

同　日　北京市人民政府发布公告，严厉取缔反动会道门组织一贯道。公告令所有道首进行登记，鼓励道徒中途退道的行为。北京市公安局逮捕王仲麟等120多名反动道首。

12月20日　中共中央发出《关于土地改革中应注意防"左"倾危险的指示》。《指示》指出，着重纠正土改中的右倾偏向，以便发动广大群众进行土地改革，但同时应注意防止"左"倾危险，一些"左"的错误是不许再犯的，例如侵犯中农利益，忽视联合中农的重要性，破坏富农经济，对地主普遍扫地出门，乱打乱杀，在工作方式上的强迫命令，大轰大嗡等。如此，才能一方面既放手发动群众，另一方面又不犯或少犯"左"的错误。否则，某些干部很可能重犯过去某些"左"的错误。

同　日　教育部颁发《各级职工业余教育委员会组织条例》。《条例》共十四条，对全国大行政区、省、市各级职工业余教育委员会的组成、任务、决议发布、分工、会议、办事机构及办公费等作了规定。各级职工教育委员会的任务是：制定方针、计划及实施办法；决定经费调剂与动用的原则、教员待遇及经费开支标准；决定教员培养、训练及调配；决定各种奖励事项等。该《条例》是政务院12月14日批准的。

12月21日　教育部发布《关于开展农民业余教育的指示》。《指示》指出，有计划有步骤地开展农民业余教育，提高农民的文化水平，是当前我国文化建设上的重大任务之一。要求争取条件将农民季节性的业余学习逐步转变为常年业余学习。规定农民业余教育一般地应以识字学文化为主，并配合时事政策教育和生产、卫生教育。

农民业余学校分设初级班（组）与高级班（组）。初级班扫盲，高级班要求基本上达到相当于高小毕业的程度。学生学完规定的课程后，考试及格者，发给毕业证书，此种证书与初级小学、高级小学的毕业证书有同等效力。教师应实行以民教民的方针，号召动员一切识字的人作群众教师，以教人识字作为自己的光荣任务。农民业余文化教育由各级人民政府教育部门领导，其他有关部门协助。该《指示》是政务院12月14日批准的。

12月22日　中国外交部长周恩来就联合国大会非法通过所谓“朝鲜停战三人委员会”的决议发表声明。声明指出，中华人民共和国政府代表必须取得联合国的合法地位。凡是没有中华人民共和国的合法代表参加和同意而被通过的联合国的一切重大决议，首先是有关亚洲的重大决议，中华人民共和国政府都认为是非法的、无效的。我们坚决以一切外国军队撤出朝鲜及朝鲜内政由朝鲜人民自己解决为和平调处朝鲜问题的谈判基础，美国侵略军必须停止其战争政策，必须退出中国领土台湾。

同　日　内务部、人民革命军事委员会联合发出《关于新旧年关开展拥政爱民和拥军优属运动的指示》。《指示》要求，在1951年新年和春节之际，应在人民解放军全体指挥员、战斗员中和各级地方人民政府的工作人员和广大人民群众中分别开展拥政爱民和拥军优属运动。为了使拥政爱民和拥军优属运动普遍开展，并使之与当前任务紧密结合，必须在部队中及各级地方人民政府和人民群众中进行广泛深入的教育，在部队中，纠正一切骄傲自大的居功思想和丧失战斗队观念的太平思想，检查和处置一切违背群众纪律以及某些严重侵犯人民利益的现象。在政府干部和人民群众中，纠正和克服对巩固和建设强大国防力量的重要性认识不足，发生放松或忽视拥军优属工作，甚至发生轻视军队人员等严重偏向。《指示》指出，开展拥政爱民和拥军优属运动的主要内容，是政府检查拥军优属工作和归队工作，部队检查群众纪律和检查学习与执行政府法令的状况。《指示》要求，凡驻军地区，可通过军民座谈会、新年团拜、联欢晚会等各种活动举行军民联欢，扩大抗美援朝的宣传，鼓舞军民反帝的胜利信心。

12月25日　政务院发布《货币管理实施办法》、《货币收支计划编制办法》。《货币管理实施办法》由总则、现金管理、划拨清算、短期信用、监督基本建设投资、附则共六章55条组成。《货币收支计划编制办法》由总则、单位货币收支计划编制办法、编造系统、送审程序及造报批复时间、综合货币收支计划编制办法、货币收支计划项目、附则共六章36条组成。

12月26日　中央人民政府委员会举行第十次会议。周恩来总理作《关于目前时局的报告》。会议通过《关于第二届世界保卫和平大会的十项建议的决议》、《关于1951年度全国财政收支总概算》、《关于结束中央人民政府食品工业部的决议》、张治中委员《关于致电慰问中国人民志愿军的提案》。一、周恩来《关于目前时局的报告》指出，抗美援朝两个月了，我们同头号帝国主义在正面战场上第1次交了手。证明我们有力量戳穿美帝这个纸老虎。我们是正义的，“和亦不怕，战亦不怕”，愈战斗，愈能制止战争。今年的中心工作是，增强国防力量，巩固人民民主专政，稳定财政经济，加强文教战线。二、会议听取郭沫若团长作的《关于第二届世界和平大会的经过、成就和我们今后任务的报告》，通过《关于第二届世界和平大会的十项建议的决议》，决议说，中央人民政府委员会认为第二届世界和平大会所通过的表现于《告世界人民的宣言》和《致联合国书》这两个历史文件中的保卫世界和平纲领，是完全符合中国人民和全世界人民的意志的，决定予以完全的支持，并号召全国人民继续努力巩固人民民主专政，团结国际友人，开展抗美援朝、保家卫国的正义运动，为彻底实现第二届世界保卫和平大会的十项建议而奋斗。三、陈云《关于1951年度全国财政收支总概算问题的报告》说，1951年财政概算收入以粮食计为788亿斤，比1950年多193亿斤。概算支出，国防费为48.05%，经济建设费为16.98%，文教社会费为7.31%，行政费为16.21%，预备费为6.52%，其他费为4.93%。稳定金融主要采取增加税收和发行公债的办法。面对美帝的封锁，要加强城乡物资交流，农、副、土特产品交流搞好了，农民有钱买工业品，农村活了，城市活了，税收也会增加。因此，这是中国经济的钥匙。四、《关于结束中央人民政府食品工业部的决议》说，食品工业部取消，该部所管糖、烟、油脂及粮食加工业务，均归轻工业部办理；渔业部分划归农业部办理。五、这次中央人民政府委员会会议还通过下列人事任命：任命杨秀峰为河北省人民政府主席，朱其文为沈阳市市长，韩光为旅大市市长，马明方为陕西省人民政府主席，潘自力为宁夏省人民政府主席，张鼎丞为福建省人民政府主席，陈毅为上海市市长，柯庆施为南京市市长。

12月28日　政务院发布《关于管制美国在华财产、冻结美国在华存款的命令》。《命令》指出，美国政府于1950年12月16日宣布管制中华人民共和国在美国辖区内的公私财产并禁止一切在美注册的船只开往中国港口，企图继其武装侵略中国台湾、轰炸中国东北之后，进一步在经济上掠夺中国人民的财产。鉴于美国政府对我国的这种敌视行为，政务院特采取如下措施：中华人民共和国境内之美国政府和美国企业的一切财产，应即由当地人民政府加以管制，并进行清查；中华人民共和国境内所有银行的一切美国公私存款，应即行冻结。

12月29日　毛泽东选集出版委员会在《人民日报》发表毛泽东的《实践论》。《实践论（论认识和实践的关系——知和行的关系）》是毛泽东1937年7月写的一篇重要哲学著作。它以认识和实践即知和行的辩证关系为中心，全面系统地阐述和发挥了马克思主义认识论的基本原理，从哲学的高度对党的历史经验进行了总结。基本内容是：一、论述了实践在认识中的地位和作用。阐明了马克思主义的实践观；指明了实践对认识的决定作用：人的认识一点也不能离开社会实践，实践是认识的来源，是推动认识发展的动力，是检验认识真理性的标准。实践的观点是辩证唯物论的认识论之第一的和基本的观点。二、阐明了认识的发展过程。实践、认识、再实践、再认识，这种形式，循环往复以至无穷，而实践和认识之每一循环的内容，都比较地进到了高一级的程度。这就是认识运动的总规律和全过程。三、论述了绝对真理和相对真理的相互关系问题。四、反对了两种错误倾向：教条主义和经验主义。

同　日　外交部发言人发表声明，谴责英国殖民当局迫害马来亚华侨同胞。要求立即释放马来亚集中营关押的全部华侨，保障华侨的居住自由、生命财产的安全，并赔偿一切损失。

同　日　政务院举行第六十五次政务会议。周恩来总理作关于政务院发布管制美国在华财产、冻结美国在华存款命令的报告。通过郭沫若副总理作的《关于处理接受美国津贴的文化教育救济机关及宗教团体的方针报告》、《政务院关于处理接受美国津贴的文化教育救济机关及宗教团体的方针的决定》、《接受外国津贴及外资经营之文化教育机关及宗教团体登记条例》以及《私人企业暂行条例》。会议还同意刘景范副主任作的《政务院及所属单位精简节约检查总结》。一、周恩来的报告指出，过去我们曾设想，要把美国帝国主义的残余势力从中国完全肃清，还需要三四年的时间。但是，最近美国宣布了冻结我国在美国境内的财产，这就给了我们一个很有利的机会，我们可以提早把美帝国主义在我国的残余势力肃清。据查，美国在中国的财产大约有1.3亿—2亿美元（码头、仓库未计入）；我们被美国冻结的财产约有2 000万—3 000万美元。现在我们宣布管制美国在我国的财产，冻结美国在我国的公私存款。这对美帝国主义是一个严重的打击。二、郭沫若《关于处理接受美国津贴的文化教育救济机关及宗教团体的方针的报告》说，接受美国津贴之文化教育救济机关与宗教团体，在中国全部接受外国津贴的同类机关团体中占一半左右。为了肃清美帝国主义在我国的影响，维护中国人民文化教育宗教事业等的自主权利，以及彻底制止美帝国主义分子利用文化教育救济机关和宗教团体来进行反动活动，政府对于一切接受美国津贴的上述机关和团体亟应有适当的处理，兹特根据上述情况拟定处理方针如下：（一）政府应计划并协助人民使现有接受美国津贴的文化教育救济机关和宗教团体实行完全自办。（二）接受美国津贴之文化教育医疗机关，应分别情况或由政府予以接办改为国家事业，或由私人团体继续经营改为中国人民完全自办之事业，其改为中国人民完全自办而在经费上确有困难者，得由政府予以适当的补助。（三）接受美国津贴的救济机关，应由中国人民救济总会全部予以接办。（四）接受美国津贴之中国宗教团体，应使之改变为中国教徒完全自办的团体，政府对于他们的自立、自养、自传运动应予以鼓励。《政务院关于处理接受美国津贴的文化教育救济机关及宗教团体的方针的决定》说，“政务院第六十五次政务会议，听取了郭沫若副总理《关于处理接受美国津贴的文化教育救济机关及宗教团体的方针的报告》，一致同意，并责成政务院文教委员会本此方针，会同各有关部门，迅速定出实施办法，予以完全实现。政务院号召各级人民政府，各民主党派、各人民团体，及全国文化、教育、救济、宗教各方面人员，本爱国精神、同心协力，为彻底实现郭副总理在报告中所提出的光荣任务以完全肃清美帝国主义在中国的文化侵略影响而奋斗。”上述文件及《接受外国津贴及外资经营之文化教育机关及宗教团体登记条例》，均于12月30日发布。三、《私营企业暂行条例》规定，在国营经济领导下，鼓励并扶助有利于国计民生的一切合法经营的私营企业，并要求私营企业应执行政府制定的某些重要商品的产销计划，以克服盲目生产，调整产销关系，逐渐走向计划经济。条例规定，私营企业必须切实执行政府的一切有关劳动的法令，企业的财产和营业受充分的保护，经营管理权属于投资人，但与劳资双方利益有关者，应由劳资协商会议或劳资双方协商解决之。条例还对企业的核准登记、企业对内、对外关系等作了具体的规定。本《条例》12月30日公布。

12月31日　中共中央发出《关于执行1951年总收支预算的指示》。《指示》指出，1951年财政总收支概算，标志了1951年全国工作的总方针及其重点所在，全党要为保证这个总概算的实施而加倍努力。《指示》介绍了制订财政收支总概算的根据，指出确定1951年概算的总方针是：既要照顾到国防开支急迫需要，又要保证财政状况和市场继续稳定。制订1951年财政收支总概算的主要原则是量入而出。为保证总概算的实施，《指示》要求切实执行下列各项规定：一、各项收入，各地必须负责完成，并求依率计征，能超过原来预定的数目。二、清理仓库和结余，各地必须保证做到。1950年的决算无论军队和地方，应无例外地结转到1951年，不得自由调用结余。仓库清理，限期完成。三、各地扩大人数，不论动员新兵、民兵、地方武装或组织新的部队，不论增加中央或地方编制，均须取得中央或军委批准后方得实行。四、一切有关国防建设事业，均须遵照军委规定的计划和命令执行，并须定出工作计划和财务计划送有关上级审核。五、作战费由军委规定范围并受权前线司令部或军区司令部负责开支报销；超出范围者须得军委批准。六、一切经济文化建设及各种行政事业费，均须按预算行事，超出者须事先批准。七、严守财政纪律，注意节约，力戒浪费。

12月31日—次年1月8日　中国人民志愿军举行第三次战役。美国侵略军被迫撤到“三八线”以后，一方面积极调整部署，利用其既设阵地组织防御，一面抛出“停火建议”，企图争取时间，重整军队，再行北犯。为粉碎敌人这一企图，中国人民志愿军和朝鲜人民军于12月31日17时，发起第三次战役。战役发起后，各突击集团采取正面突破，穿插迂回，分割围歼的战法，迅速突破敌军“三八线”既设阵地。接着，志愿军右翼集团四个军和朝鲜人民军一个军团向议政府、汉城方向实施主要突击；左翼集团两个军向加平、春川方向实施突击；朝鲜人民军两个军团向识川、横城方向发起进攻。1951年1月2日，“联合国军”和南朝鲜军开始全线撤退。中朝人民军队乘胜扩张战果，在高阳和议政府地区歼灭英军和美军各一部，并于4日解放汉城，5日渡过汉江。至8日，占领了水原、利川、骊州、原州一线。此时，“联合国军”已撤至“三七线”附近地区；中朝人民军队察觉“联合国军”的节节后撤，是企图诱我深入，伺机反扑，遂停止追击，战役胜利结束。第三次战役，中朝人民军队共歼敌1.9万余人，解放了汉城，将敌人驱逐到“三七线”南北地区，粉碎了“联合国军”固守“三八线”既设阵地、整顿败局、准备再犯的企图，加深了其内部矛盾和失败情绪，进一步扩大了中朝两国人民军队在国际上的影响。

本　月　军委总政治部发出《对起义与投降军官处理办法的指示》。《指示》要求各部队在实现人民解放军政治诺言及安定社会秩序两个原则下，根据不同情况，按照“量才选用，组织生产，资遣回乡，长期管制，惩办首恶”的方针，对起义与投降军官分别予以处理。具体处理办法是：一、思想改造好，有工作能力者，分到部队任参议、军事教员、文化教员等，在实际工作中考验锻炼。将级军官一般不分在部队中，而以放在学校任教或作研究工作为宜；有专长的军事技术人才及各兵种专门人才可在特种兵学校任教；有专门技术不适合军队工作的可介绍到地方企业部门。二、年老有病及留之无用，放之无害，自愿回家者，可发给足够路费及证明遣送回籍。其家庭生活确有困难者，酌情予以补助。三、少数无法回家又不能工作者，暂时养起，继续教育，组织参加生产或介绍职业，逐渐达到自食其力。四、反动党、团的主要负责人员、特务分子及有重大政治嫌疑者，可另组成学习大队，以留学方式长期管训，在劳动中改造，继续反动者，予以镇压。五、现行特务分子，或起义与投降后曾组织叛变，抢劫杀人，或进行其他反革命活动，经查有实据者，少数混入起义或投降部队的匪首、恶霸、历史上罪恶深重、为群众所深恶痛绝，经人民告发后查有实据者，均应逮捕交政府依法惩办。六、一般政工人员及胁从之特务分子，罪恶不大，学习中表现较好，家在老解放区者，先允其写保证书，后遣送回籍，并在当地公安部门登记，以便考察管制。七、将级以上军官之处理，必须报告军委总政治部批准。

1951年

1951年综述

2月21日，中央人民政府公布《中华人民共和国惩治反革命条例》，规定处理反革命案件的原则和方法，使镇压反革命斗争有了法律武器和量刑标准，将镇压反革命的群众运动推向全国性的高潮。5月16日，中共中央批准第三次全国公安会议的决议，提出了镇反工作采取谨慎收缩的方针，并要求各地集中力量处理积案。到1952年底，镇反工作基本结束。

5月20日，《人民日报》以社论形式发表毛泽东写的《应当重视电影〈武训传〉的讨论》一文，严厉批评对武训及电影《武训传》的赞扬，全国各地报刊纷纷转载并发表文章，批判武训及电影《武训传》，形成建国后文化思想战线上的第一次批判运动。7月23日—8月28日，《人民日报》连载《武训历史调查记》，为这次运动作了总结。

5月23日，中央人民政府和西藏地方政府在北京签订《关于和平解放西藏办法的协议》，宣告西藏和平解放。10月16日，人民解放军根据《协议》的规定，进驻拉萨。至此，统一了除台湾省以及一些沿海岛屿的全部国土，实现了全国各民族大团结。

7月10日，朝鲜停战谈判首次会议在开城举行。经过半年多作战，中朝两国军队把战线稳定在“三八线”附近。美帝国主义由于看不到胜利的希望，并受到国内外舆论的强大压力，不得不接受苏联提出的举行停战谈判的建议，但对谈判仍采取拖延和破坏的政策，企图以“军事压力”配合谈判，使朝鲜战争形成边谈边打的局面。

9月9日，中共中央召开第一次农业互助合作会议，通过《中共中央关于农业生产互助合作的决议（草案）》。指出，土改后农民中存在着发展个体经济和实行互助合作的两种积极性，党既不能忽视和挫伤农民的个体积极性，又要在农民中提倡“组织起来”，按照自愿和互利的原则，发展农民互助合作的积极性，要根据生产发展的需要与可能的条件而稳步前进的方针，在农村发展互助合作运动，引导农民走集体化道路。

11月30日，中共中央发出《关于在学校中进行思想改造和组织清理工作的指示》，要求在所有大、中、小学教职员和高中以上学生中普遍进行初步思想改造的工作，并在这个基础上，在所有学校的教职员和高等院校学生中进行组织清理工作，清查其中的反革命分子。此后，思想改造的学习运动从教育界扩展到文艺界和整个知识界，到1952年秋基本结束。

本年工农业总产值达684万亿元，比上年增长19%。其中工业总产值为264万亿元，比上年增长38.2%；农业总产值420万亿元，比上年增长9.4%。主要工农业产品的产量：生铁145万吨，钢90万吨，原煤5 300万吨，发电量57亿度，棉纱268万件，棉布30.6亿米，纸24万吨，粮食2 874亿斤，棉花2 062万担。除原煤外，主要工农业产品都已接近或超过战前水平，超额完成了试编的1951年计划提出的增长幅度。财政总收入为133.1万亿元，比1950年增加一倍多。全年财政总支出为122.5万亿元，收支相抵结余10.6万亿元。在财政上第一次出现了收支平衡，略有节余的可喜局面。

1月1日　《人民日报》发表题为《在伟大爱国主义旗帜下巩固我们的伟大祖国》的社论。社论回顾了1950年经济战线上取得的伟大成就和抗美援朝所取得的胜利。提出中国人民在1951年的中心任务，就是用极大的努力，在军事上、政治上、经济上、文化上巩固我们伟大的祖国：继续支援在朝鲜的中国人民志愿军和朝鲜人民的正义斗争，并且用最大的力量来加强我们伟大的国防军；努力发展土地改革工作，坚决消灭潜伏的反革命分子和少数地区残余的土匪；巩固已经取得的经济阵地，认真地恢复和有重点地发展全国的工业生产和农业生产，为进一步的发展生产做有系统的准备工作，认真改善工人、农民和其他劳动人民的物质生活；继续进行抗美援朝的思想教育，铲除帝国主义首先是美帝国主义在中国长期侵略所遗留的政治影响，并将这种思想斗争引导成为热爱祖国的高潮。

1月5日　政务院举行第六十五次政务会议。会议通过了《关于企业中公股公产清理办法》，并于2月4日发布执行。中华人民共和国成立后，官僚资本企业相继为人民政府没收接管。但各公私合营企业及部分私营企业中应属国家所有的财产并未清理，为使国家掌握和利用好这些财产，政务院特制定此《办法》。主要内容是：一、在企业中的公股公产范围，包括国民党政府及其国家经济、金融机关等的股份及财产；前敌国政府及其侨民的股份及财产；业经依法没收归公的战犯、汉奸、官僚资本家等在企业中的股份及财产以及其他依法没收归公的股份及财产。解放后人民政府及国家经济机关、企业机关对企业的投资，亦应能作公股，一律进行清理，合并处理。二、公股的所有权属于中央人民政府财政部。三、公股公产进行清理时，由中财委按照企业性质、规模大小分别指定主管机关负责进行。凡属全国性或特殊重要性的企业，由中财委直接指定主管机关负责清理。仅属地方性质的企业，则委托大区或省（市）财委指定主管机关负责清理。四、在公私合营企业中，各主管机关不直接管理，而由所派公股代表及董事和监察人行使管理权。办法还规定了清理改组程序和清理期限，办法公布后要求，在三个月内进行清理。未经政府接管、代管或监管的企业，负责人还应向政府自动报告该企业公股公产的情况，逾期不报者，依法予以处罚。中财委私营企业局薛暮桥局长对本办法作了说明，他说，解放前经过日本人和国民党的接管，企业中公股公产的部分很乱；解放后，我们又投了一些资。现在已被我们接管、代管或监管的企业，公私双方都要求清理。据交通银行统计，全国有几千个企业中有公股公产，这是国家的一大笔财富，应该清理。过去一年中，只清理了几十家，清理办法也不统一。现在需要有个统一的办法。会议决议：由李维汉、章乃器、薛暮桥3人小组起草关于《没收战犯、汉奸、官僚资本家等在企业中的股份财产办法的指示》，报请总理校订后连同《企业中公股公产清理办法》一并发布。以上两个文件2月4日发布。

1月7日—10日　黄河水利委员会首次委员会议在开封召开。会议听取了关于1950年治黄工作的总结报告，讨论决定了1951年治黄工作的方针任务，即在下游继续加强堤防"巩固堤坝"，大力组织防汛工作，在一般情况下，保证黄河在超过1949年最高水位时，不发生溃决。在中、上游大力筹建水库，加强测验、查勘工作。继续进行引黄灌溉济卫（河）工程，规划宁绥灌溉工程，并着手制订治黄的全面规划，以期逐步达到变害河为利河的总目标。

1月11日　教育部根据政务院的决定，发出《关于处理接受美国津贴的教会学校及其他教育机关的指示》。《指示》规定一切接受外国津贴的学校都要进行登记，1951年将接受美国津贴的学校全部登记完毕。按学校的具体情况，采取不同的处理办法：接收改为公立；改组董事会与学校行政，行政权属中国校长；改为完全由中国人自办的私立学校。解除美籍人员的董事及学校行政的职务，美籍教师思想言行反动者辞退，其余留任。中国籍教职员工一般原职留用，待遇照旧。高等学校中的宗教学院或科学院，暂维持现状。接受其他外国津贴的学校，除个别政治上反动的应收归自办外，一般的履行登记。

同　日　中共中央批转贸易部《关于1951年国营贸易的方针任务和计划的决定》。《决定》指出：一、1959年全国国营贸易的总任务是，发展城乡内外交流，稳定物价，实现上缴利润3万亿元的计划

(东北除外)。发展城乡内外交流，推销土产品是重要一环。在美英国家对我实施经济封锁的情况下，必须在内销方面找出路，并积极扩大对苏联及新民主主义国家的对外贸易。稳定物价，主要是保证全国各大城市主要物资的供应，积极配合合作总社开展城乡定额配售工作。二、1951年国营贸易总计划（东北除外)，销售额为74万亿元，比1950年增加75%；其中国内销售（包括进口物资内销）60万亿元，出口13万亿元。三、灵活经营土产，土产公司的固定资金不入库，按计划自行周转，分期向中央报告及上缴利润。四、边远地区及交通不发达的县份，得设一揽子性质的贸易公司，固定资金不入金库，并在各区之间适当调剂资金。五、除工业器材公司的零售公司，百货公司及花纱布公司需继续扩大外，其他公司在1951年不再扩大。六、减低费用损耗，加强检查。七、国营贸易公司按经济中心设置和机构，不按行政区划，以免机构重叠。八、增设一个对资本主义国家的一揽子性质的进出口公司。

1月12日　政务院举行第六十七次政务会议。会议讨论并批准了水利部《关于水利工作1950年的总结和1951年的方针与任务的报告》。报告说，1年来，全国完成土工总数4.19亿立方米。增加灌溉面积371万多亩，另整修旧渠及民营小型工程，受益1 300多万亩。1951年水利工作的方针与任务是，一般河流，应重点多修及严密防汛；内涝严重地区，应大力兴建排水工程；灌溉，应是扩大与恢复并重，工程与管理并重。

1月14日　中财委发布《关于美国企业及个人存款申请动支的规定》。规定，美国侨民个人存款不超过人民币3 000万元者，动支时不予限制；超过者，每月得动支1 000万元。美国企业存款不超过人民币5亿元者，动支时不予限制；超过者，得由当地管制审查机关按其需要核准支付。

1月15日　毛泽东就学生健康问题再次写信给教育部部长马叙伦。指出："此问题深值注意，提议采取行政步骤，具体地解决此问题。""提出健康第一，学习第二的方针，我以为是正确的。"

同　日　贸易部召开全国对外贸易管理会议。自1950年12月9日起，为开展与美帝集团对我封锁和冻结资金的斗争，曾决定停止对美、日、加（拿大）、菲等国的结汇输出，并对资本主义国家的贸易改用“先进后出”为主的易货方式。这次会议，除了进一步肯定易货贸易这一政策外，还明确提出在尽可能扩大内销、争取国内自给自足的基础上，要扩大与苏联和东欧国家的贸易，按照彼此需要，酌量改组生产，以适应整个和平民主阵营的需要。根据上述方针政策，会议起草并修订了《易货贸易管理暂行办法》和《易货贸易管理暂行办法实施细则》，于4月经中财委核准公布。

同　日　中国人民银行在北京召开第二次全国金融会议。会议总结了1950年的工作。确定1951年的方针和任务：巩固金融稳定，全面地开展国家银行的工作。其具体任务是：逐步地实行货币管理，进一步统一全国的货币，推进货币下乡，开展私人业务（主要指银行通过开展储蓄、保险、存放款、汇兑等业务，加强同广大群众和私营企业的经济联系，最大限度地集中一切私人资金），扶助城乡内外物资交流，促进工农业生产的恢复和发展。

同　日　中国人民解放军军事学院在南京成立。军事学院是培养中国人民解放军高级指挥官和参谋人员的高等学府，直属中央军委领导。刘伯承任院长兼政委。毛泽东为军事学院题词：“努力学习，保卫国防。”军事学院的任务是，在人民解放军现有素质及军事思想的基础上，训练熟悉与指挥现代化各技术兵种，组织与指挥协同动作，熟悉参谋勤务与通信联络，完全忠实于中国共产党，忠实于中华人民共和国和中国人民事业，具有高度的爱国主义、国际主义与革命英雄主义精神的指挥人员。根据中央军委的决定，1957年—1959年，以原军事学院战役、战史系为基础，在北京建立了高等军事学院；以海军、空军、炮兵和装甲兵等系为基础，分别建立了海军、空军、炮兵和装甲兵等学院，从此形成了中国人民解放军的高、中级指挥学院体系。1969年2月，军事学院番号撤销，1970年8月成立中国人民解放军军政大学。1977年12月，中央军委决定，在原军政大学军事系的基础上重新恢复军事学院。1985年12月，军事学院同政治学院、后勤学院合并，成立中国人民解放军国防大学。

1月16日　中苏联合委员会发布公告。公告指出，该委员会根据中苏两国1950年2月14日的换文规定，去年内已将中国长春铁路、旅顺口及大连市苏联方面临时代管或租用之财产、苏联经济机关在东北自日本所有者手中获得的财产，以及过去北京兵营的全部房产，无偿地移交给中国。为此目的设立的中苏联合委员会的工作已全部完成。

同　日　政务院公布《特种消费行为税暂行条例》。规定，特种消费行为税，除另行规定者外，均依本条例征收。特种消费行为税从价计征，由消费者负担，以营业者为代征义务人。《条例》还对特种消费行为税的税目、代征业别、税率及起征点和征税的其他有关事宜作了规定。

1月16日—22日　教育部召开处理接受外国津贴的高等学校会议。参加会议的有华东、中南、西南各大行政区教育部或文教部负责人和全国接受外国津贴的19所高等学校的董事长、校长及教师、学生代表85人。文化教育委员会副主任陆定一在会上讲话，强调处理接受外国津贴的高等学校，是反对美帝的政治斗争；教育部部长马叙伦重申新中国不允许外国人在我国办学的方针；教育部副部长钱俊瑞强调要肃清美帝文化侵略的影响，夺取美帝在中国的文化侵略阵地。会议拟订了处理接受外国津贴的高等学校的方案：一、立即接收，改为公立。二、暂时维持私立，准备条件改为公立。三、继续由私人办理，改组董事会及学校行政领导，使其成为完全由中国人办的私立学校。这次会议后，对接受外国津贴的高等学校接收后改为公办的有11所：燕京大学、津沽大学、协和医学院、铭贤学院、金陵大学、金陵女子文理学院、协合大学、华南女子文理学院、华中大学、文华图书专科学校、华西协会大学；接收后改为中国人自办、仍维持私立、政府予以补助的有9所：沪江大学、东吴大学、圣约翰大学、之江大学、齐鲁大学、岭南大学、求精商学院、震旦大学、震旦女子文理学院。（后二校核收后合并为震旦大学）。

1月16日—25日　第二次全国统战工作会议在北京召开。出席和列席会议的代表共61人，中心议题是讨论反帝爱国运动中的统战工作和帮助民主党派发展组织问题。会议分两个阶段进行。第一阶段，主要是各地统战部门负责同志报告开展抗美援朝运动的情况和经验。第二阶段，主要是座谈研究帮助民主党派发展组织问题。会上，中共中央统战部副部长徐冰、副秘书长金城分别就民主党派发展的方针、对象，党派的阶级性质、地位和作用，党派的历史和现状，统战部门如何帮助党派搞好内部团结和党派的整顿工作等问题作了长篇发言。会议对帮助民主党派发展组织问题取得了一致意见，认为坚持发展与巩固相结合的方针是符合我国历史情况，也符合民主党派实际的。会议拟定了《1951年协助各民主党派发展党员的建议》，提出，根据中共中央的建议，各民主党派已决定今年采取发展的方针，并希望发展1倍—2倍。中国共产党应积极协助各民主党派于今年内完成这个任务。1月17日，胡乔木到会就抗美援朝的形势、意义、发展经过和今后工作讲话；1月19日，陆定一就反帝爱国运动中争取团结天主教徒和基督教徒问题讲话；1月20日，安子文就进一步加强组织部门与统战部门的工作联系问题讲话：蒋南翔就青年团作为党的助手如何帮助民主党派发展组织问题讲话；周恩来就会议提出的问题作了指示，强调必须进一步掀起抗美援朝运动的高潮，并把它同土地改革、镇压反革命运动结合起来，在运动中孤立打击少数敌对分子，团结大多数，包括对天主教、基督教都要进行工作，扩大统一战线。会议结束时彭真到会讲话，着重讲了进一步发展抗美援朝运动的问题。会议期间，毛泽东接见了中央局、分局和六市党委统战部负责同志，同与会代表作了长时间的谈话，他指出，抗美援朝、土地改革和镇压反革命是当前的三大运动。应该在运动中使民主党派进步，让他们放手去工作。这是积极的有益的方针。要用积极态度去支持民主人士、民主党派，教育他们，带领他们共同前进，这对劳动人民是有益的，对进入社会主义是有益的。1月25日，李维汉作了题为《关于目前统一战线工作中的几个问题》的总结报告。

1月17日　中国外交部长周恩来电复联合国大会第一委员会主席阿彼拉兹。指出，联合国大会第一委员会在没有中华人民共和国代表参加的情况下于1951年1月13日通过的在朝鲜先停战后谈判的原则，只便利于美国维持侵略和扩张侵略，不能导致真正的和平，因此中华人民共和国不能予以同意。周恩来代表中国政府建议，在同意从朝鲜撤退一切外国军队及朝鲜内政由朝鲜人民自己解决的基础上举行有关各国的谈判；谈判的内容，必须包括美国武装力量从台湾及台湾海峡撤退和远东有关问题。举行谈判的国家，应包括中华人民共和国、苏联、英国、法国、印度和埃及七国，中华人民共和国在联合国的合法地位即从举行七国会议起予以确定；七国会议的地点，应选在中国。

同　日　毛泽东致电饶漱石、陈毅等大区负责同志，指示在镇压反革命中要做到稳准狠。电报指出，镇压反革命“只要不杀错，又注意策略（事先事后向各界人民多做宣传解释工作，注意时间地点，分期分批，分军队地方等等），对于真正的匪首恶霸及坚决的特务分子，必须在人民群众拥护的基础之上，坚决地处以死刑。特别是那些土匪猖獗，恶霸甚多，特务集中的地方要大杀几批。所谓打得稳，就是要注意策略。打得准，就是不要杀错。打得狠，就是要坚决地杀掉一切应杀的反动分子（不应杀者，当然不杀）”。

同　日　东北齐齐哈尔机床厂马恒昌小组向全国工人提出竞赛事件。条件是：团结技术人员，加强技术学习，改进操作方法，质量达到标准的99%以上；搞好师徒关系，师傅保证把所有的徒工提高到一般技术水平的60%；遵守劳动纪律；加强四防工作，保证全组机器和人员的安全；加强时事学习，提高政治觉悟，做好宣传鼓动工作。马恒昌小组在1950年中，改进了15种工具，创造了25项新纪录，提前完成了任务，质量达到标准的99%。小组向全国工人挑战的条件提出后，得到了全国广大职工的响应，截至3月底的不完全统计，全国参加竞赛的厂矿单位有2 810个，参加竞赛的职工人数有223.2万人。

1月18日　外交部长周恩来致电联合国代理秘书长奥温。电文声明中国仍以冀朝鼎为代表出席亚洲及远东经济委员会第七届会议及其所属工业和贸易委员会会议。

1月19日　毛泽东对彭德怀在中朝军队高级干部联席会议上的报告稿作了重要批示，向中国人民志愿军发出指示。指示的内容是：

“一切在朝鲜的中国志愿军同志必须认真地向朝鲜同志学习，全心全意地拥护朝鲜人民，拥护朝鲜民主主义（人民）共和国政府，拥护朝鲜人民军，拥护朝鲜劳动党，拥护朝鲜人民领袖金日成同志。”要同朝鲜同志“亲如兄弟般的团结在一起，休戚与共，生死相依，为战胜共同敌人而奋斗到底”；要把“朝鲜的事情看做自己的事情一样”，“爱护朝鲜的一山一水一草一木，不拿朝鲜人民的一针一线”。“只要我们能够这样做，最后胜利就一定会得到”。

同　日　政务院举行第六十八次政务会议。会议讨论批准《铁道部关于1950年总结与1951年计划的报告》，《纺织工业部关于1950年工作总结及1951年工作方针和任务》。铁道部的报告说，1950年铁道工作提前21天完成年度运输计划。铁路总通车里程较1949年增加1 000多公里，行车速度每小时提高5—25公里。通信建设除西南区及新线外，全国铁路均可举行电话会议，主要干线都有了行车号志。关内铁路营业收入及营业外收入，超过原定计划17%。1951年的方针和任务是，继续开展抗美援朝爱国主义思想教育，进一步开展群众性的创造新纪录运动，普遍确立经济核算思想。纺织工业部的报告说，1950年全国公私营纺织厂完成棉纱生产计划121%，完成棉布生产计划103%，均超过战前最高年产量。纺织工业还进行了初步的民主改革，公私营纺织厂大部已废除搜身制，调整了公私关系。1951年的方针是，提高生产，改善管理，重点建设，准备发展。主要任务是，进一步实行计划生产；棉纱、棉布、印染加工、麻袋等都要增产，丝绸要提高质量，争取向外推销。新建纱厂增设新纱锭16.2万枚，制造织布机2 000台，建设纺织机械制造厂1处。

1月20日　周恩来在中共中央统战部举行的茶话会上发表讲话。他在讲话中提出了民主党派的发展问题。指出，要教育改造资产阶级、小资产阶级，组织起来进行教育，总比不组织要容易。我们让民主党派存在和发展，正是便利于这种组织工作。因为有了民主党派，我们就可以经过他们去影响没有组织的群众——资产阶级、小资产阶级、知识分子、职员等，经过这些党派的政治活动，也可锻炼和考验这批人。

1月21日　中国人民志愿军空军在朝鲜与美国空军展开第一次空战。李汉在朝鲜清川江桥上空的激战中击伤美国空军F-84型战斗轰炸机1架。29日，他在朝鲜新安州上空又击落、击伤美机各1架。这是志愿军空军首次击落美机。此后，年轻的志愿军空军涌现出一大批英雄模范单位和功臣人物。1952年2月10日，张积慧将美国空军少校中队长，号称“成绩最高的喷气式飞机王牌飞行员”的乔治·A·戴维斯驾驶的飞机及其僚机击落。1953年4月7日，在反击偷袭志愿军空军基地的美国空军F-86型飞机的战斗中，韩德彩将美空军上尉小队长，号称双料“王牌”飞行员的哈罗德·E·费席尔所驾驶的飞机击落。志愿军空军某大队在王海率领下，共击落击伤敌机29架，被誉为“英雄大队”。到1953年7月停战为止，志愿军空军共击落敌机330架，击伤95架。

1月22日　毛泽东致电叶剑英等。电报强调：“望注意镇反工作。凡与剿匪有关的匪首恶霸大特务，可由军区军分区的军事法庭判处死刑；凡与剿匪无关的反革命重要分子，则由地方法院及军管会的军法处判处死刑；乡村普通恶霸及不法地主，则由农民斗争、监视及由人民法庭判刑，如此分三方面进行，可期迅速，又较妥当。”

1月23日—26日　教育部召开全国高等学校1950年度教学计划审查会议。会议邀请教授、专家100多人，从各校报送教育部的教学计划中重点审查了51校的各系教学计划。

1月24日　全国职工业余教育委员会成立。该委员会是全国职工业余教育统一的领导组织，其任务是讨论及决定有关全国职工业余教育的方针、计划、课程、经费、制度等重大事项。教育部长马叙伦任主任委员，全国总工会文教部长刘子久任副主任委员。

1月25日—4月21日　中国人民志愿军举行第四次战役。以美国为首的“联合国军”，为挽救败局，以汉城为主要突击方向，于1月25日开始进攻。这次进攻，“联合国军”和南朝鲜军共集中5个军（16个师）另3个旅、1个空降团，及大量炮兵、坦克兵及航空兵，采取主力靠拢，齐头并进和所谓“磁性战术”等战法，企图将中朝人民军队压回“三八线”以北地区。中国人民志愿军和朝鲜人民军迎战。整个战役分两个阶段，共进行87天。第一阶段，从1月25日开始，志愿军2个军和朝鲜人民军1个军团在汉江南北地区依托野战工事进行防御作战，有力地箝制了敌人主要进攻集团。2月9日，东线南朝鲜军第八、第五师突进至横城以北，以东地区，态势突出，翼侧暴露。中朝人民军队乘机于2月11日17时发起反击，经一昼夜激战，将南朝鲜军第八师3个团及第三师、第五师和美军第二师各一部歼灭。随后，志愿军以一部兵力攻击砥平里之敌，另一部兵力向原州方向发展。由于攻砥平里未克，而敌援兵已到，原州地区之敌已集中，中朝人民军队遂停止进攻，并于2月17日起，全线转为机动防御，战役进入第二阶段。这时，中朝人民军队采取兵力配备前轻后重，火力配置前重后轻的原则，实施了宽正面、大纵深的节节抗击，歼灭了大量敌人。3月14日，为了保持主动，遂撤出汉城。至4月21日，将“联合国军”阻止于“三八线”附近地区，迫使其除在铁原地区继续进攻外，全部转为防御。第四次战役至此结束，中朝人民军队共歼敌78万余人，并为自己赢得了时间，掩护了后续兵团的集结，为进行第五次战役创造了有利条件。

1月26日　政务院举行第六十九次政务会议。会议听取和批准了沈钧儒所作的《中央民族访问团访问西北各少数民族的工作总结报告》。报告反映了西北各少数民族的愿望和建议：（1）盼望早日实施民族区域自治，希望酌量增加各级人民政府、各级人民代表会议中的少数民族干部和代表人数；（2）发展铁路公路交通，兴修水利，发展手工业及建立轻重工业工厂；（3）发展少数民族语言文学，用各民族语文出版书籍、杂志、报纸，尤其急需各民族文字的教科书，希望推进公费教育制度，得到师资、教材、经费等各方面的支持，多送各族青年进京学习，在少数民族区域推进电影、戏剧、歌舞、绘画等项文艺工作；（4）实行免费的医疗制度。会议决议：（1）报告中所提4项建议，由民委会同有关部门商定具体办法，送请总理审核批准；（2）本年下半年召开各民族的卫生、教育、贸易3个专业会议；（3）凡含有轻视或侮辱各民族的地名、碑文等，应予更改或销毁。

1月28日　中共中央发出《关于进一步加强统战工作的指示》。《指示》提出了1951年统战工作的主要任务：必须在全国范围内继续推行抗美援朝的宣传教育运动；必须积极争取知识分子、工商业界、宗教界、民主党派、民主人士，吸引他们参加土地改革和镇压反革命等革命斗争的适当工作，并加以教育，必须加强工商联合会工作，准备成立全国工商业联合会；必须帮助各民主党派，在大中城市发展党员1—2倍；必须认真地推行区域自治和训练少数民族干部；必须加强政权机关中和协商机关中党与非党人士之间的合作。《指示》要求各级党委积极争取和教育一切愿意同我们合作的人，发挥人民民主统一战线的作用，顺利地完成伟大的革命任务。

本　月　中共中央对外联络部成立。简称中联部。该部是中共中央工作部门之一，是中共中央在对外联络工作方面的助手和参谋。主要任务是：按照党中央制定的处理同其他党关系的原则，同世界上所有愿意和可能与中国共产党往来的共产党、社会党、民族主义政党及其他进步政党和组织建立联系；支持国际共产主义运动中坚持马克思主义，主张独立自主的力量；支持世界工人运动和民族民主运动中的进步势力；支持各国人民的正义斗争；团结一切可以团结的力量，反对帝国主义、殖民主义、霸权主义，维护世界和平，推动人类进步事业向前发展；收集和研究不同类型国家的社会基本情况和不同类型政党的情况。

2月1日　总参谋部奉军委主席毛泽东的命令颁布实施《纪律条令》、《队列条令》、《内务条令》。《纪律条令》是根据国家宪法和有关纪律精神制定的，是维护军纪，实施奖惩的依据。最早颁发的只是一个草案，试行修改后，于1957年8月颁发，后又于1964年2月、1975年11月、1984年1月3次重新修改颁发。《队列条令》是全军队列训练和队列生活的依据，先后于1953年5月、1958年10月、1964年12月、1972年9月、1983年10月重新修改颁发。《内务条令》是全军进行管理教育，建立良好的内外关系的内务制度，养成优良作风的依据。先后于1953年5月、1957年11月、1963年1月、1975年11月、1984

年1月重新修改颁发。

2月2日　外交部长周恩来就联合国大会非法通过诬蔑中国的决议发表声明。1951年1月20日，美国在联合国大会第一委员会提出诽谤中国为“侵略者”的提案，并操纵联合国大会第一委员会于1月31日强行通过。2月1日，联合国大会又如法通过了美国的提案。周恩来在声明中严正指出，联合国大会及其第一委员会在没有中华人民共和国的合法代表参加、而且在侵越安全理事会的权限的情况下，通过美国诬蔑中国的提案，显然是非法的、无效的，中国人民坚决反对。

同　日　政务院举行第七十次政务会议。会议通过了《关于1951年农林生产的决定》，并批准中国《科学院1950年工作总结和1951年工作计划要点的报告》。《关于1951年农林生产的决定》的主要内容是：1. 1950年农林增产计划已经胜利地完成。全国共产粮食2 450亿斤，皮棉1 420万担，植树4 800万株，其他特产、家畜等也有显著增加。1951年要求全国生产粮食2 600亿斤，比1950年增产6.1%；棉花1 900万担，增产33.8%；茶叶170万担，增产32%；油原料6 800万担，增产9.7%；增殖耕畜210万头，增殖绵羊310万只；造林220万亩。其他特产和副业生产视当地具体条件，尽可能地加以发展。2. 为保证1951年农民增产计划的胜利完成，各级人民政府需贯彻以下各项农林生产政策：（1）土地改革已经完成的老解放区，切实保护人民已得到的土地财产，不受侵犯。新解放区在土地改革完成后，立即确定地权，颁发土地证。在尚未进行土地改革而只实行减租的地区，切实保障谁种谁收和农民的佃耕权。（2）贯彻合理负担的农业税收政策，对善于经营、勤劳耕作和改良技术而超过产量者，其超过部分不增加公粮负担。奖励积极生产者，处罚怠于耕作者。（3）劳动互助组，应受到人民政府的各种奖励和优待。农民相间的临时雇佣短工，可以提倡。允许富农经济存在，雇佣劳动自由。（4）老解放区的地主和旧式富农，在土改后，服从政府法令，勤于劳动，地主连续5年、富农连续3年以上者，经乡村人民代表大会通过，县人民政府批准，得改变其成分。（5）执行奖励主要工业原料作物生产的价格政策。保证棉粮、烟粮和麻粮的合理比价，保证收购和运销。(6) 实行山林管理，严禁烧山和滥伐，禁挖树根、草根。(7) 奖励兴修水利。(8) 保障牲畜喂养者利益，奖励繁殖牲畜。(9) 鼓励农民投资扩大再生产。此件2月13日发布。会议批准《科学院1950年工作总结和1951年工作计划要点》的主要内容是：科学院成立1年来分别召集了专门学科会议28次，将原中央研究院的18个研究所、北平研究院的8个研究所、北京静生生物调查所、南京地理研究所等加以调整，改组为17个研究单位和3个研究所筹备处。调整后，制订了各所的研究计划，配备了研究人员和技术人员，做到了人力物力的集中，克服了过去机构重复和各自为政的现象。各所研究经费较过去也有相当的增加。除科学院研究所机构外，全国高等学校及产业部门中的科学研究机构有190个。对这些机构准备作进一步的联系，使全国科学研究工作逐步地组织起来。在研究工作上强调贯彻联系实际的方针，尤其注意发展与国防、工业、农业有关的科研工作。其中若干部门在国家自然资源调研、农业科研等方面获得了一定的成绩，在理论科学和社会科学方面也取得了一定的进展，但是，工作中还存在着一些缺陷：研究机构与国家产业机构还缺乏很好的配合；对理论与实际一致的观点，缺乏明确的理解；研究工作本身的领导没有做到有计划的分工，科学院与高等院校的合作还不够密切。1951年的工作计划要点是：加强科学院对全国科研机关的联系，以便计划与指导全国的科研事业；建立院长会议制度，并使之减少行政事务工作；地质、近代物理、应用物理、实验生物、地球物理和语言等为科学院本身的研究重点。政务院3月5日转发了这一报告。并指出，各部门所举行的专业会议，凡与科学研究有关者，应邀请科学院派专人参加；各部门所领导的科学研究机构，在制订研究计划时应与科学院取得联系。科学院应尽量给予各部门研究机构业务上技术上以指导与协助，注意系统地宣传中国和外国科学研究的成果，调查各生产部门对于科学研究的需要。

2月3日　中共中央转发中财委《关于1951年银行工作方针与计划的决定》。《决定》指出，中央同意中财委《关于1950年银行工作方针与计划的决定》，其主要内容是：1951年工作方针是“稳定金融市场，开展货币管理工作”。在此总方针下，实行如下工作：一、逐步推行全面货币管理，使银行成为国家总的账务会计机关，为国家管钱、管账、管用。各野战军建立随军银行，统一管理部队的现金。对国家基本建设投资责成交通银行办理拨付并予监督。对国家企业机关实行强制保险。二、普遍开展私人业务，大量集中私人资金，对职工、农民、个人普遍开展储蓄，全年争取储蓄户由现在的100万户增至1 000万户，并争取由现在的与10万工商户发生联系增加到30万。加强对公私合营银行的领导，建立联合管理机构，准备必要时接受其他银行参加。对私人金融业继续贯彻领导、运用、改造的方针。三、大力扶助城乡内外交流。有重点地扶助农、工、矿、交通事业。四、1951年业务计划：公营存款395 000亿元，私营存款66 000亿元，保险收入12 000亿元，带动私人长期投资生产建设2 000亿元，共计集中资金470 000亿元以上。国营贸易放款220 000亿元，财政借款60 000亿元，外汇用款20 000亿元，农贷11 000亿元，合作5 000亿元，水利3 000亿元。地方工商业放款15 000亿元。全年损益计算除解决银行本身开支外，上缴财政任务6 300亿元，自给印刷费4 000亿元，共盈余10 000亿元。

同　日　政务院发布《关于实行国家机关、国营企业、合作社财产强制保险及旅客强制保险的决定》。《决定》指出，为保障国家财产不因意外灾害遭受损失，以及遭受意外伤害的旅客能够得到补偿，决定对国家机关、国营企业和县以上合作社的财产，以及搭乘火车、轮船、飞机的旅客，实行强制保险。并指定中国人民保险公司为办理强制保险的法定机关，各种保险条例及保险费率，由中国人民保险公司拟订。

2月4日　政务院发布《关于没收战犯、汉奸、官僚资本家及反革命分子财产的指示》。《指示》规定：凡公私合营企业和私营企业中有战犯、汉奸、官僚资本家的股份和财产，应予依法没收时，必须报经大行政区人民政府（军政委员会）审核后转请政务院批准，方可执行。在未得批准前，为了防止破坏、转移、隐匿，只能予以登记、冻结或查封，不得宣布没收；属于前条之外的一般土匪、特务、恶霸、反革命分子在企业中的股份和财产，经县（市）人民法院判决没收时，应由省人民政府或省人民政府特令指定的专署，批准执行；经省（市）法院或人民法庭判决者，可不报请批准手续；过去经由县（市）人民法院、各级人民法院判决或各级人民政府决定没收的前两项所称之财产，业经执行而无异议者，不再变更。

2月5日　政务院发布《关于民族事务的几项决定》。《决定》规定：各大行政区军政委员会（人民政府）须指导各有关省、市、行署人民政府认真地推行民族区域自治及民族民主联合政府的政策和制度；各大行政区军政委员会（人民政府）须指导各有关省、市、行署人民政府认真地并有计划地实行政务院在1950年颁发的培养少数民族干部试行方案，中央民族学院及西北、西南、中南各军政委员会和新疆省人民政府办理的民族学院，必须依计划实行；政务院于1951年下半年将同时召开有关少数民族的卫生、教育及贸易3个专业会议，责成政务院文教委员会、财经委员会，指导卫生部、教育部、贸易部筹备；责成中央人民政府各委、部、会、院、署、行注意建立有关民族事务的业务；在政务院文教委员会内设民族语言文字研究指导委员会，指导和组织关于少数民族语言文字的研究工作，帮助尚无文字的民族创立文字，帮助文字不完备的民族逐渐充实其文字；扩大中央民族事务委员会委员名额，于下半年召开中央民委的扩大会议。

2月7日　中国和波兰在北京签订四个重要协定。即：1951年中波货物交换及付款协定、中波航运协定、中波互换邮件及包裹协定、中波电信协定。

2月9日　政务院举行第七十一次政务会议。会议通过《中华人民共和国惩治反革命条例》，报请中央人民政府委员会批准公布施行。会议还通过内务部陈其瑗副部长《关于处理马来亚归国难侨工作的报告》。报告说，马来亚有华侨280多万人，占当地总人口的45%。他们在经济、文化、政治活动中都占有极重要的地位，爱国华侨历来支持祖国的民族解放斗争。其中一部分华侨由于身受帝国主义剥削与压迫，同情马来亚人民反帝运动，素为英帝所嫉视压迫。自1948年6月18日马来亚政府颁布《紧急法令》以来，对广大华侨施以残酷迫害，便成为英帝对马来亚政策的一个重要部分。截至1951年1月2日，有3批2 110名难侨被驱逐回国。为安置归国难侨，中央和地方政府通力合作，在广东汕头成立了收容站，并组成一个指导性的归国华侨临时处理委员会，负责安置归国难侨。

2月10日　教育部颁发《工农干部文化补习学校暂行实施办法》、《工农速成中学暂行实施办法》。《工农干部文化补习学校暂行实施办法》共六章18条，规定工农干部文化补习学校的任务是：招收具有初步阅读能力的工作干部，施以相当于完全小学程度的教育，毕业之后由原来机关分配工作，或升入工农速成中学及其他干部学校继续学习。工农干部文化补习学校的教育方法，须贯彻理论与实际一致的原则，在教学内容和教学方法上，力求切合国家建设的需要和工农干部的特点与要求。工农干部文化补习学校修业期限暂定为2年，必要时可延长或缩短。学校采取校长负责制。县以上各级人民政府、机关、工厂、人民团体、高等学校、中等学校、干部学校的可举办工农干部文化补习学校。《工农速成中学暂行实施办法》共六章19条，规定工农速成中学的任务是：招收参加革命或产业劳动一定时期的优秀的工农干部及工人，施以中等程度的文化科学基本知识的教育，使其能升入高等学校继续深造，培养成为新中国的各种高级建设人才。不愿或不宜升学者，可直接或经一定时期的业务训练后分配工作，工农速成中学的教育方法，须贯彻理论与实际一致的原则，在教学内容和教学方法上，力求切合国家建设的需要和工农干部及产业工人的特点与要求。工农速成中学的修业年限暂定为3年，必要时可延长为4年。工农速成中学采取校长负责制，此类学校暂由中央人民政府教育部及各大行政区教育部统筹举办。

2月11日　周恩来召集有关负责同志研究华北区天主教革新宣言。强调指出：必须明确表示肃清帝国主义在中国天主教中的影响；必须坚持宗教与政治分开，梵蒂冈不能干涉中国的政治。对于愿意革新的教会，应帮助他们解决困难。同时还商定：协和医院与中国医院应合并，名称叫中国协和医院，原来经费不减少。

2月12日　政务院颁布《关于土地房产所有证收费的决定》。《决定》指出，根据中央人民政府委员会第十次会议通过的1951年全国财政收支总概算的规定，在土地改革完成以后颁发土地房屋所有证时，应收一次土地证费。

同　日　政务院发出《关于接受美国津贴的宗教学校处理办法》。办法规定，接受美国津贴的宗教学校，在停止接受美国津贴后，可允许其在中国教徒自办的原则下继续存在，其经费确有困难者，得由政府酌情予以临时补助；原设在高等学校内的神学院，其组织与行政领导及物资产权应与高等学校完全分开。神学院的名称并不得冠以“某某大学”字样；宗教学校的外籍人员分别情况加以处理。

同　日　教育部接收由美国提供津贴32年的燕京大学。

2月12日—3月6日　中财委在北京召开全国工业会议。会议讨论了1951年工业生产、基本建设控制数字和实现这一任务的有关问题。会议决定：一、对地方工业采取积极发展的方针。它的经营方向是面向农村、为大工业服务，要发展当地有原材料而又有人力、资金的中小企业。二、依靠工人阶级，进行民主改革，逐步改变旧的管理制度，实行管理民主化；逐步进行生产改革，拟订生产计划，实行计划管理和经济核算制。在工业企业中，党、政、工、团各组织均应以提高生产为最基本的任务，在这个共同任务下，在不同岗位上以不同的方法进行工作。在生产行政管理工作上实行厂长负责制，并应同管理民主化结合起来。三、在工资问题上，应采取由地区到全国，逐步清理、逐步调整、逐步统一的方针。工资制度的统一，大体上应分为3个步骤：1. 实行地区调整。工资在全国范围内比较低的地区如东北及西北地区可适当提高。2. 实行八级工资制。凡已实行经济核算制的企业，应有准备地进行。3. 实行计件工资制、凡经济管理基础较好，供产销均衡发展的企业，应逐步实行。此外，原则上同意以“工资分”为全国工资的统一计算单位。根据这次会议讨论的意见，4月6日，政务院通过了《关于1951年国营工业生产建设的决定》。

2月14日—26日　农业部在北京召开全国农业工作会议。会议的中心是总结交流1950年的工作经验，研究开展1951年大规模生产运动和恢复发展农业生产的各项措施，具体布置1951年全国农业生产计划。农业部部长李书城在开幕词中宣布，1950年全国粮食产量较1949年增产10.8%，皮棉增产58.9%。其他如麻类、茶叶等特产产量也超过了原订计划。这些收获，已扭转了抗战以来中国农业生产的下降趋势，并开始奠定了全国农业发展与提高的基础。会议认为，为了争取1951年全国的丰收，为国家的经济建设奠定良好的基础，在抗美援朝的背景下，必须开展一个全国性的爱国生产运动（老解放区为爱国丰产运动），以便更加提高全国农民的生产积极性，顺利地完成1951年全国农业增产任务。为了实现这一目的，必须抓紧以下几个主要环节：第一，正确贯彻农业生产政策；第二，继续贯彻组织起来发展生产的方针；第三，大力发动和组织群众同自然灾害作斗争；第四，开展群众性的改进农业技术运动；第五，加强农业生产领导。会议还讨论了建立与健全组织机构，少数民族与闭塞地区的生产、国营农场管理、农业试验研究工作及畜牧兽医等问题。

2月18日　中共中央发出《中共中央政治局扩大会议决议要点》的党内通报。指出，中央于2月中旬召开有各中央局负责同志参加的政治局会议，讨论了各项重要问题，要点如下：一、提出“三年准备、十年计划经济建设”的思想。二、必须在全国继续推行抗美援朝的宣传教育运动。三、关于土改农忙时一律停一下，总结经验，争取今年丰收。积极创造条件，凡条件不成熟者，无论何时何地不要勉强去做。劝告农民以不采用严刑拷打为有利。土改完成后，立即转入生产、教育两大工作。四、镇压反革命要严密控制，不要乱，不要错。判处死刑一般须经过群众，并使民主人士与闻。注意中层（镇压反革命工作分为外、中、内3层。清理“外层”，是指清查隐藏在社会上的反革命分子；清理“中层”，是指清查隐藏在我军政机关内部的反革命分子；清理“内层”，是指清查隐藏在我党内的反革命分子），谨慎地清理旧人员及新知识分子中暗藏的反革命分子。注意“内层”，谨慎地清理侵入党内的反革命分子，加强保密工作。五、加强党委对城市工作的领导，实行七届二中全会决议，明确依靠工人阶级的思想。在工厂内，以实现生产计划为中心，实行党政工团的统一领导。力争在增加生产的基础上逐步改善工人生活。在城市建设计划中，应贯彻为生产、为工人服务的观点。全国总工会及上级工会应着重解决下面的具体问题，党委及工会应着重典型经验的创造，并加以迅速推广。六、整党、建党，均须由中央及各中央局实行严格的控制，下面不得自由行动。整党，应以3年时间实现之。整党时，首先将混入党内的阶级异己分子、叛变分子、投机分子、蜕化变质分子等清洗出去，然后将不完全具备党员条件和不够党员条件的消极落后分子加以区别，对其中经过教育仍确实不合党员条件者劝其退党，务使这些退党者自愿地退出，不要伤感情。城市及新区建党必须采取慎重的方针。城市着重在产业工人中建立党的组织。乡村须在土改完毕始能吸收经过教育合乎党员条件者建立党支部。七、加强统一战线工作，提高干部对这一工作的认识。必须在反帝反封建的基础上，将知识分子、工商业家、宗教家、民主党派、民主人士团结起来，并加以教育。少数民族工作的中心是推行区域自治和训练少数民族自己的干部。八、冬季进行一次整风，任务是检查工作，总结经验，发扬成绩，纠正缺点错误，借以教育干部。

2月19日　中苏达成苏联援助中国建设航空工业的协议。

2月20日　中央人民政府委员会举行第十一次会议。会议听取东北人民政府高岗主席、华东军政委员会饶漱石主席、中南军政委员会邓子恢副主席、西南军政委员会邓小平副主席、西北军政委员会习仲勋副主席关于本地区工作的报告。并批准《中华人民共和国惩治反革命条例》。《条例》强调：根据中国人民政治协商会议共同纲领第七条规定，为惩治反革命罪犯，镇压反革命活动，巩固人民民主专政，凡以推翻人民民主政权，破坏人民民主事业为目的之各种反革命罪犯，皆以本条例治罪。根据镇压与宽大相结合的原则和“首恶者必办，胁从者不问，立功者受奖”的政策，《条例》具体规定了处理反革命案件的量刑、定刑准则和实施办法，《条例》还规定：凡自动向人民政府真诚自首悔改者，在揭发、检举前或以后真诚悔过立功赎罪者，被反革命分子胁迫、欺骗，确非自愿者，解放前反革命罪行不大而解放后又确已悔改并与反革命组织断绝联系者，得酌情从轻、减轻或免予处刑。《条例》于2月21日公布。

2月21日　政务院举行第七十二次会议，听取黄炎培副总理《访察苏南土地改革的报告》。报告称：苏南土改基本上是办得好的，好就好在农民站起来了。土改的部署也是好的。经过土改，农民积极生产踊跃交完公税，踊跃参军，并兴办冬学。苏南地区土改后，人均土地不过1亩左右，需要发展农村副业。

2月23日　政务院举行第七十三次政务会议。会议通过了《中华人民共和国劳动保险条例》。为了保护雇佣劳动者的健康，减轻其生活中的特殊困难，依据当时经济条件，政务院特制定《中华人民共和国劳动保险条例》，共七章34条。《条例》就劳动保险金的征集与保管、各项劳动保险待遇、享受优异劳动保险待遇、劳动保险金的支配、劳动保险事业的执行与监督等各项事宜作了具体规定。《条例》于26日公布，3月1日起施行。

2月24日　中国外交部长周恩来发表声明。声明支持朝鲜外相朴宪永抗议美国政府进行细菌战的声明。

2月25日　中共中央发出《关于健全各级宣传机构和加强党的宣传教育工作的指示》。《指示》要求各级党委必须改变宣传机构残缺不全和工作范围狭隘的状况，切实定出计划，在一两年内逐步充实宣传部的机构与人力，并督促其有步骤地按照不同等级的职务范围，进行下列工作：一、在群众宣传方面：组织党的宣传员、报告员，并领导其工作。领导各级青年团、工会、农民协会、妇女团体、学生团体等群众团体中的宣传鼓动工作，研究党内的社会各阶级对国内外时事和党的政策的反应，组织和编审有关出版物或宣传材料。二、在理论教育方面：领导或推广马列主义、毛泽东思想的宣传(包括爱国主义的宣传）和对反马克思主义思想的批判，领导各级在职干部的政治和理论的学习，审查指导各级党校党训班的训练计划和课程教材，组织党内外理论工作人员的活动，管理政治理论教育的课本及其他读物的编审。三、在文化艺术方面：拟定党关于文化艺术的政策或地方性的方针，并监督实施。领导文学艺术的创作和批评，领导作家及艺人的各级组织，审查电影、剧目和其他全国性的或地方性的重要艺术品，研究和指导图书馆、展览会、文化宫、俱乐部等群众文化活动，注意研究和改善工人和其他劳动人民的文化艺术生活。四、在学校教育方面：拟定党关于高等教育和国民教育的政策或地方性的方针，并监督实施。审查和指导学校中的政治性课程（包括政治常识、历史、地理、语文等）的教材和教学，审查其他课程中的政治思想内容，注意研究和改善工人、其他劳动人民和工农干部的教育状况。五、在报纸和广播方面，拟定党关于报纸和广播工作的政策或地方性的方针，并监督实施。领导或协助领导同级的党报、通讯社和广播电台的工作。检查和领导下级的党报、通讯社和广播电台的工作。六、在书刊出版方面：指定党关于书刊的出版和发行的政策或地方性的方针，并监督实施。检查各种出版物的内容，指导公私营出版机关和发行机关的全国性或地方性的工作计划，领导书评工作。七、在干部管理方面：会同各级组织部共同管理宣传和文化教育工作干部的任用和考查。《指示》要求健全各级宣传机构。中央宣传部内应设立与上列各项工作相应的宣传处、理论教育处、文化艺术处、学校处、报纸与广播处、书刊出版处和干部管理处，此外，还应设立国际宣传处，以担负党的国际宣传工作。各中央局、中央分局、省委、大市委、区党委的宣传部得设立理论教育处（兼管学校）、宣传处、文化艺术处、报纸出版与广播处和干部管理处。《指示》提出，为保证加强各级党委对宣传工作的领导，各级宣传部长应是党委委员或常委之一，或使其参加党委的会议。

同　日　中共中央作出《大城市应当认真地严厉地大规模地镇压反革命》的指示。这是中共中央转发中共北京市委镇反计划所作的指示。指示指出，各大城市除东北外，镇压反革命的工作，一般地说来，还未认真地严厉地大规模地进行。从现在起应当开始这样做。北京、天津、青岛、上海、南京、广州、汉口、重庆及各省省会城市，是反革命组织的主要巢穴，必须有计划地布置侦察和逮捕，在几个月内，大杀几批罪大有据的反革命分子。指示指出，北京市委镇反计划中说到拟先召集区以上各级人民代表会议的代表和各大工厂大学校、民主党派、人民团体的代表开一次会，报告反革命情况及各种罪行和犯罪证据，提高大家对反革命的仇恨，然后再分批执行，这是完全必要的，并要求各地都应这样做。

2月28日　中共中央发出《关于向各界人士解释镇压反革命的必要性》的电报。电报指出：请注意利用中央政府发布惩治反革命条例的机会，结合当地反革命活动的具体情况，向知识分子、工商界、宗教界、民主党派、民主人士广泛地解释镇压反革命是完全必要的，使他们赞同我们的方针。电报还要求广为传播并组织党内外学习司法部长史良的《坚决正确镇压一切反革命活动》一文和惩治反革命条例等文件。

本　月　中央军委发布《关于干部评级工作的指示》。《指示》指出，干部评级是为了适应部队正规化建设的要求，其目的是为了较普遍地考核干部，使领导熟悉干部，相对统一地确定干部等级，为今后实行军衔制度奠定基础。《指示》还就评级范围、等级区分、评级标准等提出了比较具体、详尽的意见。

3月1日　毛泽东致电斯大林，提出中国人民志愿军拟采取轮番作战方针。电报指出，朝鲜战争有长期化的可能，至少我应做2年的准备。目前敌人的作战意图是企图与我进行消耗战。为粉碎敌人意图、坚持长期作战，达到逐步歼灭敌人的目的，中国人民志愿军拟采取轮番作战的方针。中国人民志愿军已决定编组三番轮流的部队。即将现在朝鲜作战的9个军30个师作为第一番志愿部队；将正从国内调去的6个军及现在朝鲜即将补充的3个军共9个军27个师作为第二番志愿部队，约4月上旬可全部到达“三八线”地区，接替现在汉江前线的6个军的任务；将准备从国内调去的6个军及第一番志愿部队中的4个军共10个军30个师作为第三番志愿部队，准备6月中调用。在美国坚持继续作战，美军继续获得大量补充并准备和我军作长期消耗战的形势下，我军必须准备长期作战，以几年时间，消耗美国几十万人，使其知难而退，才能解决朝鲜问题。

同　日　教育部颁发《职工业余教育暂行实施办法》。《办法》是根据1950年6月1日政务院发布的《关于开展职工业余教育的指示》制定的，共五章23条。《办法》规定，职工业余教育以提高职工的文化、政治和技术水平，加强国防和生产建设，并提高职工管理国家的能力为目的。目前，一般应以文化学习为主，以识字教育为重点。厂矿企业内的职工业余教育，应由工会负责主办，行政协助；在教育行政上，应受政府教育部门领导。各级学校应尽可能附设职工业余学校。

3月2日　政务院举行第七十四次政务会议。会议听取安子文报告说，人事部1951年的中心任务是，有计划地了解人事工作的一般情况，研究建立本部职权范围内的人事管理制度。研究各级地方人民政府的人事机构，并提出方案；研究并建立干部管理名单制度；筹备第一次全国人事工作会议。人事部长安子文作了《人事部1951年中心工作纲要》的报告，原任政务院人事局长孙起孟作了《政务院人事局一年工作总结报告》，政务委员章乃器作了《政务院及所属单位机构编制审查委员会1950年下半年审查工作总结报告》。会议讨论批准了上述报告。并通过任免提案及提请中央人民政府委员会批准任免案多起。周恩来总理在会上就人事工作讲话，他指出，我们的干部队伍是在革命过程中发展起来的，到现在有385万人。我们依靠这些干部建立了国家。人事工作必须从实际情况出发，在工作实践中摸出一套人事制度。为了适应草创时期建设国防、恢复生产和准备开展大规模经济建设的需要，人事工作的方针应是加紧进行培养、提高和训练干部。人事工作的任务是精简机构，加强学习，巩固队伍，照顾生活福利。会议决议：一、通过《人事部1951年中心工作纲要》。二、将《政务院所属单位机构编制审查委员会1950年下半年审查工作总结报告》发政务院所属各单位研究修改后，作为人事工作会议的文件。

3月5日　中共中央发出《关于保证完成1951年农林生产任务的指示》。《指示》指出，中央认为政务院2月2日通过的《关于1951年农林生产的决定》非常重要。要求各级党委支持各级人民政府，在农业生产季节，准确掌握以农业生产为农村压倒一切的中心任务的指导方针，领导农村中的全体党员、青年团员和农民群众积极开展全国性的生产运动，以保证1951年全国农林生产任务的长久完成。

同　日　中共中央发布《关于积极推进宗教革新运动的指示》。《指示》要求各中央局、分局和各省、市委积极领导基督教、天主教的自立革新运动，指出这是一个有重要政治意义的群众运动，这个运动的主要目的是肃清帝国主义对我文化侵略的影响，是反帝政治斗争的一个重要组成部分。在这个运动中，要团结宗教界最大多数，组织、发展和巩固全国宗教界的反帝统一战线，要耐心地进行许多思想说服工作，启发他们的爱国心，打消他们的顾虑，不应急躁从事，更不可造成压迫宗教和排外的偏向，对教徒的教育，应着重爱国主义，避免唯物、唯心的讨论，也不要损伤教徒的宗教感情，以实现自治、自养、自传的方针。

同　日　政务院发出《关于成立接受美国津贴救济机关处理委员会的通令》。通令说，由于各地接受美国津贴救济社团和救济机关情况复杂，为了顺利地进行处理工作，省市以上应设立各级接受美国津贴救济机关处理委员会，由中国人民救济总会或其分会、政府有关部门及其他有关团体和个人组成，统一进行调查、研究、计划、指导、处理等工作。

同　日　政务院发布《关于加强科学院对工业农业卫生教育各部门的联系的指示》。《指示》强调为了加强科学院对工业、农业、卫生、教育、国防各部门的联系，以便计划与指导全国的科学研究事业，各部门举行的各种专业会议，凡与科学研究有关者，应请科学院派专人参加，并将会议主要内容尽早通知科学院，使它有时间研究并在会上提出意见；各部门所领导的科学研究机构，在制订研究计划时应与科学院取得联系，并定期将研究情况报告副本送科学院，以便科学院对全国科学研究事业获得全面的了解，科学院应尽量给予各部门研究机构以业务上技术上的指导与协助；科学院应注意有系统地宣传中国和外国科学研究的成果，并建议各生产部门和教育部门采择应用，或建议有关部门共同组织对这些成果的进一步研究；

科学院应注意有系统地调查各生产部门对于科学研究的需要，并力求使自己和全国科学研究人员的工作计划适应这些需要。

3月6日　政务院公布《中华人民共和国禁止国家货币出入国境办法》。《办法》指出，为巩固国家货币币值，稳定金融，保证人民财产，禁止国家货币出入国境。凡携带或私运国家货币出入国境，一律没收。出入国境的邮件，对私运伪造、变造的人民币进入国境者及利用国政邮件夹带国家货币者，一律依法处理。

3月7日　中财委发出《关于保证棉粮比价的指示》。《指示》指出，为了顺利地完成1951年增种棉花的要求，各级政府除要大力进行组织动员并帮助农民解决生产中的各种困难、改良种子及栽培方法外，还要适当提高棉价。具体规定1951年1月皮棉换粮数量，在河北、平原、山东地区为小米8.5斤，较1950年提高0.5斤；山西地区为小米9斤，较1950年提高1斤；陕西、河南地区为小麦8斤，较1950年提高1斤；湖北、苏南、苏北、皖南、皖北、浙江地区为中熟米（或中稻米）8.5斤，较1950年提高2斤。西南、湖南、江西、东北等地区则可根据本地情况，自行规定。

3月8日　中国人民解放军高级工兵学校在长沙成立。该校是以第四野战军工兵司令部和第四野战军工兵学校合并而成，其主要任务是培养工兵的营以上干部。朱德为该校题词："为培养掌握近代科学技术的工兵干部，建立新中国的强大国防军而奋斗！"1960年9月，以高级工兵学校为基础成立了中国人民解放军工程兵学院。主要任务是负责训练工程兵副营职到副师职的军政干部和舟桥建筑指挥干部。

3月9日　政务院举行第75次政务会议。会议讨论批准了人民银行、贸易部《关于1950年工作总结和1951年工作计划的报告》。人民银行行长南汉宸的报告指出，人民银行1950年3月份实现现金管理，争取了现金收支平衡，制止了通货膨胀。6月份，配合调整工商业，贷款国营贸易，大量收兑外汇，活跃物资交流，调整金融业公私关系，促成工商业好转。11月间紧缩放款，回笼货币，冻结机关存款，稳定金融市场。1951年人民银行的工作方针是，继续稳定金融市场，加强货币管理。贸易部部长叶季壮的报告指出，1950年粮、纱、布、棉、盐、烟等主要商品，基本保证了全国各大城市的供应，这是国营贸易稳步走向计划性的开始。由于执行调整工商业的方针，大力开展向私营工厂加工订货、收购存货，加上粮食丰收，市场逐渐活跃，贸易额大增。1951年全国贸易的总任务是，发展城乡内外交流，稳定物价，实现中财委规定的上缴利润3万亿元（东北除外）。计划全年销售额比上年增加85%。周恩来在会上指出，重工业固然要搞，轻工业现在还要多搞些才行，这样才能适合农村市场的需要，才能更快地积累资金。发展经济还必须处理好城乡关系、公私关系、中央与地方的关系和上下关系。

同　日　中共中央华东局发出《关于镇反中如何对待民主党派成员的指示》。《指示》指出，根据公安部的指示，凡加入各民主党派者，一般不要登记，以免引起不必要的甚至有害的波动。至于民主党派中暗藏的反革命分子，用侦察解决而不用登记解决，各地须切实遵照执行。各友党成员的历史问题，应由各友党作为审干问题自行处理。各友党中现行犯可以逮捕，但必须证据确凿。对其他有证据的特务分子及反革命分子，应由公安部门与统战部商定逮捕。对现行犯及其他反革命分子的审讯，应尽量争取其所属党派人士参加。3月23日，中共中央转发了华东局的这个指示。

同　日　政务院批准卫生部《处理美国津贴的医疗机构实施办法(草案)》。《办法（草案）》规定，接受美国津贴医疗机构的总方针视不同情况，或由政府予以接办改为国家事业，或由私人团体继续经营改为中国人民完全自办之事业。接受美国津贴的医疗机构，在改为国家事业或中国人民完全自办的事业后，应保证其业务不受影响并充分发挥效能。

3月13日　中国红十字总会会长李德全发表书面谈话。她建议全世界红十字会发起正义的呼声和实际制裁行动，制止美国侵略军使用毒气的行动。

3月14日　中国人民抗美援朝总会发表通告。响应世界和平理事会决议，在全国普及深入抗美援朝运动。通告指出，全国同胞必须继续坚持抗美援朝保家卫国的神圣斗争，要求各民主党派和人民团体在一个月内制定普及和深入抗美援朝运动的宣传教育计划，务使每一个人都受到爱国教育，都能积极参加爱国行动。4月5日，中国人民抗美援朝总会发出《拥护缔结和平公约的签名与关于日本问题的投票通知》。从4月下旬开始，截至7月中旬，全国签名拥护中国、苏联、美国、英国、法国5大国缔结和平公约者，达3.43亿多人，全国反对美国单独对日媾和、重新武装日本，主张签订全面对日和约，促进日本的和平民主者，达3.39亿多人。

同　日　中苏签订铁路联运协定。规定4月1日起建立两国间旅客、行李、货物的联运。

3月16日　政务院举行第七十六次政务会议。会议讨论批准了《关于燃料工业部1950年工作简要总结和1950年方针任务的报告》。报告指出，1950年国营煤、电、石油工业加强了生产的计划性，纠正了过去盲目生产状态，保证了军需、交通、工业和民用的需要。1951年燃料工业的方针与任务是，在安全第一的原则下大力恢复生产，有计划地改变旧式的落后的生产技术，试行新的采煤方法，提高电力设备能力，大力进行石油勘探，提高石油产量。

3月17日　中财委发布《关于麻粮比价、解决收购与粮肥供应问题的规定》。规定指出：为奖励种植麻袋用麻，保证麻农利益，华东区应规定黄麻每担生麻换大米8斗，河北、平原、山东、河南四省中等精洗洋麻每斤换小米3.5斤，中等精洗青麻每斤换小米2.5斤（同1950年比较，每斤青麻可多换小米0.5斤），以上均以中级麻为标准。东北、中南、西南区各省可自行规定，报中财委备查。关于收购及粮食肥料供应，规定内纺织部门保证比价，积极收购。对产麻集中地区，贸易部门应及时供应粮食肥料。

3月19日—31日　教育部在北京召开第一次全国中等教育会议。参加会议的有各大行政区、各省市教育行政部门和有关单位的代表及一些中等学校教师和学生代表共400人。会议讨论了中等教育的方针、任务，着重讨论了普通中学的问题，还讨论了领导关系和学生健康等问题。会议指出，中等教育是国家教育建设的重要环节，它必须为国家建设更有效地服务。当前，对中等技术学校采取整顿和积极发展的方针；对师范学校采取整顿、巩固并适当发展的方针；对普通中学应以整顿、巩固和提高为主，打好基础，准备发展。普通中学的宗旨和教育目标是使青年一代在智育、德育、体育、美育各方面获得全面发展，使之成为新民主主义社会自觉的积极的成员。学校的基本工作是教学，搞好教学工作是学校工作的中心一环。办好学校必须正确执行校长责任制和教师责任制。课堂教学是教学的主要形式。中学必须坚持贯彻为工农开门的方针。对私立中等学校继续贯彻积极扶持、加强领导、逐步改造的方针。会议修正通过了《中学暂行规程》、《关于积极扶持与改进私立中等学校的决定》、《关于省市县对公立中等学校领导关系的决定》和《关于学生健康问题的决定》等4个草案，讨论了中学政治、语文、历史、地理及数理化等7个学科的课程标准草案。

3月20日　政务院颁布《关于收回东北银行和内蒙古人民银行所发行的地方流通券的命令》，自4月1日起执行。《命令》指出，为统一币制，决定收回东北银行和内蒙古人民银行所发行的地方流通券。规定自1951年4月1日起，责成中国人民银行限期以人民币收回东北银行和内蒙古人民银行所发行的地方流通券，收兑比价东北银行和内蒙古人民银行地方流通券每9元5角兑换人民币1元；东北地区和内蒙古地区一切计价、记账、契约等均改为以人民币为法定货币单位，此前的债权债务关系均按本命令规定比价折合人民币计算清偿；东北银行和内蒙古人民银行，均自1951年4月1日起改组为中国人民银行的下级机构。

3月21日　天津市公安局近期破获美国间谍案。新华社报道，天津市公安局近期破获美国间谍机关陆军战略情报处在天津的潜伏组织，先后逮捕中外籍美国间谍案犯亨利·李普德、金宗斌等21人。

3月22日　中共中央发出《关于召开土产会议加强推销土产的指示》。《指示》要求各大行政区、各省（市）、各专区、各县和各区乡，在两个月内召开一次土产会议。强调有计划地召开土产会议，组织城市与乡村、地区与地区间的物资交流，打开国内市场，活跃城市经济，是解决各地农村日益恢复和发展的农副土特产销售问题的关键。中央认为，目前农副土特产，依销售情况划分，大致有两类：一类是畅销货或行销货，如粮食、棉花、烟叶等；一类是滞销货。土产会议的任务主要是积极打开滞销货的销路。办法是恢复旧有的或开辟新的商业渠道，鼓励私商下乡推销工业品和收购农副土产品，大力发挥合作化的组织作用，开展群众性的短距离的物资交流，广泛推行现购、预购、代购等各种合同制度，加强土产品生产的指导等等。

3月23日　政务院举行第七十七次政务会议。会议批准了海关总署1950年工作总结和1951年工作计划要点的报告、出版总署1950年工作总结和1951年工作计划要点的报告，通过了《中华人民共和国暂行海关法》。《中华人民共和国暂行海关法》明确规定中华人民共和国海关的任务是，依据海关法和中央人民政府对外贸易管制的法令和决定，对进出国境的货物、货币、金银、邮递物品、旅客行李、运输工具及其服务人员所带物品执行实际的监管；稽征关税和其他法定由海关征收的税捐规费；查禁走私；办理其他海关业务。《海关法》还规定了海关的组织机构、职权和工作方法，以及进行对外贸易和运输业务的公私企业、机关、社会团体和私人对于海关规章的责任和义务，海关和他们之间的相互关系。《海关法》共八篇十九章217条，于4月18日公布，自5月1日起施行。

3月24日　毛泽东致电饶漱石转上海市委，同意上海市委镇反计划。电报指出，在上海这样的大城市，要大捕大杀几批，首先要取得党内思想的一致，其次要取得各界人民的拥护。镇反是一场伟大的斗争，这件事做好了，政权才能巩固。镇反包括：一、社会上的反革命；二、隐藏在军政系统旧人员和新知识分子中的反革命；三、隐藏在党内的反革命。镇压这三方面的反革命，当然要有步骤，不能同时并举，但是对于党政军的某些最重要部门特别是公安部门则须及时清理，将可疑分子预作处置，使这些机关掌握在可靠人员手里，则是完全必要的。

同　日　人民革命军事委员会发布《关于各级人民武装部的组织

编制问题的决定》。《决定》要求从军委起至区一级止，均建立人民武装部，其主要任务是，把广大的青壮年在不脱离生产的条件下组织起来，给他们以必要的军事、政治训练。在民兵中可以组织基干民兵，作为执行任务的骨干力量。

3月28日—4月9日　中共中央在北京召开第一次全国组织工作会议。出席会议的代表有490人，大会主席团由刘少奇、周恩来、陈云、彭真等21人组成。根据新的形势和党处于执政党的地位，会议一致通过《关于整顿党的基层组织的决议》、《关于发展新党员的决议》。会上，刘少奇作了题为《为更高的共产党员的条件而斗争》的总结讲话。会议决定用3年的时间完成整党任务，1951年集中力量认真做好有关整党的各项准备工作；1952年、1953年逐步完成党的基层组织的整顿工作。关于整党的准备工作，会议提出，首先，挑选一批经过考验，对党完全忠实，作风正派，又有整党与建党知识和工作能力的干部，加以训练，使他们完全懂得中央关于整党的方针和精神，及整党的具体方法和步骤，然后派到党的基层组织去进行整党。其次，对党员普遍进行一次关于怎样做一个共产党员的教育，使全体党员都明白共产党员标准的8项条件。再次，为了避免在整党中犯错误，在整党开始时，县、市以上党委应选择几个支部进行整党试点，以取得经验并教育干部。会议对党的整顿工作的方针、步骤和方法等一系列重要问题作出详细的规定。会议指出，整顿党组织工作的重要性在于必须克服党组织中的某些不纯现象，否则，党将很难顺利地领导与团结全国人民去完成更艰巨的历史任务。整顿党的组织工作的方针是：认真地、谨慎地对于党的组织有计划、有准备、有领导地进行一次普遍的整顿。整党的具体方法和步骤是：第一，整党干部必须紧密地依靠党的基层组织中的积极分子和较好分子，发扬他们的积极性，开展批评和自我批评，对工作作正确的估计，发扬好的，批评坏的，通过支部的内在运动，来整顿组织，切不可犯1948年“搬石头”的错误。第二，整顿党的基层组织时，首先应对所有党员进行一次认真的审查，对已发现的混入党内的坏分子应予以清除，并对哪些人属于坏分子作了具体规定。会议指出，这些坏分子在党的一般组织中只是少数或极少数，不少基层组织中根本没有这些分子。但是对少数坏分子，必须彻底坚决清除。第三，对有各种毛病的党员和根本不够党员条件的消极分子，应依靠支部中的积极分子，用充满热情的与人为善的态度和治病救人的精神，帮助他们提高觉悟，改正错误和缺点，切不可在未经充分教育前，过早地作组织处理。第四，对拒绝党的教育，或教育改造确已无效的消极分子，应劝其退党，或撤销他们的党籍。但在他们离开党组织后，仍须耐心地教育他们，团结他们，并可在自愿的原则下，吸收他们参加党的同情者小组。第五，在处理党员的党籍问题时，必须经过支部大会讨论通过，并提请区委以上党委批准。一次处理大批党员的党籍，须提请县委或市委以上党委批准。被开除党籍者，如有不同意见，有权向上级党委申诉。会议指出，对于不同地区和不同的支部，在整党时，应有不同的要求并采取不同的步骤。老区农村支部的整党，一般需用3年时间完成；城市工厂、企业、学校、街道和机关支部，一般应在1年内完成。具体步骤是：教育和讨论；登记；审查；处理。此外，为保持党的纯洁性和提高战斗力，还应迅速建立与健全各级党委管理党员的机构，会议对于发展新党员问题也进行了详细的讨论，强调在接收新党员前，对要求入党的积极分子，必须进行怎样做一个共产党员的系统教育、必须在教育的基础上，对他们进行系统的考察，方可吸收入党。会议根据这些精神，作出了相应的决议。

3月29日　政务院公布《关于1951年度财政收支系统划分的决定》。《决定》规定，自1951年度起，国家财政收支系统采取统一领导、分级负责的方针。在中央人民政府统一领导下，将财政分为中央、大行政区和省（市）三级管理。中央级财政称中央财政，大行政区级以下财政均称地方财政。地方财政收支，由中央财政部就指定的收入及核准的各区预算，划分一部分为大行政区的收支；大行政区根据中央划分之收支，按所属各省（市）具体情况，划分为大行政区级与省（市）的财政收支。中央直属省（市）的财政收支，由中央财政部划分。在多出方面，除国防费、外交费，公债外债还本付息、中央级行政经费等全部列入中央预算外，其余则依1950年度管理情况划分，分别由中央和地方支出。在多入方面，农业税，关税，盐税，中央直接经营与管理的国家企业收入，清仓收入，中央级行政司法规费收入，内外债款收入，国家银行收入及其他收入，均列为中央收入，货物税，工商业税，印花税，交易税，存款利息所得税，烟酒专卖利润收入等，列为中央和地方的比例解留收入。屠宰税，契税，房地产税，特种消费行为税，使用牌照税，大行政区以下经营的国营企业收入，地方行政司法规费及其他收入，均划为大行政区或省（市）的收入。农业税收超过任务者，其超过部分地方留50%。

3月30日　中共中央指示，镇压反革命无论何时都应当是准确的精细的有计划的有步骤的，并且完全应由上面控制。这是毛泽东转发黄克诚关于湖南镇反问题的意见的批语。批语中还说，捕人要仿照天津专区发拘捕证，照证捕人的办法，不能乱捕。凡各地有如黄克诚所说“逮捕范围扩大、处理方式简单”的情况者，应立即加以收缩，进行检讨，并作出结论。畏缩不前尚未开展者，则应当推动其开展。

同　日　中共中央转发《中南局关于加强镇反宣传工作的指示》，毛泽东加了批语。批语指出：对镇反工作宣传不足是普遍的现象。对反革命分子的活动，报纸揭露太少。对引导广大人民群众各界民主人士参加镇反工作，真正与闻其事，各地做得太少。很多地方，畏首畏尾，不敢大张旗鼓杀反革命。这种情况必须立即改变。批语还指出，北京、天津两市最近两星期来大有进步，对镇反大张旗鼓，广泛宣传，普遍揭露，利用几十人，百余人，几百人，几千人乃至万余人的会议，利用报纸和广播电台，利用展览会，大肆宣传，使家喻户晓，使全体人民及各界民主人士均参加镇反工作，粉碎了神秘主义，小手小脚，畏首畏尾的作风，收效非常之大。

同　日　毛泽东批转川西区党委《关于组织党外民主人士参加土改的经验》的报告。毛泽东在批语中指出，除抗美援朝工作必须和各民主党派民主人士一起去做不必再说外，土改镇反两项工作，也必须使各民主党派民主人士参加，越多越好。今年夏、秋、冬3季的土改工作和镇反工作，从各大城市、中等城市分几十批组织各民主党派，民主人士，教授，教员，资本家下乡去参观，或参加工作。只要他们愿意去，就要欢迎他们去。不要怕他们去，不要向他们戒备，因为他们不是反动派。好的坏的，都让他们去看，让他们纷纷议论，自由发表意见，只有好处，没有坏处。至于城市中的镇反工作，更要让他们参加，整个城市的人民都要讨论镇反工作，大家注意对付反革命。

同　日　政务院举行第七十八次政务会议。会议讨论了财政工作等问题，批准财政部《1950年工作总结及1951年工作的方针和任务的报告》。报告指出1950年国家财政工作重要收获是，统一了国家财政收支管理，出现了收支接近平衡的局面。总收入超过原概算31.7%，总支出超过原概算14%，收支相抵，赤字为总支出的16.7%。全国金融物价平稳。全国6大城市32种主要商品的加权总指数为178.5。由国民党造成的长达13年时间的物价飞涨、市场不稳的混乱局面，基本改变。缺点主要是：税收方面强调完成任务多，照顾各方面的需要较少，有的法令、制度、规定不尽符合实际。1951年工作方针是，巩固财政收支的统一管理，大力整顿收支，重点掌握开支，建立财政纪律和加强企业财务管理。周恩来在讲话中指出，去年统一财政有成绩，但有些地方统一的多了一些，妨碍了地方的积极性。现在需要划分各级财政职权和范围，使地方在统一管理下，因地制宜发挥其机动性和创造性。

3月31日　政务院批准公布《关于进一步整理城市地方财政的决定》。《决定》指出，平衡城市地方财政收支的原则，应当是根据当地必须举办的事业与人民负担能力，努力组织收入，保证必要支出，反对铺张浪费。国家财政分级管理之后，市已成为一级财政，除应从整理税收、附加、规费中增加市的收入外，并须逐步发展市营企业，来奠定市财政收入的可靠基础。市财政收入范围是：房地产税、契税、使用牌照税、屠宰税、特种消费行为税等各种税收，市营企业收入，各种附加，各种规费收入，文教社会卫生收入，公产收入，司法、公安罚款及没收的收入和捐资等收入。决定规定，各城市在组织新的收入时，必须经市人民代表机关通过。其对人民负担关系较大者，并须报经大行政区或中央直属省市人民政府批准施行。

同　日　政务院成立处理接受美国津贴救济机关委员会，谢觉哉为主任，伍云甫为秘书长。

同　日　毛泽东向全军批转西南军区党委《关于镇压反革命分子的指示》。毛泽东在转发这个指示时写的批语中指出，我们认为在一切军事机关学校部队中引起注意镇压反革命分子问题，并作出正确的处理，是目前时期的重要政治任务，凡对此任务忽视者，应当受到批评。4月，军委总政治部发出《关于军队继续执行镇压反革命工作的指示》，要求军队要认真清理内部，纯洁组织，对反革命分子坚决执行镇压。此后，军队内部普遍开展了镇压反革命运动。

本　月　中国人民志愿军装甲兵指挥所成立。装甲兵指挥所由坦克第一师机关组成。指挥所主任黄鹄显、副主任罗杰，政治部主任毛鹏飞。因部队大部未到朝鲜，故未参加前四次战役。

3月底—5月中旬　中国人民慰问团赴朝鲜慰问。由廖承志为团长，陈沂、田汉为副团长的中国人民赴朝鲜慰问团及所属文工团等共575人，分赴朝鲜前线和后方，慰问中、朝军队和朝鲜人民。慰问团4月17日向朝鲜人民军最高司令部献旗献礼。朝鲜政府4月20日召开大会，欢迎慰问团。慰问团4月21日晋见金日成将军，4月30日向志愿军领导机关献旗献礼。

4月2日　毛泽东批转中共北京市委《关于大张旗鼓经过群众进行镇反的报告》。毛泽东在为转发这个报告写的批语中指出，镇压反革命无论在城市在乡村均必须大张旗鼓，广泛宣传，使人民家喻户晓。镇压反革命必须严格限制在匪首，惯匪，恶霸，特务，反动会门头子等项范围之内，不能将小偷，吸毒犯，普通地主，普通国民党党团员，普通国民党军官也包括在内。判死刑者，必须是罪重者，重罪轻判是错误的，轻罪重判也是错误的。最主要的是捕人杀人名单的批准权必须控制在地委市委一级手里。各级党委的注意力，主要应放在精细审查名单和广泛进行宣传这两点上。

4月3日　中国戏曲研究院在北京成立。梅兰芳任院长。毛泽东、周恩来为中国戏曲研究院题词。题词分别是："百花齐放，推陈出新"；"重视与改造，团结与教育，二者不可缺一"。

同　日　重工业部初步审查中国长春第一汽车制造厂设计计划任务书，并报请中财委审批。26日，中财委批准了该厂计划任务书：第一汽车制造厂生产"吉斯150型"4吨载货卡车，年生产能力为3万辆，要求在1953年—1957年建成并投产。

4月4日　卫生部和教育部公布《关于发展卫生教育和培养各级卫生工作人员的决定》。《决定》规定：新的卫生教育分高、中、初三级，各级卫生教育的实施，除依照中央教育部总的教育方针及各级学校暂行规程和办法办理外，应切实执行中央卫生部所决定的面向劳动人民与预防为主的卫生事业总方针；现行高级医学教育制度，需要逐步改革，若干具备条件者，应着手试行分科重点制度，按新的学制标准缩短学习期限；中级卫生教育包括医士学校、护士学校及助产学校等；初级卫生教育包括乡卫生委员、村卫生员、妇幼保健员及护助的训练等。中央及大行政区卫生、教育部应有计划地扩充各高级医学校的学生名额与班次，各省市应增办及扩充中级医学校，各专署、县（市）应逐步创办各种初级卫生训练班，在卫生教育工作上，应确定采取普及为主的方针，以发展中级卫生教育为当前首要的任务。

同　日　卫生部公布《关于健全和发展全国卫生基层组织的决定》、《关于调整医药卫生事业中公私关系的决定》、《关于医药界的团结互助学习的决定》。《关于健全和发展全国卫生基层组织的决定》指出，为了保障广大人民的生命健康和使卫生事业服务于广大人民，配合国家生产建设，人民政府的卫生工作必须改革过去卫生事业长期脱离广大劳动人民，卫生医疗机关和医务人员绝大多数集中于大城市，为少数人服务的不合理的状态，贯彻卫生事业面向广大劳动人民的方针。为此目的，应当有计划有步骤地动员全国医务人员，培养大量的卫生干部，并与各地人民群众相结合，共同来进行这一重大工作。《决定》规定：中央及各大行政区卫生部应有计划地健全与发展全国现有的县卫生院、所，使其适应当前的卫生工作方针与任务，在缺乏基层卫生组织的地区应有步骤地建立卫生院、所及医疗防疫队。县卫生院除担任医疗任务外，并负责办理及指导全县公共卫生工作；在工厂矿山区域，除工厂矿山本身须有一定的卫生设施与卫生人员配备，在较大的工矿区应设医师、医士、药师、护士外，并应酌量配备公共卫生医师、卫生工程师及公共卫生护士，负责职业病预防与治疗，卫生安全措施的检查督导与改进，以及卫生宣传与工矿卫生统计等工作；在各地固定的基层卫生组织未健全以前，以及在少数民族畜牧地区，应加强机动防疫队的组织，以担负临时性的防治疫病的任务，并协助地方进行各项卫生工作。《关于调整医药卫生事业中公私关系的决定》指出，对于卫生事业中的公私关系，各级政府卫生部门应当根据共同纲领所规定的公私兼顾的原则，加以适当调整，在为人民服务的共同原则下，实行分工合作，使公私卫生事业各得其所，各尽其力。《关于医药界的团结互助学习的决定》指出，由于过去反动统治的有意离间，在中西医之间存在着隔阂，甚至形成宗派纷争，在中医及西医内部也各存在着门户派别。这种现象，现在亟须修正。不论中西医之间，及中西医内部，都应该在为人民服务的目标下团结起来，并进行学习。中医应当科学化，西医应当大众化。《决定》规定：中医西医均应加强政治与业务学习，西医可由高级、中级医学校或西医学会组织学术讲演或轮训班，进行业余教育，中医应由各大行政区卫生机关在各城市有计划地逐步设立中医进修学校或中医训练班，或由现有的中医学校与中医学会等所办进修学校、训练班、业余夜校等，授以基本的科学医学知识和政治知识；中央卫生部应设立中医、中药的研究机构，用科学方法来整理、研究中国医疗方法及中国药物；使中西医在实际工作中互相学习，取长补短；对私人开办中医学校不加限制；全国各地得根据需要和可能成立医药界联合会或医药界座谈会，作为中西医的共同组织；在省级以上的卫生行政机关中，可设立处理中医事务的机构，担任关于中医的登记、团结、进修、训练等事宜。

同　日　政务院发布《关于各业务部门领导之高等学校毕业生统一由中央分配工作的规定》。《规定》指出，为适应国家建设与各方面业务的需求，从1951年暑假起，毕业学生均统一由中央分配。分配的原则为，尽量照顾领导各该高等学校业务部门的需要。

4月6日　政务院举行第七十九次政务会议。会议批准了中财委关于第1届工业会议的综合报告、轻工业部《1950年工作总结和1951年的方针和任务的报告》，通过《关于1951年国营工业生产建设的决定》。《关于1951年国营工业生产建设的决定》的主要内容有：一、批准中财委所定1951年国营工业生产控制数字，责成中央各工业部及各大行政区工业部，根据此数字分配给所属各企业。要求各工业部门和贸易部门必须以发展观点，结合供、产、销，从发展供销中来发展生产。在供的方面，应努力增加工业原料作物和各种原材料与半制成品的产量，奖励节约和创造代用品，认真清理仓库储存；产的方面，应尽量发挥现有设备能力，打破旧的生产标准，提高产量、质量，扩大品种；销的方面，充分估计人民购买力的增长，正确掌握价格政策，组织公私商业力量，积极打开销路，以保证供、产、销的平衡发展。二、批准中财委所定1951年国营工业投资控制数字，责成中央各工业部门，制定基本建设的各项具体计划。要求基本建设工程的进行必须实行经济核算制，遵守中财委规定的基本建设程序，建立责任制，推行合同制，保证质量，避免浪费，按时完成计划。三、国营地方工业在发展国民经济中具有重要作用，必须采取积极发展的方针鼓励各级地方政府经营工业的积极性。国营地方工业的经营方向是，面向农村，为国家企业加工，利用当地的原料，中小型工业特别是生产民用品的轻工业。四、加强工业的经营管理实行经济核算制，是管理人民企业的基本原则，经济核算制的目的是在国家计划的集中指导下，发扬各企业经营的积极性，提高劳动生产率，增加产量，提高质量，降低成本，消灭浪费与增加国家的积累，保证工业的扩大再生产与提高劳动者的物质生活及文化水平。五、企业中的生产竞赛，标志着工人阶级政治觉悟的提高与新的劳动态度的建立。领导的责任在于切实掌握运动的规律，积极引导竞赛向经常性的方向发展，向发挥工人阶级的智慧、学习与掌握技术的方向发展。

同　日　宋庆龄获“加强国际和平”斯大林国际奖金。4月10月，宋庆龄为获得“加强国际和平”斯大林国际奖金发表谈话，勉励全国人民加紧展开争取世界和平的斗争。4月11日，周恩来致电宋庆龄，祝贺她荣获斯大林国际奖金。9月18日，宋庆龄接受“加强国际和平”斯大林国际奖金典礼在北京举行。宋庆龄决定将奖金10万卢布全部献出，为发展中国儿童和妇女的福利之用。

4月10日　毛泽东向各中央局等单位发出《关于镇反工作中两个突出经验的通报》。《通报》指出，据中央公安部3月22日报告称；最近一时期的镇反工作有两个突出的经验：第一，有计划有准备地大规模地在同一时间内搜捕大批反革命分子，从北京、天津、河北、平原、察哈尔的实际行动，证明这是一种搜捕社会反革命的有效的不可少的步骤。这种方式给敌人打击最大，给群众教育极深刻，社会波动亦不大。只要掌握准备充分、对象准确、组织严密、指挥统一、行动迅速、严明纪律、及时宣传等项原则，就可以保证不会抓错，而取得群众拥护与社会同情。第二，北京、天津、张家口等城市的经验证明，召开城市中市级和区级的各界代表会和协商委员会扩大会，并有各民主党派，民主人士，少数民族，宗教界，工商界的许多代表人物参加，以揭露反革命罪恶，宣传镇反政策，消除民主人士的思想疑虑，动员各阶层坚决镇压反革命的方法，是成功的。综合这几个地方经验：一、负责首长亲自主持，公安机关作镇反情况报告，有准备地分类作案件介绍，只介绍重大案件和首恶人犯，不是报告所有人犯。用活人、活事讲解政策。激发对反革命的仇恨，取得各界人士的拥护。二、会上展览反革命罪证、图片、案卷、供词和真凭实据，打消各种疑虑。三、会前要充分准备，会中要坚持原则。四、要上下结合，动员群众的力量，说服民主人士。五、要分别对待，对诚心拥护但有疑虑者要耐心解释，提高其认识；对别有用心者要用事实铁证使他无话可说。

4月12日—22日　中共中央在北京召开第一次全国监察工作会

议。会议期间，刘少奇到会作报告，指出党的各级纪律检查委员会和各级人民监察委员会应在工作中取得密切的配合，同违反政府法令以及阳奉阴违、官僚主义、贪污浪费、不负责任等现象进行严重的系统的斗争，保护国家和人民的利益。会议总结了1950年的人民监察工作，确定了1951年的工作任务及基本方针。会议指出，各级人民监察机构已经初步建立，共有五个大行政区，一个中央所辖的民族自治区，28个省，12个中央或大行政区所辖市，8个等于省的行政区和345个县（市、旗），成立了人民监察委员会。各级人民监察委员会1年来对国家机关和公务人员中的不良倾向进行了检查和检举，改进了工作，教育了干部，从而维护了国家政策、法令和制度。1951年人民监察工作的任务是，依据国家当前抗美援朝、土地改革、镇压反革命、生产建设、民主建设等中心任务，以贯彻财经生产政策、民主制度、国家保密制度为重点，本着教育启发与纪律制裁相结合，平时检查与事故检查相结合的原则，继续与官僚主义及贪污、腐化、铺张浪费、阳奉阴违等违法乱纪行为作斗争，同时提高警惕，严密注意潜伏的反革命分子，保证国家中心任务的完成。

4月13日　政务院举行第八十次政务会议。会议听取和批准了林垦部《1950年林业工作总结和1951年的林业工作计划》，《1951年2月全国林业会议总结的报告》，以及林垦部改为林业部的报告。同意政务院特派接收港九国民党政府机构专员办事处负责人雷任民作的关于接收工作的报告。《林垦部工作总结和1951年工作计划》指出，1950年由于加强护林工作，使森林的破坏事件大为减少。全国造林163万亩，此外尚有零星植树3.3亿多株。封山育林面积304万余亩。建立了林业专业机构550余处，全国已有13个院校招收林业专业学生1 084名。1951年计划造林245万亩，育苗5.6万亩，封山育林750万亩，森林调查面积7 637万亩，培训基层林业干部4 300名。雷任民关于接收工作的报告说，接收国民党政府在香港、九龙的航空、交通、贸易、银行等28个单位，接收官僚资本机构一个；接收资财计港币2.7亿多元（两航未计入），占可能接收资财总额的85%。起义人员共4 855人(占原有人数的97%)，均得到妥善安置。

4月16日—21日　处理接受美国津贴的基督教团体会议通过处理办法和联合宣言。宣言决定发起组织中国基督教抗美援朝三自革新运动委员会筹备委员会。

4月19日　外交部副部长章汉夫发表声明，抗议英国政府劫夺中国永灏轮。指出，英国政府无理劫夺永灏轮，是对中华人民共和国的公开挑衅，英国政府应对这一挑衅行动承担一切后果。永灏轮载重1.5万吨，是当时中国最大的油轮之一。原属国营上海中国油轮公司。1948年7月交托香港英商黄埔船厂修理。1950年4月1日，该轮全体员工宣告起义，6月29日，中央人民政府交通部中国油轮公司予以接收。1951年3月，台湾国民党当局勾结香港英商黄埔船厂，向香港法院提出永灏轮的产权问题，妄图劫夺该船。3月14日，交通部长章伯钧就此事发表声明，指出中央人民政府对于这一劫夺阴谋正予以严重注意。4月7日，香港英国政府竟妄称为了“公众利益”，宣布将该轮加以“征用”。4月12日，英国水警以武力强行登占该轮，胁迫中国船员离船，将该轮驶离香港，交给英国海军。4月30日，政务院发布命令，决定征用英国在中国境内各地的亚细亚火油公司除其总公司和分支机构的办公处及销售处以外的全部财产，并征用其全部存油。

4月20日　《八一杂志》创刊。该刊为军委机关刊物，朱德为书记，刊物指导委员会委员有：彭德怀、刘伯承、徐向前、聂荣臻、罗荣桓等27人。《八一杂志》是理论性、综合性的军事读物，主要供团以上干部阅读，内容包括军事、政治、后勤、干部管理等方面。1958年10月1日，发行范围扩大至全军排以上干部和担任相当于军官职务的职员。1961年1月与《解放军报》合并。

4月21日　最高人民法院发布《关于处理现役革命军人婚姻问题的指示》。《指示》指出，某些地方处理现役革命军人婚姻问题存在一些偏差，其原因主要是某些审判人员对保护现役革命军人婚姻的重要意义认识不清。《指示》要求今后处理这一类问题时，必须坚持保护现役革命军人利益的原则，并提出了保护现役革命军人婚姻的一些具体办法。

4月21日—5月8日　政务院主持的全国秘书长会议和人民政协全

国委员会主持的全国各省、市政治协商委员会秘书长会议在北京同时召开。两个会议的主要议程是讨论保守国家机密、加强政府机关内部统一战线工作，加强各地政治协商委员会的工作和加强秘书长工作等问题。政务院秘书长李维汉在全国秘书长会议上作了《进一步加强政府机关内部统一战线工作》的报告，指出，政府机关内部统一战线工作的目的，是在共同纲领基础之上，团结全体工作人员，力求进步，不断提高政府工作的水平和效率。其基本原则是：一方面要使每个工作人员不仅在形式上而且在实际上有职有权，有与自己职务相称的权力，以便履行其职责；另方面，又要使每个工作人员不仅在口头上而且在行动上，对共同纲领和政策法令的实施保持高度的统一性与纪律性，保持一致的步调。共产党员要主动地团结非共产党员。5月4日，周恩来作了《目前形势与任务》的报告，着重指出，抗美援朝是本年度也是今后一个时期的中心任务。中国人民从国内反对美帝国主义的走狗蒋介石，进入了直接和美帝国主义的斗争，这个发展是必然的。中国革命胜利后不可能设想关门建设，因为敌人不允许。我们必须取得抗美援朝的胜利，但困难还很多，我们应有充分准备。今天中国人民站起来了，应该从我们思想上彻底地肃清帝国主义的影响。这是我们的民族觉醒运动，必须继续开展。政务院秘书长会议通过了《保守国家机密暂行条例》、《各级人民政府保密委员会暂行组织通则》、《政务院关于加强政府机关内部统一战线工作的几项具体规定》、《关于各级政府机关秘书长和不设秘书长的办公厅主任的工作任务和秘书工作机构的决定》、《关于处理人民来信和接见人民工作的决定》和《公文处理办法》。

4月22日　以噶伦阿沛·阿旺晋美为首席代表的西藏地方政府谈判代表团抵京。

4月22日—6月10日　中国人民志愿军举行第五次战役。这次战役共分为三个阶段。第一阶段，中朝人民军队集中了14个军（军团）另4个炮兵师，以攻歼北汉江以西、议政府南北地区之敌为主要目标，从4月22日—29日连续作战7天，歼灭美军第二十四师、第三师、英军第二十九旅，南朝鲜军第一、第五、第六、第七师各一部，迫使“联合国军”和南朝鲜军撤至汉城及北汉江昭阳江以南地区。第二阶段，中朝人民军队乘东线敌人突击，翼侧暴露之机。集中9个军（军团），以歼灭县里地区之敌为目标，于5月16日进行了猛烈突击。经5天激战，至21日，歼灭南朝鲜军第三师、第九师大部和第五师、第七师以及美军第二师各1部并法国营大部。至此，中朝人民军队根据情况停止进攻。5月23日，战役进入第三阶段。中朝人民军队为进行休整补充，开始向北转移。“联合国军”和南朝鲜军乘机反扑。中朝人民军队以机动防御作战又歼敌3.6万余人。至6月10日止，“联合国军”和南朝鲜军被阻止于“三八线”附近地区，转入防御，战役遂告结束。第五次战役，中朝人民军队共歼敌8.2万余人，粉碎了“联合国军”“在朝鲜蜂腰部建立新防线”的计划，迫使敌人对中朝人民军队的力量重新作出估计，不得不转入战略防御，并被迫于7月接受停战谈判。

4月24日　政务院发布《关于10万人口以上的城市召开区各界人民代表会议的指示》。《指示》根据北京、天津等12个城市所属全部或部分的区召开人民代表会议的经验，规定今后全国各地在10万人口以上的城市，均应召集各该城区和郊区的人民代表会议。具体要求是：全国10万人口以上的城市，于1951年内普遍召开各区的人民代表会议，并形成经常制度；已颁之大城市区各界人民代表会议组织通则及大城市区人民政府组织通则中的各项原则规定，适用于一切10万人口以上的大、中城市；区的一切重要工作，均应提交区各界人民代表会议讨论；建立区协商委员会，并加强其工作。

同　日　政务院发布《关于人民民主政权建设工作的指示》。《指示》要求：各级人民政府必须按照各级人民代表会议组织通则的规定，按期召开各级人民代表会议，其中大城市每年至少开会3次，县至少开会2次，各级人民政府委员会及其行政会议，应建立经常的会议制度；各级人民政府的一切重大工作，应向各该级人民代表会议提出报告，并在代表会议上进行讨论与审查；凡尚未代行人民代表大会职权的县、市各界人民代表会议，应积极创造条件，以便迅速代行人民代表大会的职权；10万人口以上的城市，应于年内普遍召开区的人民代表会议，并成立区级人民政府；已完成土地改革的地区，应酌量调整缩小区、乡行政区划的范围，以便利于人民管理政权，密切政府与人民群众的联系，充分发挥人民政权的基层组织的作用，并提高行政效率；少数民族聚居地区的各级人民政府，应根据当地的具体情况，认真地推行民族区域自治，适时地建立民族自治机构。

同　日　最高人民法院、司法部联合发布《关于现役革命军人与退役革命残废军人离婚案件之处理办法及开展爱国拥军教育的指示》。《指示》对维护现役革命军人与退役革命残废军人的婚姻提出了保护意见。规定各级审判机关不得轻易判决军人配偶与军人离婚，切实保护军人在婚姻上的合法权益。

4月27日　《中国青年报》创刊。根据中国新民主主义青年团中央4月26日《关于出版〈中国青年报〉的决定》。出版团中央的机关报，目的是加强指导青年团的工作，加强在青年团内及全国广大青年中进行马克思列宁主义、毛泽东思想的宣传教育，使团的组织更好地发挥党的助手作用与后备军作用。《中国青年报》主要通过新中国的各种伟大成就与各种斗争的事实，对青年进行爱国主义的教育，评述广大青年与青年团员的学习、工作、生活中的重要问题，及时系统地报道各地青年与青年团的活动，介绍他们参加国家各项工作中的典型经验，并刊登国内外大事、科学知识、文艺作品等。《中国青年报》当时为对开4版。三日刊，国内外公开发行。

同　日　政务院举行第八十二次政务会议。会议批准了《邮电部1950年工作总结和1951年邮电计划方针的报告》。报告说，1950年是我国邮电工作进行统一与恢复建设的一年。邮电事业、电信事业全年收入超额完成计划。长途电信建设工程计划也超额完成。北京—莫斯科，北京—海参崴有线电路已正式开放通话。全国电信联络网已根本改观。北京与各大行政区所在地已通达有线电话电报电路。全国各省人民政府所在地，除南宁、宁夏、承德外，均与其大行政区所在地接通有线电话。邮电财务已扭亏为盈。建立了新的国际邮电关系。配合抗美援朝运动保证了邮电畅通，并在各大城市进行了邮电的防空设施建设。

同　日　班禅额尔德尼·确吉坚赞和班禅堪布会议厅负责官员一

行45人抵京。当晚，周恩来设宴为班禅及随行官员洗尘。班禅在宴会上发表讲话。他说，西藏是中国不可分割的领土，西藏人民是中国人民不可分离的一部分。我们坚决拥护中央人民政府和毛泽东主席和平解放西藏的政策，并竭诚贡献出一切力量，使西藏早日回到独立、自由和统一的祖国大家庭中来。

4月28日　周恩来设宴欢迎西藏地方当局谈判首席代表。代表分别为噶伦阿沛、扎萨凯墨巴（即克买扎萨）、堪仲土丹旦达、堪仲土登列门、桑珠颇章、登增顿珠（即桑株颇章色）。应邀作陪的有中央人民政府李济深副主席，政务院陈云、郭沫若、黄炎培副总理，政协全委会陈叔通副主席，北京市彭真市长，政务院秘书长兼民委主任李维汉，及中央军委、政务院各有关部门负责人30多人。噶伦阿沛·阿旺晋美代表达赖喇嘛向周恩来总理献哈达等礼物，并即席发表讲话。他说，今天在我们自己的祖国大家庭里，又承周总理及中央人民政府各首长宴请，更感到光荣与愉快。我们一定努力完成西藏地方政府给我们的任务，求得和平解放西藏。

4月29日　美国间谍乌斯满在新疆乌鲁木齐伏法，杀害陈潭秋、毛泽民、林基路等人的凶手李英奇等被枪决。

4月30日　周恩来颁布政务院命令。为了我国安全及公众利益起见，兹决定征用英国在我国各地的亚细亚火油公司（除其总公司和分支机构的办公处及推销处以外）的全部财产，并征购其全部存油。该亚细亚火油公司的各地负责人应即将其总公司和分支机构的办公处及推销处以外的全部财产造具清册，听候当地军事管制委员会及当地人民政府处理。各该负责人应负责保证及移交这些财产，不得有任何偷窃、破坏、转移、隐匿等不法情事，否则定予严惩。

本　月　军委总政治部发出《关于军队继续执行镇压反革命工作的指示》。《指示》要求军队要认真清理内部、纯洁组织，对反革命分子坚决执行镇压：一、凡属一切反革命现行破坏活动及政治性质的有意造谣、污蔑等，一律随时逮捕，酌情判处。二、凡被查出的职业特务分子、反动党团区以上主要负责人员，团以上伪政工人员及封建会道门之首要分子虽无现行活动，仍应一律清除，一概不得留用或补入部队。三、对混入部队的恶霸、匪首、惯匪，应分别情节轻重，依军法制裁。其中罪恶重大为广大人民所痛恨者，可移交地方判处死刑或徒刑。四、对反革命嫌疑分子应积极进行侦察，切实掌握材料，加强研究，弄清问题，适时破案。五、对部队中有意包庇地主、恶霸及其他反革命分子，视情节轻重，执行纪律处分或判刑。六、严禁私自收留人员，一切雇用人员必须经过保卫机关审查和地方公安机关的证明。据此，军队内部进行了镇压反革命运动。

5月4日　政务院举行第八十三次政务会议。会议通过了《关于划分中央与地方在财政经济工作上管理职权的决定》。批准《中华人民共和国海关进出口税则》、《中华人民共和国海关进出口税则暂行实施条例》。这两个文件于5月10日公布，自5月16日起执行。《关于划分中央与地方在财政经济工作上管理职权的决定》指出，自从1950年3月3日政务院颁发《关于统一国家财政经济工作的决定》以来，国家财政经济工作有了巨大的进步。但由于我国是一个地广人多、交通很不发达的国家，且目前仍处在人民革命大变革的时期，中央人民政府财政经济各部门，必须集中力量于全国财经工作的方针、政策、计划的掌握和主要工作的领导。现在完全有必要，而且有可能，在继续保证国家财政经济工作统一领导、计划和管理的原则下，把财经工作中一部分适宜于由地方政府管理的职权交给地方。这既有利于地方政府的因地制宜，又利于国家对财经工作的统一领导。同时，由于在统一财经工作的过程中，有些工作中央管理得多一些，如国营贸易工作，不区别全国性和地方性比重较大的业务，统由全国各专业公司实行垂直的领导，这样，就使得某些地方性比重较大的业务，特别是土产的产销，在发挥地方因地制宜的积极性方面受到了阻碍。为了解决这些问题，《决定》规定：一、把一部分国营企业、一部分财经业务划给地方管理，如地方工业、地方财政、地方贸易、地方交通事业等等。在这些事业上，除保证政策、方针、重要计划、重要制度的全国统一外，一切经营管理工作与政治工作，全部由地方负责。二、分散在各地的由中央财经部门管理的企业单位，其一切政治工作均归大行政区人民政府指定的地方当局领导，这些企业在执行上级交付的任务上，必须受地方当局的监督、指导和协助。本《决定》5月24日公布。

5月4日—16日　中华全国体育总会筹备委员会在北京先农坛体育场举行全国篮球排球比赛大会。参加比赛的有人民解放军、铁路、东北、华北、西北、华东、中南、西南等8个单位的篮球、排球代表队队员593人，13天共进行比赛130场。比赛结果：男子篮球：冠军华东队，亚军华北队；女子篮球：冠军华东队，亚军人民解放军队；男子排球：冠军中南队，亚军华北队；女子排球：冠军东北队，亚军华南队。

5月5日　政务院发布《关于戏曲改革工作的指示》。《指示》指出，人民戏曲是以民主精神与爱国精神教育广大人民的重要武器。我国戏曲遗产极为丰富，继承这种遗产，加以发扬光大，是十分必要的。但这种遗产中许多部分曾被封建统治者用作麻醉毒害人民的工具，因此必须分别好坏加以取舍，并在新的基础上加以改造、发展，才能符合国家与人民的利益。《指示》要求：一、戏曲应以发扬人民新的爱国主义精神，鼓舞人民在革命斗争与生产劳动中的英雄主义为首要任务。凡宣传反抗侵略、反抗压迫、爱祖国、爱自由、爱劳动、表扬人民正义及其善良性格的戏曲应予以鼓励和推广。反之，凡鼓吹封建奴隶道德、鼓吹野蛮恐怖或猥亵淫毒行为、丑化侮辱劳动人民的戏曲应加以反对。各级文教机关必须根据上述标准对上演剧目进行审查，采取积极的改革方针。改革应主要依靠广大艺人通力合作，依靠他们共同审定、修改与改编剧本，一般地不应当采取行政命令和禁演的办法。二、目前戏曲改革工作应以主要力量审定执行最广的旧有剧目，对其中的不良内容和不良表演方法进行必要的和适当的修改。必须革除有重要毒害的思想内容。对旧有的或经过修改好的剧目，应作为民族传统的剧目加以肯定。在修改旧有剧本时，应注意不违背历史的真实与对人民的教育的效果。戏曲改革工作必须有步骤地进行，防止急躁情绪，和由此而来的粗暴手段。三、中国戏曲种类极为丰富，应普遍地加以采用、改造与发展，鼓励各种戏曲形式的自由竞赛，促成戏曲艺术的百花齐放。地方戏尤其是民间小戏，形式简单活泼，应特别加以重视。中国曲艺形式简单而又富于表现力，便于迅速反映现实，应予以重视。四、戏曲艺人应在政治上、文化及业务上加强学习，提高自己。五、旧戏班社中的某些不合理制度应有步骤地加以改善。六、戏曲工作应统一由各地文教主管机关领导。

5月7日　中共中央转发华北局《关于镇反问题的指示》。中共中央在批语中指出，兹定于6月1日起全国将现行犯外捕人批准权一律收回到地专一级，杀人批准权一律收回到省级，离省远者由省级派代表前往办理。各地一律照此执行。清理积案是目前几个月内的一个极其艰巨的工作，各地必须调集大批干部，在几个月内将积案基本处理清楚，整理监狱，组织劳动改造工作。在清理期内，各地除现行犯及由各中央局决定的少数地方外，一律停止捕人，待积案清理完毕后再捕应捕之人。

5月7日—23日　中共中央召开第一次全国宣传工作会议。会议的议程是：抗美援朝和爱国主义的宣传教育工作；执行中央关于建立宣传网的决定；党的30周年纪念；各级宣传干部的调配和训练问题。5月7日和23日，刘少奇代表中共中央向会议作了报告和总结。刘少奇在总结报告中提出了党的宣传工作的任务，指出，用马列主义的思想原则在全国范围内和全体规模上教育人民，是我们党的一项最基本的政治任务。我们要向社会主义、共产主义前进，首先要在思想上打底子，用马列主义的立场、观点和方法来教育自己和全国的人民。

5月8日　中共中央作出《关于对犯有死罪的反革命分子应大部采取判处死刑缓期执行政策的决定》。《决定》指出，在共产党内，在人民解放军内，在人民政府系统内，在教育界，在工商界，在宗教界，在各民主党派和各人民团体内清出的反革命分子，除罪不至死应判有期或无期徒刑、或予管制监视者外，凡应杀分子，只杀有血债者，有引起群众愤恨的其他重大罪行例如强奸许多妇女掠夺许多财产者，以及最严重地损害国家利益者；其余，一律采取判处死刑，缓期2年执行，在缓刑期内强制劳动，以观后效的政策。这个政策是一个慎重的政策，可以避免犯错误。这个政策可以获得广大社会人士的同情。这个政策可以分化反革命势力，利于彻底消灭反革命。这个政策又保存了大批的劳动力，利于国家的建设事业。因此，这是一个正确的政策。

5月10日—16日　第三次全国公安会议举行。会议通过了《第三次全国公安会议决议》。《决议》指出，对于有血债或其他最严重的罪行非杀不足以平民愤者和最严重地损害国家利益者，必须坚决地处以死刑，并迅即执行。对于没有血债，民愤不大和虽然严重地损害国家利益但尚未达到最严重的程度，而又罪该处死者，应当采取判处死刑，缓期2年执行，强迫劳动，以观后效的政策。凡介在可捕可不捕之间的人一定不要捕，如果捕了就是犯错误；凡介在可杀可不杀之间的人一定不要杀，如果杀了就是犯错误。必须有几个月用全力清理积案。从6月1日起，全国一切地方，将捕人批准权一律收回到地委专署一级，将杀人批准权一律收回到省一级，离省远者由省级派代表前往处理。任何地方不得要求改变此项决定。对于“中层”和“内层”的反革命分子，必须从现在开始，有计划地加以清查，在1951年夏秋两季，采用整风方式，对留用人员和新吸收的知识分子普遍地初步地清查一次。其目的是弄清情况和处理一些较突出的问题。《决议》还要求，在全国各地，必须在此次镇压反革命的伟大斗争中普遍地组织群众的治安保卫委员会，在基层政府和公安机关的领导下，担负协助人民政府肃清反革命，防奸、防谍、保卫国家和公众治安的责任。

5月10日—28日　中国人民银行总行在北京召开全国农村金融会议。会议研究了土地改革后农村经济发展的新情况，认为国家银行农村金融工作的任务，除了资金供给外，更重要的是积极调剂农村的资金。会议决定今后国家银行农村金融工作的方针是：通过国营贸易的收购来供给农村资金，并辅以举办农贷，解决收购所不能解决的资金问题，同时，广泛开展储蓄、保险、存款、周转放款等工作，使用农民自己的力量解决农民日常资金需要。此外，积极扶植运销业和手工业，促进城乡交流。通过以上各种业务，巩固人民币在农村的基础，达到货币下乡的目的。会议认为，开展农村储蓄业务是开展农村金融工作的基础，决定以县支行为中心在农村办理储蓄。保险方面暂以牲畜保险为主要业务。放款分农业生产放款和农村一般周转性放款。为了适应上述各种工作，会议决定将国家银行机构推下一层。

5月11日　中共中央发出《关于在新区组织和建立供销合作社问题的指示》。《指示》认为，当前新区一个迫切的问题是，因受乡村土改的影响，地主、富农不敢也无力经营土产运销，私营下层商业倒闭，而国营贸易也无力全部解决这一问题。为此，目前在新区除了尽力建立国营贸易并组织私商推销土产外，领导农民组织合作社来推销土产，是唯一可行的办法。为了搞好这项工作，各地在组社时应注意掌握以下各项原则：一、在党的区委领导下，以集镇为基点建立基层社，在较远乡村可设立分店。二、以推销土产为主要任务，最初甚至可定名为土产推销合作社。三、股金由需要推销土产者交纳，也可用土产品交纳，最低限额由社员民主决定，但愿多交者可不限制。四、盈余分配，暂分两部分，即股金分红可占盈余的40%~50%，公积金占50%~60%。五、土产品在本地推销，基层社可自办，但远地推销要靠省县合作社和国营贸易机关。六、为了弥补资金不足的困难，对土产品特别是滞销的土产品，应多作代销、赊销、定销，少作现销。七、推销土产品时，应优先卖给国家和合作社。国家和合作社不要或要不了的土产，可向市场推销，卖给私商。

同　日　政务院举行第八十四次政务会议。会议听取和批准了政法委员会副主任彭真所作的关于政法工作的情况和目前任务的报告以及中央西南访问团团长刘格平所作的关于该团访问西南少数民族地区的工作总结报告。彭真作的《关于政法工作的情况和目前任务的报告》指出，（一）中央人民政府成立后，遇到几乎遍布全国的严重灾荒，中央人民政府领导全国人民迅速地战胜了灾荒。（二）在政权建设方面，全国已召开人民代表会议或人民代表大会的地区，计有26个省（区），8个行署区，129个专辖或盟辖以上的市，1 961个县及65个镇；此外，还有十多个省、县以内的民族聚居地区，先后实行了民族区域自治。（三）全国新老解放区，已有2.7亿农业人口的地区进行了土改，消灭了封建土地制度。（四）镇压反革命分子取得成绩，全国百余万武装土匪已消灭，革命秩序大为巩固。（五）加强了民族事务工作，各民族之间开始建立起新的友爱团结的关系。（六）制定与审查了一些重要法规、条例、章则，同时进行了司法制度的初步改革。1951年的工作任务是，加强政府建设，继续镇压反革命活动，加强民族事务工作，继续制定与审查一些带根本性的条例和法规，在省级以上政府逐步建立政治法律委员会，大批训练政法干部，处理干部中违法失职事件。刘格平作的《中央西南访问团工作总结报告》说，访问团于1950年7月赴西南少数民族地区进行访问，行程5万里，历时8个月。访问团分为3个分团。1分团赴西康帮助筹备与建立了藏族自治区，西昌专区民族民主联合政府，西昌县红毛麻姑彝族自治区，及大凉山彝族调解委员会。2分团赴云南开办了2次民族干部训练班。3分团赴贵州帮助建立了炉山县凯里苗族自治区及帮助省人民政府先后召开了全省少数民族代表座谈会和全省民族工作会议。关于少数民族地区的政权建设，访问团建议：（一）在各少数民族地区的政权建设中，应尽量争取团结各阶层代表人物，吸收他们参加政权工作，对于各少数民族的知识分子与青年，更应注意培养与提拔。（二）各自治区民族民主联合政府的区域划分，原则上应按原行政区划，一般不动，以免发生不必要的纠纷，尊重他们自己的意见。（三）在实行区域自治，或建立民族民主联合政府之前，可成立筹备委员会，吸收各方面人士参加准备工作。

5月15日　中共中央发出《关于处理美国在华财产的指示》。《指示》规定对美国在华的企业财产的处理原则是：凡有关我国主权或与国计民生关系较大者，可予以征用；关系较小，或性质上不便征用者，可予以代管；政府认为有需要者，可予征购；对一般企业，可加强管制，促其自行清理结束。在上述4种方式中，应以征用及加强管制为主。对少数在政治上经济上无大妨碍的美国企业，在上海、天津、广州等地可以保留一些。根据上述处理原则和处理方式，到1953年，美国在华企业已处理的有219个，职工1.27万人；尚存69个。

职工约1 600人。

5月16日　政务院发布《关于处理带有歧视或侮辱少数民族性质的称谓、地名、碑碣、匾联的指示》。《指示》指出，为加强民族团结，禁止民族间的歧视与侮辱，对于历史上遗留下来的少数民族的称谓及有关少数民族的地名、碑碣、匾联等，如带有歧视和侮辱少数民族意思者，应分别予以禁止、更改、封存或收管。《指示》要求各省、市人民政府指定有关机关调查，如发现有歧视蔑视少数民族的称谓，应与少数民族代表人物协商，改用适当的称谓；县（市）及其以下的地名（包括区、乡、街、巷、胡同），如有歧视或侮辱少数民族的意思，由县（市）人民政府征求少数民族代表人物意见，改用适当名称，县（市）以上地名，由县（市）以上人民政府征求少数民族代表人物意见，提出更改名称；凡各地存有歧视或侮辱少数民族意思的碑碣、匾联，应于撤除或撤换，对供研究历史、文化参考碑碣、匾联在撤除后一般不要销毁，而加以封存，由省、市人民政府文教部门统一管理，如其中在历史、文物研究上确具价值而不便迁动者，在取得少数民族同意后，予以保留不撤，唯须附加适当说明。

同　日　中央军委发出《关于加强民兵建设的指示》。《指示》指出，过去自愿参加民兵的组织原则，现应逐步地适当地改变为普遍的民兵制度。凡年满18岁—30岁的男性公民，均有义务参加民兵，接受军事训练和政治训练。在民兵中，可组织民兵基干队，配备必要的武器，给以较好的军事训练，作为民兵执行任务的骨干力量。民兵的主要任务为：担负国家动员任务，参军参战，战争勤劳，维持与巩固后方治安，并积极参加地方生产建设事业。为了统一掌管民兵建设，《指示》规定，在区以上建立各级人民武装部，掌管军事系统领导。同时，为了加强各级党委对民兵的政治领导，与同级的有关部门密切配合，县委书记兼县人民武装部政委，区委书记兼区人民武装部教导员，村（乡）书记兼民兵队指导员。这样就使军事系统领导的民兵建设，在各级党委的领导下，能够紧密地结合地方中心工作，在各群众团体的协助下正常地开展起来。

5月17日　军委总政治部拟定《中国人民解放军暂行军法条例

(草案)》。该《条例》是依据中国人民政治协商会议共同纲领的规定，为严厉镇压反革命分子在部队中的破坏活动，惩处各级军人的不法行为，增强军人的法制观念，巩固和加强人民解放军队伍而制定的。《条例》对军人犯反革命破坏，违抗命令，放弃阵地，泄露军事机密，假传命令，谎报情况，失责渎职，逃跑，盗卖武器弹药，盗卖军用物资，贪污、盗窃，收受贿赂，敲诈勒索，抢掠财物，投机诈骗，伪造印信证件，包庇地主，自伤身体，杀人，伤害、强奸妇女，奸淫妇女，吸毒，嫖妓，赌博等罪行，规定了惩罚办法。

5月18日　政务院举行第八十五次政务会议。会议讨论并批准了《教育部1950年全国教育工作总结和1951年教育工作方针和任务的报告》。报告指出，近来全国教育工作有以下收获：一、进一步明确了教育的方针、政策和努力方向。新解放区学校着重恢复与安定，并开始实行整顿和改造；老区学校则着重巩固与提高，并作适当的发展。二、在全国范围内实行旧教育的改革，先从改革教育内容着手，开始进行改革课程、改编教材、改革教学方法、改变教学组织等一系列工作。三、发展和提高工农教育，创办了中国人民大学，培养工农高等知识分子，并已创办工农速成中学22所。四、在全国范围内实行了革命的政治思想教育。五、开始实行教育事业中的公私兼顾政策，在城市奖励私人兴学，在农村鼓励群众办学。六、为国防、经济、政法、文教事业培养输送了大批人才。1951年教育工作的方针是，大力开展抗美援朝的爱国主义教育，继续贯彻教育为国家建设服务的方针，着重进行各级学校的调整。

5月20日　《人民日报》发表由毛泽东写的题为《应当重视电影〈武训传〉的讨论》的社论。社论严厉批评对武训及电影《武训传》的赞扬，指出，像武训那样的人，处在清朝末年中国人民反对外国侵略者和反对国内的反动封建统治者的伟大斗争的时代，根本不去触动封建经济基础及其上层建筑的一根毫毛，反而狂热地宣传封建文化，并为了取得自己所没有的宣传封建文化的地位，就对反动的封建统治者竭尽奴颜婢膝的能事，这种丑恶的行为，难道是我们所应当歌颂的吗？电影《武训传》的出现，特别是对于武训和电影《武训传》的歌颂竟至如此之多，说明我国文化界的思想混乱达到了何等的程度。特别值得注意的，是一些号称学得了马克思主义的共产党员。他们学得了社会发展史——历史唯物论，但是一遇到具体的历史事件，具体的历史人物（如像武训），具体的反历史的思想（如像电影《武训传》及其他关于武训的著作），就丧失了批判的能力，有些人则竟至向这种反动思想投降。资产阶级的反动思想侵入了战斗的共产党。社论指出，由于上述缘故，应当展开关于电影《武训传》及其他有关武训的著作和论文的讨论，求得彻底地澄清在这个问题上的混乱思想。随后，中央宣传部、教育部、中共上海市委先后发出有关指示，要求开展对电影《武训传》的讨论和批判。全国各地报刊纷纷载文，文艺界和教育界召开了各种形式的讨论会，开展了对电影《武训传》的批判。电影《武训传》剧本创作于1947年秋，中华人民共和国成立以前拍摄了1/3，因经济陷于困境而停止拍摄。1950年由昆仑电影公司重新拍摄，1951年2月公映。武训（1838—1896）是山东堂邑人，出身贫寒，青年时期因苦于不识字下决心行乞兴学。经过数十年的乞讨，在晚年相继办起几所义学，招收穷苦人的孩子读书识字。他自己乞讨一生，最后孑然死去。电影在表现这一历史人物时，主观上是想通过描写和歌颂武训行乞兴学的活动，说明武训为人民服务的精神，但对武训那种受辱而不怨恨，受压迫而不抗争的行为却不适当地加以宣扬，表现了不好的倾向。电影先后在上海、北京、天津等地上映后，这3个城市的报刊上发表了歌颂电影及武训本人的文章40余篇，也有人著文对电影进行批评。在毛泽东为《人民日报》写的社论发表以后，电影编导、演员发表过赞扬文章的同志及有关领导作了检查。6月，人民日报社和文化部联合组织武训历史考察团，赴山东进行了20余天的考察。7月23日—28日，《人民日报》连载了《武训历史调查记》。8月，对电影《武训传》的批判告一段落。

5月21日　中华人民共和国和巴基斯坦伊斯兰共和国建立大使级外交关系。

5月22日　中国外交部发言人发表谈话。谈话就联合国大会非法通过对中国和朝鲜民主主义人民共和国实行禁运的美国提案这一问题指出，这是联合国大会继非法通过诬蔑中国为侵略者的提案后，又一破坏联合国宪章的非法行动。

5月23日　《关于和平解放西藏办法的协议》在北京签订。中央人民政府全权代表李维汉、张经武、张国华、孙志远和西藏地方政府全权代表阿沛·阿旺晋美、凯墨·索安旺堆、土丹旦达、土登列门、桑颇·登增顿珠分别在《协议》上签字。《协议》指出，1949年中华人民共和国成立以后，国内各民族除西藏及台湾区域外，均已获得解放。为了顺利地清除帝国主义侵略势力在西藏的影响，完成中华人民共和国领土和主权的统一，保卫国防，使西藏民族和西藏人民获得解放，回到中华人民共和国大家庭中来，与国内其他各民族享受同样的民族平等的权利，发展其政治、经济、文化教育事业，中央人民政府于命令人民解放军进军西藏之际，通知西藏地方政府派遣代表来中央举行谈判，以便订立和平解放西藏办法的协议。1951年4月下旬西藏地方政府的全权代表到达北京，中央人民政府当即指派全权代表与之谈判，谈判结果，双方同意成立本协议，并保证其付诸实行。协议共17条，主要内容是：西藏人民团结起来，驱逐帝国主义侵略势力出西藏，西藏人民回到中华人民共和国大家庭中来；西藏地方政府积极协助人民解放军进入西藏，巩固国防；在中央人民政府统一领导下，西藏人民有实行民族区域自治的权利；对西藏的现行政治制度，达赖喇嘛的固有地位及职权，中央亦不予变更，各级官员照常供职；班禅额尔德尼的固有地位及职权，应予维持；实行宗教信仰自由的政策，尊重西藏人民的宗教信仰和风俗习惯，保护喇嘛寺庙，其收入不变；西藏军队逐步改编为人民解放军；逐步发展西藏民族的语言、文字和学校教育；逐步发展西藏的农牧工商业，改善人民生活；有关西藏的各项改革事宜，中央不加强迫，西藏地方政府应自动进行改革；中央人民政府统一处理西藏地区的一切涉外事宜，并在平等、互利和互相尊重领土主权的基础上，与邻邦和平相处，建立和发展公平的通商贸易关系；为保证协议的执行，中央人民政府在西藏设立军政委员会和军区司令部，除中央人民政府派去的人员外，尽量吸收西藏地方人员参加工作；军政委员会、军区司令部及人民解放军所需经费，由中央人民政府供给，西藏地方政府应协助人民解放军购买和运输粮秣及其他日用品。本协议于签字后立即生效。

5月24日晚　毛泽东主席为庆祝达成和平解放西藏办法的协议签订举行宴会。朱德、刘少奇、李济深、陈云、郭沫若、黄炎培、李维汉以及班禅额尔德尼、阿沛·阿旺晋美等出席。毛泽东在宴会上讲话指出：几百年来，中国各民族之间是不团结的，特别是汉民族和西藏民族之间是不团结的，西藏民族内部也不团结。这是反动的清朝政府和蒋介石政府统治的结果，也是帝国主义挑拨离间的结果。现在，达赖喇嘛所领导的力量与班禅额尔德尼所领导的力量与中央人民政府之间，都团结起来了。这是中国人民打倒了帝国主义及国内反动统治之后才达到的。这种团结是兄弟般的团结，不是一方面压迫另一方面。这种团结是各方面共同努力的结果。今后，在这一团结基础上，我们各民族之间将在政治、经济、文化等一切方面，得到发展和进步。班禅致词说，和平解放西藏是中国各民族大家庭的一件大事。中央人民政府、达赖和班禅三方面的团结，只有在中国共产党和中央人民政府领导下才能实现。阿沛·阿旺晋美致词说，在这次谈判中，亲身体验到帝国主义与国民党的造谣完全不是事实。我们的和谈已完全成功。中国境内各兄弟民族已空前团结起来，西藏内部亦已空前团结起来。

同　日　中央人民政府和西藏地方政府双方全权代表在北京隆重举行《关于和平解放西藏办法的协议》签字仪式。仪式由朱德、李济深副主席和陈云副总理主持。协议首先由中央人民政府全权代表李维汉、张经武、张国华、孙志远签字，经由西藏地方政府全权代表阿沛·阿旺晋美、凯墨·索安旺堆、土丹旦达、土登列门、桑颇·登增顿珠签字。协议共17条，主要内容是：西藏人民团结起来，驱逐帝国主义侵略势力出西藏，西藏回到中华人民共和国祖国的大家庭中来。西藏地方政府积极协助人民解放军进入西藏，巩固国防。在中央人民政府统一领导下，西藏人民有实行民族区域自治权利。对于西藏的现行政治制度，中央不予变更。达赖喇嘛的固有地位及职权，中央亦不变更。各级官员照常供职。班禅额尔德尼的固有地位及职位，应予维持。尊重西藏人民的宗教信仰和风俗习惯，保护喇嘛寺庙。中央人民政府统一处理西藏地区一切涉外事宜。中央人民政府在西藏设立军政委员会和军区司令部等。签字后，中央人民政府朱德副主席、中央人民政府首席代表李维汉和西藏地方政府首席代表阿沛·阿旺晋美讲话。

同　日　毛泽东主席致信达赖喇嘛。指出，这个协议是符合西藏和西藏人民的利益，同时也符合全中国各民族人民的利益。

同　日　中共中央批准中财委《关于实行酒专卖的报告》。报告指出，1月中旬财政部全国专卖会议拟定今年在全国范围内实行酒专卖，中财委已将该会议的要点征得各大行政区同意。会议决定，大行政区为经营专卖事业的单位，应注意发展国营酒厂和管理私酒，从管、销、产3方面着手，贯彻企业化经营，保证税收和利润任务的完成。估计今年全国可销酒6亿—7亿斤，除可收到9 000亿元—10 000亿元的货物税外，专卖后还可收到4 000亿元—6 000亿元的专卖利润。所得利润，中央提6成，地方留4成。专卖事业的行政管理，仍由税务局负责。

5月25日　政务院举行第八十六次政务会议。会议讨论批准了《交通部1950年工作总结与1951年方针、任务的报告》，通过《关于一九五一年民工整修公路的暂行规定》，通过《政务院关于1951年夏季征收公粮工作的指示》。交通部的报告指出，1年来，积极恢复与整理水上运输，开辟与恢复北洋、长江、松花江、桂穗、邕穗等各航线班轮。扶助私人航业，调整了运价，抢修了一些码头，并进行部分航道和港口的疏浚工作，恢复了主要的航道标志。开办3个航务干部学校及南京海员训练班。1951年的航运工作方针是，支援战争，促进城乡内外物资交流，改革航运机构，改善船舶的经营管理，重点推行经济核算制，加强船舶技术大检查，团结与管理私营企业。1950年公路工作，总计新建路线406公里，整修路线1.96万公里。1951年公路工作的方针任务是，加紧国防公路的修建及经济线的维修保养，大力组织群众运输，开展联运业务，加强民主管理，推行经济核算制。会议批准交通部撤销航务总局和轮船总公司，成立4个专业的航务管理总局的决定。原则同意各级政府增加交通工作人员编制的决定。政务院《关于1951年夏季征收公粮工作的指示》。规定今年夏秋两季征收公粮数额比例，由各省（市）人民政府根据各该地区夏秋产量各占全年产量的实际比例拟定。夏收特别少的地区，可一律于秋季一次征收，不进行夏征。为保证国家需要，调剂市场，望各地尽可能地多征小麦。为了顺利完成夏征工作，并为秋征工作准备条件，望各级人民政府首长负责，亲自动手，加强夏征的领导。此件当天由政务院颁发。

5月26日　毛泽东就中国人民志愿军同美英军作战的战略战术问题致电彭德怀。指出，美军现时还有颇强的战斗意志和自信心。为了打击敌人的这种自信心以达最后大围歼的目的，似宜每次作战雄心不要太大，只要求我军每一个军在1次作战中，歼灭美英军一个整营，至多两个整营，也就够了。打美英军和打伪军不同，打伪军可以实行战略或战役的大包围，打美英军则在几个月内还不要实行这种大包围，只实行战术的小包围，即每军每次只精心选择敌军1个营或略多一点为对象而全部地包围歼灭之。这样，再打三四个战役，美英军士气非降低不可，其信心非动摇不可，那时就可以作一次歼敌1个整师，或2、3个整师的计划了。

5月28日　中财委发出《关于美帝操纵联合国大会非法通过对我实行禁运案后对各项工作的指示》。《指示》指出，美帝操纵联合国大会于5月18日通过禁运案，对中国实行全面经济封锁，这样，对资本主义国家的贸易，困难将越来越多，危险也将愈来愈大。根据以上情况，需作如下紧急部署：在贸易方面，工作重点将转移到华南，要求华南财委组织有关部门，团结私商，利用香港作跳板，多做小宗买卖，积少成多；坚持易货制度，力求在交换中不落空；加强缉私工作，防止猪鬃、矿砂等重要物资走私出口；结汇出口范围暂时不变。在金融方面，对欧洲资本主义国家的贸易，暂停开新购买证，已开出的购买证，应分别情况，采取不同办法，保证资金安全；对港贸易，要改变过去开新购买证方式，具体办法由银行另行通知。

5月31日　政务院、最高人民法院、最高人民检察署联合发出《关于省级以上人民政府内设立政法委员会的联合指示》。《指示》指出，鉴于各地政法工作任务的繁重，特别是目前组织有关各部门协力进行清理积案和组织劳动改造等工作的急需，所有省（市）和行署以上的人民政府，有条件时均有迅速建立政法委员会的必要。《指示》对建立政法委员会的办法作了原则规定：省级以上人民政府内设立政法委员会，负责指导与联系民政、公安、司法、人民检察署、人民法院、人民监察委员会、民族事务委员会等部门的工作；政法委员会对各该级人民政府委员会（军政委员会）或行署负责，协助政府首长主管政法各部门业务方针政策的研究、拟议、执行及其相互关系和内部组织的调整、联系、统一；政法委员会的组织机构以精简为原则，其委员除吸收政法各部门负责人参加外，应适当吸收有关的人民团体负责人和地方人士参加；专署级及县级人民政府有必要并有条件时，可逐步设立政法联合办公室，以便加强对政法工作部门的统一领导。

本　月　中财委试编出1951年国民经济计划要点。该要点提出1951年经济建设的方针是：一、在国防第一、稳定市场第二、其他第三的前提下，进行恢复与调整及必要的重点新建。其重点是铁道、水利与重工业。二、提高工业设备的利用率，增加工业生产，并注意调整公私比重。三、提高农业生产，特别是提高经济作物（如棉、烤烟、麻）的生产。四、大力组织城乡交流与内外交流，推销土产，并供给人民主要的工业日用品，进口必要的工业原料。五、进行大规模建设的必要的准备工作。同时指出，1951年计划主要指标是：国营主要工业部门生产总值为31.7万亿元，比1950年增长23%。主要产品产量：发电38.8亿度，煤2 925万吨，生铁116万吨，钢材59.9万吨，水泥147万吨，棉布2 375万匹，纸7.8万吨，分别比1950年增长22%，11%，36%，46%，93%，1%，7%；棉纱107万吨，为1950年的93%，农业计划生产原料2 642亿斤，棉花2 017万担，役畜5 634万头。分别较1950年增长8.36%，48.3%，4.7%。交通运输计划，铁路、航运、国营汽车货运量分别为1亿吨，328万吨，174万吨，比1950年预计增长1%，86%，82%。基本建设投资总额为14.8万亿元，其中用于重工业占17.5%，水利16.5%，铁道25.5%。工业投资的分布重点为东北。

6月1日　中国人民抗美援朝总会发出《关于推行爱国公约，捐献飞机大炮和优待烈属军属的号召》。为了进一步在全国更普遍地深入开展抗美援朝运动，加强国防，支援中国人民志愿军，使他们更有力地配合朝鲜人民打击美国侵略强盗，早日取得战争的最后胜利，中国人民抗美援朝总会号召全国各界男女爱国同胞：一、普遍开展爱国公约运动。全国人民要抓紧并充分运用这种形式，进一步推进生产、工作和学习及其他各项革命斗争和建设事业。建议全国所有各界人民、各工厂、企业、机关、学校、街道和农村，都按照自己的业务，围绕抗美援朝运动，订出具体的爱国公约，并选出领导人领导实现公约。二、开展捐献飞机大炮运动。为了使英勇善战的志愿军能够以更小的牺牲，消灭更多的敌人，早日取得战争的最后胜利，必须迅速以更多的飞机、大炮等武器供给前线。建议全国各界爱国同胞，不分男女老少，都开展爱国的增加生产、增加收入的运动，用新增加的收入的一部或全部，购置飞机、大炮等武器，捐献给志愿军和解放军，来加强他们的威力，巩固我们的国防。三、做好优抚工作。全国人民应切实而经常地做好优待烈属、军属，优待残废军人的工作。在乡村中要及时做好代耕工作，在城市中要帮助他们的家属就业。无论在城市和乡村，都要帮助他们的子女入学，帮助他们的家庭解决各种困难。

6月3日　中财委发布《关于国营企业清理资产核定资金的决定》。《决定》规定，全国国营企业，包括工业（制盐制酒在内）、铁路、交通（邮电在内）、贸易、银行、农林（渔牧在内）、水利等所有中央及大行政区经营的企业，均应将实有一切固定资产与流动资产重新清理、登记、估价并核定其企业资金。估价按照1951年6月底的人民币价格进行。全国国营企业应自有的流动资金，一律根据1951年国家所给予的生产任务，在保证生产计划完成的条件下，按其生产与供销各过程，确切拟具正常周转定额资金和周转率。全国国营企业应保有的固定资产，由各级核资委员会逐级审查核定。全国国营企业清理资产核定资金的工作，限6月底前，从中央各部到基层企业，一律做好思想、组织的准备及清查、估价、核定等章则、制度、表格的准备。从7月1日开始，全面展开，最迟限本年12月底全部完成。

6月6日—26日　全国合作社第一次手工业生产合作会议在北京召开。会议总结了新中国成立以来全国手工业生产情况。决定了以后发展手工业生产合作社的方针，强调必须重视手工业生产合作事业。会议指出，1950年全国有手工业生产合作社1 300个，社员26万人，股金151万元，所经营的生产事业有纺织、针织、食品加工、农具制造、服装加工、制鞋、日用品制造以及矿产等。这些手工业生产合作社有的已经建立了经济核算制度、技术管理制度、较合理的工资制度，并订立了劳动公约，组织了生产竞赛，因而提高了产品的质量和产量，降低了生产成本，积累了资金，改进了生产，举办了文化福利事业。但是，许多手工业生产合作社还没有走上正轨。根据以上情况，会议规定了今后发展手工业生产合作社的方针是：应把工作重点放在组织中、小城镇和农村中的独立小手工业者和家庭手工业者上面；当前的任务是，组织供销业务，通过供销业务发展生产，不应过早地组织集体生产和机器生产。会议规定手工业生产合作社努力的目标：统一供销业务；统一计算盈亏，盈亏按社员劳动的多少来分配；统一产品规格；统一原料、成品的定量标准，实行社员按期交货责任制；统一计划工资标准和支付办法。会议还草拟了手工业生产合作社章程准则草案，交各地试行。

6月7日　中国人民抗美援朝总会发出《关于捐献武器支援中国人民志愿军的具体办法的通知》。通知强调完全出于自愿，不得强迫。要求运动在工厂同增加产量、降低成本相结合；在乡村同深耕细作及发展家庭副业相结合。所有捐献，一律以人民币计算，委托各地人民银行代收、汇集上解。拟定捐款人民币15亿元作为战斗机1架，50亿元作为轰炸机1架，25亿元作为坦克1辆，9亿元作为大炮1门，8亿元作为高射炮1门。各地捐献的武器将冠以捐献单位的名字，作为光荣纪念。11月16日，中国人民抗美援朝总会发出《关于争取按期完成武器捐献缴款工作，并继续加强抗美援朝运动的通知》，指出，由于全国各民主党派和各人民团体的积极支持与配合，全国各界同胞发扬爱国主义热忱和各方面的有力领导和配合，截止11月15日，全国人民捐款总数已达4万余亿元（旧币）。1952年6月24日中国人民抗美援朝总会发布关于全国人民捐献武器运动的总结，截止1952年5月31日捐款数总计为55 650亿元（旧币），折合战斗机为3 710架，大大超过原定计划，捐献飞机大炮运动胜利结束。

同　日　政务院举行第八十七次政务会议。会议批准了劳动部1950年工作总结及1951年工作计划纲要的报告，通过《保守国家机密暂行条例》和《各级人民政府保密委员会暂行组织通则》，并决定公布《政务院关于购棉、储棉工作的指示》。《保守国家机密暂行条例》规定了国家机密的基本范围：一切国防及军事的计划和建设措施；一切武装部队的编制、番号、实力、装备、驻防、调动、部署及后勤兵工建设等机密；外交机密；公安机密；国家财政计划，国家概算、预算、决算及各种财务机密；国家金融计划，贸易计划，海关计划及金融、贸易、海关事务的机密；铁路、交通、邮政、电信的机密；国家的各种经济建设计划及经济建设事业的机密；资源调查，地质勘探，气象测报，地理测绘等机密；科学发明发现，文化教育及卫生医药事业的机密；立法、司法、检察和监察事务的机密；民族和华侨事务的机密；内务和人事的机密；档案、密码、印信及一切有关国家机密的文件、电报、函件、资料、统计、数字、图表、书刊等；一切有关国家机密的机构、编制、仓库、场所等；其他一切应该保守秘密的国家事务。《条例》规定：各级人民政府和各武装部队均须成立保密组织，负责保密工作。各级人民政府、各武装部队、各民主党派、人民团体、机关，学校、工厂、企业、矿山、仓库等人员，要严守国家机密，不得泄露。各单位应注意对所属人员进行保守国家机密的教育，加强其保守国家机密的自觉性和纪律性。有关国家机密的电报、文件、资料、统计的缮校、印刷、监印、收发、传递、阅读、保管、销毁、档案，须建立严密的管理、检查制度。各级人民政府和武装部队使用密码，由各有关部门统一制定和批准。凡报刊公布、电台广播的新闻、论文、资料等，内容均不得涉及国家机密。政府及军事系统所属单位出版刊物，须经各有关部门分别批准。上述刊物不得登载国家机密文件，泄露国家的机密。《条例》还规定了对泄露国家机密的惩处原则。本《条例》于6月8日公布施行。《通则》对各级保密委员会的任务、职权、机构、隶属关系及工作程序等作了具体规定。此件于6月18日发出。劳动部的报告指出，1950年的工作主要是调整劳资关系、举办失业救济，同时也做了一些劳动保护、劳动保险、调整工资等工作，并草拟了《工会法》、《劳动保险条例（草案）》、《救济失业工人办法》、《工厂卫生条例(草案)》等劳动法令。1951年的工作重点是，在全国统一执行劳动保险条例及其有关法令，建立统一的劳动保险制度；继续调整劳资关系；制定几种切实可行的劳动保护法规；根据各地区的不同情况，调整工资，为全国统一工资制度打下基础；检查监督1950年颁布的工会法等重大法令的实施。

6月7日　政务院发布《关于处理人民来信和接见人民工作的决定》、《关于加强政府机关内部统一战线工作的几项具体规定》。《关于处理人民来信和接见人民工作的决定》指出，各级人民政府对于人民的来信和要求见面谈话，均应热情接待，负责处理。县（市）以上各级人民政府，均须责成一定部门，指定专人负责处理人民群众来信，并设立问事处或接待室接见人民群众；对人民所提出的意见或问题，凡本机关能办理的，必须及时办理，需要转交下级机关或其他有关部门办理的，应及时转送，并检查催办，对处理结果及时通知本人；凡属控告机关或工作人员的事件，应交人民监察机关处理，严禁被控机关或人员采取报复行为；对报纸刊物所载人民群众的批评或意见，各有关机关或工作人员须认真研究处理，并应在该报刊上作公开的答复或检讨；对处理人民来信和接见人民的工作，应建立登记、研究、转办、检查、催办、存档等各项制度；各级人民政府及政府各部门对处理人民来信和接见人民工作，应经常检查总结并定期向上级报告。《关于加强政府机关内部统一战线工作的几项具体规定》的主要内容有：一、批准李维汉在全国秘书长会议上关于进一步加强政府机关内部统一战线工作的报告，各级人民政府应组织学习和执行。二、政府机关内部的统一战线工作，省（市）以上人民政府及其各部门由秘书长或办公厅主任负责掌管，省市以下人民政府须指定适当人员掌管，并视具体情况设专职或兼职人员协助进行。三、政府机关人事部门应密切配合统一战线工作。四、政府机关中秘书长或办公厅主任（或指定人员），得会同人事部门定期或不定期召集机关内部统一战线工作座谈会，了解情况，处理问题。五、政府机关的学习领导组织，应注意吸收一定数量的有党派和无党派的中下层工作人员中的积极分子参加。六、各级人民政府的各部门对机关内部的统一战线工作应定期检查，总结经验，及时处理问题，并向上级作综合报告。

6月8日　政务院举行第八十八次政务会议。会议通过了《关于加强防汛工作的指示》，批准了人民监察委员会关于1950年人民监察工作总结及1951年工作任务的报告，关于第一次全国监察工作会议经过的报告。《关于加强防汛工作的指示》指出，现在全国河流大汛将到，有关地区的人民即应动员起来，为战胜洪水而奋斗。《指示》要求各级人民政府：一、加强领导机构，密切上下游及邻接地段的联系。各级防汛领导机构应以地方人民政府为主体，由行政首长负责领导，由水利机关办理日常业务，并邀请当地驻军代表和其他有关机关团体参加，组织统一的领导机构。在没有流域水利机关的地区，设立流域性指挥机关，统一领导。对于区省邻接地带的防守，尤须注意加强协商解决存在的问题。二、组织群众，做好汛前准备工作。必须深入进行宣传动员，建立巡堤抢险的基干组织和必要的后备力量。应热烈欢迎各地驻军大力支持防汛抢险工作。三、检查堤防、涵闸，消灭隐患，并严防土匪特务破坏。四、提高预见性，防止麻痹大意。五、切实保证完成任务，并对异常洪水预筹措施。本《指示》于同日发布。监察部的报告指出，现在已有5个大行政区、1个中央直辖自治区、28个省、12个中央及大行政区直辖市、8个相当于省的行署和345个县（市、旗），成立了人民监察委员会。在监察工作中，贯彻群众路线，采取领导与群众相结合的方法，建立监察通讯员，设置意见箱，听取群众意见，认真处理群众控告，提高了群众的觉悟程度和积极性，启发了群众监督政府的信心，密切了政府与群众的联系。1951年的监察工作以贯彻财经生产政策、民主制度、国家保密制度为重点，继续与国家机关及公务人员中不负责任的官僚主义及贪污腐化、铺张浪费、阳奉阴违等违法乱纪行为作斗争，同时应提高警惕，注意检举潜伏的反革命分子。

6月11日　中央民族学院成立。中央人民政府副主席朱德出席开学典礼并讲话。乌兰夫为第一任院长。

同　日　中国科学院、教育部联合发出《1951年暑期招收研究实习员、研究生办法》。《办法》规定，中国科学院所属各研究机构招收研究实习员，教育部所属高等学校研究部招收研究生，以培养科学研究人才和高等学校的师资。1951年暑期，采用申请、推荐、审查的办法，在全国招收研究实习员、研究生500名。其中，中国科学院研究实习员100名，中国人民大学研究生200名，北京大学、清华大学、浙江大学、南京大学、北京农业大学、燕京大学、南开大学、北洋大学、金陵大学、同济大学、湖南大学、中山大学、东吴大学、武汉大学等14校研究生共200名。

6月12日—22日　教育部在北京召开第一次全国中等技术教育会议。参加会议的有中央各有关部门、各大行政区、各省、市教育部门的代表、部分中等技术学校的校长、教导主任等135人。会议讨论了中等专业教育的方针以及中等专业学校的学制、领导关系等问题。会议指出，中等技术教育的基本方针任务是根据新民主主义的教育政策，从国家建设的实际需要出发，整顿与发展中等技术学校，以理论与实际一致的方法，培养大批具有一般文化、科学的基本知识，掌握现代技术，体格健康，全心全意为人民服务的初、中级技术人才。目前全国中等技术教育采取以调整、整顿为主，有条件发展的方针。会议规定中等技术学校的学制大体上分初级与中级两种，发展方向以中级为主，目前还要多办初级的。短训班应多种多样，大量兴办，以适应目前迫切需要。设校分科，要逐步走向专门化、单一化，但又要照顾现实综合性的需要。会议明确中等技术学校以改归业务部门领导为原则，教育部门与有关业务部门之间，必须贯彻统一领导、分工负责、互相帮助、密切配合的精神，共同负责把学校办好。在中央、大行政区、省、市成立中等技术教育委员会，研究处理各项重大问题。会议根据刘少奇的指示，讨论了妥善安置数以百万计的高小毕业生问题，一致同意采取自下而上逐级包下来，用各种办法使他们学得一技之长。会议修正通过了《关于整顿和发展中等技术教育的指示》、《中等技术学校暂行实施办法》、《关于加强领导私立技术补习教育的指示》、《各级中等技术教育委员会暂行组织条例》等4个文件草案。会上，教育部副部长曾昭伦作了《积极整顿和发展中等技术教育》的报告，教育部部长马叙伦致开幕词和闭幕词。

6月15日　政务院举行第八十九次政务会议。会议通过了《政务院关于一九五一年农业税收工作的指示》，讨论批准了重工业部1950年工作简要总结和1951年的方针与任务的报告。重工业部的报告指出，1950年重工业实际生产总值，完成计划103%。工业设备没有增加，但生产能力和劳动生产率有显著提高，产品、质量有所改进。生产管理建立了计划工作体系，加强了工厂管理的民主化。1951年的方针和任务是，加强计划性并发挥各级机构的积极性，提高产量，改进质量，降低成本和稳步搞好基本建设。

6月17日—27日　中央人民政府华侨事务委员会召开侨务扩大会议。侨务委员会副主任委员廖承志作《中央人民政府华侨事务委员会成立以来的工作总结与当前侨务工作的方针、任务与计划》的报告，指出，目前国内外侨务工作的基本方针，是尽力保护国外华侨正当权益。当前侨务工作的主要任务是：团结一切爱国侨胞，进行爱国主义教育，拥护中华人民共和国；揭露国民党害侨罪行；保护华侨的正当权益；开展华侨的文化教育工作；广泛介绍祖国建设的伟大成就，宣传毛泽东思想、新民主主义、共同纲领及人民政府的各项政策法令；促进华侨与当地人民的友好关系，团结互助，共同保卫世界和平。会议通过了这个报告，以及有关华侨土地改革，救济归国难侨，举办华侨学生补习学校，加强侨务机构等各项决定。闭幕会上通过了向毛泽东及中共中央的致敬电，庆祝中国共产党成立30周年。还通过了慰问外国侨胞、抗议帝国主义迫害华侨的电文，支持海外侨胞一切反对迫害、保卫自己正当权益的斗争。

6月21日　政务院颁布《关于1951年农业税收工作的指示》。《指示》规定了1951年农业税在不同地区实行不同税制。老解放区（包括东北、内蒙、华北和华东的山东、西北的陕甘宁老解放区在内），仍采用比例税制。新解放区尚未实行土地改革的地区，仍沿用1950年9月中央人民政府公布的《新解放区农业税暂行条例》，实行累进税制。新解放区已完成土地改革的地区，一般仍沿用《新解放区农业税暂行条例》，采用累进税制，最高不得超过30%，最低不得少于5%；出租地和佃耕地的农业税，按业佃双方各自收入，分别依率计征；凡依照土地改革法的规定，一口人或二口人的贫苦农户分得多于一口人或二口人的土地，在计算农业税时，一口人的农户得按二口人计算农业人口，二口人的农户得按三口人计算农业人口，以资照顾。《指示》还规定，全国各地区农业税地方附加，不得超过正税20%，随同农业税附征。各地须依照财政部颁发的《农业税查田订产工作实施纲要》，有计划地推行查田订产工作。并指示，农业税的征收，除保证国家必需的粮食外，要求在必要和可能的条件下，征收一部分棉、麻、芋等经济作物和现款。本《指示》由6月15日政务院第八十九次政务会议通过。

6月22日　政务院举行第九十次政务会议。会议通过了《关于没收反革命罪犯财产的规定》。《规定》对没收反革命罪犯财产的判决和处理作了统一的原则规定：一、依法判刑的反革命罪犯，得按其罪行轻重，酌情没收其财产的全部或一部。没收全部财产的范围，包括罪犯本人实际所有一切土地、房屋、粮食、牲畜、工具、物资、企业、债权、股份、存款、现款及其他动产与不动产全部。没收一部分财产的范围，由法庭依据具体案情确定。二、没收反革命罪犯全部财产时，对其共同生活而未积极参与反革命活动的家属，应酌留生产资料与生活资料，使能维持生活。三、没收反革命罪犯的一切财产，均归人民政府处理。四、没收反革命罪犯的一切财产中，如有被反革命罪犯侵吞、霸占或抢劫的人民财物，应退还原主；反革命罪犯所负的正当债务，应由没收的财产清偿者，得在其限度内适当清理偿还。五、反革命罪犯的财产在判决宣告没收后，如再发现其他应予没收的财产时，仍得执行没收。六、对于在逃反革命罪犯的财产，亦依本规定处理。

6月29日　政务院举行第九十一次政务会议。会议批准了水利部部长傅作义及中央治淮视察团代团长邵力子所作的视察淮河的报告，通过《关于1951年暑期全国高等学校毕业生统筹分配工作的指示》。《关于1951年暑期全国高等学校毕业生统筹分配工作的指示》规定，对大学毕业生实行统筹分配，主要在地区间进行调剂。调剂的原则是保证国家重点建设及中央和地方各部门业务上的需要，适当照顾个别毕业人数过少的地区。同时要求贯彻执行使毕业学生和用尽可能最大限度一致的原则。高等学校毕业生参加工作，一般不必有见习期限的规定。水利部的报告指出，淮河流域面积约21万平方公里，耕地1.5亿亩，人口5 500万人，河道长约1 160公里。主要支流有三十多条，相连的湖泊有洪泽湖、域西湖、白马湖等二十多个。淮河水灾的主要成因是，上游缺乏适当的拦蓄，中游不能全部承纳，下游不能顺利宣泄。因此水灾频繁，灾情严重。1950年夏，3次暴雨，受灾农田4 350万亩，受灾人口1 413人。根据政务院的决定，治淮的方针是蓄泄兼筹，根本消除淮河的水患。

6月30日　中国共产党成立30周年庆祝大会在北京举行。毛泽东等党和国家领导人出席，刘少奇在大会上做了讲话。他指出，我们党现在有党员580万人，其中270多万人在武装部队、国家机关及工厂、矿山和学校中工作，300多万分布在农村中。有女党员60多万人，25岁以下的青年党员120多万人。这些党员建立了约有25万个党的基层组织——支部。我们党和中国革命之所以能胜利，乃是具有世界历史的中国历史的发展中许多深刻的、复杂的根源的。有些同志不了解或不完全了解我们党和中国革命所以能够胜利的这些深刻复杂的原因，他们简单地认为这种胜利只是由于他们打下了天下。因而，他们就表现了居功自傲以及其他错误的观点。应该用世界革命和中国革命的历史教育这些同志，以便扩大他们的眼界，纠正他们骄傲自大的观点以及其他错误的观点。

7月2日　农业合作银行成立。该行为中国人民银行所属的专业银行之一，其主要任务是组织和推动全国农村金融工作，并负责办理全国农林、渔牧、农田水利、国营农场及合作社的国家投资拨款和长期贷款工作。该行经理为何松亭。

7月3日　刘少奇对《把老区互助组提高一步》的报告作出批示。《把老区互助组提高一步》是中共山西省委4月17日向中央、华北局的报告。报告指出，“随着农村经济的恢复和发展，农民的自发力量是发展了的，它不是向着我们所要求的现代化和集体化的方向发展，而是向着富农方向发展。”报告主张，必须在互助组内扶植与增强“公共积累”和“按劳分配”两个新的因素，以逐步战胜农民的自发趋势，引导互助组走向更高一级的形式。“对于私有基础，不应该是巩固的方针，而应当是逐步地动摇它、削弱它，直至否定它”。农业生产合作社“按土地分配的比例不能大于按劳分配的比例，并要随着生产的发展，逐步地加大按劳分配的比例”。逐步增强这两个进步因素，“将使老区互助组织大大前进一步”。5月4日，华北局正式向中央批转了山西省委的报告，在批语中提出了不同意山西省委报告观点的意见。刘少奇接到山西省委的报告后，连续对山西省委报告的观点提出批评。7月3日，刘少奇批印山西省委报告，在批语中指出：“在土地改革以后的农村中，在经济发展中，农民的自发势力和阶级分化已开始表现出来了。党内已经有一些同志对这种自发势力和阶级分化表示害怕，并且企图去加以阻止和避免。他们幻想用劳动互助组和供销合作社的办法去达到阻止和避免此种趋势的目的。已有人提出了这样的意见：应当逐步地动摇、削弱直至否定私有基础，把农业生产互助组织提高到农业生产合作社，以此作为新因素，去‘战胜农民的自发因素’。这是一种错误的、危险的、空想的农业社会主义思想。”

7月4日　中共中央批转李立三的《关于目前各地调整工资情况的综合报告》。中共中央在批准这个报告时指出，工资问题，对于工人阶级来说，犹如土地问题对于农民一样，是一个十分重要的基本问题。各级党组织应认真研究，正确处理，这样，方能建立与工人阶级的密切联系，取得工人阶级对党的各项工作的全心全意的支持。李立三在《报告》中指出，今年以来，各地区、各部门开展了调整工资的工作，有的正在调查研究、准备方案，有的已在试点，有一部分企业已调整完毕。这次工资调整，由于现行工资情况不同，调整的深度也不一样，大体上可分3类：一、进行工资制度的改革。在增加工资的基础上，本着按劳付酬的原则，大部依据技术标准实行了八级工资制，打下了推行计件工资制和计时奖励工资制的初步基础。二、在工资总额基本不动的原则下，在内部进行较合理的调整。三、根据技术定额测定法，审查工作定额，在提高劳动生产率的基础上进行调整。目前已调整或正在调整工资的企业，大多数属于第一种类型。《报告》还指出，实行八级工资制，必须做好一系列准备工作，首先是改善企业管理制度，对极不合理的工资现象先做个别调整，改进劳动组织，建立初步的责任制，制订技术操作规程，规定质量规格，等等。

7月5日　教育部颁发《各级教育行政部门管理外侨子女学校暂行办法》。《办法》规定，外侨子女学校应向当地人民政府教育部门登记，各地教育部门汇总后转报中央教育部核准备案。外侨子女学校不得招收中国籍学生，已招收的中国籍学生一律转入中国学校。允许外侨子女学校自行规定制度、课程、教学方法，但须报告当地教育行政部门查核。外侨子女若报考中国初等、中等或高等学校，必须经人民政府教育部门批准。

7月6日　政务院举行第九十二次政务会议。会议听取陈劭先委员作的《惩戒违法失职公务人员暂行条例》审查经过的报告。通过《各级人民政府人民监察委员会设置监察通讯员试行通则》、《大行政区人民政府（军政委员会）人民监察委员会试行组织通则》、《省（行署、市）人民政府人民监察委员会试行组织通则》和《县（市）人民政府人民监察委员会试行组织通则》。4个通则于9月8日公布。

7月7日　中财委发出《关于编制1952年国民经济计划程序的通知》。《通知》要求，先由中央财经各部及大区财委提出对1952年控制数字的意见及计划草案，再由中财委综合平衡，提交政务院批准颁布。

7月10日　朝鲜停战谈判首次会议在开城举行。中国人民志愿军代表邓华将军在朝鲜停战谈判首次会议上发言，同意朝鲜人民军首席代表南日将军提出的三项建议，并指出这是谈判的出发点。三项建议为：一、在互相协议的基础上，双方同时下令停止一切敌对军事行动。二、确定三八线为军事分界线，双方武装部队应同时撤离三八线10公里。三、应在尽可能短的时间内撤退一切外国军队。朝鲜停战谈判的形成，经历如下的过程。在美军侵朝战争不断遭受失败的形势下，6月23日，苏联驻联合国代表马立克在联合国举办的“和平的代价”广播节目中发表演说，建议朝鲜战争“交战双方应谈判停火与休战，而双方把军队撤离三八线”。6月25日，中国《人民日报》发表社论，表示中国人民完全支持马立克的建议，并愿为其实现而努力。同日，美国总统杜鲁门发表政策演说时称，美国愿意参加朝鲜问题的和平谈判。6月30日，“联合国军”总司令李奇微发表声明，表示接受马立克的建议，并准备举行谈判。7月1日，朝鲜人民军最高司令官金日成和中国人民志愿军司令员彭德怀答复李奇微，赞成举行停战谈判。此后，双方多次电文往返，确定了谈判地点、日期等。开城谈判朝中方面首席代表南日，代表邓华、李相朝、解方、张平山。“联合国军”方面首席代表特纳·乔埃，代表劳伦斯·克雷奇、亨利·霍治、阿尔林·勃克、白善烨。谈判开始后，美国对于谈判没有诚意，采取拖延和破坏的政策，并企图以“军事压力”配合谈判，迫使朝中方面接受其不合理的要求。朝中方面则针锋相对，打谈结合，以打促谈，力求在公平合理的基础上实现停战，和平解决朝问题。从此，朝鲜战争形成了一个长期的边谈边打、军事斗争和政治斗争交织的复杂局面。

7月13日　政务院举行第九十三次政务会议。会议通过了《关于改善各级学校学生健康状况的决定》、《关于充实国防建设中的卫生人员的决定》。《关于改善各级学校学生健康状况的决定》指出，目前全国各级学校的学生健康状况不良，颇为严重。许多学校由于功课过重，社团活动过多，加以伙食管理不尽得法，影响了学生的健康。《决定》规定：一、调整学生日常学习及生活的时间，每日上课、自习（包括实验）时间，高等学校及高中不得超过9小时，初中不得超过8小时，高小不得超过6小时。睡眠时间，高等学校8小时，中等学校9小时，小学10小时。夏季增加午睡。每日体育、娱乐活动或生产劳动时间，除体育课及晨操或课间活动外，以1小时—1个半小时为原则。二、减轻学生课业学习与社团活动的负担。三、改进学校卫生工作。四、注重体育、娱乐活动。五、改善学生伙食管理办法。六、学校经费的支配，应适当地照顾保健工作的需要。本《决定》于8月6日公布。《关于充实国防建设中的卫生人员的决定》指出，对于人民解放军全体将士的健康生活，必须予以充分的保障。尤其在目前为了适应加速国防建设、建立现代化的陆海空军的需要，更应大力充实国防建设中的卫生人员，以加强军队卫生工作，提高全体军队成员的健康水平。在充实国防建设中的卫生人员时，应积极设法使一般人民中的保健工作不至受到大的影响。《决定》规定：一、各级人民政府，各民主党派，各人民团体，尤其卫生团体与卫生工会应积极号召当地公立卫生机关中及私人开业的卫生人员，在自愿的基础上，踊跃参加国防建设中的卫生工作，避免和防止强迫命令的倾向。二、公私卫生人员自愿参加国防军服务者，其薪金待遇应予以适当的提高。三、公立卫生机关中的一部分卫生人员参加国防建设以后，对于公立卫生机关，必须作适当的人员补充，并号召私人开业的卫生人员，在自愿的基础上，以全部或一部分时间参加公立卫生机关的工作。四、全国中级以上公私立医药院校毕业生的工作，由政府统一分配，在分配工作时，应首先照顾国防建设的需要。本《决定》于7月19日公布。

同　日　天津市军管会发布布告，宣布取缔外国操纵的秘密反动恐怖组织“圣母军”。“圣母军”是天主教内部国际性的反动组织，1921年9月成立于爱尔兰都柏林。在中国，“圣母军”是在中国大陆接近全部解放时才开始活动的，在天津、广州、桂林、四川等地的天主教内发展组织。它们吸收逃亡地主、恶霸、土匪、特务和其他落后分子，组织秘密集会，出版、散布反动书刊，污蔑共产党和人民政府，并用恐怖手段，如写匿名信、暗杀等反革命行为来破坏社会治安，危害爱国的天主教信徒。7月15日，《人民日报》就天津取缔“圣母军”发表了短评《保护正当的信仰自由，取缔反革命的“圣母军”》。

7月20日　政务院举行第九十四次政务会议。会议通过了《中央人民政府任免国家机关工作人员暂行条例草案》、《预算决算暂行条例》，批准了政法委员会《关于筹设中央政法干部学校方案》。《预算决算暂行条例》共五章（总则、预算之编制及核定、预算之执行、决算之编造及审定、附则）47条。《条例》规定了各级人民政府及其所属机关编造、审核预算决算的程序、范围和职权；规定了各级人民政府及其所属机关如不按时编造预算决算，财政机关得拒绝拨款或停发其下期经费。本《条例》于8月19日公布。《关于筹设中央政法干部学校方案》指出，为了适应国家建设、加强人民民主政权工作的需要，应大批训练政法工作干部。筹设中央政法干部学校，首先是抽调训练县（市）行政工作和司法工作的干部，并培养一部分政法教育工作的师资，以便取得教学内容和教学方法的经验，推动与协助各地对政法干部训练工作的开展。《方案》规定，中央政法干部学校，受政法委员会领导，推彭真为校长，张奚若、谢觉哉、史良、陶希晋为副校长，设校务委员会。训练对象：主要为县（市）人民政府的主要干部及法院、检察署、监察委员会和公安局等负责人员，其次为轮训专署以上政法部门的在职干部，培养政法教育工作者和宣传工作者。《方案》还对训练办法作了具体的规定。

同　日　根治淮河第一期工程全部完工。淮河发源于河南南桐柏山区，流经河南、皖北、苏北3个省区而入长江，经常泛滥成灾。1950年发生水灾，受灾面积4 350万亩，灾民1 300万。1950年10月14日，政务院发布了《关于治理淮河的决定》，提出了“蓄泄兼筹”的方针，和上中下游统筹兼顾以防洪为主的原则，要求做到首先根除水患，同时结合灌溉、航运、发电的需要，逐步达到多目标的流域开发。11月6日，治淮委员会在蚌埠成立，分设河南、皖北、苏北3个治淮指挥部。11月底，治淮第一期工程动工。治淮第一期工程总量，包括修筑堤防2 191公里，疏浚河道861公里，水库3处开工（其中1处完成），湖泊洼地蓄洪工程12处，大小闸坝涵洞92座。治淮第一期工程完工，使淮河流域5 500万人民开始摆脱多年来“大雨大灾”、“小雨小灾”的袭扰。1951年5月，毛泽东曾为治淮工程题词：“一定要把淮河修好”。

7月20日—26日　中华全国学生第十五届代表大会在北京召开。朱德到会讲话，彭真作政治报告，陆定一代表中共中央致词，李富春作《新中国建设的方向》的报告，蒋南翔作《目前学生运动中的几个问题》的报告。会议总结了两年来中国学生运动的经验，确定中国学生运动当前的主要任务是：在全国学生中普及与深入爱国主义的思想教育，提高知识水平，注意锻炼身体，改进健康状况，加强各级学生联合会和各校学生会的工作。会议还修改了中华全国学生联合会章程，通过了全国学联执委会选举法。

7月24日　政务院公布《对于接受美国津贴的基督教团体处理办法》。《办法》规定，中国基督教教会及团体，应与美国教会及大部分由美国经费支持的其他非美国的教会，立即断绝关系，在中国的上述教会应立即停止活动。在中国基督教教会及团体中工作的美国人员，应按下列原则处理：一、有反人民政府言行者应予撤职，其犯有罪行者，报请政务院依法惩办。二、自愿离开者准其返国。三、无反动言行而教会及团体认为有需要留下并愿供给其生活者，可以续留，但不得担任教会及团体的行政职务。《办法》还对教会及团体原来所办的社会服务事业、外国教会的财产等的处理作了规定。

同　日　外交部副部长章汉夫发表声明，严重抗议美机侵犯我国领空。声明说，美国8架飞机深入我东北地区上空挑衅，被我击落7架。美国政府对其狂妄行为后果应负全部责任。

7月26日　政务院公布《关于各级政府机关秘书长和不设秘书长的办公厅主任的工作任务和秘书工作机构的决定》。《决定》规定秘书长和不设秘书长的办公厅主任的工作任务是：协助首长综合情况，研究政策，推行工作；协助首长密切各方面的工作联系；协助首长掌管机关内部统一战线工作；协助首长掌管保密工作；掌管机要工作；主持日常行政事务；掌管机关事务工作。《决定》指出，秘书长和办公厅主任工作的性质是既要参与政务又要掌管事务。在目前，必须在学习和实践中，熟悉政策法令，创造和积累经验，建立健全机关工作制度，加强计划性和组织性等，要注意掌握“抓住重点，照顾全盘”的工作方法，贯彻执行“集中领导，分工负责”的原则。秘书工作机构，应根据精简的原则，尽力减少层次。办公厅一般可分设两层，最多不超过三层。为便利工作，可多设副职，分工领导。

同　日　中财委发出《关于今后全国物价调整办法的指示》。《指示》指出，今年秋后物价存在着严重波动的危险，主要是：一、国家掌握的纱布不足，全国存纱与去年同期相等，而6月份国内购棉完成计划不及50%，拟进口外棉76万担，由于美国阻挠，可能落空。9月底纱厂可能因棉花供应脱节而被迫减产。二、农民购买力较去年估计提高40%。三、控制在资本家手中的游资较去年大为增加，人民银行私人存款已突破8万亿元。两个月以来物价每天上升0.1%，如果发展下去，到8月底9月初，全国物价稳定的局面，有被突破的危险。为稳定物价，《指示》提出采取以下措施：一、尽一切努力保证9月底以前全国纱厂每周开工4天4夜，10月份每周开工6天6夜。二、在8、9、10月，银行应当紧缩投放，尽可能减少财政开支，以抽紧银根，减少市场冲击力量。三、在各级党委集中统一领导下，把财政、银行、贸易、合作社和机关生产的力量组织起来，共同应付市场，并加强市场特别是纱布市场的行政管理。四、从8月1日起，调整全国物价，棉纱价格上提7%~10%，布价上提5%~8%，中南新粮收购价比现在大米降低10%~15%（其中8%属于质量差价，2%~7%为实际降低价），面粉、汽油、煤油、柴油、烟煤和一部分工业器材价格调低1%~5%，个别的调低15%~20%。争取物价总指数不动，折实单位略升，停止目前物价每天上涨0.1%的上涨趋势。

7月27日　政务院举行第九十五次政务会议。会议讨论批准了农业部关于1951年上半年农业生产工作的报告，通过了《关于节约木材的指示》。农业部的报告说，在自然灾害频繁的情况下，春播于6月中旬全部完成，夏收至6月底全部结束。今后农业生产的方针是加强农村中的政治教育；调整工业原料作物面积，保证粮食增产；加强农业生产的基本建设；发展少数民族地区的畜牧生产；发展农村副业生产；发展沿海渔业和淡水养鱼；调整农业机构，补充农业干部。《关于节约木材的指示》指出，为保证建设需要，除责成各级人民政府大力发动进行护林造林工作，以求逐渐增加木材供应量。对木材采伐和使用，全国必须厉行节约，防止浪费。各级人民政府财经委员会应根据国家缺乏木材的情况，严格审查各需要木材单位的计划；各需要木材的部门，经国家统一计划调拨到的木材，除贸易部门外，一律不得转让或出售；地方人民政府不得再用采伐木材方式解决地方财政问题；任何公营企业、机关、部队、团体和学校，不得以任何理由用任何名义采伐木材和经营木材生意；任何公营企业、机关、部队、团体和学校的一切工程建筑，应将需用木材数量切实核减到最低标准；使用木材应奉节约原则，力求经济合理；枕木、电杆和某些土木工程用材，应逐渐进行防腐，延长木材使用年限；利用木材作原料的纸浆厂，不论新设或恢复或扩大旧厂，均须报经轻工业部会同林垦部批准；在习惯上使用木材、木炭作燃料的地区，除应积极推广种植薪炭林外，在煤源不缺乏的情况下应提倡逐步改用煤炭燃料。《指示》还规定，奖励研究利用废材和用其他材料代替木材的发明和发现，鼓励营造生长迅速的各种林木，并要求各级人民政府主管部门和监察机关经常注意检查各公营企业、机关、部队、团体和学校使用木材的情况。

7月28日　中国史学会在北京成立。该会是从事历史研究、教学和其他方面专门史学工作者组成的学术团体，提倡用马克思主义研究历史，坚持实事求是的学风，开展学术研究和学术活动，促进历史科学的繁荣和发展。其经常性的工作是举办学术讨论会，开展学术交流活动，出版会刊或通讯。第一届史学会主席郭沫若，副主席吴玉章、范文澜，理事会包括有各方面历史学专家共52人。“文化大革命”期间，史学会停止活动。1980年4月，中国史学会重建，史学会主席团成员有郑天挺、周谷城、白寿彝、刘大年、邓广铭。该会会员分个人会员和团体会员两种，最高权力机关为全国会员代表大会，代表大会闭会期间，领导机构是理事会，理事会选举产生主席团成员若干人，组成常务理事会，主持日常事务。现任会长为戴逸。

7月29日　中国电影《钢铁战士》荣获在捷克斯洛伐克举行的第六届国际电影赛会5项主要奖之一“和平奖”。

7月30日　政务院公布《关于各地区各机关招聘工作人员和招考干部训练学校、训练班学员的暂行规定》。《规定》指出，在某一地区高等学校、中等学校招考期内，中央和地方人民政府以及各业务部门一般不得在该地区招聘工作人员和招考干部训练学校、训练班学员。招聘和招考时，只能录取失业或失学人员，一般不得录取在职或在学人员。

8月3日　政务院举行第九十六次政务会议。会议批准了公安部《关于镇压反革命的报告》，通过了《政务院关于地方各级协商委员会的关系的决定》、《关于县各界人民代表会议常务委员会职权的补充规定》、《关于省、市各界人民代表会议协商委员会组织通则》。公安部长罗瑞卿作的《公安部关于镇压反革命的报告》指出，在此次镇反前，由于发生对反革命分子处理宽大无边的错误倾向，给国家和人民造成严重的损失。仅在新解放区就有近万名干部和群众积极分子被反革命分子杀害。开展镇压反革命工作以来，至今年5月份，全国已逮捕大量的匪首、惯匪、恶霸、特务、反动党团骨干分子和反动会道门头子。有一大批血债甚多、犯有极严重罪行非杀不足以平民愤的首恶分子已被判处死刑，其中匪首、惯匪占44.6%，恶霸占34.2%，反动会道门分子、反动党团骨干分子占7.7%，特务地下军头子占13.5%。此外，有一大批反革命分子被判处徒刑，另有一大批反革命分子在关押审判中。经过全国的镇压反革命活动，使人民的统治进一步巩固。第三次全国公安会议确定，当前的主要任务是：一、收缩处决反革命罪犯的总数量，清理在押罪犯，对处理涉及统一战线和机关内部的问题，采取更加严格和谨慎的政策。二、对可杀可不杀的不杀，可捕可不捕的不捕。三、集中全力清理积案。四、全国一切地方，捕人批准权属专署一级，杀人批准权属省一级。在共产党、各民主党派、政府、军队、文教、工商、宗教各界和各人民团体内清查出来的反革命分子，其逮捕和判罪，一律报请大行政区和大军区批准；有关统一战线的重要人物，须报请政务院批准。五、对判处徒刑的大批罪犯，实行劳动改造。六、立即开始有计划地清理机关内部的反革命分子。七、做好反革命分子家属的教育工作。八、加强对特务间谍分子的系统侦察，教育人民经常注意防奸。九、在全国各地普遍地组织群众的治安保卫委员会。《关于地方各级协商委员会的关系的决定》规定：一、省协商委员会与市协商委员会或县各界人民代表会议常务委员会的关系，依下列规定建立。1.省协商委员会对市协商委员会及县常务委员会应进行下列工作：接受并处理市协商委员会及县常务委员会的建议；搜集并研究市协商委员会及县常务委员会的工作资料，并交流经验；协助市协商委员会及县常务委员会解答关于省人民政府（行署）政策法令在执行中所发生的问题；协助市协商委员会及县常务委员会进行人民民主统一战线工作。2.市协商委员会及县常务委员会对省协商委员会应进行下列工作：接受并处理省协商委员会委托事项与建议；汇报各界人民代表会议开会经过及决议；汇报市协商委员会、县常务委员会的活动情况，汇报人民民主统一战线的工作情况。3.驻在各市、县的省协商委员会的委员，得列席各该市协商委员会或县常务委员会的会议。4.省协商委员会开会时得视情况需要，通知各市协商委员会或县常务委员会派代表列席。5.省协商委员会得于必要时，派代表到市、县考察各协商委员会或常务委员会工作及人民民主统一战线的工作。二、大城市各界人民代表会议协商委员会与各该市的区各界人民代表会议协商委员会的关系，适用于前条各款的规定。三、相当于省、专区、县（市）民族自治区或民族民主联合政府地区的各界人民代表会议协商委员会或常务委员会的相互关系；省协商委员会与相当于专区、县（市）民族自治区的各界人民代表会议协商委员会或常务委员会的关系；省协商委员会与民族民主联合政府地区的各界人民代表会议协商委员会或常务委员会的关系均适用第1条各款的规定。本《决定》于8月18日公布。《关于县各界人民代表会议常务委员会职权的补充规定》，对《县各界人民代表会议组织通则》第10条列举的县常务委员会的职权作了补充修订。即：一、组织与推动县人民代表会议代表在各种场合，以各种方式传达人民代表会议的决议及县人民政府政策法令，并协助推行。二、经常地联系人民代表会议代表、民主党派、人民团体、民主人士，并通过他们广泛地联系人民，协助政府动员人民进行各种工作，有计划地搜集各方面意见，及时建议政府采择。三、接受人民的建议、询问、要求、申诉与批评，负责加以适当的处理，务使有着落有交代。四、负责进行县人民民主统一战线工作，加强各民主党派、人民团体和民主人士的团结与合作。五、组织座谈会和学习会，协助与推动各民主党派、人民团体和民主人士关于时事、政策和理论的学习。六、接受与办理省（行署区）协商委员会委托事项与建议。七、负责进行下届各界人民代表会议的准备工作。本《补充规定》于8月18日公布施行。《省、市各界人民代表会议协商委员会组织通则》共18条。《通则》规定，省（行署区）、市人民代表会议协商委员会由各省、市各界人民代表会议选举主席1人、副主席若干人及委员若干人组成，设常务委员会主持会务。省、市协商委员会的职务如下：经过人民代表会议代表及各民主党派、人民团体、民主人士，协助人民政府实行各界人民代表会议的决议，并了解其执行情况；协助人民政府联系人民，征求并反映人民意见；审议政府交议的文件和议案；有系统地搜集政治法律、财政经济、文教卫生、市政建设、宗教事务及其他方面的材料，进行研究，提出意见，供政府采择；召集各界人士的座谈会，协助人民政府解释政策法令并征求对于政策法令的意见；接受人民的建议、询问、要求、申诉与批评，并认真加以处理，务使有着落有交代；协助并推动各民主党派、人民团体、民主人士参加各种人民革命运动及建设工作；组织时事座谈会和学习会，协助各民主党派、人民团体、民主人士进行时事、政策和理论的学习；协助各民主党派、人民团体、民主人士解决相互有关的问题，加强其团结与合作；对各民主党派的发展及训练干部等工作予以可能的协助；协同人民政府筹备下届各界人民代表会议。凡省、市协商委员会在代行地方委员会职权时，对中国人民政治协商会议全国委员会的关系如下：接受全国委员会的各种指示；有重点地分别报告每届人民代表会议及协商委员会开会的经过及各项决议案的实施情况；搜集并汇报有关政法、财经、文教、土地改革以及统一战线工作的情况；汇报县、市及县、市以下各界人民代表会议开会经过及其工作。《通则》还规定了其他各项。本《通则》于8月18日公布。

8月5日—19日　冯文彬率领中国青年代表团出席在东德首都柏林举行的第3届世界青年联欢节。中国歌曲《全世界人民心一条》(瞿希贤作曲，招司作词）获作曲二等奖，舞蹈获一等奖。

8月8日　政务院公布《城市房地产税暂行条例》。《条例》共19条，规定，开征房地产税的城市，由财政部核定，未经核定，不得开征。房地产税由产权所有人或法律允许的其他人交纳。《条例》对房地产税的标准及评定、税率以及减纳、免纳等事项作了规定。

8月9日—22日　轻工业部在北京召开第一次全国轻工业会议。会议根据积极发展供、销来发展生产的方针，确定轻工业的任务是保证军需供应，根据民需进行适当的扩充，降低成本，加速资金积累。会议认为，必须集中力量做好原材料的供应工作，同时奖励推广代用品，节约原材料，降低各种原材料消耗定额。会议对1952年主要产品的生产进行了安排，除个别产品外，大多数产品均比1951年预计有较大幅度的增加。会议认为，轻工业今后发展的重点和方向，全国应以造纸工业、制糖工业和橡胶工业为重点，而地方可根据当地资源、市场需要、技术条件等，着重发展原材料工业（特别是过去依赖进口的原材料)、农副土特产加工工业、文教用品及日用品工业。

8月10日　政务院举行第九十七次政务会议。会议通过了《政务院关于改革学制的决定》，批准了新闻总署1950年1月—1951年6月工作总结及1951年下半年计划要点的报告。《关于改革学制的决定》指出，我国原有学制有许多缺点，最主要的是工人、农民的干部学校、各种补习学校和训练班，在学校系统中没有应有地位；初等学校修业6年并分为初高两级的制度，使广大劳动人民子女难于受到完全的初等教育；技术学校没有一定的制度，不能适应培养国家建设人才的要求。为改正这些缺点，确定原有的和新创的各类学校的适当地位，改革各种不合理的年限与制度，并使不同程度的学校互相衔接，以利于广大劳动人民文化水平的提高、工农干部的深造和国家建设事业的促进，规定我国目前时期的学制为：一、幼儿教育：实施幼儿教育的组织为幼儿园，招收3周岁到7周岁的儿童。二、初等教育：对儿童实施初等教育的学校为小学，修业年限为5年，实行一贯制，入学年龄以7周岁为标准。对失学青年和成人实施初等教育的学校为工农速成初等学校、业余初等学校和识字学校。三、中等教育：中学的修业年限为6年，分初、高两级，修业年限各为3年，均得单独设置。工农速成中学修业年限为3—4年，业余中学分初、高两级，修业年限为3—4年。中等技术学校修业年限为2—4年。四、高等教育：大学专门学院修业年限为3—5年。专科学校修业年限为2—3年。大学和专门学院附设的研究部，修业年限为2年以上。五、各级政治学校和政治训练班。此外，各级人民政府得设立各级各类补习学校和函授学校。《决定》对工农干部学校、各种补习学校和中等专业学校在新学制中占有的重要地位作了肯定。要求从1952年开始，争取在5年内完成学制改革。本《决定》于10月1日公布施行。新闻总署署长胡乔木关于《新闻总署1950年1月—6月工作及1951年下半年工作计划要点的报告》指出，全国专区以上报纸现有462种，发行总额470余万份。报纸的编辑工作大有改进，对实际工作的讨论批评和对人民的政治教育成为报纸的主要内容。报纸的经营状况大为改善，今年1—5月，省市以上58种报纸盈余129亿元。全国的广播电台现有73座，其中私营电台23座，公私合营电台1座。新华通讯社去年已完全统一，共有8个总分社，26个分社，27个记者组。下半年的工作计划要点是：新闻总署召集1次报纸工作会议，着重解决报纸的思想工作问题和通俗化问题。广播事业局召集1次广播会议，总结和扩大收音网工作。新华社召集1次工作会议，讨论改善稿件质量问题。为1952年改组国际新闻局和新闻摄影局，成立外文出版局作准备。

同　日　**中财委发布《关于改进与加强基本建设计划工作的指示》。**《指示》要求：认真进行设计，严禁盲目施工；迅速编制1950年度基本建设工作的总结报告，将各建设单位的投资数、工作总量、开始使用的生产能力与固定资金，以及年终储存的材料与现金等分别列出上报；正确掌握1951年计划的工作总量；检查1951年计划的执行情况；及时地正确地调整年度计划。

8月13日　政务院发出通告，确定9月3日为抗日战争胜利纪念日。通告指出，1949年12月23日，政务院曾以8月15日为抗日战争胜利纪念日。1945年8月14日，日本宣布无条件投降，但日本实行投降，是在1945年9月2日日本政府在投降条约上签字以后，所以，改定9月3日为抗日战争胜利纪念日。

8月15日　中国外交部长周恩来发表《关于美英对日和约草案及旧金山会议的声明》。《声明》指出，1951年7月12日，美国政府和英国政府在华盛顿和伦敦同时公布对日本和平条约草案，美国政府复于7月20日发出召开旧金山会议的通知，准备签订对日单独和约。对此，中华人民共和国中央人民政府认为，美英两国政府所提出的对日和约草案是一件破坏国际协定基本上不能被接受的草案，而将于9月4日由美国政府强制召开，公然将中华人民共和国排斥在外的旧金山会议也是一个背弃国际义务基本上不能被承认的会议。美英对日和约草案，不论从它的准备程序上或它的内容上讲，都是彰明较著地破坏了1942年1月1日的联合国宣言、开罗宣言、雅尔塔协定、波茨坦公告和协定及1947年6月19日远东委员会所通过的对投降后日本之基本政策等重要国际协定，而这些协定都是美英两国政府参加签字了的。《声明》强调，为了真正有助于恢复亚洲和平及解决远东问题起见，中华人民共和国中央人民政府坚决主张，应根据苏联政府的提议，召开曾以军队参加对日战争的一切国家的代表的和会，来商定共同对日和约问题。

8月17日　政务院举行第九十八次政务会议。会议讨论批准了华北事务部《关于华北农业生产和抗灾情况的报告》，报告指出，在开展抗美援朝与爱国丰产竞赛工作中，既要克服只重生产不重政治的倾向，也要纠正空谈政治的倾向；在农村组织起来的工作中，要克服放任自流和盲目追求“高级形式”的倾向。周恩来在讲话中指出，现在互助组仍是组织农业生产的主要形式。高级的农业生产合作社，只是某些地区出现的个别事例，目前，还不能当成一个方向去提倡。

同　日　北京市军事管制委员会军法处判处美国政府特务间谍李安东、山口隆一死刑，同日执行枪决。李安东系意大利人，自1919年来中国后，一贯进行危害中国人民的活动。1948年接受美国驻华大使馆驻北平武官包瑞德给与的间谍任务，收罗日本特务、1946年就充当美国政府间谍的山口隆一为情报员，搜集中国解放区的军事、政治、经济等情报。北京解放后，李安东继续在包瑞德指使下进行间谍活动，并指使山口隆一刺探中国中央人民政府首长、中国人民政治协商会议代表以及中国共产党、各民主党派、人民团体负责人的履历、住址、电话和汽车号码，制成卡片，并搜集中国政府的政治、军事、经济等情报。1950年李安东同山口隆一间谍以其预先置备的迫击炮、手枪、手榴弹和弹药等，企图乘中华人民共和国举行成立1周年庆典时，实行暴动，炮击天安门检阅台，谋杀出席大会的中国国家元首及政府其他首长。此项暴动计划，事前被北京市人民政府公安局破获，在李安东住所搜获六零迫击炮1门，手枪1支及弹药等，在山口隆一住所搜获其于5月—7月间秘密测量绘制的射击天安门图稿1件，以及情报材料、间谍证件、同李安东有关间谍活动的往来信件等。北京市人民政府检察署检察长罗瑞卿对李安东、山口隆一等7人提起公诉。李安东、山口隆一对其犯罪事实均亲口供认。同时被判决的另外5名美国政府间谍是意大利人马迪懦、法国人魏智、意大利人哲立、德国人甘斯纳、中国北京人马新清。

8月17日—30日　第一次全国国营企业清理资产核定资金会议召开。中财委副主任李富春出席并讲话，全国国营企业清理资产核定资金委员会副主任朱理治作了总结报告。会议讨论了清理资产核定资金的方针、任务、条例和办法，订出了若干价格标准，拟定了清理资产核定资金使用的暂编统一会计科目等。

8月19日　首批派往苏联的375名中国留学生启程，其中有研究生136名。

8月23日—30日　卫生部在北京召开全国民族卫生会议。出席会议的有藏、回、苗、彝、维吾尔、蒙、汉等民族代表，中央及各大行政区卫生行政与民族事务部门代表，各少数民族地区医疗防疫队队长及特邀代表，共九十余人。会议研究了各少数民族地区中危害人民最严重的疾病问题，确定了当前少数民族地区卫生工作的方针和任务。会议认为危害各族人民的疾病首先是性病、疟疾和妇幼疾病。部分少数民族地区麻疹、天花、破伤风、产褥期疾病等流行，婴儿死亡率高达出生率的70%~80%。会议确定当前少数民族地区卫生工作的方针和任务是，扫除性病，防治疟疾，推广妇幼卫生，同时照顾其他疾病的防治工作。会议决定在内蒙、西康和甘肃、宁夏、青海地区设性病防治中心机构3处，并在绥远、新疆设防治所2处。决定除现有两个疟疾防治所外，另在中南、西南疟疾严重流行区，再各增设三个防治所。会议还决定应着重宣传妇幼卫生常识和改造、培养接生人员，各地组织设立妇幼保健站。会议通过了《关于建立和发展少数民族地区卫生工作的决定》、《少数民族卫生工作方案》及防治少数民族地区性病、疟疾与推行少数民族地区妇幼卫生工作的方案等文件。

8月24日　政务院举行第九十九次政务会议。会议批准了《关于第一次侨务扩大会议的报告》、《关于成立中央人民政府交通部塘沽建港委员会的决定》。侨委副主任廖承志作的《关于第一次侨务扩大会议的报告》指出，我国侨民，遍布世界各国，约有1 100余万人，侨居东南亚的最多，将近1 000万人。当前侨务工作的主要任务是：组织华侨广泛的爱国统一战线，进行爱国主义教育。揭露蒋集团害侨的罪行，粉碎（台湾）蒋介石当局一切造谣诬蔑。保护华侨正当权益，坚决反对帝国主义者迫害华侨的罪行。开展华侨文化教育工作，广泛介绍祖国的政治、经济、文化等各方面建设的伟大成就，宣传毛泽东思想、新民主主义、共同纲领及人民政府的各项政策法令。促进华侨与当地人民的友好关系，共同保卫世界和平。组织华侨与国外侨资参加祖国生产建设，建议在政务院财委领导下，成立华侨回国投资辅导委员会，负责研究指导华侨投资工作。对华侨回国投资实行优待。《关于成立塘沽建港委员会的决定》，要求完成塘沽新港建设工程，争取于1952年冬季使万吨轮船能驶入新港。塘沽建港委员会由14人组成，章伯钧为主任委员，黄敬等3人为副主任委员。

8月27日—9月11日　教育部在北京合并召开第一次全国初等教育会议和第一次全国师范教育会议。参加会议的有中央有关部门代表，各大行政区、省、市教育行政干部，以及部分小学校长、幼儿园园长、主任、模范教师、教育专家等388人。教育部部长马叙伦致开幕词和闭幕词，教育部副部长韦悫、钱俊瑞分别作《巩固和发展新中国的初等教育和师范教育》的报告和总结。政务院副总理郭沫若到会讲话。会议提出：从1952年—1957年，争取全国年平均有80%的学龄儿童入学（1951年学龄儿童入学率为47%），从1952年开始，争取十年内基本上普及小学教育；从1952年起，五年内小学改为5年一贯制；适当地改善小学教师的待遇，奖励模范教师，提高教师的政治待遇和社会地位。对地方教育经费实行由县统筹，省与专署调剂补助，同时发动群众出钱出力办学，城市依靠工矿、机关办学；五年内培养百万名小学教师；1954年完成5年制小学全套新课本的编印工作。会议指出：师范教育当前的工作方针是正规师范教育与大量短期训练相结合，短期训练的方式应多种多样，以应急需；办好正规的师范教育，调整、整顿与发展各级师范学校；加强现任教师的在职学习；各级各类师范学校都应以马列主义、毛泽东思想为重要课程，使全国教师逐渐地成为马克思主义者。会议讨论通过了《小学暂行规程》、《幼儿园暂行规程》、《师范学校暂行规程》、《关于高等师范学校的规定》、《关于改善小学教师待遇的指示》、《关于切实解决市县地方教育经费的决定》、《关于大量培养初等及中等教育师资的决定》和《加强中小学教师在职学习的指示》等8个文件草案。会议期间，还举办了全国初等教育和展览会；介绍了江苏溧阳清水塘小学女教师史瑞芬的办学经验。

8月31日　政务院举行第一百次政务会议。会议批准了《铁道部1951年上半年工作报告》，通过《政务院关于扩大培植橡胶树的决定》。铁道部的报告指出，上半年的运输任务已于6月27日提前完成。今年新建铁路工程有成渝、天兰、来镇3条，共长670公里。另有宝天线的改线工程。北同蒲平朔县段恢复工程及天津至山海关的复线工程。我志愿援朝工程队和运输队协同朝鲜铁路职工进行了英勇顽强的斗争，保证了经常通车和战争物资的运输。铁路部门下半年以推行经济核算制为中心任务。《政务院关于扩大培植橡胶树的决定》指出，橡胶为重要战略物资，英美帝国主义已对我实行封锁，为保证国防及工业建设的需要，必须争取橡胶自给。要求从1952年起至1957年，以最快速度在广东、广西、云南、福建、四川等5个省区共植橡胶树770万亩。

本　月　中朝联合铁道运输司令部成立。这是抗美援朝时期中朝双方联合组成的铁道运输指挥机构。司令员贺晋年（兼），政治委员张明远。下辖朝鲜铁路军管总局，运输局，抢修指挥局。1951年12月组成中朝联合前方铁道运输司令部，司令员兼政治委员刘居英，负责前方铁路运输组织指挥工作。

8月—10月　中国人民志愿军举行夏、秋季防御战役。朝鲜停战谈判开始后，美帝国主义提出将军事分界线划在中朝人民军队阵地后方，企图乘机攫取1.2万平方公里的土地。当这一无理要求遭到拒绝后，竟又发出“让炸弹、大炮和机关枪去辩论”的叫嚣，企图以军事压力迫使中朝人民军队屈服。8月18日，他们乘中朝人民军队防御阵地尚未巩固、洪水成灾、供应困难之际，集中美军2个师、南朝鲜军5个师各1部，发动“夏季攻势”，进攻的重点置于朝鲜人民军防守的北汉江至东海岸一线阵地约80公里的地段。朝鲜人民军以英勇顽强的积极防御，激战1个月，大量地杀伤了敌人有生力量，至9月18日将其“夏季攻势”彻底粉碎。为了配合朝鲜人民作战，志愿军在中、西线对“联合国军”和南朝鲜军实施了战术性反击，歼敌近4 000人。“夏季攻势”被粉碎以后，“联合国军”不甘心失败，从9月29日开始，又对志愿军阵地发动了“秋季攻势”。首先以美军2个师，英联邦军1个师及其他部队，向志愿军西线高旺山、马良山、高作洞、天德山至大马里一线阵地约40公里的防御正面实施进攻。志愿军防御部队进行顽强抗击，至10月18日阻止了敌人的进攻。“联合国军”和南朝鲜军在西线的进攻尚未停止，从10月8日起，又先后动用美军3个师、南朝鲜军3个师，在大量坦克、炮兵配合下，向志愿军北汉江东西之两个军的防御阵地进行猛烈进攻。志愿军防守部队予以坚决抗击，打退了敌人的进攻。至10月22日，彻底粉碎了敌人的“秋季攻势”。在1个多月的秋季防御作战中，志愿军共毙伤俘敌7.9万余人。10月30日—11月底，中朝人民军队又举行了局部反击和攻岛作战，歼敌万余人。在夏、秋季防御作战局部反击、攻岛作战中，志愿军和朝鲜人民军共歼敌16万余人，并迫使美方于10月25日同意恢复停战谈判。在这次作战中，中朝人民军队阵地出现了坑道的雏形，并初步显示其重要作用，经总结、提高、推广后，整个战线便逐渐形成了以坑道为骨干的防御体系。

8月—次年6月　中国人民志愿军进行反“绞杀战”斗争。侵朝美军为了夺取军事上和停战谈判中的有利地位，在发动“夏季攻势”同时，从8月中旬开始，以其空军发动了以摧毁朝鲜北部铁路、公路系统，切断中朝人民军队运输补给线为目的的“绞杀战”。1951年8月为第一阶段，美国空军趁朝鲜雨季洪水成灾之际，对铁路路基、桥梁及其他后方设施反复轰炸；9月—12月为第二阶段，美国空军对铁路枢纽新安州、西浦、价川三角地区，实施重点轰炸；1952年1月—6月为第三阶段，美国空军由重点轰炸改为实施机动的重点突击与轰炸铁路两端。为了粉碎美国空军的“绞杀战”，志愿军同朝鲜人民军一起，在朝鲜人民大力支援下，进行了艰苦的卓有成效的斗争。在此期间志愿军逐步加强了后方的对空防御，加强了交通运输线的抢修措施和物资的抢运措施。1951年9月，年轻的志愿军航空兵投入反“绞杀战”作战，在清川江南北上空打击敌机，掩护后方。同时，高射炮兵、工兵、铁道兵和运输部队以及后方各级指挥也得到了加强。从1951年7月—1952年6月，中朝人民航空兵和高射炮兵部队共击落敌机2 191架、击伤敌机2 337架（含友军航空兵战果），取得了对空作战的辉煌战果。这样，美军的“绞杀战”虽然给中朝人民军队后方造成了很大破坏，但在志愿军和朝鲜军民紧密配合、共同努力下，终于被粉碎。中朝人民军队反“绞杀战”的胜利，使前后方之间形成了一条“打不烂、炸不断的钢铁运输线”。至1952年6月，前线储备物资可供3个月使用，还兼顾了民用物资运输。美第八集团军司令范佛里特曾在记者招待会上承认："虽然联军的空军和海军尽了一切力量，企图阻断共产党的供应，然而共产党仍然以难以令人置信的顽强毅力，把物资送到前线，创造出惊人的奇迹。"

9月3日　中央人民政府委员会举行第十二次会议。会议听取了周恩来《关于外交问题的报告》，陈云《关于财经问题的报告》。通过了《中华人民共和国人民法院暂行组织条例》、《中央人民政府最高人民检察署暂行组织条例》和《各级地方人民检察署组织通则》。会议任命彭真为北京市人民政府市长，黄敬为天津市人民政府市长，晁哲甫为平原省人民政府主席，韩光为旅大市人民政府市长，杨易辰为辽西省人民政府主席，冯仲云为松江省人民政府主席，罗成德为热河省人民政府主席，曹荻秋为重庆市人民政府市长。周恩来《关于外交问题的报告》指出，从朝鲜战争开始到现在1年多来，可以看出美帝国主义既怕长期战争，又怕持久和平。1年多来，美军已伤亡十五六万人，除军队本身的费用不算，消耗达50多亿美元。战争如果继续下去，美帝的损耗更大，而它又是最惧怕死人的。从今年夏季开始它想把战争停下来。但停战的目的不是想求得真正和平，而是想先停下来看看再说，因为真正和平对它来说也是个致命的问题。所以，从7月10日开始谈判后，它又一再地抵赖和挑衅，企图拖延。美帝国主义有疯狂性和投机性两面，我们与它的斗争是长期而又复杂的。我们的政策是：公平合理的方案我们接受，它要挑衅，我们即回击；它要耍赖，我们即抓破；它要拖延，我们即逼其在停战和破裂中选择一条路。我们不怕破裂，已为此做了准备。拖延一个时期能达到停战最好。关于对日和约问题，英美对日和约我们不能接受。因为这个和约的目的不是为和平，而是为了战争，是企图霸占世界，奴役世界人民。陈云《关于财经问题的报告》指出，现在财政情况是：支出增加了，收入也增加了，但财政是紧的。农业情况，有水灾，而旱灾是主要的。蝗虫和棉蚜虫害，面积之广，时间之久，都是出乎意料的。粮食虽然受了干旱的影响，但收成却比去年增加了。其他丝、麻、烟的产量，估计也比原计划要多。关于市场，今年全国工商业进一步恢复，就业人员增加，失业人员减少；生产增加，税收增加，贸易额也增加。国民经济从旧轨道向新轨道转变，在转变中还存在问题。《中华人民共和国人民法院暂行组织条例》共六章39条。《条例》规定，中华人民共和国设立下列各级人民法院：县级人民法院、省级人民法院、最高人民法院。人民法院为巩固人民民主专政，维护新民主主义的社会秩序，保卫人民的革命成果和一切合法权益，执行下列职务：审判刑事案件，惩罚危害国家、破坏社会秩序、侵害国家、团体和个人合法权益的罪犯；审判民事案件，解决机关、企业、团体、个人等相互间的权益纠纷。人民法院审判案件，以共同纲领及人民政府颁布的法律、法令、决议、命令的规定为依据；无上述规定者，依据中央人民政府的政策。人民法院基本上实行三审制，以县级人民法院为基本的第一审法院，省级人民法院为基本的第二审法院；一般的以二审为终审，在特殊的情况下，得以三审或一审为终审。人民法院应视案件性质，实行人民陪审制。除在院内审判外，应视案件需要，实行就地调查、就地审判和巡回审判。人民法院审判案件，除依法不公开者外，均应公开进行。各族人民均有使用其民族语言进行诉讼之权。下级人民法院的审判工作受上级人民法院的领导和监督；其司法行政由上级司法部门领导。各级人民法院包括最高人民法院分院、分庭为同级人民政府的组成部分，受同级人民政府委员会的领导和监督。省人民法院分院、分庭受其所在区专员的指导。《条例》对县级人民法院、省级人民法院、最高人民法院所管辖的事件等和人民法院与人民检察署的工作关系作了具体规定。《条例》于9月4日公布。《中央人民政府最高人民检察署暂行组织条例》共17条。《条例》规定，中央人民政府最高人民检察署，为全国人民最高检察机关，对政府机关、公务人员和全国国民之严格遵守法律，负最高的检察责任。最高人民检察署受中央人民政府委员会直辖，直接行使并领导下级人民检察署行使下列职权：检察全国各级政府机关、公务人员和全国国民是否严格遵守中国人民政治协商会议共同纲领、人民政府的政策方针和法律法令；对反革命及其他刑事案件，实行检察，提起公诉；对各级审判机关的违法或不当裁判，提起抗诉；检察全国监所及犯人劳动改造机构的违法措施；处理人民不服下级检察署不起诉处分的声请复议案件；代表国家公益与有关全国社会和劳动人民利益的重要民事案件及行政诉讼。《条例》对最高人民检察署各机构的人员设置等作了具体规定。《各级地方人民检察署组织通则》共7条。《通则》规定，各级地方人民检察署的职权如下：检察各级政府机关、公务人员和国民是否严格遵守中国人民政治协商会议共同纲领、人民政府的政策方针和法律法令；对反革命及其他刑事案件，实行检察，提起公诉；对各级审判机关的违法或不当裁判提起抗诉；检察监所及犯人劳动改造机构的违法措施；处理人民不服下级检察署不起诉处分之声请复议案件；代表国家公益参与有关社会和劳动人民利益的重要民事案件及行政诉讼。各级地方人民检察署与上下级及同级各机关的关系如下：各级地方人民检察署受上级人民检察署的领导。各级地方人民检察署（包括最高人民检察署分署）为同级人民政府的组成部分，同时受同级人民政府委员会的领导，与同级司法、公安、监察及其他有关机关密切联系，进行工作。省人民检察分署受所在区专员的指导。各级地方人民检察署行使检察权时，凡认为应予以刑责制裁者，应向同级人民法院提起公诉；如认为应予以行政处分者，应移送同级人民监察委员会处理。各级地方人民检察署为有效完成其任务起见，得向各机关调阅有关的材料文件。各级地方人民检察署检察长（副检察长）为取得工作上的配合，得商洽同级司法、公安、监察机关参加其行政会议及专业会议，同时亦得邀请上列各机关参加各该级地方人民检察署的行政会议及专业会议。《通则》对各级地方人民检察署的组织等作了具体规定。《通则》于9月4日公布。

9月3日—15日　劳动部在北京召开第一次全国劳动保护工作会议。会议通过了《工厂安全卫生暂行条例草案》、《限制工厂矿场加班加点暂行办法草案》和《保护女工暂行条例草案》。

9月4日　南京市军事管制委员会发布命令。命令永远驱逐帝国主义分子摩纳哥侨民、前“罗马教廷”驻国民党反动政府“公使”黎培里出中国国境。

9月7日　政务院举行第一百零一次政务会议。会议批准了内务部《关于全国各地最近灾情与救灾工作的报告》，决定组织慰问团前往东北辽河水灾地区慰问。会议还批准《中苏两国政府关于在大连市创办中苏轮船修理建造股份公司的协定》。内务部的报告指出，最近的灾情主要是水、旱灾。7月中旬至8月中旬，山东、平原、辽东、辽西、松江和吉林等省雨量过多，被淹土地约4 176万亩，灾民约800多万人。今年旱灾南北皆有，北方较为严重。灾情发生后，各级政府组织了抢救工作，中央已拨出救济粮、款，各灾区正在采取各种措施进行救灾和恢复生产。救灾工作要贯彻董必武副总理提出的“长期着眼，及早动手、通力合作”的方针。《中苏两国政府关于在大连市创办中苏轮船修理建造股份公司的协定》，对双方股份的评估、订货数量、各自承担的义务、业务权限、红利分配等作了具体规定。该协定于今年7月28日签字，该公司年修船能力为25万吨—35万吨，年造船能力为3万多吨，锚最高年产量1 000吨。与苏方合营可以解决材料进口和生产开工不足的问题，可以向苏联学习技术。

9月8日　中共中央发出《关于新区土地改革完成后在经济上应团结所有人进行生产的指示》。《指示》指出，在新区土地改革完成后，在农村中，除严格禁止地主及其他反动分子进行反革命活动外，在经济上应该团结所有的人来进行生产。那些守法并认真进行生产的地主，应包括在团结和保护之列。他们在生产上和生活上的实际困难，应在可能范围内予以适当的解决。他们在生产中所积累起来的财产，应加以保护，不得再加分配。应允许他们加入供销合作社，照其他社员一样替他们推销土产和向他们供应物资，并分得红利，但应剥夺他们在合作社中的选举权、被选举权和表决权。对于富农加入合作社，他们在合作社中则应享有选举权、被选举权和表决权，以示区别，但当地党和政府应注意不要让富农控制合作社的领导权。

9月9日　中共中央在北京召开第一次农业互助合作会议。参加会议的有部分中央局、省委的代表和中央有关部门的同志。会议通过了《中共中央关于农业生产互助合作决议（草案）》。会议认为，农民在土地改革的基础上发扬起来的积极性表现在两个方面：一方面是个体经济的积极性，一方面是劳动互助的积极性。这些积极性，是迅速恢复和发展国民经济和促进国家工业化的基本因素。根据我国的经济条件，农民的个体经济在一个相当长的时期内还是大量存在的，不能忽视和粗暴地挫伤农民的个体经济的积极性。但是，为了克服很多农民在分散经营中所发生的困难，要使广大贫困农民能够迅速增加生产而走上丰衣足食的道路，要使国家能得到比现在多得多的商品粮食及其他工业原料，并为国家工业品的销售开辟一个广阔的市场，就必须提倡“组织起来”，按照自愿互利的原则，发展农民互助合作的积极性。这种劳动互助是建立在个体经济基础上（农民私有财产的基础上）的集体劳动，其发展前途就是农业集体化或社会主义化。会议提出，农村互助合作的主要形式有三种：第一种形式是简单的、临时性的、季节性的劳动互助。这种形式适合农民固有的互助习惯，应在全国各地，特别是在新解放区和互助运动薄弱的地区，有领导地大量地发展。第二种形式是常年的互助组。这种形式有一部分开始实行农业和副业的互助相结合；有某些简单的生产计划和某些技术的分工；有的还购置一部分公有的农具和牲畜，积累小量的其他公共财产。这种形式，应在互助运动已有基础的地区，有领导地逐步地推广。第三种形式是以土地入股为特点的农业生产合作社，目前数量还不多，在东北、华北地区有300多个。这种形式，应在群众有比较丰富的互助经验，而又有比较坚强的领导骨干的地区，有领导地同时又有重点地发展。总之，党在农村发展互助合作运动的方针是根据生产发展的需要与可能的条件而稳步前进的方针。会议指出，在领导合作社运动中要防止两种倾向，一种是采取消极的态度对待互助合作运动，看不出这是我党领导广大农民群众从小生产个体经济逐渐走向大规模的使用机器耕种和收割的集体经济所必经的道路，否认现在业已出现的各种农业生产合作社是走向社会主义过渡的形式，否认它们带有社会主义因素；另一种是采取急躁态度，不顾农民自愿和经济条件，过早地不适宜地企图在现在就否定或限制参加合作社的农民的私有财产，或者企图对于互助组和农业生产合作社的成员实行绝对平均主义，或者企图很快地举办更高级的社会主义的集体农庄。会议还提出，在农业互助合作运动中，必须随时注意纠正和防止强迫命令和放任自流这两种错误的领导方法。正确的领导方法是：采取典型示范，由少到多，由低级到高级，逐步推广；及时研究群众的经验，教育群众发扬正确的东西，避免重复错误的东西；坚持自愿互利的原则。会议对农业互助组和生产合作社目前存在的具体问题以及党和政府对它们的援助，规定了一些具体政策和具体办法。

同　日　中共中央发出《关于加强卫生防疫和医疗工作的指示》。《指示》指出，各级党委对于卫生、防疫和一般医疗工作的缺乏注意是党的工作中的一项重大缺点，必须加以改正。今后必须把卫生、防疫和一般医疗工作看做一项重大的政治任务，极力发展这项工作。对于卫生工作人员必须加以领导和帮助。对卫生工作必须及时加以检查。在经费方面，除中央预算所列者外，应尽可能在地方上筹出经费。必须教育干部，使他们懂得，就现状来说，每年全国人民因为缺乏卫生知识和卫生工作引起疾病和死亡所受人力畜力和经济上的损失，可能超过每年全国人民所受水旱风虫各项灾荒所受的损失，因此至少要将卫生工作和救灾防灾工作同等看待，而决不应该轻视卫生工作。

同　日　执行和平解放西藏办法协议开往西藏的人民解放军某部先遣部队进抵拉萨。

9月11日—20日　林垦部在北京召开全国林业行政会议。会议主要是确定1952年全国林业的工作计划，讨论有关护林、造林、伐木、林产利用和干部训练等问题。会议指出，当前我国森林情况的基本特征是：资源不足，需要日广，而林木的损失与浪费现象严重存在。今后的林业工作方针，必须采取一切有效办法护林、护山，把严防山火列为林业工作中的头等任务。

9月11日—25日　农业部在北京召开全国农业工作会议。会议研究总结了1951年上半年农业工作经验，拟订了1952年农业生产计划。会议指出，今年2月全国农业工作会议决定在全国范围开展爱国生产（老解放区为主产）运动，现在已经取得了伟大的成绩。广大农民响应人民政府的号召，积极组织劳动互助，参加竞赛，改进耕作技术，战胜了各种自然灾害，达到了增产的目的。各种主要作物都比去年增产很多，棉花的产量已超过了战前的最好水平。会议拟订了1952年全国农业生产的初步计划，粮食产量和主要工业原料的产量，恢复并超过战前的水平。要完成这个计划，做到粮食增产，各地首先必须继续贯彻“组织起来发展生产”的方针，大量发展并稳步提高农业劳动互助组织。其次，应进一步改进农业技术，努力提高单位面积产量。第三，要加强防旱、防涝、治虫的基本建设，以防止发生自然灾害。会议还讨论了调整作物面积、改进山区生产等问题，研究了如何准备划分全国的经济区划。

9月14日　政务院举行第一百零二次政务会议。会议通过了《政务院关于与外国订立条约、协定、合同、议定书等的决定》，批准了《中华人民共和国对各国外交官及领事官优遇暂行办法》、《中华人民共和国对各国外交官及领事官的行李物品进出国境征免验放优待暂行办法》、《中华人民共和国对各国外交官及领事官豁免税费暂行办法》。

9月15日　中财委拟定了《编制国民经济计划的办法》。《办法》包括基本建设、生产计划、劳动计划、物资供应计划、交通运输及邮电通讯计划等编制方法。

9月18日　中国外交部长周恩来发表《关于美国及其仆从国家签订旧金山对日和约的声明》。《声明》指出，美国政府在旧金山会议中强制签订的没有中华人民共和国参加的对日单独和约，不仅不是全面和约，而且完全不是真正和约，这只是一个复活日本帝国主义、敌视中苏、威胁亚洲、准备新的侵略战争的条约。旧金山会议以及这一会议上所签订的对日单独和约不仅不能代表而且违反着中国、苏联和亚洲人民以及全世界人民的意愿。美国政府制造的旧金山对日和约，以及美日双边安全条约，决不能为亚洲和世界带来和平，而只能增加目前亚洲和世界的紧张局势。旧金山对日和约由于没有中华人民共和国参加准备、拟制和签订，中央人民政府认为是非法的、无效的，因而是绝对不能承认的。

9月20日—28日　教育部在北京召开第一次全国民族教育会议。参加会议的有中央及各大行政区、各有关省、市教育行政部门负责人、少数民族教育工作者代表等126人，其中包括蒙、藏、回、维吾尔、哈萨克、苗、彝、仫佬、阿西、民家、朝鲜、高山、满等民族的代表。会议讨论了新中国民族教育的工作方针及发展民族教育的措施。提出：少数民族教育必须是新民主主义的内容，并应采取适合各民族人民发展和进步的民族形式；各级教育行政部门应充分重视并加强对少数民族教育工作的领导，现阶段少数民族教育的工作方针，应根据各民族的实际情况分别采取巩固、发展、整顿、改造的方针；少数民族教育目前应以培养少数民族干部为首要任务，同时加强小学教育及成年人业余教育；各少数民族地区应有步骤、有系统地实施以爱国主义特别是抗美援朝为中心的政治思想教育，反对帝国主义侵略，肃清帝国主义和国民党反动派的残余影响，克服大民族主义与狭隘民族主义；少数民族学校的教学计划、教学大纲应以教育部规定的为基础，结合具体情况加以变更或补充；有现行通用文字的少数民族，小学、中学必须用本民族语文教学，可按当地需要和自愿设汉文课；除按一般标准拨给少数民族地区教育经费外，应另拨专款解决特殊困难。会议通过了《关于加强少数民族教育工作的指示》、《关于建立少数民族教育行政机构的决定》、《培养少数民族师资试行方案》和《少数民族学生待遇暂行办法》四个文件草案。

9月21日　政务院举行第一百零三次政务会议。会议通过了《关于检查婚姻法执行情况的指示》。《关于检查婚姻法执行情况的指示》指出，婚姻法的公布施行，是进一步肃清封建残余和建立新的社会生活的重大的社会改革，已经获得广大人民的拥护，取得了显著的成绩。但是，由于中国社会曾长期受着封建主义的统治，封建思想和封建婚姻制度的残余不仅在一部分人民中，甚至在不少的干部中，依然留有深固的影响。许多地方带有封建思想的人仍有继续干涉男女婚姻自由、虐待妇女和子女等非法行为，而一部分干部竟对此采取袖手旁观的态度，或且有意予以宽纵、袒护，甚至他们本身也作出直接干涉男女婚姻自由的非法行为，致使被干涉者或被虐待者得不到法律上和事实上应有的保护。因此，包办、强迫与买卖婚姻，在许多地方特别是农村中，仍然大量存在。干涉婚姻自由与侵害妇女人权的罪行，时有发生。《指示》要求各级人民政府一方面必须把贯彻婚姻法的执行和对于干部与人民的思想教育，当做相当长时期内经常的重大政治任务；另方面，必须对于因干涉婚姻自由而伤害、虐杀妇女或逼致妇女自杀的严重罪行，采取严肃的法律手段予以制裁。今后如有妇女婚姻得不到婚姻法所赋予的权利与保护而被杀或自杀者，区、乡、村（街）的主要干部，首先应负一定责任。省（市、行署）以上各地方人民政府应立即有领导有重点地组织一次关于婚姻法执行情况的检查，并查处杀害妇女或逼致妇女自杀的严重违法案件。

同　日　政务院发布《关于在新疆省发行带维吾尔文的人民币兑回新疆省银行所发行的银元票的命令》。《命令》指出，为统一币制，并照顾新疆各民族的习惯起见，决定在新疆省发行带维吾尔文的人民币兑回新疆省银行所发行的银元票，并规定如下办法：一、收兑比价仍照现行牌价，即新疆省银元票1元兑换人民币350元。二、此带维吾尔文的人民币准在全国流通，同时不带维吾尔文的人民币亦可在新疆省内流通。三、自1951年10月1日起，新疆省境内一切计价、记账、契约等，均改为以人民币为法定货币位。在此以前债权债务关系，均按本命令规定的比价折合人民币计算清债。

9月22日—29日　轻工业部召开第一次全国制糖、酒精工作会议。会议讨论了甘蔗土糖改造、糖料按质论价、甜菜种子自给、甜菜废丝做饲料等问题，并提出了相应的措施。

9月26日　出版总署公布《标点符号用法》。10月5日，政务院发布《关于学习标点符号用法的指示》，以求在全国统一标点符号的使用。

9月28日　政务院举行第一百零四次政务会议。批准燃料工业部陈郁部长作的《燃料工业部1951年上半年工作的报告》。报告指出国营燃料工业已超额完成上半年生产任务，各厂矿事故比去年减少。大力推行了生产改革，经营管理均有改进和提高。工作中的缺点是，基本建设机构不健全，干部经验少，提高产品质量工作做得不好，电力供应缺口较大。

9月30日　毛泽东主席举行宴会，欢庆国庆节。应邀出席宴会的有老根据地代表、战斗英雄、劳动模范等1 400余人，应邀赴宴的还有各国外交使节、特邀外宾、各国观礼代表等300余人，应邀作陪的有朱德、刘少奇、宋庆龄、李济深副主席等110余人。

本　月　知识分子思想改造运动开始。1950年6月23日，毛泽东在中国人民政协一届二次会议的闭幕词中，提出在人民内部开展以批评和自我批评方法进行自我教育和自我改造的建议，1951年9月24日，周恩来主持制定了知识分子思想改造运动学习的内容、目的和方法。9月下旬，北京、天津20所高等学校的3 000多名教师，在教育部的领导下，开始了以改造教师思想，改革高等教育为目的的学习运动。9月29日，周恩来应邀在京津高等学校教师学习会上作《关于知识分子的改造问题》的讲话，就知识分子如何确立革命立场、观点、方法的问题，谈了自身的体会，号召教师们认真开展批评与自我批评，努力使自己成为文化战线上革命战士。周恩来的讲话推动了京津知识分子思想改造学习运动的开展。10月，京津两市高等学校教师学习委员会成立并开展工作。10月22日，毛泽东在中国人民政协一届三次会议上指出，思想改造，首先是各种知识分子的思想改造，是我国各方面彻底实现民主改革和逐步实行工业化的重要条件之一。10月25日，教育部发出通知，介绍京津高等学校的学习情况和初步经验。11月30日，中共中央发出《关于在学校中进行思想改造和组织清理的工作的指示》。1952年1月，全国政协作出《关于开展各界人士思想改造的学习运动的决定》，知识分子思想改造运动从教育界逐步扩展到文艺界、科技界、民主党派、各级政府机关、各人民团体、各工商界和宗教界中的广大知识分子，形成了一个全国规模的知识分子思想改造运动。“三反”运动开展起来以后，1952年1月，中共中央发出关于宣传文教部门应毫无例外地进行“三反”运动是目前最实际的思想改造，应在“三反”斗争中批判资产阶级思想。这样，知识分子思想改造运动同“三反”运动相结合进行。1952年3月中旬开始，根据中共中央的指示，各地高等学校的“三反”运动，陆续转入思想批判阶段。各高等学校以“三反”运动为引子，联系知识分子的思想状况，批判封建、买办、法西斯思想，划清敌我界限；批判资产阶级思想，划清工人阶级和资产阶级的思想界限。5月2日，中共中央发出了关于在高等学校中进行批判资产阶级思想的基础上，逐步转入组织清理阶级的指示。清理的重点，是清查知识分子中隐藏的反革命分子。文艺等系统思想改造的方针政策与高等学校相同，步骤也大体相近。中小学教师也采取不同形式进行了思想改造运动。全国知识分子思想改造运动经历了学习、参加“三反”斗争、思想批判和组织清理等阶段后，于1952年秋基本结束。这次思想改造运动，对知识分子贯彻了“团结、教育、改造”的方针，学习的主要内容，是从学习马列主义、毛泽东思想入手，批判封建的、买办的、法西斯主义的思想影响，划清敌我界限、批判资产阶级思想、帮助知识分子树立为人民服务的革命人生观，确立工人阶级领导地位的观念，经过思想改造学习运动，知识分子提高了爱国主义思想觉悟，开始树立正确的政治观点和为人民服务的思想，纯洁了队伍，广大知识分子在学习和改造中逐步向工人阶级方面转变，工人阶级知识分子队伍从此逐渐形成。

9月—11月　中国人民解放军高级干部集训。参加集训的有各总部、有关部局、各大军区、各军兵种及部分军事院校的领导共56人。集训的中心思想是，学习苏军的先进经验，采用现代化、正规化训练，使人民解放军实现真正的现代化，以适应未来现代化的需要。集训期间，朱德、聂荣臻等到会讲了话，朱德在第一次讲话中指出：我们所以要采取正规化、现代化的训练，是由于我们现在所处的环境和所进行的战争，从各方面来说，都和过去不同了。如果不采用正规化、现代化的训练，就是有现代化的装备，也不能达到真正的现代化。1952年的陆军训练计划，就是在我们建军传统的基础上走向正规化、现代化的统一的计划，做到统一指挥、统一制度、统一编制、统一纪律、统一训练。为了保证这个训练计划的准确执行，首长要亲自动手，政治工作和后勤工作都要保证训练计划的完成。在向现代化、正规化前进的过程中，不能丢掉过去的优良传统，也不能被过去的经验所束缚。在第二次讲话中，朱德指出，军队要正规化，就必须要有一整套制度，要有严格的纪律，还要进行严格的训练。一定要搞好基本训练，要学好技术。技术是战术的基础，技术搞不好，战术就无法搞好，在训练中，干部要做好样子。所有班长、排长、连长一直到营长、团长，每个人都要熟悉各种基本动作。这样，自己去教人才有把握，建设现代化军队的任务是十分紧迫的，我们要抓紧时间来办好这件大事。

10月1日　中华人民共和国国庆庆祝典礼在北京天安门广场举行。参加典礼的有40多万人，毛泽东主席、朱德总司令、刘少奇、宋庆龄、李济深副主席、周恩来总理等出席检阅，朱德总司令发布了中国人民解放军总部命令。全国各地都举行盛会，热烈庆祝国庆。

同　日　中国人民解放军总司令发布《中国人民解放军总部给全国武装部队和民兵的命令》。命令说，建国2年来，我们伟大的祖国取得了辉煌的胜利和成就。但是我们必须看到，美帝国主义极端仇恨中国人民的胜利，它不仅仍然侵占着我国的台湾，百般地破坏阻挠朝鲜停战谈判，继续对朝鲜的侵略战争，并且在积极地准备新的战争，它公然地重新武装日本和西德。战争的危机在严重地威胁着祖国的安全、和东方与世界的和平。为此，我命令你们，警惕地站好你们的战斗岗位，进一步加强国防建设，巩固祖国国防。毫不满足地认真学习，熟练掌握新的技术，学会诸兵种联合作战的本领，提高现代军事科学和指挥艺术的水平，加强各种工作计划性、组织性和准确性，巩固和提高军事纪律。为建设一支强大的现代化国防军而奋斗！为解放台湾、澎湖、金门诸岛，完成统一全中国的伟大事业而奋斗！为保卫祖国安全，保卫祖国神圣的领土、领海、领空而奋斗！为保卫东方与世界和平而奋斗。

10月2日　《人民日报》发表谢觉哉的题为《全国各级各界人民代表会议的建设情况》的文章。文章指出，两年来全国各级各界人民代表会议有很大的成绩。东北大行政区、内蒙古自治区已召开各界人民代表会议。全国28个省、8个相当于省的行政署区、154个市，除福建省正在积极筹备召开，有8个新设市尚未召开外，其余均已召开了人民代表会议。全国2 068个县、117个相当于县的行政单位，1950年召开人民代表会议的只有1 707个县、36个旗，今年则增至2 038个县和105个相当于县的行政单位，只有30个县和12个相当于县的行政单位，因情况特殊，尚未召开。乡（行政村）一般均已召开了人民代表大会或农民代表会议，10万人口以上的城市，已有30个市召开了区人民代表会议，各地人民代表会议的工作有许多的创造与发展，积累了许多经验，主要有：各级各界人民代表会议，均以解决当前的重大政治任务为中心内容；直接和间接选举的人民代表日益增多；人民代表会议不是孤立进行的；批评与自我批评的运动进一步熟悉起来，等等。这些为今后进一步开展人民民主建政工作打下了良好的基础。

10月2日—12日　中华全国民主妇女联合会在北京召开第一次妇女儿童福利工作会议。会议确定，今后妇联福利部门的工作对象是广大的妇女与儿童。工作方式是配合各方面调查研究妇女儿童的宣传、教育及组织工作。今后工作的任务首先是在广大劳动妇女中推广妇婴卫生和育儿常识，配合政府卫生行政部门，大力普及推广新法接生，宣传育儿知识，减少妇女生育的疾苦，降低婴儿死亡率。

10月5日　政务院举行第一百零五次政务会议。会议批准了轻工业部《关于1951年1月—8月工作综合报告》。报告指出，轻工业在去年好转的基础上，获得进一步的恢复和发展。从目前产销情况看，销路好获利大的有造纸、制糖、文教用品、医疗器械等行业；依靠军需定货而恢复发展的有橡胶、皮革、搪瓷等行业；由滞销到好转获利的有火柴、卷烟、肥皂等行业；仍在维持调整阶段的有面粉、油脂等行业；得到恢复发展的有手工业和工艺品。现在的问题是，对轻工产品的需求量日益扩大，轻工业的设备利用率仍然很低，原材料供应还有困难。当前轻工业基本建设的方针是“一般恢复，重点扩大”。

同　日　周恩来总理批准并颁发贸易部《关于民族贸易会议的报告》。报告说，会议确定少数民族地区的贸易政策是：（一）在少数民族地区积极建立与发展国营商业网，采取专业公司、流动小组、代销店等形式，推销土特产品，供给生活、生产资料，并在有条件的地区积极扶助合作社的建立和发展。（二）团结正当私商，发展贸易。并帮助少数民族人民经营商业，恢复建立定期的集市，建立市场管理工作。（三）贯彻公私兼顾、公平合理的价格政策，照顾产、运、销三方面合理的利益。（四）积极训练与培养少数民族贸易干部。

10月8日　沈阳市军事管制委员会军事法庭判决帝国主义传教士进行反革命活动案。主犯费声远被判有期徒刑3年，缓期执行，驱逐出国境，还驱逐德尚补、安宁、裴舫济、彭光远、贾浩然出国境。以上6人均系法籍。

同　日　上海市军管会发布命令，宣布取缔以宗教外衣为掩护的国际性秘密反动组织“圣母军”。

10月11日　最高人民法院、司法部发布《关于检查司法干部思想作风及对干涉婚姻自由杀害妇女的犯罪行为展开群众性司法斗争的指示》。《指示》要求各级人民司法机关在执行政务院关于检查婚姻法执行情况的指示中，必须认真地坚决地向封建婚姻制度的遗毒及干涉婚姻自由残害妇女的犯罪行为，进行群众性的司法斗争。各级人民审判机关对于婚姻问题伤害、虐杀妇女或逼致妇女自杀的案件，凡已判决确定者，如有错误而合于再审的条件，应即进行再审。其尚未判决确定者，应即迅速依法处理，务使每个犯罪者都受到应有的惩罚。《指示》还要各级人民司法机关应就司法干部中处理婚姻条件的思想作风，组织一次切实的检查。各级审判机关对于有重大教育意义的案件，应公审宣判。

10月12日　政务院举行第一百零六次政务会议。会议批准中央防汛总指挥部副总指挥傅作义所作的《关于1951年防汛工作报告》和中央东北灾区慰问团副团长陈其瑗所作的该团工作报告。会议决定组织中央察绥旱灾区慰问团。中央防汛总指挥部《关于1951年防汛工作报告》指出，1949年全国普遍的水灾和1950年淮河的水灾，给我国农业生产造成重大损失。因此，必须首先设法避免严重的水灾。今年不算大水年份，总计全国水灾面积约2 500—3 000万亩。今年防汛工作主要经验是：（1）要彻底战胜洪水，必须有重点地逐步进行对各条河流的治本工程。（2）防汛工作主要依靠地方行政领导力量，军队的帮助也起了很大的作用。（3）钻探大堤，消灭隐患的工作方法应在全国推广。（4）预报气象雨情，分析洪水情况是减少损失的必要条件。（5）在轮护工作上应根据具体情况布置力量。（6）在大雨到来前，应反对麻痹思想；在灾害来临时，要克服消极悲观情绪。（7）防汛和防旱工作结合。

同　日　政务院文教委员会少数民族语言文字研究指导委员会成立。该委员会的任务是指导和组织关于少数民族语言文字的研究工作，帮助尚无文字的民族创立文字，帮助文字不完备的民族逐渐充实其文字。

10月15日　南京等军管会取缔反动组织。新华社报道，最近南京、太原、石家庄3市军管会，相继下令取缔该三市的国际秘密反动组织“圣母军”。

10月17日　中共中央转发高岗关于东北农村的生产合作互助运动的报告。高岗在报告中提出，对农村生产合作互助运动指导的方针，即根据群众的自愿与需要，加以积极扶助与发展，并逐步由低级引向较为高级形式。这里的关键是看对合作互助组织领导的实际成效如何，即是否提高了农业生产力，多打了粮食，增加了农民的收入。各类形式的合作互助组要作出比较优良的成绩，来积极动员与吸引单干的农户自愿加入，不能对单干户有任何强迫和歧视。对单干户在生产与生活上的困难，同样要帮他们解决。人民政府应从各方面给互助组以优待，特别是在农具、技术指导和供销方面。为了更好地领导合作互助组的发展，必须培养合作互助组骨干。应训练积极分子，推广经验，提高觉悟、巩固组织，农村党的支部和党员要成为合作互助组的核心。中共中央在转发这个报告的批语中指出，这个报告中所提出的方针是正确的，一切已经完成了土地改革任务的地区的党委都应研究这个问题，领导农民群众逐步地组成和发展各种以私有财产为基础的农业生产互助合作组织，同时不要轻视和排斥不愿参加这个运动的个体农民。每个省区都要建立生产新式农具的国营工厂，以便农民购用此种农具。省、专区和县都要建立至少1个公营农场，以为示范之用。

10月19日　政务院举行第一百零七次政务会议，会议批准了《卫生部关于全国防疫工作的报告》。报告指出，全国的防疫工作，以对国防与经济建设威胁最大的天花、鼠疫、霍乱作为重点目标。

经过21个月的努力，这几种烈性传染病，已显著减少。并使灾区200余万治河民工中没有发生大的流行病。在慢性传染病防治方面，也做了许多工作，取得了成绩。

10月23日　中国人民政治协商会议第一届全国委员会第三次会议在北京召开。出席会议的有中国人民政协全国委员会委员143人，列席会议的有中央人民政府委员，中央人民政府各部门负责人，地方政府负责人，地方政治协商委员会主席、副主席、中国人民志愿军，中国人民解放军，工农业劳动模范和老根据地代表，以及各界人士等519人。会议以增产节约，继续加强抗美援朝运动为中心议题。毛泽东主席致开幕词和闭幕词，政务院总理周恩来作《政治报告》，陈叔通副主席作《中国政协全国委员会常务委员会工作报告》，中国人民抗美援朝总会副主席彭真作《关于抗美援朝保家卫国运动的报告》，政务院副总理陈云作《关于经济工作和财政工作的报告》，政务院副总理郭沫若作《关于文化教育工作的报告》，会议通过《关于抗美援朝工作的决议》，通过郭沫若、陈叔通、彭真关于为纪念中国人民志愿军出国作战1周年制发抗美援朝纪念章的建议。经过分组和大会讨论，还通过《关于中央人民政府各项工作报告的决议》、《关于常务委员会工作报告的决议》、《关于提案审查委员会提案审查报告的决议》、《关于支持五大国缔结和平公约的要求的决议》，并发出《致世界和平理事会电》和《复西藏地方政府电》。会议号召全国各民族、各阶层人民坚持执行毛主席的指示，继续加强抗美援朝工作，增加生产，厉行节约。会议根据中央人民政府的各项报告内容，要求全国民主党派、各人民团体及各界爱国民主人士，团结广大人民进行下列各项工作：继续加强抗美援朝运动；彻底实行土地改革；加强国防建设，并继续恢复和发展经济建设；开展爱国增产节约运动；继续进行镇压反革命的斗争；开好各级人民代表会议，并充实各级政府机关工作；继续加强国内各民族的团结；继续发展人民文化教育事业；广泛开展思想改造运动，有系统地组织对马克思列宁主义与中国革命实践相结合的毛泽东思想的学习运动。其中，继续加强抗美援朝运动、提倡和推动爱国增产节约运动和广泛开展思想改造运动，有系统地组织对马克思列宁主义与中国革命实践相结合的毛泽东思想的学习运动，是着重进行的3项中心工作。

同　日　毛泽东在中国人民政治协商会议第一届全国委员会第三次会议上致题为《三大运动的伟大胜利》的开幕词。毛泽东指出，在过去的1年中，在我们国家内展开了抗美援朝、土地改革和镇压反革命三个大规模的运动，取得了伟大的胜利。大陆上的反革命残余即将基本肃清。土地改革，除一部分少数民族居住的地区以外，即将于1952年全部完成。全中国人民在抗美援朝运动中空前广泛地团结起来，向着美帝国主义的侵略势力进行了坚决的斗争。中国人民志愿军代表中国人民的伟大意志，与朝鲜人民军一道，打破了美帝国主义企图侵占朝鲜并进而侵入中国大陆的狂妄计划。由于这三大运动已经取得的胜利，由于各级人民政府和各界人民的共同努力，我们的国家已经实现了空前未有的统一。西藏问题业已用和平的方法予以解决。国防力量业已增强。人民民主专政业已巩固。而我们的金融和物价则继续保持着稳定，我们的经济建设事业和文化教育事业的恢复和发展的工作，也已前进了一大步。在工业和农业战线上正在发展着的爱国增产运动，在文化教育战线和各种知识分子中广泛地开展的自我教育和自我改造的运动，都是我国值得庆贺的新气象。一切事实都证明：我们的人民民主专政的制度，较之资本主义国家的政治制度具有极大的优越性。在这种制度的基础上，我国人民能够发挥其无穷无尽的力量，这种力量，是任何敌人所不能战胜的。建国以来两年中我们各方面的工作都获得了伟大的胜利。这些胜利，是依靠了各民族、各民主阶级、各民主党派、各人民团体以及一切爱国民主人士在工人阶级和共产党领导之下的巩固团结。在国际范围内，是依靠了以苏联为首的和平民主阵营的巩固团结以及世界各国爱好和平的人民深厚同情。

同　日　周恩来总理在政协全委会第一届第三次会议上作政治报告。报告指出：（一）目前形势。西藏已和平解放，整个中国大陆出现了历史上从来没有过的人民的统一，人民民主专政进一步巩固，国防力量正在向现代化迈进。经济正在迅速恢复。文教事业有显著的进步。各兄弟民族间的友谊合作，越来越加亲密。特别是中国人民志愿军与朝鲜人民军并肩作战取得伟大的胜利。全中国人民的爱国运动空前高涨。（二）外交与国防。我国人民认为全世界的各种不同社会制度的国家是可以和平共处的。凡是愿意在平等、互利、互相尊重领土主权的原则上与我们建立外交与商务关系的国家，就一定会得到我们的欢迎；而那些妄图用侵略和战争政策来威胁我国人民的帝国主义者，就一定会遇到我们的坚决回击。（三）土地改革。这是中国革命历史上最广大最健全的一次土地改革运动。截至今年8月底，全国总计有3.1亿农业人口地区完成了土改。（四）镇压反革命。目前全国绝大部分地区，反革命残余势力已经受到了极其严重的打击，全国的社会秩序，出现了历史上未曾有过的安定。(五）政权工作。全国各地召开过各界人民代表会议的，已有东北大行政区，内蒙古自治区，27个省，8个相当于省的行署区，146个市，2 038个县和105个相当于县的行政单位，有30个10万以上人口的城市已开过区人民会议，农村区、乡（行政村）一般也都开过了人民代表会议和农民代表会议。少数民族聚居或杂居的地区，除特殊情况外，一般均召开了人民代表会议。通过人民代表会议把广大人民紧密地团结在各级人民政府的周围。（六）民族事务。值得指出的是，和平解放西藏的协议正在开始执行，解放军已开进拉萨。1年多来，经过中央民族访问团到各少数民族地区访问，各少数民族代表来京开会及其他工作，沟通了中央政府同各民族的联系。（七）统一战线。1年多来，由于抗美援朝、土地改革和镇压反革命三大运动的普及和深入，吸引了各民族各民主阶级的绝大多数人民，唤起了一大部分受帝国主义或封建主义影响很深的宗教信徒，推动了一大部分在政治上素来冷淡和落后的人们，推动了各阶层人民和各界人士的自我教育和自我改造运动。

10月24日　达赖喇嘛致电毛泽东主席，拥护和平解放西藏办法的协议。他表示：西藏地方政府及藏族僧、俗人民一致拥护，并在毛主席及中央人民政府领导下积极协助人民解放军进藏部队，巩固国防，驱逐帝国主义在西藏的势力，保护祖国领土主权的统一。

10月25日　陈云副总理在政协全委会第一届第三次会议上作《关于经济工作和财政工作的报告》。报告说，农业情况，今年主要产粮区除江西平收外，都是丰收，产量估计一定超过去年。工商业情况，全国公私工业，都有进一步的发展。钢材、煤炭、电力分别比去年都有增长。轻工业除纱布因棉花尚感不足，增产不及10%外，麻袋、纸张、面粉、卷烟、火柴的产量比去年增加了20%~35%。由于工农业生产的提高，商业也有进一步的恢复。财政情况，由于美帝国主义侵占我国领土台湾，武装侵略朝鲜，威胁着我们大陆国境的安全，因此，许多财力不得不转用于国防。但是即令如此，今年度所支出的经济建设投资、文化事业的经费，仍然超过了去年。今年全国金融物价基本稳定。

同　日　朝鲜停战谈判自8月23日中断后，于本日在板门店复会。

同　日　中国人民政协全国委员会参加三大运动筹备委员会组织31个土地改革工作团分赴各地。工作团从即日起分批出发到中南、西南、华东、西北和绥远等地参加土地改革工作，参加人员共有3 600余人。

10月26日　政务院举行第一百零八次政务会议。会议通过了《关于整顿和发展中等技术教育的指示》。《指示》指出，培养技术人才是国家经济建设的必要条件，而大量地训练与培养中级和初级技术人才尤为当务之急。为此，必须对中等技术教育进行有计划、有步骤的整顿和发展。现阶段的整顿和发展工作，必须由各级人民政府的教育部门和有关业务部门，以及各主要厂矿、企业和农场分工合作，共同进行。在办学方针上，必须采取革命的方法，除整顿和发展正规的技术教育外，还应举办各种速成性质的技术训练班和业余性质的技术补习班，使正规的、速成的、业余的各种技术学校与训练班配合发展。各级各类中等技术学校除给予学生的专门技术训练外，并须实施政治教育与基本的文化科学知识教育。应明确规定各级各类中等技术学校的方针与任务，并逐步地与适当地实行专业化与单一化，务求学用一致，使所培养的人才能适应各业务部门的需要。《指示》规定，中等技术学校由各级人民政府与各有关业务部门分工领导，并成立各级中等技术教育委员会，负责研讨和解决中等技术教育的重大问题。《指示》还对招收工人农民劳模入学、毕业生分配、教材编审分工、经费及私立中等技术学校的管理等事项作了规定。

同　日　人民解放军进藏部队在张国华、谭冠三的率领下胜利进抵拉萨，并举行了入城式。

10月28日　中国人民政协第一届全国委员会常务委员会举行第三十一次会议。会议补选达赖喇嘛·丹增嘉措、班禅额尔德尼·确吉坚赞、熊克武、包尔汉等18人为政协委员；决定全国委员会会期延长1年召集1次。

同　日　班禅额尔德尼致电达赖喇嘛，拥护达赖喇嘛24日致毛泽东主席电。班禅行辕堪布会议厅发出通电，拥护达赖喇嘛和毛泽东主席的来往电文。

10月31日　朝鲜政府举行授勋典礼。新华社报道，朝鲜政府于中国人民志愿军出国作战1周年纪念日前夕，举行隆重授勋典礼。授予中国人民志愿军司令员彭德怀将军以朝鲜民主主义人民共和国最高勋章——一级国旗勋章，并分别授予志愿军17位战斗英雄和人民功臣以勋章和奖章。

本　月　中共中央召开政治局扩大会议。会议集中分析和研究了朝鲜战局的发展趋势与对策。根据毛泽东提出的战争必须胜利，物价不许波动，生产仍须发展的战略方针，会议确定了解决财政困难的五条办法：一、节约兵力，整训部队。全国兵员从610万减至465万人。二、精简机关，缩编人员。三、紧缩开支，清理资财。预计1952年财政支大于收，将面临财政困难，要求各地从11月起开展全面增产节约运动。四、提倡节约，严禁浪费。五、组训民兵，准备推行义务兵役制。

本　月　增产节约运动在全国展开。自10月23日毛泽东在全国政协一届三次会议上，向全国人民提出并由会议一致通过“增加生产，厉行节约，以支持中国人民志愿军”的号召后，全国各条战线轰轰烈烈地开展起来增产节约运动。11月20日，《人民日报》发表了《开展增产节约运动是国家当前的中心任务》的社论。社论提出，为了更进一步加强抗美援朝的力量，支持中国人民志愿军，在保持国内物价稳定和不过分加重人民负担的条件下，保证对前方的物资供应，就只有努力增加生产，厉行节约。更重要的是，为了准备今后国家大规模的经济建设，为国家工业化积累大量资金，全国人民也必须加倍努力增加生产，厉行节约。社论还强调，我们积累资金的方法，不能采用资本主义国家所用的掠夺殖民地或通过侵略战争取得“赔款”等强盗式的方法，基本上只能依靠人民内部力量，这也必须增加生产，厉行节约。所以应该认识“增产节约”绝不是为了解决临时困难的措施，而是关系国家建设一项极其重要的经常性政策，我们必须把它作为一个持久的群众性的运动来推动。12月1日，中共中央作出《关于实行精兵简政、增产节约、反对贪污、反对浪费和反对官僚主义的决定》。12月29日，中国人民政协发出《关于增产节约运动与反贪污、反浪费、反官僚主义斗争的指示》，从此，增产节约运动同“三反”运动密切相结合。到1952年底，取得了很大成绩。中央财政委员会1952年11月29日向中央报告了关于全国增产节约运动开展情况：据不完全统计，全国增产节约总值达31.7万亿元，其中增产总值11.6万亿元，生产和基本建设降低成本节约13.7万亿元，流动资金节约6.4万亿元。增产节约运动发展不够平衡：解放早的地区的企业及国营企业比较好，解放晚的地区的企业较差。工业企业较好，其他财政部门较差。为了使运动进一步深入开展，报告提出必须加强生产管理，改善劳动组织，推广先进经验，改良生产技术，注意工人安全福利，改善劳动条件，实行计划管理，为今后推行经济核算打下基础。

11月3日　政务院举行第一百零九次政务会议。各地人民政府负责人列席了会议。周恩来总理在讲话中指出，政务院这次就各省市人民政府负责同志来京列席人民政协第三次会议之便，召开了两次座谈会。大家提出了许多意见和建议。两年来，中央各部门开过不少各种事业会议，但政务院没有召开一次各省（市）主席会议。这是一个很大的缺点，今后，政务院每年要召开一次省（市）级以上的主席会议。许多重要工作的布置在会议上进行传达和讨论。关于今年1年的中心工作，正是这次政协三次会议所指出的，继续抗美援朝，增加生产，厉行节约。各级地方人民政府都必须在这样的基础上来确定工作任务：既要保证抗美援朝战争的胜利，又要保证国内物价的稳定，同时还要照顾国家的重点建设。战争胜利、物价稳定和进行建设，就是我们今后一年的3项要求。关于中央与地方关系的问题，中央各部门对地方各地业务部门的领导，重大的或新的有关政策性的决定、指示等，应先经政务院批准，而后由政务院通过各大行政区，各省市主席的领导系统分别传达所属的业务部门贯彻执行。地方上业务部门对重大问题的处理，除应向当地行政领导请示报告外，也应向中央主管业务部门请示报告。我们的领导方法，应该是统一与分权相结合。中国的情况复杂，中央不可能把一切事情都统揽起来，必须进行适当分权，发挥地方的积极性。

11月3日—9日　教育部在北京召开全国工学院长会议。会议以华北、华东、中南3个地区为重点，拟订了工学院调整方案：清华大学、浙江大学改为多科性高等工业学校；南开大学、津沽大学的工学院合并于天津大学；成立南京工学院、广东工学院、航空工程学院、矿冶学院；在武汉大学成立水利学院。东北的十三个工学院系，暂不变，实行重点分工，同一地区的工学院系，实行分工。这一调整方案经11月30日政务院第一百一十三次政务会议批准。1952年4月16日发布。

11月5日　中央人民政府委员会举行第十三次会议。会议批准了《中央人民政府任免国家机关工作人员暂行条例》。批准了中波、中匈、中德文化合作协定。通过了中央人民政府林垦部改名为林业部的决议。任命林彪、高岗为人民革命军事委员会副主席。《中央人民政府任免国家机关工作人员暂行条例》对中央人民政府委员会和政务院任免或批准任免工作人员范围做了详细规定。条例于同日公布施行。

同　日　中共中央发出《关于清理厂矿交通等企业中的反革命分子和在这些企业中开展民主改革的指示》。《指示》指出，全国解放后，许多国营企业为了实现管理民主化，曾先后采取过登记反动党团员、调整人事、民主改革等措施，特别是经过1950年10月10日以后开展的镇压反革命运动，清除了大批隐藏在企业内部的反革命分子，在不同程度上改革了帝国主义和官僚主义原来在企业内部所形成的种种吸血的不合理制度和封建把头制度。但是，大部分公营和私营的工厂、矿山及其他企业还没有进行系统的清理。其中还混有大批的反动党团、反动会道门分子和少数潜伏的逃亡地主、土匪、恶霸、特务、间谍分子；有些过去曾与国民党反动统治者相勾结的封建把头，还未受到应有的惩治或改造；有些反革命分子，甚至混入了党和青年团内，或者把持了工会。他们从各方面进行破坏活动，压制着工人的政治积极性和生产积极性，为此，必须用足够的力量发动和依靠工人群众，有领导、有计划、有步骤地争取于1952年底以前，对工厂、矿山和交通等企业部门，首先对国营厂、矿、交通等企业内的残余反革命势力，加以系统的清理，并完成国营企业的民主改革工作。各地党委在这一运动中，要采取典型示范、逐步推广的方法，先由大城市再到中等城市及其他地方的企业。在各厂矿、企业中组成强有力的专门领导机构。放手发动工人群众自下而上地斗争和控诉反革命分子的罪行。打击的目标必须严格地以特务、恶霸、土匪、反动党团和反动会道门等五个方面的坚决反革命分子为限，对于过去勾结反动势力欺压工人的流氓工人和职员，应按照罪恶轻重、劣迹多少、过错大小和解放后有无悔改表现等具体情况，分别对待，不可笼统地打倒一切。对于曾经有过压迫工人行为或有轻微劣迹，但并非反革命分子的老技术工人、技术人员、专家和高级职员，必须加以保护，不能把镇压反革命和进行民主改革混淆起来，必须把反革命问题与工人阶级内部问题及企业管理制度本身的改革问题，严格加以区别。在运动中要防止打击面过宽，波动面过大，特别是乱斗、乱控诉的偏向。这个《指示》使企业的民主改革进一步深入，到1952年“三反”运动后，从全国范围看，企业的民主改革已基本完成，工作重点开始转到生产改革。

11月5日—12日　第一届全国翻译工作会议在北京举行。胡乔木在报告中指出，为适应国家建设的需要，翻译工作必须加强和扩大，必须提高质量，并制订必要的工作计划和工作制度。会议通过了《中央人民政府出版总署关于公营出版社出版翻译书籍的规定草案》

和《关于机关团体编译机构翻译工作的规定草案》。

11月13日　最高人民法院、最高人民检察署和司法部联合发出《关于土地改革地区的人民司法机关必须大力参加人民法庭工作的指示》。《指示》指出，今冬明春全国有9 000万人口的地区进行伟大的土地改革运动，一切准备土改与实行土改地区的人民司法机关必须协助人民法庭做好干部的准备与训练工作，大力配合与协助人民法庭的工作，深刻体会人民司法直接地为政治服务的特性。一切准备土改与实行土改地区的人民司法机关能否主动积极地参加人民法庭的工作，应该成为考察他们政治责任心强弱与成绩大小的重要标志。

11月16日　政务院举行第一百一十一次政务会议。会议讨论批准了《中央民族访问团访问中南各民族的总结报告》。报告说，访问地区计有3省、8市、48个县。接触各民族人民80万左右，约占中南少数民族人口的10%。中南区少数民族人口，约有800万左右，占全区人口总数的5%，其中僮族约600万人，侗族约25万人，苗族约50万人，瑶族约30万人，回族约40万人。此外，尚有若干小的民族集团，各有几百、几千人不等。解放后，中南区民族工作，在政治、经济和文教卫生等方面已取得良好成绩。报告还对改进中南民族工作提出了建议。会议决议：恢复海南岛黎族、苗族自治区。责成有关部门对训练民族干部所需经费、联合组织少数民族地区工作组等问题提出解决方案。并要求广泛开展关于民族情况和民族政策的宣传工作，首先在政府系统中进行。

11月18日　中国商务代表团由沙千里率领抵苏联莫斯科，与苏联谈判1952年中苏贸易问题。

11月20日　中共中央转发高岗《关于开展增产节约运动，进一步深入反贪污、反浪费、反官僚主义斗争的报告》。中央在按语中指出，这个报告是正确的。请重视这个报告中所述的各项经验，在此次全国规模的增产节约运动中进行坚决的反贪污、反浪费、反官僚主义的斗争。高岗的报告概述东北地区经验主要是：第一，必须开展一个群众性的民主运动，才能收到最大的效果。第二，首长负责，亲自领导，对于本单位所存在的主要缺点进行诚恳的深刻的自我批评，一次做不好，再做一次，直到把群众真正调动起来。第三，反贪污蜕化斗争，是一场复杂尖锐的斗争。有贪污行为的人，开始常常用多种多样的方法抵抗和逃避反贪污斗争的锋芒。因此，领导必须为群众撑腰，加强思想领导，提高群众的积极性，针对群众的各种顾虑进行解释。第四，及时处理已经弄清的问题。这样可以安定坦白者，推动有顾虑而不敢坦白的人坦白，也便于争取群众，使坏分子孤立。第五，随着运动的深入与发展，群众觉悟的逐渐提高，不断地研究新的问题与经验，以推动整个运动的前进。第六，以一批强的干部组成检查小组作为领导的助手，深入检查，及时反映情况，并协助领导机关总结经验，指导运动。

11月20日—29日　教育部召开全国工农速成中学工作会议。会议讨论了工农速成中学的方针、任务，认为工农速成中学是在较短时间内培养工农干部和产业工人升入高等学校的一种预备学校。它不仅是为了满足工农干部和产业工人对文化的要求，而且是为了适应国家建设的需要，为国家培养各种建设人才。会议指出，必须加强和改进工农速成中学。会议讨论了工农速成中学的设置、编制、招生、教学大纲、教材、教学组织领导及加强政治思想教育等问题，确定工农速成中学修业年限一律为3年。会议讨论、制订了分三类的教学计划：第一类是准备升入高等学校文史、财经、政法学科的；第二类是准备升入高等学校理、工科的；第三类是准备升入高等学校医科、农科及生物学等科的。

11月23日　政务院举行第一百一十二次政务会议。会议批准了贸易部部长叶季壮所作的《关于全国民族贸易会议的报告》、教育部部长马叙伦所作的《关于全国民族教育会议的报告》、卫生部部长贺诚所作的《关于全国民族卫生会议的报告》。叶季壮关于民族贸易的报告指出，目前在大多数少数民族地区，已先后设置了国营贸易公司门市部、采购站、代销店、加工厂等750个企业机构和大批流动贸易小组。这些贸易机构，据政府的民族政策和贸易政策，在价格上基本上执行公平合理的原则。当前存在的主要缺点是，贸易机构设置不够普遍，资金不足，缺乏专门指导。今后应有计划地、积极地建立与发展国营贸易企业，采用多种形式，扩大少数民族地区的商业网。马叙伦关于民族教育的报告指出，出席第一次全国民族教育会议的有蒙、藏、回、维吾尔、哈萨克、彝、满、摩些、阿西、高山、土家、朝鲜13个民族的代表。目前全国共有民族小学9 100多所，中等学校117所，学院9所，高等学校1所，干部学校5所，另有干部训练班18个。全国民族教育会议决定：（一）少数民族教育的内容，必须是新民主主义。（二）各级人民政府教育行政部门应充分重视少数民族教育工作。（三）目前应以培养少数民族干部为首要任务。（四）在各少数民族地区，应有步骤地、系统地进行爱国主义特别是抗美援朝为中心的政治思想教育。（五）各少数民族学校的教育计划和教育大纲，应以中央教育部的规定为基准。（六）凡有现行通用文字的民族，小学和中学的各科课程必须用本民族语文教学。（七）保证教育经费，并另拨款解决少数民族学校的特殊困难。贺诚关于少数民族卫生会议的报告指出，一年来卫生部在少数民族居住地区已逐步开展了卫生工作。由于预防工作的加强，内蒙的鼠疫发病率已大为减少。今后卫生部拟集中主要力量扑灭蒙藏地区的性病和西南、中南少数民族地区的疟疾及妇幼疾病。会议通过《政务院关于中央人民政府贸易部、教育部、卫生部提出的全国少数民族贸易、教育、卫生会议报告的决定》。责成各大行政区人民政府（军政委员会）和华北事务部指导所属各省（行署）人民政府分别制定少数民族地区1952年的贸易、教育和卫生工作计划；1952年少数民族贸易、教育和卫生工作所需额外补助的经费，由中央民族事务委员会和有关主要部门会商拟定报政务院核定。

同　日　朝鲜停战谈判小组委员会双方代表达成停战协议。双方代表对于第二项议程“作为在朝鲜停止敌对行为的基本条件，确定双方军事分界线，以建立非军事地区”，达成了正式协议。

11月24日　全国开始推行广播体操活动。全国体育总会筹备委员会、教育部、卫生部、人民革命军事委员会总政治部、团中央、全国总工会、全国妇联、全国青联、全国学联发出《关于推行广播体操活动的联合通知》指出，中央新闻总署广播事业局和中华全国体育总会筹备委员会联合决定在中央人民广播电台和各地人民广播电台举办广播体操节目，领导全国人民开展体操活动。由全国体育总会筹备委员会制定的这套广播体操，是最基本、最简单、也是最宜于普及的群众性体育活动。11月25日，《人民日报》发表了题为《推广体操运动，发展人民体育事业》的社论。自12月1日开始，广播体操活动逐渐在全国开展起来。

11月27日　朝鲜停战谈判的双方代表团举行会议。会议通过了朝鲜停战谈判小组委员会对于第二项议程的协议。朝中方代表就第三项议程“在朝鲜境内实行停火与休战的具体安排，包括监督停火休战条款实施机构的组成、权力与职司”，提出了五项原则建议。

11月28日　政务院公布《外国侨民出入及居留暂行规则》。《规则》规定，凡外国侨民在中国境内出入及居留，除法令另有规定外，悉依本规则办理。外侨非持有经中国驻外使领馆签证的护照，或外交部指定的机关所发的入境证并经检查站检查登记加盖戳记者，不得入境。外侨在中国境内居留，应向所在地公安机关申请居留登记并领取居留证，并遵守中国人民政府法令。外国人出境，应向所在地公安机关办理出境手续。

11月30日　中共中央发出《关于在学校中进行思想改造和组织清理工作的指示》。《指示》指出，自全国解放以来，各大中小学校的思想和政治状况虽然有很大改进，但由于对教职员中的反革命分子和曾被反革命分子威迫利用过的分子未进行系统的清理，仍然存在着各种不同程度的组织不纯。为此，必须立即有计划、有领导、有步骤地在1—2年内，在所有大中小学校的教职员中和高中学校以上的学生中，普遍地进行初步的思想改造工作，使他们能够分清革命与反革命，建立为人民服务的观点，用批评和自我批评的方式，进行自我教育和自我改造，改变原来的反动的或错误的阶级立场。经过初步的思想改造和思想准备工作，使绝大多数师生有了思想上的自觉，并形成了可靠的骨干和一批积极分子以后，再在教职员和学生中组织忠诚老实交待历史的运动，清理其中的反革命分子。在进行组织清理时，必须把重点放在清理反革命分子方面，不要把思想问题和政治思想混为一谈，严禁在学校中乱检查、乱逮捕、乱控诉、乱动手。教职员和学生的清理工作，一般应在统一领导下分头进行。在多数教职员和学生尚未划清革命与反革命界限和积极分子形成之前，不可过早地发动忠诚老实交待历史的运动。各地党委要加强对学校教育领导，以便保障对教职员、学生的思想改造工作和组织清理工作的顺利完成。

同　日　中共中央批转华北局关于刘青山、张子善贪污案调查处理情况的报告。毛泽东在为中央批转这个报告写的批语中指出，这件事给中央、中央局、分局、省市区党委提出了警告，必须严重地注意干部被资产阶级腐蚀发生严重贪污行为这一事实，注意发现、揭露和惩处，并须当做一场斗争来处理。华北局的报告中说，最近我们发现了河北省天津地委和专署有严重的贪污浪费和破坏国家政策法令的行为。据查，现任地委书记兼专员张子善和前任地委书记刘青山，先后动用全专区地方粮折款25亿元，宝坻县救济粮4亿元，干部家属补助粮1.4亿元；从修潮白河的民工供应站中，苛剥获利22亿元；贪污修飞机场节余款和发给群众房地补价款合计45亿元；冒充修建名义，向银行骗取贷款40亿元。总计贪污挪用公款约200亿元左右投入地委机关生产，作投机倒把的违法活动。为贪图暴利，曾利用蜕化干部从东北盗运木材达4 000立方米；勾结私商张文义等以49亿元巨款从汉口贩卖大批马口铁，私商从中贪污中饱，破坏国家政策。张子善、刘青山日常生活铺张浪费，任意挥霍。只有账可查者，二人私用4.5亿元，并向上下级及其亲友送礼达13亿元。张子善为消灭证据，曾亲手焚毁约计1.5亿元的单据和其他单据178张。

本　月　中财委在北京召开全国计划会议。会议的主题是编制1952年全国计划，研究确定1952年工业生产和基建控制数字。根据需要与原材料供应的可能以及努力生产，发挥现有设备力量的方针，会议对1952年钢、铁、煤、电、棉纱、棉布、纸张、麻袋等29种主要工业产品控制数字进行了安排。其中钢106.6万吨，比1951年预计增长29%；铁152.4万吨，比1951年增长31.1%；煤5 896万吨，比1951年增长31%；电71.4亿度，比1951年增长26.5%；棉纱333.4万件，比1951年增长31%；棉布4 743万匹，比1951年增长37%；纸张37.23万吨，比

1951年增长1倍；麻袋6 278万条，比1951年增长84%。上述工业产品的总产值达74万亿元，将超过历史最高年份产值的27.9%。公营、私营比重为51：49，公营企业产值将首次超过私营企业产值。有19种产品可以达到产销平衡。生产赶不上需要的是钢锭、钢材等10种。1952年计划进口钢材55万吨，石油74万吨，纸和纸浆19万吨，铜1.6万吨，锌8 000万吨，化肥20万吨，机器除供基本建设所需成套设备外，一般机器、仪器、配件进口约需1.4亿卢布。在制定工业生产控制数字的同时，这次会议还确定1952年全国基本建设投资控制数字为205万亿元，比1951年预计增加16%。基建投资的重点第一是重工业（包括燃料工业），第二是铁路，第三是水利。重工业投资总额为6.3万亿元，其中：钢铁工业占16%，用于鞍钢恢复薄板厂，第一、二炼钢厂，改造一初轧，建设大型压延和无缝管厂以及太原钢铁厂、大渡口钢铁厂、大冶特殊钢厂的恢复工程。有色金属工业占9.8%，用于恢复抚顺铝厂、东川铜厂、铜官山铜矿等。煤炭工业占21.2%，用于建设本溪、鹤岗、鸡西等矿新井和恢复峰峰、焦作等矿部分旧井。电力工业占23.3%，用于新建几个火电厂和扩建丰满水电站。石油工业占9.1%，用于购置钻井设备和勘探。纺织工业投资1万亿元，重点用于纺织机械制造。轻工业投资2 636亿元，重点用于改建扩建纸厂。

本　月　人民解放军空军首批女航空人员55人在第七航空学校毕业，全部分配到空军部队工作。55人中有飞行员14人，领航员6人，通信员5人，机械员30人。

12月1日　中共中央作出《关于实行精兵简政、增产节约、反对贪污、反对浪费、反对官僚主义的决定》。《决定》概述了自1950年10月中国人民志愿军参加朝鲜战争以来，全国各项工作取得的成就，以及战争中的困难和工作中的缺点；提出了1952年的工作计划。认为执行这一计划的中心环节是贯彻“精兵简政，增产节约”的方针，而反贪污、反浪费、反官僚主义则是贯彻这一方针的重大措施。《决定》提出了当前的具体工作是：一、整编部队，加强国防力量；二、精简机构、提高工作效率；三、增产节约，准备国家的大规模建设；四、平衡收支，继续稳定物价；五、为反对贪污、反对浪费和反对官僚主义而斗争。要采取自上而下和自下而上相结合的方法，检查贪污浪费现象，并要求全国从中央到地方，在党的领导下，分为党派团体、政府、军队3个系统，成立各级节约检查委员会，由首长负责，亲自动手，开展这场斗争。

同　日　“三反”运动开始。11月30日中共中央根据秋季全国工农业战线开展的爱国增产运动中揭发出来的大量贪污、浪费现象和官僚主义问题，向全党指出，必须严重地注意干部被资产阶级腐蚀发生严重贪污行为这一事实，注意发现、揭发和惩处，并须当做一场大斗争来处理。12月1日，中共中央作出《关于实行精兵简政，增产节约，反对贪污、反对浪费和反对官僚主义的决定》，把反贪污、反浪费、反官僚主义作为贯彻精兵简政、增产节约这一中心任务的重大措施，要求采取自上而下和自下而上相结合的方法，检查贪污浪费现象。12月8日，中共中央又发出《关于反贪污斗争必须大张旗鼓地去进行的指示》，12月，中共中央还发出《关于发动党内外群众大张旗鼓检查和惩治贪污人员的指示》。从此，一个以反贪污、反浪费、反官僚主义为内容的“三反”运动普遍地在全国开展起来。1952年元旦，毛泽东在元旦团拜会上号召：我国全体人民和一切工作人员一致起来，大张旗鼓地、雷厉风行地，开展一个大规模的反对贪污、反对浪费、反对官僚主义的斗争，将这些旧社会遗留下来的污毒洗干净。1月4日，中共中央发出《关于立即限期发动群众开展“三反”斗争的指示》，要求立即抓紧“三反”斗争，缩短学文件的时间，召开干部会，限期展开斗争。此后“三反”斗争迅速进入高潮。中共中央为了加强对运动的领导，成立了以薄一波为主任的中央增产节约检查委员会。并在党政军3个系统成立了各级增产节约检查委员会。中共中央和毛泽东连续批转了各级党委的报告，阐明了中央的方针和政策，总结并推广各地经验。在运动中，各地揭露了一批严重的贪污盗窃案件，召开了坦白检举大会或公审大会，根据“坦白从宽，抗拒从严”的政策，对严重的犯罪分子依法严惩。大贪污犯、原中共石家庄市委副书记刘青山和原中共天津地委书记张子善被依法判处死刑。对于其他犯罪分子，依据罪恶轻重分别判处徒刑，对于能够坦白并有立功表现的，免除刑事处分。3月，中共中央发出《关于处理贪污浪费问题的若干规定》和《关于处理小贪污分子的五项决定》，4月18日，中央人民政府第十四次会议批准了《中华人民共和国惩治贪污条例》，并于4月21日公布施行。从1952年4月开始，“三反”运动进入核实定案处理阶段。中国共产党和人民政府的各级地方组织，根据中共中央和中央人民政府所规定的关于“严肃与宽大相结合”和“坦白从宽，抗拒从严；一般从宽，恶劣从严”等方针和政策，对于在运动中揭发出来的犯有贪污、浪费错误的人员，分别作出了处理。1952年10月25日，中共中央批准了关于结束“三反”的报告，“三反”运动宣告结束。

12月4日　中央人民革命军事委员会主席毛泽东批准，由总政治部主任罗荣桓领导创建中国人民解放军政治学院，并兼任第一院长。

12月7日　政务院举行第一百一十四次政务会议。会议一致同意周恩来所作的在全国范围内展开精简节约、增加生产、反对贪污、反对浪费、反对官僚主义运动的指示，批准了全国编制委员会主任薄一波所作《关于调整机构紧缩编制问题的报告》，通过《关于调整机构紧缩编制的决定》。听取中财委薄一波副主任作的《关于开展增产节约、反贪污、反浪费、反官僚主义运动的报告》，决定成立中央人民政府节约检查委员会，由薄一波任主任，彭真、沈钧儒、李富春、谭平山为副主任。《政务院关于调整机构紧缩编制的决定》指出，由于国家任务繁重，经验不足，以致在建立各级人民政府机构的过程中，在上层方面，产生了机构庞大、层次太多、分工不清、人浮于事等现象。在下层方面，特别是经济建设和文教建设等方面，却又缺乏必需的人员，形成了头重脚轻的情势。为此，必须将行政机构加以适当的调整和紧缩。中财委薄一波副主任作的《关于开展增产节约、反贪污、反浪费、反官僚主义运动的报告》指出，两年来，由于没有大张旗鼓地系统地进行反贪污运动，再加上旧社会遗留下来的坏风气吸引，贪污情况十分严重，尤其是经济系统情况更加严重。《报告》评述了各种贪污的严重情况后指出，反贪污必须和反浪费结合进行，反贪污浪费又需要和反官僚主义结合进行。为杜绝贪污、浪费现象，必须把财政纪律和财政检查制度建立和健全起来。

12月8日　中共中央发出《关于反贪污、反浪费、反官僚主义的斗争必须大张旗鼓地去进行的指示》。《指示》指出，应把反贪污、反浪费、反官僚主义的斗争看做如同镇压反革命的斗争一样的重要，一样地发动广大群众包括民主党派及社会各界人士去进行，一样地大张旗鼓去进行。一样的首长负责，亲自动手，号召坦白和检举，轻者批评教育，重者撤职惩办，判处徒刑（劳动改造），直到枪毙一大批最严重的贪污犯，才能解决问题。贪污分子、浪费分子和官僚主义分子当然大多数不是反革命分子（可能有一部分人即是反革命分子），他们的罪名是贪污、浪费和官僚主义，但这个问题现已极为严重，必须看做如同镇压反革命斗争一样的重要。要查明情况，心中有数（犯贪污的占全体工作人员的百分之几，轻者、重者、最重者又各占百分之几），精密地掌握这一斗争。

12月10日　湖南省长沙市军管会下令取缔反动组织"圣母军"。并将抗拒登记、积极进行破坏活动的首要分子宝仁（意大利籍）、包泽三（德国籍）和他们直接指挥下的中国神甫、"圣母军"骨干分子屈天锡、白晴岚等逮捕。

12月11日　政务院监察委员会就天津、青岛、北京三市部分不法商人以欺诈手段牟取暴利事件发出通报。这三市不法商人的欺诈行为使国家财产损失100亿元。

12月13日—22日　中华全国总工会党组第一次扩大会议在北京召开。李富春在会上作了《在工会工作问题上的分歧》的报告。报告根据此前毛泽东在中央一个文件上所作的工作中有严重错误的批示，对工会工作中的分歧作了结论。会议还通过了《关于全国总工会工作的决议》。李富春的报告和会议决议认为，主持全国总工会实际工作的李立三犯了3个错误：在工会工作的根本方针上犯有狭隘经济主义的错误；在工会和党的关系上犯有严重的工团主义错误；在工作方法上犯有主观主义、形式主义、事务主义甚至家长制的错误。并认为上述错误"是严重的原则错误"，"表现了社会民主党的倾向"，"是完全反马克思主义的，是对于职工运动和我们党的事业极其有害的"。

会议对李立三进行了批判，并解除了他担任的全国总工会主席的职务。1981年3月3日，中华全国总工会党组在《关于对全总党组第1次扩大会议的复查结论向中央的报告》中指出，全国总工会党组第一次扩大会议认定李立三犯了严重的工团主义、经济主义、主观主义错误，是缺乏事实根据的，均应推倒，并为李立三恢复了名誉。

12月14日　政务院举行第一百一十五次政务会议。会议批准了中央人民政府南方老根据地访问团团长谢觉哉和北方老根据地访问团团长刘景范分别作的工作报告，通过于《关于加强老根据地工作的指示》。《政务院关于加强老根据地工作的指示》指出，无论从政治上或经济上都必须十分重视加强老根据地的工作，大力领导与扶植老根据地人民恢复与发展经济建设和文化建设。应本着解决群众当前生活困难与长期建设相结合的方针，因地制宜，有计划有重点地发展农业、林业、蓄牧业、手工业与副业，同时，要恢复与开辟交通，增设国营贸易机构和合作社，组织互助合作，增加贷款，调整农民负担。要积极加强老根据地的文化教育、医疗卫生和优抚工作。老根据地的工作是一件光荣的任务，应作为有关省、专署考绩中的一项重要内容。此件1952年1月28日公布。周恩来总理指示，要认真加强优抚工作，由内务部起草一个指示，责成各大行政区（军政委员会）、省（市）人民政府检查优抚工作的执行情况。

12月19日　班禅额尔德尼·确吉坚赞及其行辕全体人员自青海西宁市启程赴西藏。毛泽东主席和中央人民政府特命西北军政委员会副主席习仲勋为代表，亲往送行。

12月21日　郭沫若获“加强国际和平”斯大林国际奖金。是日，“加强国际和平”斯大林国际奖金委员会主席斯科贝尔琴发表谈话，介绍了郭沫若等6位1951年获奖金者的功绩。对此，郭沫若于12月23日在北京发表书面谈话：“加强国际和平”斯大林国际奖金并不是给予我个人，而是给予我们在英明领袖毛主席领导之下为“加强国际和平”而奋斗的全中国人民。1952年4月9日，授奖典礼在苏联莫斯科克里姆林宫斯维尔德洛夫大厅举行，郭沫若出席典礼，接受金质奖章和奖状。

同　日　云南省西部丽江专区发生地震。震中在剑川、鹤庆、硝江等县，房屋倒塌70%，死390人，伤1 500多人，受灾人数约为12万人。地震发生后，中央人民政府拨款30亿元救济受灾人民，并派专机运送大批破伤风抗毒素到灾区医治受伤灾民。

12月22日　中共中央转发甘肃省委关于“三反”的报告。中共中央在转发这个报告的批语中指出，照甘肃省委的意见，反贪污反浪费反官僚主义的斗争，从发动到结束只需要1个月。甘肃省委这个意见是基本正确的。要将一切贪污浪费官僚主义问题全部彻底解决清楚，包括许多大贪污案犯的调查、公审、判决、处理，许多基本建设工程重新审查其旧的浪费的设计、建立新的节约的设计，当然不是1个月所能形成，而需要更多的时间，有些可能拖得很长。但就一般情形来说，1个月左右的时间也就差不多了。特别是一般的浪费现象，就一个机关来说，从调查、研究、批评、检查，到定出新的制度，停止浪费开支，大约有半个月左右的时间也就够了，许多机关已有这种经验。也不是停止一切工作不做，专做“三反”斗争，而是和各项工作结合，特别是和整党整风工作结合去做，“三反”斗争就是目前整风的主要内容。

12月24日　重庆市军管会下令取缔反动组织“圣母军”，并逮捕其中首要罪犯唐学伯、陈光普、苏子海等。

12月24日—31日　全国财经会议在北京召开。会议主要讨论了1952年财经工作方针、财政概算。会议提出，1952年财经工作方针是：深入“三反”，增产节约，改进工作，迎接建设。工作重点是：不放松财政，并逐渐转向经济，即转向工业、农业和贸易；财政工作在不放松收入的前提下，逐渐转向支出。在1952年内，财经工作部门必须抓好以下几项工作：开展“三反”运动，增加生产，厉行节约；建立和健全中央、大区和省（市）三级财政制度，贯彻财政纪律；确定计划，准备干部，迎接建设；大力收购粮食，做好粮食统筹调度工作。会上中央计划局报告了对五年计划的初步设想，计划五年投资2 000亿斤（小米）。1957年工业总产值比1952年增长150%，平均每年递增20%。全部工业中，公营占70%~80%。农业1957年比1952年增长10%，平均每年递增2%。几种主要产品产量为：钢500万吨，石油480万吨—500万吨，煤11亿吨，汽车45万辆，造船245万吨，拖拉机11万台。5年建设铁路9 000公里。新增工人200万人左右。

同　日　最高人民法院、司法部、内务部发布《关于纠正几个有关婚姻问题的错误的指示》。《指示》指出，一、有些法院在收到离婚案件时，往往以没有区、村干部的介绍信而不予受理。而有些区、村干部认为要求离婚的妇女不正派，不给出介绍信，这种毫无法令依据而限制妇女离婚诉讼的行为，必须彻底纠正。二、有些法院对于妇女提出离婚，以起诉书的格式作为受理与否的条件。在目前一般妇女文化程度尚未普遍提高的情况下，这种不必要的限制应该立即取消。三、有些地方的法院，对离婚案件，以未经过区、村调解，就推到区里，区里又推到村里；有时村又推回区里，区又推到法院；上下推诿，很久不能解决。这样把区、村调解看做判离婚的必经程序，是不对的，必须纠正和防止。四、有些法院在处理妇女的离婚案件时，对区、村干部的反映，不经调查研究，就信以为真，这种官僚主义的作风必须彻底纠正。五、有些区、村干部对虐杀妇女的事件抱着熟视无睹的态度，有些法院也不闻不问，这是不能容忍的严重错误。六、有些婚姻登记机关对结婚证收费过高；有些登记机关把主婚人、介绍人作为结婚的条件，这都必须纠正。

12月26日　国家文化教育委员会决定成立中国文字改革研究委员会，马叙伦为主任委员。

12月28日　政务院第一百一十七次政务院会议决定成立华北行政委员会，并撤销中央人民政府华北事务部。1952年4月18日，中央人民政府委员会第十四次会议批准了政务院成立华北行政委员会的决定，刘澜涛任主任。1952年11月15日中央人民政府委员会第十九次会议决定将华北行政委员会改为大区级机构。华北行政委员会代表中央人民政府在华北地区进行领导和监督地方人民政府工作。分管北京市、天津市、河北省、山西省、绥远省、内蒙古自治区。1953年1月14日，中央人民政府委员会第二十一次会议决定任命刘澜涛为主席，刘秀峰、张苏、李烛尘为副主席。1954年6月19日，中央人民政府委员会第三十二次会议根据同年4月27日中共中央政治局扩大会议的决定将其撤销，所属各省、自治区、直辖市即由中央直辖，绥远省撤销，其行政区并入内蒙古自治区。

12月29日　中国人民政治协商会议全国委员会发布《关于增产节约运动与反贪污、反浪费、反官僚主义斗争的指示》。《指示》要求，各地协商机关通过各民主党派、各人民团体，大力地协助这一运动，把这一运动发展到社会各阶层群众中，依靠群众，协助政府，大胆地检举贪污浪费，同时发动群众，无情地揭发某些奸商贿赂工作干部、盗取国家财富的犯罪行为，彻底地肃清腐朽的剥削阶级损人利己的作风，肃清一切反动的国民党作风的影响，树立新的社会风气，为国家建设事业的发展扫清道路。

12月31日　中央直属机关总党委召开有500多人参加的党委扩大会议。薄一波、安子文等受中央委托宣布了中央的决定，限期于1952年1月上旬所属一切单位务须发动群众实行坦白检举，否则一律撤职查办。会上，点名表扬了做得好的单位，也批评了做得差的单位，并撤销查办了几名高级干部。这次会议在中央机关引起强烈反响。许多单位当日连夜开会部署。到1952年1月3日，几乎所有单位都开了坦白检举的群众会议，纷纷向中央送交报告。

本　月　中央军委发出《关于整编中干部调整工作的指示》。《指示》提出，在部队整编中，干部队伍必须进行适当调整，使各类干部人尽其才，愉快接受新的工作。《指示》要求，一、把全军干部做一次大的调整。二、抽调大批干部继续建设和发展各特种兵。三、有计划地保存和提高干部。四、加强各级人民武装部的干部。五、大量干部要参加生产建设。六、少数因老弱病残及慢性病或其他原因，不适宜部队工作的，可区别情况予以处理。七、组织病残人员疗养。八、对起义、解放的军官及知识分子、妇女干部要妥善使用。九、干部评级工作仍旧进行。十、司政后机关一道共同做好干部处理工作。

1952年

1952年综述

1月1日，中央人民政府主席毛泽东在元旦团拜会的祝词中号召“全体人民和一切工作人员一致起来，大张旗鼓地、雷厉风行地，开展一个大规模的反对贪污、反对浪费、反对官僚主义的斗争，将这些旧社会遗留下来的污毒洗干净！”8日，中央人民政府监察委员会根据中共中央4日发出的指示作出《关于反贪污、反浪费、反官僚主义斗争的指示》，要求各单位立即限期发动群众开展斗争。9日，政务院召集中央、华北局、京津两市高级干部和各界人士举行“三反”运动报告大会。“三反”运动迅速进入高潮。2月10日，河北省人民政府召开公审大会，判处大贪污犯刘青山、张子善死刑。全国各地也先后召开公审贪污犯大会。3月11日，政务院公布《关于处理贪污、浪费及克服官僚主义错误的若干规定》。此后，各单位在基本完成“三反”斗争任务后，转入“三反”运动的建设阶段。6月15日，中共中央发出关于争取胜利结束“三反”运动的若干问题的指示。10月25日中共中央批转安子文《关于结束“三反”运动和处理遗留问题的报告》，“三反”运动胜利结束。

1月26日，中共中央发出《关于在城市中限期展开大规模的坚决彻底的“五反”斗争的指示》，要求在全国大中城市，向着违法的资产阶级开展一个大规模的、坚决的、彻底的反对行贿、反对偷税漏税、反对盗窃国家财产、反对偷工减料和反对盗窃经济情报的斗争。2月上旬，“五反”运动首先在各大城市展开，并很快掀起了高潮。3月5日，毛泽东根据“五反”运动的进展情况，提出了处理违法工商户的5条基本原则，具体划分了工商户的5种类型。6月13日，政务院发出关于结束“五反”运动中几个问题的指示。10月25日，中共中央批转廖鲁言《关于结束“五反”运动和处理遗留问题的报告》，“五反”运动胜利结束。

9月，周恩来、陈云、李富春率中国政府代表团赴苏联，同苏联政府商谈我国发展国民经济的第一个五年计划（草案）及苏联援助我国的项目问题。10月20日，刘少奇根据毛泽东指示致信斯大林阐述关于中国怎样从现在逐步过渡到社会主义的问题。11月9日，中财委党组发出关于迅速准备基本建设的指示，11月15日，中央人民政府发出关于改变大行政区人民政府（军政委员会）机构与任务的决定，同时，采取加强国家计委、建立农村工作部、加强培训干部等一系列战略部署，强调把基本建设放在首位，加强国家工作的集中性，迎接大规模经济建设。12月22日，中共中央发出《关于编制1953年计划及五年建设计划纲要的指示》，这一切均为1953年开始的大规模经济建设和文化建设，进行了积极的准备。6月中旬至9月下旬，教育部对全国高等院校进行院系调整工作。调整的总方针是：以培养工业建设人才和师资为重点，发展专门院校与专科学校，整顿和加强综合性大学，逐步创办函授学校和夜大学校，并在机构上为大量吸收工农成分学生入高等学校准备条件。

10月14日，美国为了迫使中朝接受其无理的谈判要求，向上甘岭我军阵地发动了1年来最大的攻势。中国人民志愿军战士发扬了高度的爱国主义、国际主义和英雄主义精神，依托坑道工事，坚守阵地，在43天内，打退敌人900多次冲击，歼敌2.7万多人。抗美援朝进展到停战谈判和遣返战俘的阶段。

本年冬到次年春，土地改革运动除新疆、西藏等少数民族地区以及台湾外，在全国基本完成，3亿多无地少地的农民无偿地获得了7亿亩土地和其他生产资料。

本年主要工农业产量都超过中华人民共和国成立前的最高水平，并开始了部分重点建设。工业总产值达349万亿元，比解放前最高的1936年增长22.3%。原煤6 649万吨，发电量73亿度，钢135万吨，棉纱362万件，分别为原定控制数字的112.8%、102.2%、127%、108%；棉布38.3亿米，未完成计划。国营工业在全国工业总产值中的比重由1949年的26.3%上升到1952年的41.5%；私营工业产值绝对额也有较大增长，但比重由1949年的48.7%下降到1952年的30.7%。到1952年底，铁路通车里程达2.45万公里，公路通车里程达12.7万公里，接近和超过解放前的最高水平。农业丰收，总产值达461万亿元，比上年增长15%。主要农产品产量，粮食3 278亿斤，棉花2 607万担，烤烟433万担，花生4 632万担，油籽1 864万担，大牲畜7 617万头，分别相当于1949年的144%、293%、516%、182%、127%、127%。

国家财政继续收支平衡略有节约。收入总额为183.7万亿元，支出176万亿元，结余7.7万亿元。人民物质文化生活有明显提高。这一年全国职工的平均工资比1949年增长60%~120%，工人的工资收入一般已达到或超过抗日战争前的水平。同期农民的收入一般也增长了30%以上。

1月1日　毛泽东在中央人民政府举行的元旦团拜会上致祝词。《祝词》号召全体人民和一切工作人员一致起来，大张旗鼓、雷厉风行地开展一个大规模的反对贪污、反对浪费、反对官僚主义的斗争，将这些旧社会遗留下来的污毒洗干净。

1月4日　中共中央发出《关于立即抓紧"三反"斗争的指示》。1951年12月31日，中共中央直属机关总党委召开了党、政、军、团、群等机关部长至处长级数百名干部参加的党委扩大会议，由薄一波、安子文宣布中央决定，限期发动"三反"斗争，10天后向中央作出报告；对运动进展慢的单位，进行点名批评，引起各单位的重视。这些干部当日回去，连夜开会。元旦也在开会。很多部长、副部长参加完团拜会就回去，戏也不看了。3天后，毛泽东为中央起草了这一《指示》，向全党通报了这次会议的做法。《指示》还要求各单位立即抓紧"三反"斗争，缩短学习文件的时间，召开干部会，限期（例如10天）展开斗争，送来报告，违者不是官僚主义分子，就是贪污分子，不管什么人，一律撤职查办。在干部会上应指名批评落后的单位及其领导人，指名奖励做得好的单位及其领导人，宣布撤职的名单及理由。此外，《指示》还宣布，中央已指定薄一波用电话和大区负责人联络，在目前"三反"紧张时期，每3天—5天通话1次，检查各区"三反"进度。此后，"三反"运动进入高潮。

同　日　政务院召开第一百一十八次政务会议。会议由周恩来主持。会议批准中国科学院院长郭沫若作的《关于科学院第二次院务会议的经过及今后科学院的任务和工作计划的报告》。报告指出，我国目前科学研究工作的基础还很薄弱，中国科学院所属27个研究单位担任研究工作的目前只有932人。去年9月13日—24日，科学院召开了第二次院务会议，明确了科学院今后的任务是：组织全国各个岗位的科学家，配合财经部门有计划地研究和解决国家经济建设上各项迫切的科学问题；加强学术审议工作；加强对马克思列宁主义的学习，开展科学工作者自身的思想改造工作。

同　日　中央军委制订军事整编计划。遵照军委主席毛泽东和中共中央关于整编部队加强国防力量的指示，这个整编计划，确定到1953年分期精减员额300多万人。

1月5日　中共中央发出《关于在反贪污反浪费反官僚主义斗争中惩办犯法的私人工商业者和坚决击退资产阶级猖狂进攻的指示》。这个《指示》是毛泽东为中央转发北京市委关于“三反”斗争的报告而写的批语。中央指出，一定要使一切与公家发生关系而有贪污、行贿、偷税、盗窃等犯法行为的私人工商业者，坦白或检举其一切犯法行为，特别注意在天津、青岛、上海、南京、广州、武汉、重庆、沈阳及各省省城用大力发动这一斗争，借此给资产阶级3年以来在此问题上对于我党的猖狂进攻（这种进攻比战争还要危险和严重）以一个坚决的反攻，给予重大的打击，争取在2个月—3个月内基本上完成此项任务。请各级党委对于此事进行严密的部署，将此项斗争当做一场大规模的阶级斗争看待。在这个斗争中，对民主党派和各界民主人士应酌予照顾，注意组织“三反”斗争的统一战线。

同　日　周恩来在第一届全国政协常委会第三十四次会议上作《“三反”运动与民族资产阶级》的讲话。讲话指出，贪污、浪费、官僚主义的毒害，在中国有着深厚的社会基础。要完全地彻底地铲除这一积害，必须全社会都动员起来，特别是与贪污、浪费有密切关系的工商界要动员起来。中国的民族资产阶级有其积极进步的一面；但也有其黑暗腐朽的一面，那就是由于他们与帝国主义的、封建的、官僚买办的经济有着千丝万缕的联系，同时，与世界各国的资产阶级一样，具有唯利是图、损人利己、投机取巧的本质。因此，解放后，他们中间有很多人，常常以行贿、欺诈、谋取暴利、偷税漏税等犯法行为，盗窃国家财产，危害人民利益，腐蚀国家工作人员，以遂其少数人的私利。这种情形如不加以打击和铲除而任其发展下去，将使我们的党、军队和人民日益受资产阶级的侵蚀，其前途不堪设想。讲话还指出，虽然中国民族资产阶级是参加人民民主专政的一个组成部分，中国的私人资本主义经济也是我国五种经济成分之一，但是，资产阶级和资本主义在中国并不是不可以不受限制而自由发展的。凡是有利于国计民生的私人经济事业，就容许发展；凡不利或有害于国计民生的私人经济事业，就不容许发展；凡能操纵国计民生的经济事业，就应由国家统一经营。这是《共同纲领》规定了的。只有这样，中国经济的发展道路才能由新民主主义走向社会主义。否则，私人经济事业如果不受限制、不受领导而任其自由发展，则中国经济的发展道路将不是新民主主义而是资本主义。中国的工商业家如果按《共同纲领》的方向发展，遵守国家政策法令，服从国营经济和国家生产计划的领导，那么，他们的出路是光明的。相反，如果与新民主主义的经济背道而驰，无疑必将遭受全国人民的反对而归于失败。讲话强调，在新民主主义的中国，只有工人阶级才能担任领导而资产阶级决不能担任领导，其指导思想只能是马克思列宁主义与中国革命的实践相结合的毛泽东思想，而资产阶级思想却不能不受到批判和改造。讲话最后号召全国工商界人士参加“三反”运动，进行检举和坦白。这不仅在巩固人民民主政权和树立新的社会风气上将有所贡献，即在工商界人士的自我改造上也将有所收获，并利于他们与全国最大多数人民一道前进。这个讲话刊载于1952年1月8日《人民日报》。

同　日　中央军委总政治部嘉奖“速成识字法”创造者祁建华。祁建华，河南郏县人。1949年加入中国共产党，在人民解放军某军任文化教员。在解放大西南的行军作战中，开始研究这一识字教育的方法。1950年“速成识字法”试验成功。1951年在全军推广。

1月8日　政务院人民监察委员会发布《关于反贪污、反浪费、反官僚主义的指示》。《指示》要求各级监察委员会以全力参加并配合各部门领导的反贪污、反浪费、反官僚主义斗争。通过斗争，把监察机构健全起来，吸收监察通讯员，广泛建立监察通讯网。

1月9日　政务院在北京召开中央人民政府各部门、各民主党派、各人民团体和华北、北京、天津高级干部会议。出席会议2 300余人。政务院总理周恩来在会上指出，“三反”运动是一场严重的、紧张的斗争，现在还在开始阶段，还很不平衡。他号召，全国人民和全体国家工作人员，应该响应毛主席的号召，迅速地、彻底地、无保留地开展一个反对贪污、反对浪费、反对官僚主义的群众性的检讨、检举和坦白运动，来反对资产阶级的侵蚀，来洗净旧社会遗留下来的污毒。中央人民政府节约检查委员会主任薄一波在会上作了题为《为深入地普遍地开展反贪污、反浪费、反官僚主义运动而斗争》的报告。他指出，反贪污、反浪费、反官僚主义的“三反”运动，是和抗美援朝、土地改革、镇压反革命同样重要的一个新的有历史意义的革命运动。由于我们的国家是在几千年的封建政权的废墟上新建立起来的，为着保证革命胜利和迎接国家建设的历史任务，“三反”运动就成为一个绝不可少的革命运动。报告介绍了中央各机关开展“三反”运动的情况，指出，贪污、浪费、官僚主义的现象，在党内、政府内、军内、人民团体内都是严重的。这种现象如不加以反对和克服，对于我们的事业将是很大的危险。

同　日　中财委发布《基本建设工作暂行办法》。主要内容是：一、为了便于各级主管机关对建设单位在计划、设计、施工等工作上管理掌握有所区别，规定划分建设单位为“限额以上”和“限额以下”2种投资额。“限额以上”建设单位，其全部投资在1 000亿元以上者为甲类建设单位，1 000亿元以下者为乙类建设单位；“限额以下”建设单位，其全部投资在20亿元以上者为丙类建设单位，20亿元以下者为丁类建设单位。二、对于设计文件的审核及批准程序。三、各项设计文件批准后，建设单位不得擅自变更。四、财务预算和基本建设计划的编制、审核和批准系统及颁发控制数字和编制计划草案的程序。五、由专业银行按照计划监督拨款。六、执行基本建设计划的定期报告制度与检查制度、分级负责的工程验收制度等。此《办法》是建国以后，关于基本建设工作的第1个明文规定，对中国即将开始的大规模经济建设具有重要意义。

1月20日　政务院颁发《1952年各项财经控制数字的指示》。要求根据各项控制数字、各项计划的方针、各项计划呈报时间及财经委所印发的《1952年国民经济计划表格》、《国民经济计划编制暂行办法》，编制计划草案，并按规定时间办法呈报。《指示》还规定，1952年工业生产与交通运输计划的方针是：大力开展增加生产、厉行节约的群众运动，充分发挥现有设备的潜在能力，改进经营管理。农林生产计划的方针是：农业生产应集中力量提高单位面积产量；畜牧业应着重改善饲养管理，加强防疫工作，增殖各种牲畜；渔业生产应该发展淡水养殖，保护沿海渔场；林业生产应发动群众植树造林，封山育林。基本建设的方针是：严格地根据基本建设程序，进行精确的勘察、设计，然后施工，在建筑安装工程的管理上，要实行经济核算制。

1月22日　中共中央发出《关于宣传文教部门应无例外地进行“三反”运动的指示》。此《指示》发至各中央局、各分局并转各省市区党委。同时转发了中共中央西北局1月11日所发西北宣传文化教育部门“三反”运动情况的报告。中央指出，西北局关于目前一切宣教部门均应无例外地进行“三反”运动的意见是完全正确的。并进一步指出，事实证明，无论党的宣传部，政府的教育、文化、卫生、出版、新闻部门，教育系统的学校行政人员和干部学校的学员，文化系统的电影厂、电影公司、影剧院、放映队、文工团、旧剧团、图书文物机关、美术机关、对外联络机关，卫生系统的药厂、卫生材料厂、医药公司、医院、卫生院、医学院校，出版系统的印刷厂、书店、出版社，新闻系统的报社、广播台、通讯社，以及科学机关、科学团体、文艺团体、中苏友协分会、抗美援朝分会等，其中均有严重的贪污腐化问题，尤其是有大批经费和与私商、外商有关的方面，均可能有1亿元以上的大贪污分子（“大老虎”）。至于浪费与官僚主义，更不消说。对于在学校中进行“三反”运动，中央认为应依学校情况作不同处置。在干部学校中，学生应与学校行政工作人员同样进行坦白检举。在普通学校中，对中学和中学以下的学生一般不要进行坦白检举，但应向他们进行适当的“三反”的教育。各级学校的行政工作人员、教师和高等学校的学生均应参加“三反”运动的学习，其有贪污浪费行为者亦应坦白。对这些人，除少数过失很大、态度恶劣者外，原则上都应帮助他们“过关”并予以适当的照顾。中央还指出，“三反”运动是目前最实际的思想改造，故教育界、文艺界的思想改造学习亦应转入“三反”，在“三反”斗争中解决资产阶级思想问题。

1月23日　毛泽东发出关于“三反”斗争展开后要将注意力引向搜寻“大老虎”的电报。电报发至中央和军委各部，中央人民政府各党组；各中央局，并转分局、省市区党委；各大军区，志愿军，并转各级军区和各军。毛泽东指出，凡属大批地用钱管物的机关，不论是党政军民学哪一个系统，必定有大批的贪污犯，而且必定有大贪污犯（“大老虎”）。因此，毛泽东要求各单位注意，在每一地区、每一部门“三反”斗争激烈展开之后，就要将同志们的注意力引向搜寻“大老虎”，穷追务获，不要停留，不要松劲，不要满足于已得成绩。在这方面，要根据情况，定出估计数字，交给各部门为完成任务而奋斗。在斗争中还要根据情况的发展，追加新任务。总之，应组织一切可用的力量，为搜尽一切暗藏的大贪污犯而奋斗。

同　日　外交部副部长章汉夫发表声明。章汉夫就日本政府吉田茂在1951年12月24日给美国政府代表杜勒斯信中，公然向美国政府保证日本政府将与台湾国民党残余匪帮缔结所谓“双边条约”一事发表声明，指出这一信件是战败后的日本反动政府与美帝国主义互相勾结，对中国人民与中国领土重新准备侵略战争的铁证。

1月25日　政务院举行第一百二十一次政务会议。原则通过《政务院关于统一处理机关生产的决定》、《政务院关于全国供给制工作人员统一增加津贴的通知》。薄一波在会上说明，机关生产是1940年老解放区困难时，提倡“自己动手克服困难”后产生的，在抗日战争和解放战争时期解决了不少问题。全国解放后，机关生产有了很大的发展，对繁荣市场、解决机关困难，如工作人员生活福利、家属补助、办公杂支等起了积极作用。现在情况发生变化，机关生产出现许多流弊，因此建议撤销。《政务院关于全国供给制工作人员统一增加津贴的通知》于3月1日发布。通知说，中央人民政府成立两年多来，由于国家财政困难，以致军队全部及政府、学校、党派、人民团体大部的工作人员始终维持供给制度，供给标准内的个人生活部分和机关的杂支部分，始终保持着较低水平，因而许多应该解决的问题，迄今未能得到合理解决。为了有步骤地解决这一问题，除将机关杂支标准从1952年2月1日起酌予提高外，特对全国供给制工作人员拟定如下的统一增加津贴办法：各级人民政府供给制工作人员，从中央人民政府主席至勤杂人员，暂分为10等24级。每人每月津贴360万元—4.1万元。军队供给制工作人员，从中央军委主席至战士，暂分为11等23级，每人每月津贴300万元—4.1万元。党派、学校和人民团体供给制工作人员的津贴费应比照政府工作人员的等级发给。

同　日　中国政府外交部就香港英国当局连续逮捕和驱逐中国居民事发表声明。1月10日上午，香港英国当局先后派出大批武装警察和便衣特务，分别将居留香港的中国电影工作者司马文森、马国亮、齐闻韶、刘琼、舒适、杨华、沈寂、狄梵等人逮捕并驱逐出境。以后继续被逮捕并押解出境的，还有中国电影艺术工作者白沉、蒋伟，九龙城东头村火灾区灾民总代表李文兴、代表张生，及支援该村灾民要求的港九纺织染业总工会九龙城支会主任冼佩玲、书记姚坚等6人。九龙城东头村于1951年11月21日发生离奇的大火灾，遭受重灾的中国居民共达1.6万多人。火灾发生后，香港英国当局不但拒绝加以救济，还出动大批军警，包围并逮捕大批灾民，拆毁灾民代表办事处，抢走各界人民送来的全部救济衣物，并将灾民代表李文兴等押解出境。另据报告，最近，香港英国当局又纵使台湾小股特务，从港九边境地区，潜入大陆内地骚扰居民，抢劫财物，爆炸破坏，散布反动传单。外交部认为上述一系列事件，决不是偶然发生的地方性的事件，而是英国政府敌视中华人民共和国政策的严重的新发展。外交部特就上述各事件向英国政府提出严重抗议，并要求英国政府必须立即制止这类横蛮迫害中国居民并向中华人民共和国公开挑衅的暴行。否则，英国政府必须对一切后果担负全部责任。

1月26日　中共中央发出《关于首先在大中城市开展“五反”斗争的指示》。此件为毛泽东起草。中共中央指出，在全国一切城市，首先在大城市和中等城市中，依靠工人阶级，团结守法的资产阶级及其他市民，向着违法的资产阶级开展一个大规模的坚决的彻底的反对行贿、反对偷税漏税、反对盗骗国家财产、反对偷工减料和反对盗窃经济情报的斗争，以配合党政军民内部的反对贪污、反对浪费、反对官僚主义的斗争，现在是极为必要和极为适时的。在这场斗争中，各城市的党组织对于阶级和群众的力量必须作精密的部署，必须注意利用矛盾、实行分化、团结多数、孤立少数的策略，在斗争中迅速形成“五反”的统一战线。中央要求，全国各大城市（包括各省城）在2月上旬均应进入“五反”战斗。此后，“五反”运动首先在各大城市展开。

1月28日　美军对朝鲜、中国发动大规模细菌战。从1月28日—2月17日，美国侵略军连续在朝鲜人民军和中国人民志愿军的前线阵地和后方，大批地散布各种含有鼠疫、霍乱、伤寒及其他传染病细菌的苍蝇、蚊子、跳蚤、虱子等。不久，又于2月29日—3月5日，先后派遣军用飞机68批、448次侵入中国东北领空，散布带菌昆虫，使用细菌武器屠杀中国人民。美国侵略军向朝鲜和中国东北地区进行灭绝人性的细菌战，激起了朝、中两国人民的强烈抗议。两国人民和军队进行坚决斗争，一面以各种手段进行预防和灭菌，一面向全世界揭露和控诉美帝国主义实施细菌战的罪行。中国政府多次发表声明，严重抗议美军罪行。中国人民保卫世界和平反对美国侵略委员会组织了“美帝国主义细菌战罪行调查团”，赴东北各地及朝鲜前线调查，并发表了“调查报告书”，揭露美帝国主义在朝鲜、中国散布细菌的罪行。世界人民也谴责美国实施细菌战的罪行。8月，由苏、英、法、意、巴西、瑞典等国著名科学家组成的“调查在朝鲜和中国的细菌战事实国际科学委员会”，经过2个月调查，在北京举行报告书签字仪式，进一步证实美军使用细菌武器的罪行。1953年2月22日、23日、24日先后公布了被中国俘虏的美国海军陆战队第一空军联队参谋长上校许威布尔及军械官少校布莱供认美军对朝、中人民进行细菌战罪行的供词。24日，《人民日报》发表《为彻底粉碎美帝国主义的细菌战计划而斗争》的社论，揭露了美国进行大规模细菌战的罪行。美国的细菌战计划彻底破产。

本　月　中财委颁布《关于国民经济计划编制暂行办法》。《办法》规定：一、计划程序为自上而下地颁发计划控制数字，自下而上地逐级编制并呈报计划草案，再自上而下地逐级批准计划。二、计划系统为中央主管部及大行政区2个系统（即“双轨制”）分别编制本部门、本地区计划后，由中财委汇集编制全国国民经济计划草案。三、基层计划单位。国营工业及地方公营工业为企业（铁道、航运、邮电为相应的单位）；国营贸易为各省（市）商业厅，及各省（市）公司；合作事业单位为县（市）联社或基层社；私营工业和私营商业为各省市的工商行政管理机关；农业、畜牧、林业为专署或县农林科，由于这些单位都是（或主要是）分散的私人经济，所以只作估计性计划。四、各大行政区、中央各财经部门及其所属的各级管理机关、各基层计划单位皆须按照规定的程序和表格编制计划草案，并按照规定的系统和时间报送审核。一切报送中财委的计划皆须按不同的国民经济部门、不同产业部门、不同经济成分（国营、地方公营、公私合营、合作社营、私营、中苏合营）、不同地区分别填报或分别开列。《暂行办法》对计划控制数字的颁发、计划草案的编制和正式计划的批准作了比较详细的规定。

2月1日　政务院举行第一百二十二次政务会议，听取北京市长彭真关于北京市“三反”运动情况的报告。彭真说，一个多月以来，北京市机关、企业、工厂、学校共有22万人参加了运动，其中2.58万人交代了问题。开展“三反”运动并不会影响统一战线的团结工作。北京市“三反”运动到2月10日大部分可以结束。中共北京市委曾于1月5日向中共中央呈报了《关于“三反”斗争的报告》，报告说，目前“三反”运动已进入高潮，现在斗争的内容和规模比运动开始时所想象的要复杂和大得多。在公务人员方面，有各种侵吞、盗窃、骗取公家财物和贪占公家便宜的行为；有私设工厂、商店、假公济私、利用公家各种有利条件牟取暴利的行为；有利用职权地位敲诈勒索的行为；有各种接受贿赂、勾结包庇商人盗骗国家财物的行为；有各种浪费和违反制度、化大公为小公等行为。在工商界方面，主要是贿买和勾结工作人员，偷税漏税，偷工减料和对公家高卖低买，而最普遍的是用“回扣”、“送礼”等方式来勾引工作人员贪污。鉴于以上情况，报告提出今后的计划是：第一，继续号召坦白和检举。

针对工商界最怕坦白后无限制地追缴漏税和罚款，宣布凡坦白者，除补缴1951年漏税外，不再罚款；否则，查出后将继续追缴解放以来全部漏税，并照章罚款。第二，号召全体市民和一切工作人员大胆检举。在全市设接待站和检举箱。第三，从严法办一批贪污行贿分子，并公布一批各种类型的贪污案件，以推动坦白运动的开展。第四，继续逮捕抗拒、破坏“三反”运动的贪污、行贿分子。第五，各区召开代表会议，并召集街道和村民大会，进行动员宣传，使“三反”斗争家喻户晓，群起而检举。

同　日　最高人民法院临时法庭在北京举行公审大贪污犯大会。中央节约检查委员会主任薄一波在会上发表重要讲话。中央贸易部副部长姚依林、中央公安部部长罗瑞卿、中央农业部副部长张林池、中央军委后勤部代表杨恬、空军司令部代表白云、中央财政部代表吴波、民航局副局长唐凯等分别代表各单位对大贪污犯薛昆山、宋德贵、雷亚卿、孙建国、王丕业、夏茂如、杭效祖等进行了控诉。最高人民法院临时法庭最终判处：大贪污犯、原中国畜产公司业务处副处长薛昆山和大贪污犯、原公安部行政处处长宋德贵死刑；大贪污犯、原中央农业部国营农场供应站总务课长雷亚卿有期徒刑15年；大贪污犯、原中央军委后勤部供应处副主任孙建国有期徒刑10年，缓期执行；大贪污犯、原空军后勤部营房管理处工程师王丕业有期徒刑5年，缓期执行；大贪污犯、原中南区粮食管理局工程师兼工程科科长夏茂如和大贪污犯、原民航局电讯厂总工程师兼厂长杭效祖，因能坦白悔过，并在“三反”运动中戴罪立功，特免予刑事处分，另由主管机关给予行政处分。这次大会严厉打击了贪污分子，有力地推动了“三反”运动的开展。

2月3日　中共中央发出《关于“三反”运动和整党运动结合进行的指示》。中共中央指出，“三反”运动是一个更加现实与深刻有力的整党运动。如果不大张旗鼓地雷厉风行地开展“三反”运动，则党内许多严重的贪污浪费和官僚主义的现象就不能尽情地被揭发出来，贪污浪费和官僚主义分子就不能得到适当的惩处，资产阶级思想对党的侵蚀与危害，也就不能彻底地得到克服和肃清。所以，整党工作必须与“三反”运动相结合，在“三反”运动的基础上，对党员进行党员八项标准的教育，进行登记、审查和处理。中央还指出，“三反”运动又是了解干部、教育干部的一种最好的方法。要求各级党委、政府、群众团体和部队的领导机关，在“三反”斗争中，应对所属干部作一次深刻的考察和了解，必须毫不迟疑地开除一批丧失无产阶级立场的贪污蜕化分子出党，撤销一批严重的官僚主义分子和那些居功自傲、不求上进、消极疲沓、毫不称职的分子的领导职务（其中有些也应当开除出党）。过去我们党内对于这类坏人所存在的自由主义思想，必须坚决加以克服。与此同时，必须大胆地、坚决地提拔一批有德有才的优秀分子到各种工作的领导岗位上来，这是党的组织建设上的一个严重任务。

2月4日　中共中央发出《关于工矿企业中如何进行“三反”运动的指示》。《指示》指出，所有国营、公营工矿企业，都必须认真地开展群众性的“三反”运动，彻底揭发并消灭贪污、浪费和官僚主义现象，彻底揭发并消灭国营企业中资产阶级的经济侵蚀、组织渗透和思想影响。这是胜利地完成增产节约、迎接国家建设的中心关键。工矿企业的“三反”运动，必须以检查业务，即检查行政管理中的贪污、浪费、官僚主义为重点，特别要着重检查基本建设，原材料的采购供应、仓库物资、成品推销、会计出纳等项，要在这个运动中捕捉大贪污犯和经济内奸，检举不法私商，惩戒严重的官僚主义分子，克服严重的浪费现象。在斗争中要注意防止和纠正把斗争的锋芒转移到工人群众方面的错误倾向。在“三反”运动中，必须贯彻依靠工人阶级的根本方针，充分发挥工会的作用，发动工人群众，发扬工人群众的积极性。民主改革不彻底的厂矿企业，要在“三反”运动中补足这一课。民主改革已经彻底或补足之后，要在“三反”运动的基础上，进行必要的生产方面的改革，开展合理化建议和生产竞赛，创造和推广先进经验，进行增产节约运动，切实建立和健全经济核算制。工矿企业的“三反”运动，一律由当地党委统一领导。中共中央最后还指出：“在‘三反’期间注意领导生产，不要脱节，不要因此减产。如因‘三反’忙不过来，致有部分的减产，也不要减产过大，并要在‘三反’以后的增产中弥补‘三反’期间减产的损失。”《指示》中的最后一段，是毛泽东加写的。《指示》的发出，为工矿企业中进行“三反”运动指明了正确的方向。

同　日　毛泽东发出《关于限期向中央报告打“虎”预算和县、区、乡开展“三反”运动的电报》。在这个发往各中央局、分局、省市区党委、地委、各大军区、志愿军的电报中，毛泽东认为中南军区党委所报中南军区直属机关计划打“大老虎”106只、“小老虎”357只是适当的。以后可以按照情况随时追加。各党委凡至今尚未做出打“虎”预算的，限于电到3日内做出此项预算，报告中央。并须准备随时自动追加预算，随时报告中央。全国各地2月份实行县区乡“三反”和“打虎”一般应限于到地委一级为止，一般不要发展到县区乡三级去。应待各中央局分局省委地委诸级的“三反”基本完毕，“打虎”基本胜利，腾出手来，配备骨干，组织大批“三反”工作队，加以明确的政策和方法的训练，如同派遣土改工作队或整党工作队下乡土改和整党那样，派遣下去开展“三反”，才是适当的，否则可能发生大错误。此点务请同志们加以注意。

2月5日　中国文字改革委员会正式成立。中华人民共和国成立后，在中国共产党和中央人民政府的领导下，即开始有计划、有步骤地进行文字改革工作。1950年6月，中央教育部进行常用字的选定和汉字简化的研究。1951年毛泽东对文字改革的方向和目标作了明确的指示：“文字必须改革，要走世界文字共同的拼音方向。”他还指出，汉字的拼音化需要做许多准备工作，在实现拼音化以前，必须简化汉字，以利目前的应用。1951年12月26日，政务院决定设立中国文字改革委员会。是日，正式成立。其主要任务：一是整理汉字并提出简化方案；二是研究并提出新的中国拼音文字方案。首任主任委员是马叙伦。

2月6日　中央节约检查委员会薄一波主任向毛泽东主席报送《关于中央一级公审大贪污犯大会后打“虎”情况总结报告》。报告说，2月1日公审大会，对大贪污分子采取大压大放政策，造成以后打“虎”十分有利的形势。为此必须注意几个策略上的问题：一、现在和今后所碰到的贪污犯，大多是比较顽固难于攻下的，这一阶段应以斗智攻心为主、群众压力为辅。二、必须做到从算大账到算细账。三、要一层层地“下楼”。四、充分利用一切直接和间接的后备力量，对非党积极分子和已经洗了手的民主人士大胆使用，开展对大贪污嫌疑分子的家属工作。五、专案专组，限期破案。六、必须集中使用力量，以部为单位统筹调配。毛泽东2月7日批转此报告，并批示：同意这个报告并请各同志仿办。请各中央局考虑在2月份仿照中央一级2月1日审判7名大贪污犯的办法，审判各大行政区一级的数名大贪污犯，其中有判死刑的，有判死刑缓期的，有判长期徒刑的，有判短期徒刑的，有判徒刑缓期的，有判免予处刑的，借以推进打“虎”斗争。

2月9日　中共中央发出《关于中小贪污分子处分问题的指示》。此件是毛泽东为中共中央起草的。《指示》指出，鉴于贪污1 000万元以下的中小贪污分子占全体贪污人数的95%~97%，带有很大的群众性，中央已规定除对其中情节严重者应予以刑事处分外，其情节不严重者一般应免予刑事处分，而由其工作机关按其情况，予以不同程度的行政处分，以示严肃。其有在革命工作中一贯表现好，偶犯贪污错误，数量甚小者，还可免予行政处分。此外尚有一些迹近贪污、按其实际不能叫贪污者，不应以贪污论。如此规定，大约有85%以上的中小贪污分子可免予刑事处分（即不送法院，不判徒刑），而只给予行政处分，便于争取团结和教育改造这一批人，以利开展“三反”斗争和建设工作。关于行政处分的项目，除中央已规定撤职、降级、调职、记过等4项外，兹再增加警告一项，共为五项。《指示》还指出，对于免予刑事处分者，如是党员、团员，他们的党籍、团籍问题如何处理，中央尚无成熟的意见，请各级党委根据“三反”斗争中处理贪污分子的情况提出意见，电告中央考虑。关于一切应给刑事处分的人均须立即开除党籍、团籍。关于1 000万元以上的贪污犯（即所谓大中小老虎），应按其情节分为死刑、死刑缓期、无期徒刑、各种有期徒刑以及免予刑事处分而给予行政处分等类，中央人民政府最高法院已于2月1日审判7名大贪污犯的事件中，给了方向性的表示。

2月10日　中共中央发出《关于加强纪律检查工作的指示》。中央指出，目前全国县、团以上各级地方党委和军队党委的纪律检查委员会均已成立。自去年全国纪律检查工作干部会议以后，各级党委的纪律检查委员会，与党内各种违法乱纪的现象作了坚决的斗争，对于党的纪律性的加强和党的组织的巩固起了一定的作用。但是，对于某些违法案件，尚未能及时地和严格地检查处理，有的甚至长期拖延积压，致使违法乱纪的现象不能系统地、彻底地被克服，违法乱纪的坏分子得不到应有的惩处。查其原因，主要是某些党委对纪律检查工作重视不够，没有积极地加以领导和支持，个别地区的党委甚至对于党内违法乱纪的现象采取自由主义态度，对纪律检查委员会的工作采取不闻不问的官僚主义态度；而各级党委的纪律检查委员会的负责人，多是兼职，干部少，办事机关不健全，不能发挥应有的作用。因此，不能系统地和充分有力地向党内违法乱纪的现象进行斗争。为了加强党的纪律检查工作，克服上述缺点，中央特作如下规定：一、各级党委必须加强对纪律检查工作的领导。党委会议上应定期讨论纪律检查工作。在检查和处理案件时，党委应予纪律检查工作干部以有力的支持和帮助。二、要选调和提拔一批忠实可靠、作风正派、具有一定的政治文化水平的党员干部到纪律检查部门工作，注意配备专职的书记、副书记或检查处长，健全各级党委的纪律检查委员会的办事机构。三、各级党委的纪律检查委员会与各级人民监察委员会可酌情实行合署办公，分工合作，互相辅助，加强联系，做好工作。

同　日　河北省人民法院临时法庭在保定对大贪污犯刘青山、张子善举行公审大会。刘青山，1931年加入中国共产党。参加过1932年高阳、蠡县的农民暴动，曾被国民党政府逮捕，在敌人的严刑逼供下，坚贞不屈。建国后，历任中共天津地委书记、中共石家庄市委副书记等职。张子善，1933年加入中国共产党。1934年被国民党政府逮捕入狱，曾参加过狱中绝食斗争，在敌人面前表现了共产党人的英雄气概。刘、张二犯都是经历过严峻考验的老干部，都曾为新中国的诞生做出过自己的贡献。但是，进城后，他们在资产阶级思想和生活方式的腐蚀下，贪污腐败，蜕化变质，成了人民的罪人。据调查证实，刘、张二人利用职权，盗用飞机场建筑款、水灾区造船救济贷款，以及克扣地方粮、干部家属救济粮、民工供应粮等共计171亿多元（旧人民币），用于他们秘密掌握的所谓“机关生产”。他们从盗窃的国家资财中贪污、挥霍共3.7亿元以上。根据刘、张二犯所犯盗窃国家资财、剥削民工灾民、勾结奸商非法经营谋利、瓦解国家企业机关及贪污行贿等严重罪行，经最高人民法院批准，由河北省人民法院宣判大贪污犯刘青山、张子善死刑，立即执行，并没收其本人全部财产。

同　日　中国人民志愿军击落美国空军“王牌”飞行员。美国空军少校中队长乔治·阿·戴维斯，在第二次世界大战中战斗出动266次，在侵朝战争中出动59次，飞行时间约3 000小时，是美国空军的“空中英雄”和“成绩最高的喷气式飞机王牌驾驶员”。是日，在朝鲜博川地区的空战中，戴维斯及其僚机飞行员被中国人民志愿军歼击航空兵第四师第十二团第三大队大队长张积慧在僚机单志玉的掩护下一举击落。这是中国人民志愿军空军在抗美援朝期间取得的重大战果之一。

2月15日　中共中央发出《关于“五反”中对各类资本家的处理意见的指示》。1952年2月14日，中共天津市委向毛泽东、中央、华北局、中财委并彭真报告了关于在“三反”、“五反”期间维持正常的经济生活的问题。报告说，自“三反”以来，内外交流、城乡交流停滞，对天津经济已发生重大影响。批发商业成交较前减少一半，工业生产开始下降，税收显著减少。一部分直接受到影响的劳动人民已在叫苦。如不采取措施，经济上的萎缩现象还要发展，时间过长，则元气损伤过大。市委经研究认为，在不影响“三反”运动的条件下，必须兼顾经济工作。对于“五反”中已逮捕的奸商的财产问题，市委认为，一律查封不是好办法，必须防止资本家把钱抽空，影响“五反”的经济果实。对天津市委的报告，中共中央作出如下指示：一、同意天津市委的报告，认为这个报告是正确的。各城市市委市政府均应于开展“三反”和“五反”斗争的同时，注意维持经济生活的正常进行，如果在一个短时间内出现了不正常状态，亦应迅速恢复正常状态。二、为着维持经济生活的正常进行，除对没有问题的守法的工商户，应鼓励他们照常营业外，对于问题不大的半违法半守法的工商户，应于“五反”斗争开展后分作几批做出结论，安定他们。这一类工商户占全体工商户的绝大多数，他们中大多数只有偷税漏税问题，一部分有侵吞盗窃问题但不严重。对于这些人，应发动工人店员，划清劳资界线，检举他们的偷漏、侵吞、盗窃的行为，并多方诱导他们自己坦白其违法行为之后，给他们做出结论，叫他们补税一年，有侵吞盗窃者退出侵盗财产，宣布免予罚款。这个“只退不罚”政策，可以安定绝大多数资本家，可以组成广大的“五反”统一战线。三、上述两部分资本家，即守法资本家和半守法半违法资本家，占着全体资本家的95%左右，只有把他们争取过来，才能使占5%左右的反动资本家完全陷于孤立。故对半守法半违法资本家必须严守只退不罚（更不捉人）政策，并力争早作结论。四、剩下大约5%左右的资本家，又可分为两部分：（甲）严重违法但不是完全违法的资本家，这类人约占4%左右，我们的政策是进行检查，补税、退财、罚款，但不捉人。（乙）完全违法的资本家，这类人约占1%左右。又分3类。第一类，补税、退财、罚款、捉人，但不判徒刑。捉的目的只在打落其反动气焰，不在于判徒刑。这类人约占0.5%左右。第二类，补税、退财、罚款、捉人，判徒刑，直至没收其财产。这类人约占0.5%左右，不宜太多，尤其没收财产不可太多。第三类，判死刑，没收财产。这类人要极少，北京天津拟共只杀10人左右，并且不要杀得太早。各地杀资本家要得中央批准才能执行。五、捉资本家一般必须具备3个条件，即：第一，完全违法；第二，抗拒运动；第三，在资本家中人缘不好。如果只有前二条，没有后一条，我们将他逮捕，必定不得人心。六、关于拨给加工定货任务问题及其他和恢复或维持正常经济生活有关问题，请中财委速予处理。此《指示》是毛泽东为中共中央起草的，它对

"五反"运动正确、顺利地开展起了重要的指导作用。

同　日　政务院第一百二十四次政务会议通过《关于1952年农业生产的决定》。《决定》说，1951年的农业生产，取得了显著的成绩。全国粮食总产量已恢复到战前年产量的92.8%，棉花产量已超过战前最高年产量的33%，家畜、水产、烤烟、粗麻、茶叶、油料等均完成或超过预定计划。《决定》提出，1952年农业生产的基本方针是，集中力量提高单位面积产量。在全国范围内，应普遍大量发展简单的、季节性的劳动互助组；在群众互助经验丰富而又有较强骨干的地区，应当有领导、有重点地发展土地入股的农业生产合作社。其他专业性质的互助组和生产合作社，亦应适当加以提倡。老解放区要在今、明两年把农村80%~90%的劳动力组织起来，新区争取3年左右完成这一任务。《决定》还要求，各县在可能范围内尽量地办起和办好一两个国营农场。

2月19日　中共中央转发中国人民银行《关于"三反"以来金融市场情况的报告》。《报告》说，物价继续下落；财政情况日趋好转；贸易略有缩小；工业生产正常进行，私营商业加速改组。国家银行存款继续增加，市场银根日趋紧缩。银行拟采取的措施为：一、结合"五反"运动，彻底整顿改造行庄。二、适应物价稳定的新情况，对私利率下降20%；货币储蓄月利降至1.2%左右。三、适当增加贸易放款，以活跃市场，扩大国营贸易阵地，用以扶持生产。四、外汇在保存一定库存的情况下，加强外汇的运用。五、结合修改章程建立预算监理和集中信贷制度。

2月22日　中共中央转发《中央对北京市委关于处理不法工商户的报告的批语》。1952年2月20日，中共北京市委向毛泽东、中央并华北局报告了关于处理不法工商户的情况。报告说，对不法工商户采取发调查表，自填并具结，然后加以审查和处理的办法。对全市约有1万户的守法资本家，决定不补税，不退财，做出无事的结论；对全市约有3.5万户的半守法半违法的工商户，宣布只退、只补、不罚。准备月底前将上述两类工商户的问题基本处理完，以便彻底孤立问题较大的、问题严重的、问题最严重的和完全违法的4 000多工商户，并从容地加以处理。中共中央转发了中共北京市委的报告，并批示：一、同意此报告，并发各同志参考。二、已告知北京市委将守法工商户由1万户扩大为1.4万户左右，即是对有些有小问题的工商户向他们当面指出，他们有小错误，这是不对的，以后不要再犯，但因其问题不大，应归入守法资本家一类。这样处理，使守法面大一点，对我们有利。三、哪些是守法户，哪些是半违法半守法户，在实行处理时，除要资本家自报公议，并须由经理和会计分别签字于调查表格外，还一定要本厂本店工人店员讨论通过。四、在一个城市中公开向资本家和工人店员说明本市守法资本家有多少，半守法半违法资本家有多少，其他严重违法及完全违法资本家有多少，必须在“五反”斗争正式开展约一个月左右，在工人店员群众斗争已经充分发动，工人阶级和资产阶级的界线已经明确划清，工会组织已经整理，资本家在工会中的走狗已经驱逐出去的时候，必须在这种时候才能开始公开宣布几类资本家的大概数字，并实行分批处理，使资本家摸到我们的底。到了这种时候，也必须这样宣布，使资本家摸到底，并迅速处理，否则不利。五、城市中在处理了占95%左右的守法和半守法两大类资本家以后，人心就大定了，暂时停顿或半停顿或不活跃的经济活动就可恢复了，占5%左右的反动资本家就完全陷于孤立了，我们也就可以腾出手来从容地惩治这些反动资本家了。因此中央指示，各城市市委市政府必须在适当时机用主要力量放在处理前述两大类资本家方面。此《批语》是毛泽东为中共中央起草的。

同　日　政务院第一百二十五次政务会议原则通过《中华人民共和国民族区域自治实施纲要》。1951年12月14日，中央民族事务委员会召开第2次会议，会议总结了建国以来民族工作的经验，制订并通过了这一《纲要》。《纲要》经政务院第一百二十五次政务会议原则通过后，于1952年8月8日，中央人民政府委员会第十八次会议最后批准，并于8月9日公布施行。《纲要》总则规定，各民族自治区统为中华人民共和国领土不可分离的一部分。各民族自治区的自治机关统为中央人民政府统一领导下的一级地方政权，并受上级人民政府的领导。它必须遵循中国人民政治协商会议《共同纲领》，是以少数民族聚居区为基础的区域自治。民族区域自治是中国共产党运用马克思列宁主义民族问题理论解决中国民族问题的基本政策。实行这个政策，既满足了各少数民族管理本民族内部事务的愿望，又加强了各民族的团结，巩固了祖国的统一。《纲要》还具体规定：各民族自治机关在中央人民政府和上级人民政府法律所规定的范围内，依自治权限，得制定本自治区单行法规。各民族自治区的内部改革，依照各民族大多数人民及与人民有联系的领袖人物的志愿，在国家统一的经济制度和经济建设计划之下，各民族自治区自治机关得自由发展本自治区的地方经济事业。在国家统一的财政制度下，依据中央和上级人民政府关于自治区财政权限的划分，管理本自治区的财政。各民族自治区和自治机关采用各民族的语言文字，采取必要和适当的办法，发展各民族的文化、教育、艺术和卫生事业。采取适当办法，培养爱祖国、与当地人民有密切联系的民族干部。按照国家统一的军事制度，组织本自治区的公安部队和民兵。各民族自治区机关须保障自治区的一切人民，无论什么民族，均享有中国人民政治协商会议《共同纲领》所规定的思想、言论、集会、迁徙、宗教信仰及游行的自由权，并依法有选举权和被选举权。每一民族均应与全国各民族实行团结互助，爱护各民族的大家庭——中华人民共和国。《纲要》的公布，是一个具有重大历史意义的措施，使我国推行民族区域自治的工作获得了指针。

同　日　政务院第一百二十五次政务会议通过《政务院关于地方民族民主联合政府实施办法的决定》。此《决定》于1952年8月14日公布实行。《决定》规定，依据中国人民政治协商会议《共同纲领》中所制定的民族政策的基本精神，可建立民族民主联合政府的地区有：一，境内少数民族人口达总人口数量10%以上的省（行署）、市、专区、县、区和乡（村）；二、少数民族人口未达到境内总人口数量10%，但民族关系显著，对行政发生多方面影响的省（行署）、市、专区、县、区和乡（村）；三、两个以上少数民族杂居，但未实行联合自治的地区；四、民族自治区内汉族居民特别多的地区；五、其他因特殊情况，经大行政区人民政府或政务院认可，有必要建立民族民主联合政府的地区。《决定》指出，建立地方民族民主联合政府的目的，是为了保障少数民族在地方政权中的平等权利。民族民主联合政府均为一级地方政权。此外，《决定》还对民族民主联合政府的人民代表会议和人民政府的组织特作了一些补充规定。

同　日　政务院第一百二十五次政务会议通过《政务院关于保障一切散居的少数民族成分享有民族平等权力的决定》。此《决定》于1952年8月14日公布实行。《决定》指出，由于各种的历史原因，国内某些少数民族成分，在好多年以来，甚至在好几代以来，即星散地居住在汉族地区。他们大多居住在城市和集镇。中华人民共和国创立以后，民族压迫业已宣告废除，民族平等业已付诸实施，为保障这些散居的少数民族成分享有民族平等的权利，政务院特决定：一、一切散居的少数民族成分的人民，均与当地汉族人民同样享有思想、言论、出版、集会、结社、通讯、人身、居住、迁徙、宗教信仰、游行示威的自由权，任何人不得加以歧视。二、一切散居的少数民族成分，依法享有选举权与被选举权。其人数较多者，当地人民政府可让其代表参加政权机关。三、一切散居的少数民族成分，均有自由保持或改革其民族的生活方式、宗教信仰和风俗习惯的权利，别人不得干涉，并须加以尊重和照顾。四、一切散居的少数民族成分，有分别加入当地各种人民团体及参加各种职业的权利，任何部门和团体不得加以拒绝和歧视。五、凡散居的少数民族成分，有其本民族语言、文字者，得以在法庭上以本民族语言、文字进行诉辩。六、一切散居的少数民族成分如遭受民族的歧视、压迫或侮辱，有向人民政府控告的权利。七、一切散居的少数民族成分，在享受民族平等权利遇有困难无法解决时，得提请当地人民政府予以适当帮助。八、本决定的原则同样适用于散居在各少数民族自治区的其他少数民族成分和汉族成分。

2月24日　中共中央发出《关于县区乡三级暂不进行“三反”和“五反”的指示》。此件是毛泽东起草的。《指示》指出，县区乡三级的“三反”，除省委地委为了典型试验之目的，可以个别地进行以外，一律待春耕完成以后再做，以免引起混乱。县区乡某些违法资本家中的“五反”，目前一律不要进行。已进行者，一律停止。中等城市例如四平街、营口、石家庄、新乡、苏州、宁波、宜昌、衡州、江门、梧州、宝鸡、汉中、自流井、遵义等的违法资本家中何时进行“五反”及如何进行“五反”，须由各中央局、分局、省委和区党委根据中央2月15日指示严格审查控制，逐一批准，以免混乱。

2月27日　中共中央发出《关于分步骤开展城市“五反”斗争的指示》。中央人民政府公安部部长、节约检查委员会委员罗瑞卿，受中央委派到中南区帮助“三反”、“五反”工作。1952年2月24日，罗瑞卿向毛泽东并中央报告了关于长沙市“五反”斗争经验。报告说，长沙市“五反”总的打击面大体上在3%~4%，不超过4%。像长沙这样的城市，在“五反”斗争的策略上，其打击面稍低于天津、北京、上海、武汉、广州等城市，似乎是适当的。对此报告中央批示，长沙市在“五反”中的策略是正确的，其经验可在各大城市和中等城市仿行。中央还指出，直到现在，大多数中央局、分局、省委和区党委的精力，主要还是放在“三反”方面，未对“五反”作精密的研究，这是不妥当的。第一，必须确定暂时不在县区乡搞“五反”。第二，各中央局、分局、省委和区党委，必须在自己所在地的城市(包括大城市和一部分中等城市）对“五反”斗争作精密研究，每5天或7天找市委书记和市长开会1次，分析情况，决定策略，取得经验，推动斗争，并将情况和意见随时电告中央。从3月1日起，各中央局、分局、省市区党委向中央报告的内容“五反”应多于“三反”。第三，各中央局、分局、省委、区党委对所辖境内的大城市和中等城市大体应分为3个步骤开展“五反”斗争。例如河北省境内，第一步，在北京、天津2个大城市开展“五反”，这是由中央直接领导的。第二步，在唐山、石家庄、秦皇岛、保定4个大城市和中等城市开展“五反”，由华北局和河北省委领导。第三步，开展通县、泊头、辛集、杨柳青、沧县、邢台、邯郸、汉沽、临清、胜芳等10个城镇中的“五反”，由省委和地委领导。对一般县城则坚决停止，以后再说。中央要求，各中央局、分局、省委和区党委必须仿照上述步骤规定一个对于大城市和所有中等城市开展“五反”的明确计划，给予具体指导，以免混乱，并要随时向中央作报告。此《指示》是毛泽东为中共中央起草的。

2月29日　政务院第一百二十六次政务会议通过《政务院关于统一处理机关生产的决定》。《决定》说，全国胜利以后，机关生产的分散和盲目性与国家经济的集中和计划性发生抵触。尤其是由于资产阶级思想的侵蚀，致使许多国家工作人员分散精力，沉溺于机关生产之中，追逐利润，贪图享受，出现了严重的贪污、浪费现象，成为“三反”斗争中最普遍而又必须解决的问题。基于这些原因，政务院决定结束机关生产。所有各级政府、军队、学校、党派、团体及其所属各部门、各单位所经营的工业、农业、商业、建筑业、交通运输业等机关企业，一律由各级政府组织机关生产处理委员会予以统一登记、分类、处理，并移交给政府指定的有关企业的主管部门。

本　月　中国共产党在“三反”运动中进行的整党运动。建国以后，在新的历史条件下，党和国家机关的一部分工作人员，经不起资产阶级思想的侵袭，出现了严重的贪污、受贿和官僚主义倾向，有的甚至蜕化变质。针对这种情况，中共中央于1951年底在党和国家机关内开展了“反贪污、反浪费、反官僚”主义的“三反”运动。在运动中，各地相继揭露并惩办了一批严重犯罪分子。为了消除腐败分子，教育广大党员，加强执政党的建设，中共中央在“三反”运动的基础上，又进行了整党工作。1952年2月3日，中共中央发出《关于“三反”运动应和整党运动结合进行的指示》，要求在“三反”的基础上，对党员进行党员八项标准的教育，进行登记、审查和处理。要求各级党委、政府、群众团体和部队的领导机关，在“三反”斗争中，对所属干部作一次深刻的考察和了解，毫不迟疑地开除一批丧失无产阶级立场的贪污蜕化分子出党，撤销一批严重的官僚主义分子和那些居功自傲、不求上进、消极疲沓、毫不称职的分子的领导职务（其中有些也应当开除出党）。与此同时，必须大胆地、坚决地提拔一批有德有才的优秀分子到各种工作的领导岗位上来。5月，当“三反”运动进入处理阶段和建设阶段时，中共中央发出《关于在“三反”运动的基础上进行整党建党工作的指示》。6月，又发出《关于在“三反”和整党运动中处理党纪问题的指示》。2个《指示》指出，在“三反”和整党运动中对于党员的处理，必须既严肃又慎重，必须分清是非轻重，不许再有自由主义的态度，也不许轻率地处分党员。此后，全国各级党委都制订了贯彻中央《指示》的具体计划，开始了在“三反”运动的基础上进行整党工作。1952年8月底，“三反”运动虽已结束，但整党运动继续进行。11月，10万名整党干部深入农村，开展农村的整党工作。至此，整党工作发展成为全国范围的整党运动。党政机关支部结合“三反”运动，总结工作、整顿队伍。工矿、企业支部与“三反”、“五反”运动及民主改革、生产改革等工作结合进行整顿。学校支部结合思想改造和清理“中层”等工作进行整顿。农村支部利用冬季农闲时期，组织工作队以整党工作为中心，与生产及整顿互助合作组织等工作相结合进行了整顿。在整顿党的基层组织的同时，各级党组织还有准备有领导地进行了建党工作。这次整党运动到1954年春基本结束。到1953年6月，全国共有32.8万余人离开了党组织，其中开除党籍的23.8万余人，劝告退党的9万人；同时，全国共接收新党员107万人，新建立了8.2万个党支部；全国党员由1950年底的582万人发展到636.9万人，党支部由24.6万多个增加到32.8334万个。

本　月　中共中央发出《关于在“三反”运动中县委书记、县长以上党员干部一律作自我检讨并作出鉴定的指示》。中共中央指出，进城约3年以来，各级党的组织中民主生活极不正常。许多负责人骄傲自满，很少在工作人员面前进行自我批评，严重脱离群众，失掉群众的监督。也有许多人受了资产阶级思想的影响，滋生和发展了官僚主义、铺张浪费等严重错误，有些人甚至发展到贪污蜕化等犯罪行为。中央决定：一、县委书记、县长及相当职务以上的党员干部，在“三反”运动中，均须在一定的会议上做一次公开的、深刻的自我检讨，并虚心接受群众的批评，谁也不能例外。其中，地委书记、专员及相当职务以上的干部的书面检讨，应上报中央。二、今后每年年终，各级负责干部都应在工作人员中进行公开的自我检讨，接受群众批评，作出年终思想和工作总结，使之成为了解和熟悉干部的一种经常的制度。

3月1日　毛泽东《关于在“五反”中不提反暴利口号的批语》。中共中央西南局1952年2月29日对川西区党委《关于“五反”中不法行为临时计算办法》作出批示。批示认为，暴利的提法是很不妥当的，因为它不好计算，掌握不紧就容易形成以算剥削账的办法去算暴利，造成混乱，从政治上说也不够策略，事实上，许多奸商愿意承认暴利，而不愿意承认盗窃。所以，暴利应列入盗窃国家财产或因此而使国家受到的损失为好。毛泽东认为，西南局2月29日的批示是正确的。毛泽东指出，当天津、济南、南京、上海等处提出反暴利口号时，大资本家即迅速接受，因为这个口号可以被他们利用去威胁中小资本家，说他们的利润中也有暴利。就目前时期来说，真正违反国家和人民利益的暴利，已包含在“五反”的各项对象中，故只应提“五反”，不应再提反暴利。毛泽东还指出，对于隐匿侵吞敌产、逃走外汇以及倒卖金银、偷卖鸦片等，国家已有法令，可依法办理，不必于“五反”外另立项目，变为六反、七反。

3月5日　中共中央发出《关于在“五反”中对工商户处理的标准和办法的指示》。此件是毛泽东为中共中央起草的，已节选编入《毛泽东选集》第五卷。《指示》共有七部分：一、中央批准北京市委建议“在‘五反’运动中关于工商户处理的标准和办法”，认为这是正确的，将由政务院通过发表。并提出了处理违法工商户的5条基本原则，即过去从宽，将来从严；多数从宽，少数从严；坦白从宽，抗拒从严；工业从宽，商业从严；普通商业从宽，投机商业从严。二、在“五反”目标下，具体划分了私人工商户的类型，应分为守法的、基本守法的、半守法半违法的、严重违法的和完全违法的5类。并指出，就大城市说，前3类约占95%左右，后2类约占5%左右。三、这五类工商户中，包括资产阶级和非资产阶级的独立手工业户及家庭商业户，不包括摊贩。此次“五反”中暂不处理摊贩。独立工商户和雇人在3人以下的小资本家，在整个工商户中所占比例很大，这两种工商户一般都无大问题，及时对他们作出结论，这对于目前的“五反”和今后的经济建设都是有利的。四、根据城市的实际情况，中央决定，将过去所定的4类工商户改为5类，即将守法户1类改为守法户和基本守法户2类，其他3类不变。《指示》指出，将完全守法户和有些小问题的基本守法户分开，又将基本守法户中偷漏税100万元以下的和偷漏税200万元以下的分别对待，这样做，可能发生很大的教育作用。五、行贿性质严重，必须严肃处理。但行贿的人很多，超过工商户总数的1/4。中央原定补退罚捉关（包括杀几个在内）者共计约5%。但行贿者如此之多，若只处罚少数人而对多数人不予处罚，则很不妥当，若均给处罚，则打击面又太宽了。故毛泽东提出在北京建议第6条中加上“情节轻微者除外”一句。北京拟于实行处理时将行贿100万元以下的8 700多户免予罚款，而于通知书上载明行贿错误，给予警告处分。六、《指示》指出各大中城市中，有些市委对于各类工商户的情况极不明了，如何分别对待这些工商户的策略观点又不明确，工会和政府工作队的组织和训练甚为潦草，便仓促发动“五反”，引起了一些混乱，望这些市委提起注意，迅速加以克服。此外，检查违法工商户必须由市委市政府予以严密控制，各机关不得自由派人检查，更不得随便捉资本家到机关来审讯。又无论“三反”、“五反”，均不得采用肉刑逼供方法，务使“三反”、“五反”均按正轨健全发展，争取完满胜利。七、县区乡现在一律不进行“三反”、“五反”，将来何时进行及如何进行，中央另有通知。此《指示》对指导“五反”运动的顺利开展具有重要的意义，是“五反”运动中的纲领性文件。

3月7日　中共中央发出《关于县区一律停止“三反”全力领导生产的决定》。据吉林、浙江、河北等地反映，许多乡村干部等待“三反”，有的思想混乱，放弃领导生产，致使春耕停顿。中央认为，此种情况，深值注意，特决定：一、县、区、乡均须按中央指示，目前一律停止进行“三反”；其已进行者，即应设法求得暂告一段落。

各省委、地委必须立即抽出不少于1/3的干部，注意和领导生产，对问题严重的地区，要派出生产检查组下乡了解情况，推动生产。二、凡对春耕生产不积极布置或因“三反”而妨害春耕的地区，省委或地委应即派人至县，县再派人至区、乡（村），分别召开县、区、乡三级的积极分子会议或人民代表会议，针对各级干部不同思想，结合布置生产，正确地解释“三反”、“五反”意义，说明不违农时的重要，指出即使他们过去有贪污行为，如能积极领导生产，争取立功，将来必从宽处理，以解除其顾虑；如故意怠工，改账作假，妨害生产，则将加重惩处。三、对于某些县、区、乡组织因其中干部贪污情节严重而被撤销者，或无法继续领导生产者，省委或地委应即派遣干部，迅速调整，并争取犯错误者能从领导生产中立功自赎。四、各省应在3月内将布置春耕情况向中央作出报告。此《决定》的发布，对促进各地的春耕生产起了重要的作用。

3月8日　政务院召开第一百二十七次政务会议。会议批准《中央节约检查委员会关于处理贪污浪费及克服官僚主义错误的若干规定》。《规定》指出，对于在“三反”运动中所揭发的贪污分子的处理，必须采取改造与惩治相结合的方针，对大多数情节较轻或彻底坦白、立功自赎者，从宽处理；对少数情节严重恶劣而又拒不坦白者，予以严惩。对浪费及官僚主义问题的处理，亦应以严肃态度，分别情况，予以适当解决，以教育干部，团结群众。各单位在基本完成“三反”斗争任务之后，必须转入“三反”运动的建设阶段，即要使全体工作人员进一步树立以工人阶级为领导的思想，检查各单位业务工作的政策思想，精简组织机构，建立工作、学习、生活的新制度，以期从思想上、作风上、组织上、制度上，保证洗除贪污、浪费和官僚主义这些污毒，树立廉洁的、朴素的、为人民服务的革命工作作风。根据《规定》，有70%以上的贪污数目小的人可以摘掉贪污帽子；20%左右的贪污分子给予行政处分；10%以下给予刑事处分，其中只有极少数罪大恶极的判处死刑。此《规定》于3月11日公布施行。中央节约检查委员会秘书长刘景范作了关于中央人民政府直属各单位“三反”运动情况的报告。报告说，从2月1日—3月7日，中央各机关参加“三反”运动的有16.6万多人，被检举及坦白的贪污分子有3.1309万人，占总人数的18.8%。其中，贪污1亿元以上的“大老虎”有849人，占贪污人总数的2.72%；贪污1 000万元以上，不满1亿元者2 875人，占贪污人总数的9.20%；100万元以上，不满1 000万元者4 798人，占贪污总数的15.3%；100万元以下者2.2789万人，占贪污总数的72.7%。运动的发展是稳健的，发扬了民主，教育了干部群众，提高了工作效率，各机关都表现出一番新气象。运动中是有一些偏差，如逼供、体罚现象等。现在运动大体上已到结束阶段。北京市长彭真在会议上，将北京市人民政府制订的《在“五反”运动中关于工商户分类处理的标准和办法》，报请政务会议审查批准，并就此文件作详细报告加以说明。《报告》指出，“五反”运动现在已到了实行处理的阶段，为使运动完满结束，需要对各种工商户有一个统一的处理标准和办法。为此，北京市人民政府制定了《在“五反”运动中关于工商户分类处理的标准和办法》，将私人工商户具体划分为“守法的、基本守法的、半守法半违法的、严重违法的和完全违法的”5类。《报告》共分四部分：一、关于处理问题的五条基本原则。《报告》指出，我们处理问题，是根据毛泽东所指示的五条基本原则，即“过去从宽，今后从严；多数从宽，少数从严；坦白从宽，抗拒从严；工业从宽，商业从严；普通商业从宽，投机商业从严”。《报告》就北京市“五反”运动的实际情况和文件中的规定，对于这五条基本原则作了若干说明。二、关于五类私人工商户划分的基本标准。分类的基本标准，一是有无违法行为及其违法行为的轻重大小，违法性质的恶劣程度。二是违法工商户在“五反”运动中是采取坦白悔改的态度还是采取拒不坦白，怙恶不悛的态度。根据文件所规定的标准和已有的初步材料来划分，北京市私人工商户5万户中，约有守法的5 000户，即占10%左右；基本守法的3万户，即占60%左右；半守法半违法的1.25万户，即占25%左右；严重违法的2 000户，即占4%左右；完全违法的500户，即占1%左右。在完全违法户中，又可分为2部分：一部分在审讯中已彻底坦白并愿立功赎罪，最后于补税退财外可以酌情罚金，而不必判刑；另一部分则须判刑。三、关于行贿问题的处理。《报告》指出，在“五反”运动中，发现北京市有1.3万多工商户有行贿行为，约占工商户总数的26%。行贿性质严重，必须严肃处理。但为了防止在处罚中或失之过宽，或罚之过多的现象发生。因此，我们决定对于行贿情节轻微的，拟不科罚金，更不判刑，但须给予警告处分，以示严肃；以后再犯，则将从重处理。对于其他有行贿行为的，则按情节处以罚金；拒不坦白的加重其罚金；对于情节特别严重者，则加重处刑。四、这个文件适用的时间。《报告》明确指出，这个文件中所提出的关于私人工商户处理的标准和办法，仅仅适用于此次“五反”运动中。这是一种适合于大规模的社会改革运动中的临时处理办法。在运动结束后，一切仍应按照经常的法规办事。彭真最后指出，“五反”运动的目的，是在于打退资产阶级的猖狂进攻，取缔他们违法越轨的行为，改造他们的思想，使他们严格遵守人民政府的法令，老老实实地沿着新民主主义的道路前进，而不再有违法越轨或背道而驰的行为。这个文件就是根据这样的精神来制定的。

同　日　政务院批准公布《北京市人民政府在“五反”运动中关于工商户分类处理的标准和办法》。是日，政务院第一百二十七次政务会议正式批准。3月12日，政务院公布实施。文件共有七部分：一、守法户：迄未发现有任何违法行为，本人也具结保证无违法行为，经审查结果估计无问题者。对于这类工商户的处理办法，即给予守法户通知书。二、基本守法户：（甲）根据本人坦白具结及政府已有材料证明，其违法所得（主要是偷漏税，或小额偷工减料）总额未满200万元，经审查结果估计纵有隐瞒，问题不大而又性质不恶劣者。（乙）违法所得总额超过200万元，但情节轻微，并彻底坦白者。对于以上2种工商户的处理办法，其违法所得总额未满200万元者，一般免退，少数情节较重者酌退一部分；其违法所得总额超过200万元者，只令其退出超过部分；并均给予基本守法户处理通知书。三、半守法半违法户：（甲）偷税漏税、盗骗国家资财、偷工减料等违法所得总额超过200万元，其违法行为除使国家、人民直接遭受经济损失以外，无其他严重危害作用者。（乙）情节虽较严重，但在“五反”中已彻底坦白并立功赎罪者。对以上2种半守法半违法户的处理办法是“补退不罚”，并给予半守法半违法户处理通知书。四、严重违法户：（甲）偷税漏税、盗骗国家资财、偷工减料等违法所得数量较大又有严重危害作用者，或虽无严重危害作用，但拒不坦白者。（乙）完全违法户，但尚非罪大恶极者，且已彻底坦白，并有立功表现者，得减轻其处罚，列入本类工商户。对以上2种严重违法户的处理办法，除令其退出违法所得外，并按情节酌处罚金。五、完全违法户（即极严重违法户）：（甲）对于国家社会建设事业(特别是国防军事设施)，或人民安全有极严重危害作用的盗窃犯。(乙）集体盗窃案的组织者和大盗窃犯。（丙）借盗窃国家经济情报牟利，使国家人民遭受极严重损失，或有其他特别恶劣的犯罪行为者。（丁）有严重违法行为，拒不坦白或抗拒运动者。对以上4种完全违法户的处理办法，应予法办，除令其退出违法所得外，并按其情节从重处以罚金，或判徒刑，最重者可判死刑，并没收其财产的一部分或全部。六、关于行贿行为的处理：除在公平交易中的小额回扣或被勒索而无违法所得不应认为行贿者以及虽属于行贿但情节轻微者外，其他凡有行贿行为者，应按其情节处以罚金。拒不坦白者，应加重其罚金。情节特别严重者，应加重处刑。七、关于违法行为的追算期限：偷税漏税、偷工减料两项违法所得，一般只补退1951年的；其他各项违法行为和违法所得，一般自中华人民共和国成立之日算起；而隐匿侵吞敌伪财产，应自日本投降之日算起。此文件关于工商户分类处理的标准和办法，不仅适用于北京市，而且亦适用于其他地区。此文件的批准公布实施，对全国“五反”运动的顺利开展起了重要的推动作用。

同　日　外交部周恩来部长发表声明，严重抗议美国政府使用细菌武器屠杀中国人民，侵略中国领空。声明指出，美国侵略军自1952年1月25日在朝鲜发动了大规模的细菌战之后，复自2月29日—3月5日，先后以军用飞机68批、448架次侵入我国东北领空，并在抚顺、新民、安东、宽甸、临江等地撒布大量传播细菌的昆虫，并对临江等地区进行轰炸扫射，屠杀中国人民。中国政府特授权本人对美国政府这一最野蛮和最残暴的侵略行为与挑衅行为提出严重抗议。

同　日　庆祝新中国第一批女飞行员的“三八”起飞典礼在北京某机场举行。首都各界7 000多名妇女齐集机场，庆祝这一具有历史意义的起飞。中国人民解放军朱德总司令出席了典礼并发表讲话。会后，全部由新中国第一批女航空人员所驾驶和维护的飞机，列队飞越北京上空，为首都人民作了飞行表演。

3月12日　中共中央发出《关于“五反”分类标准的补充通知》。《通知》发至各中央局，并转分局，省、市、区党委（加直发山东、青岛、南京、华南、云南、新疆）。《通知》指出，经中央批准的北京市委建议《在“五反”运动中关于工商户分类处理的标准和办法》，经与各中央局一再商讨并在政协和政务院讨论后，已于3月12日公开发布。中央依据既顾统一原则又便各地因地制宜的精神，特作如下修改：一、基本守法户中（乙）种条件中之“检举立功”，半守法半违法户（甲）种条件中之“彻底坦白”，均删去。如此从宽处理，可使某些违法户比例较大之城市能争取解放大多数，缩小打击面。二、基本守法户免退违法所得的标准款额，由100万元提高到200万元，以利于迅速处理大多数，并避免或减少基本守法户（其中有相当数量的独立手工业户和家庭商业户）补退之困难，但在200万元以下，其情节照当地情况算为较重者（如重庆），照规定可酌退一部分。而超过200万元标准的违法所得部分（如上海、武汉）则仍应退出，以示严肃。三、严重违法户（甲）种违法所得总额在200万元以上，改为“数量较大”，以示与半守法半违法户亦有所区别，以便于各地机动处理。四、各地执行此文件时，必须结合《人民日报》3月12日社论之精神，以求“五反”斗争的彻底胜利。

3月13日　丁玲等作家获1951年科学和文学艺术斯大林奖金。苏联部长会议颁发1951年科学和文学艺术斯大林奖金。中国作家丁玲的长篇小说《太阳照在桑干河上》获二等奖，周立波的长篇小说《暴风骤雨》获三等奖，贺敬之和丁毅执笔的歌剧《白毛女》获二等奖。

同　日　中共中央发出《关于在高等学校中进行“三反”运动的指示》。《指示》发至各中央局、各分局并转各大市委。中央指出，高等学校中的“三反”运动是极其具体、深刻和有效的思想改造运动。我们应该要求在此次“三反”运动中基本上消灭学校中的贪污浪费现象，克服官僚主义，揭发和批判资产阶级思想，从而确立工人阶级思想的领导权。中央要求各地高等学校进行“三反”运动时，须注意几点：一、应该深入发动群众，特别要依靠学生群众推动教师，批判和打击现在学校中仍普遍和严重存在着的各种资产阶级思想（如崇拜英美、狭隘民族主义、宗派主义、自私自利、对人民国家不负责任、保守观点等），这种资产阶级思想在极大多数学校现在仍然居于实际的支配地位，严重地阻碍教育的改革和国家建设人才的培养。二、根据北京的经验，在强有力的领导下，放手发动学生群众，依靠他们帮助教师进行思想检讨，这是极有效的方法。对于教师应该采取争取大多数“过关”，孤立和暴露最少数坏分子的方针。三、在“三反”思想斗争中，各高等学校的校长，著名的教授和著名的民主人士，如政治上思想上有严重问题，估计不容易很快过关者，对他们的处理，应先请示中央或中央局（分局）后进行。四、在反贪污斗争中，如高等学校的校长、教务长、秘书长、教授、副教授本人有贪污行为者，原则上应按一般贪污分子处理。对他们中间有特殊技术或在科学上有较大贡献的人，如情节较不严重、民愤不大而又愿坦白立功者，则可同意其个别交代，彻底坦白，不当众宣布其罪状，准其将功赎罪。如其贪污行为发生在解放以前，则作为思想问题处理，一般不要追赃，不要处罚。贪污情节严重须逮捕法办或交群众大会斗争者，应经中央或大行政区节约检查委员会批准。五、学校浪费，其性质严重和数量很大者，应由中央或大行政区节约检查委员会会同同级教育部给各该校直接负责人以适当处分。六、在学校“三反”运动中，对于有政治问题的教师员工，除现行犯应及时处理外，其他的人可留待清理“中层”时处理；其中如有担任政治、历史等课教职者，可即停止其课程或改变其职务。七、有些学校在“三反”中已发生教师自杀的事件，各地对此必须警惕，妥为防止。八、各地区在高等学校中“三反”运动时，应根据各地的具体情况计划布置进行，务使这一运动一面能够放手发动群众，一面又在严格的控制下正确地进行。对党的工作基础还是很差的学校，应另派工作组去进行工作。九、各地科学研究机关的高级研究人员中的“三反”运动，亦参照上述各点进行。

3月14日　政务院第一百二十八次政务会议，决定成立中央防疫委员会。委员会由23人组成，主任周恩来，副主任郭沫若、聂荣臻。卫生部贺诚副部长报告了美帝国主义在我国撒布传染细菌的昆虫、毒物的情况及我国的防疫措施。贺诚说，1月28日，美帝国主义用飞机或炮弹在朝鲜战区撒布了带细菌的昆虫。随即又撒布到朝鲜后方。从2月29日到3月10日，在我国的辽东、辽西、吉林、黑龙江4省和沈阳、抚顺、鞍山、通化、安东、锦州等地撒布。撒布下来的昆虫或其他毒物的种类有35—38种，这些昆虫含有鼠疫菌、霍乱菌、沙门氏菌等细菌和微生物。根据上述情况，中央防疫委员会决定在全国范围内开展人民防疫运动。后来，这一运动称为爱国卫生运动。

3月18日　教育部颁发《小学暂行规程（草案）》。共8章46条，包括总则、学制、设置、领导、教学计划、教导原则、成绩考查、升级、留级、毕业、组织、编制、会议制度、经费、设备、附则。其中规定：小学教育的宗旨是根据新民主主义的教育方针和理论与实际一致的教育方法，给儿童以全面的基础教育，使他们成为新民主主义社会热爱祖国和人民的、自觉的、积极的成员。小学实施智育、德育、体育、美育全面发展的教育，其主要目标如下：一、智育方面，使儿童具有读、写、算的基本能力和社会、自然的基本知识；二、德育方面，使儿童具有爱国思想、国民公德和诚实、勇敢、团结、互助、遵守纪律等优良品质；三、体育方面，使儿童具有强健的身体，活泼、愉快的心情以及卫生的基本知识和习惯；四、美育方面，使儿童具有爱美的观念和欣赏艺术的初步能力。《规程（草案）》规定小学修业年限为5年。入学年龄以7足岁为标准。小学不论公办或私立的，都由市、县人民政府教育行政部门统一领导。小学采取校长责任制。小学1年—5年设语文、算术、体育、图画、音乐，4、5年级另设自然、历史、地理。

同　日　教育部颁发《中学暂行规程（草案）》。共8章45条。包括总则、设置、领导、教学计划、教材、教导原则、成绩考查、升级、留级、转学、休学、退学及毕业、组织编制及会议制度、经费及设置、附则。规定：中学教育的任务是用马克思列宁主义的理论与中国革命的实践相结合的毛泽东思想和普及文化知识教育青年一代，使他们的身心获得全面的发展，以便升入高等学校或为参加建设工作打好基础。中学应对学生实施智育、德育、体育、美育等全面发展的教育，其主要目标是：一、使学生能正确运用本国语文，得到现代化科学的基础知识和技能，养成科学的世界观；二、发展学生为祖国效忠、为人民服务的思想，养成爱祖国、爱人民、爱劳动、爱科学、爱护公共财物的国民公德和刚毅勇敢、自觉遵守纪律的优良品质；三、培养学生体育卫生的智能和习惯，以养成其强健的体格；四、陶冶学生的审美观念，并启发其艺术的创造能力。《规程（草案）》规定中学修业年限为6年，初高中两级各3年。中学教导工作采取教师责任制，由教师负责各项教学工作和学生思想行为的指导，以贯彻中学教育全面发展的宗旨。中学采取校长责任制。中学设语文、数学、物理、化学、生物、地理、历史、中国革命常识、社会科学基础知识、共同纲领、时事政策、外国语、体育、音乐、美术、制图等科。

3月20日　中共中央发出《关于在"三反"运动中党员犯有贪污、浪费、官僚主义错误给予党内处分的规定》。中央指出，"三反"运动对于共产党来说，是一次深刻有力的整党运动，必须利用"三反"运动的结果对于我们党的组织进行一次严肃的整理。对于在"三反"运动中所发现的犯有贪污、浪费和官僚主义错误及其他严重错误的共产党员，除根据《中央节约检查委员会关于处理贪污、浪费及克服官僚主义错误的若干规定》，予以应得的刑事处分或行政处分外，同时在党内应根据党员所犯贪污、浪费、官僚主义错误及其严重错误的程度，过去一贯在工作中的表现并结合党员的八项标准和整党的其他规定，分别予以适当的党内处理。为此，针对各种不同情况，中央特作12条具体规定。此《规定》，地方暂发至地委，部队发至团委，作为各机关各部队党委负责同志在“三反”运动中党内处理的依据。

3月21日　政务院举行第一百二十九次政务会议。会议通过了《关于“五反”运动中成立人民法庭的规定》。规定在工商户违法案件较多的市设立人民法庭，负责处理工商户违法案件及其他案件。这次政务会议还原则通过《政务院关于1952年水利工作的指示》。指示说，1952年水利工作总的要求是：继续加强防洪排水，减免水灾；大力扩展灌溉面积，加强管理，改善用水；重点疏浚内河，整理水道；特别注意根治水害与灌溉、发电、航运的密切配合；切实注意组织工作，健全领导，培养干部。

3月23日　中共中央发出《关于在“五反”斗争中及其以后必须达到的八项目的的指示》。此件是毛泽东为中共中央起草的，已节选编入《毛泽东选集》第五卷。中央指出，在此次“五反”斗争中及其以后我们必须达到下述八项目的：一、彻底查明私人工商业的情况，以利团结和控制资产阶级，进行国家的计划经济。二、明确划分工人阶级和资产阶级的界限，肃清工会中的贪污现象和脱离群众的官僚主义现象，清除资产阶级在工会中的走狗。三、改组同业公会和工商联合会，将那些“五毒”俱全的人们及其他已完全丧失威信的人们开除出这些团体的领导机关，吸引那些在“五反”中表现较好的人们进来。除完全违法者外，各类工商业者均应有代表。四、帮助民主建国会的负责人整顿民主建国会，使之成为一个能够代表资产阶级主要是工业资产阶级的合法利益，并以共同纲领和“五反”的原则教育资产阶级的政治团体。各部分资本家的秘密结社，如“星期四聚餐会”等，则应设法予以解散。五、清除五毒，消灭投机商业，使整个资产阶级服从国家法令，经营有益于国计民生的工商业；在国家划定的范围内，尽量发展私人工业，（只要资本家愿意和合乎共同纲领），逐步缩小私人商业；国家逐年增加对私营产品的包销订货计划，逐年增加对私营工商业的计划性；重新划定私资利润额，既要使私资感觉有利可图，又要使私资无法夺取暴利。六、废除后账，经济公开，逐步建立工人店员监督生产和经营的制度。七、从补、退、罚、没中追回国家及人民的大部分经济损失。八、在一切大的和中等的私营企业中建立党的支部，加强党的工作。

3月28日　政务院举行第一百三十次政务会议。会议通过了《中华人民共和国惩治贪污条例》。《条例》本着惩办与教育相结合、镇压与宽大相结合的原则，为达到惩前毖后和除恶务尽的目的，对犯有贪污罪者，依其情形轻重，分别惩治。此件4月15日公布。会议还通过了《关于"三反"运动中成立人民法庭的规定》，《规定》指出，为了严肃、谨慎和适时地处理"三反"运动中贪污分子的处刑、免刑以及其他应经审判程序处理的案件，凡专区以上机关中、团以上部队中得成立人民法庭，在各该级人民法院和各该级军法机关领导下进行审判工作。在已经进行"三反"运动之县，对贪污分子的审判，亦得按照前款规定成立人民法庭进行之。此件3月30日公布。会议还原则批准《中央节约检查委员会关于追缴贪污分子赃款赃物的规定》。规定说，为严肃国家纪律，凡已确定为贪污分子者，其赃款赃物应予追缴，以收回国家和人民的损失。在严肃原则的基础上，应根据贪污分子不同情况分别进行处理。此件3月31日公布。

3月29日　中共中央发出《关于提拔调整干部精简机构的指示》。《指示》指出，在这次"三反"运动中，许多干部被停职反省或受到撤职的处分，许多机构被整垮，业务陷于停顿，使国家经济的恢复和目前急需进行的各项建设工作，受到严重的影响。为此，中央要求各级党委要大胆地、大量地提拔"三反"和"五反"中的积极分子，厉行精简，取消一切可以取消的机构，合并一切可以合并的机构，彻底纠正一切人浮于事的现象，并有重点、有步骤地做好调整干部的工作。

同　日　政务院发出《关于整顿和发展中等技术教育的指示》。《指示》指出：培养技术人才是国家经济建设的必要条件，而大量地训练与培养中级和初级技术人才尤为当务之急。为此，必须对中等技术教育进行有计划、有步骤的整顿和发展。现阶段的整顿和发展，必须由各级人民政府的教育部门和有关业务部门，以及各主要厂矿、企业和农场分工合作，共同进行。在办学方针上，必须采取革命的方法，除整顿和发展正规技术教育外，还应举办各种速成性质的技术训练班和业余性质的技术补习班或训练班，使正规的、速成的、业余的各种技术学校与训练班配合发展。各级各类中等技术学校除给予学生以专门技术训练外，并须实施政治教育与基本的文化科学知识教育。应明确规定各级各类中等技术学校的方针与任务，并逐步地适当地实行专业化与单一化，务求学用一致，使所培养的人才能适应各业务部门的需要。《指示》还对招收工人农民劳模入学、毕业生分配、教材编审分工、经费及私立中等技术学校的管理等事项作了规定。4月8日，《人民日报》为此发表了《整顿和发展中等技术教育》的社论。

本　月　中共中央发出《关于处理小贪污分子的五项决定》。中央指出，为使各地各部队在“三反”斗争中能迅速解除绝大多数小贪污分子的顾虑，便于进行改造，并便于集中力量在3月份基本完成机关“打虎”任务和进一步处理大中贪污分子，特决定：一、凡贪污在100万元以下者，只要其情节不严重恶劣，彻底承认贪污的罪行，可一律不以贪污分子看待，并免除其行政处分。二、凡贪污在1 000万元以下100万元以上者，只要情节不严重恶劣，彻底承认贪污的错误，可一律不给予刑事处分，而按其情节轻重给予不同程度的行政处分。党团员应给予党内团内的纪律处分。三、上述2类中极少数情节严重恶劣的贪污分子，得加重一级处理，即贪污100万元以下者按100万元以上处理，贪污1 000万元以下者按1 000万元以上处理。四、贪污在1 000万元以下100万元以上的分子，如系自动坦白、年纪较轻、偶一失足或发觉后业已立功自赎者，得减轻一级处理，即不以贪污分子看待，并免予行政处分。五、上述四类分子在处理时，均应尽可能退还贪污赃物。中央进一步指出，如执行此决定，约有70%以上的贪污分子可免予行政处分，不以贪污分子看待；约有20%以上的贪污分子只给予行政处分，不给予刑事处分。如此，可立即解除90%以上的小贪污分子的顾虑，并可推动一批新的小贪污分子的坦白立功，以便集中力量于“打虎”和处理大中贪污分子的工作。中央要求，为迅速处理此事，各机关各单位可在适当时机召开全体工作人员大会，以各级人民政府节约检查委员会的名义宣布上述五项决定。对小贪污分子的具体处理，除因特殊情况不必公开者外，一般可在本机关内采用党内准备、分组评议、领导批准、大会宣布的办法解决之。此文件的公布，对推动“三反”运动的进行，并保证“三反”运动顺利完成，具有重要的指导意义。

本　月　中共中央发出《关于处理贪污浪费问题的若干规定》。中央指出，目前，全国范围内专区以上机关中及团以上部队中“三反”斗争任务即将基本完成，为了正确地、统一地处理运动中所发现的有关贪污、浪费的若干具体问题，特作如下规定：第一，为了严肃国家法纪，保持艰苦朴素的革命工作作风，对贪污浪费问题必须严肃处理。同时为了争取多数，孤立少数，对贪污分子必须坚持改造与惩治相结合的方针，以利目前的“三反”斗争及今后的建设工作。对贪污分子的处理，各地应尽可能地在各级贪污分子总人数中，使摘掉贪污分子帽子、免予行政处分者达到70%左右，使给予行政处分者达到20%左右，使给予刑事处分者只有10%以下，而在这10%以下的刑事处分中，应使关押人数不超过受刑事处分的1/5，其他则应判处机关管制、劳役改造或缓刑，使之戴罪工作，不必关押。对浪费问题的处理应以严肃态度，分别情况，予以适当解决，以教育干部，说服群众。第二，对贪污分子的处理办法。规定了对贪污分子分类的办法，并对行政处分、刑事处分、党团纪律处分以及计算贪污违法时间、贪污分子退赃办法等中央都作了详细的、具体的规定。第三，对浪费问题的处理办法。将浪费划分为3类：个人生活的超支与铺张浪费、集体生活的超支与铺张浪费和业务上的浪费，并对各类浪费问题的处理作了具体规定。中央指出，对于浪费问题，一般不宜于追查过远，应依据“三反”斗争开展前的具体情况，予以处理。第四，中央对贪污和浪费问题的处理步骤及批准权限作了明确的规定。中央要求，各地应于3月20日以前，将不算作贪污分子的人员基本处理完毕，并争取将较易处理的只受行政处分的贪污分子处理一批。在这2批人员处理后或在各级“三反”斗争基本完成时，再逐步处理浪费问题。而对受刑事处分的贪污分子及前述未处理完毕的受行政处分的贪污分子的处理，各单位应争取在4月底基本完成。此《规定》的发布，对全国“三反”运动的顺利完成，起了重要的指导作用。

4月2日　中共中央发出《对〈关于处理贪污、浪费及克服官僚主义错误的若干规定〉中某些条文的解释》。此件发至中南局并各中央局、分局。1952年3月11日，政务院公布了中央节约检查委员会《关于处理贪污、浪费及克服官僚主义错误的若干规定》。此件是中共中央对《规定》中某些条文的解释。一、行政处分里的降级处分主要地适用于军队干部，降职处分适用于各种干部。二、刑事处分里的机关管制与行政处分里的开除处分，两者性质不同，前者重于后者。三、在处理贪污分子时，除品质极坏不可救药者外，尽量少用开除处分。凡受刑事处分者，行政上必须撤职，但不一定给予开除处分。四、在“三反”运动中关于行政处分的批准权，一般采取直接上级批准制。关于干部撤职、开除的处分，一律按中央过去规定的人事任免管理制度执行。

4月3日　政务院发出《关于中央一级各机关“三反”运动中成立人民法庭的通知》。《通知》说，政务院一般以委、部、会、院、署、行、大学（专科学校）等为单位成立人民法庭；中央军委一般以其直属各部和直属司令部为单位成立人民法庭；中共中央直属各机关及各人民团体中央国家直属机关合为一个单位成立人民法庭；全国政协委员会及其他各民主党派中央机关合为一个单位成立人民法庭。各单位人民法庭有传讯、逮捕、释放并判处机关管制、劳役改造、有期徒刑、无期徒刑、死刑、以及宣告追缴赃物、没收财产、剥夺政治权利、缓刑、免刑、无罪之权。

4月4日　政务院召开第一百三十一次政务会议。会议原则批准《1952年电影制片工作计划》。1952年电影工作的方针是：加强工人阶级的思想领导，坚持普及为主，并在普及的基础上提高。计划制作大型故事片11—15部，小故事片5部，纪录片26部，教育片8—9部，新闻纪录片42号；国外片拟译制50部又30号；国语片译成少数民族语言与中苏影片译成粤语的20部又25号。

同　日　中共中央批转《上海市“五反”第一战役经验总结报告》。上海市“五反”第一战役从3月21日开始，至3月31日结束，对74家重点户进行了检查。所取得十条经验是：一、充分准备，不打无把握之仗。二、“五反”必须结合生产。三、明确交代政策，破除各种顾虑。四、从诉苦运动着手，充分发动群众，引向“五反”斗争。五、争取高级职员是取得“五反”胜利的重要关键。六、对资本家充分利用矛盾，多方实行分化。七、充分运用党在资本家中间的影响和力量。八、在政治上打掉资本家的“威风”，要他们全面交代违法事实，务求详尽确实，务求说清违法事实来龙去脉，数字务求详尽准确。九、充分发动群众与严密控制相结合，这是保证运动正确发展与彻底胜利达到“反而不乱”的关键。十、巩固胜利，妥善收兵，做到有始有终。毛泽东为中共中央转发上海市委的经验总结报告写了批语。《批语》指出，上海市委关于“五反”的十条经验很好，这是“五反”以来最完备的一次经验总结，望一切正在推行“五反”或准备推行“五反”的城市党组织，注意研究，一体遵行。

4月5日　中共中央批转薄一波《关于上海“五反”第二战役部署的报告》。中央人民政府节约检查委员会主任薄一波，受中央委派在上海帮助“三反”、“五反”工作。1952年3月31日，薄一波关于上海工商业户的具体分析和“五反”第二战役的部署，向毛泽东并中共中央报告。《报告》说：上海大资本家大工商户约有1.2万，占工商户总数的7.4%，但职工人数则占70%，其在经济上的比重又远超过其人数的比重。因此上海“五反”第二战役，决定实行普遍发动群众和重点检查相结合，具体部署是：（一）争取解决2 000个重点户，其中1 500户是普通重点户，另500户是390个上层资本家。对这二类要分别对待分别处理，少数予以严办。（二）市委用一半力量解决中小户问题。（三）继续做到一面“五反”，一面维持生产。（四）充分运用第一战役的经验。毛泽东为中共中央转发薄一波的报告写了批语。《批语》首先同意薄一波的报告。并指出，大资产阶级所有的企业，因其技术进步，工人众多，产品量大，不论在经济上政治上都较中小私人企业重要。但大资产阶级除掉少数有害无益的投机分子以外，我们必须用大力向他们的企业中进行工作，加强工会工作和党的组织工作，在“五反”中照天津和上海的办法按其情况有分别地适当地对待各类大资本家。此点务请各大中城市加以注意。

同　日　中共中央发出《关于干部交代和资产阶级的关系的指示》。《指示》指出，各机关、部队在“三反”中基本上完成打虎任务以后，除允许不交代者外，应结合对贪污分子的处理工作，号召工作人员进行一次普遍交代自己和资产阶级的关系，借以划清思想界限，提高干部认识，并达到对所属工作人员进一步了解的目的。干部中有和帝国主义、国民党和地方阶级有关系者，亦须在此次交代清楚。《指示》对普遍交代的办法做了具体的规定：一、共产党员、青年团员、工会工作人员、合作社工作人员、一般的国家行政人员和技术人员、部队的连级以上干部，均应进行交待。民主人士，一般不应进行交代。对于在政府中工作的某些民主人士和军队中某些起义人员应令其交待者，必须先由各单位党委或党组开出名单，经讨论决定，并获上级批准后，方能令其交代。民主党派内部肯定不进行交待。二、交代的内容。除交代与资产阶级的社会关系和经济关系外，还应就思想、立场、观点等方面作检查，目的是为了划清无产阶级和资产阶级的思想界限，坚定无产阶级的立场。三、交代的方法。采用普遍号召，重点审查的方法。即大多数无问题或问题不大者，只用填表或写材料的方法交待，不用开会的方法交代。对一部分问题复杂严重者，可用开小型会议的方法交待。对最严重者务必集中力量，审查清楚。四、普遍交代应与干部鉴定工作结合进行，等等。

4月6日　中共中央发出《中央关于西藏工作方针的指示》。这是毛泽东为中共中央起草的给西南局、西藏工委并告西北局、新疆分局的党内指示。已收入《毛泽东选集》第五卷。《指示》指出，在西藏，我军是处在一个完全不同的民族区域。我们唯靠二条基本政策，争取群众，使自己立于不败之地。第一条是精打细算，生产自给，并以此影响群众，这是最基本的环节。我们要用一切努力和适当办法，争取达赖及其上层集团的大多数，孤立少数坏分子，达到不流血地在多年内逐步地改革西藏经济政治的目的；但也要准备对付坏分子可能率领藏军举行叛变，向我袭击，在这种时候我军仍能在西藏活下去和坚持下去。凡此均须依靠精打细算，生产自给。以这一条最基本的政策为基础，才能达到目的。第二条可做和必须做的，是同印度和内地打通贸易关系，使西藏出入口趋于平衡，不因我军入藏，而使藏民生活水平稍有下降，并争取使他们在生活上有所改善。只要我们对生产和贸易二个问题不能解决，我们就失去存在的物质基础，坏分子就每天握有资本去煽动落后群众和藏军反对我们，我们团结多数孤立少数的政策就将软弱无力，无法实现。《指示》还指出，对待藏军，目前不要改编，也不要在形式上成立军分区，也不要成立军政委员会。暂时一切仍旧，拖下去，以待1年或2年后我军确能生产自给并获得群众拥护的时候，再谈这些问题。我们在目前不仅没有全部实行协定的物质基础，也没有全部实行协定的群众基础和上层基础，勉强实行，害多利少。拖下去，对我们的害处并不大，或者反而有利些。各种残民害理的坏事让他们去做，我们则只做生产、贸易、修路、医药、统战（团结多数，耐心教育）等好事，以争取群众，等候时机成熟再谈全部实行协定的问题。

4月8日　中国出席国际经济会议代表团在莫斯科与英国代表团交换贸易协议书。协议书规定在1952年进行每方价值达1 000万英镑的贸易。

4月9日　中共中央转发陕西省委《关于地主、富农能否参加互助组的意见》。中央同意陕西省委的《意见》，并转发各地参照办理。对于各地询问“地主、富农是否可以参加互助组”的问题，陕西省委的《意见》指出，一、不能允许地主参加农民的劳动互助组织。对于地主的劳动改造，应在乡村政权、农民、民兵及农民互助组等的监督下，强制其经常劳动生产，也可将个别地主强制其临时与变工组在一起劳动，但这绝不等于允许地主加入互助组。个别地方组织“地主互助组”，这也是不对的，应予以纠正。二、根据中央《关于农业生产互助合作的决议草案》中规定，原则上均不应吸收富农加入互助组。对现已加入互助组的富农，如符合中央原则并确实能遵守生产互助组的规矩时，亦可不令其退出，但仍应注意：（一）这个互助组的基础必须较强；（二）富农不得充当互助组的领导人；（三）工资找补、耕畜与人工折算等，都应公平合理。

同　日　郭沫若获斯大林国际和平奖金。“加强国际和平”斯大林国际奖金授奖典礼在莫斯科克里姆林宫斯维尔德洛夫大厅举行。中国著名国际和平人士郭沫若荣获金质奖章和奖状。

4月11日　政务院举行第一百三十二次会议。会议同意中财委主任陈云《关于财政经济问题的报告》。报告说，1952年财政方针是要能够继续应付战争。国家的收支预算大概是1 200亿斤粮食（合人民币125万亿元），比上年收支1 100亿斤的数量要大一点。支出方面，今年除军费的比例应该比去年减低一点（但绝对钱数并没有减少）外，其他行政费、文教费、经济投资的比例大体照旧。总的看，国家财政情况大体上是平衡的，可能稍有点赤字。财政工作一年来的成绩是支持了抗美援朝，稳定了国内市场。缺点是存在严重的贪污浪费和官僚主义。“三反”、“五反”在财政方面是有积极效果的。城市中有不少税收被偷、漏掉，在乡村中有摊派、超征现象。关于经济情况，农业生产，干旱现象减轻，麦子收成比去年好，但对虫灾要有足够估计。总的看，粮食棉花市场可稳住。大工业与矿山的生产，去年预定的增产节约计划可以完成。对外经济贸易情况也不错。

4月12日　政务院发出《中央一级各部门抽调1 000名青年知识分子干部升入高等学校学习的决定》。1952年暑期全国高等学校计划招收新生5万人，以适应国家即将开始的大规模建设的需要。但学生来源不足，故决定从军队系统及政府、党派、人民团体系统在整编中各抽调1万名青年知识分子干部升入高等学校，其中在中央一级各部门抽调1 000人。

4月15日　中央发出《关于集体转业部队的决定》。为适应国防建设和国家经济建设的需要，中央决定从解放军中调拨41个整师，11个整团共46.5万人转为各种工程部队和屯垦部队。其中，不受朝鲜战争影响在第一期整编中即可转业者，共为24个整师、11个整团共29万人；须视朝鲜战争情况始能决定转业时间者，共为17个整师、17.5万人。

同　日　中共中央发出《关于肃清毒品流行的指示》。中央指出，在“三反”运动中，从铁路、航运、邮政、公安、司法、税务等部门，并从很多地区，暴露出为数甚多的国家机关内部人员包庇或勾结奸商、毒贩、流氓甚或反革命分子贩运毒品、金银、私货的各种罪恶活动，在若干部队工作人员中亦有发现。这些罪恶活动给予国家和人民造成的损失是很惊人的。为了根除这种旧社会的恶劣遗毒，在全国范围内有重点地大张旗鼓地发动一次群众性的运动，来一次集中的彻底的扫除，是十分需要的。为此，中央特作各项指示：一、在这次运动中应首先集中解决贩运毒品问题，因为毒品流行对国家的损失最大，对人民的毒害最深。二、要根绝制造、贩卖毒品或包庇掩护毒犯的现象，必须依靠广大群众的觉悟程度和斗争的积极性，在“三反”、“五反”运动末期，有重点地在机关和社会上开展一次肃清毒品流行的运动。三、这次运动应以铁道、公路、海运、河运、邮政、海关、公安（包括边防）、司法、税务等部门作为重点；至于地区，一般应以大中城市、边防口岸，以及过去烟毒盛行的地区为重点；在各级人民政府集中领导下，认真进行，务将一切毒犯肃清。四、这次运动应采取严厉惩办与改造教育相结合的方针，打击惩办少数，教育改造多数，即：制造者、集体大量贩卖者从严，个别少量贩卖者从宽；主犯从严，从犯从宽；惯犯从严，偶犯从宽；拒不坦白者从严，彻底坦白者从宽；今后从严，过去从宽。打击的重点放在集体大量的制毒、贩毒犯与严重违法的工作人员，对于单纯吸食毒品者，不应作为这次运动的斗争对象。五、关于种毒问题，主要发生在边疆少数民族地区，应在今后工作中逐步解决。内地的种毒问题，必须检查禁止。

4月18日　中央人民政府委员会举行第十四次会议。会议内容是：一、批准《中华人民共和国惩治贪污条例（草案）》，此件于4月21日公布。二、通过《中华人民共和国和罗马尼亚人民共和国文化合作协定》。三、批准成立政务院华北行政委员会，该会成立后，撤销原中央人民政府华北事务部。

同　日　中央人民政府华北行政委员会成立。为加强国家工作的统一和集中领导，以适应国家大规模建设的需要。根据中央人民政府委员会第十四次会议决定，原中央人民政府华北事务部改建为华北行政委员会。它是1952—1954年代表中央人民政府在华北地区进行领导和监督地方人民政府工作的派出机关。1952年4月19日中央人民政府委员会第十五次会议，批准任命刘澜涛为华北行政委员会主任。1953年1月14日，中央人民政府委员会第二十一次会议决定免去刘澜涛华北行政委员会主任职务，任命刘澜涛为华北行政委员会主席，刘秀峰、张苏、李烛尘为副主席。分管北京市、天津市、河北省、山西省、绥远省和内蒙古自治区。1954年6月19日，中央人民政府委员会第三十二次会议根据同年4月27日中共中央政治局扩大会议决定，将其撤销。所属各省、自治区、直辖市改由中央直辖，绥远省撤销，其行政区域并入内蒙古自治区。

4月19日　中央人民政府委员会举行第十五次会议。会议的内容是：一、批准任命刘澜涛为华北行政委员会主任，裴丽生为山西省政府主席，杨耕田为察哈尔省政府主席，方治平为鞍山市市长，邢肇棠为宁夏省政府主席，程潜为湖南省政府主席。免去刘澜涛华北事务部部长职务，赖若愚山西省政府主席职务，张苏察哈尔省政府主席职务，刘云鹤鞍山市市长职务，潘自力宁夏省政府主席职务，王首道湖南省政府主席职务。二、批准中财委陈云主任在政务院第一百三十二次政务会议上作的《关于财政经济问题的报告》。

4月21日　《中华人民共和国惩治贪污条例》公布施行。为了巩固“三反”、“五反”运动取得的胜利，为了对贪污分子和盗窃分子给予惩治，并继续同一切贪污与盗窃行为进行斗争，根据中国人民政治协商会议《共同纲领》第18条严惩贪污的规定，1952年3月28日，政务院第一百三十次政务会议通过了本《条例》。4月18日经中央人民政府委员会批准，于4月21日，由中央人民政府主席毛泽东命令公布施行。《条例》规定：一切国家机关、企业、学校及其附属机构的工作人员，凡是侵吞、盗窃、骗取、套取国家财物，强索他人财物，收受贿赂以及其他假公济私违法取利之行为，均为贪污罪。《条例》规定在处理贪污案件时，必须贯彻执行过去从宽、今后从严，多数从宽、少数从严，坦白从宽、抗拒从严，对非国家工作人员（除一小部分罪大恶极者外）从宽、对国家工作人员从严的原则。《条例》还对犯贪污罪者处分的种类、量刑的标准和对贪污财物或其他违法所得的处理作了具体规定。为了保证广大人民群众能够充分发挥其监督作用。《条例》还规定了保证人民群众对贪污盗窃分子有充分的检举权利，凡对检举人施行打击报复的人，以及对于所属工作人员的贪污行为故意包庇或不予举发的国家工作人员，按其情节轻重，酌情给予刑事处分或行政处分。

4月30日　周恩来在我国驻外使节会议上阐述中国的外交方针和任务。周恩来讲话的主要内容是：一、我们的外交方针。中华人民共和国建国以来，一直坚持和平的对外政策，我们在执行和平政策中的一些外交方针是：（一）“另起炉灶”。1949年春，毛泽东同志就说过，我们的一个重要外交方针是“另起炉灶”，就是不承认国民党政府同各国建立的旧的外交关系，而要在新的基础上同各国另行建立新的外交关系。对于驻在旧中国的各国使节，我们把他们当做普通侨民对待，不当做外交代表对待。为了表示外交上的严肃性，我们又提出建交要经过谈判的手续。我们要看看人家是不是真正愿意在平等、互利和互相尊重领土主权的基础上同我们建立外交关系。这一“另起炉灶”的方针，使我国改变了半殖民地的地位，在政治上建立了独立自主的外交关系。（二）“一边倒”。在1949年党的建立28周年纪念日，即在中华人民共和国成立的前夕，毛泽东同志在

《论人民民主专政》一文中提出了“一边倒”的方针，宣布了我国站在以苏联为首的和平民主阵营之内。我国在世界上明确地站在和平民主阵线一边，旗帜鲜明，打破了帝国主义的幻想。（三）“打扫干净屋子再请客”。帝国主义总想保留一些在中国的特权，想钻进来。有几个国家想同我们谈判建交。我们的方针是宁愿等一等。先把帝国主义在我国的残余势力清除一下，否则就会留下它们活动的余地。帝国主义的军事力量被赶走了，但帝国主义在我国百余年来的经济势力还很大，特别是文化影响还很深。这种情形会使我们的独立受到影响。因此，我们要在建立外交关系以前把“屋子”打扫一下，“打扫干净屋子再请客”。但是打扫要有步骤，不能性急。（四）“礼尚往来”。资本主义国家，你对我好，我也对你好；你对我不好，我也对你不好。针锋相对，来而不往非礼也。我们总是采取后发制人的办法，你来一手，我也来一手。不怕它先动手，实际上它一先动手就马上陷于被动。开国后我们用“另起炉灶”和“打扫干净屋子再请客”这两手，在整个战略上处于主动地位。至于在具体事情上，是可以后发制人的。（五）“互通有无”。我们开国以来就根据平等互利的原则同外国做买卖，不能像过去那样把中国作为它们的消费品市场。美帝国主义对我搞禁运，我们就以货易货，不用结汇，这对打破禁运是极有利的。（六）“团结世界人民”。我们对苏联和各人民民主国家是“一边倒”的，对原殖民地半殖民地国家，对资本主义和帝国主义国家的人民也要团结争取，以巩固和发展国际和平力量，扩大新中国的影响。以上一系列的方针就体现了我们坚持的和平外交政策。二、外交阵线。（一）建立什么样的外交阵线。外交是国家和国家间的关系，还是人民和人民间的关系？外交工作是以国家为对象，还是以人民为对象？我们要团结世界各国的人民，不仅兄弟国家的人民，就是原殖民地半殖民地国家和资本主义国家的人民，我们也都要争取。但就外交工作来说，则是以国家和国家的关系为对象的。外交是通过国家和国家的关系这个形式来进行的，但落脚点还是在影响和争取人民，这是辩证的。这一点要搞清楚。（二）要分清敌我友。在建国开始时，我们就提出过这个问题。我和友是一方面，敌又是一方面。具体地分析一下，朋友方面以国家来分有2种：第一种是基本的朋友，第二种是一时的朋友。这后一种朋友也不完全一样，有的只能在某一时期内成为朋友，有的可以在相当长的时期内成为朋友，区别的主要关键是对战争与和平的态度。从国家的性质上来说，它们是属于资本主义世界的，但对战争它们不参加，表示中立，这是可能的。我们要依靠进步，争取中间，分化顽固。这样可以使我们的外交工作更灵活一些。三、外交工作的思想领导。我们的外交工作要绝对地接受无产阶级思想的领导，不能允许资产阶级和小资产阶级思想的侵蚀，当然更不能允许这些思想占据领导地位。我们的立场必须十分坚定，思想必须十分明确。

本　月　全国商品降价。1952年上半年来，全国各地大量日用百货商品的零售牌价陆续降低。这次商品降价品种多、幅度大。上海有1万多种，北京有4 000多种，中南地区有3 000多种。商品牌价降低的幅度，由2%~40%左右，平均约8%。如以1951年12月的物价指数为100，1952年4月上旬的物价指数则降至95%左右，即物价平均下降了5%，而日用百货价格下降8%左右。这次商品降价，是开展“三反”、“五反”运动的重要收获之一。商品牌价能够做到合理下降的原因：一是经过“五反”以后，进口原料的制成品开始消除了诈骗现象，从而使成品价格降低。二是初步取缔了奸商哄抬价格、投机取巧的非法行为。三是通过“五反”，私营厂店的工人觉悟提高，加强了政治责任感，在接受加工订货时，发挥监督作用，使资本家不敢搞鬼。四是机关内部通过“三反”，干部觉悟提高，业务工作有很大改进。这次商品降价，使人民群众直接感受到反贪污、反盗窃的胜利成果，使人们进一步认识到“三反”、“五反”运动的伟大意义。

本　月　中共中央发出《关于“五反”运动后处理劳资关系问题的指示》。中央指出，各城市在“五反”运动之后，在劳资关系中发生了许多新的问题，望各地党委注意加以研究和处理。为了在“五反”后新的条件下建立今后相对安定的正确的劳资关系，关于工人的生活以及其他的关系问题，应用劳资合同的形式加以规定。这种合同应根据工人若干迫切的要求及资本家提出的迫切问题，经双方平等协商，共同规定，由双方代表签字，在以后规定的时间内予以遵守。签订劳资合同，是使劳资关系趋于正常和相对安定的一种基本方式。它的形式和内容，一般应由简单到复杂，由低级到高级。但一切劳资合同都必须由各地党委、工会领导机关、政府劳动部门密切掌握，重要的带有全国性的问题还须请示中央和全总批准后决定。在劳资合同内，暂还不要把工人监督生产和经营的问题规定进去。

本　月　中共中央发出《关于处理在“三反”斗争中受到行政处分的干部的指示》。中央指出，在“三反”斗争中，不少党员干部受到行政处分。对于他们的工作，应本着严肃谨慎的方针，分别予以适当的处理，一般均应给予适当工作，责其在工作中立功自赎。受记过、警告处分者可原职不动；受降职、降级处分者一般可降一级使用；被撤销职务者可依下列办法处理：一、对已作深刻检讨，决心改正错误，并有工作能力者，可分配以适当的工作，在工作中锻炼和考验。二、对检讨不深刻，一时确难分配工作，但尚有一些工作能力者，可分别集中训练，予以改造的机会。三、对错误严重，思想恶劣，既不能分配工作，又不宜送学校学习者，如系老干部，则只好给予生活供给和适当的安置，但要低于他们原来的生活待遇。总之，教育改造上述犯错误的党员干部，是一项重要的工作。对一切可以挽救的干部，党必须尽力挽救之。对于少数不可挽救分子，党也必须做到仁至义尽。在“三反”斗争中受到行政处分的党员干部，只要他们认识错误并决心改正错误，仍应把他们当做党的骨干使用。

5月2日　中共中央发出《关于在高等学校中进行批判资产阶级思想和清理“中层”的指示》。此《指示》共分四部分：一、中央指出，北京各高等学校在“三反”运动中进行了批判资产阶级思想的运动，收获很大。各地高等学校中的“三反”运动，也要陆续开始转入批判资产阶级思想的阶段。这个运动对于高等学校来说，是政治改革的一个重大步骤。这个运动的目标是：（一）彻底打击学校中的封建、买办、法西斯思想，划清敌我界限；（二）暴露和批判教师中的资产阶级思想，划清工人阶级和资产阶级的思想界限，初步树立工人阶级的思想领导；（三）肃清学校中的贪污浪费现象，树立爱护公共财物、廉洁节约的新风气；（四）具体了解高等学校教师的政治情况与人事情况，以打好在学校中进行清理中层工作和进行教育改革的基础。中央指示，在这项运动中，应该让60%~70%的教师，在作了必要的自我检讨以后迅速过关；15%~25%的教师，是要经过适当批评以后再行过关；13%左右的教师，是要经过反复的批评检讨以后始予过关；只有2%左右是不能过关，需要作适当处理。这样做，我们就能做到争取、教育多数教师，孤立和打击少数坏分子，以达到团结改造高级知识分子的目的。二、中央指出，对具有严重政治问题或思想十分反动不能过关的教师，人数既甚少，情况又各人不同，对他们的处理办法，应视各人具体情况、社会地位、检讨程度、业务能力等条件，分别考虑决定。三、中央要求，在批判资产阶级思想运动完毕以后，各地可选择很少数的重点学校，集中干部力量，接着即转入清理中层的工作。中央为此提出6点注意事项，并强调，清理学校中层工作是改革高等学校的重要关键，必须认真作好这件工作。四、中央指示，在经过“三反”运动，批判资产阶级思想运动和清理中层工作以后，就需要进一步考虑在高等学校中建立革命的政治工作制度和机构，以便加强党的领导作用，巩固和扩大高等学校中马克思列宁主义思想的阵地，并在这样基础上来贯彻高等教育的改革。并具体提出，在少数条件较好的学校可建立政治辅导员制度和在教师中开始建立有系统的政治理论学习制度。此《指示》对推动全国高等教育的改革有重要意义。

5月5日　外交部长周恩来发表关于美国宣布非法的单独对日和约生效的声明。非法的单独对日和约是英、美、法等国，不顾亚洲和世界各国政府和人民的反对，于1951年9月8日在旧金山同日本签订的片面和约。1952年4月28日，美国政府和日本政府同时宣布非法的单独对日和约自该日起正式生效，在华盛顿的远东委员会和在东京的盟国对日委员会都被美国政府非法宣布解散。同日，日本政府与中国台湾的蒋介石集团也签订了所谓《和平条约》。这一系列的挑衅，引起我国人民的强烈反对。外交部长周恩来在声明中指出，美国政府不顾它在第二次世界大战前后所亲手签订的一系列国际协定中有关日本问题的国际协议，竟自行宣布非法的单独对日和约生效，并专横独断地解散远东委员会和对日委员会，这种片面措施是完全非法的，完全没有道理的，是根本无视中国、苏联和亚洲各国人民的正当权利，是彻底变日本为美国军事基地和附属国的备战条约。由美国指使日本和蒋介石集团签订的《和平条约》，是企图用这个所谓"和约"把它一手培植的两个傀儡联合起来，构成对中华人民共和国的军事威胁，也是美国敌视中苏两国、威胁亚洲人民的新侵略战争步骤。外交部长周恩来指出，中华人民共和国中央人民政府认为有必要再次声明，我们坚持一切占领军必须撤离日本，对美国宣布生效的非法的单独对日和约是绝对不能承认的，对于公开侮辱并敌视中国人民的日、蒋"和约"是坚决反对的。外交部长周恩来的声明发表后，各民主党派、人民团体分别于9日、10日发表声明，表示坚决拥护。

同　日　政务院文教委员会批准《干部子女小学暂行实施办法》。《办法》规定：各级人民政府、机关团体可以根据需要，设立干部子女小学。干部子女小学对烈士遗孤应予特别照顾，对多年失养、失学及程度较差的干部子女，入学年龄可以不受严格限制。

5月6日　中共中央批转中财委《关于全国钢铁工业的发展方针、速度与地区分布问题的报告》。中财委的《报告》认为，在第一个五年计划时期，必须把鞍钢的建设作为首要任务，集中全国力量，如期完成以奠定全国钢铁工业进一步发展的基础。但还有必要开始进行建设第二个大钢铁厂的工作。因为要改变我国钢铁工业的落后状态，必须紧赶一步，于8年内达到500万吨—600万吨的产量，才有可能在十二三年之后达到1 200万吨的产量。《报告》提出，如果确定2点建厂的方针，另一点以放在大冶为宜。并建议，目前集中力量首先进行鞍钢的恢复和改建工程，争取迅速完工；同时，抽调力量进行大冶的矿山地质、工程地质的勘测、钻探、研究工作和厂址选择工作。

5月8日　内务部和出版总署为“珠穆朗玛峰”正名。中央人民政府内务部和中央人民政府出版总署联合发出通报。通报说明，“额菲尔士峰”应正名为“珠穆朗玛峰”、“外喜马拉雅山”应正名为“冈底斯山”。

5月9日　中共中央发出《关于“五反”定案、补退工作等的指示》。中央指出，在“五反”斗争中，工作组和工人对资本家违法所得数一般都算得很高，在定案时必须合理地降下来，使之合乎经济情况的实际，必须使一般资本家在补退之后还有盈余。中央认为，补退比例应为原数额的1/3稍微多一点为宜。另外，中央还对补退时间、典型经验、调整城市交流、工人监督生产、工人福利等问题作了明确具体的指示。最后中央指出，现当“三反”、“五反”最后定案之际，我们必须本着斗争从严、处理从宽，应当严者严之，应当宽者宽之的原则，好好结束这场斗争。

同　日　政务院举行第135次政务会议。会议批准《民委1952年工作要点》，基本批准《监委1952年4月—12月监察工作要点》。1952年，民族事务以普遍推行民族区域自治及民族民主联合政府的政策和尽可能解决少数民族地区迫切的物质需要为中心，同时继续推行普遍大量培养民族干部的方针，并加强对少数民族的政法教育工作。加强中央关于民族干部的方针，指导各大行政区办好地方民族学院及成立文艺工作团。加强少数民族语文的翻译出版工作，监委工作要点是，结束本机关“三反”工作，协同中央及各地节约检查委员会总结“三反”运动经验，注意吸取有益监察工作的经验；协同有关部门审查处理“三反”运动中应受行政处分和刑事处分的人员；加强与建立各级监察机构，调整干部，吸收“三反”、“五反”运动中有经验的人员参加监察工作，健全监察工作制度；配合司法部、法院、公安部贯彻“三反”运动；调整和发展人民监察通信员，加强人民监察工作。

同　日　中国政府外交部发表声明。抗议香港英国当局连续逮捕、驱逐和迫害中国居民，无理勒令香港《大公报》停刊并对该报负责人费彝民、李宗瀛处以罚金或徒刑的暴行。

5月16日　政务院举行第一百三十六次政务会议。会议批准《财政部关于1951年农业税的征收情况和1952年新解放区农业税率方案的报告》。报告说，1951年农业生产的实产量共折合细粮2 949亿斤。农民的农业税等总负担量为386亿斤粮食，占农民实际总收入13.8%。根据酌情减轻农民负担、取消附加、堵塞漏洞、查田定产、依率计征、统一累进的原则，1952年国家需要征收农业税300亿—340亿斤粮食，比去年少一些。新区多减些，老区少减些，征税统一，不许附加。此报告后改写为《政务院关于1952年农业税收工作的指示》，于6月16日发出。

5月17日　外交部长周恩来致电比利时布鲁塞尔万国邮政大会并转各国代表。致电称中华人民共和国中央人民政府已任命我邮电部邮政局苏幼农局长为出席本届大会首席代表，并要求大会立即驱逐蒋帮的非法代表。

5月19日　辅仁大学与北京师范大学合并。辅仁大学是由原罗马教廷于1925年开办的辅仁社发展起来的，解放前有文、理、教育3个学院。1951年由人民政府接管。合并后，辅仁大学校名取消，原校址为北京师范大学之一部。

5月20日　中共中央发出《中央关于争取“五反”斗争胜利结束中的几个问题的指示》。此《指示》发至各中央局、分局、省委、区党委，各大城市市委。《指示》共分8部分：第一，“五反”斗争定案处理的原则。处理的原则是“斗争从严，处理从宽，应当严者严之，应当宽者宽之”。为好好结束这场斗争，必须反对二种倾向：一种是虎头蛇尾，草率结束，特别是误解处理从宽的原则，对违法工商户缺乏应有的严肃性；一种是只顾眼前的经济利益，不肯将计算过高的资本家违法所得的数目，合理地降下来，认真核实，正确定案。因此，必须继续掌握宽大与严肃相结合的精神，实事求是地进行定案处理工作，务要做到合情合理，始能既有利于清除资产阶级的“五毒”，又有利于团结资产阶级发展生产和营业。第二，正确掌握“五反”斗争中对于工商户分类的标准。区别各类工商户的界限，应以其违法所得数目和违法情节作为同等重要的条件，并将二者结合起来，加以评定。同时，根据团结和改造资产阶级发展生产和营业的实际需要，在确定类别时，还应照顾到其他几个重要因素，如资本家一贯的政治态度、在经济生活中的作用等等。此外，《指示》还对工商户一般分类的比例，工商界中大户分类的问题，基本守法户的款额标准等问题作了具体的说明。第三，切实合理地核实定案。在“五反”斗争中，由于追算过远，折价过高，计算范围过广，标准先后不同以及其他原因，各地对资本家违法所得数目的计算，一般都算得很高。因此，中央强调必须按照中央5月9日指示所规定的核实控制比例，即多于1/3但低于1/2，重新计算定案。在计算时是以违法所得初步计算的数目作为主要标准，同时应照顾资本家1951年所得纯利。核实定案的方式，一般可采取“背靠背”的办法加以解决，其步骤应经过资方自己评议，劳方提出意见，然后经过协调，再由市（区）节约检查委员会审核定案或经市（区）人民法院判决。对资本家的“账外资财”，由于难于分清，故不应发动归账运动。资本家是否愿将“账外资财”归账，可听其自愿，强制归账是不妥当的。第四，退补方案。退补原则，一般只退财补税，少数才予罚款。这一原则，显示出“五反”斗争主要不是为了搞几个钱，而是为了改造社会。退补可分退现款、折公股、打欠条3种方式。3种方式的比例为5：3：2。第五，对于违法工商户接管、没收的原则，中央对违法工商户如何接管和没收作了具体而又严格的规定。并指出，无论接管或没收均应放在最后处理，不得轻率决定，冒昧实施；在接管或没收前，均应经上级批准；对具有全国影响者，则须报中央批准。第六，“五反”中对各类户宣布处理及法庭审判问题。中央指示，前3类户一般由区节约检查委员会自行处理，可在经过评议、协调、审核、定案后，分批宣布，并发出正式分类通知书。后2类户应根据政务院关于“五反”运动中人民法庭规定经由法庭宣判。判刑比例，对关押判刑者一般不要超过工商户总数的0.2%。至于判处无期徒刑及死刑者，由各大行政区报送政务院通盘审核，再作最后确定。第七，“三反”退赃与“五反”斗争配合问题。中央规定，凡因“三反”追查行贿或向工商户追赃，无论军队或地方任何部门，均须先经市节约检查委员会区分会传讯工商户，审核证实后，再经市节约检查委员会批准，统一办理。凡属行贿、受贿证据确实者，如贪污分子及工商户双方均已承认，自可依法处理；如仅为一方或检举人掌握人证、物证，必须其物证确凿，方可依法向人民法庭起诉，酌情办理。凡仅一方承认而对方否认或被第三方面检举而双方均不承认，又均无确实证据者，即可由双方具结，分做结论，以了此案。第八，其他问题。中央指示：一、为在“五反”运动结束以后能及时调整经济生活，集中力量于恢复生产营业和发展城乡交流，所有尚未进行“五反”的中小城市和集镇，均一律不在目前再行开始“五反”斗争。凡已进行“五反”的大中城市，除个别情况外，一般对于行商及摊贩的“五反”斗争，亦应推迟，暂不进行。二、凡在“五反”运动中发现的带有反革命性及其他政治性的案件；如非现行破坏分子，均可先就其“五反”中经济问题加以处理，然后再移交公安或其他适当的部门，继续处理其政治性的问题。三、凡在“五反”运动中发现的贩运走私毒品之类的案件，应按中央禁止贩毒指示专案办理。四、此《指示》由省、市委召集所属的负责干部进行传达，唯其违法所得估计数字及核实控制数字不得下达，大户分类比例及核实控制比例亦系内部掌握，不得外传。五、各地可将此《指示》的基本精神和各项原则，向参加“五反”斗争的一般干部和工人店员进行传达，使大家了解对于资产阶级的宽大和认真态度是为了恢复和发展生产、营业，这是有利于工人阶级和人民事业的。因此，工人阶级应该负起争取“五反”斗争胜利结束转向发展生产的领导责任。此《指示》是指导“五反”运动胜利结束的纲领性文件，具有十分重要的意义。此《指示》是党内文件。同年6月13日，政务院根据此《指示》的有关精神，又公开发出了《政务院关于结束“五反”运动中几个问题的指示》，把中共中央的精神传达至全国人民，以顺利结束“五反”运动。

5月21日　政务院发布《严禁鸦片烟毒的通令》。《通令》指出，1950年2月24日政务院颁布严禁鸦片烟毒通令后，禁烟禁毒工作取得很大成绩，全国范围内基本禁绝了种植烟毒，吸食者也已大量减少。但这一旧社会的恶劣遗毒尚未根除。因此，各级人民政府应在“三反”、“五反”运动后的有利条件下，有重点地大张旗鼓地开展一个群众性的反毒运动，粉碎制毒、贩毒犯罪分子及反革命分子的阴谋，根除这一遗毒。

5月21—6月5日　中财委召开全国财政会议。会议主要讨论了1952年财政概算，“三反”、“五反”运动中的市场问题和第一个五年计划的问题。会议指出，我们财政收支的方针是“边打、边稳、边建”。编制1952年预算要以建设为第一位，军事为第二位，行政为第三位。为克服上面摊派附加过多、农民负担过重的现象，会议还决定整顿乡村财政。会议认为，目前市场上出现的物价下跌、交易停滞、营业萧条，许多私商陷入半停顿状态是不正常的。造成这一现象的原因很多，国营和合作社商业发展过快，在贸易上的比重扩大过多是重要原因之一。为了尽快解决这个问题，会议提出先活跃市场后收税，先收税后退补的原则，并决定1952年在全国（不包括东北）商品零售方面的公私比重，国营和合作社商业应控制在25%，私营商业应占75%。会上，中财委副主任李富春报告了第一个五年计划的指导思想和分行业计划的提要。他说，建设的重点放在重工业，农业、轻工业、交通业应围绕重工业这个中心来发展。对如何进行五年计划建设，他提出：一、基建第一，生产第二；二、设计新的建设项目，掌握新的技术；三、组织干部技术力量；四、加强资源勘探工作。分行业计划的情况是：钢铁工业，集中力量建设鞍钢，同时建设大冶；有色金属工业，力争生产6万吨—8万吨；煤炭、电力工业，要为第二个五年计划作好准备；机械工业，1957年生产工作母机2.63万台；化学工业，新建3个化肥厂；水泥工业，1957年产量达到547万吨；纺织工业，新增200万纱锭；新建铁路1万公里，新建公路2 385公里。

5月23日　政务院召开第一百三十七次政务会议。会议的主要内容是讨论和批准《农业部关于1951年农业生产工作的总结及1952年工作计划》的报告。报告说，1951年的农业生产，战胜了严重而频繁的自然灾害，获得了丰收。同1950年相比，粮食产2 663亿斤，增长9.2%；棉花产2 145万担，增长51.1%。另外，水产品增长39.7%，大家畜增加10.2%，烤烟、麻袋用麻、茶叶、花生、油料等也都超过了原定计划。农业生产一般地区已接近战前生产水平，大部分老解放区已达到或超过战前水平。报告指出，1952年的农业生产要集中力量提高单位面积产量，努力增加工业原料作物的生产。对互助组、农业生产合作社，要在生产资料和生活资料的供应以及产品推销方面给予适当照顾。

同　日　中共中央发出《关于推迟县区乡的“三反”和中小城市的“五反”的指示》。此《指示》发至中南局转湖北省委并各中央局、分局并转省、市、区党委。中央指出，由于过去各地“三反”、“五反”的影响，使社会经济生活和城乡交流发生了阻滞现象，现在正在结束“三反”、“五反”，并大力恢复正常的经济生活与城乡交流。对于尚未进行“三反”的县区乡和尚未进行“五反”的城市，中央已决定一律推迟进行，即在秋征以前凡未发动“三反”的县区乡和“五反”的城市，均不再发动，待今年秋征以后或明年再有步骤地来进行。所有县区乡的干部，在目前应集中力量作好生产、城乡交流及土改复查等项工作，在这些工作中立功和改正错误，有罪者，在将来的“三反”中亦可将功折罪，而不要不安心工作，一错再错。在此期间，如有个别贪污分子自愿交代贪污事实及交出赃款者，亦可接收，但不要发动群众运动去追查。

5月30日　政务院召开第一百三十八次政务会议。会议批准《政法委1952年下半年的工作要点》、《中央节约检查委员会关于结束“五反”运动的几个问题的报告》等文件，决定董必武为中央防汛总指挥部主任，傅作义、张震为副主任。《政法委1958年下半年工作要点》的主要内容为：（一）政法委与最高人民法院、最高人民检察署、司法部、法制委员会等合署办公的各机关及政法委所指导与联系的其他机关，在结束“三反”运动和实行机关整编后，应进一步改进和健全工作制度，提高工作效率，并组织机关干部系统地学习理论和政策；（二）司法系统的中心工作是：清除和改造坏分子，肃清旧司法作风的残余，彻底改造和整顿各级法院，系统总结法院和人民法庭的经验，改进审判工作，督促、指导和协助清理积案工作；（三）公安系统的中心工作是：进一步整顿组织作风，清除坏分子和肃清旧警察作风的残余，保持公安队伍纯洁，继续完成大规模镇压反革命工作，协同有关部门禁毒；（四）内务部中心工作是：整顿乡（村）政权，检查和清理民政事业费；（五）民委中心工作是：应继续贯彻民族区域自治及民族民主联合政府的政策；（六）修订"诉讼程序通则"，编纂法令并作适当解释；（七）中央政法干校应于本年底完成第一期教学计划；（八）研究二次全国司法工作会议。关于结束"五反"运动的问题，薄一波说：（一）"五反"运动已进入结束阶段，处理的原则是斗争从严、处理从宽。必须继续掌握宽大与严肃相结合的精神，实事求是地进行定案处理工作，既有利于清除工商业者的"五毒"，又有利于团结工商业者发展生产和营业。（二）"五反"中各地对工商户违法所得数目的计算有偏高偏广的，必须重新核实定案，一般可采取自报公议、三审定案的方式解决。（三）对违法工商户，一般只令其退财补税，少数才罚款。（四）"三反"退赃与"五反"定案工作应相互配合。会议决定：将此报告改写为《政务院关于结束"五反"运动中几个问题的指示》，于6月13日发出。

同　日　中共中央发出《关于在"三反"运动的基础上进行整党建党工作的指示》。中央指出，"三反"运动对于全国人民来说是一次最深刻、最生动的教育；对于共产党员来说是一次严格的考验；对于共产党的组织来说是一次实际有效的整理，同时又大大地创造了建党的有利条件。接着，中央对机关、工矿企业、学校、农村的整党建党工作分别作了具体的指示。一、全国党、政、民各级机关的"三反"运动，已陆续进入处理阶段和建设阶段。对于犯有错误的党员，结合党员标准进行处理。在"三反"运动的建设阶段中，结合党员的八项标准进行一次教育，以更好地提高所有党员的觉悟程度与改正某些党员的缺点和错误。全国各级机关的整党工作，应争取在1952年内全部完成。“三反”运动使各级机关中原有的非党积极分子受到了锻炼，同时涌现出了大批新的积极分子。因此，应在各级机关中积极地进行建党的准备工作和接收新党员的工作。要求今后一年内在机关60万青年团员及其优秀分子中，吸收20%的人入党。二、在工厂、矿山、企业中的“三反”、“五反”运动，大大地提高了工人、店员的觉悟程度。因此，应争取在一年之内，有领导、有计划地分批接收工人、店员中的优秀分子40万人入党。对全国现有工、矿、企业中的近2万个党的基层组织，仍须在“三反”、“五反”的基础上进一步提高所有党员的条件，在城市集中的条件下，应采取轮训或业余训练的办法，学习党员的八项标准，清除混入党内的阶级异己分子，妥善地处理丧失党员条件及不够党员条件的党员。争取在今年内，使所有工、矿、企业中党的基层组织完成整党计划，达到整党的目的和要求。三、全国大学、专科学校，现有15万学生，其中党员很少。全国约150万左右的大、中、小学校的教职员中，党员更少。这说明过去党在学校中的工作是很薄弱的。但经过抗美援朝、思想改造以及此次“三反”运动，情况已大为改变。高等学校的学生群众与大、中、小学的大部教职员，在思想上和政治上日渐提高，涌现出大批的青年优秀积极分子。这些积极分子在不断斗争中，提高了阶级觉悟，更加相信共产主义，纷纷要求入党。为此，要求一年内，在各学校大学生中接收10%的人入党；在大、中、小学的教职员中接收3%的人入党。这样在学校中积极地进行发展党员的工作，才能加强党在学校教育中的思想领导和组织领导，巩固和扩大学校教育中马克思列宁主义的阵地，贯彻学校教育的改革工作，更好地、更多地为国家培养建设人才。四、中央指出，在农村中的“三反”以及县区机关的“三反”和整党建党工作，必须和农村的秋征、土改、土改复查、民主建政等项工作密切地结合起来进行。在老区和新区乡村中都要积极吸收一些优秀分子入党，争取在今后1年内，在没有党的组织的12万个新区乡村和2万个老区乡村建立党的组织，在农村中要接收将近100万党员。最后，中央号召，各级党委必须利用“三反”运动的结果，以积极的态度，认真地进行整党建党工作。

6月6日　政务院举行第一百三十九次政务会议。会议批准铁道部滕代远部长作的《铁道部1951年铁路工作总结与1952年任务的报告》。报告说，1951年铁路运输负有支持抗美援朝斗争和服务于人民经济发展的双重任务。在运输力空前不足与运输量大量增加的情况下，基本完成了1951年的国家计划。全年共铺修新路771公里，积极参加了抗美援朝的运输与抢修工作，全路75%的职工签名志愿援朝，全路职工捐献412亿元。1952年全国铁路工作的总方针，是继续支援抗美援朝斗争，深入贯彻节约运动，充分发动群众，加强计划管理，大力推行先进工作方法，继续推行经济核算制。

6月6日—24日　全国统战工作会议在北京召开。出席和列席这次会议的有各大区代表、中央党政机关及工、青、妇等群众团体负责人，共75人。会议分二个阶段进行，第一阶段共8天，由各地统战部长汇报“三反”、“五反”运动以来工商界和民主人士的情况。6月11日，陈云作《市场情况及公私关系》的报告。第二阶段共10天，集中讨论了对民族资产阶级和民主党派工作的问题。6月14日，李维汉作报告。这次会议作出了《关于民主党派工作的决定》、《关于民主建国会工作的要点》、《关于改组工商业联合会的指示》、《关于继续加强各界民主人士思想改造的学习运动的意见》等决议，正确地解决了对资产阶级民主党派工作上的几个主要问题：第一，明确了工人阶级和资产阶级的矛盾，已经成为国内主要矛盾，民族资产阶级已不再是中间阶级。第二，指出民族资产阶级具有两面性，党对民族资产阶级的政策必须坚持又团结又斗争，斗争是为了团结的政策。第三，对资产阶级的改造要求，在当时主要是把带“五毒”的改造成不带“五毒”的，把违法的改造成守法的，而不是把资产阶级改造成工人阶级。对民主党派的改造要求，是要他们确立“接受工人阶级和共产党的领导”的思想，而不是要求他们具有工人阶级的立场和思想。第四，民主党派发展成员，应以其所联系的阶级、阶层的中上层代表人物为主要对象。第五，应支持民主党派依照共同纲领从事合法活动，应在领导他们从事合法活动中，团结、教育和改造其所联系的阶级、阶层。第六，各级统战部和民主党派中的骨干分子一起，检查克服关门主义和宗派主义，加强对中间分子和右翼分子的联系工作，切实发挥骨干分子的作用。这次会议，是在国内全国人民同帝国主义和封建主义的矛盾已经基本解决，阶级关系和阶级矛盾发生变化的情况下召开的。在这种情况下，会议及时调整了党的统战政策，加强了统战工作，统一了全党对统战工作的认识，具有十分重要的意义。

6月9日　中共中央发出《关于处理富农成分党员的党籍问题的指示》。《指示》首先指出，1947年7月中央组织部关于农村中富农成分的党员“暂保留其党籍”的规定，今天已不适用，应即作废，特作下列三项新的规定：一、对于已成为阻碍或破坏劳动互助生产合作的富农成分的党员，必须加以严肃的处理，以贯彻党的政策，保持党的纯洁。二、目前党和人民政府的政策，是允许社会上富农经济的存在和发展的，但共产党员则不准许剥削他人，不准许党员去做富农，也不准许党员去做资本家、地主或高利贷者，今后农村发展的方向是逐渐走向农业集体化。所以，要做一个共产党员就必须取消他的剥削他人的生产方式，积极地参加互助合作运动。如果他接受党的这种意见，他的其他方面，亦未丧失党员条件，自应保留其党籍。如果他不愿意放弃他的剥削行为，继续进行富农的或其他方式的剥削，则应无条件地开除其党籍。三、对于富农家庭出身、不直接参与剥削行为的党员，只要他能划清与剥削家庭的界限，其本人的党籍不应受家庭成分的影响。

6月12日　教育部发出《关于全国高等学校1952年暑期招收新生的规定》。《规定》指示，中央成立全国高等学校招生委员会，全国高等学校除个别学校经教育部批准外，一律参加统一招生，招生名额应报请审核批准，严格禁止乱招乱拉。招生日期、考试科目全国统一规定。全国共设78个考区。招生方式分二种：甲、已在高等学校补习的部队及机关干部，在原补习学校就补习科目进行升学考试，及格后优先分配；乙、应届高中毕业生及同等学历青年，在教育部统一规定期间内，在各考区报考，及格后录取分配。已录取的新生，不得要求转院转系（或科）及转学校。由于高中毕业生仅为3.7万人。本年从部队及机关抽调大批干部进行补习后报考。

6月13日　政务院发出《关于结束“五反”运动中几个问题的指示》。此件是由政务院总理周恩来签署。《指示》共分四部分：一、“五反”运动定案处理的原则。即“斗争从严，处理从宽；应当严者严之，应当宽者宽之”。必须反对二种偏向：一种是虎头蛇尾，草率结束，特别是误解处理从宽的原则；二种是不肯将计算较高的工商户违法所得的数目合理地降下来，不愿意根据实际违法情况，认真核实，正确定案。这些都是错误的。二、关于核实定案工作。核实定案，一般可采取自报公议、三审定案的方式解决之。其步骤如下：首次由工商户自报自评，再经过工人提出意见，然后由市（区）节约检查委员会审查定案，或由市（区）人民法庭判决。三、关于退财补税。对违法工商户，一般只令其退财补税，少数才予以罚款。为照顾生产和活跃市场，退款时间可延至今年冬季以后开始。如在退款期间确有困难者，得以其他方法代替退款。四、关于“三反”退赃与“五反”定案工作相配合的问题。凡因“三反”追查行贿或向工商户追赃时，须由市节约检查委员会审核证实后，统一办理。在定案工作中一定要重证据。《指示》希望各地遵照执行，以顺利结束全国的“五反”运动。

同　日　政务院转发《最高人民检察署关于处理战犯、汉奸、官僚资本家及反革命分子财产的初步意见》。其主要内容为：对战犯财产的处理，一般采取代管的形式。极少数始终坚决与人民为敌的首要战犯的财产，报经政务院认定者，予以没收；以蒋宋孔陈四大家族为首的官僚资本，一律予以没收。过去属于官僚资本系统，目前情况尚未查明或未确定者，可暂予管理；对于业经政府处理的战犯财产或官僚资本案件，如有与上述意见不同者，一般不予变更，但过去如误将民族资本当成战犯或官僚资本处理者，则应重新处理。

6月14日　毛泽东关于中小学教育问题致函周恩来。毛泽东在信中提出：一、如有可能，应全部接管私立中小学。二、干部子弟学校，第一步应划一待遇，不得再分等级；第二步，废除这种贵族学校，与人民子弟合一。

6月15日　中共中央发出《关于争取胜利结束“三反”运动中的若干问题的指示》。中央指出，为了完满地结束“三反”运动，第一，必须作好正确定案和适当处理的工作。处理的原则是“斗争从严，处理从宽，应当宽者宽之，应当严者严之”。并对处理阶段工作中的一些具体问题作了明确的规定。第二，切实作好建设阶段的各项工作。建设阶段的要求，在于系统地批判资产阶级的思想，划清资产阶级与工人阶级的思想界限，改进“三反”运动中所发现的工作中的各种缺点，以便从思想上、组织上、制度上巩固“三反”运动的成果。并提出在建设阶段应注意解决的几个问题：即交代与资产阶级的关系，批判资产阶级的思想，适当地结合整党，系统地进行组织建设和制度建设等。《指示》特别指出，除进行思想建设之外，还必须有组织建设和制度建设。组织建设的中心内容是整编。整编的目的在于确立编制，精简机构，提高工作效率。制度建设的内容包括民主制度，新的财务制度，基本建设制度，人事制度，工作、生活、学习等制度及监察和检查制度。制度建设的中心是民主制度。

6月19日　周恩来就中国民族资产阶级问题发表重要讲话。这是周恩来在中共中央统战部召开的全国统战部长会议上发表的讲话。鉴于“五反”运动的开展，有些人在资产阶级两面性的问题上发生过动摇，讲话特别强调要正确认识这一问题。周恩来指出，中国的民族资产阶级有一个特点，从新民主主义到社会主义，它既是我们的朋友，又是要被消灭的阶级。我们共产党人必须懂得这个辩证关系。中国的经济是落后的，要实现工业国有化和农业集体化，还需要一个相当长的时间，还需要动员各方面的力量。要发挥资产阶级的积极性，让它发展有利于国计民生的经济事业，使我们的经济能更快地发展。当然，我们是为了社会主义而奋斗，只有明确这一点，才能恰当地解决资产阶级问题。如果只是交朋友，“五反”斗争就会轻轻过去，将来“五毒”又会严重起来，又要进行“五反”。反过来，如果只说阶级矛盾、思想矛盾、对立、限制，现在就要把资产阶级打倒，就会发生“左”倾。因此，应该全面地说，现在反对他们的“五毒”，联合与改造他们，都是为了将来便于和平转变到社会主义，为消灭资产阶级准备条件。这是很辩证的。从事统一战线工作的同志，一定要非常坚决又非常稳当地掌握方针政策。

6月20日　政务院举行第一百四十一次政务会议，批准《交通部1951年工作总结及1952年工作计划要点的报告》。报告说，1951年沿海国营船只货运客运超额完成计划。长江国营船舶运量完成计划80%。全国汽车全年运量完成计划88.5%。公路基本建设全年完成工作总量为修正计划的89.3%，航务基本建设工作完成计划的88.5%。1951年交通部在领导上的缺点主要是：航务运输各方面的关系未解决好；缺乏准确的托运计划，运输上存在混乱状态。1952年的交通运输工作，应贯彻“三反”精神，改善国营企业的经营管理，发挥现有车船设备的潜在力，搞好清产核资工作，并推行经济核算制，实行民主改革补课，开展增产节约运动。

6月20日—24日　中华全国体育总会成立大会在北京举行。6月10日，毛泽东为该会成立题词：“发展体育运动，增强人民体质。”朱德题词：“普及人民体育运动，为生产和国防服务。”会上，中华全国体育总会筹委会主任冯文彬首先致开幕词，中央人民政府文化教育委员会主任郭沫若发表讲话。荣高棠在会上作了《为国民体育运动的普及和经常化而奋斗》的报告，提出了今后体育工作的方针：在现有基础上，从实际出发，使体育运动普及和经常化，积极地“发展体育运动，增强人民体质”，为加强生产建设和国防建设而服务。大会通过了《中华全国体育总会章程》，选举朱德为中华全国体育总会名誉主席，选举马叙伦为主席。6月30日，教育部、卫生部、军委总政治部、团中央、全国总工会、全国妇联、全国青联、全国学联等八单位联合发出通知，要求所属各级组织贯彻中华全国体育总会成立大会决定的体育运动的方针和任务。

6月20日—30日　中华全国工商业联合会筹备代表会议在北京召

开。全国工商业联合会筹备处主任陈叔通致开幕词。中财委主任陈云到会并发表重要讲话。陈云指出，“三反”、“五反”运动后，一切腐蚀政府机关，危害国家建设，阻碍社会前进的“三害”和“五毒”已被大量扫除出去，这对国家经济建设和正当的私营工商业的发展，创造了一个极为有利的条件。因此，私营工商业不是没有前途，而是他们的前途比过去更加光明了。但同时也出现了一些新的问题，有待于我们迅速地、妥善地给予解决。陈云在讲话中对7个问题提出了明确的解决办法：第一，加工订货的合理利润问题。他认为过去规定的工缴和货价大多数是恰当的，只有一部分的利润过大或过小。目前规定一个统一的标准是困难的，但可提出一个大概的轮廓，就是按照不同情况，保证私营工厂按其资本计算，在正常合理经营的情况下，每年获得10%左右、20%左右、30%左右的利润。第二，加工订货的规格问题。陈云指出，过去因有些合同上对规格的规定很不具体，缺乏明确的标准，因此在验收时出现一些问题。为此，已令各大城市分别召开有关企业的规格会议，请各有关部门参加，按照各地各业的实际情形商订具体的加工订货规格，作为验收标准。同时组织加工订货的评议委员会，来处理验收中的争论问题。第三，如何活跃城乡交流、内外交流问题。陈云指出，应采取城乡物资交流大会，调整一般商品的地区差价和批发零售差价等办法来解决。第四，银行利息问题。过去银行贷款的利息较高，这对工商业的发展有不利影响，因此，决定实行降低利息的政策。第五，税收问题。陈云指出，现行税法是合乎我国实际情况的，2年来执行的结果，不但保证了国家财政收入，同时也大大发展了工商业。对于一些意见，可以考虑。第六，劳资关系问题。陈云指出，对目前一部分私营企业中存在的劳资关系不正常状态，应加以调整。劳资之间的争议，应该继续采取双方协商，订立集体合同。并希望劳资协商会能经常开会讨论有关生产改革、民主改革及工人的合理要求，以便达到发展生产、劳资两利的目的。第七，关于防止“三害”和“五毒”问题。讲话指出，全国公务人员和全国私营工商业者必须注意，一切全心全意为人民服务的公务人员，一切遵守国家法令经营有利于国计民生的工商业者将得到政府的鼓励。再犯“三害”和“五毒”的分子，必将受到政府和人民的严惩。陈云最后指出，全国的工商业者在以往的经济恢复工作中，已经有了贡献；在今后伟大的经济建设中，仍将担负重要的责任。希望全国工商业家能与政府共同努力，来完成这历史上的光荣任务。陈云的讲话，对解除私营工商业者的顾虑，稳定他们的情绪，推动私营工商业的发展，起了重要的作用。全国工商业联合会筹备处副主任李烛尘致闭幕词。6月30日，政协全国委员会举行酒会，招待全体代表。

6月21日　文化部发出《关于查禁京剧剧本〈引狼入室〉的指示》。文化部指出，京剧《引狼入室》所引起的效果只能使人愤恨清政府的引狼入室，而对英帝国主义处心积虑的侵略企图却认识不足，对于中国人民打击侵略者所表现出的英雄气概毫无描写。剧本还充满了下流的低级趣味。《指示》说，这个剧实质上是反爱国主义的，立即通知各地停止上演并停止其剧本的发行。

6月23日　中共中央转发《中央纪律检查委员会关于全党纪律检查工作的总结报告》。此《报告》是中央纪律检查委员会书记朱德签署，由中共中央批示转发的。《报告》指出，去年（“三反”以前）共处理违纪党员干部4.8189万人（其中军队1.6334万人）。“三反”运动开展以来，有效地揭露了党员干部中的严重违法乱纪行为。根据华北、华东、东北、西南、西北5个地区6月初的报告，参加“三反”运动的干部及工作人员共312.2437万人，揭发出贪污分子和有贪污行为者122.6984万人，占参加“三反”人数的39%强，其中23万多人要受行政处分，占贪污人数18%强，受到各种不同的刑事处分者共5.9182万人（缺东北），占贪污人数2%强。在贪污分子总数中，有党员20.2683万人，占贪污人数的16.5%，其中将有6万左右的党员要受党纪与行政的处分，2万人左右受到开除党籍的处分。又据各地不完整的统计，在“三反”运动中，仅地方县委以上干部犯有严重错误，受到各种行政和刑事处分者共4 029人，其中有省委或相当于省委者25人，占0.62%；地委或相当于地委者576人，占14.3%；县委或相当县委者3 428人，占85%。《报告》从已经受到处分的党员干部来分析，大体有以下几种类型：第一类，混到党内的一部分阶级异己分子或极少数的反革命分子。第二类，是出身于地主、资产阶级家庭或虽非地主、资产阶级出身，但沾染旧社会的恶习太深而未改造或未完全改造的人。第三类，是一些背着老资格的包袱，不求上进，落后、消极，失掉了共产党员的灵魂的分子。第四类，是过去曾是好的干部，对党和人民的事业有过贡献，但胜利之后在资产阶级的糖衣炮弹袭击之下，失足落水者。《报告》最后指出，“三反”运动是一次深刻有力的整党运动和全党纪律大检查运动，在这一运动中，看出我们在纪律检查工作和干部工作中存在着相当严重的缺点，同时也使我们体会到多方面的深刻教训。

6月24日　朝鲜人民军最高司令部和中国人民志愿军司令部发表2年来联合战绩公报。《公报》公布：朝中部队自1950年10月25日—1952年6月15日止，共击毙击伤俘虏敌军66.1034万名，其中包括美军29.1011万名；击落击伤敌机7 323架。

同　日　全国统战工作会议通过《关于民主党派工作的决定》。此《决定》经毛泽东修改，中共中央批准。中央依据各民主党派内外条件的变化，除“关于民主建国会工作的要点”外，对各民主党派的工作，作出了如下的决定：一、各民主党派所联系、活动和发展的对象虽有不同，但都是代表资产阶级、城市上层小资产阶级、一部分从地主阶级分化出来带有资本主义色彩的分子以及和这些阶级、阶层相联系的知识分子的政党。今年各民主党派发展的方针，一般应着重地吸收这些阶级、阶层的中上层有代表性的人物，在今后1年内尤要首先着重吸收一批在社会上有影响的上层分子。中央指出，各民主党派应该继续依据所联系和活动的社会对象去发展党员。民革应以在职旧公务员的中上层为主，旧国民党员或与旧国民党有一定历史联系的人员中有些虽非在职公务人员，但在社会上有影响的，也应为发展对象，目前首先着重吸收上述对象中在社会影响较大、现在或过去地位较高的人士。民盟应以文教界的中上层为主，一般不需要在大学生中发展，目前尤应首先着重吸收一批大学教授和文教界有影响的上层人士。民进会仍可以中小学教职员及文化出版界为主要发展对象，亦应注意吸收其中在社会上有影响的较上层的分子，大学教职员亦可作为发展对象。农工民主党可以经济建设有关人员的中上层为主要发展对象，亦可在公教人员中依其固有联系适当发展。九三学社仍可以学术界的较上层的分子为发展对象。致公党和台盟可不求发展。二、各民主党派以进步分子为骨干的方针，不论在过去或今后都是正确的、必需的。在各民主党派内应当有一部分共产党员和非党的革命知识分子，他们与“左翼”分子结合起来，形成骨干，共同执行团结中间分子、争取右翼分子的任务，使各民主党派能够成为我党团结教育和改造上述各阶级、阶层的助手。三、各民主党派的成员需要进行思想改造，其基本方法：1. 参加各种实际斗争。2. 参加学习运动。3. 批评与自我批评。各民主党派的思想改造，就其整体说，只能以共同纲领为统一的准则，而就其一部分成员说，则必须要求他们逐步达到马列主义理论的水准和具备工人阶级的立场和思想。这样既符合民主党派的实际情况，又符合国家建设的实际需要。四、各民主党派既应协助我党进行团结教育和改造资产阶级、城市小资产阶级、一部分从地主阶级分化出来的带有资本主义色彩的分子以及和这些阶级、阶层相联系的知识分子的政治政务，又应允许并推动和帮助他们向其所代表的阶级、阶层进行活动，发生密切的联系，了解和反映其要求并代表其合法利益。我们的原则应当是领导他们依照共同纲领从事合法的活动，在合法活动中团结、教育和改造他们及其所联系和代表的阶级和阶层。五、各级党委应继续加强对民主党派工作的领导。各级统战部应与其各部分代表人物保持经常的接触和协商。一切有民主党派的单位中的中共党支部也要与民主党派的基层组织建立经常的合作关系，并积极予以协助。此《决定》对加强统战工作，具有十分重要的意义。

6月26日　政务院发出《中央节约检查委员会关于结束“五反”运动追缴财物的具体手续及入库办法的规定》。《规定》指出，为整顿国家纪律，惩治不法资产阶级分子盗窃国家资财的行为，凡在此次“五反”运动中被检查出来的违法工商户，其所盗窃的国家资财及偷漏税款，均应依照政务院所批准公布的北京市政府《在“五反”运动中关于工商户分类处理的标准和办法》的原则及《政务院关于结束“五反”运动中几个问题的指示》进行处理。

6月27日　周恩来总理签发《政务院关于全国各级人民政府、党派、团体及所属事业单位的国家工作人员实行公费医疗预防的指示》。公费医疗预防措施在老革命根据地早已实行，但全国解放后，由于各种条件的限制，仅在部分的地区、人员中及某些疾病范围内重点实行。《指示》指出，现在根据国家卫生人员力量与经济条件，决定将公费医疗预防的范围，自1952年7月份起，分期推广，使全国各级人民政府、党派、工青妇等团体，各种工作队及文化教育、卫生、经济建设等事业单位的国家工作人员和革命残废军人，享受公费医疗预防的待遇。公费医疗预防措施，是新中国卫生保健事业的一大发展，是人民政府关心国家工作人员健康的一项重要的福利措施。

本　月　教育部着手进行全国高等学校院系调整工作。为了适应国家建设的迫切需要，教育部于6月中旬着手进行全国高等学校院系调整工作，至9月下旬基本完成。调整的总方针是：以培养工业建设人才和师资为重点，发展专门学院和专科学校，整顿和加强综合性大学，逐步创办函授学校和夜大学，并在机构上为大量吸收工农成分学生入高等学校准备条件。调整工作以华北、华东2大区为重点。华北区的北京大学、南开大学改为综合性大学；天津大学和清华大学改为多科性的高等工业学校；辅仁大学并入北京师范大学，燕京大学文、理、法各系科并入北京大学，工科各系并入清华大学，辅仁、燕京两校校名撤销。同时新设北京地质学院、北京钢铁工业学院、北京航空工业学院、北京林学院、北京农业机械化学院、中央财经学院、北京政法学院等专门学院。调整后，华北全区共设41所院校。华东区的复旦大学、南京大学、山东大学改为综合性大学，浙江大学和南京工学院改为多科性的高等工业学校。同时新设华东化工学院、华东水利学院、华东航空工业学院、华东体育学院、南京林学院等院校。金陵大学、齐鲁大学、圣约翰大学、沪江大学、震旦大学各系科合并于其他院校，5校校名撤销。调整后，华东全区共设54所院校。中南区的中山大学和武汉大学改为综合性大学，同时新设华中工学院、中南土木建筑学院、华南工学院、中南矿冶学院、武汉河运学院等院校。岭南大学、华南联合大学的各系科并入有关院校，2校校名撤销。调整后，中南全区共有25所院校。另外，东北区的东北人民大学改为综合性大学，同时新设东北地质学院、东北林学院、沈阳农学院等院校。西南区的重庆大学改为多科性的高等工业学校，同时新设重庆土木建筑学院、重庆化学工业学院等院校。西北区新设八一农学院等院校。在全国的院系调整中，私立大学全部改为公立。这次调整是中国教育史上的重大事件。

7月1日　成渝铁路建成通车。成渝铁路，由四川成都到重庆，全长505公里。于1950年6月15日开工兴建，到1952年7月1日通车。成渝铁路是酝酿了40多年的川汉铁路的一段。早在1906年清朝政府就拟借外债兴修未成。1936年，国民党政府为巩固其对四川的统治，组织了成渝铁路工程局，并与法国银团订立合同，开工兴修。但直到四川解放前夕，只做了一些测量、修筑土石方等项工程。建国后，中共中央和人民政府十分关心四川人民渴望了40多年的心愿，决定修建成渝铁路。在全国和全西南地区人民的大力支援下，全体筑路职工克服一切困难，终于使工程提前3个月完成。成渝铁路的建成，有力地促进西南地区城乡物资交流，对国民经济的恢复和发展都有重大价值。毛泽东特为成渝铁路通车题词：“庆贺成渝铁路通车，继续努力修筑天成路。”

同　日　政务院举行第一百四十二次政务会议。会上，人事部孙起孟副部长作《关于调整各级人民政府供给制工作人员津贴标准及工资制工作人员工资标准的报告》；教育部马叙伦部长作《关于调整全国各级各类学校教职工工资及学生助学金标准的报告》；卫生部贺诚副部长作《关于全国各级人民政府、党派、团体及所属事业单位的国家工作人员实行公费医疗预防制的说明》；财政部戎子和副部长作了关于实行上述措施国家财政开支情况的报告，会议听取和批准了上述报告和说明后，决定发出《关于颁发各级人民政府供给制工作人员津贴标准及工资制工作人员工资标准的通知》（自1952年7月起正式施行）和《关于调整全国高等学校及中等学校学生人民助学金的通知》（此件7月9日发出）。政务院规定，自1952年7月起，各级人民政府供给制工作人员津贴分为29级，并实行工资分制。最高如国家主席、副主席工资分为1 006分；最低区、县勤杂人员（即29级）为85分。每一工资分所合实物的种数与数量，关内各地均应为：粮食0.8市斤；白布0.2市尺；植物油0.05市斤；食盐0.02市斤；煤2市斤。东北地区工资分值问题，由中央财政部另行商定。7月8日，政务院公布《关于调整全国高等学校及中等学校学生人民助学金的通知》。《通知》决定将全国高等学校及中等学校等学生的公费一律改为人民助学金制，并对原有人民助学金的标准作适当的调整。各级人民助学金的评定，应依据现在所颁布的标准和具体情况，由全体学生自报公议，民主评定，最后由学校批准。在评定时应尽量照顾革命烈属、革命军人、工农干部、产业工人、少数民族及归国华侨子女的实际困难；在同一地区同级同类学校同样学生的人民助学金的标准必须一致，生活待遇也应划一，不许有特殊，非经批准不得改变助学金标准；新标准自1952年9月起执行，具体办法由教育部先行规定；老解放区和少数民族地区得比照此项标准酌情提高。周恩来总理指示：（一）废止人事部、财政部今年6月14日联合发出的《各级人民政府工作人员患病期间待遇暂行办法》。（二）自7月1日起，所有各机关自己办理的干部子弟学校一律划为中央或地方教育部门领导，并计划酌收自费生。

7月4日　政务院举行第一百四十三次政务会议。会议原则批准中央节约检查委员会刘景范秘书长作的《关于反贪污、反浪费、反官僚主义运动结束工作的报告》，原则通过《政务院关于“三反”运动中定案、追赃、处理工作的指示》。刘景范报告说，目前“三反”运动正在处理和建设阶段。定案时经过调查对证，修正了一些疑错算错的情节。因此，贪污人数和贪污款数均有变化：有的下降，有的上升，而下降又多于上升。在已处理的人员中免予处分的占77%，受行政处分的占20%，受刑事处分的占3%。就全国已判处刑事处分案件的量刑情况看：机关管制的占36.5%，劳役改造的占28.2%，有期徒刑占34.8%，无期徒刑占0.3%，死刑不到0.2%。贪污赃物已追回者占全部赃款的30%。政务院关于结束“三反”运动的指示，主要包括以下内容：（一）核实定案工作，应采取实事求是、认真负责、坚持到底、不枉不纵的方针。无证据或证据不足的案件，应全部或部分具结了案，不留尾巴。如确无贪污而被误疑或核定为贪污分子的，必须予以平反。使国家损失甚大而又无贪污证据的，以渎职论而不以贪污论。（二）赃款赃物原则上应予追缴，但应防止盲目地无范围地穷追乱追，绝不许把贪污分子的家属当做贪污分子对待。（三）贪污分子的案情涉及工商户，除应按《政务院关于结束“五反”运动中几个问题的指示》所定原则进行处理外，还应在市节约检查委员会统一领导下进行。任何部门未经批准不得直接向工商户传讯、收赃或罚款。（四）行政处分应尽量少用开除。刑事处分应严格遵守既定的批准手续。（五）为巩固“三反”运动的成果，必须重视思想上、组织上和制度上的建设。

同　日　中共中央东北局就当前国内国外的矛盾和农村中的主要矛盾问题给松江省委的复电。1952年7月6日，东北局将此复电电告中共中央。7月9日，中共中央复电东北局：同意此复电。东北局在复电中指出：一、目前国内国外的矛盾问题的提法仍应按中共七届二中全会决议中所指出的：“中国革命在全国胜利以后，中国尚存在2种基本矛盾：第一种是国内的，即无产阶级与资产阶级的矛盾；第二种是国外的，即中国与帝国主义国家的矛盾。”但从总的方面讲，工人阶级与资产阶级的矛盾是服从于全国人民对帝国主义这个基本矛盾的，并且工人阶级是矛盾的主要方面。二、当前农村中主要矛盾即：农民小生产者经济自发发展着的资本主义与党所领导的合作化道路的矛盾，而党所领导的合作互助运动是矛盾的主要方面。三、在农村工作中，应当特别强调克服农村党员干部资本主义的剥削行为与资本主义的思想。因为这些人是农村中的当权者，如果不解决他们的问题，则可能使农村中的党蜕化为富农党，农村政权蜕化为富农政权，因而无法在农村中很好地推行互助合作运动及稳步地推行农业生产合作社的政策。除此还须以一切办法在经济上扶助贫雇农，逐渐改变他们在经济中的劣势，并在政治上保障他们应有的地位。四、帮助合作贸易部门深入检查总结经验，并推广先进经验，批判资本主义的经营思想作风，从具体的帮助中提高贸易合作干部的政治与业务水平。五、在组织增产节约运动中，应特别注意保证质量与推广先进经验。

7月5日　外交部副部长章汉夫就英国政府4月18日及5月19日有关中英两国间贸易问题的照会发表声明。声明重申中国愿与各国的政府和人民在平等和互利的基础上恢复和发展国际间的通商贸易关系。并严正指出，英国政府在照会中所谓的英国公司和厂商在中国遭遇到重大困难一事，完全是英国政府追随美国，实施敌视中国的管制禁运政策所给予他们的苦果。

7月7日　政务院发出《关于英商结束业务的对策与处理“五反”运动中英商违法案件的指示》。指示指出，5月19日英国政府照会我中央人民政府称，英国在华厂商拟“几乎全部”结束在华业务，并拟建立机构办理结束事宜；并将由“一些制造商的及海外买主的代表人”组成一协会形式的团体或贸易代表团。英国政府这一步骤的意图，在于打击与破坏我在莫斯科国际经济会议上取得的成就。以在华英商的集体力量对我斗争，在此情况下，我们的对策仍然是实行有计划、有步骤、有重点地挤掉帝国主义在华的产业而与之加强进行平等、互利的贸易来往的总方针，并应根据英商各集团、各系统、各行业、各厂商的具体情况进行个别处理与区别对待。我们对于英商集体结束业务的要求，决定不予理睬；只在英商个别申请结束时，方予处理。

7月11日　政务院召开第一百四十四次政务会议。会议批准燃料工业部部长陈郁所作的《燃料工业部1951年工作总结与1952年工作要点》的报告。报告说，1951年，产煤4 967万吨，发电44.8亿度。产石油33.49万公升，均超额完成了生产任务。1952年，计划完成产煤5 880万吨，发电81亿度，炼油1.5134万公升。

7月12日　外交部周恩来部长发表声明，严重抗议美国战斗机侵犯我国领空、杀伤我国居民的挑衅行为。声明说，7月11日下午，美空军战斗机8架侵入我东北安东领空，滥行扫射，杀伤我国人民49人。

7月13日　外交部长周恩来发表《关于承认1925年〈关于禁用毒气或类似毒品及细菌方法作战议定书〉的声明》和《为承认1949年8月12日日内瓦公约的声明》。这2项声明说，中华人民共和国政府根据中国人民政治协商会议共同纲领的有关规定，对于1929年8月7日以中国名义加入的，1925年6月17日在日内瓦签订的《关于禁用毒气或类似毒品及细菌方法作战议定书》和1949年8月12日在日内瓦以中国名义签字的《改善战地武装部队伤者病者境遇之公约》、《改善海上武装部队伤者病者及遇难船者境遇之公约》、《关于战俘待遇之公约》及《关于战时保护平民之公约》进行审查，认为上述议定书和各项公约，有利于或基本上是有利于国际持久和平，并符合人道主义原则的，因此，决定予以承认。声明同时指出：对于1949年8月12日日内瓦各公约的某些条款提出了保留，以便更有利于各该公约的有效和圆满的执行。

7月16日　教育部颁发试行《关于高等师范学校的规定（草案）》。《规定（草案）》共31条。规定：高等师范学校的任务，是根据新民主主义教育方针，以理论与实际一致的方法，培养具有马克思列宁主义和马克思列宁主义与中国革命实际相结合的毛泽东思想的基础、高级文化与科学水平和教育的专门知识与技能、全心全意为人民教育事业服务的中等学校师资。师范学院修业年限为4年，师范专科学校修业年限为2年。高等师范学校得设研究部、专修科（修业年限为1—2年），附设夜校、训练班、函授部、工农速成中学、中学、小学、幼儿园和师范学校。高等师范学校学生一律享受人民助学金。高等师范学校除执行《高等学校暂行规程》及《专科学校暂行规程》外，应遵照本《规定（草案）》办理。

7月17日　公安部公布《管制反革命分子的暂行办法》。此《办法》于6月27日经政务院批准，是日正式公布施行。《办法》规定，对应管制的反革命分子加强管制。对历史上有罪恶，解放后既有悔改表现或悔改证明，又无现行的反革命活动，虽需给予一定的惩罚，但其罪恶程度尚不需逮捕判刑者，皆依法予以管制。管制的目的，是在政府管制与群众监督下，给反革命分子以惩罚和思想教育，使其获得改造成为新人。对被管制的分子剥夺其选举与被选举权，以及担任国家机关行政职务权，参加人民武装与团体权，言论出版、集会、结社、通讯、居住、迁移、示威游行的自由权等各项政治权利。被管制分子，必须遵守政府管制规定，从事正当职业，积极劳动生产。管制期限定为3年以下，必要时延长之。被管制分子如违反管制规定或继续进行反革命活动，应延长其管制期限或逮捕法办；认真遵守政府法令和管制规定，积极劳动生产，确已得到改造，行动上有良好表现的，或有立功赎罪表现的，得缩短其管制期限或撤销管制。对反革命分子的管制只限于本人，不得株连其家属、亲友。对反革命分子管制之批准权，除法庭依法判决者外，均属于县市以上之公安机关。《办法》共15条，这是为彻底消灭反革命、巩固人民民主专政的一项重要措施。

7月18日　政务院举行第一百四十五次政务会议。批准《纺织工业部1951年工作总结及1952年工作方针任务的报告》。纺织工作部的报告说，1951年，棉纱、棉布、麻袋完成了生产计划，均超过历史最高生产纪录。呢绒、毛线等虽然仅完成生产计划的89.72%，但以总产量计算，也超过1950年。蚕丝、丝绸产量超过1950年。印染布完成计划，超过1950年44.82%。棉布复制业的生产也大有进步。1951年纺织工业在改进生产技术，推广先进工作方法、民主改革、工资改革与改善劳动条件等方面也有明显进展。1952年的工作方针是：在“三反”运动的基础上，完成生产与增产节约任务，进行全面的生产改革，发挥潜在能力，并做好今后建设的准备工作。

7月23日　中共中央批转《华东局有关互助合作运动若干政策问题的规定》。《规定》指出，一、应切实帮助在土地改革中获得土地的贫农、雇农解决生产困难，同时紧密地团结中农及农村中一切劳动人民发展生产。在互助组和农业生产合作社内部，应坚持等价政策，正确地、合理地规定人力、畜力的换工比例及解决耕畜、农具的使用问题，不要把使用耕畜和农具的报酬压得过低，但也不要提得过高。互助组和农业生产合作社的领导骨干应以贫农、雇农和中农中的积极分子充任。对暂不愿参加互助组织的个体农民，不应轻视和排斥，而应通过教育逐步吸收他们自愿参加。二、在社会上允许富农雇工经营，督促与监督富农遵守人民政府的劳动、税收和物价等政策。但在互助组和农业生产合作社内部，不应允许进行雇佣劳动的剥削（即富农的剥削），不应允许组员或社员雇长工入组入社，也不允许互助组和农业生产合作社雇长工耕种土地。三、不能允许地主参加农民的互助合作组织。四、对懒汉、二流子及流氓，应采取说服与强制相结合的办法，动员他们参加生产战线，进行劳动改造。五、应积极组织有若干劳动力的烈、军属参加互助组，进行劳动生产，同样进行记分。对烈、军属的土地代耕问题，应按照人民政府的规定，合理分配代耕义务，实行固定代耕制。六、乡、村干部应积极参加互助组或农业生产合作社并积极劳动。在农作中应坚持等价原则，不得有任何特殊权利。七、人民政府应在贷款、贷粮及技术等方面给组织起来的农民以适当的优待与扶助，并须适当地照顾单干的农民。八、对农民有余钱余粮者，应积极组织他们自愿投资到互助组和供销合作社中，以扩大再生产。九、互助组、农业生产合作社集体开垦的荒地，应归其公有。十、应普遍实行男女同工同酬的原则。中共中央同意这一《规定》，并转发各局、省、市、区党委。

7月24日　中共中央发出《关于小土地出租者、佃富农以及贫民、工人、游民等参加互助问题的指示》。7月16日，中共西南局关于小土地出租者、佃富农、贫民、工人、游民等参加互助组问题提出4条原则性意见，致电中共中央请示。中共中央同意西南局的意见，并对游民等问题作出指示。西南局的意见：一、小土地出租者无论有劳动力与无劳动力，只要不从事农业劳动，而仅以土地参加互助组，原则上不应允许其参加互助组。至于烈军、工属的代耕，应按政府规定的办法执行。鳏、寡、孤、独等人的生产困难，则可以代租土地或雇工耕种的办法解决。对此点，中央指出，如互助组织的成员和烈、军、工属或鳏、寡、孤、独双方均同意用参加互助组的办法，也不要去纠正制止。二、佃富农在土地改革后，在改变了成分并经群众讨论同意后，可以参加互助组，但不能让其掌握领导与恢复雇佣劳动剥削。三、工人与贫民，不论其原居农村或原居城镇而于土改时下乡分田者，只要他们在分得土地以后从事农业劳动，亦应吸收他们参加互助组。四、游民是强制劳动改造的对象，不宜参加互助组。只有在经过一定时期的劳动改造而确实有了转变，经群众讨论同意后，才可允许其参加互助组。对此点意见，中央提出明确指示，除游民中一部分过去依附反动势力而积极参加反革命的分子以及至今不愿意劳动的分子以外，对一般愿意劳动的游民群众应该放宽一些，允许他们参加劳动互助组织。而不必一定要等他们经过一定时期的劳动改造之后，才吸收他们参加互助组。相反的，过去有许多经验证明，把游民、二流子放在互助组织中更便于改造他们，使他们迅速学会生产。

7月25日　政务院举行第一百四十六次政务会议。政务院于7月2日—19日先期召开了劳动就业问题的专门会议。此次政务会议批准了中央人事部安子文部长《关于召开劳动就业问题会议情况的报告》，并通过了《关于劳动就业问题的决定》。《决定》指出，旧社会遗留的严重的失业问题，3年来经过各级政府的努力，已有120万职工和100万知识分子重新参加各种工作，成绩是显著的。但是，全国仍有失业和半失业人员280万左右。为了迎接即将开始的大规模的国家建设，全面解决各种失业人员的就业问题，有计划地把城乡大量的剩余劳动力应用到生产事业和其他社会事业中去，并逐步做到统一调配劳动力。《决定》指出，必须根据国家建设的需要，从全局设想，从实际出发，从长远打算，从当前要办并能办的事着手，逐年做到消灭失业。这是全面解决劳动就业的唯一方针。《决定》要求中央、大行政区、省和大城市应设立劳动就业委员会，并建立有专人负责的办事机构，统一办理失业人员的登记、训练、改造和有计划、有步骤地安排他们就业。会议还指出，失业问题不是短期内可以完全解决的。这是因为：一方面国家建设事业要有计划、有步骤地前进；另一方面，由于新的社会经济改组和农村剩余劳动力流入城市等原因，今后还会有新的失业现象的产生。因此，全面解决劳动就业问题要经过一个比较长的时间，采取有计划的稳步前进的方法来实现。会议决定，成立政务院劳动就业委员会，李维汉任主任，安子文、李立三、章乃器、钱俊瑞任副主任。

同　日　荣高棠率领中国体育代表团离开北京前往赫尔辛基参加第15届奥运会。本届奥运会于7月19日—8月3日在芬兰赫尔辛基举行。由于受到阻挠，使中国代表团没能及时参加。7月31日，荣高棠在赫尔辛基发表声明指出，由于种种不合理的阻挠和迟发邀请而造成的延搁，致使中国代表团不能及时参加本届奥林匹克运动会的比赛。但是，中国代表团毕竟来了，而且带来了中国人民和中国运动员对芬兰及其他国家人民和运动员的友好感情，以及促进各国联系和交流体育活动的真诚愿望。

8月1日　人民英雄纪念碑正式开工兴建。为了纪念中国自1840年以来在民族解放运动、人民革命和人民解放战争中英勇牺牲的革命先烈，1949年9月30日，中国人民政治协商会议第一届全体会议一致通过在首都建立人民英雄纪念碑的决议。毛泽东率领出席政协的全体代表，在天安门广场举行了建立纪念碑的奠基典礼。纪念碑位于首都北京天安门广场的南端。1952年11月9日，纪念碑建成。纪念碑的正面是毛泽东亲笔题词“人民英雄永垂不朽”8个大字。碑身的背面镌刻着毛泽东起草，由周恩来书写的碑文：“三年以来，在人民解放战争和人民革命中牺牲的人民英雄们永垂不朽！三十年以来，在人民解放战争和人民革命中牺牲的人民英雄们永垂不朽！由此上溯到一千八百四十年，从那时起，为了反对内外敌人，争取民族独立和人民自由幸福，在历次斗争中牺牲的人民英雄们永垂不朽！”碑座的四周，按历史顺序镶刻着“焚烧鸦片”、“金田起义”、“武昌起义”、“五四爱国运动”、“八一南昌起义”、“抗日敌后游击”、“胜利渡过长江解放全中国”等10块汉白玉的大浮雕，形象地展现了中国人民在历次革命斗争中，不屈不挠，敢于向帝国主义及其走狗进行斗争的精神。纪念碑用花岗石筑成，总重量达1万吨以上。

8月2日　外交部副部长章汉夫发表声明，严重抗议英国政府劫夺中国航空公司和中央航空公司留在香港的飞机和仓库并迫害护产员工。声明指出，英国于本年7月28日又将我中央航空公司飞机40架及其他资财“剖给”美国陈纳德的所谓“民用航空运输公司”。28日夜，港英竟出动大批武装警察突袭殴打、逮捕我护产员工，并劫夺中国所属“中国”、“中央”两航空公司全部留港资产，包括70架飞机等。

8月6日　中央人民政府委员会举行第十六次会议。会议听取和批准了财政部薄一波部长所作的《关于1951年度国家预算的执行情况及1952年国家预算草案的报告》，并通过了1952年度国家财政收支预算。1951年国家预算执行结果，出现了远比原来预计良好的情况。总收入超过原预算的80%。其中城市各项税收超过117%，农业税收超过11%。总支出比原预算增加46%。国家除完全保证了国防需要外，还以极大的力量稳定了物价。国家在恢复与改造经济、文化事业方面，也拨付了比1950年更多的资金，从而也就加速了经济及文化事业的恢复与改造的速度。人民生活也有所改善。1952年度国家预算的基本方针是：继续巩固国防，稳定物价，并进行全面恢复和重点建设。1952年预算收入和支出均为158.8亿元，与1951年实际比较，收入增加41.7%，支出增加55.5%。这是建国以来我国国家预算在编成时出现的第一个财政收支平衡年度。收支平衡、经济恢复、物价稳定，标志着中国财政经济情况已经根本好转，已经提前完成了毛泽东在1950年6月6日中共中央七届三中全会报告中提出的要用3年或者更多一点时间实现“国家整个财政经济状况的根本好转”的指示。

8月7日　中央人民政府委员会举行第十七次会议。会议通过了《关于调整中央人民政府机构的决定》，决定撤销中央人民政府情报总署、中央人民政府新闻总署；成立中央人民政府对外贸易部、中央人民政府商业部，并于2部成立后撤销中央人民政府贸易部；成立中央人民政府第一机械工业部、中央人民政府第二机械工业部、中央人民政府建筑工程部、中央人民政府地质部、中央人民政府粮食部。会议还通过了《关于调整地方人民政府机构的决议》，决定成立安徽省人民政府，并于该省人民政府成立后撤销皖北人民行政公署、皖南人民行政公署；成立四川省人民政府，并于该省人民政府成立后撤销川东人民行政公署、川南人民行政公署、川西人民行政公署和川北人民行政公署。周恩来在讲话中指出，根据国家建设任务的需要，中央人民政府的机构亟待加强，并逐渐地把各大行政区的负责人集中到中央工作。为了加强政务院的领导工作，在这次任免名单中提出任命邓小平为副总理；为了加强各部门的领导工作，这次是提出财经部门的名单，其他各部门也将做好准备，陆续提出。此次机构调整，拟增加一些部门，合并一些部门和撤销一些部门。地方政府机构，还是以旧省制为好。会议任命邓小平为政务院副总理，廖鲁言为政务院副秘书长，曾山、贾拓夫、叶季壮为中财委副主任，习仲勋为文教委副主任，叶季壮为对外贸易部部长，曾山为商业部部长，王鹤寿为重工业部部长，黄敬为第一机械工业部部长，赵尔陆为第二机械工业部部长，蒋光鼐为纺织工业部部长，李四光为地质部部长，裴丽生为山西省政府主席，乌兰夫为绥远省政府主席，黄欧东为沈阳市市长，孙平为本溪市市长，李涛为辽东省政府主席，粟又文为吉林省政府主席，强晓初为松江省政府主席，曾希圣为安徽省政府主席，宋任穷、卢汉为西南军政委员会副主席，李井泉为四川省政府主席。会议免去叶季壮贸易部部长职务，李富春重工业部部长职务，曾山纺织工业部部长职务、邹大鹏情报总署署长职务，胡乔木新闻总署署长职务，董其武绥远省政府主席职务，高扬辽东省政府主席职务，冯仲云松江省政府主席职务。会议，还听取了东北人民政府林枫副主席关于东北工作情况的报告，华东军政委员会陈毅委员关于华东工作情况的报告。批准《政务院关于与我国订立条约、协定、议定书、合同等统一办法之决定》。批准《中华人民共和国与捷克斯洛伐克共和国文化合作协定》、《中华人民共和国与保加利亚人民共和国文化合作协定》。

8月8日　中央人民政府委员会召开第十八次会议。批准政务院一百二十五次政务会议通过的《中华人民共和国民族区域自治实施纲要》，并听取了中南、湖南、西南、华北等地区的工作情况报告。中南军政委员会张难先副主席作的《中南工作情况报告》说，中南地区，总的看，“三反”、“五反”成绩大，但也有些偏差。荆江分洪工程3月中旬接政务院命令，4月5日开工。动用了20万民工，调动了部队，工程任务艰巨，但不到3个月就完成了，创造了奇迹。湖南省政府主席程潜作的《湖南工作情况报告》说，湖南当前主要进行了清剿残余土匪，生产救灾，反霸减租，准备实行土改，召开人民代表会议，巩固人民政权等工作。建议制订洞庭湖蓄洪计划，开采湖南有色金属，修建湘黔铁路，修建资江水闸发电厂等。西南军政委员会邓小平副主席作的《西南工作情况报告》说，（一）西南参加“三反”运动的党政机关干部共45万人，核实结果有8.9万余个大贪污犯。（二）西南共完成4 500多万农业人口地区的土地改革工作，还剩下1 600多万农业人口地区没有完成土地改革，其中600万人口属于不进行土改的少数民族地区，西南的土地改革基本上完成了。（三）1952年工矿企业增产节约3万亿人民币的任务是可以完成的。农业方面今年产量比去年增加了5%。（四）少数民族地区，已经搞了民族区域自治和民族民主联合政府。西藏问题也解决得很好。但在前一时期曾经发生了2个地区藏王捣乱，我们作了必要的斗争，把叛乱平息下来了。华北行政委员会刘澜涛主任作的《华北工作情况报告》说，华北区的各种工业，大体已经恢复到并且部分地超过了历史上的最高水平。农业生产，今年的粮食计划产量超过战前总产量3%。棉花计划产量超过战前最高产量70%。1952年华北国营贸易收购总产值与推销总值均较1951年大为增加，正当的私营商业也有很大发展。“三反”、“五反”运动后，华北4 000余种商品的价格平均降低35%左右。财政工作也可以完成中央交给的任务。

8月13日　政务院召开第一百四十八次政务会议。会议原则批准《司法部关于彻底改造和整顿各级人民法院的报告》。司法部的报告说，全国各级法院干部共约2.8万人，其中旧司法人员约6 000人。在“三反”运动中暴露出严重的组织不纯和思想不纯。因此，彻底改造与整顿各级法院是必要的、适时的。必须自上而下地把一些已经堕落蜕化、作风恶劣或坚持旧法观念的负责干部加以调整和处理。同时把旧司法人员中的坏分子从司法部门中清除出去；给各级法院补充必要干部；有计划有步骤地开展一个反对旧法观点和改革整个司法机关的运动；认真总结经验，改进工作和司法制度，并系统进行关于马列主义毛泽东思想的国家观与法律观的宣传教育。使人民司法机关真正成为人民民主专政的有力武器之一。

8月14日　政务院公布《受灾农户农业税减免办法》。《办法》规定：凡农作物因水、旱、风、雹、病、虫及其他灾害而致歉收的受灾农户，应减免其农业税。对歉收2成以上者，依其受灾轻重，分为5等进行减免。并规定：政府人员匿灾不报或勘报不实者，应酌予处分；农户虚报灾情者，除查明纠正外，并按逃避农业税的规定，酌处罚金。

8月16日　政务院公布施行《工商业联合组织通则》。8月1日，政务院第一百四十七次政务会议通过。是日，政务院命令公布施行。《通则》共5章24条。其基本精神：一、工商业联合会的性质和任务问题。《通则》规定：工商业联合会是各类工商业联合组成的人民团体。它的基本任务是：1.领导工商业者遵守共同纲领及人民政府的政策法令；2.指导私营工商业者在国家总的经济计划下，发展生产，改善经营；3.代表私营工商业者的合法利益，向人民政府或有关机关反映意见，提出建议，并与工会协商有关劳资关系等问题；4.组织工商业者进行学习、改造思想和参加各种爱国运动。二、工商业联合会的会员和组织问题。设县、省、全国三级工商业联合会。各级工商业联合会均以其下级工商业联合会为会员，全国工商业联合会以省、中央及大行政区直辖市及相当于省一级的工商业联合会、国营企业的全国总机构、全国合作社联合总社为会员。对工商界有贡献的人士，得被邀请参加各级工商业联合会为会员。工商业联合会的组织原则为民主集中制。在工商业较发达的大、中城市，市工商业联合会得在区设立区工商业联合会或区分会。三、关于同业公会的性质和地位问题。《通则》规定：工商业联合会不再以同业公会为其会员，而直接吸收工商业户为其会员。同业公会则变为工商业联合会领导下的专业性的组织。四、关于手工业者、行商和摊贩组织的问题。《通则》规定：手工业者、行商于必要时得在区工商业联合会或区分会下，组织区手工业联合会、区行商联合会；摊贩得按区或按市场组织联合会及分编小组。总之，《通则》的目的在于，使工商联真正成为服从共同纲领和人民政府的政策法令，并代表各类工商业者利益的人民团体；使参加工商联的大中小行业和企业均能各得其所；加强工商业联合会的统一性，并明确其内部分工。

同　日　政务院发布《管理书刊出版业印刷业发行业暂行条例》。《条例》共14条。《条例》对书刊出版业印刷业发行业的申请、核准、登记、变更、撤销等事项作了明确的规定。并分别指出，凡经营书刊出版业者，应遵守的规定：一、应有确定之专业方向；二、应设有编辑机构或专职之编辑人员；三、应定期编制选题计划、编辑计划及出版计划，呈报当地出版行政机关；四、应在出版物版权页上标明营业许可证号码；五、不得印行违反中国人民政治协商会议共同纲领及政府法令之书刊；六、不得发表泄露国家机密之文字图表；七、不得侵害他人之著作、出版权益；八、各级人民政府法令文件之出版权属于各级人民出版社及其受权之出版社，其他出版业不得编印或翻印；九、每种书刊出版后，应向各级出版行政机关及国立图书馆送缴样本，其办法另订之；十、发行定期刊物，应向出版行政机关另行申请登记。凡经营书刊印刷业者，应遵守的规定：一、不得承印政府明令禁止出版之各种书刊；二、不得承印违反中国人民政治协商会议《共同纲领》及政府法令之书刊；三、印成之书刊，应于送货时每种送缴当地出版行政机关一份。凡经营书刊发行者，应遵守的规定：一、不得发售明令禁止发行之各种书刊；二、不得经售非法进口之国外书刊；三、从事书刊流动供应，应经当地出版行政机关之许可。

8月15日—9月24日　周恩来总理兼外交部长率中国政府代表团访问苏联。中国代表团代表有：政务院副总理陈云、中财委副主任李富春、中国驻苏联大使张闻天、中央军委副总参谋长粟裕等。代表团顾问有：重工业部王鹤寿部长、燃料工业部陈郁部长、中财委宋劭文秘书长、空军刘亚楼司令员、海军罗舜初副司令员、炮兵邱剑成副司令员、第一机械工业部汪道涵副部长、邮电部王诤副部长、外交部政治秘书师哲等。斯大林专门会见周恩来、陈云、李富春，并作了极其热情的谈话。他首先对中国代表团的到来，表示欢迎，询问了中国党政领导人工作、身体状况，接着说，你们国民经济的发展，经过第一个五年计划之后，应当是飞机、汽车、军舰都能制造；你们发展速度一定很快，但做计划时，应留有余地，要做到五年计划4年完成，要有后备，不要造成5年还完成不了计划指标；我们对中国的援助，不仅技术上是头等的，而且价格是便宜的。斯大林接见后，举行了盛大的、隆重的宴会，苏联党政主要领导人莫洛托夫、米高扬、布琼尼等出席作陪，维辛斯基代表苏联政府领导人祝酒，周恩来代表中国政府代表团致词答谢，气氛极其热烈友好。苏联部长会议主席斯大林、苏联外交部长维辛斯基、苏联对外贸易部长库米金同中国政府代表团举行了谈判，讨论了有关中国和苏联两国关系的重要政治与经济问题。中苏两国政府就苏联帮助中国今后5年的经济建设广泛交换了意见。9月15日，外交部长周恩来和维辛斯基外交部长交换了《关于延长共同使用中国旅顺口海军根据地期限的换文》，两国外交部长协议，将苏联军队从共同使用的旅顺口海军基地撤退的期限，延长至中华人民共和国与日本，苏联与日本之间的和约获致缔结时为止。9月16日，发表了会谈公报，并公布了《中苏关于中国长春铁路移交中华人民共和国政府的公告》。《公告》规定：根据两国于1950年2月10日在莫斯科签订的关于中国长春铁路协定，苏联政府将共同管理的中国长春铁路的一切权利以及属于该路的全部财产无偿地移交中华人民共和国政府，并于1952年年末移交完毕。9月22日，周恩来、陈云等先行回国。9月24日，周恩来返京当晚在中央书记处会议上汇报了与苏方商谈关于“一五”计划轮廓问题的情况。毛泽东在会上首次提出从现在起逐步过渡到社会主义社会去的问题，是为酝酿党在过渡时期总路线的开始。周恩来、陈云回国后，留李富春领导中国政府代表团，主持继续与苏联政府的谈判工作。中国政府代表团的接待工作由苏联国家计委主任、苏共中央政治局委员沙布洛夫负责。他在苏联国家计委办公楼会议室召开了欢迎会，计委有关局长参加，并宣布从现在起，苏联计委主要任务是帮助中国搞好第一个五年计划。李富春将中财委编制的中国发展国民经济第一个五年计划（草案），以及有关工业、农业、交通运输、基建等7个五年发展计划材料，交给苏方并作了说明，请他们提出意见。按照苏联国家计委和李富春商量的计划，9月、10月，苏联政府有关部和国家计委有关局着重研究中国的五年计划，以及要求苏联援助的项目，研究中国政府代表团带来的地质资料，同时中国代表团成员分头对有关部、局介绍情况，为商讨第一个五年计划期间，苏联政府援助中国的建设项目，积极进行工作。

8月19日　周恩来总理签发《关于对外商银行停业清理的指示》。指示说，对于停业的外商银行，应即进行清理。清理的方针是：彻底清理，全部保值，偿还中国人民的债务。

8月27日　政务院发出《关于对失业人员进行紧急救济的指示》。《指示》指出，考虑到目前失业人员中确有一部分人生活已很困难，特于经常的失业救济费和社会救济费以外，再拨款2 000亿元进行紧急救济。

8月29日　中共中央批转中财委党组、中央统战部《关于处理资本家代理人的意见》。《意见》指出：一、在私营企业中，凡代表资本家执行或决定经营方针、财产处理、人事任免和奖惩等事项者，称为资本家代理人，如经理、副经理、襄理、协理、厂长等。资本家代理人是资产阶级的一部分，他们在经济利益、思想意识、生活方式上基本上与资本家一致，但与资本家也有区别和矛盾。在大城市和一部分中等城市中，资本家代理人有相当大的数量。他们在私人企业的生产和经营中占有重要地位，其中一部分还有较好的技术。因此，对他们的争取改造工作是十分重要的。二、“五反”运动以后，由于种种原因，相当多的资本家代理人表现得苦闷、消极。三、我们对资本家代理人的方针是：要他们继续做资本家代理人，进行学习和思想改造，积极从事生产和经营，不犯“五毒”，并推动资本家积极生产和投资，监督他们不再犯“五毒”。为此，要做好有关工作，对他们的合理要求仍须予以解决，以利于争取改造他们。他们的学习应主要由工商业联合会、协商委员会加以推动和组织，党委统战部门和政府财经部门应予协助并加强指导。政治上必须对资本家代理人有适当安排。私人企业中的红利分配，资本家代理人应占适当比例。要使资本家代理人能够合理地执行企业业务。

8月31日　中财委颁发《关于编制五年计划轮廓的方针》及《中国经济状况和五年建设的任务及附表》。中财委提出，今后五年建设的基本任务是：为国家工业化打下基础，以巩固国防、提高人民的物质与文化生活，并保证我国经济向社会主义前进。五年建设的方针是：工业建设以重工业为主，轻工业为辅；工业的速度，在可能条件下应力求迅速发展；工业的地区分布应有利于国防和长期建设，并且应结合目前实际情况。主要指标为：工农业总产值增长78%，工业总产值增加156%（即每年递增20%强），农业总产值增加53%（即每年递增8.9%）。工业中的公私比重1952年为67.3∶32.7，1957年改变为79.5∶20.5。财政收入1 352.5万亿元，总支出1 360.9万亿元。基本建设投资505万亿元，新建铁路1.2323万公里，修建公路1.7877万公里，煤矿工业年生产能力达9 381万吨，电力工业设备容量达445万千瓦。

9月5日　政务院召开第一百四十九次政务会议。会议通过《政务院关于设置文史研究馆的决定》，批准《教育部1952年工作计划要点的报告》。中央人民政府自1951年7月成立文史研究馆以来，吸收了不少社会夙有声望的文人耆宿。华东、中南某些地区也设有类似组织，安置了一部分年老贫困的知识分子。估计全国各省、市有不少此类年老失业的知识分子需要照顾。因此，政务院决定：对于全国年老体弱又有相当声望的知识分子，应设置适当机构，以解决他们的工作和生活问题。全国各省及中央或大行政区的直属市均设置文史研究馆（大区、专、县及省属市不必设立），如某些省、市原已成立类似机构的，必要时可更换名称，不必重复设立。某些省市无设立此项机构之需要者亦不必设立。本次政务会议通过此《决定》，并于9月9日发出。《教育部1952年工作计划要点》指出，1952年全国教育工作的方针是：继续整顿和发展人民教育事业，有重点地加速培养建设干部，提高工农群众文化水平。工作计划要点是：完成教育界的“三反”运动和思想改造运动；完成各级学校的招生计划；大力进行各级学校教育的改革；着手开展扫除文盲运动，加强对工人的政治教育；积极整顿和发展少数民族的教育事业，协同侨委等部门妥善地处理归国华侨子弟入学问题，有重点地试行劳动卫国体育训练，适当改善各级学校教职员工的待遇，调整高等、中等学校学生的人民助学金，加强对各级教育工作的思想领导和调查研究工作。教育部还说明：3年来全国教育事业有很大发展。全国初等学校小学生由1949年的2 380万人，增加到今年的4 900万人；中等学校的学生由1949年的187万人，增加到今年的300万人；高等学校的学生由1949年的12.9万人，增加到今年的22万人。工农业余教育也有很大发展。

同　日　毛泽东致函黄炎培。毛泽东在信中指出：要求资产阶级接受工人阶级的基本思想，例如消灭剥削，消灭阶级，消灭个人主义，接受马克思主义的宇宙观，或者如先生所说“没有劳动，没有生活，不从劳动以外求生活，不从自力以外求生活”，这就是要求资产阶级接受社会主义。这些对于少数进步分子说来是可能的，当做一个阶级，则不宜这样要求，至少在第一个五年计划时期不宜如此宣传。当做一个阶级，在现阶段，我们只应当责成他们接受工人阶级的领导，亦即接受共同纲领，而不宜过此限度。在现阶段，允许资产阶级存在，但须经营有益于国家人民的事业，不犯“五毒”，这就是工人阶级对于资产阶级的领导，也就是共同纲领所规定的。超过这个限度，而要求资产阶级接受工人阶级的思想，或者说，不许资产阶级想剥削赚钱的事情，只许他们和工人一样想“没有劳动就没有生活”的事情，只想社会主义，不想资本主义，那是不可能的，也是不应该的。

9月12日　政务院召开第一百五十次政务会议。会议批准《中国科学院1952年工作计划要点的报告》。中国科学院郭沫若院长作的《中国科学院1952年工作计划要点的报告》说，1952年科学院的中心任务为：加强思想领导，组织科学家进行思想改造的学习，推动科学家长期地、系统地学习马克思列宁主义；加强调查研究和计划工作，逐步把全国的科学工作组织起来，为发展全国科学工作网打下基础；有计划地大量培养科学研究工作干部，为今后科学事业的长期发展准备条件。

9月15日—10月4日　商业部召开全国百货专业会议。根据中财委指示，该部决定国营贸易企业在1953年全部实行经济核算并确定1952年第四季度先在百货系统实施示范。会议讨论了百货系统实行经济核算制的具体方法和实施步骤，主要是：一、分别不同情况，采取采购与分配，供应与批发相结合，零售与批发分开的原则，设置管理和经营机构。二、在统一领导和分级负责的原则下，根据各级经营业务，暂划分为中央、大区、省（市）三级，并将资金直接核定于经营单位。三、在商业部统一领导下，各级百货公司和采购供应批发站除受直属上级公司领导外，并受各级商业行政部门的领导。

9月18日—10月31日　中国人民志愿军举行对全线敌军的战术反击作战。为了破坏敌人可能发动的局部进攻计划，大量杀伤敌人，并借以锻炼部队，取得经验，中国人民志愿军在朝鲜战场举行了全线性的战术反击作战。采取的主要手段是：以军为单位，选定若干敌人连排支撑点和个别的营防御地域，经过充分准备之后，集中优势兵力火力，实施突然攻击，歼敌全部或大部，并在同敌进行反复争夺中再给敌以大量杀伤。然后依情况，对于被我攻克的据点，凡可以守住者固守之，不能守住者放弃之，保持自己的主动，准备以后的反击。这次战术反击作战于10月31日结束，共进行44天，志愿军共向57个目标进攻74次，打退敌排以上兵力的反扑400余次，歼敌2.5万余人，获得重大胜利。10月24日，毛泽东致电祝贺中国人民志愿军的重大胜利，并指出，此种作战方法，继续实行下去，必能制敌死命，必能迫使敌人采取妥协办法结束朝鲜战争。

9月19日　政务院召开第一百五十一次政务会议。会议批准《卫生部1952年工作计划要点的报告》。《报告》说，1952年卫生工作的重点，应放在大力防治传染病，大量培养干部，建立卫生基层组织方面。除注意加强敌人散布细菌区的防疫卫生工作外，应特别加强老解放区、少族民族区、工业区与国防有关地区的卫生工作。初步实行国家工作人员公费医疗预防制度，加强卫生宣传和妇幼、工矿、学校卫生工作，加强药品器材的管理工作，加强计划、监察对卫生团体指导，加强医药卫生人员的思想改造工作。

9月21日　中财委召开1952年第二次全国财经会议。会议主要讨论了1953年的财政概算，并结合研究了整顿乡村财政、扩大税源、市场情况、公私关系和价格政策等问题。中共中央在听取会议汇报后，原则上同意1953年财政概算的安排，并指示：对需要增加的经济建设、文教卫生等项支出，要排排队；军费不能再加；不发公债，以减轻公教人员和农民的负担；1953年实行周转税，同意取消工资分；大区财政不再作为一级，从1953年1月1日起改为中央的监督机关。

9月23日　外交部周恩来部长致电国际电信联盟秘书长缪拉齐埃。外交部长周恩来在电文中通知国际电信联盟，中国政府任命王子纲为中国出席10月1日召开的国际电信联盟全权代表大会的首席全权代表，并要求将台湾国民党残余集团的所谓代表，从该联盟的各项机构和会议中驱逐出去。

9月26日　政务院召开一百五十二次政务会议。会议批准《出版总署1952年出版计划大纲的报告》。《报告》说，1952年内出版总署的主要任务是：（一）提高出版物质量，加强马列主义和毛泽东思想书籍的出版，增加学校课本以及财政经济、自然科学、应用技术、医药卫生等图书的出版，大量发行速成识字法课本与各种通俗读物；(二）加强对出版事业的管理与指导，调查、巩固和适当地发展国营出版、印刷、发行企业；（三）改进国际宣传书刊的出版工作，加强对图书、期刊、报纸进出口贸易的管理和指导；（四）培养出版工作干部。

9月29日—10月5日　商业部、外贸部联合召开各大区贸易部长会议。会议主要讨论了如何具体执行第2次全国财经会议的决定。会议决定，从1952年第四季度起，对目前国营贸易积压的价值20万亿元的商品，逐项加以处理。由于国际市场物价下落，对出口不利，会议对外贸提出2个办法：一是适当调高外汇牌价；一是加强进出口公司，并对私商加以组织，采取联营形式。但经10月16日中财委抉择，决定先采用后一办法，如以后还有必要，再考虑调整外汇牌价。

10月　土地改革工作在全国基本完成。政务院副秘书长廖鲁言于9月28日发表文章指出，从1950年冬开始的新解放区土地改革运动，到1952年9月止，全国除新疆、西藏等部分少数民族聚居地区和台湾省外，已基本完成。加上3年以前已完成土地改革的老解放区，完成土地改革地区的农业人口已占全国农业人口总数的90%以上。全国约有3亿无地少地的农民，分了37亿亩土地和其他生产资料，免除了过去每年向地主缴纳的700亿斤粮食的苛重地租。这就从根本上消灭了封建剥削制度，彻底推翻了长期统治和压迫中国人民的封建土地所有制，标志着中国民主革命中一个最基本的历史任务完成了。土地改革运动极大地提高了农民的政治觉悟，广泛调动了农民群众的革命和建设的积极性，使农业生产力获得了极大的解放。1952年，全国粮食产量3 088亿斤，比1949年增加926亿斤，增长42.8%；棉花增加1 718万担，大豆、花生、油菜籽、黄麻等各种农产品的产量也都超过了历史最高年产量。农民生活也得到显著改善，平均每个农户比1949年增加收入约120元。

10月2日—次年1月11日　刘少奇率中共中央代表团前往莫斯科。中共中央代表团以中央书记处书记刘少奇为团长，团员有：饶漱石、陈毅、李富春、王稼祥、刘长胜等。中共代表团首先参加了苏共第19次代表大会。10月8日，刘少奇向代表大会致词并宣读了中共中央的祝词。《祝词》说：列宁、斯大林所创立的苏联共产党在长期斗争中取得了具有世界历史意义的胜利。它领导了十月社会主义革命，在人类历史上开创了新世纪，领导苏联人民胜利地建成了社会主义社会，并取得了伟大卫国战争的胜利。中国共产党是在十月革命的影响下建立起来的，中国革命的胜利和中华人民共和国成立后3年来的建设事业的巨大成就证明了，根据各国的具体情况，正确地运用马克思、恩格斯、列宁、斯大林的学说，正确地运用苏共关于革命和建设的经验，是无往而不胜的。刘少奇的致词和中共中央的祝词，在会上受到了热烈的欢迎。会后，刘少奇等对苏联进行了友好访问。10月20日访苏期间，刘少奇根据毛泽东的指示，写信给斯大林，谈了“关于中国怎样从现在逐步过渡到社会主义去的问题”。刘少奇的信说，中国现在的工业生产总值（不包括手工业），国营企业已占67.3%，私人企业只占32.7%。全国商品的经营比重，国营加合作社经营现在也占62.9%，私人只占37.1%，但在零售商业中私人还占67%。估计在执行第一个五年经济计划之后，工业中国营经济的比重将会有更大的增加，而私人资本主义经济的比重则会缩小到20%以下。10年以后，中国工业将有90%以上是国有的，私人工业不到10%，而这些私人企业又大体都要依赖国家供给原料、收购和推销它们的成品及银行贷款等，并纳入国家计划，而不能独立经营。到那时，我们就可以将这一部分私人工业不费力地收归国家经营。将采取这样一种方式，即劝告资本家把工厂献给国家，国家保留资本家消费的财产，分配能工作的资本家工作，保障他们的生活，有特殊情形者，国家还可能付给资本家一部分代价。估计多数资本家可能同意上述条件下的国有化，而不进行激烈的反抗。对待农村的个体经济，准备在今后10年—15年内将中国多数农民组织到农业生产合作社和集体农场内，基本上实现中国农业经济的集体化。互助合作运动是今后中国农村经济发展的主要方式。在完成农村经济集体化最后时期，应该采取怎样的办法来消灭虽然不很多的富农，则要看那时的情形来决定。对待广大的手工业，我们准备用力帮助小手工业者组织生产合作社。我们在改造和组织手工业生产合作社的运动中，将会有更多的困难，而时间也可能需要更多。斯大林收到信后，会见了中共代表团。他说，我觉得你们的想法是对的，你们对中国资产阶级所采取的态度是正确的。

10月6日—21日　农业部召开全国农业会议。会议总结了1952年农业生产的成就，确定了1953年发展农业生产的方针是，组织起来，推广科学技术，普遍提高单位面积产量，更广泛深入地开展爱国丰产运动，以大量增产粮食、工业原料作物、外销物资、畜类和水产。会议认为，互助合作是农业经济的发展方向，1953年要求全国组织起来的农民达到60%（1952年为40%）。1953年还要用很大力量整顿农场，使之巩固和提高，同时要在有条件的地方建立新农场。根据上述方针，会议确定了1953年发展农业、畜牧业和水产业的具体计划，预计1953年农业总产值为506亿元，比1952年增长12%。

10月6日—11月14日　第一届全国戏曲观摩演出大会在北京举行。这次大会由文化部主办。参加大会的有来自全国各地的优秀的戏曲工作者1 600多人。参加会演的有京剧、评剧、秦腔、越剧、沪剧、川剧、花鼓戏、汉剧、梆子等23个剧种的37个剧团，共演出82个剧目，其中传统剧63个，新编历史剧11个，现代剧8个。大会期间，周扬作了改革和发展民族戏曲艺术的报告，周恩来为大会致闭幕词。

10月8日　毛泽东接见西藏致敬代表团。毛泽东在谈话中指出：一、共产党对宗教采取保护政策，尊重其信仰。二、少数民族地区分不分土地，由少数民族自己决定。三、成立军政委员会和改编藏军是协议上规定的。协议要求执行的，但你们害怕，只好慢点执行。四、西藏地方大、人口少、人口需要发展，还有经济和文化也需要发展。共产党实行民族平等，是要帮助你们发展人口、发展经济和文化。人民解放军进入西藏就是要执行帮助你们的政策。如果共产党不能帮助你们发展人口、发展经济和文化，那共产党就没有什么用处。最后毛泽东说：以后西藏僧俗各界如果能够有更多的人到内地各处参观，便可以加强我们中国各民族之间的团结友爱的关系。

10月10日　政务院召开第一百五十四次政务会议。会议听取中财委《关于1952年上半年财经情况的报告》。中财委薄一波副主任作的《1952年上半年财经工作情况的报告》指出，国营重工业主要产品如煤、电、原油、钢等都完成了控制数字的要求，部分产品如铁矿石、生铁、机器生产未完成计划，但也比去年同期有显著增加；国营、私营轻工业产品除纸张外，也完成或超额完成生产计划，并比去年同期有所增长；农业生产估计完成计划不成问题，并可能超过；交通运输和邮电业务完成计划情况略差；国内市场在“三反”、“五反”运动中曾出现暂时停滞现象，3月份以后市场逐步恢复并开始走入正常状态。上半年的主要问题是：基本建设未完成计划；工业生产中有忽视质量的倾向；工业生产成本缺乏精密核算，利润率有的偏高；忽视工人安全卫生福利事业；伤亡事故增加。今后，国营贸易应注意清理库存、加速货物调拨及资金周转，各企业单位应注意及早提出运输计划，解决货运不足问题，继续加强城乡物资交流工作。

10月14日—11月25日　中国人民志愿军取得上甘岭战役的胜利。美帝国主义为了迫使中朝接受其无理的谈判要求，改善金化地区的防御态势，破坏志愿军正在进行的战术反击作战，试探志愿军防御的稳定性，为尔后扩大进攻创造条件，从10月14日开始，向金化以北上甘岭地区的597.9高地和537.7高地北山志愿军的2个阵地，发动了猛烈的“金化攻势”。坚守这2个阵地的志愿军2个加强连的部队，在3.7平方公里的阵地上，依托以坑道为骨干的坚固阵地，进行积极的防御作战。美军先后动用3个多师共6万余人的兵力，集中了300余门大炮、170余辆坦克和大量的飞机，倾泻了190余万发炮弹，两个阵地被削低2米。为了抗击敌人的进攻，志愿军也先后投入4万余人的兵力，与敌人进行反复的争夺。志愿军防守部队，时而依托地面野战工事抗击敌人的进攻，时而转入坑道内作战，共打退敌人营以上兵力的进攻25次，营以下兵力的进攻650余次，并进行了数十次的反击。经过43天的激战，至11月25日彻底粉碎了美军的“金化攻势”，守住了阵地，取得了上甘岭战役的胜利。此次战役，志愿军共歼敌2.5万余人，创造了我军依托坚固阵地进行防御战役的光辉范例。志愿军在战斗中发扬了高度的国际主义和革命英雄主义精神，涌现了许多英雄人物。上甘岭战役的胜利，迫使美国侵略者不得不重新回到谈判桌上来。

10月17日　政务院召开第一百五十五次政务会议，通过教育部

《关于全国各级学校教师思想改造运动的报告》。《报告》说，全国高等、中等学校的思想改造运动，自1951年从北京、天津开始，逐渐推广到全国范围。截至今年9月，77%的高等学校已经进行了思想改造运动，91%的教授、讲师、助教、职员参加了运动。中等学校73%的教职员工参加运动，预计今明2年可以全部完成。运动的发展总的来看是健康的，认真贯彻了争取、团结、改造知识分子和“自我教育与自我改造”的方针。但也曾发生一些偏差，如在实行自我批评中采取简单生硬的方式，进行过火的斗争；在忠诚老实学习中有强迫交代现象；运动时间拖得太长，影响正常的教学等。

同　日　中共中央批转教育部党组《关于大中小学教育和扫盲运动等问题的报告》。中央同意中央教育部党组8月23日的《六七月份综合报告》，8月20日《关于中小学教育行政会议的报告》，8月24日《关于接办私立中小学问题的报告》，8月25日《关于实施小学五年一贯制问题的报告》，并转发各中央局、分局、各省、市、区党委。中央认为，从报告中可以看到今后党在领导文化教育方面的任务之繁重，在第一个五年计划中，国家开支的教育经费，将年达30余万亿元。这样大的计划，花这样多的钱，如果没有党的严格监督，如果没有一个能够负责实行计划的比较健全的政府文教机构，那将是毫无保证的，因此各地党委必须重视这个问题，把党的宣传部门和政府文教部门加强起来，使宣教部门和经济部门一样能够明了实际情况，制定精确的计划，控制计划的进度和保证计划的完成，国家的教育计划是与国家的经济建设计划密切配合的，如果教育计划不能准确地完成，必将大大影响国家经济建设，而我们现在的宣教机构是很难担负这样重大任务的，所以立即注意加强宣教部门是很重要的。

10月22日　中财委召开会议讨论1953年的基本建设问题。中财委主任陈云在会上讲话指出，1953年将是大规模经济建设的一年，基本建设工作将在整个国家建设中占头等重要的地位。目前，基本建设工作中的主要矛盾是任务十分繁重，而力量十分薄弱。无论地质勘探、设计和施工力量，都不能满足大规模建设的需要，有的相差一倍、二倍甚至几十倍，个别地方连基本建设机构还没建立。因此，必须迅速加强这方面的力量，建立和充实设计和施工机构，配备坚强的领导骨干、先进的技术人员和技术工人。他还强调指出，工交部门必须确立自力更生的方针，下决心调集人员建立各部的专业设计和施工组织。根据陈云讲话精神，中财委于1952年11月9日发出《关于迅速准备基本建设的指示》。

10月24日　中共中央批转赖若愚《在私营企业工会工作会议上的总结报告》。中央认为，这一《报告》中所规定的各项政策是适当的。在大企业中一律实行8小时制是正确的。但根据国营纱厂改行8小时制的经验，在实行时必须要有充分的准备，有步骤地有计划地去实施，反对贸然从事。规定在25人以上的工厂和5人以上的商店均须实行监督，作为一个努力的目标是可以的，但如果作为目前马上实行的办法则不妥当。因为目前各地监督生产的经验，均不成熟，相反，有些城市有些厂店，由于不适当的“监督生产”，过分地打击了资本家的生产情绪，反而对生产不利。所以目前对监督生产一事，还应多做典型试验，俟取得成熟的经验后，再行逐步推广。

同　日　政务院召开第一百五十六次政务会议，听取并同意文教委郭沫若主任作的《关于1952年几项文化教育工作的报告》。《报告》指出，1952年新中国的教育事业无论在恢复、整顿、改造和发展的各方面都有了重大的成就：全国教育、科学和文艺工作者都普遍地开展了思想改造和整风运动；进行了高等学校的院系调整；发动和组织了空前规模的爱国卫生运动；进行了扫除文盲工作；发展了人民电影和戏剧事业。

10月25日　中共中央批转安子文《关于结束“三反”运动和处理遗留问题的报告》。此《报告》是安子文10月18日上报中央的。中央表示同意，并批转各中央局、分局并转各省市区党委。《报告》指出，全国县以上党政机关（军队除外）参加“三反”运动总人数383.6万多人，共查出贪污分子和犯贪污错误的120.6万多人，占参加“三反”运动总人数的31.4%；其中共产党员19.6万多人，占贪污总人数的16.3%。贪污1 000万以上的10.5916万人，占贪污总人数8.8%。

贪污分子和犯贪污错误的人中，已做处理的107.8万多人，占总人数89.5%，尚未处理的12.5万多人，占10.5%。但尚未处理的部分中，一部分案件涉及政治问题，应转公安部门处理。经核实定案后，有相当一部分比较复杂的“专案”是落空了，一部分已做出结论，但尚未正式宣布。上述各项统计数字的时间较早，目前估计已基本上处理完毕，未处理的仅是少数。全国被贪污的赃款赃物60 000亿元，现已退回20 000亿元，占34%；其余的估计除少部分尚能追回外，相当一部分应予追缴但的确已无法追回；同时，由于“老虎”继续下降，赃款数字亦随之减少，所以也显得追缴比例较低。“三反”运动中全国打出1 000万元以上的贪污分子最高数为29.2万多人，现在剩下10.5万多人，减少了65%左右。东北区“老虎”下降最少。约31%，华东区下降比例最大，为83%。从“老虎”数字下降的情况看：由于追算时间过长，折算标准不统一，折价过高而成为“老虎”的约占33%；小贪污打过头而成为“老虎”的约占47%；由于对贪污界限不清，把公私不分、失职、浪费和有政治问题的人算成“老虎”的约占15%；根本没有贪污，完全打错了的约占5%（河北最高，占10.54%）。这样，就给定案工作增加了不少困难，延缓了对问题的处理。造成这种现象的原因：一方面由于运动开展得迅速、猛烈，各地在反右倾之后的一个短时间内未能掌握实事求是的精神，并且很多地方发生过“逼供信”的倾向，有些地方逼供、诱供情况还比较严重；而贪污分子则害怕斗争，假坦白，企图蒙混过关；另一方面，由于处理时间拖得过久，很多地方在后期又产生了一种疲惫、松懈的情绪，因而估计在定案处理工作中，也有一小部分贪污分子是漏掉了的。但总起来看，经过核实定案、正确处理之后，群众的反映是良好的，基本上贯彻了实事求是、不枉不纵的精神。在已处理的部分中，免予处分的占75.7%，给予行政处分的占20.7%，以上2项符合中央规定的比例，唯行政处分中开除人数较多。判处刑事处分的3.8402万人，占已处理部分的3.6%。其中机关管制的1.7175万人，占判处刑事处分的44.7%；劳动改造的1.1165万人，占29.1%；判处有期徒刑的9 942人，占25.9%；判处无期徒刑的67人，占0.17%；经中央和大行政区批准判处死刑的42人（内有杀人犯5人），死刑缓刑9人，共计51人，占0.14%。刑事处分的数字低于中央规定的比例，主要是由于各地处理时采用排队比较办法，先易后难，判处刑事处分的案件多放到后边处理，经过核实定案以后，“老虎”数字下降很大，故刑事处分比例较小。这说明在“三反”处理工作中基本上贯彻了“处理从宽”的精神；但量刑则稍有偏重的现象，表现在机关管制和劳动改造的人数低于中央规定的比例，而判处有期徒刑人数则超过中央规定的比例，对少数人亦有判处刑期过长的现象。从以上情况看，“三反”运动的处理工作已经可以结束。

同　日　中共中央批转廖鲁言《关于结束“五反”运动和处理遗留问题的报告》。中央同意廖鲁言10月17日关于结束“五反”问题的报告及其关于处理“五反”遗留问题的3项意见。中央指示各中央局、分局并各省、市、区党委，要根据当地情况参酌实行。《报告》的主要内容是：一、目前全国各地对于“五反”运动中各类工商户的处理工作，除了部分城市尚余很少数应受刑事处分的案件和个别比较复杂的专案未行处理以外，其余均已处理完毕。根据华北、东北、华东、西北、中南5大区67个城市和西南全区的统计：参加“五反”运动的工商户总共有99.9707万户。受到刑事处分的有1 509人（很少数尚未定案者不包括在内），占工商户总数的1.5‰。其中判处有期徒刑和有期徒刑缓期执行者1 470人，占判刑总数的97.42%；判处无期徒刑者20人，占判刑总数的1.32%；已经中央批准判处死刑者14名，判处死刑缓期执行者5名。至于没收财产方面，除判处无期徒刑以上同时应予没收财产者外，东北区另有2户判处没收财产，已经中央批准；武汉市提出的没收金龙面粉厂案，已由政务院批示将应补退和罚款的数字，折作公股，改为公私合营，而不宣布没收。二、“五反”运动的结束处理工作，各地一般都做得很好，确实体现了中央宽大与严肃相结合的方针，达到了清除“五毒”，加强国营经济领导的目的。一方面，对最大多数违法行为不太严重和经济作用大的工商户，均给予半守法半违法户、基本守法户或守法户的结论，据北京、天津、上海、武汉、广州、重庆、西安、济南8大城市的统计，这3类户共占工商户总数的97%以上，这就安定了人心，粉碎了"'五反'就是实行社会主义"，"就是政府要钱"种种谰言；同时，对结合着加工订货、银行投放、城市物资交流与召开工商联会议等项工作之推行，迅速做到了恢复市场、活跃经济。由于"五反"运动所引起的市场呆滞的暂时现象已经过去了。另一方面，对极少数违法行为严重恶劣的工商户，则坚决给予应得的处分，直至判处死刑。判处死刑的人数虽然极少，全国不过十七八人，但已明白显示出资本家如大施"五毒"，违反共同纲领，危害国家、社会和人民的利益，其罪行严重恶劣者，将受到人民和国家严厉的制裁。这是中国有史以来的创举，具有重大意义。正因如此，中央对此次"五反"运动中的杀人数字严格加以控制，对死刑的判决极其慎重，要各地将拟判的名单和材料报送中央，由中央就全国范围统一排队，通盘考虑，仔细审核，而后批准，因而做到了杀人少，效果大，全国各主要大城市都有一二名处死刑者，又免于各地量刑标准不一、畸轻畸重之弊。这种方式，证明是对的。三、有关结束"五反"的几点意见：1. 为使小城市和大集镇的工商户安心经营，以促进城乡交流和经济生活的进一步活跃，而免影响秋后旺季的市场活动，建议凡尚未进行"五反"的城镇，今后一般地不再搞"五反"运动。2. 结束"五反"运动并不是说再不需要对资产阶级的"五毒"行为、违反共同纲领和危害国家和人民利益的行为做斗争，必须教育工人，教育劳动人民，警惕资产阶级重施"五毒"的行为，随时随地抓住具体事实向资产阶级的"五毒"罪行进行必要的斗争，并应通过工商联和民建会，教育工商业者，组织工商业者自己也来进行反对"五毒"的斗争。3. 应抓住时机，认真注意有计划有控制地分期催缴补退罚款，凡力能补退者，必须按期追缴，不准拖欠；凡确有困难者，可以允其延缓缴纳，但须规定推迟的期限，勿使违法者蒙混过去，否则，不仅补退罚款势将落空，而且政治上也对我们不利。

同　日　周恩来同资本家代表谈话。周恩来在全国工商联筹备委员会第二次常委会后，同若干资本家代表人物进行了谈话。这次谈话着重谈团结民族资产阶级、发展国民经济的问题。周恩来指出，现阶段我们的纲领是《共同纲领》，是要团结民族资产阶级，以促进国民经济的发展。在团结的要求上反“五毒”，反“五毒”也是为了团结。前途问题，过去我曾经讲过多次，毛主席的方针是稳步前进、3年恢复，10年、20年发展。发展新民主主义经济可能要10年、20年，不能把时间说得那么准，马克思主义不是刘伯温的“推背图”。当前中国经济是国营经济、合作社经济、农民和手工业者的个体经济、私人资本主义经济和国家资本主义经济5种成分共同发展。5种经济成分犹如人手的五指。当然，国营经济是领导经济，有国家强大力量的支持，发展的量会更大，质也会更高。私营工商业者从国家和人民利益来考虑，对于国营经济的发展，也应该是热烈欢迎的。中国民族资产阶级除极少数人跟随蒋介石外，许多代表人物站到了人民方面。在第三次国内革命战争期间，中国民族资产阶级一般地是参加革命或保持中立的。全国解放后，在3年来的合作中，是和我们共过患难的，特别是在维持生产、医治战争的创伤、改造旧的社会经济方面，尽过一定的力量，对国家建设也有一份贡献。所以，中国的民族资产阶级是有一定的历史贡献和发展前途的。在国家建设中，组织小资产阶级是一个复杂和困难的问题。毛主席曾说过，广大的农民和城市的手工业者是2个大海。全国的农业人口约达4.7亿人，要组织起来实行合作化，大约需要10年、20年。城市的手工业者也有很大数量，全国的工商户大约有400万户，如果连摊贩在内，可能有600多万户，其中有很大一批是手工业者，要把这些人组织起来，实现合作化，也需很长的时间。私人资本主义经济、国家资本主义经济和国营经济，今后都将得到发展。私营工商业，特别是工业，一定会随着国家建设的发展而发展。国家现在投资的重点是重工业，如燃料工业、机械工业。在轻工业方面，私营工商业还有广阔的发展园地。私营商业有一些困难，这是一时的现象。在城乡关系、内外关系、劳资关系方面，有些问题一时还没有调整好。但土地改革完成后，农民的购买力会有大幅度的提高。农业增产后，农产品如粮食、油料、工业原料、土产、畜产等，不仅可以供应国内市场的需要，还可以大量出口。农民需要大量的工业品，其中很大部分是生活资料，这不是国营商业和合作社商业可以包下来的。农民购买力的提高和对工业品需求的增加，势必会刺激市场的活跃。所以，今后私营工商业一定会得到发展，首先是工业，其次是商业。

10月28日　章汉夫副外交部长发表《再度严重抗议英国政府劫夺我国两航留港飞机的声明》。《声明》指出，英国政府对属于中华人民共和国所有的中国、中央2个航空公司留港的资财，绝对没有任何权力行使其管辖权，也绝没有丝毫权力加以侵犯、损坏和转移。《声明》要求英国政府立即停止其损害中华人民共和国主权的非法行为，并立即将它已劫夺和准备劫夺的我中国、中央2个航空公司的飞机及其资财全部交还给我中央人民政府委托的人员处置，否则，由于英国政府的公开劫夺的横暴行为所引起的一切后果，由英国政府完全承担。中国政府为了中国公众的利益，采取了相应的行动。1952年8月15日，上海市军事管制委员会下令征用英国在上海的英联船厂及马勒机器造船厂有限公司的全部财产。同年11月20日，上海、天津、武汉3市军事管制委员会征用英国的上海电车有限公司、上海自来水股份有限公司、上海煤气股份有限公司、隆茂股份有限公司、天津隆茂洋行、武汉隆茂打包公司等的全部财产。

本　月　中共中央批示同意中央劳动部党组《关于两年来劳动保护工作情况及对今后改进意见向中央的报告》。《报告》指出，根据1950年5月建立伤亡报告制度以来，到1951年底的不完全统计，全国职工伤亡人数竟达16.1838万人，计死亡5 550人，重伤1.3227万人，轻伤14.3061万人。其主要原因是：一、技术安全设备不好。二、许多厂矿企业的安全卫生规程和制度很不完善。三、在私营企业中，许多资本家重视机器不重视人。四、厂矿企业对工人安全教育不够。针对这些原因，《报告》提出以下的改进意见：一、切实改善技术安全和生产卫生的设备。二、各工业管理部门及各企业制订或改进有关安全卫生的规程和制度。三、制订或改进对工人经常进行安全卫生教育的制度。四、建立劳动保护监察员及劳动保护通讯员制度。

五、规定对厂矿企业安全卫生工作的定期检查制度。六、切实执行伤亡报告制度。七、各厂矿企业必须健全劳动保护机构。八、设立劳动保护技术研究所，逐步扩充为研究院。在各种工业专门学校及中等技术学校中均应讲授劳动保护的专门课程。

本　月　公安部召开全国公安会议。会议指出，全国还有20%左右的地区镇反还不彻底，还有20%左右的反革命骨干分子尚未受到应有的打击。根据这种情况，会议决定从1952年12月到1953年5月作为镇反斗争的第三阶段，以解决第二阶段遗留下来的任务。会议还决定，把打击反动会道门和水上活动的反革命分子作为重点。这次会议，有力地促进了镇反运动的进行。到1953年上半年，如期完成了第3阶段的镇反计划，全国镇压反革命斗争胜利结束。在1950年—1953年期间，全国共剿灭土匪200万人以上。对土匪、恶霸、特务分子、反动党团骨干分子、反动会道门头子5种反革命分子共杀71万人，关押129万人，管制123万人。

11月1日—12日　海关总署召开全国海关关务会议。会议总结了过去的工作，并规定了今后工作的方针任务和加强海关各项业务的具体办法。海关总署署长孔原在会上作了总结报告。《报告》指出，为迎接明年大规模的经济建设任务，适应日益扩大的对外贸易形势，今后必须建设健全有力的海关组织，改进业务制度和工作方法，克服旧海关传统和资产阶级思想的影响，以进一步发挥海关在对外贸易中的实际监督管理作用，使海关全部工作既有利于发展对外贸易，加速货运，促进公私贸易的组织性、计划性，又能防止非法走私破坏活动、盲目竞争与混乱现象。《报告》强调，反对走私是长期复杂的斗争，以经过“三反”、“五反”运动后再没有人敢走私了的想法是错误的。今后应该有系统地普遍地开展反走私斗争，重点打击专营走私的组织，严格查禁货运走私为海关查私工作的中心任务。

11月3日　中财委下达1953年工农业生产、交通运输及贸易控制数字。中财委指出，1952年全国工业总产值预计可完成控制数字的108%，钢超过25.2%，煤超过10.4%，棉纱超过4.4%；农业、粮食超过7.3%，棉花超过5.5%；铁路货物总吨数预计为控制数字的95.25%；国营商业经营商品总值预计150亿元，国营出口总值预计23.5亿卢布。中，财委提出1953年的控制数字为：工业总产值比1952年增加23%。其中，国营及公私合营增加28.9%，私营工业增加8.8%；生产资料产值比1952年增加29.3%，消费资料产值增加18.1%。公私比重由1952年的71:29上升为74:26；生产资料与消费资料的比重由44:56上升为46:54。主要产品产量：生铁218万吨，钢166.5万吨，发电量88.95亿度，煤6 822万吨，棉纱395万件，纸46.8万吨。农业总产值比1952年增加8.3%；其中，粮食1.68294亿吨，棉花150万吨。铁路货运量1.39亿吨。国营贸易国内收购商品总值增加17.5%，销售总值增加43.1%；零售额为28万亿元，增加12%。国营出口总值37.5万亿卢布，增加23.4%。中财委还指出，1952年基本建设总的控制数字为76.6万亿元，比1952年增加75%。重点是工业部门，共投资39.3万亿元，比1952年增加150%。交通运输投资15.8万亿元，占全部投资的20.7%。水利投资5.2万亿元。根据基建控制数字所列内容，1953年限额以上的建设单位有492个，其中300个是全部新建的。

11月6日　中央人民政府主席毛泽东接见苏联各代表团领导人。他们是：11月2日来访的苏联文化工作者代表团团长吉洪诺夫、苏联艺术工作团领导人楚拉基、苏军红旗歌舞团团长亚历山大罗夫、副团长罗蒙诺索夫，11月6日来访的苏联电影艺术工作者代表团团长费道罗夫。

11月8日　政务院发布《关于处理行政区划变更事项的规定》。《规定》对行政区划变更的审批程序、办法、时限等作了明确的规定。《规定》指出：大行政区、省（行署区）、专区、盟及其相当的行政单位的增设、裁并、更名、治所迁移、省界变更，以及区、乡（行政村）的全面重大调整，一律报由内务部核送政务院审核批准；各级市及县的变动，如内务部认为关系不大时，得自行审核批准报政务院备案；不涉及省界和省以下行政单位界线的变更，县治的迁移和局部的区乡调整，由省或其相当的行政单位人民政府审核批准。

11月9日　中财委党组发出《关于迅速准备基本建设的指示》。

《指示》说，基本建设工作在经济工作中已经占有头等重要的地位。3年来的经济建设，由于全党和全国人民的努力，获得了很大成绩。预计1952年工业生产总值将要超过抗战前最高年份。恢复阶段将宣告结束，新的大规模的建设即将开始。1953年开始的五年经济建设计划，其规模是空前的，计划虽然还没有最后确定，大体上经过五年，仅工业方面其生产总值将要超过1952年1倍以上。

11月12日　中共中央发出《关于农业税收问题的指示》。《指示》主要内容如下：一、1951年的农业税的征收工作是有成绩的。但个别地区不合理地超过原计划控制数字甚多，使农民负担较前加重，引起农民不满，则是值得注意的。产生这一现象的各种原因是：(甲）各级地方党委和政府，为了保证中央或上级所分配的控制数字能如数征起，有层层加派的现象，而有的乡（村）政府更于附加之外任意摊派；（乙）过去所规定超征部分拨80%归地方留成，亦刺激了地方上趋向于超额征收；（丙）为了适应抗美援朝战争的需要，中央去年曾临时决定在原定控制数字上追加一成；（丁）各地查田定产工作是做得好的，订定的田亩产量也是适合具体情况的，但个别地区评产有超过常年应产量而偏高者；（戊）1951年、1952年2年查出隐瞒黑地7 000万亩，如以每亩产细粮200斤计算，按15%的税率征收，即可超过20亿斤。此外，有些地区（如灾区或歉收地区）未能切实执行依法减免的规定，从而加重了受灾农民的负担，这种现象虽然不是普遍的，但在个别地区却是严重的。二、1952年农业税收，既应满足国家需要，又须使农民负担得适当和公平合理，因此，在执行“查田定产、依率计征、依法减免、决不附加”的基本方针时，应注意到以下各点：（甲）1952年农业税征收计划控制数字为320亿斤—330亿斤。各地应根据不同情况及实际负担能力，依照规定税率，协商分配任务。为照顾到可能有些地区由于临时的或某些特殊的原因未能完成而又不致影响中央要求的计划控制数字，各大行政区得酌量增加计划控制数字，但必须规定各乡增加部分最多不得超过中央计划控制数字总额分配到乡的5%。（乙）为了使农村各阶层负担公平合理，征收时必须依照税率办事，那种认为可以不要税率，只根据任务来摊派的观点是不对的。不过由于查田定产特别定产工作是一种十分复杂细致的工作，不可能在一二年内做到完全真实合理，因此，在征收时，应适当照顾到这些情况。（丙）依法减免的原则必须坚决贯彻。凡是应减免而未予实行的地方，必须自动地补行减免，不得推延，以团结群众，并鼓舞群众的生产情绪。（丁）为了确实稳定群众负担，不允许再有任意附加及摊派现象。但在目前整理乡村财政的过渡时期，如有关地方公益，出于群众自愿，又经过乡人民大会通过和县人民政府批准，得行摊派，唯必须限制在不超过中央正税的7%范围内。而地方公益的范围亦必须限于全乡水利灌溉、修桥补路、公共卫生设施以及小学教育补助或其他合理文化活动等重要事项。三、为了迎接国家大规模的经济建设，积累资金，拟于1953年，在农业增产的基础上，规定税率不变，贯彻依率计征，以求达到年征细粮370亿斤的控制数字。四、中央所确定的“查田定产、依率计征、依法减免、决不附加”的基本方针，必须坚决贯彻执行。今年农业税征收工作结束以后，中央将于1953年根据征收的结果及实际情况，考虑对于不同地区的负担任务作进一步的调查和调整，其中特别注意研究农业成本及因勤劳而增产的部分，力求克服某些地区之间畸轻畸重的现象。

同　日　中共中央发出《关于调整商业的指示》。《指示》指出：国内工商业自入秋以来，日见活跃，热门货供不应求，但在活跃的市场中，存在着各种不同情况：工业方面，公私主要产品与去年同期比较都有增加；商业方面，全国各地的营业总额亦有相应的增加，但公私经营的比重有了显著的变化，即公营商业与合作社商业的比重一般增加了，私营商业的比重一般下降了。从私营商业的营业金额来看，在一部分地区中保持或超过了去年同期的水平。但在若干地区中比之去年同期的营业金额则下降了或尚未达到同期水平。商业中公私比重的变化是不可避免的，但私营商业营业金额的过急下降或过早下降，则一定会增加失业人员，并影响城乡的交流和广大人民的生计。目前已在广大区域内形成了公私关系的紧张形势，失业人员已在大量增加，许多中小工商业者家庭商店及摊贩，已在埋怨我们。因此我们必须予以调整。现将调整商业的办法分述如下：（一）首先是价格问题，这最主要的是批零差价。为了使私商可以经营零售业务，日用品批零差价一般应扩大到10%~18%。对于地区差价与季节差价，亦应加以适当的调整。对于农业产物和农业副产物的收购价格，当然必须照顾到产地的成本与生产情况，但是同时又必须照顾到销地售价。中央商业部对于各种农业副产物，应规定适当的比价。（二）其次是划分公私间的经营范围。在国营经济已经占领了商业方面的主要阵地和合作社已经广泛地发展的条件之下，容许私人资本，经营零售业务和贩运业务。仍应维持现在政策，保留20%~30%的粮食及主要经济作物，给私商经营。在零售方面，公私商业的比重，就全国平均数来说，目前仍应按今年6月中央财政会议所规定的25%和75%的比例，如有增减，应报中央批准。（三）为了保障人民利益，畅通城乡交流，为了提高私商经营的积极性，除了合理调整价格与适当划分经营范围之外，还应取消各地对于私商的各种不适当的限制，禁止各地交易所的独占垄断行为。

11月14日　政务院召开第一百五十八次政务会议。周恩来总理作《关于改变大行政区人民政府机构与任务、调整省区建制和增设中央人民政府机构问题的报告》。周恩来指出，大行政区政府或军政委员会这种组织形式，在全国刚刚解放、各地区工作发展不平衡的情况下，是完全必要的。现在，为了顺利进行国家的经济建设，需要加强国家经济的计划性，加强中央的统一和集中领导。因此，大行政区机构要缩小，一律改为行政委员会。我国现在的政权机构，有7级之多，长期存在这么多的级，对工作是不利的。今后要逐步改变为“四实三虚”，四实即：中央、省、县乡；三虚即：大行政区、专区、区。乡确定为最基层的政权。中央人民政府拟增设高等教育部、扫除文盲工作委员会、体育运动委员会。另外在中央人民政府下面设国家计委。这次政务会议还批准华北行政委员会张苏副主任关于撤销平原省、察哈尔省建制及调整区划问题的报告。

11月15日　中央人民政府委员会举行第十九次会议，对大行政区体制和省、区建制问题作出决定。会议在听取了政务院总理周恩来所作的关于改变大行政区人民政府（军政委员会）机构与任务，调整省、区建制，增设中央人民政府机构等问题的报告后，通过了《中央人民政府关于改变大行政区人民政府（军政委员会）机构与任务的决定》，《关于调整省、区建制的决议》，《关于增设中央人民政府机构的决议》。《关于改变大行政区人民政府（军政委员会）机构与任务的决定》指出，为了适应1953年即将开始的全国大规模的有计划的经济建设与文化建设的新形势和新任务，中央人民政府对各项工作的领导应该更加集中与统一，同时，省、市级人民政府的组织也应加强，以加强省、市领导的责任，因而大行政区人民政府(军政委员会）的机构与任务应予以改变。一、大行政区人民政府或军政委员会一律改为行政委员会。大区行政委员会是代表中央人民政府在各该地区领导与监督地方政府的机关。二、原属于大行政区人民政府或军政委员会的政治法律、财政经济、文化教育、人民监察4个分委员会和办公厅的机构仍然保留，改为行政委员会的隶属机构。三、原大行政区人民政府（军政委员会）下设各部在行政委员会成立后，一律改为局（处），其中一部分局（处）并交中央各主管部门直接接管。四、大行政区最高人民法院分院和最高人民检察署分署的组织不变，它们和大区行政委员会及其所属政治法律委员会的关系与过去相同。大行政区人民政府（军政委员会）应即根据本决定结合具体情况制定实施办法。唯各大区行政委员会应设的和增设的局（处）及中央人民政府各部应接管的局（处），须由各大区人民政府（军政委员会）会同中央各部提出具体方案，连同编制人数报告政务院批准后，始得实行，这一改组工作最迟应在1952年年底完成。此件11月15日发出。《关于调整省、区建制的决议》决定：一、撤销平原省建制。现属平原省原为山东省旧辖的高唐、清平、博平、茌平、聊城、堂邑、冠县、莘县、朝城、阳谷、东阿、梁山、寿张、范县、观城、濮县、鄄城、郓城、南旺、嘉祥、钜野、菏泽、定陶、城武、金乡、鱼台、单县、复程、曹县等29县，全部划归山东省属；原为河南省旧辖的林县、安阳、邺县、内黄、汤阴、浚县、滑县、淇县、汲县、辉县、新乡、延津、封邱、原阳、获嘉、修武、武陟、博

1952年 东方破晓

爰、温县、沁阳、孟县、济源等22县，新乡、安阳2市及焦作工矿区，全部划回河南省；原河北省旧辖之南乐、清丰、濮阳、东明、长垣等5县，为治黄之便，亦划归河南属，不再划回河北省；现属河北省原为河南省旧辖的武安、涉县、临漳3县不动，仍属河北省，以利治漳。二、撤销察哈尔省建制。现属察哈尔省原为山西旧辖的朔县、平鲁、左云、右玉、怀仁、山阴、应县、大同、浑源、灵邱、广灵、阳高、天镇等13县及大同市划回山西省属；原为河北省旧辖的赤城、龙关、延庆、怀来、宣化、涿鹿、万全、怀安、阳原、蔚县等10县，张家口、宣化2市及察北的崇礼、张北、沽源、康保、尚义、商都等6县，均划归河北省属。三、成立江苏省人民政府。撤销苏北、苏南人民行政公署。现属山东省、安徽省原为江苏省旧辖的地区，均划回江苏省属。江苏省人民政府设于南京。四、河北与山东2省过去在毗连地区互划的省份，应归还原建制。此件11月20日发出。《关于增设中央人民政府机构的决议》。决定成立国家计委，体育运动委员会，高等教育部，扫除文盲工作委员会。会议通过了任命的各项名单。任命高岗为国家计委主席、邓子恢为副主席，陈云、彭德怀、邓小平等15人为委员；任命贺龙为体育运动委员会主任，蔡廷锴为副主任；任命楚图南为扫除文盲工作委员会主任委员，李昌、林汉达、祁建华为副主任委员；任命马叙伦为高等教育部长，张奚若为教育部部长。会议批准任命彭真为北京市市长，林铁为河北省人民政府主席，赵德尊为黑龙江省人民政府主席，赵寿山为陕西省人民政府主席，张仲良为青海省人民政府主席，谭震林为江苏省人民政府主席，谭启龙为浙江省人民政府主席，张鼎丞为福建省人民政府主席。免去马叙伦教育部部长职务，杨秀峰河北省政府主席职务，晁甫平原省政府主席职务，于毅夫黑龙江省政府主席职务，马明方陕西省政府主席职务，赵寿山青海省政府主席职务，惠浴宇苏北行政公署主任职务，谭震林浙江省政府主席职务。会议还听取了外交部副部长章汉夫所作的关于订立中蒙经济文化合作协定的报告，批准了《中华人民共和国、蒙古人民共和国经济及文化合作协定》。

11月17日—12月8日　地质部在北京召开全国地质工作计划会议。参加会议的有地质部直属勘探队，各大行政区地质局的负责人和计划、地质、财务、供应人员，以及中央人民政府各有关工业部门的代表。地质部部长李四光在会上作了关于制订计划的方针原则的报告。会议认为，地质工作必须迎头赶上国家大规模经济建设的需要，为国家工业建设服务。会议提出要根据钢铁工业、有色金属工业以及燃料工业等发展的需要，在一定时间内，探明一定储量。为此，会议制订了1953年地质勘探计划。这个计划规定钻探、地质、地形测量将超过1952年10倍，槽探、洞探将超过23倍。为保证计划的实现，除使现有人才发挥最大效率外，确定办好北京、长春2个地质学院，并由地质部和各大行政区地质局举办6所中等技术学校。在工作中用“边作、边教、边学”的办法，大量“带徒弟”，以适应目前工作的急需。政务院副总理陈云12月4日向到会讲话。

11月20日—12月4日　中华全国民主妇女联合会召开全国妇女工作会议。会议传达了中共中央和毛泽东的指示。政务院副总理邓小平到会作政治报告，中共中央统战部部长李维汉作了关于民族政策的报告。全国妇联秘书长章蕴作了《关于当前妇女工作问题的报告》。全国妇联副主席邓颖超传达了会前中共中央主席毛泽东召集全国妇联主要干部谈话时对妇女工作所作的指示，并作了关于全国妇联国际活动的报告。会议还传达了中共中央关于贯彻婚姻法的指示。会议总结了两年来妇女工作的经验，明确了今后妇女工作的任务：1.有计划地加强妇女群众的政治文化教育，清除存在于妇女群众以至妇女干部中的封建残余思想，特别是依赖、保守、轻视劳动等思想意识；2.妇女应与各阶层人民一道为进一步肃清封建残余思想习俗而斗争，扫除妇女参加生产和学习的障碍；3.大力开展妇婴卫生、儿童保育工作，以适应国家经济、文化建设的需要。

11月21日　政务院举行第一百五十九次政务会议。会议听取并批准了内蒙古自治区人民政府主席乌兰夫所作的《内蒙古自治区人民政府三年来的工作及今后建设计划的轮廓的报告》。报告说，内蒙古自治区3年来进行的工作主要是：全区普遍召开了各级各界人民代表会议，90%以上的嘎查（蒙古语，“村”的意思）政府已实行了民主选举；在自治区内的少数民族聚居区推行了区域自治。剿匪斗争取得胜利。农牧业生产得到恢复和发展，森林采伐超额完成任务，贸易合作事业也得到发展，人民生活改善。自治区财政情况由补贴转为上缴。整顿与发展了学校与社会教育，各地普遍建立了卫生院、所，性病、天花及各种传染病的防治成效显著。1950年至今培养训练了干部1.9718万人，其中蒙古族干部1/3强。

11月28日　政务院举行第一百六十次政务会议。会议通过了《中华人民共和国民兵组织暂行条例》。12月11日，中央人民革命军事委员会、政务院联合颁布上述《条例》。《条例》指出：民兵是不脱离生产的，人民群众的武装组织。凡年满18岁—40岁的男性农民，身无残疾或精神病者，均有参加民兵的权利和义务。民兵的主要任务是：保卫祖国，担负国家的兵役与战勤动员任务。从中央军委、各级军委到各县、区、乡，均设立人民武装领导机关。同时，在中央军委领导下，建立由中央到乡的各级人民武装委员会。12月12日，中共中央下达《关于实行普遍民兵制度，准备实行义务兵役制宣传教育工作的指示》。

同　日　外交部长周恩来发表声明，赞同苏联代表团向联合国第七届大会提出的关于朝鲜问题的建议。出席联合国第七届大会的苏联代表团11月10日提出关于朝鲜问题提案，11月24日又提出关于这个提案的补充建议，其主要内容是：交战双方立即完全停火，战俘全部遣返问题，交由苏联提案中所规定的11国组成的“和平解决朝鲜问题委员会”去解决。中国政府外交部声明说，美国政府对于战俘遣返问题的荒谬主张和虐待战俘的残暴行为，有意地把战俘遣返问题变成阻挠朝鲜停战实现的唯一障碍，使远东与世界和平受到严重的威胁。美国政府对于朝鲜停战不能实现所造成的这种严重的国际紧张局势，必须负全部责任。为了不使遣俘问题再成为朝鲜停战的障碍和借口，我们将表示完全赞同苏联代表团所提的先在朝鲜停战，然后解决战俘全部遣返问题的全盘建议。声明指出，由于朝中方面的极大耐心和坚定努力，朝鲜停战协定草案已经得到协议，所剩下的只是一个遣俘的问题。但由于美方故意坚持其扣留朝中战俘的主张，迄今不能得到合理解决。中国政府认为应当声明，在交战双方实现完全停火后，战俘全部遣返问题仍必须依照日内瓦公约的原则和国际处理战俘的惯例来解决。这是不可动摇的原则。任何关于解决朝鲜战俘问题的建议如果动摇了这些原则，那就都是不合理的和违反人道的，因而都是不能接受的。

本　月　中财委、中华全国总工会联合召开国营企业工资工作会议。会议确定要进一步调整工资，以适应即将到来的大规模经济建设的需要。会议作出如下决定：一、废除工资“分”，实行货币工资制。二、调整工资标准。急需发展的重要的企业可多加工资，一般企业少加；同等重要的企业，因所在地物价及生活水平差异，采取不同的工资标准。三、对企业工人建立与生产特点和复杂程度相适应的工资等级制度，对职员逐步减少职务工资制。四、1953年起，大力推行或改善计件工资制与计时奖励工资制。五、1953年起取消年终双薪，逐步取消考勤奖。六、调整工资时，实行以产业部门为主、照顾地区的原则，代替过去以地区为主的原则。会议还决定，1953年7月1日起，实行货币工资制。

12月1日—11日　第一次全国广播工作会议在北京举行。会议由政务院文教委员会广播事业局主持召开，确定了今后广播事业的发展方针和1953年广播工作的4项重要任务。出席这次会议的有全国71座人民广播电台台长、一部分工程师、编辑、记者和播音员，5个广播器材厂厂长和17个具有代表性的广播站、收音站的工作人员，共176人。政务院文教委员会副主任马叙伦到会致词。广播事业局局长梅益在会上作了《1953年广播工作的方针和任务》的报告。他说，今后广播事业的发展方针应是：重点建设、稳步前进。会议确定了1953年广播工作的4项重要任务，即集中力量进行中央台的基本建设，并训练一批基本建设干部；逐步撤销各大行政区广播台和合并一部分城市台，调整人力，精办节目，以提高中央台及省、市台的工作质量；巩固广播站和收音站；统一订定各广播器材厂的生产计划，并实行统一的技术指导。会议期间还举行了《人民广播展览会》，组织了各地广播台的业务座谈会。

12月4日　中共中央发出《关于建立各级人民武装委员会的决定》。《决定》指出：为了使人民武装担负起保卫地方秩序及兵役动员的任务，为了加强党对人民武装建设的领导，特决定在人民革命军事委员会下建立各级人民武装委员会，在中央组成中央人民武装委员会，各中央局、中央分局、省委、地委、县委、区委及地方支部，均须吸收有关部门的主要干部，组成各该级人民武装委员会，各大行政区以下的人民武装委员会主任由同级党委书记兼任。人民武装委员会的任务，主要是根据军委对人民武装工作建设的方针任务，结合当地情况拟定实施计划，并组织与推动各种力量，保证每一时期人民武装建设任务的完成。各级人民武装部是各级人民武装委员会的办事机构。

同　日　侨委党组经政务院李维汉秘书长上报《关于目前侨务基本情况及筹备全国侨务扩大会议的部署方案的报告》。《报告》说，土地改革中无地少地的广大侨眷分得了土地和果实，侨乡面貌焕然一新；侨汇工作基本上保证了1 000万左右侨眷的生活；归侨、难侨及回国升学的华侨学生也分别安置或就业。华侨对祖国的关怀和优待是满意的。但个别地方在土地改革中发生了不少偏差。主要是对华侨土地财产等问题的处理过“左”，这就形成了侨汇相对减少，甚至严重缩减的现象。各地侨务机构不健全，干部少而弱。建议明年1月由华南分局召开广东、福建地方侨务会议，解决侨汇、土改复查、组织侨眷生产、侨务机构的干部和编制4个问题。

12月5日　政务院举行一百六十一次政务会议。会议听取农业部副部长、中国农民代表团团长张林池所作的《参观苏联农业建设的报告》。报告说，中国农民代表团4月—8月去苏联参观，所见到的苏联国营农场和集体农庄，都是大规模集体经营的高度机械化了的，以先进科学技术所武装起来的全世界最大型、最先进的社会主义农业。苏联全国共有集体农庄9.7万个，每个集体农庄有农户几百户到千余户。集体农庄的庄员不是以农户为单位而是以人为单位，凡是年满16岁的劳动者都可以加入农庄。生产队是集体农庄的基本生产组织。由于实行集体化、机械化与运用科学技术，苏联农作物的产量不断增加，农民的生活、福利很好。

12月7日　中共中央发出《关于制定五年计划应重视少数民族地区建设的指示》。《指示》内容如下：中央人民政府有关部门应注意将有关民族地区的建设部分列入自己计划之内。在制订计划时，各部门应与中央民族事务委员会协商进行。（一）全国少数民族地区的建设和民族事务的基本任务是：全力推行民族区域自治及民族民主联合政府的政策，在现有的基础上发展少数民族的经济、文化，逐渐改善少数民族人民的生活，大量而普遍地培养和训练少数民族的干部，并进行加强和巩固民族团结，提高爱国主义觉悟的有关工作。（二）凡未实行区域自治的少数民族聚居区，除有特殊情况者外，争取在1957年底以前，将民族自治区逐步建立起来。其中相当于专区及专区以下的民族自治区一般的应在1955年底以前建立。地方民族民主联合政府的建立也应在1955年内完成。（三）发展少数民族的经济，应以农业、牧业、贸易、交通为重点，某些民族根据其不同的社会经济条件，以发展渔业、打猎、林业、手工业及各种副业为重点。在一切少数民族地区，均应以等价交换甚至在一定期间内实行补贴的办法大力推进贸易工作，并逐渐发展合作社。除修筑铁道的地区外，应在少数民族地区逐步建立公路干线，修补重要道路和桥梁，并可有重点地在若干地区逐步建立邮政、电报、电话。除国家选定建设的重要工矿企业外，在少数民族的中心区或某些人口集中地区，应建立某些为人民生活所必需与发展人民生产有密切联系的不同规模的工业。（四）发展少数民族的文化应着重在：逐步建立中心区和人口集中地区的医院、卫生院、医务所和农村草地的医疗队、防疫站、驱梅站及其卫生医疗工作，各种学校教育，成人补习教育和扫盲工作，电影和幻灯教育，少数民族语文的出版、广播工作，文艺及体育活动。（五）少数民族干部的培养在5年内应着重普通政治干部和知识分子的训练，并培养迫切需要的专业和技术干部。应办好民族学院，并继续开办各种干部学校和短期训练班。（六）少数民族地区的建设计划在目前情况下，是不易做到完全切合实际的，但应尽可能做到这点，以便能切实地在少数民族地区作几项建设工作。因此，在制订计划时，既要照顾到少数民族的要求与愿望，又必须充分估计各民族当前发展阶段的特点和各种不同的情况，并根据可能实现的条件，不要提空洞的难以实现的计划。宁肯超额完成计划，不要把没有把握的事订入计划。在做计划时还要留出一定的伸缩性，以便在执行过程中修改和增补。

12月8日—13日　第二届全国卫生会议在北京举行。政务院总理周恩来到会作重要指示，毛泽东、朱德为大会题词。卫生部副部长、军委总后勤部卫生部部长贺诚在会上作了《为继续开展爱国卫生运动而斗争》的报告。会议总结了一年来爱国卫生运动的成绩和经验，并根据政务院的决定，提出了1953年继续开展爱国卫生运动的方针和任务。会议确认了第一届全国卫生会议提出的“面向工农兵”、“预防为主”和“团结中西医”三项卫生工作原则，并根据周恩来的指示，增加了“卫生工作与群众运动相结合”这一原则。会议还评选了全国卫生模范，筹备了全国爱国卫生运动展览会。中央人民政府主席毛泽东为大会题词：“动员起来、讲究卫生，减少疾病，提高健康水平，粉碎敌人的细菌战争。”中央人民政府副主席朱德的题词是：“团结全国卫生工作者，依靠广大群众，贯彻预防为主的方针，为保护国防、经济、文化建设而努力。”12月31日，政务院发布《关于1953年继续开展爱国卫生运动的指示》。1953年1月4日，《人民日报》发表题为《卫生工作必须与群众运动相结合》的社论，向全国公布了这次会议情况和会议主要精神。周恩来在会议上讲话说，我们的爱国卫生运动是因为抗美援朝，特别是通过反细菌战才开展起来的。二年前，我们在卫生工作上提出面向工农兵，预防为主，团结中西医三大方针，现在我想再提出一项，就是卫生工作与群众运动相结合。群众运动会促进中西医的团结，帮助中西医进步。只有把近代医学方法跟中国医学历史上的丰富经验相结合，跟今天中国广大的卫生运动密切结合起来，中国的医学水平才能提高。

12月12日　政务院举行第一百六十二次政务会议。中国人民第二届赴朝慰问团总团长刘景范在会上报告该团代表中国人民慰问在朝鲜的中国人民志愿军、朝鲜人民军和朝鲜人民的工作。今年9月组成的慰问团，前往朝鲜前线进行了1个多月慰问。慰问团由全国各民主党派、各人民团体、各民族、人民解放军及军烈属、劳动模范、妇女、青年、学生、文教界、工商界、宗教界和海外华侨的代表，文艺工作者等共1 097人组成，带着全国人民对志愿军和朝鲜人民军热情关怀的心情和6 000余吨战士生活需要并且有纪念意义的慰问品，到达朝鲜前线，采取慰问大会、座谈会和访问等形式，共开大小会3 100次，比较普遍深入地慰问了志愿军和朝鲜人民军及一部分朝鲜人民。慰问团的工作，鼓舞了士气，提高了志愿军的荣誉感，增进了中朝人民以血肉凝成的战斗友谊。

12月14日　外交部长周恩来复电联合国大会主席皮尔逊。复电反对联合国大会根据印度提案通过的关于《朝鲜：联合国朝鲜统一复兴委员会报告》的议程的决议案。《复电》驳斥和揭露了美方所谓“自愿遣返原则”、“不强迫遣返原则”，实质上是强迫扣留战俘的原则。指出：联大在没有中华人民共和国和朝鲜民主主义人民共和国代表参加的情况下，通过了一个支持美国政府违反国际公约、强迫扣留战俘的立场以利其继续和扩大朝鲜现行战争的决议案，这一行动显然是非法的、无效的，中国人民表示坚决反对。中国政府认为这样一个非法决议案是根本不可能“作为一个协议的公正与合理的基础”的。复电指出：为不使遣俘问题成为实现朝鲜停战的障碍和藉口，中国政府要求联合国大会取消这个非法决议案，责成美国政府立即恢复板门店谈判，并根据朝鲜停战协定草案首先实行全面停战然后再将战俘全部遣返问题交由美国、英国、法国、苏联、中华人民共和国、印度、缅甸、瑞士、捷克斯洛伐克、朝鲜民主主义人民共和国和南朝鲜所组成的“和平解决朝鲜问题委员会”去解决。15日、16日，中国各民主党派及人民团体负责人分别发表谈话，拥护周恩来致联大主席皮尔逊的复电。16日，中国人民政协全国委员会和中国各民主党派发表反对联合国大会关于朝鲜问题非法决议的联合声明，一致拥护周恩来致联大主席皮尔逊的复电。

12月15日—23日　全国统计工作会议在北京举行。会议由国家统计局主持召开，讨论和确定建立科学的统计制度的原则和方法。参加会议的有中央各委、部、署、行36个单位的统计处（局、科）负责人及各大行政区、28个省、18个大城市统计局（处）负责人等共120人。国家统计局局长薛暮桥致开幕词。他强调指出，必须采用苏联的先进经验，由国家统计局集中统一领导全国调查统计工作，建立并健全各级统计机构和建立一套完整的、科学的统计核算制度。会议经过讨论确定了《1953年全国统计工作纲要》，并拟定了《各级统计机构组织通则》。中央人民政府副主席朱德22日到会作重要指示。他指出，统计工作是计划的基础。建立和健全统计工作已成为重要任务，任何对统计工作不加重视都是错误的。各级党政负责同志，各企业领导同志，必须重视统计工作，认识到这是有关国家建设的重要任务。会议最后由薛暮桥作总结报告，并邀请苏联专家作了专题报告。在这次会议的基础上，政务院于1953年1月8日发布《关于充实统计机构加强统计工作的决定》。

12月19日　中共中央批转安子文《关于目前整党和建党工作的报告》。中央认为安子文12月5日《关于目前整党和建党工作的报告》中所提各项意见都是正确的。要求各级党委据此指导正在进行的整党和建党工作，务使少犯错误。《报告》指出，从11月开始，各地就将正式展开农村整党运动。从目前已有情况看，要取得这一工作完全胜利，各地党的领导机关除必须作很大的努力外，对以下几个问题，必须妥善地加以解决。一、关于农村整党结合“三反”的问题。安子文认为一般以不提“三反”，而把“三反”内容贯注于整党之中作为整党内容的一部分为好。不首先改变上面的官僚主义的作风，把强迫命令的责任完全放在乡村干部身上，是不能很好地解决这个问题的。另一方面改变强迫命令作风，对群众对干部都是一件长期的教育工作，企图在短时间内用强制的办法来肃清，也是不可能的。所以，在农村中不能单独进行“三反”，也不必提“三反”的口号，而在整党中结合“三反”内容，进行教育，加以检查，就可以附带解决了“三反”问题。经验证明，只有这样作才是妥当的。二、关于教育党员明确农村发展方向，反对当富农、反对雇工剥削的问题。由于党内对农村发展方向的教育不够，一部分党员只顾个人发财致富的富农思想，已严重地腐蚀着农村党的组织，阻碍着互助合作政策进一步地贯彻与实现，这确实是一个严重的问题。但在反对党员的富农思想与剥削行为时，必须有一个明确的界限，有些地方只笼统地提出“反剥削”的口号，而没有进行具体分析，结果把不是剥削的也算成了剥削，把因缺少劳动力不得不雇工耕种土地或出租土地的，一律按剥削看待，有的甚至提出了“土地不准买卖”、“无偿交公”的错误口号。还有些地方笼统地错误地提出“党员不准经商，经商是剥削”的口号。这样就势必影响到农民的副业生产与小本的运销贩卖，因而对城乡物资交流起了破坏作用。产生这种过“左”的做法的基本原因是某些党的领导机关和领导干部对党的政策缺乏全面的与具体的了解，以急躁的情绪和幼稚的想法代替党的政策。如果在这次农村整党中可能发生偏向的话，这将是一个最主要的问题，所以必须十分注意加以防止。三、农村整党的组织处理问题。从典型试验的结果看，开除出党人数一般占党员总数的10%左右；受其他党纪处分的一般占5%左右；总计受党纪处分者约占党员总数的15%~20%。根据目前农村党的组织状况，控制这样的数字，是恰当的。但有些地方在组织处理中也发生了一些偏向，如：对于一些虽不完全具备党员条件但还可以改造与提高的学员，硬要令其退党，尤其是对于妇女党员的实际困难缺乏应有的照顾与热情的帮助。又如在处理党员犯错误的问题时，过分追算历史上的旧账，把久已改正了的错误搬出来作为处分的根据，因而不适当地扩大了处分范围。还有的地方把党内处分与行政处分、法律处分不加区分，在整党中错误地使用刑事处分。上述这些偏向都必须加以纠正，特别是党内处分与国家法律必须严格加以区别，在整党中绝不得使用刑事处分，须受刑事处分者，应在整党后由法院依法处理。四、关于加强整党领导和发展新党员问题。安子文提出，整党运动正常进行的基本保证是，各级党委有效地坚强领导和整党工作队严格地遵守政策和纪律。根据现有情况，必须尖锐地反对某些负责整党工作的干部的单纯任务观点，防止为了“赶任务”而采取急躁与粗暴的做法。这一时期内发展新党员的一条主要经验是：发展一定数量的新党员并不困难，但要按照接收新党员的手续接收确实具备党员条件的新党员，则不是一件容易的事情。急于求成的单纯任务观点，是目前建党工作中的主要危险。各级党委，一定要根据自己的工作条件与力量来进行建党工作，原来计划如不够切合实际，可修订原计划，但绝不为追求数字而乱发展。各地在发展了一批新党员之后，可暂时“停一停”，这样做有几个好处：（一）总结经验，教育干部；（二）根据经验，进一步进行发展党的准备工作；（三）训练新党员，使新党员能够有不断提高的机会。

同　日　政务院举行第一百六十三次政务会议。会议听取了水利部部长傅作义所作的1952年防汛工作总结报告和1952年防旱抗旱运动中的农田水利工作报告，通过了《关于发动群众继续开展防旱抗旱运动并大力推行水土保持工作的指示》。《指示》指出，一、旱灾对我国的威胁是极其严重的。防旱、抗旱运动仍须继续开展并应大力推广水土保持工作，以逐步从根本上保证农业生产的迅速发展。二、1953年的防旱、抗旱工作，除继续贯彻执行1952年所规定的各项措施外，更应做好下列工作：首先必须广泛地开展蓄水运动，尽量积蓄雨水和地面上的水流，以增加农田灌溉的面积。南方的塘堰工程仍须大力修整，加强管理养护工作；还应推广小型蓄水库工程，以增加蓄水的容量。同时，全国各地应进一步做到经济合理用水，珍惜水量，发挥水利设施的灌溉效能，并防止因灌水过量使地下水升高，而促成土壤碱化。各地应大力整顿灌溉组织，充实管理机构，加强管理，广泛推广浅浇、沟灌、畦灌等先进灌溉方法。三、水土保持工作是一种长期的改造自然的工作。必须与农林、水利和畜牧各项开发计划密切配合。1953年除去已经开始进行水土保持的地区，仍应继续进行外，应以黄河的支流，无定河、延水及泾、渭、洛诸河流域为全国的重点，其他地区也要选择重点试办，以创造经验，逐步推广。此《指示》由周恩来总理签署，于1952年12月27日发布。同日《人民日报》为此发表社论《防旱抗旱，保持水土》。

12月21日　外交部长周恩来致电联合国大会主席皮尔逊，严重抗议美国在蜂岩岛大批屠杀朝中方面战俘的罪行。电文指出：1952年12月14日，联合国大会在美国操纵下根据印度提案刚刚通过了关于朝鲜问题的非法决议案之后，美国军队又在蜂岩岛战俘营中制造了打死朝中方面战俘人员87人，打伤120人的大屠杀案；被屠杀的战俘人数之多，达到了美方长期以来历次被迫承认的屠杀战俘数字的最高峰。这个事件，又一次充分证明了美国所谓“自愿遣返”或“不强迫遣返”原则的实际内容，就是用惨无人道的集体屠杀来胁迫战俘表示“不愿遣返”，以便达到其强迫扣留战俘的目的。全中国人民对于美国军队的暴行表示极端愤慨，中国政府对这种彻底摧毁人道原则、根本破坏《日内瓦公约》的罪恶行为，提出严重抗议，并要求联合国大会立即采取有效措施，制止这种野蛮暴行，严惩对这次及过去历次血腥屠杀事件负有全部责任的美国官员。电文重申12月14日致联大主席皮尔逊复电的原则，即取消上述非法决议，立即恢复板门店停战谈判，并根据已达成协议的朝鲜停战协定草案，实行全面停战，然后再把战俘全部遣返问题交由苏联代表团所建议的“和平解决朝鲜问题委员会”去解决，以使战俘屠杀事件立即终止，朝鲜停战立即实现。

12月22日　中共中央发出《关于编制1953年计划及五年建设计划纲要的指示》。《指示》主要内容如下：中央各经济、文教部门的党组及各中央局、省（市）委以及大行政区行政委员会和各省（市）政府的党组应即根据中财委所发1953年的控制数字和五年计划轮廓草案，由首长负责，组织足够力量，编制1953年的计划和五年计划纲要。为做好这一工作，特就编制计划中若干应注意的问题作如下指示：（一）我们国家大规模建设是在抗美援朝环境下进行的，因此必须按照中央的“边打、边稳、边建”的方针来从事国家的建设。抗美援朝和国家建设必须并顾，这是我们制订计划的出发点。必须由此出发来考虑国家工业建设的投资、速度、重点、分布和比例。（二）工业化的速度首先决定于重工业的发展，因此我们必须以发展重工业为大规模建设的重点。一切次要的可以推迟的建设必须推迟，一切对国家不起重要作用的工程投资必须削减，盲目铺摊子的现象必须克服，只顾小局、不顾大局的思想必须批判。各部门和各地方在自己的计划中，应根据国家建设方针和统一的计划，充分发挥积极性和主动性，以加速国家的建设。（三）在编制生产计划时，必须充分发挥现有企业的潜在力量，反对保守主义。必须重新审定各种产品的技术经济定额，并以平均的先进技术经济定额作为制订计划的标准；应充分估计企业中各种有利的因素和群众的无穷的创造力，不能只强调困难和不利的因素，只根据薄弱环节来确定企业的生产能力，不仅应在产品数量（包括产品品种）方面有先进的指标，而且应在产品的质量、成本和劳动生产率等方面，也应有具体的先进的指标。与保守思想和官僚主义作斗争，是编制正确的生产计划的必要前提。（四）必须以科学的态度从事计划工作，使我们的计划正确地反映客观经济发展的法则。具体了解情况，作周密的调查统计，以便熟知国民经济的状况，工业的现有设备，原料的分布及其发展前途，天然资源及其合理利用的可能性，国家建设和人民需要的状况，人力和资金的可能性以及各种经济、各种工业之间正确的发展比例等等，正是我们正确制订计划的基础。目前特别要对1952年生产的实际数字、企业的利润、成本、劳动生产率的实际状况及由此而来的预计数字，进行统计分析，以便从此得出各种恰当的生产技术财务指标，并在这一基础上编制1953年的计划和五年建设计划纲要。（五）各部门和各地方在制定计划时吸收群众特别是各部门中先进人物参加讨论计划的编制，是必须采取的方法。各厂矿企业部门在1953年的计划编制之后，应交由职工讨论，以便根据职工的意见修正计划，把计划变成广大职工自觉的奋斗目标。（六）各经济、文教部门必须首长负责，亲自动手，真正掌握国家的建设方针，依靠群众力量，采取科学的工作态度，克服某些干部的错误思想。中央各经济、文教部门，各大行政区应争取按原规定于1月10日前首先编制好1953年的计划送达国家计委和中央。

12月24日　中国人民政治协商会议全国委员会常务委员会举行扩大的第四十三次会议，讨论关于筹备并召开各级人民代表大会问

题。会议就中国共产党提议由中国人民政治协商会议向中央人民政府委员会提出定期召开全国人民代表大会和地方各级人民代表大会的建议交换了意见。会议由政协全国委员会副主席李济深主持。副主席周恩来代表中共中央说明中国共产党的提议。他说，建国初期根据共同纲领的规定以政协全国委员会执行全国人民代表大会的职权，以地方各界人民代表会议逐步代行人民代表大会的职权，这种过渡时期已经过去了。我国经济恢复时期已经结束，即将进入大规模的有计划的经济建设的新时期。为着适应这一新时期的国家任务，就必须根据共同纲领的规定，定期召开全国人民代表大会和地方各级人民代表大会，以求进一步巩固人民民主政权，以便充分发挥人民群众参加国家建设事业的积极性。今天，在召集全国人民代表大会和地方各级人民代表大会的条件已经具备的时候，我们就应该依照共同纲领第12条、第13条、第14条的规定，及时召开由人民用普选方法产生的全国人民代表大会和地方各级人民代表大会，改变现在由中国人民政治协商会议的全体会议执行全国人民代表大会职权的办法和地方各界人民代表会议代行地方各级人民代表大会职权的办法。为此，中国共产党提议由中国人民政治协商会议向中央人民政府委员会建议，根据《中央人民政府组织法》第7条第10款所规定的职权，于1953年召开全国人民代表大会和地方各级人民代表大会，并开始进行起草选举法和宪法草案等准备工作。各民主党派、人民团体的负责人在会上相继发言，对于中共的提议表示一致的赞同和热烈的拥护。在京政协委员、中央人民政府委员、政务委员及中央各部负责人、最高人民法院和最高人民检察署负责人列席了会议。

12月26日　政务院举行第一百六十四次政务会议。会议听取和批准了财政部副部长吴波所作的《关于税制的若干修正问题的报告》，并批准了《商品流通税试行办法》。会议还在听取了对外贸易部部长雷任民所作的关于签订中锡贸易协定的说明后，批准了《中华人民共和国中央人民政府、锡兰政府贸易协定》和《中华人民共和国中央人民政府、锡兰政府关于橡胶和大米的5年贸易协定》。12月31日，政务院公布《商品流通税试行办法》，附有《商品流通税税目、税率表》、《修正货物税税目、税率表》和《合并征税后营业税分级税率对照表》。财政部发布《商品流通税试行办法实施细则》。

同　日　文化部发出《关于整顿和加强全国剧团工作的指示》。《指示》指出：为进一步发展人民戏剧事业，使符合于当前人民的需要，必须对全国剧团加以整顿和加强。首先要加强国营剧团。今后国营话剧团、歌剧团，应改变其以往文工团综合性宣传队的性质，成为专业化的剧团。并逐步建设剧场艺术。国营戏曲剧团，应根据毛主席“百花齐放、推陈出新”的方针，除继续保持剧场演出外，并应注意演出新剧目和改进表演艺术，在戏曲改革中起示范作用。要建立正常的剧目上演制度，采取企业经营的方针，逐步能达到自给。其次要加强对私营剧团的领导和管理。凡私营的职业范围，应向当地县以上人民政府文化主管部门登记，报请省（市）人民政府文化主管部门核准。《指示》强调，各地剧团应一律由文化主管部门统一领导。各级文化主管部门应加强对剧团上演剧目和演出活动的管理。

12月30日　中共中央批转交通部《关于全国民船工作会议的总结报告》。报告指出，全国内河共有干支河流562条，长9万公里，可通行木帆船近8万公里。内河运输大多数为民船。全国民船约40万只，载重453万吨，船民约400余万人。民船运输在今后较长时期内，还占有相当重要地位，当前民船工作主要是加强组织管理，提高周转率，面向支流小河发展，经营短途运输。为组织与发挥这支水上运输力量，必须进行民主改革，对民主改革中的政策性的具体问题，拟作如下规定：（一）对船民（包括船主）坚决保护。（二）打击对象，以坚决反革命分子及封建把头、走私贩毒主犯等为限。（三）船民中过去所有盗窃偷税的，只要坦白认错，均不予追究。（四）对残存的“黄牛”船行和荐头行，采取有准备有步骤地取缔的方针。（五）对帮会会众要耐心教育，对其反动首领要依犯罪事实分别予以应有打击。（六）民主改革应着重政治斗争，不要造成经济清算运动。（七）严格区分和调处民船经营中的雇佣关系、劳资关系。（八）船民可划分为船工、劳动船民（即独立劳动者）和船主3种。

12月31日　中苏关于苏联政府将中国长春铁路移交中华人民共和国最后议定书的签署仪式在哈尔滨举行。并发表中苏两国政府《关于苏联政府将中国长春铁路移交给中华人民共和国的公告》。中长铁路的中苏共管于今日18时0分结束。中国中央人民政府铁道部于18时0分将“中国长春铁路管理局”更名为“哈尔滨铁路管理局”，由铁道部直接领导。中长铁路原是沙俄1897年—1903年所建，从哈尔滨西至满洲里，东至绥芬河，南至大连，全路通车线路有3 000多公里，称为“中东铁路”。1905年日俄战争后，长春以南至大连段被日本占据，改称“南满铁路”。抗日战争胜利后，又将“中东铁路”和“南满铁路”合并称为“中国长春铁路”。移交后，分别改称滨洲、滨绥、哈大等铁路。参加移交最后议定书签署仪式的有中国政务院总理兼外交部长周恩来，铁道部部长滕代远，外交部副部长伍修权，东北人民政府副主席高崇民；苏联驻中国大使亚·塞·潘友新。周恩来、潘友新、滕代远分别在仪式上发表讲话。中国中央人民政府主席毛泽东致电苏联部长会议主席斯大林，代表中国人民和政府衷心感谢苏联政府在1952年底将共同管理中国长春铁路的一切权利以及属于该路的全部财产无偿地移交中华人民共和国政府。

盲目性；必须在增加生产的基础上，增加财政收入，反对生产中的保守主义；必须加强财政监督，厉行节约，反对浪费；必须反对只发指示、命令而不检查工作执行情况的官僚主义。会议最后通过了《1953年国家财政收支预算》。毛泽东指出，这个预算报告准备发表，让全国人民都知道。过去我们有些东西不发表不对，不仅人民不知道，干部也不知道。现在我们走上轨道了。要发表，以便动员人民为完满地实现1953年的国家预算和国家建设计划而奋斗。

2月13日　中共中央向各中央局、分局发出《关于建立计划机构的通知》。《通知》指出：一、为适应国家有计划的大规模建设的需要，中央人民政府已成立国家计委，中央一级各国民经济部门和文教部门，必须迅速加强计划工作，并建立起基层企业和基层工作部门的计划机构。各大区行政委员会和各省、市人民政府的财政经济委员会应担负计划任务，其有关计划业务，应受国家计委指导。二、各省、市的财经委员会，应按照国家计委与各省、市党委及人民政府指示，综合编制全省、市的地方国营企业、地方公私合营企业、私营企业、农业、林业、水利、手工业以及属于地方经营的其他经济的长期计划和年度计划，文化事业的长期和年度计划，并负责编制必要的地区性物资和劳动平衡计划。各省、市财经委员会还要经常检查计划执行情况，发现和研究国民经济中的各种问题，总结先进经验，积极推动国营经济与合作经济的发展壮大，保证各社会经济成分逐步按比例发展。

2月15日　中共中央通过《关于农业生产互助合作的决议》。该决议（草案）是在1951年9月9日中共中央召开的第一次互助合作会议上通过的，同年12月15日发给各级党委试行，至今中共中央通过成为正式决议，并作了部分的修改；同时中共中央向中央各部委、中央人民政府各党组、各中央局、分局及各省市委发出《关于印行农业生产互助合作正式决议的通知》。3月，毛泽东和中共中央又对这个决议作了修改，并于3月26日在《人民日报》发表。决议指出，根据运动发展的一般规律和发展农村生产力的必要性，党在目前对于互助合作运动的方针，包括三个方面：一、在新区和互助运动薄弱地区，应有领导地大量地发展互助合作运动的第一种形式，即临时性的季节性的简单的劳动互助。二、在有初步互助运动基础的地区，必须有领导地逐步地推广第2种形式，即比简单的劳动互助有更多内容的常年互助组。三、在群众有比较丰富的互助经验，而又有比较坚强的领导骨干的地区，应有领导地、重点地发展第3种形式，即土地入股的农业生产合作社。决议强调，要根据生产发展的需要与可能的条件稳步前进。因此，必须批判2种错误倾向：一种倾向是采取消极的态度对待互助合作运动，否认现在业已出现的各种农业生产合作社是走向农业社会主义化的过渡形式，否认它们带有社会主义的因素，这种右的倾向，必然表现为落在生活后面的尾巴主义；一种倾向是采取急躁的态度，不顾农民自愿和经济准备的各种必要的条件，过早地企图否定和限制农民的私有财产，实行绝对平均主义，或者企图很快地举办更高级的社会主义化的集体农庄，以为一蹴而就在农村中完全达到社会主义，这种“左”的倾向，必然表现为超越生活条件的可能性的冒险主义。决议认为，在农业的互助合作运动中，强迫命令和放任自流都是错误的。主要危险是前一种，因此必须坚持自愿和互利的原则。决议还就生产、副业、分配、管理、基层民主、技术、政治文化教育等方面问题提出具体要求。决议发表后，全国各地开始普遍试办初级农业生产合作社。

2月15日—26日　毛泽东外出视察工作时在京沪沿线收集意见。这些意见包括：关于劳保条例，谭震林反映：有几条行不通，此种重大法令希望先征求地方意见。关于流通税，谭震林同志认为行不通，天津市委认为行得通。关于营业税，天津同志反映，认为中财部最近的一个补充指示是行不通的，他们压着未行，正请示中。关于今年预算收入，管文蔚认为1953年国民收入600多万亿元中要收233万亿元的税和利润，恐怕是不可能的。在说明今年经济情况会比去年好些，因此预算可能完成之后，谭震林说：国营可能超过些，私营可能减少些，二者相抵可能完成。今年预算不外三种可能：一、可能超过；二；可能完成；三、可能完不成。我们应当争取完成甚至超过；但对工商各税，应依据有多少本钱，做多少生意，赚多少

第一卷

东方破晓

(1949 年—1956 年)

(下)

1953年

1953年综述

2月15日，中共中央把曾以草案形式发给各级党委试行的《关于农业生产互助合作的决议》作了个别修改，通过为正式决议。全国各地开始普遍试办半社会主义性质的初级农业生产合作社。3月8日，中共中央发出《对各大区缩减农业增产和互助合作发展的五年计划数字的指示》，要求各地纠正互助合作运动中急躁冒进的偏向。3月16日，中共中央发布《关于春耕生产给各级党委的指示》，指出在农业合作化运动中要保护个体农民利益；领导农业生产要从小农经济现状出发；生产关系的改变一定要适应生产力发展的状况，否则，生产会受损失；在合作化运动开始后的相当长一个时期内，个体经济在发展农业生产上仍然占主要地位，在发展社会主义集体经济时，要保护个体生产者的利益，不要挫伤他们的生产积极性。4月3日，中共中央将上述及有关文件汇编成《当前农村工作指南》，发到全国，毛泽东号召从事农村工作的人员“来一次认真的学习”，将思想水平提高一步，以保证党在农村工作中的不断胜利。4月3日，中共中央农村工作部召开第一次全国农村工作会议。农村工作部部长邓子恢在会上批评了当时互助合作运动中发生的急躁冒进的偏向，阐述了“稳步前进”的方针。10月15日、11月4日，毛泽东两次同中央农村工作部负责人谈话。他说，各级农村工作部都要把互助合作看做极为重要的事。对于农村阵地，社会主义不去占领，资本主义就必然会去占领。办合作社要有控制数字，摊派下去。摊派而不强迫，不是命令主义。不能搞大的，就搞中的、小的；能搞大的，就要搞大的甚至可以三四百户一社。“纠正急躁冒进”是一股风，吹倒了一些不应当吹倒的农业生产合作社。到明年秋收前，合作社要发展到3.2万多个，1957年可以发展到75万个甚至100多万个，要积极领导，稳步发展。12月26日，中共中央作出《关于发展农业生产合作社的决议》。这时，全国初级农业生产合作社已有1.4万多个。在《决议》的指引下，农业生产合作社从试办时期开始进入发展时期。

6月15日，毛泽东在中共中央政治局扩大会议上第一次对党在过渡时期的总路线和总任务的内容作了比较完整的表述：“党在过渡时期的总路线和总任务，是要在10年—15年或者更多一些时间内，基本上完成国家工业化和对农业、手工业、资本主义工商业的社会主义改造。这条总路线是照耀我们各项工作的灯塔。不要脱离这条总路线，脱离了就要发生‘左’倾或右倾的错误。”会后，中央宣传部着手起草关于总路线的宣传提纲。毛泽东在修改这个提纲时，把党在过渡时期的总路线作了进一步完整准确的表述。12月，中共中央批转了宣传提纲。

6月13日—8月12日，中共中央召开全国财经会议，着重讨论了贯彻执行过渡时期总路线问题。我国第一个五年建设计划草案，经过多次修改，提交这次会议讨论。会议期间，高岗利用党批评财经工作中的缺点错误的机会，进行分裂党的活动，攻击刘少奇和周恩来等党和国家领导人。

从5月中旬—6月中旬，中国人民志愿军配合停战谈判，先后发起2次进攻作战，歼敌4万余人。6月中旬，停战谈判各项协议均已达成。但李承晚集团不接受协议，企图阻挠停战的实现。为了打击李承晚集团，实现停战，中国人民志愿军在朝鲜人民军的协同配合下，从7月13日起发动了金城战役，歼敌5万余人，收复土地178平方公里，有力地促进了停战的实现。7月27日，朝鲜停战协定在板门店正式签字。至此，历时3年多的朝鲜战争宣告结束。

10月16日，中共中央通过《关于实行粮食的计划收购与计划供应的决定》。11月15日，又作出《关于在全国实行计划收购油料作物的决议》，后国家对棉花和棉布也实行了计划收购和供应。

12月31日，周恩来在同印度政府代表团谈话时，提出了国家之间和平共处的五项原则。这五项原则写入1954年4月双方达成的《关于中国西藏地方和印度之间的通商和交通协定》的序言中。

是年，我国第一次编制和执行全国统一的国民经济计划。工业生产发展较快。工业总产值450万亿元，完成计划的118%，比上年增长30.3%。主要工业品产量大都超额完成计划，并比上年有较大幅度的增长。钢177万吨，煤7 000万吨，发电量92亿度，棉纱410.6万件，分别完成计划的109%、114%、101%、103%，比上年分别增长31%、6%、26%、13.5%。铁路货运量16 131万吨，超过计划15%。农业因春旱秋涝，总产值510亿元，接近计划指标。但粮食3 337亿斤，只完成计划的95%，比上年增长1.8%，棉花2 350万担，只完成计划的84.5%，比上年下降9.9%。全年财政收入经过努力达到2 229 000亿元，财政支出2 201 000亿元，收支平衡尚有28 000亿元结余。

1月1日 《人民日报》发表题为《迎接1953年的伟大任务》的社论。社论向全国人民提出了3项伟大的任务：第一，继续加强抗美援朝的斗争，争取更大的胜利；第二，开始执行国家建设的第一个五年计划，完成和超额完成1953年度建设计划；第三，召集全国人民代表大会，通过宪法，通过国家建设计划。社论指出，1953年将是我国进入大规模建设的第一年。过去2年中，我国经济恢复工作的完成和财经状况的根本好转，以及社会主义性质的国家经济在工业上和商业上已经确定地取得领导地位，为国家的大规模建设准备了良好的条件。社论进一步指出，国家建设包括经济建设、国防建设和文化建设，而以经济建设为基础。经济建设的总任务就是要使中国由落后的农业国逐步变为强大的工业国，而要达到这个目的就必须首先着重发展冶金、燃料、电力、机械制造、化学等项重工业。工业化是我国人民百年来梦寐以求的理想，是我国人民不再受帝国主义欺侮不再过穷困生活的基本保证，因此，这是全国人民的最高利益。

同　日　中财委发布《关于税制若干修正及实行日期的通告》和《商品流通税试行办法》。修正税制开始在全国实行。主要内容是：一、试行商品流通税；二、修订货物税、工商业税、印花税、屠宰税、交易税、城市房地产税；三、取消棉纱统销税，并入商品流通税；四、特种消费行为税改称文化娱乐税。原列电影、戏剧及娱乐部分，征收税率不变；宴席、冷食、旅店、舞厅部分，均并入营业税，分别规定税率。《商品流通税试行办法》规定所列商品，不论本国产制或外国输入，均应缴纳商品流通税。已纳商品流通税的商品行销全国，不再缴纳其他各税，也不得征收附加。但出入国境时的关税、国营企业以外的企业所得税，仍应纳税；已税商品加工成另一商品，应另行纳税；应税商品的废料、下脚及副产品，应照其他各税的规定征税。商品流通税的减税、免税，须经财政部批准，地方不得以任何方式实行减税或免税。商品流通税实行从价或从量计征。其中从价计征的商品的税率为5%~66%不等。6月，在中共中央召开的全国财经工作会议上，毛泽东批评该修正税制打击了国营经济和合作社经济，为资本主义经济发展提供了有利条件。

1月2日　政务院举行第一百六十五次政务会议。会议在听取了劳动部部长李立三所作的说明后，通过《关于中华人民共和国劳动保险条例若干修正的决定》及修正后的《中华人民共和国劳动保险条例》。《决定》指出，1951年2月26日政务院颁布的《中华人民共和国劳动保险条例》实行以来，对于减轻职工生活中的困难、鼓舞职工的劳动热情，起了积极作用。但该条例是在国家财政经济还没有全面恢复的情况下制定的，有些待遇规定的较低，在实施范围上也只采取重点试行办法。为适应国家财政经济状况已根本好转，大规模经济建设工作即将展开的情况，修正公布的劳动保险条例适当扩大了实施范围，如扩大到工矿交通业的基本建设单位及国营建筑公司；并酌量提高了待遇标准。例如废止了职工因病或非工负伤停止工作，医疗期间以6个月为限的规定；重申原条例关于贵重药品由本人负担的原则，但规定困难的可申请补助；放宽了养老条件，养老的本企业工龄由10年下降为5年；提高了退职养老补助费，退职养老金由工资的35%~60%增为50%~70%。此外，对生育、丧葬、因工残废等项的补助费和非因工残废的救济费均有所增加。劳动部1月26日公布了《中华人民共和国劳动保险条例实施细则修正草案》。《人民日报》为此于1月10日发表题为《为贯彻劳动保险条例而努力》的社论，指出到1952年11月底止，全国实行劳动保险条例的企业共3 861个单位，享受劳动保险待遇的职工共320.2147万人，连同职工家属在内约有1 000万人以上。

同　日　曾山、姚依林就商业问题致信毛泽东及中央有关领导同志。中财委副主任兼商业部长曾山、副部长姚依林在信中提出，目前全国商业工作中最突出的问题是不易出售或一时出售不了的商品积压过多，占住了一大批资金，不但阻碍腾出资金转入工业建设，同时影响中央商业部本身的资金周转。造成这种情况的客观原因:一是某些生产事业的盲目开展，二是国营贸易为维持私营工业而负担了一些政治性的收购任务。主观上的缺点，主要是情况不清（没有把各种商品的产销情况、居民需要情况及其发展规律摸清），经营管理不善（大部分公营商店与公司还是供给制的而不是经济核算的）。

必须克服这2个主要毛病，摸清情况，改善管理，才有可能腾出资金，降低费用，挤出一大批钱来转到工业建设。在1953年我们也要把主要力量放在做好这两件工作上。为此，国营商业必须从1953年起，转一个较大的弯子。在销售上要尽可能多卖钱，但又要注意不致把私商挤垮；在收购上，大力克服过去工作中的盲目性，停止收购滞销产品。1月4日，毛泽东在这封信作出批示：这个问题牵涉很广，牵涉到一切商品的生产和消费，须要做出一个正确的决定，然后动员全党协力执行决定，才能使我们的商业工作克服目前极大的盲目性和被动状态，而走上正轨。

1月8日　政务院发出《关于我国出国的代表团及个人在苏联参观和访问的规定》。《规定》说，3年来，我国为吸取和学习苏联先进经验，曾派出若干专门性代表团赴苏联进行参观和访问。但由于缺乏统一掌握和严格制度，因而发生许多重复、混乱甚至失礼的现象。为克服上述缺点，今后出国任务必须明确，一切出国代表团及个人，除完成本身的专门任务外，非经对方邀请，不得随意要求作专门性的参观访问。今后赴苏联参观和访问必须订出计划报请政务院批准。参观和访问回国后，必须在适当范围内进行传达。

1月9日　政务院举行第一百六十六次政务会议。一、原则通过《中华人民共和国授予八一奖章条例》及《中华人民共和国授予荣誉奖章条例》。提请中央人民政府委员会批准。军委总干部管理部副部长赖传珠作了说明。他说，为了统一中国人民解放军的奖励办法、标准和制度，拟定了“八一”、“荣誉”2个奖章条例。“八一”奖章是授予中国人民解放军和公安部队之干部、战士在战斗中与工作中有重大功绩者；“荣誉”奖章除授予部队干部、战士在战斗与工作中创有显著功绩者外，还可授予在配合我军作战中创有显著功绩的我国公民。二、通过《政务院解放前银钱业未清偿存款付给办法》及《解放前银钱业存款登订办法》。《给付办法》规定，凡存款金额在“法币”200元以下者，一律给付现金。200元以上1 000元以下者，除200元给付现金外，超过部分，给付中国人民银行6个月期定期定额储蓄存单，作为储蓄存款，照章付息。存款1 000元以上者，除

1 000元以内部分，按第二项办理外，其超过部分给付中国人民银行一年期定期定额储蓄存单，作为储蓄存单照章付息。《登记办法》规定，凡解放前在全国范围内银行钱庄所存各种存款，一律进行登记。这2个文件于2月20日发出。会议还通过了《关于海关与对外贸易管理机关实行合并的决定》，决定将海关总署划归对外贸易部领导，改称中央人民政府对外贸易部海关总署；对外贸易部的对外贸易管理总局应即与海关总署合并，各口岸对外贸易管理局及其分支机构应即与当地海关实行合并，统称海关。文件还规定了海关的任务等。这次会议还决定成立中央贯彻婚姻法运动委员会。主任为沈钧儒，副主任为刘景范、何香凝、彭泽民、邓颖超、史良、肖华。

同　日　中财委向中共中央反映国营企业工资工作会议情况。国营企业工资工作会议是年前由中财委和全国总工会召开的，会议认为，3年来，国营企业的工资水平及工资制度，已经获得相当改善，多数企业建立了较合理的工资等级制度。目前，工人实际工资所得平均为56万元，一般达到甚至超过抗战前的水平。但其增长的比例是，工人增加得多，技术管理人员增加得少，工人中又是普通工人增加得多，高级技工增加得少。因此，有进一步调整的必要。具体办法是：1. 废除工资分，改行货币工资。2. 进一步合理调整标准工资。3. 确立合理的工资等级制度。4. 大力推行和改善计件工资制度与计时奖励工资制度。5. 建立合理的生产奖励制度，取消不合理的年终双薪和奖金制度。

1月10日—19日　人民解放军第一次全军国防工程会议在北京召开。1952年10月27日，军委主席毛泽东签署了关于设防的决定，要求在我国的战略要点和重要的作战方向有计划、有步骤地建筑永久性国防工事。为此中央军委军事建筑部召开了这次会议。参加会议的有东北、华北、华东、山东、中南、海南军区、第二十六军及志愿军工兵指挥部等单位的领导共73人，军委、总参谋部的有关部门也派人参加了会议。会议研究了对全国设防修建永备工事等问题，并作了部署分工，确定国防工程建设按照先重点、后次要，先前沿、后纵深，先修典型示范工事，找出经验，后推广全面的原则组织实施，并注意培养干部，组织训练部队。

1月13日　中央人民政府委员会举行第二十次会议。会议的议题是筹备并召开全国人民代表大会及地方各级人民代表大会问题。政务院总理周恩来在会上就此问题作了详尽的说明。周恩来在说明中指出，及时地召开人民政协共同纲领所规定的全国人民代表大会及地方各级人民代表大会，不仅有必要，而且也有了充分的条件。兹特提请中央人民政府委员会依照中华人民共和国中央人民政府组织法的规定通过决议，在1953年召开由人民用普选方法产生的乡、县、省（市）各级人民代表大会，并在此基础上召开全国人民代表大会，以制定宪法，批准国家五年建设计划纲要和选举新的中央人民政府。在讨论会议议题时，中央人民政府副主席李济深，委员章伯钧、黄炎培、张治中、傅作义、陈叔通、马叙伦、彭泽民、乌兰夫、陈嘉庚、李章达、何香凝等相继发言，一致赞同周恩来所提出的关于召开全国人民代表大会及地方各级人民代表大会的提议，一致认为这一提议是及时的和实事求是的。中央人民政府主席毛泽东对讨论作了简短的结论。毛泽东指出，召开全国人民代表大会及地方各级人民代表大会的条件已经成熟。召开人民代表大会，可以更加发扬人民民主；人民代表大会制的政府，仍将是全国各民族、各民主阶级、各民主党派和各人民团体统一战线的政府，它是对全国人民都有利的。会议一致通过了《关于召开全国人民代表大会及地方各级人民代表大会的决议》。决议指出，为了进行起草宪法和选举法的工作，决定成立以毛泽东为主席，朱德、宋庆龄、李济深、李维汉、何香凝、沈钧儒、沈雁冰、周恩来、林伯渠、林枫、胡乔木、高岗、乌兰夫、马寅初、马叙伦、陈云、陈叔通、陈嘉庚、陈伯达、张澜、郭沫若、习仲勋、黄炎培、彭德怀、程潜、董必武、刘少奇、邓小平、邓子恢、赛福鼎、薄一波、饶漱石等32人为委员的中华人民共和国宪法起草委员会，成立以周恩来为主席，安子文、李维汉、李烛尘、李章达、吴玉章、高崇民、陈毅、张治中、张奚若、章伯钧、章乃器、许德珩、彭真、彭泽民、廖承志、刘格平、刘澜涛、刘宁一、邓小平、蔡廷锴、蔡畅、谢觉哉、罗瑞卿等23人为委员的中华人民共和国选举法起草委员会。

1月13日—24日　政务院文教委员会在北京召开各大行政区教育委员会主任会议。会议提出1953年文教工作的方针是：整顿巩固，重点发展，保证质量，稳步前进。同时制定了1953年文教工作计划。会议指出，教育是文教工作的重点，而教育工作的重点是高等教育。主要的任务是培养人才，特别是培养高、中级技术人才，这是必须全力以赴保证完成的。普遍教育是高等教育的基础，因此要整顿巩固中、小学，特别要大力整顿小学，把它办好。会议提出，应当在与国家建设密切结合的基础上加强科学研究工作，既要注重解决实际问题，又要重视系统的基本的科学理论研究，会议对文艺、出版、扫盲、体育各项工作提出了具体要求和方针，并确定了1953年各项事业发展的指标。会议指出：必须研究解决高等学校教学改革中的问题，大力整顿中等技术学校，并吸收大量工人进入学校。扫盲工作1952年秋后有点冒进。扫盲是一个长期而复杂的任务，不是三五年而是需要十几年或更长时间才能完成的。要继续纠正扫盲冒进的做法，贯彻"积极准备，重点执行"的方针。在文教工作者中，要继续开展思想改造运动。会议强调要加强计划性，消除盲目性和地方主义，反对官僚主义，彻底转变领导作风。

1月14日　中央人民政府委员会举行第二十一次会议。会议内容为：一、讨论政务院提请批准的《中华人民共和国授予八一奖章条例（草案）》和《中华人民共和国授予荣誉奖章条例（草案）》。会议认为，我们的军事工作人员流动性很大，有的已经转业，奖励的标准、条件、时限不好定。会议决议，由政务院及军委总干部管理部邀请李济深、张治中、刘斐等研究修改后，再提出讨论。二、批准政务院关于海关与对外贸易管理机关实行合并的决定。三、通过和批准了各项任命名单。任命：孔原为对外贸易部海关总署署长，丁贵堂、胡仁奎为副署长；刘澜涛为华北行政委员会主席，刘秀峰、张苏、李烛尘为副主席；高岗为东北行政委员会主席，林枫、高崇民、张明远、李卓然、汪金祥、顾卓新为副主席；彭德怀为西北行政委员会主席，习仲勋、张治中、马明方、杨明轩、赛福鼎、马鸿宾、黄正清为副主席；饶漱石为华东行政委员会主席，曾山、粟裕、马寅初、谭震林、张鼎丞、柳亚子、陈嘉庚、盛丕华为副主席；林彪为中南行政委员会主席，邓子恢、叶剑英、张云逸、程潜、张难先、李先念、李雪峰、陈铭枢为副主席；刘伯承为西南行政委员会主席，贺龙、邓小平、熊克武、龙云、刘文辉、王维舟、宋任穷、卢汉、邓锡侯为副主席。会议批准了某些省份的人民政府主席和副主席的任命名单和某些省份的人民政府副主席与委员的补充名单。此次各项任命是为适应1952年11月15日中央人民政府委员会第19次会议通过的《中央人民政府关于改变大行政区人民政府（军政委员会）机构与任务的决定》、《关于调整省、区建制的决议》和《关于增设中央人民政府机构的决议》等3个文件作出的，1954年4月27日，中共中央政治局扩大会议决定撤销大区一级党政机构。1954年6月19日，中央人民政府作出了撤销大区一级行政机构的决定。

1月21日　外交部长周恩来发表抗议美国政府派遣飞机侵入我东北领空进行战略侦察的声明。周恩来就1月12日美国政府派遣特务飞机1架侵入我国东北领空进行战略侦察（当即被我空军击落）的罪行，向美国政府提出了强烈抗议，声明指出，美机侵入我国东北领空，显然是美帝国主义企图进一步对我国进行罪恶的战略侦察，以便扩大侵略战争的严重挑衅行为，最近2个月来，美国空军曾先后于1952年11月28日、12月8日和12月13日侵入我国东北领空，施行轰炸，致我国居民死伤多人。这次美国侵略者派特务飞机到我国东北上空进行罪恶的战略侦察，妄图在我国内部组织破坏活动，以便利它的扩大侵略的军事行动。可以断言，美国政府这一系列扩大战争的疯狂阴谋，在中国人民的愤怒和反对之下，一定要遭到可耻的失败，中华人民共和国中央人民政府认为，美国政府所采取的各种扩大朝鲜战争的准备步骤，业已形成了对于远东和世界和平的严重威胁。中华人民共和国中央人民政府对于美国政府这次派遣特务飞机侵犯我国领空、进行战略侦察的严重挑衅行为提出强硬抗议，并警告美国政府：美国空军这种一连串的横暴侵略行动，是中国人民所绝对不能容忍的，美国政府对于这种侵略行动的一切后果必须负起绝对的责任。

1月26日 劳动部向中共中央报送《关于1952年工作总结及1953年工作要点的报告》。《报告》说，劳动部1952年上半年主要是进行了“三反”、“五反”运动，批判了在劳资关系问题上的迁就过分、斗争不足的偏向；揭发了资产阶级对劳动部门的猖狂进攻，使所有工作人员受到了一次深刻的阶级教育。下半年进行了调整劳资关系、调配劳动力等方面的工作。1953年的主要工作是：做好建筑工人的统一调配，制定切实可行的基本建设工程的安全卫生办法，同时要研究在建筑工人中订立集体合同和劳动合同的经验。注意研究培养技术工人，作好有计划的合理调配技术工人的准备工作。加强劳动保护和劳动保险工作，提高劳动生产率。调整好劳资关系以及妥善处理失业人员。2月18日，中共中央批转此《报告》。

1月30日 中国人民政治协商会议第一届全国委员会常委会举行第四十五次会议。会议通过《中国人民政治协商会议全国委员会常务委员会关于会务的报告（草稿）》、《政协第一届全国委员会常务委员增选名单（草案）》、《中国人民政治协商会议第一届全国委员会第四次会议日程（草案）》、《中国人民政治协商会议第一届全国委员会第四次会议议事规则》、《中国人民政治协商会议第一届全国委员会第四次会议提案审查委员会名单》、《中国人民政治协商会议第一届全国委员会第四次会议分组讨论的小组召集人名单》。

2月1日 政务院发出《关于贯彻婚姻法的指示》。《指示》说，自从中华人民共和国婚姻法公布以来，各地执行婚姻法已有不少成绩，但发展是不平衡的。至今还有大部分地区，由于领导机关和干部对婚姻法缺乏正确全面的了解，因而不能严肃地、正确地宣传婚姻法与处理婚姻纠纷，甚至有些干部对执行婚姻法采取抗拒态度，支持旧的恶习，干涉婚姻自由。以致在这些地方包办买卖婚姻还很流行，妇女继续受压迫、受虐待，甚至因婚姻不自由而自杀或被杀的现象不断发生。因此，必须在全国范围内（少数民族地区和尚未完成土地改革的地区除外），开展一个大规模的宣传婚姻法和检查婚姻法执行情况的群众运动，根本摧毁包办强迫、男尊女卑的封建主义婚姻制度；树立男女权利平等、婚姻自由的新民主主义婚姻制度。在贯彻婚姻法运动中，需要进行长期的、细致的、耐心的工作，而不能采取粗暴急躁的态度与阶级斗争的方法。但是，对于极少数虐待、杀害妇女以及干涉婚姻自由而造成严重恶果致民愤很大的严重犯罪分子，则须按法律予以应得的惩处。

2月2日　毛泽东对《内部参考》载《河北省农村基层干部违法乱纪情况严重》一稿作出批示。批示说，1月31日《内部参考》载《河北省农村基层干部违法乱纪情况严重》一稿，很有用处，请将此稿发给各中央局、分局、省委和市委的同志们阅看，作为参考。并请令知各省市新华分社仿照河北分社的办法，从各省市方面采访此类消息，刊入《内部参考》。河北省委负责同志林铁、薛迅等集中地揭露了该省基层组织中发生的许多违法乱纪事件，证明中央1月5日关于反对官僚主义、命令主义和违法乱纪的指示已经引起他们的注意；但大多数省市还无这样的反映，故请你们注意在各省市采访这同一主题的消息，并将其中最典型的消息通报各中央局、分局、省委和市委，以引起他们的注意。

2月4日—7日　中国人民政治协商会议第一届全国委员会第四次会议在北京举行。会上，政协全国委员会副主席周恩来作了政治报告，政协全国委员会副主席陈叔通作了关于常务委员会会务的报告，政协全国委员会副主席、中国人民保卫世界和平委员会主席、出席世界人民和平大会的中国代表团副团长郭沫若作了关于世界人民和平大会经过和成就的报告。周恩来在政治报告中指出，在毛主席的领导下，中国人民经过3年多的努力和斗争，在各条战线上都赢得了辉煌的胜利，使整个社会的各方面都发生了深刻的根本的变化。报告说，除台湾外，中国已实现了空前未有的统一；全国约有4.5亿农业人口的地区完成了土地改革；官僚资本企业已被彻底改造成为社会主义性质的国营企业；在工业和批发商业方面，国营经济已处于优势和领导地位；全国银行已由国家统一管理；私营工商业和个体经济在国家领导扶助下已开始进行改造；全国的工农业生产不仅已经全部恢复，而且一般已超过历史上的最高水平；交通运输有较快发展；国内贸易日趋活跃；国家财政收支已经平衡，全国物价已告稳定；人民的物质生活、文化生活和卫生条件，都有了显著的提高和改进。报告接着说，以上这些成就，说明工人阶级在经济上、政治上和思想上的领导地位已经加强，经济已经恢复，人民民主专政已获得巩固的基础。这就为进行长期的、有计划的、大规模的国家建设创造了有利的条件。报告提出，当前最迫切最重大的任务是：第一，继续加强抗美援朝斗争，巩固和壮大国防力量；第二，开始进行国家建设的第一个五年计划；第三，动员全国人民积极准备和参加全国人民代表大会及地方各级人民代表大会的选举，实现进一步的民主化。报告强调，1953年我国计划建设的规模是宏大的，动员工人阶级和全国人民，集中力量，克服困难，为完成和超额完成1953年度的建设计划而奋斗，是贯穿全年的压倒一切的中心任务。报告最后说，在全国人民代表大会召开之后，作为人民民主统一战线的组织形式的中国人民政协，仍应继续存在；人民民主统一战线，必须继续发展和巩固。为了适应新的形势，共同纲领和政协组织法，都应准备作适当必要的修改。会上，政协副主席李济深，政协委员黄炎培、章伯钧、马叙伦、史良、钱三强、陈嘉庚、赛福鼎、吴耀宗、马寅初、梁希，西藏致敬团团长柳霞·土登塔巴相继发言，就3个报告谈了体会，发表了意见和建议。会议最后一天，人事部部长、中共中央组织部副部长安子文作了《我们必须在全国范围内和各级机关中开展反对官僚主义、反对命令主义和反对违法乱纪的斗争》的发言。会议一致通过《关于政治报告的决议》、《关于常务委员会会务报告的决议》、《关于支持世界人民和平大会各项要求的决议》，并在听取提案审查委员会召集人章乃器委员所作的关于提案审查的报告后，一致通过《关于提案审查报告的决议》。会议增选了第一届全国委员会常务委员23人，通过了政协主席毛泽东致志愿军电。政协主席毛泽东在闭幕前作指示，号召全国人民加强抗美援朝的斗争，学习苏联的先进经验和先进的科学技术；反对官僚主义。毛泽东着重指出，基层组织和基层干部中存在着的命令主义和违法乱纪现象，是与领导机关和领导干部的官僚主义分不开的，中央和地方各级领导干部要经常深入基层，检查工作，密切联系人民群众。必须克服官僚主义，才能适应大规模的国家建设。出席本次会议的政协全国委员会委员148人，列席会议的有中央人民政府委员、政务院政务委员、人民革命军事委员会委员及各部门负责人和西藏致敬团成员等51人。

2月11日　中央人民政府委员会举行第二十二次会议。中华人民共和国选举法起草委员会委员邓小平在会上作了《关于〈中华人民共和国全国人民代表大会及地方各级人民代表大会选举法〉（草案）的说明》的报告。报告说，选举法草案中贯穿着一个总的精神，就是根据我国当前的具体情况，规定一个真正民主的选举制度。报告指出，遵循毛泽东《新民主主义论》提出的实行无男女、信仰、财产、教育等差别的基本原则规定的我们国家的选举制度，真正体现了选举权的普遍性和平等性。我们的选举还不是完全直接的；投票的方法，也还不是完全无记名的。在县以上实行间接选举，采用无记名投票方法，而在基层政权单位实行直接选举，一般采用举手表决的方法。全国人民代表大会名额，约为1 200人左右。会议一致通过《中华人民共和国全国人民代表大会及地方各级人民代表大会选举法》。该选举法于3月1日公布施行。会议还决定成立中央选举委员会，并通过以刘少奇为主席，朱德、宋庆龄、李济深、李维汉等28人为委员的该委员会成员名单。

2月12日　中央人民政府委员会举行第23次会议。会议听取财政部部长薄一波作的关于1953年国家预算的报告。薄一波在报告中总结了1952年国家预算的执行情况：总收入189.3万亿元，超过原预算19.15%；总支出163.2万亿元，超过原预算2.75%；收入大于支出，可盈余30万亿元。1953年国家预算总收入和总支出均为233.4991万亿元，收支平衡，收入各项比重为：税收49.12%，国营企业收入29.97%，信贷保险收入4.4%，其他收入和上年结余16.51%。在支出项下，国民经济建设支出和社会文教建设支出共占总支出59.24%。1953年是我国开始执行第一个五年建设计划的第一年，为了保证1953年预算的平衡并争取盈余，必须加强国家建设工作的计划性，反对

钱，征多少税的原则去做，而不应该做杀鸡取卵的事。“不偏肥偏瘦，要多级多等”不只是一句话，而是要照着做。

2月15日—1977年4月16日　越南军事学员来华学习。根据越南民主共和国（1976年6月改名为越南社会主义共和国）的要求，中国先后接受越南军事学员5 248人来华学习。上述学员分别在北京、天津、河北沧县、徐州、南京、上海、浙江、江山、济南、青岛、烟台、大连、沈阳、长春、吉林敦化、哈尔滨、锦州、郑州、武汉、长沙、广州、海南岛海口、开封、西安、重庆、陕西户县、山西临汾、宣化、大同、张家口等地60多所军事院校及一些部队、军工厂，学习海军、空军、炮兵、装甲兵、工程兵、通信兵、防化兵、测绘、军工、军医等各种军事专业技术。在军事院校学习的越南军事学员，在学制、课程内容和要求等方面与中国学员基本相同。

2月19日　政务院发出《关于1952年寒假高等学校和中等学校毕业生参加工作后待遇规定的通知》。《通知》说，研究院（所、部）毕业之研究生及5年制以上之医学院毕业者（不包括结业生）的待遇为210分，4年制大学毕业者为190分，专科学校毕业者为180分，中等技术学校、师范学校（相当于高中）毕业者为170分，初级技术学校（相当于初中）毕业者为150分。以上毕业生之待遇系临时性质，以后应随所在机关工作人员统一调整工资而调整。

2月19日—26日　政务院人民监察委员会召开第二次全国监察工作会议。出席这次会议的有中央、各大行政区、内蒙古自治区、各省、（市）监察委员会负责人，中央人民政府各部门监察室负责人等135人；列席32人。政务院人民监察委员会主任谭平山致开幕词；副主任刘景范作了1951年—1952年监察工作总结及今后工作任务的报告。会议一致通过了这个报告。报告指出，自1951年4月第一次全国监察工作会议以来，对土地改革、镇压反革命等运动和健全财经制度、工矿企业管理、基本建设、安全卫生、防旱防汛、民主建政等项工作，进行了408次巡视和检查。同时检查和处理了事故案件2.8426万件。报告接着指出，截至1952年10月底止，已在6大行政区、1个民族自治区、45个省、市、盟和170个专区、1 160个县建立了人民监察机关，并有248个省、市以上的业务部门建立了监察机构。报告提出，1953年监察机关的任务是：以监督国家政策法令、建设计划的正确执行，特别是经济建设计划的执行为中心，继续与官僚主义、命令主义和违法乱纪现象作斗争，严肃国家法纪，提高工作人员责任心，以保证国家当前三大任务特别是经济建设计划的胜利完成。会议还审议了《中华人民共和国国家机关及其工作人员奖惩暂行条例（草案）》和《各级人民政府人民监察机关设置人民监察通讯员通则（草案）》。中央人民政府副主席朱德与政务院副总理邓小平到会讲了话。朱德在讲话中号召全国各级监察机关和监察工作人员，继续与官僚主义、命令主义、违法乱纪的现象作坚决的斗争，依靠群众，克服困难，完成监察工作的伟大任务。邓小平在讲话中强调，必须加强各机关部门和工作人员的纪律性，人民监察机关必须在监察政府机关和公务人员是否履行其职责，以及巩固国家纪律方面，尽到自己的责任。《人民日报》于3月11日对会议精神进行报道，发表了题为《发挥人民监察工作的威力扫除国家建设道路上的障碍》的社论。社论要求人民监察机关对于各级财政经济部门中违背国家建设计划、违背经济核算制度；违背保安制度、违背财政制度以及违背政策法令的无政府、无纪律现象，对于国家工作人员中的贪污浪费现象和泄露国家机密的现象，要及时地予以揭发处理，严肃国家法纪，扫除国家建设道路上的障碍。

2月20日　政务院举行第一百六十八次政务会议。会议听取和批准了出版总署署长胡愈之所作的《关于出版总署召开第二届全国出版行政会议经过的报告》。《报告》说，这次会议，以贯彻进一步实现出版工作的计划化的思想方针，以讨论1953年出版建设计划草案为中心。3年来出版工作获得很大成绩，但也存在着很多缺点，主要是：工作中带有不少盲目性，对人力物力缺乏有效的组织。今后必须实行进一步计划化，适当地控制出版的数量，提高质量，讲求出版发行的政治效果。周恩来在会议的讲话中指出，这次会议把问题揭露出来了，粗制滥造，追求数量，强迫摊派，结果是增加了人民的负担，违背了国家的政策，出版总署在规定任务时，应当考虑到人民的需要和国家的可能。

2月23日—3月5日　扫除文盲工作委员会在北京召开第一次全国扫除文盲工作会议。参加会议的有各大行政区的代表51人。扫除文盲工作委员会主任楚图南、副主任林汉达作报告，政务院文教委员会副主任马叙伦讲话。会议总结了1952年全国推行“速成识字法”、开展扫盲运动以来的经验和教训。4月9日，《人民日报》发表题为《扫除文盲工作必须整顿》的社论。

2月28日　毛泽东提出在反官僚主义斗争中研究加强思想领导和政治领导。毛泽东指出，中央人民政府和军委各部门必须尽速召开会议，发动批评和自我批评，深刻揭发领导方面的官僚主义，并规定改正的具体办法。中央认为在很多部门中极端缺乏思想领导和政治领导的状况是完全不能容忍的，这是官僚主义存在和发展的主要原因，因此必须在反对官僚主义的斗争中研究和加强思想领导和政治领导的办法。这段话是毛泽东在中央转发劳动部1953年2月22日关于检查官僚主义的报告的批语上加写的。

3月1日　中央人民政府主席毛泽东发布中央人民政府命令。命令公布《中华人民共和国全国人民代表大会及地方各级人民代表大会选举法》。《选举法》于同年2月11日中央人民政府委员会第二十二次会议通过。该选举法共分10章66条，对全国人民代表大会和各级人民代表大会及代表的产生办法，选举权和被选举权的确定、代表名额、选举机构、少数民族选举办法、选民登记、候选人提出、选举程序和对破坏选举的制裁等方面作了详尽规定。这是新中国第1部选举法。《人民日报》于3月4日为该选举法的公布发表《拥护选举法，开展普选运动》为题的社论。

3月3日　东北0170发电站完工开始送电。该电站每年可给国家创造5.84万亿元的财富。自动化程度，是当时全国所有发电厂中最新式的，所用的煤、水、风、油都可以随着发电机负荷的增减自动调整。这个工程于1952年7月13日开始施工，原计划1953年5月1日开始送电，提前2个月全部完成投产。

3月4日　毛泽东致电慰问斯大林病情。电称：获悉您患重病的不幸消息，中国人民、中国政府和我本人怀着最关切的心情，向您谨致诚挚的慰问，并衷心地希望您的病好转，恢复健康，以慰中国和全世界爱好和平人民的祝望。

同　日　中共中央转发第一次全国广播工作会议情况的报告。报告是政务院文教委员会广播事业局局长梅益提出的。报告说，中央广播事业局最近召集了第一次全国广播工作会议。确定了今后“重点建设、稳步前进”的方针，总结了提高广播宣传质量的经验，并且讨论和布置了今年的任务。3年来，全国广播工作有很大成绩，但还存在许多弱点。第一是力量太分散。台数多，电力小，中央台输出力既不足以普遍达到全国各地，更不足以负担开展有力的国际广播斗争的任务。第二是干部奇缺。编辑、播音干部很少，其政治文化水平一般比不上同级的报纸干部；技术干部也少，如不集中，全国无法组成一个包括设计、土木、天线、装线、供电的完整的基本建设的班子。第三是广播节目一般是量多而质不高，在运动中能起作用的台较多，日常能起作用的台较少。第四是广播收音网由无到有，发展很快，但不够健全和巩固。第五是广播工业有很大发展，但没有统一的管理和统一生产计划。根据上述情况，1953年广播工作的主要任务是：集中力量进行中央台的基本建设；调整人力，精办节目，提高广播宣传的质量；整理与巩固广播站和收音站；统一制订广播工作的生产计划，统一管理全国工厂与修理服务机构。

3月5日　对外贸易部向中央报送《关于反官僚主义的报告》。《报告》说，初步检查出的主要问题有：一、不认真研究国内外产销情况，盲目订货、采购和加工，造成出口商品总库存中滞销品占41%。二、忽视精打细算和经营管理不善，造成产品的大量损失。三、结汇、清算不及时，造成资金浪费。四、商品流转费用大。五、对外贸易部领导上忙忙碌碌，应付眼前事情多，抓住重大问题系统解决少。对检查出来的问题，拟采取教育与惩办相结合的方针解决。3月20日，中共中央批转此《报告》，并批示：贸易商业部门占据国家大量资金，经营有关国家的城乡内外商品物资的交流事业，其动辄关系国计民生甚大，在这些部门反官僚主义是刻不容缓的事。

3月6日　中央人民政府为哀悼斯大林逝世发布命令。苏联部长会议主席、苏共中央书记约瑟夫·维萨里奥诺维奇·斯大林于3月5日逝世。中国共产党中央委员会、中国人民政治协商会议全国委员会以及中共中央主席毛泽东、政务院总理兼外交部长周恩来、中国人民解放军总司令朱德分别致电吊唁。中国共产党中央委员会、中央人民政府委员会和中国人民政协全国委员会发出关于举行斯大林追悼大会的通告。毛泽东偕同朱德、周恩来、高岗、林伯渠等前往苏联大使馆吊唁。同日，毛泽东签署中央人民政府命令，自3月7日—9日全国下半旗为苏联部长会议主席斯大林逝世致哀。在致哀期间，全国各工矿、企业、部队、机关、学校及人民团体一律停止宴会、娱乐。7日，周恩来率领中华人民共和国党政代表团离京赴莫斯科，参加斯大林的葬礼。9日，《人民日报》刊载毛泽东所写的《最伟大的友谊》一文。同时，北京各界60多万人举行追悼斯大林大会，毛泽东向斯大林遗像献花圈；朱德及各民主党派、人民团体负责人分别在大会上致悼词。

3月8日　中共中央发出《关于缩减农业增产和互助合作发展的五年计划数字给各大区的指示》。这个指示是中共中央听取中央农村工作部关于农村工作中主要倾向是急躁冒进的汇报后作出的。《指示》说，关于农业增产的五年计划数字和互助合作五年的发展计划数字以及1953年这2项的指标数字，各大区所已经提出者，现在看来都嫌过高，计划数字订得太高，将大大伤害干部和群众的积极性，也势必发生急躁冒进，贪多贪大，盲目追求高级形式与强迫命令形式主义。目前无论在老区（如华北等地）或新区（如四川等地），均已发生了“左”倾冒进的严重现象，如不立即有效制止，将招致生产的破坏。因此，中央现正考虑控制互助合作发展计划，各大区应根据当地具体情况，压缩原定数字，提出新的计划数字。

同　日　对外贸易部向中共中央报送《关于过去工作基本总结及今后工作指示》。《指示》说，3年来，我国的对外贸易已基本上成为社会主义性质的贸易，根本改变了旧中国的对外贸易对帝国主义的依附性。1951年及1952年的对外贸易总额，已超过解放前最高进出口金额，预计今年又会比去年增加35%左右。国营对外贸易1952年占全国对外贸易总额的89.7%。在美帝对我采取禁运、封锁的情况下，我们仍争取进口了某些战略物资，并与一些国家建立了正式的贸易关系，与英、法、德、日等国进行了若干贸易。对外贸易在五年计划经济建设时期的基本任务是：积极地、有计划地组织内外交流，扶持国内工农业和副业生产的发展。基本政策是：根据双方需要与可能有步骤地扩大对苏联和各人民民主国家的贸易；对资本主义国家贸易，必须提高警惕，利用矛盾，区别对待，并依照平等互利的原则积极开展。10月8日，中共中央批转这个报告。并作出批示：必须有计划地按比例地积极发展我国与苏联和各人民民主国家的贸易。与资本主义国家进行贸易，必须依照平等互利的原则积极开展。全国私营进出口商虽为数不多，但其与国外贸易关系较多，因此，对私营进出口商，必须进一步加强国营贸易经济对他们的领导，并采取逐步代替的方针。对外贸易人员复杂，与国外接触甚多，因此要加强对他们的政治思想领导，严格纪律。

同　日　轻工业部党组向中共中央报送《关于目前国营轻工业的情况及今后工作部署的报告》。《报告》说，3年来轻工业部所属国营企业，除恢复原有生产外，并有相当发展。1953年计划总产值及主要产品产量与1950年比较，均增长了1.5倍以上。但目前国营轻工业也存在一些问题：一是对企业的生产任务与发展方向缺乏明确的方针与全面的计划，二是产品质量不好，三是生产管理落后，四是基本建设贪多冒进。今后要确定国营企业的生产方针与基本建设任务，克服无计划和各自为政的现象；改进生产管理，把提高质量作为首要任务；加强对基本建设的领导和加强部、局对企业的具体领导。10月8日，中共中央批转此《报告》，并作出批示：第一个五年计划期内国家需要集中力量于重工业的建设，对轻工业的投资不可能太多。轻工业部的工作，应当在一定时期内，着重地搞好现在所属129个企业的经营管理，改进产品质量，降低成本，使各种产品物美价廉，以满足人民的需要。

3月9日　北京天安门广场隆重举行追悼斯大林大会。参加大会的有党和国家领导人及首都各界群众60万人。毛泽东献了花圈。朱德在会上致悼词。悼词说，中国革命的胜利和巩固，和斯大林的名字是完全分不开的，中国人民永远不会忘记斯大林同志对于中国人民的深厚友情。

3月10日　中共中央作出《关于加强中央人民政府系统各部门向中央请示报告制度及加强中央对于政府工作领导的决定（草案）》。《决定》指出，为了使政府工作避免脱离党中央领导的危险，中共中央决定：一、今后政府工作中一切主要和重要的方针、政策、计划和重大事项，均须事先请示中央，并经过中央讨论和决定或批准以后，始得执行。政府各部门对于中央的决议和指示的执行情况及工作中的重大问题，均须定期地和及时地向中央报告和请示，以便能取得中央经常的、直接的领导。二、今后政府各部门的党组工作必须加强，并应直接接受中央的领导，因此，现在的中央人民政府党组干事会已无存在的必要，应即撤销。三、今后政务院各委和不属于各委的其他政府部门一切主要的和重要的工作均应分别向中央直接请示报告。为了更好地做到现在政府工作中的各领导同志直接向中央负责，并加重其责任，特规定明确的分工如下：国家计划工作，由高岗负责；政法工作（包括公安、检察和法院工作），由董必武、彭真、罗瑞卿负责；财经工作，由陈云、薄一波、邓子恢、李富春、曾山、贾拓夫、叶季壮负责；文教工作，由习仲勋负责；外交工作（包括对外贸易、对外经济、文化联络和侨务工作），由周恩来负责；其他不属前述5个范围的工作（包括监察、民族、人事工作等），由邓小平负责。四、今后应将政府各部门工作有计划地提请中央讨论，以便加强对政府工作的领导。为了加强中央对于政府工作的领导，今后政府各部的党组工作必须加强。并应直接受中央领导。现在中央人民政府党组干事会已无存在的必要，应即撤销。

3月12日　政务院发布《关于改变大行政区辖市及专署辖市的决定》。《决定》规定，一、鉴于大行政区委员会、专署不再是一级政权，原大区直辖市一律改称中央直辖市。现将上海、武汉、广州、重庆、西安、沈阳、旅大、鞍山、抚顺、本溪10个大行政区辖市，一律改称中央直辖市（连同北京、天津两个中央直辖市，全国共12个中央直辖市）。其等级编制不变，仍由各该市所在地区之大行政区委员会代表中央人民政府进行领导与监督。二、各省专署辖市一律撤销改划，撤销后由所属省人民政府视各市实际情况，提出改划意见，呈报本院审核施行。符合设市条件改省辖市，其余的恢复原建制。三、内蒙古自治区之盟辖市及吉林省延边朝鲜族自治区辖之延吉市等，仍维持原状不予变更。

同　日　政务院转发上海市政府《关于机关征用土地的建议》。上海市的《建议》说，1952年中央、华东和上海市所属若干机关和企业单位在上海市内征用土地达1万多亩，后因计划变更，陆续要求保留或放弃用地者为数很多，结果给农民造成严重损失和不良政治影响，为此建议对征用土地问题，能作出明确规定。政务院指出，上海市征用土地因计划变更所引起的问题带有普遍性，为防止此种浪费现象的再发生，暂作如下规定：根据中央统一的建设计划，持有中央各主管部所批的计划任务及要求拨用土地介绍信者，市政主管部门在审查后，可按其请求并参照市政建设计划拨给其所需要的土地，否则得拒绝拨付。关于申请使用土地的详细程序和办法，责成建工部商内务部提出具体方案，经中央批准后公布施行。

3月13日　政务院举行第一百七十次政务会议。会议听取了高等教育部部长马叙伦所作的《关于目前高等学校教学改革的情况与问题的报告》。《报告》说，1952年10月以来，由于教学改革贪多冒进等原因造成的一些地区高等学校中的忙乱现象，通过采取各种措施，除极少数学校外，已在逐步克服。《报告》总结了各校克服忙乱现象的经验，提出了切实做好教学改革工作必须解决的几个问题：一、团结、改造与提高旧有教师，大力培养新师资。二、大力翻译苏联高等学校的教学计划、教学大纲和教材，并参照制订、编写我国的教学计划、教学大纲和教材。三、学校领导应以做好教学改革为中心。四、改进师生健康状况。政务院副总理邓小平在讲话中指出，过去我们没有经验、各方面的任务都加到教育部身上，五年计划需要20万大学生，究竟是否需要那么多？需要那么多有无可能？所有这些都没有考虑得很成熟，因此形成忙乱。忙乱与盲目性有关，盲目性是从十分积极里发生的。不积极不对，但积极性只能要到八分时，就不能要十分，我们的问题常常是出在十分上。不仅高等教育部，各方面都有此问题，下面的强迫命令，多半是上面的官僚主义造成的。

3月17日　中共中央发出《关于布置农村工作应照顾小农经济特点的指示》。《指示》说，在向农村布置任务和领导农业生产时，广大干部应时刻记住并且照顾到小农经济的特点，多强调自下而上，集中群众要求，因地制宜，而不可强调自上而下布置任务，强求一致完成。即使在互助合作组织普遍发达的农村，也要照顾这种分散特点，因为目前的互助组和农业生产合作社的组织还是小型的组织，并且是建立在私有财产基础之上的，使用落后工具的。《指示》强调，切不可将行之于集体农庄及生产合作社的办法，机械地用之于个体农民。这一原则如不掌握好，则所有好事都会变成坏事。

3月20日　政务院举行第一百七十一次政务会议。会议听取和批准了内务部副部长王一夫所作的《关于目前灾区情况及预防春荒的报告》。《报告》说，今年发生春荒的地区是去年遭灾严重的地区和部分轻灾地区以及历史上贫瘠山区。安徽、江苏、河南、山东等省目前总计缺粮人口达2 052万人。2月间政务院发出了加强春荒期间救灾工作的指示，并为本年度拨出全国农村救济费10 114亿元。各有关省已召开了专门会议，全面布置春荒救济工作，强调进一步贯彻生产自救的方针。政务院副总理邓小平在讲话中指出，救灾是个大问题，中国这么大，就是全国丰收，也一定会有灾区，每个灾民需要多少粮食，应计算一下，摸出规律，主动准备好救灾粮款。

3月21日　中苏间签署关于1953年度货物周转的议定书。这是根据《1950年2月14日关于贷款给中华人民共和国的协定》的议定书以及关于苏联帮助中国扩大现有电力站和建设新电力站的协定而签订。这些议定书和协定进一步扩大了中苏间贸易。苏联在1953年内将供给中国以冶金、采掘、机器制造、化工、电力和其他工业部门所需要的设备，以及工业和运输所需要的材料，新式的农业机械、种畜、种子和许多其他货物。中国则以有色金属、大米、植物油、油籽、肉、烟叶、水果、绒毛、黄麻、生丝、绸缎、皮革及其他货物供给苏联。

3月22日　政务院、中央军委联合发布昼夜开放上海、青岛、烟台港的命令。命令说，为适应国家经济建设，发展对外贸易，提高商船周转率，在不影响国防安全的情况下，即应昼夜开放上海、青岛、烟台3港口。从4月1日起此命令开始执行。

3月26日　政务院举行第一百七十二次政务会议。会议听取人事部副部长安子文作的《关于1952年全国高等学校毕业生分配工作的报告》。安子文说，1952年暑假全国高等学校毕业生共2.9060万人，这些毕业生，由于经过多次政治运动的教育，政治觉悟提高，表示服从国家统一分配的占总人数的99.93%。毕业生分配工作的方针是“集中使用、重点配备”。在分配中也注意了“学用一致”的原则。对少数毕业生狭隘地、片面地提出“学用一致”的意见，进行了解释，使他们能够正确地领会国家的政策，安心做好自己的工作。还有部分学生强调个人与家庭困难，不肯离开原地区，不愿服从国家的统一分配，对于这种情况，今后在高等学校中应加强服从政府统一分配的教育，这次分配高等学校毕业生，对私营企业也给予了适当照顾。

3月28日　中共中央发出《关于在中央一级机关中具体执行“中央关于开展反对官僚主义、命令主义、违法乱纪斗争的指示”的决定》。《决定》说，中央一级机关应以开展反对官僚主义的斗争为重点。这里所说的官僚主义，主要是指某些领导干部，由于不了解情况，不检查工作，不研究政策，缺乏思想领导，抓不住工作中的本质问题和关键问题，陷入文牍主义和事务主义的泥坑，脱离实际，脱离群众，因而造成国家和人民的巨大损失的官僚主义，以及与这种官僚主义同时存在的无组织、无纪律、本位主义、各自为政的分散主义等不良倾向。开展反官僚主义斗争的主要方法是检查工作。各部门应将几年来所发布的指示、决定和命令作一检查，哪些是正确的明确下来；哪些虽然是正确的，但必须加以补充；哪些是错误的，加以废止、纠正。把不适合于目前情况的组织形式、工作制度和工作方法加以改变，建立起按级负责的责任制度。在检查工作中，要充分发扬民主，开展批评与自我批评。在反对官僚主义的斗争中，必须把不同性质的问题加以区别，做不同的处理。绝不要牵涉到一般民主人士。

3月30日　政务院总理兼外交部长周恩来发表关于朝鲜停战谈判问题的声明。声明提出中朝两国政府共同拟定的合理解决战俘问题的新建议，以扫除朝鲜停战协定的最后障碍。中朝两国政府的提议是：谈判双方应保证在停战后立即遣返其所收容的一切应遣返的战俘，而将其余的战俘转交中立国，以保证对他们的遣返问题的公正解决。这一方案成为恢复停战谈判和最后达成协议的基础。31日，朝鲜内阁首相金日成元帅发表声明，完全同意和支持中国总理周恩来关于朝鲜谈判问题的声明中的各项具体结论及建议。4月1日，金日成和彭德怀致函联合国军总司令克拉克，同意双方举行联络组会议。6日，为初步安排交换病伤战俘并商定恢复朝鲜停战谈判日期而组成的双方联络组举行第一次会议。26日，由美国方面片面公布无限期休会而中断达6个月的朝鲜停战谈判复会。

4月1日　中财委发出《关于1953年棉粮比价的指示》。《指示》指出，3年来，全国棉花种植面积逐年增加，单位面积产量逐年提高，全国棉花生产已能保证我国目前纺织工业和民用絮棉的需要。为了防止盲目扩大棉田，保证粮棉同时发展，决定实行新的棉粮比价，适当调整棉花和粮食之间的比价和季节差价。同1951年颁布的棉粮比价相比，1斤棉花在小麦区由原来8斤小麦调整到6斤4两—7斤半小麦；小米区由原来的8斤半小米调整为6斤12两—8斤小米；大米区由原来的8斤半大米调整为6斤12两—8斤大米。同时，商业部调整全国粮食和纱布的季节差价。粮价按照全国平均水平提高3.99%，纱价在产地城市下调2.5%；布价在产地城市下调2%；在销地城市及乡村平均下降3%~5%。

4月2日　中共中央发出《关于应当重视手工业的指示》。《指示》指出，手工业，在国民经济中占很大比重，是在一个很长的时期内不可缺少的。有很大一部分手工业，尚未为现代工业所代替，尚有存在价值和发展余地，应当加以保护；否则，不但将引起广大手工业者的生活问题，增加城市、乡村的失业人口，而且会在很大程度上影响农民的生产，并将波及商业市场，使之呆滞。因此，在农业使用手工工具时期尚未结束以前（这种结束要有几十年时间），对于手工业经济的维持，对于手工业者生产积极性的扶植，必须十分重视。对手工业者，也应如同对待小生产者的农民一样，采取十分慎重的态度，主要是靠价格政策，市场产销关系，辅以必要的可行的政治工作和经济工作教育指导他们，影响他们，慢慢引导他们纳入国家计划经济轨道，而不可任意地制定计划，强制他们发展哪一行或闭歇哪一行，增产多少或减产多少。一切问题，均应从照顾他们的利益出发，由他们自己协商，取得他们同意，照顾到主客观需要和可能条件去解决。

同　日　毛泽东批转中南行政委员会报送的《关于整顿小学若干问题的指示》。毛泽东批示周恩来、习仲勋："此件我看很好。请转交教育部，加以研究，有不妥当处酌加修改，由政务院转发各大区、省、市，仿照施行。"《指示》说，整顿小学，是一件很复杂严肃的事情，必须谨慎从事，切不可草率粗暴，以免增加混乱。中南各省市可按下列各点进行整顿工作：一、对在校学生进行核实，处理流动生、超龄生和不及龄生；二、对现有教职工进行整顿；三、对小学编制和工资标准，通过研究提出法定指标方案；四、从本地机动田中拨一二亩地给学校，由师生课余劳作；五、本民办公助精神，对入学儿童可酌收学费；六、从7%的地方附加费中固定4%的小学经费。4月22日，政务院批转此《指示》。

4月2日—11日　卫生部召开第一届全国卫生防疫站会议。会议明确了卫生防疫站的方针任务。指出各级卫生防疫站任务是要发扬过去防疫工作的经验，建立经常性的防疫工作，卫生防疫站要对管区内的居民及各单位的卫生情况进行监督检查，依据卫生学、流行病学和统计学的要求进行调查研究；并制定卫生防疫计划；对传染病、食物中毒、职业中毒或其他偶发事件进行调查，在发现上述危害人体健康或生命危险情况时，应迅速进行适当的处理。会议还讨论解决了卫生防疫站的组织、编制、厂作任务、领导关系；工矿卫生防疫工作和卫生监督的组织领导与地方卫生部门的关系；铁路卫生防疫站和地方卫生防疫站的关系等。并作出了建立卫生防疫站的决定。会议中各区代表结合中央指示的“整顿巩固、重点发展、保证质量，稳步前进”的精神批判了摆摊子思想。

4月3日　中共中央农村工作部受中共中央委托，召开第一次全国农村工作会议。会议传达了毛泽东关于农村工作的基本任务的指示，即：要在10年—15年或更长一点时间，在全国基本完成农业社会主义改造。会议肯定了3年来农村互助合作运动的成绩，指出：领导农民组织起来是由新民主主义转变到社会主义在农村工作的中心环节。互助合作是走向集体化的必经的过渡形式。中共中央农村工作部部长邓子恢在会上作了总结报告。报告说，在互助合作运动中，既要防止等到将来有了拖拉机再搞的右的偏向，又要防止计划贪多贪大，盲目要求高级形式、急躁冒进的“左”的倾向。在全国范围来说，后者是主要的偏向、主要的危险。报告强调，互助合作运动必须采取稳步前进的方针，绝不能操之过急。因为互助合作运动与战争动员及土改性质不同，并要根据需要和可能的条件，根据小私有生产者的现状，从工业化的进度出发考虑问题。报告指出，目前农村中不少地区存在着程度不同的紧张状况，就是农民不安，怕“共产”、怕“社会”、怕露富，现在的方针是把农村安定下来，巩固我党在农村中已得的阵地。要使农民安定下来，就要照顾到个体农民的积极性，尊重农民的土地财产所有权，保护农民的私有财产不受侵犯；相对地固定负担；限制富农剥削，允许富农存在。报告接着指出，笼统提出“四大自由”的口号是不妥当的，但有条件有限制地允许雇佣自由、借贷自由、土地买卖和租佃自由、贸易自由，又是必要的。必须把当前政策和发展方向联系起来又区别开来，既稳定农民积极性，又有利于按总方向前进，会议于23日结束。会议所制定的具体方针与采取的措施，对纠正互助合作运动中的冒进倾向，稳定农民情绪，巩固和发展农业生产合作社起了积极的作用。

同　日　政务院举行第一百七十三次政务会议。会议通过《政务院为准备普选进行全国人口调查登记的指示》。并由政务院总理周恩来签署于本日发布。同时还颁布《全国人口调查登记办法》、《人口调查登记表填写说明》（附：《人口调查登记资格式》）。《指示》指出，为做好由人民用普选方法产生的各级人民代表大会，并在此基础上召开全国人民代表大会的选举工作，必须做好登记选民的工作。而选民的登记，又必须以人口登记为依据。因此应在选举工作同时，举行全国人口调查登记，以利选举工作的进行，并为国家经济、文化建设，提供确实的人口数字。全国人口调查登记工作，必须结合选民登记同时进行；应掌握不重复、不遗漏、全面、确实的原则；要开展广泛宣传，使人民彻底了解这次人口调查的意义和目的，以取得人民热诚的响应和支持。

同　日　中央选举委员会发出《关于基层选举工作的指示》及《关于选民资格若干问题的解答》。《指示》指出，依据3月1日公布的《中华人民共和国全国人民代表大会及地方各级人民代表大会选举法》和中央人民政府委员会关于应在年内召开由人民用普选方法产生的乡、县、省（市）各级人民代表大会，并在此基础上接着召开全国人民代表大会的决议，各级人民政府及各级选举委员会应即开始选举工作。《指示》强调，乡、镇、市辖区和不设区的市人民代表大会的选举工作，是全国及地方各级人民代表大会选举工作的基础。因此，县、市以上的各级人民政府和各级选举委员会必须把指导基层单位的选举，作为全部选举工作的重点。在基层选举中，必须充分发扬民主。要做好选民登记工作，不能让一个公民被错误地剥夺了庄严的选举权利，也不能让一个反动分子或未经改变成分的地主阶级分子非法窃取了庄严的选举权利；经过选举，把那些违法乱纪分子和犯有严重错误而为人民群众所极为不满意的分子从各种基层组织的工作岗位上剔除出去，把群众所爱戴的联系群众的人选到这种组织的工作岗位上来。只有根据这样的要求去进行基层单位的选举工作，才能达到团结群众、教育干部、加强人民政府与人民群众的联系和进一步地巩固人民民主专政的目的。《指示》还对基层单位选举的时间、程序作了规定。

4月9日　财政部向毛泽东并中共中央报送《关于拟召开第四次全国农业税法会议问题的报告》。报告说，会议的主要任务是总结1952年农业税征收工作和解决1953年农业税工作中的主要问题。4月16日，毛泽东作出批示：农业税中存在的问题很严重，据湖北报告，有1/10的人口春荒断粮。大概全国农业人口有4 000万人左右到春季要闹荒，这是一个极大的问题，年年如此。必须从今年征粮中开始认真解决此问题。今年是否应比去年加征16亿斤和发40亿斤公债，也值得再考虑。

4月10日　政务院举行第一百七十四次政务会议。会议听取和批准了政务院人民监察委员会副主任刘景范所作的《1952年下半年监察工作要点执行情况及1953年1月—6月监察工作要点的报告》。《报告》说，1952年下半年本委与各地监委，协同各级节约检查委员会和有关部门审查处理了一些“三反”、“五反”案件；初步总结了“三反”运动及与监察工作有关的经验；协同中央司法部调查研究各地法院工作；处理了司法、公安系统中一些坏分子和违法失职人员；建立健全了监察机构；受理与调查处理了有关公务人员违法失职案件；组织视察组，重点检查了几个铁路、钢厂、水库、厂矿建设和安全生产、财务管理工作。1953年上半年，各级监察机构以监察经济建设计划执行工作为中心，重点检查工矿企业的增产节约及其基本建设的准备工作、施工情况和验收工作。对商业、贸易部门以检查资金核算为主。对农村重点检查生产建设并协助选举委员会监督选举法的确切执行。

4月11日—25日　政务院政治法律委员会召开第二届全国司法会议。出席会议的有全国各大行政区、省、市政治法律委员会及司法部门主要干部212人。会议中心任务是：总结司法改革运动的经验和讨论今后司法机关的主要工作和本身的建设与健全问题。政务院政治法律委员会主任董必武在会议开幕时作重要讲话。他指出，人民司法机关是巩固人民民主专政的重要武器之一，人民司法工作者必须站稳人民的立场，严肃地贯彻国家的法令，全心全意为国家为人民掌握好这个武器；同时还要尽可能采取最便利人民的工作方法，解决人民要求解决的问题。他强调，目前大规模的经济建设工作已经开始，司法工作更加繁重，今后应在司法改革的基础上，加强司法建设工作，以保证国家经济建设的完成。司法部部长史良在会上作了《关于加强人民司法工作建设》的报告，最高人民法院院长张志让作了《关于巩固司法改革的成果改进法院工作》的报告。会议还听取了法制委员会代理主任委员许德珩关于《诉讼程序试行通则》草案、《监狱条例》草案和中央司法部副部长魏文伯关于《调解委员会暂行组织条例》草案的说明。政治法律委员会副主任彭真作了总结发言。会议一致通过了第二届全国司法会议的决议。会议提出，今后司法工作的中心任务是：和敌人的暗害破坏行为及其他一切违犯国家法令和危害人民群众利益的行为继续进行坚决的斗争，以进一步巩固人民民主专政；从司法方面保障国家经济建设工作和全国及地方各级人民代表大会选举工作的顺利进行；积极清理和逐步减少积压的案件，进行系统的司法建设工作。会议还确定了有领导地开展民间调解工作，在县级逐步普遍地建立巡回法庭，在一审中建立陪审制，各级法院要建立与加强人民接待室和值日审判工作等各项新的措施。

4月14日　中财委副主任邓子恢向中共中央报送《农业部党组关于检查官僚主义的报告》并提出意见。《报告》说，农业部开展反官僚主义的斗争，检查出的主要问题是，盲目主观，急躁冒进，不研究党的政策，不顾各地的具体情况，机械地搬用外国、外地办法，造成许多损失。其次是群众观点薄弱，对许多工作作硬性规定，限期完成，脱离实际，引起群众极大不满。在领导群众生产方面，对小农经济私有制和分散性、保守性认识不足，订计划，凭主观愿望，把将来要办的事拿到今天来办，侵犯了农民的权利。邓子恢对农业部党组检查官僚主义的情况提出了意见和看法。他说，农业部党组从检查过去工作及今后方针计划中开展了反官僚主义斗争，揭发了许多严重错误，并找出了造成这种错误的根源，在于长期忽视中国个体农民占优势的具体情况。一方面将经营集体农场及工业的一套方法搬用于个体农民；另一方面，将经营农业、手工业的一套方法用之于国营农场与机器站。在农具问题上，不帮助农民解决现有农具的困难，而是盲目地去大量制造和推广不是到处都适用的农式步犁。在技术指导上，不重视发现与推广各地原有的先进经验与良种，而机械地搬用并不适合各地实际情况的外来良种。在农贷发放上，则强调专款专用，实物放贷，以致发放不及时，反而形成强迫摊派的现象。建议将农业部党组关于反官僚主义的报告转发各地，以推动各地农业部门中反官僚主义运动的开展。4月21日，中共中央批转农业部党组的报告和邓子恢的意见。

4月15日—23日　中国第二次全国妇女代表大会在北京举行。出席代表891人，列席代表244人。中华全国民主妇女联合会副主席邓颖超在会上作了《4年来中国妇女运动的基本总结和今后任务》的报告。《报告》指出，我国已进入新的历史时期，国家建设已经开始。大力发动和组织广大妇女，充分发挥潜在力量，参加工农业生产和祖国各方面的建设，是今后妇女运动的中心任务。为动员妇女参加工农业生产，必须消除对妇女的封建束缚，使妇女在实际上取得与男子平等的权利和地位。做到此点，将大大提高妇女劳动生产的积极性，壮大工农业生产的队伍，为祖国正在开始的计划经济建设发掘出潜在劳动力与后备力量。在一切生产企业中必须逐步争取实现男女同工同酬，照顾妇女的特殊困难；配合人民政府卫生部门大力宣传和开展儿童保育和妇婴卫生工作，大批培养和训练助产员和保育员。大会通过了关于这个报告的决议和修改后的《中华全国民主妇女联合会章程》，并选出蔡畅、邓颖超等125人为中华全国民主妇女联合会第二届执行委员会委员，选出候补委员28人；选出蔡畅、李德全等35人为出席世界妇女大会的中国妇女代表团成员。中共中央代表饶漱石代表中共中央向大会致词；中华全国民主妇女联合会名誉主席宋庆龄给大会写来贺词。25日，中华全国民主妇女联合会第二届执行委员会举行第一次会议，选举宋庆龄、何香凝为名誉主席，并选出常务委员25人，常务委员推选蔡畅为主席，邓颖超、李德全、许广平、史良、章蕴为副主席。

4月17日　政务院举行第一百七十五次政务会议。会议在听取劳动部部长李立三的说明后，通过政务院《关于劝止农民盲目流入城市的指示》。《指示》说，最近各地大量农民涌入城市，其结果造成城市失业人口增加，农村劳动力减少，使春耕播种大受影响，农业生产受到损失。为了制止混乱现象的继续发展，各地政府要向准备或要求进城的农民耐心解释，劝止其进城；已进城的农民，除为施工单位所需要者，应由所在地的人民政府劳动部门及民政部门会同工会和其他有关机关动员还乡。在处理过程中应采取慎重态度，对还乡路费和生活确有困难者，可由民政部门适当予以补助和救济。《指示》于本日发出。《人民日报》为此于20日发表题为《盲目流入城市的农民应该回到乡村去》的社论。

4月20日　中共中央组织部发出《关于政府干部任免手续的通知》。《通知》规定，今后凡属中央人民政府或政务院任免范围的干部，在中央人民政府或政务院任免之先，仍需分别按党内管理干部的规定经过审批。即属于中央管理范围的干部，由省（市）委报中央局核转中央；属于中央局管理范围的干部，由省（市）委报中央局；俟中央或中央局批准后，再交由同级人民政府人事部门办理提请任免手续。

4月21日　中共中央批转《财政部关于1952年税收情况的报告》。《报告》说，1952年税收计划数为57.11万亿元，实收57.5283 万亿元，完成计划100.73%，税收计划已逐渐接近实际。但税收工作中也存在一些问题，主要是征收方法简单从事，税务干部中强迫命令、违法乱纪的作风相当普遍。为了把1953年的税收工作做好，今后必须贯彻依法办事，依率计征。要求各级党委财委加强对于税务干部的政策思想教育，既要反“左”，又要防右。修正税制后，务使税收、物价、公私关系3者都能摆稳。税收干部要保持稳定，机构要迅速充实起来。

同　日　教育部党组向中共中央报送《关于检讨官僚主义和对今后普通教育方针的报告》。《报告》说，3年来，教育部做了不少工作，在人民教育事业的恢复、改革和发展方面有很大成绩。但由于领导上有严重的主观主义、官僚主义和分散主义，造成了工作中的许多缺点和错误。3年来教育部召开的各种会议百余次，但多半由于准备不足，结合实际不够，贪多贪大，所制订的许多决定、指示和计划，有不少是错误的，例如要全国小学在5年内争取达到80%的学龄儿童入学，把民办小学全部由国家包下来，5年—10年内基本上扫除全国文盲，5年内培养百万小学教师等等。对中央的各项指示，缺乏系统研究，而系统地和及时地向中央反映情况，提出意见，则做得更差。对干部的领导也没有抓得很拢，各司各科往往各自为政。今后，首先要克服教育行政领导上的官僚主义。必须稳步发展高等工业教育和中等技术教育。普通教育的重点是适当发展高中和高等师范，对初中和小学应着重整顿和提高。9月24日，中共中央批转此《报告》。

4月24日　政务院举行第一百七十六次政务会议。会议听取中国文化教育考察团团长韦悫所作的《对东欧各人民民主国家文化教育考察的报告》。《报告》说，文化教育考察团于1952年9月初出国，先后到过波兰、民主德国、捷克、保加利亚等6国考察，历时7个月，重点考察了高等教育和技术教育，同时对科学、卫生、文化工作也进行了考察。东欧各人民民主国家在解放后，对文化教育事业作了重大的改革。在教育方面，实行学校国有化，使学校脱离教会，各级学校为工农开门，改变学生的社会成分，改革教育制度，改革教育内容与教育方法，改造旧知识分子，培养新知识分子，为少数民族办学校，用本民族语言教学。在科学研究方面，使科学研究工作与生产建设结合起来。在卫生事业方面，将卫生事业改为国家事业，普遍建立防治医疗网，实行免费治疗，并奖励生育。在文化方面，展开群众文化工作，提倡社会主义现实主义的创作，反映人民斗争和人民生活的作品。周恩来在讲话中指出，考察回来要写文章、作报告，传播兄弟国家的成就。

4月25日　中共中央批准下达《1953年国民经济计划提要》。《提要》是根据中共中央1952年底提出的："边打、边稳、边建"的方针和党在过渡时期总路线的基本精神编制的。《提要》规定，1953年工农业总产值886万亿元（包括个体手工业51万亿元），比1952年实际增长12.35%；农业总产值506万亿元，增长6.4%；工业总产值（不包括个体手工业）329万亿元，增长23.61%。主要产品产量：粮食3 515亿斤，棉花2 780万担，钢162万吨，煤6 134万吨，发电量91亿度，棉纱396万件。基本建设投资总额74.3万亿元，其中工业投资38.5万亿元。新建大中型项目136个，房屋建筑面积2 727万平方米，新建铁路铺轨608公里。国营贸易收购总额146万亿元，社会商品零售总额288万亿元，对外贸易进出口总额76.3万亿元。《提要》要求，各部门必须建立与加强计划管理，建立和健全责任制，建立科学和管理制度；大力提倡学习苏联和推广先进经验；在一切国营企业逐步实行严格的经济核算制度；加强基本建设工作。

4月27日—30日　中央人民政府体育运动委员会召开各大行政区体育运动委员会负责人会议。会议中除汇报了各地体育运动的情况外，着重讨论了1953年体育工作的计划。中央人民政府体育运动委员会主任贺龙到会讲话。他指出，解放3年来，由于共产党和人民政府的正确领导与全体体育工作人员的积极努力，在体育运动方面做了很多的工作，体育工作已有了正确的方向和明确的目的。体育运动的普及工作有了很大的开展，而且已开始在改善人民健康状况及为生产、学习和工作服务方面收到了一定的效果，从而改善了过去“为体育而体育”，体育运动只限于少数人范围之内的情况。但是我们的工作还远远落后于目前客观形势的需要，必须大大努力来做好这件工作。中央人民政府体育运动委员会秘书长荣高棠在会上作了1953年体育运动工作计划的报告，指出今年开展群众性体育运动的中心任务是：在厂矿中逐步推行劳动前后的体操；在中等以上学校中有准备有计划地实行《体育锻炼标准》制度；在机关中推行工间体操；在部队中重点试行《准备劳动与保卫祖国》体育制度；在农村的民兵中，利用农闲时节，适当地开展一定项目的体育锻炼。

4月28日　政务院批准关于中国海关4种图案的请示。政务院批准对外贸易部关于中华人民共和国海关关徽、关旗及制服帽徽、制服臂章等4种图案的请示。4种图案于1953年10月1日起开始使用。

同　日　国家计委向中共中央报告《关于工业、运输技术人员的现状和培养办法》。报告指出，1952年全国国营工业、运输及地质、建筑工程系统的职工总数为330万人，其中见习技术员以上的技术人员为14.82万人，占职工总数的4.5%，技术人员不足的状况很严重。按前5年建设需要计算，共需工业、运输、地质及建筑方面各级技术人员约30万人，另外5年需要增加技术工人102万人。为适应上述需要，技术人员主要靠学校培养。计划5年大学本科、专修科、中等技校毕业可供分配的有27万人，与需要接近平衡。为了给第二个五年计划供给足够的工业技术干部，5年内高等工科学校应贯彻专业培养、专才专用的方针。培养技术干部的计划，必须掌握目前需要和国家长期建设的利益统筹兼顾的原则，努力办好工科大学和工学院，逐步减少专修科。为尽快提高我国工业技术水平，5年内计划派遣留学生共1万人（其中研究生500人），实习生5 000人。

5月2日—11日　中国工会第七次全国代表大会在北京召开。中华全国总工会副主席刘宁一致开幕词。中共中央政治局委员、书记处书记刘少奇代表中共中央，中央人民政府委员会秘书长林伯渠代表中央人民政府委员会，政协全国委员会副主席陈叔通代表政协全国委员会向大会致祝词。世界工会联合会总书记路易·赛扬代表世界工联向大会祝词。大会听取了中华全国总工会秘书长赖若愚作的《关于中国工会工作的报告》。《报告》指出，在国家建设时期，工会组织最基本的任务，就是在中国共产党的领导下，联系并教育工人群众，不断地提高工人群众的觉悟程度和组织程度，巩固工农联盟，团结各阶层人民，积极地完成国家建设计划，并在发展生产的基础上，逐步地改善工人阶级和全体劳动人民的物质生活和文化生活，为逐步实现国家的工业化与过渡到社会主义社会而斗争。会议还听取了中华全国总工会组织部部长许之桢作的《关于修改中国工会章程的报告》、办公厅主任栗再温作的《关于全国工会财务工作的报告》。大会通过了《关于中国工会工作的报告的决议》、《关于修改中国工会章程的决议》、《关于全国工会财务工作的报告的决议》和《关于拥护世界工会联合会召开世界工会第三次代表大会的决议》

等四项决议，选出了中华全国总工会第七届执行委员会和经费审查委员会。中财委副主任贾拓夫在会上作了《关于中国工业情况的报告》。世界工会联合会书记、上海总工会主席、中华全国总工会副主席刘长胜致闭幕词。12日，中华全国总工会第七届执行委员会举行第一次会议，一致通过请刘少奇继续担任中华全国总工会名誉主席，选出赖若愚为主席，刘宁一、刘长胜、朱学范为副主席，并选出主席团委员和书记处书记。中国工会第一至第六次全国性大会称为“劳动大会”。1953年4月30日中华全国总工会第六届执行委员会第三次会议决定将“中国第七次全国劳动大会”改称为“中国工会第七次全国代表大会”。

5月7日　政务院批准监委《1951年—1952年监察工作总结及今后工作任务的报告》，同意所拟《各级人民政府人民监察机关设置人民监察通讯员通则》。《报告》说，过去2年的主要工作，首先是全力投入“三反”、“五反”运动，其次是协同有关机关进行土改、镇反、贯彻婚姻法等。监委作了408次巡视和检查，发现贪污案件50多起，检查和处理各种案件2.8426万件，共处分了1.7万多人，其中省级以上21人，专级210人，县级1 097人。1953年的工作任务是：监督国家政策法令、建设计划的正确执行，继续与官僚主义、命令主义及违法乱纪现象作斗争，严肃国家法纪，提高工作人员的责任心。

5月8日　政务院举行第一百七十七次政务会议。会议听取了司法部部长史良所作的《关于第二届全国司法会议情况的报告》，批准了史良在第二届全国司法会议上所作的《关于加强人民司法工作建设的报告》及《第二届全国司法会议决议》。《报告》说，第二届全国司法会议是在“三反”运动和司法改革运动取得胜利的基础上召开的。在“三反”运动中暴露了各级人民法院严重的组织不纯、思想不纯、贪赃枉法和违法乱纪等情况。经过近半年的运动，各级人民法院纯洁了组织，基本上划清了新旧法律的界限，并发扬了人民司法工作的优良传统。这次会议的目的是总结司法改革运动的经验，讨论当前司法工作的任务与司法建设问题。

5月9日—11日　中国伊斯兰教协会成立。会议选举包尔汉为中国伊斯兰教协会委员会主任，达浦生、杨静仁、马玉槐、马震武、伊明·马合苏木、马松亭、言木加合木夫提、张杰、刘品一等9人为副主任，张杰兼秘书长，委员83人。

5月14日　周恩来在中央政府各部门负责人会议上发表讲话。他说，以经济建设为中心的国家建设已于今年开始，中央各部门的工作都要加重和紧张起来。这种情况表现在财经部门最为突出。现在财经部门已从十几个增加到二十几个。随着国家经济建设的发展这些部门就需要划分得更细。同时，文教部门也将随着增加。在朝鲜战场上，还要准备美帝发动进攻。我们是“边打边建”，任务繁重，因此，政府组织机构需要调整，领导力量必须加强。

5月15日　政务院发出《关于中央人民政府所属各财政经济部门的工作领导的通知》。《通知》规定：一、中央人民政府所属各财政经济部门的工作领导，分隶5个方面：1. 重工业部、第一机械工业部、第二机械工业部、燃料工业部、建筑工业部、地质部、轻工业部和纺织工业部，划归国家计委主席高岗领导；2. 铁道部、交通部和邮电部，划归政务院副总理邓小平领导；3. 农业部、林业部、水利部，划归财经委副主任邓子恢领导；4. 劳动部，划归计划委员会委员饶漱石领导；5. 财政部、粮食部、商业部、对外贸易部和人民银行，仍属财经委主任陈云领导；在陈云休养期间，由副主任薄一波代理。为便于工作，5个方面的主要领导人之下得设立办公机构。并分别为财委第一（工字）、第二（财字）、第三（交字）、第四（农字）、第五（劳字）办公厅。5个方面的联系事项，由总理办公室负责。二、凡属以财经委名义公布之命令等文件，仍由陈云主任签署。三、经过上述调整后，财政经济工作中任何一个方面、一个部门如有需要与其他方面、部门协商处理事项时，主管领导人有权召集有关方面、有关部门的负责人开会，共同解决或共同提出解决问题的意见，报请上级处理。

同　日　政务院举行第一百七十八次政务会议。会议中讨论了增产粮食和救灾工作，听取了农业部长李书城所作的《关于加强增产粮食和救灾工作的报告》，农业部副部长刘瑞龙的补充报告和内务部副部长武新宇《关于最近发生的霜灾及抢救情况的报告》。会议最后通过了《政务院关于加强增产粮食和救灾工作的指示》。该指示于16日正式发出。《指示》说，北方地区去冬以来先后遭到寒流或晚霜、虫、雹等灾害，不少地区小麦减产；长江以南部分地区，又因阴雨连绵，发生烂秧现象。因此“救麦保秋”是当前粮食生产工作的基本要求。各地必须普遍深入地动员和组织群众与自然灾害作斗争。各级干部在灾情面前，要有坚定的信心，带领群众，战胜灾荒。政务院副总理邓小平在讲话中指出，为了救灾，各方面已经用了很大的力量，今年截至最近已支出1.5万亿元救灾款。我们还要在其他方面来节约，原定今年从7月1日起对各级政府工作人员增加一些工资，现在考虑不增加了，工厂企业少增加或者不增加。今年的农业税也要减征一些，而救济费却要增加一些，准备拿出2万亿元专作农村救灾。

同　日　中苏两国在莫斯科签订《关于苏维埃社会主义共和国联盟政府援助中华人民共和国中央人民政府发展中国国民经济的协定》。《协定》规定，苏联政府援助中华人民共和国建设与改建91个企业。这91个项目连同以前已签订的中苏协定所规定的对建设与改建50个企业所给予的援助一同进行。上述“141”项将在1953年—1959年期间分别开工。对上述项目，苏联负责完成各项设计工作和设备供应，在施工过程中给予技术援助，帮助培养这些企业所需的干部，并提交在上述各企业中组织生产产品所需的制造特许权及技术资料。中国政府组织现有企业生产一部分供“141”项所需配套用的和辅助的半制成品、成品和材料，完成建设上述企业的技术设计与施工图的20%~30%的设计工作。同日，以协定议定的形式规定苏联对中国35个国防工业企业保证完成各项设施设计工作和设备供应，并给予其他各种技术援助。这“141”项工程包括钢铁联合企业、有色冶炼企业、煤矿、炼油厂、机器制造厂、汽车厂、拖拉机制造厂、电站等。按照中苏两国商定的援助项目，总值约30亿—35亿卢布。为了保证我国国民经济各部门的互相配合及需要，并根据苏联政府派来我国的五个综合专家组织对发展各该部门工业远景计划的研究，

1954年10月12日，苏联政府又增加设计和帮助建设15个项目。同时聘请了北京市规划顾问、铁道设计与施工专家。对此，双方签订了备忘录。至此，中苏共签订了156个苏联援助我国的建设项目。

5月17日、18日、27日　中共中央政治局开始举行会议讨论教育工作，确定各级教育在领导、教材、学制等方面的原则和方针。会议由中共中央主席毛泽东主持。会议决定：一、充实领导。从宣教部门、青年团抽调干部充实大学的领导，几年内由地方逐渐解决中小学的领导骨干。二、重视教材。抽调大批干部编教材，并决定成立语文和历史两个教学问题委员会，分别研究语文、历史教学和教材的编辑方针、原则。三、灵活学制，允许小学民办，不限定几年，能办几年就办几年。5年一贯制实行过早，应推迟。关于整顿小学的“整顿巩固、重点发展、提高质量、稳步前进”的方针应肯定，但不要整过头。不应过分强调整齐划一和正规化，农村小学可分为3类：中心小学，不正规小学，速成小学。原则上应便于农民子女上学，应允许那些私塾式、改良式、不正规的小学存在。四、其他问题。要注意青年健康，增加大、中学学生助学金，要增加营养，搞好卫生，减少负担，克服忙乱现象；要办重点中学，要特别着重培养工人出身的干部，要强调小学、初中毕业生参加生产劳动。

5月22日　政务院举行第一百七十九次政务会议。会议听取和批准了中央人民政府扫除文盲工作委员会主任委员楚图南所作的《关于扫除文盲的工作报告》。《报告》说，1952年5月，在全国各地推行祁建华速成识字法，到今年2月底，参加速成识字学习的约716万多人，在一部分工农干部和产业工人中，采用脱离生产或半脱离生产的集中学习方式，收到了一定成效；农村中也有一部分学员认识2 000字左右。但总的说来，领导上过分地强调了速成识字法的作用，扫盲计划和摊子铺得过大，存在着盲目冒进倾向。有的地区提出要在三五年内扫除全部文盲。在教学方面把速成识字当做唯一扫盲方法到处推广。急躁从事，生搬硬套，不分对象，硬赶进度，争先比快，结果，各地普遍发生大量夹生、回生和掉队现象。今后扫除文盲工作必须采取整顿巩固、稳步前进的方针。政务院副总理邓小平在讲话中指出，盲目冒进不单单是扫盲工作中有，还有像农村中组织生产互助组和实行公费医疗等方面也有。这些事都不是坏事，正因为是好事才容易冒进。冒进了只有退一步，退一步可使之发展得更稳当。

5月27日　中共中央统一战线工作部部长李维汉向中共中央呈送《资本主义工业中的公私关系问题》的调查报告。报告后附有《关于〈资本主义工业中的公私关系问题〉给中央并主席的报告》。调查报告是1953年3月—4月间李维汉率领由统战部、国家计委和工商行政管理局组成的调查组，到武汉、上海、南京、无锡、常州、济南等地进行为期一个月的调查后写出的。这个报告总结了几年来资本主义工业实行国家资本主义的情况和经验，明确指出，国家资本主义的各种形式，是我们利用和限制工业资本主义的主要形式，是我们将资本主义工业逐步纳入国家计划轨道的主要形式，是我们利用资本主义工业来训练干部并改造资产阶级分子的主要环节，也是我们同资产阶级进行统一战线工作的主要环节。抓住了这个主要形式和主要环节，在经济和政治上都有利于领导和改造资本主义。报告还指出，公私合营是国家资本主义的高级形式，是最有利于将私有企业改造和过渡到社会主义的形式。这个报告受到中共中央的高度重视。中共中央政治局讨论并同意了这个报告。

5月29日　政务院举行第一百八十次政务会议，决定1953年继续进行高等学校院系调整工作。会议听取和批准了高等教育部部长马叙伦所作的《关于高等学校院系调整计划、改订高等学校领导关系和加强高等学校及中等技术学校学生生产实习工作的报告》。通过了《政务院关于修订高等学校的领导关系的决定》、《政务院关于加强高等学校与中等技术学校学生生产实习工作的决议》。会议确定对高等学校院系调整工作的原则是：仍着重改组旧的庞杂的大学，加强和增设工业高等学校并适当地增设高等师范学校；对政法、财经各院系采取适当集中、大力整顿及加强培养与改造师资的办法，为今后发展准备条件。院系调整工作本年以中南区为重点，华北、华东、东北3区主要进行专业的调整。西南、西北两区进行局部的院系和专业调整。周恩来在讲话中指出，高教部过去一年院系调整工作是有成绩的，但要防止盲目乐观情绪。今后，应该注意贯彻重点稳进的方针，摊子不要铺得太大。

5月30日　中共中央批转第一机械工业部《对目前国营机械工业基本情况和今后工作部署的意见》。《意见》指出，3年来机械工业在恢复生产和管理工作方面有巨大收获，但由于基础薄弱、技术落后以及工作当中的缺点，因此，一方面生产远不能满足国家建设的需要，另一方面潜力很大，不能发挥。最突出的是现有工厂未能根据需要与可能很好地组织起来，设备的分布很不合理，有些工厂的生产任务和分工不够明确和恰当。生产不均衡，产品质量不好，编制基本建设计划时往往“宁大勿小”，急于求成，不量力而行，忽视现有设备利用。针对上述问题，一机部提出，机械工业今后的任务是对现有工厂的基础加以调整和进行可能的技术改造，配合苏联的援助，为国家实现第一个五年计划提供必要的设备，并把原有企业的改造和生产活动与新企业的建设很好地结合起来。为此，一、摸清需求，有计划地把现有的机械工厂组织起来，进一步明确分工，促进协作，发挥潜力，争取更多更好地满足国家建设的需要。二、加强企业的计划管理，加强生产的组织工作和责任制，从而保证质量，组织均衡生产，使生产管理走上正常轨道。三、加强对基本建设的领导。根据目前和长远需要以及现有的可能条件，确定新建和扩建企业的具体产品方案和规模；壮大与健全设计力量，加强施工管理，并有计划地大力培养建设的后备力量。中共中央在批准这个报告时指出，第一机械工业部不仅应研究国营机械工业的分工和现有企业的调整方案，而且必须和各大区财经委共同研究，如何使现有的地方国营和私营的机械工业能更好地和国营机械工业配合起来，担负其应该和可能担负的任务。机械工业的基本建设任务很大，而现有的基本建设力量又很弱，因此，对于有计划地培养基本建设后备力量的问题，应予以最大的注意。

5月30日—6月3日　中国佛教协会成立会议在北京广济寺举行，正式成立了中国佛教协会。出席会议的代表121人，其中包括各地古寺中的法师、僧、尼及各地著名居士，代表中有汉、藏、蒙、傣、撒拉、维吾尔等民族成分。中国佛教协会筹备处主任赵朴初报告了佛教协会发起和筹备工作的经过，并提出了佛教协会的宗旨和任务的建议。会议确定佛教协会的宗旨为：团结全国佛教徒，在人民政府的领导下，参加爱护祖国及保卫世界和平运动，协助人民政府贯彻宗教信仰自由政策；并联系各地佛教徒，发扬佛教优良传统。会议选举达赖喇嘛、班禅额尔德尼、虚云、查干葛根为中国佛教协会的名誉会长，选举圆瑛为会长，喜饶嘉措、公德林·晋美吉村、能海、赵朴初、噶喇藏、祜巴、阿旺嘉措为副会长。会议产生了中国佛教协会理事会和常务理事会。

6月5日　政务院举行第一百八十一次政务会议。会议在听取了财政部代部长戎子和关于1953年农业税工作的指示的说明后，通过了《政务院关于1953年农业税工作的指示》。《指示》说，3年来的农业税收，对于平衡国家预算、调剂市场、稳定粮价、保证军需民用和救济灾荒等方面，起了重大作用。但也存在着许多缺点与错误，主要是在工作中对政策、工作方法宣传不够，交待不清，助长了一些干部的强迫命令作风。对贯彻农业税法因地制宜不够，“查田定产”的做法脱离实际，有偏高偏低的现象。1953年征收农业税必须坚决实行“种多少田地，应产多少粮食，以率计征，依法减免，增产不增税”的公平合理、鼓励增产的负担政策。今后3年内，农业税的征收指标，应稳定在1952年实际征收的水平上。不要增加，但任务也要保证完成。此件于8月28日发出。政务院副总理邓小平在讲话中指出，粮食问题在相当长的时期内是个严重的问题，现在国家手里每年必须掌握694亿斤粮，才能保证各方面的需要。今后国家所需粮食，可以采取多购的办法来解决。购买比征收虽然困难些，但可以刺激生产。会议还原则批准人事部部长安子文作的《关于今年后半年工资津贴不作普遍调整的报告》。

同　日　第二次全国教育工作会议在北京举行。会议由教育部主持召开，政务院文教委员会主任郭沫若、副主任习仲勋到会讲话，教育部部长张奚若作关于教育工作的报告。参加会议的有各大行政区教育局，各省、市教育厅、局的负责人和华北区的部分小学校长和教师及中央各有关部门的代表等120人。会议讨论了第一个五年计划期间普通教育和师范教育的工作方针与任务。会议认为，在五年计划中，教育事业必须适应国家建设的需要。当前存在的问题是：教育事业与国家建设需要及国民经济发展之间的不平衡；教育事业内部存在着各级学校供求关系的不平衡和教师量少质差与学校发展规模、要求的不平衡以及教材、校舍、设备与需要之间的不平衡。正确地有步骤地解决平衡问题是普通教育的中心要求。会议确定今后工作重点：一是要加强和发展高等师范教育，一是加强和发展中学，特别是高中、中等师范教育、小学教育、幼儿教育、工农业余教育等主要着重整顿和改进。会议着重研究了整顿和小学教育问题，提出并确定在工矿区、城市、少数民族地区适当发展公立小学，农村提倡民办小学；“五年一贯制”暂缓推行，暂沿用“四二制”。郭沫若在讲话中强调，今后的教育工作必须贯彻中央确定的“整顿巩固、重点发展、提高质量、稳步前进”的文教建设的总方针；为密切配合国家经济建设，培养合格的建设人才，并为今后文教事业的有计划发展做好准备。

同　日　中共中央批转《国家计委关于编制1953年度计划工作的总结报告》。《报告》在肯定成绩的同时，着重检查了编制工作中存在的缺点及问题。认为，在我们经济计划工作中，贪多冒进的思想已成为当前主要的危险。这种思想，是经济计划工作中盲目性的表现。它的产生，除了由于过去我们国家尚缺乏一个总的长远的计划之外，主要由于某些部门和某些同志对中央关于经济政策和经济工作的方针的指导钻研不够，同时未能确实地去调查研究各种经济的资料和各方面的因素，精确地计算自己的力量所致。在这种思想指导下的基建计划，建设规模自然过大，说明与贪多冒进思想作斗争是一个长期的、不可忽略的任务。

6月8日　朝鲜停战谈判双方代表团在板门店达成并正式签订了关于遣返战俘的协议。双方签订的《中立国遣返委员会的职权范围》的协议规定，由波兰、捷克斯洛伐克、瑞典、瑞士和印度各指派委员一名，成立中立国遣返委员会，负责并保证战俘在停战以后行使其被遣返的权利。在停战协定生效后60天内遣返一切未行使其被遣返的权利之战俘，交给中立国遣返委员会。战俘所属国家在自中立国遣返委员会接管之日起的90天内，派代表向战俘解释他们的权利，以消除他们的疑虑，如90天后仍有未行使被遣返的权利之战俘，应交由政治会议在30天内设法解决。凡在中立国遣返委员会负责看管120天后，尚未行使其被遣返权利，又未经政治会议作出处理办法的战俘，则由中立国遣返委员会解除他们的战俘身份，使之成为平民。

6月12日　政务院举行第一百八十二次政务会议。会议听取和批准了第一机械工业部副部长汪道涵所作的《关于目前国营机械工业的情况及今后工作部署要点》的报告。《要点》指出，3年来，机械工作在恢复生产和管理工作方面，有了很大收获。但也存在一些缺点和错误，主要是：现有工厂未能根据需要与可能很好地组织起来，设备的分配很不合理，有些工厂的生产任务和分工不够明确和恰当，设备利用率很低，尚不足1/2，企业生产活动极不均衡，产品质量不好，基本建设存在着“宁大勿小”、急于求成的偏向。当前的主要任务是：把现有的国营机械工厂组织起来，发挥潜在能力。加强对私营机械工业的领导；加强生产管理，建立与健全责任制，加强技术管理，保证和提高产品质量，增加产品品种；加强对基本建设的领导，制订基本建设计划，确定新建和扩建企业的具体产品方案与规模，继续壮大设计力量。加强企业中的思想工作；确定1953年国营机械工业总产值比1952年增加64%，基本建设比1952年增加180%左右。

6月13日—8月12日　中共中央在北京召开全国财经工作会议。会议主要讨论关于第一个五年计划、财政、民族资产阶级3个方面的问题，周恩来主持会议，毛泽东作重要讲话。参加会议的有中央各部门、各大区、省市委和财委的负责人。6月12日召开预备会议和第一次领导小组会议，政务院总理周恩来作关于目前形势和建设新中国的基本情况的报告。6月13日会议正式开始，薄一波宣读了财政方面文件，并作了简要解释。会议听取了高岗所作的《关于编制五年计划几个问题的意见》的报告、李富春所作的《在苏联商谈我国五年计划问题的几点体会》的报告和李维汉所作的《关于利用、限制、改造资本主义工商业问题》的报告。会议分组或召开专题座谈会，并举行扩大的领导小组会讨论和批评了1953年上半年在税收、商业、财政、银行工作中存在的问题和错误，新税制成为会议的中心问题。会议期间，高岗利用与会人员批评财经工作中缺点错误的机会，进行分裂党的阴谋活动，攻击刘少奇和周恩来等人。8月6日，陈云在扩大的领导小组会上作《对财经工作的几点意见》的讲话。8月11日，周恩来在会上作总结报告。他指出，近4年来的财经工作的成绩是显著的，财经工作基本上执行了党的二中全会、三中全会的决议及党中央和毛泽东的指示；但也存在严重错误，有些是违反二中全会所规定的原则的；由于这些错误还未构成一个系统，所以还不应该说成是路线错误。报告中说，在国家建设中有几个问题应引起极大的重视：一、大力发展生产，逐步保证需要，提高计划性，防止盲目性；二、重点建设、稳步前进，是坚定不移的方针；三、必须在集中统一的原则下，发扬地方与群众的积极性；四、在任何时候都必须坚持党的统一领导的原则；五、为了减少盲目性和少犯错误，必须老老实实地学习。报告着重批评了新税制的错误，指出，修正税制，实行“公重于私、工重于商”的政策，打击了工业，特别是落后的工业，帮助了私营商业，特别是大批发商，并使市场一度发生混乱。报告提出了今后财政、税收等方面工作的任务与方针。8月12日，毛泽东向全体出席和列席会议的人员作重要讲话。他说，“三反”、“五反”运动后，党内有两种性质的错误，一种是一般性的，一种是原则性的，如资本主义倾向，“这是资产阶级思想在党内的反映，是违背马克思列宁主义的立场问题”。他批评了新税制实行的“公私一律平等”的政策，认为是有利于资本主义、不利于社会主义的错误，这个错误和张子善的问题不同，是思想问题，是离开了党的总路线的问题，是资产阶级思想的反映等。讲话批评了主观主义和分散主义，认为在建设时期，既要反对急躁冒进的、不顾人力物力情况的主观主义，又要反对保守的主观主义；强调必须巩固集体领导，坚持民主集中制，反对分散主义。

6月15日　中共中央政治局召开扩大会议。会议讨论并同意了李维汉5月27日向中央呈送的调查报告，毛泽东在会议上作重要讲话，第一次对党在过渡时期的总路线和总任务的内容作了比较完整的表述。他说："党在过渡时期的总路线和总任务，是要在10年—15年或者更多一些时间内，基本上完成国家工业化和对农业、手工业、资本主义工商业的社会主义改造。这条总路线是照耀我们各项工作的灯塔。不要脱离这条总路线，脱离了就要发生左倾或右倾的错误。"在这次会议上，毛泽东还指出，过渡时期充满了矛盾和斗争。现在的革命斗争，甚至比过去的武装斗争还要深刻。这是要把资本主义制度和一切剥削制度彻底埋葬的一场革命。他批评了"确立新民主主义社会秩序"、"由新民主义主义走向社会主义"、"确保私有财产"等说法，认为这是右倾的表现。他指出，我们提出逐步过渡到社会主义，这比较好。所谓逐步者，共分15年，1年又有12个月。走得太快，"左"了；不走，太右了。要反"左"反右，逐步过渡，最后全部过渡完。

6月19日　政务院举行第一百八十三次政务会议。会议听取和批准了农业部部长李书城《关于1953年春季农业生产情况的报告》。《报告》说，全国范围的春耕播种业已完成，大部地区秋苗生产茁壮。山东、河南、安徽受霜灾地区先后播种了各种早熟作物。棉花播种面积比去年减少，增加了粮食播种面积。今年春耕准备期间，中共中央发布了关于农业生产互助合作的决议和关于春耕生产的指示，解决了农村工作的方针政策、工作部署和干部思想等问题。各地领导开始纠正某些地区农业生产互助合作运动中急躁冒进的偏向和一些不适合当前实际需要的措施。周恩来在讲话中指出，农业生产有一个过程，不能乱来。过去有急躁情绪，想一步登天，结果犯了错误。我们国家总是要搞社会主义的，社会主义成分是一天天地增长的，我们既反对保守思想，也反对急躁情绪。

6月20日　高等教育部、教育部联合发布《关于全国高等学校1953年暑期招考新生的规定》。《规定》指出，今年由于学生来源少，各区间分布不平衡，为保证招生计划的执行，仍须进行全国规模的统一招生。鉴于本年高中毕业生不敷高等学校招生需要，4月18日，经周总理批准，决定抽调机关、部队、厂矿干部2 000人，经补习后升入高等学校各系科学习。6月5日，教育部、高等教育部指示各地，选送7 000名优秀小学教师、4 000名中师毕业生入高等师范学校学习，1 000名优秀小学教师入其他高等学校学习。

6月25日　政务院举行第一百八十四次政务会议。会议通过了《各级人民政府人民监察机关设置人民监察通讯员通则》。《通则》规定：各级人民政府人民监察机关为密切联系人民群众，发挥人民群众对国家机关及其工作人员的监察作用，得在政府机关与其所属企业、事业部门中设置人民监察通讯员，亦得在人民团体、城市街道和农村中设置人民监察通讯员。《通则》对人民监察通讯员的条件、产生、名额和任务作了明确规定。该《通则》于7月31日公布施行。会议还听取和批准了重工业部部长王鹤寿所作的《关于重工业部1953年工作要点》的报告。《报告》说，1953年重工业部所属厂矿的生产总值计划比1952年提高23.4%，成本降低8.73%，劳动生产率提高14.7%，流动资金由去年的126天缩短为120天，基本建设的投资相当于去年基本建设投资的160%。过去工作中的主要缺点错误是：基本建设工作滋长着一种冒进倾向与本位思想，常常把许多不可完成的项目列入计划，年年有大量工程完不成。工程质量差，浪费大。生产管理落后，产品质量不好，不重视设备检修，忽视经常的保安教育。经济核算观点薄弱，财务管理混乱。今年重工业部与所属厂矿应全力抓好以下工作：改进基本建设的计划工作，搞好勘察设计，壮大设计机构，提高技术水平。改进计划管理，建立厂、矿的责任制度。

6月25日—7月22日　中共中央统一战线工作部召开第四次全国统一战线工作会议。会议学习和贯彻过渡时期总路线，研究和部署对资本主义工商业的社会主义改造。中共中央统战部部长李维汉在会上作了《关于利用、限制和改造资本主义工商业的意见》的报告，阐述了党对民族资产阶级实行和平改造的方针。7月18日，中共中央政治局委员、书记处书记刘少奇到会讲话，根据中共中央政治局6月

15日扩大会议精神，从理论上阐明党对民族资产阶级采取和平赎买政策的必要性和可能性，指出，和平赎买、逐步改造的方法，也就是统一战线的方法，即经过教育、说理、批评和自我批评等又团结又斗争的方法，引导民族资产阶级分子走社会主义道路。会议讨论了关于人民代表大会制实行后人民民主统一战线的组织问题；关于实行人民代表大会制时安排民主人士的问题；关于几年来少数民族工作的经验总结；关于利用、限制和改造资本主义工商业的问题等4个文件。会议通过了《关于人民代表大会制实行后统一战线组织问题的意见》和《关于实行人民代表大会制时安排民主人士的意见》2个文件。10月6日，中共中央批准并下发了这2个文件。

7月6日　中国与英国签订商业协议。协议规定贸易总额为每方各进出口3 000万英镑货物。

7月9日　政务院举行第一百八十五次政务会议。会议通过《关于发放农业贷款的指示》。这个指示是在会议听取了政务院副秘书长廖鲁言的说明后批准的。《指示》指出，过去的农贷工作有很大成绩，也存在许多缺点，主要是长期农贷既不可能由预算拨款，而银行所能分配的贷款又由中央各主管部门分散使用，按业务系统下达，又忽视了小农经济的现状和特点，过分强调专款专用和实物贷放，有些地区设备性贷款所占比重过大，于是有些贷款发放下去，反而形成群众负担。《指示》规定：必须按生产季节及时将农贷发放生产及生活上有困难农民；领导机关要规定各地一个大体上的农贷控制数字；农贷偿还可有多种方式；应给县级领导机关以机动权，使能掌握调剂。该《指示》于8月31日发出。会议还在听取了林业部部长梁希所作的说明后，通过了《关于发动群众开展造林、育林、护林运动的指示》。《指示》要求，各级政府要因地制宜地提出造林计划，造林以后必须加强抚育，森林采伐后，应即进行迹地更新。必须重视保护现有林木，防止森林火灾，防治病虫害。对破坏森林的滥伐行为要严加禁止。必须确定林权，保护山林所有权。9月30日，此《指示》发布。

7月13日—27日　中国人民志愿军取得金城战役胜利。从5月中旬始，为配合停战谈判，锻炼入朝作战的部队，志愿军对“联合国军”与南朝鲜军发起夏季反击战役。正当停战谈判全部达成协议、准备签字之际，李承晚集团公然破坏协议；6月17日，以“就地释放”为名，扣留人民军部分战俘，并继续叫嚷“单独干”和“北进”，企图破坏停战的实现。中国人民志愿军总部首长决定从6月24日发起夏季反击战役第3次进攻。7月13日，志愿军集中5个军的兵力，1 000余门火炮，向金城方向南朝鲜军4个师防军的25公里宽的弧形战线发起攻击。27日战役结束，志愿军向前推进9.5公里，扩大阵地面积178平方公里，将军事分界线向前推进332.6平方公里。是役，歼敌7.8万余人，缴获坦克45辆，汽车279辆，飞机1架，多种炮423门，各种枪7 400余支。

7月15日　中国第一汽车制造厂在长春举行了奠基典礼大会。该汽车制造厂是中国第一个汽车制造厂。建国前中国只有一些小型汽车修配厂，没有汽车工业，不能制造内燃机。长春“一汽”的建设是中国工业建设史上的一件大事。中共中央东北局第一书记、东北行政委员会第一副主席林枫出席奠基典礼大会并作重要指示，中央人民政府主席毛泽东为该厂奠基题词：第一汽车制造厂奠基纪念。

7月16日　解放军福建海防部队粉碎国民党军的进犯。7月16日晨，国民党军在美帝国主义唆使下，集中1万多人的兵力，分乘舰艇10余艘，附水陆两用坦克20余辆，在海、空军的支援下，向福建南部沿海的东山岛进犯。同时组织空降兵200余人，在该岛北部海岸实施空降，企图切断东山岛与大陆之间的联系，协同其登陆部队作战。在国民党军登陆时，人民解放军守岛部队与民兵进行了顽强的抵抗，同时大陆部队及时驰援。配合守岛部队迅速歼灭了国民党的空降兵。17日拂晓，人民解放军集中优势兵力进行反击，战至当日黄昏，粉碎了国民党军的进犯，战斗胜利结束，此战，共歼灭国民党军3 000余人，击沉其登陆艇3艘，击落飞机1架并缴获大量武器弹药。

7月18日　政务院批复东北行政委员会。同意将哈尔滨、长春2市改划为中央直辖市，由东北行政委员会代管。

7月22日　中共中央发出《关于新华社记者采写内部参考资料的

规定》。《规定》指出，关于采写内部参考资料的范围包括：一、党的政策方针在各地贯彻执行中的情况和困难，特别是那些对领导机关有参考价值的实际工作中的困难、偏向、错误和缺点的情况。二、各阶层人民当前的政治思想情况，各阶层人民对国内外重大政治事件的意见，在生活和工作中所遇到的困难和对于领导机关的意见。三、统一战线工作中的问题。四、工作中一些尚不成熟、带试验性的不宜公开报道的工作经验。五、各地自然灾害的详细情况和反革命分子活动情况。六、其他不宜公开发表的重要情况。

7月27日　《关于朝鲜军事停战的协定》及其附件和临时补充协定在板门店正式签署。《关于朝鲜军事停战的协定》及其附件和临时补充协议由朝中方面谈判代表团首席代表南日大将和联合国军谈判代表团首席代表哈利逊中将在板门店正式签署。历时2年零17天的朝鲜停战谈判胜利完成，朝鲜战争结束。协定的各种文本分送双方最高军事首长。朝鲜人民军最高司令官金日成元帅于27日在平壤在朝鲜停战协定和临时补充协议上签字；联合国军总司令克拉克上将于27日在汶山在朝鲜停战协定和临时补充协议上签字；中国人民志愿军司令员彭德怀于28日在开城在朝鲜停战协定和临时补充协议上签字。金日成和彭德怀向朝中部队发布停战命令，命令武装部队全体人员坚决遵守停战协定，自1953年7月27日22时起，全线完全停火，同时命令朝中武装部队全体人员应保持高度戒备，坚守阵地，防止来自对方的任何侵袭和破坏行动。7月29日，由双方联络官在板门店交换经由双方司令官签署的停战协定及其临时补充协议。至此，历时3年多的朝鲜战争宣告结束。

同　日　金日成元帅和彭德怀将军发布停战命令。命令说，朝鲜人民军和中国人民志愿军与联合国军签订了朝鲜停战协定。停战协定的签订是以和平方式解决朝鲜问题的第一步。但是，在联合国军方面尚有一部分好战分子对停战协定的签订极表反对。为此，朝鲜人民军和中国人民志愿军全体同志必须提高警惕。为了坚决保证朝鲜停战的实现和不遭破坏，特命令：一、朝鲜人民军和中国人民志愿军的陆军、空军、海军、海防部队全体人员应坚决遵守停战协定。

自1953年7月27日22时起，即停战协定签字后的12小时起，全线完全停火；在1953年7月27日22时起的72小时内，即停战协定生效后的72小时内，全线一律自双方已经公布的军事分界线后撤2公里，并一律不得再进入非军事区一步。二、朝鲜人民军和中国人民志愿军的陆空、空军、海军、海防部队全体人员应保持高度戒备，坚守阵地，防止来自对方的任何侵袭和破坏活动。

同　日　朝鲜人民军最高司令部、中国人民志愿军司令部联合发布3年来综合战绩公报。公报说，自1950年6月25日—1953年7月27日为止，共毙、伤、俘敌军109.3839万，其中美军39.7543万名；共击落击伤和缴获敌机1.2224万架，击毁击伤和缴获敌军坦克3 064辆；击沉击伤敌军舰艇257艘。

8月1日　政务院下达《关于1953年暑期全国高等学校毕业生统筹分配工作的指示》，确定配备重点。《指示》说，1953年暑期高等学校毕业生分配的基本方针，仍然是“集中使用、重点配备”。配备重点是基本建设的施工、设计方面和高等学校的助教、研究生。业务部门领导的高等学校毕业生，基本上分配给各业务部门，只进行少量调剂。这次毕业的学生共3.4985万人，除培养的在职干部回原单位及一部分提前毕业外，实际分配的共3.1974万人。其中分配给工业、交通系统1.1209万人，高等学校助教、研究生5 712人，分配给农林、水利、财经系统4 809人；医药类毕业生1 975人，一部分留作助教，大部分到工矿企业。

8月5日　中共中央批准试行国家计委《关于编制经济年度计划暂行办法（草案）》。这个《办法（草案）》在1952年中财委制定的《暂行办法》的基础上，对以下问题作了进一步明确的规定：一、国民经济年度计划应当根据我国当前社会经济的情况、国家经济建设总的方针、政策和长期计划所规定的基本任务来制定。二、国民经济计划既应起动员群众的积极作用，推动各种经济事业不断前进；又应有可靠根据，符合实际可能。三、对于不同的经济成分应有不同的计划。国营经济实行直接计划，其他经济成分实行间接计划。四、对不同经济成分、不同规模的企事业和不同工作水平的部门，编制计划应有不同的要求。对中央各部所属的国营经济，要求作出比较完整的全面计划；对地方国营经济，只要求计划几项主要指标；公私合营和合作社经济更应简化；对资本主义工业，则要求估计其总产值和主要产品产量；对个体手工业，只要求估计其总产值；对个体农业只能规定方向性的控制指标。所有这些估算性计划，还应通过国家的价格、税收、信贷等政策以及加工定货与收购等措施，促其实现。五、中央主管部门和地区两个编制计划的系统各有侧重。中央主管部门负责编制其直属企业和事业（包括中苏合营企业）及其管理的公私合营企业的各项计划草案；大区、省（市）负责编制其所属的国营企业和事业、公私合营工业、私营工业及个体手工业各项计划草案，农业、造林、水利、交通运输、文教卫生等事业（中央直接管理的除外）、国内商业（包括各种经济类型）以及合作社工业，由大区、省（市）分别编制地区计划草案，分送中央各主管部门进行综合，编制全国的计划草案。六、年度计划确定后，中央各部，大区、省（市）及其所属各级计划部门，均应制定季度计划（只限于国营、合作社营及公私合营的工业、商业、交通运输计划）。

8月5日—10日　中共中央批转公安部《关于文化保卫工作的指示》。《指示》说，各地公安机关对文化保卫工作尚存在着对当前文保业务范围划分不清、侦察与保卫业务分工不明和对机关保卫工作缺乏领导等问题，为了有效地打击内部的隐蔽敌人，特作如下指示：一、文化保卫工作的范围是，重要科学研究机关及其所属的研究单位；卫生机关及其所属的医院、医科学校、防疫队、生物制品厂、所；重要的文化机关；国家的出版、新闻、通讯、广播、书店；各种大学、专科学校；政法、外交、体育等各机关以及青年团、妇联、中苏友协等重要团体。二、公安机关的文化保卫部门的主要任务是掌握侦察工作，机关内部的保卫组织的主要任务是进行一般的保卫工作。三、统一大、专学校中保卫工作的做法，即在普通大、专学校内部不设立公开保卫组织。只在学校党委和人事部门中，增设专门保管特殊人事档案的机构。四、加强机关党组织对机关保卫工作的领导。

8月9日　中国运动员吴传玉在世界游泳比赛中获男子第一名。中国运动员吴传玉在布加勒斯特举行的第4届世界青年与学生和平友谊联欢节游泳比赛中，以1分8秒4的成绩获得男子100米仰泳第一名，获得金质奖章。这是新中国运动员第一次获得国际体育竞赛冠军。

8月10日　纺织工业部党组向中共中央报送《目前纺织工业基本情况及今后工作部署的报告》。《报告》说，3年多来，纺织工业部门完成了企业的恢复和初步改造工作。在国营企业中进行了民主改造，在职工中开展了劳动竞赛，推广了先进经验，提高了工人的觉悟和劳动热忱，生产量和劳动生产率逐年增长，1952年比1950年国营生产总值增加了53%，劳动生产率提高了30%，棉纺织业的设备利用率1953年将达到95.4%。在机械设计与制造方面，培养了一批技术人员，今后所需的纺织机器设备，可逐步自给。但目前仍存在着若干问题需要解决。在企业管理方面也存在着不少缺点。今后国营纺织工作的任务是：改善企业管理，提高技术水平，改进产品质量，充分发挥企业潜力，有计划地建设新厂，正确领导私营纺织业向国家资本主义发展。10月8日，中共中央批转此《报告》。

8月11日　周恩来在1953年夏季全国财政经济工作会议上作结论讲话。周恩来在会议总结中提出了过渡时期的税收任务和税收政策。关于税收任务，他说：“一方面要能更多地积累资金，有利于国家重点建设；另一方须调节各阶级收入，有利于巩固工农联盟，并使税制成为保护和发展社会主义、半社会主义经济，有步骤、有条件、有区别地利用、限制、改造资本主义工商业的工具。”关于税收政策，他说：“对公私企业应区别对待，繁简不同。对公私合营企业应视国家控制的程度逐渐按国营企业待遇。对工商业，应使工轻于商，生产资料轻于消费资料，日用品轻于奢侈品，有益于国计民生的私营工商业轻于无益于或少益于国计民生的私营工商业。”关于今后财政经济工作的方针政策，他指出：第一，财政工作的任务是，合理地从增加生产、扩大物资交流方面去培养财源。财政体制是，在中央统一领导和计划下，划定职权范围，分级管理，层层负责。在国家统一预算内实行三级（中央、省市和县）预算制度，划分中央和地方收支范围。第二，税收工作的任务是，一方面要能更多地积累资金，另一方面要调节各阶级收入。有利于巩固工农联盟。农业税应坚决实行“种多少田地、应产多少粮食，依率计征、依法减免、增产不增税”的政策。第三，商业工作的任务是，从扩大城乡互助、内外交流中，稳定市场，促进工农生产发展。增加国家税收和合理利润。商业政策是，大力巩固和有计划有步骤地发展国营商业。第四，粮食管理工作的任务是，切实组织征购，妥善调节支出，正确掌握价格，严密市场管理，加强调运保管。10月10日，中共中央批转周恩来的结论，并要求县以上干部进行学习。

8月17日　国家计委召集各大区、省、市及中央有关部门对计划工作、地方工业、物资调拨和统计工作等问题进行座谈。根据座谈情况，李富春提出一些看法。一、关于编制计划中要求过急。李富春指出：第一，学习苏联经验，必须和当前我国实际情况相结合，不能机械搬用苏联经验，不考虑我国当前的具体条件和工作水平。掌握计划工作的规律需要经过一个较长时期，需要由低级到高级、由简单到复杂，一步步提高。第二，对不同的经济成分，在计划上应有不同的要求。二、关于地方工业，李富春指出：地方工业主要应为当地人民的生产和生活需要服务。为国家建设事业服务，因此地方新建企业时，应尽可能考虑“就地取材，就地制造、就地推销”的原则。为了增加资金积累和适应日益增长的人民购买力的需要，地方工业员工有很大的责任，所以对地方工业必须采取积极发展的方针。三、关于物资分配问题。分配范围应“逐步扩大，量力而行”，充分照顾到地区平衡，以免增加相向运输。组织物资调剂，尽力使用呆滞、积压物资，弥补分配计划的不足。建立物资储备，以便应付计划不准和计划修改，以及生产发展不平衡等临时需要。

8月18日　教育部党组向中共中央报送《关于解决学龄儿童入学和小学毕业生升学问题的报告》。《报告》说，解放以来，小学生增加了135%，中学生增加了66%以上。今年要求入学和升学的学生又远远超过招生名额。如今年高小毕业生263万人，而初中只能招收64万人。群众对学生不能入学和升学极大不满。中、小学不能多招的原因是师资缺乏和校舍不足。建议首先集中力量解决城市中的入学和升学问题。具体办法是：就原有学校设法增班，对未办二部制的学校尽量改办二部制，利用公共房屋增设新校，协助工矿企业以及机关团体办理一些小学和中学，允许一般群众或工商业家出资设立小学或中学。此外，还可采取办夜校、广播讲座等多种方式，帮助不能升学的学生自学。允许农村群众自办小学。解决师资的办法是：从机关抽调一部分干部和招收失业知识分子以及选拔多余的扫盲教师。关于高小毕业生的出路，建议劳动部及其他企业部门，有计划地吸收年龄大的高小学生，予以各种短期或长期的技术教育，训练成技术工人。8月23日，中共中央批转此《报告》。

同　日　燃料工业部党组向中共中央报送《关于目前燃料工业情况及今后工作部署的报告》。《报告》说，燃料工业部领导下的厂矿总共有152个。其中煤矿68个，机器厂2个，电厂72个，石油厂10个。3年来这些厂矿在民主改革与生产改革的基础上，进行了恢复、改建与重点新建工作，大大地发挥了企业的潜在力量，提高了生产能力，降低了生产成本，基本上满足了工业恢复阶段的燃料和电力供应。根据检查，1953年上半年我部所属企业生产的情况不太好，煤、电都未完成计划。燃料工业部所以存在缺点和错误，主要是部领导的水平不高，工作中缺乏调查研究。同时，许多问题也没有能及时向中央请示报告，取得中央更具体的领导。今后我们必须克服领导上的官僚主义，加强理论学习，钻研业务。对所属企业要推行计划管理，建立与健全生产管理责任制。1953年基本建设的任务是：集中力量抓紧主要厂矿的新建和续建，继续恢复和改进现有的厂矿以发挥企业潜力，节约投资；大力进行资源勘查和增长基本建设能力。11月4日，中共中央批转此《报告》，并作出批示：燃料工业建设，必须从全面的长远的观点出发，按照国家建设的需要和资源分布的状况，切实周密地研究和制定五年计划。在建设步骤上，电业建设，在头一个五年计划期间，重点是火力电站；煤炭生产，重点是解决生产矿井的地质工作和加强掘进工作；石油工业目前应以甘肃河西的玉门为重点，其次应注意东北人造石油的炼制和陕北天然石油的开发。

8月20日　政务院举行第186次政务会议。会议听取和批准了水利部长傅作义所作的《关于农田水利工作的报告》。《报告》说，3年来，共修小型塘坝涵闸等工程310多万处，凿井73万眼，恢复及新建大型灌溉工程214处，排水工程30余处，添置抽水机2.3万多马力，扩大灌溉面积4 600多万亩。周恩来在讲话中指出，过去比较倾向搞大型水利工程，而对一般的农田水利工程注意不够。大工程要搞，但不能冒进贪多。如根治黄河的问题，不要贸然提出，否则搞错了，一返工就是几万亿元的事。第一个五年计划内还是多搞小的农田水利工程。

8月21日　青年团中央发出《关于"中国少年儿童队"改名为"中国少年先锋队"的说明》。改名的决定是在青年团第二次全国代表大会上一致通过的。《说明》指出，改名并没有改变队的性质和任务，中国少年先锋队仍然是广泛性的少年儿童自己的组织，这个组织在学习和各种集体活动中，团结和教育少年儿童，培养他们成为爱祖国、爱人民、爱劳动、爱科学、爱护公共财物，健壮、活泼、勇敢、诚实的新的一代。

8月24日　外交部长周恩来发表关于政治会议的声明。声明阐明中国政府对联合国第7届大会关于政治会议问题的原则立场。声明指出，为了使政治会议能够和谐地进行，以便在国际事务中给和平协商解决争端建立典范，政治会议应采取圆桌会议的形式，而不采取朝鲜停战双方单独谈判的形式；政治会议的职权范围，应先行协商从朝鲜撤退一切外国军队，然后再讨论其他问题；凡以军队参加联合国军在朝鲜进行战争的国家，可被考虑作为停战的一方参加会议。声明强调指出，联合国大会关于政治会议问题的讨论，竟拒绝邀请中华人民共和国和朝鲜民主主义人民共和国的代表参加，这是不合理的。联合国大会的各项建议，如果符合本声明中的各项原则，中国政府将予考虑作为举行政治会议的基础。

8月27日　政务院举行第一百八十七次政务会议。会议听取和批准了邮电部部长朱学范《关于邮电工作基本情况与1953年下半年工作部署的报告》。《报告》说，3年来，邮电通讯事业完成了恢复工作，构成了以北京为中心的全国通讯网，大量发展了乡村邮政，邮电设备与业务有了迅速发展。1952年邮电业务总收入完成了年度计划的100.2%，比1951年增加收入23.6%。会后，邮电部发出关于这个报告的指示。9月10日，《人民日报》发表社论《努力改进邮电工作》。

8月28日　中共中央同意并批转财政部提出的关于解决今年财政收支平衡的报告，同时发出《关于增加生产、增加收入、厉行节约、紧缩开支、平衡国家预算的紧急通知》。财政部的报告提出，通过银行增缴利润2万亿元，并从下半年银行发行货币8万亿元中拿出6万亿元做财政支付，以增加财政收入；同时中央经济建设费少支5万亿元，军费少支3万亿元，中央文教、行政费少支2.5万亿元，地方少支2万亿元，共少支12.5万亿元，以减少财政支出。《紧急通知》指出，为了纠正上半年财政工作的错误，解决财政赤字问题，同意并批转财政部的报告。号召全党、全国人民通过增加生产，扩大收购和销售，加速资金周转和做好税收工作来增加收入；厉行节约，坚决削减军事、经济、文教、行政一切可以削减、可以推迟的事业拨款，精减军政机构，节约行政经费，节约粮食，坚持保证财政部提出解决赤字的具体方案的实现。

8月31日　政务院发出《关于发放农业贷款的指示》。《指示》指出，几年来各地在发放农业贷款的工作中取得了不少成绩，但也发生了若干错误和缺点，主要是不顾农村经济的具体情况，强调了自上而下的统一布置，强调了按计划贷款和专款专用，贷款大部分按规定用于购买农用生产资料等实物，以致贷款发放往往脱离实际需要，成为群众负担，把好事办成了坏事。为使贷款适合群众需要，政务院规定：取消绝对按计划的、专款专用的、以贷款购买农用生产资料等实物为主的办法，改为保持大体计划，按地方按需要发放，由群众自行支配，并以发放现款为主的办法；贷款偿还期限，根据农民的经济状况及不同用途分别规定了贷款必须按照各地生产季节及时发放，必须贷给生产及生活上有困难的农民，在组织起来的农民和个体农民之间必须作合理分配，实行双方兼顾的原则。

9月4日　中共中央发出《关于城市建设中几个问题的决定》。《决定》指出，随着国家工业建设的开展，工业城市的建设工作已日益迫切和需要，不少重工业城市由于缺乏城市总体规划和统一领导，已影响了工厂、住宅、交通、运输等方面的合理布置和建筑用地的正确分配，以致产生建设单位各自为政，分散建设，造成建设中的盲目、分散、混乱现象，为此，中共中央在决定中指出，为了适应国家工业建设的需要和有利于城市建设工作的管理，工业建设比重较大的城市应迅速组织力量，加强城市规划设计工作，争取尽可能迅速地拟订城市总体规划。城市发展规模与发展远景，可根据国家第一个五年计划对工业布局的初步意见处理。城市规划除少数重要城市由中央建筑工程部直接帮助设计外，一般工业城市及改建城市由大区域市建设部门直接领导，由城市建设委员会拟订。建厂所需资料，如地形、地质、地震、水文、气象等自然资料与必须的经济资料，也应尽可能由城市建设委员会组织有关部门统一进行。

9月5日　政务院发布《关于清理现行调查统计表格及禁止乱发调查统计表格的指示》。《指示》指出，为适应国家有计划的经济建设，各级政府及其各业务部门开始重视统计工作，并取得一定的成绩。但许多机关乱发调查统计表格的现象十分严重，特别是在农村表格泛滥成灾，成为“五多”之一。乱发调查统计表格浪费了无数的人力物力，反使统计数字愈益混乱，在群众中造成恶劣影响，妨碍了生产工作和其他工作的正常进行。《指示》指出，调查统计工作中的这种混乱状态，首先是由于某些机关用主观主义、分散主义、官僚主义的方法来进行调查统计；其次是管理不严、制度不健全所致。为纠正统计工作中的混乱现象，各级政府、统计部门及各业务部门必须对目前泛滥着的调查统计表格做认真地清理，并对今后颁布调查统计表格加以严格控制。为此，《指示》规定了具体办法。9月6日，国家统计局发布依据《指示》制订的《关于制订及审批调查统计报表的暂行办法》。9月7日，《人民日报》发表社论《消灭调查统计工作中的混乱现象》。

9月7日　中共中央主席毛泽东召集民主党派和工商界部分代表

谈话。谈话中阐述了党在过渡时期对资本主义工商业进行社会主义改造的方针政策。他首先指出，应当使共同纲领第31条的方针明确起来和逐步具体化，即肯定国家资本主义是改造资本主义工商业和逐步完成社会主义过渡的必经之路。他认为，占有大约380万工人店员的私营工商业，是国家的一项大财富，在国计民生中有很大的作用。私营工商业不反对国家供给产品，而且可以为国家积累资金，可以为国家训练干部。他强调，有些资本家对国家保持一个很大距离。他们仍没有改变唯利是图的思想；有些工人前进得太快了，他们不允许资本家有利可得。我们应向这2方面的人们进行教育。实行国家资本主义，不但要根据需要和可能（共同纲领），而且要出于资本家自愿，因为这是合作的事业，既是合作就不能强迫，这和对地主不同。他说，至于完成整个过渡时期，即包括基本上完成国家工业化，基本上完成对农业对手工业和对资本主义工商业的社会主义改造，则不是三五年所能办到的，而需要几个五年计划的时间。在这个问题上既要反对遥遥无期的思想，又要反对急躁冒进的思想。

同　日　中共中央作出《关于中央建筑工程部工作的决定》。据反映，建筑工程部成立9个月以来，由于盲目发展，职工队伍迅速扩大到69.5万人，超过需要约12万人。且队伍杂乱，劳动力弱，还混进了一些政治上不纯的分子。建筑力量组织使用也不合理，设计工作薄弱，施工管理混乱。针对这些情况，中共中央指出，建筑工程部的基本任务应当是工业建设。建设力量的使用方向，应当首先保证工业建设，特别是重工业建设，其次才是一般建筑。为了使建筑工程部集中力量执行工业建设任务，决定将该部担负的国防工程任务，移交军委有关部门；一般民用建筑企业的管理，移交地方。同意建筑工程部报告中提出的整顿队伍的意见，以现有8个建筑工程师及一部分较有基础的建筑企业为骨干，组织一支具有良好政治素质与高度技术的工业建筑队伍。对人员的处理，应在密切结合当前生产任务及提高职工群众觉悟的基础上，慎重地妥善地加以解决。

9月8日—11日　中国人民政治协商会议第一届全国委员会常务委员会举行第四十九次（扩大）会议。在京政协委员、中央人民政府委员会委员、政务院政务委员及各大城市工商联负责人列席了会议。政协全国委员会委员、政务院副总理陈云作关于财政经济工作问题的报告，中财委副主任李富春作关于与苏联政府商谈苏联对我国经济建设的援助问题的报告；政协全国委员会副主席、政务院总理周恩来作关于过渡时期的总路线及第一个五年建设计划的基本任务的报告。会议对3项报告进行了分组讨论。最后，周恩来作了总结发言。周恩来在报告和总结发言中讲了三个方面的问题：一、关于过渡时期总路线。从中华人民共和国成立时起，我们就认定新民主主义要过渡到社会主义。在过渡时期，对国家工业化，对农业、手工业和资本主义工商业的社会主义改造，都还只是基本上实现，而不是完全实现。只要是基本实现了，过渡时期就算结束了。所谓相当长的时期，究竟多少年，不可能说得那么准。过渡时期的长短，决定于是否基本上完成了国家工业化和对农业、手工业、资本主义工商业的社会主义改造。这要看我们的努力。什么叫社会主义？最基本的就是完成社会主义改造，取消了生产资料的私人资本主义所有制，农业、手工业集体化。在过渡时期中，是采取温和的逐步过渡的办法，使社会主义成分的比重一天天地增加。在过渡时期要把各种经济纳入国家的总计划中，但这是一个相当长时期的过程。二、关于第一个五年计划。第一个五年计划的基本任务是，首先集中主要力量发展重工业，建立国家工业化和国防现代化的基础；相应地培养技术人才，发展交通运输业、轻工业、农业和扩大商业；有步骤地促进农业、手工业的合作化和对私营工商业的改造；正确地发挥个体农业、手工业和私营工商业的作用。所有这些，都是为了保证国民经济中社会主义成分的比重稳步增长，保证在发展生产的基础上逐步提高人民物质生活和文化生活水平。三、关于社会主义改造和国家资本主义。对农业、手工业、资本主义工商业实行社会主义改造，在当前还不是最后的改造，而是逐步过渡中的改造。最后的改造是取消生产资料的私人所有制，把它变成国家所有制或集体所有制；而逐步过渡中的改造，是使生产资料的私人所有制受到限制，成为不完全的私人所有制。3—5年基本上将私营工商业纳入国家资本主义轨道，这并不是完成社会主义改造，完成社会主义改造还要几个五年计划，两者不可混同。如果不讲清楚，很容易被误会为马上要实行社会主义。一方面要反对把社会主义改造看成遥遥无期，停止不前，另一方面，急躁冒进，想一步登天，也是错误的。

9月10日—23日　第一次全国综合大学会议在北京举行。会议由高等教育部召开，确定综合大学的方针任务和培养目标，讨论专业设置、教学计划、科学研究工作和师资培养等问题。高等教育部副部长黄松龄代马叙伦部长在会上作了《关于综合大学的方针和任务》的报告，副部长曾昭伦作了关于综合大学专业设置及修订教学计划的报告，副部长杨秀峰对国家总路线和总任务作了传达；政务院文教委员会副主任习仲勋、秘书长钱俊瑞到会作了重要指示。会议认为，高等教育是为国家培养合格干部的重要一环。首先以马克思列宁主义关于自然和社会发展规律的科学，作为高等学校所必须具备的基础；其次，适应国家经济建设计划所要求的不同部门的不同建设人材，在广博的基础知识之上进行不同类型的专业教育，使其理论与实际相结合，全面发展与专业训练相结合，以培养出对各种建设事业能胜任的专家。这是新型高等学校为培养德才兼备的人材所应遵循的道路，也是综合大学的基本方针。综合大学的任务主要是培养理论或基础科学（自然科学和社会科学）方面从事研究工作或教学工作的专门人才，为经济和文化部门输送研究和教学干部。根据这一任务，会议及时提出了科学研究工作在综合大学的重要性。会议指出，综合大学主要是一个教学机构，同时也是一个研究机构。教学与科研是互相为用，互相提高的，教学研究是结合教学工作和研究工作的基本组织。会议还讨论了《高等学校科学研究工作暂行办法（草案）》，并研究了综合大学院系调整、专业设置及各校发展规模的原则等问题。

9月13日　外交部长周恩来致电联合国秘书长哈马舍尔德。致电中周恩来受权代表中国政府对联合国大会第430次全体会议通过的有关朝鲜问题的2项决议案提出答复。复电重申8月24日声明中中国政府对于政治会议问题的主张，认为政治会议的成员问题与政治会议任务能否圆满达成有着重大关系。指出，联合国大会第430次全体会议拒绝了以圆桌会议形式为基础的苏联提案，而通过了以交战双方举行谈判为基础的15国提案，这是对于朝鲜停战协定第60款的有害曲解。复电建议：参加政治会议的成员国，应为在朝鲜交战双方的全体国家，包括朝鲜民主主义人民共和国及南朝鲜在内，以及被邀请的有关中立国家苏联、印度、印度尼西亚、巴基斯坦和缅甸，政治会议应采取圆桌会议形式，最后要求将复文列入第8届联大议程。

同　日　中共中央发出《关于改善学校工作及防止学生发生罢课和请愿事件的指示》。《指示》提出，中央责成各级党委迅速督促各该级行政教育部门，将自己所管辖的学校，进行一次摸底和排队，对情况严重的学校，应采取有效办法加以处理。对故意迫害学生的严重违法乱纪分子，必须分别情况严肃处理。各级党委必须有计划有步骤地配备和充实学校中的领导骨干，加强学校政治工作，定期检查学校工作，倾听教职员工和学生们的呼声，严格纠正对学校工作漠视和不负责任的态度。

9月14日　中央人民政府委员会举行第二十五次会议。会议听取和批准了政务院副总理兼中财委主任陈云所作《关于财政经济工作的报告》。《报告》说，今年是我国进入有计划建设时期的第一年，今年上半年，国营工业完成半年计划的101%。农业，部分地区遭受了自然灾害，估计粮食的收获量可能比去年要少一点，或者差不多。对外贸易上半年出口完成全年计划的52%，进口也接近完成半年原定计划。关于财政和商业工作方面的问题是，税收工作有过重大错误，这就是修改税制。其错误归纳起来有2个：一个是“公私一律”，一个变更了纳税环节。国营商业工作的错误是：今年第一季度营业额缩小了，主要是对市场需要量估计不足，对物资积压估计太高，提出“泻肚子”的口号，减少了加工订货，这样市场上很快出现了脱销现象。另一个错误是对国营工厂产品收购少了一点，对私营工厂产品收购多了一点。财政方面的问题是：对地方财政统得太多，太死了。目前工作的要点：一是要搞好增产节约，以弥补今年的赤字；

二是改善人民的生活，要靠政府和人民的共同努力；三是要反对投机和“五毒”。

9月15日　中央人民政府委员会举行第二十六次会议。会议听取并批准了中财委副主任李富春所作《关于与苏联政府商谈对我国经济建设援助问题的报告》，通过了向苏联政府的致谢电，感谢苏联政府同意在建设和改建中国“141”项企业中给予系统的经济和技术的援助。

9月17日　国家计委同中财委初步确定1954年国家财政预算方案。关于财政收入，包括发行6万亿元公债，合计收入为214.2万亿元。关于财政支出，决定预备费从20万亿元减为16万亿元，合计支出为214万亿元。其中经济建设费72万亿元，社会文教费32万亿元，行政费23万亿元。国家计委在报告中指出，收入虽紧，比较接近实际，如果各方面努力，还可增加一些。支出必须打紧，以免突破预算。1954年发行公债势在必行，提请中央决定。中央与地方投资分配，除了地方工业和地方公私合营投资用的地方工业投资外，在农林、文教、交通、城市建设、行政费等方面均由中央有关部门为地方划出一定比例。1954年全国职工平均工资拟增加4%，重点在重工业及知识分子。

9月18日　中央人民政府委员会举行第二十八次会议。会议听取中央选举委员会委员邓小平关于推迟召开全国人民代表大会及地方各级人民代表大会的决议的说明。一致通过了《关于推迟召开全国人民代表大会及地方各级人民代表大会的决议》，决定全国基层选举工作，一般推迟到1954年1月底以前完成。会议还通过和批准任免事项。任命习仲勋为政务院秘书长，任命李维汉为中财委副主任，任命邓小平兼任中财委副主任和财政部部长，批准任命吴德为天津市人民政府市长，焦若愚为沈阳市人民政府市长，孙平为本溪市人民政府市长，方仲如为西安市人民政府市长，邢肇棠为宁夏省人民政府主席，谭启龙为浙江省人民政府主席，李先念为武汉市人民政府市长，何伟为广州市人民政府市长，程潜为湖南省人民政府主席。免去李维汉政务院秘书长职务，免去薄一波财政部部长职务，韩光为旅大市人民政府市长职务。

9月22日　教育部颁发《试行小学（四二制）教学计划（草案）》。这个《计划（草案）》对1952年2月5日颁发的暂行教学计划作了修订，以适应全国小学停止推行“五年一贯制”，仍按“四二制”办理的情况。

9月23日—10月6日　中国文学艺术工作者第二次全国代表大会在北京举行。周恩来出席大会作重要报告。中国文联主席郭沫若致开幕词。中国文联副主席周扬和茅盾分别在会上作了报告。中共中央宣传部副部长胡乔木在会上作关于文学艺术团体为争取我国文学艺术的繁荣的组织任务的报告。政务院总理周恩来向大会作了政治报告并对文艺工作作了指示。大会通过有关决议，号召文艺工作者，在中共领导下，掌握为工农兵服务的方向，深入实际生活，提高艺术修养，努力艺术实践，用艺术的武器来参加逐步实现国家的社会主义工业化的伟大斗争。会议修正通过了《中国文学艺术界联合会章程》，选出了中国文学艺术界联合会第二届全国委员会委员。10月9日，中国文学艺术界联合会第二届全国委员会选举郭沫若为主席团主席，茅盾、周扬为主席团副主席。

9月25日　中共中央发出《关于颁发1954年度国民经济计划控制数字的指示》。《指示》提出编制新的年度国民经济计划的方针。《指示》指出，1953年经济建设在取得很大成就的同时，也发生了一些问题，主要是财政预算收支有虚假现象，发生较大赤字；对基本建设工作缺乏经验，产生了贪多冒进的偏向；农业因灾减产，造成粮食供应紧张，工业生产不均衡；某些轻工产品不足；有些措施失当，减弱了国营商业对市场的领导作用。据此，《指示》提出1954年度编制国民经济计划的具体方针是：一、必须坚定不移地不断增长社会主义经济比重和集中力量发展重工业。二、充分发挥中央国营工业的设备效能，以保证工业发展速度和满足人民生活的需要。三、把发展粮食和棉花作为一项长期的重大任务，千方百计努力增产。四、扩大国营及合作商业阵地，进一步控制和缩小私人大批发商的活动。五、把培养建设干部的工作当做国家建设事业成败的一个重要环节。六、从各方面积累资金，支援国家建设。1954年需尽量节省国防开支和行政费开支，适当提高经济建设投资比重，优先保证工业建设，在轻工业投资中适当增加纺织工业的比重。文教建设投资也应以培养经济建设所需技术干部为重点。《指示》还规定了1954年国民经济计划的控制数字：工业总产值比上年预计增长16.4%，粮食增长暂定7%；棉花暂定9.6%。财政收入约208万亿元，另发行公债6万亿元。经济建设拨款72万亿元，较1953年略低，重点保证“141”项中续建和新开工的项目。

9月26日　徐悲鸿逝世。著名画家、中央美术学院院长、全国美术工作者协会主席徐悲鸿在北京病逝，终年58岁。徐悲鸿，江苏宜兴人，1919年赴法国留学。1927年回国后历任南京中央大学艺术系教授、上海南国艺术学院美术系教授、北平大学艺术学院院长。抗日战争期间，在国外售画，捐款救济祖国难民，并参加民主运动。1949年7月出席中华全国文学艺术工作者第一次代表大会，当选为全国文联常务委员和中华全国美术工作者协会主席。同年9月出席全国政协第一次全体会议。建国后任中央美术学院院长。绘画创作上擅长油画、中国画，尤精素描。所画花鸟风景，简练明快，富有生气。尤以画马驰名中外。代表作有《奔马图》、《愚公移山》、《田横五百士》等。

9月28日　国家统计局发表《关于1952年国民经济和文化教育恢复与发展情况的公报》。报告对工业、农业、基本建设、交通通讯、贸易、职工生活和文教事业等各主要部门情况作了概述。《公报》指出，1952年是我国经济恢复阶段的最后一年，这一年中，全国展开了爱国增产节约运动，工农业生产继续有很大的增长，工农业主要产品的产量，绝大部分已超过我国历史上的最高年产量，国内外贸易继续扩大，交通运输事业也有新的发展。基本建设的投资，在国民经济各部门，尤其是在工矿、水利部门，较过去2年有很大的增长。文化、教育、卫生事业也有相当的发展。在国民经济迅速恢复和发展的基础上，人民的物质和文化生活有了显著改善。

9月28日—10月13日　第一次全国高等师范教育会议在北京举行。会议由教育部召开，政务院文教委员会副主任习仲勋、秘书长钱俊瑞到会讲话。参加会议的有各大区、省、市教育厅、局的教育行政干部，高等师范学校校长、院长及教师，中央有关部门代表共177人。会议听取和讨论了教育部部长张奚若关于《全国高等师范教育的基本情况和今后方针任务》的报告，教育部副部长柳湜关于《高等师范学校教学改革》的报告，高等师范教育司司长李实关于《高等师范学校教学计划修订经过》的报告。习仲勋、钱俊瑞对高等师范教育在国家建设中的重要地位，高等师范教育今后5年内的方针、任务，加强学校的领导，以及学校中的政治工作等重大问题作了重要指示。教育部副部长董纯才作了总结报告。会议总结了师范教育工作的经验，讨论了当前师范教育的一些基本问题，确定了高等师范教育今后几年内的方针，即"在整顿巩固现有高等师范教育的基础上，根据需要与可能，有计划、有准备地予以大力发展"。会议还制定了高等师范学校8个系的教学计划，规定了提高现有师资和培养新师资的办法。10月23日，《人民日报》为此次会议发表社论：《必须十分重视高等师范教育》，指出，办好和发展高等师范教育，是办好和发展普通教育的关键；它的质量，不仅直接影响中等学校的质量，而且会影响国家建设工作。12月29日，中共中央批准了教育部党组关于第2次全国教育工作会议和这次全国高等师范教育会议的报告。

9月30日　邓小平在政务院会议上传达中央政治局会议批准的1954年财政收支指标及中央和地方财政划分问题的报告。报告指出，一、1954年的总收入共214万亿元，其中包括6万亿元的公债，加上1953年的结余17万亿元，共231万亿元，实际上比1953年少收将近17万亿元。1954年整个经济建设投资为72万亿元，比1953年少10万亿元，因此对各部门的投资数额都要减少。二、为了不突破预算，控制的办法是：所有的开支项目，必须归口；实行各口、各部、各地方的包干制；各部门、各地方在自己的预算内留出一部分预算；减少行政开支，减少人员；动用国家总预备费，一定要经过中央批准，财政部门要建立财政监督。三、过去的财政收支管理，划分为中央、大行政区及省（市）三级。1954年是中央和地方二级财政。财政收支预算的编制程序是：由中央确定财政收支控制指标，财政部统一下达到各大区，大区可以在不变动全区收支总额的情况下，根据具体情况，变动项目。但必须说明，地方要变动的项目，也是指地方所管的那一部分。四、中央一级机关除党群系统外，共有11万人员。准备减少20%，有的机关甚至可以减少30%。节省开支，重点是中央。

10月1日　中华人民共和国成立4周年国庆节庆祝典礼，在北京天安门广场隆重举行。中央人民政府主席毛泽东检阅了武装部队和首都各界群众的游行队伍。中国人民解放军总司令朱德在阅兵后宣读了中国人民解放军总部给全国武装部队的命令。

10月4日　中共中央批转华北局《关于纠正农业生产互助合作运动中急躁冒进倾向后的情况及当前工作任务向中央的报告》，并要求各级党委将纠正互助合作运动偏向的工作加以总结。华北局的《报告》说，华北地区急躁冒进倾向业已基本上得到纠正，凡不具备中央指示的5个条件的农业合作社均已基本上转为互助组。全区9 283个社，有36%的社因条件不具备而转为互助组。经审查保留下来的社，其中有半数以上的社有10%的社员退社。原有135个50户以上的大社，已紧缩或分办。耕畜、农具一律作价入社的现象很普遍。纠正冒进倾向的结果，农民生产情绪已趋安定。中共中央在批语中指出，在过渡时期内，党在农村的基本任务乃是完成对农业经济的社会主义改造。这个任务是绝对不能放松的，否则即会产生右的自流主义错误；但在执行这一基本任务时，又必须从长期存在的小农经济这一基本情况出发，逐渐地、稳步地前进，否则即会产生"左"的急躁冒进错误。批语肯定了华北局在报告中确定，当前农业生产互助合作运动应以发展和巩固互助组为中心环节是完全正确的。指出，互助组依然是适合广大农民群众生产要求和文化水平的一种合作形式；同时也是目前在克服生产困难和向自然灾害作斗争中，便于广泛地发挥农民群众力量的一种组织形式。认为互助组的形式业已过时，认为它简易好办，因而只满足于组织起来的百分比，放松了积极、具体和深入的指导工作等等的想法和做法，都是错误的，必须予以批判和纠正。

10月5日　中华人民共和国政府和德意志民主共和国政府达成协议，将两国外交使团改为大使馆并互派大使。

10月8日　政务院举行第一百九十次政务会议。会议听取并批准了交通部长章伯钧所作的《关于交通工作的基本情况与今后方针任务的报告》。《报告》说，4年来，国营运输生产方面，海上运输1952年比1950年客运周转量提高4倍，货运周转量提高11倍。内河通航里程9万余公里，1952年国营的客货运输周转量比1950年提高177%。汽车运输至1952年底，全国营运里程达9.3万余公里，货运周转1952年比1950年提高126%，客运周转量提高65%。基本建设，至1952年底，新建、改建公路9 700余公里。全国公路的通车里程为13万余公里，比1949年增加了73%。私营运输业，在业主完全自愿的条件下，实行了公私合营。

同　日　外交部长周恩来发表声明。声明赞同苏联政府照会法、英、美3国政府关于召开5大国外交部长会议的建议，并指出，由5大国外交部长会议来审查缓和国际紧张局势的措施，是符合全世界爱好和平人民的愿望的。

10月10日　政务院副总理陈云在全国粮食会议讲话，要求实行粮食统购统销。陈云在讲话中说，现在，全国粮食问题很严重。一是收进的少，销售的多。二是在受灾地区和粮食脱销地区、小城市和集镇开始发生混乱，粮贩子大肆活动，粮价波动，地区间互相封锁也造成粮食的抢购和抬价。三是东北的灾情严重，上调中央的粮食减少。四是京津面粉不够供应，只能实行定量配售。五是如不采取措施，收购计划将完不成，即使完成，销售计划也将大大突破。讲话指出，粮食混乱的后果要影响物价，物价上涨，就会造成人心恐慌。因此在粮食问题上，有4种关系要处理好。这就是：国家跟农民的关系，国家跟消费者的关系，国家跟商人的关系，中央与地方、地方与地方的关系。这4种关系中处理好了第一种关系，天下事就好办了。只要收到粮食，分配是容易的。处理这些关系的基本办法是：在农村实行征购，在城市实行定量配给，严格管制私商，以及调整内部关系。这4个问题，重点是征购。总起来说，在农村中采取征购粮食的办法，在城镇中采取配售粮食的办法，名称可以叫“计划收购”、“计划供应”，简称“统购统销”。10月16日，中共中央作出《关于实行粮食的计划收购和计划供应的决议》，11月15日，中共中央作出《关于全国实行计划收购油料的决定》。11月19日，政务院通过《关于粮食计划收购与计划供应的命令》。12月初在全国实行。

同　日　外交部长周恩来发表声明。声明对美国政府经由瑞典政府致送的关于政治会议的3个通知提出了答复。同时，外交部将上述声明送致瑞典大使馆，请其转致瑞典政府然后转致美国政府。外交部并将上述声明电告联合国秘书长哈马舍尔德，请其转致联合国第八届大会主席潘迪特夫人。声明指出，联合国第八届大会将中朝两国政府提出的关于政治会议的4项建议拒不列入议程，这是联大违背和平协商国际争端的原则的无理表现，中国政府对此深表遗憾。中国政府认为，政治会议不应该是板门店谈判形式的重复，而应该有除朝鲜交战双方之外的其他有关中立国家的参加，以利会议顺利进行。而联大抛弃联合国宪章的宗旨和原则，自居于朝鲜交战的敌对一方，使得联大威信更加丧失。尽管如此，中国政府本着坚持和平解决朝鲜问题以利巩固亚洲及世界和平的政策之立场，同意由朝、中两国政府指派代表与美国代表进行关系政治会议问题的会谈，而会谈应主要解决政治会议的成员问题。

10月11日　政务院颁布本年高等学校院系调整方案。至年底，除农林、医药的系科专业设置尚须继续调整外，一般高等学校的院系调整工作基本完成。经过调整，全国共有高等学校182所。其中综合大学如中国人民大学、北京大学、南开大学等计14所；工业院校如清华大学、北京工业学院、北京航空学院等计38所；师范院校如北京师范大学、河北师范专科学校、河北师范学院等计31所；农林院校如北京农业大学、北京农业机械化学院、北京林学院等计29所；医药院校如北京医学院、天津医学院、中国医科大学等计29所；财经院校有北京对外贸易专科学校等6所；政法院校有北京政法学院等4所；语文院校有北京外国语学校等8所；艺术院校有中央美术学院等15所；体育院校有中央体育学院等4所；少数民族院校有中央民族学院等3所；专科学校有北京气象专科学校1所。

同　日　政务院公布1953年5月29日政务院第一百八十次会议通过的《关于修订高等学校领导关系的决定》，同时宣布废除1950年8月2日发布的《关于高等学校领导关系的决定》。新《决定》提出，为适应国家大规模经济建设的需要，高等教育部必须与中央政府各有关业务部门密切配合，有步骤地对全国高等学校实行统一与集中的领导。《决定》规定，凡高等教育部所颁布的有关全国高等教育的建设计划、财务计划、财务制度、人事制度、教学计划、教学大纲、生产实习规程，以及其他重要法规、指示或命令，全国高等学校均应执行。各高等学校的直接管理工作，按下列原则由中央高等教育部与中央各有关业务部门分工负责：一、综合性大学由中央高等教育部直接管理；二，与几个业务部门有关的多科性高等工业学校由中央高等教育部直接管理；高等教育部认为必要时，得委托某一中央业务部门管理；三、为某一业务部门或主要为某一业务部门培养干部的单科性高等学校，可以委托中央有关业务部门负责管理；如有困难，应由高等教育部管理；四、对某些高等学校，高等教育部和中央有关业务部门认为直接管理有困难时，得委托学校所在地的大区行政委员会或省、市人民政府或民族自治区人民政府负责管理。管理高等学校的中央各业务部门应设专管机构，负责执行管理高等学校的工作。《决定》还对高等教育部与管理高等学校的中央各业务部门及地方政府的职权分工作了规定。根据《决定》精神，中央各有关业务部门都建立或加强了教育司、局或处，对所属教育事业进行了统一管理。

10月15日　毛泽东就关于召开第三次农业互助合作会议同中共中央农村工作部负责人谈话，提出要加快发展农业合作社。他说，办好农业生产合作社，即可带动互助组大发展。在新区，无论大中小县，要在今冬明春，经过充分准备，办好1个—2个合作社，至少1个，一般1个—2个，至多3个，根据工作好坏而定。要分派数字，摊派。多了冒进，少了右倾。只要合乎条件，合乎章程、决议，是自愿的，有强的领导骨干，办得好，那是韩信将兵，多多益善。要有控制数字，摊派下去。摊派而不强迫，不是命令主义。一般规律是经过互助组再到合作社，但是直接搞社，也可允许试一试，走直路，走得好，可以较快地搞起来。他强调说，对于农村的阵地，社会主义如果不去占领，资本主义就必然会去占领。资本主义道路，也可增产，但时间要长，而且是痛苦的道路。他指出，“确保私有财产”、“四大自由”都是有利于富农和富裕中农的。现在农民卖地，这不好。我们要做工作，阻止农民卖地。办法就是合作社。要大合作社才行。大合作社也可使得农民不必出租土地。不要看见大的就不高兴。大社之下设几个分社，这也是一种创造，不一定解散大社。老区应多发展一些合作社，也要打破新区一定慢的观念。发展合作社，也要做到数多、质高、成本低。所谓成本低，就是不出废品。最后的结果是要多产粮食、棉花、甘蔗、蔬菜等等。不能多打粮食，是没有出路的，于国于民都不利。个体所有制的生产关系与大量供应是完全冲突的。个体所有制必须过渡到集体所有制、过渡到社会主义。总路线也可以说就是解决所有制的问题。将私人所有制改变为集体所有制和国营，这才能提高生产力，完成国家工业化。生产力发展了，才能解决供求的矛盾。

10月16日　中共中央作出《关于实行粮食的计划收购与计划供应的决议》，并发出通知，要求各级党委认真执行。《决议》指出，截至目前为止，全国粮食的购销情况是：有的不能完成收购计划，有的虽然完成了收购计划，但销售数字却大大超过销售计划。如果不设法加以解决，那么在粮食战线上，不久就将不可避免地出现一个严重的供销脱节的混乱局面，以致形成全面的物价波动，影响整个国家的建设计划。现在供销方面所表现的紧张性，其本质是反映了国家计划经济与小农经济和自由市场之间的矛盾，反映了工人阶级领导与农民自发势力和资产阶级反限制的市场之间的矛盾，归根结底，是反映了社会主义因素与资本主义因素之间的矛盾。所以粮食问题不是采取枝节的办法所能解决的，而从根本上找出办法，来解决这个极其严重的问题，就成为全党当前极端迫切的任务。为了根本解决粮食问题，除了促进农业生产互助合作化和技术改良，借以增产粮食外，还必须在全国范围内，采取如下的措施：一、在农村向余粮户实行粮食计划收购（简称统购）的政策；二、对城市人民和农村缺粮人民，实行粮食计划供应（简称统销）的政策，亦即实行适量的粮食定量配售的政策；三、实行由国家严格控制粮食市场，对私营粮食工商业进行严格控制并严禁私商自由经营粮食的政策；四、实行在中央统一管理之下，由中央和地方分工负责的粮食管理政策。《决议》认为，实行上述政策，不但在现在的条件下可以妥善地解决粮食供求的矛盾，更加切实地稳定物价和有利于粮食的节约，而且是把分散的小农经营纳入国家计划建设轨道之内，引导农民走向互助合作的社会主义道路和对农业实行社会主义的改造所必须采取的一个重要步骤，它是党在过渡时期的总路线的一个不可缺少的组成部分。《决议》还对粮食市场的管理，中央与地方的具体分工办法作了规定。11月15日，中共中央又作出《关于在全国实行计划收购油料的决定》。11月19日，政务院第194次政务会议，通过了《关于实行粮食的计划收购和实行计划供应的命令》，并于23日公布。1954年9月9日，政务院第二百二十四次政务会议，又通过《关于实行棉布计划收购和计划供应的命令》、《关于实行棉花计划收购的命令》，于9月14日公布施行。

10月18日　中央人民政府主席毛泽东、中国人民解放军总司令朱德接受西藏各代表团的献旗、献礼。这些代表团是：西藏国庆观礼团、昌都国庆观礼团、四川省藏族自治区国庆观礼代表团、出席中国佛教协会成立会议的西藏代表团、来京参加中华全国工商业联合会第一次全国委员会代表大会的西藏代表团、西藏青年参观团、昌都地区青年参观团。毛泽东在接见各团代表的谈话中指出，我们要和各民族讲团结，不论大的民族小的民族都要团结。只要是中国人，不分民族，凡是反对帝国主义、主张爱国和团结的，我们都要和他们团结。团结起来，按照各民族不同地区的不同情况进行工作。做好事也要商量着做。商量办事，这是共产党和国民党不同的地方。有了缺点就马上纠正，这也是共产党和国民党不同的地方。帮助各少数民族，让各少数民族得到发展和进步，是整个国家的利益。各少数民族的发展和进步都是有希望的。毛泽东还指出，西藏政治、经济、文化、宗教的发展，主要靠西藏的领袖和人民自己商量去做，中央只是帮助。总之，我们的方针是团结进步、更加发展。

10月19日　外交部长周恩来对美国政府关于政治会议双方会谈的4个通知提出了答复通知，重申10月10日答复声明的原则性立场。周恩来在通知中指出，我们考虑到全世界人民热切希望迅速召开政治会议的要求，中华人民共和国中央人民政府在与朝鲜民主主义人民共和国政府协商之后，同意共同派遣代表于10月26日在板门店与美国代表会晤，进行关于政治会议问题的会谈。中国政府认为，在这一会谈中，可以包括美国政府通知中所提出的解决政治会议的地点和时间问题，以及有关程序的、行政管理的和安排方面的各项问题；但中国政府仍然认为，在这一会谈中更主要的还是应当解决政治会议成员问题的权利。

10月26日—11月5日　第三次全国农业互助合作会议举行。会议由中共中央委托中共中央农村工作部主持召开，总结农业互助合作运动的经验，制定发展计划。会议讨论了中共中央提交的《关于发展农业生产合作社的决议（草案）》，并提出意见。中共中央主席毛泽东在会议期间于11月4日与中共中央农村工作部负责人谈话，重申10月15日谈话的精神。指出，发展农业生产合作社应采取“积极引导，稳步前进”的方针。这大半年，缩了一下稳步而不前进，这不大妥当。“确保私有”是资产阶级观念。不靠社会主义，想从小农经济上做文章，搞农贷，发放救济粮，依率计征，依法减免，兴修小型水利，打井开渠，深耕密植，合理施肥，推广新式步犁、水车、喷雾器、农药等等这一套，就是对农民行小惠，靠在个体经济基础上行小惠，而希望大增产粮食，解决粮食问题，解决国计民生的大计，那真是难矣哉。毛泽东强调指出，总路线就是逐步改变生产关系，纲举目张。社会主义和资本主义的矛盾，并且逐步解决这个矛盾，这就是主题，这就是纲。冒进是错误的，可办的不办也是错误的，强迫解散更是错误的。县干部、区干部的工作要逐步转到农业生产互助合作这方面来，转到搞社会主义这方面来。各级农村工作部的同志，到会的人，要成为农业社会主义改造的专家。会议根据毛泽东的谈话精神，确定了“积极领导、稳步前进”的方针，对农业互助合作的发展作了新的部署，要求在1954年秋收后，全国初级农业生产合作社由现在的1.4万个发展到3.58万个；在第一个五年计划期内，即到1957年，应争取发展到80万个左右，参加的农户应争取达到全国农户总数的20%左右。

10月27日　鞍钢无缝钢管厂竣工并热试轧成功中国历史上第一根无缝钢管。

10月29日　政务院举行第一百九十一次政务会议。会议听取和批准了铁道部部长滕代远所作的《关于铁道工作情况及今后工作部署的报告》。《报告》说，4年来，全国铁路系统修复了9 991公里线路，新建铁路1 473公里，至1952年底全国通车里程增加为2.4232万公里。

同　日　中国与日本签订贸易协议。根据协议，每一方购入与售出各值3 000万英镑的货物。

11月2日—11月10日　青年团中央在北京召开第二次全国少年儿童工作会议。中央人民政府副主席、中国人民解放军总司令朱德到会讲话，对今后少年儿童工作作了指示。出席会议的有青年团各级组织的少年儿童工作干部，各地少年先锋队的优秀辅导员以及各地少年儿童报刊和少年宫、少年之家等组织的干部共300多人。青年团中央书记处书记胡克实在会上作了题为《培养社会主义的新人》的报告。教育部副部长董纯才作了关于中、小学教育方针政策的报告。各地少先队优秀辅导员和少年儿童工作干部在会上介绍和讨论了少年儿童工作的经验。朱德在开幕会上对少年儿童工作作了指示。他说，儿童是人类未来的希望，是未来社会的建设者和革命事业的继承人。少年儿童工作是一个光荣的任务，你们要在教育培养少年儿童工作中成为学校和教师的有力助手，把我国新生的一代培养成有健壮体质的，活泼、勇敢、诚实、爱劳动、爱学习、爱祖国和富有集体主义精神的人。他指出，要做好这项工作，就必须抛弃地主阶级和资产阶级那种粗暴的、虚伪的教育方式，必须首先使自己的思想作风、政治文化修养能成为儿童的榜样，要用自己的模范行为去影响儿童。会议认为，中国少年先锋队的组织已逐渐成为学校实施新教育的不可缺少的一个组成部分。今后，少年先锋队首先应该更好地配合学校进行工作，帮助儿童好好学习，争取优良的学习成绩，自觉地遵守学校纪律，引导儿童积极参加学校的集体生活，使少年先锋队的组织成为学校和教师对儿童进行教育的有力助手。同时，少年先锋队应该更好地根据儿童的年龄特点，开展多方面的活动，帮助儿童获取丰富的知识，以满足身心正在成长发育的儿童们在智育、德育、体育和美育等各方面的要求。会议最后由青年团中央书记处书记胡耀邦作了总结。会议还向出席会议的83名少年先锋队的优秀辅导员授了奖。11月11日，《人民日报》为此次会议发表题为《努力培养新的一代》的社论。

11月5日　政务院举行第一百九十二次政务会议。会议通过了《政务院关于国家建设征用土地办法》。这个文件是在听取了政务院副秘书长廖鲁言所作的关于国家建设征用土地办法的说明后批准的。《办法》规定，国家建设征用土地的基本原则是：既应根据国家建设的确实需要，保证国家建设所需的土地，又应照顾当地人民的切身利益，必须对土地被征用者的生产和生活有妥善的安置，凡属有荒地、空地可资利用者，应尽量利用，而不征用或少征用人民的耕地良田。《办法》还规定，用地单位要本着节约土地的原则，提出征用土地计划书，按业务系统报经其上级领导机关批准后，由各级人民政府依批准权限之规定核准公布征用。该《办法》经报请中央人民政府主席批准，12月5日政务院命令公布施行。

11月8日　中共中央同意国家计委关于新厂建设的城市中组成城市规划与工业建设委员会的建议。国家计委提出，在各重点城市中，各个新建、改建厂的各项准备工作都有一些共同的问题与互相关联的问题，必须按地区作统一的考虑解决，而这些问题又大都与城市建设的规划有关。为此，建议中央局和同时有3个或3个以上新厂建设的城市的市委，应立即成立城市规划与工业建设委员会。其主要任务是：统一考虑与合理安排各新建企业的厂址和住宅区，并制定有关的城市规划；组织各企业相互交换、校正与检查设计基础资料，组织地区性共同资料的统一提供；组织新建企业之间和新建企业与原有企业之间在建设过程中的协作，如共同建设和使用水源、上下水道、铁路专用线等，根据各企业已定的初步规模，统一考虑当地水量、电力、蒸汽、运输以及当地生产的建筑材料的平衡。

11月9日　中共中央发出《关于精简行政编制的通知》。《通知》指出，为了贯彻8月28日中共中央《关于增加生产、增加收入、厉行节约、紧缩开支、平衡国家预算的紧急通知》，第二次全国组织工作会议决定各大区党、政、人民团体各机关，除原拟今年增加约16万人概不增加外，应在1953年编制预算的基础上精简编制14.05万人(中央一级机关及全国工会系统、公安系统不包括在内)。

11月10日　政务院发出《关于编造1954年预算草案的指示》。《指示》说，1954年国家预算草案，应根据党在过渡时期总路线和总任务这一总的原则，并依照我国第一个五年建设计划的方针与1954年国民经济的具体计划来进行编制。第一，要从增加生产，扩大物资交流方面去培养财源，增加收入，积累资金。必须厉行节约，反对不顾实际情况的百废俱举、贪多冒进以及一切浪费国家资财的行为。第二，要在中央统一领导和计划下，实行财政的分级管理。第三，要坚持财政收支平衡的原则，把预算的编制，建立在可靠的、经常的、稳妥的基础上，保证收多于支和有相当的后备力量。第四，要加强企业财务与事业财务管理，实行财政监督。

11月11日—28日　第二次全国纪律检查工作会议在北京举行。朱德指导会议并作报告和指示。出席会议的有各省（市）以上、军队、铁路及中央机关党的纪律检查工作专职干部197人，列席94人。中共中央纪律检查委员会副书记钱瑛在会上作了《关于两年来纪律检查工作的基本总结和今后工作的意见》的报告。饶漱石、李富春、习仲勋等作了有关党在过渡时期的总路线的各项问题的报告，刘景范作了关于人民监察工作的报告。中共中央政治局委员、中共中央纪律检查委员会书记朱德作了《过渡时期中党的纪律检查工作的任务》的报告。朱德在报告中指出，党的纪律是执行党的路线的保证。

党的各级纪律检查委员会要通过纪律检查工作来保证党的总路线和党在各个时期的任务、计划与政策的贯彻执行，并向党员进行关于遵守纪律的教育。纪律检查工作部门执行过渡时期总路线的基本任务是：一、保护生产，保证国家计划的切实执行；二、防止并反对资产阶级和资本主义思想对党的腐蚀，进一步巩固和纯洁党的组织；三、巩固党和群众的关系；四、保证党的集中统一领导。会议根据朱德的报告精神，明确了党的纪律检查工作的总任务和工作重点及职责范围。会议还向中共中央提出了一些要求和建议。如要求中央能指示各级党委适当加强纪律检查委员会的机构，解决编制问题；建议中央纪律检查委员会出版不定期刊物，以便交流经验，加强业务指导并举办干部训练班，提高现有干部业务与政策水平等等。12月5日，中共中央纪律检查委员会将《关于第二次全国纪律检查工作会议的报告》报送中共中央。

11月12日—25日　金日成率领朝鲜政府代表团访问中国。毛泽东会见朝鲜政府代表团，并同金日成举行会谈。中国政府和朝鲜政府代表团根据两国国家元首会谈时商定的问题，于11月14日—22日在北京举行了谈判，并于23日发表了谈判公报。公报说，中国政府决定将1950年6月25日美国政府发动侵略朝鲜战争时起，截至1953年12月31日这一时期中，中国援助朝鲜的一切物资和用费，均无偿地赠送给朝鲜民主主义人民共和国政府。同时为更进一步援助朝鲜，中国政府决定于1954年—1957年4年内，再拨人民币8亿元，无偿赠送给朝鲜民主主义人民共和国政府，作为其恢复国民经济之费用。11月23日，由中华人民共和国中央人民政府全权代表周恩来，和朝鲜民主主义人民共和国最高人民会议常务委员会全权代表金日成，在北京签订两国经济及文化合作协定。双方保证，在友好互助和平等互利的基础上，巩固和发展两国之间经济及文化关系，彼此互助，给予各种可能的经济和技术援助，进行必要的经济和技术合作，并努力促进两国文化交流事业。

11月13日　高等教育部发出通知。根据政务院10月11日《关于修订高等学校领导关系的决定》，确定148所高等学校的直接管理关系。其中高等教育部管理的8所，中央各业务部门管理的30所，大区行政委员会管理的72所，省、市、自治区管理的38所。

11月19日　政务院通过《关于粮食市场暂行管理办法》。《暂行办法》是依据政务院关于实行粮食的计划收购和计划供应的命令，为加强粮食市场管理制定的。主要内容：一、所有私营粮商，在粮食实行统购统销后，一律不准私自经营粮食，但在国家严格监督和管理下，得由国家粮食部门委托代理销售粮食的业务。二、所有私营粮食加工厂和营业性的土碾、土磨，由国家粮食部门视需要与可能委托加工，一律不得自购原料、自销成品。三、关于粮食加工、粮食工厂、商店、熟食业和旅客膳食等用粮，统一由国家管理经营，有计划地予以供应，不准私自采购或转售粮食。四、城市居民购得国家计划供应的粮食，如有剩余或不足，或因消费习惯关系，须作粮种间的调换时，可到指定的国家粮店、合作社卖出或调剂。农民除缴公粮和计划收购粮以外的余粮，可自由存储、自由使用，可自由出售给国家粮食部门及合作社或者到市场上交易。五、对投机取巧、扰乱市场、造谣破坏、违反本办法规定者，必须严予议处。最后要求各大行政区得根据本办法规定的原则，结合当地的实际情况，制定补充办法或施行细则。

11月20日—12月17日　中华全国合作社联合总社召开第三次全国手工业生产合作会议。会议总结了手工业合作化运动的初步经验，提出了对手工业逐步进行社会主义改造的计划和设想。参加会议的有各大区中华全国合作社联合总社办事处主任、各省市社生产处长、部分省市供销合作社、消费合作社、生产合作社联合社和若干基层社主任以及中央有关部门的代表。中华全国合作社联合总社关于这次会议的报告指出，目前全国城乡手工业工人和手工业独立劳动者达1 930余万人，个体手工业和工场手工业的产值达100万亿元。手工业生产在我国国民经济中占有很重要的地位和作用。在很长的时期内，手工业仍将是机器工业经常的助手，否定它的作用是错误的。但是在手工业中，大部分还是个体的、小私有的手工业独立劳动者，其生产是分散的、落后的、盲目的、保守的。个体手工业者既是小私有者和小商品出售者，又是劳动者，这就决定了他们必须也可以在工人阶级领导下逐步走向社会主义。因此，对手工业的社会主义改造，是党在过渡时期总任务的一个不可缺少的组成部分。合作化是对手工业逐步实行社会主义改造，引导手工业者逐步过渡到社会主义和逐步走向机械化的唯一正确的必经之路。建国4年多以来，城乡手工业合作化运动有了大的发展。截止1953年底，手工业生产合作社4 806个，社员达30万人，全年总产值5.2万亿元。手工业合作社均已在不同程度上表现了它的优越性。会议提出，在1954年内，参加各种形式手工业合作组织的手工业劳动者达到90余万人，总产值增至10万亿元以上。在第一个五年计划内，要为手工业合作化运动建立巩固的基础，到1957年各种手工业合作组织成员发展到500万人，总产值达到60万亿元以上。到第二个五年计划中期，在全国范围内基本上完成手工业合作化的任务。会议确定，对手工业进行社会主义改造的方针是积极领导，稳步前进；组织形式是由手工业生产小组、手工业供销生产社到手工业生产合作社；方法是从供销入手，实行生产改造；步骤是由小到大，由低级到高级。12月4日，中央人民政府副主席朱德到会作关于党在过渡时期总路线的报告，指出，组织手工业生产合作社，是改造手工业的个体经济，帮助他们过渡到社会主义的唯一组织形式。会议还听取了《关于手工业社会主义改造的若干问题》和《关于手工业生产合作社的生产管理问题》2个报告。

11月23日　沈阳变压器厂试制成功我国第一台20 000千伏安巨型变压器。

11月24日　政务院扫除文盲工作委员会发出《关于扫盲标准、扫盲毕业考试等暂行办法的通知》。对扫盲的标准、毕业考试内容作了规定。《通知》确定的扫盲标准是：干部和工人一般可定为认识2 000常用字，能阅读通俗书报，能写200字—300字的应用短文；农民一般可定为认识1 000常用字，大体上能阅读最通俗的书报，能写农村中常用的便条、收据等；城市劳动人民一般可定为认识1 500常用字，阅读、写作方面可分别参照工人、农民标准。各省、市可根据具体情况灵活掌握，适当伸缩。扫盲毕业考试内容分为识字、阅读、写作三项。如果群众有要求，县扫盲工作委员会或教育科可以决定给考试及格者发扫盲毕业证书。

同　日　中共中央正式作出《关于审查干部的决定》。该《决定》是在第二次全国组织工作会议上拟制并通过的，对审查干部工作的目的、范围、步骤、方法及方针政策作了详尽规定。《决定》指出，党的干部基本上是纯洁的。全国解放后党的干部队伍迅速扩大，新干部猛增，干部成分较过去任何时期都更复杂。建国头3年里，党曾通过各种政治运动来审查干部，对大部分干部有了初步了解。但是中央认为，目前新干部中，历史不清、来历不明的分子依然占有相当的数量，甚至有少数反革命分子隐藏在内部；在老干部中也还有少数未经过审查及其他情况。据此，必须在二三年内对全国干部进行一次细致的审查，以便更进一步了解干部，保证国家建设任务的顺利进行。《决定》说，这次审干工作的目的，是为了全面了解干部，主要应从政治上去进行审查，弄清每个干部的政治面目，清除混入党政机关内的一切反革命分子、阶级异己分子、蜕化堕落分子，以保持革命队伍的纯洁；同时又要多方面地了解和熟悉干部的思想品质、工作才能，以便更有计划地培养干部，正确地使用干部。审干工作的范围应包括各级党政机关、人民团体以及财经、文教部门中的全部干部。审干工作的步骤应是：先党内，后党外；先领导骨干，后一般干部；先要害部门，后一般部门；先地委、专署（市）以上的领导机关和重要的国营厂矿企业，后县、区机关和次要的厂矿企业；先审查政治面目不清、来历不明和在重要关节上含混不清的干部，后审查其他干部。审干工作的方法是：必须根据不同部门、不同对象，采取不同方法。《决定》强调，审干工作必须在中央及县以上各级党委统一领导下，由各部分工负责，逐级进行；必要时，可在党委领导下成立审干委员会。《决定》要求做好准备工作，认真进行调查研究，对各种不同性质的问题需要严格加以区别，以做到少出偏差，避免发生混乱。中共中央同时还发出了《关于加强干部管理工作的决定》和《关于统一调配干部、训练、改造原有技术人员及大量培养、训练干部的决定》。12月24日，中共中央又发出了《关于加强干部文化教育工作的指示》。根据中共中央的决定，各地审干工作从1954年底和1955年初开始。

11月28日　中财委向中共中央报送《关于目前副食品的产销情况及今后措施的报告》。《报告》列举了猪肉、蛋品、水产、蔬菜4种副食品的产销情况，除水产产销是供求适应外，其余则多有供不应求的情势。《报告》提出了对副食品必须采取下列措施：（1）提高国营商业部门对副食品经营的认识，国营商业必须把副食品列为经营重点之一，必须密切与合作社结合起来，保证城市及工矿区的供应。（2）中央商业部应成立全国食品公司，负责统筹副食品的收购、市场供应与出口。（3）扩大收购面，增建冷藏设备。（4）保证大中城市、工矿区的供应与扩大经营比重。（5）加强领导、分工负责。责成商业部负责全国副食品的经营领导，在经营上各国营部门与合作社应具体分工。（6）今后必须努力增加副食品的生产。12月1日，中共中央批准了这个报告。

11月30日　国家计委向中共中央报送《关于各工业部检查和总结1953年工作、抓紧进行1954年计划草案编制工作的部署报告》。《报告》根据1953年的经验对编制1954年计划提出2个应注意的问题。第一，摸清需要与可能。1953年春，由于对需要估计不足，许多东西以为多了，要求减产，但不久就发生脱销，造成被动。为了切实掌握1954年的供需情况，必须进行主要物资的平衡计算，如重工业部的钢、铁、钢材、铜、水泥；燃料工业部的煤炭、电、石油；一机部的机床、电动机、发电机；轻工业部的糖、盐、纸、烟；纺织工业部的花布、纱布、麻袋等。特别是为广大人民生活需要的轻工、纺织产品，更要细摸一下，不仅从数量方面，而且要从品种规格方面来平衡计算。此外对技术力量、财政力量、原料供应等方面也必须很好地平衡。第二，发展的速度问题。在编制1954年控制数字时，大家感到工业生产增长15.1%的速度上不去。但如1954年速度上不去，将影响五年建设计划。为此，要克服不肯挖潜、想“留一手”的思想，采取一切办法，利用一切可能利用的条件，保证达到必要的工业增长速度。需要采取的措施，首先应注意基本建设的投资效果，除确保“141”项建设进度外，要注意对那些可以稍加扩建和改建即可投产或增产的厂矿进行扩建和改建；同时，力争已进行改建扩建的企业及早投产。其次，很好地使用技术措施费，使它在工业生产上发挥更大的作用。第三，切实推广先进经验，改善企业生产技术管理。第四，改进公私合营企业的工作并有计划地对私营工业进行社会主义改造，使之适合于国家建设的需要。同时，必须充分注意利用和改善地方国营企业，以补国家工业的不足。第五，无论工业生产或基本建设，都应以最大的注意解决各方面的配合协作，反对“一切顾自己，万事不求人”的观点。

12月2日　中财委同意并转发商业部、全国合作总社《关于划分国营商业与合作社对工业品、手工业品的经营范围的共同决定》。《决定》规定：一、国家为统一掌握和平衡国营企业商品的销售计划，使国家商业确保货源，有计划地扩大国营批发阵地，站稳和巩固国营商业对市场的领导地位，国营与地方国营企业的产品加工、定货与批发，凡国营商业能统一办理的，一律由国营商业统一办理。手工业品的批发和零售由合作社经营。二、对私营企业，应通过国营商业有计划、有步骤地扩大加工、定货或收购推销的措施，促使私营工业向国家资本主义的道路发展，以利实行社会主义改造。三、对手工业，应由供销合作社和消费合作社供应原料、推销产品，促进其向生产合作社方向发展。四、鉴于国营商业在短期内尚不可能对所有公司企业进行全部的包销和订货，合作社应在一定时期内补充国营商业之不足；同时合作社也不可能包办所有手工业品的推销，需要国营商业予以支持。12月21日，《人民日报》就此发表社论：《国营商业和合作社商业分工合作的一个好办法》。

12月3日　政务院举行第一百九十六次政务会议。会议讨论和通过了《1954年国家经济建设公债条例》和《政务院关于发行1954年国家经济建设公债的指示》。12月9日，中央人民政府发布命令批准《公债条例》并予以公布，同时正式发出政务院上述指示。《公债条例》规定，本公债发行总额定为人民币6亿元，于1954年1月开始发行，10月1日起计息。公债利率定为年息4厘，自1955年起分8年作8次偿还。12月30日，财政部下达《财政部委托中国人民银行发行1954年国家经济建设公债的规定》。会议批准建筑工程部副部长万里作的《关于建筑工程部目前工作情况和今后任务的报告》。政务院副总理邓小平在讲话中指出，毛泽东主席要求明年国家基本建设的投资节约10%，约3万亿元。从今年下半年的情况看，只要大家努力，节约10%是完全可以做到的。国家转入了经济建设时期，最主要的政策就是看钱用得是否得当，建筑工程部要特别注意降低成本，减少浪费。

12月5日　政务院发布《关于国家建设征用土地办法》。这是为了适应国家建设的需要，慎重地、妥善地处理国家建设征用土地问题而制定的。《办法》规定了国家建设征用土地的基本原则是：既应根据国家建设的确实需要，保证必需的土地，又应照顾当地人民的切身利益，对土地被征用者的生产和生活有妥善的安置。凡属有荒地、空地可资利用的，应尽量利用，而不征用或少征用人民的耕地良田。凡属目前并不十分需要的工程，不应举办。

12月6日　中国外交部长周恩来向联合国大会发出通知，就朝鲜问题目前局势表明中方立场。《通知》指出：朝鲜的局势目前发展到了严重的阶段。朝鲜停战协定中关于战俘遣返的协议已受到严重破坏，关于政治会议问题的朝鲜停战缔约双方的会谈也遇到重大困难。这完全是美国政府企图破坏朝鲜停战协定、强迫扣留战俘、阻挠和平解决朝鲜问题以便继续保持国际紧张局势的罪恶政策所造成的。这种局势正在酝酿着严重的后果。联合国大会对于这种情况，如果逃避责任，纵容美国政府为所欲为，则将更增加朝鲜局势的严重性。

12月7日—次年1月26日　全国军事系统党的高级干部会议在北京召开。人民革命军事委员会副主席朱德致开幕词和闭幕词，人民革命军事委员会副主席彭德怀作《4年来的军事工作总结和今后军事工作的几个基本问题》的报告和会议总结；聂荣臻、肖华分别就组织编制和政治工作问题作了报告。会议对建国4年来军队工作作了系统的检查和总结，并在充分讨论的基础上，对今后军队建设的方针、任务和军事建设工作中的若干重大问题作了决议。会议根据中共中央的指示，确定今后军队建设的总方针和总任务是：建设一支优良的现代化的革命军队，解放台湾，抵御帝国主义侵略，保卫我国社会主义建设，保卫亚洲与世界和平。会议强调，必须明确认识现代化军队建设中长期的、经常的中心工作是正规训练，特别是训练干部，要以条令的规定把全军务方面统一起来，实行正规化。会议对军队的总定额、特种兵部队的建设方针、编制体制、司令部机关建设、政治工作、后勤组织与建设、国防建设等问题作了规定。会议还讨论了实行义务兵役制、薪金制、军衔制等问题。朱德在闭幕词中着重指出，必须坚持和加强党对军队的领导；武装部队和武装部队的一切干部，要忠诚地服从党的领导，在党中央的领导之下紧紧地团结起来。要认真地向苏联学习。学习苏军经验要与我军特点结合起来，与我军战争经验、特别是朝鲜战争经验结合起来，脱离我军的实际去高谈学习苏联，是一种不正确的学习态度。

12月9日　中央人民政府委员会举行第二十九次会议。会议通过政务院提请批准的《中华人民共和国和朝鲜民主主义人民共和国经济及文化合作协定》和《1954年国家经济建设公债条例》。任命李宁为本溪市人民政府市长。陈雷为黑龙江省人民政府主席。免去孙平本溪市人民政府市长职务。赵德尊黑龙江人民政府主席职务。12月10日《人民日报》就公债条例的公布发表社论：《迎接1954年国家经济建设公债的发行》。

12月10日　政务院举行第一百九十七次政务会议。会议听取了内务部部长谢觉哉所作关于第二次全国民政会议的报告。批准了《第二次全国民政会议决议》。《决议》指出，政权建设工作是民政工作的重要方面。在政权建设工作中，必须纠正那种不重视人民代表会议或人民代表大会制度，甚至把它的召开认为是负担、与中心工作有矛盾的错误观点。必须加强城市和工矿区的政权建设工作，继续加强和健全农村政权组织，使之适应农业互助合作运动发展的需要；在少数民族地区的政权建设工作，应继续推行民族区域自治；必须经常注意和加强人民对国家机关及其工作人员自下而上的群众性的监督和批评，肃清政权机关工作中的残余的旧民主思想和旧政权作风，反对官僚主义，以进一步密切人民政府和人民群众的联系。民政部门要通过其在政权建设上的具体任务的执行去促进政权建设。《决议》还对优抚工作、农村救灾和城市救济工作及人口登记、贯彻婚姻法、地政和民工动员等工作作了规定。

12月11日　政务院公布第一百九十五次政务会议通过的《关于改进和发展高等师范教育的指示》和《关于整顿和改进小学教育的指示》。《关于改进和发展高等师范教育的指示》指出：发展和提高高等师范教育以适应国家建设的需要，是当前教育建设中一个十分重要的任务。为此，特作如下指示，一、今后高等师范教育工作应该采取在整顿巩固现有高等师范教育的基础上，根据需要与可能，有计划、有准备地予以大力发展的方针。二、为了求得中等学校师资供求的平衡，除按照现行高等师范学校学制，继续办理4年制本科、2年制专修科和2年制师范专科学校外，在保证一定质量的原则下，还必须着重采取多种临时过渡的办法，如本科生提前一年毕业，选拔一部分专修科毕业生充任高级中学教师，选调初中教师、小学教师予以短期训练培养成为高中和初中教师等等，综合大学也培养一部分中等学校师资。三、高等师范学校本身的师资问题是办好和发展高等师范教育的关键。各高等师范学校须认真执行团结和改造知识分子的政策，并加强对教师政治理论学习与业务学习的领导，以提高现有教师的政治和业务水平。四、为了提高高等师范教育的质量，各高等师范学校除应继续克服忙乱现象，建立必要的工作制度，加强学习纪律外，尤应抓紧教学改革这一中心环节，以马克思主义的立场、观点和方法逐步地将旧的教学内容、教学组织和教学方法改革为新的教学内容、教学组织和教学方法，以适应国家建设的要求。五、为了加强对高等师范学校的领导与管理，并发挥地方办学的积极性，高等师范学校应根据统一领导、分层管理的原则，由中央统一领导，地方直接管理。《关于整顿和改进小学教育的指示》指出，一、小学教育是整个教育建设的基础。它的任务是教育新后代，使之成为新中国的健全的公民。今后几年内小学教育应在整顿巩固的基础上，有计划有重点地发展。在工矿区、城市、特别是大城市，公立小学应作适当发展。积极采取各种办法，如调整班级，充实学额，采用二部制，开办夜校，协助工矿企业、机关和团体办学，协助办好私立学校，允许群众和工商业家继续兴办学校，并用其他各种可行的办法，适当地解决初小毕业生升学和学龄儿童入学的问题。在农村，提倡民办小学。对乡村公立小学，除在学校较少的少数民族地区和老革命根据地应作适当发展外，其他地区均应以整顿提高为主，一般不作发展。二、根据不同情况，采取多种形式，提出不同的要求来办小学教育。今后应首先着重办好城市小学、工矿区小学、乡村完全小学和中心小学。在农村，除办集中的正规的小学外，还可以办分散的不正规的小学，如半日班、早学、夜校之类。三、在学校平时教育中不应片面强调学生毕业后如何升学，而应强调毕业后如何从事劳动生产。四、教学是学校中压倒一切的中心任务，校长与教师的主要任务是教学，学生的主要任务是学习。小学校的工作和学习，应由教育行政部门统一领导布置。五、提高小学教师质量，是办好小学教育的决定因素。今后必须有领导地、有计划地组织教师进行学习以提高他们的政治、文化与业务水平。《指示》还决定，一律暂行停止推行“五年一贯制”，小学学制仍沿用“四二制”，分初、高两级。《指示》还对关于小学教师的政治待遇与物质待遇、小学教育经费的管理办法、加强对小学教育的领导提出了具体要求和规定。

12月16日　中共中央正式通过《关于发展农业生产合作社的决议》。《决议》进一步明确肯定，经过简单的共同劳动的临时互助组和在共同劳动的基础上实行某些分工分业而有某些少量公共财产的常年互助组，到实行土地入股、统一经营而有较多公共财产的农业生产合作社，到实行完全的社会主义的集体农民公有制的更高级的农业生产合作社（也就是集体农庄），这种由具有社会主义萌芽到具有更多社会主义因素到完全的社会主义的合作化的发展道路，就是我们党所指出的对农业逐步实现社会主义改造的道路。《决议》在列举农业生产合作社的十大优越性后指出，农业生产合作社的这些优越性和它所起的作用，使它在目前整个互助合作运动中日益显出重要的地位，并日益变成为领导农业互助合作运动继续前进的重要环节。因此，中央认为各级党委有必要更多地和更好地注意对于农业生产合作社的领导。要贯彻“只许办好，不许办坏”的方针，必须根据农民自愿的根本原则，必须采用说服、示范和国家援助的方法。《决议》对办好农业生产合作社的几个方面的主要工作，如生产、管理、分配等作出了规定。《决议》要求，到1954年秋收以前，全国农业生产合作社由现有的1.4万多个发展到3.58万多个，到1957年发展到80万个左右，参加农户争取达到总农户的20%左右。这个决议于1954年1月8日发布。1月9日，《人民日报》发表社论，题目是《正确地贯彻中国共产党中央委员会关于发展农业生产合作社的决议》。

12月24日　中共中央召开政治局会议，揭露高岗、饶漱石的问题。毛泽东在会议上向高岗提出严厉的警告，并提出关于增强党的团结的建议。政治局起草了《关于增强党的团结的决议（草案)》，提交即将召开的中共七届四中全会讨论。

同　日　中共中央发出《关于加强干部文化教育工作的指示》。《指示》指出，大量培养与提拔工农干部，和有计划地提高他们的政治、文化、业务水平，使他们成为各项建设事业中的骨干，乃是贯彻党在过渡时期总路线的一项重大的政治任务和组织任务。为有效提高工农干部的文化水平，以适应国家建设的需要，特作如下指示：一、目前开展干部文化教育的目的，在于使文化水平较低的干部，逐步提高到相当于高小以至初中毕业的水平，以便有效地学习政治理论，钻研业务，完成各项工作任务；同时使一部分工农干部能够具备条件升学深造。二、在进行干部文化教育工作时，应着重吸收担负一定领导责任的工农干部参加学习，同时亦应适当注意组织警卫员、通讯员、勤务员等入学。三、干部文化教育必须采取速成的和联系实际的教学方针。四、应根据具体情况，分别采取在职业余学习或离职集中学习的方式进行。五、县以上各级机关，应根据具体条件，有步骤地开办干部业余文化补习学校或文化补习班。《指示》对干部业余文化补习学校或文化补习班的学制、课程、教学时间、教师和制度等作了具体规定。《指示》决定，现由各级教育行政部门领导的工农速成初等学校，从1954年1月起，应一律改为干部文化补习学校，或党校附设的干部文化补习班，交由当地党委直接领导。《指示》还对干部文化教育事业的编制和经费作了暂行规定。1954年1月22日，《人民日报》为此发表题为《加强工农干部的文化教育工作》的社论。

同　日　政务院举行第一百九十九次政务会议。会议听取了文化部部长沈雁冰所作1953年文化部工作的报告，文化部电影局副局长王阑西所作关于加强电影制片工作和建立电影放映网与电影工业的说明。会议批准了《文化部1953年工作报告》，并通过了《政务院关于加强电影制片工作的决定》和《政务院关于建立电影放映网与电影工作的决定》。1954年1月13日，上述报告和2个决定发布。

12月25日　中共中央主席毛泽东复电鞍山钢铁公司全体职工。为无缝钢管厂、大型轧钢厂和7号炼铁炉相继竣工投产，向参加工程建设的全体职工、鞍山钢铁公司全体职工和帮助建设的苏联专家表示祝贺和感谢。这是苏联援助我国新建和改建141个项目中首先竣工并投入生产的3个重点工程，鞍山钢铁公司全体职工于21日致信毛泽东报告喜讯。26日，鞍山钢铁公司为3大工程举行了开工典礼。

12月28日　中共中央批准并转发中共中央宣传部编写的《为动员一切力量把我国建设成为一个伟大的社会主义国家而斗争——关于党在过渡时期总路线的学习和宣传提纲》。这个提纲经毛泽东7日、13日2次修改，进一步完善并最后确定了对党在过渡时期总路线的准确、完整的表述。《提纲》从理论上对党在过渡时期总路线的形成及其内容的确定作了历史的考察，并对过渡时期总路线的内容作了详细的阐释。《提纲》提出，加强党的领导是过渡时期总路线彻底胜利的保证；而党在过渡时期的总路线又是团结全国人民的政治基础和旗帜。号召全国人民为实现党在过渡时期的总路线而奋斗。

12月31日　政务院总理兼外交部长周恩来在同印度代表团谈话时，首次提出了国家之间和平共处的五项原则。12月31日—1954年4月29日，中华人民共和国政府代表团和印度共和国政府代表团就中国西藏地方的关系问题在北京举行谈判。周恩来在谈判第一天指出："新中国成立后就确立了处理中印两国关系的原则，那就是互相尊重领土主权、互不侵犯、互不干涉内政、平等互利、和平共处的原则"，"只要根据这些原则，任何业已成熟的悬而未决的问题都可以拿出来谈。"这五项原则正式写入1954年4月29日双方达成的《关于中国西藏地方和印度之间的通商和交通协定》的序言中，1954年6月下旬，周恩来访问了印度共和国和缅甸联邦。在中印、中缅联合声明中重申并共同倡导了和平共处五项原则。

1954年

1954年综述

1月4日，中共中央批转中财委《关于1954年扩展公私合营工业计划会议的报告》和《中财委关于有步骤地将有10个工人以上的资本主义工业基本上改造为公私合营企业的意见》。当时，经过4年的利用、限制和改造，60%以上的资本主义已经被纳入加工、订货的国家资本主义轨道。但是，这种形式的国家资本主义其生产资料仍为资本家所有，企业基本上按资本主义方式经营，劳资矛盾、公私矛盾仍不能得到解决。为了解决这些矛盾，促进生产力的发展，报告提出在今后若干年内（二个五年计划时期，或者可能更短一点）积极而又稳步地将国家需要又有改造条件的10个工人以上的私营工厂，基本上（不是一切）纳入公私合营的轨道；然后在条件成熟时，将公私合营企业改造为社会主义企业。6月15日，李富春在第二次全国宣传工作会议上作《关于社会主义工业化问题的报告》。指出，毛泽东提出大致15年左右，实现社会主义工业化。从数量上看，是社会主义工业产值占工农业总产值60%左右；从质量上看，要有独立的工业体系和农业相应地协调发展。9月2日，政务院通过《公私合营工业企业暂行条例》。规定对资本主义企业实行公私合营，应当根据国家的需要，企业改造的可能和资本主义的自愿。合营企业中，社会主义成分居领导地位，私人股份的合法权益受到保护。

2月6日—10日，中共召开七届四中全会。会议揭露和批判了高岗和饶漱石在财经会议和组织工作会议及其前后的反党分裂活动，一致通过毛泽东建议起草的《关于增强党的团结的决议》。2月中旬，受中共中央书记处委托，周恩来召开关于高岗问题的座谈会，邓小平、陈毅、谭震林召开关于饶漱石问题座谈会。

4月27日，中共中央政治局扩大会议决定撤销大区一级党政机构。同日，任命邓小平为中共中央秘书长。6月19日，中央人民政府第32次会议通过了关于撤销大区一级行政机构和合并若干省、市建制的决定。

9月15日—28日，第一届全国人民代表大会第一次会议在北京召开。大会通过了我国第一部社会主义类型的宪法——《中华人民共和国宪法》；通过了奠定国家政治体制的重要法规——《中华人民共和国全国人民代表大会组织法》、《中华人民共和国组织法》、《中华人民共和国人民法院组织法》、《中华人民共和国人民检察院组织法》、《中华人民共和国地方各级人民代表大会和地方各级人民委员会组织法》；选举毛泽东为中华人民共和国主席，朱德为副主席，刘少奇为第一届全国人民代表大会常务委员会委员长，宋庆龄等13人为副委员长，董必武为最高人民法院院长，张鼎丞为最高人民检察院检察长，决定任命周恩来为国务院总理。

4月—7月，讨论和平统一朝鲜问题和恢复印度支那和平问题的国际会议在日内瓦举行。周恩来率领中国代表团出席会议。会议签订了印度支那停战协议，朝鲜问题由于美国的阻挠没有达成协议。6月25日—29日，周恩来应邀访问印度和缅甸，发表了中印、中缅两国总理联合声明，宣布以和平共处五项原则作为指导中印、中缅关系的基本准则。

10月10日—31日，中共中央农村工作部召开第四次互助合作会议。会议认为，我国农业社会主义改造事业发展的大体步骤将是：第一步，1957年前后基本上完成初级合作化，第二步，约在第三、第四个五年计划时期，依靠发展起来的工业装备农业。

10月16日，毛泽东给中共中央政治局的同志和其他有关同志写了《关于红楼梦研究问题的信》。毛泽东在信中说："事情是两个'小人物'做起来的，而'大人物'往往不注意，并往往加以阻拦，他们同资产阶级作家在唯心论方面讲统一战线，甘心作资产阶级的俘虏。"此后，在全国展开了对俞平伯及胡适派资产阶级唯心主义思想的批判运动。

12月21日—25日，政协第二届全国委员会第一次全体会议在北京举行。周恩来在《政治报告》中指出，中国人民政治协商会议今后需要在中国共产党领导下，继续作为团结全国各民族、各民主阶级、各民主党派、各人民团体、国外华侨和其他爱国民主人士的人民民主统一战线的组织，发挥它应有的作用。会议推举毛泽东为名誉主席，选举周恩来为主席。

主要经济指标：工农业总产值1 035.4万亿元，超过计划3.6%，比上年增长9.4%。全国工业总产值519.7万亿元，比上年增长16.3%。社会主义经济成分进一步增长，国营、合作社和公私合营的产值在工业产值中的比重，由上年的63.2%上升为75.1%。主要工业产品除原油外，都完成和超额完成了计划，钢223万吨，生铁311万吨，煤8 400万吨，发电量110亿度，水泥460万吨，糖69万吨，分别超过计划6.3%、9.9%、7.4%、6.2%、5.7%和15%，分别比上年增长25.4%、39.5%、20%、19.6%、18.55%和7.8%。农业总产值515.6万亿元，完成计划的97.6%，比上年增长3.3%。粮食3 390亿斤，比上年增加53亿斤，完成计划的94.2%。3种油料7,748万担，比上年增加9.9%。棉花2 130万担，比上年减产220万担，完成计划的77.5%。农业生产没有完成计划，不仅影响了农产品采购、粮食供应和轻工业的发展，而且使1955年计划安排特别是市场、轻工生产和财政安排增加了困难。

1月1日　《人民日报》发表题为《一切为了实现国家的总路线》的社论。社论说，在新的一年里，我们要更加努力为完成国家建设计划，为实现国家过渡时期总路线，为进一步推进国家的社会主义工业化和社会主义改造的事业而奋斗。社论总结了1953年所取得的成绩，指出，1954年要在此基础上进一步贯彻总路线所规定的方针和政策，推进社会主义工业化和社会主义改造事业，使国民经济各个方面得到发展。社论指出：今年国家将进一步集中力量进行重工业的建设和铁路的建设。今年将有70个新建和扩建完成了的工厂、矿山投入生产，使1954年的工业总产值比1953年继续增长17%左右。要加快工业的增长速度，必须做3个方面的努力，一是注意基本建设的投资效果；二是提高现有企业的管理水平；三是努力实现各方面的配合和协作。农业方面，1954年粮食总产量要增加到100亿斤左右，农业生产合作社要发展到3.58万个，积极举办农村供销合作和农村信用合作，继续改造私营工商业，发展国家资本主义经济。同时引导手工业走合作化的道路，以便有效地发挥手工业在国家经济中的作用。为了筹集建设资金，中央人民政府决定1954年发行国家经济建设公债。文化教育方面，努力提高人民的文化教育水平。国际关系方面，继续坚持抗美援朝，坚持以苏联为首的和平民主阵营的和平政策，加强和巩固与世界爱好和平人民的大团结。社论最后指出，1954年的国际和国内条件有利于我们的建设，号召全国人民集中一切力量，坚持积极建设、稳步前进的方针。

同　日　我国和10个国家开始实行国际铁路客货联运。这10个国家是：苏联、朝鲜民主主义人民共和国、蒙古人民共和国、德意志民主共和国、波兰、捷克斯洛伐克、罗马尼亚、匈牙利、保加利亚、阿尔巴尼亚。中国已决定将北京、天津、沈阳、哈尔滨、满洲里、大连、安东、上海、广州等9个车站作为旅客联运车站。实行联运后，中国和苏联及各人民民主国家的交通更加便利，进一步促进国际贸易的发展和各国文化的交流。旅客联运方面，联运各国将开行国际旅客列车，并发售直通客票。

1月2日　中共中央发出关于做好粮食统购工作的几点指示。指示规定：一、必须认识到粮食统购工作关系到每一个农民的切身利益，对于广大农民来说是他们积年固有的生活习惯的极大改变，必须始终一贯地采取群众自我教育的方法，结合当地群众的思想动态与切身利益，以当地群众亲身体验的实例，向所有农村党员、团员、干部和广大农民群众宣传党在过渡时期的总路线、总任务；解释农村社会化就是合作化，解释办好互助合作正是为了发展生产，为了使大家富裕，共同上升，而不致受人剥削；解释农民是光荣的劳动者，要依靠劳动生产来提高生活水平，而不要学资本家富农剥削别人的行为；解释粮食统购统销并不是由于粮食不够吃，而是为了使粮价稳定，从而稳定物价。凡是充分进行这样的政治工作，说服了大多数农民，就能既完成收购任务，又给群众以社会主义的前途教育，推动乡村社会主义改造运动。二、粮食计划收购，是保障整个国民经济、保障农村生产稳步地向前发展的一项必要措施，也是促进农村互助合作化的一项必要的措施。在购粮工作中，必须及时组织农村生产工作和互助合作运动，不少地方试点时提出从生产入手，又在生产上结尾，这是合乎群众要求的做法，全国各地均应如此。三、必须注意考查原来分配的粮食收购数字是否合乎实际。我们的原则是既要照顾国家需要，又要照顾当地群众卖粮的可能和各个农户的具体情况，因此必须经过反复摸底、计算、审查、核对，经过群众民主评议，规定出适合情况的、为大多数群众所接受的收购数字。四、在教育群众时，使群众充分认识小农经济对于发展生产和改善生活的限制性是完全必要的，但不可引起群众的错觉，认为禁止他们单干，引起组织起来的农民与单干农民之间的对立。鼓励余粮户出售粮食，使他们认识不卖不对，卖给商人更不对，但不要引起错觉，以为有余粮就是不光荣的，是惹祸的，贫穷反而是光荣的。五、在社会上还不能一下子消灭富农剥削，也不宜笼统提出“反对富农”的口号。统购粮食的主要对象是中农和富裕中农，富农出售粮食在统购粮食的总数中所占的比例很小。对于富农囤粮不卖和抵抗破坏统购政策的不法行为必须作适当的斗争，否则就不能巩固地团结中农，反而会促使中农动摇。但斗争的方法是说理算账，只对个别破坏购粮者依法惩处；斗争的目的是要他们按照国家法令卖出余粮，不允许其囤积粮食，而不是像土改中斗争地主一样去斗争富农。六、在收购粮食中要注意粮食之储藏保管与调运。

1月4日　中共中央批准中财委《关于1954年扩展公私合营工业计划会议的报告》和《关于有步骤地将有10个工人以上的资本主义工业基本上改造为公私合营企业的意见》。《报告》和《意见》指出，经过前4年的利用、限制和改造，60%以上的资本主义工业已经被初步纳入加工、订货的国家资本主义轨道。但是，这种形式的国家资本主义，其生产资料仍旧归资本家所有，企业基本上按资本主义方式经营，劳资矛盾、公私矛盾仍不能有效地处理。为了进一步解决这些矛盾，促进生产力的发展，决定在今后若干年内（二个五年计划时期，或者可能更短一点）积极而又稳步地将国家需要而又有改造条件的10个工人以上的私营工厂，基本上（不是一切）纳入公私合营的轨道，然后在条件成熟时，将公私合营企业改造为社会主义企业。《报告》认为，1954年是有计划扩展公私合营工业的第一年，应以"巩固阵地、重点扩展、作出榜样、加强准备"为工作方针，计划将500个私营厂矿（17万亿元产值）转化为公私合营。《报告》对公私合营的许多政策问题，如清产定股、实职人员安排与使用、私方代表（资本家及其代理人）的地位与职权、利润的分配等问题都作了具体的规定，原则规定私方的股息与红利占1/4左右。中共中央决定，1954年，资本主义工业改造的重点是：有计划地扩展公私合营，以加速资本主义工商业的社会主义改造。到年底，实际上有905家私营厂矿实行了公私合营，经合并组成793户公私合营企业，当年产值为25.6万亿元。

1月5日　中国第一座现代化纺织机械制造厂——经纬纺织机械制造厂全面完工。该厂是我国集中力量发展重工业的同时，为相应发展轻工业建设起来的。工厂规模宏大，包括有铸工、锻工、金工等主要生产车间和工具、工具机、机械电和木材处理等辅助车间。各车间装备有现代化的生产设备，单产量以一班计算，可生产20万纱锭的设备。厂临近太原重工业区，可得到充足钢材、电力、煤炭等原料供应，陕西、河北等产棉区和新纺织工业区的中心产品可通过铁路运到这些地区。

1月6日—16日　中财委召开1954年扩展公私合营工业计划会议。会议以中财委六办草拟的《中财委（资）关于有步骤地将有10个工人以上的资本主义工业基本上改造为公私合营企业的意见（草案）》为基础，进行了关于公私合营工业的方针政策的讨论。会议根据各地区准备公私合营工业总计企业1 295个，年产值为25.9余万亿的较高数字，明确提出1954年扩展公私合营工业，应以巩固阵地（对已有合营企业）、重点扩展、加强准备（对以后扩展）为工作方针。将企业缩减为651个，年产总值20.4余万亿元（会后计委地方工业局与各地区参加会议的地方工业局负责同志根据供产销情况，作了进一步研究，考虑到面粉、榨油、橡胶、轧钢等行业的供销情况，其中有全部或一部不宜1954年合营。商定1954年扩展公私合营工业年总产值定为14.77万亿元。对651个企业数字依各地具体情况或有所减少、调整和变动）。会议经过讨论，决定1954年国家对合营工业的现金投资，连同已在地方国营工业投资发给的4 000亿元在内，共8 210亿元，作为国家现金投资的控制数字。合营计划如1954年不能完成，对未能完成合营工业的预定投资，即移至1955年使用。会议还讨论了关于中央有关各部与地方对公私合营工业分工管理的问题。由于地区、行业的不同，牵涉到不同性质的业务和许多复杂情况，会议认为，目前尚不可能订出适合于各地、各业的统一办法，故在研究扩展合营计划的同时，由中央和有关各部和地方代表以地方为主，中央有关各部只管若干必须管的事项和企业的原则，分别协商规定临时的分工管理办法，待试行一个时候，再行总结经验，研究拟定统一办法。会议研究决定了：一、将有10个工人以上的资本主义工业基本上纳入公私合营的方案；二、1955年—1957年扩展公私合营工业的三年计划；三、1955年扩展公私合营工业的计划。并决定：准备于1954年第四季度召开公私合营工业计划会议。会议还就中央工商行政管理局提出的《公私合营工业暂行条例〈草案〉》，中财部提出的《公私合营企业财务管理方案〈草案〉》，以及全国总工会提出的《关于处理公私合营企业职工股份问题的意见〈草案〉》3个文件进行了讨论，将讨论意见交原起草部门进一步研究修改，然后报送中央审批。1月30日，中财委（资）向中共中央作出关于此次会议的报告。

1月7日　政务院公布《关于清理农业贷款中若干问题的指示》。《指示》是1953年12月31日政务院第二百次政务会议通过的。《指示》说，几年来，在各级人民政府的领导下，各级农业、水利、人民银行、供销合作社等部门以贷款、贷实等办法供给农民大量农具、农药等，并帮助农民凿井、开渠、修塘、筑堰等，这对于改善农业生产条件、战胜自然灾害和推进互助合作、爱国增产起了很大作用。但是其中有一小部分已经贷放到农民手里的农具、农药等却闲置未使用，农民贷款兴修的农田水利工程，由于设计、质量不好，难以完工，效益很小或不能使用。为了改进农业生产，消除农民的疑虑，改进上述现象，决定对过去的农业贷款，根据实事求是的精神，进行一次清理。指示规定了清理的几条原则：一、贷到农民手中的农机具凡使用效果好的继续有效利用；具备使用条件的，应指导群众正确使用；因质量不好需修理的应由原单位免费修理。二、贷到农民手中的农具等由于质量不好无法修理，而农民确实不愿使用者，应由原单位收回，解除农民债务，并免收利息。有些不适宜当地而在另一地区可使用者，应收回易地出售。三、农民贷款修的带有永久性的水利工程，若效益甚少，农民无力偿还贷款本息，可酌情减少部分贷款和利息；若全无效益，或因自然灾害毁坏者，贷款可不再收回，并免计利息，免除农民对此项贷款所负的债务。四、贷去的农药因农民不懂技术至今仍闲置未用者，应收回，免计利息。收回后仍有效者，原贷售部门妥为保管，无效者应予报废。五、除上述应减免的贷款外，其他贷款应如期归还本息。指示要求各省按上述原则拟定本省具体实施办法，各地最好结合1954年春耕生产工作进行，进一步改进农业生产资料的供应工作和农业贷款的发放工作，清理贷款工作必须于1954年内结束。

1月8日　中共中央作出对《中央文化部党组关于目前文化艺术工作状况和今后改进意见的报告》的批示。中央认为：一、文化工作的首要任务是积极地发展适合群众需要的新的文学艺术和电影的创作，同时对民间原有的各种艺术和文化娱乐形式应广泛地、正确地加以发掘、利用、改革和发展。其次，应努力发展各类舞台剧本，改进表演艺术，一方面改编和创作戏曲剧本，用新观点表现历史传说题材，同时适当地运用适宜于表现现代生活的某些戏曲形式表现现代题材，另一方面努力创作话剧剧本，使戏剧能真实地表现我国人民生活与斗争的极其丰富的内容，创造各种英雄人物的形象，以教育和鼓舞人民群众，推进国家建设事业。二、必须加强文化事业发展的计划性，克服盲目性，并加强对每一个事业的管理。摊子不宜摆得太大太多，以便集中力量办好几件主要的事业。对于一般私营剧团，除条件成熟者外，各地不应性急地、勉强地改为国营，但尤其不应放任不管，而应多采用私营公助的方式，对其加强经常的领导和管理。三、对艺术干部应一方面加强马克思列宁主义理论和党的政策的教育，另一方面应加强其艺术实践，使马列主义理论和党的政策能够与其艺术实践结合起来，并使其在艺术修养上得到经常的锻炼和不断的提高，而不致在业务上荒废、停顿和落伍，或在理论上陷入空谈。各文化艺术部门的负责人必须善于发现人才，并十分关怀地、正确地加以培植，克服在对待干部问题上的官僚主义态度。文艺干部应克服和防止自满，力求上进，不要做空头文学家、空头艺术家。四、各级党委，特别是宣传部，必须加强对文化艺术工作的领导。应定期讨论政府文化部门和文艺团体的工作，并经常予以督促检查。文艺部门本身的领导方法和工作作风必须改进，首先必须克服工作中严重存在的主观主义和分散主义倾向，一方面深入下层，加强和群众的联系；另一方面严格执行向党委和上级请示报告的制度，以便使文化工作受到党的经常领导和监督。五、批准文化部党组起草的《关于加强电影制片工作的决议》、《关于健全电影放映网和电影工业的决定》、《关于整顿和加强文化馆、站工作的指示》3个文件，望即由政务院和文化部分别予以发布。

同　日　中共中央发布《关于发展农业生产合作社的决议》。这是1953年12月16日中共中央通过的。《决议》规定，一、为进一步提高农业生产力，党在农村中工作的最根本的任务，就是要善于用明白易懂而为农民所能够接受的道理和办法去教育和促进农民群众逐步联合组织起来，逐步实行农业的社会主义改造，使农业能够由落后的小规模生产的个体经济变为先进的大规模生产的合作经济，克服工农业发展不相适应的矛盾，使农民摆脱贫困取得共同富裕和普遍繁荣的生活。由具有社会主义萌芽，到具有更多社会主义因素、到完全的社会主义的合作化的发展道路，就是我们党所指出的对农业逐步实现社会主义改造的道路。二、我们的政策是积极地而又谨慎地经过许多具体的、恰当的、多样的过渡形式，把农民的个体经济的积极性引到互助合作的积极性的轨道上来，克服那种资本主义自发势力的倾向，逐步过渡到社会主义。几年来，我国农业生产合作运动规模日益扩大，农业生产合作社有1.4万多个，参加的有27.3万多户。三、农业生产合作社的优越性和它的重要作用已充分显示出来，如解决其同劳动分散经营的矛盾，统一使用劳动力，提高效率等等。中央要求各级部门继续贯彻“只许办好，不许办坏”的方针。四、发展农业合作社，无论何时何地都必须根据农民自愿这一根本原则。必须采取说服、示范和国家援助的方法使农民自愿地联合起来，盲目急躁的冒险主义是根本要不得的。五、办好农业生产合作社必须注意下列几项主要工作：1. 增加生产量，增加社员收入，使农民能够把农业生产合作社的经济繁荣看成是自己物质与文化的幸福的主要源泉。2. 农业生产合作社的管理工作，应该根据本身发展的实际情况，逐步改进，由简单到复杂，由低级到高级，使社员觉得方便可行，而又能够符合于促进和提高劳动生产率的要求。3. 合理的分配制度对于农业生产合作社起着促进生产的作用，并且是巩固农业生产合作社的决定条件。六、要注意加强发展农业生产合作社的领导，同时又必须加强发展各种形式互助组的领导。七、在发展互助合作的运动中，要充分地满腔热情地没有隔阂地去照顾、帮助和耐心地教育单干农民，使这些农民逐步地加入互助合作组织。八、农业生产互助合作、农村供销合作和农村信用合作是农村合作化的3种形式，这3种合作互相分工而又互相联系和互相促进，从而逐步地把农村的经济活动与国家的经济建设计划联结起来，逐步地在生产合作的基础上，改造小农经济。九、发展互助合作运动以提高农业生产力是今后党领导农村工作的中心。各级干部都必须把工作的重点转移到这个方面来，贯彻执行党在目前时期关于依靠贫农和中农的巩固联盟，逐步发展互助合作，限制富农剥削——这一系统的政策，把党的政治工作和经济工作密切结合起来，逐步实现农业的社会主义改造。十、党对于互助合作运动的各项工作，对于逐步进行农业社会主义改造工作，必须积极领导，稳步前进。决议的通过和执行，使我党领导的农业社会主义改造工作，由试办阶段进入大发展的新时期。

1月9日　外交部长周恩来就恢复关于朝鲜政治会议问题的双方会谈发表声明。声明指出，美国方面无理地中断了关于朝鲜政治会议问题的双方会谈之后，又片面地宣布了终止对战俘的解释工作。这严重地破坏了朝鲜停战协定中关于战俘遣返问题的协议和朝中方面对战俘的解释工作，这又一次证明了美国政策的侵略性。声明说，“中立国遣返委员会的职权范围”的规定遭到破坏，它所体现的基本目标未能实现，所以，我们认为：应迅速召开朝鲜政治会议，设法解决战俘的处理问题；恢复解释工作，90天解释期予以补足；肃清南部战俘营中李承晚、蒋介石特务分子。中国政府为推动朝鲜政治会议的召开作了不懈的努力，我们将坚持以和平协商方式解决朝鲜问题的一贯立场，坚决主张立即恢复关于朝鲜政治会议问题的双方会谈，以迅速安排朝鲜政治会议的召开。外交部长周恩来的声明强调，联合国按照其宪章的规定是负有维护国际和平与安全的责任的，如果联合国决定讨论朝鲜问题，那么中华人民共和国中央人民政府和朝鲜民主主义人民共和国政府有权利派遣自己的代表参加这一讨论。声明最后指出，中华人民共和国中央人民政府完全同意苏联政府主张召开法国、英国、美国、苏联、中国参加的五大国会议，由即将召开的四国外交部长会议导向有中国参加的五大国会议，来促进迫切的国际问题的解决，将有利于缓和国际紧张局势和保障国际的和平与安全。

1月12日　政务院公布《关于加强电影制片工作的决定》和《关于建立电影放映网与电影工业的决定》。这是1953年12月24日政务院第一百九十九次政务会议通过的。《关于加强电影制片工作的决定》规定：一、制片的方针与任务。电影艺术必须适应广大群众的需要，提高电影的思想和艺术水平，影片的题材内容和表现形式应力求多样。今后4年，每年制片任务大体是：故事片12—15部，纪录片10部，科教片15部以上，译制片和国产片大体相等。二、电影题材计划的制定及电影剧本创作的组织工作。扩大题材选择范围，制定二三年或更长期的题材计划。搞好剧本创作的组织工作，改变过去简单的行政领导方法。三、电影剧本、影片的审查制度。必须建立统一集中、层层负责的审查制度。四、改进影片生产制度和提高技术质量。要加强企业管理，实行成本核算。必须提高影片的技术质量，建立新的洗印工作间，使影片的洗印达到一定标准。五、提高、培养和补充电影干部。有关部门组织作家创作剧本，组织他们政治和业务学习，并选择和培养青年电影干部。《关于建立电影放映网与电影工业的决定》指出：一、电影放映事业发展的方针是首先面向工矿地区，然后面向农村；在小城市和广大农村，以发展流动放映队为主。二、加强电影放映工作的管理，充分发挥放映单位应有的效能。三、加强并改进影片的发行工作，在中国电影发行公司的系统下，健全和改进各省的发行机构。四、电影放映队应逐步实行企业经营，逐年减少国家补贴。五、逐步统一全国放映机的规格，提高放映技术质量，为达到今后放映机的全部自给，必须建立放映机器制造工业。六、改变目前手工洗印影片的方式为机器洗印，在二三年内建成一个现代化的影片洗印工厂。七、准备建立电影胶片制造工厂。八、有计划地训练放映人员，注意大量吸收工农成分的知识青年参加。

同　日　文化部公布1953年工作报告。报告对1年来文化艺术工作的主要情况、问题和今后的意见作了总结。主要内容有：一、1年来文艺工作的情况。电影制片、电影放映、戏剧、艺术普及与整理和扩大民族民间艺术工作，艺术教育工作、文化馆、站工作及幻灯工作，博物馆、图书馆工作及文物保护工作，文学艺术出版工作，对外文化艺术联络工作，以上这些工作根据“整顿巩固、重点发展、提高质量、稳步前进”的文教事业方针，1年来的工作取得了一定的成绩。文化事业的计划性比以前加强了，各项事业的具体方针也较前明确，工作中已开始注意抓取重点。二、1年来文化艺术工作的问题。主要的困难和缺点是：一方面，文学艺术创作在数量和质量上远落后于人民和国家的需要；另一方面，文化事业的发展又带有自发性和盲目性，缺乏计划性，对于各项事业缺乏严格的管理。三、关于今后工作的意见。文化艺术工作的方针任务是：积极发展适合人民需要的文艺创作，以社会主义的精神教育广大人民，鼓舞群众努力参加国家建设工作，并逐步满足群众日益增长的文化要求。

1月13日　政务院公布第二次全国民政会议决议。这是1953年12月10日政务院第一百九十七次政务会议批准的。关于4年来的民政工作，决议指出：在政权建设工作方面，地方各级人代会已普遍召开，大部分人代会已代行了人民代表大会的职权。在优抚工作方面，发动了群众性的拥军优属运动。在农村救灾工作方面，对遭受自然灾害的地区，组织灾民进行了生产自救。在城市救济工作方面，改造游民和贫苦无依的残老孤幼共36万人，救济贫苦市民每年约120万人，接收和改造了过去被帝国主义把持的所谓“慈善”机关420多个。此外，各级民政部门配合有关方面在民工动员、地政、户政、贯彻婚姻法以及由当地政府交办的其他任务中也进行了许多工作，取得了不少成绩。但是，4年来，民政工作也有不少缺点，如有些地方的干部对民主是力量的源泉缺乏认识，工作时存在着形式主义的偏向，在优抚军烈属方面缺乏负责到底的精神。这些缺点的发生，主要是由于民政部门在工作上存在着主观主义、官僚主义，缺乏调查研究，没有及时向领导机关反映情况和提出适当建议，指导一般化，抓不住中心。民政部门的工作必须进一步地贯彻国家在过渡时期的总路线总任务，为发展生产和社会主义改造服务。

同　日　中共中央批转鞍山钢铁公司赴苏实习团《关于实习经验的报告》。中央在《报告》中指出，一切经苏联设计和供给设备的新的重要企业，凡不能掌握新的操作技术者，有关主管部门必须正确及时地挑选人员成批成套地组织赴苏实习，以保证新的企业能及时、顺利地进行生产。根据中央指示的精神，我国有关主管部门加强了实习生的派遣工作。1954年赴苏实习生约有1 300人。

1月14日　中国文学艺术界联合会全国委员会主席团第二次扩大会议在北京举行。出席会议的有中国文联主席团在京委员、中国戏剧家协会、中国音乐家协会、中国美术家协会、中国曲艺研究会的负责人茅盾、阳翰笙、郑振铎、邵荃麟、柯仲平、曹靖华、孙伏园、俞平伯、巴金、胡风、田汉、洪深、程砚秋、吕骥、查阜平、赵讽、刘开渠、叶浅予、蔡若虹、叶恭绰、梁思成、华君武、王亚平、连阔如等。文联副主席茅盾主持会议，阳翰笙、邵荃麟、田汉、吕骥、蔡若虹、王亚平报告了中国文联和各协会及研究会1954年工作计划要点。会议讨论并通过了这些计划要点。主要有：中国文联1954年的工作将以组织文艺界学习，协同政府举办优秀艺术作品评奖，会同各个协会加强对外联络工作为主要内容，并准备第二届全国委员会第二次会议。中国作家协会1954年的工作是以遵循国家总路线的精神，发展社会主义现实主义的创作与批评，发扬古典文学，特别是五四以来文学的现实主义传统，加强指导普及工作为中心任务。中国戏剧家协会1954年计划进行的工作有：在《剧本》月刊上推荐宣传总路线和社会主义精神的剧目，出版《戏剧报》，创作大型剧本、翻译国外优秀剧本，协助政府举办话剧会演和评奖等。中国音乐家协会1954年的工作有：组织会员根据总路线精神从事创作和演出，组织新作品演奏会和声乐观摩演唱会，经常进行理论报告会、座谈会、音乐欣赏会，有计划地进行音乐普及工作，指导群众音乐活动，编辑出版《人民音乐》、《歌曲》、《活页歌选》等。中国美术家协会1954年的工作有：组织美术家创作宣传总路线的作品，组织各种美术问题的讨论会，举办各种形式的美术展览，出版《美术》月刊，组织美术工作者到工厂加强普及工作。中国曲艺研究会1954年的工作有：收集各地的曲艺资料，整理群众喜爱的曲艺传统段子，编辑《中国曲艺作品选集》，创作新时期的曲艺若干篇，举办定期的曲艺观摩演唱会、座谈会等。

1月14日—27日　全国中学教育会议在北京召开。参加会议的有各大行政区人民政府教育局，内蒙古自治区人民政府文教部，各省、市人民政府教育厅、局负责人以及部分中学和教师进修学校的校长230余人。这次会议主要是解决关于当前中学教育的任务和工作方针问题；解决中学的发展以及高小、初中毕业生参加劳动生产的问题；加强中学的思想政治教育，改进教学工作和学生健康状况问题；加强中学在职教师学习问题；关于中等师范教育今后的发展方针任务问题。会议根据政务院副总理郭沫若的指示和中央人民政府教育部副部长林砺儒所作《关于全国中学教育的基本情况与今后方针任务》的报告，进行了讨论。政务院文教委员会副主任习仲勋和秘书长钱俊瑞到会对中学教育和如何为总路线服务的问题作了重要指示。会议还邀请苏联专家崔可夫介绍了苏联教育方面的经验。教育部副部长董纯才作了总结报告。经过讨论，会议确定了今后中学教育的方针和任务：当前中学教育的方针是根据国家过渡时期的总路线和总任务，在整顿巩固的基础上，积极地提高中学教育质量，特别要办好高级中学、完全中学和工农速成中学，并根据需要与可能，作有计划、有重点的发展。当前中学教育的任务是以国家过渡时期的总路线的精神教育学生，把他们培养成为积极参加社会主义建设和保卫祖国的全面发展的新人。为了达到上述目的，必须在中学校中贯彻全面发展的教育，即进行思想政治教育、文化科学教育和体育卫生教育。目前应以加强学生的爱国主义教育、劳动教育、集体主义教育和纪律教育为重点。关于中学教学工作，会议认为，教学改革是中学教育改革的中心环节。教学改革应以教学内容的改革为中心，相应地改革教学方法。教学工作中应贯彻教学与生产结合、与政治结合、与实际结合的原则，并应注意贯彻思想政治教育。会议认为提高教学质量主要是依靠教师。因此，组织教师进行业余学习，以提高教师水平，有特别重要的意义。当前教师的业余学习，应根据教师的不同特点和需要，确定主次，分清急缓，有计划、有步骤地进行。董纯才在总结报告中，强调指出必须改进教育行政部门的领导问题。各级教育行政部门必须切实贯彻中央的工作指示和教育计划，建立视察制度，定期派人下去，深入检查工作和加强具体领导。关于对中学的领导分工，省应根据统一领导、分级管理的原则，更多注意政治领导和业务领导，除直接领导一些中学外，应将其余中学的领导管理放下去，由县（市）直接负责。各级行政管理部门应注意培养教育行政干部。

1月16日—21日　中央体育运动委员会举行第一次全体会议。出席会议的有中央体育运动委员会全体委员、各大行政区体育运动委员会、内蒙古自治区体育协会负责人及中央各有关部门代表和各大军区政治部主任等一百多人。会议根据国家过渡时期总路线的精神，检查总结了1953年的工作，确定了1954年的工作方针和具体任务。会议听取了体委主任贺龙《在总路线的照耀下，为开展群众性的体育运动而奋斗》的报告，体委秘书长荣高棠关于1954年工作计划的报告。贺龙在报告中指出，一年来体育运动在全国都有了一定的开展，有力地帮助了广大群众改善身体健康状况，提高了工作和学习效率，成绩是很大的，而且是主要的。但也存在着体育运动发展不平衡，一部分人对体育运动认识不明确，群众性的业余体育运动工作方针贯彻不够，领导机构不健全，缺乏技术指导等缺点。贺龙主任分析了原因，主要是体委领导不了解情况，工作中存在着严重的事务主义作风，缺乏具体指导等。会议认为，今年的体育工作是首先进一步明确开展体育工作的方针必须是结合实际情况，开展群众性的体育运动，并逐步地使之普及和经常化。同时，为了胜利完成1954年的中心任务，必须做好宣传、培养训练干部、开展基层运动竞赛等工作。会议认为：为了更好地贯彻1954年工作任务，必须加强思想领导，提高全体体育工作者的政治思想水平，在领导方面除了加强调查研究外，还要很好地总结过去的经验，加强上下级联系，建立与健全请示报告制度。

1月18日　新华社报道：中国政府和印度尼西亚政府批准中印贸易协定并互致照会。该协定是1953年11月30日在北京签订，是两国政府为了在平等互利的基础上促进并发展两国间的直接贸易关系。协定规定：缔约双方愿采取一切适宜的措施，就各种可能来促进两国之间的贸易；双方通常出口的商品货单，分列“甲”、“乙”两表作为两国间进行贸易的范围，这两个表作为该协定的附件。协定同时还规定了两国贸易的基本原则及应遵守的法令和优惠办法；协定有效期至1954年12月31日，期满前经双方同意可以延长。中华人民共和国中央人民政府对外贸易部副部长雷任民和印度尼西亚共和国政府经济代表团团长阿斯玛温分别在协定上签字。

1月21日　政务院召开第二百零三次政务会议。会议听取了中央人民政府铁道部部长滕代远所作的关于修建武汉长江大桥的报告，通过于《政务院关于修建武汉长江大桥的决定》。修建武汉长江大桥，是中国人民许多年来的愿望。人民政府在1950年组织了大批工程技术人员进行勘测设计工作。在苏联专家指导下，经过2年9个月的钻探，召开了3次设计会议，完成了武汉长江大桥的初步设计。会议还通过了《中华人民共和国海港管理暂行条例》，对港务局的设置、港区的划分、港务局的职权等作了明确的规定（该条例于23日正式公布）。会议还通过了各项任免名单。

同　日　文化部等发出联合通知，指示各地继续宣传贯彻婚姻法。通知由中央人民政府文化部、教育部、扫除文盲工作委员会、内务部联合发出。通知指出：由于目前农村工作繁重，政务院已决定今春不进行贯彻婚姻法运动，但宣传婚姻法的经常工作仍继续进行。通知指示各地：一、在冬学的课程中，应包括有婚姻法的内容，特别在“三八”节前，应有几次婚姻法课程，还应动员群众来听。宣传婚姻法的干部要以中央贯彻婚姻法运动委员会办公室编印的《婚姻法讲话》为内容，结合当地实际，向学员讲解。二、在春节文艺活动中，各地除放映文化部指示中规定的13部影片外，还应放映宣传婚姻法的节目，如《赵小兰》等。各地文化主管部门应推荐宣传婚姻法的短剧、快板、歌曲及年画、连环画等。

1月22日　中共中央发布《关于加强干部文化教育工作的指示》。《指示》指出，大量培养与提拔工农干部，和有计划地提高他们的政治、文化、业务水平，使他们成为各项建设事业中的骨干，是贯彻党在过渡时期总路线的一项重大的政治任务和组织任务。《指示》规定：一、目前开展干部文化教育的目的是使文化水平较低的干部逐步提高到高小以至初中水平，同时使一部分工农干部能具备条件升学深造。各级机关应组织干部学习，把他们的成绩作为鉴定、考绩标准之一。二、应着重吸收担负一定领导责任的工农干部参加学习，同时亦应适当组织警卫员、通讯员、勤务员等入学。三、干部文化教育必须采取速成的和联系实际的教学方针。课程应精简集中，教学方法要适应工农干部的特点。四、干部文化学习要根据实际情况，采取在职业余学习或离职集中学习的方式进行。五、县以上各级机关根据具体条件，有步骤地开办干部业余文化补习学校或文化补习班。对文化补习学校或补习班的学制、课程、教学时间、教师和制度等作了具体规定。六、农村区干部，除区委书记区长外，一般以业余学习为主。七、地委以上各级党委应逐步设立干部文化补习学校，有计划地分期分批抽调文化水平较低的老干部离职集中学习。八、工农速成初等学校应从1954年1月起一律改为干部文化补习学校，由当地党委直接领导，并切实加以整顿。九、为了适应国家建设工作的需要，应大力扫除工农干部中的文盲，有条件的地区可办速成识字班，争取在三四个月内达到能识常用字2 000左右。十、有计划地提高工矿企业干部的文化水平，适当解决其学习时间、编制、经费等问题。十一、编辑一套适合工农干部文化学习的教材，是办好干部文化教育的关键之一。十二、少数民族的干部文化学习，原则上使用本族语文，也可采用普遍使用的别种文字。十三、关于干部文化教育事业的编制和经费作了一些暂行规定。十四、为了加强对干部文化教育的领导，省、市以上各级文委应设立干部文化教育局（处），配备一定数量的人员，如条件不具备，仍由教育行政部门管理。《指示》还规定，各中央局、分局和省、市委应召开适当会议，认真进行讨论，订出具体执行的计划，在1954年6月底以前，各中央局、分局应就此项工作向中央作一专题报告。

1月23日　中苏1954年换货议定书在莫斯科签字。该议定书规定了中苏两国之间的换货的细则。苏联将供给中国广泛项目的货物，包括冶金设备、采矿设备、动力设备、汽车、拖拉机、农业机器、建筑机器、钢材、有色金属材料、石油产品、化学产品。中国将供给有色金属、大豆、大米、花生、植物油、肉类、茶叶、烟草、水果、羊毛、生丝、丝织品、皮革等货物。我国方面在议定书上签字的是中财委副主任、对外贸易部部长叶季壮，苏联方面签字的是苏联对外贸易部副部长斯·阿·波里索夫。

1月25日　中朝国境铁路协定在北京签字。根据这一协定，中朝间将于1954年4月1日建立两国铁路间的货物联运，于1954年6月1日开始旅客行李联运。中华人民共和国铁道部副部长武竞夫和朝鲜民主主义人民共和国交通省副相南学龙分别代表两国政府签了字。

1月27日　全总执委会通过《关于在国营厂矿企业中进一步开展劳动竞赛的指示》。《指示》指出：一、工人阶级必须采取最有效的办法来不断提高劳动生产率。而劳动竞赛是共产主义劳动态度的一种具体表现，它本身就是一种最好的共产主义教育。劳动竞赛是发展生产、实现国家的社会主义工业化的可靠保证，是社会主义建设的基本方法。开展劳动竞赛，发挥工人阶级的主动性和首创精神，不断提高劳动生产率，以保证国家计划的完成并争取超额完成，是工会组织的首要任务。二、劳动竞赛是工人阶级成为国家的领导阶级之后的自觉的劳动热情的必然表现，是新的生产关系的必然表现。过去的劳动竞赛突击性、盲目性很大。现在，开展组织性、计划性的劳动竞赛已具备了条件，工会组织完全有必要和可能把劳动竞赛向前推进一步。三、提出目前劳动竞赛的主要任务是：要求每个企业、车间和小组，全面地、均衡地完成和争取超额完成国家计划的各项指标，通过劳动竞赛不断地提高劳动生产率，提高产品质量，降低产品成本，改善操作条件，保证生产安全，通过劳动竞赛不断地提高工人群众的技术水平和企业的管理水平。四、劳动竞赛是建设我们祖国的基本方法，组织劳动竞赛不仅是工会组织的任务，也是企业行政方面的任务，是全党的事业。因此，工会组织要在党的统一领导下，以共产主义精神教育群众，开展劳动竞赛，提高劳动生产率。五、对竞赛的形式、竞赛的条件、竞赛的评比、竞赛的奖励以及工程技术人员和职员参加竞赛问题作了规定。

1月29日　外交部长周恩来发表声明强烈抗议美方强迫扣留朝中战俘。1954年1月20日和21日，美国方面公然使用武力和以武力威胁，将2.19万余名朝中战俘分别押解到南朝鲜和台湾，强迫他们参加李承晚和蒋介石的军队。周恩来在声明中就此事向美方提出最强硬的抗议。指出：《中立国遣返委员会的职权范围》赋予了委员会以解释和实施《职权范围》的权利和责任。但是美国方面的挑衅行为严重地违反了朝鲜停战协定关于战俘安排问题的有关条款，彻底地破坏了《职权范围》的协议。美国方面为了达到其强迫扣留大批朝中战俘的罪恶目的，很久以来就在战俘营中布置了大批特务分子，实行特务的恐怖统治。后来美方无理地中断了关于政治会议问题的双方会谈，片面宣布解释工作于1953年12月23日结束，既而发展到强迫扣留朝中战俘。中华人民共和国中央人民政府本着坚持和平解决朝鲜问题的一贯政策，特郑重声明：美国方面对于这次被强迫扣留的2.19万余名朝中战俘和1953年6月18日—22日被强迫扣留的2.7万多名朝中战俘在任何时候都负有全部追回、并向朝中方面提出交代的责任；我们并保留把这个问题提交朝鲜政治会议及其他有关国际会议讨论的权利。只要美方一天不把他们追回，我们就一天不放弃对美方这种罪行进行追究。声明指出，朝鲜问题的和平解决，已因美方强迫扣留战俘的行动和阻挠政治会议的召开的政策而愈趋困难，联合国应该立即促使第八届联合国大会复会，以审查朝鲜的严重局势。朝中政府有权利派遣自己的代表参加联合国大会关于朝鲜问题的讨论。鉴于美国的侵略政策所造成的国际紧张局势，中国政府完全支持苏联莫洛托夫外交部长1954年1月26日在柏林会议中所提出的“关于缓和国际紧张局势的措施和召开法国、英国、美国、苏联和中国外交部长会议”的建议。声明强调，一切爱好和平的人民的这种愿望是不容漠视的。

1月31日　北京—莫斯科直达客车正式通车。北京和莫斯科相距9 050公里，通车后只需要215个小时就可到达，并且每周对开2次。这不仅便利了中苏之间的往来，而且也便利了参加10国国际联运协定的国家和人民之间的来往。

本　月　中国人民解放军军事法院成立。根据中央军委决定，成立中国人民解放军军事法庭，统一管理全军审判工作。同年11月1日，根据中华人民共和国第一届全国人民代表大会第一次会议制定的《中华人民共和国宪法》和《中华人民共和国人民法院组织法》的规定，中国人民解放军军事法庭改名为中国人民解放军军事法院，陈奇涵任院长。1955年8月31日，国防部命令各军区、军、师军法处改名为军事法院。形成了由四级军事法院组成的统一的军事审判机构体系。1969年底，解放军军事法院和其他各级军事法院相继被撤销，军事审判职能由同级保卫部门以军事法院的名义行使。1978年1月，中央军委决定恢复解放军军事法院和各大单位的军事法院。同年10月，解放军军事法院开始办公。

2月1日　中共中央发出《关于建立与充实各级计划机构的指示》。为了进一步加强国民经济的计划性和国家对各项经济活动的领导，指示规定，中央人民政府所属各经济部门和文教部门，必须建立和健全计划机构，并把计划机构逐级建立到基层工作部门和基层企业单位。这些计划机构为各该部的工作单位之一，其工作受各部首长的直接领导，业务上与国家计委的有关各局建立经常密切的联系。各大区行政委员会、各省（市）、省属市及县人民政府，应设立计划委员会，吸收党委、政府和财经、文教部门的负责同志9—15人组成。各级计划委员会在业务上同时受上级计划机关及国家计委的指导。

同　日　政务院批准新疆省更改歧视少数民族的地名。新疆省人民政府颁布更改因历史上反动统治阶级遗留的一些含有歧视或侮辱少数民族的地名的决定。将新疆省会迪化市改为“乌鲁木齐市”。“乌鲁木齐”是蒙古语，意为“优美的牧场”。迪化县、迪化专区也相应更改。干德县改为“米泉县”，孚远县改为“吉木萨尔县”，绥来县改为“玛纳斯县”，景化县改为“呼图壁县”，承化县改为“阿勒泰县”，镇西县改为“巴里坤县”，巩哈县改为“尼勒克县”，阿山专区改为“阿勒泰专区”。

2月6日—10日　中共中央召开七届四中全会，通过《关于增强党的团结的决议》。出席全会的正式中央委员35人、候补中央委员26人，列席的有党、政、军和人民团体的主要负责同志52人。毛泽东同志因在休假期间没有出席全会。中共中央书记处书记刘少奇同志受党中央政治局和毛泽东同志的委托作了《中共中央政治局向第七届第四次中央全会的报告》。朱德、周恩来、陈云、邓小平等44位同志在会上发言，揭露和批判了高岗、饶漱石分裂党、妄图篡党夺权的阴谋活动。刘少奇在报告中高度评价了七届三中全会以来中央政治局的工作，认为党中央的政治路线和组织路线都是正确的，党领导人民在土地改革、抗美援朝、镇压反革命、经济建设以及其他各项工作中都取得了很大的成绩。会议批准了中央政治局提出的党在过渡时期的总路线。全会号召全党同志要加强党的组织性、纪律性，加强党的团结，加强学习，继续深入进行总路线的宣传。加强党对经济建设的领导，加强党同人民群众的联系，为逐步贯彻党的总路线，把我国建设成为伟大的社会主义国家而奋斗。全会批准了中央政治局关于召开党的全国代表会议的决定，讨论了第一个五年建设计划纲要及其他有关问题。会议着重讨论了增强党的团结的问题。这是从批判高饶开始的。高岗，1926年加入中国共产党，曾参与创建陕甘革命根据地工作，七大后被选为中央政治局委员。饶漱石，1925年入党，曾长期从事地下革命工作，抗日战争和解放战争时期在华东地区工作。从1952年底到1953年初，高岗、饶漱石先后从东北和华东调到中央工作。高岗任国家计委主席，饶漱石任中共中央组织部部长。为适应大规模经济建设的需要，党中央考虑过改革国家体制和酝酿召开第一届全国人民代表大会等问题，毛泽东提出过一线二线的主张，高、饶错误估计了形势，认为这是权力的再分配，是篡夺党和国家最高权力的大好时机。1953年夏召开的全国财经工作会议，主要是讨论如何贯彻执行党在过渡时期的总路线。但高岗却扭转会议方向，散布流言蜚语，把1953年以来财经工作的某些缺点硬说成是路线错误，含沙射影地攻击刘少奇和周恩来等党和国家领导人。高岗会后以休假为名，到华东、中南继续搞分裂党的阴谋活动，并散布所谓“军党论”。他把共产党分成“根据地和军队的党”和“白区的党”2个部分，并以“根据地和军队的党”的代表自居。他说中央和国家机关掌握在所谓“白区的党”的人手里，应彻底改组，由他任党的总书记并担任政务院总理。饶漱石在组织部打击副部长安子文，并在9、10月间召开的全国第二次组织工作会议上，演出了“讨刘倒安”的闹剧，支持和配合了高岗的分裂活动。12月，毛泽东休假期间委托刘少奇代理中央主席时，高岗公然反对，私下活动由他来代替刘少奇。为了维护党的团结和统一，毛泽东在12月24日党的中央政治局会议上向高岗提出了严厉的警告，并提出了增强党的团结的建议。政治局根据这个建议，起草了《关于增强党的团结的决议》草案，并于10日一致通过了这个决议。决议的主要内容是：一、决议全面回顾和分析了我党内部的情况，指出党内存在着一种骄傲情绪和夸大个人作用的危险性。中国共产党已经形成了以毛泽东为首的中央的统一领导和全党的团结一致。但是革命的胜利使一部分干部滋长了骄傲情绪，把自己领导的地区或部门看做个人的资本和独立王国。因此，有必要唤起全党同志更加增强党的团结。二、强调加强党的团结的重要性，党的团结就是党的生命，而破坏党的团结就是帮助敌人来危害党的生命。决议号召全党要加强团结，为保证社会主义建设和社会主义改造伟大事业的胜利而奋斗。三、加强党的负责同志的团结，是全党团结的关键。并规定了有关增强党的团结的具体办法：1. 应当把维护和巩固党的团结作为指导自己言论和行动的标准；2. 反对任何派别思想、小团体习气、山头主义、地方主义和本位主义，反对任何妨碍中央的统一领导、损害中央的团结和威信的言论和行动；3. 严格遵守民主集中制和集体领导原则，反对分散主义和个人主义，反对搞独立王国，反对过分强调个人作用，反对骄傲自满和个人崇拜；4. 反对避开党组织和党中央进行个人的或小团体的非法政治活动；5. 全党高级干部应检查自己的言行，必须改正不利于党的团结的言行；6. 对于任何有损党的团结的言论和行动应进行批评和斗争。四、决议指出，要充分发扬民主，开展批评和自我批评。党的团结必须是也只能是在马克思列宁主义基础上的团结，在正确的政治原则和正确的组织原则上的团结。七届四中全会揭露和粉碎了高岗、饶漱石反党分裂的阴谋活动，使全党受到了深刻的教育，从而捍卫了党的团结，维护了党的统一，保证了党在过渡时期总路线的顺利实现。

2月11日—14日　中国地质学会召开第一次全国会员代表大会。出席会议的有总会和各地代表及特邀代表共27人。会议提出，中国地质学会的主要任务应该是团结全国地质工作者，从事学术活动，交流科学技术经验，提高科学水平，更好地为生产建设服务。地质工作者首先应该为重工业和国防的设计与施工及时提供一切必需的矿产资料，为铁道、道路、水库、厂矿基址工程的设计及时提出一切必需的地质资料；其次关于农业集体化的各个步骤中所必然引起的地质方面的技术问题，提出并作出相应的解决方案，供有关部门参考。会议讨论并通过了《中国地质学会会章》，选举了新的理事会，李四光等17人当选为第一届理事。

2月12日　中共中央发出《关于传达和学习第七届中央委员会第四次全体会议的文件的通知》。《通知》要求各级党组织向干部和党员认真传达并组织学习《中共中央政治局向第七届第四次中央全会的报告》、《关于增强党的团结的决议》和《中国共产党第七届中央委员会第四次全体会议的决议》3个文件。中共中央书记处委托周恩来主持召开了高岗问题座谈会，委托邓小平、陈毅、谭震林主持召开了饶漱石问题座谈会。参加2个座谈会的中央委员和候补中央委员共37人。两个座谈会进一步揭发和查证了高岗、饶漱石反党阴谋的事实。周恩来在发言中批判了高岗散布的“军党论”、“党是军队创造的”、“枪杆子上出党”的谬论，以及高岗大搞宗派活动、独立王国的罪行。从高岗事件中应该吸取的教训是：“军党论”的思想必须肃清，党内非法活动必须禁止，独立王国的思想必须消灭，一切个人主义、自由主义、宗派主义、地方主义、分散主义、小团体习气、本位主义都应受到批判，必须坚持党的统一领导和集体领导的原则，必须发展党内民主和自我批评，党的任何干部都必须毫无例外地受党组织和人民群众的监督，都应该树立正确的马克思主义人生观，加强马列主义的教育。在中共中央政治局的领导下，华北、华东、山东、上海等分局都召开了扩大会议，揭发和批判了高岗、饶漱石的反党阴谋活动。

2月15日　高等教育部发出《关于高等学校应加强对工农干部学生工作的指示》。《指示》指出，3年来，全国高等学校已录取机关、部队和厂矿的工农干部和工人2万余名入学，为了有效地加强和改进对工农学生学习的领导和帮助，各高等学校要对这一工作进行深入的检查，了解情况和问题，积极设法改进；允许工农学生免修俄语；可以采取单独编班、分组教学和加强课外辅导等办法，进行重点补习；要加强对工农学生的思想教育。

2月16日—3月5日　国家统计局召开第三届全国统计工作会议。国家统计局局长薛暮桥作了《1953年工作检讨和1954年工作要点》的报告。他指出：1954年的统计工作，必须根据国家过渡时期的总路线、第一个五年计划的基本任务的精神和今年的年度计划来进行。过渡时期的统计工作应正确地反映总路线的逐步实现过程，对过渡时期的不同经济成分应采用不同的调查统计方法，密切与计划工作结合，在社会主义经济不断增长的过程中来不断提高统计工作。1954年的中心任务是：继续加强国营经济特别是国营工业和基本建设的统计工作，相应地加强物资分配、国营商业和合作社商业、交通运输业及社会文教卫生统计工作，做好劳动工资、财务成本的统计工作，改进个体农业、手工业和资本主义工商业的统计工作，加强互助合作和国家资本主义的统计工作。此外，必要时还将进行一些临时调查工作。为了完成上述工作，薛暮桥指出：必须继续改进调查统计方法，学习分析研究，加强基层单位和业务部门的统计工作，努力培养全国统计干部，提高他们的政治认识和业务能力。会议期间，中央人民政府副主席朱德，国家计委副主席李富春，中共中央宣传部副部长陆定一先后到会作了指示。

2月16日—20日　全国农业科学学术讨论会在北京召开。在农业部和中国科学院的支持下，中华全国自然科学专门学会联合会召集农业科学各专门学会举办了这次学术讨论会。参加讨论会的共235

人。会议主要讨论了农业科学工作者如何结合中国农业生产实际，学习苏联先进经验，以及农业科学工作者如何为提高农业生产服务等问题。农业部副部长杨显东、刘瑞龙，中国科学院副院长竺可桢、张稼夫到会并讲了话。

2月19日　中波1954年换货及付款协定在华沙签订。按照协定的规定，1954年两国的贸易额将比1953年有进一步的增加。中国将供给波兰以技术油类、油类种子、有色金属、矿物、原料、丝织品、棉花和其他纺织原料、大米、茶叶、烟草及其他货物。波兰将供给我国以整套的工厂设备、车床及机器压延品、化学药品和药剂、实验室器材、织物、糖、纸张及其他工业品。

2月20日　全国人民慰问人民解放军代表团举行慰问人民革命军事委员会大会。中央军委副主席朱德，军委委员贺龙、陈毅、聂荣臻、粟裕、傅作义及张宗逊、傅钟、萧华、肖劲光、刘亚楼等军队领导出席了大会。参加大会的共有1 300多人。董必武总团长在会上致慰问词，高度赞扬了中国人民解放军在中国革命以及建国4年来的和平建设时期所起的重大作用。董必武向朱德总司令敬献锦旗和呈现礼物，并为朱德、贺龙、陈毅、聂荣臻佩戴了纪念章。朱总司令在热烈的掌声中致答谢词。他代表中国人民解放军全体指战员向全国人民、中国共产党、中央人民政府和毛泽东主席致以崇高的敬意和衷心的感谢，他强调，人民解放军之所以能出色地完成人民交给的光荣任务，是由于党、政府和毛主席的英明领导，是由于全国人民深切的关怀和热烈的支援。人民军队要加强国防现代化建设，努力学习苏联先进的军事科学和技术，时刻保持高度警惕，以保卫祖国的安全和保障社会主义建设的顺利进行。

2月21日—3月10日　中国人民银行总行召开全国金融会议。会议提出，在稳定金融的总方针下，1954年银行的主要任务是：实行现金管理，大量吸收存款，建立金库，掌握外汇，控制游资，以稳定金融、扶植生产。会议还制定了1954年全行的财务计划、外汇收支计划及全行存款计划。

2月28日　政务院公布《关于实行粮食的计划收购和计划供应的

命令》和《粮食市场管理暂行办法》。这二个文件都是1953年11月19日政务院第一百九十四次政务会议通过的。为了保证人民生活和国家建设所需要的粮食，稳定粮价，消减粮食投机，进一步巩固工农联盟，根据共同纲领第28条“凡属有关国家经济命脉和足以操纵国民生计的事业，均应由国家统一经营”的规定，决定在全国范围内有计划、有步骤地实行粮食的计划收购（简称“统购”）和计划供应(简称“统销”)。《命令》规定，生产粮食的农民应按国家规定的收购粮种、收购价格和计划收购的分配数量将余粮售给国家。开始实行粮食计划供应时，可先规定一些简便易行的办法，逐步研究改进，使之趋于完善。计划收购和计划供应的控制数字，应根据国家及人民需要和农村粮食情况作适当的规定。一切有关粮食经营和粮食加工的国营、地方国营、公私合营、合作社经营的粮店和工厂，统一归当地粮食部门领导。所有私营粮商一律不许私自经营粮食，在国家严格监督的管理下，由国家粮食部门委托代理销售粮食。所有私营粮食加工厂不得自购原料，自销成品，需在国家粮食部门监督管理下，代消费户按国家规定的加工标准加工。城市居民计划供应的粮食可到国家设立的粮食市场进行相互间的调剂。各级政府应对有关部门进行经常的检查和监督。《办法》规定，所有私营粮局，在粮食统购统销后，一律不准私自经营粮食，在国家严格的监督管理下，可由国家粮食部门委托代理销售粮食的业务。私营粮食加工厂不得私自加工，可在国家监督下代消费户按国家标准从事加工。私营店厂必须严格遵守政府法令，不得有掺假行为。城市中的食品工业所需粮食由国家统一供应，不得私自采购。城镇中的粮市交易所在当地政府统一领导下，以工商行政部门为主会同粮食部门共同管理。城市居民购得国家计划供应的粮食可到国家设立的粮食市场进行相互间的调剂。农民的余粮可自由存储使用，或到粮食市场进行交易。各级政府部门要对政策的执行进行监督检查，各地制定施行细则报中财委备案。

本　月　中国人民解放军击落窜入浙江的残余国民党军飞机2架。这2架飞机分别于2月1日和9日窜入我浙江上空，被解放军驻浙江部队击落。2架敌机都是美造国民党军飞机F-47型战斗机。其中一架敌机被击落后坠入浙江玉环附近海中；另一架敌机坠落焚毁在浙江某地，驾驶员被击毙。

本　月　受中共中央书记处委托，周恩来召开关于高岗问题的座谈会，邓小平、陈毅、谭震林召开关于饶漱石问题的座谈会。参加2个座谈会的有中央委员和候补中央委员37人，重要工作人员40人。座谈会进一步揭发、查证了高岗、饶漱石反党阴谋活动的各项事实。在高岗问题座谈会上有43位同志发言，根据所揭发的材料，高岗分裂党及夺取党和国家权力的阴谋活动，有如下九条事实：一、散布所谓“枪杆子上出党”、“党是军队创造的”、“军党论”的谬论，企图煽动和影响一部分军队中的高级干部，并准备八大代表团，图谋夺取党的领导地位。二、进行宗派活动，反对中央领导同志。三、造谣挑拨，利用各种空隙，制造党内不和。四、实行派性的干部政策，破坏党内团结，尤其是对干部私自许愿封官，以扩大自己的影响和企图骗取别人的信任。五、把自己所领导的地区看做个人资本和独立王国。六、假借中央名义，破坏中央威信。七、剽窃别人文稿，抬高自己，蒙蔽中央。八、在中苏关系上，拨弄是非，不利于中苏团结。九、从财经会议前后及从中央提出是否采取部长会议的国家制度和党中央是否添设副主席或总书记的问题后，迫不及待地进行夺取党和国家权位的活动。周恩来在高岗问题座谈会上作了总结发言。3月1日，中央政治局批准了周恩来的发言提纲。饶漱石问题座谈会共召开7次，与会者有华东在京干部与调京干部及中央各部与饶工作有关的26位同志。座谈会得出以下几项结论：一、根据所对证的事实，说明1953年饶漱石在全国财经会议到全国组织会议期间破坏中央领导威信和破坏党的团结。在这个期间，饶漱石的活动完全暴露出自己是一个极阴险的野心家，并且在实际上与高岗形成反党的联盟。他在1953年和高岗共同进行分裂党的活动是他们向来的个人野心发展的一种结果，并不是偶然的，并不是没有历史来源的。二、座谈会一致指出，饶漱石的资产阶级的极端个人主义不是一般性的，有其特殊之点。三、饶漱石在党内进行争夺权位的斗争中采用了与党的作风完全相反的一套办法，即采用了一套以取得权位的“权术”。四、饶漱石对自己所犯错误，直到现在，还不是采取彻底承认的态度。五、座谈会指出，党在揭露饶漱石的错误时应当吸取教训，这就是党的统一领导和集体领导的原则必须坚持；党内民主必须提倡和发扬；党内的批评和自我批评、特别是高级干部间的批评和自我批评必须发展；党的无产阶级嗅觉必须提高；党的团结必须加强，不让敌人有隙可乘；每个干部的共产主义人生观必须确立；全党的马列主义的教育必须加强。3月1日，邓小平、陈毅、谭震林向中央提出关于饶漱石问题座谈会的报告。3月15日，中央政治局批准了这一报告。

3月3日　中财委公布《关于1954年棉粮比价的指示》。《指示》说，1954年是国家进入有计划建设的第二年，为了保证生产和人民日益增长的需要，在不影响粮食增产的前提下，适当增加棉田面积和提高单位面积的产量，《指示》规定1954年粮棉比价为：1斤棉花在河北、山东、晋中、豫北相当小米7斤5两—8斤4两；在陕西、河南、晋南相当于小麦6斤12两—8斤；在湖北、江西、湖南相当2级米7斤4两—8斤4两；在江苏、浙江、安徽相当中籼米7斤4两—8斤4两。在东北和西南，比价由当地财委自定。《指示》规定，商业部在新棉收购前，根据以上比价，规定各地棉花收购价格，合作社要在国营贸易公司协助下，进行预购，与农民订立预购合同。继续贯彻“优级优价，低级低价”的政策，收购工作中提高分级检验技术，公平合理按级给价。指示规定财政征收，贯彻棉田、粮田同等负担以及棉田以棉花抵交公粮的政策。《指示》由财经委主任陈云签发。

3月4日　中共中央批准《中财委（资）关于1954年扩展公私合营工业计划会议的报告》暨《中财委（资）关于有步骤地将有10个工人以上的资本主义工业基本上改造为公私合营企业的意见》。中共中央的批示中指示：希望各中央局、各省、市委据此进一步研究和制订各大区、省、市1954年扩展公私合营工业的正式计划，各省、市委并应据以制定分期的具体执行计划，按中财委（资）报告中所规定的审批程序批准执行；报告中提出的有关问题，请有关主管部门负责办理。批示还指出，过去几年来，在实际经济生活中，对资本主义工商业的社会主义改造，虽然我们已经做过不少工作，但这方面的经验系统地加以总结不够，各种必要的章程和办法还需要逐步制定，望各省、市委因此加以重视，尤其组织适当力量进行调查研究，为制定1955年—1957年的三年计划和1955年的年度计划做好必要的准备工作。

3月5日　中国人民解放军铁道兵领导机构在北京成立。根据中央人民革命军事委员会1953年10月10日命令，中国人民解放军铁道兵领导机构，以中国人民解放军铁道兵团机关为基础，在北京成立。王震任司令员兼政治委员。原中国人民解放军铁道兵团和中国人民志愿军所属各铁道工程师，均划归中国人民解放军铁道兵建制。

3月6日　政务院公布《关于加强灾害性天气的预报、警报和预防工作的指示》。这是1954年1月28日政务院二百零四次会议通过的。《指示》提出，根据我国目前气象科学的水平，对于大范围灾害性天气如台风、寒潮等，大体上已经可以在24小时甚至48小时以前作出预报、警报。因此规定现有中央气象台、各区气象台以及各地气象预报台、站，对于台风、寒潮和随之而来的大范围的暴风雨（雪）和霜冻等灾害性天气的预报、警报，必须力求迅速、准确，对于灾害可能发生的地区和时间，应注意具体、明确。指示对灾害性天气预报、警报信息的广播、传递也作了规定，各地人民广播电台和海岸电台应定时广播，必要时可临时增加广播次数，各地广播站要认真收听，及时向临近地区传达。《指示》还对各生产、运输部门如何预防、避免和减少灾害性天气造成的损失等有关事项作了规定。3月24日，《人民日报》为此发表了题为《加强天灾的预防工作，保证生产建设的安全》的社论。

同　日　政务院举行第二百零七次政务会议。会议听取和批准了中央人民政府纺织工业部副部长陈维稷所作的《关于纺织工业目前基本情况与今后工作部署的报告》。《报告》说，纺织工业中除极少数产品如毛、丝绸等因原料和销路影响，尚未达到历史最高年产量外，其余都已超过。其中：棉纱超过69.96%，棉布超过100.1%，麻袋超过67.67%。由于国营纺织工业的发展和设备的增加，社会主义成分比重增加。1949年国营纺纱锭占全国的47.61%，到1953年国营和公私合营纺纱锭已占全国的64.8%。会议还通过了各项任免名单和提请中央人民政府委员会批准任免的各项名单。

同　日　绥远省建制正式撤销，原辖区划归内蒙古自治区。1月11日—17日在归绥市举行的绥远省第一届第三次各界人民代表会议通过的绥远、内蒙古合并，撤销绥远省建制，统一由内蒙古自治区人民政府领导的决议，经1月28日政务院第二百零四次会议一致同意后实施，6月19日中央人民政府委员会第三十二次会议正式批准。2月28日，《人民日报》以《中国历史上解决民族问题的重大措施》为题发表社论，高度评价了这一决定。

3月7日　湖南常宁县破获反革命分子破坏国家购粮工作案。《人民日报》报道，1953年9月间，常宁县第五区突然发生严重缺粮现象，群众买不到米吃，国家粮食收购站收不到粮食。县人民政府公安局深入调查，查明李隆家、文仰森、文仰炎、文仰鑫、文仰三、吴代春、文仪进等7人组织反革命组织，与搞投机倒把活动的不法奸商蒋贤诘、龙述章勾结，抢购、套购粮食，哄抬物价，操纵当地的粮食市场，公开破坏国家购粮工作。常宁县人民法院对犯罪分子的罪行查实后，于1953年12月3日召开了群众公审大会，当场判处李隆家、文仰森、文仰炎3犯死刑，立即执行，判处蒋贤诘无期徒刑，并没收这4犯除家属生活外的全部财产。

3月8日　中共中央批转中国科学院党组报告。批示指出：要把中国建设成为生产高度发达、文化繁荣的社会主义国家，一定要有自然科学和社会科学的发展；科学家是国家和社会的宝贵财富，必须重视和尊敬他们，必须争取和团结一切科学家为人民服务，要大力培养新生的科学研究力量；科学院和高等学校应认真进行培养青年科学研究人员的工作，并建立制度加以保证；每年选拔一批最优秀的大学毕业生（包括基础科学、技术科学和社会科学）去做科学研究工作；在高等学校招生和选派留学生时，除应有大量学生学习技术科学以外，还应保证相当数量的优秀学生学习基础科学。批示还指出：高等学校里集中着大量的科研人员，为发扬这一部分力量，并提高高等学校的科学水平，必须在高等学校开展科学研究工作。为开展科学研究工作，建立学位制度和奖励制度是必要的。中共中央责成中国科学院和高等教育部提出逐步建立这种制度的办法。

3月12日　中共中央农村工作部提出《关于目前各地建立农业生产合作社情况与问题向中央的报告》。《报告》指出，1953年10月全国第三次互助合作会议后，各地党委办社的热情很好，普遍追加了计划办社的数字。现全国总计为4.5万余个，较原计划数增加1万余个，报告要求各地适当地掌握发展合作社的计划数字，并把建社与备耕生产工作结合好。如果建社工作将影响春耕生产，则毋宁推迟到春耕以后再建立。实际上，到了3月中旬，全国已经建立和正在建立的农业生产合作社已达7万多个，超过原计划3.5万个的1倍。少数地方单纯为完成任务、追逐发展数目、强迫命令、侵犯中农利益等倾向已开始显露。据此，中共中央农村工作部于3月20日又发出《关于收缩农业生产合作社的发展转入生产的指示》，要求各地收缩发展新社的工作，俟夏收或秋收以后的生产空隙中再作建社事项。

同　日　内务部和劳动部联合发出关于继续贯彻《劝止农民盲目流入城市》的指示。指示指出，自从政务院发布《关于劝止农民盲目流入城市的指示》后，曾扭转了当时的混乱现象。但是有些地区没有认真贯彻，因干部乱开介绍信，用人单位到农村私自招工，再加上某些地区救灾不利，致使农民盲目流入城市的现象仍在继续发生，甚至日趋严重。为了保证春耕生产，保持城市正常的社会秩序，内务部和劳动部作了如下指示：一、各地结合春耕生产，宣传政务院发布的劝止农民盲目流入城市的《指示》。向农民讲清城市建设的情况，不要盲目进城。同时，向农民说明农业生产的重要性，使其积极参加农业生产和互助合作运动。二、各地必须领导农民从事农业生产，用各种办法解决农村剩余劳动力问题。农闲时，组织农民开展各种副业生产，灾区要搞好生产自救，使农民生活有适当保障。三、各用人单位如确实需要人，要通过有关部门有计划有组织地调配，不能到农村私自招工。各县、区、乡政府不得给农民乱开介绍信。四、已流入城市的农民，有关部门要动员其还乡。农民还乡后，生活确有困难者，地方政府应给予适当帮助。

同　日　中共中央同意成立黄河规划委员会。李葆华为主任。黄河规划委员会成立后，即组织一批力量，在苏联专家帮助下，根据“根治黄河水害，发展黄河水利”的方针，于10月份完成黄河综合规划的编制。这个综合规划包括远景计划和第一期计划2部分。远景计划的主要内容是：用几十年时间，在黄河干流上修建一系列拦河坝，从而把黄河改造成梯河。第一期计划的主要任务是解决黄河的防洪、发电、灌溉和其他方面最迫切的问题。其内容包括修建三门峡和刘家峡2个综合性枢纽工程，修建青铜峡、渡口堂、桃花峪3座干流水库，改良耕地面积1.27亿亩，改良天然牧场1.35亿亩。1955年7月30日，第一届全国人大二次会议批准了《关于根治黄河水害和开发黄河水利的综合规划的报告》，并决定开始进行勘查设计和施工。

3月12日—23日　全国文教工作会议在北京举行。政务院文教委员会副主任习仲勋作了关于1954年文教工作的方针和任务的报告。政务院总理周恩来到会对有关我国过渡时期文教工作的任务作了重要指示。会议指出，1954年教育工作的主要任务是：发展和改进高等教育，整顿和发展中等专业教育；适当发展和改进普通教育；加强工农干部和工农群众的文化教育；发展少数民族的文化教育事业等。会议要求在不断提高质量的前提下完成发展的任务，既反对盲目冒进，也反对消极保守。文化教育战线是一条广阔的思想战线，在我国过渡时期中思想斗争的任务，不仅要进一步肃清封建的、买办的、法西斯的思想，而且特别要着重用工人阶级的思想深刻批判资产阶级思想，加强劳动观念、集体主义、爱国主义和国际主义的教育，以反对资产阶级的思想影响。郭沫若在总结发言中指出，增强团结是我们共同进步的前提条件，是胜利推进各项文教事业的基本保证。他号召全体文教工作干部，努力完成1954年文教工作的各项任务，为推进国家的社会主义工业化和社会主义改造事业而奋斗。

3月13日　中国军事顾问团帮助越南人民军组织实施奠边府战役。在中国军事顾问团的帮助下，越南人民军发动了奠边府战役。中国政府向越南人民军提供了这次战役所需的武器弹药、通信设备、粮食、医药等物资。这次战役，由于以胡志明为首的越南劳动党中央的正确领导，越南军民的英勇奋战以及中国的大力支援，经过55个昼夜的战斗，于5月7日完全解放了奠边府。这次战役的胜利，对越南北方的解放起了决定性的作用。

3月15日—21日　燃料工业部在西安召开全国石油勘探会议。会议初步估计了过去4年来我国石油勘探工作的成果，认为我国是一个石油资源蕴藏丰富的国家，必须进一步加强勘探工作，以满足国家对于石油产品的日益增长的需要，并为国家远景计划准备新的勘探区域。会议具体规定了今后要找到有工业开采价值的新油田、新天然气和油母页岩资源的任务，并决定提高地球物理勘探工作的技术水平，在各盆地成立综合研究所，以加快石油勘探的速度和提高勘探质量。对于已经慎重选定的储油构造，会议决定采取集中钻探的方针。会议根据总的勘探方向，具体布置了1954年的勘探工作。1954年要派出大批勘探队、地质队，深入了解地下地质构造的情况，确定油田的开采价值。对已开采的油田，要加强采油地质工作，以便作出科学的开采方案。

3月16日—26日　全国总工会召开私营企业工会工作座谈会。出席这次座谈会的有六大行政区和上海、天津、武汉、广州、重庆、北京、沈阳、西安八大城市负责私营企业工会工作的干部，16个基层工会的代表和有关产业工会的代表共38人。座谈会由全国总工会主席赖若愚作总结。他说，对资本主义工商业进行社会主义改造是全国人民的任务。工会组织应该积极地承担起这个任务，发动职工，教育和推动资本家，从企业内部实行这种改造。为使改造进行得更有力，工会工作者必须抓紧掌握政策和搞好生产这两个环节。关于高级形式和中级形式的国家资本主义企业中的工会工作，赖若愚指示，私营企业中的工会工作者应该以生产为中心，发动工人监督资本家，防止其重犯“五毒”以及逃避资金、浪费资金等行为。工会要在“按照公私合同所规定的质和量，准时完成加工订货任务，以满足国家建设和人民的需要”口号下，发动职工开展增产节约竞赛，为过渡到高级形式作准备。赖若愚最后指出，工会组织要完成它在国家对资本主义工商业实行社会主义改造中所担当的任务，各级工会组织要加强政策学习，加强调查研究。在这次座谈会上，全国总工会为了更好地领导和推动私营企业的工会工作，宣布成立全国总工会私营企业工作委员会。

3月17日—4月10日　中央人民政府最高人民检察署召开第二届全国检察工作会议。最高人民检察署副检察长李六如致开幕词，副检察长高克林作了《关于过去检察工作的总结和今后检察工作方针任务的报告》。会议期间，政务院总理周恩来，政务院政法委员会主任董必武、副主任彭真先后向到会代表作了重要报告。会议提出，今后检察工作的方针任务是：根据需要和可能的原则，在国家第一个五年建设计划的时期内，有计划有步骤地把全国各级人民检察署的组织和工作，系统地建立和健全起来，运用人民民主的法制，从检察工作方面，保障国家的社会主义工业化和对农业、手工业和资本主义工商业的社会主义改造的实现，向一切反革命分子及各种危害经济建设、危害社会主义改造、危害国家秩序的违法犯罪分子进行斗争，检察所有国民包括国家工作人员在内的违法犯罪案件，并代表国家向人民法院提起公诉。会议认为1954年应首先充实和健全省（市）以上的检察机构，并加强城市、工矿区人民检察署和有重点地建立铁路、水运沿线的专门人民检察署；同时在工作基础和干部条件较好的省，应尽可能有步骤地普遍建立县的检察机构。会议一致通过了《关于过去检察工作的总结和今后检察工作方针任务的报告》和《第二届全国检察工作会议决议》。

3月18日　政务院召开第二百零九次政务会议。会议听取了农业部部长李书成所作的关于春耕生产的说明，通过了《政务院关于春耕生产的指示》。并于3月31日公布。《指示》说，农业生产和互助合作是统一的不可分割的一个整体的任务，是农村中一切工作的中心。各级领导机关应警惕可能发生的春旱、春涝等灾害，做好一切预防措施，兴修各种水利工程。同时要深入农村，向农民推广科学技术，提供丰富的农业生产资料和生活资料。指示强调要做好肥料供应和农业贷款的发放。国营农场应做好春耕生产，为农民作示范。牧区、渔区、林区要以牧业、渔业、林业为生产中心，做保增产保畜、春季捕捞和春季造林、护林防火等工作。会议还听取和批准了中央生产救灾委员会谢觉哉副主任所作的关于1953年灾情和救灾工作的总结报告。会议还通过了各项任免案。

同　日　中国人民解放军驻浙江部队击落击伤国民党军飞机各1架。这2架飞机都是美造F-47型战斗机。被击落的敌机坠入浙东南田岛附近海中。

3月20日　中共中央农村工作部作出关于收缩农业生产合作社的发展转入生产的指示。指示认为，华北局根据当前的情况，提出停止发展，全力进行巩固，转入生产的措施，这是正确的。目前各地已经建立和正在建立的农业合作社7万多个，超出最初拟定计划3.5万个的1倍，这是个很大的胜利。但是，这个胜利并不是巩固的。切实巩固这个胜利，力争所有新建社都有必要的质量，把所有新、老社都办好，为将来更大发展打下坚实的基础，乃是当前互助合作运动最重要的任务。现在春耕生产季节已经或即将开始，除少数春忙较晚的地区以外，各地均在注意收缩发展新社的工作，这是完全必要的，现在各地均反映有一部分新社在建立和发展当中，思想动员工作做得不够充分，一些在建社中需要解决的具体问题尚未完全解决或解决得不够完满妥当。必须充分警惕这种情况，进行必要的检查，极力争取时间，在春耕大忙之前，一面积极进行生产准备，一面把问题求得大体解决。帮助农业生产合作社作好生产计划，解决好劳动力的组织使用问题，这是巩固新建社的当前中心环节。对于有的地方出现了一些未经批准而自己办起来的自发社，应该正式批准，或者是暂时不予批准而实际上加以领导，不能任其自生自灭。同时，中央农村工作部还将华北局批转山西省委《关于发展与巩固农业生产合作社的指示》的通报转发各中央局、分局和省委农村工作部、各市农委。

同　日　中财委决定地方国营企业超额利润可以作为地方工业投资。1953年以来，各地私营工业产值的增产速度大大超过控制数字，而地方国营企业未得到相应的发展，影响了公私经济比重的变化。为使地方工业在配合国营重点建设的情况下得到相应发展，进一步提高各省（市）经营地方工业的积极性，中财委决定：凡1953年地方企业收入在完成国家预算的基础上仍有超额收入或预算中其他结余的，均可首先用于地方工业投资；1954年地方企业收入超过预算指标部分，可在国家统一计划下由地方调剂，拨出一部分或全部用于投资少、收效快的基本建设项目，以迅速扩大生产，增加积累。各地在动用超额收入和预算中其他结余时，须报经财政部批准，以便于国家预算的控制。

3月21日　农业部颁发1952年"爱国丰产金星奖章"。获此荣誉的有：模范工作者任国栋、劳动模范李顺达、郭玉恩和吴春安4人。任国栋是中共黑龙江省郭尔罗斯后旗（原肇源县）旗委书记，他深入群众，总结当地增产经验，提出"等距、宽播、间苗、保苗"等措施，使1952年全县增产50%，1953年东北全区推广他的经验，共增产粮食100万吨。李顺达是山西省平顺县西沟村农林畜牧农业生产合作社社长，他在1952年春向全国发起爱国丰产运动，并领导社员超额完成生产计划。郭玉恩是山西省平顺县川底村农业生产合作社社长，1952年他改进经营管理，实行劳动定额，包工包产办法，提高劳动生产率，获得全面丰收。吴春安是山西省翼城县西梁村农业生产合作社社长，1952年他学习和推广植棉科学技术和先进经验，获得丰产。

3月22日　中华人民共和国宪法起草委员会第一次会议在北京召开。出席会议的有宪法起草委员会主席毛泽东，委员宋庆龄、李济深、李维汉、何香凝、沈钧儒、沈雁冰、周恩来、胡乔木、乌兰夫、马寅初、马叙伦、陈云、陈叔通、陈伯达、张澜、郭沫若、习仲勋、黄炎培、彭德怀、程潜、董必武、刘少奇、邓小平、邓子恢、薄一波共26人。会议由毛泽东主持。他代表中国共产党向会议提出了中共中央起草的《中华人民共和国宪法草案（初稿）》，会议听取了宪法起草委员会委员陈伯达作关于宪法起草初稿的说明。会议决定将这个宪法草案初稿分发给中国人民政治协商会议全国委员会、各大行政区、各省（市）领导机关、各民主党派、各人民团体的地方组织和武装部队的领导机关进行讨论，广泛汇集多方面人士的意见，并要求在2个月内完成对宪法草案初稿的讨论和修正，以便提请中央人民政府委员会作为草案批准公布。会议除由宪法起草委员会全体会议进行讨论外，并会同中国人民政治协商会议全国委员会进行分组讨论。

3月22日—4月1日　中华全国总工会在北京召开劳动保险工作会议。出席会议的有各大区、省、市及各产业工会的代表等180人。会议总结了几年来的劳动保险工作，并对今后保险工作的方针、任务和组织制度等作了比较广泛的讨论，明确了以下各点：一、必须加强思想领导，明确劳动保险工作为生产服务、为群众服务的方针，克服工作中的非政治倾向，既要反对不顾生产的单纯福利观点，又要反对不关心职工生活、放松劳动保险工作，或把劳动保险看做是“消极工作”的观点。二、劳动保险工作的经常业务，应抓住预防病伤、增进职工健康这一环节。在经常工作中，除应及时正确地发付保险金外，应做好：第一，和劳动保护与卫生医疗部门密切联系，分析职工病伤原因，研究预防办法，搞好安全生产和爱国卫生运动；第二，协助与监督卫生工作的执行；第三，对病伤职工进行慰问并予以积极帮助；第四，办好疗养事业。三、对集体劳动保险事业，目前应以巩固整顿、提高质量为主，根据必要与可能的条件作稳步的发展。应重点发展基层的业余疗养所，在当地卫生医疗部门具有足够的指导条件时，并可考虑协助企业单位自办小疗养所。四、在各厂矿企业中，应根据劳动保险的业务范围和工作发展的需要，逐渐建立与健全劳保保险的组织机构与工作制度。

3月23日　中财委发出《关于1954年农产品预购工作的指示》。《指示》规定1954年国家委托中华全国合作社联合总社通过预购合同制向农民预购粮食、棉花以及花生、茶叶、黄麻、洋麻、青麻、家蚕茧、土丝、羊毛等农牧业产品。《指示》指出，和农民建立预购合同制是国家采购农产品的一个新方法。这样国家按预购总值预付一定比例的现款给签订合同的农民，农民按合同出售产品。实行预购合同制的目的，是要使国家能及时掌握必要数量的农产品，保证国家建设和人民生活的需要；使小农经济能稳定生产和提高单位面积产量，逐步把小农经济纳入国家计划轨道；同时给予农民生产、生活上的一些帮助，限制农村高利贷的剥削，从而使国家和农民的关系进一步密切，巩固城乡经济的结合。农产品的预购对象，应以农业生产合作社、常年互助组、临时互助组及供销合作社社员小组为主。预购的农产品一律按照农产品上市时国家公布的收购牌价进行收购，同时加强市场管理，防止私商抬价抢购，以保护农民的利益。

同　日　中共中央批转中财委和国家计委《关于逐步推行煤炭分区产销平衡合理运输制定的报告》。《报告》说，1953年以来，铁路某些区段已呈现不能满足运输需要的趋势，原因之一是铁路运输存在着不合理运输。为了消灭这种现象，节约运输能力，在总结东北地区经验的基础上，决定先从占铁路货运量1/3以上的煤炭入手实行分区产销平衡，按规定的流向图运输。具体办法是：根据全国产煤和用煤情况，划分13个产销区（包括由国家统一分配的45个煤矿）。在按地区进行产销平衡的基础上，规定煤炭的基本流向及流动范围，限制和禁止过远的、对流的和重复的运输。中共中央在批示中指出，分区产销平衡合理运输方法，是节约国家运输能力，合理使用各种运输工具及国家资源并提高国家计划管理水平的一项重要措施。它不仅是运输制度上和物资分区上的重大改革，同时，对于促进今后生产力合理分布也有其重要作用。中共中央认为，各种主要物资如粮食、木材等的运输，也要逐步推行这种制度。7月1日，政务院公布《关于逐步推行煤炭分区产销平衡合理运输制度的决定》，并决定自第4季度起实行。

3月24日　中共中央发出《关于认真做好农村中的粮食计划供应工作的指示》。《指示》指出，1953年冬季以来，在农村中开展了计划收购粮食的运动，获得巨大的成功。但也确实存在一些缺点和错误，发生了一些不良影响和后果。主要表现是：有些缺粮的农民卖了粮食，有些农民卖出的粮食超过其实有的余粮，有些乡村干部积极分子带头卖粮过多，他们的口粮不足了。而计划供应工作又未能及时地跟上去，因而招致他们的不满。加之，有的地方在宣传总路线和粮食政策中，对某些问题的解决不够全面，不很适当，而小生产的农民对社会主义又往往容易发生平均主义的误解，因而有一部分农民（主要是比较富裕的中农）在思想上顾虑不安，对生产采取不积极的态度。某些问题比较严重的地方，就呈现出人心浮动的局面。解决问题的关键在于做好农村中粮食的计划供应工作。解决缺粮农民的口粮问题，是使农民安心生产的先决问题。对于真正的缺粮户，无论是原来的缺粮户或卖粮过多的干部和群众，均应做到充分的及时的供应。各地亦须对那些并非真正缺粮而要购买粮食的农民进行耐心的说服教育，以免浪费掉国家必要的储备粮。总之，既要反对限制过严、手续繁杂的脱离群众的偏向，又要防止不看对象，无限制地扩大供应的偏向。

3月24日—30日　文化部在北京召开第四次全国文化工作会议。出席会议的有：各大行政区、内蒙古自治区和各省、市文化局的代表，文化部各局、司和直属各学院、剧院、博物馆、图书馆等事业单位的负责人和中央有关部门的代表。会议的主要内容是：根据全国文教工作会议的精神，在总结1953年文化工作的基础上，讨论和确定当前文化工作的方针任务和1954年文化工作计划。会议认为，在国家过渡时期，积极发展适合人民利益和需要的文学艺术创作，加强艺术实践，是当前文化工作中头等重要的任务。1年来，无论在电影、戏剧、音乐、舞蹈艺术方面，或在文学美术出版方面，都取得了一定的成绩。但整个说来，仍落后于人民的需要，存在着一些缺点和不足。因此，今后各级文化主管部门切实改进对文艺创作的领导，在为工农兵服务的政治方向和社会主义现实主义创作原则的指导下，鼓励各种文学艺术的自由竞赛，正确地开展文艺工作中的批评和自我批评，并采取积极适当的措施，改善文艺创作实践活动的条件，加强艺术工作的劳动纪律，以促进文学艺术创作事业的繁荣。会议特别强调了组织电影和戏剧创作的重要性，强调了发展民间创作的重要性。会议讨论了如何加强对民间职业剧团的领导和管理问题。对已实行合作经营的“共和班”式的剧团，帮助他们建立民主的领导和合理的经济制度，建立各种必要的艺术工作制度，加强演员的政治、文化和业务学习，逐步提高其政治质量和业务水平。对仍存在封建剥削的业主班，应采取妥善步骤进行民主改革。会议经过讨论一致通过了文化部提出的关于加强对民间职业剧团的领导和管理的方案。关于1954年全国文化事业计划，会议认为：今后在事业发展上，仍应贯彻“整顿巩固、重点发展、提高质量、稳步前进”的方针。一方面继续整顿已有的各项文化事业机构，进一步提高其质量，加强管理，充分发挥其潜力；另一方面，按照国家经济建设和人民文化生活的需要，有步骤有重点地发展新的事业。在文化事业发展上，首先应面向工矿。在进行各项工作时，必须一方面正确执行某些文化事业的企业经营的原则，另一方面必须反对和克服某些文化工作人员中忽视为工人服务的思想和单纯营利的观点。会议最后提出，进一步加强和改进文化部门的领导，是做好一切工作的关键。今后必须努力提高文化领导工作的政治水平，切实贯彻国家在过渡时期的总路线，认真执行中国共产党和中央人民政府的各项政策，反对官僚主义、主观主义和分散主义，加强马列主义理论学习、加强业务的研究。必须建立真正的集体领导，发扬民主，开展批评和自我批评，加强文化艺术界的团结。共产党员和非共产党员应在文化艺术工作中，密切合作，互相学习，互相帮助，为社会主义的文化建设事业共同奋斗。

3月25日　政务院举行第二百一十次政务会议。会议听取和批准了水利部长傅作义所作的《关于4年水利工作总结和今后工作任务的报告》。《报告》说，截至1953年10月的不完全统计，连同群众自办的工程在内，水利建设已完成土方26.8亿立方米，石方1 700多万立方米，混凝土263万立方米。通过这些工程，一是减轻了淮河、黄河、长江及一般河流湖泊的水患。其中“淮河的洪水已得到初步控制，黄河下游1 789公里堤防自解放以来加培土近1亿立方米，长江下游修筑了荆江分洪工程，山东的沂河、沭河流域初步解决了排洪问题，永定河上游修筑了官厅水库，潮白河开辟了新河道，珠江流域及东北和其他各地一般也都有改善；二是广泛兴修的水利工程使农田灌溉面积逐渐扩大；三是在实际工作中培养了一批工程技术人员和施工力量。会议还通过了各项任免名单。

同　日　中保1954年换货及付款协定在索非亚签字。同时，1954年交货共同条件和1952年货物交换及付款协定清算议定书也签订。根据1954年的货物交换及付款协定，中保两国交换的货物将进一步增加。中国将供给保加利亚有色金属、棉花、茶叶、石棉以及生活日用品和其他生产建设所需要的重要物资。

3月26日　文化部和中国文学艺术界联合会发表《关于三年来全国群众歌曲评奖的公告》。《公告》提出：为了巩固群众歌曲创作的成绩，提高创作水平，鼓励创作实践，本部、会特联合举办3年来（1949年10月1日—1952年10月1日）群众歌曲（包括部队歌曲）评奖，并组织群众歌曲评奖委员会（由吕骥、周巍峙等21人组成），以作品的思想和艺术水平及在群众中流行的程度为衡量标准，将3年来全国的群众歌曲加以评选，并决定应予授奖的作品名单。此项授奖歌曲名单业经本部、会审定，认为应予推广介绍，除出版《评奖群众歌曲集》及推荐灌制唱片外，希各专业及业余音乐团体采用，向群众广为播唱、教唱。《公告》公布了3年来全国群众歌曲评奖得奖歌曲名单，其中一等奖9首，分别为《全世界人民心一条》、《歌唱祖国》、《中国人民志愿军战歌》、《歌唱毛泽东》、《我是一个兵》、《王大妈要和平》、《草原上升起不落的太阳》、《小鸽子》、《歌唱二郎山》；二等奖43首；三等奖62首；得奖作品共计114首。

3月29日　政务院政治法律委员会制定1954年政法工作的主要任务。文件规定：1954年政法工作的总任务是：进一步健全人民民主制度，加强和运用人民民主法制，巩固人民民主专政，以保障国家的社会主义经济建设和各项社会主义改造事业的顺利进行。在政权建设工作方面，要求各级民政部门完成普选工作。及时召开地方各级人民代表大会，充分发扬民主，进一步健全人民民主制度。司法工作的中心环节是：加强有关经济建设和各种社会主义改造事业的案件的检察和审判工作。公安工作的任务是：在镇压反革命运动基本结束的基础上和敌我斗争新的形势下，开展各项公安业务建设，进一步和隐蔽的敌人作斗争，加强经济保卫工作，加强民警治安工作，教育人民群众提高警惕，深入地开展镇压反革命的斗争。在贯彻第二次全国民政会议决议、开展民政工作的各项业务建设方面，民政部门还应抓2个工作：一是切实领导人民群众做好革命烈士家属、革命军人家属和革命残废军人的优抚工作和复员转业军人的安置工作，认真地发动和组织他们尽可能地参加各种生产互助合作组织和各种社会主义建设事业。二是在灾区继续贯彻生产自救、节约度荒、群众互助、辅以政府必要救济的方针，并以连年遭灾地区为重点，做好农村救灾工作。为有效地实现上述任务，应建立以城市和工矿区政法工作为重心的若干基点单位。为适应政法工作的开展，文件最后强调，为了保证国家的总路线和总任务的实现，政法各部门必须加强工人阶级的思想领导，加强对党政领导的报告请示制度，必须加强集体领导和在干部中的政治思想工作，必须贯彻实事求是的群众路线的作风。这是保证政法各部门完成党和国家所给予任务的关键。

同　日　中国人民志愿军领导机关发出《关于帮助朝鲜人民进行恢复与重建工作的指示》。《指示》要求志愿军各部队帮助朝鲜人民进行水利建设，修建公共场所和季节性的农业劳动，并规定连队应有70%的人员，机关应有20%~40%的人员，每年帮助朝鲜人民劳动的时间达到7个劳动日。帮助朝鲜人民进行恢复建设工作的重点是：帮助完成驻区附近能使朝鲜人民获益最大的水利工程；在可能的条件下，尽力帮助驻区人民进行春耕、植树、夏锄、秋收等劳动，尽力帮助朝鲜人民实现朝鲜政府“不荒废一寸土地”的号召；要帮助驻地人民修建房屋、安家生产，帮助朝鲜地方政府修建急需的公共场所等。《指示》要求全军的各部队、各机关重视这一工作。各项工程在施工中要保证工程质量，使各种建筑物坚固耐久，合乎朝鲜人民的要求，并要做到节省器材和爱护工具。

3月29日—4月2日　1954年全国铁路工作会议召开。铁道部部长滕代远作了1953年工作的基本总结和1954年工作部署的报告。报告指出，1953年超额完成国家运输计划和增产节约计划。1954年计划铁路运输货物为1953年的115.5%，输送旅客为114%。会议研究了目前铁路的基本情况和今后的基本任务，会议认为，随着国家建设的发展，铁路运输量将有巨大的增长，但铁路工作的发展还不能适应这种需要。根据目前铁路的基本情况，铁路的基本任务是：随着国民经济的发展，相应地发展铁路运输，使之能满足工农业生产、商品流通和人民物质文化生活日益增长的运输需要，并保证国防需要。为此，必须有计划、有步骤地进行技术改造，重视铁路固定资产的养护维修工作。同时必须修筑新铁路，在政治、经济、军事、文化各方面，把国家更多的地区连成一个整体。会议规定，必须组织全体职工学习苏联经验和推广中长路经验，贯彻计划管理，抓紧运输组织工作，加速机车车辆周转，为质量良好地完成国家计划而奋斗。会议具体规定了全国铁路的10项主要工作。

3月30日　中德1954年交换货物与付款协定在柏林签字。根据协定，中国将向德国输出矿产品、羊毛、丝绸、肠衣、皮毛、水果等物品；德国将输往中国各种车床、起重机、挖土机、载重汽车、自行车、球轴承、各种测验仪器、X光及其他光学仪器、化学品、肥料、照相器材和乐器等。

本　月　中共中央发出《关于处理“五反”运动遗留问题的指示》。中央认为“五反”遗留问题主要有三类：一、资本家翻案，要求复查。其中有的是资本家掩饰违法事实，到处控诉，企图狡赖；有的是在“五反”中故意夸大违法所得，以求过关，现在又要求复查；但也有的是由于“五反”定案时计算偏高，追算过远，而要求复查的。二、尚有少数违法资本家拘押至今，对其处分问题延未解决。三、有不少资本家对“五反”退补是在看风使舵，故意拖延，甚至抗拒退补；同时也有一些资本家确是退补不起，或者不能在短期内全部退补。为使各地处理遗留问题做法上大体一致，中央特规定几项原则：第一，凡是资本家翻案要求复查者，必须对其当时定案的证据和理由提出可靠的反证，方予受理；空口叫嚣翻案的不予受理。在受理的复查案件中，一定要实事求是，对于退补，应做到应减少的减少，该退还的退还；对于处刑，应做到该减刑的减刑，该平反的平反；其该退补的和该处刑的，当然仍应分别责令退补和予以刑事处分。第二，对尚在拘押的违法工商业者，如能定案，应迅速定案。如对一案不能全部审定，应先把其能定的部分定下来，未定部分可由其具结保留，准其找保后释放。其迄今尚未定案而今后能定案者，可针对拘捕的情节和理由，令其具结找保，予以释放。定案工作，要求各地争取1954年上半年结束。第三，在退补工作中，应照顾到工商户退补后仍能继续维持生产和营业分别情况处理。《指示》最后指出，处理“五反”遗留问题，仍然是我们和资产阶级的一场激烈的斗争。因此，凡是“五反”运动尚有遗留问题需要处理的地方，当地党委必须认真地领导这一工作，应指定专人负责，并责成有关机关配合进行。

本　月　中财委（劳）、（资）发出《关于1953年度私营企业盈余分配问题的指示》。《指示》指出，1953年度私营企业的盈亏情况，工业方面一般是盈余户增多，盈余额增大，亏损户减少；商业方面，部分批发商已由去年上半年的大量赚钱变为下半年的亏累式歇业，零售商的情况是盈亏不一。部分资本家（特别是商业资本家）对社会主义改造抱有疑虑、抗拒情绪，因而经营消极，想借分红抽逃资金。因此，1953年度的盈亏分配已成为资本家和我们斗争的一个更加尖锐的问题。关于私营企业的年终盈余分配办法：一、对较大企业的盈余分配，应根据“四马分肥”的原则，由劳资双方协商决定。资方所得（包括股息、红利、董监事或执行业务的合伙人及经理厂长等酬金）可占到盈余总额的25%左右。二、不具备“四马分肥”条件的小规模企业，仍可按惯例办理，无惯例或惯例不合理者，可通过该同业劳资双方协商行业的分配办法，报工商行政机关核准后实行。三、各地根据上述精神，结合当地情况，对1953年私营企业的盈余分配，拟定分配原则，作适当处理。可邀集工商业联、工会及有关方面代表座谈，取得一致，并采取适当步骤公布和实施。四、对当地盈余分配办法已有规定，与本指示原则不相抵触，仍可按照原规定办理。

本　月　中共中央提出转发《天津市委关于公私合营工厂利润分配和建立与健全董事会的报告》的指示。指示规定：合营工业的全部利润中，股东的利息、红利（包括董事、监事、经理、厂长等人的酬劳金）可占到缴纳所得税前企业盈余总额的25%左右；公私双方再按股份比例分配。企业利润较高的，股息、红利的比例可略低于25%；企业利润较低的，股息、红利的比例可略高于25%。合营工业的利润分配，除少数带有垄断性质、企业盈利特别高的，或者是企业生产涉及国家机密，在商得私股同意，企业的生产经营已全部由公股负责，私股不负企业盈亏责任的以外，一般以不采用定值、定息为宜。因为采取定值定息的办法，一般将定得较低，资本家虽然觉得私股利润已有保障，但合营工业生产提高，利润增加后，私股又将发生不满，特别是易使资本家认为，企业合营后，私股已被抛置一边，对企业无权过问，这在目前不仅不利于对资产阶级分子的改造，也将影响到私营工商业者对公私合营的积极性。合营工业的企业奖励金，应参照企业原有的福利基础及同类国家企业的办法，适当规定其在企业利润中所占比例。有条件的合营企业可设立董事会，使之成为公私双方协商议事和我们对资本家进行团结、教育工作的机构，但不应使它成为对企业生产经营的最后决定机构。

4月1日—22日　高等教育部在北京召开全国高等财经教育会议。会议讨论了全国高等财经教育的方针任务、专业设置、1954年—1957年的招生计划、各财经学院接受业务部门委托调训干部和附设工农速成中学及拟订各个专业的统一教学计划等问题。高等教育部副部长曾昭伦作了《关于全国高等财经院系方针任务的报告》。会议根据国家过渡时期的总任务和第一个五年计划的基本任务，确定今后高等财经教育的方针是：有计划按比例地培养为国家社会主义建设服务的、体格健全、热爱祖国、具有一定马克思列宁主义思想水平和具有一定经济理论与专业知识的高级经济理论人才和财经专门人才。在工作步调上，高等财经教育仍应贯彻“整顿巩固、重点发展、提高质量、稳步前进”的工作方针，适当地调整专业，扩大培养工业部门和厂矿企业需要的工业经济、工业统计、工业会计人才，并按适当比例培养国民经济计划、农业经济、政治经济学、财政、银行、贸易、合作社等专门人才。为了适应业务部门提高在职干部的需要，并切实进行教学改革，逐步增加工农学生的比重，并有计划地接受业务部门委托，调训适当数量的在职干部。会议强调，各财经学院在今后一定时期内应把调训在职干部和办好工农速成中学作为重点，大力提高教学质量，以求培养合乎规格的财经管理人才。

4月2日—18日　中共中央农村工作部召开第二次全国农村工作会议。会议认为，1953年冬和1954年春农业生产合作运动的成绩很大，由1.4万多个社发展到9万多个社，完成原定计划3.5万个社的2.5倍以上。会议修改了农业生产合作社五年发展计划：1955年发展到30万或35万个；1957年发展到130万个或150万个，参加合作社的农户发展到占全国总农户的35%左右，合作化的耕地发展到占全国总耕地的40%以上。其中，东北和晋、冀、鲁、豫四省及其他老解放区，合作比的程度都达到50%以上，并争取在平原及高产量地区、经济作物区和城市郊区取得先一步合作化。第二个五年计划时期（大约在1960年前后），争取全国绝大部分地区基本上实现合作化。6月3日，中共中央批转了农村工作部《关于第2次全国农村工作会议的报告》。

4月3日　《人民日报》报道，中央人民政府出版总署作出停止胡乱出版苏联文学名著改写本的决定。决定指出，上海等地的私营出版社，近来滥出了许多根据苏联文学作品中译本改写和缩写的改写本或“通俗本”。这些书质量一般都很低劣，有的还传播了一些错误的思想和知识，严重损害了原著的思想性和艺术性，并造成出版发行工作的混乱现象。广大读者和翻译工作者对私营出版社的这种行为纷纷提出指责。例如：通联书店出版的《百炼成钢》（根据《钢铁是怎样炼成的》中译本改写），把保尔·柯察金刻画成为一个“小瘪三出身”的人物。又如：锦章书局出版的《好儿女》的改写者，把奥斯特洛夫斯基的名著《暴风雨所诞生的》改成为一本庸俗的武侠小说。这些改写本或“通俗本”的泛滥反映出改写者和出版者的投机取巧、粗制滥造的市侩作风。这些低劣的作品对苏联的作家和作品，对我国广大读者的学习要求，对翻译工作者和正当出版者的权益，都起了损伤和有害的作用。因此，出版总署在1月份已向各地新闻出版行政机关发出关于停止胡乱出版苏联文学名著改写本或通俗本的指示。该指示中规定：今后除个别书籍确有改编的必要和可能，经出版总署或大行政区出版行政机关特许，并取得原出版者和原作者或原译者同意外，一般地不得出版苏联文学名著通俗本、改编本及其他篡改文学名著的书籍。已出版的各种苏联文学作品的改写本或通俗本，一律不准再版。已出版者准予售完为止。

4月5日—20日　政务院人民监察委员会在北京召开第三次全国监察工作会议。出席会议的有各大行政区、内蒙古自治区、各省、市监察委员会的主任、副主任等142人。会议根据国家过渡时期的总任务，总结了1953年的工作，确定了今后监察工作的方针和任务，会议听取了政务院人民监察委员会副主任刘景范所作的工作报告，副主任王翰、潘震亚所作的关于财经部门监察室的工作、处理人民来信和接见人民来访的工作报告，会议介绍了哈尔滨秋林公司和哈尔滨铁路稽核局监察工作的经验。政务院秘书长习仲勋在大会上作了重要指示。会议确定今后监察工作的基本任务是：进一步向政府机关及其工作人员中的违法失职行为作斗争，防止和克服一切阻碍和破坏总路线的行为，保证国家过渡时期总路线的贯彻实现，会议指出：今后必须进一步加强监察工作，提高监察工作的效能，对财经企业部门的生产、经济、财务活动逐步实行严格的监督检查，为保护国家财产和积累国家资金而斗争。会议认为，要做好监察工作，必须依靠人民群众，开展批评和自我批评，加强对人民监察通讯员的领导，认真做好处理人民来信的工作，监察干部必须保持谨慎、严肃的态度和大公无私、实事求是的作风，严格批评那种自以为是、骄傲自满情绪和钦差大臣的作风。

4月7日　中共中央转发《中国人民银行工作检查的总结报告》。《报告》中说，4年来，人民银行在党的正确领导下进行了以下主要工作：一、建立了独立、统一、稳定的货币制度；二、在党的正确领导下执行了正确的信贷政策，开始建立了社会主义性质的银行信用制度；三、执行了国家统一管理外汇收支的政策，集中各项外汇资金，支持了国家对外贸易的发展；四、随着解放战争的胜利，接管了敌伪银行，并在全国范围内建立了各级人民银行；五、基本上肃清了帝国主义在中国的金融势力，建立和发展了社会主义性质的国家金融事业，淘汰和改造了资本主义金融业，开始组织了农业信用合作，打击了高利贷，实现了国家对金融事业的统一管理。《报告》对1954年人民银行的主要任务作了规定：一、在国家统一的政策计划下，与政府各部门密切配合，使预算与信贷相结合，努力为国家积累建设资金，节约资金使用。二、加强对国营企业的信贷、结算、现金管理等工作，努力发展人民储蓄，吸收社会上游动资金，以集中资金，主要支持国营经济和合作经济的发展。三、努力争取更多的侨汇收入，加强对非贸易外汇的管理，协助滞销物资出口，改进国际清算工作，把银行作为国际支付的后备力量，为国家建设集中外汇资金，支持国家对外贸易的发展。四、逐步发挥银行对企业完成国家计划和节约资金方面的监督作用，以利于国营经济发展生产，扩大商品流通和稳定市场，支持国家的社会主义工业化。

同　日　中蒙两国1954年换货议定书在乌兰巴托签字。议定书规定1954年两国相互供应的货物，比1953年有进一步增加。中华人民共和国将供给蒙古人民共和国绸缎、皮革制品、干果、水果和其他货物，蒙古人民共和国将供给中国牲畜、皮毛和各种牲畜产品。

4月8日　政务院举行第二百一十二次政务会议。会议听取和批准了中央人民政府教育部董纯才副部长所作的《关于全国中学教育会议的报告》和《全国普通教育与师范教育工作1953年的基本总结和1954年的任务》，通过了关于改进和发展中学教育的指示，规定中学教育的目的，是以社会主义思想教育学生，培养他们成为社会主义全面发展的成员。中学教育不仅要供应高等学校以足够的、合格的新生，并且还要供应国家生产建设以具有一定政治觉悟、文化教养和健康体质的新生力量。当前中学教育的工作方针应该是在整顿巩固的基础上，根据需要和可能作有计划有重点的发展，并积极稳步地提高中学的教学质量。特别是要办好高级中学、完全中学和工农速成中学。中学必须贯彻全面发展的教育方针，既要加强政治思想教育，又要重视系统的科学知识的教育。要改进教学，以先进的科学知识武装学生，相应地改进教学方法。继续改进学校的领导工作，建立学校的领导核心。校长对学校工作全面负责，但必须以领导教学为中心。

4月12日—21日　高等教育部召开中国人民大学教学经验讨论会。旨在总结该校学习苏联，进行教学改革的经验。参加会议的有全国各类高等学校校长和教学领导干部400多人。中国人民大学副校长胡锡奎、邹鲁风等分别作了报告，介绍了人大学习苏联与中国实际情况相结合培养工农干部以及教务部工作、系的领导工作、教研室工作、科学研究工作等方面的经验。主要是：学习苏联先进经验必须系统地、全面地领会其精神实质，然后有计划、有步骤、有准备地进行；学习苏联先进经验要与中国实际情况相结合，要结合教学、结合实际开展科学研究工作；要针对工农干部学生的特点，采取特殊的教学方法。中国人民大学校长吴玉章在会上讲话强调：要进一步加强系统的马列主义的教育，学习苏联经验。高等教育部副部长杨秀峰在闭幕时的讲话中指出：中国人民大学学习苏联的经验，对其他高等学校都适用，各院校要根据具体情况，有计划地、有步骤地采用，逐步达到全面地、系统地学习。

4月14日　中国第一台7 000千瓦水轮机在国营沈阳高压开关厂试制成功。

4月15日　中央选举委员会第四次会议和政务院第二百一十三次政务会议联合举行。会议由中央选举委员会主席刘少奇主持。邓小平委员在会上作了关于目前全国基层选举工作进展情况的报告。会议根据邓小平的报告，对于即将召开的省、市、县人民代表大会的几个有关问题作了决定。由于中华人民共和国宪法尚未公布，普选后的地方各级政权组织形式尚待确定，因此，省、市、县本届人民代表大会，不在首次会议上选举其本级人民政府；县一级人民政府如有特殊情况必须改选者，应报经上一级人民政府批准，其组织暂照原有的形式。根据上述规定，省、市、县人民代表大会应分别援引1949年12月2日中央人民政府委员会第四次会议通过的省、市、县各界人民代表会议组织通则的规定，由其本级人民政府召开。为了使选举法第47条、第49条规定的代表候选人都能得到充分的酝酿，同时使各级人民代表大会的召开能互相衔接起见，规定县一级人民代表大会在1954年6月间召开；省、市人民代表大会暂定在1954年7月下旬或8月上旬召开；人口在50万以上的省辖工业市人民代表大会应先于省人民代表大会召开。人口在50万以上的省辖工业市应选到全国人民代表大会的代表由省人民代表大会一并选出。会议决定，南京、青岛、成都、济南、太原、杭州、昆明、唐山、长沙、无锡等10个人口在50万以上的省辖工业市，应按照选举法第20条的规定，按人口每10万人选全国人民代表大会代表1人。会议通过了《中央选举委员会、政务院关于召开省、市、县人民代表大会的几个问题的决定》，并于4月16日公布。

同　日　中华全国总工会主办的鞍钢技术革新展览会在北京开幕。开幕典礼在北京劳动人民文化宫举行。这次展览会分为技术革新和基本建设（三大工程）两大部分。在技术革新部分陈列着包括有小型轧钢厂等35个单位职工的创造发明。在这里可以看到张明山创造的反围盘，王崇伦创造的万能工具胎等。在这里还可以看到鞍钢开展技术革新运动的重要经验。汉口、昆明、北京、沈阳、南京等地厂矿职工学习鞍钢先进生产者革新精神所创造的机器也通过图片介绍给了观众。在基本建设部分可以看到中苏两国人民伟大友谊的结晶——大型轧钢厂、无缝钢管厂和第7号炼钢炉的模型。这些高度自动化的工厂，从勘测、设计、施工、机器安装到培养人才和开工生产，都是在苏联帮助下完成的。这里系统地介绍了三大工程的施工经验。展览于7月15日结束。前往参观的有26.4万多人。

4月16日　文化部批复东北文化局《建议停演或禁演评剧〈麻疯女〉的意见》。《批复》中指出，今后对于不良剧目，除在政治上内容反动者外，一般不宜过多采用行政命令禁演的办法，而应着重思想上的揭发和斗争，采取召开座谈会，在报刊上展开批评的方式，来影响其他民间职业剧团，启发自觉、自动放弃上演，较为妥善。

4月19日　中共中央决定成立编制五年计划纲要草案的8人工作小组。陈云任组长。关于第一个五年计划的问题，自1952年8月起，已经研究4次。1952年8月，中财委着手研究五年计划纲要，1953年2月国家计委与中财委、1953年6月和1954年2月国家计委对五年计划纲要进行了计算与研究。1954年党在过渡时期的总路线已提出，总任务已明确；苏联为我国设计的“141”项已确定；编制计划方面已有了一年多的经验，计划机构已成立；一年来经济建设中存在的主要问题已暴露得比较明显，因而正式起草第一个五年计划纲要有了条件。在工作小组领导下，主要对第一个五年计划纲要的工业发展速度，苏联援助的“141”项建设问题，投资比例问题，对农业、手工业和私营工商业社会主义改造的程度及稳定市场问题，进行了研究。6月30日，陈云就第一个五年计划向中共中央作了汇报。

同　日　中罗1954年交换货物及付款协定在布加勒斯特签订。协定规定中国将向罗马尼亚输出棉花、黄麻、有色金属、食品工业所需要的各种产品和绸缎等。罗马尼亚将向中国输出石油产品、化工原料、棉布和工业品等。

4月20日—23日　中华全国总工会通过《关于在全国范围内开展技术革新运动的决定》。《决定》指出，技术革新就是生产设备、生产工具、技术过程、技术标准、操作方法以及劳动条件等方面的改进与提高。适应生产技术上的革新还要改进生产组织、劳动组织及企业的管理水平。开展群众性的技术革新运动就一定会把劳动竞赛向前推进一步，就一定会不断地提高生产技术水平与企业管理水平，就一定能够不断地提高劳动生产率。决定还指出，技术革新运动必然成为日益发展的客观趋势。我们必须善于引导这种趋势，使之有领导、有计划地开展起来，结合推广先进经验与合理化建议把劳动竞赛向前推进一步，保证全面完成并争取超额完成国家生产计划和基本建设计划，以加速我国社会主义工业化的进程。《决定》要求：一、工会各级组织必须十分重视并全力支持一切生产革新者的建议。在党委领导下与行政密切配合，拟定具体计划，宣传先进经验，发挥群众的才能与智慧。二、工会各级组织要善于引导技术工人、老工人和工程技术人员，使他们密切配合，成为运动中的骨干。三、工会各级组织协助行政围绕生产计划的要求提出合理化建议的课题，发动群众解决生产中的关键问题。四、工会各级组织协助行动采取措施，提高工人技术熟练程度，掌握新技术设备，帮助工人克服困难，消除思想顾虑。五、工会各级组织及时总结先进生产经验，逐步推广，并协助行政给予生产革新者以物质奖励和荣誉奖励。六、建立群众合理化建议委员会，以便有组织有计划地组织工作。会议还批准了《中华全国总工会关于劳动保险金掌握使用办法的指示》和《中华全国总工会关于疗养事业若干问题的暂行规定》。

4月22日　中缅签订3年贸易协定。根据协定，中华人民共和国输出的商品为：煤、丝及丝织品、棉织品、纸张、农具、轻工业、手工业品、搪瓷、瓷器、罐头食品、药及药材、茶、香烟等。缅甸联邦输出的商品为：米及米产品、豆类、油饼（芝麻饼、花生饼）、矿产品、木材、橡胶和棉花等。

同　日　《人民日报》报道，教育部颁发师范学院暂行教学计划。计划包括中国语文、俄语、历史、地理、数学、物理、化学、生物、教育等9个系暂行教学计划。教育部指示各师范学院（校）从1954学年度一年级开始试行。为了正确执行这个计划，教育部制订了《师范学院暂行教学计划总说明》，对于政治理论科目、教育科目、专业科目和教育实习等4个组成部分及其设置目的和教学工作的基本形式都作了规定。教育部曾在1952年印发过师范学院教学计划草案，但存在着与中国实际结合不够、要求偏高的缺点。这次规定的教学计划结合了中国的历史条件和当前国家建设的任务以及中等学校、高等师范学校的实际情况，具有方向性和现实性。教育部指出，这次教学计划不要求所有师范学院（校）、所有年级在目前立即全部实行，而是成为各师范学院（校）努力的总方向，要求各师范学院（校）积极创造条件在第一个五年计划的最后一年都能基本上实现。

同　日　青年团中央发出《关于组织不断升学的高小和初中毕业生参加或准备参加劳动生产的指示》。《指示》指出：一、随着国家经济和文化教育事业的恢复和发展，全国高小和初中毕业生的数日逐年增加。小学和中学是担负着向高一级学校输送新生和为劳动生产培养后备力量的双重任务的。中小学生毕业后，大部分都应该参加或准备参加劳动生产，源源不断地补充劳动队伍。因此，团中央要求各级团委重视这项工作。二、大力配合政府教育部门和学校行政。加强对学生的劳动教育，这是动员和组织高小和初中毕业生参加或准备参加劳动的首要关键。三、为使高小和初中毕业生勇敢地走上劳动生产的岗位，青年团组织应当在党的领导下，积极进行宣传，树立正确的社会舆论。四、要运用在劳动生产中得到显著成绩的高小和初中毕业生的范例，教育他们更好地准备参加劳动生产。五、组织和帮助已经参加劳动的高小和初中毕业生进行自学，是青年团组织经常的重要工作。六、组织高小和初中毕业生参加劳动和准备参加劳动的问题，还是一个比较生疏的问题。各级团委要迅速作出具体部署，注意积累和交流经验。各省、市团委在今年内向团中央作一次总结报告。

4月24日　中央防汛总指挥部和中央生产防旱办公室发布《关于1954年防汛防旱工作的指示》。《指示》要求，1954年防汛、防旱的任务，是努力防止各大江河严重的决口改道，保障一般河流在保证水位下不溃堤并争取防御更大的洪水，同时要设法防止或缩小可能发生的旱灾与涝灾。《指示》具体提出：一、提高警惕，反对麻痹。为了肃清麻痹思想和侥幸心理，要求各地领导干部经常清醒地、深入地掌握本地区、本流域的实际情况，提高警惕，提高预见。二、检修工程，保证质量，加强现有工程的管理运用。从大江大河的堤防闸坝到农村中公有和私有的塘堰、水井、水车，都是防洪、防旱的物质力量，都必须进行普遍的检查和必要的整修，使之发挥巨大的效益。三、掌握情况，提高预见，加强防汛、防旱、防涝工作的统筹结合。为了提高预见性，要求加强洪水预报并尽可能扩大预报的范围。四、加强防汛、防旱的组织领导，密切各方面的联系。依靠群众，总结并推广群众的经验，是战胜水旱灾害的主要保证。防汛、防旱工作是贯穿春耕到秋收整个农业生产过程中的重要工作，要求各级领导机关经常予以高度注意，加强领导。

4月24日—7月23日　周恩来总理兼外交部长率领中华人民共和国政府代表团出席日内瓦会议。1954年4月19日，中国政府正式任命周恩来为中国出席日内瓦会议的首席代表，代表团成员共100余人。4月24日，中国政府代表团抵达日内瓦。26日，日内瓦会议开幕。从4月26日—6月15日，会议主要讨论和平解决朝鲜问题。参加国有中国、朝鲜、苏联和以美国为首的16个侵朝国家及南朝鲜。会上，朝鲜代表提出和平解决朝鲜问题的三点方案：一、举行全朝鲜自由选举；二、一切外国武装力量于6个月内撤出朝鲜；三、恢复朝鲜国家的统一。外交部长周恩来作了多次重要发言并多次提出建议，全面阐述了我国政府对亚洲问题特别是对朝鲜问题的一贯立场，支持朝鲜民主主义人民共和国代表提出的和平解决朝鲜问题的方案。4月28日，周恩来发言时严正指出，一些国家，首先是美国仍然拒绝承认中华人民共和国，中国的国际地位和权利受到了不应有的歧视，中国的和平与安全受到经常的威胁。台湾是中国的领土，绝不允许任何人侵占台湾。美国侵占台湾的行动严重破坏了中国领土和主权的完整，现在台湾已成为美国对中华人民共和国进行破坏活动和进一步侵略的据点。5月3日，周恩来在日内瓦会议再次发言，指出，直到现在，联合国的多数国家对美国侵占台湾、破坏中国领土主权的行为仍然保持沉默，同时中华人民共和国仍然被排除在联合国之外，而国民党残余集团分子仍然在联合国冒充中国人民的代表，这些情况严重地损害了联合国的威信，使其丧失了处理朝鲜及其他亚洲问题的道义力量。周恩来就朝中被俘人员被强迫扣留事件提出建议：一、保证被俘人员重返祖国；二、由英、美、法、中、苏、朝鲜及南朝鲜组成委员会，协助实现遣返朝中被俘人员；三、在战俘未处理之前，由停战缔约国双方有关国家的红十字会代表组成联合小组，前往战俘所在地视察。5月20日，外交部长周恩来就朝鲜外务相南日4月27日提出的方案提出补充建议：为了全朝鲜在排除外国干涉的条件下举行选举，成立中立国监察委员会，对朝鲜的选举进行监察。6月15日，我国代表团提出了新的建议，主张召开中、苏、美、英、法、朝鲜和南朝鲜7国参加的日内瓦会议限制性会议，讨论有关和平解决朝鲜问题的措施。但是以美国为首的16国横加阻挠，并发表了所谓的16国《共同宣言》，致使历时51天的关于朝鲜问题的讨论毫无结果，没有达成任何协议而中断。从5月8日—7月21日，日内瓦会议讨论印度支那问题。参加国有中国、苏联、美国、英国、法国、越南民主共和国、越南共和国（即南越）、老挝王国、柬埔寨王国。中国政府讨论印度支那问题的基本目的是：迅速停止敌对行动，恢复远东和平，缓和国际紧张局势，在印度支那建立3个和平、民主、统一的国家。5月8日，外交部长周恩来支持越南外交部长范文同的建议，邀请高棉和寮国抗战政府的代表参加会议。5月27日，中国代表提出建议：一、在印度支那全境实现全部停火；二、双方就占领地区的调整及双方军队转移的有关问题开始谈判；三、停止从境外进入部队和武器；四、双方代表组成联合委员会，监督对停止敌对行动协定各条款的履行，并由中立国委员会进行国际监督；五、日内瓦会议与会各国负责保证协定的履行；六、双方互相释放战俘和被拘平民。6月9日，外交部长周恩来发表重要讲话，指出各方意见的共同点及其分歧，阐明了中国政府的立场，支持范文同和莫洛托夫6月8日提出的关于在讨论军事停战问题的同时讨论政治解决问题的主张。会议期间，越南在中国军事顾问的帮助下取得了奠边府战役的伟大胜利，法国侵略军主力全军覆没，越南北方全部解放，改变了印度支那战场的局势，中国政府因势利导，于6月16日提出了关于解决高棉和寮国的问题的6点建议，挫败了美国的阻挠。7月21日，越南、老挝和柬埔寨的交战双方分别签订了停战协定。法国政府发表了关于从印度支那王国撤出自己的军队的声明以及尊重王国的独立、主权、统一和领土完整的声明。老挝王国政府和柬埔寨王国政府分别发表了关于使全体人民参加全国共同生活，特别是参加普选的声明，以及关于两国决心奉行中立不结盟政策的声明。日内瓦会议本身则发表了《日内瓦会议最后宣言》，对上述各项协定和声明予以确认和支持。这些协议和声明结束了1946年—1954年的印度支那战争。日内瓦会议是中华人民共和国首次以五大国之一的地位和身份参加讨论国际问题的一次重要会议。日内瓦会议协议的签订，扩大了中国的国际影响，提高了中国的国际地位，是中国和平外交政策的巨大胜利。7月22日，《人民日报》发表社论《和平协商的又一重大胜利》。

4月25日　内蒙古自治区首府“归绥”改名为“呼和浩特”。根据政务院《关于处理带有歧视或侮辱少数民族性质的称谓、地名、碑碣、匾联的指示》精神和各族各界人民的意见，内蒙古自治区人民政府是报请政务院批准而改名的。呼和浩特即蒙语“青色的城”。

4月26日—5月8日　高等教育部召开全国政法教育会议。会议规定了政法教育的方针任务，明确了政法教育在健全人民民主法制、巩固人民民主专政、保卫社会主义建设中的重要性。为了保证培养合格的高级政法建设人才，并拟定了政法院系的统一的教学计划。会议根据国家在过渡时期政法工作的基本任务，确定今后政法教育的方针是：适应政法工作发展的需要，有计划按比例地培养忠于社会主义建设事业、热爱祖国、体格健全，具有坚定的工人阶级立场和社会主义的政法观点，掌握先进政法科学、熟悉专门政法业务的工作干部和法学家。为培养合乎这种要求的人才，必须根据“整顿巩固、重点发展、提高质量、稳步前进”的工作方针。在今后工作中首先进一步贯彻理论与实际相结合，学习苏联先进经验与中国实际情况相结合的教学方针，积极进行教学改革，提高质量。全国政法院系目前应以短期轮训在职干部为主，并切实注意培养专科以上学校学生。培养师资、编译教材是目前最中心的工作，中国人民大学、中央政法干校担负这2个任务。从本年起，北京大学、复旦大学、西北大学增设法律系。在第一个五年计划时期内，全国政法院系计划招生1万名。中央高等教育部在中央政法委员会指挥下，将加强全国现有高等政法院校的教学工作，并首先集中力量将中国人民大学法律系、北京大学法律系和北京政法学院办好，以积累经验、培养教师、准备教材，为将来发展创造条件。会议确定了政法院系的具体任务、培养目标及学习年限。政法学院本科生主要是培养法院、检察署、民政部门及其他国家机关的政法工作干部，学制定为四年。综合大学法律系的培养目标，基本与政法学院相同，并培养一部分律师团体、公证所，以及其他国家机关、企业部门的法律专门人才，学制也为四年。中国人民大学法律系继续招收研究生，为各政法院校培养师资和一部分法律科学研究人员。会议强调政法教育工作要加强政治思想领导，逐步建立教师正规的理论学习和业务进修制度，树立学术自由讨论的学风，不断提高教师的政治和业务水平。5月15日，《人民日报》发表社论《积极培养政法建设人才》。

4月27日　中捷1954年交换货物及付款协定在布拉格签订。捷克斯洛伐克将在1954年向中国输出冶金和机械工业制品，首先是电站和糖厂设备、各种金属加工机床、起重机、挖土机、柴油机、载重卡车、通讯设备以及化学和造纸工业产品。中国将向捷克斯洛伐克输出冶金工业原料，其中包括各种矿石和有色金属、纺织、制革和化学工业原料，以及蛋品、茶叶、各种香料、罐头肉类、水果等。

同　日　劳动部召开全国失业工人救济工作会议。会议总结了4年来失业救济工作，认为成绩是很大的，不但表现在及时地采取以工代赈、转业训练、发放救济金、生产自救等方式救济了一部分失业人员，减轻了他们的生活痛苦和提高了一部分失业人员的救业条件，而且还介绍了大批的失业人员重新就业。会议指出，据劳动部统计：从1950年7月—1953年底止，仅由各级劳动部门安置和介绍到各地厂矿、政府机关和群众团体等部门正式就业的就达207.3万多人。在东北地区已基本上消灭了失业现象。过去失业现象最严重的上海市，情况有了好转，从1950年7月到1953年底，安置和介绍就业的失业人员和求职人员达25.6万人。由于国民经济的恢复，特别是1953年国家开始了有计划的建设以后，公私企业和基本建设部门劳动力需要不断增加，城市失业现象已日益减轻。会议指出，在失业救济工作中也存在着一些缺点，如介绍就业、转业训练工作上注意生产利益不够，救济工作上有迁就情绪，劳动力调配方面限制得过死过严等。会议认为，由于国家第一个五年计划的开始，带动了各种经济事业的发展，劳动力的需要急剧增加，使缺乏参加厂矿企业生产条件的失业人员，在其他各种经济事业中找到职业和自谋生活出路有了可能。因此，今后要教育失业人员充分发挥“自己想办法”的积极性，纠正单纯依赖政府的思想。会议决定今后劳动就业工作的方针是：除根据国家建设、经济发展的需要和失业人员的就业条件逐步介绍就业外，要鼓励失业人员自找工作、自谋生活出路，适当地缩小统一调配的范围，以扩大自行就业的门路。对确有培养前途的失业青年应根据生产需要，给予必要的技术训练。无法找到职业、生活确实困难的失业人员，应分别情况适当给予救济。

4月29日　中印关于中国西藏地区和印度之间的通商和交通协定在北京签订。协定规定了双方同意互设代理处以及代理处所享有的地位和待遇、双方进行贸易的地点、两国香客朝圣的事宜、双方商人通过的山口道路等。协定有效期为8年。这个协定第一次提出了和平共处五项原则，即互相尊重领土主权、互不侵犯、互不干涉内政、平等互惠、和平共处。

同　日　周恩来总理致电印度尼赫鲁总理，祝贺中印两国关于中国西藏地方和印度之间的通商和交通协定的签订。

4月30日　中匈1954年交换货物及付款协定在布达佩斯签订。协定规定，1954年两国所交换的商品比1953年更广泛。中国将向匈牙利输出各种矿产、有色金属、皮张、羊毛、羽毛、肠衣、纺织原料、烤烟及其他土产和工业原料。匈牙利将向中国输出载重汽车、公共汽车、冷冻机、发电站设备、仪器、药品、医疗设备及其他工业品。

5月4日　中央人民政府体育运动委员会等发布《关于在中等以上学校中开展群众性体育运动的联合指示》。《指示》指出：4年来，在中国共产党、中央人民政府和毛主席的关怀与倡导下，加以学校行政和体育教员的积极工作，学校体育运动已逐渐走向普及和经常，但还远不能适应客观的要求。因此，各级教育行政机关、各中等以上学校必须切实贯彻、执行政务院第二百零五次政务会议所批准的中央人民政府体育运动委员会贺龙主任的报告中所指出的“结合各项实际工作开展群众性的体育运动，并使之普及和经济化”的工作方针，和在全国中等以上学校执行《准备劳动与卫国》体育制度的预备级(即原《体育锻炼标准》)。《指示》要求：一、各学校要结合具体情况，积极开展多种多样的体育活动和体育竞赛；培养、训练运动队；认真学习苏联体育教学大纲；有条件者，可试行体育正课改革；各学校体育运动的基础较好者，还应开展劳卫制预备级，以创造实行劳卫制的条件；凡曾推行劳卫制预备级、而且获得良好的效果和经验者，经各级教育行政机关和体委共同审查，批准后可试行劳卫制。二、各级教育行政机关应逐步建立和健全体育处、科或配备专职人员，协同当地体委加强对所属学校体育工作的领导，并与有关方面密切合作，认真订好和坚决执行学校体育工作计划。三、学校卫生、医务人员应会同体育教员及有关人员做好以下工作：(一) 经常注意调查学生健康情况，定期检查学生身体；(二) 指导体弱学生参加适当的体育活动；(三) 宣传体育运动的生理、卫生知识；(四) 密切注意学生日常的生活制度、个人卫生、环境卫生和营养情况。四、学生会应把开展体育运动作为自己一项重要任务。青年团的组织除经常教育团员成为体育运动的积极参加者、组织者外，还应做好一些工作，以发挥团的组织作用。

同　日　中央人民政府体育运动委员会公布“准备劳动与卫国”体育制度的暂行条例，暂行项目标准及预备级暂行条例。“准备劳动与卫国”(简称“劳卫制”)是中华人民共和国向劳动人民进行全面体育教育的基本制度。其任务是保证体育运动广泛地、经常地开展，运动技术不断地提高，使每一参加者通过“劳卫制”的训练，成为健壮、勇敢、坚毅、乐观的祖国保卫者和社会主义建设者。《暂行条例》共5章26条，规定：根据体能、技术及我国体育运动的发展情况，“劳卫”制分为预备级、第一级、第二级、第三级。又按照年龄、性别分：男子15岁—17岁为第一组、18岁—28岁为第二组、29岁以上为第三组；女子14岁—15岁为第一组、16岁—23岁为第二组、24岁以上为第三组，锻炼项目中包括发展体力、耐久力、灵敏和速度四种人体机能的训练。预备级的项目标准由各基层单位根据“劳卫制”的精神，结合具体情况因地制宜制定，第一级和第二级的项目标准由全国统一规定。凡参加“劳卫制”一、二级测验及格者，由中央人民政府体育运动委员会授权各级体委发给统一的证书和奖章。同时，体育运动委员会、高等教育部、教育部、卫生部、青年团中央和全国学联共同发出指示，要求在全国中等以上学校中有准备、有计划地开展执行“劳卫制”预备级的锻炼活动，并选择其中条件较好的学校重点试行“劳卫制”。

5月5日　中共中央对中央宣传部《关于全国宗教工作会议的报告》及陆定一在全国宗教工作会议上的总结作出批示。中央指出，3年来党领导了基督教、天主教、广大教徒群众的反帝爱国运动，获得了一定成绩，给帝国主义特别是美帝国主义以严重打击。但是帝国主义决不甘心放弃利用宗教进行侵略的阴谋，它们仍在继续挣扎，企图保持它们侵略势力的最后据点，它们正在加强隐蔽活动，进行政治阴谋破坏活动，正在组织天主教、基督教内反动分子与我斗争。因此我们必须提高警惕，继续开展和深入基督教、天主教徒的反帝爱国运动，继续进行斗争肃清帝国主义势力及其影响，以便逐渐使中国基督教、天主教由帝国主义侵略的工具变为中国教徒自己办的宗教事业。为此，各地党委必须加强党的宗教工作，配备一定的宗教工作干部，健全党和政府的宗教工作机构，加强党的统一领导，把基督教、天主教工作做得更好。

5月6日　政务院通过《有关生产的发明、技术改进及合理化建议的奖励暂行条例》。《条例》规定：一、中华人民共和国公民及外国侨民，提供有关生产发明、技术改进、合理化建议经采用者，均给予奖励。二、生产发明、技术改进、合理化建议的奖金数额，按采用后12个月内节约的价值大小分别计算。其中，创造、发明奖励期限3年—5年，提奖比例为2%~30%，技术改进及合理化建议奖励期限1年，提奖比例分别为0.5%~20%和0.25%~10%。另外，对协助他人实现发明、技术改进、合理化建议的，也给予奖励。

5月11日　中国和阿尔巴尼亚决定互派大使。中华人民共和国中央人民政府任命徐以新为中华人民共和国驻阿尔巴尼亚人民共和国特命全权大使；阿尔巴尼亚人民共和国政府任命奈斯幕·纳赛为阿尔巴尼亚人民共和国驻中华人民共和国特命全权大使。

5月11日—20日　交通部召开1954年全国交通会议。参加会议的有各大区交通局局长、内蒙古自治区交通部部长、中央人民政府交通部直属海运、河运、航务工程、公路工程各专业管理局局长、公司经理和中央人民政府有关部门的代表等共136人。会议总结了1953年全国的交通工作，研究了目前的交通事业的基本情况。1954年交通部门基本建设工作量比1953年增加20%，为保证完成和超额完成1954年的计划和各项主要指标，会议认为，在加强责任制的基础上，以切实推行计划管理为中心，确保安全生产，提高效率，保证质量，加强管理，加强对公私合营企业的领导，加强对资本主义运输业和个体运输业的社会主义改造工作。今后交通工作的基本任务是：根据国民经济发展的总规划，相应地发展水路运输和公路运输，逐步地有计划有目标地进行技术改造，积极地稳步地有计划地有区别地进行资本主义运输业和个体运输业社会主义改造，以逐步改变我国交通事业的落后面貌，适应工农业生产、商品流通、人民物质文化生活日益增长的运输需要和国防建设的需要，更好地为实现国家过渡时期的总任务和为国家社会主义建设服务。会议对今后的工作作了具体的部署，强调指出：必须增强团结和健全集体领导，必须加强思想领导和企业中的政治工作，必须加强钻研业务，学习苏联先进科学技术和先进经验，必须改进领导作风和领导方法，特别要有目的有计划地经常地深入检查，以便切实发现和逐步解决工作中的关键问题。

5月11日—6月5日　中国人民解放军驻浙江沿海部队和空军、海军击落、击伤袭扰大陆的国民党军飞机14架。

5月12日　李富春在第二次全国宣传工作会议上作《关于社会主义工业化问题的报告》。《报告》中指出：我国实现社会主义工业化，要经过逐步的、相当的时间，毛泽东主席提出需要15年左右。实现社会主义工业化的标志，从数量上看，是社会主义工业产值占工农业总产值的60%左右；从质量上看，要有独立的工业体系和农业相应的协调发展。由于我国资源有限，资金不足和缺乏技术人才，要搞社会主义工业化，就必须加强计划性，把大量存在的小农经济、手工业生产者和还占相当比重的私人工商业逐步纳入计划的轨道。《报告》提出，要实现工业化，必须把新建企业和利用现有企业结合起来，在第一个五年计划期间，我国社会主义工业以新建企业为主。

工业化的重点是发展重工业；工业地区布局实行尽可能利用现有工业基地和基础；着手建立新的工业基地和基础设施。《报告》论述了“一五”期间建设“141”项工程对我国社会主义工业化的作用。这141项工程主要是准备建立新的工业基地。这141个建设项目全部建成需要140亿元投资，建成后，将奠定我国社会主义工业化的基础。

5月14日　中华全国体育总会在国际奥林匹克委员会的合法地位得到承认。在希腊雅典举行的国际奥林匹克委员会第四十九届会议上，中华全国体育总会作为中国奥委会的合法地位以23票对21票得到承认。国际奥委会秘书长梅耶在致函中说：“我愉快地通知贵会，在本月初我会的雅典会议上，贵会已为国际奥委会所承认。”

5月18日　高等教育部和中央教育部发出《关于全国高等学校1954年暑期招考新生的规定》。《规定》指出：1954年仍实行在中央统一计划领导下的全国统一招生。各地必须贯彻中央统一计划、大区组织执行，并由各校直接负责审查录取报考各该校新生的组织方针，进一步运用和发挥大区及各校的力量和积极性。招生计划暂定9.0505万人，其中工科3.3865万人，占招生数37.42%；师范招生2.4975万人，占27.6%；医科招生9 200人，占10.17%；理科招生5 740人，占6.34%；农科招生3 300人，占3.64%；林科招生960人，占1.06%；文科招生7 110人，占7.86%；财经招生1 970人，占2.17%；政法招生2 000人，占2.21%；体育招生1 000人，占1.1%；艺术招生385人，占0.43%。各大行政区应成立各该区高等学校招生工作委员会，在各该大行政区高教局、教育局主持下，由各该区高等学校（院）的校（院）长及有关部门组成之，负责办理各该区报名、考试、录取、分配和组织报到等工作。各高等学校应将招生工作列为各高校重要工作之一。设有考区的省区，在各省市教育厅（局）主持下，组织各该市高等学校及有关部门成立高等学校招生工作委员会分会。全国高等学校统一招生考试定于7月15日—18日举行。从本年起，实行“按总分从高分到低分，分若干等级、逐级分配”的录取办法。规定还具体确定了本年招生的一些具体措施和政策，全国高等学校共有考生12.5万余人（其中应届高中毕业生近6.8万人），其录取新生9.2万人。

5月18日—6月1日　第一届全国工业卫生会议召开。这次会议是根据第三届全国卫生行政会议决议中，关于加强工业卫生工作的决定的精神召开的。会议讨论了卫生工作如何为国家在过渡时期的总任务和国家社会主义工业化服务的问题和开展工业卫生工作的具体步骤和方法，并作出了决定。会议认为工业卫生工作，要增进工人身体健康，为我国社会主义工业化服务，贯彻“积极领导、稳步前进、面向生产、依靠工人、贯彻预防为主”的方针。为了贯彻这一方针，各地卫生部门应对当地工业卫生工作逐步实行统一领导。并加强对工矿企业的卫生业务的领导；在厂矿中，应根据工人人数和生产性质，建立和调整各种基层卫生组织，大力培养工业卫生工作人员。此外，还应逐步开展卫生监督工作。

5月20日　中共中央向各级党委发出《关于保证完成1954年全国高等学校招生计划的决定》。《决定》指出：今年高等学校计划招生9万多人。但今年全国共有高中毕业生和工农速成中学毕业生7万多人。鉴于今年所招新生多半在1958年毕业，正当第一个五年计划末期及第二个五年计划初期，按当前招生计划，届时毕业的学生在数量上及质量上远不足适应建设需要。因此，今年招生计划必须全部完成，不得减少。并须注意新生质量的适当提高，不能降低。为了保证生源，必须做到投考人数不少于11万人，使高等学校有较大的选择余地。为达到这个要求，必须采取下列措施：一、各级党委应动员今年高中和工农速成中学毕业的学生全部报考高等学校，除经考试未被录取外，一概不得留作他用。二、选拔优秀的中等专业学校毕业生和在职的专业干部209人升入同类性质的高等学校，此项人数已计入各该类科系今年新生名额，有关部门必须保证如期完成，在条件许可时，各部门应尽可能选拔在职干部来代替上述中等专业学校毕业生的名额。三、从全国县以上各级党、政、人民团体等各机关青年干部中，按规定条件选送5 000人报考各类高等学校。四、从转业军人中选派300人投考各类高等学校。强调保证今年高等学校招生计划的完成，不仅是培养提高青年干部所必需，也是保证未来干部数量与质量，实现国家建设计划的重要环节，各部门应从国家整体利益着眼，克服一时困难，完成分配的任务，并要保证质量。要求：在职干部升学以自愿报考为原则，各级领导应有计划地选送好的在职青年干部投考。经批准者，应给予复习功课的时间，考取入学后，合乎规定者享受调干助学金待遇。其未考取者仍回原机关工作，原选送机关不得拒绝不管。最后还要求，各级党委督促各级招生机构对在职老干部、特别是工农干部的录取标准，按报考学校的不同性质予以适当放宽。

同　日　政务院举行第二百一十七次政务会议。会议批准了民族事务委员会副主任委员刘格平所作的《中央人民政府民族事务委员会1953年的几项主要工作和1954年工作要点报告》和政务院文教委员会民族语言文字研究指导委员会秘书长罗常培所作的《政务院文教委员会民族语言文学研究指导委员会及中央人民政府民族事务委员会关于帮助尚无文字的民族创立文字问题的报告》。会议决定撤销政务院文教委员会民族语言文字研究指导委员会，今后关于帮助少数民族创立文字的工作（包括语言调查、文字设计工作等），由中国科学院语言研究所负责。

同　日　政务院通过《关于帮助尚无文字的民族创立文字问题的报告》。《报告》分析了尚无文字的少数民族的7种不同情况，提出了制订少数民族语言文字的基本原则。即对于有自己的语言而没有文字或通用文字的民族，根据他们的自愿选择，应在经过一定时期的调查研究之后，帮助他们逐步创订一种拼音文字，或帮助他们选择一种现有的适用文字。这个报告还提出，各少数民族均有发展其语言文字的自由；同时，不论已有文字或没有文字的各族人民，凡是自愿学习和使用汉语汉文或其他民族文字者，各级人民政府均应予以保障和帮助，不得歧视。会议决定撤销政务院文教委员会民族语言文字研究指导委员会，今后关于帮助少数民族创立文字的工作（包括语言调查、文字设计工作等），由中国科学院语言研究所负责。《报告》由政务院文教委员会民族语言文字研究指导委员会及中央人民政府民族事务委员会提出。

5月23日　中央民族事务委员会举行西藏和平解放3周年庆祝会。庆祝会在北京举行。出席会议的有中央民族事务委员会主任委员李维汉，副主任委员刘格平、汪锋、张执一和全体在京委员，各地来京准备参加民族事务委员会第四次扩大会议的全体代表也出席了庆祝会。参加庆祝会的还有西藏达赖驻京办事处处长然巴·囊吉旺堆、班禅驻京办事处副处长联慧珠、西藏国庆观礼团副团长纳旺金巴和留京团员。刘格平在会上致词。他对西藏和平解放3周年和西藏人民繁荣幸福的前途表示祝贺。认为，解放以来，西藏在中央人民政府的领导和中国人民解放军西藏军区的帮助下，在政治、经济、文化各方面都有了一些发展，汉藏两族人民的团结一天天地加强了，西藏内部达赖喇嘛和班禅额尔德尼之间的团结，也有了进一步的巩固。西藏僧俗官方和人民对中印两国签订的中国西藏地方和印度之间的通商和交通协定表示衷心的满意和拥护。指出，中央人民政府和进藏人民解放军根据和平解放西藏办法的协议，帮助西藏人民发展农牧业，工商业，修建公路，开办银行、贸易公司，发放无息农、牧业贷款和低息手工业、商业贷款，收购羊毛等土产、特产，供应日用必需品，建立学校、医院等，使西藏人民和内地的关系空前密切，并有力地保证了西藏的进步和发展。西北行政委员民委副主任委员、中国佛教协会代理会长喜饶嘉措、西康省藏族自治区人民政府主席、四川省藏族自治区人民政府主席桑吉悦希先后在会上发言。表示一致祝贺西藏和平解放3周年，认为3年前的今天，是西藏人民的大喜日；西藏达赖驻京办事处处长然巴·囊吉旺堆和西藏国庆观礼团副团长纳旺金巴也在会上讲话。

同　日　文化部公布《关于加强对民间职业剧团的领导和管理的指示》。《指示》指出了民间职业剧团的努力方向，强调了各级政府文化主管部门对民间职业剧团的领导责任。具体规定是：一、对于“共和班”式的剧团，应分别不同情况，采取具体的妥当的步骤，启发艺人的自觉自愿，积极帮助和鼓励其向以下几个方向努力，以逐步提高其政治质量和艺术水平。二、对于尚存有剥削关系及其他严重不合理现象的业主班或变相业主班（即形式上为共和班，实则仍由业主操纵的），应在提高此人觉悟的基础上帮助其进行改革。三、各级文化主管部门对于民间职业剧团，首先是对于“共和班”式的剧团，应有步骤有重点地进行具体帮助和辅导，培养典型，在实行艺术改革和建立剧团内部制度各方面积累经验，逐步推广。四、对于在戏曲改革上有显著成绩的剧团，在表演艺术上有成就的演员和优秀剧目的演出，应给予荣誉的或物质的奖励。五、应加强对剧场的领导。六、各省（市）文化主管部门对本地民间职业剧团尚未进行登记者，应根据规定予以登记。七、各地文化主管部门在接到指示后，应对过去工作认真加以总结，对本地区剧团情况加以研究，区别其不同情况，根据本指示所提各点，按照重点试验，逐步推广的原则，有步骤、有计划地订出具体方案予以执行。

5月24日　中共中央批转教育部贯彻《关于高小和初中毕业生学习与从事生产劳动问题的请示报告》。中共中央在批示中指出：小学教育应该是国民义务教育性质，随着国家生产的逐步发展，这种初等义务教育将逐步普及，义务教育的年限也将逐步延长，升学深造的只是其中的一小部分，绝大部分都应该从事工农业及其他生产劳动，这是一种正常的现象。目前，中小学毕业生之所以普遍发生紧张的升学问题，主要由于教育部过去几年中对中小学教育的指导思想上有忽视劳动教育的倾向，这是中小学教育方针上一个带原则性的错误。各地党委必须加强对中小学和师范学校的政治思想工作的领导，继续进行教师的思想改造。5月29日，《人民日报》发表中共中央宣传部《关于高小和初中毕业生从事生产劳动的宣传提纲》。共分五部分：一、论述中小学教育的目的和任务；二、列举大量数字，说明4年来人民政府积极发展人民教育事业；三、论述人民文化水平的提高必须建筑在生产发展的基础上；四、批判认为做工、种地“太脏”、“太累”、“太丢人”，认为不当干部、专家就没有前途，认为搞农业没出息等错误思想；五、从加强对学生、子女的劳动教育等方面论述教师和家长的责任。

5月25日　高等教育部、教育部发出《关于工农速成中学招生工

作的指示》。《指示》指出：工农速成中学招生工作是一项十分艰巨的政治任务和组织任务。为保证完成招生计划，进一步提高新生的质量，必须加强对招生工作的领导。各大行政区须组织招生领导机构，在党委及人民政府统一领导下，领导全区的招生工作。这一机构的主要任务是：根据本区招生任务及中央规定的报考条件，确定完成任务的具体办法，领导与检查全区的招生工作，及时解决工作中的问题，以保证新生的数量和质量。各省（市）教育厅（局）亦应成立招生工作的领导机构，在大区招生委员会的领导下进行本省（市）的招生工作（包括高等学校附设工农速成中学），京津两市高等学校附设的工农速成中学的招生工作，由各该市教育局在当地党委和华北教育局统一领导下，进行具体的安排。强调指出，必须争取多招产业工人，特别是劳动模范。在招收革命军人和国家工作人员时，首先应吸收有多年革命锻炼的，负有一定领导责任的工农干部入学，但优秀的警卫员、通讯员亦应根据条件适当吸收。要求各地在审查时，应切实掌握中央教育部《关于1954年工农速成中学报考条件的规定》，将品质优秀、身体健康、有高小毕业文化程度并具有长期培养条件者录取入学。产业工人录取后，一般分配在高等工业学校附设的或有第二类教学计划（理工科）的工农速成中学学习。

5月28日　中共中央转发华北局《关于在国营厂矿企业中实行厂长负责制的决定》。《决定》确定改变过去在国营厂矿企业中所实行的党委领导下的厂长负责制，实行厂长负责制，并逐步推行生产区域管理制。厂长负责制就是厂长受国家委派对企业的生产行政工作进行专责管理的制度。实行厂长负责制，要建立厂长、车间主任和工段长的“三级一长”负责制，建立生产指挥系统的单一领导关系，并相应地建立职能部门的专责制和生产工人的岗位责任制。厂长对完成国家计划，对企业经营管理和生产技术、财务工作，均负全责。因此厂长必须熟悉厂矿企业的具体情况，了解生产过程和重要技术上的各种问题，必须熟悉生产、技术和经济工作。实行厂长负责制必须和工厂民主管理化结合起来，善于依靠党、依靠积极分子、依靠工人群众来管理工厂。实行厂长负责制以后，企业中党组织的任务是：对政治思想领导负有完全的责任，对生产行政工作负有监督、保证的责任，对工会、青年团等群众组织有领导的责任。党的委员会应当根据党的政策、国家法令、上级行政部门的计划和上级党委的指示，用加强党的政治思想领导的方法，以实现国家经济计划为中心来统一思想，保证党、政、工、团思想上和行动上的一致，保证厂长负责制的正确实行。中共中央在批示中指出，全国解放以后，党在国营厂矿中做了一系列工作，使生产管理日益进步，开始走上正轨。目前国家进入有计划建设的第二年，中央各工业部和各地区对国营厂矿的领导也日益加强，因此，有必要也有可能在全国各国营厂、矿（包括地方国营厂、矿）实行厂长负责制，以便进一步提高工业企业的领导水平，更好地完成国家计划。

5月28日—6月18日　中央人民政府民族事务委员会举行第四次（扩大）会议。副主任委员刘格平就全国人民代表大会少数民族代表150人名额的分配原则作了说明。委员费孝通作了关于中华人民共和国宪法草案初稿的说明。全体到会人员就这两个问题分组进行了讨论。主任委员李维汉就宪法草案中关于各少数民族的地位、权利和讨论中提出的一些问题，作了扼要的补充说明。会议期间，有包括15个民族的26人在大会上发了言，他们报告了各民族地区的工作情况，交流了经验。副主任委员汪锋根据1年来民族工作情况和会议上各地同志谈到的情况，作了总结发言。他说，随着国家社会主义事业的开展和民族工作的发展，少数民族地区的经济工作已提到重要的位置。1年来，少数民族地区的经济建设，特别是农、牧、林业生产方面，有了显著成绩。他要求各族人民依据国家经济建设计划，大力发展农、林、牧生产事业，支援国家工业建设。他接着报告了1953年以来推行民族区域自治的情况。1年来，全国继续建立了相当于县级以上的民族自治区26个，其中相当于专区级的11个，大大推动了各项建设工作。他最后强调要提高警惕，严加防范，不断巩固和加强伟大祖国的统一和各民族的团结。

6月1日　青年团中央公布中国少年先锋队队章。《中国少年儿童队章程草案》自1949年10月公布已经4年多。根据4年多来少年先锋队工作的实际经验和中国新民主主义青年团团章第7章《中国少年先锋队组织》的规定，对队章作了一些修改和补充。新的少年先锋队队章主要内容是：一、规定了少年先锋队的性质和工作。指出少年先锋队是中国少年儿童自己的组织，其目的是为了团结和教育少年儿童成为爱祖国、爱人民、爱劳动、爱科学、爱护公共财物和健康、活泼、勇敢、诚实的中国优秀儿女。要求中国少年先锋队经常组织各种有意义、有趣味的活动来教育儿童。二、规定了加入少年先锋队的条件和方法。三、规定了少年先锋队的组成。少年先锋队以学校和少年儿童教育机关为单位建立组织。队分大队、中队、小队，小队由7人—13人组成，小队设正副队长各1人，正副小队长由小队全体队员选举产生；中队由2个—5个小队组成，由中队长1人和中队委员2人—4人组成，中队长和中队委员由中队全体队员选举产生；大队由两个以上中队组成，大队设大队委员会，由大队长1人，大队委员4人—12人组成，大队长和大队委员由大队全体队员选举产生。四、规定了少年先锋队的奖励和处分的方法和原则。五、制定了少年先锋队的标志，少年先锋队有队旗，队旗的红色象征革命胜利，五角星代表中国共产党的领导，火炬象征光明，每个队员都应该尊敬队旗。红领巾是队员的标志，它代表红旗的一角，每个队员应该爱护和佩带红领巾，保持它的荣誉。六、规定了少年先锋队的队礼，队礼的行法是右手五指并紧高举头上。它的意义表示人民利益高于一切，每个队员应该在行动中发扬队礼所表示的精神。七、规定了少年先锋队的呼号：即“准备着，为实现共产主义和祖国的伟大事业而奋斗”，回答“时刻准备着！”

6月3日　中共中央批转中共中央农村工作部《关于第二次全国农村工作会议的报告》。《报告》认为：由于我国人口众多、已耕土地不足、荒地限于财力难于大量开发等情况，将使某些农产品供不应求的紧张关系更加严重。为了努力使农业生产赶上工业发展的需要，达到国家对农业方面所提出的最低限度要求，第一个五年计划，到1957年要做到：粮食年产4 000亿斤—4 200亿斤，棉花年产3 800万担，油料作物、畜产品、木材等也要保持相应增长，这次会议还大体决定：农业生产合作社1955年计划发展到30万个或35万个。1957年计划发展到130万个—150万个；参加合作社的农户发展到占全国总农户的35%左右，合作社的耕地发展到占全国总耕地的40%以上；1960年前后，在全国主要地区争取基本上实现合作化。中共中央批示指出：各地要积极努力把现有的农业生产合作社切实办好，为迎接即将到来的合作社大发展的新形势做好准备工作，在发展工业特别是发展重工业的同时，必须相应发展农业生产。鉴于国家进入有计划的经济建设才一年，即暴露出某些农产品供不应求的紧张情况，各方面要加紧努力，使农业生产真正达到与工业发展相适应的程度。中共中央责成农村工作部协同国家计委和农林水利等有关部门，研究制定出切实可行的计划，避免可能发生的农业发展赶不上工业发展需要的问题。

同　日　北京—平壤和平壤—北京直通客车通车。北京—平壤直通客车每周对开2次，自北京开往平壤的客车每逢周一和周四开出，自平壤开往北京的客车每逢周日和周四开出。

6月4日　中国代表团和美国代表团就两国侨民问题举行了初步会谈。参加会谈的中国方面有王炳南、柯柏年、宦乡，美国方面有乌·亚历克西斯、约翰逊、埃德温·吴·马丁。这次会面是由英国的杜维廉介绍的。6月10日和6月15日，中国代表团和美国代表团还就侨民问题进行了2次接触，取得了一些成果。

6月5日　政务院发布《关于改进和发展中学教育的指示》。这是在4月8日政务院第二百一十二次政务会议上通过的。《指示》共分六点：一、指出中学教育的目的，是以社会主义思想教育学生，培养他们成为社会主义社会全面发展的成员。二、规定了当前中学教育的工作方针应是：按照国家过渡时期的总任务，在整顿巩固的基础上，根据需要与可能，做有计划有重点的发展，并积极地稳步地提高中学教育的质量，特别是要办好高级中学、完全中学和工农速成中学。三、要求中学必须贯彻全面发展的教育方针。1.政治思想教育方面，必须在中学里巩固和加强工人阶级思想和继续肃清封建的、买办的、法西斯主义的思想残余。2.改进教学，以先进的科学知识武装学生。3.注意健康教育，增强学生的体质。这是全面发展教育不可分割的内容之一。四、加强教师政治、文化与业务学习，对改进教学工作提高中学教育质量是有决定作用的。五、继续改进学校领导工作。六、各级教育行政领导机关必须进一步加强对中学的领导。目前省（市）教育厅（局）应以主要力量加强对中学的领导，按统一领导、分级管理的原则，省辖市内的中学由省辖市管理，县（市）内的中学亦应逐步做到由县（市）管理。

6月6日　教育部、高等教育部发布《关于1954年全国中等学校招生工作的指示》。《指示》共13条，主要内容是：一、规定本年各类中等学校的招生工作，仍以省、市为单位统一领导进行。二、为了加强对于中等学校招生工作的领导，各地区招生工作均应在当地中共党委及人民政府领导下进行。三、各省、市中学及师范学校招生任务的分配，由省、市招生委员会具体掌握执行。中等技术学校招生任务由其主管业务部门分配至学校，再由学校向当地招生委员会提出招生数字。四、各地区应积极说服学生在本地区报考学校。五、规定了各类中等学校学生入学年龄，初级中学学生以12足岁、高级中学学生以15足岁为原则，师范学校学生在15足岁—30足岁之间，中等技术学校学生的入学年龄为15足岁—25足岁。六、各类中等学校考试科目，除中学、师范本年暂不作统一规定，仍由各省、市招生委员会自行决定外，中等技术学校考试科目如下：中国革命常识、语文、数学、理化。一些专业要增加考试项目。七、强调要加强高小及初中应届毕业生的思想教育。八、各地区在确定录取学生时，除对于烈士家属子女应予以照顾外，其余照顾对象应根据当地情况决定之。九、对于以同等学历来报考的学生，应要求符合于中等学校规定的入学条件。十、本届初中毕业生报考高级中学时，在有条件的地区，应尽可能持有医院证明的体格检查证或原校健康卡片。十一、部分学校需到外地招生时，如系跨省招生者，必须事先与当地省级招生委员会取得联系；如系跨区招生者，必须事先征得当地大区教育局同意。十二、各地要注意吸取经验。十三、各省、市教育厅、局对于本年中等学校招生工作，应于十月底以前就招生工作的组织领导进行办法、主要经验、存在问题及改进建议作出总结，分别报告大区教育局及中央教育部、中央高等教育部。

6月7日　文化部、全国总工会发布《关于加强厂矿、工地、企业中文化艺术工作的指示》。《指示》分甲、乙二大部分，甲部分有七条：一、政府文化主管部门应积极协助工会各级组织开展和加强工矿的电影放映工作。二、工会放映队的服务对象是职工群众，并应以产业工人与基本建设工人为主要对象。三、各省、市工会组织应根据本省、市所有工会系统放映队的数量，以及厂矿企业的分布和职工人数等情况，按照中华全国总工会《关于改善工会电影教育工作队的指示》，加强对于工会放映队的统一领导，并逐步做到统一掌握发展计划。四、政府各级文化主管部门对影院、剧场的发展计划，应以厂矿地区为重点。五、各地国营剧团在演出计划中，应规定每年有一定时间到厂矿和基本建设工地演出。六、各地文化馆（站）应与所在地区的工会组织取得密切联系，做好为所在地区职工群众服务的工作。七、政府各级文化主管部门应根据需要与可能，会同工会组织及其他有关部门成立小型的文化流动服务队，为当地大规模基本建设工地服务。乙部分有二条：一、开展广泛的职工业余文艺活动。二、对职工业余文化艺术活动的领导，应由工会各级组织负责，政府文化主管部门在业务上加以协助和辅导，同时并应取得有关方面如各地中国新民主主义青年团组织等在工作上的配合和协助。指示最后指出：望各大行政区、省（市）文化主管部门和各省（市）工矿、企业的工会组织深入讨论研究，并根据本指示的原则，结合本地区及厂矿、工地、企业的具体情况，共同制订切实可行的具体实施方案予以执行。

6月7日—17日　高等教育部召开全国专业教育行政会议。出席这次会议的有中央各业务部门教育司、处的负责人，各大行政区高等教育局、教育局及省市教育部门负责人或代表，各大行政区有关业务部门负责人及中等专业学校的校长、中共中央宣传部特邀代表等。会议着重讨论关于全国中等专业学校（包括中等技术学校）的领导关系及教学改革问题，并确定了今后中等专业教育的方针和任务。中央人民政府高等教育部副部长曾昭伦作了关于整顿、改革中等专业教育的总结及今后工作的基本任务的报告，报告指出：一、几年来，我国中等专业教育有了迅速的发展，但是在解放初期这种发展是缺乏统一的计划的，因而不能保证按照国家的需要来培养专业干部，毕业的学生许多不能胜任实际工作。这些学校的隶属关系也不明确，很难把学校办好。因此，从1952年开始，对旧的中等专业教育进行了整顿与改革。经过整顿与改革后，改进了教学方法，加强了教学思想性，从而提高了教学质量。二、在这次调整整顿中，中等专业学校的领导关系还没有得到彻底解决，仍存在着多层次现象，急需解决，在教学改革工作中仍存在着不少缺点。首先，没有正确了解稳步前进与结合实际的意义，强调了困难，前进不够；其次，对改革教学内容、教学组织、教学制度、教学方法的整体性认识不明确；再次，对学习苏联经验的重要意义还了解不够。三、只有正确地解决以上这些缺点和问题，才能使我们所培养的干部能保证国家工业化事业胜利地前进。会议确定：中等专业教育要大力整顿并有计划的发展，进一步明确领导关系，加强领导，努力学习苏联先进经验，积极改进教学，提高教学质量。各类中等专业学校由中央各业务部门实行集中统一的领导，以克服由于多头、多层领导造成的无人负责的混乱现象。各工业部门应尽可能快地直接管理其所属各类中等专业学校。会议还就加强培养干部的计划性、积极推进教学改革、培养提高师资、加强学生政治思想教育工作、改进学校领导问题进行了讨论，并作出了决议。

6月10日—28日　建筑工程部召开全国第一次城市建设会议。会议检查了过去城市建设中存在着的盲目、分散建设的缺点和错误，明确了城市建设必须贯彻国家过渡时期的总路线、总任务，为社会主义工业化、为生产、为劳动人民服务，采取与工业建设相适应的重点建设、稳步前进的方针。会议提出，第一个五年计划期间，城市建设必须把力量集中在苏联援建的“141”项工程所在地的重点工业城市，以保证这些重要工业建设的顺利完成；在重点工业城市，市政建设也应把力量集中在工业区以及配合工业建设的主要工程项目上。除北京应积极建设外，包头、太原、兰州、西安、武汉、洛阳、成都等城市都是“一五”计划的重点工业城市，必须采取积极步骤，使城市建设工作能赶上工业建设的需要。上海、鞍山、沈阳、广州等城市，过去有一定工业基础和一些近代化市政设施，同时，今后还要建设一些新的工业，城市建设可以进行必要的改建和扩建。南京、济南等旧的大城市或省的行政中心，有一些小型或地方工业及文教、卫生、行政机关的建设，只能在经济条件许可的情形下进行局部改建、扩建及维修工作。一般中小城市在最近期间没有什么新的建设，只进行一些维修工作。会议还研究了城市建设的组织机构与组织领导、城市建筑的管理制度等问题。

6月11日　高等教育部、教育部、卫生部、体育运动委员会联合发出《关于开展学校保健工作的指示》。《指示》首先要求各级人民政府教育、卫生与体育部门应按照各地不同情况与条件，共同做好学校保健工作，使所有师生员工切实认识到讲究体育和卫生是增强体质的积极办法。其次提出各地人民政府教育部门应加强对学校保健工作的领导。各地应组织学校保健指导委员会，确定当地学校保健工作的具体工作和任务，交由教育部门会同有关部门执行，并定期检查，各级部门应制订实施计划。关于学校内的卫生基层组织机构，高等学校设校医室，中等学校（包括中等技术学校和工农速成中学在内）一般应设卫生室，其医务人员应列入学校编制内，大、中城市的大型小学，如有条件，也可设立卫生室。一般小学则设保健药箱。各级学校医务人员应有一定的工作制度，并应贯彻“预防为主”的方针，最后指示认为开展学校保健工作，首先要搞好学校的爱国卫生运动，其次，各地卫生部门应注意培养与提高学校医务人员的质量，举办各种讲习班或短期训练班。

6月12日　人民日报报道，河北省公安机关破获三起扰乱社会治安、阴谋进行暴乱的重大反革命案件。逮捕了三案的主从各犯韩玉树、杨秉礼、姜荣嘉等50名匪徒。河北省人民法院经过细密审讯后，根据《中华人民共和国惩治反革命条例》分别判处各犯以死刑，并在固安、安国、万全、良乡等县召开的共有4万多人参加的公审大会后立即执行。

6月14日　中央人民政府委员会举行第三十次会议。出席这次会议的有中央人民政府主席毛泽东，副主席朱德、刘少奇、宋庆龄、李济深、张澜，委员陈毅、李立三、林伯渠、何香凝、刘伯承、吴玉章、彭真、薄一波、聂荣臻、董必武、赛福鼎等46人，列席这次会议的有中华人民共和国宪法起草委员会委员，中国人民政治协商会议全国委员会在京委员，政务院政务委员和所属各委、部、会、院、署、行的负责人等200多人。毛泽东就中华人民共和国宪法发表讲话，他认为从广泛讨论中可以看出，宪法草案是好的，是得人心的。他还指出："我们的总目标是为建设一个伟大的社会主义国家而奋斗"，"三个五年计划即15年左右可以打下一个基础"，"要建成一个伟大的社会主义国家，大概经过50年即10个五年计划就差不多了。"会议通过了《关于公布〈中华人民共和国宪法草案〉的决议》。《决议》共有三点：一、宣布中央人民政府委员会一致通过中华人民共和国宪法起草委员会所起草的《中华人民共和国宪法草案》，并予以公布。二、要求全国地方各级人民政府应立即在人民群众中普遍地组织对于宪法草案的讨论，向人民群众广泛地进行对于宪法草案内容的说明，发动人民群众积极提出自己对于宪法草案的修改意见。三、要求宪法起草委员会继续进行工作，收集人民的意见加以研究，在第一届第一次全国人民代表大会会议举行以前完成宪法草案的修改，并准备向全国人民代表大会提出关于宪法草案的报告。

同　日　中国人民解放军驻厦门部队击落窜入我厦门上空的美造国民党军飞机F-47型战斗机1架。

6月16日—17日　中央人民政府委员会举行第三十一次会议。一致通过1954年国家预算。出席这次会议的有中央人民政府主席毛泽东，副主席朱德、刘少奇、宋庆龄、李济深、张澜，以及中央人民政府委员会委员共44人，列席这次会议的有中国人民政治协商会议全国委员会在京委员，政务院委员和所属各委、部、会、院、署、行的负责人等200余人。会议听取和批准了中央人民政府财政部部长邓小平所作的关于1954年国家预算草案的报告。报告共分三大部分：

一、1953年国家预算执行情况。指出在国民经济发展的基础上，1953年国家预算的执行情况是良好的，总收入215.5万亿元，完成原预算的105.9%，总支出213.9万亿元，为原预算的91.6%。显然是有成绩的，既保证了国家在经济、文化教育和国防建设各方面必需的资金，而且收支相抵尚有结余。但是，1953年的财政工作还有不少错误和缺点。二、1954年国家预算。规定总计收入为274.086万亿元。指出：1.预算收入的来源包括工商、农业、国营企业收入及经济建设公债。2.预算支出的分配是建设性的和平发展经济的预算。预算资金的绝大部分用在发展工业、农业、交通运输业、商业、公私合营企业和社会主义教育事业方面。3.地方预算支出总额为59.6462亿元，占国家预算的23.91%，比1953年的地方预算支出总额增长14.9%。三、为增加生产、厉行节约，胜利完成1954年预算而奋斗。报告指出，为了保证1954年国家预算的实现，必须完成以下各项任务：1.全面完成与超额完成1954年国民经济计划。2.完成各项税收。3.节减国家机关经费，精简国家行政机构。4.加强财政监督工作，严格财政纪律。5.财政机关人员必须提高自己的政治业务水平。报告最后相信，只要能在工作中贯彻上述各项要求，1954年国家预算的顺利实现，将是没有疑问的。

6月17日　中华人民共和国政府和英国政府达成建立代办级外交关系的协议。中国政府派遣代表驻在伦敦，其地位和任务与英国驻北京代办的地位和任务相同。

6月19日　中央人民政府委员会第三十二次会议召开。出席这次会议的有：中央人民政府主席毛泽东，副主席朱德、刘少奇、宋庆龄、李济深、张澜，以及中央人民政府委员会委员等共44人。列席这次会议的有140余人。会议听取了中央人民政府副主席刘少奇的说明后，通过了《关于撤销大区一级行政机构和合并若干省、市建制的决定》；通过了《关于批准将绥远省划归内蒙古自治区并撤销绥远省建制的决定》，会议接着听取了中央选举委员会委员兼秘书长邓小平所作的关于基层选举工作完成情况的报告。会议最后通过和批准了各项任免案。

同　日　邓小平作关于基层选举工作完成情况的报告。在中央人民政府委员会第三十二次会议上，中央选举委员会委员兼秘书长邓小平作此报告。报告首先指出：这次全国基层选举工作是完全按照选举法的规定进行的。除少数暂不进行基层选举的地区外，全国进行基层选举的单位共为214 798个，进行基层选举地区的人口共为571 434 511人。在选举工作中，各地按照选举法的规定，建立了乡、县、市、省的各级选举委员会，动员了2 579 390名干部参加选举的指导工作，并选择了不同类型的地区，进行了基层选举的典型试验，取得经验，然后分批展开。现在这个在全国范围内普遍展开的基层选举运动已经全部胜利完成了。报告接着说：在基层选举工作中，各地首先进行了人口调查登记工作。由于采取了切合实际的比较科学的办法，并做了复查核对和补登补报等一系列的细致工作，人口的调查基本上达到了不重复、不遗漏、全面、确实的要求。根据中央人口调查登记办公室的初步统计，1953年6月30日24时的全国人口总数是601 912 371人。其中573 876 670人为直接调查的数字，8 708 169人为没有进行基层选举的少数民族地区的间接调查的数字，700余万人为台湾的估计数字；其余为国外华侨的数字。这是我国有史以来第一次经过全面的普查所得到的准确的人口数字。通过这次调查，不仅为选举工作的进行打下基础，而且也为国家的计划建设提供了可靠的根据。在人口调查工作进行的同时，各地进行了选民登记的工作，按照选举法的规定，正确地处理了选民资格的问题。根据中央选举委员会的统计，在全国进行基层选举的地区，选民资格审查的结果，登记选民总数为323 809 684人，占进行选举地区18周岁以上人口总数的97.18%。而全国依法被剥夺选举权利的人并加上精神病患者，只占进行选举地区人口总数的1.64%，占进行选举地区18周岁以上人口总数的2.82%。这说明了我们选举制度的普遍性和平等性，也说明了我国人民民主政权具有极为广泛基础。从各地选举的情况来看，广大选民都十分重视自己的民主权利，热烈地参加了选举。根据中央选举委员会的统计，全国进行选举地区的选民，参加投票的有278 093 100人，占登记的选民总数的85.88%。在这次基层选举中，全国各地共选出

5 669 144名基层人民代表大会的代表，其中妇女代表占17.31%。选举结果表明：由于在选举运动中深入地进行了国家过渡时期总任务的教育，人民群众的政治觉悟提高了，“走社会主义的路”成为广大人民群众奋斗的目标，“社会主义带路人”成为挑选代表的主要标准。在群众的选择下，很多工业和农业生产战线上以及其他各方面的优秀人物被选为人民代表。这些优秀人物分布在城市和乡村中，和广大人民群众保持着密切的联系，这就大大有利于人民民主制度的进一步巩固。各地基层选举工作都是密切结合着中心工作进行的，因此对于各项工作也起了重大的推动作用。在基层选举中，许多厂矿企业的工人为了迎接和庆祝选举，掀起了生产竞赛，提前完成了生产计划。许多工地经过这次选举，出勤率大大提高了。在农业生产和互助合作方面，“搞好生产迎接普选”成为广大群众的行动口号。很多地区在选举运动中发展了互助组，整顿和新建了农业生产合作社，扩大和提高了生产。有些灾区从生产救灾入手进行普选，从而解决了群众当前生活上和生产上的困难，也顺利地完成了选举工作。关于少数民族地区的选举，报告指出：除部分少数民族地区由于条件未具备没有进行基层选举外，占全国少数民族人口3/4以上的地区都进行了基层选举，并且都结合选举工作，进一步深入地贯彻了民族政策，加强了各民族之间的团结。这些地区的基层选举工作主要是依靠当地的民族干部，并注意和各民族代表人物协商，尊重各民族的风俗习惯和语言文字。这样，各族人民从选举中便更深刻地感到自己在当家做主，并进一步深切体会到中华人民共和国是我国各族人民友好合作的大家庭。

6月20日　《人民日报》报道：教育部发出《关于师范学校今后设置发展与调整工作的指示》。《指示》对4年多来全国中等师范教育的发展和整顿情况以及当前存在的主要问题作了简要说明，对于师范教育当前的任务和工作方针作了明确具体的规定。指出初等教育是整个教育建设的基础，师范学校是办好初等教育的关键。根据国家过渡时期总任务的要求，今后如何做到有计划地培养合格的并有足够数量的小学教师、成人初等学校高级班师资和幼儿园的教养员，且能在若干年内，使文化程度低的在职小学教师得到应有的提高，是师范学校的重要任务。《指示》要求，今后应根据小学教育的发展计划与可能条件，有计划地发展师范学校，根据各地具体情况，将现有初级师范学校逐渐转变为师范学校或改办为轮训小学教师的场所，以逐步达到提高小学教育质量的目的。小学师资的供应，除师范学校外，可另办师范速成班；幼儿师范学校应有重点地设置和发展。为了贯彻上述工作方针，《指示》指出五点措施：一、对师范学校，规模较小的，应有计划地扩大。二、对幼儿师范学校，在工矿区、大城市，应有计划有重点地举办幼儿师范学校，一般地区可根据需要，选择条件较好的师范学校附设幼儿师范班，均应招收初中毕业生。三、对于某些地区的初级师范学校，根据具体情况，逐步转变为师范学校、小学教师轮训班或师范速成班。四、师范速成班可在师范学校附设或由初级师范学校改办，招收初中毕业生进行1年业务训练。五、为逐步提高现任小学教师及幼儿园教养员，可举办教师轮训班。指示最后指出要全面考虑，制定科学的发展计划、招生计划及调整计划，做到有计划有步骤地进行。

同　日　《中央人民政府关于撤销大区一级行政机构和合并若干省市建制的决定》公布。这个《决定》在6月19日中央人民政府委员会第三十二次会议上通过，共四条，主要内容有：一、自中华人民共和国成立以来，大区一级行政机构代表中央人民政府领导和监督地方政府，对于贯彻中央政策，实施人民民主专政工作，进行各种社会改革运动，恢复国民经济，以及在经济建设、文化建设和其他各方面的工作中，都起着很重要的作用，都胜利地完成了它的任务。二、国家计划经济的建设，要求进一步加强中央集中统一的领导。为了中央直接领导省市以便于更能切实地了解下面的情况，减少组织层次，增加工作效率，克服官僚主义，为了节约干部加强中央和供给厂矿企业的需要，并适当地加强省、市的领导，撤销大区一级的行政机构，是完全必要的和适时的。三、鉴于目前各大区一级行政机构为中央担负了许多具体的工作，而中央各部门对于各省市的情形又不很熟悉的实际情况，为了在撤销大区一级机构的过程中，不致发生领导中断的混乱状态，中央、地区和省市三级都要进行充分的准备，相互间的交接工作必须做得非常稳当。在步骤上，可以不必采取6个大区机构一次撤销的办法，而采取一个一个撤销的办法。对于各个不同的部门，可视不同性质，按照先易后难、先简而繁的原则逐个地加以撤销。四、在大区一级机构撤销之后，为了便利于中央对于省、市的领导，合并一些省、市，减少一些中央直接领导的行政单位，是很必要的，为此决定：1.辽东、辽西两个省的建制均撤销，合并改为辽宁省。2.松江省建制撤销，与黑龙江省合并为黑龙江省。3.宁夏省建制撤销，与甘肃省合并为甘肃省。4.沈阳、旅大、鞍山、抚顺、本溪、哈尔滨、长春、武汉、广州、西安、重庆等11个中央直辖市，均改为省辖市。沈阳、旅大、鞍山、抚顺、本溪5市并入辽宁省的建制；哈尔滨市并入黑龙江省的建制；长春市并入吉林省的建制；西安市并入陕西省的建制；重庆市并入四川省的建制。

6月21日　中芬换货贸易协定在赫尔辛基签字。该协定规定中芬两国在1954年5月1日—1955年4月30日期间的换货贸易事项。协定规定交换贸易的金额各为5 000万卢布，比1953年有很大增加。中国向芬兰输出的包括油籽、桐油、茶叶、松香、猪鬃、丝织品及其他中国传统的出口货，中国自芬兰输入的包括纸张、纸板、机器及五金工业产品。

6月23日　中德技术与技术科学合作常任委员会第一届会议议定书在北京签订。议定书包括：中德技术与技术科学合作常任委员会章程、关于执行中德技术与技术科学合作常任委员会决议的共同条件，中华人民共和国方面提请德意志民主共和国方面援助的技术合作项目及德意志民主共和国方面提请中华人民共和国方面援助的技术合作项目等。

6月25日　中国人民志愿军铁道部队烈士纪念碑在朝鲜平安南道新安州市区落成。参加落成典礼的有朝鲜政府代表、内阁交通省副相金东哲，朝鲜人民军铁道指挥部代表金秉镒、安州郡人民委员会副委员长金龙学和志愿军铁道兵指挥所政治委员袁光、副司令员闵学胜等500多人。袁光在会上讲了话，他赞扬了志愿军铁道部队的战绩以及中朝人民的伟大友谊，表示志愿军铁道部队继续发扬国际主义精神，帮助朝鲜人民进行恢复建设的事业。金东哲在讲话中赞扬了烈士们以鲜血保障了朝鲜铁道设备和战时运输的功勋，并表示朝鲜人民将为自己祖国的和平、统一和独立而奋斗到底。典礼后，代表们绕纪念碑缓行一周。纪念碑高12公尺，碑身用洁白光亮的水磨石制成，形如一巨大的钢轨，耸立在平坦宽阔的水泥地基上。纪念碑的尖端闪耀着1公尺高的五角红星。碑的周围种植了松树，四面安放着16个被掏空了的美国定时炸弹弹壳，象征着铁道部队征服敌机轰炸的功绩。碑的背面刻有中国人民志愿军司令部、政治部的题词。

6月25日—28日　政务院总理兼外交部长周恩来应印度总理尼赫鲁的邀请访问印度。周恩来和印度总理尼赫鲁举行了会谈，先后拜会了印度总统普拉沙德、副总统拉德哈克里希南。6月28日，两国总理发表联合声明，重申了本年4月29日两国签定的《关于中国西藏地方和印度之间的通商和交通协定》中所规定的两国之间关系的五项原则：互相尊重领土主权；互不侵犯；互不干涉内政；平等互利；和平共处。声明指出，这些原则不仅适用于中印两国之间的关系，而且也适用于一般的国际关系问题。两国总理特别希望运用这些原则来解决印度支那问题。两国总理承认，在亚洲及世界各地存在着不同的社会制度和政治制度，然而，如果接受和平共处五项原则并按照这些原则办事，任何一国又都不干涉另一国，这些差别就不应成为和平的障碍或造成冲突。有关各国中每一国家的领土主权和互不侵犯有了保证，这些国家就能和平共处并相互友好。这就会缓和目前存在于世界上的紧张局势，并有助于创造和平的气氛。访问期间，周恩来出席新德里各界人民的欢迎大会并发表了讲话；在全印广播电台向印度人民发表了广播演说；在新德里总统府举行了记者招待会，向到会的印度和各外国记者事先提出的问题发表书面谈话。28日离开新德里时发表了声明。《人民日报》为周恩来此次访问印度发表了社论《中印两国团结起来，为远东和世界的和平而努力》。

6月28日—29日　周恩来总理应缅甸联邦总理吴努的邀请，访问

了缅甸。两国总理就与两国共同有关的事项作了自由的和坦白的讨论。他们重申两国的立场，表示将竭力促进全世界的、特别是在东南亚的和平。他们希望正在日内瓦讨论的恢复印度支那和平的问题将得到满意的解决。两国总理同意和平共处五项原则也应该是指导中国和缅甸之间关系的原则。他们重申：各国人民都应该有选择他们的国家制度和生活方式的权利，不应受到其他国家的干涉。两国总理同意中缅两国应保持亲密接触，以继续加强两国之间的友好合作。6月29日，中缅两国总理发表了联合声明，同意和平共处五项原则也是指导中缅关系的原则。并指出：如果这些原则能为一切国家所遵守，则社会制度不同的国家的和平共处就有了保证。中缅总理的历史性会谈，得到亚洲所有国家的欢迎和重视。西方舆论也普遍认为对世界各国关系将产生深远的影响。

6月30日　陈云向中共中央汇报第一个五年计划。主要内容是：一、对五年计划执行情况的估计。工业计划每年增长15.5%，估计可以完成并可能超过。但主要产品如钢材、棉纱等则很难超过；有些产品如有色金属，不一定达到计划要求。5年中，工业生产速度的增长主要靠原有工厂和自己设计的工厂，这些企业增加的产值约占全部增加产值的75%；新建和改建的工厂增加的产值仅占25%。工业基本建设方面，在“141”项工程的建设全面铺开后，全国支持的力量会更加分散；而在“一五”后2年基本建设大规模铺开，会遇到更多困难。因此，有些项目（包括“141”项）要推迟。农业生产是计划中最薄弱的部分。5年内农业总产值每年要求增加5%。在不可能增加许多灌溉面积，同时提高单产又受到农具、肥料等条件限制的情况下，生产的增长只能靠推进农业合作化运动。农业的发展，总的来讲要分二步走：先合作化，然后随着工业的发展再机械化。而农业合作化又分为二步：先互助组，后合作社，这样步子稳一些。社会主义改造计划可能会超过。现在农业生产合作社定为1957年达到150万—180万个，将来可能达到200万个。私营工业实现公私合营，产值50万亿元的计划会超过。私营商业的改造要前进一步，安排一步，前进不能太快。根据五年计划的任务，将来检查五年计划执行结果最关键的问题是：工农和农业生产指标5年能否分别增长110%和28%，“141”项工程的建设能否按计划进行；两翼的改造是否达到要求；市场是否保持稳定。二、按比例发展的问题。总的来讲，5年计划各部门的比例，是有缺点的。但目前只能按照已拟定的方案来做。1. 农业与工业的比例。按照工业建设和人民生活的需要来说，农业即使完成计划，也是很紧张的。农业合作化是花钱少、收效快的增产办法，国家在财力上应给予更多支持。5年内农业投资为49万亿元，占经济建设支出的9.5%，加上其他间接用于农业的投资，则占经济建设支出的15%以上，并不算少。对农业可以准备几个后备计划，争取在年度中增加投资。2. 轻重工业的比例和重工业内部的比例。轻工业目前主要问题是缺少原料。五年计划中规定的轻重工业投资1∶7.3的比例，仍维持不变。重工业内部存在的主要问题是：国防工业突出，石油工业落后，煤电紧张。这种状况目前无法改变。3. 技术力量的需要与供应不平衡。初步计算，5年内工业与交通运输增加技术人员39.5万人，但高等学校和中等专业技术学校的毕业生仅为28.5万人，相差11万人。干部培养不及时，是第一个五年计划中难以解决的问题。三、财政收入平衡问题。财政安排必须反对冒进和保守两种倾向。为此就必须，一方面保有一定数量的预备费，一方面又准备在年度计划中增加可能的投资。五年计划中，今后3年的预备费仅为38万亿元，占支出4%，是很少的，不能再减少。四、社会购买力与商品供应量的平衡问题。1957年社会购买力增加到500万亿元，而生活消费品和农业生产资料的供应总额仅为460万亿元，供求差额40万亿元。为解决这个问题，在增加工农业生产的同时，必须增加农产品出口，进口轻工原料；要发行公债和提倡储蓄，同时适当调整工农业产品价格。提高农产品收购价格、降低工业品价格和提高工资这3条都应该做，但都不能做得太早，要极其慎重，量力而行。

本　月　中共中央批发中财委（资）对天津市委关于改造资本主义工商业中若干政策问题的意见。中央批示：同意中财委（资）复天津市委关于改造资本主义工商业工作中若干政策问题的意见，请研究执行。中财委（资）提出：关于私营企业的联营、并厂问题，应掌握下列几点：一、私营企业的联营、并厂应该在生产的协作与依存关系的基础上，根据改进和发展生产的需要，企业组合的可能和资本家的自愿，有领导、有步骤地进行。二、私营企业的联营、并厂，应该适用和服从于国家对资本主义工商业的社会主义改造，如在扩展公私合营工作中，可根据生产的协作与依存关系，有领导地组织私营企业联营、并厂再进行公私合营，或使私营企业的联营、并厂与公私合营同时进行；或者在加工、订货中以私营大厂为核心吸收私营小厂进行联营、并厂等。三、私营企业的联营、并厂，必须有适当的企业和进步的资本家作为核心和骨干；在联营、并厂前必须在资本家、工人中反复进行酝酿，工商联和工会组织应分别对资本家、工人进行思想教育工作，为联营、并厂后逐步进行企业改革做好必要的思想准备。四、应警惕和防止资本家借联营、并厂抗拒社会主义改造的违法行为。文件还分别对欠“五毒”赃款、欠国家银行贷款私营企业偿还债务问题，划分私营企业中高级职员和高级技术人员的阶级成分等问题提出了具体意见。

本　月　政务院文教委员会召开全国文教财务、基本建设管理工作会议。出席会议的有中央和地方文教部门及有关部门代表119人，财政部副部长戎子和、建筑工程部副部长周荣鑫及国家计委文化教育计划局局长刘皑风先后到会作了有关财政、基本建设和文化教育计划工作的报告。最后由政务院文教委员会副秘书长刘墉如作总结。会议认为，各级文教部门在财务和基本建设管理工作上，必须根据文教工作的方针任务，有计划、有重点地组织人力、财力、物力，以保证1954年文教事业计划的实现。会议对今后工作改进的办法作了具体部署。会议指出，大区行政机构撤销后，要加强省、市文教财务、基本建设管理工作，同时在大区撤销过程中，各级文教部门必须负责做好有关财务和基建的交接工作。各级文教部门必须根据文教工作的方针任务，有计划、有重点地组织人力、物力、财力，以保证文教事业计划的实现。同时在各项管理工作中，应贯彻“统一领导、分级管理”的原则，明确各级文教部门的职责范围，健全管理制度，加强政治思想领导，加强对财务预算和基本建设计划执行情况的检查监督，充分发挥潜力，厉行精简节约。

本　月　全国类学校实施新工资标准。高等学校、中等学校一般是原工资级别不动，升级面全国平均为15%左右。小学教师调整工资，首先着重工资水平较低的地区，重点在农村；如财务预算能在当地解决可适当扩大升级面。新工资标准表与1952年的工资标准比较，各级工资标准均有提高。11月，高等教育部、教育部分别为颁发新工资标准表和本年调整教职工工资工作发出通知。本年调整教职工工资。同时，教育部1952年7月23日发布的“全国各级学校教职员工工资标准表”作废。

7月3日—5日　政务院总理周恩来与越南民主共和国主席胡志明在中越边境举行会谈。双方就日内瓦会议关于恢复印度支那和平问题及其他有关问题，充分交换了意见。参加会谈的还有越南民主共和国驻中国大使黄文欢和出席日内瓦会议的中国代表团顾问乔冠华。5日，发表了关于中越会谈的公报。

7月9日—31日　农业部召开全国农业技术工作会议。会议全面总结了4年来农业技术工作的进展情况。根据会议统计，全国共有大区农业科研所及筹备处7处，专业研究所2处，省农业试验场或农科所64处，及大量县农场专业场或所，共有2 098处；农业技术推广站、畜牧兽医站，及其他各类专业站共计6 167个。以上各单位共有职工13.8万人。

7月13日　中共中央发出《关于加强市场管理和改造私营商业的指示》。《指示》指出，从1953年全国开始大规模经济建设以来，我国市场上发生了许多新情况，其中主要的一点是许多商品供不应求。解决这一困难的根本办法是积极增加生产，同时又必须以商业的收购与供销2个方面，采取适当的措施，以反对私商的囤积和投机，并防止小生产者的惜售和消费者的抢购。《指示》规定，为了解决在许多商品供不应求情况下的市场稳定问题，在今后一个时期内，对一些商品必须实行国家计划收购和计划供应。实行农产品统购统销后，市场关系发生了根本性的变化，国营商业的地位加强了，但也出现了公私关系紧张、私营经营困难的局面。为了防止影响商品流通的发展和因过多的私营批发商垮台而造成大量失业。决定采取一面前进、一面安排、前进一行安排一行的办法，区别不同行业、不同情况，有计划地代替、安排私营小批发商和私营零售商，把对企业的改造和对人的改造结合起来，把改造和安排结合起来，引导他们转向有利于国计民生的事业。另外，城乡市场必须相互支援，副食品供应不足时，应压缩中小城市和集镇的副食品消费，优先供应大城市和工矿区；城乡都需要的工业品，应先供应农村，以利农产品的采购；商品内销和出口之间，除粮食、油料等物资规定限量出口外，其他物资在今后一个相当时期内，国内市场的销售应服从出口的需要。

7月20日—25日　中华全国合作社第一次代表大会在北京举行。这次代表大会首先决定把原先暂名的“中华全国合作社联合总社”改为“中华全国供销合作总社”；会议审议并通过了《关于中华全国合作社联合总社临时监事会工作报告的决议》；会议还讨论通过了《关于通过〈中华全国供销合作总社章程〉的决议》等。大会提出并确定了供销合作社的基本任务是：一、通过供销业务开展城乡交流，为农业生产服务，以支援国家工业化，巩固工农联盟，缩小城乡差别；二、根据国家计划和价格政策，通过合同制度以及有计划的供销活动，引导小农经济和个体手工业逐步纳入国家计划的轨道，并努力促进其社会主义的改造顺利进行；三、在国营商业领导机关的领导下，扩大有组织的商品流转，逐步实现对农村私营商业的改造。大会选出了中华全国供销合作总社全国委员会委员理事会理事和监事会监事，程子华当选为理事会主任，曾山当选为监事会主任。

7月21日　中国第一架雅克-18型飞机试制成功。8月1日，毛泽东在给飞机生产单位320厂全体职工发贺信表示嘉勉。贺信说：第一架雅克-18型飞机的试制成功，“这在建立我国的飞机制造业和增强国防力量上都是一个良好的开端”。

7月22日—8月6日　中国基督教全国会议在北京召开。会议认真总结了建国以来基督教在各方面工作的成就及经验教训，尤其是总结了基督教所开展的反帝爱国的“三自”运动的巨大成就，“三自”

即“自治”、“自养”、“自传”。“自治”是指中国各教会彻底断绝与帝国主义的经济联系，完全成为中国信徒自己负责的教会；“自养”是指中国各教会彻底断绝与帝国主义的经济联系，完全成为中国信徒自己负责自己掌握的教会；“自传”是指彻底肃清帝国主义残余宗教思想的影响，使中国各教会所讲的是合乎《圣经》的基督教的纯正福音。会议讨论了今后的方针任务，号召中国基督教各教会在反帝爱国运动的旗帜下进一步团结起来，继续深入开展反帝爱国“三自”运动，和全国人民一道，遵守宪法和法律，积极地参加社会主义祖国的各项建设事业和各种爱国运动以及保卫世界和平运动。会议通过了有关的一年决议，同意成立定名为“中国基督教‘三自’爱国运动委员会”的领导机构，推选出了委员139人，选举吴耀宗为委员会主席。

7月23日—25日　周恩来总理访问德意志民主共和国。周恩来与格罗提渥总理就进一步发展中德两国之间的友好关系和维护世界和平等问题交换了意见，并于7月25日发表了会谈公报。双方表示坚决继续奉行国际和平合作和人民友好的政策，不容忍外国干涉它们各自的内政和侵犯他们的民族主权，并愿竭尽全力为缓和国际紧张局势而工作。双方一致认为，美国重新武装西德和日本并非为了建立德国和日本的自卫力量，而是用于威胁欧洲和亚洲的和平。因此，反对重新武装西德和日本的斗争，成了所有爱好和平人民的共同任务。中、德两国政府欢迎苏联关于建立有效的欧洲集体安全体系的建议，并支持苏联政府1954年7月24日的照会。双方还就维护亚洲和平问题，加深中、德两国人民间的文化关系和建立两国间的贸易关系等问题达成一致意见。7月28日，《人民日报》为此发表了《中德两国人民为和平事业而共同努力》的社论。周恩来总理一行是参加日内瓦会议后于归国途中访问德意志民主共和国的。

7月24日　1954年国家经济建设公债认购任务超计划完成。认购总额达9.2万亿元，超过计划55%。财政部根据政务院的指示，通知各地在1954年8月10日以后一律停止认购，并宣布1954年国家经济建设公债的认购工作胜利结束。

7月25日　中国电影获国际奖。在捷克斯洛伐克的卡罗维伐利举行的第八届国际电影节上，北京电影制片厂拍摄的故事片《智取华山》获“争取自由斗争奖”；上海电影制片厂拍摄的故事片《梁山伯与祝英台》获音乐奖。

7月26日—28日　周恩来总理访问波兰人民共和国。访问期间，周恩来总理分别拜会了波兰统一工人党中央委员会第一书记贝鲁特、波兰国务委员会主席萨凡茨基及波兰部长会议主席西伦凯维兹。27日，波兰全国阵线委员会在华沙举行欢迎群众大会，授予他一级波兰复兴勋章。周恩来在大会上发表讲话，称赞波兰十年来的建设所取得的成就，愿中、波两国进一步发展经济合作和文化交流。他强调，保卫和平是我们的共同任务。现在，日内瓦会议已经结束，国际紧张局势得到缓和，它证明国际争端是可以用和平协商的方法求得解决的。各种不同社会制度的国家是可以和平相处的。日内瓦会议的成就就证明了和平力量的伟大。周恩来一行是在参加日内瓦会议后归国途中应邀访问波兰的。

7月29日—8月5日　高等教育部、卫生部在北京联合召开全国高等医学教育会议。会议总结了建国以来高等医学教育的经验和教训，指出了目前高等医学教育的现状中存在的问题，会议由此确定了高等医学教育的方针：有计划地培养为社会主义建设和人民保健事业服务的具有一定马克思列宁主义修养的、体魄健全的、掌握先进医学卫生专门知识和技术的高级医药卫生人才。针对一些问题的存在和比较落后的高等医学教育水平，会议指出，必须向苏联学习这方面的先进经验，继续进行教学改革，发扬祖国医学遗产，处理好继承与学习之间的关系，处理好中西医药人员之间的团结问题。同时，大力提高现有教师的数量和质量，努力发挥潜在力量，提高教学质量。会议还确定了专业设置和专业培养目标，制订了统一的教学计划，对于教学大纲的编写也作了原则的规定。这次会议为进一步促进高等医学教育的发展做好了准备，从而促进了卫生事业的发展。

7月31日　中国体育代表团参加第十二届世界大学生夏季运动会。本届运动会在匈牙利首都布达佩斯举行。中国派出参加这次世界大学生运动会的体育代表团包括男女篮球、男女排球、游泳、田径、乒乓球等7个队共128名运动员。这是中国有史以来首次派出百人以上的运动员参加国际性的运动竞赛。

7月31日—8月1日　周恩来总理访问蒙古人民共和国。访问期间周恩来拜会了蒙古人民共和国总理泽登巴尔，双方进行了友好会谈，对中蒙两国在1952年签订的经济及文化合作正在起有利的作用表示赞赏。周恩来一行是参加日内瓦会议后于归国途中应邀访问蒙古人民共和国的。

8月3日　中共中央批转国家计委《关于1953年度国民经济计划执行的基本情况及1954年度国民经济计划中的几个问题向中央的报告》和《1954年度国民经济计划提要（草案）》。《报告》说，1954年国民经济计划，是根据党在过渡时期的总路线总任务及第一个五年计划的基本任务而制定的。在计划编制过程中，首先感到，生产赶不上需要的趋势是明显的，同时由于生产发展和基本建设规模日益扩大，铁路运输，特别是主要区段的运输困难较多；其次，感到对国民经济中非社会主义经济成分的改造有更大的迫切性和重要性。《报告》指出：一、国营和地方国营工业产值比上年增长20.1%的指标，必须完成并争取超过；同时有步骤地把私营工业改造为公私合营企业，1954年计划合营的私营厂矿有500个，产值约17万亿元。二、农业生产合作社由上年的1.4192万个发展到9.5万个，组织起来的农户占农户总数的比重由上年的43.4%扩大到58.9%，同时大力组织农户的余资余力扩大再生产。三、粮食预定收购570亿斤，棉花预定收购2 241.4万担，油料计划收购量可产油脂21.8亿斤。除此之外，对某些生产不足的产品亦应加强供应的计划性，并继续扩大商品流转，活跃城乡物资交流，巩固和适当扩大国营和合作社商业的阵地。四、基本建设以“141”项工程的建设和准备工作为中心，更有效地集中地使用资金。基本建设项目418个，其中当年新开工的176个。全部投资中，工业投资43.2万亿元，占56.6%（其中生产资料的企业建设投资占86.3%，生产消费资料的投资占13.7%）；农村水利投资5.9万亿元，占7.8%；交通运输邮电部门投资15.2万亿元，占20%。五、加强重要物资的分配，尽可能逐步摆脱自由市场的影响。国家掌握分配的主要物资从上年的57种增加为60种，总值为87.9万亿元，比上年增长8%。1954年计划的主要经济指标是：工农业总产值999.3万亿元，比上年增长12.6%。其中工业总产值405万亿元，比上年增长17.4%（国营工业增长20.1%，合作社工业增长22.6%，公私合营工业增长117.4%）；农业总产值528.2万亿元，比上年增长9.5%。工业产品计划指标59个，其中：钢209.9万吨，比上年增长20.5%；生铁283.3万吨，比上年增长32.4%；煤炭7 824万吨，比上年增长14.3%。农业产品计划指标19个，其中：粮食3 600亿斤，比上年增长9.4%；棉花2 748万担，比上年增长17.6%。社会商品零售总额370.8万亿元，比上年增长13.8%。基本建设投资76.2万亿元，比上年增长23.9%；重点建设项目418个，其中当年新开工的179个。中共中央在对《提要〈草案〉》的批示中指出，1954年国民经济计划下达较迟，与实际情况可能会有出入，各地区、各部门对重大指标的修改意见，于8月31日前报国家计委。12月26日，国家同意国家计委和各地区、各部门对1954年国民经济计划提出的修改意见。主要有：基本建设投资由76.2万亿元增加为78.3万亿元，限额以上项目由418个增加为437个，原油产量由82.2万吨调为78.3万吨，盐产量由579万吨调为528.4万吨。农业生产受较严重自然灾害影响而减产，作为未完成计划，不再另作修改。

8月5日—16日　教育部、扫除文盲工作委员会在北京联合召开第一次全国农民业余文化教育会议。会议就政务院文教委员会秘书长钱俊瑞所作《关于农民业余文化教育的方针任务和若干问题》的报告进行了讨论。政务院文教委员会主任习仲勋对业余文化教育如何为农业社会主义改造服务问题作了重要指示。会议认为，在过去一年中，各地根据“整顿巩固，稳步前进”的方针，对农村扫除文盲工作大力进行了整顿，已纠正了盲目冒进的偏向，使这一工作初步纳入了国家建设的轨道。会议指出，农民业余文化教育必须密切结合农村互助合作运动和农业生产的发展，在生产发展的基础上，积极地有计划地扫除农民中的文盲，并逐步提高农民的文化水平，有效地为农业合作化和发展农业生产服务。会议提出争取用15年左右的时间基本上扫除农村2亿多青壮年文盲。对已经脱离文盲状态的农民和小学毕业生应组织他们学习，以提高他们的文化水平。1955年3月1日，中共中央批转教育部党组关于这次会议的报告，并在批示中提出，参照苏联经验，试办扫除文盲协会。

8月6日　总参谋部批准成立新疆生产建设兵团。总参谋部电复新疆军区，同意将第二十二兵团兵团部与新疆军区生产管理部合并，成立新疆生产建设兵团领导机构。10月，新疆生产建设兵团正式成立。1975年3月，新疆生产建设兵团的建制被撤销。1981年12月3日，中共中央、国务院、中央军委批准恢复新疆生产建设兵团建制。

8月10日　中共中央农村工作部就半社会主义性质的合作社如何逐渐社会主义化问题复电东北并告各地。电文指出：在今后几年时间内，应首先集中力量普遍发展部分集体所有制的农业生产合作社，使其成为农业生产的主要形式，以便迅速将个体经济纳入计划轨道而配合工业建设的迫切需要，迅速发展农业生产。关于土地公有化问题，鉴于中国的基本区域地少人多，农民对土地的私有和依赖观念尚极深厚，所以土地这一基本生产资料的公有化，不宜采取直接改变所有权的方式，而应如中央指示，随着生产的逐步发展而逐步降低以至最后废除工地报酬。用折价收买归公的办法来解决土地问题，是不合理的，因而也是不正确的，这样有可能打击农民生产的积极性，造成不必要的损失。

8月11日　中央人民政府委员会举行第三十三次会议。会议听取了政务院总理兼外交部长周恩来所作的外交报告，他说，日内瓦会议的结果，促进了国际紧张局势的进一步和缓，但是，会议在进行中却遭遇了不少的障碍和困难。这主要是从美国政府方面来的。美国政府和李承晚集团对于讨论和平解决朝鲜问题一贯采取蛮横无理的破坏态度，致使朝鲜问题没有达成协议。日内瓦会议关于恢复印度支那和平的协议虽然达成，但美国还声明不愿同与会各国一起参加保证恢复印度支那和平的共同工作，却积极策动澳大利亚、新西兰、泰国、菲律宾，并拉拢英国和法国，甚至企图劝说科伦坡等国家，组织所谓“东南亚防御集团”。这个集团是以中国为主要敌对目标的，因此，我们坚决反对美国所组织的“东南亚防御集团”来破坏日内瓦协议的阴谋。周恩来对日内瓦会议的成就及我国与世界各友好国家关系的改善也作了详细介绍，最后又对中国政府在台湾问题上的立场再次宣布：台湾是中国神圣不可侵犯的领土，决不容许美国侵占，也决不容许交给联合国托管。解放台湾是中国的主权和内政，决不容许他国干涉。中国人民解放台湾的斗争就是保卫世界和平的斗争。会议通过了关于批准这一报告的决议。决议表示欢迎日内瓦会议达成的协议；同意中印、中缅总理联合声明，认为声明中所述五项原则应该适用于中国同亚洲及世界各国的关系；同意中德两国总理会谈公报，支持和赞成欧洲集体安全体系。决议号召全国人民和人民解放军为解放台湾而奋斗。会议还通过了《关于召开中华人民共和国第一届全国人民代表大会第一次会议的决议》，决定第一届全国人民代表大会第一次会议于9月15日召开。会议还通过任命：杜者蘅为辽宁省人民政府主席、韩光为黑龙江省人民政府主席、刘子厚为湖北省人民政府主席。

8月17日—28日　全国机械工业会议在北京举行。会议决定把全国的机械工业逐步地纳入国家计划的轨道，以克服当时各地机械工业中存在的某些盲目发展的现象，更充分地发挥机械工业的潜力。会议首先对于我国机械工业的特点和当时的情况作了全面的研究和分析。指出，全国机械工业必须根据产供销平衡的原则，分别逐步实行计划管理，即逐步实行统一生产计划、统一销售、统一国外订货的方针。关于统一生产计划，会议认为，应采取有重点有步骤的措施，分别轻重缓急来进行。为了逐步纳入国家计划，会议决定根据企业技术设备条件和国家的需要，指定一部分地方国营厂、公私合营厂及私营厂，将其能力之一部担任中央管理的产品任务，这些企业今后和第一机械工业部所属管理局相应地发生业务联系，所生产的产品按一机部各管理局的统一计划进行。关于统一销售和统一订货，会议决定，对国家统一分配产品和一机部部管产品的分配，实行严格的申请手续：向国外订购机器设备，必须实行统一管理。会议研究了各方面对于机械的需要，认为随着国家工业化和农业合作化的发展，随着整个国民经济的改造，人民生活的提高，各方面对机械及日用金属制品的需要与日俱增，机械工业的发展有着广阔的前途。

同　日　高等学校颁发新校历。由中央高等教育部颁发的新校历规定：1学年分2学期，第一学期自9月1日起—次年1月25日止；第二学期自2月9日起—7月5日止。1956年9月19日，高等教育部又发出通知，对上述校历作了2项变动：一、开学和放假日期可照教学计划的规定作前后1周的变动，具体日期由学校决定；二、春假时间由各校在4月1日—5月10日中自行确定3日。同时，1950年颁发的校历废止。1958年9月，中共中央、国务院《关于教育工作的指示》中规定，废除全国统一的校历。

8月19日　中央人民革命军事委员会发布命令，宽赦坦白认罪的西井健一等417名前日本军人。

8月20日　高等教育部发出《关于清华大学工作的决定》。《决定》认为，清华大学已从过去抄袭英美资产阶级制度的旧型大学，逐步地改造为实行苏联5年制教育制度的新型多科性工业大学。在高等工业教育方面有必要首先以较多的力量来办好清华大学。《决定》提出，清华大学的任务是：培养具有较高水平的设计施工和管理的工程师；培养高等工业学校的师资及工程技术科学的研究人员；学习、运用、总结、推广苏联5年制高等工业学校经验；开展科学研究工作。《决定》还提出了聘请苏联专家、配备师资和干部、保证新生质量、扩充设备和进行基本建设等问题的办法。

8月22日　中国各民主党派各人民团体发表《解放台湾联合宣言》。《联合宣言》严正宣告：为了保障祖国安全和领土完整，为了保障亚洲及世界的和平，中国人民一定要解放台湾。台湾是中国领土不可分割的一部分，决不容许美国侵占，也不容许联合国托管。解放台湾、消灭蒋介石集团，是行使中国的主权，是中国人民的内政，决不容许任何外国干涉。如果外国侵略者敢于阻挠中国人民解放台湾，那就是干涉中国的内政，侵犯中国的主权，破坏中国的领土完整，他们就必须承担这一侵略行为的一切严重后果。《联合宣言》要求全国人民更加坚强地团结起来，从各方面加强工作，为解放台湾、反对美国干涉、保障祖国安全、保卫世界和平而奋斗。

8月24日　国家体委、教育部、卫生部、广播事业局和青年团中央发出《关于在全国小学中推行广播体操的联合指示》。要求从1954年上学期开始，在全国小学中推行少年广播体操。这是新中国成立后首次在学生中开始推广广播体操。

8月28日　中共中财委第二办公室粮食组整理汇编《关于粮食统购统销后对私营粮商的处理情况》的文件。该文件说，国家对粮食实行统购统销以后，各地对私营粮食工商业作了处理，处理的基本情况如下：对粮食零售商人，在除湖北、广东、安徽等省的全国各大中城市一般采取委托代销的方式；中等城市和一般的小城市，一般采取动员转行为主，困难很大的可以委托代销。西南部的一般市县要根据实际需要，首先照顾烈军属和贫困户，另外还要照顾专业守法户和积极分子委托代销。对批发商和摊贩，一般以尽量动员转业为主，困难很大的也可以委托代销。对于加工商，一般要维持下来委托加工。对于跨行业的兼营粮商，一般是停止他们的粮食经营。有些地区如北京、天津、福建，对停止兼营粮食能维持生活的，一定要停止兼营粮食，如果不能维持生活，仍可以委托代销。

8月31日　瑞典等国一致主张恢复中国在联合国的合法席位。瑞典、挪威、丹麦、冰岛4国一致主张应在不久的将来恢复中国在联合国的合法席位。这是在冰岛首都雷克雅未克举行的瑞典、挪威、丹麦、冰岛4国外交部长会议发表的联合公报中提出的。

本　月　国家计委向中央各部发出《编制十五年远景计划的参考资料》。请各部参考这个文件资料，结合本部的具体情况来编制15年远景计划。这个参考资料提出了15年远景计划的总轮廓：用15年时间，在政治上消灭剥削阶级和产生剥削阶级的根源；在经济上基本完成社会主义工业化、农业合作化和机械化。具体地说，到1967年，全国工农业总产值比1952年应该约增加3倍，年平均增长9.9%；基本上完成国家工业化，就是要使现代工业产值在工农业总产值中的比重至少达到60%；基本上实现对私人工业的社会主义改造；把10人以上的资本主义工业通过国家资本主义道路，最后将由公私合营全部转为国营，其余的私营工业也将经过各种方式基本上改造完毕；基本上完成农业合作化，全国90%的农户参加集体农庄和农业生产合作社，使其所占耕地达到全国耕地面积的84.4%；那时，人民的物质和文化生活水平将能得到显著提高。由于种种原因，这个计划最终没有能够完成。

9月2日　政务院通过《公私合营工业企业暂行条例》。在当日举行的政务院第二百二十三次政务会议通过该《条例》。《条例》规定，对资本主义企业实行公私合营，应当根据国家的需要、企业改造的可能和资本家的自愿，采取积极而又稳步发展的方针。合营时私方股份应包括企业原来的实有财产，不容许有任何分散资产、逃避资金的行为，对企业原有财产的估价，应按公平合理的原则实事求是地进行。合营后企业受公方领导，由人民政府主管业务机关所派代表同私方代表负责经营管理。有关公私关系的问题，由公私双方代表协商处理。在重大问题上发生争议时，应报请人民政府主管机关解决，也可以提交合营企业的董事会协商后报请人民政府主管机关核定。合营企业对于企业原有实职人员，一般应参酌他们原来的情况量才使用，使他们各得其所。合营企业每年的利润，在结账缴纳所得税后，应当就企业公积金、企业奖励金和股东股息红利三方面，加以合理分配。

同　日　中捷科学与技术合作联合委员会在布拉格签订协议书。根据协议书规定，捷克斯洛伐克将在卫生、食品和纺织方面获得中国的科学与技术援助，中国在解决机械制造、冶金和轻工业的问题上获得捷克斯洛伐克的科学与技术援助。

9月3日　中央选举委员会举行第五次会议。会议通过了《关于中华人民共和国第一届全国人民代表大会代表选举工作完成的报告》。会议由中央选举委员会主席刘少奇主持。邓小平作了《报告》。《报告》说：本年6、7月间，全国有150个省辖市和2 064个县、自治县及县一级的单位及170个中央直辖市的区召开了人民代表大会，有些暂不举行基层选举的少数民族地区的专区级、县级单位召开了人民代表会议。在这些会议中按选举法的规定分别选举了省、直辖市和自治区的人民代表共1.668万人。从7月底到8月中旬，各省、直辖市和内蒙古自治区先后召开了人民代表大会，分别选举了出席全国人民代表大会的代表，西藏地方、昌都地区以及军队单位、华侨单位也都选出了出席全国人民代表大会的代表。会议通过的《中央选举委员会公告》宣布：中华人民共和国全国人民代表大会代表，已经按照《中华人民共和国全国人民代表大会及地方各级人民代表大会选举法》的规定，由省人民代表大会、市人民代表大会、中央直辖少数民族行政单位、军队单位和华侨单位分别选出。除台湾代表暂缺外，各地区和各单位所产生的全国人民代表大会代表共1 226人。台湾省尚待解放，应选全国人民代表大会的代表名额暂缺。其中妇女代表147人，占代表总数的11.99%；少数民族代表177人，占代表总数的14.44%。《公告》还按选举单位公布了代表名单。出席这次会议的有：刘少奇、朱德、李济深、何香凝、沈雁冰、胡耀邦、邓小平、邓颖超、赖若愚、谢觉哉等22人，列席这次会议的有：陈毅、贺龙、林伯渠等19人。

9月4日　中朝两国关于1954年货贸交换的协定书在北京签字。协定书规定，朝鲜向中国提供电力、矿产品、海产品和药材等货物，中国则向朝鲜提供煤炭、渔船、建筑材料、机器和工业原料等。

9月5日　中国人民志愿军总部发言人宣布中国人民志愿军司令员彭德怀将军辞职。中国人民志愿军现由邓华任司令员，杨得志、杨勇任副司令员。中国人民志愿军总部将于9、10两月从朝鲜撤出7个师回国（到10月3日，志愿军7个师全部撤出朝鲜返回中国）。

9月7日　解放军福建前线高炮部队击落、击伤袭扰福建的国民党空军飞机23架。7日4时—7时25分，国民党空军飞机共二批43架次，袭击福建省厦门等地区，人民解放军福建前线高炮部队对其进行了猛烈的射击，击落、击伤其中23架。

9月9日　中央人民政府委员会举行第三十四次会议。会议讨论并通过了经过修正的中华人民共和国宪法草案。这个宪法草案即将提交第一届全国人民代表大会第一次会议审核。这次会议修正通过的宪法草案，是宪法起草委员会根据今年6月15日以后全国广大人民群众在讨论中提出的意见，以及出席第一届全国人民代表大会第一次会议的代表在分组讨论中提出的意见，经过研究讨论提出的。会议还讨论和通过了各项任免案。

同　日　**政务院通过《关于实行棉布计划收购和计划供应的命令》**。该《命令》是在政务院第二百二十四次政务会议上通过的。《命令》规定，自1954年9月15日起，所有国营、合作社、公私合营和私营织布厂和手工业生产的棉纱、棉布和机纱、手纺纱、交织棉布，一律由中国花纱布公司统购统销，不得自由出售，所有列入计划供应范围的棉布及棉布复制品，在全国范围内，一律采取分区、定量、凭证供应的办法。居民的定量，在城市与农村、城市中不同阶层之间有所区别，全国平均为20.83尺，相当于定量前的水平，私营棉布批发商不得继续经营棉布的批发贩运业务，私营的棉布零售商贩由国营商业委托其经销或代销。

同　日　**政务院通过《关于设立中国人民建设银行的决定》**。该《决定》是在政务院第二百二十四次政务会议上通过的。《决定》指出：为了适应有计划的经济建设，保证基本建设资金的及时供应和合理使用，促使基本建设部门推行经济核算，节约资金，决定单独设立办理基本建设拨款监督的专业银行即建设银行。建设银行的任务是：根据国家批准的计划和预算，监督国家用于基本建设的预算拨款，以及企业、机关用于基本建设的自筹资金，并负责结算业务；根据国家批准的信贷计划，对国家及地方国营包工企业，办理短期放款；对基建企业资金的使用和使用效果实施财政监督。根据政务院的决定，中国人民建设银行总行及各地分支行于10月1日正式成立。

同　日　**政务院通过《关于征集补充兵员的命令》**。该《命令》是在政务院第二百二十四次政务会议上通过的。《命令》规定，从1954年11月1日—1955年2月28日，征集补充兵员45万人。补充兵员在年满18周岁—20周岁的男性公民中征集。该项命令指出，这次征集补充兵员，贯彻了义务兵役制的基本精神，有了服役期限的规定，是以义务兵役制代替志愿兵役制的一种过渡办法，也是实行义务兵役制的开始。

9月11日　中国政府与芬兰政府达成协议。新华社报道，中华人民共和国政府和芬兰共和国政府达成协议，将中国驻芬兰公使馆和芬兰驻中国公使馆升为大使馆并互派大使。

同　日　《人民日报》公开报道王兆钧事件。王兆钧是河南省郾城县委宣传部长，因在“三反”运动中检举郾城县委机关铺张浪费以及县委书记周刚、副书记焦光亮等人利用职权贱买公物等错误，而受到打击、报复。河南纪律检查委员会认为：郾城县委会已被资产阶级个人主义和自由主义所腐蚀，丧失了党组织的作用。为严肃党纪，河南省委决定撤销该县委会机关，重新组织新的县委会；并将周刚、焦光亮、任学恕、牛培法等人开除出党，对其他有关人也根据其错误轻重，分别给予处分。对于在处理王兆钧事件中犯了官僚主义错误的许昌地委，河南省委决定给予指责处分，并给地委书记纪登奎、副书记赵天锡、地委纪律检查委员会副书记刘坪以当众警告处分。《人民日报》针对此事发表了社论《必须向压制批评的行为作坚决斗争》。

9月12日　中华人民共和国宪法起草委员会第九次会议在京举行。出席会议的有：宪法起草委员会委员宋庆龄、李济深、李维汉、刘少奇、邓小平等20人。列席这次会议的有中央人民政府委员会委员和其他有关人员。会议讨论和通过了由刘少奇代表宪法起草委员会向第一届全国人民代表大会第一次会议所作的关于中华人民共和国宪法草案的报告。会议修正通过了《中华人民共和国全国人民代表大会组织法（草案）》、《中华人民共和国国务院组织法（草案）》、《中华人民共和国人民法院组织法（草案）》、《中华人民共和国人民检察院组织法（草案）》、《中华人民共和国地方各级人民代表大会和地方各级人民委员会组织法（草案）》。这5个组织法草案由宪法起草委员会组织的起草小组分别起草，经过在京各方面人士和第一届全国人民代表大会第一次会议的各代表小组多次的讨论。由宪法起草委员会修正通过的这5个组织法草案，提交第一届全国人民代表大会第一次会议审议。

9月15日—9月28日　第一届全国人民代表大会第一次会议在北京举行。9月15日，第一届全国人大第一次会议在北京中南海怀仁堂开幕。大会代表1 226人，出席会议的代表1 141人，列席会议的政府部门负责人14人，旁听人员136人。各国驻中国的外交使节和外交官员44人，外宾39人应邀参加了开幕式。中央人民政府主席毛泽东主持开幕式并致开幕词。他说："我们这次会议具有伟大的历史意义。这次会议是标志着我国人民从1949年建国以来的新胜利和新发展的里程碑，这次会议所制定的宪法将大大地促进我国的社会主义事业。我们的任务是：团结全国人民，争取一切国际朋友的支援，为了建设一个伟大的社会主义国家而奋斗，为了保卫国际和平和发展人类进步事业而奋斗"。"我国人民应当努力工作，努力学习苏联和各兄弟国家的先进经验，老老实实，勤勤恳恳，互勉互助，力戒任何的虚夸和骄傲，准备在几个五年计划之内，将我们现在这样一个经济文化上落后的国家，建设成为一个工业化的具有高度现代文化程度的伟大国家。"会议一致选出了毛泽东、王崇伦、司徒美堂、朱德等97人组成的大会主席团，李维汉为秘书长。开幕式后，通过了本次会议的议程：一、通过《中华人民共和国宪法》；二、通过《中华人民共和国全国人民代表大会组织法》、《中华人民共和国国务院组织法》、《中华人民共和国人民法院组织法》、《中华人民共和国人民检察院组织法》，《中华人民共和国地方各级人民代表大会和地方各级人民委员会组织法》；三、通过关于政府工作的报告；四、选举中华人民共和国主席、副主席，选举第一届全国人民代表大会常务委员会委员长、副委员长、秘书长、委员，选举最高人民法院院长、最高人民检察院检察长；通过国务院总理人选，通过国务院副总理、各部部长、各委员会主任、秘书长人选，通过国防委员会副主席、委员人选，通过第一届全国人民代表大会民族委员会、法案委员会和预算委员会的主任委员和委员人选。会议随即进入第一项议程。由中华人民共和国宪法起草委员会委员刘少奇作《关于中华人民共和国宪法草案的报告》。报告分四部分：一、中华人民共和国宪法草案是历史经验的总结。二、关于宪法草案基本内容的若干说明。第一，关于我们国家的性质问题；第二，关于过渡到社会主义社会的步骤问题；第三，关于我国人民民主的政治制度和人民的权利和义务；第四，关于民族区域自治问题。三、关于全民讨论中提出的对宪法草案的意见。四、结论。16日上午，大会举行分组讨论，讨论《中华人民共和国宪法草案》和刘少奇的报告。下午的全体会议通过了第一届全国人民代表大会代表资格审查委员会和第一届全国人民代表大会第一次会议提案审查委员会的主任委员和委员人选。代表资格审查委员会主任委员：马明方，委员：王维舟、平杰三等18人。提案审查委员会主任委员：习仲勋，委员：丁西林、王任重等24人。大会开始讨论发言。到18日，在大会上发言的代表共计89人，代表在发言中表示拥护中华人民共和国宪法草案，同意刘少奇关于宪法草案的报告，建议会议通过并正式公布中华人民共和国宪法。20日，召开全体会议。出席会议的代表共1 197人。会议首先通过了《中华人民共和国第一届全国人民代表大会第一次会议进行无记名方式投票办法》。还通过了对无记名投票时发票、投票、计算票数执行监督的35位监票人人选，并宣布了用无记名方式通过《中华人民共和国宪法》时的总监票人、副总监票人和监票人名单。为使投票顺利进行，代表席按座位划分为8个投票区，每区设置一个票箱。投票结果：发票1 197张，投票1 197张，同意票1 197张，通过了《中华人民共和国宪法》。其后，在逐条宣读全文之后，全体会议一致通过了《中华人民共和国全国人民代表大会组织法》。21日，全体会议继续举行。一致通过了《中华人民共和国国务院组织法》、《中华人民共和国人民法院组织法》、《中华人民共和国人民检察院组织法》和《中华人民共和国地方各级人民代表大会和地方各级人民委员会组织法》。经过一天休会，23日，大会进入第三项议程，讨论和通过政府工作报告。政务院总理周恩来代表中央人民政府作《政府工作报告》。报告分别从工业、农业、水利、林业、国内商业和对外贸易、财政税收、劳动就业、文化教育、外交诸方面，详细报告了中华人民共和国5年来的建设成就。会议对《政府工作报告》进行了讨论发言。26日，经过4天讨论共有75位代表发言，有些代表的发言对政府工作报告作了补充说明。会议根据主席团的提议，一致通过了《关于政府工作报告的决议》。会议还听取和通过了提案审查委员会主任委员习仲勋所作《关于提案审查报告》。报告说，本次会议收到提案39件，其中关于工矿、劳动方面的7件，关于农业方面的3件，关于水利方面的8件，关于交通运输方面的4件，关于度量衡的1件，关于文教方面的3件，关于医药卫生方面的7件，关于设置和调整组织机构方面的4件，关于规定烈士节的1件，关于首都建设的1件。会议决定全部提交国务院依照审查意见分别处理。会议并通过了《关于中华人民共和国现行法律、法令继续有效的决议》。27日，大会全体会议选举毛泽东为中华人民共和国主席，朱德为副主席。选举刘少奇为中华人民共和国第一届全国人民代表大会常务委员会委员长，宋庆龄（女）、林伯渠、李济深、张澜、罗荣桓、沈钧儒、郭沫若、黄炎培、彭真、李维汉、陈叔通、达赖喇嘛、丹增嘉措、赛福鼎·艾则孜等13人为副委员长，彭真兼秘书长，王昆仑、王维舟、古大存等65人为委员。会议选举董必武为最高人民法院院长，张鼎丞为最高人民检察院检察长。根据中华人民共和国主席提名，大会通过决定以周恩来为国务院总理。28日，会议根据中华人民共和国国务院总理周恩来的提名，决定任命陈云、林彪、彭德怀、邓小平、邓子恢、贺龙、陈毅、乌兰夫、李富春、李先念等10人为国务院副总理，谢觉哉为内务部部长，周恩来为外交部长，彭德怀为国防部部长，罗瑞卿为公安部部长，史良（女）为司法部部长，钱瑛（女）为监察部部长，李富春为国家计委主任，薄一波为国家建设委员会主任，李先念为财政部部长，章乃器为粮食部部长，曾山为商业部部长，叶季壮为对外贸易部部长，王鹤寿为重工业部部长，黄敬为第一机械工业部部长，赵尔陆为第二机械工业部部长，陈郁为燃料工业部部长，李四光为地质部部长，刘秀峰为建筑工程部部长，蒋光鼐为纺织工业部部长，贾拓夫为轻工业部部长，沙千里为地方工业部部长，滕代远为铁道部部长，章伯钧为交通部部长，朱学范为邮电部部长，廖鲁言为农业部部长，梁希为林业部部长，傅作义为水利部部长，马文瑞为劳动部部长，沈雁冰为文化部部长，杨秀峰为高等教育部部长，张奚若为教育部部长，李德全（女）为卫生部部长，贺龙为体育运动委员会主任，乌兰夫为民族事务委员会主任，何香凝（女）为华侨事务委员会主任，习仲勋为国务院秘书长。会议根据中华人民共和国主席毛泽东的提名，决定任命朱德、彭德怀、林彪、刘伯承、贺龙、陈毅、邓小平、罗荣桓、徐向前、聂荣臻、叶剑英、程潜、张治中、傅作义、龙云等15人为国防委员会副主席，于学忠、王世泰、王宏坤等81人为国防委员会委员。会议根据主席团的提名，通过了由85人组成的第一届全国人民代表大会民族委员会人选，刘格平（回）任主任委员（在民族委员会第一次会议上互推张执一（汉）、包尔汉（维吾尔）、奎璧（蒙）、张冲（彝）、谢夫民（僮）、桑吉悦希（藏）为副主任委员）。通过了由33人组成的法案委员会人选，张苏任主任委员（在法案委员会第一次会议上，互推武新宇、钱端升、周鲠生为副主任委员）。通过了由27人组成的预算委员会人选，刘澜涛为主任委员（在预算委员会第一次会议上，互推程子华、王绍鏊、李承干为副主任委员）。出席28日大会的代表共1 189人。列席会议的政府部门负责人9人，旁听的126人。各国驻华使节和使馆工作人员22人，外宾54人也应邀到会。第一届全国人民代表大会第一次会议在28日下午3时50分圆满结束。

9月16日　中国人民志愿军返国部队自16日起开始从朝鲜停战协定规定的后方口岸新义州撤出。驻在新义州的中立国视察小组在16日、17日、18日对撤出朝鲜的1.4976万名中国人民志愿军军事人员及其携带的武器弹药进行了视察。3天的视察工作进行得很顺利，中立国人员没有对视察提出意见或问题。

9月20日　第一届全国人大第一次会议通过《中华人民共和国宪法》。《宪法》除序言外共4章106条。序言规定，从中华人民共和国成立到社会主义社会建成，这是一个过渡时期。国家在过渡时期的总任务是：逐步实现国家的社会主义工业化、逐步完成对农业、手工业和资本主义工商业的社会主义改造。我国人民在过去几年内已经胜利地进行改革土地制度、抗美援朝、镇压反革命分子、恢复国民经济等大规模的斗争，这就为有计划地进行经济建设、逐步过渡到社会主义社会准备了条件。第一章：总纲，共20条。规定中华人民共和国是工人阶级领导的，以工农联盟为基础的人民民主国家。中华人民共和国的一切权力属于人民。人民行使权力的机关是全国人民代表大会和地方各级人民代表大会。全国人民代表大会、地方各级人民代表大会和其他国家机关，一律实行民主集中制。中华人民共和国是统一的多民族的国家。各少数民族聚居的地方实行区域自治。中华人民共和国的武装力量属于人民，它的任务是保卫人民革命和国家建设的成果，保卫国家的主权、领土完整和安全。第二章：国家机构。分为6节，共64条。第一节：全国人民代表大会。明确全国人民代表大会是最高国家权力机关，是行使国家立法权的唯一机关。对全国人民代表大会代表名额、代表产生办法和全国人民代表大会行使的职权作了详细规定。第二节：中华人民共和国主席。规定中华人民共和国主席由全国人民代表大会选举产生，任期4年。对国家主席行使的职权作了具体规定。第三节：国务院。明确中华人民共和国国务院即中央人民政府，是最高国家权力机关的执行机关，是最高国家行政机关。对国务院的人员组成和行使的职权作了逐条规定。第四节：地方各级人民代表大会和地方各级人民委员会。明确地方各级人民代表大会都是地方国家权力机关。对中华人民共和国的行政区域划分、地方各级人民代表大会在本行政区域内行使的职权及任期作了各项规定。第五节：民族自治地方的自治机关。规定各自治区、自治州、自治县的自治机关的组织，应当根据宪法第二章第四节规定的关于地方国家机关的组织的基本原则，其形式可以依照实行区域自治的民族大多数人民的意愿规定。第六节：人民法院和人民检察院。规定了人民法院的级别、制度和行使的职权。规定了人民检察院的性质和权利。第三章：公民的基本权利和义务。共19条。明确中华人民共和国公民在法律上一律平等。规定了年满18周岁的公民应享受的各项权利、自由和应尽的义务、职责。第四章：国旗、国徽、首都。共3条。明确规定：中华人民共和国国旗是五星红旗；国徽中间是五星照耀下的天安门，周围是谷穗和齿轮；

首都是北京。该《宪法》于9月20日由第一届全国人大第一次会议主席团公布。

同 日 第一届全国人大第一次会议通过《中华人民共和国全国人民代表大会组织法》。共4章38条。第一章：全国人民代表大会会议。依照中华人民共和国宪法第25条的规定，对每届会议的召集、代表小组、主席团和秘书处的组成，国务院总理和国务院其他组成人员的人选、全国人民代表大会常务委员会组成人员的人选等作出逐条规定。对如何向全国人大提出议案和通过议案的表决方式作了明确规定。第二章：全国人民代表大会常务委员会。明确全国人大常委会行使中华人民共和国宪法第31条规定的职权。对全国人大常委会委员长、副委员长、秘书长和委员的选举及他们应做的工作作出逐条规定。第三章：全国人民代表大会各委员会。规定出全国人大设立的各委员会及其组成人员，对各委员会应做的工作作出详细规定。第四章：全国人民代表大会代表。规定了全国人大代表的任期、职责和权利。该《组织法》于9月28日由中华人民共和国主席毛泽东发布命令公布。

9月20日—10月5日 第一次全国省（市）计划会议召开。会议讨论了1955年计划控制数字，发展地方工业的方针以及与制定计划有关的问题。国家计委关于1955年国民经济计划控制数字的报告对基本建设、工业生产、农业生产和国内贸易诸方面的计划投资作了具体分析：一、关于基本建设。1955年计划投资88.79万亿元。比上年预计完成数增加25.9%。中央8个工业部计划投资50.6万亿元，比上年预计完成数增加43%。“141”项工程中，有30项要继续施工，有35项要开始施工。二、关于工业生产。考虑到1954年供产销不平衡比较突出。农业受水灾减产对工业将有较大影响，1955年工业总产值计划为468.4万亿元，比上年预计增长12.4%，低于五年计划每年平均15.5%的增长速度。1955年工业生产应加强生产和分配的计划性，扩大计划控制的产品范围，适应控制生产有余和原材料供应不足的产品，大力增产生产不足的产品。工业方面的社会主义改造，以巩固为主。1955年公私合营企业的产值暂定为23万亿—24万亿元。与上年预计数相近。三、关于农业生产。1954年因特大水灾，农业预计完不成计划。1955年为弥补水灾造成的损失，粮食控制数字定为3 700亿斤，棉花为2 928万担，比上年预计分别增长7.2%和19.5%。为使棉花和油料作物的产量有较大增长，棉花播种面积扩大为8 864万亩，油料作物播种面积扩大为1.0556亿亩。计划全国农业生产合作社达到51万个以上。四、关于国内贸易。1955年社会商品零售总额预计由上年的382万亿元上升到423万亿元。在社会商品零售总额方面，要正确安排公私比重，国营控制在19.8%，合作社占39.3%，私营商业（包括各种形式的国家资本主义商业）占40.9%。此外，报告提出，1955年全国职工增加人数控制到62万左右。铁路货运量计划为2.15亿吨。关于发展地方工业，报告认为今后的方针应该是：在全国产供销平衡的基础上，要因地制宜地实行“就地取材、就地制造、就地销售”的方针，即在全国平衡的基础上，应当首先利用现有企业的设备和技术条件进行生产。只有在现有企业生产不足时，才能根据各地情况，有计划地扩展地方工业。中共中央于10月13日和11月10日先后批转了国家计委《关于1955年国民经济计划控制数字的报告》和《关于召开第一次全国省（市）计划会议的报告》。中共中央在批示中指出：1955年国民经济各方面，特别是“141”项工程为骨干的工业建设必须达到五年计划草案所要求的进度和速度，同时还要克服1954年水灾所造成的困难。这就使1955年的国民经济各方面，尤其是国家财政收支颇为紧张，农业生产发展不能适应工业发展的矛盾也将扩大。因此，各地区、各部门在制定1955年计划时，要认真研究与五年计划（草案）的衔接问题，并增加生产，厉行节约的精神提高工农业生产，增加企业内部积累和国家财政收入，保证基本建设的进度，继续保持市场的稳定。中共中央还要求各省（市）委和各部、委根据上述指示精神和国家计委关于1955年计划控制数字的报告，编制1955年计划草案。

9月21日　第一届全国人大第一次会议通过《中华人民共和国国务院组织法》。共9条，根据中华人民共和国宪法第四十八条第二款制定。其中第二条具体规定了国务院设立的35个部、委。各部和各委员会的增加、减少或者合并，经总理提出，由全国人民代表大会决定，在全国人民代表大会闭会期间由全国人民代表大会常务委员会决定。第三条对国务院下设的各部和各委员会所设的部长、副部长、主任、副主任作出明确规定。第四、五条对国务院会议的召集、决议和命令的通过作出具体规定。第六、七、八条规定了国务院可以设立的直属机构、办公机构和秘书厅的具体要求。第九条明确了国务院可以任免的行政人员。该《组织法》于9月28日，由中华人民共和国主席毛泽东发布命令公布。

同　日　第一届全国人大第一次会议通过《中华人民共和国人民法院组织法》。共三章40条。第一章：总则。明确规定出人民法院的级别、行使的职权、审理案件的形式、审判委员会的组成和任务以及两终审制的具体内容。第二章：人民法院的组织和职权，分五节。第一节，基层人民法院；第二节，中级人民法院；第三节，高级人民法院；第四节，专门人民法院；第五节，最高人民法院；分别对各级人民法院所包括的组织形式、人员构成、可审判的案件作出具体规定。第三章：人民法院的审判人员和其他人员，分三节。第一节，院长、庭长、审判员；第二节，人民陪审员；第三节，其他人员；对各类人民法院的工作人员情况作出详细的规定和要求。该《组织法》于9月28日由中华人民共和国主席毛泽东发布命令公布。

同　日　第一届全国人大第一次会议通过《中华人民共和国人民检察院组织法》。共3章22条。第一章：总则。明确中华人民共和国设立最高人民检察院、地方各级人民检察院和专门人民检察院。对各类人民检察院的组织形式、人员的构成、行使的职权和任务等作了具体规定。第二章：人民检察院行使职权的程序。规定出各类人民检察院在行使职权时如发现有违法的决议、命令和措施应采取具体办法，并规定出人民检察院在执行检察职务时的权利。第三章：人民检察院人员的任免，对最高人民检察院和省、自治区、直辖市人民检察院的检察长、副检察长、检察员和检察委员会的任免、任期作了具体规定。明确各级人民检察院的人员编制和办公机构由最高人民检察院另行规定。该《组织法》于9月28日由中华人民共和国主席毛泽东发布命令公布。

同　日　第一届全国人大第一次会议通过《中华人民共和国地方各级人民代表大会和地方各级人民委员会组织法》。共3章42条。第一章：总则。明确省、直辖市、县、市、市辖区、乡、民族乡、镇都要设立人民代表大会和人民委员会。自治区、自治州、自治县的自治机关的组织和工作依照宪法第二章第五节的规定。第二章：地方各级人民代表大会。明确规定地方各级人民代表大会都是地方国家权力机关。对地方各级人民代表大会的选举方式、任期时间、行使的职权以及地方各级人民代表大会代表的工作任务、权利、义务等作了具体规定。第三章：地方各级人民委员会。明确规定地方各级人民委员会即地方各级人民政府，是地方各级人民代表大会的执行机关，是地方各级国家行政机关。对地方各级人民委员会的职能、职责、人员构成、任期时间、行使的职权以及工作形式等作了详细规定。该《组织法》于9月28日由中华人民共和国主席毛泽东发布命令公布。

9月24日　农业部向中共中央报送《关于4年来农业生产工作基本情况和今后方针任务的报告》。报告提出：一、增产粮食和棉花，是首要任务。粮食产量要求1954年达到3 600亿斤左右，较1953年预计增产9.4%。棉花总产量要求1954年达2 754万担左右，较1953年预计增加17.8%。二、油料作物也必须增产。1954年油料总产量9 465万担，较1953年增加42.6%。三、大量繁殖牲畜，增加畜产品并逐步改良牲畜品种。全国大家畜1954年要求达到8 385万头。较1953年增加5.5%。四、积极提高海洋水产，发展淡水养殖。五、继续贯彻农、林、牧及其他副业相结合的方针，开展护林、育林、保持水土等工作。

9月26日　政务院发出《关于改进中等专业教育的决定》。《决定》指出：今后中等专业教育应大力整顿并作有计划的发展。对各类中等专业学校应进一步明确领导关系。要学习苏联经验，积极进行教学改革，重视生产教学，提高教学质量。决定规定各类中等专业学校的学习年限为：工业3年—4年，农、林、医及其他3年，计划、经济及会计2年半—3年。业余的中等专业夜校另增加1年—2年。

决定提出了改进教学工作的措施，批准了高等教育部所拟的《中等专业学校章程》，还规定在高等教育部统一领导下，各类中等专业学校均归中央各有关业务部门主管并原则上实行集中统一的直接领导。

9月28日　中共中央政治局作出《关于成立中国共产党中央军事委员会的决议》。《决议》指出，中央政治局认为，必须同过去一样，在中央政治局和书记处之下成立一个党的军事委员会，担负对整个军事工作的领导。决议决定由毛泽东、朱德、彭德怀、林彪、刘伯承、贺龙、陈毅、邓小平、罗荣桓、徐向前、聂荣臻、叶剑英12人组成中共中央军事委员会，毛泽东任主席，彭德怀主持中共中央军委的日常工作。

同　日　国家计委向中央各工业部和各省（市）、自治区计划委员会提出《关于对公私合营企业产品分配的规定》。为了将公私合营企业的产品销售和物资供应逐步纳入计划，《规定》提出：一、凡合营企业生产的产品，列入国家计划的归国家统一分配；没有直接列入计划的，可由中央主管部门或地方企业主管部门向合营企业进行加工订货，将其产品收购后列入统一分配。二、其所需统配物资，也由国家分配供应。三、根据实际情况进行核算，合理议定产品销售价格和原材料供应价格。《规定》改变了原来关于公私合营企业只有定股定息的大型企业可以列为物资供应的申请单位的规定，扩大了对合营企业所需物资列入计划供应，分配的范围。

9月29日—10月12日　苏联共产党中央总书记赫鲁晓夫率苏联政府代表团参加中华人民共和国国庆活动并进行国事访问。访问期间，以周恩来为首，由陈云、彭德怀、邓小平、邓子恢、李富春等组成的中国政府代表团与苏联政府代表团举行了会谈。10月12日，发表了会谈公报，同时公布了中国政府和苏联政府《关于中苏关系和国际形势各项问题的联合宣言》、《关于对日本关系问题的联合宣言》、《关于苏联军队自共同使用的中国旅顺口海军根据地撤退并将该根据地交还中华人民共和国完全支配的联合公报》、《关于将各股份公司中的苏联股份移交给中华人民共和国的联合公报》、《关于签订科学技术合作协定的联合公报》、《关于修建兰州—乌鲁木齐—阿拉木图铁路并组织联运的联合公报》和《中苏蒙三国关于修建从集宁到乌兰巴托的铁路并组织联运的联合公报》。此外，还签订了关于苏联政府帮助中国政府5.2亿卢布长期贷款的协定和关于苏联政府帮助中国政府新建15项中国工业企业和扩大原有协定规定的“141”项企业设备的供应范围的议定书。赫鲁晓夫代表苏联政府和人民致书中华人民共和国主席毛泽东，赠送给中国人民为组织拥有2万公顷播种面积的国营谷物农场所必需的机械设备。对苏联政府的援助，毛泽东答书表示感谢。毛泽东会见并宴请了苏联政府代表团。

9月30日　周恩来总理在北京饭店举行盛大宴会，招待应邀前来参加建国5周年国庆典礼的各国政府代表团。应邀出席宴会的有：苏联政府代表团赫鲁晓夫、布尔加宁、米高扬、什维尔尼克，波兰代表团贝鲁特，朝鲜代表团金日成，罗马尼亚代表团阿波斯托尔，蒙古政府代表团桑布，捷克斯洛伐克代表团柯别茨基，匈牙利代表团赫格居斯，民主德国代表团博尔茨，保加利亚代表团达米扬诺夫，越南代表团黄明鉴，阿尔巴尼亚代表团什图拉等。应邀参加宴会的外宾有各国驻中国使节和外交人员。中国方面出席宴会的有刘少奇、宋庆龄、林伯渠、李济深、沈钧儒、黄炎培、彭真、李维汉、董必武、张鼎丞、陈云、彭德怀、邓小平、邓子恢、贺龙、陈毅等党政军领导人。

本　月　中央军委总政治部、最高人民法院、司法部联合发出《关于被俘、失踪军人婚姻处理问题的联合通知》。《通知》规定：一、从朝鲜停战之日起，中国人民志愿军人员，如1年以上未与家庭通讯，经向所属部队政治机关查询无结果，即可按“失踪军人”判准其配偶离婚或解除婚约。二、志愿军人员，如有投敌叛变，经查明属实，其配偶提出离婚或解除婚约者，应即通知县、市人民法院判准其离婚或解除婚约。三、志愿军被俘失踪人员，已经查明，确实已去台湾，其婚姻问题，应按第二款规定处理。

同　日　中华人民共和国和挪威王国建立大使级外交关系，并互派大使。

10月10日　外交部长周恩来致电联合国大会第九届会议。周恩来列举了各种无可辩驳的事实，重新提出对美国武装侵略中国领土台湾的控诉。电文列举的事实是：一、自1950年6月美国第七舰队侵入台湾海峡以来，中国的台湾省已经沦为美国的直接军事控制之下。二、美国政府一直在加紧训练蒋介石集团的军队。三、美国政府对蒋介石集团提供了巨额的军事援助和经济援助的款项。四、蒋介石集团在美国政府的指导和支持下，一直在对中国大陆和沿海进行骚扰性和破坏性战争。五、美国政府一直协助蒋介石集团抢劫和扣留中国船舶和各国前来中国通商的船舶。六、美国政府直接派遣军用飞机侵犯中国领空。七、美国政府企图以台湾为枢纽，形成对中华人民共和国的包围，进行新的军事冒险。周恩来总理在电文中表示，中华人民共和国政府认为联合国大会第9届会议应该负起义不容辞的责任，促使安全理事会制止美国政府为了干涉中国人民解放台湾而进行的侵略行动，并责令美国政府自台湾、澎湖列岛和其他属于中国的岛屿完全撤走美国的各种武装力量和一切军事人员。

10月10日—31日　中共中央农村工作部召开第四次互助合作会议。会议提出，全国农业的社会主义改造事业发展的大体步骤是：第一步，1957年前后基本上完成初级合作化，第二个五年计划期间再先后转入高级合作化。在这时期内只实施初步的技术改良和部分的机械耕作。第二步，约在第三、第四个五年计划期间，将依靠发展起来的工业装备农业，实现大规模农业机械化。为了用3年左右的时间基本上完成主要地区初级合作化任务，1955年是打基础的一年，1955年春耕以前将农业生产合作社发展到60万个是合适的。会议还指出，要很好掌握和运用以往合作化运动中的一些好经验。这些经验是：一、半社会主义合作制是当前阶段合作化运动的主要形式，初级形式的合作社应由小到大，不宜过大。二、不断扩大农村中社会主义的政治优势，克服阶级敌人的反抗。三、发扬工作中的群众路线传统，加强党在群众中的思想发动和培养积极分子工作。四、在互助组的基础上，实现全年准备、分批发展的建社方针。报告还提出，党在合作化运动中的阶级政策是：依靠贫农（包括全部原来是贫农的新中农在内，这样的贫农占农村人口总数的50%~70%），巩固地团结中农，发展互助合作，由逐步限制到最后消灭富农剥削。互助合作必须贯彻自愿互利的原则。现阶段对私有土地、耕畜仍给予一定报酬，需要转为公有时，也必须采取曲线缓进的办法。报告认为，合作化是发展农业生产的基本方法，也是做好农村中其他工作的基础，因此，一切领导农村工作的党委必须将农村工作的中心及时地转移到互助合作运动方面来，并且对运动始终保持集中的具体的领导，保证运动迅速健康地发展。12月，中共中央批发中央农村工作部关于全国第四次互助合作会议的报告，并指出：全国的农业合作化运动，正处在打基础的时期，基础是必须打好的。各级党委应十分重视并运用报告中所举的4条经验，去指导实际工作。

10月11日　中国人民解放军各统率机关改换冠称。总参谋部在通知中说：经中共中央书记处批准，中国人民解放军各统率机关，原冠以“中央人民革命军事委员会”者，今后一律改冠以“中国人民解放军”，如原“中央人民革命军事委员会总参谋部”改称“中国人民解放军总参谋部”等。

10月16日　第一届全国人民代表大会常务委员会举行第一次会议。会议听取并赞成国务院总理兼外交部长周恩来关于中苏会谈的报告。通过了《关于同外国缔结条约的批准手续的决定》。《决定》规定，中华人民共和国缔结下列各种条约，应当依照中华人民共和国宪法第31条第12项和第41条的规定办理批准手续：和平条约、互不侵犯条约、友好同盟互助条约和其他在条约中明文规定必须经过批准的一切条约，包括协定在内。凡不属于前条规定范围内的协定、议定书等，由国务院核准。会议还听取文化部长沈雁冰的报告并通过了《批准中华人民共和国、阿尔巴尼亚人民共和国文化合作协定的决议》。会议任命张苏、吴克坚、屈武、余心清、孙起孟、辛志超为全国人大常委会副秘书长。会议还通过了国务院提请决定任免的驻外大使名单。

10月29日　中共中央发出关于讨论五年计划草案（初稿）的通知。中共中央指出：第一个五年计划草案经多次修改后已形成初稿，各地区、各部门讨论后，将意见于11月底前报中共中央。这次发出供讨论的五年计划草案（初稿），是在过去几次编制的基础上，并经中共中央编制五年计划纲要8人小组多次讨论修改后形成的。草案（初稿）提出，根据党在过渡时期的总任务，第一个五年计划的基本任务是：集中主要力量进行以苏联帮助设计的141个项目为中心的工业建设，建立社会主义工业化和国防现代化的初步基础；发展农业生产合作社，建立农业合作化的基础，基本上把私人资本主义经济分别地纳入各种形式的国家资本主义轨道，建立对私营工商业实行社会主义改造的基础。

10月31日　国务院全体会议举行第二次会议。会议通过《关于向全国人民代表大会常务委员会提请批准国务院设立直属机构的报告》、《中华人民共和国城市居民委员会组织条例（草稿）》、《中华人民共和国城市街道办事处组织条例（草稿）》、《中华人民共和国市、镇公安派出所组织条例（草稿）》。会议还通过了国务院各办公室主任、副主任名单：第一办公室主任罗瑞卿，副主任吴德峰、朱其文；第二办公室主任林枫，副主任钱俊瑞、范长江；第三办公室主任薄一波，副主任孙志远；第四办公室主任贾拓夫，副主任宋劭文、周光春；第五办公室主任李先念，副主任曾山、叶季壮、牛佩琮；第六办公室主任王首道，副主任郭洪涛、张国坚；第七办公室主任邓子恢，副主任杜润生、陶桓馥（女）、李登瀛；第八办公室主任李维汉，副主任许涤新、孙起孟。

11月1日　国家统计局发表《关于全国人口调查登记结果的公报》。《公报》说，这次全国人口调查登记是根据1953年4月3日《政务院为准备普选进行全国人口调查登记的指示》、《全国人口调查登记办法》和其他有关规定进行的。调查登记的标准时间是1953年6月30日24时，参加调查登记的工作人员共250余万人。调查登记的结果是：1953年6月30日24时的全国人口总数是601 938 035人，其中直接调查登记人口为574 205 940人，用其他办法调查登记的人口为27 732 095人。在直接调查登记的人口中，男子为297 553 518人，占51.82%；女子为276 652 422人，占48.18%。年龄在18岁和18岁以上人口为338 339 892人，占58.92%。全国人口（没有进行直接调查登记的台湾、国外华侨和留学生等未列入）按民族构成分，汉族人口为547 283 057人，占93.94%，少数民族人口为35 320 360人，占6.06%。按城乡结构分，城镇人口为77 257 282人，占13.26%，乡村人口为505 346 135人，占86.74%。《公报》还公布了各省、市、自治区人口以及国外华侨和留学生等的分布情况。

11月8日　第一届全国人大常务委员会举行第二次会议。会议根据国务院总理周恩来的提请。批准国务院设立20个直属机构主办各项专门业务。会议通过任命，决定任命粟裕为中国人民解放军总参谋长，刘伯承为中国人民解放军训练总监部部长，罗荣桓为中国人民解放军总政治部主任兼总干部部长，叶剑英为中国人民解放军武装力量监察部部长，黄克诚为中国人民解放军总后勤部部长，杨立三为中国人民解放军总财务部部长（上述人员由中华人民共和国主席兼国防委员会主席毛泽东于9月正式任命）。会议通过的各项提议与任命，进一步完善了国务院的体制，加强了人民解放军的领导，加速人民解放军的正规化进程。

11月10日　国务院发出《关于设立、调整中央和地方国家行政机关及其有关事项的通知》。《通知》的主要内容是：一、经人大常委会第二次会议批准，国务院设立国家统计局、国家计量局、中国人民银行、中央手工业管理局、中国民用航空局、中央气象局、中央工商行政管理局、新华通讯社、广播事业局、中国文字改革委员会、对外文化联络局、国务院宗教事务局、国务院法制局、国务院人事局、国家档案局、中央机要交通局、国务院参事室、国务院专家工作局、国务院机关事务管理局、国务院总理办公室等20个直属机构，主办各项专门业务。二、设立8个办公室协助总理分别掌管国务院所属各部门的工作。其中，第一办公室负责掌管内务部、公安部、司法部、监察部的工作；第二办公室负责掌管文化部、高等教育部、教育部、卫生部、新华通讯社、广播事业局的工作；第三办公室负责掌管重工业部、第一机械工业部、第二机械工业部、燃料工业部、地质部、建筑工程部的工作；第四办公室负责掌管纺织工业部、轻工业部、地方工业部、劳动部、中央手工业管理局的工作；

第五办公室负责掌管财政部、粮食部、商业部、对外贸易部、中国人民银行的工作，并负责指导中华全国供销合作总社的工作；第六办公室负责掌管铁道部、交通部、邮电部、中国民用航空局的工作；第七办公室负责掌管农业部、林业部、水利部、中央气象局的工作；第八办公室负责掌管对资本主义工商业进行社会主义改造的工作，并负责掌管中央工商行政管理局工作。三、国务院设立秘书厅。原政务院所属政治法律委员会，中财委第一、第二、第三、第四、第五、第六办公厅，文化教育委员会应当结束工作。原政务院人民监察委员会已改为监察部，其工作移交监察部；原中央人民政府人事局改为人事局；原中央人民政府法制委员会改为国务院法制局；原中央人民政府扫除文盲工作委员会的工作移交给教育部；原中央人民政府出版总署的工作移交给文化部。上述各单位的交接工作，在1954年11月内结束。四、原政务院所属中国科学院，今后不再属国务院的组成部分，但其工作仍受国务院指导。中华全国供销合作总社的工作受国务院指导。

11月10日—19日　农业部、纺织工业部、对外贸易部、中华全国供销合作总社联合召开全国桑蚕蚕丝会议。会议指出，中国蚕丝生产已有4 000多年的历史，产区遍及23个省，主要产区蚕丝生产收入占农民总收入的40%~60%。目前蚕丝是中国出口的一项主要产品，5年来出口的丝绸，可换回相当于全国现有的全部钢轨或20个无缝钢管厂的成套设备。解放后，蚕丝生产逐年有所发展。1954年与1950年相比，蚕丝生产增加73%，厂丝增加109%，厂绸增加95%。但目前全国蚕丝生产仍只达到抗日战争以前最高年产量的30%。会议要求，到1962年，全国蚕丝生产要恢复到战前最高年产量的水平。为此，会议确定了今后大力发展蚕丝生产的方针。

11月14日　人民解放军海军击沉国民党护卫舰“太平号”。当日凌晨，国民党海军护卫舰“太平号”从其盘踞的大陈岛和渔山列岛之间的台州湾海面开出，进入浙江沿海地区进行骚扰。人民解放军海军鱼雷艇第31大队迅速出航，以机智、灵活、突然、果敢的行动，一举将“太平号”击成重伤。7时24分，该舰在田岙岛东南、大陈岛东北海面沉没，击沉“太平号”，是人民解放军海军取得的第一次重大胜利。参加此次作战的海军部队受到了中央军委的通令嘉奖。

11月18日　国务院发出《关于进一步加强木材市场管理工作的指示》。《指示》指出，木材市场管理工作自实行“中间全面管理，两头适当控制”的政策以后，华东、中南地区的大部分省份及内蒙古、陕西、河南等地先后颁布了木材管理办法，这对减少大贩运木商和大批发木商在产销区之间的违法活动、调剂公需民用木材、稳定木材市场和价格，起到了一定的作用。但是，还有很多销区的木材市场尚未制定管理办法，给私商以套购、竞销进行黑市交易的可乘之机。《指示》规定：一、尚未颁发木材市场管理办法的地区，各省、市政府应即制定并颁发管理办法，并呈报国务院备案。二、除供销社及依法登记的木商在国营木材公司领导下经营木材销售业务外，其他任何机关不得在市场上出售木材。严禁木商从事长途贩运，供销社未经国营木材公司许可，也不得从事长途远销。三、各基建部门对基建剩余木材不准自行在市场上出售，有再建工程的单位可将适于基建用材留到下一年度使用，无再建工程的单位适于基建的剩余木材，应由当地财委在各基建部门进行调剂。实不能调剂的，可论价走价拨给木材公司供应市场。四、各地人民政府应在销区市场地区及交通要道设立木材检查站。

11月19日　中华人民共和国政府与荷兰王国建立代办级外交关系。

11月20日　国务院总理周恩来任命国务院20个直属机构的负责人。薛暮桥为国家统计局局长，曹菊如为中国人民银行行长，白如冰为中央手工业管理局局长，王风梧、李平、陈瑞光为中国民用航空局副局长，涂长望为中央气象局局长，许涤新为中央工商行政管理局局长，吴冷西为新华通讯社社长，梅益为广播事业局局长，吴玉章为中央文字改革委员会主任，洪深为对外文化联络局局长，何成湘为国务院宗教事务局局长，陶希晋为国务院法制局局长，章夷白为国务院人事局局长，常黎夫为国务院秘书厅主任，曾三为国家档案局局长，王凯为中央机要交通局局长，陶希晋为国务院参事室主任，杨放之为国务院专家工作局局长，刘墉如为国家机关事务管理局局长，齐燕铭为国务院总理办公室主任。

11月23日　中华人民共和国最高人民法院军事审判庭对二批美国间谍进行宣判。第一案的罪犯是美国中央情报局驻日本厚木的间谍机关的间谍特务分子约翰·托马斯·唐奈、美国间谍机关空投到我国大陆的特务分子许广智等11名。第二案的罪犯是美国中央情报局用以空投间谍特务分子的“581”空中补给与通讯联队的上校司令官约翰·诺克斯·阿诺德为首等11名。军事审判庭依法对这两批美国间谍特务分子分别判处死刑、无期徒刑和有期徒刑。

11月24日　高等教育部颁发《中等专业学校章程》。《章程》共7章，包括任务、学生、教学工作的组织、教师、组织与领导、经费、章程颁发的程序，共57条。其中规定：中等专业学校的任务在于培养具有马克思列宁主义基础知识、普通教育的文化水平和基础技术的知识并能掌握一定专业，身体健康，全心全意为社会主义建设服务的中等专业干部。凡在初级中专毕业或具有同等学历，年龄自15周岁—25周岁的中华人民共和国公民，均可报考中等专业学校。工农干部、产业工人和少数民族的入学年龄可放宽至30周岁。中学毕业后，由主管业务部门统一分配工作。服务满3年后，经服务机关批准可报考高等学校。中等专业学校的领导人为校长。校长由主管业务部门任免，对主管业务部门与高教部负责，领导学校完成培养专业干部的任务。

本　月　中共中央批转全国总工会党组《关于手工业工人中工会工作的请示报告》。中共中央同意全总党组关于“雇佣10个人以下的小手工业资本家，在合作社基础较强的条件下，个别地直接吸收其参加合作社”的意见，并指出：这可能是对小的手工业资本家实行社会主义改造的一种有效办法。这种小的手工业资本家加入了合作社，自然要完全放弃他们的剥削行为，而且必须是在合作社已经巩固和取得合作社社员的允许后，才能让他们分别参加，并应提高警惕，继续加以改造，使他们在思想上放弃剥削的概念，逐渐转变为自食其力的新型劳动者。

12月1日—8日　中国共产党第一次全国档案工作会议在北京召开。会议讨论通过了《中国共产党中央和省（市）级机关文书处理工作和档案工作暂行条例（草案）》。会议统一了对文书、档案工作的认识和基本做法，明确了文电统一管理的原则和文书、档案工作业务指导的关系以及历史档案搜集整理的办法，并且提出了"边做边学、稳步前进"的工作方针和改进、健全文书、档案工作的意见。1955年1月17日，中共中央政治局讨论批准了中共中央办公厅秘书局《关于党的第一次全国档案工作会议的报告》和《中国共产党中央与省（市）级机关文书处理工作和档案工作暂行条例》，并转发全国，这次会议促进了档案事业的发展，使档案工作进一步完善并逐步走向规范化、制度化。

12月2日　中国科学院院务会议和中国作家协会主席团举行联席会议。联席会议决定成立"胡适思想批判讨论工作委员会"。随后，其他省、市也成立了同样性质的组织。全国各地的报刊从12月起陆续登载了许多批判胡适思想的文章。为了指导和推动这场批判进行，中共中央还于1955年1月和3月分别发出《关于在干部和知识分子中组织宣传唯物主义和批判资产阶级唯心主义思想的讲演工作的通知》和《关于宣传唯物主义思想批判资产阶级唯心主义思想的指示》。这场批判运动比较彻底的肃清了资产阶级改良主义和唯心主义，掀起了学习马克思列宁主义关于唯物主义思想热潮，使一部分旧知识分子改造了世界观，树立了科学的世界观。

12月3日　中共中央发出《关于进一步编制地方经济五年计划纲要的工作的指示》。《指示》指出，除个别省（如辽宁省）工业比重很大，省委应当把工作重点摆在工业方面外，一般省委都应该明确地把工作重点放在领导农（牧）业方面。对于五年计划中的农业部分，应当细致研究，找出办法，力求完成和超额完成。对国家掌握的粮食和经济作物等主要产品，应列入地方计划；对关系当地人民生活的农副产品、土特产品和各种出口物资也应当尽可能列入地方计划。地方工业的生产和基建都必须贯彻为农村经济服务，并与其密切相结合的方针。在制定商业计划时，确定公私比重必须贯彻中央稳步前进的方针，不应进得太快。各省委应针对国营商业和合作社商业实行城乡分工后出现的不便于人民买卖货物的情况的某些阻塞商品流通的现象进行研究，提出有效措施，以促进商品周转的合理化，以利于发展城乡物资交流。

12月5日—次年1月8日　国务院召开全国扩展公私合营会议。会议原准备讨论1955年和1955年—1957年扩展公私合营工业的计划和对资本主义工商业进行社会主义改造工作的组织领导方案，并交流扩展公私合营工作的经验。会议一开始，各地代表纷纷反映：私营工业的生产，有很大困难，如果不解决，扩展公私合营计划，将难以制订。12月31日，陈云到会讲话，重点谈了如何解决私营工业生产中的困难。他指出：私营工业中生产最突出的问题，是有若干行业设备、工人有余，任务原料不足。其中，又以上海，天津最为困难。根据中共中央的决定，应该实行统筹兼顾、各得其所的方针，进行合理安排，以调整私营工业生产。办法是：国营企业让出一部分原料和生产任务给私营企业，以解决公私之间的矛盾；按照奖励先进，照顾落后，淘汰有害的原则，解决先进与落后之间的矛盾；采取维持上海、天津，照顾各地的办法，解决地区之间的矛盾。根据上述方针，主要采取以下具体措施：通过逐行逐业分配原料，分配生产任务，计算设备能力，安排生产任务等办法，来进行逐行逐业的社会主义改造；充分利用原有工业设备，控制新建和扩建，控制国家基本建设投资；减少盲目加工订货；扩大私营工业的出口品种；加强国家对私营工业的业务领导等等。陈云的重要讲话，使会议对扩展公私合营工业计划的研究，得以顺利进行。经过研究，会议提出：1955年扩展合营的计划数字是：产值17万亿元（按1953年计算，以下同）；户数2 508户；职工约20万人；1955年—1957年扩展合营的计划数字是：产值54.53万亿元；户数1.5万余户；职工约60余万人。为贯彻统筹兼顾的政策，会议提出，在扩展合营的方式上，应采取个别合营与按业改造的办法。在此期间，由陈毅主持，召集政协工商界委员63人，于12月30日—1955年1月5日举行座谈会，听取意见。陈云和曾山还就国家在社会主义改造中调整工商业公私关系的方针政策作了报告和解答。

12月8日　外交部长周恩来就美国和蒋介石集团签订《共同防御条约》发表声明。12月2日，美国和台湾蒋介石集团签订了《共同防御条约》，为此12月8日，中华人民共和国总理兼外交部长周恩来发表声明，指出：这个《共同防御条约》是一个彻头彻尾的侵略性的战争条约。美国政府企图利用这个条约来使它武装侵占中国领土台湾合法化，并以台湾为基地扩大对中国的侵略和准备新的战争。这是对于中华人民共和国和中国人民的一个严重的战争挑衅。声明向全世界郑重宣告：台湾是中国的领土，蒋介石是中国人民的公敌。解放台湾，消灭蒋介石集团，完全是中国的主权和内政，决不容许他国干涉。只有把台湾从蒋介石集团的暴政下解放出来，中国人民才能完成自己祖国的完全统一，才能进一步维护亚洲和世界的和平。一切关于所谓台湾“独立国”、台湾“中立化”和“托管”台湾的主张实际上都是割裂中国领土，侵犯中国主权和干涉中国内政，都是中国人民绝对不能同意的。美国政府必须从台湾、澎湖和台湾海峡撤走它的一切武装力量。美国没有任何理由远涉重洋来侵占中国的领土台湾。

同　日　中国文学艺术界联合会主席团、中国作家协会主席团扩大联席会议通过《关于〈文艺报〉的决议》。决议说，《文艺报》在《红楼梦》研究的讨论中所犯的错误是：对于文艺上的资产阶级错误思想的容忍和投降，对于马克思主义新生力量的轻视和压制，在文艺批评上的粗暴、武断和压制自由讨论的恶劣作风。错误的性质是违背了马克思主义的立场和党的文艺方针。为此决定：改组《文艺报》的编辑机构，重新成立编辑委员会。新的编辑委员会必须坚持马克思主义和党的文艺工作方针开展百家争鸣、自由讨论，但要坚决反对资产阶级思想的进攻。周扬在会上作了题为《我们必须战斗》的发言，主要内容是：一、开展对胡适资产阶级唯心论的斗争；二、《文艺报》的错误；三、胡风先生的观点和我们的观点之间的分歧。

12月8日—次年1月6日　第四次全国手工业生产合作会议在北京召开。会议总结了1954年手工业社会主义改造的情况。1954年，全国组织起来的手工业合作社、供销生产合作社、供销生产小组共4.1万个，比上一年增加8倍多。由于进展较快，准备不足，工作有些粗糙。会议认为，一年来的经验证明，手工业改造必须和国家工业化及对农业、资本主义工商业的社会主义改造密切结合，统筹兼顾。生产方面应就原料基地、产品品种数量、销售地区、劳动力等全盘合理安排，纳入地方计划。手工业生产的方向，应面向农村，为农业生产、城乡人民生活需要及国家工业建设和出口需要服务。手工业的不同行业必须根据供需情况、国民经济发展和人民消费习惯，分别采取适当发展、保留限制的方针，有的还应逐步转业或淘汰。会议确定1955年手工业社会主义改造工作的中心任务是：把手工业主要行业的基本情况继续摸清楚，分别轻重缓急，按行业拟定供产销和手工业劳动者的安排计划，以便有准备、有步骤、有目的地进行改造；整顿、巩固和提高现有社（组），每一县（市）要分别总结出主要行业的社会主义改造和整顿社（组）的系统的典型经验，为进一步开展手工业社会主义改造工作奠定稳固的基础；1955年计划合作社社员发展到190万人，其中生产合作社社员控制在87万人，供销生产合作社社员不少于45万人。24日，中华人民共和国副主席朱德到会讲话。他在讲话中指出，要依靠党的领导、依靠群众把合作社办好，要保护和发展各种工艺美术品行业。1955年1月6日，中共中央批准了中央手工业管理局，中华全国手工业生产合作社联合总社筹备委员会《关于第四次全国手工业生产合作会议的报告》，并批示说，绝大部分手工业行业一般地可以逐步通过合作化的道路，进行社会主义改造。要求各地、各部门，特别是地方工业部门应将手工业部门的各种计划，首先是供产销计划，逐步纳入地方工业的计划之内以便通过计划平衡，贯彻对手工业“统筹兼顾、全面安排、积极领导、稳步前进”的改造方针。

12月11日—28日　中苏科学技术合作委员会第一次会议在莫斯科举行。会议通过了中苏科学技术合作委员会的章程，签订了决定双方在国民经济各部门进行科学技术援助的相互义务的议定书。会议发表了公报。

12月12日　中共中央军事委员会召开扩大会议。会议讨论了实行义务兵役制、军衔制、军官薪金制以及全国各大军区的划分、部队的军事训练和干部的培训等问题，通过了实行上述3大制度的政治工作报告和全国各大军区的划分方案。原来的东北、华北、西北、华东、中南、西南6个大军区划分为沈阳、北京、济南、南京、广州、武汉、成都、昆明、兰州、新疆、内蒙古、西藏等12大军区。1956年又增设福州军区。1967年5月和1969年12月，内蒙古军区和西藏军区先后改为省军区。分别划归北京军区和成都军区的领导。

12月15日　国务院常务会议通过《关于各省人民委员会设置工作部门和办公机构的决定》。《决定》规定，省人民委员会原则上可设民政、公安、财政、商业、工业、交通、农业等厅和对外贸易等局以及计划、体育、民族等委员会；并可设立政法、文教、工业、财粮贸、农林水等5个—7个办公室；人民监察委员会改为监察厅。《决定》还规定，今后各省人民委员会要增设其他工作部门时，必须专案报请国务院批准，不得私自增设工作部门，使省委机关庞大。

12月16日　国务院全体会议举行第三次会议。会议通过了《中华人民共和国兵役法（草案）》、《中国人民解放军军官服役条例(草案)》、《中华人民共和国授予中国人民解放军在中国人民革命战争时期有功人员的勋章、奖章条例（草案）》、《关于颁发中国人民解放军在保卫祖国和进行国防现代化建设工作中有功人员的勋章、奖章（草案）》和《1955年国家经济建设公债条例（草案）》。上述各项文件，将向全国人民代表大会常务委员会提出，待人大常委会通过后一并实行。

12月17日　监察部发出《关于调整地方各级监察机构及其有关事项的指示》。《指示》指出，为加强对国家政策、法令、决议、计划，特别是对经济建设计划执行情况的监督检查，以保证国家各项建设工作的顺利进行，今后应本着集中力量、精简机构的精神，适当地扩大省、直辖市、设区的市和专员公署监察机关的组织，加强这些监察机关的干部，在工作特别需要的县和不设区的市，由专员公署或省的监察机关重点派遣监察组（不设专员公署的由省派遣），并且受各该监察机关垂直领导。指示还对组织形式改变后省、市监察机关的任务等作了规定。监察机关要充分发挥其作用，监督审察各级机关的工作。

同　日　中共中央发出《关于轮训全党高、中级干部和调整党校的计划》。中共中央提出，为提高全党干部的马列主义水平，适应领导社会主义建设的重任，今后必须有计划、有步骤地把全党各方面的高、中级干部调入党校进行轮训。为此，决定将原来5个中央局党校(东北、西北、华东、中南、西南）和山东、华南2个分局党校，改为7个中级党校，并制定了马列学院（高级党校）和7个中级党校轮训高、中级干部的计划。其中，各级党校的必修课程包括：中共党史、苏共党史、政治经济学和经济问题、党的建设、辩证唯物论和历史唯物论。各级党校还可根据当地情况增设一些课程。此后，全党各级干部积极进入党校学习，提高了马克思主义理论水平，增强了党性修养。

12月20日　第一届全国人大常委会举行第三次会议，会议在听取法案委员会主任委员张苏的说明后，通过了《中华人民共和国逮捕拘留条例》。会议还通过了国务院提出的《1955年国家经济建设公债条例》。《公债条例》规定：国务院决定自1955年1月开始发行公债6亿元，利息定为年息4厘，偿还期限为10年，从1956年起，每年还本1次。

12月21日　国务院发出《关于发行1955年国家经济建设公债的指示》。《指示》经第一届全国人大常委会第三次会议通过。《指示》说，为了加速国家经济建设，逐步提高人民物质和文化生活水平，并促进人民节约储蓄，国务院决定自1955年1月开始发行国家经济建设公债。公债发行总额为人民币6亿元。利息定为年息4厘。由于发展重工业需要长期投资，偿还期限由8年改为10年。从1956年起每年还本1次。《指示》对推销公债的有关问题作出具体要求：一、动员全国人民，拿出一部分多余的和可能节约的资金，认购公债，支援国家建设；二、预定在职工中推销1.5万亿元，在农村中推销1.8万亿元，在城市私营工商业、公私合营企业的私方及其他城市居民中推销2.7万亿元；三、规定自1955年1月起开始认购，到10月底结束；四、在推销中要贯彻合理分配、自愿、量力的原则；五、全国公债的推销工作，责成财政部负责办理；六、各级人民政府必须重视对这一工作的领导，做好向人民群众深入宣传的工作。

12月21日—25日　中国人民政治协商会议第二届全国委员会第一次全体会议在北京举行。出席会议的有本届委员502人（本届委员共559人）。政协第一届全国委员会主席毛泽东主持开幕式，政协第一届全国委员会副主席陈叔通作《中国人民政治协商会议第一届全国委员会工作报告》，政协第一届全国委员会常务委员章伯钧作《关于中国人民政治协商会议章程（草案）的说明》，政协第一届全国委员会副主席周恩来在会上作了《政治报告》。周恩来说，由于全国人民代表大会第一次会议已经召开，中国人民政治协商会议代行全国人民代表大会职权的政权机关的作用已经消失，但中国人民政治协商会议本身的统一战线的作用仍然存在。今后需要在中国共产党领导下，继续作为团结全国各民族、各民主阶级、各民主党派、各人民团体、国外华侨和其他爱国民主人士的人民民主统一战线的组织，发挥它应有的作用。根据《中国人民政治协商会议章程（草案）》总纲的规定，今后人民政协的任务是：一、协商国际问题。二、对全国人民代表大会代表和地方各级代表大会代表的候选人名单以及中国人民政治协商会议各级组织组成人员的人选进行协商。三、协商国家机关，推动社会力量，解决社会生活中各阶级间相互关系问题；并联系人民群众，向国家有关机关反映群众的意见和提出建议。四、协商和处理政协内部和党派团体之间的合作问题。五、在自愿的基础上，学习马列主义毛泽东思想。在21日举行的主席团第一次会议上，通过了主席团常务主席名单；通过执行主席分组名单；通过本次会议副秘书长人选。在22日举行的主席团第二次会议上周恩来作关于政协第二届全国委员会名誉主席、主席、副主席、秘书长、常务委员候选人名单草案的说明，讨论通过政协第二届全国委员会名誉主席、主席、副主席、秘书长、常务委员候选人名单草案，交各小组讨论等。在25日举行的主席团第五次会议上，彭真说明《中国人民政治协商会议章程（草案）》的修改情况，会议通过了章程草案，提请大会讨论通过；周恩来说明《中国人民政治协商会议第二届全国委员会第一次全体会议宣言（草案）》的修改情况，会议原则通过该宣言草案，交原起草小组作文字修改后，提请大会讨论通过。在当日举行的全体会议上，通过《中国人民政治协商会议章程》、《中国人民政治协商会议第二届全国委员会第一次会议宣言》和《中国人民政治协商会议第二届全国委员会第一次会议关于第一届全国委员会工作报告的决议》；通过《致中国人民解放军的慰问电》、《致中国人民志愿军的慰问电》、《致修筑康藏、青藏公路的全体人民解放军、工程人员和民工同志们的慰问电》。会议推举毛泽东为政协第二届全国委员会名誉主席；选举周恩来为政协第二届全国委员会主席，宋庆龄、董必武、李济深、张澜、郭沫若、彭真、沈钧儒、黄炎培、何香凝、李维汉、李四光、陈叔通、章伯钧、陈嘉庚、班禅额尔德尼·确吉坚赞、包尔汉等16人为副主席，邢西萍为秘书长；王芸生等65人为常务委员。

12月29日　周恩来在国务院常务会议上作题为《调整和安排工业生产问题》的报告。报告指出，根据党在过渡时期的有计划地发展社会主义、半社会主义工业和利用、限制、改造资本主义工业的总任务，对中央和地方国营、合作社营、公私合营、私营4种工业，应在保证社会主义成份不断稳步增长的条件下，采取统筹兼顾、各得其所的方针，进行合理安排，既要有所不同，又要一视同仁，以反对资本主义无计划的盲目发展和克服资本主义自发势力，并将各种经济逐步纳入国家计划轨道。具体措施是：一、逐行逐业分配任务，进行改造。二、利用原有工业，控制基建和工业投资。三、逐步提高技术，改造落后的生产方式。四、根据需要和可能实行裁并、迁移。五、掌握国家定货，纠正加工走货的盲目性。六、控制手工业盲目发展，加强对手工业合作化的管理。七、扩大私营工业出口品种，提高出口规格。八、统一领导，分业管理。这些措施的制定，为改造资本主义工商业指明了方向。

12月31日　陈云在全国公私合营会议上讲如何解决私营工业生

产中的困难。当时私营工业生产中最突出的问题，是有若干种行业设备有余、工人有余、任务不足、原料不足。各地的私营工业都有困难，上海、天津最为困难。陈云指出实行统筹兼顾、各得其所的方针，进行合理安排，以调整私营工业生产。国营让出一部分原料和生产任务给私营，以解决公私之间的矛盾，按照奖励先进、照顾落后、淘汰有害的原则，解决先进与落后之间的矛盾，采取维持上海、天津，照顾各地的办法解决地区之间的矛盾。根据上述的方针，主要采取以下的具体措施：通过逐行逐业分配原料、分配生产任务、计算设备能力、安排生产计划等办法，来进行逐行逐业的社会主义改造；充分利用原有工业设备，控制新建和扩建。控制国家基本建设的投资；减少盲目加工定货；扩大私营工业的出口品种；加强国家对私营工业的业务领导等等。陈云的这些意见对于私营工业的社会主义改造的健康发展起了重要的作用。

同　日　新华社报道：1954年人民解放军对国民党军作战取得的成绩。从1954年1月1日—12月20日，人民解放军共击落国民党军飞机39架，击伤92架，起义的1架；击沉国民党军"太平号"护航驱逐舰及其他艇船8艘，击毁、击伤护航驱逐舰16艘，各种艇船9艘；击毁国民党军炮兵阵地12处，105公厘口径以上大炮15门，活动码头1个，弹药库、油库、仓库共6座；击毁国民党军指挥机关4处；击毙、击伤国民党军376名、俘获2 646名，投诚的123名；缴获各种艇船21艘、各种枪421支、各种子弹2.6万多发、电台14部及其他军用物资，解放了浙江沿海的门山岛、田岙岛、蒋儿岱岛等岛。在一定程度上打击了国民党反动派的气焰，迫使国民党军缩守金门、马祖等岛。

本　月　中共中央批转《中央商业部关于目前牛羊市场情况和毛猪生产问题的通报》。中央在批示中指出，从第四季度开始，有许多地区牛羊上市量猛增，大大超过了收购计划，而且许多母牛、小羊、小猪、仔猪的价格也下跌。这种不正常情况几乎在全国各大市场上都有发现。这证明了我们和农民的关系是非常紧张的。这种关系不仅会造成生产上的巨大损失，而且在政治上也会造成不良影响。因此中共中央要求各级党委，要认真检查政策的执行情况，尽量不要出现偏差。在完成统购统销的任务时，要和群众仔细商量，实事求是，不要硬性规定只准加不准减等，避免导致强迫命令脱离农民群众的严重错误。农业合作化运动，必须强调健康第一，今冬明春计划发展到60万个社，目前急躁草率，一轰而起，盲目贪多贪快贪高倾向业已萌芽，应予预防，以免和粮食统购方面的紧张汇合造成全面紧张。

1955年

1955年综述

3月，中国共产党全国代表会议通过《关于中华人民共和国发展国民经济的第一个五年计划草案的决议》。7月31日，一届人大二次会议通过《中华人民共和国发展国民经济的第一个五年计划》。

1月10日，中共中央发出《关于整顿和巩固农业生产合作社的通知》，针对许多地方新建社垮台散伙和社员退社，大批出卖耕畜、杀羊、砍树等现象，提出合作化运动应基本转入控制发展、着重巩固的阶段。15日，中共中央又发出《关于大力保护耕畜的紧急指示》。3月3日，中共中央、国务院发出《关于迅速布置粮食购销工作，安定农村生产情绪的紧急指示》，强调必须在粮食统购统销工作中进一步采取定产、定购、定销的措施，使农民对自己的交售任务心中有数，这对于稳定农民情绪、缓和农民的紧张情况有重大意义。3月中旬，毛泽东在听取邓子恢等负责人汇报工作时说："生产关系要适应生产力发展的要求，否则生产力会起来暴动。"并提出"停、缩、发"三字方针。此后，邓子恢等按照停止发展新社、全力转向春耕生产和巩固已有社的精神，帮助新社发展过快的浙江等省进行整顿，全国共缩减合作社2万余个。7月31日，毛泽东在省、市、自治区党委书记会议上作《关于农业合作化问题》的报告，系统地阐述了农业合作化的必要性和可能性，提出发展合作社必须注重质量，反对盲目追求数量，重申自愿互利的原则，合作社要全面规划，有计划地发展。但报告对邓子恢作了不符合实际的批判，错误地否定了1953年和1955年春对合作社的2次整顿。在10月上旬召开的中共七届六中全会（扩大）上，根据毛泽东的报告，通过了《关于农业合作化问题的决议》，把党内在合作化速度问题上的不同意见当做右倾机会主义批判，助长了农业社会主义改造中的急躁冒进情绪。12月，毛泽东主持选编的《中国农村的社会主义高潮》一书出版，他为此书写了2篇序言和104条按语，赞扬贫下中农走社会主义道路的积极性，介绍各地办农业生产合作社的经验。同时，也不适当地批评右倾，提出了一些“左”的、不切实际的设想。

10月29日，毛泽东邀集全国工商联执委会委员座谈私营工商业的社会主义改造问题，希望他们认清社会发展规律，掌握自己的命运，进一步接受社会主义改造。11月，全国工商联执委会举行会议，学习毛泽东讲话，听取陈云、陈毅关于资本主义工商业改造问题的报告。会议发表《告全国工商界书》，号召工商界认清自己的前途和命运，接受社会主义改造。在此稍后，中共中央召集各省、市、自治区党委负责同志会议，讨论并通过了《关于资本主义工商业改造问题的决议（草案）》。会后，私营工商业的社会主义改造，从个别合营进入到全行业公私合营阶段。12月，在第五次全国手工业生产合作社会议上，决定了在2年之内，把全部半社会主义性质的生产合作社过渡到完全性质的生产合作社。

1月20日，中共中央宣传部向中共中央提出关于开展批判胡风思想的报告。报告认为，胡风的文艺思想是彻头彻尾资产阶级唯心论，是反党反人民的文艺思想，他的活动是宗派主义小集团活动，其目的是企图按照他自己的面貌来改造社会和我们的国家，反对社会主义建设和社会主义改造。中宣部要求对胡风文艺思想进行公开的批判。中共中央批准了这个报告，要求各级党委重视这一思想斗争，把它作为工人阶级与资产阶级之间的一个重要斗争看待。从此，文艺界围绕胡风文艺思想的不同意见的讨论变成了对胡风的政治讨伐。5月—6月，《人民日报》分3批刊登了根据舒芜交出的胡风的信件摘编的“关于胡风反革命集团的材料”。毛泽东写了序言和20多条按语，断言胡风等人是“一个暗藏在革命阵营的反革命派别，一个地下王国”，“是以推翻中华人民共和国和恢复帝国主义国民党的统治为任务的”。对胡风的思想批判演变成政治上、组织上的“肃清胡风反革命集团”的运动，造成了一桩错案。

从1955年7月起到1957年底，开展了历时2年多的内部肃反运动。通过运动，清查出一批反革命分子，也弄清了一些干部的政治历史问题，但也发生了斗争面过宽和“逼、供、信”的偏向，中共中央及时予以纠正。

4月，周恩来率领中华人民共和国代表团出席在印度尼西亚万隆举行的有29个国家参加的亚非会议。中国代表团本着“求同存异”的方针，同其他与会国一起，为亚非会议的成功作出了贡献。

主要经济指标：工业总产值548.7亿元，超额1%完成了修改后的计划，比上年增长5.6%，其中重工业生产比1954年增长14.5%，轻工业保持在上年水平。农业总产值555亿元，完成计划的102.1%，比1954年增长7.6%。其中粮食3 496亿斤，完成计划的102%，比上年增长8.9%，棉花3 038万担，比上年增长42.6%。基本建设完成投资93亿元。投资额比上年增加2.6%。人民生活水平提高，居民消费水平94元，比上年增长6.4%。农民消费水平比上年提高了8.6%。

1月1日　《人民日报》发表社论《迎接1955年的任务》。社论说，1955年对我国人民来说，是极其重要的一年，这一年将是全世界和平力量为克服新战争的威胁、保卫和平而斗争的一年……也将是我国第一个五年计划建设具有决定意义的一年。今年基本建设的工作量将远比过去任何一年为多，国家对基本建设的投资，约比去年增加40%以上。同时第一个五年计划的最后二年还将完成基本建设的50%左右的工作量，如果今年赶不上进度，把工程推迟下去，就会严重影响后两年基本建设计划的完成。社论要求，为了完成1955年的建设任务，我们必须加强计划性；必须厉行节约，克服浪费；必须努力提高技术水平，增强技术力量。社论指出，随着国家建设的进展，在新的年度里，农业生产和农业的社会主义改造必然要有更大的发展。在这一方面的工作中，最重要的环节是正确坚持和全面贯彻党在农村的阶级政策——依靠贫农（包括全部原来是贫农的新中农），巩固地团结中农，限制和逐步消灭富农经济。社论还分别论述了这3个阶段的情况和前途。社论最后强调，在新的一年，我国的人民民主统一战线必将更加巩固，在动员和团结全国人民完成国家过渡时期总任务和反对内外敌人的斗争中一定会发挥更加巨大的作用。

同　日　中苏几个合营公司的苏联股份全部移交中国。中苏民用航空股份公司、中苏石油股份公司、中苏有色及稀有金属股份公司、中苏造船股份公司中的苏联股份全部移交中国。移交后，上述公司分别改名为中国民用航空局、新疆石油公司、新疆有色金属公司和国营大连造船公司。这是根据中华人民共和国、苏维埃社会主义共和国联盟两国政府的决定进行的。

同　日　彭德怀颁布通告及命令。国防部长彭德怀颁布对蒋军起义、投诚人员的政策及奖励办法的通告，并向中国人民解放军全军发布切实执行对投诚或自动放下武器的蒋军官兵的5条保证的命令。《通告》说，蒋军官兵起义、投诚是爱国的正义行动。祖国人民对这种行动是极为欢迎的。兹将对蒋军起义、投诚人员的政策及奖励办法颁布如下：一、对个别或集体投诚来归的蒋军官兵，人民政府不究既往，一律给予宽大待遇。立功者受奖。愿工作者工作。愿回家者发给路费。士兵分给土地安家立业。携带武器者，按下述规定给予奖金：步枪、手枪每支人民币30元，轻机枪每挺人民币100元，重机枪每挺人民币300元。有其他贡献者，论功给奖。二、对蒋军起义部队，一律按人民解放军宗旨整编，政治上与本军一视同仁，待遇上与本军一律平等。对起义军官，量才录用，并保护其私人财产。驾驶飞机、舰艇起义者，视机种、舰种分别予以优厚奖赏。《命令》说，凡持有本部安全通行证的投诚或在战场上自动放下武器的蒋军官兵，我军应予宽待政策，妥为接待，护送至最近地区的人民解放军司令部，并切实执行下列5条保证：一、保证生命安全；二、不打、不骂、不侮辱；三、不没收私人财物；四、伤病者给予治疗；五、愿回家者发给路费。同时，国防部为使投诚或自动放下武器的蒋军官兵得以安全通过中国人民解放军警戒区域，制发了安全通行证。

1月2日　中国同南斯拉夫建交。1月10日，中华人民共和国政府和南斯拉夫联邦人民共和国政府发表联合公报，两国同意建立正式外交关系，并互换大使。3月1日，中华人民共和国主席毛泽东任命伍修权为中国驻南斯拉夫特命全权大使。

1月4日　邓子恢提出农业合作社转向控制发展，着重巩固的建议。邓子恢在国务院第七办公室给国务院总理的工作简报（第一号）中认为，现在全国已经办起38万个新社（老社尚有10万），这批新社大部没有立住脚，没有人帮助这些社克服初建的种种困难，此时正赶上全国统购统销，部分农民抵触情绪很重，此种情绪和惧怕“归公”的思想顾虑结合在一起，就出现比较普遍的不利于生产的现象。因此，就施行了以下二项措施：一、需要制定全国性的章程，明确合作社的半社会主义性质，使干部不致乱立法，群众不致乱猜疑。二、当前合作社的发展已离60万计划不远了，东北、华北、华南已接近完成计划。只中南、西南、西北须发展一些。整个运动须转向控制发展、着重巩固工作阶段。某些地方，如山东、河南、河北原计划提得偏高，完成计划力所不及，已和他们协商好主动减低。总的精神是完成60万个社，完成50万个不出废品也承认是最大胜利。现已拟出指示，送中央审批。这样做，可以避免将统购和合作两种紧张碰在一起，引起更大的不利于生产的现象。

1月5日—11日　联合国秘书长哈马舍尔德访问中华人民共和国。 访问期间，国务院总理周恩来与哈马舍尔德举行会谈，并于10日发表联合公报。公报指出，双方有关缓和国际紧张局势的各项问题的会谈是有益的。21日，新华社奉命公布：周恩来总理在同联合国秘书长哈马舍尔德会谈中曾表示，中华人民共和国政府将提供便利，以便被判罪的和正在审查中的美国人员的家属，在他们愿意这样做的时候，得以前来探访，中国红十字会并愿做一切必要的安排。

1月6日—2月8日　第二次全国省（市）计划会议召开。 会议确定的1955年计划方针是：全国平衡，统筹安排，增产节约，重点建设。会议主要讨论了三个问题：一、针对生产赶不上需要，特别是农业生产赶不上工业发展和人民生活需要的情况，会议确定在集中主要力量建设重工业的同时，积极而可靠地增加农业生产。1955年粮食计划为3 722亿斤，略高于第一次计划会议确定的控制数；棉花计划为2 803万担。同时决定第一个五年计划时期全国农林水投资在49亿元的基础上再增加4.34亿元。二、针对经济建设要求更多的资金而国家财力有限的情况，会议要求增收节支，保持建设规模和国家财力的平衡。三、针对社会主义改造和多种经济类型的统筹安排中存在的问题，会议确定要统筹安排农业、手工业和资本主义工商业的社会主义改造。农业生产合作社1955年计划发展到60万个，1957年达到205万个，占农户总数的50%左右。到1957年，手工业改造控制在300万人以内，私营工业的改造控制在60亿元产值以内。在私营商业改造中，要把小商小贩与商业资本家加以区别，把商业资本家中的零售商与批发商加以区别。对私营交通运输业的改造，应把一主一车、多主一车的劳动者与资本主义经营者加以区别。会议还对地方工业中不同产品规定了不同的发展方针：一、煤、钨、锡、水银、肥料、新式农具等应有计划地增产。二、纱、布、卷烟、植物油、糖等只能随农业生产的发展而逐步增产。三、某些电机产品、化工产品、药品等因过去盲目发展，品种规格不合需要，必须压缩生产，试制新产品，改变现有产品规格。

1月13日　中共中央发出《关于整顿和巩固农业生产合作社的通知》。《通知》指出：现在全国农业生产合作社已经发展到48万余个。在现有社中，约有10万个是1954年春夏建立的，还有30多万个是秋收前后建立的新社。这些新社由于其中有相当部分是无准备或准备很差的条件下建立的，又由于1954年11月、12月这2个月全党正集中力量进行粮食统购工作，没有对这些新社进行整顿。因而在许多地方陆续有新建社垮台散伙和社员退社的现象发生。整顿和巩固这四十几万个社，已经成为十分迫切的任务。最近许多地方发生大批出卖耕畜、杀羊、砍树等现象，原因固有多端，但是必须了解，在合作化运动大发展当中，农民怕财产归公，想早抓一把的思想，也是其中的一个重要因素。因此要针对农民的实际思想状况，反复进行思想教育，细致地进行组织工作，认真地解决社内的重要经济问题，及时组织好当前生产活动。中央认为有必要重申只许办好、不许办坏的方针，对当前的合作化运动，应基本上转入控制发展、着重巩固的阶段。按不同地区来说：凡是基本上完成或者是超过了原定发展农业生产合作社计划的地方，例如，东北、华北、华东（除内蒙外），应该停止发展，全力转向巩固。等到现有的合作社大体上整顿就绪以后，再考虑是否继续发展；离完成原定发展计划尚远的地方，应认真巩固正建立的社，有准备地在巩固中继续发展，原订计划过高，可适当收缩。在巩固合作社的工作中，要强调自愿原则，一些有名无实的挂名合作社，可允许改为互助组，将来再转为合作社；个别被坏人操纵的社，要加以改组或解散。要正确处理社内重要的经济问题，土地产量和报酬评定必须认真掌握，牲畜入社要合理作价，羊群和树木暂不提倡入社。

1月14日　国务院作出《关于提取企业奖励基金的工资总额范围的规定》。国务院指出，中财委1953年公布的《国营企业提用企业奖励基金的临时规定》中，对各类企业全年提取企业奖励基金的最高与最低限额，分别规定以其全年工资总额的一定的百分比为限，但对工资总额的组成，没有明确规定，以致在实际执行中，有的按工业生产人员的工资总额计算，有的按全部人员的工资总额计算，不尽一致；按原工业生产人员工资总额计算的，有的也改按全部人员的工资总额计算。这种做法，使非生产人员越多的企业，提取奖金数额也越大，与鼓励节约刺激生产尽量减少非生产人员的原则相矛盾。为此，国务院规定，关于各类企业提取企业奖励基金的最高与最低额的计算，自1955年起，一律以工业生产人数（非工业部门为基本业务人员）的工资总额为计算标准。1954年的企业奖励基金原则上亦应按此标准计算。其已按全部人员工资总额计提更改有困难的，由财政部根据实际情况，与各有关部门洽商办理。

同　日　在北京的哲学家、科学家等130多人集会批判“胡适派腐朽的资产阶级人生观”。这是“胡适思想批判讨论会工作委员会”所主持的关于胡适哲学思想批判讨论的第2个题目。

1月15日　中共中央作出《关于大力保护耕畜的紧急指示》。《指示》说，近几月来，不少地区发生大量出卖耕畜、畜价猛跌和滥宰耕畜的严重现象，有的省估计至少杀了30万头，有的省估计耕畜减少20%。这些估计虽然不是很精确的，但已可看出问题的严重程度，分析产生这种现象的原因，主要是：第一、部分农民对于农业合作化政策还有某些误解，部分地方在政策执行中也存在着某些偏差。第二、部分地区粮食统购统销中工作上有些偏差，因而引起某些农民对于粮食统购统销的政策的误解和抵触情绪，再加上口粮算得偏紧，未留牲畜饲料或留得不足，就出卖或宰杀耕畜。第三、有些地方，对牲畜贩运限制过严，畜贩在社会主义改造的潮流中很难活动，国营商业和供销合作社又无力代替。为此，各级党委和人民政府必须把保畜工作列为当前重要工作之一，认真贯彻保护耕畜政策，并立即采取有效办法，做好以下各项工作：一、继续深入地对农民进行社会主义教育，使之正确认识农业合作化和粮食统购统销政策，消除他们存在的各种误解和顾虑。鼓励他们饲养牲畜、发展生产的积极性。二、各地在农业合作化运动中，对牲畜入社问题必须妥善处理，克服急躁草率情绪。三、切实帮助群众解决饲料困难，保护牲畜安全过冬。四、大力拯救灾区耕畜：对于灾区饲料缺乏的困难，除采取上述措施外，应贯彻生产自救方针，积极组织群众开展各种副业生产以畜养畜。五、加强市场管理，严格执行屠宰耕畜的检验制度。

1月17日　中共中央发出《关于统一战线工作的指示》。《指示》说，目前，在我们党内，在统一战线问题上，在对待民主人士和非党联盟问题上，还存在着严重的关门倾向。这种倾向尖锐地表现在：一、各省、市委在最近一次所提出的省、市政府厅、局长的人选草案中，有很多省、市安排非党的正副厅长、局长过少，特别是正厅长、正局长尤其少。有些省的正厅长清一色是党员，有些市的正局长清一色是党员，有个别的省连正副厅局长都清一色是党员，不但没有民主人士，也没有劳动人民中的非党分子。二、有些地方党对政协工作不重视，对民主人士不大理睬，因而使民主人士以为在全国人民代表大会召开后政协大概是可有可无了。这种忽视统一战线和爱好清一色的倾向，是不符合于当前党的总路线的，是不符合于我们的社会主义工业化和社会主义改造才刚刚开始的经济基础的，是不符合于我们现在的历史条件的。这种倾向是一种忽视争取多数、抛弃同盟者、使自己陷入孤立地位的冒险倾向，是一种忽视现存的生产关系、阶级关系的主观主义倾向。因此，《指示》要求各省、市委必须正确地配备省、市厅、局长和政协地方委员会的人选，加强政协地方委员会和地方统一战线的工作，提出了8点要求，对于国家政府部门及各省、市、自治区地方政府部门民主人士的比例做了大概的规定以及如何加强人民民主统一战线的工作等提出了要求。在省、市厅、局长正职和副职中，非党员比例一般以1/4左右或1/5左右为适宜，不应过少。在政协地方委员会中，党员同党外人士的比例应大体与全国委员会委员中党员约为27%，常委党员约为 1/3相近。政协各省、市地方委员会全体会议，每年至少应开会一次，对于有关国家政治生活和统一战线的重大问题，应提到适当的会议上进行协商，这种协商会议每年至少要有4次。各地应注意培养一批在社会主义建设和社会主义改造中，能够起积极作用的民主人士和劳动人民中非党的代表人物，对于各机关的党外人士，只要是忠于国家和人民事业的，应信任他们，放手让他们工作，民主人士中存在着的政治上的和思想上的错误倾向，必须加以分析，并在适当的时候用适当的方式向他们指出或提出批评。我们的任务是：既要反对关门主义的“左”的偏向，又要反对同错误思想和平共处的右的偏向。

1月18日—2月26日　人民解放军解放一江山岛、大陈岛。大陈岛位于浙江省东部30公里、东经121.8°、北纬28.5°附近海面。一江山岛位于大陈岛西北10公里处，是大陈岛蒋军的外围重要据点。中国人民解放军华东军区以步兵1个师，各类舰艇137艘，航空兵22个大队，对一江山岛进行强行登陆作战。在沿海渔民和广大民兵的支援下，各兵种密切协同，先以空军混合机群猛烈轰炸，继以远射程大炮隔海密集炮击，登陆部队随后强行登陆上岸，全歼守敌千余人，激战进行了8个多小时，解放了一江山岛。一江山岛之战，是中国人民解放军首次进行海、陆、空联合作战，取得了联合登陆作战的宝贵经验。一江山岛解放后，人民解放军大批军事物资运抵岛上，使大陈岛处在我人民解放军大炮有效射程之内。大陈岛守岛蒋军在美国武装力量的掩护下，裹胁岛上1.8万多居民，仓皇撤逃。2月13日，人民解放军解放了大陈岛、渔山列岛、披山岛等岛屿。2月26日，人民解放军解放了鹿山列岛，至此，浙江沿海所有蒋军占领岛屿，已全告解放。

1月20日　中共中央宣传部向中共中央提出《关于开展批判胡风思想的报告》。21日，中共中央批准了这个报告。胡风，原名张光人，湖北人，著名文艺理论家。1954年7月，他正式向中共中央政治局提出《关于几年来文艺实践情况的报告》（即“30万言书”）。中宣部《报告》认为：“胡风的文艺思想，是彻头彻尾资产阶级唯心论的，是反党反人民的文艺思想。他的活动是宗派主义小集团的活动，其目的就是要为他的资产阶级文艺思想争取领导地位，反对和抵制党的文艺思想和党所领导的文艺运动，企图按照他自己的面貌来改造社会和我们的国家，反对社会主义建设和社会主义改造。

他的这种思想是代表反动的资产阶级的思想，他对党领导的文艺运动所进行的攻击，是反映目前社会上激烈的阶级斗争，但是因为他披着‘马克思主义’的外衣，在群众中所起的迷惑作用和毒害作用，就比公开的资产阶级反动思想更加危险。”《报告》说：“胡风在1954年7月向中共中央政治局提出一个关于文艺问题的意见的长达30万字的报告。报告内容分四部分，其中理论部分主要是反驳1953年林默涵、何其芳批判胡风资产阶级文艺思想的文章，在这一部分中，他很有系统地、坚决地宣传他的资产阶级唯心论、他的反党反人民的文艺思想。”《报告》认为“胡风错误的文艺思想是有他长期的历史根源的”。“胡风及其一派的错误思想，重要表现在以下几个方面：一、在文艺和政治的关系上，胡风及其一派否认艺术服从于政治的原则和为工农兵服务的方面，否认党对文艺工作的领导。二、胡风不承认革命作家的根本问题是阶级立场问题——即如何站稳工人阶级的立场问题，却强调一种所谓‘主观战斗精神’，认为作家的根本问题，不是改造自己站稳工人阶级的立场，而是加强固有的所谓‘主观战斗精神’。他所讲的‘主观战斗精神’，有时候也称为作家的‘真诚’、‘人格力量’、‘艺术良心’等。三、抹煞作家的世界观对于文艺创作的作用，否认社会主义现实主义的作家应具有先进的、共产主义的世界观。四、胡风否认文学反映人民的重大政治斗争和表现现实中的迫切题材的意义，而片面地强调描写自发斗争，描写所谓‘日常生活’或‘私生活’，把政治斗争和日常生活分裂为没有联系的两个方面，认为作家的主要任务就是描写自发斗争，描写‘日常生活’，对作家描写人民有组织的政治斗争的努力加以嘲笑。五、轻视民族遗产，简单地以为封建社会的文艺都是封建文艺，没有丝毫‘民主主义观点的要素反映’。”《报告》最后提出应采取的措施：“一、将胡风给中央的报告中关于思想和组织领导两部分印成专册，由作家协会主席团加上按语，随《文艺报》1955年第一、二期合刊附发，同时也附发林默涵、何其芳过去批评胡风的文章，以便展开讨论和批判。二、继续在《人民日报》、《文艺报》及其他报刊上发表批评胡风的文章，广泛地吸收党外作家和青年作家参加这个思想斗争。三、作家协会及各地分会和其他文艺团体应适当地组织各种讨论会、座谈会来讨论批判胡风的文艺思想。四、各省市委应召集委员作家、有关机关和学校中党的负责干部开会，说明胡风的错误思想以及对这种错误的资产阶级思想进行斗争的重要意义。五、各地党委宣传部应积极领导当地文艺界对胡风思想进行批判。六、对胡风小集团中较好的分子应耐心说服争取，对其中可能隐藏的坏分子，应加以注意和考查。”5、6月间，《人民日报》又先后发表了关于胡风“反革命集团”的第一批、第二批和第三批材料以及题为《必须从胡风反革命案件吸取教训》的社论。

1月24日　外交部长周恩来发表关于美国政府干涉中国人民解放台湾的声明。声明说，中华人民共和国政府曾经一再向世界庄严宣告：中国人民一定要解放自己的领土台湾。美国政府在中国人民解放军最近胜利地解放了一江山岛之后，就一面加紧军事行动，进行战争挑衅，另一面策动通过联合国进行所谓停火的诡计，来干涉中国人民解放台湾。声明说，解放台湾是中国的主权和内政，决不容他人干涉。联合国宪章第二条第七款也明确规定“本宪章不得认为受权联合国干涉在本质上属于任何国家国内管辖之事件，且并不要求会员国将该项事件依本宪章提请解决”。因此，联合国或任何外国都无权干涉中国人民解放台湾。中华人民共和国政府绝对不能同意同中国人民所唾弃了的蒋介石集团实行所谓停火。声明指出，中国人民行使自己的主权，解放中国大陆和许多沿海岛屿的行动，从来没有引起远东局势的紧张。仅仅由于美国政府侵占台湾，庇护蒋介石集团，并不断对中华人民共和国进行颠覆活动和战争威胁，才造成目前台湾地区的紧张局势。美蒋签订的所谓“共同防御条约”，更加剧了这种紧张局势，并严重地威胁着远东的和平。很显然，这种紧张局势是来自美国，并非来自中国。只要美国干涉中国内政的行为停止，只要美国的一切武装力量从台湾和台湾海峡撤走，这种紧张局势就自然消除了。声明强调，美国政府及其追随者策动中华人民共和国和蒋介石集团之间的所谓停火，实际上就是干涉中国内政，割裂中国领土。它们企图用战争威胁和原子武器的恐吓，强使中国人民容忍美国侵略台湾，承认美蒋“共同防御条约”，容许美国利用台湾作为军事基地，准备新的战争。这是中国人民绝对不能容忍的。这是中国人民坚决反对的。声明重申，为了保障中国的主权和领土完整，为了保障中国的安全和远东的和平，中国人民必须解放台湾，美国必须停止对中国内政干涉，美国的一切武装力量必须从台湾和台湾海峡撤走。

同　日　中华人民共和国政府和阿富汗王国政府正式建立大使级外交关系。3月3日，中华人民共和国主席毛泽东任命丁国钰为中华人民共和国驻阿富汗王国特命全权大使。

1月26日　中共中央发出《关于在干部和知识分子中组织宣传唯物主义思想批判资产阶级唯心主义思想的演讲工作的通知》。《通知》说，对俞平伯《红楼梦研究》的错误思想的批判已告一段落，对胡适派思想的批判已经初步展开，对胡风及其一派的文艺思想的批判亦将展开。这些思想斗争有极其重要的意义，这是通过对我国知识分子所熟悉的资产阶级唯心主义思想的批判，来具体地宣传马克思主义唯物主义思想。向人民群众宣传马克思主义唯物主义思想以提高人民群众的觉悟，是党的一项最基本的经常的任务，为此特规定办法如下，望各地遵照执行：一、在各大城市、省会、工矿城市和文化较为发达的城市，由当地省市委（北京市由市委会同中央直属党委及中央人民政府党委）负责，按照地区，利用公共场所，指定一批有演讲能力的报告员进行演讲，并组织全体干部和知识分子前去听讲。二、报告员除指定适当的党员担任外，也可请党外的马克思主义者担任。三、演讲的内容可以参照北京各报刊已发表的批判胡适、俞平伯、胡风资产阶级唯心主义思想的论文，可以着重下列各点：1. 为什么要批判资产阶级唯心主义，为什么要学习唯物主义世界观；2. 对胡适、俞平伯、胡风等错误思想的批判有什么意义；3. 什么叫唯物论，什么叫唯心论；4. 批判以胡适为代表的资产阶级唯心主义哲学思想；5. 批判以胡适为代表的反动的政治观点；6. 批判以胡适为代表的资产阶级唯心主义的历史观点；7. 胡风的文艺思想有什么毒害；8.俞平伯研究《红楼梦》的观点方法为什么是错误的。也可按照具体情况规定其他题目演讲，主要的是用马克思主义的唯物主义来批判资产阶级的唯心主义的思想。四、北京各报刊已发表的论文有下列各篇可做报告员的主要参考材料：郭沫若的《三点建设》；周扬的《我们必须战斗》等等。五、好的演讲稿子可在当地报刊上发表或寄交北京的报刊发表。六、此项演讲应在2月开始，在4月底前各省市党委应把进行此项工作的状况向中央做一个简要报告。七、应当把演讲的地点和时间（每星期几、几点钟）逐渐固定下来，使这种演讲工作逐渐成为经常性的，并逐渐增加新的内容，成为向知识分子和干部宣传唯物主义、时事问题、重要政策等的定期讲坛。党要学会善于利用这种讲坛向干部和知识分子进行宣传。

1月31日　国务院全体会议举行第四次会议。周恩来总理在会上就关于苏联在促进原子能和平用途的研究方面给予中国以科学、技术和工业上的帮助的问题作了报告。会议通过了《关于苏联建议帮助中国研究和平利用原子能问题的决议》。《决议》指出："中国人民和中华人民共和国政府热烈欢迎苏联部长会议在1955年1月17日关于苏联在促进原子能和平用途的研究方面给予中华人民共和国以科学、技术和工业上的帮助的建议"。"中国人民和政府热烈支持苏联政府这一崇高决定所体现的伟大目标：在国际合作的基础上，把原子能用于和平的目的，以促进人类文明的发展"。"在解放了的中国，它的科学家、工程师和工人们，在苏联的真诚帮助下，一定能够迅速掌握使用原子能的技术"。"中国人民坚决主张禁止使用原子武器和氢武器，坚决反对准备原子战争的罪恶政策"。"中国人民在苏联的帮助和合作下，将同全世界爱好和平人民一起，为反对原子战争、禁止使用原子武器和氢武器，为促进和平利用原子能而奋斗不懈。"根据苏联部长会议的声明，苏联向中国等国提供的帮助，包括设计、供给设备及建设具有5 000千瓦热能的实验性原子堆和原子微粒加速器，还注意将供给这些国家必要数量的原子堆和研究用的可分裂物质。中国等国将供给苏联以必要的原料。

同　日　卫生部党组向中共中央报送《关于节制生育问题的报

告》。《报告》说，1954年12月27日由刘少奇委员长主持进行了关于节制生育问题的座谈以后，在国务院第二办公室领导下，由卫生部、轻工业部、商业部、对外贸易部、全国妇联等单位指定负责人组成节育问题研究小组，对今后节育问题的方针以及节育需要用具、药品的生产销售、进口和宣传措施等，进行了讨论。《报告》认为，在中国今天的历史条件下，是应当节制生育的。中国现在已有6亿以上人口，每年要增加人口1 200万—1 500万。在目前条件下，人口增加过速，会使国家和家庭暂时均感困难。3月1日，中共中央批准了这个《报告》。中共中央批示指出：节制生育是关系广大人民生活的一项重大政策性的问题。在当前的历史条件下，为了国家、家庭和新生一代的利益，党是赞成适当地节制生育的。各地党委应在干部和人民群众中（少数民族地区除外）适当地宣传党的这项政策，使人民群众对节制生育问题有一个正确的认识。

本　月　中国文字改革委员会发表《汉字简化方案草案》。向全国各地文化教育工作者和各界人士征求意见。构成《汉字简化方案草案》的3个表分别为《798个汉字简化表草案》、《拟废除的400个异体字表草案》和《汉字偏旁手写简化表草案》，这3个表提出了简化汉字的3种办法：第一是笔画的简化，共提出了798个简体字；第二是字数的简化，提出废除400多个异体字；第三是写法的简化。《汉字简化方案草案》发表以后，中央各有关机关和各民主党派、人民团体纷纷组织座谈讨论。据不完全统计，全国参加讨论的共约20余万人，收到各方面的意见5 167条。从收到的意见看，绝大多数赞成用简化汉字代替原来的繁笔字。

本　月　人民解放军干部实行薪金制。薪金由级薪和军龄补助组成。士兵仍实行供给制，另发给津贴费。此后，干部薪金制又作了几次改革。1965年6月，取消了军龄补助，职级套为行政级，按行政级别定工资。1980年4月，又改为行政级别工资与职务工资相结合的薪金制。1985年7月，干部薪金改为由职务工资、行政级别工资加军龄补贴组成。同时决定：志愿兵工资由级别工资加军龄补贴组成；义务兵仍实行供给制和发给津贴的制度，班长、副班长、军士长分别增加职务津贴。

本　月　中央军委发出《关于颁发勋章、奖章工作的指示》。《指示》规定了受勋人员审定工作的分工：军级以上干部由军委负责审定；师级干部由大军区、志愿军、各特种兵、各学院（军事学院、政治学院、军事工程学院、后勤学院、总参高级步校）党委负责审定；团的干部由军、省军区党委或相当于军的党委负责审定；营级干部由师党委或相当于师的党委负责审定；连以下人员由团党委或相当于团的党委负责审定。各医院的休养人员，应由其原工作单位负责审定。如其原工作单位已经变动无法审定者，则由医院所在地区之省军区负责（直属大军区领导的医院，则由大军区负责）。拟请全国人民代表大会常务委员会和中华人民共和国主席、国务院和国防部长授权下列各级首长批准授予勋章、奖章：1. 授权各大军区、志愿军、各特种兵首长批准授予团级及其以下人员的勋章和团、营级干部的奖章及直属单位连级以下人员的奖章。2. 授权军事学院、政治学院、军事工程学院、后勤学院、总参高级步校的首长批准授予其所属团级与团级以下人员的勋章、奖章。3. 授权总参谋长、总政治部主任、军事训练总监部部长、武装力量监察部部长、总干部部部长、总后勤部部长、财务部部长、军事法院院长批准授予其所属团级以下人员的勋章、奖章。4. 授权军、省军区、总参谋部各部、高级步校的首长批准授予其所属连级与连以下人员的奖章。5. 授权总干部部部长批准，授予各步兵学校、军事师范学院、军事体育学校、化学兵学校、俄文专科学校和各步兵预备学校团级及其以下人员的勋章、奖章。

2月9日　中央人民政府副主席、第一届全国人大常委会副委员长、第一届全国政协副主席张澜逝世。张澜，1872年生。四川南充人。1894年中秀才，不久补廪生。1903年赴日本留学，进东京弘文书院。次年因提出西太后退朝、还政于光绪，被清政府驻日公使派人押送回国。1911年6月，以南充代表出任川汉铁路股东代表临时会副会长、参加保路运动。武昌起义爆发后，任四川军政府川北宣慰使。1913年4月，当选为国会众议院议员。1916年任嘉陵道道尹。1917年

11月，被北京政府任为四川省长。次年2月出走到北京居住。1920年春回川，在南充大力兴办教育。1925年12月，任成都大学校长，提倡兼收并蓄，主张各派争鸣。1930年离职回南充。1934年任四川安抚委员会委员长。翌年秋，在成都与邵从恩等发起组织“四川省乡村建设期成会”，提倡推广乡村建设运动。抗战爆发后，被聘为国民参政员。1939年11月，和黄炎培等在重庆发起成立了统一建国同志会。1941年3月，该会改组为中国民主政团同盟，继黄炎培后任主席。1944年9月，中国民主政团同盟改称中国民主同盟，任主席。1946年，以民盟代表身份参加重庆政治协商会议。11月，带领民盟拒绝参加伪国大，并通过决议将背叛民盟立场、参加伪国大的民社党清除出盟。1947年11月，民盟总部被迫声明解散后，吁请全体盟员继续为中国的和平统一民主而努力。1948年1月，民盟一届三中全会在香港召开，公开主张要与中国共产党实行密切的合作。在上海积极募集经费，支援香港民盟总部的活动，1949年6月，赴北平出席新政治协商会议筹备会，9月，参加中国人民政治协商会议第一届全体会议，当选为中央人民政府副主席。12月，继续当选为民盟主席。1954年，当选为全国人民代表大会常务委员会副委员长、政协全国委员会副主席。

2月10日　教育部公布《小学生守则》。《守则》共20条，要求小学生：努力做个好学生，做到身体好、功课好、品行好，准备为祖国服务，为人民服务。尊敬国旗，尊敬人民领袖。按时到校，按时上课。不迟到，不早退，不随便缺课。上课的时候，带齐要用的课本和用品；要整齐、安静、姿势端正；认真做功课，用心听教师的讲解和同学的问答。按时用心做好课外作业。尊敬校长、教师。和同学友爱团结、互相帮助。敬爱父母。爱护兄弟姐妹。尊敬老人。对人有礼貌。不骂人，不打架。不在公共场所吵闹。不说谎，不骗人。不赌博。不私自拿别人的东西。不做对自己、对别人有害的事。爱护公共财物。注意清洁卫生。积极参加课外活动。常常游戏、运动、锻炼身体。

同　日　中共中央批转华侨事务委员会党组和中国人民银行党组

《关于侨汇问题的报告》。《报告》说，1950年—1954年，全国侨汇收入为6.8亿美元，等于同期对资本主义国家出口外汇收入的一半，但侨汇收入自1952年起连续下降，1954年的侨汇收入只相当于1951年的70%，主要原因是侵犯侨汇的情况严重。《报告》建议：大张旗鼓地贯彻侨汇政策，坚决纠正强迫命令或变相强迫借用侨汇；承认侨眷依靠侨汇生活是合法的，对侨眷生活消费品的供应适当照顾；鼓励用侨汇建筑房屋，兴办学校、医院及修桥铺路；鼓励华侨投资，在国家经营的投资公司的华侨股金，到社会主义建成时，仍按个人股金处理，阶级成分不因投资关系而转变，参加工作按其能力定职定薪。

2月10日—3月24日　全国群众业余音乐舞蹈观摩演出大会在北京举行。广西僮戏《宝胡芦》、侗戏《秦娘梅》、桂北影调《王三打鸟》、《龙女与汉鹏》、安徽民间舞剧《刘海戏金蟾》等获得大会演出优秀奖。

2月11日　国务院改划全国6大军区为12大军区。决定将东北、华北、西北、华东、中南、西南6个大军区改划为12个大军区，即沈阳、北京、济南、南京、广州、武汉、成都、昆明、兰州、新疆、内蒙古、西藏军区。1956年又增设福州军区。1967年5月和1969年12月，内蒙古军区和西藏军区先后改为省军区，分别归北京军区和成都军区领导。1979年5月，新疆军区改为乌鲁木齐军区。

同　日　总政治部作出《关于现役军官婚姻问题的规定》。针对当时军官已实行薪金制，正排级以上干部均为职业军官，以前关于军官婚姻问题的某些规定已不适用的情况，对军官的婚姻作出的新规定，主要内容是：军官选择的配偶，必须是政治上可靠，没有严重传染病的中国公民；军官结婚需得到相应的上级政治机关的批准；军官对自己妻子儿女有抚助教育的责任，不得歧视、虐待或骄纵。

2月12日—19日　全国人大常委会举行第七次会议。会议在听取了中国人民解放军总干部部副部长赖传珠的说明后，讨论通过了《关于规定勋章、奖章授予中国人民解放军在中国人民革命战争时期有功人员的决议》、《中华人民共和国授予中国人民解放军在中国人民革命战争时期有功人员的勋章、奖章条例》、《关于规定勋章、奖章授予中国人民解放军在保卫祖国和进行国防现代化建设中有功人员的决议》、《关于授予中国人民志愿军抗美援朝保家卫国有功人员勋章、奖章的决议》、《关于响应苏维埃社会主义共和国联盟最高苏维埃宣言的决议》、《关于设立全国人民代表大会代表办事处的决定》、《关于津贴全国人民代表大会代表工作费的决定》和全国人大常委会给全国人大代表的信。关于设立全国人大代表办事处的决定指出，在北京、天津、上海和各省、自治区人民委员会所在地及代表居住人数较多的重庆、青岛、旅大、鞍山等市，由当地人民委员会负责设立全国人大代表办事处。给全国人大代表的信请代表同常委会建立经常的联系，随时反映情况和问题。会议还通过任命最高人民法院审判委员会委员名单。

同　日　全国人大常委会第七次会议通过《关于规定勋章、奖章授予中国人民解放军在中国人民革命战争时期有功人员的决议》。《决议》指出：中国人民解放军在中国共产党领导下，同全国人民一起，英勇地进行了长期革命战争，战胜了国内外反革命武装力量，取得了反对帝国主义、封建主义和官僚资本主义的人民革命的伟大胜利，对中国人民革命事业，对中华人民共和国的建立是有卓越功勋的。为了表彰革命功勋，发扬光荣传统，现根据中华人民共和国宪法第31条第14项，规定八一勋章和八一奖章、独立自由勋章和独立自由奖章、解放勋章和解放奖章，分别授予中国人民解放军在中国工农红军时期、抗日战争时期和解放战争时期参加革命战争的有功人员。

同　日　全国人大常委会第七次会议通过《关于授予中国人民志愿军抗美援朝保家卫国有功人员勋章、奖章的决议》。《决议》指出：中国人民响应各民主党派、各人民团体抗美援朝保家卫国的伟大号召所组成的中国人民志愿军，协同朝鲜人民军英勇作战，抗击了美国侵略，对保卫祖国的安全，保障亚洲和世界的和平，是有卓越功勋的。为了表彰中国人民志愿军的有功人员，发扬爱国主义和国际主义精神，现决定援用关于授予中国人民解放军在保卫祖国和进行国防现代化建设中有功人员勋章、奖章的决议，授予中国人民志愿军有功人员勋章、奖章。

同　日　全国人大常委会第七次会议通过《关于规定勋章、奖章授予中国人民解放军在保卫祖国和进行现代化建设中有功人员的决议》。《决议》指出：中国人民解放军在中华人民共和国主席统率下，保卫着人民革命和国家建设成果，保卫着国家的主权、领土完整和安全，并进行着国防现代化的建设工作。为了表彰中国人民解放军在执行任务中的有功人员和部队，发扬爱国主义和革命英雄主义精神，鼓舞全军进一步发挥革命的积极性和创造性，现根据中华人民共和国宪法第31条第14项，规定国旗勋章、红星勋章、荣誉勋章和荣誉奖章，分别授予中国人民解放军在保卫祖国和进行国防现代化建设中建有功勋的人员；并以国旗勋章和红星奖章授予建有功勋的部队和兵团。

同　日　全国人大常委会第七次会议通过《中华人民共和国授予中国人民解放军在中国人民革命战争时期有功人员勋章、奖章条例》。《条例》规定，勋章、奖章依照革命时期分为3种：八一勋章和八一奖章授予在中国工农红军时期（自1927年8月1日到1937年7月6日）参加革命有功的人员；独立自由勋章和独立自由奖章授予在抗日战争时期（自1937年7月7日—1945年9月2日）参加革命战争有功人员；解放勋章和解放奖章授予在解放战争时期（自1945年9月3日—1950年6月30日）参加革命战争有功的人员。八一勋章、独立自由勋章、解放勋章均分3级，八一奖章、独立自由奖章、解放奖章均不分级。授予勋章、奖章时，并发给证书。对在解放战争时期直接领导原国民党军队起义的人员授予勋章、奖章作了如下规定：一、在解放战争时期起义后参加中国人民解放军在2年以上的人员，按照授予中国人民解放军勋章、奖章的规定办理。二、在解放战争时期直接领导起义建有重大功绩，但参加中国人民解放军不满2年的人员，按照下列规定办理：一级解放勋章授予直接领导原国民党军队1个整军以上起义有功的人员；二级解放勋章授予直接领导原国民党军队1个整师起义有功的人员；三级解放勋章授予直接领导原国民党军队1个整团起义有功的人员；解放奖章授予解放战争时期直接领导原国民党军队1个整排—1个整营起义有功人员。三、在解放战争时期直接领导原国民党海军、空军和其他方面起义有功的人员，参照本条第一和第二项的规定授予解放勋章或解放奖章。四、在1950年6月30日以后直接领导起义建有重大功绩的人员，参照本条第一、第二和第三项的规定授予解放勋章或解放奖章。对在各个时期已经转业、复员和离队的军人授予勋章、奖章作了如下的规定；一、参加过3个革命战争时期、2个革命战争时期或1个革命战争时期的军队工作，在1950年6月30日以前转业或者以后转业并一直坚持革命工作的人员；在1950年6月30日以后复员并在复员后表现良好的人员，均按照第三条、第四条和第五条的规定分别授予勋章、奖章。二、在解放战争时期直接领导起义有功、起义后转业，一直坚持革命工作而无重大过失的人员，按照第六条的规定分别授予勋章、奖章。三、参加某一革命战争时期的军队工作在3年以上，因正当原因脱离军队，并在离队后表现良好的人员，按照其参加时期授予奖章；如参加军队工作的3年时间介于连续的2个革命战争时期，授予后一革命战争时期的奖章。离队人员在中华人民共和国成立以前重新入伍者，其重新入伍后的授勋标准，按照第三条、第四条和第五条的规定分别授予勋章、奖章。四、在某一革命战争时期因作战负伤致残，经正当手续脱离军队，离队后虽未参加革命工作，表现良好的人员，不论参加时间的长短，均按照其参加时期授予奖章。对降级授予、停止授予或不授予勋章、奖章的人员作了如下规定：一、虽有军籍而实际未参加工作的人员，不授予勋章或奖章。二、在某一革命战争时期内受降职、降级或撤职处分的人员，按照该时期截止时的职级授予勋章或奖章。三、曾受刑事处分，期满后仍继续参加革命工作的人员，应否降级授予或停止授予勋章、奖章，根据其案情和刑期满后的表现来决定。四、正受刑事处分的人员，不授予勋章和奖章。《条例》还规定：授予中国人民解放军在人民革命战争时期有功人员的勋章，由全国人民代表大会常务委员会决定，中华人民共和国主席授予。授予中国人民解放军在中国人民革命战争时期有功人员奖章，由国务院批准，国防部长授予。对伪造勋章、奖章及其证书者，冒领窃取勋章、奖章及其证书者及出卖或赠送勋章、奖章及其证书给他人者，依法予以惩处。

2月17日　国务院第五次全体会议通过《关于发行新的人民币和收回现行的人民币的命令》。《命令》指出：为适应国家计划经济建设的需要和广大人民的愿望，在财政收支平衡和金融物价稳定的基础上，进一步健全和巩固我国的货币制度，以便利交易和核算，决定：1.责成中国人民银行自1955年3月1日起发行新的人民币（简称新币），以收回现行的人民币（简称旧币）。新币面额，主币为1元、2元、3元、5元、10元5种，辅币为1分、2分、5分、1角、2角、5角6种。每种券别版面均有汉、藏、蒙、维吾尔4种文字。2.新旧币的折合比率，定为新币1元等于旧币10 000元。3.所有旧币均由中国人民银行按法定比率全部收回。4.凡伪造或行使假钞者，依照《妨害国家货币治罪暂行条例》治罪。凡借发行新币进行投机或经营兑换新币从中渔利者，依法严惩。《命令》发布当天，《人民日报》发表社论《拥护发行新的人民币》。社论指出，现行人民币名义上虽以“元”为单位，实际上1元在计算上已失去作用，而以10 000元为主。新旧币比率规定为1:10 000的根据是，现在国内黄金、银元和外汇价格，与抗战前相比，约上涨8 000倍—10 000倍左右，因此，票面额的改变是符合国内经济情况和市场流通习惯的。全国新人民币的发行工作到6月11日完成，旧币自此日起停止收兑。2月21日，国务院公布了这个命令。

同　日　国务院第五次全体会议通过《关于贯彻保护侨汇政策的命令》。《命令》说，侨汇是我国外华侨从事劳动和各种职业所得，用以赡养国内家属的汇款，是我国外华侨的切身利益和广大侨眷的生活依靠，是侨胞、侨眷的正当权益之一。侨汇对国家建设有积极的作用，对全国人民是有利的。特别是侨眷集中地区，侨汇对于繁荣地方经济、发展文化公益事业，均有显著作用。因此，各级干部，特别是县、区、乡干部，应深刻认识侨汇的作用，予以应有的重视，为保护侨胞、侨眷的利益，根据宪法第11条“国家保护公民的合法收入、储蓄、房屋和各种生活资料的所有权”的规定，发布命令如下：一、侨汇是侨眷的合法收入，国家保护侨汇政策不仅是国家当前的政策，而且是国家的长远政策。二、在动员侨眷参加各种合作社，进行爱国储蓄，购买公债时，必须贯彻完全自愿的原则。任何个人或团体不得向侨眷强迫借贷，不得积压侨汇，不得擅自检查侨眷和以任何借口变相侵犯侨汇。凡有侵犯侨汇事情发生，必须分别情节论处；对于有意挪用、侵吞、冒领、盗取侨汇和敲诈侨眷的不法分子，必须依法制裁。三、侨眷有使用侨汇的自由，任何人对侨眷把侨汇用于生活方面，包括用于举办婚、丧、喜、庆等事，不得干涉。四、国家鼓励华侨和侨眷把侨汇投入生产或者向国家投资公司入股，同时鼓励华侨、侨眷修建房屋，各级地方国家行政机关对此应给予便利。华侨素来热心家乡公益事业，如兴办学校医院、兴修水利、造桥、修路等，各级地方国家行政机关对此应表关怀，并给予指导、帮助，必要时予以表扬。2月23日，国务院公布了这个命令。

2月19日　中国奥林匹克运动委员会（中华全国体育总会）致电国际奥林匹克运动委员会。致电中抗议第十六届国际奥林匹克运动会墨尔本组织委员会在邀请中国奥林匹克委员会参加第十六届奥林匹克运动会的同时，又邀请蒋介石集团的所谓体育组织参加这个运动会。中国奥委会为参加1956年10月在墨尔本举行的第十六届奥林匹克运动会进行了认真的准备。为了使台湾运动员也能参加这个国际体育盛会，中国奥委会向参加第十六届奥运会筹备委员会的台湾的体育工作者和运动员发出信件，邀请他们到北京参加选拔赛，以便组成统一的体育代表团前往墨尔本。由于国际奥委会不顾中国奥委会的一再抗议，在十六届奥运会组织委员会的文件上不断出现“北京中国”、“福摩萨中国”字样，早期到达墨尔本的中国体育代表团副团长黄中向组织委员会提出抗议无效。中国奥委会庄严声明，在国际奥委会和第十六届奥运会组织委员会改正错误前，中国运动员不能参加这届奥运会，不久，中国奥委会正式宣布不参加第十六届奥林匹克运动会。

2月21日　中国人民解放军开始接收旅顺口海军基地。1945年8月22日，苏联军队在参加对日作战中占领旅顺。1950年2月14日，中华人民共和国政府与苏联政府签订《中苏友好同盟互助条约》和《关于中国长春铁路、旅顺口及大连的协定》，其中规定“两国共同使用旅顺口海军根据地”，并规定苏联军队“不迟于1952年末”自共同使用的旅顺口海军根据地撤退。后因朝鲜战争爆发，苏军撤退时间被推迟。1954年10月12日，中苏两国政府发表关于旅顺口海军根据地问题的联合公报，决定“苏联军队的撤退和旅顺口海军根据地地区的设备移交”，“应于1955年5月31日前完成”，2月21日，中国人民解放军海军和沈阳军区部队开始接收苏联军队驻旅顺、大连地区的防务。4月15日接收完毕，中苏双方举行交接仪式。5月24日举行总签字仪式。同时，中国人民解放军驻旅顺口地区部队也最后完成了对旅顺口海军基地军事设备的接收工作。5月26日，苏军指挥部人员启程回国。1955年4月15日，中华人民共和国国防部发布命令，成立中国人民解放军海军旅顺基地。

2月21日—3月15日　交通部主持召开公路基本建设会议。会议总结了1954年公路基本建设的成绩：投资额完成国家计划的101.6%，建筑安装工作量完成国家计划的101.6%，新建和改建公路的竣工里程仅中央投资部分即达3 015公里，康藏、青藏两大公路已提前通车。华南、华东等地区的公路也如期竣工。勘察设计方面，除完成大量的踏勘测量及技术测量外，还完成了1 765公里的初步设计及1 669公里的技术设计。水文地质和工程地质调查工作也有了改进。会议批评了工作中尚存在的浪费大、成本高、质量低、管理混乱的情况，认为根本原因在于计划指导思想上的盲目冒进情绪。会议决定，今后修建公路应按照统筹安排、重点建设的方针，修建重要的道路，继续克服盲目冒进情绪，根据国家的经济情况，因地制宜，做到少花钱，多修路，贯彻经济、适用的原则。会议还决定，在测设部门中开展一次学习苏联先进经验和树立正确的设计思想的学习运动，测量和设计工作应合理安排计划，正确地使用现有技术力量，系统地开展经济调查工作，制定测量，设计定额，并继续设计当前急需的标准图。在施工管理方面，要认真编好施工组织设计与技术组织措施计划，加强财务管理，重点进行经济核算制，试行经济活动分析，并建立专责的工程监理机构，严格实行工程监理制度。

2月25日　中共中央发出《关于在少数民族地区进行农业社会主义改造问题的指示》。《指示》中说：目前，很多已完成了民主改革的少数民族农业区，正着手进行社会主义改造，这些地区中很多是经济、文化上还很落后，群众的觉悟程度和对互助合作运动的经验还很不够的。只有在当地党委充分注意到民族特点和政治、经济、文化各方面的落后状况，决心用更多的时间和慎重稳进的方针逐步地实现社会主义改造的情况下，才可能把少数民族地区的互助合作运动健康地顺利地推向前进。《指示》最后说，中央认为有必要要求各地党委注意认真研究和检查在少数民族地区进行社会主义改造的各项工作，防止或纠正"硬赶汉区"的冒进倾向，以便使已完成民主改革的少数民族农业区的互助合作运动，更加稳步、更加健康地向前发展。

本　月　铁道部主持召开全国铁路工作会议。会议总结了1954年的工作，规定了保证完成1955年运输计划和基本建设计划的具体措施。1954年全路发送货物吨数完成计划的103.1%，各项主要物资的运输，如煤焦、金属矿石、矿建材料、木材、盐等，都超额完成计划；并完成了延展铁路网和加强行车能力的主要工程，新建铁路800多公里。会议批评了1954年铁路工作中存在的缺点，着重研究了1955年工作中加强计划工作问题。1955年全路货物发送吨数比1954年将增加10%左右，基本建设投资增加33%，新建铁路将铺轨1 000多公里，为此，会议强调，各级领导干部今后要在当地省、市计划委员会的支持与协助下开展经济调查工作，熟悉各企业产销情况，大力组织平衡运输，尽可能缩小月度间和季度间运输波动的幅度，逐步减少对流、重复、过远、过近等不合理运输。

3月1日　中共中央批复华南分局《关于目前农村紧张情况与措施的报告》。中央说，同意分局《关于目前农村紧张情况与措施的报告》，认真做好粮食统销工作，是缓和目前农村紧张局面、推动春耕生产运动的重要条件，分局已在这方面下了很大力量，还望遵照即将发出的党中央同国务院的联合紧急指示和此次中央财经会议的精神，紧密结合春耕生产运动，进一步做好补课工作。已经完成统销工作的地区，要切实进行一次检查，认真解决其中的遗留问题；没有完成统销工作或统销工作上存在很多问题的地区，在不过分影响春耕生产工作的条件下，适当集中力量当做主要问题来解决。在统销中，既要注意适当满足缺粮农民需要的供应，也要注意纠正对那些不该供应的户而予以供应的现象，以稳定国家粮食供应指标不被突破。华南分局的报告中反映了当时在粮食统购工作中农民的种种不满情绪和做法，出现了普遍严重的紧张情况，这主要是因为去年（1954年）的购粮任务确实重了一些，购粮任务大部分集中在去年12月份1个月内完成，时间急，任务重，并且在购粮中比较普遍地出现与滋长了命令主义作风，在部分地区更发生了严重的命令主义以致违法乱纪的极端错误的行为，情节十分恶劣。因此，华南局提出了缓和紧张情况，改善与进一步巩固党与农民的关系的措施。

同　日　中共中央发出《关于宣传唯物主义思想和批判资产阶级唯心主义思想的指示》。《指示》说：为了实现党的总路线，在3个五年计划、15年左右（1953年算起）的时期内实现我国的社会主义建设和社会主义改造，达到消灭城乡资本主义的成分，在6亿人口的伟大国家建成社会主义社会，必须在知识分子中和广大人民中宣传辩证唯物主义和历史唯物主义思想，批判资产阶级唯心主义思想，并在这个思想战线上取得胜利。没有这个思想战线上的胜利，社会主义建设和社会主义改造的任务就将受到严重阻碍。各级党委首先是省市以上的党委，必须加强对理论工作的领导，组织和培养理论工作的队伍，在广大人民和党员中、在党内外知识分子中、在学术和文化的各个领域中，宣传唯物主义思想，批判资产阶级唯心主义思想，为实现党的总路线而斗争。《指示》中认为：从1954年10月开始的对胡适、俞平伯和胡风等资产阶级唯心主义思想的批判，有极其重大的意义。在各个学术和文化领域中清除资产阶级错误思想的任务，是不能在一个短期的运动中解决的，必须以长期的努力，开展学术的批评和讨论，才能达到目的。《指示》还提出了在学术争论和批评中应注意的各种问题。要求在8年内，使500万党外知识分子的绝大多数（例如300万）都能够了解马克思主义的基本知识，了解辩证唯物主义和历史唯物主义的基本内容。《指示》发出以后，全国报刊发表了一大批文章，其中一些文章简单粗暴，说理不足，以势压人，伤害了一些愿意从事有益于人民的工作的知识分子，给科学文化的发展带来了消极影响。

3月3日　中共中央批转地方工业部党组关于扩展公私合营工业计划会议对私营工业生产安排问题报告的批示。批示说，报告中对目前私营工业情况的分析及对其生产安排的方针和各项措施的意见是正确的。对资本主义工业实行社会主义改造，是党在过渡时期总任务的组成部分，是我国社会主义工业化的重要条件。在资本主义工业的改造过程中，必须对私营工业的生产逐步进行统一安排，并根据需要和可能，进行私营工业的生产改组、技术改进和企业改革等工作，使之适应国家建设与人民生活的需要，以逐步纳入国家计划的轨道。必须指出，私营工业是我国工业的一部分，它经过改造之后，将来还要变成国营工业。故在考虑国营工业的发展计划时，必须同时将私营工业的已有设备考虑在内，过去对这一方面是注意不够的。今后必须认真注意：一、按照全国平衡、统筹兼顾，既要有所不同，又要一视同仁的方针，继续贯彻对私营工业利用、限制和改造的政策，并把对私营工业的社会主义改造和对其逐行逐业的生产安排这两方面的工作结合进行，这是克服目前私营工业某些困难的基本方向。二、必须对私营工业的生产情况，逐行逐业继续进行调查研究，并尽速按产品类别即按产业划分工业管理系统，逐步扩大工业计划产品的范围，加强国家对私营工业加工订货工作的计划性，克服其盲目性与自发性。三、为了加强对私营工业改造和生产安排的领导，加强中央和地方对私营工业的管理机构是必要的。中央在原则上同意报告中另成立一个掌管地方工业部门的建议，并由有关部门据此原则提出具体方案，报中央批准，各地亦应根据需要并按精简原则设立或加强相应的管理机构。

同 日 中共中央，国务院发出《关于迅速布置粮食购销工作，安定农民生产情绪的紧急指示》。《指示》说，在2月召开的全国财经会议上，集中研究了农村情况，认为农村情况相当紧张，主要是农民群众、尤其是中农对于党和政府的统购统销工作不满，感到购的过多，多增产就多购，对自己没有好处。此外，有的地区互助合作运动搞得过粗过快，某些措施不尽合理。根据财经会议的意见，这个《指示》提出：粮食的购销是具体体现工人阶级同农民关系的一个方面，必须做到既取得粮食，又能巩固工农联盟；既照顾国家的需要，又照顾农民的可能。因此，对粮食统购统销数字的规定，必须切合实际。同时，应进一步采取定产、定购、定销的原则，使农民心中有数，情绪稳定，以缓和农村的紧张情况，促进农业生产的发展。根据上述原则，1955年7月—1956年6月，年度粮食征购指标为900亿斤，比上年度预计仅多20亿斤，大体维持上年度水平；年度销售指标为753亿斤，比上年度预计减少20亿斤。

同 日 国务院第六次全体会议通过农业部《关于1954年农业生产基本情况和当前农业增产措施的报告》。《报告》说，当前农业生产中存在的主要问题是：连续2年都没有完成粮棉增产计划，从而加深了粮棉供应的紧张程度。不但粮棉如此，油料、丝、茶、烟、麻等经济作物和畜牧、水产等，一般也都供不应求。造成这种情况的原因，客观上是严重的自然灾害的影响，主观上是：在依靠互助合作发展农业生产的同时，对农具推广、技术指导、干部训练和其他经济援助等工作没有跟上来；对农业缺乏全面规划，计划准确性差；在工作中习惯于用动员方式和一般号召来对待具体经济工作，对于农业工作的对象多数还是分散的小生产农民这一点认识不足，在推行增产措施时还不善于运用群众路线的工作方法，或者强迫命令，或者放任自流。《报告》提出完成农业增产任务应采取的主要措施是：一、贯彻党在农村中的阶级路线，依靠互助合作，发展农业生产。二、保证农业增产的各项具体措施，如合理地、充分有效地利用土地；改进耕作技术；在量力发展大型灌溉工程的同时，大力发展小型农田水利；改良农具和推广良种；繁殖耕畜和提高耕畜质量以及积极扩大肥源等。三、健全县以下的农业机构，适当增加编制所需名额，逐步建立区的农业技术推广站，在1957年内基本上做到区区有站。县农林水利局或科学技术推广站的干部配备必须注意质量，不得滥竽充数，以加强对农业生产的领导。这次会议还通过了《关于春耕生产的决议》。

3月4日　高等教育部发出《关于研究和解决高等工业学校学生学习负担过重问题的指示》。《指示》说，1954年—1955年第一学期，各地高等工业学校教学改革方面获得了很大成功。但普遍发生程度不同的学生学习负担过重的现象，多数学生每周课内外学习时间超过60小时以上，有些竟达70小时以上，影响了学生身体健康，妨碍了学生对时事政治的关心和学习，也影响了教学效果。指示要求各高等工业学校必须加强对教学工作的思想领导和组织领导。首先要使全体教师认识，学习苏联必须与中国实际相结合，稳步提高教学质量，贯彻全面发展教育的方针。必须贯彻“学少一点、学好一点”的原则。教务长和系主任必须加强对教研组工作的具体指导和经常检查监督。必须通过教研组集体，积极改进教学工作，克服教学内容重复和脱节的现象。《指示》规定各高等工业学校必须执行统一的教学计划，但执行时，应注意结合本校具体条件。《指示》还规定，从本年第二学期起，对学习专业有困难的学生，经校、院长批准，可免修俄文。有些校、系科或专业如执行统一教学计划难度较大，且俄文师资条件较差的，可不设俄文课或将之改为选修课。指示要求各校应特别关心工农干部学生的学习，注意加强对他们的课外辅导。《指示》还谈到了改进教学工作组织和学生自学工作计划和安排问题，并将学校学生每周学习总时数控制在54小时之内。

3月9日　国务院第七次全体会议通过《关于成立西藏自治区筹备委员会的决定》。《决定》规定：一、西藏自治区筹备委员会是负责筹备成立西藏自治区的带政权性质的机关，受国务院领导。其主要任务是依据我国宪法的规定以及关于和平解放西藏办法的协议和西藏的具体情况，筹备在西藏地区实行区域自治。二、西藏自治区筹备委员会名额定为51人：西藏地方政府方面15名，班禅堪布会议厅委员会方面10名，昌都地区人民解放委员会10名，中央派在西藏地区工作的干部5名，其他方面（包括寺庙、各主要教派、社会贤达、群众团体等）11名。筹备委员会设主任委员1人，副主任委员2人。由达赖喇嘛·丹增嘉措任主任委员，班禅额尔德尼·确吉坚赞任第一副主任委员，张国华任第二副主任委员。筹备委员会设秘书长1人，副秘书长3人，秘书长由阿沛·阿旺晋美担任，西藏自治区筹备委员会设立常务委员会，于筹备委员会成立时组成，报国务院批准。筹备委员会下设办事机构：办公厅、中财委、宗教事务委员会、民政处、财政处、建设处、文教处、卫生处、公安处、农林处、畜牧处、工商处、交通处。《决定》要求，西藏自治区筹备委员会应同中国人民解放军西藏军区司令部取得联系，并应积极协助西藏军区司令部巩固国防，保护地方治安。经国务院批准的西藏自治区筹备委员会办理的有关事项，西藏军区司令部亦应遵照执行。3月13日，《人民日报》为此发表题为《西藏地方工作发展的新阶段》的社论。

同　日　国务院第七次全体会议通过《关于帮助西藏地方进行建设事项的决定》。《决定》说，为促进西藏地方建设事业的发展，接受达赖喇嘛和班禅额尔德尼的提议，并按照西藏地方目前的需要和可能条件，决定拨款和派技术人员，帮助西藏地方进行以下各项经济文化建设：一、在拉萨建立1座设备完善的水力发电厂，并视条件，筹划日喀则水力发电事宜。目前应先在日喀则建1座火力发电厂，解决照明和通讯需要。二、在拉萨建立1座皮革厂，并建1座小型铁工厂。三、修筑拉萨河和年楚河的河堤水坝。四、以现在拉萨的“七一”农业试验厂为基础，逐渐增加设备和配备必要的农技人员，使之成为设备较完善的农业试验场。拨给日喀则抽水机2部，试办小面积农田灌溉。五、将西藏军区干校改为西藏地方干部学校，并予扩建。扩建日喀则小学校舍，使其由现在可容200名学生扩大至可容500名学生。六、在拉萨市和日喀则市各修一条碎石路面的街道。七、修建班禅堪布会议厅委员会公用房和拉萨招待所。八、拨给西藏地方（西藏地方政府、班禅堪布会议厅委员会、昌都地区人民解放委员会）农业工具购置费100万元，由西藏自治区筹备委员会据具体情况统一筹划，协商分配，决定还规定了以上各项建设工程的具体负责部门。

3月10日　第一届全国人大常委会举行第八次会议。会议根据国务院提出的意见，首先讨论了关于第一届地方各级人民代表大会任期问题。鉴于在中华人民共和国宪法公布前，地方各级人大第一次会议都已先后召开，时间参差不齐，在此情况下如不作统一的规定，一部分县以上地方各级人大同基层人大选举时间将相距较远，不能衔接；同时，就会形成常年都要进行地方选举工作。会议为此决定，第一届地方各级人大的任期，一律到第二届各该级人民代表大会举行第一次会议为止，第二届地方各级人大代表的选举，直辖市、县、市、市辖区、乡、民族乡、镇一律在1956年办理，省一律在1958年办理。其具体时间由全国人大常务委员会规定。会议还据国务院提出的意见，讨论了关于省县乡改变建制后本届人民代表大会代表名额问题。会议根据国务院提议，决定因改变建制而合并的省、县、乡人大代表名额超过选举法规定名额时，一律保持现有名额，待选举省、县、乡下一届人大代表时再调整。

3月15日　前国民党高级将领卫立煌自香港回到广州并发表《告台湾袍泽朋友书》。卫立煌说：祖国近五年来，在共产党和毛主席领导下，凡百设施，突飞猛进，为有史以来所未有。对外在国际上国家声望日高，对内使各民族融洽共处，形成空前未有之大团结。祖国经济建设一日千里，达到由无而有，自少而多。尤其在人事方面，不论过去如何，凡对国家有贡献者，均能奖励扶植，一视同仁（如程颂云、翁文灏、张治中、傅作义、陈明仁、郑洞国等等）。卫立煌说，台湾是中国领土，乃是历史上和外交上文献所记载，任何人不能歪曲事实，加以否认。美国欲以武力强据台湾，乃其别具帝国主义者侵略野心，无论他如何颠倒是非，混淆视听，也不能掩盖天下人的耳目。台湾之于中国，正如夏威夷之于美国，如有其他国家舰队霸占夏威夷领海，他们美国人民又将作何感想？深望在台数十年共患难的袍泽们、朋友们及早醒悟，在有形无形中，各自乘机量力而为，祖国及国人必不有负于诸位。

3月17日　中共中央批转陈毅关于全国扩展公私合营工业计划会议和关于召开私营工商业问题座谈会的报告。中央在批示中说，同意这2个报告并转发各地，即希望认真研究组织贯彻。中央认为报告中所提出的在对资本主义工商业进行社会主义改造中所存在的思想偏向，应当引起从事这一方面工作的干部，首先是领导干部和党委的密切注意。这些思想偏向，反映了我们干部中还有不少人没有认真学习党在过渡时期对资本主义工商业的利用、限制、改造政策，没有充分认识到资本主义工商业进行社会主义改造是实现社会主义工业化的重要条件之一，没有充分认识改造资本主义企业和改造资产阶级分子是一个长时期的复杂的深刻的阶级斗争，因而他们或者是不重视甚至不愿意担任这一方面的工作，或者是采取急躁的简单的态度和方式去处理公私合营企业中各种有关政策性的问题。中央要求各级党委必须经常地加强对干部的总路线教育，督促检查政策的贯彻执行。同时，也要求我们的干部继续认真学习党在过渡时期的总路线，努力做好改造资本主义工业和资产阶级分子的双重改造工作，目前的情况是重视对企业改造而忽视对资产阶级分子的改造，这是必须纠正的，两者应同时抓紧才好。另一报告介绍了在北京召开工商座谈会的经验，这是一个正确运用政协这一统一战线组织来处理国内阶级斗争的范例，各地党委应参考这个经验去进行政协分会的领导工作，特别是有关工商、文教与党派工作均应采用这个经验去做。陈毅在《报告》中说，全国扩展公私合营工业计划会议，开了35天，已于1955年1月8日结束。会议原拟讨论：1955年与1955年—1957年扩展公私合营工业的计划和对资本主义工商业进行社会主义改造工作的组织领导方案，并交换扩展公私合营工作的经验。但会议一开始，各地代表（主要是上海、天津、沈阳等地代表）反映：私营工业中若干行业的生产困难相当严重，如不加以解决，则扩展合营的计划难以制订。对于这一问题的急迫与重要，随即将讨论转向研究私营工业生产的安排问题。经过党内反复讨论，并同时征求了党外人士的意见，由陈云根据中央的决定，对于私营工业生产问题，提出了明确调整方针。陈云的报告，使会议对扩展公私合营工业计划的研究，得以顺利进行。会议中的几个问题为：一、1954年是在全国范围内有计划地进行扩展公私合营工业的第一年，由于中央和各级党委的领导及干部的努力，我们在扩展公私合营工作方面，取得了很大的成绩。一年来的成就证明：经过国家资本主义逐步完成对资本主义工商业的社会主义改造的方针是完全正确的，对资本主义工业的社会主义改造主要经过公私合营来进行的政策，也是肯定无疑的。但是工作中也存在着不少缺点：1. 在合营企业中，对资产阶级分子的改造重视不够。2. 有些合营企业单纯追逐生产数量，忽视产品质量的改进，甚至有少数企业合营后出现产品质量降低的不正常现象。3. 对新扩展的合营企业工作比较注意，对于合营较早企业的整顿工作，则抓得不够紧。4. 在地方工业建立以前，对于资本主义工业的生产安排与业务管理，没有专门的机构负责。同时，掌握改造资本主义企业的机构，职责也不够明确。二、会议不但总结了1年来公私合营工作的政治、经济等方面所获得的成绩和缺点，而且批判了在对资本主义工商业进行社会主义改造这一战线上所发现的思想偏向。三、关于1955年扩展合营计划，各地提出的数字是：产值17万亿（按1953年计算，以下同）；户数2 508户；职工20万人。国家的现金投资为5 940亿元。1955年到1957年的扩展合营工业计划数字是：产值54.53万亿；户数1.5万；职工约60余万人。经过研究，大家认为这个计划是可以完成的，如果工作做得好，还可能超额完成。

3月20日　总政治部、内务部、公安部联合下发《对蒋军俘虏及起义、投诚人员的处理安置办法》。文件指出了在处理蒋军俘虏及起义、投诚人员中存在的一些问题，提出了进一步安置好这一类人员的9条意见。其中心内容是，区别不同情况，采取不同方法，妥善安置好俘虏及起义、投诚人员。

3月21日—31日　中国共产党全国代表会议在北京举行。中共中央主席毛泽东致开幕词，会议的3项议程为：中共中央政治局委员、书记处书记陈云代表中央委员会在会上作关于发展国民经济第一个五年计划的报告。会议通过了《关于中华人民共和国发展国民经济第一个五年计划草案的决议》。会议认为这个计划是实现党在过渡时期总路线的一个重要步骤，并号召全党为完成和超额完成这个计划而奋斗。会议听取了邓小平所作关于高岗、饶漱石反党联盟的报告，通过了《关于高岗、饶漱石反党联盟的决议》，决定开除高岗、饶漱石的党籍，撤销他们党内外的一切职务。会议还通过了《关于成立党的中央和地方监察委员会的决议》，选出了以董必武为书记的中央监察委员会。31日，毛泽东讲话对会议作了结论，认为这次会议是延安整风以来的又一次整风会议。会议证明党的水平是大为提高了，反对高岗、饶漱石反党联盟的斗争将促进党又进一步。他指出现在进入钻社会主义工业、钻社会主义改造、钻现代化的国防、并且开始要钻原子能这样的历史的新时期。他希望所有的省委书记、市委书记、地委书记以及中央各部门的负责同志都要奋发努力，在提高马克思列宁主义水平的基础上，使自己成为精通政治工作和经济工作的专家。一方面要搞好政治思想工作，一方面要搞好经济建设。毛泽东在讲话中还对高岗、饶漱石反党联盟的问题讲了6点意见。

3月22日　中央农村工作部作出《关于巩固现有合作社的通知》。《通知》是根据中共中央的指导方针和实际情况拟定，发送上海局、各分局、各省（市）委农村工作部，并要求迅速传达到县区。《通知》说，一、现在春耕季节已到，全国农业生产合作社已发展到60万个，完成了预定计划。不论何地均应停止发展新社，全力转向春耕生产和巩固已有社的工作。二、今年的春耕工作困难是很多的，农村紧张状态还未完全缓和下来，肥料缺乏，耕畜不足，若干地区且发生春荒。当前的基本要求是稳定农民生产情绪，克服困难，完成春耕播种任务。三、在新建的合作社中一般存在着部分社员不自愿或不很自愿的现象，这个问题必须采取有力措施加以解决。四、省、县农村工作部门，应派人下去切实帮助若干合作社制订社章，并运用已制订好的社章，在附近的合作社内组织学习讨论，适时解决一些亟待解决的问题，如草料筹集、耕畜等问题。五、必须划定几个月的时间，由领导机关派人把现有合作社的办社骨干，主要是正副社长和会计员，普遍地做一次了解、挑选工作，社的骨干各方面均好的和基本上具备条件的，应帮助他们做好工作，加强与社员群众的联系，继续加以提高。六、要在党委的统一领导与部署下，抽调一切可以抽调的力量，投入生产工作和巩固合作社整理互助组的工作。

3月25日　中国人民志愿军总部发言人宣布，中国人民志愿军6个师将于1955年3、4月从朝鲜撤返祖国。发言人同时宣布，中国人民志愿军司令员杨得志已返祖国，由杨勇继任中国人民志愿军司令员。3月31日，首批撤返人员抵达安东市，6个师于4月20日全部撤出朝鲜。

3月29日—5月4日　第三次中日贸易谈判在日本东京举行。应日本国际贸易促进协会和日本国会议员促进日中贸易联盟的邀请，中国访日贸易代表团于3月29日抵达东京。这是中国贸易代表团第一次访问日本。双方为进一步发展两国贸易关系，并增进两国人民之间的友谊，根据平等互利的原则，举行了第三次两国贸易协定的商谈。谈判的重点集中在对发展中日贸易有重要关系的缔结支付协定、互设常驻商务代表机构以及双方政府承担责任的问题上。5月4日，双方在东京签订了第三次《中日贸易协定》。中国访日贸易代表团团长雷任民、副团长李烛尘、卢绪章等，日本国际贸易促进会会长村田省藏及山本熊一和日本国会议员促进日中贸易联盟代表理事池田正之辅及宇田耕一等参加了签字仪式。双方认为，这次谈判是有收获的。

3月31日　中国共产党全国代表会议通过《关于高岗、饶漱石反党联盟的决议》。《决议》说："中国共产党全国代表会议听取了邓小平同志代表中央委员会所作的关于高岗、饶漱石反党联盟的报告，对中央政治局在中央委员会第七届第四次全体会议以后关于高岗、饶漱石反党联盟问题所采取的措施，一致表示同意。"然后《决议》

阐述了高岗、饶漱石反党活动的历史渊源。《决议》说："高岗、饶漱石反党联盟的特点就是他们始终没有在任何党的组织或任何党的会议上或公众中公开提出过任何反对党中央的纲领，他们的唯一纲领就是以阴谋手段夺取党和国家的最高权力。他们在党的组织和党的会议面前竭力掩藏自己的真正面貌，而在进行阴谋活动的时候，也是随时随地变换自己的手法。他们是在目前阶级斗争的特殊环境中，在党内产生的企图篡夺党和国家的领导权力的毫无原则的阴谋集团"。"中国共产党全国代表会议一致决议：开除反党阴谋的首脑和死不悔悟的叛徒高岗的党籍，开除反党阴谋的另一名首脑饶漱石的党籍，并撤销他们的党内外各项职务。"《决议》最后强调要加强党的团结和统一，加强党对任何地区、任何部门、任何工作人员的严格、经常、系统、由上而下和由下而上的监督等。

同　日　中国共产党全国代表会议通过《关于成立党的中央和地方监察委员会的决议》。《决议》说：中国共产党全国代表会议决定成立党的中央的和地方各级的监察委员会，代替中央的和地方各级的党的纪律检查委员会，借以加强党的纪律，加强反对党员中各种违法乱纪现象的斗争，特别是防止像高岗、饶漱石反党联盟这一类严重危害党的利益的事件重复发生。本届党的中央监察委员会由本次全国党的代表会议选举，并由中央委员会全体会议批准，党的地方各级（省、自治区、直辖市、市、自治州、专区、县、自治县）监察委员会由各该地方最近召集的党的代表大会或代表会议选举，并由上一级党委批准。党的各级监察委员会在各级党委指导下进行工作。最后，《决议》阐述了党的中央和地方各级监察委员会的任务、职权范围以及注意与国家检察机关和各级政府的监察机构密切结合进行工作等。

4月1日　中国政府与印度政府联合发表公报。中华人民共和国政府和印度共和国政府发表关于印度政府将其在西藏地方所经营的邮政、电报、电话及设备和驿站及设备交给中国的公报，移交仪式于今日在拉萨市举行。公报说，双方官员自1954年12月10日起，至1955年3月3日止，完成了清点及估价工作，并于1955年3月3日在江孜签订上述清点工作总清单。双方同意自1955年4月1日起，印度政府将其过去在中国西藏地方所经营的邮政、电报、电话等企业及其设备、驿站及其设备全部交给中国政府所有。双方同意所有驿站及其设备的价格为印币316 828卢比，中国政府并于1955年3月31日将全部款项付清。正式交接仪式于1955年4月1日在拉萨举行。

4月3日　上海市委第三书记、上海市副市长潘汉年被逮捕审判。与潘汉年同月被逮捕的还有上海市公安局副局长扬帆。他们曾被指为“潘（汉年）、扬（帆）反革命集团”。1963年6月，最高人民法院终审判决，认定潘汉年是“长期暗藏在中国共产党和国家机关内部的内奸分子”，判处潘汉年有期徒刑15年，剥夺政治权利终身。1965年，扬帆被以“内奸、反革命”判刑16年，剥夺政治权利终身。1970年，经中共中央批准，决定将潘汉年永远开除出党，并改判无期徒刑（未办理改判手续）。1975年3月，潘汉年被下放到湖南省劳改，剥夺公民权。1977年4月14日潘汉年含冤病逝。中共十一届三中全会后，1981年起，中共中央纪律检查委员会对潘案进行了复查，根据复查结果，中央认为这是建国以来第一大错案。1982年8月23日，中共中央发出为潘汉年平反昭雪、恢复名誉的通知，恢复其党籍，追认潘汉年的历史功绩。凡因“潘案”受到牵连者，由有关机关实事求是地进行复查，定性错的应予平反，并将其政治待遇、工作安排、生活困难等善后问题，切实处理好。

4月4日　中国共产党举行七届五中全会。会议批准了中国共产党全国代表会议所通过的3项决议和所选出的中国共产党中央监察委员会的人选。五中全会委托中央政治局根据党的全国代表会议的讨论，对于中华人民共和国发展国民经济的第一个五年计划草案作适当的修改，然后提交第一届全国人民代表大会第二次会议予以审议和通过。会议补选了林彪、邓小平为中央委员会政治局委员。

4月6日—10日　郭沫若率团出席亚洲国家会议。会议在印度新德里举行。16个国家的约225名代表及观察员出席了会议。阿努普·辛格博士代表印度代表团作关于政治问题的报告，中国代表团团长郭沫若代表中国代表团作关于政治问题的补充报告。印度代表麦格纳德·萨哈博士提出关于科学问题及和平使用原子能的报告。日本代表小林义雄作关于亚洲经济问题的报告。锡兰代表团团长阿马拉辛格作关于经济问题的补充报告。印度代表卡卡·卡里尔卡作关于社会和文化问题的报告。苏联代表团团长吉洪诺夫等在会上发言。会议通过了关于政治问题、文化问题、科学问题、经济问题和社会问题的决议及出席会议的宗教界的代表提出的关于亚洲国家的教徒为争取和平而进行合作的呼吁书。一致通过了《关于设立一个亚洲团结委员会的决议》。4月13日，《人民日报》发表了题为《保卫亚洲和平的重大号召》的社论，热烈庆祝亚洲国家会议的成功。

4月7日　第一届全国人大常委会举行第九次会议。会议根据国务院提出的议案，通过于《关于结束中华人民共和国同德国之间的战争状态的决议》。同日，中华人民共和国主席毛泽东公布了《关于结束中华人民共和国同德国之间的战争状态的命令》。会议还听取了安徽省人民委员会委员曾希圣关于2年来安徽省农业生产情况的报告。会议通过了任命最高人民检察院检察员名单，通过了最高人民检察院提请批准任免北京市、天津市、上海市、河北省、山西省、内蒙古自治区、辽宁省、吉林省、黑龙江省、热河省、陕西省、甘肃省、青海省、新疆省、山东省、江苏省、安徽省、浙江省、福建省、河南省、湖北省、湖南省、江西省、广东省、广西省、四川省、贵州省、云南省、西康省、广州市人民检察院（署）检察长、副检察长、检察员名单。

同　日　中华人民共和国主席毛泽东发布《关于结束中华人民共和国同德国之间战争状态的命令》。《命令》指出：由于希特勒德国发动破坏世界和平的法西斯侵略战争和支持日本对中国的侵略战争，中国于1941年12月9日宣布同德国处于战争状态。希特勒侵略者被消灭以后，1945年的波茨坦会议决定了德国应当发展成为和平、民主、统一的国家和缔结对德和约的途径。但是由于美、英、法3国一贯奉行分裂德国、使西德复活军国主义和加入侵略性的军事集团的政策，德国仍然处于分裂状态，对德和约仍然未能缔结。现在，美、英、法3国积极图谋通过实施巴黎协定，进一步阻挠德国和平统一和缔结对德和约，使欧洲的和平安全受到严重的威胁。中华人民共和国坚决支持德意志民主共和国和全德人民以及苏联和所有爱好和平的国家和人民为争取德国和平统一、促进对德和约的缔结、保障欧洲集体安全和维护民主和平的斗争，同时为了中国人民和全德人民的利益，现根据中华人民共和国第一届全国人民代表大会常务委员会第九次会议的决议宣布：一、中华人民共和国同德国之间的战争状态从此结束。两国之间的和平关系应当建立起来；二、中华人民共和国同德国之间的战争状态的结束并不改变德国的国际义务。同时并不影响中华人民共和国根据有关德国的国际协定而享有的权利和承担的义务。4月9日，《人民日报》为此发表社论《中德两国关系的新发展》。

4月11日　“克什米尔公主号”失事。“克什米尔公主号”是中国政府包用印度国际航空公司的一架“星座”式客机。参加亚洲非洲会议的中华人民共和国政府代表团工作人员石志昂、李肇基、钟步云，新闻记者沈建图、黄作梅、杜宏、李平、郝凤格以及越南民主共和国出席亚非会议的政府代表团工作人员王明芳，波兰共和国记者斯塔列茨，奥地利记者严斐德等11人，于北京时间4月11日12时15分乘该机自香港起飞，前往雅加达转赴万隆。该机起飞近5小时后，在飞越北婆罗洲沙捞越西北海面时，在距海面1.8万英尺高空发生爆炸，右翼起火，火势迅速蔓延以致水力液体和电力设备失灵。机务人员企图在海上迫降失败，飞机在部分操纵失灵情况下，以右翼尖端触及海面并致机体破裂，机上全部人员遇难。中国外交部4月12日发表声明，指出这绝非一般的飞机失事，而是台湾当局特务机关在美国支持下蓄意制造的谋杀，以实现其暗杀我国以周恩来为首的参加亚非会议的代表团人员和破坏亚非会议的阴谋，波兰外交部、越南外交部也相继发表声明，指责这一谋杀行径。4月17日，北京各界人民5 000多人在中山公园音乐堂举行追悼大会，追悼“四一一”遇难烈士。5月27日，印度新闻局发表公报，公布了负责调查“克什米尔公主号”飞机失事事件的印度尼西亚调查委员会的报告摘要，该报告提供了确凿证据，证明这架飞机是由于遭到定时炸弹的破坏而失事的，定时炸弹就安放在飞机右翼轮舱处，炸弹爆炸击穿了第3号油箱并引起了迅速蔓延的大火致使飞机失事。同日，香港英国当局就该机失事发表公报，确认了印度尼西亚调查委员会的报告，并指出“鉴于时间的因素（因为通常类型的定时炸弹是要在12小时以内爆炸的），看来最有可能的是，爆炸物事实上是当飞机在香港停留的时候被安放在飞机上的”。1956年1月11日，中国外交部收到英国驻中国代办欧念儒送交的英国政府关于“克什米尔公主号”飞机失事事件调查结果的声明，声明确认，经英国政府调查，“克什米尔公主号”飞机被破坏事件，是蒋介石集团指挥它在香港的特务机关在飞机右翼内部安置定时炸弹所造成的直接结果。

4月12日　中共中央作出《关于进一步加强市场领导、改造私营商业、改进农村购销工作的指示》。《指示》说，1954年入秋以来，城乡市场上出现了若干严重的情况：一、城市私商的营业额大部下降，经营困难，失业增加，不少私商有积累，靠吃老本维持。二、农村私商多数无法经营，农民要的某些必需品不容易买到，国家要的农产品收购也有困难，农民的生产情绪很不稳定，农村情况相当紧张。这种紧张情况，在国家工业化和社会主义改造的过程中是不能完全避免的，但我们必须承认，这个时期我们在工作上也存在着缺点，即批发没有组织好，国营和合作社的零售进得太快，在农村购销工作上，对于如何有利于充分发挥农民的生产积极性注意不够。根据以上情况，中央认为：一、工农业产品的主要货源已为我所掌握，私营批发商业已大部为我所代替。必须肯定，掌握批发环节是社会主义商业工作的重要关键。二、在城市零售阵地上，社会主义商业前进过多的部分，应该考虑作必须的退让，使所有私营零售商能够在可以维持的水平上，继续经营，以维持生活，并使其服务于商品流转，然后在这个基础上，进一步贯彻逐行逐业安排改造的方针，通过国家资本主义的各种各样形式或其他方式，加以改造，经过一个相当长的时期，使他们逐步过渡为国营商业的分销处、门市部，或由国家吸收使用其人员。三、农村的小商贩担负着收购、分配和距离运输等3种重要的社会任务。对于他们，改造的方针是：根据自愿的原则，在供销合作社领导和计划下，通过各种形式加以组织，使之经过互助合作的道路，分担农村商品流转的任务，并逐步过渡为供销合作社商业。四、统购统销方面，除了加强对农民的教育外，还要规定一个适当的购销数字，并实行定产、定购、定销的办法，春耕以前向农民宣布，使农民心中有数，努力进行生产。根据上述情况和方针，中央认为，为了缓和目前城乡的紧张情况，必须采取如下措施：一、对私营批发商，要让其继续经营。二、对城市零售商，通过各种形式的国家资本主义逐步改造安排，维持其生活。三、对农村集镇私商，仍按中央1954年7月指示，由供销合作社负责安排，负责供给货源，限期将合作社零售价格和国营商业零售牌价拉平，并适当调整批零差价，使私商的售价能够和合作社接近或一致，以维持私商一定的营业额。四、对农民关系方面：1. 粮食的计划收购，按中央所发关于迅速布置粮食购销工作，安定农民生产情绪的指示办理。2. 油料的计划收购，也应事先将国家需要收购的数字向农民宣布，发动农民普遍种植，一部分卖给国家，一部分自己使用等等。今后商业部门的工作，应该把更多的注意力放在批发方面，不仅国营商业如此，合作社商业也应如此。必须指出，改造私营商业是一种很艰苦的工作，其复杂程度不小于对私营工业的改造。要警惕他们的违法破坏活动，对小商小贩要进行经常的和长远的斗争，并进行系统的思想改造，要防止腐朽的资产阶级思想对我党党员和国家工作人员的侵蚀。对农民，要继续加强社会主义前途的教育，不断提高其社会主义觉悟。对于城乡私营商贩，有必要划分一下成分，以便区别不同对象，分别进行改造。

4月18日—24日　周恩来率中国政府代表团参加亚非（万隆）会议。13日，中华人民共和国主席毛泽东任命国务院总理兼外交部长周恩来为中国出席亚非会议代表团首席代表，陈毅、叶季壮、章汉夫、黄镇为代表。17日，周恩来一行到达印度尼西亚的万隆。18日—24日，亚非地区29个国家的340名代表在万隆举行了会议，即“万隆会议”。会议通过的议程是：经济合作、文化合作、人权和自决权、附属国问题、世界和平和合作的促进。周恩来在会上作了几次重要发言，严厉驳斥了美国政府对中华人民共和国的造谣中伤，对缓和远东特别是台湾海峡的紧张局势发表了声明，鲜明地提出了亚非国家应采取“求同存异”的方针，并提出了亚非会议在将来应再次举行的建议。中国代表团的立场获得了各国代表的拥护。亚非会议是亚非国家历史上第一次举行的、没有殖民国家参加的、讨论与亚非人民切身利益有关的共同问题的会议。会议依据中国和印度首倡的和平共处五项原则，提出了处理国与国之间关系的十项原则，要求有关国家在这些原则的基础上发展友好合作关系，进行经济合作和文化交流。在各与会国代表团的共同努力下，会议终于对议程中的各项问题达成了一项协议，在中国和印度首倡的和平共处五项原则基础上制定了著名的万隆会议十项原则：一、尊重基本人权、尊重联合国宪章的宗旨和原则。二、尊重一切国家的主权和领土完整。三、承认一切种族的平等、承认一切大小国家的平等。四、不干预或干涉他国内政。五、尊重每一个国家按照联合国宪章单独地或集体地进行自卫的权利。六、不使用集体防御的安排来为任何一个大国的特殊利益服务，任何国家不对其他国家施加压力。七、不以侵略行为或侵略威胁或使用武力来侵犯任何国家的领土完整或政治独立。八、按照联合国宪章，通过如谈判、调停、仲裁或司法解决等和平方法以及有关方面自己选择的任何其他和平方法来解决一切国际争端。九、促进相互的利益和合作。十、尊重正义和国际义务。会议所反映的亚非人民团结一致，反对帝国主义和殖民主义，争取和维护民族独立、保卫世界和平与各国人民间友谊的精神，被通称为“万隆精神”。会议期间（22日），周恩来代表中华人民共和国政府同印度尼西亚政府在雅加达签订了《关于双重国籍问题的条约》（6月3日，两国政府就条约实施的办法在北京交换了照会，该条约于6月26日全文公布）。会后，周恩来应印度尼西亚政府的邀请访问了印度尼西亚，28日发表了两国总理的联合声明。

4月21日—5月7日　中共中央农村工作部召开第三次全国农村工作会议。会议分析了1954年合作化运动的形势，认为成绩是主要的，但存在着3个方面的问题：一是发展60万个合作社的计划大了，原因是对主观力量估计过高，对群众觉悟的估计也有些过高，对把社办好看得太容易。二是政策上违反自愿互利原则，在土地评产、土地劳力分红比例、耕畜树木入社等问题上存在侵犯中农利益现象。三是工作中不走群众路线。会议提出，今后总的方针是停止发展，全力巩固，具体地说：一、现在全面停止发展，秋后看情况再定。个别县、区、乡未办社又有条件的，可个别试办。西南、中南几个省，粮食任务不大，还可以发展，但发展不要太快。二、全力巩固可能巩固的社。搞好生产，帮助解决牲口、饲料不足的问题，调整干部，保证增产。三、发展过大的，应适当收缩。能巩固50多万个社即是最大胜利。会后，各地继续进行整顿和巩固工作，结果巩固下来的有65万个社，其中80%以上增产，百分之十几不增不减，只有百分之几减产。被收缩的社约2万个，主要是浙江、河北两省。这样做，纠正了侵犯中农利益的错误，一度紧张的农村形势得到了缓和。

4月22日　中华人民共和国政府和印度尼西亚政府在万隆签订《中华人民共和国和印度尼西亚共和国关于双重国籍问题的条约》。1954年11月2日—1954年12月23日两国政府曾就双重国籍问题在北京举行初步谈判，并以在北京达成的协议为基础，于1955年3月29日—1955年4月20日在雅加达和万隆继续进行谈判。双方在谈判中根据平等、互利和不干涉内政的原则，在友好合作的基础上，进行了充分的协商后签订。《条约》规定：缔约双方同意凡属同时具有中华人民共和国国籍和印度尼西亚共和国国籍的人，都应该根据本人自愿的原则，就中华人民共和国国籍和印度尼西亚共和国国籍中选择一种国籍，具有上述2种国籍的已经结婚的妇女，也应根据本人自愿的原则在2种国籍中选择1种国籍。如愿意保留中华人民共和国国籍，必须向中华人民共和国的有关当局宣布放弃印度尼西亚共和国国籍，宣告后即被视为自愿选择中华人民共和国国籍。如愿意保留印度尼西亚共和国国籍，必须向印度尼西亚共和国的有关当局宣告放弃中华人民共和国国籍，宣告后即被视为自愿选择印度尼西亚共和国国籍。《条约》还规定了各种情况下国籍选择和归属的问题等。该条约于6月26日全文公布。

4月25日　中共中央批准国家计委的报告及草案。中共中央批准国家计委《关于1954年度国民经济计划执行基本情况和1955年国民经济计划中几个问题的报告》，同时批准的还有国家计委党组提出的1955年国民经济计划草案。中央要求各部门和各地区迅速将计划下达到基层单位切实执行。《报告》说，1954年农业生产因遭受水灾而没有完成计划，工业生产中还存在供产销不平衡的现象，在社会主义改造中有的注意了改造而忽视了安排。产生上述问题的主要原因，除客观因素外，主要是对于各种经济类型和各部门、各地区计划全面综合平衡不够，对经济发展情况的预见性较差。《报告》提出，1955年计划的特点是：农业增长速度较高，工业增长速度降低，基本建设任务大，财政收支与商品供应相当紧张。1955年安排的主要指标是：一、工农业总产值为1 090亿元，比上年增长7%。其中工业总产值444亿元，增长7.7%。这个速度低于前两年和五年计划草案所规定的工业增长平均速度。二、农业及副业总产值为543.7亿元。其中粮食产量3 608.6亿斤，棉花产量为2 606.6万担。三、基本建设总投资额为98亿元，比1954年增长31.5%。占五年计划纲要草案总投资额的22.9%，当年施工的限额以上的建设单位有1 079个，其中苏联为我国设计的有91个。四、社会商品零售总额为426亿元，比1954年增长10.4%。五、铁路货运周转量为1 023.3亿吨公里，比1954年增长9.8%。六、高等学校在校生达到56.1万人，高中在校生达到56.9万人。较上年增加约4.8%。七、财政支出较1954年约增加16.3%。为保证1955年计划的完成，报告建议各级党委和政工部门加强对经济工作的领导，并要求国家工作人员和国营企业部门如同对待法律一样来执行国家计划，合作社营和公私合营企业部门也应逐步作到这点。报告同时希望各部门、各地区积极开展计划检查工作，按季做出书面检查，报告中央，并抄送国家计委。为解决财政收支矛盾，要求增收节支，开展全面的厉行节约，反对浪费运动。中共中央在批示中认为，鉴于厂矿企业及事业单位人浮于事，浪费严重，1955年计划增加职工的数字过多，因而这一部分暂不批准，要求各部和省市重编劳动计划。

4月28日　中共中央、国务院发出《关于加紧整顿粮食统销工作的指示》。《指示》指出，由于许多地区没有结合“三定”（定产、定购、定销）作好粮食统销工作，致使本年度3、4月份粮食销量大大超过国家规定指标。粮食超销的主要原因是：农民对粮食统购统销有疑虑，因此不缺粮的农民也在买粮，该少买的要多买，该迟买的要早买，已经买了的还要买，使一些真正缺粮的农民得不到切实的保证。针对这种情况，《指示》要求：一切粮食销售超过指标的省区，要深入发动群众、宣传国家的统购统销政策；要向农民宣布国家对本乡、本区的粮食销售指标，对要求供应户逐户进行评议，核发购粮证；对不应供应，可以少供应或推迟供应的，通过民主评议停止或少供应，对过去多买了现在有条件退出的，可以斟酌情况令其退出一部分，但不许要求余粮户拿出自己的粮食，以免侵犯中农利益，引起农村混乱。

4月30日　国务院发出《关于对私商贷款的指示》。《指示》说，为配合统一安排私商的措施，决定增加银行对私商的贷款2 000万元，连同已贷出的1 000万元，共计3 000万元。《指示》指出，目前解决私商困难的主要办法，是有计划地调剂货源，维持私商一定的营业比重。在对私商安排和改造过程中，除调整营业额外，对资金确有困难的私商给予适当的贷款。对私商贷款必须掌握用途正确和“有借有还”的原则，这次贷款的主要对象，是城市私营零售商和集镇乡村的商贩。对采用经销方式的零售商可以贷款扶持，对采用代销方式的零售商一般不予贷款。各地应把对私商的贷款工作与统一安排私商的工作组织在一起，按行业统筹计划，确定贷户和贷款额度。

本　月　中共中央批发北京市委《关于手工业社会主义改造工作的两个文件》的指示。这两个文件是北京市委关于《1954年手工业社会主义改造工作的综合报告》和《1955年手工业社会主义改造工作的指示》，中央基本同意，发给各地参考。指出，1955年的手工业社会主义改造工作，应注意以下各点：一、必须十分重视对手工业的调查研究工作，掌握手工业的基本情况。目前这方面虽作了不少工作，但还是很不够的。二、在上述调查研究工作的基础上，进行系统的完整的行业排队工作，根据“统筹兼顾、全面安排”的精神，在国营经济领导下，结合国家对地方工业的统一安排，逐步地全面地按行业、按产品安排手工业生产，分别轻重缓急，按行业拟订供产销和手工业劳动者的安排、改造计划，以便通过计划平衡，逐步克服同行业之间在供产销方面的不协调现象，有准备、有步骤、有目的地进行手工业社会主义改造工作，发挥手工业对国营工业有力的助手作用。三、加强社会主义思想教育工作，大力改善手工业合作组织的经营管理，进一步明确手工业应为农业生产，并为城乡人民生活，国家工业建设和出口需要服务的生产方向，不断克服小生产者带来的资本主义经营思想和作风。四、整顿、巩固、提高现有手工业合作社（组），确是当前一项极为重要的工作，必须予以重视。五、加强党的领导和组织工作，在手工业合作组织和个体手工业劳动群众中加强党、团组织建设，建立党的领导核心，是顺利进行对手工业社会主义改造工作的重要关键。

5月4日　教育部发出通知，在北京师范大学举办高等师范函授部，先在北京师范大学化学系试点。暑期，在北京、河北招收以在职中学教师为主的函授本科生。函授本科的修业年限定为5年，教学大纲原则上与高等师范学校本科相同。到1955年5月，化学、数学、生物、物理、中文、历史、地理等学科的函授本科生已达1 000多人。

5月8日　旅大市各界人民11万多人举行欢送驻旅顺口地区苏军回国大会。22日，驻旅顺口地区苏军把所有的文化、卫生、福利等设备全部无偿地移交给中国人民解放军驻旅顺口地区部队。24日，负责办理苏军撤退和旅顺口地区的设备移交事宜的中苏联合军事委员会中苏双方，就苏联军队自共同使用的中国旅顺口海军根据地撤退后，将该地区的设备移交中华人民共和国事宜，在旅顺签署最后议定书。26日，驻旅顺口地区苏军指挥部的高级将领和指挥部全体人员离旅顺回国。至此，驻旅顺口地区苏军部队已全部从旅顺口地区撤退完毕。

5月13日、5月24日、6月10日《人民日报》分别发表所谓“胡风反革命集团”的三批材料。 这些材料是经林默涵指示舒芜整理的1943年到1950年胡风给他的信件材料。6月10日，在公布第三批材料时，《人民日报》发表社论《必须从胡风事件吸取教训》说：现在，胡风集团的假面已被完全揭穿了。胡风分子到底是一些什么人，现在也大体有了眉目。可以说，帝国主义国民党特务分子，反动军官，托洛茨基分子，革命叛徒，自首变节分子，就是这个集团的基本骨干。6月15日，《人民日报》编辑部将三批材料汇集成单行本，定名为《关于胡风反革命集团的材料》，毛泽东写了序言及编者按语。序言说：反革命分子怎样耍两面派手法呢？他们怎样以假相欺骗我们，而在暗里却干着我们意料不到的事情呢？这一切，成千成万的善良人是不知道的。就是因为这个缘故，许多反革命分子钻进我们的队伍中来了。我们的人眼睛不好，不善于辨别好人和坏人。我们善于辨别在正常情况之下从事活动的好人和坏人，但是我们不善于辨别在特殊情况下从事活动的某些人们。胡风分子是以伪装出现的反革命分子，他们给人以假相，而将真相隐蔽着。但是他们即要反革命，就不可能将其真相隐蔽得十分彻底。作为一个集团的代表人物，在解放以前和解放以后，他们和我们的争论已有多次了。他们的言论、行动，不但跟共产党人不相同，跟广大的党外革命者和民主人士也是不相同的。最近的大暴露，不过是抓住了他们的大批真凭实据而已。在以上材料发布的同时，全国开始了清查所谓“胡风反革命集团”的斗争，酿成了一大冤案。5月18日，全国人大常委会批准将胡风逮捕。1956年，经中共中央批准，判处胡风有期徒刑14年，剥夺政治权利6年。到1956年底，正式定名为“胡风反革命集团”分子的有78人（内有党员32人），其中划为骨干分子的有23人。1965年底，胡风被假释出狱。“文化大革命”中的1969年，胡风又被加判无期徒刑，收监关押。粉碎“四人帮”后，1978年底，撤销对胡风无期徒刑的判决，宣布释放。1980年9月29日，中共中央批转最高人民法院、最高人民检察院、公安部党组《关于“胡风反革命集团”案件的复查报告》，为“胡风反革命集团”和胡风本人平反。中央通知指出：

"胡风反革命集团"一案，是在当时的历史条件下，混淆了两类不同性质的矛盾，将有错误言论、宗派活动的一些同志定为反革命分子、反革命集团的一件错案。中央决定，予以平反。凡定为胡风反革命分子的，一律改正，恢复名誉。凡因"胡风问题"受到株连的，要彻底纠正。同年11月3日，北京市高级人民法院改正了1965年对胡风的判决，宣告胡风无罪。1985年，公安部对胡风政治历史中遗留的几个问题进行复查，予以平反撤销，经中央书记处同意，向有关部门发出了为其进一步平反的通报。1985年6月8日胡风病逝。1986年1月15日为他举行了追悼会。文化部部长朱穆之在悼词中称胡风是"我国现代革命文艺战士、著名文艺理论家、诗人、翻译家"。1988年6月18日，经中共中央政治局常委会讨论决定，中央办公厅发出《关于为胡风同志进一步平反的通知》，在1980年对胡风集团作政治上的平反的基础上，经过调查研究，又做了新的澄清和说明，撤销了1980年复查报告中3个政治性结论，取消了对胡风的文艺思想和宗派活动等问题的严厉指责。至此，胡风的政治名誉得到全面彻底的恢复。

5月12日　中共中央转发国家计委《关于重工业产品价高利大问题的报告》。《报告》说，由于解放前重工业产品绝大部分从国外进口，解放后美帝国主义封锁禁运，抗美援朝和各地开展基本建设，重工业产品供不应求，价格较高。同时，由于重工业产品这几年成本有所下降，税金又较轻工业品为少，因此，重工业产品利润普遍较大。如钢铁产品的平均利润率为57%，机械产品平均利润率为37%，重化工产品利润率平均为38%。为解决这个问题，中共中央批示同意国家计委提出的方案，即在1956年和1957年2年中，重工业各部门产品调拨价格每年下降5%~10%，经过两三年基本达到合理的比价。为使国家财政不受大的影响，在降低重工业品调拨价格的同时，由中央财政部门指定专人草拟降价以后如何算回财务差额的具体方案。由于重工业产品价高利大，企业提留的奖励基金也很大，既分散国家资金，又在各部门、各企业之间造成苦乐不均。因此，企业利润拟改为大部分以纳税形式上缴国家，其余小部分作为利润上缴，企业再从中提取奖金。这样，企业之间苦乐不均问题可以得到适当解决。

同　日　教育部公布《中学生守则》。《守则》共18条，要求中学生：努力学习，做到身体好、功课好、品行好，准备为祖国为人民服务。尊敬国旗，热爱祖国和人民领袖。遵守学校规则，按时上课。不迟到，不早退，不随便缺课。每天到校要带齐上课用的书籍用具。上课时要坐端正，专心听讲。回答教师提问时要起立。向教师发问时先举手。用心自习，各科作业都应由自己按时完成。尊敬校长、教师。对同学要真诚友爱、互助团结。敬爱父母，爱护兄弟姐妹。尊敬长辈，尊敬老人，爱护小孩，关怀病人。对人要诚恳、谦虚、有礼貌。不说谎，不骂人，不打架，不妨碍别人的工作、学习和睡眠。不吸烟、不喝酒、不赌博。不私自拿别人的东西。不做对自己、对别人有害的事情。积极锻炼身体，保持清洁卫生，遵守公共秩序，爱护公共财物。爱护班级和学校的荣誉。

5月16日　中共中央批准中央手工业管理局、中华全国手工业生产合作社联合总社筹备委员会《关于第四次全国手工业生产合作会议的报告》。中共中央在批示中指出：手工业在过渡时期内支援农业生产、满足城乡人民生活需要、辅助大工业产品不足的特种工艺品出口等方面都有极其重要的作用，是地方工业的一个重要组成部分。对目前手工业社会主义改造工作，特提出如下注意之点：一、各地在对手工业的某些行业进行社会主义改造和生产安排中，同时必须继续对当地各种手工业进行全面的深入的调查研究，务期在今明两年内，把手工业重要行业的基本情况彻底摸清楚。二、除少部分已在没落的手工业行业外，绝大部分手工业行业一般可以逐步通过合作化的道路，进行社会主义改造。必须将对手工业的安排和改造同时予以考虑，贯彻对手工业“统筹兼顾、全面安排、积极领导、稳步前进”的改造方针。三、1954年手工业合作社（组）的经营管理，虽有了一定改进，但存在的问题还是不少的。1955年应当比较普遍深入进行一次整顿、巩固和提高的工作。争取1955年生产任务和组织发展的顺利完成，为今后进一步作好手工业社会主义改造工作创造更有利的条件。四、第三次全国手工业生产合作会议至今，绝大多数省市已建立了手工业管理机构和手工业生产合作联合社（或筹委会）。但也有些地方至今没有把机构建立与健全起来，这就在一定程度上影响了工作顺利进展。为此，各地应迅速抓紧这一工作。

5月17日　毛泽东在中共中央召集的15省市书记会议上作关于农业合作化问题的讲话。毛泽东说，合作社问题，也是乱子不少，大体是好的。不强调大体好，那就会犯错误。在合作化的问题上，有种消极情绪，我看必须改变。再不改变，就会犯大错误。对于合作化，一曰停，二曰缩，三曰发。社员一定要退社，那有什么办法。缩必须按实际情况。片面的缩，势必损伤干部和群众的积极性。后解放区就是要发，不是停，不是缩，基本是发；有的地方也要停，但一般是发。发展合作社的原则是自愿互利。牲口（连地主富农的在内）入社，都要合理作价，贫农不要在这方面占便宜。互利就能换得自愿，不互利就没有自愿。互利不损害中农，取得中农自愿入社，这首先有利于贫农，当然也有利于中农。所以必须坚持这个原则。半妥协，半让步，不能解释成为损害中农的经济利益。有人说，“让中农吃点亏”这句话是我讲的，我不记得讲了没有，但是马恩列斯从来没有说过。对于贫农，国家要加点贷款，让他们腰杆硬起来。在合作社里面，中农有牲口、农具，贫农有了钱，也就说得起话了。合作社章程要快点搞，要做到完全不损害中农利益。这样，合作社就可以迅速发展起来。

5月18日　全国人民代表大会常务委员会举行第十六次会议。会议通过决议，准备在7月间召集第一届全国人民代表大会第二次会议。拟定会议的主要议案为决定发展国民经济的第一个五年计划，审查和批准1954年国家的决算和1955年国家的预算，制定中华人民共和国兵役法。会议并决定通知全国人民代表大会代表，在6月20日以前，抽出时间到原选举单位的地区、原籍或其他地区进行视察。视察范围可以包括工业生产、农业生产、互助合作、统购统销、资本主义工商业改造、社会治安、文教卫生或其他各方面的情况。建议这次视察在城市以粮食统销和建设方面的情况为重点，在乡村以粮食统购统销和社会治安问题为重点。视察对象要包括比较好的、比较坏的和中等的3种类型。会议通过任命全国人大常委会办公厅工作人员名单，任命牛佩琮、骆耕漠、王黎夫、孙力余、赵鹏飞为办公厅副主任。会议还批准将胡风逮捕。

5月19日—6月10日　全国文化教育工作会议在北京举行。会议听取和讨论了国务院第二办公室主任林枫所作的关于提高文教工作质量等问题的方针政策和思想作风、工作方法的报告，并按照新的方针、政策进一步修订了发展国民经济第一个五年计划草案中的文化教育部分。这次会议的中心任务是：根据国家在过渡时期的总任务和当前文教工作的情况，进一步修订发展国民经济第一个五年计划草案中的文教计划部分，着重讨论提高文教工作质量，合理部署和统筹安排全国公私文教事业，检查和研究文教部门如何宣传唯物主义和反对资产阶级唯心主义的斗争以及改进领导工作等几个主要问题，以便把全国文教工作推进一步。会议分2个阶段进行。第一阶段主要讨论林枫的报告和具体的方针政策；第2阶段着重解决发展国民经济第一个五年计划的指标等问题。经过这次会议，全体代表明确了当前文教工作的基本方针和政策，按照新的方针政策进一步修订了发展国民经济第一个五年计划草案中的文化教育部分，并以中医问题为中心，重点深入地开展了对卫生部某些领导人的思想批判。会议认为，根据国家在过渡时期的总任务和发展国民经济第一个五年计划草案规定的基本任务，结合文教工作情况，当前各项文教工作都应以提高质量为重点，有计划、有重点地稳步发展，同时贯彻合理部署和统筹安排的方针，使文教事业有效地为经济建设、国防建设和提高人民文化生活水平服务。会议最后由国务院第二办公室主任林枫作了总结。会议期间，国务院副总理陈毅、国务院第一办公室主任罗瑞卿曾到会作了报告。

同　日　中华人民共和国最高人民法院军事审判庭依法对驾机入侵中国领空的美国空军人员进行判决。1952年9月—1953年4月间，中国人民解放军防空部队先后在辽宁省和吉林省上空击落入侵我国领空的美国军用飞机4架。驾驶该4架飞机实施犯罪行为的美国空军驾驶员罗兰德·威廉·帕克斯、拉尔·威林斯·卡麦隆、艾德文·路易斯·

海勒尔、哈罗德·爱德华·费席尔等跳伞落陆后，先后在辽宁省和吉林省境内被我捕获。其所携带的手枪、军用地图、望远镜及降落伞等均被缴获，人员在押。帕克斯等人驾驶美国军用飞机侵入中华人民共和国领空进行骚扰挑衅，危害中国安全案，经中华人民共和国公安机关侦察后，连同侦察材料及物证移送中华人民共和国最高人民检察院，经最高人民检察院军事检察员检察证实，帕克斯、卡麦隆、海勒尔、费席尔4人犯有驾驶美国军用飞机侵入我国领空进行骚扰挑衅的罪行，危害我国安全，破坏我国人民和平生活，罪证确凿。最高人民检察院军事检察员据此于5月20日向中华人民共和国最高人民法院军事审判庭提起公诉。最高人民法院军事审判庭根据公诉，并根据审理材料认定被告人所犯罪行罪证确凿，已无疑义，本应依法惩处。姑念被告等所犯罪行系执行美军当局命令，并且被告等于被捕后尚能认罪悔悟，特予从轻议处。最高人民法院军事审判庭于5月24日判决如下：一、被告R·W·帕克斯、L·W·卡麦隆、E·L·海勒尔、H·E·费席尔立即驱逐出中华人民共和国国境。二、所缴获之飞机残骸、军用地图、手枪、望远镜及降落伞等均予没收。

5月25日　中国文联主席团和作家协会主席团联席扩大会议决议，开除胡风会籍并撤销他在文艺界的一切职务。参加会议的有中国文联主席团委员和各协会负责人郭沫若、周扬、阳翰笙、欧阳予倩、夏衍、郑振铎、冯雪峰、老舍、田汉、洪深、江丰、吕骥、马思聪、戴爱莲等以及首都文学艺术界人士共700多人。中国文联主席郭沫若主持会议并致开会词。他说：《人民日报》揭露的材料，完全证实了胡风集团20多年来一直是进行反党、反人民、反革命活动的。他们的阴谋活动是有组织、有纲领、有计划的。解放后5年来，特别在文艺界对胡风思想展开批判后，胡风及其反动集团还是毫不改悔，仍然疯狂地向党向人民进攻，进攻失败后又改换策略实行退却，企图以假检讨继续欺骗人民。胡风集团已不仅是我们思想上的敌人，而且是我们政治上的敌人。中国作家协会秘书长陈白尘报告了从《人民日报》揭露胡风反动集团的罪行以来中国文联、中国作家协会接到的首都和各地文学、戏剧、电影、美术、音乐、舞蹈界人士　2 000多人签名的69封信件。来信的人都对胡风集团的反动罪行表示万分愤慨，要求把胡风从革命阵营里清除出去，并彻底揭露这一集团的全部阴谋活动。有26人在会上发言，他们从各方面揭露了胡风反动集团一贯反党、反人民、反革命的罪恶行为，一致要求将胡风从革命队伍中清除出去，并对其反革命阴谋活动加以必要的制裁。会上，吕荧在发言中为胡风集团辩护，遭到会议一致的驳斥。根据 2 000多名文艺工作者的来信和大会上的发言，主席郭沫若向大会提出了一项中国文联主席团和中国作家协会主席团关于处理胡风反动集团问题的议案。这项议案得到到会人员的一致通过。会议通过了《中国文学艺术界联合会主席团、中国作家协会主席团联席扩大会议决议》。《决议》说：一、根据“中国作家协会章程”第4条，开除胡风的中国作家协会会籍，并撤销其所担任的中国作家协会的理事和《人民文学》的编委职务。二、撤销胡风所担任的中国文联的全国委员会委员的职务。三、向全国人民代表大会常务委员会建议：依据宪法第三十八条的规定撤销胡风全国人民代表大会代表的资格。四、向最高人民检察院建议：对胡风的反革命罪行进行必要的处理。五、我们警告中国作家协会及中国文联其他几个协会会员中的胡风集团分子，他们必须站出来揭露胡风，批判自己，重新做人，今后是否保留他们的会籍，将根据他们的实际行动来加以考虑。

5月31日　国务院全体会议第十次会议通过《关于安置复员建设军人工作的决议》。《决议》指出：几年来各地对安置复员建设军人的工作一般是重视的，但这项工作中还存在着严重的问题和缺点。为了进一步妥善安置复员建设军人，特作如下决议：一、安置复员建设军人是中央各部门和各级地方政府机关、人民团体以及各种企业、事业单位的一种不容推卸的责任，各单位在调用干部、调配劳力和招收工人、学徒、职员、技术人员时，都应当把复员建设军人作为第一位录用的对象。二、对原由农村参军的复员建设军人如无专门技术，自然应当全部回到农村参加农业生产。三、对于既不能从事农业生产，又没有在其他方面就业条件的复员建设军人，民政部门应当在有关部门协助下，根据他们的条件和本地情况组织他们从事适当的生产。四、复员建设军人在家庭婚姻上存在不少问题，有些甚至因此造成自杀、被杀事件，各地人民委员会应当以严肃的态度进行检查处理。五、地方各级人民委员会对尚未安置的复员建设军人要进行妥善安排。六、要及时解决已安置的复员建设军人在生产、生活中存在的问题。七、复员建设军人应当接受组织的分配，安心于自己的生产或工作岗位，并发挥积极带头作用。八、各级监察部门应当对地方各级政府在安置复员建设军人工作上的失职违法事件进行检查，并加以严肃处理。九、各地人民委员会必须加强对接收安置复员建设军人工作的组织领导。

同　日　国务院全体会议第十次会议批准《关于1954年人民监察工作的报告》和《关于1955年监察工作的任务和具体工作的报告》。《关于1954年人民监察工作的报告》是监察部副部长刘景范于4月7日在第四次全国监察工作会议上作的。《报告》总结了1954年监察工作的成绩和缺点，指出：1954年各级人民监察机构在过去几年工作的基础上，学习了国家过渡时期总任务，总结了1953年的监察工作，召开了第三次全国监察工作会议。这次会议根据实现国家过渡时期总任务的要求，提出了以监督检查国家过渡时期的各项政策法令的贯彻执行和国家建设计划，特别是经济建设计划的执行为中心任务；并提出结合我国实际情况积极地学习苏联监察工作的先进经验，有计划有步骤地推行中长铁路监察工作的经验；强调运用集中力量重点检查的办法，进一步地和国家行政机关、企业及其工作人员中的违法失职行为进行斗争。一年来各级监察机关贯彻了这次会议的精神，并获得了很大的成绩，但也存在着许多缺点：一、在我们工作中的官僚主义和文牍主义作风还没有认真克服。二、监察工作中产生了或多或少的主观片面和形式主义偏向。三、有些监察人员对不良倾向缺乏警惕，熟视无睹。《关于1955年监察工作的任务和具体工作的报告》是监察部长钱瑛在同一会议上作的。钱瑛阐述了1955年各级监察机关的中心任务：监督和检查第一个五年计划第三年度发展国民经济计划的执行情况，并检查各级行政机关、事业机关紧缩编制精简机构的情况，及监督各级行政机关、企业工作人员遵守宪法规定的国家纪律。反对经济建设中的各种严重浪费损失现象；反对贪污盗窃、腐化堕落以及强迫命令、违法乱纪行为；反对官僚主义。具体工作为：一、进一步地学习和正确地推行中长铁路监察工作经验。二、适当地调整监察机关的组织和逐步改变领导关系。三、大力培养训练干部。四、加强惩戒工作和公民控告申诉处理工作。

同　日　国务院全体会议第十次会议通过国家体委《1954年全国体育工作的总结和1955年的工作任务》。报告指出：1954年，我国群众性体育运动有很大的发展，在国防体育方面，1954年在北京、青岛、成都、重庆等城市还分别举行过滑翔跳伞、摩托车、射击、无线电、划船、航海和军事露营等活动。1954年全国省以上举行的综合运动会共202次，参加的运动员有23.9万余人，在田径、游泳、冰上、自行车等运动中出现了54项新的全国最高纪录。1954年，中国与苏联及其他兄弟国家互派了体育代表团和运动队，并已参加了12个国际体育组织。1954年出版了61种体育书籍，《新体育》杂志发行量已达10.17万份。关于1955年的工作，报告确定，在1954年基础上，继续贯彻结合实际情况，开展群众性的体育运动，并逐步使之普及和经常化的方针，使体育运动成为全民的事业。

6月1日　内务部公布《婚姻登记办法》。《办法》指出：中华人民共和国婚姻法规定结婚、离婚和恢复结婚都要到当地人民政府去登记，目的是为了通过登记来保障婚姻自由，防止强迫包办；保障一夫一妻制，防止重婚纳妾；保障男女双方和下一代的健康，防止早婚和亲属间不应结婚的婚姻，防止患有不应结婚的疾病传染和其他违反婚姻法的行为，为此，特制定婚姻登记办法。《办法》共13条，对城乡办理结婚登记的机关和办理离婚、复婚的机关以及结婚、离婚、复婚登记所需手续及程序做了具体规定。《办法》同时还规定，婚姻登记机关与当事人间，对于登记事项发生争议，自己不能解决的时候，或者当事人不同意婚姻登记机关处理的时候，都可以报上一级人民委员会或者当地人民法院处理。《办法》规定，结婚证、离婚证由县、市人民委员会依本办法附件的规定，统一印制。对于少数民族聚居地区的婚姻登记，如果不适用本办法的时候，可以另作变通规定，分报内务部和民族事务委员会备案。

6月1日—10日　中国科学院物理学、数学化学部、生物学地学部、技术科学部和哲学社会科学部成立大会在北京举行。大会听取并讨论了郭沫若院长和4个学部主任的工作报告；宣读了39篇学术论文，讨论并修改了中国科学院五年计划纲要草案；讨论并通过了各学部1955年工作计划纲要；选出了4个学部的常务委员会。大会还通过了《中国科学院学部成立大会总决议》和《关于建议政府依法惩办胡风反革命集团罪行的决议》。大会期间，周恩来总理出席并作了指示，陈毅副总理作了政治报告，中共中央宣传部部长陆定一作了关于批判资产阶级唯心主义思想的报告，国家计委副主任张玺作了关于发展国民经济第一个五年计划的报告。6月3日，国务院总理周恩来发布国务院令，根据国务院第十次全体会议的决定，公布中国科学院学部委员名单共233人。其中物理数学化学学部48人，生物学地学学部84人，技术科学学部40人，哲学社会科学学部委员61人。大会选出4个学部的常务委员会委员人数分别为：物理数学化学学部17人，生物学地学学部22人，技术科学学部17人，哲学社会科学学部15人。6月3日《人民日报》发表了题为《加强科学工作领导的重要步骤》的社论。

6月2日　国务院发出《关于加强农民业余文化教育的指示》。《指示》说，当前农村工作的基本任务是开展以互助合作为中心的农业增产运动，逐步进行对农业的社会主义改造。为了实现这个任务，不仅需要不断地提高农民的社会主义觉悟，还需要提高农民的文化水平。适应当前农村新情况和新任务的需要，积极地开展农民业余文化教育，扫除文盲，克服我国农村文化落后状态，已成为当前一项重要的政治任务。因此特作如下指示：一、今后农民业余文化教育，必须紧紧跟随着和密切结合着农村互助合作运动和农业生产的发展，积极地有计划地扫除农村中的文盲，并逐步提高农民的文化水平，有效地为农业的社会主义改造和发展农业生产服务，要求在过渡时期内基本上扫除农村中的青壮年文盲。二、农民的学习组织应当和生产组织逐步地结合起来。三、农民业余文化教育要和农事季节相适应，要善于利用农事空闲组织农民学习，使学习在不妨碍生产的条件下进行。四、当前农民文化教育应当着重对文盲进行识字教育。五、在进行文化教育的同时，必须进行政治教育。六、农民业余文化教育，必须坚持“以民教民”的原则。七、农民业余文化教育的经费，除少数专职人员的开支、业余教师训练费、主要乡干部离职学习的办公杂支以及一定的奖励费外，都应当由群众自筹。八、为了贯彻执行农民业余文化教育的方针、任务，必须加强对这一工作的领导。

6月3日　中印两国互换照会。周恩来总理和印度尼西亚总理沙斯特罗阿米佐约就关于《中华人民共和国和印度尼西亚共和国关于双重国籍问题的条约》的实施办法，互换照会。中国国务院总理周恩来的去文中说：一、上述双重国籍条约的目的是为了消除存在于中华人民共和国和印度尼西亚共和国之间的双重国籍问题。这是一个历史遗留下来的问题。这个问题的解决是符合于我们两国人民的利益的。为了达到上述目的，两国政府同意，在实施上述条约时，采取一切必要的措施和提供各种便利条件，使每一个具有双重国籍的人，都能够自愿地选择他们的国籍。二、中华人民共和国政府和印度尼西亚共和国政府同意：在同时具有印度尼西亚共和国国籍和中华人民共和国国籍的人当中，有一类人，根据印度尼西亚共和国政府的意见，由于他们的社会地位和政治地位，证明他们已经不言而喻地放弃了中华人民共和国的国籍，可以被认为只具有一种国籍，而不具有双重国籍。属于上述一类的人，既然只具有一种国籍，就不需要按照双重国籍条约的规定选择国籍。对于这一类人，如果他们有此要求，可以发给他们一项证件，以资证明。三、为了消除对上述双重国籍条约第14条关于20年有效期的规定的误解，两国政府同意下列解释：即在20年期限满后，根据上述条约已经选择了国籍的人，不再进行选择国籍。四、为了完善地实施上述条约，两国政府同意在雅加达成立一个由印度尼西亚共和国和中华人民共和国双方代表组成的联合委员会，这个委员会的任务是讨论和规定有关实施上述双重国籍条约的办法。五、在选择国籍的2年期限内，具有双重国籍的人，在他或她按照上述条约的规定进行选择国籍之前，他或她所处的现有地位不变。

6月4日—16日　中国艺术团应邀参加巴黎第二届国际戏剧节。著名演员叶盛兰、张云溪、张春华、杜近芳等演出了京剧《三岔口》、《断桥》、《闹天宫》、《秋江》、《雁荡山》等节目，受到法国人民的热烈欢迎。戏剧节演出后艺术团到比利时、荷兰、捷克斯洛伐克、瑞士等国访问演出。

6月9日　国务院全体会议第十一次会议通过《关于建立经常户口登记制度的指示》。《指示》说，1953年人口调查登记工作，已为建立经常的户口登记制度奠立了基础，目前这一制度在大部分地区已经开始建立，或者进行了必要的部署。国务院要求：全国户口登记行政由内务部和县级以上人民委员会的民政部门主管。办理户口登记的机关，在城市、集镇是公安派出所，在乡和未设公安派出所的集镇是乡、镇人民委员会。指示对户口登记的内容（如出生、死亡、迁出、迁入等）及登记办法做了详细规定。对户口登记的统计时间，暂定为每年一次。《指示》指出，省人民委员会和自治区自治机关都可以对本区内各少数民族地区制定适合当地情况和习惯的变通办法，并且按照变通办法上报户口数字。各地制定的变通办法应报内务部备查。指示要求各级人民委员会在进行经常户口登记制度的建立工作中，必须做好宣传教育和组织工作，各省、自治区、直辖市人民委员会在执行本指示中有何经验和问题，随时报告内务部。

同　日　《人民日报》发表《必须从胡风事件吸取教训》的社论。社论指出：现在，胡风集团的假面已被完全揭穿了。胡风分子到底是一些什么人，现在也大体有了眉目。可以说，帝国主义国民党特务分子，反动军官，托洛茨基分子，革命叛徒，自首变节分子，就是这个集团的基本骨干。根据现在已有的材料，胡风分子已经混进我们的某些政府机关、某些军事机关、某些教育机关、某些文化出版机关和报馆以及某些经济机关，他们还混进了某些工会、青年团等群众团体的领导机关。他们也混进了中国共产党，有的还担任了相当重要的职务。这批所谓“共产党员”，对胡风这个反革命分子是忠实的，对党则采取欺骗手段。必须指出，我们的很多人对于暗藏的反革命分子，警惕性是不高的，许多人简直丧失了警惕性。胡风反革命集团能在人民阵营中混了这样久才被揭露出来，就是我们警惕性不高或者丧失警惕性的证明。我们还要这样提出问题：如果胡风反革命集团能够混到我们的队伍中来，甚至混到共产党员的队伍中来，为什么别的反革命分子不能用类似胡风的两面派手法，暗藏在我们的机关、部队、学校、工矿、人民团体和民主党派中呢？应该说，他们必然会混进来，而且已有材料证明在许多地方已经混进来了。我们必须彻底粉碎胡风集团，把这批反革命分子从人民队伍中清除出去。同时，我们也要把类似胡风集团的一切暗藏在我们队伍中的反革命分子坚决地彻底地清除出去！我们不能同老虎睡在一起，不能把反革命分子认作好人！从胡风集团的反革命事件中，我们还必须深刻认识，只要我们革命队伍的成员在政治上麻痹大意，对反革命丧失警惕，那就会提供这些反革命分子以进行活动的条件。根据已经揭发的材料，胡风集团分子把许多有毛病的人列为他们欺骗利用的对象。他们寻找和利用思想上有错误的人、对共产党不满的人、历史上有问题的人、丧失警惕性的人，加以拉拢，使这些人坠入他们的圈套。胡风集团力图在我们的党内、国家机关内、人民团体内和文化教育机关内发展组织，就是从这些不健全的分子身上下手的。因此，我们革命队伍的每个单位、每一个人都要提高警惕，不要上反革命分子的当；并且都要学到一项本领，要善于辨别反革命分子，以便把一切反革命的阴谋揭露出来。我们革命队伍中的绝大多数（百分之九十几）都是好人，只有少数是暗藏的反革命分子或坏分子。但是我们决不可以看轻这些反革命分子或坏分子，必须坚决地把他们清除出去。否则，他们就会蔓延起来，扩大他们的人数，损害我们的肌体，使我们的事业遭到严重的损失。在为国家的社会主义工业化和建成社会主义社会的伟大运动中，阶级斗争更加尖锐，反革命分子必然要更加进行破坏活动。但是我们是有能力粉碎一切反革命分子的活动的，因为我们有着强大的革命力量。我们力量的基础是人民群众的政治警惕性和他们对于反革命分子的辨别能力。这就要求我们的各级领导机关充分注意加强自己对群众的政治教育工作和组织领导工作。必须注意清查出一切暗藏的反革命分子，必须坚决地有分别地对于清查出来的这些分子给予适当的处理。这是整个革命队伍一切成员的任务，这是一切爱国者必须注意的大事情。

6月15日　《关于胡风反革命集团的材料》一书由人民出版社出版，毛泽东为此书撰写“序言”。《关于胡风反革命集团的材料》一书包括1955年5月13日、24日，6月10日《人民日报》刊登的3批“胡风反革命集团”的材料、《人民日报》的按语和注文（少数文字上有修改）、《人民日报》6月10日的社论、胡风的“我的自我批判”一文。毛泽东在“序言”中写道：估计到本书的出版，如同《人民日报》发表这些材料一样，将为两方面的人们所注意。一方面，反革命分子将注意它。一方面，广大人民将更加注意。反革命分子和有某些反革命情绪的人们，将从胡风分子的那些通信中得到共鸣。胡风和胡风分子确是一切反革命阶级、集团和个人的代言人，他们咒骂革命的话和他们的活动策略，将为一切能得到这本书的反革命分子所欣赏，并从这里得到某些反革命的阶级斗争的教育。但是不论怎么样，总是无救于他们的灭亡的。胡风分子的这些文件，如同他们的靠山帝国主义、蒋介石国民党和一切反对中国人民的反革命文件一样，并不是成功的纪录，而只是失败的纪录。他们没有挽救他们自己集团的灭亡。广大人民群众很需要这样一部材料。反革命分子怎样耍两面派手法呢？他们怎样以假相欺骗我们，而在暗里却干着我们意料不到的事情呢？这一切，成千成万的善良人是不知道的。就是因为这个缘故，许多反革命分子钻进我们的队伍中来了。我们的人眼睛不好，不善于辨别好人和坏人。我们善于辨别在正常情况之下从事活动的好人和坏人，但是我们不善于辨别在特殊情况下从事活动的某些人们。胡风分子是以伪装出现的反革命分子，他们给人以假相，而将真相隐蔽着。但是他们即要反革命，就不可能将其真相隐蔽得十分彻底。作为一个集团的代表人物，在解放以前和解放以后，他们和我们的争论已有多次了。他们的言论、行动，不但跟共产党人不相同，跟广大的党外革命者和民主人士也是不相同的。最近的大暴露，不过是抓住了他们的大批真凭实据而已。就胡风分子的许多个别的人来说，我们所以受他们欺骗，则是因为我们的党组织，国家机关，人民团体，文化教育机关，或企业机关，当着接收他们的时候，缺乏严格的审查。也因为我们过去是处在革命的大风暴时期，我们是胜利者，各种人都向我们靠拢，未免泥沙俱下，鱼龙混杂，我们还没有来得及作一次彻底的清理。还因为辨别和清理坏人这件事，是要依靠领导机关的正确指导和广大群众的高度觉悟相结合才能办到，而我们过去在这方面的工作是有缺点的。凡此种种，都是教训。我们所以重视胡风事件，就是要用这个事件向广大人民群众，首先是具有阅读能力的工作干部和知识分子进行教育，向他们推荐这个“材料”，借以提高他们的觉悟程度。这个“材料”具有极大的尖锐性和鲜朗性，十分引人注意。反革命分子固然注意它，革命人民尤其注意它。只要广大的革命人民从这个事件和材料学得了一些东西，激发了革命热情，提高了辨别能力，各种暗藏的反革命分子就会被我们一步一步地清查出来的。此书除了修改了一些注文，还增加了一些注文以及两个按语。此外，原来第一、第二批材料中“反党集团”字样统照第三批那样一律改为“反革命集团”。此后，在全国清查“胡风反革命集团”的斗争中，共触及了2 100人，逮捕92人，隔离62人，停职反省73人。到1956年底，绝大部分都作为受胡风思想影响予以解脱，正式定名为“胡风反革命集团”分子的78人（内含党员32人），其中划为骨干分子的23人。这78人中，到1958年5月，给予撤销职务、劳动教养、下放劳动等处理的61人。1965年经中共中央批准，判处胡风有期徒刑14年，剥夺政治权利6年。1966年判处阿垅、贾植芳有期徒刑12年。1969年加判胡风无期徒刑，收监关押。中共十一届三中全会以后，中共中央对这桩错案进行了彻底纠正。经中共中央批转，公安部、最高人民检察院、最高人民法院党组1980年7月21日在《关于“胡风反革命集团”案件的复查报告》中说：“没有事实证明以胡风为首组织反革命集团。也没有证据说明胡风有反对社会主义制度、颠覆无产阶级政权为目的的反革命活动。因此，胡风不是反革命分子，也不存在一个以胡风为首的反革命集团。胡风反革命集团一案应属错案错判。”中央在批转报告中还明确指出了“这是混淆两类不同性质矛盾的一桩错案”，“错案责任在中央”。

6月16日　张家口专区破获6个反动会道门组织。新华社报道：河北省张家口专区最近破获“大佛教”、“明眼教”、“原理天道”、“一贯道”、“中央道”等6个反动会道门组织。这些反动会道门私立“国号”，称帝封官，进行反革命活动。这批反革命分子由法院公开审理，分别判处死刑、徒刑或交给群众管制。

6月18日　国务院发出《关于国家机关工作人员自今年7月份起全部实行工资制待遇的通知》。《通知》说：一、改工资制的各项办法于6月底才能发出，各省市在未接到正式命令前，自7月份起可先将包干制的人员按规行工资标准一律改为工资制待遇，俟正式命令下达后，按新工资方案再行结算。二、全部实行工资制后，工作人员住用公家房屋、使用公家家具、水电等收费办法，7月份应积极准备，8月份起一律按新办法收租收费。7月份仍照旧，未收者暂不收。三、少数多子女的包干制工作人员改为工资制待遇后，若实际收入减少，其减少部分不予保留。但因减少以致生活确有困难者，可用机关福利费酌予补助。四、1954年12月底以前的军队转业人员，仍实行包干制者在此改行工资制待遇后，如工资收入低于包干制收入时，其差额部分可暂予以保留。

同　日　中国红十字会就尊重5名前联合国军士兵意愿一事发表声明。这5个士兵是刘易斯·格里格斯（美籍）、奥托·贝尔（美籍）、威廉·科华特（美籍）、罗歇·德夫里安（比利时籍）、路易·弗尔迪涅（比利时籍）。他们是在朝鲜拒绝遣返的22个美英籍士兵和投到朝中方面来，并选择留在中国的3个比利时士兵中的5个人。中国红十字会总会副秘书长林士笑在声明中说，1954年2月，联合国军放弃按照朝鲜停战协定、中立国遣反委员会职权范围的规定，对朝鲜松谷里战俘营里的战俘进行解释。22个英美籍战俘坚拒遣返，而中立国遣返委员会又结束了它对松谷里战俘营的看管。中国红十字会同情其处境，在获得朝鲜人民军和中国志愿军的同意及中立国遣返委员会的赞同后，将其从松谷里战俘营接出，并据其一再申请，为其取得中国政府的批准，使之能够在中国居住。德夫里安和弗尔迪涅是1953年7月31日、格里格斯、贝尔、科华特是在1954年8月25日由朝鲜联合国军控制地区越过军事分界线，并要求到中国居住的。中国红十字会为其取得了中国政府批准，使之能在中国居住。这5名士兵于6月7日到达北京后，不断酗酒闹事，妨害治安，其中奥托·贝尔曾用小刀划破自己的皮肤，并拍摄伤痕相片，扬言要在离华后作为中国虐待他的证据。他们的行为已引起北京市公安局和北京市民的不满。中国红十字会指出，在接受这批拒绝遣返的美国战俘来华居住时，中国红十字会负有向将来讨论朝鲜问题的国际政治会议对他们作出交代的责任。如果让目前状况继续下去，中国红十字会势将无法负责他们的安全，因此，中国红十字会经商得北京市公安局同意，在其离华以前，由北京市公安局协助管理他们。

6月25日　国家计委向中共中央提交《关于重编1955年度劳动计划（草案）的报告》。根据中央关于重编1955年劳动计划的指示，国家计委重新编制了1955年度劳动计划。这个计划的职工人数比1954年增加27.1万人，较原计划减少45.9万人（如扣除其中私营工业转为公私合营和国营商业吸收的私营批发商从业人员数，则比1954年增加人员实际为5万人）。鉴于1955年劳动计划确定的时间很晚，上半年有些单位职工人数又超过了计划，为此，《报告》要求：一、自7月份起，中央各部及各省（市）所属企业、事业单位，除在现有职工总数内进行调剂外，应一律停止从社会上录用新职工。二、企业、事业单位按计划录用新职工时，须经过上级机关批准，中央所属企业、事业单位应经主管部审核批准，报劳动部备案。三、中央各部和省（市）人民委员会各厅、局应即着手研究和整顿劳动组织工作，逐步建立编制和定员制度。四、加强劳动力的调配工作。8月30日，中央批准执行这个报告。

6月25日—7月7日　胡志明访问中国。25日，越南民主共和国主席胡志明和他所率领的越南民主共和国政府代表团到达北京，毛泽东主席等到机场欢迎。胡志明发表了书面讲话。同日，胡志明拜会了中华人民共和国主席毛泽东。26日，周恩来总理举行盛大宴会，招待胡志明主席和越南民主共和国政府代表团团员。宴会上周恩来总理和胡志明主席先后作了讲话。两国政府代表团根据毛泽东与胡志明商定的原则于6月27日—7月7日举行了会谈。双方讨论了两国共同关心的各项问题和目前国际局势中具有重大意义的问题。双方重申，中华人民共和国和越南民主共和国愿意根据和平共处五项原则同一切国家建立正常的和友好的关系，特别是同它们周围的国家建立亲善睦邻的关系。双方一致认为中越两国在经济和技术上的合作将有助于两国人民为和平和建设的努力。为协助越南人民医治长期战争的创伤，恢复和发展国民经济，中华人民共和国政府决定，以人民币8亿元无偿地赠送给越南民主共和国政府，中国政府用上述款项协助越南修复铁路，修复河内码头和公路桥梁，恢复和新建纺纱、制革、医疗器械、电器材料、农具、造纸等企业。对于越南认为需要修复和新建的工厂、铁路、公路、桥梁等，中国将进行设计、施工，并派技术人员前往越南，越南将派工人赴华进行实习。双方同意根据平等互利原则，逐步扩大互相之间的贸易，并同意进行文化交流。7月7日，两国政府发表了联合公报，胡志明主席还于当日在北京中央人民广播电台发表了广播讲话，并在《中国少年报》上发表了《给中国少年朋友的信》。

6月27日—7月11日　商业部、民族事务委员会联合召开全国民族贸易会议。会议指出，几年来，民族贸易工作已有很大发展。据1954年不完全统计，全国民族地区已有2 300多个国营商业机构和流动贸易小组，拥有4.4万名贸易干部，其中有少数民族干部1万多人。1954年民族地区国营商业贸易总值比1951年增长4.7倍，收购总值增长5.1倍。会议交流了各民族地区市场情况和工作经验，对如何克服民族地区商品供应的一般化问题提出了解决办法，并特别就今后如何根据不同民族的特点和需要分别制定民族贸易政策提出了具体意见。

6月28日　薄一波向中央提出关于《目前重工业生产中的几个问题》的报告。《报告》指出，我国原有工业基础十分落后，在国民经济建设全面开展的情况下，各工业部门在供需和生产协作配合上，呈现一种日益紧张的形势，突出表现在：地质工作薄弱；煤、电、油供应紧张；钢铁、有色金属、基本化学、建筑材料等产品数量不足，品种不够，规格不多，质量不高；机械工业尚处在由修配到独立制造的转变过程中，还根本谈不到以最新技术装备国民经济各部门的任务。上述问题的解决直接关系到"一五"计划的完成。为了完成并超额完成1955年计划和第一个五年计划，《报告》对重工业的生产工作提出了几点意见：一、改进企业管理，提高劳动生产率，贯彻增产节约，增加社会主义积累。《报告》指出，重工业各部在执行计划中，还普遍地存在着不全面、不均衡和定额保守等缺点。一般都是产值指标超额完成，而品种计划则完不成；对产量指标完成得较好，而质量情况则很差，资金周转指标各部都没有完成，各部都还缺乏一套由上到下的、全面系统的、控制生产经济效果的指标。由于管理不善和计划执行上的上述缺点，企业在人力、物力、财力使用上还存在着严重的浪费，生产潜力还远未能充分发挥。二、技术人员水平不高、数量不足的问题突出地暴露出来了。为了有效培养和壮大技术力量，要进一步提高学校教育质量，加强业余教育，组织转业的高、中级干部学习技术，提高业务领导水平，合理使用现有技术人员，各部、各工厂应有计划地筹设科研机构。三、加强工业生产的专业化和协作配合，《报告》强调指出，必须加强思想教育，务使所有企业领导干部认识到，社会主义各种经济内的有计划的生产联系，提倡全面观点。要贯彻积极增加新种类产品，扩大国内供应范围的方针。为此，《报告》提议，在国家计委下设技术发展局，负责统一考虑平衡各工业部门编制的技术发展远景计划，组织长远的协作。

7月1日　中共中央发出《关于展开斗争肃清暗藏的反革命分子

的指示》。《指示》指出，随着我国社会主义事业的进展，阶级斗争必然日益尖锐化和复杂化；高岗、饶漱石事件，潘汉年、杨帆事件，胡风事件，就是这种阶级斗争状况的反映；敌人知道，中国共产党在广大人民群众中具有无限的威信，人民民主专政十分巩固，公开反对共产党和人民政府是得不到人民群众的任何拥护的，因此，反革命分子就采取最阴险的、隐蔽的斗争方式，以两面派手法伪装革命，钻进革命队伍，甚至爬上革命工作的领导岗位，从革命队伍内部来进行破坏。这种暗藏的反革命分子是革命的最危险的敌人。可以设想，暗藏的反革命分子必然而且已经在财经、政法、文教、学术思想、统一战线、群众运动、建党工作以及其他许多机关里和战线上钻了进来，进行阴谋活动，破坏人民民主制度和社会主义事业。正确的估计应当是：在很多部门，在很多地方，大量的暗藏的反革命分子是还没有被揭露和肃清的。为此决定，在全国范围开展一场肃清暗藏反革命分子的运动。并指示各级党委组织5人小组领导这个工作。《指示》指出，这个运动的目的是：教育全党和全国人民，首先是教育500万知识分子和干部，提高对暗藏的反革命分子的警惕性；利用胡风事件，在全国各个工作部门和各条战线上，经过坦白检举，查出一批暗藏的反革命分子，并取得另一批暗藏的反革命分子的线索，为今后的镇反工作和干部的审查与清理工作做好准备。《指示》认为，现在的党政军民各机关、团体、厂矿、学校中，所有人员，包括起义人员，留用人员在内，绝大多数是好人，并作出了暗藏的反革命分子或其他坏分子占5%左右的估计。阐述了运动的原则，着重批判了对反革命分子麻木不仁的右倾思想，并对运动的开展作了具体部署。《指示》指出，此次运动主要在国家机关、人民团体和共产党、各民主党派内部进行。斗争必须坚持严肃与谨慎相结合的方针，对反革命分子采取惩办与宽大相结合的政策。必须坚持群众路线的工作方法和调查研究、实事求是的工作作风。3日，《人民日报》发表社论《肃清一切暗藏的反革命分子》。

同　日　教育部发出关于减轻中、小学学生过重负担的指示。《指示》说，中小学学生负担过重，是几年来存在着的一个问题。

1954年秋季以后，发生了新的严重情况。学生课外作业繁重，考试多，一些学校超出教科书、教学大纲和教学计划，任意补充教材内容，加快教学进度，增加课时，在课业负担过重的学校，学生学习时间普遍超过1951年7月政务院《关于改善各级学校学生健康状况的决定》所规定的时间。纠其原因，主要是由于教育部对某些分量过重的教材未及早精简，对提高师资水平和学校教导干部水平等基本问题缺乏具体指导，出现问题未及时纠正。有的地区教育行政机关没有认真贯彻全面发展的教育方针，忽视学生的健康和思想教育，对于提高教学质量和学习质量的要求过急，并采用了一些不切实际的做法。《指示》认为解决学生负担过重的办法除了改善教材，提高教师水平，改进学校领导等基本办法外，目前还必须采取下列办法：掌握教材分量和授课进度；减轻课外作业；加强平时的成绩考查和改善考试制度，只举行学年考试和毕业考试，统一考试一般不宜举行；改进课外活动；遵守作息时间，保证睡眠和休息。《指示》最后指出，减轻过重负担是为了使学生学习得更好，不是提倡学习上马虎、偷懒、取巧，学校领导应经常检查了解情况，发现问题及时解决。

同　日　北京市创办的全国第一所工读学校开学。这是一所专门对有较轻违法犯罪行为的中学生进行挽救、教育、改造的半工半读寄宿制学校，位于北京市海淀区温泉地区。由北京市委领导人彭真、刘仁责成副市长吴晗具体筹建，目的是减少青少年犯罪，维护首都社会治安。学校坚持“挽救孩子、造就人才、立足教育、科学育人”的方针，30多年来，已教育培养了1 000多名工读学生。学校由市教育局领导，市公安局配合工作。

7月4日　中共中央发出《关于厉行节约的决定》。《决定》指出，中央同意李富春5月13日在中央各机关、党派、团体的高级干部会议上所作的《厉行节约，为完成社会主义建设而奋斗》的报告，并将该报告发给各地方和各部门的党组织。针对当时在基本建设中，企业经营管理中，各机关。学校、企业、部队的办公开支和生活设施中存在着的，严重的浪费现象，中央决定，在基本建设上，除了新建的主要厂房、主要设备和其他主要的生产性工程及技术性工程（如电台播音室）应该按现代技术的标准进行设计和施工安装，并保证其进度和质量外，其他次要的和附属的各种建筑工程项目，必须从我国当前实际情况出发，尽量地组织现有企业和新建企业协作，凡能削减者当削减，不能削减者，也应降低设计标准和工程造价。非生产性的建设必须严格控制，削减非急需建设的项目，认真地降低设计标准和工程造价，以适应我国目前的经济水平和人民生活水平。从1955年下半年—1957年的基本建设投资（生产用的必要设备和国外设计的厂房投资除外）和各种费用，必须在现有计划的基础上，再削减15%~20%。在1955年下半年的数额中要求先做到削减15%左右。《决定》要求各经济部门改善经营管理，贯彻经济核算制，加强财务成本工作，节约资金，杜绝浪费，降低成本，增加上缴利润。各部门必须严格遵守从老企业、老单位多余人员中调配和优先录用复员建设军人的原则，增产增事不增人。整顿劳动组织，建立健全编制定员制度。机关、学校、企业、部队的生活设施，必须简洁朴素，不许铺张浪费。中央要求各部门和各地根据本决定，结合具体情况，制订出节约方案和指标。

同　日　中央原子能事业领导小组成立。简称“中央三人小组”。是中共中央和国务院委托领导全国原子能事业发展工作的机构。成员是中共中央指定的陈云、聂荣臻、薄一波。该领导小组一直工作到1962年12月中央专门委员会成立。

7月5日—30日　第一届全国人大第二次会议在北京召开。毛泽东、朱德、刘少奇、周恩来等以及越南民主共和国主席胡志明和他率领的越南政府代表团出席了开幕式。会议听取并讨论了李富春《关于发展国民经济的第一个五年计划的报告》、李先念《关于1954年国家决算和1955年国家预算的报告》、邓子恢《关于根治黄河水害和开发黄河水利的综合规划的报告》。周恩来作了《目前国际形势和我国外交政策》的发言。会议通过了《中华人民共和国发展国民经济的第一个五年计划》；批准了《1954年国家决算和1955年国家预算》；批准了关于根治黄河水害和开发黄河水利综合规划的原则和基本内容。

会议还听取了彭德怀《关于中华人民共和国兵役法草案的报告》、彭真《全国人民代表大会常务委员会工作报告》，并通过了《中华人民共和国兵役法》、《关于全国人民代表大会常务委员会工作报告的决议》。会议根据国务院的建议，通过了《关于撤销热河省、西康省并修改中华人民共和国地方各级人民代表大会和地方各级人民委员会组织法第二十一条第二款第一项规定的决议》，通过了《关于撤销燃料工业部设立煤炭工业部、电力工业部、石油工业部、农产品采购部，并修改中华人民共和国国务院组织法第二条第一款条文的决议》，并根据国务院总理周恩来的提名，决定任命陈郁为煤炭工业部部长、刘澜波为电力工业部部长、李聚奎为石油工业部部长、杨一辰为农产品采购部部长。会议听取了提案审查委员会主任委员李雪峰关于提案审查的报告，通过了提案审查报告。报告说，本次会议收到提案214件，政治法律方面39件，工业、交通方面72件，农业、林业、水利方面44件，财政、金融、贸易方面14件，文化、教育、卫生方面45件，建议将这些提案分别交由全国人大常委会、国务院、最高人民法院、最高人民检察院依照审查意见处理。会议还通过了关于受权常委会制定单行法规的决议。根据大会主席团的提请，会议补选陈其瑗、邓初民为第一届全国人大常委会委员。

7月6日　李先念在一届人大二次会议上作《关于1954年国家决算和1955年国家预算的报告》。《报告》说，1954年国家决算中收入总数为307.4583亿元（新币，下同），其中本年收入合计为262.3683亿元，上年结余（包括历年存下的结余）收入为45.09亿元。本年收入完成预算的113.15%。在收入中，各项税收共收到132.1808亿元，完成预算的99.74%，占本年收入的50.38%；国营企业收入99.6150亿元，完成预算的119.53%，占本年收入总数的37.97%；信贷、保险和其他收入30.5725亿元，完成预算的190.98%，占本年收入总数的11.65%。1954年国家决算中本年支出合计为246.3244亿元，完成预算数的98.74%，1954年国家决算用于经济建设的支出123.5822亿元，为预算数的109.15%，占本年支出的50.17%，居各项支出之首，1954年国家决算中本年收入超过本年支出16.0439亿元，加上1953年和1953年以前历年存下来的结余45.09亿元，本年结余共达61.1339亿元。1955年国家预算规定收入总数311.9252亿元，其中本年收入合计为280.4978亿元，结转上年结余收入为31.4274亿元；本年支出合计为297.3672亿元，其中包括由上年结余增拨国营企业部门流动资金16.8694亿元，本年收入总数超过本年支出14.5580亿元，成为本年结余。1955年国家预算同1954年国家预决算比较，本年收入增长6.91%（扣除苏联贷款和其他不可比因素，实际增长6.55%）；本年支出增长20.72%。1955年国家预算支出的首要任务是根据发展国民经济的计划，保证发展重工业，并相应地发展轻工业、农业、交通运输和文教事业。《报告》号召，为完成1955年的国家预算，增产节约，反对浪费。《报告》要求：一、在工业、运输业、商业各部门中要努力增加生产，为全面地完成和超额完成国家计划而奋斗。二、在基本建设方面，除了预算已规定节约基本建设的原定费用10%以外，在保证工业建设按计划完成的条件下，1955年下半年要争取在除生产性建设主要设备外的其他建设中再节约，费用15%左右，并争取继续降低工厂、铁路和其他生产性建设的建筑安装成本。三、各主管部门和财政部门要加强对于基本建设的计划、设计、预算的审核和施工、拨款的监督，力求消除每一环节的浪费。四、在各机关和各事业单位降低事业费、购置费和办公杂支费的开支标准，各企业的这类费用的开支标准也应降低。五、精简国家机关，以便加强社会主义建设事业，避免人力和财力的浪费。六、各主管部门应当在执行上述各项节约措施的过程中积极改善和加强制定定额的工作和定额管理工作。七、应当有准备有步骤地健全各种财政制度，加强财政监督。八、要开展增产节约、反对浪费和贪污的群众运动。

7月12日　国务院常务会议通过《关于发布〈基本建设工程设计和预算文件审核批准暂行办法〉的通知》。通知要求各部、委、各省、市、自治区、直辖市和国务院直属机构遵照执行。《暂行办法》规定，凡国家投资的基本建设工程和公私合营企业的基本建设工程的设计及预算文件的审核和批准，均按本暂行办法办理。国务院各部及直属机构所管理的，冶金工业及铁路运输业的基建工程，其总概算在3 000万元以上的，机械、采煤、石油、化学、建材工业、动力工程、海运及水利事业在2 000万元以上的，其他工业、农林、河运、邮电及公路运输事业在1 000万元以上的，省、自治区、直辖市管理的工业、动力工业、农、林、水利、邮电及交通运输事业在500万元以上的，国务院各部及省市自治区管理的行政用房、住宅、文化福利设施、商业设施、城市公用事业及其他基建工程在500万元以上的工程初步设计及总概算，由国家建设委员会审核，国务院批准。委托国外设计和经国务院特别指定的基建工程的初步设计及总概算，由国家建委审核，国务院批准，由国务院特别指定的重要基建工程的技术设计和总预算，由国家建委审核，国务院批准。《暂行办法》还对国务院各部、自治区、直辖市人民委员会的审批权限作了规定。

同　日　教育部、高等教育部发出《关于工农速成中学停止招生的通知》。《通知》指出，实践证明，对工农干部文化科学知识的学习，不用循序渐进的方法而用短期速成的方法，使之升入高等学校，从根本上讲，并不能达到预期的目的。同时，要求大批优秀工人骨干和干部长期脱产学习，目前也是办不到的。今后除工农子女应按普通教育程序大量入校学习外，对广大工农干部和工农群众的学习，应坚决贯彻业余学习为主的方针，不再采用举办工农速成中学的办法。因此决定工农速成中学自1955年秋季起停止招生。停止招生后，各省市可将现有工农速成中学，根据具体情况，逐步转为普通中学。目前全国工农速成中学在校学生应继续学习到毕业，不应因停止招生而发生松懈情绪或削弱对学校的领导，为此，《通知》要求，为保证教学质量，现在在校的1、2年级学生的学习年限一律延长到4年，其教学计划由教育部于本年暑假内颁发；上级行政主管部门对现有工农速成中学的领导干部不能因停止招生而调动，个别领导薄弱的学校，还应继续负责配备。8月31日，国务院发出通知，军队转业干部速成中学和军队转业干部文化学校自本年下半年起停止招生，并逐步改为普通中学。本年暑假，全国工农速成中学尚有在校生4.2万余人，一律改为4年制，直至毕业。

7月15日　我军高炮部队击落敌机2架。中国人民解放军福建前线高炮部队在闽江口地区上空击伤蒋介石集团空军飞机2架。7月16日又在厦门上空击落敌机1架。

7月21日　陈云在一届人大二次会议上作《坚持和改进粮食的统购统销》的发言。陈云指出，1955年春季一些地方粮食供应紧张，固然同去年粮食统购工作中的缺点错误，即多购了几十亿斤粮食有关，但更重要的原因，是农民还不习惯于粮食统购统销办法，针对有人提出可否停止粮食的统购统销的主张，他认为，粮食统购统销政策必须坚持，停止统购统销的主张是错误的。政府为了掌握必需数量的粮食来保证供应，使私商和富裕农民不能够操纵粮食市场，就必须实行粮食统购统销政策。陈云强调，要根本改善我国的粮食状况，当然必须增加粮食的产量。我们在粮食战线上的任务，就是一方面要搞好生产，一方面要搞好供应。发展生产才能够保证供应。同时，合理地解决供应问题，又能反过来促进生产。发言指出，在粮食的统购方面和统销方面，困难不单来自我们对于统购统销缺少经验，主要的是对这样众多的农户，要估实产量，分清余缺及其数量。关于定产、定购、定销的政策和办法，就是我们和农民成立协定的基础。“三定”的办法主要是：一、规定1955年7月—1956年6月这个粮食年度，连征带购粮食的数字是865亿斤，这个总数3年不变。二、要求各地方政府对于粮食产量必须估得确实，定产不准超过实际产量；按照各地现有的消费水平规定留粮标准，留粮必须留够；不购买农民的全部余粮，使农民在国家统购以后，还能保有一定数量的余粮；力求消灭购“过头粮”的现象。三、把农村的余粮户、自给户、缺粮户划分清楚。四、改善购粮证和粮票的管理制度。五、在城市中采取必要的严格措施，切实整顿粮食的统销工作。他指出，我们必须注意把工业品的供应和“三定”的办法更好地结合起来。同时，还必须加强对粮食市场的领导。

7月23日　中共中央批发统战部《关于帮助民主党派工作的意见》和《关于几个民主党派召开全国代表大会和中央会议的情况报告》。中央要求各地党委加以研究，并据以帮助当地民主党派的工作。中央指出，社会主义革命和建设是一件十分伟大而非常艰巨的事业，我党必须动员一切积极因素，使之为社会主义服务。根据我国情况，民主党派在新民主主义革命阶段已经和我党结成了统一战线，当我国进入社会主义革命阶段又积极拥护社会主义革命。因此它们在社会主义社会里，还应当同我们党一起继续存在下去，并继续发挥其积极作用。这对人民民主专政的巩固和社会主义建设的成功很有益处。因此在有民主党派组织的地方，我党党委必须重视他们，对他们采取积极的态度，进一步改善党和他们之间的关系，从各方面加强对他们的帮助，注意倾听他们的意见和批评，党委对如何帮助民主党派工作，应作出布置，并且在一二年内要讨论一二次民主党派的工作。

7月29日　财政部发布《1954年和1955年国家经济建设公债还本付息办法》。《办法》决定，1954年国家经济建设公债本金自1955年起—1962年止，分8年作8次偿还，1955年公债本金自1956年起—1965年止，分10年作10次偿还。除最后一年对应还本金数额不举行抽签，全部偿还外，其余均按年抽签还本一次。每次抽签，定于每年8月10日在北京举行。2种公债，在还本年限内，每年9月30日—12月31日为兑付本息期，对未领取各次本息的，在最后一年再延长兑付期9个月，延期届满时如再不领取，债权即失时效，不予兑付。

7月30日　第一届全国人大第二次会议通过《中华人民共和国发展国民经济的第一个五年计划》。《计划》包括绪言及11章内容，计11万余字。绪言说，在编制“一五”计划过程中，根据我国具体情况并参照苏联和各人民民主国家的经验，着重注意了以下问题：一、在优先发展重工业的条件下，力求使各经济部门（特别是工业和农业，重工业和轻工业）之间的发展保持适当的比例；二、力求使建设计划同资金积累的程度（即投资力量）相适应，并适当估计到技术力量；三、使地方计划同中央各部的计划结合起来，在中央统一领导下，首先保证重点工程建设，同时充分发挥地方的积极性和创造性；四、合理利用原有工业基地，积极着手创建新的工业基地；五、既注意扩大资金积累，保证国家建设，同时又逐步提高人民生活水平，减少失业现象。绪言说：“实现五年计划，是在现在环境下的一种特殊形式的阶级斗争。”《计划》指出，“一五”的基本任务是：集中主要力量进行以苏联帮助我国设计的156个建设单位为中心的，由限额以上的694个建设单位组成的工业建设，建立我国社会主义工业化的初步基础；基本上把资本主义工商业分别纳入各种形式的国家资本主义轨道；建立对于私营工商业的社会主义改造的基础。发展部分集体所有制的农业合作社，并发展手工业生产合作社，建立对农业和手工业的社会主义改造的初步基础。《计划》规定，5年内全国经济和文化教育建设的支出总额为766.4亿元，折合黄金7亿两以上。其中国家财政拨款为741.3亿元。基本建设投资总额为427.4亿元，其中工业部门为248.5亿元，占58.2%；农林、水利部门为32.6亿元，占7.6%；文教卫生部门为30.8亿元；占7.2%；运输邮电为82.1亿元，占19.2%。5年内，我国限额以上的基建单位共1 600个，其中建成121个，限额以下建设单位6 000多个，绝大多数可以建成。5年内新建铁路干、支线共4 000公里以上，加上恢复改造，共增加约1万公里，新建国营机械化农场91个，大型水库13个，并开展黄河治本工程。5年内房屋建筑面积约1.5亿平方米。到1957年，工农业总产值应达到1 249.9亿元，比1952年增长51.1%。其中工业总产值增长98.3%，年平均增长14.7%；农副业总产值增长23.3%，平均年增长23.3%。1957年要求达到：钢412万吨，发电量159亿度，煤1.13亿万吨，水泥600万吨，机制糖68.6万吨，棉布1.6372亿万匹；粮食3.856亿斤，棉花3 270万担，麻730万担，油料作物播种面积达1.18亿亩。私营工业有一半转为公私合营，参加初级农业生产合作社的农户占总农户的1/3左右。《计划》规定，1957年全国零售商品总额达到498亿元左右，比1952年增长80%左右；原有私营商业5年内将有半数以上转变为各种国家资本主义形式的商业和由小商小贩组织起的合作形式的小商业。在生产发展的基础上，逐步改善和提高人民的物质文化生活水平，5年内就业人数增加420万人，工人平均工资增长33%，农民购买力1957年比1952年将提高近一倍。人民保健事业方面，5年内病床将增长77%，医师人数增长74%，中医师力量将被发挥。

同　日　第一届全国人大第二次会议通过《中华人民共和国兵役法》。《兵役法》是根据中华人民共和国宪法第一〇三条“保卫祖国是中华人民共和国每一个公民的神圣职责。依照法律服兵役是中华人民共和国公民的光荣义务”的规定制定的。共9章58条。对中华人民共和国武装力量的征集、军士和士兵的预备役、军官的现役和预备役、现役军人和预备役军人的权利和义务，以及战时的征集等作了具体规定。规定：中国人民解放军由志愿兵役制改为义务兵役制，中华人民共和国年满18岁的男性公民，不分民族、种族、职业、社会出身、宗教信仰和教育程度，都有义务依照本法的规定服兵役。同日，本法由毛泽东发布中华人民共和国主席令，命令公布。

同　日　国务院发出《关于专区、县公安部队改编为人民武装警察的命令》。经国防部与公安部议定，专区、县公安部队自本年8月1日起，一律改为人民武装警察，属各级公安机关建制。其原担负的逮捕反革命、看押人犯、机关警卫、搜捕零星小股土匪、维持地方治安、看管专区县两级劳改人犯等任务，应于同时移交给人民武装警察担任。公安部及省人民委员会的公安厅内将专设机构，管理这一工作。《命令》说，专区、县公安部队改编为人民武装警察后的待遇，自改编之日起，按前政务院（53）政财邓字133号通知有关部队转业人员工资级别办法评定，一律实行薪金制。

7月31日　中共中央召集省、市、自治区党委书记会议，毛泽东作《关于农业合作化问题》的报告。他在报告中强调，中国广大农民有走社会主义道路的积极性，社会主义工业化不能建立在小农经济的基础上，只有实现农业合作化才能巩固工农联盟，合作化必须赶快上马。毛泽东批评主张发展合作社要适应群众的觉悟程度，稳步前进的同志像小脚女人，东摇西摆地在那里走路，老是埋怨旁人走快了，对合作化运动过多地评头品足，不适当地埋怨，无穷地忧虑，数不尽地清规戒律，看不到主流，犯了右倾的错误；是站在资产阶级、富农或具有资本主义自发倾向的富裕中农的立场上替少数人打主意，从而否定了1953年和1955年春对合作社的2次整顿工作。报告一再强调，“在发展问题上，目前不是批评冒进的问题。”报告认为，农村不久将出现一个全国性的社会主义改造高潮，到1957年，全国将有5 500万户，2.5亿左右的人口加入半社会主义性质的合作社，到1960年基本上完成半社会主义的改造，并有更多的初级社转为高级社。农业的技术改革的时间要长一些，估计在全国范围内基本上完成农业方面的技术改革，大概需要20年—25年。社会改革将在1960年后逐步分期分批地由半社会主义发展到全社会主义。此次会议引起了全国范围的检讨和批评右倾错误。由于把党内在合作化的时间与步骤上的不同意见作为右倾思想来批判，会议助长了党内的急躁冒进情绪。

本　月　黑龙江省公安机关侦破中国国民党沈阳地下执行小组案。以前国民党国防部保密局少校特务军官张昆为首的中国国民党沈阳地下执行小组，系潜伏在新中国国防工业和国防机关内部的一个特务集团。该“执行小组”大肆搜集情报，散布反革命谣言，扰乱社会治安、策划武装叛乱、暗害共产党的领导干部。朝鲜战争爆发后，该集团认为时机已到，遂召开紧急会议，制定了搜集军事情报、收集藏匿的枪支、扩大特务组织、策反警备武装人员等行动计划，并草拟了《告东北同胞书》，妄图配合蒋介石反攻大陆。黑龙江省公安机关经过侦察，破获了该特务组织。

8月1日　中美两国大使级会谈在日内瓦举行。中国方面出席会谈的有中国驻波兰大使王炳南，助理李汇川、林平和译员邱应觉。美国方面出席会谈的有美国驻捷克斯洛伐克大使尤·阿·约翰逊，助理克拉夫，译员埃克瓦尔。首次会议于16时在国联大厦举行。双方同意会谈议程如下：一、双方平民回国问题；二、双方有所争执的其他实际问题。9月10日举行的第十四次会议上，双方就双方平民回国问题达成了协议，发表了《中华人民共和国和美利坚和众国两国大使协议的声明》。但在进入第二项议程的讨论上，美国方面坚持“在达成协议的关于遣返平民的声明得到履行之前，讨论其他问题未免为时过早”。中国方面则认为，中国方面是遵守它所达成的协议的，会谈应该不再迟缓地进入第二项议程的讨论。9月14日会谈中，王炳南提出了“禁运问题”和“准备更高一级的中美谈判问题”。此后，双方会谈不定期地举行，到1970年2月，共进行136次，在其他问题上未取得任何结果。

同　日　中国和尼泊尔两国政府在加德满都签署了关于建立正式外交关系的联合公报。同日，毛泽东主席任命袁仲贤为中国驻尼泊尔大使。

8月2日　刘宁一率中国代表团赴日参加禁止原子弹和氢弹世界大会。8月6日—8日，大会在广岛举行。大会通过了《禁止原子弹和氢弹世界大会宣言》，号召全世界人民加强推进禁止原子弹的运动。大会召开前夕，8月5日，北京各界群众举行“反对原子战争与反对使用原子武器大会”，大会通过决议，向禁止原子弹和氢弹世界大会表示祝贺，并指出6亿中国人民是全世界所有反对原子战争的人们的忠实朋友。8月6日，《人民日报》发表社论《为禁止原子弹和氢弹而继续奋斗》。

同　日　中国、越南两国实行铁路联运，8月1日、2日先后在河内、北京两车站举行通车典礼。

8月3日　中共中央批转中华全国总工会党组《关于加强私营商业中店员工会工作的请示报告》。中央在批示中说：目前，在资本家零售商业中的从业人员有200万人左右，此外，还有小商小贩几百万人，私营商业在我国市场上仍占相当大的比重（1954年占全国社会商品零售总额的42.8%），因此，正确地贯彻党对私营商业的社会主义改造的政策，使之服务于社会商品流转，满足人民生活的需要，是有重要意义的。而组织和教育广大店员工会自下而上地支持国家对私营商业进行社会主义改造，监督资本家遵守政府法令和经销、代销规章，改善经营管理，降低不合理费用开支，则是对私营商业进行社会主义改造的重要条件，也就是店员工会的重要任务。各级党委应指导各地工会组织加强这方面的工作。

同　日　**中国人民解放军空军在安徽省青阳县上空击伤、击落美制蒋军喷气飞机各1架。**

8月4日　**中华人民共和国最高人民法院军事审判庭决定提前释放的美国间谍约翰·诺克斯·阿诺德等11人自广州赴香港离境。**

8月6日　**第一届全国人大常务委员会举行第二十次会议。**会议讨论和通过了《关于全国人民代表大会代表和省、自治区、直辖市人民代表大会代表视察工作的决定》。《决定》规定，全国人大代表和省、自治区、直辖市人大代表每年应进行2次视察，视察地区除原选举单位外，可在省、自治区、直辖市范围内的其他地区进行。视察时，代表可向当地人民委员会、人民法院、检察院有关人员了解情况，也可列席当地人大和人民委员会会议，以及接见当地人民代表，访问人民群众。但视察中不直接处理问题。发现问题，分别交由当地国家机关处理，必要时可函报上级人民委员会处理。人大代表视察工作所需费用由省、自治区、直辖市人民委员会报销，一律不得增加地方负担。会议还通过了国务院提出的《华侨申请使用国有荒山荒地条例》。会议通过任命李士英为最高人民检察院副检察长。

同　日　**第一届全国人大常务委员会第二十次会议通过《华侨申请使用国有的荒山荒地条例》。**《条例》规定，华侨为从事农、林、畜牧业生产，可向县（市）或县（市）以上人民委员会申请使用国有荒山、荒地采用私资经营（独资、合资或股份公司形式）、公私合营、个体经营和合作社经营方式经营。《条例》规定，使用国有荒山荒地，采用私营方式或公私合营方式经营的华侨，土地使用期限一般定为20年—50年，使用期限内国家保障经营人的土地使用权和合法经营的收益。采用私资或公私合营方式经营农、林、牧业的华侨所使用的国有荒山荒地，应向国家交纳一定使用费，采用个体或合作社经营方式经营的华侨，同其他使用国有土地的农民一样，不缴纳使用费。使用国有荒山荒地经营的农、林、牧业，一律照章缴纳农业税、林业税或畜牧税。《条例》还对使用国有荒山荒地的申请手续等作了具体规定。

8月10日—30日　全国少年儿童科学技术和工艺作品展览会在北京举行。全国各族少年儿童精心制作的近1 000件作品在苏联展览馆展出，观众近10万人。周恩来总理参观了展览，并与来自全国各地的54位少年科技爱好者见面。8月9日，郭沫若为展览会的开幕在《人民日报》上撰文《爱护新生代的嫩苗》。教育部部长张奚若8月11日在《中国青年报》上发表文章《积极领导与支持少年儿童的科学技术与工艺活动》，指出，这次展览会是学校中实施基本的生产技术教育，即综合技术教育的宝贵的萌芽。9月5日，《人民日报》发表社论《加强对少年儿童的科学技术教育》，指出，加强对少年儿童的科技教育，在全国少年儿童中广泛开展科学技术和工艺活动，将会使中、小学教育发生带根本性的改革，使少年儿童工作发生重大的变化。

8月11日　外交部发表《关于南朝鲜当局企图以威胁行动破坏朝鲜停战协定的声明》。8月1日，南朝鲜当局公开宣布准备夺取军事分界线以北、三八线以南地区，并于8月5日正式通知中立国监察委员会，限其不迟于8月13日24时全部撤走。《声明》认为这是一个企图破坏朝鲜停战协定的严重行动，有关各国不应置之不理。《声明》说，中国政府认为，代表联合国军在停战协定上签字的美国负有不可推卸的责任，根据停战协定的有关规定，立即采取有效措施制止李承晚集团的威胁行动，并使驻在南朝鲜的中立国监察委员会的一切机构和人员的安全和工作得到应有的保障。联合国军方面有关各国政府都有责任使联合国军切实履行它在停战协定中所承担的国际义务。《声明》说，我们一贯主张外国军队应撤出朝鲜，有关国家应保证朝鲜的和平发展，以便朝鲜人民能够和平解决统一问题。中国人民志愿军准备在任何时候与一切其他外国军队同时撤出朝鲜。我们有理由要求某些国家不再坚持把外国军队留在朝鲜。《声明》建议，有关国家应该举行一次有亚洲国家广泛参加的远东会议，来谋求朝鲜问题的和平解决。8月12日，《人民日报》发表社论《制止李承晚集团破坏朝鲜停战协定的严重行动》。

8月13日　中共中央转发湖北省委关于农业生产合作社部署问

题的报告。湖北省委检查了在农业社会主义改造问题上怕多、怕乱的右倾思想，确定了湖北省发展农业生产合作社的规划为：到1956年秋前发展到7万个社，占全省农业人口的25%左右，到1957年冬发展到12万个社，占全省农业人口的50%左右，中央在转发湖北省委的报告时指示各地党委，关于为什么“有些干部在社会主义改造的进程中，不是比土地改革时期的劲头更大，热情更高，而是滋长着一种极其危险的消极和怕困难的情绪”的问题，应加以分析，给予明确的回答。关于用大力、分几次、认真地而不是走马看花地整顿现有合作社的问题，是一个很重要的问题，中央希望各省严重加以注意，于9月20日以前务必作出切实部署，连同全省发展规划一同上报。

8月16日　外交部发言人就日本政府提出所谓撤退在中国大陆的日本人问题发表声明。声明说：一、关于侨民问题，中国政府对愿意回国的在华日本侨民一向是给予各种便利的。到本年3月底，经中国红十字会会同日本各有关方面共同努力，在原有约3.5万名日侨中，已有约2.9万愿意回国的日侨返日，现仍居留中国大陆的有6 000多名日侨，他们表示愿意长期或暂时居留中国。如果他们中有人改变意图，申请回国，中国政府仍将给予各种便利，中国红十字会亦会尽力协助。这一点当中国红十字会代表团访日时曾同日本红十字会等团体达成协议。现在日本政府竟提出“撤侨问题再没有进展”的指责，是毫无根据的。相反的，中国在日有数万侨民，其正当权益并未得到应有的照顾。他们同祖国和家庭的联系还受着阻挠，他们更没有回国的便利。可见，在中日两国侨民问题上应谈判解决的倒应该是中国侨民问题。二、关于日本战犯问题。中国政府早已说过准备按照宽大政策进行处理。在1954年8月，已将417名在日本侵华战争中和在中国人民解放战争中犯有各种罪行的前日本军人免予惩处，送回日本，以后，中国红十字会又将1 069人的战犯名单和情况通知了日本红十字会。对于这些战犯，中国政府将按照中国的法律程序进行处理，这是属于中国主权的事情，日本政府无权过问。声明还驳斥了日本政府所谓情况不明的4万日本人的问题，并指出，日本军国主义者在侵华期间曾使千万以上的中国人民遭受屠杀，数百亿美元的中国公私财产遭受损失，并曾经将成千成万的中国人掳到日本加以奴役和杀害。日本政府应该了解，中国人民对于他们遭受的巨大损失，有权要求赔偿。现在日本政府不仅对于这些情况没有作任何交代，而且无中生有地要求中国政府交代所谓4万人的问题，这不能不令人怀疑其动机何在。声明强调，2年来，中国政府为改进中日关系正常化进行了诸多努力，日本政府如真正有诚意寻求两国关系正常化的途径，就应该从诸如发展贸易，促进人民往来等诸多关系到两国人民利益的重大问题着手。中国政府是准备就这些问题同日本政府进行谈判的。

8月16日—31日　中国佛教协会理事会第二次（扩大）会议在北京广济寺举行。理事会理事和佛教界代表133人出席了会议。会议代表包括汉、藏、蒙、傣、土、裕固6个民族成分，开幕前，代表们在大雄殿和圆通宝殿举行了隆重的严净仪式。会议通过了中国佛教协会代理会长喜饶嘉措所作《关于中国佛教协会两年来工作报告》、《关于中国佛教访缅代表团工作报告的决议》和《关于拥护国家发展国民经济的第一个五年计划、肃清一切反革命分子和保卫世界和平的决议》，以及《关于筹办中国佛学院的决议》。会议推选喜饶嘉错为中国佛教协会会长，并增选法尊、应慈、阿檀、明真（以上为汉族），朗德哥（傣族）、萨迦法王（藏族）等6人为中国佛教协会常务理事。会议还增选了33名中国佛教协会理事。会议期间，还举行了佛牙开光典礼。

8月18日　国务院颁布《国营企业1954年超计划利润分成使用办法》。国营企业超计划利润分成制度，是国家为鼓励企业超额完成国家计划，进一步调动企业增产增收积极性，自1954年开始实行的。本年制定的《办法》规定：1954年国营企业的超计划利润，采用分成办法，以其中40%留归各企业的主管部门使用，60%解缴国家预算。超计划利润分成部分的使用范围规定如下：一、弥补1955年基本建设计划内已列项目的资金的不足；二、商得财政部同意，弥补企业因超额完成生产任务或其他原因而发生的流动资金的不足；三、经国务院主管办公室批准，弥补技术组织措施费和新种类产品试制费的不足；四、经国家专案批准的基本建设项目，并明确规定，超计划利润分成部分，不得用于主管部和管理局本身行政方面的基本建设（如修建办公楼、宿舍和购置家具设备等）和企业单位计划外的福利设施（如修建俱乐部等）；不得用于各项事业费和其他费用。

8月20日—23日　1955年全国游泳竞赛大会在上海举行。在男、女18项游泳项目中有3项，即男子100米蛙泳和女子100米自由泳、400米自由泳接力，打破了全国纪录，有5项打破了1954年全国游泳大会纪录。

8月20日—9月5日　农业部主持召开全国棉产工作会议。会议讨论了完成第一个五年计划中棉花增产任务的具体措施。这些措施总的要求是必须大力提高单位面积产量，有计划地扩大棉田，并在合作化的基础上逐步发展机械耕作和机械灌溉。随着棉区的先一步合作化，逐步做到先一步机械化。根据“一五”计划规定，到1957年，全国棉花播种面积要达到9 500万亩，比1952年增加1 136.4万亩，总产量3 270万担，比1952年增加660万担，但1953、1954年因灾减产未完成计划，比1952年的产量还减少了；1955年预计可完成计划，但也只相当于1952年的生产水平。会议认为1956年、1957两年棉区的规划应该是巩固和提高老棉区，并有计划地发展和切实经营新棉区，为将来进一步发展棉花生产做好准备。会议认为，为了完成和超额完成今后两年棉花增产的任务。必须进一步贯彻有关奖励植棉的各项政策，以提高农民的生产积极性。同时，国家为了提高棉田单位面积产量，将在棉区扩大机械耕作面积，并大量推广新农具。还要进一步防治棉花病虫害，增施肥料，扩大化肥使用面积，推广棉花良种，加强对棉区的技术指导。会议还讨论了加强棉花试验研究工作，以及逐步建立棉花良种繁育制度的具体办法。

8月22日　高等教育部发出执行《全国高等学校（不包括高等师范学校）一般学生助学金实施办法》的指示。规定自1955年10月起，全国高校（高等师范学校除外），不论新生、旧生的人民助学金由全体发给改为部分发给，凡家境富裕能自费者，不发给助学金。人民助学金包括定期补助费和临时补助费。定期补助费分为伙食补助费（又分为补助全部、2/3和1/2伙食费3种）和日常学习、生活用品补助费。临时补助费分为学习、被服和其他补助费。经济特殊困难的学生的其他费用可另外申请补助。革命烈士子女学生、少数民族学生、归国华侨学生及体育、航海专业的学生在和一般学生同等经济条件下应优先予以照顾，9月4日，《光明日报》为此发表社论《高等学校要认真做好人民助学金的申请审批工作》。

8月25日　中共中央发出《关于彻底肃清暗藏的反革命分子的指示》。《指示》指出，肃反运动证明，敌情是严重的；运动是正确的；运动的发展是健康的，并已取得了初步胜利。《指示》重申了中共中央“七一指示”中已指出的，我们现在的党政军民各机关、团体、学校、企业中绝大多数（百分之九十几）是好人，作出了暗藏的反革命分子或其他坏分子均占5%左右的估计。为了既能完全肃清反革命分子，又能保证五年计划中各项工作的完成，《指示》对运动进行了重新部署，同时指出运动的关键问题在于：一、必须反对右倾思想；二、必须充分发动群众，特别要注意发动中间和落后分子；三、斗争的重点，必须选择那些明显地或比较明显地有反革命嫌疑的分子，不应采取大家检讨、人人过关和盲目乱斗的方法；四、专案小组对反革命嫌疑分子，应追问历史，追问反革命组织，并向各有关方面追查材料，一直追查到底；五、要反复交待政策：坦白从宽，隐瞒从严；六、对反革命嫌疑分子，必要时可进行搜查；七、逮捕的批准权，属于省市委。《指示》强调，充足的材料，是运动能否健康发展的根本条件之一，现在，材料工作已经远远落后于运动，必须引起严重注意。《指示》还特别提出了对教授、工程师、医生等高级技术人员的政策。

同　日　国务院命令发布《农村粮食统购统销暂行办法》。《办法》共七章41条，规定：根据1955年春耕前后分配到乡的粮食定产、定购、定销数字，结合实际情况，由乡政府发动群众深入讨论，划分余粮户、自足户、缺粮户，并一次评定全年粮食的产量、交售任务和供应量。1955年分户核定的余粮户粮食交售任务，在正常情况下，自

1955年起，3年不变，增产不增购，缺粮户的粮食供应量，每年核定1次。国家向余粮户统购粮食，一般应占其余粮数量的80%~90%。余粮户完成粮食交售任务后的剩余粮食，自足户因增产节约多余的粮食，都有权自由处理，但禁止任何人以粮食进行投机。一般产粮区的缺粮户供应的口粮、饲料用量标准，除种植技术作物的缺粮户外，应稍低于余粮户，并根据何时缺粮何时供应的原则，分别评定各户开始供应的时间和分月供应计划。农户的粮食产、购、销数字确定后，因自然情况发生重大变化而显著影响收成时，可根据歉收户歉收情况，调整其原定的粮食交售任务或粮食供应量。缺粮户粮食丰收时，应根据其丰收情况适当核减其原定的粮食供应量。在一省或数省发生重灾，影响国家粮食收购计划不能平衡时，国务院可指定丰收省份酌量增购，但增购数不应超过农户因丰收而增产部分的40%。

同　日　国务院命令发布《市镇粮食定量供应办法》。《办法》规定，市镇非农业人口按劳动差别、年龄大小及不同地区的粮食消费习惯，分别确定具体供应等别和每月口粮定量标准，在省、自治区、直辖市所属区域内执行。供应标准分9种等级：特殊重体力劳动、重体力劳动、轻体力劳动、脑力劳动、大中学生、一般居民与10岁以上儿童、6—10岁儿童、3—6岁儿童、3岁以下儿童；工商行业用粮和粮食制成产品，由各生产单位依据消耗定额编制用粮计划，经有关部门批准核发工商行业用粮供应证；市镇机关、团体、企业、学校和一般居民饲养的从事生产、运输的牲畜及供科研试验或供展览、表演、配种用的动物所需饲料，由饲养户编制计划，经批准核发市镇饲料供应证。国务院在命令中说，本办法具体施行日期可由各地方根据工作条件，在1955年9月1日—11月30日内自行决定。

8月27日　李一氓致信各国议会联盟理事会主席。出席联盟大会的中国人民代表团秘书长李一氓致信各国议会联盟理事会主席，要求纠正联盟执行委员会阻挠中国参加联盟第四十四届大会的错误决定。信中对各国议会联盟执委会仅仅由于美国等少数委员的坚持反对，搁置中国派团出席联盟第四十四届大会的申请，使中国代表团不能如期到会表示万分遗憾和严正的抗议，并请求理事会和大会纠正这一错误决定。信中重申有权代表中国参加各国议会联盟的只有中华人民共和国全国人大的代表组成的人民代表团。阻挠中国人民代表团参加联盟不但是漠视中国人民的权利和对中国人民不友好，而且是违反联盟宗旨和整个章程，同目前和缓国际紧张局势的总的方向是背道而驰的。8月28日，中国参加各国议会联盟的人民代表团主席彭真就联盟执委会拖延中国参加联盟一事给联盟理事会主席斯坦斯盖特勋爵和联盟第四十四届大会主席伦纳特·希尔加斯发去了抗议信，并郑重声明，关于任何“两个中国”的说法和做法，中国人民是绝对不能容忍的。

8月30日　北京市青年志愿垦荒队出发，赴黑龙江萝北县建立北京青年农庄。8月9日，北京青年杨华、李秉衡、庞淑英、李连成、张生等5人致信青年团北京市委，要求发起组织北京市青年志愿垦荒队。青年团北京市委批准了他们的申请。北京市青年自动捐资近7万元支持这个爱国行动，北京及外省市报名参加人数达803人。8月30日，北京青年为“北京市青年志愿垦荒队”一行60人举行欢送大会。青年团中央书记胡耀邦作了《向困难进军！》的讲话，并代表团中央将“北京青年志愿垦荒队”队旗授予他们。9月7日，浙江省504名优秀的中学毕业生志愿去新疆参加祖国建设。到本年末，全国有16个省、市组织了青年志愿垦荒队，上万名青年参加了边疆垦荒劳动。

8月31日　国务院发布《关于国家机关工作人员全部实行工资制和改行货币工资制的命令》。《命令》规定，为实行“按劳取酬”、“同工同酬”的原则，自1955年7月起，将现在国家机关一部分工作人员实行的包干制待遇一律改为工资制待遇，以统一国家机关工作人员待遇制度。实行工资制后，工作人员个人及其家属的一切生活费用，都应由个人负担。现行包干制的一切费用规定同时废除。实行工资制后，凡工作人员住用公家房屋、使用公家家具、用水用电、子女入托等应一律缴租、纳费。国务院已制定的各项收租、收费办法和宿舍取暖补贴办法，随命令发布施行。《命令》规定，自1955年

7月起，在国家机关及所属事业单位废除工资分计算办法，改行货币工资制，将国家机关工作人员的工资标准表修订为货币工资表。国家机关工作人员工资标准分29级，最高1级为649.60元，最低29级为21元，最高为最低的31.1倍，为解决各地区之间存在的物价差额，同时制定物价津贴表，一并发布。为符合“同工同酬”原则，自1955年11月起，取消部分工作人员的“保留工资”（即有些工作人员调动后，保留的原有较高的工资标准），因取消保留工资及由供给制改为工资制后生活确有困难的，可由机关福利费予以补助。为保证某些交通不便、物资缺乏地区工作人员的生活需要，《命令》发布的同时，还发布了《关于某些特殊地区工作人员实行实物供应的决定》，自1955年10月起实行。9月15日，《人民日报》为此发表社论《国家机关工作人员生活待遇制度的重大改革》。

同　日　国务院命令发布《中国科学院科学奖金暂行条例》。《条例》规定，凡中华人民共和国公民的科研工作或科学著作，在学术上有重大成就或对国民经济、文化发展上具有重大意义的，不论属于个人或集体的，均可按本条例的规定授予中国科学院科学奖金。中国科学院科学奖金分为3等：一等奖奖金1万元，同时授予荣誉证书及金质奖章；二等奖奖金5 000元，同时授予荣誉证书及银质金边奖章；三等奖奖金2 000元，同时授予荣誉证书及银质奖章。中科院科学奖金每2年颁发一次，奖励名额、奖金颁发日期及推荐日期，由中国科学院统一公布。

本　月　中共中央批转安徽省委关于农业合作化问题的报告。8月6日—10日，安徽省委首先在地、市委书记和农村工作部部长一级会议上传达和讨论了毛泽东“关于农业生产合作社问题”的指示及其在省市委和区党委书记会议上的总结，并作了初步检查。8月21日向中央作了报告。安徽省委对农业合作化问题上的右倾机会主义思想进行了深刻的批判，尤其对1953年10月31日华东局批转华东局农村工作部《关于华东地区互助合作运动中的急躁冒进倾向及初步整理巩固情况的报告》进行了尖锐批评。会议认为，安徽省委有信心完成并争取超额完成中央“翻一番”的任务。1955年冬至1956年春再办

3.6万多个社，连同老社共计8万多个，入社农户达到总农户的33%~35%。为完成上述任务，安徽省的部署是：一、乡扩社：首先消灭空白乡，每个空白乡要求办2个—3个社。全省1 048个空白乡，可以办2 000—3 000多个社。发展不足的乡，全省共计8 100个，平均每个乡再办4个社，可办3.2万多个。二、社扩户。除少数减产或闹不团结的社，应着重加强巩固工作以外，绝大多数社均可发展新社员。最少平均每社发展10户，全省即可增加40多万户，比原有入社农户102万户增加40%以上（连同第一项，即可发展一倍有余）。三、完全社会主义性质的大社，在有条件的情况下，还可增办，对于并社问题，如出于群众自觉自愿，应允许批准。安徽省委还对耕畜和大农具的处理、土地和劳力的分配问题、社员投资问题、社员自留土地问题、副业问题等10个问题提出了自己的意见。

本　月　中共中央批转河南省委关于农业合作化问题的报告。河南省委于8月16日—22日召开了省委扩大会议，传达毛泽东对农业合作化问题的指示，着重检查了1954年秋季以来，省委和各地委对合作化运动的指导思想，通过了全省在1957年底以前农业生产合作社发展到18万个，入社农户达到总农户的60%以上，在1955年冬1956年春发展到10万个社，入社农户达到总农户的30%的指标。河南省委还进一步批判了怕乱、怕多、怕困难，片面夸大农业生产合作社发展快了对农业生产上的不良影响，片面强调富裕中农占有的生产资料的作用，以及机械地划分巩固社和发展社的阶段等等错误观点。中央认为河南省委的方针是正确的。

本　月　重庆市公安机关破获“和平之光”反革命组织。“和平之光”是以穆建成为首的反动党团骨干分子于新中国成立初期建立的反革命组织，制定了一整套的纲领、政策、方针和计划，盗用“和平”之名，大肆进行反革命宣传，欺骗群众，企图积蓄力量，在重庆配合国民党蒋介石集团反攻大陆。重庆市公安机关经侦察，破获了该组织，穆建成等反革命分子相继落网，并依法受到惩处。

9月1日　内蒙古自治区人民委员会颁发《关于推行新蒙文的决定》。

9月2日　中共中央批转商业部、全国供销合作总社党组《关于加强城市、工矿区副食供应工作的报告》。中央同意《报告》针对城市人口增加，人民生活水平提高，有些副食品已出现供不应求的现象提出的方针和办法：一、为了稳定市场，安定人民生活，国家对副食品必须采取适当保证城市、工矿区的供应和大力稳定价格的方针。二、不同商品采取不同供应办法。食用油类采用计划供应；肉类、食糖实行控制供应；蔬菜采取保证供应；鸡蛋、鱼类视货源适当供应；黄花、木耳、榨菜等干菜类自由买卖，不加限制。中共中央在指示中指出，副食品特别是蔬菜和水产等季节性很大，做好季节性的调剂工作，是加强副食品供应工作的重要一环。关于经营副食品的私营商业的社会主义改造工作，应根据国营商业和合作社商业分工的原则，分别由国营商业部门和供销合作社负责。对经营蔬菜、水产的私营商业，不论批发商或零售商，都应由社会主义商业加以领导和组织，利用他们很好地进行供应。对经营饮食、糕点、豆腐、豆浆、豆芽、粉丝等的私营行业，通过所需粮食原料进行控制，使其既节约粮食又保证市场需要。社会主义商业也必须逐步加强副食品的经营，以便有力地控制市场，稳定价格，保证供应，对城市集镇的私营熟食业，在不增加从业人员的前提下，应有计划地逐渐地把他们组织起来进行改造。

9月6日　教育部决定在盲童学校试教新编初小语文课本第一册(试用本)。由于新课本先学字母，可使盲童在2个月内初步掌握摸读和听写技能，因此盲童学校同时取消原先开设半年预科班的规定。

9月8日　上海市公安局破获暗藏在天主教内的以上海教区主教龚品梅为首的反革命集团。自上海解放以来，龚品梅集团在外国特务间谍分子的指使下，披着宗教外衣，以天主教上海教区机构为掩护，进行刺探国家机密情报的活动，并且一贯针对人民政府各项政策、法令和国家的各项中心工作，进行有计划有组织的破坏活动。上海市公安局根据人民的检举并经过长期侦察，依法逮捕了龚品梅及其集团中的首要分子金鲁贤、李式玉、陈云棠、末洪声、张希斌等。

9月9日　中共中央同意云南省委关于传达讨论毛主席《关于农业合作化问题》的报告。云南省委讨论商定的全省发展农业生产合作社的规划是：1955年秋收前完成由原有7 110个社发展到3万个的计划，1956年春耕前再发展5 000个—10 000个，则全省入社农户占总农户23%左右。1956年秋冬发展2.1万个，占农产40%左右。到1957年发展到7.3万多个社，连同老社扩大、并社，全省348万多农户中，入社农户194万多，占总农户55%左右。132个县、市中，1956年春16个县、市基本合作化，1956年冬为50个县、市，1957年87个县、市基本合作化。全省已土改的7 349个乡中，1955年5 549个乡有社，1 293个乡基本合作化，1956年再增加3 000个乡，至1957年底4 846个乡达到基本合作化。中央同意云南省委的报告，认为报告中所提方针及各项措施是正确的。其中关于进行规划时采用"从省到地、县、区、乡自上而下分配指标与逐年的自下而上讨论相结合"，"在执行每个年度计划中，给予县委有10%增减的机动权"，以及实事求是地灵活实现党的政策，克服千篇一律强迫群众照办的不良作风等项规定，各地均可仿行。

9月10日　中美两国大使级代表就双方平民回国问题达成协议，并发表《中华人民共和国和美利坚合众国两国大使协议的声明》。两国大使协议公布各自政府就平民各回其本国问题所采取的措施。中华人民共和国承认，在中华人民共和国的美国人愿意返回美利坚合众国者，享有返回的权利，并宣布已经采取，且将继续采取适当措施，使他们能够尽速行使其返回的权利。联合王国（英国）政府将被委托对愿意回国的美国人返回美利坚合众国提供帮助。美利坚合众国政府承认，在美利坚合众国的中国人愿意返回中华人民共和国者，享有返回的权利，并宣布已经采取，且将继续采取适当措施，使他们能尽速行使其返回的权利。印度共和国政府将被委托对愿意返回的中国人返回中华人民共和国提供协助。

9月16日　国务院全体会议举行第十八次会议。会议根据《中华人民共和国兵役法》规定的定期征兵制度，通过了《关于1955年度征兵的命令》。会议讨论了关于授予中国人民解放军有功人员勋章问题，通过了应授予一级八一勋章、一级自由独立勋章、一级解放勋章的第一批人员的名单，决定提请全国人大常委会审议。会议讨论和批准了中国人民解放军新的服装制式和军衔肩章、领章和兵种、勤务符号的样式，决定自1955年10月1日起实行。会议通过了《中华人民共和国内蒙古自治区各级人民代表大会和各级人民委员会组织条例（草案）》，决定提请全国人大常委会批准。会议听取了中国司法工作者访苏代表团团长史良所作的访问苏联的报告；通过了《关于撤销广西省都安县的建制，成立都安、巴马两瑶族自治县的决定》。

9月23日　第一届全国人大常委会举行第二十二次会议。会议决定授予朱德、彭德怀、林彪、刘伯承、贺龙、陈毅、罗荣桓、徐向前、聂荣臻、叶剑英以元帅军衔，并决定授予朱德等131人以一级八一勋章，授予朱德等117人以一级独立自由勋章，授予朱德等570人以一级解放勋章。

9月25日　毛泽东为《怎样办农业生产合作社》一书撰写序言。这本书收集各省、市、自治区的办社实例共121篇，绝大部分材料是1955年1月—8月的，一小部分是1954年下半年的，由毛泽东亲自主持选编，目的是推动农业合作化运动的开展。毛泽东在序言中批评在农业合作化问题上，1953年春和1955年春的两次反冒进是“完全不应该有的动摇”。他说，我们的一些同志不去从党的政策和工作方法上解决问题，听了富裕中农一叫，工作中又有一些偏差，就惊惶失措起来，大反其“冒进”，动不动就要“砍掉”合作社，好像如果不赶快割去这个毒瘤，人就要死掉了似的。实际的情况完全不是这样。我们工作中的缺点是有的，但是整个的运动是健康的。广大贫农和下中农欢迎合作社。一部分中农需要看一看，我们就应当让他们看一看。富裕中农，除了那些自愿的以外，要应当让他们看得时间更长一些。目前，在这个问题上的主要缺点，是在很多的地方，党的领导没有赶上去，他们没有把整个运动的领导拿到自己的手里来，没有一省一县一区一乡的完整规划，只是零敲碎打地在那里做，他们缺乏一种主动的、积极的、高兴的、欢迎的、全力以赴的精神。这样，就发生了一个很大的问题，下面运动很广，上面注意不足，当然要闹出一些乱子来。我们看了这些乱子，不是去加强计划性，而是消极企图停止运动的前进，或者赶快“砍掉”一些合作社。这样做，当然是不对的，必然要闹出更多的乱子来。这本书公开出版时，改名为《中国农村的社会主义高潮》。

9月27日　中华人民共和国主席授衔授勋典礼在北京举行。9月23日，全国人大常委会第二十二次会议通过了《关于授予中华人民共和国元帅军衔的决议》、《关于授予在中国人民革命战争时期有功人员一级八一勋章、一级独立自由勋章、一级解放勋章的决议》。27日17时，中华人民共和国主席授衔授勋典礼在中南海怀仁堂隆重举行。全国人大常委会副委员长兼秘书长彭真宣读了中华人民共和国主席授予中国人民解放军军官以中华人民共和国元帅军衔的命令，毛泽东主席将授予中华人民共和国元帅军衔的命令状一一授予朱德、彭德怀、林彪、刘伯承、贺龙、陈毅、罗荣桓、徐向前、聂荣臻、叶剑英。接着，彭真宣读了中华人民共和国主席授予中国人民解放军在中国人民革命战争时期有功人员勋章的命令。毛泽东主席将一级八一勋章、一级独立自由勋章、一级解放勋章分别授予在中国工农红军时期，抗日战争时期、解放战争时期参加革命战争的有功人员，在解放战争时期直接领导原国民党军队起义的有功人员，以及对和平解放西藏地区的有功人员。同日14时30分。国务院授予中国人民解放军军官将官军衔典礼隆重举行。国务院秘书长习仲勋宣读了中华人民共和国国务院总理授予中国人民解放军军官将官军衔的命令。周恩来总理分别把授予大将、上将、中将、少将军衔的命令状，一一授予粟裕等在京军官。

9月28日—10月19日　日本国会议员访华团由团长上林山荣吉率领到中国进行访问。这次访问活动是应全国人大常委会委员长刘少奇和秘书长彭真的邀请而进行的，也是日本国会第一次派团访问中国。访问期间，中日双方就中日友好亲善、和平、两国邦交正常化以及贸易等问题交换了意见，并就一些重大问题取得了一致意见。10月17日，全国人大常委会秘书长彭真与日本国会议员访华团团长上林山荣吉发表了联合公报。公报确认中日两国应该为实现邦交正常化积极努力，主张迅速废除巴黎统筹委员会的“禁运”规定，把在中日两国首都举行的商品展览会作为贸易常设机构，增进两国间的文化交流，积极地照顾双方侨民。中国方面表示，处理战犯是中国主权的事，并且将在最近公布处理结果。10月19日，《人民日报》发表社论《努力促进中日关系正常化》。

9月30日　新疆维吾尔自治区成立。9月13日，第一届全国人大常务委员会举行第二十一次会议，会议通过决议，批准国务院总理周恩来提出的议案，成立新疆维吾尔自治区，撤销新疆省建制，并以原新疆省的行政区域为新疆维吾尔自治区的行政区域。9月20日—30日，新疆省一届人大第二次会议召开，会议通过了《关于新疆省人民政府6年来的工作报告》、《新疆发展国民经济的第一个五年计划的报告》等重要决议，会议还一致通过了《关于拥护全国人民代表大会常务委员会关于成立新疆维吾尔自治区、撤销新疆省建制的决议》，并根据这一决议选举赛福鼎（维吾尔族）为新疆维吾尔自治区主席，高锦纯（汉族）、伊敏诺夫（维吾尔族）、帕提汉·苏古尔巴也夫（哈萨克族）为副主席，阿·艾沙（维吾尔族）、鲍尔汉（维吾尔族）、贾库林（哈萨克族）、陶峙岳（汉族）、马仲才（回族）等37人为自治区人民委员会委员。会议选举阿不力孜·买汉买提（维吾尔族）为自治区最高人民法院院长，并选出了乌鲁木齐等7个地区的中级人民法院院长。会议闭幕时中华人民共和国新疆维吾尔自治区同时宣告成立。中共中央、中央人民政府代表董必武曾在开幕会上致贺词。10月1日，乌鲁木齐市各界人民举行大会，庆祝中华人民共和国成立6周年和新疆维吾尔自治区的成立。董必武在会上讲话，代表中共中央、中央人民政府向新疆维吾尔人民和各族人民表示热烈祝贺。

本　月　中共中央批转山西省委关于农业合作化问题的报告。8月12日—14日，山西省委召开了地、市委书记会议，传达中央召开的省市委和区党委书记会议的精神和毛泽东关于农业合作化问题的指示，讨论了中央和国务院关于改进粮食工作的有关文件和山西省的农业合作化问题。山西省委检讨了在农业合作化问题的指导思想上的右倾错误，确定1955—1957年全省合作社发展的速度如下：1955年社数由3.1786万个增至4.2万—4.4万个，入社农户由占全省农户总数的41%增至51%—55%；1956年社数将增至5.2万—5.4万个，入社农户达全省农户总数的67%~70%；1957年社数达到5.6万—5.8万个（即达饱和状态)，入社农户达全省农户总数的75%~80%。为进一步巩固现有合作社，山西省委拟采取以下措施：一、秋收前完成第三次整社工作（大部分地区已开始)，重点放在可能平产的15%的社和可能减产的5%的社；二、1956年春耕前有重点地分批地按乡按社做好1955年和今后3年的生产规划工作；三、保证做好合作社的贫农基金贷款工作；四、1955年冬1956年春普遍训练一次现有社的领导骨干，平均每社7人，共约25万人。加上训练新社领导骨干5万人，合计30万人(包括会计在内)。山西省委认为，为要巩固与扩大合作社的阵地，改进领导方式与领导作风以适应大规模群众运动的要求是具有决定意义的。1955年年内必须完成落后村的改造和落后支部的整顿工作，同时必须完成1955年农村（特别是晚解放区）建党工作。中共中央认为山西省委的方针是正确的。

本　月　中国人民解放军军事检察院成立。中国人民解放军的军事检察工作始于建军初期，在历次革命战争中，部队均设有军事检察工作人员或机构。新中国成立后，为适应军队现代化、正规化建设的需要，根据中共中央关于军队系统要按照宪法和法律的规定建立各级军事检察院的指示，成立了最高人民检察院军事检察院（1965年改称中国人民解放军军事检察院)。最高人民检察院副检察长黄火星兼军事检察院检察长。按照部队组织体系和检察工作的需要，在最高人民检察院军事检察院以下，再设立各级军事检察院，即大军区、海空军军事检察院；军（省军区）军事检察院；师（军分区）军事检察院。这是第一次在全军范围建立军事检察机关，实行统一的检察制度。1964年底，解放军军事检察院被撤销，工作并入总政治部保卫部。1978年12月，解放军军事检察院恢复。

10月1日　首都各界在天安门广场举行盛大阅兵式和群众游行，庆祝中华人民共和国成立6周年。毛泽东、朱德、刘少奇、周恩来、宋庆龄、林伯渠、李济深等在天安门检阅台上检阅了阅兵式和群众游行队伍。各国驻华使节和50多个国家的来宾也参加了国庆观礼。

同　日　中国人民解放军全体官兵换穿新式服装。新军装的帽徽式样为“五星八一”。军官戴大沿帽，佩带军衔肩章及缀有兵种、勤务符号的领章。士兵除水兵戴水兵帽，佩带肩章外，均戴船形帽，佩戴缀有兵种、勤务符号的军衔领章。校官、尉官中，除海军外，都扎武装带；士兵都扎腰带。按规定，军官根据需要发礼服。1958年1月，国防部发布命令，规定军官在节日、集会、出国或外交场合佩带肩章、领章，平时一律佩带新的制式领章。从1959年4月起，陆、空军士兵改戴解放帽。从1960年起，军官在节日和外交场合戴大沿帽，平时改戴解放帽。

10月2日—9日　全国第一届工人体育运动会在北京举行。从全国120多万职工中层层选拔出来的1 700多名男女运动员参加了这次运动会。毛泽东、刘少奇、周恩来、朱德、彭真、张闻天、邓小平等党和国家领导人出席了开幕式。刘少奇、周恩来、朱德分别为大会题了词。贺龙代表中共中央和国务院在开幕式上致词祝贺。大会的第一天就有女子标枪、男子800米、男子1 500米3项比赛打破全国纪录。在全部赛事中，在田径、自行车、举重比赛中共有10人打破8项全国纪录，其中包括从1936年以来保持了19年的男子铅球纪录。运动会上打破全国最高纪录的优秀运动员均获得了打破全国最高纪录的奖章。10月2日《人民日报》发表社论《发展职工群众的体育运动》，指出，为进一步发展职工群众的体育运动，必须逐步在各产业系统和基层单位建立体育协会，努力培养、训练体育干部和积极分子。

10月4日　中共中央下达《关于编制1956年度国民经济计划草案的指示》，批准国家计委党组《关于1956年度国民经济计划控制数字的报告》。为了保证五年计划的完成，又鉴于有些经济部门1955

年有可能达不到第一个五年计划规定的当年水平，同时第一个五年计划只剩下2年时间，《报告》要求各部门和各地方提出的1956年计划指标规定得“更积极些，尽可能地超过控制数字所规定的指标”。1956年计划控制数字为：一、工业总产值483.5亿元，比1955年预计增长10%。主要工业产品：原煤1.07942亿吨，发电量150.7亿度，钢357.6万吨，棉纱450万件，棉布1.4475亿匹，增长速度分别为11.6%、19.8%、30.8%、14.8%、12.1%；二、粮食总产量为3 740.5亿斤，增产速度为5.1%，棉花产量为2 996万担，增长14.7%，烤烟和油料（花生、油菜籽）的增长速度分别为24.4%和34.8%。《报告》要求把1956年农业生产计划“订得积极些，紧张些”；三、全国基本建设投资总额为112.7亿元，比上年预计增长30.4%，其中，施工的限额以上厂矿建设单位为555个（包括新开工的161个），年内建成完工的162个。鉴于前3年共完成计划总投资额的51%左右的情况，为了保证五年计划的完成，并避免建设任务过多地集中到1957年，报告要求，各部门不仅应达到控制数字的指标，而且应该把那些在五年计划内有条件提前施工的建设单位提早施工；四、社会商品零售总额估计为451亿元，商品供应量同社会购买力还存在一定差额；五、全国铁路货运总量为2.08亿吨，货物周转量为1 046.2亿吨公里，低于五年计划所规定的1956年指标；六、国民经济各部门（不包括私营企事业）职工人数达到1 463万人。国营工业劳动生产率与1955年相比，提高10.5%。国民经济各部门人员的平均工资增长4.9%。中央8个工业部平均降低生产成本6.6%。《报告》提议，国营工业主要产品的出厂价格比1955年总的平均降低6.2%，降低总额为8亿元；七、全国高校招生12.6万人，毕业学生6.7万人；在校学生达到34.9万人。中共中央批准国家计委党组提出的1956年度国民经济计划的控制数字及其报告，同时指出：一、中央同意国家计委党组在1956年度控制数字的报告中提出的关于调整工资和重工业产品降低出厂价格的原则意见；二、鉴于有些经济部门1955年预计完成的主要计划指标有可能达不到“一五”计划所规定的当年水平，同时，“一五”计划只剩2年时间，因此各部门、各地方在编制1956年度计划草案时，必须具体地分析情况，利用各种有利因素，发掘潜力，克服困难，在全国平衡的基础上，尽可能地提高计划指标，努力争取实现；三、各部门、各地方在编制1956年度计划草案时，应厉行节约、精打细算。1956年所增加的职工，首先在现在职工总人数内进行调剂，一律停止在社会上录用新职工；四、鉴于目前工业生产中产品质量低劣，品种规格太少，因此在编制1956年度计划草案时，必须编好产品的质量计划，编好新种类产品的试制和生产的计划，并研究关于提高质量和增加品种、规格的各种实际措施；五、1955年上半年国民经济计划的执行情况不够好，各部门、各地方要切实加强第四季度的工作，争取完成和超额完成1955年度计划，并为执行1956年度计划认真做好各种准备工作。

10月4日—11日　中国共产党七届六中全会（扩大）在北京举行。出席会议的有中共中央委员38人和候补委员25人。上海局书记，北京市委、天津市委和上海市委书记，各省委、各自治区党委和各地委的书记，以及党中央各部委和中央国家机关各部门党组的负责人388人列席了这次会议。会议的议程是：一、讨论和通过关于农业合作化的决议；二、讨论和通过关于召开党的第八次全国代表大会的决议。全会听取了陈伯达代表中央政治局所作的《关于农业合作化问题的决议草案的说明》，邓小平代表中央政治局所作的《关于召开党的第八次全国代表大会的决议草案的说明》与会代表进行了热烈的讨论，刘少奇、周恩来、朱德、陈云、彭德怀、彭真、邓小平等80人在会上作了发言（会议还印发了167人的发言稿）。会议的最后一天，毛泽东作题为《农业合作化的一场辩论和当前的阶级斗争》的总结发言。随后，会议通过了《关于农业合作化问题的决议》、《关于召开党的第八次全国代表大会的决议》，《关于党的第八次全国代表大会名额和选举办法的规定》。会议基本上通过了在试行中经过多次修改的《农业生产合作社示范章程》的草案，决定提交国务院和全国人大常务委员会讨论。《关于农业合作化问题的决议》错误地认为，我们有些同志对于农民问题的看法还停留在老阶段上，看不见现在农村中的两条道路的尖锐斗争，看不见大多数农民群众愿意走社会主义道路的积极性。他们提出了“坚决收缩”的右倾机会主义的方针，并且在有些地方用强迫命令的方法大批地解散合作社。这种右倾机会主义实质上只是反映了资产阶级和农村资本主义自发势力的要求。《决议》认为，只有彻底地批判了这种右倾机会主义，才能促进党的农村工作的根本转变，改变领导落在群众运动后头的局面。这个转变，是保证农业合作化运动继续前进和取得完全胜利的最重要的条件。《决议》对合作化运动作了新的规划：一、在互助合作运动比较先进的地方，到1957年春季以前合作社发展到当地农户的70%~80%，即基本上实现半社会主义合作化。二、在全国大多数地方，大体上可以在1958年春季以前先后基本上实行半社会主义的合作化。三、互助组运动基础比较薄弱，农业生产合作社现在还很少，实现合作化需要更多的时间。毛泽东在《农业合作化的一场辩论和当前的阶级斗争》的总结报告中指出，这次会议是一场很大的辩论，是有关党的过渡时期总路线是不是完全正确这样一个问题的大辩论，并论述了农业合作化和资本主义工商业改造的关系，在合作化问题上争论的总结，关于全面规划和加强领导的问题，关于思想斗争，以及若干其他问题。报告错误地点名批判了以邓子恢为首的中央农村工作部。七届六中全会后，各方面都开展了“反右倾”，助长了社会主义改造中的急躁冒进情绪。不仅农业合作化运动掀起了高潮，手工业和资本主义工商业的社会主义改造也加快了步伐。

10月8日　中共中央批转财政部党组《关于1956年国家预算控制数字的报告》。《报告》认为，1955年农业丰收在望，1956年继续开展增产节约运动，工业生产和商品流转必将以比较快的速度增长，估计1956年将是我国经济更加活跃的一年，具备着积累资金保证完成建设任务的良好条件。计划1956年财政收入为279亿元，财政支出亦为279亿元。其中经济建设费为135亿元。扣除不可比因素，比1955年增加了15.95%。文教费32亿元，行政管理费22.8亿元，都比上年预计略有增长，而与五年计划原控制数字相比，行政管理费减少1.1亿元，文教费减少4.8亿元。

同　日　朝鲜祖国战线中央委员会组织盛大集会，欢送中国人民志愿军6个师撤离朝鲜，返回祖国。10月10日，志愿军归国先头部队抵达安东市（现丹东市）。10月27日，中国人民志愿军总部发言人宣布，从10月10日起到26日止，中国人民志愿军6个师已全部撤返祖国。

10月10日—20日　第一次全国水土保持工作会议举行。会议由农业部、林业部、水利部和中国科学院联合主持召开。各地农林、水利和科研部门代表共180人参加了会议。国务院副总理邓子恢到会作了重要指示。水利部部长傅作义、林业部部长梁希、中科院副院长竺可桢和黄河水利委员会主任王化云都在会上作了报告。各地区代表分别介绍了不同地区的水土保持工作的典型经验。会议确定，1956年全国水土保持工作的任务为3.3524万平方公里的控制面积，其中，黄河流域为1.5847万平方公里，永定河流域2 400平方公里，其他地区共1.5277万平方公里。会议要求水土流失严重的省份，在1956年底作出全省所有山区的水土保持规划和分年实施计划。会议结束后，各地代表于21日分赴山西省阳高县大泉山和甘肃省天水专区参观当地的水土保持工作。

10月15日—23日　全国文字改革会议在北京举行。会议由教育部、中国文字改革委员会联合主持召开，会议听取和讨论了中国文字改革委员会主任吴玉章所作《文字必须在一定条件下加以改革》的报告和教育部部长张奚若所作《大力推广以北京语言为标准音的普通话》的报告；会议还讨论了中国文字改革委员会所提出的《汉字简化方案修正草案》和《第一批异体字整理表草案》，并听取和讨论了叶恭绰《关于汉字简化工作的报告》。在进行了必要的修正补充后，会议通过了《汉字简化方案修正草案》，并通过了有关文字改革和推广以北京语音为标准音的普通话的决议。会后，教育部于25日和26日召开座谈会，研究推广普通话的方针和在学校中用普通话教学的步骤、要求，讨论了训练教师、编辑普通话教材等重要问题。25日和31日，中国科学院也在北京召开了现代汉语规范问题学术会议。26日，《人民日报》发表了题为《为促进汉字改革，推广普通话，实现汉语规范化而努力》的社论。

10月17日—11月3日　中国商品展览会在日本东京举行。中国人大常委会秘书长彭真和日本国会议员访华团团长上林山荣吉于本日发表的联合公报表示，中国将以这个商品展览会作为常设的机构，以处理有关双方贸易的联络事务。中国赴日商品展览团团长曹中枢一行7人已于10月12日到达东京。展览时间共17天，吸引了66万多名观众，其中有15万人观看了新中国电影。11月30日，中国商品展览会在大阪开幕。

10月22日　林业部主持召开第六次全国林业会议。林业部部长梁希在会上作了《1955年林业工作基本情况及1956年工作任务》的工作报告，总结了1955年林业工作的基本情况。1955年的工作有新的成就，也存在突出的问题。突出的缺点是山林火灾十分严重，据半年来不完全统计，全国共发生森林火灾达4.4945万次，山林被害面积210万公顷，损失木材507万立方米。此外，山区群众为解决粮食及燃料、肥料问题，挖树根、揭树皮，向陡坡开荒，从而损害了水土保持的情况也相当严重，森林病虫害在各地也有蔓延。1955年上半年造林完成113万公顷（包括迹地更新），为修正后的全年计划的91%，其中国营造林完成全年计划的59%；全国育苗1.2万余公顷，为全年计划的78%，其中国营育苗占60%以上；上半年完成幼林抚育27.1万公顷。1955年春造林工作的80%是依靠合作社互助组进行的。全国现已提出林业重点建设项目127个，其中属于森林经营的21个，属于造林的106个。据不完全统计，全国现有林业、农林、农林牧生产合作社共3.2325万个，较1954年增加1.8290万个。关于1956年的任务，即两大任务和三个中心环节。两大任务是：保护、经营和管理好现有森林；加强造林工作，提高造林质量。三个中心环节是：积极参加和支援农村合作化运动，并以合作化运动为中心，进行山区生产规划和开展林业工作；进行林业重点建设项目的勘测设计，干部的培训工作。

同　日　中国科学院举行接受苏联科学院赠送珍贵礼物的隆重仪式。这批礼物包括古生物标本、地震仪器、孢子花粉试验研究设备和哲学书籍。

10月24日　教育部发出《关于1955年冬到1956年春组织农民参加学习的通知》。《通知》要求积极开展识字教育，把识字教育当成农业合作化的一个组成部分。大力提倡合作社和互助组办学。《通知》传达了毛泽东关于编3种识字课本的指示，提出农民识字教育必须做到"学以致用"，符合农业合作化的要求，符合发展生产的要求。识字教学，第一步教农民学习本村乡土的人名、地名、合作社名、农活名、庄稼名、度量衡名、年月日、数字及其他一些记工账所必需的文字和语言，大约200字—300字。这个课本，由从事指导合作化工作的干部各就自己的合作社具体情况去编。每处自编1本，不要上级审查，第二步课本，按一个较小范围的地方（一个县、一个专区）的常见事物和语言（加上全国性的）去编，也只要300字左右，第三步课本，由省教育厅编。在此之后，许多地方编写，使用了这3种课本。

同　日　中国第一个天文馆——北京天文馆动工兴建。北京天文馆建馆目的，主要是向广大人民宣传唯物的以天文学为主的自然科学知识，宣传科学无神论，破除人民群众中因长期封建统治而遗留下来的迷信思想和命运观点，并宣传我国古代天文学的大成就，启发群众的爱国主义思想。此外，由于我国天文机构很少，天文教育不普遍，天文普及工作的干部十分缺乏，北京天文馆还将成为我国天文普及工作的中心、天文爱好者的中心以及天文教学的重要辅导机构。1957年9月，北京天文馆正式开放。

10月25日　中共中央发出《关于肃清暗藏的反革命分子的运动在群众中已经发动之后必须注意保证运动的健康发展的指示》。《指示》指出，肃反运动的成绩是很大的，运动的发展是健康的。运动的成绩是：在已经发动这个斗争的绝大多数地方，运动大大提高了党员和群众的政治觉悟，使他们受到了这种阶级斗争的实际锻炼；运动发动了中间和落后群众，因而使党与群众的联系更加密切了；运动清查出了反革命分子和其他坏分子，并且有很多人向党支部交代了自己的问题，因而净洁了内部，加强了团结。中央认为，必须把这个运动进行到底，必须坚决反对松劲现象和各种右倾思想，以达到彻底肃清一切暗藏的反革命分子的目的。《指示》指出，依照新的情况，采用新的斗争方法，组织人数少而精的专案小组，进行细致的调查研究，仔细了解反革命分子的思想和动态，使用灵活的策略去争取起义和动摇敌人，讲求正确的审问方法，并把这一工作与继续深入发动群众配合起来，打破"顶牛"局面，并根据证据，分清是非轻重，对坏分子加以正确处理。这样做，运动就能健康发展。而一味追求数字，不管是非轻重，一味用群众压力，不做细致的工作，结果是简单急躁，表面上轰轰烈烈，但是实际上将会重复"逼供信"的错误，或者使运动半途而废，既不能保证运动的健康发展，也不能做到不漏掉一个反革命分子和不冤枉一个好人。为此《指示》规定运动大体应经过四个阶段：准备阶段、小组斗争阶段、专案小组阶段和甄别定案阶段。《指示》还要求全国各省市政法机关——公安机关、检察院和法院必须动员起来，积极配合运动，并在运动中把政法机关健全起来。

10月26日　国务院常务会议批准《中华人民共和国国家计委暂行工作条例》。《条例》规定：国家计委是国务院在国民经济计划工作方面的职能机构，在国务院领导下进行以下主要工作：一、根据国家过渡时期总任务和国务院的指示，在国务院各部、各委员会和各省、自治区、直辖市编制的国民经济计划草案的基础上，按照需要与可能和积极平衡的原则，综合编制长期和年度的国民经济发展计划草案。二、审查国务院各部、各委员会和各省、自治区、直辖市的国民经济计划草案，并向国务院提出审查意见。三、检查各部门、各地区计划执行情况，并向国务院提出保证完成计划的各种措施的建议。四、编制主要生产资料的分配计划草案和国家物资储备计划草案，报请国务院批准。五、编制长期的、年度的综合财政计划草案，审查财政部的年度国家预算、各国民经济部门财务计划、国家银行季度信贷计划和现金计划，并向国务院提出审查意见，六、拟定编制国民经济计划的计划方法、计划表格和计划审批程序以及有关编制计划的各种规定。七、研究国民经济计划中的重大问题并及时提出建议。办理国务院交办的有关国民经济计划工作方面的事项。《条例》规定国家计委在上述工作中必须注意下列原则：一、使国民经济计划符合客观经济情况和国家过渡时期的总任务以及当前国家各项政策的要求，以不断提高生产力，增强国防力量，逐步改善人民的物质生活和文化生活。二、在综合平衡的基础上使整个国民经济各方面按比例的发展——使工业与农业、生产资料与消费资料、各工业部门之间、工农业与运输业、生产与供应、生产与消费、建设与财政、建设与物质资源、消费与积累等方面平衡发展，货币流通与商品流通相适应。三、在优先发展社会主义经济，保证社会主义经济成分不断增长和加强国营经济领导地位的前提下，根据全国平衡和全面平衡的原则，统筹安排国民经济的发展和改造，使整个国民经济协调地发展。四、根据经济、合理与国防安全的原则，正确地分布生产力，尽量使新建工业企业分布在安全地区，并照顾到靠近原料产地和消费地区，减少不合理运输；适当地规划建设规模，注意大、中、小企业的结合；适当地规定城市的发展规模，城市建设规模不要过分集中，也不要过分分散。五、合理地分配劳动力和专门人才，在发展生产和提高劳动生产率的基础上，适当地提高工资福利。六、合理地利用国家资源和节约资源，并注意新资源的不断发现。七、使国营经济的直接计划与非社会主义经济的间接计划，中央各部计划与各地区计划，新建企业与原有企业、地区之间的计划互相结合起来，避免发生脱节和抵触现象。八、在计划工作中，应努力挖掘潜力并使计划符合实际，避免保守和冒进，力求计划积极可靠。《条例》还对国家计委的机构作了规定：国家计委由主任一人，副主任、委员各若干人组成。主任主持全委工作，副主任协助主任工作。《条例》规定国家计委一切重大工作问题，在主任主持下召集委员会议进行讨论。《条例》还对国家计委同各部、委和省、自治区及国务院各办的关系作了规定。国家计委对国务院各部、各委员会的计划部门和各省、自治区、直辖市的计划部门应负责计划方法的指导，并在本部门的业务范围内，根据法律法令和国务院的决议、命令，可以发布指示。国家计委应与国务院各办公室密切协作，凡计划工作应以国家计委为主，由国务院各办公室协助办理，凡行政工作应以国务院各办公室为主，由国家计委协助办理。本《条例》于12月7日发布执行。

10月28日　中共中央批转教育部党组决定取消各地干部子女学校的报告。要求自1956年始，各地干部子弟学校逐步改变为普通小学，招收附近机关的工作人员和群众的子女为走读生，停招寄宿生。各部门办的干部子女学校，交由地方教育行政部门接管，取消公费生待遇。到1957年9月，在北京的干部子女小学全部改为普通小学。

10月29日　毛泽东邀集中华全国工商业联合会执行委员会的委员们，座谈关于如何更适当地进行私营工商业的社会主义改造问题。毛泽东、刘少奇、周恩来、朱德、陈云、邓小平、彭德怀及在京的中共中央委员、候补中央委员出席了会议。参加会议的还有陈叔通、李烛尘、荣毅仁、李济深、沈钧儒、何香凝等工商业人士、各民主党派和人民团体的代表500多人。1955年初以来，由国家加工订货，统购包销和收购的产品已占全部私营工业产值的90%以上。许多企业实行了公私合营，并且在方式上已由个别合营发展到合并改组、全行业合营，为迅速走上国家资本主义高级形式创造了经验。私营批发商业基本上都已合营，零售商业的社会主义改造也出现了经过并点经营实行全行业公私合营的方式。根据这种形势，毛泽东要求工商业者认清社会发展的规律，掌握自己的命运，积极接受社会主义改造。毛泽东指出，你们要主动，要掌握自己的命运，不要像15只水桶打水一样，七上八下的，社会主义是大势所趋，不应该来反对，应该来主动参加。资本家只要接受社会主义改造，就有前途。毛泽东还说明党和国家将对接受改造的工商界人士给予政治上和工作上的适当安排，继续贯彻“赎买”政策。他鼓励工商业人士把自己从剥削者改造成为自食其力的劳动者。会上，周恩来对工商业界人士详尽分析了当前形势，指明了出路，推动他们接受改造。11月1日—21日，全国工商联执委会举行一届二次会议，学习毛泽东的讲话，并听取了主任委员陈叔通《适应国家的社会主义经济建设发展的新形势，为进一步推动全国工商业者积极接受社会主义改造而奋斗》的报告，会议还听取了陈毅《关于资本主义工商业社会主义改造的若干思想问题》的报告，通过了《告全国工商界书》，号召全国工商业者在中国共产党领导下积极接受社会主义改造。

11月1日　国务院发出《关于试行工业计划产品分工管理办法的通知》。《通知》说，全国轻工业行业很多，产品复杂，资本主义工业及手工业的比重还不小。二年来，在实行对资本主义工业和手工业的社会主义改造工作中，已经获得了一定的成绩，但如何把私营工业和手工业纳入国家计划轨道的问题尚未得到完全解决。为此，必须逐步做到按轻工业行业来确定隶属关系，划分管理系统，以贯彻执行统筹兼顾、合理安排的方针。目前全国工业产品大致可分为二类，一类是计划产品，另一类是非计划产品，计划产品又分为四种：一、国家统配产品；二、部分配产品；三、部平衡产品；四、地方平衡产品。国务院规定：凡是列入国家生产计划的轻工业产品，分别由中央有关部负责统一筹划、合理安排；地方亦须负责本地区的具体安排。凡是由地方负责平衡或分配的产品，由地方有关部门分别负责计划和安排。中央各部之间、中央各部和地方之间的工厂企业的隶属关系，应根据需要和可能，逐步调整。逐步做到与统一计划和专业管理相适应。今后，应逐步扩大中央或地方负责的平衡产品，逐步缩小自产自销和未列入国家生产计划的其他加工订货产品。使全国轻工业产品逐步纳入国家计划。《通知》指出，按轻工业计划产品分工管理，是一件相当复杂的工作。各主管有关产品的工业部门对其所管产品，应该认真管理，从产销方面进行全面平衡，合理安排，并应会同有关部门订立产品管理的实施办法和步骤，逐步推行。

11月5日　中国红十字会致电日本红十字会等三团体联络事务局，严重抗议日本政府强制遣送旅日华侨去台湾。11月4日，日本政府施用暴力，把被拘禁在日本静冈县滨松“收容所”的约120名中国侨民强制装上日船“白龙丸”送往台湾，并且对拒绝被强制送交台湾的中国侨民施行殴打。中国红十字会对日本政府这一违反人道的暴行，表示严重抗议，并认为日本红十字会、日本和平联络会、日中友好协会三团体有义务对此进行调查并将调查结果迅速告知中国红十字会；更盼三团体根据协议，采取有效措施，继续协助愿意回国的在日华侨返回中国。

同　日　中国佛教协会秘书长赵朴初致电日本佛教界人士，要求将在日本的玄奘顶骨送还中国。电报说，1956年是我释迦牟尼佛涅槃2 500周年，中国佛教徒将对传布和译述佛理最有贡献的玄奘法师同时举行庄严的纪念。玄奘法师顶骨之大部分目前分别供奉在北京广济寺、南京玄湖山塔、广州六榕寺、天津佛教协会和成都近慈寺；而另一部分，则在第二次世界大战中被劫运到日本，现今仍在日本琦玉县慈云寺内。我们希望日本佛教界的朋友们能将上述存在日本之玄奘法师顶骨的一部分设法送还我国。中国佛教徒对保护玄奘法师遗体历来均甚重视，并愿为保存其全部遗骨作最大努力。电报对有些人企图将存在日本的玄奘法师顶骨运至别处的消息表示关注。11月19日，中国佛教协会秘书长赵朴初致电日本佛教界人士，坚决抗议将玄奘顶骨送往台湾。

11月7日　国务院全体会议第二十次会议通过《关于城乡划分标准的规定》。规定县（旗）人民委员会所在地和常住人口2 000人以上、居民50%以上是非农业人口的居民区，都是城镇。城镇分为城市和集镇。直辖市、省辖市都列为城市。常住人口2万以上的县以及人民委员会所在地和工商业地区都可以列为城市。国家统计局对关于划分城乡标准作了若干说明，据1953年人口统计资料，全国现有城镇5 400个，人口3 373万。人口在2 000人以上的城镇占83%，其人口占城镇人口的96.3%。全国有166个大中城市，256个小城市（人口779万），共有422个城市，5 132万人，约占城镇全部人口的66.4%。我国“成年人口”占全国人口比例为58.92%。

11月10日　全国人大常委会第二十五次会议与政协第二届全国委员会常务委员会第八次会议联合举行。会议讨论和通过了《关于1955年秋后视察工作的通知（草案）》，决定这次视察工作由全国人大代表和省、自治区、直辖市人大代表以及全国政协委员和省、自治区、直辖市地方政协委员组织起来共同进行。视察时间自11月15日左右开始，12月15日左右结束。视察工作的主要内容是：在农村主要视察农业合作化运动及粮食生产、消费、统购统销等；在城市主要视察工业、商业（包括资本主义工商业的社会主义改造）和手工业合作社、街道工作、肃清反革命分子的斗争等方面的情况。

同　日　全国人大常委会第二十六次会议通过《1956年国家经济建设公债条例》。《条例》规定，本公债发行总额为人民币6亿元，于1956年1月开始发行，1956年10月1日起计息。提前交款的，按照规定利率贴现。公债债券面额为1元、2元、5元、10元、50元、100元6种，年息4厘，自1957年起，每年9月30日付息一次。本公债本金分10年作10次偿还，自1957年始，每年9月30日抽签还本一次。第一、二、三、四次各抽还总额的5%，第五、六、七次各抽还总额的10%，第八、九次各抽还15%，其余总额的20%于第十次还清。本公债发行和还本付息事宜，指定由中国人民银行及其所属机构办理。

同　日　国务院发布《农业生产合作社示范章程草案》。《草案》共12章82条。其主要内容是：一、农业生产合作社是劳动农民的集体经济组织，是农民在共产党和人民政府的领导和帮助下，按照自愿和互利的原则组织起来的。入社自愿，退社自由，保障退社农民的经济利益。二、遵守公私兼顾的原则，使国家利益、全社的利益和社员个人的利益得到正确的结合。社员的土地及其他主要生产资料交给合作社统一使用或统一经营，允许社员最多拥有相当于每人耕地5%的自留地。三、要有正确的经营方针、生产计划和合理的劳动管理、财务管理。四、社员的劳动报酬应根据“按劳计酬、多劳多得”的原则，逐步地实行按件计酬制，并无条件地实行男女同工同酬。五、按照生产的需要和社员的条件，逐步地实行劳动组织上的生产责任制，并把劳动报酬上的按件计酬制与生产责任制结合起来。六、应在党和人民政府的领导下，在青年团、妇联的协助下，做好政治工作。

11月13日　新华社报道：中国人民志愿军任荣将军已被任命为军事停战委员会朝中方面委员，以接替中国人民志愿军张秀川将军。

11月15日—12月8日　农业部主持召开全国农业科学研究会议。会议制定了从1956年到1967年12年内的农业科学研究工作方案和1956年的工作要点，制定了国际技术合作中农业部门的工作方案。会议期间，国务院副总理邓子恢、陈毅，农业部部长廖鲁言，副部长刘瑞龙，中国科学院副院长竺可桢分别向与会代表作了有关农业科学工作、国家建设计划，以及高级知识分子的团结和改造等问题的报告。

11月16日　团中央书记胡耀邦在《人民日报》上发表《关于农村扫除文盲工作》的文章。这是作者在10月16日团的二届四中全会上、10月28日上午北京各报记者会上、同日下午各地教联秘书长会议上的讲话中，关于农村扫盲问题的部分合并整理出的。文章说，党的七届六中全会讨论到农业合作化的全面规划的时候，曾经指出务必把扫除文盲的工作规划进去。这是实行对农业的社会主义改造的有战略意义的任务之一。青年团在扫除文盲这个严重任务中，是党和政府的“天然助手”。扫除文盲工作也要有全国的、全县的、全乡的全面规划。在青年中扫除文盲，就全国范围来说，可以初步拟定如下轮廓：用7年时间，即从本年起到1962年为止，使全国青年文盲的80%左右脱离文盲状态，并使他们每人都认识1 500个字左右。文章指出，扫除文盲有3种形式（民校、识字小组、包教包学），要学3本书（即教育部《关于1955年冬到1956年春组织农民参加学习的通知》中要求编的3种识字课本），要对积极分子和扫盲有成绩的单位实行鼓励，要发毕业证书、奖章、奖状。要“书报下乡”，繁荣通俗书籍的创作，改进书报的发行工作，发展农村中的图书室和俱乐部。要对扫盲工作及时进行指导。同日，国务院第二办公室主任林枫也在《光明日报》上发表了题为《进一步开展扫盲工作，迎接农业合作化高潮》的文章。

11月17日　教育部发出《关于在中、小学和各级师范学校大力推广普通话的指示》。《指示》要求全国中、小学和各级师范学校必须逐步用普通话教学，使学生学会说普通话。在学校中用普通话教学，首先从语文科做起。逐渐推广到各科。语文科以外的学科如条件允许，也应该尽早用普通话教学。《指示》还提出了对学生的初步要求、师资训练办法、教材和参考资料的编写、奖励办法、宣传办法（包括广播宣传、函授、文化馆站及电影院等形式）的意见。

11月17日—26日　1955年国际友谊射击竞赛在北京举行。这是由中华人民共和国中央国防体育俱乐部应苏联支援陆海空军志愿协会的建议而组织的，也是在新中国举行的第一次国际性的运动竞赛，来自苏联、波兰、捷克斯洛伐克、罗马尼亚、保加利亚、朝鲜、蒙古、中国等国家的142名运动员参加了比赛。越南派来了观察团。竞赛用靶场设在北京西郊八大处山麓，定名为“北京射击场”，朱德、周恩来出席了开幕式，并接见了各国代表团团长。贺龙在开幕式上致辞，代表中国政府和人民向大会的召开表示祝贺。这次竞赛共设男女自选小口径步枪、手枪和男子军用战斗步枪等5个项目。苏联队获得全部竞赛项目的冠军，第二名是罗马尼亚，第三至七名分别是：保加利亚、中国、捷克斯洛伐克、波兰、蒙古。

11月21日　教育部发出《关于在中学、小学、各级师范学校及工农业余学校推行简化汉字的通知》。《通知》规定：一、全国中小学和各级师范学校以及工农业余学校的教学、学生作业和日常书写布告、函件等，必须使用简化汉字，原有繁体字课本，阅读时仍可教繁体字，书写时不再要求用繁体字。二、各级教育行政部门和各级学校的公文、函件、出版物、印刷物等应该逐步地使用简化汉字，并应逐步横排、横写。学生的作业本、试卷等也应尽量横排、横写。1956年1月，国务院公布了汉字简化方案，到1958年初，全国小学语文课本和扫盲教材已普遍使用了汉字简化方案中的简化汉字。

11月21日—12月1日　全国妇联主持召开第二次妇女儿童福利工作会议。参加会议的有各地妇联的福利工作干部和文教卫生部门的代表共119人。中共中央有关部门也派人出席了会议。会议讨论了自从1951年10月第一次妇女儿童福利工作会议以来，各地妇女儿童福利工作开展的情况和今后的任务。会议指出，目前在全国大中城市中采用新法接生的孕妇已达这些城市妇女总数的90%以上，在农村新法接生已开展的地区一般达30%左右，部分较好的地区达70%左右。1955年全国83个大、中、小城市举办了1 071处群众性的托儿组织，据江苏、吉林、河北等14个省的统计，共有491个县建立了农村托儿组织，少数民族地区托儿组织也有相当大的发展。但目前妇女儿童福利的工作还落后于客观的需要。各地新法接生推行得还很不普遍，广大农村和部分小城市中，旧法接生还占多数，很多地方还没有普遍开展有关妇婴卫生和育儿知识的宣传。在保育方面，有些地方的妇联组织还没有有计划地发展群众性的托儿组织。

11月28日—12月9日　全国第一次蔬菜工作会议在北京召开。会议由中华全国供销合作总社、商业部和农业部联合主持召开。42个城市和工矿区以及23个省的125位代表出席了会议。召开这样全国性的会议来解决大、中城市和工矿区居民的吃菜问题，在中国历史上还是第一次。会议的任务是安排蔬菜的生产、供应和销售，并且规划城市工矿郊区蔬菜生产的合作化和城市菜商的社会主义改造工作。会议认为蔬菜问题是涉及全国大、中城市和工矿区四五千万居民日常生活的问题，并不是“萝卜白菜的小问题”。加速蔬菜生产的合作化，有计划地提高蔬菜的产量，是保证蔬菜供应的物质基础。为了稳定蔬菜价格，必需加速对菜商的社会主义改造工作，同时，还要加强对农民蔬菜贸易市场的领导和管理。会议根据目前蔬菜供应中的问题，规定了关于蔬菜生产合作化和菜商社会主义改造的工作原则。各地代表据此对上述工作作出了初步规划。会议最后还交流了蔬菜经营上产销结合，组织群众性储备以及管理蔬菜市场方面的经验，安排了山东胶东大白菜、湖北萝卜洲的大萝卜、四川榨菜等著名蔬菜的产销问题。

11月29日　中共中央手工业管理局、中华全国手工业生产合作社联合总社筹备委员会联合发出《关于对手工业社会主义改造工作进行全面规划的通知》。《通知》说，到1955年6月底，全国手工业生产合作社组织已达5万多个，共有社员（或组员）145.9万人，生产总值达9.3亿元。据中央最近的各项指示，三大改造的任务应加速进行。《通知》要求各地手工业部门迅速作出积极的、先进的手工业合作化的全面规划。12月21日召开的第五次全国手工业生产会议制定了手工业社会主义改造的全面规划，确定在第一个五年计划期间基本上完成全国手工业合作社的组织工作。

同　日　中共中央同意国家计委党组《关于修改1955年国民经济计划的请示报告》。《报告》说，1955年度国民经济计划在执行过程中发生了某些新的变化，它要是：一、在编制1955年计划时，由于对1954年农业因受灾而减产的情况估计不足，有的轻工业生产指标定得偏高；二、在计划执行中，贯彻中央关于厉行节约的指示，影响了工业生产、基本建设、国内商业和运输计划的变动；三、有的产品因生产和基建措施跟不上而减产。《报告》提出，为改进上述情况，有必要对1955年度计划进行适当修改。工业总产值计划由444.1亿元修改为434亿元，计划产品共208种，需修改的有50种；商业部购进计划由174.3亿元修改为170.5亿元，销售计划由243.1亿元修改为240.3亿元；铁路货运周转量计划减少66.8亿吨公里；由于贯彻了厉行节约的方针，削减了非生产性工程的投资和降低了工程造价，减少了投资。全国基本建设总投资额计划由97.9亿元修改为91.7亿元。

同　日　国务院第三办公室召开会议，研究重工业各部在资本主义工商业改造中的全面规划和加强领导问题。会议检查了过去对私营工业的安排改造和全面规划很少考虑，对私营企业的盲目发展控制不严，因而给私营企业的生产安排上造成困难。为了顺利进行工作，会议确定以下几条原则：一、重工业各部均须根据“一条鞭”（即在国营经济领导下对各种经济采取统筹兼顾的方针）的精神对有关的地方国营、合作社营、公私合营和私营企业加强领导，进行全面规划。要积极地主动地参加对资本主义工商业的改造工作。二、各行业的全面规划必须根据长远计划，结合技术经济条件进行摸底排队，通盘进行安排，有些企业可根据国家需要进行适当扩建，多数企业应是“苹果”（指大户）加“葡萄”（指中小户），成立专业公司，安排适当的任务。三、为了加强对私营企业的领导和管理，重工业务部要负责拟定全面规划的方案，要研究私营企业的生产能力，合理地分配任务并将其纳入各行各业的经济计划之内。四、现由三机部管理的钢、铁、重化工、煤、电等应即着手分批移给重工业部、煤炭工业部、电力工业部。

本　月　人民解放军在辽东地区举行抗登陆军事演习。这是一次在使用原子武器和化学武器条件下，方面军抗登陆战役中主要行动方向的诸兵种合成的集团军、军两级首长——司令部携带通信工具，并有实兵参加的抗登陆战役演习。演习由训练总监部组织领导，国防委员会副主席叶剑英担任总导演。参加演习的有陆军1个兵团、4个军、1个机械化师的机关和部分部队，有海军和空军部分建制单位，共6.8万余人。这样大规模的演习，在人民解放军的历史上还是第1次。全军许多高级干部到演习场参观学习。演习结束后，国防部长彭德怀作了总结讲话。这次演习，丰富了人民解放军在现代条件下抗登陆作战的知识，提高了军队高级干部组织与指挥抗登陆战役的能力，检查了部队的战备工作，熟悉了演习地区的地理情况，并取得了组织较大规模的战役演习的经验。

12月1日　青年团中央发布《关于在7年内扫除全国农村青年文盲的决定》。《决定》指出：一、扫除旧社会遗留下来的大批文盲，提高人民的文化水平，是具有战略意义的任务。目前农村青年文化上的落后状态和农业合作化运动的开展是不相适应的。这一严重问题，必须在合作化运动的过程中加以解决。扫除占农村青年70%左右的文盲、半文盲，是实现农业合作化伟大任务的一个重要方面，也是今后农村实行技术改革、使用大型农业机器的重要条件。二、为适应农业合作化运动的发展，必须加快扫盲速度。在党和政府统一规划下，团中央决定在7年之内，也就是在第二个五年计划完成前扫除全国青年文盲。三、扫盲工作应紧紧掌握为农业合作化和农业生产服务的原则，做到“学以致用”。应当根据“不忙多学、小忙小学、大忙放学”的原则，实行“定期开学、按时放假”的制度，坚持常年学习，不致妨碍生产。四、扫盲运动是在党领导下的千百万群众的自觉行动，各级团委应采取措施，充分发挥群众积极性。五、为了不断提高群众的文化水平和防止“回生”现象，应当普遍提倡开办业余小学，暂时无条件办的可成立自学小组。

12月6日—15日　民族语文科学讨论会在北京举行。会议由中国科学院语言研究所和中央民族学院共同主持召开。会议介绍了各少数民族的语言文字工作的情况，交流了民族语文工作的经验，就今后继续帮助少数民族创立、改进和改革文字的工作交换了意见，并且研究和讨论了少数民族语文工作的初步计划。这个初步规划，要求在1956年、1957年两年内基本上完成各个少数民族语言的调查研究工作，在1958年完成帮助各少数民族做好制订文字方案的工作。12月10日，新创立的僮族文字方案（草案）公布。12月17日，《光明日报》为这次会议的召开发表了社论：《加强帮助少数民族创立、改进和改革文字的工作》。

12月9日　中国抗日烈士遗骨131具由日本轮船“兴安丸”运回天津新港。以竹中胜男为首的中国抗日烈士遗骨护送团随船同来。随船同时抵津的还有156名旅日华侨。12月13日，周恩来接见了竹中胜男和中国抗日烈士遗骨护送团的全体团员。

12月12日—23日　农业部主持召开全国农业工作会议。会议提出了1956年农业生产要达到第一个五年计划原定1957年指标的任务。其中粮食总产量要达到3 980亿斤，超过1957年计划指标124亿斤；棉花总产量3 550万担皮棉，超过1957年计划指标275万担；烤烟总产量要超过1957年计划的27万担；茶叶和柞蚕丝的总产量也要求达到1957年的生产指标。会议还讨论了“二五”、“三五”的农业远景规划。会议提出，7年内要在全国范围内消灭一般水旱灾害，主要农作物普遍使用良种，并基本上消灭蝗虫、螟虫等10大主要农作物病虫害和牛瘟、猪瘟等兽疫，以及麻雀、田鼠等有害鸟兽。会议还揭发和批判了过去农业工作中的右倾保守主义倾向，要求改进工作作风，总结和推广先进经验，保证增产指标的实现。

12月16日—28日　邮电部主持召开全国乡村邮电工作会议。会议的主要任务是研究和讨论邮电部门如何配合农业合作化运动，发展乡村邮政和建设农村电话网。会议提出了发展乡村邮电的初步规划，全国要在7年内建成乡和大型农业生产合作社的电话网，并尽可能提前建成；通乡的电话约需新建100万左右杆程公里的线路，通大型农业生产合作社的电话需几十万公里的线路。关于乡村邮政，到1962年要在农村的集镇和必要的乡都设立邮电服务机构，发展规模将为1955年的6倍左右；到1957年，乡邮路线除极少数边远地区的乡以外，要全部发展到乡。会议指出，为了能广泛地便利乡村报刊邮件的收寄投递，主要的办法是依靠农业生产合作社设立邮递员，在必要的乡设立乡邮站。各地邮电部门应从现在开始推行农业生产合作社邮递员制度，到1959年普遍实行。会议认为，目前以农民为对象的报刊发行数量太少，农村中报纸的每期发行量不足200万份。因此，到1956年，农村报纸发行份数要提高2倍多，到1957年要提高5倍以上，会议还要求各地邮政部门在进行乡村邮电建设中，必须做到经济、适用和适应乡村社会主义建设的需要。

12月19日　中国中医研究院在北京成立。该院院址在北京西南广安门内。设内科、外科、针灸、中药4个研究所，1个附属医院和1个中医研究班。首任院长鲁之俊。

12月21日　中共中央发出由毛泽东起草的《农业十七条》，征询各地意见。《农业十七条》是本年11月毛泽东在杭州和天津分别同14个省委书记和内蒙古自治区党委书记共同商定的。中央认为应当于1956年1月10日中央召集的各省、市、自治区党委书记会议上加以确定，以便纳入1956年的计划，为此目的，下发征询意见。《农业十七条》主要内容是：一、1956年下半年基本完成初级形式的建社工作，1959年基本完成合作化的高级形式；二、12年内全国基本消灭荒地荒山，实行绿化；三、12年内，大部分地区90%的肥料，一部分地区80%的肥料，由地方和合作社自己解决；四、12年内粮食平均亩产，在黄河、秦岭、白龙江、黄河（青海境内）以北，要求达到400斤，黄河以南、淮河以北达到500斤。淮河、秦岭、白龙江以南800斤；五、在7年内，基本上消灭十几种不利于农作物的虫害和病害，以及若干种危害人民和牲畜最严重的疾病，消灭老鼠、苍蝇、蚊子、麻雀等四害；六、7年内基本上扫除文盲，每人至少识1 500—2 000

个字，并将省、地、县、区、乡的各种必要的道路按规格修好，还要建立有线广播网和乡、大型合作社的电话网。

同　日　国务院全体会议第二十一次会议通过《关于中央一级机关精简工作的报告》。由国务院副总理贺龙所作。《报告》指出，中央一级机关精简工作自3月初开始到目前为止，在政府、党派、群众团体的124个单位中，除新建立的14个单位属于确定编制和30个单位属于调整外，进行精简的总共80个单位。通过精简，获得了显著成绩：一、研究了业务，调整了机构，初步改变了职责不明和工作秩序紊乱的情况，并对不合理的机构进行了调整，调整的结果，厅、司、局一级机构增加了7.4%，处、科一级机构减少38%。各单位的内部层次，已由四级制或五级制改为三级制或二级制，撤销或紧缩了派驻地方机构，减少了部和基层单位之间的中间层次，从而提高了工作效率。二、紧缩了编制，调整了干部，并结合“肃反”工作纯洁了内部。大大缩小了行政事务和服务人员编制的总额，从各方面改进了行政管理工作。三、初步改进了领导作风和工作方法。《报告》还指出，要使国家机关精简，编制合理，不断地改进国家机关工作，必须注意国家机关的组织形式，必须同它所承担的任务相适应；同时还必须有适应工作需要的干部，才能不断地提高工作效率；精简工作必须同改善领导作风，改进工作方法相结合；精简工作，必须采取领导与群众相结合的方法。

12月22日　国务院发布《1956年预购棉花工作的指示》。《指示》总结了1955年棉花预购工作的经验，规定了1956年棉花预购工作的任务和做法。国务院规定1956年度生产的棉花除棉农留用棉和国家征收的赋棉以外，其余全部由国家统购，集中产棉区应该全部进行预购，1956年按预购棉花总值10%付给棉农定金；棉农每预售一担皮棉，在粮食、棉布统销定额以外，多供应10斤粮食、10尺棉布，并且供应50斤—100斤饼肥。估计通过预购合同，付给全国棉区农民的定金将达2亿多元，优待供应的粮食有2亿多斤，棉布200多万匹，肥料20多亿斤。《指示》规定，要对农业生产合作社、互助组适当多付定金，但是，合作社、互助组和个体农民得到定金的差额幅度不应该过大。农民如果超额完成合同规定的售棉任务，除定金和肥料的供应优待不另增加外，粮食、棉布的供应优待应该按比例增加。

12月27日　毛泽东为《中国农村的社会主义高潮》一书作序。《怎样办农业合作社》一书发给七届六中全会与会同志征询意见后，毛泽东又主持重编，将原有的121篇材料删去30篇，另增加85篇新材料，共收入176篇，书名改为《中国农村社会主义高潮》。毛泽东再次写了序言，并以“本书编者”的名义，为104篇材料写了按语。序言和按语认为全党对贫农、下中农走社会主义道路的积极性估计不足，提出党的第八次代表大会的任务是克服右倾保守思想。序言和按语对社会主义建设提出了一些操之过急的设想。毛泽东在序言中说，1955年下半年，中国的情况起了一个根本变化。中国1.1亿农户中已有60%以上，即7 000多万农户加入了半社会主义的农业生产合作社。这件事告诉我们，只需要1956年一个年头，就可以基本上完成农业方面的半社会主义的合作化。再有3—4年，即到1959年或1960年，就可以基本上完成合作社由半社会主义到全社会主义的转变。现在提到全党和全国人民面前的问题，已经不是批判在农业的社会主义改造速度方面的右倾保守思想的问题，也不是在资本主义工商业按行业实行全面公私合营问题，而是在其他各个方面，都存在着对于情况估计不足的缺点。因此，不断地批判那些确实存在的右倾保守思想，就有完全的必要了。在按语中，毛泽东提出：在中国农村中，两条道路斗争的一个重要方面，是通过贫农和下中农同富裕中农实行和平竞赛表现出来的。在合作社这面站着共产党，在富裕中农的后面站着地主和富农，针对河北遵化县“书记动手、全党办社”的经验，他说，为什么这个地方可以这样做，别的地方就不可以这样做呢？如果说不可以，我看只有一条理由，就是怕麻烦，或直爽一点，叫做右倾机会主义。他还说，小社人少地少资金少，不能进行大规模的经营，不能使用机器。这种小社仍然束缚生产力的发展，应当逐步合并。不但平原地区可办大社，山区也可以办大社。向高级社转变的时候，应当把许多小型社合并起来成为大型社。以上论断，后来成为在农村对富裕中农进行政治批判的理论依据，同时也表现了毛泽东强调整齐划一、强调办大社的思想。

12月29日　国务院发布《关于进一步做好国家机关精简工作的指示》。《指示》指出，国家机关的精简，是国家的一项重要政策，是厉行节约，积累建设资金的必要手段，也是改进国家机关工作，保证社会主义建设胜利前进的重要措施。建国以后，在这方面，我们取得了巨大成绩。但是，也存在着许多不合理现象。主要是：上层领导机构重叠、编制庞大、人浮于事，工作效率不高，而基层组织又一般是骨干缺乏，领导力量薄弱；在事业、企业单位中也是行政管理机构庞大，非业务人员或非生产人员过多。《指示》认为，这些不合理现象，必须及时地加以改变。为此，各级国家机关和各种事业、企业单位，都必须本着"精简机构、紧缩编制、调整干部"的方针，认真地、彻底地、实事求是地进行精简。各省、自治区、直辖市应作出精简计划，结合检查工作，总结经验，划清业务范围，明确工作职责和工作关系，按其业务需要，合理地确定机构，编定人员。干部调整和人员处理工作，必须做到合理使用，妥善安置。《指示》强调，精简工作必须同改善领导作风和改进工作方法密切结合起来，在精简工作中，要严格建立国家机关编制的管理和监督制度，切实健全人事工作。《指示》还对精简工作的方法、步骤作了具体规定。

同　日　国务院颁布《关于国家机关工作人员退休处理暂行办法》。《办法》规定，机关工作人员符合下列条件之一的都可退休：一、男年满60岁，女年满55岁，工作年限满5年，加上参加工作前主要靠工资生活的劳动年限，男满25年，女满20年的；二、男年满60岁、女年满55岁，工作年限满15年的；三、工作年限满10年，因劳致疾丧失工作能力的。国家机关工作人员的退休费，发给本人工资的50%~80%。退休人员工作年限不满10年的，发给本人工资的50%，满10年不满15年的，发给本人工资的60%，工作年限满15年的，或因工残废丧失工作能力的，或工作年限满10年因劳致疾丧失工作能力的，发给本人工资的70%；因劳致疾或因工残废丧失工作能力，工作年限在15年以上的，发给本人工资的80%，对革命有重大功绩，或长期从事科学、技术、文化、教育等事业，并对社会有特殊贡献的工作人员的退休费，经省、自治区、直辖市人民委员会或国务院批准，可以酌量提高。《办法》指出上述规定适用于国家机关及所属事业费开支的单位的工作人员。

同　日　国务院颁布《关于国家机关工作人员退职处理暂行办法》。《办法》规定，国家机关工作人员因年老或者病弱，不能继续工作，又不符合退休条件的；因自愿退职的；因不适宜现职工作，又不愿意接受其他工作的，均可按退职处理。国家机关工作人员的退职金，由原工作机关从行政费中一次发给。其标准：一、工作年限满5年或5年以下的，除发给本人1个月工资外，工作年限每满1年加发本人工资1个月；二、工作年限满10年或不满10年而在5年以上的，除按一项规定发给外，从第六年起，工作年限每满1年加发本人1.5个月的工资；三、工作年限超过10年的，分别按一、二项的规定发给外，从第11年起，每满1年加发本人2.5个月的工资。

12月30日　国务院发出《关于防止滥宰耕牛和保护发展耕牛的指示》。《指示》针对有些地方（如冀、鲁、豫、皖等耕牛较多的省）弱牛、体格小的牛和牛犊价格大跌，上市量大，成交量小，价格低于菜牛，因而发生滥宰耕牛的不正常情况指出，必须看到，在我国农业合作化以后，在一个相当长的时期内，还不可能一下子用大量的拖拉机来代替耕畜，耕牛和其他耕畜仍然是农业生产上的主要动力，如果我们在农业合作化的大发展中，不及时领导农民克服排挤弱牛、小牛和牛犊的盲目性，不坚决采取保护现有全部耕牛的措施，就会给今后的农业生产和农业的社会主义改造带来极为不利的后果。《指示》要求：一、各地领导机关必须要大力说服农业生产合作社，立即结合生产的规划，把社员所有的耕牛全部包下来，统筹安排。为便于统筹安排，农业生产合作社可经社员自愿，将社员的牛作价入社。二、耕牛集中产地和输出区的当地供销合作社应当将经营牲畜作为重要的任务，做好收购和调运工作，向外推销。缺牛地区的供销社应主动同产牛区联系，做好采购、供应工作。各级供销合作社并且应当注意改良耕畜品种和繁殖大耕畜的工作。三、国家委托供销合作社在耕牛集散地点建立耕畜交易服务所，加强市场管理。四、为有效地禁止滥宰耕牛，各地应当根据具体情况，规定出一个正常的宰杀比例和合理的宰杀标准，并指定专人掌握标准。对于屠宰商应进一步加以组织和改造，规定其所需菜牛一律由供销合作社供给或指定收购，不得直接滥行购买。五、对于耕牛、菜牛、牛肉等价格和牛皮的收购牌价要采取相应的经济措施，加以合理调整。各地区调低和提高幅度，另由商业部、对外贸易部和供销合作总社分别下达。

1956年

1956年综述

1月15日，北京市各界20多万人在天安门广场举行庆祝社会主义改造胜利联欢大会，庆祝北京市农业、手工业全部实现合作化和全国第一个实现资本主义工商业的全行业公私合营，毛泽东、周恩来、刘少奇等党和国家领导人出席了大会。继北京之后，到本月底，全国大城市以及50多个中等城市，先后实现了全部资本主义工商业的公私合营。

2月，周恩来在国务院全体会议上作《经济工作要实事求是》的发言，指出，不光要看到热火朝天的一面，现在有急躁冒进的苗头，超过现实可能和没有根据的事，不要乱提，不要乱加快，否则很危险。在周恩来主持下，国务院采取了防止冒进的措施，对影响1956年国民经济整体平衡的各项主要指标进行了压缩。4月，周恩来、陈云认为压缩后的1956年计划还是一个冒进计划，从5月起，周恩来、陈云、李先念、薄一波等把精力由防止冒进转到反对冒进工作上，继续削减1956年预算指标，制定积极稳妥的“二五”计划建议。6月20日，《人民日报》根据中央政治局意见，发表题为《要反对保守主义，也要反对急躁情绪》的社论。

1月，中共中央召开知识分子问题的会议，周恩来作《关于知识分子问题的报告》。报告首次提出，知识分子已经成为我们国家的各方面生活中的重要因素，他们中间的绝大部分已经是工人阶级的一部分。毛泽东在讲话中号召全党努力学习科学知识，同党外知识分子团结一致，为迅速赶上世界科学先进水平而奋斗。会后，全国掀起“向科学进军”的热潮。2月—3月，中共中央统战部召开第五次全国统战会议。会议的决议指出，由于社会主义改造迅猛发展，引起人民民主统一战线内部的关系发生了变化，工农联盟日益巩固；资产阶级已经向工人阶级屈服；知识分子的绝大多数已经是工人阶级的一部分；民主党派已基本上成了为社会主义服务的政治团体。4月5日，《人民日报》发表《关于无产阶级专政的历史经验》，论述了怎样历史地、有分析地看待无产阶级专政下所犯的错误等问题。4月25日，毛泽东发表《论十大关系》的讲话，以苏联经验为借鉴，初步总结了我国社会主义建设的经验，提出了适合我国国情的社会主义建设道路的任务。4月28日，毛泽东在中共中央政治局扩大会议上说，艺术问题上的“百花齐放”，学术问题上的“百家争鸣”，应该成为我国发展科学、繁荣文学艺术的方针。6月，周恩来在国务院体制会议上提出中央与地方分权，计划要统一，要分工合作，因地制宜，因事制宜，要改进体制。7月，周恩来在中共上海第一次代表大会上提出，从中国的国内情况看来，从无产阶级专政的整个历史经验看来，从苏联犯错误的经验看来，扩大民主具有更本质的意义。12月，毛泽东提出，可以消灭了资本主义，又搞资本主义。刘少奇提出有百分之几的资本主义，我看也不怕，它是社会主义经济的一个补充。这时期，陈云也提出在所有制、生产和流通方面实行“三个主体、三个补充”的管理体制。12月，《人民日报》发表编辑部根据中共中央政治局扩大会议讨论写成的文章：《再论无产阶级专政的历史经验》，第一次提出二类社会矛盾问题，指出“人民内部矛盾可以而且应该从团结的愿望出发，经过批评或者斗争获得解决，从而在新的条件下得到新的团结。”

9月，中共八大在北京召开。会议指出，社会主义制度在我国已经基本上建立起来。国内的主要矛盾是人民对于经济文化迅速发展的需要同当前经济文化不能满足人民需要的状况之间的矛盾。要逐步系统地制定完备的法律，健全社会主义法制，进一步扩大社会主义民主。要坚持既反保守又反冒进，即在综合平衡中稳步前进的经济建设方针。要坚持民主集中制和集体领导制度，反对个人崇拜，发展党内民主，加强党和群众的联系。

本年工业总产值703.6亿元，超额完成计划7.4%，比上年增长28.2%。主要工业产品产量，钢447万吨，比上年增长56.8%；煤1.1亿吨，比上年增长12.2%；生铁、钢、钢材、水泥等27种产品产量已经达到或者超过第一个五年计划规定的1957年的水平。农业总产值582.9亿元，比上年增长4.9%，但只完成计划的96%，其中粮食3 855亿斤，比上年增加4.8%；棉花2 890万担，比上年下降4.8%。国家基本建设投资实际完成148亿元，比上年增加59.1%。人民平均消费水平比上年提高4.3%。本年也出现了一些严重的冒进倾向，基建拨款比上年多用51亿元，职工工资多发37亿元，农村贷款多放19亿元，使财政出现18亿元的赤字。

1月1日　《人民日报》发表题为《为全面地提早完成和超额完成五年计划而奋斗》的社论。1955年7月，第一届全国人民代表大会第二次会议通过了我国发展国民经济的第一个五年计划。1956年是实现第一个五年计划最关键的一年。社论肯定了自1955年下半年以来出现的大好形势，预见1956年将出现一个社会主义改造和建设的高潮，号召全国人民为提早完成和超额完成第一个五年计划而奋斗，同时也预见到在1953年规定的过渡时期的总任务即以社会主义工业化为主体，对农业、手工业和对资本主义工商业进行社会主义改造将被提早完成。社论指出，半年时间内，农业合作化突飞猛进的发展，社会主义工商业有了发展，资本主义工商业的社会主义改造随之进入了新阶段，其标志是资本主义工商业以全行业的规模实行公私合营和在公私合营的企业中采用定息的办法给资本家分配利润。社论提出了"又多、又快、又好、又省"的社会主义建设的方针。指出：必须又多又快，才能赶上国家和人民的需要；必须要好，要保证质量，反对不合规格的粗制滥造；必须要省，要用较少的钱办较多的事，以便用可以积累起来的财力来办好一切应该办而且可以办的事情。又多又快，是反对保守主义，又好又省，是反对潦草从事，盲目冒进，铺张浪费。社论认为，多、快、好、省这四条要求是互相结合而不可分的，遵守这四条要求，我们就能按照社会主义经济的有计划（按比例）发展的法则，来进行全面规划。

1月3日　集宁至乌兰巴托铁路中、蒙边境铁路接轨典礼在中蒙边境二连和扎门乌德之间举行。中华人民共和国国务院副总理乌兰夫、蒙古人民共和国总理泽登巴尔、苏联政府代表团团长别谢夫出席典礼并讲了话。1月5日，周恩来总理举行宴会，庆祝中蒙苏三国铁路联运通车和欢迎蒙古、苏联两国政府代表团。

同　日　新华社报道：中国政府和瑞士联邦政府达成协议。协议将中华人民共和国政府驻瑞士公使馆升格为大使馆。7月13日，中华人民共和国驻瑞士联邦特命全权大使冯铉到任。

1月4日　中华全国总工会第七届执行委员会主席团第九次会议通过《关于在三年内扫除全国职工中文盲的决定》。《决定》指出，在全国广大职工群众中，现在还存在着大量文盲，在一般产业中占50%左右，在煤矿、建筑、林业等产业中则占60%~70%以上，这和社会主义工业的迅速发展显然是极其不相适应的。必须加速扫除文盲的速度，要求在今后三年内扫除现有职工中的文盲。工会各级组织必须从思想上重视扫除文盲的工作，把这一工作列为工会工作的重要工作之一。工会组织必须以最大的力量做好组织、动员职工入学的工作。

1月7日　台湾飞行员韦大卫等人驾驶飞机起义飞回祖国大陆。国民党台湾民用航空局台北旅行社飞行员韦大卫、业务员梁枫、事务员翟笑梧，驾驶蒋纬国的旅行游览专机一架，起义飞回祖国大陆。飞机在福建某地安全降落，受到热烈欢迎。1月28日，解放军总政治部举行授奖大会，授给韦大卫等三人每人奖金8 000元。

1月8日　中共中央批转商业部党组《关于全面改造城市私营商业的初步规划的报告》。《报告》提出：一、在对私营商业改造的进度上，预定在1957年底之前，做到将城市中全部资本家商店改造为公私合营商店；将小商小贩中坐商部分的70%以上改造为公私合营商店或合作商店；将小商小贩中摊贩部分的50%以上组织成合作小组。这样，估计在1960年以前，可随时根据中央决定将城市私营商业改变为国营商业。二、对资本家商店进行改造的主要形式是全行业公私合营，并辅之以代销的形式。对小商小贩进行改造的主要形式是合作商店、合作小组和参加公私合营，并辅之以代销等。三、对私营商业的一切从业人员，原则上采取全部包下来的办法。四、改造工作要注意质和量，必须做到职工积极参加改造工作，资本家大多愿意接受改造，一部分积极参加改造；改造后商品品种不能减少，对消费者服务质量不能降低；在改造中和改造后商品流转不能受阻。要在以上几方面订出一些新的办法、制度，特别是在进行规划和工作时要注意这几方面。

同　日　中共中央批转财政部党组《关于加强财政监察工作的报告》。《报告》说，财政监察工作是1950年建立起来的。几年来，在各级党委的领导和支持下，各级财政部门先后建立了财政监察机构

（财政监察干部约2 970人），检查揭发了不少贪污浪费和违反国家财政制度的现象。但是，财政监察工作基本上还是薄弱的，还远远赶不上国家建设事业发展的需要。为使这一工作在现有基础上迈进一步，提出以下几点意见：一、进一步明确各级财政监察机构的任务及它的职责。财政监察工作应当为国家的社会主义建设事业服务，围绕着国家的财政预算，组织现场检查，并通过检查挖掘收入潜力，贯彻节约制度，维护财政纪律，促进国家建设计划的顺利实现。二、要配备一定数量的政治坚强、业务熟练的骨干。并要求做到相对稳定，逐步专业化，积累经验，提高工作水平。三、关于领导关系问题。各级财政监察机构同国家监察机关保持密切联系，在业务上接受其领导。四、进一步改进工作方法。

1月10日—2月7日　第三次全国计划会议在北京召开。这次会议按照反对右倾保守思想的精神，制定了1956年国民经济计划草案，研究了第二个五年计划和十五年远景计划轮廓，并着重讨论了工业与农业、生产与分配、基建与资金、国家建设与地方建设以及改造与安排等问题。国家计委提出的1956年国民经济计划草案的主要内容为：一、全国工业总产值计划535亿元，增长速度为22%，比控制数字提高10.7%，达到五年计划中1957年的指标。二、粮食总产量3 989亿斤，比控制数字高6.6%。棉花产量3 556万担，比控制数字提高18.7%。三、全国基本建设总投资148.5亿元，比控制数字增加31.9%。计划草案认为1956年基本建设投资的增长速度是很高的，一年之内要完成五年计划的总投资额的36.95%。四、社会商业零售总额470亿—477亿元，比控制数字增加26亿元。五、铁路、公路、水运、民航、邮电事业都有很大的增长。六、全国全民所有制职工增加93万人左右；平均工资比1955年增长8%，工资总额约增加13亿元左右。劳动生产率将有很大的提高。七、高等学校招生18.2万人，比控制数字增加5.6万人，在校人数比上年增加40.5%，中等专业学校招生43万人，比控制数字增加21.1万人。

1月13日　国家计委将《1956年国家统一分配物资平衡情况简报》发给各部委和各省市自治区。《简报》指出，1956年物资供需不平衡状况更加严重。1956年国家统一分配的八类235种产品，除煤炭、木材、碱等少数产品基本平衡或有少量多余外，大部分是紧张或不足的。其中突出的有：钢材缺75万吨、镀锌钢板5.5万吨、大口径无缝钢管4万吨、金属切削机床3 569台、钻探机1 509台，等等。形成这种状况的主要原因是：1956年基本建设规模安排过大，必然引起对生产资料的需求的增长超过生产的增长，导致物资供应的紧张状况，如1956年基建投资计划草案比1955年增长60%多，因此基建需用的钢材将比1955年增加57万吨。解决上述问题的措施主要是：挖掘潜力，增加投产；有些供不应求的产品设法增加进口；反对浪费，厉行节约，纠正供应工作中“宽打窄用、有备无患”的做法；各级物资分配部门，分别主次缓急，进行全面平衡，早做安排。

1月14日—20日　中共中央召开关于知识分子问题的会议。进入1956年，中共中央开始筹划将中国建设成为社会主义强国的目标。实现这一目标，就迫切需要调动广大知识分子的积极性，加强和改进党对知识分子工作的领导，把全面解决知识分子问题提到社会主义建设的重要议事日程上来。1月，毛泽东提出优秀的科技专家是实现建设社会主义强国伟大目标的一支决定性的力量，并提议中央召开专门会议研究知识分子问题。参加这次会议的有中央委员、候补中央委员，各省、市、自治区党委和中央各部委负责人以及国家机关各部门、全国性群众团体、重点高等院校、科研机关、厂矿、设计院所、医院、文艺团体、军事单位的党员负责人共1 200多人。周恩来在会上作了《关于知识分子问题》的报告，他说，科学不仅是“关系我们的国防、经济和文化各方面的有决定性的因素”，而且世界科学在最近二三十年中，有了特别巨大和迅速的进步，“使人类面临着一个新的科学技术和工业革命的前夕”。我们要发展社会主义建设，尽快赶上世界先进水平，向现代科学进军，除了必须依靠工人阶级和广大农民的积极劳动以外，还必须依靠知识分子的积极劳动，“依靠体力劳动和脑力劳动的密切合作，依靠工人、农民、知识分子的兄弟联盟”。知识分子已经成为我们国家的各方面生活中的重要因素。正确解决知识分子问题，使之更好地为伟大的社会主义建设服务，成为完成过渡时期总任务的一个重要条件。周恩来在讲话中代表中共中央郑重宣布，知识分子中间的绝大部分已经成为国家工作人员，已经为社会主义服务，“是工人阶级的一部分”。低估知识界在政治上和业务上的巨大进步，低估他们在我国社会主义事业中的重大作用，不认识他们是工人阶级的一部分，这是必须反对的党内在知识分子问题上的宗派主义。“我们必须加强领导，克服缺点，采取一系列有效的措施，最充分地动员和发挥现有的知识分子的力量，不断地提高他们的政治觉悟，大规模地培养新生力量来扩大他们的队伍，并且尽可能迅速地提高他们的业务水平，以适应国家对于知识分子的不断增长的需要。这就是我们党目前在知识分子问题上的根本任务。”周恩来在讲话中全面提出了解决知识分子问题的正确方针和具体措施。为了最充分地动员和发挥知识分子的力量，“第一，应该改善对于他们的使用和安排，使他们能够发挥他们对于国家有益的专长”；“第二，应该对于所使用的知识分子有充分的了解，给他们以应得的信任和支持，使他们能够积极地进行工作”；“第三，应该给知识分子以必要的工作条件和适当的待遇”。周恩来在报告中还提出了继续改造知识分子的正确纲领和正确途径。他说，在彻底肃清知识界中反革命分子的基础上，“使落后分子减少到最低限度，使中间分子尽可能地变为进步分子，使进步分子成为完全社会主义的知识分子——这就是我们在目前阶段继续改造知识分子的斗争纲领”。知识分子的改造通常经过三条道路，一条是经过社会生活的观察和实践，一条是经过他们自己的业务实践，一条是经过一般的理论学习。各级党组织应积极创造各方面条件，热情帮助知识分子求得进步。周恩来在讲话中向全党、全国人民发出了“向科学进军”的号召。毛泽东在会议结束时讲了话。他指出，现在叫技术革命、文化革命，革愚蠢无知的命，没有知识分子是不行的，单靠老粗是不行的。全党要努力学习科学知识，同党外知识分子团结一致，为迅速赶上世界先进科学水平而奋斗。会后，成立了以陈毅为主任的国家科学规划委员会，在周恩来的直接领导下，编制1956年—1967年全国科学发展的远景规划以及若干方面的具体规划。同时，全国也掀起了“向科学进军”的热潮。

1月15日　北京市各界20多万人在天安门广场举行庆祝社会主义改造胜利联欢大会，庆祝北京市第一个实现了工商业的全行业公私合营。1955年10月毛泽东主席对工商业的谈话和11月召开的中华全国工商业联合会第一届执委会第二次会议的精神传达后，中共北京市委根据中共中央《关于资本主义工商业改造问题的决议（草案)》的精神和实际情况，适时地抓住公私合营的有利时机，及时改变了原来先进行清产核资、后批准合营的规则，把实行全行业公私合营的工作分为三个步骤进行：第一步批准公私合营，生产经营照旧，从业人员一律不动；第二步依靠工人、店员和资本家的群策群力，进行清产核资；第三步进行经济改造和调整商业网的工作。对合营工作的领导，采取按行业规划，由市委统一领导进行。北京市很快出现了全行业公私合营的高潮。1月10日，北京市的资本主义工商业全部被批准为公私合营。北京市6万多职工、资本家和他们的家属庆祝全市资本主义工商业全行业公私合营的伟大胜利。1月15日下午，毛泽东主席、刘少奇委员长、周恩来总理等党和国家领导人出席了在天安门广场举行的联欢大会。北京市市长彭真在大会上宣布：“我们的首都已经进入了社会主义社会。”继北京之后，天津、西安、沈阳、重庆、武汉、广州、上海等大城市也先后全部实现了全行业公私合营。到1月底，全国累计有118个大中城市和193个县完成了对资本主义工商业的社会主义改造。至第一季度末，除西藏等少数民族地区外，全国资本主义工商业基本上实现了全行业公私合营。到年底，私营工业人数的99%，私营商业人数的85%实行了全行业公私合营，基本上完成了国家对资本主义工商业的社会主义改造。全行业公私合营和实行定息后，企业已经基本上是社会主义性质，企业由国家统一管理，按计划进行生产经营。

1月18日　外交部发言人发表声明，公布中美会谈的经过，说明中国方面的立场。中美大使会谈自1955年9月10日对双方平民回国问题达成协议以来，在4个多月时间内一直没有对第二项决议取得任何协议。中国方面所提出的取消禁运和准备中美外交部长会议来讨论缓和台湾地区的紧张局势二项议题，至今没有进行实质性的讨论；美国方面提出了所谓放弃武力的问题，但又不愿对这个问题达成双方都能同意的协议。1月21日，美国国务院发表关于中美两国大使级会谈的声明，又一次曲解会谈的经过和讨论的实质。对此，中国外交部发言人于24日再次发表声明，指出美国企图要求中国片面执行关于平民回国问题的协议、承认美国霸占台湾和允许干涉中国内政，是绝对办不到的。如果美国坚持无理要求使会谈拖延不决，美方必须承担由此产生的一切后果的责任。

1月19日　毛泽东对控制高级社发展数目作出批语。当日，中共中央农村工作部副部长、农业部长廖鲁言给毛泽东报告，转报湖北省委第一书记王任重关于湖北省发展高级社的控制数字问题的电话请示。报告说，目前湖北正在召开地委书记会议，关于高级合作化问题，一部分同志赞成省委的计划，即春耕前发展1万个高级社（达到农户总数的25%~30%），秋后再发展；另一部分同志主张放手发展高级社，达到全部农户的70%或80%，基本上实现高级合作化。王任重认为，仍按省委计划发展比较稳定。廖鲁言在报告电表示同意王任重的意见。王任重在电话中还提到，最近一些报纸的宣传对一部分同志的急躁情绪，也有某些刺激作用。毛泽东的批语说，同意王任重同志的意见，控制在1万个左右。再送《人民日报》邓拓同志和新华社吴冷西同志，注意在宣传方面加以控制。

1月20日—2月4日　中国人民银行召开了全国各省、市人民银行和农业银行的分行行长会议。会议根据国民经济高涨的新情况，提出1956年银行的主要任务是：进一步改进对社会主义企业的信贷结算工作，努力吸收社会闲散资金，积极支持各经济部门提前或超额完成第一个五年计划对资金的需要，同时加强信贷的监督作用，监督企业加速资金周转，节约资金，降低成本，扩大积累。在支援农业合作化和农业生产方面，1956年国家银行将大量发放农业贷款，1956年农业贷款实际发放数将达20亿元。这次会议还检查了1955年的银行工作，批判了工作中的右倾保守思想，初步讨论了第二个五年计划期间银行工作的远景规划草案。

1月23日—2月4日　卫生部召开1956年全国卫生工作会议。会议批判了卫生部门的“保守思想”，制订了卫生事业十二年规划，除四害（老鼠、麻雀、蚊子、苍蝇）和消灭危害人民最大疾病的规划，并确定了1956年的工作方针和任务。会议决定从1956年起，卫生部门各项工作都必须围绕除四害和消灭危害人民最大的几种疾病这一总目标。会议还决定在全国30万人口以上的城市推行“划区医疗服务制”，即按区域把居民的健康责任由所在区的医疗预防单位承担。使居民得到可靠的医疗预防照顾。

1月25日　最高国务会议第六次会议讨论通过中共中央政治局提出的《1956年到1967年全国农业发展纲要（草案）》。1955年11月间，毛泽东先后同14个省委书记和内蒙古自治区委书记就全国农业发展问题交换意见，共同商定了“十七条”。12月21日，中共中央将“十七条”发至各地征询意见，1956年1月上旬，根据中央政治局和各省、市、自治区党委负责同志商量的意见，在毛泽东主持下，对“十七条”进行多次补充和修改，逐步形成40条。同时，在1956年1月召开的知识分子问题会议上作为会议文件之三印发，征求意见。1月23日，中共中央政治局正式提出。文件指出，全国农业合作化的高潮正在引起全国农业生产的高潮，并转而促进整个国民经济和科学、文化、教育、卫生事业的新的高潮，为了使各级党政领导机关和全国人民，首先是农民，对于农业的发展有一个长期奋斗的目标，中央政治局在同各省、市、自治区党委负责同志商量之后，拟定了此《纲要（草案）》。《纲要（草案）》提出的中心任务是在农业合作化的基础上，迅速地提高农作物的产量，大力发展农、林、牧、副、渔等生产事业。《纲要（草案）》共40条，主要内容是：一、到1955年底，全国有60%以上的农产，即7 000多万户，加入了半社会主义的农业合作社。要求各省、市、自治区在1956年基本达到85%左右的农户加入初级社。同时要求合作基础较好并且已办了一批高级社的地区，在1957年基本完成高级形式的农业合作化。二、从1956年开始，在12年内，要求粮食每亩平均产量，在黄河、秦岭、白龙江、黄河（青海境内）以北地区，由1955年的150多斤增加到400斤；淮河、秦岭、白龙江以南地区，由400斤增加到800斤。棉花（皮棉）每亩平均产量，按照各地情况，由1955年的35斤（全国平均数）分别增加到60斤、80斤和100斤。《纲要（草案）》还为实现农业生产的全面高产，制订了若干重要的增产措施。《纲要（草案）》就畜牧业发展、兴修水利、改善土壤、改进耕作方法、荒地荒山绿化、国营农场发展、水产养殖、农村卫生和科学文化教育、农村商业、信用合作及城乡支援等问题都作了明确的规定。在最高国务会议上，毛泽东讲话指出，社会主义革命的目的是为了解放生产力。农业和手工业由个体所有制变为社会主义的集体所有制，私营工商业由资本主义所有制变为社会主义所有制，必然使生产力大大获得解放。制定全国农业发展纲要的目的，就是在社会主义改造和社会主义建设高潮的基础上，给农业生产和农村工作的发展指出一个远景，作为全国农民和农业工作者的奋斗目标。毛泽东强调指出：中国人民应该有一个远大的规划，要在几十年内，努力改变中国在经济上和科学文化上的落后状况，迅速达到世界的先进水平。为了实现这个伟大的目标，决定一切的是要有干部，要有数量足够的、优秀的科学技术专家，同时要继续巩固和扩大人民民主统一战线，团结一切可能团结的力量。中共中央农村工作部副部长廖鲁言就《纲要（草案）》作了说明。周恩来总理就培养高级知识分子的规划等问题，陈云副总理就私营工商业的社会主义改造和农业生产问题，李富春副总理就第一个五年计划的完成情况和今后远景规划的问题做了重要说明。1月25日，毛泽东主持最高国务会议讨论此《纲要（草案）》。1月26日，中共中央予以正式公布。

1月25日　毛泽东在最高国务会议第六次会议上发表讲话。毛泽东说，目前我国正处在伟大的社会主义革命的高潮中。中华人民共和国的成立标志着中国革命由资产阶级民主革命阶段转变到社会主义革命阶段，即进入由资本主义到社会主义的过渡时期。在过去的6年中，前三年的工作主要是恢复国民经济和进行前一革命阶段中没有完成的各项社会改革，主要是土地改革。从去年夏天以来，社会主义改造，也就是社会主义革命就以极广阔的规模和极深刻的程度展开起来。大约再有三年的时间，社会主义革命就可以在全国范围内基本上完成。社会主义革命的目的是为了解放生产力。农业和手工业由个体所有制变为社会主义的集体所有制，私营工商业由资本主义所有制变为社会主义所有制，必然使生产力大大地获得解放。这样就为大大地发展工业和农业的生产创造了社会条件。我们进行社会主义革命所用的方法是和平的方法。对于这种方法，过去在共产党内和共产党外，都有许多人表示怀疑。但是从去年夏季以来，由于农村中合作化运动的高潮和最近几个月以来城市中社会主义改造的高潮，他们的疑问已经大体解决了。在我国的条件下，用和平的方法，即用说服教育的方法，不但可以改变个体的所有制为社会主义的集体所有制，而且可以改变资本主义所有制为社会主义所有制，过去几个月来社会主义改造的速度大大超过了人们的预料。过去有些人怕社会主义这一关难过，现在看来，这一关也还是容易过的。目前我们国家的政治形势已经起了根本的变化。去年夏季以前在农业方面存在的许多困难情况现在已经基本上改变了，许多曾经被认为办不到的事情现在也可以办了。我国的第一个五年计划有可能提前完成或者超额完成。1956年到1967年全国农业发展纲要的任务，就是在这个社会主义改造和社会主义建设的高潮的基础上，给农业生产和农村工作的发展指出一个远景，作为全国农民和农业工作者的奋斗目标。农业以外的各项工作，也都必须迅速赶上，以适应社会主义革命高潮的新形势。我国人民应该有一个远大的规划，要在几十年内，努力改变我国在经济上和科学文化上的落后状况，迅速达到世界上的先进水平。为了实现这个伟大的目标，决定一切的是要有干部，要有足够的、优秀的科学技术专家；同时，要继续巩固和扩大人民民主统一战线，团结一切可能团结的力量。我国人民还要同世界各国人民团结一起，为维护世界的和平而奋斗。

同　日　陈云在第六次最高国务会议上作题为《公私合营中应注意的问题》的发言。他指出在公私合营中要注意以下几个问题：一、现在全行业的公私合营的工作仅仅是开始，并不是已经结束。因为实现公私合营，需要清产核资，安排生产，改造企业，安置人员，组织专业公司，等等，而这些工作都还没有做。二、商店中的大店、小店，连夫妻老婆店，统统合营了。他们的人数很多，铺子很多，如果一律采取对待资本主义商业那种方式，他们的经营积极性就会大为降低，对消费者造成很大不便。所以对这些人要继续采取经销、代销的方式。这种小铺子一部分吸收到国营公司来，或者变成公私合营的商店；还有一部分，在很长时间里要保留单独经营的方式。手工业、摊贩等，更要长期让他们单独经营。如果轻率地并厂并店，就会给经济生活带来很多不便。三、私营工商业公私合营以后，原有的生产方式、经营方法，应该在一个时期以内，照旧维持一下，以免把以前好的东西也改掉了。不能保持好的品种、好的质量的情况，在统购包销以后就发生了，因为我们没有什么竞争，统统是国家收购的，结果大家愿意生产大路货，不愿意生产数量比较少和质量比较高的东西。公私合营以后，这种情况很可能进一步发展。不论工业、商业，都要想尽一切办法保持原来好的品种和质量。公私合营后，企业的资方经理或副经理应该有一个人专门负责品种和质量。

同　日　中共中央统战部向中央报送请示报告。中共中央统战部向中央报送关于民革、民盟、九三学社召开代表大会和民主促进会、农工民主党召开中央会议需要解决的一些问题的请示报告。报告就民主党派今后工作的方针、任务等几个主要问题，提出以下意见：一、关于民主党派的性质、任务和作用问题。报告说，由于各项社会主义改造的加速进展，我们的国家已经进入社会主义，这些民主党派不仅已经接受了社会主义的政治纲领，而且已经参加了社会主义革命的实践，现在在我党领导下为建设社会主义服务，因此应当肯定他们已经是社会主义性质的党派。他们今后总的任务应当是：为了建成社会主义社会，充分发动他们的成员和所联系的人们更加积极地参加社会主义建设和社会主义改造的工作，参加反对国内外敌人的斗争，并在实践和学习中获得进一步的改造。二、关于学习马列主义和进行思想改造的问题。报告说，民盟、九三学社、民进和农工民主党等以文教科学界知识分子为主要对象的党派，可以要求他们的成员努力学习马列主义。对知识分子的改造，首先从正面推动知识分子发挥积极性，使他们增强信心，帮助他们学习马列主义，掌握思想武器，在此前提下，引导他们开展批评与自我批评，进行自我改造。三、关于组织发展问题。报告说，这些民主党派在今后一个时期内应当根据需要和可能发展他们的组织，拟推动他们各自根据具体情况作出发展组织的规划。此外，报告还对民主党派开好代表大会和中央会议，改选领导成员等问题提出了意见。

1月28日　国务院全体会议举行第二十三次会议。会议通过了《国务院关于公布汉字简化方案的决议》、《国务院关于推广普通话的指示》。会议批准成立中央推广普通话工作委员会，并同意中国文字改革委员会把《汉语拼音方案（草案）》送请政协全国委员会组织座谈讨论，同时在报纸上发表，以便广泛征求意见，作必要的修正后，再请国务院审定。中共中央对中国文字改革工作的方针是：汉字必须改革，汉字改革要走世界文字共同的拼音方向，在实现拼音之前，必须简化汉字，以适应目前的需要，同时积极进行拼音化的各项准备工作。为此，成立了中国文字改革委员会。《汉字简化方案草案》1955年1月由中国文字改革委员会颁发，经广泛地讨论和修订，于1955年10月由全国文字改革会议通过，并由国务院汉字简化方案审订委员会审订完毕。方案分三部分，第一部分即汉字简化第一表所列简化汉字共230个，从1956年2月1日起在全国印刷的和书写的文件上一律通用，除翻译古籍和有其他特殊原因之外，原来繁体字停止使用。为慎重起见，第二部分即汉字简化第二表所列简化汉字285个和第三部分即汉字偏旁简化表所列简化偏旁54个，先行公布试用，待征求意见作某些必要的修改后再正式分批推行。推广普通话是汉字根本改革的一项重要准备工作。1956年2月6日，国务院发出的《关于推广普通话的指示》中指出：为了中国政治、经济、文化和国防的进一步发展，使汉字更好地为社会主义建设事业服务，必须使汉语达到完全统一，推广以北京语音为标准音，以北方话为基础方言，以典型的现代白话文著作为语法规范的普通话。经国务院批准，2月10日正式成立中央推广普通话工作委员会，任命陈毅为主任，郭沫若为副主任。由推广普通话工作委员会统一领导全国的普通话推广工作。根据国务院的指示，中国文字改革委员会2月9日发表了《汉语拼音方案（草案）》，拟广泛征求社会各界意见作必要的修改后再请政府采用。与之相应，从1956年元旦起，全国性的报纸一律改为横排。此后我国报刊书籍开始由竖排改为横排。

1月30日　中共中央发出《关于私营企业实行公私合营的时候对于财产清理估价中若干具体问题的处理原则的指示》。《指示》指出，国务院公开发布的《关于私营企业实行公私合营的时候，对财产清理估价几项主要问题的规定》已对私营企业的生产资料和财产方面的主要问题做了规定。《指示》就其余一些比较次要的、需要更多地照顾具体情况的问题作了规定：一、财产清理估价时，对于不需要的机器设备和呆滞物资，要适当估价，尽可能不列作待处理财产。二、企业的土地，不论是否同生产有关，均要适当估价。三、对私人的债务，原则上由原企业进行清理偿还。四、对公债务，由原企业进行清理偿还。五、股东自己在企业的垫款，原则上转为投资。六、企业的债权，一般列作投资，作为合营企业的债权；债务人已经破产，确实不能收回的，不列作投资。七、股东或者资方代理人借用企业的款项，原则上应当一次或分次偿还。八、资产不抵负债的企业，如无法偿还，可以依法破产清理，破产户的职工和资方从业人员，由业务主管机关负责分配适当工作。九、由原企业或者由企业公积金所购的公债，可采用两个办法同私方协商处理，一是将公债作股定息，公债利息归合营企业，一是将公债作股暂不定息，公债利息归资本家，公债还本后，给以定息。十、私营企业1953年到实行公私合营以前，应分而未分的盈余，应当参酌企业财务情况，进行适当分配。资本家所得部分，让他们自行支配。十一、对于私营企业隐匿的敌伪财产、抽逃的资金、在海外的资财，可以责成资本家自行清理报告，从宽处理。

本　月　中共中央发出《对目前资本主义工商业改造应注意的问题的指示》。《指示》指出，目前私营工商业和手工业社会主义改造已经进入全国高潮，中央认为各地有必要注意下列各点：一、批准公私合营以后，仍然需要对各行业妥善地进行生产和人事安排。二、对一切已经批准了公私合营的企业中，原有的制度，包括进货办法、销货办法、管理制度、会计制度、工资制度，暂时原封不动地保留下来。对资本主义工商业经营技术中有用的东西也要把它保留下来。调整商业网、并厂、并店等等，除去确实已经作了仔细的研究、统盘规划好了的以外，都暂缓进行，应该经过一个时期考察研究，才有可能恰当地、有步骤地进行生产改组和商业网的调整。三、对商业中不雇用店员的小商店，如果他们要求公私合营，可以批准公私合营，但对于这类小商店中的绝大多数，对其资金暂时不要采取定息的办法，对店内参加劳动的人员，暂时也不要采取发工资的办法。四、在手工业合作化中，应当保持过去手工业者十分关心他的产品质量和市场销路的优点。五、城乡小贩中，有一部分是分散的肩挑小贩，对这些人的组织和改造，应该暂缓进行。六、如果不立即采取切实有效的办法，那么在私营工商业和手工业社会主义改造中，就有降低产品质量和减少经营品种的危险。因此，各地必须与私营工商业的劳资双方和手工业者，具体研究产生这种现象的原因，定出纠正的办法，保证不降低产品质量和不减少经营品种。

2月6日　国务院发布《关于推广普通话的指示》。《指示》要求，从1956年秋季起，除少数民族地区外，在全国小学和中学的语文课内一律开始教学普通话。到1960年，小学3年级以上的学生、中学和师范学校的学生都应该基本上会说普通话，小学和师范学校的各科教师都应该用普通话教学，中学和中等专业学校的教师也都应该基本上用普通话教学。全国各地广播电台应该同各地的推广普通话工作委员会合作，举办普通话讲座。全国各报社、通讯社、杂志社和出版社的编辑人员，应该学习普通话和语法修辞常识，加强对稿件的文字编辑工作。全国铁路、交通、邮电事业中的服务人员，大城市和工矿区的商业企业中的服务人员，大城市和工矿区的卫生事业中的工作人员，大城市和工矿区的警察、司法机关中的工作人员，报社和通讯社的记者，文化馆、站的工作人员，县级以上的机关、团体的工作人员，都应该学习普通话。为了培养推广普通话工作的干部，教育部，各省、市和县的教育行政机关应该普遍地举办普通话语音短训班。国务院设推广普通话工作委员会，统一领导全国的推广普通话工作。各省、市人民委员会都应该设立同样的委员会，并以各省、市的教育厅、局为日常工作机关。

2月8日 国务院举行第二十四次全体会议。会议通过《关于在公私合营企业中推行定息办法的规定》、《关于私营企业实行公私合营的时候对财产清理估价几项主要问题的规定》和《关于目前私营工商业和手工业的社会主义改造中若干事项的决定》。上述三个文件于11日公布执行。国务院总理周恩来在会上作了题为《经济工作要实事求是》的报告。他指出，商业部、手工业合作总社、供销合作总社等单位应重视私营工商业和手工业的改造工作，不要光看到热火朝天的一面。热火朝天很好，但应小心谨慎。要多和快，还要好和省，要有利于提高劳动生产率。现在有点急躁的苗头，这需要注意。社会主义的积极性不可损害，但超过现实可能和没有根据的事，不要乱提，不要乱加快，否则就很危险。各部门订计划，都要实事求是，当然反右倾保守是主要的，对群众的积极性不能泼冷水，但领导者的头脑发热了的，用冷水洗洗，可能会清醒些。他还指出，绝不要提出提早完成工业化的口号，现在各个专业会议提的计划数字都很大，请大家注意实事求是。

同 日 国务院通过《关于目前私营工商业和手工业的社会主义改造中若干事项的决定》。《决定》规定：一、私营工商企业从批准公私合营到完成改造，需要相当时间，因此在批准合营以后，一般在6个月左右的时间内，仍然应该按照原有的生产经营制度或习惯进行生产经营。企业的生产经营和财务工作等，仍旧由原企业主继续负责，企业原有人员原来担负的职务也一般地不要变动。二、企业原有的经营制度和服务制度，例如进货销货办法、会计账务、赊销暂欠、工作时间、工资制度等等，一般在半年以内照旧不变。三、企业原有的供销关系要继续保持，原来向哪里进货销货的，仍旧向哪里进货销货；进货销货的双方，必须密切合作。原来出口的手工艺品，必须继续出口，手工艺品所需要的国外原料，必须尽可能地继续进口。四、各企业之间原有的协作关系，例如：加工、修理、供应配件零件等等，必须继续保持，不得随意变动。五、对于为数极大、分布极广的小商店，如果他们要求公私合营，政府可以批准他们的要求。但是，这些小商店的经营方式，仍然应该继续保持目前的代销、代购、经销和自营的办法。将来这些小商店的代销、代购的经营比重是会逐渐增加的，但是他们仍然可以自已经营一部分国营商业和合作社商业所没有的商品。国营商业和合作社商业对于这种小商店，不论他们是已经合营的或者是尚未合营的，都应该按照全行业统筹的原则安排他们的营业。各地在改造坐商期间，对摊贩和肩挑小贩如果还来不及进行组织和改造，就应该暂缓进行这项工作。为了适应人民需要，对于大部分肩挑小贩现在的经营方式需要长期保留，不要采取把同类肩挑小贩都组成为统一资金的合作经营方式。今后对许多行业的肩挑小贩进行组织和改造的时候，应当采取一种简便的形式，例如可以采取要他们到合作社或者国营企业的某一部门进行简单登记的办法。六、参加合作社的个体手工业户，必须保持他们原有的供销关系，一般应该在一定的时间内暂时在原地生产，不要过早过急地集中生产和统一经营。手工业中的某些分散、零星的修理业和服务业，应该长期保留他们原有的便利群众、关心质量的优点。某些具有优良历史传统的特殊工艺，必须加以保护。某些适合于个体经营而本人又不愿参加合作社的手工业户，应该维持他们原有的单独经营方式。七、私营工商业和手工业在社会主义改造中，都必须保持产品质量和经营品种，对于已经降低了质量的产品和已经减少经营的品种，必须迅速恢复。所有合营的工厂商店和手工业合作组织，都必须指定经理或一位副经理专管产品质量和经营品种的工作，保证不降低质量，不减少花色品种。八、各地国营工业、商业部门应该迅速筹备建立各行各业的专业公司，尚未建立的应该首先成立筹备组织，已经建立的，应该加以充实，以便使社会主义改造工作和业务工作有分工管理的机关。该《决定》于2月11日公布。

同　日　**国务院通过《关于在公私合营企业中推行定息办法的规定》**。《规定》提出：一、定息，就是企业在公私合营时期，不论盈亏，依据息率，按季付给私股股东以股息。二、对全国公私合营企业私股实行定息的息率，规定为年息1厘—6厘。三、根据国计民生的需要和各行业、企业的具体情况，在前条规定的息率幅度内，地区之间、行业之间，可以定出不同的息率，也可以定出同一的息率。同一地区的行业内部可以定出同一的息率，如果确有必要，也可以定出几个不同的息率。国务院业务主管部门认为对某些行业有规定全国统一的息率的需要和条件的时候，经过公私双方协商，可以提出方案报请国务院审核决定。四、省、自治区、直辖市的公私合营企业定息的工作，应该分别在省、自治区、直辖市的人民委员会的统一领导下进行。公私合营企业实行定息的时候，应该由公私双方在当地业务主管机关、工商行政机关的领导下，按行业进行协商，提出对本行业定息的意见，报请省、自治区、直辖市人民委员会核报国务院主管部门审核决定。五、个别公私合营企业，如果情况特殊，息率需要高于6厘的，由省、自治区、直辖市人民委员会核报国务院批准。六、暂不实行定息的公私合营企业，可以按照1954年9月政务院“公私合营工业企业暂行条例”所规定的盈余分配原则或者按照惯例分配股息。该《规定》于2月11日公布。

同　日　国务院通过《关于私营企业实行公私合营的时候对财产清理估价几项主要问题的规定》。《规定》提出，私营企业实行公私合营的时候，应当根据公平合理、实事求是的原则，对企业的实有财产进行清理估价，确定私方的股额。现在将财产清理估价中几顶主要问题的处理，作如下的规定：一、对机器、设备，按照新旧程度，参照国营工业算法；如果不适于采用上述的算法，也可以由公私双方协商估算。二、对房屋、其他建筑物和可资利用的铺面装修设备，按照它的新旧程度，参照当地房地产管理机关的估价标准进行估价；如果没有上述价格，由公私双方协商估价。土地也应该进行适当的估价。三、对企业使用的矿藏，不予估价；对开发矿藏可资利用的设备，应予估价。四、对工具、生产经营用的器具，一般按照它的新旧程度，参照国营商业部门的牌价或者市价进行估价；如果没有上述价格，由公私双方协商估价。五、对成品，一般参照国营企业收购价格减去应付税款进行估价；对在制品，一般参照国营企业收购成品价格减去应付税款，再按照完工程度进行适当的估价；如果没有国营企业收购价格，由公私双方协商估价。对质量低劣或者滞销的成品、在制品，参照上述办法酌打折扣进行估价。对原材料、机物料等，一般参照国营工业部门的出售价格进行估价；如果原来是向国营商业部门买进的，可以参照国营商业部门的牌价进行估价；如果没有上述价格，由公私双方协商估价。对商业企业的商品，一般按照国营商业部门的批发价格进行估价；如果没有该项批发价格，由公私双方协商估价。对质量低劣或者滞销的应该降价出售的商品，由公私双方协商酌打折扣进行估价。六、对企业的呆滞物资，由公私双方协商，酌打折扣，作价入股。七、对企业原有的公积金，一般转为私股股份；如果企业原有一部分公股，应该按原来的公私股份的比例，转作公私双方的股份。如果企业原有的职工集体福利设施较差，可以从公积金中提取适当的部分，作为公私合营企业部门的出售价格进行估价；如果原来是向国营商业部门买进的，可以参照国营商业部门的牌价进行估价；如果没有上述价格，由公私双方协商估价。机器设备的新旧程度，可以用“重新鉴定的尚可使用年限加实际已使用年限等于全部耐用年限”的算法来计算。八、对原由企业资本项下支出的职工集体福利设备，应该估价作为私股股份；如果企业原有一部分公股，应该按照原来的公私股份的比例，转作公私双方的股份。对原由奖金举办的职工集体福利设备和由企业盈余项下提取的职工福利基金等举办的职工集体福利设备，应该转为公私合营企业所有，不作为私股股份。九、对家、店（厂）不分的企业中，属于生产、经营专用的生产资料，应该清理估价，作为私股股份；属于家庭专用的生活资料，应该归原业主所有。对生产、经营和家庭使用难以划分的财产，例如房屋、家具等，可以由原业主提出意见，在照顾原业主家庭正当需要的原则下协商处理。十、企业实行公私合营的时候，如果需要迁移、合并，应该按照迁移、合并以前的情况，对企业的机器、设备、房屋、土地和其他建筑物，予以估价。迁移、合并的费用，由公私合营企业负担。十一、根据1950年12月中财委“私营企业重估财产调整资本办法”进行过重估财产的企业，重估结果比较合理的，经公私双方协商，可以作为估价的基础；同时根据资产折旧和其他变动的情况，作适当的调整。十二、在本规定公布以前，已经进行过财产清理估价的公私合营企业，对原来清理估价的结果，不应该变更。公私合营企业对私股的待处理财产，应该尽可能加以清理，作价入股。十三、为使私方在公私合营后，安心工作和接受改造，对企业原有的债务关系、财产关系和其他有关问题，尽可能在财产清理估价的时候清理了结。该《规定》于2月11日公布。

2月13日—21日　西哈努克亲王访华。柬埔寨王国首相诺罗敦·西哈努克亲王应周恩来总理的邀请，率领柬埔寨王国代表团访问中国。受到我国政府和人民的热烈欢迎。毛泽东主席接见了西哈努克亲王和代表团其他成员。周恩来总理和西哈努克亲王会谈，并发表了联合声明。

2月14日—25日　以朱德为团长，邓小平为副团长的中共中央代表团应邀参加苏共二十大。2月15日，朱德代表中共中央在苏共二十大上讲话，并向大会宣读了中共中央贺词。大会期间，苏共中央书记赫鲁晓夫作了《关于个人崇拜及其后果》的秘密报告。苏共二十大后，中共中央认为苏共二十大在破除对斯大林的个人崇拜，揭露其错误的严重性方面，具有积极意义；同时表示不同意全盘否定斯大林等观点。因此，中共中央一方面采取维护斯大林的立场，另一方面开始以苏联的错误为借鉴，探索适合中国情况的建设社会主义的道路。

2月15日　新华社报道：中华人民共和国政府与丹麦王国政府已经协议决定，将双方公使馆升格为大使馆并互派大使。

2月16日—3月3日　第六次全国统战工作会议在北京召开。出席会议的有各省、市、自治区和50万人口以上的省辖市党委统战部的负责同志共57人，会议着重讨论了《1956年到1962统一战线工作的方针（草案）》（简称《七年方针（草案）》）。2月28日，中央统战部部长李维汉在会上作了《关于1956年到1962年统一战线工作的方针（草案）的发言》，对《七年方针（草案）》的基本精神，资产阶级分子的改造问题，同民主党派、民主人士的关系问题，教育工作问题，民族工作问题作了说明。他指出，从实现社会主义改造这个过渡时期的任务来说，资产阶级分子、知识分子、大多数少数民族、民主党派都走过了有决定意义的一步。社会主义改造的迅速发展和阶级关系的根本变化，要求我们在统战工作方针上有新的提法。制定《七年方针（草案）》的基本目的，就是要在今后7年内把教育工作提到首要地位，经过工作实践的教育，经过政治理论的学习，帮助资产阶级分子、高级知识分子和民主人士的思想改造，逐步做到同他们已经变化和正在变化着的政治地位和社会地位相适应，为社会主义服务，为最后实现生产资料私有制的国有化获得思想上的准备。关于民族工作问题，他指出，民族工作方面要有一个规划。一个目标是，要使各兄弟民族都能够经过不同的途径完成社会主义改造；另一个目标是，使各民族经过不同的步骤，在经济上和文化上达到或者接近于先进民族的水平。会议经过讨论，一致同意把《七年方针》作为这次全国统战工作会议的决议。会议还讨论了以下几个文件：一、《关于1956年到1967年全国民族工作的规划大纲（草案）》；二、《中央统一战线工作部关于帮助民主党派工作的意见》；三、《关于加强人民政协地方委员会工作的意见（草稿）》；四、《中央关于公私合营运动中资方人员的工作安排和薪金待遇的指示（草稿）》；五、《关于帮助民主人士、资产阶级分子进行政治学习和理论学习的办法（草稿）》；六、《中央和各级党委统战部干部管理工作试行方案（草稿）》；七、《关于1956年到1957年干部管理工作的规划》；八、《关于在省、市、自治区的人民政协、民主党派、工商联等机关干部中进行肃反斗争的意见》。会议结束时，李维汉作了总结发言，他着重提出了统战部门在对待民主党派和民主人士的关系上的宗派主义和关门主义问题，并进行了深入的分析和批评。他提出，1956年上半年要切实检查一下统战部和统战工作人员与民主党派、民主人士的关系，检查执行党的统战政策的情况，要切实改进我们的作风。

2月18日　国务院举行常务会议，批准《地方各级人民委员会计划委员会暂行组织通则》。《通则》规定，地方各级计划委员会是本级人民委员会的组成部分，受本级人民委员会的直接领导，并且在计划业务上受上级计划委员会和国家计委的领导。《通则》还规定，省、自治区、直辖市、设区的市的计划委员会的基本任务是：根据国家在过渡时期的总任务和国家颁发的各项政策、指示、控制数字，并结合当地情况，对本地区各个经济部门和各种经济成分进行统筹兼顾，全面安排，充分发掘和利用地方的一切资源，综合编制本地区的经济计划，并且组织检查计划的执行情况。它们的主要工作事项为：一、审查本级人民委员会所属各部门和下一级人民委员会编制的计划草案，向本级人民委员会提出审查意见。综合编制本地区的长期的和年度的经济计划草案，提交本级人民委员会。二、检查国家批准的本地区的地方经济计划的下达与执行情况，提出完成计划的措施意见。三、编制本地区的物资平衡和分配计划草案，提交本级人民委员会。四、审查研究地方财政预算，并且提出意见。五、研究本地区重大的经济问题，及时提出必要的措施和建议，并且经常搜集和积累资料，及时向本级人民委员会和上级计划委员会提供有关计划的各项资料和关于本地区经济情况的分析报告。六、协助在本地区内国务院主管部门直属的企业或事业的计划的执行和完成，并且提出建议。七、省、自治区、直辖市计划委员会可以根据国家计委统一颁发的计划表格和规定，结合本地区的情况拟定补充规定。八、培养和训练地方的计划工作干部。

2月19日　毛泽东提出对学术问题的不同意见不应禁止谈论。毛泽东说："我认为这种自由谈论，不应当去禁止。这是对学术思想的不同意见，什么都可以谈论，无所谓损害威信。""如果国内对此类学术问题如和任何领导人有不同意见，也不应加以禁止，如果企图禁止，那是完全错误的。"这是毛泽东写在中央宣传部1956年2月1日给中央的报告上的批语。批语中所说的"自由谈论"是指当时在中国讲学的一位苏联学者，在访问孙中山故居途中，向中国陪同人员谈他对毛泽东《新民主主义论》中关于孙中山的世界观的论点的不同看法。

2月22日　国家计委向中共中央报送《关于1956年度国民经济计划草案的报告》。《报告》说，1956年度国民经济计划草案，是在国民经济全面高涨的情况下，根据中共中央关于反对右倾保守主义，计划既要积极又要可靠的指示和提前完成五年计划的精神编制的。1956年度国民经济计划的主要内容是：一、工业总产值535.7亿元，比上年增长19.7%，已达到五年计划中1957年水平。在46种主要工业产品中，有27种可以4年完成五年计划。二、农业总产值606.8亿元，比上年增长9.3%；粮食3 989亿斤。增长8.4%；棉花3 556万担，增长17%。三、基本建设总额147.35亿元，增长70.6%。鉴于基本建设投资增长过快，当年要完成五年计划总投资的33%左右。《报告》指出，要完成这一任务，是十分繁重和紧张的。特别是设备和建筑材料的供应同需要还有相当的差额，资金、技术力量和人民负担能力也有限度。四、铁路运输增长9.9%，内河运输增长36.2%，海上运输增长24.2%，汽车运输增长35.4%。邮电函件增长11.5%。五、社会商业零售总额477亿元，增长17.4%。社会购买力比1955年增加70.7亿元，社会购买力和商品供应之间还有一定差额，但由于商品准备比较充足，除化肥、煤油、食油比较紧张外，一般可以保证供应。六、国营、合作社营、公私合营企业和国家机关、文教卫生等部门工作人员总数1 782万人，比上年增加82万人。根据中共中央关于工资改革应达到基本统一合理的指示，各部门开始进行工资改革。上述部门工作人员的平均工资计划比1955年增长8.1%，工资总额增加11.9亿元。《报告》指出，通过工资改革，要克服工资制度中的平均主义和不合理现象，适当改善地区物价津贴，实行货币工资制，建立按产业的统一的工资等级制度，大力推广计件工资和建立奖励制度。七、高等学校招生18.3万人，在校学生达到40万人，增长39.1%，中等专业学校招生44.4万人，在校学生达到80.1万人，增长49.5%。普通高中计划招生36.6万人，在校学生达到79万人，增长36.2%。3月，国务院批准了1956年度国民经济计划（草案）。

2月22日—3月4日　国家建委在北京召开了全国第一次基本建设

会议。为争取提前完成第一个五年计划的基本建设任务，做好第二个五年计划基本建设工作的准备，这次会议着重讨论了今后若干年内设计、建筑、城市建设的初步规划以及改进基本建设工作的基本措施。会议拟定了《关于加强新工业区和新工业城市建设工作几个问题的决定》、《关于加强和发展建筑工业的决定》、《关于加强设计工作的决定》等草案。这几个决定于5月8日经国务院常务会议批准下达，主要内容为：一、做好城市规划，按照经济和安全兼顾的原则进行区域规划，布置工业和新工业城市，注意加强城市和工业城镇的规划，统一组织厂外工程和公用事业的建设，加强民用建筑的管理，提高质量。二、要求建筑工业积极地有步骤地实行工厂化、机械化施工，实现建筑安装组织的专业化，提高建筑安装企业的管理水平；同时要扩大建筑材料的生产，积极开展建筑科学的研究工作，培养技术力量。三、要求加速编制并广泛采用标准设计，按照专业化原则逐步调整现有的设计机构，增设必要的新的设计机构，加强设计机构的领导工作和计划工作，建立和健全设计机构的管理制度，注意培养和提高设计人员的政治业务水平和工作效率。

2月24日　中共中央政治局会议通过《中央关于知识分子问题的指示》。《指示》指出，我国社会主义的经济建设和文化建设的高潮的到来，日益显出科学干部、技术干部和一般文化干部的重要性，同时也日益显出我国知识分子不论在数量上和质量上都远远地不足以适应国家的需要。因此，党有必要进一步地把知识分子问题放在全党和国家的各个工作部门的议事日程上，要求全面规划，加强领导，克服我们在这方面工作中的缺点和错误，采取一系列的有效措施，充分地动员和发挥现有知识分子的力量，不断地提高他们的政治觉悟和业务能力，并且大规模地培养新生力量来扩大知识分子的队伍，以便尽可能迅速地改变我国的科学和文化的落后状态，力求最急需的科学部门能够在12年内（即第三个五年计划期末）接近世界的先进水平，而使我国建设中的很多复杂的自然科学和技术的问题能够逐步地依靠自己的力量加以解决。《指示》批评了党内在知识分子问题上存在的两种错误倾向，即宗派主义倾向和迁就麻痹倾向。《指示》指出，为着能够充分发挥知识界的现有力量，必须注意三个方面：（1）对于他们的工作和生活作适当的安排；（2）经过实践和理论的学习，继续改造他们；（3）纯洁知识分子的队伍，肃清暗藏在知识界中的反革命分子。《指示》还要求中央和地方各部门在制定各种计划时，都必须把大力培养知识分子的新生力量，提高知识分子的业务水平这一任务放在重要的地位，并采取有力措施实现这一任务。《指示》要求全党努力学习科学，务必在尽可能短的时间内成为党员专家。同时，《指示》指出，关于在知识分子特别是高级知识分子中吸收党员的工作，过去有严重的关门主义倾向，今后必须加以彻底的纠正。

2月29日　中国科学院召开地震工作委员会会议。会议讨论了在苏联工程地震专家麦德维捷夫帮助下制定的我国“地震烈度表草案”和“北京地震烈度小区域划分”。这个地震烈度表将地震现象分为房屋、建筑物、自然现象、其他现象四类，然后再根据房屋种类、破坏程度及数量等按特征区分。地震烈度按强弱分为12度。

本　月　中共中央对《争取留学生回国工作组关于争取尚在资本主义国家留学学生回国问题的报告》作出批示。中共中央指出，现在还在资本主义国家的留学生大约有7 000人，他们大都是高级知识分子，具有专门知识，不少人已经是科学家和高级技术人员。争取他们回国参加社会主义建设，在目前有重要的意义。中央指出，要开展争取他们回来这一工作，在思想上必须把我国在帝国主义国家的留学生和帝国主义者区别开来。应该采取“普遍争取而又以在美国的留学生为重点”的方针，中央要求在大约3年时间内把尚在资本主义国家的可以回国的留学生基本上争取回国，今年要求争取1 000人。中央要求各有关部门都必须动员起来，积极地参加这一工作，大胆放手地开展这一工作。对于已归国的资本主义国家的留学生，各地区、各部门应根据党对高级知识分子的政策，在3月底以前普遍检查一次，对工作分配不当的应该调整，工作条件和待遇不合理的应该改善。

3月5日　毛泽东在国务院有关部门汇报手工业工作情况时作出

指示。他说，个体手工业社会主义改造，在1955年底以前只组织200万人，速度慢了一点。今年头二个月就发展了300万人，今年基本上可以搞完，这很好。手工业合作社的规模，一般以100人左右为宜，有的也可以几百人，有的也可以几十人。他认为，手工业的总产值在三个五年计划期间平均每年增长10.9%，低了一点。他还说，在社会主义改造中，手工业中许多好东西，不要搞掉了。王麻子、张小泉的刀剪一万年也不要搞掉。要提高工艺美术品的水平，保护民间老艺人。国家应帮助手工业合作社实行半机械化、机械化。合作社也要努力发展半机械化、机械化。地方党委要重视手工业。

同　日　中共中央发出《关于在农业生产合作社扩大和升级中有关生产资料的若干问题的处理办法的规定》。因大批初级农业合作社升为高级社，小社扩大，合并成大社，产生了农业生产合作社示范章程草案中没有解决的有关生产资料如何处理的新问题。为此，中共中央规定的处理办法为：二个或二个以上合作社合并时，各社原有的公共财产、公积金、公益金，统一转为合并后的大社所有。各社之间多少不等，不必补齐；新社员入社也不补交。各社没有还清的耕畜农具归公的价款，没有归还的农贷、社员投资和其他欠款，都由合并后的大社归还。富裕中农的入社生产资料折价款，对其超过应交股份基金2倍以上的部分，只付利息，超过一定年限（例如3年）后，转为股份基金。

3月6日—15日　中央军委召开扩大会议。会议听取并讨论了国防部长彭德怀《关于保卫祖国的战略方针和国防建设问题的报告》、中央军委秘书长黄克诚《关于整顿组织编制和改进领导方法的报告》、国防委员会副主席叶剑英《关于1956年战斗训练命令的说明》以及其他报告。彭德怀的报告分为二部分，第一部分关于战略方针问题。主要内容是：第一，争取持久和平，随时准备应付突然事变；第二，战略方针问题的提出；第三，积极防御的战略方针；第四，关于阵地战结合运动战的问题；第五，关于作战领导上的几个主要问题。第二部分关于国防建设问题。主要内容是：第一，军队建设和战备工作；第二，动员准备工作；第三，建立军事科学研究工作。

3月14日　国务院成立科学规划委员会，开始制订1956年—1967年全国自然科学和社会科学十二年长期规划。1月5日，国务院副总理李富春就科学规划问题写信给国务院各有关办公室和各个党组书记，提出为了保证我国科学事业的高速发展，使科学研究工作能满足工农业生产和国防建设的迫切需要，必须对科学研究的规划采取根本性的措施。这个规划必须是向科学和技术大进军的规划。因此，必须像规划工业建设中的“156”项一样，来确定迅速发展我国主要学科和重大专题的科学技术研究项目。科学规划委员会以陈毅为主任，李富春、郭沫若、薄一波、李四光为副主任，张劲夫为秘书长。科学规划委员会成立以后，在周恩来、陈毅、李富春、聂荣臻等人的领导下，根据知识分子会议的精神，于8月中旬—10月下旬召开了科学规划委员会扩大会议，对自然科学方面的科学规划工作作了全面深入的讨论，拟定了《1956—1967年科学技术发展远景规划纲要（修正草案）》，提出了国家建设所需要的57项重要科学技术任务和616个中心问题，提出了各门学科的发展方向。12月22日，中共中央同意国务院科学规划委员会党组关于征求《1956—1967年科学技术发展远景规划纲要（修正草案）》的意见的报告。

3月22日　新华社报道，内务部在北京召开游民改造工作会议，会议着重讨论和研究了城市游民的改造问题。这次会议是在我国社会主义建设和社会主义改造事业的发展，要求“人人各得其所”的情况下召开的。会议确定了游民改造的方针为“改造与安置相结合”，组织游民参加生产，要加速帮助城市中的游民就业，使他们成为建设社会主义的力量。

3月26日　中共中央统战部发出《关于帮助民主党派工作的意见》。《意见》指出，各民主党派，几年来确有很大的进步，它们接受了共产党的领导，接受了社会主义的政治纲领，参加了社会主义建设和社会主义的实践，起了不同程度的积极作用。今后，民主党派还需要进一步推动它们的成员更加积极地参加社会主义建设和社会主义改造的工作，参加反对国内外敌人的斗争，还需要继续帮助它们的成员，经过学习和实践，加强自我教育，还需要密切联系它们所代表的阶级、阶层，积极协助我党和人民政府协调统一战线内部的阶级关系。《意见》要求今后要推动民主党派进行以下各项工作：（1）动员它们的成员参加社会生活的观察和实践；（2）结合它们的成员和所联系的人们的业务实践，向他们进行比较深入和细致的政治工作和思想工作；（3）在政治的和理论的学习中，给它们的成员和所联系的群众以应有的和适当的帮助。《意见》对各民主党派的中央和地方组织发展它们的党员表示赞成。《意见》指出，为了正确地处理我们和民主党派之间的工作关系，应当明确几个原则性的问题：（1）共产党和民主党派之间，有着领导（共产党）与被领导（民主党派）的关系；（2）对民主党派几年来政治上的进步，应当有足够的估计，它们已经能够基本上正确地处理它们自己的事务；（3）我们必须熟悉各民主党派和民主人士的情况，并且及时地了解他们的政治动态，这是政治上的需要，也是我们的责任和义务；（4）应当正确地执行“进步为骨干”的方针；（5）对于有关民主党派工作的重大问题，统战部门必须认真了解和研究，并且应当在必要的时候提出建议。

3月29日　中共中央、国务院作出《关于扫除文盲的决定》。《决定》指出，在全国范围内积极地有计划有步骤地扫除文盲，使广大劳动人民摆脱文盲状态，具有现代的文化，这是我国文化上的一个大革命，也是国家进行社会主义建设中的一项极为重大的政治任务。《决定》要求从1956年开始，5年或者7年内在工农群众中基本上扫除文盲，2年—3年扫除机关干部中的文盲，3年或者5年扫除工厂、矿山、企业职工中的文盲95%左右；5年或者7年基本上扫除农村和城市居民中的文盲。扫除文盲的对象以14岁—50岁的人为主。识字教育必须贯彻执行“联系实际、学以致用”的原则。在农村，识字教育的要求，就是大约认识1 500个字，能够大体上看懂浅近通俗的报刊，能够记简单的账，写简单的便条，并且会做简单的珠算。工人识字的标准是2 000个字左右。要完成扫除文盲的任务，必须保证参加识字学习人的学习时间。在机关、工厂、矿山和企业，参加识字的人每周至少有6小时的学习时间，每年至少有240小时的学习时间。

在农村，除了抓紧冬季学习以外，要提倡“不忙多学、小忙少学、大忙放学”的做法，每年至少有240小时的学习时间。《决定》指出，扫除文盲是一个艰巨的政治任务，党和人民政府的各级组织必须充分重视这一工作，把它列入自己的工作日程，加强对它的领导。

本　月　中共中央批准《中央十人小组关于反革命分子和其他坏分子的解释及处理的政策界限的暂行规定》。中共中央指出，这个文件可以在开展肃反运动的单位组织全体人员（包括好人和坏分子在内）进行讨论和学习，通过讨论和学习，发动群众，动摇和瓦解敌人，贯彻“坦白从宽，抗拒从严，立功折罪，立大功受奖”的政策，保证肃反运动又好又快又省地进行到底。

3月、5月　毛泽东提出《参考消息》要扩大发行。在3月召开的最高国务会议讲话中，毛泽东说，要见世面，要了解国际情况，了解敌人的情况。我们发行的一个刊物《参考消息》，在座的大家都看到了。《参考消息》过去发2 000份，现在准备扩大发行到30万份，发到县一级，党内外都可以看。那么人们就要说，共产党、人民政府替帝国主义出钱办报纸，替帝国主义无条件地办报纸。我说，作为内部刊物，有30万人可以看到。不要那么多禁令，就是要我们的人见世面，要懂得外界的事情。5月1日，毛泽东在一次谈话中说，《参考消息》要总结一下，可再行扩大，变成天下独一无二的报纸。

4月1日—4日　世界科学工作者协会第十六届执行理事会在北京举行。来京参加会议的有：世界科协执行理事会主席、美国科协主席鲍威尔教授，世界科协副主席、全苏科学及政治普及协会主席、苏联科学院主席团委员奥巴林，世界科协秘书长、法国的比加博士以及17个国家的著名物理学家、化学家、生物学家、工程学家和语言、历史、文学等方面的科学家1 400多人，中国著名科学家、世界科协副主席李四光教授，世界科协名誉秘书周培源教授，世界科协区域理事华罗庚教授等也参加了会议。会议讨论了关于准备召开一次探讨原子及热核子武器危害性的国际科学会议的问题，并就核武器所带来的危险发表了特别声明。会议还讨论了建立国际交换科学资料的机构，关于促进各国科学界互相接触等问题。这次会议对于促进科学的和平发展，对于各国人民维护和巩固和平的共同事业，具有重要的意义。4月3日，在北京举行了世界科学工作者协会成立十周年纪念会，与会的科学家表达了共同愿望：科学为和平和人类幸福服务。

4月2日　对外贸易仲裁委员会成立。成立对外贸易仲裁委员会是为了合理地利用仲裁方式解决对外贸易中一切可能发生的争议，特别是外国商号、公司或其他经济组织同中国商号、公司或其他经济组织间的争议。对外贸易仲裁委员会直属中国国际贸易促进委员会。在第一次会议上选举冀朝鼎为委员会主席，周鲠生和戴修瓒为委员会副主席。

4月5日　《人民日报》发表《关于无产阶级专政的历史经验》的文章。文章由中共中央政治局扩大会议讨论，以《人民日报》编辑部名义发表。苏共二十大在反对个人崇拜，揭露其严重性方面具有积极的意义。但是苏共中央书记赫鲁晓夫在大会上作的秘密报告中，借口反对个人迷信，全盘否定斯大林，在国际共产主义运动中造成了极大的思想混乱，中国共产党旗帜鲜明地采取维护“十月革命”的道路和捍卫国际无产阶级利益的正确立场。这篇文章就是在这种背景下写的。文章提出必须历史地、有分析地看待无产阶级专政下的错误。文章指出，无产阶级专政不同于以往任何剥削阶级的专政，是为创造没有剥削、没有贫困的社会主义社会的专政，是人类历史上最进步的也是最后一次专政，它担负着历史上最伟大、最困难的任务，而面对历史上情况最复杂和道路最曲折的斗争，它不能不犯很多的错误。发挥人民群众的主动精神和积极作用，也就包含着克服无产阶级专政时代所犯各种错误的可能性。共产党和社会主义国家领导人物的责任是要尽量少犯错误、尽量避免某些严重的错误等。文章认为，斯大林是一个伟大的马克思主义者，但也是一个犯了几个严重错误而不自觉其为错误的马克思列宁主义者。我们应当用历史的观点看斯大林，对于他正确的地方和错误的地方作出全面和适当的分析，从而吸取有益的教训，不论是他的正确地方，或者错误的地方，都是国际共产主义运动的一种现象，带有时代的特点。文章指出斯大林在晚期工作中犯了某些严重的错误是由于其骄傲，不谨慎，脱离实际，脱离群众，思想里产生了主观主义和片面性。文章论述了斯大林个人崇拜现象产生的原因和如何从中吸取教训。文章指出个人崇拜是过去人类长时期历史所留下的一种腐朽的遗产。无产阶级专政建立以后，即使剥削阶级消灭了，但是旧社会腐朽的思想残余还会长时期存在，斯大林在一生后期，愈陷愈深地欣赏个人崇拜，违反党的民主集中制，违反集体领导和个人负责相结合的原则，因而发生了一系列严重的错误。在反对个人崇拜这一重大问题上，中国革命的经验证明：只有依靠人民群众的智慧，依靠民主集中制，依靠集体领导和个人相结合的制度，才能使我们党不论在革命时期或者在国家建设时期都取得伟大的胜利和成就。文章还驳斥了帝国主义和各国反动派对无产阶级专政和社会主义制度的攻击，答复了共产党内和人民群众中由于苏共二十大全盘否定斯大林而引起的种种怀疑。

4月6日—7日　米高扬率领苏联政府代表团对中国进行友好访问。苏联部长会议第一副主席阿·伊·米高扬同毛泽东、朱德、刘少奇、周恩来等国家领导人进行了会谈，对中苏关系问题和其他涉及中国和苏联利益的问题友好地交换了意见。4月7日，发表了《中苏公报》。苏联代表团在京期间与中国政府进行了以前在莫斯科开始的关于进一步发展中华人民共和国和苏联之间的经济合作问题的谈判。双方签订了二个协定：一是苏联援助中华人民共和国发展某些工业部门的协定，规定建设55个新的工业企业，作为对于根据以往签订的中苏协定而正在建设的156个项目的补充。55个企业中有冶金、机器制造和化学工厂（生产人造纤维和胶质材料），电气技术和无线电技术工业的企业，生产人造液体燃料的工厂，电力站以及航空工业的科学研究机构。苏联方面为此提供的设备、设计工作和其他种类的技术援助，总值约为25亿卢布。中国政府将通过贸易程序支付这笔费用。协定还规定了在进行地质工作方面扩大对中国的援助。另一个是关于修建从兰州—土尔克斯坦—西伯利亚铁路上的阿克斗站的铁路和从1960年起组织这条铁路联运的协定。上述协定由中国国务院副总理李富春和苏联部长会议第一副主席米高扬分别全权代表本国政府于4月7日签字。

4月11日　中国缅甸航空线开航。根据1955年8月签订的中缅两国航空运输协定，中国民用航空局经营昆明—曼德勒—仰光之间的往返航线；缅甸联邦航空公司经营仰光—曼德勒—昆明—广州之间的往返航线。4月11日上午，在昆明机场隆重举行了中缅航空线开航典礼。

同　日　中共中央发出关于征询对蒋、日、伪战犯的处理意见的通知。通知说，目前对于在押的蒋、日、伪战犯，需要作适当的处理。中央经过总的利害权衡，觉得似以从宽处理为好。从宽处理，不处死刑，按其情节，分别判处适当的徒刑，不需再判刑的则陆续释放，并且陆续特赦一批已有悔改表现、愿意立功赎罪的较大的战犯。这种处理，有助于我们孤立、动摇、瓦解国内外敌人，巩固和扩大人民民主统一战线，对国家对人民都比较有利。但是，这样处理，也可能引起一些人的不满，认为太便宜了这些罪犯，也可能使一部分反动分子感到无所畏惧，因而助长他们的反动气焰。为此，提请各省、市、自治区党委在4、5两月内召开当地政协常委扩大会，或其他适当范围的座谈会，征求意见，会后将结果向中央作报告，以便中央作出决定。中央的通知发给上海局、各省、市、自治区党委并中央各部委、国家机关、群众团体各党组。毛泽东在通知中加写：请你们将此件印发给所属地委、省辖市委和县委，也请他们召集党内外的适当会议加以讨论，征求意见，于5月中旬以前由你们汇集报告中央。

4月11日、27日　毛泽东、周恩来分别对小学教师"三低"问题作出批示。青年团中央反映小学教师有"三低"（待遇低、地位低、质量低）的情况。11日，毛泽东在简报上批示："此件值得一阅，并应予以解决。"27日，周恩来批示："在国务院常务会议中提出解决办法。"此后，教育部研究解决办法，并起草《关于提高小学教师待遇和社会地位的报告》。《报告》提出，必须从思想上转变某些干部轻视小学教师的错误观点。根据"按劳取酬"、"同工同酬"的工资原则和小学教师劳动复杂、工作繁重的情况，确定小学教师的工资地位。应当实行“教龄津贴”的工资制度。对有特殊贡献的优秀教师，给予特级待遇。公立、社办、民办、私立小学教师一律享受公费医疗待遇。应定期举行优秀教师代表会议，总结、推广优秀教师的经验，以提高人民教师的荣誉感。应积极提高小学教师的质量。

4月16日　国务院作出《关于加强国家档案工作的决定》。《决定》分7点：一、加强国家档案工作的统一管理。需要永久保存的档案，应当分别集中到国家的中央档案馆或地方档案馆保管。二、全面推行文书处理部门立卷，建立统一的归档制度。三、迅速整理开国以来的积存档案，要求在1956年、1957年两年内完成。四、积极收集和清理分散在各地的革命历史档案和旧政权档案。建国前的革命历史档案，以省为单位进行收集和初步整理，交中共中央档案馆筹备处保存。各地各单位代管的旧政权档案，除应由公安部门组织清理的以外，都应由原代管机关负责在1956年和1957年两年内做好清理和整理工作，以便向指定的国家档案馆集中。五、国家档案局应充分发挥对全国档案工作的指导和监督作用。六、加强各级档案机构。国家档案局应全面规划逐步地在首都和各省区建立中央的和地方的国家档案馆。七、加强培养干部，提高档案工作的业务水平和科学水平。《决定》指出，档案工作是一项专门任务，又是一项机要工作，但在目前国家机关工作中还是一个比较薄弱的环节，因此各级国家机关的领导人员必须予以足够的重视。

同　日　国务院发出关于改善高级知识分子的工作条件的通知。通知指出，为了迅速地发展科学和文化事业，争取在今后12年内使中国最急需的科学部门接近和赶上世界先进水平，国家必须尽一切可能为高级知识分子创造有利的工作条件。为此，国务院除责成中央各部门从各方面进行工作外，还要求各省、自治区、直辖市人民委员会对科研机关、高等学校等处的科学家、教授、工程师等的工作条件作一次检查，督促有关单位采取具体措施，改善他们的工作条件。要迅速地和适当地解决缺少助手、辅助人员的困难，积极地解决所缺房屋等问题，切实改善图书、文物、档案和各种资料的收集、保管、整理、利用的状况，并经常关心改善高级知识分子的工作条件。

4月18日　中共中央批转地方工业部党组《关于私营工业改造座谈会的报告》。《报告》说，从3月8日—4月10日，地方工业部党组分批召集了23个省、市、自治区工业厅、局及15个专区、县、镇负责对私营工业进行社会主义改造的同志，汇报了全面批准公私合营后的工作情况，并着重就当前的生产情况和生产改组问题进行了座谈。主要情况是：一、截止1956年4月，全国大中城市和大部分省份的私营工业已全部批准合营，据初步统计，如果以1955年底尚未公私合营的私营工业为基数，则1956年1、2月份公私合营的户数约达70%，职工约达80%，产值约达90%。各地并在批准合营后立即着手进行清产合资和一部分人事安排工作。总的说来，运动的发展是健康的，但也存在一些问题。有些地区发生了一些急于改组改造而放松生产领导的现象，把一些不该合并的行业，急于合并集中，不但给生产造成了混乱，而且也给群众的生活带来了很大不便。为此，各省、市要进行检查，发现改组和生产中存在的问题，必须迅速解决。二、1956年地方工业的生产安排，各行各业的生产任务一般都比1955年有了增加，大部分可以吃饱，有些行业有“吃不了”的现象，有困难的只是部分地区的少数行业。但是，群众性的生产高潮起来后，生产上出现的一些新情况和问题也应引起注意，如计划平衡问题；质量、品种和生产安全问题；流动资金问题；工商关系问题；修配协作问题等。三、这次新合营的企业，绝大部分是小厂，每厂平均不过15人，并且在经济上、政治上存在着许多弱点。对于这些小厂，合营后最迫切的问题是要搞好生产经营。为了搞好生产，有些需要进行必要的改组，根据各地经验，凡是工艺性质相近或工艺过程相联的同一类型的产品，根据“以大带小，以先进带落后”的原则进行合并，而其余的绝大部分主要是采取“联”的办法，即采取原地生产，单独经营或分散生产、分别核算或统一计算盈亏的形式。

4月19日　周恩来观看昆曲《十五贯》后对剧团同志发表讲话。他说，你们浙江做了一件好事，一出戏救活了一个剧种，《十五贯》

有丰富的人民性和相当高的艺术性。他指出，我们不但要歌颂劳动人民，揭露反动的统治阶级，也需要像《十五贯》这样的戏。不要以为只有描写了劳动人民才有人民性。历史上的统治阶级中也有一些比较进步的人物。人民在那个环境中，没有办法摆脱困难，有时就把希望寄托在这些人物身上。我们不能用现在的眼光去看历史上的事情，正如我们现在所做的一些事，到了共产主义社会看起来也是很可笑的，但是我们现在还是需要做的。他指出，我们都是从旧社会过来的，犹如小孩从母体中生产出来一样。我们还或多或少地带有封建思想和资产阶级思想的残余，官僚主义就是这种残余的一种表现形式。我们有的官僚主义者比戏中的巡抚还严重，这巡抚是我们的镜子。周恩来指出，毛主席说的百花齐放，并不是要荷花离开水池外边去开，而是要因地制宜。有的剧种一时还不适应演现代戏的，可以先多演些古装戏、历史戏。不要以为只有演现代戏才是进步的。他希望老演员多帮助下一代，演员要多学习文化。

4月22日　西藏自治区筹备委员会在拉萨正式成立。西藏自治区筹备委员会是根据1955年3月9日国务院第七次全体会议通过的决议，经过一年多的准备而正式成立的。中共中央、中央人民政府派出以陈毅为团长，由国内各兄弟民族、各民主党派、各人民团体代表组成的中央代表团，于3月26日前往拉萨祝贺。西藏自治区筹备委员会委员、拉萨三大寺和扎什伦布寺的活佛、堪布，来自西藏各地区、各阶层、各教派的代表和旁听人员，以及在西藏的人民解放军部队代表和工作人员共1 083人参加了大会。中共中央代表、国务院副总理、中央代表团团长陈毅和中央代表团副团长张经武、汪锋，西藏自治区筹备委员会主任委员达赖喇嘛，第一副主任委员班禅额尔德尼，第二副主任委员张国华等出席了大会。达赖喇嘛首先致开幕词，陈毅副总理代表国务院把西藏自治区筹备委员会的印鉴授予达赖喇嘛，并在会上讲了话。他说：西藏自治区筹备委员会的正式成立是西藏民族团结进步道路上的一个新的里程碑，也是中国共产党民族政策的又一次光辉的胜利。大会总结了西藏和平解放以来的工作，制定了西藏自治区筹备委员会组织简则，宣布了西藏自治区筹备委员会各主要负责干部的任职。从此，西藏各阶层人民有了本民族统一的带有政权性质的领导机构。9月26日，全国人大常委会第四十七次会议决定：批准西藏自治区筹备委员会第一次会议制定的西藏自治区筹备委员会组织简则。

4月25日　毛泽东在中共中央政治局扩大会议上作《论十大关系》的讲话。从1955年底起，毛泽东和中共中央其他领导人先后听取了工业、农业、交通运输、商业、财政等经济部门的汇报，并对经济建设问题进行了大量的调查研究工作。关于正确处理十大关系的思想，就是在这个基础上提出的。在这篇讲话中，毛泽东以苏联的经验为借鉴，初步总结了我国社会主义建设的经验，提出了调动一切积极因素，为社会主义事业服务的基本方针，科学地论述了社会主义革命和建设中的十大关系：一、重工业和轻工业、农业的关系。重工业是我国建设的重点，但决不可以因此忽视生活资料尤其是粮食的生产。提出用多发展一些农业、轻工业的办法来发展重工业。二、沿海工业与内地工业的关系。要好好利用沿海和发展沿海的工业老底子，以便更有力量来发展和支持内地工业。三、经济建设与国防建设的关系。要加强国防，首先要加强经济建设。只有经济建设发展得更快了，国防建设才有更大的进步。四、国家、生产单位和生产者个人的关系。三方面都必须兼顾，不能只顾一头，要给生产单位一定的独立性和权益，要关心群众生活，特别要使工人、农民在增产的基础上增加收入。五、中央和地方的关系。有中央和地方两个积极性，比只有一个积极性好。要在巩固中央统一领导的前提下，扩大地方的权力，让地方办更多的事情，发挥中央和地方两个积极性。六、汉族和少数民族的关系。要着重反对大汉族主义，地方主义也要反对。要对少数民族地区的经济管理体制和财政体制好好研究。诚心诚意地积极帮助少数民族发展经济建设和文化建设。七、党和非党的关系。中国共产党要和民主党派长期共存，互相监督。八、革命和反革命的关系。在我国条件下，反革命中间的大多数将来会有不同程度的转变。九、是非关系。对犯错误的同志实行“惩前毖后，治病救人”的方针。十、中国和外国的关系。每一个民族、国家都有它的长处，要学习它的长处，包括学习资本主义国家的先进的科学技术和企业管理方法中合理的方面。要有分析有批判地学，不能盲目地学，不能一切照抄，机械搬用。学习苏联和其他社会主义国家的经验，也应当采取这样的态度。总之，十大关系，即十大矛盾。我们的任务就是正确处理这些矛盾，把党内党外，国内国外一切积极因素都调动起来，同时尽可能把消极因素转变为积极因素，以便把我国建设成为一个强大的社会主义国家。政治局扩大会议讨论了毛泽东的讲话。4月28日，毛泽东就讨论情况作总结发言，其中提出，艺术问题上百花齐放，学术问题上百家争鸣，应该成为我们的方针。5月2日，毛泽东又在最高国务会议上作了讲话，内容与4月25日讲话大致相同。1976年12月26日，《论十大关系》讲话整理稿在《人民日报》公开发表。

同　日　第一届全国人大常委会第三十四次会议通过《关于处理在押日本侵略中国战争中战争犯罪分子的决定》。《决定》指出，现在在我国关押的日本战争犯罪分子，在日本帝国主义侵略我国的战争期间，公然违背国际法准则和人道原则，对我国人民犯下了各种罪行，使我国人民遭受了极其严重的损害。按照他们所犯的罪行本应该予以严惩，但是，鉴于日本投降后10年来情况的变化和现在的处境，鉴于近年来中日两国人民友好关系的发展，鉴于这些战争犯罪分子在关押期间绝大多数已有不同程度的悔罪表现。因此，决定对于这些战争犯罪分子按照宽大政策分别予以处理。《决定》就处理在押日本战争犯罪分子的原则和有关事项做了规定：一、对于次要的或者悔罪表现较好的日本犯罪分子，可以从宽处理，免予起诉。对于罪行严重的日本战争犯罪分子，按照各犯罪分子所犯罪行和在关押期间的表现分别从宽处刑。在日本投降后又在中国领土内犯有其他罪行的日本战争犯罪分子，对于他们所犯的罪行，合并论处。二、对于日本战争犯罪分子的审判，由最高人民法院组织特别军事法庭进行。三、特别军事法庭使用的语言和文件，应该用被告人所了解的语言文字进行翻译。四、被告人可以自行辩护，或者聘请中华人民共和国司法机关登记的律师为其辩护。特别军事法庭认为有必要的时候，也可以指定辩护人为其辩护。五、特别军事法庭的判决是最终判决。六、处刑的罪犯在服刑期间如果表现良好，可以提前释放。

4月27日　毛泽东等领导人在实行火葬的倡议书上签名。倡议书说，我们倡议，在少数人中，首先在国家机关的领导工作人员中，根据自己的意愿，在自己死了以后实行火葬。为着火葬的方便，除了北京、上海、汉口、长沙等地方已有火葬场外，我们建议，国家还可以在某些大中城市和其他适当地方，增建一些近代化的火葬场。我们认为安葬死者的办法，应当尊重人们的自愿。在人民中推行火葬的办法，必须是逐步的；必须完全按照自愿的原则，不要有任何的勉强。中国的绝大多数人有土葬的长期习惯，在人们还愿意继续实行土葬的时候，国家是不能加以干涉的；对于现存的坟墓，也是不能粗暴处理的。对于先烈的坟墓以及已经成为历史纪念物的古墓都应当注意保护。对于有主的普通坟墓，在需要迁移的时候，应当得到家属的同意。凡是赞成火葬办法的国家工作人员，请在后面签名。凡是签了名的，就是表示自己死后一定要实行火葬，后死者必须保证先死者实现其火葬的志愿。在这篇倡议书上第一个签名的是毛泽东，按照顺序，依次签名的是朱德、彭德怀、康生、刘少奇、周恩来、彭真、董必武、邓小平等党内人士136人。陈云当时未出席会议没有签名，1959年2月10日，他给杨尚昆写信说：“我是赞成火葬的，特补此信，作为我的补签名。”

4月28日　毛泽东在中共中央政治局扩大会议上提出，艺术问题上的“百花齐放”，学术问题上的“百家争鸣”，应该成为我国发展科学、繁荣文学艺术的方针。5月2日，毛泽东在最高国务会议上提出“百花齐放，百家争鸣”的方针。这是中共中央在讨论十大关系问题的过程中确定的关于科学和文化工作的重要方针。在4月28日的中共中央政治局扩大会议上，毛泽东指出，讲学术，这种学术可以，那种学术也可以，不要拿一种学术压倒一切，“百花齐放，百家争鸣”，这应该成为我们的方针，艺术问题上百花齐放，学术问题上百家争鸣。5月26日，中共中央宣传部举行报告会，宣传部长陆定一作题为《百花齐放，百家争鸣》的讲话，对中共中央的这个方针作了全面的阐述。

4月29日　《人民日报》登载《生产组和社员都应该“包工包产”》一文。文章肯定了四川江津地区有些社实行“包工包产”。随后又发现安徽的芜湖地区、阜阳地区，山西的榆次地区，江苏的盐城，广东的中山，浙江的温州地区，都出现了包产到户，其中以浙江的温州地区为最多，约有1 000多个社，17.8万户，占入社农户的15%。中共浙江永嘉县委副书记李云河于1957年在《浙江日报》发表《“专管制”和“包产到户”是解决社内主要矛盾的好办法》一文，《河北日报》也发表了《推行田间管理包产到户》的社论。肯定了包产到户。

4月30日　《人民日报》报道：1955年—1956年3月全国农村基本上实现了初级形式的农业合作化。全国农业生产合作社共100.8万个，入社农户1.0668万户，占全国农户总数的90%。完全社会主义性质高级农业生产合作社也有了很大的发展，参加高级社的农户已占全国农户总数的55%。由于小社并大社的结果，3月底的社数比1955年底减少了81.6万个，但入社农户增加了3 122万户，平均每社已由40户增加到98户，初级社平均50户，高级社平均250户。

本　月　中共中央转发商业部党组《关于对城市私营商业社会主义改造中几个问题的报告》。《报告》说，1956年3月商业部召开的全国各省市商业厅局长会议，对城市私营商业社会主义改造中的几个问题进行了讨论。主要意见是：一、全国各大城市和不少城市已经一次批准城市私营商业实行全行业公私合营，工作进展的步骤很快，总的情况是好的；但也发生了一些问题，主要表现在不少地方的商业部门对不雇工的，或只雇了一两个工人的小商店规定了固定工资，取消了他们过去分别单独核算的办法，实行统一核算，使他们经营积极性不高，依靠国家吃大锅饭。不恰当地并店，使居民购买不便。银行过早的实行货币管理，使这些小商店不能向原有的进货关系去进货。物价部门在统一规定市场价格中，没有注意到优质优价的原则。对于零星商品的批零差价规定得过紧，没有注意到销售零星商品占用劳动力较多等。二、在城市商业经济改组中最大的问题，是必须明确规定对不雇佣工人的或只雇佣一个工人的小商店的改造形式问题。小商店的形式，是我国商业中一种特别发达的形式。对于一般经营不属于人民日常需要的商品的商店，可以适当合并或集中。合并和集中的办法，一种是把小商店合并于公私合营定股定息的资本主义商店；一种是把几家小商店合并起来，组织公私合营商店或合作商店。凡是合并、集中了的小店，都应当定股定息，独立核算，逐步实行计件工资制，凡经营日用杂货、食品杂货、油盐酱醋、纸烟等几个行业的商店，一般是不能合并或集中的。这一类小商店，应明确规定，通过代销的形式进行改造，逐步做到他们经营的商品大部分代销，小部分自营。饮食业的小商店，其中有一部分比较集中的可以组织起来合营并店，但有相当大的一部分不能合并组织，只能在国营专业公司的管理下由他们自营。三、在城市商业经济改造中另一个重要问题，是保持原有的资本主义商店或小商店在经营上的优良特点的问题，即加工和销售质量高的商品，专业经营或着重经营某一类商品。

本　月　中共中央发出《关于公私合营及私营企业1955年度盈余分配的指示》。《指示》指出，最近有些地方在分配1955年度私营企业盈余时，对资本家的股息红利掌握得偏紧。这是不妥当的。《指示》要求：一、1955年度私营企业及公私合营企业的盈余分配，应根据“四马分肥”的原则办理，其中资本家的股息一项，至少占到企业盈余总额的20%；二、如果所得税占企业盈余的比重过大，可以酌减企业公积金的比例；三、1955年度的盈余已经进行分配的地方，要根据以上精神进行复查，如果资本家所得的股息红利低于盈余总额20%的，应适当调整；四、为了推销1956年公债，资本家应得的股息，有一部分必须购买公债，但应根据企业情况，分给他们一定数量的现金，由他们自行支配。

本　月　中共中央发出《关于必须把肃清暗藏的反革命分子的运动又好、又快、又省地进行到底的指示》。《指示》在肯定了前一段肃反斗争的成绩后，要求各地善于运用已经取得的好的经验，正确地执行肃反政策，坚持不懈地继续努力，又好、又快、又省地完成肃反运动的任务。《指示》指出，为了把肃反斗争又好、又快、又省地进行到底，所有1955年开展运动的单位，应当采取下列各项具体措施，争取在1956年6月底以前善始善终地结束运动：一、加强各级五人小组的组织和领导，制订结束运动的切实可行的计划；二、各级五人小组应该加强对专案斗争的具体领导，尤其要抓紧对要案和大案的具体领导，力求破获一切现行反革命的破坏案件，防止和纠正草率结案的偏向；三、大力加强甄别定案工作；四、每个单位在专案斗争和甄别工作基本结束的时候，还应当进行一些认真的结束工作。《指示》还对1956年新开展运动的单位，提出了应特别注意解决的问题：一、必须充分地做好准备工作，不打无准备之仗；二、应该把对反革命分子的政治攻势同小组的群众斗争结合起来，运用各种方式，充分发挥政治威力，争取和逼迫尽可能多的敌人坦白交代，投降起义；三、应当遵照中央批准的《中央十人小组关于反革命分子和其他坏分子的解释及处理的政策界限的暂行规定》，在党内和党外广泛地进行宣传教育，全面地贯彻执行“坦白从宽，抗拒从严，立功折罪，立大功受奖”的政策。

5月1日　西藏自治区筹备委员会成立大会闭幕。大会一致通过了西藏自治区筹备委员会组织简则和达赖喇嘛、班禅额尔德尼、张国华、王其向大会所作的工作报告。会上，中央代表团团长、国务院副总理陈毅和中央代表团副团长张经武、汪锋，代表毛泽东主席、朱德副主席、刘少奇委员长、周恩来总理和中央代表团接受了西藏人民所献的锦旗和礼品。大会一致通过了致中共中央、全国人大常委会、国务院并转毛泽东主席的致敬电。陈毅在会上讲话说，西藏自治区筹备委员会成立后，只要继续贯彻中央的民族政策和保护宗教信仰自由政策，各方面互相尊重、互相谅解，多看到别人的长处，多检查、批评自己的缺点，我们的团结就会搞得更好，我们的各项工作就能够取得更加辉煌的成就，西藏民族就将在伟大祖国的建设中作出更大贡献。班禅额尔德尼致闭幕词，宣布西藏自治区筹备委员会成立大会胜利闭幕。

5月2日　毛泽东在最高国务会议第七次会议上谈“百花齐放，百家争鸣”方针。此前，在4月28日的中央政治局扩大会议上，毛泽东已就这一方针进行了阐释。“百花齐放，百家争鸣”方针，是党中央在讨论十大关系的过程中确定的关于科学和文化工作的重要方针。提出这一方针，是有深刻的历史背景的。当时，一方面我国生产资料私有制的社会主义改造正在取得决定性的胜利，剥削制度将被消灭，党和国家面临的迫切任务，是要调动一切积极因素建设社会主义，迅速发展我国的经济、科学和文化。但是另一方面，在科学文化领域内由于受到苏联在学术批评中的粗暴作风的影响，由于我们自己的某些“左”倾思想的影响，存在着教条主义、宗派主义和形式主义的障碍。其突出表现之一，就是只许发展一种学派，不许发展另一种学派（例如在遗传学中强制推行苏联的李森科学派，禁止西方的摩尔根学派），在学术、文艺问题上动不动就打棍子、扣帽子，毛泽东在最高国务会议上说：现在春天来了嘛，一百种花都让它开放，不要只让几种花开放，还有几种花不让它开放，这就叫百花齐放。他说：百家争鸣是诸子百家，春秋战国时代，2 000年前那个时候，有许多学说，大家自由争论，现在我们也需要这个。他指出，在中华人民共和国宪法范围之内，各种学术思想，正确的，错误的，让他们去说，不去干涉他们。李森科、非李森科，我们也搞不清，有那么多的学说，那么多的自然科学，就是社会科学，这一派，那一派，让他们去说，在刊物上、报纸上可以说各种意见。“百花齐放，百家争鸣”方针的提出，吸取了我国历史上学术、文化发展的经验，总结了我们党领导科学文化的经验和教训。我们党确定的这个方针，是符合社会主义社会中科学文化发展的客观规律的方针。

5月4日　教育部发出《关于当前提高中学教育质量中几个问题的指示信》。《指示信》说，各校可以按照教育行政领导机关制定的学校教育事业全面的规划，结合具体情况制定自己的工作计划。在这个工作计划中，应当就提高学校领导干部和教师的政治、业务水平作出具体规定；对教学工厂、实验园地的建立和教学设备的补充也要做出全面的规划。此外，对教学工作、班主任工作、家长工作和健康卫生工作等，在规划中应当提出明确的要求和措施。《指示信》还说，适当增加教师担任授课时数是解决发展教育事业中师资不足的方法之一。以目前条件看，一般教师担任授课的时数以16—18节为宜，有条件的教师还可以增加到20节左右。增加教师授课时数，必须大力克服学校中的忙乱现象，对教师的工作和学习时间予以切实保证。《指示信》中还提出校长、教导主任兼课的方法，这对领导教学，改进和提高学校领导工作有重要作用。《指示信》要求各地教育行政部门和学校纠正把生产部门的工作方法机械地搬到学校中来运用的现象。

5月10日　航空工业委员会主任聂荣臻向中央提出“建立我国导弹研究工作的初步意见”。5月26日，周恩来主持中央军委会议讨论并通过了这一意见，并责成航空工业委员会组建国防部五局和第五研究院。钟夫翔为国防部五局局长，钱学森为第一副局长、总工程师兼国防部第五研究院院长。

5月11日　国务院全体会议举行第二十八次会议。会议在听取内务部副部长王子宜的说明后，批准了《国务院关于1956年选举工作的指示》，并且决定将1956年直辖市、市、县、市辖区、乡、民族乡、镇人民代表大会代表名额等问题向全国人大常委会提出建议。会议在听取了周恩来总理的报告后，通过了关于调整国务院所属财经各部门组织机构的方案，在听取了副秘书长齐燕铭的说明后，通过设立专家局作为国务院的一个直属机构的决定。上述问题都将提请全国人大常委会决定和批准。会议在听取中国文字改革委员会主任吴玉章和委员胡乔木的说明后，就有关汉语拼音问题作了几项决定。会议通过了《新疆维吾尔自治区各级人民代表大会和各级人民委员会组织条例》并决定提请全国人大常委会批准。会议还通过了《西藏筹备委员会常务委员会委员名单》和一些任免事项。最后，周恩来总理就国务院召开的体制会议作了指示。

5月12日　第一届全国人大常委会第四十次会议在北京举行。会议通过了周恩来总理提出的《关于县、市、市辖区、乡、民族乡、镇人民代表大会代表名额等问题的决定》，会议还通过了《关于1956年直辖市和县以下各级人民代表大会代表选举时间的决定》、《关于准备召集第一届全国人民代表大会第三次会议的决议》，《关于调整国务院所属组织机构的决议》决定撤销重工业部、第三机械工业部、地方工业部；决定设立国家经济委员会、国家技术委员会、冶金工业部、化学工业部、建筑材料工业部、电机制造工业部、食品工业部、水产部、农垦部、森林工业部、城市建设部、城市服务部；批准国务院撤销城市建设总局，设立物资供应总局和专家局，并将原专家工作局改名为外国专家局。同日，中华人民共和国主席毛泽东根据全国人大常委会第四十次会议的决定，任命薄一波为国家经济委员会主任，黄敬为国家技术委员会主任，王鹤寿为国家建设委员会主任和冶金工业部部长，彭涛为化学工业部部长，赖际发为建筑材料工业部部长，万里为城市建设部部长，沙千里为轻工业部部长，李烛尘为食品工业部部长，许德珩为水产部部长，卫震为农垦部部长，罗隆基为森林工业部部长。

5月14日　中共中央发出关于各省市区党委向中央汇报工作的具体安排的通知。通知说，汇报的问题，可分为：一、工业（重工业、轻工业、手工业，中央各部管的、地方管的和私人工业的社会主义改造）；二、交通运输业（陆、水、空，近代的和落后的）；三、商业（内贸、外贸、供销合作社和私人商业的社会主义改造）；四、农、林、水；五、财政和金融；六、干部（即教育工作）。以上各项都应做一些历史的和现状的叙述，并且应当有7年的或者12年的远景规划，以地方管的或者希望由地方管的为主，中央各部管的为辅。写成书面文件，字数不拘，依内容决定，长的可以有1万字或者2万字，甚至更长一些，短的可以几千字。此外还有：七、统一战线安排问题；八、反革命分子安排问题（主要是就业安排）；九、失业安排问题；十、少数民族问题（无此问题的地方则略）；十一、其他特殊问题（例如广东的华侨和侨眷问题，渔民问题，盐民问题，港澳问题）。以上各项，每一个问题写几千字即可，均要分开写，各成篇幅，不要连在一起。以上共十几个题目，不可能在一次准备好和汇报完，可以分二次或者三次准备好和汇报完。希望都经过你们的委员会加以讨论和斟酌，但不必十全十美，不大完善也不要紧。汇报的时候除第一书记应来之外，可以带几个与工作有关的助手来。以上各问题，重点放在第一至第六各项，而以第一项为主要的重点，第一项准备好了，即可汇报一次。汇报中要有材料，有议论，要突出地批评中央工作和地方工作中的缺点错误，揭露矛盾（包括中央和地方的矛盾），并提出解决意见。不成熟的意见也可以提出。5月20日，中共中央又发出关于各省市区党委向中央汇报工作的补充通知。通知说，最近广东、湖北、武汉、广州省等省市委向中央汇报财经工作，均是以当地整个财经工作为对象（包括中央各部管的和地方管的）；在工业方面多从中央各部管的大企业，例如长江大桥、武汉钢铁公司、长江航务局、广州造纸厂、广东糖业公司等总结经验；在财贸方面，也是以当地整个财政金融工作和贸易工作为对象，加以分析，提出意见。中央认为这样做是很好的。中央5月14日电报中所说各地汇报对象可以地方管的或者希望地方管的为主，而以中央各部管的为辅这一点规定，应予取消。

5月15日　高等教育部发出《高等学校国家考试条例草案》。《条例草案》决定，自1956年起，部分高等学校将开始试行国家考试制度。国家考试及格的学生，由国家考试委员会按照教学计划的规定授予所学专业的专家资格，并且由校、院长发给专家资格的毕业文凭。全部课程考试成绩为“优等”和“良好”，国家考试成绩又为“优等”的学生，按照国家考试委员会的决定在毕业文凭上注明“成绩优等”。实行这一制度是为了更好地保证毕业学生的质量。高等学校学生在学完了教学计划所规定的全部理论课程和实习作业并且所有考试和考查都及格后，才能参加国家考试。毕业学生在国家考试时将按照所学专业的教学计划，进行指定课程的考试和毕业论文或毕业设计的答辩。国家考试不及格的学生或学习已经结业而不能如期提出毕业论文或毕业设计的学生，由国家先行分配工作；但是他们在结业后三年内可以向原学校申请再参加一次国家考试。国家考试由国家委托的国家考试委员会进行，国家考试委员会的主席一般由校外教授或专家担任。

5月16日　中国访日京剧代表团启程赴日本演出。代表团以梅兰芳为团长，欧阳予倩为副团长，团员包括著名京剧演员李少春、袁世海、姜妙香、李和曾等86人。访日期间上演了《将相和》、《三岔口》、《人面桃花》、《醉仙》、《霸王别姬》等节目。

5月17日　文化部和中国戏剧家协会举行昆曲《十五贯》座谈会。周恩来出席了座谈会并讲了话。他说，《十五贯》有着丰富的人民性，相当高的思想性和艺术性，它不仅使古典的昆曲艺术放出新的光彩，而且说明了历史剧同样可以很好地起现实的教育作用，使人们更加重视民族艺术的优良传统，为进一步贯彻执行“百花齐放，推陈出新”的方针树立了良好榜样。《十五贯》这个剧本，可以成为改编古典剧本的成功典型，它不只在昆曲中可以采用，在有条件的时候，其他剧种也可以采用。周恩来说，古今中外都有好东西，都要学，不要排斥。不要以为古的东西没有演头。昆曲有许多剧目要整理改革。很多民族财富要好好发掘、继承，不能埋没。他还指出，《十五贯》的思想性很强，反对主观主义，也反对官僚主义。这个戏还赞扬了群众公论和社会同情的力量，群众本质上是实事求是的，但有时也会被大浪压下去。所以，我们要时刻保持清醒的头脑。他最后希望大家不要骄傲，要在毛泽东文艺思想的指引下继续前进。他希望各个剧种都能发展，在世界的文艺花园里增添我们的花朵。

5月26日　中共中央宣传部部长陆定一在中国科学院和中国文学艺术联合会召开的会议上作《百花齐放，百家争鸣》的报告。报告指出，我们所主张的“百花齐放，百家争鸣”是提倡在文学艺术工作和科学研究工作中有独立思考的自由，有辩论的自由，有创作和批评的自由，有发表自己的意见，坚持自己的意见和保留自己的意见的自由。我们所主张的“百花齐放，百家争鸣”是人民内部的自由，我们主张随着人民政权的巩固而扩大这种自由。报告进一步指出，“百花齐放，百家争鸣”既是为了动员一切积极因素，又是一个加强团结的政策。报告分析了存在于自然科学领域、文学艺术领域、哲学和社会科学领域的宗派主义问题，指出，去掉宗派主义，团结一切愿意合作或可能合作的人；去掉垄断想法，去掉过多的清规戒律，实行“百花齐放，百家争鸣”的政策；不要专为自己为本部门本单位的利益打算，多多帮助别人，帮助别部门别单位；去掉骄傲自大，自以为是，实行谦虚谨慎，尊重别人。这样，就可以去掉我们过去团结中的缺点，大大地加强团结。报告在第三部分指出，“百花齐放，百家争鸣”，对批评工作来说，就是有批评的自由和反批评的自由。好人犯错误的事是常有的，完全不犯错误的人在世界上是没有的。应该把这种错误同反革命言论严格区分开来。对这种错误的批评只应该是与人为善的，只应该是平心静气来说道理的，只应该是顾全大局，从团结出发达到团结的目的的。对于犯了错误的人，应该积极帮助他改正错误，受到批评的人也根本不用害怕。学习方面，要继续在自愿的基础之上组织对马克思列宁主义的学习，同时，要广泛地学习知识，对古今中外，对朋友，对敌人，都要批判地学习。在学习中，要警惕教条主义的倾向。

5月28日　国务院发布《国务院关于1956年选举工作的指示》。《指示》指出，1955年3月10日，全国人大常委会第八次会议决定，直辖市、市、县、市辖区、乡、民族乡和镇的第二届人民代表大会代表的选举，一律在1956年办理。目前正是我国社会主义革命进入高潮的时期，在这样的新形势下进行选举工作，应使人民群众受到一次深刻的社会主义民主教育，激发起参加国家建设和国家管理的积极性，并使国家机关补充新生力量，从而进一步推动社会主义建设和社会主义改造事业的前进。《指示》就一些具体事宜作了布置：一、地方各级人民委员会应该妥善地安排选举工作和其他各项中心工作的时间，并且应该集中力量，争取用较短时间做好选举工作。二、根据地方各级人民代表大会和地方各级人民委员会组织法的规定，地方各级人民代表大会的选举，由本级人民委员会主持，都应在本级人民委员会的领导下建立选举委员会，负责办理有关选举的各项具体工作。省、自治区可设立选举工作办公室，指导和督促下级的选举工作。三、基层选举工作，仍然应该依据全国人大及地方各级人大选举法和参照1953年中央选举委员会关于基层选举工作的指示中规定的各项原则办理。1956年的选举工作应该特别注意几个方面：1. 基层选举工作应实现三项要求：一是做好选民资格审查工作，二是发动选民自觉地热烈地参加选举，三是做好选举代表的工作，把社会主义建设和社会主义改造运动中的先进代表人物及其他有代表性的人物，选举到政权组织中来。2. 选区和选民小组应该依据不同地区的具体情况划分。3. 选民登记和选民资格审查应该在全国第一次普选时办理登记审查工作的基础上，采取普遍登记、重点审查的方式进行。4. 代表候选人的提名应该采取有领导地联合提名和选民提名相结合的方式，选举的办法必须力求便利群众。5. 开好基层单位第二届人民代表大会第一次会议。四、自治州（盟、行政区）和自治县人民代表大会除今年建立起来的可不再选举外，都应按照本指示的规定进行选举；正在准备建立的，可以结合这次选举建立起来。没有实行普选召开人民代表大会的少数民族地区，今年是否实行普选，由各有关省、自治区人民委员会提出意见，报告国务院批准。

5月29日　外交部发言人就菲律宾外交部长称南沙群岛“理应”属于菲律宾一事发表声明。《声明》说，南沙群岛历来是中国领土的一部分，中华人民共和国对这些岛屿具有无可争辩的合法主权。早在1951年8月15日，中国外交部长周恩来在《关于美英对日和约草案及旧金山会议的声明》中，就早已严正指出：“西沙群岛和南威岛正如整个南沙群岛及中沙群岛、东沙群岛一样，向来为中国领土，在日本帝国主义发动侵略战争时虽曾一度沦陷，但日本投降后已为当时中国政府全部接收。”菲律宾外交部长加西亚在一次记者招待会上说南沙群岛“理应”属于菲律宾，是菲律宾政府为了企图侵占中国的领土南沙群岛而提出的借口，是根本站不住脚的。中华人民共和国政府郑重声明，中国对于南沙群岛的合法主权，绝不容许任何国家以任何借口和采取任何方式加以侵犯。

5月30日　中国和埃及两国政府发表联合公报，决定建立外交关系并互派大使级外交代表。

6月1日　国务院常务会议通过《关于检查第一个五年计划执行情

况的几项规定》。《规定》指出，为了加强对“一五”计划执行情况的检查，亟须有一个全国统一的检查标准和检查方法，以进一步防止和及时纠正可能发生的只注意数量而忽略质量和品种规格，只能一时突击而不能均衡完成计划，以及做假报告、虚报成绩、骗取奖金或荣誉等现象，从而保证均衡地、全面地完成五年计划。《规定》共有八项内容。一、关于全面完成第一个五年计划的含义，“一五”计划的全面完成要从二个方面衡量：1. 五年计划规定的国民经济各部门的计划和各个地区的计划都应该完成；2. 五年计划规定的国民经济各部门的数量指标计划和质量指标计划，都应该同时完成。二、检查“一五”计划的根据是全国人大一届二次会议通过的《中华人民共和国发展国民经济的第一个五年计划（1953年—1957年）》及国务院根据该计划下达给各部门、各地区的五年计划。三、关于检查“一五”计划的标准，以最后一年的年计划水平表现的计划则以五年计划中最后一年的年水平为主要检查标准；以五年合计数表现的计划则以五年合计数为主要检查标准；计划中包含多个指标的则以代表该单位的综合指标或主要指标的完成情况为标准。四、具体规定了各类五年计划的总结、计算方法。五、国营、合作社营、公私合营经济的计划完成的实绩数字，一律以统计部门的统计数字为准；个体经济和资本主义经济则由各级统计、计划部门进行估算。六、因行政区划变动和企业隶属关系变动而应变动计划的，需在1956年6月—1957年6月调整完毕。七、提前完成五年计划的，经过审批，可以以新闻报道和公报的形式公布。各地、各部门完成五年计划的最后总结应送国家计划、统计局及国务院主管部门。八、各地可以根据这一规定的精神自行规定有关“一五”计划完成情况的检查办法。

6月1日—15日　全国戏曲剧目工作会议在北京举行。会议由文化部召集，到会的有各地从事戏曲剧目工作的负责干部和部分著名的老艺人共79人。与会人员着重讨论了文化部副部长刘芝明在会上报告的关于目前剧目工作中的主要问题，认为上演剧目贫乏、单调、质量不高的基本原因，是在剧目工作中受了许多清规戒律的影响。参加会议的人员从近几年来的戏曲工作贯彻“百花齐放，推陈出新”

的方针上所取得的成绩中，总结出这样的经验：在发掘、整理剧目中应根据各个剧种的特点发挥其特长。要使每一剧种获得新的生命，必须在它原有的基础上，按照它自己的发展趋向来促进其发展。每个剧种要在发挥本剧种的独特艺术风格的基础上，吸收兄弟剧种的优秀剧目来丰富自己。对戏曲剧目的整理、改编和创作，必须依靠戏曲艺人来进行。这次会议还探讨了戏曲剧目整理、改编的标准问题。中国戏曲研究院副院长张庚对这个问题作了专题报告，并选择争论较多的《宁武关》、《四郎探母》等六出戏进行了具体讨论。会上，浙江省文化局代表介绍了协助浙江昆曲团改编《十五贯》的经验。四川和湖南等地代表报告了他们鉴定剧目的经验和依靠戏曲艺人整理、改编剧目的经验。中共中央宣传部副部长周扬和文化部副部长钱俊瑞在会议期间分别就戏曲剧目的发掘、整理和改编问题作了重要报告。

6月4日—17日　第二次全国民族教育会议在北京举行。来自各地的一百多位各民族教育工作者代表参加了会议。会议讨论制定了1956年—1967年全国民族教育事业规划纲要。会议认为，少数民族教育事业规划应该根据各民族地区政治、经济的发展状况，特别是文化教育的基础，对各地区分类提出不同的要求。会议还着重解决了民族教育中语文教学、民族师资的培养和提高，民族文字教材的供应，以及加强领导等关键性问题；同时确定了民族学院的方针任务和领导关系。全国民族教育事业规划要求各少数民族分别在7年—12年内扫除文盲，在识字教育的基础上，大力开展正规的业余教育；12年内逐步普及小学义务教育，全国少数民族学龄儿童入学率到1967年平均达到90%左右；12年内，积极发展初级中学，并在发展初中的基础上，大力发展民族高级中学。规划要求，12年内，民族教育工作应该在数量和质量上赶上或接近汉族地区。和中小学教育发展相配合，规划要求办好各级师范学校，以培养和提高师资。12年内，民族中、小学的新师资要求基本上由少数民族师资担任。会议根据各民族学校贯彻本民族语文进行教学的原则，讨论了编译各民族文字的教学大纲和教材的问题。会议确定各地民族学院今后一定时期内的主要任务是：继续轮训干部，提高少数民族干部的政治、文化水平和业务能力；培养少数民族和在民族地区工作的政法、财经、文教干部和一部分初、中等技术人员；培养部分民族中、小学校师资和语文工作干部。

6月11日—13日　国务院科学规划委员会就贯彻“百家争鸣”方针的问题举行讨论会。这次讨论按哲学、经济学、法学、历史学、教育学、语言学和文学艺术等十几个学科，分组举行，共有600多人参加。与会的科学家们就在学术研究中要不要马列主义为指导思想的问题，“百家争鸣”的性质、目的和作用的问题，学术界存在的不良风气问题，应否在研究中形成或提倡建立学派的问题及各学科存在的一些问题畅所欲言，进行了认真的讨论。科学规划委员会对在这次讨论中提出的问题都没有作结论，并且希望科学家们作进一步的研究。

6月12日　中、苏、朝、越四国渔业、海洋学和湖沼学研究会议在北京举行。出席会议的四国代表和专家共28人。中国水产部部长许德珩主持会议。会议讨论通过并签订了“太平洋西部渔业、海洋学和湖沼学研究的合作协定”。14日，由中、苏、朝、越四国共同组成的太平洋西部渔业研究委员会成立，委员会常设地点是中国北京。

6月14日　中共中央发出《关于农业生产合作社要注意多种经营的通知》。《通知》指出，有必要号召各农业生产合作社立即注意开展多种经营，才能使90%以上的社员每年都增加个人的收入，否则就是一个很大的偏差，甚至要犯严重错误。《指示》指出，各省粮食产值似乎不会超过50%，而粮食以外作物及副业的产值至少占50%，或者在50%以上。我们如果不立即注意这个问题，不论在社员的收入方面，合作社的积累方面，国家的积累方面，势必都要大受影响。《指示》要求各省、市、自治区并通知专、县、区、乡直到合作社，都对这个问题作一调查，加以分析，算出一笔粮食与非粮食产值比例的账，借以教育干部和群众。与《通知》一同下发的有谭震林关于湖南攸县农村情况的报告和河北省委关于河北省农业和副业产值中各项产物所占比例的报告。谭震林的报告反映了该县农村目前存在的问题，主要有：一、县、区、乡、社只注意粮食生产，放松了其他生产，因而不能保证90%的社员增加收入。二、合作社对五保户实际上只实行了一保，即有饭吃，不饿死人。没有替他们做好生产安排和生活安排，实现五保。三、农村生活起了巨大的变化，讨饭和主要吃稀饭的人没有了，有的乡平均生活水准已达到中农程度，但吃不到豆腐、油、猪肉等，群众有意见。四、产稻地区对农业发展纲要提出的在12年内储备二年粮的要求有异议，因为二年陈谷即变质。五、除四害，一般行动不多，信心不强。

同　日　国务院全体会议举行第三十一次会议。会议在听了农业部长廖鲁言关于高级农业生产合作社示范章程草案的说明后，决议通过这个草案，并提请全国人大一届三次会议审议。会议通过了国务院关于内蒙古自治区东部联合旗划分为东乌珠穆沁旗和西乌珠穆沁旗，并将西部联合旗改名为阿巴嘎旗的决定和国务院关于撤销湖南省晃县成立新晃侗族自治县的决定。

6月15日—30日　第一届全国人大第三次会议在北京举行。15日，大会通过了代表资格审查委员会主任马明方作的关于补选的代表资格的审查报告；国务院副总理兼财政部长李先念向会议作“关于1955年国家决算和1956年国家预算的报告”；农业部长廖鲁言作“关于高级农业生产合作社示范章程（草案）的报告”；全国人大常委会副委员长兼秘书长彭真作“全国人大常委会工作报告”。18日，国务院副总理兼国家计委主任李富春作了“关于我国发展国民经济第一个五年计划的报告情况”的发言；副委员长郭沫若作了“科学规划和百家争鸣”的发言；国务院副总理陈云作了“关于私营工商业的社会主义改造问题”的发言。19日，国务院副总理邓子恢作了“一年来农业合作化运动的情况和今后工作”的发言。22日，最高人民检察院检察长张鼎丞谈了镇压反革命斗争问题和处理拘押在我国的日本战争犯罪分子的问题。25日，副委员长李维汉作了《继续巩固和扩大人民民主统一战线》的发言。28日，国务院总理周恩来作了“关于目前国际形势、我国外交政策和解放台湾问题”的发言。29日，会议听取全国人大预算委员会主任委员刘澜涛所作的“关于

1955年国家决算和1956年国家预算的审查报告”；全国人大法案委员会副主任委员武新宇所作的“关于高级农业生产合作社示范章程（草案）的审查报告”。30日，国务院副总理陈云作了“关于商业工作与工商关系问题”的发言。闭幕式上，周恩来总理就代表们在发言中涉及到政府工作的几个重要问题，即关于体制问题、关于财政工作问题、关于职工群众问题、关于文教工作问题和关于反对官僚主义问题，分别作了说明和解答。他强调指出，必须改进领导方法，注重调查研究，一般指示必须与具体领导相结合，一般会议必须与典型调查相结合。要展开自上而下和自下而上的批评，为提高工作效率、反对官僚主义而进行不懈的斗争。在闭幕会上，批准1955年国家决算和1956年国家预算，并同意李先念副总理兼财政部长在报告中提出的关于实现1956年预算的各项方针和措施，会议一致通过了《高级农业生产合作社示范章程》，一致通过了《关于全国人民代表大会常务委员会工作报告的决议》，通过了这次会议的提案审查意见。会议还通过了《关于修改中华人民共和国地方各级人民代表和地方各级人民委员会组织法第25条第2款第5项规定的决议》。根据这次会议主席团的提请，会议补选了陈铭枢、华罗庚、周叔弢、茅以升、谢扶民为第一届全国人大常委会委员，补选周林、杨文贵为第一届全国人大民族委员会委员。

6月20日　《人民日报》发表《要反对保守主义，也要反对急躁情绪》的社论。社论说，现在我们国家工作总的情况是好的，健康的，是在不断进步中的。但这并不是说现在我们的工作中便没有缺点了，缺点表现在两个方面：一方面是在一些工作中仍然有右倾保守思想在作怪；另一方面是在最近一个时期中有些工作又发生了急躁冒进的偏向，有些事情做得太急了，有些计划定得太高了，没有充分考虑到实际的可能性。社论在列举急躁冒进情绪在各项工作方面的表现后，指出，急躁情绪所以成为严重的问题，是因为它不但是存在在下面的干部中，而且首先存在在上面各系统的领导干部中，下面的急躁冒进有很多就是上面逼出来的。社论指出，盲目冒进也是由于我们思想方法上的片面性造成的。由于没有运用辩证的方法，没有从事物的复杂的矛盾和联系中去全面地观察问题，只从一个方面、一个角度去看问题，就把许多问题看得太死，太绝对化。又由于缺少深入的调查研究工作，对实际情况了解得不够，有盲目性，在这种情况下，处理事情当然就容易偏于一面，发生片面性。社论指出，右倾保守思想对我们的事业是有害的，急躁冒进思想对我们的事业也是有害的，所以两种倾向都要加以反对。社论指出，在反对保守主义和急躁冒进的问题上，要采取实事求是的态度，这里是有一个客观标准的，这个标准就是客观实际的可能性。正确的工作方法，就是要使我们的计划、步骤符合于客观实际的可能性。凡是落后于客观实际的可能性的，就是右倾保守；凡是超过了实际的可能性的，就是急躁冒进。我们应当根据事实下判断，有什么偏向就反对什么偏向，有多大错误，就纠正多大错误，万不可一股风，扩大化，把什么都反成保守主义，或者都反成急躁冒进。如果反得过当，就会反了一面，又造成另一方面的偏向，于工作反而有害。

6月21日　《中华人民共和国政府和柬埔寨王国政府关于经济援助的协定和实施经济援助协定的议定书》签订。根据经济援助的协定的规定，中国将在1956年和1957年内无偿地给予柬埔寨价值8亿柬元合800万英镑的物资和商品。柬埔寨政府将利用这些物资和商品来建设某些为发展柬埔寨经济、改善人民生活所需要的项目，其中包括建设纺织厂、水泥厂、造纸厂、胶合板厂，发展农业水利，供应农村电力和建设大学、医院、体育馆、道路和桥梁等。根据柬埔寨的需要和中国的可能，中国将派遣专家和技术人员帮助柬埔寨勘查、设计、施工和训练柬埔寨的技术人员。

6月25日　全国人大常委会副委员长李维汉在第一届全国人大第三次会议上作《巩固和扩大人民民主统一战线》的发言。李维汉在发言中指出，社会主义高潮到来以后城乡生产关系的根本变化，使我国广大人民在政治上、思想上的社会主义一致性日益扩大和增强，人民民主统一战线更加巩固和扩大，教育和学习成了统一战线的中心工作。发言认为，目前有两种类型的合作共事关系：一种是机关、学校和国营企业中共产党员同一般党外人士间的共同工作关系，这种关系基本上是工人阶级内部的关系；另一种是公私合营企业和一部分国营企业中职工和共产党员同资产阶级分子的共同工作关系，这种工作关系同时又是一种阶级关系。正确处理这两类合作共事关系，是帮助人们进行自我教育和巩固人民民主统一战线的一个重要关键。发言说，中共中央提出的关于共产党的各民主党派长期共同存在，互相监督，首先是对共产党起监督作用，是一个重大的方针。这个方针的提出就再一次地宣告，同党外人士实行民主合作，是共产党的一条"固定不移"和"永远不变"的原则。发言指出，我国一切民主党派和人民团体在法律上处于平等地位，彼此间在政治上有互相协商、互相帮助和互相监督的传统，我们应当继续发扬这个传统，应当严格地尊重各民主党派和人民团体在宪法上赋予的权利义务范围内的政治自由和组织独立性，任何党派和团体对其他党派和团体的这种自由和独立都没有权利加以干涉。

6月28日　国务院通知要求克服当前中小学学生辍学现象。由于农村实现社会主义合作化，农民凭劳动力挣工分，农业生产合作社大量发展，需要知识青年充当干部、会计、记工员、技术员等原因，造成农村中小学生大量辍学。不少地方辍学的学生达到在校生总数的10%。国务院通知要求各地采取以下措施及时制止和减少学生辍学现象的继续发展：一、对已辍学的学生，一般地应该说服和鼓励他们回校继续学习；二、各机关、厂矿、企业和农业生产合作社需要工作人员，不应该招收在校学生；三、教育部拨给农业部门200所初级中学改为农业合作干部学校；四、对最近三五年内初中适龄应服兵役的学生，可以缓征。

6月28日、30日　周恩来在第一届全国人大第三次会议上作题为《关于目前国际形势、我国外交政策和解放台湾问题》的发言。他指出，由于爱好和平国家和人民的不断努力，国际形势趋向缓和，冷战政策越来越不得人心。中国一贯致力于世界和平，加强和发展中国与苏联及人民民主国家的团结互助，并根据和平共处的原则，改进和发展中国与其他国家在政治、经济、文化各方面的广泛联系，中国的国际地位在不断提高。关于解放台湾问题，周恩来指出，中国人民一定要解放台湾，这种解放有两种可能的方式，即战争的方式和和平的方式，中国人民愿意在可能的条件下，争取用和平的方式解放台湾。他说，和平解放台湾的可能性随着国际形势的趋向和缓和我国的壮大巩固而正在增长。他宣布，我们对于一切爱国的人们，不论他们参加爱国行列的先后，也不论他们过去犯了多大罪过，都本着“爱国一家”的原则，采取既往不咎的态度，欢迎他们为和平解放台湾建立功勋。他希望台湾的国民党军政负责人员在和平解放台湾的事业中，发挥重要的作用，也希望国民党军队人员，不论其身在台湾，还是在海外，都为促进和平解放台湾而努力。他还表示重视海外广大爱国侨胞在推动和平解放台湾事业中所发挥的积极作用。周恩来代表政府正式表示，我们愿意同台湾当局协商和平解放台湾的具体步骤和条件，并希望台湾当局在他们认为适当的时机，派遣代表到北京或者其他适当的地点，同我们开始这种商谈。

6月30日　国务院副总理陈云在第一届全国人大第三次会议上作题为《关于商业工作与工商关系问题》的发言。他指出，6年多的经验告诉我们，加工订货、统购包销的办法对保证生产、稳定市场起了巨大作用，对资本主义工商业社会主义改造起了历史作用，因此它是正确的和必要的。但是，这是在一定历史条件下的一种特殊的管理生产的方法，只能是一种过渡的、暂时的办法。在定息形式的全行业公私合营以后，应该考虑采取新的更完善的办法。陈云在发言中设想了管理生产的新办法：一、由工业部门组织专业公司来管理合营工业的生产和销售。这样，商业部门与工厂之间的加工订货关系将改变为下列四种办法：1.继续采取统购包销的办法；2.商业部门对工厂产品采取选购的办法；3.商业部门选购剩下的商品，工厂可以委托商业部门代销；4.商业部门选购剩下的商品，工厂也可以自销；二、国营商业、供销合作社的上下之间、地区之间的业务往来，必须是自下而上的选购关系，而不是自上而下的派货关系；三、由于降低了商业部门的批发利润，增加了工厂的利润，因此，现在商业部门批发机构的一部分上缴利润指标，应该移交给工厂来承担；四、银行应该改变现金管理和放款、结算办法中那些繁杂机械的办法，采用原有的那些灵活的支付办法；五、除国家统一调拨的原料以外，一切原来由采购部和供销合作社供应的原料，仍然由采购部和供销合作社统一采购和供应；六、国营商业部门和供销合作社仍然担负着保证城乡供应和稳定市场物价的责任；七、国境以内，任何地方都不得采取互相封锁的办法，应允许全国任何地方的商品进入任何一地去销售；八、暂时不在计划以外增加先进工厂的产量，落后工厂有向先进工厂看齐的责任。陈云说："这些办法是工业生产、商业经营和工商关系上的一种大转变。"他指出，我们是在巩固的社会主义基础上实行一定程度的自由推销和自由选购，也就是在计划经营许可范围内的自由市场。他建议将上述设想意见在政府内部和工商界内部展开讨论，加以研究。

同　日　第一届全国人大第三次会议通过并公布《高级农业生产合作社示范章程》。这个章程是在《初级农业生产合作社示范章程》的基础上改写的。《章程》针对初级社转为高级社以后所产生的新问题，根据农业生产合作社建社的新经验，吸收各地主管农业合作化工作干部参加起草工作，同时征求各地负责人的意见，听取政协全国委员会组织座谈会的意见，进行讨论修改，后经国务院第三十一次全体会议讨论通过，又经全国人大常委会第四十二次会议决定，提请全国人大一届三次会议审定。《章程》主要内容包括十一章64条。它指明高级社同初级社的一个根本区别在于：把社员私有的主要生产资料转为合作社集体所有，组织集体劳动，实行"各尽所能，按劳取酬"的分配原则。《章程》就社员、土地和其他主要生产资料、资金、生产经营、劳动组织和劳动报酬、财务管理和收入分配、政治工作、文化福利事业、管理机构等方面作了详尽的规定。

7月1日　国务院发出《关于发展养猪的指示》。《指示》说，大量养猪，对增产肥料、提高农作物产量是一项具有决定意义的措施。同时，为保证城乡肉食供应和出口贸易的迫切需要，也必须积极发展养猪业。《指示》指出，养猪历来是我国农民的一项重要的家庭副业，农业合作化以后，仍然是合作社社员的一项重要的家庭副业。积极组织社员家庭多养猪，"私有、私养、公助"是当前发展养猪事业的主要办法。已经开始集体养猪的农业生产合作社，必须做养猪场的经营管理工作。《指示》指出，应该在粮食增产的基础上，切实解决猪的精饲料问题，并进一步开辟饲料来源。必须迅速进行价格调整工作，解决有些地区生猪收购价格与猪肉销售价格相差较大、生猪收购价格偏低、毛猪折肉标准偏高，致使农民养猪无利甚至亏本的问题。要加强猪的疫病防治工作。《指示》说，为适应肥料和肉食的需要，要求到1957年，华北和西北的农业地区每户平均养猪1头—1.5头，长江流域各省每户平均养猪1.5头—2头，南方和东北各省以及大城市郊区平均每户养猪2头—2.5头。各省各县要根据当地的具体条件，定出本省本县实现这个要求的具体的计划和措施。

7月5日　国务院发布《关于工资改革的决定》。《决定》说，国务院决定适当地提高工资水平，并且在这个条件下，根据按劳取酬的原则，对企业（包括国营企业、供销合作社企业，全行业公私合营前的公私合营企业）、事业和国家机关的工资制度，进行进一步改革。《决定》说，根据国家工业和农业的发展情况和当前的政治经济任务，根据职工工资的提高必须与劳动生产率的提高相适应和劳动生产率提高的速度又必须超过工资提高的速度的原则，确定1956年企业、事业和国家机关职工的平均工资提高14.5%（如包括1956年新增人员在内，则为13%左右）。在这次工资改革中，对于重工业部门、重点建设地区、高级技术工人和高级科学技术人员的工资，应该有较多的提高；对于现行工资待遇较低的小学教职员、供销合作社工作人员和乡干部的工资，也应该有较多的提高。同时，对现行工资水平较高的沿海城市和其他地区某些单位的工资，一般地也应稍有提高。《决定》提出了在这次工资改革中应采取的措施：一、取消工资分制度和物价津贴制度，实行直接用货币规定工资标准的制度；二、改进工人的工资等级制度；三、改进企业职员和技术人员的工资制度；四、推广和改进计件工资制度；五、改进企业奖励工资制度；六、改进津贴制度。《决定》规定，凡进行工资改革的企业、事业和国家机关一律自1956年4月1日起实行新的工资制度。《决定》还就其他有关的问题作了规定。

7月13日　长春第一汽车制造厂举行建成庆祝大会，并试制成功第一批（10辆）国产汽车。中共中央主席毛泽东将这种汽车命名为“解放”牌。该厂是“一五”计划期间苏联援建项目之一。1953年6月，中共中央发布了“关于力争三年建成长春汽车制造厂”的指示。同年7月15日破土动工，3年完成投资6.5亿元，建起37万平方米的厂房，形成年产3万辆载重汽车的生产能力。这种汽车是一种通用性的中级载重汽车。载重量4吨，配有90马力6个汽缸的汽油发动机，最大车速是65公里/小时，满载时经济速度是30—35公里/小时。

7月15日　周恩来、陈毅出席中国新闻工作者联谊会举行的酒会。这个酒会是为欢迎参加赫尔辛基国际新闻工作者会议后访华的印度、巴基斯坦、日本、伊朗、叙利亚、巴西、智利、墨西哥、秘鲁、玻利维亚和乌拉圭等11个国家的记者而举行的。周恩来在酒会上分别同来自亚洲、非洲和拉丁美洲各国的记者谈了话，他还回答了各国记者提出的问题。陈毅同来自拉丁美洲各国的记者作了长时间的谈话。

7月21日　陈云在全国省、自治区、直辖市商业、农产品采购厅局长和供销合作社主任会议上作《要使用资方人员》的讲话。陈云在讲话中指出，吸收资方人员参加业务部门的工作有二个好处，一个是把资本家拉进来“唱对台戏”，一个是可以利用资本家的长处。对于第一个好处，陈云说，现在，从中央到地方，业务部门的普遍缺点是，开专业会议时大体上只找本系统的干部，这只能反映本系统干部的意见，不能反映多方面的意见，所以作出来的决定往往带有片面性。各业务部门应该注意四个方面的意见，即地方党委、业务系统的干部、广大群众以及资本家的意见。资本家往往可以迅速地直接地找到我们工作中的错误所在，因为我们好多工作同他们是有利害关系的。他们会“将军”。他们“将军”，我们就得答复，我们要经常准备听“坏话”，这样，工作就可能做得越来越好。对于第二个好处，陈云说，我们对资产阶级采取和平改造的政策，是因为他们有知识，对我们有用处，对发展生产有好处，这种办法比一律打倒好。我们过去搞手工业，靠两只手，现在是机器生产，技术很重要，没有技术就不能生产。过去苏联出美元和洋房请美国专家，现在我们不需要出美元、洋房，资本家还敲锣打鼓来向我们要求工作，给他们工作就很高兴，我们为什么不用他们？不用他们就是傻瓜，这不能说是懂政治。

7月24日　周恩来召集在京少数民族上层人士就22日中共中央讨论四川甘孜藏区和凉山彝区的工作问题的意见做传达报告。周恩来说，四川甘孜藏族自治州和凉山彝族自治州的改革是必要的。我国各民族都要过渡到社会主义，少数民族地区都要进行民主改革和社会主义改造，消灭剥削制度，这是我国宪法规定了的，我们应该遵照宪法办事。当前进行的改革是要把奴隶、农奴从旧制度下解放出来，使他们都有土地耕种。这种改革是民主性质的改革。周恩来说，四川凉山彝族自治州和甘孜藏族自治州发生的叛乱是不好的事情，是不幸的事件。我们从来都主张和平改革，进行平息叛乱的武装斗争是被迫的。我们必须把以下的工作做好，解除叛乱分子的种种借口：(1) 力争实现和平改革。有关改革的问题，要根据群众的意愿，经过和少数民族上层人士协商，取得上层人士同意后再去进行。在协商过程中，必须用道理说服人，不要强加于人。(2) 地主、奴隶主多余的浮财可以不动。地主、奴隶主多余的浮财，当地劳动人民缺乏而又确实需要的，可以由政府出钱购买。(3) 对藏区的寺庙应该采取更慎重的态度。寺庙的耕地不动；寺庙的枪支也不动，但是不能拿枪去为非作歹；寺庙放的高利贷也可以不动，农民如果要求政府解决，政府可以帮助农民还债；群众对寺庙的差役负担，政府不干涉，但是农民如果不愿去做，寺庙也不要强迫他们。(4) 一定要处理好民族问题。在民族地区，处理任何事情都要考虑到民族问题，都要和少数民族干部商量。我们必须培养少数民族干部，逐步使他们在各民族自治地区的自治机关、企业、学校中都占大多数，并且担任主要的领导职务。民族自治地方应该享有宪法上规定的自治权利。在少数民族地区要首先发展交通事业。少数民族地区的改革要更有准备、更有步骤地进行，在某些应该让步的问题上要让步。(5) 对于仍在山上叛乱的武装应该停战和谈。要反复跟他们和谈，允许来去自由，要他们来和谈，和谈不成，还要回去打，我们也不杀害他们，这样做，相信和谈可以成功。

7月28日　国务院发出《关于对私营工商业、手工业、私营运输业的社会主义改造中若干问题的指示》。国务院指出，到目前为止，参加社会主义改造的人数，约占私营工商业、手工业、私营运输业的80%。但在这一改造过程中，有不少地区曾发生过某些混乱现象，有许多问题还需要解决。为此，国务院指示：一、对于小商贩业务安排问题。1.对没有参加公私合营的小商贩，应在自愿的原则下，根据当地情况，逐步地、分散地、分行业地组成分散经营、各负盈亏的合作小组。2.国营商业和供销合作社，应当在国营商店、供销合作商店、合营商店中指定一个店作为每个合作小组的批发店，在业务上领导合作小组。3.国营商业、供销合作社、合营商店、合作商店之间，在商品的销售上，应当适当分工。有一些商品，应当主要分配给合作小组。4.国营商业、供销合作社应当负起责任，做到使各地各类小商贩都能获得必需的收入。二、关于手工业生产合作社、运输合作社、合作商店方面的问题。1.为保证各类合作企业成员的劳动收入不降低，每月先开支工资，然后根据剩下的盈余多少，再定公积金的数量。2.如因收入减少、生活困难，要求退出合作企业，应批准他们退出，退出时，他们的股份包括生产资料和资金应当退还。3.手工业合作社的产品，可自产自销，但在价格上要服从市场管理。4.运输合作社的形式，不要强求一律。三、适当解决小业主方面存在的问题。1.小业主的企业参加公私合营的，或者改变为国营企业的，其财产按定息办法处理；参加合作商店的，按股金分红。2.小业主可以担任合作社的各种领导职务。四、全国公私合营企业的私股定息，统一规定为年息5厘，即年息5%。个别可超过5厘。五、全行业合营后的公私合营企业中职工和私方人员的工资，高于当地国营企业工资标准的，不降低。低于当地国营企业工资标准的，应根据生产经营情况和企业条件，分期逐步增加。六、企业改组工作，必须慎重进行，对私营企业实行公私合营时的所有在职人员，都应当根据量才录用、适当照顾的原则，加以安排。

本　月　商业部发出通知，要求若干地区适当提高生猪收购价格。河北省提高4.79%，河南提高4.13%，山东提高3.1%，江苏、湖南提高4%，辽宁、吉林、黑龙江提高3%，四川提高15%左右，贵州提高12.6%，北京、天津、上海郊区平均提高5.5%左右。湖北、安徽、江西、浙江等省部分地区生猪收购价格上半年已经提高过，这次再提5%。各地平均约提高5%。提高收购价格以后，除四川、贵州适当提高销售价格外，一般地区售价都不动。这次提高生猪收购价格，养猪农民因此增加大约4 000万元的收入。

本　月　中共中央发出《关于安排原私营企业实行公私合营时候的私方在职人员的指示》。《指示》指出，为了贯彻对公私合营企业在职人员的包下来的方针，各地对下列几种人员，必须迅速地积极地加以安排。一、私营企业（包括资不抵债户）实行公私合营的时候，所有在职的资本家和资本家代理人；企业的董事、监事；在职的私方老弱人员；私方在职人员中政治嫌疑分子和其他坏分子（除立即逮捕的以外）；判刑缓期执行的或者刑满出狱的私方原来的在职人员；老公私合营企业在职人员，当时没有得到安排，现在没有职业的——对以上人员都应该包下来，安排工作。二、原来在企业从事辅助劳动的家属，在公私合营以后，应该尽可能安排他们继续担任企业的辅助劳动。三、1954年以来被代替的私营批发商，过去未安排而现在还没有职业的，应该给予安排。四、重要企业的创办人，年老不能工作而生活有困难的；或者他们的家属，现在生活没有着落的——对于这样的人，要适当安排或者在生活上给予照顾。五、粮、油、布实施统购统销以后，粮、油、布业的在职人员，当时没有安排，至今还没有职业因而生活困难的；企业在私营的时候，我们动员他们转业，后来转业转垮了，生活没有着落的——对以上的人员，有关部门应该尽可能给予业务上的安排，如经销、代销等，或者吸收人员，或者采用其他方式加以安排。《指示》还指出，原为私营企业服务的会计人员（会计师、流动会计）、经纪人、运输报关行（托运业）人员，在私营企业实行全行业合营以后，没有业务因而引起生活困难的，有关部门也应该为他们安排业务，或者吸收他们参加工作。

本　月　中共中央发出《关于公私合营企业定息办法的若干指示》。《指示》指出，关于公私合营企业的定息办法，中央同意陈云同志在对资改造十人小组汇报会议所作的总结，并由陈云同志在全国人民代表大会上作了发言，不分工商，不分大小，不分盈户亏户，不分地区，不分行业，统一规定为年息5厘。《指示》对几个具体问题作了规定：一、对某些企业需要超过5厘定为6厘的，由省、自治区、直辖市党委审核决定后报中央对资改造十人小组备案；对个别合营企业定息需要超过年息6厘的，由省、自治区、直辖市党委报中央对资改造十人小组批准。请将需要超过年息6厘的合营企业，迅速上报，以便中央平衡决定。二、一定要在本年7月或者8月发息一次(上半年的定息)。定息一般自本年1月1日起计算。但如果今年合营的企业，在合营的时候已经对合营前的盈余分配作了处理，或者资方要求对合营前的盈余仍然按“四马分肥”或者惯例分配，则定息的起息日期，可以由公私双方协商确定。

8月1日—24日　第一届全国音乐周在北京举行。20多天的时间里，共举行了90多个音乐会、演出近700个作品，参加表演的有4 500多名音乐工作者。毛泽东、周恩来、朱德、陈云等领导同志于24日接见了参加本届音乐周的全国各地的代表们。这届音乐周会集了全国音乐界的主要力量，表演了近几年来音乐创作的主要作品，也表演了“五四”以来一些有代表性的作品，是音乐界的一次群英会。

8月6日—19日　全国新合营企业工资会议在北京举行。这次会议根据国务院《关于工资改革的决定》，确定对全行业公私合营以后实行公私合营并已定股定息的企业的工资制度，在今年下半年进行一次改革，同时对改革的方针、工资制度、私方人员的工资待遇、变相工资等问题作了详细研究。会议认为，新公私合营企业半年多以来，生产、营业情况已有很大改善，但是原有的混乱不合理的工资状况，成为进一步提高生产和贯彻执行社会主义经营管理原则的障碍。会议要求经过这次工资改革，要使新合营企业内部的工资制度达到基本上统一合理，行业之间、行业内部以及各类人员之间工资悬殊的状况有所改善。会议确定，新合营企业的工资标准和工资制度，应该逐步向同一地区、性质相同、设备与技术水平相近的国营企业看齐。关于新合营企业中的私方人员的待遇，会议认为应该按照职工工资的同样原则处理。在评定其工资时，除了按照现任职务和工作能力以外，还要考虑到他们的技术能力和经营管理经验，并且适当照顾他们的现行工资水平。对于原来没有固定收入的小业主，应根据他们的现任职务和工作能力，同时适当考虑他们原来的劳动收入情况来评定。对于变相工资，会议认为应该区别性质，分别先后，并且根据各企业的实际情况处理。已经取消的不再恢复，属于福利性质的，应该保留，办法不合理的，要加以改进。由于新合营企业原有工资状况相当混乱不合理，还不可能经过一次改革使之达到完全合理，因此会议特别强调指出，在工资改革过程中，要加强对职工进行政治教育。

8月10日　中国、叙利亚两国政府发表联合公报，决定互派大使并且互设大使馆。

8月12日—16日　全国第一届少年体育运动大会在青岛举行。来自22个省、2个自治区和3个市，包括20个民族的1 816名运动员参加了这次运动会。

8月18日　我国关押的1 062名日本战争犯罪分子全部审理完毕。日本侵华战争中的大部分战犯，包括一些首要的战犯，在日本投降后，曾由远东国际军事法庭和当时的中国政府作了处理。我国政府关押的日本战犯，一部分是我国逮捕的，共有140人，另有一部分是1945年苏联军队俘获的在我国犯有罪行的战犯，1950年7月，苏联政府移交我国，这一部分共有969名。上述战犯在这几年中死亡了47名，在押的共有1 062名。鉴于日本投降后10年来的情况的变化，和近年来中日两国人民友好关系的发展，及这些战犯在押期间绝大多数已有不同程度的悔罪表现，4月25日，全国人大常委会第三十四次会议通过《关于处理在押日本侵略中国战争中战争犯罪分子的决定》，决定对于这些战犯按照宽大政策分别予以处理。8月18日，我最高人民检察院对小林高安等354名次要的或者表现较好的战犯实行从宽处理，免予起诉。至此，押在我国的1 062名日本战犯由我国政府全部处理完毕。8月26日，我红十字会将最后一批被释放的日本战犯移交给日本红十字会等团体，协助遣送回国。

8月22日—9月13日　中共七届七中全会在北京举行。这是中共中央为即将召开的中国共产党第八次全国代表大会而举行的一次准备会议。出席会议的有中央委员44人，候补中央委员23人。全会充分地交换了意见，统一了认识，并做好了“八大”报告、文件和组织等各方面的准备工作。七届七中全会共召开了三次：8月22日召开的第一次会议提出了对八届中央委员会选举工作的建议，如关于代表的选举一律按照党章的规定，采取无记名投票的方式进行，以及关于代表名额的计算办法等。全会还决定递补候补中央委员王首道、邓颖超、陈少敏为正式中央委员。9月8日，全会举行第二次会议，确定八届中央委员名额为170人，并通过八届中央委员的候选人名单。9月13日，全会召开第三次会议，讨论并原则通过下列文件：一、中央委员会向第八次全国代表大会的政治报告；二、中国共产党章程（草案）；三、关于修改党的章程的报告；四、中国共产党第8次全国代表大会关于发展国民经济的第二个五年计划（1958年到1962年）的建议（草案）；五、关于发展国民经济的第二个五年计划的建议的报告；六、大会主席团名单（草案）；七、大会秘书处名单（草案）。

8月24日　毛泽东会见中国音乐家协会的负责同志并发表谈话。毛泽东指出，艺术的基本原理有其共同性，但表现形式要多样化，要有民族形式和民族风格。一棵树的叶子，看上去是大体相同的，但仔细一看，每片叶子都有不同。有共性，也有个性，有相同的方面，也有相异的方面。这是自然法则，也是马克思主义的法则，作曲、唱歌、舞蹈都应该是这样。音乐可以采取外国的合理原则，也可以用外国乐器，但总要有民族特色，要有自己的特殊风格，独树一帜。毛泽东说，艺术上“全盘西化”被接受的可能性很少，还是以中国的艺术为基础，吸收一些外国的东西进行自己的创造为好。毛泽东还说，要向外国学习科学的原理，学了这些原理，要用来研究中国的东西。中国的音乐、舞蹈、绘画是有道理的，问题是讲不大出来，因为没有多研究。应该学外国近代的东西，学了以后来研究中国的东西。毛泽东指出，我们接受外国的长处，会使我们自己的东西有一个跃进。中国的和外国的要有机地结合，而不是套用外国的东西。外国有用的东西，都要学到，用来改进和发扬中国的东西，创造中国独特的新东西。毛泽东指出，应该越搞越中国化，而不是越搞越洋化。这样争论就可以统一了。要反对教条主义，反对保守主义，这两个东西对中国都是不利的。学外国不等于一切照搬。向古人学习是为了现在的活人，向外国人学习是为了今天的中国人。中国的面貌，无论是政治、经济、文化，都不应该是旧的，都应该改变，但中国的特点要保存。应该是在中国的基础上面，吸取外国的东西，应该交配起来，有机地结合。

8月28日　国务院全体会议举行第三十六次会议。会议听取了周恩来总理就《国务院关于改进国家行政体制的决议（草稿）》作的说明，听取了李先念副总理就今年全国各地受灾情况和救灾工作作的说明。会议经过讨论，通过了《国务院关于改善职工生活的若干问题的决定》、《国务院关于国家机关工作人员福利费用掌管使用的暂行规定的通知》、《国务院关于取消劳动保险条例中关于职工患病或非因工负伤医治时贵重药费由本人自理的规定的通知》。

8月29日　中国和蒙古签订《关于中华人民共和国给予蒙古人民共和国经济和技术援助的协定》。根据这一协定，中国政府将在1956年—1959年内无偿地援助蒙古人民共和国1.6亿卢布，在此款项内，中国政府帮助在蒙古建设毛纺织厂、造纸厂、木房屋结构厂、胶合板厂、砖瓦厂、玻璃厂、蔬菜农场、储菜厂、运动场、体育馆、乌兰巴托市市内道路、市郊公路和桥梁，以及上述建设项目的职工住宅和宿舍。代表中国方面在协定上签字的是中华人民共和国政府全权代表、赴蒙经济代表团团长、对外贸易部部长助理卢绪章，代表蒙古方面在协定上签字的是蒙古政府全权代表、部长会议副主席曾德。

8月30日　毛泽东在“八大”预备会议第一次会议上作题为《增强党的团结，继承党的传统》的讲话。毛泽东在讲话中阐述了三个方面的问题：一、关于“八大”的目的和宗旨。毛泽东说，“八大”的目的，总的来说，就是总结“七大”以来的经验，团结全党，团结国内外一切可以团结的力量，为建设伟大的社会主义中国而奋斗。领导我们事业的核心是我们的党，这次大会总结经验，首先要使全党更加团结。但是，单有党还不行，党是一个核心，它必须要有群众，要好好团结群众，团结一切可以团结的人一道工作。在国际上，我们也要团结全世界一切可以团结的力量，首先是团结苏联，团结兄弟党、兄弟国家和人民，还要团结所有爱好和平的国家和人民，借重一切有用的力量。我们团结党内外、国内外一切可以团结的力量，目的是为了建设一个伟大的社会主义国家。二、关于继承党的传统。“八大”应当继续发扬我们党在思想方面和作风方面的优良传统，切实反对主观主义、宗派主义，此外还要反对官僚主义。毛泽东着重谈了反对主观主义、宗派主义的道理。他说，主观主义就是不从客观实际出发，不从现实可能性出发，而是从主观愿望出发。他指出，马克思主义的普遍真理一定要同中国革命的具体实践相结合，如果不结合，那就不行，理论与实践的统一是马克思主义的一个最基本的原则。在谈到宗派主义的问题时，毛泽东指出，反对宗派主义，特别值得谈一下的，就是要团结那些跟自己作过斗争的人。所谓团结，就是团结跟自己意见分歧的，看不起自己的，不尊重自己的，跟自己闹过别扭的，跟自己作过斗争的，自己在他面前吃过亏的那一部分人。对于这些人，不仅要看他改不改，而且要帮助他改，一为看，二为帮。三、关于中央委员会的选举。毛泽东说，八届中央委员会的名额似应为150人—170人，请同志们考虑。毛泽东还指出了团结王明、李立三这些犯过错误的人的道理，他说，最基本的道理，就是他们不是孤立的个人，而是代表小资产阶级里头相当大的一部分人。中国是一个小资产阶级群众广大的国家，小资产阶级中间有相当大一部分人是动摇的。团结犯过错误的人对于改造全国广大的小资产阶级是有好处的。

8月30日—9月12日　中共第八次全国代表大会预备会议在北京举行。8月30日举行第一次全体会议，邓小平代表中央政治局作报告，说明了大会的议程、规则、七届七中全会对八届中央委员会选举工作的建议、关于代表团正副团长和代表资格审查委员会候选人的提名等事项。会议一致同意报告中提出的意见。会上，毛泽东发表了《增强党的团结，继承党的传统》的讲话。指出，这次大会的目的和宗旨就是总结“七大”以来的经验，团结全党，团结国内外一切可以团结的力量，为建设伟大的社会主义中国而奋斗。8月30日—9月9日，各代表团分别选举了正副团长，并对八届中央委员会候选人进行了不限名额的自由提名。各代表团还进行了分组讨论，提出了对《党的章程草案》和《关于修改党的章程的报告》、《政治报告》及《关于发展国民经济的第二个五年计划的建议和报告》的意见。其间，七届七中全会在9月8日召开第二次会议，通过了八届中央委员会委员候选人名单，随后，各代表团又讨论了这个名单。9月10日，“八大”预备会议召开第二次全体会议，陈云对七届七中全会通过的八届中央委员候选人名单和提出的经过作了说明。会议同意陈云的报告，并通过了候选人名单。9月12日各代表团对八届中央委员会候选人作了第一次预选，结果，170人被提名为八届中央委员的候选人。预备会议充分发扬了民主，为“八大”取得圆满成功提供了可靠的保证。

本　月　财经部制定的《关于对私营工商业在改造过程中交纳工商业税的暂行规定》在全国实行。这个暂行规定是为了在税收上配合国家对私营工商业的社会主义改造和解决在改造过程中税收上出现的新问题而制定的。这个规定要求，实行并厂合营，统一核算盈亏的合营工业，以总厂为纳税单位，总厂所属各分厂和车间相互调拨原材料、半成品、成品，以及相互进行加工、修理等业务，不交纳营业税。并店合营、由各门市部报账、总店统一核算的合营商业，各门市部间相互调拨货物，不纳营业税；合营商业经营工业品的批发业务，不再交纳营业税；合营商业代购、代销、代批不再按进销货物交纳营业税，只就所得手续费交纳营业税；联购组织把购入的商品分配给各分销单位时，也不交纳营业税。对小商小贩组织起来的合作商店、合作小组目前经营上的实际困难，新的规定作了充分的照顾，以帮助它们很快向前发展。

9月15日—27日　中国共产党第八次全国代表大会在北京举行。 中共八大是在中国共产党已经执政，中国的生产资料私有制的社会主义改造基本完成的形势下召开的。出席大会的代表1 026人，代表着1 073万党员。五十几个国家的共产党、工人党、劳动党和人民革命党的代表以及国内各民主党派和无党派民主人士的代表列席了大会。15日下午，大会举行开幕式。毛泽东致《开幕词》。他说中共八大的任务是：总结七次大会以来的经验，团结全党，团结国内外一切可能团结的力量，为了建设一个伟大的社会主义的中国而奋斗。毛泽东指出：我国的革命和建设的胜利，都是马克思列宁主义的胜利。把马克思列宁主义的理论和中国革命的实践密切地联系起来，这是我们党的一贯的思想原则。他指出：我们现在也面临着和苏联建国初期大体相同的任务。要把一个落后的农业的中国改变成为一个先进的工业化的中国，我们面前的工作是很艰苦的，我们的经验是很不够的。因此，必须善于学习。毛泽东致《开幕词》后，大会通过了中央委员会提出的大会主席团、大会秘书处、代表资格审查委员会三个名单，并且通过了大会的会议日程和会议规则。大会的主要议程是：一、刘少奇代表中央委员会向大会作政治报告；二、邓小平作关于修改中国共产党章程的报告；三、周恩来作关于发展国民经济的第二个五年计划的建议的报告；四、选举党的中央委员会。接着，刘少奇向大会作《政治报告》。《报告》共分六个部分：一、党在过渡时期的总路线；二、社会主义改造；三、社会主义建设；四、国家的政治生活；五、国际关系；六、党的领导。《报告》总结了从中共七大以来特别是从中华人民共和国成立以来党领导中国革命和建设的历史，充分肯定中共七大所确立的路线的正确性，特别是肯定了党在过渡时期总路线的正确性和社会主义改造的成就。《报告》分析了生产资料私有制的社会主义改造基本完成以后国内的形势，提出了党在今后一段时间内经济建设的任务，在国家政治生活方面提出了继续加强人民民主专政、改进国家工作的目标。同时，就党如何在新形势下进一步加强对国家各项工作的领导和加强自身建设的问题作了阐述。16日下午，邓小平作《关于修改党的章程的报告》。《报告》共分六个部分。《报告》首先指出，党的第七次全国代表大会以来，一个接连一个的光辉的胜利，无可争辩地证明了党的第七次全国代表大会所规定的政治路线和组织路线的正确性。《报告》说，这次党的章程草案，同第七次大会所通过的党的章程比较起来，并没有根本原则上的不同。但是在具体内容上却有了很多的改变，其中包含一些带有原则性的改变。《报告》分析了这次修改党的章程所根据的条件，着重说明了党的章程草案中关于党的群众路线、关于党的民主集中制、关于党的团结和统一、关于提高党员的标准和保障党员的权利、党的组织机构等方面的问题。《报告》根据中国共产党已处于执政地位的状况，特别强调党面临着新的考验，党除了应该加强对于党员的思想教育之外，更重要的还在于从各方面加强党的领导作用，并且从国家制度和党的制度上作出适当的规定，以便对于党的组织和党员实行严格的监督。随后，周恩来作《关于发展国民经济的第二个五年计划的建议的报告》。《报告》共分三个部分：一、第一个五年计划的执行情况；二、第二个五年计划的基本任务；三、关于第二个五年计划建议的若干主要问题。《报告》在总结第一个五年计划执行情况的基础上，强调指出要实事求是地估计到第二个五年计划期间国内外的各种条件，进行全面的规划，这样才能使计划既积极而又稳妥可靠。《报告》特别提出要根据需要和可能，合理地规定国民经济的发展速度；要把重点建设和全面安排相结合，使国民经济各部门能够按比例发展；要增加后备力量，健全物资储备制度；要正确处理经济和财政的关系。17日—26日，朱德、陈云、董必武等113位代表先后在大会上作了发言和书面发言。陈云在发言中指出：在工商业经营方面，国营和集体是主体，一定数量的个体经济是补充；生产计划方面，计划生产是工农业生产的主体，按照市场变化而在国家计划许可范围内的自由生产是补充；在社会主义的统一市场里，国家市场是主体，自由市场是补充。26日，大会一致通过了《中国共产党章程》，并以无记名投票方式选举了第八届中央委员会委员，选出97人为正式中央委员。

27日，大会首先选举中央委员会候补委员，选出73人为候补中央委员。接着，大会一致通过了《中国共产党第八次全国代表大会关于政治报告的决议》和《中国共产党第八次全国代表大会关于发展国民经济的第二个五年计划的建议》。《关于政治报告的决议》指出：社会主义制度已经在我国基本建立起来，我们还必须为解放台湾、为彻底完成社会主义改造、最后消灭剥削制度而斗争，还必须为继续肃清反革命残余势力而斗争。但是我们国内的主要矛盾，已经是人民对于建立先进的工业国的要求同落后的农业国的现实之间的矛盾，已经是人民对于经济文化迅速发展的需要同当前经济文化不能满足人民需要的状况之间的矛盾。党和全国人民的当前的主要任务，就是要集中力量来解决这个矛盾，把我国尽快地从落后的农业国变为先进的工业国。《决议》提出要随时注意防止和纠正右倾保守的或“左”倾冒险的倾向，积极地而又稳妥可靠地推进国民经济的发展。《决议》还指出，国家的主要任务已经由解放生产力变为保护和发展生产力，我们要进一步加强人民民主的法制。《决议》要求全党不断提高马克思列宁主义的水平，实事求是，发扬党的群众路线的传统，贯彻执行集体领导和党内民主的原则，维护党的团结和统一。最后，陈云宣布大会闭幕。

9月20日　第一届全国人大常委会举行第四十六次会议。在京的全国人民代表大会代表和政协全国委员会常委列席会议。印度尼西亚共和国工会代表团应邀列席会议。会议听取了国务院总理周恩来所作的《关于苏伊士运河问题的报告》。周恩来在报告中扼要介绍了苏伊士运河问题的由来及最近的事态，指出：埃及完全有权把苏伊士运河公司收归国有，这是它为维护自己的主权和独立而采取的正义行动；关于苏伊士运河的航行自由，埃及政府予以了保证，甚至建议召开由有关国家广泛参加的国际会议，并由这些国家缔结一个协定来重新肯定和保证苏伊士运河的航行自由；中国政府完全支持埃及政府的这种态度。周恩来还指出，英、法两国采取了完全相反的态度，故意把苏伊士运河公司国有化和运河航行自由二个问题混淆起来，企图以运河航行自由受到威胁为借口，来维持其殖民主义的特权。美国虽然商谈和平解决问题，但实际上却支持英、法两国进行武力威胁和侵犯埃及主权的行动。周恩来重申中国政府关于在尊重埃及的主权和尊严基础上，通过和平协商解决苏伊士运河航行自由的问题的立场。会议在听取了周恩来的报告后，就苏伊士运河问题进行了讨论，并且通过了周恩来的报告。在会议上发言的有宋庆龄、李济深、何香凝、邓初民、赖若愚、许广平、郭沫若、黄炎培、沈钧儒、许德珩、马寅初、章伯钧、陈其瑗、陈其尤、叶剑英、刘伯承、陈叔通、罗隆基、周建人、傅作义、卫立煌、张奚若、鲍尔汉、廖雪红、王光英、陈铭枢、胡耀邦。他们一致同意周恩来的报告，拥护8月15日中华人民共和国关于苏伊士运河问题的声明和9月17日中国政府给埃及政府的复照，并且对埃及为维护自己的主权和独立而采取的正义行动表示坚决支持。

9月21日　外交部发表关于中美两国大使级会谈的声明。声明说，为了使中美会谈不致成为无意义的拖延，中方建议开始讨论禁运问题，并提出了一个协议声明的草案。

9月24日　中国政府和也门王国政府发表联合公报。公报宣布中华人民共和国和也门王国（现称阿拉伯也门共和国）建立外交关系并且互派外交使节。

9月28日　中共第八届中央委员会第一次全体会议在北京举行，选举中央领导机构。出席中共八届一中全会的中央委员有96人，候补中央委员有70人。全会选举了新的中央机构。选举结果如下：中央委员会主席毛泽东，副主席刘少奇、周恩来、朱德、陈云，总书记邓小平。中央政治局委员：毛泽东、刘少奇、周恩来、朱德、陈云、邓小平、林彪、林伯渠、董必武、彭真、罗荣桓、陈毅、李富春、彭德怀、刘伯承、贺龙、李先念；政治局候补委员：乌兰夫、张闻天、陆定一、陈伯达、康生、薄一波；政治局常务委员会委员：毛泽东、刘少奇、周恩来、朱德、陈云、邓小平。中央书记处书记：邓小平、彭真、王稼祥、谭震林、谭政、黄克诚、李雪峰；候补书记：刘澜涛、杨尚昆、胡乔木。中央监察委员会委员：王从吾、王维舟、王维纲、帅孟奇、刘格平、刘锡五、刘澜涛、李士英、李楚岗、肖华、吴溉之、高克林、高扬、马明方、张鼎丞、董必武、钱瑛；候补委员：王翰、刘其人、李景膺、龚子荣；中央监察委员会书记：董必武；副书记：刘澜涛、肖华、王从吾、钱瑛、刘锡五。

9月30日　周恩来总理举行国庆招待会，庆祝中华人民共和国成立七周年。参加招待会的有来自50多个国家的2 000多位外宾。正在中国访问的印度尼西亚总统苏加诺和尼泊尔首相阿查里雅出席了招待会并讲了话。

9月30日—10月15日　印度尼西亚共和国总统苏加诺对中国进行访问。10月2日，毛泽东主席举行宴会，招待苏加诺总统。10月3日，北京市3万多各界人民举行大会，欢迎苏加诺总统。北京市市长彭真和苏加诺总统分别在大会上讲话。10月4日，中国全国人大常委会和中国政协全国委员会常委会召开扩大的联席会议，欢迎苏加诺总统访华；苏加诺总统在会上发表了演说。同日，周恩来总理举行宴会，招待苏加诺总统。10月5日，苏加诺总统举行宴会，向中国国家主席毛泽东和其他领导人表示感谢，并庆祝印度尼西亚共和国建军节。10月6日，苏加诺总统及其一行离开北京，先后参观了安徽、上海、广东、云南等省市。10月15日，苏加诺总统及其一行离开昆明，取道仰光回国。同日，新华社发表《关于苏加诺总统访问我国的联合公报》。《公报》介绍说，苏加诺总统在北京期间，同毛泽东主席举行了几次会谈，周恩来总理和中国其他领导人参加了会谈。会谈是在热诚、谅解和互相尊重的气氛下举行的，涉及了各种国际问题和两国目前的关系。双方讨论的事项中包括中华人民共和国在联合国的代表权问题、西伊里安问题和进一步支持埃及政府用和平方式并且在完全尊重埃及的主权和尊严的情况下解决苏伊士运河问题。双方还讨论了两国之间的贸易关系。

10月1日　中国首都北京举行庆祝中华人民共和国成立七周年大会。党和国家领导人毛泽东、刘少奇、周恩来、朱德、陈云、邓小平、宋庆龄、林伯渠、董必武、彭真、彭德怀、郭沫若、李济深、沈钧儒等参加大会，并在天安门广场检阅了中国人民解放军部队和50万人的群众游行队伍。印度尼西亚总统苏加诺、尼泊尔首相阿查里雅参加了大会。参加中共八大的50多个国家的共产党、工人党、劳动党、劳动人民党和人民革命党的代表，也参加了大会。

10月4日　中共中央批准国家计委党组所提交的《1956年度国民经济计划的控制数字的报告》。《报告》指出，第一个五年计划只剩下2年的时间了，要保证完成并且超额完成五年计划所规定的指标，只有把1956年的计划指标定得更加积极些。《报告》对1956年的计划控制数字拟定如下：一、工农业总产值为483.5亿元，比1955年预计完成数增长10.4%；二、粮食总产量为3740.5亿斤，棉花总产量为2 996万担，分别增长5.1%和14.7%；三、全国基建投资额为112.7亿元，比1955年预计完成数增长30.4%。由于前三年只完成五年计划投资总额的51%，为避免后两年的建设任务过多地集中到1957年，《报告》要求有条件提前施工的建设单位，特别是工业建设单位尽可能提早施工；四、社会零售商品总额初步估算为451亿元，增长速度为8.5%；五、国营工业的劳动生产率比1955年提高10.5%，建筑安装劳动生产率提高19.3%，铁路运输劳动生产率提高2.9%。国民经济各部门人员的平均工资增长4.9%。

10月5日—12日　中华全国归国华侨第一次代表大会在北京举行。国务院副总理邓子恢出席开幕式。陈嘉庚在会上致开幕词。陈嘉庚说，参加这次大会的代表，是从很广泛的地区来的。南至海南岛，北至黑龙江，东至沿海，西至新疆，都有代表参加。就代表曾经侨居的地区来说，东南亚各地以至朝鲜、日本、欧洲、美洲、澳洲和非洲等地区，都有归侨参加这个大会。陈嘉庚说，这一次大会不但是全国归侨代表大会，而且象征着全世界华侨爱国大团结。6日，庄希泉在大会上作《中华全国归国华侨联合会当前的基本任务》的报告。庄希泉在报告中回顾了中华人民共和国成立以来华侨在祖国的经济恢复和经济、文化等各项事业中所做出的成绩，提出了全国侨联今后的任务及为完成这些任务所必须做的工作。大会通过了《中华全国归国华侨联合会章程》，通过了《关于中华全国归国华侨联合会的工作方针和基本任务的决议》。12日，正式成立了中华全国归国华侨联合会。大会选举产生了中华全国归国华侨联合会第一届委员会，陈嘉庚当选为主席，方方、尤扬祖、王源兴、庄希泉、庄明理、李铁民、陈其瑗、罗理实、高明轩、郭棣治、黄长水、彭泽民、颜子俊、蚁美原当选为副主席。12日，中华全国归国华侨联合会第一届委员会举行第一次全体会议，会议决定通电慰问港九受害同胞，并抗议香港英国当局对港九同胞生命财产不负责任的态度。

10月6日　国务院发布《关于农业生产合作社粮食统购统销的规定》。《规定》的主要内容如下：一、对农业社的粮食统购统销数量，一般以社为单位，根据1955年分户、分社核定的粮食定产、定购、定销数字，统一计算和核定。二、农业社进行粮食分配，必须保证完成国家核定的粮食征购任务，保证不突破国家核定的粮食供应指标；同时，必须保证农业社内公用和全体社员必需食用的粮食。此后如果还有余粮，可由农业社决定卖给国家或分配给社员。三、1955年分户、分社核定的粮食产购销数字略有偏高偏低的，一般不作调整；如果数字同实际情况有显著差别的，应根据实际情况作必要调整，然后确定。四、根据定产、定购数字自1955年起三年不变的原则，余粮社的粮食定购数量，在年景正常的情况下增产不增购。为保证1956年受灾地区的粮食供应，国家对粮食丰收地区的余粮社，可在定购数量以外适当增购一部分余粮，但增购部分不得超过增产部分的40%。五、国家向余粮社统购的粮食，原则上由社统一交售；由社统一交售有困难的，也可由原来的小社或社员分别交售。六、农业社和社员增养生猪所需的饲料用粮，原则上由农业社从增产的粮食当中自行解决。七、国家对有粮食交售任务的农业社，在春耕前后，可以预付部分粮食价款。八、国家对缺粮社供应粮食，必须继续执行什么时候缺粮、什么时候开始供应的办法。

10月10日　国民党特务分子在香港九龙制造暴乱，中国政府对香港英国当局未能制止暴乱提出抗议。10日，国民党特务分子利用辛亥革命纪念日的机会，从上午11时30分—11日晚间，纠集数千名暴徒对许多学校、商店、居民进行袭击、抢劫甚至杀人纵火。到11日晚，新华社香港分社还被暴徒包围，一些机关、企业的安全仍然受到暴徒的威胁。此后暴乱还在继续扩大，发展到九龙的工业区和其他地区，大批工厂被捣毁、被焚烧，许多居民遭到抢劫、毒打以至残杀，一些妇女被暴徒们强行脱光衣服，肆意侮辱。九龙暴乱事件是国民党在香港的组织策划的。13日，中国国务院总理周恩来约见英国驻华代办欧念儒。对于在九龙的中国和平居民的生命财产在国民党特务分子的残杀和劫掠下所遭受到的严重损失和重大伤亡表示极大的愤慨和关切，对于香港英国当局未能采取有效措施制止这场由国民党特务分子组织和策划的暴乱，以致使中国和平居民的生命财产遭受重大损失提出严重抗议。16日，周恩来总理接见英国驻华代办欧念儒。欧念儒代办转达了英国政府关于九龙暴乱事件的答复。英国政府表示对这次暴乱和中国政府同样感到遗憾，但对于中国政府提出的港英当局未能采取有效措施制止暴乱的严正指责却认为不能接受。19日，中国外交部副部长章汉夫会见英国驻华代办欧念儒。欧念儒代办奉英国政府指示对九龙暴乱事件再次向中国政府申诉意见。欧念儒说，英国政府认为九龙暴乱起因还在调查中，目前包括中国政府在内的各方面的指责和结论都为时过早。他再度为港英当局未能采取有效措施制止暴乱进行辩护。章汉夫副外交部长驳斥了英国政府的上述无理意见，表示中国政府对九龙暴乱事件所提出的抗议和要求是完全合理的。章汉夫副外交部长对英国政府指责中国政府的态度，表示完全不能接受并提出抗议。

10月12日　中共中央、国务院作出《关于目前粮食销售和秋后粮食统购统销工作的指示》。《指示》说，今年7、8、9月三个月的粮食销量比去年同期多销43亿斤，而且这种销量上涨的趋势仍在继续发展；而夏季粮食征收的结果比去年同期少收30亿斤，许多地方不管收成好坏都要求减少征收。销量盲目扩大，征购要求减少，这是目前粮食工作上需要严重注意的问题。《指示》提出：一、必须继续贯彻什么时候缺粮、什么时候供应的原则。合理的需要必须保证；灾区必不可少的粮食必须满足；但是不合理的和不必要的供应，应当坚决纠正。二、国家粮食征购应当同农业合作社社内分配结合进行，使农业合作社首先完成国家核定的粮食征购任务，然后进行社内分配。三、必须继续坚持购销结合的原则，使农村粮食统购和统销同时得到安排。国家要求的是：根据最近发布的关于农业生产合作社粮食统购统销的规定，在原来已定数字的基础上，以社为单位统一计划。必须注意的是：一定要将销售和征购统一安排，不要重复过去征购时只管征购、将来销售无法控制的错误。四、在粮食增产地区，须要适当增加一点统购数量以支援灾区，但增购的数字仍以不超过增产部分的40%为原则。

10月15日　第一汽车制造厂举行开工典礼大会，并正式移交生产。该厂投资总额为6.5亿元，生产能力为年产解放牌载重汽车3万辆。

10月16日　广东省公安厅宣布：广州破获国民党特务阴谋骚乱案。10月10日发生九龙暴乱的同日晚间，香港国民党特务指挥机关阴谋在广州市组织爆炸、纵火，煽动暴乱。国民党特务机关的这一阴谋已经失败，先后潜入广州的10多批特务除有几名在逃正在缉捕中、几个投案自首外，其余的到10月止已全部被我公安机关依法逮捕。国民党特务分子所带的定时炸弹、燃烧弹、纵火器、黄色炸药和反动传单、标语、证件等已被全部缴获。

同　日　外交部发表《关于美国方面在中美大使级会谈中拒绝讨论中国方面所提促进两国人民来往和文化交流的建议，蓄意阻挠会谈进展的声明》。《声明》指出，中国方面在促进中美两国人民的来往和文化交流方面曾经做了不少努力，但是美国方面却以双方还未对不使用武力问题达成协议和还有少数在中国犯法的美国人在中国服刑为借口拒绝讨论中国方面提出的关于促进中美人民来往和文化交流的建议。美国方面的这种说法是完全站不住的。美国采取这种态度只能表明它蓄意要使中美大使级会谈得不到任何进展，害怕中美关系得到任何改善。

10月17日　《人民日报》刊登《国务院关于新公私合营企业工资改革中若干问题的规定》。《规定》提出了八个方面的内容：一、关于工资改革的方针问题。新公私合营企业的工资标准和工资制度，应该逐步向同一地区、性质相同、规模相近的国营企业看齐。二、关于工业、建筑和交通运输企业工人的工资制度问题。三、关于商业企业的工资制度问题。四、关于职员和工程技术人员的工资制度问题。五、关于私方人员的工资待遇问题。私方人员的工资待遇，应该按照对职工工资的同样原则处理。在评定工资的时候，除了按照现任的职务和工作能力以外，还要充分考虑到他们的技术能力和经营管理的经验，并且适当照顾他们的现行工资水平。六、关于变相工资问题。七、关于按新工资标准补发工资问题。八、关于工资改革的组织领导和时间问题。《规定》要求新公私合营企业的工资改革工作，一般在1956年年底以前完成。同日，《人民日报》发表社论《改革新公私合营企业的工资制度》。

10月18日　中国奥林匹克运动队选拔赛全部结束。这次选拔赛有49人获得运动健将称号。20日，中国组成参加第十六届奥林匹克运动会代表团。代表团由举重、游泳、射击、篮球、足球、体操、田径等项目的92名运动员组成。代表团团长为蔡树潘，副团长为马约翰、荣高棠、董守义。

10月24日　国务院发出《关于放宽农村市场管理问题的指示》。《指示》首先分析了近期农村市场的情况，认为二个月来湖北、广东、山西、山东、江西、四川、福建、江苏、河北等九省，已先后在不同范围内放宽了农村市场的管理，国家领导下的自由市场已经扩大，很多地方都已收到良好的结果。过去农民停止生产的一部分土产，已恢复生产；城乡物资交流更加活跃，人民需要的商品供应量增加；促使国营合作社商业积极改善经营管理。但是，放宽市场管理后，也出现了一些新问题。有些地方把国家委托供销社统一收购的农产品，放弃了统一收购；有些地方由于没有规定自由市场的开放范围，农民把一些国家统购的物资（粮食、油料）在统购没有结束以前，就在自由市场上出卖；有些地方对某些农产品收购价格提得太高，阻碍了物资交流。针对上述情况，《指示》提出如下办法：一、凡属国家统购的农产品，如粮食、棉花、油料，都必须继续统购。凡属由国营商业公司或者委托供销社统一收购的物资，都必须仍由国营商业公司或者委托供销社统一收购。此外，凡属供不应求的物资，除少数品种以外，都应当由国营商业公司或委托供销社统一收购，分配货源。二、农村市场中可以放宽管理的商品，只应该是小土产一类。各地对小土产市场的开放，也应该由少到多，而不要开放得过猛，并应力求经过典型试验，取得经验后再稳步前进。三、凡属国家统购或者委托国营商业公司和供销社统一收购的产品，应该大体上保持全国平衡的收购价格。除经国务院有关部门批准的以外，各地不能随便提价。允许在自由市场上成交的商品，如果过去市价低了，可以适当提高；但价格已经对于生产有利，已经可以大大刺激生产，只是由于市场的盲目抢购而继续猛涨时，当地政府应当制止抢购，实行议价和分配货源。

10月25日　鞍山钢铁公司新建巨型人造富矿厂——新烧结厂开工生产。

10月26日　国务院发布《关于农村金融工作中若干问题的指示》。《指示》说：目前秋收已经大体结束，农业社和农民正在大量卖出农副产品。为了配合集中的农副产品收购，避免市场的货币流通量过多，在这个农民有钱的季节，应当按期收回已经到期的农业贷款，积极地吸收农村存款，增加银行和信用社的信贷力量。《指示》指出：一方面应当收的不去尽可能努力去收；另一方面又要求国家大量投放。这是当前农村金融工作当中应当引起严重注意的问题。《指示》提出，要重新审查到期农贷收回计划，按照实际情况加以修订，认真执行。要求抓紧旺季时机，加强宣传，在坚持存款自愿的原则下，积极开展农村存款储蓄工作。要求国家采购机关在收购农副产品的时候，及时地将预购定金加以清理结算。《指示》还要求各地加强对农村金融工作的领导，在安排农产品收购、安排市场的同时，一并加以安排。11月5日，《人民日报》为此发表评论员文章《加强对当前农村金融工作的领导》。

10月30日　中共中央、国务院向各地发送《国务院关于改进国家行政体制的决议（草案）》。这个草案是根据8月28日召开的国务院第三十六次全体会议的讨论再作修改之后的稿本，中共中央和国务院要求各地、各部门认真地组织研究、讨论，并于11月25日前提交书面意见。这个《决议（草案）》指出，新中国成立初期，由当时的任务所决定，逐渐形成各项行政管理权限较多地集中到中央的情况；现在社会主义改造已取得决定性胜利，阶级关系、生产关系发生了根本变化，各地方已经能够集中力量来管理和发展经济、文化事业，这就有必要和可能适当地扩大地方的行政管理职权。《决议（草案）》提出，当前改进国家行政体制的首要步骤，是先划分中央和各省、自治区、直辖市的行政管理职权，并且对地方的行政管理权予以适当扩大，然后再逐步划分省和县、县和乡的行政管理职权，《决议（草案）》还提出了划分职权的七条原则，主要是：给予各省、自治区、直辖市一定范围的计划、财政、企业、事业、物资、人事的管理权；关系到整个国民经济的企业和事业由中央管理，其他企业和事业应尽可能地多交给地方；企业和事业的管理要改进和推行中央为主、地方为辅或地方为主、中央为辅的双重领导方法；中央管理的主要计划和财务指标，由国务院统一下达，改变过去许多主要指标由各部门条条下达的办法；改进体制要逐步实现，采取今年准备、明年试办、到第二个五年计划期间全面实施的步骤，稳步进行。《决议（草案）》对计划、财政、工业、基建、农林水利、运输、邮电、商业、文教科卫、政法、劳动、机构编制、民族工作等各方面行政体制的改进，提出了许多具体意见。

同　日　新华社报道：浙江省公安机关7月下旬全部破获台湾派遣的“括苍山行动队”特务组织。

11月1日　中华人民共和国政府发表《关于苏联政府1956年10月30日宣言的声明》。此前，10月30日，苏联政府发表《关于发展和进一步加强苏联同其他社会主义国家的友谊和合作的基础的宣言》。苏联政府的《宣言》指出，二次大战结束以后，欧洲和亚洲一些国家的人民民主制度在这个基础上形成、巩固起来；在建立新制度和进行深刻的社会关系的革命改造的过程中，有过不少困难、尚未解决的任务和明显的错误，其中也包括社会主义国家之间的关系方面的错误，以及有损社会主义国家之间关系平等的原则的那些侵害和错误。苏共二十大极坚决地指责了这种侵害和错误，自己提出了下列任务：苏联在同其他社会主义国家的关系方面，要贯彻始终地实现列宁的各国人民平等的原则。《宣言》表明了苏联政府对苏联同其他社会主义国家之间的关系，首先是经济和军事方面的关系所抱的态度。中国政府的《声明》首先指出：苏联政府的这个宣言是正确的，这个宣言对于改正社会主义国家相互关系方面的错误，对于增强社会主义国家之间的团结，具有重大的意义。《声明》说：中国一向认为，互相尊重主权和领土完整、互不侵犯、互不干涉内政、平等互利、和平共处五项原则，应该成为世界各国建立和发展相互关系的准则。社会主义国家都是独立的主权国家，同时又是以社会主义的共同理想和无产阶级的国际主义精神团结在一起的。因此，社会主义国家的相互关系就更应该建立在五项原则的基础上。《声明》说：正如苏联政府的宣言所指出的，在社会主义国家的相互关系方面，并不是没有错误的。这些错误造成了某些社会主义国家之间的隔阂和误解，并且使一些社会主义国家不能更好地按照自己的历史情况和特点建设社会主义。苏联政府宣言的发表，显然将有助于消除社会主义各国间隔阂和误解，并且可以加强社会主义各国的友好合作。《声明》还指出：中华人民共和国政府注意到，波兰和匈牙利的人民，在最近的事件中，提出了加强民主、独立和平等以及在发展生产的基础上提高人民物质福利的要求。这些要求是完全正当的。正确地满足这些要求，不但有利于这些国家人民民主制度的巩固，而且有利于社会主义各国相互之间的团结。

11月6日　国务院发出《关于严格审查与控制1956年基本建设的紧急指示》。《指示》说，由于1956年对基建控制不严，发生了分散使用投资的偏向，引起了财政和建筑材料供应紧张的局面。各部、各省、市拟议中的1957年基建规模更大，超过了1956年，这种情况必须改变。《指示》说，拟议中的1957年全国基建投资总额将大大低于1956年，而且1957年的投资必须有重点地集中使用。为了减少1957年将因基建工程停工过多而造成的更大的损失，国务院作出如下规定：一、凡属准备1956年开始施工尚未开始施工的项目，责成国家经委会同国家计委，各省、市、自治区分别进行逐项审查批准，始得开始施工。二、已经开始施工，但按1957年投资方案肯定将要停工的项目，应当按照不同情况加以处理。三、不论是否经过批准，凡属1957年不能开始施工或不宜作施工准备的项目，1956年都不设立筹备机构，已设立的必须撤销。四、凡决定停工的工程必须做好善后工作。

同　日　中国奥林匹克委员会发表声明。声明抗议国际奥林匹克委员会制造“两个中国”的阴谋，并宣布在取消台湾单独派遣运动员以前，中国运动员将不参加本届奥林匹克运动会。

11月10日—15日　中共举行第八届中央委员会第二次全体会议。出席全会的中央委员有84人，候补中央委员有65人。中央和地方、军队的负责人147人列席了会议。会议的议程是：一、目前时局；二、1957年度国民经济发展计划和财政预算的控制数字；三、粮食和主要副食品（猪肉和食油）问题。刘少奇作了《目前时局问题的报告》。报告中对国际局势作了深刻分析，并提出要“认真地把中国的工作做好”。他指出，我们要吸取波匈事件的教训，要特别注意一个问题，就是我们党以及我们国家的领导机关和各级领导人员，无论如何不要脱离工农劳动群众，要防止产生“特殊阶层”。他提出要开展反对特殊化的教育，批判特权思想、官僚主义思想，加强人民群众对领导机关的监督，扩大社会主义民主，限制国家领导人员的权力，取消领导人员的特殊待遇。刘少奇在报告中还分析了东欧有关国家的问题，指出：东欧有关国家一切学苏联，照苏联的办，但是是教条主义地搬用苏联的经验，不管好坏，没有批判，不根据本国情况。刘少奇还指出：苏共二十大以后，在国际共产主义运动中有一些右倾的观点在发展。全盘否定斯大林，产生很大的副作用，在东欧一些国家引起很大的混乱，使人民搞不清楚马克思主义与非马克思主义了。周恩来作了《关于1957年度国民经济发展计划和财政预算控制数字的报告》。报告总结了1956年度经济计划和财政预算执行情况，指出了成绩、经验和教训，批评了1956年的冒进倾向，明确指出：1957年的计划应当在继续前进的前提下，对基本建设作适当的压缩，合理调整各经济部门之间的比例关系，以适应国家的财力和物力的可能性。周恩来针对苏联和东欧有些国家过多地发展重工业，忽视与人民生活关系最直接的轻工业、农业的失误，强调了毛泽东提出的“又要重工业，又要人民”的思想，阐明了重工业与人民利益的关系，提出搞社会主义工业化既要为人民谋长远利益，又要关心和满足人民现实的生活需要。全会同意周恩来的报告，把“保证重点，适当收缩”作为1957年计划的方针。陈云在会上作了《关于粮食和主要副食品（猪肉和食油）问题的报告》，对于改善粮食的收购工作和销售工作，对于增加猪肉和食油的生产，提出了一系列重要的意见。会议的最后一天，毛泽东作了讲话。毛泽东指出：斯大林这把“刀子”，被一些社会主义国家的领导人丢了以后，列宁这把“刀子”也被丢得相当多了。东欧一些国家的基本问题是阶级斗争没有搞好，那么多的反革命没有搞掉。他也指出这些国家，有些领导人严重脱离群众，不依靠和发动群众；在经济上单纯发展重工业，忽视轻工业和农业，不注意提高人民生活水平。毛泽东还指出，有的国家搞大国沙文主义，对这些国家进行粗暴干涉也是这些国家事态扩大的原因。关于国内经济建设，毛泽东强调不平衡是绝对的，平衡是相对的。他说：有进有退，主要的还是进；第一个五年计划根本正确，错误确实有，这也是难免的，要保护干部和群众的积极性，不要在他们头上泼冷水。毛泽东号召全体国家工作人员、经济工作人员首先是各方面的负责工作人员，提倡艰苦朴素的作风，与群众同甘共苦，反对铺张浪费现象，并且采取整风方法，同主观主义、宗派主义、官僚主义的倾向作斗争。他要求全党在对待少数民族问题上坚决反对大汉族主义，在国际交往中坚决反对大国主义。全会完全同意中央政治局对于国际局势的分析和中央政治局所采取的各种步骤。

11月11日—12日　北京隆重纪念孙中山先生诞辰九十周年。11日，在全国政协礼堂举行孙中山先生诞辰九十周年纪念大会。北京各界人士1 600多人参加了大会。毛泽东、刘少奇、周恩来和中国国民党革命委员会主席李济深、副主席何香凝等出席大会。远道而来的40多位海外华侨和港澳同胞及30多个国家的160多位来宾参加了大会。周恩来致开幕词。他说，当我们纪念孙中山先生诞辰九十周年时，我们看到中国已经发生了巨大和根本的变化；亚洲、非洲和其他地区过去被帝国主义所侵占的国家，也发生了或者正要发生巨大而深刻的变化。孙中山先生的理想和由他揭开的事业，已由中国工人阶级和它的政党——中国共产党所继承和实现。孙中山先生的民主革命思想不仅对中国发生了巨大的影响，而且对亚洲的许多国家也发生了不小的影响。周恩来指出，中国的领土台湾还受着美国的侵略。一切爱国者，一切孙中山先生的忠实信徒，应当共同努力，实现台湾的和平解放。中共中央政治局委员林伯渠、中国国民党革命委员会主席李济深、中国国民党革命委员会副主席何香凝以及13位外国来宾先后在大会上讲话。11日，宋庆龄在《人民日报》发表了回忆文章《回忆孙中山》。朱德在《人民日报》发表文章《纪念中国伟大的民主革命导师孙中山先生》。12日，毛泽东撰写了文章《纪念孙中山先生》。毛泽东在文章中指出：现代中国人，除了一小撮反动分子以外，都是孙先生革命事业的继承者。我们完成了孙先生没有完成的民主革命，并且把这个革命发展成为社会主义革命。我们正在完成这个革命。毛泽东还指出：像很多站在正面指导时代潮流的伟大历史人物大都有他们的缺点一样，孙先生也有他的缺点。这是要从历史条件加以说明，使人理解，不可以苛求于前人的。同日，宋庆龄撰写了纪念文章《孙中山——中国人民伟大的革命的儿子》。12日，以朱德为团长、李济深为副团长的中央谒陵代表团和苏联等八个国家的谒陵代表团，在江苏南京晋谒中山陵。同日，北京各界人士600多人到北京香山碧云寺参谒孙中山纪念堂，周恩来、何香凝等参加了这一活动。同日，“孙中山先生生平事迹展览会”在北京中山公园中山堂开幕。

11月15日　以彭真为首的全国人民代表大会代表团和北京市人民委员会访问莫斯科市代表团抵达莫斯科，对苏联进行访问。

11月17日—12月30日　周恩来总理对越南等7国进行友好访问。周恩来总理对越南民主共和国、柬埔寨王国、印度共和国、缅甸联邦、巴基斯坦伊斯兰共和国、尼泊尔王国、阿富汗王国进行友好访问。

11月18日　中共中央批转中央手工业管理局、全国手工业合作总社筹委会党组《关于全国手工业改造工作汇报会议的报告》。8月11日—9月1日，中央手工业管理局和全国手工业合作总社筹委会召开了全国手工业改造工作汇报会议。各省、市、自治区和七个省辖市手工业管理局、联社和党委、政府主管手工业工作的负责人85人参加会议。会议讨论了当前手工业社会主义改造的情况和主要问题，一致认为，手工业的社会主义改造已经取得了决定性的胜利。到1956年6月底止，全国组织起来的手工业合作社（组）有10.4万余个，社（组）员达468万余人，连同工业、商业、农业方面改造的200余万人，已改造的人数占手工业从业人员的90%以上。全国已经基本上实现了手工业合作化。会议认为，由于各种原因，手工业改造后在内部和外部的关系上发生了许多新的问题，如：供销方面特别是原料供应方面存在不同程度的困难，某些手工业合作组织不适当地集中生产和统一核算，某些手工业合作组织的领导管理混乱，一部分社（组）员的劳动收入降低等等。会议对这些问题进行了讨论。会议指出，一部分手工业合作组织逐步由集体所有制发展为全民所有制，这是手工业发展方向；有些具有现代化设备的手工业合作社，现在既可转变为地方国营工厂，有些可以并入或发展成为地方国营工厂，有些可积极创造条件，逐步转为全民所有制。还有相当一部分以手工操作为主的手工业合作组织，需要在较长时间内保持生产资料的集体所有制。某些手工行业和工商业之间原来的供销关系和协作关系被割裂的，应适当地重新调整行业隶属关系。会议指出，为妥善处理集中生产和分散生产、统一核算盈亏和分别核算盈亏问题，应根据具体情况，对现有社（组）分类排队，分别对待。如产量上升、质量提高、品种增加、成本降低、社员收入增加者，可肯定下来；利弊一时还看不清楚者，可暂时不动；已明显看出不适当者，应有领导、有计划、有步骤地进行整顿。会议特别强调，手工业合作组织在生产方面要注意提高产品质量和增加花色品种。会议提出，手工业合作社（组）的原料供应和产品推销，除由国家统购统销的某些产品和原料以外，允许基层社自购自销；手工业合作社（组）生产所需的地方原料和废品废料，除统购的物资外，可以自购自用；手工业合作社（组）的产品，除由国营商业和供销合作社统购、包销和选购的部分外，当地产、当地销的由基层社自销，并可直接和工矿企业、农业合作社等建立销售关系。会议指出，应该在发展生产和提高劳动生产率的基础上，努力争取90%的社员劳动收入有所增加；有困难的社也要争取70%的社员增加劳动收入，其余的社员做到大部分不降低劳动收入。会议还就手工业合作组织的领导管理体制问题提出了意见。

11月21日　中共中央、国务院发出《关于当前粮食工作的指示》。10月20日，中共中央、国务院曾发出关于当前粮食工作的指示。要求及时纠正粮食征购工作中销量超计划的现象，但一些地方对此还没有抓紧落实。在中共中央、国务院的这次指示中，又补充提出以下要求：一、1956—1957年度的粮食征购任务，必须及时完成。二、农村粮食统购统销工作，必须与粮食征购工作密切结合，统一结合。三、市镇粮食定量供应过去一度偏紧，经过几次调整之后，目前又一般偏宽，应当进行合理的压缩和调整。四、各级粮食机构，对市镇和农村的粮食销量，必须按月制定计划，下达月度销售指标，严格控制。24日，《人民日报》为此发表社论《迅速控制粮食销量》。

11月24日　中共中央、国务院发布《关于农业生产合作社秋收分配中若干具体问题的指示》。《指示》指出，秋收分配是一项极其复杂和艰巨的工作，它关系到国家与农民、集体与个人、社干与社员（包括贫农与中农）和民族杂居地区民族与民族之间的关系问题。为此，《指示》提出以下要求：一、在当年达不到90%的社员增加收入的农业社，要帮助那里的干部和群众分析原因，总结经验教训，提出补救办法，鼓励其生产情绪。二、适当清理由于包工包产不尽合理和劳动定额不够准确，在合作社分配中所引起的问题。三、在一部分较大的农业合作社和民族联合社，由于多种原因，社员之间收入相差悬殊，经过各种工作后仍然要求单独分配或要求分社的，可以经过协议分开办社，或者采取统一领导、各负盈亏的办法成为联社。四、在秋收分配工作中，应该把入社生产资料作价不合理的问题好好清理一番。五、根据本社具体情况和合作社章程的规定，对农业社干部报酬不合理的部分加以适当调整。六、合作社应该把分给社员的现金、粮食和其他实物统一计算在一起，来体现按劳取酬、多劳多得的原则。七、农业社的全年分配结算工作，应该同整个冬季生产工作、整社工作适当地结合起来。

12月2日　中共中央批转贾拓夫《关于公私合营公方代表座谈会向中央的报告》。8月25日，国务院第四办公室主任贾拓夫向中央提出报告，汇报了国务院四办在同月1日—11日召开的公私合营工厂公方代表会议情况。报告说，根据各地反映，目前在公私合营工厂中，公私双方人员分工明确，私方人员有职有权，充分发挥其积极性的是少数；公私共事关系很不好的，也是极个别现象；绝大多数是表面上相敬如宾，实际上貌合神离，关系不够正常。主要有以下表现：公方代表在工作中大都谨小慎微，宁左勿右，不敢接近私方人员，不敢放手使用他们；私方人员顾虑多，怕负责任，怕犯错误，少数资本家对公方代表的领导不服气，甚至挑拨工人与公方代表关系；公私合营企业中，不少职工同私方人员关系处理不好；党政工团协同一致搞好公私共事工作上做得不好；公私共事上缺少明确的政策界限和具体的制度办法。会议就解决上述问题提出，要正确估计私方人员，加强对私方人员的教育改造工作，同时明确分工，让私方人员在分工范围内有职有权，公私方人员应当进行充分协商，公方人员应当适当照顾私方人员的困难；工厂的党政工团应当把公私共事工作列入工作计划，根据党委会的决议分别进行工作。会议提出，为了搞好公私共事关系，需要规定一些必要的制度和办法，各省市委统战部应加强对新式合营工厂的公私共事工作的领导。中共中央的批复指出，中央基本上同意这个报告；干部和工人对私方人员所表现出的警惕性和仇恨心，这是可以理解的，不应泼冷水和不适当地批评，而应该从正面进行教育。

12月6日　中共中央农村工作部发出《关于退社和大社问题》的简报。简报说，最近在电话上与辽宁、安徽、浙江、江西、四川、陕西、河南、河北等省委农村工作部联系，各地反映了关于目前农业社方面的一些情况和问题。第一，退社问题。今年秋收分配前后，一部分农业合作社出现社员退社和要求退社的情况，退社户一般占社员户数的1%，多的达5%；思想动荡想退社的户占的比例更大一点。闹退社的户主要是富裕中农；其次是劳力少、人口多的户和手工业者、小商贩等。根据各地分析，社员退社的主要原因有：一、大多数是因为减少收入而引起的。二、农业社对社员劳动时间控制过死，社内劳动过分紧张，引起社员不满。三、社干部作风不民主，对社员的一些日常困难问题不照顾、不体贴，甚至还予以打击，社员肚里有气。四、对社员入社的生产资料处理不当，特别是将社员的一些零星树木、果树和小块苇塘等也入了社，社员表示最为不满。五、在农村自由市场开放之后，有些社员特别是一部分富裕农民，认为单干是赚钱的门路了，不愿留在合作社内。第二，联村社大社问题。经过秋收分配工作，一般都感觉到办联村的大社确实有困难，有些联村社难以坚持下去。各地准备在冬季整社中加以合理解决，做法不同：一、四川省委坚决主张农业社的户数要少些，一般以百户左右为宜。二、安徽省决定除3 500户以上的大社可考虑适当划小，其余1 000户左右的大社一律不动。该省认为，千户左右的大社，今年都增产，可以办下去。三、河北、河南、陕西等省主张将不能维持的联村社改为联社的形式，不主张分社。在对待联村社大社问题上，不仅各省之间看法和做法不同，而且一省之内各级领导之间和群众之间也是不同的。一般表现为：省委、地委主张划小或改为联社，县委、区委动摇，乡干、社干反对，社员表示拥护。动摇和反对者是因为怕说他们“右倾”，同时由合而分也有许多具体问题不好解决。

12月21日—31日　监察部召开第六次全国监察工作会议。各省、市、自治区监察厅（局）长和各国家监察局负责人共222人参加了会议。国家副主席朱德到会作指示，国务院副总理李先念、薄一波和农业部长廖鲁言到会作了报告。会议总结了1956年的工作，确定了1957年国家监察机关的中心任务。会议提出，各级监察机关在1957年必须着重检查三个方面的问题：第一，要监督国家行政机关、事业和企业管理机关在执行增产节约政策中存在的问题；第二，着重检查各级行政机关和事业机关的机构庞大、层次重叠、人浮于事的现象，通过检查，反对文牍主义和官僚主义的作风；第三，必须加强对公民控告中申诉的检查处理，加强对各机关处理人民来信来访工作的监督，加强对人民监察通讯员的领导，反对压制批评、打击报复和强迫命令、违法乱纪的行为。1957年1月11日，《人民日报》发表社论《发挥国家监察机关在反官僚主义斗争中的作用》。

12月22日　中共中央同意国务院科学规划委员会党组关于征求《1956—1957年科学技术发展远景规划纲要（修正草案）》的意见的报告。《规划纲要（修正草案）》是陈毅、李富春、聂荣臻根据知识分子会议精神于8月下旬—10月下旬召集国务院科学规划委员会扩大会议，对自然科学方面的科学规划工作作了总结性讨论后提出的。这个科学发展规划纲要及其附件，提出了国家建设所需要的57项重要科学技术任务和616个中心问题，提出了各门学科的发展方向。

同　日　文化部宣布：自1957年1月1日起废除"审查影片"的制度。文化部提出摄制组以导演为中心，而其他创作人员以自愿原则，与导演订立合同，共同从事一部影片的拍摄。

同　日　中国伊斯兰教第二次代表会议闭幕。代表们通过了中国伊斯兰教协会新的简章，选举了中国伊斯兰教协会第二届委员会，包尔汉为主任，达浦生、杨静仁、马玉槐、马震武、伊敏·马合苏木、马松亭、言木力哈·木甫提、张杰、刘品一为副主任。

12月26日　中共中央发出《关于进一步开展统一战线工作检查和民族政策执行情况检查的指示》。《指示》指出，党的统一战线工作和民族工作虽然几年来有很大成绩，但还存在许多缺点和错误，主要是：在党派关系上，许多同志不承认或者不尊重民主党派的独立、平等地位，干涉他们的内部事务或者加以歧视和排斥；在政府机关、学校、企业内，共产党员同党外人士合作共事的关系上，很多党外人士有职无权，想积极工作而不可得；在民族关系上，许多同志不尊重少数民族的平等地位和自治权利。《指示》指出，这是严重的宗派主义和大汉族主义的倾向，也是许多同志主观主义和骄傲专横的毛病。这种情况十分不利于巩固和扩大全国人民广泛的爱国主义团结，不利于加强人民民主专政，不利于调动一切积极因素来进行伟大的社会主义建设工作，并且已经受到民主党派、民主人士的批评和引起少数民族很大的不满，需要我们特别加以注意。《指示》指出，中央认为有必要结合学习党的"八大"文件，进一步深入开展统一战线工作检查和民族政策执行情况的检查。除前段在统战部门继续检查外，应当把检查的重点转移到政府机关、学校、企业和部队中共产党员同党外人士合作共事的关系上。同时各有关地区应当按照中央今年10月15日转发中央统战部关于民族工作安排的报告抓紧检查。

12月28日　中共中央批转邓子恢《关于龙岩白土撤区并乡试验情况的简报》。12月18日，邓子恢向中央汇报了在福建省龙岩白土进行撤区并乡试验的情况。邓子恢在汇报中说，白土撤区并乡有六大好处，即便于全面领导农业生产，便于发扬民主，吸引人民来管理政权，便于领导合作社，便于搞好乡财政，便于领导支部，便于减少层次，缩小编制。中央在批转这份简报时指出，中央认为这个经验是好的，可供各地参考；目前对全国撤区并乡工作还不可能作出统一规定，各地可以根据各个不同地方的具体情况和自己的经验，自行决定撤区或不撤区、并乡或不并乡，自行决定何时撤区并乡。

12月29日　《人民日报》发表长篇文章《再论无产阶级专政的历史经验》。这篇文章是根据中共中央政治局扩大会议的讨论，由人民日报编辑部写成的。1956年，国际形势特别是国际共产主义运动的形势发生了重大变化。2月，苏共二十大尖锐地揭露了斯大林在领导苏联社会主义建设中的严重错误以及对他的个人崇拜所造成的严重后果。这在苏联国内和国际上都引起极大的震动。帝国主义乘机掀起世界性的反共反社会主义浪潮。4月，《人民日报》发表根据中共中央政治局扩大会议的讨论写成的文章《关于无产阶级专政的历史经验》，以表明自己的原则立场。此后，国际共产主义运动内部又发生二件大事：6月发生了波兰波兹南事件，10月发生了匈牙利事件。

这使得国际形势更加复杂，帝国主义掀起的反共浪潮日甚，在人民群众中造成不同程度的混乱，给国际共产主义运动带来巨大困难。对此，中共中央进一步作了分析和研究。《人民日报》编辑部根据中央政治局扩大会议讨论的结果，再次写成文章并公开发表（以下简称《再论》)。《再论》主要阐述了四个方面的问题：第一，关于苏联的革命和建设的基本道路的估计；第二，关于斯大林的功过的估计；第三，关于反对教条主义和修正主义；第四，关于各国无产阶级的国际团结。《再论》首先指出：在观察现代国际问题的时候，我们必须首先从这样一个最基本的事实出发，就是帝国主义侵略集团同全世界人民力量之间的对立。匈牙利事件是由内部和外部的几方面的原因造成的，而在这些原因中，国际帝国主义“起了主要的决定性的作用”。因此，我们无论什么时候也不能忘记敌人同我们之间的严重斗争，这就是世界范围内的阶级斗争。《再论》指出我们面前有二种性质不同的矛盾：一种是敌我之间的矛盾，这是根本的矛盾，它的基础是敌对阶级之间的利害冲突；另一种是人民内部的矛盾，这是非根本的矛盾，它的解决首先必须服从于敌对斗争的总的利益，它可以而且应该从团结的愿望出发，经过批评或者斗争获得解决，从而在新的条件下得到新的团结。《再论》指出，实际生活的情况是复杂的，有时为了对付主要的共同的敌人，利害根本冲突的阶级也可以联合起来；反之，在特定情况下，人民内部的某种矛盾，也可以转化成为对抗性的矛盾，到最后成为敌我矛盾的一部分了。《再论》强调说，一个人只要站在人民的立场上，就决不应该把人民内部的矛盾同敌我之间的矛盾等量齐观，或者互相混淆，更不应该把人民内部的矛盾放在敌我矛盾之上。《再论》充分肯定了俄国十月革命的划时代的意义和苏联在十月革命后39年的巨大成就，指出：苏联的革命和建设的经验，一部分具有基本的性质，在人类历史的现阶段具有普遍意义。另一部分不具有这种普遍意义。此外，苏联还有一些错误的、失败的经验；这些错误和失败，对于所有共产主义者都是极其有益的教训。苏联的全部经验，包括某些错误和失败的经验在内，都值得我们认真地加以研究。《再论》强调，十月革命的道路反映了人类社会发展一个特定阶段的普遍规律，它不仅是苏联无产阶级，而且是各国无产阶级共同的康庄大道。关于斯大林的功过估计，《再论》指出，斯大林对于苏联的发展和国际共产主义运动的发展是有伟人的功绩的，但是他在苏联的内外政策方面都犯了一些严重的错误。我们在总结斯大林的全部思想和活动时，必须看到他的正面和反面，他的功绩和错误；同他的功绩比较起来，他的错误是居于第二位的。在分析斯大林犯错误的原因时，《再论》指出这不是西方资产阶级所说的社会主义制度的"错误"，也不是社会主义国家政权对于经济事业的管理导致的错误；是因为斯大林在一定范围内和一定程度上脱离了群众和集体，破坏了党和国家的民主集中制。《再论》认为，制度是有决定性的，但是制度本身并不是万能的；无论怎样好的制度，都不能保证工作中不会发生严重的错误，主要的问题在于能否正确运用这种制度，是否有好的政策、正确的工作方法和工作作风。《再论》指出，各国共产党在批判斯大林的错误的同时，展开了克服教条主义的斗争；这个斗争是完全必要的。但是一部分共产主义者对斯大林采取了否定一切的态度，提出了反对"斯大林主义"的错误口号，因而帮助了修正主义思潮的发展。《再论》说，马克思列宁主义承认各国的共产主义运动有本民族的特点，但决不是说它们没有共同点；目前有人借口反对照抄苏联经验而否认其国际意义，借口发展马克思列宁主义而否认其普遍意义。《再论》最后论述了对各国共产主义政党团结问题的意见。《再论》认为，各国共产主义政党之间的团结，是人类历史上一种完全新式的关系。当各国共产党相互间保持平等的关系，经过真正的而不是形式上的协商而达到意见和行动的一致，它们的团结就会增进。反之，如果在相互关系中把自己的意见强加于人，或者用互相干涉内部事务的办法代替同志式的建议或批评，它们的团结就会受到损害。

第二卷

上下求索

(1957 年—1965 年)

(上)

编委会

主　编　李　晨　孙大力

副主编　萧　寒　张民耕

撰稿人　孙大力　李　晨　李玉荣　刘华清　张　琦
张民耕　郭文亮　萧　寒　曾　涛　蔡明泽
王　勇　马　全　杨凤义　接　胜　陈玉杰
肖立华　张常平　周凤山　任　伟　薛卫东
洪　涛　董　立　张宝君　宗　玮　苏立华

审稿人　徐达深　周承恩　金隆德

目　录

1957年

1957年综述

2月27日，毛泽东在最高国务会议第十一次（扩大）会议上发表了《关于正确处理人民内部矛盾的问题》的重要讲话。讲话全面分析了社会主义社会的矛盾，提出正确处理人民内部矛盾是当前我国政治生活的主题。4月，中共中央发出《关于整风运动的指示》，决定在全党进行一次反对官僚主义、宗派主义和主观主义为内容的整风运动。整风开始后，广大群众和爱国人士向各级党组织和党员干部提出了大量有益的批评和建议，但也有极少数右派分子利用“大鸣大放”对共产党的领导和社会主义制度进行攻击。5月15日，毛泽东写了《事情正在起变化》一文，对极少数右派分子的进攻作了过于严重的估计。6月8日，中共中央发出《关于组织力量准备反击右派分子进攻的指示》。同日，《人民日报》也发表题为《这是为什么?》的社论，全国范围内大规模的反右派斗争于此展开。9月—10月，中共八届三中全会在北京举行。毛泽东在这次会议上断言：“无产阶级和资产阶级的矛盾，社会主义道路和资本主义道路的矛盾，毫无疑问，这是当前我国社会的主要矛盾”从而改变了中共八大关于社会主要矛盾的正确判断。

1957年是开始全面建设社会主义的第一年。2月8日，中共中央政治局通过的《关于1957年开展增产节约运动的指示》中提出："必须在一九五七年对建设的规模和速度作适当的调整。"在这一方针指导下，国家基本建设、工农业生产的积累、消费等各项指标都安排得较为稳妥。1957年工农业总产值比1956年增长7.8%，为建国以来经济效益最好的年份之一。就在这一年，全面超额完成了第一个五年计划。

1957年还完成了社会主义改造遗留下来的各项任务。3月，中共中央发出《关于民主办社几个事项的通知》；9月，中共中央召开了第4次农村工作会议，制定了关于进一步调整农业生产合作社，建立集体和个人生产责任制的各项制度。在城市公私合营企业中，也实行了民主管理、经济核算和计划管理等项制度，从而在企业内部基本完成了社会主义改造。11月，毛泽东率中国代表团出访苏联，出席社会主义国家共产党和工人党代表会议以及64国共产党和工人党代表会议。毛泽东在会议上提出，中国要在15年左右，在钢铁等主要工业产品的产量方面赶上和超过英国。12月，这个口号向全国公布。当年年底，《人民日报》在一篇社论中首次提出"大跃进"的口号。

主要经济指标：按1952年不变价格计算，工农业总产值1 388亿元，其中工业总产值784亿元，比1952年增长128.6%，农业总产值604亿元，比1952年增长24.8%。主要工农业产品产量：钢535万吨；煤13 100万吨；发电量163亿度；粮食19 505万吨；棉花164万吨；油料419.6万吨；基本建设总额143.32亿元；财政总收入310.2亿元，总支出304.2亿元，结余6亿元。

1月1日　《人民日报》发表元旦社论《新年的展望》。社论首先指出："在过去的一年中，以苏联为首的社会主义各国的力量、亚非各国民族独立运动的力量和全世界一切维护和平民主的力量，都有了巨大的增长。""国际局势在1957年将重新走向和缓。"社论回顾了1956年国内各项工作所取得的成就：伟大的社会主义改造已经基本完成；工业生产的总产值增长的速度约为25%，是过去4年中最快的一年；农业生产虽遭受了水、旱、风灾等严重灾害，有相当损失，但粮食产量比1955年增加了200多亿斤；基本建设比1955年提高64%左右；中央各工业部的生产成本平均降低了7.3%。由此可见，"1956年是我国国民经济趋于全面高涨的一年"。针对1956年经济工作中出现的冒进倾向，社论指出，1957年的计划安排首先应当注意消除建设和生产脱节的现象，使每一项建设特别是重点建设都要经过周密的考虑；使新工业基地的辅助项目和各种服务性的设施，都能相应地配合进行。其次，应当注意到人民生活的改善只能是渐进的，生活改善决不应该超过生产（尤其是消费资料生产）增长的可能性。社论最后说，1957年是我国第一个五年计划的最后一年。为此，我们必须把各项事业的发展计划建立在充分可靠的基础之上，必须在各个方面开展一个普遍的增产节约运动。

1月3日　国家计委提出《关于第一个五年计划执行情况和十五年远景计划及第二个五年计划的基本任务的报告》。报告指出，十五年远景计划的任务，就是提早完成国家在过渡时期的总任务。具体地说，就是要在1967年以前完成国家的社会主义工业化，完成对工业的技术改造，并基本上完成对农业、运输业的技术改造；完成对农业、手工业和资本主义工商业的社会主义改造，消灭阶级和产生阶级的根源；建成社会主义社会，使人民生活走向富裕，消灭失业和贫困。第二个五年计划的基本任务，就是继续进行以重工业建设为中心的经济建设，建立社会主义工业化的巩固基础；基本上完成工业的技术改造，进一步巩固国防力量；基本上完成对于农业、手工业和资本主义工商业的社会主义改造，消灭城乡资产阶级和剥削制度；进一步提高劳动人民的物质和文化生活水平，基本上消灭城市失业和乡村贫困。国家计委提出的十五年远景计划和第二个五年计划的主要指标的初步方案是：工农业总产值年平均递增速度，“二五”期间为16.9%、“三五”期间为11.3%、15年中每年为12.2%。主要产品产量是：原煤1957年1.13亿吨，1962年2.1亿吨，1967年3.3亿吨；钢1957年412万吨，1962年1 200万吨，1967年2 400万吨；基本建设规模在1967年以前远较“一五”期间巨大。“二五”期间，经济各部门的支出约为1 800亿元，其中基本建设投资约为1 400亿元。国家计委的报告经过周恩来审阅。

同　日　周恩来总理、贺龙副总理圆满结束对印度、缅甸、巴基斯坦等国的访问。这次出访活动是应有关国家邀请，从1956年11月18日开始进行的，历时53天。先后访问了越南民主共和国、柬埔寨王国、印度共和国、缅甸联邦、巴基斯坦伊斯兰共和国、尼泊尔王国和阿富汗王国。周恩来总理分别同上述各国政府总理或首相发表了联合公报。

1月3日—23日　全国专业团体音乐舞蹈会演在北京举行。这次会演的目的，是为了检验全国专业团体音乐舞蹈成绩，发展和繁荣社会主义文艺事业。会演期间，共演出187个舞蹈节目和175个音乐节目，观众达30多万人。会演期间，党和国家领导人毛泽东、刘少奇、邓小平、陈云等观看了部分演出，并于23日接见了参加会演的全体人员。

1月5日　财政部发出《1956年和1957年国家经济建设公债还本付息办法》。其中规定，1956年和1957年国家经济建设公债本金，分别自1957年和1958年起至1966年和1967年止分10年作10次偿还。除最后一年对应还本金额不举行抽签全部偿还外，其余均按年抽签一次还本。

1月7日　毛泽东批转陈其通等人的文章《我们对目前文艺工作的几点意见》。陈其通、陈亚丁、马寒冰、鲁勒1月7日在《人民日报》发表《我们对目前文艺工作的几点意见》一文，对贯彻“双百方针”提出异议。文章提出三个问题：一是“在过去的一年中，为工农兵服务的文艺方向和社会主义现实主义的创作方法，越来越很少有人提倡了”。二是“真正反映当前重大政治斗争的主题有些作家不敢写了，也很少有人再提倡了”，“文学艺术的战斗性减弱了，时代的面貌模糊了，时代的声音低沉了”，“充满着不满和失望的讽刺文章多起来了”。三是“自从提出‘百花齐放’以后，许多人只热衷于翻老箱底，热衷于走捷径去改编旧的”“只注意开老花不注意开新花，不注意去培植和保护新花的‘百花齐放’是不完全正常的”。表示要“压住阵脚进行斗争”。毛泽东特将文章批转给中共中央政治局、书记处及中央有关负责人阅读。在3月召开的全国宣传工作会议期间，毛泽东又多次批评此文，说它对形势的估计是错误的，思想方法是形而上学的，无非是要阻止百花齐放，百家争鸣。

1月7日—19日　周恩来总理率领中国政府代表团先后对苏联、波兰、匈牙利等国进行友好访问。随后，中国政府代表团又应邀访问了阿富汗、印度、尼泊尔和锡兰（斯里兰卡），于2月12日回到北京，历时37天，分别同这些国家政府发表了联合公报。在苏访问期间，中苏两国政府发表了联合声明。声明除前言外，共6条。指出，自1954年日内瓦会议和1955年的万隆会议之后，“国际局势有了明显的和缓趋势，不同社会制度的国家之间和平共处的思想日益深入人心”。双方重申，“实现不同社会制度的国家之间的和平共处，是两国政府的对外政策不可动摇的基础”。“对于美国，中苏两国也具有同它和平共处的愿望，并为此作了相应的努力。但是，由于以美国为首的帝国主义的侵略政策，妨碍了国际局势的改善。它们对埃及的军事进攻和对匈牙利的颠覆活动，使国际局势的缓和趋势受到了阻挠和破坏”。关于匈牙利事件，声明指出，“匈牙利人民在匈牙利社会主义工人党和工农革命政府的领导下，依靠苏联的援助，迅速摧毁反革命的武装力量，是和平和社会主义事业的一项重大胜利。”“苏联帮助匈牙利人民击败了反革命复辟阴谋，是对匈牙利和其他社会主义国家尽了它的国际主义义务，并且对维护世界和平极为有利。”关于社会主义各国之间的关系，声明指出，“社会主义国家之间的亲密团结和友好合作是保障社会主义事业和巩固世界和平的最可靠的保证。”这是一种新型的国际关系，在这种关系上“过去没有、现在也没有根本的矛盾和利害冲突。……社会主义各国在相互关系上的任何问题，都是完全可以在团结的基础上经过真诚的协商和同志式的讨论求得顺利解决的，相互关系中的团结方面和独立方面是完全可以正确地结合起来的”。双方强调，应该在完全平等、尊重领土完整、国家独立和主权、互不干涉内政的基础上加强社会主义国家的团结。毛泽东在同年1月27日举行的省市自治区党委书记会议上，曾就这次中苏会谈发表看法：“在形势的压迫下，苏联那些顽固分子还要搞大国沙文主义那一套，行不通了。我们目前的方针，还是帮助他们，办法就是同他们当面直讲。这次我们的代表团到苏联去，就给他们捅穿了一些问题。”“这回周恩来同志在莫斯科就不客气了，跟他们抬杠子了，搞得他们也抬了。”“如果他们这样走下去，总有一天要统统捅出来。”

1月7日—27日　中共中央军委召开扩大会议。这次会议，是在我国进入社会主义社会，新的经济建设高潮已经展开的形势下召开的。会议的主题是讨论加强国民经济建设同加强国防建设的关系问题。会议通过了《关于裁减军队数量加强质量的决定》，讨论并决定了全军编制的调整问题。

1月8日　周恩来和以格罗提渥在莫斯科会谈。以周恩来总理为首的中国政府代表团和以格罗提渥总理为首的德意志民主共和国政府代表团在莫斯科举行会谈。双方发表的新闻公报表示，将进一步发展两国之间的友好关系和亲密合作。

1月10日　中共中央发出《关于成立中央经济工作五人小组的通知》。《通知》指出，经中共中央政治局决定：由陈云、李富春、薄一波、李先念、黄克诚组成五人小组，在中央政治局领导下，统一领导国家的经济工作，由陈云任组长。

同　日　教育部发出加强中学思想政治教育的《通知》。《通知》指出，1956年秋季以来，由于领导上对思想政治教育抓得不够，在各地中学中出现了对学生要求不严，不关心国家大事的倾向。《通知》要求，在任何时候、任何情况下，都不能放松思想政治教育工作。

1月10日—19日　国家体育运动委员会、教育部联合召开1957年全国体育工作会议。会议全面地总结了体育战线1956年的工作，确定了1957年的任务。会议决定继续发动广大群众进行有组织的经常性的体育锻炼，以提高运动技术水平。会议期间，国家体育运动委员会和教育部还联合召开了体育学院院长座谈会，研究了体育学院的思想政治工作、提高教学质量、招生工作、学制等问题。

1月11日　中国、匈牙利、苏联以及各工人党和政府的代表发表《莫斯科会谈的公报》。公报表示，巩固和进一步发展所有社会主义国家之间的兄弟友谊和联系，坚决制止削弱社会主义阵营牢不可破的团结和堡垒作用的一切企图。中国方面参加会谈的有周恩来、王稼祥、郝德青。

1月12日　达赖喇嘛代表中华人民共和国政府，在那烂陀将玄奘顶骨一份赠送给印度共和国政府。尼赫鲁总理代表印度政府接受了玄奘顶骨。与达赖喇嘛同行的还有全国政协副主席、西藏自治区筹备委员会第一副主席班禅额尔德尼·确吉坚赞。毛泽东后来称赞他们，在加强中印友谊方面做出了有益的贡献。

同　日　毛泽东致函《诗刊》主编臧克家。1957年1月创刊的《诗刊》拟发表毛泽东的18首旧体诗。毛泽东说："这些东西，我历来不愿意正式发表，因为是旧体，怕谬种流传，贻害青年；再则诗味不多，没有什么特色。"毛泽东又说："《诗刊》出版，很好，祝它成长发展。诗当然应以新诗为主体，旧诗可以写一些，但是不宜在青年中提倡，因为这种体裁束缚思想，又不易学。"

1月14日　毛泽东接见索康夫人德儿拉孜。毛泽东接见出席第三次全国妇女儿童福利工作会议的西藏爱国妇女联谊会筹备委员会索康夫人德儿拉孜。内蒙古自治区参观团和辽宁省各民族参观团的全体人员也同时受到接见。

1月15日　国务院发布《关于各部负责综合平衡和编制各该主管生产、事业、基建和劳动计划的规定》。《规定》指出，做好计划经济工作，是一个极为复杂和繁重的任务。国民经济计划的各个环节都是一个统一的有机的整体，它们都是互相影响和互相制约的，任何一个环节过分突出和过分落后，都会引起比例关系的失调，妨碍国民经济的全面发展。因此，在计划工作制度方面，必须根据中共中央关于改进国家行政体制的精神，进一步健全和加强综合平衡同分级分工负责相结合的制度。为了做好这项工作，国务院各部和各省市对其所主管的业务范围必须进行全面的平衡。《规定》指出，为了使编制1957年度计划草案在各个主要环节上少出漏洞或不出漏洞，国务院有关部门应负责汇总审查和平衡全国有关生产、事业、基本建设和劳动计划。《规定》并对如何做好工业生产计划、农林水利和气象计划、交通运输计划、商业计划、基本建设计划、文教卫生事业计划、劳动和干部计划，以及有关技术协作等问题，作了具体的规定。

同　日　陈云在全国省、市、自治区党委书记会议上作题为《建设规模要和国力相适应》的讲话。讲话共分4个部分：第一，1956年我国财经工作中的缺点和错误。其主要表现是，财政和信贷方面多支出了近30亿元，生产资料和生活资料的供应紧张，出现了严重的供不应求的现象。第二，解决目前财政经济方面的困难的办法。主要的办法有，适当压缩基本建设的投资额，开展增产节约运动，有计划地控制社会购买力增长的速度。采取这些方法的目的，就是既要完成第一个五年计划的建设任务，又要保证市场的稳定。第三，建设规模的大小必须和国家的财力物力相适应，这是经济稳定与否的界限。一个6亿人口的大国，经济稳定极为重要。经济建设规模过大，就会出现冒进，就会出现混乱。反之，如果保守了也会妨碍经济建设应有的速度。但是，纠正保守要比纠正冒进容易些。为了保持建设规模同国家的财力相适应，必须做到财政收支和银行信贷平衡，并且略有结余；在原材料供应紧张的时候，应首先保证生活必需品的生产部门的最低要求；人民的购买力提高的程度必须同能够供应的消费物资相适应，等等。第四，要重视研究国民经济的比例关系。要研究合理的比例关系，必须从我国的经济现状和过去经验中去寻找。既要研究那些已经形成的比较合理的关系，更要研究暴露出来的问题。

1月18日—27日　中共中央在北京召开省、市、自治区党委书记会议。会议主要讨论了思想动向问题、农村问题和经济问题。毛泽东在18日和25日的讲话中，分析了近一年来国内外形势的变化和党内外的思想动向，论述了生产资料私有制的社会主义改造基本完成以后，中国社会存在的人民内部矛盾和阶级矛盾。关于思想动态问题，毛泽东指出，苏共二十次代表大会后，国际上闹了两次反共大风潮，国内也有反映。“对苏共‘二十大’，我们党内绝大多数干部是不满意的，认为整斯大林整得太过了。这是一种正常的情绪，正常的反应。但是，也有少数人起了波动。每逢台风一来，下雨之前，蚂蚁就要出洞，它们的‘鼻子’很灵，懂得气象学。苏共‘二十大’的台风一刮，中国也有那么一些蚂蚁出洞。这是党内的动摇分子，一有机会他们就要动摇。”与此同时，在学校也出现了少数学生闹事的问题。他们的口号，突出的有三个：“打倒法西斯!”“要战争不要和平!”“社会主义没有优越性!”其实，无非是要所谓大民主。“大民主也没有什么可怕。在这个问题上，我跟你们（指与会者——编者注）不同，你们有些同志好像很怕。我说来一个大民主，第一不怕，第二要加以分析，看他讲什么，做什么。那些坏人在搞所谓大民主的时候，一定要做出错误的行动，讲出错误的话，暴露和孤立他们自己。……他们一搞大民主，尾巴就被抓住了。匈牙利事件的一个好处，就是把我们中国的这些蚂蚁引出了洞。”“在匈牙利，大民主一来，把党政军都搞垮了。在中国，这一条是不会发生的。几个学生娃娃一冲，党政军就全部瓦解，那除非我们这些人完全是饭桶。所以，不要怕大民主。……如果有人用什么大民主来反对社会主义制度，推翻共产党的领导，我们就对他们实行无产阶级专政。”关于农村问题，毛泽东说，前年反右倾，去年反“冒进”，反“冒进”的结果又出了个右倾。农业合作化究竟是有希望，还是没有希望？是合作社好，还是个体经济好？合作化一定能化好，但是一两年内不可能完全化好。“全党一定要重视农业。农业关系国计民生极大。要注意，不抓粮食很危险。不抓粮食，总有一天要天下大乱。”毛泽东还讲到了文艺、宣传和新闻工作的问题。他说：“百花齐放，我看还是要放。有些同志认为，只能放香花，不能放毒草。这种看法，表明他们对百花齐放、百家争鸣的方针很不理解。一般说来，反革命的言论当然不让放。但是，它不用反革命的面貌出现，而用革命的面貌出现，那就只好让它放，这样才有利于对它进行鉴别和斗争。”“现在，我们决定扩大发行《参考消息》，从2 000份扩大到40万份，使党内党外都能看到。这是共产党替帝国主义出版报纸，连那些骂我们的反动言论也登。为什么要这样做呢？目的就是把毒草，把非马克思主义的东西，摆在我们同志面前，摆在人民群众和民主人士面前，让他们受到锻炼。不要封锁起来，封锁起来反而危险。这一条我们跟苏联的做法不同。”

1月27日　陈云在省市委书记会议上作关于中央和地方体制问题的讲话。陈云指出，在中央和地方的体制中的权力和财力的分配问题上，实质上就是中央举办的一些重点的基本建设工程将来势必有一部分要分散。所谓分散重点，就是要分掉一些钱。有些企业的管理权要下放，财务要下放，利润也要下放。地方上要求税收和企业利润收入按比例分配，3年不变。中国是一个大国，如果地方机动的余地很少，中央很多事情就不好办。因此，应当适当地分权，重点不能过分集中。

1月31日　国务院发出《关于棉花、棉布收购工作的指示》。《指示》首先分析了1956年棉花生产中的严峻形势。指出，1956年的棉花收购计划未能完成，进口棉花的计划也有大部分不能实现。这样，就必定会影响到1957年的棉花生产。《指示》预计，1957年的棉纱将减产，市场供应、生产安排、财政收支等一系列困难也将随之出现。为了防止棉布生产减产过多，《指示》要求纺织工业部门尽可能节约用棉和压低库存，除周转棉以外还必须积极扩大纺织用棉资源；要求全国供销合作总社尽量采取有效措施，在各省委、市委和政府的帮助下力争多收购一些棉花；请各主要产棉区的各级党委和人民政府加强棉花收购工作，将一切可以争取到的棉花尽力收购上来。《指示》最后提出，在絮棉的供应上应严加控制，以便节省下来供应纺织用棉，灾区的救济用棉应当尽量节省。同时，要贯彻凭票供应棉花的办法，在棉布供应上实行严格的控制计划。

本　月　地质部正定干部学校的1 000多名学生上街游行。原因是该校学生不满地质部对该校毕业生的安排意见。学生先是在校园里张贴标语，罢课请愿，然后上街游行。后经领导的说服教育，讲清不能全部毕业分配工作的原因，事件自动平息。

2月1日　彭真率代表团访问6国。彭真率全国人民代表大会代表团和北京市人民委员会代表团访问苏联、捷克斯洛伐克、罗马尼亚、保加利亚、阿尔巴尼亚和南斯拉夫等国后回到北京。

2月2日　国务院接受中共“八大”关于“二五”计划的建议。经过讨论，国务院第四十二次全体会议一致同意中共“八大”关于发展国民经济的第二个五年计划（1958年—1962年）的建议。根据这个建议，国务院要求各部门，各省、市、自治区人民政府迅速编制第二个五年计划草案，以便提请全国人民代表大会审议决定。

2月5日　国务院批转商业部关于1957年钢铁市场供应办法的报告。商业部于1月14日提出关于1957年钢材市场供应办法的报告。报告首先指出，1956年钢材市场很混乱，其主要表现是：一、人民生活必需的许多钢铁制品经常脱销，严重地影响了人民生活；二、废旧钢铁出现了黑市和投机现象，价格飞涨；三、手工业合作社和小型公私合营工厂从黑市取材，抬高物价，国营商业难以掌握必要的货源。国务院的指示指出，为了稳定市场，防止再度出现混乱情况，对钢铁供应采取下列办法：一、严格禁止基建和大工厂等申请单位向市场乱抓钢铁及其制品；二、在市场民用方面，应分别轻重缓急，尽量节约钢铁；三、在钢铁市场的供应对象上，要照顾手工业生产和日用工业生产两方面的最低限度的需要，克服目前对上述生产供应过少的现象；四、钢铁供应必须首先用于生产和人民生活的必需品。

2月7日　国务院举行第四十二次全体会议。会议讨论了中共中央提交的中国共产党第八次全国代表大会关于发展国民经济的第二个五年计划（1958年—1962年）的建议。会议一致同意接受这个建议，并责成国家计委根据这个建议会同各部、各委员会、国务院各办公室和各省、自治区、直辖市人民委员会迅速编制第二个五年计划草案，报经国务院审查后，提请全国人民代表大会审议决定。会议还讨论通过了国务院关于向农民推销1957年国家经济建设公债工作的指示。这个指示说，根据农业合作化已经基本完成的情况，1957

年对农民推销公债，应当把过去由个体农户分别认购分别缴款的办法，改为由农业社组织农户，在社员同意的原则下，进行认购并由农业社代为缴款的办法。个体农户购买公债，可以自己办理，也可以委托农业社代为办理。

同　日　新华社报道：中国和锡兰（今斯里兰卡）已决定建立外交关系，并互派大使。

2月8日　1957年全国冰上运动会在齐齐哈尔市闭幕。运动会从4日开始举行。在闭幕式上，第一次宣布了258名速度滑冰、花样滑冰和冰球运动员为等级冰上运动员。其中，一级冰上运动员有李太权、李福连等24名；二级冰上运动员有107名；三级运动员有127名。

同　日　中国政府决定中国参加国际地球物理年7个学科的规划观测。按国际科学界商定的意见，从1957年7月1日到1958年12月底为国际地球物理年。在此期间，各国科学家将同时进行地球物理方面的各种观测活动。中国决定参加的观测项目包括：地磁要素、地震、太阳黑子和其他太阳活动现象等。

2月8日—21日　中国新民主主义青年团中央召开各省市委书记会议。会议着重研究了青年团当前的思想教育工作，认为，现在“国内阶级矛盾已基本解决”，“人民内部的矛盾则相对地突出了”，“共青团的任务，就是要不断提高青年的共产主义的自觉性”。会议期间，中共中央书记处邓小平及谭震林、杨尚昆、胡乔木等接见了参加会议的全体代表。胡耀邦作总结报告。邓小平在讲话中说，在新的情况下，应当把青年团的工作引向深入。今后轰轰烈烈的事情还会有的，但是大量的事情是要一点一滴地干。

2月12日　中共中央批准第八次全国公安会议文件。1956年12月20日—28日，公安部召开第八次全国公安会议。会议原则通过了《关于一九五六年公安工作主要情况和一九五七年工作的意见》。意见说，反革命残余势力已经基本肃清，反革命分子已大大减少。但是，我们面前还有敌人，还有同国内外敌人的斗争。中共中央对会议的文件批示说，国内大规模的阶级斗争已经过去了，我们的国家已经有了比较完备的法制，而法制是有利于保护人民和镇压敌人的。

因此，今后的肃反斗争，一定要完全遵守法制。

同　日　国务院决定中国农业银行及其分支机构与中国人民银行合并。5月7日，中国人民银行总行转发了国务院《关于撤销中国农业银行的通知》。自此，中国农业银行正式并入中国人民银行。

2月14日　国家领导人接见学生代表。中共中央主席毛泽东，副主席刘少奇、周恩来、陈云，总书记邓小平，接见出席中华全国学生联合会全国委员会第二次会议的学生代表。会议于本月11日开幕，主要反映和讨论了学生的意见和要求，研究了当前学校学生会的工作。

2月15日　中共中央发出《中共中央关于1957年开展增产节约运动的指示》。2月8日中央政治局通过的这个《指示》在肯定1956年工作的成绩的同时，也指出了存在的缺点：一是基本建设发展的速度过高，摆的摊子过多，超过了建设物资的增长速度和财政收入的增长速度；二是职工人数增长过多，据上年9月底统计，实际人数比原计划增加84万的指标多增加了120万人；三是职工工资提升面积大，工资福利总额增加过多过急，其开支比上年增加28亿元以上；四是1956年农业生产的计划因自然灾害未能完成。因此，必须用更大的努力在全国范围内开展群众性的增产节约运动。增产节约运动的主要措施包括：一、必须适当地调整1957年度基本建设的规模，中央各部门和各地方对于原定开工的项目进行具体分析，重新排队，有的列入计划，有的要缓建，有的要取消。二、大量节减行政管理费用，严格限制人员的增加，合理调整现有机构。所有企业、事业单位和人民团体计划增加人员，只有在原有人数以内统一调剂，一律不准自行招收。一切行政、企业、事业单位的管理机构都应当进行精简，精简时要简化手续、减少报表，提高效率，做好安置。三、改变某些不合理的工资福利制度。国家机关工作人员和企事业单位的职工一般不予提级加薪，部分人员工资过高的，应适当降低。职工附加工资和奖金，机关人员福利费开支，凡不合理的都要逐步取消。四、消灭铺张浪费现象。要坚决纠正一部分工作人员中的贪污行为和铺张浪费现象，在城乡人民中提倡节约粮食，平均每人每月应当节约一斤粮食。在建设施工中，在保证质量的前提下降低建筑成本5%。

指示强调：必须在1957年对建设的规模和速度作出“适当的调整”，这为1957年经济建设立足于协调、稳妥规定了方针。

2月16日　巨型电力变压器试制成功。中国第一台4.05千伏安、15.4千伏的巨型电力变压器由沈阳变压器厂试制成功。变压器为3线卷的结构形式，重152吨，高7.4米，安装面积46平方米。

2月18日—26日　全国农业劳动模范会议在北京举行。全国各省、市、自治区代表900多人出席了会议。农业部长廖鲁言致开幕词，国务院副总理邓子恢、薄一波在大会上讲话。会议交流了各地的先进生产经验，鼓励劳动模范们在农业生产中更好地发挥骨干作用。会议通过了《关于想尽一切办法争取一九五七年农业大丰收的决议》。会议期间中共中央、国务院领导人毛泽东、周恩来、陈云、邓小平、彭德怀接见了参加大会的全体代表。这次会议对于推动全国农业生产建设高潮到来起了重要作用。

2月20日—3月11日　全国财政厅局长会议在北京召开。会议确定了1957年财政工作的主要任务，即巩固1956年国家经济建设的成就，坚持国家预算收支同国家信贷计划收支的平衡相结合，同国家物资供应的平衡相结合，以便缓和国家现金和物质供应上的紧张局面，为第二个五年计划打下基础。

2月20日—7月31日　全国农业展览会在北京举行。这是第一次全国性的大规模的农业展览会，展出的农、林、牧业方面的实物有2 000多种，标本、模型、图表、仪器、机器等5 000多件，记录了农业战线上的各种创造性成就，说明了国家农业资源丰富。在5个多月内，观众达220多万人次。展览会期间，苏联部长会议主席伏罗希洛夫等外国贵宾也前往参观。在4月27日陪同苏联客人参观过程中，农业部部长助理左叶因维持秩序与摄影记者发生口角。左出言不逊，被新闻界当做官僚主义指责。是谓“左叶事件”。

2月22日—3月11日　第四次全国计划会议在北京举行。会议根据统筹兼顾和全面安排的方针，安排了1957年的计划：工业总产值603.4亿元，比上年增长4.5%。钢498.7万吨，煤11 727万吨，分别比上年增长11.7%和0.7%。农业总产值611.5亿元，比上年增长4.9%。粮食3 820亿斤，棉花3 000万担，分别比上年增长4.7%和3.8%。会议确定适当增加农业投资，压缩基本建设、行政费用、军费、社会购买力、劳动计划、文教开支。基本建设投资总额定为111亿元，较上年减少20.6%。会议认为，目前尚有许多突出的问题不好处理，主要有：一、1957年的工业生产中，棉纺织业和重工业机械工业的生产问题；二、在1956年基本建设投资有了较多增加后，由于生产、财政特别是建设物资的紧张，1957年要对基本建设进行适当收缩，这就产生了如何"下马"以及"下马"后的设备积压和劳动力剩余的问题；三、由于1956年动用了一部分国家储备和库存，影响到1957年某些物资供应比较紧张，如煤炭、石油制品、木材、钢铁等；四、由于1957年很多方面都需要收缩，使文教指标也不能不有所收缩，从而引起学生升学和就业问题。基于以上分析，会议总结认为，1957年生产、购买力和基本建设适当收缩后，国民经济各方面可以争取达到基本平衡。在财政和现金方面，可求得勉强平衡，但略有差额；在物资方面，一般可勉强平衡，但煤、油、生铁等还相当紧张；在劳动力方面，采取重大措施后，还多余60万—70万人，不能平衡。

2月23日　政协全国委员会常务委员会举行会议。会议讨论了有关召开第三届全国委员会第三次全体会议的各项问题。会议通过了常务委员会将要向全国委员会第三次全体会议提出的工作报告，批准了常务委员会学习委员会关于工商业者短期讲习班工作的总结报告，决定全国委员会第三次全体会议议程，审查和通过了全国委员会第二次全体会议提案处理情况的报告，决定了全国委员会第三次全体会议分组办法和分组讨论召集人名单。会议通过了新增加的第二届全国委员会特邀委员名单并决定接受此前通过的补缺委员名单。

2月26日　新华社报道，1957年国家机器工业确定建设重点。国家1957年确定的机器工业建设的重点是冶金、煤炭、电力、机车车辆等机器设备的制造部门，以及精密仪器、重型工作母机、砂轮、滚珠等机器制造部门。报道说，国家还确定了1957年计划施工的与上述机器工业建设有关的限额以上的50多个厂家。其中主要有富拉尔基重型机器厂、太原重型机器厂、沈阳重型机器厂、沈阳矿山机器厂、哈尔滨汽轮机厂、哈尔滨电机厂、西安电力电容器厂、哈尔滨电刷厂、西安新型仪表厂、武汉重型机床厂、郑州砂轮厂、洛阳滚珠厂等。

同　日　新华社报道：北京广播器材厂制造出一部120千瓦短波发射机，并在北京开始播音。这部短波发射机，由30多万个零件组成，可以用来向全世界广播，也可以用于国际间的通报或通话。

2月27日　毛泽东在第十一次最高国务（扩大）会议上发表《关于正确处理人民内部矛盾的问题》的讲话。第十一次最高国务（扩大）会议是2月27日至3月1日在北京召开的。出席这次会议的有各方面的人士1 800多人。毛泽东的讲话全面分析了社会主义社会的矛盾，提出了解决两类不同性质的矛盾的方法和各个方面工作的方针。其要点如下：一、在我们面前有两类社会矛盾，这就是敌我之间的矛盾和人民内部的矛盾。这是性质完全不同的两类矛盾。敌我之间的矛盾是对抗性的矛盾。人民内部的矛盾，在劳动人民之间说来，是非对抗性的；在被剥削阶级和剥削阶级来说，除了对抗性的一面以外，还有非对抗性的一面。人民内部矛盾包括工人阶级内部、农民阶级内部、知识分子内部、民族资产阶级内部的矛盾，以及所有这些阶级之间的矛盾，还包括人民政府同人民的矛盾。一般说来，人民内部的矛盾，是在人民利益根本一致的基础上的矛盾。二、敌我之间和人民内部这两类矛盾的性质不同，解决的方法也不同。对敌人只能实行专政的方法，就是压迫反动阶级、反动派和反抗社会主义革命的剥削者，压迫那些对于社会主义建设的破坏者。对人民内部，只能实行民主的方法，即“团结——批评——团结”的方法。在我国人民享有言论、出版、集会、结社、游行、示威的自由。“我们的这个社会主义的民主是任何资产阶级国家所不可能有的最广大的民主。”但是，“民主这个东西，有时看来似乎是目的，实际上，只是一种手段”。三、提出了各个方面的工作方针。肃反工作的方针，是“有反必肃，有错必纠”；在农村分配问题上，必须兼顾国家利益、集体利益和个人利益；在教育工作中，应该使受教育者在德育、智育、体育几方面都得到发展，成为有社会主义觉悟的有文化的劳动者；在文化学术方面，应该实行“百花齐放，百家争鸣”的方针，在共产党和民主党派关系方面应该实行长期共存、互相监督的方针，等等。四、提出了对整个形势和任务的估价。现在我国的情况是，革命时期的大规模的急风暴雨式的群众阶级斗争基本结束，但是阶级斗争还没有完全结束。今后的主要任务是正确处理人民内部矛盾，以便团结全国各族人民进行一场新的战争——向自然界开战，发展我们的经济和文化，建设我们的新国家。毛泽东的这个讲话，在3月5日—20日举行的政协第二届三次会议上，在3月6日—13日举行的中共中央全国宣传工作会议上，在各民主党派的中央机构召开的会议上，都进行了传达和讨论。至3月底，北京市约有35万党内外干部、教职员、大学生、工人、共产党员、民主人士、工商界人士听了传达报告；湖南全省约有19.8万人听了传达报告。这个讲话经过补充整理，于6月19日在《人民日报》发表。发表时因受6月中旬开始的反右派斗争的影响，加上了在意识形态方面“社会主义和资本主义之间谁胜谁负的问题还没有真正解决”的话，修改了中共八大关于“我国的无产阶级同资产阶级之间的矛盾已经基本上解决”、“我国社会主义和资本主义谁战胜谁的问题，现在已经解决了”的论点。

2月28日　国务院批转国家工商行政管理局《关于城市市场管理的意见》。工商行政管理局认为，当前城市市场管理工作中存在的主要问题是：一、摊贩、行商、手工业户有显著发展，对补充社会主义经济不足，满足人民生活需求有积极作用，但各地还只是把他们看做“地下户”、“黑户”，缺乏必要的辅导和组织管理。二、市场上存在着不少争执和矛盾，特别是各地国营、合作社、公私合营企业和机关单位派员在市场上争夺货源的情况十分突出。三、城市的农民贸易活跃起来，但对农民贸易组织和辅导不够，农民进城时找不到适当的交易场所。要购买农村产品的人也不易进行选购，并不利于商品的保管、检验和价格的掌握。对此，工商行政管理局认为，当前市场管理的方针，总的说来应当是既要管理，但又不能管死，一切措施和办法都要有利于生产，有利于流通。要善于组织和动员市场上一切积极力量来畅通物资交流，促进生产，同时又必须贯彻国家统购统销政策和价格政策，取缔投机违法活动。因此，在具体执行中必须采用新的工作方法。这些新的工作方法包括：对于农民贸易小商小贩和手工业者的购销，要采取辅导与管理相结合的方法；对外地采购人员，要采取协助他们解决困难，又防止他们抢购套购的方法；对市场中的投机违法行为，采取区分情况，分别对待的方法。此外，工商行政管理局还对城市市场管理工作的范围，提出了具体意见。

同　日　中共中央、国务院发出《关于发展养猪生产的决定》。《决定》分析了自1954年下半年以来生猪生产下降的严重情况及其原因，为了解决这一严重的问题，中共中央、国务院决定，继续贯彻"私有、私养、公助"的方针，同时决定对生猪收购价格在全国范围内作较大幅度的提高，农村、城市的销价也略予提高。《决定》还要求各地认真解决好饲料问题。

3月1日　国务院发布"各地提高生猪、猪肉购销价格"的指示。指示鼓励农民养猪的积极性，迅速发展养猪生产，规定将生猪收购价格提高5%~27%，全国平均共提高13.89%；将城乡猪肉零售价格每斤提高3分—7分。次日，财政部发出关于降低屠宰税率，免征牲肉营业税的通知，规定屠宰猪、羊、牛等7种牲畜的税率一律为8%。

同　日　大同水泥厂正式投入生产。该厂投产后，每年可生产数十万吨硅酸盐水泥。

3月2日　毛泽东主席和周恩来总理等接见贵州省各民族参观团和内蒙古自治区参观团的全体人员。

3月5日　商业部第七届商业厅局长会议闭幕。会议于2月16日召开，根据全国市场情况及其发展趋势，确定了1957年的工业品购销方针，制定了购销计划，对于商业部系统的增产节约，组织机构的设置以及公私合营商业和小商小贩的改造工作，也进行了讨论，并作出了决定。

同　日　周恩来在政协全国委员会第二届第三次会议上作出访11国报告中谈台湾问题。周恩来在报告中指出："自从我们号召争取和平解放台湾以来，台湾国民党军政人员中愿意促进和平解放的人越来越多，和平解放台湾的可能性也越来越大了。”报告还指出，美国千方百计地破坏解放台湾，策动一批所谓“自由中国”分子和“台独分子”进行推翻台湾当局的活动，企图把台湾变成像檀香山一样的美国属地。“其实美国政府的这种手段只能使一切爱国的中国人更加认清美国政府企图奴役中国的真面目。今天美国政府既然可以发动一个推翻台湾当局的运动，明天美国政府何尝不可以抛弃那些标榜所谓‘自由中国’和‘台湾独立’的分子呢？卖国求荣不仅无荣可得，而且还将遗臭万年。”

3月5日—20日　全国政协第二届第三次全体会议在北京举行。会议期间，陈叔通副主席作二届政协常委会工作报告，周恩来总理作关于访问亚洲和欧洲11国的报告。代表们广泛地讨论了我国各个方面的工作。会议通过了《关于增产节约运动的决议》，号召全国人民大力开展增产节约运动，贯彻勤俭建国、勤俭办企业、勤俭办一切事业的方针。关于肃清反革命分子的问题，会议认为，由于过去几年全国人民的努力，我们已经基本上肃清了反革命残余势力。尽管工作中发生过若干偏差，但肃反政策是正确的，取得的胜利是伟大的，运动一般是健康的，成绩是主要的。今后应遵循“有反必肃，有错必纠”的原则，正确进行肃反工作。关于农村工作，会议认为，应该肯定农业合作化的成绩，总结它的成功经验，同时又要恰当地指出和克服各地工作中的缺点。会议指出，政协当前的主要任务，是在中国共产党的领导下，根据“长期共存，互相监督”的方针，进一步加强全国人民大团结，扩大民主生活，调动一切积极因素，为建设一个伟大的社会主义工业国而奋斗。

3月6日—13日　中共中央在北京召开有党外人士参加的全国宣传工作会议。会上传达和讨论了毛泽东《关于正确处理人民内部矛盾的问题》的讲话。12日，毛泽东发表讲话，着重讲了知识分子问题、准备整风问题、“双百方针”问题和思想斗争问题。关于知识分子问题，毛泽东说，各类知识分子，包括高级知识分子和普通知识分子在内，大约有500万左右。这500万知识分子中，绝大多数是爱国的，不爱国的反对共产党领导的只是极少数，在500万左右的人数中，大约只占1%、2%或3%。这种人在政治界、工商界、文化教育界、科学技术界、宗教界里都有，这是一些极端反动的人。我们的国家是一个文化不发达的国家。没有知识分子，我们的事情就不能做好，所以我们要好好地团结他们。但是，也要改造他们。改造的方法，一是加强马克思主义的学习，一是同工农群众相结合。关于整风问题，毛泽东说，现在党中央作出决定，准备党内在1957年开始整风。党外人士可以自由参加，不愿意的就不参加。这一次整风，主要是批评几种错误的思想作风和工作作风：一个是主观主义，一个是官僚主义，还有一个是宗派主义。在整风中，应允许人家提批评意见，但肯定一切和否定一切都是错误的。“我们的党是一个伟大的党、光荣的党、正确的党。这是必须肯定的。但是我们还有缺点，这个事实也要肯定。不应该肯定我们的一切，只应该肯定正确的东西。同时，也不应该否定我们的一切，只应该否定错误的东西。在我们的工作中间成绩是主要的，但是缺点和错误也还不少。关于“双百方针”的问题，毛泽东指出，百花齐放，百家争鸣，这是一个基本性的同时也是长期性的方针，不是一个暂时性的方针。领导我们的国家可以采取两种不同的办法，或者说两种不同的方针，这就是放和收。放，就是放手让大家讲意见，使人们敢于说话，敢于批评，敢于争论；收，就是不许人家说不同的意见，不许人家发表错误的意见，发表了就“一棍子打死”。我们采取的方针是放，放，难免出现错误言论，难免出现毒草，难免出现牛鬼蛇神，这并不可怕，有一点也可以。但是必须进行斗争。“凡是错误的东西，凡是毒草，凡是牛鬼蛇神，都应该进行批评，决不能让他们自由泛滥。”关于进行反对修正主义的思想斗争问题，毛泽东认为，我们已经在生产资料所有制的改造方面，取得了基本胜利，但是在政治战线和思想战线方面，我们还没有完全取得胜利。无产阶级和资产阶级之间在意识形态方面的谁胜谁负的问题，还没有真正解决。“我们现在思想战线上的一个重要任务，就是要开展对于修正主义的批判。”所谓修正主义，就是“否定马克思主义的基本原则，否定马克思主义的普遍真理”，“抹杀社会主义和资本主义的区别，抹杀无产阶级专政和资产阶级专政的区别。他们所主张的，在实际上并不是社会主义路线，而是资本主义路线”。

3月7日　毛泽东同7省市教育厅局长座谈中小学教育问题。毛泽东在讲话中指出，教材要减轻，课程要减少，古典文学要减少。教材要有地方性，应当增加一些地方乡村教材，讲点乡土文学，讲自然科学也是一样。农业课本也要由省编。“戴帽子”（小学附设初中班）是好办法。农民子女就近上学方便，将来毕业后好回家生产。课程不要那么多，那么高，要砍掉一半，只要8门就行了。要加强政治思想教育，要抓思想领导。省、地、县三级第一书记要管教育，不管教育的现象是不允许的。应该允许有条件的农业合作社、厂矿、企业、机关办学。

3月7日—19日　农业部召开全国农业生产合作社经营管理会议。会议强调，勤俭办社和民主办社是农业社经营管理的基本方针；恰当地安排好生产和做好劳动规划及财务管理工作，是勤俭办社、发展生产的重要环节。会议要求各地按照上述方针优先发展粮食生产，同时发展其他多种经营，全面部署农业生产。

3月8日　中国和阿尔巴尼亚在北京签订两个议定书。包括：《中阿两国政府关于一九五七年交换货物和付款的议定书》和《阿尔巴尼亚人民共和国政府一九五七年使用中华人民共和国政府的贷款和无偿援助款项的议定书》。

同　日　中蒙两国1957年文化合作计划在乌兰巴托签字。

3月9日　以威廉·西罗基总理为首的捷克斯洛伐克共和国政府代表团到达北京。周恩来总理亲自到机场欢迎捷克斯洛伐克贵宾，并致欢迎词，西罗基总理致答词。《人民日报》发表社论：《欢迎来自捷克斯洛伐克的贵宾》。

同　日　中国人民解放军海军积极分子代表会议在北京闭幕。会议于2月25日召开，11名优秀海军军官和水兵作了典型事迹报告。

3月10日—25日　第二届全国民间音乐舞蹈会演在北京举行。这是对全国民间音乐舞蹈方面的一次大检阅，共有28个民族的1 300多名业余演员表演了近300个音乐舞蹈节目。会演期间，中共中央和国家领导人周恩来、朱德等观看了演出并接见了参加会演的全体人员。

3月12日　《人民日报》发表林默涵文章《一篇引起争论的小说》。文章介绍了自《人民文学》1956年9月号发表王蒙的小说《组织部新来的青年人》以来，在文艺界引起的争论。作者虽然肯定了王蒙的小说在反对官僚主义方面有积极作用，但认为王蒙比较深刻地写出了消极的事物，却没有写出真正能够战胜旧事物的积极力量，因而给人以一种不健康的灰暗感觉。与此同时，《新华半月刊》第7期也汇集了各方面的争论情况。毛泽东在2月举行的最高国务会议上作关于正确处理人民内部矛盾问题的讲话时曾提到王蒙的小说，表示不同意马寒冰批评该小说的观点，认为在中央所在地这样一个典型环境中不能出现官僚主义的说法不是马克思主义的。

3月13日—30日　中国共产党第二次全国监察工作会议在北京举行。会议主要总结了1956年党的监察工作，讨论和纠正了对少数案件处理上发生的偏差和错误的方法，讨论了1957年共产党的监察工作任务和监察干部中存在的一些思想作风问题。会议反映，自中共“八大”以后，在党的有些监察干部中感到压力很大，思想相当混乱。原因是有些党员对执行党的纪律方针有误解，如认为“一看二帮就是不要处分”，“八大执行纪律的精神一律从宽”，“弄不通思想，就不能处分”，“给处分就不能团结同志”，“只要本人愿意留在党内，就不应开除党籍”，等等。针对这种状况，会议指出，对于犯错误的党员进行批评教育和提高思想认识是必要的，但思想教育并不能代替组织处分。因此，对犯错误的党员应根据党章规定，按实际情况给予相应的组织处分。这样，会议统一了对监察工作的认识。

3月14日—16日　中国新闻工作者代表会议在北京召开。会议讨论并通过了《中华全国新闻工作者协会章程》，选举了由65人组成的中华全国新闻工作者协会理事会。

3月15日　中共中央发出《关于民主办社几个事项的通知》。《通知》要求：第一，农业合作社要按时公布财政收支，并由群众参加评论，以避免各种营私舞弊行为，保证社干部廉洁。第二，社和队决定问题要同群众商量。既要照顾国家的计划和政策，又要因地制宜。第三，干部要参加生产劳动。

3月16日　邓子恢在全国生产合作经营管理会议上发表讲话。他批评了那种认为农业社规模越大越好的思想。提出包工包产制确定以后，可以3年5年不变。强调农业社要坚持民主管理。同时，他还谈到了农业社发展多种经营和团结中农的问题。认为，今后必须继续贯彻执行优先发展粮食生产，同时按照适当的比例发展棉花和其他经济作物以及畜牧业生产、副业生产等多种经营的方针。

3月17日—26日　政协第二届全国委员会邀请来京的广西代表、委员协商广西建立自治区问题。来自广西代表团全体人员、广西籍政协委员和有关的政协委员以及在北京、上海、广州、武汉、长春等地工作的广西籍人士共91人（到会82人），就建立广西僮族自治区问题进行协商和讨论。政协第二届全国委员会主席周恩来主持会议，并在会议结束时作了总结发言。

3月18日　章伯钧作题为《充分发挥民主党派的作用》的发言。中国民主同盟副主席章伯钧在中国人民政治协商会议第二届全国委员会第三次全体会议上作题为《充分发挥民主党派的作用》的发言。他就民主党派的作用、密切共产党与民主党派的关系、加强政协工作等问题发表了意见。并且表示："我爱护共产党，也爱护民主党派，我爱护社会主义，也爱护民主。"

同　日　毛泽东在济南党员干部会议上指出，革命胜利后少数党员意志衰退。他说，因为革命胜利了，有一部分同志，革命意志有些衰退，革命热情有些不足，全心全意为人民服务的精神少了，过去跟敌人打仗时的那种拼命精神少了，而闹地位，闹名誉，讲究吃穿，比薪水高低，争名夺利，这些东西多起来了。毛泽东说，共产党就是要奋斗，就是要全心全意为人民服务，不要半心半意或者2/3的心意为人民服务。革命意志衰退的人，要重新振作起来。因此，必须在全党开展一次整风运动。

同　日　尼泊尔驻扎在中国西藏之拉萨、日喀则、江孜、聂拉木、吉隆等地的武装卫队撤退。这次撤退行动是由中尼两国政府商定的。自此，尼泊尔驻扎在中国西藏境内的武装人员及武器弹药已全部撤离。

3月18日—28日　第三次全国教育行政会议在北京举行。参加会议的有各省、市、自治区教育厅、局长及中央有关部门的代表。会议着重讨论了1957年教育事业的安排，各级学校加强思想教育问题，中小学和师范学校教学计划的安排问题。会议认为，1956年教育事业发展过快，超过了师资、设备、基本建设许可的条件，今后必须在充分可靠的基础上发展教育。会议认为，小学教育必须打破由国家包下来的做法，街道、机关、厂矿企业和农村群众可以集体办学。会议强调，政治思想教育是学校教育的灵魂，中小学教育当前应该在培养学生的共产主义人生观和道德品质，使他们成为社会主义社会全面发展的人才这个总任务下，着重培养学生艰苦奋斗的精神，加强劳动教育和纪律教育。29日，《人民日报》专门为此发表了《加强学校思想政治工作》的社论。

3月20日　毛泽东在南京党员干部会议上发表讲话。3月17日，毛泽东离开北京前往杭州，他打算利用这次出行机会，沿途演讲如何处理人民内部矛盾问题。历经天津、济南讲话后，在南京的讲话中，他强调“我们要保持革命战争时期那么一股劲，那么一股革命热情，那么一种拼命精神，把革命工作做到底”。他提醒全党注意不要靠官，不要靠职位高，不要靠老资格吃饭，要靠解决问题正确吃饭。在战时，我们有一些缺点，人民还谅解我们，那么，和平时期，如果不坚持密切联系群众，人民对我们的缺点很自然就难于原谅了。上级跟下级还是要打成一片，干部跟士兵还是要打成一片，还要准许下级批评上级，士兵批评干部。他还提出，全党要加强政治思想工作，密切同人民群众的联系。毛泽东在讲话提纲中写到：“采取现在的方针，文学艺术、科学技术会繁荣发达，党会经常保持活力，人民事业会欣欣向荣，中国会变成一个大强国而又使人可亲。”这是毛泽东提出正确处理人民内部矛盾思想的根本出发点。

同　日　国务院发出《关于中药材经营管理交由卫生部统一领导的通知》。《通知》规定，以前归商业部和供销合作社领导的药材经营机构、人员、资金等，除了少数地区经国务院批准，仍由商业部门负责外，其余全部移交给卫生部门。今后有关中药材的生产安排、市场供应、价格掌握和中药商的改造等工作，也全部由卫生部负责。卫生部门在确定中药材的价格时，仍须取得商业部门的合作。

3月21日　中共中央同意并批转商业部党组《关于一九五七年棉布供应问题的报告》。《报告》首先分析了1957年棉布市场将出现供应紧张的严重形势，指出由于棉花收购量减少，进口棉减少，棉纱生产计划减少，1957年的棉布生产计划比原定计划减少了3 700万匹，这势必会严重地影响到1957年棉布的市场供应。《报告》根据“少做夏衣，保证冬衣”的方针，决定将1957年5月—8月份通用的第二期布票（第一期从1956年9月1日起到1957年4月底，但可通用到8月底）城乡一律对折使用，即两尺布票购买一尺棉布。《报告》还建议，坚决削减机关团体公用布，把一切未收布票的布制品基本上都收布票。中共中央在批示中认为，商业部党组为减少夏季棉布供应所采取的上述办法，是在迫不得已的条件下，为保证人民冬装用布需要的较为可行的办法。

3月21日—4月26日　全国省、市、自治区手工业改造工作座谈会分两批先后召开。会议认为，在全国手工业合作社中，还有20%~30%需要继续调整，主要是社的规模过大，人数过多，不适应手工业分散、复杂、多样、地方性大以及主要为当地人民生活和生产服务的特点。会议要求，在1957年底以前，对多种行业统一核算的综合社和产品复杂、人数过多、分布面过广的制造性合作社，以及撤点过多、集中过大、难于管理的修理服务性合作社和全县、全区范围内一杆子插到底的大行业社，采取分社、增设服务点、改变核算服务关系等不同方法，基本调整完毕。会议提出合作社收入的分配原则应为“先工资、次治病、后积累”。手工业社的工资福利，在城市一般不超过同等行业、同等技术设备的地方国营工厂；在小集镇和农村，不应过多地超过当地一般农民的收入。会议认为，个体手工业户可能年年有发展，也年年有改造。

3月22日　解放军高射炮部队驻汕头某部击落台湾国民党飞机1架。

3月25日　中共中央发出《关于处理罢工、罢课问题的指示》。其主要内容是：一、1956年9月以后的半年中，全国各地约有1万多工人罢工，1万多学生罢课。此类事件比以前明显增加，值得我们严重注意。出现此类事件，除一些临时性原因外，从根子上说，是在推翻了共同敌人，消灭了剥削制度以后，人民群众和他们的领导者之间的矛盾，就在新的历史条件下显露出来。首先是由于我们的工作没有做好，特别是由于领导者的官僚主义。二、为了防止罢工、罢课的发生，必须随时注意调整社会主义社会内部关系中存在的问题。首先是克服官僚主义，扩大民主，使人民内部矛盾能够通过团结——批评——团结的正常方式得到解决。三、对群众在事件中提出的要求，应接受其中正确的可行的部分，对目前做不到的要求进行解释，对不正确的要求加以批判。在事件平息以后，应该认真地对干部和群众进行教育，一面健全民主生活，一面提高群众觉悟，以达到在新的基础上增强人民内部团结的目的。对于闹事的带头人物，除了那些违反刑法的分子和现行反革命分子应当法办以外，不应当轻易开除。

3月26日　国务院举行第四十三次全体会议。会议通过了国务院关于设置三门峡市、平顶山市和鹤壁市的决定，通过了国务院关于设置广东省十万山僮族瑶族自治县和钦北僮族自治县的决定，以及关于撤销云南省寻甸县和路南县，设置寻甸回族自治县和路南彝族自治县的决定。

同　日　第1届全国人民代表大会常务委员会举行第五十三次会议，听取周恩来总理的外交报告。周恩来总理所作的报告题为《关于中华人民共和国政府和捷克斯洛伐克共和国政府代表团进行谈判问题的报告》，会议经过认真讨论，决定委派周恩来为签订中华人民共和国和捷克斯洛伐克共和国友好合作条约的全权代表。

3月27日　中国和捷克斯洛伐克友好合作条约在北京签字。同时签字的还有中华人民共和国政府和捷克斯洛伐克共和国政府联合声明，中捷文化合作协定，中捷保健合作协定。

3月28日　中共河南省委农村工作部发出《关于处理部分地区部分农业生产合作社发生闹社退社情况的简报》。《简报》指出，去冬以来在河南省临汝、永城、夏邑、虞城、民权、商丘、宁陵、柘城、淮阳、睢县、杞县、中牟等12个县的部分地区部分农业社中发生了闹社退社现象，涉及到27个高、初级社，700多个生产队。共殴打干部63人，拉走牲畜4 916头，私分粮食12.5万斤，种子2.4万斤，饲料25万斤，农具200多件。其主要原因是，高级合作社建立后农村干部对新形势认识不足，缺乏管理经验，贪污盗窃现象严重，放松了对地主、富农的管制和改造等。《简报》总结了处理闹社退社事件的教训：一、加强闹社地区的领导，是解决闹社退社问题的关键；二、划清是非界限，提高社干部和社员的思想觉悟，是解决闹社退社问题的重要因素；三、贯彻互利原则，解决具体问题，解决社员的具体困难和合理要求是很重要的保证；四、加强农村专政，是处理闹社退社问题中的一项重要工作。

3月29日　国家计委向各省市自治区发出关于检查国营企业“一五”计划完成情况的通知。通知指出，国务院关于检查第一个五年计划执行情况的几项规定，是指检查各部、各省、市五年计划完成情况，至于各部、省、市所属基层单位的一五计划完成情况的具体检查办法，应由各部、省、市根据国务院规定的原则自定。

3月31日　全国人民代表大会常务委员会举行第五十四次扩大会议。会议听取了全国人民代表大会代表团团长彭真作的“中华人民共和国全国人民代表大会代表团访问苏联、捷克斯洛伐克、罗马尼亚、保加利亚、阿尔巴尼亚、南斯拉夫的报告”。会议对这次出访工作和报告表示满意，认为通过这次访问，进一步加深了同兄弟国家的相互了解，增进了同兄弟国家的深厚友谊，学习了兄弟国家的先进经验，这对于维护世界持久和平，顺利进行我国社会主义建设，都有重大意义。

同　日　中国佛教协会第二届全国代表会议结束。会议于26日在北京召开。会议讨论和修改了中国佛教协会的章程，选出了由220名理事组成的中国佛教协会第2届理事会。

同　日　中华医学会总会节育技术指导委员会在北京成立。中华人民共和国成立初期，国家就曾提倡计划生育，1953年8月，政务院指示卫生部帮助群众节育，并批准卫生部修订的《避孕及人工流产方法》。1956年毛泽东主席主持制定的《全国农业发展纲要（草案)》中规定："除少数民族地区以外，在一切人口稠密的地方，宣传和推广节制生育。"1957年3月，毛泽东在最高国务会议第十一次会议上指出："人类要控制自己，做到有计划地增长。"为此，成立了中华医学总会节育技术指导委员会，妇科专家林巧稚当选为指导委员会委员。

本　月　毛泽东批注《有关思想工作的一些问题的汇集》。这个文件是中共中央宣传部办公室于3月6日印发给参加全国宣传工作会议的同志参考的，共编入33个问题。毛泽东对其中20个问题作了批注。在第一条"科学家中认为党不能领导科学工作的人不少"处，毛泽东批示："有一半对。"在第三条"不少科学家认为，如果工作条件没有很好解决，就拿不出什么科学成果，因此'百家争鸣'对他们的实惠不大"处，毛泽东批示："他们是有些理由的。"在第六条"目前文艺界的主要危险是'左'的教条主义，还是资产阶级思想"处，毛泽东批示："目前不要去找主要危险，而应按具体问题处理。"在第十一条"报刊上是否允许发表和党不同的主张？"处，毛泽东批示："这个问题值得研究。"在第十七条"党员在理论上怀疑或反对马克思列宁主义的个别原理是否允许？如果根本怀疑马克思列宁主义理论，可否留在党内？"处，毛泽东批示："前者是肯定的，后者是否定的。"

4月1日　中国和波兰两国贸易代表团在华沙签订《1957年中波贸易和支付协定》。

4月2日　王阑西致电法弗尔勒伯莱。中国电影工作者代表团团长王阑西致电法国戛纳电影节协会总代表法弗尔勒伯莱。抗议法国政府邀请台湾蒋介石集团参加这个电影节，并声明中国电影工作者拒绝参加这个电影节。

同　日　高等教育部、教育部联合发出《全国高等学校一九五七年招考新生的规定》。《规定》指出：1957年招生力求在照顾考生志愿的基础上，努力完成计划。同时，基本上仍采取统一招生的办法。1957年，因考生来源充足，不再动员在职干部报考，取消入学新生的调干助学金待遇。根据重点专业继续发展、一般专业适当压缩、着重提高质量的方针，1957年全国高等学校共录取新生10.6万，比上年减少近8万人。

4月4日　国际新闻工作者协会执行委员会扩大会议结束。会议于4日在北京召开。会议听取和讨论了国际新闻工作者协会主席让·莫·埃尔曼关于国际新闻工作者协会同联合国及联合国教育、科学及文化组织进行合作的可能性的报告，秘书长克诺布洛赫关于国际新闻工作者协会今后工作计划的报告，并一致通过了关于新闻工作者国际合作问题的决议，发表了会议公报。

4月6日　国务院举行第四十四次全体会议，此后又在8日、12日举行了第四十五次、第四十六次全体会议。会议的主要内容是讨论《国务院关于批准一九五七年国民经济计划草案的决定》和《一九五七年度国民经济计划草案、1956年财政收支情况和1957年预算安排问题》。经过认真讨论，会议通过了上述报告，并决定报请第一届全国人民代表大会常务委员会审议。

4月7日—14日　约瑟夫·西伦凯维兹应邀访问中国。以部长会议主席约瑟夫·西伦凯维兹为首的波兰人民共和国政府代表团应邀访问中国。访问期间，毛泽东主席接见了波兰政府代表团，以周恩来总理为首的中国政府代表团同波兰政府代表团进行了会谈，双方发表了联合公报。

4月8日　《人民日报》发表社论：《关于中小学毕业生参加农业生产问题》。这篇社论是根据刘少奇1957年3月22日在湖南省长沙市中学生代表座谈会上的讲话整理而成的。在此之前，刘少奇先后在河北、河南、湖南、湖北、广东等地考察了教育工作和中小学毕业生的安置、就业问题，并多次发表讲话。社论指出，1949年我国只有小学生2 400万，中等学校学生126万，高等学校学生11万多；而目前已有小学生6 300多万，中等学校学生597万，高等学校学生40万以上。我国教育事业有了很大的发展。由于条件限制，目前我国中小学毕业生还不能全部或多数升学，有很大一部分转入农业生产战线。这是正常现象，长期现象，是好事情。社论要求青年克服下乡种地

“丢人”、“没出息”、“吃亏”等思想问题，从党和人民利益的大局出发，毅然决然地、愉快积极地投入到生产劳动中去，特别是投入到农业生产中去。社论发表后，武汉市组织首批81名自学青年报名参加农业生产。接着长春、沈阳、天津、济南、北京等地先后组织1 000余名应届初中毕业生下乡。“立志做祖国第一代有文化的农民”、“到农村去安家立业”成为许多中小学毕业生的行动口号。据《光明日报》报道，至1957年9月全国有200万中小学毕业生到农村参加生产。

同　日　武汉钢铁联合企业正式开工。武钢为当时国内规模仅次于鞍钢的第二个大型钢铁生产基地。

4月10日　《人民日报》发表社论：《继续放手，贯彻“百花齐放，百家争鸣”的方针》。解放军总政治部文化部的陈其通、陈亚丁、马寒冰、鲁勒，于1957年1月7日在《人民日报》发表文章：《我们对目前文艺工作的几点意见》，对贯彻“双百方针”提出异议。他们的文章发表后，引起了学术界、文艺界的各种反应，在实际上有碍于“双百方针”的贯彻。3月10日，毛泽东接见参加全国宣传工作会议的部分新闻工作者时，批评了这篇文章的错误论点。4月9日，中共中央宣传部副部长周扬接受《文汇报》记者采访，进一步批评了这篇文章，说它对文艺界的情况作了不正确的分析，采取了简单粗暴的态度。《人民日报》社论说：“到目前为止，党内还有不少同志对于‘百花齐放，百家争鸣’的方针实际上是有不同意见的。因此，他们就片面地收集了一些消极的现象，加以渲染和夸大，企图由此来证明这一方针的‘危害’，由此来‘劝告’党赶快改变自己的方针。”“党不能接受他们的这种‘劝告’，因为他们的方针并不是马克思主义，而是反马克思主义的教条主义和宗派主义。”《社论》：强调“‘百花齐放，百家争鸣’并不是什么一时的、权宜的手段，而是为发展文化和科学所必要的长期的方针。”“目前的问题不是放得太宽而是放得不够。党的任务是要继续放手，坚持‘百花齐放，百家争鸣’的方针。”

4月11日　文化部举行1949年—1955年优秀影片授奖大会。大会宣布了27部获奖影片和获奖人员名单。获奖影片包括故事片、舞台艺术片、木偶片、动画片、长短纪录片、科学教育片等。故事片《钢铁战士》、《白毛女》、《渡江侦察记》、《董存瑞》，舞台艺术片《梁山伯与祝英台》，木偶片《神笔》，长纪录片《中国人民的胜利》、《抗美援朝》（第一部）等获得一等奖。获奖影片中还包括了3部私营、公私合营公司摄制的故事片。对这些获奖的影片的导演和主要演员分别授予奖状和奖章。14日，毛泽东、朱德、周恩来等中共中央和国家领导人接见了获奖影片的代表。

4月12日　国务院发出《关于发展小煤窑的指示》。《指示》说，为了扩大煤炭资源和满足城乡用煤，一方面必须大力提倡节约用煤，另一方面在现有国营和地方煤矿继续挖潜力的同时，有领导地、积极地恢复和办一些小煤窑，是很必要的。为此，国务院决定：一、开办小煤窑应根据自产自销的原则，由县（市）人民委员会、农业合作社和手工业合作社就地开采，以解决当地民用和工业用煤。二、在煤炭资源丰富的矿区内建设小煤窑，省（自治区、市）人民委员会必须会同煤炭工业部门所属地区管理局作出规定，妥善安排，三、开办小煤窑时，要注意改进开采方法，注意安全。

同　日　新华社报道，瑞士联邦政府决定将瑞士驻华公使馆升格为大使馆，中国政府已予同意。

4月13日　《中国青年报》发表武汉青年孙玉山1月11日《给董必武同志的信》和董必武1月25日《复孙玉山同学的信》。孙玉山在信中向董必武反映："我觉得我们的领袖和首长都很神秘。""过分地讲究排场和把领袖神秘化是不大有利于工作的。""决不能过分地刻薄工农群众的生活。"董必武答复说："你提的意见，有对的地方，但也有些要再加考虑的地方。"董必武对孙玉山大胆提出个人意见给予了鼓励。

同　日　黄河三门峡水利枢纽工程正式开工。次日，《人民日报》发表社论：《大家来支援三门峡啊!》。1960年大坝建成后，库尾泥沙淤积严重，迅速向上游延伸，威胁到西安的安全。从1964年起，被迫进行大规模改建工程。事实证明，三门峡工程的上马是不够慎重的。

4月14日　中共中央批转国家计委党组《关于初步总结“一五”计划和研究“二五”计划的有关重大问题的报告》。《报告》要求各地区、各部门着手总结“一五”计划和研究“二五”计划。《报告》提出，在初步总结“一五”计划的基础上着手研究与“二五”计划有关的重大问题和比例关系，主要有国民收入的分配，即国力与建设的关系，积累与消费的比例关系，国民经济各部门之间首先是工农之间，以及工业农业内部的比例关系，等等。《报告》指出，总结和研究上述问题必须从中国实际出发。

4月15日—5月6日、5月24日—26日　苏联最高苏维埃主席团伏罗希洛夫主席应邀对我国进行友好访问。我国领导人毛泽东、朱德、刘少奇、周恩来、宋庆龄、陈云、邓小平、彭真同他进行了会晤和谈话。双方发表《关于苏联最高苏维埃主席团主席伏罗希洛夫访问中华人民共和国的公报》。毛泽东在欢送伏罗希洛夫的讲话中对这次访问作了很高的评价，说这次访问给中苏友好关系的光荣历史写下了新的、灿烂的一页。4月18日，北京10万群众集会欢迎伏罗希洛夫主席。毛泽东主席领导全场高呼口号：“苏联中国团结万岁!”

4月18日　中共中央组织部向中共中央领导人提交关于我国驻苏人员一些思想问题和留学生、实习生派遣中一些问题的报告。报告说，目前我驻苏人员的思想状况，基本上是健康的，工作学习也是积极的。但自苏共二十大和波匈事件后，在相当一部分人员（主要是留学生）中，产生了一些偏激情绪。有不少学生失去了在苏联学习的信心，要求回国学习和实习的学生增多。报告指出，在留学生、实习生派遣工作中存在的主要问题是：一、数量多，在苏联高教部系统的研究生中，我国高教部系统派出的研究生约占1/3，而且比较集中，因而导师和教研室都发生困难，有些留学生不得不改变原来所学专业。二、国内可以培养或并非苏联专长的学科，也派人出国学习。三、质量差，一些人员的专业基础、俄语水平、身体状况和思想作风不符合条件。四、派出机构不统一，不能控制，又不能调剂。针对这些问题，我驻苏使馆建议国务院指定一个机构统一掌握派遣工作，并根据我国需要及苏联的专长，在少而精的原则下派遣留学生。

4月20日　国家计委党委向中共中央提出执行增产节约运动的报告。报告指出，自中共中央发出《关于一九五七年开展增产节约运动的指示》后，全国增产节约运动广泛开展，取得了一定成绩。报告建议：一、在大中型结合的情况下，多考虑一些中小型规模的厂矿，这样，建设时间短，投资少，见效快。二、尽量利用国内的设计和设备。三、改变某些脱离实际，过分追求新技术和高度机械化的思想，充分利用中国劳动力资源丰富的有利条件。四、在安排建设项目时，首先要考虑利用地方的潜力和原有企业的潜力，然后再安排新建项目。

同日　国务院发出《关于消灭血吸虫病的指示》。《指示》指出，血吸虫病流行于我国南方12个省（市）的350个县（市），患病人数约1 000万人，受到感染威胁的人口在1亿以上，已成为我国当前流行病中危害最大的一种病害。《指示》为了保护疫区人民的身体健康，要求疫区各级人民政府和医疗卫生部门切实做到以下几点：一、必须采取积极治疗的方针；二、必须积极预防；三、充分发动群众和科学技术相结合；四、防治工作和发展农业生产、兴修水利相结合；五、进行反复斗争，坚持到底。为贯彻国务院的这一指示，流行地区乡以上各级人民委员会建立了防治委员会，开展这一工作。

4月21日　毛泽东主席在北京接见以浅沼稻次郎为首的日本社会党访华亲善使节团。同日，毛泽东又接见出席中国人民解放军通信兵赛大会代表、陕北老区参观团、河南省宗教民族青年参观团和中央民族学院政治系的少数民族学员。

4月22日　拉萨市1 000多人举行集会庆祝西藏自治区筹备委员会成立一周年。西藏自治区筹备委员会主任达赖喇嘛在会上发表讲话提出，希望汉族和藏族干部紧密团结，很好地担负起建设新西藏的任务。西藏自治区筹备委员会第一副主任委员班禅额尔德尼、第二副主任委员张国华也在会上发表了讲话。

同　日　中共北京市委第一书记彭真在中共北京市委召开的宣传工作会议扩大会议上讲话。讲话对贯彻“双百方针”中的各种顾虑作了解释。他说，有些群众推派代表向上级领导去请愿，要求解决问题，他们所采取的是一种正当的手段，并不是违法的行为，领导干部不应当害怕，更不应当阻挠、压制。至于有些单位领导官僚主义很严重，不讲民主，群众起来“闹事”，也不应当害怕。应当和群众很好地商议，正确地解决。他还说，对于人民内部客观存在的思想问题，只能采取“百家争鸣，百花齐放”的方针。怕放、怕鸣的人是怯懦的人。我们欢迎齐放，欢迎争鸣。

4月24日　周恩来在中共浙江省委扩大会议上作题为《长期共存，互相监督》的讲话。他指出，“长期共存，互相监督”的方针，实际上是扩大民主。我们的民主是有领导的民主，现在要多强调民主的扩大。

4月26日　毛泽东就《人民日报》等报纸的理论水平问题作出批示。毛泽东认为，《大公报》、《中国青年报》的理论水平高于《人民日报》及其他京、津、沪各报，值得深省改进。《人民日报》社论不涉及理论（辩证法、唯物论），足见头脑里没有理论的影子，所以该报只能算是第二流报纸。

4月27日　刘少奇在中共上海市委召开的党员干部大会上发表《如何正确处理人民内部矛盾》的讲话。刘少奇在讲话中主要强调了以下观点：一、社会主义改造完成以后，我们“国内主要的阶级斗争已基本上结束”，“人民内部的矛盾已成为主要矛盾”。“人民内部矛盾现在大量表现在人民群众同领导者之间的矛盾问题上，更准确地讲，是表现在领导上的官僚主义与人民群众的矛盾这个问题上”，“还特别表现在分配问题上”。二、把人民内部矛盾当做敌我矛盾来处理是错误的。对人民内部矛盾，只能采取团结——批评——团结的办法去解决。尤其是对解决思想问题，不能采取“一棍子打死”的办法，结果打来打去，打得一塌糊涂。站在人民之上的观点，只去分清群众的是非而不分清领导上的是非的观点，以力服人而不是以理服人的观点，都是错误的。三、无产阶级思想和非无产阶级思想的矛盾，首先表现在我们党内。有些地方已开始萌芽了一种等级制度。等级制度是一种封建制度，我们抄袭了封建制度。如果有这种制度开始萌芽，应该废除。他还要求各地把积累起来的问题每年集中解决一两次，要群众提意见，能够办到的就要办，不能办到的就要向群众解释。

同　日　中共中央发出《关于整风运动的指示》。《指示》指出，为了适应我们的国家已经从革命的时期进入社会主义建设时期的新形势，为了克服近几年来党内新滋长的脱离群众和脱离实际的官僚主义、宗派主义和主观主义以及特权思想，必须按照“从团结的愿望出发，经过批评和自我批评，在新的基础上达到新的团结”的方针，在全党进行一次普遍的、深入的反官僚主义、反宗派主义和反主观主义的整风运动。关于整风的方式，《指示》指出，这次整风运动应该是一次既严肃认真又和风细雨的思想教育运动，应该是一个恰如其分的批评和自我批评的运动；应该采用同志间谈心的方式，而不要开批评大会或者斗争大会；应该放手鼓励批评，坚决实行“知无不言，言无不尽，言者无罪，闻者足戒，有则改之，无则加勉”的原则；欢迎非党员参加，但必须完全出于自愿，并且允许随时自由退出。关于整风的步骤，《指示》指出，应该首先从县级以上、军队团级以上以及大的厂矿和大专学校以上的党组织开始，并且首先从检查领导干部的思想作风开始。同时，应该贯彻整风和工作两不误的原则，防止关门整风、妨害工作的倾向。整风运动的组织领导办法和具体工作计划，由中央直属党委、中央国家机关党委、总政治部门和各省（市）委、自治区党委自己规定实行。

4月28日　周恩来在上海工商界人士座谈会上作《关于香港问题》的讲话。周恩来说，香港是纯粹的资本主义市场，不能社会主义化，也不应该社会主义化。香港要完全按资本主义制度办事，才能存在和发展，这对我们是有利的。我们要进行社会主义建设，香港可作为我们同国外进行经济联系的基地，可以通过它吸收外资，争取外汇。在谈到香港的前途时，周恩来说，香港的企业家是我们的朋友，过去我们同民族资产阶级合作过，将来同香港的企业家还是可以合作的。香港的主权总有一天我们是要收回的。

4月29日　国务院举行第四十七次全体会议。会议通过了《国务院关于取消工商业税暂行条例第10条的决议》，其中规定，取消1950年公布的有关文件中对某些行业减征所得税10%~40%的条款。会议还通过了《云南省大理白族自治州人民代表大会和人民委员会组织条例（草案）》和《黑龙江省杜尔伯特蒙古族自治县人民代表大会和人民委员会组织条例（草案）》。

4月30日　内蒙古自治区成立10周年庆祝大会在呼和浩特举行。国务院副总理李先念代表中共中央、中央人民政府和毛泽东主席致辞祝贺。

同　日　毛泽东邀集民主党派负责人和无党派民主人士进行座谈。毛泽东讲明整风的意义，表明共产党人的真诚态度，欢迎民主党派和无党派民主人士帮助共产党整风。

5月1日　首都50万人举行庆祝"五一"国际劳动节的盛大游行。毛泽东主席和苏联最高苏维埃主席团主席伏罗希洛夫一起在天安门城楼上检阅游行队伍。同日，中国游泳运动员戚烈云在广州举行的庆祝"五一"国际劳动节男子比赛中，创造了男子100米蛙泳1分11秒6的世界纪录。

同　日　李富春、薄一波向中共中央提出解决目前经济建设和文化建设存在的一些问题的意见。他们针对在西安、成都等地了解到的执行勤俭建国方针不力的情况提出建议：一、严格控制建设用地，适当降低建设标准；二、在城市住宅建设中，应集中力量解决职工的集体宿舍和家属宿舍，原则上不再兴建，由现有的城市住宅中适当调剂；三、现有的中等技术学校和技工学校一律停止扩建；四、加强经济部门基层组织的领导力量，下决心抽调一部分集中在北京的副部长、司局长到大的厂矿、商店任厂长（经理）或党委书记。

5月2日　《人民日报》发表社论：《为什么要整风?》。社论指出，无产阶级的历史性胜利，常常是随着彻底的自我批判而来的。自己批判自己，是为了从过去的错误缺点中取得教训，为将来的胜利准备条件。社论表示相信，目前的整风运动将保证我国的社会主义事业的胜利，保证我们能够在不太长的时间内，把我国建设成为一个富强的、先进的、生动活泼地不断向前发展的伟大的社会主义国家。

5月4日　中共中央发出《关于继续组织党外人士对党所犯错误缺点展开批评的指示》。《指示》指出，最近两个月来，党外人士在会议上和报刊上对党政所犯缺点错误的批评，大多数是中肯的，对于党与人民政府改正错误，提高威信，极为有益。应当继续开展对我党错误的批评，不要停顿和中断。对于一些不正确的批评和不正确的观点，应当予以反批评，不应当让错误思想流行而不予回答，但要研究回答的时机，要有说服力。即使是错误的批评，也暴露了一部分人的面貌，利于我们在将来帮助他们进行思想改造。《指示》还指出，现在整风开始，中央已同各民主党派及无党派领导人士协商好，他们暂时（至少几个月内）不要表示态度，不要在各民主党派内和社会上号召整风，而要继续展开对我党缺点错误的批判。他们同意此种做法。只要我党整风成功，我党就会取得完全的主动，那时就可以推动社会各界整风了（这里首先指知识界）。《指示》下达后，各地党组织都采取了各种形式，继续请党外人士对党政工作提意见。在这一过程中，毛泽东对赵超构鼓吹鸣放的意见颇表赞赏。但一些对共产党关于要和风细雨地开展批评和自我批评的方针不满意的人，主张要"迅雷烈风"，用"大民主"搞"大鸣、大放"。很快在一些机关，特别是大专院校中，大字报铺天盖地，造成了紧张气氛。

5月5日　《中国青年报》以社论形式发表刘少奇文章：《提倡勤工俭学，开展课余活动》。文章说，学生参加课余劳动，除了一部分是完全属于义务性质的以外，多数都有一定的报酬。这是值得加以赞扬和提倡的好事。我们的教育不同于旧教育的一个根本的区别，就是我们的学校不是为剥削阶级培养奴才，培养帮凶和帮闲，而是使学生学到知识之后，能够更好地从事劳动，参加祖国建设，更好地为人民和祖国服务。文章说，我国的教育事业比过去大大地发展了。1955年的教育经费比1949年增加了26倍，1956年又比1955年增加1/4还多。尽管如此，国家也还只能解决困难学生的一部分困难。开展课余劳动，可以解决学生学习费用的困难。

5月8日　中共中央统战部邀请各民主党派负责人和无党派民主人士在北京举行座谈会，征求对共产党工作的意见。座谈会至6月3

日结束，共开会13次，有70多位党外人士发言，其间曾两次休会。整个座谈会可分为3个阶段：第一阶段，5月8日—16日；第二阶段，5月21日—5月22日；第三阶段，5月30日—6月3日。在第一阶段的座谈中，会议由中共统战部长李维汉、副部长平杰三主持。李维汉指出，召开这个会的目的，就是请大家帮助我们整风，帮助我们改正缺点和错误。在座谈会上先后发言的有中国民主同盟副主席章伯钧、九三学社主席许德珩、中国国民党革命委员会中央常委陈铭枢、民主建国会副主任委员章乃器、民主同盟副主席罗隆基、致公党主席陈其尤、民主建国会副主任委员胡子昂以及邵力子、史良、千家驹、张奚若等。他们的批评，大都诚恳、尖锐、切中时弊。比如，张奚若批判党内滋长了骄傲情绪，好大喜功、急功近利。熊克武提出要发扬民主、健全法制等。章伯钧发言说，几年来，有些民主党派的成员在国家事务中确实没有很好地发挥作用，他们是有能力的，但是没有条件。职、权、责三者不可分，要做到非党领导人员有职有权，必须同时要非党人士负责。但是现在，在非党人士担任领导的地方，实际上是党组决定一切，这是形成非党人士有职无权的根本原因。国家机关中党组和行政领导的职权要弄清楚，各机关的工作应由法定实行集体领导的行政机构来决定。章乃器说，4月22日《人民日报》社论《工商业者要继续改造，积极工作》中教条主义不少，文章说工商界要进行脱胎换骨的改造，这不仅是教条主义，而且是宗教上的信仰主义和神秘主义。照道教的说法，脱胎是脱凡胎，换骨是换仙骨。现在工商界已经过了5关（战争、土改、抗美援朝、“五反”、社会主义），就是说，脱胎换骨的改造，也已经改造过了，如果还要脱胎换骨，只能使工商界增加忧虑。《人民日报》在5月9日、10日、11日、12日、14日、16日、17日刊登了这些发言。

5月10日　国务院科学规划委员会正式成立。其主要职能是：编制远景规划和年度计划，负责重点研究任务的实施；解决各个系统在科学工作中的重大协调问题；管理重点科研工作的基金；统筹安排高级专家的培养、分配和使用的计划。科学规划委员会主任为聂荣臻，副主任为郭沫若、林枫、李四光、黄敬等。

同　日　中共中央发出《关于各级领导干部参加体力劳动的指示》。《指示》要求各级领导干部，凡是能够参加体力劳动的，都应该采取多种办法每年抽出一部分时间参加体力劳动；要求在基层组织中尽可能地减少脱产人员。

5月11日　毛泽东致函李淑一。李淑一是毛泽东的夫人杨开慧的好友，柳直荀烈士的夫人。此前，她曾有怀念柳直荀诗一首寄赠毛泽东。毛泽东称："大作读毕，感慨系之。开慧所述那一首不好，不要写了吧。有《游仙》一首为赠。这种游仙，作者自己不在内，别于古之游仙诗。但词里有之，如咏七夕之类。我失骄杨君失柳，杨柳轻扬直上重霄九。问讯吴刚何所有，吴刚捧出桂花酒。寂寞嫦娥舒广袖，万里长空且为忠魂舞。忽报人间曾伏虎，泪飞顿作倾盆雨。"毛泽东并请李淑一代他去板仓看一看杨开慧的墓，也请她代为向柳直荀的墓致悼意。

同　日　中国外交部发表声明，对美国导弹部队驻扎台湾表示极大的愤慨，并且提出强烈的抗议。5月7日，美国宣布将在台湾驻扎装备导弹的美国空军部队。次日，美国侵台军事指挥官宣布，导弹部队的先头部队已进驻台湾。外交部的声明说，中国人民解放自己的领土台湾的决心是不可动摇的，美国必须对它的侵略行为担负完全的责任。

5月14日　中共中央发出《关于报道党外人士对党政各方面工作的批评的指示》。《指示》指出：最近各地党外人士正在开展对于党政各方面工作的批评，这是很好的现象，这不但会帮助我党的整风，消除同党外人士的隔阂，而且可以在群众中暴露右倾分子的面貌。我们党员对于党外人士的错误的批评，特别是对于右倾分子的言论，目前不要反驳，以便使他们畅所欲言。我们各地的报纸应该继续报道党外人士的言论，特别是对于右倾分子、反共分子的言论必须原样地、不加粉饰地报道出来，使群众明了他们的面目，这对于教育群众，教育中间分子，有很大的好处。但是，在报道中对于容易影响市场物价的消息和言论，对于违背国家外交政策，易为帝国主义挑拨和利用的消息和言论，其中包括对苏联和人民民主国家的消息和言论，对于涉及个别肃反案件的消息和言论，必须加以领导和控制。

5月15日　毛泽东作《事情正在起变化》一文。文章说，党内有马克思主义者，这是大多数；有一部分人有教条主义错误思想，他们大都是忠心耿耿，为党为国的；又有一部分人有修正主义或右倾机会主义思想，他们否定一切，与社会上资产阶级知识分子有千丝万缕的联系，比较危险；还有一部分确实具有相当严重的修正主义思想的新党员，他们跟社会上的右翼知识分子互相呼应，联在一起，亲如兄弟。他们否认报纸的党性和阶级性，他们混同无产阶级新闻事业与资产阶级新闻事业的原则区别。党外知识分子中，中间派占70%左右，左派占20%左右，右派占1%~10%。这说明，“除了沙漠，凡有人群的地方，都有左、中、右，1万年以后还会是这样”。对于右派分子的表现，文章指出，最近这个时期，在民主党派中和高等学校中，右派表现得最坚决最猖狂。他们想要在中国这块大地上刮起一阵害禾稼、毁房屋的7级以上的台风，妄图消灭共产党。但是他们都不懂辩证法：物极必反。我们还要让他们猖狂一个时期，让他们走到顶点。他们越猖狂，对于我们越有利。人们说：怕钓鱼，或者说：诱敌深入，聚而歼之。现在大批的鱼自己浮到水面上来了，并不要钓。这种鱼不是普通的鱼，大概是鲨鱼吧，具有利牙，喜欢吃人。关于反击右派的问题，文章说，人们反对扣帽子，这只是反对共产党扣他们的帽子。他们扣共产党的帽子。我们对中间派过去所扣一切不适当的帽子都要取掉，以后也不要乱扣。对右派当别论。但是也要扣得对，确是右派才给他扣上右派这顶帽子。必须确有证据，实事求是，不可过分，过分就是错误。对右派的改造，需要很长的时间，而且不可用粗暴方法。右派有两条出路：一条，夹紧尾巴，改邪归正。一条，继续胡闹，自取灭亡。右派先生们，何去何从，主动权（一个短时期内）在你们手里。毛泽东的这篇文章当时曾发给党内干部阅读。

5月15日—25日　中国新民主主义青年团第三次全国代表大会在北京举行。出席大会的代表实有1 943人，他们来自全国各省、市、自治区，各条战线和各个民族。大会决定将中国新民主主义青年团改名为中国共产主义青年团，并通过了新的团章。廖承志致开幕词，他说，我们这次大会的任务是：团结全国青年为建设社会主义的新中国而奋斗。在社会主义建设的新时期，“劳动、学习、团结”就是我国青年的战斗口号。中共中央总书记邓小平向大会致祝词，他指出，现在，我们的祖国，已进入一个新的历史时期，我们的青年运动也随之进入一个新的历史时期。作为这个伟大的历史性转变的一项标志，就是将中国新民主主义青年团改名为中国共产主义青年团。胡耀邦代表中国新民主主义青年团第二届中央委员会向大会作长篇报告。报告总结了自1953年第二次全国代表大会以来4年中，中国新民主主义青年团在各个方面取得的成就。关于政治方面，他说，我国青年亲身参加了社会主义改造的历史性变革，他们在国家建设的各个岗位上，成为一支积极的突击力量。在思想方面，适应我国社会主义事业的发展，我们在青年中间进行了思想政治教育，批判了各种不正确的思想。在组织方面，我们发展了1 400万团员，比上一次代表大会召开时增加了一倍多。现在我们已经有2 300万团员，92万个基层组织。罗毅在5月18日的大会上作了《关于中国共产主义青年团章程（草案）》的报告。报告指出，新的团章（草案）和现行的团章相比，在内容上有了不少的扩充和一些重要修改：一、团的名称的改变，即把中国新民主主义青年团改为中国共产主义青年团，这是由我国已经进入社会主义建设的历史新时期的客观条件决定的。二、现行团章里写着青年团是党的助手和后备军，而新的团章（草案）则只写着青年团是党的助手，因为助手作用实际上包括了后备军的作用。三、在关于团员的资格：入团手续、组织处分等方面也有不少修改和补充。四、明确规定民主集中制是团的基本的组织原则。会议通过投票选举了中国共产主义青年团中央委员会委员和候补委员名单。选举廖承志、区棠亮、胡耀邦、白纪年、罗毅、吴运铎等116人为中央委员会委员，选举胡修道、林石榴、吉德·项谦、李纯等35人为候补中央委员。在5月26日晚间举行的第一次中央委员、候补中央委员全体会议上，选举产生了由王伟、胡耀邦、罗谦、吴学谦等19人组成的中央委员会常务委员会和书记处。胡耀邦当选为中国共产主义青年团中央委员会书记处第一书记。5月25日下午，毛泽东、刘少奇、周恩来、朱德、陈云、邓小平等中共中央领导人接见了出席会议的全体代表。毛泽东在讲话中指出："希望你们团结起来，作为全国青年的领导核心。中国共产党是全国人民的领导核心。没有这样一个核心，社会主义事业就不能胜利。"他号召全体代表团结起来，"坚决勇敢地为社会主义的伟大事业而奋斗。一切离开社会主义的言论行动是完全错误的"。

5月15日—6月8日　中共中央统战部和国务院第八办公室联合召开全国工商界人士座谈会。在第二十五次会议上，有108人发了言。会上，有人说，定息不是剥削，资产阶级已经没有两面性，资产阶级分子决不需要脱胎换骨的改造等。例如毕鸣岐说，民族资产阶级已经把自己的企业交给了国家，这种思想斗争，思想变化的情况，是很多党员同志体会不到的。思想改造有了这样的变化，若干人还给我们扣帽子，说我们还在留恋资本主义，这是不符合事实的，是教条主义的片面性。千家驹批评了上述观点，他说，民族资产阶级交出企业是经过艰苦的思想斗争，这是他们接受改造的明证。也正因为如此，我们不能设想放弃之后，特别是当遇到工作上的困难时，不再存有不堪回首话当年的留恋之感，所谓"合营前小国之君，合营后大国之臣，合并后亡国之民"，不是这种心情的表现吗？李维汉在6月8日作总结发言指出，大多数意见是正确的，是善意的；有一部分是错误的，其中一部分错误的性质是严重的。并指出，有些论调是在反教条主义的幌子下，进行以修正主义攻击马克思主义，以资产阶级思想反对工人阶级思想的斗争，这实际上就是社会主义和资本主义两条道路的斗争。会后，收到了章乃器的书面发言，表示不同意别人对他的批评。他说，觉得"抵抗改造"、"离开社会主义"、"离开党的领导"……一类大帽子多了一些。这样会使还不敢大鸣大放的工商界人士更加滋长了顾虑。现在，对于"百花齐放，百家争鸣"的方针，仍然有许多人没想通或完全没想通。他表示相信，整风运动是一定要进行到底的，共产党绝不会做半途而废的事情。共产党代表了工人阶级忠诚老实的品质，是不会表面一套，里面一套的。整风运动从某一些角落来看，肯定会有曲折，肯定会有过“左”、过右的偏向，但党是会明是非的。是非最后也一定会明的。

5月16日　中共中央发出《关于对待当前党外人士批评的指示》。《指示》说，党外人士的批评，对我们党整风、改正缺点，大为有利。党外人士对我们的批评，不管如何尖锐，基本上是诚恳的、正确的。这类批评占90%以上。无论文教界和其他方面，凡态度十分恶劣，已为多数群众所不信任的同志应当迅速调动工作，以党外资历深、信誉好的人员充任，或以胜任的党员充任。《指示》又指出，最近一些天来，社会上少数带有反共情绪的人跃跃欲试，发表一些带煽动性的言论，企图将正确解决人民内部矛盾，巩固人民民主专政，以利社会主义建设的正确方向，引到错误方向去，此点请你们注意，放手让他们发表，并且暂时（几个星期内）不要批驳，使右翼分子在人民面前暴露其反动面目。各地要注意好好掌握形势，设法团结中间力量，逐步孤立右派，争取胜利。

5月18日　《人民日报》发表通讯：《梅宣文事件的沉痛教训》。梅宣文，沈阳工人技术师范学校的学生。因学校领导犯官僚主义错误，担心被学校除名失学，于3月28日自杀。

5月19日　《人民日报》发表社论：《继续争鸣，结合整风》。社论针对一些共产党员对于要党外人帮助整风想不通的情况，指出只有把人民内部的各种矛盾揭露出来，才能够使我们党的整风运动进行得更加顺利；也只有在党内开展整风运动，才能更好地处理人民内部矛盾。社论希望“在继续争鸣，结合整风的过程中，党内外的意见能够进一步沟通，彼此推心置腹，亲密无间”。

5月20日　中国华侨事务委员会就南越政府强迫华侨改变国籍一事发表声明。声明要求立即撤销这种侵犯人权和违反国际法的措施。南越政府的上述法令是在1956年8月21日公布的，其中规定凡在越南出生的华侨都要作为越南国民。为了实现这一阴谋，南越政府在经济、文化上对华侨施加各种限制和压力。先在8月30日明令在南越的中等学校必须由越南籍的人担任校长。9月11日下令禁止华侨经营11种重要工商业。1957年3月，又开始了不包括土生华侨在内的总检查，4月宣布土生华侨的外侨身份居留证一律作废，并胁迫他们必须在5月9日前把这项居留证撤回，过期即“不合法”。针对南越政府的上述行径，5月21日《人民日报》专门发表社论，予以揭露。

同　日　中共中央发出《关于加强对整风运动的领导的指示》。《指示》说，在整风运动已经展开的北京、上海等地，右翼分子的言论颇为猖狂，但有些人的反动面目还没有暴露或者暴露不够。各地党报的报道方针，应该是：甲、继续登载一些右翼分子的反动言论，最好是登那些能够充分暴露他们反动面目的言论（越反动越好），但是右翼分子言论在报上所占比重应逐步缩小。乙、特别注意登载中间分子那些比较公道的、批评右翼分子某些反动论点或批评某些错误观点的言论，这种言论应逐步增多，占到报纸的主要篇幅。丙、应逐渐增加一些左翼分子的言论，但暂时不宜过多。丁、应该登载关于改进工作的事实报道，并且告诉同志们怎样去改进工作。戊、在一个短时期内，党员仍以暂不发言为好，但是各省市党委必须指导宣传部门和党报立即着手分类研究右翼的反动言论和其他资产阶级论点，准备在适当时机（中央届时另行通知）发表一批论文和社论，予以反驳和批判。《指示》还指出，应集中力量先在机关、文教系统内解决我们同党外人士和知识分子之间的矛盾，此外不要到处点火。

5月21日—22日　中共中央统战部邀集民主党派负责人继续举行座谈会。在座谈会上发言的有中国民主同盟副主席章伯钧、罗隆基，中国国民党革命委员会常委邵力子，民主促进会副主席许广平，以及林汉达、李德全、李毅、周建人、王昆仑、叶笃义等。章伯钧在会上说：共产党的领导、共产党的政策、共产党的批评和自我批评精神、民主精神，已经收到了极大的效果。共产党的领导是不可缺少的，党是可以从政治上科学领导的。但是，另一方面这种制度有缺点，发生了宗派主义、教条主义和官僚主义。他主张搞“政治设计院”，比如政协、人大、民主党派、人民团体，应该是政治上的4个设计院。多听听人大、政协、民主党派的意见，工作上可以少走弯路。《人民日报》在5月22日、23日以极大篇幅报道了上述人员的发言。

5月24日　国务院第四十九次全体会议通过《水土保持暂行纲

要》。《纲要》决定，设立全国水土保持委员会，负责领导全国水土保持工作。《纲要》规定，在水土流失地区，各级人民委员会应将水土保持工作规划列入农业生产和土地利用规划以内，根据水土流失程度，制定水土保持工作的分期实施计划，统一安排各项水土保持措施。《纲要》强调，水土保持应该列为山区的重要工作。山区应该在水土保持的原则下，根据当地自然条件和群众生产的实际需要合理规划生产，使农、林、牧、水密切结合，以控制水土流失。

同　日　驻台湾美军杀刘自然无罪事件引发抗议活动。3月20日晚，美军雷诺开枪打死国民党军人刘自然。台北地方法院以雷诺有蓄意谋杀嫌疑将其移送法办。台湾“外交部”以1951年接受美援时的换文规定中有关美国军援顾问团人员享有外交豁免权为由，将雷诺交由美国军事法庭审理。当日，美国军事法庭宣判雷诺无罪，并将其送回美国。消息传出，全岛震惊，民众怒不可遏。刘自然的妻子手持写有“杀人者无罪？我控诉，我抗议!”字样的牌子，在美国驻台“大使馆”门前抗议。台北等地数万民众举行反美大示威，捣毁了美国驻台“大使馆”和“新闻处”。国民党当局调动卫戍部队镇压民众，并宣布台北市及阳明山进入戒严状态。蒋介石亲自接见美国驻台“大使”兰钦，向其“陪礼道歉”，并下令革除台北“卫戍司令”黄珍吾、“宪兵司令”刘炜和“台湾省警务处长”乐干的职务。台湾“外交部长”叶公超也向兰钦表示道歉并同意赔偿美方所受损失。29日，美国国务卿杜勒斯发表声明，表示美国对台及远东政策，不会因台北“骚动”而受到任何影响。

5月25日　中国国民党革命委员会召开如何帮助共产党整风第2次扩大会议。民革中央委员、国务院秘书长助理卢郁文提醒大家：在提批评和建议的时候，不要忘记我们是搞社会主义民主。社会主义民主才刚刚形成，还是在摸索中前进。一不小心，很容易用旧民主观点来看新事物，这不但无益，而且有害。他还用亲身的经历批评了“民主党派有职无权”的观点和共产党与党外人士间有“沟和墙”的观点。谭惕吾在发言中则表示了对卢郁文的异议，她说：帮助共产党整风，就是要揭露矛盾，就是要敲警钟，把一些党员敲醒。

她认为卢郁文是在代表抗拒整风的共产党员说话，他没有一句话是对党有帮助的，这是对党不实，对国不忠的表现。

同　日　全国人民代表大会常务委员会举行第七十次会议。会议决定，将原定于6月3日召集的第1届全国人民代表大会第4次会议延期至6月20日召集。

同　日　中国民主建国会主任委员黄炎培在中共中央统战部和国务院第八办公室联合召开的工商界座谈会上发言。他说，我在1945年从重庆到延安，见了毛泽东主席，临走的时候，他曾向我征求对延安所见所闻的意见。我答：现在很好。任何事业，初办时吃尽艰难困苦，从万死中求得一生，后来环境好转了，骄傲了，懒惰了，不团结了，最后是失败了消灭了。我希望找出一条新路，跳出这周期性的支配。毛主席答：我们已经找到了一条新路，就是民主。只有让人民来监督政府，人人起来负责，才不致于像你所说的演变。

5月26日　中华职业教育社在北京举行建社40周年纪念会。理事长黄炎培在会上介绍了建社40年的历史。周恩来总理到会讲话。周恩来在讲话中指出，中国知识分子是具有爱国热情的。知识分子在今天中国社会中是急需的。知识分子的改造是个长期的工作，应该用和风细雨的方法进行。要活到老，学到老，改造到老。我自己这样做，希望大家也这样做。

5月27日　为声援台湾人民捣毁美国驻台大使馆的行动，中央人民广播电台邀请各民主党派负责人发表广播讲话。发表广播讲话的有：台湾民主自治同盟主席谢雪红，中国国民党革命委员会主席李济深、副主席张治中、中央常务邵力子，中国民主同盟副主席罗隆基，中国民主建国会主任委员黄炎培，中国民主促进会副主席许广平，中国农工民主党中央执行局委员黄琪翔，中国致公党主席陈其尤，九三学社主席许德珩。他们一致声援台湾同胞的爱国反美斗争。

5月27日—31日　政协第二届全国委员会举行第三次扩大会议。会议邀请全国人民代表大会常务委员会委员、有关单位负责人士，共同讨论省一级的回族自治地方和僮族自治地方的建立问题。与会者经过协商和讨论后一致赞同建立甘肃省东北部回族自治区和广西僮族自治区以及这两个自治区的区划方案。

5月28日—31日　中共中央办公厅和国务院秘书厅联合召开处理人民来信、来访工作会议。会议着重解决的是对来信、来访工作的认识问题和领导问题，同时交流了处理人民来信、来访工作的经验。为此，6月3日《人民日报》发表社论：《能解决的问题要马上解决》。社论指出，处理人民来信，接待人民来访是领导机关的一项重要任务，对目前的整风运动很有意义，对克服一些领导机关和领导干部中的官僚主义、主观主义和宗派主义作风将有益处。

5月30日　中国科学院学部委员会第二次全体会议结束。会议于23日在北京召开。会议通过了提案审查小组的提案审查报告，宣布了增聘的中国科学院学部委员21人名单，并颁发了1956年度的自然科学奖金。

5月30日—6月3日　中共中央统战部邀集民主党派负责人和无党派人士的座谈会继续举行。在会上发言的有中国民主促进会秘书长杨东莼，中国国民党革命委员会副主席龙云，常委朱蕴山、刘文辉，致公党主席陈其尤，各民主党派中央机关报——《光明日报》总编储安平，无党派人士陈垣等。其中，陈垣等人集中谈到了教育方面的问题，还谈到了党群关系问题。储安平以《向毛主席和周总理提些意见》为题作了发言，其中说：解放以后，知识分子都热烈地拥护党、接受党的领导，但是这几年来党群关系不好，而且成为目前我国政治生活中急需调整的一个问题。这个问题的关键在“党天下”这个思想问题上。要改变这种现象，应在各级机关中增加一些非共产党人士，特别是在国家副主席、国务院副总理中增加民主党派的名额。关于这次座谈会的发言，5月31日、6月1日、2日、3日、4日的《人民日报》作了详细报道。整个座谈会期间，毛泽东一直关注各个民主党派、无党派人士的发言。但是，当“轮流坐庄”、“海德公园”等言论出来后，毛泽东说：他们这样搞，将来会整到自己头上。决定把会上放出的言论在《人民日报》发表，并指示：要硬着头皮听，不要反驳，让他们放。李维汉在6月3日的座谈会上作总结性发言，指出：从各方面提出的批评和意见，“有很多是正确的，应该认真地加以接受和处理；有相当一部分是错误的，还需要进一步加以研究和分析”。这后一句，是毛泽东在审阅发言稿时加上的。

5月31日—6月7日　全国设计会议在北京举行。这次会议的召开是编制第二个五年计划的重要步骤。会议的目的是动员全国10万设计人员用整风精神总结工作经验，以便在第二个五年计划中更好地贯彻勤俭建国的方针，逐步实现我国社会主义工业化。

6月1日　首都北京各界人民举行支持世界和平理事会科伦坡会议大会。中国人民保卫世界和平委员会主席郭沫若、副主席陈叔通、中国伊斯兰教协会主席包尔汉以及法国、苏联、越南等国的代表在大会上发表讲话。大会一致通过决议，谴责美国政府顽固地拒绝禁止使用和试验核武器，坚持原子讹诈政策和扩军备战政策。决议并且表示，大会一致拥护苏联的裁军建议和要求缔结停止试验核武器国际协定的主张；重申中国人民完全支持亚洲、非洲和拉丁美洲各国人民反对殖民主义的正义斗争，支持阿拉伯人民维护民族独立和主权的正义斗争，支持世界上一切反对战争、争取和平的努力。

同　日　国务院举行第五十次全体会议。会议讨论通过了《国务院关于进一步开展增产节约运动的指示》，通过了国务院关于撤销河南陈留县将陈留县所属行政区域划归开封县的决定。

6月2日　中共中央批转《中共江苏省委关于正确处理农村人民闹事问题的指示》。中共江苏省委在5月20日下发指示说：今春以来，全省各地农村发生了不少的人民闹事。特别是泰县闹退社事件竟在几个乡的范围内成片发生，有2 000多人到县里请愿。闹退社以中农居多，因减少了收入等；闹粮食，以缺粮户、困难户为主，不缺的也跟着闹起来；闹救济，除真有困难的以外，常因救济分配不均而闹起来；还闹干部作风，因为多半是账目不公布，社员怀疑社内有油水，怀疑干部贪污，还有些干部乱扣帽子、打人、骂人、腐化等。农村人民闹事，有的态度很坚决，提出“有马同骑，有祸同当”，有的还提出了退社后互助经济解决困难的办法。主持闹社的往往是一些复员军人。指示提出的处理意见是：一、冷静地分析一下夏收前后的农村形势和人民闹事的原因。上级主要领导要亲临现场，直接与群众见面。二、主动解决农村中各种存在的问题，以防止人民闹事事件的发生。三、总结正确处理人民闹事的经验，教育干部，对待人民闹事，既不能迁就许愿，也不能采取粗暴态度，应该坚持团结——批评——团结的方针，既要保护干部的积极性，又要达到教育群众的目的。四、教育干部，认真对待和及时解决群众采取各种方式提出的意见，坚持克服官僚主义作风。同时，要抓紧对群众的教育工作，说明闹事会使生产受到损失的道理，有问题最好采用提意见的方法求得合理解决。闹事中如确已发现个别恶意煽惑群众反对人民政府的坏分子，决不能过早地处理，待事件平息、群众觉悟提高后，才加以必要的处理。中共中央认为江苏省委的办法很好，指示各地照办。

6月3日　国家领导人接见参观全国农业展览会的代表。中共中央主席毛泽东，副主席刘少奇、周恩来、朱德、陈云，总书记邓小平、政治局委员贺龙，先后接见了参观全国农业展览会的湖北、广东、贵州、湖南、广西、甘肃、辽宁7个省和内蒙古自治区以及黄河水利委员会、辽宁锦州农业试验站的代表团，出席军械先进工作者代表会议的代表和北京劳动学院的学员们。

同　日　周恩来总理签署发布《国务院关于进一步开展增产节约运动的指示》。《指示》总结了自开展增产节约运动以来所取得的成绩，号召更普遍、更深入地开展增产节约运动。《指示》认为，开展增产节约运动的关键，是各级领导干部根据中央指示，积极开展整风运动，坚决克服官僚主义、宗派主义和主观主义。增产节约的重点是基本建设，具体要求做好下列工作：一、采取一切必要的形式向干部群众进行关于增产节约的思想教育；二、所有基本建设单位，凡属占地过多或征而不用的，应将多余的或现在不用的土地立即退还给农民耕种；三、一切国家机关、部队或事业、企业单位，应该按照增产节约的原则，检查现行的各种制度、定额和标准；四、各部门和各地方要根据此指示精神，制定1957年增产节约实施方案。

同　日　教育部发出通知，提倡群众办学。通知指出，依照中国的国情，只有采取多种多样的办学形式，才能适当满足儿童入学和升学的要求。今后除国家办学以外，必须大力提倡群众办学，动员城乡居民和工矿企业、机关、团体、院校、合作社等单位的员工，根据需要、自愿和可能的原则，集资兴办学校。此外，还应该鼓励华侨办学，并准许私人办学。此后，各地出现群众办学的高潮。

6月4日　国务院召集有关各方讨论交通大学迁校问题。参加会议的有上海、西安两地领导和有关高等学校负责人。周恩来总理提出的方案指出："总的原则是求得合理安排，支援西北的方针不变。"会后，高等教育部部长杨秀峰、副部长刘皑风分别到上海、西安，会同有关部门并在当地中共党委的帮助下，处理迁校问题。最后，根据交通大学内部的实际情况及西安、上海两地的需要，决定将交通大学分设为西安部分和上海部分。两部分在行政上仍实行统一管理。1959年8月17日，教育部通知上海市、陕西省高等教育局：经国务院同意，将交通大学西安和上海两个部分作为分别独立的两个学校。西安部分改称西安交通大学，上海部分改称上海交通大学。

6月4日—12日　全国职工家属代表会议在北京举行。会议通过了《给全国职工家属的一封信》。毛泽东主席、朱德副主席、刘少奇委员长和周恩来总理，接见了出席全国职工家属会议的全体代表。

6月5日　国民党革命委员会中央继续举行帮助共产党整风扩大会议。谭惕吾在发言中提出了4个问题：一、共产党领导国家的方式问题。党领导国家，大家承认，但用什么方式值得研究。现在政府有一套机构，党内又有一套机构，这是"双轨制度"。应该实行党政分开。二、党的政策应该如何体现。党应该把政策提到人民代表大会形成法律，再由国家管理机关贯彻实行。三、共产党应该遵守宪法和国家制度。党应在宪法范围内制定政策。四、怎样使共产党接受人民监督。

6月6日　中共中央发出《关于加紧进行整风的指示》。这个指示是由毛泽东亲自起草的，其主要内容是：一、毛泽东2月27日在最高国务会议及3月间在宣传会议的两次讲话，准备见报。各省市一级机关、高等学校及地市一级机关用大放大鸣的方法的整风，应立即加紧进行。二、大字报是一种好形式，在机关及高等学校内部出大字报，一可以揭露官僚主义等错误缺点，二可以暴露一部分有反动思想和错误思想的人的面貌，三可以锻炼党团员及中间派群众（他们应当在大字报上批评错误思想和反动思想），故利多害少，毫不足怕。大字报是延安整风时期的传统，并非现在才有。如果阻止出大字报，就会陷于被动。但机关学校出大字报的消息，报纸不应登载，以免影响中等学校及工厂。三、要动员各民主党派及社会人士大放大鸣，使建设性的批评与牛鬼蛇神（即破坏性批评）都放出来，以便分别处理，大有好处。必须注意争取中间派，团结左派，以便时机一成熟，即动员他们反击右派分子。这是一场大规模的思想战争和政治战争，我们必须打胜仗，也完全有条件打胜仗。党内团内一部分右倾分子叛变出去，是极好的事，切记不要可惜。

同　日　国际舞蹈协会在北京授予梅兰芳荣誉奖章一枚。同时，授予楚图南、马少波、任虹3人功勋奖章各一枚。

6月6日—8月7日　中国作家协会党组连续召开十三次扩大会议，批判“丁玲、陈企霞反党集团”。参加会议的有共产党员和非共产党员作家、艺术家、中共中央宣传部、中央人民政府文化部、中国文联等单位的人员200多人。会议揭发了丁、陈“长时间内的反党活动”、“勾结《文汇报》向党猖狂进攻”、“企图公开分裂文艺界”等“罪行”。同时，也批判了冯雪峰、艾青等的“反党言行”。

6月7日　国务院举行第五十一次全体会议。在听取了民族事务委员会副主任汪锋所作的《关于建立宁夏回族自治区的报告》和广西省副省长陈再励所作的《关于成立广西僮族自治区的报告》后，会议讨论并决定成立宁夏回族自治区和成立广西僮族自治区。这两个决定将提交第一届全国人民代表大会第四次会议审议批准。会议还通过了国务院关于适当增加农业生产合作社社员自留地的问题向全国人民代表大会常务委员会的提案。

6月8日　中共中央发出毛泽东亲自起草的《关于组织力量准备反击右派分子的猖狂进攻的指示》。《指示》首先指出，一些不好的资本家、不好的知识分子及社会上的反动分子正在向工人阶级及共产党猖狂进攻，要推倒工人阶级领导的政权。反动分子猖狂进攻，党团员中的动摇分子或者叛变出去，或者动摇思叛。各省市机关、各高等学校和各级党报都要积极准备反击右派分子的进攻。其次，《指示》指出，这是一个伟大的政治斗争和思想斗争。这是一场大战(战场既在党内，又在党外)，不打胜这一仗，社会主义是建不成的，并且有出“匈牙利事件”的某些危险。现在我们主动的整风，将可能的“匈牙利事件”主动引出来，使之分割在各个机关各个学校去演习，去处理，分割为许多小“匈牙利”，而且党政基本上不乱。再次，《指示》对反击右派分子的斗争作了具体部署：以大字报为战斗武器，在斗争中取得经验，锻炼人才；反动分子将到本机关、本学校以外的地方去活动，要预作布置，实行挡驾。街上贴反动标语，动员群众撕毁；高等学校组织教授座谈，向党提意见，尽量使右派吐出一切毒素来，登在报上。可以让他们向学生讲演，让学生自由表示态度。最好让反动的教授、讲师、助教及学生大吐毒素，畅所欲言；巧妙地推动左、中分子发言，反击右派。每个党报均要准备几十篇文章，从当地高潮开始跌落时起，即陆续发表；整个过程做得好，有一个月左右就够了，然后转入和风细雨的党内整风。

同　日　《人民日报》发表社论：《这是为什么?》。社论指出，有人写匿名信恐吓卢郁文5月25日在民革中央讨论会上的发言，说他“在制造共产党与党外人士的墙和沟上出了不少力量，现在还敢为虎作伥，真是无耻之尤”。社论说：“在共产党的整风运动中，竟发生这样的事件，它的意义十分严重。每一个人都应该想一想：这究竟是为什么?”“这封信告诉我们：国内大规模的阶级斗争虽然过去了，但是阶级斗争没有熄灭，在思想战线上尤其是如此。”少数右派分子正在向共产党和工人阶级的领导权挑战，甚至公然叫嚣要共产党“下台”。其目的是“企图乘此时机把共产党和工人阶级打翻，把社会主义的伟大事业打翻，拉着历史向后倒退，退到资产阶级专政，实际是退到革命胜利前的半殖民地地位”。社论最后说：“在我们的国家里，阶级斗争还在进行着，我们还必须用阶级斗争的观点来观察当前的种种现象，并且得出正确的结论。”由此开端，各地报刊发表大量反击右派的社论、文章；全国许多工厂、机关、学校、民主党派纷纷举行座谈会揭发和批判右派分子的言论。大规模的反右派斗争在全国范围内展开。

同　日　民革中央继续举行讨论会。王昆仑在发言中点名批评了《光明日报》总编辑储安平的"党天下"和"清一色"的论点以及民盟中央副主席章伯钧的"政治设计院"的论点，并且列举了中国人民大学讲师王德周和葛佩琦等人的"反共言论"。他要求大家诚心拥护共产党，帮助党整风。

6月9日　《人民日报》发表社论：《要有积极的批评，也要有正确的反批评》。社论说，积极的、建设性的批评，对于人民的事业是永远需要的。对于这样的批评的任何压制，对于批评者的任何打击报复，都是完全错误的，必须坚决反对。但是，在批评中有些可能是不正确的，有的是怀有恶意，对此进行反批评是必要的。真理是不怕驳的，怕驳的就不是真理。害怕批评是怯懦，害怕反批评也是怯懦。不许批评是专横，不许反批评，又何尝不是专横？要去掉专横，批评和反批评就不能偏废。为了克服社会主义事业中的缺点，克服党的工作中的缺点，我们必须继续广开言路，坚决地开展积极的建设性的批评。同时，为了维护社会主义事业，反对那些破坏社会主义的"批评"，必须坚决地开展正确的反批评。

同　日　《北京日报》发表翦伯赞的文章：《拥护大放大鸣，反对乱放乱鸣》。

6月10日　中共中央发出《关于反右派分子斗争的步骤、策略问题的指示》。《指示》说，北京的条件已成熟，《人民日报》已于6月8日开始反击右派。各地何时开始反击，要看当地情况决定。《指示》说，在此次浪潮中，资产阶级大多数人表现很好，没有起哄。民主党派、大学教授、大学生中，均有一部分右派和反动分子，在这次运动中闹得最凶的就是他们。章伯钧、罗隆基拼命做颠覆活动，野心很大，党要扩大，政要平权。完全是资本主义路线，承认社会主义是假的。民盟右派和反动派的比例较大，大约有10%以上，霸占许多领导职位。我们的任务是揭露和孤立他们。对于各地即将放暑假返乡的学生，《指示》要求各地县区乡4级，特别是乡级，预作准备。原则是：一、善意欢迎；二、向回乡学生解释合作化的优越性。并做好富农地主的工作，要他们教育自己的子弟；三、学生如果煽动农民反对政府，就要批评他们的错误，给以坚决的教训，但不可骂人打人，讲理为上，以理服人。

同　日　《人民日报》发表社论：《工人说话了》。社论说，这两天，北京、上海、天津、沈阳、鞍山等地的许多职工纷纷举行座谈会，愤怒地谴责少数右派分子反共、反社会主义的言论。社论说，最近有一种论调，资本家已经不需要向工人阶级学习，倒是工人阶级应该向资本家学习许多优良品质。事实上，工人阶级最有觉悟，立场最坚定。工人阶级的这种坚定的立场，对于全国的知识分子也有重大的教育意义。同样的一件事，为什么有些大学生和有些大学教授是一种看法，而工人却是另一种看法？某种无政府主义的狂热可以煽动少数知识分子于一时，在工人和劳动人民中却完全孤立了。

同　日　民盟中央举行会议，批判章伯钧的错误言论。民盟副主席章伯钧在发言中感谢各方面在报纸上对他的批判，但并没有认错，表示不对批评意见进行辩论。民盟中央常委费孝通就“言者无罪，有错必改”的问题作了发言。叶笃义在会上对自己的错误言论进行了自我批评。陈新桂则坚持己见，为章伯钧、储安平辩护，并两次指责《人民日报》对他的发言的报道不公平，说：“报纸不要作盛锡福帽庄的老板，帽子满天飞。老实说，要是反革命分子，绝不会讲报纸上认为的错误言论；他一定多讲共产党的成绩多么伟大之类。”

6月12日　汕头我军击落击伤美蒋飞机。美国航空母舰大黄蜂号的4架海军攻击机，侵入我国广东汕头地区上空骚扰，被我解放军驻汕头地区高射炮部队击伤1架。次日，该部队又击落台湾国民党F-84型战斗机2架。

6月14日　中共中央和国务院严肃处理广西因灾饿死人事件。在14日召开的国务院第五十二次会议上，监察部部长钱瑛作了关于广西省1956年因灾饿死人的检查报告。报告说，广西省1956年发生严重自然灾害，粮食大幅度减产。由于当时中共广西省委和广西省人民委员会主要负责人存在对人民疾苦漠不关心的严重官僚主义，对灾害的严重性估计不足，没有及时采取有力的救灾措施，以致造成全省1.47万多农民外逃，550多人饿死的严重事件。国务院会议认真听取了报告，进行了严肃的讨论，并作出了关于处理有关失职人员的决定。与此同时，中共中央也就此事作出了关于给予有关党员干部处分的决定。中共中央和国务院分别给予中共广西省委第一书记陈漫远、省委书记郝中士，中共广西平乐地委书记杨林，广西省副省长肖一舟，平乐专署副专员段书香等12人以撤职、留党察看和记过等处分。6月18日，《人民日报》发表社论：《坚持同漠视民命的官僚主义作斗争》。社论指出，这次广西事件所暴露出来的不关心人民疾苦的官僚主义和主观主义的思想作风，是不能容忍的。

同　日　《人民日报》发表编辑部文章：《文汇报在一个时间内的资产阶级方向》。文章指出，《文汇报》和《光明日报》过去登了大量的好报道和好文章。但是这两个报纸的政治方向，却在一个短时期内，变成了资产阶级报纸的方向，利用“百家争鸣”这个口号和共产党的整风运动，发表了大量表现资产阶级观点而并不准备批判的文章和带煽动性的报道，混淆了资本主义国家的报纸和社会主义国家的报纸的原则区别。文章指出，党外报纸当然不应当办得和党报一模一样，应该有它们自己的特色。但是，它们的基本方向，应当是和其他报纸一致的，这就是社会主义的方向。在阶级社会里，报纸又总是阶级斗争的工具。

6月15日　中共中央批转中央交通工作部《关于省、市、自治区党委交通工作部部长会议的情况向中央的报告》。交通部的《报告》提出了交通部门实行党委领导下的企业首长负责制和党委领导下的群众监督制的具体办法。其主要内容是：一、铁路、交通、邮电企业中各级党组织的领导，都应当实行由企业系统的上级党委和当地党委的双重领导制度，但必须明确主次，划分领导职责。二、在双重领导关系中，管理局党委和分局党委所在地的地方党委在布置企业工作中发生意见不一致的时候，双方应进行商磋，互相尊重、照顾、结合。三、邮电干部的管理制度，由地方各级党委分级（分层）进行管理，改为由邮电系统垂直管理。

同　日　民主党派举行讨论会批判章伯钧等人的右派言论。民盟中央、农工民主党中央、九三学社中央、民主促进会中央、“民革”中央等民主党派继续举行扩大的讨论会，批判章伯钧等人的右派言论。在民革中央的讨论会上，梅龚彬发言说，章伯钧、罗隆基他们的思想本质是资本主义的，是反社会主义的，他们的政治态度是机会主义。他问，章、罗、储是不是一串？他们独断专行、互相借托，把《光明日报》引到可怕的道路上去，偷偷地改变了报纸的明确方向，一时竟成为罪恶的反党反社会主义的工具。他建议民革中央对于《光明日报》问题和章伯钧等人严厉追究责任。

6月17日—19日　《北京日报》以《摆出来，大家看》为标题，连续摘要刊载已在各报发表的右派分子的言论。主要涉及者有：中国农工民主党主席章伯钧的“政治设计院”、《光明日报》总编辑储安平的“党天下”、章乃器的“资产阶级无需脱胎换骨改造”、黄绍竑的“党不应该直接向人民发号施令”以及陈铭枢、谭惕吾、龙云、杨玉清、葛佩琦、王德周等人的言论。

6月18日　中华人民共和国主席毛泽东向解放军有功人员授勋。这次授勋命令是根据全国人民代表大会常务委员会第七十四次会议的决定发布的。命令分别授予在中国人民革命战争时期有功人员杨成武、王建安等10 253人以八一勋章、独立自由勋章和解放勋章。

同　日　中国民主同盟中央常务委员会举行扩大会议。会议一致通过了《中国民主同盟中央常务委员会为号召全盟展开反右派斗争并开始盟内整风的决定》。中国国民党革命委员会中央委员会“对光明日报被一度篡改政治方向事件”发表声明，对章伯钧、储安平篡改《光明日报》政治方向予以谴责。民盟中央常委邓初民在该党扩大会上作《请看章伯钧的本来面目——兼斥罗隆基、陈仁炳的谬论》的长篇发言，并说章伯钧的“反共是由来已久的”。

6月19日　中国民主建国会中央常委会和全国工商联党委联席会议在北京举行。会议通过一项联合指示，号召全国工商业者和民主建国会会员立即对章乃器的反社会主义言论展开坚决斗争，并且对章乃器作出组织处分。与此同时，中国农工民主党中央执行局举行扩大会议，讨论并原则通过了执行局向各地农工民主党党组织发出的题为《坚持社会主义！与反党反社会主义的右派分子斗争到底!》的指示，并决定召开扩大的三届四中全会，全党进行整风和在整风期间停止发展组织。

同　日　全国人民代表大会常务委员会举行第七十五次会议。讨论第一届全国人民代表大会第四次会议的议程，准备向大会提出建议。

6月20日　第一届全国人民代表大会第四次会议预备会议在北京举行。会议由刘少奇委员长主持，人大常委会副委员长兼秘书长彭真向预备会议提出常务委员会关于议程和会期等问题的建议，并取得与会者同意。会议于25日结束。

6月21日　九三学社举行中央常务委员会扩大会议。一致通过在全社展开反右派斗争和进行社内整风的决定，并通过了关于撤销储安平代表九三学社担任《光明日报》社务委员会委员的声明。《人民日报》当日发表宋庆龄文章：《否认共产党的领导，就是要使全国人民重陷于奴隶的地位》。

同　日　新华社报道：我国政府照会英国驻华代办处。我国政府照会英国驻华代办处，要求迅速转请香港英国当局协助将“白腾号”机帆船及船上人员、货物交由广东省有关当局领回。“白腾号”机帆船是在6月12日被劫驶往香港的。

6月22日　《人民日报》发表社论：《不平常的春天》。社论回顾了2月毛泽东作《关于正确处理人民内部矛盾的问题》的讲话以来国内政治形势的发展，断言：“大规模的阶级斗争基本上结束了，这是事实，但是在政治战线上，在思想战线上，阶级斗争还将继续存在一个相当长的时期，这也是事实。”社论说，资产阶级右派分子，“他们对于中国走上社会主义道路是不甘心的。匈牙利事件加强了他们的一种想象：在所有制方面已经建立了社会主义基础的国家，仍然是可以推翻，可以变质”。“结果如何呢？向社会主义进攻的人们发现，被群众包围的并不是共产党，而是他们自己。”“在目前的争论中，有些人难免又会想到天气的寒冷。虽然立场之说还不能人人同意，但是立场不同，政治气候的寒暖之感也不同，这却是一个客观的事实。在我们社会主义者看来，目前的天气确确实实是一个大好春光的艳阳天。是的，这是一个不平常的春天，它之所以不平常，就是因为广大的工人阶级、劳动人民、革命知识分子和一切真正愿意走社会主义道路的社会人士的政治觉悟，都将在争论中迅速地成长着，成熟着，用一种不平常的速度。”

同　日　新华社报道：近3天来，台湾蒋介石军队飞机连续在汕头地区上空进行骚扰活动，被解放军地面炮火先后击落击伤3架。

6月24日　中共中央批准中央10人小组关于肃反运动的两个报告。这两个报告是《关于肃反运动的进展情况和当前任务》的报告和《关于反革命分子和其他坏分子的解释及处理的政策界限的暂行规定》的补充解释。据中央10人小组报告。4月的统计，全国共开展了三批肃反运动。应参加肃反运动的总人数为18 440 522人，开展了运动的17 333 766人，尚未开展的只有1 106 756人。已经甄别定案为反革命分子和其他坏分子的共81 090名。据基本结束定案工作的15个省、市统计，定案为反革命分子和其他坏分子的占参加运动总人数的0.3%。第二批运动中查出了一批隐藏较深的血债累累的且罪恶和民愤很大的反革命分子；还查出了1 225名现行反革命分子和派遣潜伏特务分子，另外通过运动交待或弄清了各种政治历史问题的有88万多人。全国第二批肃反共逮捕了3 186人，错捕的190人，占6.1%（第一次错捕的占21%）。为了统一认识，《中央10人小组关于反革命分子和其他分子的解释及处理的政策界限的暂行规定》强调指出，对具体案件具体分析，要从可靠的事实材料出发，首先分析、判定案件的性质，然后再全面衡量情节的轻重，作出结论，加以恰当的处理。

6月24日—8月12日　新闻界在北京集会批判资产阶级新闻观点。参加会议的有北京、上海、江苏、山东、辽宁、河北等省、市新闻工作者，共400多人。其中包括著名的新闻工作者如《大公报》社长王芸生、《文汇报》社长兼总编辑徐铸成、上海《新闻日报》社长金仲华、上海《新民晚报》社长陈铭德、广播事业局局长梅益以及张恨水、浦熙修、顾执中、彭子岗等。会议由中华新闻工作者协会会长邓拓主持。会议集中批判了《光明日报》总编辑储安平、《文汇报》驻北京办事处主任浦熙修、复旦大学新闻系主任王中，被涉及的批判对象还有徐铸成、顾执中、陈铭德等100多人。

6月25日　毛泽东主席发布命令公布《中华人民共和国人民警察条例》。《条例》共11条，其中规定：中华人民共和国人民警察属于人民，是人民民主专政的重要工具之一，是武装性质的国家治安行政力量。其任务是依照法律惩治反革命分子，预防、制止其他犯罪分子的破坏活动，维护公共秩序和社会治安等。

6月26日　中共中央发出《关于打击、孤立资产阶级右派分子的指示》。《指示》要求，对资产阶级右派分子要无情地给他们以歼灭性的打击。切记不要在阶级斗争的紧要关头姑息养奸，养痈遗患。只有这样，才能保证在今后国家安定的时候，他们再难于组织像现在这样大规模的反共运动，但是划分右派必须实事求是，对于右派的数量，不要估计不足，划得太少。当然也不要扩大化。《指示》认为，右派分子同人民的矛盾，实际上有些已经超出了人民内部矛盾的范围。

6月26日—7月15日　第一届全国人民代表大会第四次会议在北京举行。会议的中心任务是：确定当前的工作方针，确定1957年度国民经济计划和国家预算。会议审议并通过了周恩来总理作的《政府工作报告》和《关于中缅边界问题的报告》，还讨论和批准了《全国人民代表大会常务委员会工作报告》等8个报告。大会的报告、发言和小组讨论，充满了反击右派的气氛。会议还通过了关于成立广西僮族自治区、关于成立宁夏回族自治区、关于死刑案件由最高人民法院判决或核准等决议。周恩来总理所作的《政府工作报告》共分5个部分：一、关于社会主义革命。周恩来总理指出，1956年，我国基本上完成了对农业、手工业和资本主义工商业生产资料私有制方面的社会主义改造。1.2亿万农户和500万个手工业者的个体经济已经变为集体经济。7万户私营工业企业已经变成公私合营企业，将近200万户私营大中小商店，已经变为公私合营商店或合作商店。这是把几千年来的生产资料私有制变为公有制的社会主义大革命。这一历史性胜利的取得，主要是由于共产党和人民政府的正确领导，也得助于各种有利的社会条件，比如肃清反革命运动就是其中之一。《报告》说，历年来处理的反革命分子中，因罪大恶极被判处死刑的占16.8%，实行劳动改造的占42.3%，实行管制的占32%，逮捕后宽大处理的占8.9%。二、关于社会主义建设。《报告》指出，伴随着社会主义改造的到来，我国的社会主义建设有了一个跃进的发展，经济事业和文化事业的发展规模和速度，都大大超过了五年计划的前3年，有些甚至超过了前3年增长的总和。工业总产值达到了586亿元，比上年增加139亿元，仅略次于前3年增加的总和177亿元。农业总产值在严重的自然灾害中仍增加了27.4亿元，达到583亿元，超前3年每年平均增长23.8亿元的水平。粮食（不包括大豆）的产量为3 650亿斤，比1955年增加了154亿斤。此外，文化教育事业也有很大发展。但是，在1956年的经济建设中也有缺点，主要是预算开支中的某些项目和国民经济中的某些指标多了一些，支出超过当年收入18.3亿元，动用历年财政结余16.5亿元，动用了库存物资约20亿元，基本建设投资多了15亿到20亿元，等等。三、关于人民生活。《报告》指出，随着工农业生产的发展，工人、农民和全体人民的生活水平有了较大的提高。农民的购买力1956年上升到191亿元，比1950年增长了136%；全国职工的数量由1950年的800万增加到2 400万，解决了1 300万人的就业问题，工人的年平均工资由1952年的420元增加到1956年的610元，提高了将近37%。四、关于国家基本制度。《报告》说，人民民主专政是我们国家的基本制度，正是有了这种制度的保证，我国的社会主义革命和社会主义建设才获得了伟大的胜利。有些右派分子，发出了许多破坏性的言论，其中不少是向我们国家的基本制度进攻的。这是广大人民群众所决不容许的。当然，我们的国家制度还有许多不完善的地方，主要是法制还不完备，在国家各级行政机关中还严重地存在着官僚主义的习气。《报告》强调，今后要继续执行中国共产党领导下的各民主党派和全国人民参加的人民民主统一战线。五、关于国内外团结。《报告》指出，凡是拥护社会主义和参加社会主义建设的各民族、各民主阶级、各民主党派、各人民团体和各方面的爱国人士都是人民。同社会主义对抗、同人民对立的敌人是反革命分子。在中国社会大变革的时代，人们在思想和立场上常常表现出进步、中间和落后的状态，常常有左派、中间派和右派的分化，这是社会历史发展的必然现象，不是人为划分的。资产阶级右派分子虽然置身于人民的队伍之中，但是站在反社会主义的立场上。因此，我们必须在政治上思想上同他们划清界限。但是，我们希望他们幡然悔悟，接受改造，重新进入社会主义的大门。若坚持反动立场，抗拒改造，甚至采取破坏社会主义建设的行动，那就将自绝于人民。

6月27日　中国民主建国会和中华全国工商业联合会联合举行中央常委扩大会议。会议通过了《中国民主建国会、中华全国工商业联合会关于拥护周恩来总理的报告，继续加强对章乃器等右派分子的反动活动进行斗争的联合声明》。

6月28日　中共中央发出《关于在一两个月后吸收一批高级知识分子入党的通知》。《通知》指出，为了加强党对教育、文化、科学、卫生等部门的领导，为了进一步团结和教育知识分子，同时给反共派一个有力的回击，必须继续在高级知识分子中发展党员。(党) 应该是向知识分子开门，而不是关门。

同　日　《光明日报》发表中国科学院院长郭沫若关于反击右派的谈话。郭沫若指出，对右派分子不存在言者无罪的问题："无罪的言者无罪，有罪的言者还是有罪的。一个人的话，如果动摇了国家的根本，还是无罪，那样还有什么国家法纪可言呢？"毛泽东认为郭沫若的这个观点很重要，立即批示：郭沫若此篇，请《人民日报》全文转载，新华社全文播发。第二天，《人民日报》以《乌云消散，太阳更加万丈光芒——郭沫若谈反右派斗争》为题全文转载，新华社也全文播发。

6月29日　《人民日报》发表社论：《再论立场问题》。社论批判了顾执中等人的所谓"资产阶级新闻思想"，并且为"左"和"右"的问题作了论证："中国人民的确是需要左的，而且他们的确是在继续往左的方向走。但是，他们是需要沿着社会主义轨道继续前进的那种左，需要不让右派分子妨碍社会主义事业的那种左。”

7月1日　国务院副总理兼国家经委主任薄一波向第一届人大第四次全体会议作《关于1956年度国民经济计划的执行结果和1957年度国民经济计划草案的报告》。报告肯定了1956年我国社会主义改造和社会主义建设取得的成就，也指出了1956年度国民经济计划的编制和执行中的缺点和错误。报告对1957年度国民经济计划草案作了说明。其各项指标的安排是：一、工业总产值计划安排为603.4亿元，比上年增长4.5%，增长速度比上年大幅度下降。二、农业和农副业总产值计划安排为611.5亿元，比上年增长4.9%；粮食为3 820亿斤，比上年增长4.7%。三、基本建设投资额计划安排为111亿元，为上年的79.4%。四、社会购买力约为473.2亿元，比上年增加8.2亿元，增长1.8%，社会商品供应总额为463.5亿元。五、职工总数年底计划达到2 226万人，比上年减少约14万人，职工工资总额计划安排为141.2亿元，比上年增加12.1亿元，增长9.4%。

同　日　《人民日报》发表由毛泽东起草的社论：《文汇报的资产阶级方向应当批判》。社论指出，《文汇报》编辑部是该报闹资产阶级方向期间挂帅印的，罗隆基——浦熙修——《文汇报》编辑部，就是《文汇报》的这样一个民盟右派系统。并且说：“不是东风压倒西风，就是西风压倒东风，在路线上没有调和的余地。”社论指出，资产阶级右派就是反共反人民反社会主义的资产阶级反动派。这种人不但有言论，而且有行动，他们是有罪的，“言者无罪”对他们不适用。但是，对他们可以宽大为怀，不予办罪。一般称呼“右派分子”也就可以了，不必称为反动派。社论发表后，7月2日《文汇报》发表了《文汇报向人民请罪》的社论，承认《文汇报》“这几个月中确确实实成了章罗联盟向无产阶级猖狂进攻的喉舌”，批判了《文汇报》社长徐铸成的错误。同时，《文汇报》还发表编辑部文章，对近两个月的活动作了“初步检查”。

同　日　上海《新闻日报》举行揭发、批判“资产阶级右派分子”陆诒的会议。陆诒承认在上海的陈仁炳、彭文应、王造时、杨兆龙、王恒守、陆诒等是章伯钧、罗隆基联盟领导下的一个有纲领、有严密组织和分工的反人民、反社会主义和反对共产党领导的阴谋集团。

7月2日—7月11日　第一届全国人民代表大会第四次会议举行分组讨论。在各小组会上代表发言的题目是：陈嘉庚《从治标治本两方面克服官僚主义》、朱顺余《野心家们不要忘记工人阶级会举起铁锤》、许德珩《党能够领导科学文化事业》、张治中《事实俱在不容歪曲》、喜饶嘉错《重视藏族地区特点慎重进行社会改革》、吴芝圃《谁说灾区人民苦得不得了?》、王亚南《大学里必须加强政治思想教育》、李达《从右派的进攻看知识分子必须加强改造》、郭沫若《驳斥一个反社会主义的科学纲领》、程潜《坚决打垮右派分子的猖狂进攻!》、邓初民《皆"中山狼"也!》、胡愈之《章罗联盟透视》等。

7月3日　农工民主党主席章伯钧在农工民主党座谈会上承认章伯钧——罗隆基联盟问题。章伯钧承认，他们怀有反共、反社会主义的政治野心。同日，新华社、《人民日报》播发和刊登《上海右派集团阴谋大暴露》、《储安平在民主革命时期就是右派》（李兵作)、《听听章伯钧的狂言："我说就是要和共产党争天下"!》（农工民主党执行局委员严信民作)、《章伯钧召集的一次紧急会议》（民盟中央常务委员闵刚侯作）等批判文稿。

同　日　马寅初在第一届人大第四次会议上发表题为《新人口论》的书面发言，认为我国人口增殖太快，主张控制人口。

7月4日—7月10日　全国新闻工作座谈会继续在北京举行。中共中央高级党校新闻班李龙牧等人在会上发言，批判浦熙修、徐铸成等人的错误。浦熙修也在会上作了交待，说章罗联盟是有组织有计划的。

7月5日　中共中央致电苏共中央。致电认为苏共中央6月29日通过的关于马林科夫、卡冈诺维奇和莫洛托夫反党集团的决议，有助于苏联共产党的进一步团结和巩固。

7月6日　越南民主共和国主席胡志明和随行人员到达北京。朱德副主席、刘少奇委员长、周恩来总理到机场欢迎。胡志明是在访问朝鲜和东欧各社会主义国家途中经过中国的。

7月7日　中共中央转发中共吉林省委《关于高等学校反右派斗争的情况报告》。中共吉林省委在《报告》中认为，先前在第一线公开向我们进攻的右派分子，主要是一批虾兵蟹将，更凶恶的“鲨鱼”多在暗中活动。中共中央认为，中共吉林省委的这个观点很重要，希望各地予以注意。

同　日　中共中央转发内务部党组《关于下放干部担任县长和乡长的法律程序问题的意见的报告》。《报告》说，近半年来各地从省地县各级抽调了大批干部到县、乡担任领导职务，其中有相当一部分受到人民群众的欢迎。但是，担任县长、乡长或镇长应按法律程序办事。中共中央同意这一建议，并指示，以后安置下放干部，应尽量先做党委工作。如果原县、乡（镇）正职干部非动不可时，应先从原副职干部中推选一人代理。

7月9日　毛泽东为中共中央起草《关于增加点名批判的右派骨干分子人数等问题的通知》。《通知》指出，反右派斗争正在深入，准确的右派骨干名单扩大了1倍，全国不是4 000人，而是大约有8 000人，例如北京约有800人，上海有700多人。现在报纸上点名批判的大约不过占右派骨干的3%左右。报上老是这几个人，读者也看厌了，因此，应当分阶段逐步增加一些人，最后增到右派的10%左右为止。

同　日　国务院总理周恩来在第一届全国人民代表大会第四次会议上作《关于中缅边界问题的报告》。《报告》说，在我国和许多邻国之间，都存在着历史上遗留下来的未定界问题，而中缅两国之间的未定界问题特别引起人们的注意。我国政府一贯主张，我国和其他国家之间所有悬而未决的问题，都应该通过和平协商的途径，求得公平合理的解决。周恩来在谈到处理中缅边界问题应如何对待历史资料的问题时说，必须认真地对待历史资料，把可以作为法律依据的历史资料进行科学的分析和判断，并与那些只有参考价值的历史资料加以区别。根据这个报告中所提出的建议，经中缅两国政府的努力，双方于1960年1月28日在奈温总理访华时签订了《关于两国边界问题的协定》。

同　日　中共中央主席毛泽东在上海干部会议上作题为《打退资产阶级右派的进攻》的讲话。他说，100天前，我在这里讲话时就料到反右派的事情了。比如，我在这里说过，人家批评起来，就是说火一烧起来，岂不是疼吗？要硬着头皮顶住。放火烧身可不容易，就是有点不够，有点不过瘾，早知这么妙，何不大放特放呢？要定期“放火”。以后三年五年烧一次，一个五年计划里头至少搞两次。这次反右派斗争的性质，主要是政治斗争。思想斗争主要还在下一阶段，那要和风细雨。他又说：“大字报是个好东西，我看要传下去。”“大字报是作战的武器之一，像步枪、短枪、机关枪这类轻武器。”他指出，“智慧是从群众那里来的”，“大局问题，不是知识分子决定的，最后是劳动者决定的，而且是劳动者中最先进的部分，就是无产阶级决定的”，“知识分子是最无知识的”，“知识分子应当成为无产阶级的知识分子，没有别的出路”，“过去知识分子这个‘毛’是附在五张‘皮’上，现在没有基础了”，“就是那五张皮没有了，他除非落在新皮上”。

同　日　中国人民解放军炮兵学院在河北省宣化县成立。其主要任务是培养营、团、师级的地面炮兵和高射炮兵指挥员。

7月11日　中共中央宣传部长陆定一在第一届全国人大第四次会议上作题为《我们同资产阶级右派的根本分歧》的发言。陆定一说，资产阶级右派趁共产党整风之机，进行蓄谋已久的政治活动。他们企图首先夺取民主党派、教育界、文艺界、新闻界、科学技术界、工商界、司法界的领导权，然后进一步夺取全国的领导权。我们同资产阶级右派的根本分歧表现在下列几点：一、工人阶级和全国人民要求实现社会主义革命，而且用和平的方法来实现；资产阶级右派则反对社会主义革命，要想对已经基本完成的社会主义革命来一个倒算，来一个翻案。我们全国人民同右派之间的根本分歧，就在这里。二、是对工人阶级和资产阶级的看法问题，是对工人阶级政党和资产阶级政党的看法问题，也就是中国革命应该由哪个阶级来领导的问题。三、是对资产阶级民主和无产阶级民主看法的问题。我们认为，资产阶级民主制，是“狭窄的、残缺的、虚伪的、假仁假义的，对富人是天堂、对于穷人和被剥削者是骗局的民主制”；“无产阶级民主制”，是“为绝大多数民众、为被剥削的劳动者所享受，并发展到空前未有的地步的民主制”。右派与此相反，他们要求什么

"绝对民主"，以为资产阶级民主制比无产阶级民主制还要民主。四、是对社会主义苏联的态度。我们认为，中苏团结是世界和平的主要支柱，是整个人类的最大利益所在。没有中苏两国的巩固团结，世界和平就没有可靠的保证，人类就可能受到极大的灾难。所以我们主张无微不至地爱护这个团结。右派则利用反动的民族主义思想来煽动群众，要挑起中苏之间的不和。陆定一最后指出，我们同右派的斗争，是两条道路的斗争，是关系到国家民族生死存亡的斗争。我们同右派年年有斗争，事事有斗争，不过规模不像今天这样大罢了。

7月12日　新华社报道：广东省廉江县雅塘墟发生一起严重的"反革命凶杀案"。主犯罗纪润、李绍汉率领7名凶手，杀害7名干部和居民。经数千人围捕，凶犯全部落网。

7月13日　费孝通、储安平、黄琪翔和龙云分别在第一届全国人大第四次会议上发言。费孝通、储安平在第一届全国人大第四次会议上，分别以《向人民伏罪》、《向人民投降》为题发言；黄琪翔交代和批判了他同章伯钧的关系；龙云在书面发言中承认自己有"反党反社会主义的荒谬言论"。

同　日　中国天主教代表会议预备会闭幕。这次会议从6月17日开始，历时27天，参加会议的有来自全国100多个教区的总主教、主教、神甫和教徒等241人。会议的主题是结合整风反右运动讨论中国天主教自身的许多问题，特别是中国天主教脱离梵蒂冈而自主的问题。与会代表经过激烈的争论，一致表示中国天主教徒要真正实现爱国爱教的天职，必须走社会主义道路，拥护共产党领导，同梵蒂冈割断政治上和经济上的联系。中国天主教必须由中国教徒自办，梵蒂冈不得任意干涉。

7月15日　《光明日报》发表该报编辑部文章：《光明日报在章伯钧、储安平篡改政治方向期间所犯错误的检查》。文章从"处处点火的九大城市座谈会"、"歪曲宣传长期共存、互相监督方针，企图把民主党派引向资产阶级的政治方针"、"煽动大学生闹事"、"宣传资产阶级办报观点"、"反动的编排手法"等几个方面揭露储安平和《光明日报》的错误。

同　日　章伯钧、罗隆基、章乃器、黄绍竑、陈铭枢、谭惕吾等人在第一届全国人民代表大会第四次会议上发言。章伯钧发言的题目是《向人民低头认罪》，罗隆基的发言题目是《我的初步交待》，章乃器的发言题目是《我的检讨》，黄绍竑的发言题目是《我的错误和罪行的检讨》，陈铭枢的发言是《自我检讨》，谭惕吾的发言题为《我为什么犯了严重的错误》。

同　日　《人民日报》发表马寅初的《新人口论》。他主张，必须提高人口质量，控制人口数量，并建议采取以下措施：一、进行人口普查，进行人口动态统计，确定人口政策，把人口增长的数字订入五年计划。二、宣传晚婚节育的好处，运用节育的方法。同时，国家应有干涉生活、控制人口之权，奖励节育，用征税的办法限制多育。三、实行计划生育是控制人口最有效的办法，普遍宣传避孕。但是，在反右派斗争后，马寅初的这些观点被当做“新马尔萨斯人口论”而受到批判。

7月15日—8月2日　中国天主教代表会议在北京举行。出席代表241名，他们来自全国26个省、市、自治区的100多个教区，代表着300多万天主教徒。会议正式成立了“中国天主教友爱国会”，通过了中国天主教友爱国会章程，选举了由150人组成的中国天主教友爱国会委员会，皮漱石总主教任主席。会议期间，国务院秘书长习仲勋和国家宗教事务局局长何成湘应邀到会作了讲话。会议通过了抗议梵蒂冈否认上海教区合法代理主教张士琅的抗议书。认为：“上海教友反对龚品梅反革命集团，这是公民爱国的神圣职责，也是爱护教会当尽的本分。”会议还通过了《中国天主教友爱国运动情况和今后任务》的决议。决议说，中国天主教会必须“实行独立自主，由中国神长教友自己来办，在不违反祖国利益和独立尊严的前提下同梵蒂冈教廷保持纯宗教的关系，在当信当行的教义教规上服从宗教。但必须彻底割断政治上、经济上和梵蒂冈教廷的关系，坚决反对梵蒂冈教廷利用宗教干涉我国内政、侵犯我国主权、破坏我们正义的反帝爱国运动的任何阴谋活动。”决议号召全国各地神长教友，坚决同资产阶级右派分子作斗争，“从爱祖国爱教会的良知出发，衷心拥护中国共产党和人民政府，坚决走社会主义道路”。8月3日，《人民日报》发表社论：《深入开展天主教反帝爱国运动》。

7月17日　国务院常务会议讨论和通过《关于高等学校1957年暑假毕业生分配工作的几项原则的规定》。《规定》指出，历年来的分配工作的缺点是：没有认真进行政治审查，部分毕业生专业不对口，对无理取闹的学生过分迁就等。1957年要求分批拟定计划，要补充和加强高等学校师资和科研力量，毕业生先到工厂或农村参加一定时期的体力劳动要成为制度，对于毕业生中极少数反社会主义分子和坏分子要给出路和继续改造的机会。今后每届毕业生都要进行政治审查，并作出结论。据有关文件统计，当年毕业生共56 820人，分配给中国科学院、高等学校的师资占17.08%，分配给中央各部门占23.21%，分配给各省、市、自治区占49.5%。

7月17日—21日　中共中央在青岛召开省市委书记会议。会议着重讨论了反右派斗争问题。毛泽东在会议期间写了《一九五七年夏季的形势》一文，发给与会者阅读。文章说：“在我国社会主义革命时期，反共反人民反社会主义的资产阶级右派和人民的矛盾是敌我矛盾，是对抗性的不可调和的你死我活的矛盾。”文章还指出了一种理想的政治建设目标：“我们的目标，是想造成一个又有集中又有民主，又有纪律又有自由，又有统一意志又有个人心情舒畅，生动活泼，那样一种政治局面。”文章认为：“单有1956年在经济战线上（在生产资料所有制上）的社会主义革命，是不够的，并且是不巩固的。匈牙利事件就是证明。必须还有一个政治战线上和一个思想战线上的彻底的社会主义革命。”目前正在广泛深入开展的反右派斗争就是这种思想战线上的社会主义革命的一部分。为使这场革命更加深入，文章表示赞成向全体农村人口进行一次大规模的社会主义教育。其“主要锋芒是向着动摇的富裕中农，对他们的资本主义思想进行一次说理斗争”。并提出，“和城市一样，在农村中，仍然有或者是社会主义或者是资本主义，这样两条道路的斗争”，“这是整个过渡时期的任务”。文章还说，在我国建立一个现代化的工业基础和现代化的农业基础，从现在起，还要十年至十五年。到那时，社会主义经济制度和政治制度才算获得了比较充分的物质基础，国家才算充分巩固，社会主义社会才算从根本上建成了。“十年至十五年以后的任务，则是进一步发展生产力，进一步扩大工人阶级知识分子的队伍，准备着逐步地由社会主义过渡到共产主义的必要条件，准备以八个至十个五年计划在经济上赶上并超过美国。”

7月20日　中共中央发出《关于知识分子工作中的三项组织措施的指示》。《指示》要求各地做到以下三点：一、下最大决心，从党、政府、工矿企业系统抽调一批得力干部，去担负高等学校、中等学校、报纸、刊物、出版社、广播、文化机关、卫生机关等的领导工作；二、从上述各界知识分子中，挑选一批左派分子和政治上好的科学家，发展入党；三、党委的宣传文教部门，要配备一批有文化知识、经过政治斗争考验、能够团结知识分子的干部。

7月20日—8月6日　全国民族工作座谈会在青岛举行。参加这次座谈会的有105位全国人民代表大会代表，来自29个民族。座谈会主要议题是检查民族政策执行情况，交流民族工作经验，讨论今后民族工作中的一些重大问题。毛泽东主席和周恩来总理8月5日下午接见了参加座谈的代表。会议期间，周恩来总理作了《关于我国民族政策的几个问题》的报告，主要内容有：一、关于反对两种民族主义的问题。他指出：“我们反对两种民族主义，就是既反对大民族主义（在中国主要反对大汉族主义），也反对地方民族主义，特别要注意反对大汉族主义。这两种民族主义都是资产阶级民族主义的表现。”“一方面，如果在汉族中还有大汉族主义的错误态度的话，发展下去就会产生民族歧视的错误；另一方面，如果在兄弟民族中存在民族主义的错误态度的话，发展下去就会产生民族分裂的倾向。”这两种错误态度或倾向一般是人民内部矛盾的问题，应当用处理人民内部矛盾的原则来解决。二、关于民族区域自治的问题。周恩来指出：“实行民族区域自治，是我们解放后在民族问题上的一个根本性政策。”这种根本的政策同苏联所实行的民族自治共和国是有些实质上不同的。这是由我国各民族长期融合的历史状况决定的。因此，在中国适宜于实行民族区域自治，而不宜于建立也无法建立民族共和国。三、关于民族繁荣与社会改革的问题。《报告》指出："民族繁荣是各民族的共同事业，民族要繁荣，关键在于社会改革。不仅经济制度要改革，政治制度也要改革为民主集中制。但是，在民族自治区域的社会改革中，必须照顾各民族的特殊风俗习惯和宗教信仰。""思想变化的过程是最慢的。有宗教信仰的人，不仅现在社会主义的国家里有，就是将来进入共产主义社会，是不是完全没有了？现在还不能说得那么死。"四、关于民族自治权利和民族化的问题。《报告》说，民族自治权利必须受到尊重，凡是宪法上规定的民族自治权利，统统应该受到尊重。民族化的问题也必须受到重视，在语言、文字、习惯等方面都应帮助和尊重少数民族的民族化。另外，民族干部应当有一定比例，"在民族自治地方，民族干部应该做负责工作"。8月5日，乌兰夫在会上代表国家民族事务委员会作了总结发言。

7月22日　《北京日报》报道：中国人民大学师生7 000多人连续召开4次全校辩论大会，批判工业经济系讲师贺安的"双轨一贯制方案"。贺安曾提出，在"公有制，无产阶级专政和党的领导都是不可动摇的"前提下，改变高校中的党委制"为与国家政体相一致的人民代表大会制"。吴大琨、苏星、高放、孙国华等教授、副教授、讲师纷纷发言揭发批判贺安的观点。

7月22日—29日　全国工艺美术艺人代表会议召开。这次会议的召开，是为了广泛交流技艺经验，互相学习，共同提高，把全国工艺美术生产事业推向前进。会议指出，到1956年度，全国手工业合作社（组）中有手工艺人76万，占全部专业手工艺人的98.6%。1956年全国专业工艺美术品的产值为1.7亿元，比1952年增长1.2倍。

7月23日—8月4日　北京市第二届人民代表大会第二次会议召开。会议选举彭真为北京市市长，张友渔、吴晗、王昆仑等为北京市副市长。

7月24日　新华社报道：青海省公安机关最近在西宁市破获一个反革命组织——"中国国共党"。其主要组织者孙敏先、梁一栋、孙耀武、蒋震亚等全部被捕。

7月25日—8月22日　第五次全国计划会议在北京召开。会议研究了1958年国民经济发展方针和控制数字。会议认为，当前国民经济发展中的突出问题是：消费资料生产的发展，特别是农业生产的发展，大大地落后于人民生活水平逐步提高的需要；在生产资料生产方面，原材料、燃料工业的发展又赶不上加工制造工业和其他工业发展的需要。为了解决这些矛盾，会议提出，编制1958年度计划控制数字的方针应该是：在肯定以发展重工业为中心的基础上，贯彻执行发展工业和发展农业同时并举的方针，提高农村水利投资比重，增加能够促进农业生产的工业投资；积极发展原材料工业的生产；继续贯彻执行大中小型企业相结合和充分利用小工业、手工业的政策。会议通过的1958年经济计划的控制数字是：工业总产值666.1亿元，农业总产值632.9亿元，分别比1957年预算增长80%和4.8%；钢和煤分别比1957年增长16.1%和11.9%；粮和棉分别增长5.1%和7.8%，基建投资确定为116亿元，比1957年预计增长8.7%。

7月26日　国务院举行第五十五次全体会议。会议通过了国务院关于国家机关工作人员参加整风运动和反对资产阶级右派斗争的决定。会议还通过了关于劳动教养问题的决定，关于设置黑龙江省伊春市的决定。

7月27日　《人民日报》报道：国民党特务机关企图爆炸铁路的阴谋败露。广东省宝安县深圳边防公安机关宣布，国民党特务机关企图在“八一”建军节三十周年纪念日前夕爆炸广州—深圳铁路的阴谋，已经败露。被香港地区国民党特务机关诱骗后又胁迫他回来执行这项爆炸任务的渔民吴广，在25日投案自首，表示悔罪。

7月28日　陈镜开打破世界纪录。中国运动员陈镜开在莫斯科举行的第3届国际青年友谊运动会上，以139.5公斤的成绩打破最轻量级举重世界纪录。

7月29日　国务院批准关于处理“圻州轮”事故的请求报告。国务院批准湖北省人民委员会关于处理省内河航运管理局“圻州轮”事故的请求报告和对有关人员处分的决定。“圻州轮”是4月23日起火失事的，死亡117人。

同　日　新华社报道：青岛市公安机关最近破获一起“中国自由党”反革命案件。所谓“中国自由党中央委员会”“总书记”吕建保和“中央委员”唐方全等，都是青岛市疏菜公司台西区公司的职员。

7月31日　北京市市民2万人，举行庆祝中国人民解放军建军30周年大会。国务院副总理兼国防部长彭德怀在会上作了《建设强大的现代化军队，保卫祖国和平建设》的讲话。与此同时，中国人民解放军驻北京、沈阳、兰州、济南、新疆等地部队，先后在“八一”建军节前夕隆重举行授勋典礼，嘉奖人民解放军官兵。

同　日　首都出版界自7月23日起举行座谈会。会上对出版界右派分子曾彦修、肖乾、彭子冈等的“反动观点”作了系统的批判。座谈会于31日结束。

8月1日　全国人民代表大会常务委员会举行第七十八次会议。会议在听取了国务院总理周恩来和公安部长罗瑞卿的说明后，通过了决议，批准了《国务院关于劳动教养问题的决定》、《华侨捐资兴办学校办法》和《华侨投资于国营华侨投资公司的优待办法》。关于华侨捐资办学的办法规定，华侨投资兴办学校，尊重创办人的权利，校名由创办人自定，当地不得随意更改，校长由创办人或董事会提名。

同　日　中共中央发出《关于继续深入反对右派分子的指示》。这个指示是由毛泽东起草的。《指示》指出，深入揭发右派分子的斗争一方面正在向地县两级（城市向区级和大工矿基层）展开，一方面必须在中央一级和省市自治区一级各单位深入地加以挖掘。这样，右派分子将继续被发现和挖掘出来，人数将逐步增多。极右分子登报的人数，也应适当增加。不是百分之几，也不是10%，而是要按情况达到极右派的20%、30%、40%或50%。这样有利于教育广大群众，争取中间派，分化右派。《指示》首次并列地使用了极右派、普通右派、中间偏右分子3个概念，要求准确地鉴定这3种人。《指示》要求对党内团内的右派分子要同党外团外的一样看待，一律批判。该登报的，即应登报，在深入挖掘时期，对党和政府工作中的错误缺点，边整边改，取信于人，十分重要。

8月3日—11日　九三学社中央常务委员会连续举行扩大会议。

会议批判九三学社主席许德珩关于批发“撤销高等学校党委制”的记录的错误。会议通过了《关于许德珩主席所犯错误的决定》。

8月5日　中共中央决定抽调大批干部担任大、中学校领导。中共中央认为，反右派斗争的实践表明，高等学校、中等专科学校和中学中党的领导力量薄弱，资产阶级右派分子力量较大。为了彻底扭转这一现象，必须从中央一级党政机关中抽调1 000名高级、中级党员干部，派往大、中学校和若干科学、文教单位工作。这1 000名干部中，有司局长级以上干部200人，处长、科长级以上干部800人。根据中共中央决定的精神，各省市也派出了大批机关党员干部到各级各类学校任职。据中共中央宣传部干部处的材料：至1959年2月，仅山西、辽宁、河南等16个省市派到高等学校担任系总支书记以上领导骨干的干部就有1 230人，分到中等学校担任校长、支部书记和教导主任领导工作的有6 162人。

8月6日　国务院发布《关于各级人民委员会设立物价委员会的通知》。通知指出，1956年夏季以后，全国城乡市场物价单独由商业部或供销合作社统一管理，已有困难。为了加强和统一市场物价工作，各省、自治区、直辖市和省辖市、县及相当于县的镇，要设立在党委和人民委员会领导下的物价委员会，由省长或副省长、市长或副市长、县长或副县长直接领导，以审批物价并处理有关事宜。并应在不增加编制人员的条件下，从工商业务部门抽调必要的少数干部，设立办事机构，处理具体工作。通知还就中央同省、自治区、直辖市物价工作的分工和对物价的审批工作，作如下规定：一、农副产品中统购和统一收购物资的收购价格和销售价格由中央管理审批工作，调整这两类商品价格，由各主管业务部提出方案，报经国务院批准执行。在某些非集中产区的基层市场，委托地方政府根据中央规定的差价和比价原则，制定收购价和销售价。二、农副产品中小土产（即第三类物资）的价格，由各省、自治区、直辖市根据地方情况加以掌握。国务院对小土产的价格水平，每年规定一次。三、工业品和手工业品中若干主要商品和主要市场的销售价格，由中央掌握；其他市场以及次要商品的销售价格，由各省、自治区、直辖市根据中央原来规定的物价管理分工原则，加以掌握。

8月8日　中共中央发出《关于向全体农村人口进行一次大规模的社会主义教育的指示》。《指示》认为，目前有必要在全体农民中就合作化优越性问题、粮食和其他农产品统购统销问题、工农关系问题、肃反和遵守法制等问题，进行关于社会主义和资本主义两条道路的大辩论。《指示》说，这是关系农村两条道路根本问题的大辩论，是农民群众对乡社干部的社会主义自我教育，是农村的整风。其目的在于批判党内右倾思想和个人主义、本位主义思想，批判某些富裕中农的资本主义思想，打击企图向社会主义进攻的地主富农分子和其他坏分子的反革命行为；提倡爱国、爱社和爱家的观念，并在群众中普遍养成勤俭办社和勤俭持家的风气。《指示》下达后，各地农村采用大鸣、大放、大争、大辩的方法批判富裕中农的资本主义思想，并同斗争有破坏活动的地主、富农、反革命分子结合起来进行。

8月9日　国务院作出《关于国家计划收购（统购）和统一收购的农产品和其他物资不准进入自由市场的规定》。《规定》指出，自1953年以来，政府陆续规定粮食、油料、棉花为国家计划收购（统购）物资，由国家实行计划收购。计划收购任务完成以后，才允许农民把自留的粮食、油料、棉花在国家粮食市场和国家领导的其他市场上出卖。为了切实执行重要农产品和其他物资的计划收购和统一收购的方针，国务院对于重要农产品和其他物资进入自由市场问题作出如下规定：一、凡国家规定计划收购的农产品，如粮食、油料、棉花，一律不开放自由市场，全部由国家计划收购。农民完成计划后的自己留用部分，不准在市场出售，必须卖给国家的收购商店。非国家委托收购的商店、商贩，一律不准收购。二、烤烟、黄洋麻、生猪、羊毛、木材等29种农产品和其他物资，38种重要中药材属于国家统一收购的物资。三、不属于以上计划收购和统一收购的物资，仍然开放国家领导的自由市场。四、对于违反上述规定的企业机关和团体，当地人民委员会应当给以严格的处分。

8月10日　中共中央批转邮电部党组《关于撤销政治工作办公

室、政治副职后如何加强邮电企业党的领导的指示》。邮电部党组认为，在撤销邮电企业的政治工作机构，实行党委集体领导下的企业首长制之后，各省（区）邮电管理局成立党组（或党委）由省（区）委直接领导；党政干部的配备采取专职与兼职并行的办法。以后各企业单位要尽可能地减少专职的党、团、工会工作干部。中共中央认为，邮电部党组的意见很好，应加以贯彻执行。

同　日　鞍山钢铁公司建设的第六座自动化高炉建成，并出第一炉铁水。至此，第一个五年计划在鞍山建设的6座高炉已全部完成。

8月11日　中国农工民主党中央局举行整风扩大会议，揭露张云川30多年来一贯"反共反人民的言行"。会议指责张云川是"化了装的地主阶级代表，是农工民主党内一个反共小集团的头目"。

8月13日　中共中央批转《浙江省委转发杨心培同志关于仙居县群众闹事问题的报告》。据杨心培的报告反映，浙江省仙居县自1956年秋收后，个别地区发生退社问题，至1957年4月中旬—5月下旬，全县33个乡镇中有29个先后发生了闹事事件。闹事的特点，主要是闹退社、分社，干部不许，就殴打干部，哄闹政府。闹事后，全县302个合作社中，完全解体者116个，部分垮台者55个。入社农户由91%降为19%。被打干部107人，社干部家属被搜查者340户。杨心培认为，农民闹事的原因是：一、1955年下半年毛泽东作了关于合作化问题的报告后，纠正了坚决紧缩的错误，合作化迅速发展。到12月底，全县已有互助组257个，占农户总数3.2%；初级社1 185个，占农户总数的55.86%；高级社4个，占总农户的0.52%。到1956年春高级社发展到179个，占农户总数的67.58%。到1957年春高级社已占农户总数的91%。在这种情况下，干部产生了骄傲情绪，出现了急躁冒进的错误。二、高级社的规模过大，全县302个社中，700户以上的2个，500户—700户的11个，300户—500户的41个，100户—300户的153个，50户—100户的64个，50户以下的37个。建社后许多经济政策没有及时处理，账目混乱，特别是生产指导上不听群众意见，不顾客观条件，造成全县全年减产22%。秋收分配后，群众思想混乱，普遍反映："初级社有优越性，高级社没有优越性。"三、闹退社、分社的现象开始发生时，领导干部处置措施不得力。领导对合作社中大量存在的迫切需要解决的问题没有采取坚决有力的措施，没有抓紧生产整社、救灾防荒和进行政治思想工作，而是采取“硬压”的方法，结果造成紧张一时的闹事浪潮。有鉴于此，杨心培提出如下处理意见：一、组织力量进行系统的经济政策的调查研究，逐步地调整国家与合作社的关系。二、调整合作社内部关系，合作社规模不要太大，要加强合作社的财务管理。三、必须坚决地贯彻执行阶级政策，从政策上和组织上把贫农、下中农团结起来，坚持向富裕农民的自发资本主义倾向作斗争。四、开展大规模的农村宣传工作，对广大干部和群众进行社会主义的教育。中共中央的批示完全同意杨心培的分析，并指出，像仙居县这样的现象，并不是个别存在的，应该引起严重注意。

8月15日—24日　上海市第二届人民代表大会第二次会议举行预备会议。中共上海市委书记柯庆施在会上作了《深入反对右派斗争，开展全民性整风》的报告。会议对上海市人民代表和列席人员中的右派分子，如彭文应、陈仁炳、孙大雨、陆诒、王造时、许杰等进行了揭露和批判。

8月17日　中共中央转发中共北京市委《关于反右派斗争情况的报告》。据《报告》反映，到8月7日止，全市已发现右派分子7 511人，已在不同范围内重点批判3 529人，占右派总数的47%。全市有极右分子1 257人，占右派总数的16.7%。全市已登报的极右分子135人，近日又决定增加55人。北京市各高等学校共发现右派分子4 230人，占高校总人数113 213人的3.74%，其中极右分子1 125人，占右派分子总数的26.6%。教授中右派分子192人（其中极右分子85人），占教授总数1 390人的13.8%，其中重点批判108人，占教授总数的8%。

同　日　教育部发出通知，决定在中学和师范学校设置政治课。通知认为，政治课在学校全部思想政治教育中有着各科教学和课外教育所不能代替的独特的任务。

8月18日　《人民日报》报道农工党的反右派斗争情况。中国农工民主党的反右派斗争自7月3日揭发章伯钧、黄琪翔、李伯球右派领导集团，建立了以季方等为核心的领导机构以后，据不完全统计，到目前为止，从中央到地方组织已先后揭发出右派骨干分子117人。

8月21日　国家经委提出关于改进计划工作制度的初步意见。国家经委认为，我国现行的计划工作制度，基本上是符合我国社会主义经济建设有计划按比例发展和实现国家的总路线及各种方针政策要求的。但是，存在着集中过多和控制过严的问题，不能充分发挥各部、各地方、基层单位的积极性。改进计划工作的基本要求是，使计划工作既能保证国家对于国民经济的发展进行全面规划和统一领导，又能充分发挥各部、各省、市、自治区人民委员会以及基层单位的积极性。改进计划工作制度的具体原则是：一、“大计划、小自由”的计划工作制度。对国民经济有重大意义的工农业主要产品产量、基本建设总投资额、重大建设单位、职工总数、平均工资以及各项主要事业的发展，由国家统一平衡和控制。对于不需要全国统一平衡的一部分产品产量、一部分建设单位和一部分事业的发展，可以由各部、各省、自治区、直辖市按照国家规定的方针政策和社会需要的情况进行平衡安排。还有一部分产品可由生产企业按照原料和市场的情况进行生产，一部分经济活动由基层单位根据实际情况的变化，自行安排，作为经济的补充。二、实行分级管理，层层负责的制度。国民经济计划，在国家统一领导下，分为国务院管理的计划指标，各部、省、自治区、直辖市管理的指标，以及基层单位自行管理的指标。国务院管理的指标，分为3类：第一类为指令性指标，由国家控制，必须保证完成；第二类为参考性指标，由国务院下达给各部、省、区、市参照执行，在执行过程中可视实际情况进行调整；第三类为计算性指标，由各部、省、区、市上报国务院审查计划，供平衡计算时分析研究时参考。三、简化程序，简化不必要的表格，加强各级计划机关的综合平衡和调查研究工作。

8月22日　全国工会积极分子代表会议在北京开幕。这是我国工会第一次交流和总结工作经验的会议。出席会议的代表有1 062人。会上，中华全国总工会主席赖若愚致开幕词，中共中央书记处书记、中共中央工业部部长李雪峰作《关于在工矿交通企业中层开整风运动和进行社会主义教育的报告》。

同　日　根据国防部命令，中国人民解放军高等军事学院以原军事学院战役系为基础在北京成立。刘伯承任院长兼政治委员。1958年3月1日举行开学典礼。高等军事学院的任务是，训练中国人民解放军陆、海、空军正师职以上的军事、政治、后勤干部，高级参谋及军事理论人员，提高马克思列宁主义的政治、军事理论水平和组织指挥现代化的诸兵种合成军队作战的能力。

8月24日　上海新民报社社长赵超构在上海新闻工作者座谈会第八次会议上作检查。检查对他自己前一时期的“资产阶级办报路线”作了系统的检讨。他说，他所犯的资产阶级办报路线的错误有以下几个方面：第一，“削弱了党对报纸的领导”；第二，“资产阶级的纯技术观点”；第三，“专家办报思想抬头”；第四，“盲目提倡趣味”。

8月25日　中共中央发出《关于反对资产阶级右派斗争中应注意的事项的通知》。《通知》指出，反右派斗争已经取得了伟大的胜利，各地的斗争发展大致是健康的。但是，有两种已经表现出来的不适当的办法必须避免。一种是，从追究历史问题转到简单地追究同国民党和帝国主义特务的关系。另一种是，追究右派分子龌龊的私人生活。这两种做法，都妨碍从政治上、思想上对人民进行教育，必须加以避免。

8月26日　周恩来、陈云在北戴河国务院常委会上谈国家建设和发展的有关问题。周恩来讲话的主要内容：一、第二个五年计划建议的缺点是同中国情况和中国特点结合不够，从6亿人民出发不够。要考虑我们的家底薄，吃穿困难。目前86%的人口集中在40%的土地上，少数民族的人口很少，但土地占60%，这就是建设社会主义的艰巨性。基本建成社会主义，看来还要4个五年。社会主义改造的巩固，也需要很多的时间，各项事业的安排，都要考虑人多、地少和国穷的情况，建设中要紧紧抓住农业这一环节来建立工业。二、农业增产主要靠肥料、水利、化肥作用大，水利要综合搞。第一个五年计划的水利的综合考虑不够。粮食1962年只能到4 600亿斤和4 800亿斤，订稳点，超额完成好。三、工业发展是个内部安排问题。第一个五年计划期间原材料是落后了；机械与冶金的投资比例如何，还要研究；动力、燃料、交通是先行的，应该让它先行，才能保证其他发展，但是铁路应修的未修，应迟修的早修了。要发展农业，不仅要发展动力工业，化学工业也要突出；原子弹、导弹、无线电、航空不可没有，也不能多有。陈云在会上的发言中提出三点意见：一、中国人多是个最大的矛盾，必须提倡节育，中央和省市都要成立委员会，大力宣传；20年以后才能见效，要提倡晚婚。二、抓农业生产，关系到6亿人的吃饭问题。看来，每人平均的农产品有下降的趋势，人口增加，就业增加，购买力增加。农业需要七八年，十来年才能见效。合作化只是给发展农业创造了条件，还不能解决根本问题，基本上还是要靠化肥和小型水利。三、过去是先算购买力后算物资消费，以后要先看物资供应，然后再安排购买力。

同　日　李维汉就工商界整风问题发表谈话。中共中央统战部部长、国务院第八办公室主任李维汉在谈话中，勉励工商界在政治上过好社会主义这一关。他说，我们现在正在进行一次政治战线上和思想战线上的伟大的社会主义革命运动。这次革命运动是以全民性的大辩论的形式来进行的，中心问题是要辨明资本主义和社会主义两条道路谁劣谁优，何去何从。李维汉指出，资本主义经济在我国社会主义革命以前和以后的地位具有本质的区别。在社会主义革命以前，资本主义经济具有有利于国计民生的积极性一面和不利于国计民生的消极性一面。在社会主义革命已经取得生产资料所有制方面的决定性胜利以后，资本主义经济就不再具有积极性了。在这种情况下，如果继续坚持资本主义立场，企图恢复资本主义经济，那就是企图使历史倒退，那就是一种反动的立场。这种立场不仅是反社会主义的，而且是同爱国主义的立场不相容的，因此，必须在工商界进行一次深刻的整风运动，辨明社会主义和资本主义两条道路的大是大非问题。李维汉最后号召工商界人士，“听毛主席的话，跟共产党走，走社会主义道路”。

8月31日　“亚洲电影周”在北京举行开幕式。应邀前来参加的有印度尼西亚、叙利亚、越南、日本、巴基斯坦、柬埔寨、朝鲜、泰国等国的电影代表团。周恩来总理出席了开幕式，并在开幕式前接见了各国电影代表团。

9月1日　《人民日报》发表长篇社论：《为保卫社会主义文艺路线而斗争》。社论说："在政治战线和思想战线上全面反击资产阶级右派分子的斗争中，文学艺术界揭发了丁玲、陈企霞、冯雪峰、江丰、钟惦棐等人的反党活动。这是一场辨明大是大非的原则性的斗争，是党的社会主义文艺路线跟反党、反社会主义的文艺路线的斗争。"

9月2日　中共中央发出《关于严肃对待党内右派分子问题的指示》。《指示》说，随着反右派斗争的全面深入展开，党内的右派分子也更多地暴露出来。据统计，目前已发现党内右派分子约3 000人。他们多数是解放前后入党的，有不少是有一二十年党龄的老党员。这些党内右派分子的暴露，是这次反右派斗争的很大成绩，这对于我们党的巩固和纯洁，具有重大的意义。但是，现在有些同志在反对党内右派分子的斗争中，存在着比较严重的温情主义，往往姑息宽容，不愿意把他们划为右派。这是完全错误的。《指示》指出，对于一个党员应否划为右派分子，应采取非常慎重的态度。但是，既然他的言行同党外右派分子一样，就没有理由不根据一视同仁的原则，把他同样划为右派分子，并与之进行坚决的斗争。因为这种党内右派分子，他们的党龄愈长，职位愈高，对党的危害就愈大。因此，对那些同党外右派分子政治面貌完全相同的人，决不应该因为他们是党员而有所宽容，决不应该漏掉真正的党内右派分子。

9月3日　《光明日报》发表民盟中央常务委员萨空了在民盟中央整风座谈会上的发言摘要：《罗隆基反共集团的一批密信》。摘要披露了1951年2月—1957年6月间罗隆基致潘大逵、范朴斋等人的信件17封。萨空了说："罗隆基解放后主要的干了什么？简单的一句话，就是他组织了一个反共阴谋集团，有组织、有纲领、有计划地进行了一系列的反共反人民反社会主义的罪恶活动，最近更与章伯钧结成联盟，借帮助党整风的名义，猖狂向党进攻。"

9月4日　中共中央发出《关于在工人、农民中不划右派分子的

通知》。《通知》指出：在农村中，对于地主、富农、反革命分子和其他坏分子，不要叫右派分子。富裕中农的资本主义思想应当批判，不要戴右派分子的帽子。工厂中科室以上的干部和技术人员可以划右派分子，在工人中则只定先进、中间、落后的界限，不作左中右的划分。是阶级异己分子、反革命分子、流氓分子、坏分子的，可按各人具体情况加以确定，但一律不用右派分子的名称。工人、农民中已经划了右派分子的，应当改正。

同　日　国务院举行常务会议讨论黄金生产的问题。会议讨论了冶金工业部和中国人民银行《关于目前黄金生产情况的意见的报告》，并发布了《关于大力组织群众生产黄金的指示》。《指示》说，近年来国家黄金生产萎缩。今后要采取一切必要的措施大量增产黄金，而发动群众、组织群众从事挖金、淘金是目前发展黄金生产的可靠方法。为了鼓励黄金生产，对群众采金一律免税。国家对群众中采金成本过高、资金缺乏的，要给予必要的补助和贷款。

9月5日　周恩来在国务院座谈会上就劳动工资问题作报告。周恩来指出，在劳动工资方面要考虑国情，要从6亿人民出发统筹安排，就是要把积累与消费、建设与生产安排好，要实现建设、就业、生活三者相结合。他指出，目前劳动工资方面存在的突出的问题是：一、许多劳动工资制度，不是从6亿人民出发，而是从2 400万人（指全民所有制职工人数——编者）出发。二、许多规定刺激了人口增长，特别是城市人口的增加。不是鼓励人们上山下乡，而是鼓励人们进城。三、注意城市建设多，注意农村建设不够。四、照搬苏联经验，而结合中国实际情况不够，有些标准搞高了。

9月6日　陈云在全国粮食工作会议上作《重视粮食工作》的报告。报告指出，全党必须重视粮食工作。粮食工作是一项关系全国人民切身利益的重要工作。我们既要向5亿多有余粮的农民征购粮食，也要向1亿城镇居民供应粮食。这一工作同全国每一个人都有切身的利害关系。粮食分配同农业生产直接相关。粮食统购统销搞得好，对农业生产有刺激作用，搞得不好，对农业生产不利。因此，在粮食分配中要照顾国家和农民两方面的利益。粮食是稳定市场、保证建设的最主要的物资。市场是否稳定，主要看粮食局势和粮食价格是否稳定。由此可见，粮食工作不仅是一项单纯的经济工作，而且是一项重大的政治工作，全党必须把它放在重要的位置上。

9月7日　周恩来总理在北京接见以华伦·麦肯纳为团长的美国青年代表团。在亲切、友好、直率的气氛中，周恩来总理回答了美国客人提出的各种问题。周恩来说：“中美两国人民在过去很长时间内彼此来往得很多。最近这个时期中断了。这次你们一来就来了41位，你们做了打开两国人民往来的先锋。中国人民和中国政府欢迎你们这种友好的访问。”关于台湾问题，周恩来说，台湾是中国的，中国要怎样解放台湾，是中国的主权，是中国人民自己的事情。中国不可能在美国的武力威胁下，答应美国说中国在台湾不使用武力。关于中国在联合国的地位问题，周恩来说，中国是联合国的发起国之一。现在坐在联合国的是不能代表6亿中国人民的台湾蒋介石集团，它不是真正的中国政府。所以放在联合国面前的问题是恢复中国在联合国的地位问题。

9月8日　中共中央发出《关于自然科学方面反右派斗争的指示》。《指示》说，科学界的高级知识分子，是资产阶级右派和我们夺取领导权的一个重要方面。因此，在科学界高级知识分子中间，必须认真严肃地开展反右派斗争，决不能有温情主义。但要区别社会科学和自然科学的不同情况，对于那些有重大成就的自然科学家和技术工作人员，除个别情节严重非划不可者外，应一律采取坚决保护过关的方针；对有较高科学成就的，不可轻易划为右派，必须划的，也应“斗而不狠”、“谈而不斗”；对于在日内瓦会议后争取回国的欧美留学生，一般要“不排不斗”。

9月9日　中共中央、国务院发出《关于今年国庆节前后几起国宾访问我国的通知》。《通知》中谈及中国和南斯拉夫关系问题，《通知》说：南斯拉夫是一个社会主义国家，中南两国建交后关系已有所增进。近来南斯拉夫同苏联的关系也有了些改善。但是，南斯拉夫领导上的修正主义和民族主义的思想和作风，却是我们所不同意的。他们表示不能接受《再论无产阶级专政的历史经验》一文中的一些基本论述。不过这些并不妨碍我们两国关系的增进。

9月9日—21日　中国妇女第三次全国代表大会在北京举行。蔡畅在会议的开幕词中说："我们这次大会的议程是：总结4年来的工作，确定今后妇女工作的任务；根据新的形势和工作经验，修改我们妇联的章程，选举第三届妇联执行委员会。""大会的主要任务，就是要进一步团结和动员全国妇女为建设社会主义祖国而奋斗。"中共中央副主席朱德在会上致祝词，中华全国民主妇女联合会主席宋庆龄、何香凝在会上讲了话。国际民主妇女联合会副主席帕莫耶·鲍斯等外国友人出席了会议。章蕴代表全国妇联向大会作《勤俭建国、勤俭持家，为建设社会主义而奋斗》的报告。报告指出：解放后我国妇女的地位获得了极大的提高，到1956年底约有1.2亿农村妇女，150余万女手工业者和300余万女职工，同男同胞一样战斗在社会主义建设的各条战线。在基层人民代表中有100多万女代表，占20.3%，在全国人民代表大会代表中有148名妇女代表，占12%，女知识分子（高校教授、讲师、助教）由1952年的2 319人，增加到1956年的11 207人。高校女生1957年达100 374人，占学生总数的24.6%。婚姻、家庭、母亲、儿童受到了全社会的保护。会议讨论和通过了《中华人民共和国妇女联合会章程（草案）》，揭发批判了丁玲、陈企霞、刘王立明等女右派分子。邓颖超在会上致闭幕词。会议选举了中华人民共和国妇女联合会第三届执行委员会。9月21日，全国妇联第三届执行委员会第一次会议选举宋庆龄、何香凝为名誉主席；选举蔡畅为主席，邓颖超、李德全、许广平、史良、章蕴、杨之华、刘清杨、康克清为副主席；选举罗琼为全国妇联书记处第一书记，田秀涓、曹孟君、董边等为书记。

9月10日　中共中央发出《关于死刑案件审批办法的批示》。《批示》规定，省、市、自治区人民法院所辖一切死刑案件，仍按法院组织法规定，由高级人民法院审核或判决，报最高人民法院核准。其中应报请省、市、自治区党委批准的，高级法院必须报批，再报最高法院核准执行。如检察、公安机关或被告有不同意见，高级法院报最高法院核准时，应将不同意见附报。对需要在判决后迅速执行的死刑案件，可由高级法院和省、市、自治区党委、人委联名报告中央、国务院和最高法院，最高法院根据电报迅速核准。

同　日　外交部就香港英国当局继续在九龙地区强迫中国居民迁移和拆毁房屋事件，再次向英国政府提出严重的抗议。

9月11日　《人民日报》发表中共中央组织部部长安子文的文章：《接受教训，增强党性》。文章根据对北京、安徽两地的129个党内右派分子的分析，认为党内右派分子反党大致有以下几种原因：一、本人出身于地主、富农、资产阶级家庭，坚持反动立场，或者他们本人的亲属被镇压、被管制、被斗争，因而对党怀有强烈仇恨。属于这类的计有67人，占52.1%。二、本人历史不清楚，社会关系复杂，在肃反中被斗争，或者被审查，或因犯过严重错误而受过党纪处分，因而对党严重不满。属于这类的有26人，占20%。三、由于本人入党动机不纯，严重的个人主义没有得到满足。属于这类的有32人，占24.8%。四、由于政治觉悟很低，立场模糊，是非不分，在党外右派分子的猖狂进攻下，投降叛变，堕落蜕化成为右派分子，属于这类的有4人，占3.1%。

9月12日　中共中央发出《关于在企业中进行整风和社会主义教育运动的指示》。《指示》要求各企业的领导，用大字报、辩论会、批评和自我批评的方式，进行整风和社会主义教育运动，放手发动工人群众提意见，边整边改。特别是对一些重要问题，要组织群众讨论，以提高他们的社会主义觉悟。在整风期间，保持正常的生产秩序，做到整风和生产两不误。

同　日　中共中央发出《关于农村举行社会主义大辩论中侨区应当注意的几项问题的指示》。《指示》说，各地侨区在社会主义大辩论中，党、政部门应尽可能缩小打击面，集中打击反攻倒算分子。能不戴地、富帽子的就尽可能不戴，尽可能不进行大会斗争。对情节严重的分子，彻底批判后不登报，对国外也不发消息。

9月13日　国务院第八办公室发表《向工商界报告处理工商界有关问题意见的初步结果》的报告。报告说，国务院第八办公室于9月13日邀请民建中央委员会和全国工商联执行委员会举行联席会议。

会议认为，1957年5月间召集工商界人士座谈会，会上除少数别有用心的右派分子恶毒地向党进攻外，大多数的批评和意见是正确的、善意的，当时就成立了3个小组作了深入的研究，现在有些问题已经解决。报告还就工商业的有关问题提出了具体意见：一、关于公私合营企业清产核资遗留问题，按国务院1956年2月11日颁布的《关于公私合营企业实行公私合营的时候对财产清理估价几项主要问题的规定》，一般不再作变动。但个别企业需特殊照顾的，可适当提高定息息率，从1956年1月1日起计算。二、对于已经裁并并改组的华侨企业，如果有一定数量的华侨投资，仍可加挂原来厂、店的牌号和注册商标，以便利对外贸易。

9月14日　中共中央发出关于农业生产合作社问题的3个指示。3个指示分别为《关于在农业合作社内部贯彻执行互利政策的指示》、《关于整顿农业生产合作社的指示》和《关于做好农业生产合作社生产管理工作的指示》。两个指示要求各地农业生产合作社继续进行一系列整顿工作，如整顿干部作风，调整社队组织，统筹安排社员的劳动和收入，改善生产管理等。组织规模应该照顾地区条件、经济条件、居住条件和历史条件，容许有各种差别，而不应该千篇一律。多数情况下，一村一社比较适当，大村可以一村数社，距离近的小村可数村一社。生产队是合作社的基本生产单位，一般以20户左右为适宜。农业生产合作应实行统一经营、分级管理原则，切实建立集体和个人的生产责任制，普遍推行生产队“三包一奖”（包工、包产、包财务、超产奖励）的制度。在劳动方式上，合作社必须坚持集体劳动的根本原则。必须充分利用社员的一切劳动力，合理分配社员的工作。按照各地具体条件，也可推行“包工到组”、“田间零活包到户”等办法。整社工作应从现在起到1958年春耕以前逐步进行。不久，上述报告提出的责任制形式受到毛泽东等人的批评、制止。

9月15日　国务院副总理邓子恢在第四次全国农业工作会议上作总结报告。邓子恢传达毛泽东的指示说：“巩固合作社是全党当前最重要的任务。”第一个五年计划完成了合作化，第二个五年计划必须把合作化巩固起来。如何巩固呢？就是要贯彻执行农业发展纲要

40条。对此，邓子恢提出了四点意见。一、改进生产管理。这是当前保证农副业增产、巩固合作社的主要关键之一。改进生产管理的目的在于充分发挥所有社员的劳动积极性和创造性，做到“人尽其才”，既增加劳动出勤率，又提高劳动效能。近一年来，各地都创造了一些比较好的管理制度，归纳起来就是“统一经营、分级管理、明确分工、个人负责”。二、要不断扩大再生产。这是巩固合作社的一个基本关键。扩大再生产的办法主要有两条，一条是扩大公共积累，另一条也是最根本的一条，就是动员社员多出基建劳动日。三、要正确贯彻执行合作社的经营方针。合作社的经营方针应当是：1. 优先发展粮食生产，同时发展多种经济。2. 勤俭办社，勤俭持家，要同一切游手好闲的现象进行斗争，反对铺张浪费。3. 要善于经济核算，多举办一些投资少、收效快、收益多的生产。4. 合作社的计划必须和国家的计划相衔接。四、要贯彻阶级路线。当前党在农村中的阶级路线仍然和发展合作社时一样，是依靠贫农（包括原来是贫农的下中农），牢固地团结中农。经验证明，坚决拥护合作社的是占农村人口60%~70%的贫农、下中农，这是合作社过去能够办起来和今后能够巩固的最根本的社会基础。

9月16日　国画艺术家齐白石逝世。齐白石，1864年生，原名纯芝，后改名璜，字濒生，号白石，湖南湘潭人。幼年家贫，曾为木工。但刻苦习画，后以卖画、刻印为生。1919年避战乱到北京，遂定居。60岁后画风发生重要变化，融合传统写意画和民间绘画的表现技法，形成独特风格，其创作的山水、花鸟、虫鱼、人物等都达到很高的造诣。1927年任北京艺专教授。抗日战争时期曾拒绝日本侵略者诱逼其加入日本国籍的“邀请”。中华人民共和国成立后，1953年1月，文化部授予“人民艺术家”的称号。曾任中国美术家协会主席，中国文联主席团委员，全国人大代表。1955年曾获国际和平奖金。作品有《齐白石画选》、《白石画稿》等。

9月18日　《人民日报》发表社论：《这是政治战线上和思想战线上的社会主义革命》。社论指出：我国人民群众反对资产阶级右派分子的斗争的任务，是为了在政治战线上和思想战线上彻底完成社会主义革命。这个革命是1956年达到高潮的生产资料所有制方面的社会主义革命的必不可少的补充和必不可免的继续。我们所说的社会主义革命，许多时候叫做社会主义改造。在1956年，在经济制度方面，即在生产关系方面，主要是在生产资料所有制方面的社会主义改造，基本上完成了，人的改造则没有完成。而资产阶级右派分子则坚决地反对这种改造。社论在批判了资产阶级右派分子以后说，目前的反右派斗争已经发展成为全民族性的斗争。这场斗争对于粉碎右派，教育中间派和社会上的一切人，都具有伟大的决定的意义。当然，一次斗争不能解决一切问题。为了完全解决问题，还需要一个相当长的时间。社论最后说，在经济战线上，在生产资料所有制方面的社会主义革命的胜利，使我们有更好的条件来进行政治战线上和思想战线上的社声主义革命；而政治战线上和思想战线上的社会主义革命的胜利，又将反过来促进和加强经济战线上的社会主义革命，加速现代化的工业基础和现代化的农业基础的建立，从而也就能够建成完全巩固的社会主义。

同　日　中国科学院院长郭沫若在中国科学院召开的座谈会上作题为《社会科学界反右派斗争必须进一步深入》的讲话。郭沫若在讲话中再一次对6月9日《光明日报》上发表的“章罗联盟提出的反社会主义科学纲领”提出的在社会科学方面的影响进行批判，并点名批判费孝通的所谓“恢复旧社会学”的观点。在此之前，中国科学院历史三所已经开始了对荣孟源的揭发和批判。

9月20日　湖南省湘西土家族苗族自治州经国务院批准正式成立，石邦智（苗族）当选为州长。

9月20日—10月9日　中国共产党第八届中央委员会第三次全体会议(扩大)在北京举行。出席这次会议的有中共中央委员91人，候补中央委员62人。各省、直辖市、自治区的党委第一书记，各地委第一书记，直辖市的区委书记以及中央各部门的党的负责工作人员416人也参加了这次会议。会议听取和讨论了邓小平作的关于整风运动的报告，陈云作的关于改进国家行政管理体制问题和关于农业增产问题的报告，周恩来作的关于劳动工资和劳保福利问题的报告。

会议基本通过了《1956年—1967年全国农业发展纲要（修正草案）》、《关于改进工业管理体制的规定（草案）》、《关于改进商业管理体制的规定（草案）》、《关于改进财政体制和划分中央与地方对财政管理权限的规定（草案）》以及《有关工人、职员的劳动工资和劳保福利问题的规定（草案）》。讨论整风运动和反右派斗争的方针政策和具体部署，是大会的主要任务。邓小平在《关于整风运动的报告》中指出，从1957年5月开始的整风运动和反右派斗争，8月份以前主要在省市以上党政机关、大专学校、民主党派、新闻出版界、科学技术界、文艺界、卫生界中进行。8月份以后逐步向工人、农民、工商界、中小学教职员展开。军队也同时开展了整风运动。这一次批判资产阶级右派的意义，不要估计小了。这是一个在政治战线上和思想战线上的社会主义革命。这个运动要解决敌我之间和人民内部的两种不同性质的矛盾。在我国社会主义革命时期，资产阶级反动右派和人民的矛盾是敌我矛盾，是对抗性的不可调和的你死我活的矛盾。事实证明，资产阶级右派对于社会主义道路和共产党领导的进攻，是极为猖獗，极为狠毒的，他们是有纲领、有组织、有计划的，他们的目的是要使资本主义和反动统治复辟。《报告》同时指出，在对右派分子作出处理时要十分慎重，原则上应该是严肃和宽大相结合。政治上思想上要斗透，处理上则不宜过分，要防止打击面过宽和简单粗暴的危险。在会议的讨论中，对于一些具体问题特别是对于我国社会基本矛盾的提法出现了分歧。对于这些问题，毛泽东在大会的最后一天所作的《做革命的促进派》的讲话中，作了明确的回答。他对中共"八大"决议中关于我国社会主要矛盾的论述提出了异议，认为应该回到党的七届二中全会的提法。毛泽东断言："无产阶级和资产阶级的矛盾，社会主义道路和资本主义道路的矛盾，毫无疑问，这是当前我国社会的主要矛盾。"又说："'八大'决议上有那么一段，讲主要矛盾是先进的社会主义制度同落后的社会生产力之间的矛盾。这种提法是不对的。"毛泽东的这个讲话，还对中共中央在1956年采取的纠正冒进倾向的正确方针提出了批评，认为反冒进"扫掉了多、快、好、省"，"扫掉了农业发展纲要四十条”，“扫掉了促进委员会”。毛泽东还充分肯定了“大鸣、大放、大辩论、大字报”，即所谓“四大”。他说，今后“大是大非也好，小是小非也好，革命的问题也好，建设的问题也好，都可以用这个鸣放辩论的形式去解决，而且会解决得比较快”。此后，“四大”被广泛运用于各种运动和斗争之中。

9月24日　陈云在中共八届三中全会上作《关于改进国家行政管理体制问题的报告》。报告主要内容为4条：一、中央某些职权下放以后，必须加强各个地方的平衡工作。体制改变以后，地方更可以因地制宜地办事。但必须加强全国的平衡工作。二、地方要切实掌握资金的投放方向，地方大部分的钱，应该投向与农业生产有关的方面。三、财政体制一经改变，必须建立相应的财务管理制度。四、中央和地方各种分成制度，基本上3年不变；但执行1年以后，如果有不适当的地方，应该有局部的调整。分成要有个限度。3年之内，地方财政分成不超过30亿至36亿元，外汇分成不超过4 500万到5 000万美元。这两个数字的规定是必要的。但数目再多，便会影响全国的重点建设。

同　日　中共中央、国务院发出《关于今冬明春大规模地开展兴修农田水利和积肥运动的决定》。《决定》说，为了更好地迎接第二个五年计划的到来，实现进一步发展农业生产的需要，一定要在今年冬季，大力开展一个大规模的农田水利建设和积肥运动。这个运动应该成为随着目前农村社会主义教育高潮到来的生产高潮的主要组成部分。《决定》要求，要根据农田水利条件，切实贯彻执行小型为主，中型为辅，在必要和可能的条件下兴修大型工程的水利建设方针：要根据各地不同条件和现有经验，做好水利建设规划；要加强领导，加强技术指导；要正确贯彻执行农田水利的有关政策，解决好水利纠纷、水利经费和器材准备等问题。此外，还要做好今冬明春的造林工作。自此以后，全国范围内很快形成了群众性的农田水利建设高潮。

9月26日　中央领导观看大字报。新华社报道：中共中央副主席刘少奇、周恩来、朱德、陈云，总书记邓小平和在北京的中共中央委员、候补委员72人，在整风运动进入高潮期间，曾分别到首都40多个国营工厂企业观看大字报。

9月27日—10月5日　以卡达尔·亚诺什总理为首的匈牙利人民共和国政府代表团访问中国。访问期间，毛泽东主席接见了卡达尔总理和匈牙利政府代表团。以周恩来总理为首的中国政府代表团同匈牙利政府代表团进行会谈，并发表了联合声明。联合声明说，中国政府完全支持匈牙利工农革命政府为巩固无产阶级专政和维护社会主义制度所采取的坚定措施。双方认为，社会主义国家之间的团结是世界和平和人类正义事业的坚强保证。双方保证将为进一步加强社会主义国家间的友好合作关系，巩固以苏联为首的社会主义各国的团结而继续努力。

9月29日　我国第一座天文馆——北京天文馆开幕。馆内的天象仪，能预算千万年后的天象，也能重演过去的天象。

9月30日　周恩来总理举行盛大招待会，庆祝中华人民共和国成立8周年。应邀出席招待会的有来自50多个国家的外宾，以及各国驻华使节和外交官员等1 800多人。

10月1日　北京市举行盛大阅兵式和50万人大游行，庆祝中华人民共和国成立8周年。毛泽东主席、朱德副主席、刘少奇委员长、周恩来总理和各国贵宾在天安门检阅台上检阅中国人民解放军部队和群众游行队伍。晚上，毛泽东、刘少奇、周恩来等在天安门城楼接见各国贵宾，并观看焰火。

同　日　国务院发布《关于编制1958年度国民经济计划草案的指示》。《指示》认为，1957年我国国民经济有了很大的发展，但也暴露了一些较突出的问题。首先是农业生产仍落后于国民经济其他部门，特别是落后于工业发展和人民生活改善的需要；其次是原材料、燃料、化学工业仍不能满足工农业生产的需要；第三是新产品、新资源开发落后于国民经济发展的需要；第四是增产节约的潜力还很大，勤俭建国的方针还要继续大力贯彻执行。对1958年计划草案的安排，《指示》提出：一、要想尽一切办法，促进农业增产，要求粮食（不包括大豆）达到3 960亿斤，棉花达到3 250万担。二、工业生产必须有进一步的增长，1958年工业总产值比1957年预计增长8%以上。三、基本建设投资总额初步定为116亿元。四、同经济发展相适应，人民生活将有一定的改善。职工工资总额将比1957年预计增长4%，农民购买力增长6.4%。五、文教卫生和科学研究事业，应该在巩固和提高质量的基础上稳步地发展。六、继续开展增产节约运动，继续贯彻执行勤俭建国的方针，是编好1958年国民经济计划的关键。《指示》要求各部和各省、自治区、直辖市立即抓紧时间编好1958年度计划草案，报送国务院。

同　日　《人民日报》刊载国家计委负责人谈第一个五年计划执行情况和成就。国家计委负责人说，我国的第一个五年计划所规定的基本任务和各项具体任务已胜利完成。到现在为止，除少数指标以外，绝大多数指标都已经完成或超额完成。经过第一个五年计划，我国的国民经济已经发生了巨大的深刻的变化。首先，是国家提前和超额完成了对农业、手工业和资本主义工商业的社会主义改造的任务。1956年，在全国范围内，农户已有96.3%、手工业者有92%实现了合作化，资本主义工商业几乎全部实现了公私合营。由此，我国的国民经济已经基本上由多种成分转变为单一的社会主义成分，这样就基本上结束了我国几千年来的阶级剥削制度的历史，确立了社会主义的经济制度。其次，我国在社会主义建设方面也取得了十分显著的成绩。作为五年计划中心的工业基本建设，按投资额计算，5年合计将超额完成计划5%以上。以苏联帮助我国设计的156项为骨干的限额以上的工业建设单位，5年内开始施工的共825个。其他经济建设都取得了巨大的成绩。再次，我国的第一个五年计划采取了发挥原有企业的生产潜力来加速新企业建设的方针。由此，我国工农业生产和运输达到了很高的速度。工业总产值，已经为1952年的223.4%，平均年增长速度为17.4%，为原计划的112.7%。1957年农业总产值为1952年的126.4%，平均年增长速度为4.8%，为原计划的102.5%。在运输方面，1957年铁路运货量为1952年的193.8%，平均每年增长速度为14.1%，为原计划的104.3%。

10月5日　新华社报道：世界最高的公路——新藏公路建成。公路从新疆维吾尔族自治区南部叶城起始，越过昆仑山和冈底斯山，到西藏高原阿里地区的噶大克止。公路从1956年3月动工，历时19个月建成，全长1 179公里，其中有915公里在海拔4 000米以上，有130公里在海拔5 000米以上，最高点海拔5 500米。

10月6日—9日　1957年全国田径运动会在南京市五台山体育场举行。解放军男队以222分获得男子团体总分第一名。四川女队以113分获得女子团体总分第一名。

10月8日　中国人民解放军海军军事学院在南京举行成立典礼。方强任院长兼政治委员。海军军事学院的任务是，培养熟悉掌握现代海军诸兵种协同作战与训练知识的德才兼备的军政干部。1960年10月，该院更名为中国人民解放军海军学院。

同　日　新华社报道：我国第一个天然石油基地——玉门油矿基本建成。经数年建设，玉门油矿已经成为一座拥有地质勘探、钻井、采油、炼油、机械修配、油田建设和石油科学研究等部门的大型石油联合企业。

10月11日　中华人民共和国政府和保加利亚人民共和国政府在北京发表联合声明。联合声明指出，双方讨论了有关当前国际形势、加强社会主义国家团结合作和进一步发展中国和保加利亚友好关系各个方面的问题。双方对所讨论的问题具有完全一致的看法。以保加利亚人民共和国部长会议主席安东·于哥夫为首的保加利亚政府代表团，在访华期间受到毛泽东主席的接见，并同以周恩来总理为首的中国政府代表团举行了会谈。

同　日　国务院发布《关于粮食统购统销的补充规定》。补充规定主要内容为5条：一、国家计算和核定农业社和单干户粮食征购或供应数量时，1955年国家核定的粮食定购数量不得减少，定销数量不得增加。二、国家对余粮和自足的农业社和单干户，必须增购一部分粮食，对缺粮的农业社和单干户，必须减销一部分粮食。国家增购的数量，一般应为增产部分的40%。三、国家在核定农业社的粮食征购或供应数额时，不能因分给社员自留地而减少。四、关闭粮食市场，由国家粮食机构在可能范围内，帮助农业社和农民进行粮食品种的调剂。五、城市居民口粮标准偏高的地方，应把标准合理地降低。

10月12日　中共中央批示在船员中不划分右派。中共湖北省委9月30日向中共中央请示时提出：大小船只上的船员概以不扣右派帽子为好。对此，中共中央表示原则同意，并指示：在普通船员中，同工矿企业工人一样，不划右派，不用右派名称；在高级船员中，一般也不划右派。但个别情节严重者，可戴右派分子帽子。

10月13日　毛泽东召开最高国务会议第十三次会议。朱德副主席、刘少奇委员长、周恩来总理，以及共产党、各民主党派、无党派民主人士和各人民团体的负责人共61人参加了会议。会议主要讨论整风运动问题和全国农业发展纲要问题。会议对于修改后的全国农业发展纲要草案，同意召集全国人民代表大会常务委员会和人民政协全国委员会常务委员会的联席会议加以讨论，然后提交全国人民讨论。毛泽东在会上发表《坚定地相信群众的大多数》的讲话。他说："在全国总人口中间，大概有10%的人，是不赞成或者反对社会主义的，这里包括地主阶级、富农，一部分富裕中农，一部分民族资产阶级，一部分资产阶级知识分子，一部分城市上层小资产阶级，甚至个别的工人、贫下中农。6亿人口中的10%是多少呢？是6 000万人。""在不赞成或者反对社会主义的人里边，最顽固的分子，包括极右派，反革命，搞破坏的，大概有1 200万人。"并说："现在知识分子有500万人，资本家有70万人，加在一起，约计600万人，5口之家，五六就是3 000万人。"他说，虽然资产阶级知识分子有文化、有技术，但工人、农民要比他们高明得多。罗隆基不是讲过嘛，无产阶级的小知识分子就领导不了他这个小资产阶级的大知识分子。我看不仅是无产阶级的小知识分子，就是大字不认得几个的工人、农民，也比他罗隆基高明得多。"他还认为，"大鸣、大放、大辩论、大字报"是对无产阶级有利，对资产阶级不利，运用"四大"就"可以避免匈牙利那样的事件，也可以避免现在波兰发生的那样的事件"。

10月14日—20日　河北省水利、积肥积极分子代表会议在保定

市举行。会议确定，要在今冬明春掀起一个群众性的大规模的水利建设和积肥高潮，争取1958年生产粮食220亿斤、棉花7亿斤。国务院副总理薄一波、农业部部长廖鲁言和水利部副部长李葆华专程从北京赴会，并在会上讲话。

10月15日　中共中央发出《关于划分右派分子标准的通知》。《通知》指出，全国反右派斗争一般是进行得健康的，所划的右派分子，一般是适当的。但是也有划多了划少了的情况。无论是划多了或是划少了，都应该按照正确的标准及时予以改正。但是在右派划得多了，需要改正的单位，必须注意保护群众和积极分子的热情和正义感，不要使人产生“反右派斗争过火了”的错误印象。《通知》中附录的划分右派分子的标准分为下列三部分：一、凡言论、行动属于下列性质者，应划为右派：1. 反对社会主义制度，反对城市和农村中的社会主义革命，反对共产党和人民政府关于社会经济的基本政策（如工业化、统购统销等），否定社会主义革命和社会主义建设的成就，宣扬资本主义制度和资产阶级剥削。2. 反对无产阶级专政，反对民主集中制，如攻击人民政府的外交政策，攻击肃反斗争，否定“五大运动”的成就，攻击共产党和人民政府的人事制度和干部政策，要求用资产阶级的政治法律和文化教育代替社会主义的政治法律和文化教育，等等。3. 反对共产党在国家政治生活中的领导地位，如反对共产党对于经济和文化事业的领导，恶毒攻击共产党和人民政府的领导机关和领导人员，污蔑工农干部和革命积极分子等。4. 以反对社会主义和反对共产党为目的而分裂人民的团结，如煽动群众反对共产党和人民政府，煽动工农分裂，煽动各民族分裂以及煽动社会主义阵营各国人民之间的分裂等。5. 组织和积极参加反对社会主义、反对共产党的小集团，蓄意推翻某一部门或某一基层单位的共产党的领导，煽动反对共产党、反对人民政府的骚乱。6. 为犯有上述罪行的右派分子出主意，拉关系，通情报，向他们报告革命组织的机密。二、有下列情形之一者应划为极右分子：1. 右派活动中的野心家、为首分子、主谋分子和骨干分子。2. 提出反党反社会主义的纲领性意见，并积极鼓吹这种意见的分子。3. 进行反党反社会主义活动特别恶劣、特别坚决的分子。4. 在历史上一贯反共反人民，在这次右派进攻中又积极进行反动活动的分子。三、有下列情形之一者，其错误应予批评纠正，但不应划为右派分子：1. 在根本立场上并不反对社会主义和党的领导，而只是对于局部性的工作制度、共产党的个别组织或个别工作人员表示不满或工作中、学术性的问题等。2. 有过类似右派的思想，但并未发表过或散布过且已经认错的人。3. 对于社会主义的经济制度或共产党的领导发表了错误的言论，但并未积极宣传，事实证明不是出于敌意的人。4. 凡是界乎右派分子和中右分子之间的疑似分子，等等。中共中央的《通知》还指出，划分右派分子要有适当的手续。凡是各单位确定为右派分子的名单，必须报告县一级或县一级以上的党的领导机关审查批准。高级知识分子、重要民主人士中的右派分子和其他有特殊情况的右派分子的名单，必须报告省一级或省一级以上的党的领导机关审查批准。

同　日　中共中央发出《关于在少数民族中进行整风和社会主义教育的指示》。文件规定，应分别3种不同的情况在少数民族中进行整风和社会主义教育运动。第一种是已经实行社会主义改造的地区，第二种是已经完成民主改革并开始进行社会主义改造的地区，第三种是没有进行民主改革和某些不需要经过民主革命而直接向社会主义过渡的地区。在整风和"社教"运动中批判地方民族主义应作为一项重要内容。

同　日　中共中央发出《关于在中等学校和小学的教职员中开展整风和反右派斗争的通知》。《通知》说，全国中小学校现有教职员200多万人，其中大多数都是好人，但思想情况和社会成分很复杂。他们可以参加当地农村中的社会主义大辩论，采用机关整风的方法，利用寒暑假集中解决思想问题，做到整风和教学两不误。

同　日　武汉长江大桥建成。有关方面举行隆重的落成通车典礼。国务院副总理李富春、铁道部长滕代远分别致辞和讲话，并授予武汉长江大桥工程局苏联专家组组长康·谢·西林等10人以"感谢状"。武汉长江大桥自1950年1月开始测探、设计，1955年9月正式动工建设，历时2年零1个月。大桥全长1 155米（连同两端公路引桥总长1 670.4米）；投资1.37亿元，由铁路、公路双层组成。它的建成使武汉3镇联成一体，粤汉、京汉铁路随之贯通，对于发展武汉、华中乃至全国的经济具有重大意义。

10月18日　四个组织发表联合声明。中国人民保卫世界和平委员会、中国伊斯兰教协会、中叙友好协会、中埃友好协会发表联合声明，谴责和反对美帝国主义驱使土耳其阴谋发动侵略叙利亚战争的行为。同时表示，将全力支援叙利亚人民和阿拉伯人民抵抗侵略者的正义行动。

同　日　国务院举行第五十八次全体会议。会议讨论和通过了《1958年国家经济建设公债条例（草案）》和《中华人民共和国国境卫生检疫条例（草案）》，并将文件提请全国人民代表大会常务委员会审议决定。会议通过了《吉林省前郭尔罗斯蒙古族自治县人民代表大会和人民委员会组织条例（草案）》。会议批准了《国务院关于撤销四川省合川市和内蒙古自治区集宁县的决定》。批准了《国务院关于设置青海省玛沁县、玛多县和云南省楚雄彝族自治区的决定》。

10月22日　毛泽东主席发布命令，公布《中华人民共和国治安管理处罚条例》。《条例》共34条。

10月23日　第一届全国人民代表大会常务委员会举行第八十二次会议。会议原则批准了《国务院关于国家行政机关工作人员的奖惩暂行规定》、《奖惩条例》。规定奖励分为记功、记大功、授予奖品或者奖金、升级、升职、通令嘉奖等6种，惩戒分为警告、记过、记大过、降级、降职、撤职、开除留用察看、开除等8种。

10月25日　国务院举行第五十九次全体会议。会议讨论通过了《国务院关于高等学校和中等专业学校毕业生在见习期间的临时工资待遇的规定》、《国务院关于高等学校和中等专业学校毕业生中反对社会主义分子及其他坏分子在工作考察期间生活补助费的规定》。会议还分别听取了李先念副总理和公安部副部长周兴的有关说明，并通过了《国务院关于改进城市、工矿区猪肉供应的规定》和《中华人民共和国户口登记条例》。

10月26日　《人民日报》全文发表《一九五六年到一九六七年全国农业发展纲要》（修正草案）。纲要草案于1956年1月间由中共中央提出。经过近两年的实践，又作了一些修改和补充，提交全体人民讨论。中共中央在《关于组织全民讨论〈1956年—1967年全国农业发展纲要〉的通知》中，要求各级党委注意在全民中讨论一次《纲要》，目的在于认清方向，坚定信心，人人努力，改造中国。农村的讨论应在冬季，以便掀起一个生产高潮。《全国农业发展纲要》除序言外，共40条。《纲要》指出，社会主义工业是我国国民经济的领导力量。但是，发展农业在我国社会主义建设中占有极重大的地位。没有我国的农业，便没有我国的工业。发展农业可以有两条道路。一条是资本主义道路：让农业的命运掌握在地主、富农和投机商人的手里，极少数人发财而大多数人贫困和不断破产。一条是社会主义道路：让农民在工人阶级的领导下掌握自己的命运，共同富裕和共同繁荣。这两条道路的斗争在我国过渡时期中将长期地存在。但是，由于农业合作化的基本完成，我国绝大多数农民已经摆脱了前一条道路，走上后一条道路。今后的任务是要尽力巩固合作化制度，同时继续反对农村中的资本主义自发势力。《纲要》根据各地情况，规定了各地应该达到的农作物产量。关于粮食产量的规定为：从1956年开始，在12年内，粮食每亩平均产量，在黄河、秦岭、白龙江、黄河（青海境内）以北地区，由1955年的150多斤增加到400斤；黄河以南、淮河以北地区，由1955年的208斤增加到500斤；淮河、秦岭、白龙江以南地区，由1955年的400斤，增加到800斤。关于棉花产量，从1956年开始，在12年内，棉花每亩平均产量（皮棉）由1955年的35斤（全国平均数），按照各地情况，分别增加到40斤、60斤、80斤和100斤。此外，《纲要》还就其他经济作物、畜牧业生产、水利灌溉、农药化肥、农具改良、改良土壤、开垦荒地、林业绿化、海洋水产、气象水文、居住条件、妇女儿童保护、发展农村文化、教育、卫生、交通事业以及改造地主、富农、反革命分子和坏分子、教育农民等提出了具体的达标要求。

同　日　新华社报道：中国参加苏联十月革命40周年庆典代表

团组成。中国代表团组成人员如下：团长毛泽东，团员宋庆龄、邓小平、彭德怀、郭沫若、李先念、乌兰夫、陆定一、陈伯达、沈雁冰、王稼祥、杨尚昆、胡乔木、刘晓、赛福鼎。

同　日　中华人民共和国总理周恩来和阿富汗王国首相萨达尔·穆罕默德·达乌德发表联合公报。两国总理重申他们对于亚非各国在万隆会议结束时发表的公报中所阐述的各项原则的信念。达乌德首相是应邀于10月22日—10月30日访问中国的。

10月30日　中共中央批转中共北京市委《关于北京高校整风和反右派斗争情况和今后工作部署的报告》。中共北京市委的报告说，北京全市32所高等学校，11.3万余人参加斗争。共发现右派分子4 874人，占总人数的4.3%，其中极右派1 151人，占右派总数的23%。已登报批判的极右分子145人。

本　月　学校的整风运动进入整改阶段，首都高等学校首批下放人员去农村劳动。清华大学教职员179名，中国人民大学教职员612名，当月中旬分别下农村参加农业生产劳动。另外，首都高等学校在校师生员工参加集体劳动，逐步制度化、经常化。至1958年1月，北京、上海、南京等地高等学校下放农村的知识分子已达6 300多人。据教育部调查的100所高等学校的材料，共下放教师3 900人，占教师总数的11.8%。

11月1日　国务院举行第六十次全体会议。会议讨论和通过了《汉语拼音方案》、《国务院关于工人、职员退休处理的暂行规定（草案）》、《中苏两国国境及相通河流和湖泊商航通航协定（草案）》，并决定将上述文件提请全国人民代表大会审议决定。

同　日　中共中央发出《对中央宣传部“关于设立社会主义教育课程的报告”的批示》。《批示》同意中共中央宣传部关于高等学校和党校设立社会主义教育课程的方案，并希望各地执行。中共中央宣传部于1957年10月21日拟就的《关于设立社会主义教育课程向中央的报告》认为，高等学校和中级以上的党校，都有必要设立社会主义教育课程，以便改造知识分子的旧思想，提高学员的社会主义觉悟。该课程应以毛泽东《关于正确处理人民内部矛盾的问题》为中心教材，同时阅读一些必要的马克思列宁主义的经典著作、党的文件和其他文件。高等学校的这一课程，可以在1个学年内教完。时间不足，可以延长到2个学年。

11月1日—19日　中共中央农村工作部召开山区生产座谈会。据会议透露，大陆国土的总面积中有80%左右是山区和半山区。除西藏、新疆、青海、内蒙古等少数民族以外，据21个省统计，山区、半山区的县份有1 237个，占这些省总县数的50%以上；山区的土地面积占62.4%，耕地有5.6亿亩，占耕地总面积的35.8%，粮食产量占1/3左右。11月18日，国家副主席朱德在会上作了重要讲话。朱德指出，山区建设是十分重要的。“这是因为山区约占全国面积的2/3，人口、耕地和粮食产量都分别占1/3左右，特别是山区有无穷无尽的自然财富。”发展山区经济要“按照因地制宜、实行多种经营的方针，发展山区的农业、林业、畜牧业和各种土特产的生产”。他强调：“山区的建设方向，应该是从山区原来的自给自足经济发展成为全国统一经济的一部分，同全国经济相交流。”全国各行各业都应该支持山区建设，而“改善山区的交通运输，对动员全国力量支援山区，对利用山区的资源支持全国都有重大的意义”。会议认真讨论了朱德的讲话，认为向山区进军，充分开发利用山区的各项资源，全面发展山区生产，已成为我国发展农业生产的重要方向之一。会议确定山区建设的总目标是：把经济上文化上落后的山区建设成为社会主义的经济上文化上进步、繁荣、康乐幸福的山区。山区生产建设的方针是：要在做好水土保持、力争粮食油料等自给有余的基础上，有计划地、因地制宜地、全面地发展农业、林业、牧业和土特产、矿产等多种经济。

11月2日—21日　毛泽东率中国党政代表团访问苏联并出席各国共产党工人党莫斯科会议。11月6日，中国党政代表团参加了苏联十月革命40周年的庆祝大会。11月14日—16日，代表团出席了12个社会主义国家共产党和工人党代表会议。16日—19日，又参加了64个共产党和工人党代表会议，并分别在两个代表会议通过的《社会主义国家共产党和工人党宣言》和《和平宣言》上签字。其间，毛泽东曾多次发表讲话。在这些讲话中，毛泽东指出，社会主义阵营必须有一个头，这个头就是苏联共产党。现在世界的形势不是西风压倒东风，而是东风压倒西风。苏联15年以后可以超过美国，我们中国15年可能赶上或超过英国。我们要争取15年和平，但还要估计到想发动战争的疯子，他们可能把原子弹、氢弹到处摔。他们摔，我们也摔。极而言之，死掉一半人，还有一半人。帝国主义打平了，全世界就社会主义化了。有些人说社会主义可以"找到"矛盾，我看这个提法不对，不是找到或找不到矛盾，而是充满着矛盾。在讨论会议宣言草案时，中苏两党对"和平过渡"等问题发生争论。中国共产党代表团虽然照顾了苏联共产党的提法，但向苏共中央提出了一份《关于和平过渡问题的意见提纲》，以表明自己的观点。

11月6日　毛泽东主席发布命令，公布《1958年国家经济建设公债条例》。《条例》指出，为加速国家经济建设，逐步提高人民物质和文化生活水平，促进人民节约储蓄，发行1958年国家经济建设公债。发行总额为人民币6.3亿元，面额为1元、2元、5元、10元、50元和100元6种。

同　日　第一届全国人民代表大会常务委员会举行第八十三次会议。会议通过了《1958年国家经济建设公债条例》和《县级以上人民委员会任免国家机关工作人员条例》。同日，中华人民共和国主席毛泽东发布命令公布这两个条例。《1958年国家经济建设公债条例》规定，从1958年1月1日起开始发行公债6.3亿元，比1957年计划发行数增加3 000万元，年息4厘。付息办法改变为：凡每年不中签的债券，不再单独付给利息，一律在中签时一次总付利息。

11月7日　首都北京各界群众约15万人在天安门广场举行庆祝十月革命40周年的盛大联欢晚会。以安德列耶夫为首的苏联各界参加中国人民庆祝十月革命40周年纪念代表团到达北京。

同　日　中国政府代表团团长潘自力发表声明。声明抗议国际红十字会在美国压力下，让蒋介石集团以"中华民国"名义出席国际红十字会全体会议。他申明，中华人民共和国坚决反对美国政府制造"两个中国"阴谋的立场。中国代表团随即退出会场。

11月10日　中共中央批转中央国家机关党委《关于目前反右派斗争和转入第三阶段的情况与问题的报告》。中央国家机关党委在《报告》中说，中央国家机关的反右派斗争已进行4个月，据1957年10月14日统计，共发现右派分子4 837名，占参加运动总人数的2.75%。其中右派骨干分子828名，一般分子4 009名，党员754名。中共中央批示，凡是在反右派斗争中已经取得决定性胜利的单位，应及时地转入以整改为主的第三阶段。

11月10日—12月8日　台湾民主自治同盟总部召集各地方组织代表和在京盟员连续举行多次会议，批判台盟主席、右派分子谢雪红“反党反社会主义的罪行”。会议揭露，谢雪红是一个“极端狂妄的野心家”，在大鸣大放期间，用各种方式点火，指使右派分子攻击党的干部政策。在全国人大一届四次会议期间，她又“积极阻挠和破坏反右派斗争”。当一位代表要谢一道揭发章伯钧时，她却说：“不要落井下石，不要指名批评，放放空炮好了。”

11月11日　《光明日报》社务委员会邀请各民主党派中央负责人举行会议。会议一致决定：撤销右派分子章伯钧的光明日报社社长职务和右派分子储安平的《光明日报》总编辑职务。会议决定任命杨明轩为光明日报社社长，陈此生为副社长兼总编辑，穆欣、高天为副总编辑。

11月13日　《人民日报》发表社论：《发动全民，讨论40条纲要，掀起农业生产的新高潮》。社论说，1956年公布全国农业发展纲要草案以后，曾经鼓舞起广大农民的生产热情，形成了全国农业生产高潮，但是，有些人却把这种跃进看做“冒进”。他们害了右倾保守的毛病，像蜗牛一样爬行得很慢，他们不了解在农业合作化以后，我们就有条件也有必要在生产战线上来一个大的跃进。社论号召批判保守思想，动员全国人民的热情，在生产战线特别是在农业生产中来一个大跃进。这是“大跃进”口号的首次提出。毛泽东在关于这篇社论的一个批语中说，建议把一号博士头衔赠给发明“跃进”这个伟大口号的那一位（或者几位）科学家。年底，广大农村大搞农田水利基本建设和积肥运动，掀起了“农业大跃进”的高潮。

同　日　新华社报道：中共广东省委近日提出10年粮食增产计划。计划要求到1967年，全省平均每亩地产粮食由500斤提高到850斤，总产量从现在的245亿斤提高到400亿斤。

11月14日　全国人大常委会批准国务院关于改进经济管理体制的文件。陈云在中共八届三中全会上提出改进国家行政管理体制的意见之后，主持起草了国务院《关于改进工业管理体制的规定》和《关于改进商业管理体制的规定》等两个文件。全国人大常委会第八十四次会议原则批准了这两个文件。次日，周恩来总理予以签署公布。同时还公布了《关于改进财务管理体制的规定》。3个文件总的精神，是把一部分工业管理、商业管理和财务管理的权力，下放给地方行政机关和厂矿企业单位，以便进一步发挥地方的、企业的主动性和积极性，因地制宜地完成国家的统一计划。其主要内容是：一、分别不同情况下放一部分工业和商业企业，改由省、自治区、直辖市管理。二、扩大各省、自治区、直辖市在物资分配方面的权限，对当地的中央企业、地方企业和地方商业机构分配到的物资，在保证各企业完成国家计划的条件下，有权进行数量、品种和使用时间方面的调剂。三、下放地方管理的中央工业企业和中央各商业部门的企业（粮食、外贸和外销部分除外），其全部利润的20%归地方所得。四、商业价格实行分级管理，三类农副产品的收购价格与销售价格、次要市场与次要工业品的销售价格由省、自治区、直辖市自定。五、企业的管理权限也适当扩大。国家给工业企业只下达主要的产品产量、职工总数、工资总额、利润4个指令性指标，企业与国家实行利润分成。

同　日　毛泽东主席前往捷克斯洛伐克驻苏联大使馆，吊唁捷克斯洛伐克总统安托宁·萨波托斯基逝世。与此同时，中共中央、全国人大常委会、国务院决定派出以李先念副总理为首的中华人民共和国政府代表团前往捷克斯洛伐克参加安托宁·萨披托斯基葬礼。国务院还发出命令——18日（捷克总统殡葬日）全国各省、自治区、直辖市人民委员会和各市人民委员会所在地的机关、部队、厂矿、企业、学校和人民团体一律下半旗一日致哀。捷克斯洛伐克总统安托宁·萨波托斯基是11月13日去世的。

11月15日—12月4日　中共中央军委在上海组织中国人民解放军在职高级干部进行方面军抗登陆战役集训。粟裕总参谋长担任总导演，陈赓、甘泗淇担任副总导演。全军300多名高级干部参加、参观见习。

11月16日　中共代表团在莫斯科签署《社会主义各国共产党和工人党代表会议宣言》。《宣言》指出："我们时代的主要内容是由俄国伟大十月社会主义革命所开始的由资本主义向社会主义的过渡。""在我们的时代里，世界的发展取决于两个对立的社会制度竞争的进程和结果。"《宣言》在阐述各社会主义国家之间的关系时指出："社会主义各国把相互关系建立在完全平等、尊重领土完整、尊重国家独立和主权、互不干涉内政的原则上。"《宣言》指出，各国社会主义革命和社会主义建设存在着一些共同的规律，如工人阶级的领导，无产阶级专政的建立，工农同盟的建立，生产资料的社会主义改造，有计划地发展国民经济，各民族平等，无产阶级的国际主义等。但是，"社会主义各国共产党和工人党应该坚持马克思列宁主义的普遍真理同各国革命和建设的具体实践相结合的原则"。

同　日　第一届全国人民代表大会常务委员会举行第八十五次会议。会议经过讨论，原则批准了《国务院关于工人、职员退休处理的暂行规定》、《国务院关于企业、事业和国家机关中普通工和勤杂工的工资待遇的暂行规定》、《国务院关于国营、公私合营、合作经营、个体经营的企业和事业单位的学徒的学习期限和生活补助暂行规定》、《国务院关于工人、职员回家探亲的假期和工资待遇的暂行规定》等4个文件。文件主要内容是：一、新录用的普通工的工资标准应该相当于一般中等农业生产合作社中劳动力较强的农民收入加上城乡生活费用的差额。二、新录用的勤杂工的工资标准最高不超过国家机关工作人员工资标准第30级的标准。三、学徒学习期限为3年，学习期间的生活补贴标准为伙食费加少数零用钱。四、适当放宽退休条件，调整退休后的待遇。五、凡同父母、配偶不住在一起的职工每年给假一次，以便回家探亲，所需往返车船费超过本人工资1/2时，由行政补助超过部分的1/2。

11月17日　毛泽东主席在莫斯科会见中国留苏学生，并向他们发表讲话。毛泽东说：”世界是你们的，也是我们的，但是归根结底是你们的。你们青年人朝气蓬勃，正在兴旺时期，好像早上八九点钟的太阳。“又说，十月社会主义革命是人类历史上的一个转折点，两个人造卫星上了天，68个国家的共产党到莫斯科来庆祝十月革命节，这是一个新的转折点。社会主义力量超过了帝国主义力量。我们社会主义阵营要有个头，这个头就是苏联。敌人也有个头，就是美国。现在世界的风向变了，社会主义阵营和资本主义阵营之间的斗争不是西风压倒东风，而是东风压倒西风。

同　日　郑凤荣打破世界纪录。中国运动员郑凤荣在北京跃过1.77米的高度，打破了由美国运动员麦克丹尼尔1956年12月1日创造的1.76米的世界女子跳高纪录。

同　日　《人民日报》发表社论：《紧缩机构，下放干部》。据社论反映，在整风中从各国家机关中回到生产岗位和下放的干部，已达30多万人，全国各地下放干部已达81万人。

11月19日　国务院发出《关于加强处理人民来信和接待人民来访工作的指示》。由周恩来总理签署的这个《指示》提出：各省、自治区、直辖市人民委员会，中央各部门，以及其他各级国家机关，都必须有一个领导人亲自掌管机关的处理人民来信和接待人民来访工作，要亲自批办一部分群众来信，接见一些来访群众，帮助干部积累经验，改进工作。机关中其他领导人，也要抽出时间做。《指示》说：处理人民来信和接待人民来访工作，应该以发扬人民民主，密切联系群众，并且遵照国家政策、法令，尽可能满足群众的正当要求为原则。在处理人民来信和接待人民来访工作时，要采取多种多样的方法，要实行专人负责和大家动手相结合，要建立和健全必要的手续和制度。

11月19日—27日　中共西藏工作委员会举行扩大会议。会议一致认为，在西藏地区各级党组织内开展整风运动是十分必要的，整风中除了大力克服官僚主义、主观主义、宗派主义外，还必须进行反对大民族主义和地方民族主义的教育；在藏族各阶层人士中不整风，只进行社会主义和爱国主义教育。

11月20日　中共中央发出《关于禁止用个人名字作地名、街名和企业名字的通知》。《通知》指出，早在1949年3月，党的七届二中全会根据毛泽东的提议，决定禁止用个人的名字作地名、街名和企业的名称。但是，近年有个别地方提议用个人的名字作企业和学校的名称。中央认为有必要重申前议，请各地党委注意。

11月21日　中国人民解放军总政治部作出《关于动员军官家属还乡生产、参加社会主义建设的指示》。《指示》动员解放军军官家属还乡生产、劳动就业、安家落户、参加社会主义建设。为安排好回乡军官家属，国务院于11月23日发出《关于协助军官家属还乡生产劳动就业的通知》，要求各地对回乡军官家属遇到的住房、家具、子女转学、生产等方面的困难，予以协助解决。

同　日　新华社报道：铁道部决定对铁路管理体制作重大改进。铁道部决定，撤销铁路分局这一层管理机构，由各地的铁路管理局直接领导基层的生产单位。按当时铁道部领导的15个铁路管理局下属的44个铁路分局计，撤销分局后，各铁路局机关管理人员将减少30%~50%左右。这个规定经国务院批准，自1958年1月1日起执行。

11月21日—27日　国务院华侨事务委员会第二届第一次全体委员会议在北京举行。华侨事务委员会主任何香凝就当前的侨务工作问题作了报告，华侨事务委员会副主任委员方方传达了周恩来总理历次有关侨务工作的指示。会议认为，8年来侨务工作的成绩是巨大的。目前已有95%以上的农户参加了农业生产合作社，其中有80%以上加入了高级社。解放后陆续回国的20多万归侨，都得到了适当安排。华侨回国投资额逐年有所增长，1956年为1952年的5倍左右。会议认为，要教育侨眷、归侨热爱劳动，同农民一起为实现全国农业发展纲要（修正草案）的指标而积极生产，争取在5年内赶上或超过当地富裕中农的生产和收入水平。会议确定，要积极发动侨眷、归侨参加全民性的整风运动，同全国人民一齐过好社会主义关，在思想上行动上更加坚决地走社会主义道路。

11月25日—12月7日　中共中央农村工作部和国务院民族事务委员会、农业部联合在北京召开牧区畜牧业生产座谈会。国家副主席朱德在会上对畜牧业生产作了指示，中共中央农村工作部部长邓子恢作了总结报告。座谈会肯定了近几年来全国畜牧业生产发展的成绩，总结了畜牧业工作中的经验和教训。座谈会认为，草原牧区发展畜牧业的方针应当是：在积极而又稳步地进行社会主义改造的基础上积极发展畜牧业，逐步改游牧为定居放牧，实现农牧业相结合(首先是饲料生产)，兼营畜产品加工等副业生产，发展以牧业为中心的多种经营。山地牧区发展牧业的方针应当是：在争取粮食、油料自给有余的基础上，在不破坏水土保持的原则下，积极发展畜牧业，发展农林牧副业相结合的多种经营。座谈会指出，不论草原牧区和山区牧区，它们的任务都是：不仅要发展牲畜，而且要外调牲畜；不仅要供应肉食和畜产品，而且要对农业区畜力不足的地方提供耕畜和役畜。一般农业区必须克服对畜牧业重视不够的现象，大量发展畜牧业，逐步做到牲畜自给自足或部分自给。

11月28日—12月12日　第六次全国计划会议在北京召开。会议编制的1958年国民经济计划主要指标是：基本建设总投资130.59亿元，比原提出的控制数字增加13.46亿元。工业总产值724.9亿元（包括手工业)，比控制数字增加24亿元，农业总产值642.5亿元，比控制数字增加11.6亿元。主要工农业产品产量指标：钢610万吨，煤14 872万吨，棉花3 500万担，比上年略有增加。粮食3 920亿斤，比上年减少了40亿斤。这一年的计划安排，在物资购销方面基本上可以保持平衡。

11月29日　第一届全国人民代表大会常务委员会举行第八十六次会议。会议原则批准了《消防监督条例》，批准了《吉林省前郭尔罗斯蒙古族自治县人民代表大会和人民委员会组织条例》。为了使1958年各级人民代表大会代表的选举时间能够上下衔接，会议还根据国务院总理周恩来《关于1958年直辖市和县以下各级人民代表大会代表选举时间问题》的建议，决定1958年市、县、市辖区、乡、民族乡、镇人民代表大会代表选举必须在1958年5月31日以前完成，直辖市人民代表大会代表的选举必须在1958年6月15日以前完成。

同　日　国务院举行第六十三次全体会议。会议批准了《爆炸物品管理规则》。在这次会议和12月6日的会议上，国务院总理周恩来对干部下放劳动锻炼问题作了指示。他说，干部下放的基本方针是：统一安排，全面锻炼。全国规模地下放干部，参加劳动锻炼这件事情，也是政治思想上社会主义大革命的一部分。

12月2日　《人民日报》报道：中国科学院哲学社会科学部和中国作家协会联合召开揭露和批判党内右派分子徐懋庸会议。两单位300多人出席了会议。周扬、潘梓年、夏衍、刘白羽、侯外庐、葛洛、关锋等20余人先后作了发言。会议揭露，徐懋庸从1956年11月到1957年8月，在北京、天津、上海、武汉等地的报刊上发表了近100篇反党反社会主义的文章。

同　日　国务院公布《汉语拼音方案草案》。《方案草案》包括字母表、声母表、韵母表、音调符号和隔音符号。其中字母共26个，声母21个，韵母5个，声调符号分阴平、阳平、上声、去声4种。

同　日　《人民日报》报道：全国有7个县消灭了血吸虫病。这7个县是江西省的余江县、婺源县、上饶县，安徽省的太平县、邢门县，湖北省的谷城县，湖南省的慈利县。同时，全国还有100多个乡消灭了钉螺。

12月2日—12日　中国工会第八次代表大会在北京举行。出席这次大会的代表共有989人，代表着全国1 630万工会会员。中共中央领导人毛泽东、刘少奇、朱德、邓小平出席了开幕式。大会听取并通过了赖若愚代表全国总工会第七届执行委员会作的《团结全国人民，勤劳节俭，建设社会主义新中国》的报告；通过了《中国工会章程》、《关于修改中国工会章程的报告的决议》、《告全国职工书》及其他决议文件。刘少奇代表中共中央向大会致祝词。李富春在大会上作了《关于我国第一个五年计划的成绩和今后社会主义建设方针的报告》。刘少奇在祝词中指出："我国工人阶级和我国人民在今后10年—15年内的基本任务，就是要在优先发展重工业的基础上，实行工农业并举的方针，把我国建设成为一个具有现代工业、现代农业和现代科学文化的社会主义强国。在15年以后，苏联的工业在最重要的产品的产量方面可能赶上或者超过美国，我们应当争取在同一期间，在钢铁和其他重要工业产品的产量方面赶上或者超过英国"。刘少奇说："社会主义工业是我国国民经济的领导力量。工人阶级目前的中心任务，就是坚持执行勤俭建国、勤俭办企业、勤俭办一切事业的方针，掀起新的生产高潮来迎接第二个五年计划，为完成和超额完成新的国家计划而斗争。"

12月4日　国家计委召开会议，传达毛泽东关于第二个五年计划的指示。指示共分三个部分：一、关于怎样贯彻多快好省的问题。从1956年冬天到1957年大半年，多快好省和农业发展纲要很少有人提了，有的人认为不行了。这就是没有看到1956年的主流是社会主义改造和生产建设的大高潮、大跃进，虽然执行中有某些缺点，但总的方针路线是正确的。"充分可靠"，不能片面地理解为越少越好，应是在调动一切积极因素条件下的充分可靠。生产与基建在好省的基础上尽可能越多越快越好。中国的国情是"一穷二白"，但不应该认为穷就什么都不能干了。今天提出"穷白"正是为了明天的不穷不白。要掀起新的生产建设高潮。二、15年赶上或超过英国的问题。15年，苏联要赶上和超过美国，中国要赶上和超过英国。根据这一目标，在工业方面也应搞出一个像农业40条那样的纲要来，作为工业的奋斗目标。三、保证重点的方针仍很重要，不能百废俱兴，分散力量。第二个五年的重点，根据把我国建设成为一个具有现代工业、现代农业和现代科学文化的伟大社会主义国家的目标和要求，重点是煤、电、油等动力工业和冶金、化工等原材料工业。机械工业方面发展农业机械，另一方面要以发展原子能、飞机和无线电及精密机械工业为重点。轻工业要跟农业走。某些方面要少做，才能保证重点方面多做。具体要注意3点：1. 生产性的多搞，非生产性的少搞；2. 基本建设要有所作为，事业费要少有作为；3. 军、政费要减。

12月4日—21日　国务院水土保持委员会召开第二次全国水土保持工作会议。会议认为，做好水土保持工作，在我国社会主义建设中具有重要意义。会议制定了今后10年开展水土保持工作的初步规划，确定1958年要初步控制水土流失面积6.38万平方公里。会议期间，国家副主席朱德、国务院副总理邓子恢作了重要讲话。朱德指出，开展水土保持工作，控制和防止水土流失，是根治我国水旱灾害，迅速发展农业生产的一项有决定意义的措施，这个工作必须大力加强。在12年内，在一切可能的地方，要显著地收到保护水土的功效，逐步减少水土流失的损害，基本上消灭普通的水灾和旱灾。

12月7日　李富春在中国工会第八次全国代表大会上作《关于我国第一个五年计划的成就和今后社会主义建设的任务、方针的报告》。他指出：我国第一个五年计划期间的国民经济的发展具有以下特点：一、社会主义革命和社会主义建设同时进行，互相推动。社会主义革命的决定性胜利和社会主义工业化基础的初步奠定，为今后国民经济的有计划的发展创造了更为有利的条件。二、不论生产或建设，也不论经济或文化，都在原来非常落后的基础上有计划按比例地高速度发展。三、是在兼顾建设和生活的方针指导下发展，是在加强政治思想教育和改善物质生活相结合下进行的，广大群众的积极性和创造性不断提高。他认为，在执行第一个五年计划的过程中，也发生了一些缺点，例如对国民经济的某些部门、某些方面、某些地区之间的相互关系处理得不适当，在建设事业方面贯彻执行又多又快又好又省的方针和勤俭建国的方针都还不够。关于今后的社会主义建设方针，他指出，我们面临着从经济上、政治上和思想上进一步巩固和发展社会主义的严重任务，即把我国建设成为具有现代工业、现代农业和现代科学文化的社会主义强国的任务。要实现这个任务，在社会主义建设方面，主要的就是要在我国建成一个基本上完整的工业体系，完成农业发展纲要，完成科学发展的远景规划。他强调，在今后的社会主义建设工作中，我们必须贯彻执行从6亿人口出发，统筹兼顾、适当安排的方针。

同　日　中共中央转发中共河南省委《关于当前农业生产新高潮的情况简报》。《简报》说，通过开展农村社会主义教育运动和对全国农业发展纲要40条的全民大讨论，河南全省农村出现了大跃进的局面。全省1 500余万人参加抗旱种麦，接着掀起了以大兴水利和大量积肥为中心的冬季生产运动。目前投入的劳动力已有991万人。

12月9日　中国人民解放军第一个导弹专业训练机构——炮兵教导大队在北京成立。教导大队的主要任务是，培训导弹部队各级指挥员、参谋和技术干部。

12月9日—24日　全国农业工作会议在北京举行。农业部部长廖鲁言在24日的大会上所作的总结报告中指出：第一个五年计划期间，入社农户已达97%以上，农副业总产值和粮食、棉花都超额完成了原定的1957年的指标。增加灌溉面积和扩大耕地面积等农业的基本建设，也大大超过了原定计划。但是第一个五年农业发展计划的完成是不全面、不平衡的。特别是1956年的冬季和1957年上半年的一股歪风，吹掉了“多、快、好、省”，吹淡了“四、五、八”（指全国农业发展纲要规定的400斤、500斤和800斤的粮食产量指标），给1957年的农业生产带来了一定的损失。他说，农业增产潜力极大，并提出要“苦干十年，实现四十条”，1958年争取农业大跃进。中共中央副主席朱德在会上也讲了话。他指出：更快地发展农业，已成为社会主义建设中的一个关键问题。进一步发展农业生产必须根据农业发展纲要（修正草案）的规定，采取自上而下和自下而上相结合的办法来制定切合实际的综合规划。目前发展农业的关键，主要是解决水利和肥料问题。

12月10日　中共中央发出《关于第二个五年计划时期接收党员工作的通知》。《通知》说，全国已有1 272万名党员，党员的分布较为普遍。因此，今后主要应该是按照党章规定的标准更加提高党员的质量，而不是大量地增加党员的数量。《通知》要求，发展党的工作要同巩固党的工作互相结合，在接收一定数量的党员以后，系统地进行教育和整顿工作。

12月12日　《人民日报》发表社论：《必须坚持多快好省的建设方针》。社论说，在执行第一个五年计划的过程中，党中央提出了又多、又快、又好、又省的发展国民经济的方针。这个方针对于我国的社会主义建设事业起了巨大的积极作用。1956年我国国民经济的跃进的发展，证明这个方针是完全正确的、必需的和行之有效的。

社论在阐述了提出多快好省方针的必要性和可能性之后指出，1957年的预计完成数字同1952年比较，我国的工农业总产值增长62%，其中工业增长132%，手工业增长66%，农业和副业增长245。社论批判1956年的反冒进，说这股风“居然把多快好省的方针刮掉了”，“本来应该和可以多办的事情，也少办、慢办甚至不办了”，对社会主义建设事业“起了消极的‘促退’作用”。社论要求把1958年的各项计划指标订得尽可能先进些，为第二个五年计划打下良好的基础。

同　日　中共浙江省第二届代表大会第二次会议闭幕。会议批判了右倾保守思想，揭发和批判了省委常委、浙江省省长沙文汉，省委常委、浙江省副省长杨思一，省委常委、浙江省人民检察院检察长彭瑞林等人“反党反社会主义的罪恶活动”，并决定开除他们的党籍。决议说，沙文汉、杨思一等人，在1957年春天大鸣大放期间，和党内外右派分子一唱一和，包庇右派分子宋云彬、李士豪等人对党的猖狂进攻。《人民日报》12月29日专门为此发表社论：《一次收获巨大的省党代会》。

12月13日　国务院总理周恩来签发《国务院关于正确对待个体农产的指示》。这个《指示》是在国务院第六十五次全体会议上讨论通过的。《指示》说，农业合作化实现以后，在我国农村中，除了部分还没有进行土地改革的少数民族地区外，还有3%左右的个体农户。这些个体农户，多数是富裕农民、兼营商贩或少数地主、富农、反革命分子以及无业游民。由于领导不力，不少地方出现了投机倒把、逃避公粮负担的现象。《指示》要求各级人民委员会委托农业合作社，加强对个体农户的领导。其中规定：一、对个体农户，乡镇人民委员会可委托他们所在地或附近的农业生产合作社进行教育和加强领导。二、受委托的农业合作社，有责任对个体农户的生产活动、播种、计划、纳税和农产品销售进行必要的监督。三、有责任对个体农户宰杀牧畜、砍伐树木依法进行全面的管理。四、可以按照有关规定，向个体农户派义务工和款项。五、个体农户分摊的一切负担，应比照合作社农户的负担办理。六、对于在生产上有困难的个体农户，可根据自愿互利的原则组织劳动互助。七、农业合作社应争取个体农户加入合作社。不愿加入的，听其自便。八、对尚未允许参加合作社的地主、富农和反革命分子，应依照有关法令进行监督和改造。

12月14日　中共中央批转最高人民法院、司法部党组《关于司法工作座谈会和最高人民法院的反右派斗争情况的报告》。最高人民法院、司法部党组的报告说，根据毛泽东在青岛会议上的指示，最高人民法院和司法部于9月10日—20日联合在北京召开了司法工作座谈会，着重解决司法工作中的右倾等问题。会议认为，司法工作中发生右倾错误的原因，主要是对1956年中共"八大"的决议和1957年毛泽东《关于正确处理人民内部矛盾的问题》的讲话中所指出的"还有反革命"这方面的认识不足。《报告》提出，今后在不违反中央政策法令的条件下，地方政法文教部门受命于省、市、自治区党委和省、市、自治区人民委员会；全部审判活动，都必须坚决服从党委的领导和监督；党委有权过问一切案件。除死刑案件的审批制度按照1957年9月10日中央关于死刑案件审批办法的指示执行外，凡是党委规定审批范围的案件和兄弟部门意见不一致的案件，都应当在审理后宣判前报请党委审批。任何审判"独立"、抗拒党委对具体案件审批的想法和做法都是错误的，必须坚决纠正。

同　日　中共中央作出《关于一届人大代表中右派分子的处理问题的决定》。《决定》指出，在反右派斗争中，已揭发出一届人大代表中的右派分子62人。经中共中央决定，其中53人由原选区的人民代表大会撤销其代表资格。

12月16日—26日　中华全国手工业合作社第一次社员代表大会召开。会议主要讨论了进一步巩固和提高手工业合作社，继续完成对手工业的社会主义改造的任务，通过了手工业合作社的示范章程，并且成立中华全国手工业合作社。朱德在大会上作题为《发展手工业生产，满足人民需要》的讲话。他指出："手工业在我国国民经济中占有一个重要的地位。例如，1956年，手工业的产值就占我国工农业总产值的9.1%，占工业总产值的16.6%。手工业不仅过去和现在，而且在今后很长时期中，都将是国营工业不可缺少的助手。"

“我国共有专业手工业者800万人，加上为渔业、盐业、交通运输业等服务的和兼营农业的手工业者共约2 000万人。”1956年，有90%以上的手工业者分别参加了农业合作社、国营企业和公私合营企业，他们和全国工人、农民一起成了国家的主人。朱德指出：“为了办好手工业生产合作社，必须贯彻执行民主办社和勤俭办社的原则，还必须根据统筹兼顾、适当安排的原则，协调国家、集体和社员3个方面的关系，正确处理国营企业和手工业合作社之间、农业生产合作社和手工业合作社之间的矛盾。”

12月18日　中共中央、国务院发出《关于制止农村人口盲目外流的指示》。《指示》说，去冬今春有大量农村人口盲目流入城市，1957年入秋以来，山东、江苏、河南、河北等省又发生了农村人口盲目外流的现象。据统计，1949年全国居住在城镇的人口只有5 765万人，到1956年已增加为8 915万人，新增加的3 150万人中，有2/3左右是从农村迁入的。农村人口的大量外流，不仅使农村劳动力减少，也给城市各方面工作带来不少困难。《指示》要求各地党政部门加强对群众的思想教育和盲目外流的劝阻工作。对盲目流入的农村人口，动员他们返回原籍。

12月20日　李富春传达刘少奇关于经济计划工作的指示。刘少奇指出，经济计划工作要贯彻统筹兼顾、勤俭建国的方针，集中资金，促进生产建设。这就是要想一切办法，找“穷”的办法，而不是“阔”的办法，来促进生产建设。他说，中国情况很复杂，计划很难全面，不免有漏洞。有地下工厂和自由市场就反映了计划有控制不到的地方。因此，从生产到税收整个环节上，都应使计划性和多样性、灵活性相结合。地下工厂和自由市场对我们有好处，它可以使我们发现漏洞，设法弥补。

同　日　中共中央副主席周恩来在中共上海市第一届代表大会第二次会议上作题为《世界形势和整风任务》的报告。报告内容分为三个部分：一、世界形势的新的转折点；二、15年赶英国的工业水平；三、整风运动和下放干部的问题。

12月20日—29日　湖南省第一届人民代表大会举行第五次会议。

会议讨论和通过了《1956年—1967年湖南省农业发展规划纲要》（修正草案），会议一致通过决议，撤销右派分子曾昭伦、向德、谭惕吾、雷天觉等4人的全国人民代表大会代表的资格，罢免右派分子程星龄湖南省副省长的职务，补选胡继守为湖南省副省长。

12月24日　中国第一架多用途飞机——“安二”型飞机制造成功。新中国航空工业诞生在抗美援朝过程中。1954年第一架国产飞机上天，紧接着又试制成功第一架国产喷气歼击机。“安二”型多用途民用飞机的诞生是新中国的航空工业又一新的成就。

12月25日　中共中央批转教育部党组《关于用机关下放干部代替中小学和业余学校被清洗及不称职教员的请示报告》。《报告》要求各级中共组织从下放干部中选择条件适合的干部，立即去接替被清洗及不称职的教员的工作，以保证教学工作正常进行，并改变教师阵容。

同　日　中共上海市委书记柯庆施在中共上海市第一届代表大会第二次会议上作题为《乘风破浪，加速建设社会主义的新上海！》的报告。柯庆施在报告中提到，社会主义改造完成以后，资产阶级同无产阶级的矛盾，社会主义同资本主义两条道路的斗争，成了国内的主要矛盾。他未引用“八大”政治报告关于主要矛盾的论述，而是强调“八大”党章里规定，党仍然面对着“彻底消灭剥削制度，并且杜绝产生剥削制度的根源”，从而断言：“无产阶级同资产阶级的矛盾，社会主义同资本主义两条道路的斗争，在整个过渡时期，仍然是国内的主要矛盾。”在报告中，他批评了那种认为1956年各项工作都“冒进”了的说法。他说：“我们必须批判这种实际存在的右倾保守思想。这种思想已经给我们造成了一些损失。去年下半年以后，多、快、好、省的方针不大提了，贯彻‘全国农业发展纲要’的规划也执行得不带劲了，不少人的革命干劲低落了。”他要求批判这种“右倾保守”观点，以便迎接新的建设高潮，促进建设事业的新高潮。1958年1月25日，《人民日报》发表了这篇报告，并在编者按中称赞这个报告“具有普遍的意义”。

12月27日—1958年1月6日　浙江省第一届人大六次会议选举周

建人为浙江省省长。

12月28日　中共中央发出《关于第二届全国、全省人民代表大会，第三届市、县人民代表大会和第三届政协全国、市、县委员会，第二届政协省委员会人事安排的通知》。《通知》指出，党在今后工作中必须坚决贯彻执行统一战线方针，注意克服清一色倾向，加强党和非党的联盟。在各级人民代表大会、人民政协和人民政府改选时，要继续安排民主党派、无党派民主人士、非党人士代表人物。

12月31日　国家计委传达毛泽东关于经济计划工作的几点指示。指示共6条：一、省市县都要搞规划。工业、交通、农业、商业、手工业、大专院校、培养工农知识分子、科学文化城市规划等，都搞一个像农业发展纲要四十条那样的远景规划，有比没有好，无精无粗，由粗而精。二、协作、联省办法，逐步过渡到经济中心。是否考虑按过去的大区，以一个大城市为经济中心结合周围省市考虑通盘的协作规划。如以沈阳为中心的东北地区；以西安、兰州为中心的西北地区；以天津为中心的华北地区；以武汉为中心的中南地区；以广州为中心的华南地区；以重庆为中心的西南地区等协作区域。在此基础上逐渐形成经济区。三、体制下放有好处，文教卫生事业也要快些下放，中央可以监督指导，大问题还要中央解决。四、中央的领导方法：大权独揽，小权分散；中央决定，各方去办；办也有决，不离原则；工作检查，中央有责。五、1956年有些东西是搞多了，但不能说是冒进，一反冒进就松劲。还要促进，今冬明春要来一个劲头。六、第二个五年计划先搞出一个框框来，拿到中央讨论讨论，不要等都搞好了，来个一大本，看不了。

本　月　鹰厦铁路建成并全面交付使用。这条铁路1955年2月开工，全长733.2公里，累计投资3.9亿元。

1958年

1958年综述

1月和3月，毛泽东先后召开南宁会议和成都会议。会上，毛泽东严厉批评1956年的反冒进，说反冒进泄了6亿人民的气，犯了政治方向性错误。两会号召“破除迷信、解放思想”，“苦战三年”基本改变落后面貌。5月，中国共产党在北京召开八大二次会议，正式通过了毛泽东创议的“鼓足干劲、力争上游，多快好省地建设社会主义”的总路线，正式提出了15年赶超英国的口号，并制定了“二五计划”的高指标。会后，大跃进运动在全国范围内从各个方面开展起来，中央和地方都一味追求工农业生产和建设的高速度，不断地大幅度提高和修改计划指标。浮夸风开始兴盛起来，各地出现了竞放高产“卫星”的热潮，“人有多大胆，地有多大产”成了报纸公开宣传的话题。

8月，中共中央政治局在北戴河举行扩大会议，正式通过了《关于在农村建立人民公社问题的决议》，会议还作出了1958年钢产量比1957年翻一番，达到1 070万吨的决策。这次会议把大跃进和人民公社化运动推向高潮。为完成1 070万吨钢铁生产指标，全国掀起了大炼钢铁的群众运动，同时，以钢铁为中心，兴起了电力、交通、水利、文教等各行各业的“全民大办”。人民公社一哄而起，不到两个月的时间，全国农村基本实现了公社化。

11月，毛泽东主持召开第一次郑州会议，开始着手纠正大跃进和人民公社化运动中出现的一些问题。随后，又召开了中国共产党八届六中全会，会议作出了《关于人民公社若干问题的决议》，还降低了某些过高的生产建设指标。会后，开始整顿人民公社，大跃进有所降温。

8月，人民解放军福建前线部队开始对金门岛上的国民党军队进行惩罚性炮击，台湾海峡局势趋于紧张。

是年，外交工作有所发展。除继续保持和社会主义国家的友好关系外，中国又与5个亚洲和非洲的民族独立国家建立了外交关系，但与苏联的关系开始出现了某些不愉快的迹象。

是年，经济管理体制变动较大，中央企业大部分下放给地方，职工总数增长迅速。

主要经济指标：按1957年不变价格计算，工农业总产值1 640亿元，比上年增长32.2%。重工业在工农业总产值中的比重由上年的26.6%提高到36%。农业的比重由上年的43.3%下降到33.5%。工农业产品产量：钢800万吨（不包括300万吨不能用的土钢），比上年增长49.5%；原煤2.7亿吨，比上年增长1倍多；原油226万吨，比上年增长54.8%；粮食2亿吨，比上年增长2.5%；棉花196.9万吨，比上年增长20%；油料477万吨，比上年增长13.7%。基本建设投资总额269亿元，比上年增长88%。社会商品零售总额548亿元，比上年增长15.6%。进出口贸易总额128.8亿元，比上年增长23.3%。国家财政总收入387.6亿元，总支出409.4亿元，赤字21.8亿元。

1月1日　《人民日报》发表元旦社论：《乘风破浪》。社论分析了国际国内的形势，认为人们的思想常常落后于实际，对于客观形势发展之快估计不足。社论称过去一年中开展的全民性整风运动和反对资产阶级右派的斗争，是继1955年和1956年基本上完成经济战线上的社会主义革命之后的在政治战线和思想战线上的社会主义革命。整风运动是推动一切工作的动力，应该把整风运动作为“提起一切工作的纲”。社论提出，在中国建立一个现代化的工业基础和现代化的农业基础，从现在算起，还要10年—15年时间。要在10年—15年时间内，在钢铁和其他重工业产品产量方面赶上和超过英国。在这以后，还要进一步发展生产力，准备再用20年—30年的时间在经济上赶上和超过美国，以便逐步地由社会主义过渡到共产主义社会。社论号召，必须彻底纠正那种落后于客观实际的思想状态，必须鼓足干劲，力争上游，充分发挥革命的积极性、创造性，扫除消极、怀疑、保守的暮气。在战略上藐视一切“强大”的敌人，藐视一切“严重”的艰难困苦，乘压倒右派、压倒官僚主义、压倒保守思想的共产主义东风前进。

同　日　宝成铁路正式通车。这条铁路北起陕西的宝鸡，南达四川的成都，贯穿陕、甘、川3省，全长688公里。铁路自1950年5月开始勘测设计，1952年7月1日动工，历时7年半时间完成，共投资7.9785亿元。参加修筑铁路的工人和技术人员克服重重困难，开凿了300多座隧道，架设了900多座桥梁，完成了路基土石方6 000多万立方米。国务院副总理贺龙参加了通车典礼并致辞，热烈祝贺宝成铁路正式通车。1月2日，《人民日报》发表题为《把西南西北和全国连接起来了》的社论，以示祝贺。

同　日　鹰（江西省鹰潭）厦（福建省厦门）铁路正式运营，全线各站开始为旅客和货运单位办理全国铁路联运业务。

1月2日　中国人民银行召开全国分行会议。新华社报道，中国人民银行最近召开全国分行会议，确定1958年银行的中心任务，即通过做好金融工作，为工农业生产高潮服务。

1月6日　第一届全国人民代表大会常务委员会举行第九十次会

议。会议决定，1月25日在北京召集中华人民共和国第一届全国人民代表大会第五次会议，拟定的主要议案为：一、决定1958年度国民经济计划；二、审查和批准1958年国家预算；三、批准《汉语拼音方案》。会议经过讨论原则批准了《国家建设征用土地办法》。《办法》规定，国家建设征用土地应该根据国家建设的实际需要，保证国家建设所必需的土地，又要照顾当地人民的切身利益，必须对被征用土地者的生产和生活有妥善的安置。国家建设征用土地，还必须贯彻节约用地的原则，凡有荒地、劣地、空地可以利用的，应尽量利用，尽可能不征用或少征用耕地良田。会议在听取农业部长廖鲁言的说明之后，讨论并通过了《全国人民代表大会常务委员会关于适当提高高级农业生产合作社公积金比例的决定》，原则批准了《国务院关于农业生产合作社股份基金的补充规定》。上述两个文件规定，农业社所留公积金比例可超过8%，经营经济作物的合作社可以超过12%，复员退伍军人、城市居民、国家工作人员、青年学生上山下乡入社，可免纳或少交股份基金。

1月7日　国务院批转食品工业部《关于1958年盐业运销体制问题的报告》。批示指出，国务院决定从1958年起，将原盐业市场管理及供应工作等业务下放给各省、市、自治区。对于全国盐业市场总的安排，国家计划指标的汇总和掌握、价格管理等工作，在未确定由其他部门接管前，仍继续由食品工业部负责。

1月7日—21日　共青团三届二中全会扩大会议在北京举行。团中央书记处书记胡耀邦代表团中央常委会作了《共青团1958年的任务》的报告。报告提出，共青团在1958年的任务就是组织青年继续参加整风运动，深入社会主义教育；整顿提高团的队伍，密切团结青年群众；千方百计把全国青年的劳动积极性和创造性调动起来，使他们成为社会主义建设大跃进中的一支英勇的突击力量。会议通过了团中央常委会所提出的《共青团1958年的任务》的报告和在当年秋季召开第二次全国青年社会主义建设积极分子大会的决议。会议还通过了撤销陈模的团中央委员和董学隆的候补中央委员资格的决议，上述2人均在当时被打成右派。中共中央副主席朱德参加了会议，并在会上作了讲话。

1月8日　国务院发出关于抓紧时机努力做好农产品收购工作的指示。指示分析了全国农产品收购工作的形势和存在的问题，要求各地切实解决农产品收购工作中的几个问题：一、各级人民委员会必须在党委统一领导和部署下，调配必要的干部，加强收购工作的领导；二、收购部门要深入农村登社登门收购；三、农业社应该调配和组织必要的劳动力，进行农产品的采摘和初步加工；四、加强市场管理，防止和打击投机现象；五、在复查粮食统购的同时，切实安排农村粮食统销工作。指示还提出，根据生产和收购情况，应适当提高本年度的棉花收购任务。

1月9日　第一届全国人民代表大会常务委员会举行第九十一次会议。会议通过了《中华人民共和国户口登记条例》。《条例》共24条。会上，国家公安部部长罗瑞卿作了《关于中华人民共和国户口登记条例草案的说明》的报告。

1月10日　中国人民政治协商会议全国委员会举行报告会。全国政协主席、国务院总理周恩来在会上作了《当前文字改革的任务》的报告。报告提出，当前文字改革的主要任务是：简化汉字，推广普通话，制订和推行《汉语拼音方案》。报告强调，文字改革是关系到全国人民的一件大事，希望大家积极支持文字改革工作，以适应6亿人民摆脱文化落后状态的需要，以适应多、快、好、省地发展社会主义事业的需要。

同　日　高等教育部、外交部发出《关于管理派赴各国留学生的规定》。规定要求各驻外使馆应加强对派赴各国留学生的管理工作，确定高等教育部在征得外交部同意后，可以在驻外使馆内设留学生管理处，或派专职干部，或由使馆指定专人负责留学生的管理工作。规定废止过去发布的《留学生暂行管理办法》。

1月11日—22日　中共中央在南宁召开有部分中央领导人和九省二市书记参加的工作会议。会议的主要内容是讨论1958年的国民经济计划和国家预算。毛泽东主持了会议，严厉批评了1956年的反冒进，说反冒进使6亿人民泄了气，是方针性错误，是政治问题。会后不要再提反冒进的口号。他提出，不要当空头政治家，脱离实际，会变色。搞“实业”的要搞点政治；搞虚业的要研究点“实业”。他还提倡领导干部种试验田。会议要求各省、市、自治区的地方工业产值在5年—10年内超过当地的农业产值，要求在5年—8年内实现农业发展纲要，并提出苦战3年使大部分地区面貌基本上改观的口号。南宁会议后，党内急于求成的“左”倾思想迅速发展。一些不切实际的“大跃进”计划也相继由一些地区和部门提出。这次会议还讨论了工作方法问题。

1月13日—26日　中国各民主党派分别召开会议，撤销被定为“右派分子”的领导人的职务。1月13日—25日，中国民主促进会四届二中全会（扩大）在北京举行，会议决定撤销林汉达的民进副主席职务。1月14日—25日，台湾民主自治同盟代表会议在北京举行，会议决定撤销谢雪红的主席职务。1月15日—25日，中国农工民主党六届四中全会（扩大）在北京举行，会议决定撤销章伯钧、黄琪翔、李伯球、杨逸棠、王一帆、张云川、李士豪等7人担任的党内职务。1月16日—23日，中国致公党六届七中全会（扩大）在北京举行，会议作出了关于处理右派分子问题的决议。1月18日—24日，九三学社四届三中全会在北京举行，会议决定撤销顾执中、陆侃如、董谓川、袁翰青、薛愚、储安平在社内的职务。1月18日—26日，中国民主建国会和中华全国工商业联合会中央（执行）常委会第二十九次联席会议（扩大）在北京举行，会议决定撤销章乃器、毕鸣歧、钱孙卿在民建和全国工商联中的职务。1月19日—25日，中国国民党革命委员会常委会第十九次会议（扩大）在北京举行，会议决定撤销龙云、陈铭枢、黄绍竑、谭惕悟、李俊龙在民革中的职务。1月26日，中国民主同盟中央常务委员会第十七次会议（扩大）在北京举行，会议决定撤销章伯钧、罗隆基、叶笃义、沈志远、马哲民、郭翘然、潘大逵、钱瑞叶、韩兆鹗、曾昭伦、费孝通、黄药眠、潘光旦、李伯球、陈仁炳、彭文应、黄琪翔、钱伟长等人在民盟中的职务。以上被撤职的民主党派负责人，其中大多数是被错划为右派的，中共十一届三中全会后予以平反或摘掉右派帽子。

1月13日—3月8日　中共青海省委第二届委员会举行第五次全体（扩大）会议。会议揭发和批判了已被打成右派分子的省委书记、省长孙作宾，指控他是资产阶级个人主义野心家，犯了叛党、反人民、反社会主义的罪行。会议作出决定，并报经中央批准，将孙作宾开除出党。

1月14日　教育部发出关于扫除文盲问题的文件。关于扫除文盲的对象和任务，文件规定，年龄在14岁—40岁的青壮年均在扫盲之列。扫盲的标准是，在厂矿职工中非文盲达到总人数的85%；在农民、城市居民和手工业合作社社员中非文盲要达到总人数的80%。关于文盲基数的年龄计算，文件规定，一般均应以当年年龄为准。文件还规定，干部和中共党员中的文盲即使超过40岁，仍应列为扫盲的主要对象。

1月15日　中共中央批复河南省委关于是否在乡（区）一级开展整风反右的请示。中央在批语中规定，乡（区）级整风，不进行反右派斗争。

1月16日　国防部向全军发出扫除"四害"的指示。指示要求，中国人民解放军全体指战员要立即在全军范围内开展一个群众性的以扫除"四害"为中心的爱国卫生运动，并迅速做出成绩，持之以恒，把全军官兵的健康水平提高一步，使所有营区的卫生面貌焕然一新。

1月17日　中共中央批转铁道部党组关于改进铁路管理体制工作的报告。铁道部党组在报告中提出，根据中共八届二中全会和三中全会精神，以及整风运动中边整边改的要求，铁道部党组决定，铁路系统的管理机构由原来的铁道部——管理局——分局——站（或段）4级，改为铁道部——管理局——站（或段）3级。全路机关（包括撤销5局在内）共精简1.14万多人，占原有人数的30%~50%。管理局机构本身由26个—28个处（科、室）减少14个—18个处（科、室）。机构精简和人员压缩的目的，是为更有效地进行管理和动员群众的积极性。

1月18日　中苏两国签订《关于帮助中国进行重大科学技术研究

的议定书》。签字仪式由中苏两国政府代表在莫斯科举行。同日，中苏两国高等教育部和两国农业科学院还分别签订了《关于科学技术研究合作的协定》。

1月23日　教育部发出关于编写乡土教材的通知。通知要求各地根据中共中央和毛泽东关于中小学和师范学校地理、历史、文学等科教学，都要讲授乡土教材的指示，编选适合本地教学的乡土教材。通知提出编选这类教材的要求是：一、必须符合教育方针和各科的目的、要求；二、必须适合学生的年龄特征和接受能力；三、着重以初中的农业基础知识，小学的农业常识，师范和中小学的历史、地理、音乐，师范、中学的文学和小学的语文等科为主；四、选材范围，中学、师范以省、市为重点，小学以县市或专区为重点；五、乡土教材的教学时间，由各地具体安排；六、要注意收集、整理资料。

1月24日　中央军委发出《关于动员×万干部转业复员参加生产建设的指示》。指示提出，在当年内，从军队现有干部中精简×万人，除地方机关可能接受一部分分配工作外，基本上应是动员他们转业复员参加生产建设。

1月27日　《人民日报》发表题为《奇文共欣赏，毒草成肥料，王实味、丁玲、肖军、罗烽、艾青等文章的再批判》的文章。文章经过毛泽东的修改。此文发表前一天，《文艺报》第2期《再批判》专栏，重新刊登了15年前延安《解放日报》文艺副刊和文艺杂志《谷雨》发表的几篇文章，即王实味的《野百合花》，丁玲的《三八节有感》和《在医院中》，肖军的《论同志之“爱”与“耐”》，罗烽的《还是杂文的时代》，艾青的《了解作家，尊重作家》。《人民日报》的文章把上述作品称为“奇文”，说“奇就奇在以革命者的姿态写反革命的文章”，对上述作者进行了粗暴的批判。

同　日　共青团中央发出《关于在学生中提倡勤工俭学的决定》。决定指出，勤工俭学是具体实现知识分子和工农相结合、脑力劳动和体力劳动相结合的一个重要途径，也可以起到移风易俗的作用。提倡勤工俭学，还可以在节约国家财政开支的情况下，有利于更多的工农子女上学。决定提出，可以提倡和组织学生分别参加生产劳动，农村副业和手工业生产劳动，基本建设工地和运输业的劳动，校内外服务性的劳动和工业生产劳动。在开展勤工俭学活动过程中，要认真做好思想教育工作，坚持自愿和课余的原则。要有计划、有步骤地开展勤工俭学活动，要实事求是，量力而行。此后在全国各地学校广泛开展了勤工俭学活动，并迅速发展成规模宏大的下厂下乡运动。

同　日　中共安徽省委扩大的第六次全体会议作出《关于开除右派分子李世农、杨效椿、李锐党籍的决议》。1957年12月15日—1958年1月27日，中共安徽省委举行了扩大的第六次全体会议，通过了关于开除李世农（省委书记处书记、副省长）、杨效椿（省委组织部副部长、省检察长）、李锐（省副检察长）、陈仁刚（原省司法厅党组书记、副厅长）等人党籍，撤销职务的决定。

1月28日—30日　国家主席毛泽东召集和主持最高国务会议并发表讲话。毛泽东在讲话中说，1957年一年，几亿人口经过大鸣大放大辩论，把许多问题搞清楚了，到处发扬了积极性，群众热情很高，完全有把握15年赶上英国。为此，他提出，15年后，要搞4 000万吨钢，5亿吨煤，4 000万千瓦电力。农业发展纲要40条，看来8年可以完成。为了达到这个目的，要鼓足勇气，力争上游。现在是一场新的战争，向自然界开火，要讲不断革命，解放后搞土改，土改后搞互助组、合作社，1956年是公私合营和手工业合作化，接着1957年搞整风，再接着是搞技术革命。他还提出，要团结一切可以团结的人。知识分子要改造，要附到工人阶级的皮上来。15年赶上英国，要有成百万、上千万忠心于无产阶级的知识分子。在谈到对右派分子的政策时，他提出，对右派的批评必须严肃、深刻、全面，处理要比较宽大。宽大无边，当然不好，但要留一条路让他们走，使他们可能回到人民的队伍中来。

1月29日　国务院举行第六十九次全体会议。会议讨论通过了《1958年度国民经济计划草案》、《1957年国家预算执行情况》和《1958年国家预算草案》。并先后听取了国务院副总理兼国家经济委员会主任薄一波、副总理兼财政部长李先念对上述两个方案的说明。

这两个草案将提请第一届人大五次会议审议批准。会议还通过了《中共中央和国务院关于国家薪给人员和高等学校学生中的右派分子处理原则的规定》。会议在听取了周恩来总理的说明后，经过讨论，一致同意撤销章乃器现任粮食部部长职务，撤销章伯钧现任交通部部长职务，撤销罗隆基现任森林工业部部长职务，并提请全国人大常委会审议决定。1月31日，毛泽东主席根据人大常委会第九十三次会议决定发布命令，撤销了上述三人的部长职务。会议还通过了国务院关于中国科学院院长、副院长任免程序问题，向第一届全国人民代表大会第五次会议提出的议案。

1月31日　毛泽东提出《工作方法六十条（草案）》。主要内容有：一、规定省、地、县党委必须抓好3个14项工作，即14项社会主义建设工作，14项社会主义工业工作，14项社会主义农业工作。二、要求生产计划制定三本账，即中央的两本账：一本是必成的计划，这一本公布；一本是期成的计划，这一本不公布。地方也有两本账：第一本账就是中央的第二本账，这在地方是必成的；第二本账在地方是期成的。三、提出从1958年起，要把党的工作着重点放到技术革命上去。四、论述了红与专、政治与业务的关系。一方面反对空头政治家，另一方面也反对迷失方向的实际家。五、提出改革规章制度，鼓励群众去打破那些限制生产力发展的规章制度。六、提出一些领导原则和工作方法，如“大权独揽，小权分散。党委决定，各方去办。办也有决，不离原则。工作检查，党委有责”等。七、提出了一些口号，如苦战3年，使大部分地区的面貌基本改观；在今后5年—8年内，普遍提前实现原定1967年实现的农业发展纲要规定的任务；5年—10年内，各地的工业产值（不包括中央直属企业的产值）都要超过基地的农业产值等，脱离了当时的生产实际。《工作方法六十条》是毛泽东根据杭州会议和南宁会议讨论情况的基础形成和提出的。2月19日，中共中央将这个草案转发全党。

本　月　中共中央在杭州召开部分省市委书记会议。会议的主要议题是，讨论经济建设的领导方法、政治与业务的关系以及技术革命等问题。中共中央主席毛泽东主持了会议，并作了两次讲话。关于经济建设的领导方法问题，他说，要在全国搞几个经济协作区域，领导干部要亲自动手普遍搞试验田。关于政治与业务的关系，他说，政治与业务要结合，红与专是对立的统一，思想政治是统帅，是业务的保证。一定要批评不问政治的倾向，同时要反对空头政治家。他还说，思想政治战线上的革命还会有的，但要把党的工作重心放在技术革命上去。毛泽东在讲话中还批评了1956年的反冒进，他说，没有1956年的突飞猛进，就不能完成第一个五年计划。他提出要批评右倾保守。

2月1日—11日　第一届全国人民代表大会第五次会议在北京举行。出席会议的代表共975人。政府各部门的负责人、各国驻华使节和在京访问的一部分外宾列席了会议。这次会议的主要议程是：审查和批准1958年国家预算；决定1958年度国民经济计划；批准《汉语拼音方案》；通过全国人大常委会工作报告。会议听取了国务院总理兼外交部长周恩来作的《目前国际形势和我国外交政策》的报告、国务院副总理兼财政部长李先念作的《关于1957年国家预算草案的报告》、国务院副总理兼国家经济委员会主任薄一波作的《关于1958年度国民经济计划草案的报告》、全国人大常委会副委员长兼秘书长彭真作的《全国人大常委工作报告》和中国文字改革工作委员会主任吴玉章作的《关于当前文字改革工作和汉语拼音方案的报告》。会议讨论和通过了上述报告以及其他有关国家生活的重要决议。会议通过的1958年度国民经济计划提出，1958年的工业总产值计划要比1957年增长14.6%，农业生产总产值计划要比1957年增长6.1%。会议决定对国务院所属机构进行调整：一、撤销国家建设委员会，原国家建委管理的工作，分别由国家经委、国家计委和国家建筑工程部接管。二、商业部改为第一商业部，城市服务部改为第二商业部。三、第一机械工业部、第二机械工业部和电机制造工业部合并为第一机械工业部，第三机械工业部改为第二机械工业部。四、电力工业部和水利部合并为水利电力部。五、建筑材料工业部、建筑工程部和城市建设部合并为建筑工程部。六、林业部和森林工业部合并为林业部。七、轻工业部和食品工业部合并为轻工业部。八、设立对外联络委员会，撤销对外联络局。九、高等教育部和教育部合并为教育部。会议还决定了一些人事任免事项：补选程潜为人大常委会副委员长；任命国务院副总理陈毅兼任外交部部长，任命沙千里为粮食部部长，杨一辰为第二商业部部长，赵尔陆为第一机械工业部部长，傅作义为水利电力部部长，余秋里为石油工业部部长，李烛尘为轻工业部部长，王首道为交通部部长，张奚若为对外联络委员会主任，杨秀峰为教育部部长。免去周恩来兼任的外交部长、王鹤寿兼任的国家建委主任、赖际发担任的建筑材料工业部部长、赵尔陆担任的第二机械工业部部长、刘澜涛担任的电力工业部部长、李聚奎担任的石油工业部部长、万里担任的城市建设部部长、傅作义担任的水利部部长、李烛尘担任的食品工业部部长、杨秀峰担任的高等教育部部长、张奚若担任的教育部部长的职务。会议还任命郭沫若为中国科学院院长。会议决定撤销龙云担任的中华人民共和国国防委员会副主席职务，撤销黄琪翔担任的国防委员会委员职务。2月12日，《人民日报》发表社论，称这次会议是“一次争取大跃进的大会”。

2月2日　《人民日报》发表社论：《我们的行动口号——反对浪费，勤俭建国！》。社论根据南宁会议的精神，提出了国民经济“全面大跃进”的口号。社论说：“我们国家现在正面临着一个全国大跃进的新形势，工业建设和工业生产要大跃进，农业生产要大跃进，文教卫生事业也要大跃进。”

2月3日　《人民日报》发表社论：《鼓起干劲，力争上游！》。社论在分析了当前工农业生产大跃进的形势后，再次批评了反冒进，说有右倾保守思想的人，对整个形势作了错误的估计，名为反“冒进”实为反跃进。社论对什么叫“跃进”作了解释，认为跃进与冒进有原则的不同，它是在群众运动的高潮中，千方百计，打破常规，采取新的方法或者新的技术，以比通常快得多的速度，迈大步前进。社论要求打破一切右倾保守思想，苦战3年，使全国大部分省区基本改变面貌。

2月6日　国务院举行第七十次全体会议。会议讨论通过了国务院向一届人大五次会议提出的3个议案，即《关于调整国务院所属组织机构的议案》、《关于任免国务院若干组成人员的议案》和《关于将直辖市天津改为河北省辖市的议案》，并听取了国务院总理周恩来对3个议案的说明。会议还讨论通过了国务院《关于工人、职员退休处理的暂行规定》、国务院《关于企事业单位和国家机关中普通工、勤杂工的工资待遇的暂行规定》、国务院《关于工人、职员回家探亲的假期和工资待遇的暂行规定》、国务院《关于工人、职员退职处理的暂行规定（草案）》。劳动部部长马文瑞对上述暂行规定作了说明。会议还讨论了国务院《关于加强对复员军人管理教育的指示及其他条例（草案）》。

2月7日　中共中央转发《河南省委关于传达和讨论毛主席六十条指示向中央的报告》。河南省委的报告说，省委常委会完全拥护毛主席的指示。“一致认为这是保证把技术革命搞成功，使我们的社会主义经济制度获得自己充分的物质基础，从根本上建成社会主义社会，并且为进一步由社会主义过渡到共产主义准备必要的条件。”报告认为，毛泽东关于不断革命的指示，“从理论上、思想上解决了能不能跃进、敢不敢跃进的问题，打破了庸俗的‘平衡论’，粉碎了‘反冒进’（就是反跃进）的观点，以最锋利的马克思主义的武器把我们武装起来，乘风破浪，跃进再跃进”。报告提出要认真总结过去两年来跃进和反跃进的经验教训，全面贯彻落实毛泽东的各项指示。

同　日　中华人民共和国政府就朝鲜和平统一问题发表声明。2月5日，朝鲜民主主义人民共和国政府发表重要声明，主张撤出在朝鲜的一切外国军队，并在一定时期内实现全朝鲜的自由选举，以实现朝鲜的和平统一。为此，中国政府发表声明，完全赞同并且支持朝鲜民主主义人民共和国政府这一重大的和平倡议。声明说，中国政府和中国人民本着朝鲜问题应该由朝鲜人民自己解决的基本立场，一贯反对对于朝鲜事务的外来干涉，坚决主张一切外国军队撤出朝鲜。声明还说，为了打开在朝鲜问题上的僵局，并且推动朝鲜问题的和平解决，中国政府认为，一切外国军队，应该定期撤出朝鲜。

中国政府准备就中国人民志愿军从朝鲜撤出的问题同朝鲜民主主义人民共和国政府进行磋商。中国政府要求美国政府和参加联合国军的其他各国政府同样采取措施，从南朝鲜撤出自己的军队。中国政府还希望一切关心远东和世界和平的国家采取积极措施，促使一切外国军队撤出朝鲜，为朝鲜的和平统一创造有利的条件。

2月9日—11日　国务院学科规划委员会召开古籍整理出版规划小组成立会。会议由文化部副部长齐燕铭主持，参加会议的有各地专家和有关出版机构的负责人等100余人。中共中央政治局候补委员康生和中共中央宣传部副部长周扬出席会议并讲了话。会议讨论了整理出版古籍的方针和规划小组的任务等问题。郑振铎、翦伯赞、潘梓年分别就文学、历史和哲学的古籍整理出版计划草案作了说明。会议决定成立古籍整理出版规划小组。叶圣陶、齐燕铭、何其芳、吴晗、杜国庠、陈寅恪、罗常培、范文澜、郑振铎、金兆梓、金灿燃、赵万里、徐森玉、张元济、冯友兰、黄松龄、潘梓年、翦伯赞等19人被推选为组员，齐燕铭为小组负责人，郑振铎、翦伯赞、潘梓年3人分任文、史、哲3个分组的负责人。

2月9日、12日　周恩来召集教育问题座谈会。参加座谈会的有出席一届人大五次会议的各地高等学校的人民代表和首都各高等院校负责人。中共中央各部、国务院各部和北京市委有关负责人、首都文化艺术团体负责人也参加了会议。周恩来和康生在会上先后发表了讲话。周恩来在讲话中指出，文教战线和其他战线一样，在整风运动中进行了两种斗争：一种是资本主义道路和社会主义道路的斗争，这种斗争还应该继续下去。另一种是建设社会主义方法的斗争，即实行多快好省的方法，还是实行少慢差费的方法。他希望与会者返回各自的工作岗位后，根据本地的情况推广人大会上总结的群众办学、勤俭办学的好经验，使落后的赶上先进，先进的更加先进，把教育工作大大推向前进。康生也就教育和生产劳动相结合的问题发表了讲话。北京航空学院、清华大学、上海交通大学和河南长葛县第三中学等院校的负责人，在座谈会上介绍了他们实行教育和生产相结合的经验，引起了与会人员的重视。

2月10—13日　第四次全国防治血吸虫病工作会议在上海举行。会议提出了“鼓足干劲，全面跃进，苦战三年，加速消灭血吸虫病”的口号。各省市代表在会上介绍了本省、市1958年防治的计划和保证措施。

2月11日　中共甘肃省第二届代表大会第二次会议在兰州举行。会议通过关于开除省委常委、副省长孙殿才，前副省长陈成义，省委委员、银川地委第一书记梁大钧，省人民委员会秘书长陆为公，民政厅副厅长刘余生，司法厅副厅长王新潮，银川专员曹又参等人党籍，撤销职务的决议。

2月11日—14日　文化部召开八大城市艺术表演团体负责人及12个省市文化局代表工作会议。会议主要议题是研究文艺团体上山下乡、深入工农的问题。北京、上海、广州等40个艺术表演团体在会上发出联合倡议书，希望全国艺术团体鼓足干劲、实现和争取自给，在思想上、艺术上和经济上来个全面的大跃进。

2月13日　《人民日报》发表中共中央、国务院关于除“四害”、讲卫生的指示。指示认为，苍蝇、蚊子、老鼠是传播疾病的媒介，而老鼠和麻雀还是损害粮食、妨害生产的大敌。除“四害”、讲卫生的根本目的，就是“消灭疾病，人人振奋，移风易俗，改造国家”。指示要求全党和政府要坚决地积极地领导除“四害”运动，争取在几年内基本上消灭四害，使全国的卫生状况大为改观。为此，《人民日报》当天发表了题为《一定要在全国除尽“四害”》的社论。此后，在全国范围内掀起了一个除“四害”的高潮。

2月13日—15日　中国科学院在京举行研究所所长会议。会议的主要目的是部署科学工作的大跃进。中科院院长郭沫若在会上提出以“鼓足干劲、多快好省、一心一德、又红又专、重视劳动、服从组织、加强合作、实现规划”8句话作为促进科学大跃进的口号。与会者纷纷列举事实，论证科学工作和工农业生产一样，完全可以采取多快好省的方法，实现大跃进。地球物理研究所所长赵九章认为，大跃进中一切问题的中心问题是怎样最大限度地发挥人力物力，而关键问题又在于科学家的思想改造和思想大跃进。参加会议的科学家还分别提出了自己的跃进计划，争取在几年之内赶上和超过国际先进水平。

2月13日—23日　中共中央政治局在京召开扩大会议。会议的主要内容是传达1月南宁会议精神，继续批评“反冒进”。会议强调，今后不得再提反冒进的口号。

2月14日　中共中央发出关于在全国各地区各方面普遍推广干部种试验田经验的通知。1957年11月29日，中共湖北省委向中共中央呈写了《关于各级干部种试验田的报告》。报告说，干部种试验田是一个很有意义的创造，它对于贯彻执行党的群众路线的工作方法，实行党对农业生产的具体领导，起着决定的作用。该报告经中央同意在报刊上公开发表。中央的通知要求，全党各级组织要对湖北的经验加以讨论，根据这个经验改变自己的领导作风。通知还提出，除了从事农业工作的干部应该普遍种试验田以外，其他各行各业的领导同志都应当研究种试验田的方法，联系本身工作特点，得出必要结论，以便打掉官风，逐步达到又红又专的目的。

2月14日—21日　国务院总理周恩来率中国政府代表团访问朝鲜民主主义人民共和国。访问期间，中朝两国政府代表团就扩大和发展两国的友好关系、加强社会主义国家的友好团结、目前国际形势和和平解决朝鲜问题进行了广泛的讨论，并取得完全一致的看法。2月19日，两国政府发表联合声明。声明说，中国政府本着一贯积极促进朝鲜问题和平解决的立场，经过同朝鲜政府协商，提出中国人民志愿军主动撤出朝鲜的建议。2月20日，中国人民志愿军总部发表声明，完全同意中国政府的建议，并决定在1958年底以前志愿军分批全部撤出朝鲜。当年3月15日、7月11日和10月26日，中国人民志愿军分3批全部撤出了朝鲜。

2月18日　《人民日报》发表由毛泽东亲自起草的社论：《反浪费反保守是当前整风运动的中心任务》。社论说，从各地区各企业和各机关的情况来看，这次反浪费反保守运动，同过去历次增产节约运动有很大的不同。这次运动实际上已经成为反对思想、政治、经济各方面落后现象的斗争，已经形成一个广泛地比先进、比多快好省的高潮。社论认为，这个声势浩大的运动，显然是1957年我国人民在思想战线、政治战线上伟大的社会主义革命的产物。灿烂的思想政治之花，必然结成丰满的经济之果。社论提出，要以反浪费、反保守为纲，带动各项工作，从而使我国的社会主义事业实现一个全面的大跃进。

2月21日　中国人民志愿军政治部发出《关于志愿军撤出朝鲜的政治工作指示》。指示要求部队在执行分批撤出朝鲜的任务中，做到交好走好，善始善终，军队撤出，友谊长存。

同　日　中蒙两国政府在北京签订《中蒙文化合作协定》，以及两国文化合作协定1958年执行计划。

同　日　中国政府和缅甸政府在仰光签订新一轮贸易协定。

2月23日　中华人民共和国主席毛泽东和国务院总理周恩来分别电贺阿拉伯联合共和国正式成立暨纳赛尔当选为共和国总统。周恩来总理宣布中华人民共和国政府决定承认阿拉伯联合共和国。

2月24日—3月4日　教育部召开北京、上海、江苏和辽宁等11个省市中学“社会主义教育”课汇报会。会议认为，自从在部分省市中学开设“社会主义教育”课以来，为改革和加强学生的思想教育工作找到了具体的途径和方法，克服了过去学校政治思想教育中存在的脱离革命实际和脱离学生思想实际的缺点。会议肯定，“社会主义教育”课不是一门临时性的课程，它是用社会主义思想来武装学生，既是社会主义革命和社会主义建设的基础知识课，又是兴无灭资的思想教育课。会议还提出，班主任是派在学校里的党的政治干部，要求班主任做到既是班主任又是政治教师。

2月24日—3月8日　教育部在北京召开四川、北京等十六省市学校体育工作座谈会。会议主要内容是，制订中小学及师范学校体育运动10年发展规划，会议提出了1958年学校体育工作的要点，要求全国各地各级学校积极开展体育活动，以增强广大教职工和学生的身体素质。

2月25日　国务院发出《关于制止农村人口盲目外流的指示的补充通知》。1957年12月18日，中共中央和国务院曾联合发出《关于制止农村人口外流的指示》。但在执行过程中出现了一些问题，为了正确地贯彻中央和国务院的指示，进一步制止人口外流，国务院又发出本补充通知，要求各地农村干部，对回乡人员进行妥善安置，帮助他们解决回乡后的困难。并提出，已在农村安家入社的外籍人员，不应动员回籍。通知指出，春季灾区农民盲目外流可能性增大，各地必须加强救灾工作的领导，发展灾区农副业生产，立足生产自救，以防止再度发生大量灾民盲目外流事件。

2月25日—3月11日　全国体育工作会议在北京举行。全国各省、市、自治区，各体育学院和国防体育协会有关负责人270余人出席了会议，会议讨论和研究了国家体育运动委员会提出的《体育运动十年发展纲要》。《纲要》提出，为了使体育事业能更好地为社会主义建设服务，必须贯彻多快好省、勤俭建国、勤俭办一切事业的方针；要大力开展群众性体育运动，在体育运动广泛开展的基础上，加速提高运动水平，争取10年左右在主要运动项目上赶上世界水平。会议期间，陈毅副总理代表国务院到会讲话。他说，体育是一门科学，必须按照体育的科学技术去普及体育运动，要依照当地的条件和人体的条件去进行各种体育锻炼。国务院副总理、体育运动委员会主任贺龙也对会议作了书面指示。

2月26日—3月8日　全国国营农牧场的社会主义积极分子举行生产跃进会议。会上400多名代表提出，1958年农垦系统的国营农牧场要开荒1 500万亩（原计划是700万亩），生产粮食30亿斤、棉花100万担、大豆4.5亿斤，出售肥猪40万头以及大量其他农畜产品，生产总值要达到10亿元以上，超过前5年的总和。

2月27日　全国城市绿化会议闭幕。会议确定的今后城市绿化的方针是：反保守，反浪费，放手发动群众，普遍植树，全面绿化。会议还要求，城市绿化必须和生产相结合，多种果木树、用材林等有经济价值的林木，直接创造财富。

2月27日—3月6日　十八省市扫盲先进单位表彰大会在北京举行。这次大会是由教育部、共青团中央、全国总工会、全国妇联和全国扫除文盲协会联合发起召开的。据《人民日报》报道，到这次会议召开时，群众性的扫盲高潮正在全国形成。全国已扫除文盲近3 000万，有15个省市出现了4 000多个基本扫除青、壮年文盲的单位。国务院副总理、全国扫除文盲协会会长陈毅到会并讲了话。他说，扫盲工作是使6亿人民“睁开眼睛”的工作。我们要建设现代化的社会主义强国，一开步走，就要识字。从扫识字盲，扫文化盲，到扫科学盲。这样中国才能改变又穷又白的面貌。他号召来一个文化上的“原子爆炸”。教育部副部长、全国扫除文盲协会副会长董纯才作了题为《积极扫除文盲，向文化大进军》的发言。出席会议的67个扫盲先进单位代表在大会上交流了经验，并向全国提出了5年内基本上扫除全国青壮年文盲的建议。

2月27日—3月20日　监察部在北京召开第七次全国监察工作会议。朱德和彭真到会并讲了话。会议初步检查了监察部成立8年来的工作，确定了1958年监察的工作任务。会议认为，各级监察机关在1958年应以反浪费、反保守，促进工农业生产的大跃进为中心任务。为了使监察工作适应经济建设大跃进的新形势，保证完成监察机关的任务。会议要求，各级监察机关的领导必须首先要改进工作方法，转变领导作风，清除监察机关的浪费和保守之风。监察机关的领导干部必须做到“六亲”，即亲自检查重大案件，亲自联系一两个监察机关，亲自巡视工作，亲自审批重大案件与接待重要的控告与申诉，亲自总结专题性或综合性的经验教训，亲自起草重要的报告和指示。

2月28日　《人民日报》发表社论：《打破旧的平衡，建立新的平衡》。社论指出，对于已经到来的工农业大跃进的局面，有些人一方面感到高兴，另一方面对许多省市和部门能否达到他们提出的高指标表示怀疑，并担心由此而破坏国民经济的平衡。社论认为，群众的积极性和创造性，时时刻刻在向旧的事物冲击，向旧的定额、旧的指标、旧的规章制度挑战。这是先进和落后、新事物与旧事物的竞争。在这个竞争中，旧的平衡一定要被冲破，不平衡一定要出现，不平衡经过调节，然后再达到新的平衡。社论再次批评了1956年“反冒进”的口号，说这个错误的口号给当时正在蓬勃发展的群众高潮泼了一瓢冷水。社论提出，我们必须反对庸俗的平衡论或均衡论，反对消极的平衡方法，从庸俗的平衡论的思想束缚中解放出来，我们也就敢于跃进了。

同　日　中共中央发出《关于下放干部进行劳动锻炼的指示》。《指示》指出，新中国建立以来，随着社会主义革命和建设的进行，一大批年轻干部走上了各级领导岗位。但至1958年，占干部队伍大多数的年轻干部，一般都没有经过或基本上没有经过革命战争、群众斗争和劳动生产的锻炼。因此，为了建立一支有阶级觉悟和业务才能的工人阶级知识分子队伍，各地应当有计划地组织动员大批知识分子干部和年轻干部到工厂、农村去参加体力劳动，到基层去做实际工作。《指示》还提出，干部下基层主要是到农村参加生产劳动。

3月1日　中国人民解放军高等军事学院和炮兵学院分别举行开学典礼。高等军事学院设于北京，为中国人民解放军的最高学府。学院由刘伯承任院长兼政治委员，其办学宗旨和方向是训练人民解放军陆、海、空军正师职以上的军事、政治、后勤干部、高级参谋及军事理论人员，提高其马克思列宁主义的政治、军事理论水平和组织指挥现代化的诸兵种合成军队作战的能力。炮兵学院设于河北宣化，其任务是培养营、团、师级的地面炮兵和高射炮的指挥员。

同　日　中共中央转发文化部党组《关于组织各类艺术工作者参加体力劳动和基层工作锻炼问题的报告》。为贯彻落实中共中央关于下放干部进行劳动锻炼的指示，文化部党组向中央提交了本报告。报告认为，有计划、有步骤地组织艺术工作者深入工厂和农村，参加集体生产劳动，或者参加基层工作，是改造文艺队伍，使文艺工作者更好地为人民服务的一项重要措施。报告要求，除年老病弱不能参加劳动者外，所有文艺工作者都应当有计划、有步骤地到工厂、农村参加体力劳动或基层工作。

同　日　上海市工商界举行誓师大会。出席会议的工商界人士达1.5万多人。会议提出全市工商业者要在5年，争取3年内改造成为自食其力的劳动者，并向全国各地工商界挑战，展开友谊比赛。同一天，天津市工商界也提出倡议，向北京、上海和其他各地工商业者进行友谊比赛。

3月1日—10日　中共中央监察委员会在北京召开第三次全国党的监察工作会议。出席会议的有27个省、市、自治区，28个省属市、地，8个县监委的书记或副书记，中央国家机关、解放军的监察工作负责人，共123人。会议由刘澜涛致开幕词，王从吾代表中央监委作了《关于1957年工作总结和1958年工作任务的报告》。会议总结了几年来党的监察工作经验，确定了1958年党的监察工作任务，即在党中央和各级党委领导下，紧密地围绕党的中心任务，正确地检查处理各种违反党纪的案件；坚决清除党内的右派分子、反革命分子、严重违法乱纪分子、不可救药的腐化堕落分子、有严重的资产阶级个人主义思想和行为并屡教不改的分子；着重抓属于资本主义和社会主义两条道路斗争的案件，抓破坏党的团结和统一的案件，抓危害国民经济大跃进的案件，以纯洁党的组织，保证整风反右斗争的彻底胜利和国民经济的全面大跃进。会议还提出了加强政治思想工作、改进工作方法和工作作风的具体措施。

3月2日　首都各高等学校整风运动进入以反浪费、反保守为中心的新阶段。这一阶段的要求和安排是，各校将首先贯彻勤俭办学、勤俭生产、勤工俭学的方针，并就办学的根本道路和基本方法进行大辩论，进一步确立社会主义的办学路线和方法，改革教学制度，提高教学质量，又多又快又好又省地为国家培养社会主义建设人才。

3月3日　中共中央发出《关于开展反浪费反保守运动的指示》。指示说，反浪费、反保守运动已在全国各行各业普遍开展起来。这是一个社会主义的生产大跃进和文化大跃进的运动，是在全民整风运动中改进整个国家工作和促进全民大干劲的一个带有决定性的运动。中央决定以2个月到3个月的时间，在全国进一步普遍地开展反浪费、反保守、比先进、比多快好省地建设社会主义的运动。为了搞好这一运动，指示还提出了6条注意事项。

3月3日—5日　首都戏剧、音乐界座谈会在北京召开。这次会议是由文化部、剧协、音协和北京市文联联合发起召开的。座谈会主要讨论创作如何反映大跃进的问题。文化部副部长钱俊瑞和夏衍到会并讲话。钱俊瑞在动员报告中提出，创作大跃进是当前的中心任务。夏衍在讲话中说，现在是“逼上梁山”的形势摆在我们面前，逼得我们非以革命的脚步赶上去不可。

3月3日—6日　首都244位美术工作者分别开会。提出1958年要创作20 351件新作品的跃进计划，向全国美术工作者挑战。

3月4日　上海铁路管理局创造了平均每台机车日产128.9万吨公里的全国最高纪录。

3月5日　广西僮（后改为“壮”）族自治区正式成立。在自治区第一届人民代表大会第一次会议上，韦国清当选为自治区主席，贺常明当选为副主席。全国人大常委会和国务院分别致电祝贺自治区的成立。国务院副总理贺龙代表中共中央、国务院和毛泽东主席到会祝贺并讲话。

3月6日　中共中央、国务院发出《关于中共中央设立外事小组和国务院设立外事办公室的通知》。通知指出，根据加强领导、统一安排、分工负责、加强联系的原则，中共中央决定对现行的外事工作体制进行必要的改革：一、中共中央设立外事小组，负责领导全盘外事工作。陈毅任组长，组员为：张闻天、王稼祥、李克农、廖承志、叶季壮、刘宁一。二、国务院设立外事办公室，陈毅任主任，廖承志、刘宁一、孔原、张彦任副主任。国务院外事办公室是国务院管理外事工作的总口子，又是中共中央外事小组的办事机构，协助国务院管理外交部、外贸部、对外文化联络委员会和华侨事务委员会的工作，并指导中央一级各政府部门、各人民团体和各省、市、自治区的国际活动。外事小组和外事办公室建立后，中共中央国际活动指导委员会即行撤销。

3月7日　第一届全国人民代表大会常务委员会举行第九十四次会议。会议批准了《中华人民共和国政府和苏维埃社会主义共和国联盟政府关于国境及其相通河流及湖泊的商船通航协定》。会议经过讨论，原则批准了《国务院关于工人、职员退职处理的暂行规定》。会议还决定任命李聚奎为中国人民解放军总后方勤务部政治委员，免去余秋里解放军总后方勤务部政治委员职务。

同　日　国务院举行第七十二次全体会议。会议决定将原属河北省的通县、顺义、大兴、良乡、房山5个县和通州市划归北京市管辖。会议讨论了《民族自治地方财政管理暂行办法（草案)》，决定提请人大常委会审议批准。会议还通过了《中国和也门友好条约、商务条约以及科学技术和文化合作协定》，《中国和蒙古航空交通协定》、《中蒙民航局议定书》和《中蒙民航技术合作协定》，中国和德意志民主共和国两国政府《关于卫生事业合作的协定》。

同　日　中共中央提出《对民主人士的右派分子进行工作的意见》。《意见》说，对于右派分子，在作了组织处理之后，应该有计划地进行教育工作，以进一步分化和改造右派，更好地争取中间分子。要经常地对他们进行思想政治工作，交代政策，指明前途，消除他们的抵触情绪，批判其错误态度，推动和帮助他们接受改造。除实行劳动教养、监督劳动或劳动察看的以外，一般应该按照他们新的职务给以适当的工作，同时，按照他们新的职务和级别，给以相应的生活待遇。在政治待遇上，要让他们参加某些应该参加的会议和政治理论学习，让他们阅读可以阅读的文件。

同　日　冶金工业部开展反浪费反保守运动。据新华社报道，冶金工业部在反浪费反保守运动中，订出了一个全面跃进的增产节约计划，确定1958年要为国家增加上缴利润和节约投资与事业费共4.6亿元，为实现全国钢产量达到700万吨，铁产量达到800万吨的任务而奋斗。

3月8日　陈镜开和黄强辉分别获得世界冠军。中国举重运动员陈镜开和黄强辉在1958年莫斯科奖国际个人举重赛中，分别以317.5公斤和382.5公斤的总成绩获得最轻量级和轻量级的冠军。

同　日　教育部颁发1958—1959学年度中学教学计划。为了贯彻新的教育方针，新的教学计划对原计划内容作了重要调整：一、加强劳动教育，规定初高中各年级增设生产劳动科，每周2小时。二、改进外语教学，着重整顿和加强高中外国语教学，同时在大中城市有条件的初中开设外国语科。三、对语文、数学、物理和化学等科的教学内容和教学时数也作了具体调整。四、改进政治课为“社会主义教育”课。5月10日，教育部又发出补充通知，对上述教学计划又作了部分调整。

3月8日—26日　中共中央在成都召开中央工作会议。毛泽东主持了这次会议，参加会议的有：大部分中共中央政治局常委，部分政治局委员和候补委员，书记处的个别书记，大部分省、市、自治区党委第一书记和中央有关部门负责人。毛泽东在会上先后6次发表了重要讲话。刘少奇、周恩来、邓小平等在会上发言。毛泽东讲话的主要内容是：一、继续批评反冒进。毛泽东在讲话中把冒进说成是"马克思主义的"，把反冒进说成是"非马克思主义的"，是方针性的错误。二、提出了社会主义建设总路线的基本观点。毛泽东认为，社会主义建设有两条路线，一条是多快好省，一条是少慢差费。毛泽东在讲话中反复强调建设速度问题，提出要苦战3年，形成一条社会主义建设的路线。三、提出了国内还存在两个剥削阶级的理论。毛泽东在讲话中进一步发展了中共八届三中全会关于阶级斗争的理论，认为国内还存在两个剥削阶级，即一个是帝国主义、封建主义、官僚资本主义的残余，未改造好的地、富、反、坏和资产阶级右派，另一个是民族资产阶级及其知识分子。四、提出了两种个人崇拜的观点。毛泽东认为个人崇拜有两种：一种是正确的，如对马克思、恩格斯、列宁、斯大林正确的东西，我们必须崇拜、永远崇拜，不崇拜不得了。一个班必须崇拜班长。另一种是不正确的崇拜，不加分析，盲目服从，这就不对了。毛泽东还说，反对个人崇拜的目的也有两种，一种是反对不正确的个人崇拜，一种是反对崇拜别人，要求崇拜自己。此外，毛泽东在讲话中还提出要破除迷信、解放思想、发扬独创精神、敢想敢说敢干。提出要跃进但不要空喊，要提倡实报，要有具体措施，保证口号的实现，要去掉虚报、浮夸，不要争名，而要务实。这次会议讨论和通过了《关于1958年计划和预算第二本账的意见》、《关于发展地方工业问题的意见》、《关于把小型的农业合作社适当地合并为大社的意见》和《关于农业机械化问题的意见》等37个文件。这次会议制定的各项经济指标，比2月份全国人大会议通过的第一本账都有大幅度地提高。农业总产值的增长速度由6.1%提高到16.2%；工业总产值的增长速度由10%提高到33%；粮食由3 920亿斤增加到4 316亿斤；钢由625万吨增加到700万吨。会议把地方工业产值超过农业产值的期限，从5年—10年改为5年—7年，并进一步要求在7年内（争取5年内）基本上实现全国农业机械化和半机械化。成都会议后，各地在反右倾保守思想的推动下，出现了高指标、瞎指挥，经济工作中的急躁冒进情绪进一步发展。

3月9日　中华人民共和国政府发表《关于支持越南民主共和国和平倡议的声明》。3月7日，越南民主共和国总理范文同致函南越当局，建议双方尽快举行会晤，讨论双方裁减军队和寻求互通贸易的办法，以促进越南的和平统一。声明说，中华人民共和国政府完全支持越南民主共和国政府的和平倡议。美国向南越派遣大量军事人员，运进增援的军事物资和建立军事基地，严重违反了《日内瓦协议》。这不仅阻挠了越南人民所渴望的和平统一，而且威胁着东南亚地区的和平和安全。作为《日内瓦协议》的签字国和印度支那各国的近邻，中国不能不对这种情况表示严重关切。声明要求美国政府遵守它自己的诺言，停止对南越的干涉。

3月10日　政协全国常务委员会举行第五十次会议。会议经过讨论一致通过了《中国人民政治协商会议全国委员会关于整风办法的规定》和《中国人民政治协商会议第二届全国委员会整风领导小组名单》。会议还通过决议，停止被划成右派分子的章伯钧的政协副主席和章乃器等8人的政协常委职务，撤销被划成右派分子的叶笃义等12人的职务。

3月11日　据新华社报道，中国第一架半导体收音机在上海试制成功。

3月15日　中国人民解放军军事科学院在北京成立。叶剑英任院长兼政治委员。叶剑英在成立大会的讲话中提出，军事科学院必须以马列主义、毛泽东思想为指针，广泛利用现代科学成就，从敌我双方实际情况出发，针对今后战争的需要，有计划、有步骤地开展军事科学研究，以推动我军迅速建成一支优良的现代化的革命军队。

3月15日—18日　云南省一届人大五次会议选举于一川为云南省省长。

3月15日—19日　文化部召开第一次全国艺术科学研究座谈会。

音乐、戏剧、电影、美术、曲艺、舞蹈界等研究和教学人员300余人出席了会议。会议讨论了艺术科学研究工作大跃进的问题。刘芝明在会上作了总结发言，与会者向全国艺术科学研究工作者倡议：注意总结艺术实践的经验，进一步发挥理论在艺术实践中的指导作用。

3月15日—10月26日　中国人民志愿军撤出朝鲜回国。在圆满完成抗美援朝任务后，中国人民志愿军奉命分三批撤出朝鲜回国。第一批6个师，共8万人，从3月15日—4月25日撤出朝鲜回国。第二批6个师及其他特种兵部队10万人，从7月11日—8月20日撤离朝鲜回国。第三批3个师、志愿军总部和后勤保障部队共7万人，于10月26日全部撤离朝鲜回到祖国。中国人民志愿军在朝鲜8年中，与朝鲜人民军并肩战斗，为保卫朝鲜人民的革命成果和支援朝鲜人民的和平建设，作出了重大贡献。志愿军归国后受到全国各界人民的热烈欢迎。

3月16日　中国各民主党派和无党派民主人士在北京举行社会主义自我改造促进大会和盛大游行。沈钧儒在会上致开幕词，李济深、郭沫若等在会上发表了讲话。会议通过了《民主党派和无党派民主人士社会主义自我改造公约》，通过了《民主党派和无党派民主人士社会主义自我改造促进大会上毛主席书》等两个文件。《公约》表示，要以最大的决心，鼓起干劲，力争上游，尽早把自己从资产阶级分子改造成为自食其力的劳动者，从资产阶级知识分子改造成为又红又专的工人阶级知识分子。会后举行了万人大游行。

3月17日　国务院举行第七十三次全体会议。会议通过了国务院《关于处理义务兵退伍的暂行规定（草案）》，并提请人大常委会审议批准。会议还批准了《中华人民共和国非机动船海上安全航行暂行规则》。

同　日　中国第一套电视发送设备在北京试制成功。

3月17日—19日　中共江苏省委在南京召开推广创办农业中学经验座谈会。中共中央宣传部部长陆定一、教育部副部长柳湜出席了座谈会，参加座谈会的除江苏省有关部门的负责人外，北京、上海、福建、江西等省市有关部门负责人也应邀出席了座谈会。陆定一在讲话中说，动员群众的力量办各种职业中学，特别是创办农业中学，使不能进普通中学的小学毕业生都能升学，这是一个好办法。办农业中学，不但有利于教育事业的大跃进，而且有利于农业生产大跃进。会议介绍了江苏省海安县双楼乡和邗江县施桥乡创办农业中学的经验，还讨论了促进农业中学发展的问题。4月21日，《人民日报》发表社论，号召大量发展民办农业中学。此后，全国各地开始出现了兴办农业中学的热潮。

3月17日—25日　农业部在北京召开全国农业教育会议。会议主要讨论进一步贯彻教育、科研和生产相结合的方针以及培养又红又专的农业技术人才问题。会议认为，为适应农业生产大跃进的新形势，各高等农业学校要采取措施，实行勤俭办学、勤工俭学、勤俭生产，要根据农业生产需要，设置新专业。在课程安排上，要与农事季节相结合，采取现场教学的办法。每年要使学生有3个—4个月时间参加生产劳动。要普遍组织师生种试验田。会议还交流了经验，讨论了第二个五年计划期间高等农业教育的发展问题。

3月19日　第一届全国人民代表大会常务委员会举行第九十五次会议。会议经过讨论，批准了中华人民共和国和也门穆塔瓦基利亚王国《友好条约》、《商务条约》和《科学技术和文化合作协定》。会议还通过了全国人民代表大会常务委员会《关于地方各级人民代表大会代表名额问题的决定》。会议根据国务院总理周恩来的建议通过决议，批准国务院将国家计量局改为国家技术委员会的直属局，将物资供应总局改为国家经济委员会的直属局，将中央手工业管理局改为轻工业部的直属局，将中国民用航空局改为交通部的直属局。会议还批准了《吉林省延边朝鲜族自治州各级人民代表大会和各级人民委员会组织条例》、《贵州省三都水族自治县人民代表大会和人民委员会组织条例》、《贵州省松桃苗族自治县人民代表大会和人民委员会组织条例》。

同　日　教育部发出关于中等专业学校组织部分学生下放劳动的决定。为了解决1956年招生过多的问题，教育部发出文件，提出各中等专业学校要组织学生留校参加生产劳动、半工半读或下放到本部门所属工矿企业参加生产劳动。文件提出，如仍不能全部解决在校学生过多问题时，经商得地方党委和人民委员会同意，也可以组织学生下放农村参加农业生产劳动。文件规定，下放劳动时间一般定为1年。

3月20日—26日　劳动部召开全国技工学校工作会议。会议在天津市举行，劳动部部长马文瑞到会并作了报告。会议指出，技工学校应当把学生培养成为具有社会主义觉悟、具有必要技术理论知识、全面的专业操作技能和身体健康的熟练技术工人。会议提出，技工学校的生产和教育应是统一的，要做到“既是学校，又是工厂；既是学生，又是工人；既是学习，又是劳动”。会议还强调，要加强政治思想教育工作，纠正教条主义和只管教课、不管思想教育等错误做法。

3月21日　中共中央发出文件，提出适当扩大某些专署权限的意见。文件提出，建立专署财政，专署对所辖县、市的财政预算执行，可作必要的调剂。

3月22日　中共中央同意财政部党组关于对我国税收制度进行重大改革的报告。报告的主要内容是：一、减少税收的种类，把商品流通税、货物税、营业税和印花税合并为一种“统一税”。二、简化征税办法，把原来的多次征税改为工业品在工厂一般只征一道税。在报告的基础上，经过试点，国务院制定了《中华人民共和国工商统一税条例（草案)》，于9月3日起，在全国各行各业实行。

同　日　毛泽东对上海化工学院两个“右派分子”的大字报作出批语。毛泽东在批语中说，更多地、彻底地灭掉了资产阶级的自由，无产阶级的自由就会大为扩张。这种情况在资产阶级看来，就叫做这个国家没有自由。实际上是兴无灭资，无产阶级的自由兴起来了，资产阶级的自由就被灭掉了。

3月24日—4月8日　第四次全国教育行政会议在北京举行。这次会议是由教育部发起召开的，各省市教育厅、局长和部分中小学民办学校代表等119人出席了会议。教育部部长杨秀峰、副部长董纯才出席会议并作了报告。会议的议题是“反掉右倾保守思想，促进教育事业的大跃进”。会议提出，教育工作既要普及又要提高，要破资本主义思想，立社会主义思想，把学生培养成为有社会主义觉悟的人。会议还交流了各地教育事业大跃进的经验，并讨论了教育部起草的《国民教育纲要（草案)》。

3月25日　中共中央发出《关于党外右派分子处理报批手续的通知》。《通知》规定：对原任副省级职务的右派分子，其处理应报中央审批；右派分子兼任全国人民代表大会代表和全国政协委员等职务的撤销或者保留，由省、市、自治区党委提出意见报中央批准或者由中央决定；对96名标兵中的右派分子，在处理上如有原则变动，应报中央审批，如果只是轻重程度上的改变，则由省、市、自治区党委决定；对省、市、自治区人民委员、政协常委中的右派分子的处理，由省、市、自治区党委决定，但要报中央备案；对副厅级以下职务的右派分子的处理，由省、市、自治区自行处理。

同　日　政协全国委员会举行整风报告会。报告会由政协副主席李济深主持。出席报告会的有政协全国委员会委员、各民主党派成员共1 000余人。国务院秘书长习仲勋应邀到会作了关于中央国家机关整风运动的基本情况和主要收获的报告。习仲勋在报告中说，整风运动实际上就是一次革命，是一次伟大的政治上思想上的社会主义革命。整风运动有四大收获：一、学会了掌握社会主义民主的新形式。二、懂得了政治是统帅的意义。三、学会了群众路线的方法。四、带来了国家工作大跃进的形势。

3月27日　中国人民解放军第一个导弹试验训练基地在甘肃某地建立。该基地的建立，得到中共中央、中央军委的批准，为国防科技事业的发展作出了重大贡献。

3月28日　中共中央发出《关于处理中小学教师中的右派分子、反革命分子和其他坏分子问题的指示》。《指示》要求，对这些人的处理要掌握以下原则：首先，应把小学教师中右派分子的大部分(大约占70%）调离学校，另行安排；其次，对其中有教学能力而又愿意悔改的人，应调到教师人数较多和党的领导较强的学校去任教。

同　日　新华社报道，中国人民解放军各部队推广“试验连”方法。“试验连”方法是部队首长和各级领导机关试行的一种领导方法，它对促进部队以训练为中心的各项工作大跃进和改进领导作风，都收到了良好效果。

3月28日—4月16日　全国第二次少数民族语文科学讨论会在北京举行。这次会议是由中国科学院和国家民族事务委员会联合召开的。参加讨论会的有各民族语文工作者、民族出版工作者、部分民族自治地方的党政负责人，以及中共中央宣传部、教育部等有关单位的代表共126人。会议的主要内容是确定今后帮助少数民族创制文字的原则，并制定出民族语文工作的规则。会议认为，中国各民族的情况不同，解决文字问题的办法也不能完全一样。会议决定，在第二个五年计划期间，要做到每个需要创制文字的民族，都有一种适用的文字。在此之前，少数民族语言研究机构已帮助壮族、布依族、苗族等12个民族设计了18种文字方案，调查了33个少数民族的语言，编译、出版了大批民族地区扫除文盲和普及教育的书籍，培养了3万多各民族语文工作干部。

3月30日　首都各界人士举行支援阿尔及利亚争取民族独立斗争大会。会议谴责了法国推行的殖民战争。大会是为响应亚非人民团结大会关于"声援阿尔及利亚日"的号召而召开的。

3月31日　《中国援助越南议定书》在京签字。根据这项议定书，中国政府将在4年内援助越南建设和改建18项工业企业。

3月31日—4月10日　罗马尼亚人民共和国政府代表团应邀访问中国。代表团以部长会议主席基伏·斯托伊卡为首，访问了昆明、西安、北京、武汉、鞍山、沈阳等城市。访问期间，中华人民共和国主席毛泽东接见了代表团全体成员。国务院总理周恩来、副总理兼外交部长陈毅等和代表团举行了会谈。4月7日，中华人民共和国政府和罗马尼亚人民共和国政府发表了联合声明。

4月1日　中国第一座新石器时代遗址博物馆开放。博物馆坐落在西安附近的半坡村，建于距今约有5 000年的一处新石器时代村落遗址之上。博物馆大厅阔达2 300平方米，用以保护发掘出的40多个房屋遗址和房屋周围的窖穴。房屋遗址中的柱洞、断墙、路面和窖穴等都经过硬化处理，以便长久保存。各种炊器、汲水器皿等大件遗物仍摆放在原来的位置上。博物馆里还陈列着部分实物和模型。

4月1日—6日　中共中央在汉口召开工作会议。会议听取了河南省关于一年实现农业发展纲要40条的规划汇报和安徽省大搞水利突击的情况汇报。毛泽东在会上再次批评“稳妥派”和“观潮派”，说“所谓稳定可靠结果是又不稳妥，又不可靠，我们这样大的国家，这样稳会出大祸。对稳妥派，有个办法，到了一定时候就提出新口号，使他无法稳”。毛泽东说，“冒进”是稳妥派反对跃进的口号。同时他也提出，生产要务实，不要搞得不实在；报纸宣传应实际、深入、细致、踏实，不要光宣传指标，华而不实不好，好大喜功需要。整风挂帅，生产是当前中心工作，带动其他工作。对科学家要破除迷信。他号召各省搞民歌，大、中、小学生要写，军队也要写。会上，毛泽东又一次谈了我国“还有两个剥削阶级”的问题。

4月2日　中共中央发出《关于整风问题的指示》。指示要求各地区各部门一定要把整风坚持到底，不能虎头蛇尾。在“双反”运动告一段落后，应当及时地转入阅读文件、个人反省、提高自己的第四阶段。这个阶段以揭发批判官僚主义、主观主义、宗派主义为主要内容。在党委和政府、人民团体党组的主持下，分别召开四五次二三十人的小型整风会议，严肃认真又和风细雨地开展批评与自我批评。在揭发批判主观主义的时候，应当着重揭发和批判在执行党的路线、政策方面的右倾保守思想和教条主义、经验主义倾向。在揭发批判宗派主义的时候，应当联系个人主义、本位主义、地方主义、大国主义、大民族主义、地方民族主义等错误思想，加以揭发批判，以便提高全党共产主义的思想水平。

同　日　中共中央发出《关于继续加强对残存的私营工业、个体手工业和小商小贩进行社会主义改造的指示》。《指示》指出，1956年社会主义改造基本完成以后，许多地方自发地出现了一些私营工业、个体手工业和小商小贩，从业人员大约有140万人，其中工商各半。这些个体经济虽然对社会主义工商业起着一定的补充作用，但是，它们的生产经营还存在很大的盲目性和资本主义的自发倾向，其中一小部分是资本主义经济，在生产经营中存在着不同程度的违法行为，不仅妨碍国家对市场管理和危害消费者的利益，而且影响若干手工业、农业合作社和商业合作组织的巩固。《指示》提出的方针是：一律把他们管起来，不允许他们未经登记进行非法经营，加强对他们的监督和管理，取缔他们的投机违法行为，对他们采取利用、限制和改造的政策。并作如下规定：一、对资本主义性质的工业，原则上不允许继续存在，但应分别情况，作不同的处理，即予以排挤淘汰或公私合营。二、对个体手工业户，在自愿的原则下，有计划地吸收他们参加手工业合作社。允许季节性的农村手艺人进城营业。三、对于小商小贩和行商，应当进一步把他们组织成合作小组、合作商店或使他们为国营商业代购代销。四、个体手工业者的收入水平，一般不得超过同行业手工业合作社社员的平均收入；小商小贩的收入水平，一般不得超过当地国营商业职工的平均工资。对于那些收入过高的，应当从原料、加工、货源分配、批零差价、税收等方面适当控制。

同　日　中共中央发出通知，要求各省、市、自治区加强理论队伍和准备创办理论刊物。创办理论刊物的目的是“讨论社会主义革命、社会主义建设的实际问题，以及干部和学术界中提出的理论问题，以利指导工作”。通知肯定山西省委加强理论队伍的办法，要求各地参考仿行。山西省委加强理论工作队伍的措施是：从1958年起，在第二个五年计划期间或者更多一些的时间内，培养出一批系统地学习过马克思列宁主义经典著作、具有一定的实际工作经验、政治品质优良、思想意识健康、理论与实践相一致的理论工作干部。

同　日　中共中央批转北京市委《关于改革商业工作的报告》。《报告》介绍了北京市天桥百货商场改革商业工作的经验：一、改革劳动组织，从业人员减少45%。二、由过去两班制改为“一班顶到底”。三、由售货小组直接进货，勤进货、快销货，压缩库存。四、改善服务态度，增强责任感。中央要求各地学习天桥百货商场改革商业工作的经验，在商业部门中开展整改工作。

4月4日　中共中央发出《关于高等学校和中等技术学校下放问题的意见》。《意见》共分3项内容：一、为了切实加强党对高等学校和中等技术学校的领导及培养更多适合各地社会主义建设需要的人材，除少数综合性大学、某些专业学院和某些中等技术学校仍旧由教育部或者中央有关部门直接领导外，其他高等学校和中等技术学校都可以下放，归各省、市、自治区领导。二、改变统一招生制度。允许一般的高等学校和中等技术学校就地招生。各个学校招考的时间不必划一，应允许学生投考两个以上的学校。三、改变毕业生分配办法。由教育部和中央有关部门直接领导的学校的毕业生，原则上由中央统一分配；划归省、市、自治区领导的学校的毕业生，原则上由省、市、自治区分配。高等学校和中等技术学校的毕业生，有一部分可以分配到工厂、农村去劳动。根据中央规定，原中央领导的229所高等学校中的187所和大部分中等技术学校当年下放归地方领导。

4月5日　中共中央发布《关于在发展中央工业和发展地方工业同时并举方针下有关协作和平衡的几项规定》。《规定》的主要内容有5项：一、对各类产品实行分级管理、分级平衡的制度。由国家经委会同中央主管部门制定产品目录，进行全国平衡，统一安排生产，并规定各省、市、自治区之间的调出和调入计划。非中央统一平衡的产品，由各省、市、自治区和专区、县分级管理，分别制定产品目录，分级进行平衡和组织生产。二、组织工业生产和基本建设协作时，要贯彻点面、普及和提高相结合的原则。要求津、沪、辽以及其他工业城市立足于全国，帮助工业不发达的地区。三、适当地改变基本建设的管理程序。各省、市、自治区兴办的限额以上的建设项目，除简要的计划任务需报中央批准外，其他设计和预算文件，一律由省、市、自治区审查批准。四、逐步实行“双轨”计划体制，以解决条块之间的矛盾，即中央部门必须对自己所管的企业和地方所管的同类企业进行全面规划，各省、市、自治区也必须对该地区内所有中央部门管理的企业和地方管理的企业进行全面规划。国家计委和国家经委要加以综合平衡，制定全国的计划。五、各级党委必须掌握经济工作的协作和平衡。

同　日　中共中央政治局批准财政部党组《关于改革工商税制度，改变工业品出厂、作价办法和调整工商利润的报告》。《报告》

认为，目前税制方面的主要问题是税收的种类多、手续复杂、不利于企业加强经济核算。提出“在基本保持原税负的基础上，简化税制”的方针。具体做法是：一、减少税收的种类，把商品流通税、货物税、营业税、所得税4种税合并为一种税，叫做“统一税”。二、简化征税办法，工业品在工厂一般只征一道统一税。三、奖励协作生产，为了适当平衡全能厂与非全能厂的税负，对非全能厂相互协作生产的中间产品给以免税照顾。四、关于计算税款所依据的价格：在工厂征收的统一税，一律按照工厂的销售价格计算税款，废除过去按照商业批发牌价计算税款的办法。五、关于统一税的税率：主要产品原则上一种产品规定一种税率，其他产品，凡是原有的税负大体相同的，可以几种产品规定一个统一的税率。六、实行区别对待，私营工业和个体手工业，也按照工厂销售价格和新的税率征税，它们的中间产品和协作生产的产品，仍按原办法征税，不适用于上述二、三这两项的规定。

同　日　中共中央政治局批准成都会议通过的《关于发展地方工业问题的意见》。《意见》认为：一、地方工业的任务是为农业服务，为国家大工业服务，为城乡人民生活服务，为出口服务。实现这些任务的方法是：打破对于工业化的神秘观点，全党办工业，各级办工业，全面规划，加强领导，走群众路线。二、地方工业的建设资金，主要应该由地方自筹来解决，但不宜过多向农业社筹集工业建设资金。三、县以下办的工业主要应该面向农村。经营形式可以分为县营、乡营、合作社营，县、社或乡社合营3种。四、县营企业的劳动力，除部分技术工人和管理人员应是正式职工以外，其余应该就地招收临时工。

4月7日　中共中央、国务院联合发布《关于在全国大规模造林的指示》。《指示》提出，要通过在全国大规模造林，使我国的森林面积在10年内翻一番，即由现在的1亿公顷以上增加到2亿公顷以上。使全国平均的森林覆盖率由现在的10%强增加到20%以上。使全国的木材蓄积量在15年内增加1/3，即由现在的60亿立方米左右增加到80亿立方米左右。

同　日　中国举重运动员黄强辉在全国二十五单位举重锦标赛上，以155公斤的成绩打破轻量级挺举世界纪录。

同　日　中华人民共和国政府和波兰人民共和国政府签订《中波两国长期贸易协定》。

4月7日—13日　中共河北省委举行一届五次全体会议。会议决定开除刘洪涛（省委常委、省委统战部长）、杜存训（省委候补委员、省工会联合会主席）党籍，撤销职务。

4月8日　中共中央政治局批准《关于农业机械化问题的意见》。这个文件是由中央成都会议制定的。《意见》认为，有广大农民参加的群众性的农具改革运动是技术革命的萌芽，是一个伟大的革命运动，全国各地都应当普遍地积极推广。并提出3年至7年内（争取5年内做到）基本上实现农业机械化和半机械化的设想。《意见》指出，农具的改革应当因地制宜，不要千篇一律；农业机器应该以小型的为主，配合以适当数量的大型和中型机械；在推广农业机器的同时，不要放松新式畜力农具和改良农具的推广，农业机械的制造，一般以地方工业为主；实现农业机械化，主要靠农业合作社自己的力量。

同　日　中共中央发出《关于加强地方党委对军队的领导和密切地方党委同军队关系的指示》。《指示》说：为了加强地方党委对军队的领导，密切地方党委同军队之间的关系，以利工作上的配合和相互支援，促进国家经济建设和国防建设，有必要继续贯彻执行在党中央统一领导下的军事系统和地方党委对军队的双重领导制度。并作了6项具体规定，主要是：凡军事区域与地方行政区域相一致的军事机关，除保持军事系统的垂直领导外，在党的关系上同时成为同级地方党委的军事工作部，受地方同级党委的领导，并由地方党委书记兼任同级军事机构的政治委员。军事区域与地方行政区域不一致的军区以及驻在各地的国防部队、军事院校、国防仓库，都应和地方党委保持密切联系，并在与地方有关的各项工作上接受当地省（市）委和自治区党委的领导；这些军区应当有一名主要负责同志参加所在地的省（市）和自治区党委的领导工作。军队派驻工厂的军事代表除保持派出机关的垂直领导外，在政治上、思想上和党团生活方面受工厂党委领导。军队在有关兵役、治安、以劳力参加地方生产建设、抢险救灾、征地、动员民工、设置禁区等方面，必须尊重同级和所在地的最高地方党委的意见，接受其监督和领导。各级地方党委应定期讨论和检查军事工作，并吸收当地驻军负责同志或相当等级的干部参加或列席地方党的会议，以及参加必要的地方工作会议。

同　日　中共中央政治局批准成都会议通过的《关于把小型的农业合作社适当地合并为大社的意见》。《意见》认为，为适应农业水利化、机械化和文化革命的需要，在有条件的地方，把小型的农业合作社有计划地适当地合并为大型的合作社是必要的。合并后的乡、社规模，以每一个乡领导几个农业合作社为适宜。小社合并为大社的条件是：在发展生产上有需要；绝大多数社员确实赞成；地理条件适合大社的经营；合作社的干部有能力办好大社等。《意见》下发后，全国开始了小社并大社的工作。4月，河南省遂平县嵖岈山卫星社由27个小社合并成一个有9 369户的大社，并草拟了《试行简章》。该社后来成为中央推广小社并大社经验的典型。

同　日　中共中央政治局批准成都会议通过的《关于合作社社员的自留地和家庭副业收入在社员总收入中所占比例的意见》。《意见》认为，社员自留地和家庭副业收入在社员总收入中所占的比例，一般以20%~30%比较合适。

同　日　中共中央批转江苏省委《关于民办农业中学问题的报告》。江苏省委的报告总结了他们办农业中学的经验，认为这种办学方式对地方发展很有助益。中央的批示说，普遍发展民办农业中学，对于满足广大农民学习科学文化的强烈要求和小学毕业生的升学要求，有重大的作用。这是实行农业技术改造的一项重要工作，也是文化革命的一个重要方面。批示要求凡是有条件的省、市、自治区，都应大力发展民办农业中学和其他职业中学。

4月9日—14日　中华全国青年第三次代表大会在北京举行。会议通过了《中华全国青年联合会章程》。《章程》总则中规定，中华全国青年联合会是中国各青年团体的联合组织。它的核心力量是中国共产主义青年团。联合会的任务是：在中国共产党领导下，巩固和扩大中国青年的社会主义统一战线，团结教育各界青年，英勇劳动，努力学习，积极参加社会主义建设，把我国建成一个伟大的社会主义强国；并发展同各国青年的友好合作，支持反殖民主义斗争，维护世界和平。大会号召全国青年，在中国共产党和毛主席的领导下，加强团结，艰苦奋斗，自觉地改造思想，积极参加劳动，在多快好省地建设社会主义的事业中，作出更大的贡献。刘西元当选为中华全国青年联合会主席。

4月10日　中国第一台40马力柴油拖拉机在天津试制成功。

4月11日　中共中央、国务院联合发布《关于物价管理权限和有关商业管理体制的几项规定》。《规定》指出，现行的物价管理工作的缺点，是由中央统一定价的商品过多，价格计算公式不完全符合实际情况，各地党委和政府又无权调整价格，因而不利于某些工农业生产的发展。为了使商业工作和物价管理工作更加切合各地的生产实际，更好地为发展生产服务，必须把更多的管理权限下放到地方。因此特规定：一、在工业品价格方面，除了棉纱、棉布、呢绒、食盐、食糖、煤炭、石油等关系人民生活和市场物价稳定较为重大的商品，以及其他由国外进口的商品由中央统一规定价格外，其他一切工业品，各省、市、自治区党委和人委有权加以调整。在农产品价格方面，第一类农产品（国家计划收购的商品）和第二类农产品（国家统一收购的商品）的价格，由中央召开各省、市、自治区联系会议共同议定。第三类农产品的价格，仍由各地党委和人委规定。二、各省、市、自治区的商业机构、人员编制等由地方自行决定。一切工农业产品，各地党委和人委有权决定由当地商业部门收购，残次品作价由地方决定。凡是划归商业部门收购的工业品和农产品，其超计划生产部分，地方有权分成。

同　日　国务院发布《关于改进粮食管理体制的几项规定》。《规定》认为，在当前情况下，为了进一步发挥地方的主动性和积极性，使地方能够更好地安排本地区的农业生产，安排粮食征购和销售，以鼓励农民积极增加生产，从而更好地保证粮食供应，适当地改进粮食体制，加大地方的权限和责任，是完全必要的。今后一定的时期内，粮食的征购和销售应坚持以丰补歉、统一调度、统筹兼顾、适当安排的方针。并规定：一、在第二个五年计划期间，粮食的征购和销售数量应相对地稳定下来。全国每年征购的粮食，必须保持800多亿斤，按照年成丰歉，可以有所调节。二、中央对各省、市、自治区的粮食征购和销售实行差额管理办法，即征购数和销售数相抵后的余额和缺额；由中央规定，归地方包干负责完成规定的余额或者负责不突破规定的缺额。各地征购多少粮食，销售多少粮食，中央每年仍统一安排一次，地方有权根据当地具体情况加以调整。三、各省、市、自治区粮食征购和销售的差额，在今后5年内，基本上按1957年度（1957年7月到1958年6月）征购和销售的预计数字为基数计算。四、各省、市、自治区粮食征购和销售差额确定后，在5年内基本不变。一般灾荒由地方设法解决，较大的灾荒，中央可以酌量调整差额。多余的粮食归地方管理和机动使用。库存粮食所需要的资金，由粮食部统一供给。五、全国库存粮食，除地方使用的以外，仍然由中央统一掌握，统一使用。

同　日　中共中央、国务院联合发布《关于工业企业下放的几项决定》。《决定》指出，为了加快我国社会主义建设的速度，提前实现工业化，在工业管理体制方面应作如下改变：国务院主管工业部门，不论轻工业或重工业部门，以及部分非工业部门所管理的企业，除一些主要的、特殊的以及"试验田"性质的企业仍归中央继续管理外，其余企业，原则上一律下放，归地方管理。一、下放步骤，先轻工业，后重工业。二、如果地方认为条件不成熟，可以暂缓，但应积极创造条件，以便逐步下放。如果中央主管部门与地方发生争执，应报告中央裁决。三、企业下放后，中央主管部门的职责是，以三四分力量掌管全国规划和直接管理大企业，并加强科学研究工作，以六七分力量帮助地方办好企业。还应从供给技术资料、指导技术设计、培训技术人员、交流先进经验、进行全面规划等方面帮助地方。地方在保证完成中央计划的条件下，对中央在各该地主管的企业，有权在生产部署和协作、材料调度、劳动力调配等方面，进行调剂和平衡。四、各地方的属中央主管的某些原材料工业企业，在超额完成国家计划后，其超额部分，所在地方可以分成。

同　日　国务院发出《关于地方财政的收支范围、收入项目和分成比例改为基本上固定5年不变的通知》。《通知》说：国务院1957年11月15日发布的《关于改进财政管理体制的规定》，曾确定地方财政的收支范围、收入项目和分成比例，固定3年不变。为便于中央和地方都能够更好地安排整个第二个五年计划期间的财政收支和建设计划，1958年2月1日，李先念在一届全国人大五次会议上所作的《关于1957年国家预算执行情况和1958年国家预算草案的报告》中，提出将原规定的3年不变改为5年不变。这个报告已得到全国人民代表大会批准。

4月14日　《人民日报》发表社论：《大规模地收集全国民歌》。4月21日，《人民日报》报道郭沫若就收集民歌问题答《民间文学》编辑部问。4月26日，中国文联、作协和民间文学研究会举行民歌座谈会，提出收集、整理民歌、民谣的工作，建议成立全国编选机构，统一规划。《民间文学》从3月号起，开始选登各地大跃进民歌。

同　日　《人民日报》发表社论：《千方百计实现生产指标》。社论指出，1956年以来，一直有许多人不大相信农业增产指标能够提高，但铁一般的事实教育了人民，使人们相信，改变了生产关系，能够使生产力的发展加快好多倍。过去必须十几年、几十年、几百年才能做到的事情，现在能够在几年内，甚至一二年内做到。合作化的生产使生产者的智慧和创造力得到充分的发挥，产量可以迅速地达到人们难以想象的高峰。

4月15日　毛泽东著文《介绍一个合作社》。文章对苦战2年改变了面貌的河南省封丘县应举社予以充分肯定。文章认为，共产主义精神已在全国蓬勃发展，广大群众的政治觉悟已得到迅速提高。群众中的落后阶层奋发起来，努力赶上先进阶层，这个事实标志着我国社会主义的经济革命、政治革命、思想革命、技术革命、文化革命正在向前奋进。文章断定，我国在工农业生产方面赶上资本主义大国，可能不需要从前所设想的那样长的时间了。文章还认为，中国6亿人口的显著特点是一穷二白。这看起来是坏事，其实是好事。穷则思变，要干，要革命。一张白纸，没有负担，好写最新最美的文字，好画最新最美的图画。

4月15日—24日　中共中央在北京召开教育工作会议。各省、市、自治区党委负责教育工作的书记、文教部长，部分重要城市负责教育工作的书记，中国人民大学校长等100余人出席了会议。会议讨论了教育方针，批判了教育部门的教条主义、右倾保守思想和教育脱离生产劳动、脱离实际，并在一定程度上忽视政治、忽视党的领导的错误。6月10日—28日，会议在中断一段时间后继续进行，讨论下放高等学校和中等技术学校等问题。会上传达了刘少奇6月8日、6月20日关于教育工作的指示：一、我们的教育，解放前是新民主主义教育，现在它的内容是社会主义、共产主义。我们的大、中、小学都是共产主义的学校。二、我们要用阶级观点、群众观点、劳动观点（生产观点）、唯物观点和辩证观点、集体观点教育学生。三、全日制、半工半读两种教育制度，都是正规制度。四、乡村普及小学，大城市普及初中，初中毕业后进工厂半工半读。实现这样要求，教育可以大大跃进，大大超过计划。五、过去教育分为三段：1949年—1953年，比较好，学习苏联结合中国，并以此与资产阶级作斗争；1954、1955年，无产阶级教条主义很严重，搬苏联的；1956年，搬资产阶级教条。过去成绩是主要的，缺点是严重的，在一个时期内有方针性的错误，如劳动教育等。六、政治教育很重要。资产阶级对教育的影响不少。贯彻教育同劳动结合还要想很多办法，现在道路还没有走出来。七、要研究体制问题。教育部管什么？不管什么？许多问题可由省、市自定，每个协作区在教育上也要有完整的体系。

4月16日　《人民日报》发表社论：《提高双轮双铧犁的效用》。社论指出，双轮双铧犁早在1953年就在东北和华北地区试验推广，1954年底共推广43部。1955年和1956年合作化高潮中，两年推广了150万部，1956年下半年和1957年上半年刮起了一阵歪风，破坏了双轮双铧犁的名誉，结果1957年仅推广7万多部。社论指出，将木犁改为铁犁是农业生产的一个很大革命。人们应以极大的热情爱护双铧犁，大力推广双铧犁。

4月16日—4月18日　河北省第一届人大七次会议通过改变河北省行政区划和省会迁至天津等决议，选举刘子厚为省长。

4月17日　北京等8个市和山西等7个省、自治区的民建会、工商联地方组织负责人，代表本地的工商业者在天津签订协议书。决定开展工商业者的社会主义自我改造竞赛。

同　日　《人民日报》发表《中共河北省委关于徐水县委组织农业生产大跃进领导经验的总结》一文。文章说："徐水县33万人民，经过3个月苦战，改变了全县的自然面貌。这使群众更加相信自己能够掌握自己的命运，再也不怕水旱灾害了。徐水县的经验有四点：一、抓政治思想工作；二、加强生产第一线；三、通过整风，批判分散主义、本位主义和单纯业务观点，把力量拧在一起，全力为农业生产大跃进服务；四、正确地解决重点工作和各项工作之间的关系。"

4月18日　中共中央批转黑龙江省委《关于工业企业干部参加劳动、工人参加管理及实行业务改革的报告》。批示肯定了《报告》中介绍的北安国营庆华工具厂的经验，指出它是一项具有重大意义的创举，是对企业管理的一项重大改革和提高，是完全符合社会主义企业管理原则的。要求在全国一切有条件的工业企业中加以推广。《报告》总结庆华厂的经验有三方面：一、全厂干部实行每天半日劳动，半日工作，厂级主要领导干部每周参加一天劳动的制度。干部参加劳动后，有效地克服了官僚主义与主观主义，能够及时解决问题，推动了生产。同时，密切了领导与群众的关系。二、由过去工人间接参加全厂性的管理工作发展到实行工人直接参加生产小组管理，也就是按生产小组实行个人分工负责，把小组的生产、技术、经济等工作全面地直接地管理起来。组长由群众选举而后由行政任命。三、在全厂实行管理业务改革，报表砍掉和简化了50%，实行了"三送到门"（材料、钱款、医药），提高了工作效率，加强了技术研究工作。《报告》认为，上述三方面的经验是相辅相成的，为在企业贯彻群众路线找到了门路。实行这一改革措施后，调整了干群矛盾，当年生产规划跃为上年的两倍，全厂脱产干部由原来占职工总数的23%减到7.5%。

4月21日　国务院决定撤销内蒙古自治区河套行政区、平地泉行政区；撤销四川省茂县、汶川县，设立茂汶羌族自治县。

同　日　《中华人民共和国和匈牙利人民共和国关于1958年—1962年长期贸易协定》在北京签订。

4月22日　国务院举行第七十六次全体会议。会议讨论并通过了《中苏通商航海条约（草案）》。

4月23日　《中华人民共和国和苏维埃社会主义共和国联盟通商航海条约》在北京签订。条约共17条，其中规定："缔约双方将本着友好合作，互相帮助的精神，在平等互利的基础上，采取一切必要的措施，发展和巩固两国间的通商关系。为达此目的，缔约双方政府将根据两国国民经济需要，缔结包括长期协定在内的各项协定，以保证相互间商品流转的发展。""缔约双方在有关两国间通商、航海和其他一切经济联系方面，相互给予最惠国待遇"。同时，两国还签订了《1958年货物交换议定书》。

4月27日　以吴晗为团长的中国戏曲歌舞代表团抵巴黎参加国际戏剧节的演出活动。带去的节目有《二进宫》、《凤还巢》、《打渔杀家》、《泗洲城》等。戏剧节后又去比利时、卢森堡、英国、捷克斯洛伐克、波兰、瑞士等国进行了访问演出。

4月30日　全国文化厅（局）长会议在北京闭幕。会议明确了今后文化工作的方针和任务是：建设社会主义的民族的新文化。会议认为，随着经济战线大跃进形势的到来，作为文化革命重要组成部分的文化艺术大跃进的高潮已经在全国范围内形成。

本　月　北京大学开始批判该校校长马寅初的《新人口论》。马寅初发表在1957年7月5日《人民日报》上的《新人口论》，是根据自己在一届人大四次会议上的发言内容写成的。文章呼吁要重视节制生育，控制人口增长。作者认为，人多固然是一个极大的资源，但也是一个极大的负担，如果不加控制，任其盲目增长，势必影响到经济的发展和人民生活的提高。并提出了包括计划生育在内的一些措施。但是，他的见解被错误地说成"新马尔萨斯人口论"。4月以来，首先在北京大学采用大字报、辩论会等方式对马寅初的人口理论及其整个学术思想、政治观点进行批判，批判持续了一年多，波及全国其他高等院校和一些理论报刊。1959年12月，马寅初在《新建设》上发表《我的请求》，表示要坚持真理，“决不向专以力压服不以理说服的那种批判者们投降”。康生便断言，马寅初的问题已不是学术问题，而是右派向党进攻的政治问题。提出“要像批判帝国主义分子艾奇逊那样批判马寅初”。随后，批判更加升级。1960年，马寅初的北大校长职务被撤销。十一届三中全会以后，马寅初及其观点得到了肯定，他得到了平反。

5月1日　《人民日报》发表社论：《争取更大的劳动成果》。社论说，一年来的整风运动是推动一切工作的动力，农村中出现了排山倒海的社会主义生产建设高潮，农田水利大跃进特别惊人，一冬一春全国共完成170亿土方，其中安徽省已完成50亿土方，河南省完成了60亿土方。5月1日，在纪念五一国际劳动节的时候，我国人民面对这十分有利的国内外形势，一定要鼓足干劲，力争上游，多快好省地建设社会主义。

5月3日　中共中央在北京举行八届四中全会。全会主要讨论和通过了中共八大二次会议代表团的组成；中共八大二次会议的议程和大会主席团的组成；中共八大二次会议报告的修正稿；中共八大二次会议关于各国共产党、工人党代表的莫斯科会议决议草案的修正稿等。

5月4日　《人民日报》报道：刘少奇、邓小平等4月下旬参观了广东省农具改革展览会。刘少奇在参观结束时说，农具改革运动，改得很快，改得很好。这样的技术革新运动，像一部车子，已经开动了，永远不会停止，一天不停，一万年不停。

5月4日—27日　以许贞琡为团长、全天海为副团长的朝鲜人民访华代表团访问中国。5月6日，国务院总理周恩来接见了访华团全体成员。许贞琡团长代表朝鲜人民民主共和国最高人民会议常任委员会，授予中国人民保卫世界和平委员会主席郭沫若、内政部长谢觉哉、辽宁省省长杜者蘅、吉林省省长栗又文、黑龙江省省长欧阳钦等5位中国公民一级国旗勋章，以表彰他们在保护和抚育朝鲜战灾孤儿和爱国烈士子女方面作出的功绩。

5月5日　《人民日报》发表社论：《现代修正主义必须批判》，对《南斯拉夫共产主义者联盟纲领草案》进行了批判。4月3日，苏共中央致函中共中央，指责南共中央准备提交南共七大的共产主义者联盟纲领草案，说它是"现代修正主义和小资产阶级民族主义的立场"，决定不派代表团出席南共七大，并对纲领草案进行分析批判。在苏共的影响下，中共中央也开展了同所谓南斯拉夫修正主义的斗争。5月9日，中共中央批发了中联部和中宣部《关于在国内批判南共纲领草案宣传问题的请示》，认为批判南共纲领草案的斗争是国际共产主义运动中一场重要的理论性、政治性斗争，是用马克思主义粉碎现代修正主义的斗争。

5月5日—5月23日　中国共产党第八届全国代表大会第二次会议在北京举行。出席这次大会的正式代表977人，列席代表389人。大会听取和讨论了刘少奇作的《中国共产党中央委员会第八届全国代表大会第二次会议的工作报告》，邓小平作的《关于在莫斯科举行的各国共产党和工人党代表会议的报告》，谭震林作的《关于1956到1967年全国农业发展纲要（第二次修正草案）的说明》，并通过了相应的决议。大会正式改变了八大一次会议关于国内主要矛盾的正确提法。会议通过的中央委员会工作报告认为："在整个过渡时期，也就是说，在社会主义建成以前，无产阶级同资产阶级的斗争，社会主义道路同资本主义道路的斗争，始终是我国社会的主要矛盾。这个矛盾，在某些范围内表现为激烈的你死我活的敌我矛盾。"报告正式采用了毛泽东关于国内现在有两个剥削阶级和两个劳动阶级的论点。大会正式通过了毛泽东倡议的"鼓足干劲、力争上游、多快好省地建设社会主义"的总路线。这条总路线的基本点是：调动一切积极因素，正确处理人民内部矛盾；巩固和发展社会主义全民所有制和集体所有制，巩固无产阶级专政和无产阶级的国际团结；在继续完成经济战线、政治战线和思想战线上的社会主义革命的同时，逐步实现技术革命和文化革命；在重工业优先发展的条件下，工业和农业同时并举；在集中领导、全面规划、分工协作的条件下，中央工业和地方工业同时并举，大型企业和中小型企业同时并举；通过这些，尽快地把我国建设成为一个具有现代工业、现代农业和现代科学文化的伟大的社会主义国家。会议肯定了当时已经出现的“大跃进”，认为它标志着我国正在经历着“一天等于二十年”的伟大时期，号召全党和全国人民，认真贯彻执行社会主义建设总路线，争取中国工业在15年或者更短的时间内，在钢铁和其他主要工业产品的产量方面赶上和超过英国；农业在提前实现全国农业发展纲要的基础上，迅速地超过资本主义国家；科学和技术在实现12年科学发展规划的基础上，尽快地赶上世界最先进水平。并提出了新的第二个五年计划的高指标。会议再次批判了1956年的反冒进，周恩来、陈云、薄一波、李先念等在会上发言作了自我批评。浙江、甘肃、安徽、云南、广西、青海、河北、广东、新疆、河南、山东等省和自治区的代表在大会发言中，报告了本地区党组织在整风运动中，同党内的所谓“右派分子”、“地方主义分子”、“民族主义分子”以及“右倾机会主义分子”作斗争的经过。许多地方的重要领导干部被宣布为“右派集团”、“右倾集团”或“反党集团”。毛泽东在会上作了多次讲话，号召要解放思想，破除迷信。他说，如果5年达到4 000万吨钢，可能7年赶上英国，再加8年就能赶上美国。他批评了一些不同意高指标的意见，认为从中央到地方都还有一部分“观潮派”、“秋后算账派”，提出“要插红旗，辨风向，把白旗拔掉”。大会以后，在全国各条战线上迅速掀起了“大跃进”的高潮。

5月6日　中共中央批准1958年国民经济计划的第二本账。中央下发的《关于1958年度计划第二本账的报告》指出，在中央成都工作会议之后，在比干劲、比多快好省的高潮中，各部和各地方跃进的劲头很大。根据跃进的新情况和成都会议的精神，在研究各部和各地方提出的指标之后，对3月7日成都会议提出的指标又进行了调整。调整后，农业总产值由754亿元提高到793亿元，粮食总产量由4 316亿斤（不包括大豆）提高到4 397亿斤，棉花由4 093万担提高到4 463万担；工业总产值（包括手工业）由904亿元提高到915亿元，原煤产量由16 737万吨提高到18 052万吨，钢产量由700万吨提高到711万吨。同日，中共中央还批转了国家经委提出的《动员全民、全党为实现1958年计划的第二本账而斗争》的报告，号召全党全民共同努力，促使第二本账的实现。

同　日　国家经委颁布《关于1958年收购野生淀粉植物的几项规定》。《规定》指出，全国已发现野生淀粉植物原料60多种，绝大部分可供酿酒、浆纱、制浆糊等，有些还可加工成为副食品。为充分利用这些资源，供应工业需要，节省粮食，要求1958年全国收购野生淀粉植物2 829万担，其中橡子1 158万担，石蒜片（粉）305万担，槐豆角233万担。并对野生淀粉植物的采集、收购、加工、运输等问题作了具体规定。

5月7日　中共中央发出《关于经常向人民群众进行军事宣传的指示》。《指示》认为，军事宣传不但在战争时期需要，在和平时期也需要。如果在和平建设时期只宣传经济建设和文化建设，而不适当地注意宣传军事，就会使人民群众忽视国防建设，放松对敌人的警惕，就会使军民之间互不了解，削弱军民一致的传统。这对国防建设和经济、文化建设都不利。《指示》认为，近年来各宣传机关对军事宣传有所忽视，要求加强军事宣传工作，并对如何进行军事宣传作了三点具体指示。

5月12日　财政部发出《关于提高临时商业税税率的通知》。《通知》说，为了进一步加强对行商的经营利润的限制，确定将临时商业税的税率从8%提高到10%。

同　日　中国第一部国产“东风”牌轿车在长春第一汽车制造厂试制成功，结束了中国不能制造轿车的历史。

5月16日　国家经委党组向中共中央和毛泽东呈报《关于各大协作区讨论1958年国家计划第二本账情况的报告》。《报告》说，在讨论过程中可以看出，国家的第二本账是可以完成，而且可以超额完成的。地方基本建设投资的增加较为突出，地方第二本账的投资一般比国家第二本账分配给地方的基本建设投资增加40%~50%到1倍以上，个别地方有增加2.3倍的。但是，要争取完成地方第二本账的基本建设投资，在钢材、木材、水泥和设备方面，还要尽最大的努力。

5月17日　国务院发出《关于中央各商业部门所属工厂下放问题的规定》。《规定》说，第一商业部、第二商业部、粮食部、对外贸易部、水产部所属工厂，一律下放给地方。下放后作为地方国营企业，除缴纳税款外，工厂的收入全部划作地方固定收入，不再上缴中央。

5月20日　全国总工会主席赖若愚病逝。赖若愚，1910年生，山西省五台县人。1929年10月加入中国共产党，历任中共山西特委组织部长、中共山西晋城县委书记、晋中地委书记、太行区委书记、太原市委书记。全国解放后，历任山西省委副书记、书记、山西省人民政府主席。1952年调任中华全国总工会秘书长。在1953年召开的中国工会第七次全国代表大会上当选为全国总工会主席。1954年在一届全国人大会上当选为全国人大常务委员会委员。1956年9月在中国共产党第八次全国代表大会上当选为中央委员。赖若愚去世后不久，在5月26日—8月5日召开的全国总工会党组第三次扩大会议上，与全总其他领导人一起受到错误批判，被定为“严重的右倾机会主义和宗派主义的错误”。1979年5月全国总工会作出《关于赖若愚同志问题的复查结论》，否定了原结论，恢复了名誉。

5月22日　国务院颁布《关于实行企业利润留成制度的几项规定》。制定该规定的目的在于充分发挥企业的主动性和积极性，鼓励企业努力增产节约，加强经济核算，改善财务管理。《规定》的基本内容是：一、企业留成比例，以主管部为单位计算确定，确定后，基本上5年不变。二、企业留成比例以第一个五年计划期间各部所使用的下列资金为基数计算：1. 预算拨付的技术组织措施费、新产品试制费、劳动安全保护费、零星固定资产购置费等4项费用；2. 按规定提取的企业奖励基金和社会主义竞赛奖金；3. 按规定提取的超计划利润留成部分。三、企业留成所得应当以大部分用于生产，同时以适当照顾职工福利为原则。用于竞赛和职工福利的数字，合计不得超过各该企业职工工资总额的5%。但一概不许用于企业行政管理费用和其他非生产性开支。四、由于国家价格、税收政策的调整或自然灾害的影响，使企业利润有明显增加或减少时，国家可对原定留成比例进行适当调整。国家在原则上保证各部留成所得不低于上年实际所得的数额，《规定》还对企业留成资金的管理和监督提出了6条办法。

5月25日　中共中央在北京举行八届五中全会。全会增选林彪为中央政治局常委、中央副主席；增选柯庆施、李井泉、谭震林为中央政治局委员；增选李富春、李先念为中央书记处书记。将杨献珍、王恩茂由中央委员会候补委员递补为中央委员会委员。会议还决定创办《红旗》杂志，作为中共中央理论刊物，由陈伯达任总编辑。

同　日　毛泽东、刘少奇、周恩来、朱德、邓小平以及全体中共中央委员，到北京十三陵水库工地参加义务劳动。

5月26日　中共云南省委最近召开第六次全体（扩大）会议。会议决定开除原省委常委、省委组织部部长郑敦，副部长王镜如的党籍。

5月26日—6月18日　第四次全国民政会议在北京召开。会议是由内务部负责召集的。会议着重讨论和解决了各项民政业务如何贯彻党的社会主义建设总路线的问题，并提出了四个方面的意见：一、要使民政工作充分发挥鼓舞6亿人民忘我地保卫社会主义、多快好省地建设社会主义的作用；二、要发动和组织烈属、军属、残废军人、复员军人、灾民、贫民等，鼓足干劲，力争上游，为建设社会主义作出最大的贡献；三、要使民政工作切实体现正确处理人民内部矛盾的方针，促进社会主义所有制和社会生产力的发展；四、要使各项民政工作从生产出发，为生产服务。

5月27日　天津市国棉一厂半工半读学校开学。这所厂办半工半读学校，是在刘少奇的直接过问下创办起来的。为此，《人民日报》于5月29日发表了题为《举办半工半读的工人学校》的社论。

5月27日—7月22日　中共中央军委扩大会议在北京举行。参加会议的有军委委员，军队系统中的中共中央委员，各军区、军兵种负责人以及一些军、师的负责人，共1 400多人。会议检查和总结了建国八年多来军队的建设工作，讨论了当前形势、国防工作和今后的建军方针。毛泽东在会上讲了话，朱德、林彪、邓小平、刘伯承、贺龙、陈毅、罗荣桓、聂荣臻、叶剑英等都在会上发了言，彭德怀作会议总结。会议认为，新中国成立以来，人民解放军的成绩是显著的，它完成了作战和训练任务，保卫并积极参加了社会主义建设，军队自身建设也取得了巨大的成绩。但是，会议也错误地批评了刘伯承、肖克、李达等主持部队军事训练和军事院校工作的几位负责同志，把军事训练和军事院校教育工作中的某些缺点，说成是系统的教条主义错误，是“一条与党的军事路线相对抗的资产阶级的军事路线”，是“两个阶级的斗争在我军内部的反映”。会议通过了《关于改变组织体制的决议（草案）》。《决议》认为，人民解放军的组织体制仍然存在着机关庞大、部门过多、组织重叠、分工机械的现象。提出对军队的组织体制进行某些改革。根据决议的精神，会后不久，中央军委陆续将训练总监部、通信兵部、防化学兵部划归总参谋部；将总干部部、军事法院、军事检察院划归总政治部；将军械部改属总后勤部；撤销总参谋部警备部；撤销省兵役局，将其并入省军区司令部；将县、市兵役局改为县、市人民武装部。对于这次会议反教条主义的错误斗争，中央在三中全会以后予以平反纠正。1980年，邓小平指出，1958年“那次反教条主义是错误的”。1986年10月7日，胡耀邦代表中央宣布了邓小平的话，同时指出，“这是党中央一致的意见”。被错误批判的人均得到彻底平反。

5月29日　国务院决定变更部分地方的行政区划。决定撤销北京市的通州市；撤销内蒙古自治区的莫力达瓦旗，设立莫力达瓦达斡尔族自治旗；撤销索伦旗，设立鄂温克族自治旗；撤销吉林省长白县，设立长白朝鲜族自治县；撤销新疆维吾尔自治区的温宿县，设立克拉玛依市；撤销广东省连山县，设立连山壮族瑶族自治县。

5月30日　中共中央召开政治局扩大会议。刘少奇在会上提出两种教育制度和两种劳动制度的思想，他说，我们国家应该有两种主要的教育制度和劳动制度同时并行：一种是现在的全日制的学校教育制度，小学、中学、大学，整天都是读书；现在工厂里面、机关里面8小时工作的劳动制度。这是主要的。此外，还可以采取一种制度，跟这种制度相辅而行，也成为主要制度之一，就是一种半工半读的学校教育制度和半工半读的工厂劳动制度。就是说，不论在学校、工厂、机关、农村中，都比较广泛地采用半工半读的办法。某些大学也可以搞半工半读，中等技术学校更可以搞半工半读。如果半工半读制度能够普遍办起来，那就可能解决很多问题，可以比较充分地满足许多人的升学要求，工厂里人多的问题也可以解决，劳动就业的人可以多些。这是采取群众路线，多快好省地培养工人阶级和劳动人民知识分子的一种方法。随后，刘少奇又多次谈到两种教育制度、两种劳动制度的问题，认为这是根据中国的条件和特点提出来的，要把它规定为国家制度。

6月1日　中共中央理论刊物《红旗》杂志创刊。毛泽东为刊物题写了刊名。《红旗》为半月刊，它的主要对象是各级领导干部、思想理论工作者和其他各界读者。它以宣传马克思列宁主义、毛泽东思想为宗旨，坚持理论联系实际的编辑方针，经常针对国际共产主义运动和国内社会主义建设中的各种重大问题，以及党的路线、方针、政策的各种思想理论问题，进行理论上的研究和阐述，并对干部的政治理论学习进行辅导，具有较高的理论性和较强的思想性。1988年5月30日，中共中央决定停办《红旗》杂志，改办《求是》杂志，《红旗》在出版1988年第12期后停刊。

同　日　中共中央作出《关于加强协作区工作的决定》。《决定》将全国划分为东北、华北、华东、华南、华中、西南、西北7个协作区。每个协作区都成立协作委员会作为领导机构。协作委员会下设经济计划办公厅，作为它的办事机构，并且接受国家计委和国家经委的指导。《决定》规定协作区的基本任务是：根据各个经济区域的资源条件，按照全国统一的规划，尽快地分别建立大型的工业骨干和经济中心，形成具有比较完整的工业体系的经济区域。《决定》还规定了协作区的建设方针。

同　日　中国人民解放军装甲兵学院在山西省大同市正式成立。装甲兵学院是以南京军事学院装甲系为基础建立起来的，它的主要任务是培养装甲兵师、团两级军事指挥员和营、连两级政治工作人员。

6月2日　中共中央作出《关于企业、事业单位和技术力量下放的规定》。下放技术力量的目的是为了充分发挥省、市、自治区一级的作用，加快国家社会主义建设的速度，使地方工业的产值在工农业同时并举的方针之下，几年之内能够超过农业，并逐步地在全国形成若干个具有比较完整的工业体系的经济区域。《规定》要求：一、轻工业部所属各企业、事业单位，除4个特殊纸厂、1个铜网厂外，全部下放。重工业部门所属企业、事业单位大部分下放。二、铁道部所属工程局、管理局，实行中央和地方双重领导。邮电部除了保留北京通讯枢纽以及北京通往各省的长途通讯干线和邮政干线的管理权以外，其他单位全部下放。交通部所属公路的设计施工单位，除保留必要的援外单位外，全部下放。三、农垦部除直属3个地方的国营农场外，其他均交地方管理。粮食、商业部门所属加工企业全部下放。对轻工、纺织、冶金、一机、化工、煤炭、水电、石油、建工等9个工业部门应当下放的企业、事业单位数，也分别作出具体规定。中央要求，下放企业、事业单位和技术力量的工作，应一律于6月15日以前完成。6月25日，《人民日报》报道，中央工业部门所属的企业和事业单位已经有80%左右下放给地方管理。

6月2日—8月13日　共青团中央在北京举行三届三中全会。全会学习和讨论了党的八大二次会议的文件，根据党的建设社会主义的总路线总结交流了思想和工作，确定了今后的工作任务。会议作出了《号召共青团员和青年学习马列主义和毛主席著作的决议》。会议还讨论了少先队工作，通过了《关于改进少年先锋队工作，开展共产主义少年儿童运动的决议》，还通过了新的队章——《中国少年先锋队队章》。

6月3日　全国人大常委会举行第九十六次会议，通过《中华人民共和国农业税条例》。《条例》规定，在全国各地区统一实行比例税制，废除原来在新解放区实行的累进税制和在老解放区的某些地方所实行的部分免税办法。全国的平均税率为常年产量的15.5%，比1957年降低1%。农业税分夏秋两季征收，以征收粮食为主。6月6日，国务院作出关于各省、市、自治区农业税平均税率的规定，全国各地的最高税率为19%，最低为13%。

同　日　《人民日报》发表社论：《向技术革命进军》，提出以

技术革命和文化革命为中心的口号。社论指出，如果说，在过去几年中，全党和全国人民的注意力集中在社会主义革命方面的话，那么，今天，在经济战线、政治战线和思想战线上的社会主义革命已经基本上完成之后，党和人民已经有可能而且必须集中更大的力量用在社会主义建设方面了。要高速度地进行社会主义建设，需要不断地调整生产关系，也需要不断地使上层建筑适应于在发展中的经济基础，但是最根本的还是迅速地发展生产力。技术革命就是为了使生产力有一个飞跃的发展。社论认为，中国的革命现在已进入一个以技术革命和文化革命为中心的社会主义建设的新时期，从现在开始，全党和全民的注意力必须转移到技术革命和文化革命方面来，以便尽快地把我国建设成为一个具有现代工业、现代农业和现代科学文化的伟大的社会主义国家。

6月4日　中共中央转发中央组织部《关于在中央一级机关中减少副职和取消部长助理的意见》。《意见》认为，现在中央一级机关中副职过多，不仅不利于开展工作，反而增加官僚主义，也引起群众的不满。为改变这种状况，必须减少副职，限制副职名额。《意见》规定：一、中共中央各部及中央国家机关各部，包括最高人民检察院和最高人民法院，根据工作需要，设副部长2人—5人。二、中央国家机关各委，设副主任2人—7人。三、除外交部外，其他各部取消部长助理。四、中央国家机关司局一级设副职1人—3人。五、国务院直属局，设副局长1人—3人。六、处（科）一级设副职1人。

同　日　《中华人民共和国与挪威王国贸易和支付协定》在北京签订。《协定》规定两国在关税和航运方面互相给予最惠国待遇。

6月5日　全国人大常委会举行第九十七次会议。会议审议批准了国务院关于从1959年起停止发行全国性公债，改由各省、自治区、直辖市发行一种比较短期的地方公债的建议，批准了《中华人民共和国地方经济建设公债条例》。《条例》规定，各省、自治区、直辖市认为确有必要的时候，可以发行地方经济建设公债。地方经济建设公债的票面金额不宜过高，公债的利息，年利率一般不宜超过2%，在必要的时候，也可以发行无息公债。发行经济建设公债的工作，由各地人民委员会统一办理。会议还批准了国务院关于加入1929年10月12日在华沙签订的《为统一有关国际空运某些规定的条件》的议案；批准了国务院关于《民族自治地方财政管理暂行办法》和《改进税收管理体制的规定（草案）》。

6月6日　《人民日报》发表社论：《今年看明年》。社论号召在苦战3年中，要推广毛主席“三年看头年，头年看前冬”的领导方法。社论说，“上步看下步，今年看明年”应当成为一个重要的领导方法。

6月8日　中共中央同意并批转李先念、程子华《关于两个商业部合并问题的请示意见》。《意见》认为，在三大改造基本实现以后，商业部门的任务应该全面地转到促进工农业生产和改善人民生活方面来。因此，调整商业机构，将第一、第二两个商业部合并是十分必要的。合并的好处是：一、二部合一，机构减少，便于加强党对商业工作的领导。二、便于党委更好地考虑和安排城乡关系以及同其他经济部门的关系，减少经营环节，提高工作效率。三、可以抽出许多干部充实基层机构，提高工作质量。

同　日　《人民日报》登载粮食亩产放“卫星”的浮夸报道。8日，《人民日报》报道河南省遂平县卫星农业社5亩小麦平均亩产达到2 105斤。6月12日，又报道该社放出的第二颗“卫星”，2.9亩小麦试验田，亩产达3 530斤。随后，各地陆续放出了小麦亩产“卫星”。6月16日，新华社报道，湖北省谷城县星光社王明进试验田的小麦亩产4 353斤。6月23日，《人民日报》报道湖北省谷城县先锋农业社小麦试验田亩产4 689斤。7月12日，《人民日报》报道河南省西平县城关镇和平农业社2亩小麦创亩产7 320斤的纪录。7月18日，《人民日报》报道福建省闽侯县连坂农业社2.6亩早稻试验田亩产5 806斤。7月25日，新华社报道，江西省波阳县桂湖农业社干部试验田早稻亩产9 195斤。7月31日，《人民日报》报道湖北省应城县春光农业社生产队长甘银发种的早稻平均亩产10 597斤。8月13日，新华社报道，湖北省麻城县溪建园一社出现“天下第一田”，早稻亩产36 900斤。9月5日，《人民日报》报道广东省连县1.73亩中稻亩产60 437斤。截至9月25日的资料，小麦亩产最高数是青海柴达木盆地赛什克农场第一生产队的8 586斤，稻谷亩产最高数为广西环江县红旗人民公社的130 435斤。

6月9日　国务院公布《关于改进税收管理体制的规定》。《规定》指出，鉴于目前生产资料所有制的社会主义改造已经基本完成，工农业生产正在飞跃发展，财政管理体制和工业、商业管理体制已经有了改进，为了正确地、因时因地制宜地进行税收工作，国家的税收管理体制，也有必要作相应的改进。改进的原则是：凡是可以由省、自治区、直辖市负责管理的税收，应当交给省、自治区、直辖市管理；若干仍然由中央管理的税收，在一定的范围内，给省、自治区、直辖市以机动调整的权限；并且允许省、自治区、直辖市在中央的统一领导下，根据当地的实际情况，更好地运用税收这一工具，采取必要的鼓励和限制的措施，促进生产的发展，开辟财源，增加积累。具体规定是：一、印花税、利息所得税、屠宰税、牲畜交易税、文化娱乐税、车船使用牌照税、城市房地产税等7种税收，交给省、自治区、直辖市掌握。地方有权根据当地的实际情况，采取减免税或者加税的措施，有权对税目和税率作必要的调整。二、基本上归中央掌握的商品流通税、货物税、营业税、所得税4种税收，各省、自治区、直辖市也可以在一定的范围内，根据实际情况，采取减免或增加的措施。三、对于工商税的征收环节和起征点的规定，省、自治区、直辖市凡是认为确实不合理的，可以机动处理。

同　日　《人民日报》发表社论：《文化革命开始了》。社论认为，我国经过了生产资料所有制和思想上政治上的社会主义革命，生产力得到了大解放。当前妨碍生产力迅速发展的主要障碍是我国生产技术的落后和文化的落后。现在文化革命已经开始了，并出现了高潮。其主要标志是：全国扫盲运动中已经出现了6 000万人的扫盲大军，以普及小学为中心的群众办学运动正在全国开展起来，许多新的科学研究机关也在各地成立了，以除“四害”为中心的爱国卫生运动获得了巨大的成绩，旧知识分子的改造和新知识分子的培养工作进展顺利。社论预示，十年二十年以后，我们将以一个具有高度文化的民族出现于世界。并指出："这里关键的问题是人人都要力争上游，决心走在文化革命高潮的前头，实现文化革命的全部目标。"

6月10日　中共中央发出《关于成立财经、政法、外事、科学、文教小组的通知》。《通知》规定，这些小组直属中央政治局和书记处，直接向政治局和书记处作报告。各组组长是：财经小组陈云，政法小组彭真，外事小组陈毅，科学小组聂荣臻，文教小组陆定一。

同　日　外交部照会英国驻华代办处。照会就港英当局禁止香港中国居民悬挂中国国旗和唱中国国歌一事，提出严重抗议。1958年5月1日，香港和九龙的一些中国学校为庆祝国际劳动节悬挂中国国旗，香港英国当局在事前和事后无理干涉，胁迫中国学校不得悬挂中国国旗。1958年5月10日，香港新侨中学原定该日举行校庆纪念活动，香港英国当局禁止该校悬挂中国国旗和唱中国国歌。照会指出，港英当局应立即停止这种侵犯中国居民神圣权利的措施。

同　日　中华全国体育总会宣布退出国际足联。体总的声明指出，中国的这一做法，是抗议国际足联搞"两个中国"的行为。

6月12日　中共中央批转国家经委党组《关于召开地方冶金工业促进会议的报告》。《报告》认为，1958年地方冶金工业飞跃发展的经验有四条：一、破除迷信，大办冶金工业。各地恢复和发展了土法炼铁，也搞了典型示范的机械生产的小高炉，不少地区组织了现场促进会，推动了小高炉的发展，河北、河南各搞了1 000余座。二、把群众路线运用到办冶金工业。主要表现在从筹划资金、找矿、采矿、运输到办厂和解决技术问题上。三、办法多种多样，丰富多彩，因陋就简，中小结合。四、共产主义风格起着统帅作用。协作范围广泛而多样，不仅有省、市、自治区之间，大厂与小厂之间，而且有工矿与学校、科研机关之间的协作。最基本的经验是各级党委负责人亲自挂帅，加强领导。

6月13日　国务院命令公布《民族自治地方财政管理暂行办法》。《暂行办法》规定：民族自治地方的自治机关在财政管理上，根据统一领导、分级管理的财政方针，服从上级国家行政机关的领导；上级国家行政机关保障民族自治地方的自治机关行使财政管理的职权。为了适应自治州、自治县经济、文化的发展，中央对辖有民族自治地方的省计算支出基数时，在全省的支出总额以外，对自治州的支出基数增加7%~8%，自治县增加4%~5%，作为特殊照顾。

6月13日—7月15日　文化部委托中国戏曲研究院召开戏曲表现现代生活座谈会。会议座谈讨论了什么是我们要创作的社会主义民族新戏曲，以及现代戏创作和演出中存在哪些经验和问题。周扬在讲话中指出，戏曲表现现代生活是一个大的革新。全体戏曲工作者要在充分发扬传统艺术的基础上，创造出社会主义的新戏曲。会议期间，11个戏曲团体举行了现代题材戏曲联合公演。这11个戏曲剧团还联名向全国剧团发出了倡议。8月7日，《人民日报》发表社论：《戏曲应该为表现现代生活而努力》。

6月14日　毛泽东接见河南省封丘县应举农业社社长崔希廉。毛泽东说："不要很久，全国每人每年就可以平均有粮食1 000斤，猪肉100斤，油20斤，棉花20斤，再过一个时期，每人每年平均要有粮1 500斤。"

6月16日　钱学森撰文认为今后亩产粮食可达4万斤。钱学森在《中国青年报》发表的《粮食亩产量会有多少?》的文章认为，现在亩产3 000多斤不是顶点。"科学的计算告诉人们：还远得很！今后，通过农民的创造和农业科学工作者的努力，将会大大突破今天的丰产成绩。因为，农业生产的最终极限决定于每年单位面积上的太阳光能，如果把这个光能换算农产品，要比现在的年产量高出很多。现在我们来算一算：把每年射到一亩地上的太阳光能的30%作为植物可以利用的部分，而植物利用这些太阳光能把空气里的二氧化碳和水分制造成自己的养料，供给自己发育、生长结实，再把其中的1/5算是可吃的粮食，那么稻麦每年的亩产量就不仅仅是现在的2 000多斤或3 000多斤，而是2 000多斤的20多倍！"文章还说："只要我们有必需的水利、肥料等等条件，加上人们的不断创造，产量的提高是没有问题的。今天条件不具备，明天就会创造出来；今天还没有，明天一定会有！"

6月17日　中共中央转发李富春、薄一波、李先念《关于第二个五年计划向中央的汇报提要》。《提要》的主要内容是：一、经过第二个五年计划，1962年的工农业总产值将达到6 250亿元，比1957年的1 373亿元增长3.6倍，年平均增长35%以上。其中工业总产值5年增长5.4倍，平均每年增长45%左右；农副业总产值5年增长1.5倍，平均每年增长20%以上。基本建设投资3 000亿元左右，全国新建和扩建的限额以上的重大工业项目5 000个左右。钢产量到1962年将达到6 000万吨。二、到1962年，中国工农业的比重将发生显著变化。在工农业总产值中，工业的比重将达到74%左右。在工业总产值中，生产资料工业的比重将达到65%左右。三、第二个五年计划，财政收入初步计算为4 000亿元，每年平均递增33.8%，预算外收入为550亿元。财政支出总额为4 340亿元。其差额可用预算外的收入解决。在财政支出中，基建投资为3 050亿元，占国家全部支出的70%以上。《提要》认为，完成财政收入计划应当讲求增产节约、艰苦奋斗。

同　日　毛泽东在薄一波向中央政治局提出的《两年超过英国》的报告上作出批示。批示说："超过英国，不是15年，也不是7年，只需要2年—3年，两年是可能的。这里主要是钢。只要1959年达到2 500万吨，我们就在钢的产量上超过英国了。"薄一波在报告中提出，1958年国民经济的第二本账肯定可以超额完成，这样，经过3年苦战，我国就可以在钢铁及其他主要产品产量方面赶上和超过英国，在农业方面实现水利化，达到"四、五、八"的要求，基本上建立起比较完整的工业体系。

6月18日　中共中央发出《关于整风第四阶段的通知》。《通知》要求按照中央4月2日指示精神，抓紧时间进行第四阶段的整风学习，保证全国党政军机关工作人员（除有特殊情况者外）在1958年7月底以前胜利地结束这次整风运动。

6月19日　华东地区召开农业协作会议。会议提出，在今明两年内把粮食产量提高到每人平均1 000斤—1 500斤；3年—5年内，把粮食产量提高到每人平均2 000斤。7月，西北、华北、西南等区也相继召开农业协作区会议，提出农业"大跃进"的奋斗目标，西北地区甚至提出1962年粮食产量人均突破3 000斤。而1958年全国每人平均粮食只有406斤。

6月20日—23日　中华全国手工业合作总社和轻工业部在北京联合召开全国手工业技术革命会议。会议号召全国手工业劳动者大闹技术革命，在两三年内把手工业转到新的技术基础上来。会议认为，手工业系统实行技术革命的关键是解放思想，打掉自卑感，发扬敢想、敢说、敢做的独创精神。会议还讨论了手工业实行技术革命的步骤问题，认为从一个手工业社来说，技术革命应当从生产最薄弱、体力劳动最笨重的环节做起，从全国范围来说，必须以大中城市的机、电、铁、木4个行业带头，把这些行业中有条件的合作社先武装起来，使他们能够制造专区、县以下的小型地方工业和手工业所需要的机电设备。会议还总结了手工业实行技术革命的3条经验，一是靠群众，自力更生；二是千方百计，不离勤俭；三是土洋结合，各方面协作。

6月21日　《人民日报》发表社论：《力争高速度》。社论说，用最高的速度来发展我国的社会生产力，实现国家工业化和农业现代化，是总路线的基本精神。它像一根红线，贯穿在总路线的各个方面。速度是总路线的灵魂。速度问题是建设路线问题，是我国社会主义事业的根本方针问题。它关系到国家的和每个人的命运，关系到全国的政治空气和每个人的精神状态。社论还认为，中国存在着加快建设速度的客观条件，问题是我们自己究竟想不想快，要不要快。因此，社论号召人们高速度地前进。

同　日　民革中央常委柳亚子逝世。柳亚子，1887年生，江苏省吴江县人。1903年加入革命教育团体中国教育会。1906年加入同盟会，同时加入光复会。1909年在上海和友人共同发起组织南社。辛亥革命后，曾任上海《天铎报》主笔。1924年加入改组后的国民党，曾任国民党江苏省党部执委常委，国民党中央监察委员。1927年“四一二”反革命政变后曾逃亡日本。抗日战争爆发后，积极参加抗日文化宣传工作。1939年正式开始南明史的研究和著述。1941年1月“皖南事变”后，与宋庆龄等联合发表宣言谴责国民党当局。随后又拒绝出席国民党中央全会而被开除党籍。1945年，曾与赴重庆进行国共谈判的毛泽东交往密切，表示寄希望于中国共产党。1948年1月参加发起中国国民党革命委员会，当选为中央常务委员兼秘书长。1949年9月，以国民党革命委员会代表的身份参加了在北京举行的中国人民政治协商会议。中华人民共和国成立后，历任中央人民政府委员，政务院文教委员会委员，华东行政委员会副主席，中央文史研究馆副馆长等职。1954年当选为一届全国人大常务委员会委员。著有《摩剑室诗集、词集、文巢》、《柳亚子诗词选》等。

6月22日　毛泽东批发冶金部党组《关于产钢计划的报告》。冶金部6月21日提交的这个报告说，根据各协作区对钢铁工业的规划指标，我国钢铁工业的发展速度，又将进入一个新的水平。1959年的钢产量可以超过3 000万吨，而1962年钢的生产水平则可能争取达到8 000万—9 000万吨以上。

6月22日—7月1日　中共广西僮族自治区第一届代表大会举行第3次会议。大会开展了对原省委常委、广西省副省长陈再励，前省委常委王梦周，前省委委员廖原、骆明、王浩，候补委员廖联原等人的批判，指责他们是一个反党反社会主义的右派集团，从1956年6月起就打着“反冒进”、“反主观主义”的旗帜，诋毁农业合作化和农业生产取得的巨大成就，特别是1957年6月，对中央宣布处理广西因灾饿死人的结论不满，硬把饿死人事件说成是合作化的粮食统购统销政策所带来的恶果，攻击党在农村工作上“犯了路线错误”。会议还揭发批判了自治区检察院副检察长徐江明的右派言行。据报道，会议采取大鸣大放大字报的方法，共贴出大字报1.0249万张。会议决定开除他们的党籍，撤销党内的一切职务，并建议行政撤销一切职务。

6月23日—8月16日　第四次全国检察工作会议在北京召开。会议总结了八年多来检察工作的经验，进一步明确了今后检察工作的任务。会议认为，检察机关必须是一个强有力的对敌人实行专政的武器，必须绝对服从党的领导，坚决贯彻群众路线，必须同法院、公安部门互相配合，互相制约，保证准确、及时地运用法律武器打击敌人。会议指出，今后检察工作的任务是：运用法律武器，通过加强对敌人的专政，为总路线的顺利实现提供一个安全的环境。当前检察机关的主要工作是打击现行破坏活动。会议要求各级检察机关必须紧紧掌握这个环节，及时根据党和国家的政策，直接参加每个时期的中心工作，在保卫党的中心工作方面做出显著成绩。

6月23日—8月20日　最高人民法院和司法部在北京召开第四届全国司法工作会议。会议检查和总结了建国以来的司法工作，进一步明确了人民法院的性质和任务。会议指出，我国实行的人民民主专政，是对敌人实行专政，对人民实行民主，是无产阶级领导的人民民主专政，实质上就是无产阶级专政。人民法院是无产阶级专政的一个重要武器，它的斗争锋芒始终是对着反革命分子和各种破坏社会秩序、危害人民利益的犯罪分子，并通过对这些罪犯的审判活动为党和国家的中心工作，为社会主义建设服务，同时也就是保护人民的民主权利，保护人民的利益。会议还强调人民法院必须绝对服从党的领导，不仅要坚决依靠党中央的领导，而且要坚决依靠各级党委的领导，同时，司法工作必须坚决贯彻群众路线，在遵守法律的前提下，珍视和支持群众的创造。

6月24日　国务院发布《关于加强对废弃物品收购和利用工作的指示》。指示要求各地加强废品收购。9月28日，国务院又发出《关于加强废钢铁、杂铜收购工作的指示》，提出了废钢铁、杂铜的收购办法。《指示》还规定各地完成分配的收购任务后，超额部分，废钢铁全部归地方，杂铜20%留给地方，80%上缴中央。

同　日　毛泽东批发中共青海省委《对全省镇压叛乱问题的指示》。青海省委认为，青海地区的反革命武装叛乱已经蔓延成为全局性的问题，它与西藏拉萨方面的反动集团在帝国主义唆使下的阴谋分裂祖国的政治活动是密切相连的。毛泽东的批示说：青海反动派叛乱，极好，劳动人民解放的机会到了。

6月24日—8月16日　公安部召开第九次全国公安工作会议。会议总结了建国以来公安工作的经验，讨论了当前的治安形势和公安部门的工作任务及工作方针。会议认为，目前国内社会秩序良好，但阶级斗争还存在，反革命破坏活动也就不会绝迹。为了进一步巩固无产阶级专政，为社会主义建设提供安全保证，公安机关必须继续提高警惕，绝对坚持党的领导，坚决贯彻群众路线，完成党和国家交给的任务。

6月27日　中共中央批转国家经委《关于增加基本建设投资25亿元分配意见的报告》。增加的25亿元投资，主要是保证重点和解决关键性问题。该项投资分配给农田水利7亿元，冶金4亿元，铁道、机械和电力各3亿元。加上5月6日第二本账下达的175亿元计划指标，国家1958年基本建设投资总额已达到200亿元。实际上，到6月中旬，各地区和各部门安排的第二本账的基本建设投资计划已经突破了国家基建投资计划，总额达到了230亿元。

6月27日—7月9日　青海省第一届人大二次会议选举袁任远为省长。

6月28日　中国第一台电气机车在湖南省湘潭电机厂制成。

同　日　上海广慈医院抢救一位被铁水烫伤面积达89.3%的炼钢工人丘财康成功。根据国外医学文献记载，一个人的皮肤烫伤面积如超过50%~60%，死亡率是85%；如超过70%，则很难救治。上海广慈医院首创医学史上的奇迹。

6月29日　中共中央同意并批转劳动部党组《对于当前工业企业补充劳动力问题的请示报告》。《请示报告》认为，第二个五年计划期间，在工业产值加几番的情况下，工业职工人数也需要加一番甚至更多一点。并提出以下几点意见：一、各地工业企业（包括中央直属企业）的劳动力问题，应该由省、市、自治区党委负责统一规划和管理。二、招工应该力求从城市中招收，一般不从农村中招收。三、有计划地、大量地培养后备技工。四、广泛地使用合同工。五、加强企业间、地区间的协作支援。中央同意了劳动部的报告，决定放松国家对招收新工人的审批管理。中央指示：今后劳动力的招收、调剂等项工作，由各省、市、自治区党委负责管理。当前的招工计划，经省、市、自治区党委确定后即可执行，不必经过中央批准。文件下达后，当年职工队伍急剧膨胀。

6月30日　中共中央批转旅大市委的报告，并发出《关于挖掘废

钢铁运动的指示》。旅大市委的报告说，他们发动群众开展挖废钢铁运动，3天时间，就挖出废钢铁5 000余吨，并计划再挖3万—5万吨。中央的指示说，旅大市委发动的这个挖掘废钢铁运动，是一个具有政治意义的群众运动。通过这个运动，不但进一步发挥了群众克勤克俭、战胜困难的主动精神，而且解决了某些企业原材料不足的困难。全国像旅大市这样的工业城市有二十来个，如果都像旅大市一样，就可能挖出75万—100万吨废钢铁来。

同　日　中国第一座实验性原子反应堆在北京郊区建成并正式运转。该反应堆是在苏联的帮助下建成的，为实验性重水型的，热功率为7 000千瓦~10 000千瓦。同时建成的还有回旋加速器。回旋加速器可以把α粒子加速，使它的能量达到2 500万电子伏特。它们的建成，标志着中国已开始跨进原子能时代。

6月30日—7月28日　全国妇女工作会议在北京召开。会议讨论了如何发动和组织妇女为贯彻社会主义建设总路线而奋斗的问题。会议认为，这是当前妇女工作的总任务。根据这个总任务，会议提出，妇女工作的具体任务就是要积极向妇女群众进行共产主义教育，促进妇女群众的思想解放；积极地发动和组织妇女参加工农业生产和其他各项社会主义建设事业，动员妇女参加技术革命和文化革命，挖掘妇女的潜在能力，提高妇女的劳动效能；有计划、有步骤地组织生产，发展集体的社会福利事业，更好、更充分地发挥妇女劳动潜力，并且继续宣传勤俭持家。为了完成上述任务，会议要求各地妇联组织更加紧密地依靠党的领导，以生产为中心，面向全体妇女，以劳动妇女为基础开展妇女工作。

本　月　毛泽东在李富春向中央政治局提出的《第二个五年计划要点》上作出批示。李富春的报告认为，1958年工农业大跃进已成定局，现在看，以钢铁为主的几种主要工业产品的产量，有可能不用3年就赶上和超过英国，全国农业发展纲要有可能3年基本实现。“第二个五年计划的任务就是：提前完成全国农业发展纲要；建成基本上完整的工业体系，5年超过英国，10年赶上美国；大大推进技术革命和文化革命，为在10年内赶上世界上最先进的科学技术水平打下基础。”毛泽东的批示是：“很好一个文件，值得认真一读，可以大开眼界。没有现代工业化，哪有现代化国防？自力更生为主，争取外援为辅，破除迷信，独立自主地干工业、干农业、干技术革命和文化革命，打倒奴隶思想，埋葬教条主义，认真学习外国好的经验，也一定研究外国的坏经验——引以为戒，这就是我们的路线。”

本　月　毛泽东在农业部向中共中央政治局提出的《农业大有希望》的报告上作出批示。农业部的报告说，中央的第二本账，通过“二五”计划，到1962年，粮食产量8 500亿斤，按7亿人口计算，人均1 200斤，粮食作物总平均单位面积产量超过资本主义国家；棉花产量8 000万担，平均每人11.5斤，棉花单产超过资本主义国家。大家畜发展到1.5亿头，猪5亿—7亿头，羊2.5亿—3亿只。油料作物、糖等也有大幅度增长。毛泽东对此批示说：“粮食、钢铁、机械是三件最重要的事。有了这三件，别的也就会有了。三件中，粮食及其他产品又是第一件重要的事，我们应十分注意农业问题。”

6月—10月　中共中央文教小组副组长康生提出“教育革命”的主张。他在6月中共中央宣传部召开的教育工作会议上宣布：教育部制定的教育规章制度，一律无效。7月17日，他在北京师范大学讲，师大有两个任务：大办工厂，大办学校。每一个班都可以办一个工厂，还要办学校，从小学办到大学，今后至少要办100个各种类型的学校。7月19日，他在北京农业大学说，一个学校最低要挂5个牌子：一学校，二工厂，三农场，四研究所，五农林局。最好挂那么十几个牌子。他提出，教授要按所种作物的产量评级，搞（亩产）1 000斤的只能当5级教授，2 000斤的4级，3 000斤的3级，4 000斤的2级，5 000斤的1级。10月12日，他在河南省对教育厅的同志说，学校是整个劳动大军的一个组成部分，要与社会大生产结合，可以上课2小时，劳动3小时；可以6小时劳动，2小时上课。在另一种情况下，也可以劳动5小时，上课3小时，现在在钢铁潮流下，也可以只劳动，不读书。后来在一次谈话中，他还提出城市里的农业大学应当下放农村的主张。

7月1日　《红旗》杂志第3期发表陈伯达《全新的社会，全新的

人》的文章。文章使用了“人民公社”的提法。文章说：把一个合作社变成为一个既有农业合作又有工业合作的基础组织单位，实际上是农业和工业相结合的人民公社。

同　日　教育部发布《关于高等学校1958年招考新生的规定》。《规定》说，为了使高等学校招生便于贯彻因地制宜、因校制宜的原则，发挥地方和高等学校办学的积极性，1958年将改变全国统一招生的制度，实行学校单独招生或者联合招生。招生工作的具体安排，由省、市、自治区及高等学校根据地方和学校的情况，分别办理。《规定》还指出，为了更好地贯彻阶级路线，保证新生的政治力量，对于工农速成中学毕业生、工人、农民、工农干部和参加革命工作时间较久的老干部，经审查认为符合条件的，可采取保送入学的办法。1958年全国高等学校共招收新生26.6万人，比1957年多招收10万人。

同　日　薄一波在《红旗》杂志上发表题为《打破办工业的神秘观点》的文章。文章指出：办工业有3种神秘观点，一是“大”，就是心目中只有大工业，而很少有中型工业，更没有小型工业。二是“高”，就是要办高标准的，要办现代化、机械化和自动化的企业，从设计到设备都要全套由外国进口。三是“国”，就是由国家集中来办，由中央出钱，出物资来办。文章认为，办工业必须打破这些神秘观点，进行工业建设方法上的大革命，实行全党办工业、各级办工业、全民办工业。这对于工业飞跃具有极其重大的意义。文章预示：“今年我国的钢铁产量，预计可以超过1 000万吨，明年估计可能超过2 000万吨。由此看来，我国在钢铁和其他主要工业产品的产量方面赶过英国的时间，比不久前的设想，还可以大为缩短。”

7月2日　中共中央批转高级党校（即中央党校）《关于今后工作任务的报告》。中央在批示中决定，今后高级党校只担任培养理论干部的任务，而将轮训干部的任务交由各省、自治区、直辖市委党校担任。

同　日　北京高等学校和中等专业学校学生在北京体育馆举行红专跃进广播大会。出席广播大会的学生达8 000名，会外各校12万名学生收听了大会的广播。共青团中央第一书记胡耀邦在会上作了题为《贯彻党的教育方针和学习方针》的讲话。他号召青年知识分子来个新跃进，并指出跃进的关键是坚决地贯彻教育为政治服务、教育与劳动结合的教育方针；贯彻理论与实践联系、学习与独创结合的学习方针。

7月5日　国务院第七十八次全体会议通过《关于改进基建财务管理制度的几项规定》。会议指出，制定本规定的目的是为了充分发挥各经济部门和各建设单位的主动性和积极性，鼓励他们在既定的投资数额的范围内，改善管理，精打细算，用同样的钱办更多的事。《规定》内容如下：一、年度国民经济计划和国家预算核定的基建投资，在保证不降低生产能力、不推迟交工日期、不突破投资总额和不增加非生产建设比重的条件下，交由各有关建设部门和单位统一掌握，自行安排，包干使用。二、建设部门和单位在确定的投资总额的范围之内，有权因地、因事制宜，并且在各个项目之间调整使用资金。原定的建设工程竣工后，投资如有结余，仍然留给建设部门和单位用于新的建设工程。三、各部门各单位的基建，到年终时若工程未完，投资有余的时候，这些资金结转到下年继续使用，不再采取年终收回的办法。四、基本建设财务拨款工作，改归各级人民委员会财政部门直接管理，取消系统垂直领导的方法。

同　日　国务院第七十八次全体会议通过《关于现役军官退休处理的暂行规定》。《规定》确定，现役军官符合下列条件之一的就可以退休：一、按照《中国人民解放军军官服役条例》的规定，服满现役，年满55周岁以上的；二、因为积劳成疾，身体衰弱，因公负伤残废，不能继续担任实际工作，又不能回到生产中去参加劳动的。《规定》根据退休军官在历史上各个革命战争时期对革命的贡献，规定了他们退休后的生活费标准。此外，《规定》还对军官退休的批准权限，军官退休后的医疗问题，退休军官死亡后的丧葬补助、亲属抚恤等问题作了明确的规定。

同　日　国务院作出《改进保险工作管理制度的规定》。这是国务院第七十八次全体会议作出的。《规定》确定对保险工作管理权进行下放，对于国内的保险业务，除了铁路、飞机、轮船旅客意外伤害的强制保险仍由中国人民保险公司总公司统一经营外，其他各种业务全部交给省、市、自治区保险公司自行经营。中央国营企业的财产强制保险，原则上从1959年起停止办理。保险工作管理权下放以后，地方保险业务的种类、规模、工作步骤以及各种办法的制定，都由地方决定。但各省、市、自治区保险公司都应当建立一定的保险基金，以应付各种保险的赔偿，同时，这些保险基金应当专款存入人民银行，不得挪做他用。

同　日　刘少奇发表关于共产主义的谈话。刘少奇在石景山发电厂同工人座谈时说，现在赶上英国不是十几年，二三年就行了，明年后年要超过英国。这不是假的。钢铁、煤炭明年可以超过，电要慢点。中国进入共产主义，不要好久，你们大多数可以看到共产主义。

7月5日—9日　全国粮食丰产能手同农业科学工作者交流经验会在北京举行。会议提出争取1959年水稻亩产2万斤，小麦亩产1.2万斤，皮棉亩产2 000斤。与会的“土”“洋”专家竞相表示决心，互比干劲。

7月6日　《人民日报》报道：四川省正在开展一个群众性的交通运输技术大革命的运动。重点是农村运输车子化、水上运输机械化、汽车运输列车化。

7月6日—10日　冶金部和财政部在北京石景山钢铁厂联合召开基本建设投资下放现场会议。会议确定把基本建设投资下放到建设单位包干使用。国务院副总理李先念在会上讲话时指出，投资包干制是我国基本建设管理制度的一个方向，是一种生产关系的改变，将有利于促进生产力的发展。7月15日，《人民日报》发表题为《基本建设投资要实行包干制》的社论，对基建投资包干作了高度的评价，认为它是革新基本建设管理制度的一项重大革命措施。

7月7日　中共中央转发国家经委锦州工作小组《关于锦州新生电机厂重大发明创造的经验报告》。《报告》介绍了该厂（为劳改工厂）牢牢掌握劳动改造和思想改造相结合，在强迫劳动的前提下，鼓励发明创造和大胆使用犯人技术力量的方针，化消极因素为积极因素，创造出第一流产品的经验。该厂于1958年5月从石英砂里提炼出硅元素并熔炼结晶，制成半导体。

7月8日　《人民日报》刊登题为《农业社办食堂促进了生产发展和集体主义思想成长》的报道。报道说，最近一个时期，湖南的邵阳、桃源县，湖北的公安县和福建的安溪县部分地区的农业社，根据社员自愿参加的原则，兴办了公共食堂，受到群众的欢迎。报道归纳了公共食堂的8大好处：吃饭时间一致；解放了一批妇女劳力；解决了单身汉做饭、喂猪的困难；家禽、家畜集体喂养，便于安排弱劳动力，减少了五保户；能够计划用粮；便于发展集体副业；有利于家庭和睦；卫生状况大改善。8月18日，《人民日报》又报道，河南省已建立了31万个公共食堂，参加的群众占到全省总人数的71%；辽宁省兴办了农村公共食堂1.8万多个；青海省农业区的24万多个农户全部参加了公共食堂；新疆、广西、广东、云南、贵州、福建、安徽等地也都办起了大量的公共食堂。

同　日　中共中央转发江苏省委关于传达和学习党的八大二次会议情况的报告。江苏省委的报告说，省委这次传达和学习八大二次会议精神的会议是一次破除迷信、解放思想的会议。一是破了农业生产不能高速度发展的迷信思想，认为农业生产可以一翻两翻；二是破了办工业的神秘观念，认为地方工业可以在自力更生为主的精神下大发展；三是破了对科学技术和科学家、技术人员的迷信，认为地方也可以大办科学研究和高等教育。会议乐观地认为，超英赶美的目标会在令人意料不到的短时间内达到。

7月9日　全国人大常委会举行第九十九次会议。会议审议并批准了《中苏通商航海条约》和《广西僮族自治区人民代表大会和人民委员会组织条例》两个法律文件。

7月12日　中共中央同意交通部党组《关于今后交通工作的报告》。《报告》总结了建国以来的交通工作，批判了片面强调垂直领导、行政管理、规章制度、专业化、正规化、单纯依靠国家投资和高标准近代化的办交通事业的指导思想，提出了依靠地方党委，依靠广大群众，普及和提高相结合，以普及为主的交通建设方针和指导思想。《报告》认为，交通工作的经验主要有五个方面：一、全党动员、书记挂帅，使交通紧密地为工农业生产过程服务，为城乡物资交流服务，使交通建设与工农业的大跃进相结合。二、依靠群众，全民动员。做到农业生产和交通建设相结合。三、全面规划，综合利用，以解决农村灌溉、发电、航道、公路之间的矛盾。四、体制下放，加强领导。交通运输业实行“双重领导、分级管理”的新体制规定，除长江和上海以北沿海干线运输船舶、民用航空以及大专院校暂不下放外，其他交通运输企、事业单位全部下放。五、不断反对交通建设中的保守思想，树立跃进思想。

7月13日　中共中央、国务院发出《关于迅速在农村展开农具改良运动的指示》。《指示》认为，农具改良运动已经取得显著成就，全国在改良农具方面的发明创造已达5万余种。但是目前推广应用不够，在农村中大量使用的仍然是效率很低的旧式农具。因此，《指示》要求迅速开展一个全国范围的推广改良农具和新式农具的运动，以便在比较短的时间内，用改良农具和新式农具普遍取代旧式农具，把劳动效率在现有基础上提高1倍—2倍。《指示》还要求从省到县到社都要普遍建立专门推广改良农具的领导机构，以加强对农具改良运动的领导。要根据本地区的需要提出任务，规定指标，定出完成期限；要从当前生产所迫切需要的排灌工具、中耕农具和运输工具、消灭病虫害的工具入手，并为秋收秋种、农田基本建设和1959年生产的更大跃进，做好劳动工具方面的一切准备。

7月14日—18日　刘少奇在山东谈工厂、农村和教育改革问题。刘少奇在山东视察时说，工业生产要一人多艺、一物多用、一厂多种经营。所有工厂都应该尽可能自己炼钢，不要依赖别人。现在的厂矿能够下放的尽量下放，新建的也尽量分散到各地，交地方负责。关于农业问题，他说，要兴修水利、增加施肥、深翻土地、改良农具、改进技术。他赞扬农业社的技术革新，说农业社的干劲和钻劲，压倒了科学家，科学家没敢想的，农业社做了，这是个革命。关于教育问题，他说，应该使教育与生产劳动相结合，设法逐步做到一个工厂就是一个学校，半工半读，学生是工人，工人也是学生。农村也可以这样做，拨出几百亩地，办一个学校，让他们包产，学生一面生产一面学习，既是学生又是农民。用这个办法，不要很久，全国人民都能上大学。他在谈话中还对公共食堂、托儿所、缝纫组等加以赞扬。

7月15日　陶铸在《红旗》杂志上发表《驳“粮食增产有限论”》的文章。文章认为，自然界的蕴藏力是广漠无垠、无穷无尽的。1958年的粮食增产还只是在水稻增产的途程上跨出第一步，如果需要的话，到1962年广东就可以达到亩产粮食3 000斤或者更多一点，一向被认为是低产作物的小麦，1958年尚且出现亩产7 000多斤的纪录，那么，高产作物的水稻，在广东1年可以种3次，达到亩产1万斤也应当是可能的。文章据此还认为，对中国的人口增长没有什么值得耽心的。

7月16日　陈伯达在《红旗》杂志发表文章传达毛泽东关于人民公社的构想。陈伯达的文章《在毛泽东的旗帜下》写道：“毛泽东同志说，我们的方向，应该逐步地有次序地把工（工业）、农（农业）、商（交换）、学（文化教育）、兵（民兵，即全民武装）组成为一个大公社，从而构成我国社会的基本单位。在这样的公社里面，工业、农业和交换是人们的物质生活；文化教育是反映这种物质生活的人们的精神生活；全民武装是为着保卫这种物质生活和精神生活，在全世界上人剥削人的制度还没有彻底消灭以前，这种全民武装是完全必要的。”河南省遂平县卫星社根据《红旗》传达的毛泽东的指示，建立了全省第一个人民公社。

7月19日　中国和柬埔寨王国建立外交关系。7月18日，柬埔寨王国首相诺罗敦·西哈努克亲王致电中国政府，宣告从法律上承认中华人民共和国，并建议建立两国之间的大使级外交关系。7月19日，国务院总理周恩来复电表示同意。7月24日，两国政府发表联合公报，决定互派大使并在两国首都互设大使馆。

7月21日　《中华人民共和国和罗马尼亚人民共和国关于1959年到1962年的长期贸易协定》在北京签订。

7月22日　农业部发表《1958年夏粮生产公报》。公报宣布，1958年夏粮总产量为1 010亿斤，比上年增产413亿斤，增长幅度为69%，其中冬小麦总产量为689亿斤，比上年增长279亿斤，增长幅度为68%。7月23日，《人民日报》发表题为《今年夏季大丰收说明了什么?》的社论，宣布中国小麦（包括春小麦）的总产量已经超过美国跃居世界第二位（仅次于苏联）。社论说，夏季大丰收说明，我国农业的发展速度，已经进入一个新的阶段，即由渐进到跃进的阶段。一切认为农业产量只能按百分之几的速度而不能按百分之几十的速度增长的悲观论调已经完全破产了。我们现在已经完全有把握可以说，我国粮食现在要增产多少，是能够由我国人民按照自己的需要来决定的。只要我们需要，要生产多少就可以生产多少粮食出来。

7月25日—30日　教育部、中国文字改革委员会联合在北京召开全国首次普通话教学成绩观摩会。参加会议的有各地中小学优秀教师和学生600余人。会议的目的主要是演示成果，交流经验，以促进和加速推广普通话的工作，使汉语进一步统一，更好地为社会主义建设服务。这种全国性的普通话教学成绩观摩会在1959年、1960年和1964年又先后举行了3次。

7月26日　全国深耕农具和改良土壤现场会议在河南省长葛县召开。会议提出在全国范围内迅速掀起一个深翻和改良土壤的运动，要求大干3个季度，把全国16亿亩耕地普遍深耕改良一遍。耕地深度一般达1.5尺上下，丰产田则要求2.3尺以上。

7月27日　人民解放军空军奉命开始紧急入闽，执行打击来犯敌机的任务。29日，当国民党空军4架F-84型飞机窜入广东汕头地区时，人民解放军空军出动4架飞机升空截击，击落来犯飞机2架，击伤1架，自己无一损伤。至10月中旬，人民解放军空军在入闽作战中，共击落、击伤国民党飞机19架，基本上夺取了福建地区的制空权。

7月28日　《人民日报》报道：全国马列主义理论工作出现新气象。报道说，在我国社会主义大跃进的形势下，在各地的领导干部和农村基层干部、工人群众及知识分子之中掀起了学习马列主义、毛主席著作的热潮。各地创办理论刊物，建立理论队伍，理论研究和理论宣传工作空前活跃。

7月30日　中共中央转发薄一波《关于当前企业间生产协作问题的意见》。《意见》对搞好企业间的生产协作提出了九条办法：一、凡与外厂有协作关系的厂家，应当把保证对外厂协作任务看做自己义不容辞的任务；二、凡是本厂发挥自己的潜力或者采取简单措施就可以生产的部件，应当尽早自己组织生产；三、一些显著不合理的远距离的协作部件，应该积极创造条件及早地过渡到地区性的协作；四、本企业尚难解决的某些小的协作部件，应当委托当地中小型企业协作生产；五、应该根据先内后外、由近及远的原则，首先在市内协作，然后在省内、大协作区内协作；六、有关全国重大产品，联系到几个大协作区之间的协作问题，由中央各部门负责，各大协作区和省、市、自治区负责解决各省、市、自治区之间的一般协作问题；七、尽早建立起以地区或城市为主的铸锻中心；八、对外协作关系多的企业，要开展一次群众性的关于协作问题的大辩论，以发挥本企业的潜力；九、充分利用报刊通讯介绍经验，推动协作关系的开展。

7月31日—8月3日　苏共中央第一书记赫鲁晓夫访问中国。访问期间，赫鲁晓夫同毛泽东等中共中央领导人讨论了国际形势和中苏关系等问题，并发表了《毛泽东和赫鲁晓夫会谈公报》。在这以前，苏联国防部长马利诺夫斯基于4月份致函中国国防部长彭德怀，建议在中国建立长波电台，以使苏联海军能同在太平洋地区活动的苏联潜艇保持通讯联系。苏联提出，由苏方出大部分费用，中国负担部分费用，6月，中共中央答复，同意建设该项设施，但一切费用由中国负担，可以共同使用，所有权归中国。苏方提出交涉，全部费用仍由苏方出。此事未达成一致而被搁置。7月21日，苏联大使尤金在会见毛泽东时，就中国所需的海军援助问题提出苏联的建议，要求建立苏中联合舰队。毛泽东指出，这是政治问题，你们要把俄国民族主义扩大到中国海岸，是要控制我们。他拒绝了这一损害中国独立主权的要求，并要尤金大使把他的话如实向赫鲁晓夫转告。7月31日，赫鲁晓夫就此事秘密来华。在与毛泽东等中共中央领导人的会谈中，赫鲁晓夫否认了要搞共同舰队是苏共领导的意思，责怪尤金大使不懂军事，没传达清楚，苏联只是提出共同研究舰队的问题。毛泽东严词指出了问题的实质所在，驳回了苏方侵犯中国主权的无理要求，申明了中国的立场。会谈不欢而散。

本　月　河南省委第一书记吴芝圃在《中州评论》上发表《右倾机会主义是当前党内的主要危险》一文。文章列举了河南省委原第一书记潘复生右倾机会主义思想的所谓主要内容，说当右倾机会主义思想在党内占了上风的时候，社会上就出现了一种冷冷清清、凄凄惨惨的局面。文章表示，在批判了作为主要危险的右倾机会主义之后，河南4 800万人民决心苦战3年，改变河南面貌，摘掉3顶帽子：灾区帽子、低产帽子、文盲帽子，立志大大提前实现全国农业发展纲要。今年夏季粮食作物，已经获得了223亿斤的大丰收。现正在为秋季收获300亿斤粮食而努力。同时，努力加速实现社会主义工业化，争取在两三年内实行水利机械化，5年左右基本实现农业机械化，5年左右地方工业产值超过农业总产值。

8月1日　江西共产主义劳动大学开学。除总校外，该校还在全省30个垦殖场设立了30所分校。学校的办学方针是："半工（农）半读，勤工俭学，学习与劳动相结合，政治与业务相结合。"全校共设农业、林业、畜牧业、工业、渔业、蚕桑等6个专业。各系本科4年、专科2年。中共江西省委还计划在第二个五年计划结束的时候，将共产主义劳动大学总校、分校、技校发展到100所以上。

8月1日—14日　第一届全国曲艺会演大会在北京举行。参加会演的有90个曲种，演出了167个节目。出席会演的代表团向全国曲艺工作者提出了做政治宣传尖兵的倡议。

8月2日　国家经委发出《关于1958年暑期高等学校毕业生分配计划》。《计划》说，1958年毕业生的分配，应本着以下原则进行：既要尽最大可能支援地方工农业及其社会主义建设事业大跃进的需要，也要照顾中央各部的某些方面的急需；既要照顾各部门、各省、市、自治区过去基础的强弱，也要考虑到各部门、各省、市、自治区当前任务的大小缓急。当年，全国高等院校毕业生共7.2万人，其中由地方分配的有6.4432万人，占毕业生总数的80%以上。《计划》于7月25日得到中共中央的批准。

8月3日　中共中央发出《关于目前生产大跃进宣传报道中注意

事项的通知》。《通知》要求：一、“不要宣传全省全区明年特别是第二个五年的计划指标，因为这些指标还没有实现，还没有经过审查和平衡，不一定适当，并且也应该留有余地，不要全部暴露。关于粮食每人2 000斤以至3 000斤的口号应该坚决停止宣传。15年赶上和超过美国的口号也坚决不要宣传。”二、发明创造要保密。哪些产品的哪些方面超过外国的哪些牌号的报道，一般应该注意认真审查，不要随便作不准确的宣传。三、“某些城市和乡村对于生产关系中的若干方面正在试行大胆的改革，这些改革中有些有共产主义的若干萌芽，有些又是互相协作和集体消费，还不能说是共产主义的。这些试验应该加以鼓励和研究，但在报刊上不要随便作为共产主义的经济制度来宣传。至于思想政治方面进行共产主义教育，则是另一问题，这是应该经常宣传的。”

8月4日　中共中央、国务院发布《关于教育事业管理权力下放问题的规定》。《规定》指出，今后对教育事业的领导，必须改变过去条条为主的管理体制，根据中央集权和地方分权相结合的原则，加强地方对教育事业的管理。管理权力下放的目的是为了充分发挥各省、市、自治区举办教育事业的主动性和积极性，并且加强协作区的工作，实行全党、全民办学，加速实现文化革命和技术革命。为此特规定：一、今后教育部和中央各主管部门，应该集中主要精力研究和贯彻执行中央的教育方针和政策；综合平衡全国的教育事业发展规划；在中央领导下协助地方党委进行政治思想工作；指导教学和科学研究工作；组织编写通用的基本教材、教科书；拟定必要的全国通用的教育规章和制度；对高等学校教师进行必要的调配；及时总结交流经验；办好直接管理的学校。二、小学、普通中学、职业中学、一般的中等专业学校和各级业余学校的设置和发展，无论公办还是民办，均由地方自行决定。新建高等学校和中等工科技术学校，地方可自行决定或由协作区协商决定。三、所有学校的政治思想工作及各种社会活动，都归地方党委领导。四、各地方根据因地制宜、因校制宜的原则，可以对教育部和中央主管部门颁发的各级各类学校指导性教学计划、教学大纲和通用的教材、教科书，领导学校进行修订补充，也可以自编教材和教科书。五、对过去国务院或教育部颁布的全国通用的教育规章、制度，地方可以结合当前工作发展情况，因地制宜、因事制宜地决定存、废、修订，或者另行制定适合于地方情况的制度。此外，还规定了招生、勤工俭学的生产计划、科研、干部教师的管理、毕业生分配、留学生管理等方面的权力下放问题。

8月4日—9日　毛泽东视察河北、河南、山东农村。4日，毛泽东在河北省徐水县视察，当听到县委第一书记张国忠汇报说全县秋季要收11亿斤粮食时，他高兴地说："你们全县31万多人口，怎么吃得完那么多粮食呢？你们粮食多了怎么办啊？农业社员自己多吃嘛，一天吃5顿也行！粮食多了，以后就少种一些，一天做半天活儿，另外半天搞文化，学科学，闹文化娱乐，办大学中学。世界上的事情是不办就不办，一办就办得很多！过去几千年都是亩产一二百斤，如今一下子就是几千上万。"8月6日—8日，毛泽东视察河南农村，他赞扬七里营人民公社棉花长得好，当听到社长说每亩保证皮棉1 000斤，争取2 000斤时，他说"有这样一个社，就会有好多社"，并指出："人民公社是个好名字，包括工、农、商、学、兵，它的特点一曰大，二曰公。"8月9日，毛泽东视察山东农村，当山东省委第一书记谭启龙汇报说历城县北园乡准备办大农场时，他说："还是办人民公社好，它的好处是：可以把工、农、商、学、兵合在一起，便于领导。"毛泽东的讲话发表后，一些地区相继出现联乡并社转公社的高潮。譬如徐水县，几天之内，全县248个农业社宣布转为人民公社，9月15日，又成立了"徐水县人民总公社"，后又改称"徐水人民公社"，实行县社合一。

8月6日　中华全国总工会第八届执行委员会第二次扩大会议选举刘宁一为全总主席。

8月8日　中苏签订《关于苏维埃社会主义共和国联盟在技术上援助中华人民共和国建设和扩建四十七个工业企业的协定》。援助项目包括冶金、化学、煤炭、机械制造、木材加工、建筑材料工业企业和电站等方面。该协定在莫斯科签署。

同　日　《人民日报》发表社论：《土洋并举是加速发展钢铁工业的捷径》。社论认为，只要我们想要，我国钢铁以每年百分之十几、几十、百分之百甚至更高的比例发展的可能性就存在。社论号召全国一年之内要建成中小转炉200座，增加1 000万吨钢，建成1.3万座中小型高炉，增加2 000万吨铁。

8月10日—13日　毛泽东在天津视察。视察期间毛泽东提出："地方应该想办法建立独立的工业体系。首先是协作区，然后是许多省，只要都有条件，应建立比较独立的但是情况不同的工业体系。""一个粮食、一个钢铁，有了这两样东西就什么都好办了。"13日，他在视察天津大学时说："高等学校应抓住3个东西：一是党委领导；二是群众路线；三是把教育和生产劳动结合起来。""以后要学校办工厂，工厂办学校。""学生要勤工俭学，老师也要搞。""老师也要参加劳动，不能光动嘴不动手。"

8月11日　中共中央批转一机部党组《关于推广组合机床，用"蚂蚁啃骨头"的办法制造大型设备的报告》。《报告》介绍了沈阳七二四厂承担氮肥设备两种大型气体压缩机制造任务的经验。他们大胆地进行了用小机床加工大零件的专用组合机床的设计和制造，第一套组合机床已正式用于生产，并于8月1日制成了第一台大型气体压缩机。这种办法，因组织多台小机床或专用机头对大工件进行"集体"加工，所以人们称为"蚂蚁啃骨头"。一机部在6月中旬组织了机械研究院、大连第一机床厂、北京第二机床厂、沈阳第二机床厂等单位的机床设计技术人员，进行实地研究和鉴定，对此作出很高评价，认为是一种革命性的措施。《报告》要求各部门和各地方推广他们的经验，同时注意收集情况，交流使用经验，随时提出存在的问题，以便组织力量加以改进。

8月13日—22日　北京市第三届人民代表大会举行第一次会议。会议着重讨论了工业、农业和基本建设的进一步跃进的问题。大会选举毛泽东、刘少奇、周恩来等为第二届全国人民代表大会代表；选举彭真为北京市市长。

8月14日—27日　西哈努克首相应邀率柬埔寨王国国家代表团访

问中国。访问期间，毛泽东接见了西哈努克及代表团全体成员。国务院总理周恩来和西哈努克举行了多次会谈，并于8月24日发表了联合声明。声明说，双方就两国关系问题、中国侨民问题进行了讨论，并取得了一致意见。声明还指出，柬埔寨奉行的和平中立政策应该得到一切国家的尊重；民族独立运动是当前时代不可抗拒的潮流；一切国际争端应该根据和平共处原则通过和平谈判求得解决。西哈努克还应邀到中华人民共和国人大常委会和政协常委会联席会上发表演说，阐述柬埔寨坚持和平中立的主张和决心。

8月16日　中共中央宣传部部长陆定一撰文谈党的教育方针。文章说，最近几年，在教育方针的问题上，有过长期的争论。"中国共产党的教育方针，向来就是，教育为工人阶级的政治服务，教育与生产劳动相结合；为了实现这个方针，教育必须由共产党领导。这个方针，是同资产阶级的教育方针针锋相对的。"这篇题为《教育必须与生产劳动相结合》文章发表于《红旗》杂志第7期。《红旗》杂志编辑部为文章写了按语。按语说："陆定一同志这篇文章，是根据党中央召集的教育工作会议的结论写出的。党中央对这个问题即将有指示发给各级党委。我们希望各级党委在讨论党的指示的时候，结合陆定一同志的文章予以讨论。在学校党委讨论此事的时候，可以吸收非党的教授教员参加。"

8月17日—30日　中共中央政治局在北戴河召开扩大会议。参加会议的有中央政治局委员和各省、市、自治区党委第一书记以及政府各有关部门党组的负责人。会议主要讨论了1959年的国民经济计划、当前的工业生产、农业生产和农村工作问题、商业工作问题、教育方针问题、加强民兵工作问题和其他问题，并制定了有关这些方面的37个文件。会议估计1958年的粮食产量将达到6 000亿—7 000亿斤，比1957年增产60%~90%，全国人均占有粮食将达到1 000斤左右。因此会议认为，全国农业问题已经基本解决，党的工作必须转移到工业上来，决定从现在起，各省和自治区党委第一书记，在不放松对农业的领导的同时，必须首先注意对工业的领导。会议认为，工业的中心问题是钢铁的生产和机械的生产，而机械生产的发展又决定于钢铁生产的发展。会议通过了《中共中央政治局扩大会议号召全党全民为生产1 070万吨钢而奋斗》的决议。提出1958年的钢产量要比1957年的535万吨翻一番，达到1 070万吨。会议通过了《关于1959年计划和第二个五年计划问题的决定》，批准了《关于第二个五年计划的意见》。两个文件规定：1959年主要计划指标是：粮食产量达到8 000亿—10 000亿斤，钢产量2 700万—3 000万吨，发电量550亿度，煤3.7亿吨，棉纱1 000万件。基本建设投资500亿元。第二个五年计划的基本目标是：完成我国的社会主义建设，提前把我国建设成为一个具有现代化工业、现代化农业和现代科学文化的社会主义国家，为第三个五年计划期间经济、技术、文化的高度发展，为向共产主义过渡创造条件。到1962年，全国建成强大的独立完整的工业体系，在钢铁和若干重要工业产品的产量方面接近美国，农业劳动实现半机械化和机械化，在主要科学技术水平方面赶上世界先进水平。二五期间，农业总产值平均每年增长30%左右，工业总产值平均每年增长53%左右。到1962年，使粮食产量达到15 000亿斤，棉花1.5亿担，钢8 000万吨，原煤9亿吨，发电量3 000亿度。基建投资3 850亿元。会议作出了《关于在农村建立人民公社问题的决议》。《决议》内容有六个方面：一、人民公社是形势发展的必然趋势。人民公社发展的主要基础是农业生产全面的跃进和5亿农民愈来愈高的政治觉悟。在目前形势下，建立农林牧副渔全面发展、工农商学兵互相结合的人民公社，是指导农民加速社会主义建设，提前建成社会主义并逐步过渡到共产主义所必须采取的基本方针。二、规模以一乡一社，2 000户左右较为适宜。有的地方也可以由数乡并为一乡，组成一社，达到6 000户—7 000户，至于达到1万户或2万户以上的，既不反对，也不主动提倡。进一步发展的趋势，有可能以县为单位组成联社。要实行政社合一。三、在小社并大社，转为人民公社的过程中，要充分发动群众，与生产密切结合，不影响生产。四、并社过程中应用共产主义精神教育群众，不要采取算细账、找平补齐的办法。公社建立时对自留地、零星果树、股份基金等问题不必急于处理。五、大社统一定名为人民公社。目前还是采取集体所有制为好，不必忙于改变原有的分配制度。六、现阶段的任务是建设社会主义，而建设社会主义是为了过渡到共产主义积极地做好准备。《决议》认为："看来，共产主义在我国的实现，已经不是什么遥远将来的事情了，我们应该积极地运用人民公社的形式，摸索出一条过渡到共产主义的具体途径。"这次会议把大跃进和人民公社化运动迅速推向高潮。

8月19日　中国奥林匹克委员会发表声明，宣布与国际奥委会断绝关系。声明说，这样做的目的是为了抗议国际奥林匹克委员会坚持"两个中国"的立场。同时，中国奥委会还宣布中国退出国际游泳、田径、篮球、举重、射击、摔跤、自行车联合会及亚洲乒乓球联合会等8个国际体育组织。

同　日　毛泽东提出破除资产阶级法权问题。在协作区主任会议上，毛泽东说，要破除资产阶级法权。例如争地位，争级别，要加班费，脑力劳动者工资高，体力劳动者工资少等，都是资产阶级思想残余。"各取所值"是法律规定的，也是资产阶级的东西。将来坐汽车要不要分等级？不一定要有专车，对老年人、体弱者，可以照顾一下，其余的就不要分等级了。毛泽东还说，整风以来，资产阶级法权制度差不多破坏完了，要考虑取消薪金制恢复供给制问题。过去实行供给制，过共产主义生活，22年战争都打胜了，为什么建设共产主义不行呢？恢复供给制好像"倒退"。"倒退"就是进步，因为我们进城后退了。现在要恢复进步，我们要把6亿人民带成共产主义作风。人民公社大协作，自带工具、粮食，工人敲锣打鼓，不要计件工资，这些都是共产主义萌芽，是资产阶级法权的破坏问题。张春桥听了柯庆施的传达后，写了《破除资产阶级的法权思想》一文，刊登在上海《解放》半月刊上。毛泽东肯定了这篇文章，并为它写了编者按语交人民日报社转载，10月13日，《人民日报》转载了张春桥的文章。文章把资产阶级权利，说成"核心是等级制度，把中国革命历史上的军事共产主义供给制，说成是在任何情况下都绝对适用，而实行'薪金制'是资产阶级为了保护不平等的资产阶级法权，为了打击无产阶级的革命传统"。文章的观点当时曾受到

《哲学研究》署名文章的质疑。

8月22日 中央科学小组和科学规划委员会向中央建议缩短实现12年科学规划的时间。这份题为《关于12年科学规划执行情况的检查报告》提出，苦战3年，就可以基本改变我国科学技术面貌，争取提前5年，即在1962年，就完成12年科学技术远景规划，赶上世界先进的科学技术水平。

同 日 《人民日报》报道：中华全国手工业合作总社在京召开全国各省、市、自治区手工业联社主任会议。会议集中研究了手工业合作社向全民所有制过渡问题。提出，为了适应目前的跃进形势，在国家需要，对生产有利，社员自愿，党委批准的原则下，多数手工业合作社可以分别转为地方国营或合作工厂；部分零星的制造性或服务性合作社和副业性的工艺美术合作社，在不适宜和没有必要过渡的时候，应当继续保持原有手工业合作社的形式。会议认为，向全民所有制过渡的形式可以多种多样，主要有两种：一种是转为一个地区或一个行业手工业联社经营的合作工厂，另一种是直接过渡为地方国营工厂。过渡的速度快一点比慢一点好。会后，全国各地手工业合作社迅速掀起转合作工厂和地方国营工厂的热潮。

8月23日 福建前线人民解放军开始炮击金门。1958年7月，台湾国民党当局乘美军进入黎巴嫩之机，叫嚷“加速进行反攻大陆的准备”，并于7月17日令其陆海空三军处于“特别戒备状态”。为了打击国民党军队对大陆的窜扰和破坏，反对美国侵犯中国主权、干涉中国内政的行为，中央军委于18日作出对金门的国民党军实施惩罚性炮击的决定。8月23日、24日，福建前线中国人民解放军奉命向占据金门岛和马祖岛的国民党军队和驶往金、马的运输舰进行警告性、连续性的大规模炮击。炮击击毙金门防卫部3名中将副司令和数百名官兵，击伤一艘运输舰和两艘其他舰只，摧毁了大批军用设施，封锁了金门。9月初，美国政府不顾中国政府的警告，继续从各地调兵，加强台湾和台湾海峡的兵力，并派出军舰、飞机直接为国民党军队的运输舰护航，把对台湾海峡的侵略范围，扩大到金门、厦门的中国12海里领海范围以内。在这种情况下，中国政府宣布将领海权扩大到12海里，同时中国人民解放军福建前线炮兵部队奉命于9月8日、11日和13日，对金门的国民党军队和运输舰又进行了3次大规模的猛烈炮击。10月6日和10月13日，国防部长彭德怀发表《告台湾同胞书》和《命令福建前线部队对金门炮击再停两星期》的文告，前文宣布从10月6日起暂停炮击7天，后文宣告再停炮击两星期。10月25日，又发表《再告台湾同胞书》，宣布逢单日打、逢双日不打，但均以没有美国人护航为条件。此后，停停打打，持续多年。其间，1958年10月20日、11月3日和1959年1月7日，福建前线部队又对金门进行了3次大规模炮击。但炮击的目的已从惩罚性作战变为政治性和战略性行动，中国对外宣布了一揽子解决台湾问题的政策。至1979年1月1日，中美两国建立外交关系，美蒋间《共同防御条约》废止之后，持续多年的炮击金门行动才最后停止。

8月25日　中国、伊拉克建立外交关系。7月16日，中国外交部部长陈毅致电伊拉克共和国外交部长，宣布中国政府承认伊拉克共和国政府。7月18日，伊拉克共和国总理阿卜杜勒·卡里姆·卡塞姆致电周恩来总理，宣布伊拉克共和国政府承认中华人民共和国政府。8月25日两国宣布正式建立大使级外交关系。

8月27日　《人民日报》发表题为《“人有多大胆，地有多大产”》的署名文章。该文为中共中央办公厅派赴山东寿张县调查组的一封通信。信中说，1958年寿张的粮食单位产量，县委的口号是“确保双千斤，力争三千斤”。但实际在搞全县范围的亩产万斤粮的高额丰产运动中，一亩地要产5万斤、10万斤以至几十万斤红薯，一亩地要产1万—2万斤玉米、谷子，这样高的指标，当地干部和群众，讲起来像很平常，一点也不神秘，一般的社也是8 000斤、7 000斤，提5 000斤指标的已经很少，至于1 000斤—2 000斤，根本没人提了。信中还肯定说，他们的庄稼也真长得好，虽然下面提出的万斤指标，1958年不一定完全实现，但万斤社、万斤乡一定会出现，可能还不止一个，全县亩产3 000斤—4 000斤则是有把握的。他们的措施是在足水、足肥、深翻土地的基础上放手密植，再加上“田间管理如绣花”的管理。一亩谷子由过去的3万多株密植到10万、20多万株。《人民日报》在发表该文时还特意加上编者按说：这封信生动地反映了那里大跃进的形势，提出了一些足以启发思想的问题。

8月28日　中共中央、国务院发出《关于改进计划管理制度的规定》。《规定》指出，为了充分发挥各方面的积极性，多快好省地建设社会主义，必须遵照统一计划、分级管理、加强协作、共同负责的原则和重点建设、枝叶扶持的要求，改进现行的计划管理制度。改进的办法是：一、国家计划必须统一，各地方、各部门的经济、文化的建设应当纳入全国统一计划之内。中央负责编制全国年度计划和远景计划，并安排地区经济的合理布局。中央管理的主要指标是：主要工农业产品；全国基本建设投资、主要产品新增生产能力和重大建设项目；重要的原材料、设备和消费品的平衡与调拨；中央财政收支和地方财政收入上缴与支出补助、信贷平衡资金调拨；工资总额、职工总数和科技力量的调配；铁路货运量和货物运输周转量等。二、在国家统一计划的前提下，实行分级管理的计划制度，地方负责综合编制本地区全部企业、事业（包括中央管理的企、事业）的计划草案。在确保国家规定的生产任务的条件下，对本地区内的工农业生产指标进行调整和安排；在确保新增生产能力和重大建设项目以及不增加国家投资的条件下，对本地区内的建设规模、建设项目、投资使用等方面进行统筹安排；在确保国家对重要的原料、设备和消费品的调拨计划的条件下，对本地区内的物资可以实行调剂使用；在确保财政收入上缴任务或不增加国家补助的条件下，超收分成和支出结余部分，由地方支配；在确保国家的劳动计划和技术力量调配任务的条件下，对本地区内的劳动力和技术力量可以统筹安排。三、实行在中央集中领导下，以地区综合平衡为基础的、专业部门和地区相结合的计划管理制度。执行自下而上地逐级编制计划和进行综合平衡的方法，贯彻执行计划工作中的群众路线。

同　日　中共中央、国务院发出《关于改进限额以上基本建设项目设计任务书审批办法的规定》。《规定》对限额以上建设项目设计任务书的审批权限作了下放。规定今后中央有关部委对基本建设的管理，应集中主要力量对全国分地区分事业的规划进行审查和研究。

对于限额以上基本建设项目设计任务书采取中央和地方分工负责审批的办法。中央负责审批的主要项目是：一、工业产品属于全国平衡的骨干建设项目。二、具有全国或涉及几个省、市、自治区有重大协作关系的重大建设项目。三、对生产力地区分布有重大影响的建设项目。四、贯穿几个省或自治区的铁路干线。其余项目的设计任务书属于地方管理的，由各省、市、自治区审批后报协作区委员会、国家计委、基本建设委员会和中央各主管部备案；属于中央各部管理的，由各部审批后报国家计委、基本建设委员会备案，并抄送建设项目所在地的协作区委员会和省、市、自治区人民委员会。

8月29日　中共中央发出《关于今冬明春在农村中普遍开展社会主义和共产主义教育运动的指示》。《指示》认为，为及时地总结经验，发扬共产主义精神，保证1959年夏季和全年全面的更大丰收，为就农业社的收入如何分配问题和是否建立人民公社问题进行鸣放辩论，今冬明春在农村中进行一次广泛的社会主义和共产主义的教育运动是必要的。《指示》要求，在这个运动中，要充分发扬“拔白旗、插红旗”的共产主义风格，以无数大增产的实例，来大讲特讲社会主义制度的优越性，更加坚定广大农民走社会主义道路的决心和信心，彻底批判一部分富裕农民残存的资本主义自发倾向，在人民的思想上继续破除个人主义、本位主义，大立共产主义，彻底批判“靠天吃饭”的“条件论”和“照着前人脚印走路”的“习惯论”，大破右倾保守、甘居下游的思想，大立鼓足干劲、力争上游的思想，使“观潮派”和“秋后算账派”在思想上彻底破产，把一切“白旗”以至“灰旗”统统拔掉，把红旗普遍插起来，使社会主义建设总路线更加深入人心。

同　日　中共中央发出《关于水利工作的指示》。《指示》要求，在贯彻执行“小型为主、以蓄为主、社办为主”的“三主”方针下，应该注意到在以小型工程为基础的前提下，适当地发展中型工程和必要的可能的大型工程，并使大、中、小型工程相互结合，有计划地逐渐形成比较完整的水利工程系统。要做好水利规划，除了各地区进行的规划工作外，全国范围的较长远的水利规划，首先是以南水（主要是长江水系）北调为主要目的（将江、淮、河、汉、海河各流域联系为统一的水利系统）的规划和将松、辽各流域联系为统一的水利系统的规划，加速制订起来。《指示》还要求加强工具改革，因地制宜地选择解决水利问题的办法，保证兴修水利任务的完成。

同　日　中共中央发出《关于继续展开除“四害”运动的决定》。《决定》说，为了保障工农业生产大跃进，除四害、讲卫生运动也应该大跃进。除“四害”、讲卫生具有“移风易俗，改造国家”的伟大作用。《决定》要求在国庆节前，各地普遍举行一次大规模的除“四害”运动。并且从此把这一工作经常地坚持下去，使已有的“四无乡”、“四无县”巩固起来，创造出更多的“四无乡”、“四无县”、“四无省”，使我们的国家成为一个没有老鼠、麻雀、苍蝇、蚊子，基本上消灭传染病的危害的国家，人人体格健康，个个身强力壮，以促进我国工农业生产更大的跃进。

同　日　中共中央发出《关于深耕和改良土壤的指示》。《指示》要求，在今后2、3年之内，把一切可能深耕的土地全部深耕一遍，并且每3年轮流深耕一次，周而复始。深耕的标准是一般田1尺以上，丰产田2尺以上。有的地方确实有困难的，也可以分两步实现，第一步耕深6寸—7寸，第二步达到1尺以上。在2、3年内把全国需要改良的盐碱土、红壤土、沙礓地、飞沙地、烂泥田、冷水田和其他瘠薄的田地全部加以改造。据计算，全国共有这种土地4.7亿亩，已经改良的有1.4亿亩，需要改良的还有3.3亿亩。

同　日　中共中央发出《关于肥料问题的指示》。《指示》要求增加肥料的数量，提高肥料的质量，并要发展化学肥料。各地除积极努力增产化学肥料外，还要注意发展土制化肥，1959年全国土化肥的总产量要完成3 000万吨。要发动农家积肥、造肥，既要经常性地积肥造肥，又要每年突击数次。要“按土施肥”，根据不同的土壤，施用不同的肥料，以便提高肥效。

8月30日　中共中央、国务院发出《关于加强棉花、烟叶收购工作的指示》。《指示》预计全国棉花产量将比1957年增加1倍左右，烟叶产量将比1957年增加2倍左右。据此，各地应切实做好棉花、烟叶的收购工作，以便在更大程度上促进工农业生产的大跃进。《指示》提出：一、采取快收、多收、收好、收足的收购方针。二、注意收购工作的方法，合理地组织和安排农村的劳动力。三、加强对农业社的技术指导，依靠群众做好棉花、烟叶的分级、检验工作，实行民主评级，开展精收细摘的运动，以提高棉花、烟叶的质量，增加棉花、烟叶的实际收获量。四、大力搞好加工和仓储工作，实行技术革新。五、各级党委要加强对收购工作的领导，坚决完成国家的收购任务。

本　月　中共中央作出《对外贸易必须统一对外的决定》。《决定》指出，近两三个月以来，在对外贸易工作中发生了一些对外不一致的混乱现象。在对资本主义国家的贸易方面，存在互相争客户，争市场，落价竞销，抬价竞购，随便邀请外商来华等情况。因此，中央规定：一、对社会主义国家和对资本主义国家政府间的贸易，全由对外贸易部按照中央意旨统一办理。二、对兄弟国家的进出口货单，必须经国家计划部门综合平衡，并且经过中央批准，对外贸易部才可对外签订协议。三、对资本主义国家非政府间的贸易，凡属垄断性强或大宗的进出口商品，均由对外贸易部所属总公司统一对外成交，其他进出口商品，按照口岸分工的规定去经营，成交价格必须统一。四、各口岸邀请外商来华谈判或派人出国进行贸易活动，必须经批准，由对外贸易部统一组织进行。五、除对外贸易部所属各总公司和各口岸对外贸易机构外，任何地方、任何机构不许作进出口买卖。

9月1日　《红旗》杂志第7期发表《河南省遂平县嵖岈山卫星人民公社试行简章（草稿）》。章程共分26条，其中规定：一、人民公社的宗旨是巩固社会主义制度，并且积极创造条件，准备逐步过渡到共产主义制度。二、各个农业合作社合并为公社，根据共产主义大协作的精神，应该将一切公有财产交给公社，多者不退，少者不补。三、在已经基本上实现生产资料公有化的基础上，社员转入公社，应该交出全部自留地，并且将私有的房基、牲畜、林木等生产资料转为全社公有，但可以留下小量的家畜家禽，仍归个人私有，私人的牲畜和林木转为全社公有，应该折价作为本人的投资。四、将全社划分为若干生产大队，每一大队又划分为若干生产队，生产大队是管理生产、进行经济核算的单位，盈亏由社统一负责。生产队是组织劳动力的基本单位。五、公社在收入稳定、资金充足、社员能够自觉地巩固劳动纪律的情况下，实行工资制。由群众评定社员的工资等级，按月发给一定的工资。同时实行奖励工资，全年全社的奖励工资，最多可以占到基本工资总额的1/4。六、在粮食生产高度发展、全体社员一致同意的条件下，实行粮食供给制。全体社员，不论家中劳动力多少，都可以按照国家规定的粮食供应标准，按家庭人口得到免费的粮食供应。七、公社要以生产队为单位组织公共食堂和托儿所。不愿意参加的，也听其自便。这个章程，反映了当时公社化过程中的“共产风”和“穷过渡”的做法，后来成为各地人民公社的楷模。

同　日　《人民日报》发表题为《徐水人民公社颂》的报道。文章报道了徐水“将要发射的高产卫星”：1亩山药120万斤、1棵白菜500斤、小麦亩产12万斤、皮棉亩产5 000斤，全县粮食亩产2 000斤。文章说：“徐水人民公社将会在不远的将来，把社员们带向人类历史上最高的仙境，这就是那各尽所能、各取所需的自由王国的时光。”

9月2日　陈毅在广州市干部大会上传达毛泽东的谈话。大意是，1949年中国解放我是很高兴的，但是觉得中国的问题还没有完全解决，因为中国很落后，很穷，一穷二白。以后对工商业的改造，抗美援朝的胜利，我又愉快又不愉快。只有这次大跃进，我才完全愉快了！按照这个速度发展下去，中国人民的幸福生活完全有指望了。毛泽东的这段话是上月初与赫鲁晓夫会谈时说的。

9月4日　中华人民共和国政府发表《关于领海的声明》。《声明》宣布：一、中华人民共和国的领海宽度为12海里（浬）。这项规定适用于中国的一切领土，包括中国大陆及其沿海岛屿，和同大陆及其沿海岛屿隔有公海的台湾及其周围各岛、澎湖列岛、东沙群岛、西沙群岛、中沙群岛、南沙群岛以及其他属于中国的岛屿。二、中国大陆及其沿海岛屿的领海以连接大陆岸上和沿海岸外缘岛屿上各基点之间的各直线为基线，从基线向外延伸12海里（浬）的水域是中国的领海。在基线以内的水域、包括渤海湾、琼州海峡在内，都是中国的内海。在基线以内的岛屿，包括东引岛、高登岛、马祖列岛、白犬列岛、乌　岛、大小金门岛、大担岛、二担岛、东椗岛在内，都是中国的内海岛屿。三、一切外国飞机和军用船舶，未经中国政府的许可，不得进入中国的领海和领海上空。任何外国船舶在中国领海航行，必须遵守中华人民共和国的有关法令。四、二、三两项规定原则同样适用于台湾及其周围各岛、澎湖列岛、东沙群岛、西沙群岛、中沙群岛、南沙群岛以及其他属于中国的岛屿。台湾和澎湖地区现在仍然被美国武力侵占，这是侵犯中华人民共和国领土完整和主权的非法行为。台湾和澎湖等地尚待收复，中国政府有权采取一切适当的方法在适当的时候，收复这些地区，这是中国的内政，不容外国干涉。从9月5日—12日，苏联、捷克斯洛伐克、罗马尼亚、保加利亚、民主德国、朝鲜、蒙古等国政府先后发表声明，支持中国12海里领海权的声明。印度尼西亚外长苏班德里约也发表谈话，肯定中国宣布领海宽度为12海里符合目前需要。美国和英国表示不承认中国关于领海的规定。

同　日　中共中央召开动员钢铁大跃进的电话会议。各省、市、自治区委的负责同志参加了电话会议。中央政治局委员、书记处书记谭震林和政治局委员彭真在会上讲话。彭真说，毛主席在最高国务会议上说，钢铁上不去，其他就跟不上去，你不能光吃粮食。主席要求在9月15日钢铁有一个大跃进。谭震林说，在北戴河政治局会议上，毛主席提出这样的要求：明年粮食再翻一番。主席又提出来，1 100万吨钢，一吨也不能少，少了就是失败。这个要求一定要完成。这就势必要逼迫我们又要拿出相当的劳动力去挖铁矿，去办小高炉。

9月5日　国务院决定撤销宁夏回族自治区（筹备委员会）的吴忠回族自治州、固原回族自治州，同时决定将泾源回族自治县改为泾源县。

9月5日—8日　毛泽东召集第十五次最高国务会议。会议主要听取了毛泽东关于形势问题的讲话，听取了中央书记处书记谭震林关于1958年农业生产、人民公社、民兵和爱国卫生运动等问题的报告，听取了国务院总理周恩来关于外交政策的报告，听取了国务院副总理兼国家计委主任李富春关于1959年国家建设计划和第二个五年计划的报告，听取了国务院副总理兼财政部长李先念关于财政和商业工作的报告，听取了中央政治局候补委员、中央文教小组组长陆定一关于教育工作的报告。毛泽东关于形势问题的讲话分为国际形势和国内形势两部分。关于国际形势，毛泽东说："总的形势是东风压倒西风。美国在全世界许多国家建立了几百个军事基地。中国领土台湾、黎巴嫩以及所有美国在外国的军事基地，都是套在美帝国主义脖子上的绞索。不是别人而是美国人自己制造这种绞索，并把它套在自己的脖子上，而把绞索的另一端交给了中国人民、阿拉伯各国人民和全世界一切爱好和平反侵略的人民。美国侵略者在这些地方停留得越久，套在它的头上的绞索就将越紧。""美国垄断资本家如果坚持推行它的侵略政策和战争政策，势必有一天要被全世界人民处以绞刑"。关于国内形势，毛泽东说："经过了伟大的全民整风运动，全国到处出现了蓬勃兴旺的气象。无论在农业、工业、文化教育以及其他建设事业方面，都形成了大跃进的形势。由于全国人民在共产党的领导下共同努力，我国社会主义建设的速度大大加快了。""鉴于农业生产的飞跃发展对工业的越来越大的压力，还鉴于农业生产和农村工作方面已经有了比较稳固的基础和比较成熟的经验，我们的领导工作的重心需要适时地从农业和农村工作方面转移到工业建设方面来。中央和省一级的领导机关，必须一手抓工业，一手抓农业，而从现在开始，要把重点放在工业方面。在工业方面，必须首先抓紧钢铁工业和机械工业，因为这是实现我国工业化、农业机械化和加强国防力量的基础。""农业和农村工作不能放松，明年农业生产还要继续大发展"。

9月6日　国务院总理周恩来发表《关于台湾海峡地区局势的声明》。《声明》指出：1958年9月4日，美国国务卿杜勒斯在美国总统艾森豪威尔授权之下，发表声明，公然威胁要在台湾海峡地区扩大对中国的侵略范围，进行战争挑衅，从而加剧了美国在这个地区造成的紧张局势，使远东和世界和平受到了严重的威胁。为此，中国政府声明：一、台湾和澎湖列岛自古就是中国的领土。在第二次世界大战之后，它们已经由日本的一度侵占归还了中国。中国人民行使主权解放这些地区，完全是中国的内政，这是中国人民的神圣不可侵犯的权利。二、美国支持盘踞在台湾和澎湖列岛的早已被全中国人民唾弃的蒋介石集团，并且直接用武力侵占台湾和澎湖列岛，是干涉中国内政、侵犯中国领土完整和主权的非法行为，是同《联合国宪章》和一切国际法准则直接冲突的。美国和蒋介石集团签订的所谓条约和美国国会通过的任何有关的决议，对于中国人民是完全无效的，它们绝不能使美国的侵略行为合法化，更不能成为美国在台湾海峡地区扩大侵略范围的借口。三、蒋介石集团在美国的支持下，长期以来就以接近厦门的金门和接近福州的马祖等大陆沿海岛屿为前哨据点，对中国大陆进行种种骚扰和破坏活动。最近，在美国对阿拉伯国家发动武装干涉以后，蒋介石集团对中国大陆的骚扰和破坏也更为猖獗。中国政府完全有权对盘踞在沿海岛屿的蒋介石部队给予坚决的打击和采取必要的军事行动，任何外来的干涉，都是侵犯中国主权的罪恶行为。四、中国人民解放自己的领土台湾和澎湖列岛的决心是不可动摇的。中国人民尤其不能容忍在自己的大陆内海中存在着像金门、马祖这些沿海岛屿的直接威胁。美国的任何战争挑衅都绝对吓不倒中国人民，相反地，只会激起6亿人民更大的愤怒和更坚强地同美国侵略者斗争到底的决心。五、中国政府根据自己的和平外交政策，一贯主张不同社会制度的国家按照五项原则实行和平共处，并且用和平谈判的方法解决一切国际争端。尽管美国以武力侵占了中国的台湾和澎湖列岛，粗暴地破坏了国际关系中最起码的准则，中国政府仍然倡议同美国政府坐下来谈判，谋求台湾地区紧张局势的和缓和消除。六、中国和美国在台湾海峡地区的国际争端和中国人民解放自己领土的内政问题，是性质完全不同的两件事。中国人民完全有权采取一切适当的方法，在适当的时候，解放自己的领土，不容许任何外国干涉。否则，美国政府必须承担由此而产生的一切严重后果。

9月7日　外交部发言人对美国军舰侵入中国领海提出严重警告。当日，美国军舰开始为台湾国民党当局到金门的船队护航。此后，美国军舰、飞机不断侵犯中国的领海、领空，中国外交部发言人陆续提出严重警告。至当年12月31日止，共提出警告45次。

9月9日　中共中央召开钢铁生产电话会议。会议认为，全民办钢铁已经形成高潮，完成北戴河会议规定的指标已经有了保证，但还需要作很大努力。为解决技术力量不足的问题，中央决定调派一部分人力，其中大学毕业生1万人，大专生5 000人，技术干部1 200人，支援钢铁工业第一线。会议指出，9月份钢铁生产的关键是抓生铁，而且首先要满足炼钢需要。会议要求在高炉、平炉利用系数上要向本溪和上海学习，解决运输问题要推广常州的经验。会议还决定，以后每星期召开一次电话会议，以便及时掌握生产情况。

同　日　中国第一台内燃电动机车在长辛店机车车辆修理厂试制成功。

9月10日—29日　毛泽东视察湖北、安徽、江苏、上海等地并发表谈话。在武汉钢铁厂视察时，毛泽东说："像武钢这样的大型企业，可以逐步地办成为综合性的联合企业，除生产多种钢铁产品外，还要办点机械工业、化学工业和建筑工业等。""这样的大型企业，除工业外，农、商、学、兵都要有一点。"在大冶铁矿区视察期间，毛泽东在听取矿区负责人关于基建大包干的情况汇报后说："搞基本建设还是采用大包干的办法好，这样可以大大地降低建设成本。"在武汉大学视察时，毛泽东说："学生自觉地要求实行半工半读，这是好事情，是学校大办工厂的必然趋势，对这种要求可以批准，并应给他们以积极的支持和鼓励。"在安徽视察时，毛泽东听说舒城县舒茶人民公社吃饭不要钱时说："吃饭不要钱，既然一个社能办到，其他有条件的社也能办到。既然吃饭可以不要钱，将来穿衣服也就可以不要钱了。"他在马鞍山钢铁厂视察时指出："发展钢铁工业一定要搞群众运动，什么工作都要搞群众运动，没有群众运动是不行的。"毛泽东从上海回到北京后，29日对新华社记者发表了谈话。他说："此次旅行，看到了人民群众很大的干劲，在这个基础上各项任务都是可以完成的。首先应当完成钢铁战线上的任务。在钢铁战线上，广大群众已经发动起来了。”“到现在，我们还有一些同志不愿意在工业方面搞大规模的群众运动，他们把工业战线上搞群众运动，说成是‘不正规’，贬之为‘农村作风’、‘游击习气’。这显然都是不对的。”“在大炼钢铁的同时，不要把农业丢掉了。人民公社一定要把小麦种好，把油菜种好，把土地深翻好。1959年农业方面的任务，应当比1958年有一个更大的跃进。为此，应当把工业方面和农业方面的劳动力好好组织起来，人民公社应当普遍推广。”他还说：“我们不但要有强大的正规军，我们还要大办民兵师。这样，在帝国主义侵略我国的时候，就会使他们寸步难行。”

9月11日　全国人大常委会举行第一百零一次会议。会议原则通过了《中华人民共和国工商税统一税条例（草案)》。会议审议批准了《甘肃省临夏回族自治州各级人民代表大会和各级人民委员会组织条例》和《甘肃省甘南藏族自治州人民代表大会和人民委员会组织条例》。会议决定将第一商业部和第二商业部合并为商业部，任命程子华为商业部部长。同时免去陈云兼任的第一商业部部长和杨一辰担任的第二商业部部长职务。

9月12日　中国人民解放军空军学院在北京成立。刘震任院长兼政治委员。空军学院的主要任务是培养空军中、高级军政干部。

9月13日　国务院颁布《中华人民共和国工商统一税条例（草案)》。《条例（草案)》规定：为了使工商税收制度适应社会主义经济情况，有利于促进生产的发展，保证国家建设资金的需要，将货物税、商品流通税、营业税、印花税合并简化为工商统一税。一切从事工业品生产、农产品采购、外货进口、商业零售、交通运输和服务性业务的单位或个人，都是工商统一税的纳税人，应当照章纳税。

9月13日—20日　中共中央宣传部召开文艺创作座谈会。会议提出，创作和批评都必须发动群众，要依靠全党全民办文艺的方针。到会人员纷纷表示要像生产1 070万吨钢一样，在文学、电影、戏剧、音乐、美术、理论研究等方面都争取“大跃进”、放“卫星”。之后，文艺界开始了放“卫星”活动。9月19日，《新闻日报》发表了题为

《检阅了成绩跃进再跃进，文艺界要放大“卫星”》的报道。9月26日，华夫在《文艺报》第18期发表《文艺放出卫星来》的专论，文章说：“工农兵群众在文艺上也放出了卫星：新民歌、工厂史、革命回忆录，这就是已经放出来和正在放出来的文艺卫星。”10月，全国文化行政会议又提出群众文化活动要做到“八能”的要求，即人人能读书，人人能写诗，人人能看电影，人人能唱歌，人人能画画，人人能舞蹈，人人能表演，人人能创作。

9月16日　新华社报道：李名强在国际音乐比赛会上获第一名。中国青年钢琴家李名强在罗马尼亚布加勒斯特举行的乔治·埃奈斯库第一届国际音乐比赛会上获得钢琴比赛第一名。

9月16日—18日　刘少奇在河南视察时发表关于向共产主义过渡的条件的谈话。在郑州，刘少奇在听取省委负责同志的汇报后说：“城乡劳动力紧张是件大好事，我国人口这样多，没有剩余劳动力了，这能不是一件大好事吗？当前，要做好这样5件事：第一，使社会上所有有劳动能力的人都进行劳动，特别是体力劳动。每个人都应当担负起力所能及的劳动。体力劳动是搞吃穿的，每个人都要吃穿，有人不负担，别人就要加重负担。每个人都参加体力劳动的意义，毛主席说过，马克思、恩格斯也都指出过，这是过渡到共产主义的一个必要条件。第二，搞好食堂、幼儿园、缝纫厂，把妇女从家务劳动中解放出来，参加生产。第三，要搞技术革命，……搞技术革命就能节约大量的劳动力。第四，改进社会的劳动组织也能节省很多劳动力。第五，要提高技术水平和文化水平。”当听到许多公社实行供给制的时候，刘少奇说：“这要由低到高。应当注意，现在实行供给制同抗日战争时期不一样，那时是在物资缺乏的时候实行的，现在是在物资逐渐丰富的时候实行的，有很大不同。一半供给，一半工资的做法是好的，个人应当有点机动。”在开封，刘少奇在听取市委、地委的汇报时说：“你们建立新工厂，不要照搬现在工厂的一套。目前，公社实行劳动工资加奖励，除了吃粮食等以外，每月发几块钱，社员就高兴得不得了。公社可以这样做，那么按这个办法办工厂为什么不可以呢？工人也是农民，农民也是工人，为什么不可以这样呢？新工厂也可以办学校，招一批初中生，就在这里上课，一个工厂就是一个高中，一天读几小时书，做几小时工，工厂即学校，学校即工厂。半工半读，可搞到高中，也可搞到大学。要建立制度，每天6小时劳动3小时上课，或者4小时劳动4小时上课，要比较稳定，搞他8年到10年，一直到大学毕业。这样，学生也多了，工人也多了。将来出来，既是大学毕业生，也是技术工人。这也是过渡到共产主义的一个条件。”

9月17日　《人民日报》报道：河南省日产生铁1.8万多吨。报道说，9月15日，河南全省投入4.5万多座炼铁炉，动员360万钢铁大军，出动40.7万辆各种运输工具，打了一个日产生铁18 693.92吨的大胜仗。这个数字，比在钢铁工业基地辽宁以及吉林、黑龙江3个省当时的生铁日产量还要高。《人民日报》为此还发表了《祝河南大捷》的社论。社论说，河南大捷证明，生铁这一关是一定能够突破的。社论要求各地像河南一样，鼓足干劲，力争上游，紧紧地抓，狠狠地抓，争取9月份内根本扭转土高炉生铁生产不正常的局面，完成和超额完成9月份的生铁计划。

同　日　交通部发出《关于全民搞运输保证出钢铁的紧急指示》。《紧急指示》说，保证钢铁生产的物资运输，是我们当前的一项极为重大的政治任务。要依靠党的领导，掀起一个全党全民搞运输的群众运动，坚决贯彻依靠地方、依靠群众，以普及为主的方针，把一切能够组织的人力物力组织起来，把一切能够组织的各种民间运输工具和机关企业自用货运汽车组织起来，集中一切力量投入运输，首先保证钢铁运输。《紧急指示》要求从省、市、自治区以下直至人民公社或乡一级，都要普遍成立强有力的运输指挥部。汽车运输必须大量发展挂车，并在年内实现一车一挂，争取一车两挂。各汽车运输企业应迅即实行双班制，已实行双班制的应迅即转为三班制。大力推广拖驳运输和顶推运输，积极发展木驳和浅水拖轮，以及半机械化和机械化的机动木帆船。对于一切民间运输工具都要全面组织利用，不论兽力车、人力车、三轮货车，以至于三轮客车，凡是可以组织运输的一切运输工具，都要把它们组织起来投入运输。凡有土炉和小高炉生产的地方，都要根据生产需要和运输工具，修筑各种道路。

9月18日—25日　中华人民共和国科学技术协会在北京召开第一次代表大会。聂荣臻代表党中央和国务院在大会上作了《关于发展科学技术的社会主义道路问题》的报告。大会通过决议，将中华全国自然科学专门学会联合会和中华全国科学技术普及协会合并，成立中华人民共和国科学技术协会。大会还通过了《关于响应党的号召，为提前实现12年科学技术规划而斗争的决议》和《关于开展建国10周年科学技术献礼运动和准备召开全国科学技术发明创造积极分子代表大会的决议》。根据大会决议，中国科协是在中国共产党领导下的全国性科学技术团体，必须接受共产党的领导，认真贯彻中央和地方并举、土洋并举、科学技术与生产实践相结合、知识分子与工农群众相结合、脑力劳动与体力劳动相结合、普及与提高相结合的方针。大会选举李四光为中国科学技术协会主席。

9月19日　中共中央、国务院发布《关于教育工作的指示》。《指示》分为六个方面：一、随着工农业生产的大跃进，文化大革命已经开始进入高潮，这主要表现在全国扫盲运动、教育事业和各种文化事业的迅速发展。正确地领导教育工作，坚持党的教育工作方针，反对右倾思想和教条主义，调动一切积极因素，鼓足干劲，力争上游，多快好省地扫除文盲，普及教育，培养出一支数以千万计的又红又专的工人阶级知识分子的队伍，是全党和全国人民的巨大的历史任务之一。二、解放9年来，我国教育工作在党的领导之下取得了巨大的成绩。但是，教育工作在一定程度上存在着忽视政治、忽视党的领导的错误。三、党的教育工作方针，是教育为无产阶级的政治服务，教育与生产劳动相结合，为了实现这个方针，教育工作必须由党来领导。在一切学校中，必须进行马克思列宁主义的政治教育和思想教育，培养教师和学生的工人阶级的阶级观点、群众观点和集体观点，劳动观点即脑力劳动与体力劳动结合的观点，辩证唯物主义的观点。必须改变政治教育中的教条主义的教学方法。在一切学校中，必须把生产劳动列为正式课程。今后的方向，是学校办工厂和农场，工厂和农业合作社办学校。一切教育行政机关和一切学校，应该受党委的领导。在一切高等学校中，应当实行党委领导下的校务委员会负责制。一切中等学校和初等学校，也应该放在党委的领导之下。四、为了多快好省地发展教育事业，必须采取统一性与多样性相结合，普及与提高相结合，全面规划与地方分权相结合的原则。在全国统一的教育目的之下，办学的形式应该是多样性的，即国家办学与厂矿、企业、农业合作社办学并举，普通教育与职业（技术）教育并举，成人教育与儿童教育并举，全日制学校与半工半读、业余学校并举，学校教育与自学（包括函授学校、广播学校）并举，免费的教育与不免费的教育并举。全国将有3类学校：全日制学校、半工半读学校、各种形式的业余学校。在这3类学校中，有一部分要担负提高的任务。用大量发展业余的文化技术学校的半工半读学校的形式来普及教育。五、办教育应当在党委领导下，把专业的教育工作者同群众结合起来，采取群众路线的工作方法，贯彻全党全民办学。在学校内部的政治工作、管理工作、研究工作等方面，也应该贯彻党委领导下的群众路线的工作方法。六、全国在3年—5年时间内，基本上完成扫除文盲、普及小学教育、农业合作社社有中学和使学龄前儿童大多数都能入托儿所和幼儿园的任务。大力发展中学教育和高等教育，争取在15年左右的时间里，基本上做到使全国青年和成年，凡是有条件和自愿的，都可以受到高等教育。我们将以15年左右的时间普及高等教育，然后再以15年左右的时间从事提高工作。各省、市、自治区党委和人民委员会，应当根据自己的实际情况，作出具体规划。

同　日　中共中央批转国家体委党组《关于体育运动10年规划的报告》。《报告》提出：为了使体育事业更好地为社会主义建设服务，必须贯彻多快好省、勤俭建国，勤俭办一切事业的方针；要大力开展群众性体育运动，在体育运动广泛开展的基础上，加速提高运动水平，争取10年左右在主要运动项目上赶上世界水平。中共中央批示指出："体育运动的根本任务是增强人民体质，为劳动生产和国防建设服务。根据这一任务，体育运动的方针是：适应生产大跃进中广大劳动人民对增强体质的要求，大力开展群众性的体育运动，在体育运动广泛开展的基础上，提高技术水平，不断地创造新纪录。”批示还要求：在组织了人民公社的地方，体育运动应在人民公社的统一安排下结合劳动生产进行，使之成为广大群众热烈喜爱的事情。体育工作必须紧紧依靠各级党委的领导，坚决贯彻政治挂帅。要在体育各个部门中破除迷信，解放思想，克服资产阶级思想和教条主义。

9月20日　中国人民解放军总政治部发出关于各级干部每年下连当兵1个月的指示。指示规定，各级干部除年老、体弱、有病者外，每人每年至少要用1个月的时间下连当兵；没有当过兵或者做过基层工作的青年干部，第一次当兵的时间应为半年或1年。下连当兵的干部，应编入班、排建制归班排长指挥，在连队过党、团组织生活，与士兵同吃、同住、同劳动、同操作、同娱乐。期满时，连队应对下放干部作出评定，干部本人应写出1篇—2篇关于连队工作经验的总结。这样做的目的是为了联系群众，锻炼干部，及时总结经验，指导部队，发扬我军官兵一致、上下一致、军民一致的光荣传统，大大提高部队的战斗力量。按照这一规定，全军从大军区的首长到各级领导机关的广大干部，开始有计划地下放连队当兵锻炼。杨得志上将等高级将领也曾下连当兵。

同　日　中国科学技术大学正式开学。中国科学院院长郭沫若兼任校长。学校设原子核物理和原子核工程、高分子化学和高分子物理等13个系，教师大多由中国科学院各研究所的高级研究人员担任。校址设在北京西郊。

9月21日—10月2日　农业部在南京农学院召开全国高等农业院校教育结合生产的经验交流现场会。会议根据中央指示，着重讨论了从1958年下半年起实行高等农业院校师生一律下放农村进行劳动锻炼的措施。会议认为，农业院校师生下放农村，是全国农业院校教学制度的一个重大改革，是培养工人阶级的又红又专的农业技术人才的重要措施，必须坚决执行。

9月22日　中共中央转发中央工业部《关于加强地方工业生产领

导的意见》。《意见》的主要内容是：一、根据企业的实际需要，建立一些简易可行的管理制度和责任制。比如对生产的调度、指挥制度，原材料、设备、工具的供应、保管、使用制度，技术操作规程和财务管理制度等。还要建立比较合理的劳动组织。二、建立和健全企业中的党组织，加强对群众的思想政治工作。对少数领导力量较弱的单位，应适当增加一些党的骨干。三、实行政治挂帅，打破技术上的神秘观点，突破技术难关，鼓舞群众把干劲和钻劲结合起来，四、在工业比较集中的地区，地、县两级对于地方工业的领导，要按照同时抓生产和基建的要求，组织两套专管力量，分别负责经常检查和指导工作。地、县委主要负责人要用主要力量抓钢铁生产，至少要5天抓一次，每月总结评比1次—2次。

9月23日　中共中央发出《关于加强运输工作的指示》。《指示》指出，由于1958年工农业生产跃进速度很快，基建规模又一次扩大，运输组织方面的协作和配合不够等原因，给交通运输造成了异常紧张的形势。指示要求，必须贯彻执行全党全民办交通的方针，党委挂帅，发动群众，千方百计地调动一切积极因素来保证完成运输任务。指示提出以下主要措施：一、在运输紧张的地区成立运输委员会或运输指挥部，并且抽调必要的干部组成办公室，负责统一调配各种运输工具和装卸力量，统一组织运输工作。二、组织各机关、企业、军队、学校和合作社等部门的汽车、工矿专用铁路车辆、船舶、飞机、兽力车、人力车等运输工具参加运输，在必要时征用一个时期。三、在物资大量积压的地区，动员一切可以动员的力量进行快装、快卸、快运，限期完成。四、努力提高运输能力，积极完成技术改造工程，并开展群众性的技术革命运动。同时，要及时、合理地调整物资流向。

9月24日　中共中央、国务院发布《关于改进物资分配制度的几项规定》。确定根据统一计划、分级管理、共同负责、保证重点的原则，实行统一计划下的、以地区管理和地区平衡为主的物资调拨制度：一、主要的原材料和设备，由中央统一分配。不在中央统一分配范围内的原材料和设备，由各省、市、自治区，各专区、各县分别制定产品目录和分配计划，进行统一调度。二、中央统一分配的原材料和设备，由中央各主管部门负责同省、市、自治区协商编制年度计划，报中央批准。在执行中，国家计委、国家经委和国家建委可以进行必要的调整。三、各省、市、自治区在保证完成国家计划规定的生产指标、重点建设项目、新增生产能力和外调物资任务的条件下，对国家分配的物资，有权在本地区进行调剂。该规定是于8月下旬作出的。

同　日　国务院第八十次全体会议作出更改行政区划的决定。决定撤销云南省河口县、屏边县、丽江县、沧源县4个县，设立河口瑶族自治县、屏边苗族自治县、丽江纳西族自治县、沧源佧佤族自治县4个自治县。

同　日　中共中央、国务院发出《关于大力发展铜、铝工业的指示》。《指示》认为，我国过去铜、铝工业的基础很薄弱，铜铝的产量很小，远远不能满足机械制造工业和电力工业的需要。如果这个问题不能得到很好的解决，必将影响我国社会主义建设的发展速度。为此，指示要求：必须动员全党全民一齐动手，开展一个大搞铜、铝生产的运动，争取在最短的时间内，建立起成千上万的铜、铝企业。

9月25日　中共中央、国务院发布《关于干部参加体力劳动的决定》。《决定》指出，在过去一段时间里，干部参加体力劳动，以普通劳动者的面貌在群众中出现，进一步改善了干部和群众之间的关系，提高了广大劳动群众的积极性，加强了他们对干部的信任和爱戴。因此，中共中央和国务院决定除了一部分已经下放到农村和工矿企业进行劳动锻炼以外，今后主要应当使全体在职干部每年都分出一定时间去参加工农业劳动生产。各机关、部队和企业、事业单位的全体工作人员，除年老有病不能参加体力劳动或者只能参加轻微体力劳动的以外，每人每年必须用至少1个月的时间参加体力劳动。各单位应订出计划，做好安排，迅速执行。

同　日　《中华人民共和国和突尼斯第一个贸易协定》在突尼斯签订。

9月26日　陈镜开打破世界纪录。中国运动员陈镜开以140.5公斤的成绩打破最轻量级挺举世界纪录。该纪录是在来比锡举行的第一届友军运动会上创造的。

9月27日　郝建华、耿桂芳、崔秀英以9.817米的成绩，打破了女子1 000米集体定点跳伞14.94米的世界纪录。

同　日　中朝两国签订2个协议。中华人民共和国政府和朝鲜民主主义人民共和国政府签订《关于1959年—1962年相互供应主要货物的协定》和《关于中国政府向朝鲜提供2项贷款的协定》。

9月29日　中共中央作出《关于民兵问题的决定》。《决定》要求：必须在全国范围内把能拿武器的男女公民武装起来，以民兵组织的形式，实行全民皆兵。不久，毛泽东在对新华社记者谈话时提出："我们不但要有强大的正规军，我们还要大办民兵师。"1962年6月29日，毛泽东又提出"民兵工作要做到组织落实、政治落实、军事落实"的"三落实"原则。

同　日　中国人民解放军第一所导弹专业学校成立。学校的番号为"中国人民解放军第十五航空学校"。该校办学宗旨是：培养政治可靠、德才兼备、体魄强健、掌握地地、地空（含空空、空地）、岸舰（含舰舰、舰地）等导弹兵器的工程技术干部。1959年7月，中央军委决定，空军、海军、炮兵分办导弹技术干部学校。第十五航校改为专门培养地空导弹部队干部的学校。此后，该校名称几经变更，于1986年8月23日改称空军导弹学院。

同　日　钢铁日产量大放"卫星"。9月25日，中央书记处召开钢铁生产电话会议，要求各省、市、自治区力争把9月份的钢铁任务多完成一些，规定必须在30日以前完成日产钢6万吨、铁10万吨的指标。会议之后，经过几天的紧张准备，钢铁战线大放"卫星"。据报道，29日，全国钢日产量达5.822万吨，铁日产量为29.2万吨，并且出现了9个日产铁万吨以上的省和73个千吨县。对此《人民日报》于10月1日发表了《"卫星"齐上天，跃进再跃进》的社论。社论认为10月份的钢铁大战是关键性的一战，要求10月份以更快的速度前进。至10月底，全国用于钢铁战线的劳动力猛增到6 000万人，全国新建炼铁炼钢的土炉达到几百万座。

9月30日　中华人民共和国同10个社会主义国家的友好协会在北京成立。这10个建立友好协会的国家是：阿尔巴尼亚人民共和国、保加利亚人民共和国、匈牙利人民共和国、越南民主共和国、德意志民主共和国、朝鲜民主主义人民共和国、蒙古人民共和国、波兰人民共和国、罗马尼亚人民共和国、捷克斯洛伐克共和国。中共中央政治局委员彭真在这10个友好协会成立大会上讲话。他指出，建立我国同各兄弟国家的友好协会，可以从组织上巩固和提高对社会主义各国人民友好团结和相互支持的重大政治意义的认识，并且将已有的友好团结和互助合作关系进一步推向深入。在此之前，中国仅同苏联之间建立了友好协会。该会成立于1949年中华人民共和国创建之初。

10月1日　全国农村基本实现人民公社化。据《人民日报》报道，截止到10月1日，全国农村共有人民公社2.3397万个，参加的农户达总农户的90.4%，平均每个公社4 797户。一县建成一个大公社的和已经成立全县人民公社县联社的，据13个省统计已有94个。中共中央农村工作部预计，人民公社化后，全国农村人民公社的数量约为2.5万—2.6万个。《人民日报》的报道说："在这个基础上，我国将加速社会主义的建成。这些农村的人民公社将成为未来共产主义社会的基层单位。"

同　日　首都举行盛大阅兵和庆祝国庆九周年大会。参加庆祝大会的群众达60万人。毛泽东及党和国家的其他领导人检阅了中国人民解放军和基干民兵队伍。国防部长彭德怀发表阅兵讲话，号召中国人民解放军全体同志要时刻准备好，坚决给卖国残民的蒋介石军队以严厉的惩罚，给胆敢侵犯我们祖国的敌人以毁灭性的打击。讲话结束后，举行了盛大的群众游行。参加这次国庆观礼的有来自76个国家和地区的外宾1 400多人。毛泽东、朱德、刘少奇和周恩来晚上在天安门城楼上观看了节日的焰火，并且在这里接见了各国代表团的负责人和著名人士。达赖喇嘛、班禅额尔德尼从西藏打来电报向毛泽东致敬。

同　日　北京各主要报刊、出版社作出降低稿酬的决定。决定自

10月1日起，一致实行一般地降低稿酬标准一半左右的办法，并向全国各报刊、出版社发出倡议。

同　日　蒋介石宣称反对杜勒斯放弃金门、马祖的谈话。9月30日，杜勒斯在记者招待会上称，如果在台湾海峡地区获得相当可靠的停火，台湾在金门、马祖等岛屿驻军就是不明智、欠谨慎的，美国将赞成从这里撤出。次日，蒋介石针对杜勒斯的谈话，宣称台湾坚决反对减少外岛驻军，台湾没有接受停火的义务。台湾仍要坚决死守金门、马祖。

10月2日　毛泽东接见应邀访华的各国代表团。受到接见的有：保加利亚国民议会代表团，阿尔巴尼亚军事访华代表团，罗马尼亚军事访华代表团，蒙古军事访华代表团，索菲亚市人民会议代表团，苏联原子能代表团和波中友好协会代表团等。

10月3日　刘少奇畅谈有关人民公社问题。他在接见某外国代表团时说，公社的性质基本上是集体所有制，但有一部分全民所有制，这部分还要增加。我们准备把国家的仓库、商店、银行、加工厂、学校都交给公社，加强公社中的全民所有制。这样做2、3年之后，很多公社就会变成全民所有制。现在公社实行粮食供给制，是因为粮食多了，可以随便吃。在这一点上，可以说是实行“各取所需”的原则了。他还说，我们准备在第二个五年计划中，在农村盖几千个大工厂，每个县办2个—3个，请农民进工厂，以消灭城乡差别。

同　日　北京师范大学宣布取消职称。讲师、助教类职称一律取消。党员教授、副教授的职称也予以取消，党外教授、副教授的职称是否取消，则看本人自愿而定。职称取消后统称教员，薪金不变。

10月4日　中国科学院举行献礼祝捷万人大会。会上一共献出2 152项科学成果，其中超过世界水平的有66项，达到世界水平的有167项。这些成果均为北京地区1万多名科学工作者在3个月内所创造。

10月4日—11月14日　全国工业书记会议在北京举行。会议总结了前一阶段的工作，认为两个月来以钢为纲的全民办工业的群众运动成绩巨大。巨大成就不仅仅表现在经济上，更重要的还表现在它的政治意义上，并因此而找到了以钢为纲在工业战线上大搞群众运动的道路。会议认为，今后中国工业化事业将由全国人民轰轰烈烈的群众运动来搞。通过运动，打破了办工业的神秘观点，打破了消极平衡论，建立了以钢为纲带动一切的积极平衡论。会议要求今冬明春要更广泛地发动群众，把以钢为纲的群众运动引向更高阶段，同时，要调整、解决已经暴露出来的问题，对"小土群"进行调整、巩固和提高，为1959年工业生产更大的跃进创造条件。

10月5日—21日　林业部召开全国高等林业院校座谈会。会议确定把高等林学院系的全体师生下放农村锻炼1年—2年，并决定将所有林学院系迁出大中城市，在林业生产基地建校。

10月6日　国防部长彭德怀发表《告台湾同胞书》。文中说："金门战斗，属于惩罚性质。台湾、澎湖、金门、马祖是中国的一部分，不是另一个国家。世界上只有一个中国，没有两个中国。13万金门军民，供应缺乏，饥寒交迫，难为久计。为了人道主义，我已命令福建前线，从10月6日起，暂以7天为期，停止炮击，你们可以充分地自由地输送供应品，但以没有美国人护航为条件。如有护航，不在此例。"告《同胞书》还说："你们与我们之间的战争，30年了，尚未结束，这是不好的。建议举行谈判，实行和平解决。"福建前线部队从当日起停止对金门的炮击。10月13日，彭德怀又发布国防部命令，命令对金门炮击再停两星期，借以观察敌方动态，并使金门军民得到充分的补给，条件仍然是没有美国人护航。10月7日6时—10月15日，厦门地区领海、领空未发现美舰美机。鉴于美舰仍进行护航活动，彭德怀再次下令恢复炮击。10月25日，彭德怀又发表《再告台湾同胞书》，宣布逢双日不打金门的飞机场、料罗湾的码头、海滩和船只，使大金门、小金门、大担、二担大小岛屿上的军民同胞都得到充分的供应，包括粮食、蔬菜、食油、燃料和军事装备在内，以利他们长期固守。并告诉他们，如果他们的供应不足，只要他们开口，我方可以供应，指出"化敌为友，此其时矣"。

同　日　中国人民解放军第一支地空导弹部队在北京正式成立。部队番号为中国人民解放军空军高级防空学校技术系教导营，后改称空军地空导弹第一营。

同　日　**毛泽东等党和国家领导人在北京接见中国人民解放军国庆观礼代表团和中国人民志愿军国庆观礼代表团。**同时接见了新疆、青海、宁夏等省和自治区的各民族参观团和湖南省江华瑶族自治县参观团，四川、云南、广西、新疆、青海等省和自治区的少数民族青年参观团，以及参加全国民族出版工作会议的代表等。

10月7日—9日　**冶金工业部在天津召开全国地方炼钢现场促进会。**会议介绍了天津新兴钢厂土法炼钢的基本措施和操作经验，推广了土法炼钢法。10月11日，冶金部又在河南省商城县召开全国土法炼钢现场会议，着重介绍了河南商城和郑州的土法炼钢经验。

10月8日　**中共中央转发中央科学小组、科学规划委员会党组《关于12年科学规划执行情况的检查报告》。**中央在批示中强调，苦战3年，基本改变我国科学技术落后面貌，争取提前5年，即在1962年完成12年科学技术远景规划，赶上世界先进的科学技术水平。

10月10日　**中共中央发出通知，任命罗瑞卿为中央政法小组组长。**同时解除彭真兼任的这一职务。

10月12日　**全国人大常委会根据国务院的建议，决定设立国家基本建设委员会，任命陈云为主任。**同时任命黄克诚为中国人民解放军总参谋长。

同　日　**农业部公布《1958年早稻、春小麦、油菜生产公报》。**公报说，全国早稻总产稻谷870多亿斤，比1957年增产126%，春小麦总产量为100多亿斤，比1957年增长63%，油菜总产量为2 700多万担，比1957年增长56.3%。

10月13日　**新华社报道：中国农田水利取得了史无前例的巨大成就。**报道援引农业部公布的1958年农田水利成就公报说，当前全国的灌溉面积已达到10亿亩，占全国耕地总面积的1/2以上，占世界灌溉总面积的1/3以上。在过去的一年里，全国共扩大了灌溉面积4.8亿亩，这是世界水利史上的奇迹。10月14日，《人民日报》就此发表题为《掀起更大的农田水利高潮》的社论。

同　日　**人民日报发表张春桥的《破资产阶级的法权思想》文章。**文章

10月15日　中共中央批转中央统战部《关于全国统战工作四级干部会议向中央的报告》。中央统战部于7月1日—22日，在北京召开了全国统战工作4级干部会议。会议认为，整风运动结束后，统战工作的方针应该是：领导资产阶级分子、资产阶级知识分子和各民主党派成员到实践中去，同全国人民一起，积极参加社会主义建设，参加技术革命和文化革命，从工作和劳动的实践中，调动和发展他们为社会主义服务的积极作用，检验他们的整风成果。会议还讨论了对上述统战对象的思想改造问题，要求他们按照毛泽东提出的6条政治标准，在实践中继续进行自我改造，使社会主义改造和为社会主义服务密切结合，互相促进。

同　日　中共中央转发北京市委《关于取消计件工资的意见》。北京市委认为，计件工资有五大缺点：一、助长了工人中的资本主义思想和个人主义思想。二、工人怕提高计件定额，干活适可而止，实际上阻碍了生产力的发展。三、增加了新老工人之间、计件工人和计时工人之间的矛盾，影响了工人内部团结。四、为了追求超额劳动，严重影响了一部分计件工人的健康。五、造成了行政管理上的一套繁琐制度和人力的浪费。而取消计件工资以后，计件工人的工资收入一般降低了10%~24%，但是生产工人的生产热情都没有降低，生产效率反而不断地提高。因此，北京市委力主取消计件工资制。中央批转北京这个报告后，很多地区和行业先后废除了计件工资制度。

10月15日—21日　全国各地开展“钢铁高产周”活动。一周共产钢43.7万吨，产铁176万吨。21日的钢产量达到10.7万余吨。《人民日报》于20日和26日分别发表题为《群众运动威力无穷》和《钢铁高产周胜利以后》的社论，称赞高产周活动。

10月16日　国防科学技术委员会成立。为加强国防科学技术研究工作的组织领导，中共中央批准将国防部航空工业委员会改组为国防部国防科学技术委员会。聂荣臻任主任，陈赓任副主任。中共中央在批示中指出：“国防科学技术的发展，不仅对加强国防具有重大意义，同时对于整个科学技术的发展也有推动作用。为此，各级党委应当给予重视，加强领导，组织协作，以便我国国防科学技术尽快地赶上世界先进水平。”在此前后，人民解放军总部及各军兵种也先后成立了科研机构。

10月17日　中共中央发出《关于当前对美斗争形势的通知》。《通知》的主要内容是：一、10月6日的文告和10月13日的命令，划清了国际和国内两类问题的界限，彻底粉碎了美国“停火”阴谋，堵住了国际干涉的道路，并且扩大和加深了美蒋矛盾。二、这场斗争进一步暴露了美国纸老虎的本质，测验出它目前还不敢冒大战的危险。当美国吓不倒我们而且被自己制造的绞索套上的时候，它又急于采取从金、马脱身的政策，美国从金、马脱身，为的是永占台、澎，便于进行“两个中国”的阴谋。现在，我们正用绞索政策击破美国的脱身政策。我们坚持台、澎、金、马必须全面解放，反对美国用金、马换台、澎的阴谋。我们提出同台湾集团直接进行和谈，而决不同美国谈判所谓“停火”。三、美蒋之间有一致性，但是彼此疑忌甚深。我们现在的一切做法，都是为了扩大美蒋矛盾，并且利用蒋介石不肯撤出金、马，来拖住美国。我们宁可台、澎、金、马多留在蒋介石手上一个时期，决不能让美国拿去。四、解放台、澎、金、马是一个长期、复杂的斗争。美国现在不会从台湾地区撤兵，蒋介石也不会立即接受和谈。蒋介石部队继续留在金、马，这对我们更为有利。因为或打或停或谈，主动权都在我们手里，美国将继续被动下去，美蒋矛盾将会继续加深，蒋介石内部也迟早会起变化。我们就可以利用这种形势，加快我国的建设，加强我们的国力，彻底把美国搞臭，逐渐造成将来一次行动全面解放台、澎、金、马的有利条件。这个通知是在“八二三”炮击金门之后，根据“对美斗争已进入一个新阶段”的形势作出的。

同　日　中共中央批转监察部党组关于务虚的报告。报告介绍了2月—3月召开的第七次全国监察工作会议情况，总结了8年来的监察工作，认为监察工作主要有三个方面的错误：一、盲目地推行事先监督和垂直领导。二、中央指出上述错误后，纠正错误不坚决、不彻底。三、思想右倾麻痹，政治挂帅很差。报告分析了存在问题的主要原因：一是思想中没有树立起绝对服从党的领导和贯彻群众路线的观念；二是一部分监察人员中程度不同地存在着特权思想；三是工作作风上存在着严重的官僚主义；四是思想方法上存在着严重的主观主义，主要表现是教条主义。

10月18日　中共中央、国务院联合发布《关于市场物价分级管理的规定》。《规定》计有13条，主要内容是：国务院每年召集全国物价会议，议定物价总水平和主要工农业产品的价格；粮食、棉花、油料、桐油、黄麻、苎麻、茶叶、烤烟、生猪、木材等商品的收购价格，分别由中央各主管部管理；粮食、食油、猪肉、木材、棉纱、棉布、呢绒、食盐、食糖、煤炭、石油、化学原料、手表等商品在主要市场上的销售价格，分别由中央各部管理，在其他市场上的销售价格则由地方管理；除前两项规定商品外，其他工农业产品的价格由地方管理。

10月18日—30日　全国计划会议在北京召开。会议提出1959年国民经济计划。工业的中心任务是要为生产3 000万吨钢而奋斗。中央北戴河会议提出的国民经济计划方案基本不变，略作如下调整：煤由3.8亿吨提高到5.4亿吨，发电量由520亿度提高到640亿度，新建铁路由1万公里提高到1.2万公里。

10月20日　国务院召开第八十一次全体会议，讨论决定部分地方行政区划的变更问题。会议通过了《国务院关于将河北省怀柔、密云、平谷、延庆4个县划归北京市的决定》；《国务院关于设立上海市浦东县的决定》；《国务院关于撤销山东省福山县的决定》；《国务院关于设立四川省壤塘县的决定》；《国务院关于设立内蒙古自治区赤峰市，撤销赤峰县的决定》；《国务院关于撤销云南省东川矿区，设立东川市的决定》；《国务院关于撤销云南省蒙自、开远两县的决定》。会议还批准了《劳动卫国体育制度条例》、《中朝鸭绿江云峰水力发电厂建设筹备委员会的决定》等文件。

10月21日　薄一波发表谈话，肯定钢铁工业大搞群众运动的做法。他认为，全民炼钢、大搞群众运动至少有10大好处：一、在很短时间内，培养了很多熟悉钢铁冶炼技术的干部和工人，全国至少有

1 000万人。哪一个大学能培养出这样多的人才呢？世界上是没有的。二、最大限度地组织了劳动力，把一切闲散的劳动力都动员起来了。城乡无闲人，这是一件最大的好事情。三、使钢铁工业发展速度大大加快了，全民动员、钢铁翻一番，这种速度是任何资本主义国家所不能比拟的。四、以钢为纲带动一切，推动一切，大办钢铁工业，促进了其他工业的发展。五、只有大搞群众运动，才能使体力劳动和脑力劳动相结合，逐步消灭两者之间的差别。六、在共同劳动中，人们真正以平等的姿态出现，从而进一步改善了领导与被领导的关系，进一步实现了“两参一改”及干部、工人和技术人员相结合。七、在钢铁工业上，坚决贯彻以小为主、以土为主的方针，就能掀起群众运动。八、只有在群众运动的基础上，才能大搞技术革命。九、彻底破除了工业上的迷信，没有工程师、没有专家，也能炼出好钢铁。十、最大的好处是培养人们的“我为人人，人人为我”的共产主义理想。薄一波是在徐州视察钢铁、机械工业时发表这些意见的。

10月22日　中共中央、国务院联合发出《关于突击完成农产品收购调运任务的紧急指示》。《紧急指示》说，1958年我国农业获得了史无前例的大丰收，但是，目前农产品收购和调运工作却完成得不够好。应当收购的农产品还远远没有收购起来，已经收购起来的农产品，很多没有调运出来，若干城市和工矿区的农产品供应已经显得紧张。《紧急指示》认为，在当前的情况下，农产品的收购和调运工作，必须发动群众，把突击收购和经常收购结合起来，把突击运输和经常运输结合起来。在大搞钢铁、大搞农业的同时，插入收购和调运运动。问题的关键在于加强领导、全面安排和合理组织。

10月24日　《人民日报》报道：北方部分地区大搞大面积高额丰产田。报道说，浙江省安国县、山西省长治地区、陕西省长安县、山东省单县，根据毛泽东提出的“三三制”（用总耕地的1/3种庄稼、1/3种树草、1/3休闲）的耕作制度，确定了少种、高产、多收的方针，实行耕作制度上的革命，在今冬种麦时，将放弃高山瘠坡，集中力量大搞大面积高额丰产田。《人民日报》同日发表社论：《农业生产上的一个革命措施》，指出这是全国各地发展农业所应该走的道路。

10月24日—30日　宁夏回族自治区举行第一届人民代表大会第一次会议。大会选举刘格平（回族）为自治区人民委员会主席，马玉槐（回族）等7人为副主席，李景林等35人为委员，宁夏回族自治区至此正式宣告成立。中共中央政治局委员、全国人大副委员长林伯渠代表中央到会祝贺，他说：我们党解决民族问题的基本政策是实行民族区域自治。民族区域自治政策完全符合我国的实际情况和各民族的共同愿望，是解决我国民族问题的一把钥匙。宁夏回族自治区的成立，一定会鼓舞起自治区内各民族人民更大的革命干劲，有利于社会主义建设事业和增强民族团结。至1958年10月，全国实行区域自治的少数民族已经有35个，人口共达2 500多万，约占聚居的少数民族人口的90%以上。

10月25日　《人民日报》发表社论：《办好公共食堂》。社论认为，办好公共食堂，是进一步解放劳动力，特别是解放妇女劳动力，提高劳动力的利用率和劳动生产率的最有效的措施，是实现生活集体化，培养社员集体生活习惯和集体主义、共产主义思想觉悟，巩固人民公社的关键。社论指出，公共食堂要在我国城市和乡村中普遍建立起来，成为我国人民新的生活方式。社论还提出办好公共食堂的主要标准，即用同样数量的粮食、油盐和蔬菜等，使社员比分散做饭时吃得饱，吃得好，节省粮食、柴炭、讲究卫生，使社员感到方便、满意。11月10日，《人民日报》又发表题为《饭好菜也好——再论办好公共食堂》的社论，要求解决吃菜问题。社论说，在吃饭有了保证的情况下，提出吃菜问题，正是提高人民生活水准最起码的要求。社论肯定了江苏的一个口号，叫做“鼓足干劲生产，放开肚皮吃饭”，要求把饭菜搞得又多又好，让人们放开肚皮吃它个痛快。

同　日　国家体育运动委员会公布国务院第八十一次全体会议批准的《劳动卫国体育制度条例》。《条例》指出：劳动卫国体育制度（简称劳卫制）是国家根据社会主义建设事业需要，对人民在体育锻炼上的基本要求而制定的，其目的在于鼓励人民积极参加体育锻炼，促进体育运动的广泛开展，提高运动技术水平，使人民身强力壮，意志坚强，更好地为社会主义建设和保卫祖国服务。根据身体全面发展、循序渐进的原理和性别、年龄的不同，劳卫制分为少年级、一级和二级3个级别，劳卫制的一级和二级各有6个项目，6个项目中的1项—5项的标准由国家体委统一制定，第6项的标准由各省、市、自治区体委因地制宜自行制定。少年级有5个项目标准，由国家体委统一制定。《条例》还规定，各级体委分别负责领导和监督全国或所属地区的劳卫制工作，教育部门和工会分别负责领导学校和职工的劳卫制工作，卫生部门负责劳卫制的医务监督工作。劳卫制少年级、一级、二级3个级别的锻炼项目及标准也于同日公布。

10月28日　河南省范县宣布3年向共产主义过渡规划。县委书记在全县共产主义积极分子大会上作关于向共产主义过渡的规划的报告时说，共产主义的生活情景就是“人人进入新乐园，吃喝穿用不要钱；鸡鸭鱼肉味道鲜，顿顿可吃四个盘；天天可以吃水果，各样衣服穿不完；人人都说天堂好，天堂不如新乐园”。11月6日，毛泽东批阅了这个报告，并批示道：“此件很有意思，是一首诗，似乎也是可行的。时间似太促，只3年。也不要紧，3年完不成，顺延也可。”

10月29日　中共中央批转陈毅和李富春《关于加强对外经济和技术援助工作领导的报告》。《报告》提出六点意见：一、中央外事小组应该根据国际形势的发展和我国提供援助的可能，拟定对外援助的方针和总的规划，报中央批准。二、对每一起援外任务，应该由外贸部和外交部会同有关部门提供对外援助方案，经外事小组审核后报中央批准，然后由国家计委总抓。三、由国家计委按援外项目的专业性质，指定中央有关部担任总交货人。总交货人和有关地区必须加强协作，共同保证任务完成。四、援外商品的供应，通过贸易方式的贷款和对内对外的结汇、清算工作，由外贸部负责。在市场采购援外物资，由商业部优先供应。援外物资的运输，由铁道部、交通部优先承运。五、以外币计算的援外款项，经中央批准，由财政部支付。六、我驻受援国的使馆，应该对援助工程进行督促检查。中央同意《报告》的意见，并指示，对外经济、技术援助工作，是一项严肃的政治任务，也是我国人民应尽的国际义务。对外援助的对象，应该是社会主义阵营中经济还不发达的兄弟国家和亚非地区已经取得民族独立或者正在争取民族独立的和平中立国家。

10月30日　全国人大常委会和全国政协常委会举行扩大联席会议。会议听取了中国人民志愿军司令员杨勇所作的《中国人民志愿军八年来抗美援朝的工作报告》，并通过了《关于中国人民志愿军八年来抗美援朝工作报告的决议》。决议肯定中国人民志愿军卓越地完成了祖国人民所赋予的光荣使命，称赞志愿军不愧为伟大的中国人民的优秀儿女。

10月31日　国务院发出《关于发展中药材生产问题的指示》。提出实行就地生产、就地供应的发展中药材生产的方针，积极地、有步骤地变野生动、植物药材为家养、家种药材。《指示》还要求各级人民政府加强对中药材经营工作的领导。

同　日　《人民日报》发表毛泽东关于“帝国主义和一切反动派都是纸老虎”的言论辑录。11月8日，中共中央发出学习毛泽东上述论述的通知，指出这是一个极其重要的政治文献，要求认真宣传学习这个文献。11月10日，中央宣传部在北京举行学习报告会，周恩来在会上作了题为《目前台湾海峡地区的斗争形势和中国人民的反帝任务》的报告。《人民日报》11月12日发表社论：《藐视帝国主义和一切反动派》。

同　日　新华社报道：中共天津市委于10月中旬召开了职工教育工作座谈会。国务院第二办公室主任林枫出席会议并讲话。他说，为了实现15年左右普及高等教育的任务，要在一切有条件的单位广泛设立学校。同时指出，不要把职工教育单纯看做“念书识字”的问题，而是为加速社会主义建设，为过渡到共产主义积极准备条件。职工教育必须为政治服务，为生产服务，使教育成为推动生产的力量。

11月1日　中国与摩洛哥王国建交。在此之前，两国于10月27日签订了第一个贸易协定。

11月1日—7日　上海市召开第三届人民代表大会第一次会议。

柯庆施当选为上海市市长。

11月1日—12日　国务院科学规划委员会和国家技术委员会举行全国科学技术情报工作会议。会议确定科技情报工作必须按照党的技术政策和国家生产计划与科学研究计划，特别是为当前生产大跃进的中心任务，提供科技情报资料。

11月2日中　中共中央发出关于成立中央运输指挥部的通知。通知说，中央运输指挥部是为保证生产建设，特别是钢铁、煤炭、机械等基本工业生产建设对运输的需要而成立的。它在国家经委的领导下，负责对全国运输工作进行统一组织、统一指挥、统一调整工作，并且对全国交通部门进行督促检查。指挥部由薄一波任总指挥，吕正操、王首道任副总指挥。

11月2日—10日　中共中央在郑州召开有部分中央领导人、大区负责人和部分省市委书记参加的工作会议。毛泽东主持了这次会议。年中，毛泽东在视察河南、河北等地农村时，发现在人民公社化运动中，很多人“急急忙忙往前闯”，有一大堆混乱思想，大有要很快宣布全民所有，废除商业，消灭商品生产之势。毛泽东希望通过这次会议，消除混乱思想，制定正确的政策，保证人民公社的健康发展。会议讨论了人民公社的性质问题，起草了《关于人民公社若干问题的决议》和《15年社会主义建设纲要40条》两个文件的初稿，作为武昌会议的准备。按照毛泽东的意图，会议主要明确了三个方面的问题：一、强调要划清集体所有制和全民所有制，社会主义和共产主义两种界限，不要超越，不要混同。会议认为，现在的人民公社，仍然是集体所有制，不等于全民所有制；将来达到全民所有制了，也不等于就是实现了共产主义。两个过渡都需要相当长的时间，都只能在发展生产力的基础上进行。那种认为三五年可以搞成共产主义，可以立即宣布为全民所有制的观点是错误的。二、强调要发展商品生产和商品交换。毛泽东批评了陈伯达等人要求在现阶段就废除商品生产，搞统一调拨劳力、统一调拨资金、统一调拨产品的错误观点，指出，他们一提商品就发愁，觉得这是资本主义的东西，没有区别社会主义与资本主义商品的本质不同，没有懂得利用其作用的重要性，这是不承认客观法则的表现。我们不能避开一切有积极意义的诸如商品、价值法则等经济范畴，而必须使用它们来为社会主义服务。中国是商品生产很不发达的国家，商品生产不是要消灭，而是要大大发展。他还指出，在社会主义时期废除商品是违背经济规律的，实质上是要剥夺农民。三、规定了要实行劳逸结合，既抓生产又抓生活，必须关心人的方针。会议还研究了生产建设问题，强调工业要以钢为纲。毛泽东重申了他9月初在最高国务会议上曾经提出的“三大元帅、两个先行”的意见。他说：一为粮，二为钢，加上机器，叫三大元帅。三大元帅升帐，就有胜利的希望。还有两个先行官，一个是铁路，一个是电力。会议期间，毛泽东还给县以上各级党委委员写了一封《关于读书的建议》的信，建议他们认真阅读斯大林的《苏联社会主义经济问题》和《马恩列斯论共产主义社会》，以便“使自己获得一个比较清醒的头脑，以利指导我们伟大的经济工作”。这次会议是毛泽东和党中央领导全党纠正实际工作中“左”的错误的开端。会议不足之处是，由于完全肯定社会主义建设总路线、大跃进运动和人民公社化运动，会议草拟的两个文件初稿仍反映了党和毛泽东对建成社会主义和社会主义建设问题上对马克思主义的误解。

11月3日　国务院华侨事务委员会发言人发表关于泰国当局无理迫害华侨的声明。声明要求泰国当局立即停止迫害华侨的行为，释放被捕的华侨，启封被封的华侨报馆，否则，泰国当局就要承担由此而产生的一切后果。

11月4日　据新华社报道，财政部、文化部和教育部最近在天津市联合召开了全国文教财务工作经验交流会。会议确定文教财会工作的方针是，在党的绝对领导之下为文教事业服务，为实现文教事业的方针服务，即为政治服务，为生产服务，为群众服务。

11月5日　中国女子跳伞运动员李淑花、崔秀英、李淑慧以日间600米集体联合跳伞12.93米的成绩，打破世界纪录。

11月6日　新华社报道：苏联政府最近又决定在技术上援助中国建设和扩建47个工业企业。这是同年8月间中苏两国代表在莫斯科签订的一个协议上确定的。

同　日　国务院发出《关于高等学校校院长任免问题的通知》。通知规定：国务院各部门直接领导的高等学校的正副校、院长，仍应报请国务院任免。中央下放给各省、市、自治区领导的高等学校的正副校、院长，一律委托各省、市、自治区任免。各地自办的高等学校及业余高等学校正副校、院长的任免，由各省、市、自治区自行决定。

同　日　《人民日报》报道：沈阳第一机床厂在各车间建立"土设计院"。该厂采取工人、技术人员和领导干部"三结合"的办法，开展群众性的技术革命，简化部件，使机床的产量比上年翻了一番。该厂是全国最早实行"三结合"的厂家之一。

11月7日　国务院发出《关于改变报告制度的通知》。《通知》说：鉴于国家管理体制改进后的工作情况，决定将1955年6月国务院发布的《国务院关于所属各部门工作报告制度的规定》和《国务院关于各省、自治区、直辖市人民委员会工作报告制度的规定》予以废止。今后国务院各部委、各直属机构，应当根据工作实际情况将本部门认为需要向国务院报告的工作总结、工作部署和重要事件，随时报告国务院。各部门自行发布的或者和其他部门联合发布的重要决议、命令、指示、通报等，也都应当在发布的同时抄送国务院。各省、市、自治区人民委员会向同级人民代表大会提出的工作报告，应当在人民代表大会讨论通过以后，报送国务院。各省、市、自治区人民委员会自行发布的或者和同级党委联合发布的重要的决议、命令、指示、电报等，在发布的同时应抄送国务院。《通知》对于加强中央集中统一领导，克服地方分散主义有积极意义。

同　日　苏联驻华大使尤金在北京举行庆祝十月革命41周年招待会。朱德副主席在会上讲话时说，十月革命开创的伟大事业，已经得到了汹涌澎湃的发展。十月革命有力地冲击了帝国主义殖民制度。历史发展必将使帝国主义最后全部葬身于世界人民争取社会解放和民族解放的怒潮中，这个日子已不远了。

11月12日　中共中央批转聂荣臻《关于科委与技委合并，改称

中华人民共和国科学技术委员会的报告》。中央指出，合并以后的国家科委的任务，除科委原来掌管的哲学、社会科学部分由中央宣传部直接领导外，原则上仍按科委和技委原有的各项任务进行工作。具体办法是：一、国务院有关各部的相应的科学技术职能机构，在科学技术工作上受科学技术委员会指导；二、各省、市、自治区的科学工作委员会，受当地党委和人委的领导，受科学技术委员会指导；三、科委和技委原有的专业组和专题组是组织协调科学技术工作的有效组织形式，应加强和调整；四、科学技术委员会应和建委、计委、经委等密切配合，分工协作。

11月14日　天津体育学院学员李增福以2小时10分13秒7的成绩，打破了100公里自行车比赛的世界纪录。

11月17日—27日　中共中央交通工作部、国家交通部在南京联合召开全国民间运输工作会议。会议主要研究了民间运输合作社如何向高级形式过渡的问题。会议认为，1958年以来，各地民间运输工具承担了繁重的运输任务，全国现有28.9万多只木帆船和107万多辆人力、兽力车，完成的运输任务占地方水运和公路总运量的70%以上。会议认为要促进生产力的大发展，民间运输业必须改变现在的小集体所有制，进一步改变生产关系，运输合作社绝大部分应转入人民公社，少数的可以转入国营公司。

11月18日　中共中央批转卫生部党组《关于组织西医离职学习中医班总结报告》。批示指出：中国医药学是中国人民几千年来同疾病作斗争的经验总结，它包含着中国人民同疾病作斗争的丰富经验和理论知识，它是一个伟大的宝库，必须继续努力发掘，并加以提高。根据卫生部举办的西医离职学习中国医药学的经验，批示要求各省、市、自治区党委，凡是有条件的，都应该办一个70人—80人的西医离职学习中医的学习班，以2年为期。学生的条件是：具有大学毕业水平和2、3年的临床经验，并能看懂中医书籍的西医。

同　日　海河拦河大坝胜利合拢。大坝的合拢，使华北5条内河注入海河的淡水不再流向大海，并且使海水不再上溯内河，实现了海河水咸淡分家的目的。

11月19日　国务院发出《关于农副产品、食品、畜产品、丝绸等商品分级管理办法的规定》。《规定》把对农副产品、食品、畜产品、丝绸等商品的管理，分为中央集中管理的重要商品、中央实行差额调拨的一般商品、地方自行管理必要时商业部组织交流的商品3类。中央集中管理的重要商品，就是关系国计民生及生产集中、消费分散的重要商品和外销的某些重要商品。国务院规定这类商品有棉花、烤烟、黄洋麻、大麻、苎麻、茶叶、生猪、牛肉、羊肉、禽、蛋、耕畜、食糖、楠竹、棕节、杂铜、猪鬃、肠衣、羊毛、羊绒、羽毛、牛皮、山羊皮、绵羊皮、干茧、丝、绸、人造纤维等28种。中央实行差额调拨的一般商品，指的是一部分生产集中、供应面广，或者是生产分散需保证重点地区供应，或者必须保证特殊需要的商品，包括苹果、柑桔、黄花菜、黑木耳、榨菜、花椒、八角、大白菜、土豆、生姜、咖啡、味精、八大名酒、奶粉、罐头、胡麻、罗布麻、棉杆皮、龙舌兰麻、生漆、土纸等。地方自行管理的商品是指上述两类商品以外的各种农副产品和食品等商品。1959年2月12日，国务院批转商业部等单位《关于商品分级管理办法的报告》，又增加了一类商品和二类商品的品种，将一类商品增加到38种，二类商品增加到293种。

11月21日　国务院举行第八十二次全体会议。会议通过了1957年国家决算，通过了将国家技术委员会和国务院科学规划委员会合并为科学技术委员会，并将上述两项决定提请全国人大常委会审议批准。会议通过了《国务院关于缔结条约程序的规定》，原则通过《国务院关于在中国国际贸易促进委员会内设立海事仲裁委员会的决定》。会议还通过了关于山西、吉林、陕西、甘肃、江苏、浙江、内蒙古、上海等省、自治区、直辖市所辖部分县、市行政区划变更的决定。

同　日　《人民日报》报道：全国晚稻种植面积最大的广东省获得特大丰收。全省粮食平均亩产1 690斤，提前9年超额1倍实现农业纲要指标。

同　日　全国美术工作者会议在北京举行。会议交流了群众美术工作的情况和专业美术工作者下乡下厂、与群众结合的经验。

11月21日—27日　中共中央政治局在武昌召开扩大会议。参加这次会议的有部分政治局委员和各省、市、自治区党委第一书记。毛泽东出席并主持了会议。这次会议的任务是总结1958年的工作，着重讨论人民公社和1959年国民经济计划问题。会议实际上是第一次郑州会议的继续，又为随即召开的八届六中全会作准备。会议取得了下述成果：一、提出要“压缩空气”，反对作假。毛泽东指出，破除迷信，不要把科学真理也破了。不要弄虚作假，不要虚报成绩，不要去争虚荣，要老老实实，要压缩空气，要把根据不足的高指标降下来，要有清醒的头脑。他还进一步指出，现在的严重问题，不仅是下面作假，而且是我们相信，从中央、省、地到县都相信，这就危险。会议初步确定，把1958年8月北戴河会议拟定的1959年钢产量指标2 700万吨—3 000万吨，压低为1 800万吨—2 000万吨。同时把各部门的各项生产指标，都相应地减下来。二、提出要整顿人民公社，要认真检查人民公社的生产和社员生活。毛泽东和党中央对某些地区已经出现农民的浮肿病十分重视，强调要教育干部，不能只顾生产，忘了人民生活。生产任务不能超过群众负担的可能性。三、毛泽东提出要认真研究社会主义条件下的商品问题。他认为把生产资料作为商品的观点比较符合实际，认为商品时期搞久一点为好。但会议仍然反映了一些“左”的观点。毛泽东在讲话中提出的关于建成社会主义的标准问题，关于过渡到共产主义的问题，关于消灭阶级问题等等，仍未能完全纠正“左”的错误，同时，各项指标仍然偏高，大大脱离了实际。

11月21日—12月2日　第二次全国青年社会主义建设积极分子大会在北京召开。出席这次大会的有各条战线的优秀青年代表5 000多人。周恩来、朱德等出席了大会。朱德代表中共中央致辞说，全国人民现阶段的任务，就是要鼓足干劲，力争上游，多快好省地建设社会主义，并为过渡到共产主义准备条件。这需要全国人民的艰苦奋斗，也需要青年在这伟大、光荣的事业中起突击的作用。胡耀邦在会上作了题为《发挥共产主义精神，努力建设社会主义》的报告。

大会还听取了中央负责同志关于全国工业建设、农业生产、文化革命和劳武结合等问题的报告。100多位来自工业、农业、交通运输业、各种服务性行业及文教、国防军事等各条战线上的青年积极分子报告了他们的模范事迹和先进经验。

11月22日—12月9日　金日成首相率朝鲜民主主义人民共和国政府代表团访问中国。代表团于11月22日抵达北京。周恩来总理举行宴会欢迎贵宾。周恩来和金日成在宴会上先后讲话，一致表示互相支持两国人民自己的祖国统一和领土完整的神圣事业，共同反对美帝国主义的侵略阴谋。代表团11月25日到达武汉，毛泽东当日在武汉接见并宴请金日成一行。11月26日毛泽东和金日成举行了会谈。12月6日毛泽东与金日成在武汉再次举行会谈。12月8日中朝两国政府在北京发表联合声明。声明说，双方就目前国际形势，进一步加强社会主义阵营的团结和进一步发展两国的友好合作问题交换了意见。双方强烈谴责美国继续阻挠朝鲜问题的和平解决及其侵占台湾和阴谋制造"两个中国"。双方表示互相支持实现自己祖国统一和领土完整的斗争。

11月23日　全国人大常委会举行第一百零二次会议。会议根据全国人大一届五次会议关于1957年国家预算执行情况和1958年国家预算的决议，批准了国务院提出的1957年国家决算。1957年国家决算收入合计310.1亿元，为预算的105.5%，支出合计304.2亿元，为预算的103.5%，收支相抵，年终结余5.9亿元。会议根据国务院的建议，决定将国家技术委员会和科学规划委员会合并为科学技术委员会，由聂荣臻兼任科学技术委员会主任。

11月24日　《新闻战线》第13期刊载毛泽东关于报纸工作的一封信。信是1958年1月12日写给中共广西僮族自治区委员会第一书记刘建勋和书记处书记韦国清的。毛泽东在信中说："省报问题是一个极重要的问题，值得认真研究。""精心写作社论是一项极重要的任务，你们自己，宣传部长、秘书长、报社总编辑，要共同研究。第一书记挂帅，动手修改一些最重要的社论，是必要的。一张省报，对于全省工作，全体人民，有极大的组织、鼓舞、激励、批判、推动的作用。”

11月25日　毛泽东撰写《一个教训》一文。文中说，这种几乎普遍存在的问题（指部分地区发生浮肿病）同我们对于工作任务提得太重密切有关。千钧重担压下去，县乡干部没有办法，只好硬着头皮去干，少干一点就被叫做“右倾”，把人们的心思引到片面上去了，顾了生产，忘了生活。毛泽东在文中要求，工作任务不要提得太重，生产生活要同时抓。

11月26日　国家经委召开关于运输工作的全国电话会议。据统计，全国11月份前25天平均日装车3.215万车，完成计划的97.4%。12月份平均日装车安排3.32万车。比要求平均日装7万车相距很大。会议据此要求：一、按照生铁、焦炭、轧钢设备、进出口物资、生活必需品的顺序做好物资排队。二、在运输安排上掌握先江南后江北，先重点厂矿和重要物资，后非重点厂矿和一般物资的原则，改变装卸体制，把中小车站和中小码头的装卸工作下放到人民公社。大城市则归装卸搬运公司统一办理，以改变目前铁路货车装卸时间占周转时间半数的状况。三、把现在60%的正点率恢复到过去80%的水平。

11月28日　万吨轮“跃进号”下水。“跃进号”为大连造船厂建造的中国第一艘万吨远洋货轮，排水量2.21万吨，载货量1.34万吨。

11月28日—12月10日　中共八届六中全会在武昌举行。会议由毛泽东主持。参加会议的有中央委员84人，候补中央委员82人。中央有关部门的负责人和省、市、自治区党委第一书记列席了会议。邓小平作了关于人民公社若干问题决议草案的说明，李富春作了关于1959年国民经济计划安排的说明，毛泽东作了重要讲话。全会通过了《关于人民公社若干问题的决议》、《关于改进农村财政贸易管理体制的决议》、《关于1959年国民经济计划的决议》以及《同意毛泽东同志提出的关于他不做下届中华人民共和国主席候选人的建议的决定》。全会通过的《关于人民公社若干问题的决议》，对人民公社制度的一些重大政策界限作了明确规定。《决议》指出，现阶段的人民公社是社会主义集体所有制。从集体所有制过渡到全民所有制，要经过一段相当长的时间，从社会主义过渡到共产主义，需要经过更长的时间。实现两个过渡，必须以一定程度的生产力发展为基础，不应当无根据地宣布人民公社立即实行全民所有制，甚至立即进入共产主义。那样做将大大降低共产主义在人民心目中的标准，使共产主义理想受到歪曲和庸俗化，助长小资产阶级的平均主义倾向，不利于社会主义建设的发展。强调在今后一个历史时期内，人民公社要继续发展商品生产和继续保持按劳分配的原则，这是社会主义经济的两个重大的原则问题。过早地取消商品生产和商品交换，过早地否定按劳分配原则，就会妨碍人民劳动的积极性，不利于生产的发展，不利于社会产品的增加。企图在条件不成熟的时候勉强进入共产主义，无疑是一个不可能成功的空想。《决议》还明确规定，社员个人所有的房屋、衣被、家具等生活资料和存款，永远归社员所有。社员还可以保留宅旁的零星树木、小农具、小家畜和家禽等，也可以继续经营一些家庭小副业。《决议》还规定继续保留人民公社实行的工资制、供给制、公共食堂等脱离农村实际的做法，仍然强调公社必须实行组织军事化，行动战斗化，生活集体化，管理民主化的原则，误认为这些都是可行的，都要坚持。全会在总结1958年国民经济发展的经验教训的基础上，提出了要把冲天干劲和科学精神结合起来，要注意国民经济各部门按比例发展的客观法则，并对8月北戴河会议确定的1959年国民经济计划草案进行了较大的调整。把钢产量由2 700万—3 000万吨降为1 800万—2 000万吨，生铁由4 000万吨降为2 900万吨，原油由800万吨降为420万吨，基本建设投资由500亿元降为360亿元。农业指标则有所上升，规定粮食产量为10 500亿斤，棉花产量为1亿担。会议通过的《同意毛泽东同志提出的关于他不做下届中华人民共和国主席候选人的建议的决定》，认为，毛泽东同志专做党中央的主席，更能够集中精力来处理党和国家的路线、方针、政策的问题，腾出较多时间从事马列主义的理论工作，而并不妨碍他对国家工作继续发挥领导作用。这次全会是大跃进以来一次富于成效地纠“左”的会议。

11月30日　中国、苏丹共和国建立外交关系。苏丹共和国武装部队最高委员会主席易卜拉欣·阿布德和外交部长艾哈迈德·赫尔分别致电中华人民共和国主席毛泽东和外交部长陈毅，宣布苏丹共和国承认中华人民共和国，并要求与中国建交。12月1日，毛泽东、陈毅复电同意中华人民共和国同苏丹共和国建立外交关系。

同　日　中国举重运动员黄强辉在北京举行的中国、乌兹别克、波兰三国举重比赛中，以158公斤的成绩，打破轻量级挺举世界纪录。

11月30日—12月5日　山西省第二届人大一次会议选举卫恒为省长。

11月30日—12月8日　全国侨务工作会议在广州召开。华侨事务委员会主任何香凝，副主任方方、庄希泉及25个省、市、自治区侨务部门负责人和有关部门代表等180多人出席了会议。会议着重讨论人民公社化运动中有关侨务政策的问题，制定了1959年的工作方针。会议认为，侨眷、归侨加入人民公社后，他们个人所有的生活资料(包括房屋、家具、衣服等)、侨汇和在银行、信用社的存款，仍然并且永远归私人所有，无论现在和将来都必须保护他们的所有权。国务院关于保护侨汇的命令继续有效。华侨在国营华侨投资公司的投资本息，仍按国务院1957年颁布的《华侨投资于国营华侨投资公司的优待办法》处理。侨眷、归侨投资于农业社的资金和利息，由公社负责偿还。侨眷、归侨多余的住宅，所有权仍归原主。会议确定1959年的工作方针是：一切为了加速社会主义建设，继续调动侨眷、归侨、归国华侨学生的积极因素，发展和巩固人民公社；更加促进国外华侨的爱国大团结。

12月1日　新华社报道：国家经济委员会和水利电力部在旅大市联合召开全民办电现场会议。会议提出要在今冬明春开展一个全民办电运动，让“小土群”同“大洋群”并驾齐驱，保证工农业生产更大的跃进。《人民日报》12月2日为此发表社论：《全民办电》。

12月2日—6日　湖北省第二届人大一次会议选举张体学为省长。

12月3日—16日　全国妇女建设社会主义积极分子代表会议在北京举行。来自全国各地的2 500多名代表参加了大会。中共中央政治局委员彭德怀代表中共中央致辞祝贺，他勉励妇女继续发扬共产主义精神，努力学习，积极参加各项社会劳动和社会斗争，在社会主义建设事业中发挥更大的作用。全国妇联主席蔡畅在会上作了题为《提高觉悟，学好本领，为建设社会主义奋勇前进》的报告。朱德为大会题词："全国妇女积极地参加社会劳动，努力提高政治觉悟和文化水平，和男子们一道，建设社会主义和共产主义自由、平等、友爱的新社会，同时建立自由、平等、友爱的新家庭！"大会通过了《给全国姐妹们的一封信》。

12月7日　中共中央同意中央组织部《关于今后接收党员工作的意见》。《意见》提出：将农村党员数量发展到占人口总数的2%左右；接收新党员的标准，应该比过去更高；在农村，凡本人系上中农成分的，一般不得接收入党。中央同意组织部的意见，并指示：农村党员总数尚未达到农村人口2%的省区，在最近几年内可以发展到占农村人口的2%。农村党员总数已经达到或超过农村人口总数2%的省区，也可作适当的发展，但切不可猛然一下发展数量过大，必须切实注意质量。自1957年2月中央作出关于接收党员工作的通知下达以来，全国各地一般都停止了接收党员，使党员的数量有所减少(1957年6月底到1958年6月底，全国党员总数共减少27万人)。至1958年底，全国共有党员1 245万，占总人口的1.9%，农村党员只有700万，占农村人口的1.3%。

同　日　中共中央批准财政部《关于土法炼铁的亏损处理问题给中央的报告》。《报告》指出：目前在土法炼铁上问题不少，从财政上说，亏损就是急需解决的一个问题。据估算，土法炼铁的成本有的是每吨150元，有的高达460元，全国平均至少在250元—300元，而生铁的调拨价格全国平均是150元，每吨土铁全国平均至少要亏损100元—150元。1958年全国土铁产量至少有1 000万吨，总计要亏损15亿元左右。为了发展土法炼铁，鼓励群众炼铁的积极性，完成国家钢铁生产任务，建议从中央政治局北戴河扩大会议以后算起，生铁亏损采取国家和地方分担的原则。即生铁亏损由国家补贴的数字，全国平均每吨补100元—150元，各地具体补贴数目，由各省、市、自治区根据上述原则和实际情况，提出意见同财政部商量决定。

同　日　中共中央批准粮食部党组关于调运粮食问题的报告。报告提出，同上年同期比较，1958年7月—10月，粮食征购数量减少88亿斤，销售和出口数量增加52亿斤，10月底全国粮食库存减少一百几十亿斤。许多地区由于库存数量一时降低很多，纷纷要求调入粮食。

同　日　中共中央批准谭震林、廖鲁言《关于农业生产和农村人民公社的主要情况、问题和意见》的报告。谭震林、廖鲁言在报告中说：一、根据西安、广州、南京、呼和浩特4个分片农业会议的预计，1958年的粮食总产量是8 500亿斤，至少不少于7 500亿斤，比1957年的3 700亿斤翻了一番。棉花总产量预计8 500万担，比1957年的3 280万担增长一倍半。其他秋收油料作物、经济作物也都获得全面丰收，大家畜羊、猪也都有发展，但养猪、养鸡、养鸭业有下降的趋势。二、1958年的农业生产全面丰收，但是收购计划的完成情况并不很好。建议从1959年起，在农产品采购方面普遍实行合同制，由采购部门同农村人民公社订立合同，双方保证按合同完成任务。三、1959年的粮食产量计划，公布数字可定为10 500亿斤，除个别地区外，有条件的地区力求做到按城乡人口平均每人2 000斤，某些地区有需要也可以超过2 000斤。开展大面积丰产田运动，推行土地利用的“三三制”。四、1958年副业增加不多，个别地方还有减少。许多以粮食生产为主的人民公社现金短缺，没有钱来购置生产资料和设备，不能扩大再生产。因此，要求所有人民公社都要发展社办工业，扩大多种经营、多种经济作物，增加公社的商品生产。要求1959年在农村人民公社的总产值中，粮食作物只占1/3，其他占2/3，或者是粮食占40%，其余占60%。五、要大大减少1958年冬和1959年的水利工程计划。六、抓好农村人民公社的分配问题和集体生活问题。这是当前群众最关心的问题。要求要保证8小时睡眠，加上吃饭和休息时间4小时，共12小时，一定不能少。公共食堂和托儿所、幼儿园必须办好。生产和生活要同时抓。1958年的分配，由各省、市、自治区自行决定，可以以公社为单位统一分配，也可以在公社统一扣留后以原合作社为单位进行分配。七、今后的任务是抓思想、抓生产、抓分配、抓生活，加强党的领导，办好人民公社。中央要求各省、市、自治区认真执行这个报告。

同　日　中共中央政治局批转轻工业部党组《关于人民公社大办工业问题的报告》。《报告》是在9月、10月间轻工业部分别在常州和北京召开的南方10省市和北方7省市轻工业局长座谈会的基础上形成的。鉴于8月、9月份以来各地集中大量人力、物力、财力服务于钢铁生产，轻工业生产停车让路，市场供应十分紧张的状况，会议确定了人民公社大办工业的方针。《报告》认为人民公社办工业的条件是完全具备的，要钱有钱，要人有人。可以有啥办啥，要啥办啥，要多少办多少，并提出公社用的工业品80%~90%由公社自己生产。中央批示同意轻工业部的意见，并指出：人民公社和县联社必须贯彻执行工农商学兵结合和农林牧副渔结合，特别是工农业并举的方针，在切实抓紧农业的同时，还要大力举办工业。

12月9日　黄河三门峡截流工程全部结束。三门峡水利枢纽工程位于黄河中游的河南省陕县和山西省平陆县境内，是1957年4月13日开工兴建的，是根治和开发黄河的规划中最大和最重要的一座防洪、发电、灌溉的综合性工程。

同　日　财政部和中国人民银行商定，从1959年1月1日起，国营、地方国营和公私合营企业所需要的流动资金，全部由银行贷款解决。

12月10日　中共中央发布《1959年国民经济计划决议》。《决议》指出：一、1958年国民经济的发展，获得了空前巨大的胜利。工农业总产值，1958年预计比1957年增长70%左右，财政收入，1958年预计比1957年增加140亿元左右，基本建设投资，1958年预计可以完成220亿元，相当于“一五”投资总额492亿元的一半。主要工农业产品（钢铁、煤炭、粮食、棉花等）产量，预计将比1957年增产1倍以上。二、获得空前伟大胜利的原因主要是：在优先发展重工业的基础上实行了工业和农业同时并举的方针；办工业必须全党动手和集中领导同群众运动相结合的方针，就是既搞“大洋群”，又搞“小土群”，炼钢又“炼人”。三、1958年大跃进取得的经验主要是：1.国民经济发展的速度必须建立在客观可能性的基础上，超过这个可能性的计划就不可能变为现实。2.社会主义的国民经济必须遵守有计划按比例发展的法则。有纲就要有目。因此，在整个工业建设中以钢为纲，既要求突出重点，又要求全面安排。四、1959年的国民经济计划指标主要是：钢2 000万吨，铁2 900万吨，煤4.2亿吨，粮食10 500亿斤，棉花1亿担，财政收入620亿元，基本建设投资360亿元。完成1959年的国民经济计划需要继续反对保守，破除迷信，抓紧解决下列6个问题：1. 必须是好钢、好铁，钢要成材，材要多种。2. 机械工业先保证轧钢设备、采矿设备、交通运输设备、电站设备和机床的生产。3. 铁路建设主要是加强原有干线，积极改建现有运输能力不足的线路和车站。4. 对建设项目要坚决加以合理调整，注意合理布局。5. 保证现有工业基地的生产，充分发挥它的潜力。6. 在农业上要积极发展多种经营，贯彻好"农业八字宪法"。

同　日　中共中央批转中央宣传部《关于作家下乡下厂问题的报告》。《报告》认为，文艺工作者和工农群众在劳动中、斗争中长期相结合，是建立工人阶级的文艺队伍的根本途径。为此，《报告》提出以下办法：一、作家都应下厂下乡。30岁以下的作家，应一律到工厂、农村或其他基层组织去担任实际工作，并参加一定的体力劳动。40岁左右的作家可以在省市安家，而自己到基层去担任一定的工作，并适当地参加体力劳动。年老体弱的少数作家或在机关、团体担任了一定工作职务的作家，每年要有2个—3个月的时间到各地考察，或到基层群众中去短期生活。二、集中在北京、上海的专业作家，大部分应该分散到各省、市去。三、党员作家要过严格的组织生活。四、改变对专业作家按级别发薪金的制度。担任了工作的作家应按职务领取薪金；少数专业作家应靠他们的稿费维持生活；对大多数到工厂、农村等基层单位担任了实际工作的作家，可以酌情发给一定的生活补助费。五、青年作家不应专业化。

12月11日　中共中央同意全国总工会党组关于县级工会的处理意见。全总党组提出：一、那些原来没有或只有很少工矿企业的县，工会在职工群众中工作不多，现在公社已经可以代替它工作，工会即可自然消亡。二、那些工矿企业较多，工会在职工群众中有一定影响，公社工作还不健全的县，工会应积极做好人民公社的工作，以便条件成熟，由公社逐步代替工会工作。三、财贸、文教、卫生系统等非生产部门的工会组织，可以自行消亡。四、县联社和公社新建的工矿企业，一开始就应该用公社去进行群众工作，不宜再建立工会组织。

12月14日　李增福再次创造世界纪录。天津体育学院运动员李增福在天津市举行的自行车比赛中，以1小时51分17秒2的成绩再次创造男子100公里公路自行车的世界纪录。

12月15日　中华人民共和国和阿拉伯联合共和国在北京签订《贸易支付协定》和第一年的协定书。

12月18日　中共中央颁布武昌会议《关于工业建设中的几项规定》。《规定》的主要内容有五个方面：一、国民经济的生产和基本建设，中央各部门、各地方都应当根据全国一盘棋的精神进行安排。国民经济的生产布局和物资调拨，一律实行先国家后地方、先国家计划后地方计划的原则。二、资金、钢材及其他原材料的分配，根据各地区所承担的生产任务和基建任务而定。三、1959的钢材生产任务必须完成，其完不成的数额，从国家分配给该地区的钢材总额中扣除。四、钢材和水泥的生产，在完成国家计划后，超额部分实行中央、地方“三七”分成。五、个别骨干企业，地方管理确有困难的，可由地方提出，仍归中央主管部门负责管理。

12月20日　中共中央、国务院发出《关于改进农村财政贸易管理体制的决定》。这个决定是根据1958年10月在西安召开的全国财贸工作会议精神制定的。《决定》认为，人民公社化以后，农村生产关系发生一系列变化，特别是人民公社已经具有若干全民所有制的成分，而且把基层经济组织和基层政权组织结合起来，原来的农村财贸管理体制已不适应。因此，必须根据有利于人民公社的巩固和提高，有利于工农业生产的发展，合理地兼顾国家、集体和个人利益而又简便实行的原则，按照统一领导、分级管理的方针，对农村财贸管理体制进行改革。《决定》制定了“两放、三统、一包”的改革办法。“两放”，就是下放机构和人员，把国家在农村的商业、粮食、财政、银行等财贸机构及人员，全部下放给人民公社领导和经营管理。这些单位的资产，一律转归公社管理使用。“三统”，就是统一政策、统一计划、统一流动资金的管理。人民公社无条件地执行国家的统一方针政策和统一计划，按照国家计划交售国家统购的产品，以及向社员配售国家统销物资。“一包”就是包财政任务。把国家在农村中的农业税、工商税、下放企业收入、事业收入和地方附加收入，统一计算，扣除原来由国家开支的行政费和事业费，由公社按收支差额，包干上交。

同　日　国务院举行第八十三次全体会议。会议作出《关于国营企业流动资金问题的规定》。《规定》强调，国营企业的流动资金，一律改由人民银行统一管理。过去国家财政拨给国营企业的自由流动资金，全部转做人民银行的贷款，统一计算利息。国家下放给人民公社的各企业单位的自有流动资金，也照这个原则办理。今后国营企业需要增加的定额流动资金，仍然由各级财政从年度预算中适当加以安排，交当地人民银行统一贷放。人民公社所属企业需要增加的定额流动资金，也由人民公社财政部门在公社预算中适当拨出一部分资金，交信用社统一贷放。《规定》还明确了企业流动资金的核定办法，对于定额流动资金部分（即经常需要部分），由财政部门负责，协同人民银行和有关部门加以核定；对非定额流动资金部分（即季节性和临时性需要部分），由人民银行根据实际情况贷款。会议还通过了《湖南省通道侗族自治县人民代表大会和人民委员会组织条例（草案）》《湖南省新晃侗族自治县人民代表大会和人民委员会组织条例（草案）》和《湖南省城乡苗族自治县人民代表大会和人民委员会组织条例（草案）》等文件。

同　日　中国游泳运动员穆祥雄在北京举行的游泳比赛中，以1分11秒4的成绩，打破了男子100米蛙泳世界纪录。

同　日　中共中央对湖北省委《关于做好当前人民生活的几项工作的规定》作出批示。批示说，这个规定抓住了工业、农业生产大跃进当中容易被人忽视的一个方面，而这个方面也是十分重要的。生产和生活两方面，必须同时抓起来。不抓生活，要抓好生产是困难的。批示要求各省、市、自治区党委都照湖北省委那样，根据当地的条件，作出自己的规定，公布实行。

12月21日—1959年1月5日　中共中央财政贸易工作部在北京召开全国财贸部门党的基层组织工作会议。会议确定1959年财贸工作的任务是：积极地促进生产资料的生产，大力组织生产资料的供应；积极地组织国家的收入和公社收入；合理分配资金，保证资金的正确使用；促进生活资料的生产；继续贯彻执行统购统销政策；充实人民公社的财贸机构，加强农村人民公社的计划工作和财务管理工作。会议要求财务部门的全体干部职工鼓足干劲，为扩大商品流通和促进商品生产的发展而奋斗。

12月22日　中共中央批转教育部党组《关于教育问题的几个建议》。教育部党组认为，自贯彻党的教育方针以来，产生了某些劳动时间过长，忽视教学质量的现象。《建议》提出，在炼钢和"三秋"任务已基本完成的情况下，各级各类学校应当照常上课。既要继续克服只重视教学而忽视生产的倾向，又要防止只注意生产劳动而忽视教学的现象。全日制学校的生产劳动时间不宜过多，同时，安排生产劳动，应尽量与教学相结合。要保证教师的时间，大中小学教师的主要劳动是教学，参加体力劳动以不妨碍教学为原则。

同　日　毛泽东作出关于争取一切可能争取的教研人员为无产阶级事业服务的批示。中共中央宣传部内部刊物登载了《清华大学物理教研组对待教师宁"左"勿右》的文章，其中反映了该组党员中存在"社会主义革命时期知识分子是革命对象"，"高级知识分子都是从根本上反对党的教育方针"等错误认识。毛泽东阅后给中宣部长陆定一写了批示；"印发给全国一切大专学校、科学研究机关的党委、总支、支委阅读，并讨论一次，端正方向，争取一切可能争取的教授、讲师、助教、研究人员为无产阶级的教育事业和文化科学事业服务。"批示要求同时印发给文学艺术团体、报社、杂志社和出版社机关的党委、总支阅读讨论。

12月23日—1959年1月7日　以丹·莫洛姆扎木茨部长会议副主席为首的蒙古政府代表团访问中国。国务院总理周恩来会见了蒙古政府代表团。中蒙两国签订《关于中国给予蒙古经济技术援助的协定》，中国政府同意向蒙古政府提供1亿卢布的长期贷款。

12月25日—1959年1月1日　全国农业社会主义建设先进单位代表会议在北京举行。全国农业战线先进单位的代表6 000人和列席代表400多人出席了大会。刘少奇代表中共中央向大会致辞，周恩来向大会作了关于时局和任务的报告，毛泽东在闭幕会上会见了出席会议的全体代表。刘少奇在致辞中说："1958年我们已经找到了一条高速度发展农业生产的道路。1959年我们必须争取实现更大、更好、更全面的跃进。为了顺利地完成1959年的任务，必须保持昂扬的斗志和冲天的干劲，必须在任何工作中把革命热情和科学精神结合起来。"他还要求坚持党的领导和群众路线，把人民公社的整顿和巩固工作作为当前的中心工作做好。会议向全国各地农村人民公社和全体农民兄弟姐妹提出了十大倡议：一、保证完成1959年粮食产量10 500亿斤的任务，并力争超过。二、保证完成1959年生产1亿担皮棉的任务，并力争超过。三、切实做好小麦、油菜和其他过冬作物的田间管理。四、认真执行农业"八字宪法"。五、农林牧副渔全面发展。六、实行工业农业并举。七、实行自给性生产和商品性生产同时并举。八、在发展生产的基础上，改善群众生活。九、争取科学、文化、教育、卫生和体育事业更大的跃进。十、抓紧最近几个月时间，密切结合冬季生产，整顿、巩固人民公社。

1959年

1959年综述

2月—3月，中共中央在郑州举行政治局扩大会议，主要讨论人民公社的所有制和纠正“共产风”的问题。会议确立了整顿和建设人民公社的方针，起草了《关于人民公社管理体制的若干规定（草案）》。4月，中共中央在上海召开八届七中全会，讨论并通过《1959年国民经济计划草案》，对中共中央八届六中全会拟定的计划指标进行了一些调整，工农业产品的几项主要指标有所降低。会议还通过了3月下旬政治局上海扩大会议作出的《关于人民公社的18个问题》的会议纪要。4月29日，毛泽东给省、地、县、公社、队、小队干部写信，批评了农业生产方面存在的不实事求是的作风，谈了包产、密植、机械化、讲真话等问题。上半年，由于中共中央和全国人民的努力，使“大跃进”和人民公社化运动中的“左”倾错误得到一定程度的遏制。

7月—8月，中共中央在庐山召开政治局扩大会议。会议前期，主要是继续纠正“大跃进”和人民公社化运动中“左”的错误。7月14日，彭德怀给毛泽东写了一封信，陈述了他对1958年以来经济工作中的“左”的错误及经验教训的意见。这封信印发以后，受到毛泽东的严厉批判，被错误地认为是“向党进攻”。8月2日—16日，中共中央在庐山召开八届八中全会，开展了对所谓“彭德怀、黄克诚、张闻天、周小舟反党集团”的斗争，通过了相应的决议。8月16日，毛泽东在一个批示中断言：庐山出现的这一场斗争，是一场阶级斗争，是过去十年社会主义革命过程中资产阶级与无产阶级两大对抗阶级的生死斗争的继续。庐山会议后，全党开展了一场“反右倾”斗争，错误地打击了一批同志，使党内从中央到基层的民主生活遭到损害，“左”倾错误进一步发展。9月17日，中共中央发出《关于摘掉确实悔改的右派分子帽子的指示》，随后，为一批右派分子摘掉了帽子。12月，人民政府特赦了一批确实已经改恶从善的战争罪犯、反革命罪犯和普通刑事罪犯。

9月8日，国务院总理周恩来就中印边境出现的紧张局势和中印边界问题致函印度总理尼赫鲁，阐明了中国政府的立场。10月26日，外交部发表《关于印度武装人员侵犯中国西藏地方的西北边境并且进行武装挑衅的声明》。11月7日和12月17日，周恩来两次写信给印度总理尼赫鲁，提出了和平解决中印边界争端的方法和步骤。12月9日，外交部长陈毅写信给印度尼西亚外交部长，抗议印尼进行大规模的反华排华活动，提出了全面解决华侨问题的建议。

是年，中华人民共和国与苏联、阿尔巴尼亚、越南、朝鲜、民主德国、匈牙利、伊拉克、波兰、南斯拉夫、捷克、罗马尼亚、保加利亚、芬兰、柬埔寨、锡兰、几内亚等国签订友好合作条约或经济、文化、科技互助合作协定。

是年，人民解放军平定西藏上层反动集团在拉萨发动的武装叛乱。

主要经济指标：工农业总产值1 959亿元，比上年增长19.5%。其中，重工业的比重，由上年的36%提高到44.6%；农业的比重由上年的33.5%下降到24.2%。工农业主要产品产量：粮食，17 000万吨，比上年下降15%；棉花，170.9万吨，比上年下降13.2%；油料，410.4万吨，比上年下降14%；钢，1 387万吨，比上年增长73.3%；原煤，36 900万吨，比上年增长36.7%；原油，373万吨，比上年增长65%。社会商品零售总额638亿元，比上年增长16.4%。进出口贸易总额149.3亿元，比上年增长15.7%。基本建设投资总额349.72亿元，比上年增加30%。财政总收入487.1亿元，总支出552.9亿元，赤字65.8亿元。

1月1日　《人民日报》发表社论：《迎接新的更伟大的胜利》。 社论说，无论就中国，还是就全世界来说，1958年都是一个伟大的转折。在世界范围内，帝国主义一天天烂下去，社会主义一天天好起来。在中国，1958年是发生伟大变化的一年。社会主义经济建设和文化建设的大跃进和人民公社化运动普遍开展起来，并取得了史无前例的伟大成就。通过这个伟大的实践，我们不但找到了一条多快好省地建设社会主义的康庄大道，而且在这条康庄大道上取得了丰富的经验。这就使得我们不但有可能在1959年继续跃进，而且可能跃进得更好。社论说，1959年的国民经济计划是一个伟大的跃进计划，同时又是一个建筑在客观可能性基础上的可靠的计划。社论号召全党和全国人民在1959年经济建设中，继续鼓足干劲，力争上游，反对保守，破除迷信，争取更大的胜利。

1月2日　中共中央、国务院决定发放"1958年跃进奖金"。 该项奖金总额为1958年12月份（或11月份）一个月实支工资总额的1/2。个人奖金额，一般可以发给相当于半个月工资的数额，学徒可以发给10元。国家机关、文教卫生部门的职工以及厂一级党、政、工、团负责干部，不发给个人奖金。

1月2日—13日　全国农业工作会议在北京召开。 参加会议的有全国各省、市、自治区的党或政府负责农业生产的领导干部。会议研究了1959年的农业生产和劳动力安排。提出：一、1959年的粮食产量要争取达到13 000亿斤，比八届六中全会确定的指标高出2 500亿斤；棉花产量要争取达到1.2亿担，比八届六中全会确定的指标高出2 000万担。二、实现耕地"三三制"必须有步骤地进行，不要过急。三、人民公社必须确立多种经营的思想。1959年农林牧副渔五业必须全面发展，全面跃进，不仅产量要大跃进，而且产品要综合利用，增加商品性生产。四、合理地安排使用劳动力，是保证实现1959年农业更大跃进的关键，为此，全国各地，每个人民公社要使农村劳动力经常能有一半用于农业生产。五、要继续鼓劲，不可松劲，要继续同"观潮派"、"右倾保守思想"作斗争。

1月3日　《中华人民共和国政府和伊拉克共和国政府贸易和支

付协定》在巴格达签订。《协定》规定：缔约双方对于下列各项互相给予最惠国待遇：一、有关进口、出口或过境商品的关税和其他一切捐税；二、进口、出口或过境的商品在进口、出口、过境、存仓和换船等的有关海关规定和手续，以及一切费用。

1月5日　《人民日报》发表社论：《欢呼我国煤炭产量超过英国》。社论说：在钢产量翻一番的带动和促进下，我国1958年煤炭产量达到了2.702亿吨，比1957年增长了1.7倍，比英国1958年的产量多5 000多万吨，把英国远远抛在后面。这是我国人民为争取在钢铁和其他主要工业产品产量方面赶上和超过英国的斗争中取得的第一个胜利。社论说，完全有理由相信，继煤炭之后，我国在钢铁和其他主要工业产品产量方面赶上和超过英国的时间，将比原来的设想要短得多。

同　日　中共中央发出《关于立即停止招收新职工和固定临时工的通知》。1958年全国工业和建筑企业共增加新职工1 900多万人，相当于原有职工总数的两倍。在新增加的职工中，有1 000多万人来自农村。为了控制职工队伍的急剧膨胀，中央要求各个企业、事业单位必须立即停止招收新职工和固定临时工。某些单位确实需要增加职工，应当从本地区内其他单位的现有职工中进行调剂。各省、市、自治区1959年的劳动计划，必须报中央批准，以严格按照计划招工。中央指示下达后，不少地区增加职工的现象并未停止。为此，在3月召开的全国劳动计划会议上，提出全国1959年减少509万人的建议数字，并报国务院同意后下发各省。4月4日，国家计委又向各省、市、自治区发出通知，要求凡增加职工的省市都要将增加的人数、原因查清，上报国家计委。

同　日　周恩来致电赫鲁晓夫祝贺苏联发射宇宙火箭成功。1月2日，苏联向月球方向发射了一支巨型宇宙火箭，火箭最后一级重1 472公斤，装有10多种科学仪器。火箭于1月3日放出人造彗星。1月4日通过了其轨道上离月球最近点，1月7日进入自己的围绕太阳运行的轨道，从而成为第一个太阳系人造行星。

1月6日　新华社报道：全国轧钢会议在北京召开。会议决定从现在起在全国范围内大力开展一个增产钢材的运动，号召全国轧钢工人鼓足干劲，千方百计地增产钢材，以保证完成和超额完成1959年钢材生产计划，最大可能地适应工业、农业、交通运输和其他国民经济部门对钢材数量、品种日益增长的需要。1959年全国钢材生产的任务是：产量将比1958年度增长一倍多，品种也要增加近2 000种。

1月8日　中共中央办公厅向教育部党组转达中央书记处会议有关教育工作的几项规定。规定要求：一、当前教育方面的任务是在调整的前提下进行巩固和提高。二、体制下放后，中央该管的事，如基建、高等学校教师配备、学制、课程设置及课本等，必须管起来。三、要保证重点学校的质量，在基本上不削弱重点学校的前提下照顾一般学校。四、在校大专生不要提前毕业，各方面要调在校高中生一律不予批准。五、高等学校教师的学衔一律不取消，已取消的要恢复，但不再授予学衔。

同　日　中国运动员打破跳伞世界纪录。中国女运动员崔秀英、耿桂芳、赫建华以平均距靶心2.69米的成绩，打破1957年苏联运动员7.07米的女子1 500米日间集体联合定点着陆跳伞世界纪录。

1月10日　财政部、中国人民银行发出《关于国营企业流动资金改由人民银行统一管理的补充规定》。1958年12月20日，国务院在《关于人民公社信用部工作中几个问题和国营企业流动资金问题的规定》中，确定国营企业的流动资金一律改由人民银行统一管理，过去国家财政拨给国营企业的自有流动资金，全部转做人民银行的贷款，统一计算利息。为了正确执行国务院的规定，财政部、中国人民银行作出如下补充规定：一、国营企业、地方国营企业和已经实行定息的公私合营企业所需要的流动资金，自1959年起，一律改由中国人民银行按信贷方式统一供应，统一管理。二、国营企业、地方国营企业和已经实行定息的公私合营企业，应将本企业的自有流动资金，全部转给当地人民银行，作为人民银行的贷款，统一计算利息。三、从1959年起，各级财政部门应当将企业需要增加的定额流动资金列入预算，并且全额拨交当地人民银行作为信贷基金。四、企业主管部门作出的流动资金计划，由财政部门和银行共同审定，作为考核企业主管部门资金周转的依据。五、企业向人民银行所借的流动资金，一律按月息6厘计息。利息支出全部计入成本。企业因增加利息支出而减少的利润留成部分，用调整留成比例的办法解决。2月3日，国务院转发了这个补充规定。

1月12日—28日　中国人民解放军第一次军事科学研究工作会议在北京召开。会议由叶剑英主持，总结了全军军事科学研究工作的经验，讨论确定了军事科学研究工作的方针、任务和范围，制定了1959年—1960年军事科学研究工作规划纲要，解决了关于调整与加强军事科学研究机构等重要问题。国防部长彭德怀在会上向军事科学院提出了编写条令，编写军史和战争史，统一军语，研究技术装备的使用和改进等任务。

1月12日—3月1日　中共中央在北京召开教育工作会议。参加会议的有各省、市委文教书记、宣传部长、教育（高教）厅、局长和部分高等学校党委书记及中央有关部门负责人等287人。会议主要讨论了贯彻执行党的教育方针的主要经验和存在的问题。认为，在1958年的教育革命中，党的领导建立起来了，师生对劳动的态度有了巨大变化，学生的德育、道德品质、世界观有了很大提高，身体好了，智育有所提高，但下半年部分学校没有很好上课。学术批判成绩很大，但批判得过多，打击面过广，比较粗暴。会议指出：1959年教育工作的方针主要是巩固、调整和提高，并在这个基础上有重点地发展。全日制学校必须贯彻教学为主的原则，正确处理学校教育中感性知识和理性知识的关系，在党的领导和教学相长的原则下，发挥教师在教学中的主导作用，建立正常的师生关系；正确地贯彻执行党的团结、教育、改造知识分子的政策，纠正在学校党员领导干部和部分师生中存在的宁“左”毋右的思想倾向和“资产阶级知识分子是革命对象”等说法。会议还讨论和修订了《关于全日制学校的教学、劳动和生活安排的规定》等有关教育工作的文件。

1月13日—26日　全国农村工作部长会议在北京召开。会议由中共中央农村工作部主持。参加会议的有各省、市、自治区党委农村工作部的负责人，也有个别人民公社的社主任。会议的中心议题是：讨论贯彻执行八届六中全会关于人民公社若干问题的决议，分析公社化以来的农村形势，研究和加强改进人民公社的经营管理问题。会议认为，整社工作中还应继续贯彻抓思想、抓生产和抓生活相结合的原则，但应该以生产为中心。提高人民公社的经营管理水平是实现1959年更大跃进的重要保证。人民公社应在国家统一计划指导下实行比农业社更高的计划管理，在生产计划方面，公社应制订3年—5年的长远建设规划、年度计划、季节或季度计划、小段作业或月份计划，并通过收购、供应等合同制把公社的计划和国家的计划结合起来。在劳动管理方面，实行定额管理制度和贯彻生产责任制尤为必需。过去农业社行之有效的分层包干责任制，以及五定到田、责任到人、检查验收等制度，应当继续广泛推行，并在实践中逐步加以推行和提高，使之更加完善。在经营方面，要全面兼顾，使农、林、牧、副、渔等多种经济都得到发展。会议结束前，中央书记处书记谭震林、中央农村工作部部长邓子恢、副部长陈正人等到会作了重要讲话。

1月14日　解放军总政治部发出《关于在干部中普及中等教育和高等教育的指示》。《指示》提出，从1959年起，以10年为期，在全军干部中普及中等教育和高等教育。其具体步骤为：第一步，普及中等教育，使所有尚未达到初中毕业程度的干部，在3年—4年内，达到中学毕业水平；第二步，实行分科学习，根据每人不同业务和需要决定课程内容，以7年左右的时间，在所学科目上，专业知识达到大学和高等专科学校的教育水平。《指示》发出后，全军掀起了向文化进军的热潮。

1月15日—22日　中国民主建国会一届四次全委会议、全国工商业联合会二届执委三次会议联席会议在北京召开。1月19日，中共中央政治局委员李先念到会作报告，他勉励工商界继续进行自我改造。会议通过了《关于当前工商业者加强自我改造、积极为社会主义建设服务问题的几点认识》、《关于批准李烛尘副主任委员代表两会常务委员会所作的工作报告的决议》等文件。

1月16日　《人民日报》发表署名文章：《农村福利事业的新阶段》。文章说：1958年夏季以来，农村的生活福利事业发展得非常迅速。在短短几个月里，2.6万多个人民公社共建立了200多万个公共食堂，400多万个托儿所、幼儿园，11万个敬老院。文章认为："人们从这些生活福利事业中，已经可以看到共产主义的幼芽，看到共产主义的未来，从而鼓起更大的干劲，更积极地劳动。"

同　日　中国、阿尔巴尼亚签订《关于中阿1961年—1965年长期贸易协定》和《中国给予阿尔巴尼亚的贷款协定》。协定规定，在1961年至1965年期间，中国将向阿尔巴尼亚提供植物油、大米、纸张、橡胶、轮胎、绸缎、钢材等货物；阿尔巴尼亚将向中国提供原油、汽油、紫铜、铬矿石等货物。中国将向阿尔巴尼亚提供5 500万卢布的贷款。

1月18日　解放军总政治部颁布《军队参加社会主义建设工作纲要》。《纲要》指出，军队参加社会主义建设，不仅有助于我国社会主义建设，而且可以增强军队同地方、军队同人民之间的联系和团结，可以使军队人员取得一定的生产知识和许多好的地方工作经验，提高军队人员的劳动观念和共产主义觉悟。《纲要》要求全军在保证完成战备和训练等任务的条件下，积极参加有利于人民公社发展和巩固的各项工作。军队的工厂应当帮助地方培养技术人员，承担地方所急需的机器和零配件生产，协助地方建立工厂和技术修理站。军队的各种交通运输工具，应积极支援地方交通运输事业。军队每年应利用半个月至一个月的时间，在驻地附近参加农田水利、工厂和文化教育等基本建设工程的工作。

1月21日　中共中央转发河南省委《关于防止形式主义和铺张浪费的几项规定》。河南省委的文件反映：大跃进以来，河南一些地区在召开现场会、组织参观、评比中，滋长了过分讲求形式、铺张浪费、互送锦旗，或未经上级机关指示即以土特产名义赠送礼物等现象。为纠正这些不良作风，河南省委规定：一、凡在本省、本市、本县范围内组织的现场会、参观、评比等，一律禁止群众性的迎送、酒席招待、放鞭炮、张贴标语、互送锦旗等。各级负责同志下乡检查工作，亦不得额外招待。二、在接待参观人员时，必须力戒形式主义，除接待外宾外，一律不得组织群众和学生进行迎送，不放鞭炮，不打腰鼓，招待人员不要过多，以免影响生产。三、向上级报喜要力求简单朴素，不用或少用组织大批人员列队报喜的形式，以免增加群众的疲劳。除对重大建设工程和当地有重要意义的建设活动外，一般不要组织群众性的庆祝大会。四、现有人民公社的干部食堂应该一律取消，除中央和外省来的同志给以必要的照顾外，所有本省各级干部必须在群众食堂吃饭。五、人民公社必须贯彻执行勤俭办社的方针，把主要力量放在重点生产基本建设方面；对生活方面的建设，应该把重点放在集体生活福利事业上，不要过早修建办公大楼、大礼堂以及大量兴建新的住宅。在布置跃进门、升降台和庆祝标语时，应力求节约，防止浪费。中央批示说，希望全国各地也参考河南的办法，拟出具体规定，通令执行。

同　日　中国政府发表《中国政府支持苏联政府关于召开和会讨论和缔结对德和约的建议的声明》。《声明》说：1959年1月10日，苏联政府向中国政府和其他参加对德战争的国家政府发出照会，建议在两个月内召开曾派武装部队参加对德战争的国家的政府为一方和以德意志民主共和国政府为另一方的和会，来讨论和缔结对德和约。苏联政府提出了对德和约草案。中国政府认为，苏联政府的这项建议是合理的、适时的。中国政府完全支持苏联政府的上述建议，并同意苏联政府提出的对德和约草案。

1月22日　中共中央发出《关于目前报刊宣传工作的几项通知》。《通知》规定：一、对于1958年大跃进的成就和人民公社的优越性的宣传应当充分、热烈，但也要注意科学分析，力戒浮夸。二、1959年是继续大跃进的一年，宣传上必须继续鼓足干劲。对于当前的生产建设和整顿公社，要大张旗鼓地讲道理、讲措施、讲干劲、讲成就、讲正确的做法。三、对于1958年工作中的个别缺点，例如有关干部作风、群众生活、生产安排、市场供应等方面的缺点，一般不要报道。必须讲时，也要正面讲正在解决的情况。对缺点不要讲得很具体，更不要突出地讲，以免在群众中造成1958年工作搞坏了的不正确的印象，也防止被敌人利用来进行造谣污蔑。四、在宣传中要继续保持谦虚的态度，不要随便宣传超过国际水平，也不要贬抑兄弟国家。

通知说，目前在这方面有不少骄傲虚夸和组织上无政府无纪律的现象，必须迅速严格纠正。

1月23日—31日　中共中央第四次全国监察工作会议在北京召开。会议由中央监察委员会主持。主要议程是总结1958年党的监察工作，讨论1959年的工作任务。会议反映1958年全国（西藏除外）共处分党员508 750人，比1954年—1957年4年的总和还要多，占党员总数的4.35%；其中开除党籍的有196 500人，相当于1951年—1957年7年总和的80%，占党员总数的1.7%。从整风、反右派斗争到1959年1月底，在中央管理的干部中揭发出犯各种错误的1 020人，在各省、市、自治区党委管理的干部中受到党纪处分的也有相当数量。会议认为，上述情况说明资本主义道路和社会主义道路、资产阶级思想和无产阶级思想的斗争在党内的反映是深刻的。会议还批判了强调党委和监委是"指导关系"，是两个"平行机关"的错误，明确指出党的监察组织必须在中央和各级党委的领导下进行工作，发挥自己的积极作用，当好党委的助手。

1月24日　周恩来率领中共代表团赴莫斯科参加苏共第21次代表大会。苏共第21次代表大会于1月27日—2月5日在莫斯科举行。28日，周恩来在大会上致辞并宣读了由毛泽东主席签署的中共中央贺词。周恩来在介绍了中国工农业生产大跃进和人民公社运动的兴起后说，人民公社是在中国条件下发展社会主义的最好形式。我们准备在15年、20年或者更多一些的时间内把中国建设成为一个具有高度发展的现代工业、现代农业和现代科学文化的社会主义国家。

1月24日—30日　全国宣传工作座谈会在北京召开。会议由中共中央宣传部主持。会议认真总结了"大跃进"以来在文化工作、学术思想工作和文艺工作方面的经验教训。会议认为，过去群众文化工作位置摆得不恰当，有时妨碍了生产，违反了群众业余、自愿的原则。在执行知识分子政策上片面强调改造，没有注意调动和发挥他们的积极性，对他们的作用估计过低。在文艺创作的领导上，采用简单的行政方法，套用军事和经济工作的领导方法，妨碍了文艺创作的正常和健康的发展。关于学术思想工作方面，会议指出，1958

年开展的学术批判，使高等学校的教授至少是社会科学方面的教授差不多都受到了批判，声势很大。现在被批判的人中，少数人口服心服，多数口服心不服，还有少数口也不服心也不服。这次批判运动，气势有余，讲道理不足，现在敢讲话的教授很少，要创造条件让教授出来讲话。开展学术批判要把政治斗争和学术批判加以区别，在学术批判中，又要把对资产阶级思想的斗争和关于学术性知识性问题讨论加以区别。要造成自由讨论的空气，允许反批评，"百花齐放，百家争鸣"是我们坚定不移的政策，要创造一种气氛，使被批评的教授敢于讲话，不要说他们都是反面教员，他们也有正面教员。他们有许多知识，并且愿意用自己掌握的知识为社会主义服务，要让他们发挥作用。关于文艺工作，会议指出，文艺创作不能神秘化，也不能简单化，文艺工作不能像新闻记者那样，三五天就写出作品来。文艺要坚持社会主义方向，不能宣传资本主义、个人主义。艺术风格要坚持多样化，而不是少样化。要坚持百花齐放。

1月27日　中共中央批转国家计委党组和教育部党组《关于高等学校在校学生不得提前抽调分配工作问题的报告》。《报告》反映：1958年各项事业大跃进，1959年又有更大发展，各方面都感到专门人才非常缺乏。有些部门就抽调高等学校在校学生提前分配工作。据统计，从1958年7月—1959年3月，被提前抽调分配工作的高等学校毕业班学生有4 065人，约占当年由计划分配的毕业生总数的6.6%。中央在批示中指出："以后，非经中央决定，任何单位不得在中央各部门和省、市、自治区直属的全日制高等学校抽调未毕业的在校学生。"

同　日　《中华人民共和国政府、德意志民主共和国政府联合声明》在北京签订。由周恩来和来访的民主德国总理格罗提渥共同签署的该声明说：双方坚决支持苏联关于召开首脑会议，普遍裁军，永久禁止试验、制造和使用核武器，以及取消在别国领土上的军事基地的建设性建议，并且将继续为实现这些建议而努力；支持波兰人民共和国政府提出的关于建立中欧无原子武器区的倡议；谴责美国和南越当局破坏1954年关于恢复印度支那和平的日内瓦协议和阻挠越南和平统一的行为，并且全力支持越南民主共和国在和平、民主的基础上恢复越南的统一所作的努力；要求美国及其从属国从南朝鲜撤出所有武装力量；反对美国加紧制造“两个中国”以实现长期占领台湾的阴谋。

1月28日　中华全国总工会八届四次主席团扩大会议在北京举行。会议通过了《关于全国总工会、各产业工会全国委员会的组织机构和组织制度的规定》、《关于工会基层组织制度的若干规定》。会议确定1959年工会组织的任务是：在党的领导下，加强职工的政治思想工作，进一步提高职工的共产主义觉悟，继续巩固和发扬职工的劳动热情，开展以大闹技术革命为中心的大规模的群众生产运动，掀起新的生产高潮，完成和争取超额完成1959年的国家计划，为我国社会主义建设事业更大、更全面地跃进而奋斗。会议通过的文件规定：各省、自治区、直辖市总工会以省、自治区、直辖市党委领导为主，同时接受全国总工会领导。全国总工会在必要时根据党在每个时期所提出的政治任务和中心工作，经中共中央批准作出决议，发布指示、号召，召开会议。同时，可定期或不定期地向省、自治区、直辖市总工会布置工作，检查工作。各省、自治区、直辖市总工会要定期或不定期地向全国总工会反映情况，报告工作。各产业工会全国委员会今后实质上成为全国总工会的工作部，其日常工作在各党组领导下进行。6月5日，中共中央转发了上述两个规定。

本　月　省、市、自治区党委书记会议在北京召开。会议主要议题是讨论1959年国民经济计划问题、工农业生产和财政贸易问题。会议全面肯定了1958年的“大跃进”，认为这种“大跃进”不是临时现象，以后年年都要搞。前两个月压缩空气，松一点。现在干劲还要鼓足，上游还要力争。会议也指出，1958年生产建设中存在一些问题，承认在个别方面出现了比例失调现象，造成了副食品和日用百货供应不足，原材料比较紧张。针对这些问题，会议指出：1959年要抓好副食品和轻工业生产，要优先发展原材料工业，特别是发展煤矿、铁矿、有色金属等采掘工业，使原材料工业和加工工业之间保持适当的比例。毛泽东在会议讲话中说，总路线不能改，“大跃进”要坚持，对缺点应分析。1958年指标过高，基建上马太多，造成了几方面的比例失调，副食品供应和工业原材料供应紧张，以及交通运输紧张等情况，这些是我们的缺点，一定要改正。但要讲清楚这是一个或二三个指头的问题，主要是我们没有经验。

1月下旬—2月中旬　第一次全国科协工作会议在杭州召开。参加会议的有各省、市、自治区科协和部分全国性专门学会负责干部，以及若干人民公社和厂矿基层科协组织的代表共100余人。会议总结了1958年的工作，讨论和安排了科协1959年的任务。会议确定的中国科协1959年的总任务是：在党的领导下，鼓足干劲，千方百计调动广大群众的积极性，与有关方面密切合作，促进一个更加广阔、更加深入的技术革命群众运动，大大提高劳动生产率，为实现1959年国民经济计划和国家科学技术发展计划而奋斗。根据这一总的任务，会议制定了《1959年全国科协工作规划要点（草案）》，即以钢、煤、棉生产任务的关键性科学技术问题为中心，制订群众团体的专业活动计划。活动的对象主要为人民公社和厂矿。会议要求迅速组织科学技术力量，大力总结和推广1958年群众的创造发明和技术改革成果。

2月2日　《人民日报》发表社论：《把大跃进的战鼓敲得更响》。社论指出，1959年是苦战三年的第二年，也是决定性的一年。社会主义建设不能是慢吞吞的，必须是高速度的。要高速度，特别是在原来经济基础比较落后的我国，就必须苦战。社论批评有人误解了劳逸结合，说“我们不是为休整而休整，而是为了更有效地苦战，为了更大地跃进”。社论认为，继续跃进，有充分的条件，再加上人的冲天干劲，就能实现更大、更好、更全面的跃进。

同　日　《红旗》杂志发表社论：《十分指标，十二分措施，二十四分干劲》。社论说，1958年春天，江苏省常熟县提出一个响亮的口号：“十分指标，十二分措施，二十四分干劲。”这个口号很快风行全国，成为广大群众喜闻乐见的战斗口号。为了完成1959年计划，继续提倡这样一个生动有力的口号，是完全必要的。社论还说，所谓十分指标，就是在可能范围内的最高的指标。由于1959年的任务大大超过1958年，这就要求我们对于各项指标采取十二分措施来保证实现。同时，必须以二十四分干劲，即用双倍的努力去确保十二分措施的有效执行。

2月4日　全国人民代表大会常务委员会第一百零五次会议在北京举行。冶金工业部部长王鹤寿在会上作了关于钢铁生产的报告，化学工业部部长彭涛作了关于化学工业生产的报告。政协全国委员会在京的一部分常务委员列席了会议。

2月5日　全国人民代表大会常务委员会第一百零六次会议在北京举行。会议听取了煤炭工业部部长张霖之所作的关于煤炭工业生产的报告，政协全国委员会的一部分常务委员列席了会议。会议还就农业生产、商业工作、钢铁生产、化学工业生产、煤炭工业生产等5个报告，进行了讨论。

2月6日　中共中央作出关于正确组织炼铁生产的几项规定。鉴于1958年以来小高炉的原料消耗特别是焦炭消耗过多，已经成为炼铁生产中的一个突出问题，中央特规定：一、冶炼一吨生铁消耗的焦炭量，小高炉（包括土高炉）最高不应超过2 000公斤。所有的高炉一般应停止用木炭炼铁，以保护森林资源。二、简易焦炉和土焦炉都应普遍用洗煤炼焦，保证焦炭的灰分不超过15%~20%，硫分不超过1%~1.5%。三、要改变用品位太低的矿石直接入炉炼铁的做法，保证加入高炉的矿石的含铁量不低于30%~40%。四、要通过降低消耗和改进管理，在半年左右的时间内，把小高炉生产每吨生铁的成本降到200元左右。

2月7日　中共中央作出《关于降低国家机关三级以上党员干部工资标准的决定》。为了缩短最高工资标准与其他各级工资标准之间的差距，《决定》规定：从1959年3月起，将国家机关一、二、三级的工资标准合并为一级，其工资标准降低为400元（按一类地区计算）。降低的范围，只限于党员干部，一、二、三级非党员干部的工资，一律照旧，不予降低。企、事业单位和教育、科学、文艺工作者的工资标准，一律不降。

同　日　《人民日报》报道，全国冶金工业会议在北京召开。会议指出：1959年将是冶金工业更大、更好、更全面地跃进的一年，全国冶金工业系统的职工，必须继续鼓足干劲，力争上游，反对保守，破除迷信，多快好省地完成1 800万吨钢和以此为中心的冶金工业的任务。会议讨论了1959年的冶金工业计划，制定了完成这一计划的主要措施。会议确定的1959年全国生铁、钢材、铜、铝的产量，比1958年有更大的增长，重点建设工程达100多项，其规模和投资额，也大大超过1958年。为了解决焦炭供应问题，会议提出了两条应急措施：一是突击建设简易炼焦炉。二是继续搞土窑炼焦，土法炼焦。会议还讨论了1959年冶金工业的基本建设问题和整顿、巩固、提高“小土群”的问题。

同　日　《中苏两国政府关于进一步扩大两国间经济合作协定》在莫斯科签订。协定规定：苏联政府根据苏联最新的科学技术成就进行研究和设计工作，向中国供应设备、仪器和某些专用材料，派遣必要数量的苏联专家在企业的施工、安装、调试和开工生产方面给予技术援助，并且接受中国的专家和工人到苏联的相应专业进行生产技术实习；中国方面将自行创造协定中规定的企业需要的大部分配套设备，并且担负上述某些企业的勘察设计工作；苏联方面把规定由这些企业制造的产品的生产特许权无偿地给予中华人民共和国，并且提供必要的技术资料，以便中华人民共和国组织生产和制造协定中规定的企业所需要的配套设备；由苏联供应的设备、设计和其他各种技术援助的总值为50亿卢布左右，中国方面将根据中苏现行贸易协定，向苏联供应商品以偿付苏联供应的设备和各种技术援助。

同　日　黔桂铁路正式通车。铁路连接贵州和广西，全长605公里。

2月11日　《文艺报》开辟专栏讨论长篇小说《青春之歌》。《中国青年》第2期曾发表部分对《青春之歌》的批评文章。文章认为，此书有着浓厚的小资产阶级情调，不恰当地美化了小资产阶级知识分子的精神面貌。许多读者对此持有不同看法。为此，《文艺报》从第3期起，开辟《读者讨论会》专栏，讨论长篇小说《青春之歌》。讨论中对所谓小资产阶级情调、人物的真实性、时代精神及爱情描写等问题，作了深入的探讨，绝大部分读者不同意对该作品简单粗暴的批评，认为《青春之歌》是一部比较优秀的长篇小说，小说作者对林道静这样一个小资产阶级知识分子的成长过程的描写，是真实的，也是具有典型意义的。同年第9期上发表了马铁丁题为《论〈青春之歌〉及其争论》的文章，对这次讨论作了比较全面的分析和总结。

2月12日　《人民日报》发表社论：《为1800万吨钢而奋斗》。社论说，1959年是苦战三年中决定性的一年。我们能不能赢得这个决定性的胜利，在很大程度上决定于我们如何更好地完成1 800万吨钢。为1 800万吨钢而战，是我国人民1959年的一项中心任务，我们必须发挥冲天的干劲，保证完成和超额完成这个伟大的跃进指标。社论认为，1959年实现1 800万吨钢的指标，是整个国民经济继续跃进的最重要的保证。国民经济任何一个部门都同钢铁有着密切的关系。不解决钢铁问题，整个工业就无法前进，农业也不能得到更大的发展。抓住了钢，就能把机械、电力、煤炭、交通运输等都带动起来，农业机械化就有了希望。以钢为纲，它是促进整个国民经济高速度、有计划、按比例发展的一个有力的武器。

同　日　中共中央发出《关于坚决贯彻执行“各级干部参加体力劳动的决定”的通知》。《通知》说：干部参加体力劳动是发扬我党联系群众和艰苦奋斗的优良传统的重大措施，是贯彻执行党的干部工作路线的一项重要制度。干部参加体力劳动，除具有联系群众、克服官僚主义等一般意义外，其更为深远的意义在于为消灭脑力劳动和体力劳动的差别，加速建设社会主义，并逐步过渡到共产主义社会创造条件。《通知》规定：一、凡是没有经过劳动锻炼、缺乏基层工作经验而又有条件参加体力劳动的干部，特别是青年知识分子干部必须分批下放到农村人民公社，劳动锻炼1年左右，以改造思想，改善作风。二、各机关、企业、事业单位的全体干部，除年老有病不能参加体力劳动的以外，每人每年必须用至少1个月的时间参加体力劳动。人民公社的干部要用1/3左右的时间，大队干部要用1/2的时间，大队以下干部要经常参加体力劳动。三、县级以上机关和企事业单位的领导干部，每年应该一次或几次离开工作岗位，和工农群众一起参加短期的体力劳动。参加劳动的场所，除了农村外，也可以根据各部门的特点，分别到工矿企业、交通运输、财贸等系统的基层生产单位参加体力劳动。四、各级党委和各单位必须对干部参加体力劳动作出全面的规划和妥善的安排，并责成有关部门负责管理、检查、督促，建立必要的制度。

2月16日　中共中央发出《关于在对外关系中切实纠正骄傲现象的指示》。《指示》说：在我国的社会主义建设大跃进和人民公社化运动取得伟大成就，我国的国际地位日益提高的形势下，一部分人开始头脑发热，在对外关系中滋长了一股骄气，其表现主要有二：一是一部分同志对兄弟国家采取了一种高傲自大的态度，认为我们在许多方面比苏联和其他兄弟国家高明，无须再向他们学习，只要求人家尊重和照顾我们，而不注意尊重和照顾人家，甚至处处用我们的框子去衡量人家，多方挑剔和指责人家的缺点。二是对民族主义国家存在着急躁情绪，对帝国主义存在着轻敌情绪。这种骄气反映在宣传报道、对外活动、对外贸易、专家工作等方面，表现为态度上的傲慢、宣传上的浮夸和处理对外事务中的轻率。这些错误的现象，已经在一定程度上对我国的对外关系发生了不良影响。为了纠正这种现象，《指示》指出：在对外关系中，必须保持谦虚谨慎、实事求是的态度，坚决反对大国沙文主义。必须继续强调以苏联为首的原则，在一切方面尊重和照顾苏联在社会主义阵营中的首要地位。必须在一切国际场合加强同苏联同志的事先协商，即使我们之间在某一问题上存在着不同意见的分歧，也应力求对外保持中苏的一致。必须继续强调学习苏联和其他兄弟国家一切适合我国情况的先进经验。对其历史上犯过的错误，有过的缺点，也要从反面学习，引以为戒。在介绍和宣传我国经验时，必须强调我国的经验是马克思列宁主义的普遍真理同中国的具体实践相结合的结果，并且指出这是同苏联和其他兄弟国家的帮助分不开的，不可强调我国经验的普遍意义和单纯强调我们自己的作用。应该允许兄弟国家对于我国的政策和做法保持某些不同的看法，不得强求一致，更不得拿我们的框子去衡量人家，挑剔人家的缺点，严格禁止在一切报刊上对兄弟国家的现行政策进行公开的或者影射的批评。必须尊重在我国工作的兄弟国家的专家。

2月17日 《人民日报》发表社论：《人民公社要建立和健全生产责任制》。社论说：生产责任制是工业管理的基本原则，也是农业管理的基本原则。实行这一原则，有助于消除生产中的无人负责的现象，保证国家计划和公社计划的实现；有助于调动广大社员群众的劳动积极性；有利于社员群众掌握和提高生产技术，成为生产专家。为此，农村应建立“任务到队、管理到组、措施到田、责任到人、检查验收”的集体责任制和个人责任制。公社对管理区（大队）和生产队，一般应该推行“四定、一奖制”，即定生产指标、定投资、定上交任务、定增产措施，超产奖励。也可以实行“三定一奖”、“六定一奖”制，或者实行“三包”（包产、包工、包投资）制度。公社的工业和林业、牧业、副业、渔业以及服务性事业中，也都需要有责任制度。社论还指出，大范围协作，大兵团作战，曾被广泛采用，但是绝不能因此否认生产责任制的必要性。

2月18日 《中越经济技术援助协定》在北京签订。同时签字的还有：《关于中国政府给予越南政府经济技术援助协定的议定书》、《关于中国政府对越南政府提供技术援助的议定书》、《关于中国政府给予越南政府无偿援助人民币1亿元的换文》、《关于中国政府1959年援助越南政府的议定书》、《关于中国政府同越南政府1959年度相互供应货物和付款的协定》、《关于中国政府和越南政府1960年到1962年的长期贸易协定》等6个文件。文件规定：中国政府将向越南政府提供人民币3亿元的长期贷款和1亿元的无偿援助，用来帮助越南政府新建钢铁厂、煤矿、造船厂、氮肥厂、电站、铁路专用线、纺织厂和扩建造纸厂等49个工业、交通企业，对于这些建设项目，中国政府将根据越南方面的要求提供设计资料，供应成套设备，派遣必要数量的专家和技术人员指导建筑施工、设备安装和开工生产，同时，中国政府将接受必要数量的越南实习生来中国进行生产实习。中国政府给予越南政府的3亿元贷款的利息为年息1%，偿还期限为10年，自1967年起由越南政府以货物偿还。

2月18日—27日 中国作家协会在北京召开文学创作工作座谈

会。作协主席茅盾在会上作了《创作问题漫谈》的发言。他在肯定一年来创作成就的同时，批评了创作上题材狭隘，因为对革命浪漫主义的误解而造成的浮夸和空想，以及对为生产、为中心工作服务的片面理解等错误倾向。老舍在会上作了《规律与干劲》的发言，指出文艺创作自有它本身的规律，不能专凭摩拳擦掌就写出作品来，主张跃进计划应当数量与质量兼顾，规律与劲头平衡，在体裁上力求百花齐放。

2月24日　中共中央转发国家计委、国家经委《关于市场情况和轻工业生产问题的报告》。1958年冬季以来，市场上出现了副食品和一些工业品供应严重不足的情况：粮食全年库存比1958年减少50亿斤；油料库存比以往任何一年都紧，许多城市只能供应几天、十几天；部分副食品长期紧张；部分日用工业品和农业生产资料供应比较紧张；市场上排队争购现象很多，采购人员满天飞，地区之间盛行物物交换，有些商品发生了黑市现象，价格高出国家牌价很多。为了解决这些问题，《报告》提出：一、必须做好收购工作，控制销售量；二、必须注意增加副食品生产，适当减少农村消费量；三、积极增加钢铁、五金等材料的生产，保证轻工业所需原材料的供应；四、改进商品管理办法，对全国商品分三类进行管理：第一类是与国计民生关系十分重大的重要商品，由商业部制定收购、销售、调拨和库存计划，经中共中央批准后，全国按照执行。第二类是“有名有姓”的重要商品，由商业部制定各省市之间的调拨计划。第三类是“无名无姓”的小商品，由商业部门负责组织全国和各地区互通有无。中共中央在批示中要求各省、市、自治区党委切实加强对市场的领导，力争在第一、第二季度内，把市场供应基本调整好；各地区、各部门必须在商业工作中，切实贯彻“全国一盘棋”的精神，严格服从国家统一的调拨计划。中央还责成商业部门迅速提出改进商品管理办法的具体方案，报请中共中央批准后执行。

2月26日—3月8日　全国防治五大寄生虫病经验交流会议在长沙召开。会议由卫生部主持。参加会议的有卫生部门领导干部、科学家和中西医务工作者共200余人。会议系统地总结和交流了1958年全国防治五大寄生虫病（血吸虫病、疟疾、黑热病、丝虫病、钩虫病）的经验，初步制订了1959年消灭五大寄生虫病的具体方案，提出了调查研究，治疗病人，消灭传播媒介和加强群众性预防工作等具体措施和要求。会议要求全国一切可能的地方，在1959年国庆节前基本消灭五大寄生虫病和基本消灭蚊、蝇、雀、鼠等四大害。

2月27日　外交部发表《关于南越当局侵犯我国领土主权，劫走我国渔民的声明》。2月22日，南越海军侵入中华人民共和国西沙群岛中的琛航岛，劫走中国渔民82人，掠走渔船5只和其他财物。为此，外交部于2月27日发表《声明》。《声明》说：西沙群岛是中国的领土。中国政府在1951年8月15日和1956年5月29日对此曾经作过庄严的声明。现在，南越海军竟公然侵犯中国领土主权，劫走中国渔民和渔船，这引起了中国人民的极大愤慨。中国外交部严正声明，南越当局必须立即释放全部被劫走的渔民，交还被掠走的所有渔船和其他财物，赔偿被劫走渔民的损失，并且保证今后不再发生类似事件。《声明》发表后，南越当局释放了全部被劫渔民。

同　日　国务院华侨事务委员会、教育部抄转1958年全国侨务工作会议提出的《关于华侨学生工作的几点意见》。《意见》提出：对归国华侨学生要继续贯彻“一视同仁、适当照顾”的政策，要调动华侨学生的积极因素，做好国外工作。各地人民公社化后，对侨生除按照人民公社供给的范围、标准供给外，其他各项费用自理。无法自理的，可申请助学金，由国家补助。鼓励华侨学生继续积极争取侨汇。侨汇仍归私人所有，可以用于生活，可以储蓄，也可以参加全民办工业或学校兴办的生产事业。

2月27日—3月5日　中共中央政治局扩大会议（第二次郑州会议）在郑州举行。参加会议的有中共中央负责同志和省、市、自治区党委第一书记（27人），共47人。会议主要讨论人民公社问题，研究进一步整顿和建设人民公社的方针和方法。中共中央主席毛泽东在会上讲话，从理论上、政策上对公社所有制等问题作了阐述。毛泽东指出，目前我们跟农民的关系存在一种相当紧张的状态，“一平、二调、三收款”，引起广大农民的很大恐慌。造成这种状况的原因，主要是我们在生产关系的改进方面前进得过快了一点。许多领导干部还不认识实现公社所有制，即由队的小集体所有制过渡到公社的大集体所有制，还需要一个过程，这个过程要有几年时间才能完成。六中全会决议写明了由集体所有制过渡到全民所有制和由社会主义过渡到共产主义所必须经过的发展阶段，但没有写明公社内部由小集体所有制过渡到大集体所有制，也需要一个发展过程。这是一个缺点。这样，下面的同志就把公社、生产大队、生产队三级所有制之间的区别模糊了，实际上否认了目前还存在于公社中并且具有极大重要性的生产队或者生产大队（大体相当于原来的高级农业生产合作社）的所有制，从而引起广大农民的坚决抵抗。我们只能一步一步地引导农民脱离较小的集体所有制，通过较大的集体所有制走向全民所有制，而不能一下子完成这个过程。他说，人民公社在1958年秋季成立后，刮起一阵“共产风”。主要内容有三条：一是穷富拉平，二是积累太多，义务劳动太多，三是“共”各种“产”。在某种范围内，实际上造成了一部分人无偿占有别人劳动成果的情况，他强调指出，无偿占有别人的劳动成果，是我们所不许可的。在社与队、队与队之间要实行等价交换。他提出，必须首先检查和纠正平均主义和过分集中倾向。平均主义倾向否认各个生产队和个人的收入应当有所差别，而否认这种差别，就是否认按劳分配、多劳多得的社会主义原则。过分集中的倾向否认生产队的所有制，否认生产队应有的权利，任意把生产队的财产上调公社。上述两种倾向实际上否认价值法则、等价交换。他提出，必须合理地安排劳动力，削减用于工业、服务业和行政方面的人员；必须统筹兼顾人民生活、公社积累和国家需要三个方面的工作，公社的积累不要太高。他还提出，在纠正“共产风”时，过去的旧账一般不算。会议同意毛泽东的意见，形成了《郑州会议记录》。《记录》规定了整顿和建设人民公社的方针，即统一领导，队为基础；分级管理，权力下放；三级核算，各计盈亏；分配计划，由社决定；适当积累，合理调剂；物资劳动，等价交换；按劳分配，承认差别。会议还起草了《关于人民公社管理体制的若干规定（草案）》，对公社、管理区（或生产大队）、生产队三级的职权范围作了具体划分。生产大队（其规模相当于原来的高级农业生产合作社）是人民公社的基本核算单位，它有权按照公社的计划和有关规定，统一安排本单位的农业生产、收益分配；兴办和管理小型工厂以及文化教育卫生和公共福利事业，搞好劳动管理。但是，会议对“过渡”的时间仍然设想得很快，认为只需要两个五年计划，就可以实现完全的公社所有制，进而实现全民所有制；再用15年、20年或者更长一些的时间，社会主义的公社就将发展成为共产主义的公社。

2月—7月　朱德在各地视察中谈对农村办公共食堂的意见。朱德认为，农村办公共食堂，都吃一样的饭菜，像军队一样，这有点儿生硬。办公共食堂有许多缺点：浪费粮食、劳力和时间；对病人、老幼和来客照顾不到，下雨天吃饭不方便，北方烧炕取暖困难，给群众的生活带来不便；不利于发展家庭副业，食堂办不好影响生产；分散领导精力。朱德还提出，吃饭不要钱不行，食堂应退回去，粮食分给社员。食堂如果不退回去，也得改变做法，参加农村食堂，要实行自愿原则。把粮食分到户，可以把粮食节约下来，使社员把猪、鸡、鸭喂起来。朱德明确指出：“这两年我们只强调最好是消灭私有制，这是不对的。现在保留一点私有制，保留家庭副业，农民才愿意多生产出一些东西来供应市场。”

3月1日　《红旗》杂志发表陈云文章：《当前基本建设中的几个重大问题》。文章指出：有计划地合理地布置工业生产力，是基本建设中具有长远性质和全面性质的问题，是一个带有战略意义的问题。工业布局必须按照“全国一盘棋”的精神，使目前利益同长远利益结合起来，局部利益同全局利益结合起来。在一个省、自治区内企图建立完整无缺、样样都有、万事不求人的独立工业体系，是不切实际的。企业的布点应该接近原料、燃料产地和消费地区；大中城市需要新建或者扩建一些企业，但是多数企业应当适当分散地建设在中小城镇或者有矿产资源的地方；企业的规模应该坚持大、中、小型同时并举，而大量的企业应当是中、小型的方针；对建设项目的施工次序，要进行排队，把各地和各部门的积极性纳入国家计划的轨道，首先保证国家计划，特别是国家重点建设项目的完成，同时要照顾一般，全面安排，搞好综合平衡，使各个经济部门能够彼此协调，按比例地向前发展。基本建设固然要争取速度，但是在质量方面绝不能有任何忽视。在各行各业里，我们都应该设计和建设一批机械化自动化程度高的、设备先进的企业，但是在目前，大量的则应该是设计和建设机械化程度比较低，设备不那么先进的企业。所有建设单位都应认真执行“两参、一改、三结合”的制度，各种管理制度要根据情况逐步完善起来。

3月2日　煤炭工业部和中央人民广播电台联合举行“全国煤矿职工红旗竞赛”广播大会。会议提出，全国煤矿职工要鼓足干劲，永远反对保守，破除迷信，提倡敢想、敢说、敢干，确保1959年生产3.8亿吨煤炭任务的完成。会议要求每个矿井做到快截、快放、快采、快挪、快掘、快剥、快装、快运、快卸、快排；实现“面面高产、月月高产”，“大面积丰产”。会后，许多煤矿采用了一些不正确的采煤方法，打乱了平衡生产的正常秩序，使一些矿井很快出现采掘比例失调的现象，使不少矿用材料设备的供应发生了困难。

3月3日—12日　全国工矿企业职工教育工作会议在北京召开。参加会议的有各省、市、自治区和中央有关部门的负责人，以及70多个工矿企业的负责人。会议主要讨论了工矿企业职工教育的方针、任务和几个重要问题。会议认为，工矿企业职工教育必须贯彻党的教育方针，担负起在职工中普及各级教育，为生产建设培养大量干部的任务。1959年应该在已有基础上进一步发展和巩固提高，继续开展扫盲运动，大力发展职工小学，积极发展职工中学。会议提出，根据工矿企业和职工的特点，贯彻党的教育方针，应强调“结合生产，统一安排，因材施教，灵活多样”等原则。今后发展职工教育，应该继续以业余教育为主要形式。实行分级办学，厂矿办与车间(工段）办并举。要保证学习时间，提高教学质量，解决好师资问题，并加强领导。国务院第二办公室主任林枫向中央作了关于会议的报告。3月31日，中共中央批转了林枫的报告。

3月10日　平息西藏武装叛乱战斗开始。1951年西藏和平解放以后，中共中央驻西藏工作委员会和人民解放军驻西藏部队，在入藏的8年多的时间里，一直采取慎重稳进和耐心等待的方针，争取由西藏各阶层人士自愿以和平的方式，在多年内逐步地改革西藏的经济和政治。然而，西藏上层反动集团，却不顾中央的耐心等待和再三教育，坚持分裂祖国、维护封建农奴制度的反动立场，于1959年3月10日，公然撕毁中央人民政府和西藏地方政府签订的关于和平解放西藏办法的“17条协议”。发动了以拉萨为中心的全区性的武装叛乱。叛军提出“赶走汉人”、“西藏独立”等反动口号，并且打死反对叛乱的西藏自治区筹备委员会藏族官员勘穷索朗降措，打伤西藏军区藏族副司令员桑颇·才旺仁增等人，同时包围了人民解放军西藏军区司令部和中央驻拉萨的机关。为了巩固祖国统一，维护民族团结，彻底解放西藏劳动人民，人民解放军驻藏部队奉命于3月20日开始平叛作战。28日，国务院总理周恩来签发国务院命令，解散西藏地方政府，由西藏自治区筹备委员会行使地方职权，由班禅额尔德尼·确吉坚赞代理筹备委员会主任委员。在当地爱国僧众和人民的积极协助下，人民解放军驻藏部队迅速摧毁了叛乱集团在拉萨、山南地区的两个指挥中心。11月，叛乱集团的主要力量被歼灭，武装叛乱基本平息。随后，人民解放军进驻边境要点，搜剿小股叛乱武装。至1962年3月，平叛作战胜利结束。在平叛作战的同时，人民解放军驻藏部队遵照毛泽东主席关于“边平边改，先叛先改，后叛后改，未叛的暂时缓改”的指示，积极参加了民主改革的工作，培养了大批藏族干部，为西藏的革命和建设做出了贡献。

3月11日　国务院发出《关于调整若干企业隶属关系的通知》。《通知》根据党的八届六中全会关于企业管理体制不变，个别调整的精神，批准调整40个企业的隶属关系。其中34个由地方交归国务院有关部领导，6个由中央有关部下放地方领导。4月28日，国务院又批准46个企业调整隶属关系。其中21个由地方交归国务院有关部领导，1个由中央有关部下放地方领导，24个改由地方与国务院有关部双重领导。

3月14日　全国财政厅局长会议在北京举行。会议指出，加强国营企业的财务工作，搞好成本管理，促进经济核算，对于保证社会主义建设资金的积累具有决定意义。会议要求，1959年各级财政部门应当与同级计划部门密切协作，进一步把成本管理工作搞好，要协助企业通过技术革命，节约原材料及管理费用，改善劳动组织，挖掘现有设备潜力等办法，大力降低成本。会议认为，加强流动资金的管理是搞好企业财务管理的另一项重要工作。为了节约使用流动资金，充分发挥其使用效果，必须注意：一、加强流动资金的计划管理。根据国家计划规定的生产、流通任务来供应资金，以保证生产和流通的正常进行，同时促进企业加强经济核算，加强对流动资金的管理。二、划定流动资金的使用范围。流动资金只能用于生产周转和商品流转方面，不能做其他用途。三、抓紧进行流动资金的清理工作。会议还讨论了从财政工作上支持农村人民公社的巩固与提高问题。提出必须认真执行国家的税收政策，继续稳定人民公社的农业税负担，并且要从国家预算中拨出一笔资金向公社投资；各级财政部门要帮助人民公社建立与健全财务管理制度，搞好经济核算，以促进人民公社经济的发展。

同　日　中国运动员陈镜开在莫斯科个人举重锦标赛中，以148公斤的成绩再创次轻量级挺举世界纪录。

3月15日　毛泽东写信给各省、市、区党委第一书记，谈人民公社基本核算单位问题。在贯彻郑州会议精神中，河南、湖南两省主张以生产大队为基本核算单位，湖北、广东两省主张以生产队即原来的高级社为基本核算单位。对此，毛泽东在信中指出：我感觉这个问题关系重大，关系到3 000多万生产队长、小队长等基层干部和几亿农民的直接利益问题，采取河南、湖南的办法，一定要得到基层干部的真正同意，如果他们觉得勉强，则宁可采取生产队，即原高级社为基本核算单位，不致使我们脱离群众。河南虽然已经作了决定，但是，仍请省委同志在目前正在召开的县的四级干部会议上征求基层干部意见，如果他们同意省的决定，就照那样办，否则不妨改一改。总之，要按群众意见办事。无论什么办法，只有适合群众的要求，才行得通，否则，终究是行不通的。

同　日　**《人民日报》发表社论：《有破必有立》**。社论肯定了1958年以来工矿企业大破规章制度的做法。同时指出，在1958年的改革工作中，由于缺乏经验和时间短促，有些企业把规章制度破了以后还没有立起来，或者破得多、立得少。这样只破不立，只有始没有终，是违反事物发展的客观规律的。当前，除了对那些需要改革的规章制度继续进行改革之外，主要的任务应当是"立"，特别是要把那些对生产建设关系重大的规章制度，例如党委领导下的厂长负责制，各种责任制，各种工艺规程和操作规程，各种检验制度和安全制度等建立起来，而且立了要行，行要彻底，这是保证实现1959年生产计划的一项不可缺少的重要措施。

3月16日　**《红旗》杂志发表社论：《在人民公社中贯彻执行按劳分配的原则》**。社论说：在人民公社中采取什么分配方式，取决于人民公社所有制的发展水平。在一个相当长的时期内，我国的人民公社还不是共产主义性质的，而是社会主义性质的；在一定时期内，它也还不是全民所有制性质的，而是集体所有制性质的。因此，在人民公社内部的产品分配方面，实行社会主义的按劳分配、多劳多得的原则是完全必要的。实行这一原则可以形成"劳动光荣"的社会风气，便利于统计和监督生产，合理地进行劳动分配，建立生产责任制和经济核算制，有利于生产的发展。按劳分配，就是以劳动作为分配社会消费品的尺度，这同不劳而获比较，就是最大的平等。当然，实行这种分配原则，还会有收入多少的差别。但是这种差别，不同于剥削阶级和被剥削阶级的差别，也不同于农业合作化之前由于农民内部阶级分化而产生的贫富差别，而只是由于劳动的数量质量不同和生产基础的不同而产生的队与队之间和社员个人之间收入多一些和少一些的差别。这些差别的消灭，只有通过各生产队的经济水平趋于平衡，人民公社的经济的强大高涨，全国工业化、公社工业化和农村机械化、电气化的实现，才能够做到。如果企图采用平均分配的方法来消灭这种差别，就会对社会生产起消极的破坏作用。

3月17日　**毛泽东写信给各省、市、区党委第一书记谈召开县的五级干部大会和人民公社第一次社员代表大会问题**。毛泽东在信中说，各省、市、区六级干部大会结束后，县应大张旗鼓地召开五级干部大会，县委、公社党委、生产大队、生产队、生产小队都要有代表参加。一定要有思想不通的人，观潮派、算账派的人，社员中的积极分子参加，使所有这些人，都听到县委第一书记的讲话。然后展开讨论，言者无罪，大放大鸣，统一思想。会议过程中，要专门召集公社党委和县委第一书记讲一次话，使他们从过去几个月中因为某些措施失当，吹“共产风”，“一平二调三收款”，暂时脱离了群众这样一个深刻的教训中，得到经验，以后要善于想问题，做工作，与群众打成一片。会议除讨论三级所有、三级管理、三级核算外，还应当讨论生产小队（生产小组或作业组）的部分所有制问题。毛泽东在信中强调指出，我们的公社书记同志们，一定要每日每时关心群众利益，时刻想到自己的政策措施一定要适合当前群众的觉悟水平和当前群众的迫切要求。凡是违背这两条的，一定行不通，一定要失败。

3月18日　国务院批转商业部《关于逐级召开物资交流会，进一步做好城乡物资交流的报告》。商业部的《报告》说：物资交流会过去就是我们在组织商品流通方面行之有效的办法。现在要求召开的物资交流会，是吸收以往的经验，通过生产、流通和消费3个方面参加的会议形式，签订双边的或多边的产销结合合同（协议），把有关方面的计划衔接起来。这样，人民公社就可以根据合同规划生产，安排劳动力，发展多种经济，同时对生产和生活所需的物资，也可以有计划地安排；工业和手工业部门在原料供应上可以取得更为可靠的保证，据以安排常年生产和销售，也可以有更稳定的市场；商业部门可以有计划地组织3类物资的收购、调拨和合理分配，安排市场，使各种各样的需要，能够得到供应。国家集中管理的第一类物资，不得参加交流，以免打乱国家计划。国家实行差额调拨的第二类物资，在确保外调和出口任务完成的前提下，如尚有超产和节约下来的部分，也可以参加交流。国务院在批示中说，为使国家还不可能直接纳入计划的第3类商品的流通也能更有组织有计划地进行，使生产建设和人民生活中各种各样的需要，尽可能合理地供应，逐级召开物资交流会是一种较好的形式。

3月22日　中共中央、国务院发出关于整顿1958年新建的高等学校的通知。1958年，在“教育事业大跃进”的口号下，高等教育事业发展过快，远远超过了师资和设备的能力，有一部分学校不符合高等学校的标准。为此，《通知》规定：1958年以来新建立的高等学校，凡招收的学生是初中毕业或高小毕业程度、教学计划以及新开课程是中等学校水平的，应当分别改为高级中学和中等专业学校或初级中学和初级技术学校。招收高中毕业生但修业年限不满两年的，分别改为专修班或干部训练班。

3月25日—4月1日　中共中央政治局扩大会议在上海召开。会议检查了八届六中全会以来人民公社的整顿工作，讨论了公社整顿中提出来的若干问题，形成了《关于人民公社的18个问题》的会议纪要，准备提交八届七中全会讨论通过。纪要规定：一、在人民公社的三级所有制中，基本上是生产队所有制，这种情况不能很快改变。要由基本上生产队所有制，改变成为基本上公社所有制，需要公社有更强大的经济力量，需要各个生产队的经济发展水平大体趋于平衡，而这就需要有一个发展过程。完成这个过程需要很长的时间。在将来，在把基本上生产队所有制改变为基本上公社所有制的时候，不能使任何一个生产队和任何个人在经济上吃亏。二、人民公社应一般是以相当于原来高级农业生产合作社的单位作为基本核算单位，同时，要有生产小队的部分所有制。生产小队是包产单位，向生产队实行包产、包工、包成本和超产奖的办法。生产小队对于土地、耕畜、农具和劳动力有固定的使用权，公社和生产大队都不能轻易调用。超过包产的收入，除按比例上交生产大队一部分外，其余全部归小队所有。三、对人民公社建立以来的各种账目，要作一次认真的清理。县联社、公社无偿调用生产大队、生产队的财产，或者公社、大队、生产队无偿调用社员私人的财物，都必须如数归还或作价归还。四、农村人民公社的劳动力，用于农、林、牧、渔业生产方面的，一般不应少于80%；经常用于工业生产、交通运输、基本建设、文教卫生等方面的，不得超过20%。五、要改善人民公社实行的工资制度，人民公社计算劳动报酬的原则是“按劳分配，多劳多得”。实行供给制、办公共食堂是符合农民群众要求的，必须坚持下去。

3月26日　教育部发出《关于在中学加强和开设外国语课程的通知》。《通知》提出，为加强中学的外国语教学，今后全日制中学拟分为甲乙两类：甲类教学计划要求较高，设置最高限度的科目，乙类教学计划要求较低，设置最低限度的科目。从1959—1960学年度起，全日制的甲类中学要在初中开设外国语课程，在高中加强外国语教学。全日制乙类中学的初中部，一般可不开设外国语课程。中学设置各种外国语课程的比例，大体上约有1/3的学校开设俄语课程，2/3的学校开设英语及其他外国语课程。

3月30日　毛泽东对《陶鲁笳同志关于山西省各县人民公社问题五级干部会议情况的报告》作出批示。批示说：旧账一般不算这句话，是写到了郑州会议讲话里面去了的，不对，应改为旧账一般要算。算账才能实现那个客观存在的价值法则。这个法则是一个伟大的学校，只有利用它，才有可能教会我们的几千万干部和几万万人民，才有可能建设我们的社会主义和共产主义。否则一切都不可能。对群众不能解怨气。对干部，他们将被我们毁坏掉，有百害而无一利。4月3日，毛泽东在对麻城县万人大会第二次报告作出批示时再次指出，算账才能团结；算账才能帮助干部从贪污浪费的海洋中拔出身来，一身干净；算账才能教会干部学会经营管理方法；算账才能教会5亿农民自己管理自己的公社，才能实现群众对公社各级干部的监督和真正的民主集中制。

同　日　《人民日报》发表社论：《加速培养又红又专的教师》。社论说，社会主义教育的目的，是培养有社会主义觉悟的有文化的劳动者，建立一支强大的工人阶级知识分子队伍，为建设社会主义和实现共产主义理想服务。要达到这个目的，就需要具有社会主义和共产主义思想的、能够献身于工人阶级教育事业的一支又红又专的庞大的教师队伍。只专不红，或只红不专，都不能很好地为社会主义教育事业服务。社论提出加速培养又红又专的教师队伍的途径是：一、由国家从现有干部队伍中挑选一些人做教师；二、开班设校培训新生力量。

3月31日　中共中央批转林枫《关于当前工矿企业职工教育中几个问题的报告》。《报告》提出：一、工矿企业的职业教育工作，担负着在职工中普及教育和培养干部的任务。教育方针和普通学校教育的方针是同样的。但在工矿企业职工教育中贯彻党的教育方针，应该根据工矿企业的特点，实行“结合生产，统一安排，因材施教，灵活多样”等原则。二、职工教育的形式，应继续以业余教育为主。试办半工半读，应由省市委掌握；脱产学习的学校和训练班，应根据需要与可能适当发展。在生产正常情况下，工矿企业中每周应保证12小时的学习时间。三、教学工作要贯彻“理论和实际统一”的原则，可以办两类学校：专业学校和普通学校。学制过去规定18年(从扫盲到大学毕业)，需要适当缩短。四、解决师资的主要办法是能者为师，就地取材。在国家培训师资的计划中，应包括职工教育的师资。五、职工教育必须把普及作为首要任务，普及与提高相结合。六、职工教育应该在党委领导下，由工会负责办理。

本　月　中共中央就市、县人民委员会委员中党员比例及市县设置政协委员会等问题发出通知。通知规定：在市人民委员会的委员中，党员一般不超过60%。在县人民委员会的委员中，党员只应占50%。在乡人民政府委员会中，必须吸收必要数量的劳动人民中的非党分子参加。市、县人民委员会的正副局长、科长中，必须配备适当数量的非党干部和民主人士。市一般可设政协委员会，县一般不设政协委员会。

4月1日　中共中央发出《关于加强农村人民公社信贷管理工作的决定》。《决定》指出：农村人民公社化以后，根据中共中央、国务院《关于适应人民公社化的形式，改进农村贸易管理体制的决定》。国家银行在农村的基层机构，连同商业、粮食、财政等基层机构一起下放到人民公社。随后，国务院根据当时的情况，对人民公社信用部工作中的几个问题作出了若干具体规定。随着实践的发展，在原来的规定中，有些已经需要作一定的修改和补充。为此，对人民公社信贷管理工作作如下决定：一、人民公社信用部（即银行营业所）仍然受上级人民银行和公社管理委员会的双重领导，但是以受上级人民银行的领导为主。信用部在方针政策、业务计划、规章制度等方面必须执行上级人民银行的有关指示和统一规定；公社党委和公社管理委员会则负责保证和监督信用部很好地执行党的政策，完成国家计划，负责政治思想工作。公社党委和公社管理委员会，未经省以上党委批准，不能抽用信用部的资金。但信用部在日常工作中应当服从公社党委和公社管理委员会的领导。二、人民公社信用部和上级人民银行间的资金往来，一律改按银行内部往来关系办理，不再作为存贷关系，不再相互计算利息。人民公社信用部在业务经营中所发生的盈亏，统一归上级人民银行计算，不再由公社统一核算。三、人民公社各种贷款指标由上级人民银行核定，工业贷款、商业贷款和农业贷款应当分别掌握使用，即“专款专用”，不得挪用。四、在人民公社的各个生产队（相当于原来高级农业社的管理区或生产队，可以设立信用分部。信用分部受生产队的领导，同时在业务上受公社信用部的领导。信用分部同公社信用部间的资金往来，按存贷关系办理，存款、贷款都相互计算利息。信用分部在业务经营中所发生的盈亏，统一归生产队结算。

4月2日—5日　中共中央八届七中全会在上海举行。出席会议的有中央委员81人，候补中央委员80人，中央各部门负责同志和省、市、自治区党委第一书记列席了会议。中共中央主席毛泽东主持了会议。会议听取了国家经济委员会主任薄一波《关于第一季度工业生产情况和第二季度的安排的报告》、国务院副总理兼财政部长李先念《关于财贸工作的情况和意见的报告》、国务院副总理邓小平《关于经济工作和国家机构的人事配备的说明》、国务院副总理兼国家计委主任李富春《关于准备提交全国人民代表大会讨论的1959年国民经济计划主要指标的说明》。毛泽东在会上讲了话。全会讨论并通过了《1959年国民经济计划草案》，对中央八届六中全会拟定的计划指标进行了调整：钢产量从原来的2 000万吨确定为1 800万吨，其中好钢为1 650万吨；煤从原来的4亿吨确定为3.8亿吨；其他一些主要工业产品的指标也作了相应的变动。粮、棉指标仍维持不变，但其他一些主要农产品都比原计划指标有所降低。基本建设投资由原定360亿元减为260亿—280亿元，限额以上项目由原定的1 500个减为1 000个左右。全会检查了人民公社的整顿工作，通过了3月下旬政治局上海扩大会议作出的《关于人民公社的18个问题》的会议纪要。毛泽东在讲话中劝说坚持高指标的一些同志，不能每天高潮，要波浪式前进。1957年不搞“马鞍形”是不行的，“马鞍形”将来还会有，做计划要留有余地。他肯定了陈云关于这方面的正确意见，表示赞成调整生产指标。毛泽东还作了关于工作方法问题的讲话，提出要多谋善断、实事求是、多听不同意见、上下通气、善于观察形势、当机立断。强调权力集中在政治局常委、中央书记处，由他挂帅。他号召学习海瑞精神，要“舍得一身剐，敢把皇帝拉下马”，要敢讲话，不怕警告、撤职、降级、开除党籍，不怕离婚、杀头，要敢于坚持真理。全会讨论和决定了准备向第二届全国人民代表大会第一次会议提出的国家机构领导人员候选人的提名方案。

4月5日　中国运动员在世界锦杯赛获得第一个世界冠军。中国运动员在联邦德国多特蒙德举行的25届世界乒乓球锦标赛男子单打决赛中，中国乒乓球运动员容国团获得世界冠军。这是中国运动员在世界锦标赛中获得的第一个世界冠军。

4月6日—15日　全国技工学校工作会议在上海召开。会议确定今后技工学校发展的方针是：在1958年大发展的基础上加以整顿、巩固和提高，并在这个基础上，根据国家建设的需要，积极地有计划地发展。会议认为，一般的技工学校学习时间以2年—3年为宜。在每个学年里，生产劳动时间和技术理论教育时间应在6:4与7:3之间。会议还讨论了改进教学工作、加强思想政治工作及对技工学校的领导管理等问题。

4月10日　《人民日报》报道：全国省、市、自治区党委工业部长会议在上海召开。参加会议的有全国各省、市、自治区党委的工业工作部部长和107个现代化厂矿企业的党委书记。会议总结了1958年现代化工矿企业大搞群众生产运动的经验，研究了1959年现代化工业企业群众生产运动的任务、方针和做法。会议确定1959年现代化工业企业工作的任务是：继续开展大规模的群众生产运动，大搞技术革命和技术革新，提高劳动生产率，多快好省地完成国家计划。实现1959年工业生产的大跃进。会议强调，在大搞群众运动的同时，必须注意加强领导，加强企业管理，提高管理水平，建立一套既适合现代化工业企业要求，又便于发挥群众积极性和创造性的科学管理制度，首先是责任制和经济核算制。会议认为，企业的领导制度，在行政管理方面，应当坚决执行党委领导下的厂长负责制，以及党委领导下的职工代表大会制。

4月13日—5月9日　国家科学技术委员会、外交部、教育部在北京联合召开留学生工作会议。会议回顾了9年来派往社会主义国家的留学生工作，认为建国以来的留学生的派遣工作可分为3个阶段，第一阶段自1950年—1953年，选派方针为“严格选拔、宁少毋滥”。第二阶段自1954年—1956年，执行了“严格审查、争取多派”和“以理工科为重点，兼顾全面需要”的方针。第三阶段自1957年—1958年，执行“多派研究生，一般不派大学生”的方针。9年共派遣留学生1.6万余名，学成归国的已有9 000名，其中91%派往苏联，9%派往其他社会主义国家。留学生中2/3学工科。会议认为，9年来留学生工作存在的问题是：质量不高，专业不全，缺乏长远规划，对基础理论专业重视不够。会议确定今后派遣留学生工作的方针是：一、保证重点，兼顾一般。根据国内的需要和国外的可能，派人出国学习“高、精、尖、缺”（即高级、精密、尖端、缺门）的学科和专业。二、保证留学生的质量，特别是研究生的质量，在保证质量的前提下争取数量。三、既要注意长远需要，派一定数量的研究生和大学生，作长期培养，又要派人出国短期进修或实习，以满足当前需要。7月27日，中共中央批转了这次会议的报告。

4月15日　毛泽东召集第十六次最高国务会议。出席会议的有全国政协、中国共产党、各民主党派和各人民团体的主要负责人，以及社会各界著名人士，共106人。会议就二届人大第一次会议的议程和主席团成员名单、三届政协第一次会议的议程和主席团成员名单，交换了意见。会议还讨论了准备提出的国家机构领导人员候选人名单和三届政协领导人员候选人名单。毛泽东在会上就国际形势、国内形势以及西藏问题发表了讲话。讲话说，从1958年8月起，出了两件事，一个是台湾问题，一个是西藏问题。1958年8月大闹台湾，现在大闹西藏。我们就是这两块地方没有改革。讲话号召要团结国内外一切可以团结的人，选一些右派分子加入我们的领导机构。

4月18日—28日　第三届全国政协一次会议在北京举行。参加会议的政协委员共1 071人。会议一致同意全国政协副主席李维汉作的《政协第二届全国委员会常务委员会工作报告》，一致通过了《关于工作报告的决议》和《第一次会议的政治决议》。全体政协委员列席了二届人大一次会议，听取了政府工作报告和其他报告。会议选举毛泽东为中国人民政治协商会议第三届全国委员会名誉主席，周恩来为主席；彭真、李济深、郭沫若、沈钧儒、黄炎培、李维汉、李四光、陈叔通、陈嘉庚、包尔汉、陈毅、康生、帕巴拉·格列朗杰、阿沛·阿旺晋美当选为副主席；徐冰当选为秘书长，王从吾等143人当选为常务委员。

4月18日—28日　第二届全国人大一次会议在北京举行。会议审议了周恩来所作的《政府工作报告》及李富春《关于1959年度国民经济计划草案的报告》、李先念《关于1958年度国家决算和1959年度国家预算的报告》和彭真《中华人民共和国全国人民代表大会常务委员会的工作报告》，并通过了相应的决议。大会还通过了《关于西藏问题的决议》和《关于撤销司法部、监察部的决议》，会议批准了1959年国民经济计划，按照这个计划，1959年，工业总产值将比上年增长41%，农业总产值增长39%。在主要工业产品中，钢产量（不包括土钢）将比上年翻一番以上，达1 800万吨；采煤设备、洗煤设备、炼焦设备、轧钢设备和发电设备等产品的产量也要成倍地甚至几倍地增长；生铁、原油、硫酸、化肥、机车、拖拉机等十几种产品的产量都要比上年增长50%以上。在主要农产品中，粮食、棉花、麻、甘蔗、甜菜、花生、油菜籽以及猪的饲养头数等，都要比上年增长40%以上。国家基本建设投资确定为270亿元，比上年增加26%；限额以上的建设项目确定为1 092个。会议要求积极努力完成以钢、煤、粮、棉四大指标为中心的国民经济计划（煤产量为3.8亿吨，粮食产量为10 500亿斤，棉花1亿担）。会议选举刘少奇为中华人民共和国主席，宋庆龄、董必武为副主席；朱德为全国人民代表大会常务委员会委员长；根据刘少奇的提名，决定周恩来连任国务院总理。

4月22日　中共中央书记处提出打一个钢铁战役的要求。进入1959年以来，钢的日产量一般在3万吨左右，未能达到计划要求日产4万吨的速度。为了把钢产量突击上去，书记处决定：7月15日以前，集中力量打一个钢铁战役。从通知发出日起至5月15日止为战役的第一阶段，实现钢的日产量4万吨计划；从5月16日—6月15日为第二阶段，目标是把钢的日产量提高到4.5万吨；从6月16日—7月15日为第三阶段，争取钢的日产量达到5万吨。书记处提出：达到了这些目标，就叫做取得了胜利，超过了这些目标，就叫做取得了巨大胜利。按照书记处的部署，国家经委、计委与中央工业交通各部门，组成了4个工作组，分别到东北、华东、华北、华中4个钢铁生产重点地区，协助地方进行检查督促。钢铁战役的结果是，7月份钢的日产量为3.13万吨，仍然停留在过去几个月的水平上。

同　日　中国举重选手董强辉在太原举行的全国健将级举重锦标赛中以158.5公斤的成绩打破自己保持的轻量级挺举世界纪录。

4月29日　毛泽东给省、地、县、社、队、小队6级干部发出《党内通讯》。毛泽东在信中指出：包产一定要落实，根本不要管上级规定的那一套指标，只管现实可能性；密植要从实际出发，作出一个比较科学的密植程度的规定；粮食问题，在10年内，一切大话、高调，切不可讲，要讲真话，包产能包多少，就讲能包多少，不讲经过努力实在做不到而又勉强讲做得到的假话。收获多少，就讲多少，不可以讲不合实际情况的假话。各项增产措施，实行八字宪法，每项都不可讲假话。老实人，敢讲真话的人，归根到底，于人民事业有利，于自己也不吃亏。爱讲假话的人，一害人民，二害自己，总是吃亏。应当说，有许多假话是上面压出来的。上面“一吹二压三许愿”，使下面很难办。因此，干劲一定要有，假话一定不可讲。毛泽东说：我们办农业工业的经验还很不足。一年一年积累经验，再过十年，客观必然性可能逐步被我们认识，在某种程度上，我们就有自由了。什么叫自由？自由是对必然的认识。同现在流行的一些高调比起来，我在这里唱的是低调，目的在真正调动积极性，达到增产的目的。

4月30日—5月12日　德意志民主共和国人民议院代表团访问中国。代表团由德意志民主共和国人民议院主席约翰尼斯·狄克曼和第一副主席赫尔曼·马特恩率领。访华期间，代表团受到毛泽东、刘少奇、周恩来的接见。5月11日，全国人大常委会举行扩大会议，欢迎代表团。朱德在会上致欢迎词，狄克曼发表了演说。

本　月　陈云就缓解市场供应紧张问题写信给中央财经小组。陈云在信中提出：一、粮食要省吃俭用。1958年夏收和秋收后，估产高了，吃用多了。1959年以来，城乡销量继续增加，库存下降，到处供应紧张。因此，不管今年粮食增产多少，都必须省吃俭用，控制销量。抓住这一头，十分重要。我国粮食问题还没有过关。粮食定，天下定；粮食紧，市场紧。二、组织猪、鸡、鸭、蛋、鱼的供应。城市市场上缺少猪肉鸡鸭等的供应和缺少工业品的供应，情况显然是不同的。改善生活，吃还是第一位。市场上如果缺少10亿元猪肉和鸡鸭等商品的供应，是很难有其他的东西可以弥补这个缺口的；即使能拿出10亿元工业品来补缺，也缓和不了市场供应的紧张状况，10亿元的猪肉、鸡、鸭、蛋、鱼经过加工可抵14亿—15亿元的商品，现在酒馆、饭铺差不多都是国营的，可成为国家一个很大的货币回笼力量。1959年市场物资供应和购买力之间的差额约有40亿—50亿元，如能增加10亿元的猪、鸡、鸭、鱼和蛋类的供应，也就是大体上增加1 000万头猪，2亿只鸡、鸭，2亿斤蛋类和几万吨鱼的供应，在弥补差额上可起很大作用，使市场紧张状况有所改变。组织猪、鸡、鸭、鱼的供应，必须从生产入手。发展养猪、养鸡、养鸭，国营、集体、个人3种形式可以同进并行，三条腿走路。三、要专门安排一下日用必需品的生产。已经改行的原有小商品的工厂，特别是原有的手工业生产合作社应该让他们“归队”，恢复生产。实行独立核算，自负盈亏，以便发挥这些手工业者的积极性，增加手工工业品的数量和品种。四、压缩购买力，认真精简1958年多招收的工人，企业增加职工，就要随之增加购买力。1956年我们招工过多，造成当时市场紧张的局面，有过教训。对1958年多招收的1 000多万工人，必须认真地加以精简，安置到农村去。今后必须严格控制职工人数。五、运输紧张，要优先安排市场物资所需要的运输力量，特别是要安排好短途运输所需要的劳动力。当工业和商业都需要运输的时候，应尽先安排商业的需要，加强城乡物资交流。

5月2日　毛泽东批发《河北省昌黎县最近公社的工作情况及问题》一文。该文作者中国科学院经济研究所昌黎工作组副组长王绍飞反映，1959年春季同1957年下半年和1958年上半年比较，农民出勤率提高，但干劲不大。产生这种情况的原因主要是：对秋后能否落实按劳分配政策表示怀疑；生产指标脱离实际太远，伤害了群众的生产积极性；粮食紧张，难以支持劳动；管理区和生产队的关系尚未理顺，管理区管理过宽，抓得过死。但严重的问题还是生产计划虚假和粮食问题。王绍飞认为，解决这些问题，从各方面调动群众自觉的生产劳动的积极性，是当前农村中迫不及待的问题。这些问题不解决，就会影响1959年的农业生产和人民公社的巩固。毛泽东在批示中说：河北省昌黎县的情况和他们所提出来的意见，是有普遍性的。各地各级党委都应注意解决，越快越好。

5月3日　第二届全国人民代表大会常务委员会第一次会议在北京举行。会议批准了《中华人民共和国政府和朝鲜民主主义人民共和国政府文化合作协定》、《中华人民共和国政府和越南民主共和国政府文化合作协定》。会议任命张苏、余心清、孙起孟、连贯、胡愈之、陈此生为常务委员会副秘书长。

同　日　周恩来邀请文艺界人士举行座谈会。座谈会于当日下午在中南海紫光阁举行。参加会议的主要是人大代表和政协委员中的文艺界代表和委员，北京文艺界人士也参加了座谈会，周恩来在会上作了《关于文化艺术工作两条腿走路的问题》的讲话。讲话共分10条，实际讲了10种关系和矛盾：首先，既要鼓足干劲，又要心情舒畅。鼓足干劲是主导方面，但不要过分紧张。写东西不能天天一个电话又一个电话去催，精神太紧张了，写不出好作品来。其次，既要努力完成，又要留有余地。主导方面是力争完成，留有余地是为了保证质量。任务定得低一些，超额完成，也很好，也不会浪费人力、物力、财力。精神食粮不能以数量作标准。第三，既要有思想性，又要有艺术性。主导方面是思想性，思想性要通过艺术形式表现出来。今后对于艺术性，一定要要求得严格一些。第四，既要浪漫主义，又要现实主义，即革命的现实主义与革命的浪漫主义的结合。主导方面是理想，是浪漫主义。现在的作品中，现实主义和浪漫主义都不够，尤其是浪漫主义更差一些。第五，既要学习马列主义，又要和实际相结合，既要学习政治，又要和生活实践相结合。第六，既要有基本训练，又要有文艺修养。第七，既要政治挂帅，又要讲物质福利。主导方面是政治挂帅，否则不能成为新时代的艺术家，但同时要注意物质福利。对于工资、稿酬等问题，应该研究、总结。第八，既要重视劳动锻炼，又要保护身体健康。知识分子参加劳动锻炼是好的，但劳动锻炼不要一般化，年老多病的可以不劳动。要因事制宜，按照各行各业的特点作具体的规定。在文学艺术劳动上，也要注意保护演员、作家的身体健康。第九，既要敢想、敢说、敢做，又要有科学的分析和根据。客观的可能性要与主观的能动性结合起来。第十，既要有独特风格，又要能兼容并包（或叫丰富多彩）。独特风格是主导的，没有独特风格的艺术就会消亡。

5月6日　《中华人民共和国和匈牙利人民共和国友好合作条约》在北京签订。《条约》规定：一、缔约双方将本着真诚合作的精神，并且在符合联合国宪章原则下，参加一切旨在维护世界和平和各国人民的安全的国际行动。二、缔约双方将就两国关心的一切重要的国际问题进行磋商，在磋商中，将特别注意保障两国的领土完整和安全。三、缔约双方将本着互相尊重主权、互不干涉内政、平等互利的原则，继续巩固和发展两国的政治、经济和文化合作关系。四、本条约不涉及中华人民共和国和匈牙利人民共和国对其他国家承担的义务。

5月7日　中共中央发出《关于农业的五条紧急指示》。《指示》

说：据11个省市小麦会议的反映，1959年夏收作物比1958年减少1.1亿多亩，即减少20%，1959年农业生产任务很有完不成的危险。为实现全年农业生产任务，中央要求：一、各级党委的第一书记必须在5月、6月两个月内，以抓农业生产为中心。二、继续努力，加强小麦后期管理，争取小麦增产几十亿甚至成百亿斤。三、扩大春播和夏种面积。四、迅速扭转养猪头数大量减少的局面，集体喂养和社员私人喂养应该并重，应当以80%~90%放到承包单位和私人喂养，对私人养猪要在饲料、劳动时间等方面给以必要的安排和照顾。恢复社员的自留地，仍然按照原高级合作社章程的规定，自留地不超过也不少于每人平均占有土地的5%。没有自留地不能大量发展私人喂养的猪鸡鹅鸭，不能实行公养私养两条腿走路的方针。五、毛主席关于农业方面6个问题的意见，应当立即发到生产小队，在群众中普遍地进行讨论和执行，真正调动起群众的积极性。

同　日　新华社报道：浙江省嘉兴县发现“马家滨遗地”。在约1.5万平方米的遗址中发现了大量的兽骨和狩猎工具。遗址的考古年代属新石器早期。

5月10日　中共中央批转湖北、河北、广东3个省委关于人民公社和农村情况的报告。报告反映：粮食问题是当前农村最严重的问题。湖北省从旧历年到4月底，闹粮之风此起彼伏，全省有170多万人口的重灾区，春荒相当严重，拥有200多万人口的武汉市曾经一度处于供应紧张的状况，引起许多人的怀疑、误解和一些人的责难。河北省有30多个县闹缺食，严重的有10个县。广东省的崖县、南雄、罗定、钦县等地，据不完全统计，已经饿肿10 930人，其中已死134人。造成粮食紧张的主要原因，是对增产幅度估计过高，产量数字估计过大；加之1958年秋收没有搞好，以及一度放开肚皮多吃等。中央在转发湖北省委的报告时，还转发了报告附件《中共湖北省委扩大会议“关于人民公社18个问题”的讨论纪要》。《纪要》根据中共中央上海会议“关于人民公社18个问题”的精神，结合本省情况，提出如下补充意见：一、必须坚持“基本队有制、部分社有制的情况不能很快改变”的原则，在近几年内，一般的不要改变。二、生产小队是包产的单位，也是进行农业生产的单位。生产小队应当有部分所有制，生产队对生产小队实行三包以后，超产提奖部分是生产小队部分所有制的一个重要方面。生产小队包产的指标，要低于实际可能达到的产量，一般的应以生产队前一年的实际产量为基础，加20%~30%，最高一般不超过40%。三、土地、劳力、耕牛、农具，生产小队有固定的使用权，不经生产小队同意，生产队不能随便调动。四、房前屋后的空地，允许社员自种蔬菜、饲养，收入全部归社员个人所有。五、算账当中，对90%以上的干部要保护"下楼"，对多分多占、贪污公款的干部，一般的只要坦白承认，决心改正错误，不戴贪污帽子，不予处分。对于少数错误严重，又不肯悔改的，要分别给以撤职、留党察看和开除党籍处分。中央在批示中指出：农业生产指标必须实事求是，经过一切努力能够达到的，必须力争达到；经过一切努力还达不到的，就应当修改，不要硬性往下派。湖北省委对人民公社18个问题的若干补充规定很好，各地可以参照执行。

5月11日　陈云在中共中央政治局会议上作《落实钢铁指标问题》的发言。陈云说：中央财经小组经过反复调查研究，在认真分析了矿石、焦炭、耐火材料、冶炼、轧钢和运输等方面的生产能力和条件后，确定钢材的可靠指标为900万吨，钢的生产指标为1 300万吨。这个指标比较可靠，比较实在，但也不是轻而易举，要作很大努力才能完成。陈云认为下述问题目前需要着重加以注意：一、要强调改进质量。钢铁要强调改进质量，设备制造、日用工业品生产、基本建设等等，都要强调提高质量。如果生产出来的东西质量很坏，不仅不能满足生产、建设和市场的需要，而且要造成极大的浪费。二、既要保证重点又要照顾一般。钢铁、煤炭、电力、机械、运输这些重点的生产和建设，必须加以保证，但是，对于石油、化工、重要建筑材料和市场迫切需要的轻工业品，也应该切实加以照顾。否则，不仅国民经济各部门不能互相协调地向前发展，而且重点本身的发展也难以得到可靠的保证。总之，必须依据有计划按比例的原则办事。三、既要照顾1960年又要照顾长远。当前的生产和建设是重要的，决不能忽视。但是，也不能只顾眼前，不顾将来。要统筹兼顾，适当安排。5月15日，陈云写信给毛泽东，提出1959年计划指标以钢1 300万吨、钢材900万吨为宜，并指出：说生产数字定得少一点（实际是可靠数字），会泄气，我看也不见得。正如少奇同志在政治局讲的，定高了，做不到，反而会泄气。

5月12日　第三届全国政协常委会第一次会议在北京举行。会议推选康生、李维汉、陈叔通、包尔汉为政协第三届全国委员会常务副主席，并确定了政协全国委员会的工作机构和各机构的负责人。会议决定增设联络委员会和文史资料委员会。

5月15日　《人民日报》发表社论：《必须在优质的基础上高产》。社论说：把我国建设成为一个具有现代工业、现代农业、现代科学文化的社会主义强国，不但要求又多又快地进行建设，而且要求又好又省地进行建设，切实注意产品质量和工程质量。这是一件头等大事，针对国民经济发展中只注意多快、忽视好省和工业产品质量下降、消耗增加的情况，社论强调指出，在生产和建设中，必须提出严格的质量要求，特别是那些关键性的重要产品，尤应如此，否则就将造成恶劣的后果。但是，强调提高质量，绝不等于就可以放弃速度，一切都慢慢地来。强调了质量而忽视了数量和速度，正如强调了数量和速度而忽视了质量一样，在任何时候都是不对的。

5月17日　中共中央印发教育工作的10个文件。这10个文件是：一、教育部党组《关于1959年教育事业发展计划的意见》。二、中共中央、国务院《关于在农村中继续扫除文盲和巩固发展业余教育的通知》。三、中共中央《关于在高等学校中指定一批重点学校的决定》。四、中共中央、国务院《关于整顿1958年新建的全日制半日制高等学校的通知》。五、中共中央、国务院《关于试验改革学制的规定》。六、国务院《关于全日制学校的教学、劳动和生活安排的规定》。七、国务院《关于高等学校师资的补充、培养和调配问题的规定》。八、国务院《关于注意适当地解决高等学校所必需的校舍建筑、仪器、设备及原材料供应等问题的通知》。九、教育部党组《关于大中学校增设军事课程问题的请示报告》。十、教育部党组《关于编写普通中小学和师范学校教材的意见》。上述二、四、五、六、

七、八号文件，除党内下达外，还由国务院经过政府系统下达。中共中央在通知中指出：我们在学校工作中，不但要善于领导劳动，还要善于领导教学；不但要善于解决知识分子劳动化的问题，还要善于解决工农分子知识化的问题。在教育的发展中，必须坚持贯彻执行“两条腿走路”的方针。各级党委，特别是管教育工作的党员，必须又红又专，做好工作，对于一切可以团结的知识分子都要团结，为社会主义的教育事业和科学研究事业服务。在科学和艺术工作中，要贯彻“百花齐放，百家争鸣”的政策。学生要做到身体好、工作好、学习好。

同　日　中共中央转发教育部党组《关于1959年教育事业发展计划的意见》。《意见》提出：1959年的教育事业计划应当采取巩固提高、适当发展的方针，即在1958年教育事业大发展的基础上，分别按照各级各类教育事业的任务和条件，该整顿巩固的着重整顿巩固，该发展的发展。把建设需要和可能条件结合起来，把革命干劲和实事求是的科学精神结合起来。要继续贯彻“两条腿走路”的方针，既要注意普及，又要保证重点，使教育事业为促进工农业生产更大更全面地跃进服务。在全日制学校与半日制学校发展的安排上，要注意不要过多地占用劳动力。各级各类业余学校应当尽可能地继续发展，并把它办好。高等学校和中等专业学校各种专业的设置和发展，应按照全国一盘棋的精神，作适当安排和调整。

同　日　中共中央发出《关于在高等学校中指定一批重点学校的决定》。《决定》确定下列16所学校为全国重点学校：北京大学、中国人民大学、复旦大学、中国科学技术大学、上海第一医学院、哈尔滨工业大学、清华大学、天津大学、上海交通大学、西安交通大学、华东师范大学、北京工业学院、北京航空学院、北京农业大学、北京医学院、北京师范大学。1960年，中央又决定增加中国医科大学、哈尔滨军事工程学院、第四军医大学及通讯工程学院4校为全国重点高等学校。

5月20日　国务院发出《关于改进基本建设财务管理制度的几项补充规定》。《规定》共8条：一、国家把年度国民经济计划和国家预算确定的年度基本建设投资（包括储备资金），交由建设部门包干使用，建设部门对建设单位可以按总预（概）算确定的全部工程的投资总额包干，没有总体设计的，可以按分期建设任务的投资总额包干。二、实行基本建设投资包干以后，建设部门和建设单位必须执行统一的国家计划，保证完成国家既定的建设任务。三、建设单位节约下来的投资，用于增加新的建设项目时，必须事先报告建设部门或计划部门。四、实行基本建设投资包干以后，未完工程的年终结余资金，仍由建设部门和建设单位结转到下年度继续使用。五、建设单位必须根据上级确定的工程排队次序施工。六、建设单位和建筑企业应当根据批准的设计文件所规定的建筑结构施工，确保工程质量。七、建设部门和建设单位必须加强经济核算，健全财务管理制度，对生产资金和基本建设资金必须分开管理。八、各级财政部门对建设部门应当按季或按月核定用款限额，在用款限额范围内，对建设单位进行拨款，并监督资金的合理使用。

5月22日　讨论1959年计划落实情况会议在北京召开。李富春主持了会议。会议认为经济战线存在的主要问题是：一、钢铁一马当先，其他跟不上。钢铁工业主要是铁多质量差，钢铁生产比例失调：1月—4月全国生铁产量为606万吨，据推算，大约有150万吨左右不能使用，占总产量25%左右。机械工业的制造能力赶不上生产任务，材料供应赶不上制造能力。二、基本建设规模过大，战线过长，压缩不下来。三、对1958年农业产量估计偏高，对1959年任务安排过重。1958年粮食产量定为7 500亿斤，落实为5 500亿斤（注：最后落实为4 000亿斤）。1959年粮食产量安排为10 500亿斤，比上年实际产量增长近一倍。四、市场供应紧张。1958年末实有职工比上年增加2 082万人，将在1959年多支付工资40亿元。此外，国家对人民公社投资10亿元，发放钢铁补贴15亿元，停止发行公债7亿元，都给市场供应带来压力。1959年社会购买力650亿元，大于商品可供量40亿—50亿元。会议对4月中共中央上海会议确定的计划指标，提出了调整意见。

5月24日　中共中央、国务院发出《关于整顿1958年新建的全日制和半日制高等学校的通知》。1958年，各省、市、自治区和中央各部门共新建全日制和半日制的高等学校700余所。其中一部分学校学生的程度、师资、设备和教学计划等，不符合高等学校的标准，为此，《通知》规定：凡招收的学生是高中毕业或具有同等学力的，教学计划及所开课程符合高等学校的水平，修业年限在2年以上，并有一定的专职教师，能正常地进行教学工作的学校，是高等学校。凡招收的学生是初中毕业或高小毕业程度，教学计划及所开课程是中等学校水平的，应当分别改为高级中学、中等专业学校、初级中学、初级技术学校或干部训练班。

同　日　中共中央批转教育部党组《关于高等学校学生编写讲义问题的意见》。《意见》针对某些学校安排学生参加编写讲义一事指出：学生的主要任务是学好学校所规定的各种课程，时间、精力主要应当用在学习功课上。编写讲义主要是教师的责任，不应把编写讲义的担子放在学生身上。《意见》还提出：不要为编讲义而编讲义，不要明知力量不够也要勉强编写，更不要为了赶国庆献礼而仓促编写，粗制滥造。各科有现成讲义可用的，不一定都要用自编的讲义。

同　日　国务院发出《关于全日制学校的教学、劳动和生活安排的规定》。文件规定：一、高等学校每年教学时间一般为7个半月—8个半月，学生生产劳动时间一般为2个月—3个月，假期一般为1个半月。学生的学习时间，包括自习在内，每天9小时左右。全日制工农业性质的中等技术学校，参加生产劳动时间可以适当多一些，但不得超过4个月。二、中小学每年教学时间，小学为39周—40周，普通中学为37周—40周。中学生每周劳动时间，高中为8小时，最多10小时；初中6小时，最多8小时。小学生从9岁起每周劳动时间为4小时，最多6小时，每年假期普通中学至少1个半月，小学2个月。三、学生参加生产劳动的基本形式为：在校办农场和工厂中劳动，下厂下乡，参加社会公益劳动。四、每天睡眠时间，大学生8小时，中学生8小时—9小时，小学生9小时—10小时。要使学生有一定的文化娱乐时间。要注意学生生活，办好食堂。

5月25日　中共中央发出关于算账和召开社代表大会等问题的指示。指示说：从现在起，还没有召开代表大会、进行算账的公社，可以等到秋后或者其他的农事间隙时间，再来进行。在账目已经算清楚的单位，应该退的一定要退，有钱退钱，有实物退实物，无钱无物的记上账，缓期分期退还。在尚未算账的单位，应通知各级干部将应该退的实物，特别是生产资料，主动地退还原单位。

5月26日　中共中央发出《关于人民公社夏收分配的指示》。《指示》规定：一、必须实行少扣多分的原则。分配给社员的部分应占60%左右，并且使90%以上的社员收入有所增加。二、必须严格执行包产、包工、包成本的三包责任制和奖惩制度。基本核算单位和各承包单位之间，已经定了"三包"合同的，应当按合同规定执行；对于超产特别多的单位，超产奖励应当搭配一部分现金，不一定全部奖励实物。三、继续推行工资制与供给制相结合的制度。工资部分占60%~70%左右，供给部分占30%~40%左右；无力实行供给制的地方，可以继续按照高级社的办法对"五保户"实行"五保"，对困难户实行定额的粮食补助。

同　日　中共中央发出《关于采取非常措施解决当前食油供应问题的紧急指示》。针对食油严重缺乏的状况，中央决定：停止对农村用油的供应，以保证城镇居民、出口、工业和行业用油的需要。在6月—9月的4个月内，除了生产油菜籽的地区、侨汇地区、病号孕妇等特殊需要、大车用油和农业机械用油可适当供应食油外，其他所有农村用油，一律暂时停止供应。

5月27日　中共中央转发国家计委劳动部《关于1958年劳动工资的基本情况和1959年劳动工资的安排意见的报告》。《报告》反映：1958年全民所有制职工增加2 082万人，全国工资总额达到180亿元，比1957年增长15.4%，使农村劳动力和国家工资基金开支及市场消费物资的压力大大增加。根据这种情况，报告提出，将中共中央上海会议确定的1959年全国职工人数由减少509万人提高到减少800万人。《报告》要求各省、市、自治区和中央各部编制的劳动工资计划，必须报经中央批准，并严格按照批准的计划办事。要加强对劳动工资问题的集中管理。把增加人数和工资的决定权力集中在中央和省、市、自治区两级。中央认为，《报告》中对1958年新职工增加过多的分析和1959年劳动工资工作的安排意见是正确的，要求各地区、各部门参照执行。

5月29日　李四光获卡尔平斯基金质奖章。苏联科学院主席团将卡尔平斯基金质奖章授予中国科学院副院长李四光，以表彰他在地质学的许多方面的科学著作和成就。

同　日　人民解放军击落国民党空军电子侦察机。当日夜，国民党空军B-17G型电子侦察机1架，由雷州半岛窜入广西梧州附近的粤桂边境进行低空侦察。广州军区空军航空兵某部以米格-17型歼击机起飞拦截，将该机击落于广东恩平县西南地区。这是人民解放军空军航空兵首次使用机载瞄准雷达设备在夜间低空击落敌机。

6月1日　中共中央批转工业部《关于目前企业管理工作中的若干情况和问题的报告》。1958年“大跃进”以来，由于一些企业削弱以至取消了厂长负责制，一些企业废除了专业管理机构和合理的规章制度，使得工业企业的管理工作，普遍出现混乱现象，1958年第4季度以来，许多产品质量下降，人身和设备事故增加，浪费现象严重。为改变这种状况，中央工业部建议国务院各工业部门和各省、市、自治区认真抓一下企业管理工作。采取实事求是的态度，对原有的和新建立的规章制度进行审查和补充。对于某些必须由上级管理机关统一规定的规章制度和直接掌握的重大问题，有关机关应当尽快作出具体规定，发布实施。中央批示指出：各地在解决计划落实问题以后，应当迅速抓一下企业管理问题，帮助企业切实改进管理工作，扭转目前工业生产上存在的质量低、成本高和事故多的严重情况，促进群众性增产节约运动更好地向前发展。

同　日　中共中央发出《关于大力紧缩社会购买力和在群众中解释当前经济情况的紧急指示》。中共中央《紧急指示》确定，鉴于当前全国社会购买力已超过社会商品供应量40亿—50亿元，各地除努力发展工农业生产、增加商品供应以外，必须大力压缩社会购买力，应做到：一、从1959年6月份起，节约公用开支8亿元，把全年的集团购买力压缩到1958年的水平。6月—8月，暂时停止拨发机关、部队、企业事业单位的办公杂支、器具购买等方面的经费，特殊情况除外。

二、控制企业职工人数和工资总额。本年内要把县以上企业职工人数减少800万—1 000万人，从而减少工资方面的支出15亿—18亿元。三、按照国家计划，严格控制农村货币投放。各地农业贷款指标，一律不再增加。农产品预购定金必须控制在国家规定的指标范围以内。四、动员城乡居民积极储蓄。在采取上述措施的同时，要由主要负责同志报告目前的经济形势和党所采取的各项措施。在宣传解释中，应当首先肯定成绩，同时作适当自我批评，应列举具体数字，说明目前市场紧张并不是由于工农业生产没有跃进，而是由于城乡消费量和社会购买力增长太快。

同　日　劳动部、教育部、华侨事务委员会批复浙江省华侨事务处。批复指出：对过去安置在农村参加农业生产的归国华侨学生应作为下放劳动锻炼看待，在参加一定时期的劳动以后，可调他们继续升学学习。今后对归国华侨学生的安置，仍须贯彻“一视同仁、适当照顾”的政策。有学习条件的，可仍留原校学习；国内有家有亲人的，也可以回家投亲自学；学习有困难要求就业的，可安置在城市就业。

6月2日　中共中央转发中央工业部《关于在企业中的党委不设书记处的意见》。1958年以来，某些企业党委以“书记挂帅”和便于书记和副书记分工为由，要求设立书记处；某些企业党委认为，设立书记处可以吸收厂长任书记，有利于加强党委对生产行政工作的领导；有的企业党委设立了书记处。《意见》否定了上述想法和作法，提出在企业中的党委，只设常委，不设书记处。中央批示同意中央工业部的意见。

6月8日　《关于中日两国民间文化交流的联合声明》在北京签署。《联合声明》确定：一、在日本举办中国文化经济展览会、中国版画展览会、中国邮票展览会、中国书法展览会。二、在中国举办日本国画展览会、日本书法展览会。三、中国人民对外文化协会将邀请日本的戏剧团体来中国演出。四、中国人民对外文化协会将邀请日本文学代表团、日本文学改革代表团、日本画家代表团以及文化界个别人士来中国访问。五、其他有关文化、学术交流和友好访问，今后双方将继续进行紧密的联系和协商。

6月11日　中共中央发出《关于社员私养家禽、家畜、自留地等四个问题的指示》。《指示》规定：一、允许社员私人喂养猪、羊、鸡、鸭、鹅、兔等家禽家畜。收入完全归个人。公有私养的一定要给以合理的报酬。二、恢复自留地制度。自留地数量仍按原来高级社章程规定，不超过也不少于每人平均占有土地面积的5%。社员在自留地内可自由种植。自留地所生产的产品，由社员自由支配。自留地不准社员出卖、出租或私自转让。三、鼓励社员利用零星空闲的时间，把屋旁、村旁、水旁、路旁的零星闲散土地充分利用起来。这些土地上长的庄稼，谁种谁收，不征公粮，不派征购任务，完全由社员个人自由支配。四、屋前屋后的零星树木（包括竹木果树）仍然归社员私有，并且奖励社员利用屋前屋后和其他废弃土地种竹木，种水果，谁种谁有。《指示》指出：各地要用布告的形式向群众公布上述4条，并且认真实行，取信于民。这种大集体中的小私有，在一个长时期内是必要的，有利于生产的发展，也有利于人民生活的安排。允许这种小私有，实际是保护社员在集体劳动时间以外的劳动果实，并不是什么"发展资本主义"。经验证明，禁止搞这些家庭副业、一切归公的简单办法，是有害的，也是行不通的。

6月12日　中共中央作出《关于重新建立手工业管理机构的指示》。《指示》说：中央决定在国务院轻工业部之下重新建立全国手工业管理总局（和手工业合作总社合并成立），各省、市、自治区工业厅之下建立手工业管理局，各专署和县也相应建立管理手工业的专门机构。有经验的管理手工业的干部必须归队。

6月13日　中共中央发出《关于调整1959年主要物资分配和基本建设计划的紧急指示》。鉴于1959年上半年以来，工业生产建设计划过大，致使燃料、原材料供应紧张，一些建设工程处于半停顿的状况，国家计委提出对一些产品的生产指标进行一次调整：钢产量由4月上海会议确定的1 650万吨降到1 300万吨；钢材由1 150万吨降到900万吨；煤炭由3.8亿吨降到3.4亿吨；铜由11万吨降到9万吨，铝由8万吨降到7万吨；水泥由1 300万吨降到1 100万吨；木材由4 600万立方米降到3 800万立方米。基本建设投资由260亿—280亿元降到240亿元（其中留预备费18亿元）；限额以上的建设项目由1 092个降到788个。中央批准了国家计委的上述调整意见，并要求各地要把主要的物资的分配方案放在比较落实的基础上，根据物资分配方案对基本建设计划加以调整。全国的基本建设项目都必须毫不迟疑地按照国家计委报告中所提出的各项原则加以削减，以便缩短战线，集中力量完成和提前完成那些最重要的基本建设项目。中央的指示指出，必须认清形势，当机立断，对工业生产和物资分配作实事求是的调整。

6月15日　毛泽东召集有少数中央领导同志参加的会议。会议讨论了工业问题、农业问题和市场问题。毛泽东指出，“大跃进”中的主要问题是综合平衡、有计划按比例地发展经济抓得不够。一些指标定得那么高，使我们每天处于被动地位，工业也好，农业也好，指标都是我们同意了的，都有一部分主观主义、对客观必然性不认识。讲了多少年有计划按比例发展，就是不注意，就是不讲综合平衡。工业各个部门的联系，工业与农业的联系，重、轻、农的联系，都没顾到。他说，1960年的指标切记不可定高，今后7个月主要是搞好综合平衡。中共中央副主席周恩来在会议发言中说：在工业布局上的毛病是生产资料的指标定高了，现在要增加生活资料的生产，把生活资料的比例提高一些，这比较有利。会议根据中央财经小组的建议，确定1959年钢产量指标为1 300万吨，比八届六中全会和八届七中全会规定的数字分别降低28%和21%。粮食产量指标由10 500亿斤降到5 000亿斤。

6月17日　中共中央批转共青团中央《关于对学生进行思想政治教育中几个问题的报告》。《报告》认为：一年来学校对学生进行的思想政治教育中，出现了追求轰轰烈烈，放松深入细致的工作，缺乏具体分析，滥用批判、斗争等情况，形式主义和“左”的简单化现象有所滋长。《报告》要求，今后对学生进行思想政治教育，要按照学校特点进行工作，不能照搬工农业生产的某些形式和做法，不适当的评比、竞赛活动应当制止。要善于运用各种思想工作阵地，多方面地进行教育。要具体分析，区别对待。

6月18日　中共中央批转教育部党组、共青团中央《关于学校进行评比、竞赛和建立教学秩序的报告》。教育部党组、共青团中央的报告反映：1959年上半年以来，各地学校在开展"几好"的评比竞赛中，出现了不少问题。在竞赛中，不少学校就学生政治思想和学习方面规定了许多不恰当的指标，如一年内"100%同学成为左派"、"80%同学达到团员标准"、"50%团员达到党员水平"、"学习成绩翻一番"、"满堂红"；有的小学提出"'六一'前实现四分、五分化"；有的学校号召学生做到"六化六大"（六化即思想红旗化、头脑科学化、教育实践化、学习战斗化、劳动工农化、组织行动军事化；六大即政治学习大竞赛、文学大创作、数理化大发明、音乐大合唱、美术大展览、体育原子大爆炸）。为了实现竞赛指标，不少学校大搞突击运动，发动"五好进军月"、"学习跃进旬"、"高产周"、"高产日"、"学习放卫星"，提出"苦战几天，改变几何面貌"等口号。为了适应竞赛的要求，学生中还成立了"青年跃进队"、"学习跃进委员会"、"包教包学组"、"消灭二分委员会"、"打虎队"、"野战医院"、"监督岗"等组织。报告认为，上述做法是违背学习规律的，对学生压力很大。同时，这些做法容易产生虚假现象，助长浮夸和简单化的工作作风。中央在批示中指出：提出"身体好，学习好，工作好"作为向学生的总的号召，是完全应当的和必须的。但是，规定指标，组织这样一些评比竞赛，成立许多不必要的组织，开许多不必要的会，采取强迫命令的做法，虽然表面上轰轰烈烈，实际上却只能影响学习，而绝不能真正提高教学质量。这种做法，花样越多，形式主义就越多，学业就荒废得越多，教学质量就会越低，而且会影响师生的健康和正常的教学秩序。因此，必须切实停止这种竞赛，取消那些不必要的组织和各种强迫命令的花样，把学校正常的教学秩序建立和巩固起来。

6月18日—23日　全国大中城市副食品和手工业生产会议在上海召开。会议由中共中央主持，着重讨论了城市副食品生产和手工业生产的方针政策。会议认为，解决城市副食品供应问题，必须实行自力更生为主、争取外援为辅的方针，在郊区、机关部队、学校和居民中大力发展副食品生产。同时应在农村继续扩大副食品商品生产，支援城市，城乡协作，相互支援。关于手工业的发展，会议提出，应大力恢复和发展手工业生产。首先应当恢复过去被挤掉的、目前人民迫切需要的产品生产，同时考虑长远的市场需要。会议规定，在安排手工业生产时，要对生产和生活，内销和外销，高级的、精密的、大件的和低级的、粗制的、小件的产量和质量等方面，统筹兼顾，全面安排。在花色品种、服务方式、生产过程，以及生产资料所有制方面，都应该多样化。11月15日，中共中央在重庆召开第二次全国大中城市副食品生产会议，要求各地在发展蔬菜生产的同时，大力发展以养猪为中心的畜牧业，并因地制宜地发展油料、水产、果品和其他副食品生产，大力发展多种经营。

6月19日　国务院发出成立国家科学技术委员会的通知。通知决定将国务院科学规划委员会和国家技术委员会合并，成立国家科学技术委员会。原国务院科学规划委员会担负的哲学社会科学方面的工作，交由中国科学院哲学社会科学部接管。今后中国科学院哲学社会科学部除原有任务外，并担负全国性的哲学社会科学的规划和协调工作。

6月20日　苏联单方面撕毁中苏《国防新技术协定》。1957年10月15日在莫斯科签订的中苏《国防新技术协定》规定苏联将在火箭、航空技术和原子弹技术等方面给中国以援助。这一协定的执行在最初几年中还比较顺利。但是，当1958年苏联提出要在中国建立由苏联控制的长波电台和共同舰队的要求遭到中方的拒绝后，苏方对《国防新技术协定》的执行表现不积极态度。6月20日，苏共中央致函中共中央，借口当时苏联与美国等西方国家正在日内瓦谈判关于禁止试验核武器的协议，如西方国家获悉苏联正在新技术方面援助中国，则有可能严重地破坏社会主义国家为争取和平缓和国际紧张局势所作的努力。因此，信中提出，中断向中国提供原子弹样品的有关技术资料等项目。苏方背信弃义的做法给中国建设事业造成重大困难。

6月21日　第二届全国人大常委会第四次会议在北京举行。会议决定批准5月6日在北京签订的《中华人民共和国和匈牙利人民共和国友好合作条约》。会议讨论和通过关于国务院直属机构调整方案的决议，批准撤销国务院法制局，其业务改由国务院秘书厅管理；撤销人事局，其业务改由内务部管理；撤销中央机要交通局；撤销专家局，其业务改由科学技术委员会管理。经过调整的国务院直属机构，仍设有国家统计局、国家测绘总局、中国人民银行、中央气象局、中央工商行政管理局、新华通讯社、广播事业局、中国文字改革委员会、宗教事务局、国家档案局、参事室、外国专家局、机关事务管理局、国务院总理办公室等单位。

6月23日　《中华人民共和国和苏维埃社会主义共和国联盟领事条约》在北京签订。条约确定了双方领事的权利和义务，以及同领事职务有关的其他问题。

6月25日　国务院发布《关于统一我国计量制度的命令》。文件规定：一、国际公制为全国的基本计量制度，在全国范围内推广使用。原来以国际公制为基础所制定的市制，在人民生活中已习惯通用，可以保留。市制原定为16两为1斤，应当一律改为10两为1斤。中医处方用药，可以继续使用原有的计量单位。二、现在国内使用的英制，除了因为特殊需要可以继续使用外，应当一律改用公制。海里（浬）是国际广泛通用的计算海程单位，可以继续使用。三、凡是采用公制的，都应当按照《统一公制计量单位中文名称方案》逐步采用统一的公制计量单位中文名称；继续沿用市制的，计量单位名称不变。四、应当迅速健全国家的各种计量基准器和各级计量标准器，以及地区的和企业的计量机构，构成全国计量网。

6月27日　中国3名男运动员打破世界纪录。中国运动员王建亚、郭荣廉、刘加林在成都举行的6省、区飞机跳伞比赛中以平均距靶心2.99米的成绩打破男子1 000米日间3人集体定点跳伞世界纪录。

6月29日　中国3名女运动员打破世界纪录。中国运动员高明、王素珍、赵成英在成都举行的6省、区飞机跳伞比赛中以平均距靶心7米的成绩打破女子600米日间3人定点跳伞的世界纪录。

6月29日、7月2日　毛泽东在庐山同各协作区主任谈经济问题。毛泽东认为：大跃进的重要教训之一就是没有搞好综合平衡。综合平衡是整个经济工作中的根本问题，只有搞好农业本身农、林、牧、副、渔之间的平衡，工业内部各个部门、各个环节之间的平衡，工业和农业之间的平衡，才可能正确地处理整个国民经济的比例关系。毛泽东说：过去安排经济计划的次序是重轻农，今后恐怕要倒过来，现在是否提农轻重？也就是说，要强调把农业搞好。毛泽东说，过去陈云关于“要先安排好市场，再安排基建”的意见是对的。要先把衣、食、住、用、行安排好，这是关系到6.5亿人安定不安定的问题。毛泽东还谈到经济管理体制问题。认为当前经济管理体制中有些半无政府主义。四权（人权、财权、商权、工权）过去下放多了一些，快了一些，造成混乱。应当强调一下统一领导，中央集权。下放的权力，要适当收回。

6月30日　《人民日报》发表社论：《迅速恢复和发展手工业小商品的生产》。社论指出：在1958年大跃进中，由于一部分原来生产日用品的手工业被调去为工业建设服务，另外一部分转业生产其他产品，由于在修理、服务行业中，有一部分转为了制造业，从而挤掉了一部分日用小商品的生产和修理服务业务，造成了部分小商品供应的紧张和人民生活的不便。为了纠正这种偏向，社论提出，在大抓日用工业品的增产时，除了那些现代化的轻工业应当努力增产日常用品以外，还必须重视迅速恢复和发展手工业小商品的生产。社论说：人民生活的需要既是多样性的，手工业产品的花色品种、经营方式、生产过程也都应当多样化。所有制的形式也应是多样的，以全民所有制为领导，发挥集体所有制的优越性，同时允许一部分必要的个体手工业的存在。这对于发展生产和人民生活的改善是有利的。

本　月　全国工业、交通企业成本工作经验交流会在成都召开。会议由国家计委、国家经委和财政部联合主持。会议着重交流了企业在党委的领导下，依靠群众加强成本管理工作的经验，并讨论了围绕增产节约运动做好企业成本工作的问题。会议指出，财务成本工作人员应当在1958年获得的成绩的基础上，进一步努力做好成本工作，特别是在增产节约运动中，要紧紧围绕党的中心工作，根据不同时期和不同情况，做好企业党委的助手，发挥成本工作的积极作用。会议认为，成本工作的积极作用是：通过成本计划提出奋斗目标；通过成本核算，计算增产节约的经济效果，使领导心中有数，为群众开展评比竞赛提供资料；通过成本的分析比较，发现先进的环节，总结先进的经验，寻找增产节约的门路，提出具体的措施。会议还指出，加强成本工作，既要吸引群众参加成本管理和成本核算工作，又要加强企业和车间的职能部门的成本管理和核算工作，不要把那些应当由职能部门办的事情，也都推给群众去办。不要以为有了群众参加，成本管理和核算工作就可以不要或者削弱企业职能部门的管理。那种把职能部门的管理同群众参加管理对立起来的看法，是不正确的。

7月1日—7月4日　中国和苏联科学技术合作委员会第九届会议在莫斯科举行。会议讨论了有关两国科学技术合作问题，并在议定书中规定，1959年内两国相互交换科学技术资料、互派考察专家和共同研究某些技术问题。

7月2日—8月16日　中共中央政治局扩大会议和八届八中全会在庐山举行。原定中央政治局扩大会议的议题是总结1958年“大跃进”以来经济工作的经验教训，继续纠正“左”的错误。毛泽东在会议开始时，提出了19个问题要大家讨论，即读书；形势；1959年的任务；4年的任务；宣传问题；综合平衡问题；群众路线问题；建立和加强工业企业的各项管理制度和提高工业产品质量问题；学会过日子问题；三定政策；农村初级市场的恢复问题；使生产小队成为半核算单位；农村党团基层组织的领导作用；团结问题；国际问题。他在会议开始时的讲话中指出，“大跃进”的重要教训之一，就是没有搞好综合平衡。整个经济工作中，综合平衡是个根本问题。有了综合平衡，才能有群众路线。他强调要按照农、轻、重的次序安排经济计划。他提出要使生产小队成为半核算单位，恢复农村初级市场，实行粮食的三定，即“定产、定购、定销”政策，积极办好公共食堂。他要求各级干部结合实践，认真读书，系统地思考问题，总结经验。他将当时的国内形势概括为三句话：“成绩伟大，问题不少，前途光明。”在随后的分组讨论中，对如何估计国内形势问题，会议出现了两种意见：一种意见认为，农村“共产风”、公共食堂、供给制等损坏了农民的积极性；另一种意见则认为，这样看待“大跃进”是泼冷水，是右倾。国防部长彭德怀在得知会议即将结束的消息之后，认为问题还未获得充分的讨论，遂于7月14日给毛泽东写信，陈述自己对1958年以来党的工作的看法。他在信中首先充分肯定了1958年的工作成绩，在此基础上指出了1958年工作中的缺点、错误。他指出，目前我们在建设工作中所面临的突出矛盾，是由于比例失调而引起各方面的紧张。就其性质看，这种情况的发展已影响到工农之间、城市各阶层之间和农民各阶层之间的关系，因此也是具有政治性的。他批评说，过早否定等价交换原则，过早提出吃饭不要钱，某些地区认为粮食丰产了，一度取消统销政策，提倡放开肚皮吃饭，以及某些技术不经鉴定就冒然推广，有些经济法则和科学规律轻易被否定等，都是一种“左”的倾向。他指出，政治挂帅不可能代替经济法则，更不能代替经济工作中的具体措施。彭德怀认为，1958年犯“左”倾错误的根源是“小资产阶级的狂热性”，其表现是一些“左”的倾向有了相当程度的发展，总想一步跨进共产主义，抢先思想一度占了上风。在思想方法上，往往把战略性布局和具体措施，长远的方针和当前步骤，全体与局部，大集体与小集体等关系混淆起来。他还说，大炼钢铁是有得有失，“大跃进”以来经济比例严重失调。他希望这次会议系统地总结一下1958年下半年以来工作中的成绩和错误，其目的是要达到明辨是非，提高思想，一般地不去追究个人责任。7月16日，毛泽东批示将彭德怀的信印发给到会同志讨论，并加上《彭德怀同志的意见书》的标题。在讨论中，许多人一度赞同或基本赞同信中的观点，也有些人表示反对。黄克诚、周小舟同意信的总的精神，张闻天作了长篇发言，明确支持彭德怀的意见。7月23日，毛泽东在全体会议上讲话批判了信中的一些观点，指责这封信表现了“资产阶级的动摇性”，是“右倾性质”的问题。并说，现在党内外的右派在夹攻我们，在这个紧要关头，大家要硬着头皮顶住，不要动摇。他还尖锐地提出了解放军跟谁走的问题。毛泽东讲话后，会议急转直下，由纠“左”变成反右，集中批判彭德怀等人的所谓“右倾机会主义”错误。8月1日，中央常委开会，毛泽东严厉指责了彭德怀，并提出了历史上的一些问题，说彭德怀与他是三分合作七分不合作。林彪在发言中说彭德怀是“招兵买马，野心家，阴谋家，伪君子”。8月2日—16日，八届八中全会在庐山举行。会议的主要议程是：一、检查1959年国民经济计划的执行情况；二、继续揭发批判所谓“以彭德怀同志为首的右倾机会主义反党集团”。会议期间，毛泽东作了多次批彭讲话，写了一些批语和信件，提出庐山出现的这场斗争，是一场阶级斗争，是过去10年社会主义革命过程中资产阶级与无产阶级两大对抗阶级的生死斗争的继续的看法。会议开展了对所谓“彭德怀、黄克诚、张闻天、周小舟反党集团”的斗争。会议通过了《为保卫党的路线，反对右倾机会主义而斗争》的决议和《关于以彭德怀同志为首的反党集团的错误的决议》，决定将彭、黄、张、周等调离国防、外交、省委书记职务。全会还检查了1959年国民经济计划的执行情况，再次调整了1959年的经济指标：钢产量由1 800万吨调整为1 200万吨；原煤产量由3.8亿吨调整为3.35亿吨；粮食产量由10 500亿斤调整为5 500亿斤，棉花产量由1亿吨调整为4 620万吨。

7月5日　毛泽东对李先念、陈国栋关于粮食工作的报告作出批示。批示说：一、多种粮，是上策。田头地角，零星土地，谁种谁收，不征不购。要恢复私人菜园，酌留自留地。二、农民要恢复糠菜半年粮，有稀有干，粮菜混吃，要多储备，少食用，以人定量，粮食归户，食堂吃饭，节约归己。三、除灾区外，各地要增加牲口和猪的饲料粮。要在3年、5年、7年内，力争做到一亩田一头猪。

7月6日　解放军第一支地地导弹部队组成。炮兵领导机关决定，将原国防部第五研究院教导大队第一教导营扩编，组成一个完整的地地导弹战斗营，番号为“中国人民解放军炮兵第802营”。这是解放军组建最早的一支地地导弹部队。

同　日　中国男女混合登山队登上慕士塔格山顶峰。登山队由33名运动员（男25人，女8人）组成，于18时30分登上慕士塔格山顶峰，创造了登山队集体登上海拔7 500米以上高山人数最多的新的世界纪录。

7月7日　中共中央宣布在西藏地区使用人民币。同时宣布：对旧西藏币，不提禁止其流通，也不提将其收兑。但人民币开始使用后，群众不愿持有藏币，纷纷在市场购入商品。根据这种情况，7月29日，中央决定立即进行以人民币收兑藏币的工作。

7月12日　中共中央批转中央组织部《关于一部分公社党委的领导方法和干部作风方面的情况简报》。《简报》反映：目前许多公社党委的领导方法和干部作风还存在着比较严重的问题，主要表现在：一、公社党委习惯于一揽子的领导方法，不注意发挥公社管委会、党支部和共青团等各种组织的作用，"只使用个人，不使用组织；只使用零件，不使用机器"，大权独揽，小事都管，使公社党委陷于忙乱被动状态，党的领导和政治思想工作大大削弱，公社的各种经济工作也受到影响。二、公社党委集体领导分工负责相结合的制度执行得不好。有些公社党委的集体领导很不健全，长期不召开党委会议；有些公社党委对许多重大问题，不经集体讨论，往往由书记决定；有些公社党委不适当地强调政治挂帅，书记凌驾于党委之上，事无巨细都要过问；有些公社把分工变成分家，一个将军一个令，使下边无所适从。三、不注意走群众路线，缺乏实事求是的作风，例如，贯彻政策、决议不能因地制宜；重大问题不同群众商量；习惯于行政命令，用压服、惩办的方法进行工作等。中央在批示中指出：这种实际把"党政合一"，把党降为群众经济组织的倾向和虚报浮夸、命令主义的作风，是对党的事业极为有害的倾向和作风，必须根据党是阶级组织的最高形式的原则和党的实事求是、群众路线的优良作风，系统地加以检查，迅速地加以纠正。

同　日　中共中央批转公安部党组《关于全国武装民警工作会议情况的报告》。《报告》认为，人民武装警察是武装性质的，应当作为一支军事部队来建设。人民武装警察的建设方向是要建成一支政治上绝对坚定，绝对服从党的领导，密切联系人民群众，组织纯洁，精通业务，坚决勇敢，纪律严明，为敌人惧怕，为人民喜爱，经得起风险和考验的队伍，以便更好地完成所担负的内卫和边防保卫任务。武装警察队伍必须置于各级党委的绝对领导和各级公安机关的直接指挥之下，坚决执行以“块块”为主的双重领导的原则，以便于发挥各级的积极性，紧密结合各项政治任务和生产建设，使武装警察的工作，置于当地工作的统一安排之中，避免脱离党的领导、脱离中心工作和脱离群众的危险。

7月17日　西藏自治区筹备委员会第二次全体委员会议作出《关于进行民主改革的决议》。《决议》指出：西藏的社会制度是一个反动的、黑暗的、残酷的、野蛮的封建农奴制度，只有实行民主改革，才能解放西藏人民，发展西藏的经济和文化，为建设繁荣幸福的社会主义的西藏奠定基础。《决议》提出，当前西藏的中心任务是：彻底肃清残余的叛乱分子，充分发动群众，在全区实行民主改革。其具体政策是：一、在农业区，对于参加叛乱的三大领主（包括其代理人）的土地实行“谁种谁收”；对于未参加叛乱的三大领主（包括其代理人）出租的土地实行“二八”减租。同时，应解放朗生(即西藏封建领主的家奴，终身为农奴主服劳役，并且世世代代为家奴，没有人身自由)，废除人身依附，改为雇工关系。对于三大领主1958年以前放给劳动人民的债务，一律废除；未参加叛乱的领主在1959年放给劳动人民的债务，实行减息。二、在牧业区，为了保护和发展牲畜，肃清叛乱分子，迅速地安定社会秩序，必须依靠牧工和劳动牧民，团结一切可以团结的力量。对于没有参加叛乱的牧主的牲畜，仍归原牧主所有；对于参加叛乱的牧主的牲畜，仍由原放牧的牧民放牧，收入归放牧的牧民所有。同时实行牧工、牧主两利政策，减少牧主的剥削，增加牧民的收入。牧区的债务问题，按农业区办法处理。三、保护宗教信仰自由，保护爱国守法的寺庙和有历史意义的文物古迹。在寺庙中必须开展反对叛乱、反对封建特权、反对剥削制度的三反运动。对于爱国守法的寺庙的土地和其他生产资料，实行赎买政策。对于喇嘛的生活，由政府统筹安排，寺宇的收入不够正当开支时，采取补贴的办法予以解决。

7月23日　中共中央宣传部转发广东省委、省人委关于教育工作的两个文件。这两个文件是：《关于加强人民公社对教育工作的领导和管理的几项规定》、《关于学校教师的编制、教师参加体力劳动及教师调动等问题的暂行规定》。广东省的文件规定：公办全日制中等学校和县的重点小学由县直接管理；公办的一般全日制小学、公社办的和联队合办的农业中学、民办中学由公社直接管理；民办小学、大队办的农业中学、农村各种业余学校、扫盲和推广普通话工作，由生产大队直接管理。文件还规定：国家办的学校，教师编制应适当增加。教师参加体力劳动的时间不宜过多，以一年劳动一个月为宜。年老体弱的教师可以不参加或少参加体力劳动。不要强调教师与学生实行“同吃同住”，不要随便抽调教师去搞其他工作，必须抽调时，应取得专署文教处或省教育厅同意。

7月30日　中国3名女运动员打破世界纪录。中国运动员郝建华、李淑惠、李桂珍在徐州举行的跳伞对抗赛中，以平均距靶心2.21米的成绩，打破女子日间1 000米集体定点跳伞世界纪录。

7月31日　中共中央作出《关于当前财政金融工作方面的几项决定》。《决定》规定：凡是1958年以来，动用银行贷款和流动资金进行基本建设，或者用于其他财政性开支的，都应当用财政款项归还银行和企业。归还办法，原则上由地方财政结余和企业留成收入负担一部分，由中央财政负担一部分。根据中央的指示，从8月份开始，财政部会同有关部门对过去的账目进行了清理。清算结果，1958年和1959年，各地区、各部门运用银行贷款和企业流动资金作为财政性开支的款项共有100亿元，其中过去已经处理50.5亿元，剩余的49.5亿元，按照中央规定的处理原则，由中央财政负责归还39.1亿元，由地方财政和企业部门负责归还10.4亿元。

同　日　中共中央发出《关于粮食工作的指示》。1959年以来，全国粮食由于收购量未完成计划，销售量却大幅度增加，造成粮食供应紧张的局面。4月份，全国已有十几个省、自治区出现春荒。至6月底，全国粮食库存只有340亿斤左右，减去已被地方临时借用的部分，实际库存还要小。而1959年当年的新小麦登场以后，仍然是现收购、现调运、现供应；大米、杂粮在新粮登场以前已经调不动了。为了稳定粮食局势，中央曾在4月21日发出通知，要求各地把城市的粮食销量压缩10%左右。但粮食情况并未好转。此次中央确定：1959年粮食定产为5 000亿斤原粮，定购为1 100亿斤贸易粮，定销为820亿斤贸易粮。从1959年起到1961年3年不变。人民公社和生产队的实际产量超过定产的部分，国家只增收40%。中央对各省、市、自治区继续实行粮食购销差额管理办法。各个地区上一年借用的中央库存的粮食，1959年内应当归还一部分。各省必须保证完成征购计划和不突破销售计划。《指示》认为，反右倾，鼓干劲，是做好目前粮食工作的关键，也是做好全年粮食工作的关键。

8月5日　中共中央发出《迅速恢复和进一步发展手工业生产的指示》。鉴于1958年以来全国10多万个手工业合作社中已有37.8%过渡为国营工厂，3.6%转为联社经营的合作工厂，35.3%转为人民公社领导的工厂，以及由于“转厂过渡”、“经济改组”、原材料得不到及时解决等原因，造成全国手工业品供应十分紧张的状况。中央提出了18条解决措施。其主要内容是：将手工业品的品种和质量迅速恢复到1958年8月以前的状况；原来从事手工业的干部和人员有计划地迅速归队；凡是转为全民所有制以后对生产不利、对居民不便的手工业生产合作社，要采取适当步骤退回来；凡是转为公社工业的手工业合作社，应当退回来，实行集体所有制，单独经济核算，由小并大的企业如有并得不当的，就应适当划小，划小后仍可保持全民或集体所有制；在社会主义制度下，家庭手工业的性质已经发生了根本的变化，变为社会主义的补充和助手，应在社会主义经济的领导下，在保证产品质量的要求下经过商业部门或手工业联社采用加工订货的办法，充分发挥它的积极作用；手工业要产品多样化、服务方式多样化、所有制形式多样化（全民、集体、部分必要的个体经营）；手工业所需的原材料主要由商业部门统一安排；对手工业按行业、按产品实行分工分级管理，实行经济核算。

8月7日　中共中央发出《关于反对右倾思想的指示》。《指示》认为，右倾思想，已成为工作中的主要危险。右倾思想以各色各样的形式，动摇军心，瓦解士气，妨碍人民公社的巩固和顺利发展，妨碍建设事业的跃进，妨碍总路线的贯彻执行。右倾保守分子，不但对人民公社和“大跃进”的成就熟视无睹，不感兴趣，而且对运动中的错误和缺点广为搜集，加以夸大，作为攻击社会主义建设各个战线上积极分子的武器。右倾保守分子，站在群众运动外边，指手画脚，非难人民公社，非难大办钢铁，非难大跃进，散布悲观情绪，向干部和群众大泼冷水，要把积极分子弄得灰溜溜的。《指示》要求各级党组织，在8月、9月两个月，坚决反对右倾思想，检查和克服右倾情绪，鼓足干劲，全面地掀起群众性的增产节约运动新高潮。迎接国庆10周年。

8月14日　中共中央转发辽宁省委关于执行《中共中央关于反对右倾思想的指示》的报告和毛泽东的批示。辽宁省委的报告反映，在辽宁省部分干部中，右倾保守思想有所抬头，畏难松劲情绪有所滋长，右倾思想已成为当前工作中的主要危险。右倾思想的主要表现有二：一是怀疑、否定1958年大跃进的伟大成绩，攻击建设社会主义总路线。二是害怕困难，缺乏干劲，不依靠群众，不相信群众的积极性和创造性，不敢继续大跃进。这种右倾情绪与绝大多数干部和广大职工充沛的革命热情是根本对立的。报告要求各级党委立即在干部和党的各级组织中，对消极思想和右倾情绪，加以检查和克服，继续鼓足干劲，全面地掀起群众性的增产节约运动的新高潮，用光辉跃进的成就，迎接国庆10周年。毛泽东在这个报告上指示说，看来各地都有右倾情绪、右倾思想、右倾活动存在着，增长着。有各种不同的情况。有些地方存在着右倾机会主义分子向党猖狂进攻的形势。必须按照具体情况，加以分析，把这股歪风邪气打下去。

8月15日　毛泽东为《经验主义，还是马克思主义》一书写了前言。毛泽东在这篇题为《批判经验主义》的前言中指出：理论上我们过去批判了教条主义，我们现在必须作战。从三方面打败反党的反马克思主义的思潮：思想方面、政治方面、经济方面。

8月18日—9月12日　中共中央军委扩大会议在北京举行。出席会议的有全军选派的师以上党员干部1 061人，有关人员508人列席会议。会议的主要内容是揭发批判彭德怀、黄克诚的所谓“反党罪行”、“资产阶级军事路线”和“反党军事俱乐部”问题。周恩来在会议主席团的要求下在会上作了《关于彭德怀同志历史问题的报告》，分15个时期逐一解说了彭德怀与毛泽东历史上所谓“三分合作七分不合作”的情况。刘少奇作了《关于无产阶级革命家对待革命群众运动的态度问题》和《关于所谓个人崇拜问题》的讲话，批评彭德怀不赞成对毛泽东的个人崇拜，并说他“个人历来是提倡‘个人崇拜’的，在‘七大’前，我就宣传毛主席，现在我还要搞，还要搞林彪同志的、小平同志的‘个人崇拜’，你们不赞成我搞，我也要搞的。”林彪在讲话中，极力制造对毛泽东的个人崇拜，说马列的著作很多，学马列主义同读化学不一定找到发明化学的人，学几何不一定要找欧几里德一样，不一定都要读他们的原著。他还说，毛泽东著作是高级的，学毛著是学习马列主义的捷径，可以一本万利。12月，大会通过了《中共中央军事委员会扩大会议决议》，认定彭德怀和黄克诚“篡军、篡党、篡国的阴谋由来已久”。会后，全军各大单位开展了所谓“反右倾”斗争。

8月19日　中共中央转发《广东省委关于纠正农村农副产品自给部分过多现象》和毛泽东同志的批语。广东省委的文件反映：1959年农村人民公社农副产品的产量虽然比上年大为增加，但是，由于公社内部在分配方法上，供给部分比例太大，包得过多，产品直接分配的范围进一步扩大，商品部分则进一步缩小，致使副食品的消费量大量增加，出现了市场供应特别紧张的状况。广东省委认为，为了缓和副食品供应紧张状况，除大力发展副食品生产和压缩购买力等措施外，还必须从分配环节上去解决问题。必须坚决压缩供给制部分，实行以按劳分配为主的分配方法。毛泽东批示说，广东省委的措施是适宜的。这是一个大问题，必须一律采取措施，改变现状。中央在批示中提出：一、适当限制自给部分，尽可能按照城乡需要增加商品部分。二、适当限制供给部分，逐渐增加工资部分。供给部分一般应当限制在只占分配部分的30%左右，最多不超过40%。工资部分应当占70%左右，最少不少于60%。三、切实做好农副产品的收购工作。加强农副产品收购组织，及时抓紧收购和安排短途运输。制定合理的收购价格。

8月24日　中共中央发出掀起增产节约运动高潮的指示。指示要求，立即在全国范围内掀起一个响应党的号召，为提前和超额完成1959年国民经济计划指标而奋斗的全民增产节约运动的高潮，为两年基本完成第二个五年计划的主要指标而奋斗。《指示》指出，八届八中全会公布的计划指标，是“第一本账”，必须提前和超额完成。在布置实际生产时，“第二本账”的指标（例如：钢，对外宣布1 200万吨，内部仍为1 300万吨；煤，对外宣布3.35亿吨，内部仍为3.4亿吨，这是“第二本账”）是实际的奋斗目标，也必须努力完成和提前超额完成。《指示》还提出，为了实现上述目标，各人民公社、工厂、矿山、企业的党委还应订出一种尚无很大把握，但估计真正鼓足干劲，采取有效措施也可能完成的计划。由党委内部掌握，并努力完成和超额完成。

同　日　扩大的第十七次最高国务会议在北京举行。会议由刘少奇主持，讨论了国民经济继续跃进的情况和进一步开展增产节约运动的问题。周恩来报告了上半年国民经济计划完成的情况，提出了继续鼓足干劲、反对右倾保守、厉行增产节约的任务。刘少奇在讨论结束时就国内形势作了重要的讲话。程潜、沈钧儒、杨明轩、黄炎培、陈叔通、许德珩、季方、王绍鏊、陈其尤在会上发言，一致拥护中共中央的号召，要求全国各族人民在工业、农业、运输业和其他各个战线上，更加广泛和深入地开展一个轰轰烈烈的增产节约运动，以新的辉煌成就，迎接伟大的国庆10周年，实现1959年国民经济的继续跃进，各民主党派负责人，无党派民主人士代表，工会、青年团、妇联、科协、文联等群众团体负责人出席了会议。

8月26日　第二届全国人民代表大会常务委员会第五次会议在北京举行。周恩来在会上作了《关于调整1959年国民经济计划主要指标和进一步开展增产节约运动的报告》。会议通过了《关于调整1959年国民经济计划主要指标和开展增产节约运动的决议》。根据国家统计局对1958年农业产量的核实数字，并考虑到1959年上半年经济计划执行情况和大面积的严重水旱虫灾，会议决定调整1959年国民经济计划主要指标：钢由原定1 800万吨（包括土钢）改为1 200万吨（不包括土钢），原煤由原定3.8亿吨改为3.35亿吨，工业总产值由原定1 650亿元改为1 470亿元；粮食由原定10 500亿斤调为5 500亿斤，棉花由原定1亿担调为4 620万担，农业总产值由原定1 220亿元调为738亿元；基本建设投资总额由原定270亿元调为248亿元，限额以上项目由1 092个调为788个。会议认为，对年度国民经济计划作实事求是的调整是正确的，必要的。指标调整后的计划，仍然是一个继续跃进的计划。会议通过了《关于设立农业机械部的决议》，并决定任命陈正人为农业机械部部长。会议还通过了全国人大访问蒙古人民共和国代表团名单。

8月27日　《人民日报》发表社论：《反右倾，鼓干劲，为在今年完成第二个五年计划的主要指标而斗争》。社论说：中共中央八届八中全会更高地举起了总路线、大跃进和人民公社的光辉旗帜，向全党和全国人民提出了在1959年内完成第二个五年计划的主要指标的伟大战斗任务。由于“大跃进”，1958年原煤、原木、粮食、食盐的产量已经超过和达到“二五”计划规定的1962年指标的要求，而1959年国民经济计划的完成，将使钢、棉花、棉纱、冶金和发电设备等超过和接近1962年的水平。也就是说，第二个五年计划将提前3年基本完成。这样，我们就可能在今后3年内腾出手来，加强我国国民经济原有的薄弱环节，使我国的工农业生产跃进到比原定的1962年达到的更高得多的水平。这个伟大计划的实现，也就有可能使我们争取在10年左右的时间内，基本实现“15年内在主要工业产品产量方面赶上英国水平”的口号；使原定在1967年实现的12年农业发展纲要，可以大大提前完成。因此，在1959年内完成第二个五年计划的主要指标，具有十分重大的历史意义。社论还指出调整后的1959年国民经济计划，是全国人民必须努力完成和超额完成的计划。

同　日　《人民日报》刊登《国家统计局关于修订1958年农业统计数字的公报》。《公报》说：1958年的农业生产获得了我国历史上从来没有过的大丰收。农业统计机关由于对这个空前大丰收的产量估算缺乏经验，在多数情况下是估计得高了。经过反复核实，现将修订的1958年几项农业统计数字公布如下：粮食产量5 000亿斤，比1957年底增长35%；棉花产量4 200万担，比1957年增长28%。其他主要农作物产量比1957年增长的百分比是：大豆4，花生9，烤烟48，黄麻、洋麻3。年末生猪头数1.6亿头，比1957年增长10%；造林面积2.6亿亩，比1957年增长3倍。修订后的农业总产值为671亿元，比1957年增长25%。1958年的工农业总产值应为1 841亿元，比1957年增长48%。

8月30日　中国运动员穆祥雄在北京举行的游泳比赛中以1分11秒的成绩打破了自己创造的男子100米蛙泳世界纪录。

8月至1960年3月　“反右倾”运动在中国共产党内展开。8月7日，中共中央发出《关于反对右倾思想的指示》，指出，现在右倾思想已经成为工作中的主要危险，如不彻底批判和克服，贯彻党的总路线是不可能的。要求各级党组织抓紧8月、9月两个月，鼓足干劲，坚决反对右倾保守思想，全面地掀起群众性的增产节约运动新高潮。此后，“反右倾”斗争正式作为中共中央的部署，迅速传达到全党和全国各地。8月18日—9月20日，军委扩大会议和外事工作会议在北京召开，继续揭发批判彭德怀、黄克诚的所谓“资产阶级军事路线”和“军事俱乐部”成员问题，追查彭德怀、张闻天的所谓“里通外国”问题。与此同时，各省、市、自治区党委陆续召开扩大会议或三级干部会议（县委书记以上和军队团以上干部参加），传达贯彻庐山会议决定。一方面按照中共中央“反右倾、鼓干劲”的精神，安排落实经过调整后的本省、地1959年工农业增产的主要指标，另一方面揭露并重点批判本地、本部门的“右倾机会主义分子”或有“严重右倾思想”的人。8月27日，发表《中国共产党第八届中央委员会第八次全体会议公报》和《中国共产党八届八中全会关于开展增产节约运动的决议》，从10月下旬起，全国各级机关逐步进入“反右倾”整风运动，党政军机关是这次运动的重点，广大城乡基层单位也陆续展开了整党整社运动。11月27日，中共中央批准总政治部提出的《关于划分右倾机会主义的标准和处理办法》。文件规定的标准是：公开散布系统的右倾言论，从多方面攻击“总路线、大跃进、人民公社”的；积极支持彭德怀的“纲领”，公开为“反党集团”辩护，攻击党中央、毛泽东的；历史上多次犯错误，对党心怀不满，这次又借口批评“大跃进”，猖狂攻击的；执行党的路线、政策“一贯严重右倾”，“大跃进”以来又有严重“右倾”言论和行动，仍“执迷不悟”的。文件规定了处理办法，并提出了若干不划“右倾机会主义分子”的政策界限和批准权限，在历时半年左右的“反右倾”运动中，据不完全统计，中央国家机关重点批判了1 900余人，重点“帮助”了2 714人，定为“右倾机会主义分子”的有224人。湖南省仅县以上机关单位就有4 696人被重点批斗，1 630人被定为“右倾机会主义分子”。其他各省、市、自治区也大致如此。在人民解放军中，共划“右倾机会主义分子”1 848人，其中团以上干部195人。据1980年平反时统计，军队中因反映实际情况或在党内提出不同意见，被定为“右倾机会主义分子”或戴上其他政治帽子的，达17 212人。这场错误批判，给党内政治生活造成很大的损害，进一步加剧了“大跃进”、“共产风”等“左”倾错误。

9月1日　《人民日报》发表社论：《“得不偿失”论可以休矣》。社论批驳了所谓“右倾机会主义分子”关于大炼钢铁的群众运动是“小资产阶级狂热性运动”、“得不偿失”、“有失无得”等言论。社论说，大炼钢铁的群众运动是一次宏伟的革命运动，是全国劳动人民为了摆脱“一穷二白”的面貌而进行的一次伟大的斗争。这个斗争已经取得了我国历史上前所未有的辉煌的胜利。全民大炼钢铁运动完全不是“得不偿失”，而是所得极大。社论号召继续高举社会主义建设的总路线的旗帜，坚决贯彻“两条腿走路”的方针，用更大的生产成就向伟大的国庆10周年献礼。

同　日　毛泽东写了《关于诗的一封信》。其中说，近日右倾机会主义猖狂进攻，说人民事业这也不好，那也不好。全世界反华分子以及党内投机分子，里应外合一起猖狂进攻，简直要把整个昆仑山脉推下去了。同志，且慢，国内挂着共产主义招牌的一小撮投机主义分子，不过拣起几片鸡毛蒜皮当旗帜，向党的总路线、大跃进、人民公社进行攻击，真是“蚍蜉撼大树，可笑不自量”了。全世界的反动派从1958年起，咒骂我们，我看好得很。6.5亿伟大人民的伟大事业而不被帝国主义及其在各国的走狗大骂特骂，那就是不可理解的了。究竟谁胜谁败？我这两首诗（指《七律·到韶山》、《七律·登庐山》）也是答复那些王八蛋的。

9月2日　陈毅就必须制止美国威胁中越安全的问题发表谈话。陈毅的谈话指出：越南民主共和国和其他社会主义国家一样，是热爱和平的国家。越南民主共和国严格地遵守《日内瓦协议》，积极地为越南的和平统一而努力，并且坚持不懈地为缓和国际紧张局势作出贡献。但是，美国却坚持战争和侵略政策，它不但一贯破坏《日内瓦协议》，阻挠越南的和平统一，并且不断在印度支那地区制造紧张局势。最近美国又唆使老挝萨纳尼空政府破坏《日内瓦协议》，挑起并扩大内战。与此同时，美国一方面策动老挝同泰国、南越缔结一系列实质上带有军事联盟性质的协定，进一步把老挝纳入美国的军事集团，另一方面又把军事人员和武器运入老挝，在靠近中越的边境建立和扩大美国的军事基地和特务派遣站。作为日内瓦会议的参加国和老挝的近邻，中国坚决主张：美国威胁中越两国安全、危害印度支那和东南亚地区和平的活动必须制止，《日内瓦协议》和《万象协议》必须遵守，老挝的独立、统一和和平中立的地位必须按照《日内瓦协议》的规定得到保证。陈毅是在越南驻华使馆举行的庆祝越南民主共和国成立40周年招待会上发表上述谈话的。

9月8日　周恩来就中国和印度边界问题致信印度总理尼赫鲁。8月25日，一支印度武装部队侵入我西藏朗久地区，向我边防军开枪射击。我边防部队进行了自卫还击。9月8日，周恩来就此事写信给印度总理尼赫鲁，明确表示：中国政府不能像印度政府所要求的那样，承认过去英国对中国西藏地方实行侵略政策所造成的局面，作为解决中印边界问题的根据。周恩来指出：中国政府一贯主张，中印双方应该考虑历史的背景和当前的实际情况，根据五项原则，有准备有步骤地通过友好协商，全面解决两国边界问题；在全面解决之前，双方应维持边界久已存在的状况，而不以片面行动，更不应该使用武力改变这种状况；对于已发生的局部争执，可以通过谈判达成局部性和临时性的协议，以保证边界的安宁，维护两国的友谊。

周恩来还指出，中国政府绝不承认所谓“麦克马洪线”，但是为了维持边境的和睦，中国军队从未越过这条线。最近中印边境出现的紧张局势，都是由于印军越境挑衅造成的，应该由印度方面负完全责任。希望印度政府立即采取措施撤回越境印军和行政人员，恢复两国边界久已存在的状况。

同　日　《红旗》杂志发表社论：《驳“国民经济比例关系失调”的谬论》。社论说，1958年重工业生产的发展，基本上保证了基本建设高速度增长的需要，同基本建设的扩大也是适应的。“以钢为纲”不是挤掉了其他部门，而是带动了其他部门。国民收入中积累和消费的比例关系基本上是适应的、合理的。我国国民经济中主要比例关系是协调的、正常的。1958年国民经济中的比例关系，不仅保证了当年国民经济的大跃进，而且为1959年国民经济的继续跃进奠定了基础。虽然在各经济部门内部的某些环节上，某些产品生产上，也不可避免出现某些个别的、局部的、暂时性的比例不协调的现象，但这种现象是很容易克服的。社论指责所谓“右倾机会主义分子”对国民经济比例关系失调的批评是只见树木，不见森林，攻其一点，不及其余，反映了资产阶级在我国社会主义经济建设飞跃发展面前的惊慌失措。

同　日　《中华人民共和国和阿富汗王国联合公报》在北京签署。公报说：双方一致同意继续加强和发展两国间的经济、文化联系和扩大技术合作的范围，进一步加强两国间现存的睦邻关系。双方表示致力于维护亚非各国之间建立在和平合作、互相尊重和互不干涉内政的基础上的和睦关系。双方希望亚非国家应该严格遵守万隆会议的精神和和平共处的原则，加强友好关系。双方表示，欢迎苏联和美国的领导人对彼此的国家即将进行的访问，认为这对于进一步缓和国际紧张局势和维护世界和平事业是有益的。

9月9日　毛泽东对彭德怀的一封信写了批示。彭德怀于9日给毛泽东写信，表示愿意在军委扩大会议后，进行学习或离开北京到人民公社去，一边学习，一边参加部分劳动，以便在劳动人民集体生活中得到锻炼和思想改造。毛泽东当天批示说：我热烈地欢迎彭德怀同志的这封信。他的立场和观点是正确的，态度是诚恳的。倘从此彻底转变，不再有大的动摇（小的动摇是必不可免的），那就是“立地成佛”，立地变成一个马克思主义者了。我建议，全党同志都对彭德怀同志此信所表示的态度，予以欢迎。

9月13日—10月3日　第一届全国运动会在北京举行。毛泽东、刘少奇等党和国家领导人出席了开幕式。运动会上，共有7人打破4项世界纪录，他们是：穆祥雄以1分11秒1的成绩，打破男子100米蛙泳世界纪录；郭新娥、梅严、张景文以平均距靶心5.1米的成绩，打破女子日间1 000米集体定点跳伞世界纪录；陈蓉以589环的成绩，打破女子自选小口径步枪50米和100米各30发卧射世界纪录；赵嘉桢、王永熙以1 260米的成绩，打破无线电操纵活塞式发动机模型飞机飞行高度世界纪录。

9月14日　中共中央向全国人民代表大会常务委员会提出特赦确已改恶从善的战争罪犯、反革命罪犯和普通刑事罪犯的建议。《建议》说，全国的社会主义革命和社会主义建设已经取得了伟大胜利，人民民主专政的政权空前巩固和强大，在押各种罪犯中的多数，经过劳动改造，已经得到了不同程度的改造，有不少人确实已经改恶从善。根据这种情况，中共中央认为，在国庆10周年时，对于一批确实已经改恶从善的战争罪犯、反革命罪犯和普通刑事罪犯，实行特赦是适宜的。采取这一措施，将有利于化消极因素为积极因素，对于这些罪犯和其他在押罪犯的继续改造，都有重大的教育作用。这将使他们感到在社会主义制度下，只要改恶从善，都有自己的前途。9月17日，二届人大常委会召开第九次会议，讨论并一致同意这个建议。根据《中华人民共和国宪法》第三十一条第十五项的规定，决定在国庆10周年时，对于经过一定时期的劳动改造，确已改恶从善的蒋介石集团和伪满洲国的战争罪犯、反革命罪犯和普通刑事罪犯，实行特赦。同日，中华人民共和国主席刘少奇发布了特赦令。最高人民法院根据国家主席特赦令，于12月4日特赦首批战争罪犯33名，其中原属于蒋介石集团的战争罪犯30名，原属于伪满洲国的战争罪犯2名，原属于伪蒙疆自治政府的战争罪犯1名。他们当中有国民党东北保安长官司令部中将司令、徐州“剿总”中将副司令杜聿明和伪满洲国皇帝爱新觉罗·溥仪。随后，各省、市、自治区第一批特赦了反革命罪犯和刑事罪犯共12 082名，并对他们的生活出路作了妥当的安排。对部分尚未释放的战争罪犯也分别不同情况减了刑期。

同　日　中国第一架电子数字计算机试制成功。这架计算机每秒钟可运算1万次，能从事较复杂的计算。它是由中国科学院计算技术研究所和其他有关部门、工厂以及研究机关合作研制成功的。

9月16日　中共中央、国务院发布《关于对确实表现改好了的右派分子的处理问题的决定》。《决定》说：凡是已经改恶从善，并且在言论和行动上表现出确实是改好了的右派分子，今后不再当做资产阶级右派分子看待，即摘掉他们的右派的帽子。他们所在的单位，应当根据他们在工作和学习中的表现作出结论，在群众中予以宣布。17日，中共中央发出《关于摘掉确实悔改的右派分子的帽子的指示》。《指示》说：在庆祝建国10周年的时候，摘掉一批确实改好了的右派分子的帽子，对于教育右派分子，对于教育资产阶级分子、资产阶级知识分子和民主党派成员，将会大有作用，会使他们感到只要自己真正接受改造，就确有前途。摘掉帽子的右派分子的数目，以控制在10%左右为好。今后，根据右派分子的表现，对那些确实改好的人，还准备分批分期摘掉他们的帽子。《指示》规定的摘掉右派分子帽子的条件为：一、真正认识错误，口服心服，确实悔改；二、在言论、行动上积极拥护党的领导和社会主义道路，拥护总路线、大跃进和人民公社；三、在工作和劳动中表现好，或者在工作和劳动中有一定的贡献。《指示》还规定：原来是党员的右派分子，在摘掉帽子以后，一律不得恢复党籍；只有经过一个更长时间的考察，确实具备入党条件的，才可以接受他们重新入党。根据上述规定，各地进行了为右派分子摘帽子的工作。到12月底，全国已经摘掉右派分子帽子的有28 165人，占右派分子总数439 305人（当时的统计数字）的6.4%。至1964年，全国共分五批给30余万人摘掉了右派分子的帽子。对于摘掉右派帽子的人员的安置，根据中央1959年11月2日颁发的《关于摘掉右派帽子的人员的工作分配和生活待遇的规定》，各单位区别情况，分别予以分配工作、帮助就业、返校学习等安排。

9月17日　第二届全国人民代表大会常务委员会第九次会议在北京举行。会议决定任命林彪兼任国防部长，免去彭德怀的国防部长职务；任命罗瑞卿兼任解放军总参谋长，免去黄克诚的总参谋长职务；任命谢富治为公安部长，免去罗瑞卿兼任的公安部长职务。会议通过了《关于直辖市和较大的市可以领导县、自治县的决定》，以适应社会主义建设事业的迅速发展，密切城市和农村的经济关系，促进工农业的相互支援，便利劳动力的支配的需要。

9月20日　中共中央转发交通部党组《关于民航管理体制的报告》。交通部党组在报告中提出，将1958年下放地方的地方航线和农业航空改为实行以中央为主的双重领导；各级民航机构的建制全部隶属中央，对民航的各项事业实行统一集中管理。中央认为，交通部的意见适合于民航事业统一集中性较强、技术性较高的特点。10月15日，中共中央、国务院又作出《关于若干煤矿企业实行以中央为主的双重领导的决定》，即从1960年1月1日起，改变9个省、自治区的31个矿务局和筹备处以及2个煤矿机械厂的管理体制，由地方领导改为以煤炭部为主的双重领导。

9月22日　《人民日报》发表社论：《公共食堂前途无量》。社论说：在人民公社化运动前后，涌现出了数以百万计的公共食堂，受到几亿农民的普遍赞扬，其中河南省有食堂32万个，参加食堂的人数占农村总人口的99%。公共食堂的建立，解放了大批的劳动力，促进了生产的发展，改善和方便了农民生活。公共食堂是社会主义的新生事物，一定会越办越好。在现阶段，它将大大有助于加速社会主义的建设。在将来，这些幼芽必将茁壮地成长起来，发展成为完全的共产主义。

9月23日　中共中央、国务院发出《关于组织农村集市贸易的指示》。《指示》指出：随着工农业生产的不断跃进和社会购买力的提高，城乡人民对日用生活品的需求日益增长。为适应生产发展和生活提高的要求，商业部门除了大力组织收购、供应，召开各级物资交流会以外，还必须积极组织和指导集市贸易，便利人民公社社员交换和调剂商品，沟通城乡物资交流，活跃农村经济。领导和组织农村集市贸易的原则，应当是活而不乱，管而不死。为了正确地贯彻执行这一原则，必须通过宣传工作，使基层干部懂得：农村集市贸易是社会主义统一市场的一个组成部分。《指示》对组织农村集市贸易的几个主要问题，作了如下规定：一、关于参加集市贸易的商品范围。对第一类物资（国家计划收购和计划供应的物资）和第二类物资（国家统一收购的物资），人民公社、生产队应该首先保证完成国家规定的交售任务；在完成国家规定的交售任务以后，剩余的部分，可以到农村集市进行交易，如果国家需要，应该尽先卖给国营商业部门。第三类物资（一、二两类以外的其他物资），凡是国家规定有交售任务，或者人民公社、生产队、社员同国家签订有合同的，人民公社、生产队、社员一定要保证完成规定的交售任务，剩余部分可以到农村集市进行交易。人民公社社员家庭和个人生产的副业产品、手工业品，不论属于第一类、第二类或者第三类物资，都可以在集市出售。二、关于集市市场内的价格。集市的交易价格，应本着有利于多种经济的发展和稳定市场物价的精神，根据集中领导、分级管理的原则，加强管理。出售第一、第二类物资，一律执行国家收购牌价；出售第三类物资，可按照不同品种，分别实行国家牌价、限价或者议价。市场价格是集体所有制经济与全民所有制经济之间分配关系的具体表现之一，关系着国家建设和人民生活。因此，市场价格必须保持稳定。三、农村集市贸易市场的形式，应该以有利于生产，满足社员购销要求，节省社员时间为原则，并且应该根据公社化以后农村经济生活的变化情况，因地制宜地采取多种多样的形式。定期集市，应该结合社员的公休、节日和历史习惯来规定。不定期的小型物资交流会和庙会，以及经常性的交易所、货栈、农民服务部等形式，也都可以继续采用。四、参加集市贸易的对象，主要是公社、生产队和社员，以及当地的国营商业部门。公社、生产队和社员，都不得进行商品贩运和开设店铺。经过国营商业组织起来的小商贩，按照批准的经营范围，可以赶集串乡，进行贩运，通过地区差价取得合理的收入。但不准远途贩运和在同一集市作转手买卖，投机取利，并且要严格遵守市场管理。五、加强对农村集市贸易市场的领导与管理。应该在县委、镇委、公社党委领导下，设立县、集镇市场管理委员会。市场管理委员会由商业、粮食、银行、税务、工业、农业等有关部门组成。

9月24日　国家计委和建设委员会决定新上一批基本建设项目。新上项目总数为230个，完全是限额以上的工程，并在今后几个月内开工。在追加项目之后，1959年全年施工的限额以上项目达到1 000项以上。11月22日，国家计委和建委又确定追加13.6亿元基建投资。这些追加投资，与8月26日调整计划248亿元和上年结转投资20亿元合并计算，使国家1959年投资总额达到281亿元，重新回到4月上海会议确定的水平上。

同　日　中国石油勘探人员在东北松辽盆地陆相沉积中发现“大庆”油田。大庆油田的发现，改变了“海相地层”成油理论，从而甩掉了中国贫油的帽子。1960年2月，中共中央决定在大庆地区进行石油勘探开发大会战。为此，陆续从玉门、新疆、青海、四川等石油管理局和30多个石油厂矿、院校，抽调了几十个钻井队，几千名科学技术人员和4万多名职工参加会战。经过3年多的努力，探明了大庆油田地质储量并投入开发。1963年原油产量达到648万吨。同年12月，国务院总理周恩来在第二届全国人民代表大会第四次会议上宣布：中国需要的石油，现在已经可以基本自给了。中国人民使用“洋油”的时代即将一去不复返了。

9月25日　中共中央、国务院发出《关于开展群众短途运输运动的指示》。《指示》说：工业生产、交通运输和基本建设的高潮已经到来。今后几个月生产建设所需的原料、材料、燃料的数量将大量增加；由农村供应城市的农副产品和出口物资，由城市供应农村的工业产品，数量都很大；冬季民用煤的运输也要在几个月内完成；同时，还要为1960年春的生产和建设及早贮运必需的物资。上述物资的运输任务十分繁重，其中有相当大的一部分要经过一个短途集散的过程。这样大的运输量只靠运输部门现有的运力是难以完成的。因此，有计划地组织和动员广大群众，迅速开展一个短途运输的群众运动，就成为当前经济工作中的一项重要任务。《指示》要求各地党委和人民委员会根据当地短途运输任务的大小和农事季节的先后，对农村劳动力、畜力和运输工具进行全面规划，合理调配。在运输任务的安排方面，首先是搞好煤炭、矿石、生铁、木材、粮食、基建材料及不易保管的鲜活商品的运输，必须尽可能先把积存在离铁路线30公里以内的大约1 300万吨煤炭搬运到铁路沿线、车站和港口。各地区应当根据当地具体情况，在保证重点、照顾一般的原则下，做好物资运输的排队工作。

9月25日—10月24日　文化部举办“国产新片展览月”。在此期间，放映了《林则徐》（叶元编剧，郑君里等导演）、《青春之歌》(杨沫编剧，崔嵬等导演)、《五朵金花》（赵季康、王公浦编剧，王家乙导演)、《冰上姐妹》（武兆堤编导)、《林家铺子》（夏衍编剧，水华导演)、《风暴》（金山编导)、《我们村里的年轻人》（上集）（马烽编剧，苏里导演)、《万水千山》（孙谦等编剧，成荫等导演)、《回民支队》（李俊等编剧，冯毅夫等导演）等影片。11月12日，周恩来在庆祝新片展览月招待会上的讲话中指出：“在文艺方面，戏剧、电影可以说是开得最茂盛的两朵花，这是两朵姊妹之花。”

9月26日　中共中央军委发出《关于军委组成人员的通知》。《通知》说：中共中央政治局决定，中共中央军委主席为毛泽东，副主席为林彪、贺龙、聂荣臻；军委常委为毛泽东、林彪、贺龙、聂荣臻、朱德、刘伯承、陈毅、邓小平、罗荣桓、徐向前、叶剑英、罗瑞卿、谭政。军委日常工作由林彪主持。

9月28日—10月1日　庆祝国庆10周年活动在北京隆重举行。9月28日，在人民大会堂召开隆重的庆祝大会，毛泽东、刘少奇、朱德、周恩来、宋庆龄、董必武等党和国家领导人出席了大会。出席大会的还有应邀来参加庆典的各社会主义国家党政代表团、主要国际组织的代表团和其他来宾。刘少奇主持大会并致开幕词。中国国民党革命委员会主席李济深代表各民主党派、政治协商会议无党派人士和全国工商联，向毛泽东致献词。60多位来宾在大会上致辞。10月1日，庆祝国庆10周年大典在天安门广场举行，中国人民解放军受阅部队接受党和国家领导人的检阅，首都70万人参加了群众游行。当晚，天安门广场举行了大规模的群众联欢会。国庆前后，刘少奇、周恩来先后发表了《马克思列宁主义在中国的胜利》、《伟大的十年》的文章，论述了新中国成立的巨大成就和历史意义。

10月4日　中国、几内亚共和国建交。建交谈判在中华人民共和国外交部长陈毅和几内亚教育部长巴里·迪亚万杜之间举行，并发表两国正式建立外交关系的联合公报。

10月6日　《人民日报》发表周恩来文章：《伟大的十年》。文章指出，10年来，中国钢产量从占世界第26位升为第7位，煤由第9位升为第3位，发电量由第25位升为第11位，棉纱由第5位升为第2位。1959年工农业总产值预计比1949年增长4.3倍，其中工业总产值增长10.7倍，农业总产值增长1.5倍。国民经济结构发生了显著变化，工业总产值在工农业总产值中的比重和生产资料产值在工业总产值中的比重，已由1949年的30%和26.6%升至1958年的63.6%和57.3%。铁路通车里程从1949年的2.2万公里增加到1958年的3.1万公里。在同一期间，公路从8万公里增加至40万公里。民用航空航线里程由1950年的1.1万多公里增加到1958年的3.3万公里。1958年商品销售额比1950年增长2.2倍。1958年全国进出口贸易总额比1950年增长2.1倍。文化、科学、教育、卫生等项事业也都有了巨大的发展。

10月7日　人民解放空军地空导弹部队受到国防部通令嘉奖。人民解放军空军地空导弹部队击落国民党空军RB-57D型高空侦察机1架，首创世界防空史上使用地空导弹击落高空飞机的战例。参战部队受到国防部通令嘉奖。

10月8日　《人民日报》发表教育部部长杨秀峰文章：《我国教育事业的大革命和大发展》。文章说：10年来教育事业的巨大发展，是10年来教育改革特别是1958年教育大革命和大跃进的结果。1958年教育大革命的中心问题是把教育和生产劳动结合起来。教育与生产劳动相结合，对师生的德育、智育、体育的发展都有很大的好处，大大提高了教育质量，促进了各类教育事业的发展。文章强调指出，党的教育方针的贯彻执行，是在社会主义与资本主义两条道路，先进思想与落后思想的尖锐斗争中实现的。全国教育工作者应该检查和克服右倾思想，把干劲鼓得更足，继续跃进，巩固与发展教育革命，争取更快地完成文化革命。

10月9日　全国人大副委员长、全国政协副主席李济深逝世。李济深，1885年生，字任潮。原籍江苏，生于广西苍梧。早年参加孙中山领导的反对帝国主义和北洋军阀的斗争。1924年1月，在中国国民党第一次全国代表大会上当选为中央委员。1925年8月任国民革命军第四军军长。1926年1月当选为国民党第二届中央执行委员。1927年任广东省政府主席，8月任国民革命军第八路军总指挥。1928年5月兼任鄂豫皖3省“剿匪”副司令。1933年11月，联合国民党第十九地路军的陈铭枢、蔡廷锴、蒋光鼐等发动“福建事变”，宣布成立中华共和国人民革命政府，当选为革命政府主席，并宣布退出国民党，组织生产人民党，事变失败后前往香港。1935年参与组织中华民族革命同盟，以抗日反蒋为口号。1937年提出“停止内战，一致对外”的政治口号。抗日战争爆发后，于10月宣布解散中华民族革命同盟，拥护政府抗战。1938年1月任国民党军事委员会委员。在此期间，响应中国共产党坚持抗战、坚持团结、坚持进步的主张，联络国民党内部的爱国民主力量，支持抗日民主运动并开始与中国共产党合作。1945年5月当选为国民党中央监察委员。抗战胜利后，在上海创办《文汇报》。1947年出走香港，在港参与提出反蒋纲领，8月被国民党开除党籍。1948年1月1日发起成立中国国民党革命委员会，任主席。1949年1月到达东北解放区，与其他民主人士一起，联合发表了《对时局的意见》，表示接受、拥护中国共产党的领导。中华人民共和国成立后，历任中央人民政府副主席，第一届、第二届全国人民代表大会常务委员会副委员长，第一届、第二届、第三届届全国政协副主席。

10月10日　国务院决定提高部分产品收购价格。调价产品为大豆、花生、甘蔗、甜菜、菜牛等5种。主要规定是：辽宁、吉林、黑龙江等18个省、自治区的大豆收购价格平均提高7.5%。山东、河南、辽宁等13个省、自治区的花生收购价格平均提高12.08%。甘蔗、甜菜、菜牛的收购价格，原来比较低的地区适当提高一些，原来比较高的地区维持原有价格。上述5种产品的收购价格提高以后，按照不同地区的不同情况，相应地提高了销售价格。

10月11日　《中国、印度尼西亚两国政府联合公报》在北京签署。《公报》指出，凡有可能在亚非国家间造成隔阂的问题，均应按照万隆会议的原则以友好方式加以处理。中国、印尼两国将按照和平共处五项原则和万隆会议十项原则不断加强彼此的友好合作关系。公报说，在印度尼西亚经济发展和稳定的过程中，定居在那里的华侨的经济地位可能将受到某种影响，应该寻找适当的方法使这个问题的解决有利于印度尼西亚经济的发展和使华侨的正当权利和利益受到尊重。中国外交部长陈毅和印尼外长苏班德里约分别代表本国政府在公报上签字。

10月14日　第二届全国人民代表大会常务委员会第十次会议在北京举行。会议听取了全国人大副委员长班禅额尔德尼·确吉坚赞的《关于西藏工作的报告》；听取了国务院副总理兼外交部长陈毅关于支持苏联政府全面彻底裁军建议问题的发言；通过了《关于支持苏联政府全面彻底裁军建议的决议》。会议决定任命邱会作为中国人民解放军总后勤部部长，免去洪学智总后勤部部长职务。

10月16日—29日　全国工业生产、交通运输会议在北京举行。会议的主要议题是讨论如何超额完成1959年的工业生产、交通运输计划和为1960年特别是第一季度的生产做好准备工作的问题。会议认为，6月—7月各地在计划落实工作中，降低一些偏高的指标，减少某些方面的生产，主要是由于有些“右倾机会主义分子”吹冷风，使人们泄了气、松了劲，因而出现了一个“小小马鞍形”。会议认为，庐山会议以后，还有1/10的工业企业右倾没有反透，干劲没有鼓足，仍然处于落后状态。当前工交战线的任务，就是要把右倾反透，把干劲鼓足，使已经掀起的增产节约群众运动的新高潮巩固起来，并且持续不断地发展下去，争取提前10天—15天全面完成1959年的工业生产和交通运输计划，会议对第四季度的生产提出了安排意见，提出第四季度完成工业总产值486亿元，保证全年完成1 600亿元，比上年增长37%；钢完成470万吨，保证全年产量比计划超过50万吨；生铁完成

730万吨，保证全年产量比计划超过200万吨；煤炭完成9 700多万吨，保证全年产量比计划超过1 500万吨。会议期间，中共中央和国务院负责人周恩来、彭真、李富春到会听取汇报并讲了话。

10月18日　中共中央批转农业机械部关于该部体制、任务等问题的报告。中共中央的批示说：各省、市、自治区党委根据各地具体情况要相应地设立农业机械厅或局作为各省、市、自治区人委下的一个部门，在业务上同时受国务院农业机械部的领导。1960年农业机械（包括农林牧副渔）的生产和基建计划以及今后的长远规划，应该根据从1958年起以10年—15年的时间实现农业现代化，即实现农业机械化、水利化、化学化、电气化的总任务和4年小解决、7年中解决、10年大解决的机械化的步骤来拟订，要尽可能快地促进农业技术的改造，不断提高农业各方面的劳动生产率，促进农业生产的不断跃进。

10月23日　中华人民共和国政府发表《关于联合国大会14届会议通过所谓“西藏问题”的非法决议的声明》。《声明》说：联合国大会14届会议非法讨论了所谓“西藏问题”，并且通过了一项诬蔑中华人民共和国的决议。这是美国政府不顾苏联等许多国家和世界公正舆论的反对，又一次挟持联合国中的多数国家粗暴干涉、蓄意加剧国际紧张局势的罪恶行为。《声明》指出：西藏是中国的领土。平定西藏反动分子的叛乱，在西藏地区进行民主改革，完全是中国的内政，美国和其他任何国家或任何国际组织都无权过问。《联合国宪章》明文规定不得干涉在本质上属于任何国家国内管辖的事项，联合国讨论所谓“西藏问题”是根本违反《联合国宪章》的，联合国大会关于所谓“西藏问题”的决议是非法的、无效的。

10月24日　中共中央、国务院发出《关于今冬明春继续开展大规模兴修水利和积肥运动的指示》。《指示》要求：在今冬明春在全国开展一个大规模的、比1958年水利高潮气势更磅礴、组织更健全、效率更高、质量更好的群众性兴修水利运动。《指示》说，人民公社是水利运动的新基础，它便于举办较大的骨干工程，使大、中、小型水利工程结合起来，把过去分散的、孤立的工程联结起来，形成一个比较完整的灌溉排水系统；它便于结合大江大河的治理，进行中小河流流域的规划和综合开发；并使互助互利、等价交换的原则，统一调配劳动力，组织大协作和大兵团作战成为可能。《指示》提出，群众性的兴修水利运动要继续贯彻执行以蓄水为主、社办为主、小型为主和大中小型工程相结合的方针，全面规划，综合利用。

10月25日—11月4日　全国农村扫盲和业余教育工作会议在北京举行。参加会议的有各省、市、自治区教育厅、局负责人。会议听取了国务院副总理陆定一所作的《反右倾，鼓干劲，配合增产节约运动，大搞文化革命》的报告。全国人大常委会副委员长林枫、中共中央农村工作部副部长陈正人等到会讲话，教育部副部长董纯才作了总结。会议主要讨论了两三年内扫除农村青壮年文盲的任务和大办业余教育的规划，决定在各级党委领导下，今冬明春在农村掀起大规模的群众学习高潮。会议认为，当前工农业生产的大跃进，为发展文化教育事业带来了极为有利的条件。迅速提高广大农民的文化技术水平和培养大量农业技术人员，是当前教育工作的重要任务。会议认为，文化是提高技术的必要条件。要实现文化革命必须首先扫除文盲，同时大办农民业余学校，以期在农民中逐步普及业余初等教育，这是一项战斗任务。

10月25日—11月26日　第八次全国计划会议在北京召开。会议着重讨论了1960年发展国民经济的方针和任务，研究并确定了编制计划的方法和1960年国民经济计划草案。会议指出，1960年发展国民经济的任务是：更好地贯彻执行党的鼓足干劲、力争上游、多快好省地建设社会主义的总路线，更好地贯彻执行党的发展工业和发展农业同时并举的根本方针，在1958年和1959年连续跃进的基础上，争取国民经济的继续跃进。会议认为，进一步确定以农业为基础的方针，把农业放在发展国民经济的首位，是1960年国民经济计划的新内容和中心环节，并提出要继续贯彻执行以粮为纲，发展农业，从钢为纲，优先发展重工业的方针。会议提出了1960年国民经济计划草案，确定工农业总产值比1959年增长26%（其中工业增长31%，农业增长17%）；钢1 840万吨，煤炭4.25亿吨，发电量555亿—580亿度，水泥1 600万吨，棉纱900万件，纸280万吨。粮食6 500亿斤（不含大豆），棉花6 000万担，猪3亿头。基本建设投资340亿元，限额以上项目1 596个。财政收入700亿元。会议还研究了农业问题，提出1960年要保证110万吨钢材用于农业，供应农业的生产资料总值可达100亿元，比1959年预计增长33%；农林水利基本建设投资安排为39.1亿元，比1959年预计增长78%。银行增拨人民公社贷款5亿元。根据会议讨论情况，国家计委12月30日向中共中央提出《关于1960年国民经济计划的报告》，中共中央于1960年1月30日予以转发，并要求各地区和各部门照此安排工作。

10月26日　外交部发表《关于印度武装人员侵犯中国西藏地方的西北边境并且进行武装挑衅的声明》。《声明》说：1959年10月20日和21日，印度武装人员侵犯中国西藏地方的西北边境并且进行武装挑衅。对此，中国政府外交部于10月22日向印度驻华大使递交备忘录，提出严重抗议，要求印度政府立即采取措施，制止印度军队侵犯中国边境和向中国边防部队挑衅的事件的再次发生。《声明》说，中国政府衷心希望，印度政府以两国友谊为重，立即采取措施制止印度军队再次侵入中国边境和进行挑衅，防止任何进一步损害两国关系的言论和行动，使两国边界问题能够在良好的气氛下，沿着正确的途径得到公平合理的解决。11月7日，国务院总理周恩来就中印边界问题写信给印度总理尼赫鲁，信中指出，为了有效地维持两国边界的现状，确保边境的安谧，并且为边界问题的友好解决创造良好气氛，中国政府建议：中印两国的武装部队立即从东边的所谓“麦克马洪线”和西边的双方实际控制线各自后撤20公里；在双方撤出武装部队的地区，双方保证不再派遣武装人员驻守和巡逻，但是仍然保留民政人员和非武装的警察，以执行行政任务和维持秩序。信中表示，中国政府愿意竭尽全力，在中印两国之间创造一条最和平最安全的边境地带，使两国永远不再为边境问题而发生疑惧或冲突。信中还建议中印两国总理在近期内就边界问题和两国关系中的其他问题举行会谈。12月17日，周恩来再次写信答复尼赫鲁11月16日的来信。信中提出和平解决中印边界争端的首要步骤，即中国政府本着和解和走向全线撤军的愿望，准备同意首先在有争议的朗久、巴里加斯等所有边境地点，双方不派驻武装人员；欢迎印方关于双方停止武装巡逻的建议，希望这项建议适用于全部边境。

10月26—11月8日　全国工业、交通运输、财贸系统社会主义建设先进集体和先进生产者代表大会在北京召开。出席大会的代表共6 576人，代表全国将近30万个先进集体和360万名先进生产者。中共中央副主席朱德代表中共中央在会上致祝词，国务院副总理李富春作了《高举党的总路线的红旗，为社会主义建设事业的继续跃进而奋斗》的报告，副总理薄一波、谭震林、李先念、陆定一等在会上讲了话。会议要求：贯彻党的八届八中全会精神，大反右倾，大鼓干劲，大搞群众运动，大搞增产节约运动；必须在一切工作中把革命热情和科学精神结合起来，既要多快，又要好省，注意提高质量，降低成本，并且保证安全生产；必须继续实行政治挂帅，实行干部参加劳动，工人参加管理，改革不合理的规章制度，企业领导干部、工人和工程技术人员3方面结合的办法，贯彻执行在企业管理上党委集体领导下的厂长负责制。会议号召大战第四季度，提前完成和超额完成今年的国家计划，提前完成第二个五年计划的主要指标；全力支援农业，在最短时间内实现农业机械化、水利化、化学化、电气化；争取在10年左右时间内在主要工业产品的产量方面赶上英国，并争取大大提前完成农业12年发展纲要提出的要求；争取在今后年份首先是1960年我国国民经济继续大跃进。

10月29日　中共中央政治局会议提出对1960年计划安排的意见。意见共分5条：一、各省市、各部门提出1960年基本建设投资500亿元，这种要求过大。二、各地要求500亿元投资，800万千瓦发电设备，是否头脑有点开始发胀？要注意。否则，又会重复1959年三次落实计划的被动局面。三、中共中央决定1959年减少职工600万—800万人，到9月底已减少500万人，但下面又开始招工。现在看，不但减少600万人的任务完不成，到年底还有增加的趋势，要注意控制。四、庐山会议确定1959年大中型基本建设项目788个，现在已达到1 002个，其中有200多个是未经中央批准的计划外项目。这样发展下去不得了，最后还是要退下来。五、总的来讲，不平衡是绝对的，平衡是相对的，但是计划的安排大体上还是要按比例要平衡的，否则，就不算什么计划了。缺口很大是不行的。

10月31日　毛泽东发出《关于发展养猪业的一封信》。信中提出，养猪业必须有一个大发展。要把养猪看得和粮食同等重要。美国的种植业与畜牧业并重，我国也一定要走这条路线，因为这是证实了的确有成效的科学经验。一头猪就是一个小型的有机化肥工厂，如果能作到一人一猪，一亩一猪，肥料的主要来源就解决了。

本　月　包产到户责任制受到批判。自1959年第二次郑州会议决定在农村人民公社实行以生产队为基础的三级所有制，生产小队向生产队实行“三包一奖”（包工、包产、包成本，超产奖励）的制度以来，在贯彻执行中，农民群众和基层干部又突破了一些政策规定。1959年5月—7月，许多地方出现了包产到户的做法。在江苏，一些地方把全部农活都包产到户，少数地方开始实行全部或部分农作物包产到户，也有的地区实行了“定田到户”，“超产奖励”，甚至提出“土地分到户，耕牛农具回老家”的口号。河南省委候补委员、新乡地委第一书记耿起昌和洛阳地委第二书记王慧智，在本地区试行“地段责任制”，即重新丈量土地，立界牌，把土地、牲畜、农具、劳力等，按户包给家长。该政策试行后，新乡地区60%以上的生产队，重新丈量土地分配到户。出现“父子田”、“夫妻田”、“姐妹田”，回到了一家一户生产的状态。庐山会议决定并开始反右倾后，包产到户被认为是右倾倒退的错误作法而受到批判制止。10月12日，中共中央批转河南省委《关于右倾机会主义分子的几个典型材料的报告》时批示说：耿起昌和王慧智的做法，明显地暴露出右倾机会主义分子反对人民公社的本心和实质，是根本反对农业合作化，反对走社会主义道路。这种思想直接反映的是一部分富裕中农的要求，归根结底是要走资本主义道路，是企图使资本主义在农村复辟，实质上是反党反人民的资产阶级思想在党内的反映。对于这种思想，各地党委应该组织党员干部进行深入彻底地揭发和批判。10月13日，中共中央批转江苏省委《关于立即纠正把全部农活包到户和包产到户的通知》时批示说：把全部或者大部农活包工到户或者包产到户的做法，实际上是在农村中反对社会主义道路，走资本主义道路的做法，凡有这种意见和活动的地方，都必须彻底地加以揭露和批判，并采取切实有效措施，加以检查纠正。10月15日，中共中央批转农业部党组《关于庐山会议以来农村形势的报告》，批示认为，1959年5月、6月、7月间农村出现的“生产小队所有制”，“包产到户”，去掉部分供给制，取消公共食堂等做法，“实际是猖狂的反对社会主义的逆流”，是“反动的、丑恶的东西”，是“一股右倾的邪风、歪风”，要求各地“彻底加以揭发和批判”。同日，中共中央批转湖南省委一个整社试点，即进行两条道路斗争的经验材料时提出：目前在农村中正在进行着一场两条道路的斗争，这场斗争是10年来农村中资本主义和社会主义两条道路斗争的继续，是一场很激烈很深刻的阶级斗争。在农村中如果不把一部分富裕中农反党反社会主义的猖狂进攻彻底粉碎，人民公社就不可能进一步巩固，农业的继续大跃进和贯彻执行党的总路线也是不可能的。中央要求：各省、市、自治区党委，都应该安排一个适当的时间，以进行两条道路的斗争和社会主义教育为纲，有计划、有步骤地进行一次整社、整风运动，并且结合着进行整党整团工作。在上述批示的贯彻之下，各地的包产到户的做法均被强行取消。

11月1日　中国第一拖拉机厂落成典礼在洛阳举行。该厂于1959年开始动工兴建，年生产15万台54马力“东方红”牌柴油履带拖拉机。

11月9日—28日　中共中央文教小组在北京召开省、市委文教书记会议。会议讨论了教育事业的长远发展规划、理论工作和文教系统的反右倾运动等问题。会议提出，在第二个五年计划期间，力争完成扫盲任务和普及小学教育。第三个五年计划期间，力争普及初级中学。第四个五年计划时，高等学校要发展到约有占全国劳动力的1%（200万人左右）的在校学生。大力发展业余高等教育。高级中学发展到毕业生为高等学校招生数的3倍（约360万至400万人）。大办业余中等专业学校，预计在第三至第四个五年计划期间，使不能升入高中学习的初中毕业生都可入业余中等专业学校学习。在1962年前，力争在每个协作区都形成一个比较完整的教育体系。要发展师范教育，明确师范教育是教育工作的“先行官”。会议认为，在教育事业的发展上要抓好两头，一头是重点学校，另一头是普及教育。

11月16日—26日　财政部、卫生部、教育部、文化部在南京联合召开全国文教财务工作会议。会议确定1960年文教财务工作的方针是：在社会主义建设总路线的照耀下，大搞群众运动，为社会主义文教事业服务，积极支持和促进科学、文化、教育、卫生事业的高速度发展，并且做到少花钱、多办事、事办好。为贯彻这一方针，必须加强文教财务工作的政治观点和生产观点；实行集中领导，分工协作，贯彻执行“统一领导、分级管理、条块结合、块块为主”的原则；要开展评比竞赛，深入开展增产节约运动。

11月20日—12月4日　高等学校科学研究工作（自然科学部分）会议在北京召开。会议由国家科委、教育部、中国科学院联合主持。会议认为，高等学校是科学战线的一个方面军。开展科学研究，是高等学校的重要任务之一，是提高教师水平、丰富教学内容、使理论与实际更加密切结合，从而提高教学质量的重要途径。会议提出，要按照统一领导、全面安排、归口管理、密切协作的办法，在党委统一领导下，把科学院系统、各产业系统和高等学校的力量组织起来，统一筹划，按照他们的特长和专长，妥善安排任务，纳入科学技术发展规划。会议还制定了全国重点高等学校1960年的科研计划。

11月21日　中共中央批转中央统战部《关于在民主党派、资产阶级分子和资产阶级知识分子中不进行反右倾斗争的整风运动的意见》。中央在《批示》中指出，党内的右倾机会主义分子这次当了挂帅、点火，反对总路线、人民公社、大跃进的主要力量，其中有一部分是高级领导干部（在农村有一部分不愿接受社会主义改造的富裕中农分子）。现在，在我们党内，有一部分老党员、老干部，他们的身体已经随着历史进入到社会主义，而他们的脑袋却还停留在资产阶级民主革命阶段或资本主义制度里。因此，当革命发展到真正要根绝资本主义和个体经济所有制的时候，他们自觉地或不自觉地站在资本主义方面，反对党的总路线、人民公社和大跃进，从党的内部来阻挠社会主义革命的深入和社会主义建设的发展。这次斗争实际上是一场两条道路在党内争胜负的斗争，是一场剧烈的斗争，但这是党内反右整风的思想斗争。因此，在这场斗争中，必须重在弄清大是大非，必须采取治病救人的态度与和风细雨的方式。重点批判对象应控制在百分之几。

同　日　重庆长江大桥建成。大桥于1958年10月破土动工，是继武汉长江大桥建成之后，横跨长江的第二座大桥，全长820米，为双线铁路桥。它北接成渝铁路，南接即将建成的川黔铁路，对加速西南、西北地区的物资交流和经济繁荣，将起巨大作用。

同　日　中共中央批转总政治部《关于划分右倾机会主义分子的标准和处理办法》。《办法》规定，划分右倾机会主义分子的标准为：一、公开散布系统的右倾言论，攻击总路线、大跃进和人民公社的；二、积极支持以彭德怀同志为首的右倾机会主义反党集团的纲领，公开为反党集团辩护，攻击党中央和毛主席的；三、历史上多次犯错误，屡教不改，对党心怀不满，这次又借批评大跃进中的缺点为名，猖狂向党进行攻击的；四、执行党的路线、政策一贯严重右倾，1958年大跃进以来又有严重的右倾言论和行动，而在学习八届八中全会文件后仍然执迷不悟，不主动作深刻检讨的。文件规定对右倾机会主义的处理办法是：一、情节严重，态度恶劣的，撤销其行政职务，党内给以留党察看的处分，另行分配次要工作；个别坚持错误，顽抗到底的，开除党籍，令其转业。二、情节较重，但检讨较好的，或情节虽然较轻，但态度恶劣的，酌情撤销其党政职务或部分职务。如还在重要工作岗位和要害部门的，应予调离，改做其他工作。

同　日　第二届全国人民代表大会常务委员会第十一次会议在北京举行。会议听取了全国人大副委员长林伯渠作的全国人大代表团访问蒙古人民共和国的报告。听取了外交部副部长姬鹏飞的说明，批准了《中华人民共和国和苏维埃社会主义共和国联盟领事条约》。会议还讨论和批准了《宁夏回族自治区人民代表大会和人民委员会组织条例》、《湘西土家族苗族自治州人民代表大会和人民委员会组织条例》、《云南省文山壮族苗族自治州各级人民代表大会和各级人民委员会组织条例》、《云南省红河哈尼族彝族自治州人民代表大会和人民委员会组织条例》、《云南省楚雄彝族自治州人民代表大会和人民委员会组织条例》、《云南省怒江傈僳族自治州人民代表大会和人民委员会组织条例》、《辽宁省喀喇沁左翼蒙古族自治县人民代表大会和人民委员会组织条例》、《辽宁省阜新蒙古族自治县人民代表大会和人民委员会组织条例》。

11月27日　中共中央转发总政治部关于《为保卫党的总路线，反对右倾机会主义而斗争的学习提纲》。《提纲》共分为八个部分：一、保卫党的总路线，拥护大跃进和人民公社；二、马克思主义者应当怎样对待革命的群众运动；三、社会主义建设时期的阶级斗争；四、阶级、政党与领袖的关系，领袖的作用和意义；五、人民解放军是党和人民进行政治斗争的驯服工具；六、增强党的团结，反对资产阶级个人主义；七、树立辩证唯物主义的世界观，反对资产阶级的唯心主义世界观；八、国际主义和爱国主义。

11月—1960年初　党和国家领导人读苏联《政治经济学（教科书）》。1958年的“大跃进”和人民公社化运动，严重破坏了国民经济。为了使各级干部更多地了解马克思主义基本经济理论，纠正错误认识，毛泽东于1959年11月第一次郑州会议时起，在号召学习斯大林的《苏联社会主义经济问题》的同时，也要求学习苏联《政治经济学（教科书）》第三版社会主义部分。他先后说过：我们这些人，包括我在内，社会主义经济规律是什么，过去是不管它的。现在我们真正搞起来了，全国也议论纷纷。斯大林的书，我们要看一下，《政治经济学（教科书）》也要看。为了我们的事业和当前的工作来研究政治经济学，比平素我们离开实际专门看书要好得多。在目前研究这个问题，有很大的理论意义和现实意义。在1959年7月庐山会议和1960年1月上海会议上，毛泽东又一再要求领导干部读这本书。1959年12月10日—1960年2月9日，毛泽东组织一个读书小组，边读边议，他的谈话被记录下来，整理成《读〈政治经济学（教科书）〉下册的笔记》和《读苏联〈政治经济学〉社会主义部分的谈话记录稿》

这两个版本。1959年11月初，刘少奇和广东省委负责人组成读这本书的小组，陪同学习的有经济学家王学文和薛暮桥。薛暮桥记录了刘少奇的许多见解，整理成《刘少奇在政治经济学（社会主义部分）读书会上的发言》。1960年2月中旬，周恩来与国务院部分部委和中南局的领导人组成读书小组，在读书中还传阅了毛泽东、刘少奇的读书发言记录。在他们的带动和影响下，党内许多干部读了苏联《政治经济学（教科书）》第三版下册和《马恩列斯论共产主义社会》。毛泽东、刘少奇读书谈话记录中，既包含大量重要的经验，也包含在认识过程中不可避免的失误，反映了毛泽东和党中央对建设中国社会主义的艰苦的探索。

12月9日　外交部长陈毅就印度尼西亚发生大规模的反华排华活动致信印尼外长。一个时期以来，印尼一部分敌视中国和印尼友好的有影响的势力，利用印尼禁止外国小零售商在一级和二级自治州和州的首府以外地区经商的法令，强迫他们迁移，断绝他们的生计，使华侨的正当权利和利益遭到损害，使华侨的人身安全受到侵犯，甚至出动军队，鸣枪射击，发生了流血事件。结果，大批华侨丧失生计，流离失所，甚至受到惨无人道的拘禁虐待。为此，陈毅在致印尼外长苏班德里约的信中，代表中国政府严重抗议印尼大规模的反华排华活动，并提出全面解决华侨问题的建议：一、两国政府立即交换关于双重国籍问题条约的批准书，同时由双方派出代表组成联合委员会，讨论和规定实施这个条约的办法。二、切实保护自愿保留中国国籍或者选择印尼国籍而未获批准的华侨的正当权利和利益，停止对他们的一切歧视和迫害。中国政府将继续勉励这些华侨尊重印尼政府的法令，不参加当地的政治活动，对印尼的经济和文化发展努力作出贡献，同印尼人民友好相处。三、对于流离失所或不愿继续留居印尼的华侨，中国政府准备安排他们回国参加建设，希望印尼政府分期分批遣送他们归国，并保证他们归国途中的安全。12月24日，陈毅再次函复苏班德里约，建议双方立即会谈全面解决华侨问题，并立即在北京互换中国印度尼西亚关于双重国籍条约批准书。同时，在雅加达成立联合委员会。中国政府已任命中国驻印度尼西亚大使黄镇为首席代表。信中还指出，保护华侨是中国政府的责任，印度尼西亚对中国代表机构的歧视性限制应立即取消，只有使留下的华侨得到保障，使愿意离开的华侨得到充分照顾，华侨问题才能合理解决。

12月15日　中共中央、国务院决定发给职工一次“1959年跃进奖金”。除发给“1959年跃进奖金”规定的行业外，还发给学校、医院、科学研究、戏剧、电影等事业单位的职工。个人奖金额，生产工人每人最高不超过本人半月的标准工资，其他职工每人最高不超过40元，学徒工每人最高不超过12元。

12月18日—1960年1月4日　全国文化工作会议在北京召开。会议由中共中央宣传部主持，主要讨论了文化工作反右倾、鼓干劲、争取更大跃进的问题。会议认为，这几年来特别是“大跃进”以来，文艺有了一个大发展。会议提出，文艺领域的一个主要任务就是批判现代修正主义思潮。现代修正主义思潮同19世纪的欧洲文艺是有联系的，修正主义者总是喜欢抬出资本主义时代，主要是19世纪欧洲的作家、作品作为人道主义和现实主义的最高典范加以鼓吹，号召社会主义作家向他们学习，这实际上就是要我们拜倒在资产阶级的脚下，不去批判资本主义，而去揭露社会主义的所谓“阴暗面”。因此，批判现代修正主义思潮，一定要批判19世纪的欧洲文艺思潮和作品。会议着重批判了人道主义、人性论、“现实主义”、“写真实”和鼓吹“创作自由”等问题，并点名批评了巴人（王任叔）对人性的看法。李何林的“写真实”，郭小川的《望星空》，海默的《洞箫横吹》，以及《布谷鸟又叫了》、《西望长安》、《英雄虎胆》等作品，都被斥责为修正主义作品。会议还批判了苏联的一些作品和电影。

12月25日　浙、皖、苏、沪四省市召开座谈会讨论人民公社过渡问题。座谈会讨论了谭震林关于人民公社过渡问题和分配问题若干意见的报告（草稿），并着重讨论了过渡条件和时间问题，公社、生产大队、生产小队三级经济问题，分配问题，公共积累问题和发展社办工业实现公社工业化问题。会议认为，人民公社从基本队有制过渡到基本社有制，根本问题是发展生产，做到生产基本稳定，队与队之间基本平衡，产量和产值都有大幅度的提高。会议完全同意华东协作区委员会会议提出的分配给社员每人平均200元左右作为由基本队有过渡到基本社有的过渡条件。会议认为，要每人分到200元，总产值人均要达到600元—800元。因此，从基本队有过渡到基本社有，要经过一个相当长的时间，条件较好的上海大约要3年—5年，其他各省大约要5年左右，或更长一些时间。但过渡必须根据各个公社的情况，有先有后。条件成熟了不过渡，就会带来一系列的问题，影响生产发展；条件不成熟，勉强过渡，也不利于生产的发展。一般公社的发展趋势，将是分批过渡，成熟一批，过渡一批。有些大队同时具备了过渡条件的，也可以一起过渡。会议认为，从现在起，就应当积极发展社有经济，为过渡创造条件。生产大队的经济同样要积极发展，保留一部分生产小队所有制，也是必要的，但要进行适当的控制。

12月26日　中共中央批转湖南省委《关于开展整风运动的情况和今后意见的报告》。报告说，截止到12月10日，湖南全省县以上机关单位共揭发出重点批判对象4 696人，其中有1 630人初步定为右倾机会主义分子和其他各类分子，占参加整风干部的1.96%。中央在批示中指出，这种情况清楚地表明了反右倾机会主义的斗争无论在意识形态方面或者是在政治力量即阶级斗争力量对比的消长方面都是一场严重的阶级斗争。要求各地应当按照整风、工作两不误的原则，继续抓紧领导这场阶级斗争，使它健康地进行到底。

12月31日　中央军委决定组建5所军、兵种的工程学院。中央军委决定，将中国人民解放军军事工程学院的炮兵系、装甲兵系、工程兵系分出，分别组建炮兵工程学院、装甲兵工程学院、工程兵工程学院；海军和空军各组建一所工程学院。以上5所工程学院分别于1960年—1961年成立。

本　月　国防工业委员会成立。为了统筹安排，发展军工生产，中央军委决定成立国防工业委员会。12月，国防工业委员会成立，贺龙任主任。

1960年

1960年综述

1月初，《人民日报》连续发表《展望60年代》和《开门红，满堂红，红到底》等两篇社论，提出，不但要对1960年的继续跃进和更好地跃进充满信心，而且对整个20世纪60年代的继续跃进，要充满信心。当月，中共中央在上海举行政治局扩大会议，确定了1960年国民经济计划，规定本年钢产量为1 840万吨，粮产量为6 000亿斤，并提出8年完成人民公社从基本队有制到基本社有制过渡的设想。3月，中共中央批转贵州省委关于农村公共食堂情况的报告，认为从社会主义向共产主义过渡的事业中，公共食堂是一块必须固守的阵地。全国都应仿行贵州的做法，不要例外。

是年，国民经济状况开始呈现不良发展趋势。一、二季度钢产量连续下降，18种主要工业产品未完成计划，农村开始出现粮荒。粮食减产与高征购迫使返销粮大大增加。5月28日，中共中央发出《关于调运粮食的紧急指示》。7月、8月两月，国家财政收入连续大幅度下降。8月5日，中共中央发出《关于大力紧缩社会集团购买力的指示》。但在5月底，中共中央仍批转了国家计委、国家经委、国家基本建设委员会党组《关于1960年工业生产、交通运输、基本建设计划第二本账的安排的报告》，其中规定的指标远高于3月通过的第一本账的指标。中央指出，第二本账是“确保完成和超额完成的计划”。

7月—8月，中共中央在北戴河举行工作会议，确定了压缩基本战线，保证钢铁等工业的发展；加强农业第一线，保证农业生产的方针，并决定不再搞计划的第二本账，不搞计划外的东西。9月底，中央批转了经周恩来审定的国家计委党组《关于1961年国民经济计划控制数字的报告》。该报告首次使用“调整、巩固、充实、提高”的提法。11月下旬，钢、铁、煤、运各业出现生产逐日下降的严重情况。12月3日，中共中央发出《关于保钢问题的紧急指示》，提出，1960年能不能完成1 860万吨钢的生产任务，“这是一个政治性的问题”。

11月，中共中央发出《关于农村人民公社当前政策问题的紧急指示信》，规定人民公社实行三级所有，队为基础，至少7年不变。《指示》对扭转当时农村形势起了积极作用。

是年，中苏两党两国关系的矛盾开始表面化。4月，《红旗》杂志、《人民日报》发表了《列宁主义万岁》等3篇文章。6月，苏共借在布加勒斯特举行的社会主义国家共产党和工人党代表会议之机，对中共进行全面攻击。7月16日，苏联政府撤走全部在华专家，撕毁几百个协定与合同。11月，在莫斯科81国共产党、工人党代表会议期间，中共代表团和苏共代表团又就若干国际共产主义运动中的问题进行了激烈争论。

是年9月—10月，中央军委扩大会议通过了带有严重“左”倾错误的《关于加强军队政治思想工作的决议》，并错误地批判了总政治部主任谭政。

主要经济指标：工农业总产值2 094亿元，比上年增长5.4%，但只完成二届人大二次会议通过的高指标的69.3%。钢1 866万吨，比1959年增长34.5%；原煤3.97亿吨，比上年增长7.6%；原油520万吨，比上年增长39.4%。粮食产量据1961年核实数，为2 870亿斤，比1957年的3 900亿斤下降了26.4%，与1951年2 874亿斤的水平相仿。棉花106.3万吨，比上年下降37.8%。基本建设投资总额388.69亿元，比上年增长11.1%。国家财政总收入572.3亿元，总支出654.1亿元，赤字81.8亿元。

1月1日　《人民日报》发表社论：《展望60年代》。社论在回顾10年来中国革命和建设所取得的巨大成就后指出：在发展社会主义建设这样一个新的任务方面，党和人民在毛泽东同志的领导之下，根据最近时期的经验，终于找到了3个法宝，这就是：建设社会主义的总路线，大跃进的发展速度和人民公社的组织形式。社论说，中国人民掌握了1958年和1959年的连续大跃进的经验，不但对于1960年的继续跃进和更好地跃进，充满了决心和信心，而且对整个20世纪60年代的连续跃进，也充满决心和信心。中国人民的奋斗目标是，在新的10年间，要在主要工业产品的产量方面赶上或者超过英国，基本上建立起完整的工业体系，基本上实现工业、农业和科学技术的现代化，从而把中国建成为一个强大的社会主义国家。社论在展望国际形势时指出：在今后的10年中，社会主义世界在经济方面必将对资本主义世界占压倒优势。60年代将是和平势力继续取得胜利、被压迫人民继续取得胜利、社会主义继续取得胜利的时代。

同　日　《红旗》杂志发表李富春文章：《迎接1960年的新跃进》。文章说，1959年工业总产值大大超过了八中全会所提出的比1958年增长25.6%的指标，钢产量达到1 300万吨以上，煤产量也显著超过了计划指标33 500万吨的数字。农业虽遭受严重的自然灾害，但农业总产值较计划超过很多。基本建设也完成了预计的投资总额。这样，我们接着1958年的大跃进，在1959年实现了国民经济的继续大跃进。文章说，两年来连续大跃进中所取得的成就，最突出的就是我们党在毛泽东同志领导下，已经制定了一条正确解决重工业、轻工业和农业发展关系问题的总路线，就是我们党找到了一条经过实践考验而证明完全正确的在我国实现社会主义工业化的道路。1960年发展国民经济的任务，就是更好地贯彻执行党的总路线，进一步确定以农业为基础的方针，在优先发展重工业的同时，应当继续加强以钢为纲，加强对农业的支援，加强国民经济中的某些薄弱环节，实现持续地、全面地和愈来愈好地跃进。

同　日　黄河刘家峡水利工程大坝截流。刘家峡水利枢纽工程位于甘肃省兰州市100公里处，于1958年9月开工兴建。大坝截流后，可形成一个面积达100多平方公里的水库，可蓄水49亿立方米，灌溉农田1 500多万亩。

1月2日　人民日报发表社论：《开门红，满堂红，红到底》。社论提出：我们已经完满地实现了“1959年红到底”，现在正满怀信心地为“1960年开门红”而奋斗。我们的努力目标不但是开门红，而且是满堂红，红到底。所谓开门红、满堂红、红到底，从全国范围来说，就是要各个企业、各行各业、各个地区1960年第一季度的平均日产量，不低于或略高于1959年第四季度的水平，并在这个基础上稳步上升，实现月月红、季季红，建立和巩固生产不断地稳定上升的新常规，实现产量、质量、品种、成本、安全样样红，全面跃进。社论还论述了实现1960年开门红、满堂红、红到底的一些条件。

同　日　新华社报道：一年来全国人民公社公共积累和社员收入都有增加。报道说，目前全国农村人民公社正在进行1959年年终决算和分配。从决算和分配情况看，全国2万多个人民公社，50多万个基本核算单位（生产队、生产大队或管理区），1959年各项生产都有很大发展。各地公社都有了社办工业和其他社办企业，与过去农业社比较，收入项目增加了。据上海、浙江、河南、湖北、广东、辽宁和黑龙江等省调查，一般公社社办企业的收入达到几十万元到几百万元的很多。新疆、宁夏、内蒙古每个公社社办企业的收入，一般也有几万元到十几万元不等。这是公社化以前农村完全没有的一笔新的收入。报道说，1959年各地公社的基本核算单位和包产单位的总收入，也比1958年有很大增长，据黑龙江等16个省市调查，增长幅度一般达10%以上，少数高达40%左右。这些收入主要来自农业生产。1959年全国农村人口的平均收入超过了1958年。增长幅度较大的省区有宁夏、黑龙江、吉林、浙江等。全国将有5个省区的社员，每人平均收入可超过100元。安徽省可达百元左右，比1958年增长了20%。各省区全部人民公社的公共积累（公社一级的企业利润加上提取各生产队的积累），多的有3亿—4亿元，一般也有1亿—2亿元。河南1959年公社和生产大队的公共积累可达7亿元以上，比1958年提高了50%以上。报道还提到，人民公社一般都兴办了林、牧、渔及各种厂矿和手工工场，并在勤俭的原则下扩充了公共食堂，托儿所和文化卫生事业。

1月3日　《人民日报》公布外交部关于进一步申述有关中印边界的事实和重申谈判解决边界问题给印度共和国驻华大使馆的照会。照会说，周恩来总理在1959年9月8日曾经致函尼赫鲁总理，就中印边界问题的历史背景和当前的实际情况，以及中国政府的立场和方针，作了全面的申述。尼赫鲁总理9月26日来信和印度政府11月4日的来照，都表示不能同意周恩来总理对边界事实的申述，因此，中国外交部奉命，对中印边界的几个主要问题，作出进一步的申述。申述照会共分3个问题：一、中印边界是否正式划定过；二、中印边界的传统习惯线在哪里；三、什么是解决中印边界争端的正确途径。照会以大量详尽的事实材料和令人信服的说理证明：整个中印边界，无论西段、中段和东段，都是没有划定过的。中印边界之有待划定，是印度政府和英国政府在长期间所承认的，具有确凿无疑的证据。中国政府关于中印边界传统习惯线的看法，无论在西段、中段和东段，都是以客观事实为基础的，而印度方面在地图上标出的习惯线，除中段大部分符合实际以外，其他根本不代表传统习惯线。中国政府一贯主张，中印双方应该考虑历史的背景和当前的实际情况，根据五项原则，通过友好协商，全面解决两国边界问题，在此之前，作为临时性措施，双方应维持边界的现状，而不以片面行动，更不允许使用武力，来改变这种状况。

同　日　新华社报道：2.6万多名确实改造好的右派分子已于近期摘掉帽子。这些右派分子分属全国各省、市、自治区的政府机关及民主党派的地方组织。

1月4日　国务院转发中国人民银行《关于信贷管理体制问题的报告》。《报告》提出，1959年年初实行“存贷下放、计划包干、差额管理、统一调度”的信贷管理办法以来，效果显著。为了更好地贯彻信贷由中央和省、市、自治区两级集中管理的原则，对现行信贷管理办法作如下补充规定：一、在管理年度包干计划的基础上实行一年两包的办法，即总行对分行一次确定上半年和下半年两个差额，各省、市、自治区分行相应作出包干计划报总行核定。国营农场贷款、人民公社贷款、社办工业贷款属于专款专用性质，不能与其他指标调剂使用，不再计入包干计划之内。二、省、市、自治区分行在总行核定的上半年包干计划内，自行安排本地区的第一、第二季度信贷计划，在下半年包干计划内，自行安排第三、第四季度信贷计划。在半年包干计划内，省、市、自治区可以多存多贷。包干差额确实不足时，报请总行修改。三、总行拨给各省、市、自治区分行一定数目的后备款，用于解决国营工商业贷款的临时需要。省、市、自治区对专区和县仍继续实行季度信贷计划管理办法，还可分配给专区、县一定数量的后备款。

同　日　国务院同意青海省的湟中县划归西宁市领导；同意撤销湖北省孝感专员公署，将孝感专署原辖的16个县划归武汉市领导。

1月7日　国务院同意商业部、林业部《关于由林业部统一归口安排和管理全国木材市场的报告》。国务院指出：从1960年起，有关国家分配给市场的木材销售，中央各部、各省、自治区、直辖市所属企业的产品包装用木材的分配，木制包装材料的经营和回收，以及林业部现管的7种部管产品（包括胶合板、纤维板、栓皮、软木砖、软木纸、刨花板、细木板等），均由林业部统一归口安排和管理。

同　日　国务院决定设立和撤销部分县、市。新设立的市有：内蒙古自治区巴彦高勒市、宁夏回族自治区石咀山市。国务院还作出《关于西藏地区市、县行政区域划分的决定》，决定将西藏地区原有的83个宗和64个相当于宗的独立溪卡合并划分为1个市、72个县，设立7个专员公署。

1月7日—17日　中共中央在上海举行政治局扩大会议。会议总结了1959年的工作，讨论并正式批准了国家计委《关于1960年国民经济计划的报告》，提出了今后3年和8年设想。会议认为，1959年的"大跃进"是全面的"跃进"，1958年和1959年的连续"跃进"，使原来拟定的第二个五年计划主要指标，在两年内便得以完成。会议认为，1960年还将是一个大跃进年，可能比1959年形势更好。会议批准了1960年国民经济计划报告中提出的以钢为中心的高指标，确定1960

年钢产量为：1 840万吨，粮食产量为6 000亿斤，基本建设投资总额345亿元。会议还提出了今后3年和8年的设想。3年设想是：经过大跃进，第二个五年计划的主要指标已经提前完成，有必要制定一个后三年的补充计划。1960年—1962年的奋斗目标是：一、提前5年实现中共八届八中全会提出的10年赶上英国的口号。二、提前5年实现12年农业发展纲要。三、提前5年实现12年科学规划纲要。8年总的目标是：以共产主义的雄心大志，尽可能地加快建设，以“大跃进”的速度，基本上实现我国工业、农业、科学文化和国防四个现代化，建立起完整的经济体系，使我国成为一个富强的社会主义国家。同时，要基本上完成集体所有制到社会主义全民所有制的过渡，在分配制度中要逐步增加共产主义的、按需分配的因素。8年的基本任务之一是，分期分批地采用各种不同形式完成人民公社由基本上生产队所有制到基本上公社所有制的过渡，并开始向全民所有制过渡。会议还要求本年内大办公共食堂，试办和推广城市人民公社。会后，在“大跃进”和“反右倾”的气氛下，全国又开始大办县、社工业，大办水利，大办养猪场等，一些原确定缩减的基本建设项目重新上马，致使高指标、浮夸风、命令风和“共产风”更严重地泛滥起来。

1月10日　国家计委、商业部、卫生部联合发出指示。要求各级商业部门结合正在展开的增产节约运动，在全国范围内开展一次“废品”回收运动。

1月11日　中共中央批转国家统计局关于我国科学技术队伍和职工业余大学的情况调查。据统计，1959年全国科学技术人员大约达到164.8万人，其中：工程技术人员75.6万人，农业技术人员18.9万人，科学研究人员5.5万人，卫生技术人员48.8万人。如包括中医即达81万人，高等及中等专业学校教学人员16万人。与1952年比较，全国科学技术人员增长了2.7倍。在1959年全国科学技术人员中属于高级技术人员的共计约有12.1万人，其中：工程师6.7万人，农艺师与技师3 000人，研究员5 000人，主治医师、主任医师1.6万人，讲师、教授3万人。1959年全国高等学校与中等专业学校的在校学生共计约有147万人，其中高等学校在校学生约55.8万人。今后4、5年内可增加科学技术人员140万人左右。另外，根据38个省辖市的调查表明，1959年共有职工科学技术业余大学475所，在校学生达到10.5万人。

1月11日—19日　解放军总参谋部、总政治部在北京召开全国民兵工作会议。会议着重讨论了民兵的战略地位问题，提出要统一和提高全党全军对民兵的战略地位的认识。会议同时研究了构成全民防御网的民兵战略布局和开展民兵工作方法问题。会议认为，要搞好民兵工作，必须在地方各级党委领导下，组织好工会、共青团、妇联、体委、教育等有关部门的协作。会议确定省军区、军分区的主要职责就是搞好民兵工作。会议要求全军各军兵种、各部队都要帮助组训民兵，积极开展民兵工作。

1月11日—20日　国家计委、建委和财政部在广州联合召开全国基本建设投资包干经验交流会。会议反映，据当时的不完全统计，1959年全国实行投资包干的建设单位有5 000多个，占全国投资总额的40%左右。其中冶金、煤炭、水电、石油、化工等系统实行包干的投资额占本部门投资总额的75%~85%。会议肯定了投资包干制度的积极作用，确定要广泛地推行这项制度。针对有些实行投资包干单位随意扩大建设规模的现象，会议强调：建设单位，建筑企业用节省下来的投资扩大建设规模，必须服从计划管理；如果经过计划平衡而不需要扩大建设规模，应将这部分多余资金上交主管部门，用于其他急需的建设事业。中共中央2月24日批转了关于这次会议的报告，要求各地区、各部门在1960年继续推行基本建设投资包干的办法。

1月11日—22日　全国体育工作会议在北京举行。会议总结了1959年体育工作的各项经验，讨论了1960年的工作。会议要求全国体育工作者也要像生产战线一样，实现继续跃进。1月19日，中共中央副主席周恩来接见了出席会议的全体代表。

1月12日　中共中央对共青团中央书记处《关于开展毛泽东著作学习运动的提法问题的请示》作出批复。决定使用“学习马克思列宁主义、学习毛泽东著作”的提法。

同　日　中国驻孟买总领事馆发表关于张谦豫事件的声明。张谦豫，中国驻孟买总领事馆职员。1959年11月26日上午11时左右，张在因事外出途经美国驻孟买总领事馆时，进入该馆询问如何办理赴美签证事宜，当即为美领馆人员扣留。美国领馆人员对张软硬兼施、威逼利诱，终于迫张按照由美方人员拟好的稿子抄写了一份申请“政治庇护”的声明，并按美国人的口授录写了一个所谓“谴责”中国在国外进行“情报工作”的声明。当日下午，美国领馆人员将张押送到孟买市郊海滩关押，并迫其供出中国总领馆的各种情况，包括保险柜的安放，总领馆的组织，人事安排，以及全体中国领馆人员的相貌特征等。27日晨，张借机逃出海滩关押地点，几经周折返回中国总领事馆。29日，中国外交部发言人就美国领馆人员绑架张谦豫一事发表声明，对美国提出严重抗议。但美方人员为掩盖罪责，亦发表多篇前后矛盾的声明，对中国进行诽谤。为此，中国领事馆于4日再次向孟买警察局陈述事实经过，张谦豫本人也于12日到警察局作了供述。中国总领事馆的声明说，美国领馆人员绑架中国外交职员的罪行是无法洗刷的。这一骇人听闻的事件又一次证明了美国政府坚持与中国人民为敌的政策，并且为了这个政策，不惜把冷战带到第三国。中国总领事馆对美国总领馆的暴行提出强烈抗议，并认为美国必须对这一严重的政治阴谋事件负全部责任。

同　日　解放军空军1架飞机在台湾东部海岸坠毁。该机属于解放军驻浙江某部，在日常训练飞行时，突然发生故障，以致迷失方向，最后在台湾东部海岸坠毁。

1月14日　国务院发布《关于加强综合财政计划工作的决定》。《决定》指出，1958年以来，随着改进财政管理体制和实行企业利润留成制度，国家财政收支和信贷收支大大增加。为了更全面更有计划地反映国家财政资金的整个面貌，统筹安排资金支出，切实建立和健全综合财政计划制度，把国家预算内、预算外收支和信贷收支统一纳入计划，进行综合平衡，是十分必要的。编制综合财政计划，应当根据民主集中制和全国一盘棋的原则，把国家一切财政资金都纳入综合的计划里来。既要实行统一领导，保证人力、物力、财力的全面安排和合理使用，又要坚持分级管理，分工负责，充分发挥各地方各部门的主动性和积极性，以便集中力量，保证国家计划和重点项目的完成，同时有利于各地方各部门合理充分地使用机动财力，完成各地方和各部门所需要的建设。预算外资金是各地方各部门的机动财力，具有更大的灵活性和机动性，它和预算内资金的管理方法应有所不同。预算外资金的安排使用，由各地方各部门自行决定，但是使用预算资金进行基本建设，必须按照规定报请国家计划部门批准。整个预算外资金的安排使用情况必须按期向计划、财政、银行和统计部门报告。为加强这项工作，责成财政部成立制定预算外资金的管理办法。《决定》要求，各省、市、自治区在编制1960年计划的同时，都必须编制综合财政计划，随同国民经济计划一同上报。

同　日　中国外交部发表《关于日美签订军事同盟条约的声明》。声明说，日本首相岸信介将于19日在华盛顿以修改日美安全条约为名，同美国政府签订日美军事同盟条约，这是日本反动派和美帝国主义互相勾结，准备新的侵略战争，威胁亚洲和世界和平的一个极其严重的步骤。日美军事同盟条约的签订，标志着日本帝国主义的复活，标志着日本已经公然参加美国的侵略性的军事集团。声明说，在社会主义阵营和爱好和平国家的努力下，目前的国际局势出现了一定程度的缓和。美国也标榜和平，并且不断作出愿意和缓国际紧张局势的姿态。但是，正是在这个时候美日签订军事同盟条约，又一次证明了美国的目的是侵略和战争，所谓和缓和和平，不过是准备战争的掩护。1月15日，《人民日报》发表社论《坚决反对日美军事同盟》。

1月15日　中共中央批准中直机关党委和中央国家机关党委《关于在反右倾斗争的整风运动中犯有错误的处理问题的请示报告和关于划分右倾机会主义分子的标准和处理原则》。《报告》提出的应划为右倾机会主义分子的原则是：一、公开散布系统的右倾言论，从多方面攻击总路线、大跃进和人民公社的；二、积极支持以彭德怀同志为首的右倾机会主义反党集团的纲领，公开为反党集团辩护，攻击党中央和毛主席的；三、组织宗派集团，夸大、歪曲社会主义革命和社会主义建设中的缺点，反对党中央的；四、对党中央所规定的重大方针政策和业务方针拒不执行，向党闹独立性，或者采取其他违反党的组织原则的手段，以阻挠总路线的贯彻执行的；五、历史上多次犯错误，屡教不改，对党心怀不满，1958年以来又借批评大跃进中的缺点为名，猖狂向党进行攻击的；六、在革命斗争中，在党的路线、政策问题上，一贯严重右倾，1958年以来又有严重的右倾言论和行动，在学习八届八中全会文件以后，仍坚持错误观点，不主动检讨的。《报告》提出的处理原则是：一、党员干部，一般都应给予撤销或部分撤销党内职务、撤销或部分撤销行政职务的处分。二、犯有上述错误，未被划为右倾机会主义分子的党员干部，一般地免予处分。三、对运动中揭发出来的阶级异己分子、蜕化变质分子、暗藏的反革命分子等，应立专案，交公安部门处理。揭露出来犯有其他错误的党员干部，根据情节和表现，按党章规定处理。据《报告》披露，两党委党员中被列为重点批判对象的共1 900人，其中司局长以上干部287人。

1月16日　中共中央、国务院发出《关于建立业余教育委员会的通知》。通知说，广泛开展业余教育工作，是我国文化革命中的重大任务之一，也是培养干部的一个重要方法。全国有几亿青年和成年的劳动人民需要从业余教育中提高自己的政治、技术和文化水平。业余的高等教育和中等专业教育，不但现在急需发展，而且就在将来普及了初中教育之后，还会长期地存在，规模将更加巨大。为此目的，中共中央和国务院决定成立业余教育委员会，作为国务院指导全国业余教育工作的机关。委员会由林枫为主任，张际春、廖鲁言、李颉伯为副主任，张启龙、钱俊瑞、张劲夫等18人为委员。

1月19日—24日　拉萨市首届人代会宣布，将正式成立拉萨市人民政府。会议通过了向毛泽东主席的致敬电。

1月20日　国务院举行第九十四次全体会议。会议通过了《中华人民共和国和德意志民主共和国通商航海条约》，并且决定将这一条约提请人大常委会审议批准。会议决定，设立山东省菏泽市，同时撤销菏泽县，以原菏泽县的行政区为菏泽市行政区域。

1月21日　全国人大常委会通过《关于支持苏联最高苏维埃就裁

军问题致各国议会和政府呼吁书的决议》。决议说，1960年1月15日苏联最高苏维埃第四次会议通过了关于苏联再一次裁减武装部队120万人的法案，是苏联继1959年9月18日提出全面彻底裁军的建议之后又一次重大和平行动，中国人大常委会表示热烈欢迎和支持这一行动。决议说，中国一贯赞成普遍裁军，并且将毫不犹豫地承担起它同意承担的义务。但必须指出，如果没有中华人民共和国的正式参加和它的代表签字，有关裁军的国际协议当然不能对中国具有任何约束力。

同　日　全国人大常委会第十二次会议通过《关于最高人民法院和地方各级人民法院助理审判员任免问题的决议》。决议规定：最高人民法院助理审判员由最高人民法院任免；地方各级人民法院助理审判员由本级人民法院任免。当日，国家主席刘少奇发表命令公布了该决议。

1月25日　新华社发表《关于中国和印尼两国就双重国籍问题的条约在北京互换批准书的新闻公报》。新闻公报说，根据条约的规定，关于双重国籍问题的条约在互换批准书之日（20日）起生效。根据两国总理1955年6月3日关于双重国籍问题的条约实施办法的换文的规定，两国总理的换文和双重国籍条约同时生效。两国总理换文规定，在雅加达成立一个由中华人民共和国和印度尼西亚共和国双方代表组成的联合委员会，以通过协商全面解决存在于两国间的华侨问题。1月27日《人民日报》发表社论《通过友好协商全面解决中国和印度尼西亚间的华侨问题》。

1月26日　中共中央印发《关于1960年计划和今后3年、8年设想的口头汇报提纲》。《提纲》关于3年设想的主要内容是：从1960年—1962年的3年，作为今后8年建设中一个小的阶段，其任务是为第三个五年计划期间建成完整独立的经济体系和基本实现四个现代化奠定巩固的基础。具体目标为：一、提前5年实现八届八中全会提出的10年赶超英国的口号；二、提前5年实现12年农业发展纲要；三、提前5年实现12年科学规划纲要。提纲关于8年发展的总要求是，以共产主义的雄心大志，尽可能地加快建设，保证工农业生产的不断跃进，基本实现工业、农业、科学文化和国防四个现代化。同时，基本完成集体所有制到社会主义全民所有制的过渡。其任务是：一、建成全国独立的经济体系，并在此基础上，基本建成各大协作区具有不同特点、不同水平、而又分工协作的经济体系。二、基本上完成四个现代化。三、分期分批地采用各种不同的形式完成人民公社由基本上生产队所有制到基本上公社所有制的过渡。四、人民公社的收入分配要以工资制为主，采取工资制和供给制相结合的分配形式。毛泽东在1959年底—1960年春读苏联《政治经济学教科书》的谈话中涉及中国超英赶美的计划曾是：经过一二十年到几十年的努力，在主要产品产量方面首先超过英国，然后超过美国。毛泽东说，找一个国家来比赛，这个办法很有意义，第一步按主要产品产量来赶，第二步按人口平均的产量来赶。

同　日　中共中央同意粮食部党组关于在今后3年内争取把国家粮食库存增加到1 000亿斤的报告。中央认为，在今后粮食生产继续跃进的基础上，逐步增大国家粮食储备不仅是必要的，而且是可能的。在3年内把库存增加到1 000亿斤，应当作为我们的奋斗目标。

同　日　《人民日报》发表黎澍文章：《百家争鸣和思想斗争》。文章对史学家尚钺发表在1959年8月10日《光明日报》上的《踏实钻研与坚持真理》一文作了批驳。尚钺认为，现在在我国历史科学领域，是否还存在两条道路斗争的残余，即资产阶级思想体系与无产阶级思想体系斗争的残余，是一个值得研究的问题。如果还有这种斗争残余存在，仅仅是学术问题的争论，那只是人民内部矛盾问题，非有长期冷静的钻研，进行深入而细致的研究、批评与论辩，是不能彻底的消除的。黎澍引用了《关于正确处理人民内部矛盾的问题》中有关阶级斗争的一段话作为依据，指出，在历史研究领域中扩大马克思列宁主义的阵地仍旧是一个尚待解决的任务。尚钺观点的修正主义性质在于，目前的问题不是“兴无灭资”，而是资产阶级历史学家可以与马克思主义历史学家一起，在马克思主义学术水平和资产阶级学术水平“共同提高一步”的基础上来追求真理。黎澍说，在无产阶级思想体系和资产阶级思想体系之间，在唯物主义和唯心主义之间，在辩证法和形而上学之间，没有折中调和的余地，只能是前者战胜后者。尽管这种斗争反映在学术问题上和反映在政治问题上是不同的，学术问题的争论可以缓作结论，但是这正足以说明斗争的存在，而不是斗争的熄灭。黎文最后指责尚钺是一个反马克思主义的私人科学的制造者，是要利用百家争鸣来扩大自己的市场。此后，批判尚钺“修正主义”和“资产阶级史学体系”的运动开始。

1月28日　《中国、缅甸联邦友好和互不侵犯条约》在北京签订。条约共分6条，规定：缔约双方承认和尊重彼此的独立、主权和领土完整。缔约双方保证互不侵犯，不参加针对另一方的军事同盟。中华人民共和国总理周恩来和缅甸联邦总理奈温分别代表本国政府在条约上签字。同日，中、缅两国政府还签订了《关于两国边界问题的协定》。协定共4条，分别就成立联合委员会商谈有关中缅边界各项具体工作、中缅边界勘察和解决现存问题的原则等达成了一致。周恩来和奈温代表本国政府在协定上签字。

1月29日　全国妇联发出奖励“三八红旗手”和“三八红旗集体”的通知。《通知》说，全国妇联决定在1960年纪念“三八”国际妇女节50周年的时候，奖励1万个在1959年社会主义各个战线上的妇女先进人物和以妇女为主的先进集体，分别授予“三八红旗手”、“三八红旗集体”的奖状和奖旗。评选标准是：一、思想红、干劲足；二、在工农业生产上，在集体生活福利及社会服务事业中，在社会主义建设各个战线上，大闹技术革新和技术革命，不断提高劳动生产率和工作效率的；三、努力提高文化水平、刻苦学习和钻研科学的；四、善于团结群众发挥共产主义协作精神的。凡具备上述条件或条件之一的，并在完成生产和工作计划方面成绩突出者，可推选为先进个人和先进集体。

1月30日　中共中央批转国家计委党组关于1960年国民经济计划的报告。《报告》汇报了1959年11月召开的全国计划会议讨论和拟定1960年国民经济计划草案的情况，提出，要在编制1960年计划草案的过程中，采取“逐步看涨”的办法安排生产指标、采取“分两步走”的办法安排基本建设指标。各地各部门在执行计划的过程中，可以按照当时当地的具体条件，按照全国一盘棋的要求，适当地提高生产指标，争取全面地超额完成各项任务。《报告》提出的1960年国民经济计划的指标是：1960年工农业总产值为3 060亿元，比1959年增长22%。钢1 840万吨，比上年增长33%。粮食6 000亿斤，比上年增长11%。财政收入701.5亿元，比上年增长22%。报告认为，这个计划，经过努力，一定能够完成。中央批示同意报告提出的安排计划的精神，要求全国共同努力，力争我国的国民经济在1960年获得更好、更大、更全面的跃进。

1月31日　刘少奇同王光英一家谈话。谈话围绕人的世界观及个人、集体和国家三者的利益关系问题进行。刘少奇指出，在阶级社会中，人们做起事情来，总是要按自己的世界观和精神面貌来改造世界。在目前中国的改造事业迅速进行的时期，如果世界观不对头，就会感到很难受；如果世界观的问题搞通了，对头了，积极性就大得很，干劲就来了。刘少奇说，不能没有个人利益。个人利益集合起来即是整体。个人利益、暂时利益是要照顾的，但在有矛盾时，就要把暂时的、个人的利益牺牲一些。有时民族利益也要服从世界利益，有时就要吃点儿亏，只要对世界有好处，那好处更多嘛！这就是叫矛盾的统一。刘少奇批评了“个人问题解决不了，怎能为全国人民想办法，首先要解决个人问题，才有余力解决国家问题”的说法，指出，把个人利益、家庭利益放在第一位，是把次序放倒了。整天想到个人，最后是没有个人利益，个人利益还要丧失一部分。为人民做事，大家就会照顾。规律性就是这样，不考虑个人，则最后有个人利益。

2月2日　国务院发出《关于接待和安置归国华侨的指示》。指示说，我国政府一贯愿意根据和平共处的五项原则同有关国家协商解决包括双重国籍问题在内的一切有关华侨问题。令人遗憾的是，近来在东南亚某些国家中出现了反华、排华的活动，大批华侨无端遭受迫害。鉴于这种情况，我国政府决定，对于那些流离失所、无法谋生或者不愿意继续在海外居留的华侨，将根据他们的志愿，安置他们在国内生活和参加建设。为做好接待和安置归国华侨的工作，特指示：一、成立“中华人民共和国接待和安置归国华侨委员会”，负责统筹归国华侨和安置工作。廖承志为主任委员，陶铸、叶飞、刘建勋、阎红彦、陈嘉庚、王震为副主任委员，方方等16人为委员。委员会下设办公室，由方方兼任办公室主任。二、在广州、汕头、湛江、海口等港口设立接待机构。三、责成广东、福建、广西、云南等省区的人民委员会做好归侨安置工作。四、接待和安置经费由有关省区另外编造预算，经委员会审核，报国务院批拨。五、安置原则如下：1. 根据国家需要和个人志愿，妥善安排归国华侨的工作；2. 学生和具有学习条件的职业青年，依其学龄和文化程度安排就学，经济有困难者，国家给予助学金；3. 愿意回原籍同亲属团聚者，由有关人民委员会和人民公社妥善安置；4. 各地应当适当照顾归侨生活。六、归侨带回之财物一律免收关税，永远归个人所有。

2月3日　《光明日报》发表福建省教育厅的调查报告：《大办“铁民校”的初步经验》。报告说，福建省工农业余教育工作中涌现出了一大批“风吹不倒，雨打不散，长期巩固，四季常青”的业余学校，群众誉称之为“铁民校”。“铁民校”是农村民校中涌现出来的。福建省于1959年6月、7月间发出评选“铁民校”的号召，要求每个生产大队至少办好一所。至11月初，全省共评选出1 456所“铁民校”。报告认为，“铁民校”不仅是农民学习文化的场所，而且是提高思想觉悟，培养人材和学习普通话的重要途径，并号召大搞群众运动，使大办“铁民校”成为群众的自觉行动。

2月3日—15日　中共山东省委第二届第十五次扩大会议在济南举行。会议提出，大力开展“千（亩产千斤粮）百（亩产一百斤、二百斤皮棉，五百斤、六百斤花生）万（亩产万斤地瓜）斤大面积丰产的运动”和“每人一亩或二亩水利丰产田，每人一头猪或每亩一头猪的运动”。会议指出，目前革命和建设的实践要求我们认真学习毛泽东思想，积极宣传毛泽东思想，在广大人民群众中开展一个思想大革命。这不仅是做好当前一切工作的先决条件，而且是20世纪60年代取得持续跃进的根本保证。

2月4日　中共中央政治局候补委员康生在华沙条约缔结国政治协商委员会例会上发表讲话。讲话指出，目前国际形势继续朝着有利于和平的方向发展，帝国主义所制造的国际紧张局势出现了某些和缓的趋势。赫鲁晓夫同志成功地访问了美国，东西方最高级会议不久即将召开，有关裁军问题也在程序上达成了某些协议。这种局势的出现，是社会主义力量、民族革命力量与和平力量同帝国主义战争势力反复进行斗争的结果，是东风压倒西风的结果。讲话指出，关于裁军问题，中国一贯采取积极支持的态度，并一再主动裁减自己的军队。但是，由于美国在国际关系中一直对我国采取排斥态度，中国政府不能不向全世界声明，没有中华人民共和国的正式参加和它的代表的签字，有关裁军的国际协议和其他一切国际协议，当然都不能对中国具有任何约束力。

2月4日—19日　中共河南省委召开五级干部会议和省委第十五次全体会议。会议认为，1959年河南国民经济各部门在1958年大跃进的基础上，又取得了巨大胜利。为了实现1960年的持续跃进，必须明确以农业为基础的指导思想，优先发展重工业和迅速发展农业相结合，正确处理农、轻、重之间的比例关系。会议特别强调指出，认真系统地学习毛泽东著作，以毛泽东思想武装头脑，是河南全党最重要的政治任务。会议听取了省委第一书记吴芝圃所作的工作报告，并通过了相应的决议。

2月4日—10日　全国学联第十七届代表大会在北京举行。大会听取并完全同意胡启立代表第十六届学联所作的题为《又红又专，攀登科学文化高峰》的报告，一致通过了《中华全国学生联合会章程》。大会认为，报告和章程确切地反映了4年多来全国广大学生的巨大的深刻的变化，正确地提出了现阶段全国高等学校学生的任务。大会期间，刘少奇等党和国家其他领导人接见了出席会议的全体代表，国务院副总理陈毅到会讲了话，中宣部副部长周扬作了题为《目前形势和共产主义教育问题》的报告，国家计委副主任王光伟、共青团中央第一书记胡耀邦分别作了《关于国家经济形势》和《用毛泽东思想武装起来》的报告。2月11日，《人民日报》发表社论《青年学生的光荣任务》，祝贺大会闭幕。

2月5日　中国天文学会宣布退出国际天文学协会。中国天文学会理事长张钰哲在致国际天文学协会主席奥尔特的函中说：你在来信中公开地将中华人民共和国与蒋介石集团相提并论，并搬出协会章程第三条作为“根据”，把台湾说成一个国家，这种做法显然是追随美帝国主义制造“两个中国”阴谋的行为。对此，我不得不再一次地向你提出严重抗议。张钰哲在信中说，中华人民共和国天文学会是中国天文学工作者唯一合法的组织，正如它代表全国各省的天文工作一样，代表着台湾的天文工作者。接受台湾为会员国这一事实的本身早就超越了“科学”范围，并使国际天文学协会变成玩弄“两个中国”的政治阴谋工具。中华人民共和国天文学会声明立即退出国际天文学协会及其所属各委员会，并断绝和它们的一切联系。

2月6日　中共中央转发江苏省委《关于农业中学先进单位和先进工作者代表会议的情况报告》。中央在《批示》中指出，经过两年的努力，农业中学已经在农业中站住脚跟。这是一个很大的胜利。从此可以希望，我们广大的农村中不但会普遍地有初等教育和业余教育，而且会普遍地有中等教育和高等教育。从此可以希望，我们将培养出大批干部来实现农业现代化。《批示》指出，今后办农业高中必须注意农村劳动力的需要，半日制的农业高中不宜办得过多，业余的农业高中则可大办。农业高中里有一部分学生以学习基础课为主是必要的，但大量的应以学习专业课为主，培养工业、农业、卫生、保育、教育、财经等方面的中等技术干部，培养小学教师，这是现在农村中大量需要的。

2月8日　新华社报道：民兵工作会议在北京举行。会议对民兵工作进行了充分的讨论，一致认为，群众武装是党所领导的革命武装斗争的一个重要组成部分，“全民皆兵”是毛泽东的伟大的人民革命战争思想的体现。目前全民大办民兵，对反对帝国主义侵略、巩固国防和加速社会主义建设，都有极其重大的意义。会议听取了贺龙元帅所作的重要报告，听取了自1958年大办民兵师以来，城乡民兵在陆海边防和维护社会治安中取得的巨大成就，以及他们在社会主义建设中所发挥巨大作用的事迹。会议期间，周恩来、陈毅、贺龙等接见了全体代表。

同　日　《人民日报》发表社论：《"小洋群"乘胜前进》。社论说，1959年，"小洋群"在我国社会主义建设的历史上写下了崭新的篇章。全国生铁的总产量中，仅地方企业的中小高炉所生产的生铁就占1/2以上；钢的总产量中，中小转炉生产的占1/3以上；铁矿石，中小型矿山生产的占全部产量的1/2左右；煤，小型煤矿生产的占全部产量的1/5左右。这再次证明了党中央和毛泽东的"两条腿走路"的方针，是使我国社会主义建设取得大跃进速度的唯一正确的方针。社论说，1960年，"小洋群"新的奋斗目标是：在过去两年中"小洋群"还发展不够多的行业，如有色金属、化工、石油、电力等，需要积极地发展"小洋群"，在已有相当发展的钢铁、煤炭等工业部门，需要特别注意改进和提高现有企业的生产来保证1960年的继续跃进。

2月10日　中共中央、国务院发出《关于召开全国教育、文化、卫生和体育等方面社会主义建设先进单位和先进工作者代表大会的通知》。《通知》说，1959年继1958年声势壮大的文化革命和教育革命运动之后，全国文教卫生体育事业又有进一步发展。全国目前全日制、半日制、业余制高校在校学生已有101万人，学龄儿童的入学率已达87%。为推动文、体、卫各项事业继续跃进，中央和国务院决定在6月份在北京召开上述各行业先进单位和个人的代表大会。各地选派代表的条件是：坚决拥护三面红旗，在大闹文化革命、教育革命的群众运动中，在业务上有突出的成绩，或在组织领导上、工作上有重大改进，在钻研业务和创造发明方面有贡献者。《通知》要求要广为宣传这次大会，以促进更多的先进单位和个人涌现出来。

2月10日—24日　中共内蒙古自治区委员会第一次全体扩大会议暨旗、县委第一书记会议在呼和浩特举行。会议听取了自治区党委第一书记乌兰夫所作的《新阶段、新形势、新任务》的报告，认为，自治区1959年在大跃进的基础上，实现了持续的跃进。全区工农业总产值达到35.7亿元，比1958年增长32%，远远超过第一个五年计划期间平均增长速度。会议提出的自治区1960年的建设方针和任务是：更好地贯彻总路线和一整套两条腿走路的方针，大搞群众运动，以农牧业为基础，大力发展钢铁工业和森林工业，使工农牧林生产相互结合，全面发展国民经济。

2月13日　中苏两国党和国家领导人互致贺电庆祝《中苏友好同盟条约》签订10周年。中共中央主席毛泽东及刘少奇、朱德、周恩来在致赫鲁晓夫和伏罗希洛夫的电文中说，《中苏友好同盟互助条约》的缔结，是具有重大意义的历史事件。它对于中苏两国的繁荣和维护世界和平、促进人类进步的事业，已经发挥并且还将继续发挥巨大的影响。电文还赞扬了赫鲁晓夫访美成功及苏联政府提出的全面裁军建议。同日，首都各界人士举行庆祝《中苏友好同盟互助条约》签订10周年招待会。陈毅、郭沫若和苏联驻华大使契尔沃年科分别在会上讲话。

2月14日　全国妇联等9团体发出《关于纪念"三八"国际劳动妇女节第五十周年联合通知》。《通知》要求全国妇女要积极地有计划地学习马克思列宁主义、毛泽东著作，继续积极参加以技术革新、技术革命为中心的增产节约运动，在工农业生产上，在建设社会主义的各个战线上，苦干、实干加巧干，树立不断革命的精神。要充分认识办好集体生活福利事业、社会服务事业的重要意义，当前既要大力发展、巩固和办好公共食堂，也要积极发展和办好托儿所、幼儿园、服务站、妇产院、敬老院。《通知》号召全国各条战线上的妇女积极争取"三八红旗手"和"三八红旗集体"的荣誉。

2月16日　全国冶金工业1960年全面跃进誓师评比广播大会在北京举行。大会由冶金工业部、重工业工会全国委员会和中央广播电台联合举办，全国各冶金企业代表参加了会议。冶金部和重工业工会全国委员会将260多面红旗授给了全国冶金工业部门的红旗单位，将3 800多张奖状授给了先进单位。中央政治局候补委员、国务院副总理薄一波出席大会并讲话。薄一波在讲话中说，在今后10年中，中国人民的雄心大志是：实现整个20世纪60年代的连续跃进，在主要工业产品产量方面赶上和超过英国，基本上建立起我国完整的工业体系，基本上实现工业、农业和科学文化的现代化。冶金部副部长吕东在讲话中向全国冶金职工提出五项任务：一、制订一个鼓足干劲的计划，决心大大超额完成国家计划；二、大抓"小洋群"，进一步贯彻执行两条腿走路方针；三、高速度地进行基本建设，为冶金业增加新生力量；四、迅速攻克“高、大、精、尖、新”科技高峰；五、坚持政治挂帅，大搞群众运动。

2月17日　《人民日报》发表社论：《一定要办好两百万个养猪场》。社论说，据统计，除国营农场、畜牧场、机关、团体、部队、企业和学校建立的数以万计的养猪场以外，各地人民公社和生产队、公共食堂建立的集体所有的养猪场共200万个，平均每个公社有80多个养猪场。国家和公社养猪场养的猪共有1.16亿头，占全国猪只头数的64%左右。社论说，200万个养猪场的出现，是人民公社优越性的具体表现。山东省人民公社1个月建猪场6.9万个，猪的头数增加了21%。这样的高速度，不但小农经济时代根本办不到，就是高级社时期也难以办到。同时，200万个养猪场的出现，也标志着我国农村社会主义公有制经济的进一步发展。许多公社的养猪收入已占公社总收入的20%~30%左右，这对发展农业生产，巩固集体经济，充分发挥生产队和社员的积极性方面，起了重大作用。社论还对办好已成立的200万个养猪场的各个方面提出了要求。

2月18日　中共中央、国务院发出《关于当前蔬菜工作的指示》。指示说，当前蔬菜生产的任务是，在1959年获得胜利的基础上，进一步抓紧春季生产，同时做好全年工作安排。所有的城市和农村的党委和人民委员会，都要抓紧春菜生产。必须保证春莱有足够的播种面积，不能因为发展其他作物，挤掉蔬菜的种植亩数。同时要做好1960年蔬菜生产和供应的全年安排，既要安排春菜，又要安排夏菜、秋菜和冬菜；既要增加数量，又要增加品种。必须把生产计划和消费计划衔接好，把市场需要和生产安排衔接好，把各个季节、各个品种蔬菜生产和供应的时间衔接好。把工业、农业、商业、交通的协作关系衔接好。

同　日　《人民日报》报道：中共浙江省第三届代表大会第一次会议在杭州举行。正式代表495人，候补代表60人参加了会议。省委第一书记江华代表上届省委作工作报告。大会满意地指出，经过1959年的整顿和建设以后，人民公社已经走上巩固和健全发展的道路，公社经济有了巨大的增长。全省人民公社兴办了1.1万个农具厂、肥料厂和各种副业加工厂，建立了536个农场，并大量建设了小型发电站，为农业的机械化、电气化创造了良好的开端。大会提出1960年国民经济发展的主要指标，要求1960年钢、煤等主要工业产品都有很大的增长，粮、棉等主要农业产品都有跃进的发展。

同　日　新华社报道：国家主席刘少奇根据二届人大常委会第十七次会议的决定，任命姚依林为商业部部长。

2月19日—21日　中国民主建国会第二次全国代表大会和工商联第三届会员代表大会联合在京举行。大会召开前，曾进行了两个多月的预备会议，共有293位代表在预备会上作口头和书面发言，对工商界自觉实行改造等问题作了深入讨论，并将比较一致的认识写入大会文件。在正式会议上，全国工商联主任陈叔通宣读了题为《工商业者，坚决响应党的八届八中全会的伟大号召，在总路线的光辉照耀下，提高自觉，鼓足干劲，更好地进行政治思想改造，为祖国的社会主义建设作出更多的贡献》的大会决议。决议提出，今后工商者在自我教育和自我改造的过程中，要坚持劳动实践，继续进行政治立场和思想的改造，以逐步达到改造成为大体上符合6条政治标准、自食其力的光荣的劳动者的总要求。大会还通过了两会会章和各项决议，选举黄炎培为民建第二届中央委员会主任委员，陈叔通为工商联第三届执委会主任委员。会议期间，中共中央副主席刘少奇、朱德等接见了全体与会人员。刘少奇并与两会领导人进行了谈话。陈毅、李先念、徐冰等向大会作了报告。《人民日报》3月1日发表社论《工商业者应当下决心"顾一头""一边倒"》，社论说，工商业者在进一步接受社会主义改造中，不可避免地要面对个人利益同国家利益和人民利益的关系问题，我们希望工商业者作出明智的抉择，这就是一心顾国家利益和人民利益这一头，倒向社会主义这一边。

2月20日　全国纺织工业庆功跃进誓师广播报告会在北京举行。会议由纺织工业部等单位主持，全国纺织业274个获奖单位的代表参加了大会。中央政治局委员、国务院副总理李先念在会上发表讲话。讲话说，大跃进以来，纺织工业战线成绩极其辉煌，1958年和1959年两年建设的棉纺锭，等于解放前60年建设的纱锭总数的一半，比第一个五年计划五年建设的总数还要多。1958年、1959年的棉纱产量增长速度，比前8年的平均速度，提高了1.5倍—2倍以上。讲话说，摆在纺织业全体职工当前的主要任务是，实现纺织业的机械化和半机械化，在设备和材料方面，自力更生，土法上马，由土到洋，定型配套，不断提高。要积极寻找和扩大利用原料范围，充分利用一切可纺纤维。与此同时，广泛深入地开展合理节约原材料，提高出品率的群众运动，尽量利用废品和代用品。讲话强调，不断改进产品设计、生产各种花色新颖、价廉物美、坚牢耐穿的纺织品，是纺织工业部门的一项基本任务，因此，要不断研究和生产新产品，让我国人民的衣着需要能够得到更好的满足。

同　日　中央决定开始进行大庆地区石油勘探会战。自1959年9月至1960年初，经多口探井试掘查明，大庆地区为一大面积储油构造带，面积达2 000余平方公里。已探明储油面积为200平方公里，初步估算，可采储量在1亿吨以上。为用最快速度探明更大的油田面积，开发新的油田，中央确定从玉门、新疆、青海、四川等石油管理局和其他石油厂矿、院校，抽调数十支钻井队、2 000余名科技人员和大量器材，在大庆地区进行石油勘探开发大会战。至年底，大庆地区全部油田面积和储量已基本探明。

2月21日　文化部发表《关于美国政府阴谋劫夺我国在台湾大批珍贵文物的声明》。声明说，据2月12日美国国务院的声明，美国同台湾已达成所谓“协议”，准备把蒋介石集团在解放前劫往台湾的大批珍贵文物运往美国，并已由所谓驻美“大使”叶公超同美国国立美术馆秘书凯恩斯非法签订了“合同”。据知这批文物主要包括：故宫博物院、南京博物馆（即原中央博物馆筹备处）、南京图书馆（即原中央图书馆）和中国科学院考古所（即原中央研究院历史语言研究所和北平研究院历史研究所考古组）等机构的重要收藏，皆为中国历代相传的绘画、墨迹、瓷器、铜器、玉器、陶器以及抗日战争前安阳、浚县、辉县等地的考古发掘品（包括安阳出土的刻辞甲骨），另有宋、元、明善本书籍和文渊阁《四库全书》等。声明说，早在1954年、1955年和1959年，美国政府已经几次由美国博物馆出面，图谋以“长期出借”的方式，将这批文物劫运美国，但未得逞。此次竟改由美国务院公开出面。中国文化部为此严重警告美国政府：立即停止这一盗劫行为，并声明：美国政府同台湾当局签订的一切劫夺我国历史文物的“合同”均属无效。

2月23日—3月1日　中共宁夏回族自治区委员会举行第一届第五次会议。会议着重研究和讨论了如何在党内学习毛泽东的著作和加强对农业生产和农村工作领导的问题。会议认为，为保证完成和争取超额完成1960年粮食工作和其他农业生产任务，必须认真贯彻执行多种多收与高产多收的两条腿走路的方针，把多种、高产紧密结合起来，达到多收的目的。立即掀起一个声势浩大、规模壮阔的群众性技术革新和技术革命运动，通过改革工具，改进技术管理，提高劳动效率。会议要求，在党员干部中要系统地进行社会主义、共产主义教育，掀起学习马克思列宁主义和毛主席著作的高潮，当前要着重学习毛主席关于社会主义革命和社会主义建设的学说。

2月25日　《中国青年报》发表长篇通讯：《英雄少年刘文学》。刘文学生前为四川省合川县渠嘉人民公社少先队员，14岁。1959年11月18日晚为抓获和揭发地主分子刘云偷摘公共食堂海椒而遭杀害。刘文学的事迹在新闻媒介中披露后，在全国青少年中引起极大的反响，成为全国青少年的学习榜样。

2月25日—3月2日　中共四川省第一届代表大会第三次会议在成都举行。省委第一书记李井泉主持了会议。会议提出，当前全省人民的任务是，“全党一条心、一股劲、一个样，为实现1960年的大跃进而奋斗”。会议还就农业生产、工业生产和科学教育等方面的跃进措施进行了讨论并提出要求。与会代表信心百倍，斗志昂扬，表示为实现1960年大跃进而奋斗。

2月25日—3月12日　中共新疆维吾尔自治区第一届代表大会第二次会议在乌鲁木齐举行。自治区党委第一书记王恩茂作了工作报告和会议总结。大会指出，目前自治区建设已进入一个大发展的新阶段。在这个新阶段中，全区人民的主要任务就是把自治区建成国家的钢铁、石油、煤炭、有色金属、稀有金属、机械、纺织、制糖等工业基地和植棉基地。会议确定了1960年自治区国民经济发展的主要指标及财贸、教育、科学、文化、卫生、政治、军事等各项事业继续跃进的任务。

2月26日　周恩来总理就应邀赴印举行两国总理会晤事复信尼赫鲁总统。复信说："阁下邀请我3月下半月访问印度，举行两国总理的会晤，以便探索可能导致边界争端和平解决的各个途径，对此我表示深切的感谢。中国政府一贯认为，两国关于边界的争端必须而且完全可能友好地、和平地解决，两国和平解决边界争端的共同愿望决不应因为暂时的意见分歧和某些不幸的意外事件而动摇。因此，中国政府对这一次会晤是采取肯定态度和有信心的。"周恩来在信中确定，他将于4月间访印。尼赫鲁总理在2月5日来信中曾对中印边界会谈抱悲观态度，认为中国说两国整个边界从来没有划定过是完全不正确的，是不能加以接受的。但他勉强响应了中方的提议，邀请周恩访印。

2月27日—3月4日　共青团第三届中央委员会第六次全体会议在北京举行。出席会议的有中央委员和候补中央委员106人，共青团的省、市、自治区和地、县负责干部76人列席了会议。会议总结了1959年共青团的工作，讨论和决定了1960年团的工作任务。会议认为，在全民大跃进中，各级共青团组织坚决地保证了党的领导，坚持了青年运动的共产主义方向和大搞群众运动的方针，在工作中取得了巨大的成绩。全会认为，当前全团的中心任务，是在党的密切领导下，高举毛泽东思想的旗帜，继续加强青年的共产主义思想教育，更大地提高全团和全国青年的共产主义觉悟；大力开展以技术革新和技术革命为中心的群众性的增产节约运动，为实现1960年社会主义建设更好更全面地跃进而英勇奋斗。会议具体指出，在当前青年的共产主义教育中，首先要进行革命理想的教育，其次要在青年中大力提倡和宣传共产主义劳动态度，第三要在青年中继续发扬共产主义的协作精神。全会还增选了团中央常务委员会委员和书记处书记。

2月28日　《人民日报》发表李富春文章：《毛泽东思想指导下

的群众运动》。该文是作者为《执行总路线的红旗》一书所作的序言。文章说，毛泽东思想指导下的群众运动，是充满着不断革命精神的。我们在阶级斗争和生产斗争中，既是革命发展阶段论，又是不断革命论者。我们永远不满足于已得的成就，总是以革命的最高目的来鼓舞群众。党的鼓足干劲、力争上游、多快好省地建设社会主义的总路线就高度体现了这种不断革命的精神。文章说，毛泽东思想指导下的群众运动，是以党的群众路线为指导原则的。在《介绍一个合作社》那篇文章里，毛泽东明确地指出："除了党的领导之外，六亿人口是一个决定的因素。人多议论多，热气高，干劲大。"1958年企业整风运动以来，实现大鸣大放，大辩论，贴大字报，两参一改三结合的制度，就是贯彻执行党的群众路线的结果。文章还提出，要以辩证唯物主义的观点和方法作指导，正确处理群众运动中的一系列矛盾，把运动推向前进。

同　日　《中国青年报》发表长篇通讯：《为了61个阶级弟兄》。通讯报道了首都医药部门和人民解放军空军及无数不知名的群众无私抢救山西省平陆县61名食物中毒的筑路民工的事迹。《中国青年报》在通讯的导语中写道："一滴水能反映出太阳的光辉，一件平常事足以体现我们时代最美好的理想、最高尚的风格。党的教育，在我们心里开出了多少最芬芳的共产主义的鲜花?你数不清！这种思想使人们创造了多少共产主义大协作的奇迹?你数不清！但是这种平凡而伟大的事情，却每天都在你的身边发生。"通讯发表后，在全国产生极大反响，被誉为是"全新时代"所涌现出来的新人新事，并被选编入中小学教材。

2月29日　全国人大常委会、全国政协发出联合通知。通知宣布：中华人民共和国第二届全国人民代表大会定于1960年3月下旬在北京召开第二次会议（具体日期待定）。会议议程是，听取政府工作报告，决定1960年度国民经济计划，审查和批准1956年国家决算和1960年国家预算。中国人民政治协商会议第三届全国委员会第二次会议定于1960年3月下旬在北京与第二届全国人民代表大会第二次会议同时召开。通知要求，全国人大代表，政协全国委员会委员能在会前就地或到外地视察一次工作，于3月20日以前结束。

同　日　中华全国体育总会负责人就国际奥委会主席布伦戴奇允诺台湾体育组织参加第17届奥运会一事向新华社记者发表谈话。谈话指出，布伦戴奇2月16日发表声明，允许台湾体育组织参加第十七届奥运会并将在下届会议上讨论以所谓“中华民国奥委会”名义接纳台湾的体育组织问题，是在美国官方的指使下进行的，是继续玩弄“两个中国”的阴谋。体总负责人说，1958年中国奥委会（中华体总）宣布同国际奥委会断绝一切关系，以抗议布伦戴奇玩弄“两个中国”阴谋后，国际舆论坚决要求把台湾的体育组织驱逐出国际奥委会。1959年5月，布伦戴奇在奥运会第五十五届会议上迫于形势不得不作出决议，取消“中华民国奥委会”的名义，但同时又允诺“如果它用其他名称要求承认的话，国际奥委会将予以考虑”。1960年2月16日，布伦戴奇果然宣布在下届国际奥委会会议上讨论以“中华民国奥委会”的名义接纳台湾的体育组织。中华体总负责人声明，中国只有一个，那就是中华人民共和国。台湾是中国领土不可分割的一部分。台湾的体育组织只能是中华全国体育总会的一个地方组织。国际体育组织以任何名义、任何形式容许台湾单独参加活动，都是我们所坚决反对的。3月1日，《人民日报》就此事发表评论员文章《一个卑鄙的政治阴谋》。

2月29日—3月3日　我国派往印尼接运受迫害归侨的轮船先后抵达广州。首批抵达的“美上美”、“大宝康”、“福安”、“海星”等4艘轮船，共载运归侨2 100多名。广州各界人士4 000多人到黄埔码头迎接慰问。国家华侨事务委员会主任、接待和安置归侨委员会主任廖承志，广东省省长陈郁等领导人出席了欢迎归侨大会。廖承志在大会发言中重申了陈毅外长提出的关于华侨问题的三建议，即立即解决双重国籍问题；全盘解决华侨问题；协助在印度尼西亚缺乏生计而愿意归国的华侨问题。并指出，中国一贯地奉行和平外交政策，我们从来不去欺侮任何人，同时，也不容许任何人来欺侮我们的侨胞。3月1日，广东各界3 000多人在中山堂隆重聚会，欢迎归国侨胞。3月3日上午，又有1 600多名印尼华侨搭乘中国政府派出的

“俄罗斯”号和“亚库契亚”号轮船抵达湛江港。

2月29日—3月9日　中共广东省委召开六级干部会议。参加会议的有省委、地委、县委、公社党委及生产大队、生产小队干部共3500人。省委第一书记陶铸主持了会议，省委书记处书记赵紫阳作《必须迅速发展农业》的报告。会议指出，广东地处亚热带、热带地区，发展农业条件极其优越。但是，目前广东粮食还未过关，还不能够放手发展经济作物和多种经营。为此，1962年以前，全省必须以大搞改良农具和半机械化农具作为农业技术改造的中心。会议提出，在新的跃进形势下，全党的工作作风应该是：有理想、有干劲；实事求是，科学态度；充分走群众路线，关心群众生活；艰苦朴素，埋头苦干，不计较个人得失。

3月1日　中共中央、国务院发出《关于做好渔业春汛生产工作的指示》。《指示》说，做好渔业春汛生产的各项准备工作，积极发动群众，掀起春汛生产的高潮，争取海、湖、江、河春汛生产的全面丰收，是当前各水产部门、渔业人民公社的紧急任务。为此，各地应认真做好下列工作：一、立即组织坚强的斗志昂扬的海洋捕捞队伍，动员一切可以动员的力量，发动渔区一切全劳力和半劳力，全部投入汛前准备工作，切实安排好春汛后勤工作。二、加强海洋渔场的统一领导、组织工作，并且立即着手做好渔场的生产安排，同时，必须注意生产安全。三、在准备海洋汛期生产的同时，必须继续加紧淡水江河湖泊的成鱼捕捞，积极选留亲鱼和鱼种。四、必须提高鱼货商品率。水产供销部门和商业部门应积极加强供销机构，大力组织鱼货的收购和渔场物资的供应工作。

3月5日　中共中央批转广东省委《关于当前人民公社工作中几个问题的指示》。广东省委下发的《指示》说，当前人民公社工作中确实存在着一些值得全党重视的问题，它们是：一、在人民公社从基本队有制过渡到基本社有制的问题上，存在着想加快过渡的苗头。二、在发展公社一级经济时，存在着急于扩大公社一级经济的比重，重复“一平二调”刮“共产风”的错误。三、在分配问题上，没有贯彻按劳分配原则，存在着集体积累多、社员增收少等问题。四、在经济工作中，不重视经济核算，存在着不爱惜人力、物力、财力的严重大少爷作风，大搞非生产性的建筑和购置。五、在干部作风问题上，不实事求是、脱离群众、命令主义等缺点开始萌芽。针对这些问题，广东省委提出：一、对1959年2月中央郑州会议所确定的，以队为基础的三级所有制，一定要坚决继续贯彻执行，不能有任何怀疑和动摇。二、必须在整个公社经济发展的基础上，逐步扩大公社一级经济比重，在几年内，发展农业生产主要还是靠大队。三、在生产发展的基础上和适当增加积累的前提下，1960年社员每人平均分配收入，争取达到80元左右。四、各级党的监委和省、专、县财政部门要加强对公社财政开支的检查和监督，在公社一级建立严格的财政管理制度和财政纪律，五、继续恢复发扬实事求是和群众路线的工作作风。中央的批示指出，这是一个很好的文件，甚为切合现时人民公社在缺点错误方面的情况和纠正这些缺点错误的迫切要求。全国各省、市、自治区的情况大体上一定都同广东一样，都应当提起严重的注意。

3月6日　中共中央批转贵州省委《关于目前农村公共食堂情况的报告》。贵州省委在报告中说，我省农村公共食堂现有13万多个。固定的或者基本上固定的，占80%左右，这些食堂是巩固的，或者基本上是巩固的。不固定的约占20%，这些是不巩固的。食堂不固定的地方，有的已经发生外逃、肿病和死人现象。出问题，主要原因有两个方面。一方面是基层组织有问题。由于少数富裕中农把持基层组织，霸占粮食，扯垮公共食堂，群众缺粮饿饭。另一方面，有些地方的党委在完成国家征购任务以后，对安排群众生活，粮食分配工作没有抓紧，听任食堂涣散下去。《报告》说，看起来，农村经过整风整社和社会主义教育之后，富裕中农同我们作斗争的主要矛头是针对食堂。所以食堂也是我们必须固守的社会主义阵地。失掉这个阵地，人民公社就不可能巩固，大跃进也就没有保证。目前的当务之急，就是要把约占20%不固定、不巩固的食堂，出问题的地方，立即加以整顿。《报告》还提出，为解决小队办食堂粮食分散、不易控制等问题，在适当时机，把食堂交由基本核算单位来管理，使食堂比现在的规模大一倍。2月26日，中央在对《报告》的批示中指出，富裕中农阶层中反对人民公社的分子，为了破坏人民公社，首先是破坏公共食堂，我们为巩固人民公社必须办好食堂。3月6日，中央又将毛泽东3月4日关于转发《报告》代中央所拟的批语发给各地。《批语》说，贵州省委《关于目前农村公共食堂情况的报告》，写得很好，是一个科学总结，可以使我们在从社会主义向共产主义过渡的事业中，在5年—10年内，跃进一大步。因此，应当在全国仿行，不要例外，在1960年一年内，全国食堂达到贵州现时的那种水平，也就很好了。即使更长一点时间达到，也可以，总之一定要达到，并且要提高。

3月7日　首都各界举行庆祝“三八”国际劳动妇女节五十周年大会。党和国家领导人周恩来等出席大会。大会宣读了国家副主席宋庆龄致全国姐妹们的贺信。全国妇联副主席邓颖超在大会上讲话。讲话回顾了国际妇女运动的历史，高度赞扬了中国妇女在大跃进运动中在各条战线上取得的伟大成绩。讲话说，我国妇女运动从1958年起进入实现妇女彻底解放的新阶段。广大的城乡妇女普遍地、踊跃地参加了社会劳动。到1959年底，全国女职工已达到800多万人，较解放前增加了12倍以上，我国城乡正在普遍地实现着家务劳动的社会化。以北京为例，就有1.2万个公共食堂，1 200多个服务修理组织，1.8万多个托儿所、幼儿园，郊区已有92.4%的农户加入公共食堂，解放了25万多妇女劳力参加劳动。市区有近20万家庭妇女参加了社会劳动。大会通过了向党中央和毛泽东主席的致敬电和致国际民主妇联的贺电。苏联、朝鲜、蒙古、匈牙利、日本妇女代表和国际民主妇联代表应邀参加大会并讲话。《人民日报》3月8日发表社论《我国妇女解放运动的新阶段》。

同　日　《人民日报》发表社论：《技术革新和技术革命要有规划》。社论说，在当前技术革新和技术革命这样广泛的群众运动中，不仅工业要大搞，农业也要大搞，商业、服务业，各行各业都要大搞。如果没有全面规划，缺乏高瞻远瞩，就很难把这样一个广泛的群众运动组织起来。社论要求，制定开展技术革新和技术革命运动的规划，必须紧密结合当前的生产。同时要预见到生产力发展所引起的生产关系和上层建筑的变化，以及物质技术上提出的新问题、新要求。还要遵循“从群众中来，到群众中去”的认识论原则，坚持走群众路线。

3月7日—12日　省市委文教书记会议在北京举行。会议由中央文教小组召集，主要议题是讨论教学改革的方针、原则和文教部门大办生产企业，开展学术批判以及学生参加生产劳动的具体政策等。中央宣传部部长陆定一在会议讲话中提出，要在哲学、社会科学和文艺方面批判修正主义，挖18、19世纪资产阶级学术思想的“老祖宗”，并在教育领域进行革命。会后，全国高等学校及文艺界、教育界、学术界开展了学术批判运动，中心是反对“现代修正主义”。提出批判的主要观点有“人道主义”、“人性论”、“和平主义”等。

3月9日　中共中央发出《关于城市人民公社问题的批示》。1958年大跃进以来，全国各省、市、自治区，都先后试办了城市人民公社，到1960年3月底，25个省、市、自治区已建立598个城市人民公社，公社人口达1 800多万。有些省、市比较普遍的以公社形式组织了城市人民的生产和生活。如河南各市公社人口占城市总人口的90%以上，黑龙江占98%。3月9日，中央发出《关于城市人民公社问题的批示》。《批示》要求，对于城市人民公社的组织试验和推广，应当采取积极的态度，从实际情况出发试验各种组织形式。例如，以大型国营厂矿为中心，以机关、学校为中心，以街道居民或以城区再加一部分农村为主体组织的各种形式的人民公社。城市人民公社以组织生产为中心内容，同时组织各种集体生活福利事业和服务事业。《指示》还要求，1960年上半年在全国的城市普遍试点，取得经验，下半年普遍推广。除北京、上海、天津、武汉、广州5个大城市外，其他一切城市则应一律挂牌子，以一新耳目，振奋人心。

3月10日　《人民日报》发表社论：《快把“三包”落实到队》。社论说，当前春耕春种即将全面展开，尽快地把1960年农业继续跃进的生产计划落实到包产单位，把农业的产量指标、成本和用工量落实到队，即落实包工、包产、包成本的“三包”，已成为目前工作的中心环节。只有把“三包”指标落实到各个生产小队以后，生产小队才能够明确了解自己的生产任务和生产责任，充分发挥自己的积极性和创造性，为完成和超额完成计划而努力。社论提出，落实“三包”要早、要全（即既要粮食作物的“三包”，也要全面搞好棉、油、麻、烟等经济作物的“三包”）、要新（即随生产条件的变化不断充实“三包”内容）。同时应做到既要先进积极，又要留有余地，不能偏高偏低。随着生产的继续跃进，对“三包”的内容加以必要的修订。

3月11日　中国新闻工作者第二次全国代表大会在北京举行。会议确定了1960年的工作任务，并选举吴冷西为中国新闻工作者协会常务理事会主席。

3月12日　《人民日报》发表社论：《共产主义思想的产物》。社论称，哈尔滨电线厂通过与厂外各工厂、企业、机关、学校和街道居民协作，打破各用电单位“自立门户”的界限，实现南马路地区91万平方米范围内，39个大小企业，1 500多户机关、学校、居民的供用电合作化，是城市供用电方式的一项重大技术改革，是大跃进中共产主义思想的产物。所谓合作化用电，即改变原来城市供电系统区别工厂、机关和居民用电的“专用”和“公用”两种线路，将各方面用电与地区电网合二为一，变为集中、统一的供电方式，从而实现用电分门别户的“小锅饭”到“公共食堂”的转变。社论说，合作化用电不仅在技术上是一次革新，而且具有非常重大的社会意义，这就是它提供了一种经验，即在生产资料公有制的前提下，许多在资本主义社会看来最合理、最科学的工业布局、工艺规程以及各种生产管理方式，对我们来说不仅不是真正合理、科学的，有的甚至是极不合理、极不科学的。合作化供用电方式的产生就是如何使生产管理方式适合于社会主义的生产方式的一个生动的例子。

同　日　《人民日报》发表社论：《更好地推行投资包干制度》。社论说，1958年北京石景山钢铁公司创造了基本建设投资包干办法。国务院于当年7月在颁发的《关于改进基本建设投资财务管理制度的几项规定》中，将这个经验总结为，在保证不降低生产能力、不推迟交工日期，不突破投资总额的条件下，把国家计划和国家预算确定的基本建设投资，交给建设单位自行安排，包干使用。1959年5月，国务院又对基建投资包干办法作了补充规定，进一步明确了实行投资包干必须服从计划管理，保证工程质量，加强财务管理工作，从而使投资包干办法更趋完善了。社论说，一年来的经验证明，投资包干办法是调整基本建设中生产关系，发展共产主义协作，大搞群众运动的良好形式。它调动了基本建设各有关方面的积极性，体现了“统一领导、分级管理”的原则，这样就使生产关系更加适应生产力高速发展的需要。

3月12日—27日　中共湖南省第二次代表大会在长沙举行。湖南省委第一书记张平化向大会作《在毛泽东思想的光辉照耀下高速度跃进》的报告。大会认为，根据湖南省的情况，如何突出以农业为基础的方针，中心环节是发展粮食和生猪生产。农业生产的一个重要方针，是贯彻执行提高单位面积产量和扩大耕地面积同时并举。当前首要的是充分利用现有耕地，向“寸土不闲”的方向努力，力争在今冬明春基本上完成开荒3 000万亩的任务。大会确定，工业战线的首要任务，是加速农业技术改造，3年内基本上普遍实现农业半机械化和部分机械化。大会突出强调了全民大办工业，县社大办工业，所有的人民公社，凡是有条件举办钢铁、煤炭、水泥、化肥、机械等工业的，都要大办。

3月15日　外交部长陈毅发出《关于建议迅速达成遣送华侨回国的协议复印尼外长苏班德里约的信》。信中说，中国政府始终希望具有双重国籍的华侨能够根据自愿原则顺利地选择印度尼西亚国籍，而那些自愿保留中国国籍的华侨也能够在他们的正当权利和利益受到尊重的情况下继续在印度尼西亚居留，对当地的经济发展作出贡献。在印尼出现了反华排华活动以后，中国政府提出了全面解决华侨问题的建议。鉴于印尼政府强调华侨同印尼经济发展已经不相适应，而且事实上已经有相当一部分华侨被迫丧失生计，陷于极端困苦的境地，中国政府认为有必要在全面解决华侨问题的建议中提出遣送那些在印尼无法谋生和不愿意继续居留的华侨回国问题。信中重申了中国政府关于遣送华侨问题的6项要求，呼吁停止对华侨的迫害，允许归国华侨变卖财产并携带回国。陈毅外长在信中建议，中国印尼政府双方通过协商，在上述要求的基础上迅速达成一项关于遣送华侨回国的协议。《人民日报》当天就此事发表社论《真诚合作是顺利解决华侨问题的关键》。

3月15日—24日　中共黑龙江省第二届代表大会第一次会议在哈尔滨举行。会议听取了省委第一书记欧阳钦所作工作报告，并指出，全省已经形成一个全民性的社会主义建设新高潮，其标志是，出现了以学习毛泽东思想为中心的学习马列主义理论的高潮；以机械化、半机械化、自动化、半自动化为中心的技术革新，技术革命的高潮；以普及全民教育，攀登科学文化高峰为中心的文化革命高潮；以发展集体福利事业为中心的全面组织人民经济文化生活的高潮。会议确定了在新阶段中坚持总路线、大跃进、人民公社的各项任务，选举出新的中共黑龙江省委员会，欧阳钦等52人为省委委员，19人为候补委员。

3月16日　中国拉丁美洲友好协会在北京成立。协会由中华全国总工会、中国青年联合会、全国妇联等15个人民团体联合发起组织，共推选理事116人，其中常务理事30人。楚图南被推选为会长，胡愈之、冀朝鼎、吴冷西、姚臻、董纯才、周而复为副会长。

3月16日—17日　上海市中级人民法院公开审判龚品梅反革命叛国集团案。龚品梅捕前系由罗马教廷批准的天主教上海教区主教。在任教职期间，纠集金鲁贤、陈哲敏等10余人进行反革命叛国活动，其中包括破坏国家各项政治运动和政策、法律、法令的实施；破坏全国各地天主教徒的反帝爱国运动，迫害爱国教徒；制造和散布谣言；诱骗青年教徒逃往国外；私藏枪支、弹药和秘密电台，刺探国家政治、军事、经济情报等。1955年9月8日，龚品梅等被上海公安机关捕获。上海中级人民法院根据《中华人民共和国惩治反革命条例》的规定，判处龚品梅无期徒刑，剥夺政治权利终身。金鲁贤等案犯也分别被判处18年以下有期徒刑。

3月17日—22日　全国城市爱国卫生运动现场会在广东佛山市举

行。全国25个省、自治区和50多个大中城市的卫生厅、局长以及党政部门负责干部出席了会议。会议指出，1958年大跃进以来，城市的各项卫生事业和卫生建设都有了飞跃发展，“四害”密度大大降低，疾病显著减少，城市卫生面貌显著改善。会议号召各地学习佛山市开展爱国卫生运动的经验，即在党委领导下以不断革命的精神大搞群众运动，抓住各个时期涉及生产和生活的带有关键性的卫生建设问题，自力更生，就地取材，土洋并举，迅速改变古老城市的卫生面貌。

3月18日　中共中央转发《八个省农村公共食堂情况》、《河南省农村公共食堂情况》和《1959年年底全国农村公共食堂情况》等3个文件，并作批示。《八个省农村公共食堂情况》说，在去冬今春农村整社运动中，各地都认真整顿和积极发展了公共食堂。目前各省公共食堂的发展水平还很不平衡。据1960年2月底的统计，在公共食堂吃饭人数占农村人口总数的比例，河南为99%，河北为86.1%，山西为81%，甘肃为63.3%，山东为55.4%，黑龙江为40%，辽宁为33%，吉林为29.4%。在现有食堂中，常年食堂约占70%，农忙食堂或工地临时食堂约占20%~30%。山东还有10%的食堂，只是食品加工性质，没有开伙。当前，常年劳力食堂是农村食堂的主要形式，但总的趋势应该是向全民食堂过渡。《河南省农村公共食堂情况》说，河南全省有农村公共食堂335 931个，就餐人数4 550万人，占农村总人口的99%，其中办得最好的一类食堂占66%，二类占31.2%，三类占2.8%。《1959年年底全国农村公共食堂发展情况》说，据国家统计局今年1月份统计，截止到1959年底，全国农村已办公共食堂391.9万个，参加食堂吃饭的约4亿人，占人民公社总人数的72.6%。中共中央批示，要求各省、市、自治区对这个极端重要的公共食堂问题，在1960年一年内，认真大抓两次，上半年一次，下半年一次，学贵州、河南等省那样作出科学的总结，普遍推行。

同　日　上海市中级人民法院公开审判美国间谍华理柱案。华理柱，美国马里兰州康柏兰市人。1948年5月随天主教掘机主教史贝尔曼来华进行“传教”活动，后伙同罗马教廷驻（台湾）蒋介石当局“公使”黎培理，组织“天主教中央局”，华任秘书长。从事搜集军事、政治情报的活动。华还以宗教为掩护，组织和领导反动组织“圣母军”，暗中进行颠覆活动。1958年10月18日，华理柱被上海公安局依法捕获。华理柱在审判中对大量犯罪事实供认不讳。上海中级人民法院依法判处华理柱有期徒刑20年。

3月18日—24日　中共吉林省第二届代表大会第一次会议在长春举行。会议讨论和通过了赵林代表前届省委所作的工作报告，确定了吉林省更坚决更全面地贯彻执行党的建设社会主义总路线和一整套“两条腿走路”的建设方针和各项任务。会议选举了中共吉林省第二届委员会。

3月20日　煤炭工业职工技术革命誓师广播大会在北京举行。大会由煤炭工业部和中央人民广播电台联合举办。全国各地1 000多名代表参加了会议。国务院副总理薄一波在讲话中提出，煤炭工业1960年技术革新和技术革命应当以解放笨重体力劳动、简化生产过程和节约坑木为主攻方向，大搞机械化、半机械化，自动化、半自动化，水力化、半水力化。既要全面地超额完成1960年的国家计划，又要为整个20世纪60年代持续跃进、高速度发展煤炭工业积极创造物质和技术条件。全国妇联主席蔡畅、煤炭部部长张霖之在会上讲话。全国煤炭工业行业中1 600余个单位获得了优胜红旗和奖状。

3月20日—27日　全国文物、博物馆工作会议在北京举行。会议听取了文化部副部长齐燕铭所作的题为《为文物、博物馆事业更大跃进而奋斗》的报告。报告总结了建国以来文博事业的巨大成就，指出，至1957年，全国博物馆已增至72个，为1949年的342%；发掘古文化遗址316处，古墓葬23 102座，出土了从旧石器时代到元明各时代的大量珍贵历史文物。报告总结的10年来文博事业发展的经验是：坚持政治挂帅，全面贯彻总路线和“两条腿走路”的一套方针，坚持群众路线，坚持双百方针，坚持党的领导。报告提出，今后文博事业的发展需要进行全面规划，注重提高质量，并迅速培养一批又红又专的专业人才。

3月21日　全国人大常委会举行第二十三次会议。会议听取了国务院总理周恩来关于签订《中华人民共和国政府和尼泊尔国王陛下政府关于两国边界问题协定的协定》的说明，会议作出决议，决定派周恩来总理为签订中尼协定的全权代表。

同　日　国务院举行第九十七次全体会议。会议讨论了同尼泊尔签订关于两国边界问题的协定和经济援助协定问题。会议决定提请人大常委会派周恩来总理为签订中尼两国政府关于边界问题协定的全权代表。

同　日　中国和尼泊尔签订《关于两国边界问题的协定》。《协定》共5条，确定双方同意两国全部边界以现有的传统习惯线为基础，通过友好协商科学地划出和正式地划定。双方研究了互相交换的地图对于两国边界的划法和双方提供的各自在两国边境地区的实际管辖情况，认为双方对传统习惯线的认识，除了部分的出入外，基本上是一致的。双方决定成立由同等人数组成的联合委员会，商谈解决有关中尼边界的各项具体问题，进行勘察边界、树立界桩、起草中尼边界条约等工作。中国政府总理周恩来和尼泊尔王国首相毕·普·柯伊拉腊分别在协定上签字。同日，中国、尼泊尔王国政府签署联合公报。公报说，根据经济援助协定，中国同意在3年期间提供尼泊尔政府总值1亿印度卢比的不附带任何政治条件的无偿援助。

3月22日　毛泽东对《关于反华问题》作出批语，其中使用了“半修正主义”一词。批语原话是指国际共产主义运动中出现的现象，实际针对苏联赫鲁晓夫提出的一系列国际政治主张。

同　日　中共中央批转《鞍山市委关于工业战线上的技术革新和技术革命运动开展情况的报告》。鞍山市委的《报告》总结了该市在工业战线上大搞技术革新和技术革命所取得的初步经验：一、坚持政治挂帅，彻底破除迷信，解放思想。二、放手发动群众，一切经过试验。三、全面规划，狠抓生产关键。四、自力更生和大协作相结合。五、开展技术革命和大搞技术表演赛相结合。毛泽东代中央起草了对该报告的批示，对鞍山的经验给予赞扬和肯定。批示说：鞍钢是全国最大的企业，职工10多万，过去他们认为这个企业是现代化的了，用不着再有所谓技术革命，更反对大搞群众运动，反对两参一改三结合的方针，反对政治挂帅，只信任少数人冷冷清清的去干，许多人主张一长制，反对党委领导下的厂长负责制。他们认为“马钢宪法”（苏联一个大钢厂的一套权威性的办法）是神圣不可侵犯的。现在的这个报告，不是“马钢宪法”那一套，而是创造了一个“鞍钢宪法”。“鞍钢宪法”在远东，在中国出现了。批示要求各省、市、自治区把报告转发所属大中企业和大中城市市委，让干部学习一遍，启发他们的脑筋，想一想自己的事情，在1960年一个整年内，有领导地，一环接一环、一浪接一浪地实行伟大的马克思列宁主义的城乡经济技术革命运动。此后，被批示肯定的称为“鞍钢宪法”的鞍钢经验，即加强党的领导、坚持政治挂帅、大搞群众运动、实行“两参一改三结合”、大搞技术革新和技术革命等原则，在较长的时间内成为工业企业管理体制的指导思想。

同　日　中共中央批转《太原市委关于开展以机械化和半机械化为中心的技术革新和技术革命运动的决议》。中央批示指出，目前，在我们的工业和交通企业中，手工劳动所占比重还是很大的，积极推行半机械化、机械化，进一步提高劳动生产率，改善劳动条件，是一项具有重大政治意义的工作。所有大城市和中等城市的市委，都应当像太原市委那样，立即作出开展以机械化为中心的技术革新和技术革命运动的规划，并且付诸实施。这是我国工业和交通运输业连续大跃进的一项极重要的措施。希望中等以上的城市党委把这项工作摆在重要的地位，并且立即掀起一个以大搞半机械化和机械化为中心的技术革新和技术革命的群众运动。

3月23日　中共中央发出《关于山东六级干部大会情况的批示》。《山东六级干部大会情况简报》第二期反映人民公社现存几方面的问题：一、关于过渡问题。公社干部有的存有急于过渡的苗头；穷队和富队对过渡问题有不同的反映，穷队盼过渡，富队怕过渡；对过渡的根据和一些问题的政策界限认识不清。二、关于发展社有经济的问题。一般的明确发展社有经济必须以整个公社经济为基础，逐步扩大社有经济比重，不能用“一平二调”的办法发展社有经济。但过去由于指导思想不明确，也发生了一些不符合政策的做法，影响了生产队和社员的生产积极性。三、关于作风问题。虚报浮夸现象严重；铺张浪费之风迭起；干部工作作风简单粗暴，队伍不纯。针对《简报》中反映的上述问题，中共中央在《关于山东六级干部大会情况的批示》中指出："山东发现的问题，肯定各省、各市、各自治区都有，不过大同小异而已。问题严重，不处理不行。在一些县、社中，去年3月郑州决议忘记了，去年4月上海会议18个问题的规定也忘记了，'共产风、浮夸风、命令风'又都刮起来了。一些公社工作人员很狂妄，毫无纪律观点，敢于不得上级批准，'一平二调'。另外还有三风：贪污、浪费、官僚主义，又大发作，危害人民。什么叫做价值法则，等价交换，他们全不理会，所有以上这些，都是公社一级干的。范围多大，不很大，也不很小。是否有十分之一的社这样胡闹，要查清楚。中央相信，大多数公社是谨慎，公正、守纪律的，胡闹的只是少数。这个少数公社的所有工作人员，也不都是胡闹的，胡闹的只有其中一部分。对于这些人，应当分别情况，适当处理。教育为主，惩办为辅。对于那些最胡闹的，坚决撤掉，换上新人。平调方面的处理，一定要算账，全部退还，不许不退。对于大贪污犯，一定要法办。一些县委为什么没有注意这些问题呢？他们严重地丧失了职守，以后务要注意改正。对于少数县委实在不行的，也要坚决撤换，换上新人。"《批示》指出："这是一个长期存在的问题，是一个客观存在。出现这些坏事，是必然不可避免的，是旧社会习惯的残余，要有长期教育工作，才能克服。因此，年年要整风，一年要开两次六级干部大会。全国形势大好，好人好事肯定占十分之九以上。这些好人好事，应该受到表扬。对于犯错误而不严重、自己又愿意改正的同志，应当采用教育方法，帮助他们改正错误，照样做工作。我们主张坚决撤掉，或法办的，是指那些错误极严重、民愤极大的人们，在工作能力上实在不行、无法继续干下去的人们，也必须坚决撤换。"

3月24日　中国出席中美大使级会谈代表王炳南在华沙发表《关于中国司法当局判处美国间谍罪犯华理柱徒刑的声明》。王炳南指出，中国政府一贯保护守法外侨，一贯尊重宗教自由，但是，决不容许帝国主义间谍分子以宗教活动为外衣，从事颠覆中国政府的活动，中国法院有一切权利惩处违犯中国法律的任何外国间谍分子。中美会谈美方代表比姆曾对判处华理柱一事提出抗议。

3月24日—4月4日　中共辽宁省委召开六级干部会议。会议提出，一方面要对农村人民公社由目前的基本队有制过渡到基本社有制，再由集体所有制过渡到全民所有制这一人民公社发展的必然趋势有清醒的认识；另一方面也必须明确，目前人民公社实行的以队为基础的三级所有制，是适合于当前的生产水平和群众觉悟程度、有利于生产力发展的，因此，目前必须坚持实行以队为基础的三级所有制，条件不成熟，不能急于过渡。会议还对工作作风提出了“雷厉风行，深入群众，实事求是，力争上游”的要求。

3月25日　邓小平在中共中央天津会议上发表关于正确地宣传毛泽东思想的讲话。邓小平指出，对毛泽东思想的宣传问题，现在的主要问题是把毛泽东思想用得庸俗了，马克思列宁主义很少讲了。为什么要提出这问题呢？因为按照我们对毛泽东思想的正确理解，一个是要坚持马克思列宁主义；一个是要发展马克思列宁主义。毛泽东思想坚持了马克思列宁主义的普遍真理，并且在马克思列宁主义的宝库里面增添了很多新的内容。所以，不要把毛泽东思想同马克思列宁主义割裂开来。一定不要忘记马克思列宁主义，不要丢掉这个最根本的东西。光讲毛泽东思想，不提马克思列宁主义，看起来好像是把毛泽东思想抬高了，实际上是把毛泽东思想的作用降低了。邓小平还指出，我们党是集体领导，毛泽东同志是这个集体领导的代表人，是我们党的领袖，但是切不可因此把毛泽东同志和党中央分开，应该把毛泽东同志看做党的集体领导中的一个成员，把他在我们党里头的作用说得合乎实际。

同　日　中共中央转发毛泽东对《我国参加东巴基斯坦工农业展览情况的报告》的批语。毛泽东在《批语》中指出，所谓大反华，究竟是一些什么人？不过是一些西方国家的帝国主义分子，其他一些国家的反动派和半反动派，国际共产主义运动中的修正主义分子和半修正主义分子，对于所有这三类分子，要有分析。第一，他们人数极少。第二，他们反华，损伤不了我们一根毫毛。第三，他们反华，可以激发我们全党全民团结起来，树立雄心壮志，一定要在经济上和文化上赶上并超过最发达的西方国家。第四，他们势必搬起石头打到他们自己的脚上，在90%以上的善良人民面前，暴露了他们自己的丑恶面目。毛泽东还指出，如果给我们40年时间的话，那时候我国则很有可能平均每人有1吨钢，平均每人有2 000斤—3 000斤粮食和饲料，多数人民有大学的文化程度，那时人们的政治觉悟水平和理论水平将提到比现在高得多，整个社会很有可能在那时过渡到共产主义社会。总之，一切问题的中心在于我们自己的团结和自己的工作都要做得好。

3月25日—4月7日　全国技术革新、技术革命现场会在重庆举行。来自全国27个省、市、自治区的1 546名代表参加了会议。会议通过现场展示，将各种成功经验向全国迅速推广。据会议报道，各地交流情况表明，技术革新和技术革命运动在短期内已席卷全国各个角落。这个全民运动，使我国生产技术面貌瞬息万变，生产建设持续飞跃上升。大中小各类型企业都大大提高了机械化、半机械化、自动化、半自动化的程度，许多地区出现了“一人顶数人，一机顶数机，一厂顶数厂”的新局面。这场伟大的全民运动，还使全国职工和全体人民精神面貌发生了极为深刻的变化。广大劳动人民的革命自觉性和首创精神空前高涨，人人动脑、个个动手、废寝忘食、革新入迷，比先进、学先进、赶先进、帮后进、让方便已蔚然成风。会议提出，在今后的工作中，要坚持政治挂帅，制定规划、组织战役、推广经验、积极革新老产品，使运动沿着正确的、科学的、全民的轨道一浪高过一浪地向前发展。4月17日，《人民日报》专门为会议成功发表社论《大普及大提高》。

3月26日—4月10日　全国轻工业技术革命会议在北京举行。会议提出了进一步开展技术革新和技术革命运动以及支援农业技术改造的任务。国务院副总理李先念4月9日到会讲话。李先念指出，目前，国民经济连续大跃进和人民公社化的新形势，迫切要求各种资源综合利用工作迅速、广泛地开展起来。工业特别是轻工业、纺织工业需要更多的原料，城乡人民和对外贸易对于工业品和农产品的需要日益增加，要求从大搞农产品加工和各种资源综合利用中来广泛开辟物质资源，所有这些，都要求大闹技术革命和文化革命，实现机械化、半机械化，自动化、半自动化，大大提高劳动生产率，节约活劳动和物化劳动，用最少的劳动拿到最多的最好的物质财富。讲话建议各级党委抓紧时机，掀起大规模技术革命的群众运动高潮。

3月29日—4月11日　全国政协三届二次会议在北京举行。会议听取了陈叔通副主席代表常务委员会所作的工作报告。全体委员列席了二届人大二次会议，听取了李富春副总理《关于1960年国民经济计划草案的报告》，李先念副总理《关于1959年国家决算和1960年国家预算草案的报告》，以及谭震林副总理《为提前实现全国农业发展纲要而奋斗》的报告。与会全体委员表示拥护上述报告提出的各项方针政策。会议总结了一年来常务委员会的工作，并就全国的新形势提出五项任务：一、继续贯彻中国共产党同各民主党派长期共存、互相监督的方针，推动各民主党派和各界民主人士在中国共产党的领导下，积极地参加国家政治生活，更好地为社会主义改造和社会主义建设服务；二、继续推动各方面人士积极投入技术革命，文化革命和增产节约的群众运动；三、加强理论学习，开展学习毛泽东主席著作的运动；四、有计划地安排本会委员，各民主党派中央委员和各界民主人士进行劳动锻炼；五、继续坚持对国内外敌人的斗争，为解放台湾而努力。会议补选何香凝为政协第三届全国委员会副主席。

3月30日　中共中央发出《关于反对官僚主义的指示》。《指示》指出，官僚主义这种旧社会遗留下来的坏作风，一年不用扫帚扫一次，就会春风吹又生了。中央要求各地现在就要利用省委召开六级干部会议和县委召开四级干部会议的时机，在整顿人民公社存在的许多严重问题的同时，公开指出“三反”问题的严重性，提出“反贪污、反浪费、反官僚主义”的任务。对于那些不允许的极端严重的情况，务必彻底整顿一次，到下半年再整顿一次。《报告》还列举山东省历城县委在领导工作中存在的“五多”、“五少”的问题，即会议活动多，深入实际联系群众少；文件表报多，总结经验少，蹲在机关多，调查研究少；事务多，学习少；一般号召多，细致的组织工作少等现象，并提出批评。《指示》指出，例如历城县委及县委各部门自1960年1月1日—3月10日的70天中，召开会议184次，电话会议56次，印发文件1 047份，报表599份的情况是不能继续下去的，一定要创造条件，使这种官僚主义走向它的反面。

3月30日—4月10日　全国人大二届二次会议在北京举行。会议审议了国务院副总理兼国家计委主任李富春所作的《关于1960年国民经济计划草案的报告》和国务院副总理兼财政部长李先念所作的《关于1959年国家决算和1960年国家预算草案的报告》，并通过了关于上述两个报告的决议；会议通过了《1956年到1967年全国农业发展纲要》及其相应的决议。批准了国务院副总理谭震林所作的《为提前实现全国农业发展纲要而奋斗》的报告，国务院总理周恩来在大会最后一天发表了《关于当前国际形势和我国对外关系问题》的讲话，受到与会代表极其热烈的欢迎。会议通过的1960年国民经济计划，重工业总产值拟定为1 270亿元，比1959年增长32%；钢1 840万吨，比上年增长38%；煤炭42 500万吨，增长22%；原油520万吨，增长41%。农业总产值拟定增长12%，其中粮、棉产量分别为5 940亿斤和5 300万担，各增长10%左右。根据上述经济“跃进”计划的要求，1960年国家预算收支安排各为700.2亿元，比1959年收入增长29.3%，支出增加32.7%。该计划是对年初国家计委计划加以调整形成的，是又一个高指标的“全面跃进”计划。

3月31日　《人民日报》发表社论：《一定要继续跃进，一定能继续跃进》。社论说：二届人大二次会议通过的关于1960年国民经济计划草案和1959年国家决算、1960年国家预算草案两个文件，将一幅继续跃进的巨画展现在人民面前，我国人民已经用自己的英勇劳动提前3年完成了第二个五年计划的指标，争取到了3年时间。这3年时间是我们提前实现在主要工业产品方面赶上和超过英国、提前实现全国农业发展纲要、提前实现12年科学发展规划的决定性阶段，也是争取整个20世纪60年代的连续跃进的重要阶段，我们必须充分利用这3年时间，更好地贯彻执行党的建设总路线和一套“两条腿走路”的方针，坚持大跃进和人民公社，使我国的国民经济到1960

年——第二个五年计划的最后一年，攀上一个更高的水平，为整个20世纪60年代国民经济的持续跃进奠定基础。社论分析了1960年国民经济计划提出的各项指标和全国的生产形势、精神面貌，认为国民经济的继续跃进一定能够实现。

本　月　《红旗》杂志发表谭震林文章《关于实现我国农业机械化的若干问题》。文章批判了党内曾经出现的“没有机械化，就不可能进行农业社会主义改造”的观点，认为它违背了生产力的发展总是有赖于生产关系的变革为它开辟道路的客观真理。同时指出，当我国农业的社会主义改造从互助组、初级社、高级社直至发展到人民公社这个最好的组织形式，最终打破了农业生产规格的狭小的限制，为实现农业机械化创造了极为有利的条件。实现农业机械化的基本方针是，因地制宜，放手发动群众，实行两条腿走路、土洋并举、大中小相结合，并充分利用现有农业机械。文章号召，要积极完成最近3年“小解决”阶段的任务，为以后的“中解决”和“大解决”创造条件。

本　月　《文字改革》发表中国文字改革委员会宣传联络处文章《两年来的注音扫盲工作》。文章说，《汉语拼音方案》经全国人大批准以后，两年来北方话地区有18个省进行了注音扫盲试点工作。两年来工农群众中学习过汉语拼音的人数，估计全国已在600万以上。山西省万荣县从1958年9月开始注音扫盲，1.4万名文盲在一个月内基本扫除，实现了无盲县。全县21万人口，有14万多人卷入了学习汉语拼音的高潮。1959年底，山西省教育厅在万荣县召开现场会，推广经验。万荣县被推为全国注音扫盲和推广普通话的一面红旗。

本　月　全国技术革新、技术革命现场会在重庆举行。各地主管工业和技术革新工作的同志出席了会议。中共重庆市委第一书记任白戈作《开展以“五化”为中心的全面的技术革新、技术革命运动》的报告。报告说，八届八中全会后，重庆市以“五化”即半机械化、机械化，半自动化、自动化、联动化为中心的技术革新、技术革命的群众运动广泛开展起来。报告还讲述了在“五化”运动中，重庆人民精神面貌发生深刻变化，大破难关、大攻尖端、大创奇迹的情况。“五化”运动于此成为全国技术革新、技术革命热潮的一个样板。

本　月　中国数学会第二次全国代表大会在上海举行。来自全国各地的数学工作者和数学教师代表共128人出席了会议。数学会理事长华罗庚作数学会8年来的工作报告，关肇直作关于数学发展问题的发言，丁尔升作关于中小学数学教材内容现代化建议的发言。会议一致认为，党的理论与实际相结合，科学工作为无产阶级政治服务，为社会主义、共产主义建设服务的方针，同样是今后数学发展和研究的唯一正确道路。会议选出39人的新的理事会，华罗庚当选为理事会理事长。

4月2日　毛泽东、刘少奇、朱德、周恩来联名电贺匈牙利解放15周年。电文说，自1956年帝国主义和国内反革命的进攻被粉碎以后，以卡达尔同志为首的匈牙利社会主义工人党，加强了无产阶级专政，迅速地恢复和发展了国民经济，在农业社会主义改造方面取得了特别巨大的成就。中国人民一向把匈牙利人民的每一项成就看成自己的成就。4月3日，首都各界隆重集会，庆祝匈牙利人民解放15周年。

同　日　中共中央批转教育部党组《关于农村扫盲、业余教育情况和今后工作方针任务的报告》。中央批示要求，在保证生产任务的原则下，抓紧农民识字教育，力争在1962年以前基本上完成农村扫盲任务。同时，要积极发展各级各类学校，培养技术力量，提高群众的政治文化和技术水平。

同　日　《人民日报》发表社论：《小洋群和高速度》。社论说，我国钢铁工业两年来的巨大跃进，使西方世界的人们大为惊异，可是他们始终不了解，这种高速度的奥妙之一，就是我们放手建设了一批小洋群的钢铁企业。1959年我国生产的2 050万吨生铁中有一半出自小型钢铁企业。社论说，小型钢铁企业规模小，设备简陋，同大型企业比较起来，是个弱点。但从发展的观点看，正因为它规模小，容易办起来，因为它的设备比较简单，也比较容易制造，容易掌握，所以也就容易普及，这就成了它的优点。社论提出，小洋群是高速发展国民经济的一宝。各地不但要办钢铁小洋群，而且要以钢铁小洋群为中心，兴办其他行业的小洋群。这是完成和超额完成1960年国民经济计划重要的保证，也是今后我国国民经济持续高速发展的重要保证。

4月2日—6日　中共贵州省第二次代表大会在贵阳举行。会议听取了周林代表第一届委员会向大会所作的题为《高举毛泽东思想旗帜，为实现持续跃进而奋斗》的工作报告。报告提出的1960年工作的主要任务是：继续贯彻执行以粮为纲，全面发展多种经营的方针，争取在今后3年内提前实现12年农业发展纲要所规定的主要指标。粮食要在1959年大跃进的基础上再增产15%，必须保证工业总产值比1959年增长42%的计划，钢产量增加一倍以上。会议选举了中共贵州省第2届委员会委员和候补委员。

4月3日　中国外交部就中印边界问题照会印度驻华大使馆。照会申明，鉴于中国政府1959年12月26日已在给印度政府的照会中详尽、全面地陈述了中国政府关于中印边界问题的立场，以及中印两国总理即将在新德里举行会晤，因此不再对印方2月12日照会中所提异议各点一一作出答复，仅就若干主要问题对1959年12月照会作必要的补充。照会明确指出，中印之间没有任何边界条约或协定，中印边界全部未经正式划定，是无可争辩的事实。印度政府不接受这一论断，但至今举不出任何反驳的事实。双方目前有争议的地区历来属于中国，不属于印度，而且其中相当大的一部分迄今还在中国政府的有效控制之下。照会说，尽管如此，中国政府仍愿意重复地说，它始终希望同印度政府经过友好协商，求得边界问题均合理解决，使双方不再在边界问题上有任何争端。中国政府认为，无论中印双方目前在这一特定问题上分歧有多么大，但是比起两国人民需要千年、万年友好合作这样一个根本性质的问题来说，终究是一个局部性的和暂时性的问题。双方应坚持友好协商和五项原则，采取互谅互让的态度，使边界问题得到双方满意的解决。

4月7日　《人民日报》发表社论：《“平陆事件”教训》。社论披露，山西省平陆县61名筑路工人食物中毒事件系反革命分子张德才和地主分子回申娃所为。两人将砒霜下在公共食堂的饭锅里，试图害死就餐民工。两犯目前已被处决。社论说，这起反革命暗害事件说明，应当从阶级斗争的观点来观察问题。有些人认为，经过几次的肃清反革命和镇压反革命运动，反革命分子已经没有了，即使有一些，也不足为害了；地主阶级分子经过长期改造，也统统都已经变好了。“平陆事件”是对这种观点的一个有力的否定。“平陆事件”告诉我们，反革命分子并没有完全肃清。这些极少数的反革命分子，都是死心塌地地同人民为敌的。

4月11日—17日　中共湖北省第二届代表大会在武汉举行。会议听取了省委第一书记王任重所作的题为《高举毛泽东思想的红旗，从胜利走向胜利》的工作报告，讨论通过了《湖北省经济工作纲要四十条（草案）》和大会决议，选举出新的省委员会。会议要求，要大大提高农业的劳动生产率，大力发展以养猪为首的畜牧业，争取逐步实现全省平均每人养一头，到每亩地养一头猪。会议提出1960年全省工业和交通行业的任务是：深入开展以机械化、半机械化为中心的技术革新和技术革命运动，大力支援农业，为实现“三红”(开门红、满堂红、红到底）“五丰收”（思想、生产、生活、学习、卫生)，向全国先进水平看齐而奋勇前进。

4月12日　中国非洲人民友好协会在北京成立。协会由中华全国总工会等17个人民团体联合发起，刘长胜被推选为会长，包尔汉、屈武、南汉宸、许广平、刘子戴、徐平羽、刘西元、张铁生为副会长，并推选出133人组成的理事会。

同　日　教育部发出《对全国重点高等学校专业设置与发展规模的意见（草稿)》。《意见》提出，除北京大学、清华大学、中国人民大学、中国医科大学已由中央专门批准外，其他学校中本科最大发展规模应如下述规定：多科性工业学校为1万~1.2万人；综合大学、师范大学为1万人左右；单科性工学院可分为4 000人左右、6 000人左右和8 000人左右3种，个别者可发展到1万人左右。

4月13日—29日　现代题材戏曲观摩演出会在北京举行。演出剧目有：评剧《金沙江畔》，沪剧《星星之火》、《鸡毛飞上天》，豫剧《冬去春来》，京剧《四川白毛女》等10个剧目。会议肯定了几年来戏曲表现现代生活的成绩，交流了有关创作和演出现代题材戏曲的经验。文化部副部长齐燕铭在大会讲话中提出了“现代剧、传统剧、新编历史剧三者并举”的方针。《人民日报》5月15日发表社论《戏曲必须不断革命》。

4月14日　中共中央批转铁道和煤炭、冶金三部党组的报告，号召全党为钢铁、煤炭生产和铁路运输而不懈努力。3月8日，冶金部、煤炭部和铁道部召开联席会议。会议提出，把力争1960年钢的水平达到2 200万吨，作为3个部共同努力的目标。与生产2 200万吨钢相适应，1960年争取生产铁3 300万吨，煤炭4.62亿吨，铁路运输争取达到7.8亿—8亿吨。会议指出，要达到这些生产目标，目前的关键是使运输能够适应这个要求。除急需加强铁路干支线以外，最突出的问题是大量的中小厂矿，缺乏铁路联系，积存煤炭，矿石运不出来。为此，会议决定，争取尽快地铺设一批小土铁路和小洋铁路。会后，3个部党组联合向中央作了报告。中央在对报告的批示中指出，中央完全同意3个部党组关于争取1960年生产钢2 200万吨及相应建设土铁路的意见和相互大协作的精神。只要全党共同一致，鼓足干劲，为钢铁生产、煤炭生产和铁路运输而不懈地努力，在完成全部国家计划第二本账2 040万吨钢的同时，争取完成第三本账2 200万吨钢是完全可能的。

4月14日—15日　中央机关事务工作跃进誓师大会在北京人民大会堂举行。中央机关事务工作积极分子和先进集体代表5 000多人参加了会议。国务院副总理习仲勋到会讲话，表彰了几年来机关事务工作取得的成绩，提出1960年中央机关事务工作的主要任务是，大搞技术革新和技术革命运动，组织机关经济生活和大搞集体福利事业，大搞卫生和体育活动，大搞增产节约运动等。国务院副秘书长高登榜在会上报告了中央机关事务工作跃进的情况。大会通过倡议书，号召中央机关事务工作全体同志破除懒汉懦夫思想，在各项工作上攀登高峰。发扬艰苦朴素、克勤克俭的优良传统，反对贪污，反对浪费，反对官僚主义。4月15日，《人民日报》专门发表社论《机关事务工作必须持续大跃进》，祝贺大会成功。

4月15日—29日　周恩来总理出访缅甸、印度、尼泊尔三国。出访期间，中尼双方签订了和平友好条约，交换了两国政府关于两国边界问题的协定的批准书；28日，缅甸国会亦批准了不久前签订的《中缅友好和互不侵犯条约》及《中缅关于两国边界问题的协定》。但经谈判未能同印度政府达成解决边界问题的协议。中印两国总理发表的《联合公报》说："两国总理充分说明了各自在涉及边境地区的问题上的立场。这导致了对两国政府的观点的更大的了解，但是这些会谈没有取得解决现存分歧的结果。两国总理认为，双方的官员应该进一步对两国政府所占有的事实材料进行审查。"周恩来总理在新德里举行的记者招待会上，宣布了中印之间在边界问题上的6个共同点或接近点：一、双方边界存在着争端；二、在两国之间存在着一条各自行政管辖所及的实际控制线；三、在确定两国边界时，某些地理原则，如分水岭、水谷、山口等应该同样适用于边界各线；四、两国边界问题的解决应该照顾到两国人民对喜马拉雅山和喀喇昆仑山的民族感情；五、在两国边界问题经过商谈得到解决之前，双方应该各守实际控制线，不提出领土要求作为先决条件，但可进行个别调整；六、为了保证边界安宁，便于商谈的进行，双方在边界各段应该继续停止巡逻。周恩来总理访印结束后，《人民日报》于27日发表社论《十亿人民的共同愿望》。30日，周恩来总理访问尼泊尔结束后，《人民日报》再次发表社论《和平共处的新榜样》。

4月16日　《人民日报》发表社论：《农业技术革命的一项伟大成就》，评论我国插秧机的诞生。社论说，我国插秧机的诞生，打破了世界上还没有插秧机器的纪录。它证明，社会主义制度有无比的优越性，可以办到资本主义国家所无法办到的事情；也证明了总路线、大跃进、人民公社确是社会主义建设的三大法宝，依靠这三大法宝，可以办好过去认为办不到的事情。社论推算，按各地计划推广的机械化、半机械化和简易插秧机大约有450万部，全国将有70%左右（即3.5亿亩）的水稻田使用插秧机插秧。如按每亩节省一个劳动日计算，全国就可节省出3亿多个劳动日，这是我国农业技术革命方面的一件大喜事。

4月17日　《人民日报》发表社论：《亚非人民大团结万岁》，祝贺第2届亚非人民团结大会闭幕。亚非人民团结大会于4月11日—17日在几内亚共和国首都科里纳克举行。以廖承志为团长的中国代表团参加了会议并作发言。

同　日　首都各界举行集会纪念万隆会议五周年。朱德委员长等党和国家领导人出席了大会。全国政协副主席郭沫若在集会上发表讲话。18日，《人民日报》发表社论《亚非人民前途无量——纪念万隆会议五周年》。

同　日　《人民日报》发表社论：《在发展畜牧业中推广"百母百仔"运动》。社论说，内蒙古自治区开展的以提高牲畜繁殖成活率为中心的"百母百仔"运动，青海等地开展的"万羊万羔"、"万马万驹"运动，就是畜牧业生产中群众运动的新发展。所谓"百母百仔"运动的内容，是要求100头适龄母畜，在1年内繁殖成活100头和100头以上的仔畜，同时相应地提高各种改良牲畜的比例。社论提出，"百母百仔"、"万羊万羔"、"万马万驹"运动，就是把牲畜繁殖成活率提高到一个更高水平的运动，是在畜牧业战线上进一步贯彻总线路的好形式。

4月18日—27日　全国民兵代表会议在北京举行。中共中央副主席朱德等党和国家领导人出席了大会。中共中央政治局委员罗荣桓致开幕词。开幕词说，这是一次中国革命历史上规模空前的会议，它标志着我国的民兵建设事业进入一个新阶段，是我国民兵发展史上一个重要的里程碑。国务院副总理贺龙元帅代表中共中央和国务院向大会致辞。罗瑞卿大将向大会作了《关于民兵建设问题的报告》。20日，国务院农林办公室副主任陈正人到会作关于农业问题的报告。会议通过了全体民兵代表向党中央和毛主席的致敬电、向中国人民解放军的致敬电以及致全国民兵的倡议书。27日，国防部长林彪致闭幕词。闭幕词说，帝国主义正在拼命准备大规模的导弹和核武器的战争。我们对付这种战争，最主要的就是要动员人民、依靠人民、实行人民战争。我们一方面要建设一支强大的具有现代最新技术装备的正规军，另一方面就是要加强民兵建设，大办民兵师。

把建设现代化革命军队和大办民兵师结合起来，这是“两条腿走路”的方针在国防建设上的具体运用，是毛主席人民战争思想在现代条件下的重大发展。林彪在讲话中强调，把亿万人民从思想上组织上武装起来，积极开展军事、政治训练和国防体育运动，建设成为一支干劲充沛、体格健强，既有高度政治觉悟，又有一定军事素养的强大的人民武装力量，是我们国家在国防建设上的一项重要战略任务。会议开幕当天，《人民日报》发表题为《为了建设和保卫社会主义》的社论。

4月21日　中共中央批转鞍山市委《关于改造农村落后生产队的报告》。中共鞍山市委在《报告》中汇报了他们对改造农村落后生产队和进行社会主义教育、开展两条道路斗争的情况，并反映，根据第一批开展这项工作的196个落后大队的统计，属于民主革命不彻底，封建残余势力很大，地、富、反、坏分子直接或间接操纵党政领导权的大队有83个，占总数的42%。中央对《报告》的批示说，从这个报告中可以看出，有一些民主改革（主要是土地改革）不彻底的地方，地主、富农、坏分子以及其他反革命分子篡夺把持农村党政领导权，残害群众，破坏农村经济和人民公社，以及党的基层组织和干部队伍不纯的情况，是很严重的。对这类民主改革不彻底的地区，不论时间过了多久，都必须下定决心，发动群众，做好民主革命的补课工作，否则农业生产的跃进，人民公社的巩固和党的一切方针政策的贯彻执行，都是不可能的。

同　日　《人民日报》发表社论：《为提前两三年实现全国农业发展纲要而奋斗》。社论高度评价了全国农业发展纲要，认为它是高速度发展我国社会主义农业生产和建设社会主义新农村的伟大纲领。社论说，1956年，特别是1958年以来的事实证明，提前实现纲要规定的各项指标是完全可能的。到1959年，完成粮食亩产指标的县已达到504个，占全国县（市）的28%；完成棉花亩产指标的县已有204个，占全国植棉县的20%。值得指出的是，这些提前8年、10年以至11年完成纲要规定粮棉指标的县，其自然地理条件并不特别好。这证明其他条件好的地区经过努力，当然也能够提前完成纲要指标。社论认为，要在全国其他70%以上的县达到纲要指标，仍是一项艰巨的任务，也就是说，那意味着全国粮食总产量还要在1959年的基础上再增加三分之一以上，因此，全国人民应当下定决心，再奋战几年，以不断革命的精神完成这个任务。

同　日　郑州黄河大桥建成并举行通车典礼。大桥工程原计划年底完工。在大跃进的形势下，整个工程进度提前了半年。大桥的建成，使京广线运力大大增强。

4月22日　中共中央发出《关于推广注音识字的指示》。指示要求全国各地学习山西省万荣县注音识字的经验，抓紧时机，在秋季前试点和训练师资，准备教材和注音读物，在秋后大规模地推广，以便用山西相同的或相近的速度扫除文盲，指示附发了山西省委关于在全省推广万荣县注音识字经验向中央的报告，万荣县的经验主要是大搞群众运动，利用学习拼音字母，再通过阅读，在较短时间内达到扫盲目的。山西省委的报告说，一般人经过140小时—170小时的学习，即可达到扫盲标准。这在当时被称为文化革命中一项很重要的创造。

4月22日—5月13日　西藏自治区筹备委员会举行第四次全体委员会议。西藏自治区筹委会代理主任班禅额尔德尼在会上作《西藏自治区筹备委员会1959年工作总结和1960年工作任务》的报告。报告说，1959年是西藏形势发生根本变化的一年。这一年，西藏人民在党中央和毛主席的英明领导下迅速平定了西藏上层反动集团发动的叛乱。之后，广大地区立即掀起了以民主改革为中心的声势浩大的群众运动，打垮了封建农奴制，巩固地树立起了劳动人民的优势。至1960年2月底止，农业区完成了民主改革的47个县，共解放了29 000多个世代为奴的奴隶，给农奴和奴隶分配了土地。报告提出了1960年要继续完成正在进行和即将进行的农业区和半农业区的土地分配工作等7项工作任务。会议通过决议，撤销叛国分子墨林、阿旺却扎的西藏自治区筹委会委员职务，增补周仁山、索南卓玛为筹委会委员，周仁山并任常务委员。筹委会委员慕生忠因调离西藏，免去其委员职务。

4月25日　中共中央、国务院发出《关于今年“五一”国际劳动

节扩大庆祝办法的通知》。《通知》说，决定从1960年起，纪念“五一”节的游行庆祝采取分散举行的办法，即在每个城市中分别在几个、十几个或几十个场所举行集会游行，可作简短的演说，同时要有简短的表演节目，各种游艺场所、公园、礼堂在“五一”节都应当开放和演出各种节目。中央和各地方的领导人员应当分别参加到群众的庆祝活动中去。《通知》要求，城乡各级党组织迅速进行筹备工作，保证1960年“五一”节的庆祝活动比过去任何一年都有多几倍的群众参加。

同　日　我国自行设计、自行建造的第一艘万吨级远洋货轮“东风号”在上海江南造船厂建成下水。

4月26日　中国政府决定承认多哥共和国。多哥共和国于4月27日正式宣布摆脱法国的托管，实行独立。

4月28日　中共中央批转广东省委《关于“五多”情况的检查报告》。广东省委在给中央的报告中反映，广东省官僚主义的主要表现形式是“五多”：会议多、文件多、机构多、事务多、蹲在上面多。最突出的是会议多。会议多到成灾的地步，有的地方1月—3月，县级各单位干部参加省、地委、专署、县里的会议641次，平均每天要开7个会。甚至有的地方一季度共开了1 088次会议。与会议多有直接关系的是文件多，多到县与公社的干部连只看标题的时间都没有，被文件压得透不过气。中央对这个报告作了批示，指出，这个报告又一次用惊人的事实告诉我们，如果不迅速将“五多”现象加以克服，而任其蔓延，将会使更多的干部更严重地淹没在会议文件的大海里，而无法深入下层，接触实际，好好指导工作。中央要求各地各部门，把粗制滥造、量多质低的会议文件好好过过滤，加以改进提高，把那些劳民伤财，却不能解决问题的会议和文件，加以剔除，把“五多”现象，首先是会议多、文件多的现象和把官僚主义、文牍主义的恶习，加以扫除。中央认为，这是当前迫切需要解决的一个问题。

4月29日　中共中央批转工业书记会议的两个文件。根据中央的指示，4月11日—24日，各省、市、区党委工业书记会议在北京召开，出席会议的还有31个省属市的工业书记和国务院工交部门党组负责人。会议讨论了关于大抓当前生产、力争主要产品产量在上半年完成全年计划的一半左右等10个问题。会议指出，在看到当前大好形势的同时，应当注意到第一季度和4月上半月钢的生产计划完成得不够好，钢的平均日产量1960年第一季度计划为5万吨，实际完成4.98万吨，4月上半月又降到4.84万吨。钢产量没有完成计划，主要原因是炼焦煤、矿石、生铁供应不足，而这和运输环节薄弱有很大关系。会议要求，当前抓生产，要集中力量大抓煤、铁、矿、运，以此为中心，大力保钢，带动其他。保证把钢铁生产迅速增长上去。钢的产量在上半年要大力争取达到950万~1 000万吨。4月29日，中央批转了工业书记会议的纪要，中央在批示中要求，把第二季度的工业生产迅速地显著地促进上去，力争做到上半年主要产品产量完成全年计划一半左右，为完成和超额完成1960年以2 040万吨钢为纲的工业生产计划而奋斗。

本　月　《红旗》杂志发表编辑部文章：《列宁主义万岁》。文章概括了列宁关于无产阶级革命、无产阶级政党和当今时代的理论观点，就帝国主义本性是否改变、马克思列宁主义学说是否过时、当今世界所处的时代、战争与和平以及和平共处等问题进行了理论阐述，尖锐批判了以南共为代表的“修正主义”观点。同时，针对一些“并不是修正主义者”，“可是面对着某些历史的新现象，感到迷惑，有了一些不正确的想法”的人，提出了批评。社论重申莫斯科会议宣言关于“在目前条件下，主要的危险是修正主义，或者说右倾机会主义”的观点，指出，正如从19世纪70年代开始，曾经有一段资本主义“和平”发展时期，从而产生了伯恩斯坦老修正主义一样，“在现在帝国主义被迫接受和平共处的情况下，在许多资本主义国家还处于某种‘国内和平’的情况下，修正主义的思潮最容易滋长和泛滥”。本文发表后，同4月22日《人民日报》社论《沿着伟大列宁的道路前进》和陆定一在纪念列宁诞辰大会上所作《在列宁的革命旗帜下团结起来》的报告，合订成名为《列宁主义万岁》的小册子。

本　月　《中国青年》发表周赤萍文章：《东北解放战争时期的林彪同志》。文章对林彪在东北解放战争中的地位和作用作了言过其实的称颂，使用了“天才”、“统帅”等不恰当的副词。文章送审时，总政治部曾对此提出异议。文章发表后，林彪让秘书为他朗读了多遍，表示十分满意。9月军委扩大会议期间，总政治部对周文中关于“天才”、“统帅”所提出的异议，成为总政工作犯了“方向偏”的“错误”的证据，受到指责和批判。

5月3日　《人民日报》发表社论：《祝包钢出钢》。社论说，我国第三个大型现代钢铁基地——包头钢铁公司第一座大平炉，已经提前一年建成并在五一前夕出钢了。这座平炉和鞍钢、武钢的“平炉之王”规模相当，是我国已经投入生产的自动化操作的最大平炉之一。社论说，包钢大型平炉提前一年建成的事实表明，要实现大跃进的高速度，中心问题是要有马克思列宁主义的雄心大志，敢于发动群众在正确的、科学的、全民的轨道上实行技术革新和技术革命，敢于抛弃过时了的旧常规，创造新的建设常规。

同　日　中国驻雅加达总领事馆发言人发表《关于印度尼西亚当局武力劫持中国接侨轮船“大宝康”号事件的声明》。声明详细披露了事件的全部经过：4月20日、21日，中国驻棉兰领事馆随习领事刘庆有在接到印尼方面同意简化702名遭遇火灾的华侨集体回国手续的通知后，代表领事馆为归侨办理归国手续。26日，印尼方面通知中国领事刘庆有：“一切手续已经办理完毕，船可在下午4时启程”。27日晨8时后，“大宝康”轮离港。正在此时，当地检察署来电，称归侨手续未办完，船不得离港。当获悉船已离开后，检察长遂命警察乘快艇追赶，并劫持“大宝康”号。在驱赶过程中，警察向轮船开枪，迫使轮船返回石叻班让。至中午12时，当局才再次允许“大宝康”号启程。声明指出，石叻班让发生的武力拘留中国政府派去接运华侨回国的船只的行动是极不友好的，它表明有些人企图闹事，阻挠和破坏华侨回国，从而进一步破坏中国和印尼的友好关系。声明对印尼最高检察长关于“接运华侨船只未经许可擅自逃出印尼领海”的说法表示惊讶。5月9日，中国驻印度尼西亚大使馆就“大宝康”轮事件向印尼外交部提交抗议照会。

5月3日—9日　毛泽东接见亚、非、拉人士并发表谈话。3日，毛泽东在洛南接见拉丁美洲和非洲国家和地区工会和妇女代表团及代表时说，我们共同的敌人是美帝国主义，我们大家都是站在一条战线上，大家需要互相团结互相支持。7日，毛泽东在郑州接见来自非洲12个国家和地区的社会活动家、和平人士及工会、青年、学生代表团和代表时表示，中国人民对于非洲人民反对帝国主义、殖民主义的英勇斗争，完全同情和完全支持，对于南朝鲜人民、土耳其人民反对美帝国主义及其走狗的爱国正义斗争也给予同情和支持。全世界各国人民的正义斗争，都是互相支持的。8日，毛泽东在郑州接见拉丁美洲8个国家的朋友时说，中国人民和拉丁美洲人民一样，长期受着帝国主义的压迫和剥削。古巴人民和拉丁美洲人民的斗争帮助了中国人民，中国人民的斗争也帮助了古巴和拉丁美洲各国的人民。9日，毛泽东在郑州接见伊拉克、伊朗和塞浦路斯朋友时说，当前世界上最大的帝国主义是美帝国主义，在很多国家有它的走狗。帝国主义所支持的人，正是广大人民所唾弃的人。蒋介石、李承晚、岸信介、巴蒂斯塔、赛义德、曼德列斯之流，或者已经被人民所推翻，或者将要被人民所推翻。日本人民正在行动起来，现在广大的日本人民正在举行比过去规模更大的示威，反对岸信介政府同美帝国主义签订的侵略性的军事同盟条约。帝国主义的寿命不会很长了，他们做尽了坏事，全世界一切受压迫的人民决不会饶恕他们。为了战胜帝国主义的反动统治，必须结成广泛的统一战线，必须团结不包括敌人在内的一切可以团结的力量，继续进行艰巨的斗争。

5月7日　中央批转商业部党组《关于1960年棉布供应定量问题的报告》。《报告》说，1959年度—1960年度的棉花收购，截止到1960年4月上旬，已经收到3 000多万担，但由于受1959年灾害影响，棉花收购数达不到原定4 119万担的计划，棉布的分配计划需要作适当调整。为此，《报告》提出，1960年的民用布按平均每人22尺的定量供应。在原定平均每人24尺的基础上减少2尺。中央批准了这个报告。5月22日，中央又发出通知，要求平均每人22尺的棉布量再减少

1尺多。并决定，北京、上海、天津、广州四大城市民用布定量仍按去年标准不减；其他大中城市，原则上应当比上年标准降低一些；各省的县城和农村一律按上年标准减少4尺。

5月9日—14日　国务院总理周恩来出访越南。访问期间，周恩来总理同越南党政领导人进行了亲密的会晤，并参观了河内、海防等城市。两国政府发表的《联合公报》指出，最近国际形势已经有了一定程度的缓和，并且正朝着有利于世界和平和社会主义方向发展。美国当权派虽然迫于形势不得不作出某些缓和的表示，但是他们仍竭力坚持“实力地位”，推行侵略政策。对此，中越两国人民和全世界爱好和平的人民必须提高警惕，进行不懈的斗争。《联合公报》对中越两国友好合作关系的发展表示满意。中华人民共和国在财政、物资、设备、经验和专家方面给予越南民主共和国的援助，对于越南建设经济、发展文化、提高人民生活水平等方面起了重大作用，两国总理一致认为，建立在马克思列宁主义基础上的两国友好合作关系，是两国独立繁荣的坚强保证。15日，《人民日报》发表社论《加强中越友谊，维护世界和平》。

5月11日　中共中央批转《北京市委关于城市人民公社工作问题的报告》。北京市委在《报告》中提出了关于城市街道人民公社工作中的一些政策问题以及有步骤地发展组织城市街道人民公社的问题。中央的批示指出，北京市委的报告对目前正在发展城市人民公社的地区有普遍指导意义。城市人民公社不仅应当有计划地积极地分期分批地组织起来，而且应当学农村组织农业合作社时期一样，先组织贫农下中农，以便于先巩固一批，在巩固的基础上再发展。报告中提出的先组织生产，后组织生活；有意识地让一些资本家、高级知识分子、民主人士、旧官吏的家属迟一些入社；不去动用他们的生活资料和房屋；政社合一也迟一步正式提出；下放零售点服务业，一般应推后；暂不和大工厂、机关、学校合并组织等，都是重要的步骤和政策问题，希望各地认真研究。

5月13日　中国驻印尼大使馆发言人发表《关于印尼三马林达军事当局强行软禁中国驻马辰领事江燕事件的声明》。声明说，中国驻马辰领事江燕在办理乘“海星号”轮船回国华侨离境手续过程中，突然遭到三马林达军事当局的软禁，使其不得离开住所，不得接见华侨，持续达41小时之久。中国使馆发言人认为，强行软禁江燕事件，在性质上是非常严重的，其对领事职权、人身安全和自由的粗暴侵犯，对华侨回国的阻挠、对华侨生命和财产的威胁，不仅违反了举世公认的国际准则，而且构成对中华人民共和国极不友好的行为。当日，中国驻印度尼西亚大使馆就此事向印尼外交部递交抗议照会。

5月14日—31日　全国职工文艺会演在北京举行。来自全国28个省、市、自治区代表团的2 700名代表共演出600多个节目，其中80%以上是职工创作的。会演期间，党和国家领导人观看演出并接见了全体代表。会演闭幕式上，一致通过了代表们《致全国职工文艺积极分子的一封信》。《人民日报》6月13日发表社论《职工业余文艺活动的新发展》。

5月15日　《今日新闻》发表毛泽东接见日本、古巴、巴西和阿根廷访华人士时的谈话。毛泽东说，新的日美《安全条约》是为了压迫日本广大人民，是以中苏为敌、以亚洲人民为敌的侵略性的军事同盟条约，它对亚洲和世界和平是严重的威胁，同时也必将把严重的灾难带给日本人民。中日两国人民和亚洲人民以及全世界爱好和平的人民都应当反对《日美军事同盟条约》。毛泽东说，最近美国派U-2型飞机侵入苏联，进行间谍活动，被苏联击落，苏联人做得很正确。这件事再一次暴露出美帝国主义在虚伪和平的幌子下所进行的准备侵略战争的真面目，进一步向全世界证明了这样的真理：对帝国主义不应当存有不切实际的幻想。曾经有些人把艾森豪威尔说成一个十分爱好和平的人，我希望这些人能够从这样一些事实中觉悟起来。毛泽东表示，我们支持首脑会议的召开，不管这种会议有无成就和成就的大小。但是世界和平的取得，主要应当依靠各国人民的坚决斗争。

同　日　中共中央发出《关于在农村中开展“三反”运动的指示》。3月23日，中央曾在关于山东六级干部大会情况的批示中，要求各地利用六级和四级干部大会公开指出“三反”问题的严重性，提出反贪污、反浪费、反官僚主义的任务。5月15日，中央发出关于在农村中开展“三反”运动的指示，对“三反”运动的原则、目的、对象、具体政策作了更明确的规定。《指示》提出，进行“三反”运动应遵循以教育为主、惩办为辅的原则。通过“三反”运动，达到两个目的，即普遍提高干部的政治思想水平，改善工作作风，进一步密切党群关系，同时对隐藏在我们队伍中的坏分子加以清理，以纯洁我们的组织。《指示》规定，在农村基层干部中，需要进行“三反”检查的，应该是生产小队以上干部和财贸系统的基层干部，特别要注意公社一级和公社直接经营的企业单位。“三反”运动应该以反贪污为重点。对于犯有贪污、多占、挪用等错误的人，不论数量大小都必退必赔。计算时间，一般从1959年算起。对于犯错误的人，处分面以控制在3%以下为宜。

同　日　中共中央发出《关于农村劳动力安排的指标》。1958年以来，农村兴起大规模的农业基本建设，而且一年比一年扩大。由于基本建设工程浩大，需用劳动力逐步增多，农村的劳动力，特别是青壮年劳动力过多地投入基本建设，导致田间生产和多种经营方面劳动力日益紧张的局面。为了加强农业生产第一线，中央在指示中要求今后对农村劳动力的使用，要统筹兼顾，适当安排，做到：用于生活服务、文教卫生和生产行政管理的约占10%，林渔副业和社办工业约占15%，基本建设约占10%~15%，农业和牧业生产要不少于60%~65%，在农忙季节用于农业生产的则应该达到80%以上。并号召积极进行农业的技术革新和技术革命运动，从根本上解决农业劳动力不足的问题。此后，中央又多次指示，要求保证农业生产第一线能够有足够的劳动力。

同　日　中共中央发出《关于农村人民公社分配工作的指示》。《指示》说，1959年在分配工作中，还有相当一部分人民公社没有做到90%以上的社员增加收入；分配给社员的粮食和现金有少部分公社没有全部落实兑现；没有固定结账期限；农业合作社时期留下来的临时预支办法弊病较多，亟待改进；经济作物如棉花等社员自留办法有毛病，影响支援工业，等等。针对上述问题，《指示》要求，

1960年农村人民公社的分配，要正确处理国家、集体和个人的关系，正确处理积累和消费的关系。并作如下规定：一、中央原来规定的总扣留占40%左右，分配给社员的部分占60%左右的比例应该坚持，保证90%以上的社员增加收入。二、工资部分与供给部分的比例，应仍按中央原规定执行，供给部分一般不少于30%，也不要多于40%。三、废除临时预支办法，确立定期预分制度。定期预分的办法，一般应以基本核算单位上一年度的劳动日值为100（除去供给部分），定期预分50%左右，而以另外50%左右留做决算后分配。四、结算时间与决分期限应该固定下来，结算时间一律计算到12月底的全部收支为止，到春节以前，必须完成分配工作，实现粮食、现金和超产奖励三兑现。五、经济作物必须首先保证国家的需要，国家必须掌握的粮食也要首先保证。

同　日　中共中央发出《关于切实注意劳逸结合保证持续大跃进的指示》。《指示》说，最近一个时期，不少厂矿、商店、学校、机关和人民公社，对于群众的劳逸结合问题很不注意，加班加点过多，工作和学习时间过长，经常通宵突击，公休、假日不得休息，个别厂矿甚至擅自把劳动时间改为12小时。结果，劳动强度过高，学习过分紧张，使群众睡不够，吃不好，疲劳不堪。还有不少地方、很多干部对大量浪费群众时间和精力的现象，熟视无睹。针对这些问题，中央在指示中提出，为使群众的革命热情持久下去，保证社会主义建设的持续大跃进，中央重申党的八届六中全会的规定："不但在城市中，而且在农村中，应当实行平时实际工作8小时，学习2小时的制度。"要保证群众每天睡眠8小时和必要的自由支配时间，公休、假日应尽可能地让群众自由支配。各级党委特别是基层党组织应当把保证群众睡够、休息好当做一项政治任务来看待，列入党委的议事日程。

5月16日　中共中央批转冶金工业部党组《关于继续大办钢铁"小洋群"和"小洋群"升级问题的报告》。《报告》说，至1959年年底止，全国已有正常生产的钢铁"小洋群"1 300多个，矿山"小洋群"1 000多个，炼焦"小洋群"400多个。它们生产的生铁占全国产量的50%，铁矿石占全国产量的45%，焦炭占全国产量的70%。《报告》提出，为了“小洋群”进一步发展，计划1960年着重发展“小洋群”的炼钢部分与轧钢部分，争取使目前不完整的小洋群，走向钢铁联合企业的形式，既有炼铁，又有炼钢、轧钢，并且再进一步逐渐走向小型“拖拉斯”的综合经营。中央对此作了批示，指出，两年多的经验证明，钢铁工业以及其他行业的“小洋群”具有伟大的生命力，它对加速我国工业的发展和改善工业地区分布，都有十分重要的战略意义。它打破了人们办工业的神秘观点，成为技术革命的开路先锋，也是支援农业的一个重要关键。为了更好地执行两条腿走路的方针，在基本建设方面必须坚决贯彻大中小相结合以中小为主而且以“小洋群”为主的方针，明确树立发展“小洋群”是我国加速社会主义建设的一个长期的战略方针。

同　日　外交部发言人发表《关于中美两国互换记者问题的声明》。声明说，1956年秋季—1957年春，中国政府曾先后批准39名美国记者前来中国采访新闻。中国政府当时并未提出以中国记者去美国采访作为先决条件。但是，1956年8月7日美国国务院却发表声明禁止美国记者访华，并要挟说，如果中国政府能够释放由于在中国犯罪而被逮捕监禁的美国人，美国才可以考虑允许美国记者访华问题，此后，美国政府既阻止美记者访华，也不承认中国享有记者访问的互惠权利。1957年9月在中美大使级会谈中，中国方面提出在平等互惠基础上准许对方记者入境采访声明草案，亦为美方断然拒绝。1960年4月20日美国国务院发布声明，企图将中美不能互换记者的责任推到中国身上，在事实面前，这种做法是徒劳的。声明指出，中国政府在中美互换记者问题上的立场是一贯的，明确的和无可非议的，那就是：坚持对等原则，两国政府必须签订一个互相交换新闻记者的协议。

5月18日　孙景桥创造世界纪录。北京航空学院学生孙景桥以91.5公里的成绩，创造活塞式直升模型飞机飞行直线距离的世界纪录。

5月20日　首都各界集会支持苏联正义立场、反对美国破坏四国首脑会议。中共中央总书记邓小平在会上讲话。讲话说，美国政府在四国首脑会议前夕派出间谍飞机对苏联进行侵略和挑衅，并公然声称这是它的既定国策，致使四国首脑会议无法举行，引起了全世界人民的极大愤怒。讲话指出，美帝国主义是世界和平的头号敌人。它企图在和平的伪装下，推行它的侵略政策和战争政策。当阴谋被揭穿后，它就公然采取流氓无赖的手段，堵塞和平谈判道路。当日，《人民日报》发表社论《美国破坏了四国首脑会议》。

5月21日—27日　解放军文化教育积极分子代表大会在北京举行。出席会议的有全军各军种、兵种部队文化教育战线上的先进单位和优秀学员、优秀教员代表1 200多人。会议的主要议题是检阅一年来文化教育工作的成就，总结、推广文化教育工作的先进经验，表彰、奖励先进单位和积极分子，推动全军文化教育工作的持续跃进。中国人民解放军总政治部副主任肖华作《关于军队文化教育工作》和《培养三八作风是我军建设的重要任务》的报告。肖华指出，一年来我军文化学习运动的经验归纳起来最根本的一点，就是普及中、高等教育，必须成为持续不断的群众运动。总参谋长罗瑞卿在闭幕会上的讲话中要求，各级党委和政治机关不论是在当前或是今后，都必须把培养部队三八作风当做政治思想工作的一个根本任务，认真抓紧。《人民日报》5月28日发表社论《向现代科学文化大进军》，祝全军文化积极分子代表大会胜利闭幕。

5月22日　中国女子跳伞运动员创造世界纪录。中国女子跳伞运动员华绍林、赵慧华、梅严等3人在北京良乡创造女子600米日间集体定点跳伞世界纪录。

5月24日　国务院副总理李先念在全国财贸部门技术革新和技术革命表演大会上发表讲话。讲话说，当前形势的一个重要特点，是技术革新技术革命运动已经沿着毛主席所指出的正确的、科学的、全民的轨道普遍开展起来，这个运动将在社会主义建设中起经常的重大的作用。讲话强调，党中央提出破除迷信、解放思想、敢想敢说敢做的号召，并且指出我国“一穷二白”、技术落后，看起来是坏事，其实是好事。穷则思变，要干，要革命。这一系列思想已由群众性技术革命和技术革新运动的重大成就所验证。但技术革新和技术革命是永无止境的，是没有底的。因此要从实际出发，能洋就洋、能土就土，或者半土半洋、土洋并举，树雄心、立大志，力争在不太长的时间内，攀登世界科学技术高峰。讲话还提出了财贸部门在技术革新和技术革命中的任务。

5月25日　中国登山队成功登上珠穆朗玛峰。登顶突击队由王富洲、贡布、屈银华3人组成，于当日清晨5时20分从北坡登顶成功。这是人类首次从北坡登上世界最高峰。整个登山活动从3月25日开始，由史占春率领。除3人登顶成功外，另有26名队员几次登上海拔8 100米以上高度。《人民日报》28日发表社论《祝贺攀登世界第一高峰》。6月26日，首都各界7万人隆重集会庆祝中国登山队征服珠穆朗玛峰。

同　日　《中国、伊拉克贸易支付协定》在北京签订。根据协定所附货单，中国将对伊拉克出口棉布、丝绸、钢材、各种机器和日用百货等；伊拉克将对中国出口椰枣、棉花、皮张、原油及石油产品、水泥等。

5月26日　中共中央批转《浙江大专学校三万多师生下厂参加技术革命效果很好》和《上海九百多科技人员下厂参加技术革命大有收获》等两个材料。中央的批示指出："学校、研究机关和工厂相结合，学生、研究人员和工人相结合，教育工作、研究工作和生产相结合，好处很大，不仅促进了技术革命，也促进了文化革命和思想革命。"批示提出，这种三结合，在所有的高等学校、中等专业学校和科学研究机关都可以推行，"并且要作为一项经常的制度"。

5月27日　《人民日报》发表社论：《第一百次警告》。社论说，5月25日，美国军舰侵入我国福建东引地区海域，我国外交部发言人奉命又提出严重警告。这是自1958年9月7日以来我国政府对美国政府的第一百次警告。社论指出，美国的武装部队竟跑到远离本国一万多公里之外，一而再，再而三，……而至156次侵犯中国的领海和领空主权，并不是因为美国"不能接受"中国政府宣布的12海里领海权，而是它威胁中国，在远东和亚洲制造紧张局势的一个方面。

5月27日—6月1日　周恩来总理出访蒙古人民共和国。访问期间，中蒙签订了《友好互助条约》和《中华人民共和国给予蒙古人民共和国经济技术援助的协定》以及相关的议定书等文件。5月31日签署的两国政府《联合声明》指出，两国政府今后将继续竭尽全力进一步发展和扩大两国之间的兄弟般的友谊和全面合作，巩固以苏联为首的社会主义阵营各国人民坚如磐石的团结一致，维护世界和平和各国人民的安全。《联合声明》说，根据两国经济技术援助协定，在1961—1965年期间中国将给予蒙古人民共和国政府两亿卢布的长期贷款，并帮助蒙古人民共和国建设一些工业企业、水利工程和公用事业，蒙古人民共和国对中国的多方面援助表示衷心感谢。《人民日报》6月1日发表社论《中蒙两国友好互相关系的新发展》，祝贺周恩来总理访蒙成功。

5月29日　全国人大副委员长林伯渠逝世。林伯渠，1885年生。湖南临澧人，名祖涵，号邃园。早年留学日本，1905年参加同盟会，追随孙中山从事革命活动。1921年加入中国共产党。1923年任国民党中央总务部副部长，参与改组国民党的工作。曾任国民党中央执行委员、中央农民部长、国民革命军第六军党代表兼政治部主任。1927年参加中国共产党领导的南昌起义。1928年赴苏联学习。1932年回国后先后任中央革命根据地中央工农民主政府国民经济部长、财政部长。1934年参加长征。1937年任陕甘宁边区政府主席。曾任国民参政会参政员，在第一届中国人民政治协商会议上当选为政协常委，中华人民共和国成立后，历任中央人民政府秘书长，全国人大常委会副委员长，在中国共产党八届一中全会上当选为政治局委员。著有《林伯渠日记》等。

同　日　《人民日报》发表社论：《棉花一定要全苗密植》。社论说，在争取棉田丰产的问题上，一直存在稀植与合理密植的争论。经过农业生产大跃进的实践，完全证明了种植棉花应该实行合理密植。密植，已被公认是农业“八字宪法”的中心措施。过去出现稀植现象，除保苗、定苗工作做得不好外，更重要的是保守思想在作怪。社论解释了合理密植的含义，要求各地下决心，做到合理密植，苗全苗壮。

5月30日　中央批转国家计划、经济、基本建设三委员会党组《关于1960年工业生产、交通运输、基本建设计划第二本账的安排的报告》。根据中央的指示。国家计划、经济、基本建设3委员会会同有关部门于3月研究了国民经济发展形势和1960年计划第二本账的安排。4月又在工业书记会议上讨论了工业生产、交通运输、物资供应的主要指标。5月10日，3个委员会向中央提出《关于1960年工业生产、交通运输、基本建设计划的第二本账的安排的报告》。《报告》说，根据当前国民经济发展的形势，中央1月30日批准的1960年国民经济计划肯定可以大大超额完成。为了促使国民经济在1960年获得更好、更大、更全面的跃进，有必要对一些主要指标及时地作出第二本账的安排。《报告》提出1960年工业生产、交通运输第二本账的指标是：钢，2 040万吨，比原计划增加200万吨；铁，3 100万吨，比原计划增加300万吨；煤炭，46 200万吨，比原计划增加3 700万吨；铁路货运，76 000万吨，比原计划增加4 000万吨。根据第二本账安排的主要产品产量计算，1960年工业总产值将至少可以达到2 500亿元，增长速度将由25.2%提高到47.6%。中央批示指出，这本账实际上是党内的第一本账，作为对内的确保完成和超额完成的计划，各部门、各地方要集中力量大抓煤、铁、矿、运，以此为中心，大力保钢，带动其他，努力争取1960年钢产量达到2 100万—2 200万吨。

本　月　《红旗》杂志发表薄一波文章《技术革命的新形势》。文章说，1960年工业战线第一季度的生产比去年同期增长81.5%，而且一反“常规”，超过了上年第四季度的生产水平，实现了“开门红”。从第一季度展望全年，1960年肯定能够超额完成以1 840万吨钢为纲的工业生产计划，肯定将是大跃进的一年。文章总结了国内技术革新、技术革命运动的10条特点，认为当前这项运动已发展成为全民的自觉的伟大的革命运动，它既是一个技术大革命运动，也是一个生产大革命运动，又是一个思想大革命运动和文化大革命运动，

6月1日—11日　全国教育和文化、卫生、体育、新闻方面社会主义建设先进单位和先进工作者代表大会（简称“全国文教群英会”）在北京举行。参加大会的有来自全国文教战线先进集体和先进

工作者代表共6 000多人。会议期间，国务院副总理陆定一代表党中央和国务院向大会致祝词；国务院文教办公室主任林枫作《大搞文化革命，实现群众知识化、知识分子劳动化》的报告；国务院副总理李先念作关于当前经济形势的报告；国务院副总理陈毅作国际形势的报告。周恩来总理于6月5日设宴招待全体代表，并在席间就国际国内形势讲了话。中共中央和国务院的致辞说，新中国文化教育事业的特点，首先在于它是反对帝国主义的，是同帝国主义的“文明”势不两立。其次在于它是由无产阶级领导的，而不是由资产阶级领导的。我国的文化革命，由于社会主义和资本主义之间在意识形态方面的谁胜谁负的斗争，还需要一个相当长的时间才能解决，因此还仅仅是开始。在共产主义社会建成以前，文化革命的主要内容，是社会主义和资本主义之间在意识形态方面谁胜谁负的斗争。当前在我国，以无产阶级知识分子为骨干的文化教育工作队伍已经开始形成，文化革命的高潮已经到来。林枫的报告总结了建国以来文教战线所取得的成就，指出，建国以来我国文化教育工作发展的过程，正是社会主义、共产主义思想同一切反动的、旧的保守的观念、理论进行剧烈斗争的过程，是文化教育事业为无产阶级政治服务，密切配合社会主义各项经济建设事业，积极准备向共产主义过渡的不断革命的过程。报告说，学习马列主义、毛泽东著作，极大地提高全体人民的共产主义思想觉悟和道德品质，这是文化教育战线的首要的斗争任务；其次，用马克思列宁主义的观点对资产阶级的文化遗产进行批判和正确地加以估价，是文教战线的另一个重要任务。同时，还要加快发展文化教育事业，普及和提高全民教育，在全国建立起更完整的教育体系和有地方特色的教育体系，培养更多的人才。大会向中共中央和毛泽东主席发出致敬电。6月1日，《人民日报》发表社论《迎接新的更大的文化革命高潮》。

6月2日　刘少奇主席会见以阿尔巴尼亚人民议会主席团主席哈奇·列希为首阿尔巴尼亚议会代表团。会见中，刘少奇向列希等人谈了中国党对苏共的一些意见，表示不同意苏共在国际共产主义运动中的某些做法。7日，毛泽东主席在杭州会见了列希，并同他进行了谈话。阿尔巴尼亚议会代表团返回北京后，代表团成员、阿尔巴尼亚劳动党中央政治局委员、书记处书记贝利绍娃有意将中国党领导人同阿尔巴尼亚议会代表团谈话内容透露给苏联驻华使馆参赞苏达利科夫。此后，阿尔巴尼亚议会代表团回国经莫斯科时，贝利绍娃又将中国领导人的谈话转告勃烈日涅夫。在后来进行的中苏两党会谈中，赫鲁晓夫曾引用贝利绍娃的话，指责中国共产党，要中共对中苏两党分歧负责，为周恩来当场驳回。贝利绍娃后被阿党中央撤销政治局委员职务。

6月5日—9日　世界工联理事会第十一次会议在北京举行。世界工联主席诺维拉致开幕词，世界工联书记处书记马赛尔·布拉代表世界工联总书记路易·赛扬就会议的第一项议程作了报告。在关于第一项议程的总决议中，明确提出了世界工会运动斗争的基本目标是维护和巩固和平，并把要求缓和国际危势和和平共处，要求全面彻底裁军，要求停止试验并禁止核武器，要求各国人民的解放和民族独立等，作为世界工会采取共同行动而不懈努力的目标。中国工会代表团代表刘宁一、刘长胜，全苏工会理事会主席格里申等在会上发了言。9日，北京10 000多工人集会庆祝会议成功。会议期间，中国代表刘宁一曾在会见格里申时，批评了苏联在国际工运中的某些做法，指出了苏共的错误。

6月14日　《人民日报》发表社论：《大跃进的高速度和有计划的按比例是辩证的统一》。社论明确提出，我国国民经济在1958年和1959年连续两年的大跃进，证明了一个重要真理：国民经济的高速度发展和有计划按比例发展是完全可以统一的。社论指出，高速度问题是社会主义建设中的最重要问题。在高速度和按比例的相互关系中，高速度是矛盾的主导方面。把实现高速度作为指导思想，在国民经济中寻求高速度发展的正确的比例关系，这是社会主义经济建设的一项重大任务。社论在论述以更高速度建设社会主义的原因时说，力争高速度不仅仅是一个迅速改变我们国家面貌的问题，而且具有重大的国际意义。如果我们提出的建设速度的目标虽然高于资本主义，但只是一般的高速度，那么潜力就得不到充分发挥，如果我们提出的目标是大跃进的高速度，我们就可以用一把能够打开人民群众的巨大积极性和创造性的宝库的钥匙，把潜藏在人民群众中的伟大的智慧和无穷的力量，最充分地发挥出来。社论还批评了高速度会导致平衡被打破的“怀疑论”观点以及把比例关系看做一成不变的观点。

6月14日—18日　中共中央政治局在上海召开扩大会议。会议主要讨论国际形势和第二个五年计划后三年（1960年—1962年）的补充计划问题。为了总结经济建设工作的经验，6月18日，毛泽东作了题为《十年总结》的讲话，他回顾了建国以来寻找经济建设道路的历史过程，结合他对社会主义建设问题的思考，初步总结了“大跃进”以来的经验教训。他说，前8年照抄外国经验。但从1956年提出十大关系起，开始找到自己的一条适合中国的路线。1958年5月党代表大会制定一个较完整的总路线，并提出了打破迷信，敢想、敢说，敢做的思想，这就开始了1958年的大跃进。1958年8月发现人民公社是可行的。8月在北戴河中央起草了一个人民公社决议，9月发表，几个月内公社的架子就搭起来了。但是乱子出得不少，与秋冬大办钢铁同时并举，乱子就更多了。于是有11月的郑州会议，提出一系列的问题，主要谈到价值法则、等价交换、自给生产、交换生产。12月武昌会议，作出了人民公社的长篇决议，基本正确，但只能解决集体、国营两种所有制的界线问题，社会主义与共产主义的界线问题，但还不认识公社内部的三级所有制问题。1958年8月北戴河会议提出了3 000万吨钢在1959年一年完成的问题，1958年12月武昌会议降至2 000万吨。1959年1月北京会议是为了想再减一批而召开的，我和陈云同志对此都感到不安，但会议仍有很大的压力，不肯改。我也提不出一个恰当的指标来。1959年4月上海会议规定一个1 650万吨的指标，仍然不合实际。下月（5月）北京中央会议规定指标为1 300万吨，这才完全反映了客观实际的可能性。5月、6月、7月出现了一个小小的马鞍形。7月、8月两月在庐山基本上取得了主动。但在农业方面仍然被动，直至今天。管农业的同志、管工业的同志、管商业的同志，在一段时间内，思想方法有一些不对头，忘记了实事求是的原则，有一些片面性。1960年1月上海会议规定后3年的指标，仍然存在一个极大的危险，就是对于留余地，对于实际可能性，还要打一个大大的折扣。我们过去10年的社会主义革命和社会主义建设，就是这样一个过程。中间经过许多错误的认识，逐步改正这些错误，以归于正确。我本人也有过许多错误。有些是和当事人一同犯了的。例如，我在北戴河同意1959年完成3 000万吨钢；1959年3月在第二次郑州会议上，主张对“一平二调”问题的账可以不算，如此等等。看来，错误不可能不犯。如列宁所说，不犯错误的人从来没有。郑重的党在于重视错误，找出错误的原因，分析所以犯错误的主观和客观的原因，公开改正。对于我国的社会主义革命和建设，我们已经有十年的经验了，已经懂得不少的东西了。但是我们对于社会主义时期的革命和建设，还有一个很大的盲目性，还有一个很大的未被认识的必然王国。我们还不深刻地认识它。我们要以第二个十年时间去调查它，去研究它，从其中找出它的固有规律，以便利用这些规律为社会主义的革命和建设服务。

6月17日　中国人民解放军福建前线司令部发布《告台、澎、金、马军民同胞书》。同胞书说，艾森豪威尔要到你们那里“访问”了。来者不善，善者不来。他向来对你们不怀好意。杜勒斯虽然死了，美国并吞台湾的心并没有死。艾森豪威尔的政策，就是杜勒斯的政策。艾森豪威尔是我们的敌人，也是台、澎、金、马一切爱国同胞的敌人。告同胞书说，为了支持台、澎、金、马爱国同胞反对艾森豪威尔强盗行径的正义斗争，为了表示伟大的中国人民对艾森豪威尔的蔑视和鄙视，我们决定，按照单日打炮的惯例，在6月17日艾森豪威尔到达台湾的前夕和6月19日艾森豪威尔离开台湾的时候，在金门前线举行反美武装示威，打炮“迎送”。我们这个决定，完全是为了向美帝国主义示威。为了保护你们的生命安全，特此事先说明。

6月19日　中国决定承认马里联邦独立。

6月21日　毛泽东在上海接见以野间宏为首的日本文学家代表团。毛泽东在谈话中指出，日本人民反对美帝国主义及其在日本的代理人、要求民族独立和民主自由的胜利斗争，对于中国人民和世界人民反对美帝国主义侵略，维护世界和平的斗争是一个极大的支持。这次斗争，从它的规模之大、范围之广以及持续时间之久说来，是以前难以设想的。看来，日本人民已经找到了一个在目前情况下反对新的《日美安全保障条约》，反对美国军事基地，赶走美帝国主义侵略势力的好办法，这就是团结一切除了美帝国主义及其代理人以外最广泛的力量，对美帝国主义及其代理人进行全民性的群众斗争。毛泽东说，他不相信，像日本这样伟大的民族会长期受外国人统治。

6月24日—26日　中央政治局委员彭真率中共代表团参加在布加勒斯特举行的社会主义国家共产党和工人党会议。会前，赫鲁晓夫等人对会议内容、开法等讳莫如深。至6月23日下午，苏方才将中文译文长达84页的《苏共致中共通知书》交给中共代表团。晚19时，又向中共代表团送交了由苏联起草的会议公报草案。在24日举行的会议上，赫鲁晓夫及与会的大多数共产党代表团，以一致口径攻击中共的路线、政策，指责中共“拒绝和平共处”、“希望战争”、“制造紧张局势”，采取“左倾冒险主义”和“宗派主义”的立场，进行“托洛茨基式的分裂活动”，说康生在华约政治协商会议上讲话的发表，是“向帝国主义送情报”，中共散发纪念列宁的3篇文章“是南斯拉夫式的分裂活动”。会议中，阿尔巴尼亚、朝鲜、越南等13国共产党代表未对中国进行攻击。25日—26日，举行51党代表会议。中共代表团向各代表团分发了自己的《声明》。该《声明》系由国内根据会议发展情况写成。《声明》谴责赫鲁晓夫在这次会谈中滥用苏联共产党长期以来在国际共运中形成的威信，粗暴地把自己意志强加于人，破坏了兄弟党协商解决共同问题的原则，在国际共产主义运动中开了一个极端恶劣的先例。《声明》指出，中国共产党在马克思列宁主义的一系列基本原则上同赫鲁晓夫存在分歧，对这些分歧，“应当采取严肃的态度，进行认真的思考和同志式的讨论”，但赫鲁晓夫采取的家长式、武断专横的态度，实际上把兄弟党之间的关系看成父子党的关系。《声明》严正指出：“我们党只信服马克思列宁主义真理，而决不会向违反马克思列宁主义的错误观点屈服。”“国际共产主义运动的命运，取决于各国人民的要求和斗争，取决于马克思列宁主义的指导，而绝不是取决于任何个人的指挥棒。”但《声明》亦指出，中共同赫鲁晓夫之间的分歧，从两党的整个关系说来，仍属部分性质，希望能进行平心静气的同志式交谈，解决分歧。在26日会议的最后时刻，赫鲁晓夫在总结发言中再次对中共进行全面的攻击，说中共是“疯子”、“要发动战争”、“纯粹的民族主义”、“托洛茨基方式”等等。彭真作即席发言，反驳了赫鲁晓夫的指责，指出他为所欲为，听不得别人的意见，组织对不同意见的围攻，“只许州官放火，不许百姓点灯”，完全破坏了国际共产主义运动的关系准则。但为顾全大局，中共代表团仍在会谈公报上签了字。

6月25日　中国政府决定承认马尔加什共和国。

同　日　中国政府决定承认索马里兰。

6月26日　中国决定承认刚果共和国。

6月27日　全国29个大中城市民兵举行反美示威集会和游行。国家主席刘少奇、国务院总理周恩来等党和国家领导人出席了上海的示威大会。10年前的6月27日，即美国发动侵朝战争的第三天，美国宣布决定以武力阻止中华人民共和国解放台湾，并派遣第七舰队向台湾沿海出动。这一天使中国人民遭受了奇耻大辱。中共上海市委书记处书记陈丕显在大会上讲话中指出，如果美帝国主义胆敢向我国发动侵略战争，我们就一定要使他们淹死在我国全民皆兵的汪洋大海里。同日，北京、天津、沈阳、武汉、广州、重庆、西安等大城市共36万男女民兵参加了大示威，各个省会、自治区首府民兵近30万人参加了反美示威活动。

6月28日　刘少奇主席、周恩来总理分别致电恩克鲁玛总统。致电对加纳宣布成立共和国和恩克鲁玛就任共和国第一任总统表示祝贺（加纳已于1957年取得独立地位）。

6月29日　《人民日报》发表社论：《高举莫斯科宣言的马克思列宁主义革命旗帜》。社论说，在目前形势下，出席布加勒斯特会议的各国共产党和工人党重申1957年的莫斯科宣言的正确性，是必要的，是有重大意义的。宣言中对于社会主义和资本主义两个世界体系的分析，对于现代帝国主义情况的分析，对战争与和平的分析，对于如何争取世界和平问题的分析，对于社会主义国家对外政策的基础是两种不同社会制度国家的和平共处问题的分析，对于社会主义革命和社会主义建设的共同规律的分析，对于资本主义各国实现社会主义革命是通过和平过渡还是通过非和平过渡的不同形式问题的分析，对于殖民地半殖民地的民族解放运动问题的分析，对于社会主义各国之间和世界各国共产党、工人党之间的相互关系和团结合作问题的分析，完全适合于目前的情况，是今后世界各国人民斗争的指针。社论回顾了两年来国际形势和共产主义运动发展的状况，重申了莫斯科宣言关于“在目前条件下，主要危险是修正主义”的论断，指出，在国际共产主义运动中“不反对教条主义，就不可能引导我们的事业达到胜利。但是，决不能够借口反对教条主义，而抛弃马克思列宁主义的基本理论阵地，决不允许以修正主义代替马克思列宁主义”，社论呼吁世界各国人民和共产党加强团结，高举莫斯科宣言的旗帜前进。6月28日，《人民日报》重新发表了1957年11月各国共产党和工人党会议上通过的两个宣言，并加了按语。

6月30日　外交部新闻司发言人发表《关于中尼边境事件消息的声明》。声明说，据外国通讯社6月29日的报道，6月28日在中尼边境发生了中国军队打死和俘虏尼泊尔方面人员的事件。中国政府对这个消息深感意外，并极为关注。中国政府已经立即指示有关方面查明事实真相。声明说，在此之前，中国政府曾在6月26日通知尼泊尔政府：“有一部分叛匪在靠近中尼边界的我方地区进行骚扰……我们决定派部队前往进剿。在进剿过程中，我军将严格限制在我国境内行动，决不越出国境，如叛匪窜入尼境，我方也不越界追击。进剿结束后，我们进剿部队将立即撤离边界本侧20公里的地区。在此地区内，我方将严守中尼边界协定的规定，既不驻军，也不派武装人员进行巡逻。”6月30日21时，周恩来总理在接到尼泊尔首相关于此事的信件后，回信表示中国政府对此消息极为关注，正在向当地调查这件事情的真相。7月2日，周恩来总理再次致信尼泊尔首相柯伊拉腊，澄清事实如下：6日28日16时45分，在靠近中尼边界的我方地区进剿西藏叛匪的中国人民解放军部队，发现在科里山口以北1公里处有一队人马向我军前进。中国部队误认他们为西藏叛匪，因而开枪射击，打死1人，俘10人（其中1人受伤）。事后发现他们不是西藏叛军，而是尼泊尔人。从事实经过看来，这件事件完全是由于误会而发生的一次不幸事件。根据1960年3月中尼双方互换的地图，出事地点显然是在中国境内，中国部队并未进入尼泊尔王国的领土。周恩来总理在信中说，这一不幸的意外事件是由于中国部队的下级人员不慎所造成的。中国政府已经指示当地的部队立即追究造成这一事件的责任，并且将所扣留的10名尼泊尔人员和一具尸体，连同这些尼泊尔人员的马匹和随身携带的一切物品，在7月4日交还给尼泊尔方面。中国政府愿意接受尼泊尔方面关于赔偿的要求。周恩来总理在信中表示，中尼两国的深厚友谊决不应受到这次意外事件的影响。

同　日　中国决定承认索马里共和国。

同　日　首都各界隆重集会庆祝喀麦隆、多哥、马里联邦、马尔加什、刚果、索马里独立和加纳共和国成立。

7月3日　聂荣臻向中共中央和毛泽东提出独立自主地发展科学技术的建议。建议共三点：一、苏联在重要关键技术上卡我们，令人气愤，但气愤并没有用，一定要争口气。事情有可能这么一逼，反而会成为发展我国科学技术的动力，会使我们更加坚决地在科学技术上贯彻自力更生的方针，而不是指望外援。目前，在科学技术上已经找到了我们自己的一些路子。因此，在新形势面前，我们继续坚持独立自主、自力更生的方针是可能的。二、今后科技往来采取新的做法。凡协议上有的项目，我们到时候就要询问，仍然要。但对方不给，绝不再催，挂上一笔账。协议以外的新要求就不提了。三、独立自主，立足国内，绝不意味着封锁自己。毛泽东、周恩来等很快批准了该建议。周恩来并在第一条加批注："独立自主、自力更生、立足国内。"在第三条加大段批注：关于科学技术，一要，十分必要的仍然要提，他们不给，不强求。二学，留学生、实习生、研究生已经去的必须学好，不给学就不学。来我国的专家，必须派人向他们认真学习，不教就不学。三买，凡可以购买的重要技术资料，应从西方资本主义国家千方百计地买到。四钻，不管要到、学到、买到与否，或者多少，主要还靠自己钻研，自己不钻，不仅不能有独特的创造发明，而且不能把要到、学到、买到的用于实际和有所发展。

7月4日　中国跳伞运动员打破世界纪录。中国跳伞运动员武永兰、唐荷秀、荣志玄以平均距靶心8.73米的成绩打破了女子600米日间集体综合跳伞世界纪录。

7月5日　中国政府就裁军问题复照苏联政府。照会说，中国政府收到了苏联政府1960年6月27日的照会，充分地注意到了苏联政府在该照会内所表示的各项意见。照会指出，苏联和其他社会主义国家停止参加十国裁军委员会的行动，进一步揭露了以美国为首的帝国主义国家以裁军的空谈掩盖扩军备战的欺骗阴谋。中国政府完全支持苏联政府所采取的这一严正步骤。中国政府一贯主张普遍裁军，从1951年起，中国就一再主动地裁减自己的武装部队。中国政府认为，只有不断壮大以苏联为首的社会主义阵营的力量，同以美国为首的帝国主义的扩军备战活动进行坚决斗争，使帝国主义国家懂得继续反对裁军对他们是不利的，才能迫使他们坐下来进行认真的裁军谈判。

同　日　新华社报道：中华人民共和国和加纳共和国决定建立外交关系，互派大使级外交代表。7月6日，《人民日报》发表社论《中加友好关系的新阶段》。

7月5日—8月10日　中共中央在北戴河举行工作会议。会议讨论了国内经济问题和国际问题。至1960年中，国民经济比例失调和高指标、急过渡所造成的问题更突出地显露出来。上半年，工业生产连月下降，粮食供应日益紧张。为了集中力量把以钢为中心的工业生产搞上去和加强农业生产，特别是粮食生产，会议制定了《关于全党动手，大办农业，大办粮食的指示》、《关于开展以保粮、保钢为中心的增产节约运动的指示》，并批准李富春、薄一波提出的《1960年第三季度工业交通生产中的主要措施》。会议决定，压缩基本战线，保证工业生产，集中力量保证重点产品、重点企业和重点建设项目的需要，把以钢、铁、煤、运输为中心的工业生产搞上去。会议还提出，要认真清理劳动力，加强农业生产第一线，保证农业生产等措施，并决定以后计划不再搞两本账，只搞一本账，不留缺口。中共中央主席毛泽东在会上发表讲话，指出，要抓粮食，秋种要尽可能多种一点，种好一点。农村以生产队为基本核算单位的三级所有制，至少5年不变，死死规定下来，再不要讲3、5年从队基本所有制过渡到社基本所有制。在集体所有制占优势的前提下，要有部分的个人所有制，总要给每个社员留点儿自留地。只有大集体，没有小自由，不行。会议还讨论了国际问题。布加勒斯特会议以后，苏共领导把中苏两党关系的矛盾扩大到国家关系上，于7月16日单方面决定撤走在华专家，撕毁合同，使中国经济建设受到严重影响，加重了当时的经济困难，对此，毛泽东在会上指出，1917年—1945年，苏联是自立更生，一个国家建设社会主义，这是列宁主义的道路，我们也要走这条道路。苏联人民过去10年给我们的援助，不要忘记。要下决心搞尖端技术。会议制定了《关于向党员干部介绍布加勒斯特会议情况和中苏关系问题的通知》。

7月6日　《人民日报》发表社论：《大量生产小球藻》。社论说，小球藻培育成功，并且大量用于以养猪为中心的畜牧业，是我国人民在大跃进中的一项伟大的创举。小球藻蛋白质含量比大米高5倍，比小麦高3倍多；脂肪含量比大米多十几倍，比小麦多6倍以上。经常吃小球藻的猪，体重增加速度约比不吃的猪快一倍左右。小球藻还具有很高的食用价值，有些地方用小球藻试制糕点、面包、糖果、菜肴、藻粥、藻酱等食品，质高味美，清香可口；有人试用小球藻粉哺育婴儿，效果同奶粉不相上下。

同　日　中缅边界联合委员会发表第一次会议公报。公报说，中缅边界联合委员会于1960年6月27日在缅甸外交部长藻昆卓的主持下，举行隆重的成立仪式，并在仰光召开第1次会议。会议达成了下述一致协议：一、联合委员会的工作程序；二、根据协定，确定联合委员会的具体任务；三、组织并派出联合勘察队和联合调查小组。双方同意勘察队和调查小组应在1960年7月开始野外工作。

7月11日　外交部就爪哇军事当局杀害华侨事件向印度尼西亚驻华使馆递交强烈抗议照会。照会说，1960年7月3日西爪哇军事当局派遣武装军警数十人到西爪哇省勃良安州芝马圩强迫华侨迁移。在迫迁中，印尼军警竟然用手提机枪对手无寸铁的华侨妇孺开枪射击。华侨林敦华的妻子、孕妇杨木妹当场中弹死亡。华侨林玉的妻子叶金娘身中7弹，在送往医院途中死亡。此外还有两名华侨受伤，数名华侨被捕。照会说，芝马圩杀害华侨的惨案绝不是偶然的。继印尼有关当局武力劫持"大宝康"轮和武力软禁中国驻马辰领事江燕的事件之后，西爪哇军事当局从5月下旬开始，又对华侨进行第二次大规模的武力逼迁。这次惨案已经激起中国人民和广大华侨的极大愤慨，从而给两国关系带来了严重影响。照会要求，印尼当局应该对暴行公开道歉，严惩凶手，对死难华侨家属进行抚恤和补偿，迅速释放被捕华侨，并采取有效措施保证今后不再发生类似事件。7月4日，中国驻印度尼西亚大使黄镇曾向印尼政府提出严重抗议，并要求派出中国领事前往出事地点进行调查和同爪哇军事当局共同验尸。6月26日、7月2日—3日《人民日报》连续发表新华社的报道《在印尼有势力集团策动下西爪哇军事当局疯狂发动第二次大规模反华排华活动》。

7月16日　苏联政府照会中国政府决定片面召回全部1 390名在华苏联专家。同时苏联政府通知中国终止派遣专家900名，以及停止供应中国急需的若干重要设备，大量减少成套设备和各种设备中关键部件向中国的供货。苏联专家分布在国内经济、国防、文化教育和科学研究等二百五十多个企业及部门。他们在撤退时，带走了所有的图纸、计划和资料，使中国大批企业和事业单位的建设项目陷于停滞状态，造成极大的损失和极艰难的困境。

7月19日　中共中央、国务院发出《关于秋季蔬菜生产的指示》。指示要求，各级党委和人民委员会，应当立即动员起来，发动群众和依靠群众，力争每人平均种好一分地至二分地，大量增产秋季蔬菜。指示说，1960年秋菜生产比往年有更大的意义。它不但可以基本上保证城市和乡村人民秋季、冬季和明年春季的蔬菜需要，而且可以为进一步办好食堂提供有利条件。同时，大量增产秋菜，也可以在某些地方发生旱涝灾害的情况下，有效地防灾备荒。因此，这是全党同志、全体国家工作人员和全国人民的一项重大的经济任务和重大的政治任务。

同　日　中国政府发表《关于支持刚果人民反对帝国主义侵略和干涉的声明》。声明指出，刚果人民经过长期斗争，于1960年6月30日从比利时殖民主义统治下获得独立。比利时政府不甘失败，竟在8天之后，以“保护”比利时侨民和“自由世界利益”为借口，派遣武装部队侵入刚果，企图恢复对刚果的殖民统治。事实清楚地表明，比利时的侵略行为得到了美国政府的支持。声明指出，刚果人民有争取民族独立和巩固民族独立的权利，美国和比利时对刚果的进犯，不仅是对刚果主权的粗暴干涉，而且是对亚洲、非洲和世界和平的严重挑衅。中国政府和人民坚决支持刚果人民反对殖民主义、维护民族独立的斗争。7月20日，《人民日报》发表社论《中国人民坚决站在刚果人民一边》。7月23日，首都各界集会支持刚果人民反对帝国主义干涉的斗争。

7月20日—29日　全国业余教育会议在天津举行。会议由教育部中华全国总工会联合召开，主要议题是研究当前扫盲和业余教育的新任务以及下半年的工作安排，广泛交流工农业业余教育和干部文化教育开展教学改革工作的经验。会议公布的统计数字表明：从1959年秋冬以来，农村中有一亿以上的青壮年农民坚持了业余学习，厂矿企业职工参加业余学习的人数比去年底增加了50%。1959年1月—4月，在青壮年职工和农民中已经扫除文盲3 000万人，比1959年全年扫除的文盲数还多23%。会议指出，下半年的扫盲工作和业余初等教育必须狠抓、细抓。注音识字是加速扫除文盲和普及业余初等教育的重要方法，必须积极推行。会议还提出了教学改革是教育上的不断革命和体现社会主义建设总路线精神的思想。国务院业余教育委员会主任林枫在会上作了讲话。8月3日，《人民日报》发表社论《当前业余教育的重要任务》。

7月21日　中国跳伞运动员打破世界纪录。中国运动员杜菊芳、李文秀、武永兰以平均距靶心5.546米的成绩，打破了刚刚创造的女子600米日间集体综合跳伞的世界纪录。

7月22日—8月13日　中国文学艺术工作者第三次代表大会在北京举行。来自全国的代表共2 444人出席了大会。中国文学艺术家联合会主席郭沫若致开幕词，中共中央宣传部部长陆定一代表中共中央、国务院向大会致祝词。中共中央宣传部副部长周扬作《社会主义文学艺术的道路》的报告。报告指出，在为工农兵服务、为社会主义事业服务的方向下实行百花齐放、百家争鸣和推陈出新，是社会主义文学艺术发展最正确、最宽广、最富于创造性的道路。报告还就"革命现实主义和革命浪漫主义的结合"、"遗产的批判与继承"以及批判"资产阶级人性论"等问题进行了论述。阳翰笙代表文联第二届委员会作工作报告。国务院总理周恩来，副总理陈毅、李富春分别作了关于国内外形势、关于国际形势问题和关于国家经济建设问题的报告。党和国家领导人毛泽东、刘少奇、宋庆龄、周恩来、朱德、邓小平于23日接见了全体代表。大会期间，作协第三次理事会（扩大）会议，剧协第二次会员代表大会，以及音协、美协、电影工作者联谊会，曲协、舞蹈艺术研究会、民间文艺研究会理事会，摄影学会等团体分别召开了会议。大会通过了文联和各协会的工作报告和章程，通过了向党中央和毛主席的致敬电，并通过了大会决议。决议说，我们要坚决贯彻党的文艺路线，继续深入工农兵群众，参加生产劳动和实际工作，不断改造自己，实现知识分子工农化，巩固地树立起无产阶级的世界观，更好地运用文学艺术的武器，深刻反映我们伟大的时代，反映社会主义革命和社会主义建设的丰功伟绩，塑造出英雄时代的英雄形象。以提高全国人民的社会主义、共产主义思想觉悟和道德品质，推动历史的前进。大会选举郭沫若为文联主席，茅盾、周扬、巴金、老舍等15人为副主席。各协会选出的主席是：作协，茅盾；剧协，田汉；音协，吕骥；美协，何香凝；影协，蔡楚生；曲协，赵树理；舞协，欧阳予倩；民间文艺研究会，郭沫若；摄影学会，石少华。

7月25日—9月19日　中国国民党革命委员会等6个民主党派先后

在北京举行中央委员会扩大会议。民盟、民促会、农工民主党、致公党、九三学社等各党派在历时一个多月的会议中，贯彻和风细雨、自我教育、自我改造的方针，广泛深入地讨论了国内外形势。会议一致认为，民主党派、知识分子在近两年来的社会主义服务方面，在进行自我教育和自我改造方面，都大有进步，成绩是主要的；但在同时，多数人感到跟不上形势，在政治立场改造方面还有不同程度的问题。为此，各民主党派在讨论今后的任务时，着重提出要继续深入进行政治战线和思想战线上的社会主义革命。认真学习马克思列宁主义和毛泽东的著作，破资产阶级立场，立无产阶级立场，逐步改造世界观，努力为社会主义服务。会议期间，中共中央领导人毛泽东、刘少奇、周恩来、朱德、彭真等同志接见了全体与会人员。周恩来、李富春、李维汉分别在会上作了重要讲话。《人民日报》9月25日发表社论《民主党派前进的道路》。

7月30日　中国决定承认达荷美共和国。

同　日　北京市饮食业实行凭粮票供应办法。鉴于全国粮食和副食品供应紧张及各地已实行饮食业凭粮票供应办法，北京的放开购粮办法已不适应现有形势。中央同意北京发放粮票方法，同时要求保留少数高级宾馆，仍维持不收粮票的原则，实行高价销售。

本　月　毛泽东作关于再发动群众大炼钢铁的谈话。毛泽东认为，办钢铁要大搞小土群、小洋群。各省都要布置一批小洋钢铁厂、小洋铁路。毛泽东提出，1960冬动员7 000万人大干，到1962年钢产量搞到3 500万吨，可能更多一些。1960年可能搞到2 200万吨，如果1960年有2 200万吨，1962年可以达到3 800万吨。第二个10年可能搞到1亿吨，毛泽东说，手中没有一把米，叫鸡都不来，我们处在被轻视的地位，就是钢铁不够，要继续跃进，不仅资本主义国家看不起我们，社会主义国家也不给技术，憋一口气有好处。10年搞1亿吨，上天。又说，实力政策，实力地位，世界上没有不搞实力的。毛泽东的上述谈话作于当年6月布加勒斯特会议后。李富春、薄一波等人参加了谈话。

本　月　《红旗》杂志第15期发表林铁文章：《深入开展农村

的社会主义、共产主义教育运动》。文章说，就河北农村的情况看，形势是好的。但同时，必须看到社会主义和资本主义两条道路的斗争，仍然是贯穿农村各个方面的主要矛盾，而且这种斗争还是会有起伏的。农村中对社会主义有抵触的富裕中农只是极少数，但他们的思想还在一部分农民中有一定影响。在巩固和发展人民公社制度等方面，仍然贯穿着两条道路的斗争。同时，在人民公社中还有很少一部分的三类队，贫下中农的领导优势在那里还没有真正地树立起来，有的队甚至被地主、富农、坏分子所篡夺。在这些地方，还存在着两条道路谁战胜谁的问题。还有一小部分干部沾染了贪污、浪费的恶习，他们所犯错误的危害性很大。文章提出了加强农村政治思想工作的4个方面，即教育社员、干部和党员进一步明确共产主义前途；认识发展农业在社会主义建设中的地位和农业现代化的伟大前途；使社会主义、共产主义教育深入农村的各个角落，彻底改造三类队的落后面貌；使广大干部自觉地改造思想作风，调动广大群众的生产积极性。

8月1日　中央书记处批转国务院《关于对在京高级干部和高级知识分子在副食品供应方面给予照顾问题的报告》。《报告》提出的特殊供应办法共分三类，第一类，副委员长、副总理、国防委员会副主席、政协副主席、最高人民法院院长和最高人民检察院检察长，每户每天肉1斤，每月鸡蛋6斤，白糖2斤，甲级烟2条。第二类，人大，政协在京的常委，国务院各部、委的正、副部长，正副主任，高法副院长、高检副检察长，人大政协的副秘书长，各民主党派中央的正、副主席，高级知识分子中的一级人员，行政七级以上其他人员，每人每月肉4斤，白糖2斤，甲级烟2条，鸡蛋3斤。第三类，全国人大党外代表，全国政协党外委员，国务院各部委党外的正、副司局长和党外的国务院参事，各民主党派中央常委，高级知识分子中的2、3级，行政11级以上人员，每人每月肉2斤，白糖1斤，甲级烟两条，鸡蛋2斤（从11月份开始，党内干部按上述标准减半供应，并从8月份开始施行）。这项特需供应的办法是中央在副食品供应紧张的情况下采取的一项临时措施。

同　日　中国人民革命军事博物馆正式开馆。全馆分“第二次国内革命战争馆”、“抗日战争馆”、“第三次国内革命战争馆”、“保卫社会主义建设馆”和“兵器馆”等5个展馆，陈列2万件左右珍贵革命历史文物，着重反映中国人民及其军队在中国共产党领导下，从土地革命战争到抗美援朝各个时期同帝国主义、封建主义和官僚资本主义等民族敌人、阶级敌人展开艰苦卓绝斗争的历史过程。

同　日　周恩来总理出席瑞士联邦大使举行的国庆招待会并发表讲话。周恩来总理说，瑞士和中国的外交关系已经建立了很久。两国的关系是不同社会制度国家可以和平共处的一个例子。周恩来总理指出，现在世界上还存在着侵略性的军事集团，例如在东方就有敌视和包围中国的东南亚条约组织，中国坚决反对这种包围。但是，并不因此而放弃争取实现不同社会制度的国家之间的和平共处。我们主张亚洲和太平洋沿岸各国包括美国在内，签订一个互不侵犯条约，把整个地区建成没有核武器的地区。

同　日　中国政治法律学会决定退出国际法协会。1960年5月，国际法协会发出关于8月7日在汉堡召开第49届大会的补充通报，其在“签证”栏开列的各国名单中，竟然出现“中华民国”字样，阴谋在国际法协会中制造“两个中国”的局面。在此之前，国际法协会在1960年2月发出的通报中，还荒谬地把中国西藏地区列为一个国家。对此，中国政治法律学会曾在1960年6月写信给国际法协会，提出严重抗议。但是，国际法协会在7月11日的复电中，不仅没有及时纠正错误，而且提出国际法协会是非政治性团体的借口，拒绝中国政治法律学会的合理要求。8月1日，中国政治法律学会副会长兼书记处第一书记吴德峰在致国际法协会主席麦克奈尔的信中郑重通知他，中国政治法律学会决定退出国际法协会，并且断绝同国际法协会的一切关系，并要求他把信件分发给参加国际法协会第49届大会的全体代表。

8月2日　中国决定承认尼日尔共和国。

同　日　中缅边界联合委员会在北京举行第二次会议。会议达成3条协议：一、确定应归还中国的牛马、古浪、岗房地区的范围；

二、确定应划归中国以交换中国的猛卯三角地（南碗指定区）的班洪、班志部落辖区的范围；三、公平合理地处理“1941年线”上骑线村寨的问题。双方还研究了边界条约的起草问题和已定界如何列入条约等问题，并取得了一致意见，决定由双方指定人员组成起草条约的小组。《人民日报》8月3日发表社论《亚洲国家和平共处的范例》，祝贺第二次中缅边界联合委员会会议取得的成功。

8月4日　中国决定承认上沃尔特共和国。

8月5日　中共中央批准李富春、薄一波提出的《1960年第三季度工业交通生产中的主要措施》。为扭转第二季度以来主要产品下降的局面，解决基本建设战线过长、物资使用分散的问题。李富春、薄一波于7月15日拟定几项具体措施：一、进一步贯彻执行全国一盘棋的方针，缩短战线，集中力量，首先保证重点产品、重点企业的生产和重点建设项目的按时完成。二、大力解决运输问题，加速重点线路场站的建设，保证重点物资，特别是煤炭的运输。三、提高小高炉生铁的质量，使第三季度的生铁合格率，重点企业要达到95%，地方中小型要达到70%。还要提高煤炭、水泥、纸张、纺织等产品的质量，增加产品品种，做好生产的准备工作。四、加强生产的组织领导和企业的管理工作，改进工作作风。中央在批示中指出，这个文件中提出的缩短基本建设战线、保证工业生产，采取有力措施，把以钢铁煤运为中心的工业生产迅速促上去的意见，是正确的。各地区、各工业交通部门、各企业都要坚决贯彻执行，务求实现。

同　日　中共中央发出《关于大力紧缩社会集团购买力的指示》。《指示》说，为保障市场的稳定，使购买力同市场货源大体平衡，有必要大力紧缩社会集团购买力。《指示》要求，全国一切机关、团体、部队、学校、企事业单位，在今后5个月内，要压缩公用经费中的商品性支出部分的20%左右，即全国共压缩5亿元。为此，各地方、各部门应做到：一、大力节约办公杂支费、业务经费、设备用具购置费。二、大力节约会议费和招待费，坚决制止请客送礼和其他铺张浪费行为。三、工业部门、商业部门应当努力降低成本，减少生产管理费和商品流转费用以及基本建设单位的投资。四、加强对预算外资金的管理，合理控制职工集体福利的开支。五、城乡人民公社应当严格节约一切非生产性支出。六、各地方都要加强市场管理，禁止在市场上盲目抢购物资。

8月6日　《人民日报》发表社论：《发展养猪业必须公养为主公私并举》。社论明确指出，公养为主、私养为辅、公养私养并举是发展养猪业的坚定不移的方针。社论说，公社和生产队大群养猪场子大、喂得多，既便于改进技术，提高生产率，又可以保证较大的商品率。生产小队和公共食堂是养猪的一个很重要的力量。全国目前大约有300万个生产小队，每个生产小队大体都有一个公共食堂。如果每个生产小队平均养猪20头，全国就是6 000多万头。我国是一个拥有1.2亿农户的农业大国，除宗教等原因外，打个折扣按平均两户养一头猪计算，全国就是6 000多万头，是一个巨大的数字。社论要求各地贯彻公私并举的方针，调动各个方面的积极性，

同　日　中国政府决定承认象牙海岸共和国。

8月8日　新华社报道：我国已发现可供纺织的野杂纤维100多种。截止到6月份，全国已收购各种野杂纤维90多万吨，生产代用纱10万多件，织出代用布7 000多万米，用野杂纤维混纺麻袋2 000多万条。

8月10日　中共中央发出《关于全党动手，大办农业，大办粮食的指示》。《指示》指出，目前农业生产的发展，首先是粮食生产的发展不能适应整个国民经济跃进发展的需要。由于粮食生产的指标偏高，估产不实；又由于粮食消费安排的不好，用粮计划太高，因而1958年和1959年连续两年，在青黄不接时期，都出现了粮食紧张的局面。1960年的夏收，由于收购不快，库存减少，调拨不灵，某些城市粮食供应的紧张局面还没有过去。中央指出，这种严重情况，不能再继续下去，必须在保证钢铁生产的同时，坚决采取有效的措施，保证粮食生产，做好粮食的征购调运工作，安排好城乡人民生活。中央强调指出，农业是国民经济的基础，粮食是基础的基础。加强农业战线是全党的长期的首要任务。当前的中心任务是：鼓足革命干劲，掀起一个群众性的增产节约运动的高潮，缩短基本建设战线，保证生产，保粮，保钢。全党全民，一致努力，大办农业，大办粮

食。中央要求全党：一、坚决从各方面挤出一切可能挤出的劳动力，充实农业战线，首先是粮食生产战线。二、坚决压缩水利等农村基本建设。把参加水利建设的民工，由7 000万人压缩到1 000万人。三、搞好秋田管理，力争秋季丰收，特别是粮食丰收。四、在大办增产粮食的同时，尽力增加棉花、油料等经济作物的产量。五、国民经济各部门应当把支援农业的任务放在头等重要的地位。六、管好用好粮食，安排好人民生活。七、把运粮放在运输的第一位，保证城市工矿区和必须出口的粮食按时供应。八、坚决肃清官僚主义，反对铺张浪费。

同　日　中共中央批转中央监察委员会《关于农村“三反”运动中几个具体政策问题的意见》。从7月14日起，中央监委召开11个省市监委副书记座谈会，讨论研究了农村“三反”运动中几个具体政策，并向中央作了报告。报告提出：一、计算贪污的时间，一律从1958年当地成立人民公社时算起。二、计算贪污的标准以中央规定的200元—300元为界线；对于贪污200元—300元以下的，一般不给处分，不戴贪污帽子；对于贪污200元以上1 000元以下的，必须坚决进行斗争，给予必要的处分；凡贪污1 000元以上的，应定为大贪污犯，给予刑事处分，是党员的应开除党籍。三、农村基层财贸单位的脱产人员贪污，在处理上应和农村不脱产的干部相同。四、在处理退赔问题时，必须坚决执行赃款赃物必退必赔的原则，五、对于犯有官僚主义错误的同志，主要是进行批评教育，对于少数错误严重的，给以适当处分。六、对犯有严重铺张浪费错误造成重大损失的干部，应该追究责任，必要时给以适当的纪律处分。七、对犯错误的人的处分控制面，应控制在参加运动干部总数的3%以下，其中受撤职和开除党籍处分的应控制在参加运动干部总数的1%以下。控制面的掌握应当以县为单位。八、在农村“三反”运动中，不搞瞒产私分的清算，今后也不再在群众中搞反瞒产运动。九、进行组织处理工作一定要认真细致，材料必须经过查对核实，错误性质要定得准，贪污与其他错误的界限要划清。组织处理一般放在“三反”运动后期进行，处分党员必须按照规定履行批准手续。中共中央在《批示》

中指出，监委所提意见，都是正确的，并且可以作为全国范围内大体统一的标准。但在“三反”内容上，应增加反对浪费劳动力，反对在劳动力安排工作中的国民党作风。

同　日　中国决定承认乍得共和国。

8月12日　中国决定承认中非共和国。

8月14日　中共中央发出《关于开展以保粮、保钢为中心的增产节约运动的指示》。《指示》指出，我们工作中的成绩是十分显著的。但是，在我们前进过程中遇到了一些困难。在工业生产方面，1960年第二季度，在20种主要工业产品中，有18种没有完成产量计划，其中11种甚至低于第一季度的水平。在基本建设方面，由于不少地方、部门把战线拉得过长，人为地造成了原料、材料、设备、劳动力和运输的紧张。在农业生产方面，用于农业的劳动力不足，部分地区的灾情还在继续，收成有比1959年减少的可能，因此完成1960年农业生产的任务还是极为艰巨的。中央认为，目前最突出的问题，是粮、钢的增产问题，当前全党的紧急任务，就是立即开展一个以保粮、保钢为中心的增产节约的群众运动，千方百计地为完成和超额完成1960年粮、钢和其他主要产品的生产计划而奋斗。为解决上述问题，特别是粮、钢的增产问题，中央在《指示》中提出：一、立即发动群众讨论今后5个月的增产节约指标及其具体实施措施。二、继续深入开展技术革新、技术革命的群众运动。三、必须坚决缩短基本建设战线，保证重点生产和重点建设，基本建设项目和生产任务排队的原则，是先中央后地方，先重点后一般，先采掘工业和材料工业，后加工工业，先计划内后计划外。四、干部要立即下去，亲临生产前线。五、大量精简非生产人员，充实生产战线。六、加强企业管理，建立健全合理的规章制度。管好群众生活。七、坚决贯彻全国一盘棋的原则，反对本位主义。八、所有工业和交通运输部门，都必须进一步加强支援农业。九、广泛开展增产节约的劳动竞赛。

同　日　李维汉在中央统战部为6个民主党派中央全会扩大会议所举行的报告会上讲话。讲话题为《学习毛主席著作，逐步改造世界观》。讲话说，近年来工商界、知识界、各民主党派大有进步，在社会主义革命和社会主义建设继续发展和高涨的浪潮中，大多数人跟过来了，无论是比较自觉或者比较勉强，总是跟过来了。相当多的一部分人，即比以往较多的人，已经基本转到了社会主义立场，其中有些人比较稳定，有些人还有一定的动摇性；相当多的一部分人，转到半社会主义立场。他们还带着相当大的动摇性，但是在一段时间内也能摇摇摆摆地跟着走。一小部分人还是基本上资本主义立场，但分为两部分：一部分人主要是思想落后；另一部分人，占极少数，是思想反动。此外，右派分子经过批判、孤立，经过教育、帮助，在继续分化中，多数可能逐步改造过来。关于阶级斗争问题，文章说，我国的经验证明，要消灭阶级，不只要改变社会制度，还必须在政治上和思想上改造一切剥削者和小私有者。只有经济的改造而没有人的改造，就不能真正消灭阶级，就不能实现共产主义，由于中国具体历史条件形成的民族资产阶级的两面性，决定了一方面有和平改造的可能性，另一方面又决定了和平改造只能是阶级斗争在一种特殊形式下的继续。我们党的团结——斗争——团结的政策，是我们党正确处理工人阶级和民族资产阶级之间关系的基本政策，也就是工人阶级和民族资产阶级进行阶级斗争的基本方法。总的说来，其方针是“为了改造，先要团结”。文章说，阶级斗争的发展是复杂的，曲折的，反复的，并且像波浪起伏一样，高一阵，低一阵。总的趋势是，无产阶级必然愈斗愈强，资产阶级必然愈斗愈分化、削弱，终至消灭。但是，这种趋势，仍然要经过多次反复的斗争来实现。文章还就改造世界观、学习毛主席著作和党的“长期共存、互相监督”方针进行了论述。

同　日　中国决定承认刚果共和国。

8月15日　中共中央同意商业部提出的1960年9月—1961年8月棉花分配和几项主要措施的报告。报告说，1960年9月—1961年8月的棉花分配，要坚定不移地贯彻执行中央“统筹兼顾，全面安排，瞻前顾后，留有余地，以便建立储备，充实库存，争取主动”的方针，下一年度棉花、棉纱、棉布、针织品分配使用的总数折合棉花不应当超过3 000万担。这个数字比上一年度减少约1 000万担。为了实现上述方针，决定采取如下措施。一、下一年度每人平均全年的布票定量，由现在的20.83尺减少到18尺。二、卫生衫裤、棉毛衫裤等一部分主要针织品需要实行凭票供应的办法。这样做的结果，实际上使每人平均布票定量又减少2尺，相当于现在的16尺。三、工业用纱、工业用布、公共用布在下一年度坚决不增加。

同　日　中共中央批转中央监察委员会《关于解决县社领导机关组织不纯和改造落后队问题的报告》。中央监委的《报告》说，中央发出在农村开展“三反”运动的指示以后，许多地方都把改造落后队作为农村“三反”运动的重点，派遣大批干部，组织工作组，深入农村，放手发动群众，摧毁封建残余势力，打击资本主义自发势力，对落后队实行彻底的全面的改造。《报告》反映，各地落后队一般占生产队总数的10%~15%，多的达到20%以上。这些落后队的问题主要是民主革命不彻底，地富反坏分子掌权；社会主义革命不彻底，富裕中农当道。许多地方的情况证明，凡是基层组织和干部队伍普遍存在问题而又长期得不到解决的地方，那里县委领导上大体是有问题的。自1957年以来，全国（不包括西藏）曾发生过严重问题的县委以及有严重问题、正在检查处理的县委占全国县委总数的8%。《报告》指出，落后队长期得不到改造，县社组织不纯长期得不到解决，从工作方面来检查，主要原因是，有些领导机关存有严重的右倾思想和官僚主义。《报告》又指出，改造落后社队的根本问题，是同敌人争夺领导权的问题，是摧毁封建主义、资本主义阵地的问题，是一场深刻而剧烈的革命斗争。为了更好地加强落后队的工作，纯洁县、社领导机关和干部队伍，中监委建议：一、凡是存在着县社领导核心不纯和落后队的地方，有关党委应该把解决这些问题提到议事日程上，认真讨论，订出规划，设立专门机构，包干到底，彻底解决。二、在农村“三反”运动中把改造落后队的工作作为重点。三、在农村“三反”运动揭发坏人坏事的基础上，纯洁组织。对于基层组织和干部队伍严重不纯的地方，必须认真检查县委领导机关的工作。四、注意健全县、社党委领导核心。中央在批示时指出，中央监委关于解决这一问题所提出的几项意见是正确的，各地参照办理。

同　日　人大常委会举行第二十七次扩大会议。会议决定批准《中华人民共和国和捷克斯洛伐克共和国领事条约》和《中华人民共和国和蒙古人民共和国友好互助条约》。会议根据周恩来总理的提议，决定任命裴丽生为中国科学院副院长。

同　日　国务院举行第一百零二次会议。会议通过了《中国和捷克斯洛伐克共和国领事条约》、《中蒙友好互助条约》，并决定将两个条约交人大常委会审议批准。会议核准了《中国、伊拉克两国政府贸易协定》、《支付协定》、《中朝两国政府关于国境河流航运合作的协定》。会议还通过了县、市行政区划变更事项和任免名单。

同　日　中国决定承认塞浦路斯共和国。

8月16日　中国决定承认加蓬共和国。17日，《人民日报》发表社论《祝贺赤道非洲四国的独立》。

8月19日　中国共产党代表伍修权在古巴人民社会党第8次全国代表大会上宣读中共中央的贺电。贺电说，古巴人民社会党从一成立就和古巴人民一起，向美帝国主义及其在古巴的代理人进行了长期的、艰苦卓绝的斗争。古巴人民已经取得的胜利，给予了拉丁美洲各国人民、全世界一切被压迫民族以极大的支持和鼓舞。中国共产党和中国人民十分钦佩你们的英勇斗争。在你们反对美帝国主义的正义斗争中，中国人民永远和你们站在一起。

8月20日　中共中央发出《关于坚决地认真地清理劳动力加强农业生产第一线的紧急指示》。中央在批发四川省委上报的《周颐同志关于南部、仪陇两地农村劳动力问题和“三反”情况的电话报告》和《南充地委、温江地委关于农村公社浪费劳动力的两个材料》时指出，四川这几个材料说明，县、公社、管理区三级浪费劳动力的现象是极为严重的，甚至生产队本身也把许多应该用于农业生产第一线的劳动力，过多地使用于其他方面。四川省委和地委进行了调查和清理，在50万人口的仪陇县，清出约4万人（约占全县总劳动力15%以上）压到农业生产第一线；南部县建兴公社挖出占全公社总劳动力21%的人压到农业生产第一线。中央指出，清出一切可能的劳动力去加强农业生产，是目前一件很迫切的事情，务必迅速动手，抓紧进行。中央要求，如果本地也有类似现象，就应该像四川那样，派出专门的小组到公社去，加以检查和督促，务必采取坚决的办法，把县、社、管理区三级所浪费的和不十分必需的劳动力，迅速动员和压缩到生产队中去，加强农业生产第一线，以保证1960年能够获得一个较好的秋收，并争取1961年能够有一个比任何一年要好得多的夏收。

8月25日　《人民日报》发表社论：《全党动手、全民动手、大办农业、大办粮食》。社论说，当前，我国农业战线正出现一个崭新的形势，许多省和自治区，都有数以百万计的劳动力增强农业生产前线。以工业部门为主的各行各业支援农业的行动，达到了前所未有的规模；各级领导机关的工作人员和领导干部，纷纷深入农业生产第一线，全党全民大办农业、大办粮食的新高潮正在形成。社论指出，把农业放在首要地位，动员全党全民大办农业、大办粮食，不是什么权宜之计，而是我国社会主义建设过程中一个相当长的时期内的战略方针。我国在大跃进中，工业和农业都有了巨大的进展，在这种形势下，既有必要也有可能进一步发挥农业的基础作用，既有必要也有可能发动工业以更大的力量支援农业。目前党中央特别强调贯彻执行以农业为基础的方针，恰恰是正确地反映了经济发展的客观规律和要求。

8月27日　周恩来总理与日中贸易促进会专务理事铃木一雄谈"贸易三原则"问题。周恩来指出，中日贸易的三原则：一、政府协定；二、民间合同；三、个别照顾，是从同岸信介敌视中国政策进行斗争的发展中产生出来的。过去中日双方曾经搞民间协定，想通过民间协定来发展中日贸易。经过岸信介政府这一段时期，证明这种做法行不通。岸信介不承认，不保证民间协定的实施，并且采取敌视中国的政策来破坏它。我们不能容忍这种行动，只好将中日贸易来往停了两年半。根据中日两国人民的愿望，中日贸易如果能恢复起来，对两国人民都有好处。但是，池田政府的态度究竟如何，我们还要看一看。我们现在就提出三原则。第一项原则，就是一切协定今后必须由政府缔结，才有保证，因为过去的民间协定，日本政府不愿给以保证。至于政府协定，总要在两国政府向着友好方向发展，并且建立起正常关系的情况下才能签订，否则不能签订。关于两国政府的关系，还是坚持过去我们说过的政治三原则。这就是说：一、日本政府不能敌视中国，因为中国政府并不敌视日本，并且承认日本的存在。但是，日本政府对中国并不如此，他们不承认新中国的存在，相反地敌视新中国，承认台湾，他们也不以新中国政府为谈判的对手方。二、不能追随美国，搞“两个中国”的阴谋。三、不要阻碍中日两国关系向正常化方向发展。第二项原则是，在没有协定的条件下，两国之间也可以做买卖。在条件成熟时是可以做买卖的，也可以订立民间合同。如果合同履行得好，双方关系也好，两国政治环境又向好的方向发展，也可以把短期合同变成比较长期的合同。第三项原则是个别照顾。今后还可以继续照顾，并且根据需要，数量也可以扩大一些。周恩来最后指出，我们继续反对日美新《安全条约》，因为它以中苏为敌，威胁东南亚，对远东和亚洲的和平不利。

8月30日　周恩来接见美国作家埃德加·斯诺，并发表《关于通过和平协商解决中美之间争端的谈话》。周恩来在谈话中指出，中国人民和政府愿意通过和平协商的办法来解决中美两国的争端，反对美国的侵略政策，反对以武力或武力威胁来解决两国之间存在的问题。周恩来提出，中美谈判总是要先达成原则协议才能解决具体问题。原则协议应包括两点：第一，中美两国之间的一切争端，包括在台湾地区的争端，应通过和平协商来解决，而不诉诸武力或以武力相威胁；第二，美国必须同意将武装力量从台湾和台湾海峡撤走。周恩来表示相信，中美两国之间的问题总是要得到解决的，只是个时间问题。中美两国人民没有根本利害冲突，他们终究是要友好起来的。

本　月　《红旗》杂志发表李富春文章：《高举总路线的红旗继续前进》。在这篇为纪念中央政治局北戴河扩大会议举行两周年而发表的文章中，作者指出，北戴河会议通过了关于在农村建立人民公社和关于钢铁生产的两个决议后，全国在很短时间内就实现了人民公社化。在全国范围内几千万人上山，采取土洋并举的方法大办钢铁，在农业战线和工业战线上都形成了空前规模的轰轰烈烈的社会主义建设的群众运动，开创了国民经济大跃进的新局面。文章全面评述了两年来党中央提出的各个方针政策、经济建设所取得的成就，以及生产力和生产关系、经济基础和上层建筑之间的矛盾、变革与发展。指出，这些变化和胜利，充分证明了党的总路线的正确性，证明了党的总路线具有伟大的生命力。文章提出了今后工作中应注意的5个问题：一、要坚持工业和农业同时并举的方针，抓住农业这个中心环节，来促进整个国民经济的发展；二、要坚持大型企业和中小型企业同时并举、洋法生产和土法生产同时并举的方针，更多地发展“小洋群”和“小土群”企业；三、为更加多快好省地发展工业、运输业，应当贯彻执行党中央和毛泽东同志提出的多种经营、综合利用的方针；四、进一步发挥群众的积极性和创造性，把各个战线上的技术革新和技术革命的群众运动，更加广泛地、深入地开展起来；五、在制定计划的时候，必须做到既积极又可靠，而且要适当留有余地。文章最后着重提出，党的领导是我们一切事业胜利的根本保障。全党要发扬群众路线和实事求是的优良传统和作风，把马克思列宁主义、毛泽东著作的学习和理论水平大大提高一步。

本　月　中国和阿富汗王国签订互不侵犯条约。8月21日—27日，国务院副总理兼外交部长陈毅应邀对阿富汗王国进行访问。双方经过友好商谈，签订了《中华人民共和国和阿富汗王国友好和互不侵犯条约》。同时签约的还有《中华人民共和国和阿富汗王国政府交换货物和支付协定》。8月28日，《人民日报》发表社论《和平共处的又一榜样》，高度评价了中阿两国友好关系取得的新进展。

9月2日　中共中央发出《关于继续抓紧完成粮食调运计划的指示》。1960年从第二季度开始，粮食调运计划完成得不好，粮食供应日趋紧张。5月份各调出省区调出的粮食仅完成计划的一半，北京、天津、上海和辽宁省调入的粮食已不够销售，库存几乎挖空了。如果不马上突击赶运一批粮食去接济，就有脱销的危险。5月28日，中央曾发出《关于调运粮食的紧急指示》。但是由于各地粮食也很紧张，粮食调运工作一直进展不快，6月、7月、8月份粮食调运计划仍然没有完成，粮食供应情况仍然没有改善。9月2日，中央又发出《关于继续抓紧完成粮食调运计划的指示》，要求各调出省、区党委立即采取措施，改变这种运粮状况，确保调粮计划的完成。

9月4日　台湾“警备司令部”以涉嫌叛乱逮捕中国民主党筹组秘书长雷震。雷震是国民党元老之一。1949年去台湾后，对蒋介石独裁专制不满，从事亲美反蒋活动，经常在胡适创办的《自由中国》上发表文章，抨击蒋介石搞“家天下”。1954年被国民党开除。1957年起，在野人士提倡筹设反对党，以制衡国民党的一党专制。雷震所主持的《自由中国》即为积极倡导者之一。9月1日出刊的《自由中国》刊出社论《大江东流挡不住》，公布新党名为中国民主党。同日，“警备总部”将雷震等人拘捕。10月8日，“警备总部”军事审判庭以知“匪”不报及为“匪”宣传等罪名，判处雷震有期徒刑10年。

9月5日　周恩来总理接受英国记者的电视访问并发表谈话。周恩来在回答英国记者费力克斯·格林时指出，中国人民不愿意同美国打仗。中国人民从来是愿意同美国人民友好的。我们希望在和平的环境中建设我们的国家。但是，美国政府对中国一直推行着侵略政策，中国人民不能不时刻保持警惕，加强自己的力量。我们自己的力量越强大，美国进行军事冒险就越加困难。周恩来指出，只要美国继续侵占台湾，中美关系就不能有根本的改善，解决台湾问题的唯一途径，就是美国政府必须同意从台湾和台湾海峡撤出它的一切武装力量。周恩来在谈话中反驳了格林提出的关于中苏之间对“和平政策”的态度存在分歧和苏联对中国迅速增长的工业和军事力量感到“畏惧”的说法，重申了中苏之间一贯主张不同社会制度的国家和平共处的观点和态度，以及社会主义国家之间的关系是新型的兄弟般的国家关系的原则。关于中印边界问题，周恩来指出，中国政府一贯主张根据和平共处五项原则，采取互谅互让，友好协商的态度寻求对双方公平合理的解决办法。但是，遗憾的是，印度政府不仅要保持原来属于中国的一大片领土，并且向中国提出新的领土要求。印度军队还曾经在边境上挑起武装冲突，这一切造成了中印之间一时的紧张局势。目前中印官员正在会晤，我希望能取得积极成果。在回答记者关于中国人口问题的提问时，周恩来说，中国人口每年增长2%左右，从绝对数字看，一年要增加1 000万以上，确实是可观的。但是，同我们地大物博的自然条件相比较，这并不算多。同我们长期的、大规模的建设工作和开发工作所需要的劳动力相比，就更不算多。更重要的是，我国粮食增长率比人口增长率高，工业日用品增长率更高，因此不会发生由于人口增长而感到粮食不足的问题。至于一个国家是否向外扩张，并不决定于它的人口多少，而决定于它的社会制度。周恩来还回答了关于中英、中加、中日关系的问题。

9月7日　中共中央发出《关于压低农村和城市的口粮标准的指示》。1960年，全国发生了较1959年更为严重的春旱、洪涝等灾害，受灾面积达到9亿亩。粮食减产，粮食征购减少，粮食销售增加。夏粮征购入库比去年同期减少51亿斤，销售比1959年增加13亿斤，粮食库存比1959年同期减少100亿斤。夏收后，山东、河南，山西、安徽、江苏等省，肿病、非正常死亡和人口外流的现象还在继续发生。为此，中央要求各地立即采取压低城乡口粮标准的方针，规定：一、降低农村的口粮标准。淮河以南地区，维持平均每人全年原粮360斤的标准，丰收的地方可以提高到原粮380斤。淮河以北的地区，应当压低到平均每人全年原粮300斤左右，各省的重灾区应当压低到平均每人300斤以下。二、降低城市供应标准。除高温、高空、井下和担负重体力劳动的职工以外，其余的全部城市人口，每人每月必须压低口粮标准两斤左右。

9月8日　《人民日报》发表社论：《中美会谈一百次》。中美两国大使级会谈自1955年8月1日开始，至9月6日止，历时5年，共举行100次会议，社论回顾了中美会谈的缘起和5年来一波三折的过程，指出，会谈迄今未能取得积极的成果，关键在于美国坚持敌视中国的侵略政策。这在中美会谈中的主要议题——关于和缓和消除台湾地区紧张局势的问题上表现得清清楚楚，台湾是中国领土，中国人民用武力还是和平方式解放台湾是中国的内政，美国根本无权过问。

中美会谈需要解决的，是由于美国以武力侵占了中国领土台湾而造成的两国之间的国际争端，这个争端只能由美国同意放弃使用武力，同意从台湾和台湾海峡地区撤出一切武装力量来解决。社论说，在中美会谈期间，我国在平民回国、贸易、人民来往、文化交流和互换记者等问题上，都提出了积极的建议。虽然双方在1955年达成了平民回国问题的协议，且自中国遣返了美国平民，但是美国竟连中美会谈的这个唯一的协议，也任意曲解和破坏。它不仅公然干涉中国内政，硬要我国释放在中国犯有严重罪行的美国犯人，而且至今多方阻挠，不让在美国的平民回到自己的祖国。试问美国有何信义可言？社论表示，我们愿意同一切国家，包括美国在内，进行谈判，解决国际争端，但是这只能是在平等的基础上的谈判，我们从切身经验深深知道，要迫使美帝国主义接受谈判，达成某种协议，并且使这些协议得到执行而不被破坏，必须经过严重和坚持不懈的斗争。关于中美会谈，只要美国政府还愿意谈下去，中国方面是愿意继续同它谈的。但是，我们要严正地警告美国政府：如果你们还有丝毫谈判诚意，那就必须认真地进行谈判。

9月10日　中共中央就苏共中央6月21日给中国党的《通知书》问题致函苏共中央。信函提出解决中苏两党分歧的五项建议：一、中苏两党和所有兄弟党之间的团结必须以马列主义的根本原理和莫斯科宣言为基础，并以此作为判断是非的准则；二、社会主义国家之间的关系、兄弟党之间的关系应遵守莫斯科宣言规定的平等、同志式原则；三、中苏两党两国对于国际形势，国际共运等一切重大问题应充分协商讨论，采取一致步骤；四、对于共产党人来说，应分清敌我是非，应珍惜友谊，共同对敌；五、经过充分准备协商，开好11月各国共产党和工人党代表会议，并通过会议制定一个共同遵循的，团结对敌的斗争纲领。

9月13日　外交部新闻司发言人就中美两国互换记者问题发表声明。声明谴责了美国国务院在中美两国互换记者问题上玩弄歪曲事实、颠倒黑白的阴谋手段，以事实说明，中国政府为促成两国交换记者，曾经作了不懈的努力，但均遭来自美方的无理反对和阻挠。

社论指出，过去，中国政府曾经设想，可以先就一些比较次要的问题进行商谈，达到公平合理的协议，以便为解决中美两国之间的根本性问题创造有利条件。为此，中国方面在过去100次的会谈中，曾经先后提出过消除两国贸易障碍，消除两国文化交流和人员往来的障碍以及在平等互惠基础上互换记者等等一系列的合理建议。但这些建议都遭到美方的无理拒绝。事实证明，只要美国政府仍然坚持敌视中国和侵略中国的政策，仍然坚持以武力霸占中国的领土台湾，并且继续阴谋制造“两个中国”，中国方面为了首先解决个别问题而做的一切努力，都是枉然。中国方面不能不得出这样的结论：今后在会谈中没有必要再在次要的问题上浪费时间，而应该首先致力于解决中美两国之间的根本性问题，那就是美国政府同意通过和平谈判解决中美之间的争端而不诉诸武力或武力威胁的问题和美国政府同意把它的武装部队从中国领土台湾和台湾海峡地区全部撤出的问题。

同　日　刘少奇任命机械工业部部长。新华社报道：国家主席刘少奇根据全国人大常委会第二十九次会议的决定，任命段君毅为第一机械工业部部长，刘杰为第二机械工业部部长，张连奎为第三机械工业部部长。

同　日　国务院举行第一百零三次全体会议。会议通过了《中华人民共和国和阿富汗王国友好和互不侵犯条约》，提请人大常委会审议批准。会议核准了《中华人民共和国政府和古巴共和国政府关于文化合作的决定》。会议提议设立中华人民共和国第三机械工业部，提请人大常委会批准。

同　日　中国和几内亚共和国在北京签订友好条约。条约规定，缔约双方以互相尊重主权和领土完整，互不侵犯、互不干涉内政、平等互利和和平共处的五项原则作为两国关系的指导原则。双方将采取和平协商的方法解决双方之间的一切争端。条约有效期为10年。中国国务院总理周恩来，几内亚共和国总统塞古·杜尔分别代表本国政府在条约上签字。同时签订的还有《中国和几内亚共和国经济技术合作协定》和《中国和几内亚共和国政府贸易和支付协定》两个文件。国家主席刘少奇和塞古·杜尔总统还签署了联合公报。塞古·

杜尔访华期间，毛泽东主席等中国领导人同他进行了亲切的会见。

9月14日　中共中央批转习仲勋《关于中央各部门机构编制情况和精简意见的报告》。《报告》说，中央各部门的精简工作，从7月初起，至今已经进行了近两个月。根据群众鸣放揭发的材料看，中央各部门机构臃肿、人浮于事、组织不纯、浪费人力的现象十分惊人。中央各部门（包括党派、团体）的人员，共有40.1万余人，其中：行政部门有6.1万余人，占15%；事业单位有33.9万人，占85%。中央各部门的人员在1957年精简以后为25.3万余人，两年来增加了14.7万余人，增长58%。由于机构设得过多、过大，造成机构臃肿、人员庞杂、政出多门、互相掣肘，大大地增加了“五多”现象，滋长了官僚主义作风。对此，《报告》提出了精简意见，主要是：一、大刀阔斧地精简。多余的和可有可无的机构，坚决撤销。任务重复或者性质相近的机构，坚决合并。机构层次和人员过多的，坚决减少。二、精简在行政部门和事业单位同时进行，以事业单位为重点。精简人员的指标，拟定为：行政部门减少15%~20%，事业单位减少30%~50%。三、把任务重复和不合理的机构进行适当的调整和精简。四、精简中要坚决贯彻加强领导，纯洁组织，精干队伍的精神。五、要坚决把大部分人员下放到基层，加强工农业生产第一线。六、逐步建立定员定额制度，加强对机构编制工作的管理。中央对《报告》作了批示，指出，在所有的部门，大力实行紧缩机构和精简人员，不仅是反官僚主义运动的一项重要措施，而且也是从各个方面，挤出一切可能挤出的人力来加强农业战线和工业及其他重要战线，迅速开展以保粮、保钢为中心的增产节约运动的重要步骤。希望中央各个部门在全国起带头作用，贯彻执行精简的方针。

9月14日—10月20日　中共中央军委扩大会议在北京举行。会前，林彪对总政治部不同意使用他提出的仅仅“以毛泽东思想为指针”和“学毛著、背警句”以及“三八作风”等说法深为不满，认为是总政治部的工作出了“偏差”。会议开始后，根据林彪的提议，中心议题改为加强思想政治工作，仅附带讨论了部队组编及装备规划等问题。会议通过了《关于加强军队政治思想工作的决议》，接受了林彪提出的关于处理政治工作领域中四个关系的观点：第一，正确处理武器和人的关系，人的因素、政治思想的因素，是战斗力诸因素中的首要因素。第二，正确处理各种工作和政治工作的关系，政治是统帅、是灵魂，政治工作做好了，各种工作就都可以做好。因此，一切工作都必须强调政治挂帅。第三，正确处理政治工作中事务性工作和思想工作的关系，应当把思想工作当做政治工作的突破口。第四，正确处理思想工作中书本思想和活思想的关系，书本要读，但重要的是掌握活的思想。并规定，人的因素第一，政治工作第一，思想工作第一，活的思想第一，是我军政治思想工作和军队建设的方向。在林彪主持下，会议对总政治部主任谭政进行了批判，指责他主持的军队政治工作在工作方向上发生了偏差。会议通过了《关于谭政同志错误的决议》。会后不久，撤销了谭政总政治部主任的职务。1979年3月，中共中央、中央军委批准总政治部的报告，宣布为谭政彻底平反。

9月15日　《人民日报》发表评论员文章：《可耻的诬蔑！》。文章严正驳斥了美国国务院发言人要求中国政府释放在中国服刑的5名美国罪犯的声明，指出，这是严重干涉中国内政的行为。美国间谍干了违反中国法律的罪行，中国政府当然要依法惩处。美国犯人当然也可以回国，但只能在服刑期满或被提前释放、恢复了一般平民身份之后。中美双方1955年达成的关于双方平民回国的协议，当然不能适用于在中国的美犯。文章指出，违反平民回国协议的恰恰是美国自己。至今，在美国有数以万计的中国人仍然受阻不能回国与家人团聚。直到现在，美国方面还没有交出在美国的中国人名单。从这一点看，正是美国在竭力破坏双方平民回国的协议。

9月16日　中央国家机关和各民主党派机关又摘掉一批右派分子帽子。其中有黄绍竑、刘王立明、钱伟长、王葆真、谭惕吾、叶笃义、徐诵明、金善宝等著名人士。此批摘帽人员共260多名。

9月17日　中共中央批示同意中央组织部、统战部《关于右派分子工作的几点意见的报告》，准备于国庆节前后再摘掉一批右派分子的帽子。中组部、统战部的《报告》说："1959年9月中央发出《关于摘掉确实悔改的右派分子的帽子的指示》后，各地都认真贯彻执行了这一指示。在全国44万名右派分子中，摘掉了约4万多名右派分子的帽子，占总数的9%左右，这对于右派分子的改造和分化起了很大的推动作用。半年来，各级党组织对改造右派工作的进一步加强，资产阶级右派有了更大的分化，绝大多数人都有不同程度的转变和悔改。根据各地摸底排队的情况，目前右派分子改造得好的35%左右，表现一般的55%左右，表现不好的10%左右，其中死顽固的分子约有3%~5%。”为了进一步改造和分化右派，《报告》提出以下几点意见：一、继续贯彻中央关于分期分批摘掉确实悔改的右派分子的帽子的指示。根据目前右派分子的表现，1960年可以再摘掉一批右派分子的帽子，各地可以根据具体情况，控制在15%~20%（时间以国庆节前后集中地摘一批为宜）。二、在今后摘帽子的同时，对于一部分虽然不够摘帽子的条件，但是参加体力劳动时间较长（已有两年或两年以上的），并且悔改表现较好的，可以调他们回来，分配适当工作。对右派分子中的妇女和年老体弱、有病的，由于他们不适宜搞重劳动或长期体力劳动，也应该给他们分配适当的工作，或作轻微的劳动。三、要注意对右派分子的家属进行思想教育工作，并给他们以劳动生产的机会。对于生活确有困难的，可给以适当照顾。这样，可以使他们成为推动右派分子改造的助力。对于右派分子的子女入学、就业等，除机密的专业、单位外，不宜限制和排斥。四、在右派分子中有一部分被开除公职或清洗回家的（约占5%~10%），目前还分散在城市街道或农村中，对他们的教育改造缺乏统一的系统的管理，希望各地区的主管部门协同所在地区的基层党的组织，对这些人的情况，进行一次检查，没有人管的，要指定专人管起来。各地党委应该责成一定的组织经常管理这项工作，加强对他们的教育改造和监督。五、改造右派分子的工作，有很大成绩。今后还必须加强对他们的教育改造工作。同时要注意克服和防止两方面的偏向。一方面是对右派分子丧失警惕，麻痹大意，界限不清，放松监督和管理，另一方面是以简单生硬的方法对待，忽视细致的政治思想工作，把他们与地、富、反、坏分子等同对待。这两种偏向都不利于改造分化右派。六、1957年在少数民族地区，经过以反对地方民族主义为中心的整风反右运动，有一些人戴了右派分子的帽子，另有一些人戴了地方民族主义分子（实质上是资产阶级右派）帽子，这些地方民族主义分子，经过两年多的教育改造，也有少数人确有悔改，在摘右派分子的帽子的时候，可以根据中央关于摘掉确实悔改的右派分子的帽子的指示，参照具体情况，摘掉他们的帽子，以利进一步分化和改造他们。

9月18日　外交部新闻司发言人就所谓中国飞机侵犯印度领空事件发表声明。声明说，1960年8月22日中国驻印度大使馆收到印度外交部照会一份，抗议所谓来自中国西藏地方的飞机侵犯印度领空。9月16日中国外交部复照印度驻华大使馆，说明经调查根本没有发生过中国飞机飞入印度领空的事实，中国政府拒绝印度政府的抗议。声明说，1960年4月周恩来总理在访问印度时曾告诉过尼赫鲁总理，印度政府称中印边界发现有飞机飞行，系由曼谷起飞，经中国或缅甸上空飞越中印边境的美国飞机。周恩来总理保证，中国政府决不允许自己的飞机飞越边界，如印度或缅甸发现在自己领空有国籍不明的飞机，完全有权处理，或迫降，或将其击落。在印度外交部8月22日来照中列举的所谓52次中国飞机侵犯印度领空事件中，除5月31日、6月6日和6月15日3次日期外，均在周恩来总理4月访印之前。在周恩来总理已向印度总理作了清楚说明之后，印度政府仍向中国政府提出毫无事实根据的指责和抗议，这不能不认为是对中华人民共和国很不友好的行为。

9月22日　中国女运动员打破世界纪录。中国女运动员高联珍、王素珍、赵成英在女子日间600米集体综合跳伞中，以平均距靶心4.85米的成绩，打破该项女子世界跳伞纪录。

9月23日　中共中央发出《关于压缩食油销量和加强油脂收购的指示》。《指示》说，由于1960年遭受严重自然灾害和花生播种面积减少，预计食油总产量大约只有38亿斤左右，比1959年减产20%以上，使收购量减少较多。同时，两年来国家为了保证食油供应，已经挖用4亿多斤周转库存。截止到9月10日，食油周转库存只有6.7亿斤，是统购统销以来最低的一年。《指示》提出，为了调整国家供应和市场需求之间的矛盾，要坚决压缩城乡食油销量，保证国家食油收支平衡，适当增加国家周转库存。并规定：本年度食油销量要严格控制在19.5亿斤的指标内。其中城市压缩2.8亿斤，农村压缩1亿斤。城市压缩食油销量的办法是：一、降低食用油定量标准。中央直辖市和各省（区）人民委员会所在城市，从现在起由每人每月平均10两压缩到7两；省辖市和专辖市，由每人每月平均7两压缩到5两；县城和集镇由每人每月平均4两压缩到3两。对于高温、高空、井下作业和其他重体力劳动工人以及高级脑力劳动者的食用油定量和额外补助，不予减少。二、适当压缩工业用油中的食用植物油用量，要比上年度实际销量压缩20%左右。三、压缩食品业用油，要比上一年度实际用油压缩15%左右，《指示》还对加强油脂的收购工作提出了要求。

9月26日　全国政协常务委员会作出《关于推动和组织各民主党派成员、无党派民主人士、工商界、知识界学习毛主席著作的决议》。决议说，毛泽东思想是马克思列宁主义的普遍真理同中国革命和建设实践相结合的典范，是在帝国主义走向崩溃、无产阶级革命走向胜利的时代，创造性地全面地发展了马克思列宁主义。最近，《毛泽东选集》第4卷即将出版，常务委员会号召本会各级组织和各民主党派，把学习毛主席著作当做自己的重大任务，为此，一、本会和各级委员会、协同各民主党派、工商联和有关部门，依据不同情况，分别采取不同的步骤、方法、措施（主要解决学习骨干、教材、教员和必要的经费、设备等方面的问题）和组织形式，积极地组织这项学习。二、认真办好政治学校（社会主义学院），争取在今后3年内，使民主党派成员、无党派民主人士、工商界和知识界的骨干分子，大体上轮流离职学习一次。

9月27日　中共中央批转财政部《关于1月份至8月份国家预算执行情况和财政工作中贯彻执行中央增产节约指示的报告》。《报告》反映，1960年1月—8月份国家预算共收到450多亿元，完成今年调整后的预算收入781亿元的57.6%（3月间人代大会通过的预算收入是

700亿元）。同期的国家预算支出共437.9亿元。收支相抵，收入大于支出12.23亿元。但是1月—8月收支情况也出现一些值得注意的问题。主要是：财政收入增长的幅度同工业生产增长的幅度不完全适应，1月—8月，工业生产增长79.6%，财政收入只增长38.3%；整个国家预算有结余，但地方预算却出现支大于收的情况；财政收入1月—6月基本上是逐月上升，7月、8月两个月却连续下降，而且下降的幅度相当大。《报告》指出，发生上述问题的原因是：一、税高利大的轻工业产品，如烟、糖、酒、纸张、食用植物油等，因原料供应不足，增产较慢，甚至有的还比上年同期减少。二、7月、8月两个月工业生产有所下降，再加上运输紧张，部分产品生产出来，未能及时调运和销售。三、对发展很快的人民公社工业应缴纳的税减免过宽。甚至有的地方将国家下放企业的利润，作为公社收入不上缴国家。四、地方预算安排的基本建设投资数字过大，影响地方预算收支平衡。五、有的单位化预算内收入为预算外收入。为在财政工作中贯彻执行中央关于增产节约的指示，《报告》提出了今后几个月增加收入，节约支出的具体措施：一、抓紧组织收入，该收的要坚决收上来。二、严格控制支出，为缩短基本建设战线，保证重点建设把口。三、加强行政、事业和企业单位公用经费的管理。四、加强国营企业的财务管理，进一步降低生产成本。五、加强城乡人民公社的财务管理。健全各项制度，杜绝浪费。中央在批示中要求各地党委，立即把财政工作紧紧地抓起来，严格控制支出，促进增产节约运动的顺利开展。

9月28日　中国和古巴共和国正式建交。两国关于建立外交关系的联合公报说，两国政府已经决定在尽可能短的时间内互换大使级的外交代表，以进一步发展两国兄弟人民间已有的友好合作关系。《人民日报》29日发表社论《海内存知己，天涯若比邻》，祝贺中古建交。

9月29日—10月22日　阿尔巴尼亚部长会议副主席凯莱齐率代表团来访。10月1日，凯莱齐等阿尔巴尼亚贵宾参加了国庆典礼。10月20日，毛泽东主席、刘少奇主席接见了凯莱齐，并同他进行了谈话。

10月4日，首都各界隆重集会欢迎阿尔巴尼亚代表团。

9月30日　中共中央批转国家计委党组《关于1961年国民经济计划控制数字的报告》。《报告》中首次提出对国民经济实行“调整、巩固、充实、提高”的方针。在此之前，李富春于8月中下旬对1961年国民经济计划控制数字进行研究时，根据上海会议和北戴河会议精神，特别是根据周恩来的意见，提出应以“调整、巩固、提高”的方针安排经济工作的意见。8月底，周恩来提出，应在“调整、巩固”后面加“充实”两字，从而最初形成了完整的“八字方针”的意见。《报告》提出，1961年，要把农业放在首要地位，使各项生产、建设事业在发展中得到调整、巩固、充实和提高。1961年国民经济计划要求和控制数字主要是：一、更好地贯彻执行以农业为基础的方针，全党全民大办农业、大办粮食。各行各业要尽可能支援农业，争取农业丰收，农业增长速度安排为10%左右。二、工业的发展，着重注意增加品种，提高质量，填平补齐，设备维修和产品配套。加强新产品的研究、设计和试制，加快国防新技术的发展。工业总产值拟比上年增长23%左右。三、基本建设以中小为主，继续缩短战线，集中力量打歼灭战。国家预算内投资安排275亿元，比上年预计减少20.3%。四、在全面安排劳动力和人民生活的条件下，安排国家生产和建设，保证群众过好日子，保证灾区休养生息。增产生活消费品和控制社会购买力相结合，保证市场稳定。五、有重点有计划地发展科学技术力量。各项文教事业必须有控制的发展，着重巩固、提高，密切结合生产。

同　日　中国政府决定承认尼日利亚联邦。

本　月　《毛泽东选集》第4卷出版发行。《选集》包括毛泽东从1945年8月—1949年9月，即从抗日战争结束到中华人民共和国成立时期的70篇著作，其中35篇为第一次公开发表。这些著作代表了毛泽东思想在第三次国内革命战争时期的发展，是中国革命经验的结晶，是毛泽东应用马克思列宁主义的科学理论解决中国革命问题获得的伟大成果。《选集》第4卷中的文章依照前3卷的样式，按照著作的年月顺序排列，并由选集出版委员会作了必要的题解和注释。

本　月　中共中央政治局决定成立6个中央局。随后决定以陶铸为中南局第一书记；宋任穷为东北局第一书记；李井泉为西南局第一书记；刘澜涛为西北局第一书记；李雪峰为华北局第一书记；柯庆施为华东局第一书记。

10月1日　首都和全国各地举行盛大集会和游行庆祝建国11周年。毛泽东主席、刘少奇主席等党和国家领导人和吴努总理、奈温将军等贵宾在天安门检阅了首都50万人的庆祝游行。中央政治局委员、国务院副总理陈毅在会上发表讲话。讲话高度赞扬了1960年以来全国各条战线大跃进所取得的成就，论述了当前对世界各国人民反对帝国主义侵略、保卫和平事业十分有利的国际形势，提出，中国人民的任务，就是要在中国共产党和毛泽东主席的领导下，坚持社会主义建设的总路线，坚持大跃进，坚持人民公社，争取在不到10年时间内在主要工业产品的产量方面赶上和超过英国，争取提前实现全国农业发展纲要，争取提前实现12年科学发展规划，以便在以后再经过若干年，把我国建设成为一个具有现代工业、现代农业、现代科学文化的伟大的社会主义强国。当晚，毛泽东、刘少奇等领导人在天安门城楼接见了各国来宾，并与贵宾们共赏焰火及广场上几十万群众的大联欢。

同　日　《中国和缅甸联邦边界条约》在北京签订。条约共12条，规定，根据尊重主权和领土完整的原则和友好互让的精神，缅甸联邦同意把属于中国的片马、古浪、岗房地区（面积为153平方公里，59平方公里）归还中国，中华人民共和国同意按照1941年6月18日中英两国政府换文来划定从南帕河和南定河汇合处到南卡江和南水河汇合处的一段边界。双方决定废除缅甸对属于中国的猛卯三角地所保持的“永租”关系。考虑到缅甸方面的实际需要，中国方面同意把这个地区（面积为220平方公里）移交给缅甸，成为缅甸联邦领土的一部分。条约详细规定了中缅边界从东端尖高山到西端终点的走向。同日签订的还有中缅两国总理关于两国边界条约的换文。中国政府总理周恩来、缅甸联盟总理吴努分别代表本国政府在条约和换文上签字。10月2日，《人民日报》发表社论《热烈庆祝中缅边界条约的签订》。

10月6日　中缅边界联合委员会发布第四次会议公报。公报说，中缅边界联合委员会第四次会议从9月20日—10月5日在北京举行。会议完成了草拟中缅边界条约草案及制作条约附图的工作，检查了联合勘探队的工作；会议还就两国边界条约签订后第二阶段的勘察和树立永久性界桩的工作制定了计划，并确定10月的第四周在昆明举行联合勘探队队长会议，具体布置工作。

同　日　新疆维吾尔自治区第一所综合性大学——新疆大学正式成立。

10月7日　新华社报道：国防部长林彪在解放军高级干部会议上就军队政治工作问题所作的讲话。林彪提出，在军队政治工作领域中，有4个问题相互关联：一、武器和人的关系；二、各种工作和政治工作的关系；三、政治工作中的各种工作和思想工作的关系；四、书本思想和活的思想的关系。关于第一种关系，林彪说，打仗时武器也要，人也要，但武器是要人去使用的，人不勇敢，武器就不能充分发挥作用，所以战争的胜利还是靠人。当原子弹、炮弹打过以后，到接近敌人几十米时，还是要靠人的勇敢，靠人的高度觉悟和牺牲精神。武器和人这两方面我们都要搞，但更要重视人的作用。精神的原子弹，即人的思想觉悟、人的勇敢，这比物质的原子弹强得多，有用得多，而且这只有我们办得到，我们的敌人是办不到的，因而这是我们专有的，是帝国主义无法同我们比赛的。关于第二种关系，林彪说，军队工作有司令部工作、后勤工作、军事训练、文化教育等等，但政治工作做好了，人的积极性创造性发挥起来了，各种工作就都能做好。从这一环着手，一通百通。政治工作做好了，思想可以管人，政治可以管人，人也可以管人，部队就可以搞得好。关于第三种关系，林彪提出，政治工作也有各种各样的工作，有些是事务性、行政性的工作，有些是思想性的工作。各种工作都要做，不能只做哪一个，但是重点要摆在思想工作上。关于书本思想与活的思想，林彪说，书本也要，但重要的是活的思想，书本也要与实际相结合。部队有什么问题，中央有什么政策，国际形势如何，这是书本上没有的。要以实际为中心，用无产阶级观点、马克思列宁主义的原理来回答这些问题。思想工作要反映实际，要按实际情况去进行工作，这是唯物主义。林彪号召，军队现在就是要从政治工作领域内突破思想工作这个口子，使政治工作提高一步，把工作做得好上加好。林彪的上述提法即成后来广为传播的所谓“四个第一”的口号。

同　日　中共中央转发《晋、冀、鲁、豫、北京五省市农业书记会议纪要》，并作指示。9月20日—22日，由国务院副总理谭震林主持，在北京召开晋、冀、鲁、豫、北京五省市农业书记会议。会议检查贯彻执行中央关于大办农业、大办粮食的指示的情况，对农村人民生活问题作了安排。会议指出，五省市1960年农业生产遭到特大的自然灾害，由于严重灾害的影响，1960年的粮食情况是相当紧张的。五省市1960年每人平均占有粮食，最低的不到400斤，最高的也只有440多斤。会议预计，1960年粮食总产量可能仅与1957年的3 900亿斤相仿。为了在1961年争取全年的大丰收，会议提出，在今冬明春给广大群众以休养生息的机会。总的要求为，力争1961年春季比1960年春季过得好。具体措施是：按照中央9月7日的指示，压低口粮标准，把12个月的口粮作13个月安排，切实做到忙时多吃，闲时少吃，规定每月吃粮计划，不得超过；大种蔬菜，大搞代食品，切实办好食堂，保证社员吃到规定的口粮；在今冬明春，必须划出100天的时间，在农村严格实行半日劳动、半日休息的制度；在今冬明春要普遍开展群众性的保健运动，突击治疗疾病。会议还研究了秋收秋种以及其他有关生产问题。中共中央转发会议纪要时指出：自从大跃进以来，我国农村工作获得了很大成绩。但同时，也出现了不少问题。1960年冬季，除了应当注意休整民力，进行冬季生产等之外，还必须继续完成三反整风整社运动，彻底肃清“共产风”、浮夸风、命令风和某些干部的特殊化作风。把国家、集体与个人之间的关系，把大集体与小集体之间的关系，把领导和群众之间的关系彻底搞好，把农村必不可少的制度建立起来。

10月8日　中国女运动员打破世界纪录。中国女运动员李文秀、唐荷秀、杜菊芳在女子日间1 000米集体综合跳伞比赛中，以平均距靶心2.836米的成绩打破了该项目世界纪录。

10月11日和24日　周恩来总理发表关于中日关系问题的讲话。周恩来总理在欢迎前往出席万隆会议的日本首席代表高崎达之助的宴会上说，中日两国人民是愿意彼此友好的。中国人民所担心的是日本少数统治者依靠外来力量，企图复活日本军国主义，危害远东和平。周恩来强调指出，中国方面愿意根据和平共处五项原则和万隆会议十原则，来恢复中日两国的正常关系，促进中日两国人民的友好合作。但改善中日两国关系，应根据三个起码的条件进行：一、不应互相敌视，中国并不敌视日本，日本不应敌视中国；二、中国承认日本，日本不应追随美国，参与搞“两个中国”的阴谋；三、不应阻挠而应促进中日两国关系向正常化的方向发展。周恩来指出，中日关系正常化问题的解决还有阻碍，这个阻碍不但是来自两国以外的外来力量，而且在日本方面也有一小撮人到今天还在阻碍中日关系正常化。这一小撮人是现在日本的执政的人们。这是我愿意向在座的愿意促进中日友好的朋友率直说出的。

10月12日　中共中央转发湖北省委和福建省委两个文件，并作重要批示。湖北省委批转的报告，反映了该省沔阳县通海口公社的情况。报告说，该公社的“共产风”，年年季季在刮，年年季季在处理，可是边处理边刮，刮“共产风”的单位，上自省级，下至小队、生产队以下的“共产风”，更是一阵接一阵，干一件事情，搞一个运动，就刮一次，最严重的是1959年，刮了15次，刮“共产风”的范围，大至土地、粮食、房屋，小至镰刀、筷子。再加上公社干部主观主义地指挥生产、购过头粮和没收自留地，严重地挫伤了群众的积极性，给生产造成惊人的损失。全公社、各个管理区和绝大多数的生产队，生产年年下降，收入年年减少。和1957年或1958年相比，总收入、粮食总产、社员收入，一般都减少20%、30%，严重的达到50%以上。这个公社经过贯彻政策试点后，调动了群众生产积极性，出现了积极生产的高潮。福建省委批转的报告反映，该省闽侯县城门公社，两年来社办企业、事业的摊子铺得过多过大，管理机构臃肿，人浮于事，劳动力浪费严重，使农业生产第一线的劳动力减少了2 000多人。中央在对两个文件的批示中指出，纠正一平二调的“共产风”，纠正强迫命令、浮夸和某些干部特殊化的作风，坚持以生产队为基础的公社三级所有制，是彻底调整当前农村中社会主义生产关系的关键问题，是在公社中贯彻实现社会主义按劳分配原则的关键问题。中央还指出，不论什么机关和企业事业单位，都必须力求精简机构，节约人力，合理安排劳动力，反对铺张浪费。保证农业战线上拥有足够的劳动力，是保证农业生产力发展的头等要素。

同　日　中共中央作出《关于整顿对负责干部的特需供应，禁止商品供应“走后门”的指示》。鉴于在实行对高级干部和高级知识分子实行特供的过程中出现范围偏宽、标准偏高，甚至营私舞弊、大走“后门”的情况，中央要求从中央到地方对特供进行一次严格检查，合理者保留，不合理者立即取消。并规定，除党外人士仍按原定额供应、不予降低外，从中央到地方党员干部一律按定额减半供应。商品供应走“后门”现象必须立即禁止。

同　日　《人民日报》发表社论：《越来越孤立的不是中国，而是美国》。社论指出，恢复中国在联合国的合法席位问题，是10月1日—10月8日联合国第15届大会一般辩论的焦点之一。美国只是在对一些国家施加压力之后，才使它的提案以机械的多数（42票对34票、22票弃权）获得通过。投票的结果表明，支持美国提案的票数又比1959年减少两票，而反对美国提案的票数却增加了5票。尤其值得注意的是，所有新加入联合国的非洲会员国都拒绝支持美国。社论说，分析一下10年来联合国大会关于恢复中国在联合国合法席位的表决结果，就可以清楚地看到美国的支持者已经越来越少了。10年前（1951年）参加表决的52票中，赞成美国的有37票，占71%；反对的11票，占21%；弃权的4票，占8%。而1960年赞成美国的只有98票中的42票，下降到43%；反对的34票，占35%；弃权的22票，占22%。

同　日　中国航模选手创造世界纪录。中国航模选手李育廉以746.75米的成绩创造了橡筋动力直升模型飞机飞行直线距离世界纪录。17日，该纪录又为中国选手余灼志超过，成绩是1 212.4米。

10月13日　中国和朝鲜《关于中华人民共和国贷款给朝鲜民主主义人民共和国的协定》和《关于中华人民共和国向朝鲜民主主义人民共和国供应成套设备和提供技术援助的协定》在北京签字。协定规定，中国政府将在1961年至1964年期间给予朝鲜民主主义人民共和国4.2亿卢布的长期贷款，并帮助朝鲜民主主义人民共和国建设橡胶轮胎厂、无线电通讯器材等工厂和一批生产日用必需品的轻工业企业。此外，还将向朝鲜供应棉纺织设备、无线电设备等。

10月14日　中国航空模型选手高勤飞以2.5毫升发动机模型直升机创造了留空时间2小时零5分的世界纪录。

10月15日　中共中央同意并批转建筑工程部党组《关于解决城市住宅问题的报告》。《报告》说，由于大跃进以来城市人口急剧增加，城市住宅建设远远落后于实际需要，许多大中城市的平均居住面积逐年下降。针对这种情况，《报告》提出，要调动国家的、地方的、工矿企业和广大群众的力量，分期分批地建设住宅，力争三五年内基本缓和居住紧张的局面。今后凡是新建大中型企业，都应建设相应的住宅；原有企业的超额分成，除用于技术措施外，主要应该用于修建职工宿舍。各省、市、自治区应从地方自筹资金中抽出一部分，用于城市住宅建设。国家应该每年拨出一定投资和材料，帮助重点城市修建一部分机动房屋，以便调剂周转。

10月20日　中共中央发出《关于增加全国重点高等学校的决定》。《决定》确定，在原有20所重点高等学校的基础上，再增加若干所高校为重点院校。新增院校有吉林大学、南开大学、南京大学、武汉大学、中山大学、四川大学、山东大学等44所。同日，中央还转发教育部《关于全国重点高等学校暂行管理办法》，规定重点高校由教育部、中央各主管部门或地方实行双重（教育部主管的学校）或三重领导（中央各业务部门领导的学校）。

10月23日　《中国青年报》报道：据上海、山西、黑龙江等18个省市的统计，全国有600万青年响应党的号召，走上农业第一线。

10月24日　中国、缅甸发表两国贸易会谈公报。公报说，在1961年内中国向缅甸购买并装运1961年度生产的缅甸大米30万—40万吨，在同一时期内，缅甸从中国进口缅甸所需和中国可能供应的商品，以便平衡两国之间的贸易。

10月25日　北京隆重集会纪念中国人民志愿军抗美援朝出国作战10周年。党和国家领导人周恩来等出席了大会。中国人民保卫世界和平委员会主席郭沫若在会上发表讲话。讲话指出，我们从自己切身的经验中，看透了美帝国主义的侵略本质，对于它的任何罪恶阴谋决不会丝毫放松警惕，坚决为反对美帝国主义侵略政策和战争政策而斗争到底。朝鲜民主主义人民共和国驻华大使李永镐也在会上讲话。同日，全国各地亦隆重集会纪念。《人民日报》当日发表社论《警惕地捍卫着亚洲和世界和平》。

10月25日—26日　西藏自治区筹备委员会举行第三十五次（扩大）会议。会议讨论并通过了西藏自治区筹委会关于颁发土地所有证的指示和关于西藏地区民主改革中赎买未参加叛乱农奴主及农奴主代理人占有的多余生产资料的赎买金的支付办法。

10月27日　中国和马里共和国正式建交。28日，《人民日报》发表社论《祝贺中国马里建交》。

10月29日　首都文艺界举行聂耳逝世25周年，冼星海逝世15周年纪念音乐会。国务院总理周恩来亲自出席了纪念会。11月2日，《人民日报》发表中国音协主席吕骥的纪念文章《无产阶级革命音乐的先锋》。文章对两位音乐家的成就和人生给予了高度的评价，称他们为中国无产阶级革命音乐事业中的“两面大旗”。

11月2日　中国跳伞运动员打破世界纪录。中国跳伞运动员李兴旺、王志先、孙庆瑞在北京良乡举行的1 500米集体综合跳伞测验中，以平均距靶心2.548米的成绩打破世界纪录。

11月3日　中共中央发出《关于农村人民公社当前政策问题的紧急指示信》（即十二条）。1960年春以来，各地农村反映，“共产风”现象仍十分严重。与此同时，农村食生产形势亦呈现不良局面。为全面地进一步纠正“共产风”，挽救农村形势，周恩来受中央委托主持起草了《紧急指示信》。《指示信》明确指出：“在农村人民公社化初期产生的一平二调的‘共产风’，是违背人民公社现阶段政策的，是破坏生产力的，并且妨碍了人民公社优越性的更好发挥，中央和毛主席从1958年冬季以来再三再四地指示，必须坚决纠正。一部分地方和社队确实纠正了，基本上没有再犯；大部分地方和社队纠正的不彻底，有遗留问题，或者在去年冬季以后又刮起‘共产风’，还有一部分地方和社队，‘共产风’一直没有认真地纠正，继续刮，严重地破坏生产力。”因此，“‘共产风’必须坚决反对，彻底纠正。必须把当前农村中迫切需要解决的一系列的政策问题，特别是关于人民公社所有制方面的一系列政策问题，向各级党组织讲清楚。并且要求把这封指示信原原本本地读给全体党员和干部听，读给农民群众和全体职工听，反复解释，做到家喻户晓”。《指示信》对迫切需要解决的政策问题，特别是关于人民公社所有制方面的问题作了十二条规定。它们是：一、三级所有，队为基础，是现阶段人民公社的根本制度。从1961年算起，至少7年不变。在此期间，不再新办基本社有制和全民所有制的试点。现有的试点和已经过渡为基本社有制或全民所有制的社、队，办得好的、群众拥护的，可以继续办下去；办得不好的、群众要求改变的，就停止试验，重新恢复基本队有制。二、坚决反对和彻底纠正一平二调的错误。凡是从人民公社成立以来，县和县以上各级机关和企业、事业单位向社平调的、县和社向生产队平调的，以及县、社和队向社员个人平调的房屋、家具、土地、农具、车辆、家畜、家禽、农副产品和建筑材料等等各种财物，都必须认真清理，坚决退还，作价补偿，付给现款。无偿调用的劳动力，必须彻底清理，给以补偿。三、加强生产队的基本所有制。生产队是基本核算单位。生产经营管理的权力应该主要归生产队，公社不要统得过死，不要乱加干涉。四、坚持生产小队的小部分所有制。生产小队是组织生产的基层单位。生产小队的利益是社员群众最直接关心的。劳力、土地、耕畜、农具必须坚决实行固定给生产小队使用，并且登记造册，任何人不得随便调用。五、允许社员经营少量的自留地和小规模的家庭副业。凡是已经把自留地全部收回的，应该拨出适当的土地分给社员，作为自留地。六、少扣多分，尽力做到90%的社员增加收入。扣留比例不能过大，积累不能过多。七、坚持各尽所能、按劳分配的原则，供给部分和工资部分三七开。在现阶段，在很长的时期内，至少在今后20年内，人民公社分配的原则还是按劳分配。八、从各方面节约劳动力，加强农业第一线。九、安排好粮食，办好公共食堂。城乡人口的口粮标准不得有所下降，国家征购任务必须完成。十、有领导有计划地恢复农村集市，活跃农村经济。除了粮食、棉花、油料等主要农产品只许卖给国家收购机关外，其他农产品和副产品，在完成国家规定的交售任务以后，都可以拿到集市上进行交易。十一、认真实行劳逸结合。必须坚决保证社员每天睡足8小时。十二、放手发动群众，整风整社。坚决反对贪污、浪费、官僚主义，彻底纠正"共产风"、"浮夸风"和命令风。

同　日　中共中央发出关于贯彻执行《紧急指示信》的指示。为纠正农村人民公社化初期产生的一平二调的"共产风"，中共中央发出了《关于农村人民公社当前政策问题的紧急指示信》。为了使这封信得到贯彻落实，中央又在当天发出本《指示》。《指示》指出，贯彻执行《紧急指示信》的关键，首先在于提高干部的思想，特别是县、社两级主要负责干部的思想，使全体干部深刻认识一平二调的"共产风"破坏农业生产力的严重性。同时，必须放手发动群众，依靠群众，整风整社，彻底改进干部作风，并且在组织上进行必要的调整。中央要求，在彻底纠正"共产风"的群众运动中，既坚决纠正"共产风"，又坚持人民公社的三级所有制，坚持一定比例的公共积累，坚持部分供给制，坚决办好公共食堂。《指示》提出，纠正"共产风"运动搞得彻底的主要标志是：一平二调的遗留问题都已经全部解决；干部的思想水平和工作作风有了显著的改进和提高；群众真心满意，情绪高，干劲足；农业生产出现新的面貌。《指示》要求，中央各部委、国家机关和人民团体各党组和总政治部，接到中央紧急指示以后，在干部中进行传达讨论，深入检查自己的工作，再不容许由于自己的主观主义、官僚主义的领导和不切实际的过高要求，而引起下面干部的"共产风"、浮夸风和命令风。

同　日　中共中央发出《关于不准请客送礼和停止新建招待所的

通知》。《通知》规定：一、一切单位都不准向任何单位和个人赠送或变相赠送礼物；二、不许以献礼或其他名义向上级机关或其他单位及个人赠送新产品；三、中央和地方各级负责人视察工作，当地负责人不要迎送，严禁组织群众迎送，生活招待从俭，按标准收费；四、精简不必要的会议；五、今后7年内，除必要宿舍外，一律不准新建招待所和其他非生产性设施。

11月5日—12月9日　中国党政代表团参加苏联十月革命四十三周年庆典，并出席81国共产党、工人党代表会议。81国党会议前，首先召开26国党的声明起草委员会。邓小平率中共代表团参加了这个会议，并宣读了中共中央9月10日答复苏共6月21日通知书的全文。中共代表团在起草委员会上对81国会议声明草案提出若干重大原则性修改意见。经辩论最终否定了苏共关于和平共处与经济竞赛是社会主义各国对外政策总路线的论点和其他论点，但在对苏共20大的评价和关于从资本主义向社会主义过渡的形式问题上，中共代表团作出让步，同意声明照抄1957年宣言的写法。并同时指出，照顾只此一次。11月上旬—12月1日，81国党代表会议在莫斯科举行。刘少奇在12月1日举行的会议上发表讲话，阐明了中国党对国际形势和国际共产主义运动若干问题的立场与观点，呼吁在马克思列宁主义的基础上加强团结，消除分歧，反对共同敌人，发展共同事业。同时特别强调要加强中苏两党之间团结的重要意义。会议通过了《各国共产党和工人党代表会议声明》、《各国共产党和工人党代表会议告世界人民书》等文件。会议之后，中苏两党矛盾有所缓和。12月2日起，刘少奇以中华人民共和国主席身份对苏联进行访问。

11月8日　中共中央批转李先念在1960年10月全国财贸书记会议上的总结发言提纲。发言提纲说，10月召开的全国财贸书记会议集中讨论了粮食问题和农产品收购问题。由于农业连续两年遭受了严重的自然灾害，农业生产遭受很大损失。但对自然灾害造成的损失估计不足，分配和消费没有留有余地，导致农产品库存下降；又由于人口增加，城市发展，劳动就业面扩大等，各方面对粮食的需要迅速增长，农产品生产赶不上各方面需要的增长，矛盾显得很突出。

粮食需要比1957年增加了600亿—800亿斤。目前粮食购销的情况是，收购起来的还不多，许多省的销售量却在增加。对此，李先念提出，必须坚决采取“低标准”与“瓜菜代”相结合的办法，安排好6.5亿人民的生活；坚决完成粮食征购任务，严格控制粮食销售指标，以克服暂时困难，保证1961年大丰收和保证国民经济继续跃进。财贸部门要力求做到四个兼顾：国社兼顾、城乡兼顾、丰歉兼顾、内外兼顾。

11月9日—18日　全国政协西藏委员会第一届第二次会议在拉萨举行。来自西藏各地、各民族、各界、各阶层的委员和列席代表340多人参加了会议，中共西藏工委副书记、政协西藏委员会主席谭冠三作形势和任务的报告。报告指出，百万农奴翻身后，阶级觉悟、爱国热情和劳动积极性空前高涨，在“自愿互利”的原则下，已经有10万多农户参加了互助组。由于党和政府在民主改革中采取了赎买政策，西藏的统一战线也更加巩固和扩大了。报告提出的西藏今后的主要任务是：继续充分发动群众，团结一切可以团结的力量，从各方面巩固祖国国防，彻底完成尚未完成改革地区的民主改革，逐步开展互助合作运动，并相应地发展交通运输和文教卫生事业，为建设新西藏打下巩固的基础。全国政协副主席帕巴拉·卓列朗杰、阿沛·阿旺晋美及中共西藏工委书记张经武出席了会议。

11月13日　《中国青年报》发表《北京青年志愿垦荒队致团中央的汇报信》。信中说，从我们离开首都到现在，已经5年多了。我们战胜了冰雪严寒，克服了重重困难，从无到有地盖起了3 000多平方米的房屋。建立了“北京庄”，开垦了1.8万多亩荒地，到1960年，共给国家生产了400多万斤粮食。我们的队也已由最初的230多名队员发展到310名队员。

11月14日　中共中央发出《关于立即开展大规模采集和制造代食品运动的紧急指示》。《指示》指出，近两年来，农业生产连续遭受特大自然灾害，城市和乡村的口粮标准有所降低，肉类和油类也有所减少。因此，除了应当首先增产粮食、增产瓜菜外，还要千方百计增产各种代食品。中央要求各地抓紧秋收已经完毕的时机，大规模地动员群众，采集和制造代食品，以克服困难，度过灾荒。

11月15日　毛泽东在中央精简干部和安排劳动力5人小组《关于中央一级机关抽调万名干部下放基层情况》的报告上批示。《批示》指出，全国大好形势，占2/3地区；又有大不好形势，占1/3的地区。在讲大好形势、学习政策的过程中，要有一段时间大讲1/3地区的不好形势，坏人当权，打人死人，粮食减产，吃不饱饭，民主革命尚未完成，封建势力大大作怪，对社会主义更加仇视，破坏社会主义的生产关系和生产力，农村工作极为艰苦。要有坚强意志、决不怕苦的精神才能去，否则不能去。《批示》要求，在5个月内，一定要把全部形势都转变过来。争取1961年的农业大丰收，一切坏人坏事都改过来，邪气下降，正气上升。

同　日　中共中央发出《关于彻底纠正"五风"问题的指示》。《指示》要求，必须在几个月内下决心彻底纠正十分错误的共产风、浮夸风、命令风、干部特殊风和对生产瞎指挥风，而以纠正共产风为重点，带动其余四项歪风的纠正。各省委要全面彻底调查一个公社（错误严重的），使自己心中有数。一定要走群众路线，充分发动群众起来纠正干部的五风不正。《指示》指出，现在是下决心纠正错误的时候了。根据中央十二条指示，让干部真正学懂政策（即十二条），又把政策交给群众，几个月时间就可把局面转变过来。该《指示》系由毛泽东代中央起草。

11月17日　中国航模选手创造世界纪录。中国航模选手郇心桢、沈卜洲在北京举行的无线电操纵航空模型测验中，以1 443.92米的飞行高度创造新的世界纪录。

11月19日　人大常委会作出《关于特赦确实改恶从善的蒋介石集团和伪满洲国战争罪犯的决定》。决定根据国务院的提议由第三十二次会议作出。同日，国家主席刘少奇发布特赦令。特赦令共3条：一、蒋介石集团和伪满洲国的战争罪犯，关押已满10年，确实改恶从善的，予以释放；二、判处死刑、缓期2年执行的蒋介石集团和伪满洲国的战争罪犯，缓刑时间已满1年、确实有改恶从善表现的，可以减为无期徒刑或15年以上有期徒刑；三、判处无期徒刑的蒋介石集团和伪满洲国的战争罪犯，服刑时间已满7年、确实有改恶从善表现的，可以减为10年以上有期徒刑。11月28日，最高人民法院根据国家主席令对50名战争罪犯实行特赦。其中属于蒋介石集团的战犯45名，伪满洲国的战犯4名，伪蒙疆自治政府的战犯1名。本次特赦为中华人民共和国成立以来对战争罪犯的第二次特赦。

11月20日　中国政府发表《关于支持老挝王国政府决定建立中老友好关系的声明》。声明说，老挝王国最近先后公布了老挝王国政府会议公报和老挝政府代表团同老挝爱国战线党代表团谈判的第1号联合公报，宣告，老挝王国政府将接受中华人民共和国和越南共和国的援助，决定同中国建立友好关系。中国政府热诚欢迎老挝政府的上述决定。声明指出，老挝当前不稳定的局势是美帝国主义支持富米·诺萨万叛乱集团的结果。中国政府坚决支持以富马亲王为首的老挝王国合法政府，并呼吁所有日内瓦会议参加国严格遵守《日内瓦协议》，尊重老挝人民的民族权利，维护其和平中立和独立统一。

11月21日　《人民日报》发表社论：《发扬1957年莫斯科宣言的革命精神》。社论回顾了莫斯科宣言发表3年来世界上发生的主要事件，指出，3年来的形势发展说明，社会主义力量进一步超过帝国主义力量，民族解放力量进一步超过殖民主义力量，人民力量进一步超过反动力量，和平力量进一步超过战争力量，证明了毛泽东同志3年前的著名论断，即“东风压倒西风”，是完全正确的。社论重申：“只要帝国主义还存在，就有发生侵略战争的土壤。”只有不断加强社会主义阵营，加强民族解放运动，加强资本主义各国人民的斗争，加强一切爱好和平人民的力量，加强所有这些力量的团结，进行共同的斗争，才能最有效地维护和平。那种把各国人民的革命斗争同保卫世界和平的斗争对立起来的观点，是十分错误的。社论强调，要遵循莫斯科宣言总结的社会主义革命和社会主义建设的共同规律，批判形形色色的修正主义观点。

11月24日　青海大学正式成立。该校为青海省第一所综合大学。

11月25日　中共中央同意财政部党组关于停止若干地区和单位任意占用国家收入的请示报告。中央在批示中指出，最近时期国家财政收入情况仍然不好。其原因除农业灾歉，轻工业减产等以外，财政纪律松弛，某些地区和单位任意占用国家收入，以及财政管理和财政监督存在着自流现象是重要的原因。针对上述问题，中央在批示中要求各地区、各部门、各单位应当对一切有关部门进行一次加强整体观念和遵守管理制度的教育，并且对于执行财政制度的情况进行一次检查，凡是不符合国家制度自行占用国家预算收入的，必须立即清理交入国家预算；凡是把属于预算内的收入转到预算外的，必须立即纳入国家预算；凡是把属于应当由企业利润留成开支的费用自行挤入成本的，应当立即清理退还；一切应当征收的国家税款，必须按照规定及时收起来，不能自行规定免税，企业开展综合利用和多种经营的利润收入，除了按照规定提取一定比例的利润留成以外，也应当全部上交国家预算，不能自行留用。

11月28日　中共中央转发《甘肃省委关于贯彻中央紧急指示信的第四次报告》并作重要批示。甘肃省委在报告中检查了发生“共产风”的根源，其表现是：1958年公社化以后，急于由基本队有制向基本社有制过渡，大量发展社营企业，忽视小队部分所有制和发展生产队经济；在收益分配上，社员分配少，扣留部分多，工资部分小，供给部分大；去冬今春，全省大搞水利、大办养猪场，以及大搞商品基地、丰产方等，由于任务大，要求急，抽调了70%~80%的农村劳动力，造成平调土地、牧畜和劳力；各级干部思想作风上存在着严重的缺点，对客观情况的认识有片面性，要求过高过急，对一些问题作了不适当的宣传、表扬以及批评，助长了“共产风”、浮夸风、干部特殊风、强迫命令风和瞎指挥生产风，与此同时，又对农业估产偏高，误认为粮食相当多，结果口粮指标安排高，征购任务和水利建设用粮又挤了口粮、饲料，致使部分县社发生严重事故(即浮肿病、非正常死亡)，并且到现在还没有完全解决。毛泽东代中央起草了对这个报告的批示。批示说，甘肃省委在作自我批评了，看起来甘肃同志开始已经有了真正改正错误的决心了。批示还说，毛泽东同志对这个报告看了两遍，他说还想看一遍，以便从其中吸取教训和经验。他说，他是同一切愿意改正错误的同志同命运、共呼吸的。他说，他自己也曾犯了错误，一定要改正。例如，错误之一，在北戴河决议中写上了公社所有制转变过程的时间设想得过快了。现在更正了。批示指出，无论何时，队的产业永远归队所有或使用，永远不许一平二调。

同　日　中共中央发出《关于做好下放干部工作的通知》。《通知》说，近几个月来，已经有近百余万名干部下放到基层。其中。绝大多数下放到农村，担任公社的各级领导职务，对改进农村基层工作，加强农业生产，起了积极作用。但在下放干部的工作中，存在着没有做好下放干部的政治思想工作，没有逐个进行严格审查，没有把农村的形势和党的政策，向下放干部讲清楚等问题，因此《通知》要求，各地在下放干部工作时，必须注意：一、要做到每一个下放干部完全自觉自愿。思想不通，应该做好思想工作。通一批，下去一批。二、对下放干部，各主管党委要逐个进行严格审查，做到每个下放干部确实是政治好、身体好，能够贯彻执行党的政策的优秀干部。三、所有下放的干部，都必须经过学习、训练。使所有下放干部，都具有在5个月的时间内把全部形势转变过来的雄心壮志。

11月30日　李先念、格瓦拉联合公报在北京签字。公报说，中国方面认为，古巴人民的革命斗争为全世界一切被压迫人民特别是拉丁美洲人民争取和维护民族独立的斗争树立了榜样。中国领导人强调指出，缓和国际紧张局势，消除冷战状态，争取一个和平的国际环境是中国经济建设所必需。中国政府将坚定不移地与各友好国家共同努力为实现不同社会制度之间的和平共处而斗争。公报说，中国政府根据已签订的中古经济合作协定，将于1961年—1965年内给予古巴共和国2.4亿卢布的无息贷款。

12月3日　毛泽东主席会见并宴请赴苏参加十月革命庆典回国路过北京的越南主席胡志明。4日，毛泽东主席和党和国家其他领导人陪同胡志明观看文艺演出。演出结束后，毛泽东主席陪同胡志明向演员赠送花篮。

同　日　中共中央发出《关于保钢问题的紧急指示》。从11月下旬开始，全国钢、铁、煤、运输各行业出现了生产逐日下降的严重情况。如不及时加以扭转，则全年钢铁任务便有完不成的危险。因此，《指示》，严肃指出，1960年能不能完成1 860万吨钢的生产任务，是国内国外注目的一件大事，是一个政治性问题。工业战线的全体同志要防止松劲、畏难的情绪，鼓足干劲，加强组织管理工作，动员全体职工，战胜一切困难，为保证完成和争取超额完成今年生产1 860万吨钢的任务而斗争。在中央号召下，经过各地大力组织突击，到年底，钢产量达到了1 866万吨。

12月8日　中共中央在转发《贵州省遵义和毕节地区群众生活和干部作风方面存在的问题》的报告时对山东、河南、甘肃和贵州某些地区所发生的严重情况作出指示。中央指出，贵州遵义和毕节地区的群众生产、生活中的严重情况，特别是干部中的极其严重的不可容忍的铺张浪费、贪污腐化、破坏党章、违法乱纪、不顾人民死活的情况，有些简直不能想象。其中某些反革命的破坏行为，显然是封建势力在地方上篡夺领导，实行绝望性的破坏性的报复。这是农村中阶级斗争的最激烈表现。中央要求山东、河南、甘肃、贵州省委好好检查和纠正这方面问题，更主要的是赶快将中央十二条紧急指示无保留地传达到群众中去，抓生活、生产和劳动力安排，使中央的政策直接与群众见面，先分是非，后清敌我。其他各地、各单位也要检查类似情况，坚决纠正，彻底解决。

12月14日—26日　柬埔寨国家元首西哈努克亲王应邀访问中国。当日，首都40万人到北京站迎接。16日晚，国家主席刘少奇设盛宴款待西哈努克亲王。17日，毛泽东主席在中南海勤政殿接见西哈努克及夫人、公主、王子等贵客。19日，刘少奇主席和西哈努克亲王签署《中柬联合声明》、中柬《友好和互不侵犯条约》。同时签订的还有中柬《关于经济和技术援助议定书》和《中柬航运合作协定》等两个文件。20日，西哈努克亲王离京赴南方访问。

12月16日　中国、索马里共和国正式建立外交关系。

12月21日　中共中央批发《关于加强军队政治思想工作的决议》。该决议于10月20日在军委扩大会议上通过。决议总结了建国以来军队政治工作中的许多有益经验，但由于以林彪提出的“四个第一”作为指导思想和理论基础，因此又存在着突出的“左”倾错误和形而上学色彩。中共中央对决议给予了很高评价，说“这个决议，继承和发扬了1929年古田会议的传统，在毛泽东思想的指导下，全面总结了解放11年来军队建设和政治思想工作钓丰富经验，明确地指出了在新的历史时期中军队政治工作的方向，提出了措施，打中了要害”。批语还强调说：“这个决议不仅是军队建设和军队政治思想工作的指针，而且它的基本精神，对于各级党组织、政府机关以及学校、企业部门都是有用的。”1978年中共十一届三中全会后，随着为“谭政反党集团”冤案的彻底平反，《决议》的“左”倾影响终止。

同　日　《人民日报》发表社论：《三级所有队为基础是现阶段人民公社的根本制度》。社论强调指出，加强生产队的基本所有制，是当前进一步巩固农村人民公社和进一步发展农业生产力的中心环节。社论说，人民公社这种组织形式可以容纳社会主义社会的不同时期的生产力的发展水平，以至共产主义社会的生产力发展水平，但从总的发展过程来说，人民公社要分为社会主义和共产主义两个大的阶段，而在社会主义阶段，还要分为社会主义集体所有制和全民所有制两个阶段。在集体所有制阶段，还要分为生产队基本所有制和公社基本所有制的阶段。社论指出，根据现阶段农村生产力的状况，确立和加强生产队基本所有制，并坚持生产小队的小部分所有制，是适合的、必要的。社论还就加强生产队的生产经营管理权、产品分配权以及维护生产小队利益等问题作了论述和解释。

12月24日　中国和印度尼西亚政府发表《关于双重国籍问题的条约的实施办法》。《实施办法》对中国印尼两国关于双重国籍条约所规定的每一个具有双重国籍的人都可自愿选择中国或印尼国籍的具体操作，确定了详尽、必要的办法和措施。中国和印度尼西亚联合委员会中方代表黄镇和印尼方代表苏山多分别代表本国政府在《实施办法》上签字。《人民日报》当日发表社论予以祝贺。

12月24日—1961年1月13日　中共中央在北京召开工作会议。这是一次为八届九中全会作准备的会议。会议讨论了1961年国民经济计划，总结了各地整风整社试点的经验，作出了《关于农村整风整社和若干政策问题的讨论纪要》。为了调动广大农民群众的积极性，大办农业，大办粮食，夺取农业丰收，渡过难关，会议确定1961年所有社队都必须以贯彻执行中央十二条紧急指示为纲，进行整风整社，彻底检查和纠正“共产风”、浮夸风、瞎指挥风、干部特殊化风、强迫命令风，彻底清算平调账，坚决退赔。《纪要》还在十二条《紧急指示信》的基础上，又规定了农村工作的若干具体政策。主要是：一、为减少货币投放和市场压力，提高农副产品收购价格和退赔平调账，都要分两步走。二、社员家庭副业和手工业，允许有适当的发展。三、对农村集市采取活而不乱，管而不死的方针。会议期间，毛泽东多次发表谈话，他说，在庐山会议后，有些事没有想到是刮共产风，1959年几个大办，如大办水利、大办交通、大办养猪、大搞商品生产基地，这些都是中央提出的，刮共产风中央是有责任的。今后若干年内，要小办社有经济，大办队有经济。关于退赔问题，他说，在2、3个月内把兑现问题解决了，农民积极性就来了。为了退赔，把县、社家业统统赔进去，破产也要赔。毛泽东还指出，搞社会主义建设不能那么急，十分急搞不成，要波浪式前进。明后年搞几年慢腾腾，搞扎实一些，指标不要那么高，把质量搞上去。不要务虚名而受实祸。

12月28日　新华社发出专稿：《我国农业生产今年遭受特大天灾，六亿人民满怀信心克服严重困难》。文章说，1960年我国有9亿亩农田受到不同程度的灾害，占总耕地面积一半以上。其中有3亿亩到4亿亩农田，遭到重灾，甚至有一部分农田因灾害特别严重而没有收成。1960年灾情最重的是旱灾。全国除西藏没有受灾，新疆地区虽气候不正常，但没有成灾以外，其余各省、自治区都先后发生程度不等的干旱，受旱农田达6亿亩。受旱地区中以河北、河南、山东、山西4省受旱面积最大，占4省总耕地面积60%以上；受灾时间最长，一般持续6、7个月。东北3省和沿海的广东、福建、江苏、山东等省还遭受了台风和洪涝灾害。辽宁省东部地区更遭遇了当地水文纪录上从来未有过的特大洪水灾害。同时，由于旱涝灾害的影响，山东、河南、江苏、安徽、辽宁等省大片地区都发生了严重的病虫灾。陕西、山西、河北、安徽、山东等省还遭受了频繁和严重的冰雹和霜冻。专稿说，受灾地区人民在党的领导下，同自然灾害作了英勇顽强的斗争。人民公社在抗灾中也显示了巨大的集体优越性。为安排好今冬明春的社员生活，各地正在加强公共食堂领导和管理工作，实行精打细算，对粮食不足的食堂，补充瓜菜，并对社员冬季取暖、劳动和休息，进行全面具体的安排。

12月29日　《人民日报》发表社论：《坚持和不断完善“三包一奖”制度》。社论说，人民公社广泛实行的包工、包产、包成本、超产奖励的“三包一奖”制度，是在广大社员的思想觉悟不断提高的基础上建立起来的一种经营管理制度，它对调动广大社员的生产积极性，具有重要意义。同时，它又是我国集体所有制的社会主义农业生产中的一项基本的、全面的责任制度。这一责任制度的优点，在于它能够正确地调整公社的三级管理组织之间的关系，特别是基本核算单位（出包单位）和基层生产单位（承包单位）之间的关系，把小集体（生产小队）的利益和大集体（基本核算单位，公社）以至国家的利益密切结合起来，把社员个人利益和集体利益密切结合起来。社论指出，实行“三包一奖”制度，首先要做好生产小队的“四固定”工作，就是公社、生产队必须保证把耕地、劳动力、耕畜和农具固定给生产小队使用。其次，一定要保证包产指标落实，即一方面指标定得切实、恰当；另一方面，包产指标一定要千真万确地落实到包产单位，为包产单位所接受，并且认真照办。第三，实行“三包一奖”制度，必须严肃认真，有始有终，保证奖罚严明。社论要求各级党委深入群众，深入实际，把政治工作和经济工作密切结合起来，鼓舞大家为超额完成“三包”指标和增产节约计划而奋斗。

1961年

1961年综述

1月，毛泽东在中共八届九中全会上，总结了党在一个时期内因脱离实际所造成的经验教训，向全党提出，大兴调查研究之风，搞一个实事求是年。会后，毛泽东直接组织和指导3个调查组，分赴农村调查。3月23日，中共中央发出《关于认真进行调查研究工作给各中央局、各省、市、自治区党委的一封信》，要求县以上党委成员，首先是第一书记，要把深入基层调查研究，当做领导工作的首要任务。刘少奇、周恩来、朱德、陈云、邓小平等中央主要负责人先后到农村蹲点调查。

进入1961年后，国民经济继续面临严重困难。农业继续大幅度减产，轻工业生产倒退，而重工业仍以高速度“跃进”。国家财政出现高额赤字，商品零售价格上涨，人民生活物资匮乏，人口非正常死亡增多。1月召开的八届九中全会正式通过了对国民经济实行“调整、巩固、充实、提高”的方针，下决心纠正3年“大跃进”造成的国民经济比例严重失调的状况，集中力量加强农业战线，增加粮食生产。5月，中共中央北京工作会议作出精减城市人口的决策，决定在1960年底1.29亿城镇人口的基数上，3年内减少城镇人口2 000万以上，本年内减少1 000万。9月，中共中央庐山工作会议作出《关于当前工业问题的指示》，提出对于调整工作不得再犹犹豫豫，必须当机立断，该退的就退下来，必须退够的方针。并要求在今后相当长的一个时期内，“都必须毫不动摇地切实地贯彻执行调整、巩固、充实、提高的方针”，今后3年内，“必须以调整为中心”。毛泽东在会上认为，问题已经暴露，现在已退到了山谷，形势到了今天，是一天天向上升了。

为解决人民公社内部生产队之间、社员之间存在的平均主义问题，2月下旬，毛泽东在广州主持起草人民公社工作条例。3月，中央举行广州工作会议，通过了《农村人民公社工作条例(草案)》，即《农业60条》。5月，中共中央举行北京工作会议，对《农业60条》进行了重要修改，取消了原草案中关于公共食堂和供给制的规定。9月下旬，毛泽东召开了有部分省、地负责干部参加的邯郸谈话会，研究了生产队大包干问题。当月底，毛泽东在写给中央常委的信中提出，人民公社应实行“三级所有、队为基础，即基本核算单位是队而不是大队”的制度。10月7日，中共中央发出《关于农村基本核算单位问题的指示》，指出，“以生产队为基本核算单位，是比较好的”。随后，各省开始进行基本核算单位下放到生产队的试点工作。

为克服“大跃进”以来各行业出现的混乱现象，在毛泽东的提议下，中共中央制定和颁布了一系列工作条例，其中有：《工业70条》、《商业40条》、《手工业35条》、《科研14条》、《高教60条》、《文艺8条》等。同时，中央提出，要对1958年以来批判和处分错了的干部、党员甄别平反。

主要经济指标：工农业总产值1 424.3亿元，比上年下降31%。工业总产值1 019.3亿元，比上年下降38.2%；农业总产值405亿元，比上年下降2.4%。主要产品产量：钢，870万吨，比上年下降53.2%；煤，2.78亿吨，比上年下降30%；发电量，480亿度，比上年下降19.2%；粮食，1.475亿吨，比上年增长2.8%；棉花，80万吨，比上年下降24.7%。基本建设总投资127.42亿元，比上年下降67.2%。国家财政总收入356.1亿元，赤字1.9亿元。

1月1日　《人民日报》发表社论：《团结一致，依靠群众，争取世界和平和国内社会主义建设的新胜利》。社论说，1960年，是我国经济建设持续跃进的第三年。钢、铁、煤、发电量、石油、机床、拖拉机等主要重工业产品，预计都能完成或超额完成国家计划，继续保持很高的发展速度。钢产量预计将达到1 845万吨，比第二个五年计划要求在1962年达到1 050万—1 200万吨超过50%以上。可是，农业和依靠农业供给原料的轻工业，由于连续两年遭受严重自然灾害，都未能完成生产计划。为此，1961年全党和全国人民必须全面贯彻以农业为基础，以工业为主导，把优先发展重工业和迅速发展农业结合起来的方针。准备经过比较长期的努力，集中力量，从根本上改变农业经济基础薄弱，农业技术水平低的状况。社论提出，为了渡过农业歉收造成的困难，目前的迫切任务是妥善安排农村和城市人民的生活，搞好冬季生产工作，努力争取1961年夏秋有一个较好的收成。同时，加强和改善国民经济的计划工作，适当地调整国民经济各部门的比例关系。

同　日　中共中央批转信阳地委《关于整风整社运动和生产救灾工作情况的报告》。1960年以来信阳地区由于“五风”严重泛滥，致使该地区粮食严重减产，发生大量饿、病、死亡现象，非正常死亡人口达43万。报告称造成这一事件的原因，是“反革命复辟，是民主革命不彻底，是内部肃反、社会镇反不彻底，是敌人利用我们工作中的错误，打着我们的招牌，进行大规模的最残酷的连续半年之久的阶级报复。”进而提出依靠贫下中农，进行整风整社，彻底孤立和打倒反革命复辟势力，实行民主补课的方针和方法。中央在批示中肯定了信阳地委的报告，并要求“全国三类社队整风整社都应照此执行”，“彻底孤立和打倒反革命复辟势力，彻底反掉‘五风’，巩固地重新建立党的领导”，这个批示在缺乏调查研究的前提下，助长了当时整风整社运动中的左倾错误。

1月2日—9日　周恩来率政府代表团出访缅甸。随同周恩来出访的有军事、文化艺术等8个方面的代表团。1月4日，周恩来和代表团参加了缅甸联邦独立节13周年庆典。同日，中国政府同缅甸联邦政府互换中缅边界条约批准书，中缅边界条约正式生效。1月9日，中缅两国政府签订《经济技术协定》和《支付协定》。《经济技术协定》规定，中国给予缅甸政府3 000万英镑的长期无息贷款，贷款不附带任何政治条件和特权。协定还规定，根据中国的可能和缅甸的需要，中国将向缅甸提供成套设备，派遣技术专家。同日，中缅两国政府发表联合公报。

1月4日　首都各界集会欢迎日本禁止原子弹、氢弹协议会理事长安井郁。中国人民保卫世界和平委员会副主席廖承志出席大会并讲话。讲话指出，近来日本各阶层人士都在强烈要求促进中日两国早日恢复正常关系和增进经济文化交流并已形成一个巨大的运动。尽管目前仍有着不少人为的因素阻碍着中日两国恢复正常关系，尽管主要的阻碍来自华盛顿及其追随者，但是我们深信中日两国人民的友好关系一定会日益发展，这是任何力量所阻挡不住的。安井郁也在会上作了长篇讲话。

1月6日　古巴驻中国大使举行庆祝古巴革命胜利2周年招待会。毛泽东、刘少奇、朱德等国家领导人到会祝贺。800多位中外来宾应邀出席。古巴大使皮诺·桑托斯和朱德委员长分别在招待会上讲话。朱德委员长在讲话中强调指出，古巴人民的胜利有力地证明，在社会主义力量十分强大、帝国主义力量空前削弱和各国人民迅速觉醒的现时代，任何一个被压迫的国家，不论它是大国还是小国，只要这个国家的人民坚持团结，坚持斗争，他们就一定能够取得革命的伟大胜利。朱德还严正谴责了美国政府策划对古巴进行公开的军事进攻的行为，表示中国人民坚决支持古巴人民反对美帝国主义侵略、保卫祖国的正义斗争。

1月7日　中共中央批转轻工业部《关于紧急安排日用工业品生产的报告》。报告说，从1960年第二季度开始，很多地区重复出现某些小商品生产下降和市场供应紧张的现象。市场上锅、盆、碗、筷、缝衣针、鞋钉、奶嘴儿、卫生纸和食盐、火柴等日用必需品供应不足，甚至发生脱销现象。为了解决上述问题，报告提出，对日用工业品，特别是小商品生产，必须按照市场需要，分别轻重缓急，按行业、按品种进行全面安排。其中属紧急安排生产的产品有食盐、火柴、日用陶瓷、日用搪瓷等。属重点安排生产的产品有日用小五金、炊事用具、胶鞋、酒精、卷烟、铝制品、肥皂、洗衣粉等。中共中央在批语中指出：在目前农业连续受灾，吃的穿的主要商品供应不足的情况下，大力增加日用工业品的生产和供应，是满足人民群众需要，缓和市场紧张情况的重要措施之一。中央要求各级党委以高度关怀人民生活的态度，满腔热情地把这件事情办好。

同　日　中国科学院中南分院在广州成立。中南分院由中国科学院广州分院和武汉分院合并组成。分院院长由李尔重担任。

1月8日　中国人民解放军体育学院在广州成立。学院设基本、运动和速成3个系，以培养或轮训部队的体育干部和运动员为主。

1月11日　太平天国历史博物馆在南京正式成立。该馆前身为1956年9月成立的太平天国纪念馆。纪念馆目前已收集、整理了1 200多万字的太平天国史料，征集和收藏了太平天国文物2 000多件，图书6 000余册。

1月12日　《人民日报》发表社论：《农村人民公社要做好定额管理工作》。社论说，定额管理是社会主义企业经营管理和贯彻社会主义按劳分配原则的一个基本环节，也是人民公社实行经济核算的基础。人民公社各级生产组织不论计划管理、劳动管理、财务管理，也不论三包一奖、评工记分、收益分配等工作，都离不开定额管理。社论强调指出，定额管理制度对于坚持和巩固以生产队为基础的三级所有制具有积极作用。它可以使公社、生产队、生产小队三级组织之间的财产关系更加分明，经济往来更加有计划。生产队可以以定额为依据做好各个生产小队的劳动力、土地、耕畜、农具“四固定”，有效地实行“三包一奖”制度，维护生产小队的小部分所有制。公社也可以根据各生产队的定额，统筹安排和合理控制人力物力财力的使用，既促进队有经济的发展，又照顾社有经济的发展。社论提出，实行定额管理，必须统筹兼顾，全面研究，制定合理的定额标准，不仅使各个生产小队之间劳动定额大体平衡，还要使农、林、牧、副、渔、社办工业、运输业和生活服务事业都有比较合理的劳动定额。

同　日　哲学家杜国庠逝世。杜国庠，1889年生，广东澄海人。1925年参加革命，1928年加入中国共产党。曾参与组建中国左翼社会科学家联盟和中国左翼作家联盟。1938年在国民政府军事委员会政治部第三厅工作。抗日战争胜利后，在国统区从事统战工作。中华人民共和国成立后，历任中共中央华南分局宣传部副部长、广东省文教委员会主任和文教厅长、中国科学院哲学社会科学部委员、中国科学院中南分院副院长、中共广东省委员会委员。长期从事学术工作，著有《先秦诸子思想概要》、《便桥集》等，编有《杜国庠文集》。

1月14日　周恩来总理致信老挝首相富马。周恩来在信中指出，鉴于目前美国干涉所造成的严重局势，富马首相在来信中提出的召开国际性会议，以解决老挝问题的建议是适时的。中国政府对于一切旨在制止美国对老挝的侵略和对日内瓦协议的破坏的倡议，一向表示欢迎和支持。周恩来在信中说，这个会议的召开，必将有助于维护日内瓦协议、制止美国干涉和恢复老挝的和平。

同　日　外交部长陈毅就老挝问题致信日内瓦会议两主席。信中说，美国政府正在积极支持富米——文翁叛乱集团，扩大老挝内战，并把大量军事装备运进老挝，准备对老挝进行直接干涉。美国政府的干涉和侵略行为，破坏了老挝的独立和1954年关于老挝的日内瓦协议，使印度支那地区的和平和中国安全受到严重威胁。陈毅在信中要求作为日内瓦会议两主席的苏联外长葛罗米柯和英国外交大臣霍姆，考虑西哈努克亲王关于召开扩大的日内瓦会议的建议，以寻求维护日内瓦协议和恢复老挝和平的途径。

1月14日—18日　中共第八届中央委员会第九次全体会议在北京召开。出席会议的有中央委员83人，候补中央委员87人。中央有关部门和各省、市、自治区党委的其他工作人员23人列席了会议，会议的主要议题是：审议1961年国民经济计划主要指标。会议听取了李富春所作的《关于1960年国民经济计划执行和1961年国民经济计划主要指标的报告》。报告说：当前国民经济的发展中存在着许多困难和问题。主要是粮食和其他农产品供应比较紧张，工业原材料，特别是煤炭和木材的供应比较紧张，工业生产和交通运输的某些环节秩序不正常，一些产品的质量下降，机器设备失修，一些地区、企业事业单位存在“五风”。他指出：产生上述困难和问题的原因，概括起来说，是由于农业连续两年遭受严重自然灾害，许多农产品减产；3年连续大跃进产生新的不平衡，特别是工业和农业之间的不平衡；没有认真贯彻以农业为基础的方针，某些计划指标定得偏高，基本建设战线拉得太长；有些权力下放得偏多过下；思想方法上有主观片面性，工作作风上有官僚主义；干部队伍不纯等。鉴于国民经济严重困难状况和存在比例失调的问题，李富春提出：1961年国民经济计划的安排，必须集中力量加强农业战线，贯彻执行国民经济以农业为基础，把农业放在首要地位的方针，尽最大努力争取农业丰收。同时，对各个部门和各个方面实行调整、巩固、充实、提高的方针，争取国民经济在3年大跃进的基础上，各部门之间的比例关系得到进一步的协调，即按照农、轻、重的次序来安排经济生活，适当调整国民经济各部门的发展速度，尽可能提高农业和轻工业发展速度，适当控制重工业特别是钢铁工业的发展速度，同时，适当缩小基本建设的规模。报告提出的1961年国民经济计划的主要指标是：国家预算内基本建设总投资额为167亿元，比上年减少38%；钢产量为1 900万吨，比上年增长1.6%。全会批准了李富春的报告，正式通过了“调整、巩固、充实、提高”的方针。并建议国务院根据全会决定的方针编制1961年国民经济计划草案，提交全国人民代表大会审议。全会还听取了各省、市、自治区党委负责人关于各地开展整风整社和纠正“五风”情况的汇报，并通过于《关于农村整风整社和若干政策问题的讨论纪要》。《纪要》决定在农村深入贯彻《十二条》，继续进行整风整社。在整风整社运动中，要进一步整顿干部作风，调整干群关系，纯洁党的组织，并要彻底检查和纠正“五风”。彻底清算平调账目，坚决退赔。《纪要》还根据农村生产形势，决定提高农产品的收购价格，规定社员自留地的比例20年不变，确定了养猪以私养为主的政策，鼓励社会发展小规模家庭副业等。毛泽东在会上作了重要讲话。他指出，我们做工作要有三条：一要情况明，二是决心大，三是方法对。这里情况明是第一条，这是一切的基础。情况不明一切都无从谈起。他说，我们党有实事求是的传统，就是马列主义的普遍真理跟中国实际相结合。但是，近几年来不大了解情况，我们调查研究做得少了，不大摸底了。他号召全党大兴调查研究之风，一切从实际出发。1961年要成为调查研究年。全会还听取和讨论了邓小平《关于1960年11月在莫斯科举行的各国共产党和工人党代表会议的报告》，并通过了《中国共产党第八届中央委员会第九次会议关于各国共产党和工人党代表会议的决议》。全会对以刘少奇为首的中国共产党代表团在莫斯科会议期间的工作表示满意。全会批准了中央政治局关于成立东北、华北、华东、中南、西南、西北6个中央局的决定。各中央局分别代表中共中央加强对各省、市、自治区党委的领导，以便保证党中央的方针政策的贯彻执行。八届九中全会标志着中国共产党自1958年“大跃进”以来在经济工作指导方针上的重要转变。

1月15日　中共中央批准以陈云为首的粮价问题小组《关于提高粮食收购价格问题的报告》。《报告》说，由于连续两年的自然灾害，使农业歉收，在3年大跃进中，由于积累较多，分配较少，农民也随之收入减少，因此，实行提高粮价的政策，可增加农民收入，鼓励农民生产积极性。《报告》提出，从1961年夏收起，全国粮食收购价格平均提高20%。同时，1960年已实行的对主要产粮区实行加价奖励5%的政策，照旧实行。粮食销售价格暂不提高。相应提高油、肉、禽、蛋的收购价格，使提价农产品大约占农民出售的全部农产品的一半左右。这项政策执行的结果，使粮食平均收购价格提高25%，生猪提高26%，家禽和蛋类提高37%，油料提高13%。

同　日　中共中央批转财政部党组《关于改进财政体制和加强财政管理的报告》。1958年，为适应国民经济大跃进的需要，国家财政管理体制作了变动，扩大了地方财政管理权限，实行企业利润留成制度和基本建设投资包干，并对税收管理体制进行了改进。到1960年底，财政管理和财政体制方面开始暴露出一些问题，其中较突出的是，财政管理偏松，财政纪律执行不严，某些地区和单位挤占国家资金，致使资金使用分散，预算外资金数额偏大。1957年预算外资金为47亿元，1960年预计要增加到130亿元，预算外资金的扩大，冲击了计划和市场供应，而财权分散则造成专区、县、公社和企业对资金需求增大和使用不当现象。为改变这种状况，财政部在《报告》中提出了下述解决措施：一、财政大权集中于中央、大区和省、市、自治区3级，认真实行“全国一盘棋”，坚决纠正财权过于分散的现象。二、对各地区、各部门和单位的预算外资金，采取有的纳入预算，有的减少数额，加强管理的办法进行整顿。三、坚持制度，严格纪律，加强监督，坚决纠正把不应摊入成本的开支挤入成本的现象。四、任何人不许把流动资金用于基本建设，不许把信贷资金用于财政性支出，不得赊销和挪用国家的商品和物资。

1月19日　陈云在中央工作会议上发表题为《安排市场要网开一面》的讲话。讲话着重讲了两个问题：一、关于进口粮食问题。针对国内粮食紧张的状况，他提出，把有出口市场的东西都集结起来，换取粮食进口。他说，有些东西要出口，比如核桃、瓜子、红枣等，国内吃的就少了。我们现在究竟要顾哪一头？我看，要顾进口粮食这一头。如果顾那些零零碎碎的吃的东西，是解决不了大问题的。他还说，宁肯每人减少1尺布，也要多进口10亿斤粮食。二、关于商品供应办法的问题。他提出，现在糕点供应紧张，应该实行“两条腿走路”，即有些商品可以实行凭证分配的办法，有些商品应该是只要有钞票就可以买。出售糕点可以同时采取这两种办法。一种是便宜的，凭证供应；另一种是高价的，你有钱就可以买。这样做，一是可以缓和人心，二是可以增加点营养和热量，三是可回笼货币。

1月20日　中共中央发出《中央工作会议关于农村整风整社和若干政策问题的讨论纪要》。《纪要》认为，农村总的形势是大好的。约80%的县、社、队是好的或基本上是好的；只有约20%的县、社、队存在着性质不同和程度不同的严重问题。90%以上的农村干部是好的或基本上是好的；只有近7%是犯有严重错误或比较严重错误的；其中真正属于五类分子和蜕化变质分子的，约为3%。即使在20%左右问题严重、形势不好或不大好的地区，只要情况明、决心大、办法对，经过彻底整顿，也可以在几个月内，把局势从根本上扭转过来。《纪要》要求所有农村人民公社和生产大队，都必须以贯彻执行中央12条《紧急指示》为纲，进行整风整社。在整风整社运动中，要彻底检查和纠正"共产风"、浮夸风、瞎指挥生产风、特殊化作风、强迫命令风，要彻底反对贪污、浪费、官僚主义。必须彻底清算平调账，坚决退赔，并向群众作检讨。整风整社应首先集中力量整顿三类社队。《纪要》还要求，通过整风整社运动，要进一步调整农村中的生产关系和上层建筑，纯洁干部队伍和党的组织，整顿干部作风，调整干部和群众的关系，在农村中形成一个广大群众心情舒畅的政治局面。《纪要》还确定了农村工作的若干具体政策，对清算平调账和退赔、提高粮食统购价格、节约用粮、发展家庭养殖和家庭副业、社员的自留地、农村集市、农业生产资料价格等一系列问题，作了政策性的规定。

同　日　中共中央作出《关于调整管理体制的若干暂行规定》。规定的核心是强调集中统一，主要内容有：一、经济管理大权应该集中到中央、中央局和省（市、自治区）委三级。最近2、3年内，应更多地集中到中央和中央局。二、1958年以来，各省、市、自治区和中央各部下放给专、县、公社和企业的人权、财权、商权和工权，放得不适当的，一律收回。三、中央各部直属企业的行政管理、生产指挥、物资调度、干部安排的权力，统归中央主管各部。国防工业一律由国防工委直接领导，过去下放的国防工业企业一律收回。全国铁路由铁道部统一管理，铁路运输由铁道部集中指挥。四、根据统一领导、分级管理的原则，凡属需要在全国范围内组织平衡的重要物资，均由中央统一管理、统一分配。国家按行业分配给各"口"的统配物资和部管物资，由中央主管各"口"负责进行归口安排。五、财权必须集中，各级的预算收支不许有赤字，货币发行权归中央。六、国家规定的劳动计划、各地方、各部门不许突破。七、所有生产、基建、收购、财务、文教、劳动等各项工作，都必须执行全国一盘棋、上下一本账的方针，不得层层加码，都必须集中力量，努力完成和超额完成国家计划。

1月23日　中共中央、国务院作出《关于进一步压缩社会集团购买力的决定》。《决定》提出，为了使购买力同商品供应大体平衡，保证市场物价的大体稳定，应当在积极发展生产的同时，进一步压缩社会集团购买力。《决定》要求，1961年的社会集团购买力应当从1960年的80亿元左右压缩到40亿—50亿元。根据上述原则，《决定》规定：一、从预算拨款中预扣一部分可以预扣的经费。二、所有单位一律停止非生产性购置，企业单位要自行核减有关支出。三、严格各项开支标准，企业单位要向行政单位看齐。四、坚决紧缩一部分可以紧缩的劳保福利开支。五、进一步降低企业成本，切实加强成本管理。六、对各部门各单位需要的主要商品实行计划管理，凭证供应。七、彻底清理仓库，发掘物资潜力。八、进一步开展各部门、各单位内部的节约运动。《决定》发出后，由于各地方、各部门的努力，这项工作取得明显的效果，上半年全国社会集团购买力总额压缩到22亿元，比上年同期的40亿元减少45%。

1月27日　中缅签订贸易协定。协定规定：中华人民共和国向缅甸联邦出口各种机械、各种工具、科学仪器等22种商品。缅甸联邦向中华人民共和国出口米及米产品、食用豆类等14种商品。

1月29日　《人民日报》发表社论：《大兴调查研究之风》。社论指出，社会主义建设事业是一桩新的事业，要熟习、掌握和运用社会主义建设的客观规律，需要有一个过程。特别是3年来我国的社会主义建设事业出现许多新情况和新问题，要掌握和解决新情况、新问题，就需要大兴调查研究之风。大兴调查研究之风，首先就是指，党的各级领导机关和领导干部以身作则地加强调查研究工作，分别到基层中去，选择一两个典型，用解剖麻雀的方法，进行全面系统的调查。社论说，重视实际情况，认真进行调查研究，不仅是党的领导机关，也是党的所有党员和干部的责任。

1月30日　第二届全国人大常委会第三十五次会议通过决议，撤销国家基本建设委员会，其业务合并到国家计划委员会。

同　日　文化部发言人发表谈话，严重警告美国政府应立即停止对我国在台湾文物的盗劫行为。谈话指出，1960年2月12日，美国国务院发表声明说，美国同蒋介石集团已经达成所谓协议，准备把蒋介石集团在解放前运往台湾的我国珍贵文物运往美国展览。这是美国企图假借“展览”之名，实现它劫夺这批文物的一个阴谋。对此，本部曾奉命在1960年2月12日发表声明，向美国政府及蒋介石集团提出严正警告。但是，美帝国主义并没有停止它盗劫这批文物的罪恶活动，美国政府竟公然派出所谓“专家”，于1960年4月到台湾台中县雾峰乡北沟村的文物仓库，进行“挑选”。准备将我国现存台湾珍贵文物全部精华，凡9类共253件运往美国。据悉，美国政府已决定派遣美国第7舰队的驱逐供应舰“布·坎尼容号”负责劫运这批珍贵文物去美国的任务。本部再一次严重警告美国政府，必须立即停止目前所进行的盗劫我国现存台湾文物的一切活动。美国政府与蒋介石集团非法签订的关于劫夺我国文物的任何“协议”和“合同”均属无效。

1月31日　中越签订《中国向越南提供长期贷款和成套设备的协定》。协定规定：中国将向越南提供1.4175亿卢布长期贷款。越南将在7年内（1961年—1967年）使用这项贷款，支付由中国供应的各种成套设备和提供的技术援助的各项费用。在签订的《中国向越南提供技术援助和成套设备的议定》中规定，中国将帮助越南新建和扩建冶金、电力、轻工、铁路等28个工业、交通企业。

本　月　中国航空模型选手分别创造世界纪录。4日和26日，中国航模选手陶考德和江育林操纵的两架无线电模型飞机分别创造了飞行高度2 470米和留空时间6小时8分35秒的世界纪录。26日，航模选手薛民献操纵的一架活塞式发动机模型飞机创造了飞行高度为6 880米的世界纪录，并打破航空模型飞机高度的世界绝对纪录。

2月7日　中共中央批转中央文教小组《关于1961年和今后一个时期文化教育工作安排的报告》。“大跃进”中，文教事业发展过快，出现了多占农村劳动力，质量提高跟不上数量发展的情况。为减少多占的农村劳力，支援农业生产，中央文教小组提出，今后3、5年内，农村16岁以上的在校生占农村劳动力的比例，应控制在2%左右。中小学一般都不招收超龄生，已招的要继续处理。部分农村全日制中学和高小，改为半学习、半劳动，农业中学改为业余学校。

农村普通中学和小学的毕业生，全部或绝大部回到农村或在农村升学。城市中专和高校毕业生，主要是农，医、师范院校毕业生，也要有计划地输送一部分到农村去。高等学校要在1961年上半年完成调整工作，集中力量办好64所重点学校。要求1961年高等学校招生25万人，比上年减少9.4万人，中专学校招生50万人，减少11万人；普通中学招生335万人，减少99万人。文化教育基本建设投资减为4.62亿元，为1960年预计8亿元的58%。

2月14日—22日　中国政府和人民抗议帝国主义及其代理人杀害刚果总理卢蒙巴。2月14日，中国政府发表声明，谴责帝国主义及其代理人杀害卢蒙巴，指出，卢蒙巴被杀害，是美国和比利时所代表的新老殖民主义对刚果人民和非洲人民的民族独立事业卑鄙残酷的进攻，也是对亚非和世界爱好和平人民的严重挑衅。声明表示，中国政府和人民坚决支持刚果人民维护祖国独立和统一的正义斗争。同日，周恩来致电基赞加代总理对卢蒙巴的被害表示哀悼。15日，中国亚非团结委员会、中非友好协会、保卫世界和平大会、全总、妇联、青联、学联发表抗议杀害卢蒙巴的联合声明。18日，首都10万人举行抗议大会，周恩来总理等国家领导人出席大会。另有40多万人在全市几十个地点集会。同日，首都各单位下半旗志哀。上海、天津、沈阳、西安、广州、武汉等城市也相继举行大规模集会。22日，刘少奇主席复电基赞加，表示中国坚决支持刚果政府反对美、比帝国主义的立场。《人民日报》16日、18日、22日连续发表社论，谴责美、比帝国主义及其代理人杀害卢蒙巴的罪行。

2月20日　中国和刚果共和国发表关于建立外交关系的联合公报。20日两国政府发表联合公报，决定建立邦交和互派使节。

2月28日　中共中央批转国务院财贸办公室《关于继续扩大高价糖果和高价糕点供应范围的报告》。1月下旬，全国大中城市高价糖果和高价糕点逐步敞开供应，到29日，已敞开供应的城市达40多个。2月28日，中共中央批转国务院财贸办公室的上述《报告》。《报告》指出，在3月底以前，把高价糕点的供应范围扩大到全国大中小城镇，高价糖果的供应范围扩大到全国城市和乡村，一律不凭证敞开供应。各地实行高价的糕点和糖果敞开供应的办法后，调节了商品供求矛盾，当年全国共回笼货币33亿元。

同　日　中国、马里签订货物交换和支付协定。协定规定：中华人民共和国向马里共和国出口各种机械、仪器和电气用品、化工品、医药和医疗器械等16大类商品。马里共和国向中华人民共和国出口花生、大米、棉花等9大类商品。

3月4日　国务院发布《关于进一步加强文物保护和管理工作的指示》及《文物保护管理暂行条例》、《第一批全国重点文物保护单位名单》等文件。国务院《关于进一步加强文物保护和管理工作的指示》要求各级人民委员会必须认真贯彻执行《文物保护管理暂行条例》，本着重点保护、重点发掘，既对基本建设有利，又对文物保护有利的方针，根据当地具体情况采取有效措施，并进一步加强对文物保护工作的领导。文物保护工作必须坚持勤俭办事业的原则，对于革命纪念建筑和古建筑，主要是保护原状，防止破坏，以维持不塌不漏为原则。除对已公布的各级文物保护单位做好保护管理工作外，应当继续调查了解尚未公布的文物，适当选择，公布为文物保护单位。《文物保护管理暂行条例》共18条，对国家保护文物的范围、责任、管理措施和奖惩办法等作了规定。同时公布的第一批全国重点文物保护单位共180处。

3月5日　毛泽东在广州中央政治局常委扩大会议上发表讲话。讲话谈到了1959年庐山会议的反右打断了反“左”问题。毛泽东说，在庐山会议之前，我们对实际情况的了解还是比较清楚的，但是在庐山会议之后就不大清楚了。因为庐山会议一反右，有人讲真实话、讲困难、讲存在的问题、讲客观实际等等，都被认为是右的东西，结果造成一种空气，不敢讲真实情况了。庐山会议是要反右的，也不得不反，但是接着在群众中间反右就坏事了。第二次郑州会议的召开是为了反“左”的，凡是贯彻郑州会议精神比较彻底的省，工作就比较实一些。但由3月—6月只反了4个月的“左”。如果继续反下去，那就好了。庐山会议反右是正确的，但是带来了高估产、高征购、高分配。这个教训是值得我们记取的。这件事也教育了我们，反“左”中间插了一个反右，在群众中间一反右，结果就反出了一个浮夸风。庐山会议反右这股风把我们原来的反“左”割断了。

3月13日　毛泽东发出关于认真调查公社内部两个平均主义的问题的一封信。信是写给刘少奇、周恩来、陈云、邓小平、彭真以及参加“三北”会议的与会者的。毛泽东在信中指出，大队内部生产队与生产队之间的平均主义问题，生产队内部人与人之间的平均主义问题，是两个极端严重的大问题，希望在北京的会议上讨论一下，以便回去后，自己并指导各级第二书记认真切实调查一下。不亲身调查是不会懂得的，是不能解决这两个重大问题的，是不能真正地全部地调动群众的积极性的。毛泽东还在信中指出，一些领导同志对于上述两个平均主义问题，至今还是不甚了了。其原因是忙于事务工作，不作亲身的典型调查，满足于在会议上听或者看地、县两级的报告，满足于走马观花的调查。他在信中提出：“我希望同志们从此改正，我自己的毛病当然要坚决改正。”

3月15日—23日　中共中央工作会议在广州举行。中共八届九中全会后，为了解人民公社化以后农村存在的问题，毛泽东首先派3个调查组到浙江、湖南、广东农村进行调查。从2月下旬起，他在广州主持起草人民公社工作条例。3月上、中旬，中共中央分别在广州和北京召开“三南”（即华东、中南、西南）会议和“三北”（即华北、东北、西北）会议。会议讨论和草拟了《农村人民公社工作条例》，为中央工作会议作了充分准备。3月15日—23日，中央工作会议召开，毛泽东主持了会议。会议讨论和通过了《农村人民公社工作条例（草案）》（即“农业六十条”）。《条例（草案）》共计十章、六十条，它对农村人民公社的性质、组织和规模，人民公社的管理制度，人民公社中的党组织，社员的权利和义务，社员的家庭副业，公社的干部等问题，作了规定。《条例（草案）》的制定，对于确定农村人民公社的体制，纠正社、队规模偏大，公社对下级管得太多太死，民主制度和经营管理制度不健全等具有重要的积极作用。会议后期，中共中央将《条例（草案）》下发给全国农村党支部和人民公社全体社员讨论，要求通过讨论，在总结经验的基础上，切实解决人民公社中的问题。会议还通过了中共中央《关于认真进行调查研究工作给中央局，各省、市、自治区党委的一封信》。信中要求，把深入基层，进行系统的典型调查，当做领导工作的首要任务。这次会议是1958年人民公社化以来，在调查研究和总结经验教训基础上，比较认真解决当时农村工作问题的一次重要会议。会议结束后，周恩来、刘少奇、朱德、邓小平、彭真、陈云等中央领导人率先深入基层，调查研究。推动了全党各级领导干部深入实际，为纠正人民公社化工作中出现的错误，克服农业经济中的困难，起了重要作用。

3月16日　国防部副部长陈赓大将逝世。陈赓，原名陈庶康。1903年2月27日生，湖南省湘乡县人。1922年加入中国共产党。1924年入黄埔军校第一期学习，参加了平定商团叛乱和讨伐陈炯明的东征。1926年赴苏联学习。次年回国参加南昌起义，任营长。从1928年起在上海主持中共中央特科的情报工作。土地革命战争时期，任中国工农红军第四方面军第十二师团长、师长，红军步兵学校校长，长征中任红军干部团团长。到达陕北后，任红一军团第一师师长。抗日战争时期，任八路军一二九师三八六旅旅长，太岳军区司令员。解放战争时期，任晋冀豫野战军第四纵队司令员，中国人民解放军第四兵团司令员兼政治委员。中华人民共和国成立后，历任西南军区副司令员兼云南军区司令员，云南省人民政府主席，中国人民志愿军副司令员，哈尔滨军事工程学院院长兼政委，中国人民解放军副总参谋长兼国防科委副主任，国防部副部长。1955年被授予大将军衔。是第一届、第二届国防委员会委员，中国共产党第七届候补中央委员、第8届中央委员。

3月18日　中朝签订1961年供应货物议定书。议定书规定：中华人民共和国将供应朝鲜民主主义人民共和国煤炭、棉花、钨铁、锰铁、轮胎、机械设备、化工原料等，并从朝鲜进口铁矿砂、有色金属、化肥、工作母机、排灌机械、水产品、水果、人参等。

3月19日　周恩来在中共中央工作会议小组会上发表《调查研究、实事求是》的讲话。周恩来说，毛泽东同志一向提倡调查研究和实事求是。从延安整风到七大，到全国解放，我们发扬了这种精神，取得了全国胜利。进城以后，特别是这几年来，我们调查研究较少，实事求是也差，因而“五风”刮起来就不容易一下子得到纠正。毛泽东同志最近几次讲到大兴调查研究之风，讲究实事求是；又说，右要反，“左”也要反，有“左”就反“左”，有右就反右。是好是坏，要从客观存在出发，不能从主观想象出发。进行调查研究，必须实事求是。我们下去调查要坚持毛泽东同志的3条原则：从群众中来，到群众中去；集中起来，坚持下去；坚持真理，修正错误。目前的毛病，还是我们发号施令太多，走群众路线太少。

3月20日　曾希圣致信毛泽东谈安徽农村生产责任制问题。安徽农民中出现“定产到田、责任到人”的生产责任制，起于1961年初，3月6日省委决定试行，其时全省有39.2%的生产队实行了责任制。3月中旬，在中央广州工作会议上，有人对此提出指责。曾希圣为消除误解、争取得到支持给毛泽东写了这封信。信中说，群众所提出的逐丘定产、逐丘定工、按劳动力的强弱承包一定数量的田亩，再以工除产，得出每个劳动日产量，以产量来计算工分，这实际上就是“包产到户”的办法。但我们并不是一成不变地采纳这个办法。而是吸取它的好处，又规定办法防止它的坏处，即要特别强调“五个统一”，其中最重要的两个，一是分配统一，二是大农活和技术性农活统一。所以这个办法实际上是田间管理包工到户，再按产量给奖的办法。它有许多好处。包产比较落实，包产指标增加，出勤率大大提高，参加农业生产的人增多，麦田管理显著加强，搞私有的减少，它的增产可能性很大。曾希圣在信中说这个办法还需要在实践中继续摸索，才能最后作出结论。

3月23日　中共中央发出《关于认真进行调查工作问题给各中央局，各省、市、区党委的一封信》。鉴于“大跃进”期间放松调查研究工作所造成的损失，中共中央将毛泽东1930年春写的《关于调查研究工作》一文印发全党高、中级干部学习，并印发了这封信。信中指出，最近几年在农业、工业等方面的具体工作中发生的一些缺点错误，根本上是由于许多领导人员放松在抗日战争期间和解放战争期间进行的很有成效的调查研究工作，满足于看纸上的报告，听口头的汇报，下去的时候也是走马观花，不求甚解，并且在一段时间内，根据一些不符合实际的或者片面的材料作出一些判断和决定。这是一个主要的教训，全党各级领导同志，决不可忽略和忘记这个付出代价的教训。中央要求县级以上各级党委，首先是第一书记，要把深入基层，蹲下来，亲身作有系统的典型调查，当做领导工作的首要任务。一切从实际出发，不调查就没有发言权，必须成为全党干部的思想和行动的首要准则。

3月28日　中朝签订供应成套设备和提供技术援助的协定。签字仪式在北京举行。议定书规定，中国将在以后几年内，向朝鲜建设的金笔厂、针织厂、橡胶制品厂等项目，供应成套设备，提供技术援助。此外，还向朝鲜供应轻工业所需要的单项设备。

3月28日—4月2日　陈毅访问印度尼西亚。访问期间，陈毅和印尼外交部长苏班德里约举行了特别会谈，就两国的关系和共同关心的国际问题交换了意见。4月1日，中国和印度尼西亚在雅加达签订友好条约和文化合作协定。陈毅、苏班德里约分别代表两国政府在条约上签字。同日，中国和印度尼西亚发表外交部长联合公报。

3月31日　粮食部就春耕期间农村吃粮情况的调查结果向周恩来、李先念作书面报告。粮食部是根据周恩来的指示，于3月间对全国各地农村口粮消费状况进行普查的。调查结果表明，1961年由于各地党委对农村人民生活安排抓得紧，3月份多数地区农民口粮标准一般都比1月、2月份提高1两—2两，最低的也能吃到半斤以上，已有相当多的生产队能吃到七、八、九大两或者更多一些。但是部分地区由于贯彻“十二条”以后，农民生产积极性提高，劳逸结合不够，浮肿病仍有反复。为保证春耕生产顺利进行，争取农业丰收，须进一步狠抓生活安排及疾病的防治工作。

本　月　中国女子跳伞运动员打破2项世界纪录。3月16日，赵月英在女子1 500米个人综合跳伞表演中以两次跳伞距靶心0.365米，打破世界纪录。3月28日，李淑花、耿桂芳在女子1 000米个人定点跳伞表演中以两次距靶心1.15米和1.207米，打破世界纪录。

本　月　民族文化工作指导委员会和民族历史研究工作指导委员

会成立。两个委员会分别是由文化部和民族事务委员会依照国务院的指示而创建的。它们的工作任务是研究和制定民族文化工作和民族历史研究工作的方针；组织力量发掘搜集整理民族文化遗产和民族历史资料；制定培养民族文化干部和民族历史研究工作干部的规划。

4月1日　中国印度尼西亚签订友好条约。中国国务院副总理兼外交部长陈毅、印度尼西亚共和国第二副首席部长兼外交部长苏班德里约分别在条约上签字。这是继1960年中国同缅甸、阿富汗、尼泊尔、几内亚、柬埔寨分别签订友好和互不侵犯条约或友好条约后，签订的又一个相同性质条约。

4月2日　国家计委调整1961年基本建设计划。为贯彻党的八届九中全会确定的1961年基本建设计划安排原则，国家计委重新编制了1961年的基本建设计划，确定预算内基本建设投资由原定的167亿元缩减为129亿元，比1960年减少216亿元；正式施工的大中型项目由原定的900个减为771个（不包括国防工业）；加上少量的施工收尾、维持和筹建等项目325个，共为1 096个，比1960年减少739个。在正式施工的771个大中型项目中，续建的项目为743个，新建的只有28个。

同　日　《人民日报》发表社论：《认真执行农村人民公社的各项政策》。社论指出，当前，党的各级组织的主要任务是，在整风整社运动的基础上，全面贯彻党的关于人民公社和农业生产的各项政策，解决一些还没有完全解决的问题，进一步调动群众的积极性，争取今年农业丰收。党的各级组织应当把贯彻政策以促进生产作为全部工作的中心环节。社论指出，在一个很长的历史时期内，农村人民公社是社会主义的集体经济组织，实行各尽所能、按劳分配、多劳多得、不劳动者不得食的原则。农村人民公社一般地分为公社、生产大队、生产队三级。以生产大队所有制为基础的三级所有制，是现阶段人民公社的根本制度。目前需要着重注意解决的问题，是生产队与生产队之间、社员之间贯彻实行按劳分配、多劳多得的分配原则；合理划分人民公社的公社、生产大队、生产队之间的职权范围。这是正确发挥各级组织和广大社员积极性的重大政策问题。

4月2日—13日　西藏自治区筹备委员会第五次全体会议在拉萨

举行。出席会议的有筹委会正、副主任委员和常委共10人。中共西藏工委、西藏各专署、政协西藏委员会、人民团体、西藏自治区筹委会各部门的负责人，劳动人民代表120多人列席会议。会议由班禅额尔德尼·确吉坚赞主持，并作关于西藏自治区筹备委员会1960年基本工作总结和1961年工作安排的报告。他在报告中说，西藏民主改革已取得伟大成绩。在87万人口的农业区中，有85万人口的地区完成了民主改革。西藏地区已经全部建立起人民政权机构。与此同时，西藏地区的农业、财贸、交通运输、文教卫生等各方面工作也取得了显著成绩。班禅额尔德尼说，1961年的中心任务是继续完成民主改革；巩固人民民主专政，在条件成熟地区，正式建立人民代表大会制的乡县两级人民委员会；加强革命干部的培养；大力发展农业，大办粮食；相应发展工业、交通运输、财经贸易、文教卫生事业。会议讨论了报告，并通过相应的决议。中共西藏工委书记张经武在会上作关于党在西藏地区今后5年不搞社会主义改革，不办农牧业生产合作社，稳定发展个体经济等方针政策的报告。会议还通过致驻藏人民解放军的慰问电。

4月4日—14日　第26届世界乒乓球锦标赛在北京举行。中国乒乓球队获得男子团体世界冠军；庄则栋、丘钟惠分别获得男、女单打世界冠军。

4月6日—16日　缅甸联邦总理吴努应邀到中国云南省度假。在此期间，周恩来和吴努就重大的国际问题和发展两国间友好合作问题进行了会谈。16日，周恩来和吴努发表联合公报。公报指出，为保证老挝的独立自主、和平中立，内部事务不受干涉，必须立即召开柬埔寨国家元首西哈努克亲王建议的、有14国参加的扩大的日内瓦会议。公报说，两国总理同意，在必要时将协同合作解决国民党残余部队问题。公报还说，中国政府同意在近期内派技术专家代表团前往缅甸商谈中国在工业、农业、水利、水力发电、交通运输等方面援助缅甸执行4年计划的工程项目。接受缅甸农业代表团到中国云南省参观农业生产和农业机械化作业。

4月8日　中国苏联发表贸易会谈公报。会谈公报说，中华人民共和国政府贸易代表团和苏联政府贸易代表团商定了相互间的货物供应额，并在本年4月7日签订了《1961年中苏货物交换议定书》。商定的货物交换品种是：中华人民共和国在1961年内将供应苏联有色金属矿砂、锡、水银、铅、生铁、水泥、桐油、化工品、羊毛、生丝、茶叶、呢绒和绸缎、缝制品和针织品等。苏联将供应中华人民共和国锻压、发电和电工设备、石油设备、金属切削机床、挖土机、泵和压缩机、拖拉机、汽车、石油产品、黑色和有色金属压延材、化工品和其他货物等。公报说，苏联方面提出，1960年贸易业务中中国对苏联的欠账应在5年内分期偿还，不计利息。苏联还建议在1961年8月底以前以借用方式供应中华人民共和国50万吨食糖，食糖将在1964年—1967年期间归还，不计利息。

4月9日　中共中央转发中央精简干部和安排劳动力5人小组《关于调整农村劳动力和精简下放职工问题的报告》。报告指出，从1960年秋天到11月底，26个省、市、自治区从各方面抽调到农业第一线的劳动力共有2 913万人，扣除15%的虚数，农业第一线增加的劳动力约为2 500万人，农村人民公社净增的劳动力约为600万人。农业战线劳动力的情况已经有了改善，但是还没有达到中央规定的3条杠杠，即农村劳动力占农村人口40%；固定归生产队支配的劳动力占农村劳动力总数的95%；农业劳动力占农村劳动力总数80%，实际上只分别达到39%、89.1%、67.4%。报告说，1960年11月全国计划会议确定的精简下放502万人的计划方案，已经接近完成，根据各省、市、自治区的报告，截止1961年2月底、3月中，全国已精简下放职工410 600人。考虑到一方面农村需要更多的劳动力，和当前有必要尽可能减少城市人口，压缩城市购买力，另一方面按照1961年的生产建设计划，许多部门的职工还有多余，因此，从1960年9月底到1961年底，拟将原定精简职工指标502万人调整到800万人左右。关于下放干部的情况，5人小组在《报告》中反映，到1960年11月底，全国已经下放干部101.8万人，其中到农村的约占80%，即80万人左右。据11个省、市、自治区的统计，已经下放的干部达到了干部总数的14.8%。中央同意了五人小组进一步实行精简的意见，并指出要注意克服浪费劳动力的现象。

同　日　中共中央批准《关于国防工业部门1961年基本建设计划安排的报告》。按照中央指示和军委“两弹为主，导弹第一”、“少买、少产、多建、多试”的方针。《报告》提出了国防工业的材料、设备和投资的分配原则，即基建重于生产，尖端重于一般，质量重于数量，维修重于制造。基本建设重点，是确保“两弹一机”的研究试制和小批生产的重点项目及配套工程。这一年国防工业部门的基本建设投资由于整个国民经济基本建设规模的缩小和材料、设备、技术条件的限制，实际完成为上年的一半左右，但占全国基本建设投资的比重，则比1960年有所上升。

4月12日　周恩来致电赫鲁晓夫祝贺苏联成功发射载人宇宙飞船。电报说，苏联人民对征服宇宙作出的划时代的伟大贡献，显示了社会主义制度无比优越性，加强了中国人民和社会主义国家人民建设社会主义和共产主义的信心，鼓舞了全世界人民反对帝国主义侵略，争取世界和平、民族独立、民主和社会主义的斗争。

4月19日　毛泽东接见古巴文化代表团。毛泽东在谈话时指出，中国和古巴是两个友好的国家，我们相互帮助，相互支持。我们的目标是一个：反对帝国主义。美国帝国主义是帝国主义中最大的一个，它不但压迫我们，也压迫你们，它压迫全世界人民。在一些不是帝国主义的国家中，都有一些帝国主义的走狗。我们不但要反对帝国主义，也要反对帝国主义的走狗。

4月20日　中国政府发表反对美国武装侵略古巴的声明。声明说，美帝国主义经过一个时期的阴谋策划，公然对古巴发动武装侵略。美国飞机袭击了古巴，美国雇佣军队已经在古巴登陆。这是对全世界一切爱好和平的人民和国家的挑衅。中国人民对美国武装侵略古巴，不能漠不关心。同古巴人民一样，中国人民也遭受着美国的侵略，美国占领中国领土台湾，干涉中国内政，不断侵犯中国领海领空。声明说，不管出现什么情况，中国人民将坚定不移地站在英雄的古巴人民方面。

4月21日　首都60万人集会支持古巴反侵略斗争。最大的集会在东郊工人体育场举行，周恩来总理出席了大会。北京市市长彭真致开会词，他说，美国对古巴的武装侵略，绝不是一个孤立的行动，它是美国在全世界进行侵略的一个组成部分，美帝国主义到处同争取独立、自由和社会进步的人民为敌，它对老挝进行武装干涉，利用联合国的招牌企图控制刚果，全世界人民从美国的一系列侵略罪行中，特别是从美国对古巴的武装侵略中，更加清楚地认识到美帝国主义是他们的共同敌人。会上还有10多位各界代表、外宾也发表了讲话。大会最后宣读了以大会的名义致古巴革命政府总理菲德尔·卡斯特罗的电报。

4月22日—25日　老挝王国首相梭发那·富马访问中国。23日，首都各界举行大会欢迎。同日，周恩来同梭发那·富马举行会谈，会谈就老挝局势、两国关系和共同关心的问题交换了意见。24日，毛泽东主席接见梭发那·富马和苏发努冯亲王。25日，周恩来和梭发那发表联合声明，双方一致认为召开扩大的日内瓦会议，是和平解决老挝问题的唯一有效途径，并宣布两国政府决定正式建立外交关系，互换大使级外交使团。

4月26日　中共中央转发毛泽东的重要批示及有关文件。根据毛泽东的指示，中共中央将胡乔木的一封信和关于公社食堂问题的调查材料等4件附文转发各中央局、省、市、自治区党委。并要求作为研究和解决食堂问题的参考。调查材料反映，在韶山公社干部和社员讨论“六十条”的时候，遇到的最突出的问题，就是公共食堂问题。大多数食堂目前实际上已经成了发展生产的障碍，成了党群关系中的一个疙瘩。调查材料根据调查得到的种种事实证明了食堂存在的许多问题，指出，食堂问题所以成为最突出的问题，主要是因为它同工分值降低、社员收入减少和分配上的平均主义直接联系在一起，又在群众的每天生活中引起许多不便。调查材料还反映了群众解散食堂的要求，举了在群众积极参加下，妥善处理解散食堂问题的一个例子。调查材料指出，食堂散了以后，对生产只有好处。对于这个问题应该毫不犹豫，当机立断。

同　日　中国政府发表支持日内瓦会议两主席和平解决老挝问题

的建议的声明。声明指出，老挝的严重局势是美国违反1954年日内瓦协议，干涉老挝内政所造成的。为了保证老挝实现停火，美国、泰国和南越必须立即停止对老挝叛乱集团的援助，撤出军事人员和装备，老挝境内蒋介石残部必须立即解除武装并遣送出境。声明说，中国决定参加5月12日在日内瓦召开的国际会议，并准备同所有与会国家共同努力，切实保证老挝的主权、独立、统一、领土完整和内政不受干涉。同日，《人民日报》发表社论：《为和平解决老挝问题而努力》。

同　日　中蒙签订通商条约和1961年互相供应货物议定书。中华人民共和国供应蒙古人民共和国绸缎、服装、皮革制品、茶叶、棉毛制品、日用百货、建筑材料、工业原料、机器设备和零配件等商品。蒙古人民共和国供应中华人民共和国马匹、皮张、兽皮、肠衣和其他货物。

同　日　中国承认塞拉勒窝内独立。

4月28日　毛泽东接见亚非外宾。受到接见的有：全非人民大会秘书长阿卜杜拉耶·迪亚洛，几内亚民主党政治局委员卡马拉·本加里，约旦国家社会党总书记夏菲克·伊尔希达特等人。毛泽东在会谈时指出，革命政党和力量，在开始时都是处于少数地位的，但最有前途的就是他们。毛泽东严厉地谴责美帝国主义对古巴的侵略，指出，美国帝国主义迫不及待地进攻古巴，再一次在全世界面前暴露了它的真面目，说明肯尼迪政府只能比艾森豪威尔政府更坏些，而不是更好些。美国帝国主义利用联合国作为工具侵略刚果和杀害卢蒙巴的罪行，将非洲人民对美国帝国主义的认识进一步提高了。毛泽东指出，最近万隆亚非团结会议上所表达的亚洲、非洲人民同拉丁美洲人民加强团结的愿望，是好的，对世界人民反帝国主义斗争的共同事业是有益的。

5月2日　中柬互换友好和互不侵犯条约批准书。签字仪式在金边举行。中国驻柬埔寨大使王幼平、柬埔寨王国外交大臣涅·刁龙分别在批准书上签字。

5月7日　毛泽东批转周恩来关于农村政策问题的调查报告。周恩来于4月下旬—5月中旬在河北省邯郸地区农村调查期间，了解到农村广大干部和社员中存在的几个反映比较强烈的问题，主要是：一、社员普遍不赞成办食堂，绝大多数甚至全体社员，都愿意回家做饭。二、社员不赞成供给制，只赞成把五保户包下来和照顾困难户的办法。三、社员群众迫切要求恢复到高级社时评工记分的办法，真正实现多劳多得。5月7日，周恩来打电话向毛泽东作了汇报。5月10日，邓小平和彭真也联合向毛泽东报告了在农村调查的情况。他们指出，要进一步全面地调动农民的积极性，就需要对供给制、粮食征购、余粮分配、三包一奖、评工记分、食堂、所有制等制度加以改进，有些政策要加以端正，并反映，三七开供给制办法，带有平均主义性质，害处很多，干部和群众普遍主张取消。毛泽东分别转发了他们的调查报告。

同　日　刘少奇同炭子冲农民谈话。1961年4月1日—5月15日，刘少奇带领工作组在湖南省长沙、宁乡两县农村作了40多天的调查。5月7日，他在家乡宁乡县花明楼公社炭子冲大队调查时，同当地农民和基层干部进行了谈话。他在谈话中指出，社员的生活比1957年差了，生产比以前降低了，干旱有一点儿影响，但不是主要的，主要是工作中犯了错误。对此，上边要负主要责任，根子还在中央。关于食堂问题，刘少奇指出，食堂没有优越性，不节省劳动力，不节省烧柴。这样的食堂要散，勉强维持下去没有好处，已经浪费几年了，不能再浪费下去。关于退赔问题，刘少奇指出，退赔不要半途而废，马马虎虎了事。要扎扎实实算一回账，算得疼一点儿，赔清以后，立块碑，或者写一个大单子，以便子子孙孙传下去，以后再也不犯这个错误。关于民主办社，刘少奇指出，办事要讲民主，整人这个风气很不好。要真正实行民主，就要由社员当家做主，干部是社员的勤务员，应该好好为社员办事，多数社员认为不能办的事，就不要办。他还说，公家占用的房子，如银行、供销社、学校、公社和大队办公室、工厂、猪场等，都要挤一下，把多占用的房子都退出来给社员住。我的旧居纪念馆，我几次写信说不要搞，结果还是搞了。这个房子应退出来，分几户社员到这里来住，我家的亲属不要来住。刘少奇后来在当年5月的中央工作会议上也重复了上述主要观点。

5月9日　朱德写信向毛泽东反映农村公共食堂的问题。他在信中说，四川的社员吃饭是“两道烟”，即在食堂做一道，社员打饭回家再加工一道，对人力物力浪费不少。陕西省委对食堂的反映十分强烈。据他们汇报，多数群众愿意回家自己做饭，群众说食堂有五不好：一、社员吃不够标准；二、浪费劳动力；三、浪费时间；四、下雨天吃饭不方便；五、一年到头吃糊涂面。大多数社员认为食堂的缺点是：分散领导力量，大量占用劳动力，浪费工分。仅食堂所费工分即占生产队包产总工分的47.3%，使劳动工分值降低，社员收入减少，对病人、老幼和来客照顾不到，对群众也不方便。朱德在信中说，现在河南省委对食堂问题，是坚决按照群众的意见办。即群众要办的坚决办好，群众愿意回家做饭的，则将粮食发给群众，让群众回家做饭。据豫东地区调查，允许群众回家做饭不到1个月的时间，浮肿病即下降40%~50%。

5月15日　中德签订1961年交换货物和付款议定书。议定书规定：中华人民共和国将供应德意志民主共和国矿产品、畜产品、食品、纺织品和轻工业品等。德意志民主共和国将供应中华人民共和国化学肥料、成套设备、机床、仪器、锻压设备等。

5月16日　陈毅率领中国代表团参加和平解决老挝问题的扩大的日内瓦会议。5月24日，陈毅在大会发言中，提出了和平解决老挝问题的五项原则：一、必须以1954年的日内瓦协议为基础；二、必须尊重老挝的独立和主权；三、必须切实保证老挝的中立；四、必须严格区分老挝问题的国内方面和国际方面，老挝的内部问题只能由老挝人自己解决，任何国际协议都不得以任何形式干涉老挝内政；五、所有与会国必须参加并且切实遵守共同协议。

5月21日　外交部发表反对美国在南越加紧军事干涉的声明。声明说，美国副总统约翰逊和吴庭艳集团最近宣布的“八点措施”，是一个在军事上、政治上和经济上全面控制南越，把南越变成美国军事基地和殖民地的计划。它彻底破坏了1954年关于印度支那问题的《日内瓦协议》。越南民主共和国外交部严厉地谴责美国在南越加紧军事干涉的罪行，要求日内瓦会议两主席和参加国采取紧急措施，制止美国的侵略计划。中国政府完全支持这一紧急呼吁和严正立场。

5月21日—6月12日　中共中央在北京举行工作会议。会议进一步讨论了有关调整国民经济和农村工作问题，并讨论了毛泽东在会议期间提出的关于调查研究、群众路线、退赔、平反与处罚等问题。会议在中央和各地负责人对农村情况进行深入调查研究的基础上，对《农村人民公社工作条例（草案)》进行了修改，主要是，进一步规定了取消分配上的供给制部分，停办公共食堂，增加了“党政干部三大纪律，八项注意”的内容，制定了供讨论和试用的《农村人民公社工作条例（修正草案)》和《中共中央关于坚决纠正平调错误、彻底退赔的规定》。为解决粮食问题，调整工业与农业、城市与乡村的关系，会议同意陈云的意见，决定实行精简职工和动员城市人口下乡的政策。制定了《关于减少城镇人口和压缩城镇粮食销售量的九条办法》规定在1960年底1.29亿城镇人口的基数上，3年内减少城镇人口2 000万以上，本年内至少减1 000万。会议决定调整当年的钢产量，由原定的1 900万吨降为1 100万吨。会议还决定对几年来受批判处分的党员和干部，进行实事求是的甄别平反。会议还讨论通过了《关于改进商业工作的若干规定（试行草案)》（即“商业四十条”)、《关于城乡手工业若干政策问题的规定（试行草案)》（即“手工业三十五条”）和《关于确定林权、保护山林和发展林业的若干政策的规定（试行草案)》（即“林业十八条”)。刘少奇在会议讲话中指出，现在，各方面的矛盾，如工业和农业的矛盾，文教和其他方面的矛盾，都集中表现在粮食问题上。总体来讲，这几年的问题，就是工业、交通、文教都办多了，非农业人口搞多了，农民养不起这么多人，所以非减少不可。关于产生困难的原因，刘少奇指出在大多数地方，我们工作中间的缺点错误是主要原因。关于克服困难的办法，刘少奇说，现在要解决的问题很多，中心的问题，就是要坚决缩短工业战线，延长农业战线和轻工业战线，压缩城市人口下乡。会议就上述问题进行了广泛的分组讨论。

5月29日　毛泽东转发《农村商业要办活一点》的调查材料。这个调查材料是胡耀邦带领调查组在辽宁省对农村商业工作进行调查后写的。调查材料反映了农村商业工作中存在的体制问题和商业工作统得太死的问题。其中说，1958年公社化以后，供销社集体所有制变为国营商业，农村的商品交换就由包括集市贸易在内的3条渠道变成1条渠道，这就影响了集体和个人的商品生产者直接交换自己的产品，不利于生产和消费；由于国营商业部门全都实行一个牌价，价格不尽合理，影响了社员个人和集体物资的出售，市场上的商品量大量减少，造成人为的物资紧张；基层商业部门面向群众为生产和生活服务的工作，做的远不及以前。材料提出，改变农村商业体制势在必行，恢复供销社集体所有制企业性质，是彻底解决问题的办法。要使农村商业活跃起来，除解决体制这个根本环节外，政策调整也很重要。政策调整的范围应包括：一、适当调整农副产品的购留比例，以奖励生产。二、对农村经济工作，不可统得太多，管得太死。三、调整农副产品的价格。四、减少商品的迂回运输。毛泽东看了这个调查材料后，批示印发中央工作会议，并赞扬这个文件很好，可发到县、社两级讨论。

同　日　解放军总政治部召开全军管理教育工作会议。会议讨论了《中国人民解放军连队管理教育工作条例（草案）》。解放军总政治部副主任肖华在会上作了《关于加强连队管理教育工作的报告》。报告提出了解放军管理教育工作必须遵循的5个原则，并就条例的主要精神作了说明。林彪在会上发表讲话说，管理教育工作是提高部队战斗力的重要问题，在管理教育工作中，要把严格要求和耐心说服结合起来。6月19日，经军委扩大会议审议通过后，国防部颁布《中国人民解放军连队管理教育工作条例》。

5月31日　陈云在中共中央工作会议上发表《动员城市人口下乡》的讲话。他在讲话中深刻地阐述了精简职工和城市人口下乡对于当前调整经济，克服困难的重要性和迫切性，建议全党要下决心做好这项关系全局的大事。陈云指出，要解决摆在我们面前的粮食紧张问题，办法有4条：一、继续调整党在农村的基本政策。二、工业要大力支援农业。三、进口粮食。四、动员城市人口下乡，减少城市粮食的销售。以上4条，第1条是根本的，第二、第三两条有时间和数量的限制，第四条则是必不可少的，我们非采取不可的。现在如果不动员城市人口下乡，就会产生更为严重的问题，就会把粮食高产的队、社、县、专区和省的积极性打下去，牲口可能还要继续大量死亡，经济作物产量还要继续下降，粮食进口增加，耗费大量外汇，影响国家工业建设，这对于人民生活和整个国民经济的发展都很不利。因此，必须下决心动员近3年从农村来的城市人口下乡，只有这样，才能稳定全局，并且保证农业生产的恢复。陈云指出：国民经济的基础是农业，农业好转了，工业和其他方面才会好转。所以，工业不能挤农业，城市不能挤农村，而要让农业，让农村。农业能有多少剩余产品拿到城市，工业建设以及城市的规模才能搞多大，其中关键是粮食。中央采纳了陈云的意见，当年下放城镇人口1 000万，粮食销量减少40亿斤。

6月1日—28日　中共中央召开文艺座谈会。会议的中心议题是贯彻党的“调整、巩固、充实、提高”的方针，总结几年来文艺工作中存在的问题，研究调整文艺政策。会议讨论通过了《关于当前文学艺术工作若干问题的意见（草案）》（即“文艺十条”初稿）。6月19日，周恩来在会上讲了话。他在讲话中阐述了艺术民主、物质生产和精神生产、阶级斗争和统一战线、为谁服务、文艺规律、遗产与创造、文艺领导等问题，批评了当时文艺工作中存在的“左”的思想。周恩来说，要造成一种民主风气，允许批评，允许发表不同意见，那种“五子登科”的风气（即套框子、抓辫子、挖根子、戴帽子、打棍子）是错误的。政治标准不等于一切，还有艺术标准，还有个如何服务的问题。周恩来还针对当时文艺作品在数量方面搞得很多却质量不高，文艺队伍搞得很大，水平不高等问题，指出，文艺的数量和质量要辩证地发展，思想性和艺术性要辩证地结合。现在不敢谈经验和才能，不敢谈技巧，有人一谈技巧，就被说成资产阶级思想，这显然是错误的。一个人只要在社会主义土壤上专心致志为社会主义服务，虽然政治上学习得少，不能算“白”。现在文化事业搞多了，队伍搞大了，占用了劳力，影响了生产，所以要缩短战线，贯彻“调整、巩固、充实、提高”八字方针。

6月8日　郑州发现商代文化遗址。遗址位于现在郑州市区的中心和城北关一带。经钻探和试掘，发现一个基本互相衔接、周长约7 100米，呈不甚规则的长方形古代夯土层，考古工作者认为，它可能为商代的城墙基址。这一遗址在面积、年代上都大于和早于安阳殷墟，是我国发现的历史上年代最古老的大城市。在这个商代古城中，考古工作者还发现了大批商代的墓葬、房基、窖穴和文化遗存。在基址的四周，还分别发现了两处比较大的商代冶铸铜器工场，以及商代的制骨器工场、制陶器工场和酿造工场各一处。同时出土的还有极为丰富的文化遗物，其中除大量的陶器、青铜器、骨器、蚌器、玉器、象牙器和石器等日常生活用具和生产用具外，还有3片刻有文字的卜骨，这些迹象表明，郑州商城是安阳殷墟以外又一个商代政治、经济、文化中心。

6月9日　新华社报道：16个民族文学史或概况编写完成。其中，白族、纳西族和藏族3部文学史已出版发行。蒙古、苗、僮、傣、彝、土家等民族的文学史和仵佤、侗、布依、瑶、哈尼、赫哲等民族的文学概况也已印初稿。

6月10日　周恩来接见嵯峨浩、溥杰、溥仪等人并进行亲切的谈话。周恩来在谈话中说，今天在座的有过去的皇帝、皇族，现在都生活在一起，这有一个条件，大家平等。过去皇族、官僚、贵族，今天都变化了，当了工人、职员或教员。中国旧社会，等级森严，不平等。清朝时我们这些人要见溥仪非下跪不可，也根本见不到。辛亥革命后就变了，但只变了一点，推翻了清政府的压迫，代之以少数汉人的统治，而且更凶。北洋军阀是年年打仗，国民党统治也是战争不断，搞得民不聊生。只有中国革命胜利了，社会才变了，全中国人民都平等了。中国现在的社会制度是中国人民自己选择的，自己奋斗出来的，不是外来力量强加的。我们觉得这样做很心安，很高兴。周恩来在谈到满族问题时说，满族统治阶级入关统治中国近300年，奴役各族人民，虽然使中国一度强盛，但最终还是衰败了，这应由清朝的皇帝和少数贵族负责，满族人民是不用负责的，他们也同样受到灾难。至于“满洲国”时代，溥仪、溥杰都应该负责，当然更大的责任应由日本军国主义来负。清朝亡了，说明它不好，这一点历史已经作了结论，现在的问题，是要恢复满族应有的地位，把满族恢复起来。清朝是中国最后一个王朝，它做了许多坏事，所以灭亡了。但也做了几件好事：第一件，把中国许多兄弟民族联在一起，把中国的版图确定下来了，900多万平方公里。第二件，清朝为了要长期统治，减低了田赋，使农民能够休养生息，增加了人口，发展到4亿人，给现在的6.5亿人打下了基础。第三件，清朝同时采用满文和汉文，使两种文化逐渐融合接近，促进了中国文化的发展。周恩来在谈到中日关系问题时指出，日本军国主义从1894年—1945年，损害了中国人民。日本经过明治维新前进了一步，从封建社会到资本主义社会，后来逐步发展到军国主义，侵略朝鲜、中国，使中国人民受到很大损害。解放10年来，有上万的日本朋友见到毛主席、刘主席和我，表示谢罪。我们说这已经过去了，中日两国有近2 000年的来往，发展了经济文化交流，同近2 000年比起来，50年的时间是很短暂的，而且已经成为过去。我们应该往前看，应该努力促进中日两国的友好关系，恢复邦交，发展经济文化交流。

6月12日　毛泽东在北京中央工作会议上发表讲话。讲话着重谈了为什么“五风”迟迟得不到纠正的原因和要下决心彻底纠正公社化以来的“五风”错误的问题。毛泽东说，两次郑州会议开得仓促，我们那时对中国社会主义革命如何搞还不甚懂。第一次就是搬斯大林，讲了一次他写的《苏联社会主义经济问题》。第二次就是分三批开会，第一批一天的工夫，最后一批是一天半。怎么能解决问题呢？庐山会议后，我们错在什么地方呢？错就错在不该把关于彭、黄、张、周的决议，传达到县以下。应该传达到县为止，县以下继续贯彻郑州会议纪要、上海会议十八条的精神，继续反“左”。一反右，就造成一个假象，可好了，生产大发展呀，其实不是那样。搞下去就整出许多右倾机会主义分子。现在看是犯了错误，把好人、讲老实话的人整成了右倾机会主义分子，甚至整成了反革命分子。当然，郑州会议基本上是正确的，上海会议提出的18条也还是基本上正确的，但对食堂问题三七开问题是不正确的。1960年春看出“共产风”又来了。先在广州召集中南各省的同志开了3小时的会，时间这样短。接着在杭州又召集华东、西南各省的同志开了3、4天会，议题不集中，整“一平二调”没有成为中心。后来又在天津召集东北、西北、华北各省同志开了会，也不解决问题。那时候提倡几个大办：大办水利，大办县社工业，大办养猪场，大办交通，大办文教。这五个大办一来，糟糕！那不又是“共产风”来了吗？1960年7、8月的北戴河会议，70%~80%的时间是谈国际问题，只剩一个尾巴谈粮食问题、农业问题，也没有批评两个平均主义。“一平二调”的彻底解决，还是从11月发出12条指示开始的。12条指示，在执行中发生了一个错误，就是只搞了三类县、社、队，其他一类二类放过了，没去动。“共产风”、命令风、浮夸风、瞎指挥风、干部特殊风没有普遍去整。一提“五风”，说是一二类可以放心，现在一查，那些地方“五风”可厉害了。所以，这一次中央文件、中央指示上规定，不管一二三类，县、社、队都要普遍地整“五风”。我们也来个3年不行至5年，5年不行至7年，7年不行至10年。一定要搞好调查研究，一定要贯彻群众路线。平调的财物要坚决退赔。还有一个，凡是冤枉的人都要平反。

6月13日—15日　印度尼西亚总统苏加诺应邀访问中国。13日，毛泽东、刘少奇分别与苏加诺举行会谈。14日，首都10万人集会欢迎苏加诺总统。同日，中国印度尼西亚互换友好条约批准书和核准文化合作协定的照会，刘少奇主席和苏加诺总统参加了批准书签字仪式。15日，两国政府发表了联合公报。

6月16日　首都各界集会欢迎越南民主共和国政府代表团。周恩来总理等国家领导人出席了大会。北京市市长彭真在大会上发表讲话，他严正指出，美帝国主义必须停止干涉南越。越南代表团团长越南民主共和国总理范文同在大会上发表了长篇讲话，他在讲话中表示，越南全国人民统一祖国的意志不可动摇。

6月17日　中国女子登山队创世界纪录。中国女运动员西绕和潘多于北京时间22时30分在征服新疆境内昆仑山脉海拔7 595米的公格尔九别峰时登顶成功。另两名女运动员王义勤、查母金也登上海拔7 560米的高度。她们都打破了由中国女子登山运动员1959年在攀登慕士塔格山时所创造的女子登山7 546米的世界纪录。

6月19日　中共中央发出《关于城乡手工业若干政策问题的规定(试行草案)》。《规定》共分六个部分，35条，简称《手工业35条》。文件对手工业的所有制形式、手工业生产单位的组织规模、手工业者的归队、收益分配和工资福利、产销价格、企业的经营管理、手工业的领导机构等都作出了规定。关于所有制问题文件明确指出，我国的手工业，在整个社会主义阶段应该实行3种所有制：全民所有制、集体所有制、社会主义经济领导下的个体所有制。在这3种所有制当中，集体所有制是主要的，它对于大多数手工业来说，最能适应生产力的发展水平和手工业工人的觉悟程度。全民所有制只能是部分的，社会主义经济领导下的个体手工业，是必要的补充和助手。文件还规定手工业生产合作社是手工业的主要组织形式，但不论采取哪种组织形式，原则上都要实行入社自愿，退社自由，经济民主，自负盈亏，反对不讲经济核算的“吃大锅饭”做法，反对依赖国家包下来的“铁饭碗”思想。

同　日　中共中央发出《关于改进商业工作的若干规定（试行草案)》。《规定》共八个部分，40条。简称《商业40条》。主要内容有：一、确定了发展生产、繁荣经济、城乡互助、内外交流是商业工作的方针；二、国家向农民收购农产品，必须坚持等价交换原则，推广农产品收购合同制；三、改进国营商业工作，按照客观的经济规律组织全国的商品流通，正确解决商品等价交换和物资交流的问题；四、恢复供销合作社，明确它是集体所有制经济，是国营商业的有力助手；五、开放农村集市贸易，活跃城乡物资交流；六、恢复同农村商业有关的农产品加工作坊；七、改善商业企业的经营管理，建立和健全各种责任制度，实行经济核算。

同　日　中共中央发出《关于坚决纠正平调错误，彻底退赔的规定》。鉴于1960年11月3日中共中央发出关于农村人民公社当前政策问题的紧急指示信和1961年1月20日发出中央工作会议纪要之后，各地的退赔工作做得仍很不彻底，中共中央再次专门发出坚决纠正平调错误和彻底退赔的规定。《规定》指出，从人民公社化以来，中央各部门、省、市、自治区、专、县各级的党政机关和企业事业单位，各公社、生产大队、生产队，凡是违背等价交换和按劳分配的原则，抽调或者占用了生产大队、生产队和社员个人的生产资料，生活资料、劳动力和其他财物的，都必须彻底地清算和退赔。谁平调的谁退赔，从哪里平调的退赔给哪里。平调单位不但要彻底退赔，而且应该向群众作检讨。《规定》要求，退赔工作，要分批、分期、有计划、有步骤地进行。一两年退赔不完，3年基本解决；3年退赔不完，也必须在5年之内完全解决（后来，考虑到各方面投放货币过多而物资又供应不足，中央于11月28日发出通知，决定当年暂停发放退赔期票，并将全部退赔工作推迟到5年、7年或10年内逐步完成）。《规定》强调指出，各级党组织必须下最大的决心，坚决纠正平调错误，全部、彻底进行退赔。通过彻底退赔来教育干部，使他们认识到任何时候都不能剥夺农民，教会他们懂得等价交换和按劳付酬的社会主义原则。据有关部门统计，1961年国家付给农民的退赔款为18.5亿元。

6月20日　聂荣臻向中共中央、毛泽东作《关于当前自然科学工作中若干政策问题的请示报告》。报告就此前拟定的《关于自然科学研究机构当前工作的十四条意见（草案）》中一些重要的问题，如自然科学工作中的红与专、百花齐放百家争鸣、理论联系实际、培养和使用科学人才中的平均主义、科学工作的保密、保证科学研究工作时间、研究机构内党的领导方法等问题，提出了政策性意见。7月19日，中共中央作出批示，指出，中央同意这两个文件。中央认为“请示报告”中提出的各项政策规定和具体措施是正确的，在自然科学工作中必须坚决贯彻执行。这个文件的精神，对于一切有知识分子工作的部门和单位，都是适用的。近几年，在对待知识、对待知识分子问题上，有一些片面认识，简单粗暴的现象有所滋长，必须引起严重的注意，目前有必要强调对知识分子的团结和使用问题，以争取一切可以争取的知识分子，为社会主义建设事业服务。并规定对反右派以后被错误批判的知识分子要甄别事实，加以纠正。

6月21日　毛泽东主席接见日共国会议员代表团。毛泽东同代表团团长、日共中央政治局委员志贺义雄和代表团成员进行了亲切的谈话，他在谈话中指出，日本共产党一直是日本人民利益和民族利益的坚决代表者和捍卫者。毛泽东对于日本人民的反美爱国斗争和所取得的成就，给予了极高的评价，并且认为，日本人民争取独立、民主、和平、中立的斗争，终将冲破美帝国主义和追随它的日本垄断资本的重重障碍，取得最后的胜利。

6月28日　中共中央转发习仲勋《关于中央机关精简情况的报告》。毛泽东在《报告》上批示：此件很好，应当批发给各中央局，各省、市、自治区党委，照此报告，坚决执行。并提出：如果中央24万人中，共减12万人，占总数的一半，肯定工作效率会大为提高。习仲勋在6月19日给中央的报告中说，自1960年9月以后，中央机关进行了比较认真的精简。中央各部门在京单位原有24万余人，至今已经精简了8万余人，占原有人数的33%。中央各部门的司局机构，撤消、合并了89个，精简了15%。事业机构合并了111个，精简了26%。报告还指出了中央各部门精简后取得的成效：改善了工作作风，提高了工作效率；充实了基层，加强了第一线；纯洁了组织。报告还提出了为更好地完成精简工作任务需抓紧的几项工作和对中央各部门的机构和人员再作适当精简的意见。

6月30日　庆祝中国共产党成立40周年大会在北京举行。毛泽东等党和国家领导人出席。刘少奇在大会上发表讲话，他指出，中国共产党成立以来的40年，是领导全国人民进行英勇斗争和取得伟大胜利的40年，是马克思列宁主义在中国广泛传播和取得伟大胜利的40年。40年间，中国共产党同中国人民一起，主要做了两件大事：第一件，是在中国进行人民民主革命。第二件，是在中国进行社会主义革命和社会主义建设。40年的历史事实证明，中国共产党是伟大的、光荣的、正确的马克思列宁主义的政党。它对于中国人民和中华民族的利益是忠贞不渝的，它对于国内外的敌人是不屈不挠的，它已经领导中国人民取得了伟大的胜利，并且将要领导中国人民继续取得更大的胜利。刘少奇还回顾了中国民主革命的历史，特别是社会主义革命和建设的历史，他指出，在我们这样一个有6.5亿人口、经济和文化都落后的大国中，进行社会主义建设这样一件新的事业，不遇到困难，不发生缺点是不可想象的。他号召全党开展一个学习运动，进一步认识和掌握我国社会主义建设的规律，改进工作作风。何香凝代表民主党派、无党派民主人士和全国工商联向中共中央和毛泽东献词。周恩来在会上致辞，感谢党外朋友和外国兄弟党的祝贺。

7月1日　中国革命博物馆和中国历史博物馆正式开馆。博物馆位于天安门广场东侧，1959年8月落成。革命博物馆和历史博物馆正式开馆时展出的总陈列面积分别是4 152平方米和8 000余平方米，陈列着从50万年前的中国猿人到1949年中华人民共和国成立时为止的历史文物，比较系统地展示出中华民族悠久历史和灿烂文化，突出地反映了100多年来中国人民革命斗争的光辉历史。

7月4日　新华社报道：文物出版社最近影印出版了宋代司马光编写《资治通鉴》时的几页亲笔残稿。这是迄今为止所发现的这部巨著中仅存的几页手稿。

7月7日　中共中央批转财政部《关于当前国家财政收支情况和简要报告》。《报告》说，1961年上半年，国家预算收入预计172亿元，支出预计167亿元，比上年同期各减少50%以上。预计全年收入350亿元，较上年收入635亿元减少45%，比年初预算608亿元减少258亿元。《报告》列举了影响收入减少的原因。其中，由于连续两年自然灾害，轻工业减产和商品流转额下降，共约减少收入77亿元；由于粮食和部分农产品收购价格的提高和某些生产资料销售价的降低，共约减少收入45亿元，以及其他因素。为了做到收支平衡，《报告》提出调整国家预算收入和坚决压缩支出的意见。把预算支出压缩到350亿元，其中基本建设拨款由192亿元减为88.5亿元，增拨企业流动资金由70亿元减为30亿元，其他费用也都作了压缩。

同　日　中罗签订1961年换货和支付议定书。议定书规定，中国将向罗马尼亚提供矿产品、钢材、纺织品、轻工业品、机床和机械设备等。罗马尼亚将向中国提供石油产品、成套设备、拖拉机、鼓风机等。

7月9日　国务院全体会议第一百一十一次会议通过结束班禅堪布会议厅委员会的决定。鉴于在平息西藏上层武装叛乱和民主改革之后，西藏全区已经建立了各级人民民主政权，班禅堪布会议厅的爱国人士都先后参加了各级人民政权工作，并担负各项职务。因此，国务院同意班禅堪布会议厅委员会1961年4月29日《关于申请结束班禅堪布会议厅委员会的报告》，决定结束班禅堪布会议厅委员会。

7月10日—15日　金日成率朝鲜党政代表团访问中国。10日，刘少奇主席、周恩来总理分别会见金日成首相。11日，双方在北京签订了《中朝友好合作互助条约》。条约第二条规定：一旦缔约一方受到任何一个国家的或者几个国家联合的武装进攻，因而处于战争状态时，缔约另一方应立即尽其全力给予军事及其他援助。12日，首都各界集会庆祝签订中朝友好条约。13日，毛泽东主席在杭州会见金日成。在朝鲜党政代表团逗留期间，以刘少奇为首的中国党政代表团和以金日成为首的朝鲜党政代表团，对当前重大的国际问题和进一步巩固和发展两国之间友好互助合作关系问题进行广泛的讨论，并取得一致意见。15日，双方发表联合公报。

7月15日　中匈签订1961年换货和支付议定书。议定书规定：中国将向匈牙利提供各种矿产品、化工原料、纸张、纺织机械和纺织品等。匈牙利将向中国提供钢管厂设备、电站、拖拉机和车辆等。

7月16日　中共中央作出《关于加强原子能工业建设若干问题的决定》。《决定》指出，为自力更生，掌握原子能技术，加速我国原子能工业的建设，中央认为，应进一步缩短战线，集中力量，加强各有关方面对原子能工业建设的支援。为此，决定抽调一批科研技术骨干和领导干部，进一步加强原子能工业部门的技术力量和领导力量。扩建和新建工厂，生产原子能工业所需的专用设备和仪表，建立相应的防护医疗机构。中央要求有关部门，加倍努力，加强协作，战胜困难，完成原子能工业建设的任务。

7月24日　安徽省委向中央作《关于试行田间管理责任制加奖励办法的报告》。4月27日，安徽省委已向中央报告了安徽试行包工包产责任制问题。为进一步解释定产到田、责任到人的做法，安徽省委再次写出本报告。《报告》详细地说明了田间管理责任制的做法，其概括起来说就是包产到队，定产到田，大农活包工到组，田间管理的小农活包工到户，按大小农活的用工比例计算奖赔。报告强调指出，经过几个月的试行，事实说明田间管理责任制加奖励这个办法是不违背社会主义原则的，是可行的。因为：一、这个办法不是"包产到户"，不是单干，它并没有违背集体经济的基本原则，只是社会主义集体经济的一种管理方法，它没有改变生产资料的所有制，土地、耕畜、大农具仍然是集体所有。二、这个办法不会造成两极分化，它没有改变产品的统一分配，社员之间收入水平差别不会无限度增加。维持生活的困难户，则从公益金中给以补贴。三、这个办法不会加重社员的私心。总的来说，田间管理责任制加奖励的办法，是适合当前生产力的发展水平和群众的觉悟水平，是符合当前农业生产以手工操作为主的特点的。只要正确地贯彻执行，它能够发挥对组织和推动生产的积极作用。本月，曾希圣向毛泽东当面作了汇报，得到毛泽东对试行的认可。秋末，安徽省实行责任制的生产队比例由7月报告时的66.5%增加到85.4%。

7月25日　毛泽东主席电贺古巴革命节。中国共产党中央委员会主席毛泽东应古巴《革命报》之请，通过该报向古巴人民祝贺"七二六"古巴人民武装起义8周年。毛泽东在祝词中说，古巴人民革命的伟大胜利，为拉丁美洲各国人民的民族民主运动，树立了光辉的榜样，并且大大地鼓舞了世界上一切被压迫民族争取解放的斗争。中国人民把古巴人民革命的伟大胜利看做是对自己的一个有力支持，古巴人民在反对美帝国主义的侵略、维护民族独立和建设自己国家的伟大事业中，将永远得到6.5亿中国人民的全力支持。

7月30日　毛泽东写信给江西共产主义劳动大学。毛泽东在这封庆贺信中，赞扬了该校成立3周年以来所发扬的半工半读、勤工俭学的精神。信中说：你们的事业，我是完全赞成的。半工半读，勤工俭学，不要国家一文钱，小学、中学、大学都有，分散在全省各个山头，少数在平地。这样的学校确是很好的。我希望不但在江西有这样的学校，各地也应有这样的学校。党、政、民（工、青、妇）、机关，也要办学校，半工半读。

8月2日　中共中央批转李先念《关于粮食问题的报告》。《报告》说，1960年7月1日—1961年6月30日的粮食年度已经度过。中央提出的“十二条”、“六十条”解决了调动广大农民积极性这个根本问题。由于各级党委非常重视粮食问题，认真贯彻执行粮食第一、吃饭第一的方针，由于口粮实行“低标准，瓜菜代”和挖了粮食周转库存以及进口了粮食，弥补了不足，才得以度过这困难的一年。《报告》指出，下一粮食年度（1961年7月1日—1962年6月30日）由于农业恢复需要时间，夏粮又因自然灾害减产，粮食产量暂时还上不来。同时，为了让余粮地区农民比1960年稍微多吃一点，粮食征购数量比1960年有所减少，所以国家粮食收支将比上一年更为紧张，粮食收支计划还有缺口，用挖库存或进口粮食都不能弥补。为此，《报告》提出，粮食分配必须坚持主席和中央历来强调的从6.5亿人口出发，统筹兼顾，适当安排的方针。既要有利于调动农民生产的积极性，也要保证城市工矿区、经济作物区和重灾区的最低需要，因而应力求做到：一、坚持自力更生的方针，国内所需粮食要依靠国内生产来平衡。二、一定要城乡兼顾、工农兼顾。对城市的方针是“既要减，又要保”。三、农村粮食分配，要多劳多产多留，承认差别，也要以丰补歉，差别不能过大。四、国家粮食征购任务不能过轻。国家对出售粮食的农民要优待供应一定数量的重要工业品，鼓励他们出售粮食。五、坚决压缩产粮农村的粮食销量。主要保证经济作物区、农村非农业人口和重灾区的必需的粮食供应。六、进口一些粮食。七、节约粮食，合理使用粮食。

同　日　中共中央发出《关于扭转当前煤炭生产继续下降的紧急通知》。《通知》说，近来煤炭生产仍然在继续下降。煤炭部直属煤矿的平均日产量，6月份为50万吨，7月上旬下降为46.4万吨，中旬又下降为44.3万吨；地方煤矿平均日产量7月份比6月份也有所下降。从煤炭的生产能力来说，下降到如此程度是很不正常的。当前煤炭供应不足，已成为国民经济和人民生活中的严重问题。《通知》要求，煤炭生产必须对掘进和回采同时采取有力措施，力求使煤炭生产逐步好转，煤炭部直属煤矿的平均日产量在8月、9月达到52万吨，第四季度达到55万吨；地方煤矿平均日产量第四季度达到35万吨。只有这样，钢铁和其他工业的情况才有可能好转，轻工业和民用煤才有保证。为此，通知提出以下几项具体措施：一、加强煤矿设备的维修、配套和供应；二、切实安排坑木的生产和供应；三、加速建成运煤的铁路支线和专用线；四、继续大力抢运存煤；五、加强抚顺、阜新两露天煤矿的工程进度；六、切实解决煤矿工人的补助粮、劳动保护用品和生活用品；七、组织工作组到煤矿具体帮助工作。

8月8日　陈云致信邓小平谈在上海青浦县调查情况。6月下旬—7月上旬，陈云在上海市青浦县小蒸人民公社进行农村调查。在调查期间，听取了公社党委的汇报，就当时农村中重要的政策问题，召开了10次专题座谈会，并亲自到农民中间了解情况。随后，又到浙江、江苏农村进行调查。8月8日，陈云写信给邓小平，谈他在青浦县农村调查的情况，并附3个调查报告，即《母猪也应该下放给农民私养》、《种双季稻不如种蚕豆和单季稻》和《按中央规定留足自留地》。在第一个调查报告中，陈云依据调查中了解到的事实，说明母猪私养养得好，产苗猪多，苗猪成活率高，无论母猪或者肉猪，私养比公养好处多，母猪不下放就不能恢复和发展养猪业，母猪私养要从实际出发。另外两个调查报告说明，应当因地制宜地安排农作物的种植和留足自留地可以补充农民的口粮，改善农民的生活。

同　日　京剧艺术家梅兰芳逝世。梅兰芳，原籍江苏泰州人，1894年生于北京，8岁学艺，11岁开始登台演出，从事舞台生涯50余年，继承和发展了京剧旦角的传统表演艺术，形成了具有独特风格的“梅派”唱腔，享有“四大名旦”之首的美誉。中华人民共和国成立后，历任中国京剧院院长、中国戏曲学院院长、中国戏剧家协会副主席、中国文学艺术界联合会副主席、全国人大代表、中国人民政治协商会议全国委员会常务委员。1959年参加中国共产党。著有《舞台生活四十年》（1集、2集）、《梅兰芳戏曲散论》等。

8月9日　毛泽东主席电贺苏联成功发射第二艘载人宇宙飞船。毛泽东在打给苏共中央第一书记赫鲁晓夫的电文中说，在苏联胜利发射第一艘载人宇宙飞船不到4个月的时间内，苏联又成功地发射了第二艘载人宇宙飞船，在人类征服宇宙空间方面创造了新的奇迹。

这一光辉成就，将大大鼓舞社会主义各国人民和全世界人民争取和平与人类进步事业的信心。

8月12日　全国政协副主席陈嘉庚逝世。陈嘉庚，福建厦门市人，1873年生。早年南渡新加坡从事工商业。1910年参加同盟会，任新加坡福建会馆组织的保安会会长，曾经募款支持孙中山的革命活动。1918年创办南洋华侨中学，1921年在厦门创办厦门大学。1928年济南惨案发生后，出任“山东惨案赈济会”会长，募捐救济济南惨案蒙难家属。1937年抗战爆发后，任南洋华侨筹赈祖国难民总会主席，支援祖国抗日战争。1940年，率“南洋华侨回国慰劳视察团”回国考察，作延安之行，断定“国民党蒋介石必败，延安共产党必胜”。1941年太平洋战争爆发后，避难印度尼西亚爪哇。1946年他致电美国政府要求停止援蒋，谴责蒋介石一党专政，一党独裁，支援解放战争。1949年，中华人民共和国成立后，历任中央人民政府委员、全国人民代表大会常务委员会委员、中国人民政治协商会议全国委员会副主席、华侨事务委员会委员、中华全国华侨联合会主席。

8月14日—19日　加纳共和国总统兼政府首脑恩格鲁玛应邀访问中国。访问期间，毛泽东在杭州会见了恩格鲁玛，刘少奇、周恩来同恩格鲁玛举行了会谈。18日，两国缔结了中国和加纳友好条约，签订了两国经济技术合作协定、贸易和支付协定、文化合作协定，签署《中华人民共和国主席和加纳共和国总统联合公报》。同日，首都各界10万人集会庆祝中加友好条约签订。

8月23日—9月16日　中共中央在庐山举行工作会议。年初，八届九中全会确定的1961年国民经济计划，由于对农业实际产量的估计和可能增产的期望过高，调整的成效不大，重工业、轻工业的生产继续下降。为此，继北京工作会议讨论农业问题后，庐山会议又继续讨论了工业问题，作出了《关于当前工业问题的指示》。《指示》指出，“调整、巩固、充实、提高”的方针，虽然已经提出一年多，但是，由于情况不明、认识不足、经验不够，一直没有按照实际情况降低指标，以致调整工作不能有效地进行，我们已经丧失了一年多的时间。中央要求，所有工业部门，在今后相当长的一个时期内，都必须毫不动摇地切实贯彻“调整、巩固、充实、提高”的方针。在今后3年内执行这个方针必须以调整为中心。必须下最大决心，把工业生产和工业基本建设的指标降下来，降到确实可靠、留有余地的水平上。在必须后退的地方，坚决后退，而且必须退够。只有经过一系列的调整才能建立新的平衡，才能逐步地巩固、充实、提高，为工业和整个国民经济的进一步发展做好准备。《指示》还规定，工业管理中要实行高度集中统一的领导，在全面安排的基础上，抓住中心环节，集中力量，解决问题，努力增产日用品和农业生产资料，稳定市场。毛泽东在会上讲了话，他分析了当前的经济形势，认为现在是退到山谷了，形势到了今天，是一天天向上升了。他还说，我们有把握的、有成套经验的还是民主革命，讲到社会主义，我们则不甚了了。我们搞社会主义是边建设边学习的，只有搞了社会主义，才会有社会主义的经验。会议还讨论了粮食、财贸及教育等问题。通过了《国营工业企业工作条例（草案）》（即“工业七十条”）和《教育部直属高等院校暂行工作条例（草案）》（即“高教六十条”）。会议还作出了《关于轮训干部的决定》。

8月31日　中国政府发表关于支持苏联进行核武器试验的决定的声明。声明指出，从1955年以来，苏联曾经多次单方面进行裁军，并且在1958年3月宣布单方面停止核武器试验。但是，以美国为首的帝国主义集团，却始终不愿意就普遍裁军和停止核武器试验问题达成协议，反而全面加紧了军备竞赛和核战争的准备。最近一个时期内，在欧洲、亚洲、非洲和拉丁美洲，美帝国主义到处加剧紧张局势，进行侵略活动，威胁各国人民的和平和安全。更严重的是，当苏联和社会主义各国积极准备缔结对德和约的时候，西方国家特别是美帝国主义和西德军国主义，竟然掀起战争狂热，鼓吹战争冒险。在这种形势下，苏联决定进行核武器试验性爆炸和社会主义各国对这一行动的一致支持，显示了社会主义阵营具有制止帝国主义进行军事冒险的巨大威力。

9月5日—26日　英国蒙哥马利元帅访问中国。7日，陈毅在欢迎的宴会上讲话，他在讲话中说，蒙哥马利上次访华回国后，将看到的中国情况作了客观介绍，并指出，台湾是中国领土的一部分，美国应从台湾海峡撤出武装力量。我们对此表示钦佩。希望蒙哥马利此次访问对增进中英人民的了解和友谊起更多的作用。蒙哥马利在宴会上提出缓和国际紧张局势的3项原则，即大家都承认只有一个中国、都承认有两个德国、一切地方的一切武装部队都撤退到他们自己的国土上去。9日—20日，蒙哥马利到中国各地访问。22日，周恩来在饯别宴会上讲话，重申恢复中国在联合国合法权利的立场，坚决反对美国制造“两个中国”的阴谋，同时指出蒙哥马利提出的三项原则会对缓和国际紧张局势起积极作用。22日，刘少奇主席接见蒙哥马利。这次接见是在周恩来得知蒙哥马利非常关心毛泽东的接班人的情况下安排的。23日、24日，毛泽东主席在武汉两次接见蒙哥马利，进行了友好的谈话。

9月6日　毛泽东对中央农村工作部上报的《各地贯彻执行60条的情况和问题》作出批示。8月24日，中央农村工作部将各地贯彻执行60条的情况和所遇到的问题上报中央。各地反映的基本情况是：六十条初步贯彻执行以来，农村形势已明显好转，“五风”已经基本制止，党和农民的关系有了改善，农民的生产积极性显著提高，农民生活一般较去年安定，在生产上普遍有了起色。主要表现在：一、初步调整了社、队规模。全国27个省、市、自治区调整后的公社数为55 682个，较调整前增加30 478个。生产大队为708 912个，较前增加了225 098个。生产队为4 549 474个，增加1 561 306个。二、退赔已经部分兑现。全国平调总数为250亿元，已退赔的占平调总数的20%~30%。经过退赔，大部分人相信今后“你的就是你的，我的就是我的”，“像个过日子的样子”。三、进一步确立了以生产大队为基础的三级集体所有制。四、给社员分配和补充了自留地，发展了家庭副业，解决了社员的部分口粮和日常生活需要，也活跃了农村市场。五、普遍地恢复了“三包一奖”和定额管理、评工记分等制度。六、“全民食堂”大部分有领导地解散了，真正出于群众自愿的食堂巩固下来了。七、普遍实行了粮食分到户的办法。八、1961年夏收分配时，“三包一奖”，粮食多产多留，按劳分配，多劳多得等原则，一般地比1960年执行得好。九、各地普遍重视人民公社的经营管理工作。十、各地对于恢复和发展生产，有了更大的信心。约有百分之十几的县、社、队由于几年来“五风”较轻，或者纠正较早，生产关系比较稳定，生产力破坏不大，基本上保持连年增产或平产的局势。这类地区，有1、2年的时间，就可以恢复到1957年的生产水平。一般地区，需要3、4年时间。另有20%~30%的县、社、队，由于生产力遭到严重破坏，粮荒严重，浮肿病、干瘦病还在发展，群众、干部的情绪不正常，恢复到1957年水平，还需要更长时间。目前农村中存在的问题主要是：一、许多地方，群众留粮和国家征购的数字都不能落实。二、退赔普遍不彻底。三、一部分地区，还没有按照规定给社员留足自留地。四、平均主义思想依然存在。五、在一部分生产力破坏严重的地区，相当一部分干部和农民对于集体生产丧失信心，以致发展到“按劳分田”、“包产到户”、“分口粮田”等变相恢复单干的现象。六、在经营管理方面，发现了一些错误做法。把占全年农活50%以上的田间农活包工到户，结果引申到变相的“包产到户”，或者部分产量包到户，损害了集体生产。七、有的地方在分社、分队中，采取放任自流的态度。生产大队和生产队分得过小，出现了“父子队”、“兄弟队”，不能充分发挥集体生产的优越性。八、去冬今春改造的一部分三类社、队中，错排队、错划成分、干部处分的面过宽等问题尚未处理，九、干部思想认识和作风上的问题还有很多没有解决，还要经过一番艰苦细致的工作。十、群众虽然对60条热烈拥护，但是普遍存在“怕变”的心理。中央农村工作部还反映了各地对贯彻执行“六十条”工作的部署情况。报告说，各省、市、区党委普遍对贯彻执行“六十条”的方法、步骤、退赔、甄别、粮食等问题作出了决议和发了指示；作出了分期分批轮训干部的规划；要求以退赔，在夏收分配中坚决实现各项分配政策，加强经营管理，作为贯彻60条的主要内容；进行秋后系统地整风整社的准备工作。毛泽东9月6日对农村工作部的报告作了批示，批示要求，各省应开一次省委扩大会，对农村工作部报告反映的现存问题作一次认真的解决。时间越早越好，以便在秋收、秋耕、秋种和秋收分配时间政策兑现，争取1962年丰收。冬春两季6个月整风整社，训练干部，也在这一次省委扩大会上作出布置，主动权就更大了。生产、征购、生活安排，同时并举，就更加主动了。

9月15日　中共中央批准试行《教育部直属高等院校暂行工作条例（草案）》。条例草案共分十章，60条，简称《高教六十条》。这个条例是由教育部在北京、天津等地高校进行调查研究的基础上制定的，它规定了高等学校的方针、任务和政策。它确定：高等学校的基本任务是，贯彻党的教育方针，培养为社会主义建设所需要的各种专门人才，高等学校必须以教学为主，努力提高教学质量。生产劳动、科学研究、社会活动的时间，应该安排得当，以利教学。在教学中，必须发挥教师的主导作用，正确执行党对知识分子政策，团结一切可以团结的知识分子，为社会主义高等教育服务；科学研究工作，必须坚持百花齐放、百家争鸣的方针。实行党委领导下的以校长为首的校务委员会负责制，充分发挥校长、校务委员会和各级行政组织的作用；做好总务工作，保证教学和生活的物质条件。改进党的领导方法和领导作风，加强思想政治工作等。

同　日　中共中央发出《关于轮训干部的决定》。《决定》说，中央根据毛泽东同志关于在全党开展一个新的学习运动，重新教育干部的提议，决定对全党各级各方面的领导干部，采取短期训练班的方式，普遍地进行一次轮训。轮训的目的，是帮助干部进一步认识和掌握社会主义建设的客观规律，克服某些片面性的认识和在实际工作中右的或"左"的错误，帮助干部自觉地掌握毛泽东同志一贯提倡的成为我们党的传统的马克思列宁主义作风，克服干部中脱离实际、脱离群众、违反政策、违反纪律的错误，以便提高干部的思想政治水平，增加党性。轮训的对象，主要是县委书记和相当于这一职务以上的党员干部。训练内容，为社会主义建设和党的建设两个方面，着重解决党的建设和党的生活中存在的问题。《决定》还对干部轮训的训练方法，干部的编组，主办单位的分工等问题作了具体规定。

9月16日　中共中央批转李先念《关于市场、物价和货币流通问题的报告》。《报告》反映了市场、物价和货币流通方面存在的问题，主要是：一、票子多。预计市场货币流通量年底将增加到125亿元左右。1961年社会商品零售额按原价计算是540亿元，按每流通1元票子供应8元商品计算，应当是68亿元，再加上其他因素，货币流通量以90亿元左右比较合理，需要紧缩货币30亿—40亿元。二、商品少。1961年社会购买力预计650亿元左右，商品可供量预计只有600亿元左右，在采取出售高价糖果、糕点和压缩社会集团购买力等措施以后，商品可供量同社会商品购买力之间预计有40亿—50亿元的差额。三、部分物价上涨。1961年上半年零售物价比上年同期，包括农村集市贸易在内，估计大体平均上涨幅度20%以上。四、国家收入减少，财政出现赤字。1961年财政收入预计350亿元左右，比1960年的635亿元减少285亿元左右，减少45%。预计1961年有30多亿元的赤字。总之是票子多30亿—40亿元，商品同购买力的差额40亿—50亿元，物价上涨20%以上，财政赤字30多亿元。为解决上述问题，《报告》提出，需集中力量切实做好以下几项工作：一、在贯彻政策的基础上，实现1961年以粮为中心的农产品收购计划。及时收购，同时安排，保证国家必不可少的需要。二、优先保证出口，换取外汇，进口粮食。三、保障物价的基本稳定，保障占职工生活开支60%左右的生活必需品在现行价格的基础上稳定下来。四、严格控制财政支出和信贷投放，切实加强财政信贷监督，继续压缩社会集团购买力，控制农村信贷的投放。五、商业部门要认真清理仓库，调剂物资，切实改善经营管理，加强经济核算。六、继续试行商业工作40条和手工业35条，总结经验，逐步推广。《报告》强调指出，市场、物价和货币流通是建立在生产的基础上的，生产是决定的因素。争取财政经济状况的逐步好转，根本的问题在于农村60条的贯彻执行，工农业生产的增长，城市人口的压缩，整个国家经济的调整。

同　日　中共中央下发《国营工业企业工作条例（草案）》（简称《工业七十条》）讨论和试行。《工业七十条》是由邓小平主持起草的，除总纲外，共十章，70条。它总结了建国以后，特别是1958年“大跃进”以来党在领导工业企业方面的经验教训，并根据当时的实际情况提出了国营企业管理工作的指导原则。《工业七十条》规定，国营工业企业是社会主义的全民所有制的经济组织，它的根本任务，是全面完成和超额完成国家计划，增加社会产品，扩大社会主义积累；国营工业企业要加强企业的计划管理；建立健全各种责任制；实行职工代表大会制，加强对企业的民主管理和监督；严格企业的规章制度、经济核算和财务管理；加强党委对企业的集体领导等。

9月18日　外交部新闻司发言人发表中国政府决定撤回驻刚果使馆的谈话。发言人指出，最近，基赞加代总理所领导的刚果合法政府已经宣告结束，而刚果的利奥波德维尔政府则同台湾蒋介石集团保持着所谓外交关系，两国外交关系不得不暂时宣告中止。

9月19日　西藏自治区筹委会举行第四十一次常务委员（扩大）会议。会议决定，成立西藏自治区选举委员会，班禅任主席，张国华、阿沛·阿旺晋美、帕巴拉·格列朗杰等5人任副主席。

9月23日、24日　毛泽东在武汉会见英国元帅蒙哥马利。会见前，毛泽东在听取陪同蒙哥马利到各地参观的熊向晖的汇报时得知蒙哥马利很想了解谁有可能做毛泽东的继承人。毛泽东对此发表了自己的看法。他说，继承人这个名词不好，我一无土地，二无房产，银行里也没有存款，继承我什么呀？“红领巾”唱歌：“我们是共产主义接班人。”叫“接班人”好，这是无产阶级的说法。毛泽东在了解到英语里没有同接班人相近的词后说，这个元帅讲英语，不懂汉语，就用“继承人”吧。毛泽东说，这个元帅过去打仗很勇敢，打败了隆美尔。这次在北京也很勇敢，讲了三原则。谁是我的继承人，为什么他不敢问呀？是不是也像中国人那样怕犯忌讳。这也难怪，他是英国元帅，是子爵，不是共产党，对共产党的事情不那么清楚。共产党没有王位继承法，但也并非不如中国古代皇帝那样聪明。斯大林是立了继承人的，就是马林科夫，不过他立得太晚了。蒙哥马利讲的也有点儿道理，斯大林生前没有公开宣布他的继承人是马林科夫，也没有写遗嘱。马林科夫是个秀才，水平不高。1953年斯大林呜乎哀哉，秀才顶不住，于是乎只好来个三驾马车。其实，不是三驾马车，是三马驾车。三匹马驾一辆车，又没有人拉缰绳，不乱才怪。赫鲁晓夫利用机会，阴谋篡权。此人的问题不在于用皮鞋敲桌子，他是两面派。斯大林活着的时候，他歌功颂德，死了，不能讲话了，他作秘密报告，把斯大林说得一塌糊涂，帮助帝国主义掀起12级台风，全世界共产党摇摇欲坠。这股风也在中国吹，我们有防风林，顶住了。毛泽东说，这位元帅不了解，我们和苏联不同，比斯大林有远见。在延安，我们就注意这个问题，1945年“七大”就明朗了。当时延安是穷山沟，洋人的鼻子嗅不到。1956年开“八大”，那是大张旗鼓开的，请了民主党派，还请了那么多洋人参加。从头到尾，完全公开，毫无秘密。“八大”通过的新党章，里头有一条：必要时中央委员会设名誉主席一人。为什么有这一条呀？必要时谁当名誉主席呀？就是鄙人。鄙人当名誉主席，谁当主席呀？美国总统出缺，副总统当总统。我们的副主席有6个，排头的是谁呀？刘少奇。我们不叫第一副主席，他实际上就是第一副主席，主持一线工作。刘少奇不是马林科夫。前年，中华人民共和国主席改名换姓了，不再姓毛名泽东，换成姓刘名少奇，是全国人民代表大会选出来的。以前，两个主席都姓毛，现在，一个姓毛，一个姓刘。过一段时间，两个主席都姓刘，要是马克思不请我，我就当那个名誉主席。谁是我的继承人？何需战略观察！这里头没有铁幕，没有竹幕，只隔一层纸，一捅就破。这位元帅讲了3原则，又对中国友好，就让他来捅。捅破了有好处，让国内国外都能看清楚。我要告诉他，我随时准备见马克思。没有我，中国照样前进，地球照样转。23日，毛泽东会见蒙哥马利，回答了他提出的许多问题，其中包括：1949年建国时，主席主要考虑的是哪些头痛的问题，现在考虑的又是哪些问题，对解放以后的中国怎么看，“枪杆子里面出政权”现在是否还适用，社会主义和共产主义有何区别，对他提出的3原则有何意见，等等。24日，毛泽东再次打破日程会见蒙哥马利，和他谈了“继承人”问题。毛泽东说，元帅是特别人物，相信能活到100岁，再去见上帝。我不能。我现在只有一个五年计划，到73岁去见上帝。我的上帝是马克思，他也许要找我。蒙哥马利提出，我认识世界各国的领导人，我注意到他们很不愿意说明他们的继承人是谁，比如像麦克米伦、戴高乐，等等。主席现在是否已经明确，你的继承人是谁？毛泽东说，很清楚，是刘少奇，他是我们党的第一副主席。我死后，就是他。蒙哥马利问，刘少奇之后是周恩来吗？毛泽东说，刘少奇之后的事我不管。谈话结束后，毛泽东邀请蒙哥马利观看他在长江游泳，并题赠词《水调歌头·游泳》。

9月28日—10月15日　尼泊尔国王马亨德拉和王后访问中国。在访问期间，毛泽东、刘少奇分别会见了马亨德拉国王和王后。9月30日，刘少奇、周恩来与马亨德拉进行了会谈。10月5日，双方签订《中华人民共和国和尼泊尔王国边界条约》。条约的签订表明两国边界的一切悬而未决的问题已经获得满意的解决，两国全部边界已正式划定。10月15日，两国政府发表联合公报。同日，两国还签订了关于修建公路的协定。

9月29日　毛泽东就农业方面存在的平均主义问题写信给政治局常委及有关同志。信中说，我们对农业方面的严重平均主义的问题，至今还没有完全解决，还留下一个问题，就是生产权在小队（即生产队），分配权却在大队，即所谓“三包一奖”的问题。我的意见是“三级所有，队为基础”，即基本核算单位是队而不是大队。他指出，在这个问题上，我们过了6年之久的糊涂日子（从1956年高级社成立时起），第七年应该清醒过来了吧。毛泽东的上述意见是在6月中央工作会议后对农村作进一步调查的基础上提出的。

本　月　山西芮城县匼河村发现古人类文化遗址。遗址位于匼河村附近黄河东岸。在长约13.5公里的同期地层中，从12个地点出土古生物化石13种，石器138件。发掘在1960年6月至7月间由古生物学家贾兰坡领导进行。经一年多的研究，初步论证了与古生物化石共存的石器的时代，属更新中期最初阶段。考古学家们据此推断，生活于这里的人类在时代上早于周口店的中国猿人。同时考古工作者把匼河石器与周口店中国猿人石器作了对比研究，发现前者在打制技术上比后者更为原始，这证明了匼河人类文化早于周口店北京猿人的观点。

10月7日　毛泽东接见日本朋友。受到接见的有：日中友好协会代表团团长黑田寿男，日本民间教育家代表团团长三岛一，新日本出版社经理安斋库治等人。毛泽东在谈话中指出，日本除了亲美的垄断资本家和军国主义军阀之外，广大人民都是我们的真正朋友。你们也会感到中国人民是你们的真正朋友。朋友有真假，但通过实践可以看清谁是真朋友，谁是假朋友。中国有句古话，物以类聚，人以群分。日本的岸信介和池田勇人是美帝国主义和蒋介石集团的好朋友。日本人民同中国人民是好朋友。毛泽东说，是美帝国主义迫使我们中日两国人民联合起来的。我们两国人民都遭受美帝国主义的压迫，我们有着共同的遭遇，就团结起来了。我们要扩大团结的范围，把全亚洲、非洲、拉丁美洲以及全世界除了帝国主义和各国反动派以外的90%以上的人民团结在一起。毛泽东说，尽管斗争道路是曲折的，但是日本人民的前途是光明的。中国革命经过无数次的曲折、胜利、失败、再胜利、再失败，最后的胜利属于人民。日本人民是有希望的。会见结束后，毛泽东将亲题的鲁迅诗《无题》赠予日本友人。

同　日　中共中央发出《关于农村基本核算单位问题给各中央局，各省、市、区党委的指示》。中央在《指示》中说，为进一步调动农民群众对集体生产的积极性，很需要研究，究竟以生产大队，还是以生产队（即原来的生产小队）为基本核算单位好的问题。中央根据河北、湖北、山东、广东一些报告得出，就大多数的情况来说，以生产队为基本核算单位是比较好的。它最大的好处，是可以改变生产的基本单位是生产队，而统一分配单位却是生产大队的不合理状态，解决集体经济中长期以来存在的这种生产和分配不相适应的矛盾。中央在《指示》中要求各级党委就此问题深入地进行调查研究，以便中央作出决定，解决这一问题。

10月9日　首都各界集会纪念辛亥革命50周年。国家主席刘少奇出席了大会，政协全国委员会主席周恩来致开会词。国家副主席董必武在会上发表长篇讲话。他在讲话中回顾了辛亥革命的历史，指出，在帝国主义时代，任何国家的民族民主革命，在资产阶级领导下，都不可能取得彻底的胜利。只有在无产阶级的领导下，在社会主义国家的帮助下，才有可能取得彻底的胜利，并走上独立发展的道路。他还指出，50年前，当辛亥革命发生的时候，全世界都还在帝国主义的统治下面。现在的世界和50年前的世界大大不同了。俄国的十月革命唤起了全世界被压迫的人民，中国革命的胜利，进一步鼓舞了一切被压迫的民族。被压迫民族人民的普遍觉醒，和帝国主义殖民体系的日益瓦解，是我们时代的一个十分重要的特点。所有被压迫民族的共同愿望就是和中国人民一样，彻底地摆脱帝国主义和殖民主义的奴役，在自由的土地上建设自己的新生活。何香凝代表各民主党派、无党派人士、工商联在会上讲了话。

10月11日　中国承认阿拉伯叙利亚共和国。决定同阿拉伯叙利亚共和国建立外交关系和互换大使级的外交代表。

10月13日　中缅签订边界议定书。签字仪式在北京举行。中华人民共和国主席刘少奇出席了签字仪式。中华人民共和国国务院总理周恩来、缅甸联邦政府总理吴努分别在议定书上签字。周恩来在签字仪式上发表讲话，他强调说，中国政府将继续为推广和平共处五项原则，巩固和发展同具有同样愿望国家的友好合作关系而努力。同日，《人民日报》发表社论：《愿中缅两国人民千年万载永远友好相处》。《中缅边界议定书》的签订标志着中缅两国的定界工作已告全部完成。

10月15日—24日　周恩来率中共代表团参加苏共第22次代表大会。大会公开指责未被邀请参加大会的阿尔巴尼亚劳动党，并又一次激烈抨击斯大林。会议还通过了《关于弗·伊·列宁墓的决定》。决定说，在墓中继续保留斯大林的水晶棺是不适宜的。在这种情况下，中共代表团团长周恩来于19日向大会致辞，严肃指出，1957年和1960年举行的各国共产党和工人党代表会议，是国际共产主义运动中具有重大历史意义的会议。1957年宣言和1960年声明是各国共产党和工人党共同行动的纲领。宣言和声明指出，社会主义阵营的团结，国际共产主义运动的团结，是世界人民争取世界和平、民族解放、民主和社会主义事业的胜利的保证。维护这种伟大的团结，是我们共产党人的国际主义义务。周恩来在讲话中还强调指出，兄弟党、兄弟国家之间，如果不幸发生了争执和分歧，应该本着无产阶级国际主义的精神，平等和协商一致的原则，耐心地加以解决。对任何一个兄弟党进行不公平的片面的指责，是无助于团结，无助于问题的解决的。把兄弟党、兄弟国家之间的争执公开暴露在敌人的面前，不能认为是马克思列宁主义的郑重态度。这种态度，只能使亲者痛，仇者快。中国共产党真诚地希望，有争执和分歧的兄弟党，将会在马克思列宁主义的基础上，在互相尊重独立和平等的基础上，重新团结起来。21日，周恩来特意拜谒了列宁、斯大林陵墓，并敬献了花圈。24日，周恩来在会议进行中提前离苏回国。

10月18日—11月4日　解放军政治工作会议在北京举行。参加会议的有解放军军以上单位的政治委员或政治部主任，部分师政治委员或政治部主任。会议的中心议题是，研究进一步开展创造四好连队运动和加强连队政治工作建设问题。会议期间，林彪就加强连队建设和改进工作方法的问题作了讲话，总政治部副主任肖华作了题为《贯彻执行军委扩大会议决议，为继续创造四好连队而斗争》的报告，他在报告中强调指出，以毛泽东思想为指针，大抓活的思想教育，是连队政治工作建设的关键，并提出了做好连队政治教育和思想工作的10条原则和经验。罗荣桓作了总结讲话。会议讨论并通过了连队政治工作的4个条例，即《中国人民解放军连队政治指导员工作条例》、《中国共产党连队支部工作条例》、《中国共产主义青年团连队支部工作条例》和《中国人民解放军连队革命军人委员会工作条例》。会议结束不久，总政治部正式颁布4个条例，在全军施行。会议期间，毛泽东和中共中央领导人接见了全体代表。

本　月　解放军女子射箭选手王锡华打破2项世界纪录。10月9日，王锡华在上海友谊比赛中以508环的成绩，打破女子50米双轮赛世界纪录。11日，又以624环的成绩，打破女子30米双轮赛世界纪录。

11月9日　中国道教协会第2届全国代表会议在北京闭幕。会议历时9天。会议通过第一届理事会的工作报告，修改了《中国道教协会章程》和《中国道教协会第二届全国代表会议决议》；选举了第二届理事会领导机构人员，陈樱宁当选为道教协会会长。

11月23日　中共中央批转邓子恢《关于农村人民公社基本核算单位试点情况的调查报告》。《报告》反映了福建龙岩等地人民公社基本核算单位由大队变为小队的试点情况，总结了试点的经验。指出，各级干部和群众一致拥护下放基本核算单位，认为这对克服平均主义、官僚主义，贯彻民主办社、勤俭办社，调动社员积极性，发展农副业生产都有极大的好处。但在体制下放后，小队规模一般存在着越小越好的偏向。为此，报告提出，小队划分的原则应以30户左右为宜，各小队划分应经过公社批准。关于土地调整问题，邓子恢提出小队改划以后，土地的调整可以采用按人口搭配同按劳力搭配相结合，或采用按初级社时期各队所有土地归还原建制，队与队之间插花地根据自愿互利原则交换的办法。耕畜则随土地多少适当调整。体制下放后，大队应担负4个方面的工作：一、政权方面的工作；二、党与政治工作；三、联村社工作；四、办好大队企业。粮食分配采用基本口粮与劳动粮相结合的办法。林木、山一律归大队所有，划片分给小队管理。

11月29日　外交部发表《关于美国加紧干涉和侵略越南南方的声明》。声明在列举美国军事人员、武器和军事物资源源进入越南南方的事实以后，指出，美国扩大对越南南方进行公开的武装干涉，是对《日内瓦协议》的粗暴破坏。作为《日内瓦协议》保证国的中国政府对此提出严重警告，美国政府如果不停止侵略行为，它必须对破坏印度支那和东南亚的和平负完全责任。声明指出，中国政府和人民完全支持越南民主共和国外交部长雍文谦最近在给103个国家外交部长和给日内瓦会议两主席的信中提出的紧急呼吁和严正主张，特别是要求美国政府立即从越南南方撤出它的全部军事人员、军备和战争物资，停止对越南南方的干涉和侵略，按照《日内瓦协议》实现越南的和平统一的主张。

12月1日　《人民日报》发表社论：《高举〈莫斯科声明〉的马克思列宁主义的革命旗帜》。社论高度评价了1960年各国共产党和工人党代表会议通过的《莫斯科声明》，指出，一年来国际形势的发展完全证实了《莫斯科声明》的科学论断，现在展现在全世界人民面前的是东风进一步压倒西风的大好形势。社论说，一年来的事实进一步说明，《莫斯科声明》关于修正主义是目前国际共产主义运动中的主要危险的论断，是完全正确的。修正主义并不是偶然的现象，“资产阶级影响的存在，是修正主义的国内根源。屈服于帝国主义的压力，则是修正主义的国外根源”。进一步揭露和反对现代修正主义，是各国共产党和工人党的严重的战斗任务。社论还阐述了按照《莫斯科宣言》规定的原则加强兄弟国家和兄弟党之间团结的重要性。

12月2日　拉萨佛教徒举行传统宗教仪式纪念黄教祖师圆寂542周年。当日清晨，拉萨大昭寺、小昭寺和哲蚌、色拉、噶丹三大寺的喇嘛，即开始了拜佛、诵经活动，并围绕拉萨市区八角街转经。信仰佛教的藏族市民各自在家中燃点一排排酥油灯，置于家中经堂和窗台上，并燃起象征吉祥的松烟。西藏自治区筹委会负责宗教事务的负责人嘉错林活佛等也进行宗教礼仪活动。黄教始祖宗喀巴圆寂于公元1419年。

12月5日　毛泽东主席在杭州接见由爱德华·加莱戈斯·曼塞拉率领的委内瑞拉加拉加斯市议会代表团，同他们进行了亲切友好的谈话。中共浙江省委第一书记江华接见时在座。

12月6日　中共中央批转《西北地区第一次民族工作会议纪要》。1961年7月11日—8月4日，中共西北局在兰州召开了西北地区第一次民族工作会议。会议着重讨论了1958年以来西北牧区工作和牧区人民公社工作，检查了贯彻执行党的民族、宗教政策的情况，研究确定了今后工作的方针和方法。会议形成的纪要指出，近2、3年来青海、甘肃两省在藏区工作中发生了严重错误，主要是：在平息叛乱和民主改革中，打击面过宽；不顾牧区的实际条件，实行了人民公社化；大刮"共产风"，以牧区尤为严重；在牧区生产上放弃了"以牧为主"的方针；部分干部忽视民族问题，歧视少数民族。《会议纪要》提出的关于解决西北当前民族问题和牧区工作问题的重大政策和措施是：大力恢复和发展畜牧业生产；按照中央规定，坚决纠正平调错误，彻底退赔；正确解决青、甘藏区平息叛乱和反封建斗争中遗留的问题；调整牧区人民公社的所有制和组织规模；保障少数民族的平等权利和自治权利；保护宗教信仰自由；加强统战工作；加强党对民族工作的领导。中共中央在转发纪要的批语中说，西北的经验证明，必须重视民族区域自治、照顾民族特点和少数民族的特殊需要，坚决地按党的民族政策办事。

同　日　外交部发表关于中印边界问题的声明。声明驳斥了印度政府所谓中国对印度进行了“新的侵入和侵略活动”的指责，申明了中国政府在中印关系问题上的严正立场。声明指出，中国和印度是亚洲的两个大国，也是世界的两个大国，需要友好相处，对亚非团结和世界和平的事业作出宝贵的贡献。中国政府正是从中印两国人民的切身利益和世界和平的利益出发，始终认为：目前中印两国的边界争议只是一个暂时性和局部性的问题，应该根据和平共处五项原则，本着互谅互让的精神，经过友好协商，求得公平合理的解决。即使一时不能解决，双方也应该尊重边界的现状，保证边境地区的安宁，不利用边界问题来损害中印友谊。两年来，中国政府本着这个立场进行了持续不懈的努力，提出了许多合理建议，并且采取了一系列和缓局势，推动边界问题和平解决的重要措施。但不幸的是，这些努力没有得到印度方面应有的响应。尽管如此，中国政府对于中印友谊的信念是不可动摇的，中国维护中印友谊的立场在任何情况下也是不会改变的。社论申明，中国政府这一次发表声明仍然不是为了争吵，而是为了使广大公众了解中印边界的事实真相。中国政府希望同印度政府一道，为改善两国关系，为合理解决边界问题而共同努力。声明附带发表了自1961年8月以来中印两国就两国边界问题往来的8个照会。

12月6日—11日　中央领导人听取国家计委关于1962年计划安排的报告并作指示。中央领导同志认为，当前的工作可概括为形势好、成绩大、困难多、调整紧，还存在不平衡，需要全面调整。1962年的计划指标不能再提高或降低，特别是钢、煤、木材、石油4个指标不能再退。次要指标可作适当调整。目前工作应抓住中心，抓定额、抓基建排队、抓增产节约、抓品种质量。真正的调整工作在1962年，目前重要的是解决吃的问题，城市人民营养不良已经3年。最有效的是豆子，每人每月供应3斤黄豆。1斤黄豆可做4斤豆腐，1个月12斤豆腐，平均每天吃半斤，这实际上等于增加了粮食。1962年计划重点在于调整，而不是准备7年的问题，为7年作准备的项目不急需的不要搞。目前，生产、基建、物资供应三者不平衡，物资分配不能留缺口，要有机动。现有化肥厂要力争开工生产，多生产化肥用于棉花作物。1962年指标不高，有意识地留了余地，争取超额完成。只有在中央集中统一之下才叫发挥积极性。中央已经决定，把劳动、工资总额、银行、物价的权力收回。中央要集中掌握财权，发票子权下放是错误的。1962年基本建设要加强集中统一，投资可安排50亿元左右。听取汇报时在座的有周恩来、陈云、邓小平、李富春等。

12月8日　《人民日报》全文发表美国总统肯尼迪对苏联《消息报》总编辑阿朱别伊的谈话。谈话于1961年11月25日在美国波士顿附近海恩尼斯港肯尼迪的别墅中进行，长约3小时。在谈话中，肯尼迪声称他愿意谋求改善美苏关系，但提出一系列改善关系的要求。这些要求是：不承认德意志民主共和国是一个主权国家，按照西方的条件“统一”德国。坚持西方对西柏林的占领，并要求有所谓“自由出入”的权利；坚持在裁军和停止核试验问题上的先“有效视察”，再谈裁军的立场；要求“保证”老挝的独立和中立；反对古巴卡斯特罗的政府；不放弃对古巴的干涉政策等。在谈话中，肯尼迪提出“使和平保持20年”的口号，但前提是苏联放弃在“某种意义上使全世界共产主义化”。阿朱别伊在谈话中对上述问题进行了某些解释与申辩。《人民日报》当天发表了观察家文章：《肯尼迪的“如意算盘”》。文章说：“这是一个值得注意的谈话，其所以值得注意，是由于肯尼迪的谈话完全暴露了美帝国主义的全球战略计划。”文章就肯尼迪提出的“二十年和平”的条件问题指出：任何一个有普通常识的人都知道这样一个简单的真理：威胁世界和平的首先是美帝国主义的侵略政策和战争政策。而肯尼迪却颠倒是非，说什么麻烦是由于苏联力图在“某种意义上使全世界共产主义化所产生的”，他的意思首先是，要和平，就不许革命。其次是，要和平，就不许支持革命。所有这些，都是荒谬绝伦的。文章指出，历史的车轮是不会按照帝国主义的意志倒转的，任何人也不能够压服占世界人口三分之二的被压迫民族和被压迫人民的解放斗争。目前，在亚洲、非洲、拉丁美洲，民族民主运动继续高涨。在西欧、北美和澳洲，工人运动此起彼伏。从柏林到平壤，从地拉那到河内，社会主义阵营各国蒸蒸日上，帝国主义列强主宰世界的时代已经一去不复返了。

12月9日　中国同坦噶尼喀建立外交关系。坦噶尼喀政府表示，由于经费和人员方面的原因，它暂不能在北京设立大使馆，但将在日后设立。

同　日　四川航空模型选手打破世界纪录。四川航空模型选手胡正忠、陈太平在成都举行的航空模型创纪录测验中，以飞行直线距离达到8.5公里的成绩，打破世界纪录。

12月12日　最高人民检察院副检察长谭政文逝世。谭政文，湖南资兴人，1910年生。1926年参加革命，1927年加入中国共产党，随后参加湘南暴动，随军上井冈山。土地革命战争时期曾任闽赣军区保卫局长，参加了二万五千里长征。1935年长征到达陕北后任西北保卫局执行部长。抗日战争期间，先后任陕甘宁边区政府保安处地方部长，中共中央社会部地方部长，中共中央晋绥分局社会部长兼晋绥边区政府公安局长等职。解放战争时期，任中共中央社会部副部长。中华人民共和国成立后，历任中共中央华南分局社会部长兼广东省公安厅长、最高人民检察署副检察长、最高人民检察院副检察长。

12月14日　考古工作者发掘出唐代长安城，该城范围包括今西安市城区和近郊，面积为今西安旧城的5倍。全城分3部分。最外是外廓城，中间的北部为皇城，皇城北端正中是宫城。在外部城垣上共有12个城门。城内有东西街14条，南北街11条。最宽的“朱雀门大街”约宽140米，为全城的中轴线。纵横的街道将全城除宫城和皇城以外的所有地区规则地划分为108个长方形的坊里，与史籍记载的长安城布局一致。考古工作者重点发掘了唐高宗以后唐历代帝王居住的大明宫，探明了它的范围及宫舍分布状况，并掘出了5座城门和城墙，两处大型宫殿——麟德殿和含元殿的遗址。整个大明宫的遗址范围约15平方公里，是北京故宫占地面积的两倍多。整个发掘还在继续中。

12月16日　全国人民代表大会常务委员会作出关于特赦确实改恶从善的蒋介石集团和伪满洲国的战争罪犯的决定。决定说对于经过一定期间的改造，确实改恶从善的蒋介石集团和伪满洲国的战争罪犯，实行特赦。该决定是根据国务院的建议作出的。当日，中华人民共和国主席刘少奇发布特赦令。特赦令分3款：一、蒋介石集团和伪满洲国的战争罪犯，关押已满10年，确实改恶从善的，予以释放。二、判处死刑，缓期2年执行的蒋介石集团和伪满洲国的战争罪犯，缓刑时间已满1年，确实有改恶从善表现的，可以减为无期徒刑或15年以上有期徒刑。三、判处无期徒刑的蒋介石集团和伪满洲国的战争罪犯，服刑时间已满7年，确实有改恶从善表现的，可以减为10年以上有期徒刑。12月26日，最高人民法院根据中华人民共和国主席令，特赦释放了68名确实改恶从善的战争罪犯，其中原属于蒋介石集团的战犯61名，属于伪满洲国的战犯7名。68名战犯中共有将级军官32名，知名者有：国民党第九兵团中将司令官廖耀湘，国民党第六十二军中将军长兼天津防守副司令林伟俦，伪满洲国外交部大臣阮振铎等。特赦令及特赦名单是最高人民法院和有关地区的高级人民法院在各地战犯管理所召开有全体在押战犯参加的特赦释放大会上宣布的。与此同时，还宣布了一批共16名悔改较好的被减刑的战犯名单。最高人民法院还在北京宣布，准予重要战犯康泽监外就医。在此之前，最高人民法院已于1959年12月和1960年11月分两批共特赦释放了83名战犯。

同　日　中国军事友好代表团出访越南。代表团是应越南民主共和国国防部部长武元甲大将邀请赴越参加越南人民军建军17周年庆典的。团长为叶剑英元帅，副团长为刘亚楼空军上将和肖华上将。访越期间，代表团受到越南民主共和国主席胡志明的接见，参加了越南人民军建军节庆祝大会，于12月31日回国。

同　日　中央国家机关和各民主党派机关摘掉一批右派分子的帽子。这一批被宣布摘掉右派帽子的有：钱端升、冯雪峰、柳湜、黄药眠、徐懋庸、许宝骙、陈达、吴景超、傅钟荪、马松亭、孟鞠如、杨祟瑞、杨逸棠、刘一峰、王一帆、吴绍澍、王枕心、何北衡、李健生、顾执中、丘克辉、吴春选、吴祖光、艾青、白朗、罗峰等370多人。他们被确认为是“确实改好的”右派分子。

12月16日—19日　世界和平理事会在瑞典首都斯德哥尔摩举行。中国代表团团长廖承志在16日的发言中指出：保卫世界和平要依靠广大的人民群众，依靠同帝国主义进行针锋相对的斗争，依靠各种和平力量。中国人民保卫世界和平委员会副主席刘宁一在大会的发言中也指出，那种认为全面彻底裁军是通向和平唯一道路的意见是错误的；把这种意见强加在被压迫民族身上，必然会损害民族解放斗争。刘宁一还指出，对于被压迫民族和新独立的国家，不是裁军的问题而是建立、扩大和加强自己的武装问题。刘宁一申明，中国政府支持普遍裁军的倡议。但是只号召裁军而不指责帝国主义是阻碍裁军的祸首，就不能动员起来为争取实现裁军而斗争。会议热烈辩论了和平运动的中心任务，一致通过了关于民族独立与和平的总决议和19个专题决议，通过了关于德国的决议和关于裁军的决议。大会还通过了于1962年召开世界争取普遍裁军与和平代表大会的决议。

12月17日　中共中央批转国务院财办，中共北京市委《关于在北京的高级知识分子和一部分负责干部副食品供应问题的请示》。《请示》提出，一年多来，城市口粮作了压缩，副食品减少，营养状况有所下降。在一部分干部中由于工作繁重，营养不良引起的疾病增多。因为从根本上全面改变城市副食品供应状况还需相当的时间，所以建议在目前，对于高级知识分子和一部分负责干部，在可能范围内增加一些副食品供应，以利于他们改善营养，减少疾病，增进健康。增加供应的副食品主要是食糖、大豆、肉、鸡蛋、卷烟等。中共中央在批语中同意了北京的办法，并请各地参照办理，同时指出，这是一种临时性的措施。

12月19日　中共中央批转农业部党组《关于大牲畜问题的报告》。农业部提出，为保护牲畜安全过冬，迅速扭转牲畜数量继续下降的趋势，必须打破近年来牲畜市场关闭、各地层层封锁、不准牲畜外流、调剂中断的局面，以便牲畜产区提高繁殖牲畜的积极性。为此，各地首先是省内，然后是省与省之间应该有管理地开放牲畜市场，调剂余缺，促进发展。中共中央批准了农业部的意见。

同　日　中国政府发表关于支持印度政府收复果阿的声明。声明指出，果阿是印度领土不可分割的一部分。印度政府于1961年12月18日派兵进入果阿，反映了印度人民要求结束葡萄牙对果阿的殖民统治，是正义的行动，中国政府和中国人民表示坚决支持。声明说，中国人民和中国政府一贯积极支持亚洲、非洲和拉丁美洲各国人民反对帝国主义和殖民主义，争取维护民族独立和国家主权的正义斗争。这种斗争不仅是维护世界和平的重要因素，而且对于坚决反对美帝国主义霸占中国领土台湾的中国人民，也是一个极其有力的支持。

12月20日　中共中央工作会议在北京举行。会议的议题是讨论国际国内形势、计划、商业、党的建设等问题，为即将召开的“七千人”大会作准备。中共中央总书记邓小平在会上传达了毛泽东对当前一些问题的看法：一、形势到底是好是坏。毛泽东认为，要做一个总的分析，形势还是不错的，首先是农村见效，60条一公布，又把队为基础的问题进一步解决了，农村就见效。二、对过去几年如何看。毛泽东说，总的来说3年来办的好事是基本的，有些缺点错误，我们也把它总结起来了，这样，我们就有可能制定一套合乎实际的正确的具体政策，我们的事情就会办好。三、关于责任。毛泽东认为，责任第一是中央，第二是省。四、还有没有希望。回答应是有希望，真正地有希望。毛泽东还提出，1962年要抓工、农、兵、学、商、政党7个方面，要大抓一年，几个方面都要理出个头绪来。邓小平还代表中央书记处就下述几个的问题承担了责任：一、具体政策研究和提出的不够及时；二、指标过高、多变；三、不切实际地搞了几个“大办”；四、权力下放过多。此外，邓小平还代表中央宣布，随后将召开的“七千人”大会主要是8个字，叫做“鼓足干劲，统一思想”。

同　日　毛泽东在中央政治局常委、各中央局第一书记会议上发表讲话。他说，过去走了弯路应该首先由中央负责。说中央总是正确的英明领导，这不符合事实嘛，这就不能真正得到经验教训。这几年的高指标、高估产、高征购、高分配和大办水利、大办交通、大办养猪场等几个大办都是中央决定的。虽然材料是由你们报来的，但是谁叫你中央相信呢？我们的头脑这个加工厂，没有了解实情。四高、几个大办、供给制、食堂，这些都是错误的。我们做了有损于人民利益的事，为人民服了不好的务。服务服得不好，这是一方面。同时还要看到，这些错误也是我们的宝贵财产，人的认识总是有个过程的。问题是我们认识的过程慢了一点，时间长了一点。

12月22日　外交部发表关于联合国大会就所谓“中国代表权问题”和“西藏问题”通过非法决议的声明。声明指出，在联大16届会议上，美国政府挟持大会无理否决了苏联提出的从联合国一切机构中驱逐蒋介石集团的代表，恢复中华人民共和国在联合国一切权利的提案，把恢复中国在联合国合法权利这个纯属程序性的问题，规定为需经大会2/3多数通过的所谓“重要问题”，是蹂躏《联合国宪章》，侵犯中国主权的决议，是完全非法的、无效的，声明指出，中国本来就是联合国的会员国，是联合国的创始会员国和安全理事会的常任理事国。在1949年中华人民共和国成立之后，中国在联合国的一切权利自应由中国人民的唯一合法政府中华人民共和国享有。这本来是一个简单的程序性问题。但几年来，美国政府始终坚持把蒋介石集团塞在联合国里，剥夺中华人民共和国在联合国的合法权利。当这种蛮横的做法日益不得人心时，美国在本届联大不得不放弃“拖延讨论”的老手法，改用歪曲《联合国宪章》的手法，企图在没有把握控制多数的情况下，以1/3的少数继续把中华人民共和国排斥在联合国之外。中国政府再一次郑重声明：世界上只有一个中国，那就是中华人民共和国。中华人民共和国在联合国的一切合法权利必须恢复。用任何方式制造“两个中国”，把台湾从中国割裂出去的阴谋，都是中国人民永远也不会同意的。声明还指出：本届联大在美国操纵下，还非法讨论了所谓“西藏问题”，这是违反联合国宪章中不得干涉在本质上属于任何国家内政管辖事项的根本原则的，因而都是非法的、无效的。声明重申：西藏是中国的领土，有关西藏的一切事务，完全是中国的内政，任何外国和国际组织，包括联合国在内，都无权过问。同日，《人民日报》发表社论：《美国坚持与中国人民为敌》，谴责了美国在16届联大的卑劣用心和手段，申明了中国政府的立场。

12月24日　《人民日报》发表社论：《每个企业都要加强经济核算》，社论说，经济核算是企业全部经济活动的一面镜子。经济核算的目的，是要用最少的活劳动和物化劳动取得最大的经济效果。要做到这一点，就必须采取各种措施提高劳动生产率，提高设备利用率，降低原材料消耗，合理使用资金，节约各种费用支出。这就需要加强计划管理、技术管理、劳动管理、财务管理，以及各种责任制度。但社论同时指出，经济核算工作必须以政治为统帅，不应当片面追求赢利而不顾大局，违反政策；不应当片面地为了降低成本，而损害产品质量，不应当片面强调节省开支，而忽视劳动保护和职工必需的生活福利。因此，要看到政治工作与经济工作的统一，要算政治账，也要算经济账，这样才能树立对经济核算的正确认识。

12月26日　中国、阿尔巴尼亚两国组建中阿轮船股份公司。根据协定，中阿轮船股份公司拥有的船舶主要航行中阿两国间的航线，必要时也可航行其他航线。

12月30日　国家决定调低高级针棉织品、衬衣价格水平和调整批零差率。将现行销售价格由平均比普通价格提升2.66倍调整到比普通价提升1.9倍。

12月31日　《工人日报》发表薄一波文章：《鼓足干劲，争取1962年工业生产的更大成就》。文章总结了1961年工业战线取得的5个主要成绩，它们是：一、生产稳步增长，主要工业产品的生产计划指标，预计绝大多数可以完成和超额完成。二、薄弱环节得到了加强。供应农业的各种农业机具、排灌设备、化学肥料和农用药品的生产有了增长；重工业供给轻工业、手工业的原料也有了增加。三、适当地缩短了工业基本建设战线和生产战线，初步改善了重点企业生产能力的利用状况。四、改进了企业的经营管理，企业的责任制度加强了。五、职工的精神面貌有了新的变化。文章同时指出，尽管取得了很大成绩，但应看到目前工业生产中还有不少问题需要加以解决。首先是原料、材料、特别是煤炭、木材、有色金属以及某些品种的钢材，还不能充分满足需要；其次是某些地区、厂矿的运力不足；第三是工业内部各行业间关系还有待进一步调整。文章提出，1962年是对国民经济“作进一步调整的关键性一年”。工业战线的任务，就是要以调整为中心，继续加强工业对农业的支援，加强轻工业和手工业生产，促进市场的进一步活跃，加强采掘工业、采伐工业的生产，使原料工业能够更好地适应加工工业需要。

第二卷

上下求索

（1957年—1965年）

（下）

1962年

1962年综述

1月，中共中央在北京举行扩大的工作会议，总结大跃进以来的经验，统一认识，切实贯彻调整国民经济的方针。2月，中央政治局常委在中南海西楼举行扩大会议。会议分析了国家财政预算还隐藏着很大缺口，农业生产下降，市场紧张等情况，认为全国的经济形势处在一个非常时期，必须下最大的决心对经济进行调整。3月，在中央财经小组会议上，陈云提出，对重工业、基本建设指标的调整要准备做到“伤筋动骨”。5月，中央政治局常委在北京举行工作会议，作出对国民经济进行大幅度调整的重大决策，要求坚决地按照农轻重次序对国民经济进行综合平衡。5月27日，中共中央和国务院作出决定，再减少城镇人口2 000万，精减职工1 000万。与此同时，工业和基本建设战线进一步收缩，实行关、停、并、转政策。至10月底，全国县以上工业企业减少1.9万个，基本建设投资压缩至46亿元。银行信贷和财政也实行紧缩，并对部分商品实行高价销售政策，以加速货币回笼。10月，全国经济状况开始出现好转，中共中央于10月6日宣告：最困难的时期已经渡过。

在经济调整的同时，党还采取措施对社会政治关系进行调整。3月，周恩来在广州戏剧创作会议和科学技术工作会议的讲话中，将知识分子的阶级属性划入“劳动者”之列。在随后召开的二届人大三次会议上，周恩来再次提出了“劳动人民的知识分子”的论断。4月，中央发出《加速进行党员、干部甄别平反的通知》，对1958年以来历次运动中处分错了的党员、干部进行甄别平反。4月下旬召开的全国统战工作会议，作出进一步调整党同工商界、民主党派、民主人士、宗教界、少数民族、归侨及其他爱国人士关系和进行甄别平反工作的决定。此外，国家对侨务、民族等方面的政策也相应进行了调整和改进。

8月上旬，为准备中共八届十中全会的中央工作会议在北戴河举行。毛泽东提出阶级、形势和矛盾问题。随后，他在9月下旬举行的八届十中全会上进一步发挥了对上述3个问题的看法，断言在整个社会主义历史阶段资产阶级都将存在和企图复辟。因此，阶级斗争必须年年讲、月月讲、天天讲。他还批判了所谓“单干风”、“翻案风”和“黑暗风”，致使政治上的“左”倾错误严重发展。

10月，中印边界反击作战开始。战斗持续1个月。11月22日零时，中国边防部队遵照中国政府的决定，在中印边界全线停火，并于12月1日开始后撤至1959年11月7日实际控制线20公里以内。

年底，在保、匈、捷、意4个共产党代表大会上，主持者公开攻击中国共产党的路线和政策。《人民日报》先后发表《陶里亚蒂同志同我们的分歧》等文章，标志着国际共产主义运动中的争论和分裂进入了一个新的阶段。

主要经济指标：工农业总产值1 280.2亿元。（按1957年不变价格计算），比上年下降10.1%。其中工业总产值850.2亿元，比上年下降16.6%；农业总产值430亿元，比上年增长6.2%，钢产量为667万吨，粮食总产量达到了1.6亿吨。其他工农业指标为：煤22 000亿吨，发电458亿度，棉花75万吨，油料200.3万吨，基本建设投资总额71.26亿元。社会商品零售总额604亿元，国家财政总收入313.6亿元，总支出305.3亿元，结余8.3亿元。

1月1日　《人民日报》发表社论：《新年献词》。社论说，1961年我国人民所取得的最重要的成就，就是战胜了连续3年的严重自然灾害，在粮食方面得到了较1960年为好的收成。目前全国农村绝大多数地区的情况是好的，社员生活有了改善。少数灾情特别严重的地区，虽然还比较困难，但情况也比上一年好。工业方面，在提前两年完成第二个五年计划的主要产品生产指标的基础上，一年来实行调整、巩固、充实、提高的方针，取得了初步的成效。轻工业和手工业的产品，都有不同程度的增长。无论是重工业还是轻工业，产品的质量都有提高。社论指出："摆在我国人民面前的社会主义建设的任务是：进一步贯彻执行总路线的各项具体政策和具体办法，在国民经济中全面贯彻以调整为中心的方针，调动一切积极因素，努力完成国家计划，使农业、轻工业、重工业的关系进一步协调起来，使整个国民经济进一步活跃起来。"社论提出："在1962年中，最重要的是千方百计地争取农业生产尽可能多地超过1961年。这对于国计民生具有决定性的意义。"同时，社论还强调，1962年是调整国民经济的关键的一年，农、工、商、学、兵、政、党和群众工作等各个方面，都要鼓足干劲，实事求是，在当年内创造新的成就。社论充分肯定了大跃进中建立的社会物质基础，号召全国人民把积极性调动起来，沿着党中央指引的方向前进。

同　日　《红旗》杂志第十期发表社论：《鼓足干劲，争取社会主义建设的新的胜利》。社论说，党的鼓足干劲、力争上游、多快好省地建设社会主义的总路线，经过实践的考验，证明完全是正确的。为实现总路线所必需的各项具体政策和具体办法，正在逐步发展和完备起来，并且已经在实际工作中收到了良好的效果。社论着重强调了加强集中统一领导问题，指出："加强在社会主义建设事业中的集中统一领导，在一切工作部门，一切地方工作，一切事业单位中加强全局观点，这是为了推进我们当前的工作必须特别注意的一件事。"这是因为，中国当前的社会主义建设正处在一个关键时刻，经济建设中所进行的调整工作带有承前启后的意义。一方面，需要总结从第一个五年计划以来，特别是1958年大跃进以来的工作，从中吸取经验教训；另一方面，又要开辟前进的道路，使我们的社会主义建设事业在新的水平上向前发展。在这种情况下，“特别需要强调集中的领导，以保证党中央所规定的统一政策的贯彻执行，保证国家的统一计划的贯彻执行，而反对实际工作中任何形式的分散主义的表现。”社论还阐述了在强调集中统一的方针下中央与地方、中央与各部门、局部与全局之间的辩证关系，以及加强集中统一同坚决执行群众路线的一致性等问题。

同　日　中苏两党和两国领导人互致祝贺新年电文。中共中央主席毛泽东、中华人民共和国主席刘少奇、全国人大常委会委员长朱德、国务院总理周恩来在电文中说，中苏两大国的团结和社会主义阵营各国的团结是胜利建设社会主义和共产主义、维护世界和平和争取人类进步事业的根本保证。不断巩固和加强这种团结，在目前尤其具有重大意义。苏共中央第一书记、苏联部长会议主席赫鲁晓夫，苏联最高苏维埃主席勃列日涅夫在电文中说，在同资本主义的和平竞赛中，在团结社会主义各国大家庭的力量和增长他们的威力方面，过去的一年给社会主义各国人民带来了新的巨大的胜利。电文说，我们对我们伟大朋友和同盟者——中国人民在光荣的中国共产党及其中央委员会的领导下，在社会主义建设中所取得的成就感到高兴。

1月2日　毛泽东在北京接见亚洲、非洲、拉丁美洲等4国工会代表团。受到接见的有：印度尼西亚中央职工会国际部部长穆罕默德·多希尔为首的印尼工会代表团；古巴工人中央工会组织书记赫苏斯·索托·迪亚斯为首的古巴工会代表团；巴西瓜纳巴拉州木器工会领导人罗伯托·莫雷那为首的巴西工会代表团；司库吉·默·穆第索和以罗迪耳·里维拉·罗迪耳为首的洪都拉斯文化代表团等。毛泽东同他们进行了亲切友好的谈话。接见时在座的有刘宁一、刘长胜等中国有关方面负责人。

1月3日　毛泽东接见日本禁止原子弹氢弹协议会理事长安井郁。同时受到接见的还有在北京的日本和平人士西园寺公一及夫人以及安井郁的女儿安井侑子等，毛泽东同安井郁进行了亲切友好的谈话。

中国人民保卫世界和平委员会副主席廖承志、刘宁一等也参加了接见。4日，首都各界人士1 500多人在政协礼堂集会。欢迎安井郁理事长。安井郁在会上作了题为《日本人民争取真正独立和和平的斗争必将冲破反动的浪潮获得胜利》的长篇演讲。

同　日　国务院作出规定，所有金银买卖调拨，一律由中国人民银行办理。

1月4日　中共中央转发《关于团中央工作会议的报告》及附件：《共青团在学校中的思想政治工作纲要（试行草案）》。1961年10月4日—26日，团中央召开工作会议，研究共青团在学校中的思想政治工作等问题。会议的报告认为，近年来学校团的思想政治工作方针还存在着一些缺点，在贯彻“兴无灭资”的思想政治工作中，某些政策界限存在模糊不清的地方，由于“红专”和所谓“白专”的概念含混，在一定程度上忽视了读书，影响了部分同学的积极性。为总结经验、纠正错误，特制订《政治思想工作纲要》，在高中以上试行。《纲要》规定，共青团要在党的领导下，以共产主义精神教育团员，贯彻执行党的教育方针。同时，要教育学生用主要精力和大部分时间努力读书，学好功课，参加一定的生产劳动和社会政治活动。工作会议还研究了农村团的建设问题，认为近年来农村团的组织得到了发展和提高。

同　日　《人民日报》发表社论：《集体主义的光辉》。社论说，10年前，山西长治专区出现的10个以土地人股为特征的半社会主义性质的农业生产合作社，现在已是当地人民公社的组成部分和骨干力量，农林牧副业都有很大增长。社论说，10个老社10年来所走过的道路，正是全国农民所走的道路。这条道路改变了几千年来使农民“陷于永远的穷苦”的状况，使他们摆脱了风雨飘摇的小农经济的困境。从10个老社集体经济成长发展的过程中，我们可以看到，党所制定的有关社会主义改造以及办好人民公社的一系列方针政策，党所规划的农民组织起来，逐步过渡到社会主义的步骤，是适合我国农村生产力水平和农民觉悟程度的。社论要求，要加强对农民的社会主义、集体主义、爱国主义的思想教育，使全体社员都自觉自愿地把个人利益同集体利益、国家利益结合起来，为着社会主义的整体利益共同奋斗。

同　日　中华书局举行成立50周年纪念会。中华书局1912年1月1日创办于上海。50年中出版了大量教育、古籍和工具类书籍。

1月5日　国务院副总理陈毅、聂荣臻、陆定一在人民大会堂举行盛大宴会，招待首都科技工作者。来自科学研究、设计、生产、教学、医药卫生和国防科学技术等各个岗位的4 000多名科技工作者出席了宴会。周恩来总理在宴会上致词，号召科技工作者为了国家的富强，为了世界人民革命斗争的胜利，为了世界和平，树立雄心壮志，埋头苦干，发愤图强，自力更生，奋勇前进，在1962年取得新的更大的胜利。陈毅副总理在长篇讲话中说，把中国建成一个具有现代工业、现代农业、现代科学文化和现代国防的社会主义强国，是全国人民的希望，也是世界革命人民的希望。在建设社会主义强国的过程中，科学技术工作者承担着光荣而艰巨的任务。他勉励科技工作者要努力学习马列主义和毛泽东著作，在工作中和治学中要闻胜不骄、闻败不馁、专心致志、踏踏实实、不浮夸、不图侥幸、准备付出毕生的精力攀登科技高峰。与会者对周恩来和陈毅的讲话报以雷鸣般的掌声。

同　日　国家体委公布1961年体育运动成果。公报说，1961年共创全国纪录102项，占已公布的全国纪录的1/3以上，其中包括由陈镜开、王锡华等人创造的9项世界纪录（射箭、举重各1项，跳伞2项，航空模型5项）。公报说，1961年在游泳、射箭、举重等项目上打破全国纪录最多。其中游泳刷新纪录20项，占全部项目的2/3以上；射箭20项，全国纪录被刷新14项；举重28个项目中被刷新16项。在田径方面，福建选手倪志钦跳过了2.11米的高度，列世界第四位。公报说，在这次公布的300项全国纪录中，属于1961年前创造的共198项，其中1960年122项，1959年61项，1958年10项，1957年3项，1956年和1954年各1项。

1月10日　财政部、国家计委发出《关于国营企业四项费用管理办法的通知》。《通知》规定，自1962年起，除商业部门外，其他各部门的企业，不再实行利润留成办法。国家对企业所需的技术组织措施费、新产品试制费、劳动安全保护费、零星固定资产购置费实行拨款。

1月11日　扩大的中共中央工作会议在北京举行。参加会议的有中央、各中央局、各省、市、自治区党委及地委、县委、重要厂矿企业和部队的负责干部七千多人（因此又称“七千人大会”）。会议的主要目的是：总结经验，统一认识，加强党的民主集中制，切实贯彻调整国民经济的方针。会议历时28天（其中包括春节休息两天）。会议进程分为两个阶段。第一个阶段从1月11日到29日上午，主要是对刘少奇的“书面报告”稿进行讨论和修改。在分组讨论中，各地代表还对几年来的工作做了联系实际的检查。与此同时，由刘少奇主持，组织了由彭真等21人参加的起草委员会，对“书面报告”进行了8天的讨论和修改，形成“书面报告”第二稿，于1月26日印发到会同志提意见。“书面报告”比较系统地总结了大跃进以来经济建设工作的基本经验教训。在列举了几年来社会主义建设的成就之后，报告着重指出工作中发生的如下缺点和错误：一、生产计划指标过高，基本建设战线过长，使国民经济各部门的比例关系严重失调；二、在人民公社工作中，曾经混淆集体所有制和全民所有制的界限，急于过渡，违反按劳分配和等价交换原则。犯了刮“共产”风和其他平均主义的错误；三、不适当地要在全国范围内建立许多完整的工业体系，权力下放过多，分散主义倾向有了严重的滋长；四、对农业增长的速度估计过高，对建设事业的发展要求过急，因而使城市人口不适当地大量增加，加重了城市供应和农村生产的困难。“书面报告”还提出了关于社会主义建设问题上的十六条基本经验教训，即：一、社会主义建设总路线所提出的多、快、好、省是互相促进、互相制约的；二、以农业为基础发展国民经济，是我们的一个根本方针；三、全民所有制和集体所有制不能混淆；四、全民所有制在各种所有制中居于领导地位；五、社会主义经济要有统一的国家计划，计划指标必须符合实际；六、文化、教育、科学、卫生事业的发展，必须同经济建设的发展相适应；七、国家计划的统一性和地方的积极性要结合起来；八、必须实行民主集中制；九、必须充分发展商品交换；十、必须实行按劳分配原则；十一、必须爱惜群众的精力；十二、必须吸取外国的经验；十三、必须坚持勤俭建国的方针；十四、必须实行“精兵简政”；十五、必须实行政治和经济、政治和技术的统一；十六、必须加强党的领导。1月27日，刘少奇在大会上讲话，对书面报告作进一步的说明。他在讲话中提出了下述重要看法：一、对于“三面红旗”，我们现在都不取消，都继续保持，继续为“三面红旗”而奋斗。现在，有些问题还看得不那么清楚。经过5年、10年以后，我们再来总结经验，那时就可以更进一步作出结论。二、关于对成绩和缺点的估计，过去我们经常把缺点、错误和成绩，比作“一个指头和九个指头”的关系，现在恐怕不能到处这样套。从全国讲，恐怕是“三个指头和七个指头”的关系。还有些地区，缺点错误不止是“三个指头”，也可能是“七个指头”。三、关于造成经济困难的原因，一方面是由于自然灾害，另一方面在很大程度上是由于工作中的错误，有的地方是“三分天灾，七分人祸”。1月29日下午，毛泽东在全体会议上作即席讲话，提出发扬民主、上下通气问题，他号召把会议开成“出气会”，并建议延长会期。从此会议进入第二阶段。30日下午，毛泽东在全体会议上讲话，讲话共分六点，中心是民主集中制问题。毛泽东强调，不论党内党外都要有充分的民主生活，让群众讲话，有了错误，一定要作自我批评；让人批评。毛泽东当场作了自我批评：“凡是中央犯的错误，直接的归我负责，间接的我也有份，因为我是中央主席。”毛泽东还在讲话中着重指出，在社会主义建设上，我们还有很大的盲目性，还有许多未被认识的必然王国。今后要下苦功夫调查它、研究它，在实践中逐步地加深对它的认识，弄清楚它的规律。毛泽东说，中国的人口多、底子薄，经济落后，要使生产力很大的发展起来，要赶上和超过世界上最先进的资本主义国家，没有一百多年的时间，我看是不行的。当日晚，毛泽东又召集各大组负责人开会，继续强调发扬民主，上下通气，并对开好“出气会”作了安排。1月31日—2月6日上午，会议各大组对省委、中央局、国家机关，以及有关负责同志提出了尖锐的批评。各省委的主要负责人和中央、国家机关的一些领导人在分组会上作了自我批评，承担了职责。2月6日下午，邓小平在全体会议上就党的工作问题讲了话，并从中央书记处工作角度，对几年来的问题作了自我批评。2月7日下午，周恩来在全体会议上发言，对个人错误作了深刻检查，对国务院工作中的缺点承担了责任。同时，他还在讲话中提出了克服当时困难的8条主要办法。在此之前，朱德、陈云、刘少奇也都在各自所在大组上讲了话。这些讲话涉及到了党内斗争的扩大化问题和党内生活不正常所带来的严重后果等问题，林彪于1月29日在大会上发言，他突出地提出：这几年发生错误和困难，恰恰是由于没有照毛主席指示去做，用“左”或右的思想干扰了毛主席等等。2月7日下午周恩来讲话后大会闭幕。

1月13日　中国人民外交学会会长张奚若和日本社会党第三次访华团团长铃木茂三郎发表共同声明。声明指出，目前国际形势的特点是东风进一步压倒西风。全世界反对帝国主义的和平、民族独立、民主和社会主义的力量已经大大发展，超过了以美国为首的帝国主义力量。美帝国主义是世界紧张局势的根源。双方就日本实现中立、缔结中日友好不侵犯条约、禁止核武器、缔结日苏和约、反对“日韩会谈”、美国干涉老挝和越南南部、以及反对日本池田政府敌视中国的政策等问题，发表了一致看法。双方表示，根据政治三原则和贸易三原则，要不断地为发展两国民间友好贸易，为促进实现政府间的贸易协定而努力。

同　日　中华人民共和国政府同阿尔巴尼亚政府签订《贷款协定》等五项协定和议定书。五项协定和议定书分别是：《关于中华人民共和国给予阿尔巴尼亚人民共和国贷款的协定》、《关于中华人民共和国向阿尔巴尼亚供应成套设备和给予技术援助的议定书的补充换文》，《中华人民共和国政府和阿尔巴尼亚政府关于1962年交换货物和付款的议定书》，《关于阿尔巴尼亚人民共和国政府1962年使用中华人民共和国政府贷款的议定书》及《中阿科学技术合作联合委员会第六届会议议定书》等。

同　日　东方歌舞团举行建团典礼。东方歌舞团是适应中国人民对外文化交流活动日益发展而建立的，它以学习和表演亚、非、拉国家人民的歌舞为主要任务，演员队伍以中央歌舞团东方舞蹈班为基础，抽调各地区和部队优秀舞蹈表演人才组成。陈毅副总理出席了建团典礼，他在讲话中要求，歌舞团要认真学习亚、非、拉各国人民的舞蹈，要学得好、学得像。要学习各国人民艺术的长处来丰富自己，发展自己，为世界人民的友谊服务。东方歌舞团第一任团长为戴碧湘。

同　日　中国、老挝签订航空运输和修建公路协定。航运协定规定，双方指定的空运企业将在双方同意的航线上作定期和不定期的航班飞行。公路协定规定，中国政府和老挝王国政府同意修建自中国云南省孟腊至老挝丰沙里的公路。中国政府将负责上述公路的全部修建工程，并同意承担上述公路在老挝境内一段的全部工程修建费用，作为中国政府给予老挝王国政府无偿的、不附带任何条件的经济援助。

1月14日　毛泽东主席、刘少奇主席在北京接见阿尔巴尼亚政府经济代表团。代表团成员有阿尔巴尼亚部长会议副主席凯莱齐、贸易部长恩杰拉、国家计委第一副主席希提。15日中阿双方发表经济会谈新闻公报，宣布双方签订《关于中华人民共和国给予阿尔巴尼亚人民共和国贷款的协定》、《关于1962年交换货物和付款的议定书》等六项协定。

1月15日　中共中央发表关于谴责美国政府反共暴行，支持美共正义斗争的声明。声明就美国司法机关利用“麦卡伦法”和“史密斯法”于2月1日开始对美国共产党进行审讯一事指出：“以肯尼迪为代表的美国反动派这样卑鄙地迫害美国共产党，是对美国工人阶级和进步力量的猖狂进攻，是在国内加紧实行法西斯化的一个严重步骤，也是在世界范围内进行新的反共、反人民行动，推行新的战争计划的一个严重步骤。”声明剖析了美国统治者试图通过加紧迫害进步力量来推行其准备新的世界战争的用心，号召全世界一切爱好和平和正义的人民提高警惕。声明还揭露了美国所谓的民主制度实质上是垄断资产阶级对劳动人民和一切进步力量进行专政的事实。声明说，中共中央代表全体党员和全中国人民，坚决谴责美国政府这一反共、反人民的暴行，坚决支持美国共产党反抗美国政府残暴迫害的斗争。

1月18日　北京市人民委员会、政协北京市委员会举行报告会。听取全国人大常委会副委员长班禅额尔德尼·确吉坚赞关于西藏情况的报告。报告介绍了1951年西藏获得和平解放后的各项发展，着重说明了反对西藏上层反动集团的叛乱、实行民主改革以及近年在西藏工作的体会等等。报告说，到1960年年底，在87万人口的农业区，5万人口的城市，已基本完成了民主改革，并开展了改革复查。在28万人口的牧业区，已有三分之二以上人口的地区进行了“三反两利”运动。报告说，在民主改革基本完成之后，从1960年底开始，西藏进入了稳定发展的时期，已有90%以上的农户根据自愿互利的原则参加了互助组，并于当年取得了较好的收成。在工业交通方面，已建有水电、汽车修配、农具制造、血清兽药等小型工厂。随着川藏、青藏、新藏公路的建成，西藏地区70%以上的县已通汽车，正形成以拉萨为中心的公路网。报告总结的四项工作体会是：一、千条万条党的领导第一条；二、发动群众、依靠群众、坚决贯彻群众路线；三、我国6.5亿各族人民的大团结，就是我国各族人民幸福的源泉，是各族人民建设共同进步、共同发展、共同繁荣的社会主义、共产主义美满幸福社会的最重要保证；四、培养干部是一项极其重要的政治任务。

1月20日　教育部、财政部联合发出《进一步加强教育经费管理的补充意见》。《意见》规定：一、各地要妥善安排教育经费预算指标。二、教育经费预算指标应根据勤俭办校的方针和逐步提高教育质量的要求，按重点使用和照顾一般的原则来安排。三、预算指标允许项目之间相互调剂。四、省、市、自治区应在农业税地方附加税中划出一定的款项，作为农村公办和民办教育事业补助之用。五、学校生产劳动收入（包括农副业生产）除缴纳工商统一税外，不上缴利润，不交纳所得税。六、教育行政部门应有一位领导同志负责主管财务工作，并健全财务管理机构。

1月27日　上海市各界集会纪念“一·二八”淞沪抗战30周年。前十九路军总指挥蒋光鼐、军长蔡廷锴先后在会上讲话，他们追述了淞沪抗战的经过，赞扬了在中国共产党的动员、组织下，上海工人、学生、妇女深入前线，出生入死，形成一个轰轰烈烈的群众抗日运动的伟大作用。他们在讲话中都严厉谴责了美国复活日本军国主义的罪行。

1月30日　公安部发布停止受理选择中国国籍的公告。公告说，根据中华人民共和国政府和印度尼西亚共和国政府关于双重国籍问题的条约和实施办法的规定，同时具有中华人民共和国国籍和印度尼西亚国籍的已成年人，应在1960年1月20日条约生效后的两年内选择他们的国籍。现期限已满，从1962年1月20日起，各县（市）公安局停止受理选择中国国籍的申请。

2月1日　李敖在台湾《文星》杂志52期发表《给谈中西文化的人看看病》文章，引发针对“全盘西化论”的论战。文章猛烈地抨击了中国传统文化中的消极面，以30年来中西文化冲突的历史事实为依据，集中批判了中国文化的保守性、狭隘性，指出中国人具有群体性集体意识。随后，《政治评论》、《民主评论》、《世界评论》、《文星》杂志针对“全盘西化论”展开了激烈论战。李敖，1935年生于哈尔滨。1949年到台湾，毕业于台湾大学历史系。曾任《文星》杂志主编。1965年发表《我们对国法党限的严正表示》，公开批评台湾当局，《文星》因此被查封。1971年，以“叛乱”罪被判刑10年。1976年被释放。1981年，又因批评台湾当局，再度被捕入狱半年。著有《传统下的独白》、《胡适评传》、《上下古今谈》、《天下没有白坐的牢》、《李敖文存》等。

2月4日　首都各界集会抗议美帝国主义迫害刚果民族主义领袖基赞加。大会谴责了美国利用“联合国军”逮捕基赞加的罪恶行径。陈毅副总理出席大会并讲了话。他指出，美帝国主义尽管使尽一切阴谋手段，屠杀刚果爱国领袖，分裂刚果爱国力量，但是他们企图把刚果变为美国殖民地的目的是永远达不到的，其结果只能教育刚果人民，走上坚强地反对帝国主义、争取民族独立的斗争道路。中国亚非团结委员会主席廖承志和刚果农工工农联合会总书记阿里阿斯也在会上发表了长篇讲话。

2月5日　党和国家领导人参加联欢晚会。毛泽东、刘少奇、周恩来、朱德、董必武、陈云、林彪、邓小平以及黄炎培、彭真、李维汉等党和国家领导人参加解放军总政治部在京举行的联欢晚会，同首都4万多军民共度春节。4日晚，毛泽东、刘少奇、周恩来、朱德和林彪还参加了中共北京市委和市人委举行的联欢晚会。

2月8日　中共中央作出《关于1962年基本建设初步安排的紧急规定》。《规定》要求，目前暂按1961年12月20日安排意见，即投资59.5亿元，大中型项目718个来部署工作。凡不属这个范围的工程，都应一律立即停止施工；个别计划外的项目，地方和部门认为必须继续施工的，必须报中央审查批准。

2月9日　副总参谋长李克农上将去世。李克农，安徽巢县人。1898年生。五四运动时期参加进步活动，1926年加入中国共产党。1928年至1931年在上海党中央工作。1931年到达江西革命根据地，先后担任国家政治保卫局执行部长、红一方面军政治保卫局长、红军工作部部长。长征到达陕北后，担任中共中央联络局局长等职。抗日战争时期，历任八路军、新四军驻上海、南京、桂林等办事处处长，八路军总部秘书长，中共中央长江局秘书长，中共中央社会部副部长等职。解放战争时期，担任中共中央社会部部长，军事调处执行部中共代表团委员兼秘书长等职务。全国解放后，历任中央社会部部长、外交部副部长、中国人民解放军副总参谋长等职，并被选为第一、第二两届全国人民代表大会代表和政协全国委员会常委。1955年被授予上将军衔。1956年在党的八大上被选为中央委员。

2月12日—27日　中国佛教协会在北京举行第三届代表会议。来自全国各地区、包括12个民族、分属于佛教各教派的248名代表参加了会议。会议期间，听取了中共中央统战部副部长张执一关于国内外形势问题的报告，国务院宗教事务局局长萧贤法关于宗教政策的报告，中国佛教协会副会长兼秘书长赵朴初代表第二届理事会所作的工作报告。会议认为，4年来全国各民族人民出现了前所未有的大团结，祖国建设事业取得了多方面巨大成就。会议通过的决议指出，全国佛教徒坚决接受中国共产党的领导，走社会主义道路，根据6项政治标准，积极进行自我改造。佛教协会应继续加强和各国佛教徒的联系，为促进友好，反对帝国主义的侵略政策和战争政策而做出贡献。会议选举了中国佛教协会第三届理事会的理事、会长和副会长，一致推举班禅额尔德尼和应慈为中国佛教协会名誉会长，喜饶嘉措被选为会长、阿旺嘉措、噶丹赤巴、土登贡噶、赵朴初、能海、松留、阿嘎牟尼（景洪）、噶喇藏、巨赞、周叔迦、牾古腊、嘉木样当选为副会长。在27日的闭幕式上，会议通过了给毛主席的致敬电，并于下午在雍和宫举行了隆重的宗教仪式，庆祝会议成功。

同　日　首都各界集会支持第二个哈瓦那宣言。大会由中拉友协、全国总工会、全国青联、全国妇联、全国学联发起。陈毅副总理到会并讲话。他说，古巴第2次代表大会通过的第2个哈瓦那宣言，“是声讨美帝国主义的檄文，是古巴人民和拉丁美洲人民团结战斗的旗帜，是保卫古巴革命、维护拉丁美洲各国独立和民主自由的斗争纲领”。中国政府和人民表示热烈欢迎和坚决支持。古巴驻华大使皮诺·桑托斯也在大会上发表讲话。大会还发表了支持古巴第二个哈瓦那宣言的通电。15日，《人民日报》发表《第二个哈瓦那宣言——古巴人民致美洲和世界各国人民》全文。

2月13日　中共中央发出关于改变农村人民公社基本核算单位问题的指示。《指示》共分六个部分。一、关于农村人民公社基本核算单位问题的调查研究和试点表明，生产队为基本核算单位，有下述好处：第一，能够比较彻底地克服生产队之间的平均主义。生产队既有生产管理权，又有分配决定权，直接组织生产的单位和基本核算的单位统一起来，生产和分配也就统一起来。第二，生产队的生产自主权有了很好的保障，生产队生产经营的独立性大为增加，改变了过去那种进行生产同安排和指挥生产不统一的状况。第三，适合于当前农民的觉悟程度，使社员对于集体经济同自己的利害关系，对于自己的劳动成果，看得最直接，看得最清楚。第四，有利于改善集体经济的经营管理。生产队规模不大又自负盈亏，它办得好和不好，同每个社员的切身利益息息相关，且便于社员直接参加管理和对干部实行监督。二、现阶段人民公社的体制，大体会存在两种形式：一种形式，以生产队为基本核算单位；另一种形式，仍然以生产大队为基本核算单位。凡是符合群众要求，同群众经验相适应的形式和做法，都应当允许。我们在农村工作中取得的一条极其重要的经验，就是对于农民，对于群众的集体经济组织，必须坚持自愿和互利的原则。集体经济中的一切设施，一切制度，都必须建立在自愿、互利的基础上。只有自愿，才能巩固和持久。只有互利，才能有真正的自愿。在确定以生产队还是以生产大队为基本核算单位的时候，必须严格地遵守这个原则。在我国绝大多数地区的农村人民公社，以生产队为基本核算单位，实行以生产队为基础的三级集体所有制，将不是短期内的事情，而是在一个长时期内，例如至少30年，实行的根本制度，基本核算单位一经确定之后，就要稳定下来，不能任意变动。三、农村基本核算单位改变为生产队后，人民公社仍然是一个完整的集体经济组织，公社内部仍然实行统一领导、分级管理，生产队仍然是生产大队这一级经济组织的组成部分。基本核算单位下放以后，生产大队仍然在全大队范围内实行统一领导。农村党的支部，一般的仍然应当以生产大队单位建立。在经济方面，生产大队的任务是：（一）帮助生产队做好生产计划，保证粮食和经济作物生产任务的完成；（二）保证完成国家的征购、派购和收购任务；（三）对生产队的生产、分配和财务工作，进行正确的指导、检查和督促；（四）领导兴办和管理全大队范围的或者几个生产队共同的农田基本建设和水利建设；（五）经营大队企业，管好大队所有的大型农业机具和运输工具；（六）举办全大队的集体福利事业，和生产队共同负责安排好五保户和困难户的生活；（七）领导全大队的民政、民兵治安、文教卫生等项工作；（八）进行思想政治工作。四、基本核算单位下放以后，生产队既要正确地规划生产，又要统一核算收支；既要做好生产组织工作，又要做好财务管理工作；既要积极完成国家的农产品征购任务，又要切实安排好社员生活。各级地方党委，特别是县委，都应当把加强生产队的工作，作为自己的一项极其重要的任务。五、要妥善解决下述八个在调整基本核算单位过程中所遇到的问题：（一）规模。生产大队和生产队的规模都要适当。（二）干部。必须力求精减。（三）土地。原来“四固定”的土地，可基本不动，个别调整。（四）耕畜、农具。只要基本上合理的，一般不再变动。（五）大队企业。不利分散经营的，仍归大队经营；凡生产队经营更有利的，下放给生产队。（六）林木。大片集中林木，可仍归大队所有；分散的小片林木，应下放给生产队所有。（七）水利，应以便于管理、保护、维修和充分利用为原则。（八）债务。过去一切债务，都要结算清楚，不能任意宣布废除。六、调整农村基本核算单位的工作，力争在春耕开始前后完成。

同　日　首都各界集会庆祝中苏友好同盟互助条约签订12周年。大会在中南海怀仁堂举行。中央政治局委员、国务院副总理陈毅出席了大会。中共中央委员、全国人大常委会副委员长林枫和苏联驻中国大使契尔沃年科分别讲话。林枫在讲话中强调，中苏同盟的存在，使得以美国为首的帝国主义的侵略政策和战争政策遭遇到最大的障碍。他希望看到伟大的中苏同盟日益巩固。契尔沃年科大使在讲话中说，帝国主义独霸的时代已经一去不复返了。苏联政府现在和将来始终不渝地执行不同社会制度国家和平共处的原则。《人民日报》14日发表社论：《伟大的友好的节日》。

2月14日　中共中央发出《关于1962年上半年继续减少城镇人口700万人的决定》。《决定》说，自1961年6月中央工作会议以来，全国减少了城镇人口1 300万人，精简职工950万人，这为促进企、事业的调整，加强农业战线，改善国家当前的经济状况带来了许多益处。但是，由于城镇人口和职工过多而给经济上造成的困难，还没有完全解决，因此，还需要减少一大批城镇人口和职工。为此，中央决定：一、1962年上半年全国再减少城镇人口700万人，其中职工应占500万人以上，争取在春耕或者夏收前完成。二、各企业单位，应当根据今明两年的生产任务，结合“五定”工作实事求是地作出职工的定员，以便进一步整顿劳动组织和精减人员。1958年以来来自农村的新工人，仍然是精减的主要对象，应当尽可能地动员回乡参加农业生产。三、各级党、政、民机关，各事业单位和各企业中的管理机构，应当根据实际负担的工作量，实事求是地作出职工的定员，切实精简多余的干部，坚决克服人多政繁的现象，提高工作效率。精简的主要对象应当是1958年以来从社会上吸收的新干部和一些不宜于继续在上层工作的干部。四、处理好老弱残人员，可以退休，也可以暂列编外处理。五、新职工动员回乡后，其必须补充的人员，一律从其他单位的多余人员中调剂解决。六、精减回乡的职工及其家属的口粮，应当都安排到接上今年的新粮。七、精减后留下来的学习期满的学徒和实习期满的大学、中等专业学校和技工学校的毕业生，可以进行转正和定级。八、动员职工家属回乡，应坚持同去同留原则，有些在职职工家属，也可以采取在自愿原则下暂时回乡一两年，到时仍准许进城落户的办法。九、城市中学、中等专业学校和技工学校中来自农村的学生，应当尽量动员他们回乡参加生产或者转到农村学校去学习。十、城镇中社办企业、事业人员、女保姆及无固定职业的人员，凡是农村有家的，应当尽可能动员他们回乡生产。《决定》要求，各地需要进一步结合国民经济的调整工作，结合精打细算的定员，更加有计划有组织地进行劳动力的平衡调配。

2月17日　周恩来在中南海紫光阁发表关于文艺问题的讲话。讲话共分六个部分：一、破除迷信，解放思想；二、党如何领导戏剧电影工作；三、关于时代精神；四、关于典型人物问题；五、关于写人民内部矛盾；六、生活真实、历史真实与艺术真实问题。周恩来在讲话中肯定地指出，自建国以来，“文艺运动的成绩是第一位的，缺点是第二位的，文艺运动有很大发展，是螺旋式上升”。在京的话剧、歌剧和儿童剧作家听取了周恩来的报告。

同　日　商务印书馆纪念成立65周年。商务印书馆成立于1897年，是适应甲午战争后要求维新变法的知识分子渴望新知识的需要而创建的。

2月18日　中国外交部向印度政府提出照会，抗议印度飞机侵犯

中国领空。照会说："1962年1月14日12时15分，1架标有印度BK505字样的印度飞机……侵入中国新疆维吾尔自治区境内……在距地面只有200米左右的低空反复盘旋侦察约有15分钟，并且对着中国哨所倾投了装有物资的麻袋和木箱数十件之多"。照会说，这显然是蓄意侵犯中国领空、领土，是进行挑衅的行动。对此，中国政府向印度政府提出严重的抗议，并要求今后不再发生类似事件。

2月21日—23日　中央政治局常委扩大会议（"西楼会议"）在北京举行。会议由刘少奇主持，主要议题是讨论1962年国家预算和整个经济形势。继1月扩大的中央工作会议之后，中央发现1962年财政收支方面仍有近四五十亿元赤字，商品供应量和社会购买力之间有很大缺口，从而引起高度警觉。西楼会议开始后，对财贸办公室提出的《关于1961年国家预算和信贷计划执行情况以及1962年预算和信贷的安排的报告》进行检查时，方得知从1958年至1961年各年的财政都有赤字。刘少奇和其他中央领导人对财贸办公室的报告进行了批评，指出其没有暴露赤字，没有揭露矛盾，没有解决问题，要求重新提出报告，并认为，1962年如不能果断有力地制止赤字的继续出现，国民经济的恶化状况将不可能扭转，目前的国内经济仍处在"类似非常时期"。陈云在会议上作了《目前财政经济的情况和克服困难的若干办法》的讲话。讲话分析了导致经济困难的五个因素：一、农业近年的大量减产。同1957年相比，1961年粮食减产800多亿斤。对农业恢复的速度，应该是"争取快，准备慢"；二、基本建设的规模超过了国家财、物力能够支撑的可能，同现在的工农业生产水平不相适应；三、钞票发行过多，通货膨胀；四、城市的钞票大量向乡村转移，一部分农民手里钞票很多，投机倒把现象在发展；五、城市人民生活水平下降，吃、穿、用都紧张。讲话指出，上述一、二两点是基本的，其他三点则是前两点派生出来的。陈云的讲话针对当前经济状况，提出了六点克服困难的办法：一、把十年国民经济规划分为两个阶段，前一阶段为恢复阶段，后一阶段是发展阶段；二、减少城市人口，实行"精兵简政"；要下决心减人，否则无出路；三、采取一切办法制止通货膨胀；增加高价商品，回笼货币，坚决打击投机倒把活动；四、尽力保证城市人民的最低生活需要；分几步做到城市每人每月供应3斤大豆……；五、把一切可能的力量用于农业增产；除粮食作物外，要重新考虑保证经济作物增产的办法；六、计划机关的主要注意力，要放在“增加农业生产，解决吃、穿问题，保证市场供应，制止通货膨胀”，要“把这些事情摆到头等重要的位置”。陈云的讲话得到刘少奇等领导人的完全赞同和支持。在刘少奇的倡议下，陈云于2月26日在国务院各部委党组成员会议上再次做了内容相同的讲话。中央书记处对陈云讲话进行了讨论，认为应向全国各地区、各部门进行全部传达，并应在转发的批语中说明，对困难的估计，是有十分只讲八分好，还是有十分就讲十分好？困难有十分，只讲七分、八分，讲少了，工作被动；把困难估计够，甚至于估计得多一点，我们工作主动，只有好处，没有坏处。西楼会议后，刘少奇、周恩来、邓小平于2月24日赴武汉向毛泽东汇报了会议的情况。毛泽东对陈云讲话中把今后十年经济规划分为恢复与发展两个阶段的意见表示同意，并商定恢复中央财经小组，由陈云任组长，李富春任副组长，统一管理经济工作。3月18日，中共中央批发了陈云的讲话。

2月22日　中共中央对中央精简小组《关于各级国家机关、党派、人民团体精简的建议》作出批示。中央精简小组的《建议》提出，全国国家机关原有职工268万余人，拟减为174万余人，精简94万余人。中央的批示指出：目前，全国国家机关、党派、人民团体中机构庞杂，人多政繁的现象，是十分严重的。这种情况不利于国民经济的全面调整，不利于克服当前困难，不利于克服官僚主义和分散主义，因此，必须彻底实行“精兵简政”。要下决心“拆庙”，裁并机构，该撤销的就撤销，该合并的就合并。

同　日　中缅边界议定书开始生效。该项议定书是中国国务院总理周恩来和缅甸联邦总理吴努分别代表两国政府于1961年10月13日在北京签订的。议定书于1962年2月22日起生效。议定书共分五个部分49条，规定了中缅边界划分的总则，详细记录了已确定的中缅边界各段的走向、界桩形制与竖立地点，以及边界线和界桩的维护等。

中缅边界议定书的签订和生效，标志着两国边界问题已经获得全面彻底的解决。

2月23日　中共中央决定成立“国家机关编制小组”和“中央精简小组”。国家机关编制小组负责调查研究有关全国行政编制方面的问题，并提出意见，处理该方面日常事务。谭震林任组长。中央精简小组负责处理有关全国精简职工和城镇人口的日常事务，并向中央反映精简工作中的问题和提出解决问题的方法。杨尚昆任组长。

2月24日　外交部发表关于美国对越南南方加紧武装干涉的声明。声明指出，目前进入越南南方的美国军事人员已达5 000人。2月8日，美国政府公然宣布成立一个所谓“美国驻越南的军事援助司令部”，宣称美国军事人员在遇到射击时将予还击。这标志着美帝国主义对越南南方的武装干涉已经进入一个新的阶段，实际上已经参加了一场“不宣而战”的战争。中国外交部的声明指出：美国帝国主义侵略矛头直接针对着越南民主共和国，而间接针对着中国。中国政府和中国人民对此不能不表示严重的关切。声明呼吁，1954年日内瓦会议两主席和有关各国应该尽速进行协商，采取适当措施，通过和平途径，消除在越南南方严重存在的战争危险。同日，《人民日报》发表了题为《立即制止美国武装干涉越南南方》的社论。

同　日　台湾“中央研究院”院长胡适逝世。胡适，祖籍安徽省绩溪县，1891年生于上海。1911年考取公费赴美留学，获康乃尔大学文学学士、哥伦比亚大学博士学位。受教于实用主义哲学家杜威，深受其影响。1916年《寄陈独秀》一文在《新青年》杂志上发表，提出“文学革命”的口号。1917年回国，任北京大学文科教授，在《新青年》上发表《文学改良刍议》，提倡用白话文代替文言文。1919年出版《中国哲学史大纲》上卷，是年6月主编《每周评论》，发表《多研究些问题，少谈些主义》等文章，挑起“问题与主义”的论战，宣扬改良主义。1928年，任中国公学校长。1931年任北大文学院院长。1938年，任中国驻美国大使。1946年任北京大学校长，并参加“制宪国民大会”，参与起草《中华民国宪法》。1948年出席“行宪国民大会”，当选会议主席。1949年赴美讲学，并与雷震等人创办了

《自由中国》半月刊，鼓吹言论自由、民主政治。其所写的《述艾森豪总统的两个小故事给蒋总统祝寿》、《从争取言论自由谈到反对党》引起台湾当局极大的不满。1958年去台湾，就任“中央研究院”院长、“国家长期发展科学委员会”主任委员。著作有《中国古代哲学史》、《白话文学史》、《国语文法概论》、《中国哲学史大纲》、《胡适文存》、《胡适文选》、《胡适论学近著》等。

2月25日　中蒙签订1962年供应货物议定书。议定书规定：中华人民共和国将供应蒙古人民共和国绸缎、煤炭、水泥、化工原料、各种机器、机器零配件、日用百货等。蒙古人民共和国将供应中国马匹、牛羊肉、面粉、肠衣、各种皮张、呢绒等。

2月27日　王稼祥就中国对外方针问题与中联部党委诸同志联名致信周恩来、邓小平、陈毅。信中说，我们的战略目的是要赢得世界和平，赢得时间，使我们的社会主义建设取得胜利。因此，我国对外政策的总原则应是执行和平外交政策，发展同各社会主义兄弟国家的友好互助合作关系；在五项原则基础上争取与社会制度不同的国家和平共处；尽管我们坚决反对美帝国主义的侵略政策和战争政策，但还是愿意同美国坐下来进行谈判，通过谈判，解决美国武装部队从台湾和台湾海峡地区撤出的问题。关于世界战争问题，信中说，我们不赞成片面强调世界战争已经注定地可以避免的观点，但是，“不要说社会主义阵营同帝国主义阵营的根本矛盾必然导致发生世界战争；不要说必须在消灭美帝国主义以后，第三次世界大战才能避免；不要简单地说，打不打第三次世界大战，不取决于我们，而取决于帝国主义。不要过分地强调世界战争的危险，而冲淡防止世界战争的可能性。不要笼统地说，只要帝国主义存在，战争就是不可避免的。因为就世界战争来说，存在着防止的可能性。我们可以说，只有帝国主义和一切反动派的统治被推翻以后，才能实现世界的永久和平；但不要说，只有帝国主义和一切反动派的统治被推翻以后，才能实现世界的持久和平，即巩固的和平、一个长时期的和平。在和平共处问题上，信中批评了党内存在的“左”的观点，指出，那种认为“在帝国主义存在的条件下，不可能有和平共处”，“必须打倒帝国主义，才能有和平共处”，“必须彻底消除帝国主义和殖民主义，才能实现和平共处和世界和平”等说法，是错误的。王稼祥就此向中央提出调整对外方针的几项建议，其中有：一、发表一个全面的对外关系的声明，正确地全面地阐明和确认我们的对外政策是和平政策。这种政策的任务是保证建设社会主义所必须的长期的和平国际环境，争取有利条件加快建设速度。二、为了争取时间，渡过困难，加速完成我国社会主义建设，对外有必要采取缓和的方针，而不是采取加剧紧张的方针。三、在国际斗争中要小心谨慎，注意策略，发挥主观能动性，要有进有退，有攻有守，有争有让，有拖有解，而不能勇往直前、一斗到底。在当前要注意避免把美帝国主义的锋芒全部集中到中国来；对中印边境问题，要设法打开僵局，尼赫鲁不是中国民族的敌人；对苏联的斗争，要高度警惕赫鲁晓夫居心不良和力图孤立中国，甚至不惜同我们分裂。四、关于我国的对外援助，必须“实事求是，量力而行”。特别是我国目前处于非常困难的时期和条件下，更要谨慎从事。王稼祥的上述意见，与当时所实行的对外方针有很大不同，未被毛泽东接受，后竟被视为“修正主义”的主张，受到严厉批判。1979年3月9日，中共中央对外联络部发出《关于为所谓“三和一少”、“三降一灭”问题平反的通报》，宣布为这一错案平反。

同　日　台盟总部、北京支部纪念台湾“二二八”起义15周年。纪念座谈会由台盟总部秘书长徐萌山主持。徐萌山指出，美国肯尼迪政府上台以来，提出中国对台湾保持“宗主权”、“一个半中国”、“两个继承国”等等并策划台湾“独立国”、“中立化”、“国际托管”等活动，是美国企图长期霸占台湾阴谋的一部分，徐萌山重申，中国人民一定要解放台湾，也一定能够解放台湾。一切有爱国心的中国人都应当团结起来，为解放台湾贡献力量。在座谈会上发言的还有田富达、谢南光、苏子蘅、陈文彬、陈炳基、郑翼宗、叶仁寿、田中山、陈木森等以及台湾旅京同胞。

2月28日　中央监委发出关于《广西农村有不少党员干部闹单干的情况》的简报。简报说，广西各县在贯彻以生产队为基本核算单位的训练干部会上，反映出一部分农村基层干部有分田到户、包产到户、恢复单干的思想倾向。有这种思想和行动的人，一般约占到会干部总数的25%左右。在生产较好的地区，约占15%，“五风”和受灾减产严重的地区，占60%。龙胜县共有1 867个生产队，其中790个已经包产到户，占42.3%。三江县高明公社有56.2%的生产队已分田单干。单干的形式主要有七种：一、分田到户；二、包产到户；三、“公私合营”，即早稻私人种，晚稻集体种；四、“井田制”，即征购田集体种，口粮田个人种；五、“抓大头”，即畲地作物分到户，水田集体种；六、山田、远田、坏田分到户，谁种谁收；七、化整为零，即过小地划分生产队，形成了“兄弟队”、“父子队”、“姐妹队”。广西自治区党委监委认为，出现这些情况的主要原因是：农村基层党员、干部受到“五风”的危害，对人民公社集体经济的优越性发生动摇和怀疑；对“六十条”政策和调整以生产队为基本核算单位有误解，以及一些社员和干部资本主义思想滋长。3月21日，中共中央批转了中央监委的简报，中央批语指出，农村中有些群众和基层干部搞单干的情况，应该引起各级党委的严重注意，不可麻痹大意。中央要求，在发生这类情况的地方，领导上派出得力干部，向农民很好地进行说服解释，帮助他们搞好集体生产，使情况逐步地改变过来。

同　日　中共中央发出关于迅速健全财务机构补充业务人员的紧急通知。通知要求，凡近年来从银行、财政和商业部门调走的领导骨干和统计、财会、税务骨干人员，除特殊情况外，应一律归队；人民银行的基层办事处和营业处、储蓄所及商业部门的各级专业公司，由行政编制改为企业编制；工业交通、基本建设、文教卫生部门和企业事业单位，要充实加强财务机构。中央决定，1962年商业部门再补充50万人，银行部门再增加6万人，财政部门再增加4万人。

同　日　中共中央批转外贸部党组《关于1962年对外贸易计划的报告》。《报告》提出，1962年对外贸易收购计划拟定为53.7亿元，比1961年减少15.6%，减少的商品主要是大豆、食用植物油、棉花等。出口计划拟定为42.4亿元，比1961年减少9.5%。进口计划拟定

37.24亿元，比1961年减少11.6%。中央在批语中指出：通过对外贸易，换取粮食和若干其他急需物资进口，是一项重要任务。在切实加强收购、搞好生产、组织货源的同时，还要大力改善经营管理，增加外汇收入，节约外汇支出。

2月—5月　全军编制装备会议先后在广州和北京举行。1962年初，针对急剧变化的国际形势，国务院总理周恩来提出了“整军备战”的军事工作方针。中央军委即召开全军编制装备会议。参加会议的有军委副主席林彪、刘伯承、贺龙、陈毅、徐向前、聂荣臻、叶剑英和其他中央军委常委，各军区、各军兵种，各总部领导人及机关业务部门的负责人共90人。会议由军委秘书长罗瑞卿具体组织。会议认为，周恩来总理提出的关于敌人正在加紧扩军备战，我们不要扩军，但要“整军备战”的方针是正确的。必须对当时部队中存在的官多兵少，机关庞大，连队不充实，师以下装备笨重，运动不便，联络不灵，没有体现南北地区特点等状况进行整顿，会议讨论了整编方针和编制原则，制定了新的编制装备方案，并规定了整编的步骤和时间。会议一致确定的步兵部队编组原则是：要达到既适合于进攻，又适合于防御，既适合于山地，又适合于平原；人员编配，机关要精干，连队要充实；特种兵部队，主要照顾现状，又要着眼于发展。从1962年起，陆军以军、师体制编制进行了调整。步兵师整编为满员师、普通师、小师三种。满员师齐装满员，普通师比较充实，小师亦能执行作战、训练任务。至1965年，陆军军、师的总人数比1958年增加了33.9%。

3月1日　中美大使级会谈第108次会议在华沙举行。会谈是在中方代表、中国驻波兰大使王炳南和美方新任会谈代表、美国新任驻波兰大使卡伯特之间进行的。

3月1日—15日　全国总工会召开工会女工、家属工作会议。会议认为，应该按照中央关于整顿各方面工作秩序的指示，根据工作的实际需要和精兵简政的精神，建立和健全工会女工、家属工作机构，整顿工作秩序，坚持经常工作。会议确定的1962年女工、家属工作的意见和要求是：一、结合形势教育和革命传统教育，进一步使勤俭建国、勤俭持家的方针深入人心；二、在精简职工的工作中，了解女职工和家属的思想情况和实际情况，协助有关方面进行思想教育和做好安排工作；三、调查研究女工的特殊保护工作；四、做好托儿所的调整、巩固工作；五、加强对少年儿童的家庭教育；六、配合有关方面在职工和家属中进行计划生育的宣传教育。

3月2日　《人民日报》发表社论：《正确执行党的政策，积极发展手工业生产》。社论指出，根据我国的实际情况，在一个相当长的时期内，手工业的所有制，应该是全民所有制、集体所有制、社会主义经济领导下的个体所有制并存，而以集体所有制为主要形式。全民所有制的手工业的形式，就目前情况来看，在一个相当长的时期内，还只能是少数的、部分的。要求手工业过多过早地过渡到全民所有制，对生产反而不利。至于有些零星修补行业和家庭手工业，也可以允许他们在社会主义经济领导下实行个体经营，作为对社会主义经济的必要补充和助手。社论还指出，手工业的组织形式应该是多样化的。在集体所有制的手工业当中，可以同时存在手工业生产合作社、手工业供销生产社、手工业合作小组、手工业合作工厂、城乡人民公社工业等多种多样的组织形式，而以手工业生产合作社为主要的组织形式。手工业企业规模的大小，也要从是否有利生产，是否对群众方便来灵活确定。一般说来，手工业企业的规模不宜过大，行业不宜混杂，有些同志把“组织起来”同集中生产混为一谈，这是不对的，组织起来不等于一定要集中生产，正确的做法应该是需要集中的就集中，需要分散的就分散。社论肯定了手工业的工资形式不应强求一律，可实行计时工资，也可实行分成工资的做法，并就手工业的经营方式以及生产、供应、销售等方面做出了规定。社论明确指出：上述各项，就是当前党对手工业的政策的主要内容，完全符合我国手工业的实际情况。

3月2日—26日　话剧、歌剧、儿童剧创作座谈会在广州召开(又称广州会议)。来自全国的160多位剧作家、导演、戏剧理论家和戏剧工作者参加了会议。国务院总理周恩来、副总理陈毅专程赴会，并发表重要讲话。周恩来在题为《关于知识分子问题的报告》中论述了五个方面的问题：一、关于知识分子和知识界的定义与地位；二、关于现代知识分子的发展过程；三、关于如何团结知识分子问题；四、关于知识分子的自我改造；五、几点希望。他说，过去两年，知识分子的工作条件受到限制，甚至精神上也有些不愉快，但在“戏剧写作方面，仍取得显著成绩，值得庆贺”。他强调指出，我国知识分子的绝大多数已经是属于劳动人民的知识分子，而不是属于资产阶级的知识分子。实质上恢复了1956年知识分子会议上党对中国知识分子的阶级状况所作的基本估计。陈毅在讲话中对建国13年，特别是三年困难时期中国知识分子、戏剧工作者在党的领导下所取得的成就，所做出的贡献作了高度评价，并明确指出，经过12年的考验，尤其是这几年严重困难的考验，证明我国广大知识分子是爱国的，相信党的，跟党和人民同甘共苦的。8年、10年、12年，如果还不能鉴别一个人，那共产党也太没有眼光了。他宣布，“应该取消‘资产阶级知识分子’的帽子”，为广大知识分子“脱帽”、“加冕”（加“劳动人民”知识分子之冕）。文化部部长沈雁冰、副部长齐燕铭也先后在会上作了报告，田汉、阳翰笙、老舍、曹禺、林默涵、张庚在会上发了言，会议还对《同甘共苦》、《洞萧横吹》、《布谷鸟又叫了》等几个受过批判的话剧，重新作了肯定的评价。会议在整个文艺界、知识界产生极大影响，但“文革”中被诬为“黑会”，许多参加者因此受到迫害，直到1978年后始平反。

3月5日　首都集会反对美国武装干涉越南南方。大会由中国人民保卫世界和平委员会、中国亚非团结委员会、全国总工会、全国妇联、全国青联、全国学联和中越友协联合召开，首都各界群众1 500多人出席了会议。中华全国总工会副主席刘长胜和越南驻中国大使馆临时代办吴茂先后发表了长篇讲话。大会还发出通电，表示对越南人民抗美斗争的支持。国务院副总理李富春和习仲勋出席了大会。

3月7日　中央财经小组举行会议。陈云主持了会议并发表讲话，讲话共涉及七个重要问题：一、关于长期计划。陈云提出，现在可以不搞十年规划，先搞五年计划。因为“现在谈发展，情况还摸不准。”“当前主要是恢复”。农业的全面恢复究竟有多快？还要看两年。为了把问题看准，现在先不忙于搞第三个五年计划指标。二、1962年年度计划，需要相当大的调整，重新安排，要把工业生产和基本建设的发展放慢一点，以便把重点真正放在农业和市场上。陈云提出："农业问题，市场问题，是关系5亿多农民和1亿多城市人口生活的大问题，是民生问题，解决这个问题，应该成为重要的国策。"陈云主张，要准备对重工业、基本建设的指标"伤筋动骨"，要痛痛快快地下来，再不能犹豫了。周恩来对此十分赞同，当场插话说：可以写一副对联：上联是"先抓吃穿用"，下联是"实现农轻重"，横批是"综合平衡"。三、综合平衡。陈云指出：搞经济不讲综合平衡，就寸步难移。搞平衡，就要"按短线搞综合平衡。所谓按短线平衡，就是当年能够生产的东西，加上动用必要的库存，再加上切实可靠的进口，使供求相适应。""以后再也不要只想到钢了，应该在综合平衡的基础上全面安排。"四、物资管理制度。陈云强调，物资管理应该比第一个五年计划期间更集中。五、研究农业的基本情况，即扎扎实实地做调查研究，然后再在此基础上拟定农业生产指标。六、计委工作。陈云指出，计委过去只搞工业，搞基本建设，现在要把主要精力放在农业生产和稳定市场方面。七、鼓励不同意见。陈云说：每个部委、每个单位，都要鼓励有不同看法的两方面把意见发表出来，在我们党内，在政府机关内，有两派意见是好事，可以使我们看问题比较全面，避免片面性，少犯错误。陈云上述讲话，经本人审阅后，在党内小范围内印发。

3月10日　中共中央、国务院作出《关于切实加强银行工作的集中统一，严格控制货币发行的决定》。《决定》共分六条：一、收回几年来银行工作下放的一切权力，银行业务实行完全彻底的垂直领导。二、严格信贷管理，加强信贷的计划性。任何地方、部门未经人民银行总行批准，不得在计划以外增加贷款。三、严格划清银行信贷和财政资金的界限，不得用银行贷款作财政性支出。四、加强现金管理，严格结算纪律。不准用现金到处抢购物资，不准开空头支票。不准相互拖欠。五、各级人民银行必须定期向当地党委和人民委员会报告货币投放、回笼及流通等情况，六、严格财政管理。

实行谁的支出谁安排，谁的漏洞谁堵塞的原则。

同　日　《人民日报》发表社论：《从各方面加强农业战线》。社论指出：加强农业战线，最要紧的是在农业战线投入更多更强的人力——包括劳动力、技术力量和领导力量。此外，还要在农业方面投入更多物力，特别重要的是为农业战线提供更多更好的中小农具、各种农业机械的配件和尽可能多的化肥、农药。社论强调，要使各方面支援农村的人力物力发挥最大的作用，产生切实的效果，必须认真地执行党关于农村人民公社的各项政策。各地农村人民公社，必须坚决实行三级所有，队为基础的制度，进一步贯彻按劳分配，等价交换的原则。

3月13日　教育部发出《在全国重点高等院校中培养骨干教师的通知》。《通知》要求，要有计划、有步骤、分批地培养提高重点、缺门和基础薄弱的专业以及重点课程方面的教师，作为骨干教师。7月6日，教育部通知全国重点高等学校，1962至1963年年度须接受进修教师3 118人。

3月14日　中共中央发出《关于渡过春荒，克服当前粮食困难的紧急指示》。《指示》说，今年春荒来得早，灾区已经成批地发生断粮、缺柴、逃荒等现象，并且有发展之势，京、津、沪、辽和一部分大中城市，现在靠进口粮食过日子。中央粮食收支，由于征购和上调任务没有完成，今年上半年亏空66亿斤；粮食调出地区已不可能增加调出数量；进口粮食，尽最大努力，预计只能搞到50多亿斤，因此，还有10多亿斤亏空，无法解决。这种情况，说明当前的粮食困难，是极为困难的，如果不采取有效措施加以克服，不仅将在很大程度上影响农业恢复和整个国民经济的调整，而且很可能在一部分灾区和城市出乱子。中央要求，要加强灾区人民的生产自救工作，彻底清查县和县以上各级的小仓库，大力组织余缺调剂，严禁在农村自由市场上买卖粮食，以渡过春荒，克服当前的粮食困难。

同　日　中共中央和国务院发出《关于厉行节约的紧急规定》。《规定》共十二条：一、坚决压缩社会集团购买力，力争开支少于财政预算中规定的购买金额。二、立即彻底清理机关仓库。三、全国各级招待部门库存备用的高级物品（如山珍海味等），一律冻结，不许浪费私分，听候调作国内外市场商品处理。四、全国所有撤销、停办单位的设备、物资一律冻结，听候处理。五、坚决贯彻中央不准动用公款请客、不准用公款送礼的指示。六、专业会议要尽量减少。七、大力压缩差旅费开支。八、工作人员一般不许住到饭店写文章，看文件。九、所有办公用房、集体宿舍和个人宿舍，除因漏塌必须维修的以外，一律不得扩建、改建、粉刷和油饰。十、彻底整顿刊物和资料，节约纸张。十一、在拍发电报、打长途电话和用水、用电、用煤等方面，必须精打细算，减少浪费。十二、各级党政机关、企事业单位都要制定节约计划，经常进行检查、保证实现。

3月17日　教育部规定中学政治课教学用书。教育部作出规定，1962学年—1963学年度两年制中学政治课教学用书分别为《中国革命和中国共产党》、《道德品质教育》、《社会发展简史》和《辩证唯物主义常识》等4种。

同　日　秦代都城咸阳遗址发掘出土。故都遗址在今咸阳市东北20华里左右的长陵车站附近，其南部的一部分，已被冲入渭河。在面积达几十平方公里的范围内，考古工作者发现了夯土墙、水井、下水道和房基遗址，并发现了货币、壁画、铜铁制的工具和日常生活用的陶器等秦代文化遗存，此次发掘中的一个重要收获是，清理出秦始皇统一全国度量衡的诏版，其铭文同文献记载完全相同，证明了秦始皇统一度量衡的真实性。据历史记载，自公元前350年秦孝公迁都咸阳后，咸阳一直是秦的都城。特别是在秦始皇统一六国以后，咸阳成为全国的政治文化中心。至秦二世，该城始由于战火而被破坏和焚弃。此次发掘，使人们对其全貌有了初步了解。发掘工作是由陕西省考古研究所进行的。

3月20日　中共安徽省委常委会议通过《关于改正“责任田”办法的决议》。《决议》认为，安徽省绝大部分地区实行的“责任田”办法，就是包产到户，其主要特点是：逐丘定产、归户计算，全奖全赔，产量全部归户负责。与中央“六十条”和关于改变农村人民公社基本核算单位问题的指示的精神是背道而驰的。因为这个办法是调动农民的个体积极性，引导农民走单干，其结果必然削弱和瓦解集体经济，走资本主义道路。这个办法在方向上是错误的，是不符合广大农民的根本利益的，必须坚决地把它改正过来。《决议》说，"责任田"不可避免地引出了许多严重恶果。它促发了严重的单干倾向；产生了两极分化的苗头；削弱和瓦解了集体经济；影响了国家征购和生活安排；影响了按劳分配原则的贯彻，对基层组织起了腐蚀和瓦解作用。这个办法是迎合农民资本主义自发倾向的办法，如果再不改正，就会愈陷愈深。《决议》说，过去省委提出的这个办法，是不符合社会主义原则的，加上省委不断地批判了反对这个办法的各种意见，对下面施加压力，强制推广，造成了严重的恶果，这个错误的责任，完全应当由以曾希圣同志为中心的省委来承担。《决议》还分析了安徽农村的政治形势，认为改正"责任田"的办法"是会得到多数群众拥护的"，并提出改正"责任田"工作所应遵循的8个要点，基本精神是：要有领导有步骤地进行改正，不能急躁草率，更不能闻风而起，采取强迫命令的办法。同日，中共安徽省委发出贯彻执行《关于改正"责任田"办法的决议》的通知，要求在1962年内将"责任田"大部改过来，其余部分在1963年内改过来。

同　日　中央发出对中央精简小组《关于精简工作若干问题的解释和意见》的批示。中央精简小组的《解释和意见》共分三类28条。其三类问题是：一、关于减人计划和计算口径方面的问题；二、关于被减人员的待遇方面的问题；三、其他问题。《解释和意见》详细规定了精简工作中各类问题的政策对象、界限、操作方法、人员待遇等事项。其中特别指出，1962年上半年减少城镇人口700万人和精简职工500万人的指标，是指增减相抵后从城镇净减到农村和全国净减职工的人数。并且要求，对于精减1957年底以前参加工作的职工，应发较多的生产补助费。《意见》还重申："今后任何单位在劳动计划指标范围内增加长期职工，都应当经由主管部门或者劳动部门从其他单位的多余人员中调配，不得从社会上招收。""应当停止将集体所有制单位的职工转化为全民所有制单位的职工。"中央的批示指出：城镇减人和精简职工，既是调整城乡关系、调整工业与农业生产所必需，更是克服当前财经困难最有效的办法。因此，现在必须主动地、坚决地、有秩序地减人，并且必须力争多减、早减，在这方面的任何犹豫观望，都是有害的。

同　日　中共中央发出《关于严禁各地进行计划外工程的通知》。《通知》严格规定，一律停止正在建设的所有计划外工程，特别是楼、堂、馆、所，不论建设到什么程度，都必须立即停止施工。中央重申，建设大中型项目，要报中央批准；地方小型项目，要由中央局批准，中央各部直属的小型项目由国家计委批准。各级财政部门和银行不得向未经批准的项目付款。

3月21日　第十八次最高国务会议在北京举行。刘少奇、宋庆龄、董必武、朱德、周恩来和各方面人士158人出席了会议。会议的主要议题是研究如何召开二届人大三次会议，并讨论当前国家所应采取的各项方针、政策问题。刘少奇在会上作了长篇讲话。讲话首先肯定，“我们目前在经济方面，是存在着相当大的困难的”。造成困难的原因，一条是天灾，一条是从1958年以来的工作中的缺点和错误。讲话总结了四个方面的缺点和错误：一、自1958年以来，工农业的生产计划指标定得过高；二、在农村人民公社的实际工作中间，混淆了集体所有制和全民所有制的界限；三、为建立许多完整的工业体系，权力下放得过多、过散了，分散主义倾向有了滋长；四、对农业增长的速度估计得过高，对建设的发展要求过急。但讲话指出，总的说来，这4年（从1958年以来的）成绩还是主要的，是第一位的，缺点是次要的，是第二位的。只是不应到处套一个指头和九个指头的关系。成绩和错误的比例，以三七开比较合适，但要因地而宜。讲话在谈到犯错误的原因时说，社会主义改造完成以后，社会主义建设工作就变为党和国家工作的重点了，这个时期，我们也想按照中国的特点来进行建设，因此，提出了社会主义建设的总路线和一套两条腿走路的方针、同时并举的方针。但是，这时候一方面我们的建设经验还是很不够的，另一方面，我们的不少负责同志不够谦虚谨慎，有了骄傲自满情绪，违反了实事求是和群众路线的传统作风，削弱了党内和国家生活中的民主集中制原则。因此，我们在第一个五年计划时期没有经验，倒没犯严重的错误，到第二个五年计划时期，有了一定的经验，反而犯了严重的错误。讲话还着重谈了如何看待三面红旗（总路线、大跃进、人民公社）的问题，指出，总路线还是要继续实行。过去的错误、缺点，是在执行总路线中间有偏差。大跃进这个口号还不取消，还是继续，还是继续成为我们奋斗的目标。现在取消太早了。人民公社还是当做我们的一面旗帜，继续办。它的优越性现在不一定看得清楚，但是到将来，再过多少年，可能表现出来。人民公社的主要经验，是不应该一下子全面铺开，搞得太急了。应该是经过典型试验，总结经验，有准备地、有步骤地、有秩序地、有区别地、分散分批地逐步推广，这就好了。讲话指出，因此，三面红旗（总路线、大跃进、人民公社）都不取消，都继续保持，而且继续为这个三面红旗奋斗。有些问题现在还看不清楚，但是再过5年、10年，再来总结经验，就可以进一步对这三面红旗作出结论。讲话最后说，我们还是应该立大志，把我们的国家建设好。这也不需要很长的时间，有几十年就行了。美国经过一百多年，日本也只是搞几十年就强起来了。资本主义都可以做到，难道我们不能做到？所以，我们希望大家一方面看到我们当前的困难，另一方面，不要失掉光明的前途。周恩来也在会上就工作任务问题作了讲话。

3月22日　第二届全国人大三次会议预备会议在京举行。会议由全国人民代表大会常务委员会委员长朱德主持。会议通过决议，追认第二届全国人民代表大会常务委员会第四十六次会议在1961年12月1日通过的关于延期召开第二届全国人民代表大会第三次会议的决议。会议听取了彭真副委员长关于大会筹备工作和议程等事项所作的说明。3月20日，人大常委会曾举行了第五十一次会议，并于3月22日上午举行了有各代表组召集人参加的人大常委会第五十二次会议的扩大会议，就大会的筹备工作进行了协商。预备会议选出了93人的二届人大三次会议的主席团，选举彭真为秘书长，并通过了这次会议的议程。预备会议还通过了以张友渔为主任委员的33人提案审查委员会名单。

同　日　全国政协常务委员会二十七次会议在北京举行。会议听取了徐冰秘书长汇报政协第三届全国委员会第三次会议的准备情况；通过了常务委员会的工作报告；通过了大会议程草案；通过了提案审查委员会名单草案并决定了提案截止日期；通过了第三次会议名单及小组召集人名单等项议案。会议决定，中国人民政治协商会议第三届全国委员会第三次会议于3月23日在北京开幕。

3月23日—4月18日　全国政协三届三次会议在北京举行。出席会议的委员846人，列席会议的有中央和各省、自治区、直辖市有关部门负责人及各界代表779人。全国政协主席周恩来主持了开幕式，并致开幕词。陈叔通副主席作《中国人民政治协商会议第三届全国委员会常务委员会工作报告》。3月24日，大会进行分组讨论。3月27日、28日，大会全体出列席人员列席第三届全国人民代表大会第三次会议，听取国务院总理周恩来的《政府工作报告》。4月7日，政协第三届常务委员会举行第二十八次会议，听取张执一副秘书长汇报分组讨论情况；听取提案审查委员会召集人陈正人汇报提案收到情况；听取彭真副主席说明关于大会讨论的问题等。4月16日，全体出列席人员列席全国人大第3次会议闭幕式，听取周恩来和陈毅副总理的讲话。次日，陈毅副主席在全体会议上作重要发言。18日，第三届常务委员会举行第二十九次会议，讨论通过政协第三届全国委员会第3次会议决议草案和关于提案审查的决议草案。同日，会议通过《中国人民政治协商会议第三届全国委员会第三次会议决议》和《中国人民政治协商会议第三届全国委员会第三次会议关于提案审查的决议》。会议决议指出，人民政协要进一步加强团结，加强工作，在中国共产党和毛泽东的领导下，同心同德，奋发图强，为实现二届人大三次会议政府工作报告中提出的1962年国民经济调整工作的十项任务而努力，为把我国建设成为一个具有现代工业、现代农业、现代科学文化的社会主义国家而奋斗。大会在周恩来致闭幕词后闭幕。本次大会共收到提案468件，为历次会议最多的一次。

3月25日　国务院财贸办公室向中央提出实现财政信贷收支平衡，消灭赤字的三项措施。这三项措施为：一、增产日用品20亿元，以增加财政收入4亿元。二、压缩各项事业费、基建投资和国防费等财政支出和货币投放31亿元。三、采取新的高价措施。将原有的高价糖果和糕点，从城市扩大到农村较大的集镇；同时增加针织品、自行车、手表、闹钟、茶、酒和高级副食品等7种高价商品，以争取多回笼20亿元左右的货币，增加财政收入10亿元。此外，再通过压缩工商贷款和合作社贷款，减少银行信贷5亿元。三项措施实行后，将弥补当年财政50亿元的赤字。

同　日　国家作出提高自行车销售价格的决定。中共中央、国务院批转国务院财办《关于销售高价自行车的报告》的规定，立即停止在市场上销售平价自行车，从4月1日起，销售价格以飞鸽牌标定男车为准，全国一律暂定为每辆650元，其他型号、规格的车参照飞鸽原来的比价，作相应提高。凭侨汇证和外宾外侨、体育赛车仍按平价供应。

3月26日　中共中央批转财政部《关于征收农业税两项措施的报告》。财政部的报告提出，为确保农业税征收总数不低于1949年215亿斤的水平，从1962年起，给各省、市、自治区增加7%的机动征收数，由中央统一掌握，用于减免少数特大灾歉地区的农业税。同时，将农业税实际负担率由原来的最高不超过13%，提高到不超过15%。

3月27日—4月16日　全国人民代表大会二届三次会议在北京开幕。开幕式由朱德委员长主持。毛泽东、刘少奇、宋庆龄、董必武、周恩来等出席了会议，出席大会的代表共1 027人，参加开幕式的代表1 016人。大会第一天的执行主席是：朱德、罗荣桓、沈钧儒、郭沫若、黄炎培、彭真、李维汉、陈叔通、赛福鼎、程潜、班禅额尔德尼·确吉坚赞、何香凝、刘伯承、林枫。国务院副总理邓小平、贺龙、陈毅、李富春、李先念、聂荣臻、罗瑞卿、习仲勋，最高人民法院院长谢觉哉，最高人民检察院检察长张鼎丞等出席了大会，国务院其他负责人员，中国人民解放军高级将领列席了大会。出席中国人民政治协商会议第三届全国委员会第三次会议的政协委员，被邀请列席政协三次会议的800多名各界人士，也列席了大会。周恩来总理代表国务院向大会作了政府工作报告。报告全面回顾了1960年下半年提出调整国民经济的八字方针后工作进展的情况以及存在的困难，提出了1962年调整工作的十项任务。报告要求加强在中国共产党领导下的以工农联盟为基础的广泛的人民民主统一战线，加强全国各族人民同党和政府的密切合作，艰苦努力，战胜困难。报告指出：摆在我们面前的任务，就是切实做好调整国民经济的各项工作。报告还特别强调，知识分子中的绝大多数已属于劳动人民的知识分子，如果还把他们看做是资产阶级知识分子，显然是错误的。报告还提出，对资本家的定息从1963年起延长3年。会议一致通过了关于政府工作报告的决议，批准了全国人大常委会的工作报告，批准了预算委员会的审查报告，通过了提案审查委员会的提案审查意见和代表资格审查委员会关于补选的代表资格审查报告。

3月28日　中国和加纳政府交换两国友好条约批准书。中加友好条约于1961年8月18日在北京缔结。条约共分4条，申明双方将保持和平友好关系，以和平共处五项原则作为两国关系的指导原则，采取和平协商的办法解决双方之间的一切争端，并以平等互利和友好合作的精神，发展两国之间的经济和文化关系。中国国务院总理周恩来和加纳共和国总统克瓦米·恩克鲁玛分别在条约上签字。此后，双方按各自的法律程序批准这项条约。条约在交换批准书的当天开始生效。

同　日　中国、波兰两国政府签订1962年货物周转和付款协定。协定规定，中华人民共和国将供应波兰人民共和国矿产品、各种机器、纺织品、轻工业品和其他商品。波兰人民共和国将供应中华人民共和国煤矿、选煤厂、水泥厂的设备以及甜菜种子和其他商品。

3月29日　中共中央和毛泽东分别电贺日共中央主席野坂参三70寿辰。中共中央的电文说：你是日本工人阶级和日本民族的优秀儿子，是日本共产党最老的领导者之一。几十年来，你把自身献给了日本人民和日本共产党的事业。你是中国人民的亲密朋友。在中国人民处境艰难的40年代的初期，你来到中国人民抗日根据地的中心延安，同中国共产党和中国人民一起，共艰苦、同患难，为反对中日两国人民的共同敌人日本帝国主义进行了忘我的斗争。毛泽东在电文中也追溯了野坂参三在抗日战争时期与中国人民和中国共产党结下的深厚友谊，高度评价了他的国际主义和革命精神，为他，同时也为日本人民祝福。

同　日　中国和芬兰政府签订贸易协定。协定共7条。规定：在协定有效期限内，缔约每一方用以交换货物的出口总额各为780万卢布。各种商品的价格，应以商谈购货当时的世界市场价格为基础。

3月30日　中国和保加利亚政府签订1962年换货支付议定书。议定书共分8条。规定：中国将供应保加利亚机床、硬质合金、矿产品、纸张和轻工业品，保加利亚将供应中国化肥、化工产品、烟叶、铅锭、机器零件，打谷机等物品。

3月31日　王稼祥在主持撰写和审定《关于支持别国反帝斗争、民族独立和人民革命运动——实事求是，量力而行》的提纲时提出在对外关系中应"实事求是，量力而行"的观点。王稼祥认为，共产党在执政以后，因为有了国家政权，有了军队，有了外交关系，其对外国革命的支持在形式上就同执政前有了很大的区别，情况就复杂得多了，就不能不受到国际关系方面的约束。过去对外国革命作道义上的支持，甚至可以派志愿军参加别国的革命战争，但现在则不能号召别国人民起来打倒本国的统治者，而只能说不干涉别国内政。王稼祥指出："支持别国革命有道义的和物质的，包括从发表宣言、声明、游行示威、物质、技术援助、外交配合，直到派志愿军支援反对外国入侵等各种各样的形式。社会主义国家在什么时候，采取什么形式，支持别国人民的革命斗争，要看其发展情况，不能认为在任何时候和任何情况下，采取或者被要求采取上述的一切形式，都是适当的。"因此王稼祥提出，支持别国的反帝斗争、革命运动，"必须根据自己的具体条件，实事求是，量力而行。"他指出："特别是在我国目前处在非常时期的条件下，更要谨慎从事，不要说过头，做过头，不要过分突出，不要乱开支持的支票，开出的支票要留有余地，不要满打满算，在某些方面甚至需要适度收缩，预见到将来我们办不到的事，要预先讲明，以免被动。"1964年以后，此建议被定作"三和一少"的修正主义理论而遭到错误批判。1979年3月9日，中共中央对外联络部发出通报，宣布为这一错案平反。

4月1日　中国有关部门就美国商船撞沉中国渔船事提出赔偿要求。1961年5月15日，中国浙江省宁波海洋渔业公司所属的“浙渔116号”渔轮在东经123°15′，北纬29°12′附近进行捕鱼作业时，被美国拉克斯兄弟轮船公司所属“烈铁堤礼士号”商船撞沉，经数月的详细调查，确证这起海上事故的责任应由在雾中航行违反国际公认航行章程的美国“烈铁堤礼士号”承担。由于中美之间没有正常往来关系，因此中国浙江省宁波海洋渔业公司已通过中美两国红十字会致函美国拉克斯兄弟轮船公司，要求赔偿由此造成的一切损失。

4月2日　周恩来在中央财经小组讨论调整1962年计划会议上讲话。周恩来指出，当前国民经济各个部门、各个环节都存在着严重不平衡的状况，完成调整任务，要争取快、准备慢；争取好，准备差。对1962年计划，必须作大幅度调整。有些问题如果弄清楚了，就要断然处置。周恩来提出，精简城市人口，必须同拆庙、拆架子结合起来；国务院各部都要按行业为企业排队，下决心关一批，并一批，转化一批，缩小一批；要通过控制各种购买力和动员全面节约，来弥补市场差额；要合理地控制货币投放，坚决地控制外汇，有意识地抽紧银根。与此同时，要紧缩文教、科研部门。

4月4日　中共中央、国务院作出《关于加强统计工作的决定》。《决定》要求，必须在全国迅速建立一个强有力的集中统一的统计系统，切实改进统计工作。为此，一、要加强统计工作的集中统一领导，各级统计部门在业务工作方面受国家统计局垂直领导。二、切实加强统计工作，保证统计数字准确可靠和及时上报。三、在“精兵简政”的原则下，健全各级统计组织和基层统计工作。四、统计干部应专业化。五、要加强对统计工作的政治思想领导。

4月6日　国家经委、劳动部、公安部、全国总工会发出《关于做好雨季安全工作的联合通知》。根据气象部门的预报，1962年全国大部分地区雨季到来时间将早于往年，雨量、多雨区也较1961年为大。为此《通知》要求各地要及早采取防雨防洪措施，并提出了具体要求。

4月9日　国家作出提高酒类价格的决定。根据中共中央和国务院批转的国务院财办《关于提高各种名酒、用粮食酿造的白酒、啤酒的销售价格的报告》的规定，自4月20日起，在全国范围内一律提高酒的价格。

4月10日　最高人民法院副院长马锡五去世。马锡五，1898年生。陕西志丹县人。1930年参加革命活动，1935年加入中国共产党。曾参与创建陕甘宁苏区的斗争，后任陕甘省粮食部部长，陕甘省苏维埃主席等职。抗日战争时期，先后任陕甘宁边区庆环专区、陇东专区副专员、专员。1946年在陕甘宁边区第3届参议会上当选为陕甘宁边区高等法院院长。中华人民共和国成立后，任最高人民法院西北分院院长。1954年被选为第1届全国人民代表大会代表，并任最高人民法院副院长，1959年任全国政协第3届委员会委员。

4月13日　外交部公布中印两国政府间22件照会。公布的照会共分5类：一、关于双方对边界问题的总的立场，共7件；二、关于谈判缔结新的中印通商和交通协定来代替即将期满失效的1954年协定的问题，共3件；三、关于印度飞机、军队继续侵犯和侵占中国领空、领土的问题，共4件；四、关于印度飞机对中国边防哨所空投挑衅的问题，共3件；五、关于所谓中国飞机侵犯锡金和印度领空的问题，共5件。同时公布的还有两国官员关于边界问题的报告。在公布上述文件的同时，中国外交部新闻司发言人发表了谈话。谈话指出，从1960年6月至12月，中印两国官员就边界问题举行了会晤，在会晤中，中国方面用大量确凿的材料证明，中印边界东段的所谓麦克马洪线是非法的、无效的；中印边界西段中国一边的地区一直在中国的有效管辖之下，历来是中国领土。但是，印度方面利用过去英国侵略中国的材料为自己的立场辩护，两国官员会晤未能取得积极结果。从1961年起，印度军事人员步步往中印边界西段的中国领土推进，不断增设新的哨所，扩大巡逻范围。与此同时，印度飞机还一再到中国边防驻地甚至后方的上空任意侦察和骚扰。对此，中国政府保持了最大的克制。谈话指出，关于中印边界问题，印度方面用片面行动来改变中印边界现状的做法是危险的；为了中印两国人民的利益，中印边界问题必须和平解决，而在和平解决之前，中印边界的现状必须维持；从中国方面说，谈判之门总是开着的。中国政府将继续坚持不懈地为争取和平解决中印边界问题和改善中印关系而努力，希望中国政府的意见能够得到印度政府的考虑。

同　日　教育部发出加强对高中3年级毕业班教学工作领导的通知。通知说，近来，有些学校为了争取较高的升学率而采取了一些不正当做法，如强迫成绩较差学生写“留级申请书”，故意将毕业考试题出得过难、过量，造成大批学生成绩不及格，然后促其留级，以及过早结束课程，不考虑学生志愿，按成绩好坏分到理工、农医、文史各类等。通知说，这是一种反常规象，是追求所谓“荣誉”思想活动的结果，它势必对学生产生不良影响，败坏风气。通知要求坚决纠正这些不正当的做法。

同　日　国家粮食部门决定在北京地区供应薯干。经中央、国务院批准，决定从供应北京的细粮中抽调1亿斤小麦，供应河北棉农；由河北调1亿斤薯干，分4个月供应在京的各机关和市民。

4月14日　毛泽东、刘少奇、朱德、周恩来电贺金日成50寿辰。电文回顾了金日成数十年来为中朝两国的友好团结和互助合作关系做出的宝贵贡献，高度评价了金日成把马列主义普遍真理，创造性地应用于朝鲜实际，高举反帝的旗帜，坚定地捍卫远东和世界和平等功绩。

同　日　教育部发出关于加强中小学珠算教学工作的通知。通知说，为适应农村人民公社对会计、统计人员的需要，中小学必须加强珠算教学，要求学生真正掌握运用珠算的技能。通知还提出，在中小学学生中应教授一些会计常识。

4月15日　中共中央、国务院发出《关于改变民航管理体制的通知》。《通知》说，中央决定将民用航空局由交通部部属局改为国务院直属局，其业务工作、党政工作、干部人事工作等均直接归空军负责管理。有关民航工作的重大问题，由空军报请军委解决。民航系统党的组织由民航系统与地方党委实行双重领导。民航管理体制变更后，名称改为中华人民共和国民用航空局，简称民用航空总局。

4月16日　中央精简小组转发全国总工会党组《关于县工会编制问题的意见》。《意见》共分三条：一、县工会的组织尽可能不做大的变动。企业职工人数在1 500人以下的县，一般不设县工会，由县委委托适当部门兼管；二、县工会干部必须大量减简。企业职工人数在1 500人—5 000人的县，设专职干部1—2人；5 000人—10 000人的，设专职干部2—3人；1万人以上的，设专职干部3—4人。三、省工会的专区办事处一律撤销。

4月16日—27日　全国青联在京举行四届一次会议。全国青联委员281人参加了会议。全国青联副主席王照华代表青联第三届委员会常务委员会在会上作工作报告。会议强调，要在青年中提倡畅所欲言，勇于提出问题，积极发表见解，热心探求真理的好风格，更好地帮助青年在又红又专的道路上前进，要积极鼓励从事文化、科学、技术工作的青年以主要精力钻研业务。会议选举刘西元为青联第四届委员会主席，王照华、丹彤、王光英、李梦华、刘良模、魏巍、钱李仁、孙轶青、林兰英、雪康、士登尼玛、杜近芳为副主席。会议过程中，共青团中央第一书记胡耀邦、中央统战部副部长张执一分别莅会讲话。28日下午，毛泽东、刘少奇、周恩来、朱德、邓小平等领导人接见了参加全国青联4届1次会议的全体代表。

4月17日　全国妇联第三次执委会在京举行。出席会议的有全国妇联执委112人和候补执委16人。全国妇联主席蔡畅、副主席邓颖超、李德全、许广平、史良、章蕴、杨之华、刘清扬、康克清等出席了会议。会议听取了全国妇联书记处的工作汇报，并一致通过了关于延期召开第4次全国代表大会的决议。

4月19日　中央财经小组正式组成。中共中央发文宣布：陈云任中央财经小组组长，李富春、李先念任副组长，周恩来、谭震林、薄一波、罗瑞卿、程子华、谷牧、姚依林、薛暮桥为小组成员。中央发文同时宣布，李先念兼任国家计委副主任。

同　日　中国亚非学会在北京成立。在成立大会上，通过了中国亚非学会简章，选出学会理事62人。周扬当选为学会会长，胡愈之、包尔汉、楚图南、吴晗当选为副会长。

4月19日—20日　华侨事务委员会第三届第二次全体委员会议在北京举行。侨委主任廖承志，副主任方方、庄希泉、李任仁、黄长水、庄明理等人出席了会议。廖承志、方方在会上讲话。会议肯定了4年来侨务工作的成绩，明确了1962年侨务工作的任务是：更加巩固和扩大华侨的爱国团结，进一步发挥归侨、侨眷的爱国精神，和全国人民一起，鼓足干劲，发奋图强，进一步克服困难，积极争取社会主义建设的新胜利。会议提出，必须继续坚决贯彻保护侨汇政策，华侨在国内的生活资料包括房屋、存款、投资在内，过去、现在、将来永远都归华侨私人所有。国家颁布的华侨投资于国营华侨投资公司的优待办法继续有效，归侨、侨眷领取投资股息和银行存款利息或依靠侨汇和股息生活是归侨侨眷的生活自由，国家法律一贯加以保护。华侨回国建屋、举办公益事业，继续给予协助和支持。出席中华全国归国华侨联合会常务委员会第十七次会议的全国侨联副主席尤扬祖、王源兴、陈其瑗、蚁美厚和全国侨联常务委员，归侨知名人士等列席了会议。

同　日　全国侨联常务委员会第十七次会议在北京举行。全国侨联代主席庄希泉，副主席方方、尤扬祖、王源兴、庄明理、陈其瑗、黄长水、蚁美厚和常务委员出席了会议。会议认为，一年来在中共各级党委以及各级人民政府的领导下，侨联工作取得了很大成绩，到1961年底，全国县以上的侨联组织已发展到158个。侨联组织已成为团结教育归国华侨和华侨眷属的场所，发挥了作为侨务部门联系归侨、侨眷和归侨学生的助手作用。会议一致通过了关于延期召开全国侨联第二届会员代表大会和在今年召开全国侨联第一届第五次全体会议的决议。会议讨论并通过了全国侨联1962年的工作任务。会议还听取了华侨事务委员会主任廖承志、副主任方方所作的有关侨务工作的报告。

4月19日—22日　中国民主促进会五届中央常委会举行第二十八次会议。中国民主促进会副主席王绍鏊、周建人，许广平、车向忱、杨东纯，民进中央常委、部分中央委员、地方组织负责人以及中央各工作部门负责人等50余人参加了会议。会议指出，要动员全体会员坚决执行国民经济以调整为中心的调整、巩固、充实、提高的方针，为完成今年国民经济调整工作的十项任务而奋斗。会议确定民进今年的主要工作要点是：一、进一步推动各级组织和会员及其联系的知识分子，全心全意接受中国共产党的领导，深入学习和坚决贯彻党的方针政策，特别是文教方面的具体政策。二、继续学习毛主席著作，逐步改造世界观。三、加强基层工作，充实和健全基层组织，活跃组织生活。四、加强调查研究，总结经验和交流经验，培养和提高干部，提高工作的水平。

4月19日—24日　中国民盟中央常委会在北京举行第二十六次（扩大）会议。民盟主席沈钧儒、副主席史良、高崇民、胡愈之、邓初民、陈望道、楚图南及全体常委、部分中央委员、候补中央委员、地方组织负责人出席和列席了会议。会议发言者一致对当前中国人民民主统一战线出现的更加团结的新形势感到振奋。会议指出，在新形势下，民盟应该认真贯彻执行"长期共存、互相监督"和"百花齐放、百家争鸣"的方针，充分调动民盟成员和所联系的知识分子的一切积极因素，为社会主义建设贡献力量，并认真学习马列主义和毛主席著作，继续进行世界观的自我改造。

4月19日—26日　中国民主建国会二届五次中央常委会和中华全国工商联三届五次中央常委会在京联合举行。会议指出，两会1962年的工作是：一、继续加强思想政治工作；二、为实现今年国民经济调整工作十项任务积极服务；三、贯彻勤俭建国、勤俭持家的方针，关心成员和家属的生活；四、进一步加强家属工作；五、培养、提高骨干分子，活跃基层工作。会议强调，各级组织必须认真反映国民经济调整工作的十项任务的执行情况，提出改进的意见和建议，对国民经济的调整工作，特别是增产节约、改善市场供应、改进经营管理等方面，出主意、想办法，贡献自己所有的业务经验、技术专长。

4月20日　中苏签订1962年货物交换议定书。根据议定书的规定，中华人民共和国在1962年内将供应苏联有色金属矿砂、锡、水银、羊毛、呢绒、绸缎、缝制品、针织品和手工艺品等。苏联将供应中国黑色和有色金属压延材、卡车、石油产品、化工品、仪器、各种机械设备和零配件等。

4月20日—22日　九三学社第五届中央常委会第五十六次会议（扩大）在北京举行。九三学社全体中央常委、地方组织的负责人和中央各部门负责人出席了会议。会议一致拥护周恩来总理在人大二届三次会议上的讲话，对报告中指出的现在知识分子中的绝大多数已经属于劳动人民知识分子的论断，感到极大鼓舞。会议指出，在当前我国人民民主统一战线的新形势下，全体学社成员应该认真学习马克思列宁主义、毛主席著作和时事政策，逐步改造世界观，积极为社会主义建设事业服务，为科学文教战线出成果、出人才而充分贡献知识和力量。

4月20日—23日　台湾民主自治同盟在京举行全盟工作会议。出席会议的有总部理事、总部负责工作人员、各地方组织的负责人以及参加二届人大三次会议的台盟成员。会议认为，台盟今后应该在中国共产党的领导下，进一步贯彻“长期共存、互相监督”的方针，认真学习马列主义和毛主席著作，认真学习时事政策，加强各地方组织的工作，进一步贯彻民主集中制，加强调查研究，把工作做得更活跃、更扎实、更深入。会议对台湾同胞表示深切关怀，希望他们响应祖国号召，团结起来，为反对美帝国主义侵略台湾和制造“两个中国”的阴谋而斗争。

4月20日—24日　中国致公党在京中央常委在京举行会议。会议由致公党主席陈其尤主持，来京参加人大二届三次会议的致公党中央委员和成员列席了会议。会议确定致公党1962年的工作要点是：一、号召成员学习时事政策，学习马克思列宁主义和毛主席著作，逐步改造世界观；二、继续贯彻“长期共存，互相监督”的方针，调动成员及所联系群众的积极因素，为社会主义服务；三、发扬民主，加强团结，加强调查研究，做好基层组织工作；四、根据巩固与发展相结合的原则，适当发展组织以适应工作需要；五、大力推动成员和所联系的归国华侨、华侨眷属学习和贯彻侨务政策，配合侨务部门做好各项侨务工作。

4月20日—24日　民革中央常委会第二十四次会议在北京举行。参加会议的有民革中央常委、中央委员、中央候补委员、民革中央部门负责人和地方组织负责人共130人。会议通过决议，拥护周恩来总理在人大二届三次会议上所做的政府工作报告和在政协三届三次会议上的讲话，号召民革成员和所联系的人士，更高地举起三面红旗，为实现1962年国民经济调整工作的十项任务而努力。民革中央副主席程潜在讲话中指出，民革今年的主要任务是：一、积极推动成员学习毛主席著作和时事政治；二、加强基层组织工作；三、改进民革中央和省、自治区、直辖市领导机关的工作；四、积极开展社会联系工作、家属工作；做好文史资料的征集工作；五、全面贯彻巩固和发展相结合的组织方针，在巩固的基础上适当发展组织；六、继续努力在解放台湾的斗争中贡献力量；七、深入进行调查研究，贯彻群众路线的工作方法和实事求是的工作作风。会议还讨论了“民革中央关于加强基层工作的意见”和“民革中央机关改进工作要点”两个文件。

4月21日　中共中央、国务院作出《关于严格控制财政管理的决定》。《决定》要求：一、切实扭转企业亏损的状况。一切国营企业，除了国家特别批准的以外，都必须盈利，不准赔钱。二、坚决制止一切侵占国家资金的错误作法。所有企业和基本建设单位，必须按照批准的计划和预算用钱。每年每季每月，都必须事前报计划。三、坚决制止各单位之间相互拖欠贷款。企业或者基本建设单位，收了货不付钱，占了其他国营企业的资金，实际是变相地占压和侵占国家资金，必须坚决禁止。四、坚决维护应当上交的国家财政收入。五、严格控制各项财政支出。六、切实加强财政监督。《决定》指出：各地区必须严格控制财政管理，既把银行信贷的漏洞堵住，又把财政的漏洞堵住，才有利于国民经济的调整，有利于促进企业裁并单位，精减人员，挖掘潜力，改善经营管理。

4月21日—5月29日　全国民族工作会议在北京举行。会议由全国人大民族事务委员会和中央民委联合召开。会议听取和讨论了李维汉所作的关于民族工作中几个问题的报告，谢扶民关于民族工作情况的总结，乌兰夫关于内蒙古自治区15年来贯彻党的民族区域自治政策的报告。5月15日，乌兰夫等向中央呈送了《关于民族工作会议的报告》。《报告》总结的几年来民族工作中的主要缺点是：忽视民族特点，忽视宗教问题的民主性、群众性和由此而来的长期性和复杂性，忽视少数民族的平等权利和自治权利，忽视对少数民族上层人士的团结工作等。报告认为，当前民族工作的方针应当是：调整民族关系，加强民族团结，加强同一切爱国民主人士的团结，以调动和发挥各少数民族人民的积极性，恢复和发展经济，改善人民生活。会议要求：必须注意民族特点和民族差别，学会具体分析民族地区的特点和经济特点，正确认识和处理宗教问题和民族问题的关系，切实尊重少数民族的平等权利和自治权利，正确处理民族关系。会议期间，彭真副委员长曾到会讲话，6月20日，中共中央批转了会议报告并指出：各级党委和政府，应在最近时期检查一次民族政策的执行情况，应当让同志们知道，民族问题的解决，是长期的，必须进行长期的经常工作，才能逐步实现。如果看不到这种长期性，不重视社会主义革命和社会主义建设过程中的民族问题，不照顾民族特点和地区特点，不按党的民族政策办事，在工作中就势必要犯错误。因此，有必要在干部和人民中重申民族政策、宗教政策、统一战线政策和其他方针政策，应该按照群众宗教生活的实际需要和意见，处理少数民族宗教上存在的问题，让群众的宗教活动恢复正常。中央在批示中还确定：在这次精简中，管理民族工作的机构不要取消，干部不要精简，干部太弱的，要适当加强。

4月22日—5月3日　以彭真为团长，陈叔通、张治牛为副团长的全国人大代表团赴朝鲜访问。24日，朝鲜首相、劳动党总书记金日成接见代表团全体成员。同日，平壤2万市民隆重集会，欢迎中国人大代表团。随后，代表团参加了朝鲜抗日游击队创建30周年纪念活动，并赴朝鲜各地参观访问。5月2日，朝鲜最高人民会议常任委员会举行隆重授勋仪式，向中国代表团团长彭真授予1枚一级国旗勋章，以表彰他作为中国人民抗美援朝运动的组织者之一，积极支援朝鲜人民反对美国帝国主义武装侵略的斗争，并且为加强和发展朝中两国人民的传统友谊和合作关系所做出的巨大贡献。4日，《人民日报》发表题为《永恒的友谊》的社论，祝贺中国代表团访朝成功。

4月23日—5月21日　全国统战工作会议在北京召开。会议的中心议题是根据周恩来在广州科学工作会议、二届人大三次会议和政协三届三次会议上关于国内阶级关系新变化的讲话精神，研究统战工作的形势和任务。会议确定："在今后一段时间内，我们必须认真调整同知识界、工商界、民主党派、民主人士、宗教界、少数民族、归国侨胞以及其他爱国人士的关系，切实解决存在的问题。"具体作法如下：一、在精兵简政、压缩城镇人口的措施下，做好对各界党外人士的安置工作。其中包括：对于在职的资产阶级工商业者和他们的家属，不要下放农业。个别因家在农村，确系自愿下乡的，可以同意，但不能强迫。对于县和县级以上各级代表人物，不精减、不下放。对资产阶级子女的升学，应当根据本人政治表现和考试成绩来决定，不要因为他们是资产阶级子女而有所歧视。二、做好甄别平反工作。首先，必须坚决地、迅速地进行甄别平反工作。凡是在交心运动中受到处分或被划为右派分子的，应一律平反；在拔白旗、反右倾运动中受到批判、斗争、处分或者戴了帽子的，凡是批判错了或者基本错了的，都应该平反。对中上层党外人士，则逐个甄别，逐个处理。其次，对在1958年以来其他运动中受过重点批判、处分或者戴了帽子的党外人士，经过甄别，证明完全错了或者基本错了的，也应坚决予以平反，不要拖尾巴。三、做好对摘了右派帽子的人和右派分子的安置工作。首先，对目前正在休整学习一时无法安置的，可以延长休整时间，目前仍在劳动的，应该停止劳动，休整学习。其次，对已解除劳动教养和遣返的摘帽右派和右派，应暂留原地、设法维持生活，对已遣返回城市的，应准他们上报户口。第三，不得歧视右派家属和子女。此外，会议还就"加强合作，改善同党外人士的共事关系"，"发扬民主，认真实行互相监督的方针"等问题进行了深入的研究。6月14日，中共中央批转了统战部关于会议的报告。

4月24日　刘少奇对中央办公厅石家庄和无锡调查组作出指示。

刘少奇说，调查工作，涉及到一些单位的利害关系，真正搞清楚，并不容易。不了解世界，不能改造世界。工作组要纠正那些不利于社会主义的事情。大家都按社会主义原则办事，就可以把经济工作调整出个秩序来。刘少奇指出，当前的经济情况很复杂，问题又多，经济失调，大量物资积压，资金周转困难。原因主要在上面，是计划安排和政策上的错误造成的。你们要向厂内的同志讲，向他们承认错误。按照我在中央扩大工作会议上的报告，陈云同志的讲话和中央批转的财政预算去讲。你们代表中央检讨，要是非分明，实事求是。

4月25日　中国政府严重抗议印度军队连续入侵新疆。抗议照会在披露4月11日、13日印军连续3次越过中印边界西段侵入新疆自治区的事实后，指出：最近一年多来，印度军事人员在中国西藏地方与印度接壤的地区一再破坏边界现状，侵占和侵犯中国领土。中国政府多次向印度政府提出严正抗议，并且指出这些活动所孕育的严重危险。但是，印度方面不仅对中国政府的抗议漠然不顾，反而将其非法活动进一步扩展到中国新疆与印度接壤的边境地区。照会指出：中国政府有理由认为，印度方面上述侵犯中国领土的活动是它蓄意在这一地段破坏边界现状的信号。中国政府再一次严肃地要求印度政府立即停止这种可能引起严重后果的活动。

同　日　中国、古巴在哈瓦那签订1962年贸易议定书。议定书内容包括：中国将向古巴提供12万公吨的大米、大豆、纺织品、肉类罐头、农具、轧钢机、机器、化学产品、药品、医疗设备和器械，还有其他种类的工业和农业产品。古巴将向中国提供100万公吨原糖、镍、钢、烟叶和水果罐头等物品。

同　日　北京市开始实行凭工业券、副食品券供应商品办法。两种票券的发放标准是：国家职工按工资每20元发工业卷一张，每5元发副食品券一张，呢绒、绸缎、毛衣、奶锅、铝饭盒、电池等55种商品属凭券供应范围。

4月26日　中国政府向美国提出第200次严重警告。当日上午8时15分—9时34分和10时25分—11时56分，美国军舰1艘，2次侵入中国广东省西沙群岛永兴岛地区海域。中国外交部奉命提出第200次严重警告。自1960年5月25日美国军舰侵入我福建省东引地区领海，中国外交部提出第100次严重警告以来，在不到两年时间内，美军舰、飞机计侵入我领海56次、领空93次。从1961年1月—1962年4月，美国的入侵行动更为频繁，平均每月达6.8次之多。中国外交部发言人指出，在美机美舰侵入中国领空领海的同时，美国还唆使蒋介石集团派间谍飞机在大陆东南沿海上空进行侦察活动。发言人警告说：中国人民正高度警惕地注视美国的挑衅活动，其侵略行动必将受到应得的惩罚。27日《人民日报》就此事发表社论：《严重警告美国侵略者》。

4月27日　中央发出《关于加速进行党员、干部甄别工作的通知》。《通知》指出，当前甄别工作的重点，是县级以下的农村基层干部。凡是在拔白旗、反右倾、整风整社，民主革命补课运动中批判和处分完全错了和基本错了的党员、干部，应当采取简便的办法，认真地、迅速地加以甄别平反。甄别平反的方法是由上一级党委派负责同志，帮助所在地组织摸清被错批判和错处分的党员、干部的情况，召集他们开会、谈话，然后召开干部大会或党员大会、群众大会，宣布一律平反。《通知》还指出，应予平反的人以基层干部和一般党员为最多，应该而且可能采用比较简便的办法加以处理，否则，对于调动这批为数很大的干部和群众的积极性，是很不利的。

同　日　中共中央批转周恩来《关于改进高等学校毕业生分配办法的意见的报告》。《报告》提出，今后高等学校毕业生的分配工作必须与培养工作密切配合，国务院文教办公室应该参与整个高等学校毕业生的分配工作。成立以习仲勋为首的高等学校毕业生分配委员会，成立以聂荣臻为首的小组，审定高等学校学生政治审查标准。

4月28日、5月23日　刘少奇谈政法工作和正确处理人民内部矛盾问题。谈话围绕中央政法小组正在起草的《关于1958年以来政法工作的总结报告》进行。刘少奇指出，这几年总的经验教训是混淆两类不同性质的矛盾，主要是误我为敌，打击面过宽。没有把两类不同性质的矛盾清楚地、严格地、细致地区分开来。1957年反右派时，中央规定把右派当人民内部问题处理，但实际执行上把面搞宽了。

刘少奇指出："处理人民内部矛盾，只能用说服、民主的方法，批评与自我批评的方法。压服，只能用来处理敌我矛盾。""这几年的错误，主要是用处理敌我问题的办法去处理人民内部矛盾。用对付敌人的专政的办法来处理自己人的问题，……这是个根本错误。"刘少奇说，反革命现在占人口的百分之四五，将来要到百分之二三，百分之一二，越来越少。人民内部问题是大量的、突出的，触犯刑法的是极少数，大量的不触犯刑法，对这类问题，公、检、法三机关要研究，要缩小打击面，绝不可把敌我矛盾扩大。他认为，"这三个机关对敌人是专政的机关，对人民来说，要成为处理人民内部矛盾的机关。"两类矛盾如何管，要管好，又不出问题。刘少奇提出，法院要独立审判。刘少奇指出："不要提政法机关绝对服从各级党委领导。它违法，就不能服从。如果地方党委的决定同法律、同中央的政策不一致，服从哪一个？在这种情况下，应该服从法律，服从中央的政策。"

4月30日　中共中央发出《关于批发1962年国民经济调整计划的指示》。4月25日，国家计委向中央报送了调整后的1962年国民经济计划。与1961年底的计划指标相比，新的调整计划作了下述更动：一、尽可能地挤出一部分材料来增产农业所需的生产资料。用于农业的钢材比原计划增加8.5万吨，增加12.8%；木材比原计划增加50万立方米，增加20%。农业指标由原计划粮产量2 986亿—3 014亿斤降到2 890亿斤，棉花由2 003万担—2 049万担提高到2 063万担。二、尽可能增加日用品生产，拟计划多增加19亿元的商品。三、绝大多数重工业产品指标比原计划降低了5%~20%。其中，煤由25 155万吨降为23 904万吨，钢由750万吨降为600万吨。四、国家预算内基建投资由原来的64.7亿元减为46亿元，其中重工业、交通部门减少10.54亿元，占削减总量的75%左右。中央的批语指出：调整后的1962年计划，根据农转重的方案，尽可能安排了较多的原料、材料和燃料来增产日用工业品，降低了绝大多数重工业产品指标，进一步压缩了基本建设的规模。但是，这个计划，就当年的平衡来说，还有不少缺口，就今年计划同明后年调整任务的衔接来说，还有不少重大的问题没有解决。今年计划中存在的问题，是过去几年工业和农业之间，轻工业和重工业之间，原材料工业和加工工业之间，积累和消费之间，财政信贷和物资之间，国民经济其他各个方面之间以及城市和乡村之间的关系严重失调所造成的后果。这些问题，不是一年所能解决的，而是需要用几年的时间，经过一系列的调整工作才能解决。批语指出：我们对困难的情况认识得愈深刻、愈充分，甚至把困难估计得多一些，并没有危险，因为这样，可以使我们更有准备地、更主动地，更有把握地去战胜困难。相反，对困难认识不够，本来有十分困难，只看到七分、八分，当那些没有估计到的困难出现的时候，我们就会陷于被动。批语强调：现在的问题是，有不少主要干部对当前财政经济存在着严重困难这一点，还认识不足，因此，他们对国民经济必须进行大幅度的调整的决心不大。批语说，争取财政经济情况根本好转的关键，是争取尽快地恢复农业生产，而当前最急迫的措施，是要坚决缩短工业生产战线和基本建设战线。据此，中央原则上批准这个调整计划，并下达各地区、各部门执行。

同　日　中共中央批转文化部党组和全国文联党组提出的《关于当前文学艺术工作若干问题的意见（草案）》。《意见》共八条，(简称《文艺八条》)。即：一、进一步贯彻执行‘百花齐放、百家争鸣’的方针；二、努力提高创作质量；三、批判地继承民族文化遗产和吸收外国文化；四、正确地开展文艺批评；五、保证创作时间，注意劳逸结合；六、培养优秀人才，奖励优秀创作；七、加强团结，继续改造；八、改进领导方法和领导作风。《文艺八条》特别指出：近年来，“某些文化艺术领导部门，文艺工作单位和领导文艺工作的党员干部，没有正确理解和认真执行“百花齐放、百家争鸣”的方针，对一些文学创作和艺术活动进行了简单粗暴的批评、限制和不适当的干涉，妨害了生动活泼的艺术创造和学术上的自由探讨，没有很好地贯彻执行党的知识分子政策，忽视同党外作家、艺术家的团结合作，在党内外的思想斗争中，以及在学术批判运动中，发生过一些不恰当的做法，影响了一部分人的积极性。对文化艺术事业的发展和群众文化活动，提出了一些错误的要求，片面地追求数量，因而对工农业生产，发生了一些不利的影响。有些领导文艺工作的党员干部在处理文学艺术的问题上，既不尊重群众的意见，又不同作家、艺术家商量，独断专行，自以为是，使党对文艺工作的领导受到了不应有的损害。”《八条》认为，对上述缺点和错误，党的文化领导方面，“首先是文化部党组，是有责任的”。《文艺八条》是思想文化方面进行调整的一个重要文件，最初起草于1961年上半年，原为十条，1961年8月以后经各地讨论，压缩为八条。

同　日　内蒙古自治区纪念建区15周年。全国人大常委会副秘书长、国家民委副主任余心清、华北局书记李立三以及中央有关部门的代表，出席了在呼和浩特举行的庆祝大会。自治区主席乌兰夫在讲话中说，内蒙古自治区成立15年来，经历了民主革命和社会主义革命两个具有伟大历史意义的变革，办了4件大事：第一，发动和组织了内蒙古地区的各民族各阶层人民，参加了第三次国内革命斗争，建立了新中国；第二，逐步推行了党的民族区域自治政策，实现了蒙古民族统一的区域自治；第三，取得了民主革命的彻底胜利，取得了社会主义革命的决定性胜利；第四，取得了社会主义建设的巨大成就。乌兰夫说，自1947年以来，全区工业总产值增长了25倍。少数民族职工人数已达9万多人，工程技术人员5 000多人。目前全区大小牲畜总数已达3 080万头，比1947年增长270%。乌兰夫指出：自治区当前的主要任务是：继续高举三面红旗，在党和国家集中统一的领导下，集中一切力量，切实做好调整工作。余心清、李立三分别在大会上发言表示祝贺。大会还通过了给毛泽东、刘少奇、周恩来的致敬电。

4月—5月　新疆伊犁、塔城发生暴乱事件。60年代初，随着中苏两党分歧的表面化，中苏两国国家关系也出现裂痕。苏联驻中国新疆领事馆在塔城等地进行活动，煽动中国边民外逃。从4月16日开始，塔城、裕民、霍城3县居民约5—6万人不顾当地政府的阻拦，相继进入苏联境内。5月26日，一伙暴徒在苏联领事馆人员的策动下，在伊犁发起暴乱。他们手持武器攻打中共伊犁自治州委、州人委机关，打伤州委副书记、州长和公安局副局长，抢走一批档案、文件，造成恶性事件。事件发生后，当地党政军民在中央的指示精神下，迅速动员起来，镇压了这起反革命武装叛乱。中国政府在事件发生后，一再向苏联提出抗议和交涉，要求允许被胁迫出境的中国边民返回中国境内，但遭苏方无理拒绝。

5月2日　中国政府向印度提出最强烈抗议。抗议照会指出：从4月11日—27日的17天中，印度军事人员竟然连续18次侵入中国新疆境内，从3方面逼近东经78°12′、北纬35°19′的中国哨所。更为严重的是，印度军队已在中国哨所的西北和西南分别设立了筑有工事准备长期盘踞的侵略据点。这就表明，印度军队正在逼近中国哨所，进行挑衅，甚至不惜制造又一次流血事件。照会说，两年多来，中国政府一直单方面地停止在边界自己这一边的20公里以内派出巡逻队，以避免发生误会，引起冲突。但在目前这种情况下，中国政府为了执行保卫中国领土和维持边境安宁的神圣权利，已经命令中国边防部队在印度方面一再侵扰的地段，即自喀喇昆仑山到空喀山口，恢复边境巡逻。如果印度方面继续侵占中国领土，并且扩大它所侵扰的中国边境地段，中国政府将被迫考虑进一步在中印边界全线恢复边境巡逻。

5月3日　中共中央批转共青团中央《关于加强城市青少年共产主义道德教育的报告》。团中央的报告说，由于当前的经济困难，对未上学、未就业的青年安排没有及时跟上等原因，在青少年中出现了风气不良，甚至道德败坏现象，青少年犯罪人数有所增加。对此，应把加强对青少年的思想教育同必要的社会安排结合起来，只对个别严重破坏治安和违法犯罪的人进行强制性的教育和必要的制裁。报告要求，在小学和初中的思想政治教育中增加道德教育内容，改进和加强对少年儿童的教育工作。

同　日　中国、巴基斯坦两国政府同意就边界问题进行谈判。两国政府在新闻公报中说，中国政府和巴基斯坦政府经过交换意见后确认，中国新疆和由巴基斯坦实际控制其防务的各个地区相接壤的边界，历史上从未正式划定和标定。为了确保两国边境的安谧和发展两国的睦邻关系，双方同意进行谈判以便就这段边界的位置和走向取得一致理解，并且在这个基础上签订一个临时性的协议。双方还同意，在巴基斯坦和印度关于克什米尔的争议获得解决以后，有关的主权当局将就克什米尔的边界问题同中国政府重新谈判，以签订一个正式的边界条约来代替这个临时性的协议。

5月4日　中共中央、国务院发出《关于供销合作社几个问题的通知》。《通知》宣布，恢复全国供销合作总社，自7月1日起，同商业部分开办公。供销社的经营机构，分为中央、省（市、自治区）、县、基层四级，实行统一领导、统一计划、分级管理、分级核算、各负盈亏、基金调剂的制度。各级供销合作社的商品、资金、基建、劳动工资都纳入国家计划。《通知》指出，供销合作社必须为生产服务，为群众服务，并善于把国家利益、集体利益和个人利益紧密地结合起来。

5月6日　殷承宗获第2届柴科夫斯基国际钢琴比赛第2名。在这次比赛中，英国的奥格顿和苏联的阿什凯纳齐同获第1名，美国选手斯塔尔与殷承宗同获第2名。柴科夫斯基国际音乐比赛是国际著名音乐赛事，共分大提琴、小提琴和钢琴3项比赛。中国选手殷承宗是列宁格勒音乐学院的留学生，在这次比赛中，他以娴熟的演奏技巧和对乐曲的深刻理解以及高度表达能力而受到评委的高度评价。在这次举行于莫斯科的比赛中，中国选手盛中国在小提琴比赛中进入了第2轮预赛，获得了奖状。

5月7日—11日　中共中央政治局常委工作会议在北京举行。参加会议的有：政治局常委刘少奇、周恩来、朱德、邓小平；中央政治局委员和书记处书记彭真、陈毅、李富春、贺龙、李先念、乌兰夫、陆定一、陈伯达、康生、谭震林、王稼祥、李雪峰、杨尚昆、罗瑞卿，以及各中央局、中央各部门、国务院工交、农林、财贸、文教、科学各口的负责人等，共105人。会议的中心议题是讨论中央财经小组提出的《关于讨论1962年调整计划的报告》。《报告》指出，目前我国国民经济存在着严重的不平衡，工业和农业之间、工业内部各个部门各个环节之间、城市和乡村之间、文教事业的规模、行政管理的机构、积累和消费之间的关系都不很适应。国民经济面临的8个主要困难是：粮食供应紧张；工业内部需要大的调整；基本建设规模必须缩小；短途运输能力严重不足；职工人数大大超过目前经济水平，特别是农业生产水平；市场供应紧张；外汇收入减少；财政严重亏空，货币发行量过大。《报告》提出的三项针对性措施是：一、整个国民经济必须进行大幅度调整；二、财政经济情况的根本好转，要争取快，准备慢；三、我们的出路和方针，就是要大力加强农业生产战线，努力恢复生产，在工业生产建设方面要进行5个排队，在精简节约方面要实行7项措施。会议对上述报告进行了认真的讨论。会议的另一项重要收获，是对当时经济形势和困难的认识取得了基本的一致。刘少奇在讲话中指出："目前的经济形势到底怎么样？我看，应该说是一个很困难的形势。在经济上，不是大好形势，没有大好形势，而是一种困难的形势。"刘少奇认为，在城市中，在工业中间，"最困难的时期还没有过去"，"现在的主要危险还是对困难估计不够"。从而改变了他在"七千人"大会上关于"最困难的时期已经过去"的说法。周恩来在讲话中也指出，经济调整时期要成为一个阶段，"现在看，这个调整时期要相当长。一般设想，第三个五年计划时期恐怕就是个调整阶段，甚至于还不够。"与会者在发言中也批评了对于调整工作的观望、等待、硬撑空架子，以及仍准备重新再上的态度，提出，决心把一切人力、物力、财力集中使用在刀口上，打歼灭战，同时忍痛割掉一些东西。会议在统一认识的基础上，决定了几项果断的调整措施：一、进一步大力精简职工和减少城市人口，在1962年和1963年两年中，再减少城镇人口2 000万，精简职工1 000万以上；二、进一步缩减基本建设规模。即决定在1962年已提出的压缩至67亿元的基础上，再减少21亿元；三、降低绝大多数重工业产品指标，工业总产值比1960年降低47%，其中钢产量由1 866万吨降为667万吨。此外，还决定缩短工业战线，实行必要的关、停、并、转。全国工业企业数1962年比1959年减少38%。至此，全党在指导思想上最后坚定了对经济战线进行大幅度调整的决心。邓小平、李富春、李先念、邓子恢、谢富治、林枫等也在会上发了言。邓子恢在发言中有条件地支持了实行包产到户。他认为，像广西龙胜县这样多山的地区，村落很小，只有三四户人家，这种情况下的“单干”或者叫包产到户，只要按照国家要求完成上调任务，“实际还是社会主义的”。经毛泽东同意，中共中央于5月26日向全党发出《中央财经小组关于讨论1962年调整计划的报告》的批示和中央财经小组的报告。

同　日　中共中央统战部部长李维汉提出《关于统一战线的形势和任务》的书面意见。书面意见根据周恩来在科学工作会议、二届人大三次会议和政协三届三次会议的讲话精神，认为各民主党派的政治面貌和组织面貌都起了根本性变化，“实际上已经成为为社会主义服务的政治力量”，“我国人民民主统一战线实质上已经是社会主义统一战线”。因为：一、我国国内阶级关系已经起了有利于工人阶级的深刻变化，第二个联盟已经有相当大一部分转化为第一个联盟，并且必然会继续转化；二、社会主义，即六条标准，已经成为统一战线中各方面公认的政治基础；三、社会主义建设已经成为统一战线的中心任务；四、人民民主统一战线已经是实行无产阶级专政的统一战线，它和无产阶级专政在阶级关系上是同一的；五、共产党在社会主义事业各方面的领导权已经普遍建立，并日益巩固。书面意见同时指出：“这在任何意义上都不是说，统一战线内部没有阶级和阶级斗争，没有工人阶级和资产阶级之间的斗争了。”“阶级斗争仍然存在，并且仍然是长期的，但是阶级斗争的形势则已经起了有利于工人阶级的深刻重大变化。由于两条道路决战取得了基本胜利，阶级斗争的基本战役已经过去，革命时期的大规模的急风暴雨式的群众阶级斗争已经基本结束，阶级斗争的总趋势将向着缓和的方向发展。”书面意见认为，今后统战工作的任务应是：一、调整关系，加强团结；二、发扬民主，实行互相监督；三、认真改善合作共事关系；四、充分发挥各级人民代表大会和人民委员会在国家政治生活中的积极作用，更加活跃人民政协、民主党派和有关人民团体的工作；五、贯彻执行民族区域自治政策；六、统筹兼顾，适当安排；七、继续组织马克思列宁主义、毛主席著作和时事政策的学习，逐步改造世界观；八、加强党对统战工作的领导。书面意见由中央统战部主要负责人进行讨论，由于未能形成完全统一的意见，因而未提交全国统战工作会议讨论。

5月9日　中共中央批转财贸办公室、统战部《关于反对商品“走后门”运动情况的报告》。《报告》说，自从中央批转财贸办公室关于反对商品“走后门”会议情况的报告，并指出在全民所有制企业中反对商品“走后门”的斗争，是社会主义道路和资本主义道路的斗争，是阶级斗争在经济战线上的反映以后，各地党委和人民委员会都很重视，已有21个省、市、自治区展开了反对商品“走后门”运动。经过这场运动，财贸工作人员的社会主义觉悟有所提高。商业职工说，过去不懂得国营企业的商品“走后门”是资本主义道路，现在懂了不“走后门”是坚持社会主义道路，把守好柜台就是坚持社会主义商业阵地。《报告》提出了反对“走后门”运动只在国营商业企业和供销合作社企业中进行，一定要实事求是等8条原则意见。

同　日　中共中央、国务院发出《关于精简职工中发放退职补助费问题的通知》。规定对1957年以前参加工作目前被精简的职工，其退职补助费仍按1958年3月间颁布的“国务院关于工人、职员退职处理的暂行规定”发给。

5月10日　西藏地区海关机构成立。根据国务院的决定，西藏自治区筹备委员会于10日宣布西藏海关正式成立。同时，还公布并于即日起实施“中华人民共和国西藏地区海关征收进出口税暂行办法”，“西藏自治区关于实施对外贸易管理暂行条例的暂行办法”等8项办法。根据这些办法，西藏地区海关征收进出口税的税率低于中国其他地区海关进出口税的规定。在海关征税后，对边境地区居民同邻国人民间习惯性的小额贸易，仍允许照常进行。

5月11日　中国政府就印度拒绝谈判缔结新的中印通商和交通协定问题向印度政府提出照会。照会对印度政府又一次拒绝谈判表示遗憾。照会指出，印度政府借用五项原则中保证尊重对方的领土完整和主权内容，说这就意味着中国政府承认了印度方面所主张的中印边境线，完全是对国际文献的曲解。五项原则第一条规定“互相尊重领土完整和主权”，而并没有规定某一方必须接受另一方关于边界的主张。照会还指出，1954年协定只解决中国西藏地方的和印度之间的贸易和文化关系及友好往来问题，而不是中印之间的所有问题。如果说在谈判和签订1954年协定的时候，中国政府就已经承认了近几年才在印度地图上画出的边界线，这是武断的、荒谬的。照会还就波林三多问题、1950年中国人民解放军进军西藏等问题申明了中国政府的立场和观点。

同　日　中国外交部就印度军队在中国西藏西部的入侵挑衅活动向印度政府提出严重抗议。抗议说，1962年5月2日印军20人侵入距中国潘古尔湖以南热琼哨所只有4公里左右的地方，设立军事据点，构筑工事。5月5日，上述印军中有2人继续向中国境内潜进约600米，并向中国哨所开了3枪。照会指出，印军的入侵挑衅行动加剧了中印西段边界全线的紧张局势。如果印度方面不从中国领土上撤走侵略据点和入侵军队，中国边防部队将不得不进行自卫，由此产生的一切后果，都必须由印度方面承担全部责任。

5月15日　1962年春季中国广州出口商品交易会闭幕。前来参加这次交易会洽谈贸易业务的各国商人、海外华侨和港澳贸易界人士共2 500多人。在为期1个月的交易会中，达成1.1万多笔出口交易，金额达人民币29 800多万元，折合4 300多万英镑。此外，中国有关贸易团体根据需要，向到会的客商订购了一批进口物资。

5月18日　中共中央批发国家经委党组《关于大区经委主任会议的报告》。大区经委主任会议认为，工业调整工作是一件十分复杂的工作，不是简单的关、并一批厂子，减掉一些人，而是整个工业的一次大的经济改组，并牵涉到国民经济的各个方面。通过这次调整改组，结合计划的调整，使得工业和农业、重工业和轻工业、重工业内部各个行业之间的比例关系能够相互协调，生产能够更加经济合理，中央在批语中指出：必须下最大决心，采取停产关厂、适当合并、缩小规模、改变任务等方法，坚决缩短生产战线，大力精简职工，以利于调整工业生产。这是当前工业战线上压倒一切的中心任务。只有这样，才能解决工业与农业以及工业内部的不协调，才能有利于争取财政经济情况的根本好转。

同　日　中共中央、国务院作出《关于建立全国物价委员会的决定》。《决定》共分4条：一、全国物价委员会隶属于国务院，受国务院的直接领导。二、物价委员会以薛暮桥为主任，刘岱峰、刘卓甫为副主任，牛佩琮、许涤新等13人为委员。三、物价委员会根据中央既定方针，负责全国物价水平的综合平衡工作，管理工业品出厂价格和调拨价格、农产品采购价格、各种商品的市场销售价格。四、国家计委物价局为物价委员会的办事机构。

5月19日　全国总工会领导机关作出《关于四年来全总工作的初步检查和今后改进意见的报告》。《报告》总结了4年来工作中的主要缺点和错误是：一、在贯彻执行党的工运方针上存在片面性，有些具体政策界限如既要服从党的统一领导又要广泛联系群众，既要促进生产又要关心生活等没有及时划清，以致有些工会干部在思想上相当混乱；二、在工会发展趋势的估计上严重脱离了实际，以致在1958年农村人民公社化以后，曾经错误地认为随着农村公社化和公社工业化，工人和农民两个阶级的差别很快就会消灭，因而提出工会将先从县和县属工会开始消亡；三、在群众工作中，曾经在一段时间内犯过要求过高过急、瞎鼓吹、大呼隆的错误；四、在工会活动中，民主集中制有相当削弱，民主生活极不健全。《报告》针对上述问题提出5点改进意见：一、提高干部的政策思想水平，这是使工会工作走上正轨的首要一环；二、扎扎实实地做好工会的经常工作；三、认真贯彻执行民主集中制，坚持党的群众路线和实事求是的作风；四、加强基层工会的组织建设，要通过民主选举，健全基层和车间委员会，不能采取简单的委派办法；五、整顿工会的疗养事业和文化事业，整顿工会的财务工作。

5月21日　中共中央发出《关于减少职工和城镇人口的宣传要点的通知》。《通知》要求各级党委要向广大职工、干部和他们的家属讲清楚当前经济生活的实际状况，教育他们体谅国家的困难，自觉地服从国家的调动和分配，争取财政经济状况的基本好转。《宣传要点》指出：目前，我国的经济存在着严重的困难，主要表现是：

第一，人民吃的、穿的、用的都不够，生活水平下降；第二，工业生产所需的原料、材料、燃料和电力都不够，工厂不能全部开工，许多工厂陷于停工、半停工的状态。钢铁、机械等重工业行业的生产能力，有的只利用70%~80%，有的不足一半。造成这样严重困难的主要原因是：自1959年连续3年农业减少；基本建设规模过大，工业发展过快；工业发展不平衡；领导工作上的缺点和错误。《要点》还详细说明了克服困难的方法和对精减下来职工等的安置办法，号召全国人民团结一致，共同努力，克服困难。

5月22日　中共中央发出《关于压缩食油销量和安排1962年6月至11月食油调拨计划的紧急通知》。决定从6月份起，压缩城镇食油销量。北京、天津两市每人每月供应量减为2两，上海减为2两半。其他大中城市目前供应量高于2两的一律降到2两，低的不得提高。农村中继续执行食油基本只购不销，多产多吃、少产少吃的原则。

5月23日　第1届《大众电影》百花奖授奖大会在北京举行。获奖名单是：夏衍、水华获最佳电影编剧奖（《革命家庭》）；谢晋获最佳导演奖（《红色娘子军》）；祝希娟获最佳女演员奖（《红色娘子军》中饰吴琼花）；崔嵬获最佳男演员奖（《红旗谱》中饰朱志忠）；陈强获最佳配角奖（《红色娘子军》中饰南霸天）；吴印咸获最佳摄影奖（《红色娘子军》）；张敬安、欧阳谦叔获最佳音乐奖（《洪湖赤卫队》）；丁辰获最佳美工奖（《马兰花》）；《两种命运的决战》获最佳长纪录片奖；《亚洲风暴》获最佳短纪录片奖；《征服世界最高峰》获最佳纪录片摄影奖；《没有“外祖父”的癞哈蟆》获最佳科教片奖；《小蝌蚪找妈妈》获最佳美术片奖；《杨门女将》获最佳戏曲片奖。国务院总理周恩来、副总理陈毅参加了大会，并接见了全体受奖人员。“百花奖”创立于1961年12月，1962年4月首次揭榜。

同　日　中国、苏丹贸易协定在北京签订。苏丹将向中国出口棉花、阿拉伯胶、芝麻、花生、棉籽、高粱、皮张及皮革、干枣、油饼、蜂蜡等产品。中国将向苏丹国出口棉布及棉纺织品、丝绸及丝绸制品、日用百货、食品、茶叶、橡胶制品、纸张、煤、五金及压延钢材、化工原料、电讯设备及机械、工业成套设备等产品。

5月24日　邓子恢向中共中央和毛泽东提出《关于当前农村人民公社若干政策问题的意见》。从1961年起，邓子恢带工作组在福建、黑龙江、广西、湖南、河南等省作了大量调查研究，依据研究材料写出了这一《意见》。他指出，目前农村的集体所有制仍存在很多混乱现象，如机关、企业占用社队土地，社与社、大队与大队之间平调的土地未完全清理退还，以及很多地方基本核算单位已下放给生产队，但土地耕畜仍归大队所有等等。邓子恢认为，造成这种混乱现象的主要原因是，各级干部思想上“仍然存在着不断革命论，而不认识革命发展阶段论。对30年不变，一般认为只是一时权宜之计。”另外，干部思想中平均主义根子未完全挖掉，“总想在生产资料特别在土地上，把穷队富队的经济基础适当拉平，以便于以后实行过渡，而不了解生产资料的平调比之产品平调是更厉害的平均主义，是对农民生产积极性的重大打击，是对农业生产力的更大破坏。”邓子恢因此建议，采取立法和布告宣传的方式，明确规定所有制关系，如保证小队核算制30年内不变等等，以纠正目前的混乱现象。关于社员小自由问题，邓子恢认为，一般地区自留地生产比集体生产搞得好，这说明：“在农业生产力还处于以人畜力经营为主的当前阶段，这种小自由、小私有，是最能调动农民劳动积极性和责任心的。”邓子恢指出：“个体生产的危险在于以个体经济作为主要社会制度，从而产生剥削，产生阶级分化，而最后走上资本主义道路。如果我们能保持集体经济作为农村社会制度的主体，加上政权在我们手里，国民经济的骨干，如工业、交通运输、金融贸易企业等都是全民所有制，在这种条件下允许社员在一定范围内经营一些小自由、小私有，是只有好处没有坏处的。”但“可惜这种想法尚未被全体干部所完全理解”。邓子恢建议，中央应采用相应措施，鼓励社员在一定限度内发展小自由，以加速农业生产的恢复和发展。首先，要稳定社员自留地，并适当加以扩大，以控制在当地耕地总面积20%左右为度；其次，要鼓励和帮助社员繁殖大牲畜，这应是在一个长时期内的重要政策措施，其中应包括，社员为集体喂养大牲畜实行养用合一，公有牲畜归社员喂养的，其所生幼畜，公私分成等政策。邓子恢的上述意见后被当做宣传“四大自由”而遭到批判。1981年3月9日，中共中央办公厅转发国家农委党组的报告，指出过去对邓子恢的批判是错误的，应予平反。

5月25日　中共中央批发教育部党组《关于进一步调整教育事业和精简学校教职工的报告》。在此之前，即从4月21日—5月中旬，教育部在北京召开了全国教育工作会议，集中研究进一步调整教育事业和精简学校职工问题。会议对教育战线的进一步调整提出以下意见：一、大幅度裁并高等学校，特别是专科学校。保留的高等学校要逐步缩小规模。二、大量裁并1958年以后设立的条件差的中等专业学校，以及少数布局不够合理和设置重复的中等专业学校。三、全日制中小学要适当压缩规模。四、努力提高教育质量，以多余的优秀教师来逐级提高各级师资能力，认真办好重点学校。五、改变国家对教育包得过多的状况。可由人民团体或个人举办特殊性质的高等学校如宗教、国画和中医等学校。中小学和一般技术学校、工艺学校，以公办为主，民办为辅，允许私人开办。会议还提出了进一步精简各级学校教职工的指标和教职工编制标准等意见。中共中央在对会议报告的批语中指出，1958年以来，教育发展过快，规模过大，超过了国民经济的负担能力，特别是超过了农业生产水平，也超过了教育事业本身的发展条件，影响了教育质量的提高，因此，必须下最大的决心，对教育事业，特别是对高等学校和中等专业学校进行进一步的调整。批语还提出，在中国这样“一穷二白”的大国里发展教育事业，必须贯彻国家办学和人民办学两条腿走路的方针，改变国家对教育包得过多的办法，在适当压缩公办教育规模的同时，提倡由人民举办各类教育事业，还要适当发展半日制学校及夜校、函授、广播等各种形式的业余教育。根据中央指示精神，教育部于5月29日成立精简调整办公室，负责学校调整和精简工作。

5月27日　中共中央、国务院发出《关于进一步精简职工和减少城镇人口的决定》。《决定》要求：一、全国职工人数应当在1961年末的4 170万人的基础上，再减少1 056万人—1 072万人。全国城镇人口应当在1961年年末12 000万人的基础上，再减少2 000万人（包括从城镇减到农村去的职工在内），同时相应地减少吃商品粮的人口。二、上述减少城镇人口任务，应当在今明两年内基本上完成，后年上半年扫尾。精简职工的任务力争在今年内或者明年上半年大部完成，明年下半年完成。应当先抓紧精简职工，尤其是要工业、基本建设、交通运输、农林部门先行。三、各地区、各部门都应当把今春所订的减人计划，作为第一步计划，抓紧时间积极减人，争取在上半年完成。四、精简职工的工作，必须与国民经济各部门的调整和企业、事业、机关机构的裁并结合起来进行。五、减人的对象必须适当。应当减、能够减的要坚决地减下去。应当保留和不宜减的，要注意保留。六、必须做好安置工作。七、必须做好宣传教育工作，以利在这个基础上顺利地完成减人任务。八、必须加强对精简工作的领导。

5月28日　中央财经小组向中央报送《关于全国各地货币回笼情况的资料》。《资料》在提供国家统计局关于1962年1—4月全国各地区生产资料，消费资料产值和工资总额按各该地区人口的人平均数的资料后分析说：在企业排队调整工作逐步进行中，重工业有可能更向东北、华北集中，轻工业有可能更向华东、中南等地集中，全国地区间的差别将比过去一个时期更为明显。如果轻重工业产品和一部分农产品，不在全国范围内统一调配，将不可能保证全国经济事业的健全发展和人民生活的合理安排。从年初至5月，货币回笼已26亿元，但各地的货币流通和回笼情况不平衡，其基本原因仍是商品供应没有很好地在各地区按比例统一调配。因此，中央财经小组提出，应当组织有关部门研究轻重工业、手工业生产的合理布局及其产品的合理分配问题，研究各地区农轻重各种产品的调出量同调入量是否大体适应；各地区的商品供应量同工资总额和农产品收购额是否大体适应。不仅要研究全国范围的平衡，而且要进一步研究各地区的平衡。5月30日，中共中央转发了中央财经小组的资料。

同　日　中国、锡兰经济援助协定延长5年换文在科隆坡签字。根据中锡两国1959年9月签订的经济援助协定，中国政府给予锡兰7 500万卢比用于橡胶翻种贴补计划和建设纺织厂、铁路车辆等作为无偿经济援助，由于援助未全部使用，且协定将在1962年底到期，因此双方决定把协定的期限延长5年，从1963年1月1日起到1967年底止。

5月29日　中国、罗马尼亚1962年换货付款议定书在北京签字。议定书规定：中国将向罗马尼亚提供矿产品、钢材、生铁、机床、机器设备和轻工业品等，罗马尼亚将向中国提供拖拉机、油糟车和石油产品等。

5月31日　中共中央批准中央侨委党组《关于所谓“海外关系”问题的报告》。中侨委在报告中反映，不少地方和部门，不加分析地把归国华侨、侨眷、归侨学生在国外的家庭和亲友关系，一律作为“资产阶级关系”或“复杂的政治关系”看待，扣上“海外关系”的帽子，滥加怀疑和歧视，有的地方规定，凡有“海外关系”的人，一律不能入党入团，不能参加工会，不能当积极分子，某些学校还限制归侨学生报考政治经济、外贸、财贸、新闻等“机密”专业。有的归侨干部虽在工作上有优异成绩，政治表现也很好，但人事部门却不让提拔重用。有的单位对归侨干部的婚姻乱加干涉，有的单位在政审中将那些与国外亲友有关系的人列为批判或追查对象，有的甚至把华侨与五类分子并列（所谓地、富、反、坏、右、资、侨），混淆了敌我界线。中侨委的报告指出，这种主观主义的不进行阶级分析、不在政策上加以区别的做法，在政治上是犯了扩大化的错误，已经造成极为不良的后果。产生这种错误的原因，主要是由于侨务部门对侨务政策的宣传、贯彻不够深入，使有些单位和干部对国外华侨的情况和侨务政策不了解。中侨委建议，所有有归国华侨、侨眷、归侨学生的单位要全面检查一次由所谓海外关系而引起的问题，迅速地妥善加以处理。对历次运动中被批判、追查和处分的归侨进行甄别，凡属错误者坚决进行平反；对因有所谓海外关系而被任意调职或下放劳动者，应加妥善处理；对德才兼备的归侨干部，在提拔和任用上不得歧视。中共中央在对报告的批示中指出：所谓“海外关系”的提法，是模糊政策界限，混淆敌我关系的提法，是不妥当的，有害无益的。各地各单位应对因所谓“海外关系”而引起的一系列问题有步骤地加以处理。

同　日　中共中央批转国家计委《关于加强基本建设管理问题的报告》。同时，同意国务院下发《关于编制和审批基本建设设计任务书的规定》、《关于加强基本建设计划管理的几项规定》、《关于基本建设设计文件编制和审批办法的几项规定》等3个文件。中央下发这些文件的总精神是，收回1958年下放给各部、省、市、自治区审批自己管辖范围以内的大中型项目的审批权。今后，属中央各部直属的大中项目一律由国家计委审核，报国务院批准，地方大中型项目中的重大项目由国务院批准，其他类似项目由国家计委批准。

本　月　《人民文学》发表毛泽东词六首。同时发表毛泽东的附言："这六首词，是1929—1931年在马背上哼成的，通忘记了。《人民文学》编辑的同志们搜集起来寄给了我，要求发表。略加修改，因此付之。"词6首分别是：《清平乐——蒋桂战争》、《采桑子——重阳》、《减字木兰花——广昌路上》、《蝶恋花——从汀州向长沙》、《渔家傲——反第一次大围剿》，《渔家傲——反第二次大围剿》。《人民文学》同期发表郭沫若长文《喜读毛主席的〈词六首〉》。

本　月　云南境外国民党军残部向政府投诚。据新华社消息，自1960年春起，盘踞于云南境外的原国民党军残部已有681人向云南人民政府投诚。政府和人民解放军部队对投诚人员给予了宽待：凡愿意回家的，发给路费；对生活困难人员给予适当救济或发给生产安置金；根据投诚人员的特长和志愿，安置其参加人民公社或其他企业、事业部门参加生产劳动或工作；对携带武器来归者，还发给奖金。

本　月　西安公学400多名学生下乡落户。西安公学创办于1961年10月，其办学宗旨是加强农业第一线，为农村培养思想进步，具有中等文化水平，能初步掌握党在农村的基本方针政策的革命知识青年。经半年多学习，首批427名学员已结业，他们将分别到宝鸡等县的农村去参加基层工作和劳动生产。学员中大部分人是在城市长大的，他们已决心在农村中长期安家落户。

6月1日　国务院举行第一百一十六次全体会议。会议核准"中华人民共和国政府和阿拉伯联合共和国政府贸易协定"，核准"中华人民共和国和阿拉伯联合共和国政府支付协定”。会议决定设立国家房产管理局，作为国务院的直属机构，这一决定将提请全国人大常委会审议批准。会议还通过了河北、吉林、浙江、湖北等省的县、市行政区划变更事项，以及任免事项和其他事项。

同　日　中国外交部就印度政府没收中国驻印使馆新闻公报一事向印政府提出抗议。抗议照会指出，大使馆在新闻公报中刊登本国政府的官方文件和声明，是符合国际惯例的。印度驻华大使馆一向这样做，中国驻印度大使馆也一向这样做，印度政府把刊载中国政府照会等官方文件的新闻公报予以没收，是完全不讲信义，公然违背国际行为准则的。

6月3日　中国西藏和印度通商交通协定期满失效。中国设在印度噶伦堡和加尔各答的商务代理处已于当日撤销，两个商务代理处的负责人已分别于协定即将期满时离开印度。中国西藏和印度通商及交通协定于1954年在北京签订，于同年6月3日经双方政府批准生效，协定有效期为8年。由于这项协定的签订，著名的和平共处五项原则第一次载入国际协定，该协定主要内容包括：印度政府同意中国政府在新德里（未设）、加尔各答、噶伦堡3地设立商务代理处，中国政府同意印度政府在亚东、江孜、噶大克3地设立商务代理处。两国政府分别指定一些地点作为贸易市场，双方同意凡按习惯专门从事于中国西藏地方和印度之间的贸易的双方商人可在那些地点贸易。协定规定两国香客得按惯例到对方一定地点朝圣，并对双方商人和香客来往的山口和道路以及两国外交人员、公务人员以及两国国民往来过境手续等，作了具体规定。1961年12月3日，即该协定期满前6个月，中国政府照会印度驻华大使馆，建议中印两国政府举行谈判，缔结一项新的通商和交通协定，以代替1954年的协定，但遭印度政府拒绝，并提出以中国“扭转”根本不存在的“侵略政策”作为谈判新协定的首要条件。中国政府据此得出结论，如印度政府仍坚持这种态度，则说明其存心使两国关于通商和交通协定的谈判成为不可能。中国政府于1962年3月1日、5月11日两次照会印度政府，申明中国的立场，但印度政府仍不放弃其无理的先决条件，致使更换新协定的谈判终于无法进行。《人民日报》同日发表题为《和平共处五项原则的光辉是不可磨灭的》的社论，对中印通商交通协定的失效表示遗憾，同时指出，尽管第一次载明和平共处五项原则的中印通商交通协定失效，但中国政府根据自己的和平外交政策，愿意同一切邻邦在五项原则的基础上和平共处。中国政府和中国人民维护中印友谊的立场以及根据和平共处五项原则，通过谈判解决中印边界问题的立场决不会改变。

6月4日　藏族史诗《格萨尔》汉、藏文本出版。据新华社报道，从1958年开始由青海省民间文学研究会调查搜集，从1961年开始用汉文翻译整理的藏族民间史诗《格萨尔》，已由上海文艺出版社和青海人民出版社分别出版汉、藏文本。首先出版的是20卷史诗中的第四卷《霍岭大战》上部。全部史诗共34部，约600万字，描写藏族传说中的英雄格萨尔领导民众与害人魔王和侵略者进行斗争的故事，在藏族民间流传很广。

同　日　中蒙1962年科学技术合作计划议定书在北京签字。根据议定书规定，双方将在轻工、纺织、卫生、农牧业等方面相互派遣考察人员和技术援助专家以及提供技术资料。

6月6日—7日　陶铸、王任重在广西省龙胜县举行关于如何巩固生产队集体经济问题的座谈调查。中共中央3月批转中监委《广西农村有不少党员干部闹单干的情况》的简报后，中南局对问题的估计比较严重，责成第一书记陶铸、第二书记王任重到问题反映较多的龙胜县进行调查。他们发现“原来估计全县有60%甚至70%的生产队单干了。事实上单干的并没有那么多”。过去作出错误判断的原因是“界线不清，把那些正确的采取田间管理责任制的和其他基本上仍是集体经营的生产队，都算到‘单干’里面去了。”据他们的看法，龙胜县的所有生产队，“大约有60%~70%基本属于社会主义的集体经济性质；有10%~30%基本上属于单干，不过还保留着某些集体经济的因素，还有大约10%完全是单干。”通过调查，他们认为应按下述4条基本标志划分集体经济与单干的界线，“一是主要生产资料集体所有；二是生产统一计划安排；三是集体劳动；四是生产收入统一分配”，并对集体劳动的涵义作了解释：“是指劳动力由生产队统一调配，”而不是所有的农活都要大家“拥到一起，集体去干”。龙胜座谈纪录指出：领导农民走社会主义道路，是一个相当长的过程，根本原则是自愿和示范两条，目前也还是要从这两方面进行艰苦的工作，树立榜样，说服农民自愿跟我们走。7月22日，毛泽东对该座谈纪录作了批示：“这个文件所作的分析是马克思主义的；分析之后所提出的意见也是马克思主义的。”

6月8日　全国人大常委会举行第五十五次会议。会议听取了民族委员会副主任谢扶民所作的关于民族工作会议情况的报告，批准了设立国家房产管理局，作为国务院直属机构。会议还通过了任免事项。

6月9日　九三学社中央副主席涂长望去世。涂长望，1906年生。湖北武汉人。1934年在英国留学期间，参加了革命活动。在抗日战争和解放战争时期，积极从事国内的民主运动和国际上的和平运动。全国解放后，出席中国人民政治协商会议第一届全体会议。当选为第二届全国政协委员，第二届全国人民代表大会代表。曾任九三学社常委、副主席，中国科协书记处书记，中央气象局局长。1956年加入中国共产党。

6月10日　中共中央发出《准备粉碎蒋军窜犯东南沿海地区的指示》。《指示》说，据判断，盘踞在台湾的国民党军队很可能在最近期间，即台风季节前后，对我福建省和闽粤、闽浙接合部地区发起一次登陆性作战，妄图在大陆建立一块反革命根据地，美帝国主义也想利用蒋介石军事集团的这次军事冒险，对我进行试探。《指示》要求，全党全军和全国人民提高警惕，加强备战，从各个方面做好准备，决不让蒋军的阴谋得逞。6月24日，《人民日报》在头版发表题为《蒋匪帮在美帝国主义支持下妄图窜犯大陆》的时评，历数了自1962年初以来国民党军扩军备战，成立反攻大陆的最高领导机构，以及大量接受美国援助的事实，揭露了蒋介石集团在美国的支持下，妄图在大陆建立桥头堡，进而实行反革命复辟的阴谋，号召全国人民在人民政府的领导下，注意防止和及时消灭潜伏的和空降的蒋介石军事集团特务的破坏活动，坚决、彻底、干净、全部地消灭窜犯之敌。

6月11日　中共中央批转中侨委党组《关于妥善处理侨眷、归国华侨的就业和精简问题的请示报告》。《报告》提出，对于建国后已安置在机关、学校和厂矿企业就业以及定居城镇的40万归侨人员，在目前压缩城镇人口，精简职工中，应根据他们的特点，妥善安排和处理。中共中央同意这一意见，并在批示中指出，在目前压缩城镇人口和精简工作中，对归国华侨、归国华侨学生予以适当照顾，是完全必要的。

6月13日　中共中央、国务院发出《关于改变中国人民银行在国家组织中地位的通知》。《通知》说，中国人民银行是国家管理金融的行政机关，是国家办理信用业务的经济组织，它授权在全国实行现金管理、信贷管理和信贷监督。因此决定，人民银行总行，由现在的国务院直属机构改为同国务院所属部、委居于同样的地位。人民银行总行作为国务院全体会议的成员，人民银行的分行、中心支行、支行分别同省、市、自治区所属各厅，专、县所属各局，居于同样的地位。

6月16日　彭德怀向中共中央和毛泽东递交八万字申诉材料（又称“八万言书”）。1962年初，彭德怀因被剥夺正当权利未能参加扩大的中共中央工作会议。会后，他得知刘少奇在报告中再次把他的错误定性为“阴谋篡党”，“有国际背景”，是“高饶反党集团成员”后，曾痛哭一场，决定起而为自己申述。申诉材料共分五个部分：一、关于庐山会议前后的情况；二、关于高饶联盟问题；三、我同外国人的一些接触过程；四、我的历史过程及其几个问题；五、关于军事路线。彭德怀在这个申述书中说，对于“背着中央进行派别活动，阴谋篡党”这个罪名，“我实在觉得委屈”。他说，既然八中全会对我写给毛泽东同志的意见书已做了“代表右倾机会主义分子向党进攻的纲领”的定性，而刘少奇在这次报告中又说这封信所说到的一些具体事情，“不少还是符合事实的”，但却又说我“在党内背着中央进行派别活动，阴谋篡党”，“这种莫须有的罪名，我实在难以领受”。彭德怀在申诉书中承认了犯有受高岗蒙蔽的错误，但提出刘少奇说他“是彭高联盟”的说法与“事实有出入”。在申诉书中，彭德怀还历数了自己同外国人接触的情况，指出，“我没有背着党在外国人面前搞什么不利于我党的勾当来讨好外国人，更没有什么‘同某些外国人在中国搞颠覆活动有关’，我认为这种说法是没有事实根据的”。并说，恳请党中央派专人彻底清查这一是非问题，“如发现事实确据，按以叛国论罪，判处死刑无怨”。彭德怀还在“军事路线”部分说明，在“我主持军委日常工作期间，是遵循了党中央和毛主席所指示的建军原则”的，“是不应该将这些归纳为‘资产阶级军事路线’的”。8月22日，彭德怀再次给中央写了一封短信，表达了希望对自己问题进行复查的迫切心情。同月，毛泽东在同华东、中南两大区负责人谈话时说，我对彭德怀这个人比较清楚，不能给彭德怀平反，不能给彭德怀分配工作。一个月后，彭德怀的申述在八届十中全会上被定为“翻案风”的主要表现之一。1965年9月23日，毛泽东召彭德怀谈话，通知彭中央已决定派他去西南三线任职，并作了解释。当谈到彭德怀在庐山会议时曾有3条保证，即在任何情况下不会做反革命，不会自杀，今后劳动生产、自食其力时，毛泽东对彭德怀说，也许真理在你那边。

6月17日　教育部公布1962年高等学校招生规定。《规定》说，根据教育事业进一步贯彻执行以调整为中心的“调整、巩固、充实、提高”的方针的要求，本年高校招生工作必须在各级党委和人民委员会领导下，切实保证新生质量，认真按照统一规定的标准，选择政治上、学业上优秀，健康合格的学生入学。《规定》共分10条，分别对招生领导体制、报名条件、考试科目、考试时间地点、录取标准、报考费用等作出了规定。

同　日　首都各界1万多人集会欢迎朝鲜最高人民会议代表团。会议在人民大会堂举行。中共中央副主席、全国人民代表大会常务委员会委员长朱德，中共中央总书记邓小平，中共中央政治局委员、北京市市长彭真和朝鲜最高人民会议代表团团长朴金喆等出席了大会。彭真市长和朴金喆团长分别在大会上讲话，盛赞两国人民所取得的伟大建设成就和用鲜血凝成的友谊。下午，刘少奇主席接见并设宴招待了朝鲜最高人民会议代表团。22日，毛泽东主席在武汉接见了以朴金喆为团长的朝鲜最高人民会议代表团。

6月18日　中国政府就印度军队枪击中国居民一事向印度政府提出强烈抗议。5月29日，中国西藏地方隆子县陇村居民罗马一家10口人行至陇村以东的那典母拉时，突遭非法盘踞于“麦克马洪线”以南印军6人的追赶射击，罗马等4人当即被击倒在地，其伤亡和下落在递交抗议时仍不明。中国的抗议照会要求，印度政府应立即对上述事件进行彻底查究，惩处肇事者，给予受难者家属以赔偿，并保证防止类似事件再度发生。

同　日　全国总工会、财政部联合发出《关于企业职工业余教育经费开支问题的通知》。《通知》提出既要在工会组织内部挖掘潜力，又要适当划清工会业余教育经费与企业行政教育经费开支范围，以解决职工业余教育经费不足的原则，并具体规定：一、各基层制订业余教育规划和经费预算，支出最多不能超过工会经费的37.5%；二、合理配备教职人员，节约支出；三、划清开支范围，凡属由行政负担的各项教育经费，应归行政费用开支；四、加强教育经费的管理工作。

6月19日　毛泽东提出民兵工作要做到“三落实”。1962年6月，毛泽东视察中南地区，在听取广州军区负责人汇报战备和民兵工作时，针对民兵工作尚不够落实的情况指出：“民兵工作要做到组织落实、政治落实、军事落实”，敌人不管是从“天上掉下来，地上冒出来，怎么对付，要有些办法。”不久，在同武汉军区负责人座谈时，毛泽东再次提出，民兵组织一定要搞好，班、排、连、营编组好，要有强的干部；民兵在政治上一定要可靠，特别是基干民兵；要搞些训练。一有情况，能吆喝拢来。此后，“三落实”成为民兵工作的指针。

同　日　全国政协常委举行第三十一次会议。会议的主要议题是讨论如何进一步加强政治协商工作和学习工作。张治中、刘文辉、李书诚、史良、荣毅仁、王绍鏊、季方、陈其尤、茅以升、王芸生、刘斐、刘清扬等分别在会上发言。发言的委员认为，政协今后要从更多的方面通过各种方式去了解和研究党和政府各项方针政策贯彻的情况，了解实际工作中的经验和问题，发挥人民政协的日常监督作用。

6月23日　新华社发表电讯，揭露国民党军队在美帝国主义的支持和鼓励下妄图窜犯大陆。电讯指出，从今年年初起，蒋介石就为窜犯沿海地区进行战争动员和军事部署：成立窜犯大陆的决策机构——以蒋介石、陈诚为首的“最高五人小组”（又称“反攻行动委员会”）；下达“征兵动员令”，并且勒令原定退伍的军人无限期地延长服役时间；将台湾的各种轮船、渔船和车辆，纳入“船舶、车辆动员编组”；设立“经济动员计划委员会”，策划施行战时经济动员，并通过所谓“国防特别预算”，决定征收相当于6 000多万美元的所谓“国防临时特别捐”；甚至还成立了“战地政务局”，准备在沿海登陆后建立伪政权机构；在美军的参预下，不断进行以窜犯沿海地区为目标的作战演习。种种情况表明，蒋介石已经从各方面积极准备对大陆沿海地区进行突然的军事冒险。

同　日　中国承认老挝临时民族团结政府。中国外交部长陈毅在致老挝民族团结政府外交大臣贵宁·奔舍那的电文中说，中华人民共和国政府决定承认老挝临时民族团结政府，并且建议互派大使。6月28日，贵宁·奔舍那外交大臣致电陈毅外长，表示对中国政府6月23日来电极为满意，同意与中华人民共和国政府互派大使。

6月24日　中共中央、国务院发出《妥善保管、处理停建下马单位和关闭停产企业的物资的紧急通知》。通知要求，属于上述单位的一切生产资料和消费资料，都必须彻底清点，编制成册，分别报送上级主管机关，听候统一调度处理。任何单位、任何个人不得动用、转让、出卖，不得损坏和私分。

同　日　动画片《大闹天宫》上集在第13届卡罗维发利国际电影节获短片特别奖。

6月25日　首都隆重集会纪念朝鲜祖国解放战争12周年。集会在北京工人体育馆举行，首都各界两万多人参加了大会。全国人大常委会委员长朱德，中共中央总书记邓小平，中央政治局委员彭真、陈毅、贺龙，候补委员康生，人大常委会副委员长郭沫若、黄炎培、陈叔通、班禅额尔德尼·确吉坚赞、林枫，国务院副总理罗瑞卿、习仲勋，国防委员会副主席张治中、傅作义、蔡廷锴，外交部副部长章汉夫、姬鹏飞等党和国家领导人出席了会议。以朴金喆为团长的朝鲜最高人民会议代表团也出席了大会。大会由彭真主持，陈毅和朴金喆分别作了长篇重要讲话。陈毅在讲话中高度评价了朝鲜祖国解放取得胜利的重大历史意义，并着重指出，只要人民团结起来，坚持斗争，在战略上藐视敌人，在战术上重视敌人，任何貌似强大的帝国主义，都是可以打败的。朝鲜停战谈判和1954年日内瓦会议就恢复印度支那和平取得协议的经过都告诉全世界人民，在同帝国主义谈判的时候，必须把谈判同反对帝国主义的实际斗争结合起来，用革命的两手对付敌人反革命的两手。只有这样，才能迫使帝国主义知难而退，使谈判达成协议。在谈到台湾局势时，陈毅表示，中国人民是爱好和平的，但是如果美国一定要利用蒋介石集团把战争强加在中国人民头上，中国人民只有奉陪到底。朴金喆在讲话中指出，朝中两国人民在朝鲜战争中的胜利，向全世界显示了团结在马克思列宁主义和无产阶级国际主义旗帜下的社会主义阵营的战无不胜的伟大力量，帝国主义者任意左右东方人民的时代永远成为了过去。

6月27日　《人民日报》发表长篇通讯：《看愚公怎样移山》。通讯报道了河北省遵化县沙石峪大队党支部领导群众改造荒山的事迹。同日，《人民日报》发表社论：《一篇活教材》，对沙石峪党支部的工作作了高度评价。社论指出，在我国广大农村里，有千万个党的支部，它们是党在农村的基础组织和战斗堡垒，是党和广大人民群众之间的重要纽带，加强党支部的工作是正确贯彻执行党的政策的决定性环节，社论认为，沙石峪大队党支部在这一方面工作的经验和作风值得向全国广大读者推荐。此后，沙石峪大队成为全国农业乃至各行各业的典范。

同　日　原国防委员会副主席龙云去世。龙云，1884年生，云南昭通人。1914年毕业于云南陆军讲武堂第四期步兵科。后任唐继尧部团长、警备司令等职。1922年后任靖国军前敌司令、军长、昆明镇守使。1927年发动兵变，逼唐继尧下台。1928年任云南省政府主席兼国民革命军第十三路军总指挥。1935年曾参与围堵红军长征。抗日战争时期，曾任第一集团军总司令、昆明行营主任。1945年被蒋介石免职。1948年12月潜往香港。1949年8月与黄绍竑等44人发表声明，表示拥护中国共产党，1949年被列为政协第一次会议特邀代表。1950年1月到北京，先后任中央人民政府委员，人民革命军事委员会委员，西南军政委员会副主席，国防委员会副主席，全国人大常委，全国政协常委，民革中央副主席。1957年曾被错划为右派，1962年6月28日摘帽，1980年改正。

6月28日　中国政府就印度飞机侵犯中国领空一事向印度政府提出严重抗议。抗议说，今年5月份内，印度政府连续不断地派遣飞机侵犯中国领空，经过反复核实的计有59架次。抗议说，这些飞机入侵事件全部发生在中印边界西段中国领土上空。其目的是配合印军地面上的入侵活动，在中国领土特别是中国哨所的上空进行长时间的盘旋侦察，并一再向印军新近设立在中国新疆境内的据点进行大量空投。中国政府要求印度政府立即停止对中国领空的侵犯。

本　月　全国会计工作会议在京举行。会议由财政部和中国人民银行联合主持召开。全国各省、市、自治区财政、银行部门的负责人和各经济、事业单位以及部队系统的财务会计人员共400多人出席了会议。会议听取了李先念副总理关于当前经济形势和进一步加强会计工作问题的讲话，详细讨论了会计工作在社会主义建设事业中，特别是在当前国民经济调整工作中的重要作用。会议认为，通过会计核算可以反映企业的盈亏和资金占用情况，生产是否合理，人员是否过多，物资有无积压等问题，还可以促进调整工作的进行。会议提出，各单位必须结合清产核资迅速健全财会制度。

本　月　中国第1部彩色宽银幕立体声故事片《魔术师的奇遇》由上海电影制片厂摄制完成。

7月1日　中捷科学技术合作议定书在北京签订。议定书规定，中国将供给捷克斯洛伐克水利、建筑、化工、机械制造以及其他方面的科学技术资料，并接待捷克斯洛伐克专家考察机械制造方面的科学技术成就。捷克斯洛伐克将供给中国有关化工、医药、机械制造以及其他方面的科学技术资料，并负责接待中国专家考察数字仪表方面的科学技术成就。

同　日　中国政府承认卢旺达独立。

同　日　中国政府承认布隆迪独立。

7月2日　赫鲁晓夫就台湾海峡局势等问题发表谈话。谈话说，美帝国主义扶植蒋介石正在加紧敲击战鼓，要“反扑大陆”，这显然是指靠着美国侵略集团支持的。1958年，蒋介石集团勾结美国黩武主义者在台湾海峡曾策划了挑衅性阴谋。苏联政府当时声明完全站在兄弟的伟大中国这一边。现在再次声明：谁胆敢进攻中华人民共和国，谁就必将受到伟大的中国人民、苏联各族人民和整个社会主义阵营的毁灭性回击。

7月3日　中共中央、国务院发出《关于严格控制和合理压缩城镇粮食销售量的通知》。《通知》说，近几个月来，在城镇人口大量减少的情况下，粮食平均月销量不仅没有减少，反而比过去增加近3亿斤，这是值得严重注意的。为此，中央要求：1.必须坚决做到人粮相符，减粮与减人相适应；2.不得随便提高粮食定量；3.请各地考虑在夏季暂时降低一点口粮供应标准。此外，要严格禁止对干部个人饲养家禽、家畜而供应饲料的错误做法和切实压缩农村粮食销量等等。

同　日　中国承认阿尔及利亚共和国独立。7月4日，《人民日报》以《当代非洲民族解放运动的伟大事件》为题发表社论，祝贺阿尔及利亚独立。5日，首都各界在政协礼堂隆重集会，庆祝阿尔及利亚独立。

同　日　全国政协常委会举行第三十三次会议。会议的议题是，讨论如何进一步加强人民政协的工作。政协副主席李维汉，政协常委和列席的委员胡愈之、王克俊、李祖荫、季方、卢郁文等分别在会上发言。发言分析了当前国内人民民主统一战线出现的新形势。认为人民政协为了适应这种新形势，应进一步加强工作，通过多种多样的灵活的方式，广泛地参与国家政治生活中各种问题的协商。

运用互相批评，互相建议的方式，积极发挥互相监督的作用。政协副秘书长梅龚彬还就政协第三届全国委员会第三次会议移交审查的6件提案的审查情况作了说明。

7月6日　国家主席刘少奇任命高扬为化学工业部部长。

7月7日　邓小平发表谈话：《怎样恢复农业生产》。这是邓小平在接见共青团三届七中全会全体同志时所做的讲话。他说："我们要克服困难，争取财政经济状况的根本好转，要从恢复农业着手。农业要恢复，主要是两个方面的政策：一是把农民的积极性调动起来，二是工业支援农业。谈话认为，农业本身的问题，现在看来，主要还得从生产关系上解决。这就是要调动农民的积极性。就是说，哪种形式的生产关系在哪个地方能够比较容易比较快地恢复和发展农业生产，就采取哪种形式；群众愿意采取哪种形式，就应该采取哪种形式，不合法的使它合法起来。"正如四川一句俗话说的那样："黄猫、黑猫，只要捉住老鼠就是好猫"。讲话提出，"现在要恢复农业生产，也要看情况，就是在生产关系上不能完全采取一种固定不变的形式，看用哪种形式能够调动群众的积极性就采用哪种形式。"但讲话说，这些都是初步意见，还没有作最后决定。怎么解答这个实行"包产到户"的问题，中央准备在8月中央工作会议上研究一下。本月，在中央书记处会议上，邓小平也表达过上述意见。

7月8日　中国政府向印度政府提出最强烈抗议。抗议以备忘录形式由外交部第一亚洲司副司长张彤递交印度驻华大使馆临时代办班纳吉。备忘录说，7月6日，印军约20人侵入中国新疆加勒万河谷地区，深入中国境内约6公里，并企图在该处建立新的侵略据点。印军入侵的目的，显然是要通过对这一地点的侵占来切断位于加勒万河下游的中国哨所的唯一后方通道，并向中国哨所进攻。备忘录指出，中国方面一直在避免同印度入侵部队发生冲突。但是，中国方面决不能在印度有增无减的武力进逼面前屈服，中国方面也决不会在遭到无端攻击时放弃自卫的权利，如果印度军队坚持入侵和挑衅，则由此产生的一切后果必须由印度方面承担责任。

7月9日、11日　邓子恢在中央党校作《关于农业问题的报告》。

邓子恢指出，现在集体经济的经营管理应该说大部分没有搞好，其表现在三个方面：一、社员积极性不高；二、责任心不强，责任制没有建立起来；三、不能因材使用、分工合作。邓子恢在列举和分析了农村中上述3种现象后提出，要搞好集体经济，首先要有一系列正确的政策措施，这就是，第一要固定所有制；第二要贯彻按劳分配，基本口粮、劳动粮和照顾粮三结合；第三是对社员的小自由要固定下来，有一些地方可以适当的扩大；最后是克服干部的特殊化。邓子恢说，要调动社员的积极性，就必须有严格的责任制，要分工合作。社员的积极性只有通过贯彻按劳分配才能获得，要规定合理明确的劳动定额，评工记分加上政治工作，要有严格的生产责任制，生产责任制不独工业、手工业需要，农业方面也同样需要。农业生产实行责任制，首先是包工，一个生产队下面分几个作业组，是临时的，按照季节包工。作业组包工下来，也不是所有的活都一齐干，大的农活集体干，比如犁田，耙田可以几个人搞，适宜个人干的，比如耘田、锄草、看水等完全可以包到户，为什么一定要一大堆人一起干呢？邓子恢还指出：农活生产责任制不和产量结合是很难包的，……农民的私有性是突出的，凡是包产到户的，自留地和大田一样，没有区别，没有包产到户的自留地搞得特别好。因为包产到户了，超产是他的，责任心强。不能把作为田间管理责任制的包产到户认为是单干，因为土地、生产资料是集体所有，不是个体经济。邓子恢上述讲话不久即成为主张“三自一包”的“罪状”而受到批判。

7月10日　中共中央批转教育部党组、共青团中央书记处《关于高等学校学生甄别工作的报告》。《报告》说，1958年—1961年毕业的学生和目前在校的三、四、五年级学生共约100万人，其中被批判、处分的学生约15万人左右，占15%。其中以双反交心、拔白旗、红专辩论、教育革命、反右倾、反坏人坏事运动中批判的人最多，约占被批判、处分学生总数的70%以上。《报告》提出，对于被错误或基本错误地批判和处分的学生，应一律予以平反，对中等学校学生应采取更宽的方针。中央在批语中指出，实事求是地做好对学生的甄别平反工作，是一个关系调动广大学生积极性和改进对青年的教育工作的重要问题，对学生的甄别工作应采取比一般脱产干部更宽一些的方针，方法应当更简便一些。对各级学校中受到错误批判和错误处分的一般党员、干部和教员，也应当采取上述简便办法予以平反。

同　日　中共中央批转中央组织部《关于重新安排下放农村基层工作干部的报告》。中组部7月2日报告说，1960年下放农村的中央一级机关干部中，有很大一部分由于工作上、生活上存在一些实际问题，思想很不稳定，其中主要原因有的缺乏农村工作经验，不熟悉当地生产、语言、生活习惯，还有的患病和家务负担较重等。今年以来，反映这方面的问题很多，各地各部门要求对这批干部重新加以安排。中央组织部认为，对编内下放干部除当地工作需要，原单位和本人也同意留下的外，一律由原单位调回，结合精简，通盘考虑他们的工作。对于编外下放干部，一律由省、市、自治区委通盘加以考虑。中央批示同意中组部意见。

同　日　中共中央批转华东局《关于取消党委分管书记名义的意见》。华东局认为，近年来省、地、县以至公社党委，党委书记分兵把口的现象甚为普遍，并有工业、农业、财贸、文教书记等名目。分管书记之间在工作上往往互不通气，很容易削弱党委的集体领导。华东局的《意见》提出，今后除各省应根据中央指示成立财经小组外，应切实加强党委制，发挥党委各部的职能，使能各司其职，政府工作也应交由政府去办，不要包办代替，并建议取消分管书记的名目。中央批示同意这一意见，发各地研究执行。

同　日　首都集会庆祝中朝友好条约签订1周年。大会在政协礼堂举行。周恩来、邓小平、彭真、陈叔通、林枫、罗瑞卿、郭沫若、康生等党和国家领导人出席了大会。全国政协副主席郭沫若，朝鲜驻中国大使韩益洙分别在会上讲话。郭沫若指出，中朝友好合作互助条约的签订，是中朝友谊进入新阶段的标志。中朝两国的安全是不可分割的，整个社会主义阵营的安全也是不可分割的。如果美帝国主义把战争强加在我们身上，在中朝两国人民的联合力量面前，在整个社会主义阵营的联合力量面前，一定会遭到毁灭性的回击。

韩益洙大使在讲话中高度评价了中朝两国人民用鲜血凝成的友谊，严厉谴责了美帝国主义霸占南朝鲜和唆使蒋介石集团向中国大陆进行军事冒险的罪行。7月11日，《人民日报》发表了题为《中朝人民并肩保卫亚洲和世界和平》的社论，庆祝中朝友好合作互助条约签订1周年。

同　日　中国政府照会印度政府，强烈抗议印军继续进犯中国边境，围逼中国哨所。照会说，最近，印度军队在中国领土上又新设立了4个军事据点。其中有的竟深入中国境内达16公里。照会指出："印度军队所设立的侵略据点，构成了围逼中国哨所的形势。与此同时，印度方面还不断向这些据点增兵、筑路，在据点附近修建工事。印度军队还不时从据点四出活动，向中国边防部队进行骚扰挑衅。"照会具体列举了印军侵占中国领土、领空的时间、地点，驳斥了印度方面对入侵事实所作的抵赖。照会强调指出：上述事实再一次表明，印度政府不但无意停止对中国领土的侵占和骚扰，而且正在加以扩大化和严重化。印方如一意孤行，须对任何严重后果负完全责任。

7月12日　陈毅发表有关台湾、东南亚局势问题的讲话。讲话说：蒋介石集团窜犯大陆的军事冒险，不论时间是早是迟，不论规模是大是小，都要由美国政府负责。因为蒋介石集团是完全依靠美国的枪杆和金钱过活的。讲话指出："美帝国主义应该懂得：对任何一个社会主义国家的挑衅和进攻，任何侥幸心理和冒险行动，必然要遭到彻底失败。"讲话还指出："美帝国主义的侵略和干涉，是东南亚和整个亚洲地区紧张局势的主要根源，是这个地区各国人民独立和自由的主要威胁。"讲话强调说：只有迫使美帝国主义把它的一切武装力量，从泰国、南越、南朝鲜、台湾以及整个东南亚和亚洲地区撤出去，这个地区的紧张局势才能趋向缓和，和平和安全才能得到保障。陈毅上述谈话是在朝鲜驻华大使为庆祝中朝友好互助条约签订一周年举行的宴会上发表的。

同　日　各民主党派和无党派民主人士举行双周座谈会。座谈会议题是讨论如何加强民主党派工作问题。史良、蔡廷锴、邵力子、孙晓村等在发言中着重谈了民主党派如何在巩固的基础上适当发展组织和如何进一步发挥民主党派基层组织的作用问题。中共中央统战部部长李维汉在会议发言中指出，充分发挥民主党派、各人民团体的积极作用，切实贯彻同各民主党派互相监督的方针，是中国共产党在国家政治生活中实行民主集中制的一项重大任务。各民主党派今后要进一步发挥自己的力量，采取自由活泼的方法和多种多样的形式，广泛联系各阶层人士，适当发展组织，认真进行协商工作。

7月13日　中国政府就印军侵入加勒万河谷，挑起武装冲突一事再次照会印度政府。照会说，7月8日，中国政府就印度军队1962年7月6日悍然侵入中国新疆加勒万河谷，切断中国哨所后路并且向中国巡逻队进行武装挑衅事件提出最强烈抗议，但是，印度方面竟对中国政府的严正警告和要求置若罔闻，至今印度军队非但没有撤离中国领土，相反还积极增兵，加紧对中国哨所和巡逻队的围困。目前，上述中国哨所已经同后方失去联系达8日之久，而中国巡逻队已经陷入优势兵力的印度军队的围困。中国政府再次严正要求，印度军队必须立即停止对中国边防部队进行挑衅和威胁，并且立即撤出中国领土。照会驳复了印度政府7月10日答复中国政府7月8日照会的辩解，列举了印军入侵中国领土的事实。照会最后严正指出：如果印度方面逼人太甚，挑起武装冲突，中国方面被迫实行自卫，那么，全部责任应由印度方面承担。同日晚，中国外交部新闻司发言人就此举行中外记者招待会。同日，新华社还报道了印度向中印边界西段地区不断增兵、加剧危险局势的消息。

7月15日　中共中央转发《人民日报》、新华社《关于新华社各省市区分社体制问题的报告》。《报告》提出，新华分社应是新华总社和《人民日报》派出的专职机构，在政治上、业务上、组织上接受新华总社、《人民日报》和省（市）、自治区党委的双重领导，以新华总社和《人民日报》的领导为主。分社的任务是在各地采写新闻和供中央领导参阅的内部材料。

7月16日　中国外交部就印军入侵阿里地区再次照会印度政府。照会说，印军最近又在中国西藏阿里地区的班公湖北岸的西里扎普，南岸的尤拉以及尼雅格祖地区设立3个侵略据点，这说明印度在中印边界西段对中国进行的侵略活动，已经达到了极其猖狂的程度。中国政府对印度军队的入侵挑衅已经一再容忍，如果印度方面把中国的克制容忍的态度视为软弱可欺，坚持其企图以武力来实现其领土要求的玩火行为，那就必将铸成大错。

7月17日　中国和捷克斯洛伐克签订1962年交换货物和付款议定书。其中规定，中华人民共和国和捷克斯洛伐克社会主义共和国间的货物交换，都应根据议定书所附的1962年中华人民共和国出口货物总表和1962年捷克斯洛伐克社会主义共和国货物总表办理。

7月18日　刘少奇对下放干部谈人民公社问题。刘少奇说："现在人民公社的集体经济不够巩固，相当多的集体经济发生动摇，许多地方的农民，甚至于干部，要求单干，要求分田到户，或者包产到户。"就形势而言，集体经济现在发生一种瓦解的危机。刘少奇认为，造成这种集体经济不巩固的原因，有内部的，也有外部的。内部的原因就是干部作风不好，多吃多占，不劳动，责任制、评工记分搞得不好。外部原因则有天灾、"五风"，使农业生产受到破坏，还有国家征购太多的问题。刘少奇批驳了当时流行的观点，即集体经济不能够发展生产，发展生产与集体经济相对立，指出，集体经济能发展生产是要在一定条件下，不是只要组织起来就能发展生产。他提出，发展农业，使农业过关，使粮食过关只能是大农业。小农经济不能更大地发展农业，使农业过关。要使中国的农业过关，要使农民走上社会主义道路，而且能够发展生产，要创造中国的经验。但这完全不是个简单的事，是一个头等重要的任务。刘少奇指出，目前要巩固生产队这个集体经济，一方面是调整集体内部的关系，如集体内部扣留太多，干部太多，多吃多占等，另一方面是要按劳分配。刘少奇特别推荐了河南新乡地区实行的责任制，即大农活集体干，小农活分散干，组包片，户包块，超产奖励的办法，认为可以推广。但他指出新乡的办法也存在着某些缺陷，例如集体打场比较难于准确估计社员超产部分。他要求下放干部研究如何使产量跟责任制联系起来的问题。刘少奇认为，集体经济最后得以巩固，只有在农业技术改造见了效果，向大机械化发展才有可能，到那时，农业集体经济要散也散不了，而这至少是十几年以后的事情，现在还不能完成。但中央准备现在就下手，提出并着手实现农业机械化和农业技术改造的任务，集中全党、全国的力量，集中一切工业部门，集中工程技术人员，集中材料，把农业放在首位，优先发展。

7月19日　全国政协常委第三十五次会议在京举行。会议听取了中国佛教协会副会长巨赞关于中国佛教协会第三届全国代表会议和佛教学院情况的报告，听取了中国天主教爱国会主席皮漱石关于中国天主教爱国会第二届全国代表会议情况的报告，听取了中国道教协会会长陈樱宁关于中国道教协会第二届全国代表会议情况的报告。中共中央统战部副部长张执一到会并发表了关于进一步贯彻宗教信仰自由政策的讲话，政协全国委员会副主席陈叔通主持了会议。

7月21日　国家经委副主任张国坚去世。张国坚，1908年生。原籍福建，出生于印度尼西亚爪哇。1925年回国参加革命活动，1927年加入中国共产党。历任上海吴淞区委书记、江苏省委组织部干事、福建省委秘书长、中华苏维埃共和国国家保卫局部长，1934年参加长征。后任红西路军三十军政治部组织部长、保卫部长，陕北公学和华北联大政治部主任，冀中区党委社会部部长，张家口市委副书记兼社会部长，晋察冀中央局社会部部长。中华人民共和国成立后历任中财委第三办公室副主任，国务院第六办公室副主任，国家经济委员会副主任等职。

7月22日　中国政府向印度政府提出最强烈的抗议照会。照会说，1962年7月21日19时左右，侵入奇普恰普河谷地区的印度军队向位于东经78°5′、北纬35°20′的中国边防军突然发动武装攻击。中国边防部队在生命受到直接威胁的情况下，被迫采取自卫措施。照会指出，中国历来主张通过和平谈判解决中印两国边界问题。但是中国政府无论如何不能坐视自己的边防部队被侵略者围歼，在此紧急时刻，中国政府要求印度政府立即命令印度部队停止对上述中国哨所的攻击，并且从该地区撤走，以免事态进一步恶化。如印度政府仍一意孤行，由此产生的一切后果，必须由印度方面承担全部责任。

7月23日　中共中央批复同意全国总工会党组《关于全总组织机

构调整方案》。《方案》提出：机关多数部门不动，如生产办公室、生活办公室、教育部、国际部、女工工作委员会、办公厅等。另建立组织部。宣传部、体育部合并办公，但两部名称仍保留。国际工作委员会仍保留，原调入国际工作部门的产业工会负责人，除留少数专做国际工作外，其他人回产业工会。在产业工会的组织机构方面，铁路、重工业、机械、煤矿、农林、财贸、邮电、轻工、纺织、教育等10个产业工会不动。水电和石油、建筑和地质、海关与公路分别实行合并办公。16个产业工会全国委员会的名称一律保留。产业工会全国委员会与下级产业工会的关系，除铁路工会外，应确定为指导关系。

7月24日　刘建勋向中央提出实行借地渡荒问题的报告。报告说，今年3月，豫北、豫东地区由于土地盐碱化十分严重，农业生产受到极大破坏，最严重者已两三年没有多少收成，人民生活极端困难，农民纷纷破产渡荒。河南省经中央和中南局领导同志的同意，决定借给农民一部分土地，给一把铁锹，发一点种子，让他们在集体的领导下生产自救，这样，至少有劳力的户，比较容易渡过灾荒，也就可以逐步压缩粮食销量，减轻国家的粮食负担，稳定生产秩序，对集体生产极为有利。这次借地在豫北、豫东22县范围内实行，大约有400多万人口，每人借地6、7、8分不等。5月，经中南局同意，河南再次实行借地，并规定了5年期限，不计征购，但顶口粮的政策。报告说，农民生产、生活问题，主要依靠集体经济的恢复与发展，但在集体经济一时还搞不上去的情况下，采取这种临时性的权宜措施，借少量土地给农民，利用他们的一点积极性，可能对渡过困难有一定的好处。农民称这个办法是“救命政策”、“拴人政策”(可以减少人口外流)。报告说，河南省准备再对借地政策进行调整，根据情况在1—2年或2—3年乃至更长一段的时间内将借地收回。

同　日　中华全国体育总会负责人就蒋介石集团参加即将在印尼首都雅加达举行的第4届亚运会一事发表谈话。谈话指出，中国人民和运动员坚决反对蒋介石集团的代表队参加第4届亚运会，坚决反对在国际体育组织中任何企图制造“两个中国”的阴谋。中国只有一个，那就是中华人民共和国。代表中国全体运动员的合法组织只有一个，那就是中华全国体育总会。任何国际体育组织以任何名义、任何形式容许台湾蒋介石集团参加国际体育活动，都是中国人民和运动员所坚决反对的。

7月31日　中国、越南签订科学技术合作议定书。议定书规定，进一步加强两国在科学技术方面的合作，在农业、林业、水利、冶金、机械、化工、地质、交通、轻工业和医药卫生等方面互派技术援助专家、考察专家和实习人员，并提供科学技术资料和实物样品。

8月1日　《人民日报》、《红旗》杂志重新刊载刘少奇《论共产党员的修养》。重新刊载的该文共包括九个部分，即：一、共产党员为什么要进行修养；二、做马克思和列宁的好学生；三、共产党员的修养和群众的革命实践；四、理论学习和思想意识修养是统一的；五、共产主义事业是人类历史上空前伟大而艰苦的事业，六、党员个人利益无条件地服从党的利益；七、党内各种错误思想意识的举例；八、党内各种错误思想意识的来源；九、对待党内各种错误思想意识的态度，对待党内斗争的态度。文章发表前，作者曾作了文字上的修改和内容上的补充。内容上的主要补充有：1. 改原有一节标题《做马克思、恩格斯、列宁、斯大林的好学生》为《做马克思和列宁的好学生》，并增加了有关恩格斯评价马克思的话；2. 增写了关于从第二次国内革命战争到抗日战争民族矛盾上升为主要矛盾，国内阶级矛盾变成了次要矛盾，党的战略策略就要相应变化方面的内容；3. 增加了有关共产党组织上纪律上修养方面的内容；4. 从原来的三章结构改为9节。

同　日　总参谋长罗瑞卿举行庆祝建军35周年招待会。陈毅、傅作义、萧劲光、许光达等解放军高级将领及战斗英雄、四好连队、五好战士、军烈属代表等出席了招待会。罗瑞卿在讲话中指出，中国人民解放军是捍卫祖国和社会主义阵营安全，捍卫亚洲和世界和平的强大力量，帝国主义最近在亚洲推行的侵略战争计划，必将遭到彻底的失败。罗瑞卿在讲话中特别指出，中国人民决不侵占别人一寸土地，也决不允许任何人侵占我国一寸土地。谁要是把我们的克制态度和谋求和平的努力看做是软弱可欺，那么，他就一定要自食其果。同日，《人民日报》发表社论：《发扬人民解放军的光荣传统》，号召全军“继续高举毛泽东军事思想的红旗，进一步发扬优良的传统，进一步把自己建设成为一支现代化的革命军队”。

8月2日　中共安徽省太湖县委宣传部干部钱让能向中共中央主席报送《关于保荐责任田办法的报告》。《报告》说，根据太湖县一年多来实行责任田的结果，我想作一保荐，……认为“责任田”的办法是“农民的一个创举，是适应农村当前生产力发展的必然趋势，是‘六十条’和以生产队为基本核算单位的重要补充。有了它，当前的农业生产就如鱼得水，锦上添花。”《报告》说，拿1961年与今年现有情况来比，就整个县来说，农民群众无论在精神面貌上、物质生活条件上，又起了一个质的变化。丰收了，扩种的面积是高级社有史以来所罕见，农民尚足食有余，家禽家畜亦已大大发展。这样的迅速转变，究竟是什么力量呢？拿农民的话说“就是责任田好”。责任田之所以产生这样巨大的威力，之所以为人民群众所普遍欢迎，是因为农村的条件有了这种需要，是因为同农民在高级社、特别是公社化以来的实践发生了联系。责任田实际上“是社会主义集体经济的一种责任制，是克服社员与社员之间的平均主义最有效的措施。”《报告》说：“在集体所有制下的农民，关键的问题，在于如何使其关心个人利益，责任田正是完善地解决于这个问题。”实践证明，如作不到“人人关心生产，个个责任分明”，那就根本不可能提高劳动生产率。最简单易行为农民所普遍接受的，就是定产到田，责任到人。只有如此，农民才易于理解他们所做的每件农活都是与自己的利益发生直接的关系。报告指出，“据我们调查摸底，拥护责任田起码占（农民的）80%以上，甚至于占90%以上”，“怕80%甚至90%以上的（人）不跟我们走，这恐怕也不能算是马克思列宁主义！”钱让能“请求主席直接派人前来调查，以弄清是非。”毛泽东在《报告》上批示：“印发各同志。请大家研究”。该《报告》作为中央工作会议文件下发。

8月2日—16日　农村题材短篇小说创作座谈会在大连召开。会议由中国作家协会召集，作协副主席兼党组书记邵荃麟主持了会议。邵荃麟在讲话中指出：强调描写英雄人物固然是重要的，但也要重视对处在中间状态的人物的描写，因为矛盾往往集中在中间人物身上，因此描写他们是重要的。把典型说成是“萌芽”的东西，是对的；但从大量现象中概括出来的，也应该是典型。否则，只写萌芽，创作的路子就窄了。茅盾、周扬也分别就文学创作中的若干问题作了报告。“文化大革命”中，“大连会议”受到批判，被诬为是散布写“中间人物”论，同“革命英雄人物争地盘”的“反革命黑会”，邵荃麟被迫害致死。“文革”后始平反昭雪。

8月4日　中国、德意志民主共和国签订1962年换货议定书。规定中华人民共和国将向德意志民主共和国提供矿产、纺织品、化工产品、茶叶、食品和轻工业品等。德意志民主共和国将供应中国成套设备、水电站设备、矿灯、压缩机和电气测试设备等。

同　日　中国政府照会印度政府建议尽快讨论边界问题。照会说，中国政府赞同印度政府在来照中提出的两国在官员报告基础上进一步讨论中印边界问题的建议。进行这种讨论不需要而且不应该有先决条件。照会指出，既然中印两国政府不愿意打仗，都愿意通过谈判解决边界问题，这种边界问题的讨论就不应再推延下去。中国政府建议立即通过外交途径商定有关举行这种讨论的级别、日期、地点和其他程序问题。

8月5日　中国承认牙买加共和国独立。

8月6日—8月下旬　中共中央工作会议在北戴河举行。毛泽东、刘少奇、周恩来、邓小平及各中央局、各省、市、自治区党委、中央各部委的负责人出席了会议，会议原定主要讨论农业、财贸、城市等方面的问题，而以农业问题为重点。在8月6日的开幕会上，毛泽东首先提出了关于阶级、形势和矛盾问题。关于阶级问题，毛泽东说，社会主义国家，究竟存在不存在阶级？在外国有人讲，没有阶级了，因此党是全民的，不是阶级的工具、无产阶级的党了，无产阶级专政不存在了，全民专政没有对象了，只有对外矛盾了。像我们的国家是否也适应？关于形势，他说，究竟这二年如何？有什么经验？有人说农村去年比前年好，今年比去年好，这个说法对不对？有些同志过去曾经认为是一片光明，现在是一片黑暗，没有光明了。是不是一片黑暗，两种看法哪种对？关于矛盾问题，毛泽东说，如果承认国内阶级还存在，就应该承认社会主义与资本主义的矛盾是存在的，阶级的残余是长期的，矛盾也是长期存在的。不是几十年，我想是几百年，究竟哪一年进入社会主义，进了社会主义是不是就没有矛盾了？现在有一部分农民闹单干，究竟走社会主义道路还是走资本主义道路？农村合作化要不要？“包产到户”还是集体化？现在就有闹单干之风，越到上层越大。8月9日，毛泽东在中心小组会上讲话，一开始即严厉指出：今天单讲共产党垮得了垮不了的问题。共产党垮了谁来？反正两大党，我们垮了，国民党来。国民党干了23年，垮了台，我们还有几年。毛泽东说，全世界合作化，我们搞得最好。改变了生产资料所有制，不等于解决了意识的反映，社会主义改造消灭了剥削阶级的所有制，不等于政治上、思想上的斗争没有了。思想意识方面的影响是长期的，资产阶级是可以新生的。毛泽东还说，1960年以来，不讲一片光明了，只讲一片黑暗，或者大部分黑暗，思想混乱，于是提出任务：单干，全部或者大部单干。据说只有这样才能增产粮食，否则农业就没有办法。单干势必引起两极分化，两年也不要，一年就要分化。赫鲁晓夫还不敢公开解散集体农场。毛泽东还对党员成分、1953年开始真正的社会主义以来的历史，以及国际事件对国内的影响等发表了尖锐的意见。毛泽东说，我在大会上只出个题目，还没有讲完，有的只露了一点意思，过两天可能顺理成章。毛泽东两次讲话后，会议的中心成为讨论阶级斗争问题。8月下旬，会议移至北京，于8月26日起进行八届十中全会的预备会议。

8月8日　中共张家口地委第一书记胡开明上书毛泽东。在这份题为《关于推行“三包”到组的生产责任制的建议》中，胡开明提出，当前农民生产积极性尚未充分调动起来的根本原因之一，在于生产队没有建立起生产责任制，计算劳动报酬的方法有问题，从而不能很好地体现按劳分配。而解决这一关键问题的办法，是在生产队组织长期的固定的生产组，实行“三包”生产责任制。具体做法是：一、由社员自愿结合（必要时也可加以个别搭配）组成一个6、7、8户或6、7、8个劳动力的生产组，在一般情况下长期不变。二、生产队把全部土地都分到生产组，耕畜、农具也尽可能分到生产组去使用，在一般情况下也长期不变。三、根据土地好坏，首先进行土地分等，评出常年每亩产量数，用工数和投资数，然后计算出全组的土地总产量、总用工和总投资数，签订“三包”合同。包产以外的超产部分，以全归生产组为更好。《建议》指出：实行“三包”到组至少有下列好处：首先，生产组有了超产部分的分配权，集体的利益和社员的利益就更为直接了，所以社员都力争多超产。其次，由于解决了组与组之间评工记分标准不统一的矛盾，这就可以彻底消灭在劳动报酬上的不合理现象。第三，由于小组成员、地段固定，“三包”合同又是长期不变，社员就会多施肥、多加工，注意培养地力及合理安排作物茬口等等。《建议》一一回答了对“三包到组”的疑问，重申“三包到组”仍维持了以生产队为核算单位的制度，并以苏联集体农庄的“地段责任制”为例，历数分组责任制并不构成妨碍农业机械化耕作的道理。同时，《建议》也明确提出不同意包产到户的制度。《建议》不久被列为中央工作会议文件下发。8月9日，毛泽东在北戴河中央工作会议中心小组会的讲话中说：河北胡开明，但就是“胡”开明。他听了批评“一片黑暗”的论调的传达，感到压力。你压了我那么久，从1960年以来，讲了两年多了，我也可以压你一下么。表达了对《建议》的严重不满。

8月13日　入侵印军向中国边防部队开枪挑衅。据新华社报道，侵入中国新疆加勒万河谷的印度军队于8月13日下午4时第四次向中国边防部队开枪射击，共开枪4发，子弹都落在中国边防部队阵地上。此前印军曾于7月19日、7月31日和8月1日3次向中国边防部队开枪射击，其中8月1日共开7枪。此外，7月27日12时30分左右，一支入侵印军向中国西藏尼雅格祖以西的中国哨所进行侦察，并向这个哨所开枪射击16发。同日，在新疆奇普恰普河谷，14名印军曾向当地中国哨所逼近并开枪两发。在上述印军开枪挑衅中，中国军队保持了克制，未向印军还击。

8月14日　中国尼泊尔政府就边民选籍、过界耕地和过界放牧等问题换文。换文规定，一、根据中尼边界条约的规定，由一方划给另一方的地区的居民，在各该地区划入另一方以后，应该被确认为该地区所属一国的公民；如果该地区的居民中有人不愿意成为本地区所属一国的公民，可以在换文所载协议生效后一年内声明保留其原国籍。二、关于过界耕地、过界放牧问题。1. 双方保证本国边民今后不在对方境内发展新的过界耕种关系，也不在对方境内恢复已经放弃耕种或经营的过耕土地。双方同意，在换文所载协议生效一年内，双方政府应采取措施消除现存的和因划界而产生的任何过界耕种关系。2. 双方保证本国边民今后不在对方境内发展新的过界放牧关系，或恢复已经放弃的边界放牧关系。双方政府应采取措施消除双方边民现存的过界放牧活动。过界放牧须付补偿金。

8月15日　毛泽东、刘少奇、周恩来致电赫鲁晓夫，祝贺苏联宇宙飞船编队飞行成功。电文说，苏联成功地连续发射东方三号和东方四号载人卫星式宇宙飞船，实现了在宇宙空间的联合编队飞行并顺利返回地面，这是苏联人民在征服宇宙空间方面的新的重大胜利。这一次新胜利是对人类征服宇宙空间的又一次伟大贡献，它再一次显示了社会主义阵营的强大威力和社会主义制度的无比优越性，大大鼓舞了各社会主义国家和全世界人民反对美帝国主义的战争阴谋，保卫世界和平和争取人类进步的斗争。同日，《人民日报》发表社论《征服宇宙空间的光辉成就》，祝贺苏联宇宙飞船发射、编队飞行和返回地面，称这次飞行是划时代的成就，取得了惊人的进步。同日晚，陈毅在出席朝鲜解放17周年招待会的讲话中指出：苏联人民在征服宇宙空间方面所取得的一次接一次的伟大成就，雄辩地证明了社会主义制度优越于资本主义制度。

8月25日　西藏自治区选举委员会成立。经国务院批准，班禅额尔德尼·确吉坚赞任选举委员会主席，张国华、阿沛·阿旺晋美、帕巴拉·格列朗杰、周仁山、协绕顿珠为副主席，詹东·计晋美、噶登赤巴·土登滚噶、拉敏·益西楚臣、朗顿·贡噶旺秋、崔科·登珠泽仁、邓少东、桑顿·才旺仁增、惠毅然、多吉才旦、降白赤列、方驰率、吉仲·江白赤列、陈竞波、阿沛·才旦卓噶、张承武、敏竹林·堪增洛布、陈少山、雪康·士登尼玛、侯杰、王沛生（回族）等20人为委员。选举委员会的任务是领导西藏地区进行第一次普选。西藏自治区选举委员会是根据西藏自治区筹备委员会第四十一次常务委员会会议决定，经国务院批准成立的，当天举行的选举委员会第一次全体委员会议还讨论任命了选举委员会秘书长、副秘书长、办公室主任和副主任，并决定建立西藏各级选举机构。

8月27日　中共中央发出《关于右派分子工作的几个问题的复示》。《复示》指出，对右派分子不应当一般地提出甄别平反问题，只是对于其中个别确实完全搞错了的即确实不曾有过右派言论、行动的，才作为个别人的问题，实事求是地予以改正。《复示》认为，如同意右派分子和其家属的甄别要求，“实际上会搞成一种对资产阶级右派分子普遍的甄别，或者对很多右派分子进行甄别。这是没有必要的。”《复示》还指出，对摘帽右派，如表现很坏，应该在审查确实后，选一部分恶劣者，再把右派帽子给他们戴上。但《复示》要求，在精简中，不能借机将右派分子一概推出不管，对其中生活无着和生活特别困难的，应适当解决。

8月29日　深圳罗湖桥发生爆炸事件。当日上午8时20分，香港方面罗湖车站搬运人员将两板车旅客行李推过深圳桥，在距桥边约50米处中方边防检查站处卸下。8时35分，这堆行李中的一只手提箱发生猛烈爆炸，当场炸伤香港过境旅客3人，中方边防检查人员1人。中方边防检查人员和一名香港旅客因伤重抢救无效死亡。据可靠证据表明，这起爆炸事件是蒋介石集团特务所为。

同　日　太平天国忠王李秀成宝剑重归祖国。据新华社报道，英国历史学家、英中友协全国委员会委员柯文南先生将其于1961年经多方访求而得的李秀成宝剑送还中国，从而使这一湮没近百年的忠王遗物重归故国。忠王剑连鞘长84厘米，剑身（不连柄）长62厘米，鞘长63.5厘米。鞘材为楠竹，包镀金银箍。剑身刻有“李秀成”3字，剑把执手内勒有“张玉书造”等4字。

同　日　周恩来复信西哈努克亲王支持召开国际会议以承认和保证柬埔寨的中立和领土完整。8月20日，柬埔寨国家元首诺罗敦·西哈努克亲王致信中国国务院总理周恩来，提出，鉴于近年来柬埔寨经常受到若干强大的邻国的威胁、阴谋、破坏、封锁和侵略，尤其是近期的局势可能导致一次无法估量其后果的国际冲突，柬埔寨政府请求中国政府选择中立国家首都或城市举行国际会议，正式承认和保证柬埔寨的中立和领土完整。周恩来在复信中说，中国政府一贯尊重柬埔寨王国的民族独立和和平中立政策，完全支持亲王殿下的上述建议。中国政府认为，为使这次会议能够获得预期的效果，正在威胁和。破坏柬埔寨王国独立和领土完整的美国、泰国和南越，必须参加。

8月30日　中国承认特立尼达和多巴哥独立。

本　月　文化部发出《对违反当前政策精神的影片停止发行的通知》。《通知》中要求停发的影片是：北京电影制片厂的《柳湖新颂》、《春暖花开》、《十三陵水库畅想曲》；上海电影制片厂的《你追我赶》、《钢花遍地开》、《斗诗亭》等24部；长春电影制片厂的《新的一课》、《快马加鞭》等8部；西影的《天山歌声》；珠影的《一江两岸大竞赛》、《接班人》；上海美术电影制片厂的《打麻雀》、《赶英国》、《庆丰收》等8部。这些电影或多或少地存在着宣扬“浮夸风”、“共产风”以及缺乏实事求是的科学精神等错误倾向。

9月2日　史学家李亚农去世。李亚农，1906年生，四川江津人。1916年留学日本，1927年在京都大学加入中国共产党。后与党失去联系。1933年归国后任中法大学教授。1942年重新入党，任新四军政治部敌工部副部长等职。1949年5月上海解放后负责接管和主持上海科学机关，创办了上海博物馆和上海图书馆，历任中国史学会上海分会主席、中国科学院哲学社会科学学部委员，上海社会科学院历史研究所所长等职，从事甲骨文和中国古史研究。主要著述有《中国的奴隶制与封建制》和《西周与东周》等。

同　日　侵入中国新疆奇普恰鲁河地区的印军开枪伏击中国边防运输小组。当日上午12时20分，中国边防部队6人组成的运输小组在行至奇普恰鲁河以南地区时，突遭埋伏于此的入侵印军的机枪与步枪火力的猛烈袭击。中国边防部队运输小组被迫停止前进，但印军仍以火力追击，先后共开枪近200发，但中方运输小组未进行还击。在此之前的8月下旬，印军还曾两度逼近中国哨所开枪射击。中国政府认为，这是入侵印军在最近一个时期挑起的又一次严重挑衅事件。

9月5日　中国锡兰友好协会成立。协会由中华全国总工会等17个人民团体发起，张志让任会长，钱信忠、阿旺嘉措、严文井为副会长。

9月6日　朱德就商业工作致信李先念。朱德在信中提出：一、应迅速恢复和健全供销社渠道；二、应在统一领导下把市场搞活一些，改变过去那种不统则乱，一统就死的状况；三、要号召共产党员学习做生意，抽调好的党员干部充实和加强商业的领导机关；四、目前由于产品不足，要完全做到等价交换还有困难，只能逐步缩小剪刀差，但从长远观点说，应该按照价值规律，逐步缩小工业品和农副产品在价格上的不合理差距，使价格走向合理化。

9月8日　毛泽东、刘少奇、朱德、周恩来电贺保加利亚社会主义革命18周年。电文说，不断加强两国人民之间的友好团结，对于促进两国的社会主义建设和增强社会主义阵营的力量，具有重要意义。中国人民将一如既往地在1957年莫斯科宣言和1960年莫斯科声明的基础上，同保加利亚人民携手合作。同日，陈毅在保加利亚大使举行的国庆招待会上指出：中保两国之间的关系，是社会主义国家之间的完全新型的国际关系。我们既是紧密联合，互相支援，又是完全平等和独立的。每一个社会主义国家都应当遵守社会主义国家相互关系的共同准则，维护和加强社会主义阵营的团结。

9月9日　人民解放军空军地空导弹部队在江西省南昌地区上空击落美制国民党空军U-2型高空侦察机。1961年1月中旬以后，国民党空军的美制U-2飞机开始进入大陆作侦察飞行。至6月底共出动11架次，活动范围及于全国大部分省区。经中央军委批准，空军决定使用地空导弹，将入侵我领空的美制国民党空军U-2型高空侦察机击落，敌机残骸坠于南昌东南15公里罗家集附近，驾驶员陈怀中弹身亡。9月10日，人民日报发表社论《警告美国侵略者》。9月13、14日《人民日报》在头版报道了全国各地及各民主党派声讨美国派遣间谍飞机的罪恶行动。9月14日，中国政府就美国主使U-2飞机侵犯中国领空事件向美国政府提出最强烈抗议。抗议指出，U-2飞机侵犯中国，绝不是一个偶然的孤立事件，而是美国在亚洲和全世界加紧侵略和战争部署的一个组成部分。对此，只有给予侵略者以坚决的回击，才能有效地制止帝国主义的侵略活动和战争活动，有效地捍卫世界和平。9月15日，首都1万人在人民大会堂隆重集会，庆祝首次击落U-2飞机的胜利。9月21日，毛泽东、刘少奇、周恩来、朱德、邓小平等领导人在中南海听取了地空导弹部队二营营长岳振华关于击落U-2飞机情况的汇报，在此之前，国防部长林彪于9月10颁发嘉奖令，表扬参战有功人员。地空导弹2营集体荣立二等功。

9月17日　《人民日报》发表社论：《请看现代修正主义者堕落到何等地步》。铁托8月7日向美国记者皮尔逊发表谈话说，世界由于经济问题而打仗的时期已成为过去，经济一体化是世界人民的前景，这种一体化应在世界各国人民中间发展合作。而政治一体化将随经济一体化而来。因此，战争是一种毫无必要的荒谬的事情。《人民日报》社论指出，这是迎合美帝国主义对社会主义国家的“和平演变”政策的，是“和平长入”社会主义的“修正主义”观点。

9月19日　美国客轮“胡佛总统号”撞沉中国渔船。当日凌晨，广东省陆丰县甲子公社渔民18人，乘机帆船在陆丰县甲子港东南海面进行捕鱼作业时，在无雾、无大浪和能见度良好的情况下，被从香港驶往日本横滨的“胡佛总统号”撞沉，当即有一人落水失踪，其他17人被“胡佛总统号”救起后载往日本横滨港。

9月21日　戏剧艺术家欧阳予倩去世。欧阳予倩，1889年生，湖南浏阳人。1902年留学日本，1907年参加中国早期话剧第一个演出团体春柳社。1913年在长沙组织文社剧团，次年到上海参与新剧同志会，倡导新剧活动。后学习京剧、昆曲，1916年成为职业京剧演员。1926年组织上海戏剧协社，1926年参加民新影业公司，拍摄影片《玉洁冰清》。1928年参加南国社，创办广东戏剧研究所。1933年参加福建反蒋事变。1933年编导影片《新桃花扇》。抗日战争爆发后，负责组织电影界救亡协会，组织救亡演出队。1945年加入中国民主同盟。1947年在台湾演出《郑成功》等剧。1949年3月到北平参加第1次全国文代会，任政协筹备委员。新中国成立后，历任中央戏曲研究所所长、中央戏剧学院院长、中国实验话剧院院长、中国文联副主席、中国戏剧家协会副主席、全国人大代表等。1955年加入中国共产党。主要作品有《桃花扇》、《黑奴恨》、《运动力》、《忠王李秀明》等20多部剧本，出版有《欧阳予倩文集》、《欧阳予倩戏曲选》等。

9月22日　中国政府就入侵印军发动进攻打死打伤中国边防官兵一事向印度政府提出最严重最强烈抗议。抗议说，印度方面置中国提出的多次警告于不顾，竟然于9月20日—9月21日向中国边防部队发动武装进攻，打死中国边防军军官1名，打伤战士1名。中国要求印度方面立即停止进攻，立即从扯冬、择绕桥等地撤出。中国政府保留要求印度政府道歉和赔偿的权利。抗议指出，印度政府如不立即接受中国政府的要求，那么，为了保护择绕桥桥西中国边防部队的安全，为了恢复他们同后方的联络，中国方面将不得不采取必要的防御措施。如果印军仍开枪射击，则中国军队必将坚决自卫。同日，外交部公布了9月13日给印度大使馆的照会。照会指出，印度方面日益加剧的侵略活动使边境的紧张局势达到了一个新的危险点。并指出：谈判，中国是欢迎的；打，中国是要抵抗的；奉行假谈真打政策不会替印度带来什么好处。照会重申，双方武装部队沿边境全线各自后撤20公里，以缓和紧张局势，并建议10月15日先在北京，后在新德里派代表讨论边界问题。

同　日　入侵印军再次制造边界流血事件。22日晨至23日晨，非法侵入所谓“麦克马洪线”以北中国西藏扯冬地区的印军，先后5次向守卫在择绕桥桥西的中国边防哨兵猛烈射击，打伤中国士兵一人。中国边防部队被迫进行了自卫反击。战斗一直持续到29日。

9月23日　中共中央发出《关于粮食工作的决定》。《决定》共分十条：一、全国农村形势正在一步步地好起来，去年比前年好，今年又比去年好。为了进一步巩固集体经济，调动农民的生产积极性，发展农业生产，必须在工农兼顾，城乡兼顾，国家利益、集体利益、个人利益兼顾的原则下，合理安排国家对农民的粮食征购任务，逐步做到在一定水平上把粮食征购任务稳定一个时期。二、根据毛泽东“今年粮食计划应当少购一点，少销一点，多上调一点，少进口一点，多挖地方潜力”的指示，规定1962年度征购粮指标为641.26亿斤，比上年少征购37.84亿斤；销售指标为703.15亿斤，比上年少销81.32亿斤，上调45亿斤，比上年多上调1.93亿斤；进口104亿斤，比上年少进口6亿斤。三、对粮食征购、上调、进口数量实行五年一定，一年一议的办法。四、必须积极地有步骤地进行农业技术改革，大力支援主要产粮区和主要经济作物区的恢复和发展。国家供应农村的生产资料和生活资料，应优先供应主要产粮区和主要经济作物区。五、大力支持和切实整顿国营农场，使它们提高劳动生产率，在今后5年内，努力做到平均每年向国家提供3亿—5亿斤商品粮。六、有领导地、适当地开放农村粮食集市贸易。各省、市、自治区可以根据具体情况分别不同品种，允许集体经济单位和农民在完成国家的粮食征购任务以后，把剩余的粮食在集市上进行交易，但是，严禁私商参加粮食交易，坚决取缔投机倒把。七、进一步加强国家关于粮食管理的集中统一、分级管理的制度。从1962年度开始，改变现行的分级包干、差额调拨的办法，实行对粮食的统一征购、统一销售、统一调拨的办法，省、自治区、直辖市可在中央规定外，再加购10%左右的机动粮。八、从1962年秋后开始，取消公社、生产大队提取机动粮、自筹粮办法，以减轻生产队和社员的负担。九、加强县及基层粮食机构，整顿粮食部门的职工队伍。十、1962年秋冬在农村中进行一次社会主义教育。《关于粮食工作的决定》是在农村经济形势有所好转的情况下作出的。

9月24日—27日　中共八届十中全会在北京举行。毛泽东主持了会议。参加会议的有中共中央委员82人，候补中央委员83人，中央有关部门和各省、市、自治区党委的负责人33人列席了会议。毛泽东在开幕式上首先讲话，进一步阐述了他在北戴河会议上提出的有关阶级、形势、矛盾和如何对待国内党内的修正主义问题。他说，社会主义国家有没有阶级存在？有没有阶级斗争，现在可以肯定，有阶级存在，阶级斗争肯定是存在的。列宁曾说，革命胜利后，本国被推翻的阶级，因为国际上有着资产阶级存在，国内还有资产阶级的残余，小资产阶级的存在，不断产生资产阶级，因此被推翻了的阶级还是长期存在的，甚至要复辟的。社会主义国家也可能出现复辟的反复，如南斯拉夫就变质了。毛泽东指出，我们要好好研究这个问题。要承认阶级长期存在，承认阶级与阶级斗争，反动阶级可能复辟，要提高警惕，不然我们这样的国家，还会走向反面。所以我们从现在起，就必须年年讲，月月讲，天天讲，开大会讲，开党代会讲，开全会讲，开一次会就讲一次，使我们对这个问题，有一条比较清醒的马克思列宁主义的路线。毛泽东的这一观点后来写入了由他修改的全会公报。关于形势问题，毛泽东说，过去几年不好，现在已经开始好转。现在无论国际、国内都是好的。社会主义阵营内部是复杂的，其实也很简单，道理就是一条，就是阶级斗争问题，马列主义与修正主义之间的斗争问题。关于矛盾和党内的修正主义问题，毛泽东说，在我们中国，人民群众也有同修正主义的矛盾，我们过去叫做它右倾机会主义，现在恐怕改个名字好，叫做中国的修正主义。毛泽东尖锐地指责了所谓“翻案风”、“单干风”和“黑暗风”问题，认为彭德怀上书是搞翻案活动，不能予以平反。他还同意了康生所谓小说《刘志丹》是为高岗翻案，是利用小说反党的说法。并进一步指出：“凡是要推翻一个政权，总要先造成舆论，总要先做意识形态方面的工作。革命的阶级是这样，反革命的阶级也是这样。”根据上述精神，全会宣布成立两个专案审查委员会，分别对彭德怀、习仲勋进行审查，并认定习仲勋、贾拓夫和刘景范是又一个暗藏的“反党集团”。9月26日，刘少奇作长篇讲话。讲话将党内对困难的态度分为3种。一种是坚持社会主义道路，坚持克服困难，坚持毛主席、党中央革命的道路；一种是在困难面前被吓倒，放弃社会主义道路，向后倒退、单干，这是邓子恢同志的态度；另一种是利用暂时的困难，向党发起进攻，企图推翻党中央和毛主席的马列主义领导，这就是彭德怀、习仲勋的态度。刘少奇说，第一种是正确的，第二种是动摇，不坚定，丧失信心，不懂马列主义。第三种是敌对的态度。刘少奇在讲话中还谈到了反修理论问题，认为两条道路问题的解决，需要相当长的时间。毛泽东在刘少奇讲话中插话提出，两条道路的问题，苏联几十年没有解决，又出了赫鲁晓夫。现在看起来，需要几十年，甚至几百年时间。我们要准备5代—10代，我们算第一代，共100年—200年。刘少奇在讲话中提议，鉴于1959年庐山会议后批彭德怀“右倾机会主义”妨碍了实际工作中本应继续进行的纠“左”，此次全会批彭、习、邓的情况，只传达到党的高级干部。这一建议为中央接受。毛泽东也提出，不要因为强调阶级斗争而放松经济工作，“要把工作放在第一位”。全会还讨论通过了《关于进一步巩固人民公社集体经济，发展农业生产的决定》、《农村人民公社工作条例（修正草案）》、《关于商业工作问题的决定》、《关于粮食问题的决定》、《关于有计划地交流各级党政主要领导干部的决定》以及《关于加强党的监察机关的决定》等，同时决定增选陆定一、康生、罗瑞卿为中央书记处书记，决定宣布撤销黄克诚（已于1959年八届八中全会被撤消，但未宣布）、谭政的中央书记处书记职务。29日，全会公报发表，下述一段话为毛泽东亲笔所加：“八届十中全会指出，在无产阶级革命和无产阶级专政的整个历史时期在由资本主义过渡到共产主义的整个历史时期（这个时期需要几十年，甚至更多的时间）存在着无产阶级和资产阶级之间的阶级斗争，存在着社会主义和资本主义这两条道路的斗争。”

9月26日　上海吴泾化肥厂首期工程建成试车。该厂为中国第1座自行设计、自行施工、自己建造设备的大型氮肥厂。首期工程投产后计划年产合成氨2.5万吨、硫酸8万吨、硫酸铵10万吨。

9月27日　中共八届十中全会通过《关于巩固人民公社集体经济、发展农业生产的决定》。《决定》指出：在完成反封建的土地改革以后，我们党在农业问题上的根本路线是：第一步实现农业集体化，第二步在农业集体化的基础上实现农业的机械化和电气化。这是我们党在农村的两条道路的斗争中，坚持社会主义、战胜资本主义的根本路线。现在提出的要求是，在进一步调动全体农民生产积极性的同时，我们要集中和动员全党全国的力量，在物质方面，技术方面，财政方面，在组织领导方面，人才方面，积极地、尽可能地支援农业，支援人民公社集体经济，贯彻执行党中央和毛泽东同志提出的以农业为基础的发展国民经济的总方针，以便进一步巩固集体经济、发展农业生产。《决定》还分别论述和规定了关于国民经济计划必须以农业为出发点，以农、轻、重次序安排生产；工业必须以五亿九千万农民的农村为主要市场；有计划地提高对农业投资的比重；稳定国家征收的农业税和统购粮食数量；继续贯彻实行以生产队为基本核算单位的规定，贯彻按劳分配原则；以及人民公社的各级组织，首先是生产队，在经济工作中，必须坚持自愿、示范、互助、互利的原则等问题。《决定》最后指出，广大农民是拥护集体化的，因为农业的集体化，提供了农业发展的极大可能性，提供了农民群众共同富裕的可能性。是单干力量大，还是集体经济的力量大；是单干能够使农民摆脱贫困，还是集体经济能够使农民摆脱贫困，这些问题是需要回答的。

同　日　中共八届十中全会通过《农村人民公社工作条例修正草案》。《修正草案》对原草案作了下述修改和补充：一、确定生产队为人民公社的基本核算单位；二、人民公社的规模为一乡一社，长期不变；三、人民公社的组织结构，可以是公社和生产队两级，也可以是公社、生产大队和生产队三级；四、人民公社的各级组织，必须厉行精简，减少对干部的补贴工分；五、公社、生产大队在今后若干年内，一般不办企业；六、社员的自留地一般占生产队耕地面积的5%~7%，归社员家庭使用，长期不变；七、国家征收农业税和统购粮食的数量，应在适当水平上在一定时期中稳定下来；八、国家应根据等价交换的原则，逐步地规定工农业产品的合理比价。

同　日　中共八届十中全会通过《关于商业工作问题的决定》。《决定》指出，根据“发展经济，保障供给”这个根本方针，商业工作应该在国家计划的指导下，按照等价交换的原则，正确利用价值规律，通过适当的购销形式，促进农业和工业生产的发展，逐步保障城乡居民消费品的供应。《决定》说，改进我们商业工作的关键问题，是要遵循我们党的社会主义建设总路线，遵循毛泽东同志很早就说过的，农村是我国工业市场的主体的这一指示，把支援农业，支援农村人民公社的集体经济放在商业工作的第一位。《决定》对现阶段商品流通的3个渠道，即国营商业，合作社商业，集市贸易的性质、地位、功能作了充分的论述和规定，指出现阶段农村的集市贸易是农民间互通有无、调剂余缺的场所，是不以人们意志为转移的客观需要，是国营商业和合作社商业的必要补充。

同　日　中共八届十中全会通过《关于有计划有步骤地交流各级党政主要领导干部的决定》。《决定》说，主要的领导干部长期固定在一个地区或者一个部门工作，会带来某些缺陷。为了帮助各级主要领导干部扩展眼界，丰富经验，提高领导水平，中央决定在全国范围内对各级主要领导干部进行有计划的交流。交流的范围和对象，主要是县以上各级党委和国家机关中担任主要领导职务的党员干部。中央的委、部、司、局的正副领导者，省市、自治区党委书记处的第一书记、书记、常委、部长和省长（市长、主席）、副省长和厅局长，地（市、州）委的书记、副书记和专员（市长、州长），县委书记和县长等，都应列入交流的范围。党外人士、有业务技术专长的干部等一般不列入交流的范围。《决定》指出，交流工作要有计划、有步骤、分期分批地进行。在今后一年内，可首先交流一批，积累经验。

同　日　中共八届十中全会通过《关于加强党的监察机关的决定》。《决定》分为四条：一、加强中央和地方各级的监察委员会，扩大各级监察委员会委员的名额。二、各级党的委员会，必须加强对同级监察委员会的领导。中央监察委员会的委员和候补委员，列席中央委员会的全体会议。地方各级监察委员会的委员和候补委员，列席同级地方党的委员会的全体会议。三、党的各级监察委员会，应当加强对同级国家机关党员的监督工作。中央监察委员会可以派出监察组常驻国务院所属各部门。四、党的各级监察委员会和全体监察工作人员，都必须严格地按照党的章程办事，模范地遵守党的纪律和国家法律、法令，坚持党的原则，实事求是，及时地向同级党委和上级监察委员会反映情况。地方各级监察委员会，有权不通过同级党委，向上级党委、监察委员会直到党的中央直接反映情况，检举违法乱纪行为。

9月27日—10月11日　全国人大代表团访问越南。以彭真为团长、赛福鼎为副团长的全国人大代表团30日抵达河内，受到数万越南群众的欢迎。当日，越南劳动党中央委员会主席胡志明接见了代表团全体成员。7日，河内5万人集会，欢迎中国人大代表团。11日，代表团圆满结束对越南的访问，于上午离开河内回国。

9月28日　中共中央批转国家经委党组《关于中央局经委主任会议情况的报告》。中央局经委主任会议于9月6日结束。会议认为，工业战线的形势，总的说来，是在逐步好转的。但是生产中也存在着不少问题。第二季度以来，有些重要产品出现下降趋势，特别是煤炭、木材生产的下降，对工业生产以及整个国民经济的影响很大。在信贷、财政管理上有些偏紧，物资收购、处理拖欠工作进展迟缓，工商关系方面的某些问题没有及时解决，这些都影响了企业资金的正常周转。会议还指出，大量减人后，技术工种不齐全、壮工不足。不少职工生活困难，情绪不够稳定。会议提出，当前工业各部门的主要任务，就是争取工业形势的进一步好转，在今年后4个月内，应力争尽可能多地生产一些农业生产资料，并根据市场需要，增加日用工业品的生产，增产和节约“短线”原材料。中央批语指出，中央认为，当前工业交通的形势是很好的，这半年多以来的调整工作也是有成绩的。只要按照中央决定，进一步地把工业部门特别是重工业部门的工作转到以农业为基础的轨道上来，经过切实的努力，工业交通就可以获得新的发展。

同　日　拉萨各界集会追悼被印军杀害的中国边防军烈士。追悼大会在拉萨人民体育场举行，中共西藏工委副书记，西藏军区政委谭冠三首先在会上讲话。讲话列举事实揭露了印军对中国领土的侵略行为，指出，现在扯冬地区的战火还在进行，形势更加恶化。中国边防部队和西藏人民对入侵印军将坚决实行自卫。西藏自治区筹备委员会代理主任班禅额尔德尼·确吉坚赞在讲话中说，所谓麦克马洪线完全是非法的，从来没有得到中国政府的承认，众所周知，从“麦克马洪线”以南到喜马拉雅山麓的广大地区，历来都是中国的领土，由西藏地方政府管辖。早在五世达赖喇嘛罗桑嘉措时期（公元1617—1682年），不仅勒布地区，而且包括印度军队非法占领的“麦克马洪线”以南整个门达旺地区，就正式统一到中国版图内。班禅额尔德尼表示，西藏人民将坚决抗击印度军队的武装挑衅，保卫祖国的边疆。大会最后宣读了给全国各族人民的通电。在择绕桥西被印军杀害的中国边防军官兵是刘道臣、寇子夫、谢富田、崔道华、钟世民等5人。

同　日　毛泽东和夫人江青接见哈蒂妮·苏加诺夫人，宾主双方进行了亲切友好的谈话。同时参加接见的有刘少奇主席和夫人王光美、周恩来总理和夫人邓颖超，陈毅副总理和夫人张茜、外交部副部长黄镇和夫人朱霖，中国驻印度尼西亚大使姚仲明和夫人解梅。印度尼西亚驻我国大使苏卡尼·卡托迪维约和夫人也在座。苏加诺夫人是应中华人民共和国主席刘少奇和夫人王光美的邀请于9月23日到中国进行友好访问的，到达当天，刘少奇主席和夫人、周恩来总理、陈毅副总理和夫人张茜等到机场迎接。

9月30日　宁夏大学正式成立。该校为宁夏回族自治区创办的第1所综合性大学，由宁夏师范学院、宁夏农学院和医学院合并而成，有回、汉等各族学生1 170多人。

本　月　长篇小说《刘志丹》被诬为反党小说。《刘志丹》系一部以陕北革命根据地创建者之一刘志丹的生平事迹为线索的历史小说，作者李建彤。1956年，作者应工人出版社之约开始进行创作，先为传记体，后改为小说体裁。1962年夏，小说上部第五稿改毕，工人出版社印成送审样书送审。同时，《工人日报》于1962年7月28日—8月4日开始连载第2卷第1部分。《中国青年》亦选载了部分书稿。云南省委第一书记阎红彦于7月看到样书后，致信作者，认为这部书涉及西北革命历史，有些问题“需要由中央作结论，一个作者是负不了责任的”。8月北戴河会议期间，阎红彦向全国总工会和团中央领导人建议停止发表此书，同时把意见反映给康生。康生即令中宣部通知各地报刊不得刊载这部小说，并于8月24日写信给杨尚昆，要中央书记处过问这个问题。他在信中承认自己没有读过小说原文，但认为“这不是一个单纯的文艺的写作问题，看来是带有政治倾向性的。”康生利用当时的政治气候，抓住此事大作文章。他别有用心地推论歌颂刘志丹就等于歌颂了高岗，“就是为高岗翻案”。八届十中全会期间，康生写了“利用小说进行反党活动，是一大发明”的字条，送给毛泽东。毛泽东在会议上念了这张条子，并且说：“凡是要推翻一个政权，总要先造成舆论，总要先做意识形态方面的工作。革命的阶级是这样，反革命的阶级也是这样。”《刘志丹》“反党”铁案遂铸成。曾为小说创作提供过帮助与资料素材的习仲勋、贾拓夫、刘景范等也因种种原因受到牵连，被打成“习、贾、刘反党集团”，十中全会后受到审查批判。1980年2月25日，中共中央为小说《刘志丹》冤案彻底平反。

本　月　沿海7省民兵工作座谈会在北京召开，座谈会由总参谋部、总政治部召集，来自广东、福建、浙江、江苏、山东、河北、辽宁等7省的有关人员参加了会议。会议的目的是检查民兵战备工作落实情况。会议认为，自6月中共中央发出《关于准备粉碎蒋介石集团进犯东南沿海地区的指示》以来，东南沿海地区实行紧急战备，对民兵工作是一个很大的促进，也是一次全面的检阅。总参、总政发出《关于当前民兵战备工作的指示》后，沿海7省的省军区、军分区和县（市）人武部抽调了8 000多名干部组成工作队，深入基层，狠抓民兵战备工作。共建立起6 800多个武装基干连、2.4万多个武装基干排和10万多个武装基干班，在1.2万余公里的海防线上，设立了数万个哨所。此外，各地还组建了担架、运输等各种支前队伍，进行了多次军事演习。会议要求，各地民兵要继续保持警惕，随时准备配合人民解放军挫败蒋介石集团篡犯大陆的阴谋。

10月1日　《人民日报》发表国庆社论：《为争取我国社会主义事业的新胜利而奋斗》。社论说，过去的一年，是我国人民在克服经济困难的斗争中取得重大胜利的一年。连续几年的严重自然灾害，造成了农业的歉收，加上我们工作中的一些缺点和错误，给工业生产和城乡人民生活都带来了不少困难。同时，社会主义建设事业的史无前例的高速度发展，不可避免地带来了一些新的问题，这些问题的解决，需要时间和经验。这些困难都是暂时的，如果被暂时的困难所压倒，我们就不能前进，甚至会迷失方向。社论说，在过去的一年中，我国人民在国内范围和国际范围所经历的阶级斗争是十分复杂和尖锐的。国内的残余的反动势力，没有改造好的地主分子、富农分子、资产阶级右派分子，妄想利用我们的经济困难，攻击我们的社会主义制度，攻击总路线、大跃进、人民公社三面红旗。帝国主义者、各国反动派和现代修正主义者，也对我国进行疯狂的污蔑，甚至公然进行种种挑衅、侵略和颠覆活动，企图加重我们的困难。社论说，在庆祝中华人民共和国成立13周年的时候，摆在全党和全国人民面前的，有两个方面的任务：一方面是继续加强全党全民的团结以及同全世界人民的团结，对国内外反动派的进攻进行坚决的斗争；另一方面是继续鼓足干劲，努力增产节约，做好社会主义建设的各项工作。同日，首都举行了盛大的国庆游行庆祝活动。

同　日　外国留学生高等预备学校在京成立。该校由北京大学外国留学生中国语文专修班和北京外国语学院留学生部合并组成，专为外国来华留学生汉语预备教育，出国留学生外语预备教育及归国留学生政治思想教育工作而设。1965年改名为北京语言学院。

10月3日　中国政府再次照会印度政府建议立即无条件讨论中印边界问题。照会说，中国政府对印度政府又一次拒绝中国政府提出的迅速和无条件地在两国官员报告的基础上讨论中印边界问题，拒绝中国政府再次提出的双方武装部队沿边境全线各自后撤20公里的建议，表示遗憾。照会指出，中国政府现在再一次建议，两国在双方官员报告的基础上，立即开始中印边界问题的讨论。在讨论中，既包括关于西段边界的问题，也包括关于中段和东段边界问题。双方应不拒绝讨论对方提出的任何有关中印边界的问题。10月6日，印度政府复照中国政府，坚持谈判的先决条件，再次拒绝了中国的建议。

同　日　中国与锡兰1963年换货议定书签订。议定书共4条，规定中华人民共和国保证购买、锡兰政府保证出售和锡兰政府保证购买、中国保证出售议定书所列附表中确定的各项物资。

10月6日　中共中央、国务院发出《关于当前城市工作若干问题的指示》。《指示》在列举城市工作发生的变化后指出，我们在城市工作中从被动转为主动要比原来设想的要快得多。我们现在可以更加有把握地说，最困难的时期已经渡过。不仅在农村，而且在城市，经济形势正在好转，指示说，目前对调整国民经济所采取的具体措施，应当在紧缩中注意到必要的灵活性。我们必须把增产节约、“精兵简政”、稳定市场、改善供应4项任务更好地有机地结合起来；必须进一步地合理地调整有关计划工作、工业生产、物资供应、财政金融等方面的管理制度，必须千方百计地、实事求是地解决工业生产和基本建设中各项急迫的问题……”并且在这个基础上逐步地改善职工和其他城市居民的生活。《指示》要求各地抓好下述几方面的工作：一、已经完成减少职工任务和完成减少职工任务80%的大中城市，可以宣布精简工作告一段落，而集中主要精力搞好生产。二、努力完成当年的工业生产建设计划，大力支援农业和市场需要，尽可能地增产适合农业生产需要的农业生产资料，增产市场需要的日用品。三、减少企业亏损，增加企业盈利，凡由于经营管理不善而亏本的企业，必须改进工作，大力减少非生产人员，大力节约管理费用，在1962年底扭亏为盈。四、迅速处理积压物资，清理企业拖欠，恢复正常经济关系。五、努力保证职工生活稳定在现在的水平上。城市的主要生活必需品的价格和房租水电费等的收费标准要继续保持稳定。随着农业生产的好转和减人任务的完成，城市的副食品、日用品的生产和供应，特别是蔬菜的生产和供应，应当尽可能地逐步改善。六、按照集中统一、分级管理的原则，改进各种管理体制。

同　日　中国承认阿拉伯也门共和国成立。

10月8日　中国承认乌干达独立。

10月10日　文化部党组通过《关于改进和加强剧目工作的报告》。《报告》提出，为改进和加强剧目工作，首先对于上演剧目，应以是否有助于提高人民爱国主义、社会主义觉悟，是否有助于加强人民的团结和增进国际主义精神为取舍的标准；其次，要加强话剧、新歌剧和戏曲的创作力量，扩大戏曲创作队伍；第三，应进一步整理和改编传统剧目；第四，要加强戏剧评论工作，要使戏剧评论经常化，应准备成立戏剧评论组；第五，加强对各剧团领导人员和艺术人员的教育，同时也要解决他们的实际困难；第六，要建立和加强剧目管理制度。该《报告》是针对当时戏剧舞台上现代剧目少、外国剧目和历史剧目多，且一些有毒素的剧目又重新搬上舞台现象而拟就的。11月22日，中共中央批转了这个报告。

10月10日—19日　中印边界局势由于印军侵犯中国边境急剧恶化。10日上午，入侵印军在扯冬地区向中国边防部队发动进攻，打死打伤中国边防部队11人。中国政府当日向印度政府提出最强烈最严重的抗议。11日，印军继续向中国边防部队进攻，打死打伤中国军人22人。当日，中国政府再次向印度政府提出最强烈最严重的抗议。同时，中国政府还就印度飞机侵入中国西藏拉萨等内地领空一事向印度提出抗议。17日夜，入侵印军向择绕桥桥东等地中国边防部队发动大规模进攻，克节朗河全线发生战斗。18日，入侵中印边界西段中国新疆奇普恰普河地区的印军，开始进逼中国哨所，进行武装挑衅。20日凌晨7时，入侵克节朗河地区的印军在猛烈炮火掩护下，向中国边防部队发动大规模进攻，中国边防部队伤亡严重。同日3时，入侵新疆奇普恰普河地区印军，在炮火和机枪的掩护下，向中国边防部队发起进攻。中国部队在东西两线被迫进行自卫。

10月12日　中国、巴基斯坦举行边界会谈，会谈在极为融洽的气氛中进行，双方就其后会谈的程序问题取得了一致意见。

10月16日　中共中央、国务院发出《关于坚决扭转工商业亏损，增加赢利的通知》。《通知》指出，目前亏损的工商业企业仍然很多，据财政部预计，今年全国工商业亏损总额仍有90亿元左右，问题还是相当严重的。《通知》指出，目前工商业的亏损，有企业外部的原因，如生产任务不足，价格不合理，某些商品的经营方针不尽妥当等等，也有企业内部的原因，主要是企业的经营管理不善。《通知》要求，1963年应当大大减少亏损，争取使全国工商业的亏损数字比1962年减少30亿元—40亿元。中央要求，那些由于管理不善而造成亏损的企业，要力争在1962年第4季度或1963年第1季度内，基本上做到不亏损。那些产品质量低劣，成本很高，短期内又不能扭转亏损的企业，要坚决停止生产。

10月20日　印军在中印边界东、西两段向中国方面发动大规模进攻，中印边境自卫反击作战开始。印度政府不顾中国政府的多次抗议和警告，以2.2万余人的兵力，越过中印边界东段和西段双方实际控制线，悍然向中国边境发动大规模的进攻，中国西藏、新疆边防部队被迫进行自卫还击作战，击溃进犯的印军。11月中旬，印军增至3万人，再次在东、西段全面向中国进犯，又被中国边防部队击溃。11月22日，中国边防部队根据中国政府的声明在中印边境全线主动停火，并自12月1日起，从1959年11月7日双方实际控制线后撤20公里。中印边界争端由来已久。由于两国边界从未正式划定，双方一直按照行政管辖所及的范围，以一条传统习惯线为界。1947年印度宣布独立后，不断推行其所谓“前进政策”，令军队向中国边境挤压，占领中国大片领土。1959年3月20日，印度总理在写给中国总理的信中，正式向中国提出领土要求，将中印边界东段已占领的中国领土和历来属于中国新疆管辖的阿克赛钦地区划入印度版图。其无理要求遭拒绝后，继续推行“前进政策”试图以武力改变边界状况。从1962年6月起，印军在中印边界东段越过非法的“麦克马洪线”，入侵西藏山南的扯冬地区。9月20日，印军公然向中国边防哨所官兵开枪射击。10月10日上午，印军入侵扯冬的1个营，越过西藏山南地区的克节朗河上游，向中国边防部队发起进攻。在此之前，印军在边界地区大举增兵，在边界东段部署总兵力1.6万余人，计1个军部，1个师部、3个旅部、15个步兵营。在边界西段部署6个步兵营、1个机枪营共5 600余人。至8月底，印军在中国境内共部署了100余个据点。针对印度政府频繁挑起边界纠纷，节节进逼的态势，中国政府一方面坚持以和平谈判解决边界争端的立场，一方面提高警惕，做好防范印军进攻的作战准备。毛泽东指示：对印军的入侵，决不退让，力争避免流血；犬牙交错，长期武装共处。根据日益严重的形势，为防备印军全面进攻，中国政府作出了加强战备，准备自卫反击的决定。以西藏军区司令员张国华，副司令员邓少东、赵文进和副政治委员吕义山组成东段指挥部；以新疆南疆军区司令员何家产负责组成西段指挥部。10月20日，印度军队在中印边界东、西两段同时发起全面进攻。中国边防部队于当天奉命反击，中印边境自卫反击作战正式开始。自卫反击战分为两个阶段。10月20日—28日为反击战的第一阶段。中国边防部队分别在东段西藏山南的克节朗、达旺地区和西段新疆阿克赛钦的加勒万河谷、红山头地区同时对入侵印军展开反击。第一阶段反击作战以东段的山南克节朗地区为主要方向。东段作战展开后，右翼主攻部队在枪等、卡龙之间强渡克节朗河，向枪等、卡龙、扯冬、绒不丢的入侵印军进行反击；左翼助攻部队向沙则、仲昆桥、克宁乃桥的印军展开反击；迂回部队从枪等西侧泅过克节朗河，翻越章多西北的大山，进至章多西南，以勇猛动作从3面向章多两侧高地实施反击，在全部清除克节朗地区入侵印军据点后，上述几支反击部队先分兵4路、后以5路进攻路线向克节朗地区入侵印军的指挥机关和后方基地发起反击。25日，几支反击部队相继进占达旺及达旺河北岸，收复了克节朗河以南、达旺河以北、不丹以东，达旺以西的被占领土，歼灭入侵印军1个整旅。与此同时，在西段新疆的万河谷和红山头地区，中国边防部队也对侵入中国境内的43个据点发起反击。至24日，全部拔除了班公湖南北两岸及其以北地区的31个印军入侵据点。接着，中国边防军又长驱700公里收复了拉多、巴里加斯等地，至28日，拔除入侵印军据点37个，完成配合东段主力部队的反击作战任务。10月24日，中国政府发表声明，提出停止冲突，重开谈判、和平解决中印边界问题的3项建议。同日，周恩来还致函尼赫鲁，希望印度政府对中国政府的3项建议作出积极反应。中国边防部队于28日停止了对入侵印军的反击。但印度政府拒绝了中国的和平建议，并要求将边境线恢复到1962年9月8日以前即印军入侵后的状态。在国内，印度政府大肆备战，终于在11月14日、16日在中印边界全线再次发动进攻。11月16日，自卫反击作战的第二阶段开始。第二阶段自卫反击作战仍分东、西两段进行。东段作战分为两个方向：一、反击西山口——邦迪拉地区入侵印军；二、反击瓦弄地区入侵印军。中国边防部队在打退印军进攻后，以有效战术歼灭、击溃了东段大量印军，收复了被印军侵占的土地，拔除了印军设置的据点。至21日，中国边防部队进至金古底，逼近了传统习惯线，完成了反击任务。同时，第二阶段反击战西段作战也于20日上午结束。中国边防军将侵入班公洛地区未及撤逃的印军全部清除。11月20日18时，中国政府作出了关于中国边防部队全线停火后撤的决定，并于11月21日零时向世界庄重声明：从1962年11月22日零时起，中国边防部队在中印边界全线停火；1962年12月1日起，中国边防部队将从1959年11月7日的实际控制线后撤20公里；中国将在实际控制线本侧的若干地点设立检查站，维持边境秩序。中国边防部队遵照中国政府的命令，于11月22日零时起在中印边界全线主动停火；于12月1日开始后撤，至1963年3月1日，全部后撤到了1959年11月7日实际控制线20公里以内。同时，在12月中旬，中国边防部队还奉命将缴获的大批武器、弹药、车辆等交还了印度。在反击战中俘获的印军官兵，中国方面在1963年5月26日前，全部释放回印度。

同　日　中共中央批转全国手工业合作总社党组《关于调整手工业队伍巩固手工业合作的报告》。《报告》提出：原来由集体所有制的手工业合作社转为全民所有制企业，转得不合适的，应在精简人员后再退回集体所有制。手工业合作社的调整，应根据生产任务，市场需要以及原材料供应的情况，适当精简人员，充实骨干技术力量。城市和农村人民公社工业，经调整保留下来，需转给手工业部门的，可分别组织手工业生产合作社，手工业供销生产社、手工业生产小组，独立核算、自负盈亏。对手工业的管理体制也应当作相应调整。

10月23日　中共中央批转湖南省委《关于怎样纠正“单干风”的报告》。湖南省委在10月21日上报中央、毛泽东主席和中南局的报告中说，经过认真贯彻执行人民公社工作条例（修正草案）和党在农村的一系列重大政策以后，湖南省农村人民公社已经走上了健全发展的道路。绝大部分生产队是巩固的或基本巩固的。但是，还有一部分生产队，由于多种原因，“单干风”时起时伏。目前全省有2.5万多个生产队已经分田单干，占全省生产队总数的5.5%。在这些生产队里，虽然主要生产资料一般还是集体所有，但是，生产是以户为单位进行的，生产队没有统一的生产计划、劳力调配、收入分配。报告指出，闹单干的，有地富分子，有富裕中农，也有贫农，产生“单干风”的原因，尽管是多方面的，但从根本性质上看，“单干风”与反对“单干风”是阶级斗争，是社会主义和资本主义两条道路的斗争。《报告》提出，为了进一步巩固集体经济，发展农业生产，我们的主要力量应该放在90%以上的巩固的或基本巩固的生产队，从精神上与物质上鼓励和支持这些生产队，这是我们头等重要的任务。对于已经分户单干的生产队，拟组织专门的力量进行工作，使之回到集体道路上来。其中可根据不同情况做分别处理：对那些群众自愿回到集体道路的，可以重建生产队；对那些暂不能全部回到集体道路的，有几户就组织几户的生产队；对那些极少数一时纠不过来的单干队，也不要“硬扭”。中共中央在批示中说：中央认为，湖南的“这个报告是好的”。

10月26日　全国总工会、劳动部、财政部联合发出《关于做好当前职工生活困难补助工作的通知》。《通知》原则规定：一、各国营企业、事业单位和国家机关、人民团体的职工，凡是在生活上有较大困难而本人又确实无力解决的，都应给予适当的补助。二、补助的所需经费以下述3方面解决：1. 以现有的福利费、企业奖金和工会会员交纳的会费中各提取一定比例的金额；2. 从银行冻结的工会历年结余经费中提用一定的金额；3. 从国家财政上拨出一定的金额，或者从银行冻结的企业、事业、机关的结余经费中提用一定的金额。三、在进行职工生活困难补助工作时，要进行形势教育和勤俭建国、勤俭持家的教育，要切实进行调查研究，力求补助适当。《通知》发出后，全总、劳动部和财政部即制定并发出了1962年4季度和1963年1季度困难补助经费分配方案。方案规定，这两个季度基层单位可从福利费、企业奖金和工会会费中提取2.6亿元作为困难补助经费，财政部、全国总工会又拨给各地困难补助经费2.2685亿元。

10月29日　首都各界1万多人隆重集会支持古巴反对美国战争挑衅。国务院总理周恩来，中共中央总书记邓小平及党和国家其他领导人出席了大会。中共中央政治局委员彭真在发言中严厉谴责了美国对古巴实行军事封锁，并且调集大批海陆空军准备直接入侵古巴的行径，并强调指出，支持和援助古巴革命，是社会主义各国人民、全世界革命人民以及一切爱好和平的人民和国家，不可推诿的国际主义责任。古巴驻中国大使馆临时代办佩德罗苏以及刘宁一、杨明轩等也在大会上讲了话。中国政府曾于10月25日发表声明，强烈抗议美国封锁古巴的海盗行为。新华社10月28日报道了苏联下令拆运在古巴的“进攻性”武器的消息。11月3日晚，北京数万人到古巴驻中国大使馆，声援古巴反美斗争。4日，北京、上海等八大城市分别举行声势浩大的反美示威游行。5日，全国各大城市举行更大规模的示威游行。

10月30日　全国总工会党组向中共中央报送《关于进一步开展先进生产者、先进班组运动的意见的报告》。《报告》提出，为贯彻党的八届十中全会精神，执行中共中央、国务院《关于当前城市工作若干问题的指示》，决定进一步在全国开展先进生产者、先进班组的评比运动。在运动中，必须贯彻实事求是的精神，扎扎实实地做好思想工作和组织工作，坚决防止“大呼隆”。同时积极组织职工学习技术，把运动同加强企业管理结合起来。《报告》提出先进班组的条件是：一、政治思想好；二、生产好；三、管理好；四、学习技术好；五、互助协作好。先进生产者的基本条件是：一、政治思想好；二、执行制度好；三、生产、工作好。基层的先进生产者，先进班组的评比，每半年或一年进行一次。要通过每月的竞赛评比积累评选资料。

本　月　中央统战部召开有关政策思想检查的部务会议。会议对中央统战部部长李维汉自1956年以来提出的一些理论政策性意见进行了批判。这些理论政策观点是：争取五年或者更多一点时间使对资产阶级分子的改造实际达到消灭阶级的水平（简称五年消灭阶级)；把民主党派根本改造成为社会主义政党；使民主党派从中央到基层建立起社会主义的领导核心；人民民主统一战线实际上已经是社会主义统一战线（简称社会主义统一战线)；以及我国各民族已经成为社会主义民族等。会议历时半年余，共召开40多次。1963年形成《关于中央统战部几年来若干政策理论性问题的检查总结》，上报中央。毛泽东在审阅报告时，将消灭资产阶级的时间以几十年改为“甚至几百年的时间”。

11月1日　中共中央、国务院批转内务部《关于对使用不当的高等学校毕业生进行调整工作的报告》。《报告》要求，各地应当尽可能本着学用一致的原则和加强基层、保留专业人才的精神，对那些实习期满后用非所学，使用不当，下放劳动过久的高等学校毕业生进行认真、合理地调整和安排他们的工作，使其发挥所长。《报告》具体提出了调整、安排的原则及方法。

11月2日—3日　印度政府封闭和接管中国银行加尔各答分行和孟买经理处。据新华社报道，中国银行加尔各答分行和孟买经理处于2日和3日遭到印度方面的无理封闭和接管。这是继1961年12月27日印度当局撤销加、孟两地中国银行的外汇营业执照后采取的又一蛮横无理的行动。中国银行董事长南汉宸在一项声明中指出，近几年来，印度当局对该两机构及人员不断进行歧视和迫害。1960年印度当局曾无理勒令加尔各答中国银行经理蒋文桂离开印度，并将蒋逮捕入狱。1961年12月27日，印度当局不说任何理由即撤销加、孟两地银行经营外汇业务的执照。这些歧视迫害措施已使该两地银行无法正常经营业务。现在更公然接管和封闭该两地银行，解雇职工，限制两地银行人员身份自由，中国银行董事会向印度当局提出严重抗议，并郑重声明，印度当局必须承担所造成的一切后果和法律上的责任，中国银行保留要求赔偿的权利。5日，中国政府就此事向印度政府提出强烈抗议。

11月5日　中国、朝鲜签订通商航海条约。条约包括关税和其他税收；货物在海关监管下存入仓库；货物由海关监管时所适用的规章和手续等。条约还对免征关税物品的种类。船舶在驶入、驶出对方港口应享受最惠国待遇的各个方面、以及缔约任何一方的法人和自然人在缔约另一方境内在各方面享受不低于给予任何第三国法人和自然人的优惠待遇等作了规定。

11月5日—11月29日　全国农业会议在北京召开。全国各省、市、自治区主管农村工作、农业生产的负责同志及30余个商品粮集中产区的县的领导干部出席了会议。会议一致认为，农村形势一年比一年好。1962年的秋耕秋种和冬耕冬种也比往年好；南方的冬水田和塘堰的蓄水有了增加；冬修水利和冬季积肥运动已经在许多地方先后展开；这创造了1963年农业丰收的有利条件。同时认为，目前农村还有一些灾区和困难队。农牧产品还远不能适应整个国民经济发展的需要。还须继续克服困难，争取农业生产的进一步发展。会议提出的1963年农业生产任务有：要进一步争取粮食的增产，认真实行粮食与经济作物并举的方针，组织农业的多种经营，在优先发展粮食生产的同时，努力发展棉花、油料和其他经济作物和林、牧、副、渔等生产，争取农业全面增产。会议对1963年棉花生产给予了高度重视，要求全国1963年的种棉面积和产量要力争超过国家计划。要加强农牧结合，把畜牧业放在重要的地位。会议还强调了发展上山，下水，获取木本油料，木本粮食和水生作物，水生饲料等的生产，认为这是中国农业有广阔发展前途的一个重要方面。会议提出，当前在农业技术改革方面的主要任务是：一、在精耕细作的基础上，根据土壤、地形、作物和农活等等不同的条件，向工业制造部门提出种种性能不同的农业机械、牧业机械、化肥、农药和兽医药械等的要求；二、研究作物品种和耕作技术如何适应机械化的需要；三、把现有的农业机械使用维修好，把化肥、农药使用好，力求发挥最大的经济效果；四、培养技术力量，办好机械化的试点。会议要求各地加强农业科学研究和技术推广工作，整顿、实施农业科学技术工作网，整顿、充实和办好农村的技术推广站、畜牧站、种子站和示范繁殖农场。农业部部长廖鲁言在会议上作了总结报告。

11月7日　中共中央批转轻工业部党组《关于改进地方轻工业管理体制的报告》。《报告》提出，在当前机构精简造成某些组织管理的不健全状态下，轻工业大中型企业应实行中央、省（市、自治区）与省属市三级管理的制度，并以省（市、自治区）管理为主。省的轻工业机构应得到加强，人员应充实。轻工业行业应尽量实行专业管理。中央批示指出：省、市、区对于专县和县以下管理的工业，必须统一领导，严格检查，纳入计划，以便进行调整和统一安排。

11月9日　中共中央作出撤销中央农村工作部及任命国务院农林办公室主任、副主任的决定。《决定》共两条：一、撤销中央农村工作部，其业务合并于国务院农林办公室；二、以谭震林兼任国务院农林办公室主任；以廖鲁言、陈正人、王观澜、张修竹、王光伟、陶桓馥、郝中士7人为副主任，其中王光伟仍兼任国家计委副主任。

同　日　廖承志和高碕达之助在北京签订《发展中日两国民间贸易备忘录》。备忘录为民间性质，共11条，规定：双方同意发展长期综合的易货贸易，自1963年到1967年作为第一个五年贸易安排，要求平均每年进出口交易总额约为3 600万英镑。双方出口的主要商品是：中国方面为煤、铁砂、大豆、玉米、杂豆、盐、锡及其他商品；日本方面为：钢材（包括特殊钢材）、化学农药、农业机械和农具、成套设备及其他商品。备忘录还对双方交易的方式作出现定，即“由有关该交易的日本方面当事人同中国对外贸易进出口公司签订个别合同”进行。廖承志和高碕达之助备忘录是根据1962年9月周恩来和松村谦三达成的关于扩大中日贸易的宗旨，以平等互利，采取渐进的、积累的方式为原则而签订的。

同　日　国务院两次全体会议通过两项任免事项。新华社消息，国务院第117次和118次全体会议分别通过两项任免事项，任命李先念（兼）、谭震林（兼）、薄一波（兼）、陈伯达、邓子恢（兼）、杨英杰、宋劭文为国家计委副主任；任命谭震林（兼）为国务院农林办公室主任；免去邓子恢的国务院农林办公室主任职务。

11月9日—23日　总参谋部在北京召开全军训练工作会议。会议根据中央军委提出的1963年“备战整军、增加全训师、大搞训练”的方针，讨论了《1963年军事训练工作的指示》。国防委员会副主席叶剑英元帅、总参谋长罗瑞卿大将到会讲了话。

11月15日　《人民日报》发表社论：《发扬莫斯科宣言和莫斯科声明的革命精神》。社论说，社会主义体系的形成和壮大，民族解放运动的不断高涨，是当前世界形势的主流。这两个具有历史意义的伟大潮流，震撼着世界资本主义体系，使帝国主义的统治地盘大大缩小。声势壮阔的民族民主革命运动，席卷着亚洲、非洲和拉丁美洲，是资本主义世界矛盾的焦点，是帝国主义统治的最薄弱的环节。帝国主义和各国反动派所设置的堤防，一个个地被突破。这一切证实了毛泽东同志的论断：世界形势已经进入了一个新的历史转折点，世界范围的阶级斗争的力量对比发生了根本性的变化。世界的风向变了，现在不是西风压倒东风，而是东风压倒西风。在这样有利的世界形势面前，一切马克思主义者要正确认识时代的性质，正确认识世界形势，正确规定革命的战略和策略，指导革命实践，推动历史前进。社论说，无数事实证明，帝国主义和反动派绝对不会自动退出历史舞台，他们越是接近灭亡，就越要进行疯狂的挣扎。莫斯科宣言和莫斯科声明，向全世界人民指出了防止新的世界战争，保卫世界和平的道路。只要不断加强社会主义阵营，加强民族解放运动，加强各国人民的革命斗争，建立反对美帝国主义侵略政策和战争政策的广泛统一战线，同美帝国主义及其走狗进行针锋相对的坚决斗争，就有可能维护世界和平，防止新的世界战争。社论批驳了“和平长入社会主义”的修正主义观点，强调了当代国际共运中的主要危险是修正主义和与修正主义进行斗争的重要性等。

同　日　周恩来总理就中印边界致信亚非国家领导人。周恩来在信中全面介绍了中印边界问题的背景和中国政府的立场，并强调指出：“我们愿意向前看，不管眼前情况怎样复杂，中国政府谋求和平解决中印边界问题的决心是坚定不移的。”

11月19日　全国工业会议在广州召开。会议确定，1963年工业战线的主要任务是：增产农业迫切需要的化肥、农药以及运输和排灌机具，增产市场需要的轻工业品，增产燃料和重要原材料如煤、石油、有色金属、化工产品及木材等。进一步提高工业品的质量，基本消灭那些主要性能不符合技术指标的产品。减少亏损，增加盈利，努力做到工业全年亏损额比1962年减少19.2亿元（1962年亏损额为32.6亿元）。同时，要全面提高企业的管理水平，对未进行整顿的企业，要立即着手加以整顿。

同　日　中共中央、国务院发出《关于当前财政金融方面若干问题的通知》。《通知》说，进入第4季度以来，货币投放增加很快，10月投放4亿元，11月1日—17日又投放了近5.2亿元。这个速度在历年中是没有的，为此，控制货币投放的工作不能放松，否则将给国民经济的调整和发展造成不利影响。

11月19日—12月13日　全国总工会8届4次执委会在北京举行。会议的中心议题是讨论当前工会工作的任务。会议认为，一年来各级工会在党的领导下，在教育和发动职工克服困难、完成生产计划、响应精简号召、回乡参加生产以及组织群众生活互助等方面做了大量的工作。但亦存在着经常工作比较薄弱，同群众联系不够密切，全总对下级工会的指导和帮助不够等缺点。会议确定，1963年工会的中心工作是：进一步发动和组织职工群众，扎扎实实地开展增产节约运动，大力支援农业，为此，各级工会组织应当做好下述4项工作：一、广泛开展社会主义劳动竞赛。二、加强对职工的思想政治教育。三、切实关心职工生活。四、加强工会组织建设。会议增选马纯古为全国总工会副主席；增选马纯古、张天民、赵国强、狄子才4人为全总书记处书记；免去因工作调动离开全总的栗再温、张修竹、郗占元3人书记处书记的职务。会议还通过了《关于加强工会财务工作的决定》。会后，全总党组向中央报送了《关于全总八届四次执委会议的情况报告》。1963年1月29日中共中央批转了全总党组的报告，同意当前工会工作中心任务是进一步发动和组织群众，开展增产节约运动，大力支援农业的提法。

11月22日　中共中央、国务院发出《关于发展大牲畜的几项规定》。《规定》指出，大牲畜是现阶段我国农业生产的主要动力和肥料来源，尽快地发展大牲畜，是发展农业生产，进一步巩固和壮大人民公社集体经济的一项根本措施。为此，各地应坚决把大牲畜（包括散畜）全部下放给生产队所有，并且长期稳定下来，30年不变，在认真保护和发展集体所有的大牲畜的同时，应该允许和支持社员家庭或者几户伙养一两头大牲畜。要有计划地、有领导地开放牲畜交易市场，恢复历史上传统的交流关系和流转规律。打开省、市、县、社的界限，互通有无，调剂余缺，价格由买卖双方自行议定。

同　日　中共中央、国务院作出《关于发展农村副业生产的决定》。《决定》共分四条：一、农业生产和副业生产应互相结合、互相促进。农业是主体，副业是农业的组成部分。副业可以为农业积累一部分资金，增加一部分生产资料，支持农业的再生产，增加农民的收入同时，副业还提供相当部分工业原料和出口物资，增加一部分市场需要的小商品，活跃城乡经济。因此，恢复和发展农村的副业生产，应成为当前巩固集体经济、恢复和发展农业生产的一个重要问题。二、各地应根据当地的传统习惯，根据现有的原料、设备、技术和劳动力条件，因地制宜地逐步发展副业生产。山区可以发展各种林副产品，有水面的地方可发展一部分水生作物，在完成国家统购、派购任务的前提下，可恢复和发展农村原有的各种农副产品加工作坊，可以开展农村中的短途运输，组织分散的手工业者和有手艺的农民，发展为农业生产服务和人民生活服务的手工业生产。三、正确解决“归谁所有，归谁经营”的问题。在集体经营的副业中，应该以发展生产队的副业为主，公社和生产大队一般不经营副业。对于社员的家庭副业，要鼓励和帮助它继续发展，并且使它同国营经济、集体经济联系起来。要认识这是社会主义经济不可缺少的补充部分，不是“资本主义”，不应采取行政手段乱加干涉和限制。四、各级党委在加强对农业生产领导的同时，应该把副业摆在应有的重要地位，统一安排农业生产和副业生产，并组织农业、商业、工业、手工业、银行各部门务农村供销合作社、信用社，从各方面积极支持农村副业生产的发展。

11月22日—12月11日　全国集中产棉区县级干部会议在北京召开。会议由国务院副总理李先念、谭震林主持，全国16个产棉的省、市、自治区和195个集中产棉的县（市）代表以及张秋香、曲耀离、吴春安等15位种棉劳动模范和科技人员出席了会议。国家计划部门、农业部门、商业部门、供销部门、纺织工业部门和粮食部门的有关负责同志也出席了会议，会议对粮棉并举的方针、增产棉花对整个国民经济发展的重大意义、党和国家奖励种棉的政策等问题作了认真的讨论。为落实1963年国家棉花生产计划，与会的195个县安排1963年棉花种植面积，将占全国种植面积的60%，相当多的地区按略高于国家计划的指标进行安排，以保证实收面积不低于国家要求。会议还讨论了扩大棉田灌溉、准备除虫药械和提高栽培技术等增长措施，会议结束时，国务院总理周恩来接见了全体与会代表并讲了话。12月19日，《人民日报》就这次会议发表社论《千方百计争取明年棉花增产》。社论强调要抓好“确保棉花种植面积、总产量和收购量”、“实现国家、集体、个人三方面兼顾原则”以及“领导机关、社员群众、科技人员三结合”等3件大事。

11月30日　首都举行欧仁·鲍狄埃逝世75周年，狄盖特逝世30周年纪念会。中宣部副部长周扬作题为《〈国际歌〉——号召全世界人民革命的号角》的报告，作协副主席张光年作《无产阶级的天才歌手》的报告。中宣部部长陆定一出席了纪念会。《文艺报》、《人民日报》发表文章以示纪念。

本　月　全国计划会议在北京举行。会议确定，1963年的国民经济计划要贯彻执行以农业为基础、工业为主导的总方针，把支援和发展农业放在第一位。计划的具体安排是：1963年，农业增长8.5%，轻工业增长7.2%，重工业增长4.4%，粮食产量3 200亿斤，棉花2 000—2 200万担，棉纱300万件，棉布26亿米，钢670万吨，煤2亿吨，木材2 309万立方米，化肥225万吨。财政收入安排为327亿元，比上年增加27亿元。财政支出中，支援农业资金为60亿元比上年增加14亿元。国家预算内基建投资额确定加到85亿元，加上年结转及地方自筹资金共100亿元。会议确定，第一步先安排75亿元，其余部分待夏收后视条件再安排。1963年全年计划施工的大中型项目610个，其中新开工23个。

本　月　中央发出《关于中印边境冲突和中印关系问题的宣传提纲》。《提纲》分为“中印边界问题的背景和我国政府的立场”、

"这一斗争的性质"、"斗争发展的趋势"、"我们的任务"等4个部分，其中指出：由于印度方面的原因，自1950年起，特别是1959年以后，印度政府向中国提出了大面积的领土要求，并出兵向北推进，中国政府在事态发展的过程中，一贯采取避免边境冲突的方针，保持了最大的克制和容忍，但印方毫无理由地拒绝与中国政府就边界问题进行谈判，终于10月20日在中印边界东西两段向中国方面发动大规模进攻。《提纲》说，中印边界冲突的实质，是印度统治集团坚持扩张主义政策，以此来转移国内人民的视线，打击进步力量，同时也以此讨好美帝国主义，以获取更多的美元。对于这样一场斗争，我们应做好长期的思想准备。但我们绝不主动采取恶化两国关系的步骤，并寻求可能导向停止冲突、重开和谈的机会。《提纲》提出，全国人民应一方面保持高度的警惕，击退印度反动派的猖狂进攻，另一方面必须继续鼓足干劲，努力增产节约，做好各项工作，进一步使我们的国家繁荣昌盛起来。

本　月　少数民族地区民兵工作座谈会在成都召开。座谈会由总参谋部和总政治部召集，主要解决对少数民族民兵工作的认识和工作方针问题。成都、昆明、内蒙古、新疆、西藏军区和云南、甘肃、青海等省军区有关人员参加了会议。会议针对某些认为少数民族地区情况复杂，不宜组织民兵的思想进行了讨论，指出，少数民族地区占全国面积一半以上，如果没有民兵，仅仅依靠正规军，要建立一条巩固的国防线是不可能的。会议就此统一了思想。会议还强调，少数民族地区的民兵工作，必须遵循党的慎重、稳进的民族工作方针，要因群众基础，风俗习惯的差异而采取不同的方法和步骤。民兵编组要因地制宜，人数可多可少；可不做基干民兵与普遍民兵的区分；组织称谓，也可按少数民族群众的习惯而定。会议还提出，要培养少数民族民兵干部，动员少量民兵参军，也可以选送一些年轻干部进党校和民族学院深造。

本　月　首都京剧创作座谈会召开。会议由文化部召集，首都京剧界著名艺术家和编创人员参加了座谈会。文化部副部长齐燕铭15日到会讲话。他指出：有些同志对1958年提倡现代题材戏曲作了片面理解，认为传统戏不能和现代戏平起平坐，甚至想用行政命令规定剧团上演现代戏的百分比，这是不妥当的。齐燕铭强调说，传统戏与现代戏之间根本不存在平起平坐问题，只要是对人民有益的戏，不论古代的，现代的，传统的还是新编的，都是我们所需要的。他认为，1958年以来发生的剧目混乱现象，其原因还是“近几年剧目比较贫乏”所致。他提出应该通过“政治学习”、“联系群众”、“读书”、“陶冶艺术”等4个方面，来提高戏曲的质量。

12月3日—23日　职工体育工作座谈会在北京举行。会议由全国总工会主持召开。各省、市、自治区和天津、沈阳、哈尔滨、青岛、武汉、广州、成都、西安、太原等省属市总工会宣传部、体育部以及国家体委、总参谋部动员部、火车头体协、一机体协的代表参加了会议。会议讨论了职工体育工作和民兵工作以及1963年的工作安排。会议认为，群众体育活动和国防体育活动的展开，不仅适应了生产需要，活跃了职工生活，而且提高了职工的集体主义、爱国主义思想和厂矿企业中民兵的军事技能，为国家培养了国防后备力量。会议指出，1963年的职工体育工作，应当贯彻全总8届4次执委会议精神，围绕增产节约劳动竞赛的开展，根据需要、可能、业余、自愿等原则，积极适当地开展小型多样的体育活动，结合职工的民兵训练和战备需要，开展射击、投弹、军事野营等国防体育活动。会议要求，职工体育必须和政治思想工作相结合，为无产阶级政治服务，为生产建设服务。

12月4日　出席意共第10次代表大会的中共代表赵毅敏发言驳斥陶里亚蒂对中共的指责。赵毅敏指出，一个党把自己的代表大会变成公开攻击另一个兄弟党的讲坛，这是破坏无产阶级国际团结的做法，从根本上违反了马克思列宁主义和无产阶级国际主义原则。在此次代表大会上，意共对阿尔巴尼亚劳动党进行片面无理的攻击，这使我们不能不感到极大的遗憾。此外，还直接地攻击了中国共产党的马列主义观点。既然如此，我们也不能不在这里坦率地说，中国共产党人对于意大利共产党某些同志在所谓“结构改革”等若干重大问题上的观点，是有不同意见的，我们认为，这些观点是不符合莫斯科宣言和莫斯科声明的，赵毅敏在发言中对国际局势和共产主义运动形势作了分析，并以中国革命的历史经验为例，阐述了各国人民的革命都应该遵循马克思主义的基本原理同本国的具体实际相结合，都必须遵循十月革命和莫斯科宣言所总结的社会主义革命和社会主义建设共同规律的原则。意共总书记陶里亚蒂在会议中就工人阶级团结一致争取在民主与和平中向社会主义前进的问题作报告时说，“肯定地说帝国主义是一只纸老虎，用肩挤它一下就会垮”是“错误的”。并认为像中国和印度两个国家之间的武装冲突，“是没有道理的和荒唐的”。由于发生在意共10大上中共同意共的公开争论，国际共运中的论战开始走向公开化。意共第10次代表大会于12月2日在罗马开幕。

同　日　全国人大常委会举行第七十二次会议。会议听取了化学工业部副部长李苏关于中国化学工业发展情况的报告。7日继续举行第七十三次会议，听取李苏的报告。全国政协常委和国务院有关部委的部长、副部长列席了会议。

12月5日　中国越南签订通商航海条约。条约对最惠国待遇所包括的有关税收、货物、船舶入港、运输费用以及仲裁等方面作了具体规定。

12月8日　参加捷共12大的中共代表团向大会主席团递交声明。声明说，在这次代表大会上，捷共的一些同志和某些兄弟党的同志，继续攻击阿尔巴尼亚劳动党，并且大肆攻击中国共产党，这种做法，不符合莫斯科宣言和莫斯科声明，不利于社会主义阵营的团结。声明说，我们在一年多以前，就坚决反对利用一个党的代表大会，发动对另一个兄弟党的攻击，但是，有些党，有些人，不但没有考虑改变这种错的做法，反而变本加厉，沿着分裂主义的道路，愈走愈远。这种错误做法，已经产生了严重的后果，如果继续下去，势必还要产生更加严重的后果。声明提出，为了解决国际共产主义运动中若干重大原则问题的分歧，中国共产党提议召开世界各国共产党和工人党的代表会议，弄清是非，加强团结。中国共产党认为，这是解决问题的唯一正确的方法。

12月9日　中国政府强烈抗议印度政府片面破坏两国互设总领事馆协议的行为。抗议照会指出，印度政府决定自1962年12月15日起撤销印度驻拉萨和上海总领事馆，并且无理要求中国也自同一天起撤销中国驻加尔各答和孟买总领事馆，是一种片面撕毁协议的行为。照会历数了近年来特别是印度方面挑起大规模武装冲突之后，印度奉行的反华和排华政策，其中包括，关押大批中国侨民，封闭中国银行在印度的分支机构，中国使领馆受到严重违反国际常规的限制与歧视，人身安全受到威胁等等。中国政府的照会指出，由于印度方面不择手段地阻挠中国驻加尔各答和孟买总领事馆履行正常职务，中国这两个总领事馆现在已经不可能继续存在下去。因此，中国政府决定，从1962年12月15日起撤销这两个总领事馆并撤回两馆的人员。但是，这决不等于中国政府接受印度政府的无理要求或者同意印度政府的片面行动。

12月11日　中共中央批转安徽改正"责任田"情况的报告。报告说，到目前为此，安徽省已改正"责任田"的生产队6.01万多个，占实行"责任田"生产队总数的22%，其中在中央八月工作会议以后自动改过来的有2.35万个生产队。已改的队连同原来坚持集体生产的队共10.21万多个，占生产队总数的33.74%。报告认为，实行"责任田"虽不到两年，但已明显地暴露出许多严重恶果。例如，造成生产资料的支配权逐渐转移到个人手中，所有权发生了很大变化；生产上已无法实行统一计划和统一使用劳力；统一分配受到破坏，集体和国家利益受到损害；造成严重的两极分化现象；农民中个人主义，自私观念日益发展，社会主义和爱国主义思想逐渐削弱。报告设想到1964年春耕前将"责任田"全部改正过来，但强调在工作中要执行"积极谨慎"的方针。

12月11日—25日　全国独唱、独奏音乐座谈会在北京举行。座谈会由中国音协召集，全国20多省、市的作曲家、歌唱家和音乐评论家参加了座谈会。会议着重讨论了关于贯彻"百花齐放、百家争鸣"的方针，更好地反映时代精神，以及为工农兵服务，为农业建设服务等问题。

12月12日　中共中央批转劳动部《关于加强城市闲散劳动力的安置和管理工作的意见》。劳动部在12月1日上报中央的《意见》中估算，至1962年夏季，全国大、中城市共有闲散劳动力175万人。约占城市非农业人口的2.4%。至9月底，安置92万人，尚有83万人待安置。劳动部提出，对闲散劳动力的安置可通过下述途径进行：一、动员闲散劳动力上山下乡，参加农业生产；二、组织到企业、事业、机关从事各种临时性工作；三、组织各种集体所有制的手工业、服务业和商业的生产服务社；四、适当提倡从事各种家庭副业，鼓励个人开业和自谋正当职业；五、举办一些技术业务训练学校，招收一批未能升学的青年。劳动部还建议，各大、中城市把1958年以后撤销的劳动力介绍所恢复起来，负责闲散劳动力的组织、管理、安置、教育工作。中央同意劳动部的上述意见。

同　日　中国、阿尔巴尼亚签订科学技术合作议定书。议定书规定，两国间定期交流各种科学技术资料，互派技术援助专家和实习生。

12月13日　周恩来总理谈教育调整问题。周恩来指出，高等学校专业调整问题很重要。第三个五年计划期间，高等教育主要要提高质量，要搞得像个样子。高校要进一步定规模。小学还是应当以公办为主。民办要办一些，但是把民办作为方向就不对了，周恩来说，小学教师生活很困难，可以在小学教师中先实行教师工龄津贴制度。周恩来还指出，对学生要加强管理。对学生要严格要求，首先从干部子弟做起。教育部要做"包文正"。周恩来是在听取教育部的工作汇报时作上述指示的。

12月14日　中共中央作出《关于成立15人专门委员会的决定》。《决定》说，为进一步加强对原子能工业的领导，中央决定，在中央直接领导下，成立15人专门委员会。周恩来、贺龙、李富春、李先念、薄一波、陆定一、聂荣臻、罗瑞卿、赵尔陆等为委员，以周恩来为主任委员。15人专门委员会下设办公室，负责原子能工业及"两弹"研制的日常和协调工作。毛泽东对成立专门委员会作出指示："要大力协同，做好这件工作。"

同　日　中国、匈牙利科技合作议定书在北京签字。议定书规定，中国有关机构将供给匈牙利有关机构关于化工、建工、农业、地质等方面科学技术资料和菌种；匈牙利有关机梅将供给中国有关机构关于冶金、机械、卫生、地质等方面科学技术资料和样品。

12月15日　《人民日报》发表社论：《全世界无产者联合起来反对我们的共同敌人》。社论说，最近，在国际共产主义运动队伍里，出现了一股反对马列主义，反对中国共产党和其他马列主义政党，破坏国际共产主义运动团结的逆流。欧洲一些党的代表大会的讲坛，竟被利用为攻击兄弟党的场所。这种现象第一次出现在苏共第22次代表大会上，当时，中国共产党就坚决反对这种错误做法，但没有能阻止事态的继续恶化。社论说，捷共和某些兄弟党的同志，攻击中国共产党犯了所谓“冒险主义”的错误。事实上，中国共产党一贯认为，要维护世界和平，要实现和平共处，要缓和国际紧张局势，首先必须坚决反对美帝国主义的侵略和战争政策，必须发动人民群众同美帝国主义进行针锋相对的斗争。只有社会主义力量、民族解放力量，民主力量以及一切和平力量的联合斗争，才能够挫败美帝国主义的侵略和战争计划，阻止世界大战的爆发，社论还阐述了中国共产党关于帝国主义和一切反动派都是纸老虎的观点，关于中共对核武器的态度，以及中国在古巴和中印边界冲突中的立场。社论指出，我们愿意提醒那些攻击中国共产党的人们，无理谩骂是没有任何用处的。不管怎样大骂特骂，都无损于一切马克思列宁主义政党的光辉。自从世界上有了共产党的那一天起，从来没有听说过哪个真正的共产党是不挨骂的，也从来没有听说过哪个真正的共产党是被人骂倒的。社论重申了莫斯科宣言和莫斯科声明所规定的完全平等、既互相联合又独立自主以及经过同志式协商来达成一致的处理兄弟党之间关系的准则，倡议召开世界各国共产党和工人党代表会议，弄清是非，加强团结，共同对敌。

同　日　国务院举行第一百二十四次会议。农业部部长廖鲁言报告了1962年粮棉生产情况和1963年粮棉生产的初步安排。会议还通过了中越通商航海条约，并提请全国人大常委会审议批准。会议通过了福建省部分县的行政区域变更事项以及若干任免事项。

12月18日　中共中央、国务院发出《关于认真提倡计划生育的指示》。《指示》要求，在城市和人口稠密的农村地区，各级党委和政府都要认真加强对计划生育工作的领导。并指出，适当控制人口自然增长率，使生育问题由毫无计划的状态逐渐走向有计划的状态，这是社会主义建设的一项决策，与马尔萨斯的人口论不能混为一谈。要在报纸上对计划生育工作进行宣传。

12月20日　中共中央批转国家计委等5部门《关于处理1961年以前财政遗留问题的报告》。《报告》说，1961年以前需国家财政处理的遗留问题共348亿元，这个数字比1962年全年的国家预算收入还要多。具体情况是，国营企业物资盘亏损失约为130亿元左右。其中国营工业交通企业的物资盘亏损失约为60亿元左右，国营商业的物资盘亏损失约有70亿元左右。所谓物资盘亏损失是指：物资报废、丢失短少、削价损失、残次破损、亏吨短秤、霉烂变质等，是扣除了物资残值以后的净损失部分。各地区各部门要求报销的损失，还不止此数，有些地区和部门还在陆续补报。全国总计用掉损失掉需要向财政报销的数字为212亿元。《报告》在总结经验时说，今后全国一切企事业单位除必须按照国家批准的计划和国家规定的制度办事外，在思想上不能再笼统地认为只要生产出产品来，不管什么产品，就是对社会有贡献；不能笼统地认为，生产什么，收购什么，无条件地收购，就是有生产观点。也不能笼统地认为，企业要多少资金，给多少资金，不管是否应当给，就是支持生产。要使企业干部认识到，工业生产出来的产品和商业收购起来的产品，如果没有使用价值或者销售不出去，这不仅不利于生产，反而是破坏生产，破坏社会主义建设。中央在批语中严肃指出：要使全体同志懂得，社会主义经济是计划经济，它同资本主义的无政府状况是根本对立的。在任何情况下，不按计划办事，不按制度办事，都是错误的。

12月21日　中央组织部报送《关于处理原来是党员的右派分子摘帽后重新入党问题向中央书记处的请示》。《请示》提出，党员右派分子摘帽后重新入党，必须经过长时间的、全面的、系统的考察，必须着重审查他们在政治思想方面和工作方面的一贯表现，对过去所犯错误真正有了认识，并且在实际行动中明确证明已经彻底改正，只有在各方面确已具备党员条件，才可重新入党。为严格控制和掌握这些人的重新入党，其批准权限可根据他们原来职务大体按照各级党委管理干部的范围履行批准手续。中央书记处同意上述意见。

12月24日　全国人大常委会举行第78次会议。会议通过决议，决定派国务院总理周恩来为签订中华人民共和国和蒙古人民共和国边界条约的全权代表。25日，蒙古人民共和国部长会议主席尤睦佳·泽登巴尔为签订中蒙边界条约专程到达北京。

同　日　作家李劼人逝世。李劼人，1891年生。四川成都人。1907年入四川高等学堂附属中学堂读书，1911年参加四川铁路风潮。1915年任成都《四川群报》编辑、主笔，1918年创办《川报》，任社长兼总编辑。1919年加入少年中国学会。同年底赴法国勤工俭学。1925年在成都大学任教。1935年—1937年完成《死水微澜》、《暴风雨前》、《大波》等3部长篇小说。中华人民共和国成立后，历任全国人大代表，成都市人民代表大会代表、副市长，中国文联全国委员会委员，四川省文联副主席，1956年后重写长篇小说《大波》。出版《李劼人选集》。

12月25日　中共中央、国务院作出《坚决执行国家计划和预算，严格管理资金和物资的指示》。《指示》要求：1963年，各地方、各部门必须按中央的计划办事，已在国家预算和计划外加码的一律退回来，必须消灭赤字，任何地方、部门和单位，一律不许扣留应上缴的财政收入，不许挪用银行钱款作财政性开支，不许平调社队资金，违反者从严处理。用自筹资金安排基本建设，要有可靠的收入来源，并且一定要纳入国家计划。任何机关、单位和个人，都无权乱挪用各部门的物资和资金，无权在计划外强制商业和供销社赔钱收购和销售，无权擅自减免税收，改变税法和税率。财政、信贷和劳动工资必须管严、管实、管好。工资基金必须在1963年一季度逐级落实到基层企业，不许超过国家规定。

12月26日　中共中央、国务院发出《关于1963年发展棉花生产的决定》。《决定》要求，1963年必须保证棉花产量达到2 100万担到

2 200万担，国家收购棉花1 700万担到1 800万担。同时规定，1963年晋、冀、鲁、豫、陕5省和北京市，每收购皮棉100斤，奖售化肥70斤，粮食15斤；其他省、市、自治区每收购皮棉100斤，奖售化肥85斤。生产队每出售1担皮棉，奖售布票10尺。

同　日　《中国和蒙古边界条约》在北京签订。条约共分4条，规定了从中蒙边界西端起点阿尔泰山脉的奎屯山（塔本波格大乌拉）4 050米高地起到中蒙边界东端终点塔尔根诺尔（塔尔根查干诺尔）645.5米标高点的详细走向、界标设立点。条约还规定，凡以河流为界的地段以干流的河道中心线为界；界河中的岛屿和沙洲，靠近中方一岸的属于中国，靠近蒙方一岸的属于蒙主；凡两国边界上的骑线井和骑线泉，为双方共有，由双方共同管理，共同使用；凡是以道路为界的地段，道路为双方共有，由双方共同管理，共同使用，中华人民共和国总理周恩来，蒙古人民共和国部长会议主席泽登巴尔分别代表本国在条约上签字。国家主席刘少奇、副主席董必武等中国领导人出席签字仪式。同日，《人民日报》发表社论《中蒙友好关系史中的重大事件》。同日，北京1万多人举行盛大集会，庆祝中蒙边界条约顺利签订。

12月27日　中日贸易团体贸易议定书在北京签订。议定书说，双方一致满意地指出，自从中国周恩来总理提出中日贸易三原则以来，中日两国间的友好贸易，经过双方的共同努力有了很大发展，对促进中日两国人民间的友好关系起了重要的作用。双方再次表示支持中国政府提出的中日关系政治三原则、贸易三原则和政治、经济不可分的原则，在坚持这些原则的基础上，继续为加强中日两国人民间的友好贸易关系和促进中日两国关系正常化而共同努力。议定书说，双方对美帝国主义公然干涉和阻挠正当的中日民间贸易表示极大的愤慨和坚决的反对。双方认为，中日两国人民间的友好贸易仍然是中日民间贸易的重要方式之一，双方将为进一步加强中日两国人民间的友好贸易关系而不断努力。议定书还就中日相互在对方举办商品展览会协定，并以附属备忘录的形式规定了具体细节。中国国际贸促会主席南汉宸、日中贸促会理事长铃木一雄、日本国际贸促协会副会长宿谷荣一、日本国际贸促协会关西本部专务理事木村一三等分别在议定书上签字。

12月28日　中国、巴基斯坦发表边界问题的联合公报。公报说，双方交换了绘有边界线的地图，本着平等合作和互谅互让的精神举行了正式的会议和友好的协商，现已就实际存在于两国之间的边界的位置和走向，取得了原则协议，并且一致同意在此基础上尽速签订两国之间拟议中的边界协定。公报最后说，这项边界协议充分保障了两国的权利和利益，并且显示了，在互相尊重和亲善的基础上进行和平协商，是解决国际争端的有效办法。中、巴两国边界问题谈判，是1962年10月12日在北京开始举行的。29日，《人民日报》就此发表了题为《中国和巴基斯坦友谊发展的新起点》的社论。

12月29日　公安部发布公报：广东沿海军民全歼9股美蒋武装特务。公报说，从1962年10月1日—12月6日，先后有9股美蒋武装特务由台湾高雄乘船出发，偷渡大陆沿海的海丰、惠阳、惠来、电白、台山等五县登陆。这9股武装特务除潜入惠阳县海面未敢登陆逃往香港火头盆岛的1股外，其余8股登陆后全部就歼。另在广东省阳江县山区空投的1股武装特务，也被全部歼灭。在战斗中，总计歼灭特务172人，其中7个特务纵队司令，14个副司令，1个队长、2个副队长，4个正副登陆指挥官。击沉运送特务的机帆船3艘，缴获一批美制电台、美制无声手枪、机枪、冲锋枪、短枪、各种子弹、炸药、通讯密码、密写药剂、毒药、伪造的人民币、伪制的人民解放军军服，以及其他物资。公报具体公布了9股被歼武装特务的姓名以及代号等情况。公报说，美蒋集团连续派遣武装特务窜犯大陆，是他们今夏企图窜犯大陆的军事冒险阴谋破产之后又一次新的冒险行动。其目的是想在广东沿海建立所谓“游击走廊”，为进一步实现窜犯大陆的军事冒险创造条件。这个庞大的派遣武装特务的计划，是美蒋特务机关“中美联合情报中心”和“国防部情报局”联合制定的。公报说，在这一时期，美蒋集团还加紧策划对广东地区的爆炸破坏事件。据被捕获的特务供称，美蒋特务机关最近妄图在广东地区制造一个所谓“破坏高潮”，但潜入广东地区的美蒋特务，已相继被公安机关捕获，其携带的爆炸器材也全部被缴获。公报指出，美蒋特务虽遭到一次又一次的失败，但他们还会继续捣乱。全国人民应该保持高度警惕，进一步加强人民民主专政，把来犯的敌人全部、彻底、干净消灭，不使一个漏网。同日，据新华社报道，广东五县举行了歼灭美蒋特务庆功大会。

同　日　中国古巴友好协会在北京成立。协会由全国总工会、全国青联、全国学联、全国妇联等18个人民团体发起筹备。协会推选刘宁一为会长，张致祥、刘志坚、林默涵、冯基平、朱穆之、郭建、王照华等为副会长。还推选了常务理事、理事、总干事、副总干事，通过了友协章程。

同　日　全国总工会发出关于纪念“二七”大罢工40周年的通知。通知要求各地工会贯彻中央在全国进行一次国际主义教育、爱国主义教育和社会主义教育的精神，在1963年2月7日前后开展一次规模大于往年的宣传纪念活动，以教育职工继承和发扬“二七”革命精神，积极开展社会主义竞赛，为支援农业做出更大贡献。

12月30日　中共中央发出《关于严禁私自招收职工的通知》。《通知》说，自10月以来，全国职工人数不但没有继续减少，反而有不少增加。10月末比9月末增加9.2万人，11月末又比10月末增加33.4万人，12月还可能继续增加。由于职工人数的增加，使得今年以来全国减少职工人数由9月末的940.7万人下降为11月末的898.1人，这种趋势如不停止，势必影响精简成果。《通知》要求，从现在起，除经中央、国务院或国家计委批准以外，一律停止增加人，经过批准必须增加的人员，也要尽可能从现有职工中调剂解决，除非十分必要，不得从社会上招收，更不得从农村中招收。并要求各地对已增加的职工进行一次检查清理。

12月31日　《人民日报》发表社论：《陶里亚蒂同志同我们的分歧》。社论从四个方面论说了中国共产党同陶里亚蒂及意共在意识形态范围内的分歧：一、关于战争与和平问题。社论驳斥了陶里亚蒂所谓中共“好战”的指责，申明，中共一向认为，现代战争的根源是帝国主义，美帝国主义是侵略和战争的主要力量；只有不断加强社会主义阵营的力量，不断加强亚、非、拉的民族民主运动，不断加强各国人民的革命斗争，不断加强保卫世界和平运动，同以美国为首的帝国主义进行坚决的斗争，才能使世界和平得到可靠的保障；同时，保卫世界和平的斗争，同民族解放运动和各国人民的革命斗争，是互相支持，不可分割的。二、对于核武器和核战争的态度。社论说，核武器出现以后，马列主义关于战争与和平的基本原理并未“过时”，它仍然是政治的继续，那些认为战争已没有正义性和非正义性区别的人，实际堕入了反对一切战争的资产阶级和平主义的立场。三、帝国主义和一切反动派是不是“纸老虎”。社论指出，是不是在战略上如实地把帝国主义和一切反动派看做是纸老虎，是一个关系到一切革命人民敢不敢斗争、敢不敢革命，敢不敢胜利的大问题。一切被压迫民族和被压迫人民，首先应该有战胜帝国主义和反动派的革命信心、革命雄心、革命气慨，否则，任何革命是永远没有希望的。四、关于和平共处问题。社论说，中国共产党一贯主张不同社会制度之间实行和平共处，但绝不能设想，实行和平共处，可以不经过斗争。更不能设想，和平共处关系的建立，就可以消除国际范围内的阶级斗争和社会主义与资本主义两种制度的对立。此外，社论还批驳了意共主张的“结构改革”论，斥责了意共同南共的“亲密”关系，并重申应该维护莫斯科宣言和莫斯科声明的精神，该社论为60年代国际共运大论战初期的一篇重要文章。

同　日　全国气象服务网基本建成。截止到1962年底，全国气象台站达到2 186个，除少数边远地区外，绝大多数专、州、市、县都已开设气象台站。气象专业人员约达2.2万人。

本　月　国务院颁发会计人员职权试行条例。条例规定，一切国营企业、事业、机关、团体、银行、部队、学校等，都必须根据工作需要，设置财务会计机构或者专职的会计人员。条例对会计人员作了七条规定：一、切实做好记账、算账、对账、报账工作。二、通过会计工作，严格执行国家规定的信贷，结算和现金管理等制度。三、通过会计工作保护国家财产不受损失。四、按时检查分析本单位的经济活动和财务收支情况，向上级报告。五、向上级部门派来的查账人员，提供资料，答复各项问题。六、会同本单位的有关部门，组织职工群众参与经济核算工作，促进增产节约措施的实现，七、会计人员调动工作，必须负责办理交接手续。条例规定的会计权限是：一、有权要求本单位的有关人员，正确执行国家批准的计划、预算和各项财务会计制度，并按照会计手续办事。二、会计人员有权参与本单位各项有关的计划、预算和定额的制定。三、会计人员有权监督本单位财产物资的调拨。四、会计人员有权要求本单位有关人员提供资金和物资使用情况的资料。五、会计人员有权检查本单位各有关部门的凭证和账目，对于检查中发现的问题，有权查明原因，报请本单位负责人和上级机关处理，六、会计人员对于违反国家计划和国家财政纪律的事项，有权拒绝付款，拒绝报销或者拒绝执行。在执行这一规定时，如果会计人员的意见与本单位领导人不一致，会计人员应当一面依照本单位领导人的决定执行，一面向上级机关和财政部门反映，但是属于明显违反国家财经纪律的，会计人员必须坚决拒绝执行，并向上级机关报告。条例还规定，会计人员的任免要有一定的手续，不得随意调动。条例还对领导在会计的使用和责任方面作了规定。

本　月　1.2万吨自由锻造水压机在上海建成。水压机为中国自行设计和建造，为当时中国最大的一台锻造设备。与国外同类设备相比，中国水压机具有重量较轻的优点。

1963年

1963年综述

2月，毛泽东根据湖南、河北等地开展农村“四清”的经验，提出“阶级斗争，一抓就灵”。3月，中共中央发出《关于厉行增产节约和反对贪污盗窃、反对投机倒把，反对铺张浪费、反对分散主义、反对官僚主义运动的指示》。5月，毛泽东主持制定了《关于目前农村工作若干问题的决定（草案）》（即《前十条》）。9月，中共中央又制定了《关于农村社会主义教育运动中一些具体政策的规定（草案）》（即《后十条》）。随后全国开展了大规模的以农村“四清”和城市“五反”为内容的社会主义教育运动。

下半年，在国民经济开始全面恢复的基础上，中共中央决定从1963年起，再用3年时间，继续进行调整、巩固、充实、提高的工作，作为第二个五年计划到第三个五年计划的过渡阶段，从而为调整工作的继续深入和实现国民经济的全面恢复和发展起到重要促进作用。11月，全国人大二届四次会议又一次提出了实现四个现代化，建设社会主义强国的宏伟目标，并且提出了分两步实现四个现代化的设想。12月，中共中央和国务院批准公布了《1963—1972年科学技术发展规划》，提出了科技发展分阶段赶上世界先进水平的步骤和目标。4月和5月刘少奇出访亚洲4国，12月，周恩来开始出访亚非14国，进一步加强了我国同亚洲、非洲各友好国家的团结合作。

7月，中国共产党同苏联共产党举行了两党高级会谈。但分歧并未解决。从9月开始，为回答苏共的公开攻击，《人民日报》、《红旗》杂志陆续发表评论员文章，中苏两党的争论终于发展为公开论战。

主要经济指标：工农业总产值为1 402亿元，比上年增长9.5%。其中工业总产值922亿元，比上年增长8.4%；农业总产值480亿元，比上年增长11.6%（以上按1957年不变价格计算）。工农业主要产品产量：粮食17 000万吨，比上年增长6.3%；棉花120万吨，比上年增长60%；油料245.8万吨，比上年增长22.7%。钢762万吨，比上年增长14.2%；原油648万吨，比上年增加73万吨；煤21 700万吨，比上年下降1.4%；发电量490亿度，比上年增长7%；基本建设投资总额98.16亿元，比土年增长37.7%；社会商品零售总额605亿元，比上年增加5 000万元。进出口总额85.7亿元（折合29.2亿美元）；国家财政总收入342.3亿元，总支出339.6亿元，收大于支2.7亿元。

1月1日　《人民日报》发表元旦社论：《巩固伟大成绩争取新的胜利》。社论说："刚刚过去的一年，我国的经济形势，从农业到工业，从农村到城市都在一天天地好起来。第二个五年计划的主要工业指标已经提前完成，为在我国建立一个独立的、完整的、现代化的经济体系打下了初步基础。"社论指出，在新的一年中，我们要进一步巩固农村人民公社集体经济，依靠全体社员和集体生产的积极性，在各方面的支援下，集中力量恢复和发展农业，争取农业生产的丰收。同时努力完成国家规定的农副产品收购计划。财政、金融、科学、文化、教育、卫生等部门，都要继续改进自己的工作，更好地为农业生产、工业生产和城乡人民生活服务。社论说，全党同志要加倍努力学习马克思列宁主义，学习毛泽东同志的著作，更好地掌握社会主义建设的规律，进一步学会用马克思列宁主义的观点去分析当前国内外形势，增强我们党的战斗力，为推进社会主义事业和保卫马克思列宁主义的纯洁性而斗争。

1月2日　外交部就印度政府无理刁难我总领事馆撤离一事照会印度驻华大使。照会说：在印度政府片面撕毁中印互设总领事馆的协议之后，中国有关方面对于印度在中国的两个总领事馆的撤销事宜给予了各种协助和便利。但是，中国在印度的两个总领事馆在办理撤离事务中，却遇到了种种无理的刁难。中国驻加尔各答总领事馆人员的离境证件，一直拖延到1962年12月13日，即撤馆的前两天才发给，甚至对我离境的工作人员，无理加以种种限制。对在中国总领事馆撤销前去办理回国签证的华侨，印度警察百般刁难，逐个登记，详加盘问，甚至进行搜身。中国总领事馆人员的行动，也处处受到印度当局的无理干涉甚至侮辱。照会指出，印度当局的上述无理行径粗暴地违反了公认的国际惯例。对此，中国政府表示极大的遗憾并向印度政府提出严重抗议。

同　日　中共中央批转国务院财贸办公室《关于1963年财政、信贷、外汇、市场平衡问题向中央汇报的提纲》。《汇报提纲》就国家预算计划收支各差3亿元，外贸收购计划差5 000万元，商品和购买力之间有差额6亿元的缺口问题，提出：挖掘生产潜力和利用清仓物资，增产商品10亿元，增加财政收入1—2亿元。在支出方面，1963年上半年，除特殊情况外，不批准任何追加预算；对支援农业的各种资金，要分期分批拨款，从严掌握，并将原定1963年的长期无息贷款减少2亿元；对供销社的贷款也要通过扩大股金的办法适当减少；同时严格控制劳动工资，切实完成1963年的压缩城镇人口计划；社会集团开支总数，不得超过1962年的水平；在对外贸易方面，要采取适当扩大的方针，以进养出，利用记账外汇余额，再多进口棉花2万吨，加工成棉织品，用来出口，或者用来换购农产品出口；此外，还要全力抓工商业的扭亏增盈工作。中共中央认为上述措施是可行的。

1月3日　中共中央批准下达《1963年基本建设计划草案》。这一计划草案，是按照77.1亿元的总规模进行安排的。根据中央调整国民经济方针的要求，1963年用于农业和直接支援农业的投资占33.3%；用于轻工市场和直接为轻工市场服务的投资占5.9%；用于国防和直接为国防工业服务的投资占14.3%；用于重工业的投资，除去直接为农业、轻工业和国防工业服务的部分以外，占31.4%，主要是用于基础工业的建设。在77.1亿元投资中，用于维持简单再生产的占44.4%；用于扩大再生产的占55.6%。国家安排的大中型建设项目为668个。同原来的安排相比，各项建设条件较为落实。中共中央在批发这个计划草案时强调，1963年的基建投资只能适当增加，步子不能迈得太大；各地方、各部门必须坚决按此计划办事，不准在计划外再增加投资、增加项目和自行扩大基本建设规模；自筹资金的建设项目，也应一律纳入计划。

1月10日　外交部就印度方面侵犯中国领土领空一事照会印度驻华大使馆。照会说，印度方面自1962年9月28日到12月11日，多次越过中锡边界，对中国境内进行侦察挑衅，严重侵犯中国的领土、领空。这种在中锡边界制造紧张局势，损害中锡睦邻关系的图谋是不能得逞的。中国政府再次要求印度方面立即停止从中锡边界侵犯中国领土、领空的各种活动。

1月13日　国防部发言人就我边防部队继续从中印边界全线主动

后撤一事发表声明。声明宣布：我西藏地方和新疆地方的边防部队，根据我国政府的决定，将于1月14日和1月15日继续从中印边界全线主动后撤。声明同时指出：自从1962年11月21日中国政府发表主动停火、主动后撤的声明以后，我边防部队坚决地、忠实地执行了我国政府的决定，从而使由印度方面挑起的边境冲突得以停止，中印边境紧张局势得以和缓，为和平谈判解决中印边界问题创造了最为有利的条件。遗憾的是，印度当局在我边防部队主动停火和后撤以后，并没有采取应有的积极响应措施，而且还不断地发出战争叫嚣，从美国取得巨额军事援助，继续进行战争准备；与此同时，又不断地派遣飞机、军警人员侵入我国领土、领空，进行骚扰挑衅，这不能不引起一切关心世界和亚洲和平的人们的严重注意。

1月15日　中共中央对德州地委《关于前德州市委主要领导干部腐化堕落违法乱纪案件的检查处理报告》作出批示。中央针对这份材料指出：我们党的干部中，确实有一些人在思想上、感情上、生活上已经起了根本性的变化，完全蜕化为资产阶级分子。如果容忍这种错误倾向在党内泛滥，就会使我们无产阶级先锋队的肌体受到腐蚀，以致使党的组织变质。为此，中央要求各级党组织必须经常地同党员干部中的腐化堕落、违法乱纪行为进行严肃的斗争。要使每个党员明确认识到，我们党处于执政地位以后，党对党员、干部的要求不是更低，而是更高，不是更松，而是更严。因此更要注意加强对党员的教育，加强党组织自身的建设。

1月15日—21日　中共代表团参加德国统一社会党第6次代表大会。1月18日，伍修权团长在大会上致词并宣读中共中央的贺电。阐述了中国共产党和中国政府的对外政策。在谈到中印关系时，伍修权指出：尼赫鲁政府的反华政策是受到帝国主义特别是美帝国主义的支持和鼓励的。遗憾的是，它也受到了一些自称为马克思列宁主义者的人的支持和鼓励。他们实际上是同尼赫鲁一起，参加了反华大合唱。在谈到同兄弟党的关系问题时，伍修权指出：共产党人应当言行一致。不应当一方面讲要停止攻击，另一方面又在继续进行攻击，这种做法是无助于消除分歧，加强团结的。我们愿意在这里再一次提出诚恳的呼吁，大家都以无产阶级革命事业和对敌斗争的利益为重，严格按照莫斯科宣言和莫斯科声明的准则，通过正当的途径来消除分歧，加强团结。关于中国的对外政策，伍修权讲道：我国对外政策的总路线是：在无产阶级国际主义原则下，发展同苏联和各社会主义兄弟国家的友好互助合作关系；在五项原则的基础上，争取和不同社会制度的国家和平共处，反对帝国主义的侵略政策和战争政策；支援各国被压迫人民和被压迫民族反对帝国主义和殖民主义的革命斗争。当伍修权在致词中根据莫斯科声明的论点谴责现代修正主义时，大会执行主席维尔纳甚至一再摇铃阻止伍修权讲话，主席台上和会场中也发出一片哄闹声和跺脚声。伍修权坚持继续致词，直到把中共中央致德国统一社会党第6次代表大会的贺电宣读完毕。中国共产党代表团的发言得到了朝鲜劳动党代表团的支持。

1月16日　外交部发言人发表驳斥印度外交部发言人的谈话。谈话指出：1月8日印度外交部发言人发表谈话称，印度方面从中国方面接收了一批中国边防部队缴获的印军装备，这些装备都已“损坏不堪”，中国方面交还这些装备是为了“宣传的目的”。此后，印度的报纸纷纷对中国政府进行诬蔑，说中国政府是就移交装备问题“发动宣传运动”，是“背信弃义的阴谋”等等。对这些歪曲和诬蔑，中国政府不得不公布有关事实真相。谈话说在中国边防部队主动停火和实行后撤的过程中，中国政府为了进一步表示争取和平解决中印边界问题的诚意和创造和解气氛，指示中国边防部队把在自己反击中缴获的印军武器和其他军用物资集中起来交还印度方面。中国边防部队已于去年12月坚决地执行了这一指示，所有缴获物资已全部集中并交给了印方接收人员，并开列了详细清单。其中很大部分装备是完好的，一部分损坏了的武器装备，也都是印军在撤退中自行破坏和在战斗中损坏了的。印度外交部发言人却不顾事实，硬说中国交还的物资都已“损坏不堪”，这种以怨报德的态度只能使人感到遗憾。中印边界问题总是要和平解决的。我们希望印度政府改变这种敌视中国的态度。

1月17日　外交部就印度当局勾结（台湾）蒋介石当局一事照会印度驻华大使馆。照会说：印度噶伦堡地方当局公然无视中国政府的一再警告，擅自把当地的中华学校交给了当地的（台湾）蒋介石当局。在中印两国保持外交关系和印度政府一直宣称只承认中华人民共和国的情况下，印度当局竟然这样明目张胆地与（台湾）蒋介石当局勾结，不能不引起中国人民的极大愤慨。中国政府警告印度政府，如果目前这种情况继续下去，它必须承担由此而产生的一切后果。

1月18日　中共中央同意并批发国家计委《关于1963年国民经济计划（草案）的报告》。《报告》提出的1963年国民经济计划草案的主要内容是：农业总产值比上年预计增长8.5%，工业总产值增长5.7%，国家财政收支各327亿元。社会商品零售总额563亿元。报告提出了下述主要产品产量指标：粮食3 186亿—3 216亿斤；棉花2 100万—2 200万担；棉纱300万—305万件；棉布25.5亿—26亿米；煤炭20 046万吨；发电量436.85亿—444.65亿度；钢670万吨。铁路货运量3.35亿吨。对外贸易进口总额31亿元，出口总额41亿元，加上上年结转和自筹资金部分，总规模约为90亿元。基本建设投资由原来安排的85亿元减少为77.1亿元，大中型项目由原安排的692个减少为668个，并且推迟了125个项目的部分工程。1963年，要求再减少职工156万—172万人，减少城镇人口600万人，到年底，职工人数要控制在3 100万人左右，城镇人口控制在1.15亿人左右。工资总额计划为208.5亿—213.5亿元。中央要求各地区、各部门按此先行安排工作。

1月19日　周恩来总理复信锡兰（即斯里兰卡）总理西丽玛沃·班达拉奈克夫人。信中表示：中国政府原则上接受亚非6个不结盟国家科伦坡会议的建议，作为中印官员会晤讨论的初步基础，促进中印边界谈判的举行。但中国政府仍然保留对科伦坡会议建议的两点解释，以有助于使科伦坡会议的建议贯彻对中印双方对等的原则和对中印边界各段一致的原则。印度政府对于科伦坡会议的建议也可能有不同解释。中国政府希望中印双方不同的解释不致阻碍中印官员迅速会谈，而能够在会谈中求得解决。周恩来强调指出，中国政府一再作出的和解努力，表现了对印度的荣誉和自尊的极大照顾，并且在实际上促使停火稳定下来和双方脱离接触。但是，和解应该来自双方。中国政府热诚地希望，在科伦坡会议其他与会国的推动和帮助下，中国的进一步和解努力，将会从印度方面得到有利的反应，中印直接谈判将会迅速开始。

1月20日　中国尼泊尔两国政府签订边界议定书。议定书由副总理兼外交部长陈毅和尼泊尔外交大臣图尔西·吉里签署。至此，中尼边界委员会已经成功地完成了1961年10月5日中尼边界条约所赋予的建立永久性界桩的任务，从而明确地、正式地标定了中国和尼泊尔之间的边界线。议定书说两国政府深信，这将有助于加强两国人民之间的传统友谊，进一步巩固和促进两国之间的友好睦邻关系。

1月21日　中共中央发出对“组织工作会议纪要”的批示。批示指出：一、党要管党。党的建设，是我们民主革命时期的主要法宝之一，也是我们在社会主义建设时期的主要法宝之一。执政的党，必须永远注意加强党的建设，必须认真地执行民主集中制，必须对干部和党员提出更高更严的要求。这是天经地义。党不管党，党的路线和方针、政策就不可能贯彻实现，党的组织就有蜕化变质的危险。为了加强党的建设工作，必须大力加强管理党的建设的业务部门。必须自上而下地把党的组织部门和宣传部门切实地加强起来。各级党委，都应当定期讨论和检查它们的工作，并且按照实际需要，适当地扩大它们的编制，抽调一批条件合适的干部，进一步充实它们的机构，使它们真正能够担负自己的任务。二、现在党的队伍中有一些不合格的分子、阶级异己分子和蜕化变质分子。中央认为，有必要在重新教育党员的基础上，对党员普遍地进行一次重新登记。关于这一工作，中央将在适当的时机，作出专门的决议。三、在进行登记党员试点的地方，可以结合进行建立共产主义小组的试点。在重新登记党员时，势必要有一部分党员离开党的组织。其中，有一些人，虽然不具备党员条件，但并不是坏人，他们是拥护党，对党有比较深厚的感情的。对这一些人的处理，更要十分慎重。既不应该降低党员条件把他们留在党内，又不要伤了感情，使他们同党对立起来。在他们退出党的组织以后，可以吸收他们参加共产主义小组。四、必须把党的基层工作的正常秩序建立起来。五、管理党员和管理干部，是党的建设中的两项主要工作。其中，管好干部，对于党的建设，关系尤为重大。近几年来，对干部管得不严，一漏洞不少，这是一个大缺点，已经给党造成了一定的损失。今后，必须切实纠正。干部管理制度，应当同国民经济的管理体制相适应，应当同加强干部管理工作的要求相适应。

1月22日　中共中央批转《中央宣传部、中央组织部关于一年来轮训干部工作的情况和今后意见向中央的报告》。中宣部、中组部的报告说，全国县委书记一级以上党员干部的轮训工作，从1961年9月中央发出《关于轮训干部的决定》以来，已经进行了一年多。到1962年10月止，全党参加轮训的干部共11.4万余人。《报告》指出：这次轮训的收获很大：一、对于健全党内民主生活，健全党的民主集中制，起了重要作用。二、在提高干部对总路线、大跃进、人民公社三面红旗的认识，帮助干部正确理解几年来工作中发生缺点、错误的性质和原因方面，起了显著的作用。大多数干部都从思想上明确地认识到我们几年来的工作“虽然发生过一些缺点、错误，但这是第二位的，更不能把这些缺点、错误同三面红旗本身混同起来”。三、对于帮助干部克服主观主义、分散主义，改进工作作风也起了很大的作用。报告说，轮训虽然取得了以上的成绩，但是也有一些缺点。即：一、在轮训班里展开不同意见的讨论和辩论不够。二、有些轮训班没有很好地做到中央所规定的“自学为主”、“认真读书和学习文件”等项要求，把过多的时间用在讨论和漫谈上面，影响了轮训效果。三、有的地区和单位对中央决定轮训干部的重要意义认识不足，抓得不紧。关于轮训工作的经验，报告提出了如下三点：一、能否坚决地、正确地贯彻执行“中央关于轮训干部的决定”，是轮训工作能否取得良好效果、或取得效果大小的关键。二、这种短期离职的轮训，是目前条件下帮助党的主要干部学习理论、总结经验的有效方式。三、轮训的内容，必须随着客观形势和干部思想情况的变化而适当调整。《报告》还对今后的轮训工作提出了具体意见，主要有：要认真学习党的八届十中全会的各项决议和文件，要提倡不同意见的讨论或辩论。要充分发扬民主，让人讲话，鼓励干部畅所欲言；每期轮训的时间可适当延长；各省、市、自治区党委力争在1963年年底前结束这一次轮训工作，等等。中央的批示指出：由于国际共产主义运动中两条路线的斗争已经进入了一个新的阶段，由于干部的社会主义思想准备需要继续加强，各地党委必须认真做好干部轮训工作，帮助干部进一步提高思想政治水平，以便他们能够更好地完成党和国家的艰巨复杂的斗争任务。

1月27日　中共中央对《关于整顿商业队伍会议的纪要》作出批示。国务院财贸办公室于1962年12月召开了各省、市、自治区参加的整顿商业队伍的会议，讨论了继续精减商业人员问题和调整、充实、提高商业队伍问题。《会议纪要》提出，1963年要在1961年和1962年净减商业人员约90万人（共减180万人，补充约80万人）的基础上，坚决完成中央决定的再精减商业人员80万人的指示。中央在批示中强调，商业工作十分繁重，政策性很强，必须下决心把商业队伍整顿好、教育好、培养好，使这支队伍在社会主义建设中更好地为工农业生产服务，为人民生活服务。

1月29日　上海召开科学技术工作会议。周恩来在会上讲话说：我国过去的科学基础很差。我们要实现农业现代化、工业现代化、国防现代化和科学技术现代化，把我们祖国建设成为一个社会主义强国，关键在于实现科学技术的现代化。实现科学技术现代化的主要要求是：实事求是，循序前进，相互促进，迎头赶上。"我国是一个人口最多的社会主义国家，我们不仅要实事求是，循序前进，还要有雄心壮志，尽快赶上世界先进水平。我们的四个现代化，要同时并进，相互促进，不能等工业现代化以后再来进行农业现代化、国防现代化和科学技术现代化。我们落后于世界先进水平，但是我们有先进经验可以学习，有最新科学技术成果可以利用，这样可以扩大我们的眼界，所以我们前进的步伐可以加快。""我们不应该跟在别人后面把所有的程序都走一遍，那样，我们将永远落在后面。只有把实事求是、循序前进和相互促进、迎头赶上统一起来，才能使我们科学技术的发展适应20世纪60年代的要求，比较快地赶上世界先进水平。”周恩来勉励与会者说：上海，作为我国最大的工业城市和科学技术的重要基地，我们对上海科学技术界寄予深切的期望。希望上海的科学技术界在实现四个现代化中做出应有的成绩。

2月1日　华东农业先进集体代表会议和华东农业科学技术工作会议在上海召开。周恩来参加了会议并讲话。他号召农业战线的同志要踏踏实实开展农业生产运动。华东局第一书记柯庆施在会上提出办好人民公社的3个环节：民主办社好，干部思想作风好，党的支部好。

2月2日—27日　解放军总政治部在北京召开全军政治工作会议。会议检查了1962年全军加强政治思想工作的情况，总结了两年来创造四好连队的经验，研究并提出今后部队政治工作任务，讨论了政治工作条例。会议期间，毛泽东、刘少奇、周恩来、朱德、邓小平接见了出席会议的全体代表。总政治部主任肖华在会上作了《把创造四好连队活动提高一步，不断加强我军战斗力》的报告。

2月8日　中共中央决定国家计委成立领导小组。领导小组由李富春、李先念、谭震林、薄一波、陈伯达、邓子恢、程子华、薛暮桥等8人组成。其主要职能是研究年度计划和长远计划的方针、政策、任务及主要指标，研究和确定实现计划的重大措施，并且定期听取计委日常工作的汇报。

同　日　中共中央国务院决定成立第四机械工业部。为了加速中国无线电工业的发展，适应国防建设和国民经济建设的迫切需要，中央和国务院决定单独成立第四机械工业部，除直接管理原第三机械工业部第十总局所属企业、事业单位外，同时管理地方无线电工业，并对整个无线电工业的建设，进行统筹规划，全面安排。5月25日，全国人大常委会第九十七次会议批准了这一决定。同日，刘少奇主席任命王诤为第四机械工业部部长。

同　日　周恩来同文艺界人士谈过好“五关”。周恩来在出席文艺界元宵晚会时，要求作家、艺术家，加强同人民群众的联系，并过好“五关”，即思想关、政治关、生活关、家庭关、社会关。

2月8日—28日　柬埔寨国家元首诺罗敦·西哈努克亲王访华。2月15日毛泽东主席会见了亲王和夫人。刘少奇主席和周恩来总理在西哈努克亲王来访期间同他进行了会谈。双方就两国今后的经济技术和文化合作以及两国共同关心的国际问题交换了意见，并且取得了圆满的结果。双方重申要为缓和国际局势，维护世界和平，争取万隆原则的胜利，促进亚非拉美各国人民的团结，以及一切被压迫人民的解放而继续努力。27日，刘少奇主席和西哈努克亲王签署了联合公报。在华期间，西哈努克亲王一行访问了北京、昆明、上海、长沙、桂林、南宁等城市。

2月8日—3月底　中共中央和国务院在北京联合召开全国农业科学技术工作会议。参加会议的有来自全国各地科学研究机关、产业部门和高等学校的涉及几十个不同学科的科学工作者、教授和工程技术专家及有关部门的负责干部、各中央局、农村办公室和各地科学技术委员会、科学协会的负责人等共1 200多人。会议的中心任务是商讨中国农业科学技术各方面的重要问题，研究讨论中国农业科学技术的长远规划。经过认真讨论，会议制定了1963年至1972年农业科学技术发展规划，提出了3 000多项实现农业发展纲要所需要进行的科学研究课题。制定规划的指导思想是：着重提高现有耕地的单位面积产量，并全面考虑农、林、牧、副、渔各业的综合发展，以实现农业发展纲要和农业现代化的目标。根据这一指导思想和充分合理利用现有资源的要求，规划确定了研究项目1 300多个，要求建立一系列研究试验中心，对发展农业的重大科学技术问题进行综合研究。国务院副总理兼国家科学技术委员会主任聂荣臻21日到会作了重要讲话。讲话指出，发展科学技术是我国社会主义建设的一个重要组成部分，把我国建成社会主义强国，实现农业、工业、国防和科学技术四个现代化，关键在于科学技术现代化。用研究试验工作成果为有计划地发展国民经济和多快好省地进行生产建设提供科学技术依据，是我国科学技术工作者光荣而艰巨的使命。

他勉励科学技术工作者要埋头苦干、实事求是，用科学的态度从事工作，要更好地贯彻党的百花齐放，百家争鸣的方针，支持科学家对科学技术问题勇于负责。毛泽东等党和国家领导人接见了出席会议的代表。

2月11日—28日　中共中央在北京召开工作会议。会议提出：从当年起，再用3年时间，继续实行调整、巩固、充实、提高的方针，把这3年作为第二个五年计划（1958年到1962年）到第三个五年计划（1966年到1970年）的过渡阶段。后3年与前两年在工作要求上应有所不同，前两年主要是缩短战线，实行精简，一般是退；后3年除了继续调整国民经济的比例关系外，要适当组织企业开展专业化协作；改善企业的经营管理，提高经济效益，搞好一批老企业的设备更新，加强对原有生产能力的填平补齐，等等。在这段时间内，针对经济体制上存在的问题，除了继续实施配合调整而采取的改革措施外，还要进行一些探索性的改革。会议还讨论了财贸工作、1963年国民经济计划和中小学教育等问题，并着重讨论了城市社会主义教育问题。决定在城市开展反对贪污盗窃，反对投机倒把，反对铺张浪费、反对分散主义，反对官僚主义的“五反”运动，严格管理大中城市集市贸易和坚决打击投机倒把。会上，毛泽东推荐和介绍了湖南省开展社会主义教育运动及河北省保定地区开展清理账目、清理仓库、清理财物、清理工分（简称“四清”）的经验，并在讲话中提出了“阶级斗争，一抓就灵”的不正确论断，督促各地注意阶级斗争和社会主义教育问题。

2月13日　中国同阿拉伯也门共和国决定将两国的外交关系升格为大使级。

2月17日　陈毅副总理就中印边界问题发表电视谈话。谈话回顾了中印边界冲突的由来和现状，指出：目前笼罩在中印上空的乌云总是要消失的。从长远的观点看，中印边界纠纷，不过是中印友好的历史上一个短暂的插曲而已。谈话是在接见瑞典广播公司记者时进行的。

2月22日—3月10日　全国医学科学工作会议在北京举行。会议总结了医学科学工作的成就和经验，确定今后的主要任务是：发展医学科学研究，攀登技术顶峰，同时也要面向工农。会议讨论并制定了长远规划。会议期间，毛泽东等党和国家领导人接见了出席会议的全体代表。

2月23日　毛泽东接见苏联驻华大使契尔沃年科。2月21日苏共中央曾致信中共中央，建议举行中苏两党高级会谈，讨论解决两党间的分歧。毛泽东向契尔沃年科大使说明了中共中央对这封信的评价，对举行两党高级会谈的建议表示欢迎，并提出“希望赫鲁晓夫同志在他访问柬埔寨的时候路过北京，举行两党会谈，交换意见。如果苏联方面感到不方便，那么，也可以由苏共中央的其他负责同志率领代表团到北京来，或者由我们派代表团到莫斯科去。”

2月24日　中国选手夺得第一个世界速度滑冰冠军。中国选手罗致焕在世界速度滑冰锦标赛男子1 500米的比赛中，以2分9秒2荣获冠军。这是中国速滑选手自1957年参加世界速度滑冰比赛以来，第一次夺得这个项目的世界冠军。

2月26日—3月4日　巴基斯坦外交部长佐勒菲卡·阿里·布托访华。毛泽东主席，刘少奇主席接见了布托并同他进行了亲切的谈话。周恩来总理、陈毅副总理兼外交部长在同布托先生进行的会谈中一致表示愿意在平等和互不干涉内政的基础上促进中国和巴基斯坦之间的合作。3月2日下午，两国外交部长签订了中国和巴基斯坦之间的边界协定。双方认为，这次边界协定的签订，对于巩固和发展中巴两国的友好睦邻关系具有重大意义，并且对于巩固亚洲和世界和平作出了贡献。3月4日，人民日报发表社论《中巴友好关系的新阶段》。

2月27日　人民日报发表社论：《分歧从何而来——答多列士同志》。社论首先列举了法国共产党总书记多列士自1962年11月起对中国共产党发表的大量攻击性言论和文件。接着指出：从多列士发表的这些观点中，只能得出这样的结论，即：帝国主义的本性已经改变，帝国主义所固有的各种不可克服的矛盾已经不复存在，马克思列宁主义已经过时，莫斯科宣言应该废除。社论逐条批驳了多列士的“修正主义”观点，并强调指出：“我们始终一贯地坚持马克思列宁主义，坚持莫斯科宣言和莫斯科声明的革命原则，反对背离这些革命原则的任何言论和行动。”该社论不久由人民出版社印成小册子在全国发行。

同　日　《红旗》杂志第3—4期发表编辑部文章：《再论陶里亚蒂同志同我们的分歧——关于列宁主义在当代的若干重大问题》。文章说，意大利共产党总书记陶里亚蒂同志自从在该党第10次代表大会上对中国共产党进行了公开攻击以来，在国际共产主义运动中一系列重大原则问题上发表了许多违反马列主义根本原理的错误言论。为此，我们已经在1962年12月31日的人民日报上发表了《陶里亚蒂同志同我们的分歧》的社论。陶里亚蒂和其他某些意共同志对这篇社论很不满意，又接连发表文章攻击我们，执意要把公开的争论继续下去。因此，本文就陶里亚蒂同志多年来发表的错误言论，更详细地进行分析和批判。文章指出：在目前国际共产主义运动中，在理论问题、根本路线问题和政策问题上正展开一场大规模的论战。这是马克思主义者同修正主义者、机会主义者进行的第三次大论战。论战的焦点，就是在战争与和平问题上是否承认列宁关于“战争是政治的另一种手段的继续”这一理论仍然有效，并未过时。陶里亚蒂的“结构改革论”“议会道路”等理论观点违背了列宁关于国家与革命的学说，从而成为一种地地道道的修正主义观点。文章在分析修正主义产生的根源时指出：“现代修正主义是国际工人运动中的主要危险。”“资产阶级影响的存在，是修正主义的国内根源。屈服于帝国主义的压力，则是修正主义的国外根源。”文章说，中国共产党认为，解决党与党之间分歧的道路是存在着的。这个道路就是莫斯科宣言和莫斯科声明所指出的道路。我们一直主张，有争执和分歧的兄弟党，特别是首先发动攻击的党应当采取主动，停止公开论战，回到内部协商的轨道上来。

本　月　毛泽东作出关于军队工作的指示。毛泽东在听取中印边境自卫反击战汇报时说，看来我们的军队还是要抓政治工作，抓四个第一，抓三大民主，加强薄弱环节，搞好党的建设。

3月1日　中共中央发出关于厉行增产节约和反对贪污盗窃、反

对投机倒把、反对铺张浪费、反对分散主义、反对官僚主义运动的指示。文件指出：为了争取经济情况进一步的全面好转，克服和防止资本主义、修正主义的腐蚀，保证我国社会主义建设事业的顺利发展，中央认为，有必要在全国范围内，有领导、有步骤地开展一次增产节约和反对贪污盗窃、反对投机倒把、反对铺张浪费、反对分散主义、反对官僚主义（简称“五反”）的运动。这次运动，是“又一次大规模地打击和粉碎资本主义势力猖狂进攻的社会主义革命斗争。”为了顺利开展这次运动，中央作出了如下规定：一、关于整个运动的部署。目前只在县（团）级以上的党政军民机关、国营和合作社企业、事业单位、物资管理部门、文教部门（不包括县以下中小学校）中进行。二、关于增产节约运动，各部门、各地区必须根据自己的具体条件，提出明确的方向和具体的奋斗目标。三、关于反对铺张浪费和整顿制度。领导上要注意引导群众划清界限，不要把一般性的铺张浪费、多吃多占、走“后门”、生活特殊化等问题，同贪污盗窃、投机倒把等非法行为混淆起来，以免打击面过宽。四、关于反对贪污盗窃和投机倒把。所有部门、所有单位，都要充分发动群众，大张旗鼓地开展反对贪污盗窃、投机倒把的运动。文件还把“私商长途贩运”定性为“是一种资本主义的复辟活动，必须坚决地给以打击和取缔。”要教育工人和农民专心致力于生产，“不要弃农经商、弃工经商。”五、在运动的各个阶段，都必须注意反对分散主义（特别是本位主义）和官僚主义。对那种犯有严重分散主义、本位主义、官僚主义错误，而又屡教不改的人，应当严肃处理。六、各地区、各部门、各单位，都要成立增产节约和“五反”运动的领导小组，作为党委领导这一运动的助手。文件发布后，“五反”运动在全国部分城市逐步展开。

同　日　国防部发言人就我边防部队在中印边界全线后撤完毕一事发表声明。声明说，自1962年12月1日起，经过3个月的积极努力，中国边防部队已经在1963年2月28日全部完成了他们的后撤计划。中国边防部队不仅从自卫反击中所到达的地点撤退到1959年11月7日实际控制线，而且还撤退到了实际控制线中国一边20公里以外的地区。

由于中国采取的一系列重大措施，目前中印边境已经有了事实上的停火和事实上的双方武装部队的脱离接触，中印边境局势已经和缓下来。

3月3日　中共中央、国务院发出《关于粮食工作和农产品收购工作的几个问题的规定》。规定共分三条：一、今后5年内，在粮食逐年增产和农民生活逐步改善的基础上，要适当增加征购，增加上调，严格控制销售，减少进口，补充库存。对粮食征购、上调、进口的数量，实行五年一定、一年一议的办法。1963年计划收购粮食670.3亿斤，销售736亿斤，缺65.7亿斤，加上地方平衡购销差的机动数和补充库存35.3亿斤，共缺101亿斤，拟用进口粮食解决。二、各地对生产队包干的粮食征购数目应当在中央分配的征购计划的基础上，按照全国平均计算，加上10%左右的机动数，作为减产减购的保险系数。有些地方也可以先按中央规定的征购计划包给生产队，同时向生产队宣布秋后还要对增产的部分按照40%的比例增购粮食。食油包干的收购数目应当参照粮食包干的办法，适当增加一些机动数。棉花、烤烟、晒烟不宜实行收购任务包干的办法，除了国家规定农民自留量或自留比例外，全部收购。三、收购主要农产品奖售物资，除个别调整外，一般维持上年水平；对主要经济作物，按收购数量全额继续实行地方分成的办法，但分成的比例要适当缩小；同时对畜产品的集中产区，实行畜产品分成的办法。

同　日　中共中央和国务院发出《关于严格管理大中城市集市贸易和坚决打击投机倒把的指示》。文件指出：为了巩固和发展社会主义市场阵地，今后对大中城市集市贸易，应当采取加强管理、缩小范围、逐步代替、区别对待、因地制宜的方针。凡是可以由国营商业和供销合作社代替的，应当积极地采取措施，逐步代替。有些零星的小产品，不便代替的，也可以区别对待，把它保留下来。

同　日　中共中央、国务院发出《关于全部完成和力争超额完成精简任务的决定》。《决定》共六条：一、在过去一年半的时间里，全国净减职工将近1 800万人，净减城镇人口1 200多万人，净减吃商品粮的人口2 000多万人。这是我们在调整国民经济方面所取得的一个突出的、意义重大的成就。二、在1962年底召开的全国劳动计划会议上，初步确定1963年减少职工112.6万人，减少城镇人口586万人的指标，仍然不能全部完成1962年5月规定的任务。职工还多27万—43万人，城镇人口还多218万人。中央和国务院认为，为了在1963年全部完成原定的两年减人任务，全国劳动计划会议确定的指标应当加以修改，即在1963年全国必须减少职工160万人以上，减少城镇人口800万人。三、一年多来的经验证明，减少职工和城镇人口，决心要大、行动要快，“在充分做好准备工作的条件下，要一鼓作气，雷厉风行。”四、应当“撤销一些市镇的建制，划小城市郊区，动员一批城市闲散劳动力和不继续升学的青年学生下乡，动员一部分职工家属回乡，通过这些办法，实现减少城镇人口800万人的指标。五、我们应当根据今后5年、10年、15年工农业生产发展的可能性，来正确处理职工人数和城镇人口的问题。六、控制城镇人口的增长是一项长期的任务。在今后15年左右时间内，我们必须每年动员和组织城镇中上百万的青壮年下乡，参加农、林、牧、副、渔业生产。决定要求，各级党政领导机关必须切实加强对于这项工作的领导，务使减人工作能够圆满地完成。

同　日　中央批准调整部分职工工资。中共中央和国务院经讨论同意中央精简小组、国家计委党组和劳动部党组联合提出的报告，决定从8月份起，给部分职工增加工资。工人和18级以下干部的升级面为45%（4月工资会议调整为40%），17级—14级行政干部升级面为25%，13级—11级行政干部升级面最多不超过5%，10级以上行政干部不升级；对于科技、经济干部，相当于17级和17级以下的，升级面可以稍大些。另外还决定：调整部分工资区类别，把西南、中南和华东原属一、二类工资区的地方，提高为三类工资区；把成都、重庆、贵阳、长沙、南昌等原属三类工资区的少数城市提高为四类工资区；适当调整过分偏低的工人的工资标准；适当扩大计件工资的范围，改进奖励制度；整顿和改进津贴制度。用于以上几项工资调整的金额总数为7.87亿元，其中用于职工升级的金额为4.7亿元。

同　日　外交部就人民解放军完成全线后撤和设立民政检查站一事给印度驻华大使馆照会。照会说：为了保证中印边境地区人民的正常往来、防止破坏分子的活动和维持边境的秩序，中国地方当局已经遵照中国政府的命令，在中国边防部队撤出的1959年11月7日实际控制线中国一侧20km地区的若干地点，设立民政检查站。照会指出：只要印度方面不挑衅，不进入停火安排中有争议的地区，那么，由于中国方面的主动努力而和缓下来的中印边境局势就不会重新紧张起来。

3月5日　《人民日报》发表毛泽东等党和国家领导人为雷锋题词。雷锋，中国人民解放军沈阳部队工程兵某部班长，五好战士。1939年12月30日出生于湖南省望城县（今长沙县）安庆乡的一个贫农家庭。1960年参军，同年11月加入中国共产党。1962年8月不幸因公殉职。1963年1月7日，国防部批准授予沈阳部队工程兵某部雷锋生前所在班为“雷锋班”。1月23日，共青团中央发布决定，追认雷锋为全国优秀少先队辅导员。3月5日，《人民日报》发表毛泽东的题词：“向雷锋同志学习”。随后，又发表了刘少奇、周恩来、朱德、邓小平的题词。刘少奇的题词是：“学习雷锋同志平凡而伟大的共产主义精神”。周恩来的题词是：“向雷锋同志学习憎爱分明的阶级立场，言行一致的革命精神，公而忘私的共产主义风格，奋不顾身的无产阶级斗志。”朱德题词是：“学习雷锋，做毛主席的好战士。”邓小平题词是：“谁愿当一个真正的共产主义者，就应该向雷锋同志的品德和风格学习。”同日《人民日报》还发表了罗瑞卿写给《中国青年》的文章《学习雷锋》。解放军总政治部，团中央和全国总工会也分别发出通知，号召广泛开展学习雷锋的活动。从此，在全国迅速掀起了一个学习雷锋先进事迹的热潮。

3月6日—10日　老挝国王西萨旺·瓦达纳访华。毛泽东主席接见了西萨旺·瓦达纳国王陛下和全体老挝贵宾。刘少奇主席、周恩来总理同瓦达纳国王和梭发那·富马首相进行了会谈。双方郑重地表示，将继续在和平共处五项原则和万隆会议精神的基础上发展两国的友好睦邻关系。3月10日，两国发表《联合公报》。

3月7日　全国政协撤销章乃器政协委员资格。于当日举行的全国政协常委会第三十九次会议决定，撤销“右派分子”章乃器政协委员资格。

3月8日　《人民日报》发表社论：《评美国共产党声明》。文章针对近几个月来美国共产党对中国共产党的攻击，进行了逐条批驳，并对国际共产主义运动中某些人奉行的大国主义做法进行了批评，指出，在这些人看来，人类命运和历史进程是要由两个大国、两个“大人物”来决定的。对于他们说来，国家不分大小一律独立平等，只是一句空话，全世界一百多个国家都必须听从两个大国的摆布。社论说，这难道不是大国沙文主义和强权政治的理论吗？

3月9日　中共中央复信苏共中央赞成举行两党会谈的建议。中共中央总书记邓小平在当日接见苏联驻华大使契尔沃年科时，就中苏两党会谈问题谈了中共中央的看法，并将中共中央对苏共中央2月21日来信的复信面交给契尔沃年科大使。信中对苏共中央提出的举行中苏两党高级会谈的建议表示欢迎。同时重申了1962年4月7日中共中央在给苏共中央信中提出的关于召开各国共产党和工人党代表会议的建议，并认为举行中苏两党高级会谈，“是召开各国共产党和工人党代表会议的一个必要的准备步骤。”信中还表示：“为了给召开兄弟党会议创造良好的气氛，我们决定，对于苏共同志和其他兄弟党同志对中国共产党所进行的公开的指名的攻击，除了已经答复的几篇文章以外，从现在起，暂时停止在报纸和刊物上作公开的答辩。”

3月13日　中共中央批转国家民委党组《关于各少数民族牧业区工作和牧业区人民公社若干政策的规定（草案）》。草案规定：畜牧业是牧业区的主要经济。牧业区的生产方针是以牧为主，围绕畜牧业生产因地制宜发展多种经济，逐步实现畜牧业和农业、副业、林业、渔猎相结合。为此，必须加强牧业的技术改革，改良工具，培养草原，改进放牧和饲养管理，有计划、有步骤地实现畜牧业的半机械化、机械化和现代化，彻底改变游牧经济的落后状态。在牧业区要逐步实现畜牧业的社会主义改造，根据条件，能办人民公社的就办人民公社，能办合作社的就办合作社，尔后再逐步发展为人民公社。对于个体牧民要组织和帮助他们进行生产，逐步吸收他们入社；对于一部分还没有进行社会主义改造的牧业区，应该帮助他们组织互助组，并在条件具备的时候，逐步引导他们实现合作化和人民公社化。人民公社所有制的形式，一般实行以生产队为基本核算单位的公社、生产队两级所有制。

3月16日　中共中央同意成立中国烟草总公司。中央在批复中说，同意轻工业部党组的报告，决定全国烟草工业统一由轻工业部管理，并成立中国烟草总公司，统管原料收购和产品销售工作。将地方轻工、商业、供销合作社等部门管理的卷烟厂和卷烟系统的机械、印刷厂一律由轻工业部收回直接管理；雪茄烟、烟丝等烟草制品工厂全部交给地方轻工业部门管理，并由轻工业部统一安排生产计划，统一分配原料；其余系统的卷烟厂一律关闭。卷烟厂由104个减为61个，职工人数由5.9万余人减为4.1万余人。烤烟和晒烟的收购工作，一律由供销合作社负责进行；收购上来的全部烟叶，一律交轻工业部分配。

3月18日　国务院发布《统计工作试行条例》。《条例》指出：统计机关，特别是省市以上统计机关，应该本着统筹兼顾、全面安排、瞻前顾后，合理布局的要求，积极开展综合平衡研究工作。应该在各种专业统计的基础上进行加工整理，研究各种产品的生产和需要之间的平衡、在生产和建设中人力、物力和财力的平衡，编制国民经济平衡表，要根据以农业为基础，以工业为主导的方针，按照农轻重的次序，全面研究国民经济中的各种比例关系，即农业同工业、生产资料生产同消费资料生产、积累和消费、生产同基本建设、运输同工农业生产、文化建设同经济建设之间的关系等。农业、轻工业同重工业的关系、积累同消费的关系，是社会生产和分配中的根本比例关系，应着重研究。在农业内部，要以粮为纲，研究粮食作物同经济作物、种植业同畜牧业的比例关系；在工业内部，要研究轻工业同重工业、采掘工业同冶炼工业、原材料工业同加工工业的比例关系，在消费内部，要研究工人消费同农民消费、生活消费同社会消费的比例；在积累内部，要研究全民所有制积累同集体所有制积累、生产性积累同非生产性积累、固定资产积累同流动资产积累的比例。此项《条例》曾在3月16日的国务院全体会议上讨论通过。

3月19日　中共中央、国务院决定提高粮食的销售价格和棉花的收购价格。为减少国家的财政补贴，中央和国务院决定，把销售于农村（包括经济作物区）的粮食销售价格提高到同收购价格相平。但为了不增加农村职工的困难，卖给农村国家职工的粮食不提高价格；在城市和农村销售的行业用粮、工业用粮的销售价格一般提高到不亏本的水平。为了促进棉花生产的发展，1963年各地的棉花收购价格，平均提高10%，即每斤皮棉由0.815元提高到0.897元，同时恢复产棉区的地区差价。棉花收购价格提高以后，絮棉、棉布和针织品的销售价格不变。

3月21日　中共中央同意交通部党组《关于在交通部直属企业、事业单位建立政治工作机构的报告》。报告说，交通部决定在交通部直属企业、事业单位建立政治工作机构。这些机构主要负责部署政治工作任务，总结、交流政治工作经验，管理企业干部，组织领导劳动竞赛和党群工作，以及各项政治运动。中央对此《报告》所作批示说：交通运输企业，具有半军事性，而且又有较多的涉外工作，需要高度集中管理，加强政治思想工作。因此，在交通部直属企业、事业单位（工厂、学校除外）建立政治工作机构是很必要的。

3月23日　中共中央转发《昔阳县干部参加劳动已形成社会风尚》的调查材料。据山西省晋中地委农村工作部考察，昔阳县县、社、大队、生产队四级干部参加集体生产劳动已经形成社会风尚。1959年以来，该县的大队和生产队干部，参加劳动一年比一年多，补贴工分一年比一年少。1958年，全县365个生产大队党支部书记和大队长，平均每人做的劳动日不过160多个，补贴工分占全县总投工数的3.29%。1962年，每人平均实做劳动日增加到273个，补贴工分只占到总投工数的1.8%。县、社两级的负责干部，到哪里工作，就在哪里参加劳动。1962年县级机关干部下乡工作，在生产队的劳动日，每人平均62个；公社干部每人平均82个，沾尚公社干部每人平均做到139个。该县沾尚公社党委书纪李千周、大寨大队党支部书记陈永贵，是全县公社和大队干部参加集体生产劳动的两面红旗。干部带头参加生产劳动，带动了广大社员积极参加集体劳动，密切了干群关系，有利于生产上许多问题的解决，促进了农村贫困面貌的改变。中共中央在批转这一材料时指出，干部参加劳动，是党的优良传统之一，是党在社会主义建设时期的一项极为重要的政策。昔阳县的同志能够这样做，所有各县也可以这样做。

同　日　中共中央下发试行《全日制小学暂行工作条例（草案）》（8章40条）和《全日制中学暂行工作条例（草案）》（8章50条）。两个条例对教育方针、任务，学生的培养目标，教学工作，思想政治工作，生产劳动，体育卫生和生活管理，教师行政工作，党的工作和其他组织工作等，都作出了规定。中共中央在批发这两个条例草案时指出，中小学教育是整个教育事业的基础，提高中小学的教育质量，是一项具有战略意义的任务。应该把这个问题摆到党和政府的重要议事日程上来。中小学教育事业要认真贯彻执行“两条腿走路”的方针，应该采取多种多样的形式举办中小学教育。

3月24日　外交部就印度方面在中国和锡金边境变本加厉地侵犯中国领土和领空一事照会印度驻华大使馆。照会对印度方面在中国和锡金边境变本加厉地侵犯中国领土、领空的行为再次提出严重抗议。要求印度方面立即停止在中锡边境的一切侵略活动。

3月26日　《人民日报》发表《中华人民共和国和蒙古人民共和国边界条约》。该条约是中华人民共和国国务院总理周恩来和蒙古人民共和国部长会议主席尤睦佳·泽登巴尔分别代表各自的政府于1962年12月26日在北京签订的。至此，中蒙两国的边界问题获得了圆满解决。3月4日，全国人大常委会第八十六次会议批准了这项条约，3月8日，刘少奇主席批准了这项条约。

3月27日　中共中央颁布《中国人民解放军政治工作条例》。条例是在党中央和军委1954年颁布的《中国人民解放军政治工作条例（草案）》的基础上修改而成的，包括了总则、总政治部、党的委员会、政治委员等19个条例。条例总结了几十年来军队政治工作的丰富经验；阐明了军队政治工作的重大原则。其基本精神和主要内容是：一、明确地指出了毛泽东思想是中国人民革命和社会主义建设的指针，也是我军建设和政治工作的指针。二、阐明了党对军队的绝对领导的原则，规定了军队必须实行党委会制度、政治委员制度和政治工作制度。三、阐明了我军政治工作的方向，规定了政治工作的基本任务和主要内容。四、规定了我军政治工作必须发扬党的工作作风，贯彻执行群众路线。这个条例是我军政治工作的法规和行动准则。

同　日　中共中央批转中央精简小组《关于中央国家机关、党派、人民团体编制进一步精简调整的报告》。《报告》反映，中央一级机关的精简工作，从1960年7月开始，到1962年6月底止，共精简了2.47万余人，占精简前编制6.72万余人的36.7%，保留行政编制数为4.25万余人。在精减中，有6 600余人是从行政编制中划到事业、企业去的，净减数为1.81万余人，占27%。1962年下半年，中央机关不但没有进行精简，而且编制又有了增加。到1963年2月底止，实有编制人数为4.59万余人，增加了3 400余人。如果加上1961年成立的各中央局的编制约5 000人，则实有的编制人数为5.09万余人。另外，国务院各部门提出要求增加的编制人数，还有3 800余人，尚在审核中。对此，《报告》提出，为了贯彻执行中共中央、国务院关于全部完成和力争超额完成精简任务的决定，中央机关行政编制总数，拟在目前实有5.09万余人中再精简4 900余人，即控制在4.6万人以内。比1960年6月底精简前的6.72万余人，减少2.12万余人，占31.5%。中共中央在批转这一《报告》时指出，中央各部门应当厉行精兵简政，发挥机关工作人员的积极性和创造性，改进工作方法，提高工作效率，用更少的人办好更多的事，完成和超额完成精简任务。

3月29日　中共中央批转文化部党组《关于停演“鬼戏”的请示报告》。文化部的报告指出：中国传统戏曲中，原有不少出现鬼魂的剧目。解放初期，在党的戏曲改革方针的指导下，具有严重毒素的“鬼戏”一般均已停止上演。但是，有一些思想内容比较好、表演艺术又较有特色的剧目仍继续演出。近几年来，“鬼戏”演出渐渐增加，有些在解放后经过改革去掉了鬼魂形象的剧目又恢复了原来的面貌；甚至有严重思想毒素和舞台形象恐怖的“鬼戏”，也重新搬上舞台。更为严重的是新编的剧本（如《李慧娘》）亦大肆宣染鬼魂，而评论界又大加赞美，并且提出“有鬼无害论”，来为演出“鬼戏”辩护。对于戏曲工作的这种严重状况，我们没有及时地加以注意。虽然最近我们在戏剧工作者中间进行了反对“鬼戏”的讨论和对“有鬼无害论”的批评，但对于剧团、特别是农村剧团上演“鬼戏”问题，还没有采取进一步的措施，以致“鬼戏”还在流行，还在群众中散播封建迷信思想。中国广大人民群众（尤其是农民），在剥削阶级的长期压迫下，受迷信思想的影响比较深。近几年来，城乡人民中烧香、拜佛，以至盖庙宇、塑菩萨等迷信活动又有所滋长。不少地区农村中的一些干部和群众，还以迎神、还愿等名目，邀请剧团大演“目莲戏”和其他“鬼戏”。事实证明，“鬼戏”的演出，加深了人们的迷信观念，助长了迷信活动，戕害了少年儿童的心灵，妨碍了群众社会主义觉悟的提高。而反革命分子和反动会道门也就利用群众的迷信进行活动。这种情况已经引起不少干部和群众的不满，提出了责难和批评。因此，中央认为，在当前形势下，就广大群众的利益考虑，“鬼戏”有停演的必要；而对剧团来说，也不会有多大影响。中央的批示指出：同意文化部党组的请示报告，请通知有关的文化部门和艺术团体照此执行。在停演“鬼戏”和“迷信戏”后，中央和省、市、自治区文化部门，还应大抓戏曲改革工作，这样，才能在戏曲中认真实行“文艺为社会主义服务，为工农兵服务”和“百花齐放，推陈出新”的方针。

3月30日　第二届全国人民代表大会常务委员会第九十一次会议批准《西藏自治区各级人民代表大会选举条例》。《条例》共8章57条，其中明确规定了“凡居住在自治区境内的年满18岁的中华人民共和国公民，不分民族、种族、性别、职业、社会出身、宗教信仰、教育程度、财产状况、居住期限，都有选举权和被选举权。妇女有同男子平等的选举权和被选举权”等条款。同日，中华人民共和国主席刘少奇发布命令，批准公布此《条例》。

同　日　全国人大常委会第九十一次会议通过关于特赦确实改恶从善的蒋介石集团、伪满洲国和伪蒙疆自治政府的战争罪犯的决定。同日，刘少奇主席发布特赦令。宣布：蒋介石集团、伪满洲国、伪蒙疆自治政府的战争罪犯，关押已满10年，确实改恶从善的，予以释放。其他战犯确有改恶从善表现的，也适当予以减刑。根据这一特赦令，4月9日，最高人民法院特赦释放了35名战争罪犯。其中有康泽、严翊、孙渡等30名属于蒋介石集团的战犯；谷次亨等4名属于伪满洲国的战犯；1名属于伪蒙疆自治政府的战犯德木楚克栋鲁布。另外还有27名战犯受到了减刑宽大处理。这是中华人民共和国成立后第四次特赦释放战争罪犯，再一次显示了我国人民民主专政的强大和巩固，显示了中国共产党和人民政府一贯坚持实行的惩办与宽大相结合、劳动改造与思想教育相结合的政策的伟大胜利。

3月30日、4月10日　国务院全体会议先后举行第一百二十九次、第一百三十次会议。会议分别讨论和通过了《关于调整工商所得税和改进征收办法的试行规定》、《关于物价管理的试行规定》，并决定设立全国物价委员会和国家编制委员会，作为国务院的两个直属机构，并提请人大常委会审议批准。5月25日，人大常委会第九十七次会议批准了国务院的这一决定。

本　月　外交部发言人就美国军用飞机、军舰侵入中国领空、领海向美方提出严重警告。3月1日、6日、27日，美国军用飞机1架先后侵入广东省西沙群岛上空。3月16日、30日，美军舰1艘先后侵入福建省和广东省西沙群岛海域，对此，外交部发言人奉命提出第233次、234次、235次、236次、237次严重警告。

4月5日—14日　中国选手在第二十七届世界乒乓球锦标赛上取得好成绩。在这次比赛中，中国男女选手共获3项世界冠军、2项亚军和6项第3名；中国男子队蝉联男子团体世界冠军，庄则栋蝉联男子单打世界冠军、张燮林、王志良获得了男子双打世界冠军。李富荣再次获男子单打亚军，庄则栋、徐寅生获男子双打亚军。这是继1961年第26届世界乒乓球锦标赛以后，中国乒乓球运动员再一次在世界乒坛上取得重大胜利。

4月7日　中共中央、国务院批转《轻工业部关于肥皂工业集中管理的报告》。轻工业部的报告反映：由于油料严重减产，加上肥皂工业多头领导、分级管理，油料不能集中调度和合理分配，给肥皂生产和市场供应带来很大困难。针对这种情况，报告提出：肥皂工业和与肥皂有关的产品全部由轻工业部门管理，生产和基本建设统一由轻工业部门规划和安排。原由粮食部、商业部、化工部等非轻工业系统（劳改系统在外）管理的肥皂工厂、油脂化学厂，一律移交轻工业部门。原有肥皂工厂，保留83个，其余的一律关闭，自发性的地下工厂一律取缔。轻工业部在分配产品时，要适当照顾供油地区。中央和国务院同意轻工业部的上述意见。

4月12日　中共中央、国务院同意并批发《全国物价委员会关于1963年调整物价问题的报告》。鉴于1962年的集市贸易价格仍高出国家计划价格较多，许多产品的购价和销价之间，不同产品的比价之间，还存在许多不合理的现象，国家为保持主要生活资料价格的基本稳定，每年还要支出30亿到40亿元财政补贴，同时又不得不提高许多非主要生活资料的价格；许多新建立的地方工业因条件较差，为避免亏损而制订了过高的价格。为此，《报告》提出：至少要用两三年的时间，对物价中不合理的部分逐步地进行调整，由于主要商品的供应还很不足，国家财政和人民生活还有相当的困难，因此，在1963年，调整物价的步子不可能迈得过大，只能在保证物价总水平基本不动的条件下，着重解决那些迫切需要解决而且能够解决的问题。对1963年各种价格的具体安排意见，主要是：一、农产品收购价格适当提高。二、消费品零售价格进行有升有降的调整。三、农业生产资料的出厂价适当降低。四、重工业产品出厂价，不作重大调整。五、集市贸易价格争取继续有较大幅度的下降，并调整和平抑短途运价。争取在解决物价管理中的不合理现象的同时，保证物价总水平的基本稳定。

4月12日—26日　刘少奇主席出访印尼、缅甸。随同刘少奇出访的有国务院副总理兼外交部长陈毅、副部长黄镇、部长助理乔冠华等。12日到20日，在访问印尼期间，刘少奇、陈毅等人同苏加诺总统进行了会谈，双方就进一步加强两国之间的友好合作关系和共同关心的国际问题充分交换了意见，表示将继续为维护和发扬万隆精神、促进亚非国家之间的友好团结而共同努力。20日，刘少奇和苏加诺签署了联合声明。在20日—26日访问缅甸期间，刘少奇同奈温主席和缅甸其他领导人举行了多次会谈。双方借此机会对有关两国共同利益的问题和某些国际问题，广泛地交换了意见。双方表示，两国政府将为不断增进两国的友好合作关系继续努力。为了维护世界和平，有必要在和平共处五项原则和万隆会议十项原则的基础上，实现不同政治社会制度国家之间的和平共处。25日，陈毅副总理和吴蒂汉外长签署了中缅联合公报。

4月16日　中华人民共和国政府发表关于当前老挝局势的声明。声明指出：美帝国主义为了颠覆老挝民族团结政府，最近在老挝指使反动派制造了一系列的政治谋杀和武装冲突事件。老挝杰出的中立派爱国政治家、外交大臣贵宁·奔舍那被暗害，老挝中立派爱国警官坎提·西潘通中校也被杀害。与此同时，老挝反动派正在调动部队，准备向川圹和查尔平原进攻。中国是老挝的紧密邻邦和日内瓦协议的签字国，对美帝国主义造成的老挝严重局势不能不引起极大注意。中国政府强烈谴责美帝国主义破坏日内瓦协议的行为，坚决支持以梭发那·富马亲王为首的老挝民族团结政府所奉行的独立、和平、中立的政策，坚决支持老挝一切爱国力量加强团结，反对美帝国主义干涉和侵略的斗争。

4月17日　国务院内务办公室成立。中共中央办公厅的通知说：中央决定设立国务院内务办公室，统一管理国务院的公安部、内务部、民族事务委员会和宗教事务局4个单位的政策性问题和重要业务。党内受中央政法小组领导。内务办公室主任，由谢富治担任。

4月18日　中共中央批转共青团中央书记处《关于在学校和厂矿企业中试行限制团的基层不脱产干部工作任期的报告》。《报告》提出，今后学校和厂矿企业的团支部书记（学校包括团总支委员）任期1年即应改选，不得继续连任，也不要再担任学生会、工会等方面的主要职务。学校学生会的主要干部（如校、系学生会主席、副主席和工作较繁重的部门负责人、班会主席等），少先队大队长、中队长、任期1年后也应及时改选，不得再连任。

4月19日　中国考古工作者发现珍贵文物。新华社报道：中国考古工作者最近在陕西省兴平县窦马村发现一件两千多年前的珍贵文物“嵌金铜犀尊”。这一重大发现为研究中国铜器、手工艺史、美术史提供了很有价值的资料。

4月21日—25日　阿拉伯联合共和国部长执行会议主席阿里·萨布里访华。毛泽东主席和宋庆龄副主席接见了阿里·萨布里主席和其他阿联贵宾，并同他们进行了亲切谈话。周恩来总理同阿里·萨布里主席就两国共同关心的国际问题、亚非地区形势和进一步发展中国和阿联两国友好关系进行了会谈。双方宣布，两国坚决奉行反对帝国主义的侵略政策和战争政策，支持各国人民争取民族独立、保卫世界和平的正义斗争。

4月25日　国防部授予人民解放军驻上海某部第八连以“南京路上好八连”的光荣称号。该连为一支红军连队，有光荣革命传统。自进驻上海以来，十四年如一日地保持了艰苦奋斗的作风，经受住了和平时期“糖衣炮弹”的考验，为全国人民树立了一个永远保持无产阶级艰苦奋斗革命精神的榜样。5月5日，“南京路上好八连”命名大会在上海举行。许世友上将代表国防部宣读了授予“南京路上好八连”光荣称号的命令。柯庆施代表中共中央华东局、上海市委讲了话，号召向好八连学习。5月9日，总政治部发表了《关于南京路上好八连政治思想工作经验的介绍》，号召全军所有连队向八连学习，学习他们艰苦奋斗的作风，学习他们政治思想工作的经验，让全军出现更多的雷锋，更多的好八连。

4月26日　中共中央书记处讨论增产节约和“五反”运动问题。会议作出如下决定：（一）今年的国民经济计划不变。不再搞“一年计划、计划一年。”（二）主要工农业产品价格不变。增产节约，降低成本后，价格不要降低。（三）精简城镇人口仍按中央原定指标。随着运动的开展，能够多减的人也不要多减，以保护职工的积极性。（四）对部分领导干部特殊供应的物品，取消肉、蛋、糖，保留植物油、烟、黄豆等品种。

同日　外交部就印度飞机多次侵犯中国领空照会印度驻华大使馆。照会说，今年1、2、3月份，印度飞机侵犯中国领空，经过核实的事例共达27架次。印度飞机不但侵入到沿整个中印边界的中国方面的领空，而且深入中国境内360公里。尤其严重的是，这些入侵活动都发生在由于中国边防部队主动停火、后撤，边境局势已经和缓之后，这只能被认为是印度方面蓄意挑衅和再次制造紧张局势。为了使已经和缓的边境局势能够稳定下来，印度方面应当立即停止对中国领空的侵犯。

4月27日　中共中央批转国家经委《关于工业交通企业开展增产节约和“五反”运动座谈会的纪要》。4月2日到15日，国家经委召开了工业交通企业如何贯彻执行中央关于开展增产节约和“五反”运动指示的座谈会。会议对工人队伍中存在的问题作了夸大的估计。认为资产阶级思想对工人阶级队伍侵蚀的情况是严重的。在工业交通企业内部，“已经产生了一批新的资产阶级分子和一股资本主义势力。”在贪污盗窃、投机倒把的案件中，“有的已经发展成新的资本主义分子的集团”。“五反”是一次大规模地打击和粉碎资本主义势力猖狂进攻的社会主义革命运动，是一次极其深刻的“兴无灭资”的思想革命。会议要求，应该对职工进行以“五反”为中心内容的社会主义教育。要用事实说明，工业交通企业中阶级斗争是相当激烈的，社会主义时期两个阶级两条道路的斗争，将是长期的、复杂的、时起时伏的，工人阶级队伍中，确实新产生了一股资本主义势力和一批资产阶级分子，不仅要警惕原有的资产阶级的复辟，还要特别警惕从工人阶级内部新生长的资产阶级的复辟；讲清对工人队伍中的资产阶级思想倾向如果不加警惕，不坚决克服，就有发展成为新的资产阶级分子和产生修正主义的危险；“五反”运动就是要挖掉产生修正主义的国内根源。中央在批转会议《纪要》时要求各地领导抓好增产节约和“五反”运动，使之自始至终健康地进行，取得全胜。

4月28日　中共中央统战部发出《关于在增产节约和“五反”运动中如何对待党外人士的通知》。《通知》规定，对于上层民主人士，不组织他们参加“五反”运动，可以结合社会主义、爱国主义和国际主义教育，适当地进行有关政策方面的学习。国家机关、国营和公私合营企业、学校中的一般党外人士，民主党派成员和私方人员，应当同国家机关工作人员一样参加“五反”运动，并且按照对国家工作人员的要求，一视同仁地对待。各民主党派、工商联和其他有关团体的中央一级的机关内，也不搞“五反”运动。但可以适当地组织这些机关的干部进行政治学习。

4月29日　中共中央宣传部在北京召开文艺工作会议。会上，就柯庆施提出的所谓“写十三年”问题展开激烈争论。周扬、林默涵、邵荃麟等人在发言中指出，“写十三年”这个口号有片面性，那种认为只有写社会主义时期的生活才是社会主义文艺的论调是错误的，不利于发展社会主义的文艺事业。张春桥则拼凑了所谓“写十三年的十大好处”，在会上进行了辩解。

本　月　外交部发言人就美国军用飞机、军舰入侵中国领空领海向美方提出严重警告。4月8日、26日，美国军用飞机1架侵入广东省西沙群岛上空；4月8日、16日、22日、25日，美军舰1艘侵入福建省和广东省海域。中国外交部发言人奉命提出第238次、239次、240次、241次、242次严重警告。

5月1日　《毛泽东军事文选》英文版出版。该版本包括毛泽东从1928年10月至1949年4月的重要军事著作，共29篇。这些著作运用马克思列宁主义军事学说的基本原理，对中国人民革命武装斗争的三个基本问题，即：人民革命战争的战略战术问题；人民军队的建设问题；武装革命根据地的建设问题，做了科学的说明。它是毛泽东对马克思列宁主义军事学说的运用和发展。另据新华社5月4日报道，中国解放13年来，人民出版社出版的马克思恩格斯著作共有160多种，700多万册。

5月1日—16日　刘少奇及夫人访问柬埔寨和越南。陪同刘少奇出访的有陈毅及夫人等人。5月1日—6日，在访问柬埔寨期间，刘少奇一行先后参观了金边、磅湛、暹粒、吴哥古迹和吉里隆山庄，并同柬埔寨国家元首诺罗敦·西哈努克亲王进行了长时间会谈。双方认为，有必要牢固地保持并且在和平共处五项原则和万隆会议十项原则的基础上加强和发展两国的友好合作关系。5月10日—16日，刘少奇在访越期间，同越南民主共和国主席、越南劳动党中央委员会主席胡志明进行了会谈，双方重申，将坚持不渝地维护和贯彻1957年宣言和1960年声明的革命原则，为加强社会主义阵营的团结和国际共产主义运动的团结，而竭尽一切努力。中国方面参加会谈的还有陈毅、方毅、黄镇、乔冠华、罗青长、朱其文等。

5月6日—7日　《文汇报》发表署名文章批判“有鬼无害”论。文章根据八届十中全会的精神，把孟超的新编昆剧《李慧娘》（内有鬼魂出现）和繁星（即廖沫沙）写的“有鬼无害”的文章，作为阶级斗争在当前意识形态领域的重要表现。从此，在报刊上开始了一系列公开点名的过火批判。

5月9日　毛泽东在《浙江省7个关于干部参加劳动的好材料》上作出批语。毛泽东在批语中提出：“阶级斗争、生产斗争和科学实验，是建设社会主义强大国家的三项伟大革命运动，是使共产党人免除官僚主义、避免修正主义和教条主义，永远立于不败之地的确实保证，是使无产阶级能够和广大劳动群众联合起来，实行民主专政的可靠保证。不然的话，让地、富、反、坏、牛鬼蛇神一齐跑了出来，而我们的干部则不闻不问，有许多人甚至敌我不分，互相勾结，被敌人腐蚀侵袭，分化瓦解，拉出去，打进来，许多工人、农民和知识分子也被敌人软硬兼施，照此办理，那就不要很多时间，少则几年、十几年，多则几十年，就不可避免地要出现全国性的反革命复辟，马列主义的党就一定会变成修正主义的党，变成法西斯党，整个中国就要改变颜色了。请同志们想一想，这是一种多么危险的情景啊！”毛泽东还指出：这个问题只要认真对待，并不难解决。因为这一次社会主义教育运动是一次伟大的革命运动，“是重新教育人的斗争，是重新组织革命的阶级队伍，向着正在对我们猖狂进攻的资本主义势力和封建势力作尖锐的针锋相对的斗争，把他们的反革命气焰压下去，把这些势力中间的绝大多数人改造成为新人的伟大的运动，又是干部和群众一道参加生产劳动和科学实验，使我们的党进一步成为更加光荣、更加伟大、更加正确的党，使我们的干部成为既懂政治、又懂业务、又红又专、不是浮在上面、做官当老爷、脱离群众，而是同群众打成一片、受群众拥护的真正好干部。”毛泽东的上述批语作为《前十条》的附件于5月20日向全党发布。

5月9日、14日　中共中央就中苏两党举行的会谈时间问题同苏共中央进行磋商。5月9日，周恩来接见苏联驻华大使契尔沃年科，就有关中苏两党会谈问题进行了谈话，并请苏联大使转告苏共中央：中共中央决定由总书记邓小平和政治局委员、书记处书记彭真率领代表团赴莫斯科进行中苏两党会谈，并建议将会谈日期改在6月中旬。5月14日，中共中央书记处候补书记杨尚昆接见苏联驻华大使，请他转告苏共中央。中共中央同意苏共中央建议，中苏两党会谈改在7月5日举行。

5月10日　中共中央发出《关于抓紧进行农村社会主义教育的批示》批示向各中央局、各省、市、区党委推荐了宋任穷的报告和河南省委的报告。同时指出：必须团结绝对大多数（百分之九十几）的干部和群众，适当地解决人民内部矛盾，即解决程度不同的不正常的干群关系问题，组成有领导的广大干群队伍，以便一致对敌。对坏人坏事，也要有分析。轻重不同，处理的方法也不同。必须以教育为主，以惩办为辅，真正要惩办的，只是群众和领导都认为非惩办不可的极少数人。宋任穷同志所讲的用讲村史、家史、社史、厂史的方法教育青年群众这件事，是普遍可行的。社会主义教育是一件大事，请你们检查一下自己在这方面的认识和工作，检查一下是不是抓住了要点和采取的方法是否适当，查一查是否还有很多的地、县、社没有抓住这方面的工作。如果有的话（看来一定是有的），应当在农忙间隙，在不误生产的条件下，抓紧进行，上半年做不完，可以在下半年做。今年做不完可以在明年做。特别要注意分步骤的方法，试点的方法和团结大多数、孤立极少数的政策。

5月15日　中共中央批转最高人民法院党组《关于处理“五反”

案件的报告》。《报告》提出：根据中央书记处的指示，无论是运动中揭发出来或者是运动前定案的贪污盗窃、投机倒把分子，在运动期间，一律不杀，一般也一律不判；运动结束后，对于内部的贪污盗窃、投机倒把分子，除罪恶严重，民愤很大并经中央政法小组报经中央批准者外，一律不杀。

5月19日—25日　新西兰共产党总书记威尔科克斯访华。中共中央总书记邓小平同威尔科克斯举行了会谈。两党一致认为，目前国际共产主义运动的主要危险是修正主义，一切马克思列宁主义者的战斗任务是，进一步团结起来，击败现代修正主义的进攻。访华期间，毛泽东主席会见了威尔科克斯，并同他进行了亲切的谈话。25日，邓小平同威尔科克斯签署了中新两党联合声明。

5月20日　中共中央印发《关于目前农村工作中若干问题的决定(草案)》(简称前十条)。5月2日—12日，毛泽东在杭州召集有部分中央政治局委员和大区书记参加的小型会议，讨论了农村社会主义教育问题。会上制定了《关于目前农村工作中若干问题的决定（草案)》，经政治局通过后，于20日下发各地，作为开展农村社会主义教育运动的纲领性文件。这个文件提出了农村工作的十个问题，即：一、形势问题；二、在社会主义社会中是否还有阶级、阶级矛盾和阶级斗争存在的问题；三、当前中国社会中出现了严重的尖锐的阶级斗争情况；四、我们的同志对于敌情的严重性是否认识清楚了的问题；五、依靠谁的问题；六、目前农村中正确地进行社会主义教育运动的政策和方法问题；七、怎样组织革命的阶级队伍的问题；八、“四清”问题；九、干部参加集体生产劳动问题；十、用马克思主义的科学方法进行调查研究的问题。文件中继续肯定“总路线、人民公社、大跃进三面红旗，是完全正确的，是伟大的。”重申了八届十中全会关于阶级、阶级矛盾和阶级斗争问题的论点，指出“在由资本主义过渡到共产主义的整个历史时期存在着无产阶级和资产阶级之间的阶级斗争，存在着社会主义和资本主义这两条道路的斗争。”并错误地认为“当前中国社会中出现了严重的尖锐的阶级斗争情况。”被推翻的剥削阶级，地主富农，总是企图复辟，伺机反攻倒算”有些社队的领导权，实际上落在他们的手里。其他机关的有些环节也有他们的代理人。”“在机关中和集体经济中出现了一些贪污盗窃分子，投机倒把分子，蜕化变质分子，同地主富农分子勾结一起，为非作歹。”而许多同志对于这些现象，“并没有认真考察，甚至熟视无睹，放任自流。”据此，文件提出了“任何时候都不可忘记阶级斗争，不可忘记无产阶级专政、”“阶级斗争，一抓就灵”等口号。提出要组织革命的阶级队伍在农村集体经济组织中建立贫下中农的组织，“要充分发挥贫下中农组织对社、队管理委员会的协助和监督作用。”文件指出，农村中的“四清”运动，同正在进行的城市中的“五反”运动一样，“都是打击和粉碎资本主义势力猖狂进攻的社会主义革命斗争。”文件还提出：“干部按照规定的制度认真参加集体生产劳动，对于社会主义制度说来，是带根本性的一件大事。干部不参加集体生产劳动，势必脱离广大的劳动群众，势必出修正主义。”“为了做好我们的工作，各级党委应当大大提倡学习马克思主义的认识论”。“让哲学从哲学家的课堂上和书本里解放出来，变为群众手里的尖锐武器。”中央在印发这一文件的通知中指出：这个《决定》是关于我们党的在思想上、政治上、组织上和经济上的几项基本建设的重要文件，它的基本原则不但适用于农村，而且适用于城市。会后，各地开始根据《前十条》的精神，重新训练干部进行试点，为大规模的农村社会主义教育运动作准备。

5月21日　新华社报道：中国文学艺术界联合会在北京举行第三届全国委员会第二次扩大会议。中国文联主席郭沫若、副主席茅盾、周扬、巴金、老舍、许广平、田汉、夏衍、蔡楚生、马思聪、傅钟、阳翰笙和全国文联委员及各地特邀代表等380多人出席了会议。会议着重讨论了在当前国内外形势下，如何进一步加强文学艺术战线，进一步发挥文艺的战斗作用问题，周恩来到会作了重要讲话。他要求文艺工作者应当有坚定的无产阶级立场，远大的革命理想，要能够“经得起风浪的考验。”周扬在会上作了《加强文艺战线，反对现代修正主义》报告。会议认为，“必须密切注意当前世界文艺思想领域内阶级斗争的形势，在文艺战线上高举马克思列宁主义、毛泽

东思想的旗帜，同现代修正主义的逆流进行坚决的斗争。”会议通过增选刘芝明为中国文联副主席，

5月22日　第二届国产影片“百花奖”评选结果揭晓。影片《李双双》等获奖。29日周恩来、陈毅接见了全体获奖人员。

5月26日　国防部发言人宣布中国政府已经释放和遣返了全部被俘印度军事人员。中国边防部队在中国红十字会协助下，从4月10日开始，到5月25日为止，已经释放和遣返了全部被俘印度军事人员。其中包括准将1名、校级军官26名、尉级军官29名，共3 211名军事人员。至此，中国方面已经把在1962年10月和11月的中印边境冲突中，向中国边防部队发动进攻而被俘的全部印度军事人员3 942名，以及死亡的26名被俘印军人员的尸体的骨灰，都交还了印度。中国边防部队的这种高度的革命人道主义精神和友好行动，受到了被俘印军人员及前来接收的印度红十字会人员的称赞和感激，也为和平解决中印边界问题创造了良好的气氛。

5月27日　国务院发布《森林保护条例》。该条例经20日的国务院全体会议第一百三十一次会议讨论通过，共包括7章43条。条例总结了十几年来我国森林保护工作的经验，并把这些经验以法令的形式固定下来。6月23日《人民日报》发表社论：《保护森林人人有责》，指出《森林保护条例》是国家的一项重要的法令，人人都要切实遵守。

5月29日　周恩来谈反对官僚主义问题。周恩来在中共中央和国务院直属机关负责干部会议上所作的报告中指出：“官僚主义是剥削阶级长期统治的遗产”，是“领导机关最容易犯的一种政治病症。”他列举了官僚主义的二十种类型：一、脱离领导、脱离群众的官僚主义；二、强迫命令式的官僚主义；三、无头脑的、迷失方向的、事务主义的官僚主义；四、老爷式的官僚主义；五、不老实的官僚主义；六、不负责的官僚主义；七、做官混饭吃的官僚主义；八、颟顸无能的官僚主义；九、糊涂无用的官僚主义；十、懒汉式的官僚主义；十一、机关式的官僚主义；十二、文牍主义和形式主义的官僚主义；十三、特殊化的官僚主义；十四、摆官架子的官僚主义；十

五、自私自利的官僚主义；十六、争名夺利的官僚主义；十七、闹不团结的官僚主义；十八、宗派性的官僚主义；十九、蜕化变质的官僚主义；二十、走上了非常危险道路的官僚主义，周恩来指出：必须看到，官僚主义在我们执政的党内，在我们的国家机关内，的确是十分有害、非常危险的。如果听其发展，不坚决加以克服，必将造成更大的危害。我们绝不能容许官僚主义再继续发展下去。

同　日　周恩来作关于过好“五关”的讲话。周恩来指出，领导干部要过好“五关”，即：第一，过思想关。也就是我们常说的思想改造，是解决世界观和人生观的问题。事物的发展是没有止境的，因此我们的思想改造也就没有止境。一万年后，在人们的头脑里，还会有先进和落后的矛盾，新和旧的矛盾，个人和集体的矛盾，还会有思想改造问题。每个共产党员从加入共产党起，就应该有这么一个认识：准备改造思想，一直改造到老。第二，过政治关。最重要的是立场问题，立场是抽象的，要在具体斗争中才能看出你的立场站得稳不稳。立场究竟稳不稳，一定要在长期斗争中才能考验出来。第三，过社会关。中国这个社会极其复杂，我们还有改造社会的任务。在这个社会里，旧的封建的资本主义的习惯势力，很容易影响你，沾染你，侵蚀你，如果失去警惕，这些东西就会乘虚而入，第四，过亲属关。对亲属，到底是你影响他还是他影响你？一个领导干部首先要回答和解决这个问题。特别是干部子弟，不要造出一批少爷。我们决不能使自己的子弟成为国家和社会的包袱，阻碍我们的事业前进。第五，过生活关。生活关分两种：物质生活和精神生活。物质生活方面，我们领导干部应该知足常乐，要使艰苦朴素成为我们的美德。精神生活方面，我们应该把整个身心放在共产主义事业上，以人民的疾苦为忧，以世界的前途为念。我们领导干部要严格要求自己，一步一步地过好“五关”。周恩来的上述讲话是在中直和国务院直属机关负责干部大会上作出的。关于过“五关”问题，周恩来还对知识分子、民主人士和亲属讲过多次。

本　月　毛泽东提出认识论的重要观点。当月，毛泽东在修改《中共中央关于目前农村工作中若干问题的决定（草案）》时，增写了一段文字，即："人的正确思想是从哪里来的？是从天上掉下来的吗？不是。是自己头脑里固有的吗？不是。人的正确思想，只能从社会实践中来，只能从社会的生产斗争、阶级斗争和科学实验这三项实践中来。人们的社会存在，决定人们的思想。而代表先进阶级的正确思想，一旦被群众掌握，就会变成改造社会、改造世界的物质力量。"毛泽东接着分析了人的认识过程形成和发展的两个阶段，即由感性认识变为理性认识，由客观物质到主观精神的第一个阶段；和由精神到物质、由思想到存在的第二个阶段。他认为，"在两个阶段中，人的认识将发生两次飞跃，即由感性上升为理性的飞跃，和认识经过实践考验后的飞跃，而只有经过第二次飞跃，才能证明人在从客观外界的反映过程中得到的思想、理论、政策、计划、办法等等，究竟正确与否。此外再无别的检验真理的办法。""一个正确的认识，往往需要经过由物质到精神，由精神到物质，即由实践到认识，由认识到实践这样多次的反复，才能够完成。这就是马克思主义的认识论，就是辩证唯物主义的认识论。"毛泽东指出："现在我们的同志中，有很多人还不懂得这个认识论的道理。""因此，对我们的同志，应当进行辩证唯物论的认识论的教育，以便端正思想，善于调查研究，总结经验，克服困难，少犯错误，做好工作，努力奋斗，建设一个社会主义的伟大强国"。毛泽东写的这段话后来以《人的正确思想是从哪里来的？》为题，发表在1964年6月中国青年出版社出版的《毛泽东著作选读（乙种本）》上。

本　月　人民解放军开始组织大批干部参加地方社会主义教育运动。中共中央《关于目前农村工作中若干问题的决定（草案）》下达后，解放军根据党中央的决定，从1963年5月起，开始分期分批抽调干部，在地方党委的统一领导下，参加以"四清"为中心内容的城乡社会主义教育运动。

本　月　外交部发言人就美国军用飞机侵入中国领空向美方提出严重警告。1日、17日、30日，美国军用飞机1架侵入广东省西沙群岛上空，中国外交部发言人奉命提出第243、244、245次严重警告。

6月1日　徐廷泽驾机归来。原蒋军空军第2联队11大队43中队上尉飞行员徐廷泽，因不满台湾当局的统治，驾驶美制F-86F喷气战斗机1架起义，飞返祖国大陆。这一正义行动受到了祖国人民的热烈欢迎。2日，国防部长林彪发布命令，授予徐廷泽解放军空军少校军衔，并奖给他黄金2 500两，以表彰他弃暗投明的爱国行动。25日，周恩来总理接见了徐廷泽。22日，《人民日报》发表社论：《台湾军政人员的光明出路》，呼吁“台湾国民党军政人员，能够看清形势，掌握自己的命运，为完成祖国统一大业做出贡献。”

6月5日—23日　朝鲜民主主义共和国最高人民会议常任委员会委员长崔庸健访问中国。崔庸健一行受到了中国人民真诚、热烈的欢迎。毛泽东主席接见了崔庸健一行。刘少奇主席和崔庸健就进一步巩固和发展两党两国的友好团结和互相合作关系以及当前国际形势和国际共产主义运动中的重大问题进行了会谈，双方的立场和观点完全一致。

6月11日　全国人大副委员长、全国政协副主席、民盟中央主席沈钧儒逝世。沈钧儒，1873年生。江苏苏州人，原籍浙江嘉兴。清末进士。早年参加辛亥革命和反对北洋军阀政府的斗争。从大革命时期起，就和中国共产党合作，从事革命工作。“四一二”反革命政变后，在上海掩护和营救了不少受迫害的共产党员和进步人士。“九一八”事变后，积极支持上海人民的抗日活动和十九路军的抗战，率先响应中国共产党的号召，团结广大爱国人士，发起成立了全国各界救国联合会。要求国民党立即停止内战，联共抗日，成为公认的救国会领袖。1936年11月，因积极要求抗日，反对内战和救国会其他6位负责人一起被国民党政府关押，成为有名的“七君子”之狱。抗日战争时期，积极从事抗日救亡运动，要求实现民主政治，创议成立中国民主政团同盟（以后改为民主同盟）。抗日战争胜利后，积极参加争取民主的斗争，坚持同中国共产党合作。1947年10月，民主同盟被国民党政府解散后，继续坚持革命活动，并于1948年1月，在香港主持召开民盟三中全会，宣布恢复民盟的活动。中华人民共和国成立后，历任中央人民政府委员、最高人民法院院长、全国人民代表大会常务委员会副委员长、中国人民政治协商会议全国委员会副主席，中国民主同盟主席等职。著有《寥寥集》等。

6月14日　中共以《关于国际共产主义运动总路线的建议》复信苏共。1963年3月30日，苏联共产党中央委员会致函中共中央，提出中苏会谈要讨论的问题和范围，其中全面涉及了关于国际共产主义运动总路线的问题。中共中央研究了这封来信，并于4月4日将其全文发表。6月14日，以《关于国际共产主义运动总路线的建议》为题作了长篇复信。信中共谈了25个问题，故简称《二十五条》。复信系统地提出了关于总路线的概括；当代世界及其基本矛盾；怎样对待社会主义阵营；怎样认识帝国主义特别是美帝国主义；怎样认识和对待亚非拉民族解放运动和民主革命运动；无产阶级革命和无产阶级专政；无产阶级政党的任务；战争与和平；怎样看待核武器；和平共处和阶级斗争；反对个人崇拜；社会主义国家间的关系；马列主义政党间的关系；反对机会主义的斗争；怎样解决国际共运间的分歧等方面的意见。信中还通知苏共中央，中共中央决定派代表团到莫斯科去进行两党会谈。6月17日，《人民日报》全文发表了《关于国际共产主义运动总路线的建议》。

6月16日　中共中央批转总政治部《关于将基层专职人民武装干部列入地方编制问题的报告》。自1961年10月25日中央批准在全国人民公社、厂矿、高等院校配备专职人民武装干部以来，到目前为止，已经在这些基层单位配备了7万余名专职人民武装干部，占原计划配备数（10万名）的72%。《报告》提出，建议将人民公社、厂矿、高等院校的专职人民武装干部，正式列入各单位的编制。他们的工资、福利费由国防费开支，其他经费和一切待遇，均与各该单位编内的同级干部一样由地方解决。

6月19日　解放军空军部队在华东地区上空击落美制蒋军PZV型飞机1架。20日，国防部长林彪颁发嘉奖令表彰作战部队。28日，周恩来总理接见了击落蒋机的空军部队的王文礼少校和张健上尉。

6月21日—28日　广东、福建、浙江沿海地区军民连续歼灭6股美蒋武装特务。从6月21日起，台湾情报部门陆续派遣了6股武装特务，企图从海上偷渡登陆，对大陆沿海地区窜犯袭扰。但这些特务登上大陆以后，迅即被我沿海军民全部、干净、彻底地歼灭，无一漏网。战斗中共歼灭特务62人，缴获一批美制武器弹药及电台和其他物资，击沉运送特务的机帆船1艘。29日，公安部发表公报指出，这是继去年我广东沿海军民全歼9股美蒋武装特务之后对敌斗争的又一次重大胜利。充分显示了中国人民民主专政的强大威力。

6月23日　中共中央转发最高人民法院党组《关于恢复和健全司法行政机构的请示报告》。《报告》提出：最高人民法院设立司法行政厅，高级人民法院和大城市的中级人民法院，均设立司法行政处，一般城市和地区中级人民法院，设司法行政科；凡已撤销的司法行政机构，立即恢复起来；未撤销而不够健全的，应当充实干部，使之担当起工作任务。司法行政工作的任务，应以管理干部政法教育和干部训练工作为主，同时还要管理人民调解委员会、人民法庭、人民陪审员，以及政策法律宣传、公证、法院的设置和编制等项工作。

6月26日　中共中央、国务院颁发《关于加强高等学校统一领导、分级管理的决定（试行草案）》。《决定》规定对高等学校实行中央统一领导，中央和省、市、自治区两级管理的制度。在高等教育工作中，各地区、各部门、各学校都要贯彻中央统一的方针政策，遵守中央统一规定的教学制度和其他重要的规章制度，按照全国统一的高等教育规划和计划办事。对教育部、中央各业务部门和各省、市、自治区人民委员会管理高等学校的职权分工《决定》也作了规定。

同　日　中共中央、国务院转发教育部《关于高等院校专业调整会议的报告》。4月8日—25日，教育部在北京召开了高等学校专业调整工作会议。会议确定：今后二三年内，一般不增设新专业；全国高等学校保留本科专业549种，2 527个，比1962年上半年减少专业191种，982个；结合专业调整裁并9所学校，恢复12所学校，将4所高等学校改为中等学校。会议还确定了高等学校的修业年限和发展规模的原则意见等问题。中央和国务院在批转这一报告时指出：当前对高等学校的专业设置作进一步的合理调整，目的在于稳定目前的专业设置，集中现有的人力、物力办好学校，从而有效地提高教学质量。

同　日　参加第1届新兴力量运动会筹备委员会在北京成立。贺龙副总理被推选为筹委会主席，并在成立大会上宣布：中国人民、体育工作者和运动员必将积极做好一切准备，为使第1届新兴力量运动会开得成功贡献自己的一份力量。

6月29日—7月10日　中央安置工作领导小组召开6个大区城市精简职工和青年学生安置工作会议。有11个重点省、市主管安置工作的领导同志参加了这次会议。会议指出，在今后15年内，每年大约有100万左右的青年学生需要有计划地安置下乡，参加农、林、牧、副、渔业生产。会议确定，安置下乡的学生，年龄可以由18岁放宽到16岁，条件是能够独立生活。安置的主要方向是插入人民公社生产队，其次是插入国营农、牧、林、渔场，再其次，才是建立新的国营农、牧、林、渔场。11月18日—12月7日，中央安置工作领导小组又召开了城市知识青年下乡插队的经验交流座谈会。据新华社报道，1962、1963两年，有16个地区动员和组织了近10万名知识青年下乡插队。

本　月　外交部发言人就美国军舰、军用飞机侵入中国领海、领空向美方提出严重警告。6月4日美国军舰一艘侵入福建省和广东省海域，11日和28日，美军用飞机3架，侵入广东省西沙群岛和福建省南日岛海域上空，中国外交部发言人奉命提出第246次—248次严重警告。

7月1日　中共中央发表《关于中苏两党会谈的声明》。《声明》宣布，根据已经达成的协议，中国共产党和苏联共产党将在7月5日开始在莫斯科举行两党会谈。中共中央决定，中国共产党代表团团长为邓小平，副团长为彭真，团员为康生、杨尚昆、刘宁一、伍修权、潘自力。中共中央责成中共代表团在会谈中遵循我党坚持原则、坚持团结的一贯立场，根据中共中央6月14日给苏共中央的复信，阐明我党对于国际共产主义运动总路线以及与此有关的一些原则性问题的观点，坚决捍卫马克思列宁主义的基本原理，坚决捍卫1957年宣言和1960年声明的革命原则，维护社会主义阵营的团结和国际共产主义运动的团结，维护被压迫人民和被压迫民族解放事业的利益，维护反对帝国主义和争取世界和平事业的利益，维护无产阶级世界革命事业的利益。《声明》还对苏共中央没有在自己的报纸上发表对方的信件，并且继续把两党分歧扩大到国家关系方面提出了批评。4日，苏共中央发表声明对中共中央的这一声明进行歪曲、指责和攻击。鉴于此，中共中央于5日再次发表声明，宣布将责成中共代表团在会谈中对苏共中央的歪曲、指责和攻击给予必要的评论。同时，仍然本着坚持原则、加强团结、消除分歧、共同对敌的一贯立场，在会谈中以最大的耐心，尽最大的努力，寻求在马克思列宁主义和无产阶级国际主义的基础上，加强中苏两党的团结，加强社会主义阵营的团结和国际共产主义运动的团结。

7月3日　李富春在第二届全国人大常委会第九十九次会议上作《关于第二个五年计划后两年的调整计划和计划执行情况的报告》。李富春说“二五”计划的前3年，因指标过高，基本建设规模过大，造成了国民经济比例关系不协调。过去两年调整工作收到的成效是：1. 集中主要力量，加强了农业战线，使农业生产有了恢复。2. 降低了某些重工业品的生产量，增加了农业生产资料、日用工业品、某些重要的原材料的生产。3. 缩小了基本建设规模，调整了投资分配比例，提高了工程质量。4. 大量地减少了职工和城镇人口。5. 市场供应状况一天一天地好起来。6. 在努力组织出口货源、减少进口的情况下，这两年贸易顺差18亿元左右，按期偿还了苏联借款和利息52.89亿元。7. 调整了财政收支，加强了财政金融的管理。8. 适当缩小了文教和科研事业的规模，提高了工作质量。总之，我国国民经济开始出现全面好转的局面，但在农业等方面还没有恢复到历史最高水平，还必须用很大的力量来解决吃穿用问题，还必须用一段时间，继续对国民经济进行调整、巩固、充实，提高的工作。此外，7月4日举行的人大常委会第100次会议还听取了李先念《关于1961年和1962年国家决算》的报告。7月8日举行的人大常委会第101次会议，批准了李富春和李先念的上述报告。周恩来在会上作了国内外形势的报告，解答了人大常委会在分组讨论中提出的问题。

7月6日　新华社报道：国家经委在京召开全国工业交通企业经济工作座谈会。会议着重讨论了勤俭办企业和推行企业经济核算问题。会上表扬了襄樊棉织厂、石圪节煤矿、兰州炼油厂、湖南橡胶厂、嘉丰棉纺织厂等五个勤俭办企业的先进厂矿。本月2日周恩来曾接见襄樊棉纺织厂等五个先进厂矿的代表，称赞他们工作做得好，勉励他们戒骄戒躁，继续努力。

7月6日—20日　中苏两党开始会谈。1963年2月21日，苏共中央曾致函建议举行中苏两党会谈。3月9日，中共中央致信苏共中央，表示欢迎举行中苏两党会谈的建议。7月1日，中共中央公布参加会谈的代表团名单。7月5日，以邓小平为团长，彭真为副团长，康生、杨尚昆、刘宁一、伍修权、潘自力为团员的中共代表团抵达莫斯科。次日，会谈正式开始。苏方参加会谈的有：代表团团长苏斯洛夫。团员格里申、安德罗波夫、伊利切夫、波诺马廖夫、萨丘科夫和契尔年科。会谈共进行了9次会议。在7月6日的第一次会议上，苏斯洛夫作了长篇发言。主要内容有：阐述"和平共处"总路线；阐述通过和平经济竞赛消灭资本主义的观点；论证和平共处是"唯一正确和明智的原则，"和平经济竞赛能提供亚拉非国家向非资本主义过渡的前景；发言攻击中共关于苏共领导"挥舞指挥棒"的比喻；攻击中共中央6月14日来信（即《关于国际共产主义运动总路线的建议》）。7月8日，邓小平在第2次会议上发言。指出苏斯洛夫的发言在许多重要原则问题上歪曲了马列主义的基本原理，并就两党分歧从何而来的问题进行了申辩。7月10日，苏斯洛夫在第3次会议上再次发言。7月12日，邓小平再次发言对苏斯洛夫的发言予以驳斥。此后苏方波诺马廖夫和安德罗波夫，中方彭真和康生相继发言，据理而争。会议进行期间，苏共中央违背双方已经达成的会谈期间双方不发布会谈消息的协议，于7月14日公开发表了《给苏联各级党组织和全体共产党员的公开信》。信中就国际共运所涉及的一系列问题对中共中央6月14日的《25条》建议信进行了全面的攻击。为此，在第8次会议上，中共代表对苏共的做法进行了严厉的批评和抗议。同时，邓小平代表中共代表团提出建议，会谈暂告一段落。7月20日，在讨论两党会谈公报草案的第9次会议上。苏斯洛夫继续为苏共中央的《公开信》进行辩解。对此，邓小平在发言中指出："我党历来就主张不要把兄弟党之间的分歧公开在敌人面前，但是，既然公开争论已被挑起，就应该在平等的基础上进行。我们从来是出于被迫的，从来没有首先攻击过任何别的党。我们受到公开攻击，就不能不作答复。我们认为，在这次会谈告一段落到下次会谈之间或者在下次会谈过程中，我们能够讨论出一个能为大家所接受的停止公开论战的决议。”会议在修改和达成会谈公报之后结束。7月21日下午，中共代表团返抵北京。在机场，代表团受到毛泽东、刘少奇、周恩来、朱德和董必武等党和国家领导人及各界群众5 000余人规模盛大的欢迎。

7月9日　中共中央转发湖南省批转株州市委《关于从宽处理丁志鹏贪污案件的通报》。中央在批示中指出，处理在“五反”运动中揭发出来的犯有贪污行为的人，既要有原则性，又要有灵活性。一方面要揭露从严、检讨从严、退赔从严；另一方面，只要他们能自动坦白交待，检讨得好、退赔得好，决心洗手不干，表现好的，可以从宽处理，不以贪污论罪，也可以不开除公职。但所有赃款、赃物、不论多少，必须彻底退赔，不能马马虎虎。

7月18日　外交部发表关于反对美帝国主义侵略越南南方、支持越南政府合理要求的声明。声明指出，关于越南问题的日内瓦协议已经签订9年，但由于美帝国主义和吴庭艳集团的阻挠和破坏，越南的和平统一至今没有实现。美国的肯尼迪政府上台以后，更加扩大了对越南南方的军事侵略，直接派遣大批美国作战部队，指挥几十万吴庭艳伪军，在越南南方发动了一场不宣而战的战争。中国政府强烈谴责美帝国主义破坏日内瓦协议、阻挠越南和平统一的罪恶行为，坚决反对美帝国主义在越南南方所进行的侵略战争，并完全支持越南民主共和国政府关于日内瓦会议参加国采取一切有效措施，制止美国对越南南方侵略的合理要求。

7月20日　《人民日报》刊登苏共中央给苏联各级党组织和全体党员的公开信并加按语。按语指出：苏共中央公开信对于中共中央6月14日信件的评价，是不符合事实的，它的观点是我们不能同意的。这封信采用了马克思列宁主义者绝对不能允许的歪曲事实、颠倒是非的手法。把思想意识分歧扩大到国家关系方面，实在令人吃惊！按语说，对于苏共信中说的谬论，我们将在以后的文章中提供情况，加以澄清。

7月21日　中共中央国务院批转《劳动部关于1963年工资工作安排意见的报告》。劳动部关于当年工资工作的安排意见是：工资总额由原来的212亿元增加为213亿元；调整工资指标由原来的11.5亿元减为11亿元，为40%的职工调整工资。按照这样安排，1963年职工的年平均工资，预计可达到643元，比去年实际达到的592.6元增加50.4元。

7月30日　毛泽东作出关于还要进行3年调整的指示。邓小平在工业问题座谈会上传达了毛泽东的意见：还要进行3年调整，重点是巩固、充实、提高。邓小平强调，今后3年，必须创造条件，为第三个五年做好准备。每个行业都要确定重点是什么。对此，薄一波在3月6日的各部委负责人会议上解释说：原打算1963年开始第三个五年计划，现在不搞了，1966年开始第三个五年计划。这三年的调整，着重于充实、巩固、提高，填平补齐，成龙配套。归纳起来，吃穿用第一，基础工业第二，兼顾国防第三。这是发展工业的方向，也是国民经济计划的方向。在3年之内，调整就是这样摆法。

7月31日　中共中央批转中央精简小组《关于精简任务完成情况和结束精简工作的意见的报告》。《报告》说：从1961年开始精简职工和城镇人口工作以来，到1963年6月两年半的时间里，全国共减少职工1 887万人，其中从1962年1月到1963年6月共减少1 034万人。基本完成了中央1962年5月规定的两年减少1 056万—1 072万人的任务。全国职工人数从1960年来的5 043.8万人减为3 183万人。全国城镇人口从1961年1月到1963年6月，共减少2 600万人，吃商品粮人数减少了2 800万人。由于大量地减少了职工、城镇人口和吃商品粮的人口，加强了农业战线，减少了工资开支和粮食销量，对于改善城乡关系，争取财政经济状况的好转起了很大的作用。《报告》提出：全国性的压缩城镇人口工作任务已基本完成，可以基本结束。

同　日　中国政府发表关于全面、彻底、干净、坚决地禁止和销毁核武器的声明。7月25日，美英苏三国代表在莫斯科签订了部分停止核试验的条约，对此，中国政府在声明中指出：这一行为，是几个核大国企图通过一个条约，来巩固自己的核垄断地位，从而把一切受核威胁的爱好和平的国家的手脚束缚起来，使其不能增强自己的防御能力。中国政府认为，禁止核武器、防止核战争是关系到世界命运的大问题，应该由世界上所有大小国家共同讨论决定。由几个核国家来摆布100多个无核国家的命运，是令人不能容忍的。在禁止核武器和防止核战争这样重大的问题上，不允许采取欺骗世界人民的办法。为此，中国政府建议：（一）全世界所有国家，应庄严宣布：全面、彻底、干净、坚决地禁止和销毁核武器。（二）首先采取下列措施：甲、撤除在国外的一切军事基地，包括核基地在内；撤回在国外的一切核武器及其运载工具。乙、建立亚太、中欧、非洲、拉丁美洲无核武器区，拥有核武器的国家对每一个无核武器区都承担相应的义务。丙、不以任何形式输出或输入核武器和制造核武器的技术资料。丁、停止一切核试验，包括地下核试验在内。（三）召开世界所有国家的政府首脑会议，讨论全面禁止和彻底销毁核武器问题以及为逐步实现全面禁止和彻底销毁核武器而采取上述四项措施的问题。8月2日，周恩来写信给世界各国政府首脑，转达我国政府7月31日声明中提出的关于召开世界各国政府首脑会议讨论全面、彻底、干净、坚决地禁止和销毁核武器问题的建议，并表示希望能够得到各国政府的积极响应。中国政府的这一建议立即得到了多数中、小国家和世界广大人民的热烈支持。仅8月份就有18个国家的政府、政党或群众团体发表声明或谈话，支持中国政府的建议。

本　月　外交部发言人就美国军用飞机、军舰侵犯中国领空、领海向美方提出严重警告。5日、27日，美国军用飞机1架先后侵入广东省西沙群岛和汕头地区上空；14日，美军舰1艘、军用飞机1架，侵入广东省西沙群岛海域和上空，中国外交部发言人奉命提出第249次—251次严重警告。

8月4日—10日　索马里共和国总理阿卜迪拉希德·阿里·舍马克访问中国。毛泽东主席和刘少奇主席接见了舍马克一行。周恩来总理和舍马克总理举行了会谈。双方就共同关心的当前国际形势以及进一步发展中索两国友好合作关系等问题取得了一致意见。9日，双方签订了《中华人民共和国政府和索马里共和国政府经济技术合作协定》。10日，双方发表了联合公报。

8月5日　新华社报道：上海市第六人民医院陈中伟医生成功施行“断手再植”手术。青年工人王存柏的右手由于意外事故从腕部被完全轧断，经陈中伟等医护人员的精心治疗，实现肢体的重新接合。这种外科学上的“前臂完全性创伤性截肢再植手术”，在国内还是首次实施成功。7日，周恩来、陈毅在上海接见了参加这次手术的钱允庆、陈中伟，称赞他们在中国外科手术上完成了一项具有重大意义的创造性工作。

8月8日　毛泽东发表《呼吁世界人民联合起来反对美国帝国主义的种族歧视、支持美国黑人反对种族歧视的斗争的声明》。声明谴责了肯尼迪政府对黑人的歧视和迫害，指出：“美国帝国主义对黑人的法西斯暴行，揭穿了美国的所谓民主和自由的本质，暴露了美国政府在国内的反动政策和在国外的侵略政策之间的内在联系。”声明呼吁：全世界各色人种中的工人、农民、革命的知识分子、开明的资产阶级分子和其他开明人士联合起来，反对美国帝国主义的种族歧视，支持美国黑人反对种族歧视的斗争。毛泽东在声明中还提出了“种族问题实质上是阶级问题”的论断。指出，我们的团结不是种族团结，而是同志、朋友的团结。同时强调指出：“被压迫人民争取彻底的解放，首先是依靠自己的斗争，其次才是国际的援助。已经获得革命胜利的人民，应该援助正在争取解放的人民的斗争，这是我们的国际主义的义务”。毛泽东的声明是在接见巴苏陀兰大会党总书记等非洲客人时发表的。12日，首都各界群众举行集会，坚决支持美国黑人反对种族歧视的斗争。

同　日　教育部电报传达周恩来《关于应届毕业生工作的指示》。周恩来指示说：毕业生分配工作要注意工作方法，不要简单化，要真正提高思想觉悟，不要对一些合理要求照顾志愿的毕业生，都一律认为是个人主义。凡是能够照顾的志愿，应该多方设法照顾。在学生中树立“公而忘私”、“大公无私”的精神是完全正确的，但领导在处理毕业生工作分配问题时，还要注意“公私兼顾”，“先公后私”的精神，尽可能照顾个人的合理要求。

8月8日—18日　国务院在京召开第二次全国集中产棉县棉花生产会议。周恩来到会讲话。讲话要求各地加强领导，争取在棉花生产战线上打更大的胜仗。会议提出了关于做好当前棉花增产几项重要工作和提高明年棉花产量几项主要技术措施的两个建议。25日，国务院转发了全国棉花会议的两个建议，并发出通知；要求各产棉区的省、专、县政府和农业部门，认真组织社队干部和社员，学习这两个建议，改进技术措施，力争棉花超产。通知指出：我国棉花单产相差悬殊很大，高的亩产皮棉100多斤，低的亩产只有20—30斤，这主要是生产棉花的技术措施和经验参差不齐。因此，认真抓紧改进棉花生产技术措施，提高棉花单产，是我们迅速提高棉花总产量的主要措施之一。

8月14日　中共中央、国务院批转国务院财贸办公室《关于在大中城市集市贸易中进一步开展代替私商工作的报告》。《报告》认为，代替私商工作，是同加强市场管理、打击投机倒把和平抑集市价格工作相联系的。它是经济战线上阶级斗争的一个方面，是增产节约和“五反”运动以及社会主义教育运动的一个组成部分。全国共有大中城市178个，城市人口7 550万人。到7月底为止，已经开展代替私商工作的城市有117个，人口6 483万人。在117个已经开展代替私商工作的城市中，统计比较完全的有64个城市。这些城市集市贸易的熟食和肉食两个行业的阵地，已经基本上由社会主义商业占领。如以议价商品零售额和集市贸易零售额的总和为100，国营商业和供销合作社在熟食业方面已经占到92%，在肉食业方面已经占到96%。这64个城市和集市贸易零售额占社会商品零售总额的比重，按全额计算，1962年12月份是5.5%，1963年6月份下降到1.53%，达到了中共中央3月指示的要求。64个城市的商贩人数，1963年2月底有29.2万多人，到7月底已经减少到12.8万多人，减少56%。《报告》还要求；国营商业应进一步改善经营管理以巩固现有阵地；没有开展私商代替工作的61个城市，应在做好充分准备的基础上，有步骤地开展起来。

8月21日　新华社报道：新疆维吾尔自治区已建立起现代化纺织工业。全区已有4个现代化棉纺织厂、2个毛纺织厂和3个缫丝厂，市场上需要的棉布大部分已能就地供应。

8月27日—9月7日　四川省第三届人大一次会议选举李大章为省长。

8月29日　毛泽东发表《反对美国——吴庭艳集团侵略越南南方和屠杀越南南方人民的声明》。《声明》代表中国人民，对南越吴庭艳反动集团加紧对越南南方的佛教徒，大、中学校的学生，知识分子和广大人民进行血腥镇压，表示极大的愤慨和强烈的谴责。对胡志明主席强烈抗议美吴集团罪恶行为的声明，表示坚决的支持。《声明》提出："被压迫人民和被压迫民族，决不能把自己的解放寄托在帝国主义及其走狗的'明智'上面，而只有通过加强团结、坚持斗争，才能取得胜利。"30日，首都各界人民一万多人集会，声援越南南方人民反美爱国正义斗争，支持和拥护胡志明、毛泽东的声明。

本　月　外交部发言人就美国军用飞机、军舰侵犯中国领空、领海向美方提出严重警告。1日、3日、14日、22日、30日，美国军用飞机和军舰先后侵入广东省、江苏省和福建省等地领空和领海，中国外交部发言人奉命提出第252—256次严重警告。

9月5日—27日　国家计委等4部委在北京召开全国对外贸易计划会议。会议研究决定，1963年对外贸易收购计划，由原来的53.8亿元增加到60.25亿元。会议提出，随着对苏联和东欧各国出口商品的减少，今后组织出口货源工作的指导思想应当是：大力发展适合对资本主义市场出口的商品的生产，进一步提高产品质量，增加花色品种，以适应资本主义市场的特点。

9月6日—27日　中共中央工作会议在北京举行。会议讨论了农村工作，1964年国民经济计划等问题，并着重讨论了工业发展的方针问题。会议提出在我国发展国民经济，应当贯彻执行以下四条方针：（一）以农业为基础，以工业为主导；（二）自力更生，奋发图强，艰苦奋斗、勤俭建国；（三）按照解决吃穿用，加强基础工业，兼顾国防，突破尖端的次序安排经济计划；（四）继续实行调整、巩固、充实，提高八字方针。会议确定，从本年起再用三年时间，继续进行调整、巩固、充实、提高的工作；作为第二个五年计划（1958年至1962年）到第三个五年计划（1966至1970年）之间的过渡阶段。在这个阶段中，工业各个部门，要认真做好提高质量，增加品种，填平补齐，成龙配套的工作；并要搞好设备更新和专业化协作。会议对三年后的任务提出了分两步走的设想：第一步，建立一个独立的、比较完整的工业体系和国民经济体系，使我国工业大体接近世界先进水平；第二步，使我国工业走在世界前列，全面实现农业、工业、国防和科学技术现代化。会议提出了1964年国民经济计划（草案），还制定了《关于农村社会主义教育运动中一些具体政策的规定(草案)》（简称《后十条》)。《后十条》一方面贯彻了《前十条》所反映的“左”的指导思想，对《前十条》和毛泽东的阶级斗争理论作了很高的评价，认为《前十条》“是一个伟大的具有纲领性的文件，”毛泽东的关于社会主义社会阶级斗争的理论，“具有伟大的革命意义和历史意义”，规定运动应抓住5个要点，即：“阶级斗争，社会主义教育，组织贫、下中农阶级队伍，‘四清’，干部参加集体劳动。”其中，“阶级斗争是最基本的。”运动的基本方针就是“以阶级斗争为纲，”打退资本主义势力和封建势力的进攻等等。另一方面，《后十条》又强调了团结95%以上的干部和群众的重要性，作了许多预防“左”倾偏差的政策规定。如提出：要把“进行复辟活动的阶级敌人同落后群众”加以区别；把“投机倒把分子同资本主义倾向比较严重的农民”加以区别；把“正当的集市贸易活动、临时性的肩挑运销及小量贩运活动同投机倒把”加以区别；把“资本主义自发势力同正当的社员家庭副业”加以区别；对广大基层干部要“全面分析，切忌片面性”；对犯错误的干部总的精神是教育为主，处分为辅，区别情况，分别对待，批判退赃从严，组织处理从宽”；对上中农成份的干部，“根据具体情况，区别对待，妥善处理”；对一些“经过较长时间的观察、表现好的地主、富农家庭出身的青年学生，还乡职工、复员军人，可以根据需要，分配他们做一些适当的工作”；对地、富、反、坏分子的处理，“不要扩大打击面”，对他们依靠劳动得来的正当利益，“应当给予保障”，在分配上，实行同工同酬，“要正确对待地主、富农子女问题”等等。毛泽东对《后十条》未表示疑义。11月14日中共中央发出通知，决定将两个“十条”下发全国城乡。从1963年冬开始，社会主义教育运动在部分县、社开展起来。

同　日　《人民日报》、《红旗》杂志“一评苏共中央公开信”《苏共领导同我们分歧的由来和发展》发表。该文是中共中央以《人民日报》和《红旗》杂志编辑部的名义发表的第一篇评苏共中央7月14日给各级党组织和全体共产党员的公开信的文章。文章在列举大量事实说明中苏分歧的情况后，指出：“分歧完全是由于苏共领导背离了马克思列宁主义，背离了1957年宣言和1960年声明的革命原则，在国际共产主义运动中推行一条修正主义、分裂主义的路线而产生的。苏共领导沿着修正主义、分裂主义的道路越走越远的过程，也就是分歧的发展和加剧的过程。”从这篇文章开始，《人民日报》和《红旗》杂志编辑部陆续发表了9篇文章，评苏共中央公开信。中苏双方进行了一场空前规模的关于国际共产主义运动问题的公开大论战。

9月7日　中共中央发出《关于在农村社会主义教育运动中对待侨户问题的指示》。《指示》要求，在侨眷归侨众多的地区开展社会主义教育运动，不仅要真正做到团结95%以上的干部和群众，并且还应做到进一步扩大华侨统一战线。为此，应注意做到以下几点：第一，中共中央和国务院历年制定的或批准的各项侨务政策，尤其是关于改革土地制度、改变侨户地富成分、争取侨汇、进口粮食、副食品和化肥等有关侨务政策，在社会主义教育运动中和运动以后，都必须贯彻执行，不得任意加以更改。第二，必须将侨汇及依法进口物资中自用和少量在市场上进行等价调换的同专以套汇或进口物资进行投机倒把的行为区别开来。第三，在运动中对于侨户没有必要重新划分阶级成分。第四，对于在土改时年纪尚小，没有参加剥削行为的侨户地富子女，一律不应视为地富分子。对土改以后回来的归侨，不在运动中划阶级成分。第五，侨户地富改变户要求收回或用钱买回按政策不应分而已错分给农民居住的房屋等纠纷，不能视为反攻倒算。第六，对一些侨户地富改变户在城市居住，从事其他职业或居住农村中依靠侨汇生活的，均不能当做抗拒劳动改造看待。第七，对目前已侨居城市的侨户地富改变户，一般不要遣返农村。第八，男女关系问题，不要在运动中进行交待、处理和斗争。第九，关于侨户地富的处理，应报省委或由省委委托的地委批准后才能宣布。对华侨中有影响的统战人物的眷属，原则上不斗争、不戴地富帽子，必须斗争或重戴帽子的，应征求中侨委意见。

9月9日　首都戏剧界就进一步贯彻执行“百花齐放、推陈出新”方针问题举行座谈会。会议由文化部、中国戏剧家协会和北京市文化局共同召集。中心议题是探讨如何使我国具有悠久历史和广泛群众基础的戏曲，更好地适应社会主义新时代人民群众的需要，促使戏曲随着社会的发展而不断地得到革新和发展。会议指出，我们今天的舞台面貌，比起旧时代来，有了根本的改变。但是舞台上仍然出现了一些不利于人民和不适合人民需要的剧目；有些因内容不好早已停演的剧目，在一个时候或一些地方又重新上演；有些坏戏，不但没有受到应有的批判，反而受到赞扬；有些好戏，却没有受到应有的重视与提倡。目前戏曲工作中存在着某种保守倾向，主要表现在对于戏曲遗产没有采取正确的批判态度，没有区别封建性的糟粕和民主性的精华，甚至把糟粕当做精华，把封建性当做民主性。对于戏曲的推陈出新，缺乏应有的积极态度。实事求是地指出和批判这种倾向，并且指出正确的方向，团结最大多数的戏曲工作者为之奋斗，就有利于戏曲为工农兵、为无产阶级的政治服务。

9月13日　《人民日报》、《红旗》杂志“二评苏共中央公开信”《关于斯大林问题》发表。文章批判了赫鲁晓夫利用“反对个人迷信”来全盘否定斯大林的做法，指出：“斯大林一生的功绩和错误，是历史的客观存在。斯大林的功绩同他的错误比较起来，是功大过小的。他的主要方向是正确的，错误是第二位的。”对于斯大林的一些错误，“中国共产党人是早有切身体会的。中国共产党在历史上曾经犯过‘左’倾和右倾机会主义的路线错误。这些错误，从国际方面的原因来说，有几次就是在斯大林的某些错误的影响下产生的。”但是，“由于斯大林的一些错误主张，是被某些中国同志所接受和实行的，中国人自己应当负责。”文章申明，我们为斯大林辩护，并不是为他的错误辩护。

9月15日—27日　刘少奇访问朝鲜。在访问期间，刘少奇同金日成首相，崔庸健委员长就共同关心的重大问题进行了亲切会谈。双方就国际形势和国际共产主义运动中发生的重大问题以及进一步巩固和发展两党两国的友好关系，取得了完全一致的意见。刘少奇一行先后访问了平壤和咸兴等地，参观了工厂、合作农场、灌溉设施和文化机关，所到之处均受到了朝鲜人民的热烈欢迎。

9月16日　外交部就苏联政府进一步恶化中苏关系的行为照会苏联驻华大使馆。照会指出：从9月7日到9月10日，中国列车的乘务人员和中国旅客在苏联纳乌什基边境站遭到大批苏联边防军的包围、扣押、虐待、迫害，并且被武装押送出境。中国政府对这种严重破坏社会主义国家同国际旅客联运协定和进一步恶化中苏两国关系的横暴行为，向苏联政府提出强烈的抗议。

9月16日—10月12日　中共中央和国务院召开第二次城市工作会议。会议提出当前城市工作的主要任务是：一、进一步做好工业的调整工作。在3年调整期间，应当把所有企业的产品方向，生产规模确定下来，把企业的协作关系基本上固定下来。加强设备和厂房的维修，加强科学技术研究，改善企业的经营管理。二、努力做好商业工作，更好地为生产和生活服务。一定要按照经济区划合理地组织商品流通，克服环节过多、机构重叠、迂回运输、商品倒流，以及地区之间互相封锁的种种缺陷。要把代替私商、改造私商、取缔投机倒把、取缔私商长途贩运的工作进行到底；对郊区的农村集市贸易要实行严格管理，做到“活而不乱，管而不死”。三、大力发展城市郊区的农业生产。要建立稳定高产的蔬菜和猪、禽、蛋、奶、水果等主要副食品生产基地，保证城市副食品供应。四、加强房屋和其他市政设施的维修。今后新建、扩建的企业、事业单位在编制设计任务书的时候，就要把住宅、校舍以及生活服务和有关的市政设施包括进去；在工厂设计和建设中就要解决废水、废气、废渣的处理和利用问题。五、积极开展计划生育。争取在3年调整时期，把城市人口的自然增长率降到20‰以下；在第三个五年计划期间，降到15‰以下；在第四个五年计划期间降到10‰以下。国务院要求有关部门，对于这次城市工作会议上决定的若干事项要及早做出具体安排；需要修改的规章制度应当迅速加以修订，或重新拟定。

9月17日　中共中央、国务院发出《关于成立第五、第六机械工业部的通知》。中央和国务院决定将兵器工业、造船工业从第三机械工业部分出来，分别成立第五机械工业部和第六机械工业部。任命邱创成为第五机械工业部部长；方强为第六机械工业部部长；第三机械工业部仍由孙志远任部长。28日，全国人大常委会第一百零二次会议批准了这项决定；刘少奇主席发布了邱创成、方强任职的命令。

9月18日　新华社报道：我国自己设计和建设的第1个硫化铁选矿厂——安徽向山硫化铁选矿厂首期工程完工。

9月20日　中共中央、国务院发出《关于加强人民来信来访工作的通知》。《通知》要求中央各部门和地方各级组织应当加强办理人民来信来访的工作。群众提出的各种要求，凡是合理的、现在可以解决的，都应当负责地、及时地给以解决；不合理的、现在还不能解决的，都应当向群众进行耐心的解释。中央各部门和省、市、自治区党委、人委，都要有一位领导同志主管这项工作，对人民群众提出的各种具体问题，一般采取归口处理；省、地（专）两级的党政机关，对于人民来信来访中提出的问题，应当力求多办，少往下转。县的党政机关，对于人民来信来访中提出的问题，一般应当只办不转。通过搞好这项工作，进一步加强党和各级政府同人民群众的联系。

9月21日—29日　中华医学会第八届全国外科学术会议在京举行。黄家驷在会上报告了3年来中国外科学在腹部外科、创伤外科、心血管外科和泌尿外科等方面取得的显著成绩。11个国家的代表团和专家参加了大会。

9月25日　世界科学工作者协会北京中心成立。1 000多位中外科学家出席了庆祝成立大会。世界科协北京中心主任张维在会上作了报告，中国科协主席李四光在会上讲了话。21位外国科学家发言祝贺。该中心的任务是：在自力更生的基础上，加强各国科学家之间，各国科学团体之间的联系，加强彼此间的相互支持和经验交流，以促进各国科学事业的发展。

9月26日　《人民日报》、《红旗》杂志“三评苏共中央公开信”《南斯拉夫是社会主义国家吗?》发表。文章错误地把南斯拉夫当做“一个资本主义复辟的典型”，并进行了批判。告诫人们：“社会主义国家的资本主义复辟，并不一定要通过反革命政变，也不一定要通过帝国主义的武装入侵，它还可以通过社会主义国家领导集团的蜕化变质来实现，堡垒是最容易从内部夺取的。”

同　日　新华社报道：中国自行设计和建设的第一个大型氮肥厂——上海吴泾化工厂首期工程投入生产。

9月29日　新华社报道：我国国民经济在克服连续3年严重自然灾害后已开始全面好转。报道说，今年粮食、棉花和其他许多经济作物的产量都比去年有不同程度的增长。工业生产继续稳步上升。基本建设继续发展。市场供应状况明显改善。国家财政和对外贸易计划也都完成得很好。

9月30日　周恩来在庆祝中华人民共和国成立14周年的招待会上讲话。周恩来在讲话中向出席招待会的各族、各界人民的代表和来自80多个国家的1 800多位贵宾和海外侨胞、港澳同胞介绍了中国政府在国内外各个重大问题上所坚持的方针政策和原则立场，他特别强调指出：在国际事务中，我们坚决主张大小国家应该一律平等，各国的事情应该由各国人民自己决定。我们坚决反对大国压迫小国，反对少数大国操纵国际事务，反对任何形式的大国主义。中国的历史和世界各国的历史都证明，大国主义的政策最后是一定要失败的。中国是一个大国，因此我们要特别注意防止大国主义的错误。不仅我们这一代如此，而且还要教育我们的子孙后代，永远不犯这种错误。

本　月　毛泽东提出关于把中国建设成为社会主义的现代化的强国的思想。毛泽东在修改《关于工业发展问题（初稿)》时，增写了一段话，其中说，我国从19世纪40年代起，到20世纪40年代中期，共计105年时间，全世界几乎一切大中小帝国主义国家都侵略过我国，都打过我们，除了最后一次，即抗日战争，由于国内外各种原因以日本帝国主义投降告终以外，没有一次战争不是以我国失败、签订丧权辱国条约而告终。其原因：一是社会制度腐败，二是经济技术落后。现在，我国社会制度变了，第一个原因基本解决了；但还没有彻底解决，社会还存在着阶级斗争。第二个原因也已开始有了一些改变，但要彻底改变，至少还需要几十年时间。如果不在今后几十年内，争取彻底改变我国经济和技术远远落后于帝国主义国家的状态，挨打是不可避免的。当然，帝国主义现在是处在衰落时代，我国，社会主义阵营，全世界被压迫人民和被压迫民族的革命斗争，都是处于上升的时代，世界性的战争有可能避免。这里存在着战争可以避免和战争不可避免这样两种可能性。但是我们应当以可能挨打为出发点来部署我们的工作，力求在一个不太长久的时间内改变我国社会经济、技术方面的落后状态，否则我们就要犯错误。毛泽东的这段话后来收录在1986年出版的《毛泽东著作选读》中。

本　月　孙冶方受到错误批判。中国科学院经济研究所所长孙冶方在题为《社会主义计划经济管理体制中的利润指标》的研究报告和随后在哲学社会科学学部委员会第四次扩大会议上讲话中大声疾呼，要抓企业利润，反对不计成本、不讲效益的企业管理制度。他的这个观点当即被说成是修正主义的经济观点，遭到康生、陈伯达组织的批判和围攻。康生为达到对孙冶方进行政治陷害的目的，派“四清”工作队进驻研究所，搞所谓孙冶方与张闻天（当时是该所的特邀研究员）的“反党联盟问题”，把孙冶方说成是该所“反党联盟”的头目。随后撤了孙的所长职务，下放农村“劳动改造”。但孙冶方始终坚持自己的学术观点。

本　月　外交部发言人就美国军用飞机、军舰侵犯中国领海、领空，提出5次严重警告。5日、16日、22日、23日、28日，美国军用飞机和军舰先后侵入广东省、福建省和江苏省等地领空和领海，中国外交部发言人奉命提出第257次—261次严重警告。

10月1日　彭真在庆祝中华人民共和国成立14周年典礼上讲话。

他在讲话中宣布：一年来，我国人民在农业方面，工业方面，商业方面，文化教育方面，国防建设方面和其他各项事业方面，都取得了伟大的、辉煌的成就。我们的经济情况，一年比一年好。今年已经出现了国民经济开始全面好转的局面。1959年到1961年连续3年严重的自然灾害带给我们的困难，已经被伟大的中国人民战胜了。他的讲话受到参加庆典的数十万群众的长时间鼓掌欢迎。当日，首都举行了盛大的游行庆祝活动。

10月4日　中国日本友好协会在京成立，该协会是由中国19个人民团体共同决定成立的。各团体推选郭沫若为中日友好协会名誉会长，廖承志任会长，南汉宸、赵朴初、周而复任副会长、赵安博任秘书长。陈毅副总理和中国各人民团体负责人及正在北京访问的500多位日本朋友出席了成立大会。中国人民对外文化协会会长楚图南在会上致词，郭沫若、廖承志在会上讲了话。他们共同表示，中国日本友好协会的成立标志着中日两国人民友谊的巨大发展，预示着两国人民友谊的光辉未来。中日友协将同日本方面的日中友协和其他友好团体加强联系和合作，增进相互间的经济、文化交流，为促进两国邦交正常化早日实现而作出最大的努力。

10月8日　中共中央、国务院作出《关于建立中国农业银行，统一管理国家支援农业资金的规定》。为保证国家支援农业的资金能够充分发挥效益，更好地为发展农业生产服务，中央决定从上而下地建立中国农业银行的各级机构，把过去由财政部门直接拨付的各项支援农业的资金和由人民银行办理的各项农业贷款，统一管理起来，并统一领导农村的信用社工作。农业银行的编制总额规定为13.5万人，其中专区以上各级银行的人数0.4万人，县支行一级的人数4.1万人，营业所一级人数9万人。11月9日，人大常委会第一百零六次会议批准设立中国农业银行，作为国务院的直属机构。12日，中国农业银行在北京正式成立。李先念、邓子恢在成立大会上作了重要讲话。

10月16日　中国跳伞运动员打破世界纪录。郑德满、王志先、贾成祥组成的联一队，以落地后平均距靶心0.73米的成绩，打破了男子日间1 500米集体定点跳伞世界纪录。

10月16日—25日　中华全国手工业合作社第二次社员代表大会在北京举行。国务院副总理薄一波到会讲话。会议听取并通过了中华全国手工业合作总社理事会主任陈一帆的工作报告。报告提出，今后一个时期手工业合作社的中心任务是：根据以农业为基础，以工业为主导的发展国民经济的总方针，继续做好调整、巩固、充实、提高的工作，坚决地把手工业工作转移到以农业为基础的轨道上来，广泛深入地开展增产节约和社会主义阶级教育运动，全面改善经营管理，有计划地进行技术改革，更好地为农业生产和城乡人民生活需要服务，为国家工业建设和出口贸易服务。会议还通过了总社章程，选出了新的领导机构。

10月18日　周恩来召集教育部及有关部委、团中央、全国妇联负责人讨论中小学教育和职业教育问题。周恩来指出：中小学教育和职业教育十分重要。高教工作很重要，不能削弱，质量也要提高，但数量毕竟是很小的；中小学教育数量很大，关系也很大，决不能忽视。要办好中小学教育和职业教育，就要有一个规划。可以先搞一个7年的，算一个大账，再下去深入调查研究。农村至少要有3类小学：短期的、普通的、提高的，还要有专为超龄儿童补习的办法。城市至少要有两类小学：普通的、提高的。大中城市要逐年发展一批职业学校。将来小城镇也要办一些。职业学校不可能过多地依靠初中改办，要发动厂矿、企业和大农场、林场办。国家也要直接办一些，现有中学也可增设一些职业班，还可以要求军队办一点。职业学校大多数要面向农村。计划生育、劳动安排和中小学教育是相互关联着的。整个普教工作，就是要解决好劳动后备军的问题。

同　日　中共中央发出《关于加强少年儿童校外教育和整顿中小学教师队伍的指示》。指示说：建立一支由专职辅导员、义务和半义务辅导员组成的少年儿童校外教育的辅导队伍，是个好办法、好经验，各大中城市可以在试点、总结经验的基础上逐步推广。对于中小学教师队伍中的问题，要积极组织力量，摸清情况，结合城乡社会主义教育运动，确定适当的办法，坚决而又谨慎地、有计划有步骤地加以整顿。中央还同时附发了共青团中央《关于加强城市少年儿童校外教育工作的报告》。

10月22日　“四评苏共中央公开信”《新殖民主义的辩护士》发表。文章批判了苏共领导在民族解放运动问题上的错误观点，分析了新殖民主义者的本质和特点，指出：第二次世界大战以后，帝国主义绝没有放弃殖民主义，而是采取新的方式，推行新的殖民主义。这种新殖民主义的一个重要特点是，帝国主义被迫改变直接的殖民统治的旧方式，采取通过他们所选择和培养的代理人进行殖民统治和殖民剥削的新方式。他们利用经济“援助”等等方式，继续把这些国家作为他们的商品销售市场、原料供应地和资本输出的场所，这种新的殖民主义，是更阴险、更毒辣的殖民主义。

10月25日　银川各界庆祝宁夏回族自治区成立5周年。庆祝活动展示了宁夏自治区5年来取得的各项成就。在农牧业方面，绵羊、山羊连年增产，全区现有羊只比1957年增长61.8%，比1949年增长2.3倍。自治区的工业也已形成了初步的基础。回族干部逐步成长，330多名技术或技术领导干部已在农、林、牧业和科学研究单位施展才干。全区已建成完整的教育体系。目前，已有学校2 000多所，中学和小学分别比解放前增加4倍多和2倍多，大中小学在校学生增加近3倍。

10月26日　中共中央、国务院批准下达1964年国民经济计划和国家预算。1964年计划的基本要求是：争取农业有一个更好的收成，工业生产持续上升，人民生活继续有所改善，基本建设着重做好水利工程和基础工业的充实提高、填平补齐、成龙配套、更新改造的工作，国防工业有所壮大，整个国民经济进一步地全面好转。计划的主要指标是：工农业总产值1 467亿元，比1963年预计增长8%左右。其中农业总产值490亿元左右，比上年增长7%以上；工业总产值977亿元左右，比上年增长8%左右；工农业主要产品产量：粮食3 410亿斤—3 435亿斤；棉花2 442万担—2 553万担；三种油料5 238万担；生猪年末存栏1.28亿头；棉纱410件；钢840万吨；煤炭2.13亿吨；原油760万吨；发电量532亿度—539亿度；铁路货运量3.9亿吨。国家预算内基本建设投资111.08亿元，施工的大中型项目为858个。社会商品零售总额安排604亿元，比上年增加20.4亿元，大体同购买力相适应。外贸收购计划为58.3亿元，比上年增加1.8亿元，出口总额43.64亿元，进口总额41.3亿元。高等学校招生14.5万人，比上年增加1.5万人。工资总额安排230亿元。国家预算收入382亿元左右，比上年预计数增长11.9%左右。这个计划在12月3日结束的第二届全国人民代表大会第四次会议上获得了批准。

本　月　外交部发言人就美国军用飞机和军舰侵犯中国领空、领海，向美方提出严重警告。1日、2日、3日、6日、19日、26日、美国军舰和军用飞机先后侵入山东、广东、福建省等地领海和领空，中国外交部发言人奉命提出第262—267次严重警告。

11月1日　人民解放军空军部队击落窜扰我华东地区上空的（台湾）蒋介石当局U-2飞机1架，当日，国防部长林彪颁发嘉奖令。

11月2日　新华社报道：中国独创的新型耐火材料镁铝砖在天津钢厂等处显示优异性能。

11月3日　国务院发布《发明奖励条例》和《技术改进奖励条例》。《发明奖励条例》规定，发明是指一种新的科学技术成就，它必须同时具备3个条件，（一）前人所没有或国外虽有而未公布的；（二）经过实践证明可以应用的；（三）比现有的先进的。发明属于国家所有，任何个人或单位都不得垄断，全国各单位都可以利用它所必需的发明。《技术改进奖励条例》规定，凡是群众提出的技术改进建议，经过实践研究和实际应用，使某一单位的生产或工作更加多、快、好、省的，都是技术改进。对发明和技术改进采用荣誉和物质奖励相结合的方式。上述两个条例已于10月23日国务院第一百三十六次全体会议讨论通过。从发布即日起实施。

11月4日　公安部发布我沿海军民再次取得全歼美蒋武装特务胜利的公报。报道说，从6月23日到10月24日，广东、福建、浙江、江苏、山东沿海地区军民又连续歼灭了9股偷渡登陆和空降的美蒋武装特务共90人。再一次粉碎了美帝国主义和台湾当局对我沿海地区进行小股武装骚扰的罪恶阴谋。此外，在美国唆使下，台湾当局还派遣了6股武装特务共47人，先后于7月29日和10月23日从越南原海宁省沿海地区偷渡登陆，企图窜入广东省西部山区进行骚扰破坏，也被越南军民全部歼灭。

11月7日　中共中央批转内务部党组《关于中央一级机关及其在京单位精简人员处理情况的报告》。《报告》说，从1961年—1963年，中央一级机关及其在京单位已精简了职工10.2万余人，加上因接收高等学校、中等专业学校毕业生和军队转业干部等而顶替出来的0.8万余人，需要处理的精简下来的人员合计为11万余人。到1963年6月底，已经处理了10.45万余人（其中干部5.68万余人，工勤人员4.77万余人），占需要处理总人数的94.9%。尚未处理的还有5 600余人（其中干部4 400余人，工勤人员1 200余人），占需要处理总人数的5.1%。为进一步安排处理好这批人员，中共中央在批示中要求对尚未处理的精简人员，应当本着善始善终、负责到底的精神，一个一个地摸清情况，认真地抓紧处理。

11月9日　中共中央批转国家科委党组和文化部党组《关于进一步加强科学技术出版工作的报告》。《报告》中说，据不完全统计，1950年—1962年来，全国共出版科技图书约5.5万多种（含大专院校理、工、农、医教材），占全国新出版图书总数的30%左右。科技期刊及学会公开出版的学术刊物，有50多种，介绍外国科技动态翻译刊物45种。但近两年来科技新书品种大幅度下降（1957年出版0.5万多种，1962年只出0.15万多种新书）。对此，《报告》提出，各地方党委和政府部门应加强对科学技术研究工作的领导，积极开展科学技术的研究和交流活动，进一步加强科技知识的普及，组织力量介绍国外的科技动态，支持科技成果的推广和科技著作的出版，尽快扭转科技新书出版大幅度下降的情况。

同　日　中国渔业协会和日本日中渔业协会关于黄海东海渔业的协定在北京签字。协定双方根据平等互利、和平共处的原则，为合理地利用黄海、东海渔场，保护渔业资源和避免双方渔船作业时的纠纷，增进中日两国渔业界的友好合作，达成了11条协议。中日5个团体就签订中日民间渔业协定签署了共同声明，对该协定予以了高度评价。

11月10日—22日　中国体育代表团参加第1届新兴力量运动会。

运动会在印度尼西亚首都雅加达举行。共48个国家和地区的代表参加了运动会，来自46个国家和地区的2 200多名选手参加了20个项目的比赛。中国运动员229人报名参加13个项目的角逐。共取得66项冠军，56项亚军和46项第3名。打破了2项世界纪录（射箭和举重）。

11月17日—12月4日　中国人民政治协商会议第三届全国委员会第4次全体会议在北京举行。会议听取了全国政协副主席陈叔通所作的第三届全国政协常务委员会的工作报告。全体委员还列席了全国人大二届四次会议。会议一致同意陈叔通在报告中提出：全国政协今后工作的六项任务，即：（一）推动各界人士在社会主义建设的各个战线上，为贯彻以农业为基础、以工业为主导的发展国民经济的总方针，为争取国民经济的新高潮，积极贡献力量；（二）在各界人士中继续广泛开展爱国主义、国际主义和社会主义的思想教育运动，帮助各界人士进行自我教育和自我改造。各级人民政协、各民主党派和有关人民团体，今后应该把推动和开展社会主义教育运动当做一项中心任务；（三）政协各级组织要根据中国共产党的加强民主集中制的要求，进一步密切同各界人士的联系，积极宣传党和政府的政策方针，向党和政府反映各方面人士的意见和建议。要继续贯彻“长期共存，互相监督”的方针，发扬“知无不言，言无不尽”、“言者无罪，闻者足戒”的精神；（四）加强政协全国委员会同各地方委员会的工作联系，帮助地方委员会在统一战线工作中发挥更多的作用；（五）坚决反对美帝国主义霸占我国的领土台湾，坚决反对一切制造“两个中国”的阴谋，继续从各方面为解放台湾而斗争；（六）坚决拥护我国对外政策总路线。在中国共产党的领导下，继续高举反对帝国主义、保卫世界和平的旗帜，革命的旗帜，无产阶级国际主义的旗帜和马克思列宁主义的旗帜，紧密地同各国人民团结在一起，为维护世界和平促进人类的进步事业而奋斗。会议还决定，政协第3届全国委员会的任期延至1964年9月，并责成政协常委会负责进行召开第4届全国政协委员会的筹备工作。

11月17日—12月3日　第二届全国人民代表大会第四次全体会议在北京举行。毛泽东、刘少奇、董必武、朱德、周恩来、邓小平等党和国家领导人出席了会议。会议听取并批准了国务院副总理兼国家计委主任李富春所作的《关于1963年国民经济计划执行情况和1964年国民经济计划草案的报告》；批准了国务院副总理兼财政部长李先念所作的《关于1963年国家预算草案和预计执行情况，1964年国家预算初步安排的报告》；通过了预算委员会关于国家预算的审查报告；通过了提案审查委员会的提案审查意见。会议还通过了关于第三届全国人民代表大会代表名额和选举问题的决议；并且批准了全国人大常委会副委员长兼秘书长彭真所作的关于选举问题的说明。周恩来在会上就当前国内外的形势和任务作了讲话，并解答了代表们在讨论中提出的问题。会议指出，我国的国民经济，在以农业为基础，以工业为主导的总方针的指导下，在近年来的调整、巩固、充实、提高的工作中，取得了巨大的成就。我们已经战胜了连续3年来严重自然灾害以及由于别人片面破坏协议、撤退专家的背信弃义行为给我们造成的经济困难。我们还纠正了具体工作中的缺点和错误，取得了社会主义建设的丰富经验。我国的国民经济已经开始全面好转。会议号召全国各族的工人、农民、知识分子和其他劳动人民，各民主党派和民主人士，爱国侨胞，进一步团结在中国共产党和人民政府的周围，奋发图强，自力更生，为把我国建设成为一个具有现代农业、现代工业、现代国防和现代科学技术的强大的社会主义国家而奋斗。

11月18日　中共中央、国务院对教育部党组《关于减少教授、副教授校外兼职和社会活动问题的请示报告》作出批示。批示指出：我国高等院校的教授、副教授不多，具有真才实学的则更少，他们是我国社会主义建设和科学、教育事业的宝贵财富。因此要合理而恰当地安排和使用这一部分力量，这是加速发展我国科学和教育事业的重要因素。为此，批示要求要采取坚决有效的措施，切实保证专家、教授每周有5/6的业务工作时间，要减少他们的行政事务，保证他们的业务工作时间。为充分发挥他们的专长，可以配备必要的较强的助手，使他们能够有更多的精力和时间，在教学、科研工作和培养后备力量方面发挥更大的作用。

11月19日　《人民日报》、《红旗》杂志“五评苏共中央公开信”《在战争与和平问题上的两条路线》发表。文章回答了苏共领导在战争与和平问题上对中国共产党的攻击，指出：“在战争与和平问题上，我们同苏共领导的分歧，是要不要反对帝国主义，要不要支持革命斗争，要不要动员全世界人民起来反对帝国主义的战争计划，要不要马克思列宁主义的不同路线的分歧。”

11月20日　新华社报道：国务院农林办公室召开黄河中游水土流失重点地区水土保持工作会议。参加会议的有来自山西、陕西、内蒙古的42个重点县（旗）的代表。国务院水土保持委员会主任廖鲁言和水电部黄河水利委员会副主任赵明甫、林业部副部长荀昌五等在会上作了报告。廖鲁言在总结发言时要求把黄河中游水土流失严重的山区，建设成为多种经营、综合发展的社会主义新山区。参加会议的代表们着重讨论了42个重点县（旗）的水土保持工作，认真研究了规划和实现规划的措施，初步提出了一个黄河中游水土流失重点地区1964年到1980年的水土保持规划草案。规划的主要内容是通过水土保持工作，逐步建立起旱涝保收的、产量较高的基本农田，实行精耕细作，改变广种薄收的旧习惯，合理利用土地发展农业生产，并开展林、牧、副业多种经营。会议还安排了今冬明春的水土保持工作。

11月22日　中华人民共和国和阿富汗王国签署边界条约。条约由中国副总理兼外交部长陈毅和阿富汗王国内务大臣阿布杜·卡尤姆分别代表各自政府签署。22日，中国阿富汗联合勘界委员会在北京成立。中阿边界条约的签署标志着两国的友好关系发展到一个新阶段。以阿富汗王国内务大臣阿布杜·卡尤姆为首的阿富汗政府代表团在北京期间分别受到毛泽东主席和刘少奇主席的接见。

11月22日—24日　中国科学院哲学社会科学部委员会第四次扩大会议在北京举行。会议由中国科学院院长郭沫若主持。参加会议的除学部委员以外，还有一部分著名学者和青年研究人员。各中央局和各省、市、自治区党委宣传部、哲学社会科学各研究机构和其他有关机关的负责人也参加了会议。刘少奇到会作了讲话。薄一波在会上作了当前我国经济形势和任务的报告。中宣部副部长周扬在会上作了题为《哲学社会科学工作者的战斗任务》的报告。报告着重提出了在学术战线如何开展反对现代修正主义的斗争；如何按照现实的需要来安排我们的研究课题；如何用正确的方法来培养和锻炼我们的队伍等问题。学部副主任潘梓年作了学部的工作报告。吴玉章、林默涵、宦乡、艾思奇、龚育之、孙冶方、邓拓、姚文元等24人先后在会上发了言。会议指出，在当前的国际共产主义运动中，马克思主义同现代修正主义之间正进行一场具有伟大历史意义的大论战，哲学社会科学工作者必须参加到这个斗争中去，发挥积极的作用，作出应有的贡献。必须从政治上、理论上，从哲学社会科学的各个领域，对现代修正主义进行全面的、系统的批判，保卫、宣传和发展马克思列宁主义。这是当前哲学社会科学战线的头等重要的任务。16日，毛泽东、刘少奇接见了出席学部扩大会议的全体人员。

本　月　毛泽东对《戏剧报》和文化部两次提出批评。毛泽东说：一个时期以来，《戏剧报》尽宣传牛鬼蛇神。文化部不管文化，封建的、帝王将相的、才子佳人的东西很多，文化部不管。又说，文化工作方面，特别是戏曲，大量的是封建落后的东西，社会主义的东西很少。在舞台上无非是帝王将相、才子佳人。文化部是管文化的，应当注意这方面的问题。要好好检查一下，认真改正。如果不改，文化部就要改名字，改为帝王将相、才子佳人部，或外国死人部。毛泽东的这一批示，不仅夸大了文艺界存在的问题，而且为在文艺界进行“左”的批判提供了思想理论武器。

本　月　外交部发言人就美国军用飞机4次侵入中国领空向美方提出严重警告。2日、4日、22日、25日，美国军用飞机先后侵入广东省和江苏省等地领空，中国外交部发言人奉命提出第268次—271次严重警告。

12月2日　中共中央和国务院发出《关于加强基本建设拨款监督工作的指示》。针对在一些建设单位中不断发生乱搞计划外工程、擅自提高建筑标准等不执行计划和制度，分散和浪费国家资金的状况，为进一步加强对基本建设资金的管理和监督，中央和国务院要求：

（一）必须严格按照国家计划和基本建设程序监督拨款。（二）必须认真审查基本建设预算，努力降低工程造价。（三）必须加强基本建设储备资金的管理，充分动员内部资源。（四）必须进一步加强基本建设财务管理，严格执行财政制度。（五）必须严格执行结算纪律。（六）必须加强建设银行的机构。根据上述指示精神，国家计委和财政部拟定了《关于基本建设拨款的几项规定》，由国务院正式颁发。

同　日　中共中央和国务院原则批准中央科学小组、国家科委党组《关于1963年至1972年科学技术发展规划的报告》和《科学技术发展规划纲要及科学技术事业规划》。十年科学技术发展规划是在原有的1956—1967年12年科学技术发展规划的基础上，参照世界科学技术进展的情况制订的。规划提出的目标是：（一）为农业增产提供各方面的科学技术成果，系统地解决实现农业现代化的科学技术问题；（二）重点掌握60年代工业科学技术，为建立一个完整的现代工业体系，为发展重要的新兴工业，提高现有工业技术水平提供科学技术成果；（三）切实保证国防尖端任务的初步过关；（四）加强资源的综合考察，加强资源的保护和综合利用研究，为国家建设提供必要的资源根据；（五）在保护和增进人民健康，防治主要疾病和计划生育等方面的重要科学技术问题上作出显著成绩；（六）加速发展基础科学和技术科学，充实科学理论的储备，加强科学调查和实验资料的积累，建立和加强重要的和空白薄弱的学科；（七）大力培养人才，充实现代化实验装备，在各个重要的科学技术领域形成研究中心，建立一支能够独立解决我国建设中科学技术问题的、又红又专的科学技术队伍。为达到上述目标，规划要求：动员和组织全国的科学技术力量，自力更生地解决我国社会主义建设中的关键性科学技术问题，在重要的急需的方面掌握60年代的科学技术，力求实现科学技术的大跃进。

12月5日—11日　各民主党派和全国工商联在北京分别召开中央会议和工作会议。这些会议都分别通过决议，拥护党和政府的对内对外政策，号召其成员贯彻全国人代会和政协全国委员会的决议。

在民盟三届四中全会上，杨明轩当选为民盟中央主席。

12月7日　《人民日报》发表通讯：《组织起来20年》。报道了河北省饶阳县五公村农民坚持走集体化道路的事迹。河北省饶阳县五公村农民最早组织起来是在1943年，当时在劳动模范耿长锁的带领下，他们办起了一个由4户贫苦农民组成的“土地合伙组”，后来“合伙组”发展成为全国闻名的五公村耿长锁农业生产合作社，1958年后，改为五公人民公社五公大队。20年来，五公村生产连年发展，亩产比20年前提高2倍多；90%的耕地已经用拖拉机耕种；农民收入逐年增加，大部分农户盖了新房，有了存款。全村现有大学生6人，中学生100多人，小学教育已经普及。五公农民的经验被总结为一句话：组织起来的大道越走越宽广。

12月7日—14日　江西省第三届人民代表大会第一次会议在南昌举行。邵式平当选为江西省省长。

12月10日—23日　青海省第三届人大一次会议选举王昭为省长。

12月11日　《人民日报》发表社论：《比学赶帮齐争上游》。社论说，近来，在我国各地工业企业之间，特别是在上海和一些工业城市的工业企业之间，掀起了一个比先进、学先进、赶先进、帮后进的热潮。各地许多工业企业，在当地党委统一领导和部署下，有计划地派出工人、技术人员和管理人员到先进企业，蹲点学习先进经验。这个“比学赶帮”运动的兴起，使我国的工业战线更加呈现着朝气勃勃、欣欣向荣的景象。社论号召工业战线上的全体工人、技术人员、管理人员，要“以极大的热忱投入到‘比学赶帮’运动中去，把这一运动更进一步地开展起来，坚持下去。”

同　日　中国与桑给巴尔共和国建交。中国政府代表、驻坦噶尼喀大使何英同桑给巴尔外交和外贸部长阿里·穆赫辛分别代表本国政府签署了正式建立外交关系和互派大使的联合公报。1964年4月26日，坦噶尼喀与桑给巴尔联合为坦桑尼亚共和国。这一天即成为中国与坦桑尼亚联合共和国的建交日。

12月12日　毛泽东作出关于文学艺术问题的批示。毛泽东在中央宣传部的一份内部刊物上作出批语说：“各种艺术形式——戏剧，曲艺，音乐，美术，舞蹈，电影，诗和文学等等，问题不少，人数很多，社会主义改造在许多部门中，至今收效甚微。许多部门至今还是‘死人’统治着。不能低估电影，新诗、民歌、美术、小说的成绩，但其中的问题也不少。至于戏剧等部门，问题就更大了。社会经济基础已经改变了，为这个基础服务的上层建筑之一的艺术部门，至今还是大问题。这需要从调查研究着手，认真地抓起来。许多共产党人热心提倡封建主义和资本主义的艺术，却不热心提倡社会主义的艺术，岂非咄咄怪事”。根据这个批示，中华全国文化艺术界联合会及其所属各协会开始进行整风。

同　日　《人民日报》、《红旗》杂志“六评苏共中央公开信”《两种根本对立的和平共处政策》发表。文章批判了苏共领导主张的“和平共处总路线”，指出，这条“总路线”“恰恰适应了美帝国主义的‘和平演变’政策的要求”，并认为，苏共领导同我们在和平共处问题上的分歧，“并不是社会主义国家要不要实行和平共处政策的分歧，而是究竟怎样正确对待列宁的和平共处政策的原则分歧”。这种分歧主要集中在三个问题上，即：一、实现和平共处，能不能消除社会主义同帝国主义之间的对立和斗争；二、和平共处能不能作为社会主义国家对外政策的总路线；三、和平共处政策能不能作为全世界所有共产党和国际共产主义运动的总路线；文章说，我们一向认为，在阶级社会中，把和平共处看做是解决社会所面临的最主要问题的最好的和唯一可行的道路，是完全错误的，是否定阶级斗争的社会和平主义，这是对马克思列宁主义的明显背叛。

12月13日　国务院决定调整部分煤炭价格。全国物价委员会根据当前煤炭生产状况向中央和国务院提出报告，决定调整部分煤炭出厂价格和市场煤炭销售价格。报告指出，当前煤炭价格中存在两个突出的问题，一是煤炭全行业亏损，对煤炭生产和经营不利；一是煤炭的质量差价和地区间的差价不合理，对煤炭统一分配和合理使用不利。为此，需对煤炭价格作以下调整：（一）提高大同、阳泉、焦作、峰峰、鸡西、鹤岗、阜新等矿务局的一部分煤炭出厂价格，提价总额约7 000多万元。降低本溪、北票、舒兰、资兴、萍乡等矿务局的一部分煤炭出厂价格，降低总额约5 000万元。提降相抵后，净提价约2 400万元，平均每吨煤提高0.15元左右。（二）提高东北、内蒙、山西、贵州等地区的煤炭市场销售价格，每吨煤分别提价1元至2元，提价总额约3 000多万元。中央和国务院同意了物价委员会的调价决定。

同　日　中共中央发出关于加强相互学习，克服固步自封、骄傲自满的指示。这是毛泽东在批转湖南省委李瑞山、华国锋起草的一个指示上的批语，批语作为党内指示下发。《指示》说："中央认为，这种虚心学习外省、外市、外区优良经验的态度和办法，是很好的，是发展我国经济、政治、思想、文化、军事、党务的重要方法之一。"《指示》批评了固步自封、骄傲自满种种表现，如"只研究成绩一方面，不研究缺点错误一方面。只爱听赞扬的话，不爱听批评的话"。"对外国人、外地人以及中央派下去的人，只让看好的，不让看坏的。只向他们谈成绩，不向他们谈缺点及错误。要谈也谈不深刻，敷衍几句了事"等等。指示还指出，在中央和各地同志中，有许多长期存在着形而上学的思想方法而不能解脱，有大量的好同志被"那些高官厚禄、养尊处优、骄傲自满、固步自封、爱好资产阶级形而上学的同志们，亦即官僚主义者，所压住了，现在必须加以改革。""把将别部、别省、别市、别区、别单位的好经验、好作风、好方法学过来这样一种方法，定为制度。"指示说，中央认为，各地不但可以，而且应当这样办。

同　日　毛泽东、刘少奇等党和国家领导人为河北抗洪抢险斗争展览会题词。毛泽东的题词是："一定要根治海河"。刘少奇的题词是："记取这一次洪水和其他各次水旱灾害的经验教训，全省人民团结起来，努力奋斗，决心以20年左右的时间，分期分批地把河北水利建设好。"周恩来的题词是："向为战胜历史上少见的洪涝灾害而进行顽强斗争的各级干部、各界人民、部队官兵表示最大敬意！要为支援灾区、重建家园、争取明年丰收、彻底治理海河而继续奋斗！"朱德的题词是："战胜洪水保卫社会主义建设。"陈云的题词是："防洪斗争的胜利是人民力量的胜利。"林彪的题词是："军队要支援人民战胜天灾帮助人民克服困难。”邓小平的题词是：“防洪斗争的胜利，是集体主义的胜利，是社会主义制度优越性的胜利。”

12月14日　中国与肯尼亚共和国建交。两国政府发表了建立外交关系并互派大使级外交代表的联合公报。60年代后期两国关系发生曲折。1967年10月肯尼亚关闭其驻华使馆。1969年3月肯单方面决定将两国关系降为代办级。1974年9月两国又恢复大使级外交关系。

12月14日—次年2月29日　周恩来总理访问亚非14国。陪同周恩来出访的有陈毅、孔原、黄镇、童小鹏、乔冠华等。周恩来一行先后访问了埃及、阿尔及利亚、摩洛哥、突尼斯、加纳、马里、几内亚、苏丹、埃塞俄比亚、索马里等10个非洲国家和阿尔巴尼亚，以及缅甸、巴基斯坦、锡兰（今斯里兰卡）3个亚洲国家，共历时72天，行程10.8万里。周恩来的非洲之行，是中国国家领导人第一次对非洲国家进行正式友好访问。在访问埃及期间，周恩来根据和平共处五项原则和万隆会议十项原则提出了中国政府同阿拉伯国家和非洲国家相互关系的五项原则，即：支持非洲和阿拉伯各国人民反对帝国主义、争取和维护民族独立的斗争；支持他们的政府奉行和平中立的不结盟政策，支持他们的人民用自己选择的方式实现团结和统一的愿望；支持他们通过和平协商解决彼此之间的争端；主张这些国家的主权应当得到所有其他国家的尊重，反对来自任何方面的侵犯和干涉。这些原则的提出，是中国在外交上的创举。在访问马里时，周恩来提出了中国对外援助的八项原则，主要内容是：（一）一贯根据平等互利的原则对外提供援助，从来不把这种援助看做是单方面的赐予，而认为援助是相互的；（二）在提供对外援助的时候，严格尊重受援国的主权，绝不附带任何条件，绝不要求任何特权；（三）以无息或者低息贷款的方式提供经济援助，在需要的时候延长还款期限，以尽量减少受援国的负担；（四）提供外援的目的是帮助受援国逐步走上自力更生、经济上独立发展的道路；（五）帮助受援国建设的项目，力求投资少，收效快；（六）提供自己所能生产的质量最好的设备和物资，并根据国际市场的价格议价；（七）提供任何一种技术援助的时候，保证做到使受援国的人员充分掌握这种技术；（八）派到受援国的专家，同受援国自己的专家享受同样的物质待遇，不容许有任何特殊要求和享受。八项原则充分体现了中国同广大亚非国家进行经济，文化合作的真诚愿望。在访问索马里时，周恩来提出了“整个非洲大陆是一片大好的革命形势，”非洲“已经成为一个觉醒的、战斗的、先进的大陆”，“一个独立自主、繁荣富强的新非洲一定要出现”等著名论断。在访问期间，周恩来同所到国家的政府领导人分别举行了坦率而友好的会谈，就共同关心的国际形势问题交换了意见，增进了同这些国家的相互了解和友好关系，并分别发表了会谈联合公报。这次访问对增强中国同亚非国家人民的团结与合作，提高中国在国际上的地位和声望，维护世界和平产生了重大而深远的影响。

12月15日—次年1月7日　全国工业交通工作会议在北京举行。会议由国务院召集，参加会议的有全国工业交通各部门的负责人，各大区中央局和各省、市、自治区委员会分管工业交通工作的书记，各大区和各省、市、自治区经委的负责人。会议根据毛泽东关于工业部门学习解放军、加强政治工作的指示，决定在工业交通部门加强政治思想工作，用马克思列宁主义、毛泽东思想进一步武装干部和工人的头脑，学习解放军坚持“四个第一”、发扬“三八作风”、创造“四好连队”的经验，使广大职工群众、工业管理机关、现代企业更加革命化。会议号召所有的企业都开展比学赶帮活动，继续克服骄傲自满、固步自封思想，掀起增产节约运动的新高潮。会议后，工交战线各企业掀起了学习解放军、抓政治思想工作的热潮。

12月16日　中共中央政治局委员、解放军总政治部主任罗荣桓元帅去世。罗荣桓，1902年生，湖南衡山人。1927年加入中国共产党。曾参加秋收起义。后任工农革命军第一师第一团特务连党代表。从1930年起，历任中国工农红军第四军政治委员，第一军团政治部主任、第八军团政治部主任。抗日战争时期，历任八路军一一五师政治部主任、政治委员并代理师长，山东军区司令员兼政治委员，中共中央山东分局书记。解放战争时期，历任第四野战军第一政治委员，华中军区、中南军区第一政治委员。中华人民共和国成立后，历任最高人民检察署检察长，解放军总政治部主任兼总干部部长，人民革命军事委员会副主席。1955年被授予元帅军衔，在中国共产党第七、八次全国代表大会上当选为中央委员，并在八届一中全会上当选为中央政治局委员。在第一、第二届全国人民代表大会上均当选为人大常委会副委员长，曾任第一、第二届国防委员会副主席。

同　日　毛泽东作出关于学习解放军，加强政治工作的批示。毛泽东在写给林彪、贺龙、聂荣臻、罗瑞卿、肖华的一封信中提出国家工业各个部门从部到厂矿都要学解放军，都要设政治部、政治处和政治指导员，实行四个第一和三八作风。并建议从解放军调几批好的干部去工业部门那里去做政治工作。毛泽东在信中说，“看来不这样做是不行的，是不能振起整个工业部门（还有商业部门、还有农业部门）成百万成千万的干部和工人的革命精神的”，“现在工业部门主动提出学解放军，并有石油部的伟大成绩可以说服人，这就到了普遍实行的时候了。”毛泽东还说：“解放军的思想政治工作和军事工作，经林彪同志提出四个第一、三八作风之后，比较过去有了一个很大的发展，更具体化又更理论化了，因而更便于工业部门采用和学习了。”

同　日　国务院颁发《关于基本建设拨款的几项规定》。根据中央和国务院的指示，国家计委和财政部制定了这一文件。《规定》中强调，在基本建设中，必须严格执行国家的统一计划。当年施工的建设项目，必须纳入国家基本建设计划。各部门、各建设单位必须在国家计划指标范围内，根据集中力量打歼灭战的原则，合理安排投资，不准分散使用资金，不准留投资缺口，不准进行计划外工程。建设银行必须督促建设单位落实投资，严格按照国家基本建设计划监督拨款。对计划以内的建设项目，要保证资金供应，对计划以外的建设项目，一律不得拨款。在年度基本建设计划批准以前，建设单位如急需用款，必须报经主管部门或省、自治区、直辖市批准，才能在国家计划确定的投资指标范围内支用款项。

同　日—30日　陕西省第三届人民代表大会第一次会议在西安

举行。李启明当选为陕西省省长。

12月17日—27日　广东省第三届人大一次会议选举陈郁为省长。

12月18日—28日　山东省第三届人大一次会议选举白如冰为省长。

12月19日—28日　吉林省第三届人大一次会议选举栗又文为省长。

12月21日—28日　辽宁省第三届人大一次会议选举黄欧东为省长。

12月21日—29日　广西壮族自治区第二届人大一次会议选举韦国清为自治区主席。

12月23日　中国、布隆迪王国建交。两国政府在联合公报中宣布，两国从即日起正式建立外交关系和互派大使级代表。1965年1月29日，布隆迪政府宣布暂时中止两国外交关系。1971年10月13日，中国和布隆迪恢复两国间的大使级外交关系。

12月23日—28日　中华全国总工会第八届执行委员会第五次会议在北京举行。中华全国总工会主席刘宁一，副主席朱学范、陈少敏、许之桢、马纯古，以及执行委员、候补执行委员共89人出席了会议。各省、市、自治区总工会和部分基层工会主席，各产业工会全国委员会和中华全国总工会各部门负责人，也列席了这次会议。会议着重讨论了国内外形势和工会当前的任务，一致拥护第二届全国人民代表大会第四次会议所通过的决议。会议指出，当前工会的中心任务是：高举毛泽东思想红旗，深入开展以阶级教育为中心的社会主义教育，放手发动职工大搞比学赶帮，广泛开展“五好”竞赛，把增产节约运动推向新的高潮，为全面完成和超额完成1964年的国民经济计划而奋斗。

12月23日—次年1月14日　解放军总政治部在北京召开全军政治工作会议。总政治部主任肖华在会上就目前部队政治工作建设的几个问题作了报告。会议要求全军继续高举毛泽东思想红旗，坚持四个第一，发扬三八作风，把创造四好连队的工作做得好上加好。

12月25日　华东区话剧观摩演出在上海举行。柯庆施在开幕式的讲话中大讲“写十三年”，并提出这次观摩演出的目的和要求是，第一要提倡话剧；第二要提倡现代剧；第三是总结交流创作和演出现代剧的经验。他认为，目前值得我们严重注意的问题是：有些人，包括一些共产党员在内，热衷于资产阶级、封建阶级的戏剧，对于反映当前社会主义革命和社会主义建设的沸腾生活和火热的斗争，反而缺乏兴趣，缺乏热情。有的话剧团在1961年和1962年两年里，连一个现代戏也不演。有的话剧团还一度上演了不少宣扬封建主义和资本主义的戏。柯庆施说，这不是一个小问题，而是一个关系到文艺工作的方向、道路的大问题，绝对不可等闲视之。这种不正常的情况必须迅速改变。他号召文艺工作者“要拿起现代剧这个武器”，积极参加现实的阶级斗争。柯庆施还在会上把话剧《这里也是战场》(又名《毒手》) 定性为“毒草”剧。

同　日　新华社报道：我国石油产品已经基本自给。报道说今年原油、汽油、柴油、煤油和润滑油等主要产品产量全面超额完成计划；石油产品达几百种，比1957年增加2倍；今年新建的炼油装置总加工能力比去年新建的增加4倍多。中国自己设计和建设的新建成的大型炼油厂，建设时间比过去缩短了将近一年，投资省，用材料少，各项技术经济标准先进，工程质量全部达到国家标准，这些成就预示着，中国人民使用“洋油”的时代，即将一去不复返了。

12月25日—次年1月7日　贵州省第三届人大一次会议选举周林为省长。

12月26日—次年1月8日　云南省第三届人大一次会议选举于一川为省长。

12月31日　中共中央转发《关于加强研究外国工作的报告》。中央决定成立“国际研究指导小组。”由廖承志、周扬等21人组成。廖承志为组长，周扬、张彦为副组长，姚溱为秘书长。毛泽东在此前曾批示说：对世界三大宗教（耶稣教、回教、佛教），我们没有知识，国内没有一个由马克思主义者领导的研究机构，没有一本可看的刊物。不批判神学，就不能写好哲学史，也不能写好文字史或世界史。

本　月　外交部发言人就美国军用飞机、军舰侵犯中国领空、领海，向美方提出严重警告。5日、6日、27日，美国军用飞机和军舰先后侵入广东省领空和领海，中国外交部发言人奉命提出第272次—274次严重警告。

1964年

1964年综述

1月28日，中国政府同法国政府发表联合公报，两国政府决定建立外交关系，并商定在3个月内互派大使。

2月5日，中共中央发出《关于传达石油工业部关于大庆石油会战情况的报告》的通知，由此，全国工交战线开始了学习大庆经验的活动。

2月10日，《人民日报》刊登了介绍山西省昔阳县大寨公社大寨大队的报道文章《大寨之路》，并发表了《用革命精神建设山区的好榜样》社论，由此，全国农业战线开始了农业学大寨的运动。

2月29日，毛泽东在会见一个外国共产党领导人时说，我们党内有些人主张："三自一包"、"三和一少"，这些人中有中央委员、书记处书记，还有副总理。他还提问说：如果中国变成修正主义，你们怎么办？要做好思想准备。此后，毛泽东在会见其他外国共产党代表团时，多次讲到这方面的内容。

9月18日，中共中央印发《关于农村社会主义教育运动中一些具体政策的规定（修正草案）》（简称"《后十条》修正草案"），修正草案同原草案相比，对形势的估计更严重了，提出敌人拉拢腐蚀干部，建立反革命的两面政权，是敌人反对我们的主要形式；认为这次运动，是一次比土地改革运动更为广泛，更为复杂，更为深刻的大规模的群众运动。

10月16日，我国在西部地区成功地爆炸了自行制造的第一颗原子弹。同日，我国政府发表声明，中国进行核试验，发展核武器，是为了防御。

12月2日—1965年1月4日，第三届全国人民代表大会第一次会议在北京举行。会议通过了周恩来所作的政府工作报告，通过了1965年国民经济主要指标和1965年国家预算初步安排。会议确定全国人民的任务是：在一个不太长的历史时期内，把我国建设成为一个具有现代农业、现代工业、现代国防和现代科学技术的社会主义强国。这是我国第一次提出四个现代化的奋斗目标。

是年，国民经济出现了比较协调发展的局面，调整国民经济的任务已基本完成。农业生产带有恢复性的全面大幅度增长；工业生产出现了轻、重工业迅速发展的局面，品种增加质量提高；市场供应明显好转，人民生活有所改善；基本建设规模扩大，三线建设步伐加快；财政收支平衡，略有节余。

主要经济指标：工农业总产值1 648亿元，比上年增长17.6%。其中，工业总产值1 103亿元，比上年增长9.6%。农业总产值545亿元，比上年增长13.5%。工农业产品产量：钢964万吨，比上年增长26.5%；原煤21 500万吨，比上年下降0.9%；原油848万吨，比上年增长30.9%；发电量560亿度，比上年增长14.3%；粮食18 750万吨，比上年增长10.3%；棉花166.3万吨，比上年增长38.6%；油料336.8万吨，比上年增长37%。基本建设投资总额144.12亿元，比上年增长46.8%；社会商品零售总额638.2亿元，比上年增长5.6%；国家财政总收入339.5亿元，总支出339亿元，结余5 000万元。

1月1日　《人民日报》发表元旦社论：《乘胜前进》。社论总结了过去一年取得的成绩和工作经验，认为过去的一年，是全国人民在鼓足干劲、力争上游、多快好省地建设社会主义总路线指引下，发展社会主义革命、建设事业取得辉煌胜利的一年；是全国人民继续贯彻执行以农业为基础、以工业为主导发展国民经济的总方针取得新的胜利的一年；是工业战线上执行“调整、巩固、充实、提高”八字方针取得更显著一年；也是我国工业在转向以农业为基础的轨道上前进了一大步的一年；是全国人民进一步贯彻自力更生建设社会主义的方针取得新的伟大胜利的一年。社论提出了在新的一年中全国人民的工作方针和任务，社论要求全国人民在新的一年中，继续执行自力更生的方针；继续发扬艰苦奋斗、勤俭建国的优良传统；更加深入广泛地、分期分批地开展社会主义教育运动；加强思想政治工作，特别要把基层单位的思想政治工作做好。在国际方面，要继续高举马克思列宁主义和无产阶级国际主义的旗帜，努力维护和加强国际共产主义运动、社会主义阵营在马克思列宁主义基础上的团结，坚决反对现代修正主义和现代教条主义。

1月2日　中共中央批转中共中央监察委员会《关于“五反”运动中对贪污盗窃、投机倒把问题的处理意见的报告》。中共中央的批示指出，在“五反”运动中，党的指导方针是：敌我问题从严，人民内部问题从宽；在人民内部问题中，批评自我批评从严，党纪、政纪、法律处分要分别情况，酌量从宽，必须严肃与谨慎相结合。要防止把问题扩大化，防止打击面过宽，处分人过多，而事后又要对处分过重、处分错了的人进行甄别平反，赔礼道歉。中共中央监委的《报告》提出了在“五反”运动中对贪污盗窃、投机倒把问题进行处理的具体方针、政策。报告提出，要注意划分贪污盗窃与非贪污盗窃、投机倒把与非投机倒把的界限。在对有贪污盗窃、投机倒把的人进行组织处理时，必须坚持“过去从宽、现在从严，坦白从宽、隐瞒从严，退赃从宽、不退从严”的方针。共产党员贪污盗窃、投机倒把非法所得在5 000元以上的，一律开除党籍。凡属贪污盗窃的赃款赃物和投机倒把非法所得，不论数量多少，都必须彻底退还。

1月3日　刘少奇召集中宣部和文艺界的有关同志谈文艺问题。1963年12月12日毛泽东在中宣部文艺处所编的《文艺情况汇报》所载《柯庆施同志抓曲艺工作》上，作了批示（史称第一个文艺批示）。为此，刘少奇于1964年1月3日召集中宣部和文化艺术界30余人举行座谈会。会上，由周扬传达和阐述了毛泽东的上述文艺批示。彭真在会上说，主席的这个信是写给我和刘仁的。主席为什么写这一信？他就是觉得北京这个文艺队伍是相当的鸦鸦乌。在文艺这个战线上，我们的革命搞得比较差，可以说比较落后，也可以说是最落后的。文艺战线上的革命所以落后，首先是我们领导方面有责任。拿我来讲，在整个文艺上我没有注意。我看，你们要振作精神，深入地搞一下这方面的工作。这个问题不能忽视，有很多知识分子参加革命，是因为看了小说，看了文艺作品。匈牙利事变的时候，并不是将军组织了司令部，而是裴多菲俱乐部。现在我们让一些资本主义的东西、封建主义的东西在那里泛滥，连我在内，我也是让人家泛滥的一个，咱们大家分担责任。我看，主席现在提出这个问题很及时，再不搞要吃亏，包括我们的子女，都要让人家挖了墙脚。周扬分析了建国以来的文化艺术工作情况，肯定了成绩，也指出了存在的问题，提出贯彻批示的意见。他认为，文艺界的问题大多数是认识问题，是对历史变化没有认识清楚。对历史传统戏也不要偏废。“大跃进”时期领导文艺的方法是简单粗暴的。刘少奇同意周扬关于文艺工作者绝大多数是认识问题的看法。

1月5日　中共中央、国务院转发教育部《中小学教育和职业教育七年规划要点（初步方案）》。教育部拟订的《中小学教育和职业教育七年（1964—1970）规划要点（初步方案）》提出：各地除了要办好一批中小学校，提高教育质量外，还应采取多种形式普及中小学教育，积极试办和发展职业教育，为青少年劳动就业做好必要的准备。按照初步方案的规划，到1970年在校学生数，小学生要发展到9 000万人；职业学校发展到530万人；初中生要发展到690万人；高中发展到150万人。《要点》指出：职业学校可以是全日制，也可以实行半工半读，还可以办训练班。要争取在5年内基本扫除职工中的文盲，在7年或稍长的时期内基本扫除农村青年中和有条件的壮年、基层干部中的文盲。要积极举办职工和农民业余中等教育，有计划地发展高等函授教育和广播、电视学校。

1月7日　全国工业交通工作会议闭幕。全国工业交通工作会议历时20余天于7日闭幕。会议决定，加强思想政治工作，广泛开展比学赶帮，掀起增产节约运动的新高潮。国务院副总理兼国家计委主任李富春在会上作了关于制定长期计划的方针和方法问题的发言，其主要内容是：（1）第三个五年计划必须把农业摆好，把国防摆好，在这个基础上来搞基础工业。（2）要克服过去各级计委只注重工业计划的毛病，首先抓农业发展计划和支援农业的计划。（3）在财力物力有限的条件下，必须考虑用在什么方面更有效。（4）要计划在7年内解决国防工业生产常规武器的问题，做到品种齐全、成龙配套，集中力量突破国防尖端。（5）提出3个目标：建成5亿亩基本农田，20万吨化学纤维和1 000万吨化肥的生产能力，把这3个问题解决了，计划工作就算集中力量打歼灭战了。同日，毛泽东在听取工业交通会议情况汇报时说，目前这种按行政方法管理经济的办法不好，要改。生产出来的物资，必须按合同收购，不能积压在工厂里头。我考虑在一定时候，可以让日本人来中国办工厂、开矿，向他们学技术。

1月8日　中国阿尔巴尼亚发表联合声明。中华人民共和国总理、中共中央副主席周恩来应邀对阿尔巴尼亚进行了友好访问，中阿双方签署了中阿会谈联合声明，中国总理周恩来和阿尔巴尼亚部长会议主席谢胡在声明上签字。声明指出，在会谈中双方十分满意地回顾了中阿两党、两国兄弟般的友好互助合作关系。双方决心进一步加强两党两国的友谊和团结，并且在保卫马克思列宁主义和社会主义事业的共同斗争中，永远并肩前进。

同　日　毛泽东、刘少奇等接见8个会议的人员。中共中央主席毛泽东以及党和国家其他领导人刘少奇、邓小平、彭真、李富春、薄一波、罗瑞卿、杨尚昆等，于本日下午接见出席中国人民解放军全军政治工作会议、全军后勤工作会议、公安部队干部会议、全国工业交通工作会议、全国省市自治区工会主席会议、全国职工业余教育工作会议、一机部工厂设计工作会议、成套设备工作会议的全体人员。

1月9日—10日　周恩来总理和陈毅副总理兼外长应布尔吉巴总统的邀请访问突尼斯共和国。访问期间，周恩来总理和布尔吉巴总统进行了会谈，并于10日发表中突联合公报，宣布两国决定建立外交关系；10日，周恩来总理答突尼斯《行动报》记者问。13日《人民日报》发表社论：《中突关系发展史上的里程碑》。

1月10日　教育部在北京召开全国农村业余教育会议。参加会议的有部分省市教育厅局长、业余教育处长等93人。会议讨论了结合农村社会主义教育运动开展业余教育，贯彻阶级路线及组织回乡青年学习等问题。会议提出了目前农村业余教育的方针：积极发展，巩固提高，做好准备，迎接新的形势和任务。并且提出，业余教育的对象仍然是农民中的青壮年，要重视贫下中农基层干部的教育，对业余教育中的政治、文化、技术3种教育要统一安排。会议于1月18日结束。1月6日，《人民日报》发表社论：《积极办好农村业余教育》。

1月11日—16日　周恩来总理应恩克鲁玛总统的邀请访问加纳共和国。访问期间，周恩来总理同恩克鲁玛总统进行了会谈，并于16日发表中加联合公报；15日，周恩来总理在阿克拉答加纳通讯社记者问。18日，《人民日报》发表社论：《中国加纳友好合作关系的重大发展》。

1月12日　毛泽东对《人民日报》记者发表谈话，表示中国人民坚决支持巴拿马人民的爱国正义斗争。中国共产党中央委员会主席毛泽东本日就巴拿马人民反对美帝国主义的爱国斗争，对《人民日报》记者发表谈话如下："目前巴拿马人民正在英勇地进行的反对美国侵略、维护国家主权的斗争，是伟大的爱国斗争。中国人民坚决站在巴拿马人民的一边，完全支持他们反对美国侵略者，要求收回巴拿马运河区主权的正义行动。美帝国主义是全世界人民最凶恶的敌人。美帝国主义不仅对巴拿马人民犯了严重的侵略罪行，精心一意地策划扼杀社会主义古巴，而且一直在掠夺和压迫拉丁美洲各国人民，镇压这些国家的民族民主革命斗争。在亚洲，美帝国主义霸占着中国的台湾，把朝鲜南部和越南南部变作它的殖民地，对日本实行控制和半军事占领，破坏老挝的和平、中立和独立，阴谋颠覆柬埔寨王国政府，对亚洲其他国家进行干涉和侵略。它最近又决定把美国舰队派到印度洋，威胁东南亚各国的安全。在非洲，美帝国主义加紧推行新殖民主义政策，力图取代老殖民主义者的地位，掠夺和奴役非洲各国人民，破坏和扑灭民族解放运动。美帝国主义的侵略政策和战争政策，也严重威胁着苏联、中国和其他社会主义国家。它还力图对社会主义国家推行和平演变政策，实行资本主义复辟，瓦解社会主义阵营。美帝国主义甚至对它在西欧、北美和大洋洲的盟国，也实行弱肉强食的政策，力图把它们踩在自己的脚下。美帝国主义称霸全世界的侵略计划，从杜鲁门、艾森豪威尔、肯尼迪到约翰逊，是一脉相承的。社会主义阵营各国人民要联合起来，亚洲、非洲、拉丁美洲各国人民要联合起来，全世界各大洲的人民要联合起来，所有爱好和平的国家要联合起来，所有受到美国侵略、控制、干涉和欺负的国家要联合起来，结成最广泛的统一战线，反对美帝国主义的侵略政策和战争政策，保卫世界和平。美帝国主义到处横行霸道，把它自己放在同全世界人民为敌的地位，使它自己越来越陷于孤立。美帝国主义手里的原子弹、氢弹，是吓不倒一切不愿意做奴隶的人们的。全世界人民反对美国侵略者的怒潮是不可阻挡的。全世界人民反对美帝国主义及其走狗的斗争一定会取得更加伟大的胜利。”

1月13日　中共中央批转徐冰《关于中央统战部几年来若干政策理论性问题的检查总结》。1962年八届十中全会以后，中共中央统战部在检查政策思想的名义下，对统战部部长李维汉自1956年以来在政策研究过程中提出过的一些理论政策性意见进行不点名的批判，总计召开会议40多次。作为对这次批判的总结，将徐冰所作的《关于中央统战部几年来若干政策理论性问题的检查总结》报送中共中央。毛泽东审阅了徐冰的报告，并作了具体修改，如：对第一部分“关于消灭资产阶级的问题”。把消灭的时间，由原提的几十年，改成“甚至几百年的时间”。专题报告把李维汉在研究问题过程中提出的一些新见解，集中归纳为所谓“五社一短”，即社会主义统一战线、社会主义政党、社会主义合作共事关系、社会主义民族、所谓社会主义宗教和短期消灭资产阶级，并对此进行批判。这些归纳而成的内容，后来被称做李维汉的所谓“修正主义纲领”。

1月14日　中共中央发出《关于依靠群众力量，加强人民民主专政，把绝大多数四类分子改造成新人的指示》。这个指示是中共中央对于印发3个文件的批语。这3个文件分别是，谢富治在二届人大四次会议上的发言、谢觉哉、张鼎丞在二届人大四次会议上的发言、中共浙江省委批转的《诸暨县枫桥区社会主义教育运动中开展对敌斗争的经验》。批语指出，两个发言很好，发言者们根据典型调查和这一时期的经验，对当前对敌斗争形势、依靠群众加强人民民主专政、基本上实行“一个不杀，大部（95%以上）不捉”的方针等问题作了正确的分析和说明。而浙江的经验则是一个很好的典型，枫桥区在社教运动开始阶段，一部分基层干部和积极分子要求多捕人（7个公社共有6.5万人口，有地、富、反、坏分子911名，其中有比较严重的破坏活动的四类分子163名，要求捕45人），在运动过程中，贫下中农组织起来，干部群众觉悟进一步提高之后，一个也没有捉，就把多数敌人制服了。他们的经验充分说明现在完全可能和应该基本上实行“一个不杀，大部（95%以上）不捉”的方针。指示强调：1962年以来毛泽东同志反复指出，任何时候都不可忘记阶级斗争，不可忘记无产阶级专政，必须依靠群众向反动阶级残余实行专政，把他们中间的绝大多数改造成为新人，要少捕人，少杀人。1963年5月中央发出的《关于目前农村工作中若干问题的决定（草案）》中，提出要把绝大多数地、富、反、坏分子改造成为新人。批示指出：虽然很多干部已经逐渐认识到这个方针的正确性，但地、县干部中还有不少同志对这个方针了解得不够，他们习惯于单纯依靠公安、司法机关，采取简单的办法去解决问题，动不动想把人捉起来，甚至要求多杀几个人来打开局面，推动运动。这些想法和做法是错误的。指示重申，为了保留这批有用的劳动力，为了在群众面前保留一批反面教员，提高群众的革命警惕性，为了有利于争取四类分子的子女，为了更大限度地孤立和改造那些迄今还表现不好的四类分子，我们应当基本上实行“一个不杀，大部（95%以上）不捉”、依靠群众力量、把绝大多数四类分子改造成为新人的方针。

1月15日　周恩来提出中国政府对外经济援助的八项原则。周恩来在访问加纳共和国期间，在答复加纳通讯社记者问时，提出了中国政府对外经济援助八项原则：第一，中国政府一贯根据平等互利的原则对外提供援助，从来不把这种援助看做是单方面的赐予，而认为援助是相互的。第二，中国政府严格尊重受援国的主权，绝不附带任何条件，绝不要求任何特权。第三，中国政府以无息或者低息贷款的方式提供经济援助，在需要的时候延长还款期限，以尽量减少受援国的负担。第四，中国政府提供援助的目的，不是造成受援国对中国的依赖，而是帮助受援国逐步走上自力更生、经济上独立发展的道路。第五，中国政府帮助受援国建设的项目，力求投资少，收效快，使受援国政府能够增加收入，积累资金。第六，中国政府提供自己所能生产的、质量最好的设备和物资，并且根据国际市场的价格议价。如不符合商量的价格和质量，中国政府保证退换。第七，中国政府对外提供任何一种技术援助的时候，保证做到使受援国的人员充分掌握这种技术。第八，中国政府派到受援国帮助进行建设的专家，同受援国自己的专家享受同样的物质待遇，不容许有任何特殊要求和享受。中国政府对外援助的8项原则，写入了1月21日发表的中国同马里共和国两国政府的联合公报中。

1月16日　中共中央、国务院批转总政治部和国务院财贸办公室《关于从军队选调10万转业军官到商业部门服务完成情况的报告》。根据中共中央关于在中央、大区两级的工交、财贸、农林部门及省、市、自治区的工交、财贸系统普遍建立政治机构的决定，人民解放军总政治部为国家的工交、财贸、农林部门选调干部。总政治部和国务院财贸办在《报告》中反映，从1962年11月3日到1963年9月，已经选调和接收了军队转业军官8.5万多人到商业部门工作，还准备在1964年再选调3万名转业军官到商业部门服务。1963年转业到商业部门工作的军官，绝大多数分配到县和县以下的基层单位，其中70%以上的干部担任了基层单位的领导职务。这批干部都经过严格的军事生活锻炼，有一部分经过革命战争的锻炼，有一定的组织领导能力，质量是好的。他们是商业战线上的一支生力军。中共中央和国务院的批示指出：商业部门必须学习人民解放军加强政治思想工作的经验，要千方百计地把几百万商业人员的革命精神振作起来，要像人民解放军那样认真地在商业部门贯彻执行“四个第一”和“三八作风”，像军队抓好“四好”连队、“五好”战士那样，抓好“五好”企业、“六好”职工的工作。

1月16日—21日　周恩来总理应马里共和国国家元首、政府首脑凯塔的邀请访问马里共和国。访问期间，周恩来总理同凯塔总统进行了会谈，并于21日发表中马联合公报。同日，周恩来总理在巴马科机场对马里电台记者发表讲话。23日，《人民日报》发表社论：《中国马里友好合作的新的里程碑》。

1月17日　中共中央、国务院同意并批转中央清仓核资领导小组《关于结束清仓核资工作的请示报告》。中共中央、国务院的批示要求各级清仓核资领导小组及其办公机构撤销后，各有关单位应当按照《报告》建议的办法，认真负责地把清查出的这批物资维护保管好，并采取切实措施，尽快加以利用，使这些物资在生产建设中发挥作用。《报告》说，从1962年4月份开始的清仓核资工作，经一年多的努力，到1963年1季度已基本完成。据清仓统计，全国约有积压物资172.7亿元，到1963年9月底，已收购处理了157.2亿元，占总数的90.3%，还有约16.5亿元的物资未收购处理。据统计国务院各部（局）直属单位可利用的积压物资为116亿元，到1963年底已利用24亿元，占21.1%，还有大约100多亿元的积压物资尚未利用。应尽快把这些物资利用到生产建设上去。在这期间，还对清仓中查出的“三项损失”（即物资商品的削价、报废和盘亏损失），进行了复查，经核实的“三项损失”有185亿元。鉴于清仓核资工作已基本完成，建议从

1964年1月10日撤销中央清仓核资领导小组及其办公室。对于继续要进行的几项工作，分别交由国家计委、经委、财政部、物资总局负责处理。

同　日　文化部举行1963年优秀新闻电影纪录片和优秀摄影师大会。文化部部长沈雁冰将奖状和奖品发给一批优秀新闻纪录片的领奖人和优秀摄影师。国务院副总理陆定一出席了授奖大会，并在会上讲话。《支持美国黑人斗争》、《喜看公社好年景》、《罪恶的地主庄园》等新闻纪录片，牟森、庄唯等摄影师获奖。

1月21日　中共中央组织部发出《关于驻京中央机关和直属企业、事业单位调入干部的审批手续的通知》。《通知》指出：中央一级机关各部门和驻京企业、事业单位要求从北京以外地区上调干部时，应当根据中央关于精简机构和压缩城市人口的指示精神，严格控制。从北京以外地区上调干部，必须是编制上有缺额，而且工作上确属急需，在北京地区又难以调整解决的干部。《通知》规定，各类干部的上调分别由中共中央宣传部、统战部、组织部和国务院内务部审批。

同　日　台湾装甲兵副司令官赵志华少将到湖口装甲基地策动向“总统”蒋介石实施兵谏未遂。赵志华，东北人，黄埔军校第十期毕业。去台后，历任战车第一团营长、副团长、团长，装甲兵第一师师长，装甲兵少将副司令。当日，赵志华召集装甲兵第一师军官训话，谈到国际外交局势的变化，尤其指出台湾有陷于孤立的可能。赵指责台湾“外交官”缺乏处理外交能力，甚至有倡议两个中国论调者，并指责若干国民党军队高级将领缺乏斗志，生活腐化。他呼吁装甲兵弟兄跟随他到“总统府”保卫“总统”。最后赵志华被一名伪装愿意跟随的政战中校处长扣押。赵志华被按“鼓动兵变”罪逮捕，被牵连受处分的军官约30人左右，陆军总司令刘安祺“自请处分”，多年任装甲兵总司令的蒋纬国被调任陆军指挥参谋大学校长。

1月22日　《人民日报》发表肖华在全军政治工作会议上的报告：《目前部队政治工作建设的几个问题》。解放军总政治部副主任肖华在全军政治工作会议上就目前部队政治工作建设的问题作了报告，《人民日报》摘要发表了这一报告。报告分3个问题：第一，关于进一步开展创造四好连队运动；第二，关于干部教育和培养；第三，关于加强机关建设。报告说，1963年是部队创造四好连队运动获得大丰收的一年，是政治思想工作、军事工作、后勤工作以及其他各项工作做得更加生动活泼的一年。1963年四好连队、五好战士、神枪手、神炮手、技术能手的数量比1962年有所增长，质量有很大提高。1963年出现了好八连和雷锋等许多典型单位和模范人物，他们是四好、五好运动的产物，他们的出现又推动了整个运动的发展。全军英雄模范人物和先进单位层出不穷，著名的有：中印边境自卫反击作战中的战斗英雄吴元明、罗光燮、陈代富、张映鑫、庞国兴、肖明生、司马义·艾买提等，有英勇献身抢救一列客车的共产主义战士欧阳海，被誉为苗家、侗家好儿子的人民武装干部吴兴春，勇敢机智打下敌人P2V飞机的王文礼，空中神炮手、飞行大队长鲍寿根，在训练中善于抓活思想，走群众路线的优秀教练员郭兴福，7年服役7年红的五好战士、特等射手袁西乐，只身与偷渡蒋介石军事集团搏斗的公安战士叶中央，舍身抢救战友的王安保，坚持学习毛主席著作的五好战士黄祖示，负伤致残坚持工作的骑兵战士赛吉拉乎，身残志不残的共青团员黄崇雕，一贯克己奉公艰苦朴素的将军何志远，思想作风军事训练过硬的硬骨头六连，打下U-2飞机的空军某部，参加调查“跃进号”货轮遇难原因，圆满完成任务的海军某舰艇部队，学习毛主席著作的先进连队红九连，艰苦奋斗立场坚定的钢八连，勤俭起家、全心全意为伤病员服务的261医院，千方百计一点一滴节约油料的162舰，以岛为家、以苦为荣的育屿岛四连，坚决执行党的政策、克勤克俭的211工厂，爱库如家、廉洁奉公的790仓库，坚持面向连队、为连队服务、实行活的领导的沈阳部队炮兵某团政治处和广州部队某部政治处，等等。报告说，1964年，全军要继续高举毛泽东思想的伟大红旗，坚持四个第一，发扬三八作风，贯彻连队建设的12条基本经验，进一步抓落实，打基础，求质量，在过去3年成绩的基础上，把创造四好连队的工作做得好上加好，创造更多好八连式的四好连队和雷锋式的五好战士。报告强调，干部的教育和培养，是我军建设的一个重要方面。还要做好选拔基层干部、积极培养接班人的工作，把大批有干劲有才能、又红又专的干部大胆提拔起来，我们的工作才能更加生气勃勃，我们的事业才能不断前进。

1月25日　教育部在北京召开全国教育厅局长会议。会议分两个阶段。第一阶段，是传达、学习中共中央的有关指示和中宣部部长陆定一的报告。第二阶段在春节后进行，内容是传达、学习2月13日毛主席关于教育工作的谈话（即“春节谈话”）。会上，还由教育部副部长刘皑风对教育事业七年规划要点（初步草案）作了说明，教育部副部长刘季平作了总结，会议对照毛主席和中共中央的指示，检查了普通教育工作中的缺点、错误。此外，会上还指出了其他一些问题，如：存在相当严重的片面追求升学率的错误做法；对中小学的政治思想工作重视不够；偏重国家办学和全日制小学，忽视集体办学和简易小学、农业中学、职业中学等；对教师队伍的领导管理工作薄弱等等。会议为贯彻执行毛主席谈话和中央指示精神，决定要加强学校的政治思想工作；要大学毛泽东思想、大学解放军，进一步贯彻执行党的教育方针和“两条腿走路”的方针，继续深入进行教育革命，努力实现教育领导机关和学校的革命化；逐步实行两种教育制度，城市必须坚决贯彻执行普通教育与职业（技术）教育并举的方针；减轻学生负担，提高教学质量；整顿和加强教师队伍；拟定发展教育的长远规划。会议还提出，在1965年—1970年期间，全日制普通中学基本上不发展，着重提高质量；有些普通中学偏多的地区，要有计划地改一部分为职业学校；要积极发展小学，特别是简易小学，解决贫下中农子女入学问题，逐步普及小学教育；要积极发展职业教育，进一步发展工农业余教育。会后，各省、市举办了轮训班，贯彻会议精神。

1月27日　毛泽东就日本人民反美大示威发表谈话。毛泽东主席1月27日晚接见正在中国访问的日本亚非团结委员会常务理事、日中友好协会副会长、日中贸易促进会理事长铃木一雄，日本亚非团结委员会常务理事、亚洲及太平洋区域和平联络委员会副秘书长西园寺公一和日本共产党中央委员会机关报《赤旗报》驻京记者高野好久。接见时，毛泽东就最近日本人民反对美帝国主义的爱国正义斗争发表谈话。毛泽东说："最近，日本全国掀起了大规模的群众运动，反对美国F-105D型核飞机和核潜艇进驻日本，要求撤除一切美国军事基地和撤走美国武装部队，要求归还日本的领土冲绳，要求废除日美'安全条约'等等。所有这些，都反映了日本全体人民的意志和愿望。中国人民衷心地支持日本人民的正义斗争。日本在第二次世界大战以后，在政治上、经济上、军事上一直遭受美帝国主义的压迫。……美帝国主义是日本民族的最凶恶的敌人。日本民族是一个伟大的民族，它是绝不会让美帝国主义长期骑在自己头上的。这些年来，日本各阶层人民反对美帝国主义侵略、压迫和控制的爱国统一战线不断地扩大。这是日本人民反美爱国斗争胜利的最可靠的保证。中国人民深信，日本人民一定能够把美帝国主义者从自己的国土上驱逐出去，日本人民要求独立、民主、和平、中立的愿望，一定能够实现。中日两国人民要联合起来，亚洲各国人民要联合起来，全世界一切被压迫人民和被压迫民族要联合起来，一切爱好和平国家要联合起来，一切受美帝国主义侵略、控制、干涉和欺负的国家和人民要联合起来，结成反对美帝国主义的广泛的统一战线，挫败美帝国主义的侵略计划和战争计划，保卫世界和平。"

同　日　中、法两国政府发表联合公报，决定建立外交关系。联合公报宣布："中华人民共和国政府和法兰西共和国政府一致决定建立外交关系。两国政府为此商定在3个月内任命大使。"1963年10月，戴高乐将军授权法国前总理富尔携带他的亲笔信前来中国，代表他同中国领导人商谈两国关系问题。法国方面提出：法国准备承认中华人民共和国，承认只有一个中国，但希望中国不要坚持法国先主动同台湾断交。考虑到中法建交对发展中国同西欧国家的关系有重要意义，中国政府在坚持反对"两个中国"的原则立场的同时，对建交的具体步骤采取灵活态度，在中法双方就法国承认中华人民共和国是中国的唯一合法政府达成默契的情况下，同意法国提出的中法先宣布建交从而导致法国同台湾断交的方案。此后，经我国指定的我驻瑞士大使李清泉同法国政府外交部指定的官员在瑞士就建交具体事宜进行谈判，中法两国政府于1964年1月18日达成协议，决定于1月27日双方同时发表建交公报。根据双方事先的协议，中国外交部发言人于1月28日奉命就中法建交发表声明，指出：“中华人民共和国是作为代表全中国人民的唯一合法政府同法兰西共和国政府谈判并且达成两国建交协议的。”1月29日，《人民日报》发表社论：《祝贺中法建交》，社论指出：“中法建立正常的外交关系，不仅将有利于进一步发展两国人民间的友谊，有利于增进两国的经济和文化联系，而且将有利于实现不同社会制度国家的和平共处，有利于世界和平。”中法建交公报发表后，台湾当局撤走了它驻法国的“大使馆”，中国驻法国使馆的临时代办到了巴黎。中法建交标志着中国加强同西欧国家关系的一个重大突破，对美国孤立中国的政策是一个沉重打击。

2月1日　《人民日报》发表社论：《全国都要学习解放军》。社论指出，一个学习解放军的热潮正在全国兴起，在比先进、学先进、赶先进、帮后进的共产主义竞赛中，“向解放军学习”，已经成为新的战斗号召。全国学习解放军，就是要学习解放军高举毛泽东思想伟大红旗，在一切工作中用毛泽东思想挂帅；学习解放军大抓政治思想工作，坚持“四个第一”的原则；学习解放军坚持我国革命军队的优良传统“三八作风”；学习解放军注重创造四好连队，加强基层建设等等。真正活学活用这些宝贵经验，我们的社会主义建设各条战线也会像解放军那样，逐渐锻炼出一支能打大仗硬仗的、真正又红又专的英雄队伍，我们的社会主义革命和建设事业就会飞跃发展。

2月4日　《人民日报》、《红旗》杂志“七评苏共中央公开信”《苏共领导是当代最大的分裂主义者》发表。这篇文章的主旨在于驳斥苏共中央公开信把“分裂主义”的帽子戴在中国共产党头上的企图，揭示苏共领导自己才是当代国际共运最大的分裂主义者。文章共分九个部分：一、历史的回顾。文章回顾了一百多年来国际共运的历史，指出在长期的斗争中，马克思、恩格斯和列宁在理论上阐明了无产阶级团结的真谛，并以他们的实际行动树立了反对机会主义、修正主义和分裂主义的光辉范例。二、经验和教训。文章认为，国际共产主义运动的历史表明：1. 无产阶级同资产阶级的阶级斗争，不可避免地要反映到共产主义队伍中来，不可避免地发生机会主义反对马列主义的分裂活动，不可避免地引起马列主义反对机会主义和分裂主义的斗争；2. 在共运史上各个不同时期，维护团结和制造分裂的斗争，实质上是马列主义同机会主义、修正主义的斗争；3. 无产阶级的团结是在同机会主义、修正主义和分裂主义的斗争中巩固和发展起来的，坚持团结的斗争是同坚持原则的斗争不可分割的。三、当代最大的分裂主义者。文章列举事实说明，苏共领导在国家关系方面对社会主义兄弟国家实行大国沙文主义和民族利己主义政策，破坏了社会主义阵营的团结；在对待兄弟党的关系方面，同样突出地表现出大国沙文主义和分裂主义，把兄弟党关系变成“父子党”关系，并且在兄弟党内制造分裂；在国际上，把美帝国主义当做最可靠的朋友，谋求“苏美合作主宰世界”，把坚持马列主义的兄弟党和国家当做敌人。可见苏共领导是有史以来最大的修正主义者，也是有史以来最大的宗派主义者和修正主义者。四、驳所谓“反苏”。文章指出苏共领导把一切抵抗和批评他们修正主义和分裂主义的人，都叫做“反苏”，但是“反苏”的罪名封不住马列主义者的嘴。文章指出，中国共产党人对苏联人民、苏维埃国家和苏联共产党一直怀着尊敬和爱戴之情；但是苏共领导自己却全盘否定斯大林，把无产阶级专政和社会主义制度描绘得那么黑暗；宣布取消无产阶级专政，改变党的性质，为资本主义复辟大开方便之门；推行大国沙文主义，败坏苏联名誉；反对和阻挠各国人民斗争，玷污列宁党的国际主义传统。可见苏共领导的所作所为，是不折不扣地反苏。五、驳所谓“争夺领导权”。文章指出，苏共领导把中国共产党批评和反对他们修正主义、分裂主义，叫做要“争夺领导权”。这正反映了苏共领导把自己当做凌驾于全世界兄弟党之上的当然领导者，把所有兄弟党当做被领导者，这是违反兄弟党关系的准则的。他们诬蔑中国共产党“争夺领导权”，实际上是坚持要中国共产党和所有其他兄弟党服从他们修正主义和分裂主义的领导。六、驳所谓“抗拒多数的意志”，“破坏国际纪律”。文章回顾了中国共产党与苏共领导在这个问题上的争论，指出苏共领导坚持要“少数服从多数”，只能表明他们要否定各国兄弟党的独立自主和平等地位，取消兄弟党之间协商一致的原则，企图在“多数”的幌子下，挟持一些兄弟党顺从他们的意志，并利用这种虚假声势来攻击马克思列宁主义的兄弟党。这本身就是分裂主义和宗派主义的。七、驳所谓“支持兄弟党的反党集团”。文章指出，近年来一些国家的共产党发生了分裂现象，这在很大程度上是苏共领导强制推行修正主义和分裂主义路线的结果。文章指出，中国共产党从来不隐蔽自己的立场，我们支持世界上所有的坚持马克思列宁主义的革命同志，这是我们应尽的国际主义的义务。八、目前的公开论战。文章认为，目前国际共运中的大论战，是要马列主义还是要修正主义，要无产阶级国际主义还是要大国沙文主义，是要团结还是要分裂的论战。这场论战是苏共领导首先挑起和坚持要进行的。中国共产党对此的立场是：兄弟党之间的分歧应通过内部协商来解决，公开论战不是我们挑起，也不是我们愿意的。但是，既然论战已经开始，就应当采取摆事实讲道理的方法进行，直到水落石出。文章认为，苏共领导现在叫喊停止公开论战，是他们手中没有真理，心里害怕的表现。九、维护和加强团结的道路。文章指出，维护社会主义阵营和国际共运团结的唯一道路，就是苏共领导必须放弃他们的修正主义、大国沙文主义和分裂主义的路线。

2月5日　中共中央发出《关于传达石油工业部关于大庆石油会战情况的报告的通知》。从1960年5月起，石油部集中全国30多个石油厂矿和院校的4万多人，7万多吨器材装备，参加开发大庆油田的会战。经过3年多的艰苦奋斗，到1963年底，已探明地质储量26.7亿吨；累计生产原油1 000多万吨，国家投资7.24亿元已全部收回，还为国家积累资金3.5亿元，并且锻炼出一支以铁人王进喜及其所在钻井队为代表的有一定技术素养、有组织有纪律、能吃苦耐劳、能打硬仗的石油工业队伍。1963年12月，直接领导大庆油田会战的余秋里、康世恩，在中央机关和北京市干部大会上报告了会战的基本经验。石油部总结的大庆石油会战的基本经验是：（1）社会主义的现代化企业，必须革命化；（2）高度的革命精神与严格的科学精神相结合；（3）现代化企业要认真搞群众运动；（4）认真做好基础工作，狠抓基层建设；（5）领导干部亲临前线，一切为了生产；（6）积极培养和大胆提拔年轻干部；（7）培养一个好作风；（8）全面关心职工生活；（9）全面地学习人民解放军的政治工作。中共中央在通知中指出：大庆油田的开发，是一个多快好省的典型，贯彻执行了党的社会主义建设总路线，系统地学习和运用解放军政治工作经验，把政治思想、革命干劲和科学管理紧密结合起来，把工作做活了，把事情做活了。它的一些经验在各部门和党、政、军、群众团体中也都适用，或者可以作参考。此后，全国工业交通战线掀起了学习大庆经验的运动。

2月6日　中共中央决定成立学制问题研究小组。林枫任组长，蒋南翔任副组长，组员有：张劲夫、张磐石、范长江、高云屏、刘季平、路扬、武振声。5月份又增加了3名组员：何伟，许立群、刘仰峤。中共中央为此发出文件指出：我国现在的学校教育存在两大问题亟待解决，一是修业年限长，一是课程负担重。现行学制有改革的必要。学制问题研究小组的任务是组织力量，调查研究，讨论酝酿，草拟一种或数种改革方案，报请中央审核决定。中央学制问题研究小组于2月15日召开第一次会议。林枫传达中央交给小组的任务，提出学制要多样化和学制研究的分工问题。建议北京、上海、河北、陕西、四川、广东、江苏等地分别成立学制问题研究小组，华北、西北、西南地区要研究少数民族学校学制问题。此后，中央的和各省、市、自治区的学制问题研究小组先后召开了5年制小学、4年制中学、5年制中学、中等专业学校、城市半工半读学校、大学预科、高等学校文科和工科等8次有关学制研究的座谈会或小型调查会。

同　日　新华社报道：国防部发布三项命令，授予“硬骨头六连”、“欧阳海班”、“爱民模范”、“谢臣班”称号。国防部最近发布命令，授予解放军某部六连以“硬骨头六连”称号；发布命令，授予解放军某部一营三连七班叫“欧阳海班”的称号，表彰和纪念这个班的班长欧阳海舍身救列车的伟大精神；发布命令，追授解放军某部炮兵谢臣为“爱民模范”，并以“谢臣班”的光荣称号授予谢臣生前所在的五班，表彰谢臣舍己救人的高贵品质。

2月9日　全国农业工作会议闭幕。全国农业工作会议由农业部部长廖鲁言主持，有中共各中央局和省、市、自治区的农业部门负责人、中央有关部门代表参加，历时13天，于2月9日闭幕。会议指出，1963年全国农业生产获得全面增产，粮食、经济作物、家畜、家禽生产都比1962年有所增长，农业生产面临大好形势。会议要求各地除了保证完成和超额完成1964年的农业生产计划外，还要逐步扩大旱涝保收、稳产高产的农田面积。会议要求各地，通过学习解放军，加强思想政治工作，进一步发挥农村干部、社员的革命干劲，争取1964年农业生产获得更好的收成。

同　日　毛泽东接见新西兰共产党总书记威尔科克斯。接见时，伍修权、赵毅敏等在座。毛泽东在会谈中说到，我们党内有少数人主张“三和一少”。三和就是对帝国主义和、对修正主义和、对各国反动派和，一少就是少援助反对帝国主义的国家和党。这实质上就是修正主义的思想。（中央）联络部里就有少数这样的人。另一个部是统战部，它是同国内资产阶级打交道的，但是里面却有人不讲阶级斗争，要把资产阶级的政党变成社会主义的政党。每个部都找得出这样的人。例如农村工作部里面就有一个邓子恢，他是中央委员，还是副总理，却主张单干，实际上是不要社会主义农业。这一股风，即“三和一少”，“单干风”等等，在前年上半年刮得最厉害。从国外来说，被美帝国主义和苏联修正主义吓倒了，在国内，由于天灾人祸，经济受到损失，于是修正主义就露头了。有一阵可猖狂啦。毛泽东还说，有了对立面有好处，针对“三和一少”，我们的方针就是“三斗一多”，这就是对帝国主义要斗、对修正主义要斗、对各国反动派要斗，要多援助反对帝国主义的、革命的和马列主义的政党和马列主义派别。“三和一少”是赫鲁晓夫的口号，“三斗一多”是我们的口号。

2月10日　《人民日报》刊登新华社记者的通讯报道：《大寨之路》，并发表社论：《用革命精神建设山区的好榜样》。报道说，山西省昔阳县大寨公社大寨大队原是一个人穷地穷的山村，全村的800亩耕地分散在七沟、八梁、一面坡，一亩地好年景才打140斤粮。自从走上合作化道路以后，大寨大队社员在支部书记陈永贵的带领下，发扬艰苦奋斗、自力更生的精神，闸坝垒堰，淤沟造田，把300亩坡地修成水平梯田，把4 700多块地连成了2 900多块，还新增了80多亩好地，粮食亩产提高到700多斤。在过去的11年中，大寨10年受灾，但大寨没向国家借过一次钱，却向国家交售了175万多斤粮食，平均每户2.2万斤。社论指出，学习大寨的革命精神，就要学习他们远大革命理想和对未来坚定不移的信念；学习他们敢于蔑视困难、敢于同困难作斗争的顽强精神和实干苦干的优良作风；学习他们自力更生、奋发图强的优良作风和严格要求自己，以整体利益为重的共产主义风格；学习他们把革命精神和科学态度结合起来的作风。由此，全国农业战线开展了农业学大寨的运动。

2月13日　毛泽东在人民大会堂召开教育工作座谈会（当天是甲辰年春节，后来称此会为“春节座谈会”）。刘少奇、邓小平、彭真、陆定一、康生、林枫、章士钊、陈叔通、郭沫若、许德珩、黄炎培、朱穆之、张劲夫、杨秀峰、蒋南翔、陆平等16人参加。毛泽东在会上说：教育的方针路线是正确的，但是方法不对。我看教育要改变，现在这样还不行。课程多，压得太重是很摧残人的。学制、课程、教学方法、考试方法都要改，学制可以缩短，课程可以砍掉一半。学生要有娱乐、游泳、打球、课外自由阅读的时间。现在的考试方法是用对待敌人的办法，实行突然袭击。题目出得很古怪，“使学生难以捉摸，还是考八股文章的办法，这种做法是摧残人才，摧残青年，我很不赞成，要完全改变。”毛泽东还列举了孔夫子、李时珍、富兰克林、高尔基自学的事例，说明很多人都是自学成才的。

同　日　新华社报道，到本日止，鞍钢公司17号大型平炉已连续工作332天，冶炼了700炉钢。这个纪录是国内空前，世界上少见的。

2月14日　国务院召开工业交通长期规划会议。会议主要讨论了编制工业交通长期规划的政策思想、计划方法和中心任务等问题。会议认为，第三个五年计划的中心任务，一是按照不高的标准，基本上解决人民的吃穿用，到1970年，每人平均粮食产量达到600斤左右，衣着消费达到24尺左右；二是兼顾国防，解决国防的常规武器，突破国防装备的尖端；实现这两项任务都要求基础工业的支援。会议要求，要以化肥、化学纤维为中心，研究吃穿用的规划；以建设5亿亩稳产高产农田为中心，研究工业支援农业的规划；以采掘、采伐工业为中心，研究基础工业的规划和研究配合国防尖端的规划。工业交通各部门按照会议提的上述任务和要求，开始编制第三个五年计划。

同　日　中共中央批转国家计委、国防工办《关于1964年国防工业生产计划的报告》。《报告》提出，1964年国防工业总产值比上年增加16.2%，其中军用品产值占88%，增长20%。全部可比产品计划总体成本比上年降低9.6%。此外，还安排7个民用部门归口生产一批专用军事装备，在51个民用企业安排了常规装备的生产和试制任务。同时，国防工业部门也承担一部分民用产品的生产计划。

2月14日—26日　周恩来总理访问缅甸、巴基斯坦。中华人民共和国国务院总理周恩来应缅甸联邦革命委员会主席吴·奈温以及巴基斯坦伊斯兰共和国总统穆罕默德·阿尤布汗的邀请，分别对两国进行了友好访问，国务院副总理兼外交部长陈毅等陪同周恩来总理访问。访问期间，周恩来分别同奈温、阿尤布汗进行了友好会谈，并分别发表了会谈公报。

2月15日　中共中央和毛泽东作出关于组织高级干部学习马、恩、列、斯著作的指示。中共八届十中全会以后，根据毛泽东的意见，高级干部开始学习马恩列斯著作。高等军事学院和空军分别向中央报告了高级干部的学习情况，中共中央批转了《关于高等军事学院高干读书班学习情况的报告》和《关于空军几个单位高级干部读书情况的报告》。批示指出：现在国际共产主义运动正处在一个极其重要的关键时期，为了粉碎现代修正主义的进攻，我们必须重新学习马克思、恩格斯、列宁、斯大林的著作，掌握马克思列宁主义这个锐利武器。这种在战斗中学习马克思列宁主义的方法，是理论联系实际的最好方法。批示认为，毛泽东同志在总结我国民主革命、社会主义革命和社会主义建设的经验上，在反对现代修正主义的斗争中，对马克思列宁主义的发展做出了重大贡献，要领会毛泽东同志对马克思列宁主义所做的贡献，除了必须努力学习毛泽东著作外，还必须认真学习马克思、恩格斯、列宁、斯大林的著作。批示指出：各地党委对高级干部读书这件事，都应该像部队一些领导机关那样，很好地加以提倡和推动。中共中央同时下发了《干部选读马克思、恩格斯、列宁、斯大林著作目录（草案）》，提出马恩列斯著作计30种，由各地选读，毛泽东为此给陆定一信，认为此件很好，可以立即下发。

同　日　中共中央转发邓子恢《关于城乡高利贷活动情况和取缔办法的报告》。中共中央的批示说，结合当前城乡社会主义教育运动，对高利贷活动进行一次坚决打击和取缔，是十分必要的。关于打击高利贷的办法和措施，邓子恢的报告建议：坚决取缔高利贷；切实认真整顿农村信用合作社，使它真正成为支援贫下中农，与高利贷作阶级斗争的有力武器；在城市中普遍建立和健全互助储金会、储金小组等组织；大、中城市的“小押当”（即小额质押贷款），应该加以整理和适当扩大，帮助职工和居民贫困户解决临时资金困难。中共中央的批示还指出：1. 必须划清界限，分别情况，区别对待。2. 必须在农村认真整顿和健全信用合作社，加强领导，改进工作，充分发挥它作为群众性的资金互助组织的作用，巩固农村社会主义的金融阵地，打击高利贷。3. 必须在城市机关企业和街道居民中，普遍建立和健全互助储金会，并逐步推进互助储金小组。4. 必须尽量安排城市闲散劳动力从事可能的生产劳动，特别是组织困难户的生产。

同　日　《红旗》杂志发表陶铸的文章：《人民公社在前进——广东农村人民公社五年经验的基本总结》。文章认为，人民公社的出现是我国政治经济发展的必然产物。有了人民公社，就可以更好地发展农业生产力，实现农业现代化，巩固社会主义经济。有了人民公社这种新的社会组织形式，我们就找到了使集体所有制农业过渡到全民所有制的具体途径，引导我国农村将来胜利地走向共产主义。

文章还指出，人民公社的性质和基本方针，在1958年8月《中共中央关于在农村建立人民公社问题的决议》中有了明确规定；在同年12月中共八届六中全会《关于人民公社若干问题的决议》中进一步明确了它的社会主义集体所有制性质和按劳分配原则；随后党中央、毛主席提出统一领导、分级管理、队为基础等问题，强调必须认真贯彻按劳分配、等价交换原则，并制定关于人民公社的一系列具体政策，这就使人民公社的政策和制度更加完善起来。文章还认为，我国整个农业集体化运动的历史，是一部农村阶级斗争的历史，前一个时期组织互助组，合作社是如此，后一个时期组织人民公社同样是如此。

2月16日　《人民日报》报道辽宁下乡知识青年集中“插队”。《人民日报》报道近两年来辽宁省10座大中城市有2.5万多名知识青年上山下乡，参加农村社会主义建设。辽宁省在安置知识青年工作中，组织十几个、二十几个青年集中安置在一个生产队（或为他们单独成立一个生产队）参加劳动，在生活上为他们组织集体伙食，在生产上与老社员一起劳动，在组织上配备一定数量的骨干力量，加强领导，这种做法收到了有利于发展生产、便于安排生活、便于进行思想教育和业务学习等好的效果。同日，《人民日报》还报道了浙江嘉兴县细致安排上海、杭州、嘉兴等城镇来的知识青年的消息。《人民日报》为此配发了社论：《继续动员和组织城市知识青年，积极参加建设社会主义新农村》。

2月20日　全国国营农场会议在北京召开。这次会议指出，生产队是国营农场的基层单位，要做好生产队的工作。各级农垦部门和农场，必须进一步改进领导作风，一切工作要面向基层，面向生产，面向群众；各级领导干部，必须亲临前线，深入生产队蹲点，不断总结经验，全面深入地开展比学赶帮竞赛活动。

2月22日　中国和刚果（布）建交。中华人民共和国政府和刚果共和国（布拉柴维尔）政府决定相互承认并建立大使级的外交关系。

2月24日　国务院财贸办公室召开全国财贸工作会议。着重讨论了农产品收购政策问题。会议认为，1960年冬以来，由于国家减少了粮食和其他重要农产品的统购派购任务，提高了农产品收购价格，使农业生产得到逐步恢复。由于国民经济开始全面好转，工农业生产和市场供应情况都起了很大的变化，过去对农产品的收购政策已经不能适应新形势的要求。为此，会议提出随着生产的增长，要相应合理地增加统购派购任务；主要农产品的计划收购价格，应在现有的水平上基本稳定下来；奖售范围应当逐步缩小，奖售的标准应适当降低，各方面的奖售标准应适当平衡；议购的品种和数量应当严格控制。会议确定，1964年—1965年粮食征购720亿斤，销售722亿斤，上调中央91.8亿斤，进口90亿斤；1964年出口商品的收购计划增加到64亿元；1964年国家预算支出增加到392亿元。城市食油定量从5月份起，大中城市每人每月增加到3两，小城市一般增加到2两。

2月26日　中越签订科技合作协议及1964年合作计划。中国科学院和越南民主共和国国家科学委员会在北京举行合作会议，会议签订了科技合作协议和1964年合作计划议定书。

2月26日—29日　宋庆龄副主席和周恩来总理应邀访问锡兰。中华人民共和国副主席宋庆龄和国务院总理周恩来，应锡兰总理西丽玛沃·班达拉奈克夫人的邀请，到锡兰进行友好访问。陪同访问的有国务院副总理兼外交部长陈毅和夫人张茜以及其他人员。访问期间，周恩来同班达拉奈克举行了会谈，并于29日发表了中锡联合公报。

2月29日　新华社报道：中央国家机关抽调7 700名干部下放农村和工矿。中共中央和国家机关各部门今年继续贯彻中央关于下放干部进行劳动锻炼的指示，抽调7 700名干部下放到农村人民公社和厂矿，进行为期一年的劳动锻炼。这批下放干部中，处科级干部、工程师以及各类工程技术干部占60%以上，党、团员占64%。今年下放的干部中，有4 000多人是下放到15个省的农村人民公社，他们将结合参加当地社会主义教育运动进行劳动锻炼。工程技术人员主要是结合专业下放到厂矿和基本建设、交通运输等系统的基层单位。

同　日　毛泽东同朝鲜劳动党总书记金日成会谈。毛泽东主席同来华访问的金日成总书记进行了亲切和深入的会谈，会谈时朝鲜党的其他领导人金昌满、朴金喆等人，中国党的其他领导人刘少奇、邓小平、彭真、康生等在座。在会谈中，毛泽东讲到，动摇分子总是会有的，1962年上半年我们党内有些人主张“三和一少”，是修正主义的路线。这些人在国内主张三自一包。三自是自留地、自由市场、自负盈亏，一包是包产到户。目的是要解散社会主义的农村集体经济、要搞垮社会主义制度。“三和一少”是他们的国际纲领，“三自一包”是他们的国内纲领。这些人中有中央委员、书记处书记，还有副总理。他们在1962年上半年到处宣传，夏季我们开了一次会议，是工作会议，中央委员、省委书记都来参加，把这些问题都抖落出来。然后，又开了中央全会，开了2个月，8月—9月。这个会议开过以后，这些犯错误的同志都检讨了，说自己不对了。有一个同志是主张“三自一包”的，就是邓子恢，他是长期搞农村工村的。是农村工作部部长，是副总理。除此以外，每个部都有，每个省都有，支部书记里头更多，所以说“天下太平”，没有这回事。我说不太平是正常的。青一色是不会有的。所以，要有意识地保持对立面。例如王明和赫鲁晓夫一样，彭德怀是赫鲁晓夫的人，是我们党的中央委员、政治局委员、副总理，现在仍然保持原有职务，但是王明不同。这种政策将来可能危害我们，也可能危害你们。譬如，彭德怀像赫鲁晓夫那样掌握了党、军队和政权，那么，今天我们就可能和莫洛托夫、马林科夫、卡冈诺维奇他们的处境一样，也可能被杀掉了。这些人总是想复辟的。……有些人经过教育改过来了，有些人不作声，但是等待时机，所以要提高警惕。毛泽东还说，如果中国变成修正主义，你们怎么办？要做思想准备，要高举马列主义的旗帜反对中国的修正主义，这样中国人民是会感激你们的。例如中国出了修正主义，也是搞不久的，最多也不过是几年。中国地方大，人多，解放军觉悟高，就是他们掌握了一部分军队，也不要紧。

同　日　中共中央致函苏共中央答复苏共中央1963年11月29日的信。中共中央“四评”苏共中央公开信的文章发表以后，苏共中央于1963年10月25日重新提出停止公开论战，11月29日又致函中共中央，要求防止论战发展下去，还提出中苏贸易、重新派遣专家、中苏边界等问题。但是，苏共中央又在1964年2月中旬举行的中央全会上，由苏斯洛夫作反华报告，会议通过决议，决定和部署“公开地、坚决地反击”中国共产党，然后又背着中国共产党向各国党发出一封信，攻击中国共产党。2月20日，中共中央致函苏共中央揭露了此事。2月22日，苏共中央复信，承认背着中共发信给各国党的事实，但说这样做是要对中国党“以反击、采取集体措施。”2月27日，中共中央复苏共中央2月22日信，表示对于1963年11月29日苏共中央的来信是要答复的。2月29日中共中央致函苏共中央，答复苏共中央1963年11月29日信。中共中央的复信分5部分。第一，关于中苏边界问题。复信指出，中苏两国已经在北京开始边界谈判。尽管历史上签订的有关中俄边界条约是不平等条约，中国政府仍愿意以此为基础合理解决中苏边界问题。中国政府将根据无产阶级国际主义和社会主义国家关系的准则，本着平等协商、互谅互让的精神，同苏联政府进行友好的谈判，如果苏联方面也能采取和中国政府同样的态度，中苏边界问题的解决应当是不困难的。第二，关于援助问题。复信指出，我们对于苏联在斯大林领导时期开始提供的友好援助从来给予恰当的评价，并无数次地表示过感谢。苏共领导近年来惯常以恩人自居，吹嘘“无私援助”，对此，我们不能不指出，苏联向我国提供的所有成套设备和物资，包括通过贷款形式提供的设备和物资，连同利息在内，我们都是用物资、黄金和国际货币偿付的。我们从苏联进口的东西，比起国际价格来说是贵得多的。援助不是单方面的，苏联也从中国方面得到了相应的援助。复信还指出，苏联对中国的贷款，其中最大部分是我国用于从苏联购进军事物资的，这些军事物资的大部分已使用和消耗于抗美援朝战争之中，我们每年都在为苏联的这些贷款偿付本息。第三，关于苏联专家问题。复信指出，在中国帮助工作的苏联专家，始终得到中国政府和中国人民的欢迎、尊重和信任，我们对他们的辛勤劳动，一向给予很高的评价。但是，苏共领导不顾我们的反对，背弃国际关系准则，在1个月的短时期内，悍然撤走在中国帮助工作的1 390名苏联专家，撕毁了343个专家合同和合同补充书，废除了257个科学技术合作项目。这种背信弃义的行动，破坏了我国国民经济的原定计划，给中国的社会主义建设造成了巨大损失。苏共领导在中国遭受严重自然灾害之时，乘人之危，采取这样的严重步骤，完全违背了共产主义的道德。这说明了苏共领导是将派遣专家当做对兄弟国家施加压力，干涉它们内政，限制和破坏它们的社会主义建设的工具。现在苏共领导又提出向中国派遣专家的问题，坦白地说：中国人民信不过你们，往事记忆犹新，我们不愿上当了。第四，关于中苏贸易问题。复信指出：近年来中苏之间贸易额缩减的原因，在于苏共领导把思想分歧扩大到国家关系方面。苏联在经济和贸易方面对中国实行限制和歧视政策。利用贸易关系作为向中国施加政治压力的工具，这怎么会不影响两国的贸易呢？第五，关于停止公开论战问题。复信指出，公开论战本来是苏共领导挑起的，现在苏共领导要求停止公开论战，不过是想在大骂中国共产党和其他马列主义政党后，用这种办法来剥夺我们答辩的权利。尽管如此，中国共产党仍然愿意为恢复和加强团结竭尽自己的努力。复信提出解决问题的具体措施：（1）停止公开论战，必须经过中苏两党和其他有关兄弟党进行双边和多边会谈，通过协商，找出一个能为各方所接受的公平合理的办法，达成共同的协议。（2）中国共产党一贯主张并积极支持召开世界各国共产党和工人党代表会议，并使之成为在马克思列宁主义革命原则基础上团结的大会。（3）中苏两党继续举行会谈，是开好兄弟党会议的必要准备，提议1964年10月10日—25日在北京继续举行中苏两党会谈。（4）提议在中苏会谈之后，举行阿尔巴尼亚、保加利亚、匈牙利、越南、中国等17个国家兄弟党会议，以便为各国兄弟党代表会做进一步准备。

本　月　全国造船工业会议制定《贯彻中央军委确定的造船工业方针任务的措施》的文件。文件指出，今后7年内造船工业的奋斗目标是：组织一个7艇、4船的大会战，主要解决品种和配套的问题。军用产品的生产，1967年以前，要攻破“两艇一弹”，完成试制，并为小批量生产做好准备。

3月3日　中共中央组织部长安子文谈培养提拔新生力量问题。2月底至3月初，中共中央召开各中央局组织部长会议，用10多天时间主要座谈讨论培养提拔新生力量问题。安子文就这一问题发表专题讲话。他说，培养接班人问题，是一个关系到革命前途的大问题，它关系到革命事业的“传宗接代”问题，关系到社会主义能不能建成、共产主义能不能实现的问题，关系到我们党在国际共运中能不能始终高举马列主义、毛泽东思想革命旗帜的问题。他指出，如果不能把真正革命的接班人一批一批地培养出来，将来党和国家就有变质的危险，革命事业就会中断，革命的成果就会丧失，在这个问题上，苏联的教训是很深刻的。因此，现在要突出地提出培养提拔新生力量的问题。安子文还提出了落实培养接班人的8条措施。

同　日　全国机械工业调整会议在京召开。由国家计委、经委、一机部、农机部共同召开的全国机械工业调整会议，3月3日—3月14日在北京举行。会议规定了当前机械工业调整应当抓紧的几项工作：1.随着国民经济的全面调整，机械工业出现了新的不平衡，必须对企业的生产方向、产品方案、生产规模进行相应的调整，并就已有的条件，选择适当的企业，发展补充短线缺门产品的生产。2.综合性的全能工厂，不利于发展品种、提高质量和产量，要有计划、有步骤地组织专业协作生产。3.在调整中加强配件制造和维修工作的统一安排，改变这方面力量分散、缺乏统筹的局面。4.根据军民结合的原则，军工企业要按照生产工艺相近的原则，利用已有的生产设备和能力，承担一部分民用产品和协作任务，民用机械企业也要积极承担部分军需产品的协作配套任务和部分军事装备的生产任务。5.改进工业管理体制，先从组织托拉斯试点和合理解决部门间的产品分工两方面着手。并进一步研究部门之间、部门与地方之间的分工与分级管理问题。

同　日　中国共产党代表团和罗马尼亚工人党中央委员会代表团举行会谈。由中共中央副主席刘少奇、中共中央总书记邓小平、中共中央政治局委员彭真、政治局候补委员康生组成的中国共产党代表团，今天下午与罗马尼亚工人党中央委员会政治局委员杨·格·毛雷尔率领来访的罗马尼亚工人党中央委员会代表团举行会谈。会谈在友好的气氛中进行。

3月5日　《人民日报》报道：沈阳部队宣传廖初江，掀起学习毛主席著作新高潮。廖初江是沈阳部队某部副指导员，沈阳部队学习毛主席著作的尖兵。在1957年以来的6年里，廖初江通读《毛泽东选集》1—4卷3遍，其中许多重要著作读了20遍以上，还读了毛主席建国以来的部分著作；按问题摘记毛主席语录500多条；阅读有关参考书150多本；写心得笔记53万多字。20多种报刊选用了他写的学习体会共40多篇，在长期的学习和实践中，他逐步总结出一套学习毛主席著作的方法和经验。

同　日　新华社报道：我国已释放全部日本战犯。抚顺战犯监狱长刘凤魁对新华社记者说，在我国关押的日本战争罪犯到本月6日已经全部获得释放。刘凤魁说，1956年我最高人民法院特别军事法庭经过审判，对45个日本战争犯罪分子分别判处了8年—20年的有期徒刑。其中有36人判刑后在抚顺战犯监狱服刑，有9人开始关押在太原战犯监狱，后来也被移到抚顺战犯监狱服刑。在45个被判刑的日本战争犯罪分子中，前伪满国务院总务长官武部六藏，因患重病，在判刑后就予以假释回国；前日本陆军39师团中将师团长佐佐真之助在服刑期间因病死亡。其余43人，从1957年到现在已先后陆续释放，其中刑满释放的14人，因服刑期间表现良好，经最高人民法院军事审判庭裁定，予以提前释放的29人，这次提前释放的齐藤美夫、富永顺太郎和城野宏，就是其中最后的3人。刘凤魁指出，14年来，抚顺战犯监狱对服刑的日本战争犯罪分子执行了严正和宽大的政策，使他们受到了反对侵略战争、维护和平的教育和革命人道主义待遇的感化，认识和忏悔了自己的罪行。他们不仅在法庭上承认自己的罪行，表示要在服刑期间努力改造自己，并且在向他们家属和中日记者发表谈话的时候，在向70多批来访的日本代表团谈话的时候，都揭发了日本帝国主义和他们自己在中国犯下的罪行，一致认为中国的审判是严肃而公正的，判决是宽大的，待遇是人道的。

3月6日　中共中央批转《李富春同志关于北京城市建设工作的报告》。李富春同志的报告指出，长期以来，北京的城市建设存在着“分散建设、毫无限制、各自为政和大量占用农田”的不合理现象。

为了改变这种不合理的现象，必须有计划地、有重点地进行城区改建，逐步把首都建设成为一个庄严、美丽、现代化的城市。李富春的报告建议：1. 中央各部门新建企事业单位，除十分必要、经国家计委批准建在北京的以外，其余一律不准建在北京；已经建在北京的企事业单位，一般不再扩建，必须扩建的只能利用现有的房屋和基地来解决，不适合放在北京的要有计划地逐步迁出。2. 应当充分利用城区和近郊区现有的空地进行建设，使之逐渐形成街道，原则上不许再占用近郊区农田。东西长安街两侧已拆了房子的空地，应尽先安排适当的建设项目，多建一些办公楼和大型公共建筑，但其他城市不得仿效。3. 实行房屋的统一建设和统一调配，今后中央各部所需住宅、办公用房和其他生活服务设施，一律由各部门提出用房计划，经国务院各办和军委分口审查后，由国家计委综合平衡，制定统一的建房计划，并将投资、材料统一下达给北京市，由北京市统一规划，统一设计，统一调配和统一经营管理。4. 为了有效地贯彻上述各项措施，在中央和国务院领导下，成立由23位同志组成的北京市房屋统一建设与统一调配领导小组，李富春任组长。

3月9日　中共中央、国务院发出《关于执行1964年职工人数计划问题的通知》。《通知》说，1964年职工人数计划，是在1963年末计划人数的基础上规定增加80万人。但由于各种原因，实际增加和要求增加职工人数已超过计划很多，这对于执行1964年国民经济计划是不利的。为了严格控制职工人数的增加，《通知》规定：1964年原则上不再增加职工人数计划指标，个别地区和部门确实需要增加职工人数计划时，要报中共中央和国务院批准；在基本建设施工力量的安排上，要保证重点工程；集中力量打歼灭战；同时，要求抓紧劳动力的调剂和多余干部、老弱残人员的安置工作；要求各级劳动部门严格检查和监督劳动计划的执行情况，一切都要按照计划和制度办事。

3月10日　国务院召开全国农业长期规划会议。全国农业长期规划会议提出的农业第三个五年计划的主要任务是：建5亿亩旱涝保收、稳产高产的农田。到1970年，全国粮食总产量达到4 800亿斤左右，全国平均每人平均产量达到600斤左右，使粮食的供应完全立足于国内，并且适当增加国家的粮食储备；棉花总产量达到4 000万担，使全国每人平均的棉花供应量达到20尺（化学纤维织品在外）。到1970年，花生、芝麻、油菜籽3大油料的总产量争取达到1亿担左右，糖料4亿担左右，大牲畜要达到解放以来的最高年水平，猪2.5亿头左右，水产品450万—500万吨，副业产值在农业总产值中所占的比重争取达到10%左右。为了完成上述规划，会议要求：1. 发扬大寨精神，建设一批稳产高产农田。2. 充分利用已经建成和尚未完全建成的水利工程。3. 工业部门要尽可能增加各种农业生产资料的生产，特别是增产化肥和农机。4. 进一步降低农业生产资料价格。5. 增加农业资金。会议于4月11日结束。

3月13日　李富春在全国农业长期规划会议上讲话。国务院副总理李富春在全国农业长期规划会议上讲话，强调搞规划要树立整体观念，当冷静的促进派。李富春指出：搞规划树立整体观念，必须摆好8个关系：1. 工业和农业的关系；2. 国防建设和经济建设的关系；3. 文教建设、城市发展和经济建设的关系；4. 积累和消费的关系，个人、集体、国家三者之间的关系；5. 市场商品流通、职工工资、物价、货币流通等和物资供应之间的关系；6. 支援世界革命和发展本国经济之间的关系；7. 改善经营管理、提高科学技术水平、挖掘现存潜力和基本建设之间的关系；8. 中央和地方的关系。

3月14日　南宁各族各界集会庆祝广西僮族自治区成立6周年。中共中央副主席、全国人民代表大会常务委员会委员长朱德参加了庆祝会，并致热烈祝贺。朱德委员长在讲话中指出，解放以来，特别是1958年以来，广西僮族自治区（广西僮族自治区1958年3月成立，1965年10月改名为广西壮族自治区）在农业、工业、交通运输业和文教卫生事业等方面，都有很大发展，成绩是很显著的。这些成绩是自治区各族人民团结一致，共同努力的结果。他希望自治区各族人民更加紧密地团结起来，在党中央和毛主席的领导下，为争取今年农业大丰收，为加速发展自治区的经济、文化建设事业而奋斗。中共广西僮族自治区委第一书记、自治区主席韦国清向大会作了报告。

会前，朱德委员长接见了广西党、政府、军队、各民主党派地方组织和各人民团体的负责人。

3月15日　新华社报道：辽源电厂创安全发电1 332天的全国最高纪录。

3月16日　全国工业交通政治工作会议在北京举行。会议确定了1964年工业交通政治工作的重点：组织广大职工坚决扎实地学习解放军；做好增产节约运动中的思想政治工作；开展比学赶帮的社会主义劳动竞赛；创造"五好"企业、培养"五好"职工，加强基层建设；把工交部门的全体职工锻炼成一支革命化和现代化的产业大军，争取完成和超额完成国家计划。会议于4月3日结束。

同　日　为农业服务的科学教育影片授奖大会在北京举行。文化部、国家科委、农业部、全国科协、中国电影工作者协会在北京举行授奖大会，表彰电影工作者与科技工作者合作拍摄的科学教育影片在为农业服务方面所取得的成绩。在会上，有7个摄制集体、25名科学工作者、29名电影工作者和35部优秀影片的制片厂代表受奖。

3月17日　中共中央宣传部转发高等院校文科教材编审工作办公室等4单位的《关于历史教材中涉及我国同邻国关系问题的情况和今后处理意见的报告》。由高等院校文科教材编审工作办公室、中国科学院历史研究所、中国科学院近代史研究所、人民教育出版社等4单位提出的这一报告认为，在编写历史教材时，对于涉及我国同邻国关系的问题，应该贯彻以下4项原则：1. 力求用辩证唯物主义和历史唯物主义的原则叙述历史事实，分析批判历史上的问题；2. 用马克思主义观点对我国历史学家的传统看法加以审查，坚决反对大国沙文主义；3. 认真贯彻国际主义精神；4. 对现代修正主义者，反动民族主义者和帝国主义者的歪曲、诬蔑、诽谤的言论，必须根据事实和对外政策，加以揭发和批判。

3月18日　《人民日报》发表社论：《创造一个五好车间，应该建设一个坚强的支部》。社论说，北京石景山钢铁公司最近授予这个企业的炼钢厂白云石车间以五好车间的称号。这个车间在党支部的领导下，用解放军勇于战胜困难的革命精神，自己动手改变劳动条件，培养了一套好作风，锻炼出一套过硬的技术本领。这个车间的生产逐年上升，成本逐年降低，质量和劳动生产率都有显著的提高。社论认为，大型工业企业的车间和解放军的连队一样，是企业的基层单位，在工业企业，像解放军创造四好连队一样，创造五好车间，在车间里建设一支政治思想好、生产完成好、企业管理好、生活管理好、干部作风好的生产队伍，是更好地完成生产任务、提高职工队伍战斗力的根本措施。

3月20日　《人民日报》发表社论：《知识青年上山下乡是移风易俗的革命行动》。社论说，董加耕在学校是一个勤工俭学的标兵，共产党员，团支部书记，学习成绩一直名列前茅，很有可能升入高等学校继续学习。但是，他却在高中毕业时，毅然填写了"回乡务农，立志耕耘"的志愿书，自觉自愿地响应党的号召，到农业第一线去。江苏省的知识青年，正在掀起一个学习董加耕的热潮。社论说，董加耕所走的道路，正是毛泽东时代知识青年所应该走的革命道路。成千上万知识青年上山下乡，参加农业生产，是有最广阔前途的革命行动。他们是我们祖国的有社会主义觉悟、有文化知识的第一代新型农民，是以农为荣，移风易俗，建设社会主义新农村的革命先锋。

3月21日　中共中央同意并批转中国农业银行党组《关于各级农业银行机构建立情况的报告》。中国农业银行党组的报告说：自1963年10月8日中共中央、国务院《关于建立中国农业银行，统一管理国家农业资金的决定》下达后，县以上的农业银行机构，已经基本上建立起来。到本年度2月25日止，全国应建立专区一级的中心支行208个，已建立187个，占应建机构的89.9%；应建立县（市）支行2 170个，已建立1 812个，占应建机构的83.5%；但基层营业所的机构建立较慢，应建营业所约1.7371万个，现已建立5 610个，仅占应建营业所的32.3%。在干部配备方面，编制总额为13.5万人，其中分配给地方各级银行13.28万人，目前缺额很大。应大力抓紧人员的调配工作和培训会计、计划、拨款等专业干部工作，以适应当前形势发展的需要。中共中央的批示指出，目前春耕季节已经到来，急需将农业银行的各级机构迅速建立和健全起来，及时地办理支援农业资金的拨付、贷放和监督工作。但是，有些地方一直到现在，农业银行的基层机构还没有建立，有的地方机构建立了，人员缺额很大。各级党委应立即对农业银行的建行工作，认真地进行一次大检查，对建行迟缓的地方，要督促他们立刻赶上。务使农业银行的各级机构，特别是基层机构，能够在最短时间内全部建立起来，并且把干部配好，以便迅速地将统一管理国家支援农业资金的任务担负起来。

3月22日　教育部、北京市教育局邀请北京部分中学教师座谈，学习贯彻毛主席对教育工作的指示。为贯彻毛主席最近对教育工作的指示，教育部和北京市教育局邀请北京市部分中学教师举行座谈会，讨论如何更好地贯彻执行党的教育方针，改进教学工作，减轻学生负担，提高教学质量，使学生在德智体诸方面生动活泼地主动地得到发展。3月25日、4月1日、4月7日、4月10日，教育部和北京市教育局继续邀请北京市部分中学校长、中小学教师举行座谈。《光明日报》加编者按语发表了这几次座谈会的纪要。各地教育行政部门也召开座谈会，交流总结改进教学方法，减轻学生负担，提高教学质量的经验，并采取积极措施，贯彻执行毛主席对教育工作的指示。

同　日　中共中央发出《关于继续抓紧进行“五反”运动的指示》。“指示”说，“五反”运动（反对贪污盗窃、反对投机倒把、反对铺张浪费、反对分散主义、反对官僚主义）也像农村的社会主义教育运动一样，是重新教育人、改造人的革命运动，是防止和克服资本主义和修正主义的侵蚀，打退资本主义势力猖狂进攻的革命运动，必须坚持进行，搞深搞透。凡是放松的或者停顿的地区和单位，一定要重整旗鼓，把“五反”运动进行到底。

3月23日　外交部强烈抗议印度政府变本加厉支持西藏叛乱集团反对祖国、严重干涉中国内政的行为。外交部照会印度驻华大使馆，对印度政府继续支持逃亡在印度的西藏叛乱集团反对祖国、严重干涉中国内政的行为，提出强烈抗议。照会说：“一直在印度政府包庇和支持之下的西藏叛乱集团在1964年3月9日又以达赖喇嘛的名义发表一项叛国声明，对中国政府和中国人民进行恶毒的诬蔑，并再次煽动在中国西藏进行暴乱。印度官方新闻机构发表了这项声明。印度不管部部长夏斯特里同日还在印度议会说，印度政府将同西藏叛乱集团就达赖准备前往东南亚佛教国家进行‘访问’事，讨论所谓细节问题。”照会指出：“在印度和中国还保持着外交关系的情况下，印度政府竟然支持亡命在印度的西藏叛乱集团进行反对祖国的活动。这是印度政府彻头彻尾地干涉中国内政和破坏国际关系准则的严重行为。对此，中国政府向印度政府提出强烈抗议。”

3月23日、25日、26日　我国新开辟的京昆、京沪、京广3条直达航线先后正式通航。

3月24日　第1次全国农林害虫生物防除学术会议在武汉召开。会议称，各地科学工作者已经研究发现了7种农林害虫的天敌，它们一共可以防治近10种农林害虫。其中已经在生产中推广应用的有防治柑桔虫害吹绵蚧壳虫的大红瓢虫和澳洲瓢虫，防治越冬棉花红铃虫的金小蜂，防治甘蔗螟虫的赤眼蜂。利用生物防除农林害虫的方法有5大好处：经济、安全、省工、技术简易、效果大。

3月26日　《人民日报》发表社论：《努力学好毛泽东思想》。社论说，中国人民解放军在全国学习毛主席著作的群众运动中，走在最前列，取得了显著效果。全国各地也在不同的规模和程度上，掀起了群众性的学习毛主席著作的热潮。全国各地涌现出数以万计的毛主席著作学习小组，到处涌现出学习的积极分子。学习热潮正在改变着人民群众的精神面貌，改变着干部的工作作风和领导方法，并成为推动阶级斗争、生产斗争、科学实验三大革命运动的强大动力。

3月27日　新华社报道：中国第二历史档案馆在南京成立。中国第二历史档案馆存有中华人民共和国成立之前旧中国各政权中央机构的大量历史档案。这个档案馆的前身是1951年春成立的中国科学院近代史研究所南京史料整理处。13年来，这个处对于旧政权中央机构的大量历史档案，进行了收集、整理、编目和制卡工作，并从整理出的历史档案中，汇编4 000万字的档案专题史料，其中有《中国现代政治史资料汇编》、《1927年—1949年中国现代政治史大事月表》以及《“一·二九”学生运动》专题资料等。

3月30日　中国和波兰签订两国科学院合作协议。中国科学院和波兰科学院在北京举行合作会议，会上签订了两国科学院1963年—1964年执行计划。

3月31日　《人民日报》、《红旗》杂志“八评苏共中央公开信”：《无产阶级革命和赫鲁晓夫修正主义》发表。文章说，暴力革命是无产阶级革命的普遍规律，而国际共产主义运动历史上的一切修正主义者，他们背叛马克思主义，背叛无产阶级，都集中表现在反对暴力革命，反对无产阶级专政，主张从资本主义和平过渡到社会主义。赫鲁晓夫修正主义也正是这样。赫鲁晓夫提出的所谓“和平过渡”道路，是同十月革命道路根本对立的。在这个问题上，赫鲁晓夫是伯恩斯坦和考茨基的门徒，也是白劳德和铁托的门徒。文章共分10个部分，各部分的题目分别是：“伯恩斯坦和考茨基的门徒”、“暴力革命是无产阶级革命的普遍规律”、“我们同赫鲁晓夫修正主义的斗争”、“诡辩改变不了历史”、“谎言掩盖不了现实”、“驳所谓‘议会道路’”、“驳所谓‘反对左倾机会主义’”、“两条路线，两种结果”、“从白劳德、铁托到赫鲁晓夫”、“我们的希望”。文章最后还以《关于和平过渡问题的意见提纲（中国共产党代表团1957年11月10日向苏共中央提出的书面提纲）》作为附件。

本　月　国家科委、教育部联合向高等院校发出《1963年—1972年科学技术发展规划研究任务通知书》。国家科委、教育部为落实1963年12月2日中共中央、国务院批准的国家十年科学技术发展规划，向有关高等院校分别发出了这一任务通知书。根据十年科技规划，高等院校承担了大量的科研任务。学科规划的549个中心问题中，有143所高等院校参加了461个中心问题的研究任务，占84%。由高等院校主持研究和负责研究的中心问题共372个，占70%。

4月1日　《中共中央关于在全国工业交通系统建立政治工作机关的决定（草稿）》印发各地区和有关方面研究讨论。这个《决定（草稿）》是参照人民解放军的各级政治工作条例，略加改变而成的，它把军队实行的以毛泽东思想为指针，坚持“四个第一”，树立“三八作风”，开展“五好运动”等原则和方法，照搬到工交系统。国务院副总理薄一波在对这一草稿作说明时指出，军队同地方工交部门有共性，又有特性。它们有9个方面的不同点：军队是阶级斗争的工具，工交部门是生产斗争的经济组织；军队是非生产组织不出物质产品，工交部门是生产组织要出物质产品；军队打仗有间歇性，工交部门生产是连续性、不间断的；军队成员比较纯洁，工交部门职工成员比较复杂；军队实行义务兵役制、供给制，工交部门实行按劳分配的工资制；军队生活与社会直接联系较少，工交企业与社会联系频繁紧密；军队流动大由军队上级直接指挥，工交企业固定在各地，上下左右协作关系复杂。由于上述特点，工交部门的政治工作条例要比军队增添下列内容：一是确定工交部门的一切工作，都应当以生产建设为中心；二是贯彻全心全意依靠工人阶级办好企业的方针；三是坚持政治、经济、技术的统一；四是实行政治挂帅和物质鼓励相结合的原则。

同　日　国家经委、财政部、中国人民银行联合公布《地方国营中小型工业企业小型技术组织措施贷款试行办法》。《试行办法》的主要内容是：1. 小型技术组织措施贷款的发放范围，限于地方国营中小型工业企业。2. 小型技术组织措施贷款，由财政部门委托人民银行发放。3. 企业申请小型技术组织措施贷款，必须符合提高产品质量、增加品种、提高设备利用率、降低产品成本、经济效果能在一年内全部实现等条件，且每项贷款限额在2万元以内。《试行办法》还规定，从贷款之日起计算，一般应在一年以内还清。个别需延长的不得超过一年半，利息按月息3‰计算，在企业成本中列支。

4月2日　国务院发出通知：将技工学校的综合管理工作由劳动部划归教育部主管。通知说，为进一步贯彻普通教育与职业教育并举的方针，大力发展职业教育，加强职业教育工作的领导管理和统筹安排，将技工学校的综合管理工作由劳动部划归教育部主管。

同　日　鞍钢6号大型平炉创造连续炼钢804炉的新纪录。

同　日　新华社报道：鞍钢试制成功高密度镁铝砖。

4月3日　中共中央、国务院发出《关于撤销中央扭转亏损、增

加盈利领导小组的通知》。通知指示今后这方面的工作，由国家经委、财贸办公室分别组织各地区、各有关部门继续进行。1962年10月，中共中央国务院发出《关于坚决扭转工商企业亏损、增加盈利的通知》。各地区各部门在改进经营管理、厉行增产节约方面进行了大量工作。据统计，1963年全国各亏损企业亏损65亿元，比1962年减少28.7亿元，减少30.6%。与此同时，盈利企业的盈利额有所增加。1963年共实现净利润135亿元，比1962年增长35%。目前，由于经营管理不善所造成的亏损仍未完全消灭，各地区、各部门还要进一步加强扭亏增盈工作。今后这项应当由各经济部门和各地方结合增产节约运动和日常生产经营工作去抓。通知决定于1964年4月底撤销中央扭转亏损、增加盈利领导小组及其办公室。

同　日　巴西当局无理逮捕我居留巴西的9名贸易工作人员和记者。我国贸易工作者和新闻工作者王耀庭、侯法曾、王唯真等9人在巴西瓜纳巴拉州被巴西当局无理逮捕并拘留。9日，我国人大常委会致电巴西参众两院，希望他们促使巴西当局立即释放我被捕人员。12日、14日，我国外交部发言人先后发表谈话，严正抗议巴西当局逮捕并严刑逼讯我工作人员。但巴西当局未予置理。连日里，我国有关机构、各民主党派和人民团体纷纷抗议巴西当局迫害我国人员的暴行，并向各国有关团体和人士发出呼吁，吁请他们的声援和对巴西当局进行谴责。4月11日和16日，我《人民日报》发表社论：《巴西当局必须立即恢复我被捕人员的自由》、《必须制止巴西当局的暴行》；27日，《人民日报》发表观察家文章《正告巴西政变当局》。巴西当局不但不改弦更张，反而从9月起，由巴西第一军区第二军事法庭对9名中国人员进行审讯。9月28日，新华社记者就巴西当局悍然对我9名人员进行军事审讯发表评论，严正批驳巴西当局诬告我人员的“起诉书”。11月15日，被巴西当局非法拘禁的9名中国人员的家属联名发表书面谈话，强烈抗议巴西当局迫害和虐待中国人员。12月11日和21日，受9名中国人员的家属委托的巴西律师苏布拉尔·平托，在巴西军事法庭上仗义执言为中国被捕人员辩护。12月14日，受9名中国人员家属委托组成的国际律师团首席律师长野国助在巴黎发表声明，支持平托律师为中国人员所作的辩护。但是，巴西当局冒天下之大不讳，在巴西第一军区第二军事法庭对巴西当局非法逮捕的9名中国人员进行3个多月的“审讯”后，悍然以所谓“进行颠覆活动”的莫须有的罪名，判处他们各10年徒刑。12月23日，中国政府发表声明，强烈抗议巴西当局对中国人员的严重政治迫害，指出：中国人员是合法进入巴西从事正当的贸易，筹备展览会和新闻报道业务活动的，没有任何违反巴西法律的活动，巴西当局对中国人员的审判无论在事实上、道义上或法律上都是毫无道理的、完全非法的。中国政府认为，该事件是美帝国主义在巴西蓄意策划的反华阴谋的进一步发展，企图损害中国的国际声誉。中国政府再一次警告巴西当局迅速恢复9名中国人员的自由，否则将对由此引起的后果负担一切责任。12月25日，国际律师团首席律师长野国助在巴黎声明，全面支持中国政府声明，强烈抗议巴西当局的非法判决。同日，被巴西当局非法逮捕和判刑的9名中国人员的家属联名发表声明，强烈抗议巴西当局对他们亲人的非法判决。12月28日，国际律师团成员、著名阿根廷律师富亚德·托姆·里奥哈在里约热内卢出庭观察巴西军事法庭对9名中国人员的非法审讯后发表谈话，谴责巴西当局捏造罪名进行法西斯审判。国际公众舆论也纷纷谴责巴西当局的无理判决。12月29日，9名中国人员发表书面声明，强烈抗议巴西当局的非法判决，决心为维护祖国荣誉，为正义斗争到底。1965年4月17日，巴西当局被迫释放其非法监禁的9名中国人员。4月21日，9名中国人员回到祖国，受到热烈欢迎。

同　日　我国首次人工饲养繁殖成功的大熊猫幼仔在北京动物园展出。这只大熊猫幼仔是去年9月9日出生的，一个多月前离开母兽，开始独立生活，现在体重已有14公斤。

4月4日—8日　由梭发那·富马首相率领的老挝王国政府代表团应邀访问我国。老挝王国政府代表团受到了中国人民盛情的接待。5日，刘少奇主席接见了代表团，并同代表团成员进行了亲切友好的谈话。5—6日，富马首相同周恩来总理进行了会谈。8日，双方共同签署和发表了联合公报。

4月5日　铁道部树立10面客运红旗。铁道部授予10个铁路客运单位红旗车站和红旗列车的称号。这10个单位是：新民、北京、永定门、玉门、通化5个客运车站，北京——哈尔滨、广州——深圳、老虎屯——瓦房店等4对客运列车，大连——北京直达快车餐车小组。这批先进单位在加强职工思想政治教育方面，在全心全意为人民服务方面，都做得很出色。他们千方百计把方便送到旅客面前，经常受到旅客的称赞和表扬。

4月7日　解放军总政治部指示全军学习山西等地经验，开展"一帮一"、"一对红"活动。中国人民解放军总政治部发出指示，要求全军逐步地普遍地开展"一帮一"、"一对红"的活动。指示说，全国各条战线在比学赶帮运动中创造了许多好的经验，如山西的"一带二"、山东的"插标布点"等。山西省的"一带二"很值得部队仿效，为适合部队的情况，可以叫作"一帮一"、"一对红"。通过"一帮一"、"一对红"活动，可以更好地运用典型，由点到面推广先进经验，把四好连队的水平变为广大连队的水平，把五好战士的水平变为广大战士的水平，把先进经验变为全军的财富。

同　日　新华社报道：内蒙古锡林郭勒草原建设我国第一个草原畜牧科学研究中心。这个科学研究中心准备在10年内全部建成。它的任务是不断向国家提供我国北方草原的保护、利用建设和改良等一整套综合性技术措施方案和经验，并为发展草原畜牧业提供系统的科学数据和理论依据。

4月10日　我经济贸易展览会在东京开幕。中国经济贸易展览会在东京晴海国际贸易中心的中国展览馆前举行开幕式。日本各界知名人士、华侨代表等3 000多人出席开幕式。中国展览会的会场面积1万多平方米，共展出介绍我国工农业产品、手工艺品、文化、教育和人民生活等方面情况的实物、模型和图片共1万多件，这是中国第二次在日本举办的大型展览会，上次是在1955年举行的。

4月12日　刘少奇、周恩来会见澳大利亚共产党（马克思列宁主义者）主席希尔。中共中央副主席刘少奇、周恩来今天会见澳大利亚共产党（马克思列宁主义者）中央委员会主席爱·费·希尔和中央委员罕里·奥克。

4月13日　中共中央、国务院发布《关于进一步开展代替私商工作的指示》。《指示》说，有些地方社会主义商业在网点人员、经营管理、商品价格、货源供应等方面还有一些薄弱环节和漏洞，代替私商所取得的阵地还不十分巩固，有些已被代替的私商又乘机活动；有一部分私商转入没有开展代替工作的地区或行业继续从事非法经营，使私商活动又有所增加。中共中央和国务院的《指示》要求各有关单位，进一步开展代替私商的工作。在大中城市凡是与国计民生关系密切，影响较大的行业，国营和供销合作社应当全部或者基本上掌握起来，争取在年内把应当代替私商的行业和地区基本代替起来。

4月14日　中国人民银行发表通告，限期收回3种人民币和发行两种新版人民币。中国人民银行的通告说，为了调整人民币票券种类，便利流通使用，经国务院批准，限期收回市场上流通3种人民币票券。限期收回兑换的人民币票券是1953年版黑色“工农”图景的拾圆券，1953年版酱紫色“各民族大团结”图景的伍圆券，1953年版深绿色“井冈山”图景的叁圆券。中国人民银行奉命发行的两种新版人民币票券是，深绿色贰圆券和黑绿色贰角券。

4月16日　党和国家领导人毛泽东、刘少奇、朱德、周恩来致电祝贺赫鲁晓夫70寿辰。贺电说，我们坚信，由于我们两国人民的要求，由于全世界各国革命人民的要求，中苏两党、两国和我们的人民，在反对帝国主义和各国反动派，坚持马克思列宁主义和无产阶级国际主义，维护社会主义阵营团结和国际共产主义运动团结，支持全世界被压迫人民和被压迫民族的革命运动，维护世界和平的斗争中，从长远看来，总是要紧密地团结起来的。贺电说，尽管目前我们和你们之间存在着关系到马克思列宁主义一系列原则问题的分歧，存在着不团结的状态，但是我们坚决相信，这只是暂时的。世界发生重大事变，中苏两党、两国和我们的人民就会站在一起，共同对敌。

4月17日　国务院批准教育部《关于1964年至1966年派遣外语留

学生的三年规划》。《规划》提出，3年争取派出外语留学生2 000人(其中大学生1 600人，进修生350人)，以补国内培养外语干部之不足，并派一些外语干部和外语师资出国深造，培养更高级的外语人才。学习的语种是英、法、德、西班牙、阿拉伯等主要语种，以及一些需要量不大、不准备在国内大量培养的小语种。

4月18日　教育部、全国总工会联合通知试行《关于职工业余高等学校工作的暂行规定（草案)》和《关于职工业余学校教师工作的若干规定（试行草案)》。《暂行规定》提出，职工业余高等学校的任务是：根据生产发展的需要，着重提高现职中级技术人员的水平，有计划地培养技术后备力量，适当满足一般职工的学习安排。职工业余高等学校的培养目标是：在主要基础理论、专业知识和基本技能方面，接近或达到全日制高等学校本科或专科毕业的水平，完成专门人才的基本训练。学员经毕业考试、毕业设计和毕业答辩，成绩合格者，应由学校或主办单位发给毕业证书。对于取得毕业证书的学生，国家承认其学历，记入档案，原单位根据生产、工作的需要合理使用。《暂行规定》还对举办业余高等学校的条件、审批程序、学员条件、教学计划、教学时间、教材规章制度、思想政治工作、师资配备、勤俭办学、领导关系等作了规定。《试行草案》提出，职工业余学校教师担负着提高职工的文化、科学、技术水平的重大任务。因此，必须加强教师工作，有计划、有步骤地建立起一支热爱职工业余教育事业，熟悉职工业余教育特点，具有相当文化业务水平，全心全意为职工群众知识化服务的又红又专的教师队伍。《试行草案》对职工业余学校教师的基本条件和基本要求作了规定。《试行草案》还提出了加强教师的思想政治工作，提高教师的教学业务水平，关心教师生活，充实师资力量，重视选聘培养兼职教师，健全组织管理等方面的要求。

4月19日　廖承志办事处和高崎办事处3个文件换文仪式在北京举行。3个文件是：中日两国民间交往机构廖承志办事处和高崎办事处关于互派代表并互设联络事务所的会谈纪要，关于中日双方互换新闻记者的会谈纪要和备忘录，贸易会谈纪要。日本自民党顾问、国会议员松村谦三当晚举行告别宴会，全国人大常委会副委员长郭沫若以及廖承志等人出席，松村谦三和廖承志在讲话中都肯定了3个文件换文的可喜成果，都表示相信，中日两国邦交正常化在不久的将来可以实现。

4月20日　《人民日报》发表《大庆精神大庆人》通讯。《人民日报》发表了由袁木、范荣康采写的通讯报道《大庆精神大庆人》。《人民日报》头版的通栏题头是“学习大庆经验，把革命干劲和科学精神结合起来”。同时该报还发表短评《崇高的榜样》，通讯和短评都集中宣传了王进喜、马德仁、段兴枝、薛国邦、朱洪昌等大庆人的先进事迹，号召全国人民学习他们的榜样。

同　日　广州国际机场扩建工程基本完工。该机场可保证世界上最大、最新型的客机迅速起飞和降落。机场具有现代化的通讯导航设备，可保证飞机在各种气候条件下昼夜降落，整个扩建工程是我国自行勘察、自行设计和自行施工的，有关部门鉴定质量良好。

4月22日　中共中央批转中央外事小组、中央组织部《关于抽调1 400名干部充实加强外事战线的报告》。中共中央的批示同意这个《报告》，要求各地将那些适合做外事工作的优秀干部，积极输送到外事战线上来。《报告》说，建国后到1964年初，我国已经同世界上153个国家和地区中的47个国家建立了外交关系。随着国际形势的发展，特别是在周恩来出访和中法建交的影响下，我国对外关系将有新的更大的发展。但是，我国外事干部力量不能适应新的形势需要，在47个驻外使馆和代办处中，有25个没有对外文委派出的专职文化干部；接受我国经济援助的国家有28个，其中有20个没有对外经济联络局派出的专管援外工作的干部。为适应外事工作大发展的需要，中央外事小组、中央组织部在《报告》中建议，本着全面规划，“配套成龙”，保证前线、重点使用，先解决基本需要和赶前不赶后的精神，在1、2年内把今后5年内所需的外事干部基本准备好，今明两年内从各地先给外事部门抽调1 400名干部。

4月24日　中共中央批转共青团中央《关于组织城市知识青年参加农村社会主义建设的报告》。中共中央的批示指示：今后按照国家社会主义建设的需要，不仅每年都要有计划地做好动员大批知识青年上山下乡的工作，而且还要认真地做好巩固工作，要注意充分发挥他们在建设社会主义新农村中的积极作用。对这一工作，要定期检查，不断总结经验，解决问题。在此前后，《人民日报》等报刊先后介绍了董加耕、邢燕子、侯隽等知识青年上山下乡的典型人物。

4月25日　广东修建东江——深圳供水工程，进一步帮助港九同胞解决食用淡水问题。广东省人民委员会在广州同香港英国当局代表签订了供水协议。根据协议，东江——深圳供水工程将于1965年3月1日开始向香港、九龙地区供水，每年可供水6 820万立方米（折合150亿英加仑），如香港英国当局需额外增加供水量，由双方代表另行协议决定。

4月26日　中国——巴基斯坦航线试航成功。试航证明，整个航路上的通讯设施和这个机场的各项工程设施，完全符合通航要求，这条航线将于4月29日正式开航。

4月27日　刘少奇、周恩来、朱德等党和国家领导人观看京剧《芦荡火种》。党和国家领导人刘少奇、周恩来、朱德、邓小平、董必武、陈毅、陆定一、邓子恢、聂荣臻以及国防委员会副主席张治中，观看了北京京剧团演出的根据同名沪剧改编的现代京剧《芦荡火种》。

4月27日—28日　《人民日报》全文刊载苏共中央反华言论。《人民日报》全文刊载《苏共中央二月全会的反华报告》、《苏共中央二月全会的反华决议》、《苏联〈真理报〉4月3日的反华社论》和《赫鲁晓夫最近期间的反华言论》。《人民日报》在刊载上述反华报告、文件和言论时，由编辑部加了编者按语。按语声明，苏共领导公布的这批反华文件、讲话和文章，以及在此以前和以后公布的一切反华文件、讲话和文章，我们都要在对苏共中央公开信答复完毕以后，依次给予回答。

4月28日　毛泽东会见澳大利亚共产党（马克思列宁主义者）主席希尔。并同客人们进行了亲切友好的谈话。

4月29日　中国科学院和朝鲜科学院在北京举行合作会议，签订了科学合作协定1964年执行计划。

5月1日　首都300万人欢庆“五一”国际劳动节。首都300万人民在全市各处举行游行集会和游园活动，同来自世界五大洲的国际友人一起欢庆“五一”国际劳动节。党和国家领导人刘少奇、董必武、朱德、周恩来、邓小平等，以及中共中央华北局、北京市党和政府负责同志，分别到各个联欢集会的中心场所，参加群众庆祝节目的活动。晚上有100多万人在天安门广场和东西长安街等场所举行了焰火联欢晚会。《人民日报》发表“五一”社论：《更踏实地开展比学赶帮的增产节约运动——庆祝“五一”国际劳动节》。

5月2日　我国登山队员登上希夏邦马峰顶。北京时间10点20分，中国登山队的许竞、张俊岩、王富洲等10名登山运动员首次登上了我国西藏境内海拔8 012米的希夏邦马峰顶，从而在世界登山史上第1次征服了这座地球上最后一个海拔8 000米以上的“处女峰”。国务院副总理兼体育运动委员会主任贺龙致电祝贺登山队全体队员。

5月3日　中共中央批发全国财贸工作会议纪要。国务院财贸办公室于1964年2月24日—3月19日召开了全国财贸工作会议，着重讨论农产品的收购、销售问题，并形成了会议纪要，中共中央批准和转发了这一纪要。会议纪要确定，1964年—1965年度粮食征购720亿斤，销售722亿斤，上调中央91.8亿斤，进口90亿斤；纪要还确定，1964年出口商品的收购计划增加到64亿元；1964年国家预算支出增加到392亿元；会议纪要还决定增加城市居民食油定量，即从5月份起，大中城市每人每月增加到3两，小城市一般增加到2两。

5月4日　中共中央、国务院批转教育部临时党组《关于克服中小学生负担过重现象和提高教学质量的报告》。报告提出，中小学生负担过重最突出的现象有3多：课程门类多、课外作业多、测验考试多。造成学生学习负担过重的原因是片面追求升学率的思想。为了减轻学生学习负担，充分发挥学生的学习主动性，报告提出了6条改进措施：1. 大力宣传党的教育方针，反复讲明道理，克服轻视劳动，特别是轻视农业生产劳动，片面追求升学率的思想。2. 把思想政治教育放在首位，教育学生正确对待升学和参加劳动。3. 学校仍应以教学为主，全面提高教学质量，不能只管智育，不管德育、体育。4. 明确考试的目的在于帮助学生更好地理解和运用所学知识，并检查教学效果，以改进教学工作。5. 适当地组织和指导学生开展课外活动。6. 注意劳逸结合，增进师生健康。中共中央、国务院的批示指出：克服中小学生学习负担过重的现象和片面追求升学的思想，不但是提高教学质量所必需的，而且是关系到办什么样的学校，培养什么样的人的重大问题，必须引起各级党委和政府的足够重视。要认真调查研究，总结经验，树立样板，做到方向明确、方法稳妥，防止重新发生开会过多，劳动过多，不安排应有的课外作业，不督促学生勤奋学习等另一方面的偏向。

同　日　《人民日报》发表社论：《知识青年要和工农群众变成一体》。社论指出：25年前，毛泽东高度评价了“五四”以来中国革命青年在革命运动中的作用，并号召全国青年一定要和广大的工农群众结合成一体，才能形成一支强有力的军队。在进入社会主义革命和建设时期以后，毛泽东同志又教导青年要成长为有社会主义觉悟、有文化的劳动者。毛泽东关于知识青年要和工农变成一体的思想，指导和鼓舞着大批知识青年踊跃地走上了劳动岗位。参加到农业、工业、商业和其他行业的劳动者行列里去，参加到解放军的行列中去。社论说：在目前历史时期，祖国和党特别需要青年学生在学习告一段落以后，到农村去，同农民一起改变农村的落后面貌，建设社会主义新农村。知识青年在农村的广阔天地里，和劳动人民生产生活在一起，就会熏陶出劳动人民的阶级感情和高贵品质，并且学到阶级斗争和生产斗争的本领。下乡的知识青年还担负着传播科学文化知识，宣传党的方针政策，推广新的技术的光荣任务。社论还要求各级党组织和共青团组织为知识青年的劳动化创造必要的条件，鼓励和支持知识青年到劳动岗位上去，特别是到农村去。

同　日　外交部新闻司发言人驳斥印方诬蔑我与不丹首相遇刺有关。外交部新闻司发言人指出，印度外交部发言人在4月15日就不丹王国政府首相吉格梅·多尔吉最近遇刺逝世发表的谈话中，声称印度不可避免地怀疑此事与中国人有关，并且进一步说什么被指控的暗杀者同中国人有某种联系等等。外交部新闻司发言人在驳斥印方这种诬蔑时说，印方上述谈话表明印度政府的造谣行径到了如此不堪的程度，它提不出任何事实根据，就信口开河地“怀疑”这一事件“与中国人有关”，“被指控的暗杀者同中国人有某种联系”。印度政府这么迫不及待地撒下弥天大谎，恶毒诽谤中国，接着印度报刊又传播出更加荒唐的捏造，其目的显然是为了嫁祸于中国，挑拨和破坏中国和不丹的友好关系。我发言人指出，中国和不丹王国的友好关系是任何人也挑拨不了的，中不两国是友好的邻邦，两国一直和睦相处。中国政府和人民对不丹王国政府首相吉格梅·多尔吉阁下为了使不丹独立自主，摆脱外来的控制，而不幸遇刺逝世表示深切的同情和哀悼。印度政府企图嫁祸于中国的阴谋是绝不能得逞的，结果只能是暴露造谣者自己。

5月7日　国务院作出严格禁止楼堂馆所建设的规定。国务院的规定指出，为了制止很多地方和部门正在进行或准备进行楼堂馆所建设的现象，国务院规定，今后从中央到基层单位，不经批准，都不得以任何名义进行楼堂馆所建设；既不许新建，也不许扩建或改建。同时，禁止为现有的楼堂馆所继续购置高级的家具、陈设品和用品；未经国务院批准，不得进行高标准的城市建设工程，不得成片拆迁房屋。对于擅自动工的楼堂馆所工程，不得拨给土地，不得拨款，不得供应材料和设备，不得提供设计，不得提供施工力量。

5月8日　新华社报道：中共中央公布中共中央和苏共中央来往的7封信。苏共4月3日公布的苏共中央二中全会的文件和苏联《真理报》4月3日社论，歪曲地透露了从1963年11月以来中共中央和苏共中央内部交换信件的内容，企图欺骗苏共党员和苏联人民，欺骗全世界一些不明真相的人。中共中央在1964年5月7日的信件中通知苏共中央，为了澄清事实，说明真相，中共中央认为有必要全文公布1963年11月以来中苏两党交换的信件。这次公布的是中共中央1964年5月7日、2月20日、2月27日、2月29日给苏共中央的信件和苏共中央1963年11月29日、2月22日、3月7日给中共中央的信件。

同　日　《人民日报》刊登《苏共领导最近期间的反华言论》。《人民日报》用3个版的篇幅刊登了苏共领导最近期间的反华言论，其内容主要是苏共各级组织纷纷召开反华会议的消息、苏联报刊接连发表文章攻击中国的情况，以及安德罗波夫在莫斯科纪念列宁诞辰大会上的反华讲话。

5月10日　解放军第3届文艺会演大会闭幕。周恩来、贺龙、陆定一、聂荣臻、罗瑞卿等党和国家领导人出席闭幕式。人民解放军总政治部副部长刘志坚中将致闭幕词，他说，这次会演经过近一个月的紧张演出，共演出各种节目388个，其中有165个节目和736名作者及演员获奖，这些节目体现了毛泽东文艺思想，实现了军委提出的部队文艺工作必须紧密结合部队的任务和思想情况，为“兴无灭资”、巩固和提高部队战斗力服务的要求。会演期间，刘少奇、周恩来、朱德、邓小平接见参加会演的全体人员，并观看了他们的汇报演出。

5月12日　《人民日报》发表社论：《中国对台湾的主权不容干涉》。针对美国政府最近一个时期散布的“一个中国、一个台湾”的阴谋，《人民日报》社论指出，十多年来，美国在敌视、威胁和包围中国的同时，力图在国际上制造“两个中国”的阴谋。但是，同美国的主观愿望相反，中华人民共和国的威望越来越高，对国际事务的影响越来越大，同中国建立外交关系的国家越来越多，美国制造的“两个中国”的谬论，越来越遭到各国舆论的唾弃。正是在此形势下，美国政府官员不得不一再谈到对中国采取“灵活政策”，散布“一个中国，一个台湾”的主张，以摆脱其困境。最近，美国参议院外交委员会主席富布赖特，在他的两次讲话中，把这种意图表现得十分露骨。他明确提出美国同中华人民共和国“进入比较正常的关系”的条件是“让台湾独立”，“中国共产党人放弃——既使不是明确地放弃，也是默然放弃——他们征服和兼并台湾的企图”。社论指出，台湾自古以来就属于中国，19世纪末开始日本对台湾的占领是非正义的。社论列举1943年开罗宣言，1945年波茨坦公告等规定的强调台湾归还中国的条文。社论还列举了1945年10月当时的中国政府在台湾接受战败国日本的投降，并正式收回对台湾主权及宣布台湾是中国的一个省的事实，以及1949年英国外交部次官梅林，1950年美国总统杜鲁门，1954年英国外交部发言人等对台湾归属中国的承认的事实。社论指出，由此可见，任何“台湾归属未定”、“台湾地位未定”等论调，都是绝顶荒唐、完全站不住脚的。美国对台湾的武力霸占，是侵犯中国领土完整和主权的非法行为，这种非法行为，决不能改变中华人民共和国对台湾的合法主权。

同　日　高等教育部《关于高等学校建立研究外国问题机构的报告》得到批准。中共中央国际问题研究指导小组和国务院外事办公室批准了这一报告，6月19日，高等教育部通知北京大学、中国人民大学、厦门大学、暨南大学、中山大学、复旦大学、南开大学、武汉大学、南京大学、北京师范大学、华东师范大学、吉林大学、山东大学、四川大学、内蒙古大学、吉林师范大学、河北大学、云南大学建立研究外国问题的机构。

5月13日　中国印尼签署科技合作联合公报。中国科学技术委员会和印度尼西亚共和国国家科学研究部在北京签署联合公报，双方同意今后积极促进两国科学技术合作与交流。

同　日　中苏签订今年贸易议定书。中华人民共和国政府贸易代表团和苏维埃社会主义共和国联盟政府贸易代表团，在北京就1964年两国贸易问题进行了会谈，并于5月13日签订了两国1964年货物交换议定书。根据两国货物交换议定书的规定，中华人民共和国在1964年内将向苏联供应有色金属、有色金属矿砂、冻猪肉、猪肉罐头、冻羊肉、蛋品、苹果、柑桔、羊毛、呢绒、绸缎、缝制品、针织品、化工产品和其他商品。苏联在1964年内将供应中国金属切削机床、拖拉机，伊尔-18型客机、卡车、机械和配件、仪器、黑色和有色金属、石油产品、原木、化工产品、洗衣皂和其他商品。双方还签订了中华人民共和国提前偿还对苏联1960年贸易欠账的议定书，规定中国方面用1963年中国贸易顺差提前偿还应在1965年偿还的对苏联方面的贸易欠账。这样在1964年我国就提前一年还清对苏联的欠账。

5月14日　新华社报道：国防部发布命令，授予汽车部队某部二

连四班“川藏线上的钢铁运输班”称号。命令说：汽车某团二连四班从1950年以来，长期在川藏高原执行运输任务。在气候恶劣、道路艰险、任务紧迫、车型不断变换的情况下，高举毛泽东思想红旗，坚决执行了党和上级的命令，以高原为家，以艰苦为荣，钻研技术，提高本领，爱护车辆物资，处处精打细算，出色地完成了艰巨的运输任务，为国家节约了大量财富，命令号召全军的汽车部队学习四班的艰苦奋斗精神，更好地完成部队运输任务。

5月15日　国家民族事务委员会、高等教育部联合召开民族学院院长会议。参加会议的有全国8所民族学院的正、副院长和有关人员共47人。会议讨论了民族学院的办学方针任务。思想政治工作、教育革命和管理体制等问题。会议确定，民族学院要把轮训和培养少数民族政治干部的工作列为首要任务，加强轮训在职干部的工作。会议认为，要调整本科、专科，切实办好预科。要加强民族学院的思想政治工作，要着重进行阶级教育和马列主义民族观点的教育。会议确定，中央民族学院及其分院、西北民族学院在中央统一领导下，由民族事务委员会和高等教育部双重管理，以民族事务委员会为主。其他民族学院由所在省、自治区党委、人民委员会管理，教学任务由高等教育部负责指导。

同　日　毛泽东接见由阿尔巴尼亚妇女联合会中央理事会主席维托·卡博率领的阿尔巴尼亚妇女代表团。

5月15日—6月17日　中共中央在北京举行工作会议。会议主要讨论国家计委提出的《第三个五年计划（1966年—1970年）的初步设想》和国家计委、国务院农办提出的《第三个五年计划（1960年—1970年）农业发展计划的初步设想》。会前，毛泽东在听取关于第三个五年计划的汇报时指出：农业是一个拳头，国防是一个拳头，要使拳头有劲，屁股就要坐稳，屁股就是基础工业。在这一思想指导下，《第三个五年计划初步设想》提出的基本任务是：一、大力发展农业，基本上解决人民的吃穿用问题；二、适当加强国防建设，努力突破尖端技术；三、与支援农业和加强国防相适应，加强基础工业，继续提高产品质量，增加产品品种，增加产量，使我国国民经济建设进一步建立在自力更生的基础上。相应地发展交通运输业、商业和文化、教育、科学研究事业，使国民经济有重点、按比例地向前发展。初步设想的主要指标是：到1970年，粮食产量4 300—4 600亿斤；棉花3 850—4 200万担；棉纱780—850万件；钢1 600—1 800万吨；煤炭2.85—2.95亿吨；1970年工农业总产值2 440—2 610亿元，每年平均增长8.1%~9.5%；财政收入5年合计为2 800亿元左右；5年基建投资1 000亿元左右。会议期间，毛泽东在6月6日发表讲话，再次强调“两个拳头，一个屁股”的道理，还指出，过去我们制定计划的方法基本上是学苏联的，先定下多少钢，然后再根据这个来计算要多少煤、电、运输力量等等，再根据这些计算增加多少城市人口，多少生活福利，是摇计算机的办法。钢的产量一减少，别的一律跟着削减。这是一种不合实际的方法，行不通，要改变计划方法，我们的方针是：以农业为基础，以工业为主导。按照这个方针，制订计划时先看可能生产多少粮食、棉花和其他经济作物，再看需要多少化肥、农药、机械、钢铁。可能搞多少工业，还要考虑打仗。计划不能只靠加、减、乘、除计算出来了，各部门、各地区就分数字，争人、争钱、打官司。要政治挂帅，要有全局观点，要按照我们掌握的客观比例关系安排计划。毛泽东还从存在着新的世界战争和严重危险的估计出发，指出在原子弹时期，没有后方不行。他提出把全国划分为一、二、三线的战略布局，要下决心搞三线建设，首先把攀枝花钢铁基地以及与此相联系的交通、煤、电建设起来。根据这些意见，国家计委对《第三个五年计划的初步设想》进行修改。中共中央工作会议还讨论了社教、反修防修、培养接班人和两种劳动制度、两种教育制度等问题。会议在讨论社会主义教育运动问题时认为，全国基层有1/3的领导权不在我们手里。根据这一判断，毛泽东指出，农村和城市的社教运动，要搞四五年，不要急急忙忙。城市的“五反”要增加划阶级的内容。刘少奇认为，“四不清”不仅下面有根子，上面也有根子，而危险性在于上层。会议提出，要放手发动群众，追查“四不清”干部在上面的根子。

5月16日　刘少奇主席盛宴欢迎阿布德主席。中华人民共和国主席刘少奇今晚举行盛大宴会，热烈欢迎苏丹共和国武装部队最高委员会主席、部长会议主席易卜拉欣·阿布德将军。中华人民共和国副主席董必武、全国人大常委会委员长朱德、国务院总理周恩来等国家领导人出席了宴会。刘少奇主席和阿布德主席先后在宴会上讲话。刘少奇主席在讲话中向阿布德主席和其他随行的苏丹贵宾表示热烈的欢迎。阿布德主席是应刘少奇主席和周恩来总理邀请，前来我国进行国事访问的，是不久前周恩来总理访问非洲10国之后，第一个应邀来访的非洲国家元首。阿布德主席今天傍晚抵达北京时，刘少奇、董必武、朱德、周恩来前往机场迎接。

5月17日　新华社报道：准噶尔盆地发现翼龙类化石。我国石油勘探人员去年在新疆准噶尔盆地采掘到的一批化石，最近经过专家鉴定，认为是距今约9 000万年—1亿年以前的翼龙类化石。这种古生物的化石在我国还是第1次发现。这批化石是新疆石油科学研究所勘探人员魏景明等于1963年夏天在新疆准噶尔盆地西北乌尔禾地方发现并采掘出来的。中国科学院古脊椎动物与古人类研究所所长、著名的古生物学家杨钟键鉴定时指出，它们无疑地是中生代下白垩纪的爬行动物翼龙类的化石，在古生物分类学上属于翼手类亚目。杨钟键已给它命名为“魏氏准噶尔翼龙”。这次发现，不仅在我国有关中生代爬行动物的地区和生物系统的研究方面，填补了很大的一个空白，而且为揭开我国下白垩纪地层的秘密提供了很好的材料。

同　日　毛泽东接见由狄诺·弗朗吉翁利维奥率领的意大利东方出版社代表团。

5月18日　中共中央发出《关于当前工作中应该注意的几个问题的指示》。中共中央这一指示，要求各级干部在新的形势下，端正工作作风。指示说，目前全国各方面的形势已经开始全面好转，绝大多数地区开始出现了新的工农业生产的高潮。中央认为，摆在全党面前的严重任务是，在群众革命和生产的高潮面前，领导干部要更加头脑清醒，更加注意从当时、当地的实际情况出发，坚持实事求是的作风，高度珍惜和善于运用群众的革命热情和生产积极性，把轰轰烈烈的群众运动领导好，使社会主义革命和生产建设工作持久地健康地向前发展。指示要求“精简会议和报表，报刊、广播的宣传要鼓实劲，不要鼓虚劲，要做扎扎实实的、科学的、冷静的促进派；要注意劳逸结合；参观学习必须讲求实效；必须抓紧生产工作。农业生产紧张阶段，一切工作都应服从生产的需要，只能促进生产，决不能妨碍生产。革命工作和生产工作，必须密切结合。

同　日　高等教育部发出关于在大学毕业生中挑选和培养革命事业接班人的通知。高等教育部的通知说，根据中共中央关于积极地培养提拔新生力量和革命事业接班人的指示精神，从本年起，每年从应届大学毕业生中，挑选60名工农家庭出身、政治思想好、历史清楚、学习成绩优良、身体健康而有培养前途的优秀党员，进行重点培养提高。并确定本年拟从15个省、市各科类应届毕业生中挑选。这60名毕业生选好以后，先集中到高级党校进行短期训练，再分配到几个省、市，由省、市派思想好、作风好、能力强的老干部带领，到农村、厂矿进行基层工作和劳动锻炼。

同　日　举重运动员陈镜开在上海打破自己创造的世界纪录。举重运动员陈镜开在上海以151.5公斤打破自己去年4月20日创造的次轻量级挺举世界纪录。这是陈镜开自1956年以来第9次打破世界纪录。

同　日　新华社报道：国防部授予广州部队某部八连“南海前哨钢八连”的称号。国防部最近发布命令，授予解放军广州部队某部第八连“南海前哨钢八连”的称号。命令说，八连官兵高举毛泽东思想红旗，坚决执行党和上级指示，从1952年9月守卫珠江口外某岛以来，长期处在复杂尖锐的阶级斗争环境，立场坚定、爱憎分明，经受住了各种艰险情况的考验，出色完成了坚守海岛的光荣任务。命令号召全军部队学习八连坚定的无产阶级立场和高度的政策纪律观念，为进一步巩固与加强连队建设而努力。

同　日　毛泽东会见苏丹共和国武装部队最高委员会主席、部长会议主席易卜拉欣·阿布德将军，同他们进行了亲切友好的谈话。会见时在座的有刘少奇主席，周恩来总理，彭真副委员长，陈毅副总理。同　日，首都各界1万多人举行盛大集会，欢迎阿布德主席和随同他前来访问的苏丹贵宾。

同　日　社会主义国家邮电合作组织成员国第7次邮电科学院院长会议在北京召开。参加会议的有11个社会主义国家的代表。会议检查了1963年科技合作计划执行情况，修订了1964年和1965年的科技合作计划。会议于6月1日结束。

5月19日　刘少奇主席和阿布德主席发表联合公报。公报指出：双方重申周恩来总理访问苏丹时发表的联合公报中所表达的观点和意见。双方一致指出，帝国主义和新老殖民主义还在作垂死的挣扎，而新殖民主义比老殖民主义具有更大的危险性。这是世界上存在紧张局势和战争危险的根本原因。必须继续进行反对帝国主义和一切形式的殖民主义的斗争。直到他们最终地被根除为止。帝国主义必须从亚洲和非洲滚出去。

同　日　中国柬埔寨直达民用航线正式通航。

同　日　新华社授权声明：中国军队从未进入老挝任何地区。针对老挝国防部5月15日发表的军事公报中称"两营中国军队……始终驻在芒新"，"来自南塔的两个中国连……目前正在消灭新近在龙牙地区反抗外国占领的老挝爱国者"。新华社授权声明：中国军队从来没有进入老挝的任何地区；老挝国防部军事公报中的上述说法，完全是别有用心的捏造。上述谣言，显然是美帝国主义和沙湾拿吉集团为了混淆视听，借以掩盖他们在老挝的罪恶活动所采取的卑劣手法。

5月21日　中共中央、国务院同意并批转中央侨汇工作小组《关于力争1964年超额完成1.2亿美元侨汇任务的请示报告》。中共中央、国务院的批示指出：在国民经济进一步全面好转和国际形势对我更加有利的形势下，力争超额完成1.2亿美元的侨汇任务，是完全可能的。各级党委和人民委员会今年要扎扎实实地抓几次，教育干部认真贯彻执行中央既定的各项侨汇政策，并结合社会主义教育运动，加强对侨眷、归侨的爱国主义教育。侨汇的物资供应工作一定要落实，一定要按照国家计划优先保证供应。中央侨汇小组的报告说，去年全国侨汇收入共达1.0776亿美元，超额完成34.7%。今年1季度收入0.4048亿美元，比去年同期增加62.1%，完成原定的1亿美元任务的40.5%。根据这种情况，今年超额完成1.2亿美元的侨汇是有可能的。

同　日　中共中央、国务院转发内务部《关于进一步对使用不当的高等学校毕业的干部进行调整工作的报告》。内务部的报告指出，经过一年的调整，据27个省、市、自治区的调查，对使用不当的高等学校毕业的干部，已经调整了45%强。报告提出，高等学校毕业的干部所担负的工作不符合或者基本不符合所学专业，不能发挥所长的，都是使用不当的，都应采取各种措施，积极、认真地进行调整。对当前国民经济发展和国防建设所急需的机械、建筑、农业、林业、水利、外文、财经等用非所学的高等学校毕业的干部，应当尽先尽快予以调整。

同　日　毛泽东接见以特欧·海斯为首的奥地利马克思列宁主义者刊物《红旗》代表团全体成员。接见时在座的有伍修权、赵毅敏等。

同　日　新华社报道：少数民族地区的第1个农牧科学院——内蒙古农牧科学院成立。这个科学院领导着农业科学研究所、草原科学研究所、畜牧兽医科学研究所、林业科学研究所和盐碱土改良试验站5个科学研究单位，共有200多名蒙古族、汉族、回族的专家和科学技术人员。

5月22日　中共中央设宴热烈欢迎比利时共产党中央委员会书记雅克·格里巴和由他率领的比利时共产党中央委员会访华代表团全体成员。中共中央副主席刘少奇、朱德、总书记邓小平出席了宴会。出席宴会的还有：彭真、李富春、谭震林、陆定一、康生、杨尚昆、林枫、刘宁一、伍修权、赵毅敏等。

5月23日　台湾民主自治同盟总部和北京市支部联合举行座谈会，纪念台湾人民"五二四"反美爱国大示威7周年。参加座谈的有台盟盟员和在京的台湾省籍同胞。1957年5月24日，台湾省人民举行了一次反美爱国大示威，几万人包围了美国"大使馆"，高喊："美国佬滚出台湾去！"这次事件是由驻台湾美军顾问雷诺开枪打死刘自然，并逍遥法外的事件所引发的。

5月24日　文化部、教育部、妇联、团中央等联合举办"儿童教育电影周"。这次电影周放映以共产主义思想教育、阶级教育、热爱解放军和普及科学教育为主题的影片。其中有《小铃铛》、《小兵张嘎》等故事片和纪录片、科教片《小选手日记》、《万恶的地主庄园》、《矿山血泪》、《预防近视》、《写好毛笔字》等。

5月25日　廖鲁言向中共中央报送《大寨大队调查报告》。1964年2月，在由农业部长廖鲁言主持召开的全国农业工作会议上，介绍了大寨大队的经验，受到中央有关部门的肯定。会后，根据周恩来总理的指示，廖鲁言率领由国务院农业办公室、中国农科院以及山西省委、晋中地委的有关人员组成的调查组开赴大寨，从4月21日到5月12日，对大寨进行了考察。调查组对大寨的自然条件、农田水利基本建设、科学种田、劳动管理、干部参加劳动等方面情况进行了调查。廖鲁言在与大寨党团员、贫下中农委员会的联席会议上透露："这次全国开会，把你们作为一面旗帜。"并且提出了学习大寨的6条：一是大寨人的革命思想和敢于革命的精神；二是革命干劲和科学态度；三是干部大公无私以身作则；四是自力更生、艰苦奋斗；五是改造人的工作；六是共产主义风格，正确处理国家、集体和个人三者之间的关系。他的讲话清楚地表明了调查组的来意和中央决定把大赛作为一面红旗的意图，经过广泛调查后写出的调查报告，认为大寨确是自力更生建设旱涝保收、稳产高产农田的典型，是全国农业战线的一面旗帜。

5月26日　外交部长陈毅致信日内瓦会议两主席和参加国，建议下月开会首先讨论老挝问题。他指出，老挝局势日益严重。美国空军在老挝的轰炸和侦察飞行已经迈出直接武装干涉老挝的第一步，与此同时，美国及其追随者加紧了对柬埔寨的袭击和侵略活动，并且公开策动扩大侵略南越的战争，使整个印度支那地区的和平与安全面临严重威胁。中国政府认为，为了首先挽救老挝险恶局势，召开日内瓦协议参加国会议已经成为必要的和迫切的。希望日内瓦会议两主席推动老挝三方会晤，组成一个代表老挝3种力量出席会议的代表团，使会议早日召开。

同　日　外交部长陈毅就英国歪曲老挝局势真相复信英国外交大臣。外交部长陈毅的复信指出，中国政府收到了英国外交大臣5月19日的来信。这封来信把5月16日查尔平原中间派部队起义歪曲为老挝爱国战线党部队的军事进攻，要中国政府对老挝爱国战线党施加影响。中国政府遗憾地表示不能不拒绝这种要求。美国一直在假手老挝右派政变集团，挟持富马亲王，加紧破坏老挝民族团结政府，吞并中间力量，这种恶毒的阴谋活动，引起老挝一切爱国力量的愤怒。5月16日查尔平原中间派部队的起义，正是4月19日万象军事政变的必然结果。中国政府希望英国政府认真考虑中国政府的建议，切实地担负起维护日内瓦协议的职责。

5月27日　《人民日报》就吴吉昌创造棉花芽苗移栽法发表社论：《热情扶植新事物的幼芽》。社论指出，山西省劳动模范吴吉昌经过了多年的研究、实验和大田推广，创造了棉花芽苗移栽法，比较简单易行，效果很好。今年四五月间，北方许多棉花产区都积极地推广这个芽苗移栽法，有效地解决了大田里的棉花适时补足全苗的大问题。社论指出，棉花芽苗移栽是一个新创造，它经历了不少曲折的斗争，才在广大群众的生产实践中扎了根，健壮地成长起来。通过棉花芽苗移栽的曲折过程，使大家对于如何对待新生事物，如何对待科学根据，可以看得更清楚了。

5月28日　中共中央书记处进一步讨论第三个五年计划的方针问题。刘少奇指出，大家要多搞基本建设，但不能过多，只能办几件事，一切要保持过去几年的做法，要控制，不能一下子放松。周恩来强调，我们国家经济发展不平衡，如果不注意布局，发展下去更加不平衡，今年基本建设要重新排队，要总结经验，不要搞苏联的那一套。邓小平指出，没长期计划，工作就没有根据，不好办。除了搞五年计划以外，还应当有个十年轮廓。这次计划按农轻重，解决吃穿用，“两个拳头，一个屁股”进行安排，是建设的完整方针。第三个五年计划打个基础，按低方案摆计划，基本建筑投资不能超过1 000亿元。

同　日　中国科学院在北京召开工作经验交流会议。会议奖励一批政治好、业务好的先进单位和又红又专的先进工作者。上海天文台时间纬度研究室、物理研究所高能物理研究室601小组、化学研究所121小组等12个先进单位；地球物理研究所研究员顾震潮、化学物理研究所研究员张存浩、有机化学研究所研究员黄维垣等33名先进工作者受到奖励。国务院副总理兼国家科学技术委员会主任聂荣臻接见了先进单位的代表和先进工作者。中国科学院副院长李四光给先进单位和先进工作者授予奖状。29日，《人民日报》为此发表社论：《建设一支强大的科学技术队伍》。

5月30日　中国政府发表声明评苏联政府关于第二次亚非会议筹备会议的声明。声明指出，苏联政府对于在雅加达举行的第二次亚非会议筹备会议没有邀请苏联参加而对这次会议横加指责，对与会国家特别是中国领导人进行了粗暴的攻击和无礼的谩骂。作为一个整体，苏联的政治中心历来是在欧洲，因此，它在传统上被公认为是一个欧洲国家。亚非国家不邀请苏联参加亚非会议，是理所当然的。早在10年前科伦坡5国筹备第一次亚非会议的时候，这个问题已经成为定论。作为一个欧洲国家，苏联在联合国没有被邀请参加亚非国家集团，它也没有要求参加亚非国家集团。31日的《人民日报》全文刊载了我国政府的声明和苏联政府的声明全文及苏联真理报评论员文章《亚非人民的孤立对谁有利》。并发表了观察家的文章《苏联领导人有什么权利向亚非国家发号施令——评苏联真理报评论员文章〈亚非人民的孤立对谁有利？〉》

本　月　《毛主席语录》编辑出版。自1960年林彪接任国防部长并主持军委工作以来，他多次鼓吹“毛泽东思想是当代马克思列宁主义的顶峰”，强调学习马列主义一定要学习毛泽东著作，而学习毛泽东著作，只要学好“老三篇”（即《为人民服务》、《纪念白求恩》、《愚公移山》三篇著作）就够用了。随后，他又提出“活学活用，学用结合，急用先学，立竿见影”的口号。根据1961年4月林彪视察部队时的指示，自1961年5月起，首先是《解放军报》尔后是全国大小报刊都开始选登毛主席语录。1964年，解放军总政治部根据《解放军报》刊载过的毛主席语录加以补充，编辑出版了《毛主席语录》，从5月起，首先向全军官兵发授。不久，这本语录在全国发行。“文革”期间，几乎全国人手一册。据1967年12月统计，全国共印行《毛主席语录》3.5亿册。

本　月　在陕西蓝田县公主岭发现一猿人头盖骨化石。这次发现的猿人头盖骨经中国科学院古脊椎动物与古人类研究所专家研究鉴定，认为它属于一个三十多岁的女性猿人，距今约五六十万年，比北京猿人要早。这种猿人被命名为“蓝田中国猿人”。

6月1日　阿拉伯也门共和国总统阿卜杜拉·萨拉勒应邀访问我国。3日，刘少奇、周恩来同阿卜杜拉·萨拉勒进行了会谈。9日，中共中央主席毛泽东会见了阿卜杜拉·萨拉勒和陪同来访人员，同他们进行了亲切友好的谈话。同日，发表了中华人民共和国与阿拉伯也门共和国联合公报。同日，还签订了中国也门文化合作协定和经济技术合作协定。

同　日　外交部就老挝局势问题约见英国驻华代办。外交部约见英国驻华代办时指出，只有召开外长级日内瓦协议参加国会议，才是挽救老挝局势切实可行的步骤，中国政府不能同意英国政府关于在万象进行磋商的建议，指出那是明显地企图为美国破坏日内瓦协议的行动解脱。希望英国政府认真考虑并接受中国政府5月26日的建议，运用自己的影响，劝说那些目前还不愿开会的国家同意开会。

同　日　毛泽东会见意大利参议员帕奥洛·维托雷利和意大利客人圣覃尼罗。

6月5日　国务院全体会议举行第一百四十五次会议。会议通过了外国籍非军用船舶通过琼州海峡管理规则；通过设立对外经济联络委员会，将教育部分为高等教育部、教育部的建议，提请人大常委会审议决定；决定设立海洋局、中国旅行游览事业管理局、国务院科学技术干部局，提请人大常委会审议批准。

6月5日—18日　中国、波兰科学技术合作联合常委会第11届会议在华沙举行。会议签订了议定书，议定书规定，两国将在化工、采煤等工业部门互派考察专家和交换技术资料。

6月5日—7月31日　文化部在北京举行全国京剧现代戏观摩演出大会。这是一次贯彻毛泽东关于文艺特别是戏剧工作批示的精神，检阅戏剧改革特别是京剧改革成绩的大会。6月5日举行隆重的开幕式。出席开幕式的有来自全国各地的戏曲工作者和其他文艺工作者共5 000余人。文化部部长沈雁冰致开幕词，他指出：今天这样多的京剧团集中北京演出，舞台上既没有帝王将相，也没有才子佳人，都是新时代的工农兵形象，这在京剧历史上是没有过的，也是戏曲历史上所没有的。国务院副总理陆定一在开幕式上的讲话指出：我们从来不反对京剧演出一些好的传统剧目，如三国戏、水浒戏、杨家将戏等，也不反对演出一些神话戏，如大闹天宫、三打白骨精等。我们还提倡用历史唯物主义观点新编一些有教育意义的历史戏，特别是鸦片战争以来的近代历史戏。但是光有这些还不够，京剧里需要开一朵革命的鲜花，就是表现五四以来革命斗争事迹的、表现全国解放以来阶级斗争和生产建设的现代戏。正因为如此，所以这一次的观摩演出，是一个很好的开端，是一个很可喜的现象。著名京剧艺术家周信芳也在开幕式上讲话：我们要有坚定不移的信心和决心，把京剧这一武器拿到无产阶级手里，根据社会主义的原则加以改造，使其更好地为社会主义服务。参加演出的有19个省市的28个剧团，演出了《芦荡火种》（即《沙家浜》原剧）、《红灯记》、《奇袭白虎团》、《节振国》、《红嫂》、《红色娘子军》、《草原英雄小姐妹》、《黛诺》、《六号门》、《智取威虎山》、《杜鹃山》、《洪湖赤卫队》、《红岩》、《革命自有后来人》、《朝阳沟》、《李双双》、《箭杆河边》等37个剧目。大会期间，6月17、23日，毛泽东同党和国家其他领导人观看了京剧现代戏《智取威虎山》、《芦荡火种》。6月23日，周恩来接见各演出团、观摩团的负责人、主要演员和创作人员，并同他们一起座谈。7月31日举行闭幕式。周恩来、彭真出席大会闭幕式。彭真发表了讲话，他指出：在我国，当前根本的矛盾是社会主义道路和资本主义道路的矛盾，无产阶级和资产阶级的矛盾，也表现为马克思列宁主义和修正主义的矛盾。因此，我们的京剧要为社会主义服务，为工农兵服务，这是判别京剧艺术好坏的第一个标准，是决定京剧生死存亡的关键问题。周扬在闭幕式上作了总结报告。《人民日报》、《红旗》杂志为京剧现代戏观摩演出大会开幕发表社论，题目分别是《京剧艺术发展的新阶段》和《文化战线上的一个大革命》。《人民日报》还为大会闭幕发表社论：

《把文艺战线上的社会主义革命进行到底》。江青在6月23日周恩来召集的剧团负责人、主要演员、创作人员座谈会上讲话。她表示“要好好辨方向”，“在戏曲舞台上，都是帝王将相，才子佳人，还有牛鬼蛇神”，“一大、二洋、三古，可以说话剧舞台也被中外古人占据了”，“是封建主义的一套，是资产阶级的一套。这种情况，不能保护我们的经济基础，而会对我们的经济基础起破坏作用”。

6月6日　中共中央批转罗瑞卿《关于在国防工业系统建立各级政治工作机关的若干问题的建议》。罗瑞卿向中央建议：设置中央国防工业政治部，统一领导和管理国防工业系统的思想政治工作；国防工业各部设政治部，统一领导和管理部属企业、事业单位的思想政治工作；各国防工业企业、事业单位，凡职工在1 000人以上的设政治部，1 000人以下500人以上的设政治处，500人以下的设政治教导员、协理员或政治指导员；成立国防工业党委，在中共中央和中央军委领导下，对中央国防工业部和国务院国防工业办公室的工作，实行统一的集体领导。中共中央批准了这一建议报告。

同　日　国家体委为征服希夏邦马峰的登山队举行授奖大会。彭真、贺龙、林枫等出席了授奖大会。中国登山队队长许竟、副政委王凤桐代表登山队接受了国家体委奖给中国登山队集体的大型景泰蓝奖杯；登上希夏邦马峰顶峰的10名队员获得特等奖，登山队还有49人分别获得了一等、二等和三等奖的奖励。

6月9日　国务院全体会议举行第一百四十六次会议。会议通过了“中华人民共和国和阿拉伯也门共和国友好条约”（草案），提请人大常委会审议。

同　日　全国人大常委会举行第一百一十九次会议。会议审议了“中华人民共和国和阿拉伯也门共和国友好条约”，决定由刘少奇主席签订这个条约，自签字之日起立即生效。

同　日　我国政府就老挝局势发表声明。声明指出：老挝局势十分危险，由于美国及其追随者的干涉和侵略，万象政府已经不再是原来的民族团结政府，富马亲王的首相地位已降为右派控制的政府首相地位，日内瓦协议已经遭到被根本破坏的威胁，老挝已经被推到全面分裂和全面内战的边缘。声明指出，在万象进行的由一部分日内瓦会议国家的代表参加的磋商是非法的无益的，只能有助于美国干涉老挝阴谋的扩大。我国政府认为：老挝问题，只有通过一切有关方面的协商才能求得和平解决，在国际方面要通过14国协商，在老挝国内方面要通过三方协商。撇开任何一国或任何一方的做法，或者企图把一方的意志强加于另一方的做法，这都是注定要失败的。

6月10日　中共中央批转高等教育部党组《关于加强高等学校政治工作和建立政治工作机构试点问题的报告》。高等教育部党组的报告提出：中共高等教育部党组改为党委制，直接领导直属高等学校党委，并在高等教育部和直属高等学校设立政治部；高等学校政治部是校党委的工作机构；高等教育部直属高等学校的政治工作，原则上实行以高等教育部党委的领导为主，地方党委领导为辅的双重领导制度；学校党的组织仍隶属于地方党委。

同　日　毛泽东会见并宴请比利时共产党中央委员会书记雅克·格里巴和由他率领的比共访华代表团。接见时在座的有刘少奇、邓小平、康生、刘宁一等。

同　日　坦桑联合共和国第二副总统卡瓦瓦应邀访华。12日和16日，周恩来总理同卡瓦瓦第二副总统举行了会谈；14日，中共中央主席毛泽东和中华人民共和国主席刘少奇接见了卡瓦瓦和代表团全体成员，并同他们进行了亲切友好的谈话。16日，两国政府签订了经济技术合作协定。19日，中国政府和坦桑联合共和国签署了联合公报。

6月11日　我海军防空部队击落美制国民党军P2V-7电子侦察机1架。美制国民党军P2V型侦察机1架，本日夜间窜扰我华北地区上空，被我人民解放军海军防空部队击落。12日国防部长林彪颁布嘉奖令，表扬11日夜间在华北地区上空击落美制国民党军P2V型飞机的海军防空部队及配合作战的空军部队。14日，中国人民解放军海军在华北某地举行祝捷授奖大会，热烈庆祝11日夜间击落美制国民党军P2V型飞机的重大胜利，并奖励作战有功人员。执行这次战斗任务的有关部队荣立集体二等功，陈根发、石振山等9人荣获提前晋升军衔的奖励。16日，周恩来总理接见了击落美制国民党军P2V飞机的有功人员。

6月11日—29日　中国共产主义青年团第九次全国代表大会在北京举行。出席这次大会的有代表2 396人、列席代表927人，是共青团成立以来最盛大的一次代表大会。6月11日下午，大会在人民大会堂开幕。中共中央主席毛泽东、副主席刘少奇、周恩来、朱德，中共中央总书记邓小平出席了开幕式。开幕式后，胡耀邦代表上届中央委员会作了《为我国青年革命化而斗争》的工作报告。报告总结了几年来共青团工作的基本经验，阐述了在青年工作中马克思列宁主义路线同现代修正主义路线的斗争，提出了共青团在引导我国青年革命化中的任务。13日，胡克实向大会作了《关于修改团的章程的报告》，着重说明了必须进一步建设一个以毛泽东思想为指导的共产主义青年团，使它真正成为在党的领导下的我国青年运动的坚强核心。大会认真讨论了这两个报告，一致认为贯彻执行这两个报告提出的方针任务，一定会使我国青年运动和共青团建设，推向一个新阶段。代表们以高度的负责态度和民主精神，对待大会的每一项议题，履行自己的职责。有186名代表在大会讨论中作口头或书面发言，从学习马列主义和毛泽东著作、社会主义教育、阶级教育、学习雷锋运动、知识青年上山下乡、开展比学赶帮超运动、科学试验、团的建设、文娱体育活动、少先队工作、领导方法、国际活动等方面，介绍和总结了经验，提出了大量意见和建议。大会一致通过了关于工作报告的决议和新修改的团章，选出了第九届中央委员会，新的中央委员会委员178名，候补委员74名，新的中央委员会委员中大多数是解放以后成长起来的优秀年轻干部和先进人物。会议期间，中共中央总书记邓小平向大会作了政治报告，他详尽分析了当前国际国内形势，阐述了反对现代修正主义斗争的问题，讲述了为在我国挖掉修正主义根子、防止资本主义复辟，必须采取的一系列正确政策、措施。他号召全国青年永远做革命派，不仅在国内三大革命运动中当革命派，而且在国际范围的阶级斗争中当革命派。他代表中共中央对共青团工作提出希望，要求共青团依靠广大团员和进步青年，按照不同青年的特点和志趣，采用多种形式，最大限度地把青年团结起来和组织起来。大会期间，谭震林、陆定一、薄一波作了有关经济建设和思想建设的报告，使代表们受到深刻教育。这次大会号召全体共青团员同全国青年一道，奋发图强，自力更生，艰苦奋斗，勤俭建国，为把我国建设成为一个具有现代农业、现代工业、现代国防和现代科学技术的社会主义强国而斗争。号召全国青年同全世界青年紧密团结起来，共同斗争，反对帝国主义和各国反动派，反对现代修正主义和现代教条主义，为共产主义在全世界彻底实现而斗争。7月2日—3日，共青团第九届中央委员会召开第一次会议，选举常务委员会委员和书记处第一书记、书记、候补书记，胡耀邦当选为第一书记。7月8日《人民日报》为祝贺共青团九大胜利闭幕发表社论：《教育青年一代永远当革命派》。

6月13日　我国政府发表声明强烈抗议美机轰炸我驻老挝代表团。声明说：6月11日美国战斗机侵入老挝川圹地区，对原老挝王国政府所在地康开市进行野蛮的轰炸，命中中国驻老挝经济文化代表团驻地，炸伤我代表团工作人员5人，炸死1人。这是美国政府进一步违反日内瓦协议，扩大武装干涉的一个极其严重的步骤，是对中国人民的公然挑衅。中国政府和中国人民对此表示极大的愤慨，并且向美国政府及其追随者提出强烈的抗议。

6月15日—16日　毛泽东、刘少奇等党和国家领导人观看北京、济南部队军事表演。此前，中共中央军委于1月3日转发叶剑英元帅参观郭兴福教学法的报告。中央军委号召全军立即行动起来，掀起学习郭兴福教学法的运动，把军事训练提高到一个新水平。全军迅即掀起了群众性的练兵运动。为进一步促进部队的军事训练，1964年春，中央军委决定在全军举行一次“比武”活动。1964年6、7、8月期间，全军分18个区举行了“比武”大会，参加“比武”和表演的有1.3万余名干部、战士和民兵，军内外参观的干部近10万人。“比武”期间，毛泽东、刘少奇、董必武、朱德、周恩来、邓小平等党和国家领导人，于6月15、16日检阅了北京、济南部队的军事训练，对受阅分队的汇报表演，给予高度的评价和赞扬。毛泽东还指示，要在全军普及“尖子”经验，所有部队都要学会游泳。这次“比武”活动对部队训练起到了示范和推动作用。但是，不久以后，林彪便以“突出政治”为由，将这场群众性的练兵运动压了下去。领导和组织这一比武活动的叶剑英元帅和罗瑞卿总参谋长，受到指责和打击。

6月16日　国家计委、国家经济委员会和国家科学技术委员会在北京联合举行授奖仪式，1 400多项工业新产品在首都受奖。其中100多项获一等奖，380多项获二等奖，920多项获三等奖，这些产品都是我国最近几年试制成功的新产品，是从8 000多项工业新产品中挑选出来的。国务院副总理聂荣臻、薄一波、谭震林，国务院各有关部门和中共北京市委负责人，受奖单位代表、科研单位、工厂、学校代表共2 700多人出席了授奖仪式。6月19日《人民日报》为此发表社论：《在自力更生的道路上奋勇前进》。

6月18日　毛泽东会见在我国工作的桑给巴尔专家米·姆·阿里和夫人，同他们进行了亲切友好的谈话。

6月19日　毛泽东观看广州部队战士话剧团演出的话剧《南海长城》。彭真、贺龙以及杨成武、刘志坚陪同观看演出。

6月20日　国务院举行第一百四十七次会议。会议通过1963年国家决算和1964年预算草案，核准中国和也门文化合作协定。

6月21日　毛泽东会见英国前坎特伯雷大主教休勒特·约翰逊和夫人。

6月22日　中共中央批转贺龙《关于吴自立反党问题的报告》。中共中央政治局委员、中央军委副主席贺龙到湖南视察，湖南省委负责人向他报告了广州军区副司令员、湖南省军区司令员吴自立少将主持编纂平江革命斗争史的情况，认为这是一桩为彭德怀翻案的事件。贺龙向中央递交了《关于吴自立反党问题的报告》。中共中央在批转贺龙报告的指示中说，最近两年，彭德怀、周小舟，吴自立又相继进行反党活动，这次不是偶然的，而是国际国内阶级斗争在我们党内的反映。所有同编写“平江革命斗争史”有过联系的同志，更应该通过这一事件，认真地吸取教训。中央的批示附有4个附件：

(1)《平江革命斗争史》(参考资料);(2)《吴自立同志反党活动材料》(3)《彭德怀同志1961年回湘潭期间的反党活动材料》;(4)《周小舟同志1959年冬至1962年春期间的反党活动材料》。8月30日，中共中央批准中南局关于吴自立反党问题处理意见的请示报告和关于吴自立同志反党活动问题的决定。《决定》撤销吴自立广州军区副司令员职务，责成周小舟交待反党活动，平江县委作出检讨接受教训；对彭德怀在湘潭、平江的影响及其“放过毒”的地方，适当进行教育、“消毒”。中共十一届三中全会以后，吴自立同志的冤案得到平反。

6月23日　中共中央批转甘肃省委、冶金工业部党组《关于夺回白银有色金属公司的领导权的报告》。白银有色金属公司又称白银厂，是50年代开始兴建，1962年部分建成投入生产，有1.1万名职工的大型铜、琉生产联合企业。1963年3月，冶金部和甘肃省委工作组进驻该厂开展“五反”运动(社会主义教育运动)。在“左”的指导思想下，把这个企业中存在的问题夸大、性质看错，认为这个企业的领导核心烂掉了，要进行夺权斗争。结果在10个月中，先后在总公司和下属8个厂矿、22个车间展开夺权。1964年5月3日，甘肃省委和冶金部党组向中央作出《关于夺回白银有色金属公司的领导权的报告》。《报告》说，这个公司“被地主、资产阶级分子篡夺了领导权，使无产阶级的国营企业演变为地主、资产阶级集团统治的企业，使国家财产受到很大的损失”，“营私舞弊、贪污盗窃、投机倒把成风”、“领导集团成员生活极端腐化”，“社会风尚败坏”、“反革命活动猖獗”、“成了一个地主、资产阶级分子统治的世界，即挂着共产党招牌的国民党统治的世界”。《报告》说，工作队“以阶级斗争为纲”，放手发动群众，展开夺权斗争，把企业领导权从阶级敌人手里夺了回来。《报告》提出，对总公司3名主要领导人分别给予开除党籍、厂籍、留党察看或逮捕法办等处置，对另外两名领导干部判处长期徒刑或死刑。中共中央在批转《报告》时作的批示说：“白银有色金属公司事件，绝不是一种偶然的现象，它是社会阶级斗争的反映。被推翻了的地主、资产阶级是死不甘休的，他们总是千方百计地采取各种隐蔽的形式，打入社会主义企业，企图篡夺领导权，从而破坏社会主义所有制，把它演变为地主、资产阶级所有制。”批示还说：在白银有色金属公司这样一个重要企业中，坏分子竟敢如此猖狂，如此为所欲为，长期以来未能揭发，这是同党内出了修正主义分不开的，也是同主管部门十分严重的官僚主义分不开的。批示认为：“白银有色金属公司事件，最根本的教训就是，在我们一些领导机关、领导干部中，硬是忘记和忽视了社会上还存在着阶级和阶级斗争这一客观事实。这里再一次提醒同志们注意，我们千万不要以为社会主义的江山是铁打的，如果我们对过渡时期的阶级、阶级矛盾和阶级斗争问题认识不足，那么就会对资本主义、封建主义和修正主义的侵蚀和进攻失去警惕，不加防范，地主、资产阶级的复辟阴谋随时就有可能得逞。”批示还肯定了工作队领导的夺权斗争：“白银有色金属公司经过‘五反’运动的一场激烈的阶级斗争，把企业的领导权从阶级敌人的手中夺了回来，压制了邪气，伸张了正气，因而职工群众的革命精神振奋，生产情况日益好转。这说明，阶级斗争，一抓就灵。同时也说明，在全国城市中开展一次社会主义教育和‘五反’运动是十分正确和必要的。”批示还要求各级党委：“中央希望你们检查一下，在你们那里有没有类似白银有色金属公司这样的企业和单位，如果有的话，一定要通过社会主义教育和‘五反’运动彻底地加以整顿，并且作出总结，教育全党。”“白银厂事件”是全国大型企业“社教”运动中进行夺权的先声。中共十一届三中全会以后，冶金部和甘肃省委对“白银厂事件”进行了复查，复查结果表明，这是一起重大的冤案。《报告》中作出的所谓“地主、资产阶级分子统治”的结论是错误的，报告列举的许多事实是颠倒黑白、不符合事实的。1979年3月，中共中央批准为“白银厂事件”冤案彻底平反。

6月24日　毛泽东会见由雷纳托·席尔瓦·巴伦瑞率领的智利新闻工作者代表团全体成员。

同　日　中共中央批转高等教育部关于直属高等学校领导干部（扩大）会议的报告。高等教育部于3月18日—4月11日在北京召开直属高等学校领导干部（扩大）会议。会议主要内容是学习和讨论本年2月以来毛泽东关于教育工作的指示以及加强学校思想政治工作等问题。会议认为，毛主席发出的使学生生动活泼主动地得到发展和必须进行学制、课程、教学方法、考试制度等4个方面的改革，以及学校要学习解放军，学习大庆的指示，指出了改进高等教育工作的方向，是提高教育质量的关键。会议指出，高等学校的思想政治工作必须和教学、科学研究等业务工作紧密结合，必须真正落实到贯彻党的教育方针和提高教育质量上，必须有利于保证学校教学任务的完成和科学技术水平的不断提高。与会者一致同意在高等学校建立政治部。1965年3月1日，高等教育部通知各直属高等学校迅速建立政治部，大力充实政治工作干部队伍。

同　日　新华社报道：一批具有重大价值的文物被发掘。西安市郊区农民在秦代阿房宫遗址北部的高窑村挖土时，发现秦代铜权（今称秤锤）一枚，重61.5斤，高17.2厘米，底径23.6厘米，腹围76厘米。这枚铜权的周围铸刻了秦统一全国前后3个时期的铭文119字。这枚铜权的发现，对于了解和研究秦代统一前后的衡制和秦代书法有重要参考价值。在陕西省临潼县秦代栎阳宫遗址发现8块战国时代的金饼。这8块金饼装在一铜釜内，金饼形制是圆形箔身，直径6厘米，每个净重5市两，其中5个还刻有秦篆字“四两半”及其他字号。经化验，这些金饼的含金率达99%，质地为赤金成分，色泽金黄。一个距今1 210年的唐代丁课银锭在陕西省长安县被首次发现。这个银锭长30厘米，宽8厘米，厚0.5厘米，净重合现在的市秤4斤2两。两面刻有文字，一面是“天宝十三载，丁课银匹锭五十两”。另一面记载当时征收丁税银锭宣城郡县地方长官的姓名及职衔。

同　日　毛泽东、刘少奇会见马里政府代表团。毛泽东、刘少奇会见马里负责计划和财经事务协调国务部长让—马里·科奈和夫人，以及由他率领的马里政府代表团，同他们进行了亲切友好的谈话，接见时在座的有陈毅、李先念等。

6月25日　中共中央发出关于印发《中华人民共和国贫农下中农协会组织条例（草案）》的指示。农村“四清”运动开展以后，中共中央认为，有必要在农村建立贫下中农的组织；毛泽东强调，贫下中农组织一定要搞好，在农村要有一套制度防止修正主义。1964年5月召开的中共中央工作会议在总结了过去一段时间各地有关贫下中农组织的经验基础上，制定了《中华人民共和国贫农下中农协会组织条例（草案）》。条例对这个组织的性质、基本任务、会员问题、组织机构问题、领导成员问题、它同党的农村基层组织的关系（第九条）、它同社队组织的关系、它的经常工作，都作了比较具体的规定。中共中央在印发此条例的指示中指出，组织贫农下中农协会，是我党在农村工作中的一项组织方面的基本建设；要使这个队伍发挥它应有的作用，先决的条件是它的纯洁性；注意建立贫农下中农协会的经常工作，是一个非常重要的问题，只有建立起贫下中农协会的经常性工作，才能使它们在生产建设、巩固集体经济和巩固无产阶级专政中，充分地发挥作用。

同　日　毛泽东等领导人观看越南舞剧《义静烈火》。毛泽东主席、朱德委员长和彭真、聂荣臻等党和国家领导人，观看了越南人民军总政治局歌舞团演出的大型革命历史舞剧《义静烈火》。演出结束后，毛主席等走上舞台和演员们亲切握手，并一同照了相。6月18日，刘少奇主席、邓小平总书记及贺龙、杨尚昆等党和国家领导人曾观看了越南人民军歌舞团演出的这一舞剧。

同　日　中国和罗马尼亚科学技术合作联合委员会第9届会议在布加勒斯特举行。会上签订了关于相互提供科学技术援助的议定书。双方将在石油、化工、食品工业和农业等部门相互提供技术资料和互派专家考察。

6月26日　毛泽东、刘少奇等党和国家领导人接见公安部队四好连队、五好战士代表会议等3单位代表和学员。毛泽东、刘少奇、周恩来、朱德、董必武、彭真、刘伯承、贺龙、李先念、谭震林、陆定一、聂荣臻、张鼎丞等党和国家领导人，接见了中国人民公安部队四好连队、五好战士代表会议的代表，中国人民解放军政治学院地方干部大队结业的学员和部队干部大队的学员，中央政法干部学校的学员，并和他们一起照了相。陪同接见的有杨成武、李天佑、李聚奎、梁必业、莫文骅等解放军高级将领和有关部门负责人。

同　日　外交部照会印度大使馆强烈抗议印度议员代表团到台湾大肆反华。照会说：最近，一个印度议员代表团在印度联邦院议员帕特尔率领下，于6月18日到中国的台湾省进行所谓访问。这个包括印度执政党国大党议员在内的印度议员代表团，在台湾大肆进行反华活动。他们公然把蒋介石集团称为“自由中国”，表示要通过这次访问使印度和蒋介石集团的关系“逐渐正常化”。印度议员代表团“访问”台湾，是印度政府追随美帝国主义进行“两个中国”活动的又一严重步骤，是对中国人民的公开挑衅。对此，中国政府向印度政府提出强烈的抗议。照会奉劝印度政府尊重起码的国际关系准则，立即停止制造“两个中国”的活动，否则，肯定是得不到什么好处的。

6月27日　毛泽东对中共中央宣传部《关于全国文联和各协会整风情况的报告（草稿）》作出批示。中国戏剧家协会于2月3日举行迎春晚会，参加晚会的有北京和外地的戏剧工作者约2 000人。事后有人对演出不满，指责演出“庸俗低级，趣味恶劣”。3月下旬，中宣部召集文联各协会党组成员、总支书记和支部书记50余人，连续开会3次，进行讨论。会议认为“这件事的发生不是偶然的，是当前阶级斗争在文艺队伍中的反映，是剧协领导资产阶级思想作风的暴露”；并认为：类似“迎春会”这种事和由此而暴露出来的问题，在其他协会中也程度不同地存在着，因此有必要在文联和各协会全体干部中进行一次整风学习，吸取教训，使坏事变成好事。此后，全国文联及各协会开始了整风学习和检查工作。就此，中宣部文艺处写出一份《关于全国文联和各协会整风情况的报告（草稿）》。报告草稿认为，文艺界存在严重问题：（一）没有坚决贯彻执行党的文艺方向，各协会方向模糊，对阶级斗争形势认识不清。（二）文艺理论批评旗帜不鲜明，战斗性不强。（三）忽视对文艺队伍的思想改造。江青将这份尚未经中宣部部务会议讨论的报告草稿要去，直接送给毛泽东审阅。6月27日，毛泽东在报告上批示说：这些协会和他们所掌握的刊物的大多数（据说有少数几个是好的），15年来，基本上（不是一切人）不执行党的政策，做官当老爷，不去接近工农兵，不去反映社会主义的革命和建设。最近几年，竟然跌到了修正主义的边缘。如不认真改造，势必在将来的某一天，要变成像匈牙利裴多菲俱乐部那样的团体。毛泽东的这个批示也被称做“关于文艺问题的第二个批示”。毛泽东批示后，文化部和中华全国文学艺术界联合会及所属各协会再次进行整风。1980年中共中央《关于认真学习贯彻第四次全国文代会精神的通知》指出：“‘文化大革命’前的17年，文艺工作中虽有缺点错误，但我们的文艺战线同党的整个路线一样，基本上是正确的，成绩是显著的，1963年和1964年关于文艺问题的两个批示中对文艺工作的指责，不符合实际情况，并且被后来的《部队文艺工作座谈会纪要》所利用，产生了严重的后果。”

同　日　新华社报道：国防部授予“西藏高原钢铁运输班”称号。国防部发布命令说，汽车部队某部第五连二班，自从1950年以来，长期在川藏、青藏线上和西藏边防执行运输任务。他们在气候恶劣、道路艰险，人员、车型不断变化的情况下，十四年如一日，安全行车212万多公里，为国家节约了大量的资财，出色地完成了运输任务。

同　日　首都佛教界、文化界人士集会纪念玄奘法师逝世1 300年。中国人民保卫世界和平委员会主席郭沫若、中国佛教协会会长喜饶嘉措等有关方面人士，来自亚洲10个国家和地区的佛教代表团和代表，一些亚洲国家驻中国的使节和外交官，出席了大会。

6月28日　新华社报道：国防部发布命令，授予公安部队广东省总队某部六连为“红色前哨连”称号。命令说，六连从1952年进驻广东某地执行守卫任务以来，官兵们在尖锐复杂的阶级斗争环境中，高举毛泽东思想红旗，不断提高无产阶级觉悟，在和敌人斗争中，立场坚定，爱憎分明，英勇顽强，机智灵活，顶住了资产阶级“香风”臭气的侵袭，一次又一次粉碎了美蒋特务和坏分子的破坏活动，出色地完成了对敌斗争任务。

6月29日　我国政府对美国军舰飞机侵入我领海领空提出第300次严重警告。当日，美国潜水艇1艘，侵入我国广东省平海以南地区领海进行军事挑衅活动，外交部发言人奉命向美国政府再一次提出严重警告。这是自1958年9月以来，我国政府对美国军舰和飞机侵入我国领海领空的第300次严重警告。7月1日，《人民日报》就此事件发表社论：《坚决粉碎美帝国主义的战争威胁和挑衅》。

同　日　我国自行设计、制造的中近程地对地导弹首次发射成功。下半年，又连续7次发射该型导弹，进行全程飞行，均获成功，该型导弹于1966年9月15日装备部队。

同　日　公安部发布公报：我沿海军民再歼9股美蒋武装特务。公报指出：从1963年11月到1964年6月，我广东、福建、浙江沿海地区军民连续歼灭9股美蒋特务共74人，其中击毙23人，俘获51人，缴获和击沉运载特务的船只11艘，又一次取得了对敌斗争的重大胜利。在此期间，还有5股美蒋武装特务，被派到我广东、福建、山东等省沿海阴谋进行袭扰破坏，慑于我沿海军民的威力，狼狈逃窜。公报强调指出：美帝国主义和蒋介石集团派遣武装特务偷渡登陆，妄图在我沿海地区建立所谓“游击根据地”的迷梦彻底破产之后，在美帝国主义的直接策划和支持下，今年以来，蒋介石集团更多地采取派遣武装特务对我沿海地区进行骚扰性破坏，并以此作为维系军心士气、进行造谣宣传的资本。在美帝国主义的指使下，蒋介石集团还进一步同南朝鲜朴正熙傀儡集团勾结，利用南朝鲜沿海岛屿作为向我北方沿海地区进行骚扰破坏的基地。但是，不管敌人策划什么样的阴谋，都逃不脱彻底失败的命运。

本　月　毛泽东批评《人民日报》“提倡鬼戏”和“不抓理论工作”。毛泽东在一次谈话中批评说，1961年《人民日报》宣传了“有鬼无害论”，事后一直没有对这件事作交代，1962年十中全会后，全党都在抓阶级斗争，但是《人民日报》一直没有批判“有鬼无害论”。毛泽东还说，在文化艺术方面，《人民日报》的工作做得不好。《人民日报》长期以来不抓理论工作。从《人民日报》开始办起，我就批评了这个缺点，但是一直没有改进，直到最近才开始重视这个工作。过去《人民日报》不搞理论工作，据说是怕犯错误，要报上登的东西都是100%的正确。不要怕犯错误，而是犯了错误就改，这就好了。

7月2日　毛泽东观看解放军总政治部文工团话剧团演出的话剧《万水千山》。陪同观看演出的有陆定一、罗瑞卿等。反映工农红军长征事迹的5幕6场话剧《万水千山》，从演出以来受到广大观众的热烈欢迎。

7月3日　李富春提出国家计委关于编制1965年计划的指示信。指示信的主要内容是：1. 必须把毛泽东有关计划工作的指示贯彻到计划中去，充分体现党中央的方针和政策。计划要充分说明矛盾，在重要问题上反映各种不同观点，也提出我们的主张，并且要有切实有力的措施。2. 找出最需要解决的问题，集中力量打歼灭战，使最后一年的调整工作更有成效，为第三个五年计划的执行创造有利的条件。3. 必须充分挖掘现有企业的潜力，改进经营管理，加强思想工作，提高劳动生产率，节约原材料，降低成本，增加赢利。这方面的主要经济指标要列入计划下达。4. 基础工业是屁股，并不是否定农业是国民经济的基础，而恰好是发挥基础工业的主导作用，目的是更好地为农业、轻工业、国防服务。5. 明年要积极进行三线建设的筹备工作，要研究加速成昆铁路和酒泉、攀枝花钢铁基地建设的具体措施，并会同有关部门提出规划。6. 基本建设总规模应按财政收入的可能来考虑，不要满打满算，可先按125亿来安排。要向各部讲清楚，不要争投资、争项目。7. 注意几个政策问题的研究，如物价政策、文化教育政策、劳动工资政策。8. 在进出口贸易方面，坚决还清苏联的欠账，减少150万吨粮食进口和非必需物资进口，以尽量多进口最必需的新技术和新设备。

7月7日　解放军空军部队在华东地区上空又击落美制国民党军U-2型高空侦察机1架。这是自1958年以来解放军击落的第10架美制国民党军间谍飞机，也是解放军击落的第3架美制国民党军U-2型飞机。8日，新华社报道，国防部长林彪颁发嘉奖令表扬击落U-2飞机的空军某部英雄部队。9日，《人民日报》发表社论：《对美蒋匪帮的再一次惩罚》。

7月9日　解放军总参谋部发出《全军迅速开展游泳训练的指示》。遵照毛泽东的指示，8月8日又发出《坚决贯彻毛主席的指示，把游泳训练开展得更好的指示》。要求全军迅速行动起来，凡有条件的部队，都开展游泳训练。

7月10日　毛泽东会见30位日本社会党朋友和其他日本朋友。接见时廖承志、乔冠华、赵安博等在座。

同　日　中共中央宣传部、高等教育部、教育部在北京联合召开全国高等学校政治理论课工作会议。到会的有各部、各地代表600余人。会上传达了毛泽东在中央工作会议上提出的关于深入开展社会主义教育、防止资本主义复辟的指示和关于培养革命接班人的指示，并传达了中共中央总书记邓小平在共青团“九大”会上的报告。会议讨论了对政治理论课进行改革，以适应在反对修正主义斗争中同资产阶级争夺青年一代的重大任务。会议确定，以毛泽东思想为指针，贯彻“少而精”的原则来改进课程和教材，把毛泽东著作作为最基本的教材。会议确定，高等学校开设“形势与任务”、“中共党史”、“哲学”、“政治经济学”。中等学校除学习时事政策外，开设“做革命事业的接班人”、“社会发展史”、“我国社会主义革命和建设”、“辩证唯物主义常识”、“毛泽东著作选读”等课程。10月11日，中共中央批转了这次会议的报告和《改进高等学校、中等学校政治理论课的意见》。

同　日　《毛泽东著作选读》甲乙两种版本开始发行。《毛泽东著作选读》是为适应广大干部群众学习毛泽东著作的需要而编辑出版的。甲种本适合一般干部阅读，乙种本适合工农群众和青年知识分子阅读。全部编辑工作都是在中共中央毛泽东选集出版委员会的指导下进行的。编入《毛泽东著作选读》的文章，都是毛泽东有关论述马克思主义的立场、观点、作风和思想方法、工作方法的著作。甲种本编入毛泽东从1927年—1958年的著作37篇，其中《反对本本主义》、《被敌人反对是好事而不是坏事》、《在中国共产党全国宣传工作会议上的讲话》等3篇是第1次公开发表的。乙种本编入毛泽东从1926年到1963年的著作37篇，其中除编入《反对本本主义》、《被敌人反对是好事而不是坏事》两文外，还编入了过去没有公开发表过的《人的正确思想是从哪里来的？》一文。《毛泽东著作选读》的出版，推动了全国规模的学习毛泽东思想的群众运动。

7月10日—11日　周恩来总理、陈毅外交部长访问缅甸。访问期间，周恩来总理同奈温将军进行了会谈，就两国共同关心的国际问题，特别是有关东南亚的问题交换了意见，并签署了联合公报。双方同意采取必要措施，加速执行中缅经济技术合作协定，并且进一步扩大两国之间的贸易。

7月11日　外交部强烈抗议印度方面不断侵犯我国领土领空。照会指出，今年上半年又发生印度军事人员侵犯我国领土事件23起，越过乃堆拉山口的印军仍继续盘踞在我国境内，并四处活动。在同一时期内，印度飞机共26架次侵入我国领空，有些飞机甚至窜扰到拉萨等重要城镇上空。照会强烈要求印方立即停止入侵活动，以保持中印边境局势的和缓。

7月12日　我国援蒙员工的最后一批人员回国。根据蒙古政府的建议，经过中蒙双方的安排，从今年4月起分批回国的中国援蒙员工，最后一批于12日上午乘火车到达哈尔滨。我国政府应蒙古政府的要求，根据两国政府的协定，从1955年起，陆续派遣了大批技术工人，到蒙古人民共和国去支援蒙古的生产建设。中国员工在蒙古人民共和国工作期间，坚持了无产阶级国际主义精神，发扬了我国人民勤劳勇敢、艰苦奋斗、不怕困难、遵守纪律的优良传统，和蒙古工人一起，建成了大量工厂、学校、医院、住宅和桥梁等建筑物，承办了一些工业、手工业、农业的生产任务，并且将自己的技术传授给了几千名蒙古工人，为蒙古的生产建设事业贡献了自己的力量，受到了蒙古人民的热烈赞扬。

7月13日　《人民日报》发表《赫鲁晓夫修正主义集团最近的反华言论》。《人民日报》在发表这些言论前的编者按中说：自从苏共中央今年2月会议以后，苏联加剧了对我们党和毛泽东及其他领导人的攻击，据不完全统计，仅今年4、5、6三个月里，苏联中央一级和加盟共和国一级就刊登了1 300多篇攻击中国的文章和材料。现在，我们仍然同过去一样，除了由出版社继续出版《苏联报刊反华言论集》以外，特将其中最有代表性的言论摘要发表。

7月14日　首都集会庆祝我空军部队第三次击落美制国民党军U-2飞机。首都各界1 500多人，在政协礼堂举行盛大集会，庆祝我空军第3次击落美制国民党军U-2飞机的重大胜利，声讨美帝国主义推行战争政策和侵略政策，危害东南亚和平的罪行。党和国家领导人彭真、贺龙、罗瑞卿、黄炎培、包尔汉等出席了大会。大会由中国人民保卫世界和平委员会副主席廖承志主持，人民团体代表刘宁一、民主党派代表蔡廷锴、中国人民解放军空军战斗英雄刘玉堤在会上讲了话。解放军将领许光达、刘亚楼、王宏坤和有关方面负责人茅盾等出席了大会。同日，福州、沈阳、武汉3个城市的各界人民也举行了盛大集会，庆祝再次击落U-2飞机的重大胜利，声讨美帝指使国民党军窜扰大陆的罪行。

同　日　《人民日报》、《红旗》杂志编辑部发表"九评苏共中央公开信"：《关于赫鲁晓夫的假共产主义及其在世界历史上的教训》。文章说："由于赫鲁晓夫的修正主义，伟大的苏联人民用血汗创立的世界上第1个社会主义国家，正面临着空前严重的资本主义复辟的危险。"文章认为，马克思列宁主义者必须从赫鲁晓夫修正主义所提供的反面经验中，汲取防止无产阶级政党和社会主义国家蜕化变质的教训。文章系统地阐述了毛泽东提出的关于社会主义社会和无产阶级专政的理论和政策。文章还刊登了毛泽东亲自撰写和修改的关于培养无产阶级革命事业接班人的理论论述："为了保证我们的党和国家不改变颜色，我们不仅需要正确的路线和政策，而且需要培养和造就千百万无产阶级革命事业的接班人。培养无产阶级革命事业接班人的问题，从根本上来说，就是老一代无产阶级革命家所开创的马克思列宁主义的革命事业是不是后继有人的问题，就是将来我们党和国家的领导能不能继续掌握在无产阶级革命家手中的问题，就是我们的子孙后代能不能沿着马克思列宁主义的正确道路继续前进的问题，也就是我们能不能胜利地防止赫鲁晓夫修正主义在中国重演的问题。总之，这是关系我们党和国家命运的生死存亡的极其重大的问题。这是无产阶级革命事业的百年大计、千年大计、万年大计。帝国主义的预言家们根据苏联发生的变化，也把'和平演变'的希望，寄托在中国党的第3代或第4代身上。我们一定要使帝国主义的这种预言彻底破产。我们一定要从上到下地、普遍地、经常不断地注意培养和造就革命事业的接班人。"毛泽东还提出了无产阶级接班人的5项条件，规定了在长期群众斗争中挑选和培养接班人的方法。

7月15日　铁道部和铁道部政治部将"坚持不断革命，永当开路先锋"红旗授予北京铁路局丰台机务段"毛泽东号"机车包车组。"毛泽东号"机车，是在1946年由哈尔滨市铁路工人修复的一台废旧机车命名的。18年来，这台机车安全行车了163万多公里，从未发生过责任事故，是我国安全行车时间最长的货运机车之一。在此期间，它比定额多拉了68万多吨货物，并且节约了6 100多吨煤和1.4万多元的油脂费、材料费。

7月17日　毛泽东接见京剧现代戏演出观摩人员并观看《智取威虎山》。毛泽东同党和国家其他领导人周恩来、彭真、陈毅、贺龙、李先念、谭震林、陆定一，接见了参加1964年京剧现代戏观摩演出大会的全体演出人员、观摩人员，出席高等学校、中等学校政治理论课工作会议的全体代表和中央戏剧学院新疆民族班全体毕业学员。晚上，毛泽东、周恩来、彭真、李先念等观看了上海演出团演出的京剧现代戏《智取威虎山》。

同　日　《人民日报》发表署名文章点名批判杨献珍的"合二而一"论。这篇名为《就"合二而一"问题和杨献珍同志商榷》的文章，公布了根据杨献珍从1963年11月起在高级党校的讲课材料和学员的笔记整理的材料，得出结论说，杨献珍早已赋予了"合二而一"的命题以明白的、特定的含义，提出了一套相当系统的说法，因此，"合二而一"的观点，不是由艾恒武、林青山两同志首先提出的。文章接着从"什么是客观事物的根本规律"和"什么是学习辩证法的目的"两个方面向杨献珍提出商榷。作者认为，杨献珍认为"合二而一"是客观事物的根本规律，这种观点是和马克思主义的观点不符合的。只有"一分为二"才能表达事物发展的根本规律，杨献珍要用"合二而一"来代替它，终究是徒劳的。关于学习辩证法的目的，作者认为，毛泽东说的是分析矛盾和解决矛盾，杨献珍的说法则是把无产阶级思想和资产阶级思想、马克思主义和非马克思主义、正确和错误等都联系在一起，求同存异，不去进行斗争，不去解决矛盾。从5月29日《光明日报》发表艾恒武、林青山的《“一分为二”与“合二而一”，学习毛主席唯物辩证法思想的体会》一文以来，到目前为止，《光明日报》、《人民日报》、《解放军报》、《北京日报》、《大公报》、《文汇报》、《哲学研究》等已先后发表了30多篇争论和批判文章。

7月18日　我国13个人民团体举行宴会欢迎越南和越南南方贵宾。中国人民保卫世界和平委员会和中国亚非团结委员会等13个人民团体今晚举行宴会，热烈欢迎由陈辉燎率领的越南保卫世界和平委员会、越南亚非团结委员会代表团，由释善豪率领的越南南方民族解放阵线代表团。国务院副总理贺龙和廖承志、包尔汉、茅盾等出席了宴会。廖承志和陈辉镣、释善豪先后在宴会上讲话，他们共祝越南人民反对美帝国主义、争取祖国统一的斗争取得胜利，共祝中越人民之间的战斗友谊辉煌。廖承志在讲话中表达了中国人民坚决支持越南人民的正义斗争，直到最后胜利的决心。

同　日　我国成功地发射第一枚生物试验火箭。1963年，中国科学院生物物理研究所为发展宇宙生物学和宇宙医学的需要，提出了利用“T-7A”火箭将啮齿类动物大、小白鼠送上高空进行试验的要求。上海机电设计院（该院当时划归国防部五部建制）改装了火箭。每枚火箭上装有2只固定大白鼠、2只活动大白鼠，4只小白鼠和12支生物试管。试管中分别装有果蝇、须酶及其他生物制品，主要试验项目是飞行过程中动物的心电变化曲线，太阳辐射、超重失重、飞行环境和高空环境对动物的影响，以及试验与考核密封生物舱、生物生命保障系统、摄影系统、心电遥测系统及安全返回救生装置等的合理性和可靠性等。1965年6月1日、5日又重复试验了2枚火箭。这3枚火箭均飞达60公里—70公里高度。依靠返回救生装置使箭头生物舱内的大、小白鼠均全部活着安全返回地面，箭头内遥测与摄影等数据获取系统工作完全正常，获取了大量珍贵的试验数据和照片。

同　日　新华社报道：煤炭工业部和中国煤矿工会全国委员会批准82个掘进队为全国煤矿炭石巷道“五好等级队”。这批被批准为“五好等级队”的岩巷掘进队，都是全国煤矿最近一年开展五好竞赛和比学赶帮运动中涌现的先进队。他们都达到了部颁“五好掘进队”的各项标准，所做的工程质量好，掘进速度和效率大大超过一般掘进队的水平。

同　日　新华社报道：今年1月—6月有120名流窜境外的蒋军官兵投诚归来。今年1月至6月，流窜在云南境外的蒋军残部官兵，先后有120名向我边防部队投诚，其中包括大队长以下军官14名。他们投诚归来时，共带回机枪7挺，步枪10支、卡宾枪3支、冲锋枪1支、各种子弹621发、手榴弹6枚。这些投诚人员回到祖国后，受到了当地人民政府和中国人民解放军边防部队的热烈欢迎。人民政府根据他们的意愿，妥善安置了他们的工作和生活，对他们中携带武器归来或有立功表现的人员，边防部队还按照国防部的规定发给他们奖金。

同　日　西藏两股外逃叛匪携械归国投诚。1959年西藏叛国集团叛乱活动被彻底粉碎时仓皇外逃的两股叛匪22人及其家属76人，在他们的头目来饶、顿尕两人率领下，先后携械归来，向解放军驻西藏某地边防部队投诚。他们共带回长短枪支11支、马10匹和部分弹药。他们回到西藏境内后，受到我边防部队热情接待。当地驻军和人民政府的负责人接见了他们，并及时发给他们糌粑、茶叶等生活用品，派出医务人员给他们治病。西藏仲巴县各界500多人在扎东举行欢迎大会，欢迎来饶、顿尕等人携械投诚归来，并对有功人员分别给予奖励。

7月19日　我国政府发表关于支持越南人民反对美国侵略的声明。声明表示中国政府和中国人民完全支持越南政府7月15日声明的正义立场，中国绝不会坐视美国扩大侵略越南和印度支那的战争。中国政府认为，制止美帝国主义对印度支那各国的侵略和干涉，维护两次日内瓦会议所达成的协议，现在是时候了。中国政府希望日内瓦协议签字国和所有关心印度支那和平的国家，认真对待美帝国主义在这一地区所造成的严重局面，迅速采取措施，阻止局势的进一步恶化。

7月20日　国务院举行第一百四十七次全体会议。会议通过了1963年国家决算和1964年国家预算草案，提请全国人民代表大会常委会审查批准；会议核准了中华人民共和国政府和阿拉伯也门共和国政府文化合作协定。

同　日　国务院发出《关于国家征用土地审批权限适当下放的通知》。通知说，1962年国务院规定暂时将征用土地的审批权收归省、市、自治区，这在当时是完全必要的。但从目前的情况看，这种做法影响了集中精力办好大面积用地的审批工作，增加了不必要的公文经返。为此，决定征用土地10亩以下和迁移居民5户以下的，可分别城市和农村、城市的近郊和远郊以及土地好坏等情况，将审批权适当下放。征用土地的审批权限下放后，承办机关仍应从严掌握，尽量利用空地、荒地，尽量不拆除民房、不占用农田。切实防止因审批权限下放而放松征用土地的控制和领导。

同　日　浙东沿海人民举行祝捷授奖大会，庆祝温岭县渔民和民兵全歼一股美蒋武装特务。5月2日，温岭县的渔民和民兵，在海上俘获（台湾）蒋介石当局“国防部特种军事情报室”特务4人，击毙1人，缴获运载武装特务进行袭扰破坏的船只1艘，创造了渔民民兵海上歼敌的出色战例。受奖的民兵共有6个集体单位和38人。

同　日　首都各界1万人隆重集会，纪念日内瓦协议签订10周年，坚决支持越南人民反对美国侵略的正义斗争。周恩来总理、彭真副委员长、陆定一副总理、政协全国委员会副主席包尔汉、国防委员会副主席蔡廷锴出席了大会。出席大会的贵宾有越南驻中国大使陈子平、以陈辉燎为首的越南保卫世界和平委员会、越南亚非人民团结委员会代表团、以释善豪为首的越南南方民族解放阵线代表团、以陈明爵为首的越南新闻工作者代表团等。正在北京的世界各国朋友应邀出席了大会。大会由中国亚非团结委员会副主席茅盾主持并致开幕词，廖承志、陈子平大使、陈辉燎团长、释善豪团长等在大会上讲话。他们欢呼越南人民反美斗争的伟大胜利，强烈声讨美帝国主义在印度支那和世界各地进行的疯狂侵略罪行。大会还发出了支持越南人民反对美帝国主义侵略罪行的支持电。

7月22日　全国人大常委会举行第一百二十四次会议。会议听取了李先念副总理代表国务院所作的1963年国家决算和1964年国家预算草案的说明，审查了国务院提出的1963年国家决算和1964年国家预算草案，决定批准1963年国家决算和1964年国家预算。会议在通过的决议中指出，1963年国家决算收支都超过1963年11月国务院向全国人民代表大会报告的预计情况，收入情况更好，它反映了国民经济已经开始全面好转的新形势。决议还指出，1964年预算是一个保证国民经济进一步全面好转的预算。在目前全国政治经济形势越来越好的情况下，依靠全国各族人民的团结一致，共同努力，1964年国家预算是一定能够圆满实现的。这次会议还批准了第三届全国人民代表大会300名少数民族代表名额的分配方案。会议还通过决议，决定将中华人民共和国教育部分为高等教育部和教育部，批准设立国家海洋局、中国旅行游览事业管理局和国务院科技干部局，作为国务院的直属机构。会议还通过了任免事项。

同　日　新华社报道：上海第二军医大学附属长海医院同时施行开颅除肿和剖腹取婴手术成功。上海第二军医大学附属长海医院的医护人员，在同一时间内为一临产产妇施行2个大手术——开颅剔除颅内血肿和剖腹取婴，获得成功，既抢救了病危的产妇，又保住了孩子的生命，最近，这个产妇已经恢复健康出院。

7月23日　毛泽东接见再次击落U-2飞机的空军部队和3个会议代表人员及全总训练班学员。毛泽东主席同党和国家其他领导人周恩来、朱德、彭真、李先念、谭震林、陆定一、陈伯达、康生，今天下午接见了再次击落美制国民党军U-2飞机的中国人民解放军空军某英雄部队全体指战员，出席中国民用航空总局党委扩大会议、中国人民解放军906部队党代表大会、中国人民解放军海军基层分散单位政治工作会议的全体代表和人员，以及中华全国总工会干部学校县工会主席训练班全体学员。

同　日　毛泽东观看京剧《芦荡火种》。毛泽东同党和国家其他领导人彭真、谭震林、康生，今晚观看了北京京剧团演出的京剧现代戏《芦荡火种》。

同　日　国家体委发出关于开展游泳、射击、通讯、登山4项活动的指示。指示说，为了更好地增强人民体质，培养能文能武的人才，为生产劳动和国防建设服务，建议各地在开展多种多样的群众性体育活动中，根据当地条件，着重提倡开展游泳、射击、通讯、登山等4项活动，以促使广大群众、特别是青少年普遍掌握这些在实际生活中需要的技能。

7月25日　首都各界1 500多人集会庆祝古巴“7·26”革命11周年。国务院副总理李先念、全国人大常委会副委员长林枫等出席了大会。中国拉丁美洲友好协会会长楚图南主持会议并致开幕词，林枫副委员长和古巴驻中国大使、桑托斯先后在大会上讲话。林枫副委员长代表中国人民，向在拉丁美洲建立了第一个社会主义国家的英雄古巴人民致以热烈的祝贺，并表示不管过去、现在、将来，不管是风里和雨里，中国人民永远和兄弟的古巴人民站在一起，战斗在一起。

7月27日　毛泽东会见越南各代表团。毛泽东会见由陈辉燎率领的越南保卫世界和平委员会，越南亚非团结委员会代表团，由释善豪率领的越南南方民族解放阵线代表团，由陈明爵率领的越南新闻工作者代表团。接见时郭沫若、廖承志、范瑾、区棠亮等在座。

7月31日　李富春就三线建设问题提出3点意见。这3点意见是：1.加速成昆铁路建设，特别要研究如何加快隧道掘进的速度，必要时请冶金部和煤炭部派得力的掘进队帮助。并要布置施工力量，从南向北，从东向西，同时施工。2.加强钛矾分离的试验研究。3.加强滇黔和川黔铁路的施工。李富春要求西南局和有关方面负责人落实这些意见。

同　日　京剧现代戏观摩演出大会在京闭幕。周恩来、彭真、陆定一、罗瑞卿等党和国家领导人出席了闭幕式，中共中央政治局委员、中央书记处书记彭真在闭幕式上讲话。

同　日　首都军民2万多人联欢庆祝“八一”建军节。党和国家领导人周恩来、彭真、李先念、陈伯达、罗瑞卿、黄炎培、赛福鼎，政协全国委员会副主席李四光、包尔汉，最高人民法院院长谢觉哉等，出席了联欢晚会。中共中央和国务院各部委、各人民团体、各民主党派以及北京市的负责人，首都各界知名人士、革命军人家属和烈士家属，工厂、郊区人民公社、机关和学校的民兵等，参加了联欢晚会，联欢晚会由中国人民解放军总政治部举办。当晚，党和国家领导人周恩来、彭真、李先念、陈伯达、罗瑞卿，接见了参加首都军民庆祝中国人民解放军建军37周年联欢晚会的四好连队的代表和五好战士、神枪手、神炮手、技术能手、革命军人家属和烈士家属以及北京市的民兵代表，同他们一一亲切握手。

同　日　《红旗》杂志发表《哲学战线上的新论战——关于杨献珍同志的"合二而一"论的讨论报道》。文章说，这是一场坚持唯物辩证法同反对唯物辩证法的斗争，是两种世界观即无产阶级世界观同资产阶级世界观的斗争，是当前国际国内阶级斗争在意识形态上的一种反映。文章说，这场论战是杨献珍挑起来的，他的调和矛盾、否定斗争的思想是早已有之，随着党为适应国际国内阶级斗争形势需要而加强了对"一分为二"思想的宣传，杨献珍也将其思想概括为"合二而一"，并将其系统化、完整化，且广泛宣传。文章说：高级党校哲学讲师黎明在课堂上宣传杨献珍的"合二而一"论，高级党校哲学教员艾恒武、林青山写作"合二而一"的文章，得到了杨献珍的鼓动，论战就这样挑起来了。文章报道了对杨献珍"合二而一"论的批判情况，并且认为这场哲学争论是意识形态领域中的一场严重的阶级斗争。文章说，目前在国际共产主义运动中，马克思列宁主义同现代修正主义的斗争正在激烈进行，杨献珍在这个时候大肆宣扬"合二而一"论，正是有意识地适应现代修正主义的需要，帮助现代修正主义者宣传阶级和平与阶级合作，宣传矛盾调和论。同时也是有意识地适应国内资产阶级和封建残余势力的需要，给他们提供"理论"武器，对抗社会主义教育运动。在《红旗》杂志发表这篇文章以后，8月4日，高级党校召开大会批判杨献珍的"合二而一"论。经过一场批判斗争，1965年3月1日，中共中央高级党校校委会向中央作出了《关于杨献珍问题的报告》。《报告》说："杨献珍……是资产阶级在党内的代言人，是彭德怀的一伙，是个小赫鲁晓夫。他把高级党校搞成独立王国。干了许多坏事。"报告列举了杨献珍"反对毛泽东思想"、"制造反对社会主义的理论"、"攻击社会主义建设总路线、大跃进、人民公社"等10条"主要错误"。并提出了撤销杨献珍的副校长和校委委员职务的建议。9月24日，中共中央批转了高级党校的报告，同意撤销杨献珍的职务。由于这些莫须有的罪名，杨献珍在"文革"中受到严重迫害，被送监狱"监护审查"达8年之久。1979年8月27日中共中央党校（原高级党校）党委作出《复查报告》说，经调查研究，认为（1965年的）《结论》、《报告》和《关于杨献珍同志问题的报告和处理意见》都是错误的，应实事求是地予以改正。1980年8月4日，中共中央组织部发文要求"通知有关部门为受杨献珍同志问题株连的同志平反，并做好善后工作。"

同　日　《人民日报》发表《中国共产党中央委员会对于苏联共产党中央委员会1964年6月15日来信的复信》。《人民日报》除刊登7月28日中共中央给苏共中央的复信外，还刊登了6月15日苏共中央的来信。中共中央的复信说，你们的来信，对我们5月7日信件中的合理建议加以歪曲和拒绝，对许多兄弟党要求团结、反对分裂的意见置若罔闻，你们在来信中，为兄弟党国际会议规定了修正主义的政治纲领和分裂主义的组织路线，暴露了你们已经下定决心，要蛮横地、片面地、非法地筹备和召开一个公开分裂国际共产主义运动的会议。中共中央的复信声明，我们决不参加你们分裂国际共产主义运动的国际会议和它的筹备会议。并指出，在国际共产主义运动中的分歧这样严重，争论这样激烈的情况下，如果急急忙忙地召开国际会议，只会开坏，不会开好，中国共产党坚持主张召开经过充分准备的，在马克思列宁主义基础上团结的国际会议，坚决反对召开分裂会议。

本　月　解放军铁道兵3个师开赴林区修建嫩林铁路及其支线铁路。2月10日，中共中央、国务院作出关于由林业部、铁道兵负责开发大兴安岭林区的决定。嫩林铁路南起黑龙江省嫩江，北止古莲，全长676.7公里，贯穿大兴安岭林区腹地。沿线气候高寒，全年冰冻期长达8个月，被称为高寒禁区。铁道兵经8年艰苦奋斗，终于在1972年8月15日完成嫩林铁路铺轨任务，在此前后还修建了支线铁路173公里。

本　月　中国科学院声学研究所在北京成立。该所前身为中国科学院电子所的水声、超声、电声3个研究室，以及东海、南海、北海3个研究站。该所主要任务是开展声波在海洋、大气中的传播及运程声探测的理论、实验和新技术应用，声波与物质宏观和微观结构的相互作用，以及环境声学、语言和听觉等基础理论与实验研究。

7月—8月　刘少奇倡导2种劳动制度和2种教育制度。在1958年5月的中共中央政治局扩大会议上，刘少奇提出了我国应有两种主要的学校教育制度和工厂农村的劳动制度的设想。即实行一种是现行的全日制学校教育制度和工厂、机关的8小时工作劳动制度；另一种是半工半读的教育制度和劳动制度，与前一种制度相辅而行，也成为主要制度之一。他认为，这样国家可以不多花钱而多办学校，比较充分地满足青年人的升学要求，同时工厂里人多的问题、劳动就业问题也可以解决，是采用群众路线，多快好省地培养工人阶级和劳动人民知识分子的一种方法。刘少奇的这种设想在1964年5月—6月间中共中央工作会议上，曾受到毛泽东和与会人员称赞和肯定。1964年7月，刘少奇在同河北省委负责同志谈半工半读问题的时候，明确提出要另设一个教育厅专门管理这件事。根据刘少奇的指示，一些省市成立了第二教育厅（局），专管半工半读教育工作。8月，刘少奇在向中央各部、北京市的干部作报告时，多次讲到两种劳动制度和两种教育制度。他指出：我说的半工半读既是劳动制度又是教育制度，2种劳动制度和2种教育制度是结合的。从当前看，既能够办学校，普及教育，又能够减轻国家和家庭负担；从长远看，能够培养新的人，培养既能从事脑力劳动又能从事体力劳动的人。他建议各省、市、自治区、每个大城市都着手试验、试办。至少5年才能初步总结经验，扩大试验，10年以后推广。同时，他又在中央学制问题研究小组会上指出：全日制学校现在还是需要的，还得好好地办。根据刘少奇倡导两种劳动制度和两种教育制度的思想，中共中央在1964年11月17日发出了《关于发展半工（耕）半读教育制度问题的批示》。

8月1日　解放军总参谋长罗瑞卿举行招待会，庆祝中国人民解放军建军37周年。他在讲话中指出：美国政府策划扩大对越南南方的侵略战争和对老挝的武装干涉，美国飞机悍然轰炸我国驻老挝经济文化代表团，并深入我国云南境内进行侦察。美国的一些军政头目，甚至公然叫嚣要把战争扩大到越南民主共和国和中华人民共和国。这些情况说明，东南亚的局势已经到了极其严重的地步。他指出，中国人民解放军全体指战员正在密切注视美帝国主义及其走狗的一举一动，并随时准备给侵略者以歼灭性的打击。

8月3日　《人民日报》发表社论：《培养和造就千百万无产阶级革命接班人》。社论重申了毛泽东提出的无产阶级革命事业接班人必须具备的5个条件。社论认为，为了切实按照5个条件挑选各级领导核心的接班人，必须特别注意贯彻执行党的阶级路线，选择和培养的重点应当是先进的工人、贫农、下中农出身的干部；还必须注意在激烈的、复杂的阶级斗争中进行长期的考察和识别。党和国家的各级领导核心，特别是第一把手，必须把选择、培养、造就革命接班人的战略任务很好地承担起来，把第二、第三、第四、第五把手很好地带起来，培养出一代又一代坚强的领导核心。社论还指出，各条路线、各个部门、各个地区、各个企事业单位，一定要从上到下地、普遍地、经常不断地注意培养和造就革命事业的接班人；一切工作的安排，都要有利于培养革命队伍特别是各级领导核心的革命接班人。

8月6日　中国政府就美国发动对越南民主共和国的武装侵略发表声明。8月5日，美国海军飞机对越南民主共和国进行了突然袭击，连续轰炸了越南的义安、鸿基和清化地区，美帝国主义跨过了“战争边缘”，走上了扩大印度支那战争的第一步。中国政府郑重声明，美国点起了侵略战火，越南民主共和国就取得了反侵略的行动权利，一切维护日内瓦协议的国家也取得了支援越南民主共和国反侵略的行动权利。越南民主共和国是中国唇齿相依的邻邦，越南人民是中国人民亲如手足的兄弟，美国对越南民主共和国的侵犯，就是对中国的侵犯，中国人民绝不会坐视不救。同日，《人民日报》发表社论《美帝国主义必须立即停止对越南民主共和国的武装侵略!》。

8月7日　首都和全国各大中城市人民示威游行声援越南反对美国侵略。北京今天有50万人走上街头，举行声势浩大的示威游行，愤怒声讨美帝国主义的侵略罪行，欢呼越南人民抗击美国武装侵略的重大胜利，表示坚决支持越南人民的正义斗争。参加游行的群众纷纷表示坚决拥护我国政府和越南民主共和国政府8月6日的声明，指出对越南民主共和国的侵犯就是对中国的侵犯。中国人民保卫世界和平委员会、中国亚非团结委员会、中华全国总工会、全国妇联、共青团中央等人民团体纷纷拍电报给越南民主共和国相应人民团体和组织，声讨美国武装侵略的罪行，声援越南人民的反抗侵略斗争。同日，上海、天津、沈阳、武汉等大中城市人民也举行了游行示威，参加人数达200万人。8月8日，首都又有100万人上街游行示威和举行集会，上海、广州、沈阳、西安、成都、昆明也有100多万人游行示威，声援越南人民。到8月11日为止，支持越南人民反对美帝国主义武装侵略的游行示威，已遍及全国大中城市，并扩展到小城镇和广大农村牧区，参加示威游行和集会的群众已达到了2 000万人。

8月10日　毛泽东观看山东省京剧团演出的京剧现代戏《奇袭白虎团》。一起观看演出的有邓小平、李富春、柯庆施、乌兰夫、康生、杨尚昆、胡乔木等。

同　日　党和国家领导人周恩来、陈毅、陆定一、罗瑞卿接见参加空军首届话剧、歌剧会演大会的全体人员。陪同接见的有廖承志、刘亚楼、彭绍辉、张爱萍、杨成武等。

8月12日　外交部长陈毅写信向越南外交部长春水表示我国支持越南政府立场。信中强调指出，1954年日内瓦协议是解决整个印度支那问题的唯一国际协议，如果撇开这一协议，排除有关国家，由美国操纵的联合国干预印度支那问题，那绝不可能导致印度支那问题的和平解决，而只能使印度支那局势继续恶化，甚至重蹈美国利用联合国侵略朝鲜的覆辙。我们完全支持越南民主共和国外交部在8月9日声明中提出的要求：日内瓦会议两主席和参加国应当及时审议并谴责美帝国主义对越南民主共和国的侵略行动，制止美帝国主义对越南南方的侵略战争和对越南民主共和国的武装挑衅，以维护日内瓦协议和这一地区的和平。

同　日　毛泽东观看山东省淄博、青岛市京剧团演出的京剧现代戏《红嫂》。一起观看的有朱德、康生、薄一波、乌兰夫、杨尚昆等。

8月14日　国务院批转水产部制定的《水产资源繁殖保护条例(草案)》。国务院的批示要求各省、自治区、直辖市人民委员会和中央有关部门研究试行这一条例，并采取有效措施加强水产资源的繁殖保护工作，妥善解决渔业和农业的矛盾，同时指出，今后各地兴建水利工程和新建需要排弃有害污水的工厂时，一定要采取有利于水产资源繁殖保护的措施。这个条例规定，凡是有经济价值的水生动物和植物的亲体、幼体、卵子、孢子等以及其赖以繁殖生长的环境条件，都应加以保护。

8月15日　《红旗》杂志第15期发表1963年底至1964年初柯庆施在华东话剧观摩会上的讲话。柯庆施说："我们的戏剧工作和社会主义经济基础还很不相适应……对于反映社会主义的现实和斗争，十五年来成绩寥寥，不知干了些什么事。他们热衷于资产阶级、封建阶级的戏剧，热衷于提倡洋的东西、古的东西，大演'死人'、'鬼戏'"，"所有这些，深刻地反映了我们戏剧界、文艺界存在的两条道路、两种方向的斗争"。

8月16日　刘少奇给毛泽东写信提出《关于集中力量进行城镇"五反"和农村社会主义教育运动的建议》。刘少奇建议说："各个县分别搞时，一是缺少办法，二是县委同下边犯错误干部有牵连。因此，建议把工作队集中到地委，在省、地委的领导下集中搞一个县。一个县可以集中工作队员上万人，声势浩大，省地机关派工作队，上下左右同时清理。建议中央机关也要抽出人组织工作队有一万人至几万人。"8月18日，毛泽东批复刘少奇的信："少奇同志，觉得很好，完全赞成，今天即与中央各同志商议，照此办理，迅速实行。”毛泽东还推举刘少奇为“五反、四清”统帅，邓小平、彭真帮助。

8月17日　中共中央和国务院同意并批转国家经委党组《关于试办工业、交通托拉斯的意见的报告》。批示指出，用托拉斯的组织形式来管理工业，是工业管理体制上的一项重大改革。中央主管部门和各级党委要充分重视，集中力量首先把这一批试办的托拉斯办好。要切实加强领导，选派得力干部担任托拉斯的领导工作，以便通过典型试验，取得经验。国家经委党组的《报告》说：（一）我国现行工业管理体制和制度还存在不少问题。主要是：工业的管理偏重用行政办法，而不是用经济办法；管理多头多级，政出多门；管理机构重叠庞大，效能不高；有些规章制度不合理等等。这就造成了难以对企业实行具体领导，难以实行对同一行业的生产建设的统一规划和合理布局，形成地区之间和企业之间缺乏合理分工和密切协作；某些行业的产、供、销结合不够好，中间环节多，资源不能合理利用等等。为了改革和加强工业管理工作，今年由中央各部试办的第一批工业、交通托拉斯12个，它们是：轻工业部所属的烟草公司和盐业公司；煤炭工业部所属的华东煤炭工业公司；第一机械工业部所属的汽车工业公司；农业机械工业部所属拖拉机、内燃机配件公司；纺织工业部所属的纺织机械公司；冶金工业部所属的制铝工业公司；化学工业部所属的橡胶工业公司和医药工业公司；地质部所属的地质机械、仪器公司；水利电力部所属的京津唐电力公司；交通部所属的长江航运公司。（二）为办好这些公司需要明确和解决以下几个问题。1. 关于托拉斯的性质和经营范围问题。托拉斯性质的工业、交通公司，是社会主义全民所有的集中统一管理的经济组织，是在国家统一计划下的独立的经济核算单位和计划单位。托拉斯经营范围的大小和收归其直接管理的厂（矿）的多少，应当根据有利于发展生产、有利于专业化和协作，有利于经营管理的原则确定。2. 关于托拉斯的管理办法问题。国家通过主管部向它下达计划，它对完成国家计划全面负责，并对所属单位的科研、基建及产供销、资财方面实行统一经营管理、调剂使用。3. 关于托拉斯的政治工作问题。托拉斯的总公司设立党委和政治部，在主管部党委和政治部的领导下，做好思想政治工作。

同　日　毛泽东会见阿尔及利亚民主人民共和国驻华大使穆罕默德·亚拉。亚拉大使面交了阿尔及利亚民族解放阵线党总书记、阿尔及利亚民主人民共和国总统艾哈迈德·本·贝拉给毛泽东主席的信。

8月17日—25日　第四次全国普通话教学成绩观摩会在西安举行。参加大会的有来自全国27个省、市、自治区和解放军及各族代表199人。其中有12个兄弟民族的代表18人。中央推广普通话工作委员会副主任、中国文字改革委员会主任吴玉章在开幕式上讲话。他说，几年来，推广普通话的工作在党和政府领导下，在各地语文工作者、教育工作者、青年工作者在“大力提倡、重点推行、逐步普及”的方针下，做了大量工作，取得了不小的成绩。但推广普通话的工作还远远不能适应客观形势的需要，尤其不能适应社会主义革命新形势的需要。推广普通话是一项长期的、艰巨的工作，必须经常坚持，不能放松。会议期间，来自各地的代表作了各种观摩表演和经验交流活动。这次观摩会是由中央推广普通话工作委员会、中国文字改革委员会、教育部、中国共产主义青年团中央委员会4个单位联合举办的。

8月18日　中共中央作出《关于县以上干部学习毛主席哲学著作的决定》。《决定》要求，从中央一级起到县（团）委一级，一切干部特别是重要的负责干部，都应该精读毛主席的《实践论》、《矛盾论》、《关于人的正确思想是从哪里来的？》等哲学论文。中共中央认为，这些哲学论文是我国革命经验和国际无产阶级革命、无产阶级专政经验的总结，是马克思列宁主义理论的新概括和新发展，贯穿着马克思列宁主义唯物辩证法的红线。通晓这些哲学论文，对我们的事业具有极其重大的意义。

同　日　中共中央批转卫生部党组《关于高级干部保健工作问题的报告》，并作出《关于保健工作制度问题的决定》。卫生部党组的报告是根据毛泽东对我国高级干部保健工作提出的批评而作出的。

毛泽东在本年6月24日接见越南外宾时，对我国的高干保健制度提出批评说，衣、食、住、行受太多的照顾，是高级干部生病的4个原因。卫生部党组认为，这一批评是完全正确的。卫生部党组在《报告》中提出了改进办法。中共中央同意卫生部党组的意见，决定在全国范围内撤销专为高级干部设立的保健机构，取消专职保健医生和保健护士制度，并且向群众开放专为高级干部看病的医院。

8月19日　上海800多名工人从半工半读大学毕业。这些毕业生是由上海4年前创办的一所半工半读新型高等学校——业余工业大学今年暑假培养出的第1批毕业生。1960年10月，在中共上海市委的倡议下，上海市人民委员会决定举办这所工科的半工半读高等学校，专门培养政治觉悟高、生产技术上有一定成就的优秀工人。《人民日报》为此发表短评《培养新型劳动者的新型学校》。

同　日　新华社报道：内蒙古在上一个牧业年度中战胜大风雪喜获仔畜1 000多万头。报道说，内蒙古自治区战胜了近年来少见的大风雪和其他灾害，连续获得公社化后第6次牧业丰收。从去年7月1日到今年6月底的1964牧业年度内，全区接产成活仔畜1 000多万头，使牲畜总头数增长7.7%，超额1.1%完成国家生产计划。成活仔畜数相当于历史上接产成活仔畜最多的1963年，比1949年全区牲畜总数还多10%。

8月20日　毛泽东会见以阿钦·奥内科为团长的肯尼亚友好代表团全体成员。接见时陈毅、王炳南等在座。

8月21日　1964年北京科学讨论会在北京召开。有亚洲、非洲、拉丁美洲、大洋洲44个国家和地区的367名科学家参加的1964年北京科学讨论会，从8月21日起到8月31日进行。会议收到自然科学和社会科学各方面的论文299篇，分别在理、工、农、医，政治与法律、经济、教育、语言与文学、哲学与历史等学科委员会中进行了宣读和讨论。会议交流了科学研究的成果和经验，探讨了争取和维护民族独立，发展民族经济和文化，发展科学事业，促进各国之间科学技术合作等共同关心的问题，增进了相互间的了解，取得了学术上的丰富收获。会议充满了民主协商的精神和团结友好的气氛，对四大洲各国以及全世界科学事业的发展将产生重大和深远的影响。会议认为这种多科性的科学讨论很有益处，有必要继续举行，并确定1968年在北京再举行一次科学讨论会。为筹备1968年北京科学讨论会，会议决定成立1968年北京科学讨论会联络处，地点设在中国北京，有关联络事务由中国方面担任。朱德、陈毅、聂荣臻、郭沫若、林枫、李四光等国家和科技界领导人，出席了开幕式。中国科学院院长郭沫若在开幕式上致欢迎词，聂荣臻副总理在开幕式上致贺词。8月31日，刘少奇主席接见了1964年北京科学讨论会主席团成员，同他们进行了亲切友好的谈话。同日晚，陈毅副总理在人民大会堂举行盛大宴会，招待来自四大洲的各国科学家。9月1日，《人民日报》发表社论《为科学发展、社会进步贡献力量——庆祝1964年北京科学讨论会胜利闭幕》。

8月22日　毛泽东会见参加第十届禁止原子弹、氢弹世界大会后应邀来我国访问的外国代表以及其他外宾。会见时廖承志、刘宁一、赵朴初等在座。

8月23日　毛泽东等党和国家领导人会见1964年北京科学讨论会的科学家。毛泽东、邓小平、彭真、陈毅、谭震林、叶剑英等党和国家领导人会见1964年北京科学讨论会主席团成员和参加这次讨论会的全体科学家。

8月24日　李富春、薄一波向党中央提出关于建设攀枝花钢铁基地的报告。国家计委为了贯彻党中央和毛泽东关于加快三线建设的指示，组织了西南工作组，会同西南局和川、云、贵3省，对成昆沿线和攀枝花地区进行了实地考察，并在此基础上形成了这个报告。报告说，攀枝花地区地理位置很好，且资源丰富、地形隐蔽，是建设后方战略基地的理想地区。这个地区铁矿储量丰富，附近地区有煤、电、水可以利用。可能建设年产钢500万吨的钢铁基地。为了加快西南地区的铁路建设，国家计委、经委决定煤炭部调3个建井公司，由冶金部调一个井巷公司，支援隧道掘进工程，同时决定从1966年开始进行川汉铁路的勘察设计。国家计委、经委还部署了其他工作，一是加快进行攀枝花铁矿冶炼的科学试验，解决攀枝花铁矿钛的分离技术问题。二是根据靠山、隐蔽、分散的原则，考虑在成昆沿线建四、五个钢铁厂。“三五”期间先建攀枝花钢铁厂，争取在1972年前建成一个年产60万吨左右钢和5万吨化肥的联合企业。三是积极为农业的发展创造条件，争取在3、4四年内，农业生产有较大的发展。考虑到这个地区所需要的劳动力要从外地调入，准备实行两种劳动制度。四是抓紧进行重庆、昆明、贵州3个普通钢厂和重庆特殊钢厂的填平补齐工作，继续进行成都无缝钢管厂的建设。

同　日　《人民日报》报道：江西共产主义劳动大学办学6年培养1万多专业人才并创造大量物质财富。这所学校现有总校1所、分校46所，学生1.3万人。6年中为国家培养了农、林、牧等专业人才1.2万名。这些毕业生中有90%以上走上了农村、山区建设岗位。同时，学生们在校一面读书、一面劳动，促进了生产的发展，为国家创造了大量的物质财富。据统计，这所学校6年来开发耕地4.5万亩，建立农场35个，经营山林40万亩，建起林场31个，创办各种农副产品加工厂46个。从建校到1963年，农林生产总收入4 500多万元，生产粮食3 300多万斤。

8月25日　毛泽东会见黑非洲留法学生联合代表团、西非学生总会代表团、象牙海岸、达荷美、多哥、委内瑞拉、哥伦比亚、秘鲁、海地等国的青年和学生代表。同日，毛泽东还会见了参加亚洲经济讨论会之后来我国访问的加纳代表团团长恩克鲁玛意识形态学院高级讲师科西·加普逊和团员恩克鲁玛意识形态学院高级讲师安诺·奥普伦森。

8月26日—9月4日　辽宁省第三届人民代表大会第二次会议在沈阳举行。会议选出了出席第三届全国人大的代表，听取并审查了辽宁省上半年国民经济计划执行情况和今后任务安排的报告。会议还补选王堃聘、曲径为辽宁省副省长。

8月28日　毛泽东会见由委内瑞拉共产党中央政治局委员爱德华多·加列戈斯率领的委共中央代表团。

同　日　国防部授予海军某部三连“节约炊事用煤先进连”称号。命令说，三连高举毛泽东思想红旗，自1958年以来，坚决贯彻执行厉行节约的精神，经几十次反复试验，创造了马蹄形回风灶的烧煤方法，并处处精打细算，不断改进技术，长期坚持，使炊事用煤消耗量由每人每天平均一斤半降低到半斤多。最近耗煤量又有下降。6年来，共为国家节约煤11.1万多斤。

同　日　国家计委向中央报告1965年对外援助安排意见。国家计委的报告指出，根据1965年国家的财力、物力和技术力量的可能，对外援助以先安排14亿元为好，占财政总支出的3.2%，对外经委要据此安排援外计划。同时，还要考虑到要求我援助的国家和款项还会增加。我国对外签订了1965年的援助计划达33.7亿元，实际对外援助支出为20.8亿元，比上年增加8.4亿元，对外援助支出占国家财政支出的比重，由上年的3.1%上升到4.46%。

8月29日　上海第六人民医院接活一只断臂。上海第六人民医院继断手再植手术成功以后，又为一个工人成功地接活了一只断臂，使肢体再植的技术有了新的发展。

同　日　毛泽东会见由柯沙瑞·罗加·潘迪率领的尼泊尔教育代表团全体成员。毛泽东在谈话中说，我国现行的学制年限太长，课程太多，教学方法有很多是不好的，考试方法也有很多是不好的，最脱离实际的是文科，文科要把整个社会作为自己的工厂。师生应该接触农民和城市工人，接触工业和农业。不然，学生毕业，用处不大。

8月31日　《人民日报》发表中共中央8月30日给苏共中央的复信。《人民日报》全文刊登了中共中央对于苏共中央7月30日来信的复信。同时也发表了苏共中央7月30日给中共中央的信。中共中央的复信指出，苏共中央不经过中苏两党和其他有关兄弟党进行各种双边的和多边的会谈，就擅自决定召开起草委员会和国际会议，是关上了为召开兄弟党国际会议的问题进行协商的大门，发出了公开分裂国际共运的号令。中共中央的复信重申，中国党坚持主张召开充分准备的、在马克思列宁主义基础上团结的兄弟党国际会议，坚决反对苏共中央开分裂会议，并且庄严声明，中国党坚决不参加苏共中央分裂国际共运的国际会议和它的筹备会。中共中央的复信强调，苏共中央片面决定在今年12月召开起草委员会和明年年中召开国际会议，必须承担由此产生的分裂国际共产主义运动的一切后果。

本　月　中共中央批转中宣部《关于公开放映和批判影片〈北国江南〉、〈早春二月〉的请示报告》。毛泽东对报告批示说“可能不止这两部影片，还有别的，都需要批判”，“使这些修正主义的材料公之于众”。《北国江南》是由阳翰笙写作的电影文学剧本，内容是表现塞外人民在党的领导下，依靠自己的力量，改造自然，改变千里塞北面貌，成为北国江南的情景。1963年发表在《电影剧作》第6期上，1964年由沈浮导演拍成电影。影片上映后，立即引起一场肯定与否定的争论。《早春二月》是谢铁骊根据柔石小说《二月》改编、导演的电影。影片反映了20年代中期几种不同类型的知识分子的思想倾向，并指出了知识分子只有投身到人民大众的革命洪流中去，才是真正的出路。以后，对这两部电影的争论转向了批判，9月15日，《人民日报》发表景文师《〈早春二月〉把人们引到哪里去?》的文章，并加了编者按。编者按说，《早春二月》所提出的问题是“文学艺术领域中的大是大非问题”，即“无产阶级的文学艺术，究竟应当歌颂什么人物，宣扬什么思想?是歌颂积极投入革命斗争的先进人物，还是歌颂站在革命潮流之外的彷徨者?是宣扬无产阶级的集体主义，还是宣扬资产阶级的个人主义?”

本　月　人民解放军铁道兵部队开工修建西南地区铁路。中共中央作出加快西南三线建设的战略决策后，为加强战备、巩固战略后方、改善西南地区交通状况，中央和国务院决定修建西南地区铁路。铁道兵遵照这一决策，派出大批部队，开赴西南地区铁路建设工地。

本　月　中共中央书记处讨论三线建设问题。毛泽东在会上发言说，要准备帝国主义可能发动侵略战争。现在工厂都集中在大城市和沿海地区不利于备战，工厂可以一分为二，要抢时间搬到内地去。各省都要建立自己的二、三线，不仅工业交通部门要搬家，而且学校、科学院、设计院都要搬家，成昆、川黔、滇黔这3条铁路都要抓紧修好。根据毛泽东的讲话精神，会议决定，三线建设在人力、物力、财力上给予保证，新建的项目都要摆在第三线，现在就要搞勘察设计，不要耽误时间。第一线能搬的项目要搬迁；明后年不能见效的续建项目一律缩小建设规模，在不妨碍生产的条件下，有计划有步骤地调整第一线，一、二线企业要有重点地搞技术改革。这一决定标志着经济建设的指导思想发生了由以发展农业、提高人民生活为中心，转向以加强国防实力、加速三线建设准备打仗为中心，根据会议决定，国家计委组织工作组对大西南、大西北三线建设作考察和规划。

9月1日　中共中央转发《关于一个大队的社会主义教育运动的经验》（简称“桃园经验”）。这是王光美1964年7月5日在河北省委工作会议上所作的报告。王光美在报告中介绍了她从1963年11月—1964年4月参加河北省抚宁县桃园大队四清运动的体会和认识，介绍了工作队进村后一整套“对敌斗争”的做法和经验，后来被人们称做“桃园经验”。对这个报告，陈伯达力主推广介绍，刘少奇同意报告的基本内容，并向中共中央和毛泽东报送了王光美的蹲点经验总结，且代中央写了转发这个经验总结的批语。8月27日，毛泽东对印发王光美报告一事作出批示：“此件先印发此次到会各同志讨论一下，如果大家同意，再发到全国去。我是同意陈伯达和少奇同志意见的。”9月1日，中共中央批示说：这个报告记录，“是在农村进行社会主义教育的一个比较完全、比较细致的典型经验总结”，“因此，桃园大队的经验是有普遍意义的。”批示讲到在许多问题上，桃园大队的经验有普遍性，如：“必须放手发动贫下中农和其他农民群众才能解决干部的‘四不清’和对敌斗争中的各种问题”；“在群众充分发动起来以后，要掌握群众运动的火候，适时地提出实事求是地对待问题”；“县、区、公社、大队、生产队的许多干部以至工作队的许多成员对于放手发动群众有无穷的顾虑，不把团结95%的群众作为基础和前提条件，而片面地强调依靠基层组织和基层干部，不把贫下中农作为我们党在农村中唯一的依靠”；“‘四不清’严重的干部和他们上面的保护人要用各种办法抵抗‘四清’运动”等等。批示还指出：桃园大队的经验只能作为参考，不要把它变为框框，到处套用。王光美报告的“桃园经验”主要内容是：社教工作队进村之后，先搞扎根串联，访贫问苦，从小到大逐步组织阶级队伍；然后开展背靠背的揭发斗争，搞“四清”；再集中地、系统地进行阶级教育，开展对敌斗争；最后进行组织建设。“桃园经验”还认为，团结两个95%，不能并重，重点应该是团结95%的群众；对待基层党组织和基层干部，要又依靠、又不完全依靠；“四不清”干部不仅有受地主、富农和资本家影响这个根子，还有上面的根子，不解决上面的问题，“四清”就搞不彻底；“四清”的内容已经不止是清工、清账、清财、清库，而是要解决政治、经济、思想，组织上的“四不清”。“桃园经验”的批转，对于社会主义教育运动错误的发展，有加剧作用。

同　日　中共中央、国务院转发《关于检查和整顿泸州天然气化工厂建厂工作报告》及西南局的批语。泸州天然气化工厂是我国从西方国家引进的第1个生产合成氨和尿素的先进装置。要求在1966年底建成投产，年产10万吨合成氨和16万吨尿素。该厂原设计按苏联样板进行，改从英国、荷兰购进比苏联先进的技术设备后，要对建厂设计作修改。但由于未跳出苏联的框框，准备了4年，主体工程还未开工。化工部、中共中央西南局经委、四川省计委组成联合工作组，于5月22日到泸州天然气化工厂调查研究。根据勤俭建国、少花钱多办事的精神，重新研究和修改了建厂规划和设计方案，基本上纠正了求大、求全、求高的思想。初步匡算：工厂定员可由3 014人减为1 000人以下，占地由95.6公顷减到50公顷以下，建厂投资由1.8亿减到1.5亿—1.6亿元。中共中央西南局认为他们跳出了苏联框框的束缚，找到了一条适合中国建设的建厂途径。中共中央转发这一文件时指出，基本建设单位和部门要解除苏联框框的束缚，创造一套适合我国情况的、真正体现勤俭建国精神的、多快好省的办法。在工业建设方面，要多建中小型企业、专业化企业，多安排协作，尽可能采用新技术和新工艺，坚决纠正贪大求全的错误。今后一切工业基建项目，都要根据这一新的精神进行设计，凡不符合这一精神的，要坚决修改，正在施工的要力求改进。此后两三个月，有14个设计院开展了群众性的设计改革运动。11月1日，毛泽东指示所有的设计院都要投入群众性的设计革命运动中去。

9月2日　伊犁各族各界群众在伊宁举行集会，庆祝伊犁哈萨克自治州成立10周年。全国人大民族委员会和国家民委的代表丹彤、新疆自治区庆贺团以及新疆其他各自治州、新疆生产建设兵团的代表，前来祝贺并参加了大会。自治州州长伊尔哈力（哈萨克族）在会上讲话。会上，各民族代表还愤怒谴责了赫鲁晓夫集团对中国边疆地区的颠覆破坏活动。

9月3日—12日　北京市第五届人民代表大会第一次会议在北京举行。会议听取了贾庭三副市长作的关于北京市工业工作报告和王纯副市长作的关于1963年财政收支决算和1964年财政收支预算草案报告，并通过了相应的决议。代表们在会议期间还参加了中共北京市委举办的报告会，听取了彭真就国际国内形势和社会主义教育运动所作的重要报告。会议选出了101名第三届全国人大代表，毛泽东、刘少奇、周恩来、邓小平、彭真等以100%的选票当选为第三届全国人大代表。彭真继续当选为北京市市长，万里、贾庭三、吴晗、王昆仑、程宏毅、赵凡、范瑾、王纯、崔月犁、乐松生当选为副市长。

9月5日　中共中央书记处作出关于计划工作的指示。指示的主要内容是：1. 三线建设要落实。铁路建设队伍要在9月底到达工地，计委、经委成立支援小组，现有的楼、堂、馆、所要利用起来为三线建设服务。2. 一线的调整要立即行动。留下的企业进行技术改造，保证提高产量。3. 基本建设投资，首先要保证三线建设的需要，其他方面有多少钱办多少事。4. 工业生产，不论三线还是一线，都要发展。三线建设的中心是成昆线，要成立铁路指挥部、西南筹建处、后方支援小组，要什么给什么。西南建设以攀枝花为中心，重庆周围搞成一个小体系。在后方搞的厂子，一定要采用新技术。

9月8日—14日　湖北省第三届人民代表大会第二次会议在武昌举行。会议听取并审查了省长张体学作的关于湖北省人民委员会工作报告，财政厅长田裕如作的关于湖北省1962年、1963年财政决算和1964年财政预算的草案报告。中共湖北省委第一书记王任重到会讲话。大会以无记名投票形式，选出了湖北省出席第三届全国人大代表共126人。董必武、李先念以百分之百的选票，当选为第3届全国人大代表。张体学继续当选为湖北省省长，张旺午、韩宁夫、李明灏、陈一新、陈经畬、孟夫唐、聂国青、王海山、夏世厚、陶述曾、刘晋、阎钧、赵修当选为副省长。

9月8日—17日　福建省第三届人民代表大会第二次会议在福州举行。中共福建省委第一书记叶飞到会向代表们作了重要讲话。会议听取并审查了省长魏金水代表省人民委员会作的政府工作报告，省财政厅长马子明关于福建省1962年、1963年财政决算和1964年财政预算（草案）的报告。会议选出第三届全国人大代表54人。魏金水继续当选为福建省省长，陈绍宽、丁超五、蓝荣玉、叶松、梁灵光、许亚、高盘九、贺敏学、刘永生、许或青当选为副省长。

9月11日　中共中央、国务院发出《关于组织高等学校文科师生参加社会主义教育运动的通知》。《通知》说，我国高等学校文科脱离实际的倾向十分严重，资产阶级和修正主义的思想影响相当普遍。他们可能成为资产阶级的接班人。由于文科毕业生将来会掌握国家的上层建筑，就使我国有发生“和平演变”的危险。《通知》要求从根本上改变这种状况。《通知》认为，今后的方向就是，使文科院校附设工厂或者迁到农场，办成半工半读或半耕半读的学校。当前，要抓紧组织高等学校文科师生在原定的修业年限内，用半年——一年半的时间，参加社会主义教育运动，使他们在实际的阶级斗争中接受教育和锻炼，提高社会主义觉悟，进行世界观的改造。

9月11日—17日　广东省第三届人民代表大会第二次会议在广州举行。会议听取了广东省省长陈郁作的广东省人民委员会工作报告、省计划委员会副主任曾定石作的关于1964年国民经济计划1月—7月份执行情况和调整1964年计划若干主要指标的报告。中共中央中南局第一书记陶铸向代表们作了当前国内外形势和阶级斗争的新特点的报告。会议选出第三届全国人大代表160人，还增选赵卓云为广东省副省长。

9月13日　李富春向毛泽东汇报经济工作和计划工作问题，并要

求国家计委按照汇报提纲精神制订明年计划。汇报提纲的主要内容是：1.根据毛泽东提出的调整第一线，集中力量建设第三线的战略思想，争取用7年到10年时间，改变目前工业布局的面貌。具体设想和安排是，加快成昆铁路建设，争取1968年底全线通车，同时把湘黔线的勘察设计力量抽出来，从明年开始着手川汉线的勘察和设计；准备分别建立以重钢、酒钢、攀钢为中心的3个工业基地；对第一线的调整，采用“停、缩、搬、分，帮”5种办法，沿海各省都要建设后方；对于大中城市的老企业，有计划地进行技术改造，以利于整个工业技术的发展和帮助三线的建设；凡是新建的工厂，必须是“小而分”，而不是“大而全”，必须尽可能采取新技术、新工艺，非生产建设要因陋就简；此外，还要加强三线公路、地质勘探、煤、电和水源的建设工作；有些生产民用品的工厂要做好转产军用品的准备工作；为保证三线建设，明年农业的投资和地方的投资只能维持今年水平。2.积极研究和采用新技术，进行工业革命。在首先抓住若干项新技术的突破的同时，有计划有重点地进口新技术，反对只注意苏联技术而不注意资本主义新技术的倾向。3.按专业化和协作化原则改组工业，先在京、津、沪等6城市试行，逐步推行“托拉斯”。4.改革劳动工资政策，选择有条件的技校、中专、农中试行半工半读，在季节性工厂试行亦工亦农，在某些矿山试行轮换制。5.改革设计、施工和基本建设程序工作。6.改进财政体制和制度，对非生产性的东西控制要严，对生产事业以促进生产为原则。7.建议中央成立国民经济工作的统帅部，由毛泽东和刘少奇挂帅，以利于中央决策后雷厉风行地行动起来。8.彻底改革计划工作，克服从苏联框框出发的错误。计委要认真搞调查研究，提出重要的、带有方针政策性的、远见性的意见，起到中央的经济工作参谋部的作用。

9月15日—22日　河南省第三届人民代表大会第一次会议在郑州举行。会议听取了河南省省长文敏生作的省人民委员会工作报告、副省长齐文俭作的关于河南省1963年财政决算和1964年财政预算草案的报告、省高级人民法院院长王光力作的高级人民法院工作报告。中共河南省委书记处书记赵文甫向代表们作了关于当前国内外形势的报告。大会选出第3届全国人大代表144人。文敏生继续当选为河南省省长，赵文甫、王维群、李庆伟、齐文俭、张柏园、彭笑千、邵文杰、杜孟模当选为副省长。

9月16日—29日　甘肃省第三届人民代表大会第一次会议在兰州举行。会议听取了副省长胡继宗代表上届省人民委员会所作的工作报告，省财政厅副厅长张奇真作的全省1963年财政决算和1964年财政预算及执行情况的报告，省高级人民法院副院长楚凡作的甘肃省人民法院的工作报告。中共甘肃省委书记汪锋向代表们作了关于政治形势的报告。大会选出了甘肃省出席第三届全国人民代表大会的代表52人，还选举邓宝珊为省长，胡继宗、杨一木、葛士英、李培福、王孝慈、韩练成、何成湘、王国瑞、赵文献为副省长。

9月17日—22日　湖南省第三届人民代表大会第一次会议在长沙举行。会议听取并审查了湖南省副省长华国锋作的省人民委员会工作报告。会议选举117名第三届全国人大代表，包括李富春。会议还选举程潜为湖南省省长，唐生智、华国锋、章伯森、徐明、尚子锦、周世钊、王含馥为副省长。

9月17日—26日　上海市第五届人民代表大会第1次会议在上海举行。会议听取了中共上海市委书记处书记陈丕显作的政治报告，上海市副市长曹荻秋作的上海市人民委员会工作报告，市经济委员会副主任兼财政局长马一行作的关于上海市1963年决算和1964年财政预算草案的报告。大会选举了第3届全国人民代表大会代表140名，包括宋庆龄、陈云、陈毅、谭震林等。还选出上海市第五届人民委员会组成人员共55人，柯庆施继续当选为上海市市长，曹荻秋、石英、宋日昌、宋季文、李干成、李广仁、金仲华、张承宗、赵祖康、胡厥文、荣毅仁等11人当选为副市长。

9月18日　中共中央发出《关于印发〈农村社会主义教育运动中一些具体政策的规定（修正草案）〉的通知》。1964年五六月中央工作会议根据一年来社教运动试点的情况，由刘少奇主持，对《后十条》作了一些重要修改，经毛泽东批改后，交同年9月的中央工作会议讨论通过后形成《后十条》修正草案。修正草案同原草案相比，对形势的估计更严重了，提出敌人拉拢腐蚀干部，建立反革命两面政权，是敌人反对我们的主要形式；认为这次运动，是比土地改革运动更为广泛、更为复杂、更为深刻的大规模的群众运动；提出了有的地区还要进行民主革命补课工作；改变了原《后十条》草案中依靠党的基层组织和基层干部的规定，强调首先要解决干部中的问题，并规定整个运动都由工作队领导；还提出全国完成这场运动需要五六年或更长时间。这些"左"的指导方针使基层干部受到了不应有的打击。

同　日　解放军直属总队选出第三届全国人大代表共10人。

9月18日—24日　青海省第三届人民代表大会第二次会议在西宁举行。中共青海省委第二书记、青海省省长王昭在会上作了当前形势和任务的报告，副省长高克亭作了青海省1964年国民经济计划执行情况的报告，副省长李芳远作了青海省1963年财政决算、1964年财政预算和执行情况的汇报，会议选出了青海省出席第三届全国人大代表18人。

9月18日—25日　空军、福州部队、成都部队举行军人代表大会。中国人民解放军空军选出第三届全国人大代表大会代表9人，福州部队选出第三届全国人大代表7人，成都部队选出第三届全国人大代表4人。

9月18—27日　内蒙古自治区第三届人民代表大会第1次会议在呼和浩特举行。会议听取了自治区主席乌兰夫作的自治区人民委员会工作报告、自治区高级人民法院院长特木尔巴根作的关于法院工作的报告，并审议了自治区人民委员会关于1962年、1963年财政决算和1964年财政预算的报告。会议选出了第三届全国人民代表大会代表。乌兰夫（蒙古族）继续当选为内蒙古自治区主席。

9月20日　台湾"警备总司令部"逮捕"台独"分子彭明敏。台湾大学教授彭明敏与其学生谢聪敏、魏廷朝等，因起草所谓《台湾人民自救宣言》，主张倒蒋和"台湾独立"，并计划将该宣言散布台湾全岛，本日被捕。彭明敏等人被台湾军事法庭以叛乱罪嫌起诉，1965年4月2日，彭明敏被判有期徒刑8年。后蒋介石依"赦免法"，将彭明敏于11月3日“特赦”出狱。1970年，彭明敏在美国精心安排下，逃出台湾，后经欧洲至美国，继续进行“台独”活动。

9月20日—22日　北京部队和海军分别选出全国人大代表。北京部队选出了徐向前元帅等12人为第三届全国人大代表。海军选出肖劲光大将等6人为第3届全国人大代表。

9月20日—26日　山东省第三届人民代表大会第二次会议在济南举行。中共山东省委书记、山东省省长白如冰在会上作了当前国内外形势的报告。会议听取了山东省副省长穆林所作的山东省1963年国民经济计划执行结果和1964年国民经济计划执行情况的报告、山东省财政厅长丁子勋所作的山东省1963年财政决算和1964年财政预算（草案）的报告。会议选出山东省出席第3届全国人大的代表184名。

9月21日　中共中央、国务院同意并批转财政部党组、中央工商行政管理局党组《关于打击投机倒把罚款补税工作的请示报告》。中共中央、国务院的指示指出，一年多来的打击投机倒把斗争，对刹住投机倒把风起了一定的作用。但是，这个斗争还只是打击了浮在面上的投机倒把分子。目前，以“五反”、“四清”为中心的社会主义教育运动正在深入开展，今后打击投机倒把的斗争应当做“五反”、“四清”的一个重要内容。在当地党委或者工作队的领导下，当地党委不能胜任的应在其上级党委的领导下进行，彻底肃清投机倒把活动。

9月21日—26日　广西壮族自治区第二届人民代表大会第二次会议在南宁举行。会议听取了自治区副主席覃应机代表自治区人民委员会作的政府工作报告，自治区财政厅厅长郭城作的自治区1963年财政收支决算和1964年财政收支预算执行情况的报告。大会经过讨论后批准了这两个报告，并作出了相应的决议。大会最后以无记名投票方式选出了第三届全国人民代表大会的代表87人，并增选钟枫为自治区副主席。

同　日　吉林省第三届人民代表大会第二次会议在长春举行。会议听取了吉林省副省长于克作的关于省人民委员会的工作报告，讨论了全省农业生产、农村工作和与此有关的问题。中共吉林省委第一书记吴德向全体代表讲了话。会议选举出吉林省出席第三届全国人民代表大会的代表76名。

同　日　陕西省第三届人民代表大会第二次会议在西安举行。中共陕西省委书记、陕西省省长李启明在会上作了当前形势和任务的报告。会议选出第三届全国人大的代表70人，还增选林茵如为陕西省副省长。

9月21日—27日　江苏省第三届全国人民代表大会第一次会议在南京举行。会议听取了副省长李士英作的江苏省人民委员会工作报告，省财政厅厅长梅村作的江苏省1963年决算和1964年预算草案，江苏省高级人民法院院长邵幼和作的法院工作报告。会议选出了出席第3届全国人民代表大会的代表154人，还选举惠浴宇继续为江苏省省长，李士英、许家屯、包厚昌、管文尉、陈书同、吴贻芳、刘国钧、冯纪新、欧阳惠林、陈扬为副省长。

9月21日—29日　安徽省第三届人民代表大会第一次会议在合肥举行。会议听取了安徽省省长黄岩代表省人民委员会作的政府工作报告，省财政厅副厅长杨联作的关于安徽省1962年、1963年财政决算和1964年财政预算（草案）报告，省高级人民法院代理院长胡锡光作的关于法院工作的报告。中共安徽省委第一书记李葆华向代表们作了当前国内外形势和社会主义革命、社会主义建设的政治报告。会议选出了安徽省出席第3届全国人民代表大会的代表99人。黄岩继续当选为安徽省省长，张恺帆、王光宇、陆学斌、马长炎、桂蓬、王中、姚克、彭宗珠、张柞荫、戴朝、李任之、李凡夫当选为副省长。

同　日　浙江省第三届人民代表大会第一次会议在杭州举行。会议听取了浙江省省长周建人作的省人民委员会工作报告，省财政厅厅长李文灏作的关于浙江省1963年财政决算和1964年财政预算草案的报告，省高级人民法院院长吴仲廉作的人民法院工作报告。中共浙江省委第一书记江华向代表作了政治报告。大会选出第三届全国人民代表大会代表82名。周建人继续当选为浙江省省长，霍士廉、吴宪、任一力、李维新、王起、冯白驹、刘剑、王芳当选为副省长。

9月21日—10月19日　全国计划工作会议在北京召开。会议集中讨论了计划工作如何革命化的问题。毛泽东8月27日在陈伯达的一封信上批示："计划工作方法，必须在今明两年内实行改变。如果不变，就只好取消现有的计委，另立机构"。这次计划工作会议就是为了落实毛泽东的这个指示。会议认为，计划工作的主要错误是教条主义、分散主义和官僚主义。会议提出：1. 必须彻底改革我国的计划工作。明年首先要把战略布局和组织生产高潮的任务贯彻到计划中去，并且为第三个五年计划的发展打下基础。2. 拥护中央成立由两位主席挂帅的国民经济统帅部，实现中央对计划、经济工作方面的高度集中领导。同时建议加强国家计委，使国家计委真正成为中央领导下的经济工作方面的总参谋部。3. 充分发挥大区计委的作用，加强各地方、各部门的计划机构。4. 根据"大权独揽，小权分散"，"统一领导、分级管理"的原则，改进计划管理体制。5. 改革财政管理制度。用三四年的时间把基本折旧费用从财政收入中划出来，完全用于原有企业的更新改造；地方基本建设所需资金，在年度计划批准后，纳入地方财政预算，由地方安排。6. 简化设计任务书的内容和审批手续，实行设计工作的革命化。7. 取消基本建设现场的甲、乙方，实行一个单位的统一领导，简化调整基本建设计划的审批手续，改进基本建设计划的考核办法。8. 主要物资仍编制年度计划，其余物资由主管物资分配的部门结合订货工作，按年或季分配，或随时申请、随时分配。9. 改进劳动工资计划和劳动力的管理制度，精简管理机构。今后劳动工资计划，国家只控制工资总额和固定职工的年末人数。10. 简化计划程序和计划表格，改进计划方法，加强综合平衡工作。会议还讨论拟定了1965年计划纲要（草案）。

9月22日　新华社报道：我国机械工业新产品迅速增长。报道说，我国机械工业的新产品正在迅速增加，最近几年每年试制成功的新产品都在千种以上。目前机械工业部门生产的品种，比1957年增加了1倍以上。最近几年试制成功的新产品当中，包括大批对国民经济有重大意义的大型成套设备，其中有1.2万吨水压机、车轮轮箍轧机、120万吨煤矿竖井设备、新结构火力发电设备、大型水力发电设备、350吨门式起重机、大型炼油设备等。精密机器的新品种也大大增加了，其中有精密齿轮磨床、光学座标镗床、加工各种形状轴类的液压仿形车床以及精密轴承环滚道磨床等。我国交通运输部门近年来也增添了一些国产新式交通工具，其中有内燃机车、双层客车、低重心列车、交通牌载重汽车、黄河牌载重汽车、新型越野汽车、新型客货轮等等。最近几年出现的这些现代化的新机械设备，绝大多数是我国自己设计，依靠我国自己的原材料和技术力量生产的，其中有很多产品是在国外对我封锁的情况下制成的。

同　日　沈阳部队召开军人代表大会，选出刘伯承元帅等14人为第三届全国人大代表。

9月22日—23日　昆明部队和公安部队选出全国人大代表。昆明部队选出第三届全国人民代表大会代表共7人。公安部队选出第三届全国人民代表大会代表共2人。

9月23日—30日　黑龙江省第三届人民代表大会第一次会议在哈尔滨举行。会议听取了黑龙江省省长李范五作的关于黑龙江省人民委员会工作报告，黑龙江省财政贸易工作委员会副主任关舟作的关于黑龙江省1962年、1963年财政决算和1964年财政预算的报告。中共黑龙江省委第一书记欧阳钦作了关于当前国内外形势的报告。大会选出出席第三届全国人大的代表132人。李范五继续当选为黑龙江省省长，杨易辰、王一伦、陈雷、陈剑飞、王清正、孙西岐、刘潜、关舟当选为副省长。

同　日　广州部队选举叶剑英元帅等11人为第三届全国人大代表。

9月25日—26日　武汉部队、济南部队、兰州部队分别选出第三届全国人大代表。武汉部队选出出席第三届全国人大代表5名。济南部队选出出席第三届全国人大代表7名。兰州部队选出出席第三届全国人大的代表5名。

9月25日—27日　云南省第三届人民代表大会第二次会议在昆明举行。会议听取了云南省副省长吴作民关于云南省1963年地方财政决算及1964年地方财政预算草案的报告。云南省代省长刘明辉在大会上就云南省目前的形势和工作中的几个问题讲了话。会议选出了第三届全国人民代表大会的代表93人，其中有21个少数民族的50名代表。在前两届全国人大中没有代表的布朗、阿昌、普米、怒、崩龙、独龙等6个人数很少的民族，第一次有人当选为全国人民代表大会的代表。

9月26日　新华社报道：我国制成的1.2万千吨压力巨型水压机，经2年试生产质量很好。这台水压机由上海江南造船厂在1962年制成，经过2年多试生产的检验，证明质量很好。在进行超负荷试验时，曾把锻压能力加大到1.6万吨，水压机各部件仍没有发现任何不良现象，对200多个主要部位进行的多次应力测定，所有应力都符合设计数据。

同　日　拉萨各界人民700多人举行欢迎大会，欢迎不久前率队投诚归来的外逃叛乱人员来绕和顿尕等。西藏自治区筹备委员会副主任、拉萨市市长崔科·顿珠才仁在欢迎大会上讲话，对来绕等弃暗投明的行为表示热烈欢迎。他指出，不管是早先回归的赤门色·索南班觉、巴洛玉加、平措旺堆等人，还是最近投诚归来的来绕和顿尕等人，人民政府不仅妥善地安排了他们的生活，帮助他们重建了家园，还根据立功大小发给奖金，并给他们安排工作。他指出，摆在参加叛乱流落国外的藏族同胞面前有两条路：一条是继续流落国外，任人摆布，受人欺凌，过着悲惨的生活；一条是走来绕、顿尕等人所走的道路，回到祖国大家庭里来，与亲人团聚，安居乐业，这是唯一的光明道路。

9月26日—10月4日　宁夏回族自治区第二届人民代表大会第一次会议在银川举行。会议听取了宁夏回族自治区副主席马玉槐作的自治区人民委员会工作报告，副主席王金璋作的关于宁夏回族自治区1962年、1963年财政决算和1964年财政预算草案报告。中共宁夏回族自治区委员会第一书记、自治区主席杨静仁作了关于当前国际国内政治形势和社会主义教育运动问题的报告。会议选出15名出席第三届全国人民代表大会的代表，还选举杨静仁（回族）为宁夏回族自治区主席，马玉槐、王生秀、王金璋、马腾霭、黄执中、马信为副主席。

9月26日—10月7日　柬埔寨国家元首西哈努克亲王和夫人访问我国。访问期间，毛泽东主席于9月28日接见了西哈努克亲王，西哈努克亲王向毛主席、刘少奇主席、周恩来总理赠送了柬埔寨最高级勋章“独立勋章”；刘少奇主席、周恩来总理于9月28日同西哈努克亲王进行了会谈；10月5日，中柬两国签署了联合公报，9月27日，《人民日报》发表社论：《欢迎西哈努克亲王》；10月6日，《人民日报》发表社论：《中柬友好关系的新篇章》。

9月28日　外交部照会印度驻华大使馆，强烈抗议印度军队越过中国——锡金边界一再侵入中国西藏境内。照会指出：中国政府经反复核实，印度军队已越过中国——锡金边界上的东巨拉山口，侵入中国西藏境内。截止1964年8月，印军已在该山口中国一侧和边界线上先后修筑了地堡、掩蔽部、露天掩体等共18个侵略工事（11个在中国一侧，7个在边界线上）。盘踞在那里的印军不断进行骚扰活动。此外，印度军队还一再从中锡边境的其他山口如达吉山口、培龙拉山口等侵犯中国领土。对于印军的上述严重入侵活动，中国政府向印度政府提出强烈抗议。

9月28日—10月3日　刚果（布）总统阿方斯·马桑巴–代巴访问我国。访问期间，毛泽东主席于9月29日会见了马桑巴–代巴总统，同他进行了友好的谈话，刘少奇主席、周恩来总理9月29日会见了马桑巴–代巴总统，并同他进行了会谈。10月2日，两国签署了中国刚果（布）友好条约和两国政府经济技术合作协定、文化合作协定、海运协定。10月3日，发表中国刚果（布）两国政府联合公报。9月28日《人民日报》发表社论《欢迎来自赤道非洲的贵宾》；10月4日，《人民日报》再次发表社论，题目是《中刚（布）两国友好合作关系的新阶段》。

9月29日　中华人民共和国和中非共和国建交。中华人民共和国政府和中非共和国政府发表关于建立外交关系的联合公报。《人民日报》于10月2日发表社论《祝贺中国和中非共和国建交》。

9月29日—10月4日　马里共和国总统莫迪博·凯塔和夫人访问我国。访问期间，毛泽东主席于9月30日接见了凯塔总统和夫人，同他们进行了友好的谈话。9月30日下午，刘少奇主席、周恩来总理同凯塔总统进行了会谈。9月29日，《人民日报》发表社论《凯塔总统，中国人民欢迎您》。

9月30日　党和国家领导人举行盛大国庆招待会。毛泽东主席、刘少奇主席、宋庆龄、董必武副主席、朱德委员长和周恩来总理，今晚在人民大会堂宴会厅举行盛大的国庆招待会，热烈庆祝中华人民共和国成立15周年。参加招待会的共有来自世界80多个国家和地区的外宾2 600多人，这是15年来外国朋友到我国参加国庆盛典的人数最多的一年。他们同我国党和国家领导人、各条战线上的英雄模范人物，以及海外侨胞和港澳同胞的代表们一起，共庆中国人民的伟大节日。刘少奇主席在招待会上讲话，代表中国人民、中国共产党和中国政府，向来自80多个国家和地区的朋友们和同志们表示热烈的欢迎和衷心的谢意。他说，15年来，中国人民迈开了巨大的历史步伐，战胜了前进道路上的种种困难，在社会主义革命和社会主义建设事业中取得了伟大的成就。这是马克思列宁主义的胜利，是中国共产党和毛泽东主席正确领导的胜利，是中国共产党和社会主义革命和社会主义建设总路线的胜利。中国人民将更加紧密地团结在中国共产党和毛泽东主席的周围，坚持党的正确路线，把社会主义革命进行到底。把我国建设成为一个繁荣富强的社会主义国家。刘少奇主席说，15年来，中国人民一贯为保卫世界和平，为反对帝国主义、殖民主义，为支持一切被压迫民族和被压迫人民的革命斗争，为维护社会主义阵营各国人民和全世界人民的革命团结，进行了不懈的努力。中国人民今后将坚持国际正义，继续为世界人民的共同事业作出自己应有的贡献。刘少奇主席最后说，目前国际上是一片大好形势，美帝国主义越来越陷入全世界人民的包围之中。中国人民愿意同全世界人民一道，再接再厉，乘胜前进，同全世界各国人民联合起来，结成最广泛的统一战线，为反对帝国主义的战争政策和侵略政策，为争取世界和平、民族解放、人民民主和社会主义的更大胜利而共同奋斗。

同　日　毛泽东主席会见马里共和国总统莫迪博·凯塔和夫人。

同　日　刘少奇主席会见朝鲜民主主义人民共和国最高人民会议常任委员会委员长崔庸健和朝鲜党政代表团全体成员。

同　日　党和国家领导人接见参加我国国庆的各国贵宾。毛泽东主席、刘少奇主席、宋庆龄、董必武副主席、朱德委员长、周恩来总理、邓小平总书记等党和国家领导人，分别接见参加我国国庆的各国贵宾。他们是：12个社会主义国家的代表团，亚非国家的政府代表团、政府领导人和议会代表团，兄弟党的代表团，军事代表团，各国友好代表团、社会活动家和知名人士。

同　日　中越签订1965年度相互供货付款议定书。中华人民共和国和越南民主共和国政府关于1965年度相互供应货物和付款的议定书，今天在北京签字。根据上述议定书，中越两国贸易1965年度将比1964年度有显著的增长。1965年，我国将供应越南民主共和国的主要商品有棉花、钢材、烟煤、机器设备、化工原料、医药、轮胎、日用百货和其他商品；越南将供应中国的主要商品有无烟煤、磷灰石、水泥、铬铁矿、机械产品、木材、竹子、手工业品和其他商品。

本　月　我国第一个火车车轮轮箍工厂在国庆节前夕正式投入生产。该厂的设计和施工任务全部是依靠国内技术力量完成的，全套设备也是依靠国内原材料自行制造的。厂里安装的轮箍轧机、车轮轧机、巨大的环形加热炉和水压机等20多种技术复杂的设备，都是我国首次设计制造成功的新产品。这个厂只用了一年半的时间，就完成了轮箍轧制系统的施工任务，并且一次就把轮箍轧制成功。经过几个月的试生产，轮箍合格率已达到90%以上，开始供应铁道部门6种不同规格的产品。

10月1日　首都70万人举行盛大的集会和游行，庆祝中华人民共和国成立15周年。毛泽东主席、刘少奇主席和宋庆龄、董必武、朱德、周恩来、邓小平等党和国家领导人参加了大会，并检阅了游行队伍。柬埔寨国家元首诺罗敦·西哈努克亲王和夫人、马里共和国总统凯塔和夫人、布拉柴维尔刚果共和国总统马桑巴–代巴、朝鲜党政代表团团长崔庸健、越南民主共和国党政代表团团长范文同、罗马尼亚国务委员会副主席毛雷尔、摩洛哥王国阿卜杜拉亲王和各社会主义国家代表团、亚非友好国家代表团以及各国知名人士3 000多人参加了庆典。上午10时，首都庆祝中华人民共和国15周年典礼开始，乐队高奏国歌、礼炮齐鸣。中共中央政治局委员、中共北京市委第一书记、北京市市长彭真在大会上讲话。他首先向来自世界各国的贵宾和朋友表示最热烈的欢迎。彭真在简要地叙述了15年来祖国发生的翻天覆地的变化之后说，现在，我们国家的经济形势比过去任何时候都好。党中央所制定的鼓足干劲、力争上游、多快好省地建设社会主义的总路线，越来越显示出无比的威力，我国国民经济已经全面好转，我国人民自力更生、独立自主地建设社会主义力量，从来没有像今天这样强大。我国的政治形势也比过去任何时候都好。我国各族人民正紧密地团结在以毛泽东同志为首的中国共产党周围，高举着社会主义建设总路线的旗帜奋勇前进。彭真讲话以后，首都70万人的盛大游行队伍开始通过天安门广场，接受党和国家领导人的检阅。整个游行历时2小时。入夜，首都150万人以天安门广场为中心，举行了盛大的节日联欢晚会，毛泽东、刘少奇、董必武、朱德、周恩来、邓小平等党和国家领导人，在天安门城楼上，同各国贵宾们一起，观看了绚丽多姿的焰火，与首都人民一起欢度节日之夜。同日，上海、天津、广州、武汉、沈阳、成都、拉萨、西安、哈尔滨、长春、鞍山、太原、兰州、西宁、银川、昆明、南宁、贵阳、郑州、长沙、济南、合肥、南昌、杭州、福州等地300多万人分别举行盛大集会游行，热烈庆祝中华人民共和国成立15周年。同日，香港、澳门同胞也以举办酒会、宴会、庆祝大会等形式，庆祝中华人民共和国成立15周年。同日，《人民日报》发表社论：《鼓足干劲、力争上游、多快好省地建设社会主义的总路线万岁——庆祝中华人民共和国成立15周年》。社论说，过去的15年，是马克思列宁主义在中国取得辉煌胜利的15年，是中国人民在毛泽东思想的旗帜下奋勇前进的15年，是在党的总路线指引下不断革命的15年。

同　日　《人民日报》再次报道大庆、大寨等典型。《人民日报》在“自力更生，奋发图强，艰苦奋斗，勤俭建国”的通栏标题下报道了大庆油田的先进事迹；在“大力支援农业，发展农业生产”

的通栏标题下，报道了大寨的事迹；在“坚持干部参加集体生产劳动的制度”的通栏标题下，报道了重庆水轮机厂、山西省应县藏寨大队干部参加生产劳动的先进事迹。

10月2日　中华人民共和国和刚果共和国（布拉柴维尔）签订友好条约。同时签字的还有：《中华人民共和国和刚果共和国（布拉柴维尔）政府经济技术合作协定》、《中华人民共和国和刚果共和国（布拉柴维尔）政府文化合作协定》、《中华人民共和国政府和刚果（布拉柴维尔）政府海运协定》。10月4日《人民日报》发表社论：《中刚（布）两国友好合作关系的新阶段》。

10月5日　党和国家领导人接见我国各条战线的代表。毛泽东主席同党和国家其他领导人刘少奇、朱德、邓小平、彭真、李富春、贺龙、陈伯达、薄一波、杨尚昆接见参加国庆观礼和在北京开会的我国各条战线的劳动模范、先进人物和少数民族的代表共2 500多人。

同　日　新华社报道：蒋军海军下士赵宗礼驾登陆艇起义，林彪元帅授予赵宗礼少尉军衔。原蒋军海军“大金门水面侦察队”下士赵宗礼，驾驶美制蒋军1279号机械化登陆艇光荣起义，于4日晚安全抵达我华东地区某海港。国防部部长林彪元帅5日发布命令，授予驾驶登陆艇起义归来的原蒋军海军下士赵宗礼，以中国人民解放军海军少尉军衔，并按照对蒋军海军人员起义投诚奖励办法的规定，奖给赵宗礼黄金600两。

10月5日—11日　河北省第三届人民代表大会第一次会议在天津举行。会议听取了省长刘子厚作的关于目前政治形势和工作任务的报告，省财政厅长周政新作的关于河北省1962年、1963年财政决算和1964年财政预算（草案）的报告。会议选出出席第3届全国人大代表共223名。刘子厚继续当选为河北省省长，杨一辰、高树勋、郝田役、杨亦周、王东宁、王金山、王力、郭芳、谢辉、杨磊之当选为副省长。

10月6日　毛泽东同党和国家其他领导人出席解放军总政治部为庆祝中华人民共和国成立15周年举办的晚会，观看大型音乐舞蹈史诗《东方红》。周恩来、彭真、贺龙、柯庆施等党和国家领导人也出席了晚会。在此之前，刘少奇主席同董必武、朱德、周恩来、邓小平等党和国家领导人于10月2日晚，与前来参加中华人民共和国国庆活动的各国贵宾一道，观看了大型音乐舞蹈史诗《东方红》。《东方红》大型音乐舞蹈史诗共分8场，各场题目分别是：《东方的曙光》、《万水千山》、《抗日的烽火》、《埋葬蒋家王朝》、《中国人民站起来》、《祖国在前进》、《世界在前进》。这部大型歌舞以豪迈磅礴的气势、雄伟壮阔的图景，形象地概括了从中国共产党的诞生开始，包括第一次国内革命战争、第二次国内革命战争、抗日战争、第三次国内革命战争，中华人民共和国成立以后这几个重大历史时期内，中国人民在中国共产党和毛泽东主席的领导下，从事革命和建设的伟大历程，同时表达出6.5亿中国人民自力更生、奋发图强，决心战胜一切困难，同全世界人民并肩携手，将革命进行到底的坚强意志。这部作品发扬了我国人民所喜爱的载歌载舞的形式，采用了歌舞、大合唱、齐唱、独唱、群舞、独舞等多种艺术表现手法，并且有民族乐队和西洋管弦乐队的联合演奏。全部史诗由30多首革命歌曲和20多个舞蹈组成，还穿插了18段朗诵。许多诗人、作曲家、舞蹈家参加了创作；首都和部队及外地70多个单位的音乐舞蹈工作者、舞台美术人员以及工人、学生、少先队员等业余演员共计3 000多人参加了这部歌舞史诗的演出。这部作品以中国革命历史的各个阶段最能反映时代精神的革命历史歌曲作为各场音乐的基本主题，并根据内容需要加以变化发展，塑造了众多的英雄形象，构图恢宏，在歌舞艺术的革命化、民族化、群众化方面取得了重大成就，在我国艺术史上产生了重大的影响。

同　日　新华社报道：中国人民解放军南京部队和内蒙古、新疆、西藏军区分别举行军人代表大会，选出第三届全国人民代表大会的代表。

10月6日—13日　山西省第三届人民代表大会第一次会议在太原举行。会议听取了山西省省长卫恒作的关于山西省人民委员会工作报告、副省长武光汤作的关于山西省1963年财政决算和1964年财政预算草案的报告。会议期间，中共山西省委第一书记陶鲁笳向全体代表作了关于国际国内形势的报告。大会选出了第三届全国人民代表大会代表68人。在这次会议上，卫恒继续当选为山西省省长，郑林、武光汤、焦国鼐、刘开基、王中青、刘贯一、贾云标、卫逢棋当选为副省长。

10月7日—9日　农业部召开所属高等农业院校试办半农半读座谈会。参加会议的有所属北京农业大学、北京农业机械化学院、南京农学院、西北农学院、沈阳农学院、西南农学院、华中农学院等7所高等农业院校。会议讨论了改革的步骤和培养目标，认为这类院校实行半农半读，应为半农半读的农业技术学校培养半农半读的专业课教师和为农村培养新型的农业技术干部。会议确定了先行试办的专业，并对一些具体措施交换了意见。

10月8日　党和国家领导人观看现代芭蕾舞剧《红色娘子军》。毛泽东同党和国家其他领导人刘少奇、朱德、彭真、柯庆施、康生、罗瑞卿，观看中央歌舞剧院芭蕾舞剧团演出的现代芭蕾舞剧《红色娘子军》。毛主席、刘主席等领导人看完演出以后，走上舞台，同演员们亲切握手。

10月9日　新华社报道：上海先锋电机厂同有关单位密切协作制造成功电子静电加速器。这种加速器能够产生几百万伏特的电子，是进行原子能研究和作为辐射源应用的新型仪器。

同　日　中国政府发表关于中印边界问题的声明。中华人民共和国政府关于中印边界问题的声明指出，连日来印度总理和外交部长在开罗相继发表谈话，就中印边界问题对中国进行攻击。印度政府领导人竟然利用不结盟国家在开罗举行会议的机会叫嚣反华，中国政府对此不能不感到遗憾。声明指出：印度总理说中国对科伦坡建议没有作出积极的或友好的响应，这是对事实的嘲弄。为了促进中印边界问题的和平解决，中国方面采取了停火、后撤等一系列主动措施，这些措施远远超过了科伦坡建议的要求。印度政府口口声声说它全盘接受科伦坡建议，事实上它不仅没有做过一件缓和边境局势的事，而且不断向中国境内进行骚扰和挑衅，企图制造新的紧张；中国政府从一开始就表示接受科伦坡建议作为中印进行直接谈判的基础，谈判至今未能开始，其责任完全在印度方面；中国政府一向欢迎科伦坡会议国家推动中印双方直接谈判而不介入纠纷的公正的调解努力。但任何关于中印边界问题的实质讨论，都必须有中国在场，任何没有得到中国同意或没有中国在场的调解及其所作出的建议，都是中国政府不能接受的；其实，印度并不真正想通过谈判解决中印边界问题，印度政府之所以不断提出所谓接受科伦坡建议、中国撤出7个民政点等等，完全是为了反华，以便转移国内人民的视线和争取美国军事援助和苏联军事援助，来推行它在不结盟幌子下实行双重结盟的政策。

10月10日　中国与阿尔巴尼亚签订1965年度换货和付款议定书。两国政府代表还签订了《关于1965年度交换货物和付款的议定书》、《关于阿尔巴尼亚政府1965年使用中国政府贷款的议定书》和《中阿海关互助合作协定》。根据上述议定书，1965年度中阿两国贸易额将比1964年有显著增长。1965年中国将供应阿尔巴尼亚的货物有：粮食、各种钢材、农业机械、各种机械、橡胶、轮胎、润滑油、纸张、棉花和其他商品。阿尔巴尼亚将供应中国的货物有：铬矿石、铁镍矿石、原油、沥青、铜、烟草、香烟和其他商品。

10月11日—15日　贵州省第三届人民代表大会在贵阳举行。会议听取了贵州省副省长陈璞如作的贵州省人民委员会工作报告、贵州省财政厅厅长张萍作的关于贵州省1963年财政决算和1964年财政预算草案的报告。会议选出贵州省出席第三届全国人民代表大会的代表67人。

10月12日　中共中央批转李雪峰给刘少奇的信。中共中央华北局第一书记李雪峰10月11日给刘少奇写信，报告他召开的山西、河北2个省地委书记会上的情况。信中说，在两省地委书记会议上，发现县委的同志对四清运动抵触很大。山西有的地委在讨论四清革命问题、放手发动群众问题和集中起来，基本上以县为单位打歼灭战的问题，“翻来覆去弄不大通”，对于运动中揭露出来的类似“地下县委”的错误，也提不到原则上来放手揭露与批判；河北开了40多天的会，拥护中央指示的占到6成—7成，不赞成的有1成，有的甚至声言根本反对四清，还拒绝到会。对于这种情况，华北局采取了两条措施：第一，戳穿“怕左不怕右”这种精神状态，用当前阶级斗争形势及其在党内反映的严重情形，发动到会同志讨论，借以肃清那种萎靡不振的精神状态，并在适当时机，打出反右倾的旗帜来。此外，还提出到底打的什么旗，是红旗、是白旗（指投降倾向），还是灰旗（调和派）的问题。第二，由省委、地委领导和帮助县委“调兵遣将”、“挑兵选将”、“练兵练将”，将经过训练的各级工作队混编然后才进村。中共中央在批转这封信的指示中说，中央同意雪峰同志意见，在目前情况下，不向党内各级干部明确地指出当前的主要危险是右倾危险是不利的。应当参照李雪峰同志的经验，根据各地干部的思想情况，及时地要地委书记和县委书记提出反对右倾的问题，怕左不怕右、宁右勿左的问题，进行认真的讨论，以便为当前的社会主义革命打好思想基础。批示还说，对于已经烂掉的地委、县委、区委、公社、大队和厂矿企业及其他机构，应当在调查确实以后，采用信阳经验、小站经验、白银厂经验，进行夺权斗争，发动群众，迅速加以解决，其他有严重问题的县委及其他机构，能够说服的就说服，不能说服的，也要加以改组。

同　日　国务院批转高等教育部《关于中等专业学校招生和毕业生分配统筹规划问题的报告》。高等教育部根据陆定一副总理的指示，于7月24日邀请中央各部门主管中专学校的负责人开会，解决中专毕业生大量积压、部门之间不能互通有无的问题，会上起草了上述报告。《报告》提出解决这一问题的三条措施：1. 加强中等专业学校招生的统筹规划；2. 实行毕业生的余缺调剂；3. 各部门对于使用不合理的中专毕业生首先自行调剂和妥善安排，确有困难的，由内务部协助解决。

同　日　我国9名跳伞运动员打破集体跳伞世界纪录。我国9名男子跳伞运动员在北京良乡航空俱乐部航空运动表演中，以平均距靶心3.014米成绩，打破男子日间1 000米9人集体定点跳伞世界纪录。

10月12日—20日　四川省第三届人民代表大会第二次会议在成都举行。会议听取了四川省副省长杨超作的关于1964年国民经济计划和主要工作的报告、省财政厅长张呼晨作的关于四川省1963年财政决算和1964年财政预算草案的报告。中共四川省委书记、四川省省长李大章在会上讲了话。大会选出出席第三届全国人民代表大会的代表240人。朱德以百分之百的选票当选。会议还补选和增选了张为炯、张力行、张呼晨为四川省副省长。

10月12日—11月1日　新疆维吾尔自治区第三届人民代表大会第二次会议在乌鲁木齐举行。会议听取了自治区主席赛福鼎作的自治区人民委员会工作报告。中共新疆维吾尔自治区委员会第一书记王恩茂向代表们作了关于国内国际形势的报告。会议选出自治区出席第三届全国人民代表大会的代表53名，其中有10个少数民族的代表40名，占总名额的3/4。前两届没有全国人大代表的塔吉克、锡伯、塔塔尔、俄罗斯等人口很少的民族，这次也有了本民族的代表。

10月13日　党和国家领导人观看歌剧《江姐》。毛泽东同党和国家其他领导人周恩来、朱德、董必武、彭真、薄一波、罗瑞卿、杨尚昆，观看解放军空军政治部文工团歌舞剧一团演出的歌剧《江姐》。

同　日　中共中央批转大庆工委《关于干部参加集体生产劳动，实行“三定一顶”的情况简报》。大庆油田遵照中共中央关于干部参加劳动的历次指示，从8月份起实行干部参加集体生产劳动的“三定一顶”制度。即干部到其所管辖的部门顶工人，当班劳动，白天当工人，晚上当干部。试行1个多月后，效果较好。中央批示指出，大庆实行这种制度虽然时间还不长，经验还不完善，有些办法也还值得研究，暂不宜普遍推广；但他们总的精神是好的，办法也基本上是对头的，特转发各地，请参考他们的经验把“三定一顶”的干部参加体力劳动制度普遍实行并固定下来。这是一种具有伟大革命意义的劳动制度。

10月14日　新华社报道：今年以来全国各地大演革命现代戏，戏剧舞台成为社会主义教育有力阵地。报道说，今年以来全国各地戏剧舞台特别是戏曲舞台上，出现了大演革命现代戏的新局面。广东省各地区各剧种经半年努力创作革命现代题材剧本83个，其中50

多个已排演。上海市十多个戏曲剧种的表演团体9个多月来，共演出近100个革命现代题材的剧目。山东省170多个文艺表演团体一年来上演了120多出创作、改编或移植的现代戏。浙江省17个剧种125个剧团，上演了50多个现代戏。四川成都、重庆两市上半年演出戏曲42 500多场，其中现代戏曲占73%以上。各地戏剧工作者创作改编的革命现代戏，大多是反映解放15年来我国社会主义革命和建设的剧目，热情歌颂了党的领导、三面红旗和共产主义新风尚，成为社会主义教育的有力武器。

同　日　农业科学家、中国科协副主席丁颖在京逝世。丁颖，1888年生于广东省茂名县，是我国著名的农业科学家，毕生研究水稻科学，对我国水稻起源、生态类型以及培育新品种和丰产栽培技术等理论和实践，都有重大贡献。早年留学日本，1924年毕业于东京帝国大学农学部，回国后一直在华南高等农业院校任教并兼任稻作试验场场长、农学院院长等职。1949年参加革命后，历任华南农学院院长，1956年加入中国共产党，1957年中国农业科学院成立，被任命为第一任院长。

10月15日　全国人民代表大会常务委员会举行第一百二十六次会议。会议听取了中国政府友好代表团团长、对外贸易部副部长卢绪章作的关于访问马里、尼日尔、尼日利亚、达荷美、喀麦隆、中非共和国以及参加刚果（布）8月革命节庆祝活动情况的报告。会议还通过了任命事项。

同　日　新华社报道：全国半机械化农机具工作会议在北京闭幕。会议决定，在今后农业改革中，应积极制造和推广半机械化农机具，以发展农业生产，巩固人民公社集体经济。《人民日报》为此发表社论《农具改革运动要坚持自力更生精神》。

10月15日—21日　江西省第三届人民代表大会第二次会议在南昌举行。会议听取了江西省财政厅厅长徐光远作的关于江西省1963年财政决算和1964年财政预算的报告。会议期间，中共江西省委第一书记杨尚奎作了关于当前形势和城乡社会主义教育运动的报告。大会选出了第三届全国人民代表大会代表共63人。会议还增选朱继先为江西省副省长。

10月16日　我国第一颗原子弹爆炸成功。我国核工业创建于1955年初，开始时曾对苏联所能给予的帮助寄予希望，但这种期望被苏中关系的恶化所打破。此后，我国开始了自力更生研制核武器的艰巨努力。毛泽东指出，我们“不但要有更多的飞机和大炮，而且还要有原子弹。在今天的世界上，我们要不受人家欺负，就不能没有这个东西”。中央指定陈云、聂荣臻、薄一波负责领导核工业的筹建工作。周恩来、聂荣臻领导制定的1956年、1963年发表的两次科学技术长期发展规划，对原子弹的研制都作了突出的安排。1958年10月16日，中共中央批准成立国防部科学技术委员会，聂荣臻任主任(同时兼任国家科学技术委员会主任)。1958年起至1961年的3年时间里，我国国防尖端技术的队伍建设和研究研制工作，已从一片空白到有了长足的进步。研制原子弹的专业技术干部队伍已有了数千人，铀原料储量的探查，从选矿到原子武器装配的工厂、设备业已基本具备，研制原子弹所需的新型原材料、精密仪器仪表和大型设备的攻关已经上马。1961年7月，国防工作会议在北戴河召开，对国家经济困难时期的“两弹”（导弹、原子弹）上马还是下马问题进行讨论。毛泽东让秘书转达指示给聂荣臻：中国的工业技术比日本差得很远，我们应采取什么方针，值得注意。聂荣臻召集各有关部门人员研究，共同认为：坚持攻关，争取1963年拿出原子弹初步设计方案，争取3、5年或更长一些时间得到突破。这一设想和决心得到毛泽东、周恩来等中央领导人的同意。1961年，中共中央作出以研制“两弹”为中心，加速国防科研和工业发展的重大决策。为了把“两弹”搞上去，聂荣臻主持制定《科研14条》，抓知识分子政策的落实，抓知识分子物质生活待遇的改善。与此同时，聂荣臻确定了武器装备研制的方针和具体安排，“缩短战线，任务排队，确保重点”，集中解决核燃料生产基地的建设和原子弹的研制，争取4年左右时间搞出来。1962年11月，中共中央决定，成立以周恩来为首，包括聂荣臻、罗瑞卿等在内的15人专门委员会，负责加强“两弹”研究试验工作的领导和更好地组织全国大协作。毛泽东指示，“要大力协同，做好这件工作”。此后，周恩来主持这个专门委员会多次听取和研究“两弹”研制进展情况和解决存在的问题，使全国的大协作大大加强。经过广大科技人员、解放军指战员以及有关部门的职工、干部的共同努力，1964年10月16日，我国终于在西部的罗布泊试验基地成功地爆炸了第1颗原子弹。这集中地代表了我国当时所达到的科学技术新水平，有力地打破了超级大国的核垄断和核讹诈，提高了我国的国际地位。同日，我国政府发表声明指出：“中国一贯主张全面禁止和彻底销毁核武器。中国进行核试验，发展核武器，是被迫而为的”完全是为了防御，为了保卫中国人民免受核威胁，中国政府郑重宣布：“中国在任何时候、任何情况下，都不会首先使用核武器”。中国政府向世界各国政府郑重建议：“召开世界各国首脑会议，讨论全面禁止和彻底销毁核武器问题”。17日，周恩来总理致电世界各国政府首脑，转达了我国政府的上述建议。许多国家的首脑复电、复函，对中国的立场和建议，表示支持和赞赏。

同　日　新华社报道：空军一批先进单位人物荣获荣誉称号。中国人民解放军空军领导机关在召开的学习毛主席著作积极分子、四好单位、五好战士代表会议上，分别授予在保卫祖国领空光荣岗位上作出优异成绩的36个先进单位和63个优秀人物以荣誉称号。在被授予荣誉称号的单位中，有在捍卫祖国领空的战斗中屡建功勋的某英雄部队，有在防空作战中击落击伤敌机11架的“霹雳中队”，有著名战斗英雄王海曾经领导近年又创出色成绩的某中队，有的被授予“探照灯部队尖兵连”，有的被授予“钢铁雷达站”等等；在受到奖励的先进人物中，有全军学习毛主席著作积极分子牛福生，有用毛泽东思想武装头脑领导飞行训练取得显著成绩的飞行大队长王江，有在教学中取得优良成绩的某学校副大队长王三秀，以及在机务工作中取得显著成绩的机务分队长游顺生等等。他们之中，还有许多在复杂情况下能够“打得准、开得动、联得上”的神枪手、神炮手、技术能手和在各行各业岗位上兢兢业业为战斗胜利提供有力保障的先进集体与个人。空军领导机关号召空军部队全体官兵向这些先进人物学习，更高地举起毛泽东思想伟大红旗，深入开展四好连队运动，为加速空军革命化、现代化建设努力奋斗。

同　日　毛泽东、刘少奇、朱德、周恩来致电苏联领导人祝贺勃列日涅夫、柯西金就任新职及庆贺“上升”号宇宙飞船发射成功。电报说，得悉勃列日涅夫同志当选为苏共中央第一书记，柯西金同志被任命为部长会议主席，我们代表中国人民、中国共产党和中国政府，向你们表示热烈的祝贺。我们衷心地希望，兄弟的苏联人民，在苏联共产党和苏联政府的领导下，在今后各方面的建设工作中和维护世界和平的斗争中，取得新的成就。中国共产党、中国政府和中国人民对于伟大的苏联、苏联共产党和苏联人民在前进道路上的每一个进展，都是高兴的。最近苏联“上升”号宇宙飞船的成功发射和顺利着陆，是苏联劳动人民的又一项伟大成就。我们愿意借此机会向你们，并且通过你们，向伟大的苏联人民，表示衷心地庆贺。电报呼吁，中苏两党、两国在马克思列宁主义和无产阶级国际主义的基础上团结起来。

同　日　党和国家领导人接见参加演出《东方红》的全体人员。毛泽东主席同党和国家其他领导人刘少奇、周恩来、朱德、邓小平、董必武、彭真、李富春、柯庆施、陆定一、陈伯达、康生、薄一波、聂荣臻、杨尚昆、叶剑英接见参加演出大型音乐舞蹈史诗《东方红》的全体人员。

10月17日　全国人大常委会举行第一百二十七次会议扩大会议，听取有关我国爆炸原子弹的报告。会议由朱德委员长主持，参加会议者以极其兴奋的心情，听取了国防部和外交部负责人有关我国成功地爆炸第一颗原子弹的情况报告。在讨论报告时，发言的委员们都强调这是党的鼓足干劲、力争上游、多快好省地建设社会主义总路线的胜利，是我国人民实行自力更生、奋发图强方针的胜利。这是我国加强国防建设的重大成就，也是对于保卫世界和平的重大贡献。周恩来总理和彭真副委员长也在会上讲话，受到了全场极其热烈的欢迎。全国人大常委会向参加我国核试验的工人、工程技术人员、科学工作者和一切从事国防建设的工作人员，表示最热烈的祝贺。

同　日　周恩来总理致电世界各国政府首脑转达我国关于召开首脑会议讨论全面禁止和彻底销毁核武器的建议。电报说，1964年10月16日，中国爆炸了一颗原子弹，成功地进行了第一次核试验。同日，中国政府就这一事件发表声明，详细地阐明了中国对于核武器问题的立场。中国政府一贯主张全面禁止和彻底销毁核武器，中国进行核试验，发展核武器，是被迫而为的。中国掌握核武器，完全是为了防御，为了保卫中国人民免受美国的核威胁。中国政府郑重宣布，在任何时候、任何情况下，中国都不会首先使用核武器。中国政府继续争取通过国际协商，实现全面禁止和彻底销毁核武器，并且为此，在自己的声明中，提出了以下建议，即："召开世界各国首脑会议，讨论全面禁止和彻底销毁核武器问题。作为第一步，各国首脑会议应当达成协议，即拥有核武器的国家和很快可能拥有核武器的国家承担义务，保证不使用核武器，不对无核武器国家使用核武器，不对无核武器区使用核武器，彼此也不使用核武器。"防止核战争，消灭核武器，是全世界一切爱好和平的国家和人民的共同愿望。中国政府真诚地希望，中国政府的上述建议将得到贵国政府的有利考虑和积极响应。同日，我国驻各国外交使节向驻在国政府递交周恩来总理的电报，许多国家的元首或政府首脑接见了中国外交使节。

同　日　高等教育部发出《关于高等学校校舍建筑质量标准的意见》。《意见》指出：1. 高等学校校舍的新建、扩建、改建工程，不属于楼馆堂所的建设。2. 教学、科学研究和生产用房的建筑标准应根据"俭朴、实用、不能采取高标准"的原则，结合实际使用要求具体掌握。教学、科学研究和生产用房与一般生活用房的建筑标准和造价应该有所区别。3. 高等学校生活用房的建筑标准，都不应当超过当地一般职工宿舍的建筑标准。

10月18日—21日　北京国际乒乓球邀请赛开幕。董必武、朱德、周恩来、彭真、陈毅、郭沫若等出席观看了今天的比赛。参加这次邀请赛的有柬埔寨、锡兰、中国、印度尼西亚、日本、朝鲜民主主义人民共和国、尼泊尔、越南民主共和国8个国家的几十位男女选手。这是继1961年第26届世界乒乓球锦标赛之后，在北京举行的又一次规模比较大的国际乒乓球赛。中日两国男女选手获得五项比赛的冠军亚军。柬埔寨、锡兰、印度尼西亚、朝鲜、尼泊尔、越南的优秀运动员获奖。国务院总理周恩来、副总理贺龙在邀请赛闭幕式上，接见了参加这次邀请赛的8个国家的全体乒乓球选手及各国领队和教练。

10月19日　广东举重选手叶浩波打破世界纪录。广东举重选手叶浩波在广州以108.5公斤的成绩，打破解放军选手黎纪源的最轻量级抓举108公斤的世界纪录。

10月20日　中共中央发出《关于认真讨论刘少奇同志答江渭清同志的一封信的指示》。刘少奇9月30日写信答复江苏省委第一书记江渭清9月8日的一封来信。刘少奇在复信中联系谈到一个原则问题，“就是我们应当向谁学习，是向党内和党外群众中一切有真理的人学习，不管他们的职位高低，还是向职位高的人学习，不管他们有没有真理？我们的原则，是向一切有真理的人学习，不只是向职位高的人学习。职位高的人的言论和行动，凡是符合马克思列宁主义的原则，符合毛泽东思想的原则的，都是应当学习的；凡是不符合马克思列宁主义的原则、不符合毛泽东思想的原则的，都是不应当学习的。”刘少奇还指出：“同不能把马克思、列宁的学说当成教条一样，也不能把毛泽东的著作和讲话当成教条。应当运用毛泽东思想的精神实质，来分析你们那里的实际情况，正确地总结你们那里的实践经验，正确地确定今后的工作方针、计划和步骤。”中共中央的指示说，中央认为江渭清同志对自己的缺点和刘少奇同志的信所采取的态度是好的。正如江苏省委来电所说的，这封信上所批评的江渭清同志的缺点，不只是他一个人有，其他许多同志在不同程度上都有，还有一些同志则比江渭清同志更严重，其中，也包括中央的和中央各个部门的许多同志在内。中央认为，所有这些同志都应当进行检查。

同　日　我国自行勘探设计施工的最大煤矿竖井范各庄竖井正式投入生产。该竖井设计年产原煤为180万吨，机械化程度很高。

10月22日　党和国家领导人接见中国人民解放代表和中央团校

学员。毛泽东同党和国家其他领导人刘少奇、周恩来、朱德、邓小平、董必武、彭真、陈毅、李富春、贺龙、李先念、乌兰夫、陆定一、陈伯达、康生、薄一波、邓子恢接见出席中国人民解放军全军民兵政治工作会议的代表、中国人民解放军政治学院学员、中国共产主义青年团中央团校第13期学员。

同　日　《人民日报》发表社论：《打破核垄断消灭核武器》。社论说，我国成功地爆炸了第一颗原子弹以后，在全世界引起了巨大的反响。一切反对帝国主义、爱好和平的人民，特别是亚洲、非洲、拉丁美洲的革命人民，都欢欣鼓舞，热烈赞扬我国人民的这个重大成就，支持我国人民为反对美帝国主义核讹诈和核威胁而采取的正当措施。社论还驳斥了美国总统约翰逊就中国试验原子弹进行的攻击。社论说，为了反对美国的核威胁，为了反对美国在它的侵略集团中间扩散核武器，一定会有越来越多的爱好和平的国家响应和支持中国政府的主张和建议。美国核垄断的局面已经维持不下去了。这对于全面禁止和彻底销毁核武器是大有好处的。防止核战争、禁止核武器的希望，绝不在于巩固美国的核垄断，而在于打破这种核垄断。把美国核垄断的地位打破得越彻底，全面禁止和彻底销毁核武器的可能性也就越大。

10月24日　中共中央发出《关于社会主义教育运动夺权斗争问题的指示》，并转发天津市委关于小站地区夺权斗争的报告。天津小站地区的社会主义教育运动自1964年1月开始，从3月起，天津市委抽调大批干部加强了工作组的力量。《红旗》杂志社编辑部十余人参加并帮助工作组工作，陈伯达指导了小站地区的四清工作。经过一番工作，工作组将当地的3个党支部打成“反革命集团”（为首的一个是水稻专家、一个是女劳动模范、一个是小站镇的党总支书记），并进行了夺权斗争。8月12日，中共中央转发了3个所谓“反革命集团”的社会关系图和所谓“集团头子”的历史大事记。9月25日，天津市委向河北省委、华北局、中央写了夺权斗争的报告。天津市委的报告说，四清运动以前，“这里的天下还不是我们的，或者在很大程度上不是我们的。”并认为3个“反革命集团”“上面的根子在区委。区、社一部分领导干部，实际上就是他们的保护人。”报告记述了工作组开展夺权斗争、改组区委领导等的情况，总结了“集中优势兵力，打好歼灭战”、“掌握运动的火候”、“公安工作和群众运动相结合”等经验。中共中央转发了天津市委的报告，认为这个报告总结出来的经验是好的，并且发出了关于社会主义教育运动夺权斗争问题的指示。中央的指示说：“由于小站地区的领导权长期被反革命集团所操纵，又得到天津南郊区委和公社一些领导人的支持。社会主义教育运动开始是从‘四清’入手，但是在相当长的时间内清不出什么来。后来转入夺权的政治斗争，并处分了区委和公社的一些领导人，才打开了局面，充分发动了群众，首先解决领导权问题，然后再解决经济上的‘四不清’问题，他们的经验，值得各地参考。”中共中央的指示说：“小站地区的敌我矛盾，主要的在形式上是以人民内部矛盾甚至是以党内矛盾出现的，这就迷惑了一些人，并且长期得不到解决，对党对人民造成的损失也很大。”“因此可以看到，当前我们国内的敌我矛盾有一部分在形式上是以人民内部矛盾出现的，甚至是以党内矛盾出现的。敌我矛盾和人民内部矛盾，同党内矛盾交织在一起，在大量的人民内部矛盾和党内矛盾中，包含着一部分很危险的敌我矛盾，必须把这一部分敌我矛盾清查出来。当前阶级斗争的复杂性就在这里。”指示还认为：“过去有些同志强调对敌斗争，只注意对社会上的四类分子进行斗争，忽视这一部分隐藏在人民内部和党内的敌人，甚至要这些隐藏在内部的敌人和敌人的代理人去开展对敌斗争，因此，他们既不能真正地打倒敌人，也不能解决人民内部矛盾，甚至还要冤枉一些好人。”中共中央的指示提出：“凡是被敌人操纵或篡夺了领导权的地方，被蜕化变质分子把持了领导权的地方，都必须进行夺权的斗争，否则，要犯严重的错误。”在这一指示的推动下，社教运动在很多基层单位展开了“夺权斗争”。中共十一届三中全会以后，天津市委经过复查，对小站地区的三个所谓“反革命集团”作了彻底的平反处理。

同　日　中国和锡兰在科伦坡签订1965年换货协定议定书。议定书规定中国向锡兰购买3.8万吨橡胶，锡兰向中国购买20万吨大米。

中国除了购买锡兰传统的出口商品外，还要购买若干工业品。同时还签订了无息贷款协定，规定从1965年到1967年，中国向锡兰提供一笔无息贷款。

10月26日　新华社报道：南方地区血吸虫病流行地区防治工作取得显著成就。湖南黄盖湖、湖北东西湖、安徽华阳河等地，原来都是钉螺遍地的大湖洲，经过围垦种植，消灭了钉螺，现在已经变成了良田千顷的国营农场。江苏武进县孟城公社、上海嘉定县马陆公社、安亭公社、望仙公社等一些疫区，现在已很少发现钉螺，大部分血吸虫病人也得到了治疗。早在1958年就消灭了血吸虫病的江西余江县，几年来始终坚持巩固工作，今年在粪便管理、安全用水方面又有了新的进展。现在这个县整个疫区的劳动力不仅比1953年增加了70%，群众的健康水平也提高了。

10月27日　《人民日报》报道：黄河中游水土流失重点地区第3次水土保持工作会议在西安举行。会议讨论和研究了1965年的工作任务和远景规划，要求100个重点县旗大兴大寨之风，以革命精神和科学方法完成10项任务。

10月28日　高等教育部召开直属高等学校理工科教学工作座谈会研究教育改革等问题。会议提出的教学改革措施有：把阶级斗争锻炼作为一门主课，将参加“四清”和军训正式列入教育计划；在5年中，学生应有1、2次比较集中的时间（共20周左右）参加工农业生产劳动；举办半工（农）半读试点班；大力贯彻少而精的原则，积极进行学制、课程、教学方法和考试制度的改革；组织教师下厂下乡劳动，进行调查研究等等。

同　日　新华社报道：甘肃河西走廊地区一批水利工程获得显著效益。河西走廊地区在今年水利年度内，由国家投资兴修的大型水利基本建议工程有12项，还有“社办公助”的农田水利工程215项，到9月底，12项大型水利工程已完成了3项，200多项农田水利工程已完成171项。这些工程使河西走廊地区当前的灌溉条件有了很大改善，其中有效灌溉面积5万多亩，17万多亩水浇地改善了灌溉条件，还多灌溉了22万亩林地和草场。历来严重缺水的民勤县，今年秋夏作物都适时灌了苗水，是近几年来灌水较好的一年；最干旱的“湖区”，往年只灌一次“安种水”，今年多灌一次苗水，使作物生长良好，产量大幅度增长。

10月29日　中国、赞比亚达成建交协议。中华人民共和国和赞比亚共和国在赞比亚首都卢萨卡就两国建立正式外交关系和互派大使达成协议。

10月30日　中共中央批准并下发国家计委提出的《1965年计划纲要（草案）》。中共中央的批示要求各部门按此计划纲要草案来安排计划工作。纲要草案提出，1965年计划的基本指导思想是：争取时间，积极建设三线战略后方，防备帝国主义发动侵略战争。计划纲要草案提出，1965年三线建设要结合第三个五年计划来考虑和安排。三线建设总的目标是：要采取多快好省的方法，在纵深地区建立起一个工农业结合的、为国防和农业服务的比较完整的战略后方工业基地。1965年三线建设的任务是：在交通运输方面，采取分头、多段、多点同时施工的办法，集中力量建设西南三条铁路干线，争取1965年第三季度修通川黔线；1966年修通滇黔线；1969年修通成昆线。在三线基础工业方面，除了进行攀枝花的冶炼试验、地质勘探和其他准备工程，酒泉的矿山建设和选矿、烧结试验外，利用一线搬来的部分设备，在西南、西北地区分别建设10个中小钢铁企业。1965年计划的主要指标是：工农业总产值1 735亿元，比1964年预计增长9.8%。其中农业总产值增长5.8%；工业总产值增长11.8%。粮食3 700亿—3 850亿斤；棉花3 000万—3 200万担；棉纱620万件；钢1 040万吨；原煤2.0893亿吨，发电量610亿度；原油970万吨；化肥640万吨；铁路货运量4.4亿吨。社会商品零售总额659亿元。新增固定职工40万人。国家财政收入442.3亿元。1965年中央安排的基建投资89.7亿元，加上地方安排的投资44.29亿元，国家预算内总投资134亿元。其中三线投资42亿元。初步安排的大中型项目690个，其中三线187个。按照这样安排，包括生产建设各个方面的需要在内，木材不足约150万立方米，水泥不足约80万吨，设备中的短线产品缺口较大，在尽量安排国防和三线的需要后，难以照顾其他方面的需要。

10月30日—11月5日　陈毅副总理率中国党政代表团参加阿尔及利亚革命10周年庆典。陈毅副总理率领中国党政代表团应邀到阿尔及尔，参加阿尔及利亚革命10周年庆典。11月3—4日，陈毅副总理同阿尔及利亚总统本·贝拉举行会谈，双方就当前国际形势和中阿友好关系交换了意见。

10月30日—11月13日　阿富汗国王穆罕默德·查希尔·沙阿和王后访问我国。访问期间，毛泽东主席于11月1日会见了查希尔·沙阿国王；刘少奇主席、周恩来总理于10月31日同沙阿国王举行会谈，11月12日签署了两国联合公报。10月30日和11月13日，《人民日报》发表社论：《热烈欢迎阿富汗贵宾》、《中阿两国人民世代友好相处》。

10月31日　《人民日报》转载《文艺报》编辑部文章《"写中间人物论"是资产阶级的文学主张》。点名批判了中国作家协会书记处书记、作协党组书记邵荃麟所提出的写"中间人物"的主张。从1960年至1962年，邵荃麟曾多次表示应该写"中间人物"。1962年8月2日至16日，中国作家协会在大连召开农村题材短篇小说创作座谈会。邵荃麟主持会议，茅盾、周扬作了报告。邵荃麟在讲话中，针对近年来文艺创作主题狭窄，方法简单化、模式化和教条主义的倾向，提出了文艺题材和创作方法多样化的要求。他主张不仅要写正面人物、反面人物，还要写中间人物，要向现实生活突进一步，实现文学创作的现实主义深化。他认为，强调写英雄人物是应该的，但还应重视对中间状态的人物的描写，社会的矛盾往往集中在中间人物身上，因此描写他们是很重要的；把典型说成是"萌芽"的东西，是对的，但从大量现象概括出来的东西，也是典型。否则只写萌芽，创作的路子就窄了。要使创作的路子宽广起来，就应该多写从大量现象中概括出来的中间人物。此后，《文艺报》、《火花》、《河北文学》等刊物，发表了不少表示赞同写"中间人物"的文章。1964年10月，《文艺报》编辑部突然发表文章，说"写中间人物论"是"资产阶级的文学主张"，"我们同邵荃麟同志的争论，不是一般的文艺理论上的争论，而是文艺上的社会主义道路同资本主义道路的斗争，是无产阶级的社会主义的文艺路线同资产阶级的反社会主义的文艺路线的斗争，是大是大非之争”。《人民日报》转载《文艺报》的文章后，从中央到地方的报刊上，集中地出现了许多批判“写中间人物论”的文章，批判长达半年之久，仅《人民日报》、《光明日报》、《文艺报》等7家报纸就刊登批判文章100余篇。“文化大革命”期间，江青等人把那次大连座谈会诬蔑为“为反革命复辟制造舆论的黑会”，把邵荃麟作为“黑帮分子”、“反革命”、“叛徒”批斗，1971年6月10日被迫害致死。

同　日　国务院全体会议举行第一百四十八次会议。会议通过了《中华人民共和国和刚果共和国（布拉柴维尔）友好条约》，并提请全国人民代表大会常务委员会审议批准。会议批准了《中华人民共和国政府和刚果共和国（布拉柴维尔）政府贷款协定》、《中华人民共和国政府和刚果共和国（布拉柴维尔）政府文化合作协定》、《中华人民共和国政府和阿尔巴尼亚人民共和国政府关于海关互助合作协定》、《中华人民共和国政府和中非共和国政府文化合作协定》、《中华人民共和国政府和伊拉克共和国政府贸易协定》和《关于修改1954年7月20日于华沙签订的中华人民共和国中央人民政府和波兰人民共和国政府技术和技术科学合作协定议定书》。会议还提请全国人大常委会审议决定设立物资管理部。会议还通过了一些县、市行政区划变更事项和任免事项。

11月1日　毛泽东和夫人、刘少奇和夫人观看日本松山芭蕾舞团演出并接见芭蕾舞团成员。毛泽东主席和夫人江青、刘少奇主席和夫人王光美，同阿富汗国王穆罕默德·查希尔·沙阿和夫人、马里总统莫迪博·凯塔和夫人一起，观看了日本松山芭蕾舞团演出的日本芭蕾舞《祇园祭》。一同观看演出的还有董必武副主席，朱德委员长和夫人康克清，周恩来总理，彭真副委员长，贺龙副总理等。演出结束后，毛主席、刘主席等我国领导人、查希尔国王和凯塔总统等贵宾，走上舞台，同日本艺术家们亲切握手，祝贺演出成功。毛主席、刘主席等中国领导人还接见了日本松山芭蕾舞团团长清水正夫，副团长、著名芭蕾舞演员松山树子，以及芭蕾舞团的主要成员，同他们进行了亲切友好的谈话。

11月3日　新华社报道：蓝田发现猿人头盖骨。我国科学工作者在陕西省西安市东南60多公里的蓝田县公主岭地方，发现了一个猿人头盖骨。这是我国现有的唯一的猿人头盖骨，是研究人类起源的极为珍贵的资料。去年夏天，中国科学院古脊椎动物与古人类研究所的一个野外考察队曾在蓝田陈家窝村附近发现了一个完好的猿人下颌骨，引起了国内外有关方面的重视。今年，这个研究所在去年工作的基础上，组织了规模较大的调查发掘队，在蓝田县公主岭进行了比较广泛的调查发掘。5月22日，他们在蓝田县公主岭地点的土层中挖出了一个猿人牙齿化石。由于这个地点大量化石密集，他们将含化石的大块堆积物，整块地由地层中挖出，分装成几箱运回北京修理。在这批堆积物中，先修理出一个猿人牙齿，10月12日又修理出一个猿人头盖骨。经科学家们初步判断，这个猿人头盖骨的年代，可能比周口店猿人化石稍早，估计距今有五六十万年。和猿人头盖骨一起，还发现了大量哺乳动物化石。

同　日　刘少奇主席观看古巴芭蕾舞团演出。中华人民共和国主席刘少奇观看了由古巴国家芭蕾舞团演出的芭蕾舞剧《葛蓓利娅》，并接见了该团团长费尔南多·阿隆索和艺术家们，同他们进行了亲切友好的谈话。

同　日　新华社报道：中国地理学会在兰州召开干旱地区地理学术会议。参加这次学术讨论会的有来自全国30多个单位的60多名代表，会议收到90多篇论文，内容包括治理沙漠、融冰化雪、土壤盐碱化防治、水利资源的调查和开发、农业区划、生产合理布局等方面。论文表明我国地理工作者的理论水平正在不断提高。同时开辟了如冰川学等新的研究领域。许多学术论文是地理工作者围绕农业生产实地调查研究的成果，并且有不少是多年工作的系统总结和综合研究。几年来，大批科学工作者还到内蒙古毛乌素沙漠和乌兰布和沙漠、宁夏的腾格里沙漠、新疆的塔克拉玛干沙漠进行过考察。

11月4日　印度尼西亚总统苏加诺访问我国。印度尼西亚总统苏加诺应邀在访问朝鲜以后的回国途中到我国进行访问。同日，周恩来总理同苏加诺总统在上海举行会谈，双方就两国共同关心的问题交换意见，并取得了完全一致的看法。5日，苏加诺总统回国。

11月5日　全国人大常委会举行第一百二十九次会议。会议决定批准《中华人民共和国和刚果共和国（布拉柴维尔）友好条约》。会议通过决议，决定设立中华人民共和国物资管理部，批准国务院撤销国家物资管理总局。会议还通过了任免事项。

同　日　刘少奇主席根据人大常委会第一百二十九次会议的决定，任命李人俊为建筑工程部部长，袁宝华为物资管理部部长。

同　日　中共中央宣传部开始在北京大学进行社会主义教育运动试点。试点工作五人小组由以下5人组成：张磐石（中共中央宣传部副部长）、刘仰峤（高等教育部副部长）、徐子荣（公安部副部长）、庞达（中宣部教育处副处长）、宋硕（中共北京市委大学部副部长）。5人小组指导运动工作队并领导整个学校的试点工作。张磐石担任运动工作队队长。工作队成员包括从各中央局和各省、市、自治区党委宣传、文教部门及从高等学校抽调的干部等共250余人。试点5个月后，中共中央宣传部部长陆定一在北京大学社会主义教育运动工作队会议上提出，要按照“23条”把北京大学的运动搞下去，肯定成绩，改正缺点。并且指出，全国有23所高等学校正在进行社会主义教育运动。北京大学的社会主义教育运动试点工作持续到1965年7月。

11月5日—13日　周恩来率领中国党政代表团到莫斯科参加十月革命47周年纪念活动。赫鲁晓夫于10月16日下台后，中共中央希望中苏两党两国的关系能朝着正常方向发展，故对苏联新领导就职发出了联名贺电。刘少奇、邓小平、彭真出席苏联驻华使馆举行的十月革命47周年招待会。中共中央还采取主动，应苏共中央和苏联政府邀请，派以周恩来为团长，贺龙为副团长，伍修权、刘晓、乔冠华等为团员的党政代表团，赴莫斯科参加十月革命47周年纪念活动，并同苏共新领导人会谈。但在11月7日的十月革命节国宴上，发生了苏国防部长马林诺夫斯基的公然挑衅事件，马林诺夫斯基对正在同崔可夫元帅谈话的贺龙副总理说：“不要让任何毛泽东、赫鲁晓夫们来妨碍我们”，“我们现在已经把赫鲁晓夫搞掉了，你们也应该仿效我们的榜样，把毛泽东也搞下台去，这样我们就能和好。”贺龙当场给予批驳，并报告了周恩来，周恩来当即向勃列日涅夫、苏斯洛夫、米高扬指出，这是严重的挑衅。在两党正式会谈时，周恩来就马林诺夫斯基挑衅一事，向苏共提出了严重抗议。勃列日涅夫不得不表示道歉。在会谈中，中共代表团提出，赫鲁晓夫在台上时所预定的于1964年底召开的国际会议，是否能不开；如一定要开，最好能先由中苏两党协商。中共代表团还提出，苏共二十大以来的政治路线是赫鲁晓夫一手制定的，现在是否可对此做些修改。对于国际会议，勃列日涅夫、米高扬表示必须如期举行，不能取消原定计划。对于二十大以来的路线，他们表示苏共二十大以来的路线不是赫鲁晓夫一个人制定的，是苏共中央集体制定的正确路线，要修改它是不切实际的想法。由于苏共新领导的僵化态度，使双方在改善两党两国间关系方面的可能性不复存在。周恩来率代表团于11月13日返抵北京的首都机场时，受到毛泽东、刘少奇、朱德等一大批党和国家领导人的盛大欢迎。

11月6日　毛泽东、刘少奇、邓小平观看中国京剧院演出的京剧现代戏《红灯记》。

同　日　首都隆重集会庆祝十月革命47周年。宋庆龄副主席、彭真副委员长、陆定一副总理等领导人和首都各界代表1 500多人，参加了这次大会。中苏友好协会总会副会长刘宁一和苏联驻华大使契尔沃年科等在大会上发言，他们的发言都强调了社会主义阵营各国的团结。11月7日《人民日报》发表社论《在伟大的十月革命旗帜下团结起来》。

11月8日—13日　陈毅副总理率团参加柬埔寨王国完全独立11周年庆典。13日，陈毅副总理同柬埔寨国家元首西哈努克亲王举行了会谈。

11月9日　高等教育部转发《毛主席与毛远新谈话纪要》。高教部的批示说，这次谈话是极为重要的，对于培养革命接班人，推动高等学校师生自觉地参加社会主义教育运动，促进教育革命，都具有十分重大而深远的意义。所有高等学校，都应当认真加以讨论和贯彻。《毛主席与毛远新谈话纪要》是毛远新（毛主席的侄子，哈尔滨军事工程学院学生）追记本年7月5日毛主席同他的谈话内容。毛泽东在谈到教育问题时说："阶级斗争是你们的一门主课。""你们学院应该去农村搞'四清'去工厂搞'五反'。""阶级斗争都不知道，怎么能谈大学毕业？""反对注入式教学法，连资产阶级教育家在'五四'时期早已提出来了，我们为什么不反？""教改的问题，主要是教员问题。"

11月10日　《人民日报》报道：宁夏引黄灌区建起排水网。报道说，宁夏引黄灌区各社队发扬自力更生的革命精神，建起了排水网，全灌区有效排水面积已有200多万亩，这个过去经常发生内涝的地区今年未发生内涝。

11月11日　中国科学院力学研究所研究"爆炸成形"新技术获得初步成果。这种新技术是利用炸药在水中爆炸时发出的冲击波，使各种金属板材在凹形的金属模型内迅速形成各种机械零件。用这种新技术，可以制造一些用一般方法难以制造的零件，并能使一些难以加工的金属成形。1960年起，中国科学院力学研究所的研究人员，根据我国生产的需要，开始研究这项新技术，他们和许多工厂的工人和技术人员一起，经过千百次试验，终于解决了一些技术问题，总结了成形的规律，把这项新技术应用在生产上。

11月11日—12月7日　全国财政会议在北京举行。会议根据刘少奇给计划会议的信和给江渭清的复信的精神，着重讨论了如何进一步实行财政工作革命化的问题。同时还讨论了1965年国家预算指标。会议认为，根据当前形势制定的1965年预算，第一是必要的，第二是可能的，第三圆满实现它也是不轻松的。当前财政、银行工作的实际状况是：一方面，不该管的管了，该搞活的统死了，存在着"繁琐哲学"；另一方面，该管的没有管，该管死的却放松了，管理不严，监督不力，不敢斗争。财政工作革命化，要看到这两方面的情况。凡是束缚生产力，不利于生产发展的东西，要坚决地改，彻底地改。凡是不利于社会主义的东西，要把"绳绑索捆"拧紧，该死的让它死下去。要搞好这次革命，最根本的是认真蹲点，认真总结经验，实现思想革命化，工作革命化，在此基础上实现制度革命化。1965年财政工作准备先实行以下各项改革：1. 在中央财政和地方财政的关系上，划给地方一部分“固定收入”，一次核定三年不变；2. 在国家同企业的关系上，准备用三四年时间，把企业基本折旧基金从财政收入中划出来，专门用于设备更新；建立小型技术措施贷款基金；改革超计划利润奖金制度；3. 在税收政策上，新产品投产后，在一定时间内给予免税照顾，机械产品的零配件和协作产品，不在市场销售的一律免税；4. 精简会计报表。会议还指出：在改革规章制度中应坚守几条界限即坚持财政、信贷分口管理；划清流动资金和固定资金的界限；划清中央和地方财政界限；坚持年终盘点制度；坚持国家规定的资金、商品和物资管理制度；坚持贷款有计划、有物资和按期归还的原则；坚持现金管理制度；要有必要的财会机构；坚持物资管理制度；坚持国家的劳动工资计划。

11月12日　中共中央、国务院发出《关于加强市场管理，严厉打击投机倒把活动的通知》。《通知》指出，目前正当农产品收购进入旺季，各地市场上投机倒把活动十分严重。许多不允许进入集市贸易或者在统购期间不允许进入集市贸易的棉花、粮食等重要农产品，大量流入集市，严重地影响国家农产品收购计划的完成。通告要求各中央局、各省、市、自治区党委和人民委员会，中央政法各部要在最近认真地抓一次市场管理工作，要用坚决的严肃的态度对待这个问题。对于那些投机倒把活动，要追根到底，采取严厉措施，退赃退款，或没收其用以投机倒把的财物。

同　日　中共中央作出《关于在问题严重的地区由贫协行使权力的批示》。中共中央在批转湖南省委11月1日电报和湖南省人民委员会、省贫协筹委会关于在3种地区一切权力归贫协的通知时指出，在进行社会主义教育运动的重点地区，如果发现有的地方基层干部躺倒不干，以抵抗运动；有的地方领导权被地富反坏分子或新资产阶级分子所掌握；有的地方领导权被蜕化变质分子所掌握，经查明确实之后，经工作队批准，都可以由贫协组织取而代之，一切权力归贫协。没有贫协组织的地方，也可以由工作队组织贫协，取而代之。

同　日　新华社报道：西藏大批翻身农奴担任领导职务。报道说，仅在上半年，拉萨、日喀则、昌都、黑河等地区就有306人被提拔到县、区领导岗位，其中担任正副中共县委书记、正副县长的有18人。目前，西藏全自治区已有1 000多名藏族干部担任区以上各级党政领导职务。全区70多个县的正副县长和440多个区的正副区长中，有87%由藏族干部担任，不少人还担任中共分工委（相当于地委）副书记、专员、中共县委书记和县长等职务。农村牧区的基层干部队伍也在不断发展壮大。现在全区已有17 000多名劳动人民出身的基层干部，担任着党支部书记、乡长、共青团支部书记、妇联主任等基层领导职务。

同　日　国家经委、财政部、中国人民银行联合发出《关于举办国营工业企业小型技术组织措施贷款的通告》。《通知》规定：这项贷款由建设银行负责经办。在没有建设银行机构的地区，由建设银行委托人民银行代为办理。1964年试办的这项贷款，仍由人民银行按照原来的规定办理，并负责按期收回。处理贷款的银行，必须按照贷款的办法规定，监督贷款企业认真按照少花钱、多办事的原则，合理节约地使用资金，做到花钱少、收效快，充分发挥贷款的经济效益。

同　日　中国达荷美决定建立外交关系。中华人民共和国驻加纳大使黄华同达荷美政府外交部长加布里尔·洛泽斯代表本国政府签署了建交公报。14日，周恩来总理电贺中达建交。15日，《人民日报》发表社论《祝贺中国达荷美建交》。

11月13日　中共中央发出《关于农村社会主义教育运动中工作团的领导权限的规定（草案）》的通知。通知说，凡有地委以上党委负责同志领导的工作团集中进行社会主义教育运动的地方，所在县的党和政府各级组织交由工作团领导；除县委书记、县长以上干部外，其他各行各业干部如职工的提拔、调整、交流、选举、罢免、撤职、退职、清洗和补进，一律由工作团党委决定；除属于中央和中央局管理的干部、县委书记和县长外，其他干部、党员、团员和职工的处分，一律由工作团党委决定；除对罪犯判处死刑和对县委书记、县长以上干部的逮捕法办一律报中央审批外，对于有破坏活动的四类分子、坏干部和群众中的犯罪分子的拘留、隔离反省、逮捕，判处管制和徒刑，以及对四类分子戴帽子、摘帽子等，均由工作团党委决定。

同　日　我国采用回转窑烧结法生产矾土水泥的新技术试验成功。同一些老的生产方法相比，新方法节煤省电，产品成本可降低1/3左右。这项新技术是建筑材料科学研究院的研究人员试验成功的。

11月15日　解放军空军在广东省雷州半岛上空首次击落美国147G型无人驾驶高空侦察机1架。11月16日，国防部长林彪颁布嘉奖令，表彰击落美无人驾驶侦察机的空军部队。

11月16日　解放军总政治部召开民兵政治工作会议。会议主要议题是进一步研究贯彻毛主席关于民兵工作组织落实、政治落实、军事落实的指示。会议期间，毛泽东主席同党和国家其他领导人刘少奇、周恩来、朱德、邓小平、董必武、彭真、陈毅、李富春、贺龙、李先念、乌兰夫、陆定一、陈伯达、康生、薄一波、邓子恢等，接见了到会的全体同志。林彪、贺龙、徐向前元帅对会议作重要指示，彭真、罗瑞卿在会上作重要报告，副总参谋长彭绍辉、总政副主任徐立清在会上讲话，总政副主任梁必业作总结发言。会议认为，贯彻执行毛主席关于民兵工作三落实的指示，最主要的是通过社会主义教育运动，加强民兵建设。会议共进行15天，参加会议的有各军区、各军种、各兵种分管民兵工作的领导干部和一部分军分区、县（市）人民武装部的负责人。《人民日报》为此发表社论《在社会主义教育运动中加强民兵建设》。

11月17日　新华社报道：山东、湖南举行民兵比武大会。报道说，具有光荣革命武装斗争传统的山东民兵，最近在济南举行了盛大的比武大会，1 300多名民兵选手表演了平时勤学苦练出来的杀敌本领。国务院副总理贺龙元帅，解放军总参谋长罗瑞卿大将，人民解放军总部、军种、北京部队和河北省、山西省等军区的负责人观看了民兵们的军事技术表演。参加比武的选手，有来自山区、平原的农村民兵，有工厂、机关、学校、机关的城市民兵，还有沿海地区的渔民民兵。报道还说，湖南省最近在长沙举行了民兵比武大会，检阅几年来民兵军事训练的成绩。国防委员会副主席叶剑英元帅和湖南省党、政、军负责人观看了民兵们的军事技术表演。参加比武的民兵有400多名，在各种射击、投弹刺杀、战术动作、武装泅渡、无线电收发报等12项比武表演中，取得了好成绩。

同　日　中共中央转发江苏省委《关于发展半工（耕）半读教育制度的规划（草案）》。中共中央的批示指出：15年来，我国教育工作的情况是：1. 在解放全国的时候，把原有的学校和师资接收下来，除了改掉国民党的“党义”课和取消“训导制度”外，其他不动，这是对的。2. 1952年起，进行了院系调整，工作中有些缺点和错误，但基本上还是对的。3. 1953年起，照抄苏联凯洛夫教育学，进行“教育改革”，以为这就是社会主义的教育了。实际上还是资产阶级教育。这是走了弯路，犯了错误。4. 1958年，即在建国以后9年，我们才真正认识了社会主义的教育与资本主义教育的根本的不同所在，才真正开始了教育改革，真正在教育思想上提出了社会主义的原则，即“教育为无产阶级政治服务，教育与生产劳动相结合”。5. 今年，中央提出“两种教育制度和两种劳动制度”，在教育工作中，全日制小学还要发展，全日制的中学和高等学校不再发展了；以后，国家的教育经费，除了维护这些全日制学校外，新增加的主要用来办理或者津贴半工半读、半农半读的中等和高等学校，这样来多快好省地发展教育，消灭文盲，培养又能作体力劳动又能作脑力劳动的新人，大大发展生产，根本消灭修正主义的社会基础，为将来完全消灭三大差别和进入共产主义社会作准备。针对半工半读、半农半读学校的现状，中央的批示还具体指出：1958年教育改革，各地办了很多半工半读、半农半读学校，1959年以后只剩下少数坚持下来。这些坚持下来的半工半读、半农半读的学校，虽然数量很小，但是它们代表了我们今后教育的发展方向，我们已经办了6年，应该总结出经验来了。这种经验，对于今后实行两种教育制度，对于发展我国的社会主义教育学的理论，都是非常重要的。

11月18日　全国人民代表大会常务委员会举行第一百三十三次会议。会议通过了任免事项。

同　日　政协全国常委会举行第四十四次会议。会议讨论并通过了中国人民政治协商会议第四届全国委员会名单共1 200人，以及政协全国委员会三届四次会议交常委会办理的提案。

同　日　中共中央、国务院发出《关于今后修建建筑物等有关问题的通知》。《通知》规定，今后非经中央批准，一律不准新建和扩建纪念个人的建筑物；举办个人纪念会、个人事迹展览会以及印刷纪念册等，应当事先请示中央；已经省、市、自治区以上机关批准正在修建的纪念建筑物，请各中央局统一审查，如果有涉及党史和军史的重大问题，必须经中央批准，方可继续修建；对刘胡兰、黄继光等工农兵群众革命烈士的纪念和宣传工作，由省、市、自治区党委和军委总政治部负责掌握，但都不要搞纪念建筑，其涉及党史和军史的重大问题，也须向中央请示。

11月19日　中共河南省委表扬已故前兰考县委书记焦裕禄，号召全省干部向他学习。焦裕禄从1962年调到兰考县工作以后，为改变兰考县的面貌尽了自己最大的努力。直到他今年5月因病临终的时候，还念念不忘兰考人民，念念不忘改变兰考的面貌。兰考县位于豫东沙区，是黄河故道上的一个老灾区，经常受风沙、盐碱、内涝的危害，1962年底，焦裕禄到兰考县工作时，正是这个地区遭受连续三年自然灾害中较严重的一年，群众生产生活都十分困难，扭转这种困难局面十分不易。焦裕禄到兰考的第3天，就深入基层调查研究，并召开贫下中农座谈会，和老农们一起研究改变兰考县面貌的办法。经几个月调查，他向县委提出了一个改变兰考面貌的规划，提出只要根除“三害”（风沙、盐碱、内涝），兰考县就可以改变面貌。焦裕禄的工作精神，感染和鼓舞了周围的干部群众。在他的带领下，中共兰考县委总结了四个自力更生改变了灾区面貌的典型经验，在全县推广，大大振作了全县干部和社员的革命精神。仅去冬今春，全县就封闭了沙丘440多个，面积达15 000多亩，占全县沙丘总面积的65%；在40多万亩低洼地里挖大小排水沟渠4 000多条，使近60%的低洼地免除一般涝灾的威胁；全县有26万亩盐碱地，经过深翻、起码的降低地下水位，已有10万多亩基本上脱碱。这些工程发挥了作用，今年夏秋两季都获得了比较好的收成。焦裕禄还勉励自己和教育干部，“与兰考人民同甘苦，共患难。”他带病坚持工作，当发现患的是肝癌时，病情已非常严重。但他在病中仍念念不忘改变兰考面貌。5月14日，焦裕禄因病重而逝世。全县干部社员十分悲痛，都在学习他那种忠心耿耿为党为人民工作的革命精神，继续大搞除“三害”工程，决心完成改变兰考面貌的任务。

同　日　中共中央批转共青团中央《关于组织农村青少年学习问题的一些意见》。《意见》指出，农村从7岁到25岁的青年、少年和学龄儿童，共约2.2亿人。现在，在各级各类学校学习的只有6 000万人，仅占27%。为此，应该分别情况，采取不同的途径和办法，来满足校外1.6亿青少年的学习要求。应尽量提高学龄儿童特别是10岁以下儿童的入学率；积极创办半耕半读学校，大力组织业余学习。中共中央的批示指出，必须发展国家办的和民办（集体办）的学校，实行全日制和半工半读、半耕半读两种教育制度，但这还不够，还必须动员全国共青团组织，采取群众路线的办法，少花钱，多办各种各式的学校。

11月21日　《人民日报》刊载《红旗》杂志合刊社论：《赫鲁晓夫是怎样下台的》。社论说，赫鲁晓夫下台是一件大好事，是一件对世界人民革命事业有利的大好事。社论说，人们尽可以列举千百条罪状来说明赫鲁晓夫垮台的原因，但是，千条万条，最根本的一条，是他违背了马克思列宁主义所指出的社会历史的发展规律，违背了苏联人民和世界人民的革命意志，妄图阻止历史的前进。社论还预言，有些人希望事情依然按照赫鲁晓夫所规定的路线继续做下去，实行所谓“没有赫鲁晓夫的赫鲁晓夫主义”，那么，这条路是走不通的。

同　日　外交部发言人就日本佐藤政府拒绝我党代表团入境发表谈话。发言人说，中国方面派出以彭真为首的代表团应邀赴日参加日本共产党第九次代表大会，是加强中日友好的一个重大步骤，中国人民是欢迎的，日本人民也是欢迎的。佐藤政府竟然采取了拒绝入境的无理措施，明显地违背了日本广大人民的愿望，势必危害中日关系的发展，对此，中国人民不能不感到很大的愤慨。

同　日　我国首届土壤微生物学学术会议在武汉举行。土壤微生物学是研究微生物活动对土壤肥力影响的科学，对农业和林业生产有密切联系。解放前这门科学在我国几乎是空白，现在已发展为专门性的学科，全国除西藏外，各省市区和中央都建立了有关的研究机构，拥有一支人数众多的研究队伍。这次会议共收到论文80多篇，其中90%左右是青年科学工作者提出的。许多论文为各地改良土壤、提高土壤肥力，提供了丰富的科学依据，有些论文的研究成果，已开始在生产中得到了应用。

11月22日　新华社报道：西藏藏族语文得到空前广泛的应用。报道说，有着1 300多年历史的藏族语言文字，在西藏民主改革后的几年中，得到了历史上最为广泛的应用。过去，藏文一直为少数僧尼、官家和贵族所垄断使用，广大藏族劳动人民根本没有机会认字，民主改革后，随着西藏教育事业的发展，这种状况很快得到改变。现在，全西藏已有公办和民办的中、小学1 500多所，入学儿童达5.5万人。许多地方还办起了成人学校。在这些学校里，90%以上的教师都用藏文教学。从1961年以来，自治区文教部门编印的各类藏文课本已有18种，共42.5万册。随着整个民族文化水平的提高，藏文应用的范围也愈益广泛。《西藏日报》藏文版的发行，已由创刊时的几百份，发展到现在的4 500份，所有的乡和小学都有了藏文日报。各个县都能收听到藏文的有线广播。邮电部门开始了藏文电报业务服务。用藏文出版的书籍也越来越多，在西藏各城镇新华书店发行的藏文书籍已达51万册，藏文报刊9.8万份。

11月23日　毛泽东主席致电祝贺日本共产党第九次代表大会。贺电说，中国共产党中央委员会代表中国共产党全体党员和6.5亿中国人民，向日本共产党代表大会、日本共产党和日本人民致以最亲切、最崇高的敬意。贺电说，中国共产党和日本共产党、中国人民和日本人民，在长期反对共同敌人的共同斗争中，结成了深厚的战斗友谊。我们两党两国人民在共同的斗争中，一贯相互支持和鼓舞。日本共产党和日本人民可以深信，中国共产党和中国人民将坚定不移地站在你们这一边，支持你们的伟大的正义的斗争，贺电表示相信，在日本共产党的领导和鼓舞之下，日本人民的革命事业一定能够取得新的伟大的胜利。一个独立、民主、和平、中立、繁荣的日本一定要实现。同日，中国共产党代表团因日本佐藤政府无理拒绝入境，无法参加日共第九次代表大会，代表团团长彭真致电日共，发出我党中央的贺电和我代表团的贺词。

同　日　中共中央、国务院发出《关于成立第七机械工业部的通知》。中央决定：以国防部第五研究院为基础，以第三、第四、第五机械部及其他有关部门和省市，抽调若干工厂和事业单位，组成第七机械工业部，统一管理导弹、火箭工业的科研、设计、试制、生产和基本建设工作。本年年底召开的全国人大三届一次会议，通过了成立中华人民共和国第七机械工业部的决议。1965年1月，刘少奇主席任命王秉璋为第七机械工业部部长。2月，国务院任命刘有光、钱学森、刘秉彦、谷广善、张凡、曹光琳为第七机械工业部副部长。根据中共中央、国务院的决定，1965年第七机械工业部（简称七机部）分别从第三、第四、第五机械工业部接收了部分工厂和中等专业学校。同时，上海机电设计院迁入北京，改名为七机部第八设计院，负责运载火箭总体设计和探空火箭研制。1965年5月，中央专门委员会决定：承担战术导弹研制任务的上海机电二局及其所属8个工厂，1个研究所，划归七机部建制。之后。七机部又从北京搬迁5个研究所到上海，使上海地区形成了比较完整配套的研制生产基地。至此，七机部较之国防部五院时期，组织规模进一步扩大，试制、生产能力有了增强，组织管理更加集中统一，形成了比较完整配套的科研、生产体系，为我国导弹、火箭事业的大发展，奠定了坚实的基础。

11月24日　中共中央、国务院批准国务院外事办公室、高等教育部等五个部门联合编制的《外语教育七年规划纲要》和《关于外语教育七年规划问题的报告》。由国务院外事办公室、国务院文教办公室、国家计委、高等教育部、教育部等5个部门联合编制的《外语教育七年规划纲要》指出，为适应国际形势和国内社会主义建设事业发展的需要，必须大力发展高等外语教育和加强普通中学外语教育，尽速培养一支人数众多的、又红又专的外语干部队伍。今后外语教育发展的方针是专业外语教育和共同外语教育并举，学校外语教育和业余外语教育并举。在学校教育中，确定英语为第一外语，大力调整高等、中等学校开设外语课的语种比例。7年内，外语教育事业发展的指标是：普通中学开设外语课的学校，全国平均全日制初中占40%~50%，全日制高中达到100%，外国语学校发展到40所左右，在校生达到3万多人。高等外语院系经过调整，新建、扩建16所，增加语种，培植外语翻译培养基地。《纲要》提出了实现以上规划的具体措施。《关于外语教育七年规划问题的报告》在简述了7年发展指标和相应措施后提出，为了加强外语教育的领导，调动各方面的力量，保证《纲要》的实现，建议成立由15人组成的外语教育规划小组，组长：张彦，副组长：刘仰峤、徐迈进。

11月25日　国务院副总理李先念率我党政代表团参加阿尔巴尼亚解放20周年庆祝活动。代表团团员有伍修权、许世友、范谨、狄子才、许建国等。当日下午，中国党政代表团拜会了阿尔巴尼亚党政领导人霍查和谢胡，双方进行了亲切友好的谈话。27日，首都各界1万人隆重集会，庆祝阿尔巴尼亚解放20周年。党和国家领导人周恩来、朱德、邓小平、董必武、彭真、贺龙、陆定一、郭沫若以及李四光等人出席了大会。同日，我国党和国家领导人周恩来、朱德、邓小平、董必武、彭真、贺龙、陆定一、郭沫若等接见了由泽内尔·哈米提率领的阿尔巴尼亚矿产地质代表团和由贝尔代夫·吉古率领的阿尔巴尼亚邮电代表团，同他们进行了亲切友好的谈话。

11月26日　文化部和国家民委联合举办的全国少数民族群众业余艺术观摩演出会在首都民族文化宫开幕。这次演出会有50多个少数民族成员参加。具有这样广泛代表性的少数民族业余演员汇集首都演出，是我国历史上的第一次。国务院副总理陆定一，全国人大常委会副委员长郭沫若以及有关方面负责人沈雁冰、张经武、周扬、徐冰等出席了大会开幕式。文化部部长沈雁冰、国务院副总理陆定一发表了重要讲话。陆定一在讲话中谈到了文化革命的问题，他说，文化革命的主要内容就是劳动人民知识化和知识分子劳动化。他说，在全国进行文化革命的运动中，少数民族的文化革命运动也必须积极开展起来。这就要求少数民族地区的一切文化艺术活动，包括业余文化活动在内，必须具有革命的思想内容。各族文艺工作者应当适应人民群众的迫切要求，努力发展革命的社会主义的新文艺。

同　日　陈毅副总理兼外长应邀到印度尼西亚访问。28日，陈毅副总理拜会了印尼苏加诺总统，宾主进行了亲切友好的谈话。

同　日　我政府发表声明强烈抗议美、比帝国主义武装侵略刚果（利）。声明呼吁非洲人民和全世界人民共同起来制止美、比帝国主义的严重挑衅。声明表示，中国将同各国人民一道采取一切可能措施，坚决支援刚果（利）人民的斗争。声明表示相信，只要刚果人民加强团结、坚持斗争，就一定能够取得民族解放的伟大胜利。

11月28日　全国人大常委会第一百三十四次会议和政协常委会第四十五次联席会议决定，全国人大三届一次会议定于12月20日召开。中国人民政治协商会议第四届全国委员会第一次会议，也同时召开。

同　日　毛泽东主席发表关于支持刚果（利）人民反对美国侵略的声明。声明说，美帝国主义武装侵略刚果（利），是一件非常严重的事情。它到处横行霸道。美帝国主义的手伸得太长了。它每侵略一个地方，就是把一条新的绞索套在自己的脖子上。它已经陷入全世界人民的重重包围之中。刚果人民的正义斗争不是孤立的。全中国人民支持你们。全世界一切反对帝国主义的人民支持你们。全世界人民团结起来，打败美国侵略者及其一切走狗。全世界人民要有勇气，敢于战斗，不怕困难，那么，全世界就一定是人民的。一切魔鬼通通都会被消灭。29日，首都70万人举行了声势浩大的示威游行和盛大集会，支持刚果（利）人民的斗争。毛泽东、刘少奇、周恩来、朱德、邓小平、董必武、彭真等党和国家领导人参加了集会。11月29日—12月3日，全国有800万人举行坚决支持刚果（利）人民、声讨美国侵略的示威游行。

11月30日　新疆维吾尔自治区克孜勒苏柯尔克孜自治州各界8000多人在自治州首府阿图什集会庆祝自治州成立10周年。10年来柯尔克孜自治州的面貌发生了根本性的变化。目前，全州粮食总产量比1954年增长31%，在柯尔克孜族人民居住的帕米尔山区，耕地面积增加了2倍，粮食产量增加3倍多。全州各类牲畜总头数比1954年增长51%，比解放初期增长近1倍。解放前自治州没有工业，现在已经兴建起一批工矿企业，一支本地民族的工人队伍已经成长起来。自治州各族人民的生活和精神面貌也起了深刻变化，历史上那种衣不遮体、贫病交迫的落后状况已经彻底改变。自治州各族人民充分行使了当家做主的权利。在自治州人民代表大会的代表中，柯尔克孜族代表就占50%，在自治州人民委员会的27名委员中，柯尔克孜族委员就有15名。10年来，自治州还培养出大批本地民族干部担任各级领导职务。现在全州本地民族干部比1954年增加了6倍半。

同　日　云南省怒江傈僳族自治州各族各界群众在自治州首府知子罗城集会庆祝自治州成立10周年。全国人大民族委员会委员陆庆美、云南省副省长张冲等出席了大会。自治州州长裴阿贝（傈僳族）致开会词，副州长崔彰作了报告。报告指出，和1953年相比，目前全州农田灌溉面积增加了1倍多，水田面积和固定旱地面积都增加了70%左右。粮食产量比1949年增加了2倍，实现了自治州粮食自给。自治州过去交通闭塞，现在已有了很大变化，竹溜索、竹筏、独木舟等原始落后的交通工具，正被现代化交通工具所代替。联结内地的公路已通行汽车。解放前，自治州靠近边疆的四个县的10多万少数民族人口中，只有十多个识字人，广大农村都用刻木结绳记事记数；现在，全州县县有中学，区区有完全小学，乡乡有初级小学，十年来已有1万多人从中、小学毕业，各民族都有了本民族的第一代大学生。

本　月　中共北京市委开始派工作队到北京市的中学进行社会主义教育运动。中共北京市委派工作队到北京市第六中学、第四中学、第八中学，领导开展社会主义教育运动。教育部派工作队到北京二龙路学校开展社会主义教育运动。

12月1日　全国九城市300万人示威支持刚果（利）人民反美斗争。北京、上海、天津、沈阳、西安、成都、广州、武汉、昆明等九城市300万人上街举行声势浩大的示威游行和群众集会，响应毛泽东主席号召，决心尽一切可能支持刚果（利）人民反对美国侵略的爱国正义斗争。

12月3日　中共中央批转王任重在农村社教工作会议上的讲话。1964年11月15日，湖北省委第一书记王任重在农村社教工作会议上讲话，对农村阶级斗争形势作了极其严重的估计。他讲了8个问题：1.对阶级斗争的新形势、新特点的认识问题；2.为什么会出现和平演变和反革命两面政权；3.为什么要县、区、社、队上下左右一起搞；4.县、区、社各级机关的“四清”怎样搞法；5.上述作法算不算“左”倾；6.农村的“四清”怎么搞；7.这一次社会主义革命运动的成果能不能巩固、发展；8.工作队的问题。他认为，阶级斗争“问题的严重性不仅在基层，而且在于我们领导机关。社、区、县、地、省的各级领导机关，都有一批人烂掉了；还有些单位整个组织都烂掉了。原来听到主席的估计，三分之一的地方领导权不在我们手里，不少人还有怀疑。现在一接触实际，思想就通了。有的同志说，恐怕三分之一还打不住。”他认为烂掉的领导干部就是蜕化变质，“就是劳动者变成了剥削者，共产党变成了国民党。投机倒把、贪污盗窃、多吃多占，敲诈勒索、放高利贷，都是剥削。滥用职权、作威作福、打人骂人、欺压群众、奸污妇女、安插私人、为非作歹，就是恶霸行为，国民党的行为。现在已经有一批干部，就是这样变成了新恶霸、新地主、新富农、新资产阶级分子、新贵族。他们从劳动者变成了剥削者，共产党变成了国民党，也就是从革命变成了反革命。蜕化变质分子同我们的矛盾是敌我矛盾，不是人民内部矛盾。必须把这点弄清楚，才能认识和平演变和反革命两面政权的严重性和复杂性，才能有彻底革命的决心。”中共中央对王任重讲话的批示指示：王任重同志在农村蹲点一个短时期以后，他在这篇讲话中就表现了对农村情况的认识有了很大的不同，并且提出了一些重要的问题，发表了一些很好的意见。例如：对“四清”的提法是“清政治、清经济、清思想、清组织”，机关的社会主义教育也叫“四清”，不再叫“五反”，县、区、社、队上下左右一起搞“四清”，生产队的领导核心应是贫协小组，区、社两级主要开贫下中农代表会，叫干部列席参加，不开什么几级干部会，在这次运动中，县委、区委、公社党委一律重新调整，使干部得到交流，等等。请各地党委认真研究这些问题，并根据各地实际情况进行安排和准备。

同　日　中国印度尼西亚发表联合新闻公报。公报指出：陈毅副总理兼外长偕同高级官员应邀于1964年11月27日—12月3日在印度尼西亚进行友好访问。访问期间，陈毅元帅同印度尼西亚领导人进行了会谈。双方就当前反对帝国主义和新老殖民主义的共同斗争交换了情况和经验。双方一致认为，当前世界上反帝反殖的各个斗争是一个不可分割的整体。亚非各国人民以及全世界一切新兴力量必须互相支持，加强团结，紧密合作。中国方面重申支持印度尼西亚粉碎“马来西亚”的斗争。印度尼西亚政府再次表示坚决支持中国为恢复在联合国的合法权利的斗争。双方还讨论了1965年3月将在阿尔及利亚举行的第2次亚非会议筹备工作中的各项问题，目的是保证会议的成功。双方还探讨了关于召开世界各国首脑会议讨论全面禁止和彻底销毁核武器的问题，决心为实现上述目标而奋斗。

12月6日　刘少奇就社教工作给宋任穷写信。信中说：送上河南省委11月30日关于集中整训工作队，解决县社两级骨干“四不清”问题的报告，请你看看。从中可以看到在我们的一些县社领导干部中和平演变和阶级斗争的大体情况。在这些情况中，可能还有某些具体情节，不完全确实，尚须进行核实工作，但总的说来，我认为是接近实际的。实际情况可能比报告中所说的还要更多更严重一些。一是因为40天的集中整训不可能把县社两级干部中所有的严重问题都完全揭透，一定还有一些没有揭透或没有揭开的。二是县社两级干部中的严重问题是不会不牵涉到地委和省委的一些同志的。对于这一方面的问题，报告中完全没有反映。河南省委在报告中说，在集中整训中，他们“初步澄清了县（市）、社（区）两级骨干的面貌”。的确，这只是初步地澄清，而不是完全地澄清。这里提出了这样一个问题，就是我们应当怎样估计县社两级骨干的情况，才是比较接近实际的。河南的县社骨干的情况如此，东北各省干部的情况是不是另外一种情况呢？这是值得你们深思的。由于我得到的东北这方面的情况很少，所以我写这封信给你，想引起你们的注意。

12月7日　国务院全体会议举行第一百五十次会议。会议的主要内容有：通过国务院关于特赦一批确实已经改恶从善的蒋介石集团、伪满洲国和伪蒙疆自治政府的战争罪犯的建议，提请全国人民代表大会常务委员会审议批准；通过中华人民共和国和马里共和国友好条约，提请全国人民代表大会常务委员会审议批准；分别通过青海省果洛藏族自治州各级人民代表大会和各级人民委员会组织条例（草案），以及贵州省镇宁布依族苗族自治县、广东省连山僮族瑶族自治县、内蒙古自治区鄂温克族自治旗、内蒙古自治区莫力达瓜达斡尔族自治旗、云南省河口瑶族自治县、云南省屏边苗族自治县等六个自治县（旗）的人民代表大会和人民委员会的组织条例（草案），并提请全国人民代表大会常务委员会审议批准；还通过了县、市行政区划变更事项和任免事项。

同　日　中共中央转发谢富治关于沈阳冶炼厂的蹲点报告和毛泽东的批示。中共中央将谢富治写的蹲点报告《沈阳冶炼厂资本主义经营管理方法种种》和毛泽东关于这个报告的批示，转发各省部级党委党组阅读。毛泽东在批示中说：“我们的工业究竟有多少在经营管理方面已经资本主义化了，是1/3，1/2，或者还更多些，要一个一个地清查改造，才能知道。而要这样做，必须派政治上很强的工作队分期分批去做。谢富治同志这个报告很可一看。”谢富治在这个报告中说冶炼厂存在四个严重问题，列举了“奖金挂帅，物质刺激”、“科学试验，为名为利”等“资本主义经营管理方法的8种表现”。

12月10日　中共中央、国务院批转《关于农村面上工作座谈会纪要》。批示要求，今冬明春必须把面上的社会主义教育和生产、收购、分配等工作认真地抓起来。做好这些工作，对争取明年的农业丰收，对国民经济的进一步高涨，具有重大的意义。对点上的工作，也是有力的支援。指示认为，一部分干部蹲点、一部分干部主持面上的工作，这种工作形式将是长期的。因此，主持面上工作的同志，必须从长远出发，克服临时观点，要勇于负责，鼓足干劲，兢兢业业地、踏踏实实地把问题一个一个解决好，把工作做好。

12月12日　全国人大常委会举行第一百三十五次会议。会议通过了关于公布第3届全国人民代表大会代表名单的公告；决定批准中华人民共和国和马里共和国友好条约；批准青海省果洛藏族自治州等一个自治州六个自治县、旗的人民代表大会和人民委员会组织条例；根据国务院的建议，决定对经过一定期间的改造、确实改恶从善的蒋介石集团、伪满洲国和伪蒙疆自治政府的战争罪犯，实行特赦。会议还通过了任免事项。

同　日　全国人大常委会发布关于公布第三届全国人民代表大会代表名单的公告。公告指出，第三届全国人民代表大会代表，已经按照“中华人民共和国全国人民代表大会及地方各级人民代表大会选举法”等法律和规定，由各省、自治区、直辖市、军队、华侨等选举单位分别选出，共计3 040人，其中丁颖、许之桢、柯仲平已经逝世，现在实有代表3 037人。台湾尚待解放，应选全国人民代表大会代表暂缺。公告公布了当选为代表的3 037人的名单。

同　日　中华人民共和国主席刘少奇发布特赦令。特赦令内容如下：根据第二届全国人民代表大会常务委员会第一百三十五次会议的决定，对于确实改恶从善的蒋介石集团、伪满洲国和伪蒙疆自治政府的战争罪犯，实行特赦。（一）蒋介石集团、伪满洲国和伪蒙疆自治政府的战争罪犯，关押已满10年，确实改恶从善的，予以释放。（二）判处死刑、缓期2年执行的战争罪犯，缓刑时间已满1年，确实有改恶从善表现的，可以减为无期徒刑或15年以上有期徒刑。（三）判处无期徒刑的战争罪犯，服刑时间已满7年、确实有改恶从善表现的，可以减为10年以上有期徒刑。这个命令，由最高人民法院和高级人民法院执行。

同　日　毛泽东对陈正人的蹲点报告作出批示。毛泽东看了陈正人关于洛阳拖拉机厂的蹲点报告后批示：“官僚主义者阶级与工人阶级和贫下中农是两个尖锐对立的阶级”。“这些走资本主义道路的领导人，是已经变成或者正在变成吸工人血的资产阶级分子。这些人是斗争的对象、革命对象，社教运动绝对不能依靠他们。我们能依靠的，只有那些同工人没有仇恨而又有革命精神的干部。”毛泽东还批示：“管理也是社教。如果管理人员不到车间小组搞三同，拜老师，学一门至几门手艺，那就一辈子会同工人阶级处于尖锐的阶级斗争状况中，最后必然要被工人阶级把他们当做资产阶级打倒。不学会技术，长期当外行，管理也搞不好。以其昏昏，使人昭昭，是不行的。”

同　日　新华社报道，西藏自治区筹委会举行第七次扩大会议。这是自治区筹备委员会成立以来规模最大、劳动人民代表最多的一次会议。会议期间，代表们听取了中共西藏工委第二书记张国华作的政治报告和西藏自治区筹备委员会的政府工作报告以及西藏地区1963年财政预决算和1964年财政预算的报告。会议认为，从自治区筹备委员会第六次扩大会议以来，西藏继续贯彻了党中央“稳定发展”的方针，在政治、经济、文化等方面都取得了巨大成绩。全区已有一支2万多人的藏族工人阶级队伍，民族干部队伍也在迅速成长，全区已有5 800多名藏族干部，其中已有1 000多名担任了正副区长、县长、专员等职务。在农牧业生产方面，全区耕地面积不断扩大，粮食产量不断提高，现在全区耕地面积比1959年扩大了59万多克（相当于亩），粮食总产量比1959年增长了52%，今年牲畜总头数比1959年增长了40%以上，随着生产的发展，人民生活得到了改善，许多翻身的贫苦农奴和奴隶有了余粮，盖了新房。张国华在政治报告中说，西藏地区经过平叛和民主改革，政治经济文化方面的发展是空前未有的，西藏的民主革命日益深入，目前西藏正处于彻底完成民主革命，积极准备社会主义革命的新时期。大会期间，几十位代表和列席代表发言，畅谈民主改革以来的伟大成就，同时也谴责极少数披着宗教外衣的反动农奴主的破坏活动和复辟阴谋，表示要把民主革命进行到底。

12月15日　中共中央政治局在北京召开全国工作会议。会议主要讨论农村社会主义教育运动问题，会议实际上分成两个阶段。从1964年12月25日—12月底，为会议的第一阶段，由刘少奇主持。会议开始后，刘少奇在讲话中提出了会议要研究的议题，16日以后，会议各小组进行讨论，各地负责人介绍了社教运动进展的情况，讨论了运动的性质和农村的主要矛盾问题。12月底，会议制定出《中央政治局召集的全国工作会议讨论纪要》，共十七条，作为中共中央文件印发。文件对运动的性质作了统一规定，即解决“社会主义与资本主义的矛盾”。对运动的名称也作了统一规定，即城乡社会主义教育运动一律简称为“四清”，即清政治，清经济，清组织，清思想。取消了城市的“五反”运动名称。对运动进行时间也作了统一规定，即7年内全国搞完，3年内搞完1/3地区。从1965年1月初—1月14日，为会议的后一阶段。毛泽东认为前一段运动中有“左”的问题，并认为会议对问题没有研究透、解决好，于是继续开会。毛泽东在讲话中批评了社教运动中只靠工作队、搞神秘主义、打击面过宽等问题，许多批评是针对刘少奇的。在毛泽东亲自主持下，会议又重新讨论了已经通过的会议纪要。在作了重要修改后，于1月14日制定了《农村社会主义教育运动中目前提出的一些问题》（即《二十三条》），也作为中央文件印发，中央专为此件发出通知，指出以前所发关于社会主义教育运动的文件如有同这个文件抵触的，一律以这个文件为准。《二十三条》对纠正1964年下半年以来“四清”运动中某些“左”的做法，作了一些规定，但是，它在总的方面对形势作了更加严重的错误估计，出现了较之以前更“左”的提法，提出这次运动的重点，是整“党内那些走资本主义道路的当权派”，强调在工作中要“抓住阶级斗争这个纲，抓住社会主义和资本主义两条道路斗争这个纲”。《二十三条》下达后，到1968年春，全国城乡约有1/3的县、社进行了“四清运动”。在会议第二阶段进行期间，毛泽东连续批评刘少奇。1965年1月3日，毛泽东在工作会议的小会上批评刘少奇：无事不登三宝殿，有事死开会，有的同志提出打歼灭战，怎么打，集中了1.5万人搞一个县，我看是搞了烦琐哲学。1月13日，毛泽东同一些省区的负责人谈话说，去年10月，我在北京讲，如果北京搞修正主义，你们地方怎么办？我总感到要出问题。我讲了以后，一路上从天津到南京，经过许多地方都没听到反应。1月14日，毛泽东在大区书记会议上说：1963年5月杭州会议写出第一个10条，为什么刚过了3个月，9月北京又搞出个10条，只有3个月，有那么多经验?！毛泽东批评刘少奇的某些内容，不点名地写入了他主持制定的《二十三条》。

12月16日　刘少奇主席接见阿尔及利亚民主人民共和国总统艾哈迈德·本·贝拉的特使、阿尔及利亚游览部长阿马尔·乌兹加尼。乌兹加尼部长递交了本·贝拉总统给刘少奇主席的信。同日，周恩来总理、陈毅副总理同乌兹加尼特使进行了会谈。

同　日　首都各界1 500多人隆重集会。热烈庆祝越南南方民族解放阵线成立4周年，庆祝最近在河内召开的“声援越南人民反对美帝国主义侵略、保卫和平国际会议”取得巨大成功。国务院副总理贺龙，人大常委会副委员长、中国人民保卫世界和平委员会主席郭沫若，政协全国委员会副主席陈叔通，国防委员会副主席蔡廷锴等出席了会议。郭沫若致开幕词，中国亚非团结委员会副主席、出席河内会议的中国代表团团长刘宁一，越南南方民族解放阵线常驻中国代表团代理团长阮明芳和越南民主共和国驻中国大使陈子平，先后在大会上讲话。大会还向战斗在反美斗争第一线的越南南方人民和全体越南人民发去了支持电，重申中国人民坚决支持越南南方人民和越南民主共和国反对美国侵略的斗争，坚决支持全体越南人民争取祖国统一的正义斗争。

同　日　广东省副省长林李明接见起义归来的原蒋介石集团国防部情报局澳门组少将组长程一鸣，对他毅然起义归来表示热烈欢迎。林李明指出，人民政府对台湾的一切爱国的人，不论他们职位高低，也不论过去犯了多大罪恶，只要他们弃暗投明，都一律欢迎，不咎既往，并按他们立功的大小给予奖励和适当安置。林李明还说：中国人民一定要赶走美帝国主义，解放台湾，台湾同胞一定会回到祖国的怀抱中来。程一鸣是13日起义，回到广州的。回到广州后，即受到有关部门的欢迎。

12月17日　全国人大常委会举行第一百三十六次会议。会议讨论了有关第三届全国人民代表大会第一次会议筹备工作的有关问题，通过了准备向第三届全国人民代表大会第一次会议作的本届人大常委会的工作报告。

同　日　国务院全体会议举行第一百五十一次会议。会议讨论和通过了将由周恩来总理代表国务院向第三届全国人民代表大会第1次会议作的政府工作报告，通过了国务院关于撤销达赖喇嘛·丹增嘉措的西藏自治区筹备委员会主任委员和委员职务的决定。这一决定指出，西藏自治区筹备委员会主任委员达赖喇嘛·丹增嘉措，1959年发动叛国的反革命武装叛乱。在逃亡国外以后，组织流亡伪政府，公布伪宪法，支持印度反动派对我国的侵略，并且积极组织和训练逃亡国外的残匪骚扰祖国边境。这一切都证明他早已自绝于祖国和人民，是一个死心塌地为帝国主义和外国反动派作走狗的叛国分子。国务院根据西藏地方人民的要求，决定撤销叛国分子达赖喇嘛·丹增嘉措的西藏自治区筹备委员会主任委员和委员的职务。

同　日　中共中央作出《关于农村社教工作队工作方法问题的批示》。中共中央组织部长安子文向中央报告了他在农村工作40天的情况，中共中央在批转他的报告时指出：社教工作队到农村，采取反群众路线的形式主义的大轰大嗡的方法，是完全不对的。但是，怕犯错误，不敢放手工作，不敢接近基层干部，甚至不敢接近中农，只是冷冷清清地选根扎根；对敌人和四不清干部，不在适当的时候采取进攻的策略，这些，实际上是右倾情绪。《批示》要求同时清理各级干部的四不清问题：公社领导干部和机关企业负责人的四清，是很重要的，他们的四不清同各大队和生产队的四不清常常连在一起，他们之间常有攻守同盟，不同时清理他们，就会增加各大队和生产队四清的困难。

12月18日　刘少奇主席召集最高国务会议。国家副主席宋庆龄、董必武，全国人大常委会委员长朱德，国务院总理周恩来等国家领导人，中国共产党、各民主党派和各人民团体负责人，以及各方面的有关人士共187人出席了这次会议。会上，周恩来总理就将在第三届全国人民代表大会第一次会议上作的政府工作报告的主要内容作了说明，人大常委会副委员长、政协全国副主席彭真就第三届全国人大第一次会议和政协第四届全国委员会第一次会议的议程等主要问题作了说明。会议对周恩来总理的政府工作报告和彭真副委员长的说明表示赞同。

同　日　中国人民解放军海军航空兵在华东某地上空击落美制国民党军RF-101侦察机1架。国防部长林彪发布嘉奖令，表扬击落美制国民党军RF-101侦察机的海军航空兵部队。被击落的美制蒋机飞行员谢翔鹤被我海上渔民民兵捕获，我国防部通报表扬了捕获蒋机驾驶员的民兵。本月22日，中国人民解放军海军在上海举行祝捷授奖大会奖励作战有功人员。执行这次战斗任务的有关部队和有关民兵单位，分别荣立了集体一等功、二等功和三等功；王鸿喜、魏承超、程合印等10人荣立战功，其中7人荣获提前晋衔的奖励，捕获敌机驾驶员的渔民民兵代表曾申宝、金连招也获得了奖励。

12月19日　全国人大常委会举行第一百三十七次会议扩大会议。会议通过了准备提交第三届全国人民代表大会第一次会议预备会议讨论的第三届全国人民代表大会第一次会议的议程（草案）、主席团和秘书长名单（草案）、第三届全国人民代表大会预算委员会、代表资格审查委员会和委员名单（草案），以及第三届全国人民代表大会第一次会议提案审查委员会主任委员和委员名单（草案）。会议还通过了任免事项。

同　日　中共中央批转高扬文在白银有色金属公司的蹲点报告。冶金部副部长高扬文在白银有色金属公司蹲点后，向中央写了调查报告。报告提出了阶级斗争是核心，首先必须把阶级斗争的仗打好等7个问题。中共中央对这个报告的批示说：白银有色金属公司斗争的经验证明，要办好社会主义企业，首先必须抓好阶级斗争。不抓阶级斗争，不把领导权紧紧地掌握在无产阶级革命家手里，不振起广大革命职工群众的革命精神，生产斗争、科学实验都不可能搞好。抓阶级斗争要克服各种右倾思想，不怕伤害那些四不清干部的和气，不怕触动上级领导，不怕妨碍生产，只要阶级斗争搞得好、搞深、搞透，不但不会妨碍生产，而且必然会促进生产斗争、科学实验的大发展。毛泽东也对高扬文的报告作了批示，批示说，这个报告写得精简节约，又具体生动，又概括，是一个好报告。

同　日　刘少奇主席批准1964年11月3日在北京签订的中华人民共和国和马里共和国友好条约。

12月20日　全国人大三届一次会议举行预备会议。会议通过了第三届全国人民代表大会第一次会议的议程：听取和讨论国务院总理周恩来代表国务院作的政府工作报告；选举中华人民共和国主席、副主席；选举全国人民代表大会常务委员会委员长、副委员长、秘书长和委员；决定国务院总理人选；选举最高人民法院院长；选举最高人民检察院检察长；决定国务院副总理、秘书长、各部部长、各委员会主任人选；决定国防委员会副主席、委员人选；通过第三届全国人民代表大会民族委员会、法案委员会的主任委员和委员人选；通过关于政府工作报告、1965年国民经济计划主要指标和1965年国家预算初步安排的决议和其他决议。预备会议是由全国人大常委会委员长朱德主持的。

同　日　全国政协四届一次会议开幕。中国人民政治协商会议第四届全国委员会第一次会议，今天上午在政协礼堂隆重开幕，会议由政协全国委员会主席周恩来主持。会议选出了政协第四届全国委员会第一次会议主席团和秘书长，通过了这次会议的议程和提案审查委员会人选名单。政协全国委员会副主席郭沫若在会上作了政协第四届全国委员会常务委员会的工作报告。报告总结了政协第三届全国委员会五年多来的工作，谈到了政协全国委员会今后的主要任务。报告号召全国各界人士紧密团结在中国共产党和毛泽东主席的周围，在社会主义革命和社会主义建设的各条战线上贡献自己的力量。这一届全国委员会有1 199位委员，其中新增补的委员394名。本届委员会中包括了中国共产党、各民主党派、各人民团体和各界的代表人物，还包括了工农业生产建设战线、科学研究、工程技术、文化教育、医药卫生等方面的先进人物。

同　日　中国试制成功毛细管色谱仪。新华社报道，中国科学院化学物理研究所和科学仪器厂协作试制成功一种用来分析各种有机化合物的成分及其含量的现代高效能分析仪器——毛细管色谱仪。这种仪器在化学、石油、化工、生物、医学卫生等方面的科学研究和生产中都有广泛的用途。另据新华社报道，一种用来研究和设计电子器件的精密仪器——自动电子轨迹仪，由中国科学院电子学研究所、昆明物理研究所、科学仪器厂等七个单位的研究人员和技术人员协作研制成功。

12月21日　全国人大三届一次会议隆重开幕。中华人民共和国第三届全国人民代表大会第一次会议在北京人民大会堂召开。毛泽东、刘少奇、宋庆龄、朱德、周恩来、邓小平等党和国家领导人出席了大会开幕式。下午3时30分，刘少奇主席宣布第三届全国人民代表大会第一次会议开幕。周恩来总理代表国务院向大会作政府工作报告。大会的执行主席是：毛泽东、刘少奇、朱德、周恩来、宋庆龄、邓小平、彭真、康生、郭沫若、黄炎培、陈叔通、程潜、赛福鼎、林枫，刘宁一、阿沛·阿旺晋美等。出席大会的有2 836人。国务院组成人员、最高人民法院和最高人民检察院的负责人、中国人民解放军高级将领，列席了大会。出席中国人民政治协商会议第四届全国委员会第一次会议的全体政协委员，也列席了大会。

同　日　刘少奇主席接见阿联贵宾。刘少奇主席接见了阿拉伯联合共和国副总理阿齐兹·西德基和夫人，以及由西德基副总理率领的阿联工业经济代表团团员。刘少奇主席同他们进行了亲切友好的谈话。接见时，薄一波副总理以及叶季壮、章汉夫、方毅、雷任民、杨琳等在座。

同　日　中华人民共和国和阿拉伯联合共和国政府经济技术合作协定在北京签字。双方还签订了把即将期满的中国阿联两国政府的贸易协定和支付协定的有效期延长3年的换文，和中国阿联两国政府1965年度贸易议定书。

同　日　中国国际贸易促进会代表团在维也纳同奥地利联邦商会就促进中奥经济关系签订一项协议。根据协议，双方将互相在对方首都设立商务代表处。

12月21日—22日　周恩来总理在第三届全国人大第一次会议上作《政府工作报告》。报告的第一部分中首先讲到了国民经济取得的成就。周恩来指出，我国的国民经济经过1958年—1960年的大发展，从1961年起进入一个调整、巩固、充实、提高的时期。现在，调整国民经济的任务已经基本完成，工农业生产已经全面高涨，整个国民经济已经全面好转，并且将要进入一个新的发展时期。他指出，1965年的主要任务是在更加深入、广泛地开展城乡社会主义教育运动的基础上，大力组织工农业生产的新高潮，完成国民经济调整工作中某些尚未完成的任务，并为1966年开始的第三个五年计划作好准备。周恩来还指出，为了在不太长的历史时期内，把我国建设成为一个具有现代农业、现代工业、现代国防和现代科学技术的社会主义强国，我们在今后发展国民经济中，应当注意以下问题：第一，正确处理农业、轻工业、重工业关系，应当按照农、轻、重的次序来安排国民经济计划；第二，正确处理自力更生和国际合作的关系，国际合作必须建立在自力更生的基础上；第三，实行技术革命，必须发挥我国人民的聪明才智，大搞科学实验。报告的第二部分中指出，我国社会主义建设的巨大成就，是在坚持社会主义革命的情况下取得的，五年来的事实进一步证明，社会主义革命是推动我国社会前进的伟大动力。报告认为，目前正在我国农村和城市中进行的社会主义教育运动，有着伟大的革命意义和历史意义。周恩来在谈到巩固和发展人民民主统一战线问题时指出，我国的人民民主统一战线是无产阶级通过它的先锋队中国共产党领导的，以工农联盟为基础的，包括民族资产阶级、各民主党派、各人民团体、各民族爱国人士、爱国华侨和其他一切爱国民主人士的统一战线。进一步巩固和发展人民民主统一战线，对于胜利地推进社会主义事业具有重大的意义。周恩来总理在报告的第三部分中指出，过去五年多来，以马克思列宁主义力量为核心的世界革命人民，同以美国为首的帝国主义、各国反动派和现代修正主义，进行了严肃的较量，取得了很大的胜利。我们贯彻执行我国对外政策的总路线，在各方面取得很大的成就，当前的国际形势仍然是“东风压倒西风”。周恩来指出，由于党中央和毛主席的英明领导，由于全国人民的共同努力，我们国家的力量日益壮大，国际威望越来越高，我们的国际责任也更加重大了。我们应当牢记毛主席的教导，要坚决、彻底、干净、全部地消灭大国主义，永远保持谦虚谨慎的优良传统，更加兢兢业业地做好我们的工作，继续贯彻我国对外政策总路线。

12月23日　我国政府发表声明抗议巴西当局非法判决我国人员。声明严正指出，1964年12月22日，巴西第一军区第二军事法庭以所谓“进行颠覆活动”的罪名悍然对王耀庭、侯法曾、王唯真等9名无辜中国人员判处10年徒刑。这是巴西当局对中国人民进行的严重的政治迫害。这是美帝国主义在巴西蓄意策划的反华阴谋的进一步发展。中国政府和中国人民对这一非法判决感到极大的愤慨，并且向巴西当局提出强烈的抗议。声明指出，自从9名中国人员被非法监禁以来，中国有关方面一再向巴西当局发出严正的呼吁和抗议，要求迅速恢复他们的自由。世界各国的公正舆论和主持公道的人士也都纷纷表示声援，并且对巴西当局这种破坏国际信义的行为同声提出谴责。但是，巴西当局对这种正义的呼声竟然一概当做耳边风，继续倒行逆施，硬把“进行颠覆活动”的莫须有的罪名栽在中国人员身上，把他们提交军事法庭审讯。在审讯过程中，巴西当局始终拿不出任何人证物证来证实中国人员犯有被诬控的任何罪行。相反，中国人员的辩护律师苏布拉尔·平托和出庭作证的巴西各界著名人士，却以大量无可辩驳的事实确凿地证明：中国人员是在巴西政府的同意下，合法进入和驻留巴西的。他们在巴西进行有关贸易、筹备展览和新闻报道的业务活动，都是光明磊落的，完全正当的。巴西当局对这些无辜的中国人员的审讯和判决，无论在事实上、道义上或法律上，都是毫无道理的，完全非法的。声明还指出：这一骇人听闻的诬陷中国人员的案件，从头至尾都是美帝国主义所策划的，是它利用在巴西制造军事政变的机会，对中国人员进行诬控，企图借此损害中国的国际声誉，破坏中国与巴西及拉丁美洲各国人民之间的友好关系。中国政府再一次严肃地警告巴西当局：迅速恢复9名中国人员的自由。否则，巴西当局必须承担由此引起的一切责任。

同　日　毛泽东、刘少奇、周恩来、邓小平、彭真、陈毅等党和国家领导人观看来访的古巴芭蕾舞团的演出。毛泽东等党和国家其他领导人接见了古巴国家芭蕾舞团团长费尔南多·阿隆索，被接见的还有艺术指导、著名舞蹈家阿丽西亚·阿隆索，古巴政府贸易代表团团长劳尔·马尔多纳多，古巴法律工作者代表团团长埃拉尔多·阿拉索拉·菲列尔等。

12月24日　毛泽东、刘少奇、周恩来接见亚非作家常设局访问亚洲代表团团长巴格里·西里格尔等亚非各国作家。

12月25日　拉萨各界1万多人隆重集会，热烈庆祝川藏、青藏公路通车10周年。参加庆祝会的有西藏党、政、军负责人和各机关、干部、驻军官兵和交通系统的职工，还有曾经参加修筑这两条公路的筑路功臣模范代表及战斗在这两条公路上的先进工作者代表。中共西藏工委副书记郭锡兰、西藏自治区筹备委员会副主任委员朗顿·贡噶旺秋等在会上讲话。他们指出，川藏、青藏公路的通车，对进一步密切西藏与祖国内地的联系，进一步加强西藏与祖国务兄弟民族之间的团结，促进西藏地区的政治、经济、文化和各项建设事业的发展，巩固祖国西南国防等各个方面都起到了重大作用。川藏、青藏公路的通车以及后来新藏公路的建成，是西藏人民政治、经济生活中的一件大喜事，彻底改变了西藏交通闭塞的落后面貌，缩短了西藏和祖国内地的距离，密切了西藏和祖国内地的联系，促进了西藏地区的经济文化繁荣。大会还宣读了中华人民共和国交通部的贺电，通过了向党中央、毛主席的致敬电。《人民日报》为此发表短评《不平凡的公路不平凡的十年》。

12月26日　毛泽东接见阿尔及利亚民主人民共和国民兵代表团团长格奈·马哈茂德及全体团员。接见时在座的有罗瑞卿、彭绍辉、傅秋涛、潘振武等。

12月27日　党和国家领导人接见出席政协会议的委员。毛泽东、刘少奇、周恩来、朱德、邓小平、宋庆龄、董必武、彭真、陈毅、李富春、李先念、李井泉、谭震林、乌兰夫、陆定一、陈伯达、康生、薄一波、李雪峰、罗瑞卿、刘澜涛、杨尚昆、黄炎培、陈叔通、邓子恢等党和国家领导人接见出席中国人民政治协商会议第四届全国委员会第一次会议的委员。

同　日　党和国家领导人接见参加全国少数民族演出会的代表。毛泽东、刘少奇、周恩来、朱德、邓小平、宋庆龄、董必武、彭真、陈毅、李富春、李先念、李井泉、谭震林、乌兰夫、陆定一、陈伯达、康生、薄一波、李雪峰、罗瑞卿、刘澜涛、杨尚昆等党和国家其他领导人接见参加全国少数民族业余艺术观摩演出会的代表和中央民族学院新疆干部训练班的学员。

12月28日　最高人民法院根据1964年12月12日公布的中华人民共和国主席特赦令，特赦释放一批已经确实改恶从善的战争罪犯。这批被特赦释放的战争罪犯共有53名，其中属于蒋介石集团的战争罪犯有国民党四川省主席王陵基等45名，属于伪满洲国的战争罪犯为伪满洲国尚书府大臣吉兴等7名，属于伪蒙疆自治政府的1名战争罪犯是伪蒙疆自治政府副主席、伪蒙古军上将副总司令兼第一军军长李守信。在各地的特赦释放大会上，最高人民法院和有关地区高级人民法院还同时宣布一批悔改较好的被减刑的战争罪犯名单，这批受到减刑宽大处理的战争罪犯共有11名。

同　日　外交部就印度飞机连续侵入我领空的严重事件向印政府提出强烈抗议。中国政府的照会指出："印度飞机连续猖狂入侵，深入中国腹地上空，进行长时间的侦察骚扰，是对中国主权和领空的公然蔑视，是严重的挑衅行为。为此，中国政府向印度政府提出抗议，并且要求印方立即停止一切入侵活动。"

同　日　新华社报道：我国第1次船舶力学学术会议在上海举行。参加这次会议的代表来自全国27个单位，共递交了87篇学术论文，这些论文的作者70%左右是35岁以下的年轻科技工作者，论文内容涉及船舶力学中的绝大部分领域，大多具有一定的水平。

12月29日　我国政府发表声明严重抗议美国北极星导弹潜艇到亚洲大陆沿岸海面活动。声明指出：12月26日，美国国防部证实，装备有16枚射程达1 800英里的火箭的美国潜艇"丹尼尔·布恩号"已经从关岛开到亚洲大陆沿岸的海面。12月28日，美国国防部宣布，它又派出了一艘“特库姆塞号”潜艇到西太平洋来。美国记者毫不掩饰地宣称，美国这样做是为了“随时能够向共产党中国发射猛烈的核火力。”这是美帝国主义对中国人民和西太平洋各国人民露骨的战争挑衅，这是一种无耻到了极点的核讹诈、核威胁的行为。中国人民不能不感到极大的愤慨。中国政府严重抗议美国这一战争挑衅行为。中国在进行第一次核试验之后就向美国建议，两国政府正式发表声明，承担义务，在任何时候，任何情况下，彼此都不首先使用核武器。如果美国确有和平诚意，达成这项协议本来是轻而易举的。但是，它对于我们的合理建议置若罔闻，却企图用什么北极星导弹潜艇来吓唬我们，这是荒谬可笑的。中国政府将坚持不懈地为谋求全面禁止和彻底销毁核武器而努力。但是，如果美国以为派出几艘核潜艇，摆出一些核武器，就能够把我们吓倒，那是永远办不到的。

12月30日　刘少奇主席召集最高国务会议。国家副主席宋庆龄、董必武，人大常委会副委员长朱德，国务院副总理等国家领导人，中国共产党、各民主党派、各人民团体和各省、市、自治区的负责人，以及其他有关方面人士共177人出席了会议。会议对周恩来总理在第三届全国人大第一次会议上所作的《政府工作报告》继续进行了讨论。刘少奇主席就当前国际国内形势和工作中的一些重要问题作了讲话。会议就即将在第三届全国人大第一次会议上提出的国家领导人等候选人名单，和即将在中国人民政治协商会议第四届全国委员会第一次会议上提出的政协领导人候选人名单问题进行了协商。

12月31日　首都举行盛大拥军优属、拥政爱民新年联欢晚会。毛泽东主席、刘少奇主席、周恩来、朱德、邓小平、宋庆龄、董必武、彭真、陈毅、李富春、贺龙、李先念、李井泉、谭震林、乌兰夫、陆定一、陈伯达、康生、薄一波、李雪峰、罗瑞卿、刘澜涛、杨尚昆、郭沫若、黄炎培、陈叔通、程潜、赛福鼎、林枫等参加了联欢会。晚会前，毛主席、刘主席等党和国家领导人，接见了人民解放军和人民公安部队的四好连队代表、五好战士、神枪手、神炮手、技术能手、击落美制国民党军间谍飞机的有功人员、活捉美制蒋机驾驶员的东海民兵代表，及工农业劳动模范、民兵代表和烈军属、复员军人代表。晚8时，当毛主席、刘主席等党和国家领导人，同许多战斗英雄、民兵代表和工农业劳动模范一起登上人民大会堂主席台时，全场万众欢腾。参加三届人大首次会议的2 800多位代表，参加政协四届首次会议的1 000多位代表，也同首都军民一起联欢。

本　月　中共中央决定由海军抽调大批干部到六机部机关及所属企、事业单位，担任政治部、处的领导工作，以加强思想政治工作。

1965年

1965年综述

1月1日，《人民日报》发表《新年献词》，指出，我国人民已经基本上完成了从1961年开始的国民经济调整工作，在新的一年中，要在各条战线上，更加深入地开展社会主义教育运动，并且在这个运动的基础上，促进生产建设和科学实验的新高潮，以出色的成就来迎接将从1966年开始的第三个五年计划。

1月14日，中共中央印发《农村社会主义教育运动中目前提出的一些问题》（即《二十三条》）。这个文件是1964年12月召开的中央工作会议的讨论纪要。文件中首次提出“这次运动的重点是整党内那些走资本主义道路的当权派”等错误观点。

4月12日，鉴于美国在越南采取扩大侵略的步骤，并严重地威胁我国的安全，中共中央发出加强备战工作的指示。号召全党、全军、全国人民在思想上和工作上准备应付最严重的局面，发扬爱国主义和国际主义精神，尽一切可能支援越南人民的抗美救国斗争。

10月，应越南民主共和国政府的要求，我国开始派出防空、工程、铁道、后勤保障等部队到越南北方，进行援越抗美斗争。

9月18日—10月12日，中共中央在北京举行工作会议，讨论和同意了第三个五年计划“国防建设第一，加速三线建设，逐步改变工业布局”的方针。会议还讨论了财贸工作和党的建设问题，确定要“藏粮于民”，稳定收购，三年一定。并决定在第三个五年计划期间，拿出200亿元来调整物价，降低农业生产资料和部分生活资料的价格，使广大城乡人民首先是农民获得好处。会议期间，10月10日，毛泽东在同大区第一书记谈话时，又提出了“如果中央出了修正主义，你们怎么办？”的问题。

11月10日，上海《文汇报》发表姚文元的《评新编历史剧〈海瑞罢官〉》。在江青、张春桥、姚文元的操纵下，对《海瑞罢官》的批判，很快就发展成为文艺学术领域里的大批判运动，成为“文化大革命”的序幕和直接导火线。

是年年底，我国国民经济调整任务全面胜利完成，工农业生产都超额完成了计划，为了纠正和克服3年“大跃进”所造成的国民经济比例失调的严重困难，从1961年起，我国国民经济用了5年时间进行调整。由于进行了卓有成效的工作，我国国民经济迅速得到了恢复，国民经济调整的任务胜利完成，并在许多地方有了新的发展。到1965年底，农轻重比例由1960年的21.8∶26.1∶52.1，调整为37.3∶32.2∶30.4，在新的基础上实现了比较协调的发展；积累率从1962年的10.4%回升到27.1%。1965年的工农业主要产品产量，也都恢复到或超过1957年前后的水平。市场供应逐步恢复正常。财政收支平衡，并略有结余。我国的外债已全部还清。国民经济重新走上了正常发展的轨道。

主要经济指标：工农业生产总产值1 983.9亿元（按1957年不变价格计算，下同），比上年增长20.4%。其中，工业总产值1 393.9亿元，比上年增长26.4%；农业总产值590亿元，比上年增长8.3%。工农业产品产量：钢1 223万吨，比上年增长26.9%；煤2.32亿吨，比上年增长7.9%；发电量676亿度，比上年增长20.7%；粮食1.9453亿吨，比上年增长3.7%；棉花209.8万吨，比上年增长26.2%；油料362.5万吨，比上年增长7.6%。基建投资总额179.61亿元，比上年增长24.6%；社会商品零售总额670.3亿元，比上年增长5%；进出口总额118.4亿元，比上年增长21.4%；国家财政总收入473.3亿元，总支出466.3亿元，结余7亿元。

1月1日　《人民日报》发表社论：《争取社会主义事业新胜利的保证——1965年新年献词》。社论说，我国各族人民在国内外一片大好形势中，跨进了1965年。社论概括了过去一年里取得的重大胜利：在农村和城市，进一步开展了社会主义教育运动，巩固和扩大了政治战线、经济战线和思想文化战线上的社会主义阵地；基本上完成了从1961年开始的国民经济调整工作，农业和工业生产已经全面高涨，整个国民经济已经全面好转；在反对帝国主义、反对各国反动派和反对现代修正主义的斗争中，取得了重大的进展。社论指出了新的一年中面临的新任务：要在各条战线上更加深入地开展社会主义教育运动，促进生产建设和科学实验的新高潮，以出色的成绩迎接从1966年开始的第三个五年计划；在国际方面要继续贯彻执行我国对外政策总路线，努力维护和加强国际共运和社会主义各国的马列主义基础上的团结，积极支援一切被压迫人民和被压迫民族的革命斗争，坚决反对美帝国主义及其走狗。社论认为，为保证完成这些任务，必须注意3个问题：首先，一切工作都要以阶级斗争为纲，以社会主义革命为纲，其次，要善于不断地总结经验。最后，一定要谦虚谨慎，实事求是，反对骄傲自满，自以为是。社论还指出，我们要有这样的雄心壮志：争取在不太长的历史时期内，把我国建设成为一个具有现代农业、现代工业、现代国防、现代科学技术的社会主义强国。

同　日　党和国家领导人以及有关方面负责人同外地来京人大代表、政协委员在人民大会堂进行新年团聚。参加团聚的党和国家领导人有：周恩来、彭真、陈毅、李富春、李先念、李井泉、谭震林、乌兰夫、陆定一、康生、薄一波、罗瑞卿、刘澜涛、陈叔通、赛福鼎、林枫、叶剑英等。团聚时，周恩来等同志同来自各地的人大代表和政协委员们亲切交谈，畅叙国内外大好形势，互相勉励在新的一年中争取更大的胜利。

同　日　新华社报道：我国纺织工业1964年取得新成绩。报道说，纺织工业1964年为城乡人民提供的穿着用布，产量质量都有提高，品种增加，用化学纤维织布、用化学纤维和棉、毛、丝混纺交织的产品，又有新的发展。

同 日 《红旗》杂志第一期刊载陈永贵的文章：《自力更生是法宝》。文章着重介绍了大寨大队靠自力更生、艰苦奋斗战胜1963年夏季特大洪灾的事迹和经验。文章介绍说，1963年8月7天7夜的暴雨，使虎头山洪水爆发。山洪冲走了10年修起的200多亩沟坝地中的139亩，冲坏了600多亩坡梁地，冲倒了全大队70%的房屋和窑洞。灾后，大寨党支部通过分析灾情，新旧灾年对比鼓舞社员士气，进而提出了自力更生抗灾救灾的10大好处，提出了“不要救济粮，不要救济款，不要救济物资”的“三不要”口号。硬是靠社员们鼓起一股干劲，猛干两个月，夺得了余下的560亩地庄稼的丰收。在1964年，又提出“减地不减产”的口号，靠苦干巧干，整修土地300多亩，对作物实行“单株管理”，终于实现了“减地不减收”的目标。这一年，售粮、储备粮、社员口粮，都是历史上最高的。陈永贵总结这一经验时说，第一条是坚持了毛主席提出的自力更生方针；第二条是得到了国家和兄弟社队的支援。

同 日 国家体委公布320项全国纪录。国家体委公布了截至1964年12月31日为止的320项全国纪录，其中有101项是1964年创造的。

1月2日 人民解放军空军部队在我国中南地区上空，再次击落美国军用无人驾驶高空侦察机1架。国防部长林彪颁布嘉奖令，表扬击落侵犯我领空的美军用无人驾驶高空侦察机的人民解放军空军部队，赞扬他们取得了今年首次击落敌机的重大胜利。

同 日 南京农业机械化研究所研制成功用于南方水田从种到收全套机械化农具。这一套农具包括水稻插秧机、远程喷雾机、小麦脱粒机、旋耕机、稻麦收割机等，其中有的也适用于北方。

同 日 《人民日报》报道：上海和丰涌印刷材料制造厂设计制成自动花边线浇铸机、大型自动铸字机、自动边线浇铸机和字模雕刻机。这些机械过去我国不能制造，现在和丰涌厂试制成功这几种机械，对发展印刷工业、推动文字改革将发挥重要作用。

1月3日 刘少奇当选为中华人民共和国主席。中华人民共和国第三届全国人民代表大会第一次会议，选举刘少奇为中华人民共和国主席，宋庆龄、董必武为中华人民共和国副主席，朱德为全国人民代表大会常务委员会委员长。会议根据国家主席刘少奇的提名，决定周恩来为国务院总理。当选为人大常委会副委员长的是：彭真、刘伯承、李井泉、康生、郭沫若、何香凝、黄炎培、陈叔通、李雪峰、徐向前、杨明轩、程潜、赛福鼎、林枫、刘宁一、张治中、阿沛·阿旺晋美、周建人。刘宁一当选为人大常委会秘书长。杨秀峰当选为最高人民法院院长，张鼎丞当选为最高人民检察院检察长。

1月3日—4日　全国城乡人民热烈庆贺选出国家领导人。从3日晚上起，首都北京以及上海、广州、沈阳、天津、成都、西安、乌鲁木齐、拉萨、南宁等大中城市的居民，纷纷举行游行和庆祝大会，热烈庆祝刘少奇等再度当选为国家领导人，表达对于国家领导人的高度信赖和拥护的心情。

1月4日　党和国家领导人接见出席第三届全国人民代表大会第一次会议全体代表。毛泽东、刘少奇、周恩来、朱德、邓小平、宋庆龄、董必武、彭真、陈毅、李富春、李先念、郭沫若、何香凝、黄炎培、陈叔通、杨明轩、程潜、赛福鼎、林枫、刘宁一、张治中、阿沛·阿旺晋美、周建人等党和国家其他领导人接见出席第三届全国人民代表大会第一次会议的全体代表。

同　日　《人民日报》刊载时传祥来信：《这样的干部，我们信得过》。北京市崇文区清洁队粪便清除工人时传祥的来信说，前些日子，两位党员副市长，上我们这儿背大粪，他们谁也不嫌脏、不怕臭，猫着身子干，跟工人一个模样儿劳动。以后，市委办公厅、市总工会、市计划委员会的一些干部，也来这儿跟我们一同背大粪。只有共产党、毛主席教育出来的干部，才能以普通劳动者的身分，和劳动人民一块儿劳动。我们就喜欢这样的干部来领导我们。有了这样的干部，我们的国家就变不了颜色，人民的江山就会像钢铁一样坚固。《人民日报》的评论员文章《检验革命干部的试金石》转引了《关于赫鲁晓夫的假共产主义及其在世界历史上的教训》一文中，毛泽东总结的无产阶级专政的历史经验之一，“必须坚持干部参加集体生产劳动的制度。我们党和国家的干部是普通劳动者，而不是骑在人民头上的老爷。干部通过参加集体生产劳动，同劳动人民保持最广泛的、经常的、密切的联系。这是社会主义制度下一件带根本性的大事，它有助于克服官僚主义，防止修正主义和教条主义。”

1月8日　刘少奇主席召集国防委员会全体会议。国防委员会副主席贺龙、陈毅、邓小平、叶剑英、罗瑞卿、程潜、张治中、傅作义、蔡廷锴和在京的国防委员会委员86人出席了会议。刘少奇主席在会上作了讲话，国防委员会副主席罗瑞卿在会上作了关于国防建设工作的报告。会议进行了讨论。

同　日　中共中央、国务院发出《关于承担援外施工设计任务的省、市、区加强领导的通知》。《通知》指出，对外经济技术援助，是我国支援兄弟的社会主义国家，支援新的民族解放国家的一件应当的国际主义义务。随着国际形势的日益有利于革命和我国国际威望的日益提高，要求我国承担的援外任务也日益增加。为了适应这一形势的需要，将一些援外项目的建筑施工设计任务交由有关省、直辖市、自治区承担是必要的。通知要求有关省、市、区加强领导，选拔政治可靠、思想进步、身体健康、技术熟练的人员担负这一任务。

1月10日　我空军部队击落第4架美制国民党军U-2飞机。美制国民党军U-2型高空侦察机1架，于夜间窜扰华北地区上空，被我解放军空军部队击落，这是我人民解放军空军部队击落的第4架美制国民党军的U-2型高空侦察机。国防部长林彪发布嘉奖令，表扬在华北上空击落第四架前来窜扰的美制国民党军U-2型高空侦察机的中国人民解放军空军部队。《人民日报》发表评论员文章：《祝贺人民空军新年开门红》，祝贺人民空军在新年才过10天的时间中，就打下了2架美蒋高空侦察机。12月，人民空军某部举行了祝捷授奖大会。

1月12日　中共中央军委印发林彪关于当前部队工作的指示。1964年底，刘志坚、叶群带领总政工作组到某部一连蹲点。林彪在看了工作组写的几份报告，听了叶群的汇报后，于12月29日晚接见刘志坚和唐平铸。接见时，林彪说，1964年全军各方面的工作成绩是很大的，总的说来，成绩是主要的。但是，有些部队也出现了一些不好的苗头，军事训练有的搞得过于突出，时间也占得多了一些，冲击了政治；有的过分强调抓军事技术，忽视政治思想工作；有的甚至弄虚作假，搞锦标主义和形式主义。这样下去，必然会把政治工作冲垮，把其他一切东西冲垮，结果也会把军事训练本身冲垮。林彪提出，1965年的工作要突出政治，大力加强政治思想工作，大抓毛主席著作的学习，在全军掀起一个更大、更广泛的学习毛著的高潮，使毛主席著作的学习成为最根本的必修课。林彪还说，我们的军队是以政治为特点的，政治统率军事。军事是重要的，但更重要的是政治。一定要突出政治，使政治思想工作真正成为我们全盘工作的基础。军事训练、生产等如果和政治思想工作发生了矛盾，要给政治思想工作让路。军事训练、生产等需要占用一定时间，但不应冲击政治，相反，政治可以冲击其他。

同　日　各民主党派和中华全国工商业联合会在北京分别举行中央常务委员会（扩大）会议或工作会议。会议学习和讨论了周恩来总理的政府工作报告、郭沫若副主席的政协第三届常委会工作报告、三届人大一次会议和四届政协一次会议的决议。民革、民盟、民建和全国工商联、民进、农工、致公、九三、台盟的会议，号召所属成员在中国共产党和毛主席的领导下，认真贯彻周恩来总理的政府工作报告精神，贯彻第三届全国人大一次会议和四届政协一次会议的决议。积极投入阶级斗争、生产斗争、科学实验三大革命运动，积极投入社会主义教育运动，认真学习毛主席著作，努力进行自我教育和自我改造，立社会主义思想，破资本主义思想，过好社会主义革命这一关，为社会主义建设贡献自己的力量。

1月13日　我国政府发表声明强烈谴责美帝国主义指使南朝鲜军队参与侵越战争。声明说，1965年1月8日，南朝鲜朴正熙集团在美帝国主义指使下，派遣一支2 000多人的南朝鲜伪军，参加美国对越南南方的侵略战争。这是美国破坏日内瓦协议，扩大印支战火，进一步使侵略南越的战争国际化的又一个严重步骤。中国政府和中国人民强烈谴责美国的这一罪恶活动。中国政府认为，日内瓦会议两主席，应该切实负起他们的责任，迅速采取行动，制止这种危险局势的发展。我国政府的声明警告说，如果美帝继续推行扩大侵略南越战争的阴谋，甚至使南越战争国际化，那么，中国政府和人民，就不能不进一步考虑他们对维护这一地区和平应尽的责任。

1月14日　中共中央印发《农村社会主义教育运动中目前提出的一些问题》（即《二十三条》）。中共中央关于印发这一文件的通知说，中央政治局召集全国工作会议，讨论了农村社会主义教育运动中目前提出的一些问题，并写出了讨论纪要。现在把这个文件发给你们。中央过去发出的关于社会主义教育运动的文件，如有同这个文件抵触的，一律以这个文件为准。“二十三条”的主要标题是：一、形势；二、运动的性质；三、统一提法；四、搞好运动的标准；五、工作方法；六、集中力量打歼灭战；七、蹲点；八、抓面的工作；九、干部问题；十、建立贫农下中农协会；十一、时间；十二、宣布对隐瞒土地的政策；十三、财贸部门的工作要同四清运动配合；十四、工作队的成员；十五、给出路；十六、四清要落在建设上面；十七、生产队规模；十八、基层干部任期；十九、监督问题；二十、四大民主；二十一、工作态度；二十二、思想方法；二十三、上述各条，原则上也适用于城市的四清运动。

同　日　教育部、国家编制委员会根据中共中央指示联合发出通知：配备中等学校专职政治课教师。通知将中央批准增加的中等学校专职政治课教师1.4万人的编制，分别分配给各省、市、自治区。并要求严格按照中央批准的每200个学生配备1名专职政治教师的比例，逐步把缺额补充起来。政治课教师的条件是：家庭出身好，政治历史清楚，立场坚定，作风正派的党、团员；有革命热情，有一定的马列主义理论知识和实际锻炼及做思想工作的能力；具有相当于高中的文化水平，身体健康。至本年9月，一些省、市、自治区已配齐或基本配齐了中学专职政治课教师。

1月15日—27日　全国青联四届二次会议、全国学生十八届代表会议同时在京举行。这两个会议充分讨论了我国各族各界青年在党的领导下，怎样积极参加社会主义革命和社会主义建设，沿着革命化道路前进的问题;讨论了我国学生在当前形势下如何实现革命化、劳动化的问题。开会期间，毛泽东、刘少奇、周恩来、邓小平等党和国家领导人，接见了参加两个会议的全体人员。彭真代表党中央作了重要报告。他分析了当前国际国内的形势，希望所有青年，不管成分、出身、经历如何，都要根据社会发展的规律，根据95%以上人民群众的利益和愿望，来选择自己的方向。把根子扎到工人、贫下中农中去，坚决走社会主义道路。所有青年，都要好好学习马列主义，学习毛泽东思想，同工农相结合。党对待不同出身和经历的青年，重在看他的表现。只要坚决跟着党走，就不会迷失方向，就有光明的前途。在青联会议上，讨论并通过了青联常委会的工作报告，修改了青联章程，选举和补选了青联主席、副主席和常务委员。在全国学生代表会议上，讨论并通过了胡启立代表全国学联向会议作的《高举毛泽东思想红旗，朝着革命化、劳动化方向前进》的报告。修改了学联章程，决定恢复中等学校学生会参加学联组织，恢复省、自治区和直辖市的学联组织，推选出了新的学联全国委员会。大会号召各地学联和学生会组织，在党的领导和毛泽东思想的指引下，为把我国学生培养成为有社会主义觉悟、有文化的劳动者而奋斗。

1月19日　第三届全国人大常委会一次会议通过关于军士和兵的现役期限的决定，刘少奇主席命令公布此决定。这一决定如下：1.陆军的步兵的军士和兵服现役4年；陆军的特种兵和公安部队的军士和兵服现役5年；2.空军的军士和兵服现役5年；3.海军的舰艇部队的军士和兵服现役6年；岸上部队的军士和兵服现役5年。

同　日　中共中央、国务院作出《关于调整当前市场物价的决定》。《决定》指出，近几年来，由于全党认真贯彻执行了党的各项方针政策，市场物价基本上恢复了正常状态，这是一个具有历史意义和国际意义的伟大胜利。但目前还存在一些比较突出的问题：(1) 城镇粮食统销价格低于农村粮食统销价格，也低于粮食的统购价格。(2) 华北、东北等煤炭主要销区，煤炭销售价格偏低，商业经营亏损。（3）棉布价格由于多年来一直未动，已经和新情况不相适应。据此，作如下决定：1. 把城镇粮食统销价格提到同统购价格相平。提价幅度大的地区每百斤粮食提高到2元以上，幅度小的地区为3角5分。全国平均每百斤粮食大约需提价1元，全国提价余额3亿元。2. 适当提高煤炭的市场销售价格。全国平均每吨大约提高1元，全国提价金额7 000万元。3. 在不影响棉布市场销售价格总水平的条件下，合理调整棉布价格。全国棉布提价降低相抵以后，提价金额为90万元，对城乡人民生活无大影响。4. 从1965年起，对提供商品粮较多的生产队，实行加价奖励的办法。5. 争取把粮食的集市价格降到比计划价格高出50%上下，食油的集市价格降到比计划价格高出20%~30%，丰产区和高产区粮油价格接近计划价格。6. 农业生产资料价格，应当继续降低；地方生产的轻工业、手工业产品当中存在的质次价高的问题，应当继续整顿，争取降到合理水平；某些价格较高又能够充分供应的日用工业品，也可以适当降低价格，以扩大销路。

1月25日　新华社报道：1964年全国主要农副产品收购计划超额完成。报道说，全国1964年度的粮食、棉花、油料、烤烟、麻类和生猪等主要农副产品收购计划都已超额完成。到本月15日，入库的这些农副产品分别超过国家计划20%~30%以上。各地在做好收购工作的同时，对社员生产作了适当安排。报道说，1964年度主要农副产品的收购进度比往年提早了1个月左右。

同　日　《人民日报》刊登批判冯定《共产主义人生观》等著作的文章并加《编者的话》。《人民日报》在“破资产阶级世界观，立无产阶级世界观”的通栏标题下，刊登了批判冯定《共产主义人生观》、《平凡的真理》、《工人阶级的历史任务》等著作的文章，《人民日报》加的《编者的话》说：全国报刊对于冯定同志这几本书中散布的大量资产阶级思想，展开了严肃的批判。在冯定同志写的这些书里，一个具有普遍性和现实意义的问题，是关于世界观的问题。冯定同志在《共产主义人生观》一书中，公开宣扬资产阶级世界观，用资产阶级的个人主义腐蚀青年。这是一株毒草。但是，毒草拔掉可以当肥料，冯定的这本书，经过批判，坏事可以变为好事。

他为我们提供了一个很有用的反面教材。我们要用无产阶级的世界观去批判资产阶级的世界观，在破资产阶级的世界观中，立共产主义世界观。《人民日报》刊载批判冯定的文章和编者的话，标志着对冯定的批判上升到一个新的严重程度。1964年9月，《红旗》杂志第17、18期合刊发表了《评冯定的〈共产主义人生观〉》一文，11月，《红旗》第21、22期合刊又发表了《主观唯心主义的大杂烩——评冯定同志的〈平凡的真理〉》一文。开始了对冯定的围攻。冯定是我国著名哲学家、北京大学副校长，为传播和普及马克思主义哲学和教育工作做了许多工作，《平凡的真理》是他几十年从事理论工作的思想结晶，该书1955年出版后到1965年已印行11次，销行50万册。他的《共产主义人生观》出版于1957年11月，在不到两年中即重印7次，总印数达86万册。这两本书在广大干部和青年中产生过广泛而积极的影响。但在1964年下半年后，成了“宣扬修正主义的大毒草”，全国各重要报刊除转载《红旗》的文章外，还在短短的几个月中，发表了几百篇批判所谓冯定的“修正主义观点”的文章。“文革”开始后，康生、陈伯达分别以中央文革小组顾问和组长的身分，到冯定任职的北京大学，在万人大会上给冯定扣上“资产阶级反动权威”的帽子，煽动群众对他进行批判。中共十一届三中全会后，冯定的冤案得到平反。

同　日　财政部召开全国建设银行分行长会议，讨论建设银行革命化问题。会议认为，1965年建行工作面临的主要矛盾是多快好省进行建设与少慢差费进行建设的矛盾。建行的基本任务是，贯彻勤俭建国的方针，争取少花钱多办事，多建设，建设好。要完成这个基本任务，必须同一切违反社会主义利益的思想和行为作斗争。建行要反对基本建设中的贪污盗窃、投机倒把、资本主义经营思想以及铺张浪费和特殊化。还要注意下放计划、财政等管理权限以后，可能出现的层层加码，乱拉资金以及以大修、翻修等名义搞计划外基建、任意拉长战线的现象。

1月26日　《人民日报》转载《工人日报》发表的时传祥写的《让无产阶级的革命精神代代相传——我们是怎样向青年工人进行阶

级教育的》文章，并加编者按语。《人民日报》的编者按语说，培养无产阶级革命事业接班人的问题，从根本上来说，就是老一代无产阶级革命家所开创的马克思列宁主义的革命事业是不是后继有人的问题。这是无产阶级革命事业的百年大计、千年大计、万年大计。要培养和造就千百万无产阶级革命事业的接班人，首先就要教育青年们树立起全心全意为中国和世界的绝大多数人服务的革命观点。为了建设社会主义和共产主义事业，分工尽管有不同，但是作为一个革命接班人，必须丢掉自私自利之心，脱离低级趣味，才能自觉地全心全意为人民服务。这就要求老一代革命者切实地担负起教育下一代的光荣任务。这里转载的时传祥同志的文章，是篇好文章。时传祥同志不仅用自己的全心全意为人民服务的实际行动教育青年，并且善于抓住青年们的活思想，进行阶级教育。他在培养革命接班人方面的这种革命精神和做法，值得提倡。

1月30日　我驻布隆迪大使奉命对布隆迪政府片面无理中止中布两国外交关系提出严重抗议。对布隆迪政府片面无理宣布暂时中止中布两国外交关系及要求本大使和本大使馆人员在两日内返国，并非法派遣宪兵包围本大使馆等严重违反国际法的行为，我国驻布隆迪大使向布隆迪政府提出严重抗议。并且决定立即从布隆迪撤出。31日，外交部发表声明，严重抗议布隆迪政府无理中断中布两国外交关系。

2月1日　公安部发表公报宣布我东南沿海军民从去年7月到今年1月又连续歼灭7股美蒋武装特务196人。公安部的公报说，从1964年7月到1965年1月，我广东、福建、浙江、江苏沿海地区军民，又连续歼灭7股美蒋武装特务196人。其中击毙28人，俘获168人，缴获和击沉运载武装特务的船只8艘，再一次取得了对敌斗争的重大胜利。同日，《人民日报》发表社论：《来者不拒，全部歼灭!》。

同　日　国家经委党组向中共中央报送《1965年固定资产更新和技术改造的分配情况报告》。《报告》说，今年国家确定由固定资产基本折旧基金中抽出5亿元，用于企业的固定资产更新和技术改造，这是国家专门拨款进行固定资产更新和技术改造的第一年。为了把这笔钱安排得当，根据重点使用的原则，我们会同计委和财政部研究后作如下分配：1. 有些通用设备（如锅炉、柴油机等）由全国统一安排更新，共拨款1.5亿元。2. 当前亟待更新和改造的，主要是那些老工业城市中的老旧企业，今年准备拨款1.8亿元，分期分批地解决6个老企业较多的大城市的问题。3. 为了给12个试办的托拉斯创造更新和改造的经验，拨款8 500万元。4. 交通部、公安部几个海港码头的更新，拨款4 000万元。五机部和粮食部分别拨款500万元。5. 对于这笔费用的使用，各地区和有关部门要掌握以下原则：（1）必须用于那些生产国家急需产品的企业，不得用于基建的填平补齐。（2）应当在企业调整和组织专业化协作的基础上结合技术改造进行，原材料工业要结合资源的综合利用进行。凡是能够把一个行业或几个企业组织起来统筹安排的，应当组织起来进行。（3）应当尽可能采用新技术、新工艺。

2月2日　中共中央、国务院发出通知：组织高等学校理工科师生参加社会主义教育运动。通知规定，从1965年暑假起，分期分批组织理工科高年级师生参加一期“四清”的全部过程或主要过程。理工科研究生原则上也应与大学生一样参加运动。

2月5日　新华社报道：人民解放军在1964年中又涌现出大批四好连队、五好战士。报道说，中国人民解放军在1964年中又涌现出大批四好连队，数十万名五好战士和数十万名神枪手、神炮手、技术能手。

2月6日　中共中央批转国家经委《关于集中力量在经济建设上打歼灭战》的报告。这个报告是国家经委总结在经济建设方面集中力量打歼灭战经验的报告。国家经委在1964年中采取集中力量打歼灭战的方法，直接抓了12个重点项目。经过一年的努力，除天津拖拉机厂外，这些重点项目的建设都获得了显著的成绩。国家经委的报告总结经验说，一是要在计划上确地选择项目，要选择那些对整个国民经济有重要意义的工程，或者是生产中的关键环节，或者是自己不能生产又受到封锁的产品，或者是关系到改变一个行业技术面貌的新技术，而且项目不能选得太多；二是抓设备、材料、投资和劳动力的落实，组织有关部门保证供应，一抓到底；三是建立强有力的指挥机关，在统一领导下协同协作，避免互相扯皮，抵消力量。国家经委的报告提出，在1965年内，除了继续抓紧尚未完成的10个重点项目外，还准备把西南3条铁路的建设工程，川汉铁路的勘察、设计工作和四川德阳重型机械厂等工程，列入打歼灭战的项目。中共中央转发了此报告。

同　日　新华社报道：中国化工学会农药学术讨论会在上海举行。会上的材料表明，1964年我国新试制成功了18种新农药，过去一直依靠进口的农药乳化剂，去年已试制成功5种。

2月8日　周恩来对国家经委党组《关于1965年新办托拉斯问题的报告》作出批示。批示说，拟原则同意国家经委所提，今年除认真把中央已经批准的12个公司（托拉斯）办好以外，再试办4个公司。在这4个公司中，黄金和电器两个工业公司，可即着手筹办，对石油工业、木材加工、仪表工业3个公司，还需与有关部门进行具体磋商。去年试办的几个行业公司，拟选几个不同条件的公司，做出初步经验总结。国家经委党组的《报告》对1965年新办托拉斯问题的具体意见是：1. 为了及早取得整个大行业试办托拉斯的经验，建议将石油工业部改为石油工业公司。2. 鉴于黄金生产十分落后，采取托拉斯的组织形式，统一经营管理，给予一定权力，可以加速促进黄金增产。据此，建议将筹办中的黄金工业公司改为托拉斯。3. 现在木材加工由各部门、各地区分散管理，资源浪费很大。由物资部成立托拉斯实行集中统一管理，对节约和综合利用木材、减轻木材压力有好处。4. 去年一机部已分别成立了东北、西北两个地区性电器公司，工作有了一定基础。今年试办全国性的电器工业公司，条件比较成熟，有利于全国电器工业的调整。但由于情况比较复杂，牵涉到各个机械部门，阻力较大，可先成立专业局，作为过渡，以后再办托拉斯。

2月8日—10日　首都各界共300多万人举行示威抗议美国武装侵略越南，坚决支持越南人民反美斗争。毛泽东、刘少奇、周恩来、邓小平等党和国家领导人参加了10日首都举行的群众集会，彭真、刘宁一和越南驻华使馆临时代办、越南南方民族解放阵线驻华代表团代理团长黄北在会上先后讲话，愤怒谴责美国政府的强盗行径，表达中越人民永远并肩战斗的坚强意志。8日—12日，全国有1 100多万人举行强大示威，愤怒声讨美国强盗侵略越南的滔天罪行。

2月9日、13日　我国政府先后两次发表声明强烈谴责美国政府扩大南越战争的行径。7日，美国白宫发表声明，宣布美国和南越空军对越南民主共和国进行所谓“报复攻击”。7日、8日、11日，美国空军疯狂轰炸越南民主共和国广平省的许多地区。对此，我国政府两次发表声明，强烈谴责美国政府扩大南越战争的强盗行为，揭露美国一步步扩大印度支那战争。我国政府的声明重申，美国对越南的侵犯就是对中国的侵犯，中国人民早已做好了准备，支援越南和印度支那人民的反美侵略，并号召全世界支援越南和印度支那人民的正义斗争，9日、10日、12日、19日，《人民日报》发表社论：《必须惩罚美国侵略者！》、《约翰逊政府的强盗语言》、《向英勇的越南南方人民致敬！》、《约翰逊政府进退两难》。

2月13日　毛泽东、刘少奇、朱德、周恩来致电苏联党和国家领导人祝贺中苏友好同盟互助条约签订15周年。电文说，大敌当前，我们中苏两国人民和社会主义阵营各国人民，要在马克思列宁主义的革命旗帜、无产阶级国际主义的团结旗帜和反对美帝国主义的战斗旗帜下，紧密地团结起来，坚决支持越南人民和印度支那人民的反美武装斗争……直到最后胜利。勃烈日涅夫、米高扬、柯西金也致电我党和国家领导人，对中苏友好同盟互助条约签订15周年表示祝贺。北京和莫斯科分别集会庆祝，郭沫若副委员长等在北京庆祝大会上讲话，潘自力大使等在莫斯科庆祝会上发表了讲话。14日，《人民日报》发表社论：《为维护中苏团结而斗争》。

2月15日　财政部召开全国税务局长会议。会议着重讨论了税务工作革命化问题。同时研究了税收制度上的几个政策性问题。1.关于运用税收工具坚决打击投机倒把问题。要搞出一个打击投机倒把的补税罚款办法。其主要政策是：着重打击现行的投机倒把活动，对于查获的投机倒把活动，一律补税、罚款。初步设想按暴利额征收，情节严重的，还要处以应征税额一至十成的罚款，有的还要挖他们的老本。集体经济单位有投机倒把行为的，也应补税、罚款，把他们的非法所得的大部分或全部收回。对于暂时没有开展“四清”运动地区的农村社队干部，自觉交代过去投机倒把活动的，应从宽处理。2. 对国营企业税收，急需解决以下问题：（1）改进对协作产品每经过一个生产销售环节，就要征收一次税的办法，改为只就整机产品收税。（2）试行社会主义托拉斯的征税办法。对托拉斯所属各厂生产的产品，都在销售以后，在收款结算单位征税，改变过去按每个企业征税的办法。为了有利于贯彻专业化生产的方针，对托拉斯自产自用的产成品，应继续征税。对托拉斯自产自用的半成品、零部件不征税。（3）关于简化纳税手续问题。对粮食部门经营的粮食、油料、粮食复制品和粮油副产品，统一简化为一个税率征税。同时简化水泥制品和水泥预制构件的征税办法。3. 农村税收问题。要鲜明地体现巩固发展集体、限制个体、打击自发势力，支援农业生产的精神。对社、队办的企业给予减免照顾，对搞自发势力的个体户，要加重征税，给予限制。

2月15日—27日　《人民日报》连续发表6篇指导农业生产的社论。《人民日报》15日的社论题为《要敢于斗争，也要善于斗争——论芙蓉大队改造穷山恶水顽强斗争的经验》、17日的社论题为《发扬生产民主，落实生产计划》、20日的社论题为《向大自然作斗争要力争主动》、22日的社论题为《把农村工作的重点转到春耕生产方面来》、24日的社论题为《按照农事季节安排农村劳动》、27日的社论题为《猪多了还要多养猪》。此外，本月以来，中央农业部门要求各地抓紧时机加强越冬作物田间管理，为今年农业增产打响第一炮。

2月16日—23日　坦桑尼亚联合共和国总统朱利叶斯·克·尼雷尔和夫人访问我国。访问期间，毛泽东主席会见了尼雷尔总统和其他坦桑尼亚贵宾。刘少奇主席和周恩来总理同尼雷尔总统进行了会谈。20日，刘少奇主席和尼雷尔总统签署了中国和坦桑尼亚友好条约。23日，两国签署了联合公报。17日和25日《人民日报》发表社论：《热烈欢迎尼雷尔总统》、《中国和坦桑尼亚友好合作的新阶段》。

2月18日　国家计委、财政部、物资管理部联合发出《关于动员利用基建库存物资的通知》。《通知》说，当前基建部门库存物资为数过多，潜力很大，不仅积压了物资，而且时间长了，必然降低使用价值，造成损失浪费。另一方面，本年度的基建物资及国家计划安排为以后年度储备的一些大型专用设备、资金等还有缺口。为此，请各部门认真地抓一抓基建库存物资的动员利用工作，力争在1965年多利用、多处理一些库存物资。凡是本年工程能够利用的，应当尽先利用，不要重复订购；本部门、本单位不能使用的，要及时调剂处理，以便充分发挥物资效益，防止损失浪费，确保1965年基建计划的完成。

同　日　新华社报道：1964年全国又有30多万名城市知识青年下乡上山参加农村社会主义建设。报道说，这批下乡知识青年，绝大部分是成组结队到农村人民公社生产队安家落户的，有少部分到国营的农、林、牧、渔场参加生产。他们落户的地区，大部分是重点建设的山区和建设稳产高产农田的地区。

2月21日—25日　周恩来总理先后观看空政文工团话剧《女飞行员》和海政文工团话剧《赤道战鼓》。21日周恩来总理和邓颖超、康克清、杨之华等观看了中国人民解放军空军政治部文工团话剧团演出的5幕6场话剧《女飞行员》，25日周恩来、邓颖超观看了中国人民解放军海军政治部文工团话剧团演出的大型话剧《赤道战鼓》。

2月25日　国务院批准高等教育部的报告，同意本年向资本主义国家派遣自然科学留学生50名。我国自1957年起，开始向意大利、比利时、瑞士、瑞典、挪威、丹麦等国家派出留学生，至1965年1日，8年共派出200名，绝大多数学习外语，其中学习自然科学的留学生仅21名。

2月25日—3月1日　国务院召开全国集中产棉县棉花生产会议。会议号召全国棉区广大社员和干部在1964年棉花大幅度增产的基础上，以不断革命的精神，乘胜前进，争取1965年把我国棉花生产提高到一个新水平。会议期间，毛泽东主席以及党和国家其他领导人接见了到会代表，周恩来总理、李先念副总理在会上作了重要报告。

到会代表认为，我国棉花生产形势大好，去年棉花总产量比1963年增长37%，单位面积产量提高23%，单位面积产量超过历史最高水平。在丰收的鼓舞下，棉区广大干部和社员对争取今年棉花进一步增产充满信心，各地充分做好各项准备工作，为今年棉花增产创造了有利条件。会议讨论了今年全国棉花生产的任务，要求所有棉区大力提高单位面积产量，特别是提高低产田的产量，有条件的地方适当提高植棉面积。保证完成和超额完成国家棉花生产计划。《人民日报》发表社论：《1965年的棉花生产方针》。

2月26日　中共中央、国务院发布《关于西南三线建设体制问题的决定》。《决定》说，为加强对整个西南三线建设的领导，中央决定建立西南三线建设委员会。3月29日，中共中央发出《关于西南三线建设委员会组成人员的批复》，同意以李井泉为主任，程子华、闫秀峰为副主任。1964年，中共中央出于备战考虑，将全国划分为一、二、三线。一线主要是指东北及沿海各省；三线主要是指西南、西北内陆地区，包括云、贵、川、陕、甘、宁、青、晋、豫、鄂、湘11省，主要是长城以南、京广线以西广大地区。二线则是位于一线和三线之间的广大地区。1964年8月，中央作出决定，首先集中力量建设三线这一全国战略大后方。这一决定使我国经济建设的指导思想，从调整初期确定的以大力发展农业、提高人民生活水平为中心，转向了以加强国防、加速三线建设为中心。

同　日　国家经委召集工业交通部门会议，部署1965年工作。国家经委召集工交口各部门会议，会议由薄一波主持。会议要求各部门根据全国工业交通工作会议、工业交通政治工作会议确定的1965年工作任务，具体安排和落实本部门的工作：1. 组织好生产高潮。开展比学赶帮运动是组织生产高潮的一个重要方法，今年要把这个运动组织得更好。经济管理工作革命、技术革命、思想政治工作，都要围绕组织生产高潮进行。2. 抓紧落实基本建设特别是三线建设，要继续抓好设计工作革命。3. 关于经济管理工作革命，要认真推广大庆、上海、齐齐哈尔车辆厂企业管理革命的经验，试办托拉斯，除继续抓好去年已经办起来的12个以外，今年再试办石油工业公司、木材加工公司和仪器仪表公司。组织力量着手进行《工业七十条》和《工业交通政治工作条例（草案）》的修改。4. 抓好技术革命。各部要采取集中力量打歼灭战的办法，认真抓好工交会议确定的31个重大新技术项目；做好进口新技术同国内研究创造相结合的工作。把科技干部管理工作做好，充分发挥科技干部的作用。5. 政治工作方面，要抓好点上的四清。争取用3年左右时间，把重要企业的四清基本搞完。要抓好经常性的思想政治工作，工交战线学习解放军，要根据自己的特点有所创造。

同　日　《人民日报》报道：北京等7省1市医疗系统组织农村巡回医疗队下去为农民防病治病。北京、上海、天津、广州、重庆、辽宁、安徽等省市的医务工作者和部分医科院校的师生，分别组成农村巡回医疗队，深入当地农业生产第一线，为广大农民防病治病。

2月27日　新华社报道：全国财政贸易政治工作会议在天津举行。全国财贸政治工作会议是中共中央财贸政治部召开的，国务院副总理李先念在会上作了重要报告，出席会议的有各中央局财贸政治部负责人和国务院财贸各部、行、社政治部的负责人。这次会议要求，在处理财贸部门与各方面关系的时候，在进行商品收购、商品销售、节日供应、财政监督、税收、信贷、市场管理等各项工作的时候，都要首先考虑党的方针政策，考虑全局利益，解决业务工作中存在的现实思想问题。这次会议确定了1965年财贸政治工作的任务是：高举毛泽东思想红旗，以阶级斗争为纲，以社会主义和资本主义两条道路斗争为纲，落实“四个第一”，大兴“三八作风”，开展社会主义教育运动，振起财贸职工的革命精神，保证完成财贸部门的各项任务，促进工农业生产新高潮，促进社会主义革命和社会主义建设向前发展。16日，《人民日报》发表李先念的文章：《高举毛泽东思想红旗，做好社会主义商业工作》和社论：《以革命的精神做好1965年的商业工作》。

同　日　广东举重选手陈满林在北京以118公斤的成绩打破了推举世界纪录。

本　月　共青团中央在长沙召开全国共青团的军事体育工作会

议。会议要求，今年要特别突出地开展直接为国防服务的军事体育活动，通过教育和活动使广大青年进一步学习和领会毛主席关于人民战争、全民皆兵的伟大战略思想，进一步促进青少年革命化，成为能文能武的革命接班人。会议认为，开展军事体育活动的关键，在于全国提高对这项工作的认识，认识国内外阶级斗争的曲折、复杂的长期性。会议认为，美国坚持与中国人民为敌，继续霸占我国领土台湾，不断对我国进行军事挑衅，积极策划扩大印度支那战争，严重威胁我国安全和世界和平。国内阶级敌人，也总是企图复辟。在这样的形势下，我们这一代青年要能文能武，树立起高度的敌情观念，对敌人保持高度的警惕，学会和掌握对敌斗争的本领。而军事体育活动的开展，就是培养青年成为能文能武的重要手段。3月25日，《中国青年报》为此发表社论：《大力开展军事体育活动，促进青年革命化》。

3月1日　《人民日报》刊登《重评孟超新编〈李慧娘〉》的文章并加按语。《人民日报》的按语说，孟超新编的昆剧《李慧娘》，“是一株反党反社会主义的毒草”。按语还说，这个戏在1961年秋天由北方昆剧院上演以后，戏剧评论界的一些人对它颂扬备至。1963年春天，虽然在报刊上发表了一些文章予以批判，仍未彻底揭露其反动本质，最近不少报刊都发表文章，重新展开批判。按语说，今天刊登的齐向群的文章的分析批判是比较深入的。齐向群的文章认为，孟超通过李慧娘这个人物，不仅宣传了鬼神迷信思想，而且宣传了活着不必斗争、死后才有力量的反动哲学；散布了阴暗、消极的情绪和任情放情的极端个人主义思想；剧中加强的所谓政治性，是通过剧中人物发泄对现实的不满，号召和鼓励被推翻的剥削阶级向社会主义去进行复仇斗争。昆曲《李慧娘》系孟超所作，发表在《剧本》杂志1961年第7、8期上。它描写了南末贪赃枉法、卖国求荣的宰相贾似道和李慧娘的故事，李慧娘被贾似道杀害后，变成鬼，用头撞死了贾似道。此剧写作前曾得到康生的支持，演出后康生也曾大加赞扬，他还特地宴请了作者和主要演员，以示祝贺。1961年8月31日，廖沫沙在《北京晚报》上著文《有鬼无害论》，肯定了这出戏。

当时评论界也认为这出戏是“一朵鲜艳的红梅”。1963年3月29日，中共中央批转文化部党组《关于停演“鬼戏”的请示报告》，文化部党组的报告中曾着重批评：“更为严重的是新编剧本（如《李慧娘》）亦大肆渲染鬼魂，而评论界又大加赞美，并且提出‘有鬼无害论’，来为演出鬼戏辩护。”江青在中共中央批转文化部党组这一报告后，组织了围剿《李慧娘》的文章《“有鬼无害”论》，于1963年5月6日在《文汇报》发表。文章毫无道理地说作者是影射攻击共产党，贾似道是共产党的总理，李慧娘反贾似道就意味着人变成鬼也要向共产党复仇。自此，全国戏剧界开始大批“鬼戏”。1964年夏，康生摇身一变，把《李慧娘》说成是“坏戏”的典型，号召进行批判，并不仅批孟超，也批廖沫沙。

3月2日　刘少奇主持中共中央书记处会议专门研究文艺界整风问题。会上对文艺战线上出现的围攻、批判文艺作品和文艺界代表人物的现象进行了批评。邓小平指出，现在有人不敢写文章了，新华社每天只收到两篇稿子，戏台上只演兵，只演打仗的，电影哪有那么多完善？这个不让演，那个不让演。那些“革命派”是想靠批判别人出名，踩着别人的肩膀自己上台。要赶快刹车。但是，他的意见未能发生作用。

同　日　解放军总政治部发出通知，要求全军学习好司务长孙乐义的模范事迹。通知说，济南部队某团二连司务长孙乐义是一个把毛泽东思想用到生活管理方面的先进典型。宣传和学习孙乐义同志的模范事迹，要着重以下4点：1. 活学活用毛主席著作，改造思想，指导工作，以政治统率业务，“管物先管人，管人先管心”。2. 全心全意为人民服务，为连队服务，以深厚的阶级感情热爱同志，先集体后个人，先别人后自己。3. 艰苦奋斗、勤俭节约、爱护国家财产。4. 工作拣重担子挑，刻苦钻研业务，认真负责，一丝不苟，以身作则，依靠群众。总政治部的通知还说，孙乐义的事迹不仅对做后勤工作的同志，而且对全军所有同志都有教育意义。组织部队学习孙乐义同志的模范事迹，是今年掀起学习毛主席著作新高潮的重要措施之一，也是一项重要的活的思想教育。《人民日报》以《胸中只有革命》为题，报道了孙乐义的先进事迹。

3月2日—9日 巴基斯坦总统阿尤布·汗访问我国。访问期间，毛泽东主席会见了阿尤布·汗总统；刘少奇主席、周恩来总理同阿尤布·汗总统进行了会谈。7日，两国签署中巴联合公报。2日、9日，《人民日报》发表社论：《热烈欢迎阿尤布·汗总统》、《中巴友好关系发展的新里程碑》。

3月3日 中共中央批转《财贸工作座谈会纪要)。1965年1月召开的财贸工作座谈会，主要讨论了打击投机倒把，进一步改造小商小贩等问题。座谈会提出：1. 打击粮食投机，平抑集市粮价，除了农民相互间正当的粮食调剂以外，粮食不准转手买卖，不准私人经营。粮食部门应当在做好统购统销工作的前提下进行议购议销。2. 限制土纺土织，统一经营土纱土布。3. 限制合作商店、合作小组和个体商贩的经营活动，不准它们超过规定的经营范围和活动地区，不准违反国家价格政策，不准任意增加网点和人员。有证商贩要逐渐减少，无证商贩要坚决取缔。加强改造私商的机构，已撤销的要恢复。4. 认真清理财贸部门的“小家当”。中共中央的批示指出，当前财贸工作的主要任务，是加强市场上反对资本主义的斗争。

3月4日 《关于国际共产主义运动总路线的论战》一书由人民出版社出版，这本书是中苏两党论战中的重要文献。书中收录了：中国共产党中央委员会1963年6月13日提出的《关于国际共产主义运动总路线的建议》，人民日报和红旗杂志的10篇重要文章，即：1. 苏共领导同我们分歧的由来和发展；2. 关于斯大林问题；3. 南斯拉夫是社会主义国家吗？4. 新殖民主义的辩护士；5. 在战争与和平问题上的两条路线；6. 两种根本对立的和平共处政策；7. 苏共领导是当代最大的分裂主义者；8. 无产阶级革命和赫鲁晓夫修正主义；9. 关于赫鲁晓夫的假共产主义及其在世界历史上的教训；10. 赫鲁晓夫是怎样下台的。这本书里还附有苏共中央1963年3月30日给中共中央的信，以及苏共中央1963年7月14日给苏共各级党组织和全体共产党员的公开信。

同 日 中共陕西省委第一书记张德生逝世。张德生，1909年

生。陕西省榆林县人。1927年加入中国共产主义青年团，1930年加入中国共产党。1930年至1934年，在国民党统治区从事地下斗争，历任中共府谷县委组织部部长等职，1935年在中国工农红军第一、第四方面军从事军队政治工作。抗日战争期间，历任中共陕西省委书记、关中地委书记和中共中央西北局秘书长、统一战线工作部部长等职。1947年—1949年，担任中国人民解放军第一野战军政治部副主任。中华人民共和国成立后，历任中共甘肃省委书记，中共陕西省委书记，中共陕西省委第一书记。1956年，在中国共产党第8次全国代表大会上，被选为中央委员会候补委员。

3月5日　全国省、市、自治区工会主席会议闭幕。这次会议是全国总工会召开的。会议确定今年工会工作的中心任务是：在党的领导下，继续高举毛泽东思想的伟大红旗，以阶级斗争为纲，以生产建设为中心，切实深入基层，放手发动群众，积极投入社会主义教育运动，进一步促进职工思想革命化，深入开展以五好为目标的比学赶帮、增产节约运动，把生产建设高潮继续向前推进，保证完成和超额完成今年国家计划，为第三个五年计划做好准备。会议指出，为了做好1965年的工作，各级工会干部都要认真学习毛泽东思想，学习唯物辩证法，反对形而上学。工会领导机关必须彻底改变工作作风和工作方法，真正深入基层，调查研究，指导全面。会议要求各级工会组织要认真贯彻干部参加劳动的制度，推行“三定一顶”。并且以毛泽东思想为指针，认真总结工作经验，特别是基层工会的工作经验。

同　日　台湾“副总统”陈诚去世。陈诚，1898年生，字辞修，浙江省青田人。1922年保定军校毕业后，投身军旅，参加过北伐、围剿中央苏区、抗战等。1949年1月，出任台湾“省主席”，推行“三七五减租”、“土地改革”等政策。1950年任台湾“行政院长”。1954年任“副总统”。1957年任国民党副总裁。1958年再度出任“行政院长”。后连任“副总统”、国民党副总裁。著有《台湾土地改革纪要》。

3月6日　我驻苏使馆就苏联军警镇压参加反美示威的中国留苏

学生向苏联政府提出抗议。据中国留苏学生报告，3月4日下午，在莫斯科学习的各国留学生和苏联学生一起举行反对美国武装侵略越南的示威游行，遭到苏联大批军警和马队的横暴镇压，大批学生被逮捕和打伤，其中中国学生被捕1人，被打伤30余人，重伤住院者9人。我国驻苏大使馆的抗议说，苏联政府这种行为，是违背马列主义和无产阶级国际主义原则的，是违背苏联人民和全世界人民的愿望的。抗议要求苏联政府向参加反美游行的学生认错道歉，并严惩凶手。

3月12日　我国政府就美国派遣3 500名海军陆战队进入南越发表声明。声明说，美国派遣地面部队进入南越，从根本上撕毁了日内瓦协议，也宣告了美国“特种战争”的破产，已经无可奈何地走上了朝鲜式战争的道路，进一步堵塞了政治解决越南问题之门。我国政府的声明说，政治解决越南问题的唯一渠道，就是美国武装力量全部撤出越南。此外的政治渠道是没有的。中国人民从来不把自己的安全建立在美国不来侵略的善心上。我们是有准备的。反正你们就只有那么一点武装力量，你们的办法说来说去也就是那几手。斗争的结果，只能是美国侵略者从越南滚出去，从印度支那滚出去，从东南亚滚出去。

同　日　新华社报道：全国肿瘤会议在上海举行。这次会议由中华医学会召开，来自全国各省、市、自治区和中国人民解放军、铁道部等单位的医药专家和青年医药科学工作者198人参加了会议，会议共收到学术论文900多篇。会上提出的许多论文表明，我国治疗某些肿瘤的效果近年来有很大提高，如绒毛膜上皮癌、子宫颈癌、上颌癌等肿瘤的治愈率，大都已接近或超过国际现有水平。我国在抗肿瘤药物的研究方面取得了一些新成就。这届肿瘤学术会议还着重讨论了进一步普及防治工作的问题。

3月14日　毛泽东会见他国共产党领导人。毛泽东会见新西兰共产党总书记维·乔·威尔科克斯、主席默·威廉斯和他的夫人，澳大利亚共产党（马克思列宁主义者）主席爱·弗·希尔和由他率领的澳大利亚共产党（马克思列宁主义者）代表团团员维达·李特尔夫人、诺曼·加拉格尔。

同　日　我政府接回4名被苏迫害致伤的留学生。在莫斯科参加反美斗争遭到苏联当局迫害的4名中国留学生，由我国政府接回北京进行治疗，下午回到北京，受到有关方面和首都高校2 000多学生以及在北京的外国留学生的热烈欢迎。这4名中国留学生在莫斯科的留学生反美示威中被苏联军警殴打而身受重伤以后，有的被苏联当局赶出医院，有的在住院治疗期间又遭到苏方的毒打和种种迫害，得不到应有的治疗，因此回国就医。

3月15日　《解放军报》发表叶剑英的文章：《高举毛泽东思想伟大红旗，把院校办得非常无产阶级化非常战斗化》。文章指出：1.要认清形势明确任务，充分认识办好院校的伟大意义。2.要虚心地创造性地活学活用长沙政治学校的经验。3.政治思想工作做得好不好是检验院校工作的主要标志。4.办好院校的关键在于领导干部革命化。5.贯彻少而精方针按照毛主席的指示改革教学。文章还指出，军队培养接班人，在部队和实际工作中培养是一个方面，院校培养是另一个方面。院校办得好不好，关系到军队的建设和国家的安危。

3月16日—4月4日　全国设计工作会议在北京举行。会议由国家基本建设委员会主任谷牧主持，出席会议的有中央工业、交通、财贸、农林各部所属设计单位的负责人，各省、市、自治区设计部门的负责人，以及部分先进设计工作者。会议期间，党和国家领导人刘少奇、邓小平、彭真、李先念、谭震林、陆定一、康生、李雪峰接见了出席会议的全体代表。中共中央政治局委员彭真和国务院副总理薄一波到会作了报告。会议认为，经过5个多月的设计革命，我国设计工作战线上已经出现了前所未有的大好形势。广大设计人员都积极投入这场革命，自觉检验和批判了设计思想、设计方法上的主观主义、教条主义和资产阶级个人主义思想，提出了许多设计工作的积极建议。会议认为，在设计革命中必须解决5个方面的问题，即：第一，要在设计工作中坚持政治挂帅的原则；第二，树立深入实际、联系群众的革命化作风；第三，改革不合理的规章制度；第四，要作好整顿设计队伍和提拔新生力量的工作；第五，健全设计工作的领导机构，加强对设计工作的领导，促进设计部门领导干部革命化。4月9日，《人民日报》发表社论：《为设计工作的革命化而斗争》。

3月17日　我国自己设计、制造和安装的第一套尿素设备在上海吴泾化工厂试车成功，并制造出第一批高效化肥尿素。这套设备是由化学工业部第七设计院设计，上海机械工业部门组织100多家工厂协作，在不到一年半的时间之内制造出来的，共有200多台主机和辅机，可年产4万吨尿素。

同　日　刘少奇会见澳大利亚共产党（马克思列宁主义者）主席爱·弗·希尔率领的澳大利亚共产党（马克思列宁主义者）代表团。

3月18日　解放军空军某部在我国东南沿海地区上空，击落窜入侦察的美制国民党军RF-101型侦察机1架。国防部长林彪发布嘉奖令，表扬击落RF-101侦察机的空军某部。24日，总参谋长罗瑞卿接见了击落美制蒋机的有功人员。21日，空军某部举行了祝捷授奖大会。

3月20日　周恩来主持中央专委第十一次会议，批准核潜艇研制工程重新全面开工。我国于50年代后期开始着手组织核潜艇研制。当1958年第一座实验原子反应堆投入试验和第一批“转让制造”的常规潜艇建成，核潜艇研制就提上了日程。当时确定的目标是研制导弹核潜艇。它是当代尖端科学技术的综合体现。1958年，在海军和有关工业部负责人组成领导小组组织下，按专业设艇总体、动力、武备和电子4个设计分组。1958年开始构思和预先研究，1959年完成初步方案，继而组织专题研究攻关。1960年调整了工程的要求和进度。1961年，由于当时国家经济困难，核潜艇工程不得不延缓进行，保留了一部分技术骨干继续开展核动力装置的预先研究。1963年5月，国防部第七研究院核动力研究所成立后，又系统地开展了潜艇用核动力装置的预研工作。1964年11月确定了压水型动力反应堆的结构方案、功率以及核动力装置的主要方案和主参数，为1965年后核潜艇进入型号研制打下了技术基础。1965年3月20日，周恩来主持中央专门委员会第11次会议，批准核潜艇研制工程重新全面开工，8月，中央专委批准核潜艇研制分两步走的报告。第一步先研制鱼雷攻击型核潜艇，要求于70年代下水。第二步研制弹道导弹核潜艇。为了承担核潜艇研制的总体设计和技术抓总，1965年6月组建了6机部7院核潜艇总体研究所。要在60年代中期，中国经济技术基础仍较薄弱的条件下，用不长的几年时间完成第1艘核潜艇的关键项目，任务相当艰巨。承担绝大部分研究设计项目的六机部七院，在院长于笑虹、党委书记胥治中的组织下，组建了一批研究所，集中大批科技力量以攻克核潜艇的高技术难关。1966年，核潜艇各主要分系统以及其他专用材料设备的研制全面展开。参预这些材料设备的研究、设计、试验、试制和生产的计有2 000多家厂、所、院、校，涉及到24个省、市、自治区和21个部、委，协作规模之大在中国造船和军工史上都是空前的。由于有中央专委的正确领导和核潜艇工程领导小组的具体组织协调与指挥，依靠全国的大协作，这些技术难关才得以逐项克服。1970年12月26日，首制核潜艇胜利下水。1971年7月1日，中国首次实现在核潜艇上以核能发电。同年8月23日，中国第1艘核潜艇首次以核动力航行驶向试验海区，进行航行试验。1974年1月，进行检验性试航。同年8月1日，中共中央军委发布命令，命名中国第1艘核潜艇为“长征1号”，正式编入海军序列。

3月21日　毛泽东、刘少奇、朱德、周恩来打电报给苏联党和国家领导人祝贺“上升”2号苏联宇宙飞船成功飞行和胜利着陆。

3月22日　国务院批准财政部《关于改革基本建设财务拨款制度的报告》。《报告》说，为了适应形势发展的需要，在基本建设方面，从计划管理、工程设计、物资供应到施工组织等各个环节，已经采取了许多重大的改革措施，基建财务拨款制度上也要相应改革。改革的主要内容是：1. 简化拨款手续。2. 积极采取各种措施，促进建设事业的发展。3. 坚持合理制度，加强财物监督。

同　日　以中共中央副主席、国务院总理周恩来为首的党政代表团赴罗马尼亚参加罗工人党第一书记乔治乌·德治的葬礼。刘少奇、邓小平、彭真、李先念等党和国家领导人到机场送行。

3月23日　《人民日报》、《红旗》杂志编辑部联合发表文章：《评莫斯科三月会议》。文章说，苏共新领导继承赫鲁晓夫的衣钵于3

月1日—5日召开了分裂会议，发表了名为《关于在莫斯科举行的共产党和工人党协商会晤的公报》。这次会议表明，苏共新领导人所以非要把赫鲁晓夫赶下台，并不是因为他们同赫鲁晓大有任何原则性的区别，而是因为赫鲁晓夫实在太臭了，成为推行赫鲁晓夫主义的障碍。他们换掉了赫鲁晓夫，是为了更好地贯彻赫鲁晓夫主义。

3月24日　中共江西省委第二书记兼江西省省长邵式平逝世。邵式平，1899年生。江西弋阳人。1925年加入中国共产主义青年团，同年加入中国共产党。大革命时期历任北京师范大学学生会主席、党支部书记。1926年返回江西弋阳领导农民运动。第二次国内革命战争时期，同方志敏一起，在弋阳、横峰地区组织农民起义，任横峰县委书记兼游击队政委。后任闽浙赣省苏维埃主席、军区司令员、红十军政治委员和前敌书记。1934年调中央随军长征，任第二纵队参谋长，纵队政治部主任，地方工作部部长。抗日战争时期，任陕北公学教育长，抗日军政大学第二分校副校长，中共七大代表。解放战争时期，任中共辽吉省委副书记兼军区副政治委员，中共嫩江省委副书记兼军区副政治委员，东北财经委员会计委副主任。全国解放后，历任中共中央中南局委员，全国人大代表，中共江西省委常委，江西省人民政府主席，中共江西省委第二书记兼江西省省长。

同　日　中国和阿富汗王国边界议定书以及两国文化合作协定、经济和技术合作协定在喀布尔同时签字。中华人民共和国副总理兼外长陈毅与阿富汗副首相阿卜杜勒·查希尔等分别代表中国、阿富汗政府在这3个文件上签字。

3月25日　中共中央、国务院发出《关于处理1961年以前农村四项欠款问题的通知》。《通知》同意湖北省委关于农村社队欠国家的赊销款、预付款、预购定金、农业贷款（简称“四项欠款”）的处理意见。《通知》规定，农村社队1961年以前欠国家的四项欠款，截止日期前未归还的部分，一律豁免，不再偿还。农村个人的四项欠款，按阶级成分不同，区别对待，贫下中农的全部豁免，地、富、投机倒把分子、贪污分子的一律不豁免。农村信用合作社贷给社队和个人的款项，比照同样原则办理，资金发生困难的，由国家银行酌予补助。1962年以后的各项债务，仍然要贯彻“有借有还”的原则，维护国家的信用。

3月26日　毛泽东会见巴勒斯坦解放组织艾哈迈德·舒凯里和由他率领的巴勒斯坦解放组织代表团全体成员。

同　日　中国巴基斯坦边界议定书签字。中华人民共和国副总理兼外长陈毅和巴基斯坦伊斯兰共和国外交部长布托分别代表两国政府在中国巴基斯坦边界议定书和中巴关于文化合作协定两项文件上签字。

同　日　中共中央决定基本建设项目一律不再增加。鉴于各部门、各地方不断提出增加1965年基本建设项目，为避免战线拉得太长，物资供应过紧，影响重点建设和应付国际形势变化的需要，中共中央决定基本建设项目暂时一律不再增加，有的战略储备物资、当年准备的物资以及增产指标以外再超产的物资，未经中央批准不准动用，并责成国家计委对本年计划内的和已批准增加的建设项目重新审查，凡是可不上的项目都不要上，项目中某一部分可暂时不上的也应缓上，各地自筹资金只能在国家已分配给地方的材料范围内安排；今后，各部门、各地方除了国家已批准项目外，即使有资金、有材料、有设备，计划外新增加的任何建设项目，也必须有中央批准才能动工。

3月26日—4月23日　教育部在北京召开全国农村半农半读教育会议。参加会议的有各地党委宣传部门和政府教育部门负责人，部分地区人民公社和生产大队的党委书记或支部书记及一些优秀教师共140人。会议期间，中华人民共和国主席刘少奇听了汇报，并接见了与会代表。国务院副总理陆定一讲了话，教育部部长何伟作了报告。会议总结和交流了各地试办半农半读学校的经验，提出今后农村教育的任务是要在办好全日制学校的同时，坚定不移地推行半工（农）半读教育制度。会议认为，近年来各地试办的半农半读教育制度为在我国农村多快好省地普及小学教育和发展中等教育开辟了一条新的道路，是我国教育事业中一次深刻的革命。要继续高举毛泽东思想红旗，学习大寨、解放军的革命精神，在巩固已有成绩的基础上，实行全日制和半农半读两条腿走路，普及小学教育，扩大试办农业中学，积极试办半农半读中等技术学校。5月30日，《人民日报》发表社论：《努力办好半农半读学校》。

3月27日　中共中央决定成立国家基本建设委员会。中共中央决定，谷牧担任主任，并决定将建筑工程部分为建筑工程部和建筑材料工业部。31日，人大常委会第五次会议通过了相应的决议。

同　日　新华社报道：国务院召开全国农业科学实验工作会议。会议号召农业科技工作者上山下乡，积极开展以样板田为中心，以专业的科学技术队伍为骨干，以广大农民群众科学实验活动为基础的农业科学实验运动。会议期间周恩来总理、李先念副总理作了报告。样板田是由领导、科学技术人员和群众三结合，针对当地农业生产中的关键问题，总结农民先进经验和采用国内外先进科学技术成果，就地做出样子来，让周围农民跟着学，从而以点带面地带动大面积农田高产稳产的新形式。会议对今后发展样板田的部署作了讨论。来自全国28个省、市、自治区农业科研机关、农业生产领导部门、农业院校及农业技术推广部门的1 000多名代表出席了会议。会上农业部副部长江一真作了题为《积极开展以样板田为中心的农业科学，为农业生产服务》的报告。《人民日报》发表社论：《办好三结合的样板田，促进农业科学实验运动》。

3月27日—30日　周恩来率中国党政代表团应邀访问阿尔巴尼亚。访问期间，周恩来同霍查、谢胡等进行了会谈。29日，周恩来在地拉那群众欢迎大会上发表重要讲话。30日，中阿双方发表了关于周恩来访问阿尔巴尼亚的新闻公报。4月1日，《人民日报》发表社论：《战斗的友谊，伟大的团结》。

3月30日　我国射击运动员赵怀礼等4人打破团体世界纪录。我国射击运动员赵怀礼等4人在男子跑鹿射击50次单发射团体赛中以200发916环的成绩打破苏联选手保持的900环的世界纪录。

3月30日—31日　周恩来总理应邀访问阿尔及利亚。访问期间，周恩来总理同本·贝拉总统进行了会谈。31日，两国发表了中阿联合公报。

3月31日　刘少奇在听取全国农村半农半读教育会议汇报时作指示。刘少奇在听取教育部长何伟、副部长刘季平汇报时指出："一切国家的无产阶级取得政权以后，都会产生资本主义复辟问题，包括我们国家在内。问题是如何防止。现在我们所想到的办法有两个：一个是发动群众搞'四清'，一个是改革教育制度和劳动制度。我们办半工半读和半农半读学校也是为了解决这个问题。"他还说："搞半工半读，不能只搞小学、中学，还要办中等技术学校和大学。70%、50%的初、高中学生要升学，形势已经逼来了，所以半工半读和半农半读，这样一个体系就非办起来不可。"

同　日　中国人民解放军海军航空兵部队，在我华南地区上空，击落入窜侦察的美国军用无人驾驶高空侦察机1架。国防部长林彪发布嘉奖令，表扬在我华南地区击落美军用无人驾驶高空侦察机的海军航空兵部队。4月4日，海军在华南某地举行祝捷大会，奖励作战有功单位和人员。作战有功人员舒积成在会上荣获国防部授予的战斗英雄称号。

本　月　中共中央军委秘书长罗瑞卿向中央军委提出《关于国防工业在二、三线地区新建项目布局方案的报告》。1964年5月和8月，中共中央主席毛泽东针对当时的国际形势，借鉴苏联卫国战争的经验教训，提出要立足于准备打仗，并按一、二、三线布局和调整一线的战略决策，重点建设战略后方。毛泽东指出，现在沿海摊子搞得那么大，工厂可以一分为二，要抢时间搬迁到三线去，不搬不行；对沿海工厂搬家和三线建设要热心一些，积极性越高越好。还语重心长地说：现在不为，后悔莫及。同年8月，中共中央书记处会议作出了首先集中力量建设三线，迅速加强三线建设的决策。根据这一决策，1964年9月，国防工办副主任赵尔陆率领工作组，深入大三线地区进行实地考察，具体研究国防工业三线建设的布局。在此基础上，中央军委秘书长罗瑞卿向中央军委提出了《关于国防工业在二、三线地区新建项目布局方案的报告》，报告提出："根据毛主席的战略思想和中央军委有关三线建设的方针指示，国防工业各部门组织了勘察选址工作队。这次选址，基本上是靠山、进洞、离开城市，少占耕地，尽量不占良田，不迁居民。”

本　月　中共中央专门委员会批准七机部制定的1965年—1972年运载火箭发展规划。1962、1963年，国防部五院组织技术专家，讨论并提出了《火箭技术发展途径的意见》。1965年在制定空间技术发展规划的同时，七机部发动了有设计、生产、使用部门的工人、技术人员、领导干部3 000多人参加的规划方案讨论。这个规划对我国第一代液体火箭的发展，发挥了重要的指导作用。

4月1日　新华社报道：1种速效高浓度磷肥重过磷酸钙最近在上海研究试制成功。至此，目前世界上生产的两种主要高浓度磷肥我国都能够生产。

同　日　新华社报道：全国科学教育电影工作会议在北京举行。这次会议是由文化部和国家科委联合召开的。各部门各地区有关负责人和各方面的科学工作者三百余人出席了会议，国务院副总理陆定一在会上作了重要讲话，国家科委副主任韩光在会上作了报告。这次会议主要讨论了我国发展科学教育电影的方针，以及科学教育电影的创作、摄制、发行、放映等问题。会议指出，科学教育电影是社会主义革命和社会主义建设的强大武器。它对于促进工农业生产，帮助人们正确地认识自然和社会，树立辩证唯物主义的世界观，有着重要的作用，必须给予充分重视。同日，《人民日报》发表社论，《积极发展科学教育电影》。

4月2日　1架美国军用无人驾驶高空侦察机的残骸在中国人民革命军事博物馆开始展出。这架美机是今年1月2日侵入我国中南地区上空被我人民解放军空军部队击落的。

4月3日　中国人民解放军空军部队在中南地区上空，又击落1架入窜侦察的美国军用无人驾驶侦察机。这是继3月31日我海军航空兵击落1架美军用无人驾驶侦察机以来，在3天时间里，我军击落的第2架同一类型的间谍飞机，也是今年3个多月以来我军击落的第3架敌机。国防部长林彪发布嘉奖令，表扬在中南地区上空击落1架美军用无人驾驶侦察机的中国人民解放军空军部队。4月7日，空军某部举行隆重的祝捷大会，奖励作战有功人员。

4月4日　《人民日报》答读者问："在学校中应该怎样对待地主、富农、资本家的子女。"《人民日报》在回答读者提出这个问题时指出：判断一个学生政治上是不是进步，主要应该看他本人的实际表现，不能以他的家庭出身作为主要根据。人们不能选择自己的出身，却可以选择自己要走的政治道路。对地主、富农、资本家的子女，要区别对待，不能一律采取歧视的态度。对待绝大多数表现好的和表现一般的，都应当热情帮助他们提高思想觉悟，帮助他们坚定地走社会主义道路。不能把他们同地主、富农、资本家一样看待。

4月6日　周恩来总理结束在国外访问回京。周恩来总理率中国党政代表团参加了罗马尼亚乔治乌·德治的葬礼，访问了阿尔巴尼亚。在这以后，周恩来总理于3月30日—4月4日，先后访问了阿尔及利亚、阿联、巴基斯坦和缅甸。访问期间，周恩来总理分别同布迈丁总统、纳赛尔总统、阿尤布·汗总统和奈温主席，就共同关心的国际问题交换意见。周恩来总理在阿联期间回答了中东通讯社新闻编辑所提出的问题。6日乘专机回到北京。刘少奇主席同党和国家其他领导人邓小平、彭真、李先念、陆定一、康生、李雪峰、郭沫若、林枫等到机场欢迎。同日，《人民日报》发表社论：《为了共同事业的共同胜利》。

同　日　包头钢铁公司焦化厂以当地的肥煤和气煤为主煤炼出好焦炭。这是一项对于我国钢铁工业发展具有重大意义的技术革新。按照旧有理论，炼焦必须以气、肥、焦、瘦4种煤配合，并且要以焦煤为主，它们之间的比不可改变。我国煤藏丰富，但探明的焦煤较少，按照旧的配煤理论，将会限制钢铁工业发展。包钢这一技术革新，为利用我国的丰富资源，多快好省地发展我国炼焦工业和钢铁工业开辟了广阔天地。同日，《人民日报》发表社论：《在科学实验中坚持唯物辩证法——论包钢焦化厂在炼焦配煤中技术革命的新成就》。

同　日　首都民兵进行军事技术表演。北京市机关、工厂、农村和学校一些基层单位的男女民兵举行军事表演，北京市和北京卫戍区负责人以及郊区2 000多名农村干部和农民群众观看了表演。

4月6日—25日　国家经委召开全国专业化和协作工作会议。会议指出，专业化和协作是生产发展的必然趋势和客观规律，对目前工业普遍存在的全能厂，必须进行一次革命性的改组，使它转到专业化和协作的道路上来。改组的基本方法，一是把全能厂一分为几，一是把分散在各厂的相同的生产力量组织起来，进行合理分工，组成专业工厂。在改组的基础上，要进行技术改造，实行标准化、通用化、系列化，并成立全国性或地区性的专业公司（或总厂）。会议提出，1965年要扩大改组的试点范围，争取在3、5年内，基本完成这一重大的改组工作。中共中央、国务院于5月25日批转了这个会议的纪要。

4月7日　中共中央发出《关于调整文化部领导问题的批复》。《批复》免去了齐燕铭、夏衍等在文化部的领导职务。5月，文化部党组改组。成立了以肖望东为书记，石雨民、颜金生为副书记的新党组。这是文化部根据毛泽东的指示，在文化界开展错误的批判和整风的结果。毛泽东1964年6月关于文艺的第2个批示传达后，文化部和文化界开始整风，并对文化部副部长齐燕铭、夏衍、徐光霄、徐平羽、陈荒煤，全国文联副主席阳翰生、作家协会党组书记邵荃麟、戏剧家协会主席田汉等，进行了错误的批判。1964年11月26日，毛泽东在听取三线建设工作汇报时插话说：整个文化系统不在我们手里。究竟有多少在我们手里？29%？30%？或者是一半？还是大部分不在我们手里？我看至少一半不在我们手里。齐燕铭也不好，听说他是你（指周恩来总理）的秘书长（齐燕铭当时身兼双职即国务院副秘书长、文化部副部长）。你还不如到解放军找一个头脑清醒的人。整个文化部都垮了。

同　日　《人民日报》开展“怎样办好半工半读、半农半读的新型学校”的讨论。《人民日报》在开辟这个讨论专栏的编者按中指出：在实行全日制教育制度的同时，要不要实行半工半读、半农半读教育制度，关系到我国如何多快好省地普及教育的问题，关系到如何提高教学质量的问题，关系到培养什么样的接班人的问题，关系到如何培养全面发展、又红又专、能文能武的革命后代的问题。这一讨论至10月29日结束，共出刊15期，许多学生、家长、教师、教育行政干部发表了来信及文章，还刊登了各地试办半工半读学校的经验。

4月8日　全国总工会提出用结存工会经费的一半修建工人宿舍的建议。建议说，由于近几年调整、压缩集团购买力和冻结存款等原因，各级工会经费结存了约4亿多元。考虑到职工群众迫切要求解决宿舍问题，国家在这方面的拨款又有一定限制，因此全国总工会提出从结存的4亿元存款中拿出约2亿元，拨给政府或企业新建工人宿舍，首先解决一部分离厂太远影响休息或居住过于拥挤的职工宿舍问题。4月13日，中共中央批准了全国总工会这个建议，同意拨款分3年使用，1965年先安排5 000万元。

4月9日　中共中央政治局委员、国务院副总理柯庆施逝世。柯庆施，1902年生。安徽歙县人，原名尚惠。1920年加入中国社会主义青年团，1922年加入中国共产党。从1920年至1936年，在上海、南京、武汉、安徽等地从事地下工作，领导工人运动、农民运动和兵运工作。曾任安徽省委书记、中国工农红军第八军政治部主任、中共中央秘书长、河北省前委书记和组织部长等职。抗日战争时期到延安工作，曾任中共中央统战部副部长。解放战争时期在晋察冀边区任行政委员会财委副主任、石家庄市市长，全国解放以后，历任中共南京市委书记、南京市市长、中共江苏省委书记、中共中央上海局书记、中共上海市委第一书记、上海市市长、南京军区第一政治委员、中共中央华东局第一书记、国务院副总理等职。在中共八大上当选为中央委员，中共八大二次会议上当选为中央政治局委员。1965年4月9日在成都逝世，享年63岁。4月13日，首都各界1.3万多人举行公祭大会，刘少奇主席主祭，追悼柯庆施。

同　日　美国军用飞机8架侵入我海南岛上空进行挑衅。4月9日8时20分—9时26分，美国军用飞机2批8架，侵入我海南岛崖县、白沙、昌感地区上空进行挑衅活动。我机立即起飞迎战，美机发射导弹2发逃窜，在慌乱中，美机一架被另一架美机发射的导弹击中，坠

落于我海南岛地区。4月22日，《人民日报》发表社论：《中国领空不容侵犯！》

4月10日　中国科研工作者完成人工栽培油瓜的科研工作并进行推广。《人民日报》报道：中国科学院西双版纳热带植物园的科学工作者完成人工栽培油瓜的科学研究工作，并且已开始推广到农林生产部门，进一步进行生产性的试验和推广。

4月11日　安徽修建淠史杭大型水利工程。安徽在江淮丘陵地区已修建了一条长1 200多公里的岗上新河——淠史杭大型水利渠道，使300多万亩农田得到充分灌溉。6年来在5年遭受不同程度旱情下，增产了20多亿斤粮食。这项工程还在继续建设，从去冬开始的第7期工程完成后，又可扩大灌溉面积40多万亩。安徽江淮丘陵地区原是片地势高亢、岗陵起伏的低产地区，原有主要河道淠河、史河、杭埠河的河床，一般低于农田10—20米，河水很难被用来灌溉农田。这里的降雨时间与农作物的需要也不适应，长时期以来，这一地区成为安徽历史上著名的易旱地区。淠史杭工程从1958年上马，主要利用大别山东北麓各个水系的水利资源，把淠河、史河、杭埠河改道，引水上岗，灌溉江淮丘陵9县2市1 200多万亩农田。整个工程要开挖底宽15米以上的河道19条，长1 320公里，还要围绕新河开挖密如蛛网的灌溉渠道，以及在新河上修建许多水利建筑物。工程全部完工后，不仅受益的1 200万亩农田有80%可以自流灌溉，而且能通行100吨以上的轮船，同时利用水位落差发电，每年可达1.4亿度，还可发展水产养殖区。这个工程现已进行7个年头，3大灌区枢纽工程已基本竣工，开挖河道总长1 200多公里，还建成水利建筑物1 000多座。淠史杭工程在不长的时间内，灌溉了大批农田，收到了显著的增产效果，一个稳产高产的粮食基地由此而形成。《人民日报》于同日发表社论：《自力更生精神无往不胜——论安徽兴建淠史杭水利工程的宝贵经验》。

4月12日　中共中央发出《关于加强战备工作的指示》。1964年8月初，美国突然袭击了越南民主共和国，跨过了战争边缘，扩大了印度支那战争。1965年3月，美国把大批导弹部队、海军陆战队，战略轰炸机以及一些雇佣军调入越南南方，加紧了侵略战争，并在1个月内4次空袭越南民主共和国，战火已有扩大到整个印度支那之势。中共中央的《指示》说，鉴于美帝国主义扩大了侵略越南的步骤，直接侵犯越南民主共和国，严重威胁我国的安全，因此中央认为：在目前形势下，应加强战备。《指示》号召全党全军和全国人民，在思想上和工作上准备应付最严重的局面，要发扬爱国主义精神，尽一切可能支援越南人民的抗美救国斗争。

同　日　外交部照会英国政府，不欢迎英国特别代表来华讨论越南问题。照会指出，作为1959年日内瓦会议两主席之一的英国政府，不仅没有站在公正的立场上，谴责和制止美国对越南的侵略，反而支持美国扩大侵略战备的每一个步骤，甚至公然为美国使用毒气辩解，完全违背了1959年日内瓦协议的原则，完全背弃了它作为日内瓦会议两主席之一所应尽的职责。据此，英国政府派遣特别代表就越南问题和印度支那问题同中国政府进行接触是不适当的，是不受欢迎的。

4月13日　中共中央同意新技术进口小组《关于引进新技术工作几个主要问题的报告》。《报告》提出的主要问题是：1.要继续纠正过去在向资本主义国家引进新技术工作中缺乏自力更生精神的依赖思想，和不应进口的设备也要进口的倾向。还要纠正过去对引进新技术的工作抓得不紧，进行不力，丧失时机，使一些可以办到的事情没有办到的倾向。引进新技术是使我国科学技术迅速赶上和超过世界水平这一战略任务下的一部分工作，是和帝国主义抢时间，有的同志对这一点认识不足。工作中还存在很多问题：如不少项目情况不明，准备不足，技术上不落实，不能及时提出谈判方案；询价、谈判时缩手缩脚，选择进口国家时顾虑多，迟迟不决；派遣出国人员限制过严过死。这些问题必须在今后工作中求得解决。2.引进国外新技术是一种斗争，是政治、经济、技术的结合。如果因某些国家的政府的政治态度不好，对我们急需的东西也不敢积极进行谈判，这等于束缚自己的手脚，使自己吃亏，这是不足取的。1965年应当充分利用当前比较有利的国际环境，适应国内经济形势和建设的需要，更积极地展开从资本主义国家引进新技术的工作。重点是冶金、矿山、汽车、机床、仪器仪表和电子工业的设备和技术，以及为建设三线所需的工程机械。在引进新技术的3种方式（进口成套设备、进口单项设备、购买技术资料）中，应当以更大的力量进行和探索后两种方式。3. 为了完成今年的任务，建议：（1）重要项目必须吸收部内外专家成立技术小组，搜集、分析国外技术和贸易情报，逐项进行技术落实，充分作好谈判和建设的准备。（2）随着长期计划的制定，应陆续提出几批项目，经过批准，向国外广泛询价。

同　日　中共中央、国务院同意并转发中央外贸3人小组办公室报告并发出《关于必须严格控制从资本主义国家进口的通知》。《通知》指出，今年年初安排的对资本主义国家外汇收支计划，原来是可以平衡的，进口用汇已比去年有较大幅度的增加。第1季度以来，各方面要求在计划外增加进口的物资很多，影响了外汇平衡。中央和国务院认为，生产建设事业的发展，必须自力更生，艰苦奋斗，立足国内；进口一些物资作为补助是需要的，但必须根据外汇的可能。对外不同于对内，对外收支决不能出问题，在安排上要留有余地。为确保今年不能出问题，除大力组织出口增加外汇收入外，现决定：1. 严格控制进口订货，各部门不要再提进口货单；2. 对于计划内的进口货单，如已经中央批准追加的进口货单，要看外汇情况安排订购。对外贸易部门应注意掌握。

4月14日　中共中央原则批准《1965年工业交通工作要点》和《1965年工业交通政治工作要点》。全国工业交通工作会议、全国工业交通政治工作会议1965年2月在北京举行，会议确定了当年的工交部门的基本任务，提出了以上两个《工作要点》。中共中央的批示指出，我国目前的经济形势很好。一个新的生产建设高潮开始出现。全党的任务，就是要领导和组织好这个高潮，要在生产方面有一个比较快的发展，为第三个五年计划的实施做好准备。在组织生产建设高潮的时候。要认真地接受过去正面和反面的经验。不要提脱离实际的过高过急的要求，不许瞎指挥，不许浮夸，不许弄虚作假，不许搞形式主义。一切工作，要按照客观规律办事，凡是需要办而客观上又有可能办到的事情，就一定要争取办到；凡是客观上不可能或不需要办的，就不要办。工作要越做越细，越做越好，要当冷静的促进派。《1965年工业交通工作要点》提出，必须以生产建设为中心，做好几项工作：1. 实行经济管理革命。2. 加快技术革命。3. 一切工作都应落到生产上，促进生产高潮。4. 加强三线建设是当前基本建设的重点。《1965年工业交通政治工作要点》指出的基本任务是：以生产建设为中心，深入开展社会主义教育运动；坚持大学解放军、大学大庆，深入开展以五好为目标的比学赶帮的增产节约运动；进一步加强政治工作制度建设，促进广大职工革命化，促进经济管理工作革命化，推进生产建设高潮，保证完成今年的政治和经济任务。

同　日　中共中央转发李富春、薄一波《关于上海工业技术革新、技术革命情况简报》。《简报》说，上海工业战线与今年1、2月份，群众提出的革新建议有5万多项，已实现1.5万多项。对今年的工业生产高潮起了促进作用。革新的主要内容有：1. 设备革新。充分利用现有设备大搞高效率专用设备，提高机械化、自动化程度。2. 工艺革新。采用电火花加工、粉末冶金、冷挤压成型和印刷电路等新工艺，或改革老工艺，缩短工艺路线，改变生产流程，增加生产，提高质量。3. 采用新的设计，发展新材料，开展原材料的节约代用和综合利用。《简报》说，为更好地推进技术革新，还需进一步解决以下问题：1. 统一领导，分级管理。2. 实现技术革新，一要做到少花钱多办事，不花钱也办事。3. 深入开展比学赶帮运动，大抓技术革新的交流推广工作。4. 不断革新，抓好技术革新项目的总结、提高和成龙配套工作。5. 抓住重点技术革命项目，集中力量打歼灭战。

4月15日　叶剑英、罗瑞卿接见济南部队某部二连司务长孙乐义。他们表扬他活学活用毛主席著作，把毛泽东思想用到生活管理方面的模范事迹，鼓励孙乐义继续坚持活学活用毛主席著作，戒骄戒躁，经得起顺利、困难、表扬等各种考验。

4月16日—26日　中华人民共和国总理周恩来和副总理兼外交部长陈毅到雅加达参加万隆会议10周年庆祝活动。在印度尼西亚期间，周恩来总理和陈毅副总理拜会了苏加诺总统，参加了4月18日在雅加达朋加诺体育场举行的纪念万隆会议10周年仪式。4月25日，周恩来总理在雅加达发表了告别讲话。

4月18日　中国人民解放军空军部队在中南地区上空击落1架入侵侦察的美国军用无人驾驶高空侦察机。这是今年3个多月来我军击落的第6架敌机，也是我军从去年11月以来击落的美国第5架军用无人驾驶高空侦察机。国防部长林彪发布嘉奖令，表扬今天在中南地区上空击落敌机的空军部队。

4月19日　刘少奇、邓小平会见并宴请由越南劳动党中央第一书记黎笋率领的越南党政代表团。双方进行了亲切的谈话。

4月19日—25日　我国选手荣获第二十八届世界乒乓球锦标赛的5项冠军4项亚军。第28届世界乒乓球锦标赛自4月15日在南斯拉夫的卢布尔维那市开赛，经10多天几百场激战，于25日结束。本月19日，我国选手双双获得男子团体和女子团体世界冠军；25日，我国选手又取得了男子单打冠军、男子双打冠军、女子双打冠军。中国女选手是第1次夺得团体和女子双打两项世界冠军，中国男选手是第4次获得男子单打冠军，连续3次获得团体冠军。中国选手获得单项冠亚军的选手是：男子单打冠军庄则栋；亚军李富荣；男子双打冠军庄则栋、徐寅生；男子双打亚军张燮林、王志良；女子双打冠军林慧卿、郑敏之；女子单打亚军林慧卿；混合双打亚军张燮林、林慧卿。26日，国务院副总理、国家体委主任贺龙打电报给参加第二十八届世界乒乓球锦标赛的中国乒乓球代表团团长荣高棠和全体团员，祝贺中国乒乓球队在这次比赛中取得的胜利。同日，《人民日报》发表社论：《欢呼我国乒乓健儿的卓越成就》。

4月20日　第三届全国人民代表大会常务委员会第六次会议扩大会议通过关于支持越南民主共和国国会呼吁书的决议。决议说，中华人民共和国全国人民代表大会常务委员会，讨论了越南民主共和国第三届国会第二次会议通过的给世界各国国会的呼吁书，热烈响应越南民主共和国国会的庄严呼吁。在反对美帝国主义侵略的共同斗争中，中国人民一贯坚决支持兄弟的越南人民。现在，全国人民代表大会常务委员会，以6.5亿中国人民的名义郑重宣告：中国将继续尽自己的一切可能，坚决地、无保留地支援正在进行抗美爱国正义斗争的越南人民。三届人大六次会议的决议向全中国人民发出四项号召，要求全国人民“做好充分准备，在美帝国主义继续扩大侵略战争、在越南人民需要的时候，派出自己的人员，同越南人民一起共同战斗，赶走美国侵略者。”决议还呼吁全世界一切反对美帝国主义，爱好和平的国家和人民，紧急行动起来，在全世界范围内开展一个空前强大的群众运动，迫使美国侵略者从越南、印度支那和它侵占的一切地方滚出去。

4月20日、22日　解放军射箭选手破2项世界纪录。20日，解放军射箭队女子队在广州举行的3单位射箭友谊赛上，在团体单轮全能项目中以3 271环打破世界纪录。22日，解放军射箭队女选手李淑兰以555环的成绩打破女子50米双轮世界纪录。

4月21日　被巴西当局非法监禁1年多的我国9名人员胜利回到祖国首都。遭受巴西当局政治迫害，并被非法监禁1年多的我国贸易、新闻工作者王耀庭、侯法曾、王唯真等9位同志4月17日离开巴西里约热内卢，离开之前，他们将一项署名的简短声明交给他们的巴西辩护律师苏平拉尔·平托博士，请他代为向报界发表，声明强烈谴责巴西当局非但不肯公开承认它们非法逮捕、折磨他们9人的严重罪行，反而采取所谓“驱逐”他们的可耻做法。21日，这9位同志胜利回到北京，受到李先念副总理和首都各界数千人在机场的热烈欢迎。22日，刘少奇主席接见9位同志，向他们表示亲切慰问，表扬他们威武不屈，同美帝、巴西反动派和蒋介石集团进行了英勇顽强的斗争。同日，我国国际贸易促进会、全国记协和新华社就9位中国人员胜利回到祖国发表声明。23日，我9位同志在京举行中外记者招待会，王唯真在会上列举大量事实，有力地揭露和控诉了美帝及其走狗迫害他们的骇人听闻的罪行。24日，首都万人举行欢迎会，陆定一副总理代表党、政府和全国人民向他们表示亲切慰问，并号召大家学习他们坚贞不屈的革命气节，9位同志的代表王耀庭和国际贸易促进会主席南汉宸在会上讲话。21日，《人民日报》发表社论：《美国和巴西反动派反华阴谋的可耻破产》。

4月22日　中共中央、国务院转发中央安置领导小组《关于安置工作会议的报告》。中央指出，动员城市知识青年和闲散劳动力下乡，是城乡劳动力安排上的一个方面，必须纳入城乡劳动力整体规划。目前在城乡劳动力安排上存在着分散现象，需要加强统一管理。为解决这个问题，请华东局指定江苏、山东、浙江、上海4省市，试行成立劳动工资委员会，把城乡劳动力的调配和工资工作统一管理起来。积极试行半工半读、亦工亦读制度，并及时总结经验。《关于安置工作会议的报告》总结了1962年以来的安置工作：1962年和1963年，全国共动员了30万人上山下乡。1964年，各地贯彻执行中央和国务院《关于动员和组织城市知识青年参加农村社会主义建设的决定（草案)》，使安置工作有了新的进展。当年全国动员下乡、回乡人员共达68万余人，其中知识青年32万余人，退伍兵2.9万余人，闲散劳动力及其家属24.3万余人，农村有家可归的城镇居民8.7万余人。3年来下乡上山的人员，大多数都积极参加各项生产建设，促进了农林渔业的生产，当前存在的主要问题是：深入调查研究和及时总结经验不够，对于虐待和污辱下乡人员的坏人坏事处理不及时，不严肃。《报告》指出，1965年要在各级党委领导下，依靠工人阶级、贫下中农、革命干部和下乡人员中的积极分子，进一步做好下乡人员的动员、安置工作。《报告》还初步核定，1965年计划安置下乡上山54万余人，还要求各地立即着手编制15年安置计划。

4月23日　由王素珍等7人组成的四川女子跳伞队在女子日间1 500米7人集体定点跳伞比赛以4.062米打破世界纪录。

4月24日—29日　教育部在北京召开全日制中小学教学改革座谈会。会议讨论的重点是全日制中小学的教学改革、招生工作、学校的社会主义教育运动、加强政治思想教育等问题。教育部副部长刘季平代表教育部党组就有关教学改革的一些问题作总结发言。刘季平说，教学改革要从实际出发，既破又立。教学改革的主要内容是：逐步改革课程、教材、教学方法和考试方法；切实改革和加强思想政治教育；适当安排好劳动，加强劳动教育。同时，继续抓好学制改革的试验。教学改革的主要做法是：加强正面教育，发展积极力量，经过试验，取得经验，逐步推广。除了抓好面上的教学改革以外，还要特别注意抓好少数教改试点学校。对在教学改革中批判凯洛夫教育思想问题，刘季平提出要着重抓大是大非，不要在许多具体问题上乱扣帽子，不要在下面到处找“小凯洛夫”。6月24日，教育部将刘季平的总结发言摘要分发各省、市、自治区教育厅、局。

4月26日　国务院发出《关于恢复对华侨、港澳同胞和入境旅客携带和邮递进口的钟、表、自行车原来征税办法的通知》。《通知》说：为了使税收措施符合实际情况，对华侨、港澳同胞和入境旅客携带及个人邮递进口的钟、表、自行车及其零件征收的关税、工商统一税和有关管理问题，改按以下规定办理：1. 对华侨、港澳同胞和入境旅客携带及个人邮递以上物品，其关税和工商税，一律恢复1962年6月10日以前的税率、计税办法征收。2. 对以上物品的管理，仍按现行有关规定加强管理，除经海关特准放行的以外，不准进口。如需出售，只准卖给指定的国营收购单位。3. 其他有关问题：（略）。

4月26日—28日　周恩来总理应邀访问缅甸。访问期间，周恩来总理拜会了缅甸联邦革命委员会主席奈温将军，并同奈温将军进行了会谈。

4月26日—5月8日　高等教育部召开领导干部座谈会讨论高等学校社会主义教育运动问题。与会者认为，高等学校的社会主义教育运动，应该着重解决3个问题：统一领导思想，更好地贯彻执行党的教育方针；健全学校的领导核心，加强党内团结；坚持群众路线，改进领导方法和工作作风。与会者还指出，在高等学校中开展社会主义教育运动，应该采取延安整风的方法。在学习文件和总结工作的基础上发扬民主，认真开展讨论，开展批评与自我批评。

4月27日　我国出版《赫鲁晓夫言论》第5集并加出版者说明。《赫鲁晓夫言论》第5集由世界知识出版社出版，收集赫鲁晓夫1956年公开发表的讲话、报告、答记者问等共34篇，其中包括赫鲁晓夫1956年2月在苏共第20次代表大会上的总结报告全文。在本书前页刊有出版者说明，这一说明认为：苏共20大是赫鲁晓夫修正主义者所干一切坏事的老根子，赫鲁晓夫的继承者确确实实在沿着赫鲁晓夫的脚印走路。

同　日　中共中央防治血吸虫病9人小组在苏州召开会议，交流江苏、浙江两省和上海市郊水网地区防治血吸虫病工作经验。江苏、浙江、上海的血吸虫病防治工作人员介绍了经验。中共中央防治血吸虫病9人小组副书记、华东局书记处候补书记魏文伯作了总结，要求血吸虫病防治人员要打破故步自封，防止形式主义，为彻底消灭血吸虫病而斗争。卫生部部长钱信忠也在会上讲话。

4月28日　新华社报道：我国首创研制成功双水内冷汽轮发电机。报道说，这种发电机已经在17家发电厂正常运行了近30万个小时，发电30亿度以上，发电机质量良好。用双水内冷的新技术发电，是国外长期探讨而未见实际采用的。上海电机厂职工在有关单位科学技术人员的协助下，首先攻占了这个技术堡垒。1958年，他们制成了1.2万千瓦的双水内冷汽轮发电机；1960年，他们又制成了容量达10万千瓦的双水内冷汽轮发电机组。经几年的试用，质量良好。采用双水内冷技术制造发电机，可以突破氢冷却技术的容量“极限”，为发展更大容量的发电机制造条件。采用双水内冷汽轮发电机，不仅制造时大大节省原材料，而且便于运输和安装，发电厂的建设费用也可以相应减少。4月29日，《人民日报》发表评论员文章：《笨和聪明》。文章说，中国人并不比外国人笨，别人用较长时间才能做到的事情，我们可以用比较短的时间做到；别人还没有做到的事情，我们也不是不可以做到。

4月29日　国家建委向中共中央提出《关于严格控制沿海地区大中城市非生产性建设的报告》。国家建委根据李富春提出的立即停止沿海地区非生产性建设的指示，邀请北京、天津、上海3城市代表进行座谈，得出结论：今年沿海大中城市的非生产性建设确实安排多了，与战备形势不相适应，有必要进行适应调整。为此，国家建委向中央建议：对于沿海地区大中城市的非生产性建设，除即将竣工的工程可继续建设外，其他刚开工和尚未开工的非生产性建设工程，凡不属下列范围内的，都不应当继续建设：1. 原属非生产性建设，但与备战直接有关的，应因陋就简地进行建设；2. 直接为生产服务而又急需的；3. 有关涉外急需的工程；4. 必需的中小学校舍；5. 对外贸易和疏散物资所必不可少的仓库；6. 其他特殊需要经中央或国务院批准的工程。虽属上述范围的工程，但材料设备等条件不具备的，也不应开工。5月6日，中共中央批转此报告，要求各地区、各部门执行。

4月30日　全国总工会等13团体举行盛大“五一”招待会。刘少奇、周恩来、朱德、邓小平等党和国家领导人出席了招待会，3 000多位中外人士参加了招待会。周恩来总理祝酒时，提议为越南人民抗美救国斗争的胜利、为各国人民的战斗友谊而干杯。5月1日，首都300多万人在各大公共场所集会，隆重庆祝“五一”国际劳动节，并表达对越南人民抗美爱国斗争的全力支援。连日来，上海、天津、广州、沈阳等城市人民也举行了庆祝“五一”的活动。同日，《人民日报》发表社论：《为加强社会主义建设和援越抗美而斗争——庆祝“五一”国际劳动节》。

同　日　我国第一座维尼纶厂建成投产。这项工程是由化学工业部第一设计院、纺织工业部设计院等部门采用国际先进工艺自行设计的，所需1 300多台设备，由北京、上海、沈阳、广州等地90多家工厂协力制造。维尼纶厂的建成，使我国从只能提供棉、毛、丝、麻、木浆等天然纤维，到开始能够用矿物原料生产合成纤维，实现了纺织工业原料来源的一大飞跃，为发展我国新兴的合成纤维工业开辟了新领域。

5月1日　美制台湾战斗舰1艘，进入我福建省海域进行骚扰活动。我海上巡逻分队当即予以迎头痛击，敌舰中弹累累、狼狈逃窜。

同　日　考古工作者在云南省元谋县上那蚌村西北的褐色粘土层中发现2颗古人类牙齿化石。一为左上内侧门齿，一为右上内侧门齿。牙齿硕大、粗壮，具有发达的铲形舌窝。经科学鉴定，这两颗门齿属于同一个男性青年，距今约170万年。它是我国目前发现的最早的猿人化石。因发现地址在云南元谋，故称“元谋人”。元谋人是我国目前已知的最早的人类。在元谋人遗址中，又发现了多件旧石器，其中有3件较好的刮削器。还发现了大量炭屑，含炭层厚达3米左右，伴有颜色发黑的动物化石。元谋人化石的发现，对探讨我国早期猿人的体质和文化提供了宝贵资料。

5月2日　我国政府发表声明，完全赞同坚决支持柬埔寨政府的严正立场。声明完全赞同并坚决支持柬埔寨王国政府在5月1日声明中提出的关于举行柬埔寨问题的国际会议的3个条件。声明说，中国政府坚决反对美帝国主义及其追随者把柬埔寨问题同越南问题、老挝问题扯在一起，认为在关于柬埔寨问题的国际会议中，绝不容许西贡傀儡政权参加，而必须由越南南方民族解放阵线代表越南南方。

同　日　我国自己设计的第1台50万伏标准电容器由西安电力电容器厂职工试制成功。经有关部门鉴定，这台迄今为止我国生产的最大的标准电容器，各项技术性能都达到了设计要求。50万伏标准电容器的试制成功，结束了我国完全依赖进口的局面。

5月3日　我国政府发表声明强烈谴责美国武装侵略多米尼加。声明说，多米尼加人民不堪美帝走狗的压迫和掠夺，起来推翻卖国独裁政权，具有神圣不可侵犯的权利。美国政府派出1.4万多军队干涉多米尼加的内政，这是美帝国主义侵略拉丁美洲各国的又一次新的血腥罪行。300多万多米尼加人民的反美爱国斗争决不是孤立的，全世界一切进行反美斗争的人民都在支持你们，6.5亿中国人民支持你们。

5月4日　中国人民航空俱乐部男子跳伞队9名运动员在日间1 500米集体综合跳伞项目中，以2.45米打破世界纪录。

5月5日　新华社报道：我国成批生产内燃机车。报道说，铁道部采取集中本部门优秀技术力量和其他工业部门、科研单位协作的办法打歼灭战，又快又好又省地在短时间内试制成功2 000马力、1 200马力和600马力3种内燃机车。铁道部的各机车车辆工厂和其他工厂，以及机械、冶金、化工等9个部门的100多个工厂，10多个科研单位和高等院校，参加了生产、技术和科学研究的大协作。

5月6日　中共中央、国务院同意并批转国务院农林办、八机部、农业部《关于改进农业机械化工作管理体制的报告》。中央的批示说，管理体制改变以后，第八机械工业部应当加强领导，切实做好农业机械站的经营管理工作，促进农业机械化事业更快地发展。国务院农林办、八机部、农业部的《报告》的主要内容是：一、农机工业从1958年到1964年，经过3年较大的发展和4年调整、巩固、充实、提高工作，已打下了初步基础。目前存在的问题是：(1) 农业机械化工作还缺乏长期规划；(2) 农机产品品种、数量和农业、工业、交通、国防建设发展多方面的需要比较仍很不够。有些产品质量不稳定，企业管理水平不高，生产成本需进一步努力降低；(3) 农业机械使用不够集中，经营管理工作抓得不够，机械成本高，机械利用率低，亏损局面尚未扭转；(4) 管理体制存在许多不够合理的地方。二、对改进管理体制的若干建议：(1) 由过去分散管理，改为集中统一管理；(2) 将农业机械化规划工作，相应地移交给八机部；(3) 成立全国统一的农机销售公司，统管全国农机产品的销售工作，实行托拉斯式的经营管理方法，以克服全国各地销售业务过于分散、中间环节过多的混乱现象；(4) 将现在隶属于农业部管理的有关农业机械化方向行政业务管理机构和院校、科学研究、试验鉴定机构及人员，移交给八机部。

5月7日　解放军空军司令员刘亚楼上将逝世。刘亚楼，1910年生。福建武平人。1929年参加中国共产党，同年参加中国工农红军，历任班、排、连、营长，支队、团政治委员；从1932年起，历任红军第四军第十一师政治委员，第一军团第二师政治委员，第一师师长，陕甘支队第二纵队副司令员。抗日战争时期，担任过抗日军政大学训练部长、教育长等职务。在第三次国内革命战争时期，担任过中国人民解放军东北军区、第四野战军参谋长，兵团司令员；1949年8月，任中国人民解放军空军司令员。1954年被选为全国代表大会代表，并被任命为国防委员会委员。1956年在中国共产党第8次全国代表大会上，被选为中央委员。1959年被任命为国防部副部长。5月11日，举行了公祭大会，林彪任主祭，刘少奇、周恩来、朱德、邓小平等陪祭。

5月9日　中共中央批准国家建委《关于调整1965年基本建设计划的报告》和财政部《关于调整1965年国家预算的报告》。中央的批示指出：对原定的基本建设计划和国家预算进行适当调整是必要的，两个报告提出的调整方案是积极的，但应当看到，基建规模已经不小，战线已经不短，财力和物力都比较紧张，因而，应进一步开展增产节约运动，千方百计挖掘潜力，严格控制预算支出。社会集团购买力和一切非生产开支要尽可能压缩。沿海地区大中城市的非生产性建设应大力压缩，国家建委和财政部应对计划的执行加强监督和检查。财政部《关于适应备战形势，调整1965年国家预算的报告》指出，为了加强备战工作，加快三线建设，各方面对财政提出了许多新的要求，初步统计要追加支出32亿元。为了筹措这笔资金，必须千方百计增加收入，具体办法是：一、增加收入13亿元，1965年预算收入，经过进一步挖掘潜力，可以达到455亿元，比原定指标442亿元，增加13亿元。二、压缩支出5亿元，主要压缩中央掌握的各项事业费、行政费和其他支出。三、动用中央预备费5亿元。以上相加为23亿元，同所需要追加的32亿元相比尚有9亿元的差额，准备在执行中进一步增收节支，求得解决。实现这一任务是可能的，同时也是艰巨的。为此，建议在全国范围内开展一个更大规模的群众性的增产节约运动，全党动手，千方百计，为加强战备、加速建设而共同努力。

同　日　《人民日报》编辑部发表文章：《反法西斯战争的历史经验》。为纪念反法西斯战争胜利20周年，《人民日报》编辑部发表了《反法西斯战争的历史经验》一文。文章说，反法西斯战争的历史表明：第一，社会主义制度具有经得起严酷考验的强大生命力，无产阶级专政的国家是不可战胜的；第二，帝国主义是现代战争的根源，帝国主义的侵略本性是不会改变的，要维护世界和平，就必须同帝国主义进行针锋相对的斗争；第三，人民战争是一定能胜利的，帝国主义侵略者是完全能够打败的，帝国主义是貌似强大、实际虚弱的纸老虎，原子弹也是纸老虎，决定战争胜负的是人，而不是任何一种武器；第四，为了打败帝国主义侵略者，必须依靠世界各国人民革命力量的团结，争取一切可以争取的力量，结成最广泛的国际统一战线，集中力量打击世界人民最主要的敌人。

5月10日　经中共中央同意，高等教育部发出《关于高等学校师

生参加社会主义教育运动的几项规定》。《规定》提出：毕业班学生一律不参加第2批运动，按时结业。非毕业班学生，按计划待这期运动结束，即行返校。今后师生参加运动的时间尽可能不跨学期，不延长修业年限。低年级学生不参加运动。外语、体育、医药院校在暑假后参加“四清”。据不完全统计，到1965年底，全国有395所高等学校22万余名师生参加了社会主义教育运动。

5月11日　中共中央作出《关于在全国工业交通系统建立政治工作机关的决定》。1964年初，根据毛泽东关于全国都要学习解放军的指示，国家经委设立了工业交通政治部，并在15个工交系统的部和两个局建立起政治部。3月16日—4月3日，召开了全国工业交通政治工作会议，会议要求：工交部门学习解放军，从上到下建立政治工作机关，加强思想政治工作。并认为，“这是我国社会主义建设中一个方向性、根本性的问题”。此后，中央还决定抽调一批工交企业干部到解放军政治学院学习做思想政治工作的经验。1965年2月，又举行了一次全国工业交通政治工作会议。在1964年工作的基础上，中共中央于1965年5月11日作出《关于在全国工业交通系统建立政治工作机关的决定》，规定：全国所有工业交通部门，都要学习解放军，把思想政治工作放在第1位；各级党委都必须把工业交通系统的政治机关建立起来，并逐步建立起一套工作制度；中央，中央局，各省、自治区、直辖市党委以及其他大、中城市的党委都要设置工业交通工作部，工业交通企业、事业单位，根据规模大小和任务繁简，分别设置政治部、政治处或政治教导员、政治指导员。《决定》还指出：“这个决定的基本原则，也适用于农业、商业和国民经济的其他部门。”

同　日　《人民日报》发表罗瑞卿的文章：《纪念战胜德国法西斯把反对美帝国主义的斗争进行到底》。文章说，当我们今天纪念战胜德国法西斯和整个反法西战争胜利20周年的时候，我们决不能忘记美帝国主义正在扮演着比当年希特勒更加凶恶的角色。美帝国主义一直疯狂扩军备战，到处发动侵略，并且准备把一次新的世界战争强加在各国人民的头上。为了粉碎美帝国主义的侵略，为了制止美帝国主义发动新战争的阴谋，重温一下世界人民反对德日意法西斯战争的历史经验，是很有必要的，是有重大现实主义的。

5月12日　毛泽东发表《支持多米尼加人民反对美国武装侵略的声明》。《声明》说："最近，多米尼加共和国发生了推翻卡夫拉尔卖国独裁政权的政变。美国约翰逊政府派出了3万多人的武装部队，进行血腥镇压。这是美帝国主义对多米尼加人民的严重挑衅，也是对拉丁美洲各国人民和全世界人民的严重挑衅。""中国人民坚决支持多米尼加人民反美爱国的武装斗争。我深信，只要依靠广大人民群众，团结一切爱国力量，坚持长期斗争，多米尼加的反美爱国斗争，在全世界人民的支持下，是一定能够取得最后胜利的。"毛泽东的《声明》还指出："美国对多米尼加共和国的侵略，使多米尼加和拉丁美洲各国人民进一步认识到，为了维护民族独立和国家主权，必须同侵略成性的美帝国主义进行针锋相对的斗争。美国武装干涉多米尼加，激起了拉丁美洲各国人民和全世界人民新的反美浪潮。英勇的多米尼加人民，你们的斗争决不是孤立的。拉丁美洲各国人民在支持你们，亚洲各国人民在支持你们，非洲各国人民在支持你们，社会主义阵营各国人民在支持你们，全世界人民都在支持你们。"《声明》号召："社会主义阵营各国人民联合起来，亚洲、非洲、拉丁美洲各国人民联合起来，所有爱好和平的国家联合起来，所有受到美国侵略、控制、干涉和欺负的国家联合起来，结成最广泛的统一战线，反对美帝国主义的侵略政策和战争政策，保卫世界和平。全世界人民反对美帝国主义的斗争必胜！全世界人民的共同敌人美帝国主义必败！"

同　日　首都10万人集会坚决拥护毛泽东主席的声明和我国政府的声明。声讨美国武装侵略多米尼加，支持多米尼加人民抗美爱国正义斗争。党和国家领导人刘少奇、朱德、周恩来、邓小平、彭真、李富春、贺龙、康生、薄一波、罗瑞卿等出席了大会。大会发表了首都人民支持多米尼加人民反对美帝武装侵略大会通电。

5月13日　国务院发布关于按规定标绘地图边界线的通告。通告说，近几年来，我国先后同缅甸、尼泊尔、蒙古、巴基斯坦、阿富汗等邻国，根据互相尊重主权和领土完整的原则，本着平等协商和互谅互让的精神，通过友好谈判，解决了历史上遗留下来的边界问题，划定了我国同这些国家间的边界线，并分别签订了相应的边界条约或边界协定。我国一切机关、团体和出版部门绘制的各种地图上，中华人民共和国同这些国家间的边界线，应一律按照上述条约和协定的有关规定标绘。

5月14日　我国又一颗原子弹在西部上空爆炸成功。北京时间5月14日上午10时，中国在本国西部地区上空，爆炸了又一颗原子弹，成功地进行了第二次核试验。这次核试验，是继1964年10月16日爆炸第一颗原子弹之后，中国人民在加强国防、保卫祖国安全和世界和平方面的又一个重大成就。关于又一颗原子弹爆炸成功的新闻公报说，中共中央、国务院向参加这次核试验的人民解放军全体指战员，向为我国的核试验作出贡献的工人、工程技术人员、科学工作者和一切有关人员致以热烈的祝贺，并且希望他们再接再厉，为进一步加强我国的国防建设继续努力。新闻公报还说，中国进行必要而有限制的核试验，发展核武器，是为了对付美国的核讹诈和核威胁，是为了消灭核武器。中国发展核武器，完全是为了防御。中国绝不首先使用核武器。中国人民衷心希望核战争永远不会发生。中国政府和中国人民将一如既往，继续同全世界一切爱好和平的国家和人民一道，坚定不移地为全面禁止和彻底销毁核武器的崇高目标而共同奋斗。

同　日　我国第一台高精度变频电源在上海制造成功。高精度变频电源是一种精密仪器，用来测定精密电机和电表的性能。经过有关专家鉴定，我国制造的第1台这种仪器，达到了国际先进水平。这台仪器是由上海科技大学工人班毕业的5名工人出身的大学生设计制造的。

5月15日　公安部、教育部联合发出《关于加强少年管教所工作的意见》。《意见》对少年管教所的性质、任务、收容界限、管理教育等问题提出了改进意见，要求各地执行。《意见》指出：少年管教所是对犯罪少年实行强制教育改造的场所。少年管教所的任务，就是要把他们争取教育改造过来。少年管教所应当在认真贯彻改造教育为主的方针下，实行半耕（工）半读制度。对犯罪少年要有计划地进行政治文化和技术教育。对犯罪少年的管理，应当根据他们的特点，既要有严格的纪律和制度，又要适当地开展文娱体育活动，在他们当中树立一种诚实、勤俭、严肃、活泼的风气。

5月17日　中共中央对湖北、河北两省委关于今后农村四清运动部署问题作出批示。中共中央同意两省委的报告，并要求各省、市、自治区要在符合6条标准的条件下，尽可能快一点完成农村的“四清”运动，这对农业生产和备战都是大有好处的。湖北、河北两省委关于今后农村四清运动的部署，是根据本省情况，采取不同步骤，要求在1967年底基本完成农村四清运动。

5月18日　毛泽东、刘少奇、朱德、周恩来电贺胡志明75岁寿辰。贺电说：“在你75岁寿辰的时候，我们代表中国共产党、中华人民共和国政府和中国人民，并且以我们个人的名义向你，亲爱的主席同志，致以最热烈的祝贺。你是越南劳动党的创始者和久经考验的领袖，是国际共产主义运动杰出的老战士，中国人民最亲密的朋友。”“你对越南人民革命和建设事业，对国际共产主义运动和世界和平事业，作出了卓越的贡献，受到了中国人民和全世界革命人民的尊敬。”贺电还说，英勇的越南人民正在进行的抗美救国斗争，不仅是为了捍卫越南的独立、主权和民族尊严，而且也支援了世界人民的革命斗争。中国人民坚决同越南人民站在一起。伟大的越南人民必胜，万恶的美国侵略者必败。

5月21日　高等教育部发出关于改进高等学校有关工资外报酬制度的通知。通知说，过去的规定大多数是照抄苏联的，缺乏政治上的考虑，有单纯物质刺激的错误。具体表现在，教师只要去外校讲学、兼课、兼工作，或编教材，不论是否利用业余时间，都无区别地一律付给酬金，而且酬金标准过高，助长了个人名利思想，造成不良影响。为此，决定对过去的规定进行清理和修订，废除1955年、1956年、1963年分别规定的关于教师在寒暑假工作的酬金、聘请校外人员兼课和指导毕业设计的酬金、《高等学校自然科学学报》稿酬等制度，降低1963年、1964年分别规定的关于聘请校外人员审阅研究生毕业论文的酬金和教师编评教材的稿酬标准。

同　日　全国财政厅局长会议在北京召开。会议的中心议题是：适应备战形势需要，调整国家预算，研究增收节支措施，积极筹措资金，保证国防备战和重点建设的资金需要。会议认为，当前国际上总的形势是有利于世界人民，有利于社会主义，不利于帝国主义、修正主义和各国反动派的。我们的方针是从思想上组织上立足于备战，又要不妨碍正常的建设。搞建设、搞备战，不能一哄而上，要坚持好中求多，好中求快，好中求省的原则。国内形势很好，群众的生产劲头很大，生产也上去了，1965年前几个月的工业生产增长27%，局势很稳定。会议指出，这次中央调整预算的任务，确实存在一些困难，但从上半年的情况看，可以收到215亿元，全年完成455亿元—460亿元还是有可能的。预算的调整应做好政治思想工作，防止自满情绪，克服困难，动脑筋想办法。要按毛泽东思想办事，为生产服务，支持生产发展，改革不合理的规章制度，严格财经纪律。

5月22日　毛泽东主席电贺印度尼西亚共产党成立45周年。电报说，印度尼西亚共产党始终高举反帝、革命的旗帜，是国际共产主义运动中一支忠于马克思列宁主义，坚决反对现代修正主义的坚强突击队。以艾地同志为首的印度尼西亚共产党中央委员会，善于从本国革命的实际出发，创造性地运用和发展马克思列宁主义，指引印度尼西亚的革命斗争不断地胜利前进。我们两党的革命团结和两国人民的战斗友谊，是任何力量都破坏不了的。在反对帝国主义、各国反动派和现代修正主义的斗争中，我们坚定不移地同你们站在一起，并肩前进，共同战斗。

同　日　第三届全国人大常委会举行第九次会议，决定取消中国人民解放军军衔制度。同日，国务院对中国人民解放军新的帽徽、领章和部分军服样式作出决定。决定说，这一决定是为了充分体现我军是伟大的党、伟大的毛泽东思想领导下的伟大军队的革命精神和光荣传统，做到三军一样、官兵一样。取消军衔后，陆、海、空军，公安部队一律佩带新的全红五角星帽徽和全红领章。现行的帽徽、军衔肩章、军衔领章和军种、兵种、勤务符号，均予以废止。官兵一律戴解放帽。现行的大沿帽、女无沿轻帽、水兵大顶帽，均予以废止。海军军服的样式改与陆、空军相同，其颜色为深灰色。官兵每人发腰带一条，原军官武装带予以废止。原校以上军官的西式大礼服和女裙服予以废止。刘少奇主席发布中华人民共和国主席令，公布取消军衔制度的决定。这个决定从1965年6月1日开始实行。

同　日　举重运动员叶洪波刷新了世界纪录。广东举重运动员叶浩波在第二届全国运动会举重选拔赛中，以109公斤刷新了由他本人去年10月10日在广州创造的最轻量级抓举108.5公斤的世界纪录。

5月23日　《人民日报》报道：解放军总参谋部、总政治部指示要求全军响应毛主席号召大力开展游泳训练。指示说，关于军队要学会游泳的问题，去年毛主席已作了重要指示。最近林彪副主席又指出：为了对付河流、水网，使我军在河流水网地区，打破水的障碍，而能机动自由起见，全国军队、全国青年、全国民兵、均应学会游泳，有计划地在夏季开展游泳运动。指示强调，全军部队、机关、院校，都应从自己的实际情况出发，在去年开展游泳泅渡训练的基础上，抓紧夏季季节，大力开展这一训练。一定要把游泳泅渡训练搞得比去年更有成效。同日，《人民日报》报道：国家体委、解放军总参谋部和共青团中央联合发出号召，要求全国军民，尤其是男女青少年学会游泳，凡是有条件的地方，应抓住夏秋季节，充分利用自然水域，积极发动和组织群众，特别是民兵和青少年到江河湖海去游泳。

同　日　高等教育部同意越南政府关于派高中毕业生到中国学习的要求。遵照中共中央和周恩来总理的批示，高等教育部副部长刘子载正式答复越南民主共和国政府，同意越南民主共和国政府提出的，于本年8月间派遣2 000名高中毕业生到中国学习的要求。这批越南留学生来中国后，先在9个城市中的23所综合大学和师范院校学习一年汉语，然后分别进入有关高等学校学习专业。

5月25日　《解放军报》发表社论：《促进我军更加革命化的重大措施》。社论说，取消军衔制度是促进我军更加革命化的一项重大措施。从1955年以来实行10年的军衔制度，与我军的光荣传统是不相符合的，与官兵之间、上下级之间、军民之间的亲密关系也是不相适应的。取消了军衔制度，有利于消除助长等级观念和名利思想的一些客观条件，可以促使我们更加自觉地把自己放在普通一兵、普通劳动者的地位，更加自觉地进行思想改造。军衔制度取消后，解放军一律佩带全红五角星帽徽，象征着党和毛主席的领导；一律佩带全红领章，象征着我军非常无产阶级化、非常战斗化。社论说，取消军衔的决定反映了解放军广大干部战士的愿望和要求。中国人民解放军的军衔制度于1988年6月—7月的七届人大常委会二次会议决定恢复。

同　日　被称为“塑料王”的聚四氟乙烯树脂在上海投入试验性生产。产品经过分析、性能测试以及实际使用，证明质量良好。聚四氟乙烯绝缘性能、耐腐蚀性能特别好，还有摩擦系数低、不吸水等特点，是发展航空、无线电、原子能、化学、石油和机械等工业的重要材料。

5月27日　鞍钢第三炼钢厂20号大型平炉创造炉体综合长寿新纪录。这座平炉的炉顶、前墙、后墙、出钢口连续使用了一年零八个月，共炼出了1 210炉钢。这不仅在我国是空前的，在世界炼钢史上也是少见的。它为我国今后在平炉炉顶长寿基础上向炉体各部位综合长寿方向发展提供了可贵的经验。

5月29日　中共中央批转《1965年5月财贸工作会议纪要》和《1965年财贸政治工作要点》。《全国财贸工作会议纪要》的主要内容有：（一）关于政治工作。要把政治工作放在首要地位，整顿财贸队伍，配备政治干部。（二）关于粮食工作。1. 今年下达的377.5亿公斤的征购任务不变。在丰产地区，可以通过超产超购超奖的办法和议购的办法（不超过400亿公斤），适当增购一部分粮食。2. 要切实执行及时收购、同时安排的原则。3. 增加粮食储备。4. 实行粮食奖励价格。5. 提高四川、云南、贵州、湖北、湖南、江西、广西7个省现行的稻谷收购价格。城乡粮食销售价格暂不动。（三）关于商业购销的若干原则。商业部门必须从“发展经济，保障供给”的要求出发，更好地贯彻执行为生产服务、为人民服务的方针，在国家计划指导下，实行“及时收购，积极推销，生意做活，活而不乱”的原则，促进工农业生产新高潮的发展。（四）关于农村市场。要大力组织农副业生产，促进多种经营的发展。切实改进农村工业品的供应，认真解决小商品下乡的问题。改进经营方式，加强农村商业机构和人员。（五）关于对小商小贩的利用、限制和改造。要把正确利用与打击投机倒把区别开来，既要限制他们不利于国计民生的消极作用，又要利用他们补充社会主义商业的积极作用，不能把市场搞死。（六）关于商业各部门的经营管理。要在思想革命的基础上，实行组织革命和制度革命。组织革命的重点，一是坚决按经济区域组织商品流通，二是精简行政机关和企业管理机构，减少中间环节，充实业务第一线。在制度革命方面，要对计划、财务以及银行结算等各项制度大大加以简化。（七）关于外贸工作。进口物资、对外援助、出口任务都要增加，外贸收购计划要由年初安排的83亿元增加到93亿元。要加强外贸专门人才，特别是外语人才的培养。(八）关于财政金融。进一步做好银行工作。支持工业部门按照国家计划增加生产、提高质量、增加品种，支持商业部门及时收购，积极销售，并改进结算工作。各地应保证财政收入455亿元，力争达到460亿元或略多一点。

本　月　共青团九届二中全会通过决议，对当前的少年儿童工作作出部署。决议号召全团动员起来，高举毛泽东思想红旗，发扬我国少年儿童运动的革命传统，加强阶级教育，为把少年儿童培养成为无产阶级革命事业接班人而奋斗。全会在总结“年来少年儿童运动经验的基础上提出：要紧密配合社会主义教育运动和工农业生产高潮，广泛地开展各种教育运动，配合有关方面建立和发展教育阵地。要积极地大量地建立和发展少年儿童组织，有步骤地进行以行政村为单位建立少年儿童组织的工作，进行将少先队分为少年和儿童两个组织的试验。在少先队分组前，先扩大吸收七八岁的儿童入队，取消队长、队委标志，简化少先队活动的仪式。

6月1日　刘少奇在听取托拉斯试办工作座谈会情况汇报时作出

指示。他说：我们是社会主义经济，是有组织、有计划的经济。资本主义企业内部是组织得很好的，也是能够降低成本、提高质量、提高劳动生产率的，但是在企业之间，企业之外就不行了。后来就发展到托拉斯，实行垄断。其实托拉斯外还是无政府，还是竞争，不能完全垄断。社会主义应当比资本主义组织得更好。如何组织？“工业七十条”只是管一个企业内部的。而一个行业，整个国民经济，都要有组织、有计划。当然也不能太绝对，还有一些集体的、个体的经济。你们说当前工业管理上的一个突出问题是个“散”字。什么叫“散”？就是没有组织起来。我们的国家计划是粗线条的。如纸烟，在计划上只是一个品种，几百万箱产量，细目就没有了，而实际上有几百个牌号。办托拉斯就是要组织起来。不只是一个企业要组织起来，一个行业要组织起来，整个国民经济都要组织起来。你们考虑一下，一个市、一个省、全国，这么多的工厂，怎么很好地组织起来？要算总账。试办托拉斯的目的，就是要解决整个国民经济更有计划些，更有组织些，办托拉斯，资本主义和社会主义都给我们提供了一些参考资料，但都没有完整的经验，要我们自己创造。托拉斯不是只办12个，我们要把眼光放大一点，全面看问题。可以考虑托拉斯有3种形式：一种是人权、财权、物权全部统起来，工厂全部收；另一种是只统一计划、价格、原材料供应和产品销售；第三种是只管计划、安排任务、交流经验。恐怕几种形式都要有，只一种不行。统起来是主要的。刘少奇还说：总的目的，是要把经济组织起来，要有计划。不管中央的、地方的，都要组织起来。组织起来，就可以搞专业化、标准化、系列化，提高质量，增加品种，降低成本，提高劳动生产率。这样，对国家有利，对地方有利，对整个社会都有利。

同　日　新华社报道：四川发现最大最完整的恐龙化石。报道说，几年前在四川省发现的一个身长22米、身高3米半的巨大恐龙化石，最近经专家鉴定，认为它是我国至今所发现的最大最完整的恐龙化石。这个被认为是生活在距今约1.4亿年前的中生代晚侏罗世早期的恐龙化石，埋藏在四川省合川县太和镇附近古楼山山腰距地面

10米左右的地层中，1957年被四川省石油勘探队人员发现，由四川省博物馆当年采掘出来，一直保存在成都地质学院，去年春天运到北京，由中国科学院古脊椎动物与古人类研究所修理鉴定。古生物学家们鉴定，这是一种过去在世界上还未发现过的恐龙新种，故在古生物分类学上建立了一个新科、新种——马门溪龙种、合川种。并决定给这个恐龙命名为“合川马门溪龙”。“合川马门溪龙”的发现，不仅丰富了古生物学，而且为确定晚侏罗世早期地层的地质年代和在我国进行陆相地层对比工作提供了较为完整的化石根据。

6月2日—8日　周恩来总理应邀访问巴基斯坦和坦桑尼亚。6月2日—3日，周恩来总理应阿尤布·汗总统的邀请访问了巴基斯坦。访问期间，周恩来总理同阿尤布·汗总统进行了会谈。6月4日—8日，周恩来总理应尼雷尔总统的邀请，访问了坦桑尼亚。访问期间，周恩来总理同尼雷尔总统进行了会谈，并于8日签署了中国坦桑尼亚联合公报。周恩来总理在访问巴基斯坦和坦桑尼亚的往返途中，先后在巴格达、开罗、喀土穆、亚的斯亚贝巴、大马士革、卡拉奇等地作短暂停留，受到各国领导人的热情欢迎，周恩来总理同他们进行了友好的谈话。6月10日，周恩来总理回到北京。

6月3日　刘少奇主席接见越南劳动党中央政治局委员、政府副总理黎清毅。接见时，刘少奇说：“中国人民将尽最大的可能，支援兄弟越南人民的抗美救国的正义斗争”，“越南人民的抗美斗争是伟大的无产阶级国际主义的具体表现。你们有力地支援了中国人民，支援了社会主义阵营各国人民，支援了全世界一切革命的人民”。黎清毅副总理在谈话中强调说，越南人民决心同美帝国主义打到底，直到战胜美帝国主义。

6月4日　兰州化学工业公司试制成功过去完全依靠进口的一种新型塑料——改性聚苯乙烯。这种新型塑料保持了普通聚苯乙烯塑料的电绝缘性能高、耐腐蚀和易加工等长处，并且使耐冲击强度提高了1倍以上。

6月6日　国防部发出通知：军人之间按照新的规定相互称呼。通知规定：（一）军人间和军队上下级间的相互称呼，可称姓名加同志；或姓加职务和姓名加职务；或职务加同志，如不知道对方的姓名和职务时，可简称同志。（二）废除原按军衔的称呼，如“元帅”、“将军”、“校官”、“尉官”、“上士”和不成文的习惯称呼，如“某某总”等。（三）在行文上，对中共中央军委和中华人民共和国国防委员会的主席、副主席，可称同志或称主席、副主席。

6月7日　我国地质工作者发现4种硼酸盐矿物。我国地质科学工作者在我国内陆盐湖地区发现了4种过去世界各国还没有发现过的硼酸盐矿物——水碳硼石、章氏硼镁石、多水氯硼钙石三方硼镁石。

6月8日　中共中央批转高等教育部党组《关于改进1965年高等学校招生工作的请示报告》。《报告》指出，本年招生的有关事项除按上年规定实行外，还必须正确对待学生家庭出身和本人的表现，正确处理政治和学业的关系。选择新生，应该主要看学生本人表现，不搞唯成分论。对于政治、学业、健康3方面条件的均合格的学生，按照报考志愿的顺序和考试成绩的高低，分段择优录取；在每一分数段里，首先挑选政治条件好的学生。对政治思想好的应届高中毕业生中的工农和烈士子女及学生干部，不再采取推荐与考试相结合的办法，在他们的考试成绩与其他考生相近时，优先录取。动员各方面条件较好的学生积极报考重点学校，优先保证重点学校新生质量。1965年，全国高等学校实际招收新生16.4万人。

同　日　中国和尔巴尼亚《关于中国给予阿尔巴尼亚贷款的协定》、《1966年到1970年交换货物和付款的协定》签字。国务院副总理李先念，阿尔巴尼亚劳动党中央政治局委员、部长会议第一副主席、阿尔巴尼亚政府经济代表团团长斯皮罗·科列加，分别代表双方在协定和议定书上签字。中共中央总书记、国务院代总理邓小平参加了签字仪式。

6月10日　高等教育部公布《关于1965年高等学校招考新生的规定》。《规定》说，为了贯彻“使受教育者在德育、智育、体育几方面都得到发展，成为有社会主义觉悟的有文化的劳动者”的教育方针，为了培养社会主义革命和社会主义建设所需要的各种人材，使他们成长为无产阶级革命事业的接班人，高等学校的招生，必须在党的领导下，严肃认真地挑选政治思想好、学业成绩好、身体健康的新生入学，按质按量完成招生任务。规定公布了具体的招生条件和招生程序。

6月11日　陈毅副总理表示中国愿同亚非各国共同努力开好亚非会议。陈毅副总理在尼泊尔驻中国大使馆为庆祝马亨拉国王诞辰而举行的招待会上说："中国人民和政府愿意同尼泊尔政府和人民一道，同亚非各国政府和人民一道，为发扬万隆精神，开好第2次亚非会议而共同努力。"他说："20多亿亚非人民殷切期望开好第2次亚非会议，把团结反帝的共同事业推进到一个新的高峰。"

同　日　上海女子射箭新手孙春兰在1965年全国射箭通讯赛中，以582.545环打破60米双轮、70米双轮世界纪录。

6月12日　毛泽东会见印度尼西亚合作国会议长阿鲁季·卡塔威纳塔和夫人。

同　日　上海长海医院为一心脏病患者成功装置第一个我国自制的人造心脏瓣膜。术后病人的健康迅速恢复。这个心脏瓣膜是长海医院同上海橡胶工业制品研究所、上海医疗器械厂等单位协作制成的。

6月13日　我国第一个现代化的高压阀门厂在河南开封建成投入正式生产。该厂全部由我国自行设计和自行施工建成，所有设备也是我国自制的。生产的多种型号、规格的高压、中压阀门，都是当前我国石油、化学等工业部门所急需的。同时，我国自己设计、制造设备、安装的大型氮肥厂开封化肥厂首期工程也正式移交生产，自去年5月份试生产以来，产品质量很快达到了国家标准，有些主要技术经济指标达到全国同类企业的先进水平。

6月14日　中共中央批转谷牧《关于设计革命运动的报告》。中共中央的批示指出：全国各设计单位根据毛泽东主席的指示，开展了群众性的设计革命运动，很多设计人员下楼出院，到生产前线，到基建现场，调查研究，总结经验教训，就地解决问题，这是一个很大的改革和进步。半年多来，运动的发展是健康的，并且已经取得了显著的成效。设计革命运动的做法是：放手发动群众，充分发扬民主，领导带头检查，主动承担责任，启发设计人员自觉革命；并且运用解剖麻雀的方法，总结经验教训，批判资产阶级思想；同时组织设计人员下楼出院，深入现场，联系实际，同工农群众相结合，促进思想革命化，改进工作作风，最后把思想革命落实到设计工作的改革上。中共中央的指示指出，在知识分子集中的部门，采用这种办法来进行四清运动，是一个比较好的、成功的经验。可供文化、教育、卫生、科学研究等部门参用。谷牧的报告的主要内容有：一、设计工作中存在的问题，主要是，贪大求全，许多建筑设计不符合勤俭建国的方针，因循守旧，不重视采用新技术；设计方法烦琐，效率低，周期长，影响建设进度。二、设计革命要解决的主要问题有5个，即从我国的实际情况出发，按毛泽东思想办事；树立深入实际，联系群众的革命化的作风；改革不合理的规章制度；整顿设计队伍；健全领导班子。

同　日　北京石景山钢铁公司建成顶吹氧气转炉炼钢厂。这座炼钢厂试生产5个月以来，所炼出的每炉钢水，已经达到了国家规定的各项生产技术经济指标。这项工程从设计、制造设备到施工安装，全部都是我国自己进行的。

同　日　中共中央转发高等教育部党委《关于分配一批高等文科毕业生到县以下基层单位工作的请示报告》。根据刘少奇主席关于分配一批高等学校文科毕业生到县以下的基层单位工作的建议，高等教育部党委的《报告》提出：今明两年共抽出高等学校毕业生1万余人（包括文科及部分适合到农村工作的理工科和生物等有关专业毕业生），分配到县以下的基层单位。先组织他们参加“四清”运动，一两年之后，再有计划、有重点地分配他们到县以下的基层单位工作。中共中央的批示指出：分配一批大学毕业生到农村，是实现知识分子同工农群众相结合，培养革命接班人的有效途径之一，是加强基层建设的重要措施。除今明两年分配这批大学毕业生到农村外，以后每年都要有计划地分配一些大学毕业生到农村去，并要把他们管理好，教育好。

同　日　《人民日报》编辑部、《红旗》杂志编辑部联合发表文

章《把反对赫鲁晓夫修正主义的斗争进行到底——纪念〈关于国际共产主义运动总路线的建议〉发表2周年》。文章说，中共中央《关于国际共产主义运动的总路线的建议》的发表，标志着反对赫鲁晓夫修正主义的斗争进入了新的阶段。从此，中国共产党同其他马克思列宁主义兄弟党一道，对赫鲁硗夫修正主义进行了公开大论战，实行了全面大反攻。文章还说，代替赫鲁晓夫的新领导，不过是赫鲁晓夫的旧班底，它的核心人物的政治生涯，是同赫鲁晓夫分不开的。文章还宣布，中国共产党坚定不移地遵循我们在两年前提出的国际共产主义运动总路线，把反对赫鲁晓夫修正主义的斗争进行到底。

同　日　外交部照会印度大使馆。严重抗议印度军队越过中国——锡金边界，侵入中国境内，并且用暴力劫走中国2名年轻妇女的强盗行径。照会严正要求印度政府立即送回被劫走的中国妇女，查办肇事者，并采取有效措施，保证不再发生类似事件。

6月15日　我国第一个用现代化机械设备进行连续生产的压延玻璃车间在湖南株洲建成并正式投入生产。车间的全部机械设备都是我国自行设计、自己制造的。

6月16日　毛泽东在杭州听取余秋里关于编制第三个五年计划和长期计划的一些问题的汇报并作指示。毛泽东指示的主要内容有：(一）基本建设投资太多，指标定得过高。5年投资要从1 080亿元压到800—900亿元。三线建设也要从400—500亿压到300多个亿。建设项目不要搞那么多，少搞些项目就能打歼灭战。粮食4 800亿斤能达到吗？1970年钢搞到1 600万吨就行了。要留点余地在老百姓那里。(二）农轻重的次序要违反一下，吃、穿、用每年略有增加就好。搞农业要靠大寨精神，农业投资不要那么多，要减下来。搞化肥我不反对，但还是要靠养猪、养羊、搞绿肥。（三）内地建设鉴于过去的经验欲速则不达，还不如小一点，慢一点能达到。（四）工业布局不能分散了。（五）对老百姓不能搞得太紧张。把老百姓搞翻了不行，这是个原则问题。总之，第一是老百姓，不要丧失民心；第二是打仗；第三是灾荒。计划要考虑这3个因素。根据毛泽东的这些意见，国家计委对第三个五年计划进行了修改。

6月17日　新华社报道：中科院遗传所培育8种杂交高粱获得很大成功。这些杂交高粱具有较强的抵抗不良环境的能力，能够在贫瘠、低洼、盐碱地上正常生长，大幅度增产。

6月18日　国家主席刘少奇任命出席亚非会议的政府代表团成员。国家主席刘少奇根据三届人大常委会第十一次会议的决定，任命国务院总理周恩来、国务院副总理兼外交部长陈毅为中国出席第2次亚非会议的政府代表团正、副团长，任命方毅等人为代表团团员和顾问。

同　日　《光明日报》报道：复旦大学开设“学术报告与讨论课”。自1964年6月毛泽东对文艺界整风报告作了批示以来，文艺界、学术界对一些文艺作品、学术观点和一些文学、艺术、学术思想的代表人物，进行了错误的、过火的批判。复旦大学文科各系从上一学期以来，配合学术界的学术讨论和批判，开设了“学术报告与讨论课”。据报道，先后讨论批判了杨献珍的“合二而一”和“综合经济基础”论、冯定的《共产主义人生观》，以及《关于李秀成评价》、邵荃麟关于“中间人物”的理论、周谷城的美学观和历史观等。还组织了对电影《北国江南》、《早春二月》、《林家铺子》等的讨论和批判。

同　日　外交部就美国约翰逊政府下令美军在越南南方直接参战发表声明。声明指出：约翰逊政府下令美军在南越直接参战，不仅是对越南人民的公开宣战，也是对所有社会主义国家以及一切爱好和平的国家和人民的严重挑衅。中国政府和人民坚决响应并完全支持越南南方民族解放阵线和越南民主共和国政府的正义呼吁和严正立场，6.5亿中国人民誓作伟大越南人民的坚强后盾。

6月19日　国家经委党组向中共中央报送《关于召开托拉斯试点工作座谈会的情况》。国家经委报告说，座谈会是根据毛泽东关于迅速、周密地解决试办托拉斯中的问题的指示精神召开的，刘少奇、邓小平听取了汇报。会议对试办托拉斯遇到的一些主要问题，基本上取得一致认识，并提出了解决办法：（一）当前工业管理上的一个突出问题是多头领导，分散经营。会议认为，组织托拉斯，改变了多头领导的办法，实行了统一领导；改变了以厂矿为单位分散经营，实行了由托拉斯集中经营的办法。（二）托拉斯在试办中遇到的问题，有3个方面：一是中央同地方的矛盾，二是托拉斯内部统一领导和分级管理的矛盾，三是托拉斯同现行经济管理制度的矛盾。在这3个矛盾中，中央同地方的矛盾，是当前需要解决的主要矛盾。会议认为，可以有几种解决办法：1. 国民经济中的重要行业，如煤炭、石油、基本化工、重要机械、纺织等应当办全国性的托拉斯，由中央部门直接管理。有些行业，如玻璃、塑料制品、某些通用机械等，可办地方性的托拉斯，由大工业市或省直接管理。2. 在托拉斯内部，有些行业需要而且可能高度集中统一管理的，应当把同一行业的全部工厂收上来。有些行业，可以只收重要的工厂，其余工厂隶属关系仍然不变，但托拉斯要统筹安排生产和建设，统一下达计划，有些还可以逐步把重要原材料的申请和分配，产品的调拨和销售，统一管理起来。3. 托拉斯按“全国一盘棋”的方针，对全行业工厂的分工进行统一调整，有利于工业的合理布局和协作，有利于平战结合，有利于提高技术，增加品种，提高质量，降低成本，提高劳动生产率。4. 托拉斯在对全行业的厂矿实行集中统一管理时，要注意适当划分公司、分公司和厂矿三级的管理权限。同时，随着托拉斯的建立，财政管理需要作出相应的改革，计划、物资、统计等方面的问题也需要解决。

6月19日—30日　周恩来总理和陈毅副总理应邀访问阿联。访问期间，周恩来总理同纳赛尔总统、萨布里总理进行了会谈。7月7日，周恩来总理、陈毅副总理回到北京。

6月20日　陕西省省长赵寿山逝世。赵寿山，1893年生。陕西户县人。早年曾入陕西陆军测绘学校学习。1920年后，在冯玉祥部任参谋、教官。1924年后，在西北军杨虎城部历任旅长、师长、军长。1936年西安事变时担任负责城内军事行动的总指挥，为西安市公安局局长。抗日战争爆发后，积极抗战。1938年率部担任晋南中条山地区的防务。1942年秘密加入中国共产党，继续在国民党军队中任职。

1944年任驻甘肃第三集团军总司令。1945年率国民党政府第三十八军1部进入解放区。1947年任中国人民解放军西北野战军副司令员。建国后历任青海省人民政府主席，陕西省省长以及国防委员会委员，全国人大常委，中国共产党八大代表。6月23日，赵寿山治丧委员会举行了公祭。

6月22日—28日　高等教育部在京召开座谈会解决武汉大学数学试验班的争论问题。座谈会认为，对试验班和李国平教授的批判是混淆了两类矛盾，混淆了政治问题和学术问题的界限，从根本上违反了党的“双百”方针、知识分子政策和党内斗争的原则，是错误的。武汉大学数学系试验班是1960年由李国平教授建议成立的，该班试图就数学如何解决理论联系实际的问题，进行探索和创造经验。第1期11名学生于1964年毕业，政治、业务素质都较好。1964年9月，根据李国平教授的请求，经学校党委和高教部批准，成立第2期试验班。对此，学校内部看法不一，存在严重分歧。1964年冬，该校以清除资产阶级教育思想影响为名，开始对李国平教授和试验班进行批判。

6月23日　我国在苏联杜布纳联合原子核研究所工作的47名科学家乘火车回到北京。

6月26日　毛泽东提出要把医疗卫生工作的重点放到农村去。毛泽东指出，卫生部的工作只为全国人口的15%服务，而这15%主要还是“城市老爷”。广大农民却得不到医疗，他们一无医，二无药。再这样下去，卫生部可以改名为“城市老爷卫生部”。他指出，医疗卫生工作应该把主要人力、物力放在一些常见病、多发病、普遍存在的病的预防和医疗上。城市里的医院应该留下毕业1、2年，本事不大的医生，其余的都到农村去，把医疗卫生工作的重点放到农村去。根据毛泽东的这些意见，卫生部党委提出了《关于把医疗卫生工作的重点放在农村的报告》。《报告》说，今后要经常保持1/3的城市医疗卫生技术人员和行政人员到农村，大力加强农村卫生工作。

6月27日　全国10个城市10多万民兵举行反美示威。北京、福州、昆明、南宁、广州等10个城市的10多万民兵，分别举行了声势浩大的反对美帝国主义侵占台湾15周年示威大会和军事演习，显示中国人民一定要解放我国神圣领土的决心和意志。同日，《人民日报》发表社论《中国人民一定要解放台湾》。到29日为止，全国有27个城市的27万多民兵举行了反美大示威。

同　日　中国试制成功的分子筛投入成批生产。新华社报道：中国科学院化学物理研究所试制成功各种类型的分子筛，已投入成批生产，并在冶金、石油、机械、化工、电子等生产部门广泛应用。

6月29日　中共中央批准国家计委关于1965年高校毕业生分配和1966年毕业生预分问题报告。国家计委的报告说，1965年全国高等学校毕业生共17万多人，同年各部门各地共要求分配毕业生34万多人，不足17万人。同时，理、工、林、师范、艺术科类中，又有一些毕业生相对多余。国家计委确定这一年毕业生的分配原则是：（一）加强国防工业、三线建设和基础工业，适当兼顾农业和轻工业及一、二线必须补充的技术力量。（二）加强发展新技术和技术改造需要的技术力量，补充资源综合利用所需要的专业人才。（三）加强重点科学研究、中间试验、新产品设计和制造等方面的技术力量。(四）满足半工（农）半读高、中等学校需要补充的师资。对供不应求的专业毕业生的分配，压缩一般需要，保证重点。中共中央批准了这一报告，并要求各地区、各部门研究执行。

上半年　高教部以大小三线为中心以国防建设为重点调整全国高校布局。1964年11月间，高等教育部根据中央关于平战结合、加强战争观念和加强三线建设的指示，提出了《关于调整第一线和集中力量建设第三线的报告》，确定向三线地区迁建部分高等院校。本年上半年，经中央批准搬迁的有上海机械学院、唐山铁道学院、成都铁道学院等3校。由原校迁出部分专业至三线地区建校的有：北京大学分校、南京大学分校、清华大学分校、华东化工学院分院、北京航空学院分院、北京工业学院分院、甘肃工业大学等7校。高教部还规定部属的北京大学、清华大学、华东化工学院、南京大学4所院校的分校分别建于陕西褒城、四川绵阳、四川自贡、湖南常德，并争取3年完成。后来，由于情况变化，上述迁建项目未全部完成。

7月3日　毛泽东在看了《北京师范学院一个班学生生活过度紧张，健康状况下降》的材料后给中宣部长陆定一写信。毛泽东在信中说："学生负担太重，影响健康，学了也无用。建议从一切活动总量中，砍掉1/3。请邀学校师生代表，讨论几次，决定实行。如何请酌。"这个指示后来被称为"七三指示"。8月13日，教育部召开省、市、自治区教育厅、局长座谈会，研究贯彻毛泽东的"七三指示"。会议提出，贯彻"七三指示"，必须从实际出发，不同地区、不同学校要区别对待。在具体措施方面，要重申中央有关学生学习、劳动、社会活动时间的规定，定出活动总量。要精简中小学课程和教材。各级党委、宣传部门和教育行政部门要统一安排和控制其他部门对学校提出的活动项目和要求。8月20日，高等教育部召开直属高等院校政治工作会议，主要议程是贯彻毛泽东"七三指示"。中宣部长陆定一在会上作报告，高教部部长蒋南翔在会上提出，毛主席关于从学生一切活动总量中砍掉1/3的指示是积极的，而不是消极的，各校应结合本校具体情况，正确地全面地贯彻执行毛主席的指示。

7月5日　周恩来总理、陈毅副总理视察新疆石河子垦区探望知识青年。周恩来总理、陈毅副总理在自治区党委第一书记王恩茂、自治区主席赛福鼎、军区副司令员陶峙岳、生产建设兵团第二政委张仲翰等陪同下，乘车来到农八师石河子总场二分场视察工作。他们接见了这个农场的部分知识青年，并同青年们进行了亲切的谈话。周恩来总理、陈毅副总理勉励知识青年献身边疆建设，更高地举起毛泽东思想红旗做共产主义事业接班人。周恩来总理还告诉大家，出身于剥削阶级家庭和有复杂社会关系的人，都要看他现在的表现和立场。一个人的出身不能选择，但前途是可以选择的。只要能同原来的剥削阶级家庭划清界线，向组织交代清楚他所存在的社会关系，全心全意地为无产阶级的革命事业服务，不断地在实践中改造自己，就会有光明的前途。

7月7日　新华社报道，我国在上海、江苏、河南、辽宁、浙江、吉林、广东、黑龙江新建一批化学纤维工厂，已投入生产。这些工厂都是依靠我国自己力量建设起来的。这些工厂一年生产的粘胶纤维，可织成10亿多尺纺织品，相当于600多万亩棉田、桑田提供的原料。

7月10日　全国畜牧工作会议在北京举行。会议要求各地农村和牧区，认真贯彻执行农牧结合的方针，发扬自力更生的革命精神，总结和推广先进经验，在全国范围内掀起一个畜牧业生产的新高潮，使畜牧业的发展同整个农业生产新高潮的形势相适应。并要求在畜牧业中，特别注意大牲畜的发展。毛泽东主席、刘少奇主席等党和国家领导人，在会议结束后接见了出席会议的代表。国务院副总理谭震林到会作了报告，并接见了出席会议的11个模范饲养员和畜牧生产先进社队的代表。会议提供的资料表明，3年来全国大牲畜总头数增长将近1 000万头，猪的发展速度很快，1964年底全国猪的存栏数已超过历史最高水平。同日，《人民日报》发表社论《农牧并举，以牧促农》。

7月11日　周恩来总理指示高等教育部给外国留学生颁发学位证书。周恩来指示高等教育部说：在中国毕业的外国留学生，都要由高等教育部直接给予证书，证明相当外国的相应学位。1966年1月，高教部起草了《关于授予外国留学生学位的试行办法》，4月送报中央。但后因“文化大革命”开始，周恩来总理的这一指示未能执行。

同　日　28个新建化肥工厂投产。新华社报道，上半年全国有28个新建化肥工程投入生产，全国化肥厂比去年同期多生产了160万吨化肥，成本比去年同期降低了4%~5%。

7月11日—16日　乌干达总理阿波洛·密尔顿·奥博特访问我国。访问期间，毛泽东主席、刘少奇主席接见了奥博特总理；周恩来总理同奥博特总理举行了会谈，并于16日在广州签署中乌联合公报。16日，奥博特总理致函毛泽东主席表示感谢。12日、18日《人民日报》发表社论：《欢迎乌干达贵宾》、《中乌友谊史上新的一页》。

7月15日—30日　农业部召开全国中等和高等农业教育会议。会议研究了农业教育革命的方向、方针、任务和措施等问题。会议认为，高等和中等农业院校，必须采取积极稳妥的方针，逐步实行半农半读，社来社去和进行教学改革，并要把学校办到农村去，使农业教育更好地面向农村、面向农民、面向生产。会议期间，刘少奇听取了汇报并作了指示。他建议，今后中高等学校要下伸到专区、县；学生社来社去，国家除给少数补贴外，既不包助学金和口粮，又不包分配当职工；除少数培训外国留学生和尖端科学技术人员的学校、专业和班级外，不再实行全国统一招生。根据刘少奇的建议，会议确定：在第三个五年计划期间，高等农业院校已经试办半农半读的，坚持办好；尚未试办的应选择一两个专业经省委批准后试办；争取到1970年，半农半读的学生占当年招生数的70%~80%，中等农业学校在3年内全部实现半农半读。高、中等农业院校试行社来社去，可以分两步走：最近三五年一般先做到毕业后国家不包分配；以后再逐步做到不包助学金和口粮。争取到1970年，高等农业院校试行国家不包分配的社来社去的学生，占当年招生数的30%~50%；中等农业学校全部实行社来社去，国家不包分配。“三五”期间，还要积极举办函授、夜校、短期训练班等业余教育。8月19日，中共中央批转了这次会议的报告。据本年统计，全国66所农业高等院校中，已试行半农半读的有37所，半农半读的学生占在校学生数的15%；307所中等农业学校中，实行半农半读的220所，半农半读的学生占在校学生数的52%。农业系统的160所中等农业学校的绝大部分和个别高等农业院校还实行了“学生从社里来回社里去”的办法。

7月17日　农垦部召开农垦系统政治工作会议。会议要求各地国营农场把毛泽东思想红旗举得更高，活学活用毛主席著作，认真开展社会主义教育运动，加强经常性的思想政治工作，建设一支无产阶级化的农业大军，使国营农场在实现我国农业现代化的任务中起示范作用。会议提供的材料表明，1964年国营农场的生产和盈利情况良好，1964年粮食总产量比1963年提高15%，上交商品粮提高34%，棉花总产量提高60%，经营利润增加2倍。1965年上半年生产形势比去年更好。会议期间，毛泽东主席、刘少奇主席等党和国家领导人接见了与会代表，谭震林副总理到会讲话。

7月19日　中国和毛里塔尼亚建交。两国政府代表签署了两国建立外交关系的联合公报，宣布建立正式外交关系并互换大使级外交代表。27日《人民日报》发表社论《祝贺中国和毛里塔尼亚建交》。

7月20日　原国民政府代总统李宗仁从海外归来到达北京。李宗仁，1891年生，字德邻，广西桂林人，广西陆军学堂毕业，早年加入同盟会。抗日战争时任国民党第五战区司令长官兼安徽省政府主席。指挥“台儿庄战役”。1948年4月当选为国民政府副总统，次年1月21日蒋介石被迫引退后擢任代总统，同年10月前往香港再赴美国长期定居。在此期间，反对台湾独立，主张国共再度和谈。1954年4月23日，居住在香港的李宗仁密友程思远受中央政府秘密邀请前往北京。此后一直到1965年6月的10年间，程思远共5上北京，直接接受周恩来总理的指示，为李宗仁归来做准备。按照周恩来的安排，李宗仁于1965年6月13日持旅游护照只身飞赴欧洲，在瑞士摆脱了国民党特务的追踪和阻挠，偕夫人郭德洁搭乘飞机于7月18日抵广州、上海，并于7月20日飞抵北京。受到周恩来、彭真、贺龙、陈毅、罗瑞卿、郭沫若、陈叔通以及国民党故旧及前清末代皇帝溥仪的热烈欢迎。在机场，李宗仁宣读了声明，表示今后自誓有生之日，即是报效祖国之年，并希望留在台湾的国民党人，凛于民族大义，毅然回到祖国怀抱，为完成国家最后统一做出有用的贡献。当晚，周恩来总理接见并设宴欢迎李宗仁先生和夫人郭德洁女士。

7月21日　国家计委向周恩来汇报调整和修改后的第三个五年计划初步设想。汇报提出，“三五计划”实质上是一个以国防建设为中心的备战计划，要从准备应付帝国主义早打、大打出发，把国防放在第一位，抢时间把三线建设成具有一定规模的战略大后方。从这一基本认识出发，在国防工业方面，首先把常规武器中最基本的东西搞起来，同时保证尖端方面一些最急需和周期长的工程项目的建设。到1970年，主要装备的生产能力，除造船外，三线地区占到一半左右。三线地区将成为一个部门比较齐全的新的工业基地。在交通运输方面，重点是建设西南的3条铁路干线，云贵线1966年通车，成昆线1969年通车，在成昆线施工高峰过后再转移力量建设川汉线。还要整治和开发金沙江、嘉陵江、赣江，发展水路运输。按照以上建设内容，加上其他方面的最低需要，全国投资为900亿元。按照毛泽东关于生产指标的余地要留大一些的精神，为了与900亿元投资方案相适应，对主要生产指标进行了适当的压缩和调整。考虑到物价变动对财政收支影响很大，设想调价分两步走，第一步在长期计划中先安排粮食提价，农业生产资料和部分消费品降价；第二步在年度计划中再安排一般重工业产品降价。

7月21日—28日　索马里总统欧斯曼访问我国。访问期间，毛泽东主席接见欧斯曼总统；刘少奇主席、周恩来总理同欧斯曼总统举行了会谈。28日，发表了中索联合公报。21日、29日《人民日报》发表社论《欢迎索马里共和国总统》、《中索友谊史上的新篇章》。

7月22日　第三届全国人大常委会举行第十三次会议听取和批准李先念所作《关于1964年国家决算和1965年国家预算草案的说明》。李先念说，1964年国家决算，收入和支出都比原来预计的情况更好一些。1964年国家预算，原来预算收入和支出各为394亿元左右，实际执行结果，收入完成399.5亿元，支出完成399亿元，收大于支，结余0.5亿元。同预算相比，收入超过1.9%，支出超过1.7%；同上年决算相比，收入增长16.7%，支出增长17.5%。1964年国家预算执行情况良好，这是各地区、各部门厉行增产节约、努力增收节支的结果，是国民经济全面好转的反映。1965年的国家预算收支指标，收入和支出各为455.3亿元，收支平衡；与周恩来总理1964年12月在三届人大一次会议上提出的收支各为442亿元相比，有所增长，1965年国家预算收入比上年决算数增加55.8亿元，增长14%。尽管增长幅度较大，但有利因素很多，经过努力是能够完成和超额完成的，预算支出比上年决算数增加56.4亿元，增长14.1%，根据当前援越备战和加快建设的要求，支出增加的部分主要用于基本建设、国防备战和对外援助方面的需要。1965年上半年收入和支出的执行情况良好，看来，下半年收入将继续增加，全年收入还可能超过。同时，支出也要根据形势发展的需要有新的追加，预算收支在执行中肯定会有部分调整。会议在听取和讨论李先念的说明后，批准了1964年国家决算和1965年国家预算。

7月23日　我国试制成功新钢材。新华社报道：上半年我国钢铁企业试制成功新钢材280多种，填补了许多空白，满足了我国工业和国防建设的急需。

同　日　新华社报道：我国第一部24阶中型电子模拟计算机在天津电子仪器厂制造成功。

7月24日—8日1日　缅甸联邦革命委员会主席奈温将军访问我国。访问期间，毛泽东主席接见了奈温主席；刘少奇主席、周恩来总理同奈温主席举行了会谈。8月1日，发表中缅联合公报。7月24日和8月2日，《人民日报》发表社论《欢迎奈温主席》、《中缅友谊之花盛开》。

7月25日　中共中央批转中央财贸政治部《关于财贸部门四清运动几点意见的报告》。《报告》的主要内容包括：（一）要加强对资本家的教育改造工作。报告说，对资本家进行教育改造的目的是彻底地消灭资产阶级和资本主义，而决不是取消阶级斗争、调和阶级矛盾、保留资产阶级和资本主义。在四清运动中，要把资产阶级思想和资本主义搞臭，以提高广大职工的觉悟，对资本家本人，应根据他们的具体表现区别对待。（二）要把劳动者错划为资本家成分的改正过来。（三）关于组长的民主选举。财贸基层单位的业务组长，应由职工民主选举，经领导批准，可连选连任。犯严重错误的，可随时撤换。（四）关于企业革命化。要在运动后期，发动和依靠群众，着重进行思想建设、组织建设和业务建设，积极开展以"五好"、"六好"为内容的比学赶帮运动，把企业办好，为使企业革命化，必须实行企业的民主管理和民主监督。

同　日　中共中央发出关于组织高等院校、科学研究和文化单位的干部参加农村社会主义教育运动的通知。通知说，这些单位是知识分子集中的地方，让知识分子参加农村"四清"运动，是对他们进行思想改造，加强他们同劳动群众相结合的最重要、最有效的方式。对于帮助知识分子改进工作，促进文化教育、科学研究事业进一步为5亿农民服务等，也有极大好处。

7月27日　中共中央发出《关于认真严肃地纠正农村工作中的瞎指挥、强迫命令的指示》。中共中央是就浙江省委办公厅整理的一个材料所反映的问题，发出这一指示的。中央指出，这个材料对全国来说都有意义，希望各地随时注意，加以检查，凡发现有不切实际的瞎指挥，都应认真地严肃地予以纠正。浙江省委办公厅整理的材料反映的事例和问题主要是，温州市郊天河公社强迫社员拔掉薯地套种的棉花400多亩；余杭县永建公社强迫溪塔大队割掉40亩“莲塘早稻”秧改作晚稻秧田等。

7月27日、31日　毛泽东主席、刘少奇主席等分别接见李宗仁先生等。7月27日，毛泽东主席接见了李宗仁先生和他的夫人郭德洁女士。毛主席同李宗仁先生及其夫人热烈握手，毛主席说：你们回来，很好，欢迎你们。跑到海外的，凡是愿意回来，我们都欢迎。他们回来，我们都以礼相待。毛主席还说：祖国是比过去强大了一些，但还不很强大，我们至少还得再建设二三十年才能真正强大起来。接见后，毛泽东主席和夫人江青设宴招待李宗仁先生和夫人郭德洁女士，以及程思远先生。7月31日，刘少奇主席、董必武副主席、邓小平总书记接见了李宗仁先生及其夫人郭德洁女士以及程思远先生。接见后，刘少奇主席等领导人设宴招待了李宗仁先生、郭德洁女士和程思远先生。

7月27日—8月6日　卫生部在京召开农村医学教育会议，讨论贯彻毛泽东对卫生工作的指示。这次会议主要学习讨论了党中央、毛主席对卫生工作和医学教育工作的指示，研究了随着卫生工作的重点放到农村，医学教育如何面向农村的问题。会议提出：今后的任务是多快好省地为农村培养大量不脱产、半脱产的卫生人员和半农半医的农村医生，建立一支群众性的农村卫生队伍。除了现有的城市全日制高、中等医药院校继续从城市招收一部分学生，培养后输送到农村去以外，主要采取城市医药院校、医疗卫生单位分出人力、设备，下伸到县和县以下的农村去，与县医院结合起来办农村医学专科班。学生实行半农半读，亦农亦医，从社队来，回社队去。会后，各地贯彻会议精神，进一步举办卫生班、半农半读医学专科学校、中级卫生学校、中医中药学校、农村医学系等，培养卫生员、接生员、半农半医医生，中医中药人才。

8月1日　《人民日报》发表贺龙的文章：《中国人民解放军的民主传统》。文章把中国人民解放军的民主传统归纳为8个方面：第一，军队要不要实行民主，绝不是一个方法问题，而是一个立场问题、根本态度问题，归根结蒂，是一个尊重不尊重群众，相信不相信群众，依靠不依靠群众的问题。第二，“三大纪律、八项注意”把人民军队严格的纪律建立在军队对人民的民主关系基础之上，是我军团结内部、团结人民、瓦解敌军的强大武器。第三，加强政治思想教育，提高无产阶级觉悟，开展广泛的政治民主，是全部民主生活、民主运动的前提和基础。第四，实行经济民主，关心士兵生活，官兵同甘共苦，是官兵一致这个政治原则在日常生活上的具体体现，是团结群众发挥群众积极性的起点。第五，实行军事民主，是提高战术技术，打胜仗，出人才的一项重要措施。官教兵，兵教兵，兵教官，开“诸葛亮会”提困难想办法，是实行军事民主的基本方法。第六，军队的民主运动，应当达到巩固纪律和增强战斗力的目的。既放手发动群众，又加强集中指导，是正确开展民主运动的关键。第七，坚持党委统一的集体领导下的首长分工负责制，是在军队内部贯彻民主制度、实行群众路线的根本保证。第八，在“小米加步枪”的条件下，需要实行三大民主，有了现代化装备，进行现代化战争，仍然需要、更加需要也完全能够实行三大民主。

8月1日—6日　由艾地主席率领的印度尼西亚共产党代表团访问我国。访问期间，毛泽东主席会见艾地主席和代表团全体同志；中国和印度尼西亚两党代表团举行会谈，双方对当前国际形势、国际共产主义运动问题等充分地交换了意见，双方的立场和观点完全一致。

8月1日—9日　1965年北京国际乒乓球邀请赛在北京举行。1日，陈毅副总理接见了参加邀请赛的各国代表团的团长或领队。9日，北京国际乒乓球邀请赛在举行了7个项目的比赛后闭幕，我国选手赢得了全部7项冠军；中、日、朝、越、柬、印尼等6个国家的选手分获亚军或第3名。10日，《人民日报》发表评论员文章《在团结和友谊的道路上共同前进》。

8月2日　新华社报道：我国第一台一级大型电子显微镜最近在上海试制成功。这台一级大型电子显微镜是由上海市光电技术研究所研究试制成功的。经专家测定和审查，性能良好，达到了一级电子显微镜的水平。这台电子显微镜的放大倍数最大为20万倍，分辨力达7埃，能分辨相距千万分之七毫米的两点。

8月2日、3日、6日　美国军舰和军用飞机入侵我领海领空并连续炮击扫射我渔船。8月2日—3日，美国军舰和军用飞机连续猖狂炮击和扫射我在南海作业的渔船，使我渔民6人和渔船1艘至今下落不明。10日，《人民日报》为此发表评论员文章《抗议美国的海盗行径》。6日，美国军舰在我海军舰艇部队击沉2艘美制国民党军军舰后，从台湾赶来，侵入我领海，围绕这一作战海域进行长时间的骚扰侦察挑衅。8日，我有关方面就美国军舰侵入南澳岛、东山岛附近领海正告美国侵略者：中国人民的克制态度不是没有限度的。

8月6日　我海军击沉美制蒋军大型猎潜舰"剑门号"和小型猎潜舰"章江号"。8月5日5时，国民党海军巡防第二舰队旗舰——大型猎潜舰"剑门号"和小型猎潜舰"章江号"，载着执行台湾"国防部情报局""海啸计划"，准备向福建渗透的一股武装特务，驶向广东沿海。"剑门号"原是美制扫雷舰，排水量为1 250吨，装有76.2毫米以下口径火炮10门。"章江号"系美制小型猎潜舰，排水量为280吨，配有76.2毫米以下口径火炮10门。我人民解放军海军南海舰队获悉"剑门号"编队出航后，立即制定了放至近岸、协同突击、一一击破的作战方案。并确定以护卫艇41大队高速护卫艇4艘、鱼雷快艇11大队鱼雷艇6艘，组成海上突击编队，以161号炮舰和快艇11大队5艘鱼雷艇为支援兵力，并指定汕头水警区副司令员孔照年乘598号护卫艇，负责海上指挥。8月6日零时许，我护卫艇雷达发现敌舰，不久，"剑门号"编队依仗火炮射程远，先行向我开炮。我海军艇队追至能看清目标轮廓和桅杆时，对敌舰实行2次抵近射击。"剑门号"慌忙向东逃跑，"章江号"被我4艘护卫艇紧紧咬住。临近3时，我海军艇队抵近"章江号"实施集中火力突击，从500米一直打到相距100米，使"章江号"连连中弹。"章江号"曾试图用高速冲击我艇群的办法夺路逃跑，但被我艇群堵击。在我艇群的冲击下，“章江号”终于失去抵抗能力，为加速该舰沉没，我艇队又实施2次突击，以穿甲弹攻击它的水线以下要害部位，终于使它起火爆炸，在东山岛东南24.7海里处葬身海底。“章江号”被击沉后，为扩大战果，南海舰队又命5艘待机的鱼雷艇和战场上的3艘高速护卫艇和161号炮舰，追歼“剑门号”。当追至距“剑门号”6海里时，“剑门号”上的所有大炮一齐向我艇队猛烈急射，我艇队指战员无所畏惧，沉着机智作反炮火机动。在距目标7—5链时，各艇一齐开火。激战4分钟，“剑门号”中弹起火。这时，高速赶来的鱼雷艇队，迅速占领有利发射阵位，分两组同时向“剑门号”发射鱼雷10枚，将它击中。5时22分，“剑门号”带着浓烟烈火，沉没于东山岛东南38海里处。这次海战是新中国成立后最大的一次海上歼灭战，一举击沉国民党海军2艘军舰，击毙国民党海军少将胡嘉恒以下170余人，俘“剑门号”中校舰长以下33人。我人民解放军海军在海战中亡4人、伤28人，损伤护卫艇、鱼雷快艇各2艘。在战斗中涌现出一批钢铁战士，如611号艇轮机兵麦贤得在头部被击中后失去知觉，苏醒后，以惊人的毅力，一直顽强地坚守在主机旁边。战后，国防部通令嘉奖了参战部队，赞扬“这一仗打得坚决，打得干脆，打得漂亮”；并授予麦贤得以“战斗英雄”称号。海军分别授予611号护卫艇、119号鱼雷艇以“海上英雄艇”、“英雄快艇”称号。8月17日下午，毛泽东、刘少奇、周恩来、邓小平、董必武、彭真、贺龙、李先念、罗瑞卿、杨尚昆等领导人，在北京人民大会堂接见参加“八六”海战的有功单位和有功人员代表，并合影留念。

8月7日　彭真向首都高校毕业生作重要报告。报告的主要内容是当前形势、知识分子的方向和道路、培养革命事业接班人等问题。参加报告会的有高等院校、中等专业学校应届毕业生，应届高中毕业生代表，即将出国和归国的留学生，一部分在校的大学生等共8.5万人。10日，《中国青年报》发表致高等院校应届毕业生的社论《走历史要走的道路》。

8月21日　国家建委在北京召开全国搬迁工作会议。会议对1966

年的搬迁计划和第三个五年计划期间的搬迁规划交换了意见。会议提出，搬迁工作必须立足于帝国主义发动侵略战争。从准备大打、准备早打出发。对搬迁项目要实行大分散、小集中的原则。少数国防尖端项目，要按照“分散、靠山、隐蔽”的原则建设，有的还要进洞。会议研究了第三个五年计划期间的搬迁项目。会议认为，大规模的搬迁，实质上是一次国民经济的大调整，要把搬迁、建设战略后方和当前生产很好地结合起来。

同　日　解放军海军航空兵部队，在华南地区上空击落1架美国军用无人驾驶高空侦察机。国防部长林彪颁发嘉奖令，表扬击落美无人驾驶高空侦察机的海军航空兵部队。

8月23日　中共中央发出《关于当前农村工作问题的指示》和中央办公厅整理的4个材料。《指示》说，今年夏收获得好收成，这是1962年以来在连续三年丰收的基础上获得的，但如果领导同志不能保持清醒的头脑，就有可能产生自满情绪，不再愿意谨慎从事，不再愿意因地制宜地、实事求是地、扎扎实实地进行工作。在生产发展较慢的地区，有可能产生急躁情绪，重犯强迫命令的错误。其结果，必然会和这些同志的主观愿望相反，使群众的生产积极性受到挫折。当然，停止不前，无所作为的精神状态，在不少地区的领导同志中间还相当普遍存在着，必须纠正。中央要求县以上各级党委，不但总结经验，全面接受合作化以来，特别是公社化以来的经验教训，以保证新的农业生产高潮的持续发展，争取在一个较短的时间内，实现全国农业发展纲要所规定的粮、棉、油等主要指标。中共中央办公厅整理的4个材料所反映的主要问题是：（一）有的地方违反“人民公社六十条”的觇定，没收社员自留地、开荒地；大张旗鼓地开展拔苗运动，拔掉社员的育苗甚至即将成熟的作物；推行大队核算，联队核算，将生产队的山林收归大队所有等。（二）部分地区仍有比较严重的夏荒，如山东、河南、江苏等省的老灾区，有2 044万人口缺粮。（三）部分地区在筹集水、电资金中硬性摊派，有的地方采取挪用生产资金、挤占社员分配的办法来集资。

同　日　西藏全区乡的基层选举和县一级选举结束。全区各县召开的人民代表大会会议或代表会议，选出了正副县长，建立了县人民委员会，并选出了出席自治区首届人民代表大会的代表。另据报道，西藏藏族人口年年增加，到目前为止，已有132.15万人；全区藏族干部已有1.6万多名；工人总数已发展到2.5万人，藏族技术人员已达500多人。

8月25日　全国人大常委会举行第15次会议批准成立西藏自治区。会议根据国务院的议案讨论了成立西藏自治区问题，通过了关于成立西藏自治区的决议。同日，西藏自治区选举委员会公布了自治区第1届人民代表大会的代表名单。出席西藏自治区第1届人民代表大会的代表共301人，其中藏族代表226人，汉族代表59人，其他民族代表16人。这些人民代表是在西藏全区举行普选的基础上，分别由61个选举单位的人民代表大会选举产生的。

同　日　日本各青年代表团在中国参加中日友好大联欢活动。25日，首都各界青年集会欢迎参加中日友好大联欢的日本各青年代表团。26日，毛泽东主席、刘少奇主席等我国领导人接见了参加中日友好大联欢的23个日本青年代表团以及其他日本朋友。26日，彭真副委员长在欢迎日本各青年代表团的宴会上讲话，他指出，中日友好是两国人民的共同利益和愿望。30日，中日青年3万多人举行游园大联欢。24日，《人民日报》发表社论《加强友谊、共同战斗》。

8月28日　新华社报道：全国农业机械经营管理工作会议在京举行。会议要求农业机械的研究、制造、供应、修理、使用等部门全心全意为农业服务，从我国5亿农民的需要出发，从我国人民公社的大农业生产的具体条件和特点出发，开创一条中国农业机械化的道路。这次会议是我国实行农业机械的制造、销售、使用、修理“四合一”体制之后，由第八机械工业部召开的第1次全国性的有关农业机械化问题的会议，是进一步促进农业机械经营管理工作革命化的一次会议。会议期间，毛泽东主席、刘少奇主席等党和国家领导人接见了参加会议的全体代表。谭震林副总理在会上作了重要报告。31日《人民日报》发表社论《农业机械管理工作要更好地为农业生产服务》。

同　日　共青团中央号召推广山东临朐县李家庄团支部学习毛主席著作的经验。共青团中央发出通知，要求团的基层组织推广山东临朐县李家庄团支部组织青年结合实际活学活用毛主席著作的经验。29日，《人民日报》刊登《中国青年报》、《中国青年》社论《从实际出发指导青年学习毛主席著作》及李家庄团支部组织青年活学活用毛主席著作的经验的文章。

8月30日　国家经委党组就当前工业生产形势和工作安排向中央报送《汇报提纲》。《汇报提纲》指出：一、今年工业生产高潮的特点是基础更加坚实、更加稳固。上半年同去年同期相比，工业总产值增长29%，全员劳动生产率提高29%，产品成本降低7.3%，工业企业上缴国家的利润和折旧增长40%。二、生产高潮初期，一部分干部忽视产品质量，不注意劳逸结合，甚至拼设备、拼体力、加班加点，以致15%左右的产品质量下降，人身和设备事故增加，设备失修现象也有发展。根据中央指示采取措施后已基本扭转。目前比较突出的问题是：工业生产战线太长，某些物资供应紧张，有些行业和企业挤掉“次要”产品、配件和设备维修等。三、钢材、煤炭等物质供应出现紧张。四、追加任务多，在安排上又综合平衡不够。多年实践证明，经济形势越好，越应当注意留有余地，决不要把经过长时间努力积蓄起来的力量一下子都用完；生产高潮的发展越顺利，越应注意综合平衡；生产增长越快，越应当注意正确处理数量同质量的关系，生产同设备维修的关系以及劳逸结合的问题，在任何时候都要坚持质量第一的方针。五、合理调整生产任务，更好地完成国家计划。六、所有企业都要做好提高质量、维修设备和劳逸结合三项工作。凡质量有问题，不符合使用要求的产品，不准出厂。今年的设备大修、中修，一定要按期按质完成。

同　日　西藏自治区筹委会举行末次常委会议。会议讨论并决定了向西藏自治区人民代表大会首次会议提出的报告。至此，西藏自治区筹委会胜利完成光荣历史任务。

本　月　中共中央专门委员会原则批准中国科学院《关于发展我国人造卫星工作规划方案建议》。中央专门委员会的批示确定：我国发展人造卫星的工作，采取由简到繁，由易到难，从低级到高级，循序渐进，逐步发展的方针；并确定整个卫星工程由国防科委负责组织协调，卫星本体和地面测控系统由中国科学院负责，运载火箭由七机部负责，卫星发射场由国防科委试验基地负责。这个批示使我国第1颗人造卫星进入工程研制阶段。

9月1日—9日　西藏自治区第一届人民代表大会第一次会议召开，西藏自治区宣告正式成立。会议总结了西藏15年来的成绩和经验，讨论和决定了今后一个时期西藏革命和建设的任务，选举了自治区的领导人，通过了西藏自治区各级人民代表大会和各级人民委员会组织条例。大会于9月1日隆重开幕，226名藏族代表和汉、门巴、珞巴、回等其他西藏各民族人民的代表坐上了主席台。出席开幕式的有代表中共中央和国务院前往祝贺的中央代表团团长谢富治、副团长张经武、刘春和其他代表团成员；出席大会的还有中共西藏自治区委员会第一书记张国华、书记处书记周仁山等，西藏自治区筹备委员会代理主任阿沛·阿旺晋美、副主任委员帕巴拉·格列朗杰等，人民解放军驻西藏部队负责人陈明义、任荣等，中国人民政治协商会议西藏委员会副主席桑顿·才旺仁增、桑顶·多吉帕姆等，中国佛教协会西藏分会副会长坚白赤列，以及西藏各部门各人民团体负责人。西藏自治区筹委会代理主任委员阿沛·阿旺晋美在热烈的掌声中宣布大会开幕并致开幕词。他说：在这次大会上，西藏自治区将正式成立，这是党的民族政策的光辉胜利。中央代表团团长谢富治在会上讲话，他代表党中央、毛主席、刘主席，代表国务院，热烈祝贺大会的召开。在2日的大会上，中共西藏自治区委员会第一书记张国华作了“高举毛泽东思想伟大红旗，为争取社会主义革命的伟大胜利，为建设社会主义的新西藏而奋斗”的报告。在3日会上，中央代表团副团长、中央人民政府驻西藏代表张经武讲话。他说西藏自治区是在平息叛乱和民主改革伟大胜利的基础上，在农牧业和其他各项事业获得巨大发展的基础上，是在大批藏族干部成长起来的基础上成立的。阿沛·阿旺晋美在3日的会议上作了西藏自治区筹备委员会工作报告。从1日—4日，来自中央各有关部门和全国各省市自治区的中央代表团团员，分别在会上致词，热烈祝贺西藏自治区成立。4日下午开始分组讨论，6日、7日进行大会讨论。8日，会议选举了西藏自治区主席、副主席和自治区人民委员会委员。阿沛·阿旺晋美当选为西藏自治区主席，周仁山、帕巴拉·格列朗杰等7人当选为副主席，达瓦等37人当选为人民委员会委员，其中藏族占绝大多数。9日，会议举行闭幕式。会议通过了给毛主席的致敬电，通过了关于西藏自治区筹备委员会工作报告的决议。西藏自治区主席阿沛·阿旺晋美宣布西藏自治区正式成立。10日，《人民日报》发表社论《为建设社会主义的新西藏而奋斗——祝贺西藏自治区正式成立》，社论说：过去长期处于停滞状态的西藏社会，在短短几年中就跨过了几个世纪的历程，从封建农奴制社会，经过民主革命，向社会主义飞跃，这是人类历史上罕见的奇迹。

9月2日　国家计委根据毛泽东杭州谈话精神及各大区意见，草拟第三个五年计划安排情况的汇报提纲。汇报提纲草拟了第三个五年计划的指导思想和初步设想。安排第三个五年计划的指导思想是：必须积极备战，把国防建设放在第一位，加快内地建设，逐步改变工业布局；发展农业生产，相应地发展轻工业，逐步改善人民生活；加强基础工业和交通运输的建设；充分发挥沿海地区的生产能力；积极地、有目标、有重点地发展新技术，努力赶上和超过世界先进技术水平。第三个五年计划的初步设想是："三五"期间基本建设投资总规模为850亿元；财政收支各为3 050亿元；到1970年，粮食年总产量为4 400亿—4 800亿斤，钢产量1 600万吨；1970年的工农业总产值约为2 700亿—2 750亿元，每年递增7%左右。其中农业总产值约为700亿—750亿元，每年递增4%~5%；工业总产值约为2 000亿元，每年递增8%左右。这个汇报提纲于9月12日报送党中央和毛泽东，提交10月中央工作会议和全国计划会议讨论。

9月3日　首都各界1万多人在人民大会堂集会，庆祝伟大的抗日战争胜利20周年。党和国家领导人刘少奇、周恩来、朱德、邓小平、贺龙、谭震林、陆定一、薄一波、杨尚昆等出席了大会。人民解放军总参谋长罗瑞卿发表了题为《人民战胜日本法西斯，人民也一定能够战胜美帝国主义》的重要讲话。他指出：我们过去靠人民战争打败了日本帝国主义和国民党反动派，今后也还要靠人民战争打败美帝国主义可能对我们发动的侵略战争，保卫我们的社会主义祖国，保卫世界和平。他还强调说，纪念抗日战争的伟大胜利，我们应当百倍增强彻底打败美帝国主义的胜利信心，要百倍警惕美帝国主义利用和平骗局发动和扩大侵略战争的阴谋，应当继承和发扬我党我军的革命传统，做好反对美帝国主义侵略的战斗准备，更好地支援越南人民和各国人民的反美斗争。2日，《人民日报》发表社论《美帝国主义照样也是可以打败的——纪念中国人民抗日战争胜利20周年》。

同　日　《人民日报》发表林彪的文章：《人民战争胜利万岁——纪念中国人民抗日战争胜利20周年》。文章说："毛泽东同志关于建立农村革命根据地、以农村包围城市的理论，对于今天世界上一切被压迫民族和被压迫人民的革命斗争，特别是对于亚洲、非洲、拉丁美洲被压迫民族和被压迫人民反对帝国主义及其走狗的革命斗争，更是突出地具有普遍的现实意义。""从全世界范围看问题，如果说北美、西欧是'世界的城市'，那亚洲、非洲、拉丁美洲就是'世界的农村'。""今天的世界革命，从某种意义上说，也是一种农村包围城市的形势。"

9月4日—21日　陈毅副总理兼外交部长访问巴基斯坦、叙利亚、阿尔及利亚、马里、几内亚、阿富汗6国。访问期间，陈毅副总理分别同巴基斯坦外长布托、叙利亚总统会议副主席阿塔西、阿尔及利亚外长布特弗利卡、马里代总统科奈、几内亚总统杜尔、阿富汗首相优素福进行会谈或交谈。

9月5日　中共中央、国务院发出《关于大力发展农村副业生产的指示》。当时，粮食和主要经济作物产量已经接近或超过建国以来的最高水平，而副业生产还低于1957年的水平，不仅影响了市场供应和对外贸易，而且也影响社员个人收入和集体经济的巩固。因此，中共中央和国务院的《指示》指出：各级党委和政府有必要也有可能进一步贯彻执行"以农为主，以副养农，综合经营"的方针，在继续大抓粮食和主要经济作物生产的同时，大抓副业生产，大力发展农村副业，以促进整个国民经济的不断高涨。《指示》要求，各级党委和政府积极地有计划地增加集体副业在整个副业生产中的比重，凡是资源集中，使用劳动力较多、投资较大的项目都应当由集体经营。凡属《农村人民公社工作条例修正草案》规定的家庭副业项目都应当允许和鼓励社员经营，不要乱加干涉和限制。商业部门要积极地收购和推销农副产品，各有关部门要积极支援和帮助农村发展副业生产。

9月6日　中共中央、国务院发出《关于严格控制今年下半年增加国家职工问题的指示》。1965年计划全国增加固定职工和临时工各40万人，后又专门批准云南省和中央几个部门追加计划指标16.31万人。还有几个部门去年的增人指标没有用完，要结转到1965年继续使用的有8.6万人。在此基础上，各部门、各地区还要求计划外增加职工77万人。根据这一情况，《指示》指出，今年各地区和各部门要求在劳动力计划外再增加77万人，肯定是多了。应当引起严重注意。随着基本建设和生产规模的扩大，需要增加职工，同时原有职工因为老弱病等自然淘汰的原因，也必经有一些新生力量补充。但过多的增加职工，而不抓紧技术革新、技术革命，不抓紧精简节约，特别是对减下来的职工，不加以充分利用，是不利的。如果确实需要增加，应当首先在现有企业中挖掘劳动潜力，通过调剂解决。本部门、本地区不能调剂，报劳动部从各部门已经精简下来尚未处理的人员中挑选调剂解决。如果还解决不了，必须增加计划指标时，专案报中央和国务院审批。

9月8日　新华社报道：全国水利会议举行。会议提出“大寨精神，小型为主，全面配套，狠抓管理，更好地为农业增产服务”的基本方针，会议期间，周恩来总理作了指示，谭震林副总理在会上作了报告。

9月10日—10月10日　全国财贸政治工作会议在京举行。这次会议是为检查财贸部门学习解放军，加强政治工作的情况而由中共中央财贸政治部召开的。会议认为，财贸部门政治工作正在不断加强，财贸政治工作机构已经基本建立，政治干部已经大部分配备起来。全国县以上各级党委已有90%以上建立了财贸政治部，财贸行政部分也有80%左右建立了政治工作机构；基层财贸单位的政治教导员和政治指导员已配备60%~70%。这次会议还着重研究了加强经常性政治思想工作问题。会议强调指出，财贸部门的政治思想工作要两手抓，一手抓社会主义教育运动，一手抓经常性的政治思想工作。

9月11日—28日　第二届全国运动会在北京举行。9月11日，毛泽东主席，刘少奇主席等领导人出席了开幕式，贺龙副总理致开幕词。由1.6万人共同演出了大型团体操《革命赞歌》。比赛期间，有24名举重、射箭、射击、跳伞运动员10次打破9项世界纪录，有330名运动员469次打破130项全国纪录。在闭幕式上，西哈努克亲王、刘少奇主席、周恩来总理向获奖运动员颁奖，陆定一副总理致闭幕词。11日、29日，《人民日报》分别发表社论《高举毛泽东思想红旗，推动体育运动的更大发展》，《政治与技术相结合就能无往不胜》。

9月15日　新华社报道：北京钢丝厂试制成功一种精密产品——铁铬铝电阻元件，这种元件原来只有极少数国家能够制造。

9月16日　外交部就印度外交部2日和12日来照，复照印度驻华大使馆。复照严正要求印度政府在文到3日之内，拆除中锡边界中国一侧和跨中锡边界线上的所有侵略工事，并立即停止印军的一切入侵活动。

9月17日　新华社报道：中科院上海生物化学研究所在世界上第一次人工合成结晶牛胰岛素。中国科学院上海生物化学研究所等单位密切合作，在世界上第一次用化学方法合成了一种具有生物活力的蛋白质——结晶牛胰岛素。这是世界上第一次人工合成一种具有生物活力的结晶蛋白质，也是迄今为止人工合成的具有生物活力的最大的有机化合物。这项研究在方案的制定、合成路线的设计以及有关微量分离分析技术的建立等方面，都有独到之处，并取得了国际科学界的高度评价。它对探索生命的奥秘，具有深远的意义。

9月18日—10月12日　中共中央在北京举行工作会议。会议主要讨论1966年的国民经济计划和长远规划问题。会议批准了国家计委提出的1966年国民经济计划纲要，强调省、地、县、社4级党委要把农业放在首要地位。会议要求各地区、各部门必须在继续深入开展社会主义教育运动的同时，掀起一个群众性的增产节约运动。会议同意国家计委提出的“国防建设第一，加速三线建设，逐步改变工业布局”的“三五”计划方针。会议还讨论了财贸和党的建设问题，会议指出，要“藏粮于民”，稳定征购，三年一定。并决定在第三个五年计划期间，拿出200亿元来调整物价，降低农业生产资料和部分生活资料的价格，使广大城乡人民首先是农民获得好处。为了加强党在基层的领导，会议决定在“四清”的地方积极慎重地发展党员，争取农村人民公社每一个生产队都有党的小组或党员。针对会议讨论中提出的要求增加建设投资20多亿元和搞54个小钢铁厂的问题，毛泽东指示，1965年搞1 200个建设项目太多，这里埋伏着危险，要砍掉一点。明年后年最好一个省搞一个小钢铁厂，小三线没有钢厂不行，有大钢铁厂的地方就不要再搞了。会议期间，10月10日，毛泽东在同大区第一书记的谈话中，又提出了“如果中央出了修正主义，你们怎么办？”的问题。毛泽东还说：要备战。各省要把小三线建设好。不要怕敌人不来，不要怕兵变，不要怕造反。如果中央出了修正主义，你们就造反，各省有了小三线，就可以造反嘛。过去有些人就是迷信国际，迷信中央。现在你们要注意，不管谁讲的，中央也好，中央局也好，省委也好，不正确的，你们可以不执行。

9月20日　新华社报道：解放军总参谋部、总政治部召开民兵工作会议。会议总结了在社会主义教育运动中加强民兵建设的经验，并根据新的形势，着重讨论了进一步贯彻毛主席关于民兵工作三落实指示的若干问题。会议强调，必须以毛泽东的人民战争思想武装亿万民兵，进一步实现民兵工作的组织、政治、军事三落实，百倍警惕，加强战备，一旦美帝国主义把战争强加到我们头上，就把敌人淹没在人民战争的汪洋大海之中。会议期间，毛泽东、刘少奇、周恩来、彭真、贺龙、李先念、谭震林、薄一波、罗瑞卿、杨尚昆等领导人接见了全体代表。国防委员会副主席徐向前、总参谋长罗瑞卿作了重要报告。各部队、各军种、各兵种分管民兵工作的领导干部参加了会议。全国总工会、共青团中央，全国妇联、国家体委等单位的同志列席了会议。21日，《人民日报》发表社论《国防建设的一项重要的战略任务》。

同　日　我海军航空兵在海南岛上空击落入侵美机1架并活捉美飞行员。美国军用F-104飞机1架侵入我海南岛海口地区上空，进行战争挑衅。我海军航空兵部队立即起飞，一举击落了入侵的美机，并活捉美国上尉飞行员史密斯。国防部长林彪颁布嘉奖令，表扬击落入侵美机的海军航空兵部队。我国防部负责人就美国军用飞机侵入我海南岛上空并被我击落事对新华社记者发表谈话，表示坚决抗议美国的战争挑衅。21日，《人民日报》发表评论员文章《中国人民严阵以待》。

同　日　新华社报道：长海医院为病人安置一具我国自制的人造心脏瓣膜成功。病人许淑宝34岁，6月12日进行手术，恢复很快，2周后即能起床活动。3个月来爱克斯光、心电图、心音图、心放射图检查正常。这次手术采用的心脏瓣膜是由长海医院、上海橡胶工业制品研究所、上海医疗机械厂等单位协作，完全采用我国自己的原料和自己测试的数据制成的。从开始设计制作到手术成功共用了2年3个月的时间。

9月22日—10月4日、10日—16日　柬埔寨国家元首西哈努克亲王访问我国。访问期间，毛泽东主席接见了西哈努克亲王等贵宾；刘少奇主席、周恩来总理同西哈努克亲王进行会谈，并于3日签署中柬联合声明。9月28日和10月5日，《人民日报》发表社论《热烈欢迎西哈努克亲王》、《中柬人民是永恒的朋友》。

9月23日　新华社报道：全国自1955年毛主席号召知识青年到农村去以来，到今年8月全国已有100万城市知识青年下乡上山。

同　日　新华社报道：我国新建的现代化的保定电影胶片厂正式投入生产。这个厂能生产黑白、彩色电影胶片和各种特种胶片、复制片、胶卷软片等30多种，基本上可以满足国内电影制片事业的需要。

9月24日　中共中央批转中央高级党校校委会《关于杨献珍问题

的报告》。1965年6月9日，中共中央高级党校校委会向中央报送了《关于杨献珍问题的报告》，作为高级党校从1964年7月起对杨献珍进行揭发批判的结论。《报告》说，杨献珍“是资产阶级在党内的代言人，是彭德怀的一伙，是个小赫鲁晓夫”。《报告》列举杨献珍所谓的“十大错误”：（一）反对毛泽东思想；（二）制造反对社会主义的理论；（三）攻击总路线、大跃进、人民公社；（四）鼓吹资本主义复辟，大刮单干风；（五）攻击历次政治运动，大闹翻案风；（六）同彭德怀一道反党；（七）站在赫鲁晓夫一边；（八）包庇、安插恶霸、地主、反革命分子；（九）把高级党校变成独立王国，进行宗派活动；（十）企图抓全国党校领导权，并伸手到许多方面去。中共中央批示，同意撤销杨献珍的中央高级党校副校长和校委委员的职务，另行分配工作。由于这些莫须有的罪名，杨献珍在“文化大革命”中受到严重迫害，被送监狱“监护审查”达8年之久。1980年8月，中共中央为杨献珍彻底平反。

9月26日　李宗仁先生举行盛大中外记者招待会。李宗仁先生在招待会上发表了长篇讲话，畅谈他回到祖国两个月来对新中国的观感，并发表了对当前时局的看法。李宗仁先生说，经过两个月来的体察，最使他感奋的是祖国的现状与旧社会出现了非常明显的对比。“目前我国民族团结和国家统一，不仅为百年来所未有，且为中国史无前例的新气象。”李宗仁先生认为：“我国已彻底地改变了整个社会面貌，孙先生所创立的革命的三民主义的理想且已完全实现了。现正在建设社会主义的大道上向前迈进，事实上已超过了孙先生当年的理想。”他还抨击了美国的侵略战争政策，以亲身经历向中外记者揭露美帝国主义为了长期霸占台湾所施用的阴谋诡计。他还劝告台湾国民党及海外各方人士认清民族大义和大势所趋，毅然奋起，相率归来，为祖国最后统一做出贡献。共有300多名中外记者出席了招待会。

同　日　印军3人携带武器侵入我国境内进行侦察挑衅，被我驻防部队当场逮捕。27日，外交部就此事件向印度政府提出强烈抗议。

9月29日　陈毅副总理兼外交部长举行中外记者招待会发表重要

讲话。陈毅副总理兼外交部长在北京举行中外记者招待会，就中国政府的外交政策和当前国际局势中的许多问题，发表了重要讲话。他指出，中国人民在反对帝国主义的战斗中，愿意作出一切必要的牺牲，我们对美帝国主义不存在任何幻想，为了反对美国侵略，我们一切都准备好了。如果美帝国主义决心要把侵略战争强加于我们，那就欢迎他们早点来，欢迎他们明天就来，结果肯定是美帝国主义灭亡，全世界人民大翻身。他说："我们等候美帝国主义打进来，已经等了16年。我的头发都等白了。……如果美帝国主义打进中国大陆，我们将采取一切必要手段来打败它。……打败了美帝以后，在全世界真正结束帝国主义、殖民主义的时代就会到来了。"关于国共合作问题，陈毅副总理答日本记者问时说，现在北京和各省市有一个中国国民党革命委员会，和共产党合作得很好。新中国就是以共产党为首的，包括8个民主党派合作的局面。我们欢迎李宗仁参加这个合作。我们也欢迎蒋介石、蒋经国能像李宗仁这样参加这个合作，欢迎台湾省和台湾的任何个人和集团回到祖国怀抱，参加这个合作。他说："依我看，国共合作的可能性很大，而且正在扩大。"

9月30日　新疆维吾尔自治区各族干部隆重集会庆祝中华人民共和国成立16周年和新疆维吾尔自治区成立10周年。中央代表团团长贺龙在会上讲话，代表党中央、毛主席、刘主席、国务院和中央军委向自治区各族人民致以热烈的祝贺。中共新疆维吾尔自治区委员会第一书记王恩茂在会上作了题为《毛泽东思想在新疆的伟大胜利》。9月29日和30日，全国人大常委会和国务院分别电贺新疆维吾尔自治区成立10周年。10月1日，乌鲁木齐市各族各界人民举行盛大庆祝集会和游行。贺龙副总理在集会上讲话，他号召提高警惕，做好准备，粉碎在美帝、苏修支持下的印度入侵挑衅。自治区主席赛福鼎也在会上讲话。9月30日，《人民日报》发表社论：《党的民族团结政策的伟大胜利——庆祝新疆维吾尔自治区成立10周年》。

本　月　中国科学院的授时系统通过国家鉴定。该系统所测定的标准时间的精确度误差不超过2‰秒，使我国的授时系统达到了国际水平。这个授时系统的标准时间是由上海天文台、南京紫金山天文台、北京天文台筹备处和武汉的中国科学院测量与地球物理研究所4个单位提出测时、收时和守时数据。最后由上海天文台综合订正，并通过专用电台向全世界播送。

10月1日　首都50万人在天安门广场举行盛大集会和游行，庆祝中华人民共和国成立16周年。毛泽东主席、刘少奇主席同党和国家其他领导人宋庆龄、董必武、朱德、周恩来、邓小平参加了大会，在天安门城楼主席台上检阅了游行队伍。柬埔寨国家元首西哈努克亲王以及80多个国家和地区的2 000多名贵宾参加了观礼。参加观礼的还有工农业、文教等各条战线上的劳动模范和先进工作者，中国人民解放军和公安部队的代表，全国少数民族的代表，来自20多个国家和地区的归国华侨观光团，港澳各界人士观光团等，共1万多人。中共中央政治局委员、中共北京市委第一书记彭真在会上讲话。然后举行首都50万人举行的盛大游行，历时接近2小时。当晚，刘少奇等党和国家领导人登上天安门城楼，参加首都人民的大联欢，并同各国贵宾及首都群众一起观看了节日焰火。同日，《人民日报》发表社论《高举毛泽东思想伟大红旗奋勇前进——庆祝中华人民共和国成立16周年》。

同　日　《红旗》杂志第11期发表陶鲁笳的文章：《让大寨精神遍地开花——山西开展学大寨运动的初步总结》。文章总结了山西省委1963年3月提出学大寨、“一带二”的口号以来，山西省开展学大寨，“一带二”运动的经验。陶鲁笳认为学大寨要把学大寨人的革命精神摆在首要地位。他认为，大寨精神可以归纳为一条红线、5个要点。一条红线，就是毛泽东思想挂帅，总路线挂帅。5个要点是：有社会主义、共产主义的远大理想；爱憎分明、一心向党的坚定立场；有自力更生、艰苦奋斗的顽强意志；有大胆踏实、改天换地的革命干劲；有热爱国家、热爱集体的高尚风格。陶鲁笳还说，学大寨运动，不仅是一次生产革命运动，实际上也是一次社会主义教育运动。只有在社会主义教育运动的基础上，才能又好又快地推广大寨的先进经验。

10月5日　我空军击落入侵我广西地区上空的美国战斗机1架。

当日12时28分，美国战斗机一批4架侵入我广西地区上空，进行军事挑衅活动。我人民解放军空军部队当即起飞迎战，一举击落美机1架。其余美机见势不妙，狼狈逃窜。国防部长林彪颁布嘉奖令，表扬在广西上空击落美国战斗机1架的中国人民解放军空军部队。我国防部负责人对新华社记者发表谈话，坚决抗议并警告美帝国主义：你们来多少，我们就准备消灭多少。

10月8日　我国东北地区西部防护林带已营造300多万亩。新华社报道，我国最大的农田防护林带——东北地区西部防护林带，经过15年的努力，已营造了300多万亩的农田防护林带，使近2 000万亩耕地和几十万亩草原受到保护。

10月9日　新华社报道，全国掀起文化下乡热潮。报道说，通过下乡，农村电影放映网进一步扩大，艺术表演团体分批上山下乡巡回演出，毛主席著作和革命图书大量在农村发行，讲革命故事、唱革命歌曲在许多农村中成为群众性活动，农村文化室、俱乐部办起了30多万个。

10月12日　《人民日报》开辟《实现县委领导革命化，建设社会主义新农村》的讨论专栏。《人民日报》在专栏加编者按语指出，县委的领导革命化问题，是我们整个农村工作革命化的关键，是建设社会主义新农村的关键。

同　日　国务院根据广西僮族自治区人民委员会的请示，批准将“僮族”改为“壮族”；“广西僮族自治区”改为“广西壮族自治区”。

10月13日—11月15日　全国计划会议在北京召开。会议讨论和落实了中央工作会议大体确定的1966年国民经济计划。其中主要内容是：国家预算内基本建设投资155.7亿元，其中大小三线建设和一、二线国防工业、备战工程占总投资的一半。全国施工的大中型项目846个，当年全部和部分建成投产的424个，继续迁建和新迁建项目152个。1966年各行业的建设重点是：钢铁工业重点建设攀枝花等5大钢铁基地以及三线地区为国防工业服务的10个迁建和续建项目；煤炭工业重点建设贵州的六枝、水城和盘县等12个矿区；电力工业重点建设四川的映秀湾、龚咀、甘肃的刘家峡等水电站和四川的夹江、湖北的青山等火电站；石油工业重点开发四川天然气，继续进行华北和大庆油田的建设；机械工业重点建设四川德阳重型机械厂等，以及重庆地区为国防工业配套的项目；化学工业主要建设三线地区为国防服务的项目。1966年工农业主要产品产量指标：粮食3 900亿—4 000亿斤；棉花3 900万—4 000万担；钢1 300万吨；煤炭2.39亿吨；发电量750亿度；化肥1 065万吨；棉纱770万件；铁路货运量5.2亿吨；工农业总产值2 112亿元，比上年预计增长10%；其中，农业总产值增长5%；工业总产值增长12%；国家财政收支各510亿元；职工人数计划达到3 721万人，国家职工工资总额为246亿元，比上年增长12亿元，其中4.8亿元用于职工升级，物资供需基本上可以平衡。11月21日，中共中央批准下达了这个计划纲要。

10月18日—25日　外交部连续抗议印度尼西亚武装部队对我驻印尼使馆的搜查。18日，外交部照会印尼驻华大使馆，就印尼武装部队16日袭击和搜查我驻印尼大使馆商务参赞处，威胁和侮辱我外交人员的极端严重事件，向印尼政府提出强烈抗议；20日，新华社受权就印尼陆军报纸《武装部队报》关于下半旗问题捏造谣言进行反华煽动一事发表声明；21日，我大使馆就印尼武装部队非法侵入我驻印尼大使馆人员住所，侵犯我外交特权的事件，向印尼政府提出强烈抗议；25日，我大使馆针对4日—22日，印尼军队多次对我国纺织专家进行拦路检查和搜身，照会印尼外交部，严重抗议印尼陆军武力威胁和侮辱我国专家。

10月20日　新华社报道：全国农村人民公社生产队会计制度改革会议在武汉举行。会议认为，必须把繁琐、难学、难懂的会计制度改革成简明、适用、易学、易懂的会计制度。28日，《人民日报》发表社论《积极地、有步骤地改革生产队会计制度》。社论说，会计制度的改革是一项复杂的细致的工作，应加强领导，积极地、有步骤地加以改革，争取在二三年内基本上完成生产队会计制度的改革任务。

10月21日　上海机床厂自行设计、并用国产材料制成我国第一

台高精度半自动万能外圆磨床，这台机床能作“镜面磨削”。

10月24日　政协全国委员会常务委员会第三次会议决定，隆重纪念孙中山先生诞辰100周年。会议由周恩来主席主持，经讨论决定在明年孙中山先生诞辰100周年时，举行隆重纪念。会议决定成立以刘少奇为主任，宋庆龄、董必武、周恩来、朱德、陈云为副主任，廖承志为秘书长的筹备委员会，立即进行各项筹备工作。

10月25日　教育部在北京召开全国城市半工半读教育会议。参加会议的有中央和地方的教育、计划、工业、交通、财贸、劳动等部门的代表和各种不同类型的学校的代表。会议期间，中共中央政治局召开扩大会议，听取了汇报并进行了讨论；刘少奇等中央负责同志对实行半工半读的方针、方向、长远目标和当前任务，理论和实际工作，以及具体办法作了指示。国务院副总理陆定一到会讲话。刘少奇在政治局扩大会议上指出，我们的国民教育有3种形式，一种是全日制，一种是业余教育，一种是半工半读、半农半读。半工半读要培养有社会主义觉悟、有文化科学知识、有技术、有实际操作能力的新型劳动者。半工半读试验的重点是中等专业学校和高等学校。这样才能衔接起来，逐步定型，形成体系。全国城市半工半读教育会议指示：在我国逐步推行2种劳动制度，2种教育制度，是巩固无产阶级专政、防止资本主义复辟的根本措施之一。目前正在全国各地试办的城市半工半读学校，已经在促进教育和生产劳动相结合，培养有社会主义觉悟的有文化的劳动者，逐步缩小脑力劳动和体力劳动的差别方面，显示出它的优越性，今后必须坚持“五年试验，十年推广”的方针，坚定方向，继续积极试办，以便掌握它的规律。当前要抓好已办起来的学校的巩固提高工作，并在第三个五年计划期间，通过推行2种教育制度尽可能在城市基本上普及初中教育，通过举办城来社去的半工半读学校，组织城市青年上山下乡。1966年5月21日，中共中央转发了教育部党组关于这次会议的报告和关于半工半读学校财务管理、劳动管理及学生参加劳动的口粮补助等3个暂行办法。

10月27日　物价委员会召开第四次全国物价会议。会议确定：

一、从1966年起，将6种主要粮食的全国平均收购价格，提高13.6%，由原来每百斤的平均收购价格9.36元提高到10.62元。收购价格提高后，现行超额部分加价奖励的办法停止执行。同时，把农村销粮价格提高到同购价相平。二、1966年对农用生产资料，包括化肥、硝铵、高效农药和农机具等，降低价格或实行优待价格。三、解决西南、西北地区和豫西、鄂西等地区的石油、食盐、百货、文化用品等工业产品的地区差价问题，降价金额为3.5亿元。四、适当降低西药、卷烟及其他日用工业品的价格，降低金额约为2亿元。

10月30日　《人民日报》介绍山东黄县下丁家大队治山治水发展农副业生产的先进事迹。《人民日报》以《下丁家人创业之路》为题，介绍了下丁家大队10年来坚持治山治水，整地造林、发展农副业生产，创造了粮食亩产多年稳定在800斤以上的先进事迹。《人民日报》加了编者按语。

10月31日　孙中山先生诞辰100周年纪念筹备委员会举行第一次会议。会议由刘少奇主持。刘少奇讲话指出，孙中山是中国历史上一个伟大人物，我们纪念他，是有重大意义的。孙中山先生是中国资产阶级民主革命的先行者，是我们革命的先行者。我们共产党内有许多人就是在孙中山先生的影响下，在辛亥革命的影响下走上革命道路的。孙中山先生是中国资产阶级的革命民主派的领袖，他毕生致力于反对帝国主义和封建主义的斗争，他是对近代中国历史起过重要推动作用的伟大人物，孙中山先生是值得中国人民永久纪念的。会议在筹备委员会秘书长廖承志作了说明后，讨论通过了关于孙中山先生诞辰100周年纪念的方案。

本　月　应越南民主共和国政府的要求，我军开始派出部队进行援越抗美斗争。中国政府鉴于美国加速扩大侵略越南战争的步伐，应胡志明主席为首的越南民主共和国政府的要求开始向越南派出防空、工程、铁道、后勤保障等支援部队，进行抗美援越的斗争。分批进入越南的中国筑路部队前后达8万人，在3年中修建公路1 200多公里，在筑路中抗击美机轰炸的对空作战1 122次，击落击伤美机近700架，超标准地完成了中越两国政府签订的关于无偿援助越南修建公路的协定和协议书规定的公路数量和质量。中国高炮部队先后派出15万人进入越南轮流作战，抗击美军空袭，保卫了越南重要目标的对空安全，在3年多时间里，击落击伤美机2 000余架，有力地支援了越南军民的抗美战争。到1968年3月止，中国先后派出各种支援部队总计32万余人，最高的年份达17万余人。我援越部队和越南人民一起，用鲜血和生命保卫了越南北方领空，保证了越南北方运输线的畅通，并使越南人民军得以抽调大批部队到越南南方作战。完成任务后，我支援部队奉命于1970年7月全部撤回我国。在这期间，我国援越物资折价达200多亿美元。

11月1日　周恩来总理谈农村卫生工作和计划生育工作。周恩来总理在接见中华医学会第1届全国妇产科学术会议代表时，谈到了农村卫生工作和计划生育问题。他说：我国农村人口约占总人口的87%~88%，城市人口只不过占12%~13%，如果我们的卫生工作不把重点放到农村，为绝大多数劳动人民服务的口号等于没有兑现。一定要组织大中城市、工矿企业、机关、学校以及军队的医务人员，分期分批组成医疗队，到农村去，主要做两件事：一是治病，二是培养医务人员。城市也不能不管。城市有1亿多人，要做好他们的医疗保健工作。对计划生育要进行宣传教育。一方面要有一些优待的规定，一方面要自觉自愿，绝对不能强迫命令。又要自觉自愿又要有所约束。怎样使我国人口能有计划地生育，这是一个伟大的事业。要使全社会都能够按照计划生育的要求，在20世纪以内把人口纯增率控制在1%，这就很了不起。

同　日　大寨式农业典型展览在京举办。党和国家领导人周恩来、朱德、邓小平、董必武等，在预展期间先后参观了展出。除大寨大队以外，还有山东的下丁家大队、广东的芙蓉大队、河北的南滚龙沟大队、江苏的新五大队、江西的大桥大队，内蒙古的当铺地大队、青海的小高陵大队和河南的林县等52个单位作为大寨式农业典型参加了展出。其中包括8个人民公社、21个生产大队、1个生产队、1个互助组、2个区、13个县、4个专区和2个市。全国28个省、市、自治区都分别展出了1个至3个单位。这个展览反映了学大寨、赶大寨的群众运动正在全国农村展开。

11月2日　新华社报道：一种新型的柴油机心脏——“复合式”燃烧室由天津大学和天津内燃机研究所试验成功。

11月3日　中共中央同意中国人民银行党组和农业银行党组的请示报告。决定将全国各级中国农业银行同各级中国人民银行合并为中国人民银行的一个机构。中国农业银行的任务，由中国人民银行继续执行。两行合并后，仍保留各级中国农业银行的名义，挂中国人民银行和中国农业银行两块牌子。

11月4日、19日、26日、27日　我驻印尼大使馆抗议印尼右派势力制造的反华事件。4日，我驻印尼大使馆照会印尼外交部，就印尼右派势力组织暴徒2日袭击我驻棉兰领事馆、侮辱我国旗、国徽和领导人的极端严重事件，向印尼政府提出最强烈抗议。4日、19日，我驻印尼使馆两次照会印尼外交部，就印尼右派势力疯狂迫害华侨的暴行，提出强烈抗议。26日、27日，我驻印尼使馆又两次照会印尼外交部，就印尼右派势力在许多地方导演和组织暴徒连续残酷迫害华侨的严重事件，向印尼政府提出最严重最强烈的抗议。

11月6日—8日　解放军总政治部、全国总工会、共青团中央先后发出通知，号召向王杰学习。王杰，1942年生于山东金乡，1961年8月参加中国人民解放军，牺牲前在济南部队装甲兵某部工兵一连当班长。1962年2月加入中国共产主义青年团。入伍后一贯认真学习毛泽东著作，工作不怕艰难困苦，曾荣立三等功两次。1963年3月，毛泽东同志发出“向雷锋同志学习”号召后，他处处以雷锋为榜样，严格要求自己，一不怕苦，二不怕死，一心为革命，成为模范共青团员、雷锋式的战士。1965年7月，他到江苏省邳县张楼公社帮助民兵训练，在炸药发生意外爆炸的紧急时刻，他为了掩护在场的12名民兵和人民武装干部的生命安全，用身体扑到炸药包上，英勇牺牲。根据他生前的申请，部队党委追认他为中国共产党党员。中国人民解放军总政治部、全国总工会、共青团中央，先后发出通知，号召学习王杰的英雄事迹。8日，《人民日报》发表社论《一不怕苦二不怕死——学习王杰同志一心为革命的崇高精神》。9日、15日，朱德和周恩来同志分别题词。其间，《解放军报》刊登了王杰日记《一心为革命》，在全军和全国人民中掀起学习王杰的热潮。27日，国防部命名王杰生前班为“王杰班”。

11月10日　上海《文汇报》发表姚文元文章：《评新编历史剧〈海瑞罢官〉》。《海瑞罢官》是北京市副市长、明史专家吴晗1960年底写成的京剧剧本，1961年1月在北京首次上演。编写历史剧《海瑞罢官》的源起，出于吴晗响应毛泽东于1959年4月中央会议期间提倡学习海瑞“直言敢谏”的精神，1959年6月，吴晗写成的《海瑞骂皇帝》，1960年底受人之托写成《海瑞》剧本，后改名为《海瑞罢官》。1961年初开始演出。主要宣传了海瑞刚直不阿，不畏强暴，敢于斗争，为民请命等精神。1962年开始，党内在对“大跃进”的错误的认识，对纠正错误、克服困难所应采取的措施的认识等问题上，出现重大分歧，并有所发展。在这种情况下，江青多次向毛泽东提示，说《海瑞罢官》有问题，要批判。《评新编历史剧〈海瑞罢官〉》，是1965年初江青在上海与张春桥秘密策划，由姚文元执笔写成的。整个过程，都是在中央政治局除毛泽东外无人知道的秘密状态下进行的。姚文元的这篇文章，把《海瑞罢官》中所写的“退田”、“平冤狱”等，毫无根据地同所谓“单干风”、“翻案风”联系在一起，硬说“退田”、“平冤狱”“就是当时资产阶级反对无产阶级专政和社会主义革命的斗争焦点”，“《海瑞罢官》就是这种阶级斗争的一种形式的反映”，“是一株毒草”，毛泽东在不通知中央政治局的情况下，批准发表这篇文章，并观察全国各地报纸是否转载。当时，中共中央书记处采取了慎重态度，《人民日报》至11月30日才转载了姚文元的文章，并加了经过周恩来修改的按语，强调作为学术问题开展讨论。按语说：“对海瑞和《海瑞罢官》的评价，实际上牵涉到如何对待历史人物和历史剧的问题，用什么样的观点来研究历史和怎样用艺术形式来反映历史人物和历史事件的问题。”“我们希望，通过这次辩论，能够进一步发展各种意见之间的互相争论和互相批评。我们的方针是：既允许批评的自由，也允许反批评的自由；对于错误的意见，我们也采取说理的方法，实事求是，以理服人”。

但是，在江青、张春桥、姚文元的操纵下，对《海瑞罢官》的批判，很快就发展为文学艺术领域里的一场大批判运动，成为“文化大革命”的序幕和直接导火线。

11月13日—19日　毛泽东到山东、安徽、江苏、上海等省、市视察。毛泽东在视察途中，对战备、生产、教育等各方面工作作了一系列指示。他说，要争取快一点把后方建设起来，把小三线搞起来。打起仗来，不要靠中央，要靠地方自力更生，粮食和棉布都要储备一些，要自己搞点钢、制造武器。要修工事、设防，多挖些防空洞。军队要恢复过去的三大传统，要打仗，要生产，还要做群众工作。搞地方工作的要管军事，搞军队工作的也要管地方工作。要抓紧粮食生产，不然打起仗来怎么办？猪还是要发展，一头猪等于一个化肥厂。他还说，现在的教育制度要改革，一个小孩子要学习17年，太长了。大学文科只要2年半至3年，要办抗大式的学校。现在学生连马牛羊、鸡犬豕都不认识，怎么不出修正主义。学生负担太重，我看要减轻1/3—1/2。

11月13日—29日　外交部连续抗议印度军队对我领土、领空的侵犯。13日，外交部照会印度驻华大使馆，就印度军队13日在中锡边界东巨拉山口无端猛烈射击和越境围攻我边防人员的挑衅行为，向印度政府提出最强烈抗议。15日，我国防部负责人对新华社记者发表谈话，驳斥印度国防部发言人造谣惑众。18日，外交部照会印度驻华大使馆，驳斥印度外交部14日来照，就印军13日在中锡边界越境挑衅事件进行的狡赖和造谣反噬。20日，外交部照会印度驻华大使馆，就印度军用飞机18、19日连续两次侵犯我国领空的挑衅行为，向印度政府提出强烈抗议。24日，外交部照会印度驻华大使馆，就印军3人24日侵入我国西藏来果地区进行武装挑衅事件，向印度政府提出强烈抗议。同日，我国防部负责人警告印度政府必须马上停止一切挑衅行为。25日，外交部照会印度驻华大使馆，通知印方：中国可以同意印方领回3个在24日入侵被击毙的印军尸体和认领3个在9月26日入侵被捕的印度军人，并再次警告印政府停止一切侵略活动。28日，外交部照会印度驻华大使馆，强烈抗议印军24日在中锡边界炮击我边防人员。29日，外交部照会印度驻华大使馆，驳斥印度外交部在20日、21日、23日的4个来照中捏造中国士兵越界的谎言。

11月14日、20日　我运动员创2项本年世界最好成绩。跨栏选手崔麟在武汉以13秒5的成绩，创造了本年以来男子110米高栏赛跑的世界最好成绩。我跳高选手倪志钦在武汉以2.25米的成绩，创造了本年以来男子跳高的世界最好成绩。

同　日　林彪提出“突出政治”的五项原则。这五项原则是：一、活学活用毛主席著作，特别要在“用”字上狠下功夫，把毛主席的书当做全军各项工作的“最高指示”；二、坚持“四个第一”。大抓狠抓“活思想”；三、领导干部要深入基层；四、大胆提拔“真正优秀”的指战员到关键的岗位上；五、苦练过硬的技术和近战、夜战战术。林彪还要求即将召开的全军政治工作会议，“必须大大地强调突出政治”。他还说，部队的工作，环节很多，抓住政治思想这一环，就把各种工作都带动起来了。

11月24日　毛泽东主席与夫人江青会见外国友人。毛泽东主席和夫人江青会见美国作家安娜·路易斯·斯特朗以及其他美国朋友和智利、印度尼西亚、新西兰朋友。毛泽东向斯特朗女士80寿辰表示祝贺。

12月7日　新华社报道：我国制成一台大型折反射天文望远镜。这台仪器是由南京天文仪器厂设计制造的，经南京紫金山天文台半年多的试用，证明它在对星、导星、照相观测等方面的工作性能良好。中国科学院组织的鉴定认为，它的主要技术指标已达到国际上同类仪器水平。

12月8日—15日　毛泽东在上海主持召开中共中央政治局党委扩大会议。会上，林彪、叶群、吴法宪、李作鹏等人任意罗织罪名，诬陷罗瑞卿“反对突出政治”、“篡军反党”，对罗瑞卿进行突然袭击。结果，林彪诬陷和搞垮罗瑞卿的阴谋得逞，罗瑞卿被调离了军队领导岗位，由杨成武担任代理总参谋长。罗瑞卿于1959年“反彭（德怀）黄（克诚）”斗争后，由林彪向中共中央提名，从公安部长职上调任总参谋长。起初，林、罗工作上相处尚可，后逐渐产生矛盾。1963年底，叶剑英元帅向军委写报告建议在全军推广郭兴福教学法。1964年1月，军委转发叶剑英的报告，随后，全军部队掀起了学习热潮。在此基础上，全军举行了一次全面的比武活动。1964年6月，毛泽东、周恩来、刘少奇、朱德、邓小平、董必武等党和国家领导人，检阅了北京部队和济南部队的比武表演。毛泽东极感兴趣地给予了高度评价。7、8月，全军分18个比武区举行了比武大会，参加表演的部队和民兵达13 700余人，对部队军事训练起到了示范和推动作用。林彪对大练兵和大比武，开始表现沉默，继而派出叶群等人到基层蹲点摸底，抓住有些单位军事训练占用时间多一些、有锦标主义、形式主义等非主流问题大作文章。1964年11月，林彪借全军组织工作会议大谈“突出政治”，批评“军事训练搞得太突出，时间占得太多，军政工作比例有些失调，军事冲击了政治”，强调军事训练等“要给政治工作让路”，军事训练“不应冲击政治，相反政治可以冲击其他”。还提出：“1965年应当着重抓政治”。林彪的这一讲话作为《关于当前部队工作的指示》，下发全军，群众性大练兵被林彪压下去。罗瑞卿不能接受林彪的批评，认为“1964年军事训练工作是建国以来最好的一年”，去年是不是冲击了政治？主要的不是，主要的我看不是。对于林彪“突出政治”的指示，罗瑞卿说：政治“也不能乱冲一气”。并在1965年1月的军委办公会议上作了进一步的辩解。对罗瑞卿这些话，林彪极为不满，给他扣上反对“突出政治”和“反林”的罪名。此外，在贯彻毛泽东关于培养接班人指示的问题上，林彪认定罗瑞卿要他让贤、让权。遂决意把罗瑞卿打下去。1965年11月30日，林彪写信给毛泽东，并派叶群携带他授意吴法宪、李作鹏等人写的“揭发材料”，到杭州向毛泽东诬告罗瑞卿。毛泽东听信了林、叶的诬告。12月2日，他批示：“那些不相信突出政治，对于突出政治表示阳奉阴违，而自己另外散布一套折衷主义（即机会主义）的人们，大家应当有所警惕”。他还说：“罗的思想同我们有距离”，“罗把林彪同志实际上当做敌人看待”，“罗是野心家”。12月8日—15日，在毛泽东召集的政治局党委扩大会上，林彪、叶群、吴法宪、李作鹏对罗瑞卿进行了背靠背的揭发批判。会上，刘少奇、周恩来、邓小平对林彪的这种揭发深感突然。会后成立了“中央工作小组”，从1966年3月4日—4月8日对罗瑞卿进行揭发批判，最后作出《关于罗瑞卿同志错误问题的报告》。罗瑞卿被加上“敌视和反对毛泽东思想，诽谤和攻击毛泽东同志”，“推行资产阶级军事路线，反对毛主席军事路线，擅自决定全军大比武，反对突出政治”，“公开向党伸手，逼迫林彪同志‘让贤’、让权，进行篡军反党的阴谋活动”等罪名。

12月14日　中共中央发出《关于党内同志之间的称呼问题的通知》。《通知》说，关于党内同志之间的称呼问题，毛泽东早在1959年就有过指示，要大家互称同志，改变以职务相称的老习惯。但几年来，许多地方和部门，一直没有认真执行。为切实纠正这种不良风气，今后对担任党内职务的所有人员，一律互称同志。

同　日　广东等省司法机关决定宽大释放一批坦白悔罪的美蒋武装特务。广东、福建、浙江、江苏、山东5省司法机关，因1962年以来在广东、福建、浙江、江苏、山东沿海地区偷渡登陆和空降的64名美蒋武装特务和运送武装特务的12名船员，能够坦白悔罪，决定免予刑事处分，宽大释放。15日，《人民日报》发表评论员文章《改恶从善就有前途》。

12月20日　周恩来总理在越南南方民族解放阵线常驻中国代表团团长举行的招待会上讲话。他说，已经深深陷入侵略越南战争泥潭的美帝国主义，正在策划新的扩大战争的阴谋，有可能进一步把侵略战争扩大到整个印度支那和中国。中国人民早已做好准备。如果美帝国主义一定要在扩大战争的道路上走下去，同中国人民再较量一次，中国人民将坚决应战，奉陪到底。他说，不管发生什么情况，中国人民都将坚定不移地同兄弟的越南人民站在一起，为打败美帝国主义贡献自己的全部力量，直到取得最后的胜利。

12月21日　毛泽东在杭州会议上发表关于教育制度的讲话。他说，现在这种教育制度，我很怀疑。从小学到大学，一共十六七年，20多年不见稻、粱、菽、麦、黍、稷，看不见工人怎么做工，看不见农民怎样种田，看不见商品是怎样交换的，身体也搞坏了，真是害死人。他提出：要改造文科大学，要学生下去搞工业、农业、商业。至于工科、理科，情况不同，他们有实习工厂，有实验室，在实习工厂做工，在实验室做实验，但也要接触社会实际。他认为，高中毕业后，就要先做点实际工作。单下农村还不行，还要下工厂、下商店、下连队。这样搞他几年，然后读两年书就行了。

同　日　全国人大副委员长、全国政协副主席黄炎培逝世。黄炎培，1878年生。上海川沙人，字任之，清末举人。1905年在日本加入同盟会。参加了辛亥革命，辛亥革命后任江苏省教育司司长，江苏省教育会副会长，江苏省议会议员。曾参加讨伐袁世凯的运动。1915年赴美考察，回国后于1917年在上海发起创办中华职业教育社，任董事长，主张“使无业者有业，使有业者乐业”。次年创办中华职业学校，提倡手脑并用，注意实践。“一二·八”事变中，宣传动员上海市民支援十九路军等对日作战。抗日战争时期，曾任国民参政员。1940年底，参与发起组织中国民主政团同盟。1945年7月访问延安，与毛泽东接触，并写成《延安归来》一书。同年发起建立中国民主建国会。他长期从事职业教育事业，积极参加抗日救亡运动和民主运动。1949年出席中国人民政治协商会议第1届全体会议。中华人民共和国成立后，曾任中央人民政府委员，政务院副总理兼轻工业部部长，全国人民代表大会常务委员会副委员长，政协全国副主席，中国民主建国会主任委员等职。24日，首都各界人民在中山公园中山堂公祭黄炎培先生，朱德委员长担任主祭，周恩来、邓小平、郭沫若、杨明轩、程潜等陪祭，刘宁一致悼词。

同　日　新华社报道：国家经委召开全国机械产品设计会议。会议提出，要把已经在全国开展的机械产品设计革命运动推进到一个新阶段，使我国的机械产品在不太长的历史时期内，赶上和超过世界先进水平。会议要求全国广大设计人员（包括全体技术人员和工人）立即行动起来，汇成一个强大的群众性的革命运动；通过这个运动，使机械产品设计工作破除洋框框，发挥创造性，设计出更多更好的机械产品，赶上和超过世界先进水平。

12月24日　沈阳部队第二政委赖传珠逝世。赖传珠，1910年生。1927年参加中国共产党，1928年参加中国工农红军，历任连党代表、支队、团政治委员、团长、师参谋长、师政治委员；在二万五千里长征中，担任红军一军团第一师政治委员、一军团第二师第五团政治委员；到达陕北后，任陕甘宁省军事部代理部长；在抗日战争时期任新四军参谋长、新四军江北指挥部参谋长、新四军参谋长；在第三次国内革命战争时期，任东满军区副司令员、东北野战军纵队政治委员、第四野战军军政治委员、兵团政治委员；1950年起历任中国人民解放军总干部部副部长、北京部队政治委员、沈阳部队第二政治委员。1954年起被选为历届全国人民代表大会代表，并被任命为国防委员会委员。1955年被授予上将军衔。

12月25日—次年1月　高等教育部在北京召开全国半工（农）半读高等教育会议。参加会议的有各省、市、自治区高等教育厅局、中央各有关部门和高等院校的负责人共247人。会议交流了试办半工半读高等教育的经验，讨论了全日制高等学校的改革问题。高等教育部部长蒋南翔作了总结发言。会议确定：按照中央指示“决心要大，步子要稳”的精神进行半工半读试验和对全日制教育的改革。对三类高等学校采取不同的工作方针；业余高等教育，在不妨碍生产的条件下，要放手发展；半工（农）半读高等教育，在积极试办的同时，要着重巩固提高，保证质量，既认真劳动，又认真读书；全日制学校认真改革，包括进行半工（农）半读试点，调整专业，教学内容贯彻少而精，进一步缩短学制。高等教育部部长蒋南翔于1966年1月8日向中共中央书记处汇报了会议讨论情况。周恩来指出：发展半工（农）半读教育要谨慎一点、稳妥一点。文科改革，至少要经过两年的试点。高等学校的专业，分科不要分那么细。邓小平指出：半工半读方向是肯定的，步子要适当。不以阶级斗争的观点办文科是不行的。总之，一个原则，不能降低教育质量和科学技术水平。步子要稳点。其他的改革，都先搞试点，工科更要谨慎些。教育工作这几年尽管有错误，但总的说是有成绩的。培养出来的人是起作用的。对教育工作要一分为二。

12月28日　新华社报道：全国30多个行业积极试行新的劳动制度。报道说，自去年5月以来，全国各地积极试行了亦工亦农的劳动制度。到目前为止，有矿山、森林工业、建筑工程、建筑材料、轻工业、邮电、纺织、商业、水产、交通运输、水利电力、地质勘探，以及农村拖拉机站、排灌站和农副产品加工等30多个行业，试行了这一新的劳动制度。

12月30日—次年1月18日　解放军总政治部在北京召开全军政治工作会议。出席会议的有陆海空军、公安部队、军事院校、军事科研的军以上单位的政治工作负责人和部分师政治委员。会议的中心议题是研究如何贯彻执行林彪在11月18日提出的"突出政治"的五项原则，并据此来总结两年来政治工作经验，安排1966年政治工作任务。会议强调，突出政治是加强我军革命化、现代化建设的根本，是做好粉碎美帝国主义侵略战争准备工作的根本，是反对和防止现代修正主义、保证我军永不变质的根本，是我军建设的百年大计。会议及其政治报告大量引用了林彪关于"毛泽东思想是当代马克思列宁主义的顶峰"，"毛主席的书，是我们全军各项工作的最高指示"，毛主席的话"句句是真理"，"一句顶一万句"之类的语言，认为突出政治就是突出毛泽东思想，就是用毛泽东思想统率一切。不管干什么事情，都要以毛泽东思想为标准。不论在任何时候，对毛泽东思想都要坚信不疑。会议表示，凡是毛主席指示的，就要坚决拥护，坚决照办，上刀山下火海也要保证完成。凡是违背毛主席指示的，就要坚决抵制，坚决反对。会议指示，为了继续突出政治，坚决执行五项原则，全军一定要更高地举起毛泽东思想伟大的红旗，掀起一个更广泛、更深入的活学活用毛主席著作的新高潮。

本　月　《红旗》杂志发表戚本禹文章《为革命而研究历史》。文章不点名地对翦伯赞进行了批判。翦伯赞是北京大学副校长、历史系教授兼系主任，中国科学院哲学社会科学部学部委员。1961年以来，翦伯赞先后发表《对处理若干历史问题的初步意见》、《目前史学研究中存在的几个问题》等文章，提出历史研究既要重视阶级观点，又要注意历史主义等意见，戚本禹在文章中，攻击翦伯赞的这些观点是“超阶级”、“纯客观”的资产阶级观点。1966年3月，戚本禹等3人合写了《翦伯赞同志的历史观点应当批判》一文，在《红旗》杂志第4期和3月24日《人民日报》上同时发表，把翦伯赞上述两篇文章当成是“两篇反马克思主义的史学纲领”进行批判，给翦伯赞扣上“资产阶级史学代表人物”的帽子，给翦伯赞强加了4大罪状：反对阶级观点；歪曲和污蔑农民革命；美化和歌颂帝王将相；大肆宣扬“让步政策”。还攻击翦伯赞在学术方法上反对“以论带史”，反对“古为今用”。在他们煽动下，其他报纸也指名对翦伯赞进行了批判。“文化大革命”期间，陈伯达控制的《人民日报》，先后于1966年6月1日和3日发表社论《横扫一切牛鬼蛇神》、《夺取资产阶级霸占的史学阵地》，给翦伯赞强加了“史学界里的‘保皇党’”、“资产阶级反动学术权威”、“漏网大右派”、“反共老手”、“国民党蒋介石的走卒”，使他长期遭受肉体上和精神上的迫害。

第三卷

神州板荡

（1966年—1976年）

（上）

编委会

目　录

1966年

1966年综述

2月，江青在上海召开部队文艺工作座谈会。江青在谈话中完全抹杀建国以来文艺界在中国共产党领导下取得的巨大成绩，诬蔑建国17年来文艺界“被反党反社会主义的黑线专了我们的政”。会后写成的《纪要》经毛泽东修改后，由中共中央批准发出。同月，彭真召集文化革命五人小组会议，会后写出《关于当前学术讨论的汇报提纲》，试图对学术讨论中“左”的偏向加以限制。中共中央和毛泽东同意并转发了这个提纲。这两个文件反映了中央围绕“文化大革命”的准备展开的激烈斗争。

3月，毛泽东在谈话中多次严厉指责中共北京市委、中央宣传部、文化部，要求“打倒阎王，解放小鬼”，并否定了“二月提纲”。此后，中共中央政治局、书记处召开会议，批判了彭真。各地报刊上纷纷开展对“三家村”的批判。

5月，中共中央政治局扩大会议召开。会议错误地批判了所谓彭真、罗瑞卿、陆定一、杨尚昆的“反党错误”，并决定停止和撤销他们的职务。会议通过了毛泽东主持制定的中共中央通知，要求批判、清洗“混进党里、政府里、军队里和文化领域各界里的资产阶级代表人物”。会议还决定成立中央文化革命领导小组。这次会议标志着“文化大革命”在党内的发动。

5月初，毛泽东写出“五七指示”，反映了他对国家、社会的一系列设想。

6月初，《人民日报》发表社论：《横扫一切牛鬼蛇神》，及北京大学聂元梓等人的一张攻击北大党委的大字报，在全国引起极大震动。各地纷纷举行批斗“黑帮人物”的活动，“文化大革命”开始走向社会。为了控制局面，刘少奇主持中央会议，做出向大中学校派出工作组的决定。工作组进校后，与少数造反学生发生了冲突。7月初，毛泽东在致江青的一封信中，表示了他发动“文化大革命”的设想和决心。7月下旬，毛泽东回到北京，严厉指责工作组“起坏作用，阻碍运动”。

8月，中共八届十一中全会举行。毛泽东写出“炮打司令部——我的一张大字报”及给红卫兵的一封信。全会对刘少奇进行了批判，并通过了《关于无产阶级文化大革命的决定》。会议选举产生新的中央领导机构，林彪成为唯一的中央副主席。

8月—11月，毛泽东、林彪先后8次接见1 100万师生和红卫兵。红卫兵成为全国性的造反组织。从8月下旬起，在全国开展“破四旧”运动、大串联运动，批斗、抄家、打砸成风，造成了极大的破坏。从6月起，全国人大常委会机构实际停止工作；8月底，全国政协机构停止活动。一大批党和国家领导人、知名人士遭到迫害。

10月，毛泽东主持召开中共中央工作会议。会议批判了所谓刘少奇、邓小平推行的“资产阶级反动路线”。由林彪建议，中央军委发出“紧急指示”。此后，全国各地都掀起了批判“资产阶级反动路线”、“踢开党委闹革命”的高潮。11月，王洪文成立“上海工总司”，并制造了“安亭事件”。12月，江青公开煽动合同工、临时工造反。动乱进一步扩大到工矿企业和农村。

同年，我国首次发射导弹核武器试验成功。邢台地区发生强烈地震。

同年，全国人大常委会副委员长、全国政协副主席陈叔通病逝。

同年，由于“文化大革命”尚未对经济领域造成全面冲击，工农业生产仍取得了一定发展。11月，全国计划、工交会议召开，在周恩来主持下，国务院各部领导人对“文化大革命”破坏生产的现象提出了批评。这次会议遭到林彪、江青等人的严厉指责。

主要经济指标：工农业总产值2 534亿元，比上年增长17.3%。其中工业总产值1 686亿元，增长20.9%（按1957年不变价格计算），农业总产值641亿元，比上年增长8.6%。工农业产品产量，钢：1 532万吨，比上年增长25.3%；原煤：2.52亿吨，比上年增长8.6%；原油：1 455万吨，比上年增长28.6%；天然气：13.4亿立方米，比上年增长21.8%；发电量：825亿度；铁路货运量：5.49亿吨，比上年增长11.9%；粮食：2.14亿吨，比上年增长10%；棉花：233.7万吨，比上年增长11.6%；基本建设投资总额：209.42亿元，比上年增长16.6%；社会零售商品总额：732.8亿元，比上年增长9.3%；进出口贸易总额127.1亿元，比上年增长7.3%。国家财政总收入541.6亿元，总支出558.7亿元，赤字17.1亿元。

1月1日　《人民日报》发表元旦社论：《迎接第三个五年计划的第一年——1966年》。社论说：第三个五年计划，是一个宏伟的发展国民经济计划。我们要在农村和城市更加广泛地开展社会主义教育运动；要力争农业生产逐年有所增长，更加有效地贯彻执行《全国农业发展纲要》；要在不断技术革新、不断提高劳动生产率的基础上，充分发挥现有工业企业的生产潜力和交通运输业的运输能力，同时要大力建设一批新的企业，加强国防建设，加强基础工业，加强交通运输业，进一步改进全国工业布局，并且相应地发展轻工业，在生产发展的基础上，逐步改善人民生活；建立一个独立的、比较完整的工业体系和国民经济体系。我们要努力争取用二三十年的时间，赶上和超过世界科学技术的先进水平，把我国建设成为一个具有现代农业、现代工业、现代国防和现代科学技术的社会主义强国。

同　日　汉丹铁路（湖北境内武汉至均县丹江口）全线通车。这条铁路全长420公里，贯通鄂西北丘陵地区的云梦、安陆、随县、枣阳、襄阳、光化6县，是从1958年起采取分期分批和边建边通车的办法陆续建成的。这条铁路的建成通车，促进了鄂西北地区工农业建设的发展。

1月2日　外交部照会印度驻华大使馆。照会强烈抗议印度政府利用“西藏问题”发出反华叫嚣，干涉中国内政。照会说，“最近，印度政府和美帝国主义利用……联合国讨论所谓‘西藏问题’，并且通过了一项诬蔑中国人民和干涉中国内政的决议”。此前不久，印度政府还曾再次利用达赖，在印度进行一系列的反华活动。印度报纸也就“西藏问题”对中国大肆造谣诬蔑。所有这一切，都是对中国人民的公然挑衅，粗暴地破坏了国际关系准则，严重地干涉了中国的内政。照会指出，“印度政府这样做同它在中印边界和中国——锡金边界的不断入侵挑衅活动是相配合、相呼应的，都是为了向美帝国主义及其合伙者邀功求赏”。

同　日　《人民日报》在头版发表文章：《大庆——一个活学活用毛泽东思想的范例》。文章认为，大庆油田的建设，全面体现了社会主义总路线的多快好省的要求，“标志着我国石油工业的建设进入了一个新的发展时期”。文章从三个方面阐述“大庆道路”：一是“两论”（《实践论》、《矛盾论》）起家，用毛泽东思想，用阶级斗争的观点，用辩证唯物主义的观点，去分析、研究、解决油田建设中的一系列问题。二是突出政治。文章认为大庆油田大学解放军，成功地运用了解放军政治工作的经验，坚持“四个第一”，发扬“三八作风”，把做人的革命化的工作放在第一位。他们确立了革命化的领导，培养出一支革命化的技术干部队伍，和一支革命化的工人队伍。三是科学态度。把人的革命干劲鼓到科学研究上去，鼓到抓第一性资料上去，鼓到掌握自然界的客观规律上去，鼓到扎扎实实的工作上去，鼓到生产上去，从而成功地解决了生产技术和管理上的许多重大问题。同日，《人民日报》发表社论：《中国工业化的正确道路》。社论指出：大庆“两论”起家，进一步有力地证明了毛泽东思想不仅可以管革命，而且同样可以管建设。本月内，《人民日报》还连续发表文章，介绍大庆人的经验。1月9日发表文章：《学大庆，从哪里学起？——一条阶级斗争的红线贯穿在大庆成长的过程中》；1月10日发表文章：《怎样突出政治？——在大庆，政治工作无所不在，时时事事从政治思想工作入手》；1月14日发表文章：《精神是怎样变油田的——大庆人活学活用毛泽东同志哲学思想的一例》；1月15日发表文章：《大庆作风是怎样养成的？》；1月17日发表文章：《突出政治，百战百胜——大庆油田1205钻井队的经验和教训》。

同　日　商业部、中共商业部政治部和全国财贸工会在北京举行授奖仪式。授予北京天桥百货商场、重庆105仓库和沈阳和平副食品商店副政治指导员李素文以全国商业部系统标兵的光荣称号。

同　日　《人民日报》报道了国家体委公布的336项全国纪录。这些全国纪录中有205项是在1965年创造的，其中包括29项打破世界纪录的成绩。打破的纪录分别属于15个运动项目，其中田径运动员在1965年中刷新的全国纪录最多，男女共33项。去年成为解放以来我国运动员创造全国纪录和世界新纪录最多的一年。

同　日　航空兵三师飞行员鲁祥孝驾驶歼-7型飞机使用火箭在云南地区上空击落美国无人驾驶高空侦察机1架。

1月4日　外交部副部长王炳南接见苏联驻华大使拉赛，面交中国政府的一份备忘录。备忘录对于苏联方面有意制造种种谣言，诬蔑中国阻挠苏联援越军事物资过境，甚至说中国要苏联用美元支付过境费用等等，表示极大的愤慨。指出：中国政府对于越南方面需要的、苏联方面愿意提供的武器过境，一贯提供了一切可能的便利和协助。苏联方面一再散布谣言，显然是别有用心的，就是要诬蔑中国，挑拨中越关系，为美帝效劳。中国政府严正要求苏联政府公开澄清这些谣言，保证今后不再发生类似事件。

1月5日　外交部就达荷美政府无理终止中、达两国外交关系发表声明。1月3日，达荷美陆军参谋长索格洛接管政权后成立的新政府，片面撕毁中达两国建立外交关系的协议，无理宣布终止达荷美同中国的外交关系。达荷美外交部长埃米尔·津苏3日接见中国驻达荷美大使李云川，面交一份照会，没有提出任何理由地宣布终止两国之间的外交关系，并且要求中国大使馆在3天之内离开达荷美。外交部在声明中严正抗议达荷美政府片面撕毁中达两国建交协议，破坏两国关系的极其严重的行为，并决定从达荷美撤出中国大使馆全体人员。

同　日　国务院发出《关于扭转对外贸易部经营亏损问题的通知》。《通知》指出，为了扭转对外贸易部的经营亏损，根据全国物价委员会的建议，决定采取以下三项措施：一、对进出口商品免征进出口商品的工商统一税；二、降低银行对外贸部门的贷款利率，由月息6厘降为月息4.8厘；三、对外贸易部会同财政部、中国人民银行本着简化手续精神按上述措施拟订具体办法。

1月6日　外交部照会印度驻华大使馆。照会驳斥印度外交部在1965年11月27日到12月13日之间的6个照会中编造谣言诬蔑中国。印度政府在这6个照会中，编造了一大套中国对印度进行“入侵”活动的谣言，诬蔑中国在中印边界和中国——锡金边界制造紧张和冲突，并据此向中国不断提出“抗议”。中国政府对此表示愤慨，并且断然拒绝这些无理抗议。照会严正揭露：印度政府最近疯狂地采用武装手段制造边界紧张局势，并开动造谣机器大肆诬蔑中国，是为了向美帝国主义及其合伙者乞求援助，应付国内日益严重的粮荒和扩军备战的需要。照会再次严正地告诉印度政府，如果印度方面继续对中国进行入侵挑衅，中国方面将坚决给予回击。

同　日　我国第一枚地地中程导弹试制成功。

1月7日　外交部发表声明。声明对中非共和国政府悍然单方面撕毁中国和中非两国建交协议提出严重抗议。1月6日，中非共和国外交部长约见中华人民共和国驻中非共和国大使馆临时代办朱君毅，通知中国政府决定断绝两国之间的外交关系，并宣布中华人民共和国驻中非共和国大使孟英和大使馆人员为不受欢迎的人，限在两天内撤离中非。外交部声明对中非政府悍然撕毁中国、中非两国建交协议，提出严重的抗议，中国政府决定，将中国驻中非共和国大使馆全体人员和中国专家撤回。

同　日　国产综合性海洋科学考察船建造成功。据新华社报道：这艘我国自行设计的2 500吨考察船“东方红”号，是上海沪东造船厂建造的，供有关部门对海洋的水文、气象、物理、化学、生物、地质地貌、水产资源等进行综合调查及科学研究时使用。船上设有10多个实验室，每个实验室都配备了实验所需要的各种仪器设备。甲板上，还有许多专供海上调查用的机械装置。

1月8日　中共中央发出《关于增加军委副主席的通知》。决定增加陈毅、刘伯承、徐向前、叶剑英为中共中央军事委员会副主席。

1月9日　中共中央就调整干部问题批复中央宣传部。批复说：“同意选调一些地、县委书记到文教部门工作，同时从中央文教单位输送交流一批领导骨干到省、市分配工作”，“调整一下干部成分，加强面向农村方面的工作”。

同　日　我空军部队在华东地区上空，击落窜入我沿海骚扰破坏的美制蒋机1架。林彪颁发嘉奖令。

同　日　《人民日报》选载金敬迈的《欧阳海之歌》，并加编者按。编者按说：“这是一本好小说。它是近年来我国文学工作者进一步革命化，贯彻执行毛泽东文艺路线所取得的成果之一。”

1月10日　对外贸易部负责人向记者发表谈话。《人民日报》报道：对外贸易部负责人向记者发表谈话，就卡斯特罗1月2日演说中指责中国一事说明中古贸易问题的事实真相。1月2日，古巴总理菲德尔·卡斯特罗在哈瓦那庆祝古巴解放7周年群众集会的讲话中以很大的篇幅谈到了中古贸易的问题。为了弄清事实真相，新华社记者访问了我对外贸易部负责人，他在回答记者提问时说：“卡斯特罗总理在哈瓦那群众大会上所谈1966年中国对古巴的出口下降到了比从1961年到1965年任何贸易年度都低的水平，所谓中国将长期供应古巴25万吨大米和米糖交换比例，以及所谓中国拒绝商谈古巴利用经济贷款弥补对中国贸易逆差的问题，都是不符合事实的。在三大洲人民团结会议召开前夕，卡斯特罗总理突然异乎寻常地单方面地不真实地公布双方正在进行的初步贸易谈判情况，我们不能不对此感到遗憾。相信古巴人民完全能理解中国人民的立场，中古人民的深厚友谊必能加强。”

1月12日　外交部照会印度驻华大使馆，强烈抗议印度政府长期关押和迫害华侨。照会说，自1962年10月以来，印度政府逮捕了大批华侨，把他们关进集中营和各地监狱，同时还对其他华侨进行了各种迫害。中国政府曾多次要求印度政府释放这些难侨，并停止对华侨的迫害活动，但印度政府一贯进行抵赖，妄图推卸罪责。这一切充分暴露了印度政府为了内政、外交的需要，蓄意推行反华、排华政策，恶化中印两国关系。照会再次要求印度政府必须立即释放受难华侨，并停止一切歧视和迫害，切实保障他们的人身自由和生命财产的安全。

同　日　中国驻印尼大使馆照会印尼外交部。照会强烈抗议印尼右派势力组织暴徒对龙目岛地区的华侨进行蹂躏和屠杀的血腥暴行。大使馆要求印尼政府正视这种惨案的严重性，严惩主使者和凶手，赔偿华侨所受到的一切损失，并采取有效措施，保障华侨的生命财产的安全，并保证不再发生类似事件。1月17日，中国驻印尼大使馆又照会印尼外交部，就印尼右派势力1月10日以来在雅加达对中国大使馆和总领事馆猖狂进行反华活动，提出最强烈抗议，严正指出，印尼右派在帝国主义的指使下进行的反华活动，是对中国人民的又一次猖狂挑衅，进一步恶化了中国和印尼两国关系。照会再一次要求印尼政府采取切实有效的措施，制止印尼右派势力的各种反华排华活动，停止对中国的一切造谣诽谤，保障中国大使馆、领事馆、新华通讯社驻雅加达分社等机构及其人员的安全，保护华侨的正当权益和生命财产的安全。

1月13日　国家经委拟定《1966年工业交通企业支援农业的十项措施》。在征求工交各部意见的基础上，根据中央“备战、备荒、为人民”的指示精神，国家经委拟定《1966年工业交通企业支援农业的十项措施》。主要内容是：一、所有工交企业，都应根据农业生产建设的需要和可能，充分发挥潜力，为支援农业办好事，但必须严格遵守以下原则：区分两种所有制，互不“平调”；保证完成计划；不动用生产设备和国家统配物资。二、工交各部直属企业，应尽一切可能条件，在地质水文、勘察设计、设备安装、技术培训等方面，积极支持地方“五小”企业的建设。三、地方工业的生产，应当面向农村，把为农业服务放在第一位，兼顾市场、国防、外贸出口和大工业的需要。四、继续试行亦工亦农的劳动制度和厂社结合、厂社挂钩的办法，实行工农结合。五、工交各部直属企业，应当在保证完成国家计划和本企业设备检修计划的前提下，充分利用生产能力，承担地方安排的农机具带料加工的生产和检修任务。同时，还应当大力协助地方工厂进行技术改造，增强地方工厂支农的能力。六、各工交企业，应当组织“三结合”的技术服务队，为社队修理农机具和传授技术，做好技术服务工作。七、工交企业，凡是有独立水源、电源的，除保证本企业需要外，要把多余的水、电，支援当地社队的农业生产。八、各工交企业，凡是有多占的土地，应当立即查清，退给社、队耕种；有害农业的污水、废气和废渣，都要在今年内抓紧进行处理，变有害为有利，变无用为有用。九、各农业拖拉机站，应当努力改善经营管理，降低农田机耕收费标准，力争每亩降低到八角以下。农业用电的收费标准，应当按照国家统一规定执行，供电单位不得自行加码，加重农业负担。十、工交各部各省、市经委，要切实加强对支农工作的领导，省经委应当把支农作为自己的首要任务，市经委要有一位负责同志经常主持这项工作。

同　日　《人民日报》节载《文汇报》《关于〈海瑞罢官〉的自我批评》一文的座谈纪要。座谈会上，上海社会科学院历史研究所副所长周予同、复旦大学历史系教授周谷城、复旦大学历史系主任谭其骧、复旦大学中文系教授刘大杰等12人发言，对吴晗的自我批评和有关《海瑞罢官》的这场讨论中提出的有关问题，提出各种不同的看法。同日，《人民日报》还发表文章：《接受吴晗同志的挑战》，说吴晗的检讨，无论是在学术方面还是政治方面，都没有谈到问题的本质，没有触及要害，“从政治上说，就是没有触及到写这出戏的动机这个要害，没有触及‘罢官’这个要害。单就写‘罢官’影射现实这一点来说，其严重性超过了《谢瑶环》和《李慧娘》”。认为“这不是什么‘为古而古’，而是‘借古讽今’；不是什么‘为写戏而写戏’，而是为政治而写戏；不是什么‘忘掉了阶级斗争’，而是代表资产阶级、封建阶级来同无产阶级作斗争”。

1月14日　外交部发表声明。声明强烈谴责美帝国主义在玩弄“和谈”骗局的同时，加紧在越南南方推行灭绝人性的“焦土政策”、“三光政策”和大规模使用毒气和化学毒药的滔天罪行。声明坚决支持越南民主共和国政府和越南人民的严正立场，支持越南人民的正义斗争。声明指出，“作为一个社会主义国家，对美国的滔天罪行不敢严厉声讨，对美国的和谈骗局不敢彻底揭露，这不仅是丧失了阶级感情，而且连起码的正义感也谈不上”。“唯懦怯者最残暴。美帝国主义已经走上希特勒、墨索里尼和东条英机的道路。约翰逊比他们更加残暴，但是也比他们更加懦怯”，“美国侵略者越是残暴，就越接近于灭亡”。

同　日　中共中央转发外贸部门试行亦工亦农的一个材料和刘少奇的批示。文件指出，逐步推行亦工亦农的劳动制度，有利于当前的经济建设，有利于巩固工农联盟，有利于逐步消灭城乡差别。刘少奇在对外贸易部监察组关于核桃仁产地加工贯彻亦工亦农劳动制度的调查报告上批示说，农副产品凡能够并且适宜在产地加工者，应尽量在产地加工。为方便亦工亦农，加工厂不应设在县城。根据农副产品的特点，适当地分散设在生产队、生产大队或公社。城市有技术的加工工人，可动员一部分到产地去。

1月16日　中央开展“三查”工作。中共中央、国务院批转国家计委《关于反对浪费，厉行节约，开展“三查”（查设备、查材料、查流动资金）和废金属回收工作的报告》。《报告》说，1966年国民经济计划纲要已明确提出要在全国范围内开展增产节约运动，要在增加工农业生产的同时，反对浪费，狠抓物资的节约使用和废旧物资的回收利用，并对企业、事业单位的设备、材料、流动资金进行一次大清查。国民经济中还有很大的节约潜力，根据初步计算，如果工作做得好，1966年全国可以节约近千万吨煤炭，回收700万—800万吨废次钢铁，动用20亿—30亿元的库存积压物资是可能的。《报告》还对节煤、废金属的回收和“三查”工作提出了具体办法。在节约工作的组织领导上，国家计委建议：一、关于煤炭的节约工作，市场和生活用煤由商业部负责，工交用煤由经委负责，国防工业用煤由国防工办负责，部队用煤由总后勤部负责。二、关于废金属回收工作。中央18个部的直属企业、事业单位和部队，以及北京、上海、天津所属重要钢铁企业和有色金属企业的废金属统一由物资部调拨。其他各部和地区所属企业、事业单位的废金属，以及社会上的废金属，统一由各省、市、自治区供销合作社收购。供销合作社收购的废金属，除去国家计划规定的地方企业炼钢和铸造任务所需要的炉料外，七成上交中央，三成留给地方。废金属的回收、上交、调拨计划，由物资部负责组织执行。三、关于查设备、查材料、查流动资金的主要对象是：国营工业、交通、农业企业和基建单位；县以上的手工业生产合作社；大专院校和科研单位。清查的内容是：库存设备、闲置设备、库存材料、积压材料、废旧物资和流动资金。清查工作采取统一领导、分口管理、按隶属系统负责的办法进行。中央各部直属企业由主管部和地方双重领导。清查出来的设备、材料、资金按隶属关系进行处理。为了加强对这一工作的领导，中共中央批准成立国务院“三查”节约领导小组，由国家计委负责，并要求各部门、各地区也要成立“三查”小组及办事机构。

1月17日　中尼互换关于延长中国和尼泊尔两国《保持友好关系以及关于中国西藏地方和尼泊尔之间的通商和交通的协定》的换文。

同　日　罗马尼亚驻中国大使乔治乌在北京代表罗马尼亚科学院授予中国科学院院长郭沫若、副院长竺可桢名誉院士称号，授予中科院地理研究所所长黄秉维通讯院士称号。

同　日　中共中央转发教育部三个报告。1月17日，中共中央转发教育部党组《关于减轻学生负担，保证学生健康问题的报告》、高等教育部党委《关于减轻高等学校学生学习负担，促进学生德智体全面发展问题的报告》和高等教育部《关于增进高等学校学生健康，实行劳逸结合的若干规定（草案）》，上述《报告》中反映了大中小学学生负担过重的情况，分析和检查了造成学生负担过重的原因，提出了克服学生负担过重的措施。《若干规定（草案）》提出增进学生健康、实行劳逸结合的措施有：减少学生的活动总量、保证学生的休息时间和自由支配时间；减轻学生的学习负担；思想政治工作要讲求实效；精简会议活动，减轻学生干部的负担；体育、文娱活动必须坚持积极组织、自愿参加和量力而行的原则；妥善安排学生参加社会主义教育运动和组织学生的劳动；军事训练要从学生实际出发；改进学校伙食工作和卫生医疗工作。

1月18日　《人民日报》发表长篇通讯。《解放军报》记者、《中国青年报》记者和新华社记者联合采写的《毛泽东思想武装的钢铁战士麦贤得》被发表。1965年8月6日“海上英雄艇”轮机兵麦贤得参加了对闯进我东山岛附近渔场的美制蒋舰“剑门号”和“章江号”的战斗。麦贤得在战斗中头部负重伤，失去知觉。他在包扎好伤口，苏醒过来以后，以惊人的毅力钻进了前机舱，检查机器，坚持战斗了3小时，保证了机器正常运转，直到两艘敌舰被击沉。在医院里，麦贤得以坚强的意志和伤痛作斗争，表现了一个革命军人的非凡毅力。1965年8月30日，他被批准为中国共产党预备党员。1966年2月，解放军总政治部、全国总工会、共青团中央先后发出向麦贤得学习的通知。2月8日，国务院副总理贺龙、国防委员会副主席叶剑英前往广州部队总医院看望麦贤得，转达了毛主席对他的关怀和问候。3月6日，董必武副主席由中共中央中南局第一书记陶铸陪同到医院探望麦贤得。3月18日，国防部在广州举行表彰大会，授予麦贤得“战斗英雄”称号。同日，《人民日报》发表社论：《革命硬骨头无敌于天下》。

1月23日　中共中央批转文化部党委《关于当前文化工作中的若干问题向中央的汇报提纲》。《汇报提纲》指出：贯彻毛主席关于文艺的两次批示，中央和各级党委的督促和领导，全国社会主义教育运动的深入开展，推动了全国的社会主义文化大革命。通过这一斗争，整个文化战线开始出现了蓬勃的革命形势，主要表现在：一、自大演革命现代戏以来，整个舞台面貌发生了根本性的、历史性的变化。工农兵的英雄形象开始代替了帝王将相、才子佳人的形象；散布资产阶级毒草的戏剧电影受到群众性的批判。二、文化普及运动正在开始出现，文化下乡已形成热潮。三、广大文化艺术工作者经过党的教育，对社会主义的文化方向有了进一步的认识，普遍要求到工农兵群众中去，为工农兵服务，改造自己。总的说来，文化战线的形势是大好的，但没有解决的重要问题还不少。文化队伍中很多人长期脱离工农兵群众；资产阶级世界观、文艺观还有很强大的势力，从苏联学来的框框很多；在贯彻文艺为社会主义服务、为工农兵服务的方向问题上，不仅有人怀疑和抵触，也会有人反对，甚至会出现反复。《汇报提纲》提出今后着重抓的工作：第一，要坚决贯彻执行文艺工作为社会主义服务、为工农兵服务的方向，当前特别要把加强农村文化工作放在第一位。第二，坚持文化艺术工作者与工农兵相结合的方针，建设一支革命化的队伍。第三，发展和繁荣社会主义创作。第四，加强领导，改进作风。

同　日　国家经委就汽车托拉斯取得的成绩和经验向中共中央提出报告。《报告》说，中国汽车工业公司于1964年10月成立，已将全国汽车行业初步组织起来。新接收的38个地方厂加原有的直属厂，共有75个直属厂（全国共有制造汽车和汽车配件的骨干厂180个），按地区组成了长春、北京、南京和重庆4个分公司，济南和武汉两个汽车制造总厂和以长春、南京、北京3个分公司为中心的，包括有地方厂在内的专业化协作网。公司实行统一领导，统一规划，按照专业化和协作的原则，对企业进行了调整、改造，使汽车生产大幅度增长。1965年全国汽车产量达到4万多辆，比上年增长40%以上。同时，试制成功15种新型号的汽车。1966年，全国汽车产量预计可达6万辆左右。汽车配件销售业务由公司统一管理后，配件供应情况显著好转，促使汽车完好率达到历史最高水平。

同　日　**《人民日报》报道：我国有关单位打破洋框框，走自力更生的道路，迅速掌握16项先进化工技术。**最近，国家经委、国家科委、化工部、高等教育部和中国科学院，在北京联合召开了会议，邀请对这些重大科技成果做出贡献的有关代表，介绍攀登科技高峰的经验。中央工交系统的各部门有关人员也参加了这次会议。会议期间，薄一波副总理作了重要报告，认为这是突出政治，走群众路线，用集中力量打歼灭战的方法，在科学技术上做出的辉煌成就。这16项重大科技成果，属于化肥、高级化工、合成橡胶、塑料、有机化工原料和医药等方面的新技术、新工艺和新设备，它们都是当前我国经济建设和国防建设迫切需要的项目。

同　日　**《人民日报》报道：最近上海汽轮机厂试制成功新型的2 200马力高增压柴油机。**高增压柴油机在国际上是50年代后期才发展起来的一种新型柴油机，它利用柴油机本身排出的废气推动废气滑轮，通过压力机把汽缸内的压力提高到2个大气压以上，使同样大小的柴油机马力提高1倍多，油耗也相应降低。与一般柴油机比较，它具有体积小、重量轻、马力大的特点，是内燃机车、轮船和电站等的新型动力设备。

同　日　**《人民日报》报道：北京光学仪器厂试制成功最大称量为20克的高精度天平。**它的误差在百万分之一克左右，精密度达到了国际先进水平。这种超等级的高精度天平，当时世界上只有少数几个国家能够制造。北京光学仪器厂仅用了半年时间就研制成功。

1月27日　外交部照会印度驻华大使馆。驳斥印度政府1965年11月26日、27日和12月14日的3个来照。照会指出，最近几个月来，印度方面加紧对中国进行入侵活动，并且多次挑起武装冲突。其中最突出的3起，即1965年9月19日中印边界西段的都木契列冲突，1965年11月24日中印边界东段来果桥地区的武装冲突和1965年12月12日中国锡金边界达吉山口的武装冲突。照会对印度政府颠倒是非、不承认错误表示愤慨。指出，如果印度政府就上述事件继续无理纠缠，中国政府将不再理会。

同　日　中共中央发出《关于当前粮食工作几个问题的通知》。《通知》提出：一、本年度粮食征购和超产超购，凡是没有完成任务的地方，都应当抓紧时机，尽可能完成任务，千万不要由于过了春节而松劲。二、目前粮食销量偏高，各地应当抓紧控制粮食销量的工作，不论城市、农村，都要控制。在城镇，应当严格控制非农业人口的增加，应当坚决不再提高粮食定量标准，在城市中开展一次清查粮食虚报冒领，堵塞各种漏洞的工作。应当厉行节约粮食，同一切浪费粮食的现象进行坚决的斗争。在农村，应当在切实安排好人民生活的同时，适当控制粮食销量，该少销的坚决少销，该不销的坚决不销，应当认真加强集体储备粮的管理。应当说服农民，坚持瞻前顾后、以丰补歉、计划用粮、节约用粮的方针，提倡节约，反对浪费。三、应当使全党同志了解，本年度全国粮食收支的情况是：粮食生产有所增加；农村留粮有所增加；国家的征购任务与上年相平，没有增加；国家的销售数量比上年增加20多亿斤。本年度国家的粮食收支比上年度紧；进口粮食目前还未能减少。相当大的地区有旱情，而且还在发展。因此，在贯彻执行关于备战、备荒，为人民和合理负担、藏粮于民这一伟大的战略方针的时候，必须全面地兼顾国家、集体、个人三个方面的利益，藏粮于民必须有步骤地、分期分批地逐步进行，步子不可以迈得过大。

1月27日—3月5日　全国工业交通工作会议和全国工业交通政治工作会议在京举行。会议通过了《1966年工业交通工作纲要》和《1966年工业交通政治工作要点》两个文件。会议提出了1966年工业交通工作总的要求是：高举毛泽东思想伟大红旗，大力突出政治，立足于战争，保证国家重点建设，支援国防，支援农业，促进工业生产新高潮，为全面完成和超额完成国家计划而奋斗。会议确定了工业交通工作的六项具体方针，即：一、学军。二、学大庆。在第三个五年计划期间，争取有20%或者更多一些企业成为大庆式企业。三、多快好省地发展生产。力争有更多的产品在质量和品种方面赶上和超过世界先进水平。四、开展技术革新和技术革命。抓好产品设计革命，建立和加强科学实验工作。五、加强工业对农业的支援。特别是地方工业应当把为农业服务放在第一位。积极发展地方的钢铁厂、煤厂、电站、机械厂、化肥厂等“五小”企业。试行以厂带社、厂社结合。发展技术服务社，定期下乡，为农业服务。六、积极支援国防，保证国防重点建设。会议期间，刘少奇、周恩来、邓小平等接见了与会全体人员。周恩来、邓小平就政治与业务的关系问题作了重要报告，明确指出，政治要统率业务，但是政治挂帅的结果，一定要落实到生产上。会议推荐出70个大庆式先进单位。大庆油田、上海市、二机部、锦州市、西南地区、晋东南专区、石油部、化工部、冶金部、铁道部在会上介绍了经验；全国工交战线先进人物代表王进喜、田凤林、冯玉萍、陈鑫煜、黄荣昌、刘源富等作了典型报告。3月5日，周恩来接见了全国工交战线上的先进人物代表王进喜、田凤林、冯玉萍、陈鑫煜、黄荣昌、刘源富等。4月15日，中共中央、国务院批转了这两个文件，要求工业、交通各部门、各企业，必须继续高举毛泽东思想伟大红旗，进一步突出政治，贯彻执行备战、备荒、为人民的战略思想，促进工业生产新高潮，保证国家重点建设，更有力地支援大小三线，支援国防，支援农业，把工作做得更好。

1月28日　中共中央转发卫生部部长钱信忠《有关计划生育的几个问题》的报告。批示指出，实行计划生育，是一件极为重要的大事。中央1962年曾经指示各级党委加强领导，实行计划生育。近几年的经验证明，这不仅符合广大群众的要求，而且符合有计划发展我国各项社会主义建设的需要。只要方法对头，群众自愿，就能够做出成绩来。当此第三个五年计划开始实行的时候，请各地党委按照中央、国务院1962年12月《关于认真提倡计划生育的指示》精神，认真总结经验，逐步推广，在城市和人口稠密的农村，积极开展计划生育工作，使人口增长的幅度继续下降，同发展经济和改善人民生活的要求相适应。钱信忠在《报告》中说，几年来全国计划生育工作取得了一定成绩。城市计划生育工作的效果比较显著，农村计划生育工作还未全面展开。如果继续保持目前27.8‰的年自然增长率，则我国人口的增长将是很快的，这就会给社会主义建设带来不少问题，对吃穿用等经济计划有很大影响。“三五”计划草案提出到1970年全国人口控制在8亿，这是一项艰巨的任务。初步估算，要实现这个目标，必须在三五年内把出生率从目前的39‰压到25‰以下，使自然增长率从27‰降到17‰或更低。

同　日　我边防部队在中国锡金边界达吉山口我侧，把侵入我国境内，向我发动武装进攻被活捉的两名印军士兵，交还给印方。

1月29日　《人民日报》报道：长春第一汽车制造厂和本溪等钢厂合作采用新型合金钢和合金铸铁生产解放牌载重汽车试验成功。这一技术成就，对于更好地利用我国资源条件，自力更生地发展我国汽车制造工业，具有重大意义。

1月30日　刘少奇主席复函越南民主共和国主席胡志明。1月24日，胡志明主席写信给刘少奇主席，信中揭露美国一面加强和扩大侵越战争，一面叫嚷有“和平诚意”，“准备无条件讨论”，企图欺骗世界舆论和美国人民。胡志明主席表示深信，中国人民和中国政府将会加强对越正义斗争的支持和援助，谴责并制止美国的恶毒阴谋。刘主席在复信中表示，中国政府和中国人民坚决支持越南民主共和国的严正立场。揭露美国利用“和平攻势”来掩盖它加紧扩大侵略战争的阴谋。指出，要解决越南问题，美国必须按照越政府的4项主张办事：停止对越侵略，从南越撤出美国及其仆从的军队，承认南越民族解放阵线是南越人民唯一真正的代表，让越南人民自己解决自己的问题。复信并表示，中国人民全心全意地支援越南人民伟大的抗美救国正义斗争。不管美帝国主义把战争扩大到什么地步，也不管要付出多大代价，6.5亿中国人民都将同兄弟的越南人民一起，共同奋斗，彻底打败美国侵略者。

同　日　我外贸部负责人再谈中古贸易问题。据新华社报道：1月12日，古巴共产党机关报《格拉玛报》刊登了古巴对外贸易部对我国对外贸易部负责人1月9日同本社记者谈话的答复，多方为卡斯特罗总理1月2日演说中有关中古贸易问题的谈话进行辩解，并且说我国对外贸易部负责人的谈话“是不可理解的”。为此，本社记者再次走访我国对外贸易部负责人，发表了谈话。指出，古巴对外贸易部的答复，并没有回答我方提出的中心问题，即：中古两国1966年贸易的初步谈判正在进行，古巴政府如有不同意见和要求，完全可以向中国政府提出来，为什么卡斯特罗总理突然在亚非拉三洲人民团结会议召开前夕，单方面地不真实地公布谈判情况？古巴从1962年开始对居民实行大米定量供应以来，并没有因为我国对古巴的大米出口量增加而有所变动和增加。1966年我国对古巴的大米出口量虽比1965年少，仍然高于1962年，同于1963年和1964年。古巴方面怎么能把减少对居民的大米供应量，硬同中古贸易问题联系在一起呢？外贸部负责人最后表示，真诚希望古巴外贸部以中古两国人民的友谊为重，通过友好协商，使1966年的贸易谈判得以顺利进行。

1月31日　外交部就印度制造边境事件照会印度驻华大使馆。照会详细列举印度方面1965年下半年内在中印边境和中国锡金边境频繁地侵犯中国的领土和领空的严重入侵挑衅事件共39起，向印度政府提出强烈抗议。照会指出，印度政府靠反华度日，并不能改善它的内外交困的处境，而只能落得一个悲惨的结局。

本　月　南京紫金山天文台研制成功3.2厘米波段的太阳射电望远镜。

2月1日　外交部照会英国驻华代办处。照会就英国政府提供香港给美国作为扩大侵略越南战争和对我国进行战争威胁和核讹诈的活动基地，再一次向英国政府提出强烈的抗议。

同　日　中共中央办公厅印发全国供销合作社党组1月11日就当前农村副业生产情况写给中共中央、国务院的一份报告。报告说，

1965年全国农村副业收入预计比1964年增长3%。全国副业生产已经形成高潮的生产队，只占20%多；50%左右的生产队，副业生产有所发展，但未形成高潮；还有30%左右的生产队搞得不好，甚至有的还没有集体副业。从全国看，副业生产仍然是国民经济中的薄弱环节，落后于工农业生产，落后于群众的要求。形成这种情况的原因，是有些地方没有认真传达贯彻党中央、国务院关于大力发展农村副业生产的指示，有些干部还存在着对社会主义大农业经济条件下发展副业的重要意义认识不足，甚至把农业和副业对立起来，把阶级斗争和生产斗争对立起来，担心搞副业会发展资本主义，他们不但不积极去抓，甚至加以反对。

同　日　《人民日报》报道：最近沈阳气体压缩机厂试制成功我国第一台无油润滑空气压缩机。

同　日　外交部发表声明，愤怒声讨美帝国主义恢复轰炸越南民主共和国的罪行。声明指出，1月31日约翰逊政府下令恢复对越南民主共和国的轰炸，同时向联合国安理会提出了一个关于越南问题的“提案”，企图通过联合国来继续推行它的和谈阴谋，这是美帝国主义假和平、真战争的面目再一次的自我暴露。中国政府和人民完全支持越南政府的严正立场。坚决同越南人民站在一起，为打败美帝而共同奋斗，声明指出，联合国根本无权干预越南问题，安理会讨论越南问题完全是非法的。

同　日　《人民日报》发表社论：《当好冷静的促进派》。社论指出，在工交战线普遍开展学大庆、赶大庆、超大庆的增产节约新高潮中，广大群众干劲很大。在这种情况下，企业的领导，特别要当好冷静的促进派，要热中有冷，冷热结合。当前应注意以下问题：一定要坚持好字当头，质量第一；一定要注意劳逸结合；一定要保证安全生产。

2月2日—20日　林彪委托江青召开部队文艺工作座谈会。1月21日，江青从上海到苏州见林彪、叶群。在林彪的支持下，江青在上海召开只有解放军总政治部系统4个人（总政治部副主任刘志坚、文化部长谢镗忠、副部长陈亚丁、宣传部长李曼村）参加的“部队文艺工作座谈会”。2月2日，刘志坚一行赴上海前，叶群打电话传达了林彪的指示：“江青同志昨天到苏州来，和我谈了话。她对文艺工作方面在政治上很强，在艺术上也是内行，她有很多宝贵的意见，你们要很好重视，并且要把江青同志的意见在思想上、组织上认真落实。今后部队关于文艺方面的文件，要送给她看，有什么消息，随时可以同她联系，使她了解部队文艺工作情况，征求她的意见，使部队文艺工作能够有所改进。部队文艺工作，无论是思想性和艺术性方面都不能满足现状，都要更加提高。”座谈会的主要活动是看电影30余部，看戏3场，个别交谈8次，集体座谈4次。江青在会上一再炫耀和抬高自己，并系统地提出了“文艺黑线专政”的理论；攻击周恩来等中央领导人，说周恩来亲自抓的大型音乐舞蹈史诗《东方红》问题不少；说北京市委对她不支持，“文艺界基本上不听主席的，听周扬、林默涵、夏衍这些人的”，说“夏衍这帮家伙主张‘离经叛道’”，“文化部不像共产党领导的文化部”；肆意指责和否定大量电影和文学作品。会后，江青要求把会议内容整理成纪要，找了陈伯达、张春桥、姚文元修改，整理成文。毛泽东看了修改稿后，在上面作了11处修改，将标题“江青同志召开”改为“林彪同志委托江青同志召开”，在“彻底搞掉这条黑线”之后，加了“搞掉这条黑线之后，还会有将来的黑线，还得再斗争”；还加了“过去十几年的教训是，我们抓迟了。毛主席说，他只抓过一些个别问题，没有全盘地系统地抓起来，而只要我们不抓，很多阵地就只好听任黑线去占领，这是一条严重的教训”。3月中旬，江青根据毛泽东的指示，找陈伯达、张春桥再次修改《纪要》，3月14日又送毛泽东审阅，毛泽东再次做了修改。3月17日，毛泽东批示：“此件看了两遍，觉得可以了。我又改了一点。请你们斟酌。此件建议用军委名义，分送中央一些负责同志征求意见，请他们指出错误，以便修改，当然首先要征求军委各同志的意见。”3月19日，江青要陈亚丁给她起草了《江青同志给林彪同志的信》。信叙述了文艺座谈的过程和《纪要》起草、修改的经过，要求林彪审批《纪要》。3月22日，林彪给贺龙、聂荣臻、陈毅、刘伯承、徐向前、叶剑英等中央军委领导人写信，说这是一个很好的文件，“回答了社会主义时期文艺革命的许多重大问题，不仅有极大的现实意义，而且有深远的历史意义。”3月30日，中央军委将《纪要》和林彪的信报送中共中央，中央于4月10日将《林彪同志委托江青同志召开的部队文艺工作座谈会纪要》批发全党。4月18日，通过《解放军报》社论全面公布了《纪要》的内容。《纪要》的核心部分是第二部分。其中突出地指出：“十六年来，文化战线上存在着尖锐的阶级斗争”。“文艺界在建国后十五年来，……被一条与毛主席思想相对立的反党反社会主义的黑线专了我们的政，这条黑线就是资产阶级的文艺思想、现代修正主义的文艺思想和所谓三十年代文艺的结合。”《纪要》批判了文艺界的所谓“黑八论”，即“写真实”论、“现实主义广阔的道路”论、“现实主义的深化”论、反“题材决定”论、“中间人物”论、反“火药味”论、“时代精神汇合”论以及“离经叛道”论，从而全面否定了建国以来我党领导的文艺事业。《纪要》提出要“坚决进行一场文化战线上的社会主义大革命”，彻底搞掉这条黑线。《纪要》对“京剧革命”进行吹捧，说革命现代京剧的兴起是文化革命的代表，它带动文艺界发生革命性的变化。《纪要》认为，革命样板戏是一个创举，“它将会对社会主义文化革命产生深远的影响”。《纪要》提出文艺战线两条道路的斗争，必然要反映到军队内部来，军队不是生活在真空里，决不可能例外。指责罗瑞卿“在党中央指出文艺界十五年来基本上没有执行党的方针以后，还说部队文艺方向已经解决了主要是提高艺术水平的问题，这种观点是错误的……”。《纪要》认为军队的文艺工作者也在不同程度上受到黑线的影响，断言“八一”厂拍摄的《抓壮丁》是“坏影片”，还要求《解放军报》批评《兵临城下》。强调“在社会主义文化革命中解放军要起重要作用”。这个《纪要》反映了毛泽东对文化领域阶级斗争形势的严重估计和他发动一场“文化大革命”的决心。同时《纪要》的炮制也标志着林彪和江青为实现各自的野心开始勾结起来。《纪要》抛出后，陈伯达、康生、张春桥、姚文元等人更加狂热地吹捧林彪，吹捧江青为“文化革命的英勇旗手”，在这以后，“黑线专政”论从文艺界扩展到教育、出版、体育、卫生、公安等部门，造成了严重的后果。1979年5月3日，中共中央批转了解放军总政治部《关于建议撤销1966年2月部队文艺工作座谈会纪要的请求报告》，正式决定撤销《纪要》。指出要对受《纪要》影响被错误批判、处理的人员和文艺作品予以平反；对过去曾经宣传、执行过《纪要》的各级组织和个人，不必追究政治责任。

2月3日　《解放军报》发表社论：《永远突出政治》。这篇社论是为在最近召开的全军政治工作会议而发表的。以后到4月5日为止，该报又发表6篇论述突出政治的社论，2月9日：《提倡一个“公”字——再论突出政治》；12月14日：《最重要最根本的战备——三论突出政治》；2月18日：《政治统帅军事政治统帅一切——四论突出政治》；3月2日：《把毛主席的书当做全军各项工作的最高指示——五论突出政治》；3月23日：《提倡唯物论抓好活思想——六论突出政治》；4月5日：《关键在于党委的领导——七论突出政治》。这些社论反复宣传突出政治，就是突出无产阶级政治，大抓阶级斗争；就是用毛泽东思想武装人民群众的头脑，“兴无灭资”，充分发挥无产阶级政治对于社会主义经济基础的能动作用；就是正确处理政治同军事、经济、技术以及其他业务的关系，在各项工作中把政治工作放在第一位。宣传要“把政治思想工作当做我军全盘工作的基础”，“突出政治，一通百通，冲击政治一冲百空”；“政治永远是第一，永远要突出。政治要在百分之百的时间里起作用”，“有了精神成果，就一定能出物质成果”；要“处处突出政治，事事突出政治，时时突出政治”；“坚持用政治统帅军事，用政治统帅一切”等等。

2月4日　外交部照会印度尼西亚驻华大使。照会就印尼右派势力组织的暴徒野蛮袭击我国驻印尼大使馆的极端严重事件，提出最强烈的抗议。1966年2月3日，一批自称为“印度尼西亚大学生统一行动指挥部”的暴徒约千余人，对我国大使馆进行猖狂的袭击，使大使馆受到了严重破坏，并打伤了大使馆的一名工作人员。与此同时还狂呼反华口号，并在大使馆墙上涂写反华标语，对中国进行诽谤。照会指出，印尼右派势力的这次暴行，显然是一次有计划、有组织的预谋行为，并且是在印尼政府纵容之下发生的。印尼政府对于这一暴行负有不容推卸的严重责任。中国政府要求印尼政府对这一事件立即公开道歉，惩办肇事者及其主使人，并切实保证不再发生类似事件。

2月5日　铁道部部长兼解放军铁道兵政治委员吕正操、铁道兵副司令员郭维城提出关于铁道工程部队建设的意见。他们认为，铁道部的队伍技术力量较强，但政治思想工作弱，家属拖累大，调动不灵；铁道兵则技术上不过硬，最突出的问题是，两家干的同一件事，用的却是两种办法，两套人马，两套组织，两套指挥。他们建议，把铁道兵和铁道部的基建队伍统一起来，保持解放军的组织形式和传统，属军委建制，在兵的共性的基础上，突出铁道工程技术兵种的特性，由军委和国务院责成铁道部统一领导铁道兵的建设和全国铁路的修建任务。毛泽东认为："这样好。是和铁道兵合并，建制还是解放军，交铁道部使用。"周恩来、邓小平也对这一做法表示赞同，提出铁道兵在"三五"计划期间需要保持60万人的员额，业务上由铁道部调动，组织上仿照铁道兵的形式。6月，中共中央军委决定，将铁道部所属基建队伍合编为铁道兵，并从原铁道兵拨出8万定额的部队给工程兵。

2月7日　我空军部队在西南地区上空击落1架入侵的美国军用无人驾驶高空侦察机。

同　日　《人民日报》发表该报记者穆青、冯健、周原合写的报道：《县委书记的榜样——焦裕禄》。同日，《人民日报》发表社论：《向毛泽东同志的好学生——焦裕禄同志学习》。焦裕禄，山东博山人，1946年加入中国共产党，1962年6月任中共尉氏县委书记，12月调任兰考县委书记。当1962年冬，他来到兰考时，正是兰考县遭受内涝、风沙、盐碱三害，粮食产量下降到历史上最低水平的年头。他上任后，不顾自己身患肝癌，为改变兰考县的面貌，他第一项工作就是抓人的思想革命化，首先是领导干部、特别是领导核心的思想革命化。他奋不顾身地投入调查研究工作，决心要把兰考县1 800平方公里土地上的自然情况摸透，亲自掂一掂兰考"三害"究竟有多大的分量。他有一句名言："吃别人嚼过的馍没味道。"在一年多时间里，亲自冒着风沙雨雪，掌握第一手材料，跑遍全县149个大队中的120个生产队，跋涉5 000多里，查清了全县84个风口，1 600个沙丘以及大小河流，并都编了号，绘了图。他以不改造好兰考死不瞑目的决心，总结典型经验，带领群众战天斗地治理"三害"，认真运用了毛泽东一贯提倡的群众路线的领导方法。"焦裕禄心里装着全体党员和全体人民，唯独没有他自己"。1964年5月14日，焦裕禄逝世，年仅42岁。《人民日报》社论指出，焦裕禄的事迹，对于全国各地的县委书记和各行各业的领导干部是一个巨大的启发，"他为我们树立了一个完全彻底地为人民服务的典范；从焦裕禄同志身上，也可以得到怎样为群众服务的生动的答案，他为我们树立了一个活学活用毛泽东思想，解决本地区、本部门的实际问题的典范"。2月9日、10日、11日，解放军总政治部、中共中央农林政治部、全国总工会、共青团中央、中共中央财贸政治部等单位先后发出通知，号召向焦裕禄学习。同时，各中央局、国务院所属各部委的党委和省、市、县委也都发出学习焦裕禄的号召，全国掀起了向焦裕禄学习的热潮。

2月12日　中共中央批转中央文化革命五人小组《关于当前学术讨论的汇报提纲》。1964年7月，根据毛泽东的指示，成立了以彭真为组长，陆定一为副组长，康生、周扬、吴冷西为组员的"文化革命五人小组"，负责领导文艺界整风等文化革命事宜。1965年11月10日，姚文元《评新编历史剧〈海瑞罢官〉》一文发表后，在全国范围掀起一场批判高潮，很快发展到对史学界、文艺界、哲学界等社会科学领域全面的"揭盖子"，在政治上无限上纲的现象越来越严重。2月3日，彭真主持召开文化革命五人小组扩大会议，讨论学术批判中出现的问题，出席会议的有：彭真、陆定一、康生、吴冷西以及许立群、胡绳、姚溱、王力、范若愚、刘仁、郑天翔共11人。会后，由中宣部副部长许立群、姚溱等人根据会上的讨论意见，整理写成《文化革命五人小组关于当前学术讨论的汇报提纲》，即《二月提纲》。《提纲》共分六点：一、对当前学术批判形势和任务的分析。

《提纲》认为对《海瑞罢官》的批判以及由此展开的这场大辩论，是马克思列宁主义、毛泽东思想同资产阶级思想在意识形态领域内的一场大斗争，是我国无产阶级取得政权并且实行社会主义革命后，在学术领域中清除资产阶级和其他反动或错误思想的斗争，是兴无灭资的斗争，即社会主义同资本主义两条道路斗争的一个组成部分。要有领导地、认真地、积极地和谨慎地搞好这场斗争。二、方针。《提纲》主张坚持毛泽东同志所讲的“放”的方针，让各种不同意见都放出来，在针锋相对的矛盾斗争中，用摆事实、讲道理的方法，对反动或错误的思想加以分析批判，真正地驳倒和摧毁它们。学术争论问题是很复杂的，有些事短时间内不容易完全弄清楚。要坚持实事求是，在真理面前人人平等的原则，要“以理服人，不要像学阀一样武断和以势压人”，要提倡“坚持真理，随时修正错误”，要“有破有立”。要准许和欢迎犯错误的人和学术观点反动的人自己改正错误，要采取严肃和与人为善的态度，不要和稀泥，不要“不准革命”。在报刊上公开点名重点批判要慎重。三、关于队伍。《提纲》说要依靠坚定的革命“左派”，团结一切革命知识分子，孤立少数顽固不化、坚持不改的人。我们要边打边建，由少到多，逐步形成一支不但在政治上，而且在学术上超过资产阶级知识分子的、革命的、战斗的、又红又专的队伍。四、“左派”要互相帮助。要形成大批的“左派”学术工作者的“互助组”、“合作社”，提倡在分头研究的基础上，经过集体讨论，用适当的方式互相批评和互相帮助。要警惕“左派”学术工作者走上资产阶级专家、学阀的道路。五、准备工作。争论的问题，现在就要着手准备，到一定时期，在报刊上再发表一些质量较高的文章。六、五人小组设立学术批判办公室，加强领导。办公室由许立群、胡绳、吴冷西、姚溱、王力、范若愚等组成。许立群为主任，胡绳负责主持学术方面的工作。《提纲》试图对当时已经开展的超出学术讨论范围的批判加以约束，把它置于党的领导之下和学术讨论范围之内，不赞成把它变成为严重的政治问题批判。《提纲》写成后，2月5日由刘少奇主持中央政治局在京常委会议，讨论通过了《二月提纲》。2月8日由彭真、陆定

一、许立群到武汉向毛泽东做了汇报，当时毛泽东没有表示不同意见，说过“左派整风”3年以后再说的话。毛泽东在询问了“吴晗是不是反党反社会主义”后表示：“吴晗经过批判以后仍然可以当副市长。”毛泽东还问道：“《海瑞罢官》同彭德怀翻案是否有联系？”彭真当即据实回答：“根据调查没有发现他们有联系。”听了这个回答后，毛泽东说：“我说过吴晗文章的要害是罢官，这是康生向我讲的，是康生的发明权。”向毛泽东汇报后，鉴于毛泽东没有表示不同意见，彭真即代中央拟了一个批语，电传北京，经在京常委同意后，于2月12日由中共中央将《提纲》批转全国，作为批判运动的一个指导性文件。根据《提纲》精神，中宣部当时制止发表一些对学术问题无限上纲的批判文章，如关锋、戚本禹对《海瑞罢官》的批判文章。上海张春桥一伙同北京彭真和中央部门之间的矛盾斗争更加剧烈了。

同　日　中共中央发出《关于印发毛泽东同志〈在扩大的中央工作会议上的讲话〉的通知》。《通知》指出：“毛泽东同志的这个讲话着重讲了民主集中制的问题，这个问题是我们党的生活中一个带根本性的问题，在党掌握了全国政权以后，这个问题尤其重要。”《通知》传达了毛泽东同志最近指示：“看来此问题很大，真要实现民主集中制，是要经过认真的教育、试点和推广，并且经过长期反复进行，才能实现的，否则在大多数同志当中，始终不过是一句空话。”中共中央要求各地区、各部门根据毛泽东同志的这个指示，认真学习这个文件，发扬批评和自我批评的精神，教育广大干部特别是领导干部，认真贯彻实行民主集中制，纠正违反民主集中制的各种不良倾向。

2月16日　中国驻印尼大使馆照会印尼外交部。照会就印尼右派势力组织暴徒袭击中国驻马辰领事馆的严重事件，提出最强烈抗议。

同　日　国家建委发出《关于重点建设项目的管理办法》。《办法》规定：从1966年起，国家建委直接抓一批重点项目。各地区、各部门对这些项目必须按计划一气建成，不得变动，建设进度不准拖后。重点项目所需的投资、材料、设备和施工力量必须保证，不留缺口；所需主要设备，由机电设备成套总局一次安排生产订货，按建设进度分期交货。为及时掌握重点项目的建设情况和问题，决定由主持重点项目的领导人作为国家建委的联络员，直接同国家建委联系。

2月17日　陈叔通去世。陈叔通，1876年生，浙江杭州人。早年中进士，为前清翰林。受当时维新运动的影响，曾赴日本学习。辛亥革命后被选为第一届国会众议院议员，袁世凯叛国时参加反袁护法斗争。曾在商务印书馆工作，长期担任浙江兴业银行董事。在抗日战争时期，积极支持抗日救亡活动。抗战胜利后同中国共产党有了联系，曾参加筹组上海各界人民团体联合会，从事反蒋民主活动。1948年参加了新政协的筹备工作，出席了中国人民政治协商会议第一届全体会议。中华人民共和国成立后积极参加各项重大政治活动，1952年参加筹备中华全国工商联；1953年全国工商联成立，被选为主任委员。曾任中国人民保卫世界和平委员会副主席；中央人民政府委员；一、二、三届全国人大常委会副委员长；一、二、三、四届全国政协副主席。

2月19日　毛泽东看了《中共湖北省委关于逐步实现农业机械化的设想》后，给王任重复信。复信指出："此件看了，觉得很好。请送少奇同志，请他酌定，是否可以发给各省、市、区党委研究。"复信说："实现农业机械化问题，已经过去10年了，这10年我们抓得不大好。要抓紧从今年起的15年。各省、市、自治区应当在自力更生的基础上做出一个5年、7年、10年的计划，从少数试点，逐步扩大，用25年时间，基本上实现农业机械化。至于25年以后，那是无止境的，那时提法也不同了，大概是：在过去25年的基础上再作一个25年的计划吧。"

同　日　外交部发表声明。声明强烈抗议美机袭击中国驻丰沙里总领事馆，2月18日，4架美机侵入老挝北部，对丰沙里市进行轰炸扫射，并且袭击了中国驻丰沙里总领事馆，造成总领事馆房屋、财产的严重损失。声明指出，这是美国飞机第三次轰炸中国驻老挝的外交代表机构，也是它和它的追随者在扩大印度支那战争中又一次对中国人民的直接挑衅。中国政府和中国人民对此表示极大的愤慨。

2月20日　中共中央批转国家建委《关于施工队伍整编为基本建设工程兵试点意见的报告》和《关于施工队伍整编为基本建设工程兵的试点方案》。毛泽东在听取关于中央各部直属施工队伍整编为基本建设工程兵的汇报时表示："这个办法我赞成。"国家建委的报告中提出：把施工队伍逐步整编为一支无产阶级化、年轻精干、机动灵活、劳武结合、能征能战的基建工程兵，是实现基建队伍革命化，保证队伍不断更新，提高战斗力的根本措施，以适应边备战、边建设的需要。《报告》提出，在全国现有300万施工队伍中，各部直属施工队伍的160万人是整编的主要对象。除了给生产企业保留少数零星施工力量以外，都应在今后5年内，基本上整编完毕，基本建设工程兵归军委和国家建委双重领导，以建委为主。贯彻人民解放军的建军原则和"劳武结合，能工能战，以工为主"的方针。7月26日，中共中央军委同意并转发了国家建委党组《关于施工队伍整编为基本建设工程兵试点中几个问题的请示报告》。中共中央决定，基本建设工程兵于8月1日开始正式组建，当年整编5个支队（相当于师），4个大队（相当于团），整编所需的军事、政治、后勤干部由军委从各军区、各兵种选调，其他干部由各部选派。

2月21日　中共中央发出《关于增加对资出口任务的指示》。《指示》决定1966年对资本主义国家的出口任务，由原定14.5亿美元增加为16.5亿美元。这是由于进口有了增加，出口也要相应增加。进口增加的项目主要是：原来打算由苏联进口的一部分钢材，苏联不给，要改向资本主义国家市场进口；为了备战和建设，要增加一部分精密机床和原料的进口；由于华北灾情和援外需要，增加了一些粮食进口，等等。为此，必须增加出口货源：一、中央责成对外贸易部在国家计委和国务院财办领导下，提出货单，同各地方、各部门协商确定。各地方、各部门务必积极支持，凡是原料、材料、包装物料没有落实的，由主管部门切实负责解决，力争多出口，多收汇。二、出口货源的收购工作和向国外市场的推销工作，必须从现在起，切实抓紧。三、今年外汇平衡很紧，上半年除个别十分必要的以外，不再追加批准新的货单。四、今年对外贸易的任务很重，请各中央局、各省、市、自治区党委随时注意督促检查，从政治上、组织上加强对外贸易工作的领导。

同　日　中共中央、国务院批准成立贵州省六枝、盘县、水城3个特区人民委员会，进行企政合一的试点。《批复》要求新设市和特区的建设，必须贯彻执行“工农结合，城乡结合，有利生产，方便生活”的方针。特区人民委员会受煤炭工业部和贵州省人民委员会双重领导。要求发扬延安精神，学习大庆的革命精神，一律不搞大城市、大马路、楼堂馆所和高标准的民用建筑。指出设置政企合一的特区政府，是一个新问题，要在实践中注意总结经验。

2月23日—3月7日　中共中央西南局在成都召开西南建设会议。会议研究了加强三线建设问题，总结了三线建设的经验。这些经验是：一、基本建设管理工作革命化，中心是实行党委一元化领导，取消甲、乙承发包制度，成立现场统一领导机构，书记由工厂书记担任，厂长参加现场指挥部，指挥部由施工单位负责。二、集中力量打歼灭战。三、队伍革命化，发挥工人的作用。

2月24日　陈毅、陶铸接见《欧阳海之歌》的作者金敬迈。陈毅在听了金敬迈汇报创作这本书的经过和体会以后指出，《欧阳海之歌》是一部很吸引人的好小说，是建国以来由我们党培养起来的作家写社会主义时代的一部好作品。可以说，这是一部带有划时代意义的作品，是我们文学创作史上的一块新的里程碑。陈毅要求作家，“在大力反映社会主义时代的同时，如何概括地为每一个历史时期写史诗，也是义不容辞的责任”。他要求作家们的作品“要用准确、生动、简洁、泼辣、通俗的语言来表达我们所需要表达的东西”。陶铸说，《欧阳海之歌》一出版就受到读者热烈欢迎，这说明它是一部很成功的作品，是一部有时代意义的作品，也说明社会主义文学有着不可想象的广阔的天地。陶铸针对金敬迈的经历和创作过程，认为“这说明创作也没有什么神秘。只要我们真正以毛泽东思想武装自己，深入斗争的实践，即使不是作家，没有创作经验，也可以写出好的作品来”。“这告诉我们：少数人垄断科学和文化的时代是一去不复返了。我们正处在一个社会主义文化大发展的伟大时代。”

同　日　教育部发出《关于巩固提高耕读小学和农业中学的指示》。《指示》提出：为了有利于耕读小学和农业中学的巩固和发展，避免重复历史上大起大落的经验教训，各地必须突出政治，明确办学方向；必须坚持领导同群众相结合的工作方法；必须坚持勤俭办学的原则；必须建立一支革命化、劳动化的教师队伍；必须依靠党的领导。

2月24日—28日　加纳共和国总统克瓦米·恩克鲁玛访问中国。24日，刘少奇主席、周恩来总理前往机场欢迎，当晚刘主席举行欢迎宴会，并在宴会上讲了话。恩克鲁玛于2月28日离京，刘少奇、周恩来、林枫等前往机场欢送。在此期间，加纳发生反对恩克鲁玛的军事政变。政变当局采取敌视中国的政策，致使中加两国关系严重恶化。

2月26日　外交部照会印度尼西亚驻华大使馆。照会就印度尼西亚右派势力组织暴徒捣毁我驻望加锡领事馆，打伤我领事和工作人员提出最强烈抗议。照会指出，2月25日，有一批自称是“印尼大学生统一行动组织”的暴徒300多人手持利器冲到中国驻望加锡领事馆门前狂呼反华口号，冲入院内，逢人便打，打伤我领事和工作人员，并捣毁领事馆的办公室和宿舍。在此以前两天，2月23日晚，暴徒已对领事馆进行过一次袭击，中国领事为此曾向望加锡省政府负责人提出强烈抗议，中国大使馆也曾向印尼外交部提出抗议，要求印尼政府切实保证中国驻望加锡领事馆的安全，但是，印尼政府和望加锡地方当局并没有采取必要措施。照会指出，印尼右派势力的这一暴行是对外交代表机构的特权和领事人员人身安全的蛮横侵犯，是破坏国际关系准则的骇人听闻的事件，是对我国极端严重的挑衅行为。

同　日　《红旗》杂志第三期刊登尹达的文章：《必须把史学革命进行到底》。文章的“前记”说：文章是1964年8月写的，文章里讲的“史学研究中的一些错误倾向，当时只是作为一种社会现象来考察的，没有指名道姓地进行批判”。但所谈的这些错误倾向是“有事实根据的”。文章指出：一、必须重新研究全部历史。文章认为史学长期掌握在剥削阶级手里。在史学领域里必须坚决同卖国主义、反动的民族主义、现代修正主义的史学理论进行不调和的斗争。二、史学战线上的阶级斗争。文章认为对剥削阶级史学遗产的批判，是无产阶级从剥削阶级手中夺取史学理论阵地的斗争，是两条道路斗争的一个组成部分。文章批评有些史学工作者强调继承，忽视批判；指责有些人大肆宣扬封建的、资产阶级的史学思想，向马克思主义史学进攻，极力美化帝王将相，诬蔑农民、农民起义等等。认为史学界展开了一系列原则性的尖锐争论，即在阶级观点与历史主义问题上，在农民战争问题上，在封建道德能否继承和历史人物的评价等问题上等等。文章提出史学工作者必须彻底改造世界观的问题。三、必须重新学习马克思列宁主义、毛泽东思想。“从思想上进行彻底的自我批判、自我革命”，“必须投入到火热的阶级斗争中去”，“投入到实际的生产斗争中去”。

2月28日　我国驻加纳大使馆临时代办黄世燮向加纳外交部提交照会。照会就加纳政变部队军人殴打中国专家的暴行，提出强烈抗议。2月27日，根据加中两国政府签订的经济技术合作协定，在角旁加纳国营联合棉纺织厂帮助建设的中国专家和大使馆工作人员在赴工地途中遭到士兵强行搜身和殴打。照会严正指出，上述非法袭击暴行，不能不被看做是蓄意的挑衅行动。它不仅严重妨碍中国专家的正常工作，破坏经济技术合作协定，而且损害中加两国人民之间的友好关系。加纳有关当局应对这次事件进行道歉，惩办应对事件负责的人，有效保护我国人员的安全。

2月28日—3月29日　日本共产党中央总书记宫本显治率领日共代表团访问中国。代表团副团长是日共中央政治局常务委员、中央书记处书记冈正芳。中共中央于28日晚设宴热烈欢迎日共代表团全体同志，刘少奇、周恩来、邓小平、李富春、李先念等出席了宴会。3月3日，中共代表团和日共代表团举行会谈，中共方面参加会谈的有刘少奇、邓小平、彭真、康生、廖承志、刘宁一等。日共代表团于11日离京赴朝鲜访问。日共代表团结束访朝后于3月21日到达北京，26日首都1.6万人举行盛大集会欢迎日共代表团，周恩来、朱德、彭真等出席了大会。彭真和宫本显治在大会上讲话。27日，中共中央举行宴会招待日共代表团。29日，日共代表团离京。

本 月 中共中央决定在西藏自治区成立农业建设师，发展军垦事业。周恩来指示由新疆生产建设兵团组成一个建制团参加西藏建设。

3月3日—9日 新西兰共产党总书记维·乔·威尔科克斯率领新西兰共产党代表团访问中国。前往机场迎接的有邓小平、彭真、康生、刘宁一、赵毅敏等。中共中央于3日晚举行欢迎宴会。3月5日，中共代表和新共代表团举行会谈，中共方面参加会谈的有邓小平、彭真、康生、刘宁一、赵毅敏等。3月7日，中共中央副主席刘少奇会见威尔科克斯等同志。新共代表团于3月9日离京回国。

3月4日 贵（阳）昆（明）铁路全线建成通车，7月1日正式交付运营。这条铁路，东起贵州省贵阳，西抵云南省昆明，全长644公里，是连接西南和中南、华东铁路网中的一条干线，也是六（枝）盘（县）水（城）地区煤炭和云贵两省磷矿石外运的重要通道。它是1958年动工兴建的。

3月4日—4月8日 中央工作小组在北京开会，对罗瑞卿进行揭发批判。第一阶段3月4日—16日，包括军委各总部、公安部、国防工办、国防科委、军事科学院和大部分军区、军种、兵种的42人参加。3月12日，罗瑞卿作了第一次检讨发言。3月17日，中共中央决定扩大会议范围，增加53名中共中央、国务院有关部委和各中央局负责干部以及第一阶段未参加会议的军队负责干部到会，3月18日，罗瑞卿给夫人留下遗书："治平：会议的事没告诉你，为了要守纪律……永别了，要叫孩子们永远听党的话，听毛主席的话！我们的党永远是光荣的、正确的、伟大的，你要继续改造自己！永远革命！"然后跳楼自杀，摔伤了一条腿。3月22日—4月8日，会议进入第二阶段，95人参加，对罗进行缺席批判斗争。会议上，单独或联合发言的发言稿有86篇。大部分发言继续重复对罗瑞卿"篡军反党"的指控，罗的检讨被视作"避重就轻"，"似是而非"，"安了许多钉子，进行反扑，准备翻案"。实际上罗瑞卿完全被剥夺了申辩的机会。4

月30日，中央工作小组做出《关于罗瑞卿同志错误问题的报告》。《报告》提出，罗瑞卿的主要错误事实是：第一，敌视和反对毛泽东思想，诽谤和攻击毛泽东；第二，推行资产阶级军事路线，反对毛泽东军事路线，擅自决定全军大比武，反对突出政治；第三，目无组织纪律，个人专断，搞独立王国，破坏党的民主集中制；第四，品质恶劣，投机取巧，坚持剥削阶级立场，资产阶级个人主义登峰造极；第五，公开向党伸手，逼迫林彪“让贤”、让权，进行篡军反党的阴谋活动。说他是“妄图夺取兵权，达到他篡军反党的罪恶目的”，“打着红旗造反”的“埋藏在我们党内军内的‘定时炸弹’”。5月16日，中共中央批转了这一《报告》。中共中央的按语指出：罗瑞卿的错误，是用资产阶级军事路线反对无产阶级军事路线的错误，是用修正主义反对马克思列宁主义、毛泽东思想的错误，是反对党中央、反对毛泽东、反对林彪的错误，是资产阶级个人主义野心家篡军反党的错误。中共中央决定停止罗瑞卿中共中央书记处书记、国务院副总理的职务。此后罗瑞卿被关押近7年。他的爱人和儿子也被关押，1980年5月20日，中共中央发出通知，为罗瑞卿彻底平反，恢复名誉。

3月5日　我空军部队在中南地区上空击落入侵的美国军用无人驾驶高空侦察机1架。同日，林彪颁发嘉奖令。6日，董必武副主席接见击落无人驾驶美机的有功人员，赞扬他们打得好，勉励他们再接再厉争取更大胜利。

3月6日　国务院发出《关于延长定息的通知》。《通知》说，为了有利于对工商界进行思想改造和照顾他们当中部分人的生活困难，中共中央决定，从1966年起再把定息延长一些时间，定息息率不变。

3月7日　中共中央、国务院发出《关于成立北方八省（市、自治区）农业小组的通知》。《通知》决定成立山西、河北、山东、河南、陕西、内蒙古、辽宁、北京北方8省、自治区、直辖市农业小组，由周恩来担任组长，成员有李先念、李富春、谭震林等，并派出工作组分别到这些地区帮助指导工作。农业小组要求这些地区的各级领导重点抓紧抗旱防涝、抗灾保畜，号召国家有关部门重视支援农业，动员和组织群众自力更生、艰苦创业，改变多年来广种薄收的粗放经营状况，夺取丰收，尽快扭转南粮北调的局面。

同　日　工交党委举行会议。会议确定，以工交政治部作为它的办事机构；经委也作为它的办事机构，指挥生产，起司令部的作用；工交党委对各部是领导关系，主要讨论解决工交系统中的重要问题。会议认为今年工交各部的工作，要抓住中心，抓住重点。一、根据备战、备荒、为人民的思想，从早打、大打出发，突出一二件事，抓紧抓好，如石油部要在三线找到油、气，并解决储油问题。煤炭部要加快西南、江西煤矿的建设，尽快解决“北煤南运”问题。冶金部要抓紧解决实现二、三线钢的生产能力到1970年达到1 000万吨的规模，等等。二、认真解决突出政治的问题。三、继续抓好按照毛泽东思想办企业，走自己的道路的问题。中国自己的道路究竟同苏联的道路有何不同，要进一步研究，搞出几条。

3月8日　河北省邢台地区发生强烈地震。8日晨5时29分2秒，邢台地区发生强烈地震，震级为6.7级，震中烈度为9度左右。在这个地区，有30个公社、350个生产大队的人、畜、房屋遭受不同程度的损失，34万人受灾。周恩来总理在余震未息的情况下，亲临震中地区，代表中共中央、国务院慰问受灾群众，指导救灾工作。3月10日，周恩来在隆尧县白家寨慰问灾区人民大会上讲话。他说：“愚公能够移山，我们对现在的困难也一定能够战胜。”以内务部长曾山为首的中央慰问团也赶赴灾区，组织大批人力物力支援灾区。中共中央华北局、河北省委和省人委及当地驻军成立了联合救灾指挥部，派出工作组、医疗队进行紧张的抢救工作。全国支援灾区的大批食品、药品、建筑器材和其他物品迅速运往灾区，大批解放军指战员从倒塌的房屋下扒出伤亡群众并进行及时抢救。3月22日下午4时11分32秒和4时19分32秒，邢台、衡水、石家庄又发生强烈地震，震级分别是6.7级和7级，震中烈度为9度和10度，由于事先采取了一些预防措施，损失较3月8日为轻。

3月9日　国务院举行第一百六十一次全体会议。会议听取了国家计委副主任王光伟关于农业情况的报告；通过关于特赦一批确实已经改恶从善的蒋介石集团、伪满洲国和伪蒙疆自治政府的战争罪犯的建议等。

3月11日　中国政府向印尼政府提出最强烈抗议。印尼右派势力组织暴徒数百人，在9日、10日袭击了新华社分社、商参处和总领事馆，野蛮打伤我外交官员、领事官员和其他工作人员30人，并进行了极严重的破坏和抢劫，中国驻印尼大使馆和新华社分社分别向印尼外交部、外交部新闻司提出最强烈的抗议。11日，中国外交部副部长韩念龙召见印尼驻华大使查禾多，向他递交中国外交部3月10日致印尼驻华大使馆的照会一份，就上述事件向印尼政府提出最强烈的抗议。照会严正指出：这种野蛮暴行不仅是骇人听闻的，而且是国际关系史上罕见的，不折不扣的法西斯行为。

同　日　外交部发表声明。声明表示支持朝鲜、越南的严正立场，谴责朴正熙集团决定增兵2万名去越南南方参加美国侵略战争。指出：不论美帝亲自出马也好，还是驱使更多的仆从上阵也好，都不能挽救它必然失败的命运。朴正熙集团死心塌地地为他的主子卖命，到头来只能加速它自己的死亡。

同　日　林彪写出关于工业交通战线活学活用毛主席著作的一封信。信中说："工交系统强调政治挂帅，突出政治，这种做法很好，……你们把大学毛主席著作作为工交系统全部工作方针的第一项，很好。""毛泽东思想，反映了国内国际阶级斗争的客观规律，反映了无产阶级、劳动人民的根本利益"。"毛主席……综合了国际共产主义运动的新经验，把马克思主义提高到一个崭新的阶段"。必须"把毛主席的思想灌输到工人、农民中去，……才能使精神力量化为巨大的物质力量"。6月19日，《人民日报》发表了这封信。

同　日　彭真在答复上海的询问时批评上海发表姚文元文章，不向中宣部打招呼。《二月提纲》发向全国后，由于《提纲》是经政治局常委讨论通过，向毛泽东汇报后以中央名义发出的，因此，张春桥等人极不满意，于3月初派上海市委宣传部长杨永直到北京"摸底"。3月11日晚，中宣部副部长许立群向彭真汇报同杨永直的谈话，并请示如何答复上海方面提出的问题。许立群说："杨永直问，学阀有没有具体对象，指的是谁？"彭真回答说："学阀没有具体指什么人，是阿Q，谁头上有疤就是谁。"许立群说："杨永直问，上海要批判一批坏影片，包括《女跳水队员》行不行？……因为有大腿。"彭真反讥道："你去问张春桥、杨永直，他们游过泳没有？"许立群说："杨永直问，重要的学术批判文章要不要送中宣部审查？"彭真说："过去上海发姚文元的文章，连个招呼都不打，上海市委的党性到哪里去了？"彭真的回答由许立群打电话给杨永直，并由杨带回上海汇报给市委后，张春桥说："现在有把握了，这个电话说明中宣部和北京市委是反对姚文元文章的，《二月提纲》的矛头是指向姚文元的，也是指向毛主席的。"这一电话事件由江青报告了毛泽东。

3月12日　毛泽东关于农业机械化问题致刘少奇的信。这是对刘少奇3月11日来信的复信。毛泽东在信中提出农业机械化要以地方为主的原则，说："此事以各省、市、区自力更生为主，中央只能在原材料等方面，对原材料等不足的地区有所帮助，也要由地方出钱购买，也要中央确有原材料储备可以出售的条件，不能一哄而起，大家伸手。否则推迟时间，几年以后再说。为此，原材料（钢铁），工作母机，农业机械，凡国家管理、地方制造、超出国家计划甚远者（例如超出一倍以上者），在超过额内，准予留下三成至五成，让地方购买使用。此制不立，地方积极性是调动不起来的。为了农业机械化，多产农林牧副渔等品类，要为地方争一部分机械制造权。所谓一部分机械制造权，就是大超额分成权，小超额不在内。一切统一于中央，卡得死死的，不是好办法。又此事应与'备战、备荒、为人民'联系起来，否则地方有条件不会热心去做。第一是备战，人民和军队总得先有饭吃有衣穿，才能够打仗，否则虽然有枪炮，无所用之。第二是备荒，遇了荒年，地方无粮棉油等储备，仰赖外省接济，总不是长久之计。一遇战争，困难更大。而局部地区的荒年，无论哪一个省内常常是不可避免的。几个省合起来看，就更加不可避免。第三是国家积累不可太多，要为一部分人民至今口粮还不够吃、衣被甚少着想；再则要为全体人民分散储备以为备战备荒之用着想；三则更加要为地方积累资金用之于扩大再生产着想。所以，农业机械化，要同这几方面联系起来，才能动员群众，为较快地但是稳步地实现此种计划而奋斗。苏联的农业政策，历来就有错误，竭泽而渔，脱离群众，以致造成现在的困境，主要是长期陷在单纯再生产坑内，一遇荒年，连单纯再生产也保不住。我们也有过几年竭泽而渔（高征购）和很多地区荒年保不住单纯再生产的经验，总应该引以为戒吧。现在虽然提出了‘备战、备荒、为人民’（这是最好地同时为国家的办法，还是百姓足君孰与不足的老话）的口号，究竟能否持久地认真地实行，我看还是一个问题，要待将来才能看得出是否能够解决。苏联的农业不是基本上机械化了吗？是何原因至今陷于困境呢？此事很值得想一想。信中指出：小计委派人去湖北，同湖北省委共同研究农业机械化5、7、10年的方案，并参观那里自力更生办机械化的试点，这个意见很好。建议各中央局，各省、市、区党委也要派人去湖北共同研究。”

同　日　《光明日报》发表穆欣的文章：《评〈赛金花〉剧本的反动思想——剖析三十年代的一个所谓“名剧”》。文章指出，对夏衍在30年代写的剧本《赛金花》历来就存在着两种截然相反的评价，“最近几年有些人在大力鼓吹30年代戏剧和电影成就的时候，把它捧为‘国防戏剧’的代表作，这就挑起了新的争论”。文章认为，在如何看待义和团运动方面，剧本作者把是非完全颠倒过来了，斗争的锋芒不是指向帝国主义和反动的统治阶级，而是把矛头指向义和团的反帝爱国运动。认为剧本对义和团进行了极其恶毒的诬蔑和丑化，也是对于中国人民大众反对帝国主义的革命传统的诬蔑。文章认为，在对外国侵略者和封建统治者的描绘上，作者“不仅丧失了一个无产阶级战士应有的阶级立场，也丧失了一个真正的爱国者应有的民族立场”。认为剧本吹捧妓女赛金花，不仅格调卑下，而且也暴露了作者对历史上落后、消极、反动的东西和进步、积极、革命的东西，采取了颠倒黑白的态度。

3月14日—4月7日　国务院召开全国财贸工作会议。会议除号召突出政治、反对折衷主义、建设人民财贸等以外，还讨论了若干政策问题。要求：一、认真贯彻执行中央和毛主席提出的“备战、备荒、为人民”的战略方针。抓紧战略物资的储备工作和重要物资的疏散工作，抓紧石油库和粮棉等物资仓库的建设，抓紧重点建设地区促进工农业生产的工作和商品供应工作。二、全面贯彻执行党的粮食政策。在粮食增产的基础上，逐步做到藏粮于民，逐步增加国家的粮食储备，适当改善农民生活，力争较快地做到不进口粮食。三、进一步贯彻面向农村的方针。要在以粮为纲的原则下，大力促进多种经营，促进农、林、牧、副、渔的全面发展，增加集体积累和农民收入。要从组织上和工作上，切实加强农村第一线。财政、银行部门，要帮助农民管好用好集体的和国家支援的资金，办好信用合作社。四、在工农业生产进一步发展的基础上，做到市场和物价的稳定。五、对外贸易必须坚决执行积极收购和大力推销并举的方针。六、切实执行勤俭办企业的方针，广泛深入地开展增产节约运动。商业部门特别应当注意管好国家商品，减少损失浪费；要着重加强批发站的工作，加强仓库工作。要扩大唐山经验的试行。七、进一步实现组织革命化和制度革命化。八、进一步健全财贸政治工作机构，把财贸政治工作人员配齐配强。继续整顿和加强财贸队伍，商业部门取消综合奖的问题，要按照少奇同志的指示，每个省、自治区、直辖市试几个点，取得经验，提出意见，报告中央统一考虑。九、必须注意职工群众的劳逸结合。5月15日，中共中央、国务院批转这次会议纪要。

3月17日　中国驻肯尼亚大使馆向肯尼亚政府提交抗议照会。周恩来总理在1964年访非时针对非洲人民高涨的反帝反殖革命斗争，曾在讲话中提到非洲是一片大好的革命形势。帝国主义为了进一步煽动反华，对这一讲话任意歪曲，在一些非洲国家中搬弄是非，挑拨离间。肯尼亚参议院通过反华动议，蓄意破坏两国关系，粗暴地把周总理1964年访问非洲讲话说成是“破坏性的讲话”，甚至说“自从那次讲话以后，在一些非洲国家中确实发生了若干起政变、危机和暗杀事件”，分明是为帝国主义开脱罪责，把“莫须有”的罪名加在中国人民头上。照会严正指出，这只能被认为是恶化两国正常关系的一个蓄谋，由此动议而引起的一切后果，肯尼亚政府应负完全责任。

同　日　国家经委党组就关于改革企业奖励制度问题向刘少奇提出报告。《报告》说，工交会议就如何改革奖励制度的问题进行了研究。目前多数企业是综合奖，一部分企业有各种单项奖。有的月评月奖，有的季评季奖，一般占标准工资的7%~10%；也有超过的。评奖中的确有许多问题，如："你评你的'五好'，我要我的钞票"；达到了评奖定额就不再卖劲；生产上不敢创，怕出点问题丢奖金；"月评月奖，越评越僵"，甚至弄虚作假，等等。有的干部说，工人脑子里奖金时时起作用，政治挤不进去了。会议在这个问题上有两种看法：一种意见认为，物质奖就是冲击政治，是物质刺激的东西，有百害无一利；另一种意见认为，在政治挂帅的前提下，改进奖励方法，保持适当的物质奖励还是必要的，例如大庆就有物质奖励。在肯定奖励制度的同志中，对于怎样改革物质奖励的问题，又有两种意见：一、同意把奖金加入工资，但要把奖励制度的改革同工资制度的改革结合起来。二、不赞成取消物质奖励，理由是工资很难完全体现按劳分配的原则，但奖励制度可以改进。《报告》最后提出，拟在各地选择若干企业进行改革奖金制度的试点后，再确定具体办法报中央审批。

3月17日—20日　中共中央政治局常委扩大会议在上海召开。会上毛泽东说，我们在解放以后，对知识分子实行包下来的政策，有利也有弊。现在学术界和教育界是资产阶级知识分子掌握实权。社会主义革命越深入，他们就越抵抗，就越暴露出他们的反党反社会主义的面目。吴晗和翦伯赞等人是共产党员，也反共，实际上是国民党。现在许多地方对于这个问题的认识还很差，学术批判还没有开展起来。各地都要注意学校、报纸、刊物、出版社掌握在什么人手里，要对资产阶级的学术权威进行切实的批判。我们要培养自己的年轻的学术权威，不要怕年轻人犯"王法"，不要扣压他们的稿件。中宣部不要成为农村工作部。

3月20日　中共中央政治局扩大会议在杭州召开。毛泽东在会议上提出，中央还是虚君共和好。中央只管虚，只管政策方针，不管实，或少管点实。中央部收上来的厂收多了，凡是收的，都叫他们出中央，到地方上去，连人带马都出去。现在是南粮北调，北煤南运，这样不行，要改变。

3月20日—4月9日　第九次全国广播工作会议在北京举行。会议拟定于今后继续加强政治工作，加强面向农村的广播宣传和发展农村广播网的意见。4月9日，周恩来总理到会讲话，他强调广播宣传要面向农村，为6亿农民服务；有线广播和无线广播相结合，有步骤地把全国的广播网建设起来，要确保电台安全，努力办好广播，为全中国人民和全世界人民服务。

3月21日　中国驻印尼大使馆照会印尼外交部。照会就3月18日印尼右派势力组织的暴徒再次袭击和破坏中国驻望加锡领事馆提出最强烈抗议。照会指出，这是右派势力有预谋、有计划的又一个反华活动，旨在进一步破坏中国印尼两国关系。南苏拉威西省当局没有兑现切实保障中国领事馆安全的诺言，更没有应我领事馆要求，在暴徒袭击时采取有效措施加以制止，这不能不令人感到极大的遗憾和愤慨。

3月22日　中共中央复信苏共中央，表示中共中央不能派代表团参加有反华内容的苏共二十三次代表大会。

同　日　哲学家艾思奇去世。艾思奇，原名李生萱，1910年生。云南腾冲人。1925年—1926年在云南省立第一中学读书，积极参加学生运动。1927年初到南京，参加进步群众组织“新滇社”，不久被捕，经保释出狱。1927年春—1928年5月赴日求学。1928年5月回国。1930年—1931年再度赴日求学，“九一八”事变后回国。1932年8月在上海华侨办的泉漳中学任教，参加了“上海反帝大同盟”。1933年初参加社会科学家联盟。1934年6月，在《申报》流通图书馆读书指导部工作，宣传马克思主义。同年11月，国民党特务暗杀了《申报》主持人史量才以后，他在《申报》创办的“量才业余学校”担任教员，写成24篇讲稿，即《哲学讲话》，在《读书生活》上连载一年，1935年底汇集出版，后易名为《大众哲学》。1935年10月加入中国共产党。1935年—1936年夏积极参加全国救国会和文化界救亡协会的活动，领导成立了“哲学研究会”，参与发起了自然科学研究会。出版了《新哲学论集》、《思想方法论》、《如何研究哲学》等书，并合译了《新哲学大纲》。1937年任“读书生活出版社”总编辑。1937年5月，创办综合性学术杂志《认识月刊》。1937年10月到延安，在抗日军政大学任主任教员，同时在陕北公学任教。1938年与何思敬一起主持由毛泽东提议成立的延安新哲学会。同年底，到马列学院任教，兼任哲学研究室主任，1939年，任中共中央宣传部文化工作委员会秘书长。同年，参加毛泽东组织的哲学小组，着重讨论《实践论》、《矛盾论》。1940年2月，任《中国文化》杂志主编。1941年7月任马列研究院（后改为中央研究院）中国文化思想研究室主任。1942年，根据毛泽东的建议主编《马克思、恩格斯、列宁、斯大林思想方法论》。1943年初，任《解放日报》副刊部主任。1945年4月，出席中共七大。8月，任《解放日报》副总编辑，1946年年底任总编辑。1947年，任华北大学四部（即研究部）副主任。1948年10月，在马列学院任教，开始讲授社会发展史；从事马克思主义哲学的教育、研究工作。中华人民共和国成立后，先后担任马列学院哲学教员、教研室主任、中央党校党委常委、副校长。曾任首届全国政协委员、政务院文教委员会委员、西南军政委员会委员、对外文委常务理事。当选为第一、二、三届全国人民代表大会代表。并被选为中国科学院哲学社会科学学部委员、中国哲学学会副会长，受聘为北京大学文学院教授。1956年参加中共八大。1958年下放河南。1961年主编哲学教科书《辩证唯物主义、历史唯物主义》。

3月23日　我空军部队在西南地区上空击落美国军用无人驾驶高空侦察机月架。林彪颁发嘉奖令。

3月23日—4月7日　全国安置工作座谈会在北京召开。会议检查了动员和安置工作中存在的问题，并且提出，今后安置工作必须面向农村。4月29日，国务院批转了中央安置城市下乡青年领导小组《关于安置工作座谈会纪要》。指出，安置部门的任务主要是动员不能就业的城市知识青年上山下乡，把他们很好地安置在农业战线上。同时把业余教育抓起来，以便加强对下乡、在乡知识青年的政治思想和生产技术教育，尽快地把他们培养成为建设社会主义新农村的新生力量，更好地发挥他们的积极作用。《纪要》说，自1962年到1965年底，全国上山下乡的城市知识青年和闲散劳动力共158万人，其中知识青年近百万，这是一个很大的成绩。1966年安置计划，绝大多数已落实到基层。但各城市的工作很不平衡。当前动员和安置工作中的主要问题是：一、有些大中城市在劳动力的计划管理上，存在着分散现象，影响上山下乡的动员工作，也影响下乡青年的巩固；二、有些地方对以插队为主的安置方向坚持不够；三、有些地方仍不断发生歧视、打击、污辱、迫害下乡青年的违法乱纪事件；四、有些地区对“重在表现”、“同工同酬”、“劳逸结合”政策贯彻不力。针对这些问题，会议提出：今后安置工作必须面向农村，并建议各大区安置办公室归农口领导，各省、市、自治区安置办公室除直属省委、省人委领导的以外，其余也归农口领导。

3月25日　新华通讯社就印尼政府无理宣布“暂时封闭”新华社驻雅加达分社发表声明。声明说：3月25日印尼外交部通知新华社驻雅加达分社社长张海涛，无理宣布“暂时封闭”新华社驻雅加达分社，撤销新华社驻雅加达分社记者证。停止他们的一切报道活动，并停止分社在印尼发行新华社新闻稿。新华社对这一蓄意破坏两国关系的严重步骤，提出强烈的抗议。声明严正指出：一切事实表明，诬蔑、迫害和最后封闭新华分社，是印尼右派势力反华阴谋的一个组成部分。这种蓄意切断联系两国人民友谊的纽带，破坏两国关系的严重步骤，违反印尼广大人民的愿望，只能有利于帝国主义和新老殖民主义，特别是美帝国主义。3月28日，我国外交部第一亚洲司副司长徐净武召见印尼驻华大使查禾多，递交了中国外交部致印尼驻华大使馆照会，就印尼政府这一蓄意破坏两国关系的严重步骤，向印尼政府提出严重的抗议。

同　日　《人民日报》发表戚本禹、林杰、闫长贵的文章：《翦伯赞同志的历史观点应当批判》。这篇文章是在批判《海瑞罢官》的声浪中，进一步向史学界开刀的文章。认为“在史学领域两条路线的斗争中，坚持历史唯心主义，坚持资产阶级、封建阶级的史学方向的一方，吴晗是一个挂帅的人物。此帅之外，还有一帅，这就是翦伯赞同志”。文章认为在他写的许多文章中，特别是1961年—1962年发表的《对处理若干历史问题的初步意见》和《目前史学研究中存在的几个问题》这两篇文章是“反马克思主义的史学纲领”。文章就以下几个方面进行批判：一、把翦伯赞主张从历史实际出发研究历史，武断地说成反对马克思列宁主义阶级斗争和阶级分析的方法。二、歪曲和污蔑农民革命。文章把翦伯赞主张“应该历史主义地对待农民战争”，认为农民起义和农民战争反对封建压迫、剥削，并不是反对封建制度；反对地主，并不是反对地主阶级。文章认为这种观点是对历史上农民起义和农民战争的歪曲和污蔑。三、认为翦伯赞用他的“历史主义”大肆美化和歌颂封建地主阶级的代表人物和封建制度。如他认为必须承认秦始皇修长城、隋炀帝开运河的功劳，这和毛泽东的观点是背道而驰的。四、批判翦伯赞认为封建统治者曾经对农民实行过减轻剥削和压迫的“让步政策”，认为这是歪曲历史事实，是反马克思主义的，是对地主阶级的美化，对封建社会的歌颂。文章最后上纲上线，认为翦伯赞的历史观点是现实阶级斗争在史学界的反映，诬蔑翦伯赞是近几年来史学领域两个阶级、两条路线尖锐斗争中资产阶级一方的代表人物。

3月26日　中国驻印尼大使馆照会印尼外交部，强烈抗议无理限制我三领事馆活动。照会指出，中国驻马辰、望加锡和棉兰领事馆一再遭到印尼右派势力的袭击和破坏，先后遭到许多限制，以致无法进行正常工作，中国领事和领事馆工作人员的安全受到了严重威胁，领事特权也受到粗暴侵犯。中国大使馆受权申明：三领事馆自即日起暂时停止办公，领事和领事馆工作人员撤至雅加达，其领事业务，暂由中国驻雅加达总领事馆负责处理。照会严正指出，对上述三个领事馆的各种限制，粗暴地侵犯了领事机构的特权，严重地干涉了领事馆的正常业务活动，是对国际公法和国际惯例的公然践踏，在中国印尼两国关系中制造了异乎寻常的障碍。大使馆要求印尼政府采取措施，取消对上述三领事馆的各种无理限制，切实保障领事馆及其人员的安全，以便该三领事馆人员能够返馆执行其职务。

3月26日—31日、4月15日—17日　刘少奇主席和夫人访问巴基斯坦。陪同出访人员有：陈毅和夫人、章汉夫、汪东兴、冯铉、汪道涵、赖亚力、张彤。3月31日，双方发表中巴联合公报，强调中巴友好不是权宜之计，是有牢固基础的。双方决定进一步巩固和发展中巴友好合作关系。

同　日　外交部第一亚洲司副司长徐净武召见印尼驻华大使查禾多，递交致印尼驻华大使馆照会。照会就印尼右派势力组织的武装暴徒3月24日凌晨严重袭击中国驻雅加达总领事馆宿舍，劫持中国总领事馆工作人员的野蛮暴行，向印尼政府提出最强烈的抗议。照会严正指出，这是印尼右派势力侵犯中国代表机构的又一严重事件。对于这一野蛮的反华暴行，印尼政府负有不容推卸的责任。

3月27日、28日　我国驻印尼大使馆连续向印尼外交部递交照会。27日照会就印尼右派势力组织的暴徒破坏和非法侵占西爪哇、雅加达和望加锡等地区华侨学校的严重反华事件，向印尼政府提出强烈抗议，要求印尼政府立即采取有效措施，制止对各地华侨学校的暴行，并希望切实保障学校师生安全，不再发生类似事件。28日照会就印尼右派势力组织的暴徒非法侵占大使馆别墅，提出强烈的抗议。

3月28日—30日　毛泽东与康生等人谈话，严厉指责北京市委、中宣部，指责《二月提纲》。毛泽东得知彭真3月11日对上海询问的答复后，非常生气。康生在上海向毛泽东告彭真的状，说彭真查问发表姚文元的文章，为何不同中宣部打招呼，是整到主席头上了。毛泽东在3月28日—30日，两次找康生等人谈话，批判五人小组的《汇报提纲》，批判彭真和中宣部，他说：《提纲》是错误的，混淆阶级界线，不分是非，指责中宣部、彭真、北京市委包庇坏人，不支持“左派”。他说，北京市针插不进，水泼不进，要是再包庇坏人，中宣部要解散，北京市委要解散，五人小组要解散；指责他们扣压“左派”稿件，是包庇右派的大学阀，说中宣部是阎王殿，要

“打倒阎王，解放小鬼”；说吴晗、翦伯赞是学阀，上面还有包庇他们的大党阀（指彭真）；并点名批评吴晗、邓拓、廖沫沙写的《三家村札记》和邓拓写的《燕山夜话》是反党反社会主义的。毛泽东还说，我历来主张，凡中央机关做坏事，就要号召地方造反，向中央进攻，说各地应多出一些孙悟空，大闹天宫。毛泽东发话以后，形势急转直下。4月1日，张春桥立即拿出一份《对〈文化革命五人小组关于当前学术讨论汇报提纲〉的几点意见》，攻击《二月提纲》。4月2日、5日，《人民日报》、《红旗》杂志、《光明日报》分别发表了原被中宣部“扣压”的戚本禹、关锋等人批《海瑞罢官》的文章。中宣部已被撇在一边。

3月29日　第三届全国人民代表大会常务委员会举行第二十九次会议。会议根据国务院的建议，讨论通过关于特赦确实改恶从善的蒋介石集团、伪满洲国和伪蒙疆自治政府的战争罪犯的决定。同日，刘少奇主席发布特赦令，决定：一、蒋介石集团，伪满洲国和伪蒙疆自治政府的战争罪犯，关押已满10年。确实改恶从善的，予以释放；二、判处死刑、缓期2年执行的战争罪犯，缓刑时间已满1年、确实有改恶从善表现的，可以减为无期徒刑或15年以上有期徒刑；三、判处无期徒刑的战争罪犯，服刑时间已满7年、确实有改恶从善表现的，可以减为10年以上有期徒刑。最高人民法院于4月16日宣布特赦释放第6批战犯57名。

3月31日　中国驻加纳大使馆向加纳外交部递交照会。照会就加纳当局一再编造谎言，恶毒诬蔑诽谤我国，提出最强烈抗议。加纳外交部3月24日来照，3月25日备忘录中再次对中国进行恶毒的诬蔑和诽谤，凭空捏造所谓中国军事专家“冒用假名”离开加纳的谎言；加纳外交部主任秘书夸奥还说，中国使馆20名人员去科纳克里帮助恩克鲁玛；备忘录则说中国临时代办最近曾周游加纳各地，妄图以此为加纳军警非法殴打中国专家和大使馆人员的暴行开脱罪责。照会指出，加方一再编造谎言，只能进一步暴露它理屈词穷的窘态，和它蓄意恶化两国关系的阴险企图，中国政府光明磊落的立场是任何谎言诬蔑不了的，也是任何人的威胁都吓不倒的。加纳方面不论玩弄什么手法，妄图逃脱破坏两国关系的责任，是永远不能得逞的。

本　月　国产红旗2号地空导弹开始装备空军部队。

4月1日　《红旗》杂志第四期刊登关锋、林杰文章：《〈海瑞骂皇帝〉和〈海瑞罢官〉是反党反社会主义的两株大毒草》。文章指出，“庐山会议前夕，吴晗同志写了《海瑞骂皇帝》；庐山会议后，我们党罢了右倾机会主义分子的官，吴晗同志又‘破门而出’（挺身而出也）写《海瑞罢官》，都是代表资产阶级的复辟逆流，实质上都是配合了右倾机会主义分子反党反社会主义的政治活动。吴晗同志的问题的要害就在这里。”文章认为《海瑞罢官》的主题思想就是“罢官”，就是歌颂“海瑞”丢了官不丧气、不屈服的所谓高尚品德，给今天的“海瑞”们打气，鼓励他们“失败了再干”。文章认为：一、吴晗“以古讽今，积极向无产阶级、向党、向人民进行阶级斗争”。二、吴晗歌颂海瑞，实质上是歌颂右倾机会主义分子，是反对党、反对社会主义。三、自1959年以来，吴晗同志实际上配合右倾机会主义分子，同我们党展开了针锋相对的斗争。吴晗的“反党、反社会主义，是有意识的、有目的的”。

同　日　国家经委印发新技术进口小组《1966年对资引进新技术的计划安排几个主要问题的报告（草稿）》。《报告》中总结了1965年的工作，提出1966年引进新技术的计划。一、1965年新技术进口计划完成得比较好，签订了27项成套设备，39项单项设备，8项技术资料的合同，初步打开引进技术资料的局面。1965年新技术进口成交的总金额为1.13亿美元，当年用汇724万美元。二、1966年计划成交的成套项目30项，单项设备68项，技术资料19项。引进新技术的重点是基础工业和国防工业。1966年计划当年用汇约需9 630万美元。

同　日　新华社雅加达分社撤离雅加达回国前，向新华社《新闻稿》雅加达版的读者发表一封告印度尼西亚读者书。3月25日，印尼政府无理宣布“暂时封闭”新华社驻雅加达分社，印尼政府说“人民群众”对新华分社表现了“愤怒情绪”，这是为了“进一步保障新华社记者的人身安全”而采取的“安全措施”。《告读者书》指出，这种借口是十分虚伪和极端荒谬的，欺骗不了任何人。印尼政府这一行动，是旨在进一步恶化和破坏两国关系的严重步骤。同时指出，经过长期反帝反殖斗争考验的两国人民的伟大友谊万古长青。雅加达分社记者和工作人员，在分社社长张海涛率领下于4月1日暂时撤离雅加达回国。4月10日，周恩来接见新华社雅加达分社人员，向他们表示亲切慰问和勉励。

4月1日—20日　中国共青团九届三中全会在北京召开。会议的中心议题是进一步突出政治，并提出了突出政治的五项基本要求：一、更好地开展活学活用毛主席著作的运动，在“用”字上狠下功夫。二、积极参加社教运动，加强阶级教育和战备教育。三、开展创四好团支部活动，把青年组织起来，把基层工作活跃起来。四、发扬大庆精神和大寨精神，发挥青年在实现第三个五年计划中的突出作用。五、狠抓各级团委机关和团支部的革命化。共青团中央书记处书记胡克实作了《一定要把共青团办成活学活用毛泽东思想的大学校》的报告。共青团中央第一书记胡耀邦在会议结束时讲了话。全会通过了《关于在全国青年中更好地开展学习毛主席著作运动的决议》。

4月2日　我国驻印尼大使馆向印尼外交部提交一份照会。照会对3月29日1 000余名暴徒第三次疯狂袭击中国驻棉兰领事馆和楠榜等地华侨学校、社团等的严重事件，提出最强烈抗议。要求严惩暴徒，赔偿损失，并保证不再发生类似事件。

同　日　外交部照会印度驻华大使馆。照会强烈抗议印度政府追随美帝搞“两个中国”阴谋，纵容和支持蒋帮分子在印进行反华活动。照会说，以蒋帮经济部长李国鼎和外交部次长沈锜为首的代表团，目前正利用参加新德里联合国亚洲及远东经济委员会会议的机会，在印进行反华活动。印政界人士公然对他们表示欢迎，双方并大肆鼓吹“谅解”、“合作”。印执政党国大党主席卡马拉季还接见了沈锜。照会指出，这是印政府违反国际关系准则，粗暴干涉中国内政，蓄意恶化两国关系的又一严重步骤，对此印政府必须承担全部责任。

同　日　《人民日报》发表戚本禹的文章：《〈海瑞骂皇帝〉和〈海瑞罢官〉的反动实质》。文章写于1966年1月15日。文章指出，吴晗在自我批评中排出一张他“研究海瑞”的时间表，“恰好说明了他狂热的海瑞宣传同阶级斗争形势的内在联系。他的《海瑞骂皇帝》，实质上是为右倾机会主义分子向党进攻捶鼓助威”。文章说：“《海瑞罢官》实际上是借着古人的躯壳，为一小撮被人民‘罢’了‘官’的右倾机会主义分子鸣冤叫屈，它的真正主题是号召被人民‘罢官’而去的右倾机会主义分子东山再起。”说吴晗自我批评中说“我忘记了阶级斗争”是一句假话。《海瑞骂皇帝》和《海瑞罢官》本身就是吴晗“在思想战线上同我们进行的一场针锋相对的阶级斗争”。

4月4日—8日　刘少奇和夫人访问阿富汗。4月8日，中国、阿富汗发表联合公报。公报表示，双方支持亚非各国争取和维护民族独立的斗争。一致认为，消灭新老殖民主义、肃清殖民主义残余，争取民族独立和自决权利的国家和人民获得完全胜利，是保障和平共处和持久和平的根本条件。阿富汗方面表示，中华人民共和国政府是中国人民的唯一代表，必须恢复中国在联合国的合法权利。

4月5日　《人民日报》报道：中共中央华东局最近召开华东农业工作会议，着重研究农业战线突出政治的问题。参加会议的有中共中央华东局、华东各省市有关负责人，部分地委、县委负责人和少数公社、大队的干部。华东局书记处书记魏文伯在会上讲了话。会议提出农业战线突出政治的七条要求：一、活学活用毛泽东思想，促进干部和群众革命化；二、坚持以阶级斗争为纲，三大革命一起抓；三、发扬大寨精神，走大寨之路；四、坚决依靠贫下中农，认真实行四大民主；五、严格执行党的政策，正确处理国家、集体、个人三者关系；六、狠抓党支部的革命化建设、开展群众性的比学赶帮超运动；七、狠抓活思想，把思想政治工作做到一切工作中去。会议还研究了华东农业战线第三个五年计划期间的任务，对黄淮平原、山区丘陵和沿江沿湖沿海三类不同地区农业生产的进一步发展，分别提出了不同的要求。

同　日　一艘美国军舰侵入我福建省闽江口以东地区领海。美帝侵犯我领海领空的军事挑衅更加扩大和加剧，我国外交部发言人奉命对美国提出第四百次严重警告。《人民日报》为此于4月6日发表社论：《必须认真对待美帝国主义的战争威胁》。

4月6日　中共代表团抵新。由中共中央委员刘宁一率领的中共代表团抵新西兰奥克兰，应邀参加新西兰共产党第二十一次全国代表大会。4月5日，中共中央电贺新共第二十一次代表大会召开。刘宁一9日在大会上致贺词，并宣读了贺电。

同　日　新华社报道：我国开始生产零级量块。这种被称为"量具之王"的零级量块是哈尔滨量具刃具厂试制成功的。它由87块大小不同的矩形钢块配套组成，可根据需要组成几万种尺寸值。量块的精度非常严格，中心长度和平面平行性的误差不超过万分之一毫米，两块量块合在一起，中间几乎没有空隙，一般要用3到5公斤的力才能拉开。目前能生产这种零级量块的只有少数几个先进国家。

4月6日—22日　《人民日报》连续发表论述"突出政治"的社论。4月6日社论题为：《突出政治是一切工作的根本——论突出政治》；4月14日社论题为：《政治统帅业务》；4月22日社论题为：《突出政治必须坚持毛泽东思想挂帅》。这三篇社论强调"政治统帅业务，政治要落实到业务上，与业务密切结合"。不久，《人民日报》的社论受到批判，被指责为"二元论"。

4月8日　新华社报道：台湾驻比利时"大使馆参事"郭有守，宣布起义，回到祖国。

4月9日—12日　中共中央书记处在北京召开会议。康生、陈伯达在会上发言批判彭真。会议决定：一、起草一个撤销并彻底批判《二月提纲》的通知(即后来的《五一六通知》，由陈伯达主持起草，经毛泽东7次修改，在5月的中央政治局会议上通过)。二、成立文化革命文件起草小组（即后来的中央文化革命小组)。

4月10日　周恩来谈中国对美国的政策。周恩来同巴基斯坦《黎明报》记者伊查兹·侯赛因谈话中重申了1965年4月2日周恩来请巴基斯坦总统阿尤布·汗向约翰逊转告的中国对美国的政策。周恩来指出：一、中国不会主动挑起对美国的战争。美国侵占了中国领土台湾省，中国仍然努力通过谈判要求美国从台湾省和台湾海峡地区撤走它的一切武装力量，并在日内瓦和华沙同美国谈了十多年。这就是一个很好的说明。二、中国人说话是算数的。那就是，如果亚洲、非洲或世界上任何国家遭到以美国为首的帝国主义的侵略，中国政府和中国人民是一定要给予支持和援助的。如果由于这种正义行动引起美国侵犯中国，我们将毫不犹豫地奋起抵抗，战斗到底。三、中国是做了准备的。如果美国把战争强加于中国，中国将奋起抵抗，战斗到底。不论它来多少人，用什么武器，包括核武器在内，可以肯定地说，它将进得来，出不去，必将被消灭在中国。四、战争打起来，就没有界限。美国有些军事家想依靠海空优势轰炸中国，而不打地面战争。这是一厢情愿。你能从空中来，难道我们不能从陆上去吗？因此，我们说，战争一旦打起来，就再没有什么界限。

同　日　中共中央对湖北省委关于逐步实现农业机械化的设想做出批示。批示指出：毛泽东同志很早就指出了我们农业的发展道路，是要在集体化的基础上，逐步实现机械化和电气化。他最近又提出各省、市、自治区要在自力更生的基础上做出一个5年、7年、10年农业机械化计划，争取从今年起，用15年时间，基本上实现农业机械化，这是一个极为重要的战略任务。这个任务是同备战、备荒、为人民的战略思想紧紧联系着的。中央认为，实现农机化的具体步骤，应当由中央局和省、市、自治区党委直接负责，特别是省一级要有必要的主动权。为了推动这项工作和交流经验，中央和各中央局负责同志商定，于1966年4月下旬或5月初在湖北召开现场会议。4月9日《人民日报》在头版刊登了《湖北省委关于逐步实现农业机械化的设想》，并加了“编者按”。“按语”指出：农业机械化，是摆在全党面前的一项伟大的战略任务。现在已经到了认真抓紧解决这个问题的时候了。实现农业机械化的问题，不仅是一个重大的经济问题，而且更是重大的政治问题。指出，我们的农业机械化必须依靠人民群众政治和生产的积极性去办。湖北省委文件总结的金星大队的机械化道路，是一条突出政治的道路。这就是在开展社会主义教育运动的同时，自力更生，勤俭创业，发挥地方工业潜力，利用本地生产的农业机械，因地制宜实现农业机械化。有了这个经验，就可能以公社或大队为单位，分期分批实现农业机械化。“按语”中转述了毛泽东关于农业机械化问题的指示。

同　日　中共中央批发王任重关于政治挂帅问题的意见，并转发他在1月24日的发言。中央批语说，王任重“意见提得很好。这是一个重大的问题。现在实行的一些奖金制度等，是不符合政治挂帅精神的。我们调动广大人民群众的积极性不是靠工资、工分以外物质奖励，而是靠毛泽东思想，靠政治挂帅，靠多快好省地建设社会主义的总路线，总之是靠人们的政治觉悟的不断的提高。但是这个问题的根本解决，牵涉的方面和问题很多，需要系统地进行调查研究，全面考虑，通过群众路线，逐步解决。请中央有关各部委和各省市区党委找几个工厂、商店、生产队等单位，选择条件比较成熟的，在今年试点，以便取得典型经验，逐步全面解决这个问题”。王任重在发言中指出：“现在农村许多地方是工分挂帅，不是政治挂帅；许多工厂是奖金挂帅，商业系统也有许多单位是奖金挂帅。其实质是物质刺激。我们反对苏联修正主义的物质刺激，以后搞什么奖金呢？就是搞五好职工、光荣榜、表扬，只搞精神鼓励，不搞物质刺激；如果要搞，最多发一个笔记本，一套毛选。先进和落后的矛盾就是靠这种方法去解决，不能靠工分去解决。”

同　日　中共中央、国务院以题为《以革命的精神整顿杂费》批转华东局《关于清理整顿杂费的请示报告》。批语指出：乱收费的结果，不仅增加了人民负担，在国家编制以外养了一大批靠收费吃饭的人，成了行政、事业、企业单位精减人员的“防空洞”，而且助长了干部生活特殊化，滋长了贪污盗窃、铺张浪费等现象。中共中央、国务院要求各地区、各部门彻底进行一次整顿，认真克服这种混乱状况。整顿杂费的工作要有领导、有步骤地进行：第一步，凡属陈规陋习，取之无道，极不合理的杂费，应当立即废除；第二步，再经过调查研究，对其余各项收费进行整顿，该废除的废除，该降低的降低，该合并的合并，该保留的保留。凡提供劳务，收取费用的，要坚决贯彻自愿的原则，严禁强迫收费。今后新增收费项目，中央各部门必须报国务院批准，地方必须经省、自治区、直辖市人民委员会批准，报国务院备案。专、县及专、县以下各部门、各单位，一律无权自行规定收费，或者提高收费标准，否则以违法乱纪论处。

4月11日　《人民日报》发表文章：《违反毛泽东军事思想的坏影片〈兵临城下〉》。首都报刊从本日起发表文章和群众来信，批判《兵临城下》等电影。4月15日，《人民日报》又转载了《解放军报》发表的部队文艺工作者批判《兵临城下》的座谈纪要。《兵临城下》由白刃、林农改编，长春电影制片厂拍摄，曾得到周恩来的直接关怀。

4月12日　外交部第一亚洲司副司长徐净武召见印尼驻华大使查禾多递交照会。照会对印尼右派势力有组织、有计划地掀起大规模排华暴行，表示极大的愤慨。照会指出，印尼政府有责任把受迫害的、自愿回国的华侨送回中国，并且要求印尼政府立即安排船只把自愿回国的华侨送回中国，允许他们携带自己的财物和资金回国，并保证他们途中的安全，协助他们顺利离开印度尼西亚回国。

同　日　解放军空军部队在广东雷州半岛地区上空击落美帝AZ-3B重型攻击机1架。林彪颁发嘉奖令，表扬立功部队。16日，空军某部在广东省某地举行祝捷授奖大会。

4月14日　国务院就学校问题发出通知。通知决定：今后中央各部门对所属学校是否需要搬迁，迁往何处，应与有关地方协商，并由省、自治区、直辖市党委做出最后决定，各部门不要干涉。1965年以来，根据加强战备的要求，以及推行半工（农）半读的需要，国务院各部委和一些省、市采取向内地、农村搬迁学校，设立分校的办法，调整高等学校的布局。为解决学校迁移过程中的矛盾，国务院做出了上述决定。

4月15日　《关于在市场管理工作中加强配合协作，打击投机倒把活动问题的联合通知》发布。《通知》由财政部、中国人民银行、中央工商行政管理局联合发出。《通知》指出，为了改进市场管理工作，加强税务、银行和工商行政管理部门的配合协作，进一步打击投机倒把分子，特做出如下规定：一、工商行政管理部门、税务部门、人民银行应当密切配合，加强协作，堵塞漏洞，共同对付投机倒把分子。二、对于投机倒把和违反市场管理规定的案件，应当统一由工商行政管理部门负责处理；需要征税的，工商行政管理部门通知税务部门按照税法规定征税。三、对于未经登记的无证自发工商业户应当坚决取缔。税务部门发现后，应及时通知工商行政管理部门处理。四、税务部门对发货票的发放，应当严格控制。五、未经登记的工商企业单位，不得在银行开立账户。发现有骗取开户、出租账户等违法行为，应当立即提交工商行政管理部门处理。六、在处理投机倒把案件中，政法部门或工商行政管理部门对投机倒把集团和个人，在银行的往来款项和储蓄存款可以进行查询，必要时，可以建议银行撤销账户或予以冻结。结案时，拒不退赃的，可以从银行提出款项，抵作罚没款。七、必须发动群众，依靠群众。

同　日　中国自行设计、全部用国产材料建造的第一艘万吨级远洋货轮“东风”号，在江南造船厂下水。

4月15日—5月5日　高等教育部召开第三次出国留学生管理工作会议。会议研究了进一步在出国留学生管理工作中突出政治，活学活用毛主席著作，贯彻中央有关留学生工作的方针、政策和加强对留学生的思想政治工作。同时就改进选拔、派遣留学生工作，加强留学生的业务学习和生活管理等问题交换意见。在这期间，我国在国外的留学生共1 221人，分布在36个国家和地区，学习34种语言和科学技术。

4月16日　外交部副部长韩念龙召见印尼驻华大使查禾多，递交照会。照会就印尼武装部队伙同暴徒袭击和破坏中国驻印尼大使馆，打伤中国外交官员一等秘书吕子波、副武官时心仁等5人，枪伤中国大使馆工作人员，提出最紧急、最强烈的抗议。照会指出，这次暴行显然是在印尼政府直接组织和指挥之下干出来的。这是印尼政府旨在破裂两国关系而采取的极其严重的步骤。它必须对由此而产生的一切后果承担全部责任。照会指出，印尼政府对保护华侨的生命财产安全负有不容推卸的责任。即使印尼政府一旦断绝了两国外交关系，它也必须保障华侨生命安全和正当权益。中国政府在任何情况下，都有责任坚决保护自己的侨民。在15日袭击大使馆暴行中，被开枪打伤的大使馆工作人员赵小寿，是为了保护中华人民共和国国旗不受暴徒们的侮辱而光荣负伤的。4月23日赵小寿等回到北京，国务院秘书长周荣鑫、外交部副部长韩念龙等到机场欢迎。4月27日，陈毅代表中共中央和国务院去医院慰问赵小寿。

同　日　《北京日报》发表《关于"三家村"和〈燕山夜话〉的批判》。《三家村札记》的作者是吴南星。吴（北京市副市长、明史专家吴晗）、南（马南邨，即邓拓，中共北京市委文教书记）、星（繁星，即北京市委宣传部长廖沫沙）。这两本书是从1961年春开始，应北京市委宣传刊物《前线》杂志和《北京晚报》之邀，以作者个人名义写的杂文，后来汇集成书。在这些杂文中，有对历史人物的评价，有对新人新事的赞歌。有对科学人物的评价，有对当时"左"倾错误和不良作风，如浮夸风、共产风、说大话空话假话等的批评讽刺。3月28日—30日毛泽东在两次谈话中，批判《二月提纲》时，也指名要批判邓拓、吴晗、廖沫沙担任写稿的《三家村札记》和《燕山夜话》。《北京日报》和《前线》杂志在"编者按"中说："本刊、本报过去发表了这些文章又没有及时地批判，这是错误的。其原因是我们没有实行无产阶级政治挂帅，头脑中又有资产阶级、封建阶级思想的影响。以致在这一场严重的斗争中丧失立场或者丧失警惕。"说："过去由于放松了文化学术战线上的阶级斗争，使党内外资产阶级的代表人物乘虚而入，利用学术文章、杂文等形式反党反社会主义，利用报刊的专栏来开辟他们的'自由市场'，散布资产阶级的反动思想来毒害人民群众。"表示要对"三家村"和《燕山夜话》展开严肃的批判。"编者按"对吴晗、廖沫沙、邓拓进行了点名批判，说"三家村"的结合不是偶然的，"是共同的反动政治思想的产物"，等等。配合这个"按语"而整理发表的《〈燕山夜话〉究竟宣扬了什么？》一文，分以下几个部分进行批判：一、歪曲党的百花齐放、百家争鸣的方针。主张让资产阶级思想泛滥；二、全面美化封建社会制度；三、借封建古人之尸，还资产阶级之魂；四、宣扬剥削阶级没落的人生哲学；五、以古讽今，旁敲侧击。上述批判虽然上了“阶级斗争”的纲，但在当时却仍然过不了关，被指责为“假批判、真掩护，假斗争、真包庇”，是“继续玩花招，顽强抵抗”。被指责为中共北京市委“舍车保帅”的“阴谋”。各家报刊接到通知，一律不得转载。

同　日　高等教育部发出《关于进一步加强和改进1966年研究生招生工作的通知》。《通知》规定今年招生只考一门业务课。政治理论课实行开卷考试，评分时应将考试成绩与本人平时思想政治表现结合起来考虑，而以平时表现为主。理工农医各专业不再考试语文。《通知》提出，对少部分因参加“四清”运动而未能参加统一考试的应届大学毕业生，可采取内部选拔推荐的办法。4月20日，高等教育部发出通知，在北京大学、南京大学恢复招收外语研究生。4月21日，高等教育部发出通知，要求各招收研究生的单位，编制1967年理工农医各专业招收研究生的计划。

4月16日—24日　中共中央政治局常委扩大会议在杭州召开。会议由毛泽东主持。在这次会议上揭发批判了彭真的所谓“反党罪行”。会议同时还讨论了撤销《二月提纲》和文化革命五人小组，重新设立文化革命小组等问题。4月22日，毛泽东在会上强调说，我们面临严重的文化革命任务；吴晗问题的严重性，就在于朝中有人。中央有，各省市有，军队也有，斗争涉及面是很广的。

4月17日　中共高等教育部委员会召开北京、天津地区14所高等学校党委书记、政治部主任、党委宣传部长和团委书记座谈会。讨论和部署在批判吴晗和辩论《海瑞罢官》、“清官”等问题的基础上，进一步开展学术批判。会议指出：这次学术批判，是彻底破除资产阶级专家垄断教育的斗争，是争夺教育领导权的斗争，是高等教育革命的灵魂，要放手发动师生员工参加战斗。并指出，目前的文科改革、半工半读、教材建设、培养新生力量等，都要和学术批判结合起来。近几个月来，京、津高等学校组织师生（主要是文科）

参加上述批判运动。除集中批判历史学家吴晗以外，还批判历史学家翦伯赞等人。

4月17日—19日　刘少奇主席和夫人访问缅甸。19日，中国和缅甸联合公报强调指出：获得经济独立是维护和巩固政治独立的重要条件。不坚决反对帝国主义和新老殖民主义的干涉、控制和颠覆活动，亚非国家的民族独立就没有保障，经济建设的成果也不能保持。双方指出，亚非国家应该进一步加强团结，以根除新老殖民主义和保卫世界和平。缅甸方面表示，支持恢复中国在联合国的合法权利，反对“两个中国”的阴谋。4月21日《人民日报》为欢迎刘少奇主席出国访问归来发表社论：《我国和平外交政策的重大胜利》。

4月18日　外交部第一亚洲司副司长徐净武召见印尼驻华大使馆临时代办巴伦·苏达迪沙斯特拉，递交照会。通知印尼政府，由于印尼方面疯狂反华，使我方机构和人员安全失去保障，已破坏了两国经济合作的基础，中国方面不得不终止援助兴建班加兰纺织厂，并撤回中国专家。照会指出，两国经济合作关系遭到破坏的责任，完全在印尼政府方面。

同　日　《解放军报》发表社论：《高举毛泽东思想伟大红旗，积极参加社会主义文化大革命》。社论公布了《林彪同志委托江青同志召开的部队文艺工作座谈会纪要》的内容。指出：军队“在无产阶级革命事业中一直起着重要作用，在社会主义文化大革命中也要起重要作用”。4月19日，《人民日报》在头版全文转载了这篇社论。《红旗》第4期也作了转载。

同　日　《人民日报》报道：全国物资工作会议最近在北京召开。会议从讨论人和物、服务和管理、全局和局部关系中得出结论：物资部门只有突出政治，坚持以毛泽东思想为指针处理人同物的关系，服务和管理的关系，全局和局部的关系，才能从根本上治好见物不见人、抓“管理”不抓服务、顾局部不顾全局的“职业病”，才能建设起一支革命化的物资工作队伍，闯出一条中国式的社会主义的物资管理工作的道路。物资管理部部长袁宝华在总结发言中指出：突出政治是全民的大事。物资工作突出政治有自己的特殊矛盾，但解决矛盾的原则和所有部门一样，只能靠学习毛主席著作，狠抓阶级斗争。他要求物资部门各级领导干部要从自己的思想革命化做起，带动物资工作队伍、物资工作的革命化。

4月20日　我国对外文协举行常务理事会。理事会议决定将中国人民对外文化协会改组为中国人民对外文化友好协会，推选楚图南为会长。

4月20日—24日　亚非新闻工作者协会书记处第四次全体会议（扩大）在北京举行。出席会议的有19个国家和地区的代表团。亚非记协总书记查禾多主持开幕式，并在会上作了报告，随后会议进行了充分和热烈的讨论。北京市副市长万里在开幕式上讲话，说："会议不仅将加强亚非新闻工作者之间的友谊，而且将有助于增进亚非人民之间的团结，对世界人民的反帝事业做出贡献。"我国新闻工作者代表团团长梅益22日在会议上发言，强调指出，全世界人民为了最大限度地孤立和打击美帝国主义，有必要进一步扩大和加强反对美帝国主义及其走狗的国际统一战线。他说，这应当是一条最广泛最真实的国际反美统一战线，它应以全世界革命人民的团结为基础，决不能包括美帝国主义的走狗、帮凶和同谋者。24日举行了闭幕式。会议宣布接受老挝、阿联、刚果（利）、巴勒斯坦、莫桑比克、旅日朝鲜侨民等6个新闻工作者组织为亚非新闻工作者协会会员。至此，协会会员国已由47个增加到53个。会议还一致通过一系列关于政治问题的决议和呼吁书，支持越南人民、刚果（利）、巴勒斯坦以及全世界人民的正义斗争，谴责美帝侵略越南的罪行和印尼法西斯军事政权狂暴野蛮的恐怖运动。会议一致决定支持书记处常驻书记所作的关于暂时撤离雅加达的决定，并一致决定在举行第二次亚非新闻工作者会议之前，书记处在北京工作。25、26日，朱德委员长、陈毅副总理先后接见了查禾多和各国新闻界代表。

4月24日—5月1日　李先念副总理应柬埔寨王国政府邀请，前往柬埔寨进行友好访问。4月29日，中柬签订中柬经济文化合作协定。李先念副总理和柬埔寨副首相兼经济事务、财政和计划统筹大臣宋双代表两国政府在协定上签字并发表讲话。

4月25日　外交部向印尼驻华大使馆递交照会。就4月21日和23日印尼武装部队配合暴徒强占中国大使馆武官处和袭击大使馆宿舍的极端严重事件，提出最强烈的抗议。照会严正指出：最近连续发生的中国代表机构被袭击和被强占的严重事件，完全是印尼政府一手制造的。要求印尼政府立即撤走强占中国外交代表机构的军人和暴徒，赔偿损失，保证今后不再发生类似事件。

同　日　新华社报道我军释放战俘的新闻。中国人民解放军有关部门，最近全部释放了去年8月6日海战中被我击沉的美制蒋舰“剑门号”和“章江号”上的33名落水被俘的蒋帮海军人员。

4月26日　《关于整顿农村集市交易所和统一市场管理的报告》发布。《报告》由国务院财贸办公室转发中央工商行政管理局，报告内容指出，目前，在农村集市上的交易所，有粮食、供销、水产、食品、木材等业务部门为开展计划外收购和组织余缺调剂设立的；有市场管理部门为方便农民购销和加强市场管理设立的；有社队、集镇街道为了“找外快”和安置闲散人员设立的。南方一些地方在社会主义改造中，把旧牙行、旧货栈、以至集市上的旧牙行也改造成了一批交易所。由于多头乱设，不少地方交易所林立。许多交易所人员臃肿，养活了一大批应该参加农业生产却吃集市饭的人。在交易人员中，混杂着不少坏人。不少地方的交易所，为了弄钱，不仅收费的名目多，费率高，甚至欺行霸市，吃好汉股。有许多交易所只管收费，不管交易是否正当，使投机倒把分子钻了空子。《报告》认为，交易所这种形式是旧社会的残余，应当逐步代替，不应加以提倡，必须彻底整顿。《报告》提出整顿的方针是：砍掉一批，裁并一批，精减人员，统一管理。根据需要，在较大的集镇统一设立综合性的农民服务部，由工商行政管理部门统一领导管理。农民服务部的任务是：为农民交易提供服务，组织余缺调剂；协调国营商业和供销合作社在集市上收购某些农副产品；宣传政策，协助市场管理，监督投机违法活动。不准自己做买卖。《报告》要求坚决贯彻执行本年4月10日中央和国务院的指示，以革命的精神整顿不合理的收费；改变多头分管、各自为政的情况。

4月26日—5月11日　阿尔巴尼亚党政代表团访问中国。代表团由阿尔巴尼亚劳动党中央委员会政治局委员、部长会议主席穆罕默德·谢胡率领，26日到达昆明，28日到达北京。《人民日报》4月28日发表社论：《中阿两国人民的革命友谊万岁！——热烈欢迎以谢胡同志为首的阿尔巴尼亚党政代表团》。谢胡抵京时，前往机场欢迎的有刘少奇、周恩来、朱德、邓小平等。当日下午，刘少奇、宋庆龄、周恩来、朱德、邓小平会见了由谢胡率领的代表团全体成员。刘少奇、周恩来同谢胡举行了会谈。并于当天晚上举行欢迎宴会。30日，首都各界10万人举行盛大集会热烈欢迎阿党政代表团。周恩来和谢胡分别在大会上讲话。5月11日，双方发表联合声明，宣布双方在讨论的所有问题上观点完全一致。

5月1日　首都300万人同党和国家领导人共庆"五一"国际劳动节。《人民日报》发表社论：《坚持突出政治，促进工业生产建设的新高潮——庆祝"五一"国际劳动节》。出席活动的领导有：刘少奇、宋庆龄、董必武、朱德、周恩来、邓小平等。

5月3日　第一批国产新型"红旗"高级轿车近日在长春第一汽车制造厂制成出厂。

5月4日　《解放军报》发表社论：《千万不要忘记阶级斗争》。社论认为，当前文化战线上的大论战是一场尖锐的阶级斗争，同吴晗等"一小撮反党反社会主义分子"的斗争是一场你死我活的斗争，"这是现阶段我国社会主义革命深入发展的关键问题，是关系全局的问题，是关系到我们党和国家命运和前途的头等大事，也是关系到世界革命的一件头等大事"。

同　日　外交部照会印度政府驳斥诬蔑中国入侵等谰言。照会指出，印度政府来照指责中国入侵印度领土，违背诺言和科伦坡建议的规定，这完全是无稽之谈。照会强调指出，3年来，印方不仅没有对中国谋求缓和局势的主动措施做出任何积极响应，反而在中印和中国——锡金边境不断入侵挑衅，破坏了中印边界实际控制线中国一边的20公里非军事区，甚至多次侵入了朗久、扯冬、乌热等中国主动不设民政检查站的地区。面对这种严重情况，中国政府当然要采取必要的警戒和自卫措施。印度政府妄图曲解中国的主动后撤措施，要中国对印方的扩张主义和侵略政策一味忍让，不加制止，那是绝对办不到的。

5月4日—26日　中共中央政治局扩大会议在北京举行。出席会议的有中央政治局委员和有关单位负责人76人，其中包括“文件起草小组”提议增加的江青、张春桥、关锋、戚本禹等人。毛泽东未到会，刘少奇主持会议。事先，毛泽东主持起草了《中共中央通知(草稿)》，对彭真主持制定的《二月提纲》做了彻底否定和批判。他还召集中央政治局常委扩大会议，决定撤销《二月提纲》，撤销以彭真为组长的“文化革命五人小组”，并基本通过了中央《通知》的草稿。5月政治局扩大会议就是按照毛泽东召集的中央政治局常委扩大会议的决定进行的。会后由康生向毛泽东汇报请示。会议的主要内容是：康生传达毛泽东的一系列意见，介绍中共中央通知的起草情况；对彭真、罗瑞卿、陆定一、杨尚昆进行揭发批判，并做出相应的组织处理决定；讨论通过《中国共产党中央委员会通知》（即“五一六通知”）；撤销以彭真为组长的“文化革命五人小组”及其办事机构，重新设立中央文化革命小组，隶属于中央政治局常委之下。会议的第一项活动是召开介绍情况的座谈会，康生在5日下午和6日上午发言，传达了毛泽东1962年9月，特别是1965年11月以来批判彭真和陆定一，要解散中央宣传部和中共北京市委，提出开展文化大革命，号召向中央进攻的一系列指示。介绍了《中国共产党中央委员会通知》的起草经过。他还介绍了个人的认识和体会。他在传达毛泽东1966年3月底的3次讲话后说：“我个人体会，毛主席这3次谈话，概括起来是两条：一条是批评彭真、中宣部包庇右派，压制‘左派’，不准革命；第二条是给任务，要支持‘左派’，建立新的文化学术队伍，进行文化大革命。贯穿一个中心问题是中央到底出不出修正主义？出了怎么办？现在已经出了。”6日下午，张春桥在座谈会上发言，他发言的矛头对准陆定一、周扬、林默涵、邵荃麟，主要针对彭真和北京市委。16日，会议通过了《中国共产党中央委员会通知》，批转了中央工作小组4月30日《关于罗瑞卿同志错误问题的报告》。18日，林彪在大会上发表讲话；19日和20日，彭真、陆定一分别做了检查。23日和24日，通过了有关组织处理决定。26日，刘少奇发言作了自我批评。5月中央政治局扩大会议及其通过的“五一六通知”，标志着“文化大革命”的发动。

5月5日　毛泽东会见以谢胡为团长的阿尔巴尼亚党政代表团。参加会见的有周恩来、林彪、邓小平、伍修权。毛泽东在会见时说：“头一个可能是反革命专政，反革命复辟。把这个放在头一种可能，我们就有点着急了，不然就不着急，太平无事。如果你不着急，太平无事，那就好了？才不是那样。光明的一面现在看出来了，还有更主要的一面，有黑暗的一面。他们在做地下工作。列宁讲过，被打败了的剥削阶级长期还强于胜利的无产阶级。列宁又讲，农民、小资产阶级每日、每时都生长资本主义。打败了的阶级是哪些人？帝国主义、封建主义、资本主义。而群众就是工人、农民、城市小资产阶级。还有中国的民族资产阶级和他们的知识分子，我们都包进来了。还有地主阶级的儿女。过去我们的大学生大多数是资产阶级、地主阶级的儿女；工人、贫农、下中农都进不起学校，小学都进不上，进上小学进不上中学，何况进大学？旧的知识分子至少有几百万人。群众的文化教育掌握在他们手里，我们没有掌握。那么多小学，我们没有小学教员，只好用国民党留下来的小学教员。我们也没有自己的中学教员、大学教授、工程师、演员、画家，也没有搞出版社和开书店的人员。那些旧人有一部分钻到党内来，暂时潜伏不动，待机而起。等于赫鲁晓夫潜伏不动，待机而起一样。”毛泽东又说：“第二个可能就是剥笋政策，一层一层地剥掉，剩下的是好的，把坏的剥掉。从1921年到1966年45年了，我们就初步地剥了一遍，剥掉了不少反动的：陈独秀、瞿秋白、李立三、王明、张国焘、张闻天、高岗、饶漱石、彭德怀、罗瑞卿、彭真等等前后几十个中央委员，还有睡在我们身边没有发现的。”

5月7日　毛泽东致信林彪（即《五七指示》）。1966年5月6日，林彪给毛泽东送去中央军委总后勤部《关于进一步搞好部队农副业生产的报告》，毛泽东7日复信林彪，信中说：“人民解放军应该是一个大学校。这个大学校，要学政治，学军事，学文化，又能从事农副业生产，又能办一些中小工厂。生产自己需要的若干产品和与国家等价交换的产品。这个大学校，又能从事群众工作，参加工厂、农村的社会主义教育运动；社会主义教育运动完了，随时都有群众工作可做，使军民永远打成一片；又要随时参加批判资产阶级的文化革命斗争。这样，军学、军农、军工、军民这几项都可以兼起来。当然，要调配适当，要有主有从，农、工、民三项，一个部队只能兼一项或几项，不能同时都兼起来。这样，几百万军队所起的作用就是很大的了。工人以工为主，也要兼学军事、政治、文化，也要搞社会主义教育运动，也要批判资产阶级。在有条件的地方，也要从事农副业生产，例如大庆油田那样。公社农民以农为主（包括林、牧、副、渔），也要兼学军事、政治、文化，在有条件的时候，也要由集体办些小工厂，也要批判资产阶级。学生也是这样，以学为主，兼学别样，即不但学文，也要学工、学农、学军，也要批判资产阶级，学制要缩短，教育要革命，资产阶级知识分子统治我们学校的现象，再也不能继续下去了。商业、服务行业、党政机关工作人员，凡有条件的，也要这样做。”8月1日，《人民日报》发表社论：《全国都应该成为毛泽东思想的大学校》，正式公布了毛泽东的上述指示。社论指出：毛泽东同志提出的各行各业都要办成亦工亦农、亦文亦武的革命化大学校的思想，就是我们的纲领。按照这个纲领去做，就可以促使人的思想革命化，能够更快地铲除资本主义、修正主义的社会基础和思想基础，逐步缩小三大差别，培养出亿万共产主义新人。

5月8日　《解放军报》发表署名高炬的文章：《向反党反社会主义的黑线开火》。文章写道，为了保证社会主义建设和防止资本主义复辟，必须在政治战线、经济战线、思想战线和文化战线上，把社会主义革命进行到底。千万不可忽视意识形态领域里的敌人。文章的批判矛头集中在邓拓、吴晗、廖沫沙等人及《北京日报》、《前线》等报刊，文章无限上纲，称：“一定不会放过一切牛鬼蛇神，一定要向反党反社会主义的黑线开火，把文化大革命进行到底。”

5月9日　中国首次成功地进行了含有热核材料的核爆炸。这次核爆炸是在北京时间16时在我国西部地区上空进行的。同日发表的新闻公报再次重申，中国在任何时候、任何情况下，都不会首先使用核武器。中国人民衷心希望核战争永远不会发生。中国人民和中国政府将一如既往，坚定不移地为全面禁止和彻底销毁核武器的崇高目标而共同奋斗。

同　日　国家计委、国家建委向中共中央和周恩来提交《关于老基地、老企业支援新厂建设的几点建议》。建议认为，一年来三线建设中许多重点企业采用以老带新的办法，实践证明它不仅可以加快新厂矿的建设进展，而且可以发挥老厂矿的潜力。建议要求老基地、老厂矿对新厂建设要从筹建、施工到建成投产，一包到底。具体的任务是：一、为新厂配备领导班子和技术骨干；二、为新厂提供设备和材料。凡是新厂需要的，支援和包建单位能够调出来的就调出来，能够制造与配套的帮助制造与配套；三、为新厂承担试验研究工作和提供技术资料，以及投产初期必需的备件备品，使新厂投产后能够很快地出产品。

5月10日　《人民日报》公开发表周恩来4月10日对巴基斯坦《黎明报》记者谈关于中国对美国政策的4句话。周恩来谈话的要点是：一、中国不会主动挑起对美国的战争。二、中国人说话是算数的。那就是，如果亚洲、非洲或世界上任何国家遭到以美国为首的帝国主义的侵略，中国政府和中国人民是一定要给予支持和援助的。三、中国是做了准备的，如果美国把战争强加于中国，不论它来多少人，用什么武器，包括核武器在内，可以肯定地说，它将进得来，出不去。四、战争打起来，就没有界限。你能从空中来，难道我们不能从陆上去吗？

同　日　共青团中央复信苏联共青团中央，拒绝出席苏联共青团第十五次代表大会。复信说，你们这次代表大会就是为了贯彻执行苏共二十三大的修正主义路线。你们现在正在遵照苏共领导集团的旨意，疯狂大搞反华运动，你们对我们的邀请完全是别有用心的。

同　日　《文汇报》、《解放日报》同时发表姚文元文章：《评

三家村——〈燕山夜话〉、〈三家村札记〉的反动本质》。文章断章取义，罗织莫须有罪名，宣称，“三家村”配合帝修反反华浪潮，利令智昏地估计新中国“就要结束了”，无产阶级专政会被反社会主义的逆流冲倒，代之而起的将是修正主义的天下，因此，向党和社会主义发动全面进攻。用“历史”、“学问”、“兴趣”打掩护，推行“和平演变”。文章说，“三家村”这个黑店是资本主义复辟的一个重要巢穴，内藏毒蛇，必须彻底弄清它，捣毁它，彻底闹革命，这就是我们当前的战斗任务。11日，全国各报刊均转载了这篇文章。

5月12日　国防部发言人发表谈话。就美机5架于本日侵入我云南地区上空，击落我训练飞行的飞机1架事件，严厉谴责美帝国主义的战争挑衅行为，并提出最强烈抗议。13日，《人民日报》发表社论：《伟大的中国人民不是好惹的》。

5月13日　外交部发表声明。声明就泰国政府宣布将派兵进入南越作战一事，坚决声讨泰国充当美帝帮凶的侵略行为。

5月14日　中共中央华北局向北京市委派出工作组，协助北京市委开展“文化大革命”。

同　日　《人民日报》发表林杰的文章：《揭破邓拓反党反社会主义的面目》。本日和16日，首都报纸发表文章和读者来信，批判电影《红日》和《舞台姐妹》。

5月16日　中共中央政治局扩大会议通过《中国共产党中央委员会通知》（即“五一六通知”）。通知宣布撤销原来的“文化革命五人小组”及其办事机构，重新设立文化革命小组。通知说：《二月提纲》模糊了当前文化思想战线上的尖锐的阶级斗争，特别是模糊了这场大斗争的目的是对吴晗及其他一大批反党反社会主义的资产阶级代表人物（中央和中央各机关，各省、市、自治区，都有这样一批资产阶级代表人物）的批判。通知批判了提纲提出的“在真理面前人人平等”的观点。通知指出，正当这场斗争刚刚开始，但是绝大多数党委对于这场伟大斗争的领导还很不理解，很不认真，很不得力的时候，提纲却反复强调斗争中要所谓“有领导”、要

“慎重”，这些都是要给无产阶级文化革命设置重重障碍。通知断言，这个提纲是反对把社会主义革命进行到底，反对以毛泽东同志为首的党中央的文化革命路线，打击无产阶级“左派”，包庇资产阶级右派，为资产阶级复辟作舆论准备。是彻头彻尾的修正主义。同这条修正主义路线的斗争，是关系我们党和国家的命运、前途和将来的面貌，也是关系世界革命的一件头等大事。通知号召：“高举无产阶级文化革命的大旗，彻底揭露那批反党反社会主义的所谓‘学术权威’的资产阶级反动立场，彻底批判学术界、教育界、新闻界、文艺界、出版界的资产阶级反动思想，夺取在这些文化领域中的领导权。而要做到这一点，必须同时批判混进党里、政府里、军队里和文化领域各界里的资产阶级代表人物，清洗这些人，有些则要调动他们的职务。”通知最后警告说：“混进党里、政府里、军队里和各种文化界的资产阶级代表人物，是一批反革命的修正主义分子，一旦时机成熟，他们就会要夺取政权，由无产阶级专政变为资产阶级专政。这些人物，有些已被我们识破了，有些则还没有被识破，有些正在受到我们信用，被培养为我们的接班人，例如赫鲁晓夫那样的人物，他们现正睡在我们的身旁，各级党委必须充分注意这一点。

同　日　中共中央批转中央工作小组《关于罗瑞卿同志错误问题的报告》。批文说，中央同意这个报告。中央认为，罗瑞卿同志的错误，是用资产阶级军事路线反对无产阶级军事路线的错误，是用修正主义反对马克思列宁主义、毛泽东思想的错误，是反对党中央、反对毛主席、反对林彪同志的错误。是资产阶级个人主义野心家篡军反党的错误。中央认为，这次小组会议开得很好。贯彻执行了惩前毖后、治病救人的方针，摆事实，讲道理，对罗瑞卿同志进行了耐心教育和严肃批判。罗瑞卿同志不仅不认真检讨自己的错误，反而于3月18日跳楼自杀（受伤），走上了自绝于党、自绝于人民的道路。鉴于罗瑞卿同志的错误极端严重，中央决定停止罗瑞卿同志的党中央书记处书记、国务院副总理的职务，以后再提请中央全会决定。

5月18日　林彪在中央政治局扩大会议上发表讲话（即“五一八”讲话）。林彪在讲话中说，这次揭发、解决彭罗陆杨问题，是防止反革命政变、防止颠覆的大事。“革命的根本问题是政权问题。有了政权，无产阶级、劳动人民，就有了一切。没有政权，就丧失一切”。“要念念不忘政权。忘记了政权，就是忘记了政治，忘记了马克思主义的根本观点，变成了经济主义、无政府主义、空想主义。那就是糊涂人，脑袋掉了，还不知道怎么掉的”。“毛主席最近几个月，特别注意防止反革命政变，采取了很多措施。罗瑞卿问题发生后，谈过这个问题。这次彭真问题发生后，毛主席又找人谈这个问题。调兵遣将，防止反革命政变，防止他们占领我们的要害部位、电台、广播电台，军队和公安系统都做了部署。……毛主席为了这件事，多少天没有睡好觉。这是很深刻很严重的问题”。接着林彪列举了数十起国内外历史上的政变例子，说：“最近有很多鬼事、鬼现象，要引起注意，可能发生反革命政变，要杀人，要篡夺政权，要搞资产阶级复辟，要把社会主义这一套搞掉。”“16年来，思想战线我们没有去占领，这样下去，人家就不投我们的票，不投毛主席的票，而投他们的票，打起仗来，人家就会跟他们走，拿起枪来打我们。笔杆子、枪杆子，夺取政权靠这两杆子。”“我们一定要严重注意资本主义复辟这个重要问题，不要忘掉这个问题，而要念念不忘。要念念不忘阶级斗争，念念不忘无产阶级专政，念念不忘突出政治，念念不忘高举毛泽东思想伟大红旗。不然的话，就是糊涂虫。”“毛主席所经历的事情，比马克思、恩格斯、列宁都多得多，……毛主席在全国、在全世界有最高的威望，是最卓越、最伟大的人物。毛主席的言论、文章和革命实践都表现出他的伟大的无产阶级的天才。”“毛主席活到哪一天，九十岁、一百多岁，都是我们党的最高领袖，他的话都是我们行动的准则。谁反对他，全党共诛之，全国共讨之。在他身后，如果有谁作赫鲁晓夫那样的秘密报告，一定是野心家，一定是大坏蛋，全党共诛之，全国共讨之。”9月22日，中央发出关于印发林彪五一八讲话的通知。通知说，林彪的讲话“是一个极为重要的马克思列宁主义文件。林彪同志根据毛泽东同志关于社会主义时期阶级和阶级斗争的理论，根据党内两条路线斗争的严重事实，根据国际无产阶级专政的历史教训，特别是苏联赫鲁晓夫修正主义集团篡党、篡政、篡军的教训，对如何巩固无产阶级专政、防止反革命政变、反革命颠覆的问题作了系统的精确的阐述。”“是活学活用毛泽东思想的典范，是指导无产阶级文化大革命的一个重要文件。全党全军都应当认真学习，认真讨论，认真领会，把它运用到文化革命和一切行动中去。”毛泽东对林彪的这一讲话感觉不安，但为不给左派泼凉水，同意中央印发这一讲话（详见7月8日毛泽东给江青的信）。

同　日　外交部照会印度尼西亚驻华大使馆。照会驳斥印尼政府5日来照妄图抵赖反华排华的罪责。并通知印尼政府，我国政府决定派船接回自愿返国的受害华侨。

同　日　北京市委书记邓拓去世。邓拓，1912年生，笔名马南邨。湖南省闽侯县人。1930年加入中国共产党。新中国成立后，任《人民日报》社长兼总编辑。1958年任北京市委文教书记。1960年起兼任中共华北局书记处候补书记，同时主编理论刊物《前线》。中共八大代表，第一、二、三届全国人大代表。1966年初被诬陷为反革命修正主义分子，“三家村”冤案的主要受害人之一。“文化大革命”开始后遭受残酷迫害，愤然离世。1979年8月，经中央批准，北京市委正式决定为邓拓平反，恢复名誉。

5月21日　中共中央转发教育部党组《关于全国城市半工半读教育会议的报告》。中央在批示中指出，近几年来试行的半工（农）半读教育制度，为我国深入开展教育革命，培养体力劳动和脑力劳动逐步结合的新型劳动者，开辟了广阔的道路。试行半工半读教育，要坚决地全面地贯彻执行毛主席提出的教育方针，坚持培养有社会主义觉悟的有文化的劳动者这一根本目标。城市半工半读教育，必须坚持5年试验，10年推广的方针。试验可以多种多样，要积极认真，使学生真正能够劳动，真正能够读书，并且要抓好各种典型，总结出比较系统和完整的经验，分别不同情况逐步推广。

5月23日　中共中央政治局扩大会议做出5条决定。其决定内容是：一、停止彭真同志、陆定一同志、罗瑞卿同志的中央书记处书记的职务，停止杨尚昆同志的中央书记处候补书记的职务，以后提请中央全会追认和决定。二、撤销彭真同志的北京市委第一书记和市长的职务；撤销陆定一同志的中央宣传部长的职务。三、调陶铸同志担任中央书记处常务书记，并兼任中央宣传部部长；调叶剑英同志担任中央书记处书记，并兼任中央军委秘书长。他们的中央书记处书记的职务，以后提请中央全会追任和决定。四、李雪峰同志兼任北京市委第一书记。五、上述决定，地方通知到县委以上，军队通知到团级以上。

同　日　中共中央办公厅副主任田家英去世。田家英，1922年生，四川省成都市人。1938年加入中国共产党。1948年起任毛泽东的秘书。中华人民共和国成立后，历任中央办公厅秘书室主任、中央政治局主席秘书、中华人民共和国主席办公厅副主任、中央政治研究室副主任、中央办公厅副主任。长期参加《毛泽东选集》一—四卷的编辑、注释和出版工作，参加中共中央文件的起草工作。1954年参加中华人民共和国第一部宪法的起草工作，1956年参加起草中共八大文件。中共八大代表和第三届全国人大代表。"文化大革命"初期受到迫害，含冤去世。

5月24日　中央政治局扩大会议做出关于陆定一与杨尚昆错误问题的说明。其内容是：会议决定，中央成立专案审查委员会，进一步审查彭、陆、罗、杨4同志的反党活动和他们之间的不正常关系。彭、罗错误问题的材料已发。关于陆定一和杨尚昆同志错误的问题，可以先作如下说明：一、关于陆定一同志的问题。说明指出，陆定一同志的妻子严慰冰是现行反革命分子。从1960年3月到1966年1月，连续写了几十封反党反革命的匿名信，其中90%是集中攻击和辱骂林彪和他的一家的。大量的材料证明，陆定一同严慰冰的反革命案件是有密切牵连的。这几年来，陆定一有机会就猖狂地反对毛泽东思想，把活学活用当代马克思列宁主义的顶峰毛泽东思想，骂成是"实用主义"、"庸俗化"、"简单化"。他还到处大反斯大林，大反所谓"教条主义"。在文化革命的问题上，陆定一的立场和观点是同彭真完全一致的。二、关于杨尚昆同志的问题。说明指出，杨尚昆同志的主要错误是，背着中央，私设窃听器；严重地泄露党的核心机密；与罗瑞卿等人的关系极不正常，积极参加了反党活动。1979年6月8日和1980年10月23日，中共中央和中央办公厅先后发出文件，宣布为陆定一、杨尚昆当年所受的错误处理彻底平反。

5月25日　北京大学贴出大字报。北京大学哲学系聂元梓、宋一秀、夏剑豸、杨克明、赵正义、高云鹏、李醒尘等7人，在大饭厅东墙外贴出题为：《宋硕、陆平、彭珮云在文化革命中究竟干了什么?》的大字报。大字报说，现在全国人民掀起轰轰烈烈的文化大革命，可是北大按兵不动，冷冷清清，死气沉沉，广大师生的强烈革命要求被压制下来，这里有鬼。大字报批判说，宋硕等人想把革命的群众运动纳入修正主义轨道，"引导"群众不开大会，不出大字报，制造种种清规戒律，压制群众革命。大字报号召，打破修正主义的种种控制和一切阴谋诡计，坚决、彻底、干净、全部地消灭一切牛鬼蛇神、一切赫鲁晓夫式的反革命修正主义分子，把社会主义革命进行到底（注：宋硕——当时任北京市委大学部副部长；陆平——当时任北京大学校长、党委书记；彭珮云——当时任北京大学党委副书记）。这篇大字报是在康生、曹轶欧的支持下写出的。5月14日，康生背着党中央，派自己的妻子曹轶欧带了一个"中央理论小组调查组"，以"调查文化大革命情况"为名进入北京大学。曹轶欧背着北京大学党委，找人秘密谈话。她找到当时哲学系党总支书记聂元梓，向她透露中央正在进行的政治局扩大会议精神，煽动她反对北大党委，并授意"从北大点火，往上搞"。后来，由调查组的一个成员串联，教师杨克明等人拟稿，聂元梓带头签名，抛出了这张大字报。大字报贴出后，遭到了北京大学广大师生员工的普遍反对。当晚，李雪峰到北大讲话，指出，党有党纪，国有国法，要遵守纪律，内外有别，"斗争要有组织纪律，不要弄得乱七八糟"。翌日，周恩来派张彦到北大，强调指出贴大字报要严格遵守内外有别的原则，实际上是批评了聂元梓等人的做法。在这种情况下，康生背着在京主持工作的刘少奇、邓小平、周恩来等人，把大字报的底稿送给了在外地的毛泽东。毛泽东看到大字报后，决定向全国广播，他在6月1日对这份大字报写了批语："此文可以由新华社全文广播，在全国报刊发表，十分必要。北京大学这个反动堡垒从此可以开始打破。"其后，毛泽东还将这份大字报誉为"全国第一张马列主义大字报"。大字报于6月1日向全国广播以后，引起强烈震动，"文化大革命"急剧升级。它的直接后果是导致中共北京大学党委和北京市委成为运动中最先被冲垮的党组织，并由此开了"踢开党委闹革命"的先例。

5月28日　中共中央发出关于中央文化革命小组名单的通知。通知说：中央决定设立中央文化革命小组，隶属于政治局常委领导下，现将中央文化革命小组名单通知你们。组长：陈伯达。顾问：康生。副组长：江青、王任重、刘志坚、张春桥。组员：谢镗忠、尹达、王力、关锋、戚本禹、穆欣、姚文元。华北、东北、西北、西南四大区参加的成员（四人）确定后，另行通知。8月2日，中共中央通知，决定陶铸同志兼任中央文化革命小组顾问。8月30日，中央又发出通知："陈伯达同志因病经中央批准休息。在陈伯达同志病假期间或今后离京外出工作期间，他所担任的中央文化革命小组组长职务，由第一副组长江青同志代理。"中央文革小组成立后不久的一段时间里，陶铸、王任重、刘志坚、谢镗忠、尹达、穆欣便相继因受迫害离开中央文革小组。中央文革小组完全为江青等控制，掌握了中央很大权力，利用和助长"左"倾错误，造成极大危害。

5月29日　清华大学附中学生酝酿成立红卫兵组织。这一天后来被视为红卫兵的诞生日。6月2日，清华附中正式贴出署名"红卫兵"的大字报，表示"坚决将无产阶级文化大革命进行到底"。清华附中的卜大华等100多人在"红卫兵"三个字后面签了名。随后，北京各中学学生纷纷涌到清华附中观看大字报，并纷纷以某校红卫兵的署名来表示对清华附中红卫兵的支持。"红卫兵"这一名称不胫而走，出现在各个大中学校校园。

同　日　新华社报道我国防部发言人抗议美国海盗行为。新华社报道：我国防部发言人就美国军用飞机28日在北部湾公海渔场袭击我渔船、打死打伤我渔民20多人的海盗行为，表示最强烈的抗议。次日，《人民日报》发表评论员文章：《记下这笔血债》。

5月30日　刘少奇、周恩来、邓小平就组织临时工作组一事写信向毛泽东请示。信中写道：“拟组织临时工作组，在陈伯达同志直接领导下，到报馆（《人民日报》社）掌握报纸的每天版面，同时指导新华社和广播电台的对外新闻。”毛泽东当日批示：“同意这样做”。31日，陈伯达率临时工作组进驻《人民日报》社。

6月1日　《人民日报》发表《横扫一切牛鬼蛇神》的社论。这篇社论是由陈伯达审定的，社论初稿的题目为《再接再厉，把无产阶级文化大革命进行到底》。社论说，在短短的几个月内，在党中央和毛主席的战斗号召下，亿万工农兵群众、广大革命干部和革命的知识分子，以毛泽东思想为武器，横扫盘踞在思想文化阵地上的大量牛鬼蛇神。其势如暴风骤雨，迅猛异常，打碎了多少年来剥削阶级强加在他们身上的精神枷锁，把所谓资产阶级的“专家”、“学者”、“权威”、“祖师爷”打得落花流水，使他们威风扫地。社论将《五一六通知》和林彪的五一八讲话的部分内容散布出来。社论写道，这种文化革命，只有在无产阶级夺得政权以后，才能开辟最广阔的道路。“目前，我国无产阶级文化大革命的规模和声势，在人类历史上还不曾有过，它的威力之大，来势之猛，在运动中所迸发出的劳动人民无限的智慧，远远超出了资产阶级老爷们的想象”。它必将对世界的现在和未来，发生不可估量的影响。

同　日　中央人民广播电台于晚间向全国播发了聂元梓等人的大字报。这是根据毛泽东的指示播发的。当晚，以张承先为组长的工作组进入北京大学。

同　日　中共中央批准高等教育部《关于改进1966年高等学校招生工作的请示报告》。《报告》提出，招收新生工作下放到各大区或省市自治区办理。继续采取推荐与考试相结合的办法，招收经过三大革命运动锻炼的，具有高中毕业文化程度的工农青年等入学。文科取消分数分段录取。同时，还对坚持阶级路线、保证重点学校招生质量、考试办法等作了规定。7月24日，这一报告被决定停止执行。

同　日　中法两国政府在巴黎签订中法航空交通协定，并发表新闻公报。

6月2日　《人民日报》发表评论员文章：《欢呼北大的一张大字报》。这篇文章是配合转载聂元梓等的大字报而发的。文章称，北京大学是“三家村”黑帮的一个重要据点，是他们反党反社会主义的顽固堡垒。文章攻击北大党委“不是真共产党，而是假共产党，是修正主义的‘党’。你们的‘组织’就是反党集团”，文章号召说，要“把他们的黑帮、黑组织、黑纪律彻底摧毁”。8月5日，毛泽东在这篇文章中加了一段注：“危害革命的错误领导，不应当无条件接受，而应当坚决抵制，在这次文化大革命中广大革命师生及革命干部对于错误的领导，要广泛地进行抵制。”《人民日报》同日还发表题为《触及人们灵魂的大革命》的社论。社论说，是真赞成还是反对社会主义革命，必然要在对待无产阶级文化革命这个问题上表现出来。这是触及到人们灵魂的问题，是两个敌对的世界观的斗争。社论说，当前在思想文化战线上进行的这一场尖锐的阶级斗争，就是从思想上粉碎资本主义复辟阴谋的斗争。应该重视思想的作用。不承认思想的作用，是庸俗、机械的唯物论。社论提出，当前这场斗争，完全是资产阶级代表人物挑起的，而且他们是准备并进行多年了。我们想避免也避免不了。斗争就是生活。你不消灭它，它就消灭你。

6月3日　刘少奇主持中央政治局常委扩大会议拟定关于运动的“八条规定”。当时，中央曾指示各级党委“不仅参加运动，而且要负起领导责任”，但由于各校党组织普遍受到冲击，月初，中央决定向大中学校派出工作组，力求使运动有领导地进行。3日，又做出了“八条规定”，其主要内容是：内外有别；大字报不要上街；开会要在校内开，不要开大规模的声讨会；不要上街示威游行；不要串联；不要包围黑帮住宅；防止坏人破坏；注意保密。这八条规定没有形成成文的规定，而是口头传达下去。在这期间，毛泽东在杭州，刘少奇多次给毛泽东打电话请示汇报，没有得到明确的答复。4日，刘少奇、邓小平乘专机去杭州向毛泽东汇报情况，并请毛泽东回京主持工作，毛泽东委托刘少奇相机处理运动问题。

同　日　中共中央决定改组北京市委。中共中央决定：由中共中央华北局第一书记李雪峰同志兼任北京市委第一书记，调中共吉林省委第一书记吴德同志任北京市委第二书记，对北京市委进行改组。李雪峰、吴德两同志业已到职工作。北京市的社会主义文化大革命的工作，由新市委直接领导。

同　日　北京新市委决定改组北京大学党委。新改组的中共北京市委决定：一、派以张承先为首的工作组到北京大学对社会主义文化大革命进行领导；二、撤销中共北京大学党委书记陆平、副书记彭珮云的一切职务，并对北京大学党委进行改组；三、在北京大学改组期间，由工作组代行党委的职权。又据新华社6月6日讯：新改组的中共北京市委最近做出两项决定，全文如下：中共北京市委决定(1966年5月25日)：一、撤销《北京日报》、《北京晚报》原来的编委会；撤销范瑾的社长职务。二、成立新的《北京日报》、《北京晚报》编委会，领导《北京日报》、《北京晚报》的工作。新的编委会由翟向东、吴象、林青等7同志组成，翟向东任总编辑，吴象、林青任副总编辑。三、撤销《前线》编委会，《前线》暂时停刊，进行整顿。中共北京市委决定（1966年6月3日）：撤销北京市大学科学工作部副部长宋硕的一切职务。

6月4日　北京邮电学院发生驱赶工作组事件。造反派因工作组保护院党委而赶走了进院才4天的工作组。新的工作组进院不到4天又被赶走。工交政治部副主任陶鲁笳13日到北邮讲话，说工作组是革命的，后受到大字报批判。

6月5日　《人民日报》发表社论：《做无产阶级革命派，还是做资产阶级保皇派?》。社论将北京大学党委书记陆平等称为资产阶级保皇派、保皇党，称北京大学的斗争是革命派与保皇派、马列主义与修正主义的斗争。

6月6日　《人民日报》转发《解放军报》同日发表的《关于文化大革命的宣传教育要点》。《人民日报》编者按指出，这个要点分析了当前文化大革命的形势，指出了这场“大革命”的“性质、意义及其深远影响”。《要点》将建国16年来的思想文化战线的历史概括为毛主席的革命路线与反党反社会主义黑线的斗争史。把文化大革命说成是复辟与反复辟的生死斗争，是关系到党和国家的命运、前途，关系到世界革命的头等大事。《要点》号召，要高举毛泽东思想红旗，做彻底的革命派，把无产阶级文化大革命进行到底。

同　日　西安交通大学发生“六六”事件。交大学生要赶走工作组，并贴出大字报，提出省委有黑帮。数十名学生分别到西北局、省委、新华分社等地，提出省委工作组和省委有黑线。西北局办公厅负责人对学生明确宣布：西北局是中央代表机关，陕西省委是西北局领导的，是正确的，省委工作组是革命的。学生们要辨别真假，不要上当。同日晚，驻校工作组开会，认为漂上来一批闹事的“尖子”，出笼一批牛鬼蛇神，要组织队伍追根子。事件发生后，刘少奇、陶铸要《人民日报》写一篇社论，揭露“假左派、真反革命”，陈伯达不同意。7、8、9日3天，交大各系对“尖子”开了大小斗争会，并把学生李世英等人戴上高帽子游校。9日中午，李世英自杀未遂。后来，毛泽东称李世英为“学生领袖”。

6月7日　中共中央、国务院同意全国物价委员会党组《关于调整工业品地区差价的报告》。报告指出，鉴于工业品地区差价相当大，内地、农村价高，沿海、城市价低，为加快内地建设和促进工农业的发展，需要逐步缩小工业品差价。调价原则规定3条：1. 不在沿海、城市调价，而在内地、农村降价；2. 不能打击地方工业；3. 不妨碍各地工业品的相互交流。在今后3年内，调整工业品地区差价的降价金额，控制在6亿元，用以重点解决内地的问题，并给偏远农村和山区以适当的照顾。

同　日　国家计委向周恩来报告《关于第三个五年计划地方小钢铁厂发展规划和产品分配问题》。毛泽东在谈备战时曾提出，要加强军工生产，地方相应地发展一些原材料工业，由此进一步提出关于发展地方小钢铁厂的问题。根据这一指示，国家计委会同冶金工业部对地方小钢铁厂的资源条件和建设条件进行了多次反复研究，并对小矿山的生产和建设情况作了重点调查，综合汇总后草拟了这个报告。报告对建设小钢铁厂的方针、步骤、数量及产品分配都作了具体要求。此后，各地纷纷建立包括小钢铁厂在内的五小企业。

同　日　清华大学造反派贴出大字报反对蒋南翔和校党委。绝大多数党员和党外学生不同意造反派的观点，与少数造反派展开辩论。北京大学的造反派不顾工作组的劝阻，到清华大学支持造反行动，又引起清华学生与他们的辩论。清华派人把北大造反派护送出校，被说成是“押送”出校。6月10日，中共中央书记处决定高教部部长、清华大学校长兼党委书记蒋南翔停职反省。

6月9日　毛泽东在杭州召开的中央工作会议上讲话。毛泽东指示：不要急于派工作组。他还说：“可以不派嘛，乱就乱他一阵”。

同　日　外交部照会印度尼西亚驻华大使馆。严斥印度尼西亚政府5月12日来照中妄图抵赖反华排华暴行和对我国的造谣诬蔑。

6月10日　毛泽东在杭州与胡志明谈话。毛泽东对胡志明说，中国现在也出了修正主义，彭真、罗瑞卿、陆定一、杨尚昆。都是你的朋友，也是我的朋友。你不是问，以前我们知道不知道？我们是知道的，彭真犯过一系列的错误，早几年我已经要撤换他。北京市是个独立王国，谁也不能过问。毛泽东说，一个党不分裂，没有那回事，一切事物都是一分为二的。毛泽东说。我们都是70岁以上的人了，总有一天被马克思请去，接班人究竟是谁。是伯恩斯坦、考茨基，还是赫鲁晓夫，不得而知。要准备，还来得及。总之，是一分为二，不要看现在都是喊“万岁”的。在谈到当前文化大革命时，毛泽东说，我们最近这场斗争，是从去年11月开始的，已经7个多月了，最初，姚文元发难。他是个青年人。讨论清官等问题。你（胡志明）不是赞成清官吗？你说世界上有清官，我就没有见过。无官不贪，只有多少之别。没有真正的清官。……现在我们不搞清官、贪官这件事了。搞文化大革命。搞教育界、文艺界、学术界、哲学界、史学界、出版界、新闻界。毛泽东还说，这次大大小小可能要整倒几百人、几千人。

6月13日　中共中央、国务院决定改革高等学校招生考试办法。

决定指出，“鉴于目前大专学校和高中的文化大革命正在兴起，要把这一运动搞深搞透，没有一定的时间是不行的”。“同时，高等学校招生考试办法，解放以来虽然不断地有所改进，但是基本上没有跳出资产阶级考试制度的框框，不利于贯彻执行党中央和毛主席提出的教育方针，不利于更多地吸收工农兵革命青年进入高等学校。这种考试制度，必须彻底改革。这样也需要有一定的时间来研究和制定新的招生办法。中共中央和国务院考虑到上述情况，决定1966年高等学校招收新生的工作推迟半年进行。”7月24日，中共中央、国务院又发出《关于改革高等学校招生工作的通知》。通知说，从今年起，招生工作下放到省市自治区办理。高等学校招生，取消考试，采取推荐与选拔相结合的办法。高等学校选拔新生，必须坚持政治第一的原则。应该贯彻执行党的阶级路线。本年度高等学校录取新生的时间，从1967年1月1日开始，到1月底结束。通知还决定停止执行中央6月1日批转的高等教育部党委“关于改进1966年高等学校招生工作的请示报告”。

同　日　最高人民法院宣判持刀杀伤外国人的杨国庆死刑。杨国庆持刀杀伤马里新闻工作者代表团团长巴卡里·特拉奥雷和德意志民主共和国驻华大使馆马罗一等秘书的夫人。被杀伤的外国人经过及时的抢救和治疗已恢复健康。

同　日　北京市高级人民法院举行公审印度驻华大使馆间谍分子鲁冠南大会，宣布将其驱逐出境，立即执行。

6月15日　中共中央转发解放军总政治部《关于部队开展社会主义文化大革命几项措施的请示报告》。中共中央在转发批语中指出：“部队在任何情况下，都要保持高度的戒备和集中统一。”《请示报告》的主要内容有：在连队和师以下的战斗部队中，着重进行正面教育；各大单位党委要着重抓好宣传、文化、报刊、院校、出版、科研部门的文化革命，进行思想上和组织上的整顿；凡是确定要夺权的军以上机关的个别单位，须经上级党委批准；军队一律不准上街游行，一般不参加地方的批判大会、声讨大会；总政设立全军文化革命小组及文化革命办公室。

6月16日　关锋、戚本禹诬蔑彭德怀。二人在给陈伯达、康生、江青的一封信中，诬蔑当时仍然是中共中央政治局委员的彭德怀，"到三线以后，还在积极进行不正当活动"，"是修正主义的一面旗帜"，要"彻底清除这个隐患"。

同　日　《人民日报》刊载《南京大学革命师生揪出反党反社会主义的反革命分子匡亚明》并配发社论：《放手发动群众，彻底打倒反革命黑帮》。6月12日，南京大学举行万人大会，揪斗批判校党委书记兼校长匡亚明，罪名是"镇压校内的革命群众运动，走上了反党反社会主义的反革命道路"。随即，中共江苏省委做出撤销匡亚明一切职务的决定。

6月19日　《人民日报》发表林彪《就工业交通战线活学活用毛主席著作写的一封信》。这封信写于1966年3月11日。信中说，工交系统强调政治挂帅，突出政治，把大学毛主席著作作为工交系统全部工作方针的第一项，这种做法很好。

6月20日　中共中央转发北京大学文化革命简报（第九号）。中央在转发批语中说："现将北京大学文化革命简报（第九号）发给你们。中央认为北大工作组处理乱斗现象的办法是正确的，及时的。各单位如果发生这种现象，都可参照北大的办法处理。"北京大学文化革命简报叙述了6月18日发生的乱斗现象。一些人在工作组成员开会之际，揪斗干部、群众40多人，在这些被斗的人当中，有重点人，也有些有问题的党团干部和教师，还有两个反动学生。斗争时，发生了在脸上抹黑、戴高帽子、罚跪、少数人被扭打的现象，并有人侮辱被斗妇女。工作组分析了情况，指出这次事件与运动初期所出现的问题根本不同，坏人搞了我们一下，但坏人也暴露出来了。工作组于当晚召开全体师生员工大会，明确指出避开工作组乱打乱斗的做法是有害于革命运动的行为。并指出这种做法会被而且已被坏人利用，今天事件的发生本身就是一场复杂的阶级斗争。为防止再发生类似情况，工作组还作了一些具体的规定。北京大学"六一八"事件后，陈伯达、江青等先后到北大，以调查文化革命为由，召开座谈会，挑起对"六一八"事件的辩论，鼓动反对工作组，并宣布

"六一八"事件是革命事件。8月5日，根据毛泽东的意见，中央发布文件宣布：中央1966年6月20日批发北京大学文化革命简报（第九号）是错误的，现在中央决定撤销这个文件。

6月21日　清华大学进行"反蒯斗争"。清华大学学生蒯大富率先在清华反对工作组。21日，蒯大富在一张大字报上写下批语："革命的首要问题是夺权斗争，以前权在校党委手里，我们和他们斗，把它夺过来了。现在，权在工作组手里，那我们每个革命左派就应该考虑，这个权是否代表我们，代表我们则拥护，不代表我们，则再夺权。"参加清华工作组的王光美明确指出：蒯大富要夺权。薄一波打电话给工作组指示反击。在24日清华造反派召开的批判工作组会议上，工作组组长叶林批驳说，蒯大富要向工作组夺权，这是一种反革命行为。在"反蒯斗争"中，清华大学有数百人被当做"反革命"和"右派"受到斗争，被斗者有1人自杀身亡。

6月24日—28日　周恩来率领中国党政代表团应邀访问阿尔巴尼亚。访问期间，中国党政代表团与阿尔巴尼亚党政领导人举行了会谈。28日发表了访问公报。25日、29日，《人民日报》先后发表社论：《中阿友谊的又一个高峰》、《中阿战斗友谊万岁》。

6月26日　中共中央批转《文化部为彻底干净搞掉反党反社会主义反毛泽东思想的黑线而斗争的请示报告》。批语中说，请各级党委根据此报告精神，部署本地区文化战线的文化革命运动，中央认为，文化部在报告中所提出的对运动的部署，以及组织坚强的革命化的工作队，举办集训班等办法，是可行的，可供各地各部门参考。文化部的《请示报告》声称，文艺界有一条"又长又粗又深又黑反毛泽东思想的黑线"，要彻底清除。这一报告是江青、张春桥组织人炮制的。

6月30日　刘少奇、邓小平就文化大革命运动部署问题致信毛泽东。信中说，目前文化教育方面的文化大革命运动正在展开，中央和省市领导必须用很大力量领导这个方面的运动。如果工矿企业、基本建设等基层单位一齐动起来，领导上顾不过来，容易出差错。最近工业交通和基本建设的计划完成得不算好，特别是钢、钢材、煤的产量开始下降，质量下降的情况尤为突出，事故增多，基建任务原计划上半年完成40%~45%，现在只能完成35%~36%。因此，在京同志讨论之后，认为文化革命运动的部署方面，重点放在文化教育部门、党政机关。对于工业交通、基建、商业、医院等基层单位，仍按原定的“四清”部署和“二十三条”结合文化大革命进行（上海正在进行“四清”的40万职工的企业，决定以文化革命运动为中心的方法进行，我们已答复同意，看看他们的经验如何，再行推广）。这是一个重要决定，请主席考虑决定。拟了一个通知稿，请审核。信中所说的“通知稿”，即《中共中央、国务院关于工业交通企业和基本建设单位如何开展文化大革命运动的通知》。通知指出，中央认为，工业交通企业和基本建设单位（包括设计、施工单位）的文化大革命，要和“四清”运动结合起来，按照“二十三条”的规定，按照各地原来的部署，分期分批地有领导地有计划地进行。不要打无准备、无把握的仗，不要全国所有厂矿企业一哄而起。否则，不但不能取得文化大革命的成功，而且会使生产建设遭到损害。通知还指出，各级党委必须抓革命、促生产，做到革命和生产建设双胜利。正在进行文化大革命和“四清”运动的单位，要以主要力量抓革命，同时，也要组织一个班子，专门抓生产建设工作。7月2日，毛泽东在此件上批示：“同意你们的意见，应当迅速将此通知发下去。”同日，此通知以中共中央文件中发（66）336号名义下发。

同　日　周恩来视察酒泉运载火箭发射基地，观看中近程火箭发射试验，并祝贺发射成功。

7月1日　中国人民解放军第二炮兵领导机构成立。根据中央军委6月6日决定，7月1日，以原中国人民公安部队领导机构为基础，与军委炮兵管理导弹部队的机构合并，正式成立中国人民解放军第二炮兵领导机关。7月4日，中央军委任命向守志为第二炮兵司令员，李天焕为政治委员。第二炮兵由地地导弹部队组成，是中国实现积极防御战略任务的重要核打击力量。它的基本任务，是协同其他军（兵）种或独立地打击敌方的重要目标。它的建设、部署、调动、特别是作战，都必须极端严格、极端准确地遵照中央军委的命令执行。

7月3日　红旗杂志发表社论：《相信群众，依靠群众》。社论传达了毛泽东的指示："在无产阶级文化大革命中，必须组织、发展无产阶级左派队伍，并且依靠他们发动群众，团结群众，教育群众。""领导与群众相结合是党的领导方法的一个根本原则。在无产阶级文化大革命中，也必须坚持这个原则。"

7月6日　我国独立编算的1969年和1970年天文年历已胜利完成。据新华社报道：天文年历是经济建设需要的一种重要工具书，世界上只有少数几个国家能够独立编算。

7月8日　毛泽东致信江青。信中写道："天下大乱，达到天下大治。过七八年又来一次。牛鬼蛇神自己跳出来，他们为自己的阶级本性所决定，非跳出来不可。我的朋友的讲话（指林彪五一八讲话），中央催着要发，我准备同意发下去，他是专讲政变问题的。这个问题，像他这样讲法过去还没有过。他的一些提法，我总感觉不安。我历来不相信，我那几本小书，有那样大的神通。现在经他一吹，全党全国都吹起来了，真是王婆卖瓜，自卖自夸。我是被他们逼上梁山的，看来不同意他们不行了。在重大问题上，违心地同意别人，在我一生还是第一次。叫做不以人的意志为转移吧。……在我身上有些虎气，是为主，也有些猴气，是为次。……事物总是要走向反面的，吹得越高，跌得越重，我是准备跌得粉碎的。"信中还写道："全世界一百多个党，大多数的党不信马列主义了。马克思、列宁也被人们打得粉碎了，何况我们呢？……现在的任务是要在全党全国基本上（不可能全部）打倒右派，而且在七八年以后还要有一次横扫牛鬼蛇神的运动，尔后还要有多次扫除，所以我的这些近乎黑话的话，现在不能公开，什么时候公开也说不定，因为'左派'和广大群众是不欢迎我这样说的。"信中最后说："中国如发生反共的右派政变，我断定他们也是不得安宁的，很可能是短命的，因为代表90%以上人民利益的一切革命者是不会容忍的。那时右派可能利用我的话得势于一时，'左派'则一定会利用我的另一些话组织起来，将右派打倒。这次文化大革命，就是一次认真的演习。有些地区（例如北京市），根深蒂固，一朝覆亡。有些机关（例如北大、清华），盘根错节，顷刻瓦解。凡是右派越嚣张的地方，他们的失败就越惨，‘左派’就越起劲。这是一次全国性的演习，‘左派’、右派和动摇不定的中间派，都会得到各自的教训。结论：前途是光明的，道路是曲折的，还是这两句老话”。

7月17日　国家计委在湖北农业机械化现场会议上提出《关于农业机械化规划的几个问题》的文件。文件认为，实现农业机械化，必须从我国农业的实际情况出发，充分发挥地方和广大农民的积极性。为此，一、农业机械化应当因地制宜，适应精耕细作和高产稳产的要求。二、农业机械的制造，应当以地方自力更生为主，国家积极支援。三、农业机械主要供应给社队集体使用，资金以社队的集体积累为主，国家支援为辅。今后15年，即到1980年，基本实现农业机械化。总的设想分为三个阶段：第一阶段，以5年—7年为期，机耕面积由1965年的2.3亿亩达到4亿亩以上，灌溉面积由5亿亩达到8亿亩左右，基本做到农产品加工的机械化和运输的半机械化，化肥每亩耕地施用量由13.5斤达到30斤左右。第二阶段，以10年为期，到1975年，机耕面积达到8亿亩，灌溉面积达到9亿亩—10亿亩，进一步提高农产品加工运输的机械化水平，化肥的平均每亩耕地施用量达到50斤左右。第三阶段，以15年为期，到1980年，基本上实现农业机械化。

7月18日　毛泽东从外地回到北京。毛泽东回京后，听取了中央文革关于工作组问题的汇报，看了有关学校的材料。随后发表了谈话，他说，回到北京后，感到很难过，冷冷清清，有的学校大门都关起来了。甚至有些学校镇压学生运动。谁去镇压学生运动？只有北洋军阀。共产党怕学生运动，是反马克思主义的。有人天天说群众路线，为人民服务，却是走资产阶级路线，为资产阶级服务。他说，借“内外有别”是怕革命，贴出来又盖起来。这样的情况不能允许，这是方向性错误，赶快扭转，把一切框框打个稀巴烂。他还说，现在这个文化大革命是个惊天动地的事情，能不能、敢不敢过社会主义这一关？这一关是最后消灭阶级，缩短三大差别。反对，特别是资产阶级“权威”思想，这就是破，如果没有这个破，社会主义的立就立不起来。要做到一斗二批三改。他强调说，准备革命革到自己头上，党政领导，党员负责同志，应该有这个准备。

7月19日　中共中央批转上海市委《关于当前工业生产情况的报告》。报告指出，文化大革命以来，上海市工业生产中出现了事故增多、设备维护差、某些产品产量下降、生产技术协作中断、基本建设完不成计划、干部放松生产和业务工作等问题。为了保证完成国家任务，上海提出四项改进措施：一、要抓革命促生产，要组织专门班子，形成上下一条线，在各级党委统一部署下，负责抓生产、抓业务。二、要把质量品种放在第一位，同时抓好设备维修工作。三、要努力完成出口援外任务。四、科研项目和新产品试制、设计工作要抓紧。工厂、学校和科研机关的协作关系，已经中断的，要采取措施迅速恢复。以上所提的四项措施，中央认为各地可参照办理。

7月19日—23日　中共中央召开“文化大革命情况汇报会”。会议是根据毛泽东的意见召开，由刘少奇主持。会议期间，中央文革小组的成员攻击派工作组，指责工作组“镇压学生运动”。毛泽东批评了派工作组的做法。他在22日接见中央文革小组和各中央局书记时说，要改变派工作组的做法。工作组起了阻碍运动的作用。工作组阻碍革命势必变成反革命。他还指出，斗批改要依靠学校内部的力量，工作组是不行的。23日下午，刘少奇等人在汇报会议上说：这么大的运动，依靠谁去抓？大多数工作组还是好的，问题是方法不当。党的领导总得通过形式。对工作组不能采取消极撤换的方法。

7月20日　中共中央发出关于成立毛泽东著作编缉委员会的通知。通知全文如下：中央决定成立毛泽东著作编辑委员会，委员会的名单是：主任：刘少奇。副主任：康生、陈伯达、陶铸。委员：李井泉、李雪峰、刘澜涛、宋任穷、王任重、魏文伯、胡乔木、肖华、刘志坚、张平化、熊复、王力、戚本禹、刘汉。

7月22日　刘少奇发表声明。声明表示中国最坚决地支持胡志明主席7月17日发表的《告全国同胞书》。声明说，中国准备承担最大的民族牺牲支援越南人民战胜美帝。同日，首都近百万人举行集会游行，支持越南人民的抗美救国战争。

7月22日—26日　根据毛泽东的指示，陈伯达、江青4次来到北京大学。25日、26日两个晚上，江青等亲自主持北大全校师生关于工作组问题的辩论会。陈伯达在26日晚大会上宣布撤掉工作组，罢张承先的官。并说，工作组是压制同学们革命的盖子，要搬掉这个障碍物。毛泽东亲自听了北京大学辩论会的录音，并看了辩论会上递的条子。明确表示支持反对工作组。

7月23日　中共中央批转解放军总政治部《关于抽调军队干部支援地方文化大革命的请示》。请示提出的主要办法是，"采取抽调干部参加地方四清的办法组织工作队，支援地方文化革命"。

7月24日　毛泽东与中央政治局常委和中央文革小组研究工作组问题。毛泽东说，工作组成了群众运动的障碍，要立即撤出。他还说，中央好多部，没做多少好事，文革小组却做了不少好事，名声很大。中央文革小组向中央写了一封信（这封信在八届十一中全会上作为文件印发），信中写道："当前抓运动的人有几个理论和方针：一、把放手发动群众和党的领导绝对对立起来，认为强调放手发动群众，就是不要党的领导；二、公开讲，要绝对相信工作队，反对工作队，就是反革命；三、排除干扰，实际上就是挑动群众斗群众。""以上方针性意见，都是和薄一波等同志有关，他们发指示，到处讲话，根本不和中央文革小组打招呼，中央文革成为他们攻击的对象。建议把薄一波同志的指示、讲话搜集起来进行研究。"

7月26日　《人民日报》发表社论：《跟着毛主席在大风大浪中前进》。社论欢呼毛泽东又一次畅游长江，并引用毛泽东所说的："大风大浪也不可怕，人类社会就是从大风大浪中发展起来的。"指出，在有阶级的社会里，阶级斗争的风浪是永不停息的。它是推动历史前进的真正动力。

7月27日　陈伯达、康生、江青到北京师范大学主持批判工作组大会。康生制造诬陷彭真的"二月兵变"假案，康生在讲话中诬陷说："今年2月，北京市彭真这个大黑帮，他们策划政变！策划在北大、人大，每个学校驻一营军队，这是千真万确的。他们在北大看过房子，这件事含有极大的阴谋。”事实的真相是：2月，根据中央军委加强地方武装建设的决定，北京军区从外地调来一个团归北京卫戍区，平时担负民兵训练任务，维持社会秩序，战时作为扩编地方武装的基础。但是，由于该部一时找不到营房，找房的人按海淀区武装部的介绍，曾去北大、人大借过空房，但由于其他原因，部队并没有去住。7月的一天，北京大学一些学生和工作人员开会时，有人讲了2月间曾要住部队的事，并认为调动这么多军队很可能是要搞政变。北京大学团委干部丁健把议论的内容整理后写成大字报《触目惊心的二月兵变》。这一事情本来不难查清，但康生却借机大作文章。8月4日，他又在北大说：“彭真是否要搞政变？要！”“彭真是否要抓军队？要！”随后，康生又诬陷贺龙策划“二月兵变”。他在中央文革说，“贺龙私自调动军队搞‘二月兵变’，在北京郊区修了碉堡”，“在体育口阴谋组织政变队伍”。1968年4月27日，康生对中央专案第二办公室工作人员说：“体委是贺龙现行反革命活动的重要地点。他给体委发了枪、炮。炮安在什刹海，炮口对准中南海。海军、空军都有他的国防俱乐部，有无线电俱乐部。贺与刘仁、与团中央王照华都有关系，一次发枪700条。”“二月兵变”这条诬陷的罪名，成为贺龙被立案审查的重要内容之一，但这一罪名却始终未与贺龙见面。1980年，中共中央经调查指出：“1966年7月前后，在北京市闹得满城风雨的所谓‘二月兵变’事件，纯系康生图谋打倒彭真、贺龙同志而捏造的谎言。”

7月28日　中共北京市委根据中央的指示做出了撤销各学校工作组的决定。决定说：在工作组撤销之后，大专院校的文化大革命由全校师生员工分别选举、成立各级文化革命的群众组织，负责领导。次日，北京市委在人民大会堂召开全市大专院校和中等学校师生文化大革命积极分子大会。李雪峰在大会上宣读了北京市委撤销工作组的决定。刘少奇、周恩来、邓小平等出席了会议并讲了话。邓小平说：“必须说明，在党的北京新市委建立以后，以新市委名义向各大中学校派出工作组，这是根据中央的意见办的。”“现在市委根据毛主席、党中央的指示，撤销工作组。”“有同志说，老革命碰到新问题，的确是这样。”周恩来在讲话中，传达了毛泽东提出的文化革命三大任务：一斗、二批、三改。刘少奇最后讲了话。他说：“怎样进行无产阶级文化大革命，你们不大清楚，不大知道。你们问我们怎么革，我老实回答你们，我也不晓得。我想党中央其他许多同志、工作组的成员也不晓得。”他还说：“过去派工作组，是中央决定的，中央同意的。现在看来工作组的方式已经不适应于当前文化大革命形势的需要，中央决定撤出工作组。”大会结束前，毛泽东来到会场主席台，与全体与会者见了面。

同　日　国家经委向中央提出《关于今年上半年全国工业生产和交通运输情况的报告》。报告指出，1966年上半年，各项指标都完成得比较好。全国工业总产值完成794亿元，为年计划的52.5%，比去年同期增长20.3%，其中重工业增长26.7%，轻工业增长12.9%。产品质量大多数保持稳定或有所提高。新产品试制的进展情况比历年都好。原材料消耗普遍降低。上半年，工业生产和交通运输还存在一些问题，6月份钢、铁、煤炭的日产水平下降。上半年发生重大事故与去年同期比较，次数增加。部分产品质量下降。设备大修计划完成比较差。金属材料的供应比较紧张。电力供应不足。文化大革命开始后，有些干部不敢抓生产。

7月29日　中国政府与巴基斯坦政府在北京签订无偿军事援助议定书。根据这一议定书，中国将向巴基斯坦无偿提供价值1亿元的军事援助。包括这项援助协议在内，1966年中国对巴基斯坦的无偿援助共4笔，确定援助数额价值1.8亿多元。这一年，我国对外援助支出为22.89亿元，占国家财政总支出的4.2%，比上年增加10%。

8月1日　中国人民解放军基本建设工程兵开始组建。根据中共中央的决定，为了适应国家经济建设和备战的需要，将国家基建施工队伍逐步整编为劳武结合、能工能战的队伍，开始组建基本建设工程兵。在基本建设工程兵领导机构未组成前，在国家建委内设立基本建设工程兵办公室。基本建设工程兵在国务院、中央军委的双重领导下，担负国家基本建设重点工程和国防工程施工，以及水文、铀矿、黄金地质普查勘探、生产等任务。

8月1日—12日　中共八届十一中全会在北京举行。毛泽东主持了会议。出席全会的有中央委员74人，候补中央委员67人，各中央局和各省市自治区党委的负责人、中央文革小组的成员、中央有关部门的负责人、首都高等学校师生的代表47人列席了会议。全会原定的议程有：讨论和批准八届十中全会以来中央政治局关于国内国际问题的重大决策和措施；讨论和通过中共中央《关于无产阶级文化大革命的决定》；补行审议和批准5月政治局扩大会议关于人事变动的决议；通过会议公报。会议的第一天，邓小平、刘少奇、陈伯达先后讲了话。邓小平的讲话主要是对全会的议程做出说明。刘少奇在讲话中，主要谈了工作组问题，并简要地叙述了十中全会以来中央在国内、国际问题上的重大措施。他说："在文化大革命时期，北京的情况，一星期向主席汇报一次。这一段我在北京文化革命中有错误，特别是工作组问题上出了问题，责任主要由我负。"陈伯达在讲话中主要谈了两点，一是工作组做了坏事；二是官做大了不要脱离群众。全会的第一天，印发了毛泽东给清华大学附属中学红卫兵的信，并附清华附中红卫兵的两份大字报。毛泽东在信中写道："你们在6月24日和7月4日的两张大字报，说明对剥削压迫工人、农民、革命知识分子和革命党派的地主阶级、资产阶级、帝国主义、修正主义和他们的走狗，表示愤怒和申讨，说明对反动派造反有理，我向你们表示热烈的支持。""在这里，我要说，我和我的革命战友们，都是采取同样态度的。不论在北京，在全国，在文化大革命运动中，凡是同你们采取同样态度的人们，我们一律给予热烈的支持。还有，我们支持你们，我们又要求你们注意团结一切可以团结的人们。对于犯有严重错误的人们，在指出他们的错误以后，也要给予工作和改正错误重新做人的出路。"清华大学附中红卫兵的两份大字报分别题为《无产阶级的革命造反精神万岁》、《再论无产阶级的革命造反精神万岁》。后一份大字报引用了毛泽东1939年12月21日《在延安各界庆祝斯大林六十寿辰大会上的讲话》中的一段话："马克思主义的道理千条万绪，归根到底，就是一句话：造反有理。……根据这个道理，于是就反抗，就斗争，就干社会主义。”

8月4日　毛泽东在中央常委扩大会议上讲话。他说：“在前清时代，以后是北洋军阀，后来是国民党，都是镇压学生运动的。现在到共产党也镇压学生运动。这与陆平、蒋南翔有什么分别！中央自己违背自己命令。中央下令停课半年，专门搞文化大革命，等到学生起来了，又镇压他们。不是没有人提过不同意见，就是听不进；另一种意见却是津津有味。说得轻一些，是方向性的问题，实际上是路线问题，是路线错误，违反马克思主义的，这次会议要解决问题，否则很危险，自己下命令要学生起来革命，人家起来了又加以镇压。所谓走群众路线，所谓相信群众，所谓马列主义等等都是假的。已经是多年如此，凡碰上这类的事情，就爆发出来。明明白白站在资产阶级方面反对无产阶级。说反对新市委就是反党，新市委镇压学生群众，为什么不能反对?！我是没有下去蹲点的。有人越蹲越站在资产阶级立场上反对无产阶级。规定班与班、系与系、校与校之间一概不准往来，这是镇压，是恐怖，这个恐怖来自中央。北大聂元梓等7人的大字报，是20世纪60年代的巴黎公社宣言——北京公社。贴大字报是很好的事，应该给全世界人民知道嘛！而雪峰报告中却说党有党纪，国有国法，要内外有别。大字报不要贴在大门外给外国人看见。其实除了机密的地方，例如国防部、公安部等不让外人去看以外，其他地方有什么要紧。在无产阶级专政条件下，也容许群众请愿、示威游行和告状。而且言论、集会、结社、出版自由，是写在宪法上的。从这次镇压学生群众文化大革命的行动来看，我不相信有真正民主，真正马列主义。而是站在资产阶级方面反对无产阶级文化大革命。”当刘少奇说到，我在北京，要负主要责任时，毛泽东说：“你在北京专政嘛，专得好！”当叶剑英说到，我们有几百万军队，不怕什么牛鬼蛇神时，毛泽东说，牛鬼蛇神，在座的就有。毛泽东要求各组传达讨论他的讲话，十一中全会议程为之改变。

同　日　周恩来、陈伯达等参加清华大学师生员工大会。会上宣布为所谓受迫害的革命群众平反，坚决支持广大革命造反派的革命行动，康生、江青等人参加北京大学师生员工大会。康生、江青在会上号召师生员工团结起来，彻底批判工作组所执行的资产阶级反动路线。

8月5日　毛泽东写出《炮打司令部——我的一张大字报》。全文如下：全国第一张马列主义的大字报和《人民日报》评论员的评论，写得何等好呵！请同志们重读这一张大字报和这个评论。可是在50多天里，从中央到地方的某些领导同志，却反其道而行之，站在反动的资产阶级立场上，实行资产阶级专政，将无产阶级轰轰烈烈的文化大革命运动打下去，颠倒是非，混淆黑白，围剿革命派，压制不同意见，实行白色恐怖，自以为得意，长资产阶级的威风，灭无产阶级的志气，又何其毒也！联系到1962年的右倾和1964年形左实右的错误倾向，岂不是可以发人深省的吗？毛泽东这张大字报是写在6月2日《北京日报》头版转载的《人民日报》社论《横扫一切牛鬼蛇神》的左面。8月7日，十一中全会印发了这张大字报，并附聂元梓等7人的大字报。

8月6日　清华附中等红卫兵发出《红卫兵紧急呼吁书》。清华附中、人大附中和北航附中的红卫兵联合发布紧急呼吁书。呼吁书说，最近，中学文化革命出现了一系列极端严重的错误事件。一小撮混蛋和一伙披着革命"左派"组织外衣的人，打着造反的旗号，抗拒毛主席指示，违反党的政策，压制打击不同意见的革命群众，到处殴打人，捣毁机关学校，进行流氓活动，进行反革命政治活动，严重地破坏着无产阶级文化大革命，破坏革命左派的威信，破坏党和毛主席的威信。呼吁书号召各校真正"左派"联合起来，行动起来，严格制止乱打人，耍流氓，破坏国家财产等坏行为。提高警惕，监视、管制反革命分子，不许他们乱说乱动！认真学习党的政策，党的政策是党的生命，我们工农革干子弟，决不能去损害党的生命。

8月7日　中共中央决定加速大量出版毛主席著作。据新华社报道：中央号召全国出版、印刷、发行部门把出版和发行毛主席著作作为压倒一切的任务。文化部为此于最近召开了全国毛主席著作印制发行工作会议，制定了大量印制毛主席著作的具体计划和发行计划，《毛泽东选集》今明两年将印行3 500万部。

8月8日　中共八届十一中全会通过中共中央《关于无产阶级文化大革命的决定》（即《十六条》）。决定阐述了文化大革命的性质、目的、斗争对象及采取的方式和有关政策规定。决定说："当前开展的无产阶级文化大革命，是一场触及人们灵魂的大革命，是我国社会主义革命发展的一个更深入，更广阔的新阶段。""在当前，我们的目的是斗垮走资本主义道路的当权派，批判资产阶级的反动学术'权威'，批判资产阶级和一切剥削阶级的意识形态，改革教育，改革文艺，改革一切不适应社会主义经济基础的上层建筑，以利于巩固和发展社会主义制度。"决定说，党的领导敢不敢放手发动群众，将决定这场文化大革命的命运。决定列举了各级党组织对运动的领导存在着的4种情况，指出："有许多单位的负责人，对于这场伟大斗争的领导，还很不理解，很不认真，很不得力，因而处于软弱无能的地位"。决定申明："党中央对各级党委的要求，就是要坚持正确领导，'敢'字当头，放手发动群众，改变那种处于软弱的无能的状态，鼓励那些有错误而愿意改正的同志放下包袱，参加战斗，撤换那些走资本主义道路的当权派，把那里的领导权夺回到无产阶级革命派手中。"决定强调："无产阶级文化大革命，只能是群众自己解放自己，不能采取任何包办代替的办法。""要充分运用大字报、大辩论这些形式，进行大鸣大放，以便群众阐明正确的观点，批判错误的意见，揭露一切牛鬼蛇神。"决定指出，要坚定党的阶级路线，发展和壮大"左派"队伍。"这次运动的重点，是整党内那些走资本主义道路的当权派。"必须严格区别各类不同性质的矛盾，正确处理人民内部矛盾。要用文斗，不用武斗，警惕有人把革命群众打成"反革命"。决定说："文化革命小组、文化革命委员会和文化革命代表大会是群众在共产党领导下自己教育自己的最好的新组织形式。它是我们党同群众密切联系的最好的桥梁。它是无产阶级文化革命的权力机构。"决定还就教学改革、报刊上点名批判的问题、对科技人员和一般工作人员的政策、同社会主义教育运动相结合的部署问题、抓革命促生产等作了规定。决定最后指出，毛泽东思想是无产阶级文化大革命的行动指南。

8月10日　毛泽东来到中央接待站接见前来庆贺《十六条》公布的群众。毛泽东对群众说："你们要关心国家大事，要把无产阶级文化大革命进行到底！"

8月12日　中共八届十一中全会改组中央领导机构。全会通过了撤销和补选书记处书记的决定。批准5月政治局扩大会议关于停止彭真、陆定一、罗瑞卿中央书记处书记、停止杨尚昆中央书记处候补书记的职务的决定，并决定撤销彭真、陆定一、罗瑞卿中央书记处书记、杨尚昆中央书记处候补书记的职务。批准5月政治局扩大会议关于调陶铸担任中央书记处常务书记、调叶剑英担任书记处书记的职务的决定。全会补选中央政治局委员6人：陶铸、陈伯达、康生、徐向前、聂荣臻、叶剑英。补选中央政治局候补委员3人：李雪峰、宋任穷、谢富治。选举中央政治局常务委员会委员11人：毛泽东、林彪、周恩来、陶铸、陈伯达、邓小平、康生、刘少奇、朱德、李富春、陈云。补选中央书记处书记2人：谢富治、刘宁一。8月14日，中央将这一选举结果通知了各省市自治区党委，中央各部委、国家机关和人民团体各党委、党组，解放军总政治部。全会没有重新选举主席和副主席，但刘少奇、周恩来、朱德、陈云的副主席职务，以后不再提及。林彪名列第二位，成了毛泽东的接班人。

同　日　毛泽东在中共八届十一中全会闭幕会上讲话。毛泽东说："关于第九次大会的问题，恐怕要准备一下。现在要开九次大会大概是在明年一个适当的时候再开，现在要准备，建议委托中央政治局同它的常委会来筹备这件事。至于这次全会所决定的问题：究竟是正确的还是不正确的，要看以后的实践，我们所决定的那些东西，看来群众是欢迎的。比如中央主要的一个决定就是关于文化大革命，广大的学生和革命教师是支持我们的，而过去那些方针，广大的革命学生跟革命教师是抵抗的，我们是根据这些抵抗来制定这个决定的。但是，究竟这个决定能不能实行，还是要靠我们在座的与不在座的各级领导去做。比如讲依靠群众吧，群众路线，还是有两种可能性：一种是依靠，一种是不依靠；一种是实行群众路线，一种是不实行群众路线。决不要以为，决定上写了，所有的党委，所有的同志就都会实行，总有一小部分人不愿意实行。可能比过去好一些，因为过去没有这些公开的决定，并且这次有组织的保证。这回组织有些改变，政治局委员、政治局候补委员、书记处书记、常委的调整，就保证了中央这个决议以及公报的实行。对犯错误的同志总是要给他出路，要准许改正错误。不要认为别人犯了错误，就不许他改正错误。我们的政策是惩前毖后，治病救人，一看二帮，团结——批评——团结。我们这个党不是党外无党，我看是党外有党，党内也有派，从来都是如此，这是正常现象。我们过去批评国民党，国民党说党外无党，党内无派，有人就说，'党外无党，帝王思想。党内无派，千奇百怪'。我们共产党也是这样，你说党内无派了？它就是有，比如说对群众运动就有两派，不过是占多占少的问题。如果不开这次全会，再搞几个月，我看事情就要坏得多。所以，我看这次会是开得好的，是有结果的。"

同　日　林彪在中共八届十一中全会闭幕会上讲话。林彪说："这一次会议，从头到尾，都是主席亲自领导的。今天，主席又在会议上同我们做了极为宝贵的指示。这次会议解决了重大的问题。在这次规模伟大的文化革命进行的过程中间，发生了严重的路线错误，几乎扼杀这一个革命，使之停顿下来，中断下来，倒退下来。在这种危险的时候，主席出来扭转了这种局势，使这次文化革命能够重整旗鼓，继续进攻，打垮一切牛鬼蛇神，破'四旧'、立'四新'，使我们社会主义的建设除了物质的发展以外，精神上、思想上得到健康的发展。今天又把组织机构解决了，保证了我们今后的工作能够更加落实。"

同　日　中共八届十一中全会通过会议公报。公报说："全会讨论和批准了1962年9月十中全会以来中央政治局关于国内和国际问题的重大决策和重大措施。全会强调指出，毛泽东同志关于无产阶级文化大革命的一系列指示、是当前我国文化革命的行动指南，是马克思列宁主义的重大发展。全会认为，搞好这场文化大革命，关键在于信任群众，依靠群众，放手发动群众，尊重群众的首创精神。”公报说，要敢于革命，善于革命。不要怕出乱子。反对站在资产阶级立场，包庇右派，打击“左派”，压制无产阶级文化大革命。反对制造许多框框，束缚群众的手脚。反对做官当老爷，站在群众头上瞎指挥。公报指出，全党全国大学毛泽东同志著作，是一个具有历史意义的重大事件。毛泽东同志是当代最伟大的马克思列宁主义者。毛泽东同志天才地、创造性地、全面地继承、捍卫和发展了马克思列宁主义，把马克思列宁主义提高到一个崭新的阶段。公报号召全国人民，更高地举起毛泽东思想伟大红旗，团结一切可以团结的人们，克服从反革命修正主义和“左”右倾机会主义诸方面来的阻力，克服困难，克服错误，克服党内和社会上的阴暗面，把无产阶级文化大革命进行到底，为把我国建设成为一个强大的社会主义国家而奋斗。

8月13日　林彪在中共中央工作会议上讲话。这次中央工作会议是为贯彻八届十一中全会精神而召开的，于23日结束。林彪在讲话中主要谈了两个问题，一个是文化革命问题，第二个是军队的干部问题。他说：“马克思列宁主义的党，必须认真搞无产阶级文化大革命。苏联没有搞，所以革命失败了。我们就要搞。要大搞无产阶级文化大革命，用无产阶级思想代替孔孟之道，代替资产阶级思想，代替一切旧思想。”“不要走过场，干脆大闹几个月，弄得人们睡不着觉。这一次一定要大搞，这是破旧立新的重大的战略措施。”“我们对干部，要来个全面考察，全面排队，全面调整。我们根据主席讲的无产阶级革命事业接班人的五条原则，提出了三条办法，主席同意了。第一条，高举不高举毛泽东思想红旗。反对毛泽东思想的，罢官。第二条，搞不搞政治思想工作。同政治思想工作捣乱的，同文化大革命捣乱的，罢官。第三条，有没有革命干劲。完全没有干劲的，罢官。”“这次要罢一批人的官，升一批人的官，保一批人的官。组织上要有个全面的调整。”林彪还说：“我最近心情很沉重，我的工作和我的能力是不相称的，是不称职的。我意料是要出错误的，但是要力求减少错误，依靠主席，依靠常委同志，全体同志，文化革命小组的同志，以主席为轴心，我们做磨盘，一切照主席指示办事，不能有另外做法，不能有两个方针，两个司令部，不能以想当然代替主席的想法，不能唱对台戏，要一元化，紧跟主席。主席处理问题，有全盘考虑，高瞻远瞩，还有他的想法，有很多想法我们是不了解的。我们对主席的指示，理解的要执行，不理解的也要执行。”“主席是世界的天才，我们同他比较差别很大，错了赶快改，中央给我的工作，我自知水平、能力不够，恳辞再三，但是，现在主席和中央已决定了，我只好服从主席和党的决定，试一试，努力做好。我还随时准备交班给更合适的同志。”

8月15日　中共中央决定，团中央领导人胡耀邦、胡克实、胡启立、王伟等停职反省。团中央积极派工作组，被认为犯了错误。李富春代表中央在共青团中央机关大会上宣布了这一决定。

8月16日　根据林彪的建议，中央军委做出《关于改革部队军政教育时间比例的决定》（草案）。早在3月22日，林彪提出：“政治教育和军事教育的时间比例现在是三七开，可以考虑改为四六开、对半开，甚至倒三七开。”8月，他又提出：“九个军兵种军政教育的时间比例都要来个全面的大改变。”根据林彪意见做出的这一《决定》规定：政治教育时间一律占部队工作时间的50%；军事训练时间，全训练部队为40%，半训练半生产部队为20%，生产部队为10%。并规定，其他工作如果与政治教育发生矛盾，都要给政治教育让路。

8月18日　毛泽东首次接见红卫兵。首都举行有百万人参加的“庆祝无产阶级文化大革命”群众大会。毛泽东身着绿军装，在天安门接见来自全国各地到京串联的红卫兵。师大女附中一个红卫兵登上天安门，给毛泽东戴上了“红卫兵”袖章。毛泽东对林彪说：“这个运动规模很大，确实把群众发动起来了，对全国人民的思想革命化有很大的意义。”林彪在大会上代表毛泽东和党中央讲了话。他说：“我们坚决地支持你们敢闯、敢干、敢革命、敢造反的无产阶级革命精神，这次无产阶级文化大革命，最高司令是我们毛主席。”“我们要打倒走资本主义道路的当权派，要打倒资产阶级反动权威，要打倒一切资产阶级保皇派，要反对形形色色的压制革命的行为，要打倒一切牛鬼蛇神！我们要大破一切剥削阶级的旧思想、旧文化、旧风俗、旧习惯，要改革一切不适应社会主义经济基础的上层建筑，我们要扫除一切害人虫，搬掉一切绊脚石。”“这次大战役，是对资产阶级和一切剥削阶级思想的总攻击。我们要在毛主席的领导下，向资产阶级的意识形态、旧风俗、旧习惯势力，展开猛烈的进攻！要把反革命修正主义分子，把资产阶级右派分子，把资产阶级反动权威，彻底打倒、打垮，使他们威风扫地，永世不得翻身！”周恩来也在大会上讲了话。他说：“一切革命者都应当全心全意为人民服务，做人民的勤务员，先当群众的学生，后当群众的先生。要坚决反对包办代替，做官当老爷，站在群众头上瞎指挥。”随后，北京大学的代表聂元梓、各地的学生代表先后发了言。大会结束以后，百万群众通过天安门广场，接受检阅。“八一八”大会以后，全国掀起大规模的“破四旧”高潮，红卫兵运动迅猛发展。

8月20日　北京市第二中学的红卫兵贴出《向旧世界宣战》的宣言书。倡议破“四旧”（旧思想、旧文化、旧风俗、旧习惯），立“四新”。全市各学校的红卫兵纷纷响应，发出的“通令”、“勒令”不计其数。

同　日　首都红卫兵走上街头“破四旧”。据新华社报道，红卫兵纷纷走上街头，张贴传单和大字报，“向一切旧思想、旧文化、旧风俗、旧习惯发动了猛烈的攻击。”“要把北京彻底改造成为一个非常无产阶级化、非常革命化的北京”。“破四旧”由更改地名开始，包括破“奇装异服”、破发型，大批销毁各种所谓“反动黄色书籍”，发展到砸文物古迹，打人，抄家，把“牛鬼蛇神”和“黑五类”驱赶出京城。在红卫兵的倡议下，长安街被改为“东方红大路”，东交民巷被改为“反帝路”，西交民巷被改为“反修路”，王府井大街被改为“防修路”，东安市场被改为“东风市场”，全聚德烤鸭店、亨得利钟表店、盛锡福帽店、蓝天时装店等久负盛名的商店也纷纷易名。红卫兵带着剪刀等工具，凡遇“牛仔裤”、“牛仔衫”、“港式衣裙”等“奇装异服”，“飞机头”、“螺旋宝塔式”等“稀奇古怪的发型”，轻则喝令马上回去改掉，重则当场剪掉或剪开，甚至不惜动用拳脚。有一服装店贴出对联：“革命服装大做特做快做，奇装异服大灭特灭快灭”。横额是“兴无灭资”。此外，大批古今中外的书籍被付之一炬。颐和园佛香阁的释迦牟尼等塑像被砸碎，大批古迹受损或受到破坏。北京市1958年第一次文物普查中保存下来的6 843处文物古迹中，竟有4 922处被毁坏，其中大多数毁于1966年8、9月间。红卫兵还把矛头对准民主人士和民主党派，民主党派在京中央委员、候补中央委员约有100人先后被红卫兵斗争或抄家，占总数的36.5%。从8月25日，各民主党派机关停止办公，贴出内容大致相同的《通告》：坚决接受红卫兵的意见，自即日起停止办公。

8月21日　总参谋部、总政治部发出《关于绝对不许动用部队武装镇压革命学生运动的规定》。规定指出：一、所有部队绝对不准动用武装镇压革命学生运动，更不得向学生开枪，就是向学生放空枪，也是严重的政治错误，将要受到严格的纪律处分。二、如地方党政机关邀请部队参加庆祝集会时，经大军区党委批准，可派少量部队参加，但一律不准携带武器。三、在任何情况下地方党政机关要求调动部队时，必须报经军委批准。四、学生与学生或学生与群众发生冲突时军队不要介入。五、部队不得派军队进入工厂、学校去搞宣传劝说活动。六、军队不得给地方学校、工厂、机关贴大字报，地方学校、工厂、机关给部队贴大字报时应表示热烈欢迎。七、任何逃避斗争，跑到军队躲藏的人，军队要让他们回去，不得隐藏他们。

8月22日　中共中央同意公安部《关于严禁出动警察镇压革命学生运动的规定》。规定如下：一、不准以任何借口，出动警察干涉、镇压革命学生运动。二、绝对不准向革命师生开枪，放空枪进行威吓也绝对不允许。三、重申除了确有证据的杀人、放火、放毒、破坏、盗窃国家机密等现行反革命分子，应当依法处理外，运动中一律不逮捕人。四、重申警察一律不得进入学校。五、警察只在街道维持秩序。遇有打架、斗殴，可以劝解。如革命学生打了警察，不准还手。

8月23日　毛泽东在中央工作会议上讲话。他说：“主要问题是各地所谓乱的问题。采取什么方针？我的意见是乱他几个月，坚决相信大多数是好的，坏的是少数。没有省委也不要紧，还有地委、县委呢！《人民日报》发表了一个社论，工农兵不要干涉学生的运动。提倡文斗，不要武斗。我看北京乱得不厉害。学生开了10万人大会，把凶手捉回来，惊慌失措。北京太文明了，发呼吁书。流氓也是少数，现在不要干涉。”

同　日　《人民日报》发表社论：《工农兵要坚决支持革命学生》。社论说：那些走资本主义道路的顽固派，荒谬地把自己单位的领导，同党中央，同整个党等同起来。他们利用广大工农兵群众对党的热爱，利用一些群众不明真相，提出什么保卫本地区、本部门的党委的口号，如有革命学生批评他们，起来造他们的反，就被说成是什么“反党”，“反党中央”，说成是什么“反革命”。有的地方，有少数工人农民和机关干部受了蒙蔽和欺骗，参加了对革命学生的斗争。用这种口号煽动一些工人农民去斗争革命学生的做法，是极端反动的，是完全违背党的路线的。

同　日　《人民日报》发表社论：《好得很！》。社论说，在修正主义的前北京市委长期把持、压制下，许多地方的名称、商店的字号，服务行业的不少陈规陋习，仍然散发着封建主义、资本主义的腐朽气息，毒化着人们的灵魂。千千万万“红卫兵”举起了铁扫帚，在短短几天之内，就把这些代表着剥削阶级思想的许多名称和风俗习惯，来了个大扫除。这是破旧立新的革命行动。是大快人心的喜事。社论欢呼，“红卫兵”的无产阶级革命造反精神好得很！

同　日　武汉大学校长李达去世。李达，1890年生。字永锡，号鹤鸣。湖南省零陵县人。曾参与中国共产党的创建。马克思主义理论家、教育家。1920年与陈独秀等人在上海建立共产主义小组，任小组理论月刊《共产党》主编，并参加《新青年》的编辑工作。1921年2月代理上海共产主义小组书记，主持筹备中共一大工作。7月，和李汉俊作为上海代表出席中国共产党第一次全国代表大会，当选为中央宣传局主任，主持创办中共第一个秘密出版机构——人民出版社，先后出版《共产党宣言》、《国家与革命》等马列著作。1922年7

月出席中共二大，当选为中央委员。1923年9月因与陈独秀商议国共合作问题发生争执，脱离中国共产党。此后在湖南大学任教授。1949年出席中国人民政治协商会议第一届全体会议。新中国成立后重新加入中国共产党。历任政务院文化教育委员会委员、法制委员会委员，湖南大学校长，武汉大学校长，中国科学院哲学社会科学部委员，第一至二届全国人大代表，第三届全国人大常务委员会委员，政协第一届、第二届全国委员会委员。“文化大革命”初期受到迫害，被开除党籍。“文化大革命”结束后平反。

同　日　中国作家协会副主席老舍去世。老舍，1899年生。原名舒庆春，字舍予。现代作家，戏剧家。满族，北京市人。1924年赴英国，任伦敦大学东方学院中文讲师。1930年回国后，历任齐鲁大学、山东大学教授，并从事文学戏剧创作。抗日战争期间，任中华全国文艺界抗敌协会总务部主任，积极宣传抗日。1946年赴美国讲学，1949年回国。历任政务院文教委员会委员，北京市人民政府委员，中国文艺界联合会副主席，中国作家协会副主席、书记处书记，全国人大代表，全国政协委员会委员、常务委员等职。主要作品有：《骆驼祥子》、《四世同堂》、《茶馆》、《龙须沟》等，曾获“人民艺术家”称号。“文化大革命”中受到残酷迫害，被逼投湖自尽。1978年6月3日，举行骨灰安放仪式。

8月24日—26日　新华社连续报道全国各地红卫兵“破四旧”运动。24日，新华社报道：“上海、天津革命小将和商业职工向剥削阶级‘四旧’发动总攻。”25日，报道：“各地革命小将向一切剥削阶级的旧思想、旧文化、旧习俗、旧习惯发动总攻击。”26日，以“横扫‘四旧’的革命风暴席卷全国各城市”为题报道了包括乌鲁木齐、拉萨市在内的各地情况。各种新闻宣传媒介也对“破四旧”作了大量的报道。

8月26日　国家计委提出《关于追加1966年下半年基本建设投资问题向李富春并周恩来总理的报告》。1965年11月中央正式批准计划安排，1966年的基本建设投资为160亿元。到8月底，实际安排投资数为160.8亿元，报告要求再追加10.9亿元。追加投资主要用于：一、由于建设进度加快（主要是三级地区），需追加投资7.6亿。二、为加强国防、备战以及配合农业生产而新增加的项目投资1.2亿元。三、设备购置费1.4亿元。四、机动数7 000万元。

8月27日　北京市大兴县发生骇人听闻的残杀事件。从8月27日到9月1日，大兴县的13个公社48个大队，共有325名“四类分子”(即“地、富、反、坏”) 及其家属被杀害，其中年龄最大的80岁，最小的仅38天，有22户被杀绝。据统计，从8月下旬到9月底的40天中，北京市有1 700多人被活活打死，有8.5万人被扣上“地、富、反、坏、右”的帽子驱赶出北京。此外，自“八一八”大会后不到1个月的时间里，全市即有11.4万多户被红卫兵抄家，或被迫或闻风主动交出了各种财物。全市查抄了大量金银和金银制品，以及现金、存款、公债、外币计4 478万元，图书235万册。由有关部门收购、收存的文物、字画、硬木家具等实物330.51万多件。各区县收存的财物变价计达1 867万元。仅西城区福绥境一个街道，就有1 061家被抄，图书字画等被焚烧了8天8夜，大量文物被毁。

8月29日　国防部发言人向美提出抗议。抗议就美帝飞机炸沉我货船、炸死炸伤我船员向美国提出最强烈的抗议。美国军用飞机向正在北部湾正常航线上行驶的我国小型货船发起攻击，炸沉炸伤各一艘，打死船员9人，打伤7人。

8月31日　毛泽东第二次接见外地来京师生和红卫兵。参加接见的有50万人。林彪在大会上代表毛泽东和党中央讲话，他说：“当前无产阶级文化大革命的形势，好得很！红卫兵和其他青少年的革命组织，像雨后春笋一样地发展起来。他们走上街头，横扫‘四旧’。文化大革命，已经触及到政治，触及到经济。学校的斗批改，发展到社会的斗批改。群众的革命洪流，正在荡涤着旧社会遗留下来的一切污泥浊水，改变着我国整个社会面貌。”“我们一定要按照毛主席的领导，要用文斗，不用武斗。不要动手打人。斗争那些走资本主义道路的当权派，斗争那些地富反坏右分子，也是这样。武斗只能触及皮肉，文斗才能触其灵魂。”周恩来也在大会讲了话，他说：“现在，全国各地的同学到北京来交流经验，北京同学也到各地去进行革命串联。我们认为，这是一种很好的事情，我们支持你们。中央决定，全国各地大学生的全部和中学生的一部分代表，分期分批到北京来。”

同　日　民革中央常委黄绍竑逝世。黄绍竑，1895年生。早年毕业于保定军官学校，曾任讨陆（荣廷）军总指挥，广西省主席兼留桂军军长，国民党政府内政部长，浙江省、湖南省主席，立法委员，战区副司令长官等职。1949年4月，任国民党当局和平代表团代表，赞成中共提出的“国内和平协定”，和谈破裂后，与国民党政府公开决裂。同年8月出席政协第一届会议。新中国成立后，历任政务院政务委员，政协委员，人大常委会委员，中国国民党革命委员会中央常委兼和平解放台湾工作委员会副主任等职。

同　日　著名风景区和佛教中心，位于湖南省的南岳寺庙文物被毁。8月中旬以来，在南岳的15所寺庙中珍藏的自唐朝以来历代所铸塑的479尊佛像、395尊菩萨、649尊罗汉和珍藏的54部藏经书、503副贝叶像以及大量珍贵的佛事设施，基本上被砸被焚，仅运下山当废旧物资处理的铜铁碎片就达60余吨，使蜚声海内外的千年古刹变成了一片废墟。

本　月　康生、谢富治制造冤案。康生、谢富治制造以冯基平（北京市委书记处书记、副市长）、邢相生（北京市委常委、市公安局长）为首的北京市公安局“反革命大特务集团”冤案。将冯基平、邢相生等23名局、处级干部逮捕入狱。随后，市公安局又有1 600多人受到迫害，其中72人被捕入狱。各条战线的广大干部、知识分子和很多普通群众都受到政治迫害，制造了大量冤、假、错案。在“文化大革命”中，北京市属各系统各部门，被立案审查的干部即有6.5566万人，占当时干部总数的1/5，加上被群众组织擅自立案审查、批斗和冲击的干部，数量就更大。十年内乱，北京市共有1.0275万名干部、职工、教师、学生、农村社员和城市居民，由于受到种种迫害而非正常死亡，其中有各级干部1 784人。

9月1日　毛泽东复信章士钊。信中说：“行严先生：来信收到，甚为系念，已请总理予以布置，勿念为盼！顺致健康。”8月30日，章士钊写信给毛泽东，信中讲述了8月19日北京大学红卫兵如何抄了他的家并斗争了他。毛泽东便于9月1日回了信。同时，总理办公室通知章士钊，北大红卫兵已受到严厉批评，命令他们立即送回被抄物品。同日，周恩来借毛泽东作此批示之际，亲自拟定了一份应受保护的民主党派人士及干部名单，其中有：宋庆龄、郭沫若、章士钊、程潜、何香凝、傅作义、张治中、邵力子、蒋光鼐、蔡廷锴、沙千里、张奚若、李宗仁等人。周恩来还指示301医院接收章士钊、程潜、傅作义、蔡廷锴、李宗仁等人住院保护。

同　日　周恩来在接见首都红卫兵时指出：应当尊重宋庆龄。周恩来说，宋庆龄是孙中山的夫人。孙中山的功绩，毛主席在北京解放后写的一篇重要文章《论人民民主专政》中就肯定了的。他的功绩也记在人民英雄纪念碑上。南京的同学一定要毁掉孙中山的铜像，我们决不赞成。每年“五一”、“十一”在天安门对面放孙中山的像是毛主席决定的，他的夫人自从与我们合作以后，从来没有向蒋介石低过头。她和共产党的长期合作是始终如一的。我们应当尊重她。今年还要纪念孙中山诞辰100周年，她出面写文章，在国际上影响很大。到她家里贴大字报不合适。她兄弟三人姐妹三人就出了她一个革命的，不能因为她妹妹是蒋介石的妻子就要打倒她，她的房子是国家拨给她住的。有人说：“我敢说敢闯，就要去。”这是不对的，我们无论如何要劝阻。

同　日　中共中央、国务院发出关于铁路企业单位分期分批地开展文化大革命运动和整顿车站、列车秩序的通知。通知规定：一、全国铁路各单位的文化大革命运动，应当根据具体情况，结合四清运动有领导有计划地分期分批进行。二、必须指定必要的人员，组成专门的领导班子，切实负责管好各项运输生产工作。铁路分局和分局以下的单位，可暂缓开展文化革命运动。三、铁路工厂不论是开展文化革命运动的单位或推迟进行的单位，都必须采取切实有效措施，保证完成机车、车辆的制造和修理任务，并保证完成冬运防寒的准备工作。四、铁路系统暂不开展文化大革命运动的单位，应当组织学习毛主席著作、有关文化革命的文件和文章。五、进一步整顿车站和列车上的革命秩序。在车站和列车上，不要打人，不要搜查；不要拦截列车和阻止列车的正常运行，全力保证列车按规定时刻运行。六、通知下达到铁路各基层单位，并应向职工进行传达。以保证无产阶级文化大革命和运输生产的双胜利。

9月3日　翻译家傅雷去世。傅雷，1908年生，上海市南汇县人。1927年赴法留学。1931年秋回国。抗战胜利后，积极参加反对国民党发动内战的斗争，并参加筹备成立中国民主促进会的工作，当选为第一届理事。解放后历任上海市政协委员，中国作家协会上海分会理事、书记处书记。从20世纪30年代初期开始从事翻译工作，共翻译32部外国文艺名著，约500万字。20世纪60年代，以其研究与翻译巴尔扎克著作的突出成就，被吸收为法国巴尔扎克研究协会会员。1979年4月26日上海为他举行了平反昭雪追悼会，并宣布改正1957年对他的错定右派分子结论。

9月5日　大串联运动开始。中共中央、国务院发出《关于组织外地高等学校革命学生、中等学校革命学生代表和革命教职工代表来北京参观文化大革命运动的通知》。《通知》的主要内容有：来京的学生和教职工在北京的逗留时间定为4天，活动包括参观、学习和支持北京各学校的文化大革命运动，受中央负责同志接见。来京参观一律免费乘坐火车，生活补助费和交通费由国家财政中开支。到京后的伙食、住宿由北京市安排，个人按定量交粮票，饭费由国家财政中开支。各省市自治区党委和人委应当建立领导小组，负责组织工作，落实计划，并切实做好来京参观的生活管理工作。《通知》下发后，大串联在全国出现高潮。交通运输阻塞，社会秩序混乱，商店商品花色品种减少。政治生活和经济生活出现混乱。为了稳定局面，减轻财政负担，减少客货运输积压，10月29日，中共中央和国务院发出《关于北京大中学校革命师生暂停外出串联的紧急通知》。11月16日和12月18日，又连续发出通知，一律暂停乘火车、轮船、汽车来北京和到各地串联。

同　日　《人民日报》发表社论：《用文斗，不用武斗》。社论说，无产阶级按照自己的面貌改造世界，就必须用文斗，来解决人们头脑里的问题，斗争那些走资本主义道路的当权派，斗争那些地富反坏右分子，也是这样。我们知道，敌人对人民是不会宽恕的。我们提倡文斗，不是要宽恕敌人的罪恶活动，而是为了真正从政治上、思想上把人民的敌人彻底斗倒，斗垮，斗臭，使他们威风扫地，永世不得翻身。

同　日　西南三线建设工作会议在成都召开。会议检查了1966年计划执行情况，确定翌年第一批歼灭战项目201项，投资44亿元，其中，要求全部和部分建成投产的155项，有不少项目所需的设备已经安排生产。

9月6日　“首都大专院校红卫兵革命造反总司令部”成立。它是由北京地质学院“东方红”等16所大专院校的造反派组织联合组成的，以“三司”而闻名，由蒯大富等人领导，受中央文革小组操纵。

9月7日　毛泽东致林彪、周恩来、陶铸、陈伯达、康生、江青等人信。信中写道：青岛、长沙、西安等地发生的组织工农反学生，都是错误的。要求由中央发一指示，不准各地这样做，然后再写一篇社论，劝工农不要干预学生运动。11日，中共中央发出指示，要各中央局，省、市、自治区党委，中央各部委不准用任何借口，任何方式挑动和组织工人、农民、市民反学生。同日，《人民日报》发表社论，题为：《工农群众和革命学生在毛泽东思想旗帜下团结起来》。社论写道：有些地方，有些单位的负责人，他们找出种种借口压制群众运动。他们甚至挑动一部分不明真相的工人农民，来反对革命学生，同革命学生对立。社论说，决不允许任何人利用我们工人农民对党的深厚的阶级感情，搬弄是非，制造我们同革命学生的对立，让他们从中钻空子。社论还写道：我们工人农民，应该热烈欢迎革命学生的革命行动，坚决支持他们的革命行动。革命学生在斗争中出现一些缺点，是难免的。我们应当相信，绝大多数是要革命的，是会自己教育自己的。

9月8日　中共中央、国务院发出《关于在文化大革命运动中保障党和国家机密安全的规定》。全文如下：为了确保党和国家的机密安全，特作以下规定：一、密码、电报、机密文件、档案和机密资料等都是党和国家的核心机密，所有机关干部、革命群众和革命师生都有责任加以保护。作为人民解放军的后备力量的红卫兵，应协同党政机关和解放军负起保卫党和国家机密的光荣责任。二、党政机关的密码、档案、机要资料，未经领导机关负责人批准，任何人不得任意索取和动用。任何人不得拦阻和检查机要交通人员。三、任何人不得强行进入机要、档案和机密资料部门的办公室和库房。如发生群众性的这类行动时，主要负责同志应即出来坚决劝阻，号召革命群众起来保卫党和国家机密，防止坏人乘机破坏。如果发现个别坏分子进行破坏时，应在群众中揭露后依法处理。

9月14日　中共中央发出《关于抓革命促生产的通知》。通知说，以文化大革命为纲，进一步促进社会主义生产和建设全面地、迅速地向前发展，我们必须一手抓革命，一手抓生产，保证文化革命和生产、建设双胜利。通知要求：工业、农业、交通、财贸部门，应当立即加强或组成各级指挥机构，保证生产、建设、科学研究、设计、市场、收购等工作的正常进行，各生产企业、基本建设单位、科学研究、设计和商业、服务行业的职工，都应当坚守岗位，外出串联的职工和科研设计人员，应当迅速返回原工作岗位。学校的红卫兵和革命学生不要进入那些工矿企业、科学研究、设计事业单位去串联。职工的文化革命，放在业余时间搞。领导班子已经瘫痪的，应由上级党委指派或商同该单位的文化革命委员会或筹委会，责成有关人员迅速成立生产业务指挥机构。各工矿企业等单位的领导干部需要撤换的，应由上级党委主动加以调整，不采取群众直接罢官的做法。

同　日　中共中央下发《关于县以下农村文化大革命的规定》。《规定》内容有：一、县以下各级的文化大革命，仍按原“四清”的部署结合进行。北京和外地的学生均不到县以下机关和社队去串联。县以下各级干部和公社社员，也不要外出串联。二、秋收大忙时，应集中力量搞好秋收秋种和秋购，“四清”运动可以暂时停下来。三、农村破“四旧”、立“四新”运动，应在农闲时专门安排一段时间把它搞好。四、县以下各级干部，应在本地革命群众和本单位干部的帮助下，揭发错误，改正错误。对问题特别严重，不能继续担任工作的干部，应向上级党组织反映，由上级党委做出决定，调动或撤销其工作。属于现行反革命分子，则依法处理。对由上级党委和政府任命的干部，均不应采取群众直接“罢官”的做法。五、县以下各级领导，有些已陷于瘫痪的，应迅速调整干部，恢复和加强其领导力量，把县的各项工作全面抓起来。

9月15日　毛泽东第三次接见来京的学校师生和红卫兵，参加接见的群众约百万人。林彪代表毛泽东、党中央在大会上讲话。他说：“红卫兵战士们，革命同学们，你们斗争的大方向，始终是正确的。毛主席和党中央坚决支持你们。广大工农兵群众也坚决支持你们。你们的革命行动，震动了整个社会，震动了旧世界遗留下来的残渣余孽。你们在大破‘四旧’、大立‘四新’的战斗中，取得了光辉的成果，那些走资本主义道路的当权派，那些资产阶级反动‘权威’，那些吸血鬼、寄生虫，都被你们搞得狼狈不堪。你们做得对，做得好！”周恩来在大会上讲话时指出：“搞好工农业生产，关系很大。它关系到我国社会主义建设，关系到第三个五年计划，关系到城乡人民生活，关系到无产阶级文化大革命。”“广大的工人、公社社员、科学技术人员和机关企业干部，都应当坚守生产岗位，不失时机地掌握生产环节，把在文化大革命中焕发出来的冲天干劲，用到工农业生产和科学实验中去！”

9月16日　康生就安子文、薄一波等出狱问题给毛泽东写信。信中写道：“我长期怀疑少奇同志要安子文、薄一波等人‘自首出狱’的决定。最近我找人翻阅了1936年8、9月的北京报纸，从他们所登报的‘反共启事’来看，证明这一决定是完全错误的，是一个反共的决定。这些签字发表‘反共启事’的人，并不是例行出狱手续，而是‘坚决反共’的叛党行为。当时坐狱的人，大致可分三类：一、少数人反对少奇同志这个决定，拒不执行（据说刘格平等人反对）。二、有些人立场不稳，组织上服从。三、有些人本来就已经企图‘叛党保命’。少奇的决定，就使这些人的反共叛党合法了，二、三类人，约计70余人。现在有些人的名字，还弄不清楚（已弄清一些，补证），现正在继续查证，详情查明后报。”信后还附有5份有关的1936年京津地区报纸影印件。毛泽东在信上批：已阅。

9月17日　《红旗》杂志发表社论：《掌握斗争的大方向》。社论说：“集中力量打击一小撮资产阶级右派分子，打击党内走资本主义道路的当权派，这是斗争的大方向，紧紧抓住这个斗争的大方向，就可以防止坏人浑水摸鱼，就可以避免我们在斗争中抓住次要问题，放过了主要目标的错误。”“无产阶级文化大革命的目的，绝对不是斗争一切领导干部，也绝对不是斗争群众。决不允许用任何借口，任何方式，打击革命积极分子，挑动群众斗群众。”同期《红旗》杂志还发表了评论员文章：《红卫兵赞》。文章说：“红卫兵是无产阶级文化大革命的急先锋，他们的革命行动，激发了群众的革命热情，出现了更大规模的蓬蓬勃勃的群众运动。这种轰轰烈烈的革命群众运动，使钻进党内的一小撮走资本主义道路的当权派，陷入革命群众的汪洋大海之中，没有这样规模巨大的群众运动，就不能摧毁一小撮资产阶级右派的社会基础，就不能把无产阶级的文化大革命搞深，搞透，搞彻底。”文章说，革命的敌人诬蔑红卫兵是“少年狂热分子”、“违反人类尊严”、“破坏社会传统”，红卫兵受到国内外阶级敌人的起劲的反对，这真是光荣得很。

9月18日　中共中央发出《对被批斗争对象的工资处理问题的通知》。《通知》说：对被批判斗争对象的工资处理意见，即使已定性的，也暂不改变，如本人少领工资，或捐献一部分工资作党费，听其自愿，但不强求，也不许其由于减少用费而致病；私人东西，除政治性的，一般不查抄；凡未定性的，工资仍照旧。

同　日　林彪接见高等军事学院、政治学院和总政治部宣传部负责人并讲了话。他说：“马克思、列宁的书太多，读不完，他们离我们又太远。在马克思列宁主义的经典著作中，我们要99%地学习毛主席著作，这是革命的教科书。”“毛主席比马克思、恩格斯、列宁、斯大林高得多。现在世界上没有哪一个人比得上毛主席的水平。”“洋教条的观点，土教条的观点，都是反毛泽东思想的。洋人、古人哪里有毛主席高？哪里有这样成熟的思想？毛主席这样的天才，全世界几百年、中国几千年才出现一个。毛主席是世界最大的天才。”

9月21日　新华社播发了天津市委第一书记万晓塘去世的公报。万晓塘在受到揪斗和关押后，于19日去世，有50万人参加了追悼会。毛泽东指出，这实际是向党示威，这是用死人压活人。

9月24日　中共中央转发国务院财贸办公室、国家经济委员会关于财政贸易和手工业方面若干政策问题的报告。《报告》的主要意见是：一、关于改换旧商店的招牌，扫除服务行业中陈规陋习的倡议，各地已经在实行，应当继续积极地有领导地实行。二、公私合营应当改为国营企业，资本家的定息一律取消。三、大型合作商店有条件有步骤地转为国营商店，有的也可以不转，照旧营业。大量的小商小贩应当为国营商店代购代销。四、集体所有制的手工业合作组织，目前一般不要改变。五、独立劳动者包括个体手工业者，个体服务业和修理业人员，个体三轮车工人，应当继续允许存在。以利于安排社会就业和满足社会某些方面的需要。六、银行和信用合作社的储蓄存款，继续执行存款自愿、取款自由的原则，利息照付。反革命分子的储蓄存款应当没收的，依法处理。七、公债未还部分按原定办法还本付息。八、出口商品，在商标、图案、造型等方面，有明显反动政治内容的，必须立即改变，一般的目前暂不变动。已经签订的出口合同，应当履行，恪守信用。九、国内市场的商品，在商标、图案、造型等方面，应当坚决地有领导地进行改革，改革的步子要快一些。商品的品种不要轻易取消。口红、脂粉、香水这类的高级化妆品，不要在国内销售。十、城乡非农业人口的粮食供应定量标准，目前不要提高。要继续严格控制吃商品粮的人数。

10月1日　毛泽东在国庆17周年纪念大会上第四次接见来京师生和红卫兵，150万人受到接见。林彪代表毛泽东、党中央讲话。他说，“这场无产阶级文化大革命，是在无产阶级夺取政权以后进行的一种崭新的创造性的大革命。这场大革命，是斗倒一小撮党内走资本主义道路的当权派，横扫社会上的一切牛鬼蛇神，破剥削阶级的‘四旧’，立无产阶级的‘四新’。目的是为着进一步巩固无产阶级专政，发展社会主义制度。”“在无产阶级文化大革命中，以毛主席为代表的无产阶级革命路线，同资产阶级反对革命路线的斗争还在继续。”

10月5日　中共中央转发军委、总政《关于军队院校无产阶级文化大革命的紧急指示》。中央在转发批示中说：中央完全同意军委、总政关于军队院校无产阶级文化大革命的紧急指示。中央认为，这个文件很重要，对于全国县以上大中学校都适用，同样应当立即向全体学生和教职员工原原本本地宣读，坚决贯彻执行。《紧急指示》说，“根据林彪同志的建议，军队院校的文化大革命运动，必须把那些束缚群众运动的框框统统取消，和地方院校一样。完全按照《十六条》的规定办，要充分发扬民主，要大鸣、大放、大字报、大辩论，在这方面，军队院校要做出好的榜样，在运动中不许挑动学生斗学生；要注意保护少数，凡运动初期被院校党委或工作组打成‘反革命’、‘反党分子’、‘右派分子’和‘假左派、真右派’等的同志，应宣布一律无效，予以平反，当众恢复名誉。”“以前军委总政对院校文化大革命的个别规定，如关于军队院校的文化大革命运动在撤出工作组后由院校党委领导的规定”等，已不适合当前的情况，应当宣布取消。今后各院校应按照《十六条》的规定由革命学生和教职员工选举成立文化革命小组、文化革命委员会和文化革命代表大会，作为文化革命的权力机构。同一天，中央军委在北京工人体育场召开军队院校师生10万人大会，叶剑英在会上宣读了《紧急指示》。

10月6日　首都红卫兵“三司”在首都工人体育场发起召开地方院校师生10万人参加的《全国在京革命师生向资产阶级反动路线猛烈开火誓师大会》。周恩来、陶铸、陈伯达、康生、江青等出席大会。张春桥在会上宣读了《紧急指示》。江青在讲话中说，我们支持你们这种大无畏的无产阶级的英雄行为，我们学习你们这种不怕困难、不怕牺牲的革命精神，我们坚决和你们站在一起！捍卫和执行党的八届十一中全会关于无产阶级文化大革命的决定。

10月9日　江青勾结叶群，指使江腾蛟非法查抄上海文艺界人士郑君里、赵丹、顾而已、童芷苓、陈鲤庭5人的家。抄家的目的是找江青过去的一封信。江腾蛟在上海选派上海空军警卫排战士化装红卫兵，并挑选一些空军干部子女组成抄家队伍。抄家后，江腾蛟将抄出的有关江青的信件和相片交给叶群。江青、叶群将材料烧毁。

10月9日—28日　中央工作会议在北京举行。毛泽东主持了会议。会议以批判“资产阶级反动路线”为中心内容。参加会议的有各大区负责人，各省市自治区党委负责人，中央各部委党组负责人。会议印发了林彪8月13日的讲话、国家计委党组《今年1—9月份经济情况》等文件，还印发了十几个参考材料。9日下午，首先召开了全体会议，林彪讲了话。他说，现在我们需要总结一下这一个时期的经验，研究怎么样继续有力地贯彻十一中全会关于文化大革命的决定。这次会议的时间准备只开7天，从今天起就开小组会，大约开3天，然后再由中央文革小组的同志作综合性的发言，再讨论两天，最后一天请主席作指示。随后，会议分小组进行。叶剑英在当天第二组的会议上发言说：主席说，这次运动暂定搞到明年1月，还有4个月。十一中全会后搞两个月，要很好地总结经验。为什么发动文化大革命？第一是为了反修防修；第二是为了战备。现在备战的任务很重，时间很紧。可能在1968年前后发生战争。主席说，三线不建起来，觉也睡不着，文化大革命就是最好的战争动员。

10月16日　陈伯达在中央工作会议上作《无产阶级文化大革命中的两条路线》的讲话。他说，“整个文化革命运动，比巴黎公社，比十月革命，比中国历来几次大革命的群众运动，都来得更深刻、更汹涌澎湃。这是国际上更高阶段的无产阶级革命运动”。“毛主席提出的无产阶级的文化大革命路线，是让群众自己教育自己，自己解放自己的路线。可是，提出错误路线的代表人，他们却是反对让群众自己教育自己，自己解放自己。他们在这个触及人们灵魂的大革命中，把国民党的‘训政’搬来了。他们把群众当成阿斗，把自己当成诸葛亮。这条错误路线要把无产阶级文化革命引到相反的道路”。他在讲话中引用了毛泽东“炮打司令部”的大字报，并点名批判了刘少奇、邓小平。他说，“路线问题，要分开看：一种是提出的，一种是执行的。提出路线错误的，是错误路线的代表人，即刘少奇和邓小平同志，他们负主要责任”。“党内路线的斗争是社会阶级斗争的反映。刘、邓的错误路线有它的社会基础，这个社会基础主要是资产阶级”。他在讲话中，强调要去掉各种“怕”字，放手发动群众，“历史上有些人，就是从害怕群众走到镇压群众，从害怕革命走到反革命的”。他还批评了“自来红”的观点，提出，“坚持毛主席的阶级路线，团结大多数”，孤立一小撮走资本主义道路的当权派。24日，毛泽东在陈伯达讲稿的送审稿上批示：“改稿看过，很好。抓革命，促生产两句，是否在什么地方加进去，请考虑。印成小本，大量发行，每个支部，每个红卫兵小队，至少有一本。”

10月18日　毛泽东第五次接见外地来京师生和红卫兵。约150万人受到接见。此次接见前，发生了“口号事件”。17日，中央宣传部废除了16日为这次接见拟定的“标语口号”，另发了一个“呼喊口号”，删去了一些过长的文字，其中将“以毛主席为代表的无产阶级革命路线”改为“无产阶级革命路线”，还删掉了另外4个口号。首都红卫兵三司认为这是一起严重的反革命事件，立即起来“斗争”。18日晨5时，中央政治局在毛泽东身边开会，讨论通过了首都三司提出的“革命口号”，并增加了一条“谁反对主席就打倒谁”。“口号事件”后被归罪于陶铸、熊复等人。

10月22日　《人民日报》发表社论：《红卫兵不怕远征难》。社论报道说，大连海运学院有15名革命学生，组成了“长征红卫队”，以红军为榜样，跋山涉水历时1个月，行程2 000里，从大连步行到了北京。社论说：“大串联，是群众在无产阶级文化大革命中的伟大创造。我们敬爱的领袖毛主席，一直是极力支持大串联的，并且主张把这种革命行动大大推广。”“徒步行军进行大串联，这又是一个很有意义的创举。我们衷心祝贺这些革命学生长征演习的胜利，并且希望各地的革命学生，在自愿和可能的条件下，也这样做。”

10月23日　刘少奇、邓小平在中央工作会议上作检讨。9月14

日，毛泽东曾在刘少奇检讨初稿上批示："少奇同志：基本上写得很好，很严肃，特别是后半段更好。建议以草案形式印发政治局、书记处、工作组（领导干部）、北京市委、中央文化小组（注：即中央文革小组）各同志讨论一下，提出意见，可能有些收获，然后酌加修改，再作报告，可能稳正一些，请酌定。"刘少奇在检讨中说："在今年6月1日以后的50多天中我在指导无产阶级文化大革命中发生的是路线方向错误，这个错误的主要责任应该由我来负。"他在叙述了派工作组，做出"内外有别"等规定，批发北大工作组关于文化革命的简报等项活动后说："由我主持的中央汇报会议就陆续地做出了前面所说的那些错误的决定。""事实上就站到资产阶级反动立场上去，实行了资产阶级专政，将无产阶级文化大革命轰轰烈烈的运动打了下去，颠倒是非，混淆黑白，长资产阶级的威风、灭无产阶级的志气，即使在这个时候，我还不是很明白的。不知道这种情况是极不正常的，极不利于文化大革命，不利于党和社会的利益，虽然才五十多天，但损失是很大的。这种后果直到现在还没有肃清，有些地方变本加厉地造成了群众的对立。"刘少奇还检讨了"在历史上也犯过一些原则性和路线性的错误"。并检讨了这次"犯错误的原因"：第一，不理解这场文化大革命是我国社会主义革命发展的更深入、更广阔的新阶段，以及如何进行文化大革命的方法。怕乱，怕大民主，怕群众起来造我们的反，怕反革命上台。第二，错误估计当时无产阶级文化大革命的形势。第三，在思想上，资产阶级世界观还没有完全改变过来。第四，最根本的是没有学好和掌握毛泽东思想。毛泽东曾于10月22日在邓小平检讨稿的送审稿上作了批示，表示肯定。邓小平在23日检讨说，"在这场文化大革命中代表资产阶级反动路线的，在中央领导同志中，在全党范围内，就是少奇同志和我两人"。"必须讲清楚，工作组的绝大多数是好同志，在这段工作中所犯的错误除了个别人外，主要责任不应由他们来负担，而应由我和少奇同志来负担"。

10月24日　毛泽东召开工作汇报会议并讲了话。讲话的主要内容大意是：把刘邓的大字报贴到大街上去不好。要允许人家犯错误，要允许人家革命，允许改，让红卫兵看看《阿Q正传》；这次会开得比较好一些，上次会是贯而不进，没有经验，这次会有了两个月的经验，一共不到5个月的经验。民主革命搞了28年，犯了多少错误，死了多少人，社会主义革命搞了17年，文化革命只搞了5个月，最少得5年才能出经验。一张大字报，一个红卫兵，一个大串联，谁也没料到，连我也没料到，弄得各省市呜呼哀哉。学生也犯了些错误，主要是我们这些老爷们犯了错误；我的责任是分一二线。我想在死之前树立他们的威信，没有想到反面。（陶铸插话说：大权旁落）这是我故意大权旁落，现在到闹独立王国，许多事情不与我商量；刘邓二人是搞公开的，不是秘密的，与彭真不同；要准许刘邓革命，允许改。你们说我是和稀泥，我就是和稀泥的人（康生说：八大的政治报告是阶级斗争熄灭论）；报告我们看了，是大会通过的，不能单叫他们两个负责。

10月25日　毛泽东在中央工作会议上讲话。他说："17年来，有些事情，我看做得不好，比如文化意识方面的事情。""十一中全会以前。我处在第二线，不主持日常工作，有许多事情让别人去做，想让他们在群众中树立威信，以便我见马克思的时候，国家不那么震动。以前的意思是那样。大家也赞成这个意见。但处在第一线的同志处理得不那么好。现在这个一线、二线的制度已经改变了。""我也有责任。为什么说我也有责任呢？第一是我提议搞书记处，政治局常委里头有一线、二线。再就是过于信任别人。""引起警觉，还是'二十三条'那个时候，从许多问题看来，这个北京就没有办法实行解决，中央的第一线中存在的问题就是这样。所以，我就发出警告说，北京出了修正主义怎么办？这是去年9、10月间说的。我感觉到，在北京我的意见不能实行，推行不了。为什么批判吴晗不在北京发起呢？北京没有人干这件事，就在上海发起。姚文元同志的文章，就是在上海发表的。北京的问题，到现在可以说基本上解决了。我要说的再一件事，就是这次文化大革命运动。我闯了一个祸，就是批发了一张大字报；再就是，给清华大学附属中学红卫兵写了一封信；再，我自己写了一张大字报。""时间很短，来势很猛。我也没有料到，一张大字报（北大的大字报）一广播，就全国轰动了。给红卫兵这封信，我还没有发出，全国就搞起红卫兵来了。”“这个运动才5个月，可能要搞两个5个月，或者还要多一点时间。”“文化大革命这个火是我放起来的。时间很仓促。只几个月。跟28年的资产阶级民主革命，17年的社会主义革命比较起来，这个文化革命只不到半年。不那么通，有抵触，这是可以理解的，是自然的。很多同志，过去净搞经济工作、工业、农业、交通运输，或者做一些别的政治工作、行政工作，就没有设想到搞这场文化大革命。”“这一次会议的简报，差不多我全部看了。你们过不了关，我也着急呀。时间太短，可以原谅，不是存心要犯路线错误，有的人讲，是糊里糊涂犯的。也不能完全怪刘少奇同志、邓小平同志。他们两个同志犯错误也有原因。”

同　日　林彪在中央工作会议上讲话。他主要讲两个问题，一个是文化革命的必要性，一个是文化革命应该怎么搞。他说：“几个月来文化大革命中的情况是两头的劲很大，中间就有一点劲头不足，中间甚至还有一点顶牛，局势一度有些紧张。”“两头的劲头大，一头是毛主席的领导，一头是群众。”“中间有一些顶牛，就是5月16日中央《通知》说的，‘绝大多数党委对于这场伟大斗争的领导还很不理解，很不认真，很不得力’。”重要的原因是“中央有几个领导人，就是刘少奇、邓小平，他们搞了另外一条路线，同毛主席的路线相反”。“在一个时期内，刘邓的这条路线是取得了一个差不多统治的地位，全国照他们的这条路线执行嘛。可是，归根结底，毛主席的路线总是要胜利的，因为它是真理”。“革命的群众运动，它天然是合理。尽管群众中有个别的部分，个别的人，有‘左’有右的偏差，但是群众运动的主流总是适合社会的发展的，总是合理的”。他还说：“我们应该不要怕出点乱子，应该敢字当头，而不要怕字当头。否则，我们就要犯政治上的大错误。”我们要把自己当做革命的一份力量，同时又要不断地把自己当做革命的对象。革命，也得革自己的命。不革自己的命，这个革命是搞不好的。”陈伯达在当天也讲了话，他说，中央是毛主席的正确路线占统治地位的。为什么刘邓路线能在全国推行呢？这是因为主席外出不在北京，是刘邓利用中央大权在手，篡改了毛主席的正确路线，提出了一条错误路线。他说，右倾机会主义路线变成资产阶级错误路线，就是要实行残酷的白色恐怖，有不同意见的人，用各种方法把他们打成“右派”或打成“反革命”，他攻击邓小平，说，邓是错误路线的急先锋，没有人批评他的错误东西，邓这个人凭他的聪明，好像他是天生的百科全书。又说，现在刘邓并没有承认错误。他们还要进攻。

同　日　上海市第六人民医院成功地运用小血管缝合方法为一名伤员接活了完全断离的拇指。

10月27日　我国在本国国土上第一次成功地进行了导弹核武器的试验。导弹飞行正常，核弹头在预定的距离，精确地命中目标，实现核爆炸。

10月28日　周恩来在中央工作会议上作总结性讲话。周恩来首先就如何传达会议精神作了布置。并提出文化大革命是否可设想一个时间表，各省市委机关的运动，设想春节前告一段落。他还就有关政策和措施回答了几个问题。关于大串联，他提出提倡全部徒步，可搞行军式的。红卫兵问题，他指出，红卫兵还是学校的红卫兵，学校以外的农村生产队、城市的工矿企业，机关团体一般不组织红卫兵，已经组织起来的可以保存一段时间，不发展，不串联，看看前途。他说：“做梦也没有想到这么大的局面。只有共产党才能领导。深感跟不上主席。我和红卫兵讲民主集中制。我和他们说，给你们的民主是史无前例的，你们有四大民主、六大权利（言论、集会、结社、出版、示威、游行），而且是停课放假闹革命，还有徒步旅行的权利，坐火车不要钱的权利，你们的民主真不少呵！我们那个时候，哪有这样的大民主啊！总还要有一部分权利集中在毛主席手里吧！至少有三条：一条是不准动解放军。二是法院、监狱、公安、档案等专政机关你们不能代替。三是不要干扰新华社、电台、广播、电视台、报社等宣传机关。”周恩来还谈到他与红卫兵谈政策问题：“罢官你们可以提议，但不能罢，你们自己的领导可以换，党和国家各级领导不能罢官。扣人、抄家不能搞。也不要打人、体罚。”

10月31日　中共中央、国务院发出《关于维护铁路运输秩序的紧急通知》。通知说：目前铁路运输秩序比较混乱，客货列车晚点现象严重，在车站不断发生围车、拦车和阻止列车运行，以及乘车纠纷等事件，因而严重地影响了铁路运输秩序。为保证革命师生、旅客和国家物资的正常运输，中共中央和国务院决定：一、各省市自治区要有计划地组织革命师生来京进行革命串联，适当控制来京人数。二、为了不使北京接待工作过分困难，决定从11月1日到5日，各地来京进行串联的革命师生暂缓来京，各线铁路局停开来京学生专列5天。三、革命师生要遵守铁路规章制度，严禁拦截和阻止列车运行。严禁强迫铁路局延长列车运行区段，或改变列车运行方向。四、在车站和列车上任何人都不准用各种借口妨碍铁路职工执行职务。五、凡是革命师生专列都要派人民解放军随车值勤，协助维持乘车秩序，保证运输安全，并在列车上大力宣传毛泽东思想，宣传十六条。六、铁路部门要迅速恢复正常运输秩序，保证客货运输畅通无阻。

11月1日　《红旗》杂志发表社论：《以毛主席为代表的无产阶级革命路线的胜利》。社论说，近来，广大群众响应毛主席“要关心国家大事”的号召，认真思考无产阶级文化大革命中两条路线的斗争，对资产阶级反动路线展开了群众性的批判。这种群众性的批判遍及全国各省市、各部门、各学校。一切违背毛主席路线的错误，资产阶级反动路线的各种表现形式，都遭到广大群众的揭露和批判。两条路线的斗争，一直围绕在对待群众采取什么立场、采取什么态度的问题上。社论还提出，应当把提出错误路线的（只不过是一两个或几个人）和执行错误路线的区别开来。

11月3日　毛泽东第六次接见外地来京的师生和红卫兵。有200万人受到接见，林彪在大会上讲了话，他说：“当前，无产阶级文化大革命的形势很好！巨大规模的群众运动，轰轰烈烈，一天比一天深入。整个社会面貌，人们的精神面貌，都有很大的变化。”讲话重申了两条路线的区别和斗争。并强调说：“在毛主席正确路线的指引下，我国广大革命群众，创造了无产阶级专政下发展大民主的新经验。这种大民主，就是党无所畏惧地让广大群众运用大鸣、大放、大字报、大辩论、大串联的形式，批评和监督党和国家的各级领导机关和各级领导人。同时，按照巴黎公社的原则，充分实现人民民主权利。……这种大民主，是毛泽东思想同广大群众相结合的新形式，是群众自己教育自己的新形式。这种大民主，是毛主席对马克思列宁主义关于无产阶级革命和无产阶级专政学说的新贡献。”讲话还说：“毛主席是支持同志们步行串联的。”

11月8日　毛泽东在中南海颐年堂会见以黎笋为团长的越南劳动党代表团。参加会见的有林彪、周恩来。越南代表团感谢毛泽东、中国共产党和中国人民对越南抗美救国战争所给予的巨大援助。毛泽东重申了中国将继续支持和援助越南人民，直至取得最后胜利。

11月9日　以王洪文等为首的上海“工人革命造反总司令部”（简称工总司）成立。在“文化大革命”造反浪潮的影响和北京南下串联的红卫兵（主要是蒯大富的首都三司驻沪联络站）的支持下，11月6日，王洪文、潘国平、陈阿大、黄金海等30多人开会，决定成立一个全市性的工人组织——“上海工人革命造反总司令部”，并于9日召开了批判上海市委执行资产阶级反动路线大会，会上宣布“工总司”正式成立。王洪文因为是党员被推举为大会5人主席团成员。但由于“工总司”是一个违反当时中央规定的跨行业组织，所以上海市委根据中央精神，采取了不赞成、不支持、不参加的态度。“工总司”没有得到市委承认，就在会后组织了请愿游行，去市委大楼揪市委领导。在毫无结果的情况下，10日凌晨，“工总司”决定由王洪文带2 000余人冲进火车站，强占列车，赴京请愿。火车离开上海不久，被铁路局下令阻留安亭车站，“工总司”群众当即下车，卧轨拦截客车，致使沪宁线中断运营30多小时，制造了“安亭事件”。事件发生后，上海市委及时向中央作了汇报，中央文革小组组长陈伯达回电。要华东局和上海市委顶住，坚决不能承认“工总司”是合法的革命组织，不能承认卧轨拦车是革命行动，但稍后，中央文革决定派张春桥处理这一事件，张春桥到上海后，绕过华东局和上海市委，驱车去安亭找王洪文等几个造反派头头开会，并达成协议。13日下午，张春桥在上海文化广场正式签字同意了“工总司”提出的五项要求：一、承认“工总司”是革命的合法组织；二、承认11月9日的大会和工人上京告状是革命行动；三、安亭事件所造成的后果由华东局和上海市委负完全责任；四、曹获秋必须向群众做出公开检查；五、对上海“工总司”今后的活动提供各方面的方便。为此，上海市委负责人曾打电话向中央汇报，并开会对张春桥提出了批评。但事后，中央文革小组同意张春桥的做法，毛泽东也肯定了张春桥的处理，并说：“可以先斩后奏，总是先有事实，后有概念。”

11月10日—11日　毛泽东第七次接见外地来京师生和红卫兵。约200万人受到接见。毛泽东在检阅台上对一些负责人说：“你们要政治挂帅，到群众里面去，和群众在一起，把无产阶级文化大革命搞得更好。”这次接见采用检阅方式，毛泽东乘敞篷汽车检阅。

11月13日　陈毅、贺龙、徐向前、叶剑英在工人体育场军队院校师生大会上发表讲话。陈毅讲话时说：“搞路线斗争，第一顾全大局。”“为顾大局，可以牺牲局部。牺牲个人利益。那天，有的学生冲中南海，冲国防部，我是坚决不同意的。”“作路线斗争要识大体顾大局，要团结——批评——团结，惩前毖后，治病救人。在斗争中，我不赞成现在的逐步升级。不是口号提得愈高愈好。‘工作组就是资产阶级反动路线，搞资产阶级反动路线就是反革命’，这就是错误的，就是逐步升级。搞校党委不过瘾，还要搞部长，现在还要搞副总理，要有多少是多少，实事求是。搞路线斗争要有一定限度，有多大错误，作多大估计，不要一味扩大。本来不错，超过界限就是犯错误。”徐向前在讲话中说：“你们向领导机关、领导干部反映自己的意见，提批评，要解答问题，你们的一切革命行动，我们都坚决支持。另一方面，希望你们从国家最高利益出发，从大局出发，考虑到他们担负着重要的任务，你们要很好地安排找他们的时间，使他们能很好地指挥部队，进行正常工作，你们要充分注意这一点。你们从白天到黑夜，从黑夜到白天缠住他们，这怎么得了！国家的安全怎么考虑！这样搞领导机关怎么领导你们！”“因此，请同志们考虑一下，一方面他们满足你们的要求，另一方面，你们照顾他们的工作、作战任务。他们都是老家伙，都五六十了，有的还有病，要照顾身体，你们要照顾一下他们的身体健康和工作。”叶剑英说：“运动初期，同志们坚决反抗，坚决斗争。不达目的决不罢休。这种斗争精神我们支持。你们顶得住，坚决斗争，我们不仅同情，还支持，但是真理是有限度的，跨过了限度就变成了谬误，列宁说过，真理跨过一步就成了谬误。越过一定的量就发生了质变。紧急指示发出以后，有些领导同志一次、两次、三次地承认错误，挨打挨斗。有些单位，如二医大做得过分了，变成了错误。领导运动的人掌握火候，掌握适当的温度。”“为了国家，为了打倒资产阶级反动路线，不要不准人家革命。”“我们奉劝院校同志们，我们要按林副主席的指示办事，学习毛主席著作，要在‘用’字上狠下功夫，不要当圣经念。……我们过去犯了教条主义的错误，大家不要再犯这个错误。”“我们要按毛主席的指示办事，允许人家犯错误，更要允许人家改正错误。有少数人，有的干部心脏病都发了，倒下了，还要抓人家斗，还不让人家走。我对这件事情很愤恨！这些人没有无产阶级的感情，不是无产阶级的军人！”

11月15日　伊林·涤西贴出《给林彪同志的一封公开信》的大字报。伊林·涤西是北京农业大学附属中学高中三年级二班学生刘振忠、张立才的笔名。这张大字报贴在清华大学。大字报针对林彪当年3月18日在军事院校负责人会议上的讲话进行批驳。认为林彪关于“毛主席比马克思、恩格斯、列宁、斯大林高得多”、“马克思列宁主义的书太多，读不完……我们要99%地学习毛主席著作”等说法是非常错误的。“如果毛主席的接班人不能像毛主席那样，中国党还将面临法西斯党的危险，再说一遍，无情的辩证法将会请您‘靠边站站”。同时，大字报还提出，“党和政府组织形式需极大的改变，17年前建立的人民民主专政的中华人民共和国已经陈旧，极需创造出一个适合中国历史特点的、世界上从来没有的国家机器。”大字报贴出后，当日即被作为攻击林彪的“大毒草”而撕毁。作者将其油印成传单四处散发。12月，作者被清华、北大的造反派以“反对林副主席”的罪名批斗。12月20日，北京市公安机关以“现行反革命”罪名将作者逮捕，直到1968年9月才释放。1979年6月，北京市公安局做出复查决定，彻底为作者平反，恢复名誉。

11月16日　中共中央、国务院发布《关于革命师生进行革命串联问题的通知》。《通知》说，预计到11月20日止，来过首都的外地革命师生和红卫兵战士将近900万人。通知说，为了使无产阶级文化大革命更加深入地向前发展，全国大专院校、军事院校和中等学校放假闹革命的期限，需要持续到明年暑假。因此，决定在今年11月21日起到明年春暖季节，一律暂停乘火车、轮船、汽车，来北京和到各地进行革命串联。目前正在水陆交通沿线等候车、船外出串联的各地革命师生，可劝说他们返回原地。从明年4月起，还有充足的时间，凡是应来而未来北京进行革命串联的大中学生，都有机会免费乘火车、轮船、汽车来北京。通知还决定，从11月21日起，全国水陆交通，只负责免费输送到北京或外地进行革命串联的革命师生返回原地。通知还要求各地要作好徒步串联的试点，以取得经验，为明年徒步大串联作好准备。

同　日　中共中央发出《关于处理无产阶级文化大革命中档案材料问题的补充规定》。《规定》说，根据最近各地的情况，中央认为，对于文化革命中各学校、各单位编写的整群众的档案材料，都应该宣布无效，全部清出，一律当众焚毁。所作补充规定有：一、责成原工作组、学校党委或者其他有关组织，必须将1966年5月16日以后的各种整学生、整群众的材料，包括整理过的或者没有整理过的材料，除在这一文件宣布以前，确实已经焚毁的外，全部集中，不许隐瞒，不许转移，不许复制，不许私自处理。否则，就将加深错误，并受到党的严厉处分。二、除个人被迫写出的检讨材料全部交还本人处理外，其他所有的材料，集中清点之后，在上级领导机关和本校学生代表的监督之下，当众焚毁。三、以上规定，完全适用于工矿企业、事业单位、党政机关、群众团体等组织，也完全适用于进行文化大革命的军事机关和院校。所有这些单位，对在文化革命运动中，因为给领导上或工作组提意见而被打成“反革命”、“反党分子”、“右派分子”和“假左派、真右派”等的革命群众，都应宣布一律无效，予以平反，当众恢复名誉，并按以上规定处理材料问题。四、在处理材料问题的过程中，各方发生争执的时候，应该严格遵守十六条的精神，根据上述规定，采取共同协商的方法解决，只许文斗不许武斗。通知还要求，对待犯路线错误的领导干部，为了让他们改正错误，继续工作，不要连续地在长时间内去斗，不要勉强留下他们，也不要限制他们的行动自由。犯错误的领导干部应该主动地、认真地、虚心地向群众进行检讨，不要同群众形成对立的状态。

11月17日　全国计划、工交会议在北京召开。会议于12月23日结束。会议讨论了工业交通企业“文化大革命”运动和生产中迫切需要解决的问题，以及1967年国民经济计划的安排。会议讨论的几个突出问题是：一、生产指挥系统不健全，约有5%~10%的工业企业领导班子瘫痪。各省主管业务部门的领导干部，一般都忙于运动和接待工作，不能集中精力抓生产。省市一级、厅局一级的领导班子多数不健全，没有形成一个从上到下的生产指挥系统。二、运输紧张，全国师生大串联是运输紧张的主要原因。物资积压问题严重。三、设备维修差，地方企业的维修计划只能完成60%左右。四、机械工业的在制品大量减少。五、学生、青工、徒工外出串联，大学生和一部分不升学的中学生，推迟到第二年分配和招收，影响企业对劳动力的需要。根据会议的讨论情况，会议起草了向中共中央提交的《关于1967年国民经济安排情况的汇报提纲》。会议期间，根据周恩来的指示，召开了工交座谈会，邀请了上海、北京、黑龙江、辽宁等省市和铁道、水电、化工等几个部门的负责人参加，讨论工交战线如何开展文化大革命运动，并草拟工交企业进行文化大革命的若干规定。周恩来指示：组织国务院业务组，管理经济工作，抓工交企业的生产。工交战线搞文化大革命必须充分考虑工交企业的特点，要保证生产活动的正常进行。因此应当强调：一、工交战线搞文化大革命必须在党委领导下进行；二、工交战线开展文化大革命必须分期分批进行；三、坚持8小时工作制，业余闹革命；四、不得擅自离开工作岗位，不搞跨地区的串联。根据周恩来的指示精神，国务院业务组组织有关部门起草了《工业交通企业进行文化大革命的若干规定》（即《十五条》）。但《十五条》尚未定稿即受到批判并被否定。

11月20日　中共中央批转北京市委重要通告。中央在批示中说："北京市委11月18日的重要通告，很好。现在转发全国，请各省市自治区用各省市自治区党委名义大量印发。"北京市委的重要通告内容是：任何厂矿、学校、机关或其他单位，都不许私设拘留所、私设公堂、私自抓人拷打。这样做是违犯国家的法律和党的纪律的。如果有人在幕前或者幕后指挥这样做，必须受到国法和党纪的严厉处分。从今天起，如有再犯以上罪行的，要立即处理。

同　日　上海市时代中学学生陆荣根在中宣部贴出《重炮口对准陶铸猛轰》的长篇大字报。12月1日又贴出炮轰陶铸的大字报。

11月21日　陶铸在中宣部传达中央工作会议精神时指出：刘邓路线主要是认识问题，"是人民内部矛盾"。

11月24日　周恩来就西北局请示红卫兵追查刘澜涛出狱问题给毛泽东写信。信中写道：送上西北局来电和刘澜涛的信，请阅。经与陶铸、康生两同志商量，因这一集体自首案牵连人甚多，而当时确为少奇同志代表中央所决定，七大、八大又均审查过，故中央必须承认知道此事。否则，震动太大，而多年考验，其中也有好人。但他们如有新材料，可送来中央查处。据说，南开学生曾从高仰云（南大副校长）家中抄出一些自首材料。现拟电如另纸，如妥，请批发。毛泽东阅后批示：照办。

同　日　中共中央对西北局关于红卫兵追查刘澜涛出狱问题的请示批复。批复说：23日电悉，请向南开大学卫东红卫兵和西安炮打司令部战斗队同学说明，他们揭发的刘谰涛同志出狱的问题，中央是知道的。如果他们有新的材料，可派代表送来中央查处，不要在大会上公布和追查。26日，中共中央就同一问题电复东北局并吉林省委，电报说：请向南开大学"八一八"红卫兵和其他革命同学说明，他们揭发的赵林同志出狱的问题，中央是知道的。如果他们有新的材料，可派代表送来中央查处，不要在大会上公布和追查。

11月25日—26日　毛泽东连续两天第八次接见外地来京师生和红卫兵。约250万人受到接见。11月27日，《人民日报》报道，从8月18日以来的3个多月中，毛泽东已接见了1 100多万师生和红卫兵。

11月27日　“首都中学红卫兵联合行动委员会”（简称“联动”）成立。27日，北大附中、石油附中、清华附中、京工附中、八一学校等中学红卫兵组织的负责人在北大附中举行会议，决定成立“首都中学红卫兵联合行动委员会”。“联动”的主要政治倾向是反对蒯大富的首都三司、反对中央文革小组。12月5日，“联动”正式公开宣布成立，并在北京刷出一批标语，其中有“坚决拥护中央军委四位副主席的讲话！”“中央文革把我们逼上梁山，我们不得不反！”等口号。“联动”被中央文革定为“反动组织”。1979年，北京市公安局做出复查，1984年，对“联动”问题正式平反。

11月28日　首都举行“文艺界无产阶级文化大革命大会”。陈伯达主持会议并致开幕词，江青、周恩来先后讲了话，陈伯达在讲话中说：“历史上的文化革命，常常是从文艺方面开头的。我们现在进行的无产阶级文化大革命，也是这样。”他特别强调说：“坚持这种文艺革命的方针，而同反动派、反革命修正主义分子进行不屈不挠的斗争的同志中，江青同志是有特殊贡献的。”江青在讲话中谈了她“对无产阶级文化大革命的认识过程”，说，几年前“我开始感觉到，我们的文学艺术不能适应社会主义的经济基础。那它就必然要破坏社会主义的经济基础。这个阶段，我只想争取到批评的权利，但是很难。第一篇真正有分量的批评‘有鬼无害’论的文章，是在上海柯庆施同志的支持下，由他组织人写的”。今年，“毛主席是7月18日回到北京的，我是7月20日回到北京的。原来应该休息几天，但是听了陈伯达同志、康生同志，以及在京的中央文化革命小组的同志们的意见，我就报告了毛主席。我感到需要立刻跟伯达同志、康生同志去看大字报，倾听革命师生的意见。事实同那些坚持资产阶级反动路线、坚持派工作队的人说的完全相反，广大群众热烈欢迎我们，我们才知道，所谓北大‘六一八’事件，完全是一个革命事件！他们把革命事件说成是反革命事件，并且通报全国，以此镇压全国的革命师生，企图把轰轰烈烈的无产阶级文化大革命运动打下去。这时，我才充分认识到，派工作队这个形式是错误的，他们的工作尤其是错误的”。“党内最大的一小撮走资本主义道路的当权派，抗拒毛主席的指示，迫不及待地把工作队派出去了”。江青讲话还批判了“旧北京市委、旧中宣部、旧文化部的反革命修正主义路线”。周恩来在讲话中祝贺北京京剧一团、中国京剧院、中央乐团、中央歌舞剧院芭蕾舞剧团等4个文艺团体加入中国人民解放军的建制，并希望今后还会有新的文艺单位加入。

11月29日　陈毅、叶剑英在北京工人体育场召开的军队院校师生大会上讲话。陈毅说：“现在的斗争，我非常担心。现在有些人不是斗真正的黑帮，不是斗真正的走资本主义道路的当权派。就是在那里扭着自己的同志斗！每个部都在斗他们的部长，每个单位都在斗他们的首长，抓住一句话就斗；我很担心，这样下去文化大革命搞不好，斗争的目标很不明确，不要把工作有错误、缺点的也当成黑帮，当成走资本主义道路当权派去斗，要区别，不同对待；路线斗争怎么斗法？一讲黑帮，所有的都是黑帮。一讲走资本主义道路的当权派，所有的都是走资本主义道路的当权派，一讲资产阶级反动路线，所有的都是资产阶级反动路线，这样打击面太宽、太大；搞路线斗争，不要简单化、扩大化。要分清敌我矛盾和人民内部矛盾。”叶剑英在讲话中批评了一些人冲击中南海、国防部的做法。在中央文革小组江青等人的煽动下，军内造反派对陈毅、叶剑英的讲话进行了批判。

本　月　部分红卫兵和工人造反派进驻设在成都市的中共中央西南局机关和中共四川省委机关。强占了办公大楼，并将西南局和省委主要领导干部拉上街头，轮番批斗。自此，西南局和四川省委已无法正常工作。

12月1日　中共中央、国务院发出《关于大中学校革命师生进行革命串联问题的补充通知》。《补充通知》规定：11月26日前到京的师生和红卫兵在12月20日以前，免费乘火车离开北京返回原地。从

12月21日起，在北京的师生和红卫兵吃饭、乘火车和汽车不再实行免费；在外地串联的师生和红卫兵也须在12月20日以前返回原地，12月21日后乘火车、轮船、汽车，不再实行免费；凡返回原地的师生和红卫兵，一律开给直达票，中途不要停留；徒步长征的师生和红卫兵的接待办法另定。

同　日　北京林业学院李洪山在辩论会上批判中央文革小组。他提出三点意见：一、中央文革小组的产生不符合《十六条》。二、中央文革小组是钦差大臣满天飞，到处招摇撞骗。三、中央文革小组把谭立夫打成右派，犯了方向路线错误。从11月下旬到12月，北京连续出现批判中央文革小组的事件。

12月3日　中央军委转发毛泽东、林彪同意南京军区党委紧急请示中的三条意见。这三条意见是：一、一切转业、复员军人不准成立红卫军或其他名义的单独组织，只应参加所在单位的文化革命组织。二、不准许冲击解放军机关及所属部队，也不许到部队串联和散发传单。三、所有转业、复员军人，必须保持和发扬解放军的光荣传统，并协助解放军加强战备，保卫无产阶级文化大革命。

同　日　林彪在中央政治局常委会议上讲话。他提出，工交系统也必须开展文化大革命。工交系统也有薄一波的东西，也有刘、邓的影响。他说："在这一次文化大革命中，在生产岗位的人不要把文化大革命的成果单纯落实在生产上，文化大革命达到的目的是多方面的，应当达到巩固政权，巩固所有制，必须思想革命化，这是就国内来说；对国外来说，在马列主义的阵营中要树立抗修正主义的典范。完全从生产上看文化大革命是片面的，我们用别的方法也可以提高生产。我们搞文化大革命在一定时间内也可能降低生产，如果用生产大小来评议文化大革命的成败是大错特错的，生产受点损失，其他方面得点收获，在政治上得到收获也是重大的收获。但是我们要注意生产。文化大革命本来促生产，但在一定时间内某些部分可能挫伤生产。认为失败是不对的。文化大革命搞起来，不仅将来可以促生产，一定时间内搞得好，还可以立竿见影。这次大革命是个大批判运动，对全国、全党是个大批判、大审查、大教育。

文化大革命在某种意义上说，是干部大批判，是批判干部的运动。……干部和群众的对立是干部舍不得面子，不肯让群众批判，群众不服气，就对立。所以我说是批判干部的运动，我们是当权派，总是有错的，错误重的是走资本主义道路的当权派，轻的也有资产阶级思想萌芽，也要批判。”他说：“文化大革命开始搞学术界，现在进入工人、农民，进入全社会，要席卷全国。过去讲大势所趋，势不可挡。现在迎接，不是堵而是要扩大，要渗透到每个领域，要改变社会面貌。要有意识地扩大，深入发展下去。当然不是放假停工闹革命，精神要永远坚持下去。文化大革命是不能停的大战役，思想革命不能停火，要经常打，长期地打下去”。

12月4日—6日　中央政治局扩大会议在北京举行。会议批判和否定了全国工交会议起草的《工交企业进行文化大革命的若干规定》(即《十五条》)。讨论制定了《中共中央关于抓革命、促生产的十条规定（草案)》。

12月5日　国防部发言人就美帝军用飞机袭击我渔船事件提出最强烈的抗议和最严重的警告。11月30日和12月1日，美军用飞机两架，先后将我在北部湾西部海域进行和平作业的渔船炸沉6艘，炸死我渔民17人，炸伤29人。

12月9日　中共中央发布《关于抓革命、促生产的十条规定（草案)》。主要内容是：一、文化大革命就是为了促进人的思想革命化，带动生产的发展。二、由群众选出能够代表自己的文化革命小组、文化革命委员会或文化革命代表会议，让群众在文化大革命中自己教育自己，自己解放自己。三、八小时工作以外的时间，除了每周一次讨论生产问题以外，都由群众自己商量安排，进行文化大革命。四、坚持八小时工作制，遵守劳动纪律，完成生产定额。五、保证产品的质量，力求高质量。六、由工人群众认真讨论，健全或者改选领导生产的班子。七、有问题要在本单位协商解决，必要的时候，工人群众可派少数代表到上级机关反映。特别必要的时候，也可以派少数代表来京反映，不要大批离开厂矿。八、在文化大革命中，不许厂矿领导因为群众提出批评，揭露事实，而实行打击报复，不准因此克扣工资，不许开除。对被打成“反革命”的革命工人，必须平反。九、按照中华人民共和国宪法的规定，工人群众在文化革命中有建立革命组织的权利。群众之间、工人组织之间，彼此有意见，要坚持文斗，不要武斗。十、各单位工人群众之间、工人群众组织之间，可以在业余时间在本市进行革命串联。学校可以有计划地到厂矿，在工人业余时间进行革命串联。工人也可以派代表到本市学校进行革命串联。

12月12日　中国人民大学校长吴玉章去世。吴玉章，1878年生，四川省荣县人。1905年参加同盟会。1910年回到四川领导反清起义。1913年参加孙中山领导的“二次革命”，失败后被袁世凯通缉，被迫流亡法国。1915年与蔡元培等组织成立华法教育会和留法勤工俭学会。1917年回国后创办留法预备学校，1921年在四川成立了四川自治联合会，进行革命活动。1922年任成都高等师范学校校长，共同秘密组织了中国青年共产党。发行《赤心评论》。1925年冬，共同领导成立了中共重庆地方委员会，并被选为宣传部长，正式加入中国共产党。1926年出席国民党第二次代表大会，任大会秘书长，被选为国民党中央执行委员，后任国民党中央常务委员兼秘书。1927年参加南昌起义，任革命委员会委员兼秘书长。1928年去苏联。1935年出席共产国际第七次代表大会。抗日战争爆发后，以中国政府代表的身份，前往欧洲作抗日战争的国际宣传。1938年回国，历任国民参政会参政员，延安宪政促进会会长，延安大学校长，延安鲁迅艺术学院院长，陕甘宁边区政府文化委员会主席。解放战争期间，任中共四川省委书记，华北大学校长等职。中华人民共和国成立后，历任中国人民大学校长，中国教育工会主任，中国文字改革委员会主任等职。当选为中共六届六中、七届、八届中央委员。第一届、第三届全国人大常委会委员。

同　日　造反派批斗彭真等人。首都造反派10万余人在工人体育场上召开“首都誓死保卫毛主席，斗争彭、罗、陆、杨反革命修正主义集团誓师大会”。会上批斗了彭真、刘仁、万里、郑天翔、吴晗等人。

12月13日　《红旗》杂志第十五期发表社论：《夺取新的胜利》。社论说："目前形势的一个重要特点，就是广大的革命工人群众起来投入了无产阶级文化大革命运动，革命的学生同工人群众相结合，出现了新的开端。"社论写道，党内一小撮走资本主义道路的当权派，并不甘心自己的失败，他们还在玩弄新的花样进行顽抗，利用"反对资产阶级的反动路线"来攻击革命"左派"，炮打无产阶级司令部，又利用"反对炮打无产阶级司令部"来反对和压制革命群众。同期《红旗》还发表了王力等人写的文章：《无产阶级专政和无产阶级文化大革命》。这是一篇从理论上系统地阐述文化大革命的文章。文章说，文化大革命是国内阶级斗争和社会主义革命的必然发展，是无产阶级革命的新的高级阶段，是历史上最广泛、最深刻、规模最大的革命的群众运动。文化大革命创造了无产阶级专政下的大民主的新经验，创造了实行民主集中制的新经验，它是使我国社会生产力发展的一个强大的推动力，是对马克思列宁主义的大发展。

12月15日　中共中央发布《关于农村无产阶级文化大革命的指示(草案)》。指示共有十条，主要内容是：一、抓革命促生产，狠抓无产阶级文化大革命，推动农业生产的发展。二、农村的无产阶级文化大革命，按照《十六条》、社教运动的前十条、二十三条的原则进行。群众自己解放自己，自己起来闹革命。三、重点是整党内一小撮走资本主义道路的当权派和没有改造好的地富反坏右分子。破四旧，立四新。四、坚定地依靠贫下中农，团结中农。五、领导农村文化大革命的权力机构，是贫下中农文化委员会，它由贫下中农大会民主选举产生，如不称职，可以随时改选或撤换。六、建立和发展以贫下中农青少年为骨干的红卫兵，红卫兵可以参加民兵。在外地工作和学习的地富子女，不要回原籍进行串联。要像土改时那样，采取回避政策。七、采用大鸣大放大字报大辩论，实行大民主。队与队、社与社之间可以利用生产空闲时间进行串联。坚持文斗，不用武斗。防止坏人挑起宗派斗争。八、对向领导提意见、贴大字报的革命群众，不许打击报复。绝不允许地富反坏右分子造反。

九、中等学校放假闹革命，直到明年暑假。半工半读大中学校的文化革命，根据具体情况，妥善安排。十、要活学活用毛主席著作，以阶级斗争为纲，在“用”字上狠下功夫。经过文化大革命，把农村变成学习毛泽东思想的大学校。

12月16日　“北京市中学批判资产阶级反动路线大会”在北京工人体育馆举行，周恩来、陈伯达、康生、江青出席大会并讲了话。会议宣布“西城区纠察队”等中学红卫兵组织是镇压革命的非法组织，予以解散。江青在讲话中说，西城纠察队等组织中“有一小撮执行资产阶级反动路线的小家伙”。她点了周荣鑫、雍文涛、王任重的名，说他们是支持这些组织的，对此要负责任。周恩来在讲话中说，犯严重错误，甚至犯了罪的孩子们，只要他们诚心悔过，低头认罪，坦白出来他们所以犯罪、犯错误的原因，可以更好地教育我们大家，也给他们改过自新、将功赎罪的机会嘛！康生在讲话中说，中国的文化大革命震动了整个世界，红卫兵运动推动了全世界的青年人，他们向往你们，赞扬你们，崇拜你们，希望他们在所在国家里能够像你们现在这样幸福。

同　日　京剧艺术家马连良去世。马连良，回族，北京人。他在长期的舞台艺术实践中，创造了善于全面运用唱、做、念、舞的综合艺术表现形式，形成了具有独特风格的“马派”艺术。“文化大革命”开始后，惨遭迫害，不幸逝世，终年65岁。“文化大革命”后平反昭雪。

同　日　外交部发言人发表声明，强烈抗议美国飞机悍然轰炸我国驻越南大使馆的严重挑衅行为。

12月17日　国家计委、财政部发出《1967年固定资产更新和技术改造资金的管理办法和分配计划（草案）》。文件指出，1966年全国通过预算拨款用于固定资产更新和技术改造的资金共20.8亿元，地方和部门还自筹了一部分资金，这些资金在管理办法上存在的问题是：一、资金渠道多，不利于统筹安排。二、基本建设投资中，包括一些属于简单再生产的投资，采用和大中项目相同的办法来管理，容易误事。三、“条条”对各项资金控制过死，企业的机动权很小。

不能充分调动企业的积极性，不利于发展生产。文件针对这些问题提出了应当改革的几项办法，主要内容有：把三项费用、固定资产更新和基本建设中属于简单再生产性质的投资，合并为一个渠道；固定资产更新和技术改造资金，实行基本折旧资金抵留的办法，不再采取由预算拨款和利润留成的办法；取消短线产品措施费；扩大企业机动费，基本折旧基金必须留给企业一部分；实行基本折旧基金和大修理基金分提合用；基本折旧率等由财政部统一管理。

同　日　誓师大会在工体举行。“全国在京革命派捍卫毛主席革命路线，夺取新的伟大胜利誓师大会”在北京工人体育场举行，周恩来、陈伯达、康生、江青等出席了大会。江青首先讲话，她说：“对那一小撮坚持资产阶级反动路线的小家伙，我很不愿意说出他们的名字，说出来就提高了他们的身份，为什么他们还干出那么多坏事来，就是因为那么一小撮人他是当权派。当权派掌握一部分政权，因此要推翻他。”陈伯达随后说：“敌人不会自行退出历史舞台。他们有各色各样的代表，有的在幕前，有的在幕后，特别是有一小撮反革命的幕后人物，他们进行了许多不可告人的反革命勾当，我们要经常保持警惕。”陈伯达鼓动说：“敌人不投降，就让他灭亡！”

12月18日　张春桥在中南海西门传达室单独召见清华大学“井冈山”头头蒯大富。张春桥说：“中央那两个提出资产阶级反动路线的人至今仍不投降。”“你们革命小将应该联合起来，发扬彻底革命精神，把他们搞臭，不要半途而废。”蒯大富受命回校后，当晚便作了紧急部署。第二天，清华“井冈山”红卫兵、毛泽东思想红卫兵等组织宣布合并，成立“井冈山兵团”，并召开了“清华大学革命师生员工向资产阶级反动路线总攻击誓师大会”。会上发表声明，号召“彻底砸烂以刘邓为首的资产阶级反革命司令部”、“谁反对中央文革小组就打倒谁”。随后，清华“井冈山兵团”又筹划了将“打倒刘少奇”的口号推向社会的行动计划。12月25日，蒯大富等人带领清华大学5 000余人上街游行，在天安门召开了“彻底打倒以刘、邓为代表的资产阶级反动路线誓师大会”。随后，由广播宣传车开道，分头向王府井、西单、北京火车站等地张贴标语、发表演讲、散发传单，在社会上公开煽动打倒国家主席刘少奇。

同　日　中共中央成立由江青、康生、谢富治等控制的“王光美专案组”。这一专案组的矛头实质是对准刘少奇的。

12月21日　毛泽东接见波兰共产党临时中央的杨力。毛泽东在接见时说：“一大群人挂着马列主义招牌，现在成为资产阶级分子，在中国也是这样。有一群人，我们看到了，他们是国内的修正主义。单反赫鲁晓夫的修正主义是不够的，还要反我们党内的修正主义，不然的话，再过多少年，中国的颜色就会变了，到那时候就晚了。过去做了一些，只是修修补补，没有当做整个阶级斗争去做。先从学校的学生和机关的干部做起，再到工厂、农村中去，把工人、农民组织起来。这不是个别人的问题，这是一个阶级反对另一个阶级。有些人不很理解，说我们太过分了。帝国主义、修正主义和反动派不赞成。他们只赞成我们反对的资产阶级分子。帝国主义、修正主义和反动派在中国的希望，就是他们。并且他们还在党内，早就钻了进来，有老党员，也有新党员。我们的党员80%是1948年以后入党的，有些是资产阶级的投机分子。领导机关对他们毫无办法，他们就怕红卫兵。在工厂要组织红卫兵，在农村也要组织红卫兵。看看谁胜谁负，胜负还未定。”毛泽东还说：“抓住整个阶级斗争和还没有完成的反封建主义的斗争、孔夫子的影响。这种影响存在于大学文科，如历史、哲学、文学、美术、法律等领域。他们灌输帝王将相观点，灌输资产阶级法权思想。过去的教育制度没改变。……学生要读17年的书，时间太长了。书的内容也都是资本主义和封建主义的。在学校，马列主义是不合法的，不让进入课堂。”毛泽东说：“革命，要靠群众，靠多数；少数人是靠不住的。要把90%以上的群众发动起来，组织起来进行斗争，同1%~3%的人进行斗争，如果不这样做，就没有希望。只讲好的，不讲黑暗面，是不行的。”

12月23日　我国在世界上第一次成功地制成人工结晶合成胰岛素。这是我国科研工作者经过6年零9个月的艰苦工作，在理论科学研究方面取得的一项重大成就。

同　日　中央办公厅发出材料。中共中央办公厅发出《必须注意防止和坚决纠正“一平二调三收款”和铺张浪费的现象》的文件并转发了河南省委批转的一份材料。河南省委认为，有的同志忘记了过去刮“共产风”的严重教训，又在那里平调生产队的粮、款、物资和劳力，铺张浪费，盲目大办各项事业。省委提出，要维护生产队的所有权，不准再搞平调，对平调生产队的粮款和物资，要坚决如数退回。对刮“共产风”的人，要严格批评教育。干部大吃大喝、多吃多占的，要检查退赔。

12月25日　中共湖南省委原第一书记周小舟去世。周小舟，1912年生，湖南省湘潭县人，1927年加入中国共青团。1935年加入中国共产党，任中共北平临时工委宣传部长。1936年，作为中共代表与国民党政府代表为联合抗日进行了4次谈判。8月，到陕北中共中央军委工作，任毛泽东的秘书。1938年秋到晋察冀边区，任冀中区党委常委、宣传部长、六地委书记兼军分区政委、易县县委书记兼支队政委。1945年秋，被任命为中共北平市委常委、宣传部长。后到冀西任北岳区党委常委、宣传部长。1948年冬，任中共华北局宣传部副部长。1949年到湖南工作。1953年任中共湖南省委第一书记，兼副省长，省政协主席，湖南军区政委。1958年5月，在中共八届二次会议上，被补选为八届候补中央委员。1959年8月，在中共八届八中全会上，因对“大跃进”和人民公社化运动的“左倾”错误提出批评意见，被打成“彭德怀、黄克诚、张闻天、周小舟”反党集团，被撤销湖南省委第一书记职务。1962年调到广州，任中国科学院中南分院副院长。“文化大革命”中受到残酷迫害，不幸去世。1979年，中共湖南省委宣布为他彻底平反，恢复名誉。

12月26日　江青、陈伯达、康生等人接见由合同工、临时工组成的“全国红色造反者总部”代表，煽动造反。江青说，“刘少奇，也是国家主席啦，但要看是什么样的主席？”姚文元说，“最好让他们（指劳动部部长等）当合同工，非造这个反不可，这个制度就像资本主义对待工人一样。”当代表们谈到他们也查封了劳动部及其所属单位，并决定第二天查封全国总工会时，江青、陈伯达表态说："封得好！"康生说："制定合同制度就是赫鲁晓夫，哪里是什么共产党员。把中国变成资本主义，这是个夺权的大问题，那些不给工人办事的全部给他们解散。"陈伯达则说："提个建议，你们不要封全总了。你们工人全部住到里面去，你们给他们封了门，他们就没事可干了。"江青说："我建议马上以中央文革的名义发个通知。一、必须允许所有合同工、临时工等参加文化大革命，不得歧视。二、不得解雇，必须照发工资。从1966年6月1日以后解雇的工人，必须允许马上回原单位参加生产，工资补发。三、现行反革命分子按《十六条》处理。"

12月27日　北京的造反派在中央文革小组的授意下，将彭德怀从成都揪到北京。早在12月13日，江青在接见军事院校代表时就煽动说："你们红卫兵这也能，那也能，怎么就不能把彭德怀揪回来呀？让他在大山里头养神，将来好回来反我们，把我们打入十八层地狱呀！"25日凌晨，从北京来的造反派突然把彭德怀绑架到成都地质学院，并立即要揪回北京。在当时极度混乱的情况下，彭德怀的人身安全已发生问题。三线建委办公室的同志当即把这一情况打电话向周总理办公室作了汇报。总理办公室很快传达了周恩来的三条意见：一、由成都军区派出部队与红卫兵一道护送彭德怀同志到北京，沿途不许任何人截留，不得对他有任何侮辱性的言行，绝对保证他的安全。二、不坐飞机，由成都军区联系火车来京。三、由北京卫戍区派部队在北京车站等候，并负责安排彭德怀同志的住宿和学习。由于周恩来的指示，彭德怀才得以安全抵京。28日，被安排到北京卫戍区某部监护。

12月28日　我国又成功地进行了一次新的核爆炸试验。

12月30日　中共中央、国务院发出《关于制止大搞所谓"红色海洋"的通知》。通知说，根据各地群众反映，最近城市中有些党政机关部门，借口"写毛主席语录"、"美化市容"等等，大搞所谓"红色海洋"，就是用红色的油漆把大门和大片大片的墙全涂成全红色，甚至强迫群众挨家挨户出钱。有些农村中除了"红海洋"外，还搞了大牌坊。还有别有用心的走资本主义道路的当权派和坚持资产阶级反动路线的人，想用这个方法使群众没有贴大字报的地方，掩盖自己反毛泽东思想的罪行。他们的这种做法，不但完全违背毛泽东同志历来教导的艰苦朴素的作风，而且是一种抗拒大字报，对抗无产阶级文化大革命的恶劣行为。中央认为，各级领导机关必须坚决制止这种错误的做法。

12月31日　中共中央、国务院发出《关于对大中学校革命师生进行短期军政训练的通知》。通知说，毛主席在最近接见全国各地来京革命师生时，向林彪同志多次提出：派军队干部训练革命师生的方法很好。训练一下和不训练大不一样。中共中央、国务院委托中国人民解放军，按照毛主席的指示，从现在起，到明年暑假，派出得力的干部和战士，分期分批地对全国大中学校的革命师生，普遍进行一次短期军政训练。政治训练内容，主要是活学活用毛主席的著作和语录。军事训练内容，进行必要的队列训练，重点是单个到连的队列动作。训练办法，由各大军区、省军区分片包干，派出干部和战士。每期训练时间半个月到20天。

1967年

1967年综述

1月，《人民日报》、《红旗》杂志发表经毛泽东审定的社论《把无产阶级文化大革命进行到底》，宣布“1967年将是全国全面开展阶级斗争的一年”，号召“向党内一小撮走资本主义道路的当权派和社会上的牛鬼蛇神，展开总攻击”。中央政治局常委陶铸被作为“中国最大的保皇派”打倒。在张春桥等策划指挥下，上海“工总司”等造反派组织“一月夺权”，夺取了市委、市人委的权力。毛泽东对上海夺权加以首肯。山西、贵州、黑龙江、山东等省党政领导机关先后被造反派组织夺权，建立了“三结合”的革命委员会，夺权之风刮遍全国，动乱局面愈演愈烈。根据毛泽东的提议，人民解放军奉命“支左”。

2月，老一代革命家谭震林、陈毅、叶剑英、李富春、李先念、徐向前、聂荣臻等为制止动乱局面的蔓延，与江青、陈伯达等人进行了针锋相对的坚决斗争。毛泽东错误地批评了这些同志。江青、康生等将这次抗争诬为“二月逆流”，批斗了这些老同志。此后，中央文革完全取代了中央政治局。

3月，中共中央印发所谓《薄一波、刘澜涛、安子文、杨献珍等自首叛变材料的批示》和附件。此后全国到处刮起“抓叛徒”的恶风，造成极为严重的后果。

3月30日《红旗》杂志发表戚本禹的文章：《爱国主义还是

卖国主义》，从此，对刘少奇的批判、斗争不断升级。

6月，中共中央发布《六六通令》要求“纠正最近出现的打砸抢抄抓的歪风”。

7月，武汉一派群众组织质问和批判中央文革小组王力等支一派和压一派的活动，被诬为“反革命事件”。林彪、江青一伙借这一事件大肆煽动“揪军内一小撮走资派”。江青公然提出“文攻武卫”的口号，全国各地武斗急剧升级，大规模流血事件频频发生。

8月，外事纠纷日益增多，在王力等煽动下，北京发生火烧英国代办处严重事件。

7月—9月，毛泽东视察华北、中南和华东地区，并多次发表谈话，认为“文化大革命形势大好，乱了敌人，锻炼了群众”。

11月，毛泽东发动“文化大革命”的论点被首次概括成所谓“无产阶级专政下继续革命的理论”。

是年，对刘少奇、邓小平等老一代革命家和大批干部的批判和迫害升级。全国陷入大动乱局面，工农业生产受到严重破坏，生产持续下降，文化、艺术、教育、科技、体育等事业受到全面摧残。

是年，我国第一颗氢弹在西部上空地区爆炸成功。

主要经济指标：工农业总产值2 104.5亿元，比上年减少222.5亿元，下降9.6%；其中，工业总产值1 453.5亿元，比上年下降13.8%；农业总产值651亿元，比上年增加1.6%（以上按1957年不变价格计算）工农业产品产量：粮食，2.1782亿吨，比上年增加382万吨；棉花，235万吨，比上年增加1.7万吨；钢，1 029万吨，比上年减少503万吨；原煤，2.06亿吨，比上年减少4 600万吨；原油，1 388万吨，比上年减少67万吨；天然气，14.6亿立方米，比上年增加1.2亿立方米；发电量，774亿度，比上年减少51亿度。社会商品零售总额770.5亿元，比上年增加37.7亿元，进出口贸易总额112.2亿元，比上年减少14.9亿元；基本建设投资总额140.17亿元，比上年减少69.25亿元。国家财政总收入419.4亿元，总支出441.9亿元，赤字22.5亿元。

1月1日　《人民日报》、《红旗》杂志联合发表元旦社论：《把无产阶级文化大革命进行到底》。这篇社论由毛泽东审定。社论说，十月革命解决了用暴力革命夺取政权，建立无产阶级专政的问题，无产阶级文化大革命，则解决了巩固无产阶级专政，防止资本主义复辟的问题，给全世界无产阶级树立了新的伟大的榜样。社论回顾文化大革命以来的情况说，有一两个或几个在中央做工作的负责人，乘毛主席不在北京的机会，抛出了资产阶级反动路线，反对毛主席的正确路线。社论还说，文化大革命出现了新局面，这个新局面的主要特点就是，广大工人、农民起来了。他们冲破各种阻力，建立自己的革命组织，投入了文化大革命运动。社论提出：我国现代史上的文化革命运动，都是以学生运动开始，发展为工人运动和农民运动，这是客观的规律。1967年，文化大革命将按照这个客观规律进一步展开。1967年，将是全国全面展开阶级斗争的一年，将是无产阶级联合其他革命群众，向党内一小撮走资本主义道路的当权派和社会上的牛鬼蛇神，展开总攻击的一年，将是"一斗、二批、三改"取得决定性的胜利的一年。社论还具体提出了1967年的政治任务。

同　日　《红旗》杂志第二期发表姚文元的文章：《评反革命两面派周扬》。这篇文章经毛泽东审阅过。文章系统地回顾了建国以来思想文化艺术领域内的几次主要政治批判运动，叙述了毛泽东自八届十中全会以来对文化领域内的一系列批判和指示，将建国以来文化艺术界的历史说成是两条路线斗争史。文章除点名批判周扬外，还将胡风、冯雪峰、丁玲、艾青、秦兆阳、林默涵、田汉、夏衍、阳翰笙、齐燕铭、陈荒煤、邵荃麟等划为黑线人物。毛泽东审稿时加了一段话："无产阶级文化大革命是触及人们灵魂的大革命。它触动到人们根本的政治立场，触动到人们世界观的最深处，触动到每个人走过的道路和将要走的道路，触动到整个中国革命的历史。这是人类从未经历过的最伟大的革命变革，它将锻炼出整整一代坚强的共产主义者。"

1月2日　中共中央决定将天津市改为直辖市。由解学恭任中共天津市委第一书记，阎达开任第二书记。

同　日　“全国红色劳动者造反总团”、劳动部、全国总工会发出《联合通告》。通告说，“经全国红色劳动者造反总团提议，并与中华人民共和国劳动部、中华全国总工会协商，联合做出以下紧急决定：一、保证‘合同工’、‘临时工’、‘外包工’等参加无产阶级文化大革命、参加生产的权利，一律不得解雇。二、1966年6月1日以后被解雇的‘合同工’、‘临时工’、‘外包工’等，必须立即召回本单位，参加运动、参加生产，补发解雇期间的工资。三、凡遭受资产阶级反动路线迫害的‘合同工’、‘临时工’、‘外包工’等，必须当众恢复名誉，赔偿损失，妥善安排，认真处理。以上决定，通报全国。”1月20日，周恩来在接见安徽省造反派时明确指出：合同工、临时工制度不能取消，制度的改革放到运动后期。并说，至今还没有批准任何一个全国性的组织，我们不赞成组织全国性的群众组织。1967年1月和1968年1月，中共中央、国务院两次发出通知，宣布《联合通告》无效，规定劳动、工资，福利、奖金等制度的改革，放到运动后期统一处理。合同工、临时工、轮换工等，在中央未做出新的决定以前，一律不得转为固定工。企业利润分配办法也不允许擅作变更。

1月3日　中共中央发出《关于报纸问题的通知》。通知说：最近，有些省市的报纸，停刊闹革命，这是可以的。但是，有的报纸停刊以后，对《人民日报》、《解放军报》、《光明日报》的航空版也停止代印，这就不对了。通知要求在任何情况下都要保证《人民日报》、《解放军报》、《光明日报》的正常印刷和发行。

同　日　据统计，1966年我国棉花产量创历史最高纪录。北方老棉区与南方新棉区普告丰收，总产单产都有大幅度增长。

1月4日　陈伯达、康生、江青在接见武汉赴广州“专揪王任重革命造反团”时点名攻击陶铸。陈伯达说：“陶铸同志到中央来并没有执行以毛主席为代表的无产阶级革命路线，实际是刘、邓路线的忠实执行者。刘、邓路线的推广是同他有关系的，他洗刷这一点，但后来变本加厉。例如你们到中南局去，你们了解很多情况，是有后台老板的，一个后台老板就是陶铸。他在北京接见你们的态度是完全错误的，他是文化革命小组顾问，但对文化革命的许多问题，从来没有跟我们商量过。他独断专行，不但背着文革小组，而且背着党中央，你们揭得好，给我们很多支持，感谢你们。”江青说：“你们回去斗争要注意两条：一条是实事求是，核实材料，才能立于不败之地；二是要做艰苦细致的工作，争取多数。”康生说：“把材料整理出来，有材料摆出来了，你们就胜利了。”当晚，“打倒陶铸”、“揪出陶铸”一类的大字报便出现在北京的大街小巷。这样，没有经过党的任何会议讨论，也未经党中央和国务院的批准，没有任何文件，陶铸便被打倒。1月7日，周恩来接见所谓“批判陶铸联络站”代表时说，“陶铸同志是中央常委”，“你们举行批判陶铸的大会不恰当，因为中央常委对这个问题还没有讨论，你们开会我们不能参加”。1月8日，毛泽东在中央会议上说，陶铸问题很严重。陶铸是邓小平介绍到中央来的，这个人不老实。当时问陶铸怎么样，邓小平说还可以。陶铸在十一中全会以前坚决执行刘邓路线，在红卫兵接见时，在报纸上和电视上都有刘邓的照片，这是陶铸安排的。陶铸领导下的几个部都垮了，那些部可以不要，搞革命不一定要这个部那个部。毛泽东还说，陶铸的问题，我们没有解决，你们也没有解决，红卫兵起来就解决了。后来，毛泽东看了1月4日陈伯达等人讲话的传单，于2月10日中央政治局会议上批评陈伯达说，你是一个常委打倒一个常委。并指示中央文革小组开一个批评陈伯达、江青的会。

同　日　工厂的文化大革命被推向新高潮。“上海工人革命造反总司令部”等11个组织发表《抓革命、促生产，彻底粉碎资产阶级反动路线的新反扑——告上海全市人民书》。《告上海全市人民书》说，上海市工厂的无产阶级文化大革命群众运动，正以排山倒海之势、雷霆万钧之力，冲破一切阻力，汹涌澎湃地向前发展。一小撮走资派和顽固坚持资产阶级反动路线的人十分仇视文化大革命，对抗“抓革命，促生产”的方针，运动初期以“抓生产”为名来压制革命，现在又以极“左”的面目，煽动大批被蒙蔽的工人赤卫队队员借口北上“告状”，破坏生产，破坏交通运输，以达到破坏文化大革命的目的，最近，更有一小撮反动的家伙阴谋策划停水、停电、停交通。文中号召革命的工人同志紧急行动起来，不但做抓革命的先锋和骨干，而且也要做促生产的先锋和骨干，粉碎走资派企图用破坏生产来打击革命的阴谋。并号召工人赤卫队的成员赶快觉悟过来，回到生产岗位和无产阶级革命路线上来。文中还要求打垮资产阶级反动路线的一切新反扑，将工厂的文化大革命推向一个新高潮。

同　日　《文汇报》发表该社“星火燎原造反总部”的《告读者书》。该组织宣布从即日起接管《文汇报》，并称：解放以来《文汇报》“罪恶滔天”。次日，被接管了的《文汇报》全文刊载了上海“工总司”等组织的《告上海全市人民书》。

同　日　国家建委正式行文，暂停执行北京市的城市规划。并要求1967年建房尽量采取在市区内“见缝插针”的办法，以少占土地和少拆民房。文件批评北京市有关部门对于贯彻“干打垒”的精神认识很不够，要求进一步落实“干打垒”精神。1968年10月，北京市城市规划管理局被撤销，北京的建设处于无规划、无指导的混乱状态，造成严重后果。

1月6日　上海市委负责人受到批斗。上海市“工总司”等十几个造反组织在人民广场召开“高举毛泽东思想伟大红旗，彻底打倒以陈丕显、曹荻秋为首的上海市委大会”。会上，批斗了陈丕显、曹荻秋、魏文伯、杨西光等中共上海市委负责人，并把全市几百名局级以上干部揪到会场陪斗。大会发出三项通令。《第一号通令》说：“(一) 从1967年1月6日起，上海革命造反派和革命群众，不再承认反革命修正主义分子曹荻秋为上海市委书记处书记和上海市市长。(二) 责成大会服务团在会后立即报请毛主席和党中央，罢免曹荻秋党内外一切职务，并批准在上海报刊上公开点名批判。(三) 曹荻秋从即日起，交给上海革命造反派监督劳动，并责令其彻底坦白交代反党反社会主义反毛泽东思想、破坏无产阶级文化大革命的罪行。”《第二号通令》指出，陈丕显必须在7天内，就如何操纵指挥曹荻秋和上海市委进行反对毛主席、对抗党中央、破坏无产阶级文化大革命的罪恶活动，向革命造反派进行彻底坦白交代。《第三号通令》提出，以陈丕显、曹荻秋为首的上海市委，必须彻底打倒。这次大会的发言稿和口号都经张春桥、姚文元修改审定。会后，市委、市人委的所有机构被迫停止办公。全市的实际权力落到了张春桥、姚文元、王洪文等人的手中。1月8日，张春桥等人又策划建立了全市性的组织“上海市抓革命促生产火线指挥部”，并夺取了海港、铁路、民航、邮电等系统的领导权。张春桥说：“火线指挥部可以称为‘经济苏维埃’，代替上海市人委。”他们还成立了“无产阶级文化大革命保卫委员会”来代替上海市公安局，用“造反派组织联络站”作为全市最高机构来代替市委。

同　日　《文汇报》发表社论：《革命造反有理万岁》。社论说，在文化大革命中，杀出了一批革命造反派。他们高高举起革命造反的大旗，向党内一小撮走资本主义道路的当权派，向那些顽固地执行资产阶级反动路线的人物，发起了急风暴雨式的总攻击。其势锐不可挡，迅猛异常，顺之者昌，逆之者亡。社论说，造反派深深地懂得，革命是暴动，是一个阶级推翻一个阶级的暴烈的行动。他们为了保卫毛主席的革命路线，做出了许多所谓“越轨”行动。“越轨”就是革命，“越轨”就是造反，这些“越轨”行动是革命的创举。社论还说，如何对待“造反有理”的口号，如何对待革命造反派，是检验真假马克思主义者的试金石。《红旗》杂志第2期全文转载了这篇社论，并加了编者按。

同　日　《解放日报》刊登该社革命造反联合司令部《告读者书》。宣称自1月5日下午8时起接管《解放日报》。

1月8日　毛泽东就《文汇报》、《解放日报》夺权问题发表谈话。毛泽东说：“《文汇报》由‘左派’夺权，这个方向是好的。《文汇报》5日的告全市人民书，可以转载、广播。他们内部造反，过几天，可以写一个综合报道。这是一个阶级推翻一个阶级，这是一场大革命。”他说：“两个报纸夺权，这是全国性的问题。我们要支持他们造反。”“上海革命力量起来，全国就有希望。它不能不影响整个华东，影响全国各省市。”他还说：“要讲抓革命，促生产，不能脱离岗位来搞革命嘛！保守派不搞生产，这是很大的阶级斗争。”

同　日　《文汇报》、《解放日报》同时发表《上海革命造反派向资产阶级反动路线发起总攻击》的记者述评。文章说，上海地区无产阶级文化大革命形势好得很的第一个重要标志是：广大的工人、农民起来造反了。第二个重要标志是：市级党政机关的革命造反派杀出来了，他们打破了“内外有别”等种种框框，同工人、革命学生一起批判资产阶级反动路线，斗争党内一小撮走资本主义道路的当权派。第三个重要标志是：革命造反派不仅队伍越来越壮大，而且斗争艺术也越来越趋于成熟。第四个重要标志是：资产阶级反动路线开始全线崩溃，在资产阶级反动路线庇护下的党内一小撮走资本主义道路的当权派的丑恶面目，已开始暴露在光天化日之下。

同　日　中共云南省委第一书记阎红彦去世。阎红彦，1909年生。陕西省安定县（今子长县）人。1925年参加中国共产党，1927年9月参加陕西清涧起义。1932年担任红军陕甘游击队大队长、总指挥。1936年任中国工农红军黄河游击师师长，三十军军长。抗日战争期间，任八路军留守兵团警备三团团长、一旅旅长。解放战争期间，历任纵队副政委兼政治部主任，兵团副司令员、副政委，参加了淮海、渡江和解放大西南等战役。中华人民共和国成立后，历任中共川东区委副书记、行署主任，四川省委副书记、副省长，成都部队政委，中共西南局书记处书记，云南省委第一书记兼昆明军区第一政委。1955年被授予上将军衔。当选为中共八届候补中央委员。“文化大革命”开始后，惨遭迫害致死。

1月9日　《人民日报》转载《文汇报》1月5日《告上海全市人民书》并发表编者按语。这一按语经毛泽东审定。按语说：“上海《文汇报》1月5日发表的《告上海全市人民书》，是一个极其重要的文件。这个文件高举以毛主席为代表的无产阶级革命路线的伟大红旗，吹响了继续向资产阶级反动路线猛烈反击的号角。这个文件坚决响应毛主席的抓革命、促生产的伟大号召，提出了当前无产阶级文化大革命中的关键问题。这不仅是上海市的问题，而且是全国性的问题。随着上海市革命力量的发展，崭新面貌的、革命的《文汇报》和《解放日报》出现了。这是无产阶级文化大革命历史上的一件大事。这是一个大革命。这件大事必将对整个华东，对于全国各省市的无产阶级文化大革命运动的发展，起着巨大的推动作用。”

同　日　上海“工人革命造反总司令部”等32个组织联合发出《紧急通告》。通告称：走资派以“经济福利问题来转移斗争大方向，挑动群众斗群众，造成工厂停工、铁路中断、公路阻塞，任意挥霍国家财富，随意增加工资、福利，滥发各种补助费，煽动群众强占公房，这是上海市委坚持执行资产阶级反动路线的新形式”。通告就此提出十条意见，主要内容是：一、呼吁造反派成为抓革命、促生产的模范；二、在各地串联的上海工人、工作人员立即返沪；三、凡过去由各单位当权派签发的外出串联证明一律作废，各单位发出的大量串联费（车费除外），一律由当权派签发者负责追回；四、除必要生产经费等开支外，流动资金自即日起一律冻结；五、关于工资调整、补发，福利待遇等，原则上放到运动后期再作处理；六、不准给学生发放较高的劳动工资；七、不准强占公房；八、加强无产阶级专政，凡是反对毛主席、林副主席、中央文革及破坏文化大革命、破坏生产者，立即由公安局依法逮捕；九、上述各条，希各单位造反派组织和群众立即贯彻执行；十、责令市委、公安局照此执行，凡有违反上述各条者，立即以破坏文化大革命查处。

同　日　外交部照会印度尼西亚驻华大使馆。最强烈地抗议印尼政府最近正积极推行在全国范围内掠夺华侨的财产，断绝华侨的生计，强迫华侨离开原住地，加紧迫害和驱赶华侨的暴行。照会正告印尼政府必须立即停止对华侨的一切迫害，否则印尼政府必须承担由此引起的一切后果。

1月10日　毛泽东对《上海革命造反派向资产阶级反动路线发起总攻击》一文和《紧急通告》写出批语。批语写道：“伯达同志及小组同志们：（一）此两件很好；（二）请你们在二三日内，替中央、国务院和中央军委起草一个致上海各革命造反团体的贺电，指出他们的方针、行动是正确的，号召全国党、政、军、民学习上海的经验，一致行动起来。起草好了之后，开一次较大的会通过发表。”批语最后补充说：“关于反经济主义的文件，不要发了，上海这个就很好。”

同　日　戚本禹在江青的唆使下，煽动造反派打倒朱德。他说，朱德是反对毛主席的“黑司令、大军阀”，可以贴大字报揭发，到全国妇联点火，反对康克清。在戚本禹的煽动下，人民大学的造反派在北京街道贴出了“打倒朱德”的大标语，还成立了“揪朱联络站”，并且积极策划召开“批斗朱德大会”。2月，人民大学造反派还派出了“揪朱兵团”，到朱德的家乡四川省仪陇县，砸烂朱德的旧居陈列室、召开“声讨朱德”大会，竭力煽动当地群众反对朱德。毛泽东批评了把矛头指向朱德的做法。1月22日，毛泽东在中央军委碰头会上说：“朱德还是要保。他还有国际国内的威望，群众不知道。还要按照延安的规定：要惩前毖后，治病救人。”

同　日　关锋、王力等人起草“关于《解放军报》宣传方针问题的建议”。提出“彻底揭穿军内一小撮走资本主义道路的当权派”的口号。当晚，江青将这个报告送林彪批阅。第二天，林彪批示“完全同意”。1月14日，《解放军报》社论公开了这一口号，提出：“这种阻力（注：指妨碍文化大革命的阻力），主要是来自混进军内的一小撮走资本主义道路的当权派，来自极少数坚持资产阶级的反动路线的顽固分子。过去，他们曾经施展过种种卑鄙伎俩，进行捣乱。现在，他们还在耍出各种花招，进行新的反扑。”15日，《人民日报》转载了这一社论。

1月11日　中共中央、国务院、中央军委、中央文革小组发出《给上海市各革命造反团体的贺电》。这个贺电是由毛泽东提议发出的。贺电全文如下：上海工人革命造反总司令部等32个革命群众组织：你们在1967年1月9日发出的《紧急通告》，好得很。你们提出的方针和采取的行动，是完全正确的。你们高举了毛泽东思想伟大红旗，你们是活学活用毛主席著作的模范。你们坚定地站在以毛主席为代表的无产阶级革命路线方面，你们及时地识破了和揭穿了资产阶级反动路线新反扑的阴谋，进行了有力的还击。你们坚持了无产阶级专政，坚持了社会主义的大方向，提出了反对反革命修正主义的经济主义的战斗任务。你们根据毛主席提出的“抓革命、促生产”

的方针，制定了正确政策。你们实现了无产阶级革命派组织的大联合，成为团结一切革命力量的核心，把无产阶级专政的命运，把无产阶级文化大革命的命运，把社会主义经济的命运，紧紧掌握在自己的手里。你们这一系列的革命行动，为全国工人阶级和劳动人民，为一切革命群众，树立了光辉的榜样。我们号召全国的党、政、军、民各界，号召全国的工人、农民、革命学生、革命知识分子、革命干部，学习上海市革命造反派的经验，一致行动起来，打退资产阶级反动路线的新反扑，使无产阶级文化大革命沿着以毛主席为代表的无产阶级革命路线胜利前进。此后，这4个中央领导机构联合发出文件的形式在文化大革命前期被经常使用。

同　日　中共中央、国务院、中央军委发出《关于保护银行的通知》。通知说：现在，有一小撮党内走资本主义道路的当权派，为了破坏无产阶级文化大革命，转移斗争目标，煽动一时被他们蒙蔽的、支持他们的工人、农民和机关干部，大批地脱离生产和工作岗位，到北京来，或者流进大城市，甚至煽动罢工，煽动不明真相的群众，包围银行，强行提款。一切革命同志必须提高警惕，坚决反对这种做法。今后，如果发现有人继续进行这种煽动，应立即受到党纪国法的制裁，各地银行一律由人民解放军和公安部门负责保护。

同　日　中共中央发出《关于反对经济主义的通知》。通知说，必须立即制止大闹经济主义的倾向。一、揭露一小撮走资派和地富反坏右的阴谋诡计，保护国家财产，保护集体财产。二、在经济问题上，过去有些不合理的东西，中央将在无产阶级文化大革命中进行调查研究，吸收群众的合理意见，提出解决的办法。在中央没有提出新的办法以前，暂不变动。三、前几年下放农村业已参加农业生产的群众，上山下乡的知识青年，应当安心农业生产，参加农村的无产阶级文化大革命。安置工作中的问题，应由各级党委负责逐步加以解决。四、中央责成各级银行，不论是国家机关、国营企业、事业单位，或者是集体经济单位，所有不符合国家规定的支出，都要一律拒绝支付。五、集体所有制的企业、手工业合作社、合作商店等等，现在都不要改变为国家所有制。

同　日　中共中央发出《关于广播电台问题的通知》。通知说：我们的广播电台是无产阶级专政的重要工具。在无产阶级文化大革命中，革命群众同那些控制广播电台的走资本主义道路当权派进行斗争，是完全正确的，必要的。中央决定，凡是发生这样情况的广播电台，一律由当地人民解放军实行军事管制，停止编辑播送本地节目，只转播中央人民广播电台的节目。已经进入广播电台的革命群众，应当立即退出。广播电台中的走资本主义道路的当权派，应当交给群众离开电台去斗争。群众有意见的领导人，应当到群众中去，听取群众的意见和批评。各地广播电台，应当一律使用原来人民广播电台的名称，不要改变。

同　日　中央军委发出改组全军文化革命小组的通知。改组后的全军文化革命小组，由徐向前任组长，江青任顾问，副组长：萧华、杨成武、王新亭、徐立清、关锋、谢镗忠、李曼村。组员：王宏坤、余立金、刘华清、唐平铸、胡痴、叶群、王蜂、和谷岩、张涛。新的全军文化革命小组由中央军委和中央文革小组直接领导，不再隶属于总政治部。3月30日，中共中央决定增补谢富治为全军文化革命小组副组长。

同　日　阿尔巴尼亚国防部长巴卢库率领军事代表团抵京。周恩来等到机场欢迎。叶剑英举行了盛大的欢迎宴会。访问期间，阿军事代表团除再次请求中国提供陆、海、空军装备外，还请求援建军工成套项目和供应军工生产原材料、修理设备、武器零备件等。中阿双方签订了1967年—1971年的军援协议。据此，中国将向阿方提供价值人民币6.7亿元的武器装备物资援助，这是新中国成立以来对外签订军援协议中援助数额最大的一次。同年7月，阿尔巴尼亚部长会议主席谢胡致函周恩来总理，要求将上述5年军事援助协议中的主要武器提前一年运往阿方，其余装备器材提前至1969年交付。中国虽处于“文化大革命”动乱之中，军工生产和交通运输都受到干扰和破坏，中国政府仍答应了阿方的要求，决定将5年军事协议提前两年完成。在1968、1969年间，运往阿方的武器装备物资达12.36万吨。据统计，从1961年—1978年的18年间，中国向阿尔巴尼亚无偿提供的武器物资援助主要有：各种枪支75.2万支，火炮1.1万余门，坦克、装甲车890辆，飞机180架，艇船46艘，地空导弹系统2套，导弹224枚，鱼雷196枚，汽车4 230余辆，各种枪弹15.64亿发，炮弹822万发，以及通信、工程、防化、测绘、气象、军训、指挥作业器材等。此外，还援建了空军机场、海军基地和军械、通信、工程机械修理所。这些武器装备物资除满足阿方军队平时需要外，还使阿军有相当数量的储备。

1月13日　毛泽东与刘少奇谈话。毛泽东派秘书乘车接来刘少奇，在谈话中，刘少奇说自己犯了错误，郑重地向毛泽东提出经过反复考虑的要求，他说："一、这次路线错误的责任在我，广大干部是好的，特别是许多老干部是党的宝贵财富，主要责任由我来承担，尽快把广大干部解放出来，使党少受损失。二、辞去国家主席、中央常委和《毛泽东选集》编委会主任职务，和妻子儿女去延安或老家种地，以便尽早结束文化大革命，使国家少受损失。"毛泽东未置可否，只是建议刘少奇认真读几本书，还介绍了海德格尔写的《机械唯物主义》和狄德罗的《机械人》。临别时，毛泽东送刘少奇到门口，说："好好学习，保重身体。"

同　日　中共中央、国务院发布《关于在无产阶级文化大革命中加强公安工作的若干规定》（即公安六条）。这个文件是陈伯达、江青提出，由谢富治、张春桥等人起草，经中央政治局会议讨论通过发出的。《规定》的主要内容是：一、对于确有证据的杀人、放火、放毒、抢劫、制造交通事故进行暗害、冲击监狱和管制犯人机关、里通外国、盗窃国家机密、进行破坏活动等现行反革命分子，应当依法惩办。二、凡是投寄反革命匿名信，秘密或公开张贴、散发反革命传单，写反动标语，喊反动口号，以攻击污蔑伟大领袖毛主席和他的亲密战友林彪同志的，都是现行反革命行为，应当依法惩办（后来这一条在实际上扩展到凡对江青、康生、陈伯达等稍有不满的也以现行反革命治罪。这条规定是造成文化大革命中大量冤、假、错案的重要原因之一）。三、保护革命群众和革命群众组织，保护"左派"严禁武斗。凡袭击革命群众组织，殴打和拘留革命群众的，都是违法行为。对那些打死人民群众的首犯，情节严重的打手，以及幕后操纵者，要依法惩办。四、地富反坏右等各类人员及被杀、被关、被管制、外逃的反革命分子的坚持反动立场的家属，一律不准外出串联，不得混入革命群众组织，不准背后操纵煽动，更不准他们自己建立组织。这些分子，如有破坏行为，要依法严办。五、凡是利用大民主，或者用其他手段，散布反动言论，严重的，公安部门要和革命群众相结合，及时进行调查，必要时，酌情处理。六、党政军机关和公安机关人员，如果歪曲以上规定，捏造事实，对革命群众进行镇压，要依法查办。

同　日　空军部队在华东某地上空击落美制台湾空军F—104型战斗机1架。中央军委为此颁布了嘉奖令。

1月14日　中共中央发出《关于不得把斗争锋芒指向军队的通知》。《通知》说：人民解放军是无产阶级专政的最主要的工具。它担负着备战和保卫国防的伟大任务，担负着保卫无产阶级文化大革命的伟大任务，今后，任何人、任何组织，都不得冲击人民解放军的机关。在无产阶级文化大革命中，地方党委把重要档案材料，电台机要人员和机要交通人员，暂时转移到军事机关，这对保证党和国家机密的安全，保证党内文电的正常传递，是有好处的，是必要的。但是，有一些地方党委，却借此为名，把文化大革命中整革命群众的材料，也塞进军事机关。更恶劣的是，有的地方党委，自己干了这种事，却嫁祸于人，挑动不明真相的群众，把斗争锋芒指向军事机关，这是极端错误的，是党纪国法绝不允许的。中央责成你们：一、凡属真正的党和国家的机密材料，以及保证党内文电正常传递的人员已转移到军事机关的，应当由你们向群众正面讲清道理。如果革命群众怀疑党和国家机密文件中有整群众的材料要求清查，说明不了的时候，可以采取由你们和革命群众的代表共同封存的办法处理。二、凡是整革命群众的材料转移到军事机关的，立即全部取出，按照中央的有关规定当众处理。三、决不准把事实真相掩盖起来，在幕前或幕后煽动群众把斗争锋芒转向军事机关。否则，就是破坏无产阶级文化大革命，就是破坏无产阶级专政，对由此而产生的一切后果，必须负全部责任。另外，地方的电台、监狱、仓库、港口、桥梁，由军队负责守卫，也是完全必要的。同样，不准挑动群众对这些地方进行包围、冲击、占据和破坏。

同　日　由25个造反组织组成的“山西革命造反总指挥部”发布《第一号通告》，宣布夺取山西省和太原市党政大权。《通告》说：原山西省委对文化大革命的一切领导权，自即日起由本指挥部接管。为了保卫无产阶级专政，防止反革命政变，我们于元月12日夜夺了省委、省人委、市委、市人委等党政机关的权和抄了一些坏蛋的家，搜出了大批私藏的枪支、弹药和黑材料，彻底捣毁了反党分子的巢穴。《通告》还发布了4条命令。1月25日，《人民日报》刊登了上述通告，并发表社论：《山西省无产阶级文化大革命的伟大胜利》。社论说：“这是继上海市无产阶级革命造反派夺权胜利以后，在一个省的范围内向党内一小撮走资本主义道路当权派夺权斗争的伟大胜利。”

同　日　《解放军报》发表社论：《一定要把我军的无产阶级文化大革命搞彻底》。社论说：“要把军队的无产阶级文化大革命搞彻底，还必须继续放手发动群众，还要经过激烈的斗争，冲破重重阻力。这种阻力，主要是来自混进军队的一小撮走资本主义道路的当权派，来自极少数坚持资产阶级反动路线的顽固分子。过去，他们曾经施展过种种卑鄙伎俩，进行捣乱。现在，他们还在耍出各种花招，进行新的反扑。”

1月15日　中央军委发出《重申绝不允许当防空洞的通告》。《通知》重申：“军队（包括医院、疗养院、招待所等）决不能成为防空洞，窝藏一小撮走资本主义道路的当权派，庇护那些坚持执行资产阶级反动路线以及逃避群众斗争的人。”

1月16日　外交部照会印度驻华大使馆，强烈抗议印度方面去年不断入侵我国领土领空。照会说，1966年内，印度军队越过中印边界实际控制线和中国、锡金边界侵犯中国领土达73起，印度飞机侵犯中国领空达71架次。

1月17日　毛泽东会见马来西亚共产党总书记陈平等人。参加会见的有康生、刘宁一。毛泽东在会见时说："我们党内的斗争，过去有些你们可能不知道。有一部分可能你们知道；例如同高岗、饶漱石、彭德怀的斗争。关于社会主义教育究竟走什么道路，采取什么方针和政策，同刘少奇同志的这个斗争是从1964年夏天开始的。1965年制定的二十三条就是这场斗争的结果。""王明到现在还不承认错误。他在莫斯科写文章反对我们。他现在还是中央委员。下次代表大会，他恐怕选不上了。刘、邓是不是能选上，我的意见还是应该选上。党内总有左、中、右，那么干净就不太好。但很危险，可能红卫兵不同意。"

同　日　中共中央批转公安部《关于各级公安部门开展文化大革命的通知》。通知说，公安机关过去的某些规定，如民警和劳改单位的文化大革命只做正面教育等，已经同目前形势不相适应，应该立即作废。各级公安机关在文化大革命中，不要再受这些规定的约束，而应当根据《人民日报》、《红旗》杂志有关文章的精神，坚决执行和保卫毛主席的无产阶级革命路线，坚决支持革命"左派"，支持"左派"的一切革命行动（包括夺权"接管"），彻底粉碎资产阶级反动路线，把公安机关的文化大革命搞深搞透。

1月18日　教育部和外交部联合向我驻外使馆发出关于召回留学生的通知。通知规定，在国外的留学生，除科技进修生有特殊需要或个别有其他特殊情况的可以在国外继续学习外，都要回国参加文化大革命运动。1965年出国的留学生向校方交涉休学半年。1964年出国的留学生，一般都应提前毕业。

1月19日　中共中央、国务院、中央军委发出《关于保护粮食、物资仓库和监狱等问题的规定》。规定说：现在发现有的坏人煽动抢劫仓库的事件。中央决定：一切重要的粮食和物资仓库、监狱，以及其他中央规定必须保护和监视的重要单位，都要立即派出军队，实行军事管制。国家仓库中的一切物资，没有国家调拨的指示，任何机关和个人都不得私自动用，违背者以国家纪律严厉惩处。

1月20日　全国总工会副主席刘长胜去世。刘长胜，1903年生。山东海阳人。1927年加入苏联共产党（布），后转入中国共产党。

1935年回国。曾任中共中央华中局城工部部长、中共中央上海局副书记、上海市委书记。中华人民共和国成立后，历任上海市委第三书记、上海总工会党组书记兼主席、中华全国总工会副主席、党组副书记等职。当选为中共第七届中央候补委员，第八届中央委员。1979年1月24日，中共中央举行了平反昭雪追悼会。

1月21日　毛泽东做出关于派军队支持“左派”的批示。当日，安徽省造反派计划召开大会，批斗省委主要负责人李葆华，要求军队支持，保护会场，防止对立派的冲击。毛泽东在安徽省军区的请示电报上批示：“林彪同志：应该派军队支持左派广大群众。请酌处。”他同时指出：“以后凡有真正革命派要求军队支持、援助，都应这样做。所谓不介入，是假的，早已介入了。此事似应重新发布命令，以前命令作废，请酌。”周恩来向军委碰头会议传达了毛泽东的上述批示。次日，毛泽东接见军委碰头会议人员时，要求他们“真正站在革命派方面，像唱戏一样，要亮相”。他批评许多军区把造反派讲得一片黑暗，好像一点光明也没有。要求军队“能够公开支持的，就公开支持，时机不成熟的，就半公开支持”。

同　日　海军副司令员陶勇去世。陶勇，1911年生。安徽霍立人。1929年参加工农红军，历任团长、师长，随红四方面军长征。抗日战争时期，历任新四军副团长，支队副参谋长、司令员兼政委。皖南事变后，任新四军三旅旅长，苏浙军区三纵队司令员。解放战争期间，先后任纵队司令员、军长、兵团副司令员等职。中华人民共和国成立后，曾赴朝作战，任志愿军九兵团代司令员兼政委。后任海军副司令员兼东海舰队司令员，南京军区副司令员。1955年被授予中将军衔。“文化大革命”开始后，与林彪、江青一伙进行了坚决的斗争，不幸遇害。

1月22日　毛泽东接见参加中央军委碰头会的人员。受到接见的军队领导人纷纷向毛泽东诉说挨斗被整的情况，诉说文化大革命给军队建设造成的破坏。徐向前汇报说，造反派“要揪谁就揪谁”，“我们军委在开会，有些人到京西宾馆，要抓许世友”，“北京军区几个常委都被围起来了，杨勇被抓去了，还要抓郑维山”。毛泽东对这些现象表示气愤，说，“那还得了”，“到处抓人怎么行”。许世友说：“戴高帽子是对地富反坏的，为什么对自己人也戴？我们跟主席这么久，把我们当地主一样斗，我想不通。”毛泽东指出，那些做法是对土豪劣绅的，用来对付共产党的干部，是不好的。新疆军区副司令员郭鹏等人反映，他们的家被抄了、封了，家属被打了。造反派还扬言，要组织2万人“欢迎”他们回新疆。第二炮兵负责人李天焕说：“我们现在根本不能工作，要求主席允许我们工作”。毛泽东说：“要允许工作，不能过头了，不能搞逼供信。”同时毛泽东要求军队干部在受委屈中取得经验教训，不要吃老本，要支持“左派”。在文化大革命中立新功。他说：“我们的基本方针，要站在革命左派方面。过去说不介入，其实是假的，西安、重庆、兰州、成都、南京等都介入了，都派了工作组。”

同　日　《人民日报》发表社论：《无产阶级革命派大联合，夺走资本主义道路当权派的权》。社论说，夺权是今年展开全国全面阶级斗争的一个伟大开端，是国际共产主义运动中极其伟大的创举。发动群众自下而上夺权，是毛主席对马列主义关于无产阶级革命和无产阶级专政学说的重大发展。社论说：“无产阶级文化大革命，从一开始就是一场夺权斗争。这个文化大革命，就是发动亿万群众自己起来解放自己，向党内一小撮走资本主义道路的当权派夺权。只有展开这样伟大的群众运动，展开一个群众性的全面夺权斗争，才能彻底解决无产阶级的夺权问题，彻底解决无产阶级专政的问题。”

同　日　青岛市“革命造反委员会”发布《第一号通令》，宣布夺取青岛市委、市人委的一切权力。《通令》宣布封闭青岛市委、市人委，停止其一切活动。限令青岛市委书记、常委、委员、各部委负责人，青岛市市长、副市长、各局局长、处长，在3日内向造反委员会报到。《通令》还宣布废除青岛市委、市人委自1966年5月16日以来所发出的一切指示和文件，并宣布对山东省委、省人委所发出的一切有关文化大革命的指示，拒绝执行。《通令》还号召向省委、省人委夺权。1月30日，《人民日报》对此做出了报道，并发表了题为《关键在于大联合》的社论。

同　日　煤炭工业部部长张霖之去世。张霖之，1908年生。河北南宫人。1929年加入中国共产党，历任中共山东省委委员、组织部长，晋冀鲁豫解放军第七纵队、第十一纵队政委、第二野战军第五兵团副政委，参加过进军大别山、淮海、强渡长江、解放南京、进军大西南、解放重庆等重大战役。中华人民共和国成立后，历任南京市副市长、党组副书记，第三机械工业部部长、电机工业部部长、煤炭工业部部长。“文化大革命”中受到残酷迫害，被造反派殴打致死。1979年1月24日，中共中央举行了平反昭雪追悼会。

1月23日　中共中央、国务院、中央军委、中央文革小组发布《关于人民解放军坚决支持革命左派群众决定》。决定说，这场夺权斗争，是无产阶级对资产阶级及其在党内的代理人17年猖狂进攻的总反击。在这场伟大的无产阶级向资产阶级的夺权斗争中，人民解放军必须坚决站在无产阶级革命派一边，坚决支持和援助无产阶级革命“左派”。《决定》在引述了毛泽东关于“支左”的指示后说：“问题不是介入不介入的问题，而是站在哪一边的问题，是支持革命派还是支持保守派甚至右派的问题。《决定》具体规定：“一、以前关于军队不介入地方文化大革命及其他违反上述精神的指示，一律作废。二、积极支持广大革命‘左派’群众的夺权斗争。凡是真正的无产阶级‘左派’要求军队去援助他们，军队都应当派出部队积极支持他们。三、坚决镇压反对无产阶级‘左派’的反革命分子、反革命组织，如果他们动武，军队应当坚决还击。四、重申军队不得做一小撮党内走资本主义道路当权派和坚持资产阶级反动路线顽固分子防空洞的指示。五、在全军深入进行以毛主席为代表的无产阶级革命路线和以刘少奇、邓小平为代表的资产阶级反动路线斗争的教育。这一指示要原原本本地传达到每个解放军战士”。

同　日　中共中央发布《关于广播电台问题的补充指示》。补充指示的主要内容是：一、坚决支持各省、市的广播电台掌握在无产阶级革命派手里，成为各省、市无产阶级革命派大联合的喉舌。二、在无产阶级左派尚不能控制局面，要求人民解放军保护时，军队应当立即实行军事管制。在实行军事管制期间，军队应当坚决支持无产阶级革命左派。三、实行军事管制是暂时的、过渡的措施。在无产阶级革命左派能够控制局面的时候，应当结束军事管制。四、在实行军事管制期间，除了转播中央人民广播电台的节目外，地方台可以自编一部分节目。这些节目必须是反映无产阶级革命派的声音，而不得反映走资本主义道路当权派的声音，不能反映资产阶级反动路线的声音。

1月25日　中共中央发布《关于保卫四清运动成果的通知》。通知说：现在，有些农村和企业、事业单位要把“四清”工作队员揪回去斗。中央认为，“四清”运动有伟大的成绩。农村社会主义教育《十条》、《二十三条》，都是毛主席亲自主持制定的，是伟大的马克思列宁主义文件。这是必须肯定的。根据《十条》和《二十三条》的规定，在当时派出工作队，是正确的，不能说是错误的。至于有些同志在工作中受形左实右路线的影响，犯一些错误，主要应由错误路线的提出者负责。因此，中央决定："四清”工作队的同志，一般不要揪回去斗。二、对于“四清”工作队的同志有意见，可以用写信、送大字报或者其他方式提出。三、必须保卫“四清”运动成果。不许那些党内走资本主义道路的下台干部和地富反坏右分子翻案，不许他们兴风作浪。

同　日　贵州省“无产阶级革命造反总指挥部”发布夺权《通告》。《通告》宣布：“贵州无产阶级革命造反总指挥部向全省人民庄严宣告：自1967年元月25日起，接管原贵州省委、省人委、贵阳市委、市人委等党、政、财以及文化大革命的一切领导权。”2月1日，《人民日报》发表社论：《西南的春雷》。社论说，贵州的夺权经验再次证明，“在夺权斗争中，必须建立一个为群众所拥护的临时权力机构。这个机构，是无产阶级革命派大联合的核心领导，是无产阶级的权威”。社论号召一切革命的干部，“应当拿出无产阶级革命家的胆略、魄力和勇气，应当在群众中亮相，应当振臂高呼，应当亲临前线，和革命群众结合，并肩战斗”。社论号召各地继续开展夺权。2月13日，贵州省毛泽东思想革命委员会成立。贵州省军区副政委李再含任主任，张明任副主任。革命委员会下设文革、生产、保卫、秘书4个领导小组。以后，各地革委会机构的设立，基本都采取了这类形式。

同　日　外交部照会印度尼西亚驻华大使馆。就中国驻棉兰领事馆遭受当地军警和右派暴徒多次袭击的严重事件，向印尼政府提出最强烈的抗议，同日，外交部宣布印尼驻华副武官为不受欢迎的人。同时，中国驻印尼大使馆也就印尼政府驱逐我使馆的海军副武官提出最强烈抗议。

1月26日　国务院、中央军委发布《关于民用航空系统由军队接管的命令》。决定：一、对民航总局、各大区管理局、省（区）局、航空站、指挥勤务保障体系、机场和飞行学校，一律由军队接管，接管工作由空军组织实施。二、在军队接管后，民航系统的无产阶级文化大革命，遵照中央关于无产阶级文化大革命的决定，按军队系统的安排和做法进行。三、在军队接管后，民航系统各单位的革命组织，对民航系统以外的革命组织，一律不进行串联。

同　日　新疆石河子市发生武斗流血事件。石河子市驻有新疆军区生产建设兵团农八师、工二师、独立团（兵团武装单位）、汽车二团、毛纺厂、农学院等17个单位。1月25日下午，毛纺厂等8个单位的造反派约2 000人，进入汽二团配合该团造反派夺权。汽二团掌权派请求独立团支援。当独立团的92名指战员赶到汽二团时，汽二团造反派抢夺枪支弹药。26日零点，在夺枪与反夺枪中，双方开枪射击，伤亡11人。当日，造反派要进入农八师师部，双方发生武装冲突，伤亡29人。此外，双方还在汽车站等地进行枪战。这一天，双方共被打死24人，伤74人。事件发生后，新疆军区在给中央军委的报告中认为，这是部队在忍无可忍的情况下镇压了歹徒。而中央文革小组则认为，这是一起镇压革命群众的严重的反革命事件。2月11日，中共中央、国务院、中央军委发布包括对新疆军区生产建设兵团进行军事管制等12项内容的文件。

同　日　外交部发表声明，“最最强烈抗议苏修疯狂镇压我留欧学生”。声明说：“1967年1月25日，中国留欧学生69人，在回国途中路过莫斯科时，怀着对无产阶级的伟大革命导师列宁和伟大的马克思列宁主义者斯大林的无限崇敬的心情，排着整齐的队伍，秩序井然地走向列宁和斯大林墓，敬献花圈，并朗读世界革命人民心中最红最红的红太阳毛泽东主席的语录，表达他们对马克思列宁主义和毛泽东思想的无限信仰和无限热爱。”“但是，这些中国学生却遭到苏联修正主义统治集团的野蛮镇压。在他们朗读毛主席语录时，苏联政府出动了预先布置好的军警和便衣特务二三百人，围攻毒打他们，打伤30余人，重伤4人，其中1人肋骨被打断，生命在垂危中。对于苏联修正主义统治集团的这一法西斯暴行，中国政府和中国人民表示极大的愤慨，并提出最最强烈的抗议。”同日，周恩来和陈毅代表毛泽东、林彪、党中央、国务院，致电留欧学生表示亲切的慰问；同时，又通过有关部门指示中国留学生停止过火的做法，立即回国。

1月27日　中国人民银行总行行长南汉宸去世。南汉宸，1895年生。山西洪洞人。1926年加入中国共产党。曾参加和平解决西安事变。1948年中国人民银行成立后，主要从事建立新中国金融体系的工作。中华人民共和国成立后，历任国务院财经委员会委员，中国人民银行总行行长、中国银行董事长、中国国际贸易促进委员会主席、民主建国会副主任委员、全国工商联副主任委员、党组书记。当选为第二至三届人大常委会委员。“文化大革命”中受到迫害。1979年1月24日，中共中央举行了平反昭雪追悼会。

1月28日　中央军委发布“八条命令”。“命令”规定：一、必须坚决支持真正的无产阶级革命派，争取和团结大多数，坚决反对右派，对那些证据确凿的反革命组织和反革命分子，坚决采取专政措施。二、一切指战员、政治工作人员、勤务、医疗、科研和机关工作人员，必须坚守岗位，不得擅离职守。要抓革命、促战备、促工作、促生产。三、军队内部开展文化大革命的单位，应该实行大鸣、大放、大字报、大辩论，充分运用摆事实、讲道理的方法。严格区别两类矛盾。不允许用对待敌人的方法来处理人民内部矛盾，不允许无命令自由抓人，不允许任意抄家、封门，不允许体罚和变相体罚，例如，戴帽、挂黑牌、游街、罚跪，等等。认真提倡文斗，坚决反对武斗。四、一切外出串联的院校师生、文艺团体、体工队、医院和军事工厂的职工等，应迅速返回本地区、本单位进行斗批改，把本单位被一小撮走资本主义道路当权派篡夺的领导权夺回来，不要逗留在北京和其他地方。五、对于冲击军事领导机关问题，要分别对待。过去如果是反革命冲击了，要追究，如果是“左派”冲击了，可以不予追究。今后则一律不许冲击。六、军队内战备系统和保密系统，不准冲击，不准串联。凡非文化革命的文件、档案和技术资料，一概不得索取和抢劫。有关文化革命的资料暂时封存，听候处理。七、军以上机关应按规定分期分批进行文化大革命。军、师、团、营、连和军委指定的特殊单位，坚持采取正面教育的方针，以利于加强战备，保卫国防，保卫无产阶级文化大革命。八、各级干部，特别是高级干部，要用毛泽东思想严格管教子女。干部子女如有违法乱纪行为，应该交给群众教育，严重的，交给公安和司法机关处理。这个“八条命令”，是由徐向前提议，林彪口授的；其中第八条，是根据毛泽东的意见增加的。

同　日　中央军委发出重申军区文化大革命分期分批进行的指示。指示的内容是：一、军区的文化大革命，遵照毛主席和林副主席的指示，应分期分批进行。二、目前全国的无产阶级文化大革命，已进入全面阶级斗争的新阶段。中国人民解放军有积极支持革命左派和保卫文化大革命的任务。三、帝修反正在加强反华，蠢蠢欲动，蒋匪也想乘机袭扰。因此处在反帝、反修第一线的军区（济南、南京、福州、广州、昆明、新疆）和有随时策应各军区任务的武汉军区的文化大革命运动，都应照前次指示暂缓进行，把自己稳定起来，以便支援地方文化大革命，保卫国防。何时开始，听候军委命令。

同　日　《中学文革报》刊载遇罗克《出身论》一文。该报是由“首都中学生革命造反司令部”主办的。该文指出：家庭出身问题“是长期以来严重的社会问题”，非“红五类”出身的人往往享受不到同等政治待遇，是不公正的现实。文章提出，“老子英雄儿好汉，老子反动儿混蛋”这副对联，不是真理，是绝对的错误。人是能够选择自己的前进方向的，娘胎里决定不了。因此，一切革命青年，不管你是什么出身，都应享受同样的政治待遇，应努力填平这人为的鸿沟。4月14日，中央文革成员戚本禹宣布《出身论》是反动文章。此后，遇罗克遭到了残酷迫害，于1968年以“组织反革命集团”和“恶毒攻击”罪被捕，1970年3月5日被杀害。1980年有关部门宣布为他平反昭雪。

同　日　上海“红革会”“炮打”张春桥。由于张春桥等人在上海“文化大革命”的所作所为和他的历史问题，引起群众的怀疑和不满。上海红卫兵革命委员会（简称“红革会”）决定从徐景贤入手，炮打张春桥。1月27日，“红革会”揪走了徐景贤。张春桥闻讯后立即打电话给上海警备区，出动全副武装的4个摩托化排和1个步兵连，包围了复旦大学。28日，“红革会”决定进一步炮打张春桥。张春桥、姚文元破例到会场会见各校红卫兵负责人。“红革会”当场对张春桥提出种种质问，包括其历史问题。29日，“红革会”联合其他组织在复旦礼堂召开了“炮打张春桥誓师大会”，并决定第二天在人民广场召开全市炮打张春桥大会，举行示威游行。张春桥等人采取紧急对策，派王洪文等到街上覆盖炮打张春桥的大字报，紧急封锁人民广场，准备冲击会场抓人。同时，他们又伙同陈伯达、江青等发出“中央文革特急电”，内容是：不应把矛头对着无产阶级司令部的张春桥；不能组织10万人的游行；放回徐景贤。“一·二八炮打”活动被迫停止。事后，参加“炮打”的人受到残酷迫害。据初步统计，全市因参加“一·二八炮打张春桥”受到打击迫害的（不包括一般请罪、检查）达2 500人，其中隔离审查200多人，被办学习班的460人。审查中，被非法拷打摧残致死5人，逼疯6人，不少人被打致残。

1月29日　国务院发出关于1967年春节不放假的通知。通知说：我国无产阶级文化大革命开始了新阶段。当前正处在无产阶级革命派大联合，以排山倒海之势，向党内一小撮走资本主义道路的当权派展开全面夺权斗争的关键时刻。根据广大革命群众的要求，为了坚决执行我们伟大领袖毛主席提出的抓革命、促生产的方针，夺取革命、生产双胜利，将无产阶级文化大革命推向新的高潮，国务院决定：1967年春节不放假；职工探亲假在文化大革命期间暂停执行，以后再补。

1月30日　中共中央、国务院、中央军委发出《关于浙江最近发生事件的决定》（即《十条决定》）。《决定》的主要内容是："省联总"追查黑材料，寻找陈伟达进行批判，要求当局将违法乱纪的某些高干子女交出法办等行动，是正确的；"省联总"所属群众进驻省军区，其责任应由浙江省委、部分由军区个别领导来负；省委和军区有关同志应为此事向群众作深刻检讨；中央这一决定传达后，"省联总"等群众组织应撤离省军区大院、礼堂。31日，中央派南京军区政委杜平、中央办公厅干部丁钧为中央代表，到杭州处理浙江问题。

同　日　中共山西省委书记卫恒去世。卫恒，山西陵川人。早年长期从事农会工作，曾任太岳区农救会主席。中华人民共和国成立后，历任中共运城地委书记、山西省委组织部长、省人民政府监察委员会主任、省委书记、省长。"文化大革命"中受到迫害，在狱中含冤去世。1986年，中共山西省委宣布为他彻底平反昭雪。

1月31日　《红旗》杂志第三期社论：《论无产阶级革命派的夺权斗争》。《人民日报》转载。社论将夺权斗争称为无产阶级和广大劳动人民同资产阶级及其在党内代理人的决战。社论说，在夺权过程中，必须高度注意以下几个问题：考虑和处理一切问题，都必须从夺权这个大方向出发，服从这个大方向；坚决实行无产阶级革命派的大联合，团结广大群众，这是取得夺权胜利的最重要的条件；必须足够重视革命干部在夺权斗争中的作用。他们可以成为夺权斗争中的骨干和领导。社论强调，对于犯有错误的干部，要正确对待，不能一概打倒；在夺权的过程中，要由革命群众组织的负责人、当地驻军的负责人和党政机关的革命的领导干部，经过酝酿和协商，建立临时的权力机构，负责领导夺权斗争。

同　日　"黑龙江省红色造反者革命委员会"宣布成立。1月16日，在省委第一书记潘复生的支持下，黑龙江省23个单位的造反团成立联合总部，发表《红色造反者联合接管省、市党政财文大权的公告》。1月31日，“黑龙江省红色造反者大联合大夺权誓师大会”召开，大会宣告成立黑龙江省红色造反者革命委员会。范正美（哈尔滨师范学院学生）任“班长”，潘复生、汪家道为顾问。2月1日，《人民日报》发表社论：《东北的新曙光》，指出：“黑龙江省无产阶级革命派夺权斗争的经验再一次表明，革命群众组织的负责人，人民解放军当地的负责人和党政机关的革命领导干部，组成三结合的临时权力机构，对夺权斗争的胜利起了关键性的作用。”黑龙江省“红色造反者革命委员会”成立后，连续发布了一、二号通告，一号通告称原省委“是黑龙江省地富反坏右和一切牛鬼蛇神的总后台、总根子”，在文化大革命中“疯狂推行资产阶级的反动路线”，“对毛主席、对党和人民犯下了不可饶恕的罪行”。二号通告把省红色造反者革命委员会说成是“在巴黎公社和苏维埃的经验基础上，制造一种更为高级的，加速向共产主义过渡的新政权”。3月，黑龙江省“红色造反者革命委员会”改为黑龙江省革命委员会，中共中央批准潘复生为主任，汪家道为副主任，范正美等人为常委。

2月1日　台湾成立“国家安全会议”。蒋介石根据“动员戡乱时期临时条款”，下令成立“国家安全会议”，并公布《动员斟乱时期国家安全会议组织纲要》。蒋介石任该会议主任，“行政院”副院长黄少谷兼任秘书长。“国安会”权限在“行政院”之上，实际上成为超越一切权力机关的超级权力机构，是“动员戡乱时期”最高权力机构。

2月2日　国防工业委员会副主任赵尔陆去世。赵尔陆，1905年生。山西原平人。1927年参加革命，1928年加入中国共产党。历任红四军二十九团团长，红一军团供给部长；晋察冀二分区司令员兼政委，冀晋纵队司令员兼政委，晋察冀军区参谋长；第四野战军参谋长，中南军区参谋长。中华人民共和国成立后，历任第二机械工业部、第一机械工业部部长，军委国防工业委员会副主任。当选为中共第八届中央委员。1955年被授予上将军衔。2月6日，举行了追悼会，周恩来、李富春、陈毅、聂荣臻、叶剑英等人参加了追悼会。

2月3日　毛泽东会见阿尔巴尼亚代表团卡博、巴卢库等人。在会见时，毛泽东说：“多少年来，我们党内的斗争没有公开化。比如1962年1月，我们召开了7 000人的县委书记以上干部大会，我讲了一篇话，我说，修正主义要推翻我们。如果我们现在不注意，不进行斗争，少则十几年，多则几十年，中国会要变成法西斯专政的。那个时候已经看出问题来了。过去我们只抓了一些个别的问题，个别的人物。此外，还搞了一些在文化界的斗争，农村的斗争，工厂的斗争，就是社会主义教育运动，这些都不能解决问题，因为没有找到一种形式，一种方式，公开地、全面地、由下而上地来揭发我们的黑暗面。”在谈到姚文元《评新编历史剧〈海瑞罢官〉》一文时，他说：“开头写我也不知道，是江青他们搞的。搞了交给我看。先告诉我要批评。他们在北京组织不了，到上海去组织，我都不知道。文章写好了交给我看，说这篇文章只给你一个人看，周恩来、康生这些人也不能看，因为要给他们看，就得给刘少奇、邓小平、彭真、陆定一他们看，而刘、邓这些人是反对发表这篇文章的。”他还说，“现在，两方面的决战还没有完成，大概2、3、4这3个月是决胜负的时候。至于全部解决问题可能要到明年2、3、4月或者还要长”。他还指出：“现在流行着一种无政府主义思想，口号是一切怀疑，一切打倒，结果弄到自己身上。你一切怀疑，你自己呢？你一切打倒，你自己呢？资产阶级要打倒，无产阶级呢？他那个理论就是不行。”

同　日　中共中央、国务院发出《关于革命师生和红卫兵进行步行串联问题的通知》。《通知》说：外出步行串联的革命师生和红卫兵应当回到本地本学校去，参加夺权斗争。“长征步行串联，在全国都停止”，步行串联队在返回的时候，原则上应当步行。串联和回程期间的伙食费、市内交通费，一般应为自理。来北京的师生和红卫兵，凡吃饭尚未交费的，自2月8日起一律交费，不再免费。

2月4日　中共中央发出《关于小学无产阶级文化大革命的通知(草案)》。《通知》说，到外地串联的小学教师和学生，应当立即返回本校。小学高年级学生要学习毛主席语录和“老三篇”，小学低年级学生学习毛主席语录，兼学文化知识。小学生可以组织红小兵。

2月5日　“上海人民公社”举行成立大会。张春桥、姚文元参加大会并发表讲话。张春桥说：根据中央文革小组的建议，并且得到发起成立上海人民公社的各革命造反派组织的同意，姚文元和我两个人即日起参加上海人民公社临时委员会的工作。大会宣读了《上海人民公社宣言》。《宣言》称："一个新型的无产阶级专政的地方国家机构，新型的上海人民公社，以崭新的面貌出现在地平线上，诞生在黄浦江畔，屹立在世界东方。一切权力归上海人民公社。""上海人民公社，是在毛泽东思想指导下，彻底打碎已被反革命修正主义分子篡夺了专政权力的国家机构，重新创造无产阶级专政的地方国家机构的一种新的组织形式。"大会还宣读了给毛主席的致敬电。大会结束后，举行了庆祝游行，游行队伍在外滩上海市人委大楼前，砸烂烧毁了上海市人委的牌子，挂起了"上海人民公社"的牌子。2月12日，毛泽东把张春桥、姚文元召到北京谈话。毛泽东说，原想建立北京人民公社，后考虑到国家体制改变的复杂问题，还是叫革命委员会好。2月19日，中共中央发出通知，指示各地在建立新政权时，"不要使用人民公社名称"。张春桥回上海后，传达了毛泽东的指示和中央通知的精神。2月24日，"上海人民公社"改名为"上海市革命委员会"，张春桥任主任。

同　日　中国政府发表声明，"最最强烈抗议苏修法西斯暴行"。声明说，苏联政府继1月25日出动军警血腥镇压中国学生之后，又在2月3日指使暴徒闯进中国驻苏联大使馆，毒打中国外交代表和工作人员，这是苏联修正主义统治集团进一步卖身投靠美帝国主义蓄意制造的新的反华事件。声明说，2月3日晚，苏联便衣特务一百六七十人，强行砸坏和抢走设在大使馆前院围栏以内的6个新闻图片橱窗，并野蛮殴打前往依理劝阻的中国大使馆临时代办安致远，在场的31名中国人员全部遭受毒打，3人伤势严重，其中包括二等秘书王荩卿。中国大使馆临时代办安致远头部被猛击。商务参赞蔡新德被打倒在地，胸部被踩伤。声明要求苏联政府必须公开承认错误，向中国大使馆全体被害人员赔礼道歉，严惩全部肇事凶手，恢复中国大使馆的6个新闻图片橱窗，并保证今后不再发生类似事件。否则，由此引起的一切严重后果，苏联政府必须负完全责任。2月6日，

《人民日报》就此发表社论：《世界外交史上罕见的野蛮暴行》。

2月6日　中央军委转发《福建前线部队公告》。1月31日福州军区发出的这个《公告》说：少数别有用心的人煽动不明真相的群众冲击军事指挥机关。特别是28日军委命令公布之后，30日仍然有人明知故犯，乱抓军队干部进行斗争，实行体罚，侮辱人格等等，公开违抗最高统帅毛主席批发的中央军委命令。《公告》说：为维护最高统帅命令的尊严，对军队内部极少数违抗中央军委命令的违法分子，实行了纪律处理。外部如有借此进行造谣诬蔑，或煽动不明真相的群众，继续冲击军事机关，丑化人民解放军者，我们一定按照最高统帅命令，坚决采取必要的措施。

2月8日　中央军委发出《关于外出串联人员限时返回本单位的通知》。《通知》要求，外出串联人员一律于2月20日前返回本地区、本单位。凡过期不归者，不予报销旅差费。违反规定者一律按1月28日命令给予纪律处分。

2月10日　外交部向苏联驻华大使馆提交口头声明，最强烈抗议苏联政府片面撕毁中苏两国互免签证协议。并宣布，自2月12日起，所有苏联公民进、出和经过中国国境，都必须取得中国的签证。在同日外交部向苏联驻华使馆提交的另一项口头声明中，还就苏联方面指使大批暴徒，连续4天在中国驻苏联大使馆前制造动乱，甚至闯进我使馆办公重地的严重事件，向苏联政府提出最强烈的抗议。

2月11日　中共中央政治局碰头会在怀仁堂召开，叶剑英、陈毅、谭震林、徐向前等与中央文革小组进行斗争。会议由周恩来主持。会上，叶剑英对陈伯达说："你们把党搞乱了，把政府搞乱了，把工厂、农村搞乱了，你们还嫌不够，还一定要把军队搞乱，这样搞，你们想干什么？"徐向前拍着桌子说："军队是无产阶级专政的支柱。这样把军队乱下去，还要不要支柱啦？难道我们这些人都不行啦？要蒯大富这类人来指挥军队吗？"康生竟蛮横地说："军队不是你徐向前的，你有什么了不起。"叶剑英质问说："上海夺权，改名为上海公社，这样大的问题，涉及到国家体制，不经政治局讨论，就擅自改变名称，又是想干什么！"叶剑英嘲弄地对陈伯达说："我们不读书，不看报，也不懂得什么是巴黎公社的原则。请你解释一下，什么是巴黎公社的原则？革命，能没有党的领导吗？能不要军队吗？”陈伯达说：“叶帅，你这样讲，我就无地自容了。”最后，周恩来说：“今天的议程上没有你们争论的问题，你们愿意争论，可以后再说。”

同　日　中央军委颁布《关于军以上领导机关文化大革命的几项规定》。《规定》的主要内容是：一、无条件地不折不扣地贯彻中央军委1月28日的命令。二、军以上机关的文化大革命，必须坚决按照毛主席的指示，分期分批进行“四大”。三、陆、空军的军以下单位，海军的基地以下单位，海、空军的飞行学校，北京卫戍区，上海、天津、旅大警备区，以及军委指定的特殊单位，一律不搞“四大”，坚持进行正面教育。四、各级军事领导机关（包括司、政、后及其他领导部门）一律不允许自下而上的夺权，不允许任何人、任何组织冲击。五、军以上机关的文化大革命，必须由党委领导。党委个别成员问题严重的，可以撤换，党委不能领导的，可以改组，但都必须经上级批准。军队领导机关必须保持严密的、完整的指挥体系，不宜成立各种文化革命战斗组织。六、认为只要是当权派，就一概打倒，是完全错误的。七、反对无政府主义、极端民主化、小团体主义、个人主义和主观主义等不良倾向。加强运动的革命性、科学性和组织纪律性。

同　日　北京卫戍区司令部接管北京市公安局。公安部、北京卫戍区司令部发布《布告》指出：奉国务院、中央军委命令，由中国人民解放军北京卫戍区司令部接管北京市公安局，建立军事管制委员会，任命牟立善同志为军事管制委员会主任，刘传新、王更印两同志为副主任，并对市公安局所属机构一律派出军事代表，实行军事管制。

同　日　首都10万群众举行集会和示威游行，抗议和声讨苏联制造莫斯科红场殴打中国留学生事件。周恩来、陈伯达、康生、陈毅、江青等出席了集会。陈毅在集会上讲了话。他代表毛泽东、林彪、党中央、国务院、中央文革小组向归来的留学生和驻苏使馆人员表示慰问。

2月12日　中共中央、国务院发布关于取缔全国性群众组织的《通告》。《通告》指出：在这次无产阶级文化大革命期间，北京和各地出现了许多所谓全国性组织，它们都不是自下而上地在全国各地真正的革命派大联合的基础上，经过民主选举产生的，而是少数人临时凑合在一起组成的。其中，还有极少数组织是地、富、反、坏、右分子搞起来的。中共中央、国务院决定：一、所谓全国性组织，中央一律不予承认，所有这些组织应当立即取消。它们的成员应该立即从北京等地回去，到原单位参加运动。二、这些组织以各种名义冒领的公款，应一律由批款单位如数追回。在本通告下达前，已经花掉的款项必须开列清单，由批款单位进行审查，购买的实物，除已经消耗的以外，也应一律追回。本通告下达后，领到的款项，不准动用。如有携款逃匿者，追查法办。三、这些组织，如发现有反革命活动，其成员必须向公安部门揭发报告，由公安部门负责审查处理。

同　日　中共中央发出《关于党员党籍处理问题的通知》。《通知》说，最近，有些单位的党组织或群众组织按照某些群众的要求，开除了一些党员的党籍，有的还当场烧毁了入党志愿书等档案材料。对此，中央认为：一、除了逮捕法办的现行反革命分子应该立即开除其党籍外，一般党员的党籍处理，应该放在运动后期进行。二、按照党章规定，党员的处分，必须由党组织执行，群众及其组织，无权对党员进行党纪处分。三、有关党员的入党申请书等档案材料，不得烧毁。

2月16日　中共中央政治局碰头会议在怀仁堂召开，谭震林、叶剑英、陈毅、李先念、聂荣臻等与中央文革小组成员进行了斗争。会议由周恩来主持。谭震林在会上说："什么群众，老是群众群众，还有党的领导哩！不要党的领导，一天到晚，老是群众自己解放自己，这是什么？这是形而上学！你们的目的，就是要整掉老干部。你们把老干部，一个一个打光。把老干部都打光。老干部一个一个被整，40年的革命，落得家破人亡，妻离子散。……蒯大富，是个什么东西？就是个反革命！搞了个百丑图。这些家伙，就是要把老干部统统打倒。这一次，是党的历史上斗争最残酷的一次，超过历史上任何一次。”谭震林说着，拿文件，穿衣服，要退出会场，边走边说：“照这样，让你们这些人干吧，我干不了！砍脑袋，坐监牢，开除党籍，也要斗争到底！”周恩来要他回来，陈毅说；“不要走，要跟他们斗争！”陈毅接着说道：“这些家伙上台，就是他们搞修正主义。……历史不是证明了到底谁是反对毛主席的吗？以后还要看，还会证明。”叶剑英说：“老干部是党和国家的宝贵财富。对犯有错误的干部，我们党向来是惩前毖后，治病救人，哪有随便打倒的道理？照这样，人身都不能保证，怎么做工作？”李先念在会上说：“我们党一贯强调绝大多数干部和群众是好的。现在这样搞，团结两个95%还要不要？老干部都打倒了，革命靠什么？现在是全国范围内的大逼供信。……从《红旗》第十三期社论开始，那样大规模地在群众中进行两条路线斗争，还有什么大串联，老干部统统打掉了。”周恩来当即问康生：“这篇社论，你看了吗？”康生竟说没看过。周恩来气愤地责问：“这么大的事，为什么你不叫我们看？”谭震林还说：“我看10月5日的紧急指示（指1966年），消极面是主要的。”当晚，张春桥、姚文元、王力按照江青的意见，整理出《二月十六日怀仁堂会议》的记录。江青给毛泽东写了个字条：“主席：张、姚有重要情况报告，盼速见。”几小时后，毛泽东召见了张、姚，听取了汇报。2月18日晚，毛泽东召开了中央政治局会议，严厉指责了谭震林等老一辈无产阶级革命家。讲话大意是：中央文革小组执行十一中全会精神。错误是1%、2%、3%，97%都是正确的。谁反对中央文革，我就坚决反对谁！你们要否定文化大革命，办不到！叶群同志，你告诉林彪（叶群是代表林彪出席会议的），他的地位也不稳当啊，有人要夺他的权哩，让他做好准备，这次文化大革命失败了，我和他就撤出北京，再上井冈山打游击。你们说江青、陈伯达不行，那就让陈毅来当中央文革组长吧，把陈伯达、江青逮捕、枪毙！让康生去充军！我也下台，你们把王明请回来当主席嘛！你陈毅要翻延安整风的案，全党不答应！你谭震林也算是老党员，为什么站在资产阶级路线上说话呢？毛泽东还说：“我提议这件事政治局要开会讨论，一次不行就开两次，一个月不行就开两个月；政治局解决不了，就发动全体党员来解决。”毛泽东说完后退场。康生在会议上说：“毛主席发怒了，是无产阶级之怒，是无产阶级的义愤！”从2月25日—3月18日，中共中央在怀仁堂召开7次“政治生活会”，对这些老同志进行批判。江青、陈伯达、康生等人将老同志的这次抗争诬为“二月逆流”，指责这些老同志“反对八届十一中全会”、“反对毛主席的无产阶级革命路线”、“反对文化大革命”、“是自上而下的复辟资本主义”。他们还煽动群众在全国掀起“反击全国自上而下的复辟逆流”的浪潮。此后，中央政治局实际上停止了活动。党和国家大事由“中央文革碰头会”讨论决定。

同　日　中央军委发布《关于军队夺权范围的规定》。《规定》的主要内容是：一、军队可以夺权的范围，只限于学院、学校（机要学校、尖端技术学校、飞行学校和有外训任务的班系除外）、文艺团体、体工队、医院（只限于解放军总医院、军区、军种总医院、教学医院）、军事工厂（有尖端技术试验任务的工厂、海军基地所属工厂和绝密工厂除外）。在这些单位中，哪些要夺权，哪些不需要夺权，要看党委领导存在问题的性质。二、夺权必须是由本单位真正的无产阶级革命派来进行，不准联合本单位以外的革命组织参加夺权。三、各学院学校、军事工厂等单位的警卫、通讯、练习、勤务和运输分队的权不能夺，也不准参加夺权。四、除第一条规定可以夺权的范围以外，其他一切大小单位都不准采取自下而上的办法进行夺权。在本规定之前，凡规定不应夺权的单位而夺了权的，可由上级机关、革命群众组织和本单位领导三方面协商解决，把权交回。

同　日　中国驻突尼斯大使馆向突尼斯外交部递交照会，最强烈抗议突尼斯政府公然鼓吹制造“两个中国”。突尼斯外交部长于2月8日在接见记者，谈及突尼斯政府在联合国中国代表权问题时，竟然宣称：“我们认为，存在着两个中国：人民中国和国民党中国。”

2月17日　中共中央、国务院发出《关于支援内地和边疆建设的职工应就地参加文化大革命的紧急通告》。《通告》要求支援内地和边疆建设的职工要坚守岗位，积极工作，就地抓革命、促生产。如对原调出地区和单位的当权派有意见，可写信或寄大字报进行揭发批判。已回到原调出地区的职工，应该迅速返回内地和边疆。原调出地区和单位，对于从内地和边疆自动回来的职工，一律不得安排工作。

同　日　中共中央发出《关于对待无产阶级文化大革命中工作组问题的通知》。《通知》说，中央考虑到对资产阶级反动路线的斗争，主要锋芒应当针对着这条错误路线的提出者，而不应当长期揪住工作队不放。因此，中央决定：一、在无产阶级文化大革命期间所有的工作团和工作组，包括团长、组长和组员，都回原机关参加革命和工作。二、各学校、各工厂、各机关、各单位，今后不要再揪工作队去斗争。三、工作队中的坏人和确实犯有严重错误的人，也应把材料送原单位或上级领导机关，必要时，可以同原本单位的革命造反派联合斗争。

同　日　中共中央、国务院发出《关于处理上山下乡知识青年外出串联、请愿、上访的通知》。《通知》要求，凡尚在外地串联、请愿、上访的知识青年、支边青年、农场职工，应立即返回本单位。对其中少数的坏分子要彻底查清，依法惩办。安置工作中的问题，应由各级党委负责逐步加以解决。

同　日　中共中央、国务院发出《关于确保机要文件和档案材料安全的几项规定》。规定的主要内容是：一、对机要文件和档案材料一定要加强保护，一律不准冲击、占领机要室和档案库，不准抢占机要文件和档案。二、夺权部门所属机要室、保密室、机密档案室，应由原有机要和保密人员中的革命同志接管，不准其他任何单位和人员干预。三、有关党和国家的核心机密，包括密码、密电、绝密文件和机要保密单位的一切图表、图纸等技术资料，都要严加保管，未经上级批准，任何单位和人员一律无权翻阅查看。四、在文化大革命中，未经上级同意，擅自批准借出的机要文件和档案材料，要责成当事人火速追回，并限期交回原部门。五、发现有坏分子乘机破坏、盗窃、抢劫档案材料时，要依法惩办。

同　日　中共中央发出《关于文艺团体无产阶级文化大革命的规定》。《规定》要求，文艺界的斗争重点，是打击党内一小撮走资本主义道路的当权派，肃清反革命修正主义文艺路线的毒害，批判资产阶级反动学阀、反动权威。文艺团体工作人员，一律停止外出串联，一面进行本单位的斗批改，一面创作和排演现代的革命化的为工农兵服务的文艺作品和戏曲等。《规定》还要求认真整顿和清理文艺工作队伍，要节约闹革命。对自负盈亏的文艺团体，如果今后演出有困难，现在基本生活费又没有来源的，由当地政府另外安排生活出路，主要是到农村落户或到工厂劳动。

同　日　国家计委向李富春报告《当前煤炭生产、供应情况》。报告指出，当前工业生产方面最突出的问题是煤炭生产下降，供应十分紧张。企业的煤炭库存普遍下降，已降低到正常周转所需的水平以下。部分企业、部分设备已经停止生产。市场用煤大量超销，1月份全国销售煤炭884万吨，而进货只有400万吨，生活用煤也很紧张。煤炭生产下降的主要原因是，两派群众组织严重对立；原有生产指挥系统有的已经瘫痪，而已夺权的单位，新建立的生产指挥系统又不健全，基层干部不敢抓生产。劳动纪律松弛，出勤率和工时利用率低。当时出勤率一般只有50%~60%左右。为解决煤炭供应不足的问题，国家计委建议：一、煤炭部尽快召开抓革命促生产的电话会议，请周恩来或李富春讲话。二、狠抓重点煤矿的生产。三、按照1、2月份实际生产情况，调整生产任务和分配计划。

2月18日　毛泽东召开政治局会议，指责谭震林等老同志。此后，江青、陈伯达、康生等即发动对所谓“二月逆流”的批判。

2月19日　毛泽东做出批示。毛泽东对北京卫戍区2月18日《关于五所高等院校短期军政训练试点的总结报告》和《关于两个中学军训试点工作总结报告》做出批示。批示说：“一、此两件立即转发全国；二、大学、中学和小学高年级每年训练一次，每次20天。在军训的20天中，军训时间每天不要超过4小时，同时学校原课程每天相应减少4小时；三、党、政、军民机关，除老年外，中年、青年都要实行军训，每年20天。”

同　日　中共中央发出《关于夺权斗争宣传报道问题的通知》。《通知》内容是：“关于各省、市、自治区夺权斗争的宣传报道问题，中央作如下规定：一、各省、市、自治区领导夺权斗争的临时权力机构，叫什么名称？是不是真正做到三结合（即由真正代表广大群众的革命群众组织的负责人、人民解放军当地驻军的代表、党政机关真正有代表性的革命领导干部组成的）？今后要先报告中央，经中央批准后，再在当地报纸上发表。二、各省、市、自治区和各城市的政权组织形式，除对上海中央另有指示外，一般的不要采用人民公社的名称。

2月20日　中共中央发出《给全国农村人民公社贫下中农和各级干部的信》。信中号召他们“认真地抓革命，促生产，动员一切力量，立即为做好春耕生产而积极工作”。信中说：党中央相信，农村人民公社各级干部绝大多数是好的和比较好的。犯过错误的同志，也应该努力在春耕生产中将功补过。信中还建议考虑立即开一次公社、生产大队、生产队的三级干部会议，布置春耕生产工作。并建议人民解放军当地部队和各级军事机关大力支持、帮助春耕生产工作。

2月21日　中共中央发出《通知》，强调不许冲击军事领导机关。《通知》说：中共中央认为，中央军委1967年1月28日的八条命令很好。这个命令，除第七条关于军队文化大革命的部署外，其他各条，都适用于地方。《通知》还作了进一步的说明。规定：军事领导机关，今后一律不许冲击。军队和地方的战备系统、机要系统和保密系统，今后也不准冲击，不准串联。党中央各机关，国防工业各部、公安部、外交部、计委、经委、建委、科委、财政部、各级银行、人民日报、红旗杂志、解放军报、新华社、广播事业局和各地广播电台，不许由外单位人员接管。中央和地方一切需要夺权的机关、企业事业单位，都应以本机关、单位的无产阶级革命派为主进行夺权斗争。

同　日　国防部发言人就美军用飞机多次侵犯我海南岛领空并在公海上打死打伤我渔民，表示最强烈抗议。20日和21日，美国军用飞机多次侵入我海南岛西部领空，并在公海上扫射我渔船，打死渔民1人，打伤3人。

2月22日　“首都大专院校红卫兵代表大会”成立。它是由首都大专院校红卫兵第一司令部、第二司令部革命造反联络站、第三司令部等组织联合组成。1万多名红卫兵举行了成立大会。周恩来、陈伯达、康生、谢富治、江青、王力、关锋、戚本禹出席大会。周恩来、陈伯达、康生、江青在大会上讲了话。大会通过了《首都大专院校红卫兵代表大会（红代会）宣言》。《宣言》说：“我们红卫兵以劳动人民家庭（工、农、兵、革命干部和其他劳动者）出身的革命学生为主体。”“我们的代表大会是首都大专院校红卫兵的最高权力机构。在代表大会闭会期间，设立一个委员会，作为常设工作机构。”大会还通过了《给毛主席的致敬信》和《告全国红卫兵书》。

2月23日　《红旗》第四期社论《必须正确地对待干部》在《人民日报》登出。社论说，在向党内一小撮走资派的夺权斗争中，怎样对待干部问题，是一个关键问题。必须按照毛主席一贯提倡的党的干部政策，来正确对待干部，才能建立夺权斗争的领导核心，成立一个真正有领导能力的“三结合”的临时权力机构。社论说，经过半年多以来群众运动的考验，证明我们的干部大多数是好的。必须清醒地看到，确有一小撮反革命修正主义分子在一些地方、在一些部门，篡夺了党政领导权，实行资产阶级专政。同时也必须清醒地看到，大多数干部是好的，犯错误的干部，在党和群众的教育下，大都是可以改正的。绝不能把走资派和钻进干部队伍里来的阶级异己分子估计得过多。

同　日　青海省西宁市发生开枪流血事件。青海省驻军为执行中央关于解放军“支左”的决定，协调西宁地区“支左”工作，建立了西宁地区驻军联合办公室。青海军区副司令员赵永夫任办公室副组长。稍后，中央要求军队对报纸、电台实行军事管制。当时《青海日报》已被西宁“八一八红卫兵战斗队”控制，他们在报社内大搞打、砸、抢、抄、抓，并用暴力把来社军管的解放军人员驱逐。驻军联合办公室决定强行对报社实行军管，并确定“敌人开枪，我还击”的原则。这次活动由赵永夫组织，任现场总指挥。23日，驻军调动武装部队夺占报社时，双方发生武装冲突，开枪射击。共伤亡

377人。其中，群众死169人，伤178人，部队死4人，伤26人。毛泽东于3月11日批示：可以调查一下。如果是学生先开枪，问题不大。如果不是这样，那就值得研究了。3月21日，毛泽东、林彪对青海问题的调查做了批示。根据批示，中共中央、国务院、中央军委、中央文革小组于24日做出《关于青海问题的决定》，宣布对赵永夫隔离审查，当时青海省的主要负责人王昭隔离反省，总后驻青海办事处负责人张晓川隔离反省。宣布“八一八”为革命群众组织。着手筹备以刘贤权为首的青海省军事管制委员会。“文化大革命”结束后，中央对赵永夫问题重新审查，认为，这一事件是赵永夫等在林彪、江青反革命集团破坏、干扰和影响下，犯了错误，属于人民内部矛盾。中共中央、中央军委决定给予赵永夫撤销党内外职务处分，原级（行政9级）不动，按正师职重新安排工作。

同　日　国家计委发出《关于编制、下达1967年搬迁项目计划的通知》。《通知》要求，为确保1967年新企业的建设任务和老企业的生产任务的顺利完成，急需进一步审查、落实1967年搬迁项目计划，以便及早下达。有关部门要抓紧进行三项工作：一、各部把全国计划、工交会议提出的1967年搬迁项目草稿作为基础，由各主管部负责向迁出企业所在的省、市、自治区计委和厅、局征询意见，进行协商。二、凡意见取得一致的搬迁项目，由主管部报国家计委审查批准下达。不能取得一致意见的项目，可以继续协商，或报国家计委综合研究确定。三、1966年已批准在1967年搬迁的项目，仍按原计划执行。

2月24日　张春桥在上海“进一步开展夺权斗争誓师大会”上传达毛泽东12日以来几次与张春桥、姚文元的谈话内容。所传达的毛泽东讲话的主要精神是：这次革命是在无产阶级专政下的革命，是我们发动的。因为无产阶级专政机构中有一部分被篡夺了；“彻底改善无产阶级专政”的口号是反动的，是推翻无产阶级专政，建立资产阶级专政。正确的说法只能是部分地改善无产阶级专政；青年在这次文化大革命中做了不少贡献，但是让他们马上接省委书记、市委书记的班还不行；现在各省市都学习上海叫人民公社，那国务院叫什么呢？国号改不改呢？如果改为中华人民公社，那国家主席就得叫公社主任或社长了。国号一改，还有个外国承认不承认的问题。我看苏联就不会承认，承认对它不利。公社成立了，还要不要党呢？我看应当要，总要有个核心。……总之，还要有一个党。我看名称还是不变的好，还是开人民代表大会，国务院也还叫国务院。上海人民公社就改为上海革命委员会吧！……还叫上海人民公社，优点是保护上海人民的热情，缺点是全国只你们一家，不是很孤立吗？《人民日报》不能登，一登大家都叫人民公社了，就会发生一系列的问题。

2月27日　中央军委发出《关于军以上领导机关文化大革命的几项规定》的补充规定。规定凡继续开展“四大”的单位的文化革命战斗组织，应以基层行政单位进行改组，所有超越基层行政单位的文化革命联合战斗组织，如各总部、各军兵种，各大单位的造反总部、联络站等，应一律撤销。所有文化革命战斗组织所使用的宣传工具，应一律移交给各单位党委文革办公室。

3月3日　中共中央、国务院、中央军委发出《关于阻止红卫兵和革命群众自发赴越抗美的通知》。《通知》说，自去年11月以来，发生多起我红卫兵越境到越南要求抗美的事件。由于这些行动涉及中越两国关系，处理不好容易使我陷于被动。请通过革命组织予以劝阻。《通知》指出，抗美援越行动，应当在党中央和我国政府的统一领导下进行。我国人员去越南必须取得越方同意。私自越境外出是非法的犯罪行为，也是对兄弟国家的不尊重。因此，这种行为必须坚决制止。

3月5日　外交部就越南局势的新发展发表声明。声明“强烈谴责美帝对越南的新的军事讹诈和苏修领导集团的叛卖活动”。表示最坚决地支持英雄的越南人民坚决战斗，彻底打败美帝国主义侵略者的严正立场；强烈谴责美帝国主义在扩大侵越战争的同时，一贯施展反革命两手，玩弄“和谈”阴谋以及苏联修正主义集团一向积极配合美帝国主义推行“和谈”阴谋，为美帝国主义效劳。声明重申：用毛泽东思想武装起来的7亿中国人民，正密切注视着越南局势的新发展，随时准备为支援越南人民的正义斗争做出更大的贡献。

3月6日　章士钊分别致信毛泽东与刘少奇，望毛、刘两位领导赤诚相待。在致毛泽东的信中，他说，自新中国成立之后，国家兴旺发达，全都仰仗共产党之英明领导，而毛、刘团结乃共产党领导核心坚强的保证。假若刘少奇确实犯了错误，望毛、刘两位领导能赤诚相待，好好谈谈，刘可做检讨，但切不可打倒刘少奇。随后，他又写信给刘少奇，大意是说他不信外面对刘少奇的诬陷不实之词，但为大局计，建议做些检讨。毛泽东收到信后于3月10日复信章士钊，全信内容是："行严先生，惠书敬悉。为大局计，彼此心同。个别人情况一时尚难肯定，尊计似宜缓行。敬问吉安！"之后，毛泽东把当时中央整理的有关刘少奇的材料送给章士钊阅读。送材料的人说这些文件尚未公布，系党内机密。因为章老关心刘少奇问题，主席特别指示破例送给他看。章士钊看过之后接连数日，情绪低落。他对女儿章含之说，对少奇同志的这些"罪状"，纯系蓄意致他于死地。章士钊长叹说："国家要遭难，我老了，我的意见也无用了，我只是为国家担心啊！"

3月7日　毛泽东对《天津延安中学以教学班为基础，实现全校大联合和整顿巩固发展红卫兵的体会》的材料做出批示。批示说："此件可以转发全国，参照执行。军队应分期分批对大学、中学和小学高年级实行军训，并且参与关于开学、整顿组织、建立三结合领导机关和实行斗、批、改的工作。先作试点，取得经验，逐步推广。"8日，中共中央转发了毛泽东的批示和天津延安中学的材料，要求各地参照执行。此后，人民解放军除"支左"、军管外，又增加了军训的任务，进一步介入"文化大革命"。

同　日　中共中央发出《关于大专院校当前无产阶级文化大革命的规定（草案）》。主要内容是：外出串联的师生一律在3月20日前返校参加本校文化大革命，整顿思想、作风、组织，分期分批进行短期军政训练；深入开展政治、思想和学术上对走资派和反动学术权威的批判，着手研究改革旧的教育制度、教学方针和教学方法；对除走资派和反动学术权威外的各级领导干部、教授、讲师、助教、职工，都应当采取团结教育的方针，吸收他们参加文化大革命，并且安排他们的工作；大专院校由革命师生、革命教职员工和革命领导干部组成临时权力机构；大专院校的红卫兵应该在运动中整顿、巩固和发展。

同　日　中共中央发出《关于农村生产大队和生产队在春耕期间不要夺权的通知》。《通知》说，中央决定：春耕大忙期间，生产大队和生产队不要进行夺权斗争。领导瘫痪的大队和生产队，应由贫下中农、革命干部组成临时的领导班子来抓好春耕生产。要允许犯有错误的干部改过，鼓励他们将功赎罪。在已经“四清”过的地方，决不允许那些走资本主义道路的下台干部和地富反坏右分子翻案。

同　日　《人民日报》发表社论：《中小学复课闹革命》。社论说，“在无产阶级和资产阶级两个阶级决战的关键时刻，摆在中小学革命师生面前的光荣任务，就是响应党中央的号召，复课闹革命，把无产阶级文化大革命进行到底。现在，是革命师生回到学校去，为无产阶级占领中小学阵地的时候了”。然而，由于“文化大革命”的破坏，中小学直到1968年才全面复课。

3月9日—10日　陈伯达在军以上干部会议上发表讲话。陈伯达在讲话中，在从历史到现实的许多重大问题上攻击刘少奇、邓小平。他说：1962年刮单干风，就是刘少奇为首、邓小平赞成的。他们的那一套，就是实行资本主义复辟。1964年刘少奇在“四清运动”中搞的那一套，表面上“左”，实际上右。1964年毛主席有意指出了这个问题，在中央工作会议上，刘少奇否认阶级斗争和两条道路斗争，说社教运动是“四清”与四不清的矛盾，是敌我矛盾和人民内部矛盾的交叉。当时，毛主席就反对刘少奇的错误意见，说：“什么四清四不清的矛盾，封建社会就有清官赃官的矛盾，这种提法，不是阶级分析，没有指出社会主义社会矛盾的性质。”陈伯达还说，从历史上看，这次文化大革命的一切问题就容易看得懂了。

3月10日　中央军委发出《关于军队院校、文艺团体、体工队等支左、支农、工业问题的通知》。《通知》说，院校、文艺团体、体工队等单位的支左、支农、工业工作，一定要服从当地驻军最高领导机关统一领导，不得各行其是。

同　日　1966年到1967年粮食年度的全国粮食征购计划已经提前超额完成。根据国务院的规定，我国的粮食年度是从头一年的4月1日开始，到第二年的3月底结束。据粮食部统计，全国粮食征购计划到2月20日止，已经完成了104.5%。自然条件较差、历年多灾的北方一些省区，去年农业生产有很大发展，粮食征购计划也完成得很好。

同　日　中共西南局三线建设委员会副主任程子华向周恩来、李富春等提出报告。报告说，渡口市造反派夺权，市委瘫痪，严重影响建设。本年1月份，生产任务完成不到一半。

3月11日　中共中央发出《关于成立“抓革命、促生产”第一线指挥部的问题》的通知。通知说，北京市怀柔县成立“抓革命、促生产”第一线指挥部的经验很好。各省、市、自治区、地、县，都应该参照怀柔的经验，在农业、工业、财贸各方面，成立这样三结合的指挥部，以利“抓革命、促生产”。

同　日　外交部照会苏联驻华大使馆，就苏联方面强行扣留中国国际列车上的毛主席著作并野蛮殴打我乘务人员，提出最强烈抗议。照会说：苏联当局于1967年3月6日在苏联纳乌什基车站强行扣留陈列在中国国际列车上的毛主席著作，野蛮殴打中国国际列车乘务人员，制造新的反华挑衅事件。中国政府严正要求苏联政府必须向中国方面赔礼道歉，严惩肇事凶手，并且保证今后不再发生类似事件。同一天，外交部还向苏联驻华使馆发表口头声明，强烈抗议苏联方面无视中国法律，对在苏联驻华使馆工作的中国职工进行政治迫害。声明宣布，苏联驻华使馆二等秘书那达申和叶达诺夫为不受欢迎的人，并限令他们立即离开中国国境。

3月12日　毛泽东会见新西兰共产党总书记威尔科克斯。参加会见的有周恩来、康生、刘宁一。毛泽东在谈话中说，过去历次整风都是在干部当中进行的，没有发动群众起来检查干部，这次是发动群众来检查干部。干部大部分是好的，有一部分是坏的，可能办错事，整错人……解放以后，学校还是国民党的，教员大部分是国民党留下来的，大学教授、中学教员、小学教员都是如此。……共产党自己没有多少教师、演员和画家，有经验的办报人也很少。解放以后搞这些的还是旧社会的知识分子。文化大革命看来要一二年，这是从全国范围来说。中央、省、地、县、市委这些地方和主要的工厂，则恐怕再搞两三个月就行了。

3月15日　中共中央、国务院、中央军委决定成立浙江省军事管制委员会。军管会由驻浙江部队负责人组成。龙潜任主任，阮贤榜、曹思明、南萍、陈励耘任副主任。地方各级军管会相应由军分区、人民武装部负责人组成。各级军管会成立后，努力平息武斗，恢复生产，疏通运输渠道，安排人民生活，在动乱的环境下起到了控制局面的作用。但是，省军管会内部在“支左”问题上意见相左，步调各异，南萍、陈励耘诬蔑省军管会主要领导和省军区搞“二月逆流”，煽动一些群众到省军管会驻地大院静坐示威，要军管会改变工作路线。1967年8月，中共中央决定改组浙江省军管会和省军区（即“两个改组”）。任命南萍为浙江省军管会主任，陈励耘为副主任，熊应堂代浙江省军区司令员，南萍代政委。

3月16日　中共中央印发《薄一波、刘澜涛、安子文、杨献珍等61人的自首叛变材料》，造成重大冤案。这一印发决定经毛泽东批准。中央在印发材料上加批示说：薄一波等人自首叛变出狱，是刘少奇策划和决定，张闻天同意，背着毛主席干的。这批人的出狱，决不是像他们自己事后向中央所说的那样，只是履行了一个什么“简单手续”。他们是签字画押，公开发表《反共启事》，举行“自新仪式”后才出来的。批示还说：这些变节分子出狱后，由于刘少奇等的包庇重用，把他们安插在党、政、军的重要领导岗位上，其中有少数人在抗日战争中牺牲了，许多人在重新混入党内以后，成为刘、邓资产阶级反动路线的坚决执行者，成为反革命修正主义分子，成为党内走资本主义道路的当权派。批示还指出，这一叛徒集团的揭露，应当引起我们全党极大的警惕。事实上，这是一起重大的冤案。薄一波等同志履行出狱手续，当时是根据中央的指示进行的。后来又经中央多次审查，一直认为没有问题。“文化大革命”中，康生、江青一伙为了把刘少奇打成“叛徒”，从政治上彻底消灭，便歪曲历史事实，制造了这一冤案。此后，全国刮起了抓“叛徒”之风。几乎所有在国民党统治区坚持革命斗争的干部和党员，都遭到了不公正的审查和对待，许多人甚至被逼身亡。1978年12月16日，中共中央批转了中央组织部《关于“六十一人案件”的调查报告》，纠正了这一重大冤案，涉及的人都已彻底平反，恢复名誉。

同　日　中共中央转发北京卫戍区司令部对部分厂矿实行军事管制的《布告》。《布告》规定：军管会坚决支持无产阶级革命派，依靠革命群众自己的力量，完成一斗二批三改的任务；厂矿的文化大革命、生产和业务工作，在军管会的领导下进行；实行革命的“三结合”方针，成立筹备组织，推动建立一个革命的、有代表性的、有无产阶级权威的临时权力机构；外出人员限一个月内回到本单位，逾期不归者，给予必要的纪律处分，直至开除。

同　日　中共中央、国务院、中央军委发布《关于保护国家财产、节约闹革命的通知》。针对一些地方出现的破坏国家财产，私分集体经济的生产资料，砸毁工矿、企业、机关、学校等单位的设备和物资等问题，《通知》提出要求和规定如下：一、必须提高警惕，教育、团结群众同一切破坏国家资财的行为作斗争。二、不准私分生产队的公积金，集体储备粮和种子，不准随便动用农业生产的专用款项，不准破坏农具和机器。必须认真保护耕牛和其他牲畜。三、杜绝一切不必要的开支。节约使用交通工具，不准随意强占公房公物。四、对文物、图书要加强管理和保护工作。五、如有盗窃或破坏国家资财者，必须按情节轻重给予必要的教育和处分，并要酌情赔偿，对于其中情节严重的，必须坚决惩办。

同　日　中共中央做出《关于各省、市、自治区报纸宣传问题的几项规定》。《规定》的主要内容是：报纸不能成为一个革命组织攻击另一个革命组织的工具；地方报纸受地方临时权力机构或军管会的领导；报纸不得宣传同党中央精神相对立的口号；报社内部派别斗争严重的情况，可以实行军事管制；报纸上一律不许刊载戴高帽子、挂黑牌子、罚跪、开斗争会等图片，一律不要使用那些谩骂的词语；对国际上的重大问题，一切地方报纸都无权擅自发表评论；

注意保守党和国家的机密；不能发表攻击人民解放军的文章和报道。

3月17日　中共中央发出关于地方夺权的《通知》。《通知》全文如下：各省、市、自治区一级的夺权，在采取行动之前，应事先取得中央同意，派代表来京同中央商量。没有经过中央同意，不要成立临时权力机构（革命委员会），不要在地方报纸上报道和在广播电台上广播夺权。

3月18日　中共中央发出《给全国厂矿企业革命职工、革命干部的信》。号召职工和干部成为现阶段全国劳动群众抓革命、促生产的最出色的模范，号召实现革命大联合，巩固劳动纪律，坚持八小时工作制，多快好省地进行生产，保证产品的质量。

同　日　中共中央转发北京市公安局军事管制委员会3月18日的《布告》。要求各大中城市如有类似情况，可以参照办理。《布告》说：首都广大红卫兵和革命群众，把一批坚持反动立场的地富反坏右分子和社会渣滓遣送回农村监督劳动。近几个月来，有些被遣送走的地富反坏右分子私自返回北京，有的妄图翻案，无理取闹，进行破坏活动，扰乱社会秩序。为了加强对敌人的专政，维护首都的革命秩序，特颁发《关于在文化大革命中被遣送后返京人员的处理办法》，希一律遵照执行。《处理办法》规定，包括地富反坏右等在内的10种人被遣送回农村后，原则上一律不准返回北京，违者由革命群众组织和公安机关强制遣送。无理取闹和有破坏活动的，根据情节依法处理。

3月19日　中共中央发出《关于停止全国大串联的通知》。《通知》说，目前各地各单位正在集中力量，实现无产阶级革命派大联合，建立革命的“三结合”的临时权力机构。因此，中共中央决定：继续停止全国大串联，取消原定的今年春暖后进行大串联的计划。

同　日　中央军委做出《关于集中力量执行支左、支农、支工、军管、军训任务的决定》。军委决定：一、军委各总部、各军兵种机关的“四大”，一般在3月底左右暂告一段落。除了照顾战备、援外和必需的工作外，视情况抽调1/3、1/2，甚至2/3的人员，立即投入支左、支农、支工、军管、军训的工作。二、各院校、文艺团体、体工队（包括各军区所属的这些单位），可在整风告一段落后，立即全部投入上述工作，作为这些单位文化大革命的一个重要步骤。三、各总部、军兵种（包括在北京的所属院校）抽调的人员，由总政治部统一分配、使用。

3月20日　林彪在军以上干部会议上发表长篇讲话。林彪主要讲了三个问题，第一，阶级、阶级斗争、阶级观点；第二，主流与支流；第三，军队支援地方。他说，我国从1949年以后，开始进入社会主义时期，“无产阶级和资产阶级这两个阶级的矛盾、对立、对抗、斗争，成为我们全部的政治生活、社会生活的一个总根源。不把各种各样的社会现象，看成是阶级斗争的现象，那就会把事情混淆起来，是非“颠倒起来”。“没有这种无产阶级的观点，看一个人就会看错了。对于每件事情的评价，每个问题的做法就会不同。例如：对老干部的看法，就可能认为一切老干部都好得很。其实，对老干部，是必须做阶级分析的”。他说，这次的乱有两种。一种是主要的方面，是把敌人、把走资本主义道路的当权派，把他们打得落花流水，把他们打乱了。这样的乱，是无产阶级文化大革命的胜利，是很好的事情。当然，是两方面对立的斗争，无产阶级这方面也有个别误伤的，干部中间也有个别误伤的。但这是个别，而且可以保护下来。在谈到主流和支流问题时，林彪说，文化大革命所付的损失，少数人觉得很大，其实，比起世界各国任何一次大革命都小得不能比拟，甚至比不上一次小的战役，一场不大的流行病。所以说损失最小最小最小，而得到的成绩是最大最大最大，可是，有的同志看到自己的几个熟人挨了一下斗，就觉得天下整个都黑了，就很容易产生这种错误观念。其实，那是一种暂时的现象，很次要的现象。打倒那一批坏家伙，这就是伟大的胜利。

同　日　中共中央做出《关于在文化大革命运动中处理红卫兵抄家物资的几项规定》。规定的主要内容是：一、查抄地、富、反、坏、右或其他不法分子的财物，除日常生活必需品退给本人（如原物已遗失或损坏则不退赔）以外，一律上交。二、确属革命群众和劳动人民被错抄的财物，应全部退还本人，原物遗失或损坏者，作价偿还。三、贪污、盗窃和私自查抄财物者，应自觉退出上交，否则严加处理。但被小集体用于文化大革命的少量消费物资或现款，经说明情况，可不予追究。四、地富反坏右或其他不法分子，不准借处理查抄财物的机会，喊冤叫屈，反攻倒算。违者必须严加惩办。

同　日　北京市贫下中农代表会议召开，周恩来等出席大会并讲话。周恩来说："我们相信你们这次会议会变成最大的动员会议。我们相信，今年农业生产一定会搞得更好，相信你们不仅有一个好的春耕生产，有一个好的夏收，还会有一个好的秋收。""政治统帅一切。首先要依靠贫下中农积极分子，真正地抓革命，促生产。在春耕大忙季节，生产队、生产大队不要夺权，即使是需要夺权的也不要夺权，把春耕工作搞好。"陈伯达也在大会上讲话。大会通过了《北京市贫下中农代表会议的决议》和《给毛主席的致敬信》。

同　日　外交部照会英国驻华代办处，就英国政府继续纵容美军利用香港作为侵略越南战争的活动基地，提出强烈抗议。照会说，英国政府不顾中国政府的一再抗议，硬要死心塌地追随美国的侵略战争政策，到头来只会严重损害自己的利益。照会要求英国政府必须停止这种活动，否则必将承担由此而引起的一切严重后果。

同　日　外交部照会印度驻华大使馆，强烈抗议印度政府利用中国西藏叛匪进行反华活动。照会说，印度政府煽动受它包庇和纵容的中国西藏叛匪，在新德里中国驻印度大使馆进行猖狂的反华活动，并唆使达赖发表所谓声明，对中国政府和人民进行恶毒的攻击和污蔑。照会指出，这两件事都是印度政府所一手策划的，是印度政府又一次粗暴干涉中国内政，蓄意向中国人民进行新的挑衅。

3月21日　中国与古巴在北京签订1967年中古贸易议定书。根据贸易议定书的规定，中国将供应古巴大米、大豆、猪油、猪肉罐头、棉布、钢材、机械、仪器、日用品及化工医药等产品。古巴将供应中国原糖及矿产品。

3月23日　北京市革命职工代表会议召开，周恩来、陈伯达、康生、叶剑英、江青等到会祝贺。周恩来、陈伯达在会议上讲了话。周恩来说，这次代表会议对于推动北京市无产阶级革命派的大联合，准备成立革命的三结合的临时权力机构，对于抓革命，促生产，有着重要的意义。他指出，工业是我们社会主义祖国国民经济的主导力量。工人阶级是我国人民的领导力量。最近，党中央写信给全国厂矿企业革命职工、革命干部，号召做抓革命、促生产的最出色的模范。这说明党中央对工人阶级的力量和作用的重视。我们很高兴地看到党中央这一号召得到了你们积极的响应。周恩来表示，希望你们一定要按照中共中央的规定，严守劳动纪律，坚守工作岗位，坚持8小时工作制，保证产品质量，和一切不顾产品质量，浪费国家财产的不良现象作斗争。大会通过了《北京市革命职工代表会议决议》和《给毛主席的致敬信》。

3月26日　首都中等学校红卫兵代表大会在北京召开，周恩来、陈伯达、康生、徐向前、叶剑英、江青等到会祝贺。周恩来在大会上讲了话。他说，希望你们一面上课，一面努力整风，实现革命的大联合，把无产阶级文化大革命进行到底。你们主要是自己教育自己。江青也在大会上讲了话。大会通过了《首都中等学校红卫兵代表大会宣言》和《给毛主席的致敬信》。

3月27日　中共中央做出《关于安徽问题的决定》。《决定》共九条：一、根据两个月实践检验，安徽"一·二六"夺权没有实现无产阶级革命派大联合，没有把矛头指向省委内一小撮走资本主义道路的当权派，没有实现革命的"三结合"，"安徽革命造反总指挥部"个别领导人实行了一系列的错误政策。中央认为，应立即成立以钱钧同志为首的军事管制委员会，把省的领导权掌握起来。二、军事管制委员会要集中揭露和打击以李葆华为首的党内一小撮走资本主义道路的当权派。坚决支持各"左派"群众组织，在"左派"组织之间不能片面支持一方，打击另一方。严防坏人利用军管镇压群众。军管会要通过各项工作，筹备革命的"三结合"的临时权力机构。三、军管会下成立"抓革命、促生产"的两个班子。四、立即接管公安厅、公安局，彻底揭露这两个专政机关的阴暗面，切实进行整顿。要坚决纠正乱通缉、乱逮捕的错误做法。因对"一·二六"夺权有不同意见被逮捕的革命群众和革命干部一律释放，被打成

“反革命”的一律平反。五、立即接管《新安徽报》。立即停止以对“一·二六”的态度作为革命与反革命标准的错误宣传。省广播电台也按同样的原则办理。六、‘八二七’、‘八二八’革命到底联络站”、“红革会”、“工人造反派联合委员会”、工人一司、三司等，都是革命群众组织。七、合肥的“红卫军”，是与保字号“军总”对立的革命群众组织，但这种组织形式是错误的。八、压制“安徽省暨合肥市机关革命职工造反司令部”是错误的。九、对镇压合肥“红卫军”和于得水身死一案，应该查清。

3月30日　《红旗》杂志第五期发表社论：《论革命的“三结合”》。社论转引了毛泽东的指示：“在需要夺权的那些地方和单位，必须实行革命的‘三结合’方针，建立一个革命的、有代表性的、有无产阶级权威的临时权力机构。这个权力机构的名称，叫革命委员会好。”社论说，对待革命群众组织负责人参加临时权力机构的态度问题，就是对待群众运动的态度问题，是能不能执行无产阶级革命路线的一个重要标志；革命干部应当而且可能在这个权力机构中起核心和骨干作用，但要警惕有人把走资派拉进来；对人民解放军的态度，就是对无产阶级专政的态度，也是区别是不是真正的革命“左派”的一个重要标志。

4月1日　中共中央下发《中共中央关于安徽问题的决定》。中央在《通知》中要求各地对文件中的政策性规定参照执行。并要求各地特别注意：一、不得随意宣布群众组织是反革命组织。宣布一个群众组织是反革命组织，必须经过中央批准。二、不得把群众打成反革命，不准乱捕人。三、对证据确凿的群众组织负责人中的个别反革命或犯罪分子，应依法处理，但要同这个组织中的广大群众区别开来。四、对犯错误的组织或群众，应采取整风的方法解决问题。五、在“左派”组织之间，不能片面支持一方，打击另一方。毛泽东在这个《决定》上批示：“许多外地学生几次冲入中南海，一些军事院校冲进国防部，中央和军委并没有斥责他们，更没有叫他们请罪、悔过或者写检讨。讲清问题，劝他们回去就行了。而各地把冲击军事机关一事都看得太严重了。”

4月1日—4日　中共中央在北京召开解决宜宾问题的会议。4日，中央发出《关于四川省宜宾地区刘结挺、张西挺等平反的通知》。刘结挺原是中共宜宾地委书记，其妻张西挺是中共宜宾市委第一书记，因严重违法乱纪于1965年一起被开除党籍。他们趁“文化大革命”混乱之际，与江青等挂上钩，竭力为自己翻案。刘、张后成为四川动乱的一个重要祸根。

4月6日　中共中央发布关于保护群众组织的十条命令。毛泽东批示：“林彪同志，此件很好。”命令要求全军：一、对群众组织，无论革命的，或者被反动分子所控制的，或者情况不清楚的，都不准开枪，只能进行政治工作。二、不准随意捕人，更不准大批捕人。三、不准任意把群众组织宣布为反动组织，加以取缔。四、对于过去冲击过军事机关的群众，无论左、中、右，概不追究。五、对待较大的群众组织采取什么态度，应深入调查研究，进行阶级分析；采取重大行动前，应向中央文革和全军文革请示报告。六、一概不要进行群众性的“请罪”运动，也不要强迫群众写检讨。七、在军队中要深入进行两条路线斗争的教育。八、对派到地方上去或主持支左的干部，要详细交待政策。九、在“支左”工作中，要学会做群众工作，相信群众，依靠群众。十、对业已违反了上述诸条做法的，都要立即改正，积极进行善后处理。

同　日　中南海“造反派”围攻刘少奇。他们高呼着口号，冲进刘少奇办公室，勒令刘少奇必须自己做饭、打扫卫生、洗衣服，改变作息时间。并就戚本禹文章中提出的“八大罪状”要刘少奇回答并写出交待。刘少奇按照提出的质问，逐条据理驳斥。当质问到所谓“61人叛徒集团”的问题时，刘少奇指出，这个问题是经过党中央批准的。在日寇就要进攻华北时，必须保护这批干部，不能再让日寇把他们杀了。当时王明路线使白区党组织大部分受到破坏，这些同志是极宝贵的。中央许多领导同志都知道，早有定论嘛。他进一步强调，我们许多同志有武装斗争的经验，有建设根据地的经验，有白区工作经验，有城市工作经验，这些经验都是在长期斗争中，通过成功和失败，靠鲜血总结出来的，不能全部否定。《关于若干历史问题的决议》已总结过。经过长期革命斗争，又懂得建设新中国的干部是最宝贵的，怎能把他们统统打倒呢？4月7日，刘少奇交出一篇关于“八大罪状”的答辩，说明一部分事实真相。工作人员把原件上送，抄了一份大字报在中南海内贴出。几个小时后，那张答辩的大字报就被撕得粉碎。刘少奇讲话答辩的一切权利均被剥夺。

4月7日　中共中央、国务院、中央军委、中央文革小组发出《关于播放林彪同志讲话录音的通知》。《通知》要求各地各军区向中国人民解放军全军人员和全国红卫兵播放林彪同志1967年3月20日讲话的录音，认真学习、坚决执行林彪的讲话。

4月10日　中国乒乓球协会发言人就中国乒乓队不参加第二十九届世界乒乓球锦标赛一事发表谈话。发言人说，中国乒乓球运动员遵照毛主席的“你们要关心国家大事，要把无产阶级文化大革命进行到底”的教导，决心在各自岗位上积极参加这一场伟大的革命运动，夺取无产阶级文化大革命的彻底胜利。因此，中国乒乓球协会决定不派出代表团参加4月在瑞典举行第二十九届世界乒乓球锦标赛。

同　日　清华大学“井冈山兵团”召开大会揪斗王光美。来自北京和全国各地的几十万造反派群众参加了大会。在揪斗大会上，给王光美加上“三反分子、清华大学头号政治大扒手、大特务”的罪名，公然对王光美进行百般侮辱。彭真、陆定一、薄一波、蒋南翔也被拉到会场陪斗。

4月12日　江青在中央军委扩大会议上作题为《为人民立新功》的讲话。江青在讲话中传达了毛泽东“不要吃老本，要立新功”的指示。江青说：“进城以后，我们军队住在兵营里，确实和劳动人民有些隔开了。这次不行了，要从兵营里出来，要从机关里出来，恢复咱们过去的老传统，跟群众结合在一起。”“在这次文化大革命期间，军队做了许多好事情，从最初开始，以林彪同志为代表，就从左的方面介入了。”江青还就文教战线的所谓“尖锐斗争”作了总结回顾，全盘否定17年的文教工作。江青的讲话后被作为中央文件印发全国。从4月12日—4月14日，陈伯达、康生、张春桥等人也都应林彪的邀请在军委扩大会上作长篇讲话。陈伯达在讲话中还就对阎红彦施加压力被迫自尽一事为自己开脱，并反诬阎红彦“从一个共产党员蜕变成资产阶级代表人物。但是在群众的威力下边，他没法活下去了”。

4月13日　中共中央、国务院、中央军委、中央文革小组发出《关于开好春季广州出口商品交易会的几项通知》。主要内容是：一、在交易会期间，不组织交易会以外的人员进馆参观，不在交易会及其所属组织内，进行夺权。二、各省市自治区要积极组织交易会出口货源，除了派往交易会的工作人员以外，不要另外组织人员去交易会参观。三、所有参加交易会工作的人员，有接待任务的宾馆、旅店、剧场和参加演出的文艺单位，在交易会期间，一律暂停“四大”。四、在交易会期间，不要在出口商品陈列馆和接待外来商人的宾馆、旅店张贴大字报。五、交易会安排演出的文艺节目，不要再作变动。

同　日　中共中央做出《关于处理内蒙古问题的决定》。《决定》说：“内蒙古军区的个别领导人2月5日以来，在支左工作中，犯了方向、路线错误”，“内蒙古事件主要由王逸沦、王锋负责，其次由内蒙古军区某些领导人负责”。《决定》指出：“党内走资本主义道路当权派乌兰夫问题，要在内蒙古公开揭露。”中央决定“成立以刘贤权、吴涛（内蒙古军区党委书记、副政委）二位同志为首的内蒙古革命委员会筹备小组”。1979年3月9日，新华社报道：经中共中央批准，为“乌兰夫反党叛国集团”、“内蒙古二月逆流”冤案彻底平反。

4月14日　周恩来就确保广交会4月15日开幕致信毛泽东、林彪，并亲赴广州。信中写道：“对广州交易会虽有5点指示发出，但据黄永胜的报告（附后)，情况较紧，而军管会又难于控制。因此，今晨在解决内蒙古问题后，特约外贸部和外贸学院两造反派面谈，他们愿派人去协助解决。考虑到目前各院校和机关造反派多忙于内争，因而影响了广州交易会各公司、各馆的内部领导，并与地方各造反派形成派别(这种情况，现在北京大中学校和机关亦已出现，中央文革正在讨论此事)，如不立即劝阻，对明（15）日开幕，极为不利。

我决定今晨7时同黄永胜同志飞广州，亲往解决此事。”

4月15日　中国春季出口商品交易会在广州开幕。来自几十个国家的贸易界人士出席了交易会。据新华社报道，参加交易会的中国各交易团都组织了毛泽东思想宣传队，热情地向来宾宣传毛泽东思想，表演革命的文艺节目，向来宾介绍文化大革命的伟大成就。报道说，大批外国朋友和海外华侨、港澳同胞，来到交易会后的第一件事，就是购买《毛主席语录》、毛主席著作和毛主席像章。这次交易会展出的出口商品有2万多种，新商品有4 000多种。展出了我国近几年来科学技术和工业生产上一部分最新成就的产品模型和样品，其中包括世界上第一个试验成功和投产的合成苯及人工合成胰岛素。

4月20日　北京市革命委员会成立。谢富治任市革委会主任，吴德、郑维山、傅崇碧、聂元梓任市革委会副主任。毛泽东在接见谢富治时说：“我祝贺你，祝贺大会成功。请代向全北京市革命造反派祝贺。”“青年人要参加你们的工作，使前辈人不脱离群众，使青年人得到锻炼。青年人不能脱离生产，这样不会造成脱离群众，要半官半民。”成立大会在北京工人体育场举行。周恩来出席大会并讲了话。他说：你们夺了权，但是，两条道路、两条路线的斗争并没有结束。北京市无产阶级革命派的同志们在夺权后要充分重视政权的加强和巩固，真正地掌好权、用好权。江青在大会上讲话强调，要把本单位的斗批改与“对党内最大的走资本主义道路当权派的批判”结合起来，群众要正确对待军队，军队也要正确对待群众。谢富治在讲话中攻击原北京市委是“反革命修正主义集团”、“大恶霸”，改组后的北京市委“执行资产阶级的反动路线”，“实行资产阶级的专政”。大会还通过了《给毛主席的致敬信》。

同　日　中国人民保卫世界和平委员会宣布郭沫若退出国际和平奖金委员会。“加强国际和平”列宁国际奖金委员会定于4月20日在莫斯科举行会议，审议1966年度得奖人名单。苏联方面通知这个委员会的副主席、中国人民保卫世界和平委员会主任郭沫若出席会议。郭沫若授权中国和委会发言人就此事发表谈话。发言人指出，“加强国际和平”列宁国际奖金委员会，原名为“加强国际和平”斯大林国际奖金委员会。它的宗旨原本是鼓励和表彰在反对帝国主义、维护世界和平事业中有杰出贡献的人士。在苏共“二十大”大反斯大林之后，苏修领导集团篡改了这个组织的名称，并把它变成了推行修正主义路线的工具。发言人最后指出，“加强国际和平”列宁国际奖金委员会的招降纳叛的活动，不是“加强国际和平”，而是危害世界和平。因此，郭沫若已严正拒绝出席在莫斯科举行的会议，并且郑重宣布退出这个组织，今后不再与之发生任何联系。

4月23日　毛泽东在《陕西驻军负责同志虚心听取群众意见改进工作》的报告上做出批示。批示内容是：“军队这样做是很正确的，希望全军都采取此种做法。”同日，毛泽东又在成都军区的一个报告上批示：“现在另一种思潮又起来了，即有些人说，他们那里军队做的事情都错了，弄得有些军队支左，军管，军训人员下不得台，灰溜溜的。遇到这种情况，要沉得住气，实事求是地向群众公开承认错误并立即改正。另外，向军队和群众双方都进行正面教育，使他们走上正轨。我看现在这股风，不会有二月那样严重，因为军队和群众都有了经验。伟大的人民解放军一定会得到广大群众拥护的。”

同　日　外交部紧急召见印度尼西亚驻华使馆临时代办，最强烈抗议印尼军警劫持我总领事。22日下午，中国驻雅加达总领事徐仁按约定时间前往会见印度尼西亚外交部亚洲和太平洋司司长苏巴佐时，一出门口，遭到包围中国大使馆的印尼军警的武装劫持，并被扣押在印尼0503军支区司令部。外交部负责人员要求印尼政府必须立即公开道歉，护送徐仁总领事返回中国大使馆，立即撤除包围中国大使馆的军警，保证中国大使馆和大使馆人员的安全。否则由此而产生的一切严重后果，必须由印尼政府承担。

4月24日　毛泽东、林彪、周恩来、陈伯达、康生、李富春、江青等接见6省市革命委员会负责人。被接见的是：上海、山西、贵州、黑龙江、山东、北京等省市的革委会负责人张春桥、姚文元、刘格平、张日清、李再含、何光宇、潘复生、汪家道、王效禹、谢富治。接见结束后，毛泽东等观看了上海市舞蹈学校演出的革命现代芭蕾舞剧《白毛女》，并同演员们一起照了相。

同　日　中国政府抗议印尼政府破坏两国关系。外交部负责人员召见印尼驻华临时代办巴伦，宣布印尼临时代办巴伦与参赞苏玛尔诺为不受欢迎的人，并限于4月30日24时以前离开中国国境。外交部负责人员指出，印尼政府于4月24日无理宣布中国驻印尼使馆临时代办姚登山和徐仁总领事为“不受欢迎的人”，中国政府对印尼政府这一严重破坏两国关系的行动，表示十分愤慨，并提出最严重和最强烈的抗议。

4月24日—5月1日　中国人民解放军空军部队击落侵犯中国领空的美机5架。自4月以来，美国在疯狂轰炸越南北方的同时，连续派遣军用飞机侵犯中国领空、轰炸中国领土。我军空军部队予以迎击，击落入侵广西地区上空的美国F—4B型战斗机、军用无人驾驶侦察机、A—4B型攻击机共5架。中央军委颁发了嘉奖令。

4月26日　中国政府发表抗议印尼政府反华暴行的声明。声明说：4月22日，数百名右派暴徒包围中国大使馆，进行挑衅。23日，大批武装军警包围和封锁了中国大使馆，对中国外交人员进行种种威胁。并非法劫持扣留我总领事。中国政府和中国人民对此表示极大的愤慨，并且向印尼政府提出最坚决、最强烈的抗议。27日，首都10万人举行集会，拥护中国政府声明。从24日到28日，共有60多万人到印尼驻华使馆门前举行示威游行。

4月29日　国家计委向国务院提出《关于建议少进口粮食而进口一些国家急需的钢材问题的报告》。《报告》提出，1967年计划进口粮食515万吨，除已向国外订购346万吨外，还有169万吨没有订购。《报告》建议减少粮食进口，用这笔外汇进口一些国家急需的钢材等物资。这样做的原因是，到1967年3月底，国家粮食库存量已达到了历史上较高的水平，而国内生产的钢材、生铁和某些化工原料，特别是某些短线产品，远不能适应生产、建设的需要。估计减少10亿斤粮食进口，可以节约外汇4 000万美元，可购买大约10万吨钢材和30万吨废钢。国务院批准了这一报告。

4月30日　中共中央提出《关于福建问题的意见》。针对1月26日、2月7日在福建发生的造反派组织冲击军区的事件，中央提出了

10条处理意见。主要内容包括：冲击军区的事件不能作为划分革命和反革命、革命和保守的分水岭；应尽快放出因此而被逮捕的人，从速为因此而被取缔的革命组织平反；各派群众组织对自己的缺点和错误要进行认真的自我批评，克服“无政府主义”和“唯我独尊”的错误倾向；对人民解放军的负责人有意见可以提，送大字报，但不要组织群众冲军区；鉴于当前福建成立革命三结合的权力机构还不成熟，中央宣布，在那里实行军管，待条件成熟时，再成立有广大群众代表性、有无产阶级权威的革命三结合的权力机构。

5月1日　毛泽东、林彪等与首都300万群众共庆“五一”国际劳动节。当晚，毛泽东在天安门城楼上接见了北京市革命委员会全体委员以及上海市、山西省革命委员会代表团。

5月3日　周恩来在接见14个省、市夏季粮油征购会议代表时指出：要藏富于民。周恩来说：“毛主席说过，农民以多报少是藏富于民。粮食多了10%，只有好处，农民是不会乱吃掉的，藏在农民家里比国家收购起来还好。你们不要产生错觉，这不是提倡不老实，毛主席讲这句话的意思是整官僚主义的。官僚主义不下去，不调查，1961年以前实行高指标、高征购，整了农民，现在他们就以多报少。城市也是这样，多报了人口，口粮就多算了。土地以多报少，粮食以多报少，人口以少报多，灾情以少报多。两个以多报少，两个以少报多，这是对付官僚主义的办法。如果我们实事求是，依靠贫下中农，他们就会说真话。”周恩来还指出：必要的奖励政策不能叫物质刺激。过去实行奖励政策是需要的。对产棉花地区要给些化肥和粮食，使他们的生产恢复得快些。我们出口1吨大米可以换回1.7吨小麦或2吨玉米，换回来外汇，很有利嘛！

5月7日　中共中央做出《关于处理四川问题的决定》。《决定》共有十条：一、撤销李井泉中共中央西南局第一书记、成都军区第一政委的职务。二、成都军区个别负责人在“支左”工作中，犯了方向路线错误，经中央指出后，成都军区很快地进行改正。三、由新任成都军区第一政委张国华、司令员梁兴初和刘结挺、张西挺负责组织四川省革命委员会筹备小组，以张国华为组长，梁兴初、刘结挺为副组长。四、由王茂聚、郭林川负责组织宜宾地区的革命委员会筹备小组。五、对在文化大革命中被打成“反革命”的革命群众组织、革命群众和革命干部，一律平反、一律释放。对确有证据的现行反革命分子，另案处理。六、要向军队和群众双方都进行正面教育，加强军民团结，严防坏人挑拨军民关系。七、要把斗争矛头指向刘少奇、邓小平、李井泉。八、宣传和执行中央军委的八条命令和十条命令、中共中央关于安徽问题的决定和批语。九、对保守派组织主要是进行政治思想工作。一切群众组织，都只许文斗，不许武斗，不许打、砸、抢、抄、抓。煽动武斗的坏人，必须追究。十、关于5月6日成都发生的流血事件，中央将作为重要的专门案件处理。对于枪杀群众的凶手，特别是事件的策划者，要依法处理。

同　日　国务院原第四办公室主任贾拓夫去世。贾拓夫，1913年生，陕西省神木人，1926年加入中国共产主义青年团，1928年转为中国共产党党员。曾任共青团陕北特委组织部长、代理书记。1932年任中共陕西省委委员、秘书长。1933年到江西中央根据地，任中华苏维埃政府中央执行委员会候补委员。长征中任工农红军总政治部白军工作部部长。后任中共陕甘苏区中央局白区工作部部长，陕西省委宣传部长，三边特委书记。抗日战争和解放战争期间，历任中共陕西省委书记，陕甘宁边区中央局统战部部长，调查研究局局长，中共中央西北局秘书长，西北财经办事处主任。中华人民共和国成立后，历任中共中央西北局常委，西安市委书记、市长，西北财经委员会主任，中央财经委员会副主任，国家计委副主席，国务院第四办公室主任兼轻工业部部长、国家经委副主任、党组副书记等职。中共第八届中央委员，全国政协第三届常委。1959年被错定为右倾机会主义分子。中共中央于1980年为他平反昭雪。

5月8日　《红旗》杂志编辑部、《人民日报》编辑部发表文章：《〈修养〉的要害是背叛无产阶级专政》。文章说，刘少奇《论共产党员的修养》是反马克思列宁主义、反毛泽东思想的大毒草。它的要害，就是背叛了无产阶级专政学说。5月11日，中共中央发出《通知》，通知说：“5月8日《红旗》杂志编辑部和《人民日报》编辑部发表的《(修养）的要害是背叛无产阶级专政》，是经过政治局常委扩大会议讨论通过，并经我们伟大领袖毛主席亲自批准的重要文章。这篇文章击中了《修养》一书的要害，也击中了党内最大的走资本主义道路当权派的要害。通篇用摆事实、讲道理的方法，在一个革命的根本问题上，大破修正主义，大立毛泽东思想。希望各单位的革命同志，认真地组织学习和讨论，进一步深入地开展对党内最大的一小撮走资本主义道路当权派的大批判运动。”

5月10日　江青在1964年京剧现代戏观摩演出人员的座谈会上的讲话《谈京剧革命》公开发表。同一天，《人民日报》转载《红旗》杂志为此发表的社论：《欢呼京剧革命的伟大胜利》。社论说：“京剧革命，吹响了我国无产阶级文化大革命的进军号，这是我国无产阶级文化大革命的伟大开端。”江青的讲话“用毛泽东思想阐述了京剧革命的伟大意义，发挥了毛主席的京剧革命的指导方针”。“京剧革命的胜利，宣判了反革命修正主义文艺路线的破产”。

5月12日　中共中央、中央军委、中央文革小组、军委文革小组提出《关于甘肃问题的几点意见》，决定对甘肃实行军事管制。在此之前，周恩来将这一文件报送毛泽东、林彪批示。周恩来在报告中说：“这个意见经5月10日扩大的碰头会议上通过，大家都认为在目前，甘肃以实行军管为好。张达志在这次军区会议上检讨较好，而冼恒汉从去年10月工作会议以来，态度总是明朗的，故以冼主持军管会，张主持大军区工作，妥否，请主席批示。”毛泽东批示：“照办”。《意见》指出，甘肃省军区司令员詹大南，以军队代表身份在参加“甘肃省红色造反派联合指挥部”的工作中，犯有严重错误；甘肃省军区的“支左”工作要服从以张达志、冼恒汉为首的兰州军区党委的领导；中央决定对甘肃省实行军事管制，以冼恒汉为军事管制委员会主任，徐国珍（兰州军区副司令)、詹大南为副主任；省军管会在兰州军区党委领导下进行工作，彻底批判党内最大的走资派，彻底批判和揭露以汪锋为代表的甘肃党内一小撮走资派，筹备革命的“三结合”的临时权力机构。

5月13日　在京军事机关、院校两派群众组织在北京展览馆剧场

发生严重冲突。为纪念毛泽东《在延安文艺座谈会上的讲话》发表25周年，在京军事机关、院校群众组织拟组织文艺演出。此前，周恩来曾指示要三军联合演出。但吴法宪、李作鹏执意支持一派单独演出。另一派闻知，即准备冲击演出。当时的总政治部主任萧华曾打电话到后台，说：不要演出了，防止另一派来冲击，要发生武斗，影响很坏。但吴法宪经叶群请示林彪后，决定继续演出。另一派组织冲击剧场，酿成武斗。事后，林彪、江青等将罪名加予萧华，称"五一三"事件是"军内两条路线斗争的继续和总爆发"，对萧华组织围攻。吴法宪、李作鹏、邱会作等与中央文革的成员又慰问了演出的一派。从此，这一派自称"三军无产阶级革命派"，称对立一派为"冲派"。

同　日　中央军委决定在全军发放由总政治部特制的毛泽东像章和"为人民服务"语录章。总政治部要求全军，戴上毛主席像章和毛主席语录章，要更加忠于毛主席，忠于毛泽东思想，忠于毛主席的无产阶级革命路线，在文化大革命中建立新的功勋。

同　日　国家计委同意煤炭工业部《关于请求所属乌达、包头、平顶山、鹤壁、淮南、通化6个矿务局实行军事管制的意见》。这6个矿务局由于受"文革"动乱的影响，生产严重下降，如不采取紧急措施，势必影响西北地区用煤。

5月14日　中共中央、中央军委、中央文革小组、军委文革小组转发广州军区、湖南军区的报告并加批语。批语说："凡犯了错误的必须坚决改正；不要动动摇摇，游移不决。听信老婆孩子从保字号那里带来的错误，信以为真；要受得住工人、农民、学生、战士、干部的批评；要坚决相信绝大多数群众是好的，坏人只是极少数，这样一想，就什么都通了。"

同　日　中共中央、国务院、中央军委、中央文革小组发出《通知》。《通知》要求各类半工半读学校的学生都要回到原生产单位或本校积极复课闹革命，同时参加生产劳动。

同　日　中共中央发出《关于改进革命群众组织的报刊宣传的意见》。《意见》的主要内容是：群众组织的报刊应严格遵守中央有关指示进行宣传；毛泽东、林彪没有公开发表的文章、讲话、指示，中央的内部文件、会议记录等，一律不准擅自刊登和印发；不得公开发表反对人民解放军的文章和报道；必须严格保守党和国家的机密，目前，群众组织的报刊泄密现象相当严重，这种现象必须迅速制止；宣传要突出政治；对国际问题的发言权集中于中央；在宣传报道中，不要传播道听途说、捕风捉影的"马路新闻"，尤其不要轻信和传播政治谣言。

同　日　中共中央发出《关于在无产阶级文化大革命中保护文物图书的几点意见》。《意见》的主要内容有：全国各地革命遗址和革命纪念建筑物必须坚决保护，并且应当保持原状；古建筑、石窟寺、石刻及雕刻壁画等都应当加以保护；古文化遗址、古墓葬要注意保护，严禁挖掘古墓，地下文物概归国有；对有毒的书籍不要随便烧毁，要作为反面教材，进行批判；对查抄的文物等要进行清理，集中保存，勿使损坏；要进行保护文物的宣传教育工作。

同　日　北京市革命委员会发布《重要通告》。这一《通告》经中央批准。《通告》要求"革命群众都必须坚决执行毛主席、党中央关于抓革命、促生产、促工作的指示"，严禁打砸抢抄抓。不准破坏国家财产，不准动用交通工具参加武斗，不准调动人员参加外单位的武斗，不许破坏劳动纪律，不许无故旷工，《通告》还要求专政机关担负起职责。

5月15日　中国政府就香港英国当局镇压中国工人向英国政府提出最紧急最强烈抗议。5月6日，香港新蒲岗人造塑胶花工厂中国工人为反对资方加强剥削，进行斗争，港英当局出动警察镇压，殴伤多人，拘捕21人。11日和12日，又大肆逮捕示威群众。外交部在声明中说：这次血腥暴行，是英国政府勾结美帝反对中国的阴谋的一部分，妄图以高压手段抵制我国无产阶级文化大革命的伟大影响。声明要求英国政府和港英当局必须立即无条件地接受中国政府的要求，即：立即接受中国工人和居民的全部正当要求；立即停止一切法西斯措施；立即释放全体被捕人员；惩办凶手，赔偿损失；保证不再发生类似事件。19日，首都10万人举行集会，声讨港英当局暴行，周恩来、陈伯达、陈毅等出席集会。

5月17日　按照中共中央决定，《人民日报》公开发表《中共中央通知》（即《五一六通知》）。18日，《红旗》杂志、《人民日报》为此联合发表编辑部文章：《伟大的历史文件》。文章说，《五一六通知》提出了无产阶级文化大革命的理论、路线、方针和政策，粉碎了彭真反革命修正主义集团破坏无产阶级文化大革命，妄图实现资本主义复辟的阴谋。这个文件，吹响了无产阶级文化大革命进军的号角。文章将马克思、恩格斯创立了科学社会主义理论，列宁和斯大林解决了帝国主义时代无产阶级革命问题，毛泽东解决了在无产阶级专政下进行革命、防止资本主义复辟的理论和实践问题，将三者称为“马克思主义发展史上三个伟大的里程碑”。文章号召认真学习这个文件，把文化大革命进行到底。文章最后引用了毛泽东的指示：“现在的文化大革命，仅仅是第一次，以后还要进行多次。”“革命的谁胜谁负，要在一个很长的历史时期才能解决。如果弄得不好，资本主义复辟将是随时可能的。全体党员，全国人民，不要以为有一二次、三四次文化大革命，就可以太平无事了。千万注意，决不可丧失警惕。”

5月19日　周恩来就所谓“伍豪启事”问题致信毛泽东。1967年初夏，天津的一些红卫兵在查阅旧报纸时，发现1932年2月上海《申报》上载有所谓《伍豪等脱离共党启事》。当他们知道伍豪是周恩来的别名后，于5月12日将载有这一伪造启事的报纸抄件送与江青。江青收到信后，不作任何调查研究，采取突然袭击手段，于17日给林彪、周恩来、康生三人写了一封信。信中说：“他们查到一个反共启事，为首的是伍豪（周恩来），要求同我面谈。”面对挑衅，周恩来断然予以反驳。19日，他在江青的信上写道：“伍豪等脱离共党启事，纯属敌人伪造。只举出243人，无另一姓名一事，便知伪造无疑。我当时已在中央苏区，在上海的康生、陈云等同志均知为敌人所为，故采取了措施。详情另报。”同日，周恩来查阅了上海各旧报，亲自给毛泽东写了一封信，并将1931年—1932年的有关事件编为《大事记》，一并送给毛泽东。信中说：“现在弄清楚了所谓‘伍豪等启事'，就是1932年2月18日的伪造启事"，"伪造启事和通过申报馆设法的处置，均在我到江西后发生。"毛泽东看到周恩来送去的信和材料以后批："送林彪同志阅后，交文革小组各同志阅存。"1967年底，北京有一个学生写信给毛泽东重提此事，毛泽东于1968年1月16日批示："此事早已弄清，是国民党造谣诬蔑。"

5月20日　国家计委召开会议，讨论"抓革命，促生产"问题。会议传达了李富春的指示。李富春要求国家计委、国家建委和中央各部无论如何要保证交通运输，同时也要帮助把煤炭、冶金搞上去。他强调指出，各部委的业务班子必须健全。业务班子搞业务应同学习毛主席著作一样"雷打不动"。

5月22日　外交部召见英国驻华代办。最强烈抗议英国外交大臣"污蔑我革命群众"，并宣布取消英代办处向上海派驻人员的安排，限令其人员于48小时内离开上海。

同　日　外交部照会英国驻华代办处，强烈抗议英国商船船员的政治挑衅。新华社报道说，英国"劳得·格拉斯通"号商船船员爱克弗德和特威琴等"曾于5月7日、15日两次侮辱我国人民伟大领袖毛主席的像。并在船上写'美国万岁'的反动标语。……我国有关当局已依法扣留肇事船员，并宣布纵容该事件的船长马尔斯敦今后不准再来中国港口"。

5月23日　中央文革小组成立文艺组。江青任组长，戚本禹、姚文元任副组长。10月12日，根据毛泽东指示，中央文革文艺组宣布解散。

同　日　首都各地举行活动纪念毛泽东《在延安文艺座谈会上的讲话》发表25周年。各报同时刊载了《讲话》。现代京剧《红灯记》、《智取威虎山》等8个"革命样板戏"同时在首都舞台上演出，共演出37天218场。23日下午，首都各界1.6万多人在人民大会堂集会，林彪、周恩来、康生等出席，江青主持大会，陈伯达发表讲话，他大力吹捧说："江青同志一贯坚持和保卫毛主席的文艺革命路线。她是打头阵的。这几年来，她用最大的努力，在戏剧、音乐、舞蹈各个方面，作了一系列革命的样板。"同日，上海也举行了纪念集会。

5月25日—28日　《人民日报》连续公开发表毛泽东关于文学艺术问题的5个文件。即：《看了〈逼上梁山〉以后写给延安评剧院的信》（1944年1月9日）、《应当重视电影〈武训传〉的讨论》（1951年5月20日）、《关于红楼梦研究问题的信》（1954年10月16日）、《关于文学艺术的两个批示》（1963年12月12日、1964年6月27日）。《人民日报》等报刊为此发表了《革命的批判精神万岁》等社论。

5月26日　中央军委做出《关于处理内蒙古军区问题的决定》。决定对军区副司令员黄厚、参谋长王良太实行隔离审查；对军区副政委刘昌、政治部副主任张德贵实行停职反省；军区其他在京人员集中到外地整训；调一个师的兵力移驻呼和浩特市，将军区警卫营、通信营部分人员和高炮营、测绘大队调离呼和浩特市，分驻北京军区指定地区；将内蒙古军区改为省级军区，划归北京军区建制。改组后的内蒙古军区发出命令，执行中共中央《关于处理内蒙问题的决定》，支持呼和浩特"三司"等"左派"群众组织。内蒙古地区的"支左"工作方向发生转变。

同　日　中国自行设计、制造的中程地地导弹发射成功，1971年5月，该型导弹开始装备部队。

5月27日　外交部发表声明。声明最强烈抗议"蒙古修正主义领导集团"破坏国际关系准则，殴打、扣押中国外交人员和新华分社人员，残酷迫害华侨的法西斯暴行。

5月28日　中共中央、国务院、中央军委、中央文革小组做出《关于对××部（委）实现军事管制的决定（试行草案）》。毛泽东批示："照办"。《决定》共有八条，主要内容是：一、特决定自即日起对××部（委）实行军事管制，成立军事管制委员会或军管小组，任命×××为军管会主任或军管小组组长，×××、×××为副主任或副组长。二、军管会必须认真执行中央各项方针政策，发动群众，批判党内最大的走资派，结合本部门实际情况进行斗批改。三、军管会应当坚定不移地支持无产阶级革命派，耐心教育参加保守组织的群众。建立"三结合"的临时权力机构。四、军管会对部（委）的各项工作实行统一领导。五、军管会下成立"抓革命、促生产"的两个班子，把革命放在首位，以革命统帅生产。31日，中共中央、国务院、中央军委、中央文革小组发布《关于对铁道部和交通部实行军事管制的决定》。

5月29日　中共中央、军委文革小组发出《关于目前军队院校无产阶级文化大革命的指示》。《指示》要求，军队各院校彻底批判党内最大的走资派，同时逐步转入本单位的斗批改，改革教学制度、教学内容、教学方法；尽快建立三结合临时权力机构（革命委员会）；无产阶级革命派应帮助革命的领导干部站出来，给犯错误的干部检讨亮相的机会，允许他们改正错误；引导革命群众组织自觉地进行整顿，打倒无政府主义，提倡文斗，反对武斗。

5月31日　中央做出《规定》。中共中央、国务院、中央军委、中央文革小组做出《关于成立地专级、县级革命委员会筹备小组和正式革命委员会的审批权限的规定》。规定分为两部分，对尚未建立省、市革命委员会的地区规定：成立革命委员会筹备小组，地专级由省军区或军审查，报大军区批准；县级由省军区或军批准。成立正式革命委员会，地专级由军区审查，报中央批准；县级由省军区或军审查批准，报大军区备案。关于已建立省、市革命委员会的地区规定：成立地专级革命委员会筹备小组，由省革命委员会审查批准，报中央备案；成立县级革命委员会筹备小组，由省革命委员会批准。成立地专级正式革命委员会，由省革命委员会审查，报中央批准；成立县级正式革命委员会，由省革命委员会审查批准，报中央备案。

6月1日　中共中央、国务院、中央军委、中央文革小组发布《关于坚决维护铁路、交通运输革命秩序的命令》。命令说：最近一个时期，某些地区在走资派或极少数坏人的挑动下，出现了一些破坏铁路、交通运输秩序的严重现象，必须坚决克服，因此，特命令：一、广大革命职工必须坚守生产岗位，努力做好工作，切实保证交通运输的畅通。二、严禁破坏铁路、交通设施和国家财产，任何人都不准以任何借口无票强行乘坐车船，不准扒乘货车和拦截列车、汽车、轮船，不准妨碍铁路、交通部门工作人员的正常工作，不准武斗，不准以卧轨等手段限制车辆通行。今后凡采用扒车、截车及其他不正当手段来京上访的人员，中央概不接见。三、煽动武斗，破坏铁路、交通运输秩序和砸毁铁路、交通设施、运输工具的少数坏人以及情节严重的肇事者，必须受到无产阶级国家法律的制裁。

6月5日　《解放日报》发表文章：《发展社会主义，还是复辟资本主义？——评“工业七十条”》。公开批判1961年由李富春、薄一波主持制定的《国营工业企业工作条例（草案）》（即“工业七十条”）文章说，“七十条”强调企业是社会主义的经济组织，它的根本任务是发展生产，这是抹杀阶级斗争。文章批判了党委领导下的厂长负责制、按劳分配、经济核算，把“七十条”要求建立严格的规章制度和学习国外的先进经验，说成是大搞资产阶级的管卡压，是提倡崇洋媚外，推行爬行主义。此后，又陆续发表类似批判文章，将“工业七十条”诬蔑为“瓦解社会主义经济、复辟资本主义”的黑纲领。对“七十条”的批判，破坏和否定了建国以来形成的管理社会主义企业、组织生产的有效的经济管理理论和规章制度，造成极大的混乱。

同　日　由各地区18个造反派组织组成的“批斗李立三反革命修正主义集团联络站”在北京成立。联络站的“成立公告”诬陷李立三“是一个老牌反革命修正主义分子，托洛茨基分子，里通外国的苏修特务分子。”“勾结一小撮党内走资派和牛鬼蛇神，进行一系列里通外国的反革命罪恶勾当，企图颠覆我国的无产阶级专政，复辟资本主义制度。”此后，68岁的李立三被日夜不停地轮番批斗，精神和肉体受到极为严重的摧残，多次跌倒在批斗台上。

6月6日　中共中央、国务院、中央军委、中央文革小组发布通令（即“六六通令”）。通令说，“为纠正最近出现的打砸抢抄抓的歪风，防止反革命分子和坏分子浑水摸鱼、乘机捣乱，特发出以下通令：一、除国家专政机关奉命依法执行必要的逮捕拘留任务外，任何团体和个人，都不准抓人，都不准私设公堂和变相地私设公堂。二、各级党政军机关的档案文件和印章，任何团体和个人，都不准抢夺、窃取和破坏。三、社会主义的国家财产和集体财产绝对不可侵犯，革命群众都有保护的责任，任何团体和个人，都不准侵占，不准砸抢、不准用任何借口进行破坏。四、严禁武斗，严禁行凶打人，严禁在本单位和外单位打群架，严禁抢夺个人所有的财物。五、除国家专政机关奉命依法执行任务外，任何团体和个人，都不准对任何团体和个人进行搜查和抄家。六、由卫戍部队和驻军负责保证上述各条的执行。自即日起，对于违犯上述各条的，都应该严加处理。七、各革命群众组织，应该成为执行本通令的模范。并协助卫戍部队和驻军进行政治思想工作。

同　日　毛泽东会见锡兰共产党中央政治局委员桑穆加塔桑。双方进行了友好的谈话。在谈到国内情况时，毛泽东说，参加文化大革命的不一定都是无产阶级，甚至混进来一些坏人。但是，主要的群众是工人、农民、革命的知识分子。总而言之，过去的领导方法不行了，那是官僚主义的，脱离群众的，机会主义的。参加会见的还有康生、刘宁一。

6月8日　民革中央常委蒋光鼐逝世。蒋光鼐，1887年生。广东东莞人。早年毕业于保定军官学校。曾任国民革命军师长、十一军副军长、后任十九路军总指挥、湘沪警备司令。1932年1月28日，日本侵略军进犯上海，即率十九路军进行抗战，任最高指挥官。后任福建省政府主席兼绥靖公署主任。1933年11月与李济深等发动“福建事变”，成立“中华共和国人民革命政府”，任“财政部长”。抗战胜利后，任国民党第七战区副司令长官。1946年参与发起组织中国国民党民主促进会。1949年9月出席中国人民政治协商会议第一届全体会议。中华人民共和国成立后，曾任广东省政府委员、纺织工业部部长。是第一届全国政协常委、中国国民党革命委员会中央常委。

6月9日　中央领导接见外国作家。毛泽东、林彪接见参加亚非作家常设局举行的纪念毛主席《在延安文艺座谈会上的讲话》25周年讨论会的各国作家和朋友。周恩来、陈伯达、康生、江青等陪同接见，被接见的共有来自32个国家和地区的80多位作家。

同　日　林彪等观看驻京陆海空三军文艺联合演出，以示对三军文艺界造反派的支持。参加观看演出的有周恩来、陈伯达、康生、李富春、李先念、聂荣臻、谢富治、江青等人。

6月10日　外交部照会保加利亚驻华大使馆。强烈抗议保加利亚政府蓄意恶化两国关系。照会说，保加利亚政府无理宣布中国3名留保学生为“不受欢迎的人”，保加利亚的“政治局委员和党政军其他负责人多次公开指名恶毒攻击我国人民的伟大领袖，我们心中的红太阳毛主席”，对此，照会提出最强烈的抗议。

6月11日　《毛泽东选集》今年已出版2 900多万部。新华社报道：同时出版的毛泽东著作单行本和《毛主席语录》达数亿册。今年头5个月出版的《选集》超过文化大革命前15年出版数量总和的一倍半以上。

6月12日　空军部队在广西某地上空击落美军用无人驾驶侦察机1架。中央军委为此颁发嘉奖令。

同　日　印度间谍被捕。新华社报道：人民解放军当场拿获印度间谍分子。报道说：“印度驻华大使馆二等秘书鲁冠南最近窜至北京西郊某地，对我军事禁区进行窥测和偷摄禁区照片，被我人民解放军当场拿获。同日，外交部照会印度驻华使馆，提出最强烈抗议，并宣布：自即刻起，中国政府不再承认鲁冠南的外交官身份，而且在中国司法机关对其罪行进行法律制裁前，鲁冠南不得离开中国。”

6月13日　外交部发言人就香港严重局势发表谈话。发言人指出，香港英国当局在6月8日和9日又对香港中国同胞进行了新的法西斯镇压。据查，至少已有2人被打死，重伤几十人，逮捕500多人。他警告港英当局说：既然你们如此残暴凶狠地血腥镇压我香港中国同胞，如此不计后果地把局势推到一个十分严重的地步，那么，中国人民和香港中国同胞就有权给你们以狠狠的反击，给你们以加倍的惩罚。

6月15日　外交部照会印度驻华使馆，强烈抗议印度政府捏造罪名无理强迫我两名外交人员离境。

6月16日　毛泽东、林彪观看由上海京剧院演出的现代京剧《智取威虎山》。周恩来、陈伯达、康生、李富春、李先念、谢富治、江青等参加了观看。

同　日　林彪致信周恩来和中央文革小组，不同意提“祝林副主席永远健康”的口号。信中说：“近一个多月来，我看了3次演出，每次演出中，都有‘祝毛主席万寿无疆’和‘祝林副主席永远健康’这两个口号并提的情况。我认为‘祝毛主席万寿无疆’这个口号是完全正确的，非常必要的。为了在党内、党外、国内、国外突出毛主席的伟大作用，树立毛主席的绝对权威，不宜提‘祝林副主席永远健康’的口号。只有突出我们伟大领袖毛主席，才符合全国和全世界革命人民的需要和客观实际。今后一切演出、一切会议、一切文件、一切报刊以及其他各种宣传形式都应突出毛主席，不要把我和毛主席并提。”

6月17日　我国第一颗氢弹在西部地区爆炸成功。中共中央、国务院、中央军委向从事核武器研制和试验的科技人员、工人、解放军指战员致以热烈的祝贺，并重申：“中国进行必要而有限的核试验，发展核武器，完全是为了防御，其最终目的就是为了消灭核武器。”“在任何时候，任何情况下，中国都不会首先使用核武器。”氢弹爆炸成功，标志着中国核武器的发展进入了一个新的阶段。

同　日　外交部照会印度驻华大使馆，就印度政府策划袭击我使馆并中断我使馆与国内电报联系，提出严重警告和最强烈抗议。并宣布：自即时起，印度驻华使馆全体印籍人员，未经中国有关当局许可，一律不许离开大使馆。

6月19日　中共中央发出关于宣传、学习毛泽东《关于正确处理人民内部矛盾的问题》一文的通知。要求大张旗鼓地开展纪念这篇文章发表10周年的宣传活动，正确认识和处理两类不同性质的矛盾，牢牢把握斗争的大方向，实现革命的大联合，集中力量批判党内一小撮走资派和进行本单位的斗批改。

同　日　红卫兵代表团访问阿尔巴尼亚。以姚文元为团长的中国红卫兵代表团前往阿尔巴尼亚访问，团员有谭厚兰，刘锡昌、宋义民、陈敢峰等人。周恩来等到机场欢送。

6月21日　赞比亚共和国总统卡翁达访问中国。周恩来等到机场迎接，首都数十万群众夹道欢迎。当晚，周恩来举行盛大宴会欢迎卡翁达总统。24日，毛泽东、林彪会见了卡翁达总统。26日，中赞双方发表了《联合公报》。

6月22日　中央发出《决定》。中共中央、国务院、中央军委、中央文革小组发出《关于对国防工业部、国防科学技术研究院及所属单位实行军事管制的补充决定（试行草案）》。《决定》指出，这类单位“是国家重点保密单位，为了确保国家机密，特作如下的补充规定。一、不是国防工业部、国防科学技术研究院及其所属单位和厂矿的革命群众，一律不得前去串联。二、国防工业部（院）及所属单位和厂矿的革命群众，可以在业余时间，只能在本地区、本部（院）范围内串联。特定的机密要害部门和单位，外部门、外单位的革命群众，均不得前去串联。三、国防工业部门及其所属人员必须提高警惕，加强保卫、保密工作，防止失密、泄密”。

同　日　毛泽东、林彪观看由上海京剧院演出的现代京剧《海港》。观看演出的还有周恩来、陈伯达、康生、李富春、董必武、李先念、聂荣臻、江青等人。

同　日　中共早期领导人、劳动部原部长李立三去世。李立三，1899年生，湖南醴陵人。1919年赴法国勤工俭学，与赵世炎等组织劳动学会。1921年回国后在上海加入中国共产党。1922年受湖南党组织委托，到安源矿区从事工人运动，同刘少奇等领导了安源路矿工人大罢工。1924年作为湖北省代表出席了国民党第一次全国代表大会。1925年任上海总工会委员长，参加领导“五卅运动”。1927年4月在中共第五次全国代表大会上当选为中央政治局委员，任中央工人部部长兼全总党团干事会书记。是年7月任中共中央五人临时政治局委员，参与领导了南昌起义，任中共前敌委员会委员。1928年赴莫斯科出席中共第六次全国代表大会，当选为中央委员。六大后任中央政治局委员、常务委员，兼任秘书长、宣传部部长等职。1930年在全党推行“左”倾冒险主义政策（即“立三路线”），给革命造成严重损失。1931年—1946年在苏联莫斯科学习，在此期间，曾出席共产国际七大；抵制王明非法召开中共临时代表大会；并主持翻译了多种马列主义著作。1945年在缺席的情况下当选为中共第七届中央委员。

1946年春回国后，历任军调部三人小组政治顾问、中共方面首席代表，东北局联络部和敌工部部长，城工部部长，全国总工会执委会副主席、中华全国总工会党组书记等职。中华人民共和国成立后，历任中央人民政府委员、劳动部部长、工交部副部长、中央华北局书记处书记等职。在中共第八次全国代表大会上当选为中央委员。1959年当选为政协常委。“文化大革命”开始后，惨遭迫害，被迫自尽，含冤去世。中央文革专案组即做出结论：“将自绝于人民自绝于党的苏修特务分子李立三清除出党。”1980年3月20日，中共中央为李立三平反昭雪，恢复名誉。

6月24日　中共中央发出《通知》。《通知》要求浙江、江西、广西、湖南、河南等地来京会谈的代表团及各省、市、自治区军管会、革委会筹备小组执行中央下述意见。即，“为了保证各地代表团在京会谈的顺利进行，有利于中央对各地问题的解决，中央要求各地代表团中有争论意见的双方，能够达成协议，保证以下六条能在各地实现：一、不上街游行。二、互不打架，互不冲击。三、不抓人，不扣人。四、不阻碍铁路、公路、轮船运输。五、不动员农民进城、拦路、拦车。六、不夺枪，不开枪。”

6月26日　海军航空兵击落侵入海南岛东南地区上空的美军F-4C型战斗机1架。中央军委颁发了嘉奖令。

6月27日　对外贸易部部长叶季壮去世。叶季壮，1893年生。广东新兴人。1925年参加省港大罢工，同年参加中国共产党。先后担任县委书记、地委书记、红七军政治部主任、红军总供给部部长、总供给部政委、八路军总后勤部部长、陕甘宁边区物资局局长、东北人民解放军后勤部部长、东北财经委员会副主任、东北人民政府财政部长兼商业部长等职，中华人民共和国成立后，先后担任中央人民政府贸易部部长、对外贸易部部长，并担任政务院财经委员会副主任、国务院财贸办公室副主任等职。当选为中共八届中央委员。

6月28日　中共中央发出《关于“抓叛徒”问题的通知》。《通知》说：“无产阶级文化大革命运动开展以来，红卫兵小将和革命群众进行了大量的调查研究工作，揭露了党内最大的一小撮走资本主义道路当权派长期包庇的叛徒集团，挖出了一批混进党内的叛徒特务分子，对于纯洁党的组织，对于彻底批判党内最大的一小撮走资本主义道路当权派，做出了重要的贡献。但也存在着一些问题。为了更好地进行这项工作，中央特作如下规定：一、对一个人做出是否'叛徒'的结论，是一件严肃的政治问题，是关系到一个人的政治生命问题，必须经过周密调查，采取慎重的态度，不要根据不充分的、未经核实的材料，自行宣布某人为叛徒。不要轻易公布材料。二、应当把重点放在清查党内一小撮走资本主义道路当权派中的叛徒。其他历史上有过变节行为的也要查清，但要根据其情节轻重，是否向党交待清楚，是否同党内走资本主义道路当权派一起干坏事，以及在无产阶级文化大革命中的表现，区别对待。三、要把有一般历史问题的干部同叛徒、特务，严格区别开来。四、各群众组织不要借抓'叛徒'的名义，进行宗派斗争，互相攻击，转移斗争大方向。五、有些群众组织，混入个别的叛徒、特务，应当查清，但别的群众组织，不得借此来打击这些群众组织。"

同　日　中国政府向缅甸政府提出最紧急最强烈抗议。外交部在给缅甸驻华使馆的照会中指出：据中国驻缅甸大使馆报告，6月26日，约两千名缅甸暴徒在缅甸当局的唆使和纵容下袭击了原南洋中学、原华侨中学，毒打华侨学生和去探望他们的家长，华侨多人受伤，至少有一人当场死亡。26日晚和27日，中国驻缅甸使馆及其他机构也遭到暴徒袭击。照会要求缅甸政府立即采取紧急措施，制止事态的进一步恶化，保证中国大使馆和其他中国机构、中国派往缅甸负责中国贷款工程的人员和中国侨民人身和财产的安全，归还被劫去的中国国徽，严惩凶手。6月29日，中国政府发表声明，最强烈最严重抗议缅甸政府反华排华的法西斯暴行。决定不再派回驻缅大使，并将根据情况的发展采取其他必要措施。

7月1日　《毛主席语录》在全世界广泛传播。据不完全统计，从1966年10月到1967年5月，中国国际书店已向全世界117个国家和地区发行了英、法、西班牙、日、俄等14种文本的《毛主席语录》80多万册。7月2日，新华社发表短评：《世界人民的大喜事——热烈欢呼〈毛主席语录〉在全世界广泛发行》。短评说，《毛主席语录》在全世界广泛发行，是国际共产主义运动史上的一个重大事件。毛泽东思想为世界革命人民所掌握，就会变成威力无比的精神原子弹，对世界革命产生巨大而深远的影响。短评还说："《毛主席语录》在全世界广泛发行，将使毛泽东思想越来越深入人心，从而唤起世界广大劳动群众，组成一支浩浩荡荡的革命大军，向旧世界发动声势凌厉的总攻击，争取无产阶级世界革命的彻底胜利。"

同　日　外交部就肯尼亚政府宣布中国驻肯临时代办李颉为"不受欢迎的人"并限期离境，向肯尼亚政府提出最强烈抗议。并宣布肯尼亚驻华大使馆临时代办玛依沙为"不受欢迎的人"，限他在48小时以内离开中国。

同　日　中国政府向缅甸政府提交备忘录，拒绝缅甸政府的要求。6月29日，缅甸政府向中国政府提交备忘录，要求中国政府阻止中国人民举行的各种反对缅甸政府的示威游行。中国政府的备忘录拒绝了这一要求，并且再次要求缅甸政府立即撤除缅甸军队对中国大使馆和华侨居住地区的包围，立即实现中国政府的各项要求。

7月4日　中共中央召开解决山西问题的会议。会议期间，山西"红总站"和"红联站"在北京达成协议。协议规定立即制止武斗，保证"文化大革命"胜利进行。

同　日　广西赴京两派在北京达成《十条协议》。周恩来指示，立即发给广西来京全体代表，并请两派和广西军区以明电和电话发回转告全区照办。《十条协议》的主要内容是：贯彻中央"六六通知"和"六二四"通知；不准抓人，不准私设公堂、毒打、逼供对方人员；坚守生产岗位；不准动员农民进城参加武斗；坚决维护交通运输秩序；坚持文斗，不要武斗；不准夺枪、开枪，由军区监督收回各单位现有枪支。

同　日　人民解放军海军以中国仿制的导弹艇组建导弹快艇大队。这是中国第一支导弹快艇大队。

7月5日　毛泽东要求制止各地建造毛泽东塑像的现象。毛泽东在致林彪、周恩来和中央文革小组的信中说："此类事劳民伤财，无益有害，如不制止，势必会刮起一阵浮夸风。请在政治局常委扩大会上讨论一次，发出指示，加以制止。”7月13日，根据毛泽东这一指示，中共中央发出《关于建造毛主席塑像问题的指示》，指示说：“建造毛主席的塑像是一个严肃的政治问题，每一座塑像都应保证政治上、艺术上的高质量，传之千秋万代。这只能由中央统一规划，在适当时机、适当地点建造，才可能做好。现在某些群众组织那种匆匆忙忙的做法，不仅会造成经济上的损失，而且会造成政治上的损失。”“希望你们遵照毛主席的指示，加以制止。此外，各地编印了一些毛主席没有公开发表过的讲话材料，甚至将别人的讲话、诗词也编进去了。中央重申：毛主席没有公开发表过的讲话、文章、文件、诗词，未经毛主席和中央的批准，一律不得编印，不得出版发行。出现这种事情，也请你们加以制止”。

同　日　外交部照会印度尼西亚驻华大使馆，对印尼政府肆无忌惮地反华排华，疯狂迫害华侨的暴行再次提出严正警告。

7月6日　外交部发表声明，最强烈抗议美军飞机袭击停泊在越南海防市港口的中国商船。

7月9日　刘少奇被迫向北京建筑工业学院“新八一战斗团”及全院师生员工写出“检讨”。他在“检讨”书中说：“7月4日晚，中共中央办公厅主任汪东兴通知我说，党中央的意见，要我向建工学院新八一战斗团的战士们写一个检查。”刘少奇的“检讨”共分为3个部分。刘少奇首先谈了他在1966年8月在北京建工学院参加文化大革命的简单经过。接着就1966年主持中央工作期间派工作组的事作了检讨。他说：“我对自己所犯的这次错误，直到去年8月5日毛主席炮打司令部的大字报出来后，我才开始理解的。在此以前，我是不理解我犯了这样严重的错误。”他不得不检讨说：“当时的党中央是毛主席不在北京，由我主持日常工作的党中央。这样就模糊了当时所犯错误谁应当是负主要责任的。当时我的这种说法是不正确的。”

7月10日　中共中央就河南军区党委《关于支左工作中所犯错误的检查报告》做出批示。批示说：“河南省军区在无产阶级文化大革命支农、支工工作中，做出了一定的成绩。但是，在支左问题上，犯了方向、路线的错误，造成了部队同群众、群众同群众之间对立。这个错误主要应由军区第二政委何运洪同志负责。这次，河南省军区党委所作的关于支左错误的检查比较好。我们相信，在省军区作了认真检查以后，广大革命群众是会拥护解放军，会欢迎并支持军区改正错误的。河南省委内走资本主义道路的当权派是代理第一书记文敏生、书记处书记赵文甫。原河南省委第一书记刘建勋同志，过去在河南的工作中虽然犯有某些严重错误，但是在八届十一中全会以后，认真地作了检查，回到了毛主席的无产阶级革命路线上来，是革命的领导干部。中央决定着手成立以刘建勋同志为首的有革命群众组织代表、军队代表、革命领导干部参加的河南省革命委员会筹备小组，领导全省的无产阶级文化大革命和工农业生产。”

7月12日　国防部发言人谴责美军飞机侵入我广西地区并向我边防部队发射导弹。12日下午5时许，美F-105型战斗机4架，在广西东兴各族自治县西部地区上空，向中国边防部队发射导弹2枚，炸伤人民解放军战士4人，炸毁房屋1间。

7月13日　中共中央发出《关于禁止挑动农民进城武斗的通知》。《通知》说：“最近一个时期，江西、四川、浙江、湖北、湖南、河南、安徽、宁夏、山西等地一小撮走资本主义道路的当权派，特别是某些省市地县公社的地方武装部门少数思想没有改造好的同志，挑动一些不明真相的农民进城参加武斗。围攻厂矿、机关、学校的革命群众组织，有的地区还提出什么‘以农村包围城市’的反动口号，组织他们进城镇压革命造反派。中央认为，这种做法是十分错误的，广大革命群众应该识破党内一小撮走资本主义道路当权派的这一阴谋，同他们进行斗争。为了保证无产阶级文化大革命的顺利进行，现在规定：一、任何人和任何组织都一律不准以任何借口，挑动农民进城武斗，更不能为了武斗，发动农民制造凶器，发给枪支弹药。二、不准以任何借口，挑动农民在铁路、公路、水路沿线设置关卡，拦阻车船，破坏交通运输。三、已经进城参加武斗和破坏交通运输的社员立即返回农村‘抓革命，促生产’，所发的武器一律收回。四、对参加武斗的社员所作的各种所谓‘优待’，例如工分补贴等等，一律无效，不准实行，因进城参加武斗而造成的伤亡事故、生产损失、误工补贴，一律由挑动者负责。五、从《通知》下达之日起，犯有上述错误的人应立即改正错误，立功补过，如坚持错误不改，一再违犯上述各条的，要严肃处理，其首恶应依法惩办。”

7月17日　中央军委4人小组成立。这一个小组又称为看守小组，成员有吴法宪、叶群、邱会作、张秀川。吴法宪任组长。它是军委办事组的前身，列席中央文革小组碰头会。该小组的任务是负责看管总政和驻京部队、机关的“文化大革命”运动。因为“五一三”事件后，总政陷于瘫痪，全军文革小组也名存实亡。军队的“文化大革命”和日常工作处于无机构负责的状态。看守小组成立后的第一件事就是安排各机关批斗军队领导干部。7月底在总后勤部大院召开5万人大会，批斗彭德怀、黄克诚、许光达、杨勇等20多名军队高级将领。

7月18日　刘少奇在中南海被造反派揪斗。由于刘少奇在7月9日的“检讨书”中对一些问题作了实事求是的说明，被中央文革小组和造反派诬之为“假认罪、真反扑”，掀起了新的迫害浪潮。几十万造反群众在中南海西门和周围安营扎寨，上百个高音喇叭昼夜喧叫。中南海的造反派贴出告示，说根据江青、戚本禹的指示，召开揪斗刘少奇大会。刘少奇知道后，平静地将两份文件给子女看：一份是毛泽东肯定刘少奇检查的批语全文，一份是毛泽东赞扬和推广“桃园经验”的批示全文。当晚，刘少奇与王光美被分别揪到中南海两个食堂批斗。在斗争会上，刘少奇被强按着头弯腰站了两个多小时，他想掏出手绢擦一下汗，被旁边的人一掌将手绢打落。斗争会后，刘少奇被隔离看管，加派了岗哨。

7月19日　彭德怀受到残酷批斗。早在7月12日，江青、陈伯达、康生、戚本禹就下令批斗彭德怀，江青说：“彭德怀这个人被卫戍区保起来了，把他养得胖胖的，想干什么？为什么不批斗？”18日，戚本禹对彭德怀专案组说：“毒蛇僵了，但没有死。纸老虎彭德怀杀人不眨眼。彭德怀是军阀，不要看他装可怜相，如壁虎一样，装死。实际没有死，是本能的反应。”19日，北京航空学院造反派揪斗彭德怀。彭德怀在批斗会上对强加给自己的罪名据理力争。造反派头头韩爱晶率先大打出手，彭德怀当场昏厥，肋骨被打断，造成重伤。当有人问韩爱晶为什么武斗，他回答说，中央文革小组讲“不要武斗，但对群众不要限制过多（不大武斗即可）”。19日批斗会后，彭德怀的问题在社会上更加公开化。20日，《人民日报》选登的批判文章中公开点了彭德怀的名。26日，经过江青等人策划后，北京航空学院“红旗”和北京地质学院“东方红”又召开了有10万人参加的批斗彭德怀大会，张闻天等被拉来陪斗。批斗会结束后，彭德怀和张闻天又被押上卡车在北京城游街。

7月20日　武汉群众组织“百万雄师”质问、批判中央文革小组成员王力，形成在全国有重大影响的“七二〇事件”。1967年春夏，武汉地区两大派群众组织“三钢三新”和“百万雄师”之间的斗争日趋激烈，经常发生武斗，规模不断扩大升级。武汉军区根据指示支左，但在林彪、江青一伙的挑动下，武汉造反派公开冲击军区，甚至绑架军区负责人，社会秩序十分混乱。7月14日，毛泽东、周恩来来到武汉。当日，谢富治、王力也从重庆赶到武汉。15日和16日，毛泽东、周恩来召开会议，听取汇报，确定解决武汉问题的方针。毛泽东指示：要给工人总部平反。“百万雄师”是群众组织，谢富治、王力要派专人做他们的工作。建议军区负责人主动承认犯了方向路线错误，军区对两派都要支持，要求做好两派组织的工作，协商解决问题。但是，谢富治和王力在18日送周恩来回京后，却直接到水利电力学院造反派总部，佩戴造反派的袖章，发表演说，公开表态支持造反派，说“百万雄师”是保守组织。并说“造反派受压抑的现象是不允许存在的”。谢、王的表态，成为“七二〇事件”的导火索。造反派出动广播车，到处播发王力讲话录音，激起了“百万雄师”群众及军区部分指战员的极大愤慨，武汉局势急剧恶化。20日晨，“百万雄师”的群众及部分解放军指战员涌入东湖宾馆，要求谢富治、王力接见并回答问题，在遭到拒绝以后，部分群众抓住王力塞进汽车，拉到武汉军区大院。同时，武汉数十万军民乘数千辆大卡车，排成4路纵队，举行了大规模的示威游行，反对王力等人的行径。已回京的周恩来得知这一消息后，立即责令军区负责人保证王力的安全。不久，王力即被转移到二十九师师部。当日，毛泽东离开武汉南下。“七二〇事件”发生后，林彪、江青等借此大作文章。22日，谢富治、王力回到北京，中央文革小组组织了数万人到西郊机场迎接。当晚，林彪主持会议，中央文革小组全体参加。会议听取了谢富治汇报，将“七二〇事件”定性为“反革命暴乱”，确立处理这一事件分为两个步骤，第一个步骤，调武汉军区司令员陈再道、政委钟汉华进京；第二个步骤，起草关于处理武汉问题的中央文件，开一个百万人的欢迎大会，并通知各地举行集会和示威游行。25日，北京举行百万人大会，林彪等出席，公开支持武汉的造反派，声讨“七二〇事件”。“百万雄师”被诬为反革命组织，武汉军区独立师被打成“叛军”而予以解散。湖北省掀起大规模的清查批斗，据统计，这一时期，全省被打死打伤者达18.4万人。与此同时，报刊上公开提出“打倒军内一小撮走资本主义道路的当权派”的口号，各地纷纷揪斗本地区的“陈再道”，全国掀起“揪军内一小撮”，冲击军事机关的恶浪。1978年11月26日，中共中央同意湖北省委、省革委会和武汉军区的请示报告，为“七二〇事件”及由此受到迫害的干部、群众平反。

同　日　外交部照会印度驻华大使馆。最强烈抗议印军用飞机接连侵入中国领空。照会说：1967年7月12日—17日，印度军用飞机16架次侵入中国新疆和西藏广大地区上空，进行猖狂挑衅。

7月21日　中国政府决定限制英国路透社驻京记者行动自由。外交部新闻司受权宣布：由于英帝国主义非法迫害我新华社香港分社记者和其他爱国记者，中国政府决定限制路透社记者格雷的行动自由，不准擅自离开住所，听候处理。同时取消以前发给他的出入境签证。同一天，新华社总社发表声明，就港英当局判决新华社记者薛平入狱两年和审讯其他记者的严重政治挑衅，提出最严重、最强烈的抗议。

同　日　中国驻尼泊尔大使馆断然拒绝尼泊尔外交部的抗议，并要求尼泊尔政府制止反华活动。中国驻尼大使馆照会尼外交部，拒绝尼泊尔外交部对新华社关于7月1日在加德满都发生反华暴行的报道提出的无理抗议，并对尼泊尔国内势力侮辱中国人民和蓄意破坏中尼友好的严重反华行为，向尼泊尔政府提出最强烈的抗议。

7月22日　江青发表关于“文攻武卫”的讲话。江青在接见河南代表团时说：“我们不能太天真烂漫。当挑起武斗的一小撮人，他们拿起武器打你们的时候，革命群众可以拿起武器自卫，在双方达成停止武斗的协议以后，他们仍然不把武器收起来的话，你们自卫的武器不能放下！我记得好像就是河南一个革命组织提出这样的口号，叫做‘文攻武卫’，这个口号是对的。我们坚持毛主席提出的文斗，坚决反对武斗，这是第一条，……但是，还有第二条，不能天真烂漫。当他们不放下武器，拿着枪支、长矛、大刀对着你们，你们就放下武器，这是不对的。你们要吃亏的。现在在武汉就有这个情况。当然，武汉的革命小将也在采取自卫手段。同志们，当我们听到‘百万雄师’以及他们的幕后一小撮操纵者拿着那样的武器对手无寸铁的革命群众行凶，甚至绑架、殴打我们的谢富治、王力同志，我们能允许吗！”次日《文汇报》即披露了江青这个讲话的精神。江青关于“文攻武卫”的讲话，使全国各地武斗流血事件更加频繁，“内战”达到高潮。

同　日　外交部通知缅甸驻华大使馆，中国政府决定运送物品救济受害华侨。首批物品将于7月24日由中国民航班机运抵仰光。中国政府要求缅甸政府在中国大使馆提取和向华侨分发这些救济物品时给予一切方便，不得以任何借口进行刁难。25日缅甸政府在照会中答复说：“原则上不准外国政府和它们的机构进口任何供其侨民使用的物品”，因此不能同意中国运送物品救济华侨。中国政府就此提出最强烈的抗议，并决定按照既定计划运送救济物品。

7月25日　林彪制造“总政阎王殿”冤案。林彪在天安门广场举行的欢迎王力、谢富治大会上，对肖力（即李讷）提出：“要战斗、要突击，彻底砸烂总政阎王殿。”此后，解放军总政治部副部长以上的干部中有40多人被反复批斗，20多人被立案审查，长期管押，致使总政治部机关陷于瘫痪。1968年10月，林彪又下令对总政治部实行军事管制。他们诬蔑说：总政秘书部门是“阎王殿的黑心脏”；总政保卫部是“保卫蒋介石的”，“专无产阶级政的”；总政联络部是“联络敌人的”；总政干部部是“推行腐败干部政策的”、“配黑班子的”；总政文化部是“文艺黑线专了政”；总政宣传部是“造反革命舆论”的，等等，被长期关押、残酷批斗的总政机关和直属单位的干部达760名。总政副主任袁子钦等17人被迫害致死。1979年3月21日，经中共中央、中央军委批准为这一冤案彻底平反。

同　日　康生在天安门城楼接见外语学院红旗大队负责人时讲话，要求深入批判“三降一灭”的外交路线。康生说：“你们批得很好。要想彻底批判刘、邓的‘三降一灭’外交路线，就得坐下来好好学习、研究。远在列宁时代，考茨基就是修正主义的代表。对于经济落后地区，是走资本主义道路，还是走社会主义道路，当时就存在着原则分歧。后来，对于东南亚地区，是走中国革命的道路，还是走印度的道路，毛主席和修正主义者存在着原则的分歧。中国的‘三降一灭’外交路线的代表人物是刘、邓、王（稼祥）。”

7月26日　中共中央发出《关于纪念“八一”建军节的通知》。《通知》详细规定了宣传要点，主要内容有：宣传毛主席划时代地发展了马克思列宁主义的武装夺取政权的伟大学说；正确宣传“八一”南昌起义的意义；宣传林副主席创造性地运用毛主席的战略战术，领导人民解放军；批判彭德怀、罗瑞卿的反动资产阶级军事路线；《通知》还要求各报隆重刊发毛泽东关于人民战争的语录，重新发表林彪的《人民战争胜利万岁》，公开发表《中国共产党八届八中全会关于以彭德怀为首的反党集团的决议》。

同　日　中共中央复电武汉军区党委，同意《武汉军区公告》。复电说：“武汉部队公告全文已经收到。中央进行了讨论，认为：一、你们现在所采取的立场和政策是正确的。公告可以发表。二、对于犯了严重错误的干部，包括你们和广大革命群众所要打倒的陈再道同志在内，只要他们不再坚持错误，认真改正，并为广大革命群众所谅解之后，仍然可以站起来，参加革命行列。三、要向思想不通的某些部队人员和百万雄师做工作，使他们转变过来。四、要向左派做工作，不要乘机报复。五、要警惕坏人捣乱，不许破坏社会秩序。”复电中的第二条系毛泽东所加，《武汉军区公告》的主要内容是：王任重、陈再道是“七二〇事件”的罪魁祸首；军区在支左工作中犯了方向路线错误；立即为“毛泽东思想战斗队武汉地区工人总部”平反；向曾被拘押的朱洪霞等人承认错误、赔礼道歉；坚决支持“钢工总”、“钢二司”、“钢九一三”、“新华工”、“新湖大”、“新华农”等造反派组织。

7月27日　中共中央、国务院、中央军委、中央文革小组发出《给武汉市革命群众和广大指战员的一封信》。信中说：“近几日来，你们为着保卫毛主席亲自领导、亲自发动的无产阶级文化大革命，创造出非常巨大的业绩。你们英勇地打败了党内、军内一小撮走资本主义道路当权派的极端狂妄的进攻”。“武汉事件，对全国革命群众，是一次最生动的阶级斗争的教育，是最深刻的无产阶级和资产阶级的两条路线的教育，它必将广泛地动员全国人民的革命积极性，把这一场史无前例的无产阶级文化大革命进行到底！”

同　日　外交部照会捷克斯洛伐克驻华大使馆。照会说，捷政府破坏两国文化合作协定，进一步恶化两国关系，宣布“不再接受中国学生来捷学习”，捷修领导集团多次公开点名攻击世界人民心中的红太阳毛主席。照会对此提出强烈抗议。

7月30日　周恩来、康生等接见河南省赴京代表团并发表讲话。周恩来说：“过去曾经发了一些枪，军区、军分区、野战军给保守组织，支持军区的保守组织发了枪，名字叫‘发给基干民兵’，他们拿了枪进行武斗，或者挑动农民进城市进行武斗。我们反对这样做，应该由军区、军分区、野战军负责收回来，这也是一个考验。过去放纵群众斗群众，是有人策划的。”“对于武汉百万雄师，不要叫他们‘百匪’它还是一个组织，作为一个群众组织，还要争取教育这个组织中的群众，启发他们觉悟，揭露他们的坏头头。”“毛主席最近教导我们，犯了严重错误的干部和群众组织的坏头头，要到群众中去考验，一要承认错误，二要坚决改正，认真改正，三要得到群众的谅解。”

8月1日　《红旗》杂志第十二期发表社论：《无产阶级必须牢牢掌握枪杆子——纪念中国人民解放军建军40周年》。社论说："在整个社会主义时期，阶级斗争集中地表现为资产阶级复辟和无产阶级反复辟的斗争，资产阶级搞复辟，一定要抓军队、抓枪杆子。无产阶级要巩固无产阶级专政，粉碎资产阶级复辟阴谋，也必须牢牢掌握枪杆子，牢牢掌握军队。……如果失去了军队，军权被坏人所篡夺，那么，无产阶级和劳动人民所争得的一切，就会全部丧失。""事实证明，我们必须进一步地开展革命的大批判，把党内和军内一小撮走资本主义道路当权派，彻底干净地扫进垃圾堆里去，只有这样，才能防止资本主义复辟。""目前，全国正在掀起一个对党内、军内最大的一小撮走资本主义道路当权派的大批判运动，这是斗争的大方向。"这篇社论是由王力、关锋等起草修改的。毛泽东严厉批评了这篇社论，提出"还我长城"。

8月4日　上海柴油机厂发生严重武斗事件。这场武斗是王洪文策划和指挥的，是"文革"期间上海发生的最大一场武斗事件。上海柴油机厂当时有对立的两派组织，一派称为"工人联合造反司令部"，简称"上柴联司"，另一派称为"东方红造反司令部"，后者属于王洪文为头头的上海"工总司"一派。"上柴联司"曾公开揭露过王洪文一伙聚众破坏生产，阻断交通，挑动武斗的行为。按照王洪文制定的G号行动计划，8月4日，开始了代号"八八八"的行动。王洪文调动10多万工人，几百辆卡车，几十辆消防车，举着"文攻武卫"的牌子，开往上海柴油机厂，同时又用数艘舰船排在黄浦江上，堵住"上柴联司"的退路，随后，向"上柴联司"发动全面进攻。在这场武斗中，有18人被打死，983人被打伤，663人被关押，生产受到严重破坏，物资损失达355万元，全厂停工两个月。

8月5日　刘少奇、邓小平、陶铸夫妇分别在中南海再次受到残酷批斗，天安门广场召开百万人批判大会。凌晨，谢富治、戚本禹来到中南海西门"揪刘火线"，进行煽动。戚本禹说："刘少奇、邓小平、陶铸他们躲在洞里，出都不敢出来了。他们不敢见太阳，你们今后怎么办？一、建议你们把战场扩大，谢富治同志建议你们把战场转移到天安门，今天下午在天安门广场开一百万人大会，声讨刘邓陶；二、我们要中南海的造反派到他们家里，叫他们听大会实况，监视他们听，新闻电影制片厂要把群众声讨他们的大会拍下来，给他们看，把对他们的声讨录下来，让他们听。天安门是战场，中南海也是战场，两个战场都拍电影。”在批斗会上，造反派蓄意对刘少奇等进行人身摧残。批斗会结束后，刘少奇被押回办公室，他拿出《中华人民共和国宪法》，抗议说：“我是中华人民共和国主席，你们怎样对待我个人，这无关紧要，但我要捍卫国家主席的尊严。谁罢免了我国家主席？要审判，也要通过人民代表大会。你们这样做，是在侮辱我们的国家。我个人也是一个公民，为什么不让我讲话？宪法保障每一个公民的人身权利不受侵犯。破坏宪法的人是要受到法律的严厉制裁的。”8月7日，刘少奇给毛泽东写信，严正抗议给他扣上反党反社会主义的帽子。书面向毛泽东提出辞呈，并向毛泽东写明：“我已失去自由。”

同　日　《人民日报》全文发表毛泽东一年前写的《炮打司令部》，并发表社论：《炮打资产阶级司令部》。社论说，这张大字报“使无产阶级革命派的同志豁然开朗了。原来在无产阶级专政机构内部，存在着两个根本对抗的司令部，一个是以毛主席为首的无产阶级司令部，一个是以中国赫鲁晓夫为首的资产阶级司令部。”社论说：“如果不把革命的大批判进行到底，以中国赫鲁晓夫为总代表的一小撮走资本主义道路的当权派，还可能死灰复燃，还可能利用他们政治思想上的影响继续毒害人民群众，与无产阶级司令部相对抗。现在，这些顽固的阶级敌人不是还在负隅顽抗，疯狂反扑吗？因此，从政治上、思想上、理论上把他们批深批透批倒批臭，这就是给资产阶级司令部最彻底、最致命的摧毁。”

8月7日　谢富治在公安部全体工作人员大会上讲话，全面否定建国17年来公、检、法的工作。他说：“从文化革命开始，一直到今年‘一月风暴’以前，大多数公、检、法机关都是死保当地走资本主义道路的当权派，镇压革命群众。那么多的公安机关为什么老是支持保守派不支持造反派？这个根源，要归到党内最大一小撮走资本主义道路的当权派刘少奇、邓小平、陶铸、彭、罗、陆、杨，特别是彭、罗，整个17年来的公安工作，当然不能说所有事情都没有按照毛主席思想办，但相当多的是没有按照毛主席思想办的。”“现在公安机关如果不彻底改变，不把旧机器彻底打碎，要转变过来是困难的，你推翻一层，搞一个勤劳组，还是一样。”讲话之后，谢富治伙同康生制造了“罗瑞卿为首的地下黑公安部”等冤案，将225名干部、工人打成“叛徒”、“特务”、“反革命”、“走资派”。公安部除谢富治本人和一名兼职副部长外，其他副部长均被逮捕、关押，有的甚至被迫害致死。

同　日　王力在接见外交部造反联络站时发表讲话，煽动夺外交部的权。王力说：“外交部运动阻力大，外交部唬人嘛！别人不能干，了不起，把它神秘化，只有少数专家才能干。你外交就这么难？我看处理红卫兵内部的问题比这复杂多了。红卫兵就不能搞外交？”“你们一月夺权，夺了多少权？业务监督权有多少？能监督得了吗？部党委班子没有动吧？革命不动班子?！这么大的革命，班子不动还行？为什么不能动一动班子？”“看来现在外交部还是原班人马，原封未动。造反派也不是所有老年人都不要嘛！路线、方针、政策，中央、主席决定，至于怎么贯彻执行，还是三结合班子好。以革命造反派为主体，什么形式大家创造。”在王力等的煽动下，造反派成立了“夺权指挥部”，要打倒陈毅，封闭外交部党委。使我国外交工作陷入混乱之中。后毛泽东将王力讲话斥之为“大、大、大毒草”。

8月9日　林彪在接见武汉军区曾思玉、刘丰时发表长篇讲话。林彪说：“我们发动文化大革命靠两个条件：一是靠毛泽东思想和毛主席的崇高威望；再是靠解放军的力量。……有了这两个条件，坏事就可能变为好事。”“这次文化大革命胜利很大。真是代价最小最小最小，胜利最大最大最大。表面看来很乱，乱是把反动路线搞乱了，把反动阶级搞乱了，……这个乱是必要的，正常的，不乱，反动东西就不能暴露。”“乱有四种情况：（一）好人斗坏人，应该。（二）坏人斗坏人。这是以毒攻毒，是我们可以间接利用的力量。（三）坏人斗了好人，像北京军区、海军、空军、总参、总后就有过这样的情况，好人挨整，暴露了坏人，锻炼了自己，好人吃点苦头，但尝到很大的甜头。（四）好人斗好人，这当然不好，有误伤，有损失，但可以从中得到教训。”

同　日　“首都‘五一六’兵团北京商学院决战纵队”贴出大字报攻击周恩来。他们在校内和北京街道上贴出大字报或散发传单，攻击周恩来“背叛‘五一六’通知”、是“反革命两面派”。在此之前，“五一六”兵团曾数次贴大字报把斗争矛头指向周恩来。

8月10日　中共中央、国务院、中央军委、中央文革小组发出《关于派国防军维护铁路交通的命令》。《命令》说：铁路系统已实行全面军事管制，国防军担负护路任务后，对原铁路局、分局的军管会和站段的军管小组，应根据实际情况，进行必要的调整或改组，以便更好地实施统一指挥和领导；各站段的铁路公安人员，统归所在站段护路部队指挥；铁路、交通运输部门的群众组织与职工，与铁路、交通运输系统以外的群众组织一律不许互相冲击；外地、外单位的群众组织在铁路、交通运输部门设置的联络机构，必须撤出。

同　日　中共中央发出《关于湖南问题的若干决定》。《决定》的主要内容是：一、湖南省军区党委对前段支左工作中所犯的方向路线错误，进行了认真的自我批评，态度是好的。军区打击“湘江风雷”革命群众组织，压制“工联”等革命造反派的错误，军区党委常委刘子云、政治部副主任崔琳等同志应负重要责任。除了军区负责之外，中央文革小组对湖南省军区2月3日关于“湘江风雷”报告所发的“二四批示”是错误的。在这个问题上，中央是有责任的。二、中央已经决定改组省军区，并着手成立以黎原、华国锋、章伯森等同志为首的有革命群众组织代表、军队代表、革命领导干部参加的湖南省革命委员会筹备小组，领导全省的无产阶级文化大革命和工农业生产。三、各群众组织应该在湖南省革委会筹备小组的领导下，狠抓革命，猛促生产。警惕敌人制造分裂、挑起武斗的阴谋，开展内部整风，实现革命的大联合。四、湖南省赴京汇报代表团双方签订的《关于立即坚决制止武斗协议》很好。各群众组织必须认真执行，坚决制止武斗。不论哪一派，今后都不准以任何借口夺取解放军的枪支，抢劫军火仓库和各种军用物资。

同　日　中共中央做出《关于处理江西问题的决定》。《决定》的主要内容有：一、江西省军区及部分军分区的某些领导人，在“支左”工作中犯了严重的方向路线错误，支持了保守派镇压了革命派。在南昌，军分区某些人给保守派（联络总站）发了大批枪弹，打死打伤大批革命造反派（大联合筹委会）。在赣州，军分区个别领导人支持了保守派，对革命造反派和红卫兵小将进行了武装镇压。为此，中央决定改组江西军区，任命程世清为福州军区副政委兼江西军区政委，杨栋梁为江西军区司令员，并调温道宏为副政委兼政治部主任。原江西军区吴瑞山等，应对所犯错误作认真的检查。二、中国人民解放军支左部队正陆续进驻江西各地。中央号召江西省的革命造反派支持进驻江西的“支左”部队。军区及军分区广大指战员，要主动地同进驻江西的兄弟部队紧密合作。高度警惕一小撮坏人挑动宗派情绪，挑动部队之间的斗争，制造事件的阴谋。三、中央决定成立以程世清为主要负责人的“三结合”的江西省革命委员会筹备小组。筹备小组名单由各方面协商产生，报中央批准。杨栋梁、温道宏、鲁鸣、罗元炘、陈昌奉及黄先、刘瑞森、郭光洲等可先参加筹备工作，并开始工作。四、斗争的大方向是把矛头对准中国的赫鲁晓夫，党内最大的一小撮走资派，对准省内方志纯等走资派。五、“无产阶级革命派大联合筹委会”及“无产阶级革命派联络总站”双方，应坚决执行制止武斗的协议。六、在革委会筹备小组的领导下，在条件成熟的地区，要把革命群众武装起来，目前首先在南昌、赣州两地，准备研究实行。

同　日　外交部照会缅甸驻华大使馆提出最强烈抗议。照会说，连月来，奈温政府竟然唆使它的军队杀害中国边民7人。中国政府严正要求缅甸政府立即惩办凶手，赔偿被害者的一切损失并给他们的家属以应有的抚恤，公开道歉，保证不再发生类似事件。

同　日　外交部照会蒙古驻华大使馆，最强烈抗议蒙古使馆人员侮辱毛主席像。照会说，1967年8月9日上午11时20分，蒙古驻华大使馆工作人员达希敖额尔特在他所驾驶的汽车里，放肆地将毛主席像踩在脚下，加以亵渎。当场被我革命群众扭送公安机关。中国政府决定，把达希敖额尔特驱逐出境。

8月10日—11日　中央文革小组召集北京大专院校红代会、中学红代会等组织的代表开会。会上强调：无产阶级革命派要相信和依靠中国人民解放军。“揪军内一小撮”的提法是完全错误的；提出第三次大串联等论点是完全错误的，现在形势大好，红代会的人都要撤回来；大批判、大联合是当前的大方向。中央文革小组在会议上还宣布：被坏人操纵利用的“五一六”兵团是反革命组织，它把矛头对准总理实质是对准中央了，是以极左手法欺骗群众，炮打无产阶级司令部，现在阶级敌人歪曲“文攻武卫”的口号到处挑起武斗，要反对。

8月11日　外交部照会缅甸驻华大使馆，最强烈抗议缅甸军队和飞机不断侵犯我领土领空。照会说，据不完全统计，从1966年10月到1967年7月，缅甸飞机侵入中国境内6起，43架次；缅甸军队从境外向中国境内开枪挑衅2起；缅甸武装部队越境共20起，263人次。

8月12日　中共中央、国务院、中央军委、中央文革小组转发《贵州省市场管理工作会议纪要》。《纪要》认为，打击投机倒把、加强市场管理，就是铲除党内最大的走资派在市场上复辟资本主义的社会基础和经济基础。

同　日　青海省革命委员会成立。刘贤权任主任，张江霖任第一副主任。13日，《人民日报》发表社论：《青海高原的凯歌》，表示热烈祝贺。

8月13日　外交部照会苏联驻华大使馆，最强烈抗议苏联船员侮辱毛主席像章。照会说，8月6日，停泊在大连港的苏“斯维尔斯克”号货船二副依万诺夫和另一名船员主动向我边防检查人员索要毛主席像章，然后又当面肆意加以侮辱，并将一枚像章扔入海里。中国有关当局已决定驱逐苏联船长柯尔诺夫和二副依万诺夫出境，不准他们再来中国，并将苏联“斯维尔斯克号”货船武装押送出境。

8月14日　外交部就港英当局不断在边境地区制造事端向英国政府提出最严重最强烈抗议。外交部在照会中说，香港英国军警在文锦渡、罗坊等边境地区，撕毁我方搬运工人张贴的标语和大字报，设置铁丝网，阻塞交通，当我方农民依传统习惯过境耕作时，竟发射催泪弹。照会要求英国政府责成港英当局停止挑衅行为。

8月16日　经毛泽东批准，中共中央、国务院、中央军委、中央文革小组发出《给煤炭工业战线职工的信》。信中号召：煤炭工业战线的革命派，要以国家主人翁的高度责任感，顾大局，识大体，坚决把煤炭生产促上去；紧紧掌握斗争大方向，同时搞好本单位的斗批改；正在武斗和停产的煤矿，应当立即停止武斗，恢复生产。信中还号召广大职工："坚持'上井搞好革命，下井搞好生产'，坚持'就地闹革命、业余闹革命、节约闹革命'。坚持八小时工作制，生产时间不离生产岗位，不在生产岗位上搞辩论，不因观点分歧而影响生产，要自觉地遵守无产阶级的革命秩序。保护国家财产，发展煤炭生产，鼓足革命干劲，多快好省地完成国家计划。"

同　日　《人民日报》公开发表中共八届八中全会《关于以彭德怀为首的反党集团的决议》。发表时，删去了原决议中"同志"这一称呼。同时，《红旗》杂志发表社论：《从彭德怀的失败到中国赫鲁晓夫的破产》，《人民日报》、《解放军报》也分别发表了《彭德怀及其后台罪责难逃》、《宜将胜勇追穷寇》的社论。

8月17日　中共中央发出《关于在报刊上点名批判问题的通知》。《通知》说："为了把党内最大的一小撮走资本主义道路当权派批深批透，彻底肃清他们的流毒和影响，为了把这场革命的大批判更好地同各地区、各部门的斗批改结合起来，需要在中央报刊和地方报刊上公开点名批判一些中央部门、中央局和省、市委内的走资本主义道路当权派。"《通知》提出：一、已在中央报刊上点名批判的有彭真、彭德怀等7人，已在地方报刊上点名批判的有陶铸、王任重、李井泉、乌兰夫等14人。"对于这些已点名批判的修正主义分子，在中央报刊或地方报刊上还要深入地进行批判。"二、在中央报刊上下一步拟予公开点名批判的"党内走资本主义道路当权派"有薄一波、吕正操、张闻天、张劲夫等10人。三、在地方报刊上下一步拟予公开点名批判的"党内走资本主义道路当权派"有习仲勋、陈丕显等24人。

同　日　中共中央、国务院、中央军委、中央文革小组做出《关于处理鞍山问题的决定》。决定撤销王鹤寿、赵敏、罗定枫、钟剑平的党内外一切职务，对王鹤寿实行隔离反省。支持“鞍钢捍卫毛泽东思想战斗总部”等组织，号召“钢都革命造反派大联合”等组织中的广大群众“坚决地站到毛主席革命路线上来”。《决定》要求各派组织遵守“制止武斗、恢复生产”的协议书。并决定对鞍山市、鞍山钢铁公司实行全面军事管制。

同　日　中央发出《通知》。中共中央、国务院、中央军委、中央文革小组发出《关于毒菌、毒物的安全保管和麻风病等传染病医院不许串联问题的通知》。

8月21日　空军部队击落侵入广西某地上空的美国军用A—6型攻击机2架，并俘虏了一名美军飞行员。中央军委颁发了嘉奖令。

8月22日　红卫兵放火焚烧英国驻华代办处。自3月以来，中英关系一直处于紧张状态。8月20日，针对港英当局对香港3家爱国报纸做出的停刊令，外交部照会英国驻华代办处，要求英国政府必须在48小时内撤销停刊令，释放被捕的新闻工作者和撤销对报纸及印刷公司的诉讼。在英国政府拒绝这些要求后，北京市红卫兵和群众1万多人于22日晚涌到英国驻华代办处门前举行抗议集会。在进行抗议的过程中，又冲入并放火焚烧了代办处。次日，《人民日报》以《首都红卫兵对英代办处采取强烈行动》为题报道并肯定了这一事件。事件发生后，周恩来等接见了外交部“革命造反联络站”核心小组和进驻外交部的群众组织的代表，对这一事件提出严厉批评。以后，中国政府又向英方道歉，并为英国驻华代办处重盖了房屋。

8月23日　《解放军报》社肖力（即李讷）等3人贴出题为《反复辟、反保守、誓将革命进行到底》的大字报。大字报将矛头对准赵易亚，指控他“包庇”胡痴破坏文化大革命。24日，陈伯达代表中央文革小组去《解放军报》社，支持肖力的行动，说赵易亚是“一个反革命修正主义分子”、“卑鄙的资产阶级政客”，并表示完全支持以肖力为首的《解放军报》新总编辑组。

8月24日　全国人大常委会副委员长杨明轩逝世。杨明轩，1891年生。陕西户县人。1926年加入中国共产党。1927年任国民党西北政治分会委员和国民联军驻陕总司令部教育厅长。1928年被捕入狱，出狱后在西安继续从事教育工作。1937年任西北教育界抗日救国大同盟主席。1942年与杜斌丞共组民盟西北地区机构。1946年任中国民主同盟西北总部组织部部长。1948年被选为陕甘宁边区政府副主席。1949年出席中国人民政治协商会议第一届全体会议。中华人民共和国成立后，曾任西北行政委员会副主席，全国人民代表大会常委会副委员长，《光明日报》社社长，中国民主同盟中央副主席、主席等职。

8月25日　经毛泽东批准，中共中央、国务院、中央军委、中央文革小组发出《关于开展拥军爱民运动的号召》。要求"人民解放军同一切无产阶级革命派、红卫兵革命小将和一切群众组织，必须根据当地无产阶级文化大革命的具体情况，制定新的拥军爱民公约。"公约必须体现人民解放军应当坚决支持无产阶级革命派，必须体现人民群众协助人民解放军搞好"三支两军"的工作。《号召》还指出："关于武装革命群众，必须在条件成熟的地方，由当地人民解放军弄清情况，通过协商，报告中央批准，然后有计划、有步骤地实施。"

8月28日　中央军委发出建国后第一个《特别公函》，要求保证核潜艇研制工作的完成。《公函》要求，承担核潜艇研制任务的所有单位和人员群策群力，密切协同，排除万难，完成任务。《公函》反复重申，核潜艇研制是毛泽东亲自批准，对国家安全有重要意义的工程，任何人不能以任何借口冲击生产或借口停产。《公函》取得了明显效果，在武斗严重、人员流散的当时，保证了科研生产工作的继续进行。1968年11月，第一艘核潜艇开工建造，1970年12月下水，开始码头安装。经过20多次、6 000多海里的海上试验后，1974年8月1日，中央军委发布命令，将这艘潜艇命名为"长征一号"，正式编入海军战斗序列，并举行了军旗授予仪式。

同　日　宁夏青铜峡发生严重流血事件。8月16日，康生在谈话中将宁夏回族自治区的一派群众组织封为造反派，令驻宁夏的解放军部队坚决支持这一派，并说："必要时可发枪自卫"。将另一派群众组织打成"保守派"。28日，康生说"保守派"群众要搞"反革命政变"，"性质变了"，下令调动宁夏驻军进行武装镇压。当场打死101人，打伤133人。1979年1月21日，中共中央同意宁夏回族自治区委员会《关于为宁夏青铜峡"反革命叛乱事件"冤案平反的请示报告》，对此案予以平反昭雪。

8月30日　毛泽东批准周恩来的报告，对中央文革小组成员王力、关锋实行隔离审查。翌年1月，又对戚本禹实行隔离审查。"文化大革命"中，中央文革小组煽动极左思潮和无政府主义，诬陷各级党政干部，挑动派性，制造混乱，造成严重后果。江青、陈伯达、康生等舍卒保车，将责任尽数推给"王、关、戚"。

同　日　外交部负责人紧急召见英国驻华代办霍普森，就我驻英国代办处工作人员受到英政府唆使的暴徒殴打一事提出最强烈抗议。同时，宣布了中国政府对英国驻华代办处采取的两项措施：一、自即日起，英国驻华代办处全体人员，未经中国外交部允许，不得离开中国国境；原已发给英国代办处人员的出境签证一律作废；二、英国驻华代办处全体人员只准在代办处所和寓所之间活动，如要超出上述活动范围，必须在48小时前提出申请。

同　日　四川省炉霍县一带发生6.8级地震。主震发生后，至10月12日止，共发生大小余震1 437次。极震区面积约80平方公里，有539户房屋倒塌，313户房屋严重破坏。普遍发生山崩地裂，裂缝长达1 200米。岩崩以石门坎为重，堵塞公路7公里。

9月1日　北京市革命委员会举行扩大会议，周恩来、陈伯达、康生、江青等代表中共中央、中央文革小组在会议上发表了讲话。他们在讲话中要求紧紧掌握斗争的大方向，搞好革命的大批判，搞好各单位的斗批改，发展和巩固大联合和"三结合"。他们指出：一切革命群众必须保持高度的革命警惕性，严防国内外阶级敌人的挑拨离间，浑水摸鱼。必须坚决镇压美蒋特务、苏修特务、地富反坏右的反革命破坏活动，坚决取缔"五一六"兵团这个被一小撮坏头头操纵的反革命组织。

同　日　中国政府决定派调查慰问团携带救济物品赴缅甸慰问受害华侨。外交部为此照会缅甸驻华大使馆，要求缅甸政府迅速答复，并做出安排。缅甸政府拒绝了这一要求。9月6日，中国政府就此提出强烈抗议。

同　日　中国驻锡兰大使馆照会锡兰有关部门，最强烈抗议锡兰政府扣留并拒绝把毛主席像章交还中国大使馆。照会称这是严重的政治挑衅行为。

9月3日　中国红十字会发表声明，谴责国际红十字会一些领导人为美帝制造"两个中国"的阴谋效劳。声明宣布，不出席于9月5日在荷兰海牙举行的红十字协会第二十九届理事会和代表会议，并不再担任红十字协会的执行委员。对二十九届理事会和代表会通过的一切决议，中国红十字会不受任何约束，也不承担任何义务。

9月5日　中央发布《命令》。经毛泽东批准，中共中央，国务院、中央军委、中央文革小组发布《关于不准抢夺人民解放军武器、装备和各种军用物资的命令》。《命令》重申：一、任何群众组织和任何人，不管是属于哪一派，不许以任何借口抢夺人民解放军的武器、弹药、装备、车辆、器材、物资，不许抢夺军火仓库、军用仓库和国防企业中的武器、弹药、装备、车辆、器材、物资，不许拦截火车、汽车、船舶上装载的武器弹药等，不许外部人员进驻人民解放军的指挥机关。二、军队院校、文体单位以及所有开展四大的单位中，不管任何组织、任何人，更不准抢夺武器、弹药、装备、车辆、器材、物资。三、军队所有机关、部队、院校等单位，不经中央批准，绝不许将武器、弹药等军用物资发给任何组织，任何人。四、已经抢夺的人民解放军的武器弹药等应一律封存，限期归还。《命令》说："此命令自公布之日起生效。今后如有违反此命令者，当以违犯国法论罪。当地驻军在执行上述命令时，首先要耐心地进行政治思想工作，讲清道理，进行劝阻。如劝阻无效，可对空鸣枪警告，令其撤回，在劝阻和警告无效时，可宣布这种抢夺是反革命行为，并采取措施对其少数的坏头头和肇事凶手予以逮捕法办。遇到这些人拒捕和抵抗时，人民解放军有权实行自卫反击，在海防、边防、沿海岛屿和国防、机要重地值勤的战士遇有人夺枪时，有权自卫反击。”

同　日　康生、江青接见安徽来京代表，江青发表讲话，谈“五一六”组织、揪军内一小撮、革委会等问题。江青说：“‘五一六’这个反革命组织是以极左的面貌出现的，它集中目标反对总理，实际上对我们一些人他们都整了黑材料，它什么时候都可以往外抛的。你们切不可以上当，你们现在都在北京，难免有人向你们进行活动。收集我们的材料，我们也不怕，因为心里没有鬼，怕什么呢！……他们过去就整过我的黑材料，这一次才发现。有一个专案组在上海，去拿材料的时候，说其中有一箱材料是我的。他们没办法。我说拿来嘛，拿来以后我也没有过问。”“第二个问题就是军队，早一些时候，有这么一个错误的口号。叫做‘抓军内一小撮’。……那个口号是错误的，因为不管党、政、军都是党领导的，只能提党内一小撮走资本主义道路的当权派，不能再另外提，那些都不科学。”“第三个问题，要逐步地成立各级革命委员会，成立新的领导机构。”“在大好的形势底下，要警惕三件事，就是从极左和右的方面来破坏以毛主席为首的党中央，来破坏人民解放军，破坏革命委员会。”

9月6日　《解放军报》发表社论：《揭开一个复辟资本主义的大阴谋》，批判“桃园经验”。社论说：“本报发表的关于桃园大队‘四清’情况的调查报告，揭露了党内最大的走资本主义道路的当权派，推行形左实右的资产阶级反动路线，破坏社会主义教育运动，实行资本主义复辟的滔天罪行。”社论攻击刘少奇“炮制了一个所谓‘桃园经验’”，“甚至盗用中央的名义，把它向全国推广，这完全是一个有计划、有目的、有组织地篡党篡国的大阴谋。”社论说，刘少奇提出的“四清与四不清的矛盾”，是“篡改四清运动的性质，故意掩盖无产阶级和资产阶级两个阶级、社会主义和资本主义两条道路的斗争，转移斗争大方向，打击一大片，保护一小撮。”

9月7日　印度军队侵入我边境，我边防部队被迫自卫反击。印度军队60余人侵入我边境10余米架设铁丝网，我边防部队当即提出警告，令其退出我境。印军不仅未退出境外，反而在我境内继续增兵。当我边防部队再次提出警告时，入侵印军用刺刀刺伤我边防战士两人。我边防部队被迫自卫反击，将印军赶出我国边境。10日，外交部向印度政府提出强烈抗议。11日，印度军队继续进行军事挑衅，猛烈炮击我方阵地，并向我边防部队发起攻击。共打死打伤我边防战士36人，毁坏房屋和寺庙4栋。当日，外交部照会印度驻华大使馆，向印度政府提出最紧急、最严重的抗议。

9月8日　《人民日报》发表姚文元的文章：《评陶铸的两本书》。文章攻击陶铸“在八届十一中全会之前，陶铸是以中国赫鲁晓夫为代表的资产阶级反动路线忠实的执行者。在八届十一中全会之后，当两个最大的走资本主义道路当权派的反动面目被全党揭穿之后，他就成为继续执行资产阶级反动路线的主要代表人物”。文章污蔑陶铸的《理想，情操，精神生活》和《思想·感情·文采》两本书，是鼓吹“资产阶级反革命派的理想”，宣扬“叛徒加奴才的精神生活”，充满“对无产阶级刻骨仇恨的感情”。毛泽东审阅了姚文元的这篇文章，并加上了一段话：“所谓‘五一六’的组织者和操纵者，就是这样一个搞阴谋的反革命阴谋集团。应予以彻底揭露”，“这个反革命组织的目的是两个，一个是要破坏和分裂以我们伟大领袖毛主席为首的党中央的领导；一个是要破坏和分裂无产阶级专政的主要支柱——伟大的中国人民解放军。”“他们的成员和领袖，大部分现在还不清楚。”

同　日　空军部队在华东某地上空击落美制蒋帮U-2型高空侦察机1架。这是从1962年9月以来击落的第五架U-2型高空侦察机。中央军委颁发了嘉奖令。

9月9日　中国、坦桑尼亚和赞比亚签订关于修建坦赞铁路的协定。周恩来出席了签字仪式。

9月13日　中央发出《通知》。中共中央、国务院、中央军委、中央文革小组发出《关于严禁抢夺国家物资商品，冲击仓库，确保国家财产安全的通知》。要求各地必须坚决制止抢夺国家和集体财产的事件发生。对已经发生的这类事件要严肃处理。

9月14日　《人民日报》发表社论：《在革命的大批判中大力促

进革命的大联合》。社论说：在大批判中实现革命的大联合，是当前形势发展的需要，是文化大革命发展的不可阻挡的历史潮流。社论传达了毛泽东的最新指示："在工人阶级内部，没有根本的利害冲突。在无产阶级专政下的工人阶级内部，更没有理由一定要分裂成为势不两立的两大派组织。"

同　日　外交部照会突尼斯政府，强烈抗议突尼斯政府新的严重反华事件。照会说，突尼斯总统污蔑伟大领袖毛主席，猖狂到了极点。照会还指出，突尼斯政府非法扣留中国乒乓球教练和使馆人员，无理限制中国使馆人员进行正常活动。中国政府决定立即召回中国体育教练，同时坚决拒绝突尼斯当局歧视中国大使馆的一切无理限制和要求。

9月17日　空军部队在广西某地上空击落美国军用无人驾驶飞机1架。中央军委颁发了嘉奖令。

9月23日　中共中央、国务院、中央军委、中央文革小组发出《关于取缔私设电台、广播电台、报话机的命令》。《命令》说："近日来发现有的地方私设广播电台，播送违法的派别性广播节目，有的地方私设秘密电台、无线电报话机和报话网，擅自编造和使用密码，进行秘密通迅和通话。必须严肃指出：这些事是违反党纪国法，绝对不允许的。这种做法严重破坏了文化大革命，破坏了无产阶级专政。它不但造成了无线电波的传播混乱，影响了中央台和地方电台正常广播，而且严重地泄露了党和国家机密，给党和国家造成政治上的严重损失。其中有一些，就是暗藏的反革命分子、敌特分子搞的，必须引起我们高度警惕。""为此，中央重申，一切私设的电台、广播电台、报话机等。应自即日起无条件地全部撤除。严禁私自编造和使用密码。任何人不得以任何借口、任何形式私设电台、广播电台、报话机等。今后如再发现有私自设立电台、广播电台、报话机、编造和使用密码等事，当以国法论处，并由当地卫戍司令部、警备司令部、驻军或其他军事领导机关执行。"

同　日　中共中央、国务院、中央军委、中央文革小组发出《关于在外地串联学生和在京上访人员立即返回原单位的紧急通知》。

9月25日　中央人民广播电台播发毛泽东视察各地的消息。报道说："在全国无产阶级文化大革命空前大好形势下，我们伟大的领袖毛主席最近一时期视察了华北、中南和华东地区，调查了河南、湖北、湖南、江西、浙江、上海等省市文化大革命的情况。毛主席现在已经回到北京。"

同　日　外交部照会印度尼西亚驻华大使馆，强烈抗议印尼政府驱赶我外交人员。照会说，由于印尼政府猖狂反华排华，使两国关系遭到严重破坏，而印尼驻华大使馆临时代办纳哈尔和二等秘书鲁曼比在任职期间进行了损害两国关系的活动，因此中国政府宣布上述2人为不受欢迎的人，并限定他们在9月29日以前离开中国国境，照会说，印尼政府悍然于9月14日宣布中国驻印尼大使馆临时代办吕子波和二等秘书兼领事苏生为"不受欢迎的人"，并限期离境，是完全破坏两国关系的又一严重步骤。

9月26日　外交部发表声明，决定关闭中国驻突尼斯大使馆。声明说，1967年9月19日，突尼斯共和国外交部长小布尔吉巴约见我国驻突尼斯共和国大使馆临时代办李一帆，限期中国大使馆向突尼斯外交部递交所谓道歉照会，否则，将宣布中国大使馆全体人员为不受欢迎的人，并驱逐出境云云。声明说，中国政府原来希望，突尼斯政府还能以中突两国人民利益为重，改变敌视中国的态度，停止反华活动，维护两国关系。但是，突尼斯政府不但不悬崖勒马，相反，执意不顾一切后果，彻底破坏了两国关系。在此情况下，中国驻突尼斯大使馆已经完全不可能在突尼斯继续工作下去。因此，中国政府不得不宣布关闭中国驻突尼斯大使馆，并召回大使馆所有外交官和工作人员。声明指出，在突尼斯政府的亲美反华政策被真正改变了的时候，中国政府将重新派出外交人员，恢复中国驻突尼斯大使馆的工作。

10月1日　首都50万人在天安门广场举行庆祝中华人民共和国成立18周年大会。毛泽东、林彪等出席大会。林彪代表毛泽东、党中央讲话。他说："毛主席亲自发动、亲自领导的无产阶级文化大革命运动，普及到全中国。几亿人民发动起来了。""文化大革命。已经取得了决定性的胜利。这是国际共产主义运动史上，在无产阶级专政的国家内，由无产阶级自己发动的大革命。这是毛主席对马克思列宁主义的天才的、创造性的划时代的新发展。"林彪还说："毛主席最近指示我们，要斗私批修。……我们要响应毛主席的伟大号召，用'斗私，批修'这四个字为纲，加强对军队干部、地方干部和红卫兵的思想教育。要开办各种学习班，中央办、地方办、各个革命群众组织也可以办，把全国办成毛泽东思想的大学校。"

同　日　中国边防部队对入侵印度军队进行自卫还击。14时，印军50余人，在猛烈的炮火掩护下，向中国边防部队发动攻击，造成了中国边防部队的伤亡，中国边防部队被迫自卫还击，打退了印军的进攻。事发后，外交部有关负责人紧急召见印度驻华临时代办，就印度侵略军再次越过边界进行武装挑衅事件提出最紧急最强烈的抗议。截止抗议时为止印军尚未停止炮击。

同　日　外交部就印度尼西亚武装部队伙同暴徒袭击中国驻印尼大使馆提出最紧急最强烈的抗议。外交部有关负责人指出：10月1日，1 000多名暴徒在武装军警的协同下，用卡车撞开雅加达中国大使馆的大门，围攻毒打中国外交人员，至少有9名中国外交人员受重伤。暴徒们还抢劫、砸毁和焚烧大使馆的各种设备、通信器材、家具和文件档案。大使馆的7部汽车也被纵火焚烧。暴徒们还扯下中国国旗，加以焚毁，并在大使馆内扯起印尼国旗。

10月2日　周恩来打电话给厦门军管会，要求联合起来保护海港运输。电话指出：据说，由于厦门海关和港务局各分两派，无人检查，致英国商船到来后无法靠岸，而该船有3个病号，吃喝均成问题，这种违反国际法、影响祖国信誉的行动，是极端错误的，是绝对不能容忍的。望厦门军管会、调查组接此电话后立即向两派组织号召：对外、对业务必须采取联合行动，如果哪一派响应中央、主席号召并见于行动，中央将通报表扬，如拒不执行，中央定予揭露，并命令军管会采取必要措施，保护海港检查、靠岸装卸。哪一派破坏这一行动，军管会应按《六六通令》惩处该派的主使人和肇事头头。

10月5日　我国研制成功最新型的晶体管大型通用数字计算机。 这台由中国科学院计算技术研究所研制的计算机，标志着我国的计算技术已经提高到一个新的水平。

10月7日　中共中央转发毛泽东视察华北、中南和华东地区时的指示。 毛泽东指示的主要内容有："7、8、9月，形势发展很快。全国的无产阶级文化大革命形势大好，不是小好。整个形势比以往任何时候都好。形势大好的重要标志是人民群众充分发动起来了。""有一些地方前一段好像很乱，其实那是乱了敌人，锻炼了群众。""只要两派都是革命的群众组织，就要在革命的原则下，实现革命的大联合。""绝大多数的干部都是好的，不好的只是极少数。对党内走资本主义道路的当权派，是要整的，但是，他们是一小撮。我们的干部中，除了投敌、叛变、自首的以外，绝大多数在过去十几年、几十年里总做过一些好事！要团结干部的大多数。""在进行批判斗争时，要用文斗，不要搞武斗，也不要搞变相的武斗。""有些干部为什么会受到群众的批判斗争呢？一个是执行了资产阶级反动路线，群众有气。一个是官做大了，薪水多了，自以为了不起，就摆架子，有事不跟群众商量，不平等待人，不民主，喜欢骂人，训人，严重脱离群众。这样，群众就有意见。平时没有机会讲，无产阶级文化大革命中爆发了，一爆发，就不得了，弄得他们很狼狈。今后要吸取教训，很好地解决上下级关系问题，搞好干部和群众的关系。"

同　日　周恩来代表党中央、国务院致电中国驻印度尼西亚大使馆全体人员，表示最亲切慰问。 电报说，你们20位同志，为捍卫祖国尊严和人类正义事业，赤手空拳，同1 000多名印尼的武装军警和暴徒，展开英勇的斗争，充分表现了用毛泽东思想武装起来，经过文化大革命锻炼的中国外交人员，在任何困难危险的情况下，都是不可侮的。你们不愧为祖国的英雄儿女，不愧为毛主席的红色外交战士。

10月8日　北京发生一起署名为“中共中央非常委员会”的传单案。江青、陈伯达等利用这一事件制造“中国（马列）共产党”假案。传单案于11月20日在天津破获，作案者是天津市一个煤球厂的工人。他将自己书写、刻印的80余份传单投入北京市外交部街一带的邮筒。但陈伯达、谢富治等却认为此事必有后台。1968年4月28日和8月19日，陈伯达、谢富治接见赵登程（原空军某军副军长。时任公安部领导小组和核心小组成员，中央专案审查小组第三办公室副主任）等时，陈伯达说“破案”是起点，不是终点，老板在后台，后台不是一般人，一般人干不出来，不是仅仅一个人搞的，可能有一个组织”。8月24日，赵登程制定了一个《对反革命“非常委员会”专案在京的作战方案》。他们对中国科学院经济研究所实习研究员周慈敖刑讯逼供，迫使周慈敖胡诌出朱德等数十位中央和地方领导人的名字，并按照审讯人员的意图，说了一个“中国（马列）共产党”的组织名称。办案人员如获至宝，立即上报。林彪、江青一伙说这个党“里通外国”，“要搞政变”，并编造朱德是“伪党中央书记”，陈毅是“副书记兼国防部长”，李富春是“当总理的角色”，“常委”有：陈毅、李富春、徐向前、叶剑英、贺龙、廖承志、杨成武等9人；“委员”有王震、萧华等16人。1967年6月曾秘密召开代表大会，等等。九大以后，朱德等领导人分别当选为中央政治局委员和中央委员，迫于形势，公安部只得将这一假案搁置。

10月9日　中国政府就港英当局破坏香港爱国同胞庆祝国庆活动向英国政府提出最强烈抗议。外交部的照会说，香港英国当局公然出动军警侮辱、毁坏爱国商号悬挂的国旗，杀害、逮捕参加庆祝活动的爱国同胞，这是对中华人民共和国政府和中国人民新的严重政治挑衅。

10月12日　毛泽东会见由谢胡率领的阿尔巴尼亚党政代表团。参加会见的有林彪、周恩来、陈伯达、康生、李富春等人。毛泽东在谈话中说，我们要全面解决还得几个月，我们准备3年，到今年6月1日算1年；大体上过一段时间，乱得最厉害的地方也好办了。不痛不痒的地方不好办。毛泽东还说，这种群众运动打内战，这么一打，就分清了什么是“左派”，什么是右派；右派搞“农村包围城市”。他说，我们现在有计划地武装工人，武装革命“左派”，他指出：外国人讲中国天下大乱也是有道理的，不完全是造谣的；有些地方我们还嫌它乱得不够。为什么我们不怕乱呢？因为你不让他乱，这些矛盾就不能暴露出来。武汉问题是我去闹起来的，我就不相信武汉去不得。我7月14日到武汉，一直到21日才离开。我说我捅了一个马蜂窝，它不咬人吗？它没有下决心咬我，也没有下决心咬总理。武汉问题很快就解决了。此外，还有公检法，打得厉害，我是高兴的。过去的公安、检察、法院有好人，但是也有坏人。这次暴露出来了，武汉公检法不是分为两派吗？那一派垮下去了。

10月14日　中共中央、国务院、中央军委、中央文革小组发出《关于大、中、小学校复课闹革命的通知》。《通知》要求：全国各地大、中、小学一律立即开学；各学校都必须认真执行毛主席关于斗私、批修的指示；一切大、中、小学校一边进行教学，一边进行改革。在教学的实践中，贯彻实行毛主席的教育革命思想，逐步提出教学制度和教学内容的革命方案；各学校要实现革命的大联合；建立革命三结合的领导班子；各学校的教师和干部，大多数是好的或比较好的。除了地、富、反、坏、右分子以外，有些人过去犯了错误，只要他们能够认识错误，改正错误，就应该让他们站出来工作；各大、中、小学校都要立即积极筹备招生的事宜。

10月15日　我国制成第一台自动化立体摄影机。立体摄影可以逼真地表现出实体的立体形象，在工业、医学、新闻、文教等方面都有广泛的用途。

10月17日　中共中央、中央军委、中央文革小组发出《关于按照系统实行革命大联合的通知》。《通知》要求：各工厂、各学校、各部门、各企业单位，都必须在革命的原则下，按照系统、按照行业、按照班级，实现革命的大联合，以利于促进革命三结合的建立，以利于大批判和各单位斗批改的进行，以利于抓革命、促生产、促工作、促战备。一切跨行业的组织，都应该在自愿的原则下，按行业进行必要的调整。

同　日　爱新觉罗·溥仪去世。溥仪，1906年生，满洲正黄旗人。1908年即清帝位，号宣统，辛亥革命后退位，依清室优待条件，仍居故宫。1924年11月冯玉祥发动“首都革命”，被逐出故宫。1931年在日本特务机关策划下潜入东北。1932年任伪满洲国执政，1934年任伪满洲国皇帝，充当日本傀儡。1945年日本投降后签署退位诏书，在逃往日本途中被苏军俘获。1950年8月由苏联政府移交给中国，在抚顺战犯管理所改造。1959年获特赦，后任全国政协文史资料研究委员会专员，第四届全国政协委员，著有《我的前半生》。逝世后骨灰于1980年移入北京八宝山革命公墓骨灰堂。

10月20日　毛里塔尼亚总统达达赫访问中国。周恩来、李富春、谢富治、郭沫若、周建人等到机场欢迎，首都数十万群众夹道欢迎。当晚，周恩来举行了盛大的欢迎宴会。23日，毛泽东、林彪会见达达赫总统一行。25日，中国、毛里塔尼亚联合公报发表。

10月21日　中共中央、中央文革小组发出《关于征询对“九大”问题意见的通知》。《通知》说：“毛主席最近提出什么时候召开党的第九次代表大会、如何准备这次大会的问题，并且指示张春桥、姚文元二同志在上海做些调查。现在把姚文元同志关于他们初步调查结果给主席的一封信发给你们参考，请你们也做好调查，并将调查的结果和你们的意见报告中央。”《通知》附了姚文元给毛泽东的信。信中谈了召开关于九大问题座谈会的情况。信中说：“绝大多数人的意见，都希望早开，多数主张在明年上半年，至迟不超过明年秋天。”信中在谈到代表如何产生时说：多数人认为不一定要从下而上一级一级选，他们说：“过去选举，其实候选人也是上面决定的，经过一年文化大革命，各种人的政治面貌，好人、坏人，看得更清楚了，代表可以各方面协商产生，在市、区里开党员大会通过。”“可以先从中央开始，开全国党代大会，有一个纲领，然后才开各级党代会，比较有利。”信中提出：“也可以用同样的办法开人大；可以和九大同时开，解决刘少奇的问题。”“要多一些工人和红卫兵列席大会。最好能吸收一批工人和红卫兵入党。”信中说，一致认为不能选“刘邓陶”、“彭罗陆杨”进入九大。

10月23日　毛泽东、林彪接见日本齿轮座剧团全体成员。周恩来、陈伯达、康生、李富春、江青、张春桥、戚本禹、姚文元等参加了接见。

10月26日　中共中央做出《关于不准地、富、反、坏、右乘机翻案问题的规定》。《规定》说："青海省革命委员会办事组反映，目前有一些地、富、反、坏、右分子在文化大革命运动中到处申诉，无理取闹，乘机否定过去的罪行。中央重申过去的规定，不准地、富、反、坏、右分子在文化大革命运动中乘机翻案，个别错案，确实需要甄别的，也要放在运动后期处理。在押犯人，在劳改工厂、劳改农场的犯人，一律照旧看管，不准乱说乱动。"

10月27日　中共中央、中央文革小组做出《关于已经成立了革命委员会的单位恢复党的组织生活的批示》。《批示》说："中共青海省核心小组10月19日来电请示，已经成立了革命委员会的单位，可否恢复党的组织生活。中央认为各地都应当这样做。但党组织内不应当再容许查明有据的叛徒、特务和在文化大革命中表现极坏而又死不改悔的那些人，再过组织生活。党组织应当是无产阶级先进分子所组成，应能领导无产阶级和群众对于阶级敌人进行战斗的朝气蓬勃的先锋队组织。"最后一句话是毛泽东所加。

同　日　中国政府发表声明，强烈抗议印度尼西亚政府中断两国外交关系。声明说，印尼政府在10月9日和10月23日来照，悍然宣布关闭其大使馆，撤走全部人员；同时无理要求中国政府在10月30日以前关闭中国驻印尼大使馆、驻雅加达总领事馆和驻棉兰、马辰、锡江等地领事馆，撤回使领馆全部人员。中国政府和中国人民，对于印尼政府以这样卑劣的手法中断两国外交关系的行为，表示极大的愤慨，提出强烈抗议，由于印尼政府所采取的严重步骤，中国政府不得不宣布暂时关闭中国驻印尼大使馆和各领事馆，并且撤回使领馆全部人员。中国政府严正声明：中国和印尼两国外交关系的中断，责任完全在印尼方面，由此而产生的一切后果，必须完全由印尼政府承担。

10月28日　外交部照会印度尼西亚驻华大使馆。照会指出，由罗马尼亚驻印尼使馆全面代管中国在印尼的权益。

10月31日　中国政府发表声明，最强烈抗议缅甸政府驱逐中国专家。声明说，几个月来，缅甸奈温政府猖狂反华排华，制造了一连串法西斯血腥暴行。现在，它又背信弃义，彻底撕毁中缅两国经济技术合作协定，于10月6日提出照会，悍然要求中国政府“立刻开始撤退所有专家和技术人员”，并声称“在1967年10月31日以后缅甸政府将不再负责他们的生活费用”。这是缅甸政府叛卖缅甸民族利益，投靠美帝苏修，破坏中缅两国人民的传统友谊，进一步恶化两国关系的又一个极其严重的步骤。声明宣布，接回中国在缅甸的全部专家和技术人员。

同　日　中国与美国大使级会谈延期举行。据新华社报道称，中美两国大使协议，由于行政性原因，原定于1967年11月8日举行的中美大使级会谈第一百三十四次会议延期至1968年1月8日举行。

11月1日　内蒙古自治区革命委员会成立。滕海清担任革委会主任，吴涛、霍道余等担任副主任。被宣布打倒的内蒙古党政领导人为乌兰夫、王逸伦、王铎。11月2日，《人民日报》、《解放军报》联合发表社论：《红太阳照亮了内蒙古草原》，表示祝贺。

11月3日　《人民日报》发表“关于教育革命的几个初步方案”以供讨论。该报编者按说：“毛主席、党中央关于大、中、小学都要复课闹革命的号召，获得了全国广大革命群众、革命红卫兵和革命师生的热烈响应。今天，本报发表同济大学等几个学校关于教育革命的一些设想，以期引起同志们的讨论，推动教育革命的发展。毛主席最近教导我们：‘进行无产阶级教育革命，要依靠学校中广大革命的学生、革命的教员、革命的工人，要依靠他们中间的积极分子，即决心把无产阶级文化大革命进行到底的无产阶级革命派。’”

同　日　《人民日报》发表文章。《人民日报》发表署名杨成武的文章：《大树特树伟大统帅毛主席的绝对权威，大树特树伟大的毛泽东思想的绝对权威——彻底肃清罗瑞卿反对毛主席、反对毛泽东思想的滔天罪行》。这篇文章是由陈伯达组织总参谋部一些人借用杨成武名义撰写的。12月，毛泽东对陈伯达在文中的“大树特树”、

"绝对权威"说法提出了严厉批评。

同　日　中国驻印度尼西亚大使馆和领事馆的全体外交人员撤回北京。这是印度尼西亚政府中断两国外交关系的结果。回到北京的这批驻印尼外交人员共20人。周恩来、康生、李富春、陈毅、张春桥、戚本禹、刘宁一及首都数千军民到机场热烈欢迎。《人民日报》发表了评论员文章：《热烈欢迎红色外交战士从印尼胜利归来》。

11月5日　毛泽东与中央文革小组成员谈关于"九大"和整党问题。毛泽东说："打了一年多仗，搞出了不少坏人。现在要打出一个党来。当然，坏人还是搞不干净，一次搞干净，是不可能的。整党不可能在九大以前统统整好，九大以后，根据新的党纲、党章，继续重新整党、建党。过去，一是听话（做驯服工具），一是生产好，有这两个条件就可以入党。听话要看听什么话，做驯服工具不行。""有些党员官大了，架子就大了，不讲民主，不跟下级商量，遇事不先征求人家意见，自己说一通，喜欢训人。""党员要那种朝气勃勃的，死气沉沉的，暮气沉沉的，就不要加入这个党。""文化大革命就是整党、整团、整政府、整军队，党、政、军、民、学，都整了。""我赞成康生同志意见，一个是叛徒、特务，一个是文化大革命当中表现很坏而又死不改悔的人，不能再参加党的组织生活，这就很宽了。我们的党要吸收新鲜血液。工人、贫农、红卫兵中的积极分子要吸收到党里来。旧血液中二氧化碳太多，要清除。一个人有动脉、静脉，通过心脏进行血液循环，还要通过肺部进行呼吸，呼出二氧化碳，吸进新鲜氧气，这就是吐故纳新。一个党也要吐故纳新，不清除废料，就没有朝气。""恢复组织生活，不要恢复老样子。有些党员对无产阶级文化大革命不积极，一听说要恢复组织生活，他们又神气起来了。我看这些人要检讨。他们对无产阶级专政下的革命，对广大人民群众的革命运动不积极，什么理由？无非要做驯服工具。这样的人都不要，就太多了，但要做检讨。""党纲要修改。""组织纪律性还要有，但我们讲的是自觉的纪律。盲目服从，做驯服工具不行。"

11月6日　《人民日报》等发表纪念十月革命的文章。《人民日报》、《红旗》杂志、《解放军报》联合发表编辑部文章：《沿着十月社会主义革命开辟的道路前进——纪念伟大的十月社会主义革命50周年》。文章由陈伯达等人起草，经毛泽东审阅。文章首次将毛泽东“关于无产阶级专政下继续革命的理论”作了概括。有六个要点：“一、必须用马克思列宁主义的对立统一的规律来观察社会主义社会。”“二、社会主义社会是一个相当长的历史阶段。在社会主义这个历史阶段中，还存在着阶级、阶级矛盾和阶级斗争，存在着社会主义同资本主义两条道路的斗争，存在着资本主义复辟的危险性。在生产资料所有制的社会主义改造基本完成以后，为了防止资本主义复辟，为了防止‘和平演变’，必须把政治战线和思想战线上的社会主义革命进行到底。”“三、无产阶级专政下的阶级斗争，在本质上，依然是政权问题，就是资产阶级要推翻无产阶级专政，无产阶级则要大力巩固无产阶级专政。”“四、社会上两个阶级、两条道路的斗争，必然会反映到党内来。党内一小撮走资本主义道路的当权派，就是资产阶级在党内的代表人物。”“五、无产阶级专政下继续进行革命，最重要的，是要开展无产阶级文化大革命。”“六、无产阶级文化大革命在思想领域中的根本纲领是‘斗私，批修’”。社论说：“毛泽东同志提出的上述这些关于无产阶级专政下继续革命的理论，天才地创造性地发展了马克思列宁主义关于无产阶级专政时期阶级斗争的观念，天才地发展了无产阶级专政的观念，具有划时代的意义，在马克思主义发展史上，树立了第三个伟大的里程碑。”

同　日　首都举行纪念十月革命50周年集会，林彪发表讲话。他在讲话中说，毛泽东同志全面地继承和发展了马、恩、列、斯关于无产阶级革命和无产阶级专政的学说，“世界无产阶级革命的这个最根本的问题，即夺取政权和巩固政权的道路问题，已经在理论上和实践上提高到了更高的阶段”。他还说，毛泽东同志“提出一整套关于无产阶级专政下继续进行革命的理论、路线、方针、方法和政策”，文化大革命“是马克思列宁主义发展到毛泽东思想阶段的一个极其重大的标志”。周恩来、陈伯达、康生、李富春、江青等人出席了大会。

11月7日　中央做出《规定》。中共中央、国务院、中央军委、中央文革做出《关于成立地专级、县级革命委员会筹备小组和革命委员会的审批权限的修改规定》。将原规定中地专级革命委员会的成立须报中央批准改为由大军区（在尚未建立省革委会的地区）或省革命委员会批准。

11月12日　中共中央、国务院、中央军委、中央文革小组做出《关于广东问题的决定》。《决定》说，广州军区是中央信任的。中央同意广州军区就“支左”工作中所犯错误的检查；中央认为，广州地区双方赴京代表团签订的《关于“拥军爱民”、“制止武斗”、“抓革命，促生产”、“开展革命大批判，实现革命大联合”的协议书》很好，中央同意和支持这个协议书；中央决定建立以黄永胜、陈郁、孔石泉、王首道、陈德等和实现了革命大联合的革命群众组织的代表组成的广东省革命委员会筹备小组。

11月14日　中央发出《通知》。中共中央、国务院、中央军委、中央文革小组发出《关于各级军区机关目前不搞“四大”和军以下部队坚持正面教育的通知》。《通知》要求：一、各大军区、海军舰队、军区空军机关、省军区、军分区和县市人民武装部，目前一律不搞“四大”，已经开展“四大”的，可采取适当的方式结束。二、军以下部队和各基地以及中央军委指定的特殊单位（如总参三部，军委三局、五局，海军、空军的飞行航校，总后各办事处等），仍坚持进行正面教育。三、已经批准开展“四大”的军队院校、文艺、体育、科研、医院、军事工厂等单位，必须以“斗私、批修”为纲，开展革命的大批判，集中力量搞好本单位的斗批改，实现革命大联合，搞好革命的三结合。四、人民解放军要认真做好爱民工作。在‘支左’中犯了错误的某些领导机关和领导干部应该高姿态地向群众做公开检讨，诚恳地听取群众的批评。五、要认真执行毛主席的指示：“政府和左派都不要捉人，发动革命群众组织自己处理”。

11月15日　1967年秋季中国出口商品交易会在广州开幕。交易会共展出商品近3万种。据报道，参加开幕式的来宾是历届最多的一次。交易会书籍馆陈列着24种外文版的《毛主席语录》和用31种文字出版的毛主席著作以及各种毛主席的照片，接受客人的订购。

11月18日　中共中央、国务院、中央军委、中央文革小组做出《关于广西问题的决定》。《决定》的主要内容是：一、中央认为，广西军区在“三支”、“两军”工作中，做了不少工作，取得了一定的成绩。军区对“支左”工作中发生的一些错误所作的检查是深刻的，中央同意这个检查。韦国清在“文革”中虽然犯了一些错误，但他不坚持错误，能诚恳地检查，态度是好的。中央和中央文革小组已批准他的检查。中央希望广西军区和韦国清、伍晋南、安平生等同志在“文革”中立新功。二、中央批准广西地区两派赴京代表团在京期间签订的《关于广西两派促进革命大联合的十条协议》，同意和支持两派签订的《关于立即停止武斗的协议》、《关于全面上交枪支弹药的七点协议》，希望切实贯彻执行。三、广西处在抗美援越的前线，要做好“支左”和抗美援越工作。四、中央决定建立由韦国清、欧致富等同志，以及革命群众组织代表参加的广西壮族自治区革命委员会筹备小组。

11月23日　《人民日报》、《红旗》杂志、《解放军报》联合发表编辑部文章：《中国农村两条道路的斗争》。文章攻击刘少奇是“富农经济的狂热鼓吹者”，是“扼杀农业合作化的头号走资派”，是“‘三自一包’黑风的总根子”，污蔑刘少奇“把社会主义教育运动纳入复辟资本主义的轨道”，号召以“斗私批修”为纲，把农村中的两条道路的斗争进行到底。

11月24日　毛主席著作在全世界广泛发行。据新华社报道：“文化大革命”一年多来，我国出版毛主席著作外文版25种，460多万册，发行到全世界148个国家和地区。发行量超过建国后17年时间毛主席著作对外发行量的总和。55个国家和地区用65种文字翻译出版了845种版本的毛主席著作。

11月26日　《人民日报》发表社论：《再论大中小学校都要复课闹革命》。社论传达了毛泽东的最新指示：“大中小学校都要复课闹革命。”

11月27日　中共中央发出《关于对征询召开“九大”的意见的

通报》。《通报》整理了各地对召开“九大”的意见和反映，主要内容有：“九大”的根本任务是总结文化大革命的经验，总结党内两条路线斗争的经验，选举忠于毛主席革命路线的中央委员会；希望“九大”前出版《毛泽东选集》第五、六卷；把林彪的接班人地位，写入“九大”的报告和决议中；修改党章、党纲，批判和肃清刘、邓的修正主义建党路线的流毒。党章要突出毛泽东关于阶级斗争的理论；建议总结两条路线斗争的经验，做出新的历史问题的决议，以代替有错误的《关于若干历史问题的决议》；整顿党的组织，改革领导机构，以保证党的纯洁性。应当发展一批、清洗一批，把隐藏在党内的叛徒、特务、自首分子和反革命修正主义分子统统清除出去，以根绝隐患；建议用毛泽东关于接班人5个条件和林彪关于选拔干部的3条标准选举新的中央委员会。“刘、邓、陶、彭、贺、彭、罗、陆、杨、王明之流绝不能留在中央委员会里。”“政治局特别是常委中，不能有反面教员。”建议明年秋天国庆节前召开“九大”，“九大”过后接着开“人大”，把刘少奇罢掉，解决国家主席问题；“九大”规模要大，人数要多。要多选一些部队、工人、贫下中农和红卫兵的代表参加大会；先开“九大”，制定新党纲、党章，再开各级党代表大会；贯彻“精兵简政”方针，党和国家相同的机构可以合并。

同　日　毛泽东会见澳大利亚共产党（马列）中央主席希尔。毛泽东在谈话时说，赫鲁晓夫垮台以后，刘少奇还说苏联修正主义党的性质未定。去年春季苏联要开二十三大的时候，刘少奇、彭真还主张我们派人参加。后来我、康生同志，还有其他同志反对，才没有去；和刘少奇的斗争历史可长了。我记得1943年，在延安七大还没有开的时候，我就批评过他的唯心主义。那时只有少数同志知道这件事。刘少奇口口声声讲马克思主义，可是马克思主义的书他又不看。

11月28日　中共中央召开解决山西问题的会议。周恩来在第一次座谈会上讲话。这次会议主要目的是解决山西分裂为两大派，武斗日益严重的问题，批评支一派压一派的错误，促进革命大联合。与此同时，经中央批准，山西省革命委员会发出通知，提出关于晋南各派立即停止武斗的6条协议：立即停止武斗；立即撤走从农村及外县调到临汾准备参加武斗的全部人员；任何群众组织都不能以任何借口抢夺人民解放军、民兵、公安机关的武器弹药；不准抢夺国家、集体和个人的粮食、粮票、财物；要归口闹革命；保证正常的民主权利等。

11月29日　林彪为海军首次活学活用毛主席著作积极分子代表大会题词：“大海航行靠舵手，干革命靠毛泽东思想”。

11月30日　中国决定承认南也门人民共和国。周恩来打电报给南也门总统卡坦沙比，热烈祝贺南也门人民共和国宣布独立。陈毅致电南也门外交部长，通知中国政府决定承认南也门人民共和国。

12月1日　中共中央批准天津市成立革命委员会的报告。中央在批文中说：“一、中央认为天津驻军在三支两军工作中取得了很大的成绩，中央是满意的，支左工作中虽然犯有某些错误，但在中央和广大群众的帮助下已经改正。天津市革命委员会筹备小组在9个多月中，推进了革命的大联合、三结合、大批判，作了很多工作。二、天津市是我国一个重要的工业城市，长期受帝国主义的影响和中国最大走资派和他的代理人万晓塘、张淮三反党集团的影响，阶级斗争非常尖锐。希望天津市驻军和群众提高警惕性，牢牢掌握斗争大方向，为文化大革命立新功。三、中央同意天津市双方赴京代表团签订关于“立即、坚决、彻底制止武斗”的协议和“抓革命、促生产”的协议。四、中央同意天津市革命委员会筹备小组的意见，立即成立天津市的革命委员会。”革命委员会以97名委员组成，解学恭任主任，肖思明、郑三生、江枫任副主任。

12月2日　中共中央、国务院、中央军委、中央文革小组发布《关于确保铁路运输物资安全的通令》。《通令》说：“近来，在某些地区发生了盗窃、抢夺铁路仓库、货场和火车上运输物资的事件，对国家财产造成重大的损失，还有的盗窃危险物品，对人民生命造成了威胁。这种严重的违法行为；必须坚决制止。”《通令》规定：一、任何群众组织、任何人都有责任保护，不得侵占和抢夺铁路运输的物资。更要严防敌特、内奸和地富反坏右分子的破坏和盗窃。

二、对于盗窃、抢夺铁路运输物资的盗窃集团、盗窃犯，必须发动群众坚决破获，逮捕首犯，并按情节轻重给予惩处。三、铁路、交通运输系统的各级革委会、军管会、当地驻军、解放军护路部队及公安机关、各群众组织，必须保护铁路畅通，保证运输物资的安全。

同　日　中共中央、国务院、中央军委、中央文革小组发出《关于正确对待犯过错误的老造反派的通知》。《通知》说："毛主席最近对浙江如何正确对待红暴派问题作了重要的批示，毛主席说：'浙江的红暴，与湖北的百万雄师不同，是个犯过错误的老造反派，有许多群众，似宜以帮助、批评，联合为原则。'毛主席的这个极其重要的指示，对于各地的工作具有普遍的指导意义。目前不少地方都存在不同于百万雄师的犯过错误的老造反派，应当对他们采取正确的政策，即毛主席提出的帮助，批评，联合的政策，而不应对那些组织的群众采取施加压力、绝对排斥的政策，才能有利于促进革命的大联合和革命的'三结合'。应当组织有各派参加的毛泽东思想学习班，以'斗私、批修'为纲，大力帮助他们学习毛泽东思想；批评他们的错误，并促进他们自觉地改正自己的错误；同时大力推动他们同其他无产阶级革命造反派共同进行革命的大批判，实行革命的大联合。在革命'三结合'领导机构中保留他们一定的名额。"

同　日　中共中央下发《关于整顿、恢复、重建党的组织的意见和问题》。文件说：党中央"关于已经成立了革命委员会的单位恢复党组织生活的批示"下达后，广大党员和群众反映很热烈。文件将反映归纳为四个问题。一、关于用毛泽东思想整顿、恢复、重建党的组织的问题。恢复党的组织生活，绝不是恢复文化大革命前的老样子、老一套。而是要用毛泽东思想整顿、恢复、重建党的组织，批判刘、邓的修正主义建党路线。关于整顿、恢复、重建党的组织过程中的思想工作问题：1. 举办毛泽东思想学习班，解决思想问题。2. 发动群众讨论，听取造反派的意见，改善党群关系，彻底打消党员高人一等的优越感和造反派怕党员报复的思想。3. 有的党员犯了错误，必须以斗私批修为纲，认真进行自我批评，取得革命群众的谅解。二、关于整顿、恢复、重建党组织的条件、范围和政策界限问题：凡成立了革命委员会或革命委员会筹备小组的单位，可以恢复党的组织生活。下述人不应再过党的组织生活：1. 查明有据的叛徒、特务和在文化大革命中表现极坏而又死不悔改的那些人。2. 对有叛徒、特务嫌疑而未作结论的，待问题查清后，再考虑是否恢复。3. 犯有严重错误，在文化大革命中表现不好，在尚未承认错误并取得群众谅解前，暂缓参加党的组织生活。三、关于吸收党员的条件：1. 以毛泽东关于接班人五项条件和林彪关于选拔干部的三条标准为根据，注意阶级成分，但也看思想表现。2. 根据在文化大革命运动中的表现。3. 吸收有造反精神的无产阶级先进分子，彻底批判"驯服工具论"。要将叛徒、特务、阶级异己分子、死不悔改的反革命修正主义分子，统统清除出党。四、关于建立党的核心小组问题：在革命委员会中建立党的核心小组，基层成立支部和小组。

同　日　外交部发表声明，强烈谴责美国军用飞机轰炸袭击中国停泊在越南鸿基港口的货船。轰炸致使中国船员8人受伤，船身遭到严重破坏。

12月4日　中共中央发出《关于今冬明春农村文化大革命的指示》。《指示》要求：农村基层的文化大革命，要继续按照中央《十六条》和《关于农村无产阶级文化大革命的指示（草案）》的原则进行。不要派工作组去指手划脚，不要串联。要普遍地举办毛泽东思想学习班。学习大寨的经验，坚持社会主义道路，巩固集体经济。反对分田到户，反对闹单干。农村人民公社现有的三级所有，队为基础的制度，关于自留地的制度，一般不要动，也不要搞捐献。生产队一般不搞夺权。在需要夺权的生产大队，应当坚决依靠贫下中农，实现革命的大联合和革命的"三结合"，用改选领导班子的方式解决。

12月6日　外交部就港英当局迫害我爱国同胞的暴行再次向英国政府提出严重抗议。外交部西欧司负责人指出：中英关系的恶化，完全是英国政府和港英当局一手造成的，责任必须完全由英国政府承担。

12月7日　中共中央、国务院、中央军委、中央文革小组发出

《关于认真学习和坚决执行〈毛主席论教育革命〉的通知》。《通知》说："现将《毛主席论教育革命》这一极重要的文件发给你们。这是我们进行无产阶级教育革命的伟大纲领，……是复课闹革命的根本指针。它不仅对大、中、小学校的教育革命，而且对于各条战线的斗批改都具有十分巨大的指导和启示作用。"《毛主席论教育革命》一书是由陈伯达主持摘编的，共收入1927年—1967年间毛泽东关于教育工作的书信、讲话、语录等51条。

12月16日　中共中央、中央文革小组发出《关于进行修改党纲党章工作的通知》。《通知》说："根据毛主席和党中央的指示，上海市革命委员会正在展开一场群众性的修改党纲党章的运动。他们采取领导和群众相结合的方法，以三种形式结合进行：一、组织了市一级的修改小组；二、分别到工厂、机关、学校、商店、公社、连队、街道选择一批点，组织了几十个群众性的修改小组，为市的修改小组提供参考性的修改稿；三、市一级的革命群众组织和驻沪三军自己选择一批基层单位，展开修改党纲党章的讨论，广泛听取和集中群众意见。这种做法收到了很好的效果。"《通知》要求："凡有条件可能进行这项工作的地区，都应参照上海的经验，组织党纲党章修改小组和群众性的讨论，集中群众意见，提出关于修改党纲党章的方案，并于1968年1月20日以前将修改草案上报中央。"

12月17日　毛泽东做出批示。毛泽东在湖南省革命委员会筹备小组12月13日《关于庆祝毛主席塑像落成、韶山通车向中央的请示报告》上，就"绝对权威"的提法做出批示。批示全文是："林、周、中央及文革各同志：一、绝对权威的提法不妥。从来没有单独的绝对权威，凡权威都是相对的，凡绝对的东西都只存在相对的东西之中。犹如绝对真理是无数相对真理的总和，绝对真理只存在于各个相对真理之中一样。二、大树特树的说法也不妥。权威或威信只能从斗争实践中自然地建立，不能由人工去建立，这样建立的威信必然会垮下来。三、党中央很早就禁止祝寿，应通知全国重申此种禁令。四、湖南的集会应另择日期。五、我们不要题字。六、会议名称，可同意湖南建议，用第一方案。以上各点请在一次会议上讨论通过为盼。”12月21日，中共中央、中央文革小组就此发出《通知》，要各地对毛泽东的批示认真学习，坚决照办。

同　日　“8341部队”在北京针织总厂“支左”的三项原则经验被报道。这三项原则是：一、大力宣传毛泽东思想，做深入的、细致的、艰苦的思想政治工作；二、不匆匆忙忙急于表态，经过调查研究，如果两派都是革命的群众组织，就逐步把他们联合起来；三、向工人群众学习，不怕犯错误，错了就改，关心群众的生活。

12月21日　《人民日报》发表社论：《大力办好毛泽东思想学习班》。社论说：“两派或各派革命群众组织一起，联合举办毛泽东思想学习班，是我国革命群众创造的具有伟大政治意义的新事物。它是帮助老干部、新干部、革命小将和广大革命群众，在无产阶级文化大革命的斗争实践中，以斗私批修为纲，活学活用毛泽东思想，群众自己教育自己的好形式，是推动革命的大联合，巩固革命的三结合，密切上下级关系的好办法。”

12月26日　陈伯达在唐山讲话，捏造“冀东叛徒党”冤案。他说：“中共冀东党组织可能是国共合作的党，实际上可能是国民党在这里起作用，叛徒在这里起作用。”“你们这里有日本人、国民党。你们要小心，要认识他们。他们想恢复国民党的天堂、日本的天堂、英国的天堂。”他还点名诬陷唐山市委第一书记杨远，原市长白芸和白芸的丈夫，当时唐山市一个果园的党委书记张达，以及吴良俊、方飞等人。在陈伯达的煽动下，唐山搞了一个所谓“杨白反党集团”，一方面上追所谓“杨白”的根子，另一方面下挖所谓“社会基础”。唐山地、市建立了280人参加的“冀东专案组”，用了近两年时间，把具有光荣革命传统的冀东党组织诬蔑成为“冀东叛徒特务反党集团”。因而受到审查的人涉及到中央29个部和24个省市的干部共1 604人，被定为叛徒、特务、国民党、走资派罪名的737人。唐山地、市遭受迫害的干部、群众8.4万人，2 955人被迫害致死，763人致残。中共十一届三中全会后，这一冤案得到平反。

同　日　新华社报道了农业大丰收的情况。新华社报道：1967年我国农业获得了空前未有的全面大丰收。报道说，去年是解放17年来农业生产获得最大和最全面丰收的一年，今年，各类农作物的收成，普遍比去年还好，其中不少作物比去年有大幅度增产。各地饲养的猪、羊、牛也比往年多。历史上长期存在的“南粮北调”的情况，现在开始改变。国家粮食库存和社队粮食储备都有了增加。

同　日　宁夏青铜峡水利枢纽工程大坝建成。第一台装机容量为3.6万千瓦的水轮发电机组投入运行发电。

12月27日　中共中央、国务院、中央军委、中央文革小组发出《关于宁夏问题的决定》。《决定》宣布成立由康健民任组长和张怀礼、徐洪学、王志强任副组长的宁夏回族自治区革命委员会筹备小组，行使自治区党政财文大权。《决定》还同意兰州军区8月18日公告，把一方群众组织定为“保守组织”；根据康生的讲话精神，片面地认为青铜峡武斗事件是反革命事件。《决定》发出后，虽然使宁夏的局势暂时得到控制，但其错误基调却导致宁夏问题矛盾加深，造成严重后果。1979年2月14日，经中共中央批准，中共宁夏回族自治区委员会宣布撤销上述《决定》，为其所造成的一切冤假错案彻底平反。

12月28日　湖南韶山10万人集会，庆祝韶山铁路通车和毛泽东塑像落成。

同　日　民革中央常委邵力子去世。邵力子，1881年生。浙江绍兴人。清末举人。毕业于上海震旦书院。早年参加同盟会。1921年加入上海共产主义小组，同年加入中国共产党。曾任上海大学代理校长。1925年任黄埔军校秘书长。1926年退出中国共产党。1927年后，历任中国公学校长，国民政府甘肃省主席、陕西省主席。1936年西安事变后，曾任国民党中央宣传部长。参加国共庐山谈判，赞成国共第二次合作。抗日战争爆发后，任国际反侵略同盟中国分会副主席，国民外交学会副会长。1940年任国民政府驻苏联大使。皖南事变后，立即电告蒋介石不赞成内战行为。1943年任国民参政会、宪法促进委员会秘书长。1949年为国民党政府和平代表团成员，国民党政府拒绝签订国共双方拟定的国内和平协定后，脱离国民党政府，留在北平。同年应邀出席中国人民政治协商会议第一届全体会议。中华人民共和国成立后，曾任中央人民政府政务委员，第一届至第三届全国人大常务委员，第一届至第四届全国政协常务委员，中国国民党革命委员会中央常委。

12月30日　中共中央发出《关于江西省成立革命委员会的批示》。《批示》说："中央同意江西省革命委员会筹备小组1967年12月8日的报告。中央同意成立江西省革命委员会。"革命委员会由149名委员组成，由程世清任主任，杨栋梁、黄先、于厚德、万里浪任副主任。

是　年　张春桥、王洪文一手制造了"上海地下党"冤案。上海解放前，中共上海地下党组织已建立了500多个支部，共8 000多名党员，其中许多同志后来成为上海各级党组织的骨干，有不少同志到中央和军队担任了领导职务。1967年，张春桥等多次诬陷上海地下党是"国民党"、"潜伏特务"、"叛徒集团"。他们对原上海地下党建立了39个中心专案组和845个卫星专案组，原上海地下党员被立案审查的达3 600人。"文化大革命"前担任区、县、局以上领导职务的99名原上海地下党员全部靠边站，其中有65名被拘留或隔离审查，有4人被迫害致死。

1968年

1968年综述

3月，林彪、江青制造了“杨成武、余立金、傅崇碧事件”，罗织罪名，说他们“为‘二月逆流’翻案”。中央发布命令，撤销他们的职务，将余立金逮捕法办，并改组了军委办事组。不久，根据毛泽东的意见，决定军委常委不再开会，军委办事组实际上取代了军委常委。

5月，全国陆续开始“清理阶级队伍”运动，错整了一大批人。

7月，“工农毛泽东思想宣传队”陆续进入各大专院校。此后，“工宣队”、“军宣队”进驻学校的办法在全国推行。

9月，西藏、新疆两个自治区的革命委员会成立。自本年1月—8月，甘肃、河南、河北、湖北、广东、吉林、浙江、江苏、宁夏、湖南、安徽、陕西、辽宁、四川、云南、福建、广西等省、自治区的革命委员会已相继成立。至此，全国29个省、市、自治区（除台湾省外）都已先后成立了革命委员会，实现了所谓“全国山河一片红”。

10月，中共八届扩大的十二中全会在北京举行。原八届中央委员、候补中央委员中，被定为“叛徒”、“特务”、“里通外国”、“反党分子”的，达总数的71%，能够参加全会的分别只有40人和19人。毛泽东主持会议，并就“文化大革命问题”讲了话。全会一开始，就分组围攻陈毅、叶剑英，李富春、李先念、徐向前、聂荣臻等人，并对朱德、陈云、邓子恢等人进行批判。在极不正常的情况下，全会批准在江青、康生、谢富治等人主持下，用伪证写成的《关于叛徒、内奸、工贼刘少奇罪行的审查报告》，做出了把刘少奇“永远开除出党，撤销其党内外一切职务”的错误决定。林彪、江青一伙还鼓噪要开除邓小平的党籍，由于毛泽东的反对，未能得逞。全会还通过了准备召开九大的几个文件。

是年，中共中央、国务院、中央军委、中央文革连续发布了《七三布告》、《七二四布告》，制止一些地方的武斗事件。

12月，《人民日报》传达了毛泽东关于“知识青年到农村去”的指示，全国掀起知识青年上山下乡热潮。

同月，南京长江大桥提前全面建成通车。

是年，动乱局面继续持续发展，社会秩序混乱，工农业生产继续下降，文教卫生科技体育事业受到进一步摧残。

主要经济指标：工农业总产值2 015.3亿元，比上年下降4.2%。其中，工业总产值1 380.3亿元，比上年下降5%；农业总产值635亿元，比上年下降2.5%（以上按1957年不变价格计算）。工农业产品产量：粮食，2.09亿吨，比上年减少876万吨；棉花，235.4万吨，与上年持平；钢，904万吨，比上年减少125万吨；原煤，2.2亿吨，比上年增加1 400万吨；原油，1 599万吨，比上年增加211万吨；发电量，716亿度，比上年减少58亿度。基本建设投资总额113.66亿元，比上年减少27.11亿元。社会商品零售总额737.3亿元，比上年减少32.2亿元。国家财政总收入361.3亿元，总支出359.8亿元，结余1.5亿元。

1月1日　《人民日报》、《红旗》杂志、《解放军报》联合发表元旦社论：《迎接无产阶级文化大革命的全面胜利》。社论说："人类历史上第一次无产阶级文化大革命，已经在1967年取得了决定性的胜利。在毛主席一系列最新指示的指引下，夺取无产阶级文化大革命全面胜利的伟大斗争已经开始了。"社论提出1968年的任务是：第一，要更加广泛和深入地开展活学活用毛泽东思想的伟大群众运动。第二，要继续深入开展革命的大批判，促进和巩固革命的大联合和革命的三结合，深入开展各单位、各部门的斗批改。第三，整顿党的组织，加强党的建设。第四，进一步贯彻执行毛主席关于"拥军爱民"的伟大号召，大力加强军民团结。第五，抓革命，促生产，促工作，促战备。1月2日，中央文革小组发出通知，要求各地组织学习元旦社论，并参照社论中提出的战略目标和各项任务，对当前的工作做出规划和安排。

同　日　毛泽东、林彪接见军队代表和各地代表2万多人。被接见的有正在北京参加毛泽东思想学习班的人民解放军干部、各地党政干部和群众代表，出席中国人民解放军空军直属机关、部队学习毛主席著作积极分子代表大会的代表，出席毛主席著作出版会议的代表等。陪同接见的有周恩来、康生、李富春、陈毅、李先念、徐向前、聂荣臻、叶剑英、谢富治等人。

同　日　国家计委、国家建委、财政部和物资部联合发出《关于部署1968年第一季度基本建设工作的通知》。由于1968年计划短期内还难以下达，而各地区、各部门需要及时部署第一季度的基本建设工作，对此，《通知》做出规定和要求：1967年各部门、各地区的基本建设计划和预算拨款（包括上年结转），截止年底没有完成的，顺延到1968年继续执行，并纳入1968年基本建设计划和国家预算统一安排；第一季度继续施工的项目，要首先抓紧国防工业和大、小三线的骨干项目，其余依次为生产短线产品的项目、交通运输和矿山采掘薄弱环节的项目、农业和支援农业的项目、接近建成投产的项目；1967年计划内尚未开工的项目和1968年要上马的新项目，在全国计划没有确定以前原则上第一季度不开工。

1月3日　台湾作家柏杨因刊登漫画，被判徒刑10年。柏杨之妻艾改主编的《中华日报》，本日在家庭版上刊登了一幅名为《大力水手》的外国漫画，译文由柏杨撰写。该画描写父子二人在一小岛上争当“总统”，此画刊载后在台湾引起轰动。柏杨被国民党当局秘密逮捕，并被以“匪谍”、“侮辱元首”为罪名，判处有期徒刑10年。

1月4日　中共中央、国务院、中央军委、中央文革发布《关于对长江航运系统实行全线军事管制的决定》。《决定》说，长江航运系统实行军管后，运输任务计划的安排，船舶航行调度指挥，仍由交通部军管会通过长江航运公司军管会组织实施，其他各项工作统归所在地方领导。

1月5日　中共中央西南局三线建委向国家建委报告：“文化大革命”使西南局瘫痪，三线建委也已无法开展工作。

1月7日　外交部发表声明，强烈抗议美国飞机猖狂轰炸我国渔船。声明说：1月3日上午，美国飞机对我停泊在越南锦普港口的货船158号进行了猖狂轰炸，使我船员多人受伤，船身遭到严重破坏。这是美帝国主义继去年11月25日轰炸袭击我红旗154号轮后又一次严重的挑衅事件。中国政府和中国人民强烈抗议美帝国主义的这种强盗行为。

1月8日　国家计委提出《关于1968年计划轮廓的汇报要点（草稿）》。《汇报要点》提出了1968年计划的五项任务：一、尽最大可能加快大小三线、新工业基地、国防工业和铁路干支线的建设，特别要大力发展国防科研事业。二、大力发展农业生产，争取粮食产量比上年增加700亿斤，棉花增产200万—300万担。三、切实安排好轻纺工业的生产和建设，进一步繁荣经济，活跃市场。四、力争在短期内把铁路运输和煤炭生产搞上去。尽快扭转北煤南调局面。五、要集中力量攻克一批具有战略意义的科学研究课题。《汇报要点》对1968年计划订出两个初步方案，分别安排：钢1 300万—1 500万吨；煤炭2.4亿—2.65亿万吨；电800亿—860亿度；化肥1 200万—1 350万吨；棉、纱均为1 000万件；铁路货运量为5.2亿—5.5亿吨。由于“文化大革命”动乱的破坏，没有正式形成和下达1968年计划。1968年成为我国建立计划经济以来唯一没有年度计划的一年。

同　日　中美大使级会谈第一百三十四次会议在华沙举行。这次会谈历时2小时又10分钟。报道说："由于行政性原因，中国大使不能如期返任参加会谈。作为临时性措施，中国政府指派中华人民共和国政府驻波兰大使馆临时代办陈东参赞出席此次会议。"会后双方宣布，下次会议定于1968年5月29日下午2时举行。

同　日　我国第一艘自行研究、建造的远洋货轮"东风号"建成。该轮排水量为1.8万多吨、载重量为1.17万吨。同日，《人民日报》发表署名严伟惠的文章：《胜利永远属于毛主席的革命路线——从"东风"轮诞生看工业战线上两条路线的斗争》。

1月12日　外交部就美帝和老挝右派悍然轰炸我云南苗寨地区发表声明，提出强烈抗议。声明说："1968年1月7日下午，美帝国主义及其仆从老挝右派的3架强盗飞机悍然侵犯我国领空，对我云南省的苗寨地区进行了轰炸，炸死炸伤我居民多人，使我当地居民的生命财产受到严重损失。这是美帝国主义及其仆从老挝右派对中国人民所进行的一次严重的战争挑衅。中国政府和中国人民愤怒声讨美帝国主义和老挝右派所犯下的这一滔天罪行，并且向美帝国主义和老挝万象当局提出强烈的抗议。"

同　日　《文汇报》发表社论：《论派性的反动性》。社论历数了派性的"十大罪状"：一、对最高指示各取所需，干扰斗争大方向。二、为一派私利而将人民、党、国家、全局的利益统统抛在一边。三、混淆敌我界限，包庇阶级敌人，同意"我"的观点，不管叛徒、特务，都是"同志"，不同意"我"的观点，即使是同志，统统成了"敌人"。四、在清理阶级队伍时，眼睛只盯着对方组织，不惜武斗，大开"内战"。五、"以我为核心"，革命大联合可以不要，但"席位"非争不可。六、解放干部一律以是否利于"我"这一派为标准，顺我者昌，逆我者亡。七、大吹大擂，自我标榜，贪天之功，占为己有。八、用派性反对派性。九、朝秦暮楚，当面一套，背后一套。十、什么都是为派性服务，推行反动的实用主义。1月14

日，新华社转发了这篇社论。

1月13日　中央文革小组成员戚本禹被隔离审查。在此前的1967年12月，原由王力、关锋、戚本禹分管的《红旗》杂志已停止出版，至1968年7月1日始出版1968年第一期。

1月15日　中共中央、国务院、中央军委、中央文革批转吉林省军区和天津市革命委员会的请示报告。同意吉林省军区和天津市革命委员会的意见：小学在1月中旬开始放寒假4个星期，小学教职员工则坚持办好毛泽东思想学习班，搞好本单位的斗、批、改。

同　日　周恩来代表毛泽东、林彪、党中央、国务院、中央军委、中央文革小组接见越南南方解放军歌舞团。陈毅等参加了接见。

1月16日　《人民日报》刊登《以毛主席最新指示为纲，发动群众围剿派性》，并加了编者按语。按语引述说："搞派性，就是搞个人主义。派性的老根是资产阶级私字，闹派性就是资产阶级个人主义的恶性发作。"按语号召充分发动群众，历数派性罪状，大揭派性危害，人人批判，个个抑制，使它在群众中像"过街老鼠"，无处藏身。

1月17日　中国科学工作者对珠穆朗玛峰进行多学科考察取得重要成果。1966年和1967年，由中国科学院组织，全国23个科研单位、高等院校、产业部门和解放军科研系统，有近30个学科的100多名科学工作者，组成大规模的综合科学考察队，在雅鲁藏布江以南，东起亚东西至吉隆，方圆5万多平方公里，海拔最高达7 000多米的珠穆朗玛峰地区进行了全面、系统的综合考察。考察的内容包括：地层、古生物、岩石、构造地质、第四纪地质与地貌、地球物理、自然地理、表生地球化学、土壤、植物生态、区系植物、鸟兽、昆虫、水生生物、冰川、气象、水文、天文大地测量、地面立体摄影测量、高山地理等。通过上述考察，获得了大量有关喜马拉雅山和珠穆朗玛峰是怎样由沧海变成高山，及其对自然界和人类活动影响的一系列较完整、重要的科学资料，为今后西藏自然资源的开发利用和社会主义建设提供了可靠的科学依据。

1月18日　中共中央、国务院、中央军委、中央文革小组发出

《关于进一步打击反革命经济主义和投机倒把活动的通知》。《通知》共有十条，主要内容是：一、各地区、各部门对于1967年1月11日《中共中央关于反对经济主义的通知》等文件，必须继续坚决贯彻执行。二、关于工资、福利、奖金、附加工资、补贴、劳动保护用品和保健食品等制度的改革，在运动后期统一处理。凡不符合规定擅自进行转正、定级和提高工资水平的，一律无效。三、临时工、合同工、轮换工、外包工等，在中央未做出新决定以前，一律不得转为固定工。现在是集体所有制单位的职工，不得强行要求转为全民所有制职工。原来由生产队供应口粮的，一律不许改由国家供应。上山下乡支边的青年，不要回城市要求落户。四、绝对不许分掉集体所有制单位的流动资金、公积金、公益金，凡已私分的，应即主动缴回。手工业合作社等集体所有制企业的年终劳动分红办法，必须停止执行。五、各种学校毕业生的分配及分配工作后的工资待遇，一律仍按现有的规定执行。六、对于有些群众和群众组织提出的经济要求，有些干部因不坚持原则，而签字答应的条件，必须重新审查，不符合有关规定的，应立即收回，宣布无效。七、发动群众搞臭反革命经济主义。八、切实加强市场管理，坚决打击投机倒把行为。九、坚决取缔无证商贩和无证个体手工业户。农村人民公社、生产大队、生产队和社员，一律不准经营商业。国家企业、事业、机关、学校、团体，非经当地主管部门许可，一律不准到集市和农村社队自行采购物品。十、任何组织和个人都必须尊重工商行政管理部门的职权，服从他们在市场上的管理。不允许冲击工商行政管理机关。

1月20日　空军航空兵第三师在云南某地上空击落美国军用无人驾驶高空侦察机1架。中央军委颁发了嘉奖令。

1月21日　康生捏造“赵健民特务案”，使云南大批干部群众受到迫害。赵健民是中共八届中央候补委员，云南省委书记处书记。1967年初，他在北京对康生谈了自己对“文化大革命”的看法，要求中央尽快召开九大或类似1962年的七千人大会来讨论文化大革命问题。1月21日，在北京京西宾馆，康生同谢富治以造反派组织捏造的材料当面诬陷赵健民为“叛徒”、“特务”。康生说：“你是个叛徒"，"你的行为不是偶然的。一个叛徒，一个叛徒分子混进我们党里来，想乘文化大革命把边疆搞乱。国民党云南特务组，我看了他们的计划，你的行动就是执行他们的计划。……我凭40多年的革命经验，有这个敏感，……你对我们有刻骨的阶级仇恨。"赵健民据理反驳，并写了保证自己没有问题，要求中央审查的条子。康生指使谢富治当场将赵健民逮捕。此后，赵健民被投入监狱达8年之久。云南省大批干部、群众被扣上"执行赵健民国民党特务组计划"的帽子，1.4万余人被迫害致死。

1月23日　中共中央批准甘肃省成立革命委员会。批示说："中央同意你们1968年元月9日关于成立甘肃省革命委员会的报告。同意革命委员会由105名委员组成。"冼恒汉、张达志、徐国珍等24人为常务委员，由冼恒汉任主任，徐国珍、张忠、胡继宗、邱裕民、萧泽民5人任副主任。汪锋被定为"中国赫鲁晓夫在甘肃的代理人"。1月24日，甘肃省革命委员会举行成立大会。1月26日，《人民日报》、《解放军报》联合发表社论：《春风已到玉门关》，表示祝贺。

1月25日　中共中央批准河南省成立革命委员会。批示说："中央同意刘建勋、王新同志1968年1月18日关于成立河南省革命委员会的请示报告。"批示认为：河南省开展对中国赫鲁晓夫及其在河南的代理人文敏生、赵文甫的大批判，肃清陶铸、王任重的修正主义流毒，掀起革命大联合、"三结合"和斗批改的高潮，出现了新局面，成立革命委员会的时机和条件已经成熟。中央批准河南省革命委员会由155名委员组成，刘建勋任主任，王新、纪登奎、耿起昌、杨力勇以及群众组织的代表一至二人任副主任，刘建勋等41人任常委。27日，河南省革命委员会举行成立大会。30日，《人民日报》、《解放军报》联合发表社论：《辽阔中原唱凯歌》，表示祝贺。

1月26日　毛泽东、林彪接见中国人民解放军总参谋部、总后勤部、空军、二炮活学活用毛主席著作积极分子。

1月29日　中共中央、国务院、中央军委、中央文革小组批准河北省成立革命委员会。批示说："中央同意郑维山、李雪峰同志1968年1月28日关于成立河北省革命委员会的报告。同意革命委员会由

121名委员组成，并由李雪峰同志任主任，刘子厚同志任第一副主任，马辉、曾美、张英辉、刘殿臣、耿长锁5同志为副主任。同意河北省会迁至石家庄。”批示将林铁称为“中国赫鲁晓夫在河北的代理人”。2月3日，河北省革命委员会举行成立大会。5日，《人民日报》、《解放军报》发表社论：《华北山河一片红》，表示祝贺。

1月31日　林彪观看由中国京剧院演出的京剧样板戏《红灯记》，参加观看的有周恩来、陈伯达、康生、江青等人。

2月1日　中共中央、国务院、中央军委、中央文革小组批准湖北省成立革命委员会。批示说：“中央同意武汉军区临时党委会1月28日关于成立湖北省革命委员会的请示报告。中央同意湖北省革命委员会由175名委员组成。”其中以曾思玉等37人为常务委员，曾思玉任主任，刘丰、张体学、任爱生、梁仁魁、朱洪霞、饶兴礼、杨道远、张立国8人为副主任。批示点名称王任重为“走资本主义道路当权派”。2月5日，湖北省革命委员会举行成立大会。2月7日，《人民日报》、《解放军报》联合发表社论：《万里长江起宏图》，表示祝贺。

2月3日　教育部、财政部、劳动部发出《关于随同1966年大专院校毕业生一起分配工作的研究生工资待遇问题的通知》。《通知》规定，对1964年和1965年入学的研究生定级工资，原则上可按照1965年高等学校毕业生的工资待遇处理。其定级工资水平，按修业4年以上的高等学校毕业生的定级水平执行。

2月5日　中共中央、国务院、中央军委、中央文革小组转发黑龙江省革命委员会《关于深挖叛徒工作情况的报告》。转发批示说：“刘、邓、陶及其同伙彭、贺、彭、罗、陆、杨、安（子文）、萧（华）等叛徒和反革命修正主义分子，长期隐藏在党内，窃踞了党政领导机关的重要职位，结成了叛徒集团。他们推行了一条招降纳叛的反革命组织路线，使叛徒、特务得以混进各地区各部门的党政机关，长期窃取要职。在无产阶级文化大革命运动中，把这些叛徒特务揭露了出来，这是无产阶级文化大革命的伟大胜利，是毛泽东思想的伟大胜利。”“黑龙江省深挖叛徒工作所以取得很大的成绩，最重要的是由于：一、领导重视，军队负责同志紧跟毛主席的伟大战略部署，狠抓这项工作。二、贯彻群众路线，采取以军队为中心，调集了一批干部，结合各派革命群众组织（不是一派）和革命干部，共同一道，有组织有计划有步骤地联合进行这项工作。三、认真清查敌伪档案，加强调查研究，注意贯彻党的政策。既彻底清查，狠挖深挖，又实事求是，注意查证核实工作。希望你们参照黑龙江的做法，加强敌情观念，采取调集一批军队中有战斗经验的干部、各派革命群众组织联合的代表和革命干部三结合的办法，定出规划，抓住重点，坚持群众路线，彻底清查敌伪档案，把隐藏在各地区、各部门、各角落的叛徒、特务、里通外国分子和一切反革命分子彻底清查出来，以根除隐患，巩固和加强无产阶级专政，争取无产阶级文化大革命的彻底胜利。”

2月6日　中共中央、国务院、中央军委、中央文革小组发布命令要求镇压破坏铁路的反革命分子。命令指出：煽动、操纵和指挥破坏铁路、炸毁桥梁、袭击列车、杀人劫货的极少数坏头头是反革命分子，必须坚决镇压法办。

2月11日　经毛泽东、党中央、中央文革小组批准，江西吉安专区改名为井冈山专区。

2月13日　外交部91名司局长、大使联名贴出大字报：《揭露敌人，战而胜之——批判“打倒陈毅”的反动口号》。大字报列举了大量事实证明，陈毅是中国共产党忠诚坚定的战士。大字报最后写道：“一小撮阶级敌人在陈毅问题上制造的混乱，已开始得到澄清，被颠倒了的是非，正在被颠倒过来！……我们敬爱的周总理日理万机，十分劳累，我们外交部和驻外使馆广大革命同志一起，热烈欢迎陈毅同志尽快回来主持部务，我们将在以陈毅同志为首的部党委的领导下，把外事工作搞得更好！”大字报贴出后，被中央文革小组认为是“为二月逆流翻案的代表作”，遭到攻击。此后，周恩来也不得不表态，对起草大字报的同志进行了批评，他说：“保陈毅是为保自己过关，贴这种大字报是帮倒忙，回去赶快写检讨。”2月28日，陈毅致周恩来信，表示完全同意周恩来的批评。10月，在中共扩大的八届十二中全会公报中，这篇大字报被指责为“为‘二月逆流’翻案的邪风”表现之一。

2月14日　海军航空兵在海南岛上空击落击伤入侵的美国A-H型舰载攻击机各1架。中央军委颁发了嘉奖令。

2月15日　周恩来、姚文元接见浙江省赴京汇报团军队干部和“省联总”、“红暴派”代表。接见时，周恩来传达了毛泽东1967年2月12日的指示：江华从历史上看是好的，是上井冈山跟主席的，中央考虑不属于打倒对象。

2月18日　中共中央、国务院、中央军委、中央文革小组发出《关于进一步实行节约闹革命，坚决节约开支的紧急通知》。《通知》要求：各机关、团体、学校、企业、事业单位，1967年年底各项经费和资金的年终结余存款（包括预算外资金），除去未完工程基本建设投资、企业流动资金、大修理基金等经费外，一律冻结，不再动用；没有施工的基本建设单位和建筑企业，不许动用基本建设投资结余；1968年各省市自治区和中央各部门的行政经费、事业费，除去应发的工资以外，一律按1967年度的预算总额，减少30%~40%；出省上访和参观，必须从严控制；企业的流动资金只能用于生产、流通周转的需要，不准用作其他开支；因派性斗争分裂成两套生产、财务、银行账户系统的，必须在不到1个月内联合起来，实行统一领导、统一管理；应纳税的单位和个人，都必须照章纳税，国营企业实现的利润，必须按时缴库，不准挪用、拖欠；对叛徒、特务、走资派、没有改造好的地富反坏右分子、反革命资产阶级分子和反革命知识分子在银行的储蓄存款，实行冻结，不准提取。

2月19日　毛泽东、林彪接见部队代表。被接见的有北京卫戍区部队和在北京执行“三支”、“两军”任务的部队的代表，以及“8341部队”的指战员，共约2万多人。陪同接见的有周恩来、陈伯达、康生、李富春、江青、姚文元等，参加接见的有陈毅、李先念、徐向前、聂荣臻、叶剑英等人。

2月20日　中共中央、国务院、中央军委、中央文革小组批准成立广东省革命委员会。批示说：“中央同意广东省革命委员会筹备小组1968年2月12日关于成立广东省革命委员会的请示报告。中央同意广东省革命委员会由180名委员组成。由黄永胜等39人担任常委。黄永胜任主任，孔石泉为第一副主任，陈郁、王首道、邱国光、阎仲川、黄荣海、刘继发、黄育英（女）7人和待补1—2人任副主任。”批示将陶铸、赵紫阳称为“广东省党内一小撮走资本主义道路当权派”。2月21日，广东省革命委员会举行了成立大会。23日，《人民日报》、《解放军报》发表社论：《战士指看南粤，更加郁郁葱葱》，对广东省革命委员会的成立表示祝贺，并点名打倒赵紫阳。

同　日　国防部空间技术研究院成立，钱学森兼任院长。它是1967年6月经中央军委常委会决定，由国防科委负责组建的。其主要职责与任务是：参与制定国家的航天发展计划；负责航天器的技术指标论证；负责各类航天器的研究、设计、生产和试验；负责对运载火箭、发射场和地面测控系统之间的技术协调。

2月21日　周恩来、陈伯达、康生、江青、姚文元等接见天津市革命委员会委员、天津群众代表及驻京部队文艺系统的代表。会见中，江青、康生、陈伯达等称“全国工农兵文艺战士座谈会”和话剧《新时代的狂人》为“反革命黑会”、“黑戏”。并说，在我们国家内部，有以周扬为代表的一条文艺黑线，在全国有一个相当的黑网，“狂人”在舞台上不过是一具木偶，他的一言一行，一喜一怒都决定于幕后的牵线人。他们号召彻底揭开文艺界和公、检、法的阶级斗争盖子，从天津打开一个缺口，彻底摧毁刘、邓、陆、周在全国撒下的黑网、黑线。在江青等人的煽动下，天津文艺界人士受到残酷迫害，整个文艺界众多人因此而受到牵连迫害。

2月22日　中共中央、国务院、中央军委、中央文革小组批准吉林省成立革命委员会。批示说：“中央同意中共沈阳军区委员会2月14日关于成立吉林省革命委员会的请示报告。中央同意吉林省革命委员会由135名委员组成。”由王淮湘等35人任常委。由王淮湘任主任，阮泊生、郑季翘、萧道生、何友发和地方革命干部2人，革命群众组织1—2人（暂缺）任副主任。赵林被称为“走资本主义道路的当权派”。批示还称赞沈阳军区、吉林军区和驻吉林部队在三支两军工作中取得了很大的成绩。3月6日，吉林省革命委员会举行了成立大会。10日，《人民日报》、《解放军报》联合发表社论：《红日高照长白山》，表示祝贺。

同　日　中央批发两个文件。中共中央、中央文革小组批发《浙江“省联总”和“红暴派”关于革命大联合的协议》、《浙江大学两派进一步落实、巩固和发展革命大联合的协议》两个文件。中央批示说：“这两个协议很好。中央批准这两个协议，望广大革命群众在今后工作中认真执行。”

2月25日　《人民日报》刊登任立新的文章：《无政府主义是通向反革命的政治桥梁》。文章说：“阶级敌人唯恐无产阶级专政的天下不乱，他们极力煽动无政府主义，制造混乱，浑水摸鱼。无政府主义已经成为当前资产阶级向无产阶级进行疯狂反扑的主要手段。如果不坚决打倒无政府主义，就必然会干扰毛主席的伟大战略部署，动摇新生的革命委员会，破坏社会主义的计划经济，阻挠我们去夺取无产阶级文化大革命的全面胜利。”文章还说：“有极少数人，正是通过无政府主义这座危险的政治桥梁，滚到了反革命的一边。他们或者‘怀疑一切’，‘打倒一切’，丧心病狂地炮打无产阶级司令部；或者肆意破坏社会主义经济建设，危害国计民生；或者目无国法，为非作歹，堕落成刑事犯罪分子。对这样的人，必须实行无产阶级专政，坚决给予制裁。”

2月26日　康生等制造“内人党”冤案。“内人党”是内蒙古人民革命党的简称。该组织于1925年经中共中央、共产国际批准成立，大革命失败后，该党不复存在。2月初，康生同江青听取内蒙古自治区革委会核心小组汇报时，提出：“内人党至今还有地下活动，一定要揪。开始揪得宽点，不要怕。”此后，内蒙古地区掀起了“挖内人党”的浪潮。内蒙古自治区革委会在电台广播，张贴布告，勒令“内人党”党员在3天之内（后延期10天内）到各级革委会登记，否则，一律按敌我矛盾处理。他们把挖内人党作为内蒙古地区清理阶级队伍的重点内容。有些地方的整个共产党组织都被说成“内人党”，共产党员被打成“内人党员”。康生在1969年2月4日又说：“军队也有内人党，这个问题很严重。”谢富治也附和说：“内人党明里是共产党，暗里是内人党，要把它搞掉。”这样，不仅在地方挖“内人党”，在军队中也挖，牵连的人越来越多，蒙汉各族军民被搞得人人自危。毛泽东发现了这个问题，并做出批示说：“内蒙已经扩大化了。”在这一冤案中受诬陷的人达34.6万余人，其中1.6万多人被迫害致死。1979年3月9日，经中共中央批准，内蒙古自治区党委宣布为“内人党”冤案彻底平反。

3月3日　全国妇联副主席许广平去世。许广平，1898年生。广东番禺人。1919年参加五四运动。1923年考入国立北京女子高等师范学校国文系，1926年8月到广州任广东省立女子师范学校训育主任。1927年在上海与鲁迅结婚。1937年和郑振铎等人编辑出版了600万字的《鲁迅全集》。中华人民共和国成立后，将鲁迅著作出版权上交给国家出版总署，并将全部书籍、手稿及其他遗物捐赠给国家有关部门。曾任政务院副秘书长，全国妇联副主席，中国民主同盟中央常委、民主促进会副主席等职。当选为全国人大常委会委员。1960年加入中国共产党。

3月6日　国家计委、国家建委和国防工办联合召开全国小三线建设工作会议。会议于5月8日结束，会议认为，小三线建设前3年已取得了显著的成绩。初步形成了各地区自己的军工生产后方基地。但是由于“文化大革命”以来的武斗事件的影响，破坏了生产建设，以致原定3年的建设规划要拖到1969年才能完成。会议讨论了1968年小三线生产、试制、建设计划。计划投资8亿元，重点是集中力量突击已开工的项目，力争尽快建成投产。会议还对后3年小三线的建设任务、方针和布局等问题提出了意见。

3月7日　《人民日报》刊登纪念毛泽东“三七”指示一周年的报道。报道说，一年来人民解放军遵照毛主席的教导，对首都385所中学，834所小学和部分大学共100多万人进行了军政训练。所训练的中小学，已经全部实现了以教学班为基础的革命大联合，解放了80%以上的革命干部，98%的学校建立了革命委员会，掀起了无产阶级教育革命的高潮。

同　日　空军航空兵三师在西南某地上空击落美国军用无人驾驶高空侦察机1架。中央军委颁发了嘉奖令。

3月8日　中共中央、国务院、中央军委、中央文革小组发出《关于紧急动员起来，迅速掀起春季农业生产高潮的指示》。《指示》要求：各级革命委员会、军管会、军区、人武部要切实加强对农业生产的领导；迅速建立健全各级生产领导班子，担负起组织领导生产的责任；坚持业余闹革命、就地闹革命、节约闹革命。

同　日　中共中央、国务院、中央军委、中央文革小组发出《关于开好1968年春季出口商品交易会的通知》。《通知》要求：交易会是对外宣传毛泽东思想的一个重要阵地，但应注意，不要强加于人；由广东省和对外贸易部派出代表，组成交易会领导委员会；交易会和同交易会有直接关系的宾馆、旅店、剧场等单位，从3月20日起到5月20日止，一律暂停“四大”；对外贸易部门要积极组织和落实出口货源，有关供货地区和部门，应当给予大力支持。

3月12日　兰州公安局破获英国间谍案。据新华社报道，乔治·瓦特于1966年12月14日以英国“维克斯—吉玛公司”工程师的身份来中国以前，接受了该公司负责人，英帝国主义间谍分子杰伊布置的窃取情报的任务。来中国以后以工程师身份为掩护，进行旨在反对中华人民共和国的间谍活动，以特务手段窃取了我国的军事、政治、经济和无产阶级文化大革命等重要情报，大量偷摄我国禁区照片，严重地危害我国的安全，破坏我国的社会主义建设，罪恶重大。兰州市公安局还发现英国“维克斯—吉玛公司”工程师彼德·迪卡特（西德人）也在我国从事间谍情报活动。3月15日，兰州举行宣判大会，宣布判处乔治·瓦特有期徒刑3年，立即驱逐彼德·迪卡特出境。同日，《人民日报》发表评论员文章：《坚决打击敌特间谍分子，巩固我国无产阶级专政》。

3月15日　外交部就港英当局迫害电影工作者向英国政府提出严重抗议。外交部有关人士在召见英国驻中国代办霍曾森时说，3月14日中午，香港英国当局将被无理监禁在集中营的爱国电影工作者傅奇、石慧2人，强行押到罗湖桥头，企图把他们“送解出境”。这是香港英国当局对我居住和工作在港九的爱国同胞的又一次迫害措施。

3月15日—21日　周恩来等接见赴京代表团。周恩来、陈伯达、康生、江青、姚文元等分别接见四川省革委会筹备小组成员、解放军代表、群众组织代表、江苏和浙江赴京代表团。他们在讲话中说，目前在全国，右倾翻案是主要危险。有人替“二月逆流”翻案，企图分裂以毛主席为首、林副主席为副的无产阶级司令部，瓦解中国人民解放军，推翻新生的革命委员会。当前要从思想上反右倾机会主义、反右倾分裂主义、反右倾保守主义，组织上抓黑手、坏人，要勇敢地斗争，坚决打垮右倾翻案风，坚决捍卫毛主席的无产阶级革命路线。强调要按1967年5月7日中央处理四川问题的“10条”决定办事，不许打倒刘结挺、张西挺。

3月18日　中共中央、国务院、中央军委、中央文革小组批准成立浙江省革命委员会。批示说：“中央批准浙江省军事管制委员会关于成立浙江省革命委员会的请示报告。浙江省形势大好，成立革命委员会的条件已经成熟。中央同意浙江省革命委员会由150名委员组成。”由南萍等32人，以及革命领导干部5人（以后逐步增补）共37人，组成革命委员会常委。南萍担任革委会主任，陈励耘任第一副主任，熊应堂、周建人、赖可可、王子达、张永生、华银凤和1位工人代表共7人任副主任。批示要求浙江省继续巩固和发展大联合与三结合，克服派性，促进各级革命委员会的成立。24日，浙江省革命委员会举行成立大会。28日，《人民日报》、《解放军报》发表社论：《紧跟毛主席就是胜利》，表示祝贺。

3月20日　中共中央、国务院、中央军委、中央文革小组批准成立江苏省革命委员会。批示说：“江苏成立革命委员会的条件已经成熟”。“中央批准南京军区党委关于江苏省成立革命委员会的报告，同意许世友同志为江苏省革命委员会主任和报告中所提的副主任及常委名单。”吴大胜、杨广立、彭冲等为革委会副主任。中央批示对人民解放军驻江苏部队在“三支”“两军”工作中的作用予以较高评价，点名江渭清、陈光为“走资派”。23日，江苏省革命委员会举行成立大会。25日，《人民日报》、《解放军报》联合发表社论：《天翻地覆慨而慷》，表示祝贺。

3月21日　外交部强烈抗议苏联配合美帝制造“两个中国”。外交部在给苏联驻华使馆的照会中说：1968年出版的苏联国际书店《苏联新书》目录第六期封面内页宣传奥林匹克运动会的照片中，竟刊登蒋匪帮的所谓“国徽”。苏联方面还挑衅性地把上述目录寄给了中国方面。这是苏联政府积极配合美帝国主义制造“两个中国”的新的严重罪行。是对7亿中国人民的明目张胆的政治挑衅，是苏联政府勾结蒋匪帮反对伟大的中华人民共和国的一个新的铁的罪证。对此，中国政府向苏联政府提出强烈抗议。

3月22日　中共中央、国务院、中央军委、中央文革小组发布《关于撤销杨成武、余立金、傅崇碧职务的命令》。《命令》说：“根据毛主席、林副主席的决定：一、杨成武犯有极严重错误，决定撤销其中国人民解放军代总参谋长职务，并撤销其中共中央军委常委、军委副秘书长、总参党委第一书记职务。二、余立金犯有极严重错误，又是叛徒，决定撤销其空军政治委员、空军党委第二书记职务。三、傅崇碧犯有严重错误，决定撤销其北京卫戍区司令员职务。”同一天，中共中央、国务院、中央军委、中央文革小组又发布《关于黄永胜、温玉成任职的命令》。《命令》说：“根据毛主席、林副主席的决定：一、任命黄永胜同志为中国人民解放军总参谋长。二、任命温玉成同志兼北京卫戍区司令员。”“杨余傅”事件的发生，是林彪、江青相互勾结，为排除异己、篡夺军权而制造的。林彪集团垮台后，毛泽东对“杨余傅事件”的看法有所改变。在1973年12月21日的军委会议上，毛泽东说，“杨、余、傅也要翻案呢。都是林彪搞的。我是听了林彪一面之词，所以我犯了错误。”1974年7月，毛泽东又批准为杨成武、余立金、傅崇碧平反，恢复名誉。1979年3月28日，中共中央正式发出文件，为杨成武、余立金、傅崇碧彻底平反。

同　日　空军地空导弹二营在广西某地上空击落侵入我国领空进行侦察挑衅的美国军用无人驾驶高空侦察机1架。

3月24日　林彪在万人军队干部大会上讲话，传达中共中央3月

22日命令。他在讲话中说："最近，我们党的工作中间，又出现了新的问题，发生了阶级斗争中间新的情况，……主席说这是一个不很大、不很小的问题。这就是最近在军队里面发生了杨成武同余立金勾结，要篡夺空军的领导权，要打倒吴法宪。杨成武同傅崇碧勾结，要打倒谢富治。杨成武的个人野心还想排挤许世友，排挤韩先楚，排挤黄永胜，以及与他的地位不相上下的人。中央在主席那里接连开会，开了4次会，主席亲自主持。会议决定撤销杨成武的代总长职务。把余立金逮捕起来法办！撤销北京卫戍区司令傅崇碧的职务。"他还说："杨成武的主要错误是山头主义、两面派和曲解马克思主义。"周恩来、陈伯达、康生、江青、姚文元等参加接见并分别发表了讲话。陈伯达在讲话中称，"杨余傅事件"是文化大革命取得的第五个回合的胜利，并诬蔑杨、余、傅是王、关、戚的后台。会议结束后，毛泽东出面接见了与会的全体人员。

3月27日　北京10万军民在工人体育场举行"彻底粉碎'二月逆流'新反扑，夺取无产阶级文化大革命全面胜利誓师大会"。周恩来、陈伯达、康生等人出席大会。陈伯达主持大会，周恩来宣读了中央3月22日命令，并发表讲话。陈伯达等人也讲了话。

3月28日　国务院副总理李富春、李先念批准国家计委《关于从资本主义国家进口机电设备的报告》。《报告》中说：1968年初，各方面提出要从资本主义国家进口约2亿美元的机电设备。为了把有限外汇用在最急需的方面，先安排1.04亿美元，主要进口机械配件、仪器仪表、机床、汽车、工具等生产建设急需物资，着重满足军工、煤炭、外援配套的急需。

3月29日　毛泽东在《发表"缅共武装斗争20周年的声明"的请示报告》上做出批示。批示说："一般地来说，一切外国党（马列主义）的内政，我们不应干涉。他们怎样宣传，是他们的事。我们应注意自己的宣传，不应吹得太多，不应说得不适当，使人看起来有强加于人的形象。"

3月30日　《人民日报》、《红旗》杂志、《解放军报》联合发表社论：《革命委员会好》。社论说："联翩出现的革命委员会，像一面面鲜艳的红旗，迎风招展。现在，全国已有18个省、市、自治区先后成立了革命委员会，还有一些地区正在酝酿革命委员会的诞生。大量的基层单位，都已经建立起革命委员会。”社论传达了毛泽东的最新指示：“革命委员会的基本经验有三条：一条是有革命干部的代表，一条是有军队的代表，一条是有革命群众的代表，实现了革命的三结合。革命委员会要实行一元化的领导，打破重叠的行政机构，精兵简政，组织起一个革命化的联系群众的领导班子。”

4月4日　中共中央、国务院、中央军委、中央文革小组批准成立宁夏回族自治区革命委员会。批示说：“中央同意宁夏回族自治区革命委员会筹备小组3月23日关于成立宁夏回族自治区革命委员会的请示报告。中央同意宁夏革命委员会由81名委员组成。同意报告中所提的革命委员会委员和常委的名单，同意由康健民同志任革命委员会主任，张怀礼、徐洪学、王志强、安建国同志任副主任，另留两名副主任的名额，待以后增补。”批示将杨静仁、马玉槐称为刘少奇等“在宁夏的代理人”。批示还说，宁夏地处边疆，又是少数民族地区，阶级斗争极其尖锐复杂，要求宁夏“把叛徒、特务和反革命分子统统挖出来”。4月10日，宁夏革命委员会举行了成立大会。4月12日，《人民日报》、《解放军报》联合发表社论：《不到长城非好汉》，表示祝贺。

同　日　外交部就苏联船员公然在我国港口进行间谍活动向苏联政府提出强烈抗议。外交部在给苏联驻华大使馆的照会中说，1968年3月23日14时04分，苏联“乌克兰共青团员号”船在中国广州黄浦港垃圾尾岛进入虎门途中，二副波诺马尔楚克窃摄我舰艇和虎门要塞的地形。当我检查人员进行检查时，波诺马尔楚克竟然矢口抵赖，并企图将所摄底片曝光灭迹。船长柯夏科夫对此采取了令人不能容忍的包庇态度，公然抗拒中国专政机关对波诺马尔楚克依法进行拘留审讯。照会最后说，中国有关当局决定，立即驱逐波诺马尔楚克和船长柯夏科夫出境，今后不准再来中国港口。苏船“乌克兰共青团员号”由我武装押送出港。

4月6日　中共中央、国务院、中央军委、中央文革小组批准成

立湖南省革命委员会。批示说，“中央同意湖南省革命委员会筹备小组关于成立湖南省革命委员会的请示报告。中央批准湖南省革命委员会组成的名单。”批示将王延春称为刘少奇等“党内最大的一小撮走资本主义道路的当权派在湖南的代理人”。湖南省革委会主任由黎原担任，华国锋、杨大易、章伯森、刘顺文等担任副主任。8日，湖南省革命委员会举行了成立大会。10日，《人民日报》、《解放军报》发表社论：《芙蓉国里尽朝晖》，表示祝贺。社论中说道：“毛主席最近又深刻地指出：无产阶级文化大革命，实质上是在社会主义条件下，无产阶级反对资产阶级和一切剥削阶级的政治大革命，是中国共产党及其领导下的广大革命人民群众和国民党反动派长期斗争的继续，是无产阶级和资产阶级阶级斗争的继续。”

4月8日　黄梅戏艺术家严凤英去世。严凤英，1930年生。安徽桐城人。女，原名鸿六。13岁从师严云高学唱黄梅戏。擅演小旦、花旦、闺门旦。1953年参加安徽省黄梅戏剧团。1954年主演黄梅戏《天仙配》，参加华东戏曲观摩演出大会，获演员一等奖，1960年加入中国共产党。曾任安徽省黄梅戏剧团副团长，全国文联委员，全国政协第二、三届委员，为黄梅戏的发展做出重大贡献。在“文化大革命”中受迫害含冤去世。1978年获得平反昭雪。

同　日　中国与坦桑尼亚、赞比亚签订关于修建坦赞铁路协定的3个议定书。3个议定书是：关于坦桑尼亚——赞比亚铁路贷款的提供方式的议定书；关于修建坦桑尼亚——赞比亚铁路的中国技术人员的派遣、待遇和工作条件的议定书；关于坦桑尼亚——赞比亚铁路勘测设计工作的议定书。根据1967年3国政府在北京的协议，由中国援建的这条铁路，即将开始进行设计和勘测。

4月9日　全国人大常委会副委员长程潜去世。程潜，1881年生，湖南醴陵人。1906年留学日本时加入同盟会。曾任湘军都督府参谋长，非常大总统府陆军总长，广东大本营军政部部长。北伐战争时期，任国民革命军六军军长，九江卫戍司令，武汉国民政府委员等职。抗日战争时期，历任国民党第一战区司令长官，河南省政府主席、天水行辕主任。1948年参加副总统竞选失败后，回湖南任长沙绥署主任兼湖南省主席。1949年8月在长沙宣布起义。同年9月出席中国人民政治协商会议第一届全体会议。中华人民共和国成立后，任中央人民政府委员，全国人民代表大会常务委员会副委员长，国防委员会副主席，湖南省省长，中国国民党革命委员会中央副主席。

同 日 外交部就苏联方面驱逐中国专家组成员向苏联政府提出强烈抗议。外交部在给苏联驻华使馆的照会中说，4月5日，苏联有关当局无中生有、毫无道理地宣布驱逐中国验收飞机专家组成员陈继贤出境。这再次充分暴露了苏联政府蓄意破坏两国贸易协定，进一步恶化两国关系的险恶企图。

4月13日 中共中央发出《关于安置1968年退伍军人的通知》。《通知》提出：1968年退伍军人的安置工作，要继续贯彻国务院规定的“从哪里（省）来，回哪里（省）去”的精神，特别要动员他们到农村去劳动和工作，尤其是从事农村教育工作。退伍军人入伍前家居城市的学生和社会青年，以及原是企事业单位、机关的青年职工，应认真妥善安置，凡能动员到农村的，应尽量组织他们到农村去劳动和工作。

4月14日 中共中央、国务院、中央军委、中央文革小组批准成立安徽省革命委员会。批示说：“中央同意安徽省军事管制委员会4月10日关于成立安徽省革命委员会的报告。中央同意报告中所提的革命委员会委员和常委的名单，同意由李德生同志任革命委员会主任，廖成美、宋佩漳、李任之、杨效椿、徐文成、张秀英（女）、张家云（女）同志任副主任，另留2名副主任的名额，待以后增补。”批示点名批判了李葆华、黄岩。18日，安徽省革命委员会举行了成立大会。20日，《人民日报》、《解放军报》发表社论：《无产阶级革命派的胜利——热烈祝贺安徽省革命委员会成立》。社论中传达了毛泽东的最新指示：“对派性要进行阶级分析。”

4月16日 毛泽东发表支持美国黑人抗暴斗争的声明。4月4日，美国白人种族主义者枪杀了黑人牧师马丁·路德·金，美国黑人掀起全国性的抗暴斗争，美国一些主要城市陷入一片混乱，美国当局出动军队进行镇压。毛泽东在声明中说："马丁·路德·金是一个非暴力主义者，但美帝国主义并没有因此对他宽容，而是使用反革命的暴力，对他进行血腥的镇压。""美国黑人的斗争，不仅是被剥削、被压迫的黑人争取自由解放的斗争，而且是整个被剥削、被压迫的美国人民反对垄断资产阶级残暴统治的新号角。它对于全世界人民反对美帝国主义的斗争，对于越南人民反对美帝国主义的斗争，是一个巨大的支援和鼓舞。我代表中国人民，对美国黑人的正义斗争，表示坚决的支持。"声明还说："当前，世界革命进入了一个伟大的新时代。美国黑人争取解放的斗争，是全世界人民反对美帝国主义的总斗争的一个组成部分，是当代世界革命的一个组成部分。"

4月25日　全国政协副主席蔡廷锴去世。蔡廷锴，1892年生。广东罗定人。早年毕业于保定陆军军官学校。1927年曾参加南昌起义，随后率部离去。曾任国民党军十九路军军长兼副总指挥。1932年日军进犯上海时，率十九路军进行了淞沪抗战。随后被蒋介石调到福建参加对红军的围剿战争，任驻闽绥靖公署主任。在抗日民主运动影响下，与红军签订抗日反蒋协定。1933年11月，同李济深、陈铭枢等在福建成立"中华共和国人民革命政府"。福建事件失败后，逐步转入与共产党合作的立场，1935年在香港同李济深等成立中华民族革命同盟。抗日战争时期，曾一度担任第六集团军总司令，在两广同日军作战。1946年在广州同李济深等共组中国国民党民主促进会。1948年响应中国共产党"五一"口号，积极参加建立新中国的筹备工作。中华人民共和国成立后，历任中央人民政府委员、全国人大常委会委员、国家体委副主任、国防委员会副主席、全国政协副主席、中国国民党革命委员会中央副主席等职。

4月27日　《人民日报》转载《红旗》杂志评论员文章：《对派性要进行阶级分析》。文章说："无产阶级文化大革命，把各个阶级、各个阶层卷进了阶级斗争的激流，各派政治力量空前活跃起来，强烈地表现出各自的政治倾向，表现出各自的派性。怎样用马克思列宁主义、毛泽东思想对派性作阶级分析，是一个十分重要的问题。"文章公开发表了毛泽东过去的一段话："除了沙漠，凡有人群的地方，都有左、中、右，一万年以后还会是这样。”文章把党性和派性混为一谈，称：“我们反对资产阶级派性，正是为了维护和增强无产阶级革命派的派性，即无产阶级先锋队的党性。”此后，全国停止了对派性的批判，各地的派性斗争更加泛滥。

4月28日　中国和巴基斯坦两国政府签订1968年贸易议定书。根据议定书规定，中国方面将向巴基斯坦提供机床、车间设备、结构钢、染料、化工原料、药品、科学仪器、医疗器材和其他商品。巴基斯坦方面将向中国提供黄麻和黄麻制品、棉花、棉纱、纺织品、毛皮、药材、矿砂和其他商品。

4月30日　中共中央、国务院、中央军委、中央文革小组批准成立陕西省革命委员会。批示说：“中央同意中国人民解放军陕西省支左委员会4月29日关于成立陕西省革命委员会的报告。中央同意陕西省革命委员会由149名委员组成；同意所提35名常委；同意由李瑞山同志任革命委员会主任，黄经耀、胡炜、杨焕民、萧纯、张培信、马希圣、单英杰、王风琴（女）、李世英、孙福林、杨梦云（女）11名同志任副主任，并另留几名副主任名额，待以后增补。”批示中称刘澜涛、赵守一、李启明为“叛徒、特务和党内走资本主义道路的当权派”。5月1日，陕西省革命委员会举行了成立大会。5月3日，《人民日报》、《解放军报》联合发表社论：《延安精神永放光芒》，表示祝贺。

5月5日　中央文革小组发出组织和讨论毛泽东指示的《通知》。通知说：“中央两报一刊重要社论《革命委员会好》，以及《人民日报》、《解放军报》在庆祝湖南、安徽革命委员会成立时的社论《芙蓉国里尽朝晖》、《无产阶级革命派的胜利》，红旗杂志评论员文章《对派性要进行阶级分析》，‘五一’社论《乘胜前进》，传达了毛主席的一系列最新指示，总结了革命委员会的经验，指出了无产阶级文化大革命的方向。望各级革命委员会、各革命群众组织、人民解放军广大指战员，以及一切的毛泽东思想学习班，认真组织学习和讨论，使无产阶级文化大革命运动，按照毛主席的无产阶级革命路线和最新指示，继续胜利前进。”

5月8日　中共中央、国务院、中央军委、中央文革小组批准成立辽宁省革命委员会。批示说："中央同意中共沈阳军区委员会5月7日关于成立辽宁省革命委员会的报告。中央同意辽宁省革命委员会由175名委员组成；同意设45名常委；同意由陈锡联同志任革命委员会主任，李伯秋、杨春甫、王良、杨迪、杨弃、毛远新、尉凤英(女)、任宝成、王凤恩、刘忠礼、于桂兰（女)、张治国、魏礼玲、赫义田、刘盛田等15名同志任副主任，暂缺工人副主任1名。"批示将马明方、顾卓新、喻屏、周桓等说成是刘少奇等"在东北和辽宁的代理人"。10日，辽宁省革命委员会举行成立大会。12日，《人民日报》、《解放军报》发表社论：《东北大地红烂漫——热烈欢呼辽宁省革命委员会成立》。社论要求辽宁省革命委员会成立以后，要加强敌情观念，把美帝、苏修、日本、蒋帮特务和隐藏或混进来的反革命分子挖出来。社论还说："毛主席最近又一次指出：'要相信90%以上的干部是好的和比较好的。犯了错误的人，大多数是可以改的'。"

5月12日　中共中央、国务院、中央军委、中央文革小组发布对国家体委实行军事管制命令。《命令》内容如下："国家体育运动(包括国防体育俱乐部）系统，是党内头号走资本主义道路当权派伙同反革命修正主义分子贺龙、刘仁、荣高棠等完全按照苏修的办法炮制起来的。长期脱离党的领导，脱离无产阶级政治，钻进了不少坏人，成了独立王国。为了彻底揭开体育系统阶级斗争的盖子，把坏人揪出来，搞好各单位的斗批改，把无产阶级文化大革命进行到底，为此，特决定全国体育系统全部由中国人民解放军实行军事接管。一、各级体育运动委员会机关及所属运动系（队)，由所在地区的大军区、省军区接管。二、各航空俱乐部（包括飞机、器材）的滑翔机制造厂由各军区空军接管。三、各航海、潜水俱乐部(包括船只及航海器材）由海军各舰队接管。四、各无线电俱乐部(包括通信设备、器材）由各军区通信部门接管。五、各射击、摩托俱乐部（包括射击场、武器、弹药，摩托运动器材）由各大军区、省军区指派军训、军械部门分别接管。接管国家体育系统的工作，由各大军区统一组织实施。根据实际需要由陆军、海军、空军分别派出军管小组或军代表。”1979年2月12日，国家体委宣布，经中共中央批准撤销1968年5月12日对全国体育系统的命令，推翻一切诬蔑不实之词。

5月15日　北京市革命委员会发出《关于清理阶级队伍工作中几个问题的通知》。《通知》要求：一、加强领导，充分认识清理阶级队伍的必要性和重要性。二、通过清理阶级队伍，揪斗坏人，进一步批判反革命修正主义路线。三、正确执行党的政策，掌握稳、准、狠的原则。团结和争取多数，把矛头对准一小撮阶级敌人，区别对待，分化敌人，最大限度地孤立和打击最坏的分子。四、只许文斗，不许武斗。任何团体和个人，都不准私设公堂。严禁打人和其他形式的体罚，打死人是犯法的。严禁逼、供、信。要反复地交待政策，防止发生自杀。五、在没有实现革命大联合的单位，揪斗混入群众组织的坏人，“要靠那个组织自己发动群众去处理”。两派组织不要借清理阶级队伍的名义相互揪斗，进行宗派斗争。要进一步清除资产阶级派性的影响，联合起来，共同对敌。同日，谢富治在北京市革命委员会第13次全体会议上就清理阶级队伍问题发表讲话，他说：“清理阶级队伍的工作从某种意义上来说是一场肃反运动，这一工作我们党已经有了丰富的经验。”

5月17日　《人民日报》、《红旗》杂志、《解放军报》联合发表社论：《划时代的文献——纪念（通知）发表两周年》。文章说：“在这两年中，规模空前巨大的革命群众运动，像大海的怒涛，把隐藏在我们党内的以中国赫鲁晓夫为首的资产阶级的司令部冲垮了，……粉碎了他们妄图颠覆我国无产阶级的专政，复辟资本主义的罪恶阴谋。现在，根据揭发出来的大量的确凿事实，已经查明，中国赫鲁晓夫等党内一小撮最大的走资派，是代表国民党反动派利益，代表帝国主义、资产阶级和地、富、反、坏、右利益的反革命黑帮。其中，相当一部分人，就是国民党反动派的残渣余孽。中国赫鲁晓夫，这个党内头号的走资派，就是多次跪倒在帝国主义和国民党反动派脚下的可耻叛徒，党内另一个最大的走资派以及陶铸、彭德怀、彭真、谭震林、罗瑞卿、陆定一、杨尚昆、安子文等等，都是隐藏在我们党内的形形色色的叛徒、特务和反革命修正主义分子。”毛泽东审稿时在“彻底粉碎右倾翻案的妖风”前，加上了一句话：“坚决反对右倾机会主义、右倾投降主义、右倾分裂主义。”

5月18日　中共中央、中央文革小组发出《重要通知》，毛泽东批示：“照发”。《重要通知》说：“最近毛主席批评了在一个文件中用了‘世界革命的中心——北京’这种提法。毛主席再一次指出：‘这种话不应由中国人口中说出，这就是所谓以我为核心的错误思想。’毛主席的批评，应引起各级党、政、军、群及驻外使馆的注意。毛主席的指示，我们应坚决贯彻执行。今后，不论在报刊上(包括各种小报)，在内部文件中，在各种讲话中，特别在接待外宾时，一律不要再用‘世界革命的中心’的这种说法。对于‘以我为核心’的错误思想，应经常警惕和批判”。

5月19日　毛泽东在《北京新华印刷厂军管会发动群众开展对敌斗争的经验》上做出批示。批示说：“文元同志：建议此件批发全国。先印若干份，分发有关同志，然后在碰头会上宣读一次，加以修改，再加批语发出。在我看过的同类材料中，此件是写得最好的。此厂情况，我已从个别同志那里听过两次，你是否可以去那里看一看，问一问？”这一材料是5月13日姚文元呈交毛泽东的。姚文元在呈交报告中写道：“此件总结了清理队伍中的一些政策性问题。”5月25日，中共中央、中央文革小组发出《转发毛主席关于〈北京新华印刷厂军管会发动群众开展对敌斗争的经验〉的批示的通知》。《通知》要求各地学习新华印刷厂开展对敌斗争的经验，并且注意总结本地区的经验。在清理厂矿、机关和文教系统中的教职员工的阶级队伍的工作中，进行深入细致的调查研究工作，区别两类不同性质的矛盾，稳准狠地打击一小撮阶级敌人。此后，全国陆续开展了“清理阶级队伍”运动，新华印刷厂介绍的主要经验是：建国18年来，这个厂的阶级斗争一直极其尖锐、复杂、激烈，军管人员进厂后，狠抓阶级斗争不转向，放手发动群众开展对敌斗争。具体做法是：对于广大革命群众，必须坚决依靠，也要善于引导；对于犯了严重错误的人，必须从严要求，也要注意团结；对于一小撮阶级敌人，必须狠狠打击，也要分化瓦解，指明出路。

5月23日　《文汇报》发表于会泳的文章：《让文艺舞台永远成为宣传毛泽东思想的阵地》。文章说：“我们根据江青同志的指示精神，归纳为‘三突出’，作为塑造人物的重要原则。即：在所有人物中突出正面人物来；在正面人物中突出主要人物来；在主要人物中突出最主要的中心人物来。”第一次公开和阐述了“三突出”的口号。后来，作为“三突出”的补充，又提出了“三陪衬”，即：“在正面人物与反面人物之间，反面人物要反衬正面人物；在所有正面人物之中，一般人物要烘托、陪衬英雄人物；在所有英雄人物之中，非主要人物要烘托、陪衬主要英雄人物。”

5月27日　外交部照会英国政府，强烈抗议英纵容美帝利用香港作为侵越基地。照会说，5月24日，美国核动力航空母舰“企业号”连同一批第七舰队舰只，又在参加越南海面作战之后开进香港。今年不到5个月的时间内，开到香港的美国各式舰只达到146艘次，其中核动力舰只已达4艘。照会说，英国政府不顾中国政府多次的强烈抗议和香港中国居民的强烈反对，把香港提供给美帝作为它侵略越南海、空军的活动基地和后勤补给站，甚至把香港作为美国核动力军舰的活动基地。中国政府对此提出强烈抗议。

5月28日　中共中央、国务院、中央军委、中央文革小组批准成立四川省革命委员会。批示说，中央同意四川省革命委员会筹备小组关于建立四川省革命委员会的请示报告。四川是社会主义祖国的大后方，处在十分重要的战略地位，解放以来，阶级斗争特别尖锐，刘少奇等及他们在四川的代理人廖志高、任白戈、黄新廷等对抗毛主席的无产阶级革命路线，招降纳叛，妄想把四川变成复辟资本主义的独立王国。批示说：“中央同意：由张国华同志担任四川省革命委员会主任，李大章、梁兴初、刘结挺、天宝、张西挺（女）、徐驰、邓兴国、江海云（女）、王恒霖、彭家治、张泗洲、冯玉德、蔡文彬、杨志诚、但坤蓉（女）同志担任副主任。中央同意四川省革命委员会筹备小组所提的常委和委员名单。”31日，四川省革命委员会正式宣告成立。6月2日，《人民日报》、《解放军报》发表社论：《七千万四川人民在前进——热烈欢呼四川省革命委员会成立》。社论传达了毛泽东的最新指示："对广大人民群众是保护还是镇压，是共产党同国民党的根本区别，是无产阶级同资产阶级的根本区别，是无产阶级专政同资产阶级专政的根本区别。"

同　日　中美大使级会谈第一百三十五次会议延期举行。据新华社报道，由于我国大使届时不能回任，并且由于目前时期没有什么事情可谈，中华人民共和国驻波兰大使馆临时代办陈东于5月18日奉命致函中美大使级会谈美国代表格罗诺斯基大使，建议将原定在1968年5月29日举行的第一百三十五次中美会谈延期至11月中旬或下旬，具体日期以后商定。

5月30日　流窜云南境外的一批蒋残匪官兵投诚归来。这批投诚人员共47人，其中有大队长、副大队长、副中队长各1人，正副区队长6人，带回一些轻重武器。有关部门向他们发放了奖金。

本　月　中共中央在北京为四川举办约5 000人参加的学习班。办学习班的目的是解决实现四川群众大联合，以及"三结合"和尽快成立省革命委员会问题。学习班于5月底结束。

6月10日　新华社奉命对印度入侵行为提出严重警告。近来，印度政府连续派遣军用飞机9架次侵入我国西藏亚东地区进行侦察挑衅活动。

6月15日　中共中央发出《关于1967年中等专业学校、技工学校、半工半读学校毕业生分配的通知》。《通知》规定，1967年应届毕业生，一律于1968年7月毕业，并按各办学部门原来规定的办法进行分配和安排，待遇也按原规定执行（包括省、市、自治区的规定）。

6月16日　中共中央、国务院、中央军委、中央文革小组发出《关于1968年城乡居民棉布定量的通知》。《通知》提出，由于煤电供应不足，纺织生产受到影响，棉布产量下降，市场供应比较紧张，决定对棉布供应量作适当调整。一、1968年城乡居民棉布基本定量规定为全国人口平均每人9尺，比1967年减少4.6尺。各省、市、自治区的具体定量，由商业部下达执行。二、1968年的各种补助用布，区别不同情况，采取继续保留、降低补助标准和取消补助的不同办法：1. 寒冷地区居民、渔民、盐民、少数民族、边境地区居民补助用布及南方地区蚊帐补助用布，继续实行1967年的标准不变。2. 职工一般补助用布，由1967年的全国平均每人6尺减为平均每人3尺。3. 城乡人口鞋子补助用布，对外宾开放城市儿童补助用布，侨汇优待用布，农垦兵团补助用布，劳改犯人补助用布，一律取消。三、工业生产和其他社会用布（包括棉纱），要求在1967年实际供应的基础上，全国平均减少20%。

6月18日　中共中央、国务院、中央军委、中央文革小组发出《关于建立沈阳军区黑龙江生产建设兵团的批示》。批示规定，东北农垦总局所属农场，与黑龙江某些省属农场、黑河农建一师、合江农建二师合编为中国人民解放军沈阳军区黑龙江生产建设兵团。汪家道任黑龙江生产建设兵团司令员。

6月19日　中共中央转发国务院《关于1968年度收购农村副产品奖售标准的通知》。《通知》规定：一、把奖售化肥逐步地改为各种经济作物的专用化肥，纳入计划分配。部分农产品降低奖售标准或取消奖售化肥。二、1968年收购贸易粮1 000斤，奖售布票由7尺减为4尺。超产超购的粮食，仍然一半给予加价奖励，一半奖售化肥。奖售化肥的标准，改为每超购2斤贸易粮，奖售化肥1斤。三、1968年度向农民换购自留棉，每斤皮棉发给的布票，由5尺改为3尺。四、省、市、自治区在有利于发展生产、保证完成农副产品收购上调任务，并且在不增加奖售物资总量的前提下，对于具体产品的奖售标准，可以作适当调整。五、收购出口物资和中药材的奖售标准，分别由对外贸易部和商业部另行下达。

6月20日　中共中央发出《关于1967年大专院校毕业生分配问题的通知》。决定1967年大专院校毕业生推迟到1968年6月开始进行分配。《通知》提出：一、毕业生分配工作，必须彻底打破大专院校毕业生一出门只能分配当干部，不能当工人、农民的旧制度。二、毕业生的分配，必须坚持面向农村，面向边疆，面向工矿，面向基层，与工农群众相结合的方针。1966年、1967年大专院校毕业生（包括研究生），一般都必须先当普通农民，当普通工人。根据国家需要，分配当中小学教员和担任医疗工作的毕业生，也必须一面工作，一面劳动。三、1967年毕业生，不论分配到全民所有制单位或集体所有制单位，其工资暂按原定标准发给。

同　日　我国今年夏收作物又获丰收。据新华社报道，在南方，夏收粮食、油料作物在连年丰收的基础上，又一次获得了可喜的丰收。在北方，我国主要产麦区河南、山东、河北、山西、陕西等省，尽管有些地方今年遇到了自然灾害，但总的来看收成仍然较好。

6月29日　新华社报道样板戏公演消息。新华社报道："江青培育和率领的无产阶级革命新文艺的样板团在'七一'公演样板戏"。报道说：这次上演的革命样板戏，有革命现代京剧《沙家浜》、《智取威虎山》、《奇袭白虎团》、革命现代交响音乐《沙家浜》、革命现代芭蕾舞剧《红色娘子军》。报道称："革命样板戏这个无产阶级文艺宝库中的明珠几年以前在东方地平线上出现以后，立即轰动了全中国，震惊了全世界，在人类文艺史上揭开了光辉灿烂的新篇章。"

7月1日　《人民日报》等刊物发表社论。《人民日报》、《红旗》杂志、《解放军报》联合发表社论：《发扬党的紧密联系群众的作风——纪念中国共产党诞生47周年》，社论说："当前，无产阶级文化大革命已经取得了决定性的胜利。以中国赫鲁晓夫为代表的资产阶级反动势力在中国实现资本主义复辟的阴谋，遭到了可耻的失败。……但是，阶级斗争还是尖锐而复杂的。一小撮失败了的阶级敌人已经穷途末路，仍然要作垂死的挣扎。""毛主席亲自发动和领导的无产阶级文化大革命，进一步从根本上解决了党、政权和人民群众的联系问题，从而保证我们国家永远不改变颜色。"同日，毛泽东、林彪等出席中央文革小组为庆祝"七一"而举办的文艺晚会，观赏了新创作的钢琴伴唱《红灯记》、交响音乐《沙家浜》。《人民日报》、《解放军报》都刊登了大型油画《毛主席去安源》。

7月2日　中国有关当局宣布驱逐两名英国间谍。据新华社报道，英国间谍英籍"惠风"舰船长卜蒲和英国间谍英籍"南西地"轮大副中士因搜集我国政治、军事、经济情报，危害我国安全，被我有关机关查获。两犯对其罪行供认不讳。

7月3日　中共中央、国务院、中央军委、中央文革小组发布关于制止武斗的《布告》（即“七三”布告）。《布告》说，最近两个月来，在广西柳州、桂林、南宁地区，以中国赫鲁晓夫为首的党内最大的一小撮走资派及其在广西的代理人、叛徒、反革命分子和没有改造好的地富反坏右分子，蒙蔽和欺骗一部分群众，连续制造了一系列反革命事件，破坏铁路交通，抢劫援越物资，冲击人民解放军的机关、部队，抢夺解放军的武器装备，杀伤解放军指战员。《布告》要求：“一、立即停止武斗，拆除工事，撤离据点。首先撤离铁路交通线上的各据点。二、无条件地迅速恢复柳州铁路局全线的铁路交通运输，停止一切干扰和串联，保证运输畅通。三、无条件地交回抢去的援越物资。四、无条件地交回抢去的人民解放军武器装备。五、一切外地人员和倒留城市的上山下乡青年，应立即返回本地区、本单位。六、对于确有证据的杀人放火、破坏交通运输、冲击监狱、盗窃国家机密、私设电台等现行反革命分子，必须依法惩办。”《布告》说：“中央相信，一小撮阶级敌人制造的反革命事件，只能乱了敌人，锻炼了群众。”

同　日　北京市中级人民法院举行“宣判英国‘维克斯——吉玛公司’诈骗案大会”。大会进行了缺席审判。判决：被告英国“维克斯——吉玛公司”1964年11月25日与中国技术进口总公司签订的工厂合同，自判决之日起立即废除；限“维克斯——吉玛”在中国的人员，自判决之日起10日内离境；“维克斯——吉玛公司”赔偿中国技术进口总公司的经济损失65万英镑。判决书说，该公司根本不履行合同，蓄意进行诈骗。它派遣来中国的所谓技术人员，有的不称职，有的是冒充技术人员的间谍分子。合同规定，该公司向中方供应最现代化的设计和技术，质量最优良的设备和材料，实现合同规定的保证数据，但被告没有掌握合同工厂的主要技术，并且一再玩弄骗局。

7月9日　中共中央，国务院、中央军委、中央文革小组发出《关于查阅中央管理干部的档案的规定》。《规定》说，“为了加强领导，严格管理，确保中央管理干部档案的安全，防止遗失、盗窃、篡改，对查阅中央管理的干部档案特作如下规定：一、凡查阅原中央机关正、副部长，省（市）、自治区委书记处书记，正副省（市）长及相当职务的干部档案时，须由中央机关各部（委）、省（市）、自治区革命委员会或筹备小组、军管会报经中央组织部郭玉峰同志审查，再呈恩来、伯达、康生、江青、永胜同志批准后方可查阅。二、中央专案审查小组，要借中央管理干部的档案时，须经谢富治、汪东兴同志批准后方可查阅。三、凡查阅原中央机关司（局）长及相当职务的中央管理干部的档案时，须由中央机关各部（委）革命委员会或筹备小组、军管会审查报请中央组织部业务组批准后方可查阅。凡查阅省（市）、自治区厅（局）长、地委书记及相当职务的中央管理干部的档案材料时，须由各省（市）、自治区革命委员会或筹备小组、军管会审报中央组织部业务组批准后方可查阅。四、中央管理的大专院校、工矿企业的革命委员会、军管会需要查阅各单位领导人员的档案时，应分别按一、三两项规定办理。五、查阅军委管理的干部档案时，应经军委办事组批准后方可查阅。各单位派出查阅档案的人员，必须是党员干部，政治上可靠。”

7月19日　中央发出《通知》。中共中央、国务院、中央军委、中央文革小组发出《关于转发湖南驻军“支左”领导小组〈宣传贯彻“七三”布告情况〉的通知》。《通知》说，“根据伟大领袖毛主席的批示，现将湖南省驻军支左领导小组关于宣传‘七三’布告的情况报告转发给你们，望参照执行。‘七三’布告是毛主席的伟大战略部署。广泛、深入地向群众宣传‘七三’布告，造成浩大的声势，是分清敌我，团结、教育和保护广大革命群众，彻底孤立阶级敌人，揭露和打击一小撮叛徒、特务、死不改悔的走资派和没有改造好的‘地、富、反、坏、右’的反革命破坏活动的一项极其重要的措施。望你们立即检查一下宣传工作的情况，没有抓紧的要抓紧，领导不得力的要迅速加强。此种宣传，应同拥军爱民联系起来，同当地开展对敌斗争的具体情况联系起来，同清理本地本单位的阶级队伍、开展革命大批判等项工作结合起来，以求深入人心，家喻户晓。”

7月21日　康生致信江青开列被他诬陷的八届中央委员、候补中央委员名单。康生在这封信里，把71%的中央委员和候补中央委员诬指为“叛徒”、“特务”、“里通外国”和“有政治历史问题”。

同　日　刘振武投寄《宣言》和《对当前全国各地两派争论的意见》，反对“文化大革命”和派性斗争。刘振武是广西博白县文地中学党支部书记，他以“中国人民保党反派委员会”的名义写了《宣言》和《对当前全国各地两派争论的意见》，投寄玉林军分区。在传单中为捍卫党和人民的利益，直陈己见，揭露林彪反革命的阴谋，反对资产阶级派性。结果被作为“特大反革命匿名信案件”，于同年8月12日以“现行反革命罪”被捕，9月20日在狱中病逝。县公检法军管会将他定为“现行反革命分子”，“判处死刑，立即执行”。1984年2月24日，广西壮族自治区人民政府经报民政部批准，追认刘振武为革命烈士。

7月22日　《人民日报》刊载从上海机床厂看培养工程技术人员的道路》的调查报告，并加编者按。编者按中有毛泽东亲笔加的一段话：“大学还是要办的，我这里主要说的是理工科大学还要办，但学制要缩短，教育要革命，要无产阶级政治挂帅，走上海机床厂从工人中培养技术人员的道路。要从有实践经验的工人农民中间选拔学生，到学校学几年以后，又回到生产实践中去。”（这段话后被称为“七二一指示”）调查报告中说，文化大革命使这个厂的技术人员队伍发生了深刻的变化，资产阶级反动技术“权威”被赶下了台，政治上臭了，技术上的纸老虎原形，也暴露无遗。在谈到培养工程技术人员的道路时，调查报告说：实践证明，从工人中提拔的技术人员比来源于大专院校毕业生的技术人员要强。前者思想较先进，实际工作能力较强，后者落后思想多，实际工作能力较差。由此，调查报告提出了“教育革命的方向”问题，强调学校教育一定要与生产劳动相结合。除了继续从工人队伍中提拔技术人员外，应该由基层选拔政治思想好的，具有数年劳动实践经验的初、高中毕业生进入大专院校学习。同时，组织现有技术队伍参加革命大批判，批判“专家治厂”、“技术第一”、“洋奴哲学”、资产阶级名利思想，并组织他们分期分批去当工人。

7月24日 中共中央、国务院、中央军委、中央文革小组发布关于制止武斗的《布告》（即“七二四”布告）。《布告》说：“以中国赫鲁晓夫为首的党内一小撮最大的走资派及其在西北和陕西的代理人、叛徒、特务、反革命分子和没有改造好地富反坏右分子，最近以来，在全省一些地方，煽动、蒙蔽、欺骗少数人，不断挑起武斗，组成专业的武斗队，连续制造了一系列极其严重的反革命事件：一、抢劫国家银行、仓库、商店；二、烧毁和炸毁国家仓库、公共建筑和人民房屋；三、抢劫车船，中断铁路、交通、邮电，私设电台；四、连续冲击人民解放军的机关、部队，抢夺人民解放军的武器装备，杀伤人民解放军的指战员；五、拒不执行中共中央、中央文革历次发布的有关通令、命令、通知和布告。中央认为，这是属于一小撮阶级敌人破坏无产阶级专政、破坏无产阶级的文化大革命、破坏国家社会主义建设的反革命罪行。为了迅速制止这一小撮阶级敌人这种反革命罪行，中央特再重申：一、任何群众组织、团体和个人，都必须坚决、彻底、认真地执行伟大领袖毛主席亲自批准的‘七三布告’，不得违抗。二、立即停止武斗，解散一切专业武斗队，教育那些受蒙蔽的人回去生产。拆除工事、据点、关卡。三、抢去的现金、物资，必须迅速交回。四、中断的车船、交通、邮电，必须立即恢复。五、抢去人民解放军的武器装备，必须立即交回。六、对有确凿证据的杀人放火，抢劫、破坏国家财物，中断交通通讯，私设电台，冲击监狱、劳改农场，私放劳改犯的现行反革命分子以及幕后操纵者，必须坚决实行无产阶级专政，依法惩办。”

7月25日 电影艺术家蔡楚生去世。蔡楚生，1906年生。1927年开始从事进步电影事业。中华人民共和国成立后历任中央电影局艺术委员会主任、电影局副局长、中国电影工作者联谊会主席、中国电影工作者协会主席，1956年加入中国共产党。他编导的主要作品有：《新女性》、《渔光曲》、《迷途的羔羊》、《王老五》、《孤岛天堂》和《一江春水向东流》（与郑君里合作）等，为我国电影事业的发展做出了贡献。“文化大革命”中受到残酷迫害，不幸去世。

7月27日　北京3万多名工人、农民组成的“首都工农毛泽东思想宣传队”开始进驻首都各大专院校。上午，当由数千人组成的“宣传队”进驻清华大学，收缴武器、拆除工事、制止武斗时，以蒯大富为首的“井冈山兵团文攻武卫总指挥部”决定进行抵抗还击，不让工人进楼。一些人手持长矛、枪支、手榴弹向工宣队员进行袭击，并开枪射击，打死工宣队员5人，打伤731人。7月28日凌晨3时半到8时半，毛泽东接见聂元梓、蒯大富、谭厚兰、韩爱晶、王大宾5人，参加接见的有林彪、周恩来、陈伯达、康生、江青、姚文元、谢富治、黄永胜、吴法宪、叶群、汪东兴、温玉成、吴德、黄作珍。毛泽东说：“今天是找你们来商量制止大学的武斗问题，怎么办？文化大革命搞了2年，你们现在是一不斗，二不批，三不改。斗是斗，你们少数大专院校是在搞武斗。现在的工人、农民、战士、居民都不高兴。大多数的学生都不高兴，就连拥护你那一派的人也不高兴。你们脱离了工人、农民、战士、学生的大多数。有些学校搞了些斗黑帮，但很不够，就是因为分了两派、忙于武斗。现在逍遥派那么多。不搞斗批改。而要斗批走、斗批散。我说大学还要办。讲了理工科，但没有讲文科都不办。但旧的制度，旧的办法不行了。学制要缩短，教育要革命。这是要文斗，不要武斗。现在提出四个办法：一、实行军管；二、一分为二（就是两派可以分两个学校，住在两个地方）；三、斗批走；四、继续打下去，大打，打他10年8年地球还是照样转动；这个问题现在也不必答复，回去你们商量商量，讨论讨论。我说你们脱离群众，群众就是不爱打内战。有人讲：广西布告只适用广西，陕西布告只适用陕西，在我们这里不适用。那现在再发一个全国的布告，谁如果还继续违犯，打解放军、破坏交通、杀人、放火，就要犯罪；如果有少数人不听劝阻，坚持不改，就是土匪、就是国民党，就要包围起来，还继续顽抗，就要实行歼灭。”毛泽东还说：“希望你们不要分天派地派，搞成一派算了，搞什么两派。”

同　日　中共中央、国务院、中央军委、中央文革小组发出对教

育部实行军事管制的《通知》。任命朱奎为军事管制小组组长，梁维瑛为副组长。

7月31日　中国驻也门大使馆发表声明，强烈谴责美帝和也门势力的反华罪行。声明说，1968年7月25日，在美帝国主义支持下的也门武装力量，悍然炮击在也门进行援助建设工作的中国技术人员的驻地和中国援助也门建设的纺织厂，炸伤中国技术人员，炸坏了中国技术工作组的宿舍和部分工厂设备以及施工机械。声明说，中国大使馆重申：中国人民和中国政府从中也两国人民的利益出发，坚决支持也门人民和也门政府为维护民族独立，反对美帝国主义侵略而进行的正义斗争。

同　日　《毛泽东选集》第三卷日文版和俄文版由北京外文出版社出版。至此，《毛泽东选集》日文版已出版了第一卷至第三卷，俄文版第一卷至第四卷已经出齐。

8月3日　作家杨朔去世。杨朔，1913年生。山东蓬莱人。青年时代爱好文艺，抗日战争时期积极参加抗日活动。1939年去华北抗日根据地，1942年到延安中央党校学习。解放战争时期在晋察冀野战军任师政治部领导工作，并任新华社特派记者。中华人民共和国成立后，任中华全国铁路总工会文艺部长，参加了抗美援朝。1954年到全国作协工作。历任全国作协外国文学委员会主任、中国亚非团结委员会副主席、亚非人民团结理事会书记处中国书记、中国亚非作家常设局联络委员会秘书长、全国政协委员等。主要作品有《三千里江山》、《红石山》等。在"文化大革命"中受到迫害，含冤去世。1978年获平反昭雪，恢复名誉。

8月4日　中央发出《通知》。中共中央、国务院、中央军委、中央文革小组发出《关于转发安徽省革命委员会、十二军党委〈处理芜湖问题的综合报告〉的通知》。《通知》说："根据伟大领袖毛主席的指示，现将安徽省革命委员会、十二军党委《关于芜湖问题的综合报告》转发给你们参考。在全国无产阶级文化大革命接近全面胜利的大好形势下，安徽芜湖地区的一小撮阶级敌人疯狂反扑和绝望挣扎，挑动一部分群众，反对人民解放军，反对革命委员会，反对无产阶级专政，反对以毛主席为首、林副主席为副的无产阶级司令部。安徽省革命委员会和十二军党委遵照毛主席一系列最新指示，认真分析了形势，采取了有力措施，特别是他们抓住了‘七三’布告作为强大武器，在全省掀起了一个声势浩大的宣传‘七三’布告、声讨芜湖地区一小撮反革命分子的政治攻势，团结、教育和保护了广大革命群众，彻底揭露和孤立了阶级敌人，迅速稳定了该地区的革命形势。安徽的经验进一步表明，‘七三’布告、‘七二四’布告是毛主席的伟大战略部署，它是推动各地区无产阶级文化大革命向前迅猛发展的有力武器，对全国各地都有普遍指导意义。”

8月5日　毛泽东将外国朋友赠送的芒果转送给首都工农毛泽东思想宣传队。为此，北京和全国各地都举行了庆祝活动。

同　日　《人民日报》发表社论。社论名为《在以毛主席为首的无产阶级司令部的领导下团结起来——纪念毛主席〈炮打司令部《我的一张大字报》〉发表两周年》。社论说，无产阶级专政历史上的一个极其严重的教训，就是资产阶级颠覆无产阶级专政、复辟资本主义，往往是要通过隐藏在无产阶级政党内部的资产阶级司令部的阴谋活动来实现。毛主席发动的文化大革命，解决了在无产阶级专政条件下，如何防止资本主义复辟的最根本的问题。社论强调指出：“以毛主席为首、林副主席为副的无产阶级司令部，是全党、全军、全国和广大革命群众唯一的领导中心。全党、全军、全国只能有这样一个中心，不能有第二个中心。”“所谓‘多中心论’是一种资产阶级山头主义、个人主义的反动理论。”此后，全国普遍开展了批判“多中心即无中心论”的运动。林彪、江青集团借此对聂荣臻等老帅进行了攻击。

同　日　国家计委编制出《1968年基本建设计划（草案）》。《计划（草案）》中初步安排大中型项目844个，基本建设投资155亿元。在计划的《几点说明》中指出：一、这个计划只是一个大体的安排。各省、市、自治区和国务院各部，要根据具体情况落实。二、地方工业的基本建设，原则上由各省、市、自治区统筹安排。三、

1968年国家计委、财政部下达的动员建设单位内部资源的任务，各单位、各部门应努力完成，争取超过。四、1967年由大区机动投资安排的基本建设项目，如当年未完成的，其结余投资，经省（市、自治区）核实后，通知国家计委另拨指标。五、沈阳、重庆、西安、武汉、广州、哈尔滨6个省属市的基本建设投资，没有单列出来，在分配给省的投资中，由省统筹安排。六、国务院各部直属的小型项目，分别由各主管部直接下达。

8月10日　中共中央、国务院、中央军委、中央文革小组批准成立云南省革命委员会。批示说："中央同意昆明军区委员会8月6日关于建立云南省革命委员会的请示报告。中央同意报告中所提的革命委员会和常委的名单，同意由谭甫仁同志任革命委员会主任，周兴、陈康、曾瑞林、刘明辉、黄兆其、李毅、徐学惠（女）、段宝珍（女）同志任副主任，另留两名副主任名额（产业工人、贫下中农各一人），待以后增补。"阎红彦、赵健民被称为刘少奇等"在云南的代理人"。13日，云南省革命委员会在昆明举行了成立大会。15日，《人民日报》、《解放军报》发表社论：《热烈欢呼云南省革命委员会成立》。社论传达了毛泽东的最新指示，"我国有7亿人口，工人阶级是领导阶级。要充分发挥工人阶级在文化大革命中和一切工作中的领导作用，工人阶级也应当在斗争中不断提高自己的政治觉悟。"

同　日　中央发出《通知》。中共中央、国务院、中央军委、中央文革小组发出《关于任命国家计划委员会、全国物价委员会、国家统计局军事代表的通知》。《通知》决定向这三个单位派驻军代表，并任命了军代表人员。1972年8月21日，中共中央、中央军委决定"三支两军"人员撤回部队后，军代表撤走。

8月14日　中共中央、国务院、中央军委、中央文革小组批准成立福建省革命委员会。批示说："中央热烈地庆贺福建省革命委员会的诞生。""中央批准福州军区8月14日关于成立福建省革命委员会的报告，同意福建省革命委员会常委的名单，同意韩先楚同志担任福建省革命委员会主任，皮定均等11名同志担任副主任。"批示点名批判了叶飞、范式人、侯振亚等人。19日，福建省革命委员会在福州举行成立大会。21日，《人民日报》、《解放军报》发表社论：《团结起来，共同对敌——热烈祝贺福建省革命委员会成立》。

8月15日　毛泽东、林彪接见首都工人代表和解放军指战员。参加接见的有周恩来、陈伯达、康生、李富春、江青、张春桥、姚文元、谢富治、黄永胜、吴法宪、叶群、汪东兴等人。董必武、陈毅、李先念、徐向前、聂荣臻、叶剑英等也参加了接见。被接见的有首都工农毛泽东思想宣传队，解放军各总部、各军种、各兵种和北京卫戍区的毛泽东思想学习班人员。毛泽东在接见时对山西省革命委员会主任刘格平说："你们有希望吗？还在大打吗？你们要组织大量宣传队，要宣传嘛！"21日，太原市两大派签订了《大联合协议》，声明解散跨行业组织。此后，山西全省开始了"清理阶级队伍"的工作。

8月20日　中共中央、国务院、中央军委、中央文革小组批准成立广西壮族自治区革命委员会。批示说："中央同意广西壮族自治区革命委员会筹备小组关于成立广西壮族自治区革命委员会的报告。"中央同意由韦国清同志任革命委员会主任，欧致富等12位同志任副主任，另留3名副主任名额，待以后增补。批示将王任重、贺希明、谢王岗称为刘少奇等"在中南、广西的代理人"。26日，广西革命委员会在南宁举行成立大会。28日，《人民日报》、《解放军报》发表社论：《紧跟毛主席的伟大战略部署——热烈欢呼广西壮族自治区革命委员会成立》。社论传达了毛主席的指示："认真搞好斗批改。"

8月23日　中国政府强烈谴责苏联军队悍然出兵武装占领捷克斯洛伐克的侵略行径。23日，周恩来在罗马尼亚驻华大使杜马举行的国庆招待会上讲话，强烈谴责苏联出兵捷克斯洛伐克，坚决支持捷克斯洛伐克人民反抗苏军占领的英勇斗争。当日，《人民日报》发表评论员文章：《苏联现代修正主义的总破产》。文章说："8月20日深夜，苏修叛徒集团，在人民群众受蒙蔽的情况下，出动大量飞机、坦克和地面部队，以突然袭击的方式，对捷克斯洛伐克实行军事占领。这个赤裸裸的武装干涉的行动，充分地暴露了苏修叛徒集团的法西斯狰狞面目，充分暴露了苏修的极度虚弱，宣告了苏联现代修正主义的总破产。苏修叛徒集团这次悍然出兵，是整个现代修正主义集团内部矛盾极度尖锐化的结果。是美帝国主义同苏联现代修正主义争夺东欧的矛盾极度尖锐化的结果。是美苏勾结妄图重新瓜分世界引起的结果。”

8月25日　中共中央、国务院、中央军委、中央文革小组发出《关于派工人宣传队进驻学校的通知》。《通知》说：“根据毛主席的指示而进驻大学的北京工人毛泽东思想宣传队，已经取得显著的成效，在全国起了巨大的影响。中央认为：整顿教育，时机到了。各地应该按照北京的办法，把大中城市的大、中、小学校逐步管起来。在已经成立了革命委员会，在工人中已经实现革命大联合，清理阶级队伍工作已经有了显著成效的大、中城市，都要在革命委员会领导下，以优秀的产业工人为主体，配合人民解放军战士，组成毛泽东思想宣传队，分批分期，进入各学校。先搞试点，总结经验，逐步普及。先进大学，后进中、小学。没有两派组织，也没有武斗的学校，也要进入。抽调工人的人数，大体上可占当地产业工人十分之一左右，或更少一点，不会妨碍生产。可以轮换宣传队，不要带武器，那些还没有实现革命大联合和三结合以及那些还没有清理阶级队伍的工厂的工人不要参加。进校前后，都要认真学习和正确掌握毛主席的政策，广泛深入地宣传毛主席的最新指示和‘七三’、‘七二四’布告，做细致的思想工作，帮助促进那里还没有实现革命大联合的两派革命群众组织在学习毛泽东思想的基础上，实行革命的大联合。有武斗的地方，坚决制止武斗。对两派组织，先作调查研究，不要匆匆忙忙地轻易表态，毛泽东思想宣传队进入学校后，要善于发现和团结那里面的学生、教师、工人中决心把无产阶级教育革命进行到底的积极分子，共同工作，推动教育革命。”

同　日　《红旗》杂志第二期刊登姚文元的文章：《工人阶级必须领导一切》。文章说：“单靠学生、知识分子不能完成教育战线的斗、批、改，及其他一系列任务，必须有工人、解放军参加，必须有工人阶级的坚强领导。”文章还公布了两段毛泽东的最新指示：

"实现无产阶级教育革命，必须有工人阶级领导，必须有工人群众参加，配合解放军战士，同学校的学生、教员、工人中决心把无产阶级教育革命进行到底的积极分子实行革命的三结合。工人宣传队要在学校中长期留下去，参加学校中全部斗、批、改任务，并且永远领导学校。在农村，则应由工人阶级的最可靠的同盟者——贫下中农管理学校。""建立三结合的革命委员会，大批判，清理阶级队伍，整党，精简机构，改革不合理的规章制度，下放科室人员，工厂里的斗、批、改，大体经历这么几个阶段。"

8月26日　北京、上海产业工人大军开进大专院校。据新华社报道，首都工人与解放军战士，组成数十支工人毛泽东思想宣传队，浩浩荡荡地昂首阔步开进首都各大专院校。工宣队进驻清华园后，使清华大学长期严重对立的两派迅速实现了革命大联合。北京大学、北京钢铁学院、中央民族学院、中央财政金融学院、北京机械学院等对立的两派也都热烈欢迎工宣队进校。又据报道：上海市革命委员会决定组织大批工人毛泽东思想宣传队进入上海的高等学校，同这些学校的革命师生员工一起，认真搞好学校的斗批改，把无产阶级教育革命进行到底。到26日止，工人毛泽东思想宣传队已经进入上海23所高等学校。

同　日　外交部就苏联占领军侵入我驻捷克斯洛伐克大使馆并向我使馆上空开枪，向苏联政府提出严重抗议。外交部有关人士在召见苏联驻华使馆临时代办时说，8月24日11时（布拉格时间），数名苏联占领军非法侵入了中华人民共和国驻捷克斯洛伐克大使馆。8月25日晚10时，苏联占领军向我大使馆上空开枪数十发。所有这些，直接威胁我大使馆的安全和正常活动。这是极其严重的事件，是对中国人民的挑衅。中国政府和中国人民对此表示极大的愤慨。

同　日　外交部就港英当局取消香港中华中学注册向英国政府提出严重抗议。外交部有关人士在召见英国驻华临时代办时说，这是英国政府和香港英国当局蓄意迫害香港爱国教育事业，再一次制造香港紧张局势的严重事件，他说，中国政府早就声明，香港中国居民完全有权利在香港进行学习和宣传毛泽东思想以及有关的活动；

他们完全有权利在香港从事爱国教育事业。他们的这种神圣权利，不允许任何人加以侵犯。

8月28日　中共中央、国务院、中央军委、中央文革小组批准成立西藏自治区革命委员会。批示说："中央同意中共西藏军区委员会关于成立西藏自治区革命委员会的请示报告。中央热烈祝贺西藏自治区革命委员会胜利诞生。"批示说："党内最大的一小撮走资本主义道路的当权派中国赫鲁晓夫及其在西藏的代理人周仁山、王其梅等勾结达赖、班禅叛国集团和国民党反动派的残渣余孽，妄图复辟封建农奴制和资本主义。"中央同意由曾雍雅同志任西藏自治区革命委员会主任，任荣、陈明义等13位同志任副主任。另留2名副主任，以后增补。"9月5日，西藏自治区革命委员会成立大会在拉萨举行。

9月1日　中共中央、国务院、中央军委、中央文革小组批准成立新疆维吾尔自治区革命委员会。批示说："中央同意中共新疆军区委员会关于成立新疆维吾尔自治区革命委员会的报告。中央批准新疆维吾尔自治区革命委员会常委委员名单，批准由龙书金同志任主任，王恩茂、赛福鼎等9位同志任副主任，另缺副主任3人待补。中央热烈庆贺新疆维吾尔自治区革命委员会的胜利诞生。"批示指出："长期以来，党内最大的一小撮走资本主义道路当权派中国赫鲁晓夫等人及其在西北和新疆的代理人习仲勋、刘澜涛和武光、吕剑人、张仲瀚、伊敏诺夫、包尔汉等，同内外敌人相勾结，妄图把新疆变成修正主义的基地，复辟资本主义。"5日，新疆维吾尔自治区革命委员会成立大会在乌鲁木齐举行。

同　日　《人民日报》等发出文章。《人民日报》、《红旗》杂志、《解放军报》联合发表编辑部文章：《把新闻战线的大革命进行到底——批判中国赫鲁晓夫反革命修正主义的新闻路线》。这篇文章是陈伯达、姚文元起草的。文章说："新闻事业，包括报纸、刊物、广播、通讯社，统统是阶级斗争的工具。它们的宣传，影响着群众的思想情绪和政治方向。无产阶级同资产阶级争夺新闻阵地领导权的严重斗争，是无产阶级同资产阶级在思想战线上的生死搏斗。""中国赫鲁晓夫等党内一小撮最大的走资派，一贯仇视和反对毛主席的无产阶级新闻路线。他们代表帝国主义、国民党反动派和地富反坏右的利益，疯狂推行反革命的资产阶级新闻路线，把叛徒、特务、走资派安插到各个新闻单位中，妄图使新闻战线变成颠覆无产阶级专政、复辟资本主义的工具。”文章还传达了毛泽东的最新指示：“不应当关门办报，应面向群众，又要有大方向，又要新鲜活泼。”

9月2日　中共中央、中央文革小组发出《关于工人进军事院校及尚未联合起来的军事院校实行军管的通知》。《通知》指出，一、伟大领袖毛主席批示：“如工人条件成熟，所有军事院校均应派工人随同军管人员进去。打破知识分子独霸的一统天下。”进军事院校的工人，可由实行了革命大联合和革命三结合、并清理了阶级队伍的军事工厂或民用工厂选派。二、凡尚未实行革命大联合的院校一律实行军事管制。军管人员除派领导干部之外，应派工人、解放军共同组成的毛泽东思想宣传队进驻学校，凡成立了革委会的院校不实行军管，但要派工人、解放军组成的毛泽东思想宣传队进驻学校。三、对军队院校实行军事管制由院校所在地区统一组织实施；组织工人和解放军结合的毛泽东思想宣传队进驻学校，则由院校所在地区的大军区或省军区、省、市革命委员会共同组织实施。四、空军、海军不开展四大进行正面教育的飞行学校及机要学校不实行军事管制，不派工人、解放军毛泽东思想宣传队进驻学校。

9月5日　经毛泽东批准，中共中央、中央文革小组批转《北京市革命委员会关于选调和派遣工人毛泽东思想宣传队的几条规定》。《规定》内容是：一、选调工人，必须从那些实现了革命大联合，成立了革命委员会的工厂。二、选调工人，必须从那些清理了阶级队伍，并取得了显著成效的工厂。三、工宣队的队员，必须是优秀的产业工人，在文化大革命中表现好，是“三忠于”的。一般年龄在25岁—60岁左右。四、凡原来同所去的学校或其他单位的各派组织保持联系尚未脱钩的，不能派到那个单位去，已派去的应加以调整。五、要以优秀的革命的产业工人负责领队，并参加联合指挥部的领导。六、派出宣传队的单位、队员和领队人，都要经过审查批准。

同　日　《人民日报》刊载调查报告。《人民日报》先行刊载《红旗》杂志第三期发表的调查报告：《从上海机械学院两条路线的斗争看理工科大学的教育革命》，并刊发了毛泽东为该文所写的编者按。编者按说："这里提出一个问题，就是对过去大量的高等及中等学校毕业生早已从事工作及现正从事工作的人们，要注意对他们进行再教育，使他们与工农结合起来。其中必有结合得好并有所发明创造的，应予以报道，以资鼓励。实在不行的，即所谓顽固不化的走资派及资产阶级技术权威，民愤很大需要打倒的，只是极少数。就是对于这些人，也要给出路，不给出路的政策，不是无产阶级的政策。上述各项政策，无论对于文科、理科新旧知识分子，都应是如此。"调查报告回顾了所谓在招收工农学生问题上的"路线斗争"，提出，理工科大学也必须首先解决由哪个阶级掌握领导权的问题，现有的教师队伍不能担当起教育工农学生的任务，必须加以整顿、改造、重建。

同　日　外交部就苏联占领军对我驻捷克斯洛伐克大使馆进行挑衅事件向苏联政府提出强烈抗议和严重警告。外交部有关负责人指出，苏联占领军自8月27日以来，加强对我大使馆的包围和监视，盘问和刁难来馆人员，严重干扰我大使馆的正常活动，威胁我大使馆的安全。中国政府坚决要求苏联政府立即撤走包围和监视我大使馆的苏联占领军，停止一切挑衅活动，否则，苏联政府对由此产生的一切后果，必须承担全部责任。

9月6日　中共中央、中央文革小组根据毛泽东批示转发北京市《关于召开工人和解放军毛泽东思想宣传队负责人会议情况报告》。毛泽东批示："林、周及文革各同志：现在需要规定一些具体政策，我看此件不错，建议转发各地参考。请酌定。"《情况报告》反映，会议着重解决了以下几个问题：一、工宣队、军宣队要对学校实行无产阶级的政治领导。最重要的问题，是活学活用毛泽东思想，切实落实毛主席关于"实现无产阶级教育革命，必须有工人阶级领导"的最新指示。二、对学校的领导，首先要相信群众的大多数，相信毛泽东思想的巨大威力，相信大多数群众一定会站到毛主席革命路线上来。要正确对待革命小将在文化大革命中的功与过。三、关于革命大联合问题。一定要通过革命大批判，对学生加强两条路线斗争的教育。提高阶级觉悟。在做好群众的思想政治工作基础上，按班系、按科室搞革命的大联合和革命的三结合。四、加强调查研究，对学校的问题，不要急于表态，更不能轻易表态。五、对各派所抓的人，工宣队可以接收过来。经过审查后，如确是坏人，又有证据，就不能放，要实行群众专政，绝不要放走坏人；对于没有什么根据的一般群众，可先组织集训班学习。

9月7日　北京举行庆祝"全国山河一片红"的庆祝大会。北京市10万军民集会庆贺西藏和新疆成立革命委员会，庆贺全国29个省市自治区（除台湾省外）全部成立革命委员会（即"全国山河一片红"）。周恩来等出席了庆祝大会。周恩来、江青讲了话。周恩来在讲话中说："现在是全国山河一片红。自从去年1月上海工人阶级首创夺取走资派的权的'一月风暴'到现在，整整20个月了。现在我们29个省、市、自治区革命委员会全部成立了。这可以说，我们终于在这20个月反复的斗争中，粉碎了以中国赫鲁晓夫为首的党内一小撮最大的走资本主义道路当权派的反革命修正主义分子、叛徒、特务、内奸企图复辟资本主义的阴谋，实现了我们伟大领袖毛主席发出的'无产阶级革命派联合起来，向党内一小撮走资本主义道路当权派夺权'的伟大号召。""我们一定要在全国山河一片红的大好形势下，好好地迎接我们现在掀起的斗、批、改的新高潮。"江青在讲话中说；"我们不要忘记了革命的青年、红卫兵小将在革命的初期，在革命的中期，都建立了丰功伟绩。现在有少数个别小将犯了这种或者那种错误，我们有责任帮助他们改正。就是有个别单位，有什么武斗，那也很滑稽的。当然是坏事情，脱离了广大的群众，也脱离了自己本单位的群众，这不是好事，我们反对。但是坏事也可以变成好事，就是取得经验教训，锻炼了革命小将，暴露了敌人。"

同　日　《人民日报》等发表社论。《人民日报》、《解放军报》联合发表社论：《无产阶级文化大革命的全面胜利万岁——热烈欢呼全国（除台湾省外）各省、市、自治区革命委员会全部成立》。社论说：“全国山河一片红，这极其壮丽的一幕，是夺取文化大革命全面胜利进程中的重大事件，它标志着整个运动已在全国范围内进入了斗、批、改的阶段。”

9月12日　《人民日报》、《红旗》杂志发表评论员文章：《关于知识分子再教育问题》。文章说：“为什么叫再教育？因为过去接受的是资产阶级的教育，现在接受的是无产阶级再一次的教育，这是一层意思。还有一层意思：过去是在中国赫鲁晓夫修正主义路线毒害下，受资产阶级知识分子教育，现在则是在毛主席革命路线指引下，由工农兵给他们以再教育。世界观的改造是根本的改造。用无产阶级世界观教育知识分子，使他们改变过去从资产阶级教育中接受的资产阶级思想，这就是再教育的内容。同工农兵结合，为工农兵服务，则是再教育的根本内容。”

9月14日　《人民日报》转载调查报告：《从“赤脚医生”的成长看医学教育革命的方向》，并加了“前言”。“前言”说：“‘赤脚医生’是上海郊区贫下中农对半农半医卫生员的亲热的称呼。”“他们大力进行医疗、预防、宣传工作，为改变农村的医疗卫生状况，做出了显著的成绩。”文章引述了毛泽东的一段最新指示：“这个从城里下到农村的医生证明，从旧学校培养的学生，多数或大多数是能够同工农兵结合的，有些人并有所发明、创造，不过要在正确路线领导之下，由工农兵给他们以再教育，彻底改变旧思想。这样的知识分子，工农兵是欢迎的。”文章还将某医专毕业生与只有初中二年级水平的贫农出身的赤脚医生进行“对比”，并说：“这个鲜明的对比，暴露了旧医学教育制度（整个教育制度）严重脱离政治、脱离实践的弊病，显示出赤脚医生这支新型医疗卫生队伍发展的巨大生命力。”文章还提出，今后医疗院校招生对象主要应是赤脚医生和卫生员。

9月16日　江青在“刘少奇、王光美专案组”编造的诬陷刘少奇的“罪证材料”上作出批示。她批示说：“我愤怒！我憎恨！一定要把无产阶级文化大革命进行到底！刘少奇是大叛徒，大内奸，大工贼，大特务，大反革命，可说是五毒俱全的最阴险，最凶狠，最狡猾，最歹毒的阶级敌人。”29日，林彪看了这个所谓“罪证材料”，写信表示完全同意江青所批，还特地写道：“向出色地指导专案工作并取得巨大成就的江青同志致敬！”张春桥也对这份材料表态说：“你不要看这么一本哪！这个工作是江青同志抓的，这一本搞了1年多啦！这样一本东西就要叫刘少奇永世不得翻身！”

同　日　《人民日报》发表由《人民日报》和《红旗》杂志调查员写的《农村的教育革命必须依靠贫下中农》的调查报告。并同时发表了《红旗》杂志编者按。编者按说，毛主席指出：“在农村，则应由工人阶级的最可靠的同盟者——贫下中农管理学校。”营口县水源公社的同志们已经在实践中开始实现毛主席这个伟大的指示，实行以贫下中农为主，结合学校革命师生管理学校，并且改革了学制。

同　日　外交部就苏联军用飞机连续侵犯我国领空向苏联政府提出强烈抗议。外交部在照会中指出：1968年8月9日—29日，苏联各种军用飞机29架次，连续侵入中国黑龙江省同化地区上空，进行侦察、骚扰和挑衅活动。照会说，近年来苏联方面派遣军用飞机侵犯中国领空是一贯的，仅在最近1年内，就有119批，131架次。照会要求苏联政府必须采取有效措施，制止类似事件的发生。

9月18日　《人民日报》公开发表毛泽东1962年9月18日给日本工人访华团的题词。题词的全文是：“只要认真做到：马克思、列宁主义的普遍真理与日本革命的具体实践相结合，日本革命的胜利就是毫无疑义的。应日本工人学习积极分子访华代表团各位朋友之命，书赠日本工人朋友们。”《人民日报》为此发表社论：《各国革命人民胜利的航向》。毛泽东在社论初稿上批示：“把离开主题的一些空话删掉，不要向外国人自吹自擂。”并删去了“伟大的战无不胜的毛泽东思想，是马克思列宁主义在当代的新发展”、“毛泽东同志天才地、创造性地、全面地继承、捍卫和发展了马克思列宁主义，把马克思列宁主义提高到了一个崭新的阶段”等文字。

9月22日　陕西省集中力量落实“七三布告”和“七二四布告”，收缴了大量武器弹药。据陕西省革命委员会主任李瑞山在省革命委员会第三次全体会议上报告，经过1个半月的时间，全省范围内武斗已经停止，武斗据点、工事、关卡已经拆除，各地的专业武斗队已经解散和瓦解。从8月8日—9月17日，共收缴各种武器7万余件，各种弹药400多万发。全省8个专区、3个市、93个县全部成立了革命委员会。

9月29日　根据毛泽东的批示，中共中央、中央文革小组转发上海市《关于在产业工人中有步骤地发展新党员的请示报告》。毛泽东的批示是："林、周及文革各同志：此件请碰头会议复。复文及本件，请考虑发各地参考，并酌量办理。"上海市革命委员会的《请示报告》中说：一、发展新党员的工作，打算在具备条件的单位中进行，即大联合、三结合巩固，清理阶级队伍工作做得好，整党工作取得初步成果的单位。二、关于发展新党员的标准。在文化大革命运动中发展第一批党员，一定要坚持高标准，必须是真正过得硬的，革命群众信得过的，在文化革命中有贡献的优秀的造反派。三、关于入党介绍人和预备期，接收新党员，必须本人申请，并有正式党员两人介绍。全市第一批发展的党员，可以作特殊情况处理，不要预备期，以便即将行使正式党员的权利，今后发展党员还是应当有预备期。《请示报告》还提出了新党员的审批权限，及在何种情况下不应发展新党员等问题。

同　日　国家计委、财政部军管会，水电部军管会，物资部军管会发出《关于安排今冬明春农田水利建设的通知》。《通知》指出：大型水利工程，以续建配套为主，新修大型工程必须报中央批准，1969年水利建设投资，仍按1967年指标水平安排，即全国地方水利基建投资8亿元，水利事业费5亿元。

10月1日　首都50万人在天安门广场集会，庆祝中华人民共和国成立19周年。毛泽东、林彪出席大会，会后举行了盛大的检阅游行，其他出席大会领导人的排名次序是：周恩来、陈伯达、康生、江青、张春桥、姚文元、谢富治、黄永胜、吴法宪、叶群、汪东兴、温玉成；中央政治局委员朱德、李富春、陈云、董必武、陈毅、刘伯承、李先念、徐向前，聂荣臻、叶剑英。林彪在大会上讲了话。他说：

“摆在我们面前的中心任务，就是遵循毛主席的伟大教导，认真搞好斗、批、改，这就是要巩固和发展革命委员会，搞好大批判，清理好阶级队伍，搞好整党建党，搞好教育革命，搞好精简机构，改革不合理的规章制度，抓革命、促生产，把无产阶级文化大革命进行到底。”

10月3日　南京长江大桥铁路桥胜利建成通车。这是我国目前自行设计、自行施工建造的最大的一座现代化桥梁。大桥是双线、双层的铁路和公路两用桥，铁路桥全长6 700多米，长度为武汉长江大桥的4倍，公路桥全长4 500多米，从大桥的引桥开始步行过桥，要走1个多小时。大桥凌空飞架的巨大钢梁，横卧在9个矗立江心的桥墩上。目前，铁路桥已全部竣工，公路桥正在加紧施工。12月29日，南京长江大桥提前全面建成通车。在建桥过程中，许多技术人员和工人，不顾“文化大革命”带来的严重干扰，身处逆境，仍然坚定地从事建设工作。

10月5日　毛泽东会见由巴卢库率领的阿尔巴尼亚党政代表团，双方进行了亲切友好的谈话。毛泽东说，失败的阶级还要挣扎，所以我们不说最后的胜利。几十年都不能说这个话，不能丧失警惕，这些人还在，这个阶级还在。大陆上有国民党残渣余孽，有些人钻到我们中央领导机关来了，或钻到地方领导机关来了。这一次算是一个一个作了清理。在过去，一些工厂主要领导权掌握在这些坏人手里，周恩来、陈伯达、康生、江青、张春桥、姚文元、黄永胜等参加了会见。

同　日　《人民日报》刊登《柳河“五七”干校为机关革命化提供了新的经验》的报道，并加“编者按”。“编者按”说：“我们已经有了关于精简机构方面的经验，再加上关于干部下放劳动方面的经验，对如何实现机关革命化、干部革命化，认识就比较完整了。毛主席最近指出：‘广大干部下放劳动，这对干部是一种重新学习的极好机会，除老弱病残者外都应这样做。在职干部也应分批下放劳动。’”报道说，“黑龙江省革命委员会组织大批机关干部下放劳动，在庆安县柳河办了一所农场，定名‘五七’干校，为机关革命化，改革不适应社会主义经济基础的上层建筑提供了新的经验。”“黑龙江‘五七’干校，把活学活用毛泽东思想，改造干部的世界观，走与工农相结合的道路作为头等任务来完成。”此后，全国陆续推广这一经验，兴办了大量“五七”干校。

10月7日　根据毛泽东批示，中共中央、中央文革小组转发上海市《关于工人宣传队进入中小学校的情况报告》。毛泽东批示说：“此件很有用，似可转发各地参考。请送林、周及文革各同志酌定。”《情况报告》说，从9月5日—12日，上海市“组织了3.1万余名产业工人，进入10个区的513所中学和1 249所小学。每所中学最多100人，平均50人。小学按街道划分为110个学区，平均每个学区50人。另外，还挑选了5 700余名退休工人和产业工人一起进入学校。”工宣队进校后，举办了各种类型的毛泽东思想学习班，帮助巩固大联合，整顿校风，建立革命新秩序，并有少数学校开始试复知识课。

10月13日　中共八届扩大的十二中全会在北京开幕，毛泽东主持了会议。八届中央委员97人（去世10人），候补中央委员98人中，因大批已被打倒或被审查，所以实到中央委员40人，候补中央委员19人。到会中央委员不足开会所需的半数，所以会议将10位候补中央委员补为正式中央委员（未按惯例依名次递补），他们是：黄永胜、许世友、陈锡联、张达志、韩先楚、潘复生、刘建勋、李大章、吴德、刘子厚。中央文革碰头会成员、军委办事组成员、各省市自治区革命委员会和大军区的负责人、中央直属机关负责人74人列席了会议，总计出席会议的人数为133人。会议的主要议题是：九大代表产生的指导思想和方法；《中国共产党章程（草案）》；国际国内形势；刘少奇专案审查报告。周恩来在开幕式上讲话，报告了出席会议人员的组成、编组、会议的开法以及会议议事日程。在谈到出席会议的中央文革碰头会成员和军委办事组成员时，他说：“中央文革是我们在这次无产阶级文化大革命中产生的一个新生的力量。中央文革，在两年前十一中全会上已经肯定了的。那个时候，在毛主席为首、林副主席为副的领导下，中央文革在无产阶级文化大革命中，成了直接执行毛主席的无产阶级革命路线的一个前线发动群众的机构。经过这两年工作，逐步地扩大为中央文革碰头会。今天出席的5位同志：陈伯达同志、康生同志、江青同志、张春桥同志、姚文元同志，都是中央文革成员。5位以外，参加成为碰头会成员的有：周恩来、谢富治、黄永胜、吴法宪、叶群、汪东兴、温玉成这7位同志，一共12人。”“成立了军委办事组，得到了我们的伟大领袖毛主席和他的亲密战友林副主席批准了的有6位同志，就是：黄永胜同志、吴法宪同志、叶群同志、李作鹏同志、邱会作同志、刘贤权同志。”毛泽东也在开幕式上讲了话，讲话内容主要有：这次无产阶级文化大革命，对于巩固无产阶级专政，防止资本主义复辟，建设社会主义，是完全必要的，是非常及时的；文化大革命究竟要不要搞，成绩是主要的，还是缺点错误是主要的，要搞到底还是不搞到底，大家议一议；邓小平在战争时期是打敌人的，历史上还未发现有什么问题；过去我们南征北战，那种战争好打，因为敌人清楚。这回无产阶级文化大革命，比那种战争困难得多。问题就是犯思想错误的，同敌我矛盾的，混合在一起，一时还搞不清楚，只好一省一省解决。上海比北京强，120万工人掌握局势；知识分子是粘土。板结了，不透空气，不长庄稼，知识分子多的地方就是不好办。不能一讲就是臭知识分子，但是臭一点也可以。知识分子不可不要，也不能把尾巴翘到天上去；这场文化大革命要搞到底。什么叫到底？估计要3年，到明年夏季差不多了。到底就是大批判，清理阶级队伍，精简机构，改革不合理的规章制度。

10月14日　话剧演员孙维世去世。孙维世，1921年生，四川省南溪人。她是革命烈士孙炳文的女儿，从小在毛泽东、周恩来身边长大。战争年代在前线用文艺形式积极做宣传鼓动工作，中华人民共和国成立后，曾担任中国青年艺术剧院副院长。1964年，到大庆油田深入生活，创做出大型话剧《初升的太阳》。“文化大革命”中被迫害致死。1977年获平反昭雪。

10月16日　《人民日报》转载《红旗》杂志社论：《吸收无产阶级的新鲜血液——整党工作中的一个重要问题》。社论说：“无产阶级文化大革命，是一次以革命的方法进行的空前规模的开门整党运动。”“‘清除废料’，就是必须把证据确凿的叛徒、特务、一切反革命分子、顽固不化的走资派、阶级异己分子、蜕化变质分子坚决清除出党。死气沉沉、革命意志衰退的人，则应劝其退党。‘吸收新鲜血液’，包括两个相互联系的任务：吸收一批优秀的造反派，首先是产业工人中的先进分子入党，选拔优秀的共产党员参加各级党组织的领导工作。”社论捏造了刘少奇的“六论”，即阶级斗争熄灭论、驯服工具论、群众落后论、入党做官论、党内和平论、公私溶化论（即“吃小亏占大便宜”）。社论还传达了毛泽东的最新指示：“我们的权力是谁给的？是工人阶级给的，是贫下中农给的，是占人口90%以上的广大劳动群众给的。我们代表了无产阶级，代表了人民群众，打倒了人民的敌人，人民就拥护我们。共产党基本的一条，就是直接依靠广大革命人民群众。”

10月17日　康生等人围攻老干部。康生、江青、姚文元、谢富治等在八届十二中全会分组会议上围攻朱德、陈毅、陈云、李富春、叶剑英、李先念、徐向前等人。康生称所谓“二月逆流”“表面是对着中央文革，实际是反对毛主席、林副主席，反对十一中全会，反对文化大革命。”“京西宾馆的情况，那是真乱军，不是保护老干部。”他攻击陈毅“完全否定延安整风的伟大意义”，“为王明路线翻案”。江青诬蔑陈毅、徐向前、叶剑英等“真是乱军”。姚文元说：“徐向前同志的口号，同谭震林和陈毅、李先念同志的口号一样，说‘保护’老干部，实际上是保护刘、邓、陶，保护叛徒、特务、死不悔改的走资派，谭震林本身就是叛徒，‘二月逆流’就是为刘、邓、陶，为叛徒、特务、走资派翻案。当时争论的中心问题是要不要进行文化大革命，要不要反帝、反修，要不要反对各国反动派，要不要反对走资派的问题。”谢富治说：“几个老总讲话矛头指向文化大革命，京西宾馆煽风点火乱军，国务院富春家成了中心，以后两个中心合流了。”“朱德同志从井冈山第一天起就反对毛主席。谭震林、朱德同志、陈毅同志合伙把毛主席赶出军队。”“陈云同志在七千人大会上，主席3次叫他讲话，他说没调查没有发言权，后来不到

1个月做了个黑报告反毛主席，反大跃进，反总路线，先念同志、富春同志那次也起了作用，应该彻底批判。按陈云同志的报告搞下去不知成什么样子。刘邓、朱德、陈云都是搞修正主义的。”“刘少奇抬出陈云同志搞经济小组，收拾‘残局’，就是搞修正主义。主席没赞成陈云同志出来。陈云同志搞些什么，多赚钱卖花布、炒肉片、高价商品。陈云同志一贯反毛主席，休息也不干好事。这些东西都要清算。”黄永胜污蔑朱德是“老右倾机会主义分子”，聂荣臻“一贯搞山头主义，搞独立王国。”全会期间，陈毅、叶剑英、李富春、李先念、徐向前、聂荣臻不断地受到围攻批判。

10月18日　中央专案审查小组向八届十二中全会提交所谓《关于叛徒、内奸、工贼刘少奇罪行的审查报告》。这一“审查报告”是江青等人操纵专案组制造伪证而炮制出来的。“审查报告”说：“在无产阶级文化大革命运动中，经过广大革命群众和红卫兵小将的广泛揭发，专案组的深入调查，大量的物证、人证、旁证，充分证实党内头号走资本主义道路的当权派刘少奇，是一个埋藏在党内的叛徒、内奸、工贼，是罪恶累累的帝国主义、现代修正主义和国民党反动派的走狗。”“审查报告”诬陷刘少奇说：“一、刘少奇1925年在长沙被捕叛变；二、刘少奇1927年在武汉充当帝国主义和国民党反动派汪精卫、陈公博的走狗，进行了一系列出卖工人阶级、破坏革命的内奸活动；三、刘少奇1929年窃据满洲省委书记时的大叛卖。”“审查报告”最后建议：“刘少奇罪大恶极，死有余辜，专案审查小组建议党中央根据党内外广大革命群众的强烈要求，撤销刘少奇党内外一切职务，永远开除党籍，并继续清算刘少奇及其同伙叛党叛国的罪行。”这个报告在全会上获得通过。与会的陈少敏不畏高压，以不举手的形式表示不同意。

10月20日　林彪在八届十二中全会上讲话。他说：“文化革命成绩最大最大最大，损失最小最小最小”；“我们一片红，等于欧洲一片红”；他称“二月逆流”是“资本主义复辟的预演”。26日，林彪又一次讲话，讲了从古到今的4次“文化大革命运动”。他说：第一次是希腊罗马的古典文化，影响2 000年，但同我们这次比较起来，微不足道，是小巫见大巫，没什么了不起的；第二次是资产阶级的意大利的文化，到了十四五世纪，以文艺复兴进入了繁荣时代；第三次是马克思主义；这3次都没有毛主席领导下的这次文化大革命伟大。这次文化大革命是世界上最大的一次。在谈到国际问题时，林彪鼓吹在国际上“支持造反派”，不要重视“当权派”，而要重视“广大群众”。

10月21日　《人民日报》转载调查报告。《人民日报》转载《红旗》杂志发表的《一所理论和实际一致的新型学校——江西省婺源县武口茶叶耕读中学的调查报告》。《红旗》杂志编者按说：此文原载《江西日报》，转载于此，供参考。这所学校只有4个专职老师(包括一名负责人)，其他的则请工人、茶农以及工人出身的技术员当老师，效果很好。这个经验，城市里的学校是不是也可以试验一下呢？如何从贫下中农中选拔学生，文中未提及，这方面别的材料中已有较好的经验。看来农村中实现毛主席无产阶级教育革命思想，可能速度较快，原因是那里的学校比较容易树立贫下中农的优势。这就更加证明城市里派出有解放军战士参加的工人毛泽东思想宣传队进学校去，是多么必要。那些对这件事还持有怀疑态度的人，不妨研究一下农村的情况。

10月24日　《人民日报》发表广东省的调查报告：《贫下中农管理学校的情况》，并加编者按。编者按说，根据毛主席关于教育革命的各项指示，在几亿农民中实现无产阶级教育革命，由贫下中农直接管理学校，彻底改变资产阶级对学校的统治，这是一个伟大的事件。希望各地都提供这方面的典型材料。对于这个调查报告中没有涉及的公办学校和民办学校（即由生产队和贫下中农直接办校），何者较好，以及学校中怎样改革不合理的关系，希望大家继续提供经验。

10月31日　中共八届十二中全会闭幕，毛泽东发表讲话。对于所谓“二月逆流”，他说，“他们犯过错误的同志，说明他们的问题，大家又对他们有些质问，又再说明他们的问题，又再质问，好像经过这么几次反复嘛，大家就比较清楚了，每天都有简报。”“几个人在一起，又都是政治局委员，又是副总理，有些是军委副主席，我看也是党内生活许可的了。他们也是公开出来讲的，也不是完全不公开的。”“我们这个党，经过这一次，我看是比较纯一些，……但是太纯了，我看也不大好。你比如就讲九大嘛，九大代表，这个‘二月逆流’的同志们如果不参加呀，我看就是个缺点。所以有时候，我们还是推荐你们在各地方把他们选举为代表。陈毅同志，我看了他的讲话，说他没有资格，我看，你就是那个右的那一方面的资格，以这个身份来参加九大。”“我主要就是这么几点，就是一个讲清理阶级队伍，清理阶级队伍，注意调查研究，注意一个‘准’字，对于党内一些老同志嘛，要一批二保还有三看嘛，”在全会闭幕式上，还通过了“中共八届扩大的十二中全会关于《中国共产党章程（草案）》的决定”，通过了《中国共产党第八届扩大的第十二次中央委员会全会公报》。《公报》全面肯定了“文化大革命”发动以来的党的路线、方针、政策和各项措施。并决定在适当的时候召开党的九大。《公报》说，全会批准中央专案审查小组《关于叛徒、内奸、工贼刘少奇罪行的审查报告》。一致通过决议：把刘少奇永远开除出党，撤销其党内外的一切职务，并继续清算刘少奇及其同伙叛党叛国的罪行。《公报》还说：全会严肃地批判了那个反对八届十一中全会决定、反对无产阶级文化大革命、反对以毛主席为首、林副主席为副的无产阶级司令部的1967年的“二月逆流”。《公报》号召全国坚决执行毛主席关于工人阶级必须领导一切的教导，实现无产阶级在上层建筑其中包括在各个文化领域的专政，实现斗批改各个阶段的任务，把“文化大革命”进行到底。全会结束后，对刘少奇开始在报刊上公开点名进行批判。

11月2日　中共中央，中央文革小组发出《关于八届扩大的十二中全会传达及其文件处理的通知》。《通知》规定按公报内容进行传达。地方传达到厂、社已成立三结合的革命委员会中的党员，没有成立三结合的革命委员会的地区和单位，均暂不传达。人民解放军传达到团级党委会。

11月12日　遵照毛泽东的指示，中共中央、中央文革小组批准

并转发有关传达八届十二中全会的两个报告。一份是北京市革命委员会的报告，要求将原来确定的由县区传达到各基层单位，改为由市革命委员会召开1.7万人的大会直接传达。另一份是张春桥的报告，提出四点意见：一、毛主席、林副主席的讲话，传达不传达？传达主要的精神，十分必要，很有好处。二、要不要非党员参加传达会议？许多基层，掌权的是非党造反派，不向他们传达，他们领导讨论和落实公报有困难。这对培养一批新干部也是十分必要的。三、“二月逆流”的那几个人，要不要点名？看来，点名很有必要。我们点了名，激起了广大群众的义愤。至于选“九大”代表，群众一方面认为陈毅不能当外交部长，不能当中央委员，要求将陈毅弄到上海来批判、消毒；另方面也说只要毛主席指示，我们也同意要他代表右的参加九大。四、决心把十二中全会的传达，当做一项重大的政治思想工作抓到底。

同　日　外交部就印度政府制造“两个中国”向印度政府提出强烈抗议。外交部在给印度驻华使馆的照会中指出：最近印度政府公然允许蒋介石匪帮派出一个以陶镕为首的“代表团”到印度参加纪念甘地诞辰100周年活动。印度官员还接见和宴请了这个蒋匪帮“代表团”。10月3日印度政府宣传与广播部长会见该团并接受了赠礼。10月10日蒋帮分子在德里举行招待会，印度德里市长、国大党议员等多人出席，会上奏了印度国歌和蒋帮歌。照会说，这是印度政府在美帝、苏修指使下，加紧制造“两个中国”，猖狂反华的又一严重事件，是对中国人民的严重挑衅。

11月14日　《人民日报》发表山东省两位小学教师《建议所有公办小学下放到大队来办》的信。信中建议：所有公办小学下放到大队来办，国家不再投资或少投资小学教育经费。教师不再由国家发工资，改为大队记工分。该信发表后，《人民日报》连续开展了关于公办小学下放到大队来办的大讨论。

11月15日　中共中央、国务院发出《关于1968年大专院校毕业生分配问题的通知》。《通知》说，1968年大专院校毕业生从11月中旬开始分配，分配工作应当坚决贯彻面向农村，面向工矿，面向基层的方针。一般都必须去当普通农民、普通工人。不一定要分配到自己所学的专业部门去。分配当普通农民的学生，各地可有计划地组织他们参加改造盐碱地、兴修水利等改造大自然的斗争。

11月25日　《人民日报》、《红旗》杂志、《解放军报》联合发表社论：《认真学习两条路线斗争的历史》。社论传达了毛泽东的最新指示："历史的经验值得注意，一个路线，一种观点，要经常讲，反复讲。只给少数人讲不行，要使广大革命群众都知道。"社论说："党内的路线斗争，反映了社会上的阶级斗争。我们党的历史，就是两条路线的斗争史。"可以说，以毛主席为代表的无产阶级革命路线，和以刘少奇为代表的资产阶级反动路线，在中国革命发展的每一个重要时刻，每一个重大问题上，都进行了尖锐的斗争。"建国后"19年的历史，就是无产阶级专政建立之后，工人阶级和广大革命群众继续同帝国主义者、国民党、资产阶级进行政治斗争，经济斗争，文化斗争的历史。斗争的中心，正如毛主席指出的，是政权问题，而围绕着政权问题的，是对待人民群众的态度问题。"

11月26日　外交部新闻发言人就第一百三十五次中美大使级会谈会期问题发表谈话。他说，11月18日美国国务院新闻发布官和美国驻波兰大使馆发表声明，竭尽歪曲事实之能事，并且透露了中美双方商谈第一百三十五次中美大使级会谈会期问题的经过，诬蔑中国方面无意按期开会，长期没有响应美国方面的建议。发言人就此进行了驳斥。并指出，13年来，中国政府在中美大使级会谈中一贯坚持两项原则：第一，美国政府保证立即从中国领土和台湾海峡地区撤出它的一切武装力量，拆除它在台湾省的一切军事设施；第二，美国政府同意中美两国签订关于和平共处五项原则的协定。但是，13年来，美国政府一直拒绝就这两项原则同中国政府达成协议，而是本末倒置，老在一些枝节问题上做文章，中国政府已经一再明白告诉美国方面，中国政府是绝不以原则作交易的。如果美国方面继续采取这种做法，不管美国是哪个政府上台，中美大使级会谈决不会有什么结果。

11月27日　民革中央副主席邓宝珊去世。邓宝珊，1894年生。

甘肃天水人。早年加入同盟会，参加过讨袁、护法等斗争，1924年参加冯玉祥领导的国民军，拥护孙中山的联俄、联共、扶助农工三大政策。1932年应杨虎城之约，到兰州任国民党西安绥靖公署驻甘肃行署主任兼新一军军长。西安事变后，赞成和平解决。抗日战争时期，任国民党政府晋陕绥边区总司令，多次到过延安。1948年底，代表傅作义与中共代表商谈，达成了和平解放北平的协议，随后又促成了绥远的和平解放。中华人民共和国成立后，历任甘肃省人民政府主席、省长，国防委员会委员，全国政协常委，中国国民党革命委员会中央副主席。

11月28日　教育家徐特立去世。徐特立，1877年生。湖南长沙人。1906年在湖南参加发起铁路国有运动，开始了反帝反封建的斗争。辛亥革命后，任湖南临时议会副议长。后不满政界争权夺利辞职，专门从事教育。1913年—1919年在湖南第一师范任教（毛泽东和蔡和森等曾在这里学习和从事革命活动），参加进步团体健学会。1919年赴法国勤工俭学。1924年夏回国，在长沙创办女子师范学校。1927年春，支持并参加农民运动，同年加入国民党，任长沙市党部工农部长。1927年5月马日事变发生后，在白色恐怖中毅然加入中国共产党。大革命失败后，参加南昌起义，任革命委员会委员、二十军三师党代表兼政治部主任。1928年奉调到苏联进中山大学特别班学习。1930年回国进入赣南革命根据地，任中华苏维埃共和国临时中央政府执行委员，教育人民委员部副部长，苏维埃大学副校长，1934年10月参加长征。陕甘宁边区政府成立后，任教育厅厅长。抗日战争爆发后，任八路军驻湘办事处代表，中共湖南省工委委员、统战部长。1940年调回延安创办自然科学院，任院长，后任中央宣传部副部长。中华人民共和国成立后，任中宣部副部长，政务院文教委员会委员，以主要精力领导人民教育事业。当选为中共第七届、第八届中央委员，第一、二、三届全国人大常委会委员。

同　日　毛泽东会见澳大利亚共产党（马列）主席希尔。毛泽东说，我们的国家，对世界各国人民的革命运动说来，对工人运动说来，对学生运动说来，对真正的马克思主义政党的壮大发展说来，再有5年的时间，就会比较好了。日本1945年投降到现在已经23年了，再有5年，就是28年，28年不打仗吗？其实，在二次大战以后，各种战争从未停止过。按照列宁所说的，资本主义就是战争，它就是离不开战争。参加会见的有周恩来、陈伯达、康生、姚文元等人。

11月29日　我国自行研制的深井石油钻机试钻成功。新华社报道：我国自行设计、自行制造的第一台具有世界先进水平的深井石油钻机，最近在油田试钻成功，全机总重量300吨，由总功率为3 000马力的柴油机带动。钻机的单机重量较轻，便于运载转移，适用于我国多山河矿区。钻机机械化、自动化程度高，技术性能好。

12月3日　中共中央转发《报告》。根据毛泽东的批示，中共中央、中央文革小组转发《北京市革命委员会转发新华印刷厂在对敌斗争中坚决执行党的“给出路”政策的经验的报告》。毛泽东批示：“林、周及文革各同志：建议将此件转发各地参考。对反革命分子和犯错误的人，必须注意政策，打击面要小，教育面要宽，要重证据，重调查研究，严禁逼、供、信。对犯错误的好人，要多做教育工作，在他们有了觉悟的时候，及时解放他们。”报告说，北京新华印刷厂有3 000名职工，清理阶级队伍中揪出“阶级敌人”68名。他们介绍的经验是：一、拿出“样板”，扩大坦白面，使党的政策具体化；二、依靠群众，慎重定案，做到稳准狠；三、批斗从严，处理从宽，扩大改造面；四、就地改造、本厂“消化”，“包袱”不上交；五、深挖细找，注意策略，不停顿地打击敌人。

12月5日　《人民日报》刊登调查报告：《深受贫下中农欢迎的合作医疗制度》，并加编者按。编者按说：“合作医疗制度是一件无产阶级文化大革命中出现的新事物。现将湖北省长阳县乐园公社实行合作医疗制度的一篇报道，以及北京郊区黄村、良乡人民公社贫下中农、干部、医务工作者座谈这篇报道的反映和提出的问题，一并在报上发表，征求意见，展开讨论。当贫下中农管理学校已经开始在农村普遍实行的时候，我们提出农村医疗制度的讨论，一定会促进毛主席的无产阶级卫生路线的进一步贯彻执行。”此后，《人民日报》多次组织关于农村合作医疗制度的大讨论。

12月10日　《人民日报》转载调查报告。《人民日报》转载《红旗》杂志发表的辽宁省的调查报告：《一所贫下中农掌权的民办小学——从松树小学的成长看农村办学的方向》以及《红旗》杂志编者按。编者按说："这里有一个比较，一所由国家花钱办的'正规化'小学怎样被资产阶级知识分子所控制，一所根据毛主席的指示由生产大队贫下中农办的小学怎样受贫下中农的欢迎。这个学校打破了种种清规戒律，彻底为贫下中农服务，入学不受年龄限制，可以按季上学，可以晚来早走，家务重的可以带着弟弟妹妹上学，还在8个生产队里建立4个教学点。自己劳动，办学4年，没有收学生一分钱。贫下中农说：'有这样的学校，这样的老师，我们的后代就不会变颜色了'！"

同　日　中国戏剧家协会主席田汉去世。田汉，1898年生。湖南长沙人。五四运动时期投身反帝反封建的新文化运动，与欧阳予倩等人创办"南国剧社"。1930年参加左翼作家联盟和左翼戏剧家联盟。1932年参加中国民权保障大同盟，同年加入中国共产党，任左翼戏剧家联盟党团书记，中共中央文化工作委员会委员。与聂耳合作创作了《义勇军进行曲》，后成为中华人民共和国国歌。抗日战争时期，曾参加组织上海文化界救亡协会，后到郭沫若主持的国民党军事委员会政治部第三厅工作，开展抗日宣传活动。抗日战争胜利后，在上海创作了许多揭露国民党黑暗统治的戏剧和电影剧本，投身反美反蒋的爱国民主运动。1948年进入华北解放区。中华人民共和国成立后，历任中央人民政府政务院文化教育委员会委员，文化部戏曲改进局局长，艺术事业管理局局长，中国文学艺术界联合会副主席，中国戏剧家协会主席、党组书记等职。当选为第一、二、三届全国人大代表，政协第四届全国委员会委员。作品有剧作《获虎之夜》、《丽人行》、《关汉卿》、《文成公主》、《谢瑶环》等。"文化大革命"开始后，受到残酷迫害，含冤去世。1979年4月获平反昭雪。

同　日　有关部门就美国军用飞机扫射我国渔船事件提出强烈抗议。5月，广东省海康县38艘渔船在海南岛以西公海海面进行捕鱼作业，美国军舰两艘派出直升飞机，向我6号渔船疯狂扫射。

12月16日　辽宁省复县聋哑学校全校105名聋哑学生经解放军医治全部恢复听觉和说话功能。据新华社报道：解放军3125部队用针灸治疗聋哑，对不同的病情、不同的年龄和性别，增加、减少或转换相应的针刺穴位，取得良好效果，在两个月时间里，就使全校的聋哑学生恢复了听力，随后，经过艰苦的语言训练，又使他们恢复了语言功能。

12月17日　外交部就缅甸政府杀害华侨迫害中国边民事件向缅甸政府提出强烈抗议。10月25日华侨教师陈彩英被缅甸军队杀害并沉尸江中，此外，数名中国边民被非法抓捕至今下落不明。中国政府坚决要求缅甸政府对杀害陈彩英事件做出交待。无条件释放所有被捕的华侨和中国边民，停止一切反华排华罪行。

12月18日　史学家翦伯赞去世。翦伯赞，1898年生。湖北桃源人，维吾尔族，历史学家。1926年参加北伐军政治工作。大革命失败后，开始研究中国社会和中国历史。1937年加入中国共产党。从1940年到解放战争期间，先后在重庆、南京、上海和香港等地从事统一战线和理论宣传工作。中华人民共和国成立后，历任中国科学院哲学社会科学部学部委员，北京大学教授、副校长等职。他是第一、二、三届全国人大代表，第一届全国政协委员。曾与郭沫若、范文澜等筹建了中国史学会。“文化大革命”中，遭林彪、陈伯达和“四人帮”诬陷迫害，他同夫人戴叔宛含冤去世。1979年获平反昭雪，恢复名誉。

12月22日　《人民日报》发表《我们也有两只手，不在城市里吃闲饭》的报道。介绍甘肃省会宁县部分城镇居民到农村安家落户的情况，并加编者按。编者按语传达了毛泽东的最新指示：“知识青年到农村去，接受贫下中农的再教育，很有必要。要说服城里干部和其他人，把自己初中、高中、大学毕业的子女，送到乡下去，来一个动员。各地农村的同志应当欢迎他们去。”编者按号召：“希望广大知识青年和脱离劳动的城镇居民，热烈响应毛主席这个伟大号召，到农业生产第一线去！”此后，全国开始了大规模的知识青年上山下乡运动。

12月26日　中共中央，中央文革小组发出《关于对敌斗争中应注意掌握政策的通知》。《通知》说：毛主席在最近批示中指出“对反革命分子和犯错误的人，必须注意政策”。毛主席这个重要指示已经下达。为了认真执行毛主席这个指示，更准确地打击敌人，请各地在对敌斗争中，注意下列各点：一、应认真学习和掌握毛主席在对敌斗争中采取的“利用矛盾，争取多数，反对少数，各个击败”这个马克思主义的策略，不要把斗争对象都看成铁板一块。二、在提到敌人的名称时，应遵照中央、中央文革历来文件中所明确规定的用语，如：叛徒、特务、死不改悔的走资派，没有改造好的地、富、反、坏、右分子，现行反革命分子等等，不要采用含糊不清的容易混淆两类矛盾、扩大打击面的词汇。三、坚持群众专政。实行群众专政，在定案时必须有领导和群众相结合，走群众路线。不要用“群众定案”的口号代替“领导和群众相结合”。四、在被审查的干部中，须区别是已经定性的叛徒、特务、死不改悔的走资派，或是尚未定性的“靠边站”干部，不要把两类人统称为“黑帮”、“牛鬼蛇神”。毛泽东在这一《通知》中加了几段话：“在犯过走资派错误的人们中，死不改悔的是少数，可以接受教育改正错误的是多数，不要一提起‘走资派’，就认为都是坏人。”“犯错误的好人，要多做教育工作，在他们有了觉悟的时候，及时解放他们。”“即使是反革命分子的子女和死不改悔的走资派的子女，也不要称他们为‘黑帮子女’，而要说他们是属于多数或大多数可以教育好的那些人中间的一部分（简称‘可以教育好的子女’），以示他们与其家庭有所区别。实践结果，会有少数人坚持顽固态度，但多数是肯定可以争取的。”

同　日　中国政府与巴基斯坦政府签订经济技术合作协定。协定规定，中国政府将给予巴基斯坦政府以无息的和不附带任何条件的贷款人民币1亿元，以提供成套设备、单项设备、一般商品和技术援助。

同　日　京剧艺术家荀慧生去世。荀慧生，1900年生。祖籍河南洛阳，生于河北东光。幼年习河北梆子花旦，后拜王瑶卿为师改习京剧。19岁起专演京剧，曾先后与梅兰芳、杨小楼、余叔岩、周信芳等人合作。中华人民共和国成立后，任中国剧协艺术委员会副主任，北京市戏剧研究所所长。创造了长于表演、刻画人物、声情并茂的荀派艺术，与梅兰芳、程砚秋、尚小云合称“四大名旦”。代表剧目有《红娘》、《金玉奴》等。在“文化大革命”中遭受迫害，含冤去世。1979年获平反昭雪，恢复名誉。

12月27日　我国在西部地区又爆炸了一颗氢弹，成功进行了一次新的热核试验。这次氢弹试验的成功，标志着我国核武器的发展又有了新的飞跃。中共中央、中央文革小组、国务院、中央军委，向从事核武器研制和试验的工人、人民解放军指战员、工程技术人员、科学工作者致以热烈的祝贺。

12月29日　周恩来在关于“徐向前最近表现情况”报告上做出批示。八届十二中全会后，黄永胜布置了对徐向前的批判。徐向前办公室党支部提出如何批判徐向前的报告。周恩来批示说：“建议军委办事组派人找李广桥支部同志谈谈，不要搞得过于紧张，防止意外。”1969年1月3日，毛泽东在该报告上批示：“所有与二月逆流有关的老同志及其家属，都不要批判，要把关系搞好。”林彪也批示：“完全同意主席的意见，希望徐向前同志搞好健康，不要制造新的障碍。”

1969年

1969年综述

3月，苏军侵入中国黑龙江珍宝岛地区，中苏边境发生严重流血冲突。7月—8月，苏军又侵入中国黑龙江八岔岛地区和新疆铁列克提地区。我边防部队被迫还击。中苏边境武装冲突后，苏联领导人一方面在6月共产党、工人党国际会议上继续对中共进行攻击，一方面发出对中国实施核打击的威胁。这一形势加重了中共党内存在的关于世界大战不可避免的估计。9月11日，周恩来与柯西金在北京机场会晤，达成了避免武装冲突的口头谅解。10月17日，根据毛泽东关于国际形势有可能突然恶化的估计，林彪做出“第一个号令”，中共中央决定紧急疏散在京党和国家领导人。全国掀起“要准备打仗”的战备高潮。10月20日，中苏边界谈判在北京恢复。

4月，中国共产党第九次全国代表大会召开，通过政治报告和新党章，选举产生了新的中央委员会。九大使“文化大革命”的错误理论和实践合法化，加强了林彪、江青集团在中央的地位。九大以后，“斗、批、改”运动和整党建党运动全面展开，全国开始推广“六厂二校经验”，继续进行“清理阶级队伍”运动。由于部分省市仍然发生严重武斗和动乱事件，中共中央发布制止武斗的“七二三布告”，并先后讨论解决山东、山西、湖北、贵州、四川等省的问题，调整了在造反夺权中产生的省革命委员会领导班子，清理了一些帮派领导干部。

是年，中华人民共和国主席、中共中央副主席刘少奇，国务院副总理贺龙、陶铸含冤去世。

是年，由于政治形势略有稳定，经过广大干部群众的努力，经济形势稍有好转，工农业生产有所回升，暂时摆脱了1967年、1968年连续下降的趋势。但是，计划和经济管理仍未走上正轨。本年开始下放中央部分企业。

主要经济指标：工农业总产值2 613亿元，比上年增长18%；其中，工业总产值1 665亿元，比上年增长29.5%；农业总产值948亿元，比上年增长2%（按当年价格计算）。在工业方面，轻工业增长21.3%；重工业增长39.1%。工农业产品产量：粮食：2.1097亿吨，比上年增长0.9%；棉花：207.9万吨，比上年下降11.9%；钢：1 333万吨，比上年增长47.5%；原煤：26.06亿吨，比上年增长20.9%；原油：2 174万吨，比上年增长36%；发电量：940亿度，比上年增长31.3%；基本建设投资总额200.83亿元，比上年增长77.6%；社会商品零售总额801.5亿元，比上年增长8.7%；国家财政总收入526.8亿元，总支出525.9亿元，结余9 000万元。

1月1日　《人民日报》、《红旗》杂志、《解放军报》联合发表元旦社论：《用毛泽东思想统帅一切》。社论公开发表了毛泽东在七千人大会上的两段讲话，并公布了毛泽东最近的两条指示："对反革命分子和犯错误的人，必须注意政策，打击面要小，教育面要宽，要重证据，重调查研究，严禁逼、供、信。对犯错误的好人，要多做教育工作，在他们有了觉悟的时候，及时解放他们。""清理阶级队伍，一是要抓紧，二是要注意政策。"社论颂扬了文化大革命以来的形势，提出了1969年的任务及其要求：1969年中国共产党将召开第九次全国代表大会。全国人民将基本完成党的八届扩大的十二中全会提出的各项战斗任务。无产阶级文化大革命将取得全面胜利。社论要求用毛泽东思想统帅一切，切实做到毛主席说的五个统一：统一认识，统一政策，统一计划，统一指挥，统一行动。进一步实现毛主席的"革命委员会要实行一元化的领导"这个极重要的指示，继续批判"多中心即无中心论"。要把"斗批改"这个伟大的社会主义的革命群众运动搞好。当前，必须抓紧清理阶级队伍的工作。把极少数隐藏的阶级敌人挖出来，才能使阶级阵线分明，使斗批改的各项任务得到顺利发展。

1月3日　毛泽东选集近3年出版1.5亿部。据新华社报道：从1966年开始到1968年11月底，我国共出版发行了包括汉、蒙古、藏、维吾尔、哈萨克、朝鲜等各种文版的《毛泽东选集》1.5亿部，相当于无产阶级文化大革命前15年出版总和的13倍。同一个时期内，全国还出版发行了《毛泽东著作选读》1.4亿多册，《毛主席语录》7.4亿多册，毛主席的"老三篇"、"老五篇"和《在中国共产党第七届中央委员会第二次全体会议上的报告》等著作的汇编本、单行本近20亿册，《毛主席诗词》9 600多万册。

1月4日　外交部向印度政府提出强烈抗议。照会说，1968年12月30日上午，几百名印度暴徒和西藏叛匪手持匕首、棍棒，冲进中国驻印度大使馆，破坏建筑物，砸坏使馆汽车，殴打使馆工作人员，致使4人受伤。中国政府和中国人民对此表示极大愤慨，并向印度政府提出强烈抗议。照会指出，利用西藏叛匪进行反华活动是印度政府的一贯手法。照会要求印度政府遵守国际关系准则，惩办肇事者，赔偿损失，切实保证中国大使馆的安全，停止一切反华活动。

1月8日—29日　中共中央在北京召开关于解决浙江问题的会议。会议前期由中央军委办事组主持，后期由中央文革碰头会主持。参加会议的有：南京军区负责人许世友、杜平、钱钧；浙江省革命委员会主任南萍、副主任陈励耘、熊应堂；浙江省军区领导人阮贤榜、李国厚、罗晴涛；南京军区派到浙江省军区、二十军调查组组长陈德先等共10人。中央文革碰头会成员周恩来、陈伯达、康生、江青、张春桥、姚文元、谢富治、黄永胜、吴法宪、叶群、汪东兴、温玉成等12人出席了会议。1月8日，毛泽东召集中央文革碰头会成员开会，许世友、杜平列席，会议的主要内容是解决南京军区支持的浙江省军区阮贤榜、李国厚等人，与中央文革小组支持的驻浙部队二十军、空五军南萍、陈励耘、熊应堂等人的对立问题，及在浙江引起的群众组织对立问题。毛泽东确定会议的方针是各自多做自我批评，不要批评对方，并说："地方问题在军队，军队问题在于做工作。为了减少矛盾，二十军、空五军是否调调防，离开浙江。"还说"省军区检讨我看过，二十军、空五军的检讨，我怎么没有看到？"对此，张春桥、姚文元进行了辩解。29日会议结束，浙江省军区阮贤榜、李国厚、罗晴涛被留在北京作检查，8月被送往"五七"干校劳动。南萍、陈励耘等人控制了浙江省大权，直至林彪"九一三"事件后才被免职。

1月11日　《人民日报》转载《广东省曲江县群星大队坚持合作医疗制度11年的情况调查》。调查写道：群星大队从1965年起，采取三级（大队、生产队、社员）负担医疗费用的办法，每年分配时，由三级共同筹集医疗资金。考虑到医疗需要和经济条件的可能，每年的比例都作合理的调整。这种合作医疗制度，适应目前农村三级所有制的经济基础和我国农村经济水平，深受广大贫下中农的欢迎。

1月12日　周恩来为中共中央起草给新疆自治区革命委员会的电报。电报指示，新疆自治区出席九大的代表应包括王恩茂同志在内。你们为此已做了不少工作。现在你们正面临新的困难。如说服党员干部和党内外革命群众需要时间才能选出，可先将王恩茂同志全家送来北京，以便继续工作。

1月13日　国家计划委员会向国务院呈报《1969年分配地方外汇计划的安排》。依照惯例，国家每年将当年向资本主义国家出口所获自由外汇总收入的7%分配给地方掌握使用，解决部分计划物资分配不足的问题。据此，国家计委提出1969年分配给地方外汇1.2亿美元的计划，比前几年略有增加。对此，周恩来总理批示：同意1969年地方外汇计划分配方案，地方进口物资，要用在刀刃上。根据周总理的指示，4月17日国家计委会同物资部、国家科委、商业部、外贸部及有关部委，就如何审查地方外汇问题交换了意见。认为，进口的物资要保证钢材、化工原料分配不足部分的需要；机械设备的进口，主要考虑国内不能生产或生产不足的母机；国家已有大量进口的，不再零星进口，地方所需由国家进口货源中拨给。

1月14日　中共中央、国务院、中央军委发出《关于对长江航运系统实行全线军事管制的决定》。决定指出，长江航运对我国经济建设具有极为重要的作用，为了执行“抓革命、促生产”的方针，决定长江航运全线实行军事管制。按照任务的区分，由所在地区的大军区、或省军区、或军管会派出并任命军管人员。长江航运实行军管后，运输计划的安排和船舶航运调度指挥仍由交通部军事管制委员会通过长江航运公司军管会组织实施，其他工作归所在地方领导。长江航运系统各部门的群众组织和职工，与系统以外的群众组织之间，一律不要互相冲击，也不得互相串联。

1月18日　《人民日报》发表《农村商业是否由贫下中农管理好》的调查报告。在编者按中说道：农村商业由贫下中农管理，是商业战线为了更好地执行毛主席“发展经济，保障供给”方针而进行的一项改革。农村商业和信用合作社同社会主义建设和6亿农民生活有密切关系，在改革时必须采取认真和谨慎的态度，做好调查和试点工作。这篇报告是根据毛泽东1968年12月批示写成的。

1月28日　清华大学革命委员会成立。据新华社报道称，清华大学革命委员会的建立，是首都工人驻清华大学毛泽东思想宣传队，在毛主席的关怀下，领导全校革命师生员工坚决落实毛主席最新指示的结果。

1月29日　中共中央转发报告。中共中央、中央文革转发驻清华大学工人、解放军宣传队关于《坚决贯彻执行对知识分子“再教育”、“给出路”的政策》的报告（注：这个报告是迟群炮制的）。毛泽东批示：照发。报告声称，清华大学165名处长、部长、系主任、总支书记等中层以上的干部，80%是解放前受资产阶级教育出来的知识分子，87%出身于非劳动人民家庭。各个教学的基础单位——教研室，几乎全部被世界观没有改造好的教授、副教授、讲师把持着。报告说，对知识分子的大多数要坚决相信他们是愿意革命的，但必须对他们进行再教育。再教育的基本内容是学习毛主席在无产阶级专政下继续革命的理论，批判刘少奇反革命修正主义教育路线，彻底改造世界观。报告介绍了对“可以教育好的子女”进行教育的经验，文化大革命期间，父母被作为叛徒、特务、走资派和其他反革命分子揪斗的学生有1 424人，占学生总数的17%。对于犯走资派错误的人和资产阶级学术权威，在深入进行批判的基础上再“给出路”。全校11个系和1个基础课，正副总支书记和正副系主任共98人，同时担任教学任务的有95人，他们是资产阶级的知识分子，是推行修正主义教育路线的一支基本力量。被称为资产阶级学术权威的，大大小小有100余人。对这些人采取“一批、二用”的方针。对反革命分子分别情况，区别对待，给予立功自赎的机会，开展群众性的政策攻心战。经过3次宽严大会，共有1 065人坦白交待问题，其中交待重大问题的147人。充分显示了无产阶级专政不可抗拒的威力。粉碎“四人帮”后，清华大学党委揭批了迟群等人炮制的这一欺上压下的假报告，推翻了他们制造的所谓“走资派”和“资产阶级反动学术权威”等冤假错案，为受害者恢复了名誉。据不完全统计，“文化大革命”中，不到6 000教职工的清华大学，被立案审查的达1 228人，被定为敌我矛盾的178人，加上清查“五一六”、“反复辟回潮”、“清查反革命”运动受批判冲击的2 000人，全校受立案审查和冲击批判的人占教职工总数的半数以上。

1月30日　原国民党政府代总统李宗仁逝世。李宗仁，1890年生，字德邻。广西桂林人。广西陆军学堂毕业。早年加入中国同盟会。北伐战争时期任国民革命军第七军军长，西征军总指挥，第三路军总指挥，第四集团军总司令。抗日战争时期任国民党第五战区司令长官兼安徽省主席。1945年后任汉中行营主任、北平行辕主任。曾和蒋介石一起发动内战。1948年4月任国民党政府副总统。1949年1月任代总统，同年12月去美国。1965年7月从美国回到北京，并发表声明，决心为完成国家最后统一做出贡献。临终前，给毛泽东、林彪、周恩来写了一封信。信中说，我在1965年毅然从海外回到祖国所走的这一条路是走对了的。我们的祖国的潜力是举世无匹的，我们祖国的前途是无限光明的。“在我快要离开人世的最后一刻，我还深以留在台湾和海外的国民党人和一切爱国的知识分子的前途为念。他们目前只有一条路，就是同我一样回到祖国怀抱，或为解放台湾贡献力量，此外没有别的选择。”2月1日，全国政协主席周恩来出席了向李宗仁先生的遗体告别仪式。

本　月　林彪、江青集团制造“‘东北帮’叛党投敌反革命集团”案。这一案件起源于1968年初，有一群众组织提出，吕正操、万毅、张学思等42人，1946年曾联名给蒋介石发电报，要求张学良回东北。“还密谋策划在国民党军队向东北北方进犯时，倒戈投敌，搞掉林彪作战指挥部，暗害林彪”。辽宁省的帮派人物据此认定：“这是经过长期预谋，妄图叛党投敌的一起重大反革命案”，于是立案追查。到1968年底，他们将42人名单中的原辽宁省副省长、省政协副主席陈先舟，原辽宁省军区副司令员赵承金等多人实行监护。开展“学挖”，大搞刑讯逼供。1969年1月，他们编造了一个90人的“军阀张学良东北地区残余分子名单”，株连省军级以上领导干部12名，部、厅、局级干部36名，全国政协委员7名，省政协委员17名。称“东北地区我党政军内，隐藏着一股以张学良的部下、政客、幕僚为主体的叛徒、特务、反革命分子结成的反革命势力”。因为涉及的人员原籍都是东北的，故取名“东北帮”。由此，制造出了一个“东北帮’叛党投敌反革命集团”。粉碎“四人帮”后，辽宁省委组织有关部门认真进行了复查。结果证明，这是一起假案。1978年，辽宁省委召开大会，为这一案件彻底平反，为遭受打击迫害的90名党政军领导干部和知名爱国人士昭雪申冤，恢复名誉。

2月2日　国务院下发《关于1969年第二季度基本建设工作的安排》。国务院指出，在1969年计划没有下达以前，先安排第一季度的基本建设工作。1968年计划内已经施工的项目，1969年要继续建设，不能中断。所需资金在1969年财政预算内开支；1968年经国家计委审查同意新建的大中型项目，尚未开工的，在具备条件需要开工时，按照隶属关系分别由各省、市、自治区革委会和中央有关部军管会或军代表审查批准；必须执行集中力量打歼灭战的方针，通盘考虑重点安排具有战略意义的项目和接近投产的建设项目；在国家计划未下达之前，一些急需安排的地方基本建设可先行部署安排，但不要超过1968年的投资水平；1969年新建的大中型项目，在1969年国家计划中统一考虑，在国家计划未下达之前，暂缓开工。小型项目由各省、市、自治区和各部门根据轻重缓急和物资供应的可能从严掌握。

2月4日　财政部提出《关于冻结存款情况和处理意见的报告》(征求意见稿)。这一报告是提交给即将召开的全国计划座谈会的。据财政部初步统计，根据中共中央1968年2月18日《关于进一步实行节约闹革命，坚决节约开支的紧急通知》中的规定，全国被冻结的存款总额约70亿元。其中国营企业存款29亿元左右，行政事业单位存款22亿元左右，党团、工会和劳保基金存款14亿元左右，集体所有制单位存款5亿元左右。报告对70亿元冻结款提出的处理意见是，在充分吸收1960年和1961年两年处理此类问题经验的基础上，按照“统筹兼顾，适当安排”的方针，采取分别不同情况，区别对待，大部分上交国家财政，小部分留给各单位的原则来进行处理。留给单位使用25亿元，上交财政约45亿元，其中中央单位上交15亿元，全部归中央财政，地方单位上交30亿元，按中央财政与地方财政对半分成的原则进行分配。该报告于同年6月17日经国务院批转执行。

2月6日　外交部抗议荷兰政府和美国政府制造反华阴谋。外交部新闻司发言人就我国驻荷兰代办处前临时代办、二等秘书廖和叔，1月24日被荷兰政府策划叛逃，于2月4日被美国中央情报局带往美国一事发表声明，强烈抗议和谴责荷兰政府和美国政府制造反华阴谋。

2月16日—3月24日　全国计划座谈会在北京召开。这次会议是根据周恩来1968年12月12日关于组织编制1969年国民经济计划的指示，由国家计委组织的有军代表、老干部和群众组织参加的30余人计划起草小组负责筹备召开的。会议着重讨论了《1969年国民经济计划纲要（草案）》，周恩来在会议结束前讲了话。《计划纲要（草案）》提出了五项主要任务：一、高质量地全力保证毛主席著作的出版，大力发展广播事业，要求年内出版《毛泽东选集》一至四卷2 000万部，《毛主席语录》和《最高指示》3亿册；二、大力发展农业，加强工业对农业的支援，用于农业的钢材由前两年的83万吨增加到160万吨；三、大力加强国防工业、基础工业和内地建设；四、安排好轻工市场，继续提倡晚婚和计划生育；五、狠抓交通。《计划纲要（草案）》规定了1969年主要生产指标：粮食比上年增长6%左右；棉花增长10%左右；钢产量1 600万—1 650万吨；煤炭2.73亿—2.8亿吨；原油1 850万—2 000万吨；发电量980亿—1 000亿度；铁路货运量5.8亿吨。计划1969年工业总产值约比1966年增长15%。钢、铁、原油、水泥、机床、发电设备、棉纱、棉布、纸张等重要产品的产量，将提前一年达到或超过“三五”计划原定的1970年的指标，全国基本建设投资安排为193亿元，社会商品零售额约770亿元。财政收支各为570亿元，计划增加职工150万人。这一年的国民经济计划，在为党的“九大”和建国20周年大庆献礼的影响下，绝大部分指标定得过高。对于这个计划，周恩来曾提出许多修改意见，建议削减印刷毛泽东著作及《毛主席语录》的数量，以节约出原材料来增加生产急需的产品、批评了在制做毛主席像章上的浪费现象，责令物资管理部门收回批发用于制像章的5 000吨铝，强调在编制计划时，确定生产指标要实事求是，要估计到完成计划可能遇到的困难，要承认计划也有不够确切的地方。同时，他还指出，文化大革命以来放松了计划生育工作，结婚的多了，孩子生得多了，要抓紧控制人口的工作，3月1日和24日，周恩来在全国计划座谈会上作报告，对会议上提出的一些方针政策性问题提出了意见。关于手工业过渡问题，他指出，要防止一阵风，不要一下子都改为全民所有制，关于大工业下放地方管理的问题，他提出中央部直属企业拟分为三种情况：一是下放给地方；二是下放后实行双重领导；三是中央部直接抓几个企业。在谈到工业支援农业问题时，他说道，总的说，中央工业和地方工业都要支援农业，但有直接的也有间接的。周恩来还提出，条条块块以块块为主，绝大多数企业要有准备有步骤地下放。

2月19日　外交部新闻司发表声明。声明强烈抗议美国政府勾结荷兰政府，蓄意制造严重反华事件，策划前中国驻荷兰外交人员廖和叔叛逃，并由美国中央情报局送往美国。声明说，中国政府认为，在目前这种美国政府一手制造的反华气氛下，按照预定日期在2月20日举行第135次中美大使级会谈，显然是很不适宜的。

2月21日　《人民日报》发表社论。社论名为《抓革命，促生产，夺取工业战线的新胜利》，社论传达了两段毛泽东的最近指示："无产阶级文化大革命的斗、批、改阶段，要认真注意政策。""在订计划的时候，必须发动群众，注意留有充分的余地。"社论说，到1968年底，国内公债已全部还清，我国已经成为世界上既没有内债、又没有外债的一个强大的，独立的社会主义国家。社论认为，生产的大好形势是革命的大好形势促成的，应该以革命来挂帅，来促生产。抓革命，促生产，首先要抓革命，抓阶级斗争，抓发动群众，抓各项政策的落实。社论号召要深入开展大批判，巩固大联合，抓紧完成清理阶级队伍的工作，抓紧完成整党建党等其他各项"斗批改"任务，进一步落实各项无产阶级政策。社论强调说，要大力加强采掘工业，加强工业对农业的支援，加强交通运输业，贯彻执行"两条腿走路"的方针，在保证完成国家各项基本建设任务的同时，充分挖掘现有企业的潜力，提高工业自给水平，开展技术革命，猛攻科学技术尖端，为在更多的领域中"赶上和超过世界先进水平"而奋斗。

2月27日　全国计划座谈会议印发有关体制改革的三个文件。一、《关于改革财政管理体制的初步意见（草案）》。《初步意见》指出，国家财政管理体制是处理中央、地方以及各部门财政关系的一项重要制度，中心是解决中央和地方财政权限划分问题。根据财政管理体制下放的情况，今后中央和地方财政收支范围的划分，必须相应地加以调整，在财政收入方面，除中央直接管理的企业收入、银行收入、关税收入仍列中央财政外，其余各项收入，包括地方企业收入、工商税收入、盐税收入、农业税收入和其他收入，一律列地方财政。在财政支出方面，除了国防战备费、对外援助支出、国家物资储备支出以及中央直接管理的基建投资、流动资金、行政事业等支出仍列中央财政外。其余各项支出，包括地方基建投资、流动资金、新产品试制费、支援农业资金，以及文教、卫生事业费和行政费等，一律列地方财政，地方的收入和支出，中央只下达一个总额，具体项目由地方根据中央的方针政策和本地区实际情况自行安排。在中央规定的财政管理体制范围内，地方有权规定本地区的财政管理体制。国家的税收制度（包括税种、税法）由中央规定，在这个范围内，地方有权规定各项税收的具体征收办法；二、《中央各部关于企业管理体制下放的初步设想》。《初步设想》认为，当前企业管理体制上存在的主要问题有三点，第一，中央部门的权限集中过多，发挥地方和企业的积极性不够；第二，机构重叠，管得过多、过死，发挥广大职工的积极性不够；第三，中央部门直属的科研、设计单位和大专院校都集中在大城市，脱离实际。鉴于这种情况，冶金、煤炭、石油等19个部委对所属企业、事业单位和学校的管理体制提出了初步改革意见。其主旨是企业下放。三、《关于改革物资管理体制的初步意见》，《初步意见》认为，过去以“条条”为主的物资管理制度，权限集中过多、过大，管得过宽、过死，破坏了“统一认识、统一政策、统一计划、统一指挥、统一行动”的原则。限制了各方面的积极性，束缚了生产力的发展。因此，物资体制要按照加强中央的统一计划，扩大地方的管理权限的原则进行认真改革。设想的初步改革意见是，主要原材料和设备由中央统一分配。实行在中央统一计划下，地区平衡，差额调出、调入的物资分配制度，地方“五小”企业生产的产品，不纳入中央统一分配。地方企业生产的主要原材料和设备，完成国家计划以外的超产部分，原则上不纳入中央统一分配。文件发出后，全国开始了以下放企业、实行包干制、精简机构为主的工业管理体制改革试点，至1970年全面展开。

3月2日　中苏两国边防军在珍宝岛发生武装冲突。2日晨，苏联边防军出动70余人、4辆装甲车和汽车，侵入我国黑龙江省虎林县境内的珍宝岛，开枪打死打伤我边防军多人。我边防军在多次警告无效的情况下，被迫进行自卫还击。苏联政府却称珍宝岛属于苏联，反诬中国边防军入侵苏联，并且公布了苏联政府对中国政府的“抗议照会”。中国外交部发言人指出：就是根据沙俄帝国主义强加在中国人民头上的不平等条约——1860年中俄《北京条约》，珍宝岛也无可争议地是属于中国的领土，而且长期以来一直是在中国的管辖之下，有中国边防部队进行巡逻。苏联的所谓“抗议照会”，是苏修叛徒集团的贼喊捉贼的惯用伎俩，是它继承沙俄帝国主义的衣钵，推行社会帝国主义侵略政策的强盗逻辑。同日，中国政府向苏联政府提交了抗议照会。照会强烈抗议苏联的侵略行为，坚决要求苏联政府惩办这次事件的肇事凶手，立即停止侵犯中国领土和武装挑衅，并保留要求苏方赔偿我方一切损失的权利。照会严正警告苏联政府，如果继续挑起中苏边境武装冲突，由此产生的一切严重后果，只能由苏联政府承担全部责任。从4日—12日，苏军又出动装甲车、直升飞机和多名边防军入侵珍宝岛和该岛西侧的中国河道。13日，我国外交部照会苏联大使馆，再次提出强烈抗议，重申中国领土绝不允许任何人侵犯。然而，15日，苏军又出动50余辆坦克和装甲车，在直升飞机的掩护下，从冰上越过乌苏里江主航道侵入珍宝岛地区，开到岛的中部、南端和西侧的中国航道，向正在执行巡逻任务的中国边防部队挑衅，并于8时许首先开枪开炮。我边防部队奋起自卫，打退苏军3次进攻，至下午7时许，将苏军赶出中国领土。同日，外交部又一次照会苏联大使馆，对苏军制造新的流血事件，提出紧急的、强烈的抗议，并保留进一步提出要求的权利。珍宝岛事件加重了中共党内关于国际形势日益严重，世界大战不可避免的判断。15日，毛泽东在中央文革碰头会上着重谈了准备打仗的问题，成为中共九大的一个重要指导思想。

3月4日　中共中央、中央文革转发上海市革委会《关于吸收部分干部参加工宣队的情况报告》。中央在转发的通知中指出：中央同意报告中采取的措施，这是对干部进行再教育的一个有效方法。上海市的报告中说，上海进驻各条战线的工人毛泽东思想宣传队已有十多万人，有几千名干部参加了工宣队。报告以调查情况为例，说明干部参加工宣队后，大大提高了路线斗争觉悟，认识到“原来这些领导班子，是挂着共产党招牌的国民党班子，国民党来了，只要换换牌子，不要换班子。不搞这次无产阶级文化大革命，无产阶级就会丢掉政权。”报告还指出：干部的群众观点也大大加强。对革命造反派的感情由疏到亲，由怨到爱，从不服气到虚心学习，互相信任。报告认为，有意识地吸收适当数量的干部参加工宣队，是对干部进行重新教育的一个途径，打算以后逐步轮换，以扩大对干部的教育面。

同　日　中共中央、中央文革发出通知，批评阻碍记者向中央反映情况的现象。通知指出，最近发现，有的地区的某些同志阻碍新华社记者向中央反映情况，甚至强行搜查新华社记者向中央写的内参稿件。中央认为，这种做法是错误的。通知规定，广大人民群众，包括记者在内，都有权向毛主席、林副主席、向中央和中央文革反映当地的情况和问题。决不允许任何人封锁中央，通知重申，中央1967年11月发出的《重要通知》中，关于新华社等中央单位记者在地方工作时应遵守的原则规定继续有效。

同　日　中共中央、中央文革、国务院、中央军委就1969年城乡居民棉布分配问题发出通知。通知规定，1969年按人口平均棉布基本定量为16.1尺，比上年增加7.1尺；各省市自治区的调剂用布，规定平均每人1尺，比上年增加0.5尺；取消职工补助、寒冷地区补助、渔盐民补助、少数民族补助、边民补助、南方蚊帐补助等补助用布；各项农副产品奖售用布，除对生猪、松脂、中药材继续保留外，其余全部取消。

3月9日—27日　中央文革碰头会召集九大准备会议。各省、市、自治区革命委员会及各大军区和中央各部门的负责人共128人参加。会议为九大的召开作了准备。毛泽东提出，九大的任务是总结经验，落实政策，准备打仗，这3句话成为九大的指导思想。3月下旬，出席九大的各地代表到达北京后，按大区组成代表团，传达了毛泽东关于九大的指示。30日，各代表团分别酝酿通过了大会主席团175人名单。

3月10日　新华社播发“南口机车车辆机械厂军管会迅速改变南口厂老大难面貌的经验”。这一材料称，建国19年来，这个有着3 000多职工的工厂在反革命修正主义分子彭真、吕正操的直接控制下，推行了一整套反革命修正主义路线，特务、叛徒和国民党残渣余孽仍然受到重用，其中许多人混进党内，有一些还篡夺了各级领导权，在文化大革命中，由于阶级敌人的挑动，派性作怪，无政府主义泛滥，成了老大难单位。“8341部队”实行军管的3个多月来，抓了3个方面的工作，即“狠抓一个根本：用毛泽东思想统帅一切”，“狠抓一个核心：正确对待群众和两派群众组织”，“狠抓一个纲：以阶级斗争为纲，认真落实毛主席关于对敌斗争的各项无产阶级政策”。使这一老大难单位发生了很大的变化，清理阶级队伍工作取得了重大胜利，阶级敌人日益孤立，革命群众空前团结。革命带动了产量的大幅度增长。

3月11日　周恩来批示重点建设项目。水电部军管会和兰州军区联合向国务院业务组、周恩来提交《关于将刘家峡至关中330千伏超高压输变电工程列为重点建设项目的报告》。报告提出，为解决陕、甘、青3省缺电问题，需架设从刘家峡经天水至关中的330千伏线路。330千伏线路工程全长532公里，投资1.1亿元。为解决这项工程所需的主要设备器材，要求把该工程列为1969年和1970年的国家重点建设项目。周恩来在报告上批示：“请在全国计划会议上一议。”后全国计划会议对此项目作了具体安排。

3月12日　新华社播发“北京新华印刷厂用毛泽东思想统帅定案

工作的做法和体会”。这一材料称，用毛泽东思想统帅定案工作，是斗批改阶段中的一个十分重要的问题。这个厂的具体做法和体会是，在定案工作中，坚持走群众路线，举办了由各种人组成的定案学习班，既有领导、骨干分子组成的学习班，也有普通工人参加的学习班，还有由被定案的审查对象、已定案的阶级敌人组成的学习班，统一了认识和政策。在对干部的定案过程中，采取“一清、二批、三分析”，清理干部的全部历史和问题；发动群众批判干部的错误，干部本人批判自己的错误和罪行；分析本质，把犯错误的好人与坏人分开。“一清、二批”是解放犯错误干部的前提，没有七斗八斗他们就不能很好地认识错误，接受教训。同时，用毛泽东思想改造阶级敌人。在政治上给敌人以狠狠的打击，在他们低头认罪的情况下，再给他们以不同的出路，没有这一步，定案工作就达不到真正的目的。是否戴反革命分子的帽子，则视其罪行是历史还是现行及态度好坏来定。无论是戴帽子的还是不带帽子的反革命分子，都给予适当的工作，并使他们在生活上过得去。

3月15日　毛泽东在中央文革碰头会上讲话。毛泽东首先谈了打仗问题，他说：“一个县成立一个团，全国都要搞。大县3个营，中县两个营，小县一个营。平时坚持地方，战争起来了就补充野战军。战争打起来，依靠一年一度的征兵工作是不行的。……东北、华北、西北要准备一下。准备好了，他不来也不要紧。大敌当前，动员、准备一下有利。苏联知道我们不会到他那里去，他们那里很冷。我们是后发制人。原子弹基地要有准备，防止他用飞机轰炸。”林彪插话：“今天的行动（指3月15日苏联挑起的武装冲突）是莫斯科指挥的，不是前面人指挥的。”毛泽东说：“抗议他不听，双方都在抢时间。他们是要面子的。人不犯我，我不犯人。”毛泽东说：“红卫兵打仗勇敢，红卫兵还是要称赞一下，他们还很活跃。凡是过去武斗比较厉害的学校，现在就转得比较好。对这些武斗的学生，军队不愿意要，地方也不愿意要。红卫兵不听话是个暂时现象，或者是有坏人指挥。红卫兵前期、后期，甚至于中期都是好的，就是在中后期之间有一个时间不听话，现在就好了。”毛泽东还强调了政策落实的问题，他说："政策落实是个大问题，尽管有清华的经验，有的就学，有的就不学。天津大学、南开大学，有一个就传达，有一个就不传达，并且还关了很多人，解放的人很少。无非是特务、叛徒、死不改悔的走资派嘛！死不改悔的走资派难道他一辈子就不改？内查外调，外调的人太多，关的人多了，外调的人就多，统统把他们放了算了。只要不是杀人、放火、放毒，几个反动标语算什么？教授、讲师不像军队，他们是手无寸铁。教授、讲师要放，当然不是一个不关。教授、讲师、支部书记（指行政干部）要分化，坏人总是少数。清华一个系，几十个人解放出来，工作都是听话的。坏人是极少数，我们把这些人推向国民党方面好吗？不要在学生中打主意，也不要在多数的教员、干部中打主意。不让人家讲一点怪话，也不让资产阶级讲一点自由主义行吗？他们因为肚子里有气。有的今天讲了，明天就不讲了。……政策不落实，不解放知识分子不行。北大也没有一个典型！特务、叛徒无现行活动的，也可以戴，也可以不戴，等他造反的时候再给他戴嘛！坦白了是否要从宽，手里拿着帽子不戴，个别人戴，多数人不戴，一个人戴了右派的帽子，不但他自己难办，一家人也就不好办了。一是总结经验，落实政策；二是负责人要抓点。心中有数。"在谈到"二月逆流"时，毛泽东先后说道："我对二月逆流的人不一定恨得起来，二月逆流不仅北京有，其他地区也有；二月逆流不仅冲击了地方机关，也冲击了军队机关。那个时候，一时打倒这个，一时打倒那个，可多了，无非是说错了话嘛！报告上（指九大报告）不要讲二月逆流了，这次会要开成一个团结的会。他们一肚子气，只讲刘少奇一小撮，都包括了嘛！现在与那个时候不同了，那时他们是公开发表的。"毛泽东最后说道："有些犯错误的，过一两年还是要解放他们，就是不让他们掌大权。二中全会（七届）就讲了，要依靠工人，不能依靠资产阶级。"

同　日　《红旗》杂志第三、四期发表社论：《关于总结经验》。社论传达了毛泽东最近的两段指示："要认真总结经验。""到一个单位去了解情况，要了解运动的全过程，开始怎样，后来怎样，现在怎样，群众是怎么搞的，领导是怎么搞的，发生过一些什么矛盾和斗争，这些矛盾后来发生了什么变化，人们的认识有什么发展，从中找出规律性的东西。”社论说，由于我们许多人对社会主义革命缺少精神准备，对于毛主席的指示和预见往往不认识，不理解，只有当革命群众运动的发展深刻地触及了我们的灵魂，有了切身的经验或教训时，才使认识提高一步，因此，要学习和总结两条路线斗争的历史经验，研究群众运动发展的各个阶段及其特点，深刻接受无产阶级文化大革命的经验，在当前，中央各部门及省地县三级的领导要认真抓好工业战线、农业战线、教育革命的斗批改的典型调查，并及时向中央反映情况和提供材料。

3月17日　电影艺术家舒绣文去世。舒绣文，1915年生。电影艺术家。安徽省安庆人。曾主演中国第一部抗日影片《保卫我们的土地》。参加演出《一江春水向东流》等影片。中华人民共和国成立后，任全国人大代表、全国政协委员、全国妇联执行委员，中国剧协常务理事、中国影协常务理事。主演过《骆驼祥子》、《北京人》、《伊索》等话剧。在“文化大革命”中被江青集团迫害致死。

3月22日　西藏自治区革命委员会、西藏军区发出《关于建立各级革命委员会的范围的通知》。随后，西藏各地、县、区，公社(乡)以及各学校、企事业单位，先后成立了革命委员会或革命领导小组，并恢复了党的各级组织。各级革委会和党组织在九大的错误方针指导下，从总体上执行了“左”的路线、方针和政策。

3月29日　《人民日报》开展“社会主义大学应当如何办”的讨论。《人民日报》在编者按中指出：毛主席关于走上海机床厂从工人中培养技术人员的道路的伟大指示，为大学教育革命指出了大方向。理工科和文科如何办，有许多具体问题需要解决。下面刊载的是几个大学的工人、解放军毛泽东思想宣传队的文章，希望广大工农兵、革命知识分子、革命干部，充分发表意见，广泛展开讨论。驻清华大学工人、解放军毛泽东思想宣传队以《工人阶级要牢牢掌握教育革命的领导权》为题介绍了经验：用毛泽东思想武装师生员工的头脑，批判修正主义教育路线；坚持不懈地对知识分子进行再教育；落实毛主席的各项无产阶级的政策，实现政策领导；改革旧的教育制度，改造教师队伍，改革教学内容和方法。

3月31日　周恩来致信毛泽东，建议徐海东参加“九大”主席团。信中说到：“今晚与主席团预选成员和军队主要负责同志协商徐海东同志为‘九大’代表。如取得大家同意，拟同时提议徐也参加主席团，然后由各组召集人回到各组征求全体代表同意。徐海东同志既已当代表，就以参加主席团为好，我和军委办事组各同志商量都同意，请求主席批准。如同意，当报告林副主席和中央文革各同志。”九大召开前，根据毛泽东的临时提议，增加徐海东为主席团成员，使主席团名单人数为176名。

4月1日—24日　中国共产党第九次全国代表大会在北京举行。出席大会的共有1 512人，代表党员2 200万人。毛泽东主持会议并致开幕词，希望大会“能够开成一个团结的大会，胜利的大会”。毛泽东回顾党的历次代表大会说：“第七次代表大会在延安开的，开了一个团结大会。那个时候，也是党内分歧，因为有瞿秋白、李立三、王明的错误。有人建议不要选王明路线那些同志到中央，我们不赞成，说服他们选举。结果，就有几个不好了，王明跑到国外反对我们，李立三也是不好的，张闻天、王稼祥犯了错误，就这么几个。其他一些，……这些人，我们不知道他们不好，他们的政治历史我们不清楚，也选进来了，经过“八大”到现在，搞得比较清楚了。在政治路线上、组织路线上、思想方面，都搞得比较清楚。”接着，大会选出了主席团，选举毛泽东为主席团主席，林彪为主席团副主席，周恩来为主席团秘书长。通过了九大的3项议事日程：林彪代表党中央作政治报告；修改中国共产党章程；选举党的中央委员会。随后，大会听取了林彪所作的政治报告。这一政治报告是由康生、张春桥、姚文元起草，毛泽东亲自修改定稿的。报告共分8个部分，对文化大革命的准备、过程、斗批改、党的整顿与建设、中国与外国的关系等问题作了说明。报告将“无产阶级专政下继续革命的理论”作为社会主义革命的指导思想和文化大革命的理论依据肯定下来，使文化大革命的理论与实践合法化。报告首次将整个社会主义历史阶段始终存在着阶级、阶级斗争，在任何情况下都要以阶级斗争为中心的指导思想规定为“我党在整个社会主义历史阶段的基本路线”，并以此规定了斗批改的任务。报告夸大了帝国主义发动世界大战的危险性，并以此作为判断国际形势的出发点。提交大会讨论的党章修改草案，对党的理论基础的马列主义、毛泽东思想作了错误的阐述，片面地规定了党的性质和任务，删掉了有关党员权利的规定，并把林彪作为“毛泽东同志的亲密战友和接班人”写入总纲。11日，毛泽东在大组召集人会议上讲了话。他说，当前主要问题是一种倾向掩盖着另一种倾向，一方面把敌人揪出来了，另一方面掩盖了打击面宽和扩大化问题。14日，大会一致通过了林彪代表党中央作的政治报告和党章。24日，选举出由170名中央委员和109名候补中央委员组成的中央委员会。原八届中央委员和候补委员只有53人当选，不及总数的1/5。九大肯定了“文化大革命”的理论与实践，加强了林彪、江青等人在党中央地位。历史实践证明，九大在思想上、政治上和组织上的指导方针都是错误的。

4月5日　周恩来在《关于陶铸的病情报告》上批示：陶铸应送入医院治疗。这一批示经毛泽东圈阅过。批示说：“拟同意送入302医院，进行保密治疗。即呈主席批阅。我是看了4月3日警卫局的报告才知陶的病状较重，经追问后，送来这一报告。”

4月6日　全国人大常委会副委员长张治中逝世。张治中，1890年生。字文伯。安徽省巢县人。早年毕业于保定军官学校。曾任黄埔军校第三期学生代理总队长、军官团团长。1926年参加北伐。1928年后曾任国民党第四路军总指挥、第九集团军总司令。1932年“一·二八事变”时，率国民党第五军赴上海参加对日作战。抗日战争爆发后，率部参加湘沪战役。后任国民党湖北省政府主席。抗日战争胜利后，任国民党西北行营主任兼新疆省政府主席。1945年，国共两党在重庆举行谈判时，任国民党代表。1946年，代表国民党政府参加军事调处小组，主张和平解决国内问题。1949年任国民党政府和平谈判代表团首席代表，与中共代表团在北平谈判。双方拟定的国内和平协定为国民党政府拒绝后，留在北平。同年9月，应邀出席中国人民政治协商会议第一届全体会议。中华人民共和国成立后，曾任西北行政委员会副主席、全国人民代表大会常务委员会副委员长、国防委员会副主席、中国国民党革命委员会中央副主席。

4月14日　人民解放军空军部队“以林副主席为光辉榜样掀起‘三忠于’活动的新高潮”。“三忠于”，即“无限忠于毛主席、无限忠于毛泽东思想、无限忠于毛主席无产阶级革命路线”。

4月23日　电影艺术家郑君里去世。郑君里，1911年生，广东香山（今中山）人。早年参加左翼戏剧电影活动。抗日战争胜利后，曾导演了《一江春水向东流》、《乌鸦与麻雀》（此片在1955年荣获文化部颁发的一等金质奖章）等优秀电影。新中国成立后，曾任中国文联委员、中国戏剧家协会理事、全国政协委员、上海海燕电影制片厂导演。导演了纪录片《人民的新杭州》，故事片《林则徐》、《聂耳》、《枯木逢春》等。1957年，获得1949—1955年优秀影片创作人员奖。“文化大革命”中遭受林彪、江青集团迫害，含冤去世。1978年8月19日，在上海革命公墓举行了郑君里骨灰安放仪式。

4月28日　中共九届一中全会在北京举行。毛泽东主持了会议。会议选举了中央机构。选举毛泽东为中央委员会主席，林彪为副主席，周恩来、陈伯达、康生为中央政治局常务委员。会议选举出中央政治局委员21人：毛泽东、林彪、（以下按姓氏笔画为序）叶群、叶剑英、刘伯承、江青、朱德、许世友、陈伯达、陈锡联、李先念、李作鹏、吴法宪、张春桥、邱会作、周恩来、姚文元，康生、黄永胜、董必武、谢富治。选举出政治局候补委员4人：纪登奎、李雪峰、李德生、汪东兴。毛泽东在会议上讲了话，大意是，现在苏修攻击我们，说我们现在是“小资产阶级的党”，搞一元化，回到了过去根据地时代，叫做“军事官僚专政”。他就是不骂我们叫资产阶级的政党。而我们呢，就说他是资产阶级的专政。社会主义革命还要继续。这个革命，有些事没有做完，现在还要继续做，比如讲斗、批、改，过若干年，也许又要进行革命。毛泽东说，“看来，无产阶级文化大革命不搞是不行的，我们这个基础不稳固。

据我观察，不讲全体，也不讲绝大多数，恐怕是相当大的一个多数的工厂里头，领导权不在真正的马克思主义者、不在工人群众手里。过去领导工厂的，不是没有好人。有好人，党委书记、副书记、委员，都有好人，支部书记有好人。但是，他是跟着过去刘少奇那条路线走，无非是搞什么物质刺激，利润挂帅，不提倡无产阶级政治，搞什么奖金，等等。”他指出，要过细地做工作。有些地方抓多了人，这个不好。犯了错误，无非是过去犯的，或者加入国民党，或者做了些坏事，或者是犯了最近一个时期的错误，就是所谓走资派，要他们跟群众一道，如果不让他们跟群众一道，那就不好了。“团结起来，为了一个目标，就是巩固无产阶级专政，要落实到每个工厂、农村、机关、学校。”毛泽东强调，要准备打仗。不仅是讲物质上的准备，还要有精神上的准备。毛泽东指出，现在进了城是好事，但又是坏事。使得我们这个党不那么好了。所以，有些外国人、新闻记者说我们这个党在重建。现在我们自己也提出这个口号，叫整党建党。事实是需要重建；每一个支部，都要重新在群众里头进行整顿。要经过群众，不仅是几个党员，要有党外的群众参加会议，参加评论。在谈到政治局选举名单时，毛泽东说，我相信过去犯错误的一些老同志。他告诫中央委员、政治局委员，都要谨慎小心。

同　日　中共九九届中央政治局举行第一次会议。会议通过了中共中央军委主席、副主席和委员名单：中共中央军委主席毛泽东，副主席林彪、刘伯承、陈毅、徐向前、聂荣臻、叶剑英，委员42人。并通过了军委办事组名单：军委办事组组长黄永胜，副组长吴法宪，成员叶群、刘贤权、李天佑、李作鹏、李德生、邱会作、温玉成、谢富治。

5月1日　毛泽东、林彪等在天安门与首都50万军民欢庆“五一”。参加庆祝“五一”活动的有出席九大的代表、新当选的中央政治局委员、候补委员以及中央委员。毛泽东在天安门城楼先后接见了阿尔巴尼亚等8国新任驻华大使，并同他们进行了谈话，实际上是传达了中国愿意同世界各国改善和发展关系的信息。以派出耿飙任驻阿尔巴尼亚大使、黄镇任驻法国大使、王幼平任驻越南大使为开端，中国陆续重新派出一批驻外大使，对于过去主要由于中方的极“左”行动而损害两国关系的事件，也在公开场合或通过内部接触，向对方承担责任，主动进行修复关系的工作。

5月4日　周恩来致信，提出不要斗批民主党派的领导人。他在给国务院直属口军代表丁江并转人大、政协军代表的信中写道：“机关革命造反派的任务是清理机关干部的队伍，而不要去斗批民主党派的领导人，即他们的中央委员、省市党部委员。如他们中间出现了现行的反革命分子，自当别论，但也需先报告军管代表，得中央或省市革委会同意后，方能采取行动。机关干部也要在清理队伍时，按具体情况区别对待，不能以中共党内标准要求。”

5月4日—28日　参加九大的山东省革命委员会和济南部队的27人在北京集中学习，讨论解决山东问题。毛泽东、周恩来等先后7次就山东问题及王效禹的错误做出指示。5月24日，根据中央指示精神，王效禹、杨得志、袁升平以给中央报告的形式，就解决山东问题提出10条措施。次日，中共中央和毛泽东对此做出批示，指出王效禹犯了严重的错误，解决山东问题的原则是：“既要彻底纠正错误，又要照顾大局，努力稳定山东局势。”为了加强领导，便于纠正错误，经中央批准，充实了山东省革命委员会，建立了王效禹、杨得志、袁升平、李水清、李耀文、穆林、赵修德等7人组成的山东省革命委员会党的核心小组，作为山东省的最高领导机构。王效禹回到济南后，顽固坚持错误，拒不接受批评，拒绝出席山东省革委会党的核心小组会议，因此，山东工作实际上由杨得志、袁升平等部队领导人为核心负起主要领导责任。1971年3月，中央决定撤销王效禹的一切职务，杨得志任山东省革命委员会主任。

5月8日　中共中央转发《北京北郊木材厂认真落实党对民族资产阶级和小资产阶级的各项政策》。毛泽东批示：“照发”。中央在转发通知中说；这个材料，对问题作了具体分析，区别对待。现将这个材料发给你们参考。希望上海、天津、武汉、广州及其他大中城市结合具体情况，调查研究，进行试点，区别资本家和小业主及独立劳动者的各种不同情况，并将你们认真落实毛主席政策的试点经验报告中央。这一材料称，该厂是1956年以来，由私营小厂合并发展起来的地方国营企业。文革前，该厂对民族资产阶级只讲团结，不讲斗争，只讲利用，不要限制和改造，先后有60多个资本家当了干部，资本家利用把持的部分权力，排挤打击工人，拉拢腐蚀干部。在斗批改运动中，该厂革委会和军宣队的主要做法和经验是，对资本家的大多数，坚持执行“团结、批评、教育”的政策。以斗争之手段，达到团结之目的。对资本家中的极少数的反动分子，坚决斗争，彻底批判，区别对待，给予出路。对能低头认罪愿意改悔的反动资本家，从宽处理，不戴反动资本家的帽子，对负隅顽抗的则戴上反动资本家的帽子。对不够资本家的，把他们划出来定为小业主。对小业主，让他们回到群众中去，在斗批改的群众运动中进行自我教育和改造。

5月12日　《人民日报》发表吉林省梨树县《农村中、小学教育大纲（草案）》。编者按：希望全国广大贫下中农、革命师生、支援农业的解放军指战员，以及省、地、县革委会的有关同志，积极参加讨论。《大纲》说，农村中、小学是在党的领导下，由贫下中农直接管理的社会主义新型学校。学校把活学活用毛泽东思想摆在一切工作的首位，废除旧学校一切不合理的规章制度。小学由大队办，中学由公社办，学校经费实行民办公助，打破入学年龄限制，废除旧的考试制度。学校教师的工资改为工分制。小学、中学备设5门课。文化基础课的比例，小学为70%左右，中学为60%左右。学校走自力更生、勤工俭学的道路，建立生产劳动基地，在可能范围内搞些科学试验活动。

5月17日　毛泽东对新华社报道外电做出指示。指示说：外国人、外国党评论“九大”，编者不要随意加“妄评”字样，如实地向中央提供就可以了，这一指示是针对新华社1969年4月10日《内部参考》增刊登载5条外电外报对我“九大”的反应，有3条的标题有“妄评”字样做出的。

同　日　全国政协原副主席章伯钧去世。章伯钧，1895年生。

安徽桐城人。1922年赴德国留学，加入中国共产党。国共合作后加入国民党。北伐战争期间，任北伐军总政治部宣传科长，农民部兵农联合委员会主席。大革命失败后，参加南昌起义，任总指挥部政治部副主任。起义失败后到香港，从此脱离中国共产党，1930年参与邓演达等组织的中国国民党临时行动委员会。1933年参加由陈铭枢、李济深等组织的反蒋抗日的福建人民政府，抗战爆发后，力主联共联苏，呼吁民主抗战。1941年参与组织中国民主政团同盟（后改为中国民主同盟）。国共和谈期间，呼吁和平民主，反对内战独裁。1947年2月，任中国农工民主党主席，1949年出席中国人民政治协商会议第一届全体会议。中华人民共和国成立后，历任中央人民政府委员、交通部长，中国人民政治协商会议全国委员会副主席，中国农工民主党主席，中国民主同盟副主席等职。1957年被划为右派，受到公开批判，并被指控组织“章（伯钧）、罗（隆基）同盟”“从事反共反社会主义活动”。1980年，中共中央复查右派问题时指出，章罗联盟“在组织上应肯定其不存在，但作为资产阶级右派政治势力的代表的意义上仍应认为其存在”，对待包括章伯钧、罗隆基等人，“要全面地历史地看待他们。他们中的有些人同我们党有过合作的历史，对人民做过一些好事，对这一点也应该实事求是地加以肯定，不要因为他们在1957年犯了严重错误，就把他们一概否定。”

5月24日　中华人民共和国政府就中苏边界问题发表声明。声明指出：中国共产党和中国政府历来主张通过外交途径谈判解决边界问题，在解决以前，维护边界现状，避免冲突。声明申述了中苏边界问题的事实真相和自己的一贯立场。指出，珍宝岛是中国的领土，珍宝岛事件是苏联政府蓄意挑起的。有关目前中苏边界的条约都是沙俄帝国主义强加给中国的不平等条约。中苏之间存在边界问题，不仅是由于沙俄通过强加的不平等条约割去150万平方公里的中国领土，而且还由于它在许多地方超过不平等条约规定的边界线，进一步侵占了大片中国领土。而苏联政府则破坏边界现状，挑起边境冲突。到处扩张领土的是苏联政府。在边界问题上，中国政府主张和平谈判，反对诉诸武力。并就此在声明中提出了一系列解决问题的建议，希望苏联政府对这些建议做出积极的响应。

5月30日　国家建委向中共中央提出关于成立三线建委的报告。报告提出，三线建委的主要任务是：一、协助各省制定三线地区的发展规划，进行地区基本建设的综合平衡和协作配合。二、组织各省执行经中共中央批准的三线建设计划。对三线地区的施工力量、设备材料和物资运输等各项工作统一指挥、统一调度。三、根据"靠山、分散、隐蔽"的方针，审批重点建设项目的选厂定点。四、抓典型，树样板，以点带面，推动三线地区的基本建设工作。

5月31日　新华社播发"首都工人、解放军驻清华大学宣传队总结落实干部政策的经验"。报道说，半年多来，这个宣传队在领导革命师生员工落实干部政策方面取得了成绩和经验，最近他们帮助犯走资派错误的原校党委第一副书记提高觉悟、获得解放的过程，就体现了这方面的经验。其具体经验是，区分两类不同性质的矛盾，坚持破字当头，通过各种机会，采取各种形式，对其走资派错误进行广泛深入的揭发批判，使他们猛醒回头，真正从错误中解放出来。同时，对他们交待问题、揭发一小撮反革命修正主义分子的罪行、批判自己的错误等方面的每一点进步，都给予肯定。使犯走资派错误的干部增强用毛泽东思想改造自己的信心。在做法上，密切依靠广大群众，让犯错误的干部到群众中接受教育。这样做的结果，使他们真正感受到，他们所以犯错误的根本原因就是没有按照毛主席关于无产阶级专政下继续革命的理论办事，如不改变错误立场，就要被社会主义革命的历史时代所唾弃。

同　日　财政部向国务院呈交《关于下放工商税收管理权限的报告》。《报告》提出下放给地方的主要管理权限有：一、对国营企业、手工业合作社等，由于生产、经营、价格等有较大变化，按照规定纳税有困难，需要给予定期减税、免税照顾的审批权限。二、关于自行制定本地区对农村人民公社工商统一税征税办法的权限。三、对个体经济加成征税和规定起征点的权限。四、城市房地产税、屠宰税、车船使用牌照税、牲畜交易税和集市交易税等5种地方税的管理权限。五、关于审批减免拖欠税款的权限。

本　月　“强五型”超音速强击机开始装备部队。该型飞机完全由中国设计制造，1966年6月5日试飞成功，自该型飞机装备部队后，科技人员又进行了改进，先后研制出“强五I型”、“强五Ⅱ型”强击机，并陆续装备部队。

6月3日　外交部新闻司发言人谈话，强烈抗议保加利亚政府制造“两个中国”的反华行为。谈话说，保加利亚政府充当美帝、苏修制造“两个中国”的工具，公然邀请蒋介石匪帮所谓“政府代表团”参加在索非亚召开的“世界政府间旅行会议”，奉为上宾，这是一个极其严重的政治事件。保政府必须立即停止制造“两个中国”的活动，否则将对由此产生的一切后果承担全部责任。

同　日　装甲兵司令员许光达大将逝世。许光达，1908年生。湖南长沙人。1921年秋考入长沙师范学校。1925年加入共产主义青年团，同年9月加入中国共产党。1926年春进黄埔军校五期炮兵科学习。1927年在江西宁都追上撤离的南昌起义部队，被编入军官教导团。1929年在洪湖苏区参加创建红六军和开辟洪湖革命根据地的工作，任红六军参谋长。1930年任红二军团第十七师党代表、师长兼政委。1932年1月在湖北应城瓦庙集战斗中身负重伤，送上海治疗。同年7月赴苏联学习。1937年7月回国到延安，任抗日军政大学总校训练部部长，军委参谋长等职，1942年春任晋西北军区第二分区司令员兼独立二旅旅长。解放战争期间先后任晋绥军区第三纵队司令员兼政委，第一野战军第三军军长，参加指挥了绥包战役、宜川战役和兰州战役，1949年任第一野战军第二兵团司令员。中华人民共和国成立后，受命组建装甲兵领导机关，任装甲兵第一任司令员、党委第一书记。1955年9月被授予大将军衔。在中共八大上当选为中央委员。曾任国防委员会委员、中央军委委员、国防部副部长，“文化大革命”中受迫害致死。1977年被平反昭雪。

6月6日　外交部就苏联政府加紧对中国进行武装挑衅提出强烈抗议。外交部照会苏联驻华大使馆，对苏联政府加紧对中国的武装挑衅，挑起一系列边境事件，表示中国政府的极大愤慨，并向苏联政府提出强烈提议。照会列举了自3月—5月份苏联方面的侵略挑衅事实，指出：苏联政府蓄意侵犯中国领土，对中国人民进行猖狂挑衅的严重事件，是苏联政府加剧中苏边境紧张局势的严重步骤。苏联政府必须立即停止入侵挑衅的罪恶行径，立即停止对中国领土的射击，立即停止对中国领空的侵犯，立即全部交回被绑架走的16名中国公民和2名中国边防人员以及被抢走的枪支、弹药和船只，立即停止扰乱中国船只的正常航行。中国政府保留要求赔偿由于中国人员死伤和被绑架，以及中国客轮搁浅而造成的一切损失的权利。

6月9日　国务院副总理、中央军委副主席贺龙逝世。贺龙，1896年生。原名贺文常，字云卿。湖南桑植人。1914年在桑植县加入孙中山领导的中华革命党。1916年以两把菜刀起事，建立起一支农民武装，旋即发表讨伐袁世凯声明，参加护国军。1926年7月参加北伐战争，先后任国民革命军第八军第六师师长和第九军第一师师长。1927年任独立十五师师长。6月，该师扩编为二十军，任军长。7月，与周恩来、刘伯承等共商南昌起义大事。8月1日率部参加南昌起义，任起义军总指挥。同年9月加入中国共产党。后奉命回到湘鄂西地区组织和领导武装斗争。1928年7月任中国工农革命军第四军军长、中共湘鄂西前敌委员会书记。1930年秋率部去洪湖地区，与周逸群、段德昌领导的第六军合编为中国工农红军第二军团，任总指挥。1934年6月率部进入贵州，创建了黔东革命根据地。同年10月，与任弼时率领的红六军团会师，任红二、红六军团总指挥。1935年11月率部长征。1936年9月，红二、红六军团及第三十二军组成第二方面军，任总指挥。对张国焘的分裂活动进行了坚决的斗争，维护了党和红军的团结。抗日战争开始后，任八路军一二〇师师长，率部深入敌后，开辟了晋西北抗日根据地。1940年任晋西北军区（后改称晋绥军区）司令员。1942年6月任陕甘宁晋绥联防军司令员兼财政经济委员会副主任。解放战争时期，历任晋绥军区司令员，西北军区司令员，第一野战军第一副司令员，中共中央西北局第二书记。参加指挥绥远、晋北、大同、集宁、晋南等战役。中华人民共和国成立后，历任西南军区司令员、中共中央西南局第三书记、人民革命军事委员会副主席、国防委员会副主席、国务院副总理兼国家体育运动委员会主任、中共中央国防工业委员会主任。1955年被授予元帅军衔。在中共七大、八大上当选为中央委员，在八届一中全会上当选政治局委员，任中共中央军委副主席。1964年起主持中共中央军委日常工作。为中国人民解放军的正规化、现代化建设做出了杰出贡献，为新中国体育事业的发展建立了不可磨灭的功勋。“文化大革命”期间，遭到林彪、江青反革命集团的残酷迫害，含冤去世。1974年9月29日，经周恩来提议，毛泽东批准，中共中央发出《关于为贺龙同志恢复名誉的通知》，为贺龙平反，恢复名誉。1975年6月9日，中共中央为贺龙举行骨灰安放仪式，叶剑英主持仪式，周恩来致悼词。当时，报纸对此未发表任何消息。1982年10月16日，中共中央做出决定，为贺龙彻底平反昭雪，恢复名誉。

6月10日　国家建委与建工部、建材部合并为国家基本建设委员会。这一合并是根据周恩来的指示进行的。新合并而成的基本建设委员会共有9项主要任务，其中包括：参与国家长期、年度基本建设计划的编制工作，并组织国家基本建设计划的实现。采取各项措施，加快三线建设的进度，并按照“靠山、分散、隐蔽”的方针和经济合理的要求，搞好新建工业区的规划、布局和重要工业项目的选厂定点工作。负责建筑材料和新型金属材料工业的长期规划、年度计划的编制和组织执行工作。

6月11日　中国政府就苏联军队新的入侵事件向苏联政府提出强烈抗议。外交部照会苏联驻华大使馆，就6月10日苏联军队侵入我国新疆巴永鲁克山西部地区，绑架并开枪打死我边民，制造新的流血事件提出强烈抗议。

6月13日　西藏拉萨市尼木县发生残杀解放军战士和地方干部事件。“文化大革命”开始后，一些敌对势力利用派性在西藏制造恶性事件，少数封建农奴制的代表分子四处串联，造谣惑众，煽动胁迫部分群众冲击围攻县区革委会，殴打杀害解放军、党政干部和群众，抢劫国家仓库，进而公开打出反革命旗帜，宣布反革命纲领，抢夺武器，妄图复辟封建农奴制度，分裂祖国。在拉萨市尼木县，以让穹、干登、赤烈曲珍、强巴丹增、嘎金等为首的坏人，以跳神为名，开会策划要“接管国家”，并公开张贴反动文告。他们策划就绪以后，于6月13日凌晨用突然袭击的方式，残酷杀害驻帕古区的解放军指战员和地方干部25人。后来，他们又胁迫千余群众手持长矛、大刀、枪支、手榴弹和炸药包，包围攻打县人民武装部和县中队，杀害军政干部和群众64人。驻藏部队按中共中央、中央军委的部署，迅速平息了这起事件。

6月19日　劳动部向国务院提出《关于附加工资问题的请示报告》。报告中说，根据1967年国务院《关于奖金问题的通知》，各地已经取消或停发了附加工资，但是，最近有些地区和单位不仅恢复了附加工资，而且进行了补发。相邻地区和单位纷纷询问能否恢复和补发。报告指出，据了解，各地对这个问题有两种处理办法：一种是不予恢复。另一种是恢复和补发已经取消或停发的附加工资。广东省在第一季度抓革命促生产大会以后，在全省范围恢复和补发了附加工资。辽宁省于5月通知各地，在工资制度改革以前，附加工资按原发放单位和个人继续发放，并分期分批补发文化大革命以来停发的附加工资。与此同时，其他一些省市也有类似情况。报告在论述各地对此问题的处理情况后指出，鉴于在文化大革命中批判“物质刺激”、“奖金挂帅”，把奖金改为人人有份的附加工资，这个办法已实行了几年，并成为职工实际收入的一部分，因此，处理这一问题一定要慎重。附加工资仍在实行的，领导上不要提倡和支持取消；已经取消或停发的，原则上这笔钱国家不予收回，仍应用在职工身上。具体做法由各省、市、自治区革委会掌握处理。但不论采取什么办法，对过去停发期间的附加工资，均以不补发为宜。同时，原来没有实行附加工资的单位和个人以及新进职工，一律不得再实行附加工资。

6月20日　国务院计划起草小组向国务院业务小组提出《关于抓紧抢运东北、内蒙林区木材的请示报告》。报告指出，1969年上半年林区木材生产和铁路运输之间的矛盾很突出。由于贮木场堵塞、存材降等、腐朽，使十多个林业局处于半停产状态；华北、华东和二线地区生产建设用材的供应受到影响。因此，必须抓紧抢运存材，争取9月末把贮木场的库存量降到200万立方米左右，以保证今冬明春1 000万立方米木材的生产。

同　日　公安部副部长徐子荣去世。徐子荣，1907年生。河南确山人。1927年加入中国共产党。抗日战争期间，历任太行区党委组织部长，太行区第五地委书记兼太行军区第五分区政委，八路军豫西人民抗日游击第一支队政委。解放战争期间，先后任中原军区第一纵队一旅政委、华中野战军独立旅政委、华东野战军独立师政委、华北野战军十三纵队政委、六十一军政委。中华人民共和国成立后，历任公安部副部长、党组副书记、国务院内务办公室副主任。曾当选为八届中央候补委员，第一、二届全国人大代表，第三届全国人大常委，第三届全国政协常委。“文化大革命”中受到残酷迫害，含冤去世。1979年1月为他举行平反昭雪追悼会。

6月23日　李富春就《全国生产供应会议业务小组报告》做出批示。报告认为，工矿配件生产与供应之间的矛盾，是1969年订货会议中最突出的问题之一。为了解决这一问题，必须打破“重主机轻配件”的思想，成立专门小组进行工矿配件规划的工作。采取有力措施，从计划、体制、安排等方面提出具体办法。报告还提出了各种具体措施。李富春原则上同意报告中提出的措施，同时指出：“这个问题积累很久，不是一下子可以解决的，供需双方都要从全局出发，照顾整体，互相支持，通力合作，从实际出发，分别轻重缓急，有计划、有步骤、实事求是地把工矿配件的生产和供应搞好。”

6月28日　新华社播发“北京针织总厂革委会在‘8341部队’驻厂宣传队帮助下认真落实干部政策”。报道说，“8341部队”毛泽东思想宣传队进厂后，着手抓解放干部工作，到目前为止，中层以上干部除1人外，其余全部获得解放。在工作过程中，他们坚持“拉过来”，反对“推过去”，满腔热情地帮助干部认识和改正错误；坚持“帮到底”，反对“挂起来”，发扬无产阶级的彻底革命精神，做耐心细致的思想政治工作；坚持在有了觉悟的时候及时解放，反对“一风吹”，他们认识到，草率解放，“一风吹”是革命不彻底的表现，对犯错误的干部，只有认真批判错误，使他们对修正主义路线深恶痛绝，才能真诚悔改，回到毛主席革命路线上来。

本　月　中央军委办事组公布总参谋部、总后勤部机关的精减整编方案。总参谋部原编15个部、局，除合并或精简的部外，又根据中共中央决定，将中共中央调查部与总参谋部情报部合并，中央气象局与总参谋部气象局合并，国家测绘总局与总参谋部测绘局合并，这样，总参谋部共设13个部、厅、局。总后勤部原编13个部、局，调整后为8个部，1个局，另设6个地区性的物资工厂管理局。同年11月，又公布了总政治部机关的精简整编方案。这次调整撤并了装备、动员、财务、军需等职能部门，变更了综合、计划、供应的管理体制。由于强调减少职能部门，一些必不可少的综合和专业工作被取消或削弱。同时，由于领导班子的多次变动，人员大出大进，机关人员不仅没有减少，反而继续膨胀。1971年10月以后，中央军委着手整顿军队的组织机构，至1975年，将合并于军队系统的国家机关重新划归政府系统，恢复了总部机关的一些职能部门，但这一工作直到1977年后才陆续完成。

本　月　中共中央军委办事组黄永胜、吴法宪、叶群、李作鹏、邱会作等人主持召开座谈会。会议按照毛泽东“要准备打仗”和林彪提出的“用打仗的观点，观察一切，检查一切，落实一切”的要求，提出了庞大的军事装备生产计划。邱会作等人先后提出要搞“独立的完整的国防工业体系”，声称“什么比例不比例，打仗就是比例”。由于盲目扩大军工生产，1969年的国防战备费比上年猛增34%，1970、1971年又继续递增15%和16%以上。1969年到1971年3年中，国防工业和国防科研投资在国家基本建议总投资中所占比重平均高达11%，超过1968年不到9%的比重。这就严重地影响了国民经济的正常发展。

7月1日　《人民日报》等发表社论纪念中国共产党诞生48周年。《人民日报》、《红旗》杂志、《解放军报》发表社论：《中国共产党万岁——纪念中国共产党诞生48周年》，毛泽东审阅了社论文稿并批示："可发。"社论指出："党的第九次全国代表大会，选出了以毛主席为首、林副主席为副的党中央委员会，这是全党、全军和全国人民唯一的领导中心。"社论要求：解放军、共青团、工人贫下中农、红卫兵及其他革命群众组织，"都必须接受党的领导"，"在这个问题上，要警惕阶级敌人的破坏，要继续批判反动的'多中心即无中心论'，任何个人，任何组织都要注意，绝不能把自己和党的关系摆错了。"社论引用毛泽东在九届一中全会上的讲话说："无产阶级文化大革命，还有些事没有做完。现在还要继续做，譬如讲斗、批、改。"社论还公布了毛泽东关于整党工作的指示："每一个支部，都要重新在群众里头进行整顿。要经过群众，不仅是几个党员，要有党外的群众参加会议，参加评论。"毛泽东在审阅社论文稿时，将第二段中"把一个贫穷落后的旧中国，变成一个繁荣昌盛的社会主义强国"一句，改为"建成一个有了初步繁荣昌盛的社会主义国家。"并批示："请注意：以后不要这种不合实际情况的自己吹擂。"

7月4日　《人民日报》刊载调查报告。《人民日报》刊载《红旗》杂志第六、七期合刊文章：《一个朝气蓬勃的党支部——北京木城涧煤矿二段党支部的调查报告》。《调查报告》分三个部分介绍了该支部的经验。一、政治与业务的关系。狠批刘少奇的"生产第一"、"专家治厂"的反革命修正主义路线，"越批，阶级觉悟越高，革命干劲越足，生产搞得越好。"二、阶级斗争和生产斗争的关系。《报告》介绍说，回采十六队一个班生产长期上不去，一个支委深入井下，"结果揭发出一个长期进行反动活动的小集团，揪出首要分子"，这个班一跃进入先进行列。三、思想教育与规章制度的关系。《报告》说，过去这个段生产月初松月底紧，只采取卡出勤、卡进度办法，仍然不得解决。现在建立了学习毛主席著作讲用制度，"思想革命化了，出勤率就高了"。四、帮思想与帮技术的关系。对分来当工人的高中毕业生，采取结成"一对红"，讲矿史、讲文化大革命路线斗争史的办法进行再教育。

7月8日　中国外交部对苏联边防军侵入黑龙江八岔岛提出强烈抗议。外交部向苏联驻华大使馆提交的照会指出：7月8日上午，苏联边防军乘坐两艘舰艇，侵入中国黑龙江省抚远县境内八岔岛，向中国居民和民兵开枪射击，我民兵被迫自卫还击。下午，苏联炮艇又侵入上述地区，苏联边防军上岛将我民房烧毁。苏联飞机6架次同日侵入上述地区低空盘旋。照会指出：中国政府要求苏联政府不是在口头上而是在实际上立即停止侵犯中国领土，并警告苏联政府，如果继续顽固地坚持对中国推行侵略和武装挑衅的政策，必将遭到中国人民更严厉的惩罚。

同　日　林县红旗渠工程全部建成。林县20多万军民举行了盛大庆祝集会，河南省革命委员会负责人参加了大会。红旗渠是在1960年开始动工兴建的。从山西平顺县的侯壁断起，穿越太行山的许多悬崖绝壁，到1966年，建成了宽8米、深4.3米，长达140华里的总干渠和203华里的干渠，把漳河水引进林县。现在，又完成了以红旗渠为主的1 896华里的支渠配套工程。使全县从山坡到梯田，从丘陵到盆地，形成了一个水利灌溉网，全县水浇地面积已由解放前的不到1万亩扩大到60万亩，历史上“水贵如油，十年九旱”的林县，如今变成了“渠道绕山头，清水到处流，旱涝都不怕，年年保丰收”的富饶山区。电讯说，由于有了漳河水灌溉，今年林县的小麦产量比去年增加三成多，获得了历史上空前的大丰收。

7月11日　陈毅、叶剑英、徐向前、聂荣臻向中央提出书面报告：《对战争形势的初步估计》。6月7日，根据毛泽东、周恩来的指示，陈毅等4位老帅在中南海进行国际形势座谈，至7月10日，共进行6次。次日，根据座谈内容，由陈毅定稿，向周恩来提出了这一书面报告。报告的主要内容是：认为在可以预见的时期内，美国、苏联单独或联合发动大规模侵华战争的可能性都还不大。美国战略重点在西方，长期陷在越南，使苏联渔利，因此不愿单独发动对华战争。苏联工业布局都在欧洲，运输困难，劳师远征，难以维持，因此，苏联发动侵华战争的可能性也不是迫在眉睫。关于苏、美会不会对华发动核袭击，报告指出：核武器并不是可以轻易使用的，要使用也就把本国置于核武器的威胁之下。报告最后指出：欧洲、中东是美苏矛盾集中的地区。从目前情况看，美、苏单独或联合进攻中国，都有困难。7月29日—9月16日，4位老帅对近期发生的新情况又进行了10次讨论。9月17日再次提出书面报告：《对目前局势的看法》，报告分析说，苏联虽有发动侵华战争的打算，但下不了决心。也许无把握。它最大的战略顾虑在美国的态度，担心中、美联合对付苏联。柯西金的北京之行，是企图以谈判对美国施压。报告指出：当前，美国总统尼克松也急于与中国对话。我们对美、苏进行针锋相对的斗争，也包括用谈判方式进行斗争，原则上坚定，策略上灵活。这种战术上的行动，可能收到战略上的效果。其后，陈毅在向周恩来的口头汇报中，又具体建议：主动提出举行中美部长级或更高级的会谈，会谈不提先决条件，台湾问题可以逐步谋求解决。陈毅等4位老帅在报告中的分析看法，对其后中共中央、毛泽东做出缓和中美关系的决策，提供了重要依据；同时也对党内存在的“世界大战不可避免”的错误认识有所纠正。

同　日　《人民日报》发表署名丁学雷的文章：《为刘少奇复辟资本主义鸣锣开道的大毒草——评〈上海的早晨〉》。文章给周而复的这部小说加上了“美化资产阶级”、“污蔑工人阶级”、“鼓吹修正主义路线”的3项罪名，攻击说：“就在这样一个社会主义革命能不能继续前进的紧要关头，周而复穷凶极恶地抛出了这部颠倒历史的大毒草，又特意起名为《上海的早晨》，妄图通过这部以‘五反’运动为题材的小说，鼓吹刘少奇的反革命修正主义路线，为复辟资本主义制造舆论，梦想使上海以至全中国都变成资产阶级的‘早晨’，也就是说变成资产阶级的一统天下！”此后，《人民日报》又连续发表多篇批判这部小说的文章，污蔑小说中的区委统战部长杨健是“刘少奇的化身”。

7月16日　《人民日报》发表《评斯坦尼斯拉夫斯基“体系”》文章。文章把俄国戏剧家斯坦尼斯拉夫的戏剧艺术理论说成是“现代修正主义艺术理论基础”，说：“长期以来，这个资产阶级的戏剧体系，被刘少奇、周扬‘当做对抗马克思列宁主义、复辟资本主义的工具，披上了一层社会主义戏剧理论的外衣’。‘在戏剧电影界横行霸道，不可一世，被作为导演和演员人人必读的教科书，简直成了一部艺术圣经’。”文章在“从工农兵出发还是‘从自我出发’”标题下，攻击说：“我国在1962年前后，在刘少奇反革命修正主义路线支配下，在彭真、陆定一、周扬、夏衍、田汉等反革命分子操纵、支持下出笼的一批毒草电影”，实际上“就是反革命演反革命，地主资产阶级演地主资产阶级”。文章在“阶级论还是‘种子论’”题下批判说：斯氏的“种子论”是“为帝国主义和一切反动派辩护的体系”。在“有意识宣传还是‘下意识的创作’”题下，把这一理论说成是“有意识地把创作完全变成资产阶级的阶级本能的‘自我’表现，瓦解人民群众的革命斗志”。文章号召“在文化领域中实行无产阶级专政”，“彻底破除资产阶级赖以复辟的文化资本”。这篇文章是在江青、张春桥等人授意下，由“上海革命大批判写作小组”写成的。

7月20日　新华社发表辟谣声明：所谓中国发行“纪念亚非拉革命领导人和组织的邮票”完全是凭空捏造。声明指出：肯尼亚、坦桑尼亚、乌干达一些报纸刊登消息，胡说中国发行了一套8张印有“坦桑尼亚工商部长巴布”、“肯尼亚人民联盟的奥廷加”等人头像的邮票。制造这种无耻谣言有着不可告人的目的。

7月22日　《人民日报》刊载调查报告。《人民日报》刊载《红旗》杂志第六、七期合刊文章：《改革不合理的规章制度是一场革命——北京市北郊木材厂的调查报告》。“编者按”指出：“依靠工人阶级，突出无产阶级政治；精兵简政；对原有的规章制度一分为二，保留合理的，改革不合理的，创立新的符合社会主义经济基础的规章制度；注意政策，步骤上积极而稳妥，这些经验可供参考。”《调查报告》指出：北郊木材厂从1968年12月起，在“8341部队”支左人员帮助下，“开展了改革不合理规章制度的群众运动”。在“抓思想，破要害，立根本”标题下，《调查报告》写道：破除不合理的规章制度，“只有彻底破除叛徒、内奸、工贼刘少奇的‘利润挂帅’、‘物质刺激’、‘生产第一’、‘专家治厂’的反革命修正主义办企业路线，才能破在要害处。”在“精兵简政”标题下，《调查报告》写道：“革委会成立后，精简了机构，1 500多人的工厂‘只有政工、生产两个组，共21人’。”在“一分为二”标题下，《调查报告》写道：“对于修正主义的规章制度，如各种奖金制度，应当废除；但是，对于社会主义企业和现代化大生产所必需的计划管理制度、成本核算制度、质量检验制度、工艺规程、安全操作规程以及必要的劳动纪律等，是不能‘砸烂’的。”在“既要积极，又要稳妥”的标题下，《调查报告》写道：“必须敢字当头，放手发动群众，又必须采取慎重态度，决不能莽莽撞撞，草率从事。”

7月23日　《中国共产党中央委员会布告》发布。《布告》指出：“在太原市、晋中、晋南的部分地区，混在各派群众组织中的一小撮阶级敌人和坏头头，利用资产阶级派性，蒙蔽一部分群众，抗拒执行中央历次发布的通令、命令、通知和布告，犯了一系列极其严重的反革命罪行：一、组织专业武斗队，搞打、砸、抢、抓、抄，危害人民生命财产安全，破坏革命秩序。二、抗拒实行中央决定的革命大联合、革命三结合的革命委员会，另立山头，制造分裂，提出‘武装夺取政权’的口号。三、冲击解放军机关、部队，抢夺武器装备，殴打、绑架、杀伤指战员。四、破坏铁路、公路、桥梁、袭击列车。五、抢占国家银行、仓库、商店，私设银行，抢劫国家大量资财。六、武力强占地盘，构筑武斗据点，向群众敲诈勒索，派款派粮。七、煽动、威胁工人停工，农民进城武斗。为此，中央决定：一、重申过去发布的布告和通令，任何组织和个人都要坚决、彻底、全部地执行。二、双方立即停止武斗，解散武斗队，撤除武斗据点，放下武器，由解放军集训。拒不执行本布告、负隅顽抗者，由解放军实行军事包围，强制缴械。逃跑流窜者，实行追捕，归案法办。三、解放军武器、弹药、车辆等物资等一律不许侵犯。四、立即恢复铁路、公路交通运输，撤销同蒲路南段非法的“三一八次”列车。冲击铁路、抢劫物资，都是土匪行为，要逮捕法办。五、不得霸占银行、仓库、商店，要严办抢劫主犯，追回物资。六、对杀人放火等现行犯罪分子，应发动群众检举，交群众家家户户讨论，依法惩处。七、自布告公布之日起，逾期一月不回工厂、机关生产者，停发工资。长期不回者，给予处分，直至开除。对回本单位的人不许歧视和打击报复。八、分裂大联合，破坏三结合，另立山头，中央概不承认，应立即解散。”《布告》最后指出：“山西两派群众都是要革命的，应在山西省革命委员会领导下和解放军支持下，夺取更大胜利。”

7月25日　国家计委发出关于9省、市《今年上半年工业生产情况》简报。简报指出：“北京、河北等9个省、市，今年上半年工业总产值比1966年同期增长16.8%，这9省、市上半年完成的工业总产值约占全国计划的47%。主要工业产品产量，如生铁、铝、煤炭、石油、发电量、木材、烧碱、农药、医药、塑料、棉纱、棉布、机制纸等，比1966年同期有显著增长，石油、棉纱等产量创历史最高纪录。但是，从5月份开始，煤炭、钢、铁等一部分产品产量有所下降，如6月份的钢产量平均日产量为3.28万吨，比4月份减少5 600吨，对生产和建设影响较大，钢、铜、水泥、纯碱、化肥等产量都比1966年同期减少。轻工业产品一般都比1966年同期有显著增长。机制纸、自行车、钟、酒精、日用搪瓷、自来水笔、牙膏、干电池等都达到和超过计划。卷烟、铅笔、肥皂等接近完成全年计划的50%。”

7月29日　史学家范文澜去世。范文澜，1893年生。浙江绍兴人。早年就读于山阴县学堂、上海浦东中学堂、杭州安定中学堂。1913年考入北京大学。毕业后任校长蔡元培的秘书。1918年后在沈阳高等师范学校、河南汲县中学任教。1922年在天津南开中学任教。1925年任南开大学教授。1926年加入中国共产党，后失掉党的关系。1927年后历任北京大学、师范大学、女子师范大学、中国大学、朝阳大学等校教授。1930年以共产党嫌疑分子被国民党当局逮捕，经营救获释。1932年任北平女子文理学院国文系主任，1933年任院长。1934年8月再次被捕，经北平教授联名营救出狱。在北平任教期间，曾协助中国共产党在各大学中开展工作，反对国民党的文化专制主义。1936年任河南大学教授，1937年抗日战争爆发后，在河南开办抗日干部训练班。1939年9月重新加入中国共产党。1940年1月到延安，任马列学院历史室主任、中央研究院副院长，负责编写《中国通史简编》、《中国近代史》等历史著作。是中国最早运用马克思主义观点进行中国历史研究的学者之一。1943年到中共中央宣传部工作。1945年后，离开延安到晋冀鲁豫边区。1946年任北方大学校长兼历史室主任。1948年华北大学成立，任副校长兼历史室主任。中华人民共和国成立后，从事新中国历史科学的研究和开创工作，修订《中国通史简编》。1950年任中国科学院中国近代史研究所所长。1951年当选中国历史学会副会长。1955年任中国科学院学部委员、常委。当选为中共八届中央候补委员、九届中央委员，第三届全国人大常委会委员，第三届全国政协会议常委。

7月31日　国务院批准将中国人民银行并入财政部。这一决定是根据毛泽东关于"精兵简政"的指示，由财政部军管会和中国人民银行总行军代表于7月19日提出《关于财政部和人民银行总行机构精简合并问题的请示报告》后决定的。合并后，中国人民银行成为财政部领导下的一个独立业务单位，但对外仍保留原名称。总行大批干部下放"五七"干校劳动，留在机关从事金融业务工作的只有87人，处于应付状态。各地银行根据这一决定，陆续并入财政部门，对内以财政局名义开展各项业务活动。

8月1日　《人民日报》、《红旗》杂志、《解放军报》发表社论：《人民解放军所向无敌——纪念中国人民解放军诞生42周年》。社论公布了毛泽东在中共九大期间的讲话指示："我赞成这样的口号，叫做'一不怕苦，二不怕死'。"还公布了毛泽东"最新指示"："要过细地做工作。要过细，粗枝大叶不行，粗枝大叶往往搞错。"社论说："'三支'、'两军'，是毛主席无产阶级专政下继续革命理论的重要组成部分，是新形势下我军最重要的群众工作。""这是最好的建军，最好的战备。"社论要求"各级党委要认真总结'三支'、'两军'工作的经验"，"准备敌人大打，早打，准备他们打常规战争，也准备他们打核大战"。

同　日　江汉石油会战开始。6月26日，国务院批准石油工业部《关于在湖北省江汉地区组织石油勘探会战的报告》。8月1日，江汉石油勘探会战指挥部正式成立。武汉军区副司令员韩东山任指挥长，康世恩和武汉军区副参谋长张显扬任副指挥长。这次会战到1972年5月结束，共钻井1 065口，获工业油、气井145口，发现6个油田，1个气田，达到了年产100万吨原油的生产能力，并建成与油田配套的荆门炼油厂。通过这次会战，保护和锻炼了一大批在“文化大革命”中受到迫害的领导干部和科技人员，逐步恢复了勘探开发的正常工作秩序，对以后石油工业的发展有着重大的作用。

同　日　国家计委发出《关于竣工投产项目情况简报》。简报指出，已经建成和部分建成投产的项目，据冶金、煤炭、电力、化工和建材等5个部门不完全统计，截至6月底有63项，许多重点工程进度较快，如北京东方红炼油厂，预计今年国庆节即可竣工投产，较过去建设同样规模项目提前2年；宝成铁路广元到马角坝电气化铁路工程预计今年七八月份可以建成，简报指出，根据当前各部门、各地区形势发展，考虑到交通运输等条件，本着计划不变，保证重点，区别情况，灵活安排的原则，正在进行项目排队。力争使更多的项目建成投产。许多部门反映，有一批重要工程，基本上具备投产条件，因只缺几台关键设备，无法投产，或勉强投产，生产效率很低，产品质量无法保证。有的较长时间没有解决，形成“老大难”问题。如甘肃天水海林轴承厂，预计年产轴承200万套。现厂房和设备基本配齐，今年可以竣工投产。但尚缺轴承专用设备2台，影响产品质量。一轻工业部有6个纸厂的回收碱工程，所需50吨喷射炉8台，长期未能解决，使纸厂建成后碱水严重污染农田、河流和民用水，影响农、渔业生产和人民健康。如西南铝加工厂主要设备正在安装，但配套的7组直流大电动机和2台淬火快速吊车一直未能落实，影响今年宽铝板轧机的投产。四川德阳重机厂已投资4亿元，进口了主要设备，建成厂房，但因缺少一些设备，影响竣工投产。简报要求对上述问题抓紧解决。

同　日　国家计委发出《关于企业体制下放情况简报》。简报指出，根据3月24日全国计划座谈会上国务院关于体制下放的指示，工业部门做了一些工作：一、化工部原直属企业489个，今年下放202

个，加上去年下放的92个，总共下放294个。二、八机部除已将3个企业下放江西作试点外，拟分期分批与有关省、市联系再下放50个直属企业。三、一轻工业部去年已将一批烟草企业下放，今年上半年又将一批盐、纸、玻璃企业下放，尚存20多企业没有下放。四、冶金部除包钢等6个企业暂归部领导外，已将鞍钢下放辽宁，实行地方为主的双重领导，还准备分3批将其他企业和在建单位下放。五、煤炭部撤销了9个煤炭管理局和2个煤炭联合企业，将20个中技、中专学校下放地方，停办技工学校，还准备分期分批把煤炭生产和基建企业全部下放地方。六、水电部已将河南、广东省电网下放地方管理，还要继续下放。七、石油部直属的14所大专院校中已有13所下放地方。八、纺织部准备将9个直属纺织机械厂下放到上海。九、林业部所属林业管理局已下放地方，还准备下放直属大专院校、科研所、林药厂和部分林业机械厂。十、建材部拟将已生产企业和在建企业全部下放。简报指出，在下放过程中出现的主要问题是：企业下放后物资供应渠道改变，有些物资供应发生困难，如维修用的特殊钢材省里无法解决。有些工业基础薄弱的地区，难以承担下放企业的基本建设和设备维修等任务。同时，对机械厂是否应当下放，尚存在不同看法。煤炭部、纺织部、林业部认为要保留一些专业机械厂，但这些厂所在的地方都要求下放。

8月4日　《人民日报》发表《政权建设中的一个新问题》。文章介绍“8341部队”驻南口机车车辆厂宣传队“支左人员如何正确处理同新的领导班子的关系”的经验是：一、防止包办代替；二、防止骄傲、松劲、放手不管；三、防止在工作中重一个，轻一个；四、防止当裁判员；五、发生问题主动承担责任，防止埋怨情绪；六、发生分歧虚心听取意见，防止主观武断；七、群众有意见时，防止急于表态、扩大干群矛盾；八、共同研究通气，防止擅自处理；九、领导班子个别成员闹派性时应严肃斗争，防止无原则的调和；十、“支左”人员起模范作用，防止对人严，对己宽。文章批判了那种军队“支左”人员在领导班子中“包办代替，大事小事都揽起来”的做法。

8月8日　《人民日报》刊载《红旗》杂志第八期文章：《储粮

储草，备战备荒——吉林伊通县柴家岗子生产队的调查报告》。报告介绍说：这个生产队“每到收益分配时，就进行备战备荒的教育”，“年年储备，逐年增加”。1963年，这个队遇到严重自然灾害，粮食减产，仍决定留下3 000斤备战备荒粮。报告还介绍了该队“顶住反革命经济主义妖风”，“狠批党内一小撮走资派散布的‘多分少储备’、‘卖粮由民’、‘储粮由民’等谬论”的所谓经验，提倡做“和帝、修、反长期打”，“连续打上一年、二年、三年”战争的准备。

同　日　中国援助老挝建立“五七”学校。中国代表和老挝人民党中央代表在北京签订的《中老双方关于南宁老挝“五七”学校问题的会谈纪要》决定：由中国援助老挝在中国南宁建立“五七”学校。1975年，这所学校迁回老挝。

8月13日　中国外交部向苏联大使馆提出照会，强烈抗议苏联军队侵入中国新疆铁列克提地区制造流血事件。照会指出：8月13日上午，苏联军队出动直升飞机、坦克、装甲车和武装部队数百人，侵入中国新疆裕民县铁列克提地区，打死打伤中国边防战士多名。目前苏联正在调集大量军队和坦克，企图挑起更大的武装冲突。照会要求苏联政府立即撤出全部入侵的军队，立即停止射击，否则，由此产生的一切严重后果，必须由苏联政府承担全部责任。8月14日—16日，新华社报道：新疆各地军民及北京、上海、天津等全国各地，纷纷举行盛大的抗议集会和示威游行，抗议苏联武装挑衅制造流血事件的罪行。

8月16日　新华社报道广东省湛江专区军民拦海造田的事迹。报道说，在湛江专区革委会的决定下，调动1万多军民，经过半年多时间，在北部湾畔的海康县企水公社沙尾洋至海角波涛汹涌的海面上，筑起了一条长达2 100米、底宽25米、高5米，内涵20个孔大水闸的拦海大坝，向大海夺取了5万多亩肥沃的良田。报道称这是批判“刘少奇在广东的代理人”“鼓吹‘堵海造田是蛮干’谬论”的胜利。9月6日，新华社又报道了浙江省萧山县围垦钱塘江海涂，拦海造田的事迹。此后，广东、广西、福建、云南等地都掀起了“填海造田”、“填湖造田”的热潮。福州西湖、昆明滇池等一批公园名胜，都不同程度地遭到了破坏。

8月18日　《人民日报》举办《关于如何办好“五七”干校的讨论》专栏。编者按说：“‘五七’干校是具有重大意义的新事物，它正在发展，广大干部和革命群众在实践中已经创造了不少经验，同时也还存在着一些需要解决的问题”。“我们欢迎全国各种类型的‘五七’干校的领导干部、学员及广大革命干部和革命群众，积极参加这一讨论，并且根据不同类型‘五七’干校的具体情况，进行生动的具体分析。”在第一期专栏中，发表了黑龙江柳河“五七”干校革委会的文章：《坚持以“五七”指示为办校的根本方针》，宣称：“那种脱离群众、脱离实际、脱离劳动的旧党校、旧干校，必须彻底改革，它们执行的那套反革命修正主义干部教育路线的黑货必须彻底批判。”还说：“围绕着‘五七’干校究竟是培养造就无产阶级干部队伍的基地，还是仅仅作为安置或处理干部的场所这个问题，始终进行着尖锐的两条路线、两种思想的斗争。”专栏中还发表了天津市革委会干部下放劳动办公室的文章：《把帮助干部重新学习作为“五七”干校的任务》。

8月19日　中国外交部向苏联大使馆提出照会，强烈抗议苏军于六七月在中苏边界蓄意制造挑衅行为。照会指出：从6月1日—7月31日，苏联政府制造的边境挑衅事件竟达429起之多，严重的有：侵入中国新疆裕民县巴尔鲁克山西部地区构筑工事、修筑瞭望台、架设军用电话线路，向中国边防人员开枪射击；7月31日出动直升飞机、军用车辆和近百名军人侵入中国新疆托里县禾龟克地区，向中国边防人员开枪射击；在中国黑龙江省虎林县珍宝岛地区、饶河县七里沁地区、呼玛县吴八老岛地区，用轻重机枪、重炮向我边防人员射击。苏联各种军用飞机频繁侵犯中国领空，达40架次之多，还不断出动炮艇，向正常航行的中国民用船只进行种种挑衅。照会要求苏联政府立即停止对中国的一切入侵挑衅活动，立即全部拆除非法修建的设施和工事，不再阻挠中国船只在中苏国境河流的正常航行。否则，由此而产生的一切严重后果，必须由苏联政府承担全部责任。

8月27日　中共中央决定成立全国人民防空领导小组。中共中央、中央军委批转的中央军委办事组《关于加强全国人民防空工作的报告》中指出：决定组成全国人民防空领导小组，周恩来任组长。领导小组在人民解放军总参谋部设一个精干的办事机构，根据小组的意图，负责对全国人民防空工作进行督促检查。次日，经毛泽东批准，全国人民防空领导小组组成。副组长有黄永胜、谢富治、吴法宪、阎仲川（副总参谋长）。此后，根据中共中央、中央军委的指示，各省、市、自治区及大中城市也相继成立了人民防空领导小组，普遍开展了群众性的挖防空洞和防空壕的活动。1972年4月，全国人民防空领导小组副组长改由叶剑英、李先念、张才千担任。1975年5月，邓小平任组长，李先念、杨成武任副组长。

8月28日　《中国共产党中央委员会命令》发布。毛泽东批示：照办。《命令》要求边疆各级革命委员会、各族革命人民、解放军驻边疆部队全体指战员：一、高度树立敌情观念，充分做好反侵略战争的准备。二、大敌当前，全体军民要团结得像一个人一样。三、军队指战员必须严守岗位，不准擅离职守，不准外出串联。四、一切革命群众组织，必须实行大联合，所有跨行业的群众组织，要立即解散；另立山头、重拉队伍的，要强行解散。五、坚决停止武斗，解散武斗队，上交武器。凡负隅顽抗者，解放军要实行军事包围，强制缴械。六、绝对不准冲击军队，抢夺武器，如有违反，以现行反革命论处。七、要保护交通运输，保证通讯联络畅通。八、狠抓革命，猛促生产，大力支援前线。职工、农民必须立即返回本单位进行生产。九、对那些里通外国、策划外逃、破坏社会治安、抢劫国家财产、破坏生产、杀人放火放毒、利用宗教迷信制造叛乱的反革命分子，必须坚决镇压。

8月30日　国家计委转发《八机部关于1970年改革农机产品管理体制的意见》。《意见》对农机产品管理体制的下放改革提出设想：一、1970年先把251种农机产品交给地方管理，其余318种仍归部管。二、有些生产比较集中的农机产品改为地方管理，不少地方暂时无能力生产或产品数量无法满足需要，不能保证援外、出口任务。因此，这些下放地方管理的农机产品，必须安排一部分外调任务，1970

年安排为114种。三、为适应战备需要，对为部队装备维修、国防施工、军工生产需要的拖拉机、内燃机配件，从1970年起，由企业所在的省、市、区组织供应。但不属部管的进口机型配件，仍由各单位自行组织供应。四、1970年下放地方管理的及1967年已改为地方管理的农机产品，本着“统一计划，分级管理”的原则，仍列入部门生产计划。农机产品的分配，应按照就近供应的原则，优先考虑军工、援外、出口、国家重点工程，及工业基础薄弱地区的需要。《意见》还指出：体制改革后八机部安排的农机配件应保持原协作关系。同时各省、市、自治区应在自力更生基础上，自行解决本地区内就近协作配套的问题。

9月4日　中共中央致唁电越南劳动党中央，沉痛哀悼胡志明主席逝世。唁电说：“胡志明主席是杰出的无产阶级革命家。他把马克思列宁主义的普遍真理应用于越南革命的具体实践。他把自己的一生献给越南民族解放斗争和共产主义事业。”“在中国人民进行民族民主革命斗争的岁月里，他几次来到了中国，同中国人民患难与共，并肩战斗，同中国共产党建立了深厚的无产阶级感情。在中越两国革命胜利以后，他为加强和发展中越两国人民的兄弟友谊和战斗团结进行了不懈的努力。”唁电表示：“胡志明主席不幸逝世，这是越南劳动党和越南人民的重大损失，也是中国人民和全世界反美斗争事业的重大损失。”9月5日，中华人民共和国人大常委会、国务院也分别致唁电越南国会常委会、越南政府会议，对胡志明逝世表示深切哀悼。

同　日　周恩来率中共代表团前往河内吊唁胡志明主席逝世。代表团副团长、中央政治局委员、中央军委副主席叶剑英，团员、中共中央委员、广西革命委员会主任韦国清同乘专机前往。到达河内后，中共代表团前往越南民主共和国主席府向胡志明遗像告别、敬献花圈，并与越南党政军领导人黎笋、长征、范文同等举行了会谈。9月6日，中共中央政治局常委周恩来、陈伯达、康生等前往越南驻华大使馆，代表毛泽东主席、林彪副主席，对胡志明逝世表示沉痛哀悼。首都1.5万群众也前往参加吊唁活动。

9月8日　李先念率中国党政代表团前往河内参加胡志明主席葬礼。副团长、中央政治局候补委员、安徽省革命委员会主任李德生同乘专机前往。到达河内后，中国党政代表团在巴亭会堂向胡志明遗体告别、敬献花圈。越南劳动党中央领导人黎笋、长征、范文同等接见了中国党政代表团。

9月10日　新华社报道首钢向武钢、包钢、太钢、重钢提出开展革命竞赛建议。建议提出了竞赛的五个条件：一、深入持久地开展革命大批判。二、搞好领导班子革命化。三、努力完成和超额完成国家计划。四、改革不合理的规章制度。五、大力开展三结合的技术革新运动。13日，新华社报道：武钢、包钢、太钢、重钢热烈响应首钢的革命竞赛建议。《人民日报》发表短评：《社会主义的革命竞赛》，指出：建议“显示了无产阶级文化大革命的伟大成果和深远意义”。说明首钢这样的“落后”单位，“广大群众也是革命的，是能够大有作为的”。

9月11日　周恩来总理与苏联部长会议主席柯西金在北京首都机场会谈。9月3日，越南劳动党主席胡志明逝世，以柯西金为首的苏联代表团在参加了胡志明的葬礼后传话说，希望途经北京同中国领导人见面。毛泽东召集中央政治局会议讨论后决定，同意柯西金前来中国会谈。9月10日，当柯西金等人乘飞机回到苏联塔吉克共和国首府杜尚别时得到回音：中国总理欢迎同他会晤。柯西金又转经伊尔库茨克飞往北京，于9月11日上午10时30分到达北京首都机场。同机到达的还有卡图谢夫、雅斯诺夫、巴扎诺夫等苏联党政部门领导人。周恩来总理、李先念、谢富治副总理、乔冠华等中国领导人前往迎接。双方在候机楼西侧的贵宾室进行了坦率而诚恳的会谈。针对3月中苏两国在珍宝岛地区发生的武装冲突及6月苏共领导在共产党、工人党国际会议上对中国共产党的攻击，周恩来对柯西金说：“你们说要用先发制人的手段来摧毁我们的核基地，如果你们这样做，我们就宣布，这就是战争，这就是侵略，我们就要坚决抵抗，抵抗到底。我们不希望出现这种情况，所以我才把这个话告诉你。”周恩来又说：“不管争吵得怎么样，来往总是要的，谈判总是要的。

我们同美国还谈嘛，何况我们两个邻国呢？”周恩来始终以向前看的态度，紧紧抓住中心，力争在不受任何武力威胁的条件下开始边界谈判。能解决力争解决，即使一时解决不了，也能有效地保持边境局势的缓和。当柯西金谈到中苏之间积累的问题很多，要一个一个讨论，可以讨论3个月时，周恩来指出：“要向前看，我认为边界问题是现在问题的中心。”柯西金也同意这一看法，双方很快就此达成了共识。接着，周恩来把中国解决边界问题的立场作了简要说明，然后说：“要解决边界问题，谈判总要用些时间，在未解决之前需要采取一些临时措施。”为此提出了维持边界现状、避免武装冲突、双方武装力量在争议地区脱离接触的3条建议。双方以此为基础展开了求实的讨论。关于“维持边界现状”，中苏双方一致认为，就是双方原来在哪里，还在哪里，没有人的地方谁也不去，维持边界现状的时限，应一直到边界问题的全面解决为止。关于“争议地区”的概念，讨论的时间最长。周恩来明确地指出，争议地区就是1964年中苏边界谈判中双方交换的地图上边界线画法不一致的地区。经过反复探讨，柯西金最后接受这一概念时也说：“争议地区，就是你们说是你们的，我们说是我们的地区。”关于避免武装冲突，除周恩来所提双方武装力量从争议地区脱离接触外，柯西金还补充一条：在双方遇有争论时，由双方边防部门相互联系，协商解决。此外，双方还同意：边境居民原来在哪里生产，还在哪里生产；为避免误会，只要互相通知一下，便可一次达成协议，当然，这并不影响这些地区的主权归属，归属问题须待边界谈判解决。周恩来把上述双方讨论的结果，归纳为维持边界现状，避免武装冲突，双方武装力量在争议地区脱离接触，在双方遇有争论时由双方边防部门协商解决等4条。柯西金当即表示：“你讲的4条我完全赞同。”周恩来接着说：“临时措施解决了，边境的紧张状态就会变成缓和状态了。”然后，双方就边界谈判代表团的成员、地点、双边贸易等问题交换了意见。柯西金说：“我们走了一段弯路。”“但我们并不遗憾，我们很高兴到这里来。”最后，中苏双方相约，就上述协议各自向自己的中央报告后，交换信件予以确认。会谈一共进行了3小时40分钟。

9月13日　《人民日报》发表介绍抓革命、促生产的基本经验文章。《人民日报》发表《用毛泽东思想统帅一切，促进革命和生产不断发展——北京针织总厂抓革命、促生产的基本经验》。文章介绍了该厂革命委员会在驻厂"8341部队"支左人员帮助下取得的基本经验：一、"用毛泽东思想武装工人群众，把精神力量转化为物质力量。"具体做法是：发动群众开展"四好连队"运动和"红哨兵"活动，建立工人管理小组等。二、"深入持久地开展革命大批判，狠抓生产领域里的阶级斗争。"文章举例说，连里突然发生了一次工艺事故，连队领导班子抓住这个苗头，分析阶级斗争动向，揪出一个隐藏很深的历史反革命分子，进行批判斗争。三、"突出无产阶级政治，掌握正确的政治方向。"主要做法是："狠抓一个不变（革命的统帅地位永远不变），防止两种倾向（生产冲击政治和忽视生产的倾向）"。这篇署名"北京针织总厂工人通讯员、驻厂联合记者站"的"基本经验"，是由叶群一手组织的。

同　日　国务院转发武汉军区、湖北省革委会《关于丹汉输变电工程的总结》。这项工程1968年12月动工兴建，1969年7月1日建成送电，《总结》中提出的经验是：用毛主席关于三线建设的指示发动群众，组织了10万工人、农民参加施工大军，战天斗地；发挥地方积极性，对施工实行统一领导。国务院批语指出：丹汉输变电工程，全长415公里，跨过高山峻岭，越过湖库江河，在一无公路、二缺安装设备的艰巨条件下，仅用7个月时间全部建成，他们的经验，很值得各地参考。

9月15日　《人民日报》发表《深入进行农村两条道路斗争的教育——浙江德清县下高桥大队的调查报告》。《红旗》杂志编者按说："农村中如何继续搞好革命的大批判？如何根据党的政策，具体地、切合实际地进行社会主义和资本主义两条道路斗争的教育，不断提高农民的社会主义觉悟，不断巩固壮大社会主义集体经济？这篇调查报告提出的问题，可供参考。"《调查报告》认为："在如何对待种植计划、产品出售、收益分配这3个问题上，两条道路的斗争仍然十分激烈。"在种植计划上，"突出地表现在，是从全局的、长远的利益出发，自觉地服从国家计划经济的要求，还是从局部的，眼前的利益出发，搞自由种植。”在产品出售上，“是服从国家要求，着眼于支援工业、支援城市，还是搞‘自由买卖’，着眼于挣钱牟利。”在收益分配上，“决不是造造方案、打打算盘的具体事务，这里也存在着十分尖锐复杂的两条道路斗争。”《调查报告》把“大种经济作物”、“在市场上高价出售农副产品”等都说成是“以钱为纲”、“自由买卖”、“物质刺激”的“刘少奇修正主义路线”，号召“牢牢把住这3个关口”，“不但要革生产资料私有制的命，还要革人们头脑里私有制的命。”

9月17日　《人民日报》刊载“庆祝中华人民共和国成立二十周年口号”。口号共二十九条。其中第二十二条是毛泽东增加的，内容为：“全世界人民团结起来，反对任何帝国主义、社会帝国主义发动的侵略战争，特别要反对以原子弹为武器的侵略战争！如果这种战争发生，全世界人民就应以革命战争消灭侵略战争，从现在起就要有所准备！”其他各条内容还有“庆祝二十年来社会主义革命和社会主义建设的伟大胜利！”、“庆祝无产阶级文化大革命的伟大胜利！”、“庆祝中国共产党第九次全国代表大会的伟大胜利！”、“认真搞好斗、批、改！进一步巩固无产阶级专政！”、“抓紧革命大批判，把社会主义革命进行到底！”、“备战、备荒、为人民！”、“向各国真正的马克思列宁主义兄弟党和兄弟组织致敬！”等。

同　日　中共中央发出《关于增补、调动、撤换各级革命委员会成员的通知》。《通知》规定：一、各级革命委员会需要增补委员、常委和副主任时，要注意增补革命领导干部和革命群众代表，要着重增补优秀的产业工人代表。二、革命委员会中，有调往他处的或红卫兵从学校毕业后下放劳动的，都不要忙于免除他们的职务；对犯有某些错误的革命委员会成员，应按照“团结——批评、自我批评——团结”的原则进行帮助教育，不要轻易进行组织处理；对于有严重政治历史问题的革命委员会成员的处理，应报请中央或上级革命委员会批准；对于十分急需调动、撤销的革命委员会中的委员、常委、副主任、主任，要在群众民主协商的基础上再上报中央或上级革命委员会，批准后施行。

9月18日　周恩来总理致信苏联部长会议主席柯西金。信中说："1969年9月11日，在北京机场的会见中，我们双方同意：长期悬而未决的中苏边界问题，应该在不受任何威胁的情况下，通过和平谈判解决；在解决前，双方采取临时措施，维持边界现状，避免武装冲突。"信中还重申了双方当时就应该采取的临时措施达成的5条意见。信件最后写道："以上各项临时措施，如能得到你来信确认，即作为中苏两国政府之间的协议，立即生效，并付诸实施。"

9月19日　中国第一台32吨自卸载重汽车制成。由上海汽车制造厂、上海柴油机厂等单位联合制成的这台汽车，宽3.5米，长7.5米，近两人高，自重20多吨，在中国现有的矿用重型汽车中，载重量最大，技术设计最先进，从设计到制成只用了半年多时间，是中国汽车工业史上的一个创举。

9月20日　中央军委命令授予孙玉国等10人"战斗英雄"称号。命令说：在1969年3月2日和15日的珍宝岛自卫反击战中，孙玉国、杜永春、华玉杰、周登国、冷鹏飞、孙征民、杨林、陈绍光、王庆容、于庆阳等10人，在苏军大炮、坦克、装甲车进攻面前，以鲜血和生命保卫了祖国神圣领土。命令号召全军指战员向他们学习。同日，授予称号的命名大会在沈阳举行。

同　日　中国第一台大型粉煤气化溶渣炉建成。由吉林化肥厂仅用4个月建成的这台溶渣炉，具有温度高，煤粉燃烧彻底，造气质量好的特点。生产化肥可以使煤中含炭利用率由70%提高95%以上，生产能力提高1倍。它的建成，为发展中国化肥工业创造了一条新的途径。

9月23日　中国成功进行首次地下核试验。9月29日，在中国西部地区上空，又成功地进行了一次新的氢弹爆炸。

同　日　毛泽东视察天津。他分别接见了天津市革委会主任解学恭、副主任郑三生、警备区政委刘政和市革委会核心小组成员及驻天津陆、海、空三军部队负责人。

同　日　国务院批准筹建北京石油化工总厂。石油部、化工部和北京市提出的关于综合利用石油气生产化工产品的报告指出：从1970年开始筹建胜利、向阳、东风、曙光4个化工厂，连同东方红炼油厂，组成北京石油化工总厂。

9月24日　全国药品全面大幅度降价。降价以后的药品价格水平，比1969年8月1日降价以前下降了37%，比1950年下降约80%。医疗器械、化学制剂和生物制品的价格也有不同程度的下降。

9月25日　江都水利枢纽工程全部建成。这项工程是由中国自行设计、全套设备自行制造安装的。整个工程由包括3座大型抽水机站、5座中型节制水闸、3座船闸和疏浚河道等10多项工程组成。它把长江、淮河、大运河和里下河联结起来，实行南水北调，抽引长江的水，灌溉大运河自流灌区的淮安、宝应、兴化、高邮、江都5个县的250多万亩稻田，受益范围包括高邮、江都、泰县、兴化、泰州等5个县。还便利了苏北内河运输。

同　日　中国第一台电子式中文电报快速收报机研制成功。这台由中国自行设计和制造的收报机，采用半导体等新型元件，运用静电记录方式，自动译电，自动印字，是中国电信史上的一个新创举。

9月26日　1970年中国给予越南经济援助的协定和协定书在北京签订。中国向越南提供的这笔援助，折合人民币6.56亿元，全属无偿性质。1970年包括同其他国家和地区签订的援助协议在内，援外协议总额度为9.43亿元。

同　日　中国第一台12.5万千瓦双水内冷汽轮发电机组制成。上海举行集会，庆祝发电机组正式发电。由上海汽轮机厂制成的这台发电机组采用中国首创的双水内冷世界新技术，在锅炉和汽轮机上采用高温高压、中间再热等世界先进技术，具有容量大、体积小、重量轻、耗煤低等特点，从试制到发电只用了10个月的时间，标志着中国电机制造工业的发展进入了一个新的阶段。

9月27日　中共中央发出《对武汉问题的指示》。《指示》包括八点内容：一、毛主席批示“照办”的中央的“五二七”指示、“七二三”布告、“八二八”命令，必须在湖北全省、武汉全市坚决地、无条件地、不折不扣地执行。有的反革命分子现在还逍遥法外，扰乱革命秩序，这是绝对不能容许的。二、在武汉市出现的所谓“北斗星学会”、“决派”这类地下组织，幕后是由一小撮叛徒、特务、反革命分子假借名义、暗中操纵的大杂烩。对这类反革命地下组织，必须坚决取缔。三、所谓《扬子江评论》，是一些叛徒、特务、反革命分子幕后操纵的反动刊物，肆无忌惮地大量放毒，必须查封。对其主要编写人员，应分别审查严肃处理。四、对老反革命修正主义分子王盛荣、国民党反革命将领干毅、老国民党特务周岳森等犯，必须立即逮捕，依法惩办。五、必须号召广大工人群众、贫下中农、革命干部，狠抓革命，猛促生产，严格遵守劳动纪律和劳动制度，积极同破坏生产和消极怠工的现象作斗争。六、共产党员、共青团员、革命干部和一切革命分子，都必须增强无产阶级党性，克服资产阶级派性，反对一切宗派主义、山头主义的派性组织。七、中央决定在北京开办湖北省和武汉市的毛泽东思想学习班。八、希望湖北省革命委员会落实各项无产阶级政策，落实党的“九大”提出的各项战斗任务。此前，1969年4月—5月，湖北省革命委员会副主任、造反派头目朱鸿霞在湖北策动“反复旧”活动，图谋把重新出来工作的各级领导干部再次打倒。他们制造的动乱致使武汉钢铁公司、武汉重型机床厂等大型企业被迫部分停产。全省工农业损失达15亿元。针对这一情况，中共中央发出了这个《指示》。11月5日，中共中央又召集湖北省有关群众组织人员1 319人，在北京举办学习班，贯彻中央指示精神。

同　日　中共中央转发财政部军管会《今年上半年财政收支情况简报》。《简报》指出，1969年计划财政收支各为570亿元，是根据工业总产值比1966年增长15%，工业生产成本比1966年降低4%的安排确定的。从上半年执行情况看，实际上都没有达到预定指标，财政收入仅完成年度计划的40.8%。估计全年可能少收几十亿元。《简报》提出，必须抓紧增产节约，加强经济核算，严格财经纪律，增加财政收入，同时压缩财政开支。

同　日　北京大学革命委员会成立。北京市革命委员会负责人谢富治、吴德、吴忠、丁国钰、李钟奇等参加了在北京大学举行的万人庆祝大会。谢富治、吴德在会上讲话。10月6日，《人民日报》在题为“北京大学革命委员会胜利诞生”的报道中，称这是“工人阶级领导上层建筑斗、批、改的辉煌成果”。

同　日　北京东方红炼油厂一期工程建成。该厂为国家重点项目，1967年2月14日批准兴建，预计年加工能力为250万吨。当时由于受“左”倾思潮影响，按照“靠山、分散、隐蔽”原则，厂址选在北京市房山县周口店附近。石油部兰州炼油厂安装公司、抚顺石油炼油厂建设公司、胜利炼油厂红旗总队等承担装置区建设。北京市的建筑工人、机关干部、学生也参加了建设。在1.4万人和27个省、市、自治区400多个单位的协作努力下，按期全部建成，一次投产出油。1970年加工原油254.53万吨，生产汽油、煤油、柴油总量达116万吨，完成工业总产值5.21亿元，实现利税1.1亿元。

9月29日　中国自行制造的第一台5 000马力液力传动内燃机车制成。由青岛四方机车车辆厂制造的这种大型内燃机车，目前在世界上只有少数国家能够生产。它的制成标志着中国机车制造工业已经进入世界先进行列。

9月30日　《红旗》杂志第十期发表北京市革命委员会写作小组的文章：《中国社会主义工业化的道路》。文章把引进外资、学习国外的先进经验，说成是“刘少奇的买办洋奴哲学、爬行主义”，“就是要我们照搬西方资本主义的一套，把社会主义工业倒退为资本主义工业”。文章把中国社会主义工业化的道路归结为5个方面：独立自主，自力更生，走自己工业发展道路；坚持无产阶级政治挂帅；走群众路线，大搞群众运动；正确处理工业和农业、重工业和轻工业的关系；备战、备荒、为人民。文章引用毛泽东的指示强调要求：“地方应该想办法建立独立的工业体系。首先是协作区，然后是许多省，只要有条件，都应建立比较独立的但是情况不同的工业体系。”文章还肯定了1958年工业战线出现的“轰轰烈烈的群众运动”，指责“刘少奇一伙制定了数不清的清规戒律，企图用一条条绳索，把工人群众的手脚紧紧捆住，扼杀工人群众的革命行动”。

同　日　林彪突然视察北京西郊机场。他命令该机场的飞机当晚全部转场，用砖头把跑道堵起来并配备足够的武器，搞一个小规模的演习。吴法宪根据林彪的指示，当夜命令“所有空军部队进入一等战备；所有指挥所进入一等战备；所有指挥员坚守指挥岗位，不准离开”。9月30日—10月3日，空军所有部队、学校、机关和民航进入一等战备，共有1 683架飞机在机场担任战斗值班，3 900多架飞机进入洞库或野外疏散，东北、西北、华北地区的机场都用机械和车辆设置了防敌机降落的障碍。吴法宪以空军党委名义向林彪报告说：“这一战备行动是空军建立以来规模最大的一次演习。”

本　月　林彪授意他人代作《西江月·重上井冈山》词。词的全文是：“繁茂三湾竹树，苍茫五哨云烟。井冈搏斗忆当年，唤起人间巨变。红日光弥宇宙，战旗涌作重洋。工农亿万志昂扬，誓把敌顽埋葬。”“四十年前旧地，万千往事萦怀。英雄烈士启蒿莱。生死艰难度外。志壮坚信马列，岂疑星火燎原。辉煌胜利尽开颜，斗志不容稍减。”20世纪20年代，林彪曾对中国革命前途悲观失望。1930年1月，毛泽东写了《星星之火，可以燎原》的长信，对这种悲观思想进行了严肃的批评，林彪对此深感不满。林彪将别人代拟词稿中“坚信英明领袖”，改为“志壮坚信马列”；将“何疑星火燎原”，改为“岂疑星火燎原。”1970年1月1日，叶群将这首词书录送李作鹏。叶群、黄永胜、李作鹏、吴法宪还把这首词谱成歌曲，于5月再次秘密录音。

10月1日　首都隆重举行庆祝中华人民共和国成立20周年集会和游行。毛泽东、林彪、周恩来、陈伯达、康生、叶群、叶剑英、刘伯承、江青、朱德、李先念、李作鹏、吴法宪、邱会作、姚文元、黄永胜、董必武、谢富治、汪东兴、陈毅、徐向前、聂荣臻、宋庆龄、何香凝、郭沫若、阿沛·阿旺晋美、周建人、陈云、李富春、邓子恢、李四光、傅作义、滕代远、许德珩、李德全等党和国家领导人在天安门城楼参加庆祝大会，并检阅群众游行。登上天安门城楼的还有来自全国各省、市、自治区的工人、农民、解放军、红卫兵、干部、知识分子代表995人。应邀参加庆祝大会的各国贵宾有朝鲜、越南、阿尔巴尼亚、越南南方、柬埔寨、刚果（布）等国的代表团。林彪在会上讲话。会后，首都40多万军民举行了庆祝游行。当晚，毛泽东、林彪、周恩来、陈伯达、康生及在京的中共中央政治局委员、候补委员又登上天安门城楼，参加国庆晚会，观看节日焰火。

同　日　毛泽东主席会见朝鲜崔庸健委员长。双方在天安门城楼休息室进行了友好的交谈。毛泽东在谈到中朝友谊时说：咱们关系不同，应该搞好关系嘛。我们的目标是一致的。当年反对日本军国主义的时候，朝鲜同志长期和我们一起作战；反美战争的时候，我们也同朝鲜同志一起作战，将来这种可能性还是有的。在谈到反对修正主义时，毛泽东说："反对赫鲁晓夫修正主义，我们是一道走过来的嘛！对苏修，我们不一定天天骂，有时可以停一下，天天骂不一定灵。"关于斯大林问题，毛泽东说："我们是老朋友，我们反对反斯大林，这一点早就一致。斯大林有错误，我们不能说他没有错误，但他基本上是个好人。斯大林对苏联革命，对世界革命有贡献。反斯大林，实际反的是十月革命后继续执行列宁主义路线。"关于中苏两国关系，毛泽东说："中苏分裂，美国高兴。中苏边境已有十几天不打了，只要他人不打，我们巴不得，我们是不希望打的。"会见结束后，毛泽东与崔庸健一起在观礼台观看了群众庆祝国庆游行。

同　日　中国第一条地下铁道线路建成。这条线路由北京火车站到西郊石景山苹果园，全长23.6公里，设17个车站，是1965年7月1日开工的，毛泽东亲自审查批准了建设方案。

10月7日　中华人民共和国政府发表《声明》，就中苏边界谈判阐明立场。《声明》重申了中国政府的一贯立场：目前中苏边界的条约是历史上的不平等条约，但中国政府仍然准备以此为基础全面解决中苏边界问题，避免武装冲突。《声明》指出："中国政府的这一主张当时没有得到苏联政府应有的响应"，"苏联方面又在中苏边界挑起新的流血事件。""中苏边界问题发展到如此尖锐的地步，其责任完全不在中国方面。"针对即将开始的中苏边界谈判，《声明》建议："中苏双方首先就维持边界现状、避免武装冲突、脱离接触的临时措施达成协议。"《声明》希望："苏联政府能够真正以严肃负责的态度对待这个问题。”

同　日　周恩来召开参加中苏边界谈判的中国政府代表团第一次会议。会议在北京京西宾馆举行，外交部代部长姬鹏飞、总参谋长黄永胜等参加，周恩来首先宣布，中苏两国政府已经商定，从10月20日起，在北京举行边界谈判。然后，他宣布了中国代表团名单：团长为外交部副部长乔冠华，副团长为外交部苏欧司司长余湛、国防部外事局局长柴成文，团员有：章文晋、王荩卿、蔡洪江、安怀、王步苍。周恩来在讲话中指出：一、9月11日两国政府首脑会见时，双方一致同意不要因为边界问题打仗。我严肃而诚恳地告诉苏联部长会议主席，我们不要打仗，我们现在自己的事还搞不过来，为什么要打仗？但我们也决不会被战争威胁，包括核战争威胁所吓倒。今天发表的政府声明，我们又把这个态度向全世界公布。谈判只有在不受任何威胁的情况下才能顺利进行，这也是1964年谈判的一条经验，机场会谈的谅解很明确，必须付诸实施。可是，9月18日我们按照双方商定的程序，把已达成的谅解列成条文写信要他们确认，不料他们回信仅说已向边防部队下达了命令，只字不提就谅解达成协议的事。所以，代表团的首要任务是就临时措施达成协议，不然，局势是缓和不下来的。二、关于苏联政府6月13日的声明，两国政府首脑会见时，我们已向对方讲明，对于他们这个声明，我们要给予回答。但谈判即将开始，我们不愿为此去加剧紧张气氛，所以已同外交部商定，准备以“外交部文件”的形式予以发表，而不用政府声明。从外交上讲不对等，但从政治上讲更为有理、有利。三、关于谈判的领导，要分为一、二、三线，乔冠华、柴成文是第一线，第二线是姬鹏飞、黄永胜，第三线是党中央。四、关于谈判的准备工作，周恩来要求：代表团的全体成员立即集中，放下其他工作，全力以赴进行准备；首先熟悉两国政府来往的声明和照会，熟悉边界的历史和现状。第一步要解决的临时措施，要同全局形势紧密相连。他指出：这不只是边界谈判，而是两国关系的谈判。

10月8日　中华人民共和国外交部发表《文件》，驳苏联政府1969年6月13日声明。《文件》指出：“苏联政府在6月13日的声明中，编造了种种信口开河的奇谈怪论，继续为沙俄帝国主义的侵华罪行辩护，并且诽谤中国政府奉行什么扩张主义政策，对于这些荒谬论点，中华人民共和国外交部认为有必要加以回答和驳斥。”《文件》共包括五个方面的内容：一、历史上，是中国侵略了俄国，还是俄国侵略了中国？二、究竟是谁在奉行扩张主义政策？三、是我们歪曲了马克思列宁主义，还是你们背叛了马克思列宁主义？四、苏联政府真正准备以条约为基础解决中苏边界问题吗？五、中国政府的立场是不容歪曲的。

10月11日　毛泽东接见全国来京参观国庆观礼的代表。参加接见的有：林彪、周恩来、陈伯达、康生、叶群、江青、李先念、李作鹏、吴法宪、邱会作、姚文元、黄永胜、董必武、谢富治、李德生、汪东兴。在人民大会堂受到接见的有全国各地的工人、农民、解放军、红卫兵、干部、知识分子及中共中央、国务院各部门“五七”干校的代表1万人。

同　日　史学家吴晗去世。吴晗，1909年生。浙江义乌人。1927年入杭州三江大学。1928年转入中国公学大学部。1930年到北平任燕京大学图书馆员，考入清华大学攻读明史。毕业后留校任教。在明代女真族研究方面有独到见解。1937年抗日战争爆发后赴云南任云南大学教授，1940年任西南联合大学教授。1943年加入中国民主政团同盟，当选为中央执行委员，任民盟刊物《民主周刊》主编。在西南联大期间，协助中国共产党进行抗日救亡活动，反对国民党文化专制主义。1946年回北平任清华大学教授。1948年赴解放区。1949年受中共中央委托，接管清华大学、北京大学。任清华大学校委会副主任、文学院长、历史系主任。1949年11月起任北京市副市长，主管文教工作。1953年当选为全国青联常委、秘书长，1954年受毛泽东委托主持整理《资治通鉴》。1956年任中国科学院哲学社会科学部委员。1957年3月加入中国共产党。1958年任国务院科学规划委员会委员，当选为民盟中央副主席。1960年组织北京市历史学会，任副会长。从1959年起响应毛泽东号召，发表《海瑞骂皇帝》、《海瑞罢官》等文章，并撰写《海瑞罢官》历史剧本。1961年起与邓拓、廖沫沙在

《前线》杂志上举办杂文专栏“三家村札记”，在《北京晚报》上举办杂文专栏《燕山夜话》。1965年11月10日姚文元发表《评新编历史剧〈海瑞罢官〉》，对他进行无端攻击。此后遭到严厉批判。1966年4月又被诬蔑为“三家村反党集团”。在“文化大革命”中遭到残酷迫害。1969年10月11日与夫人袁震含冤自尽。1979年7月中共中央批准北京市委的报告，为他彻底平反，恢复政治名誉。曾当选为第二、三届全国政协常委，北京市政协副主席。

10月14日　中共中央通知紧急疏散在京党和国家领导人。根据10月中旬中央政治局会议决定，为了防范苏联利用谈判之机进行军事袭击，立即开始加强战备。当晚的通知要求：10月20日以前，在京的老同志全部战备疏散。此前，毛泽东已前往武汉；林彪已在苏州。此后，朱德、董必武、叶剑英等人前往广东，陈云、王震等人前往江西，聂荣臻、陈毅等人前往河北，徐向前等人前往河南。同时，已被“打倒”的刘少奇、邓小平、陶铸、张闻天也分别被疏散到河南、江西、安徽、广东等地。“战备热”渐趋平静后，林彪等人由苏州回到北京，但被疏散的大部分老同志仍被滞留当地，直至1971年“九一三”事件后才先后回京。刘少奇、陶铸则在疏散地被迫害致死。

10月17日　林彪发布“第一个号令”。按照周恩来总理和苏联部长会议主席柯西金在北京会谈达成的协议，将于10月20日在北京进行中苏两国边界谈判。根据毛泽东关于国际形势有可能突然恶化的估计，警惕苏联利用谈判发动突然袭击，林彪在苏州作出“关于加强战备，防止敌人突然袭击的紧急指示”。18日21时30分，总参谋长黄永胜以“林副主席指示（第一个号令）”正式下达这个“紧急指示”，要求全军进入紧急战备状态。部分内容是：“第四、迅速抓紧布署反坦克兵器的生产，如四〇火箭筒、反坦克炮等（包括无后座力炮和八五反坦克炮）。第五，立即组织精干的指挥班子，进入战时指挥位置。第六，各级要加强首长值班，及时掌握情况。执行情况，迅速报告。（这个指示传达到11个大军区和海、空军、卫戍区）”同日下达的还有林彪给第二炮兵的指示（第二个号令），给总参二部、三部的指示（第三个号令）和给各总部、各兵种、国防工办、国防科委的指示（第四个号令）。19日，林彪采取“电话记录”的形式向毛泽东报告，毛泽东当即指示：烧掉。根据林彪的号令，空军、海军和各军区。特别是东北、华北、西北地区的部队和重型装备、物资，都进行了紧急疏散。全军共疏散95个师，94万人，4 100余架飞机和600余艘舰艇。此后的一年中，解放军经铁路运输人员和物资达60万车，比上一年增加34%，比抗美援朝时期运量最大的1951年多17万车。运输团以上部队有8个整军、48个整师另179个团，新老兵157万人。经水路运输的人员有20万人，物资55万吨，物资运输比上一年增加46%。经全军后勤汽车部队运输的物资约3 000万吨。

同　日　在林彪指使下吴法宪任命林立果为空军司令部办公室副主任兼作战部副部长。1969年7月初，林彪和叶群把吴法宪叫到家中，说：“我的儿子、女儿都在空军，这是对你和空军的信任，是为了保你的权，为了防止别人挖你的墙角。你们应该让他们在空军大胆工作，大胆活动。他们只会帮你的忙，不会拖你的后腿，你要相信他们。”吴法宪回答：“一百个放心。”10月2日，林彪问吴法宪：“立果在你们空军工作不错吧？你把他提拔为办公室副主任兼空军司令部作战部副部长，以便他经常向我汇报，我可以帮助你们空军研究防空作战的战略方针和战术问题。”吴法宪回去后便指示空军司令部党委讨论，并批准了党委报告。10月17日，任命林立果为空军司令部办公室副主任兼作战部副部长。10月18日上午，吴法宪说：“今后空军的一切要向林立果汇报，可以由林立果同志指挥、调动。”空军各单位便掀起了一个贯彻吴法宪提出的“两个一切”的浪潮。空军政治部提出“五条措施”：对林立果、林立衡要时时想到他们，事事请教他们，处处保卫他们，把他们看成是自己的好领导，老老实实的服从他们的调动，服服帖帖地听从他们的指挥。“九一三”事件之后，周恩来严厉地批判这“五条措施”是最封建、最买办、最法西斯的。

10月18日　中国人民银行发布《关于发行1960年版伍圆券和壹圆券的通告》。《通告》宣布：自10月20日起发行1960年版的伍圆元券和壹圆元券，与现行人民币在市场上同时流通使用。

10月20日　中苏两国边界谈判在北京恢复。根据9月11日中国总理周恩来和苏联部长会议主席柯西金会谈达成的谅解，中苏两国政府决定恢复边界谈判。10月19日，以苏联外交部第一副部长库兹涅佐夫任团长的苏联政府代表团乘专机到达北京。次日，谈判正式开始。中国方面根据周恩来与柯西金会谈达成的谅解，即双方先达成一个使谈判不受武力威胁的临时协定，进而谈判边界问题，将9月18日中国政府致苏联部长会议的信改写成临时措施协议草案提交苏方。苏方却认为两国政府首脑的谅解立场向后倒退，拒不讨论草案，甚至根本否认两国曾达成谅解。经过一段时期的谈判后，周恩来指示中方代表团：如果两国总理达成的谅解都不算数，谈判还有什么用？不能开这个先例。他向毛泽东请示后决定：要坚持地攻下去。中方代表团向苏方代表团列举了两国政府首脑机场会见的记录，苏方无言以对，只得派下层工作人员向中方透露说，这是他们最高层的意思，难道他们真的想打仗吗？谈判开始后不久，10月25日苏联和美国双方就宣布，将举行两国限制战略武器谈判；11月18日，苏联又在与中国新疆接壤的地区建立中亚军区，企图向中苏谈判施加外交和军事压力。在中方的一再坚持下，苏方虽不得不讨论临时措施协定，却又不承认中苏边界存在着争议地区。中方强调指出：承认存在争议地区，只是承认中苏双方对这地区的领土归属有争议；关于这些争议地区究竟应归谁所有，需要留待将来讨论边界走向时解决。这是无庸置疑的客观事实，也是柯西金在机场会见中所同意的概念。苏方却硬说：中方提出“争议地区”的概念是对苏联提出领土要求，是企图不经划界就事先解决领土问题。由于苏方顽固坚持这一立场，使中苏边界谈判陷入了僵局。12月下旬，苏方代表团团长库兹涅佐夫返回苏联，谈判进入休会时期。1970年5月1日，毛泽东主席在天安门城楼对参加中苏边界谈判的苏联代表团副团长甘科夫斯基说：我们应当好好谈判，谈出个睦邻友好关系来，要有耐心，要文斗不要武斗。库兹涅佐夫回到北京以后，谈判仍无进展。苏方为摆脱不愿达成临时措施协议的窘境，建议双方发表一项互不使用武力的联合声明。周恩来指出：一项空洞的意向性的声明哪能解决大军压境的紧张局势？后苏方又改提签订互不使用武力或互不侵犯条约。周恩来指出：谈缓和边境局势，连维持边界现状、避免武装冲突、武装力量在争议地区脱离接触的协议也不愿达成，谈边界连存在争议地区都不承认，还侈谈什么条约？大概他们早就忘了，中苏之间不是还有友好同盟互助条约吗？实在是个讽刺。中苏边界谈判延续了将近9年，中国代表团先后由乔冠华、韩念龙、余湛率领；苏联代表团团长先后为外交部副部长库兹涅佐夫和伊利切夫。由于苏方始终不承认中苏边界存在着争议地区，双方始终未能达成协议，但两国边界未再发生大的武装冲突。1978年7月以后，中苏边界谈判一直处于休会状态。

10月22日　兰州市破获美国间谍案。兰州市专政机关在公开宣判中指出：美国间谍特鲁茨·封·许林德，于1965年10月以西德“鲁奇公司”“开箱检验员”身份来到中国，偷摄我禁区照片、窃取我国军事、政治、经济及文化大革命的重要情报。现依法判处其有期徒刑10年。《人民日报》为此发表评论员文章：《提高警惕，粉碎一切帝国主义的破坏阴谋》。

10月24日—12月18日　全国电讯工作会议在北京召开。会议由全国电讯工业领导小组组长李作鹏主持。会上，李作鹏否定新中国成立以来十几年电子工业所实行的方针政策和取得的伟大成就，在政治上进一步迫害原部长王诤等领导干部。他提出的所谓“转折点”、“新起点”说法，遭到部分与会领导人的坚决抵制。这次会议盲目追求高指标、高速度，在三线建设上，提出要在3年内实行按“六大块、四小块各自不同特点的地区成龙配套”的脱离实际的要求，给电子工业的生产建设造成了灾难性的后果。

10月26日　中共中央发出《关于高等院校下放问题的通知》。《通知》要求：国务院各部门所属的高等院校（包括半工半读、函授学校），设在北京市的，仍归各有关部门领导；如果搬到外地，可交由当地省、市、自治区革命委员会领导；与厂矿结合办校的，也可交由厂矿革委会领导；设在其他地方的，交由当地省、市、自治区革命委员会领导。高等学校在本校所在省、市、自治区以外设有分校或教改机构的，则实行以总校为主，当地革委会为辅的双重领导。此后，一些高等院校被裁并，一批在北京、上海、广州、长春、郑州等大中城市的高等学校被外迁，更多的高等院校则以办“五七”干校、试验农场、分校、进行教育革命实践等名义，在农村设立战备疏散点，将大批师生员工及部分家属下放农村。原中央各部所属高等学校大部分下放地方领导。同时大批中等专业学校被裁并，教师和干部被下放。据1971年7月全国教育工作会议的材料，经调整后，原中央部属学校176所，保留下来131所，其中除第二至第六机械工业部所属军工院校实行部门与地方双重领导、地方为主的管理体制外，仍由中央有关部门领导的只有6所。

同　日　中共中央批示解决贵州问题。贵州自1967年2月造反派夺权成立革命委员会以来，掌握革委会权力的一派与另一派不断发生激烈争斗，动乱持续发生。1969年7月，在贵阳发生严重武斗事件后，中共中央于10月26日批示决定，调整中共贵州省核心领导小组成员。调昆明军区副政委兼任贵州省军区第一政委，在省革命委员会主任、中共贵州省核心领导小组组长李再含留京学习期间代理核心小组组长，张荣森为副组长，何光宇、石新安、李立、张明、罗锡康、张健民、刘兴胜、鲍德金、张琦、朱德兰、刘绍贤、徐英年为组员。调6908部队进驻贵州，担任“支左”工作。此后，李再含实际上已离开了领导岗位。1971年3月—4月，中共贵州省核心领导小组进行整风，点名批判了李再含的严重错误。

10月28日　空军击落美国无人驾驶高空侦察机1架。侵入中国广西南宁地区上空、被我空军地空导弹六营击落的这架美国军用飞机，是1964年以来我空军击落的第十七架美国无人驾驶高空侦察机。中央军委为此颁发嘉奖令表扬参战部队。

同　日　国务院批转一机部军管会《关于加速第二汽车厂建设的报告》。《报告》说，“二汽”产品以军为主，军民结合，总规模定为年产汽车10万辆。总体布置：“靠山、分散、隐蔽，”将24个专业厂分4片布置在东西20多公里、南北约10公里、面积200平方公里的19条山沟的范围内，各片之间有一定距离，每片各专业厂之间隔山相靠。“二汽”建成后，内地将有一个军民结合的汽车生产基地，汽车生产能力均有较大幅度的增长。通过武装“二汽”，机械工业也将提高到一个新的水平。国务院批语指出，这是国家三线建设的重点项目，各方面要大力协同，紧密配合，保证1972年按期完成成批生产军用越野汽车的光荣任务。

10月29日　《红旗》杂志第十一期发表《智取威虎山》剧本及剧组文章，批判“阶级敌人破坏革命样板戏的罪行”。剧本发表时所加的“编者的话”要求，各地剧团演出时，要以1969年10月演出本为准。署名“上海京剧团《智取威虎山》剧组”的文章《努力塑造无产阶级英雄人物的光辉形象》文章具体指出：“此外还有的人恬不知耻地把革命样板戏中的英雄人物，硬挂到自己或亲戚朋友的身上，宣称某某戏中某某人物就是我或者就是谁，以此标榜自己，捞取政治资本，妄图败坏革命样板戏的声誉。最近就有一个自称姓孙的人，瞎说《智取威虎山》中的申德华就是他本人，并天南海北，到处游说，信口开河，大吹大擂，竭力丑化人民解放军的英雄形象，把一不怕苦、二不怕死的英雄战士，歪曲为贪生怕死一心想吃敌人鸡骨头的胆小鬼，把有高度无产阶级政治觉悟的人民解放军指战员，歪曲成为流气十足的兵痞。丑化人民解放军，破坏革命样板戏，完全是一副政治扒手的嘴脸！我们对此感到无限愤慨！”文章发表后，在全国掀起了一个“打击破坏革命样板戏的阶级敌人”的浪潮。各地演出样板戏，一句台词、一个台步、一束灯光、一个道具，甚至人物身上的一块补丁都不能变动，否则就是“破坏革命样板戏”。长篇小说《林海雪原》中人物的原型孙大德被诬陷为“政治扒手”，受迫害致死。粉碎“四人帮”后，1977年3月，北京中医研究院党委报卫生部批准，宣布撤销对孙大德的错误结论，恢复名誉。10月，追认他为革命烈士，举行追悼会。

11月5日　国务院、中央军委转发铁道部军管会、交通部军管会、邮电部军管会、通讯兵部《关于邮电体制改革的意见》。《意见》说，电信、邮政从中央到基层都分开，属电信系统的事业、企业单位以及人员、设备统归军队领导；属邮政系统的事业、企业单位以及人员、设备统归交通部门领导。邮电部撤销后，电信部分成立一个电信总局，管理电信业务，归通讯兵部直接领导。邮政部分成立一个邮政总局，管理邮政业务，与铁道部、交通部合并。省以下各级邮电部门撤销后，电信部分成立电信局，由省军区、军分区、县（市）人武部和各级革命委员会双重领导，以军事部门为主。邮政部分与交通部门合并，实行由省、市、自治区与交通部门的双重领导，以省、市、自治区为主。电信系统归军队领导后，其性质是军队领导下的事业、企业单位，实行半军事化管理。电信总局和省、市、自治区以下的电信、邮政基本建设计划、财政计划、劳动工资计划、物资供应计划等等，从1970年起分别纳入中央和各级革命委员会的各项计划。《意见》提出：交接工作应由上而下，由领导机关到事业、企业单位分批进行。全国电信、邮政分开的工作，于1969年12月1日前完成。

11月5日—12月27日　中共中央在北京召开解决四川问题的会议。中央有关部门负责人、四川省革命委员会、成都军区党委负责人等参加了会议。会议认为，四川的革命和生产落后了，落后的原因不在群众，而在省革委会领导。根据会议讨论情况，写出了四川省革委会、成都军区党委《关于解决四川当前若干问题的报告》和《关于加速四川地区三线建设的请示报告》。省革委会、成都军区党委在报告中对省革委会成立以来工作中出现的失误集体承担了责任，同时也严肃地揭发了省革委会副主任刘结挺、张西挺的问题。《报告》提出：成立三线建设领导小组，实行统一领导，改变多头领导和无人负责的状态；按军工第一、三线第一、配套第一的要求，把国防急需的重要项目、配套项目、对全局关系重大的项目和已经基本建成能够很快投产的项目迅速搞上去，改进三线的物资供应。12月25日，在周恩来主持下，中共中央对两个报告做出批示，决定调整四川省革委会领导班子，确定了省革委会核心领导小组成员名单和决定成立成都军区“支左”领导小组、四川三线建设领导小组及其组成人员。关于刘、张的问题，中共中央领导人明确指出，刘结挺、张西挺是个人野心家，要发动群众揭发批判。此后，刘结挺、张西挺实际已被撤销职务，使四川的形势向好的方向迈进了一大步。1970年2月—9月底，为进一步解决四川问题，中共中央在北京再次为四川举办了5 000人—6 000人的学习班。根据中央“一二二五批示”后进一步掌握的材料和刘、张的恶劣表现，1970年8月1日，中共中央宣布把刘、张“挂起来，靠边站”的决定，16日又宣布将他们送北京学习班学习。

11月7日　水利电力部向国务院提出《关于1970年中央直属和中央安排地方水利计划的报告》。《报告》说，1970年由中央控制的水利投资；安排重点为黄河、海河、淮河流域等缺粮低产地区，及三线建设的重点地区，计划投资为8亿元。具体安排是：一、海河流域安排2.2亿元投资；二、淮河流域安排1亿元以上投资；三、黄河流域安排1.6亿元投资；四、三线重点地区安排1.5亿元投资；五、其他地区安排1.7亿元投资。

11月8日　全国供销合作总社军代表向中共中央、国务院提出报告，汇报浙江诸暨县加强农村合作商店社会主义改造情况。报告介绍诸暨县对合作商店的改造形式为：农村合作商店，一般采取所有制上升，人员亦商亦农，走“五七指示”道路的形式。城关和大集镇的合作商店，大部分为国营商业和代销社代购代销代营，少数上升为国营商业，少部分继续保留。对合作商店人员，经过清理阶级队伍，把漏划的资本家划出来，把一小撮阶级敌人清出去，对属于劳动人民的小商小贩实行团结教育的政策。报告认为，诸暨县的经验有一定的普遍意义，拟扩大试点，予以推广。

11月10日　国务院、中央军委发出《关于总参测绘局与国家测绘总局合并，国家测绘总局合并后撤销的通知》。《通知》说：国家测绘总局撤销后，为便于对外交流，在总参测绘局保留国家测绘总局的名称。国家测绘总局原担负的测绘任务，由总参测绘局承担。战备测图任务，纳入统一规划。经济建设测图任务，属国家安排的项目和大三线建设测图，由总参测绘局统一安排；属于省、市、自治区的一般经济建设测图，以省、市、自治区为主组织实施。国家测绘总局及所属单位的资产、设备、资料、房屋等，由军队接管。

省、自治区测绘管理处一律下放。交接工作可分批分期进行，于今冬明春完成。地震测量工作，拨归国务院地震领导小组办公室领导。据此，国家测绘总局及所属各分局，各内、外作业队，测绘科学研究所和武汉测绘学院相继撤销。地图出版社归北京市出版办公室领导。此后，各经济建设部门的许多重要测绘工作被迫中断。

11月12日　中华人民共和国主席、中共中央副主席、伟大的无产阶级革命家刘少奇去世。刘少奇，1898年生。湖南宁乡人。1920年参加中国社会主义青年团。1921年赴苏联莫斯科东方大学学习，同年加入中国共产党。1922年回国，前往江西安源煤矿开展工人运动，组织了安源路矿工人大罢工。后任安源路矿工人俱乐部代主任、主任。1925年5月当选为中华全国总工会副委员长，在广州和长沙参与领导了五卅运动和省港大罢工。1926年10月任湖北省总工会组织部长兼秘书长。1927年1月组织武汉争取收回英租界的斗争。5月，在中共五次代表大会上当选为中央委员。1928年6月任中共中央驻顺直省委特派员，参加省委领导工作。1929年6月任中共满洲省委书记。1930年赴苏联参加赤色职工国际第五次代表大会，当选为执行局委员，留在赤色职工国际工作。1931年1月在中共六届四中全会上当选为中央政治局候补委员。同年回国，任临时中央职工部部长、全国总工会党团书记。在实际工作中对当时党内的关门主义和冒险主义的“左”倾错误进行了抵制。1932年到中央苏区，动员组织群众参加反围剿斗争和扩充红军的活动。1934年春任中共福建省委书记，10月参加长征，历任中国工农红军第八、第五军团党代表和第三军团政治部主任。1935年以中央代表身份前往天津指导中共中央北方局工作，任中共中央北方局书记。执行中央的抗日民族统一战线政策，确立了党在白区工作的基本方针、政策，在华北抗日救亡运动中做出了重要贡献。1937年后领导开创华北敌后根据地工作，1938年11月任中共中央中原局书记。1941年皖南事变后，任中共中央华东局书记和新四军政委，巩固和发展了华中抗日根据地，1942年底回延安，1943年3月任中央书记处书记、中央军委副主席。参加筹备中共七大工作，领导延安整风运动。1945年在中共七大上做修改党章的报告，当选为中央政治局委员和中央书记处书记。在毛泽东赴重庆谈判期间，代理中共中央主席。1947年3月任中央工作委员会书记。1949年在中国人民政治协商会议上当选为中华人民共和国中央人民政府副主席、人民革命军事委员会副主席。1954年9月在第一届全国人民代表大会上作关于中华人民共和国宪法草案的报告，当选为全国人大常务委员会委员长。1956年9月在中国共产党第八次全国代表大会上作政治报告，当选为中共中央副主席。1959年4月在第二届全国人民代表大会上当选为中华人民共和国主席、国防委员会主席。60年代初期，为扭转国内经济困难局面，参与制定了一系列重要的调整政策，为国民经济的恢复和发展做出了重要贡献。1962年在中共七千人大会上作报告，总结了1958年以来的经验教训。此后长期主持中华人民共和国和中国共产党的一线领导工作。1963年后多次作为中共和国家领导人出访，进行了大量的外事活动。1966年夏季，在毛泽东不在北京期间，受毛泽东委托与邓小平相机处理“文化大革命”的领导工作。因派出工作组，在8月中共八届十一中全会上受到批判，实际离开了中央领导岗位。10月再次被批判为“资产阶级反动路线”的代表人，被迫作检查。此后在“文化大革命”中受到长期迫害。1968年10月在中共八届扩大的十二中全会上，因林彪、江青反革命集团的诬陷，被错误地定为“叛徒、内奸、工贼”及“党内最大的走资本主义道路的当权派”，被宣布“永远开除党籍”。1969年10月被疏散到河南开封，因遭受长期迫害和摧残于11月12日含冤去世。1980年2月中共十一届五中全会为他平反昭雪，恢复名誉。5月17日为他举行了隆重的追悼大会。主要著作有《论共产党员的修养》、《刘少奇选集》。

11月13日　经济学家王亚南去世。王亚南，1901年生。湖北黄冈人。1924年入武汉中华大学。1927年参加北伐军，任政治教员。1928年在杭州与郭大力共同翻译马克思的《资本论》和有关英国古典政治经济学名著。1929年赴日本。1931年回国任上海暨南大学教授。1933年在福建反蒋革命中任中华共和国教育部部长，失败后赴欧洲从事翻译研究。1935年回国，在上海参加抗日救亡运动。1938年任国民党政府军政委员会委员，致力抗日宣传，出版《资本论》译本。1939年任中山大学教授。1945年任厦门大学法学院院长兼经济系主任。中华人民共和国成立后，任清华大学经济系主任、教授。1950年起任厦门大学校长。历任福建省人民政府委员、省社会科学联合会主任、省政协副主席。当选为中国科学院哲学社会科学部委员、常委。1957年加入中国共产党。1969年11月13日被林彪、江青反革命集团迫害致死。1978年获平反昭雪。

11月14日　国务院指示冶金部主持召开攀枝花钢铁基地建设问题联席会议。会议听取了渡口市关于攀枝花工业区的汇报，传达和讨论了冶金部就加快建设攀枝花钢铁基地问题向国务院的报告。报告提出：该基地包括年产1 350万吨的铁矿山，160万吨的炼铁厂，150万吨的炼钢厂及相应的轧钢厂，280万吨的煤矿，180万吨的洗煤厂，装机29万千瓦的火力发电厂等工程。为了加快该基地的建设，需要解决以下问题：一、投资。计划到年底累计完成9.5亿元，明年尚需完成投资5亿—5.5亿元，至1971年再完成相同工作量，即可建成基地。二、设备。全工业区需要设备总量20万吨，已订货14.4万吨，未订货5.6万吨；已订货的设备中，尚有几个关键设备的交货日期不能满足进度要求。三、施工。在渡口市施工的19冶金公司有职工3万人，各种人员1万多人，计划由冶金部陆续增调1.5万人分批参加。四、材料供应。渡口市生产的水泥、木材仅能自给，1970年上半年钢材尚缺2万吨。此外，还有交通运输、铁路建设、生产准备人员、电力煤炭工程建设的要求和试验、钛的综合利用等6个问题。为此，16日冶金部向国务院提出报告，要求国家计委及有关部门协助解决。

11月20日　国家民航总局划归人民解放军建制。国务院、中央军委批准中共民航总局党委《关于进一步改革民航体制和制度的报告》，决定把国家民航总局划归中国人民解放军建制。成为空军的组成部分，各项制度按空军执行，各级机构按军队组织序列进行调整，但对外名称不变，仍为国务院直属局。有关国际航空交通运输业务和外事工作，除由军事系统请示报告外，也可请示国务院有关部门。

民航基本建设投资、生产资金、行政事业费和其他经常费用，由民航每年编制预算和计划，按军队系统上报，由国家统一拨给军队。民航所需装备及各种器材物资，统一纳入军队渠道。

同　日　全国灯泡业抓革命促生产会议在沈阳召开。会议由一机部、四机部、商业部联合召开。由于“文化大革命”的干扰，1969年全国计划生产灯泡3.3亿只，但预计只能完成2.5亿只。主要原因是有些地区无政府主义严重，生产不正常，加上缺乏原材料，钨丝和稀有气体供应不上。灯泡欠产，严重地影响了军需、民用和工农业生产，商业部门采取以旧换新加以限制，仍供不应求。会议确定：1970年灯泡生产要增加到3.72亿只。要逐步实现灯泡生产机械化、自动化；积极发展原材料、配件和专用设备的生产；在三线建设一批小型灯泡厂、灯头厂，力争普通灯泡在两三年内做到省、市、自治区自给；继续抓好复制灯泡工作等。此后灯泡供应紧张的局面有所缓解。

11月22日　国务院批转建工部军管会《关于支援内地建设的沿海建筑力量问题的请求报告》。批语说，同意《报告》中所提出的对到西南、西北地区参加三线建设的10个省、市的基建队伍的处理原则，具体事宜由建工部与有关地方商办。《请示报告》说，为加速三线建设，经国家计委、经委、劳动部同意，1965年从北京、河北等10省、市借调了11个建筑公司共2.4万名职工，到西南、西北地区参加建设。当时曾宣布以3年—5年为期，家属仍留在原地。文化大革命期间，不少职工离开建设岗位，向原省、市提出回去的要求。有的公司要求回原省，个别省也提出要他们回来，或采取轮换办法。针对这种情况，《请示报告》建议：一、凡是所在地区需要他们留下来，职工也基本上安心在那里工作和承担任务的，应改变借调关系，按长期调遣处理，不再调回原省、市。对于确有困难的职工，应同意调回，这类公司有8个，计1.5万人，原则上应下放给所在地区领导。二、有的三线建设地区，建筑力量发展比较快，对借调去的公司不十分需要，调出省又同意调回的，在近期完成所承担任务后，至迟到1970年底以前，调回原省、市。属于这类情况的有3个公司，计9 000人。三、对目前留居在原地的职工家属，请有关省、市协助解决他们的生活困难问题。

11月23日　国家计委发出简报，指出铁路运输和煤炭生产的严重问题。由于“文化大革命”的干扰，铁路运输和煤炭生产出现了严重混乱。简报指出：一、20日上海市电告煤炭供应紧张，要求中央和有关部门采取紧急措施。已从大同、阳泉等矿抢运16.9万吨煤炭。二、15日煤炭部报告坑木供应紧张。经商定，林业、物资、铁道部门必须立即派专人抓坑木节约代用工作，降低坑木消耗量，采用水泥支柱、金属支架。三、天津港等物资积压问题要作为重点尽快解决。四、东北电网缺煤，国家计委21日召开了负责人会议，要求广泛宣传节约闹革命精神。组织专人抓节约工作。五、各地区抽调的支援三线建设职工因长期与家属分离，影响生产情绪。六、黑龙江省电告，哈尔滨铁路局几个月来一直没有完成装车计划，造成大量物资积压待运。

11月30日　中共中央政治局常委陶铸去世。陶铸，1908年生。湖南祁阳人。1926年入黄埔军校第五期学习。同年加入中国共产党。大革命失败后，参加南昌起义，任连长。后参加广州起义。1928年回湖南从事兵运工作。1929年后任中共福建省委秘书长、书记、漳州特委书记、省委组织部长，福州中心市委书记等职。组织厦门劫狱斗争，建立闽南红军游击总队。1933年到上海中央工作。同年5月被国民党当局逮捕，在狱中进行了斗争。1937年被营救出狱。任中共湖北省委常委兼宣传部长。1938年参与组织鄂中抗日武装，任新四军鄂豫挺进支队代政委。1940年到延安，任中共中央军委秘书长、总政秘书长兼宣传部长。1945年赴东北，任中共辽宁、辽吉、辽北省委书记兼辽西、辽北军区政委，东北民主联军第七纵队政委，中共沈阳市委书记。平津战役中，与傅作义部队进行谈判，参加整编起义部队工作，任第四野战军政治部副主任。中华人民共和国成立后，历任第四野战军兼中南军区政治部主任、中共广西省委代书记。1951年后任中共中央华南分局代书记、华南军区第二政委、广东省副主席。1955年任广东省省长、中共广东省委书记。1956年在中共八大上当选为八届中央委员。1957年起任中共广东省委第一书记、广州军区政委。1960年后任中共中央中南局第一书记兼广东省委第一书记、广州军区第一政委、广东省军区第一政委。1965年1月任国务院副总理，1966年5月任中共中央书记处常务书记、中央宣传部部长、中央文革小组顾问。8月在中共八届十一中全会上当选为中央政治局常委。在“文化大革命”初期，协助周恩来在维持生产、稳定经济、保护老干部方面做出了贡献。1967年1月被江青反革命集团诬陷为“反革命两面派”，“最大的保皇派”予以打倒，从此失去人身自由，遭受长期迫害。1969年10月被疏散到安徽合肥，11月30日含冤去世。1978年12月中共十一届三中全会为他平反昭雪，恢复名誉。12月24日为他举行隆重的追悼大会。主要著作有《理想·情操·精神生活》等。

12月4日　国务院、中央军委发出《关于总参军事气象局与中央气象局合并问题的通知》。《通知》说，为对气象工作实行集中统一领导，使平战结合，既为国防建设服务，又为国民经济建设服务，决定总参谋部军事气象局与中央气象局合并，撤销总参谋部军事气象局，称中央气象局，归总参谋部领导。两局合并后的主要任务是：组织安排国防和经济建设的气象保障；统一规划和组织落实气象工作的基本建设；组织气象科学技术的研究和人员的培训、补充；办理国际气象业务；筹划主要气象仪器、机器设备、器材工作。各省、市、自治区以下各级气象部门仍归当地各级革命委员会领导。气象人员培训除学校培训外，不足部分由地方培训。全国性的气象基本计划、经费仍由国家计委归口管理。气象器材由中央气象局统一筹划，军用气象器材由总后勤部储存、保管。物资订购由中央气象局与国家有关部门与总后勤部联系办理。

同　日　《人民日报》发表《红旗》杂志第十二期评论员文章：《革命青年的榜样》，号召学习知识青年金训华。金训华是上海市吴湘第二中学1968届高中毕业生，在“文化大革命”中，带头组织红卫兵，任上海市中学红代会常委。1969年5月，又带头到黑龙江省逊克县逊河公社双河大队插队落户。8月15日，双河两岸山洪倾泻，金训华为了抢救国家物资，奋战山洪，不幸牺牲，被追认为中共党员。文章说：“一年多来，全国有几百万知识青年响应毛主席的号召，到工农兵中去，接受再教育，这是一个伟大的革命。金训华，就是在这个伟大的革命洪流中涌现出来的先进人物之一。”本期《红旗》杂志还发表了《金训华同志日记摘抄》，并配发了反映金训华事迹的水粉画《毛主席的红卫兵》。评论员文章指出：“目的是提倡一下创作刻画工农兵形象的美术作品。”此后，在全国学校和上山下乡知识青年中，普遍开展了学习金训华的活动。

12月8日　《人民日报》刊载《北京二七机车车辆工厂认真落实的对敌斗争政策》。报道说：二七工厂清理阶级队伍的工作，是中国人民解放军“834l部队”毛泽东思想宣传队进驻以后于1968年11月正式开始的。报道介绍说：清理阶级队伍的目的，一方面要分清敌我，划清阶级阵线；一方面要把从敌人营垒中投降过来的多数人改造成新人。这样做的好处是：一、使敌人的队伍缩小，我们的队伍扩大；二、能够团结争取阶级敌人的家人；三、利用他们的技术力量。报道认为，二七工厂的对敌斗争经验是：尽可能地扩大坦白面，不是让他们单纯交待反动身份和罪行，而且也清理他们的反动思想；不轻易采用群众揪斗的办法，而是采用政策攻心；对少数死心塌地的敌人，坚决揪出，从严惩处；树立“宽严样板”，先后召开7次宽严大会，每次会后，都有敌人坦白交待；帮助清理对象办好家庭学习班，加强对他们的管制和教育。报道说：“一年来，二七工厂这种对阶级敌人的改造工作，已经取得很好的效果。”这个报道发表以后，成为全国清理阶级队伍运动的基本经验之一。由于清理阶级队伍的基本立场，即认为群众中隐藏着大量阶级敌人，因此在执行所谓“对敌斗争政策”中，又不断制造出新的冤假错案。粉碎“四人帮”以后，二七工厂这个经验被彻底否定。

12月9日　《人民日报》发表《红旗》杂志第十二期署名江建农的文章：《论干部插队落户》。文章介绍了江西省各级革命委员会迅速掀起一个下放干部插队落户的热潮的经验。文章认为，干部插队落户同办好“五七”干校、干部下厂当工人一样，是一项新生事物。

文章还批驳了干部插队落户中存在的不同看法和问题，如埋没干部、影响国家机关改革、分散难以领导、在田少人多地区增加农民负担等等，认为不能“低估干部下放劳动的政治意义”。18日，《人民日报》又发表《一个极其可贵的创举——江西省宜黄县干部集体插队落户调查报告》。此后，全国各地开始推广这一经验。

12月16日　《人民日报》刊载《北京新华印刷厂整党建党调查报告》。《报告》介绍说：北京新华印刷厂整党建党领导小组在驻厂“8341部队”宣传队帮助下，5月份成立了新的党委，提高了党员的觉悟，纯洁了党的队伍。《报告》认为，这个厂的经验是：一、“从思想整顿入手，普遍提高党员的阶级斗争和两条路线斗争觉悟。”在整党建党中，组织有干部、工人、军宣队党员参加的三结合小组，学习毛主席的“五十”字建党方针，批判刘少奇的建党路线。二、“在‘清除废料’的同时，加强对犯错误党员的教育”。“把那些证据确凿的叛徒、特务、死不改悔的走资派、蜕化变质分子、阶级异己分子坚决清除出党”。三、“积极慎重吸收新鲜血液，健全党的组织，实现一元化领导”。《报告》举例说：一个女工，在文化大革命中“高举革命造反大旗”，“造了厂内走资派的反”，在这次整党建党运动中被吸收入党，选入支部领导班子。《报告》介绍说，党委的建立必须具备的条件是：（一）大联合和三结合比较巩固；（二）进行过清理阶级队伍；（三）建立了支部，吸收了新党员，一元化领导必须做到：1. 党委、革委会严格按毛泽东思想办事；2. 革委会与党委的办事机构合为一体；3. 革委会执行党委的决议；4. 执行党的民主集中制。这个《报告》发表以后，成为全国整党建党运动的基本经验之一。

12月17日　国家计委转发《赴东北节电工作组的报告》。国家计委指出：东北三省开展节煤、节电的增产节约运动，已取得了很好效果，从明年第一季度开始实行计划用电也是个比较好的办法。报告说，工作组参加了东北地区节煤、节电会议，会议估计1969年可节约煤炭200万吨，节约用电4亿度以上。报告也指出了存在的严重问题：一、发电用煤严重不足。除1月—10月按计划供应外，还超供发电用煤104万吨，造成地方工业和市场供应用煤严重缺乏。尽管如此，发电用煤仍不足，不得不超发水电，按丰满水库水位，第四季度平均每天只能发电300万度，而11月份已达每天700万度，再继续超发，势必造成明年春天无水发电，同时影响航运、灌溉和工业用水。二、浪费现象严重，多数单位产品单位耗电比1966年增高。三、铁路运输车皮不足，影响煤炭供应。东北地区1至10月按计划每天缺2 200多个车皮。同时运输效率不高，有些单位压车较多，车辆周转时间长。针对上述情况，会议建议各级革委会成立节约机构，规定节电指标。按11月下旬用电水平，12月份要节约6%以上，明年第一季度要节约10%。

12月18日　中共中央发出《关于1969年、1970年中等专业学校、技工学校、半工半读学校毕业生分配的通知》。《通知》规定：一、中等专业学校、技工学校、半工半读学校1969年、1970年应届毕业生，均于1969年12月1日毕业，开始进行分配。二、上述学生的分配、安置办法、工资待遇等均按1968年分配毕业生时中央规定的办法执行。三、在分配工作中，必须做好思想政治工作，号召毕业生到农村去，到边疆去，到工矿去，到基层去，当普通农民，当普通工人，接受工农兵的再教育。

12月20日　中共中央决定成立中央军委国防工业领导小组。中央军委办事组成员邱会作任组长。领导小组下设军委国防工业领导小组办公室，撤销原国务院国防工业办公室。军委国防工业领导小组办公室的任务是：组织领导和协调第三、第四、第五、第六机械工业部的生产建设和科研工作。机关设秘书、规划建设、工程机械、生产、科研和政治处。22日，国务院、中央军委发出关于在军委办事组下成立国防工业领导小组的通知。

同　日　新华社报道《六厂二校先进经验在首都普遍开花结果，推动斗批改群众运动蓬蓬勃勃向前发展》。报道说：驻北京针织总厂、北京新华印刷厂、北京化工三厂、北京北郊木材厂、北京二七工厂、北京南口机车厂和清华大学、北京大学的“8341部队”支左人员，在文化大革命的“斗批改”阶段，“创造了极其丰富的、极其宝贵的经验”。北京市革命委员会积极领导学习这一经验，“全市先后参加六厂二校先进经验报告会和交流经验现场会的在百万人次以上”。电讯宣称：“斗批改”运动促进了生产、工作和战备，北京市“已有大批工厂提前完成今年的国家计划”，郊区农田水利冬修高潮“完成的土石方工程量比去年同期增加了一倍多”。电讯介绍北京市学习六厂二校的重要方面是：“在一切工作中相信群众”，“引导群众用无产阶级党性克服资产阶级派性”，“争取、团结、教育知识分子的大多数”，“及时地解放干部”。此后，全国也掀起了学习“六厂二校经验”，深入开展“斗批改”的热潮。

12月25日　《人民日报》刊载《红旗》杂志第十二期文章：《办好小化肥厂——上海市的调查报告》。《报告》宣称：上海发展“小化肥”厂的道路，“十年来经历了三次大的斗争，”“上海各小化肥厂在柯庆施同志的领导下，”“粉碎了刘少奇在上海的代理人陈丕显、曹荻秋之流的破坏阴谋”，在“小化肥”厂要不要办？能不能投入正常生产？要不要坚持等问题上，赢得了胜利。

12月29日　解放军总政治部发出《关于1970年新年、春节期间开展拥政爱民活动的通知》。《通知》要求：“大力宣传毛泽东思想。用毛泽东思想武装广大人民群众的头脑，是最根本的爱民。”二、“坚决贯彻毛主席‘备战备荒为人民’的战略方针。”三、“坚决拥护和支持革命委员会。”四、“继续发扬‘三大纪律八项注意’的光荣传统。”

本　月　国务院和中央军委指示农垦部所属新疆生产建设兵团划归新疆军区领导。兵团按照军队建制进行改编，配备了现役军队干部担任兵团各级的主要领导。本年，在国营农场的基础上，先后建立了内蒙古、兰州、江苏、福州、安徽、广东生产建设兵团和江西农建师、西藏生产建设师，分别由有关军区领导。

1970年

1970年综述

3月，毛泽东指示要修改宪法和准备召开四届全国人大，中共中央为此召开了一系列讨论会。在此前后半年内，毛泽东6次讲过不设国家主席和他不担任国家主席的话，但是，林彪却坚持要设国家主席。围绕修改宪法，林彪、江青两个集团之间的冲突也日益尖锐。

8月，中共九届二中全会召开，林彪在开幕式上做了称赞天才的讲话。陈伯达做了吹捧林彪、坚持设国家主席、攻击张春桥的发言。吴法宪、叶群、李作鹏、邱会作等也做了类似的发言。林彪、江青两个集团的争斗已经表面化。这些发言刊入全会简报，引起极大的混乱。8月31日，毛泽东写出《我的一点意见》，批判陈伯达，给林彪集团以沉重打击。

11月，中央成立组织宣传组，组织宣传大权完全落在江青集团手中。同时，陈伯达被隔离审查，党内开始“批陈整风”运动，林彪集团除林彪外的其他成员都被迫做了检查。以林立果为首的法西斯骨干开始策划武装政变阴谋。以湖南省为开端，全国各省、市、自治区陆续召开党的代表大会，建立新的省、市、自治区委员会。

12月，毛泽东在与美国记者斯诺的谈话中，第一次公开地透露出对林彪的不满，也第一次公开地发出欢迎美国总统尼克松访问中国的信息。

同年2月，全国计划工作会议召开，讨论、拟订了1970年计划和第四个国民经济五年计划纲要，提出了“以阶级斗争为纲，狠抓战备，促进国民经济的新飞跃”的口号。会议规定了1970年及到1975年要完成的经济指标。为了达到这些明显过高的经济指标，从本年起开始了新的经济冒进，造成了国民经济“三个突破”的重大损失。

从3月起，开始以下放企业，实行财政、物资、计划三大摊子，精简管理机构为主的“工业经济管理体制改革”。机械系统89%的企业，冶金系统包括鞍钢、武钢等24个大企业，煤炭系统的全部，都于本年下放地方管理。6月，中共中央批准国务院将原有的100多个部委精简、合并为23个部委，两个组，大批业务干部被下放到“五七”干校劳动。由于“左”倾错误指导思想的影响，这次“工业体制改革”造成了新的乱和散的问题，被迫逐步停止，恢复原状。

同年4月24日，我国成功地发射了第一颗人造地球卫星。

6月，经中共中央批准，以清华大学、北京大学为试点，全国高等院校开始招收工农兵学员。

主要经济指标：工农业总产值3 137亿元，比上一年增长25.7%。其中，工业总产值2 421亿元，比上年增长30.7%；农业总产值716亿元，比上年增长11.5%（以上按1957年不变价格计算）。工农业产品产量：粮食：2.3996亿吨，比上年增长13.7%；棉花：227.7万吨，比上年增长9.5%；油料：377.2万吨；钢：1 779万吨，比上年增长33.5%；原煤：3.54亿吨，比上年增长33%；原油：3 065万吨，比上年增长41%；发电量：1 159亿度，比上年增长23.3%。基本建设投资总额312.55亿元，比上年增长55.6%；社会商品零售总额858亿元，比上年增长7%。国家财政总收入662.9亿元，总支出649.4亿元，结余13.5亿元。

1月1日　《人民日报》、《红旗》杂志、《解放军报》联合发表元旦社论：《迎接伟大的七十年代》。社论回顾60年代的历史说："过去的10年；是敌人一天天烂下去，我们一天天好起来的10年，是马克思主义、列宁主义、毛泽东思想同现代修正主义公开论战，激烈搏斗，取得伟大胜利的10年；是全世界革命人民反对以美国为首的帝国主义，以苏修为中心的现代修正主义和各国反动派的伟大斗争蓬勃发展的10年。"社论预言："70年代，将是人民革命风暴在全世界更大兴起的年代，将是帝国主义在重重矛盾中加速崩溃的年代，将是全世界革命势力同垂死挣扎的反革命势力进行剧烈搏斗的重要年代。"社论要求在新的一年里，在思想文化领域，"继续清除资产阶级和一切剥削阶级的思想影响"；"在政治领域中按照党的政策做好清理阶级队伍的工作"；在经济领域中"有步骤地打击资产阶级的腐蚀和破坏"。关于"斗、批、改"运动，社论引用了毛泽东在"九大"期间的指示："一定要抓好典型。""面上的工作要先抓好。"关于发展工农业生产，社论引用了毛泽东的指示：定计划"必须发动群众，注意留有充分的余地"。社论最后指出："帝国主义就是战争。全世界人民一定要百倍提高革命警惕！全中国人民一定要百倍提高革命警惕！我们要从精神上、物质上作好充分准备。"

1月4日　《红旗》杂志第一期发表中共北京新华印刷厂委员会的文章：《继续为巩固无产阶级专政而斗争》。编者按指出：这篇文章提出了持久开展革命大批判的"三个抓紧"，抓好对敌斗争的"四个不停"，及"惩前毖后、治病救人"的方针。文章介绍说：该厂"斗、批、改"几个阶段搞过以后，有的人产生了松一口气的情绪，这是"阶级斗争熄灭论"的余毒。文章指出：在"文化大革命"取得胜利的今天，"一小撮阶级敌人在新形势下，变得更加隐蔽、更加狡猾，手法更加恶毒"。因此。必须坚持"四个不停"：革命大批判不停，政策攻心战不停，发动群众检举揭发不停，调查研究不停。在清理阶级队伍工作取得胜利的基础上，"又清出了一小撮叛徒、特务、反革命分子"。文章提出大批判要"三个抓紧"：紧紧抓住阶级斗争的新动向反复开展大批判；紧紧抓住意识形态领域里阶级斗争的新特点深入开展大批判；紧紧抓住生产领域里出现的问题及时开展大批判。文章在所举事例中，把机器发生事故，青年工人看“封、资、修的旧小说”，铅印车间次废品不断出现等都说成是阶级斗争新动向，提倡采取现场批判会进行斗争解决。

同　日　国务院、中央军委发出《通知》，决定将农垦部直属橡胶垦区下放地方。云南、福建、广西和广东汕头橡胶垦区，广州军区生产建设兵团的海南、湛江橡胶垦区及其所属企业单位和华南热带作物学院，分别下放给所在省、自治区革命委员会或军区领导。有关垦区的方针政策、长远规划仍由中央有关部门负责。《通知》指出：橡胶是一项重要的战略物资，大力发展橡胶生产，对于我国的社会主义经济建设和国防建设，极其重要。

1月5日　云南省昆明以南通海地区发生7.8级地震。震中位于北纬24°12′东经102°41′。玉溪、通海、峨山、建水、华宁地区受灾严重，死亡1.56万余人，伤2.67万余人。地震发生后，中共中央立即向受灾地区的人民群众发出慰问电，并布置了抗震救灾的有关措施。

1月9日　中国驻苏使馆就《真理报》报道中“两个中国”的提法向苏联外交部提出抗议。苏联《真理报》1969年12月28日刊登消息，把美国副总统阿格纽到台湾活动，称为“亚洲和太平洋10国之行”。苏联中央电台广播把中国台湾省说成“国家”。塔斯社1月5日消息引用阿格纽的话，把台湾说成“中华民国政府”和“福摩萨”。抗议指出：“你们的官方通讯社塔斯社、报纸和电台，最近借报道美国副总统阿格纽到亚洲活动的消息，蓄意同美帝国主义配合起来制造‘两个中国’的阴谋”。“对此，我们向苏联政府表示愤慨，并提出抗议。”

1月10日　《红旗》杂志第一期所载吉林市油脂厂的调查报告《为革命没有克服不了的困难》在《人民日报》刊出。编者按指出：这是一曲自力更生、艰苦奋斗、勤俭办工厂的壮丽的凯歌。调查报告介绍该厂的经验是：靠自己的力量艰苦创业；革命的需要就是发展生产的方向；为革命节省每一个铜板；走自己技术发展的道路。文章宣称：“革命需要什么，就生产什么”，“不是赔钱不赔钱的问题，而是一个坚持什么政治方向的问题”。文章介绍了该厂“大破洋奴哲学”，“用手摸、眼睛看、鼻子闻、舌头舔的办法，检验产品质量”的经验。认为“有了革命化的人，才能有革命化的工厂”是最根本的一条。

同　日　原中共中央监察委员会常委王维舟去世。王维舟，原名王天桢，1887年生。四川宣汉人。早年参加辛亥革命。1917年参加护法运动，任靖国军第七师团长兼边防司令。1920年加入朝鲜共产党上海支部，后赴苏联学习。回国后参加吴玉章等人组织的赤心社，宣传共产主义。1925年加入中国共产党。1927年在川东开展农民运动，任中共川东特委军事部长、军委书记、川东游击纵队副总司令兼总指挥、总司令，中共梁达中心县委执委、军委书记等职。1933年任红三十三军军长，参加了长征。1938年任八路军一一九师三八五旅旅长兼政委，陇东专区专员。1945年后历任中共四川省委副书记，中共中央西北局委员，陕甘宁晋绥联防军副司令员，西北军区副司令员，解放成都前进部队副司令员等职。中华人民共和国成立后，历任中共中央西南局常委、西南军政委员会副主席、西南民族委员会主任兼西南民族学院院长等职。当选为全国人大常委会委员。中共七大上当选为候补中央委员，八大上当选为中央委员、中央监察委员会常委。“文化大革命”中受到诬陷迫害，1月10日在北京含冤逝世。1979年12月，中共中央举行追悼会为他平反昭雪。

1月11日　国务院决定将水电部所属电网下放地方管理。其中，华东电业管理局领导的华东电网，改由上海领导；东北电力局领导的东北电网，改由沈阳军区领导。2月12日，又分别将徐州电业局领导的徐州电网改由江苏省革命委员会领导。东北电力局、徐州电力局和华东电业管理局作为办事机构，处理日常业务。

1月13日　国家计委向国务院汇报煤炭供应紧张情况。汇报指出：1969年入冬以来，煤炭供应更为紧张，机车用煤的库存从1969年第三季度末的80多万吨，下降到年底的44万吨，12月份不得不扣用托运的煤炭10多万吨。东北、京津唐、华东、兰州、关中5大电网也因煤炭不足影响生产。其原因，一是生产发展，煤炭需要量增加；

二是煤电消耗过高，冶金部重点企业每吨焦比、机车煤耗、发电煤耗均比1966年有较大增加；三是煤炭库存减少。市场用煤库存已从1966年的2 700万吨降为1 050万吨；四是煤炭质量下降；五是事故频繁，停产、停运时有发生；六是某些地区煤矿生产和铁路运输不好，影响按计划供煤。国家计委建议：一、确保国防、军工、钢铁生产、机车和10大电网重点用煤；二、要求煤炭部、铁道部超额完成煤炭生产和运输计划；三、增加燃料中用油的比重；四、多拉煤矿存煤；五、开展增产节约运动，降低消耗。

1月15日　《红旗》杂志第一期发表上海革命大批判写作小组文章《文科大学一定要搞革命大批判》在《人民日报》刊出。文章认为："应该把革命大批判深入到文科各个学科，批判哲学、历史学、文学、政治经济学、新闻学、教育学等领域内的反动的资产阶级思想体系。只有这样，旧的文科大学才能在批判中获得新生。"文章对抵制大批判的一些议论进行批判，如："搞革命大批判就不正规"，"我们要探索，所以没有时间搞大批判"，"报刊上的大批判文章与我们的专业无关"，"领导意图不明确，任务不明确"，"反正我要走了，还搞什么大批判"等等。文章指出："文科大学是干什么的，是学习马克思主义、列宁主义、毛泽东思想的"，"有一条不可缺少的，就是搞革命大批判"，并且说："将来新的文科大学也要上一些课，也需要编一些教材。但是，这一切都必须结合革命大批判"。文章荒谬地提出：文科大学不必搞什么专业分工，"要说专业分工，工农兵群众又属于什么专业呢？"并诬蔑说："有这样一位教授，他是搞先秦史的"，"只知道全国有多少片甲骨文，哪几片藏在什么地方"。文章还不点名地攻击上海撰文反对批判《上海的早晨》的桑伟川，认为这是"为上海资产阶级翻案"。桑伟川，是上海煤气公司助理技术员，他曾撰写文章投寄《文汇报》，不同意1969年7月11日《人民日报》发表的"丁学雷"（江青集团在上海市控制的一个写作组的化名）文章把小说《上海的早晨》，说成是"为刘少奇复辟鸣锣开道的大毒草"的观点。1970年1月24日，"丁学雷"在《人民日报》又发表文章，点名批判桑伟川，把桑的文章说成是为毒草翻案的

"毒草文章"。桑伟川被定为反革命分子投入监狱，长达7年之久。1978年8月11日，桑伟川获得平反。

1月20日　中美大使级会谈在华沙恢复。此前，1969年12月3日，在波兰华沙的时装展览会上，美国驻波兰大使斯托塞尔主动与中国驻波兰临时代办雷阳进行接触。12月11日，斯托塞尔应邀第一次前往中国大使馆。经双方协商，决定恢复中断了两年多的华沙中美大使级会谈。美方在1月20日的会谈中提出：美国政府准备派代表去北京或接受中国政府的代表到华盛顿直接讨论一些问题。中方做出了积极的反应，表示愿意讨论美方根据和平共处五项原则提出的任何意见和建议，从而切实有助于缓和中美之间的紧张局势，根本改变两国的关系。中方还表示："两国间的会谈可以继续在大使一级进行，也可以在更高一级或通过双方同意的其他渠道进行。"当日，美国国务院发言人麦克洛斯基在新闻发布会上宣布：中美大使级会谈将在中华人民共和国（驻波兰）大使馆举行。这是1949年以来，美国官方发言人首次使用中华人民共和国的正式名称。3月，美国入侵柬埔寨，中国决定中断两国之间的大使级会谈。

1月26日—2月14日　国务院在北京召开全国棉花生产会议。参加会议的有16个集中产棉省、市、自治区，68个产棉专区，263个重点产棉县的代表，共500余人。会议总结和交流了棉花增产和棉粮双高产的经验，讨论研究了1970年全国棉花生产计划和各项增产措施。提出：1970年生产棉花5 250万担，收购棉花4 750万担；1975年要超额完成《全国农业发展纲要》规定的指标，棉花播种面积达到8 000万亩，总产量达到7 200万担。会议要求各级革命委员会加强对棉花生产的领导，落实棉花生产和收购的各项政策。在一些老棉区和内地，要适当扩大播种面积；云南、甘肃等地要开辟新棉区。凡是适宜种棉花的产粮区生产队，都要种二三亩棉花，逐步解决絮棉自给问题。3月4日，中共中央同意并批发了国务院《关于全国棉花生产会议情况的报告》。

1月29日　国务院、中央军委决定将国防科委所属的9所高等院校划归国务院各部领导。这9所学校是：北京航空学院、南京航空学院、西北工业大学、成都电讯工程学院、北京工业学院、华东工程学院、太原机械学院、上海交通大学、西北电讯工程学院及哈尔滨工程学院的两个系，分别划归第三、四、五、六机械工业部。此后，国务院、中央军委又批准撤销太原机械学院，改为仪器制造厂；新建武汉船舶工程学院。6月15日，又决定将哈尔滨工程学院迁至长沙，改称长沙工学院；哈尔滨工业大学迁至重庆，改称重庆工业大学。上述院校均分别由所在地区的省、市革委会，军区和主管部委实行双重领导。

1月31日　中共中央发出《关于打击反革命破坏活动的指示》。《指示》说："苏修正在加紧勾结美帝，阴谋对我发动侵略战争；国内的反革命分子也乘机蠢动，遥相呼应，这是当前阶级斗争中值得注意的新动向。这一小撮反革命分子妄图仰赖帝、修、反的武力，复辟他们失去的天堂，加紧进行破坏活动。有的散布战争恐怖，造谣惑众；有的盗窃国家机密，为敌效劳；有的趁机翻案，不服管制；有的秘密串联，阴谋暴乱；有的贪污盗窃，投机倒把，破坏社会主义经济；有的破坏插队、下放，这些人虽然是一小撮，但无恶不做，危害很大。"《指示》要求："一、要放手发动群众。用战备的观点，观察一切，检查一切，落实一切。使群众认清，打击反革命破坏活动是一场激烈的阶级斗争，是打击帝、修、反'别动队'的斗争，是打击苏修侵略阴谋的斗争，实际上也是一项重要的战备工作。""二、要突出重点。打击的重点是现行的反革命分子。""三、要严格区分各类不同性质的矛盾，分清敌我，区别轻重。""对于那些气焰嚣张、罪恶累累、民愤极大、不杀不足以平民愤的反革命分子，要坚决杀掉。对于那些罪恶虽属严重，但民愤不大者，可分别判以死缓或无期徒刑；罪行较重，必须判刑者，可判以有期徒刑。对于那些罪行较轻者，可交群众严加管制。""四、要大张旗鼓地、广泛深入地做好宣传、动员。杀、判之前要交给群众讨论，'做到家喻户晓，人人明白'。杀、判时要召开群众大会，公开宣判，立即执行。这样才会人心大快，敌人震慑。但是，杀人不可过多，杀的应是极少数，关的亦不应多，管的是大多数。""五、要统一掌握批准权限。按照中央规定杀人由省、市、自治区革命委员会批准，报中央备案。”“六、要加强领导。必须首长负责，自己动手，具体指导，深入实施。”这一《指示》发出后，全国广泛开展了“打击反革命破坏活动”，与2月5日中共中央发出的反对贪污盗窃、投机倒把、铺张浪费的指示相结合，统一称为“一打三反”运动。这是在“左”倾思想指导下，继“清理阶级队伍”之后的又一次阶级斗争扩大化运动。据统计，1970年2月—11月的10个月共挖出“叛徒”、“特务”、“反革命分子”184万余名，逮捕28.48万余名。其中许多案件属于冤假错案，对反对林彪、江青反革命集团、抵制“文化大革命”错误的一些干部和群众采取了镇压措施。张志新被判刑即是一例。

2月1日　《人民日报》发表重新填写和修改歌词的5首革命历史歌曲。这5首歌曲是：聂耳作曲的《工农一家人》、《毕业歌》，冼星海作曲的《抗日战歌》（即《救国军歌》），麦新词曲的《大刀进行曲》，佩之作曲的《战斗进行曲》。重新填写和修改的歌词充满了浓厚的“左”倾形式主义味道。5月5日，《人民日报》又发表了由《红旗》杂志刊载的另5首重新填词的革命历史歌曲：《前进歌》、《大路歌》、《工农革命歌》、《新的女性》、《到敌人后方去》。

2月5日　《红旗》杂志第二期发表的批判孙冶方的文章《社会主义建设与经济学领域中的阶级斗争》在《人民日报》刊出。文章由吉林省革命委员会写作小组撰写，共分5个部分：“一副‘用经济方法管理经济’的药方”，“社会主义计划经济还是资本主义自由经济”，“办企业靠无产阶级政治挂帅还是靠‘利润挂帅’”，“划清增产节约和‘利润挂帅’的界限”，“揭穿一个‘秘密’”。文章把中国科学院经济研究所前所长孙冶方诬蔑为反革命分子，批判他提出的“千规律，万规律，价值规律第一条”、“把计划放在价值规律的基础上”等正确观点是“建立一个修正主义的政治经济学体系，为刘少奇的反革命修正主义路线提供理论根据”。文章称，如果用价值规律调节整个社会生产，“竞争和生产无政府状态就会泛滥，社会主义的计划经济，就变成了资本主义的自由经济”。认为“‘以更少劳动获得更多产品’，就是麻痹人们的革命意志，为复辟资本主义效劳”。这篇文章是配合当时经济领域开展的“一打三反”运动而发表的。

2月10日　解放军海军击落美国军用无人驾驶高空侦察机。该机侵入中国广东省海南岛地区上空进行侦察挑衅活动，当即被解放军海军防空部队击落。这是自1964年以来击落的第二十架美国军用无人驾驶高空侦察机。11日，中央军委颁令嘉奖击落美机的人民解放军海军防空部队某部。

同　日　田涛在银川市贴出大字报抨击中央文革和宁夏回族自治区革委会主要负责人。田涛是原中共中央西北局农村工作部处长，1939年加入中国共产党。他在大字报中反对一小撮坏人打着“革命造反”的旗号制造动乱，并向中共中央写材料反映宁夏“文化革命”的真实情况。他还在各种场合指出：中央关于宁夏的407号文件(“文化大革命”后撤销）“是由窃据中央文革要职的康生搞出来的”，“有问题，应该修改”，“自治区革筹小组主要负责人的错误根子就在407号文件和康生”。他曾先后6次到北京上访，被押回银川。2月12日，田涛被逮捕；3月15日，被判处死刑，缓期2年执行。1971年11月9日在狱中含冤去世。1978年8月26日，中共宁夏回族自治区委员会宣布为田涛彻底平反。

2月14日　国家建委向中共中央、中央军委提出《关于基建职工改为基建工程兵的报告》。报告说，根据中共中央1966年3月的批示，在建工、冶金、煤炭、水电、化工、交通等6个部的直属施工队伍中进行了基建职工改为基建工程兵的试点工作，先后整编为5个支队(师)、4个独立大队（团），共12.7万人。报告建议对现存的160万施工队伍继续进行整编，列入中国人民解放军序列。并提出整编工作争取在今明两年内完成。

2月15日—3月21日　全国计划会议在北京召开。会议讨论拟定了1970年国民经济计划和第四个五年计划纲要（草案)。由于当时对形势作了不切合实际的分析，认为新的世界大战随时可能爆发，把对付国内外敌人的突然袭击和大规模入侵当做压倒一切的中心任务。会议提出了“以阶级斗争为纲，狠抓战备，促进国民经济的新飞跃”的口号，强调集中力量建设大三线战略后方。会议拟定的规划纲要的总要求是："四五"期间要狠抓备战，集中力量建设战备后方，建立不同水平、各有特点、各自为战、大力协同的经济协作区，初步建成我国独立的、比较完整的工业体系和国民经济体系。主要内容是：一、根据毛泽东关于经过四个五年计划"可以有3 500万到4 000万吨钢"的设想，规划提出1975年产钢3 500万—4 000万吨（比1970年增长106%~135%），生产能力达到4 000万吨以上。到1975年，东北、华北、华东、中原和西南经济协作区钢的生产能力都将达到600万吨以上。各省、自治区都要有一批中、小钢铁企业，许多地、县也将建立起自己的小矿山、小铁矿、小钢厂，形成大中小结合、星罗棋布的钢铁工业布局。二、"四五"期间将内地建成一个部门比较齐全、工农业协调发展的强大战略后方，内地的工业建设要大分散、小集中，不搞大城市；工厂布点要"靠山、分散、隐蔽"，特殊、重要工厂的关键设备或车间，有的要"进洞"。三、把全国划分为西南、西北、中原、华南、华东、华北、东北、山东、闽赣、新疆10个经济协作区。每个大协作区都要有计划有步骤地建设冶金、国防、机械、燃料、动力、化学等工业，建设比较强大的农业、轻工业和比较发达的交通运输业。山东、闽赣、新疆地区要建立小而全的经济体系。四、农业要以粮为纲，全面发展，尽快扭转南粮北调状况。1975年要求按农业人口平均每人达到1亩高产稳产农田，耕作机械化程度达到40%~50%。五、大力发展地方"五小"工业，各省、市、自治区都要建立小煤矿、小钢铁厂、小有色金属厂矿、小化肥厂、小电站、小水泥厂和小机械厂等，形成为农业服务的地方工业体系。六、加速发展石油、天然气和电力工业，积极改变燃料构成。江南各省、自治区要力争1972年做到煤炭自给，扭转北煤南运状况。七、大家动手办机械工业，各行各业都要自己武装自己。多数省、市、自治区要逐步做到能够成套地提供单机、机组和车间、工厂所需要的设备。八、"四五"期间，除少数产品由于受资源限制，需要由国家统一调配外，一般轻工业产品都要根据各自的条件，尽可能做到省、自治区自给。"四五"规划纲要（草案）虽然没有正式下达，但对以后的经济工作产生了很大影响。会议确定：1970年工业总产值2 100亿元，比上年增长17%；基本建设投资228亿元，比上年增长46%；大中型建设项目1 113个，其中大三线战略后方的建设项目663个；财政收入580亿元，比上年增长12%左右；对外贸易出口20.6亿美元，进口23.1亿美元。工农业主要产品产量指标是：粮食4 500亿斤；棉花5 000万—5 200万担；钢1 600万—1 700万吨；煤2.8亿—2.85亿吨；电1 050亿—1 100亿度；原油2 600万吨；木材3 400万立方米；棉纱1 050万件；铁路货运量5.8亿—6亿吨。为了确保上述任务的完成，1970年计划提出：大力发展农业，加快农业现代化的进程；积极发展"五小"工业，尽快做到县县有农机修造厂；着手进行建立经济协作区的试点工作；搞好企业下放，争取在年内完成。1970年国民经济计划经中共九届二中全会批准下达。会议还提出了经济体制改革的要求：一、企业下放。二、实行物资包干，扩大地方物资管理权。三、实行财政收支包干，扩大地方财政管理权。四、实行基本建设投资包干，扩大地方基本建设安排权。五、实行"块块为主，条块结合"的计划管理体制，扩大地方的计划管理权。六、简化税收、信贷和劳动工资制度，扩大地方管理权限。七、提高生产公有化程度。同时会议还大力推广上海梅山铁厂和湖北焦枝铁路建设大搞群众运动的经验，批判"专家路线"、"大洋全"和"条条专政"。

2月16日　《红旗》杂志第二期发表的调查报告《小评论威力大》在《人民日报》刊出。《红旗》杂志编者按指出：革命的群众性的小评论是一个向农民进行宣传的好办法。报告介绍了江苏东台县六里大队开展小评论，促进大批判的活动。这个大队利用一个"阶级敌人拉拢一个贫农出身的青年"，"用20斤小麦向这个青年换19斤3两大麦"的事例，写出一篇小评论，"揭露了阶级敌人对他拉拢腐蚀的阴谋"，几个月来共写小评论60多篇，进行田头、场头、家庭、联户评论近200场，建立小评论组22个，评论员64人。此后，全国农村广泛开展了这种小评论活动。它实际上是在人们对无休止的大批判感到普遍厌倦、有所抵制情况下，改头换面的一种大批判形式。

2月28日　原中共中央监察委员会副书记刘锡五去世。刘锡五，又名刘荣福。1903年生。河南孟县人。1924年参加中国青年团，1925年转入中国共产党。先后在上海、河南等地从事地下工作。1928年后，历任中共上海法南区委宣传部长，沪西区委组织部长、代理书记，中央文化工作委员会委员、秘书长等职。1930年任中共沈阳市委书记、满洲省委职工部代理部长，中华全国铁路总工会党团书记，中共北平市委书记、顺直省委常委。1931年被捕入狱。1936年出狱后到延安，历任中共中央组织部干事，北方局组织部长。解放战争时期，任中共嫩江地委书记、嫩江省委书记兼嫩江军区政委，中共中央东北局组织部长、中共吉林省委书记等职。中华人民共和国成立后，任中共吉林省委书记兼吉林军区政委，中共中央东北局委员，东北人民政府监察委员会副主任，中共中央监察委员会常委、副书记等职。当选为第三届全国政协常委。“文化大革命”中受到诬陷和迫害。1979年中共中央为他平反昭雪，恢复名誉。

3月4日　周恩来批示：“应给华罗庚以保护”。就华罗庚来信要求追查被盗手稿事，周恩来对国务院直属口党的核心小组、北京市公安局军管会负责人和周恩来派到科学院的联络员刘西尧批示说：“首先，应给华罗庚以保护，防止坏人害他。次之，应追查他的手稿被盗线索，力求破案。再次，科学院数学所封存他的文物，请西尧查清，有无被盗痕迹，并考虑在有保证的情况下，发还他。第四，华的生活已不适合再随科大‘五七’干校或迁外地，最好以人大常委身份留他住京，试验他所主张的数学统筹方法。”

3月5日　国务院拟定《关于国务院工业交通各部直属企业下放地方管理的通知（草案）》。《通知（草案）》要求国务院各部在1970年把直属企业、事业单位绝大部分下放给地方管理；少数由中央部和地方双重领导，以地方为主；极少数的大型或骨干企业，由中央部和地方双重领导，以中央部为主。正在施工的各直属基本建设项目按同样精神分别下放地方管理。下放工作要求年内进行完毕。同日，中共中央决定：大庆油田、长春汽车制造厂、开滦煤矿、吉林化学工业公司等2 600多个中央直属企事业单位下放地方管理。

3月8日—20日　中共中央召开修改宪法会议。3月8日，毛泽东在武汉向中共中央政治局提出召开第四届全国人民代表大会和修改宪法的意见，同时建议改变国家体制，不设国家主席。据此，中共中央政治局决定由康生、张春桥、吴法宪、李作鹏、纪登奎组成中央宪法修改小组，康生任组长，开始修改宪法的准备工作。3月12日—15日，宪法修改小组召开会议。康生在会上提出不再设检察院的意见。他说，现在的“立法、司法、行政是分立的。但实际情况是统一的，这是最大的矛盾”，解决的办法就是要“立法、司法合一”，由“公安机关行使检察院的职权”。张春桥、李作鹏表示同意。3月16日，宪法修改小组就修改宪法的指导思想和一些原则性问题，向中共中央政治局写了请示报告，报告中提出不设国家主席和检察机关的意见。毛泽东原则上同意这个报告。3月17日—20日，中共中央工作会议在北京召开，讨论修改宪法和召开四届人大的问题，出席会议的有中共中央政治局委员，还有各省、市、自治区的负责人。会议由林彪主持。与会者大多数赞成毛泽东关于“不设国家主席”的建议。

3月15日　中共中央批发北京市革命委员会上送的北大宣传队关于“斗、批、改”经验总结的3个报告。毛泽东批示：“照发”。中央批语指出：这几个报告写得都很好。各革委会负责人和军宣队、工宣队负责人要仔细阅读，联系本单位实际情况，好好想一想。北京市革命委员会的报告指出：这是“8341部队”“支左”进入北大后，对该校斗批改3个阶段的经验总结，对北京市的斗批改起了很大的推动作用。北大宣传队的第一个报告是《发动群众总结经验，团结起来落实政策》。报告说，1968年8月进入北大的工人、解放军宣传队“取得了很大成绩”，但是“在清理阶级队伍工作中，造成扩大化，客观上起了支一派压一派的作用，以致两派群众在思想上的对立长期没有得到很好解决”。1969年3月，在毛主席关怀下，又增加了一支宣传队，开创了新局面，他们的经验是：“一、错了就改，才能在斗争中不断提高自己的政治觉悟。”后来的宣传队员热心帮助原先的宣传队员，在大会上公开承认前一阶段工作的错误，提高了威信。“二、团结起来，才能巩固无产阶级专政”。宣传队全面地分析了北大“新北大公社”和“新北大井冈山兵团”两大派的功与过，组织两派肯定对方的成绩，批判自己的错误，促进了群众的大团结。“三、落实政策，才能团结群众的大多数”。原宣传队从1968年10月—1969年2月造成“清队”扩大化，搞了许多群众和学生，立了大量专案，打了一批“反革命小集团”。新宣传队进校后，纠正了被错打成反革命的一批人，“四、狠抓根本，才能把小资产阶级思想引导到无产阶级革命的轨道”。第二个报告是《关于清理和改造阶级敌人的情况报告》。报告介绍说：北京大学从1969年7月上旬—9月2日，清理阶级队伍告一段落。“初步查清北大前身（旧北大、燕大）中统、军统、国民党、三青团等51个反动组织；在现有4 711名教职员工中，清出叛徒3人，特务55人（其中潜伏特务17人），历史反革命分子21人，现行反革命分子9人（内学生1人），地、富、坏分子14人，共102人”，“从而使北大的阶级阵线基本明朗”。第三个报告是《整党建党的情况报告》。报告说：“在大联合、清队基础上，进行了整党建党”，“24个新建立的基层党支部，充分显示了新的领导班子朝气蓬勃的战斗堡垒作用。”

同　日　中共中央对浙江舟山地区问题做出批示。由于“文化大革命”中“全面内战”的影响，浙江舟山地区一直与浙江省革委会处于对立状态，致使该地区不断发生武斗事件。2月初，南京军区与浙江省革委会召开会议，商议解决该地区问题，并向中共中央提出报告。中共中央在批示中指出：中央同意南京军区党委的报告，同意浙江省革委会提出的解决舟山问题的方案，请你们认真工作，让其实现。舟山地处东海前哨，中央殷切希望舟山地区全体军民，高举毛泽东思想伟大红旗……团结一致，共同对敌，早日实现革命的大联合和革命的三结合。

3月19日　柬埔寨国家元首西哈努克亲王和夫人到达北京。他们是应中国政府的邀请，在国内发生政变后，由莫斯科抵达北京的。周恩来总理同西哈努克进行了会谈，周恩来告诉他：“我们已发表了亲王作为柬埔寨国家元首抵京的消息。”“只要亲王有决心斗争到底，我们一定支持你。”23日，西哈努克亲王在北京发起成立了柬埔寨爱国民族统一阵线。

3月25日　徐海东大将去世。徐海东，原名元清，1900年生。湖北黄陂（现属大悟）人。1925年加入中国共产党，1926年参加北伐战争，1927年参加黄麻起义，历任农民自卫军队长、赤卫队大队长、鄂东暴动委员会西南总指挥。1931年后历任红军团长、师长，红二十五军副军长，红二十八军军长，中共鄂豫皖省委委员等职，领导了鄂豫皖、鄂豫陕根据地的反“围剿”战斗。1935年为开辟鄂豫皖根据地和重建红二十五军做出了重大贡献。参加了长征。1935年9月到达陕北，任红十五军团军团长，西北革命军事委员会委员，中央革命军事委员会委员。1937年任八路军一一五师三四四旅旅长，先后参加了平型关战斗和粉碎日军九路围攻晋东南的战役。1939年任中共中央中原局委员，新四军江北指挥部副指挥兼第四支队司令员。此后长期养病。中华人民共和国成立后，任中央人民政府人民革命军事委员会委员，国防委员会委员。1955年被授予大将军衔。在中共第八、九次全国代表大会上当选为中央委员。“文化大革命”中受林彪、江青一伙迫害，1969年12月25日被疏散到河南郑州，3月25日在郑州去世。1979年1月25日，中共中央宣布为他平反昭雪。

3月27日　中共中央发出《关于清查“五一六”反革命阴谋集团的通知》。《通知》包括五点内容。一、《通知》把所谓“五一六”反革命阴谋集团，说成是“在反革命两面派肖华、杨成武、余立金、傅崇碧、王力、关锋、戚本禹操纵下，向无产阶级文化大革命猖狂进攻，罪大恶极”。《通知》认为：“有些人认为根本不存在‘五一六’反革命集团，对清查‘五一六’极为抵触。甚至为他们翻案，是完全错误的”。二、《通知》指出：现在，清查“五一六”的斗争已经展开，有些单位出现了扩大化的倾向。“五一六”是一个秘密的反革命阴谋集团，目前有的单位在过去公开的群众组织中也大抓“五一六”，有的单位1/7以上的人都被打成“五一六”分子。这种扩大化的情况，必须引起特别警惕和注意。《通知》认为：揭露“五一六”反革命阴谋集团，重点应当是揭露它的骨干分子和幕后操纵者。要扩大教育面，缩小打击面。三、《通知》指出：有的单位在清查“五一六”的斗争中，搞逼、供、信，甚至采用体罚或变相体罚的手段，这是完全错误的，不仅搞不到真正的反革命，反而会把阶级阵线搞混，伤害革命群众，掩护真正的敌人。有的单位任用了一些坏人或者上了坏人的当，这些坏人就故意制造混乱，破坏革命斗争，保护反革命。四、《通知》要求：在防止清查“五一六”扩大化的同时，不要放松对其他反革命分子的斗争。国内外阶级敌人同我们的斗争是很复杂的，反革命秘密组织决不是只有一个“五一六”。应当根据中央历次指示，将这些反革命清理出来，是什么组织就叫什么组织，是什么性质就定什么性质，不要一律叫“五一六”，好像除了“五一六”以外就没有别的反革命似的。这个《通知》发出后，全国各地利用清查“五一六”名义制造大批冤假错案的运动有所降温，但《通知》要求继续清查实际在大多数地区都不存在的“五一六”，并规定不限名称，又在新形式下制造出许多新的冤假错案。

本　月　林立果成立“上海小组”。小组是在1969年6月底成立的专为林立果寻找配偶的“找人小组”基础上改建的。由空军某师副政委袭著显等8人组成，受林立果直接领导，设在上海空军机关。这是林立果在上海秘密建立的法西斯特务组织，任务是为林立果搜集情报，进行秘密联络。小组的《入组须知》中规定：“无限忠于敬爱的林副主席、忠于叶主任、忠于林副部长”，“在为完成这些光荣任务和保卫无产阶级司令部的安全过程中，应不惜牺牲自己的鲜血和生命！”还规定了5条纪律：“小组的最高领导——林副部长的指示，必须认真领会，句句照办，字字照办！”“在必要时，小组成员可以直接向林副部长报告情况。”“严守机密。小组的一切活动均是绝对秘密，未经请示和未得指示时，不得向任何人泄露和了解情况。”

4月5日—7日　周恩来总理访问朝鲜。访问期间，周恩来同金日成进行了会谈。4月7日发表《中华人民共和国政府和朝鲜民主主义人民共和国政府联合公报》。《公报》指出，将进一步加强两国反对帝国主义侵略的共同斗争，进一步发展各方面的互助合作关系。双方指出，美国策动日本军国主义势力及仆从国和傀儡，用亚洲人打亚洲人的办法，扩大对亚洲人民的侵略，在越南战争“越南化”口号下强化侵略越南。这一切都说明，美国是侵略和战争的主要力量。当前反对日本军国主义的斗争是反美斗争的一部分，也是维护亚洲和世界和平的一部分。双方表示，支持西哈努克亲王3月23日宣布的5点声明，支持柬埔寨人民保卫国家独立和主权的斗争，支持和声援越南和老挝人民的正义斗争。

4月6日　民革中央常委唐生智去世。唐生智，字孟潇，1889年生。湖南东安人。保定军校第一期毕业。后入湘军，曾先后参加辛亥革命、讨袁和护法战争，升任营、团、旅、师长。1926年任湖南省代省长，国民革命军第八军军长，北伐军前敌总指挥和湖南省政府主席，北伐军西路军总指挥，第四方面军总指挥，当选为武汉国民政府委员。1927年8月被推选为南京中国国民党特别委员会委员。1928年参加新军阀混战，反蒋失败。“九一八”事变后，任南京国民政府军事参议院院长，训练总监等职。1937年任南京卫戍司令长官。此后在家闲居。抗日战争胜利后，上书蒋介石，主张停战议和。曾参加湖南和平解放工作。中华人民共和国成立后，先后任湖南省人民政府副主席、湖南省副省长、政协湖南省副主席，第二、三届全国人大常委，第二、三、四届全国政协常委，并任中华人民共和国国防委员会委员、中国国民党革命委员会中央常委等职。4月6日因病在长沙逝世。

4月11日—8月　林彪多次坚持提议设国家主席，遭到毛泽东的反对。4月11日夜，林彪向秘书口授了给中共中央的建议：“一、关于这次‘人大’设国家主席的问题，林彪同志仍然建议由毛主席兼任。这样做对党内、党外、国内、国外人民的心理状态适合，否则，不适合人民的心理状态。二、关于副主席问题，林彪同志认为可设可不设，可多设可少设，关系都不大。三、林彪同志认为，他自己不宜担任副主席的职务。”12日，中央政治局向毛泽东报告了林彪的意见，毛泽东批示：“我不能再做此事，此议不妥。”4月下旬，在中共中央政治局会议上，毛泽东用三国时的历史故事，告诫林彪等人不要再提设国家主席的事。他说：孙权劝曹操当皇帝，曹操说，孙权是把他放在炉火上烤。我劝你们不要把我当曹操，你们也不要做孙权。但林彪仍然坚持要设国家主席。5月中旬，林彪接见吴法宪时说：要设国家主席，不设国家主席，国家没有一个头，名不正言不顺。7月中旬，中共中央召开讨论修改宪法的会议，毛泽东指出，设国家主席，那是形式，不要因人设事。8月初，叶群打电话转告吴法宪：林彪的意见还是要坚持设国家主席，你们应在宪法工作小组提议写上这一章。8月13日，中央宪法修改小组召开会议，吴法宪与张春桥、康生发生争吵，他说，“有人利用伟大领袖毛主席的伟大谦虚贬低毛泽东思想”。14日，林彪即称赞吴法宪“放炮放得好”。从3月8日到中共九届二中全会前夕，毛泽东6次提出不设国家主席，但林彪仍然在中共九届二中全会上指使吴法宪等人提出这一问题。

4月13日　国务院批准财政部军管会《关于下放工商税收管理权的报告》。报告指出：一、扩大地方减税、免税的批准权。国营企业、手工业生产合作社因生产、经营、价格发生较大变化和国营企业试制新产品，使整个企业发生亏损，按照国家规定纳税确有困难的，经省、自治区、直辖市革委会批准，可以给予定期的减税、免税照顾，不再报财政部审批。二、下放对农村人民公社征税的管理权。省、自治区、直辖市革委会可以在全国统一税法的基础上，确定工商统一税的征税范围，采取减税、免税措施，制定简便易行的收税办法。三、对投机倒把罚款和对个体经济加成征税的办法，由省、自治区、直辖市革委会结合具体情况掌握处理。四、下放城市房地产税、屠宰税、车船使用牌照税、牲畜交易税和集市交易税的管理权。

4月14日　中国国际贸促会和日本国际贸促协会等7团体的共同声明在北京签字。双方严厉谴责日美联合公报，认为日美“安全条约”已变成“新的日美军事同盟”。美国正在推行亚洲人打亚洲人的所谓“新亚洲政策”，在美国的怂恿下，“日本军国主义已经复活”，公然走上了侵略亚洲人民的道路。佐藤政府追随美国，勾结苏修，推行敌视中国的政策，它是二战后“日本最反动、最富侵略性的一个政府”。双方坚信，“中日两国人民要求世世代代友好下去的愿望，是大势所趋，人心所向。”双方确认，“1968年3月19日在北京签订的‘会谈纪要’是完全正确的，对发展中日友好和贸易关系起了有力的推动作用”。今后要继续发扬“会谈纪要”的精神，坚持中日关系的政治三原则，贸易三原则和政治经济不可分的原则，为进一步发展中日两国人民的友好和贸易关系而共同奋斗。

4月22日　《人民日报》等发表文章纪念列宁诞辰。《人民日报》、《红旗》杂志、《解放军报》联合发表文章：《列宁主义，还是社会帝国主义？——纪念伟大列宁诞生100周年》。文章共分七个部分：一、列宁主义的旗帜是不可战胜的；二、无产阶级专政是列宁主义的根本问题；三、赫鲁晓夫——勃列日涅夫叛徒集团的反革命政变；四、口头上的社会主义，实际上的帝国主义；五、所谓“勃列日涅夫主义”是地地道道的霸权主义；六、苏修大帝国的迷梦；七、全世界人民团结起来，为打倒美帝、苏修和各国反动派而斗争。4月3日，毛泽东对文稿作了批改。批语是：“此文写得较好，已看过，另一篇待看。用这一篇似乎就够了，可用两报一刊的名义。关于我的话，删掉了几段，都是些无用的，引起别人反感的东西。不要写（这）类话，我曾讲过100次，可是没有人听，不知是何道理，请中央各同志研究一下。有用的话，不至于引起反感的话，保留了几段，并未全删。以上请酌。”毛泽东删去了原文内颂扬毛泽东、毛泽东思想的500多字。包括“当代最伟大的马克思列宁主义者”，“继承、捍卫和发展了马克思列宁主义，把马克思列宁主义提高到一个崭新的阶段，即毛泽东思想的阶段”，“毛泽东同志就是当代的列宁”，“从理论上和实践上解决了巩固无产阶级专政、防止资本主义复辟这个当代最重大的课题。这是对世界无产阶级革命事业的划时代的伟大贡献”等提法。在文章的第一部分，毛泽东补写了两段：“但是历史是有曲折的。正如恩格斯逝世以后产生了伯恩施坦——考茨基的修正主义一样，在斯大林逝世以后，又产生了赫鲁晓夫——勃列日涅夫的修正主义。”“在赫鲁晓夫掌权十一年之后，修正主义内部发生分裂，勃列日涅夫取代了赫鲁晓夫，他又经历了五年多的时间，现在在苏联正是由这样一个人主持纪念列宁诞辰一百周年”。

4月24日　中国成功地发射了第一颗人造地球卫星。卫星运行轨道距地球最近点439公里，最远点2 384公里，轨道平面和地球赤道平面的夹角为68.5度，绕地球一周114分钟。卫星重173公斤，用20.009兆周的频率播放《东方红》乐曲。卫星运行情况良好，各种仪器工作正常，遥测仪器不断发回各种数据。这是中国发展空间技术的良好开端。从4月25日起，中央人民广播电台连续三天广播卫星发回的《东方红》乐曲和遥测讯号。26日，阿尔巴尼亚、越南、朝鲜等党和国家领导人分别致电毛泽东、林彪、周恩来，热烈祝贺人造地球卫星发射成功。

4月25日　台湾"行政院长"蒋经国访问美国，在纽约被刺杀未遂。凶手郑自才和黄文雄旋即被美国警方逮捕。

4月28日　中国政府发表声明，坚决支持印度支那三国四方最高级会议的联合声明。4月24日—25日，西哈努克亲王率领柬埔寨人民代表团，苏发努冯亲王率领老挝人民代表团，阮友寿率领越南南方共和人民代表团，范文同率领越南民主共和国人民代表团在老挝、越南和中国边境某地举行了印度支那人民最高级会议，讨论了当前形势和三国的共同任务，发表了联合声明。中国政府声明高度评价这次会议"高举反美救国的旗帜，坚持武装斗争的方向"，是一次具有重要历史意义的会议。中国政府郑重声明，坚决支持西哈努克亲王在3月23日宣布的5点声明。美国必须从印度支那撤出去，让三国人民在没有外来干涉的情况下，自己解决自己的问题。中国人民坚决支持印度支那三国人民反美救国的正义斗争，"并且把支持印度支那三国人民的正义斗争看做是自己应尽的国际主义义务"。

4月29日　钢琴协奏曲《黄河》在北京公演。由中央乐团演出的这一文艺节目成为革命样板戏系列作品之一。

4月30日　经毛泽东批准，中共中央军委任命李德生为中国人民解放军总政治部主任。此前，1969年12月，总政治部曾发出通知，恢复自1967年8月以来被迫停止工作的总政治部工作，田维新等人任总政治部副主任。

本　月　中共中央召开整党建党工作座谈会。康生、陈伯达出席了会议。会议宣布，这次整党由康生、张春桥、谢富治3人组成的小组负责领导，政治局候补委员纪登奎、中央组织部军代表郭玉峰和曹轶欧（康生的妻子）分管整党的各项具体工作。会上交流了各地整党试点的情况和经验，并确定以“六厂二校经验”作为各地整党的样板。4月18日，康生接见出席中央和全军整党建党工作座谈会成员时讲话。他借解释毛泽东“五十字建党方针”之机，对中共七大以来的路线和党的领导人进行了诬蔑。1967年10月中共青海省党的核心小组向中央请示关于成立革命委员会的单位，是不是可以恢复党的组织生活的问题，毛泽东写了如下批语：“党组织应是无产阶级先进分子所组成，应能领导无产阶级和革命群众对于阶级敌人进行战斗的朝气蓬勃的战斗堡垒。”康生解释道：“毛主席批的这么五十个字：‘党组织应是无产阶级先进分子所组成’，这是针对叛徒刘少奇的叛徒路线讲的；‘应能领导无产阶级和革命群众’，这是针对文化大革命中有些党员脱离群众的现象讲的；‘对于阶级敌人进行战斗’，这是针对叛徒刘少奇的‘阶级斗争熄灭论’讲的，针对刘、邓走资本主义道路的问题讲的；‘进行战斗的朝气蓬勃的’，这是针对叛徒刘少奇的‘驯服工具论’讲的。”康生在讲话中还公然鼓吹“个人崇拜”说：“这种先进分子必须热爱毛主席，热爱共产党，就是你们讲的‘三忠于’、‘四无限’。”

5月1日　中央领导人参加五一国际劳动节晚会。毛泽东参加庆祝五一国际劳动节晚会，同一些国家驻华使节交谈，林彪、周恩来、陈伯达、康生和在京的中共中央政治局委员和候补委员等党和国家领导人参加了晚会。柬埔寨国家元首西哈努克亲王及其他外国来宾也参加了晚会，毛泽东在天安门城楼上会见了40个驻华使节和代表团，并同一些使节作了交谈。毛泽东对越南驻华大使吴船说：“越南人民打得好！祝你们彻底打败美帝。”毛泽东对参加中苏边界谈判的苏联代表团副团长甘科夫斯基说：“我们应当好好谈判，谈出个友好睦邻关系。要有耐心。我们要文斗不要武斗。”毛泽东对印度驻华临时代办说：“印度是一个伟大的国家。印度人民是一个伟大的人民。中印两国人民总是要友好的，不能老是这么吵下去嘛！请问候你们的总统和总理。”各国使节祝毛泽东身体健康，祝贺中国发射人造卫星上天。毛泽东请使节们代向各国元首问候。

5月2日　林彪在毛家湾住所接见周宇驰等人。参加接见的还有空军司令部参谋长王飞、空军司令部办公室处长刘沛丰及家属。林彪、叶群与他们一起观看电影，并交谈、照相。次日，王飞、周宇驰召集会议，向林彪“表忠心”。这次接见后，空军机关一批以林立果为核心的效忠林彪的人，形成了一个比较固定的“战斗集体”，进而发展为一支组织严密的反革命组织。此前，经吴法宪批准，在空军司令部成立了“调查研究小组”、“找人小组”，为林立果搜集情报，研究对策。此后，林立果又先后成立了“上海小组”，广州“战斗小分队”，并将“调研小组”发展为“联合舰队”。

同　日　康生、陈伯达、叶群、黄永胜、吴法宪、李作鹏、邱会作等人到北京市文物管理处库房，掠夺各种文物。在“文化大革命”期间，康生先后30多次到北京市文物管理处，以索要、借看、低价强买的手段掠夺书画2 873部，图书1.2080万册，文物1 102件。用同样的方法，林彪、叶群掠夺书画1 528部，图书5 071册，文物1 638件。陈伯达掠夺书画1 562部，图书6 059册，文物871件。江青掠夺书画1 357部，图书4 636册，文物743件。林彪、江青集团成员共掠夺书画1.0172万部，图书3.4598万册，文物5 571件。

5月4日　中国政府发表声明强烈谴责美国侵略柬埔寨和扩大印度支那战争。声明说，4月30日美国悍然宣布派遣部队和南越军队大举入侵柬埔寨，向柬埔寨发动了侵略战争；同时又对越南的广平、义安两省地区恢复飞机轰炸。这是进一步扩大印度支那战争的一个极其严重的步骤。声明对西哈努克亲王和越南民主共和国政府、越南南方共和临时革命政府和老挝爱国战线党中央委员会的声明，表示最坚决的支持。

同　日　全国政协副主席、民进中央主席马叙伦去世。马叙伦，字夷初，号石翁、寒香，1884年生。浙江杭县（今余杭）人。早年参加中国同盟会。曾任上海《大共和日报》总编，北京大学教授，浙江教育厅长，北洋政府和国民党政府教育部次长。1935年组织北平文化界抗日救国会，任主席。1946年在上海发起组织中国民主促进会；任常务理事。同年6月23日参加上海各界人民举行的反内战游行示威，被推举为向南京国民党政府请愿代表，在下关车站被特务殴打。1948年进入东北解放区。1949年出席中国人民政治协商会议第一届全体会议。中华人民共和国成立后，历任中央人民政府委员，政务院文化教育委员会副主任，教育部、高等教育部部长，中国文字改革委员会主任委员，中国科学院学部委员，全国人大常委会委员，全国政协副主席，中国民主同盟中央副主席，中国民主促进会中央主席。

5月5日　周恩来总理写信给西哈努克亲王和宾努首相，代表中国政府正式承认柬埔寨王国民族团结政府。宣布断绝同朗诺—施里马达右派叛变集团的一切外交关系，并从金边撤出中国的外交机构和专家。同日，周恩来、陈伯达、康生、黄永胜代表中国共产党、政府和军队，前往祝贺柬埔寨王国民族团结政府成立。

5月6日　国家计委、中央军委国防工业领导小组下达1970年军工生产计划。由国务院、中央军委批准的这个计划的特点是：一、在“备战第一”、“军工第一”的思想指导下，国防建设投资额猛增。1970年国防工业和国防科研投资占预算内投资的11.3%，比1965年提高3.2%。其中，国防工业基建投资比1969年增长一倍。二、大批民用工业生产军工产品。1970年仅一机部系统列入军工计划任务的工厂就有100多家，其中1/2以上是民用生产骨干企业。三、原料、动力、供应方面优先保证军工生产。其中钢材分配军工生产占全国的比例高达16.4%。由于军工项目的大量增加，加剧了全国人力、资金、物资供应的紧张。

5月7日　国务院批转国家计委《关于加强废钢铁回收的报告》。《报告》说，为了高速度地发展我国的钢铁工业，迅速提高钢的产量，除了多炼生铁外，还必须狠抓钢铁的回收。要求发动群众，力争完成和超额完成废钢铁回收和上交任务。据初步估计，全国约有1 000多万吨废钢铁。1吨废钢铁差不多可以炼1吨钢，把上千万吨废钢铁挖掘出来，充分利用，对加快社会主义建设和加强战备是一重大贡献。

同　日　《红旗》杂志第五期发表的现代京剧《红灯记》

（1970年5月演出本）在《人民日报》刊出。由中国京剧团集体改编的这个剧本是为纪念毛泽东《在延安文艺座谈会上的讲话》28周年而发表的。《人民日报》为此配发了《红灯记》的剧照和一系列学习评论文章。

5月12日　中共中央转发国家计委《关于进一步做好知识青年下乡工作的报告》。《报告》指出，对于知识青年下乡工作，各级党组织和革命委员会必须十分重视，领导干部必须亲自动手一年抓几次，定期派人下去检查。下乡知识青年较多的社、队，可在党政机构领导下，成立由干部、贫下中农、知识青年代表参加的"三结合"小组。各地要抽调干部到知识青年中去，参加劳动锻炼，协助领导。《报告》还提出，京、津、沪三大城市可在边疆地区试办集体所有制的五七农场，安置知识青年；农场要实行经济核算，采取评工记分的办法，不宜由国家包下来发固定工资。7月9日，《人民日报》根据这个报告的精神，发表了社论：《抓好下乡知识青年的工作》。

同　日　国务院批准中国人民银行军代表《关于撤销华侨投资公司的报告》。华侨投资公司是在20世纪50年代末和60年代初成立的。18年来，在设有投资公司的12个省、市、自治区，共吸收华侨投资5 281万美元，支援了祖国经济建设。"文化大革命"中错误地把吸收华侨投资当成资本主义经营思想加以批判，致使华侨投资公司不能发挥作用。

5月13日—6月10日　冶金部全国重点钢铁企业座谈会召开。会议经国务院批准在北京举行。参加会议的有42个重点企业、事业单位的主要负责人和工人代表，共134人。会议在狠抓"经济领域的阶级斗争和路线斗争"的口号下，根据毛泽东1957年11月在莫斯科12国会议上提出的，我国经过第四个五年计划"可以有3 500万到4 000万吨钢"的设想，讨论制定1970年和"四五"期间的计划任务。确定：1970年全国产钢1 700万吨，力争超过历史最高水平；到1975年，产钢4 000万吨，生产能力达到5 000万吨，基本建成内地的钢铁基地，并在各经济区建立起比较完整的、不同水平和各有特点的钢铁工业体系。会议提出的主要措施有：一、继续狠抓经济领域内两个阶级、两条道路、两条路线的斗争。二、下放企业，充分发挥地方的积极性。冶金部原有70个直属钢铁企业，除两个独立矿山外，全部下放地方管理，实行双重领导，以地方为主。已下放和正在下放的有鞍钢、本钢、包钢、太钢、武钢、马钢、湘钢等27个企业，其余正在协商下放。三、加快内地钢铁基地建设，贯彻执行大中小并举、土洋并举的方针和自力更生方针。四、狠抓采矿、选矿、烧结薄弱环节，加快攀枝花、昆明、重庆、水城等钢铁厂的矿山建设，抓紧鞍钢大齐山、本钢歪头山等重点矿山建设，抓选矿过关，烧结机的建设和生产过关等。五、大力降低物资消耗定额，要求焦比、选矿金属回收率、钢铁料消耗等指标达到历史最好时期的水平。六、积极支援中小钢铁企业的发展。七、坚决保证产品质量，尤其是要保证军工产品质量。八、做好生产能力的平衡工作，中小钢铁企业要做到按地区平衡，形成完整的生产体系。九、加强企业管理，坚持合理的规章制度，改革不合理的规章制度。6月26日，中共中央转发了《冶金部全国重点钢铁企业座谈会纪要》。

5月20日　毛泽东发表声明：《全世界人民团结起来，打败美国侵略者及其一切走狗》。声明说："新的世界大战的危险依然存在，各国人民必须有所准备。但是，当前世界的主要倾向是革命。""我热烈支持柬埔寨国家元首诺罗敦·西哈努克亲王反对美帝及其走狗的斗争精神，热烈支持印度支那人民最高级会议的联合声明，热烈支持柬埔寨民族统一阵线领导下的王国民族团结政府的成立。""尼克松的法西斯暴行，点燃了美国革命群众的熊熊烈火。""现在世界上究竟谁怕谁？不是越南人民、老挝人民、柬埔寨人民、巴勒斯坦人民、阿拉伯人民和世界各国人民怕美帝国主义，而是美帝国主义怕世界各国人民。""无数事实证明，得道多助，失道寡助。弱国能够打败强国，小国能够打败大国。小国人民只要敢于起来斗争，敢于拿起武器，掌握自己国家的命运，就一定能够战胜大国的侵略。"21日，首都举行支持世界人民反对美帝国主义斗争大会。毛泽东同党和国家领导人出席了大会，西哈努克亲王也出席大会。会上林彪宣读了毛泽东声明。西哈努克亲王及首都各界代表在会上讲了话，会前，毛泽东于上午9时在人民大会堂会见了西哈努克亲王和夫人以及宾努亲王等客人，同他们进行了长时间友好谈话。林彪、周恩来、陈伯达、康生等参加了会见。会见时林彪说：全力支持你们的斗争，打倒美帝国主义。毛主席站得最高，不仅考虑中国，而且还考虑世界。毛主席将来会看到打垮美帝国主义，打垮苏联修正主义。随后，毛泽东与西哈努克亲王等人前往天安门城楼参加首都人民支持世界人民反对美帝国主义斗争大会。在城楼上双方又进行了友好的交谈。西哈努克亲王说，我们有中国做我们的可靠后方，一定会胜利。毛泽东表示，没有中国，你们也行。华盛顿当时反对英国，他只有300万人口，战胜了英国。法国大革命时很困难，整个欧洲国家包围法国。列宁在十月革命时，只有8万党员。你与美国的敌人站在一起，旗帜鲜明了嘛！现在美国进退两难，退也困难，最好多呆一些时候。此后1周内，全国各地相继举行拥护毛泽东声明的示威游行和集会，4亿多人次参加了这一活动。

5月26日　郭天民上将去世。郭天民，原名基逵，1905年8月生。湖北黄安（今红安）人。1926年入黄埔军校学习。1927年加入中国共产党，同年参加广州起义。土地革命时期，任工农革命军排长、副连长，红军第四军大队长、支队长，红十二军教导队大队长，红八师参谋长、独立六师师长、红二十六师师长、江西军区参谋长，红九军团参谋长。参加了长征。1936年后任红四方面军第一局局长、红三十军参谋长、中共中央军委第一局局长、八路军晋察冀军区副参谋长、第二军分区司令员、晋察冀军区司令员。解放战争时期，任晋察冀军区第二纵队司令员兼政委、晋冀鲁豫野战军副参谋长、鄂豫军区副司令员、第二野战军四兵团副司令员兼参谋长。中华人民共和国成立后，任云南军区副司令员、解放军军事学院高级系主任、解放军训练总监部副部长兼军事出版部部长、陆军训练部部长、院校部部长。1955年被授予上将军衔。第二、三届国防委员会委员。

5月26日—6月21日　全国电力工业增产节约会议召开。这次会议是水电部在北京召开的，参加会议的有27个省、市、自治区和各电业单位的275人。会议在钢铁、机械、煤炭等工业企业提出产量翻番口号的影响下，确定了到1972年实现“老厂—厂变—厂半，新厂快马加鞭，发电能力翻一番，全国县县都有电”的目标。提出1975年发电能力要超过英国和西德。会议提出的具体措施是：一、在1万伏的农田线路上采用一根电线送电，节约电线2/3。在3.5万伏农田线路上采用两根线送电，节约电线1/3。二、电力系统自己制造发电设备。三、狠抓省煤节电工作，争取3年省煤1 000万吨以上；节电折合省煤3年达到1 000万吨以上。四、要加快基本建设速度，降低原材料消耗，节约投资。周恩来到会并做了讲话。

5月29日　中共中央发出关于开展增产节约运动的指示。鉴于不少企业劳动效率低和设备能力没有充分发挥，生产消耗和产品成本很高，库存积压物资严重的问题，中央号召在全国开展一个群众性的增产节约运动。要求各企业、各单位坚决克服“生产到顶”、“潜力挖尽”的保守思想，千方百计动脑筋、想办法，增加生产，厉行节约，把生产建设推进到一个更高的水平。具体要求是：一、最大限度地发挥现有生产能力，增产钢铁、煤炭、电力、石油、木材和轻工产品，增产急需的品种。二、基本建设工程要集中力量打歼灭战，建成一批，投产一批，尽快形成生产能力。要开展“设计革命”，提倡“干打垒”精神。三、大搞综合利用。四、提高劳动生产率。坚决同无政府主义和劳动纪律松弛现象作斗争。五、大力降低消耗定额。上半年必须把炼铁用焦和发电、机车用煤降低到本企业的历史最低定额，还要大抓生活用煤的节约。六、提高运输效率，开展铁路、水路、公路联合运输。七、提高产品质量，要克服片面追求数量，忽视质量的错误倾向。在生产中要严格遵守合理的工艺操作规程，健全产品检验和验收制度，对于造成严重损失的产品质量事故，要进行追查、处理。八、改善经营管理，加强经济核算，降低成本。九、大抓清仓查库，修旧利废，节约代用。《指示》特别指出，以上各点，其精神适用于工业、农业、财贸等各条战线。据统计，这一年全国共清出积压物资32亿元，节约煤炭2 200万吨，节约电力70亿度。

同　日　中共中央批发北京二七机车车辆工厂、上海国棉十七厂整党建党情况的两个报告。毛泽东批示：“照发”。中央批语指出：

北京二七机车车辆工厂和上海国棉十七厂整党建党情况的两个报告，写得很好。这两个工厂整党建党的经验，很值得各地参考。《北京二七机车车辆工厂整党建党情况报告》说，该厂从1969年7月—11月进行了整党建党，着重抓了以下四个问题：一、加强党的领导，狠抓两条路线的斗争。《报告》说，该厂1968年初曾进行过整党，由于“刘少奇的代理人”秉承“反革命两面派戚本禹的黑指示”，“搞关门整党”，结果失败了。“8341部队”进厂后，“狠批大叛徒刘少奇的修正主义建党路线以及反革命两面派在二七厂散布的极左思潮”，使整党建党工作胜利前进。二、放手发动群众，实行开门整党。《报告》说，我们采取了由党员、群众直接提名、反复进行民主讨论的方法，开办党员学习班，吸收群众代表参加，经过大学习、大批判和群众帮助，使党员自觉进行斗私批修。三、认真贯彻党的政策，搞好吐故纳新。《报告》介绍说，整党建党中对全厂1 600多名党员状况作了基本分析。二七厂政治情况复杂，过去国民党、三青团分别有9个区分部和3个机构，解放前地下党支部的十几名中共党员也叛变投敌。解放后，“一些叛徒、特务、反革命分子、阶级异己分子等坏人钻进党内。因此，“二七厂党组织严重不纯”，但党员85%以上“还是好的和比较好的”。通过这次吐故纳新，“维护了党的纯洁”。四、建立坚强的党支部、加强领导班子革命化。《报告》介绍的3条经验是：1. 要在条件成熟时建立党支部，不能操之过急。2. 增强党性，狠批派性，狠抓阶级斗争。3. 发动党员和群众反复酝酿协商。《上海国棉十七厂关于整党建党情况的报告》介绍说，该厂有8 632名职工，党员1 048名，从1967年11月开始整党建党，基本经验是：一、充分发动群众，在斗争中整党建党，战胜了“老造反都可以入党”的极左思潮和“为旧党委执行的反动路线翻案”的右的思潮干扰。二、整党中始终狠抓思想整顿。《报告》宣称从3个方面对党员进行了教育：1. 阶级斗争、路线斗争、继续革命的教育；2. 党的斗争哲学和根本任务的教育；3. 党的学说和新党章的教育。三、搞好吐故纳新，加强领导班子的建设。《报告》指出，该厂开除和劝退了41名党员，占总数的3.92%；受党纪处分的10名，还有少数党员

“挂”着。全厂172名党委委员，新的占69%；38个支部书记中有28个是新干部。《报告》还介绍了“举旗抓纲”、“党要管党”、“抓好党委班子自身革命化”的3条所谓经验。

同　日　海军参谋长张学思去世。张学思，张作霖之子，张学良之弟。又名张昉，字述卿，1916年生。辽宁海城人。1933年参加反帝大同盟，同年加入中国共产党。曾在国民党军队中作兵运工作，后赴南京国民党中央军校学习。1938年到延安，在马列学院学习。1939年起任抗日军政大学第三分校队长、冀中军区司令部参谋处长、副参谋长兼作战科科长、晋察冀军区参谋处长、平西军分区参谋长、副司令员兼参谋长。抗战胜利后，任辽宁省政府主席、辽宁军区司令员、东北行政委员会副主席兼辽东办事处主任、东北大学校长等职。1949年任安东海军学校副校长，同年作为军队代表出席了中国人民政治协商会议第一次全体会议。中华人民共和国成立后，任大连海军学校副校长兼副政委，中国人民解放军海军副参谋长。1955年被授予少将军衔。1956年赴苏联学习，回国后任海军第一副参谋长、参谋长。“文化大革命”中遭受残酷迫害，5月29日含恨去世。1978年，有关部门宣布为他平反昭雪。

5月31日　《红旗》杂志发表的现代京剧《沙家浜》1970年5月修订本在《人民日报》刊出。由北京京剧团集体改编的这个剧本是为纪念毛泽东《在延安文艺座谈会上的讲话》28周年而发表的。《人民日报》为此配发了《沙家浜》的剧照和一系列学习评论文章。

6月2日　张春桥、姚文元在上海召开理工科大学“教育革命”座谈会。参加座谈会的有同济大学“五七公社”、复旦大学、交通大学、上海科技大学、上海机械学院、上海工学院、上海半工半读师范学院、华东工学院、上海机床厂“七二一”工人大学的负责人、教师、学生共19人。上海市革命委员会副主任徐景贤、马天水及常委朱永嘉也参加了会议。姚文元在讲话中宣称，座谈会的议题是：一、讨论清华大学“创办社会主义理工科大学的教育革命”报告；二、总结“走上海机床厂道路”的经验。座谈会的发言严重地歪曲了理论和实践、教育和生产、基础理论和设计实验的关系。说“一讨论问题，教师的旧思想就反映出来了”，“有些老教师虽然也倾向于理论联系实际，但他们一订教学规划，就提出第一年学基础知识，第二年才能搞设计，说先学理论知识才能设计”。会议认为：“教师不在实际中使用改造……是不行的。”座谈会荒谬地提出“大学主要是学政治，搞阶级斗争”的观点，批判了工农兵学员中有人讲“工人生产好就是突出政治，农民种好田就是突出政治”的说法，还说什么“我们狠抓了阶级斗争，把运动一搞，就在这些人当中揪出了反革命分子”。张春桥在座谈会上指责交通大学的“清理阶级队伍”、整党运动是“温吞水”，煽动再次“自己解放自己”。座谈会上的发言，后整理成《纪要》，在1970年第八期《红旗》杂志上发表，成为江青集团炮制教育战线“两个估计”的舆论先声。

6月3日　农林部提供材料指出，1969年中国农业生产获得了连续第八个丰收年。材料说，该年全国粮食产量超过了历史上最高水平。上海、浙江、北京粮食亩产达到了《全国农业发展纲要》规定的指标。河北、江西、广东、广西、云南、山西等6省、区粮食产量超过了历史最高年产量。同时，各地还涌现出一大批粮食高产县。据初步统计，全国有242个县、市达到《全国农业发展纲要》规定的指标。

6月11日　毛泽东主席会见罗马尼亚共产党中央常设主席团委员波德纳拉希。会见在人民大会堂进行。在友好的交谈中，毛泽东说，赫鲁晓夫骂我们叫做“教条主义”、“民族主义”、“大国沙文主义”，还有“冒险主义”。赫鲁晓夫在的时候就这么提，现在还这么提，没有变化，说我们是“官僚军事专政”。有些过去骂我们的党，我们倒是原谅他们。他们不得不骂，不骂就要受整。而且他们也搞不清楚，有个认识过程。在谈到美国时，毛泽东说，美帝国主义，谈是要谈的，骂也是要骂的。中美谈判上月底停了嘛！以后怎样将来再说，两国人民总是要友好的嘛。现在这个世界上是天下大乱，不安宁，就是美国，它国内也是不安宁的。小国只要能反击，大国就怕，如果有人侵犯你，如果你罗马尼亚真正准备反击，它也没有办法。什么坦克、什么空军这一套，吓不倒人民。我们现在准备，如果敌人把我们的空军搞光的话，我们就是靠步兵。如果你占领我们中国一半，我们还有一半，如果你占领我们中国的交通要道、大城市，我们还有乡村、中等城市、小城市。打就打嘛，无非是黄河以北归苏联，长江以南归美国，美国、苏联瓜分中国，这已经到头了，再不能升级了。在谈到“文化大革命”时，毛泽东说，天下大乱，可热闹了。今天要打倒周恩来，明天要打倒陈伯达，后天又要油炸什么人，现在查出来了，就是有那么一小撮反革命分子，人数很少，很秘密，是国民党。我们过去这个工作没有做，过去我们是军队这么一扫，像秋风扫落叶一样，他们钻在地底下，有些人钻进我们党里头，有些在工人里头埋伏，还有的在学校、机关、乡村。所以这一次性质是共产党同国民党内战的继续。各国反动派，我们说中国也有不少，而且我们北京就有，……这样的人有一批，你不怕乱，它倒不乱。会见时林彪、周恩来、陈伯达、康生、黄永胜及罗马尼亚驻华大使杜马在座。

同　日　国务院转发《关于加强基建拨款工作改革建设银行机构的报告》。这个报告是财政部军管会、人民银行军代表提出的。国务院批语指出，同意把建设银行并入人民银行，今后基建拨款由财政部门确定计划指标，其他业务统由人民银行办理。人民银行要根据当地基建拨款任务，配备一定数量人员，管好这项工作。大三线地区和基建工程比较集中的地方，基建拨款任务很重，人民银行要充实力量，加强管理和监督。建设银行并入人民银行后，财政资金和信贷资金、流动资金和基建资金都要分别管理，不准互相挪用。

6月19日　毛泽东主席会见索马里副主席艾南希。会见在人民大会堂进行。在友好的交谈中，毛泽东说，中国讲落后也可以，讲有进步也可以，是中间状态的国家。你们看一看就知道嘛。讲进步嘛，就是讲政策这方面。所谓经济，也有一部分发展，但大部分有待于将来努力。所以我们宁愿跟你们非洲站在一个行列，就是亚非拉，第三世界嘛！我们把自己算作第三世界的。现在报纸上经常吹：美国、苏联、中国，叫做大三角。我就不承认。他们去搞他们的大三角、大四角、大五角好了。我们另外一个三角，叫亚、非、拉。参加会见的还有林彪、董必武、周恩来、康生、黄永胜、李先念及索马里工商部秘书。

6月22日　中共中央同意国务院关于精简合并各部、委，建立党的核心小组和革命委员会的报告。6月7日，国务院提出《关于国务院各部门建立党的核心小组和革命委员会的报告》。6月22日，中共中央同意了这个报告。中央批语指出：国务院各部、委革命委员会通过党的核心小组加强对各部、委的一元化领导，认真实行党的民主集中制，重大问题必须经过集体讨论决定。在落实国家计划的工作中，要正确处理中央各部门和地方的关系，充分发挥地方的积极性和群众的首创精神。各部、委所属各企业、事业单位，除极少数一时不宜下放外，一般都应下放。下放工作在今年内，应逐步地、分期分批地进行完毕。不要什么事情都统得死死的，要坚决反对"条条专政"。关于各部、委、直属机构的精简、合并，国务院《报告》提出：一、将各部、委、直属机构由原来的90个精简、合并为27个。二、各部、委设立必要的层次少、人员精的办事机构。暂定编制为原有的18%。三、关于工交、财贸、农林水利等各经济部门的机构精简合并情况为：1.国家计划委员会由国家计委、国家经委、国务院工交办、全国物委、物资部、地质部、劳动部、国家统计局、中央安办等合并组成。2.国家基本建设委员会由国家建委、建筑工程部、建材部、中央基建政治部合并组成。3.冶金工业部即原冶金工业部。4.第一机械工业部由第一机械工业部、第八机械工业部合并组成。5.燃料化学工业部由石油部、化学工业部、煤炭部合并组成。6.水利电力部即原水利电力部。7.交通部由铁道部、交通部、邮电部的邮政部分合并组成。8.轻工业部由纺织部、第一、第二轻工业部合并组成。9.财政部由财政部、中国人民银行合并组成。10.商业部由商业部、粮食部、供销合作总社、中央工商行政管理局合并组成。11.对外贸易部由对外贸易部、国际贸易促进会合并组成。12.农林部由农业部、林业部、农垦部、水产部、国务院农林办公室、中央农林政治部合并组成。13.对外经济联络部即对外经济联络委员会。关于中共中央批示同意的国务院各部、委党的核心小组及革委会负责人，名单如下：国家计划革命委员会党的核心小组组长、革委会主任余秋里；国家基本建设革命委员会党的核心小组组长、革委会主任李良汉；冶金工业部党的核心小组组长、革委会主任陈绍昆；一机部党的核心小组组长、革委会主任李水清；燃化部党的核心小组组长、革委会主任尹文；水电部党的核心小组组长、革委会主任张文碧；交通部党的核心小组组长、革委会主任杨杰；轻工业部党的核心小组组长毛洪祥，革委会主任钱之光；二机部党的核心小组组长、革委会主任袁学凯；三机部党的核心小组组长、革委会主任周洪波；四机部党的核心小组组长、革委会主任彭林；五机部党的核心小组组长、革委会主任邱创成；六机部党的核心小组组长、革委会主任黄忠学；七机部党的核心小组组长韦统泰，革委会正筹备；农林部党的核心小组组长、革委会主任沙风；财政部党的核心小组组长、革委会主任殷承极；商业部党的核心小组组长、革委会主任范子瑜；对外贸易部党的核心小组组长、革委会主任白相国；外交部党的核心小组代组长、革委会代主任姬鹏飞；对外经济联络部党的核心小组组长、革委会主任方毅；公安部党的核心小组组长、革委会主任李震；国务院党的核心小组组长丁江，不设革委会；中国科学院革委会主任郭沫若，党的核心小组正筹备；卫生部党的核心小组、革委会正筹备；国务院文化组、科教组不设党的核心小组和革委会。

6月24日　毛泽东主席会见苏丹政府友好代表团。会见在人民大会堂湖南厅进行。毛泽东与财政部长曼苏尔率领的代表团进行了友好的谈话。毛泽东说，这个世界上怕英国人、怕美国人的很多，这几年慢慢地都不大怕了，并敢于说你们刚才所说的那些话：不算数！美国历史是有的，只有一百几十年，由300多万人开始。不过对于美国人民跟他们的统治者要分开来看待。我对于美国人民是寄予希望的，就是美国的工人及其他穷苦的人。他们总有一天要站在你们和我们这个战线的。在谈到中国革命的经验时，毛泽东认为，中国的经验可以作参考，结合各国自己的经验。我们也是找外国的经验，结合中国的经验，譬如巴黎公社的经验，十月革命的经验，等等。

关于中国的对外援助，毛泽东说，物质援助要到了手，见了效，那才算数。不到手，工厂还没有建立起来，那不能算数。你们自己的工程技术人员、科学家没有培养出来，中国人不走掉，不算数。什么叫帝国主义呢？它就是不帮助人家建设的，它赖着不肯走的，那没有办法，只好，革命了。谈到非洲形势，毛泽东说，非洲可沸腾起来了，闹起来了，大闹起来了！半个多世纪了，五十多年，经过两次世界大战，帝国主义培养了反对它的人。帝国主义就是培养一批人来反对它自己，在中国都是一样，另外培养一批走狗拥护它自己，例如中国的蒋介石。关于苏丹的建设，毛泽东认为，恐怕还要工业、农业发展一些，不要靠外国。可以进口技术，利用外国的技术人员帮助你们训练科学家、工程技术人员，也还要你们自己搞。如果你们没有这个决心，做不到这一步，帝国主义还是要整你们的。参加会见的有董必武、周恩来、康生、李先念。

6月26日　中共中央转发《北京大学、清华大学关于应届毕业生的情况报告》。中央指示要求各地参照这个报告把应届毕业生的工作做好。《报告》介绍了北京大学、清华大学通过办毛泽东思想学习班对毕业生进行鉴定工作的做法，提出对少数犯有严重错误的学生，要重在教育。对“可以教育好的子女”要帮助他们继续做到“划、清、站”。对极少数属于敌我矛盾的学生，要“批”字当头，立足于“拉”，执行“发动群众，认真监督，就地改造”的方针。

6月27日　中共中央批转《北京大学、清华大学关于招生（试点）的请示报告》。《报告》提出：经过3年来的文化大革命，北京大学、清华大学已经具备了招生条件。计划于本年下半年开始招生。具体规定是：一、培养目标为“高举毛泽东思想伟大红旗，无限忠于毛主席、无限忠于毛泽东思想、无限忠于毛主席的革命路线的全心全意为社会主义革命和社会主义建设服务的有文化科学理论、又有实践经验的劳动者”。二、学制。根据各专业具体情况，分别为2—3年。另办1年左右的进修班。三、学习内容。设置“以毛主席著作为基本教材的政治课；实行教学、科研、生产三结合的业务课；以备战为内容的军事体育课”。各科学生都要参加生产劳动。四、学生条件为选拔政治思想好、身体健康、具有3年以上实践经验，年龄在20岁左右、有相当于初中以上文化程度的工人、贫下中农、解放军战士和青年干部。有丰富实践经验的工人、贫下中农，不受年龄和文化程度的限制。还要注意招收上山下乡和回乡知识青年。五、招生办法实行群众推荐、领导批准和学校复审相结合的办法。六、学生待遇：有10年以上工龄的老工人由原单位照发工资，其他来自工厂、农村的学生每月发给伙食费和津贴费共19.5元。解放军学生由部队负责供给。七、分配原则：学习期满后，原则上回原单位、原地区工作，也要有一部分根据国家需要统一分配。10月15日，国务院向各地发出电报：1970年高等学校招生工作，按中央批转的北京大学、清华大学报告提出的意见进行。凡过去面向全国的大学，现在条件成熟，必须到外省招生时，在中央规定统一招生办法之前，可暂由省与省之间协商解决，此后，全国一些大学陆续恢复自“文化大革命”开始被中断了的大学招生工作。本年全国试点招收的工农兵学员共4.187万人。

同　日　中共中央发出关于1969年—1971年大专院校应届毕业生分配的通知。通知要求，1969、1970、1971年应届毕业生从本年7月开始分配，一般于7月底前分配完毕。各校要认真做好政治思想工作，使毕业生服从革命需要，到农村去，到边疆去，到工矿去，到基层去，接受工农兵的再教育，在三大革命的第一线做出新贡献。其分配办法、工资待遇等，均照1968年分配时的中央有关规定执行。已外迁的大专院校的毕业生，原则上就地分配，不再回到北京和其他大城市。7月18日，国务院又发出《关于外语院校应届毕业生分配办法的通知》，提出具体办法。11月9日，国务院又转发外交部的报告，指出凡在军队农场进行劳动锻炼的1967、1968届及少数1966届毕业生，也予以分配工作。

同　日　毛泽东主席会见朝鲜代表团。会见在人民大会堂湖南厅进行。毛泽东与朝鲜代表团团长、副首相朴成哲及劳动党中央政治局候补委员金仲麟等人进行了友好的谈话。毛泽东说，我和金日成同志是朋友，而且是多年的朋友。大敌当前，我们两国人民非团结不可，而且整个世界人民也非团结不可，我这里讲的包括苏联人民。谈到中国的“文化大革命”，毛泽东说，乱子多得很，今天打倒这个，明天打倒那个。今天打倒周恩来，明天打倒李先念，后天要打倒谁呀？这个文化大革命许多事情我们还不理解，你们还能理解吗！现在就比较理解了，这里面有一个很秘密的反革命集团在起作用，叫“五一六兵团”。这也是文化大革命的一部分结果，暴露了这些坏人。在谈到世界形势时，毛泽东认为，整个世界形势也不那么坏，比较好。总而言之，全世界各国人民的觉悟比较10年前、5年前都大大提高了。毛泽东还谈判了中国驻外使馆人员要反对大国沙文主义的问题。参加会见的有林彪、周恩来、康生、李先念、吴法宪、邱会作、韩念龙等人。

6月29日—9月2日　周恩来对新华社工作中的极左做法多次提出批评。6月29日，周恩来针对报道中给外国人评论加上“妄评”字眼，指示说：毛主席交待过，《参考资料》不要自己标标题，原来怎么标就怎么标，让读者自己判断。8月1日，周恩来在一次外事活动中，批评新华社说：“你们写的稿子，还是老一套，不敢创新，不能打破旧框框。外交部给你们什么框框，你们就接受什么框框。你们写的消息不生动活泼，没有人愿意看。西方记者写的消息就很活泼，你们可以学习一下嘛！”又说：“当记者就是要打听，了解情况，自己创造，不要等现成的。”8月7日，周恩来又指示新华社和《人民日报》的报道要注意留有余地。他说，主席思想叫我们有十分成绩，只讲五分就可以了，不要讲十分。要留有余地，要谦虚。内部讲实况可以，对外报道要收藏一些，不然你报道十分，人家就估计成二十分。9月2日，周恩来再次对新华社工作中的一些极左做法提出批评。关于引用《毛主席语录》问题，周恩来指示：《参考资料》是否有必要每天登一条语录？第一看的人不多；第二针对性很难办，上面刊登的东西，包括“帝修反”、革命人民、各方面的材料。经过研究，并请示了毛主席，以后《参考资料》首页上不再登语录。《国际共运参考资料》上也不要登。有一期《参考资料》上引用的语录不适当。新华社是宣传机关，选登未经中央批准发表的语录，这是帮倒忙。

本　月　全国水泥工业抓革命促生产现场会召开。会议由国家基本建设委员会革委会主持。在河南省新乡市举行。会议介绍了河南辉县水泥厂等19个单位自力更生、勤俭办厂的经验，讨论了1970年水泥增产计划和第四个五年计划的初步设想。会议确定，1970年水泥增产计划为2 400万吨，其中，大中型厂为1 500万吨，小厂为900万吨，比国家计划各增产150万吨。1971年初步安排生产水泥3 000万吨，其中大、中型厂1 800万吨，小厂1 200万吨。1975年全国水泥产量要达到6 000万吨，力争达到7 500万吨。除西藏、台湾外，各省、市、自治区都要有一个或几个大、中型水泥厂，绝大多数县都要有小水泥厂。会议认为，实现上述任务，必须做好以下几件工作：一、大家动手办水泥，多搞中、小水泥厂；二、大搞综合利用，改变水泥原料构成；三、大搞技术革新，改革工艺和设备；四、抓好基本建设，力争三线地区水泥自给；五、狠抓水泥节约工作。

7月1日　成（都）昆（明）铁路建成通车。成昆铁路1958年北段开始施工，以后几上几下，至1964年建成成都至青龙场61.5公里。1964年西南铁路建设大会战，重新开始建设。本日建成通车。全长1.0858万公里。成昆铁路吸引范围包括四川、云南两省的7个地(州)、市，共13万平方公里。沿线物产、资源丰富。通过的西昌、攀枝花地区，矿产、水力资源极为丰富，攀枝花大型钢铁基地，二滩等一批大型水电站的建设急需铁路运输；铁路沿线还埋藏着煤、铁、铜、铝、锌等多种金属矿和石棉、磷、岩盐等多种非金属矿。成昆铁路经过的地质和地形条件非常复杂险恶，工程非常艰巨。全线修建各种桥梁991座，总延长92.7公里，占线路长度的8.5%；隧道427座，总延长341公里，占线路长度的31.5%；桥梁、隧道总延长达433.7公里，占线路长度的40%。在桥隧密集的一些地段，桥隧长度竟占线路长度的80%以上。成昆铁路的修建使我国铁路科技水平上了一个新台阶，获得了“国家科技进步特别奖”。

7月5日　中共中央发出关于内部刊物扩大订阅范围的通知。通知决定：对新华社出版的内部刊物《参考资料》、《国际共运参考资料》、《参考消息》，从8月1日起扩大订阅范围。《参考资料》和《国际共运参考资料》扩大发行到省、军级；《参考消息》扩大发行到工矿企业车间和农村生产大队、解放军连队的党支部。12月6日，中共中央为进一步明确以上3份刊物的订阅范围，再次发出通知，建议凡中央委员、候补中央委员，省革委会委员及军级党委委员等均可订阅《参考资料》、《国际共运参考资料》。《参考消息》的订阅范围也相应做了调整。

7月7日　毛泽东主席会见老挝人民党总书记凯山。会见在人民大会堂湖南厅进行。双方进行了友好的交谈。毛泽东说，世界变了，从老挝来讲，也证明了这一点。帝国主义自找灭亡。它的目的就是想占地方，找人来埋葬它。我们有经验，比如日本占了大半个中国，占了很多地方，除了四川及其他一些地方以外，都被它占领了。结果帮了我们的忙，老百姓都起来反对它。到它投降的时候，我们的军队超过了100万。开始跟日本打仗的时候，我们的军队只有两万人。日本人教育了中国人。中方参加会见的有林彪、周恩来、康生、黄永胜、邱会作、申健等人。

同　日　《红旗》杂志发表的现代舞剧《红色娘子军》（1970年5月演出本）在《人民日报》刊出。剧本由中国舞剧团集体改编，发表时配有96幅剧照，辅以文字说明。以后出版的单行本中，又附有舞蹈场记、音乐总谱及舞台美术、服装、道具设计图。《人民日报》为此陆续配发了一批学习评论文章。

7月8日　《人民日报》发表北京针织总厂运用“七字经”学习毛泽东思想的调查报告。报告说：北京针织总厂在驻厂“8341部队”宣传队的帮助下，创造出了“看、想、问、议、用、写、查”的“七字经”。看：就是要认真地带着问题学。想：就是“多思”，多问几个为什么、怎么办。问：就是向领导和同志请教。议：就是大家一起议论。用：就是实践。活学活用，立竿见影。“用”字最重要。写：就是把学习和运用中最主要的体会更加深刻、更加有条理地写出来。查：就是总结提高。报告说：“总之，这七个字就是反复看、认真想、不懂问、互相议、狠狠用、重点写、不断查。”“七字经更好地贯彻落实了林副主席提出的活学活用毛泽东思想，在用字上狠下功夫的原则。"并开列了"七字经"的五大好处。此后，全国推广了作为六厂二校经验之一的"七字经"。这个所谓经验是叶群通过"8341部队"编造出来的，目的在于突出林彪关于学习毛泽东著作的一套庸俗化、简单化的形式主义做法。

同　日　周恩来指示整顿黑龙江省革委会。黑龙江省自1967年造反夺权成立省革委会以来，一直处于两派斗争的混乱之中。当日，周恩来指示："黑龙江问题的根子在潘复生那里。"7月23日，周恩来和其他中央领导人当面批评黑龙江省革委会主任潘复生说："黑龙江的问题主要是一派掌权，一派压另一派。"但潘复生仍拒绝检查。1971年6月，中共中央、国务院决定免去潘复生的中共黑龙江省核心小组组长、省革命委员会主任等党内外一切职务。

7月11日　毛泽东主席会见坦桑尼亚、赞比亚政府代表团。双方进行了友好的谈话。在谈到中国援助修建的坦赞铁路时，毛泽东说，(西方国家）过去不肯修这条铁路，现在又很想要修。那些人讲话，他们早晚市价不同。中国的确是被帝国主义等一些大国看不起的。技术落后，穷得很。所以，我们现在都是一些穷朋友，互相帮助嘛。……这条铁路如果修起来了，会带动你们国家许多工业，一定要修起来。中方参加会见的还有林彪、周恩来、康生、黄永胜、李先念。

7月12日　中共中央发出《关于整团建团工作的通知》。《通知》说：目前全国整党建党运动正在继续深入发展，整团建团工作也要跟上来。各级党组织应该遵照毛主席在九届一中全会上发出的"还有一个一个团支部，整团的问题，也提出来了"的指示，把整团建团工作提到党的议事日程。《通知》要求，一定要突出思想教育工作，彻底批判刘少奇的反革命修正主义建团路线，把共青团真正建设成为忠于毛主席、忠于毛泽东思想、忠于毛主席革命路线的共青团。在整党工作已经大体搞好的地方，团的组织应在思想整顿的基础上，恢复团的生活，把文化大革命中涌现出来的一批先进青年吸收入团。《通知》规定：各省、市、区的革命委员会及党的核心小组，对整团建团工作应进行一次调查研究，对附件提出意见，抓紧试点工作，在11月底以前，向中央提供一至二件典型材料和修改团章的草案，作为中央召开整团建团座谈会的准备。各级党组织要加强对共青团和红卫兵的领导，积极开展团和红卫兵的活动。《通知》的附件《当前整团建团的情况和问题》指出：全国约有1.5亿青年，3 000万团员，150万个团支部。目前整团的面，江西、甘肃已达80%以上，北京、天津、上海、黑龙江、吉林、广东、湖南、宁夏、陕西已达50%以上。整得比较好的约20%，一般的约50%，不好的甚至走了过场的约30%。附件提出的问题是："一、关于应当建设一个什么样团的问题"，有些地方认为整团建团"一无纲，二无章"，思想不明确。"二、关于批判修正主义建团路线问题"，有些地方认为"整团没有什么好批的了"。"三、关于思想整顿问题"，有些单位认为"整团就是恢复组织生活"。"四、关于'吐故纳新'问题"，有些单位过严，有些单位过松。"五、团的领导机构问题"，多数单位要求建立基层团委，少数地方主张只在政工组设专职干部。"六、关于超龄团员离团问题"。"七、关于要求制定新团章问题。"毛泽东、林彪批阅了这个文件。《通知》发出后，由于林彪事件的影响，各地整团建团工作一度推延，直到1973年2月才以上海为首召开了地方共青团代表大会。

同　日　台湾女运动员纪政在慕尼黑以22.4秒的成绩创200米女子短跑世界纪录，以11.8秒的成绩创女子100米低栏世界纪录。此后，纪政被誉为"飞跃的羚羊"、"黄色的闪电"。

7月13日　毛泽东会见由计划部长贝当古率领的法国政府代表团。双方进行了友好的谈话，毛泽东说，现在这个世界上不大安宁，热爱独立是一件事，别人他总要干扰你，又是一件事。世界上就有那么一些少数国家，喜欢干涉别人的独立。我们要准备打仗，不是打出去，而是别人打进来的时候，我们消灭他。几十年前，20年前吧，谁人都可以在中国头上拉屎拉尿，所以我们要准备打仗。……世界上的事就是要商量商量。国内的事就要国内人民自己解决，国际间的事就要大家商量解决，不能由两个大国来决定。毛泽东还和法国朋友讨论了法国18世纪科学家拉普拉斯的天体学说。毛泽东认为，世界是要毁灭的，然后再创造。贝当古赞同他说，凡是有开始的东西，总是要有结束的。中方参加会见的有林彪、周恩来、康生、李先念。

7月20日　中共中央发出关于组织讨论修改宪法的《通知》。《通知》指出：为了进一步筹备第四届全国人民代表大会，中共中央要求各省、市、自治区革命委员会和中央军委，认真动员各厂矿、公社、军队、机关、学校、企业事业单位、街道组织的革命群众，广泛讨论修改宪法，提出修改意见，讨论和通过第四届全国人大的候选代表。《通知》提出了组织群众讨论修改宪法时需要掌握的原则。其中有：以毛泽东为首、林彪为副的中国共产党中央委员会是领导全国各族人民行使国家权力的核心力量，毛泽东主席是全国武装力量的最高统帅，林彪副主席是副统帅；要总结历史经验，特别是文化大革命中群众创造的，并为毛主席所肯定的好经验，如人民公社及其政、社合一制度，“四大”（大鸣、大放、大字报、大辩论），“三结合”的革命委员会，一切国家机关工作人员必须参加集体生产劳动等。《通知》还提出，在修改宪法中，要参考别的国家宪法中好的东西。关于第四届全国人民代表大会代表的问题，《通知》要求，在讨论中，各省、市、自治区革命委员会应将本省、市、自治区的全部候选代表简历介绍给基层群众，群众有权通过协商，调换他们认为不符合人大代表资格的人。

同　日　毛泽东主席会见拉乌尔副主席率领的刚果国务委员会代表团。双方进行了友好的谈话。毛泽东说，美国人说中国人颠覆各国的政府。我们也不说不颠覆，也不说颠覆，我们希望美国人民把美国政府颠覆了。一般说来，所有帝国主义，它说不颠覆，但实际上是搞颠覆的。比如讲，加纳总统是中国人颠覆的还是别人颠覆的？他当时还正在访问中国呢！就在这里人家就颠覆了。……总而言之，我们是站在非洲人民反对帝国主义这一方，不是口头上讲，而是天天在报纸和电台公开地讲。在谈到中国国内形势时，毛泽东说，中国人太多了，经济发展不相称，我们也愁，怎样把经济搞上去一点。……我们走的弯路，你们不要再走了。最好让他们看一个比较进步的小工厂和一些比较落后的大工厂，比较一下。这20年中间，我们犯过许多错误，不犯也不行。没有经验你有什么办法？现在稍微好一些，有点改进。也许再过20年事情要好一些了。中方参加会见的有林彪、董必武、周恩来、陈伯达、康生等人。

7月20日—8月12日　轻工业部在北京召开全国轻工业抓革命促生产座谈会。会议强调“省、区商品自给”的方针，确定到1975年轻工业产值达到1 300亿元，主要轻工业产品产量翻一番。“四五”期间，除少数受资源限制的产品仍由国家统一调配外，一般轻工业品实现省、区自给；除棉布以外的主要轻工业产品逐步敞开供应。为此，会议提出：一、实行农业原料和工业原料并举，广开资源。二、大中小结合，中小为主，土法上马，土洋结合。三、大家办轻工业机械，除个别协作区外，1975年前都要实现大区成套。四、打破常规，用最新技术改造轻工业，会议决定轻工部直接管理的72个企业、事业单位，年底前分期分批下放地方，其中一部分双重领导，以地方为主。

7月22日　《人民日报》发表清华大学工人、解放军宣传队撰写的文章：《为创办社会主义理工科大学而奋斗》。这篇文章是在张春桥、姚文元支持下，由迟群、谢静宜等人根据政治需要凭空编造出来的。文章介绍清华大学的所谓经验是：一、工人阶级必须在斗争中牢牢掌握教育革命的领导权；二、对原有教师坚持边改造、边使用，建立三结合的教师队伍；三、开门办学，厂校挂钩，校办工厂，厂带专业，建立教学、科研、生产三结合的新体制；四、培养工农兵学员，必须坚持以阶级斗争为主课，坚持理论与实践的统一；五、大破买办洋奴哲学、爬行主义，编写无产阶级新教材；六、结合生产、科研任务，坚持群众路线，实行新的教学方法。文章鼓吹“阶级斗争就是一切”的观点，提出“革命大批判是创办社会主义大学的战略任务，是教育革命的一门主课”。文章对建国17年来的教育方针和教师队伍予以否定，宣称“彻底结束资产阶级知识分子对学校的统治”，“工农兵最懂无产阶级教育”，“工农兵登上教育讲台，是在教育战线两个阶级、两条路线激烈斗争中出现的新事物”。文章严重歪曲理论与实践的关系，提出所谓“厂带专业”，“结合典型任务进行教学”，“打破过去把基础课与专业课截然分开的界限”。为了说明这一经验的正确性，迟群不顾许多人的反对，硬要在清华大学筹办一个年产千辆汽车的汽车厂，结果几个月后因管理混乱被迫下马。文章还违背事实地把清华大学1958年在周恩来指示下试行的“教学、科研、生产三结合”体制，说成是“文化大革命”中他们创造的“新经验”。文章发表后，被多家报刊转载，成为江青集团炮制教育战线“两个估计”谬论的舆论准备。文章也遭到了许多人的批判和抵制。原清华大学党委书记兼校长蒋南翔在关押中，对这篇文章作了大量批注，驳斥了迟群等人的极左观点。

7月23日　林彪视察国防科委某厂。陪同视察的有黄永胜、吴法宪、李作鹏、邱会作、叶群及林立果。他们受到了国防科委负责人王秉璋组织的1万多人夹道欢迎。事后，王秉璋等人以国防科委党委的名义做出决定，引用林彪的17句话，要求作为“各项工作的指导方针”、“行动指南”、“战斗口号”，要“坚信不疑”，“坚决照办”。并规定每年7月23日都要“进行一次认真的全面的检查”。

7月25日—8月20日　财政部召开全国财政银行工作座谈会。会议着重讨论了财政银行工作的改革问题，提出以下措施。一、下放财政、信贷管理权限，从1971年起，实行财政收支包干、基建投资包干和农村信贷包干“三大包干”，一年一定。二、将企业上缴财政的折旧基金全部下放给地方，用于技术改造和综合利用，在当年折旧基金尚未到期提取之前，企业临时周转需要的资金，银行可以贷款。三、积极支持地方“五小”工业的发展，今后5年内拟安排80亿元专项资金，由省、市、自治区统一掌握，重点使用。新建的县办“五小”企业在两三年内所得的利润，可留60%给县。对于暂时亏损的“五小”工业，经省、市、自治区批准，可以由财政给予补贴，或者在一定时期内减税免税，资金确有困难的，可由银行或信用社贷款支持。四、改革国营企业工商税收制度，一个行业，一般按一个税率征收；调整银行存、贷款的利率，利率总水平降低30%左右。五、建立经济核算制，抓好成本核算。不能以估计成本代替实际成本，不能扩大成本开支范围和提高各项开支标准。六、农业继续执行“增产不增税”的政策。会议提出的“三大包干”政策，得到了周恩来的肯定，对改变当时不讲经济核算和不重视积累的观念，有一定的积极作用。会议还推广了中国人民银行抚顺市分行的引导群众“斗私批修”，大搞群众管理银行的“走政治建行道路，创造银行新体制”的所谓“抚顺经验”。这个“经验”在全国推广后，引起了全国金融部门思想上新的混乱。

7月29日　毛泽东主席在上海会见由总参谋长吴振宇率领的朝鲜军事代表团。双方进行了友好的谈话。毛泽东在谈到国内形势时说，刚才讲的这个造船厂（江南造船厂）也不行，同样的规模和日本比较，就是不能造那么些船，这是一个什么原因呢？要研究一下，找出原因来。在谈到“文化大革命”时，他说，生产下降了些，打得厉害，一个工厂分两派，互相打呀！这一条我们在开始发动文化大革命时没有料到，怎么每个工厂都分两派呢？怎么动不动就打呢？……有些是有坏人在那里挑拨。那些人就是国民党，趁此机会名为造反，在北京砸、烧英国代办处，印尼、印度的大使馆也遭殃了。……这样坏人就暴露了，所以我们说，清理阶级队伍就搞这几件事。中方参加会见的有周恩来、黄永胜、邱会作。

同　日　毛泽东主席在上海会见罗马尼亚武装部队部长约尼查。双方进行了友好的谈话。在谈到国内生产情况时，毛泽东说，浪费可大了。我看是大厂比较差，小厂比较进步。在谈到要准备打仗时，他说，就是要有准备，要准备你们的飞机被消灭了还能抵抗。现在越南、柬埔寨、老挝打的仗，都是没有空军在打。美国的军队就是没有空军掩护就不敢打仗，运兵也使用飞机。看来这条道路我们不能走，就是要靠人民的力量。……这个世界我看是要打的。他们欺负中等国家，像我们这些国家都算中等国家。美国、苏联那样的超级大国，我们攀不上。以前我们跟他们是亲戚，后来闹翻了。（超级大国）是欺骗群众，欺骗它国内的人民，也欺骗你们。（签了条约）如果要打，再找个借口就可以破坏，无非是你们的“社会主义危机”。他最后说，要准备打仗，准备没有坏处，可以促进国民经济的发展。你不准备人家就欺负你，你准备好了，它就可能不来。中方参加会见的有周恩来、黄永胜、邱会作、肖劲光。

7月31日　国务院给煤炭工业部发出关于张霖之问题的《通知》。这个《通知》是周恩来起草的。《通知》说：“国务院业务组于1970年7月31日会议，审查了煤炭部军代表1970年5月20日和7月31日两次报告，以及首都驻北京矿业学院工、军宣队专案组1970年5月17日的报告，同时，并阅看了反革命分子戚本禹1966年12月24日在矿院的公开演说。大家一致认为：张霖之同志的历史是清楚的。张霖之同志在矿院全校广播中听到戚本禹反革命分子这种威胁和煽动的语言，而身体已受到重伤，自不能不陷入极度紧张状态，因此，致张在武斗和逼供的混乱中死去。根据当时情况，矿院专案组的报告只涉及各项经过的表面现象，还需要依照煤炭工业部所掌握的全面材料，认真地予以澄清。”《通知》决定：“张霖之同志的死亡，应按人民内部矛盾处理。张霖之同志家属和他的子女不受任何牵连，应按革命干部家属看待。”

同　日　林立果在空军司令部干部大会上作“讲用报告”。“报告”由王飞、周宇驰等人根据林彪“九大”政治报告于3月起草，至7月28日定稿，共打印修改31次。“报告”主要讲政治与经济、业务、技术的关系，提出：“政治和经济的关系是主次关系，第一、第二的关系，但不是有无的关系，不能把主次关系变成有无关系，不能只要政治不要经济，更不能只要经济不要政治，两者缺一不可。”“报告”连篇累牍地引用了毛泽东和林彪的语录。“报告”宣讲后的第二天，空军“三代会”开幕，由江腾蛟、王飞等人组织，提出“强烈要求”听林立果报告。8月4日，空军党委决定在“三代会”上放“报告”的录音。8月6日、13日，“报告”录音两次大范围播放，并组织讨论。会期由15天延长到70多天。林彪在听了录音后说：“不仅思想像我的，语言也像我的。”吴法宪在“三代会”上讲话说“报告”是“放了一颗政治卫星。是天才”。周宇驰、王飞、陈励耘等人吹捧“报告”是“第四个里程碑”，林立果是“全才、帅才、超群之才，是第三代接班人”。9月4日，由于庐山会议形势发生变化，吴法宪打电话指示：“讲用报告”录音不要再放了。据“九一三”事件后的不完全统计，林立果的“讲用报告”共印刷48种版本，71.4265万册。

本　月　国务院科教组成立。根据周恩来指示成立的这一机构由李四光任组长，刘西尧、迟群（原“8341部队”政治部宣传科副科长，1968年7月率宣传队进驻清华大学，为该校负责人之一）主持日常工作，主管原教育部和国家科委的工作。1972年7月31日，中共中央发出通知：北京市丁国钰、谢静宜，上海市徐景贤、徐海涛，天津市王曼恬，辽宁省温巨敏，中国科学院武衡、王建中等8人为国务院科教组兼职成员。1973年8月以后，科教组下属的科技一组、二组划归科学院，科教组专管教育工作。

8月6日　中国人民解放军军政大学成立。根据2月2日中央军委办事组的决定，由高等军事学院、南京军事学院、政治学院合并组成军政大学，黄永胜任校长，张秀川任政委。9月15日正式开学。当时只开办了《共产党宣言》、《哥达纲领批判》、《反杜林论》等6本马列著作的辅导员学习班，没有开设军事课程。1972年5月，改由萧克任校长，唐亮任政委后，对学校进行了整顿。8月开始招生、调回军事教员、恢复了军事课。1977年12月，中央军委决定在学校军事、政治、后勤3个系的基础上改建军事学院、政治学院、后勤学院。1978年1月军政大学撤销。

8月10日　国家建委发出《关于当前基本建设情况的报告》。《报告》提出：一、上半年全国完成投资97亿元，比去年同期增长76%。全国参加基建工程大会战的有贫下中农、解放军指战员、城镇居民等1 000多万人。河南、湖北两省组织百万建设大军，用8个月时间建成800公里长的焦枝铁路。辽宁盘锦到海城的72公里铁路99天建成通车。上半年全国铁路完成全年投资计划的66%，铺轨1 736公里，创建国以来上半年铺轨里程最高纪录。二、上半年“五小”企业发展猛、进度快、投产多，是前所未有的。小化肥厂建成投产150座，小水泥厂建成投产300个左右，小水电站正在建设的有1.2万多处。河南省县县都有了小农机厂，并已普及到公社一级。黑龙江省上半年县社队办了

5 200多个小企业，大大提高了省内设备成套能力和产品自给水平。东北、华北、西北各省为实现轻工产品自给，以中小为主，兴建一批轻工项目。全国上半年建成的小化纤厂65个，小洗衣粉厂24个，小甜菜糖厂91个，小塑料原料厂35个。通过组织大协作，现有二十几个省、市、自治区利用现有中小机械厂，已开始成批生产汽车。

8月11日　毛泽东主席会见南也门总统委员会主席鲁巴伊。双方进行了友好的谈话。毛泽东说，我们站在你们这边，你们也站在我们这边。亚非拉凡是反对帝国主义的，我们都支持。鲁巴伊介绍了南也门的革命历程。毛泽东说，要靠自己啊！自己为主，外国援助为辅。不论哪个国家援助都不许可附带什么条件。就是要靠人民。我们不靠人民，毫无办法。逐步来，慢慢来，一步一步来。我们走的路是S型，是个弯路。就是说我们犯过许多错误，遭受过许多挫折。工厂嘛，总是要办大的、洋的、全的，不喜欢小的、土的、群众办的。谈到中国的“文化大革命时”，毛泽东指出，中国如果不搞文化大革命也会跟着苏联的那个路子走。（对“走资派”）大部分，90%以上，都是要把他们改造，给他们工作，但要用群众的力量批评他们。中方参加会见的有周恩来、黄永胜、粟裕。

8月12日　毛泽东主席会见苏丹革命指挥委员会主席尼迈里。双方进行了友好的谈话。毛泽东在谈到当前国际形势时说，这个世界总而言之是很乱，也并不见得一定对大国有利。比如美国，它到处伸手，闹得它国内人民也不满意。美国现在手伸出去了，又不好收回来，就是这么个局面。至于中国对世界各国人民的帮助，现在还是很少。中国的困难也很大，犯的错误也不少，现在我们正在克服这些落后的、错误的东西，中方参加会见的有周恩来、黄永胜、姬鹏飞。

同　日　美国驻日大使馆发言人宣称美国把钓鱼岛“归还”日本，引发海外华人保卫钓鱼岛运动。1971年1月29日—30日，美国各地华人成立“保钓委员会”，在美国各地举行“保钓”游行示威。4月14日—17日，台湾大学、台湾师范大学等校的学生连续在台北举行了保钓集会和游行。6月17日，美日两国政府签订了归还冲绳协定，把钓鱼岛等岛屿列入归还区域。当天台湾大学的学生即组织了游行，并分别向美、日驻台“大使馆”递交了抗议书。1972年5月13日，留美中国学生在华盛顿再次举行了示威游行，抗议美国将钓鱼岛交给日本。

8月14日　中国式棉纱“一步法”染色机在上海研制成功。棉纱“一步法”染色机是上海色织染纱四厂职工继“一步法印染”新工艺后的又一创举，采用自己独创的新工艺，只要经过一道工序，就达到了原来16道工序的工艺要求。节省了大量的人力、物力、财力和时间，织出的布耐穿牢度高。染色机的发明使中国的印染技术登上世界染纱技术高峰。

8月20日　中国外交部严重抗议捷克斯洛伐克当局无理阻挠中国驻捷大使馆同柬埔寨驻捷大使馆进行正常外交活动。

8月23日　中共九届二中全会在庐山开幕。出席会议的有中央委员155人，候补中央委员100人。毛泽东主持了会议。他在8月22日的中央政治局常委会议上提出这次全会的方针是：要把这次会议开成一个团结的、胜利的会，不要开分裂的、失败的会。林彪、陈伯达又提议设国家主席和要毛泽东担任国家主席，毛泽东再次表示反对，说：“谁要当国家主席，就可以加上，反正我不当”。8月23日，中共九届二中全会正式开幕。周恩来宣布全会的议程：一、讨论修改宪法的问题。二、讨论国民经济第四个五年计划问题。三、讨论加强战备问题。林彪在开幕会上突然讲话说：“这次宪法修改草案，表现出这样的特点：就是突出毛主席和毛泽东思想在全国的领导地位。肯定毛主席的伟大领袖、无产阶级专政元首、最高统帅的这种地位；肯定毛泽东思想作为全国人民的指导思想，是全国一切工作的指导方针。这一点非常重要，非常重要。用宪法的形式把这些固定下来非常好，非常好！可以说是宪法的灵魂。”他反复鼓吹“天才论”说：“毛主席的领导可以说是我们胜利的各种因素中间的决定因素。”“我们的工作是前进还是后退，是胜利还是失败，都取决于毛主席在中央的领导地位是巩固还是不巩固。”“我们同志们必须记住，必须把这方面的迷迷糊糊的思想变成自觉的思想。”“我们说毛主席是天才，我还是坚持这个观点。”“毛主席的天才，他的学问，他的实际经验，不断地发展出新的东西来。”“这次宪法里面规定毛主席的领导地位，规定毛泽东思想是领导思想，我最感兴趣的认为最重要的就是这一点。”利用宣传“天才论”，林彪把矛头指向反对在宪法修改草案加上“天才地、创造性地、全面地”3个副词的康生、张春桥等人。他说：“这个领导地位，在国内、国外除少数极端反动分子以外也都承认。”“世界上是有创造的，不但是社会科学的发展方面，是有创造的，自然科学方面，你看哪个时期没有创造？毛主席的学说就是科学，解放人类的科学，解放无产阶级的科学。毛主席对马列主义是有创造的。”“所以，不能说毛主席对马列主义没有发展。”“形而上学的观点……是反马列主义的。这点值得我们同志们深思的。尤其是在中央的同志需要慎重。”“在这个问题上，我们值得把脑筋静下来想一想，是不是这回事情。”康生在开幕会上报告了毛泽东历次对修改宪法的意见和修改宪法的过程。叶群在会下散布林彪讲话是经毛泽东事先同意的，并在背地里要吴法宪告诉李作鹏、邱会作：要在各组发言，如果你们不发言，林彪讲话就没有根据了。林彪讲话没有点名，你们发言也不要指名；串联空军、海军、总后的一些中央委员、候补中央委员在会上发言。当晚，中共中央政治局举行讨论国民经济计划的会议，吴法宪提出，要全会改变原定的3项议程，第二天听林彪讲话的录音，学习林彪的讲话。得到中央政治局的同意。散会后，林立果对吴法宪说：林彪表扬你，说你又立了一功。吴法宪先后同王维国、陈励耘等人说要坚持设国家主席，还打电话给在北京的黄永胜，传达林彪的讲话。陈伯达草拟了“国家主席”的宪法条文，又与叶群连夜选编恩格斯、列宁、毛泽东关于称天才的语录。

8月24日　陈伯达、吴法宪等人在全会上发言，载入华北组第二号简报。当日下午，陈伯达、叶群、吴法宪、李作鹏、邱会作等人按照密商的口径，分别在全会的华北组、中南组、西北组、西南组发言，宣讲由陈伯达选编的《恩格斯、列宁、毛主席关于称天才的几段语录》，按照林彪讲话的主旨，抓住设国家主席和称天才两个问题，不指名地攻击张春桥。陈伯达在发言中说：“林副主席说：这次宪法中肯定毛主席的伟大领袖、国家元首、最高统帅的地位，肯定毛泽东思想作为全国人民的指导思想。这一点非常重要，非常重要。写上这一条是经过很多斗争的，可以说是斗争的结果。”“现在竟然有人胡说‘毛泽东同志天才地全面地继承、捍卫和发展了马克思列宁主义，把马克思列宁主义提高到一个崭新的阶段’这些话是一种讽刺。”“有人利用毛主席的谦虚，妄图贬低毛泽东思想。”“有的人居然怀疑十一中全会关于无产阶级文化大革命的公报，这是不是想搞历史的翻案？”“有的反革命分子听说毛主席不当国家主席，欢喜的跳起来了。”叶群在中南组说：“林彪同志在很多会议上都讲了毛主席是最伟大的天才。说毛主席比马克思、列宁知道的多、懂的多。难道这些都要收回吗？坚决不收回，刀搁在脖子上也不收回。”吴法宪在西南组说：“这次讨论修改宪法中，有人竟说毛主席天才地、创造性地、全面地继承、捍卫和发展了马克思列宁主义‘是个讽刺’。我听了气得发抖。”“也要警惕和防止有人利用毛主席伟大的谦虚来贬低伟大的毛泽东思想。”吴法宪在小组会上和张春桥发生了激烈的争吵。李作鹏在中南组说：“有人在宪法上反对提林副主席。所以党内有股风，是什么风？是反马列主义的风，是反毛主席的风，是反林副主席的风，这股风不能往下吹，有的人想往下吹。”邱会作在西北组说：“有人说天才、创造性发展……是一种讽刺，就是把矛头指向毛主席、林副主席。”当晚，华北组第二号简报（全会第六号）集中刊载了这些发言内容。简报说：大家听了发言，“感到对林副主席讲话的理解大大加深了。特别是知道了我们党内，竟有人妄图否认伟大领袖毛主席是当代最伟大的天才，表示了最大、最强烈的愤慨，”“这种人就是野心家、阴谋家，是极端的反动分子，是地地道道的反革命修正主义分子，是没有刘少奇的刘少奇反动路线的代理人，是帝修反的走狗，是坏蛋，是反革命分子，应该揪出来示众，应该开除党籍，应该斗倒批臭，应该千刀万剐，全党共诛之，全国共讨之。”简报表示“衷心赞成”宪法中“增加毛主席是国家主席，林副主席是国家副主席”和“宪法要恢复国家主席一章”的建议。这份煽动性很大的简报，在各组引起强烈反响。参加会议的绝大多数成员，听说有人“否认毛主席是天才”、“贬低毛泽东思想”、“不赞成毛主席当国家主席”，都表示极大的愤慨，要求把这种人“揪出来”，从而造成一种紧张局势。

8月25日—31日　毛泽东指示收回华北组二号简报，并写出《我的一点意见》。25日上午，江青、张春桥、姚文元向毛泽东汇报了分组会情况，说，主席，不好了，他们要揪人。下午，毛泽东召开有各分组组长参加的中共中央政治局常委扩大会议。决定全会分组会立即停止讨论林彪23日的讲话，收回华北组二号简报。毛泽东说，不要揪人，要按九大精神团结起来；陈伯达的发言违背九大方针。毛泽东还说，你们继续这样，我就下山，让你们闹。设国家主席的问题不要再提了。要我早点死，就让我当国家主席；谁坚持，谁就去当，反正我不当。并对林彪说，你也不要当。会后，各组立即传达，制止了“揪人”和“设国家主席”的风潮。（此前，关于设不设国家主席的问题，中央5个常委中有4人是同意设的）26日—28日，周恩来、康生连续找吴法宪、李作鹏、邱会作谈话，要求他们检查。吴法宪报告林彪后，林彪说，你没有错，不要检讨。我们这些人搞不过他们，搞文的不行，搞武的行。黄永胜、叶群、吴法宪、邱会作等人纷纷撤回、销毁自己原来的讲话稿和发言记录。31日，毛泽东写出《我的一点意见》，在全会印发。全文为：“这个材料是陈伯达同志搞的，欺骗了不少同志。第一，这里没有马克思的话。第二，只找了恩格斯一句话，而‘路易·波拿巴特政变记’这部书不是马克思的主要著作。第三，找了列宁的有五条。其中第五条说，要有经过考验、受过专门训练和长期教育，并且彼此能够很好地互相配合的领袖，这里列举了四个条件。别人且不论，就我们中央委员会的同志来说，够条件的不很多。例如，我跟陈伯达这位天才理论家之间，共事三十多年，在一些重大问题上就从来没有配合过，更不去说很好的配合。仅举三次庐山会议为例，第一次，他跑到彭德怀那里去了。第二次，讨论工业七十条，据他自己说，上山几天就下山了，也不知道他为了什么原因下山，下山之后跑到什么地方去了。这一次，他可配合得很好了，采取突然袭击，煽风点火，唯恐天下不乱，大有炸平庐山，停止地球转动之势。我这些话，无非是形容我们的天才理论家的心（是什么心我不知道，大概是良心吧，可决不是野心）的广大而已，至于无产阶级的天下是否会乱，庐山能否炸平，地球是否停转，我看大概不会吧。上过庐山的一位古人说：'杞国无事忧天倾'，我们不要学那位杞国人。最后关于我的话，肯定帮不了他多少忙。我是说主要地不是由于人们的天才，而是由于人们的社会实践。我同林彪同志交换过意见，我们两人一致认为，这个历史家和哲学史家争论不休的问题，即通常所说的，是英雄创造历史，还是奴隶们创造历史，人的知识（才能也属于知识范畴）是先天就有的，还是后天才有的，是唯心论的先验论，还是唯物论的反映论，我们只能站在马、列主义的立场上，而决不能跟陈伯达的谣言和诡辩混在一起。同时我们两人还认为，这个马克思主义的认识论问题，我们自己还要继续研究，并不认为事情已经研究完结。希望同志们同我们一道采取这种态度，团结起来，争取更大的胜利，不要上号称懂得马克思，而实际上根本不懂马克思那样一些人的当。"

8月25日—10月5日　国务院主持召开全国北方农业会议。参加会议的有北京、天津、山西、河北、陕西、山东、安徽、河南、甘肃、青海、江苏、辽宁、宁夏、内蒙古等14个省、市、自治区的代表，南方各省、市和生产建设兵团也派代表参加了会议，共1 250余人，实际上是一次全国农业会议。会议先到大寨大队和昔阳县参观学习，然后到北京开会。会议总结和交流了各地学大寨的经验，讨论了当前农村中若干政策问题，提出了5年农业发展的跃进奋斗目标。会议通过了《关于北方地区农业会议情况的报告》。《报告》说：8年来农业生产连续丰收，1969年北京、上海、浙江粮食亩产已超过"纲要"。北方14个省、市、区粮食过"纲要"的县有84个，公社有1 251个，大队有2.6613万个。长期粮食不足的冀、鲁、豫3省粮食也初步做到自给。在农田基本建设方面，去年到今年春天，全国新增高产稳产农田3 000多万亩，总数达到4.5亿亩。其中北方14个省、市、区新增1 300多万亩，总数达1.5亿亩。《报告》还宣布了为农业服务的“五小”工业“蓬勃发展的大好形势”。预计今年全国小钢铁厂的钢产量将达到180万吨，生铁达到330万吨。全国90%左右的县有了农机修造厂。《报告》承认，目前全国粮食单产还比较低，抗灾能力不强，储备粮不多，农机化水平不高，特别是接近全国一半人口的北方14省、市、区，粮食还不能自给，依靠“南粮北调”的局面还没有改变。关于农村政策，《报告》提出，农村“六十条”中关于人民公社现阶段的基本政策仍然适用，必须继续贯彻执行。三级所有、队为基础的制度，自留地的制度，一般不要变动。在保持集体经济绝对优势条件下，可以经营少量自留地和副业，要按劳分配，反对平均主义，允许因地制宜种植。会议指出，为了实现第四个五年计划农业规划，必须采取：一、尽快扭转“南粮北调”局面；二、坚持“以粮为纲，全面发展”；三、大搞农田基本建设，做到每人有一亩稳产高产田；四、发展养猪，增加肥料，要实现两人一猪；五、搞好农业机械化，“四五”期间，争取耕作机械比达到可机耕面积的50%，排灌机械化达到60%。9月9日，陈永贵在会议上讲话，介绍了昔阳和大寨“狠抓阶级斗争，批判反革命修正主义路线，促进农业生产”的经验。12月11日，中共中央转发了国务院《关于北方地区农业会议的报告》。

8月25日—10月5日　商业部召开全国商业工作会议。会议批判了建国以来商业工作中的“流通决定生产”、“价值规律第一”、“利润挂帅”、“为全民服务”、“条条专政”、“靠资本家办店”等所谓错误观点；交流了各地开展“一打三反”、整顿清理职工队伍、实行工农监督管理城乡商业、加强对合作商业的社会主义改造和市场管理方面的经验；介绍了江西省1968年10月将全省合作商店、合作小组全部解散的所谓经验。会议期间，周恩来一再指示要抓好改善服务态度，提高服务质量的工作。会议介绍了上海市星火日夜商店、河南省林县石板岩供销社、北京市宣武区土产日用品管理处、苏州市57粮店、西安市19粮店等一批单位和个人提高服务质量的事迹。会议讨论了贯彻全国计划会议精神，做好商业工作的若干问题，提出：按照“统一计划、分级管理”的原则，改革商业管理体制。商业部直属机构，于1970年内全部下放地方管理。部管商品中，凡适合下放的，都下放地方管理。留下的商品，除粮、棉、油、纱、布、石油外，也改为“统一计划，差额调拨，品种调剂，保证上调，超产留用，一年一定”。部管的基建投资和资金、贷款、利润等财务指标，都改为地方管理。部负责申请分配的商业物资，也改由地方申请。1971年4月15日，国务院指示重新印发了这次会议报告。

8月26日—10月5日　外贸部在北京召开全国对外贸易计划会议。会议确定1971年对外贸易计划指标：收购总额91.2亿元，比1970年的计划增加5.7亿元；出口总额109.5亿元，比1970年的计划增加6.5亿元；进口总额94.5亿元，比1970年的计划减少21亿元。会议确定，从1971年起，外贸部在各地的企业下放给地方，实行双重领导，以地方为主。

8月29日　宁夏银川市革委会宣判“共产主义自修大学反革命集团案”。1969年11月，银川市13名青年组织“共产主义大学”，学习马列主义基本理论，撰写了一批探讨性文章。他们被错定为“反革命集团”。吴述森、鲁志立、吴述樟被判处死刑立即执行，其他人也分别被判处无期徒刑或关押，1人被迫害致死。1978年8月5日，中共宁夏回族自治区委召开大会，为这一冤案平反，为死难者昭雪。

本　月　国务院召开全国生产建设兵团会议。参加会议的有全国12个生产建设兵团和西藏生产建设师师以上主要领导干部。周恩来接见了会议代表并讲话。他针对当时兵团否定农垦事业优良传统的现象指出：“南泥湾精神不能丢，丢了要恢复起来。”并强调建设兵团要扭转亏损。他还针对兵团组建后限制家属从事集体生产的做法指出：“家属组织集体劳动，组织起来潜力很大。”

9月1日—6日　中共九届二中全会对陈伯达进行批判后宣布闭幕。9月1日晚，林彪主持召开中共中央政治局扩大会议，传达了毛泽东《我的一点意见》，并批判了陈伯达。吴法宪等人也受到批评。9月6日，全会基本上通过了《中华人民共和国宪法修改草案》，决定向全国人民代表大会常务委员会提出建议，进行必要的筹备工作，以便在适当的时候召开四届全国人大。全会批准了国务院关于全国计划会议和1970年国民经济计划的报告；批准了中央军委关于加强战备的报告。在闭幕会上，毛泽东讲话说："现在不读马、列的书了，不读好了，人家（指陈伯达）就搬出什么第三版呀，就照着吹呀，那么，你读过没有？没有读过，就上这些黑秀才的当。有些是红秀才哟。我劝同志们，有阅读能力的读十几本。从基本开始嘛，不妨碍工作。""要读几本哲学史，中国哲学史，欧洲哲学史。一讲读哲学史，那可得了呀，我今天工作怎么办？其实是有时间的。你不读点，你就不晓得。这次就是因为上当，得到教训嘛，人家是哪一个版本，第几版都说了，一问呢？自己没有看过。""庐山是炸不平的，地球还是照样转，极而言之，无非是那个味道。我说你把庐山炸平了，我也不听你的。你就代表人民？我是十几年以前就不代表人民了。因为他们认为，代表人民的标志就要当国家主席。我在十几年前就不当了嘛，岂不是十几年以来都不代表人民了吗？我说谁想代表人民，你去当嘛，我是不干。你把庐山炸平了，我也不干。你有啥办法呀！"关于团结问题，毛泽东说："不讲团结不好，不讲团结得不到全党的同意，群众也不高兴。""所谓讲团结是什么呢？当然是马克思列宁主义基础之上的团结，不是无原则的团结。提出团结的口号，总是好一些嘛，人多一点嘛。包括我们在座的有一些同志，历来历史上闹别扭的，现在还要闹，我说还可以允许。此种人不可少。你晓得，世界上有这种人，你有啥办法？一定要搞得那么干干净净，就舒服了，就睡得着觉了？我看也不一定。到那时候又是一分为二。党内党外都要团结大多数，事情才干得好。"周恩来、康生也在闭幕会上讲了话。周恩来代表中央宣布对陈伯达进行审查。全会在通过公报后闭幕。公报号召全党，"认真学习毛主席的哲学著作，提倡辩证唯物论和历史唯物论，反对唯心论和形而上学。"中共九届二中全会上的斗争，实质上是林彪集团与江青集团之间的争夺权力斗争。毛泽东的表态，使林彪集团发起的有组织、有预谋的进攻归于失败。

9月2日　民革中央副主席熊克武去世。熊克武，字锦帆，1885年生。四川井研人。早年留学日本，1905年加入中国同盟会，曾参加广州黄花岗起义。辛亥革命后，历任同盟会四川支部长，蜀军北伐军总司令，四川军政府第五师师长，重庆镇守使等职。1915年与蔡锷组织护国军，任川滇护国军联军总司令、护国军招讨使，反对袁世凯称帝。1918年起参加护法运动，任四川靖国军总司令、四川督军、四川省长等职。1924年在国民党第一次代表大会上当选为中央执行委员。1925年任建国川军总司令、广东国民政府委员等职。后曾参与反对蒋介石的军事活动。任国民党中央执行委员、中央监察委员等职。1949年发表声明拥护中国共产党和中央人民政府的领导。中华人民共和国成立后，任西南军政委员会副主席、第一、二、三届全国人大常委会委员，中国国民党革命委员会第四届中央副主席。

9月12日　中共青海省委第二书记王昭去世。王昭，1917年生。河北平山人。1932年加入中国共产党，在平山县从事中共党团工作，历任中共平山县委驻城关特派员，中共平山县委委员兼共青团县委书记，中共平山县委书记。抗日战争时期，先后任中共平山中心县委书记，中共北岳区第四分区地委副书记、书记，中共冀晋区党委副书记兼组织部长，冀晋军区副政委。解放战争时期，任晋察冀军区第四纵队政委，中国人民解放军第十九兵团六十四军政委。1949年作为解放军代表参加了中国人民政治协商会议第一届全体会议。中华人民共和国成立后，率部参加抗美援朝作战，任中国人民志愿军第十九兵团政治部主任。1953年回国后任公安部副部长兼政治部主任，并兼公安学院院长。1961年任中共青海省委第二书记、青海省省长等职。“文化大革命”期间受到诬陷迫害，9月12日惨死狱中。1979年12月，中共中央为他平反昭雪，恢复名誉。

9月15日　广东沿海发生强台风灾害。强台风带来特大暴雨，使揭西县横江水库决口，冲毁村庄51个，死亡878人，倒塌房屋4.3万多间，近6万人无家可归，20多万亩农作物受灾。10月中旬，强台风再次在海南岛和雷州半岛登陆，造成100多人死亡，3万多间房屋倒塌，10多万亩晚稻无收。

9月17日　周恩来与文教部门负责人谈话，指出“不要因人废文”。他说：“王云五编的四角号码字典为什么不能用？不要因人废文。一个人有问题，书就不能用了？它总有可取之处嘛！”“任何思想的发展都不是无根的，新社会是从旧社会里脱胎出来的。”“要有点辩证法，不要一听封建主义、资本主义就气炸了，那叫形而上学，片面性。”“中华书局、商务印书馆就不能要了？那样做，不叫为群众服务。青年一代着急没有书看，他们没有好书看，就看坏书。”周恩来还指出：“要懂得水有源树有根。毛泽东思想是从马克思列宁主义发展来的，马克思列宁主义是毛泽东思想的根。《新华字典》也是从《康熙字典》发展来的嘛！”“要古为今用，推陈出新。”

9月20日　周恩来指示国家计委通过调查研究制订计划。他要求组织有关人员下去调查研究，联系实际，联系群众，以块块为主，自下而上提出计划意见，然后综合平衡。根据这一指示，28日，国家计委决定组织各部委256人到各地调查研究，听取各地对1971年计划和“四五”计划的意见，提出综合平衡的初步意见；了解战略后方基地的工业布局情况，解决地区协作等问题；研究加快西北、西南大三线地区的农业发展问题；研究改革经济体制和明年物资、财政、基建大包干以后的新问题。在调查基础上拟订1971年计划草案和四五计划指标和项目设想。10月5日，周恩来接见了12个部委负责人，指出：你们这次下去，没有上方宝剑，不是钦差大臣，不要瞎指挥。要通过调查研究，把家底摸清。发展经济不能搞万马奔腾，齐头并进，要有先有后，有分工；厂矿不能像1958年那样统统下放，要一步步地放；物资调配不要一下放，大包干，要有个过渡办法。协作要按经济法则，要按计划，计划还是全国一盘棋。

9月22日　《光明日报》发表介绍北京香厂路小学举办工农兵讲师团的调查报告。题为《改造学校教育阵地的一支重要的力量》的这个报告说，北京市香厂路小学在1968年11月建立了工农兵讲师团，由工人32名，解放军战士和贫下中农各2名组成。讲师团除在课堂上给学生忆苦思甜、讲村史、家史、个人成长史等阶级教育课外，“工人师傅结合工厂的斗争实际讲课，贫下中农在田间、地头给学生讲活的农业基础知识课”，并同时对在校教师进行“再教育”。报告认为，这样做“建立了工农兵、教师、革命小将三结合备课、讲课的新制度，改变了知识分子独占讲台的现象。”自1968年工人、解放军宣传队进驻学校，农村由贫下中农管理学校以来，各地学校都陆续成立了工农兵讲师团。天津、江苏、广东等地区还抽调了一批工人、贫下中农任专职教师，或者采取工农与原有教师轮换的制度，被称为“掺沙子”，以改变“知识分子独霸的一统天下”。这个报告发表后，讲师团的做法进一步得到推广。

9月23日　毛泽东主席会见越南总理范文同。双方进行了友好的谈话。在谈到当前国际形势时毛泽东说，看样子打不起来大战，几个大国都不想打，彼此都怕对方。同时，欧洲许多国家：英国、法国、意大利、西德也不想打。在谈到中国国内形势时，毛泽东指出，这个条条专政的问题在我们国内也是现在才开始解决。条条专政就是不能发挥各省的积极性，煤炭归煤炭部管，这条线一直插下去，钢铁归冶金部管。中方参加会见的有林彪、周恩来、康生、黄永胜、李先念。

同　日　全国曲艺工作者协会主席赵树理去世。赵树理，1906年生。山西沁水人。1937年加入中国共产党。抗日战争时期在太行山抗日根据地从事革命文艺创作。1939年任《黄河日报》的副刊《山地》主编。1940年任八路军一二九师《人民报》副刊编辑。延安文艺座谈会以后，创作了《小二黑结婚》、《李有才板话》、《李家庄的变迁》等优秀小说。中华人民共和国成立后，任全国文联常委，全国曲艺工作者协会主席，全国作家协会理事等职。先后发表了《三里湾》、《灵泉洞》、《锻炼锻炼》等小说，还写了一些剧本和文艺理论文章。其小说创造性地继承和发展了中国古典小说及五四以来新文学的优良传统，具有独特的民族形式和民族风格，为中国革命文学的发展做出了重要贡献。在“文化大革命”中遭受残酷迫害，9月23日在太原逝世。1978年10月17日，中共山西省委为赵树理举行了骨灰安放仪式。

9月25日　国家计委生产组《工作情况》介绍企业下放情况。截至9月为止，工交9个部门直属的3 082个企业、事业单位，已下放2 237个，占总数的73%。其中完全下放给地方的有1 412个；双重领导，以地方为主的814个；双重领导，以中央为主的11个。在下放过程中，各部门反映出如下主要问题：一、企业下放后，管理工作跟不上，影响了生产。二、有些供应全国的产品，下放到省、区后，物资供应排不上队。三、有些企业、特别是机修企业下放后，省里不愿承担部里安排的任务。四、有些与全国联系的业务工作，下放后工作有困难。五、企业下放后，有些差额预算单位，完全由地方补贴收支差额有困难。六、四川、辽宁等省反映，中央企业下放多，一时管不过来，要求暂缓某些部门的下放。

9月27日　中国人民解放军副总参谋长李天佑上将去世。李天佑，1914年1月生，广西临桂人。1929年参加中国共产党，同年参加百色起义，历任中国工农红军排长、连长、团长、师长。参加了长征。1935年到陕北后，任红一军团团长，红二师副师长、红四师师长。抗日战争时期，任八路军一一五师团长、旅长。1939年赴苏联学习军事。解放战争时期，任北满军区参谋长，松江军区司令员兼哈尔滨市代理卫戍司令员，东北民主联军第一纵队司令员，第四野战军三十八军军长，十三兵团副司令员，参加了辽沈、平津等战役。中华人民共和国成立后，历任广西军区副司令员、司令员，广州军区第一副司令员、代理司令员，中国人民解放军副总参谋长。1955年被授予中国人民解放军上将军衔。任中央军委委员。在中共九大上当选为中央委员。第二、三届国防委员会委员。

9月28日　毛泽东主席会见阿尔巴尼亚经济代表团。双方进行了友好的谈话。毛泽东回顾中国革命的历史说，开始的时候，各省各城市只有一些马克思主义的小组，后来联合起来了，组织成一个党。开始就是抄俄国，抄苏联的章程。那时候抄十月革命也是必要的，我们没有，自己不会搞嘛。以后逐步学会怎样搞革命，经过多少个挫折才取得胜利。在谈到中美关系时，毛泽东说，美国人提出了一个建议，说中美会谈在华沙这个地方不好，他们愿意到北京来谈。我们说，你讲得对，谈了这么多年都没有结果，可以到北京来谈，但要谈台湾问题。中方参加会见的有周恩来、康生、李先念、李强、方毅、白相国。

10月1日　毛泽东登上天安门城楼同首都40万军民一起庆祝中华

友好的谈话。在谈到中国的“文化大革命”时，德姆维尔询问，1969年文化大革命已经结束了吧？毛泽东回答说，就是那个高潮结束了，有些工作还没有结束。清华大学就是两派武斗的一个学校，教员里头有坏人，同时学生里头也有坏人。有一些人不算那么坏，他就叫做犯错误。所以，现在我们没有去罚什么人。关于世界革命，毛泽东指出，革命是各国人民自己的事，中国人不能代替别国去革命，好像你们法国大革命那样，并不是美国人帮忙去代替的。双方还谈到了当前国际形势及法国历史问题。参加会见的有周恩来、康生等人。

同　日　毛泽东在吴法宪的第一次书面检讨上批示。9月29日，吴法宪就自己在庐山会议上的表现向毛泽东提交检讨。毛泽东在首页加批语说：“此件已阅。我愿意看见其他宣讲员的意见。”吴法宪在检讨所犯错误时写道：我……在庄严的二中全会上，讲这样关系全局的原则性的大问题，事先没有请示政治局的同志，更未向主席、林副主席请示报告，严重的无组织、无纪律。毛泽东于此处加批语：“作为一个共产党人，为什么这样缺乏正大光明的气概。由几个人发难，企图欺骗二百多个中央委员，有党以来没有见过。”吴法宪在检讨中说：“这次党的九届二中全会，揪出了大野心家、大阴谋家、反党分子陈伯达。”毛泽东于此处加批语：“是个可疑分子。我在政治局会议上揭发过，又同个别同志打过招呼。”吴法宪在检讨中说：“陈伯达曾来谈‘天才’方面的问题。”毛泽东于此处加批语：“军委办事组各同志（除个别同志如李德生外）忘记了九大通过的党章、林彪同志的报告，又找什么天才问题，不过是一个借口。”吴法宪在检讨中说：“陈伯达的发言利用了自己提出的‘伟大谦虚’说法。”毛泽东于此处加批语：“什么伟大谦虚，在原则问题上，从来没有客气过。要敢于反潮流。反潮流是马列主义的一个原则。在庐山我的态度就是一次反潮流。”吴法宪在检讨中说：“陈伯达发言稿上造谣说‘中央委员会也有斗争’。”毛泽东于此处加批语：“这句话并没有错，中央委员会有严重的斗争，有斗争是正常生活。”

10月15日　毛泽东在叶群的第一次书面检讨上批示。10月12日，叶群就自己在庐山会议上的表现向毛泽东提交检讨。叶群在检讨中说：“这次犯的错误是严重的，是路线性的。”毛泽东于此处加批语：“思想上政治上的路线正确与否是决定一切的。”叶群在检讨中说：“我这次犯的错误，主要是这样几个问题：一、没有注意核实情况。”毛泽东于此处加批语：“爱吹不爱批，爱听小道消息，经不起风浪。”叶群在检讨中引用了毛泽东的话：“矛盾，以揭露为好。要揭露矛盾，解决矛盾。”认为自己犯错误是和稀泥，结果帮了倒忙。毛泽东于此处加批语：“一个倾向掩盖着另一倾向。九大胜利了，当上了中央委员不得了了，要上天了，把九大路线抛到九霄云外，反九大的陈伯达路线在一些同志中占了上风，请同志们研究一下是不是这样的呢？”叶群在检讨中说：“在庐山接到一份论天才的语录，不加分析地引用，间接地被陈伯达利用了。”毛泽东于此处加批语：“多年来不赞成读马列的同志们为何这时又向马列求救，题目又是所谓论天才，不是在九大论过了吗？为何健忘若此？”“直接地利用材料，所以不必加以分析。材料是一种，无论谁搞的都是一样，难道别人搞的就不算上当吗？”叶群在检讨中说：“过去对陈伯达的斗争是不够有力的。”毛泽东于此处加批语：“斗争过吗？在思想上政治上听他的话，怎么会去同他斗争？”叶群在检讨中说：“怀疑陈伯达是‘刘邓及旧中宣部阎王殿反动罪行的同谋者’。”毛泽东于此处加批语：“不上当是不会转过来的，所以上当是好事。陈伯达是一个十分可疑的人。”叶群在检讨中表示：要按主席教导认真读几本马、恩、列、斯著作。毛泽东于此处加批语：“这是十分重要的，一个共产党人不读一点马列怎么行呢？我指的主要是担负高级职务的人。”毛泽东在检讨最后批道：“不提九大，不提党章。也不听我的话，陈伯达一吹就上劲了，军委办事组好些同志都是如此。党的政策是惩前毖后，治病救人，除了陈待审查外，凡上当者都适用。”

同　日　中国和赤道几内亚在圣伊萨贝尔签署联合公报，决定自即日起建立大使级外交关系。

10月16日　中国同阿尔巴尼亚政府在北京签订中国向阿尔巴尼亚提供长期无息贷款的协定和1971年到1975年交换货物和付款的协定。

同　日　新疆哈密矿务局露天煤矿建成并投产。这座煤矿总储量

8 653万吨，从采掘、运输到选煤、装车等整个生产系统，全部是机械化操作，是西北地区第一个现代化的大型煤矿。

10月16日—11月10日　国家计委召开清仓节约工作座谈会。会议强调要把清仓节约工作持久地开展下去。初步设想，1971年回收废钢铁800万—1 000万吨，节约金属材料150万—200万吨，煤炭2 500万—3 000万吨，电力100亿—120亿度，石油100万—120万吨，木材200万—250万立方米。

10月17日　中国和朝鲜政府在北京签订中国向朝鲜提供经济技术援助协定和1971年到1976年相互供应主要货物协定。根据协定，中国为朝鲜提供无息贷款7.14亿元。加上8月10日签订的无偿军事援助6亿元，全年对朝鲜援助金额为13.14亿元。

10月20日—11月23日　国家计委地质局在北京召开“抓革命、促生产”会议。会议提出要提前一个五年计划和一个十年计划为国家建设准备资源条件，为各经济协作区建立各有特点、不同水平的工业体系提供足够的、配套齐全的矿产资源。“四五”期间要大力加强区测和普查工作。三线地区，到1975年主要矿产探明储量要达到全国一半以上。要为北方干旱地区和大、小三线地区农牧业供水积极寻找地下水，尽快改变“南磷北运”，并为扭转“北煤南运”状况做出贡献。要积极进行海洋地质调查，力争早日在南黄海钻探见油。要确保铬、镍、钴、铂等国家急需矿种立足国内，自给有余。要积极为国防、尖端工业寻找铀、水晶、云母、金刚石等矿产资源。12月21日，中共中央批转了《会议纪要》。

10月23日　国家科委副主任范长江去世。范长江，原名希天，1909年生。四川内江人。1927年入国民革命军第二十军学生营当兵，同年该营并入贺龙部队，参加了南昌起义。1931年发起组织北大学生长城抗敌慰问团，积极投入抗日救亡运动。1935年以《大公报》记者身份到西北地区采访，首次如实报道了中国工农红军和二万五千里长征。1936年第一次向全国公开报道了西安事变的真相和中国共产党的正确主张。1937年到延安采访，打破了国民党的新闻封锁，用事实驳斥了国民党对陕北根据地和工农红军的歪曲。1939年加入中国共产党。1942年进入苏北解放区，先后担任新四军苏皖鲁边区新闻学校校长、新华通讯社华中分社社长、《新华日报》（新中版）社长等职。解放战争时期为新华社负责人之一。中华人民共和国成立后，任上海《解放日报》社长，中央人民政府政务院新闻总署副署长，《人民日报》社长等职。1952年以后，历任政务院文教委员会副秘书长，国务院第二办公室副主任，科学规划委员会秘书长，国家科委副主任，中国科协党组书记、副主席等职。是全国政协委员。“文化大革命”中遭到迫害，10月23日在河南确山含冤去世。主要著作有：《中国的西北角》、《塞上行》、《陕北之行》等。1978年12月中共中央宣布为他平反昭雪。

同　日　中共中央西北局书记胡锡奎去世。胡锡奎，1896年生。湖北孝感人。1925年加入中国共产主义青年团，同年转入中国共产党。1926年赴苏联学习。1928年回国。1929年负责编辑中共顺直省委宣传部刊物《北方红旗》等。后历任中共北平市委书记，中共天津市委代理书记，中共唐山市委代理书记。1931年被捕入狱，1936年经组织营救出狱。抗日战争时期，任中共京东特委书记，中共冀热辽特委书记兼任冀东抗日联军政治部主任，中共晋察冀区党委常委兼宣传部长，中共中央晋察冀分局宣传部部长，主办党刊《战线》，创办《半月时事》、《工作通讯》等。1944年和邓拓主持出版第一部《毛泽东选集》。解放战争时期，任中共热河省委书记兼热河军区政委，中共中央冀热辽分局社会部部长，中共辽西省委书记，中共中央华北局党校副校长，华北人民革命大学副校长。中华人民共和国成立后，历任中国人民大学副校长兼校党委书记，中共中央西北局书记处书记等职。“文化大革命”中受到诬陷和迫害。1979年中共中央宣布为他平反昭雪，恢复名誉。

10月27日　中国排球协会抗议国际排联追随美国制造“两个中国”的阴谋。中国排协郑重宣布，退出国际排联，断绝同它的一切关系。

10月28日　中共中央发出《关于召开地方各级党代表大会的通知》。《通知》指出：召开地方各级党代表大会，产生新的党委所必须具备的五个条件是：一、广大党员阶级斗争、路线斗争和继续革命的觉悟大大提高。二、革命大联合和革命三结合是巩固的。三、经过清理阶级队伍运动和“一打三反”运动，阶级阵线基本分明。四、绝大多数基层党组织通过整顿，进行了吐故纳新，纯洁了党的队伍，密切了党群关系。五、形成了一个革命的，联系群众的领导核心。《通知》提出，各地区可以分期分批召开省、地、县各级党代表大会和建立各级党委，在1971年7月1日建党50周年之前，把全国各省、市、自治区的党委基本上建立起来。《通知》要求：在各地方各级党的代表大会中，工人、农民、解放军、劳动人民的优秀党员要占绝大多数；妇女党员一般不少于15%~20%；在有少数民族的地方，少数民族党员要有一定的比例。《通知》最后决定：新的党委成立以后，不另设重叠的办事机构，革命委员会的办事机构基本上就是党委会的办事机构。《通知》发出后，自11月24日—1971年8月18日，全国29个省、市、自治区都先后召开了地方党的代表大会，成立了新的省、市、自治区党委。

10月—11月　尼克松传递表示希望访问中国的意向。10月初，美国总统尼克松公开表示：“如果我在死以前有什么事情可做的话，那就是到中国去。如果我去不了，我要我的孩子们去。”10月25日，尼克松在白宫会见巴基斯坦总统叶海亚·汗时提出，中美关系十分重要，他要同中国和好。美国绝不会同苏联合谋反对中国，愿派一高级使节秘密访问中国。请叶海亚·汗作中介人协助。10月26日，尼克松会见罗马尼亚总统齐奥塞斯库时又表示了同样的愿望，并使用了“中华人民共和国”的正式名称。11月10日，叶海亚·汗访问中国与周恩来总理会谈时转达了尼克松的口信，说尼克松要同中国和好，愿意同中国进行有限的贸易；美国希望在高一级进行秘密对话，并准备派一两名高级人士和墨菲、杜威在任何时候和任何地方同中国对话。尼克松还暗示，如果中国要在官方一级会谈，他可以派主要顾问基辛格前往，他迫切等待中国的答复。11月14日，周恩来总理正式答复叶海亚·汗说：“阁下清楚，台湾是中国不可分割的领土，解放台湾是中国的内政，不容外人干预。美国武装力量占领台湾和台湾海峡，是中美关系紧张的关键问题。如果尼克松真有解决上述关键问题的愿望和办法，中国政府欢迎美国特使来北京商谈。时机可通过巴基斯坦总统商定。”叶海亚·汗回国后即派专人将周恩来的答复口信（无头衔、无签字的手抄备忘录）送给巴基斯坦驻美大使，口头传达给基辛格。不久，基辛格答复，美国同意接受邀请，准备在北京举行高级会谈，讨论包括台湾在内的存在于美中之间的各种各样的问题。11月下旬，罗马尼亚副总理勒杜列斯库访华也传递了美国的口信。周恩来也按上述口信做了同样的答复，并表示：尼克松总统既已访问过布加勒斯特和贝尔格莱德，那么他在北京也会受到欢迎。1971年1月，这个信息由罗马尼亚驻美大使传达给基辛格。

11月4日　财政部、农林部发出《关于下放育林基金管理权限和研究改革意见的通知》。《通知》决定将国有育林基金和集体育林基金的收支管理、年度指标安排，以及计划、决算的审批，从1971年起，全部下放给各省、自治区、直辖市负责审理。

11月5日　台湾民主自治同盟原主席谢雪红去世。谢雪红，又名飞英，1901年生。台湾彰化人。1925年参加上海五卅爱国运动，同年加入中国共产党，同年底被派往莫斯科东方大学学习。1928年和1931年两次被日本统治当局逮捕，长期监禁达9年之久，在狱中坚持斗争。1940年出狱后仍坚持地下斗争。1947年参加领导台湾“二二八起义”，曾被台湾中部人民推选为台中市民大会主席。同年11月在香港主持成立台湾民主自治同盟，被推选为第一任主席。不久重新加入中国共产党。1949年参加中国人民政治协商会议第一届全体会议。中华人民共和国成立后，任台湾民主自治同盟主席，全国政协委员、全国人大法案委员会委员、全国妇女联合会常务委员、中华全国青年联合会副主席等。

11月6日　中共中央做出《关于成立中央组织宣传组的决定》。《决定》规定：一、为了党在目前进行的组织宣传工作，实施统一管理，中央决定在中央政治局领导下，设立中央组织宣传组。二、中央组织宣传组设组长一人，由康生担任，设组员若干人，由江青、张春桥、姚文元、纪登奎、李德生担任。三、中央组织宣传组管辖中央组织部、中央党校、人民日报社、红旗杂志社、新华社总社、中央广播事业局、光明日报社、中央编译局的工作，以及中央划归该组管辖单位的工作。四、工、青、妇中央一级机构和它们的“五七”干校，均划归中央组织宣传组管辖。五、中央组织宣传组可设短小精干的联络办公室。六、中央旧中宣部、政治研究室均取消，归中央办公厅负责管理它们的“五七”干校和安置工作。以后，康生称病不出，李德生调往沈阳，中央组织宣传大权落到了江青、张春桥、姚文元手中。

同　日　中共中央发出《关于高级干部学习问题的通知》。《通知》指出：最近，毛主席在党的九届二中全会上，又一次指示：党的高级干部，不管工作多忙，都要挤时间，读一些马列的书，区别真假马列主义。为了使高级干部的学习搞得好一些，特通知如下：一、要进一步提高党的高级干部学习的自觉性。这里讲的高级干部，主要是指中央委员，中央各部委领导人员，地方省、市、自治区党的核心小组成员和军队军党委常委以上的同志。二、读什么书？马、恩、列、斯的基本著作。《通知》开列了6本马、恩、列著作和5本毛泽东著作。包括：1. 马克思、恩格斯：《共产党宣言》；2. 马克思：《哥达纲领批判》；3. 马克思：《法兰西内战》（选读）；4. 恩格斯：《反杜林论》（选读）；5. 列宁：《国家与革命》（选读）。毛泽东：《实践论》、《矛盾论》、《关于正确处理人民内部矛盾的问题》、《在中国共产党全国宣传工作会议上的讲话》、《人的正确思想是从哪里来的》。三、在学习中，要坚持理论联系实际的原则。以自学为主，和集体讨论相结合。

同　日　中国和意大利发表两国建立外交关系的联合公报，决定自即日起建立大使级外交关系。

11月6日—20日　周恩来与北京大学、北京外语学院等校师生代表座谈外语教学。周恩来在5个夜晚的谈话中指出：对建国17年来的外语教学工作“要一分为二。不能把合乎毛主席思想、合乎规律的也否定了。”他说：“学外语要天天练。天天练的时间不要仅限于一个小时。”“外语教师也好，外事工作人员也好，总是要练，要允许人家抽空练。”“现有的中学英语课本，只有政治词汇，没有生活词汇，实在不适用，应当修改。政治语言和生活语言可以一并学，实际上也不能分，北大英语教材有一个问句：‘你出身工人家庭吗？’这个问题局限性太大，难道除此之外就没有别的出身？”周恩来强调要抓好基本功，他说：“外语教学有个基本功问题。”“不光是要掌握外语的语音、词汇、语法，做好听、说、读、写、译5个字，还要懂得历史、地理。”“你不懂这些知识，做翻译时就译不出来。”“不但要有政治水平，同时要有较高的文化水平。没有基本功和丰富的知识不行。基本功包括3个方面：政治思想、语言本身和各种文化知识。”关于外语教学要造就什么人材，周恩来指出：第一是师资，第二是培养懂外文的干部、技术人员，第三是外事工作人员。这3方面的需要都很急迫，需要量最大的是师资，最急需的是外事人员。他还特别提出：“俄文为什么丢掉呢？一旦需要，量是很大的。”

11月11日　毛泽东给戴高乐夫人发去唁电，悼念法国前总统戴高乐逝世。唁电说，“谨对他，反法西斯侵略和维护法兰西民族独立的不屈战士，表示诚挚的悼念和敬意。”同日，董必武副主席、周恩来总理致电法国总统蓬皮杜，对戴高乐逝世表示深切哀悼，同时前往法驻华使馆吊唁戴高乐逝世。同日，中国政府任命驻法大使黄镇为中国特使，参加戴高乐葬礼。

11月13日　毛泽东主席会见巴基斯坦总统叶海亚·汗。双方进行了友好的谈话。在谈到对外援助时，毛泽东说，第四个五年计划安排的对外经济援助太少，特别是对巴基斯坦的经济援助很不够，要由原定的2亿元增加到5亿元。在谈到国内经济形势时，毛泽东说，管理经济很不容易，早先我们不会搞，经过几个周折才学会了一点。例如，有一年北戴河会议，提出一年要搞1 800多个建设项目，结果物力和财力都不够，要什么没有什么，没办法就砍，一砍，又砍得太多了，只剩下800项。他还说，有些项目搞得越来越大，叫“大、洋、全”，而我们通过实践提出搞“小、土、群”，后来一扫而光，现在又搞起来了。毛泽东认为，钢铁工业这几年总在年产钢1 000万吨到1 800万吨之间徘徊，徘徊了10年还是上不去，现在许多人觉悟了，今后有可能上去，但是不要太急了，急了会吃亏的。现在要防止有些人动不动就要翻一番。参加会见的有董必武、周恩来、康生、黄永胜、李先念、邱会作等人。

同　日　周恩来总理与巴基斯坦总统叶海亚·汗会谈。周恩来在谈话中说："这25年来，新的世界大战没有发生，原因之一的确是因为有了核武器，一场核大战不容易打。核武器越多的国家越害怕打。""另一方面，美国自己的军事力量和基地遍及全球，局部战争没有停。在印度支那，如果美国的局部战争不停，战争会扩大。这是不以人们的意志为转移的。但战争扩大不一定就是世界大战，仍然是局部战争。原因是大国不敢发动核战争。""在局部战争中，只要各国人民依靠自己的力量，最终完全可以取胜。中国胜利了，古巴也独立了。在朝鲜至少可以算是将美帝打回到"三八"线。印支三国如不发生别的情况，最终也将取得胜利。"周恩来指出："所以我们可以看出，一个民族独立的国家只要以依靠自己的力量为主，不听从超级大国的指挥，不论美国或苏联的干涉，都是要失败的。"他说："二次大战后，许多国家从殖民地、半殖民地变成了民族独立国家。开始的时候，新殖民主义还起作用，现在经济上的新殖民主义仍然存在。但是民族独立运动正在一天天高涨，新殖民主义的作用正在一天天减弱。现在一些发达国家以武装力量为后盾，要用新殖民主义的办法实行经济扩张。这种做法不合时代的潮流，就连他们本国人民的觉悟也在提高，不断起来反对他们。所以，看起来世界形势是紧张的，但是民族独立运动的形势是在高涨的。"在这次谈话中，周恩来对那种认为新的世界大战不可避免的"左"倾错误认识作了纠正。

同　日　财政部在辽宁省召开全国企业经济核算现场会。会议听取了大连染料厂和沈阳机车车辆厂起重机车间的经验，就加强企业的经济核算问题展开了讨论，统一了思想。会议指出，1970年1月—9月份同去年同期相比，全国工业总产值增长20%以上，工业企业上交利润增长38.2%，国家用于基本建设方面的资金增长38.4%，百元产值占用的资金由上年的37.4元降到33.2元。但是由于目前有些企业放松经营管理，不讲经济核算，损失浪费现象仍相当严重。有的企业收支无计划，工时无记录，消耗无记载；有的企业讲排场，摆阔气，大手大脚，挥霍国家资财；有的企业经营不善，长期亏损，甚至认为亏损有理，补贴应该。针对这些问题，会议提出，要加强经济核算，改革不合理的规章制度，严格遵守财经纪律，要扫除阻碍经济核算的错误思想，要反对“吃大锅饭”和掩盖管理上落后状况的做法。会议还就如何搞好经济核算，严守财政纪律，提出了具体意见。

11月15日　大庆“铁人”王进喜去世。王进喜，1923年生。甘肃玉门人。早年即在玉门油矿当工人。中华人民共和国成立后，任玉门油矿钻井队队长。1956年加入中国共产党。20世纪60年代初，率领1205钻井队参加开发大庆油田的会战，在工作中一不怕苦，二不怕死，为发展中国的石油工业做出了贡献，被群众誉为“铁人”。他所代表的精神被称之为“铁人精神”。1964年当选为第三届全国人大代表。1968年任大庆革命委员会副主任。在中共九大上当选为中央委员。全国劳动模范。11月15日因病在北京逝世。

11月16日　中共中央发出《关于传达陈伯达反党问题的指示》。《指示》指出：一、“在党的九届二中全会上，陈伯达采取了突然袭击，煽风点火，制造谣言，欺骗同志的恶劣手段，进行分裂党的阴谋活动。”“在毛主席亲自领导下，全会揭露了陈伯达的反党、反九大路线，反马克思主义、列宁主义、毛泽东思想的严重罪行，揭露了他假马克思主义者、真野心家、阴谋家的面目。”二、“九届二中全会以后，在一部分党的高级干部中口头传达过陈伯达反党的问题。为了教育干部，让较多同志了解这个问题，中央决定将毛主席《我的一点意见》一文印发给你们，请你们立即向党的地区级核心小组成员、部队师级党委委员和同级党员负责干部以及中央各专案组人员宣读和传达。传达内容主要以毛主席《我的一点意见》一文为准。”三、“在这个文件中，毛主席揭露了陈伯达反动的资产阶级唯心论，驳斥了他的谣言和诡辩，进一步阐明了马克思列宁主义认识论的基本观点，号召全党同志站在马列主义的立场上，同陈伯达划清界限，努力学习马克思列宁主义，不要上号称懂得马克思，而实际上根本不懂马克思那样一些人的当。”各单位要组织认真学习和讨论这个文件。四、“陈伯达历史复杂，是一个可疑分子。中央正在审查他的问题。各单位在传达时，要号召了解他情况和问题的同志，进行检举和揭发。”五、“对陈伯达的问题，外间有一些猜测，敌人也在探听消息。传达时请你们注意保密。”《指示》发出后，全党开展了“批陈整风”运动。

11月20日　第二十五届联合国大会通过由阿尔巴尼亚等国提出的要求恢复中华人民共和国在联合国的合法席位提案。这个提案是以51票对49票、25票弃权而通过的，提案要求立即把蒋介石集团驱逐出联合国。由于联合国大会同时以60票对52票、7票弃权通过了美国组织日本等国提出的“重要问题”提案，决定阿尔巴尼亚等国提案需有2/3以上多数方能生效，恢复中国在联合国的合法权益提案再次受到阻挠。

11月24日　毛泽东做出提倡野营拉练的批示。他在北京卫戍区《关于部队进行千里野营拉练的总结报告》上批道：“林彪同志：此件可阅，我看很好。请你和黄永胜同志商量一下，全军是否利用冬季实行长途野营训练一次，每个军可分两批（或不分批），每批两个月，实行官兵团结、军民团结。三支、两军者不在内，但大、中、小学（高年级）学生是否利用寒假也可以实行野营训练一个月，工厂是否可以抽少数工人（例如1/4，但生产不能减少）进行野营练习。请与中央各同志一商。在报告的最后一页，毛泽东批示：“如不这样训练，就会变成老爷兵。”12月6日，中共中央军委发出《通知》，要求全军迅速掀起冬季长途野营训练的热潮，从12月到次年3月，普遍拉练两个月。按照这一部署，拉练的第一阶段侧重进行阶级教育、光荣传统教育和演练行军宿营、侦察警戒、生活管理、做群众工作等；第二阶段可搞一些急行军、夜行军，侧重练指挥、练通信联络、练战术技术、练诸兵种的协同动作和后勤保障。《通知》要求担任机动作战任务、守备任务、施工基建和生产任务的部队及海、空军地面部队，军队院校和大军区以上机关都要根据各自情况组织拉练。此后至1971年9月，解放军540个师以上机关，43所院校，90%以上的野战部队都进行了野营训练。通过训练，练思想，练作风，练指挥，练战术技术，练走练打，全面锻炼了部队；同时开展拥政爱民活动，密切了军民关系。野营训练也暴露出军队受“文化大革命”影响不搞军事训练而造成的许多问题。12月10日，中共中央发出《通知》要求：“大、中城市（包括省、地直属市）学校的野营拉练，可在寒假或暑假期间分期分批进行，大学每批一个月，中学和小学五、六年级学生，每批20天到30天。”此后的三四年内，全国大、中城市的学校都按照这一指示，师生每年分期分批进行野营训练一二次。

同　日　中国和埃塞俄比亚在亚的斯亚贝巴签署联合公报，决定自即日起建立大使级外交关系。

11月24日—12月4日　中共湖南省第三次代表大会在长沙举行。出席会议的有920名代表。会议听取了省革命委员会党的核心小组代组长华国锋的工作报告，选举并经中共中央批准成立了由75名委员和15名候补委员组成的中共湖南省第三届委员会。华国锋当选为省委第一书记，卜占亚为省委书记，杨大易为副书记。这是1967年2月以来中共湖南省委第一次恢复工作，也是全国各省、市、区中第一个恢复成立的中共省委机构。

11月26日—29日　中国乒乓球队在第十三届斯堪的纳维亚国际乒乓球锦标赛上获得了女子团体、女子单打、女子双打、男子双打、混合双打5项冠军。这是中国乒乓球队自“文化大革命”以来第一次参加国际比赛。由庄则栋、李富荣、周兰荪等人组成的男队未能进入决赛。

11月29日　民建中央副主席施复亮去世。施复亮，原名存统，1899年生。浙江诸暨人。1919年参加五四运动。1920年加入上海共产主义小组。1922年初负责筹备中国社会主义青年团的工作，同年5月当选为团中央书记部书记。1923年8月当选为团中央执行委员。1923年9月—1926年在中共培养干部的上海大学任教。1926年后在中山大学、黄埔军校、广州农民运动讲习所任教。1927年3月任武汉中央军事政治学校政治部主任兼教官。1927年大革命失败后脱离中共。先后在上海大陆大学、北平师范大学、广西大学、山西民族革命大学任教授。抗日战争爆发后，投身抗日救亡运动，为文化界救国会领导人之一。1945年参与发起组织中国民主建国会。1946年2月10日在“较场口”事件中遭国民党特务殴打。1949年当选为第一届全国政协常委。后任劳动部副部长、全国人大常委、民建中央常委会副主任。

11月30日　卫生部在北京召开全国第一届中西医结合工作会议。会议是在周恩来指示下召开的。周恩来主持了会议并先后4次接见会议领导小组成员。他在接见全体代表的讲话中指出：中西医结合不那么容易，万万不可犯急性病。并激励大家要不畏艰险，奋力攀登这座医学上的珠穆朗玛峰。他还亲自过问典型经验的介绍选择和制定具体规划的工作，并对会议报告（草稿）亲笔作了多处修改。会议交流了各地开展中西医结合工作的经验，对今后中西医结合的推广做出了安排。

12月1日—次年1月26日　中共中央、国务院直属部门“五七”干校会议在北京召开。会议提出，要进一步办好“五七”干校，充分认识办干校的意义，明确发展方向，培养一支忠于毛主席的干部队伍；以干校为基地，实行留校与插队相结合，发扬“抗大”传统，一面学习，一面生产。要做好干部的轮训和分配工作，做好干部中老弱病残人员的安置工作，加强对干部家属和留校知识青年的教育。会议还要求干校逐步减少亏损，做到自给自足。

12月2日　广东省副省长林锵云去世。林锵云，1894年生。广东新会人。1914年加入中华革命党，1922年参加海员大罢工，1925年参加省港大罢工。1926年加入中国共产党。1927年参加广州起义。曾任中共南海县委书记，中共佛山市委常委，中共香港工代会党团书记，中共九龙地委书记兼香港洋务工会支部书记，中华全国总工会南方特派员兼海员工会香港特派员。1933年因叛徒出卖被捕，抗日战争爆发后出狱，历任中共广东省委职工部副部长，中共南顺工委书记，南番中顺中心县委委员兼广游二支队中队长、代理司令员，珠江地区指挥部司令员，广东人民抗日游击队珠江纵队司令员，中共广东区党委委员，两广纵队副政委，中华全国总工会执行委员、常委兼组织部长。中华人民共和国成立后，历任中共中央华南分局委员兼职工运动委员会第二书记，广东省人民政府劳动局局长，广东省总工会主席兼中国海员工会华南区委会主席，中共广东省委常委，广东省副省长等职。被选为全国人大代表，第三届全国人大常委会委员。“文化大革命”中受到迫害，在广州含冤去世。1979年有关部门为他举行追悼会，宣布平反昭雪。

12月5日　《人民日报》发表调查报告：《依靠贫下中农管理农村商业好》。调查报告由河北省革命委员会和张家口地区革命委员会调查组撰写，7月11日由商业部、中共河北省核心小组向毛泽东、中共中央、国务院报送。《人民日报》所加编者按指出：“希望各地也认真总结经验，把农村商业改革推向前进。”调查报告对万全县安家堡公社近两年来依靠贫下中农管理农村商业的方式予以肯定，并总结出经验：一、在阶级斗争和两条路线斗争中巩固和加强贫下中农管理；二、用毛泽东思想建设商业队伍是管好农村商业的根本；三、更好地贯彻执行了“发展经济，保障供给”的总方针；四、改革农村商业注意的几个问题。调查报告也提出了贫下中农管理农村商业的一些具体措施。调查报告发表后，全国各地纷纷仿效，全国有70%的基层供销社实行了贫下中农管理。

12月8日　中共中央发出《关于西藏社会主义改造问题的指示》。6月11日，中共西藏自治区革委会核心小组向中共中央呈报《关于实现西藏农牧业社会主义改造的请示报告》，提出要在1971年实现全自治区人民公社化，同时结合农牧业的社会主义改造，在牧区补划阶级成份，在农区调整阶级政策。中共中央《指示》认为，西藏的社会主义改造高潮已经出现，要求西藏的各级党组织依靠贫下中农牧，联合中农牧，消灭农奴主、牧主和富农富牧阶级的剥削制度，在两三年内基本实现人民公社化。《指示》原则同意《请示报告》所提出的西藏地区在完成民主改革的基础上，有领导、有计划、有步骤地实现人民公社化，并对若干具体问题做出政策规定。

同　日　中国农工民主党副主席黄琪翔去世。黄琪翔，字毅行，1898年生。广东梅县人。毕业于保定军官学校。1924年加入国民党，参加了第一次、第二次东征。1926年参加北伐，任国民革命军第四军团长、师长、军长。1927年参与镇压广州起义。1930年参加邓演达组织的中国国民党临时行动委员会（第三党），任军事委员会主任。1933年参加福建事变，任“中华共和国人民革命政府”委员等职。抗日战争时期，任国民政府军事委员会政治部副部长、军训部次长、第二十六集团军总司令、第十一集团军总司令、第六战区副司令长官、中国远征军副司令长官等职。1947年任驻德国军事代表团团长。1948年因反对内战与国民党决裂。1949年出席中国人民政治协商会议第一届全体会议。中华人民共和国成立后，历任中央政法委员会委员，中南军政委员会委员和司法部长，国家体委副主任，国防委员会委员，第一、二、三届全国政协常委，农工民主党副主席兼秘书长，中国民主同盟中央委员。

12月11日—次年2月11日　公安部召开第十五次全国公安会议。会议是在周恩来指示下召开的。12月3日，周恩来严厉批评谢富治说，公安部割断与地方公安机关的联系后，关门不管事，上下也不通气，是非常错误的，要赶快筹备召开公安会议，研究安排工作。11日，会议在北京召开。会议提出，要狠批“阶级斗争熄灭论”，反对垂直领导，加强党委领导；打破关门主义和神秘主义，坚持群众办案路线；要坚持政治挂帅，狠批业务挂帅；严禁逼供信，加强调查研究。会议要求在今后工作中继续抓紧“一打三反”运动，继续落实“群众专政”；开展同帝、修、反特务间谍的隐蔽斗争；加强对首脑部门、机要部门的保卫、保密工作；恢复和整顿劳改农场、工厂。周恩来到会作了重要讲话，传达和阐述了毛泽东“对公安工作要一分为二”的指示精神，明确指出新中国头17年的公安工作是毛泽东思想占主导地位的，绝大多数公安干警是好的和比较好的。他郑重地告诫说，我们是历史唯物主义者，决不能拿现在的眼光去否定过去的历史。会议研究制定了加强公安队伍建设，加强侦察、保卫、保密和社会治安管理，坚持在党委领导下密切公安机关的上下联系，以及恢复、整顿劳动改造场所的任务与措施。周恩来的讲话传达后，一部分领导干部和业务骨干陆续调回部机关工作。被下放劳动的副部长于桑和被审查的副部长刘复之回到了部领导岗位，公安部恢复了对地方公安机关的联系和业务指导。1971年2月26日，中共中央批转了《第十五次全国公安会议纪要》。

12月15日　中国和智利在巴黎签署联合公报，决定自即日起建立大使级外交关系。

同　日　解放军总参谋部下达关于防敌空降偷袭的指示。指示要求对海岛、沿海、沿边地区的重要目标及重要设施，都应分别制定反敌空降偷袭的计划。在统一指挥下，实行分区划片，密切协同，组织部队和民兵共同保卫。

12月16日　毛泽东对中共三十八军党委报告做出批示。10日，中共陆军第三十八军委员会向中央军委办事组提出《关于检举揭发陈伯达反党罪行的报告》，并报中共中央。《报告》说："陈伯达千方百计地突出自己，反对伟大领袖毛主席和他的亲密战友林副主席，对抗毛主席的革命路线。""陈伯达不择手段地插手军队，搞宗派活动，妄图乱军、夺权。""陈伯达在处理保定问题中，大搞分裂，挑动武斗，镇压群众，破坏大联合、三结合。"16日，毛泽东、林彪对这个报告作了批示。毛泽东批示说："此件请你们讨论一次，建议北京军区党委开会讨论一次，各师要有人到会，时间要多一些，讨论为何听任陈伯达乱跑乱说，他在北京军区没有职务，中央也没有委任他解决北京军区所属的军政问题，是何原因陈伯达成了北京军区及华北地区的太上皇？林彪同志对我说，他都不便找三十八军的人谈话了。北京军区对陈伯达问题没有集中开过会，只在各省各军传达，因此没有很好打通思想，全军更好团结起来。以上建议，是否可行，请酌定。"18日，中共中央政治局召开会议讨论毛泽东的这个批示，一致拥护毛泽东的意见，决定先开中共北京军区常委会，后开党委扩大会，揭发批判陈伯达。19日，周恩来向毛泽东、林彪提出《关于开好华北会议请示报告》，汇报了中央政治局会议的安排，毛泽东批示："照办。要有认真的批评，以批评达到团结的目的。建议李德生、纪登奎二同志参加会议。永胜、作鹏应同德生、登奎一道参加华北会议。这次会议在全军应起重大作用，使我军作风某些不正之处转为正规化。同时对两个包袱和骄傲自满的歪风邪气有所改正。”

12月16日—次年2月19日　1971年全国计划会议在北京召开。中央各部门、各地区、11个大军区的负责人参加了会议。会议结束前的1971年2月11日，周恩来向中共中央政治局报告了会议情况。2月19日，中共中央召集参加会议的各大军区及省、市、自治区负责人，宣读了毛泽东关于会议批陈整风的指示。会议讨论和确定1971年发展国民经济的重点是：大力进行大三线战略后方和国防军工的建设；继续大办农业，加快农业机械化的进程；狠抓原料工业，特别是钢铁工业，大打矿山之仗；发展科学技术，大搞技术革新，努力赶超世界先进水平，要实现上述任务，关键是狠抓农业这个基础和钢铁工业，特别是矿山这个基础。农业生产一定要考虑到自然灾害的因素，对生产指标定得较高而措施不扎实，或过多抽调农村劳动力搞工业和基本建设等问题，要引起注意。钢铁工业方面，要下决心把铁矿搞上去，把选矿、烧结搞上去，把钢材品种搞上去。1971年主要指标是：粮食4 900亿—5 100亿斤，棉花4 800万—5 000万担，钢产量2 000万—2 100万吨，钢材的出材率从1970年的72.7%提高到74%，全国发电量1 300亿—1 350亿度，棉纱1 000万件，化学纤维12万—14万吨。基本建设投资270亿元，比上年预计完成的国家预算内投资增加20亿元。其中国防和国防科研增加8.3亿元，基础工业增加8.6亿元，农林水利和支援农业增加5.7亿元，基建投资用于大三线地区的投资150亿元。大中型项目1 168项，其中新开工项目112项。国家预算收支各列705亿元。会议还就第四个五年计划、建立经济协作区、整顿和充实经济部门和工矿企业领导班子，以及解决能源和交通运输紧张等问题提出了意见。全国计划会议结束后，中央政治局对会议纪要和1971年计划进行了讨论。3月26日，中共中央转发了会议纪要，要求各地区、各部门“照此部署工作，坚决贯彻执行”。4月7日，国务院正式下达1971年国民经济计划。

12月18日　毛泽东与美国作家斯诺谈话。谈话在中南海进行，长达5个多小时。唐闻生、王海容参加。毛泽东谈话的要点是：一、关于“文化大革命”问题。毛泽东说：“到处打，分两派，每一个工厂分两派，每一个学校分两派，每一个省分两派、每一个县分两派，每一个部也是这样，外交部就是两派。你不搞这个东西也不行。一是有反革命，一是有走资派”。“天下大乱了。这一来就好了，他就暴露了，不然谁知道啊！？多数还是好的，有少数人是坏人。这个敌人叫‘五一六’”。他说：“这个文化大革命中有两个东西我很不赞成。一个是讲假话，口里说‘要文斗不要武斗’，实际上下面又踢人家一脚，然后把脚收回来”。“第二条我很不高兴的，就是捉了俘虏虐待”。当斯诺问道：“你什么时候明显地感觉到必须把刘少奇这个人从政治上搞掉？”毛泽东回答说：“那就早啰。1965年1月，二十三条发表。二十三条中间第一条就是说四清的目标是整党内走资本主义道路的当权派，当场刘少奇就反对”。“所以他是混进共产党里的反动分子。”关于“文化大革命”的原因，毛泽东说：“我们没有大学教授、中学教员、小学教员啊！全部用国民党的，就是他们在那里统治。文化大革命就是从他们开刀。抛掉的是1%、2%、3%……。”二、关于中美关系问题。毛泽东说：“如果尼克松愿意来，我愿意和他谈，谈得成也行，谈不成也行，吵架也行，不吵架也行，当做旅行者来也行，当做总统来谈也行。”“他如果想到北京来，你就捎个信，叫他偷偷地，不要公开，坐上1架飞机就可以来嘛。”“我是寄希望于这两国人民的，寄大的希望于美国人民。”三、关于“个人崇拜”问题。毛泽东说：“总要有个人崇拜嘛！”“过去这几年有必要搞点个人崇拜。现在没有必要，要降温了。”针对林彪提出的“四个伟大”称呼，毛泽东说：“讨嫌！总有一天要统统去掉，只剩一个Teacher，就是教员。”搞个人崇拜的人“有3种，一种是真的，第二种是随大流，‘你们大家要叫万岁嘛’，第三种是假的。你才不要相信那一套呢”。毛泽东还在谈话中不点名地批判了陈伯达。在谈到中苏关系时，毛泽东说：“要和我们停止公开争论。我说不行，要争论1万年。”“这些俄国人他看不起中国人，看不起许多国家的人，他以为只要他一句话，人家就都会听。”毛泽东在谈话中还谈到当前的国际局势，回顾了中国共产党历史上的斗争，及调查研究、南粮北调、北煤南运、计划生育等问题。毛泽东的这个谈话纪要经过本人审阅后，于1971年6月17日、19日发表部分内容，对中美关系的缓和及林彪反革命集团的覆灭，产生了较大的影响。

同　日　昆明军区政委兼云南省革命委员会主任谭甫仁中将被刺去世。谭甫仁，1910年生。广东仁化人。1927年参加南昌起义。1928年加入中国共产党。历任红四军营党委干事，红十二军连政委、团政委，红一军团师政治部组织科科长，红军总政治部组织部组织科长。参加了长征。1935年任红军陕甘支队十二大队政治处主任，红十五军团师政治部主任，参加了东征、西征战役。抗日战争时期，历任八路军一一五师团政治处主任、团政委，旅政治部主任、旅政委，冀鲁豫军区副司令员等职。解放战争时期历任吉林军区舒兰军分区政委，右路总队政委，东满军区政治部主任，东北野战军第七纵队副政委，第四野战军四十四军副政委等职。中华人民共和国成立后，历任中国人民解放军四十四军政委、广西军区副政委、第三政委，武汉军区副政委、第二政委，最高人民法院军事审判庭庭长，中国人民解放军工程兵政委，昆明军区政委兼云南省革命委员会主任等职。1955年被授予中国人民解放军中将军衔。在中共九大上当选为中央委员。是中共中央军委委员。12月18日在昆明其住所被刺身亡。

12月18日—26日　中共江西省第七次代表大会在南昌举行。出席会议的有1 050名代表。会议听取了省革命委员会党的核心小组组长程世清的工作报告，选举并经中共中央批准成立了由89名委员和16名候补委员组成的中共江西省第七届委员会。程世清当选为省委第一书记，杨栋梁为省委书记，文道宏、白栋材为省委副书记，常委13名。

12月18日至26日　中共广东省第三次代表大会在广州举行。出席会议的有1 214名代表。会议听取了省革命委员会党的核心小组组长刘兴元的工作报告，选举并经中共中央批准成立了由75名委员和20名候补委员组成的中共广东省第三届委员会。刘兴元当选为省委第一书记，孔石泉、陈郁、丁盛、王首道当选为省委书记，常委13名。

12月19日—26日　中共江苏省第五次代表大会在南京举行。出席会议的有846名代表。省革命委员会党的核心小组组长许世友向大会作了工作报告。大会选举并经中共中央批准成立由56名委员和33名候补委员组成的中共江苏省第七届委员会，许世友为省委第一书记，杜平、吴大胜为省委书记，彭冲、杨广立为省委副书记，常委9名。

12月20日　解放军总参谋部第三部部长李涛上将去世。李涛，原名湘舲，别名毓英，1905年9月4日生。湖南汝城人。1926年加入中国共产党。1927年参加秋收起义。先后任工农红军赣西独立团游击大队指导员、党代表、团政治处宣传科长，红六军支队政委、红三军纵队政委，红十三军师政委，红军总政治部宣传科科长、红一方面军政治部对敌工作部部长、红九军团政治部主任、军团政治保卫局局长、军委二局政委、军委纵队司令和政治部主任。参加了长征。后任红一方面军政治部统战部部长、八路军驻西安办事处处长、驻武汉办事处处长、驻南京办事处主任、中央军委经济建设部部长、军委秘书长、中共中央情报部三室主任、军委作战部副部长、代部长兼作战局局长。中华人民共和国成立后，任中央军委技术部部长、解放军总参谋部第三部部长、政委。1955年被授予上将军衔。在中共八大上当选为候补中央委员。是第三届国防委员会委员。

12月22日　华北会议召开。参加会议的有北京军区所属师以上单位的负责干部449人。李雪峰、郑维山主持了前期会议。会议学习了毛泽东对三十八军的报告的批示等文件，揭发、批判陈伯达，李雪峰、郑维山也受到了批判。1971年1月8日，毛泽东对济南军区政治部《关于学习贯彻毛主席“军队要谨慎”指示的情况报告》做出批示，也列入华北会议的学习文件，会议进行了“错误思想整风”。1月9日，中央军委召开有143人参加的座谈会，出席座谈会的人也参加了华北会议。1月24日，周恩来代表中共中央在华北会议上讲话，系统地批判了陈伯达的罪行，指出陈伯达不仅在历史上存在严重问题，而且在“文化大革命”中搞独立王国，反党乱军，阴谋夺权。周恩来宣布了中共中央的决定：李德生任北京军区司令员，谢富治任北京军区第一政委，纪登奎任第二政委；谢富治任北京军区党委第一书记，李德生任第二书记，纪登奎任第三书记。宣布将北京军区政委李雪峰、司令员郑维山“调离原职，继续进行检查学习，接受群众教育，待有成效后，再由中央另行分配工作”。1月26日，郑维山、李雪峰作了检查。华北会议后，全军开展了“批陈整风”运动。事实证明，这次会议上对北京军区及郑维山、李雪峰的指责，是缺乏根据的。1979年2月6日，中共中央发出《关于为所谓“华北山头主义”平反的通知》；1980年10月军委总政治部为郑维山做出《审查结论》；1982年4月，中共中央做出《关于恢复李雪峰同志党籍的决定》，实事求是地重新处理了这一问题。

12月24日　全国中小型工业蓬勃发展。据新华社报道说，全国有近300个县、市办起了小钢铁厂，有20多个省、市、自治区建起了手扶拖拉机厂、小型动力机械厂和各种小型农机具、配件厂，有90%左右的县建立了自己的农机修造厂。据不完全统计，“今年地方小钢铁厂的炼铁能力比去年增长1.5倍，生铁产量增长1.8倍；小化肥厂生产的氮肥和合成氨，将比去年增长60%~70%。各地小水泥厂、小化肥厂的产量，已占全国水泥、化肥总产量的40%”。南方各省为了改变“北煤南运”状况，展开大规模的找煤、采煤运动，今年的煤炭产量将比去年增长70%左右。一些经济不发达的省、区，积极建设纺织、榨糖、日用化工、小五金、小百货等轻工业工厂，以实现轻工业产品自给。

12月25日　中共中央、毛泽东批准兴建宜昌长江葛洲坝工程。1969年10月，毛泽东在武汉听取武汉军区司令员曾思玉、政委刘丰提出的兴建三峡大坝设想时说到，在目前备战时期不宜作此想。此后，为了解决湘西、鄂西、豫西、川东等地区三线建设和生产用电，武汉军区会同水电部、长江流域规划办公室转而设想改修三峡下游宜昌的葛洲坝低坝，采用径流发电，既可避免战时轰炸使下游淹没的危险，又可争取较短时间加大航运和发电量。经过勘探、试验，1970年10月向中共中央提出兴建葛洲坝工程的报告。报告提出，坝高为海拔69米，土石方约为3 300万立方米，钢筋混凝土约400万立方米，移民1.3万人，水电站装机容量204万千瓦，年发电量约120亿度，整个工程造价13.5亿元，预计3年半开始发电，5年竣工。11月，中共中央政治局讨论并原则予以批准这一报告，要求多做试验和研究，写出可靠的水坝工程资料。12月24日，周恩来致信毛泽东、林彪，认为："我和国务院业务组与曾思玉、张体学、林一山等同志和水电部负责人经多次研究和讨论，认为在'四五'计划中兴建葛洲坝水利工程是可行的。他们所提出的资料和数据，也是经过十来年的现场地质勘察、水工试验和历史水文记录的分析得来，基本可靠。而在施工过程中，还可精心校正，精心设计，力求避免20年修水坝的许多错误。"25日，毛泽东看过《中共中央关于兴建宜昌长江葛洲坝水利枢纽工程的批复》后批示："赞成兴建此坝。现在文件设想是一回事。兴建过程中将要遇到一些现在想不到的困难问题，那又是一回事。那时，要准备修改设计。"中共中央在批复中强调，兴建此项工程，既要考虑到战时万一遭到破坏，不致危害下游的可靠措施，也要考虑到今后保证三峡高坝建设的有效措施。中共中央责成武汉军区和湖北省革委会主持，由水电、交通、一机3个部和长江流域规划办公室等有关单位参加，组成施工指挥部，进行现场设计，并提出设计方案报国务院。1971年初，葛洲坝主体工程仓促上马，由于重大技术问题未解决，不得不于1972年底暂停施工。1974年第四季度工程复工。1975年4月，长江流域规划办公室正式提出修改初步设计方案。工程规模改为：土石方5 800万立方米，钢筋混凝土990万立方米，装机容量221.5万千瓦，总投资34.27亿元，建设工期为10年。

12月29日　毛泽东对姚文元批判"地主、资产阶级的人性论"报告做出批示。姚文元报告说，刘少奇的"许多文章、报告中，都有抽象的即资产阶级人性论的提法和论点。这是同国民党反动观点相一致的。从这里，可以直接引出右倾机会主义路线，以及极'左'、形'左'实右的路线，就可以直接引出复辟资本主义、为地富反坏右等剥削阶级服务的修正主义理论，同主席历来倡导的马克思列宁主义的阶级分析、阶级斗争的根本观点相对抗；在认识论上，则必然同时既反对马克思列宁主义的普遍真理，又反对进行社会的调查研究和革命实践，同毛泽东思想关于理论和实践的具体的、历史的统一这个根本观点相对抗。从国际上看，苏修叛徒们的复辟资本主义的理论也是建立在所谓‘人道主义’、‘人性论’之上的。批刘的文章，在这个问题上仍未批透。想认真搞一点材料及文章。”当日，毛泽东在报告上批示：“都同意。你的学习进程较好较快，坚持数年，必有好处。我的意见274个中央委员，及1 000以上的高、中级在职干部都应程度不同地认真看书学习，弄通马克思主义，方能抵制王明、刘少奇、陈伯达一类骗子。‘人类在自然界的位置’请找一本给我。‘天演论’前半是唯物的，后半是唯心的。”1971年1月6日，中共中央印发了毛泽东的批语和姚文元的报告。此后，全国报刊上陆续发表了一批批判所谓刘少奇“地主、资产阶级人性论”的文章。赫胥黎的《人类在自然界的位置》及严复的《天演论》重新予以出版。

同　日　我国自行研制出大型电子显微镜。新华社报道：一台40万倍一级大型电子显微镜在上海试制成功。这台显微镜是上海电子光学技术研究所职工自己设计，并且全部采用国产材料制造的。它的试制成功，为冶金、生物、化学、物理等方面进行科学研究以及生产单位进行观察和分析物体的组织结构，提供了精密的仪器。

同　日　根据中国老挝两国政府协议，中国筑路工程队进入老挝担负援老修路任务，空军派出高射炮兵部队担负防空任务。至1978年5月底，中国先后派出18个工程大队、3个民工总（大）队，直接施工力量7万余人，投入各种施工机械2 250多台。总计为老挝修建公路82.2416万公里，桥梁131座，涵洞2 677个，铺设沥青路面458万多平方米。平均每公里公路造价为人民币31万余元。如果将路基作业完成的3 100多万立方米土石，筑成2米宽、3米高的城墙，可环绕老挝全境一周。援老高炮部队至1973年11月14日，共派出2.1万人，对空作战95次，击落敌机35架，击伤24架。

第三卷

神州板荡

（1966年—1976年）

（下）

1971年

1971年综述

2月—4月，华北会议结束，宣布北京军区改组；中共中央召开军委座谈会和批陈整风汇报会，批判陈伯达，批评林彪集团的黄、吴、叶、李、邱等人。这一系列会议贯彻了毛泽东打击林彪集团势力的“掺沙子、甩石头、挖墙角”措施。同时，林立果在上海组织制订了武装政变纲领《“571工程”纪要》，明确以武力“夺取政权”的目标；随后召开上海、浙江、南京3地林彪集团成员参加的“三国四方”会议。林立果还秘密成立了政变武装别动队“教导队”，进行法西斯训练。

8月中旬，毛泽东前往南方视察，接见了沿途各地的党政军负责人，做了重要谈话，就林彪集团的错误向他们“吹风”。林彪集团获悉后，十分惊恐，加快进行武装政变计划。林立果先后制订了炮击毛泽东专列、炸桥、攻打钓鱼台、南逃广州另立中央等具体方案。9月8日，林彪下达反革命政变手令。毛泽东突然从南方提前回到北京，打乱了林彪集团的部署。9月13日凌晨，林彪、叶群、林立果等人仓皇乘坐飞机外逃苏联，途经蒙古温都尔汗坠落，机毁人亡。林彪集团余党或自杀，或被擒，一场反革命政变被彻底粉碎。随后，中共中央发出关于林彪叛国出逃的通知，逐步在党内外进行传达。同时，对黄、吴、李、邱等人隔离审查，成立叶剑英主持的军委办公会议，成立对林、陈反党集团进行审查的中央专案组。

12月，中共中央陆续发出《粉碎林陈反党集团反革命政变的斗争》材料，在全国开展批林整风运动。

同年4月，经毛泽东决定，有关部门邀请美国乒乓球队访问中国，促进了中美关系缓和的进程。7月，美国总统国家安全事务助理基辛格秘密访问中国，周恩来与他进行了会谈。会谈后公开发表公报宣布：尼克松总统应邀将于1972年5月以前的适当时间访问中国。这一消息在全世界引起了震动。

10月，第二十六届联合国大会突破美国、日本等国的阻挠，以压倒多数票数通过阿尔巴尼亚、阿尔及利亚等国提案，恢复中华人民共和国在联合国的合法权利，并立即把蒋介石集团的代表从联合国及其所属一切机构中驱逐出去。此后，大批国家纷纷与中国建交，中国外交新局面开始形成。

同年4月—7月，全国教育工作会议通过《全国教育工作会议纪要》，经毛泽东批准下发。《纪要》提出对解放后17年教育战线的“两个估计”，使广大知识分子继续受到严重压制。

同年，继续推行企业下放，地方财政、物资包干等“经济体制改革”。当年国民经济计划的绝大部分指标都完成或超额完成了原计划，但也出现了一系列严重问题：一、基建规模过大，积累率偏高；二、农轻重比例进一步失调；三、国民经济出现“三个突破”，给今后造成了严重不利的影响；四、经济管理混乱，地方各自为政，亏损严重。周恩来发现并指出了“三个突破”的严重问题，指示采取了一系列修补措施。年底，中共中央做出关于人民公社分配问题的指示，要求各地不要硬搬照套大寨的办法，要全面发展，多种经营。

同年，全国政协副主席谢觉哉去世。

主要经济指标：工农业总产值3 520亿元，比上年增长12.2%；其中，工业总产值2 782亿元，比上年增长14.9%；农业总产值738亿元，比上年增长3.1%（以上按1957年不变价格计算）。工农业产品产量：粮食：2.5014亿万吨，比上年增长4.2%；棉花：210.5万吨，比上年下降7.6%；油料：411.3万吨，比上年增长9%；钢：2 132万吨，比上年增长19.8%；原煤：3.92亿吨，比上年增长10.7%；原油：3 941万吨，比上年增长28.6%；发电量：1 384亿度，比上年增长19.4%，基建投资总额340.84亿元，比上年增长9.1%；铁路货运量16.8132亿万吨，比上年增长11.8%；进出口贸易总额120.9亿元，比上年增长7.1%；社会商品零售总额929.2亿元，比上年增长8.38%。国家财政总收入744.7亿元，总支出732.2亿元，结余12.5亿元。

1月1日　《人民日报》、《红旗》杂志、《解放军报》联合发表元旦社论：《沿着毛主席革命路线胜利前进》。关于国际形势，社论认为："世界处在革命的大变动的过程中。革命形势的发展，比人们预料的要快些。"关于国内形势，社论指出："过去的一年，我国国内形势发展很快，很好。形势越来越好的重要标志，是伟大的毛泽东思想同亿万人民的革命实践更加广泛、更加深刻地结合起来。"社论提出1971年的主要任务是："我们将迎接伟大的、光荣的、正确的中国共产党诞生50周年，迎接第四届全国人民代表大会的召开，纪念巴黎公社100周年。"今年要"在全党进行一次思想和政治路线方面的教育"；"要在政治思想路线、文化教育战线、经济战线和上层建筑各个领域，抓紧革命大批判"；"抓紧'一打三反'运动"，"要认真完成整党建党任务，做好整团建团工作，开好地方各级党代表大会"；要开展"工业学大庆，农业学大寨，全国学人民解放军"的群众运动，"努力全面地完成和超额完成1971年的国民经济计划"。

1月4日—10日　中共上海市第四次代表大会召开，出席大会的代表共1 000人。其中工人党员占51%，女党员占26%。张春桥作了政治报告。姚文元就党内的学习问题作了讲话。会议讨论通过了大会决议《在党的"九大"路线指引下奋勇前进》，选举产生了59名委员和17名候补委员，组成中共上海市第四届委员会。经市委第一次全体会议选举和中共中央批准，选出新市委常委16名，张春桥为市委第一书记，姚文元为第二书记，王洪文、马天水、周纯麟、徐景贤、王秀珍为市委书记。

1月8日　毛泽东对济南军区政治部《关于学习贯彻毛主席"军队要谨慎"指示的情况报告》做出批示。毛泽东批示说："此件很好，从理论和实践的结合上讲清了问题。请你们看一下，是否可以转发全军。""除军外，中央机关和地方党、政机关也要发出。我军和地方多年没有从这一方面的错误思想整风，现在是进行一场自我教育的极好时机了。"林彪批示说："完全同意，希望按主席批示认真落实。"济南军区政治部1月5日的报告中指出：通过学习毛主席"军队要谨慎"的指示，"通过大谈在战争年代骄傲掉人头，文化大革命中骄傲吃苦头的教训”，主要抓了以下问题：“一是破‘一贯正确论’，立一分为二的世界观”。“二是破‘领导高明论’，立群众是真正的英雄的观念”。“三是破‘骄傲有资本论’，立为人民要立新功的思想”。报告指出：许多同志“决心在有限的年龄里，用无限的精力加倍为人民立新功”。毛泽东于此处批注：“改为充沛的精力较好，因为人的精力并不是无限的。”

1月9日—13日　中共辽宁省第四次代表大会在沈阳召开。出席大会的代表972名。辽宁省革命委员会党的核心小组组长陈锡联，代表核心小组作了题为《高举毛泽东思想伟大红旗，沿着毛主席革命路线奋勇前进》的工作报告。大会选举出81名委员和28名候补委员，组成中共辽宁省第四届委员会。经过省委第一次全体会议选举和中共中央批准，选出新省委常委13名，陈锡联为第一书记，曾绍山为第二书记，李伯秋为书记，杨春甫、毛远新为副书记。第一次全体会议做出了《关于学习问题的决定》。

1月11日　中共中央、中央军委、总政治部发出《关于贯彻执行毛主席1月8日重要批示的通知》，毛泽东批示：“照发”。《通知》指出：“多年来，军队和地方以及中央机关没有从反对居功骄傲这一方面进行整风。有些干部存在着居功自恃，骄傲自满，军阀主义，自以为是，一言堂，讲假话，不走正道等歪风邪气，对内对外的大国沙文主义。”《通知》要求，军队、地方和中央机关都要以毛主席的批示为纲，利用当前极好时机，开展一场反对骄傲自满，提倡谦虚谨慎的自我教育运动。读几本书，密切联系实际，开门整风，学习济南军区报告的“三破三立”，批判反革命修正主义，开展批评和自我批评。

1月15日　京剧艺术家盖叫天去世。盖叫天，原名张英杰，号燕南，1888年生。河北高阳人。童年入天津隆庆和科班，初学武生，后改学老生，倒嗓后复学武生。长期在上海一带演出。继承了南派武生创始人李春来的艺术风格，吸取京剧与昆曲、地方戏中各流派武生和其他行当表演艺术的长处，形成了独具特色的盖派表演艺术。擅长剧目有《武松》、《三岔口》、《一箭仇》等。中华人民共和国成立后，曾当选为中国戏剧家协会浙江省分会主席，浙江省文学艺术界联合会副主席，第三届全国人大代表。“文化大革命”中遭受迫害，1月15日在杭州去世。1978年获得平反和恢复名誉。

1月15日—21日　中共安徽省第三次代表大会在合肥召开。出席大会的代表有1 150名。安徽省革命委员会党的核心小组组长李德生代表核心小组作了题为《高举“九大”团结胜利的旗帜，沿着毛主席革命路线奋勇前进》的工作报告。大会选举出79名委员和12名候补委员，组成中共安徽省第三届委员会。经省委第一次全体会议选举和中共中央批准，选出新省委常委15名，李德生为省委第一书记，宋佩璋为书记，李任之、梁辑卿、郭宏杰为副书记。

1月20日—28日　中共浙江省第四次代表大会在杭州召开。出席大会的代表共1 159名。浙江省革命委员会党的核心小组组长南萍，代表核心小组作了题为《紧跟伟大领袖毛主席，把无产阶级专政下继续革命进行到底》的工作报告。大会讨论通过了南萍的工作报告，选举出67名委员和22名候补委员，组成中共浙江省第四届委员会。经第一次全体会议选举和中共中央批准，新省委常委有13人，南萍为浙江省委第一书记，陈励耘、熊应堂为书记，赖可可、谢正浩、柴启琨为副书记。

1月21日—22日　全国高等学校调整座谈会在北京召开。会议由国务院科教组主持，参加全国计划会议的各省、市、自治区和中央22个部门的负责人参加。会议讨论了现有高等院校的调整方案，提出工科院校一般拟予以保留；农、医、师范院校多数拟保留，少数拟改为中等专业学校或合并；综合大学一般拟先保留下来；财经、政法、民族院校拟多撤销一些。根据会议意见，国家计委、国务院科教组汇总了29个省、市、自治区方案，于1月31日向国务院提出《关于高等院校调整问题的报告》。4月，这个报告提交全国教育工作会议讨论，确定将全国原有的417所高等院校，保留309所，合并43所，撤销中国人民大学、中国医科大学、北京政法学院、暨南大学、华侨大学等45所；改为中等专业学校17所，改为工厂3所；增设7所。学校管理体制为中央统一计划下实行地方为主。专业设置要在调查研究的基础上进行。8月13日，中共中央批转《全国教育工作会议纪要》时，同意作为附件的这个调整报告。

1月26日　中共中央发出《反党分子陈伯达的罪行材料》。材料分为四个部分。第一部分为"陈伯达的反动历史"。主要内容有："家庭出身和入党前的个人历史"，"和国民党军阀张贞的关系"，"被捕叛变"，"失掉党的关系问题"，"托派问题"，"在天津工作时的错误和叛徒、特务、工贼刘少奇为陈翻案的问题"，"写反共文章"，"里通外国嫌疑"。第二部分为"投靠和追随王明、刘少奇，反对毛主席的无产阶级革命路线"。主要内容有："追随王明，鼓吹'国防文学'和'国防哲学'"，"一贯投靠和追随刘少奇，是以刘少奇为首的资产阶级司令部的黑秀才和头面人物"。第三部分为"对抗毛主席的伟大战略部署，破坏无产阶级文化大革命，反党乱军，阴谋篡权"。主要内容有："大派工作组，又把自己装扮成反工作组的英雄"，"陈伯达是肖华、杨、余、傅、王、关、戚、'五一六'反革命阴谋集团的黑后台"，"陈伯达在文化大革命中所进行的几次突出的反党阴谋活动"，"陈伯达借起草'九大'政治报告的机会，炮制了一个继承刘贼唯生产力论的，反马克思列宁主义、毛泽东思想的，反无产阶级专政的，分裂党的黑纲领"，"在党的九届二中全会上，陈伯达采取了突然袭击，煽风点火，制造谣言，欺骗同志的恶劣手段，进行分裂的阴谋活动"。第四部分为"投靠王明、刘少奇，招降纳叛，搞独立王国"。2月21日，中共中央发出《关于扩大传达反党分子陈伯达问题的通知》。4月29日，中共中央发出《关于把批陈整风运动推向纵深发展的通知》。

同　日　国务院、中央军委决定调整民航收费标准。具体调整方案是：一、将原来不分航程远近每客公里都一样收费的办法，改为递远递减的收费办法。客运票价国际航线不变，国内航线平均降低28%左右。专包机收费，在使用单位不利用回程吨位或调机吨位时，减收30%的费用。专业飞行收费标准，包括执行放射性测量任务和农林业飞行，也分别不同情况有所降低。二、各地县、市以上各级革命委员会的科处级以上干部和部队营连职以上干部，以及其他因公需要乘坐飞机者，均允许乘坐民航班机，不受过去规定职务和13级以上级别的限制。民航新的收费标准，自3月1日起实行。

1月31日　《人民日报》发表社论：《毛主席建党路线的胜利》。社论说："最近，有一批省、市相继隆重举行了党的代表大会，选举产生了新的省委和市委，其他省、市、自治区也正在积极准备召开党的代表大会，选举新党委。这是党的建设的一件大事。"社论指出：这些地方的党代表大会，"认真地贯彻了民主集中制。从代表的产生，到新党委的选举，都经过自下而上，自上而下地充分酝酿，反复协商"。这些选举的新党委，"体现了老、中、青三结合。特别可喜的是，许多经过无产阶级文化大革命锻炼的老干部"及"一批无产阶级的新鲜血液，进入党的领导班子"。

同　日　中共中央和国务院各部门"五七干校"会议在北京召开。会议总结交流了办"五七干校"的经验，指出：近两年来，中共中央和国务院各部门先后创办了100多所"五七干校"，近9万名干部参加，对于巩固无产阶级专政，防止资本主义复辟，建设社会主义具有深远意义。会议研究了进一步加强党组织对"五七干校"领导的问题，要求各机关对在职干部下放劳动做出计划，形成制度，坚持下去。会议介绍了中共中央办公厅、公安部、外文局、中共中央党校的办校经验。会议讨论了"五七干校"今后的任务，指出干校要分期分批地组织学员到农村插队，接受再教育，参加劳动，当好"参谋"，搞好革命和生产。

2月8日　经毛泽东批准，中共中央成立"五一六专案联合小组"。成员如下：组长吴德，副组长李震，组员杨俊生、黄作珍、于桑、杨德中、迟群、王连龙、李韬、刘西尧、丁江、李忠、耿建民。中共中央确定该组工作方针为：既要防止扩大化，又不要一风吹，要集中力量抓"五一六"反革命阴谋集团的一系列罪行，将它一个一个落实，而不要一开始就笼统地追查组织关系和是否填了表格；要重人证、物证和旁证，而不要轻信口供，不许使用逼供信和诱供、指供；处理上要区别主从，要区别敌我和人民内部矛盾；要坚持"坦白从宽，抗拒从严"和"给出路"的政策。专案工作方针还明确指出：目前清查"五一六"反革命集团的重点在北京，应由联合小组分别轻重缓急排个队，以利突破重大案件，便于联系各有关地方和部门进行清查。

2月9日—16日　中共广西壮族自治区第三次代表大会在南宁召开，参加大会的有11个民族的党员代表853名。自治区革命委员会党的核心小组组长韦国清，代表核心小组作了题为《更高地举起毛泽东思想伟大红旗，沿着毛主席的革命路线乘胜前进》的工作报告。大会讨论通过了韦国清的工作报告，选举出78名委员和16名候补委员，组成中共广西壮族自治区第三届委员会。经自治区党委第一次全体会议选举，并经中共中央批准，自治区党委常委有13名，韦国清为第一书记，韦祖珍为书记，刘重桂、安平生为副书记。

2月10日　中国和尼日利亚在开罗签署联合公报，决定自即日起建立大使级外交关系。

2月11日—17日　中共甘肃省第五次代表大会在兰州召开。出席大会的代表共1 098名，甘肃省革命委员会党的核心小组组长冼恒汉，代表核心小组作了题为《高举党的“九大”团结胜利的旗帜，沿着毛主席的革命路线奋勇前进》的工作报告。大会讨论通过了冼恒汉的工作报告，选举出68名委员和24名候补委员，组成中共甘肃省第五届委员会。经省委第一次全体会议选举和中共中央批准，省委常委有14名，冼恒汉为省委第一书记，皮定均、胡继宗为省委书记。新省委作出了《关于整风的决定》。

2月14日　省、市、自治区和国务院有关负责人座谈当前农业学大寨运动中的一些问题。在全国计划会议期间召开的这个座谈会指出，有些地区出现“改变核算单位和收自留地之风”，“‘分光吃光’、不搞积累”等现象，“重犯‘一平二调’的错误”，“抽调生产队的劳动力过多”，“增加非生产性用工和开支”等问题，提出应坚持“各尽所能，按劳分配”的原则，“对待所有制问题应持慎重态度”，要“保证农业生产第一线有足够的劳动力”，“严格控制非生产性用工和开支”等意见。

2月23日　中共中央转发毛泽东关于批陈整风的指示。中央转发的通知说：2月19日，中央政治局邀集各地来京参加国家计划会议，各大军区党委和各省、市、自治区党委或党的核心小组主要负责同志到会。会议上，首先宣读了毛主席对会议的指示：“请告各地同志，开展批陈整风运动时，重点在批陈，其次才是整风。不要学军委座谈会，开了一个月，还根本不批陈。更不要学华北前期，批陈不痛不痒，如李、郑主持时期那样。”中央通知要求各地和中央领导单位在开展批陈整风运动时，认真学习和执行毛主席的极其重要的指示，“并联系到庐山会议上反党分子陈伯达的阴谋活动和两条路线斗争的严重性”。

2月28日—3月5日　中共陕西省第五次代表大会在延安召开。出席大会的代表有808名。陕西省革命委员会党的核心小组组长李瑞山，代表核心小组作了题为《高举毛泽东思想伟大红旗，继承和发扬延安革命精神，沿着毛主席的革命路线胜利前进》的工作报告。大会讨论并通过了李瑞山的工作报告和《关于继承和发扬延安精神的决议》，选举出68名委员和29名候补委员，组成中共陕西省第五届委员会。经省委第一次全体会议选举和中共中央批准，新省委常委由14人组成，李瑞山为中共陕西省委第一书记，胡炜、黄经耀为书记，萧纯、吴桂贤（女）为副书记。

本　月　毛泽东对国家旅游局的报告做出批示。国家旅游局在《关于1971年接待外国人来华旅行的请示报告》中说：1971年拟接受外国人来华旅行800人—1 000人，对象以“左派”和对我友好的工农、学生、教职员为主，上层友好人士有计划、有选择地少量接收。毛泽东批示：人数可略增加。右派也可来一点。

3月1日　财政部发出《关于实行财政收支包干的通知》。《通知》决定自1971年起，实行“定收定支，收支包干，保证上缴（或差额补贴），结余留用，一年一定”的财政收支体制，简称财政收支包干。这是适应1970年决定把大部分企业、事业单位下放到地方管理的需要，对财政管理体制做的一次较大改革。主要内容是：一、随着中央企业、事业单位的下放，相应地扩大地方财政收支范围。国家的财政收入和支出，除了中央部门直接管理的企业收入，关税收入和中央部门直接管理的基本建设、文教行政、国防战备、对外援助和国家物资储备等支出以外，其余都划归地方财政，由地方负责管理。二、地方预算的收支指标，由省、市、自治区提出建议数，经中央综合平衡，核定下达。中央核定的省、市、自治区预算收支指标，收入大于支出的，包干上缴中央财政（按绝对数包干上缴，不再按比例计算）；支出大于收入的，由中央财政按差额包干给予补助。三、上缴和补助数额确定之后，一般不作调整，地方要保证完成上缴任务，中央要按确定的数字给予补助。四、在预算执行过程中，地方收支超收或支出结余，都归地方支配使用，如果发生短收或超支，由地方自求平衡，遇有重大特殊问题可以作适当调整。这项改革，有利于调动地方增收节支的积极性，但在实行过程中也暴露出一些问题：一、有的地区超收很多，有的地区出现短收，造成各地区之间的机动财力苦乐不均。二、对短收的地区中央不补贴过不去，就增加了中央财政平衡困难。三、有些地区把财政包干指标层层包到地、县，地方机动财力过于分散，造成重复建设或经济效果差的基本建设。1971年底财政部又拟定了《关于改进财政收支包干办法的通知》，1972年3月31日正式颁发。《通知》确定在原来财政收支包干办法的基础上，自1972年起，地方超收1亿元以下的，全归地方；超收1亿元以上的部分，一半留给地方，一半上缴中央。并规定各省、市、自治区对地、市、县不能搞层层包干，可以采取收入分成办法或其他办法。

3月2日—8日　中共河南省第三次代表大会在郑州召开。出席大会的代表有1 300人。河南省革命委员会党的核心小组组长刘建勋，代表核心小组作了题为《坚定地沿着毛主席无产阶级革命路线胜利前进》的工作报告。纪登奎在大会上作了讲话。大会讨论通过了刘建勋的工作报告，选出了82名委员和19名候补委员，组成中共河南省第三届委员会。经省委第一次全体会议选举和中共中央批准，新省委常委由15人组成，刘建勋为省委第一书记，王新、纪登奎、耿起昌、张树芝为书记。省委第一次全会做出了《关于活学活用毛泽东思想，加强领导班子革命化建设的决定》。

3月3日　中国成功地发射了一颗科学实验人造地球卫星。卫星重量221公斤。卫星运行轨道距地球最近点266公里，最远点1 826公里，轨道平面与地球赤道平面的夹角69.9度，绕地球一周106分钟。卫星在运行过程中，成功地向地面发回了各项科学实验数据。

3月3日—30日　国务院在北京召开全国棉花、油料、糖料生产会议。会议明确了如下政策：一、合理安排油料、糖料集中产区的粮食征购任务和统销指标，保证社员口粮不低于邻近产粮区的标准。二、油料统购，超额完成任务的部分继续实行加价奖励的办法。留油指标由省、市、自治区自定，增产多、贡献大的可以适当多留。食油继续执行在农村只购不销的政策。油料基本上在产地加工。三、适当提高花生、油菜籽、芝麻、大豆等部分油料、油脂的收购价和糖料的收购价。四、大豆面积和产量与粮食分别计算。一年一熟的大豆集中产区，《纲要》指标定为260斤。五、南方和北方的丘陵山区，要大力发展木本油料，鼓励采集野生油料，种植向日葵、蓖麻。六、社员自留棉换购，由1斤皮棉换3尺布票，改为换5尺布票。30日，中共中央批转了国务院《关于全国棉花、油料、糖料生产会议的报告》。

3月5日—8日　国务院总理周恩来率中国党政代表团访问越南。中国党政代表团同越南党政代表团，就当前印度支那局势和中越两国共同关心的问题进行了会谈。8日，周恩来和范文同在河内签署了《中国共产党中央委员会、中华人民共和国政府和越南劳动党中央委员会、越南民主共和国政府联合公报》。《公报》说，美国新的、极其严重的战争升级，目的为加强对越南南方、老挝和柬埔寨的侵略，“直接威胁越南民主共和国的安全”，“也威胁着中华人民共和国的安全，对亚洲和世界和平造成了危险的局势”。双方强烈谴责尼克松政府扩大侵略印度支那战争；谴责美国扶植日本军国主义，“企图在亚洲及太平洋地区拼凑一个新的侵略性军事同盟”。

3月6日—11日　中共青海省第五次代表大会在西宁召开。出席大会的各族党员代表有747名。青海省党的核心小组组长刘贤权，代表核心小组作了题为《高举毛泽东思想伟大红旗，沿着“九大”团结、胜利的路线奋勇前进》的工作报告。大会讨论通过了刘贤权的工作报告，选举出45名委员和10名候补委员，组成中共青海省第五届委员会。经省委第一次全体会议选举，并经中共中央批准，新省委常委有13人，刘贤权为省委第一书记，张江霖为第二书记，宋长庚为书记，薛宏福、鲁治安、达洛为副书记。新省委第一次全会作出了《关于进行思想和政治路线教育的决定》。

3月10日—15日　中共北京市第四次代表大会召开。出席大会的代表有1 269名。吴德代表北京市革命委员会党的领导小组，作了题为《高举毛泽东思想伟大红旗，团结起来，奋勇前进》的工作报告。大会通过了吴德的工作报告，选出76名委员和10名候补委员。组成中共北京市第四届委员会。经市委第一次全体会议选举和中共中央批准，市委常委有15名，谢富治为市委第一书记，吴德为第二书记，杨俊生、吴忠、黄作珍、刘绍文、丁国钰为书记。市委第一次全体会议做出了《关于加强学习，进行思想和政治路线教育的决定》。

3月13日　台湾当局驻塞内加尔“大使馆”三等秘书孙际洲回到北京。孙际洲不满台湾当局的统治，从塞内加尔首都达喀尔前往西贡途中，于3月5日在日内瓦起义。

同　日　工程兵副司令员聂鹤亭中将去世。聂鹤亭，1905年10月生。安徽阜南人。1926年加入中国共产党。同年参加北伐战争，任叶挺独立团排长。1927年先后参加南昌起义、广州起义。后任工农革命军第四师师部参谋，东江特委军委教导营营长，第四军军部参谋，红一方面军副团长、团长，师参谋长，军参谋长，红一军团司令部作战科科长。参加了根据地历次反“围剿”战争。参加了长征。后任陕甘支队司令部第一科副科长、科长，西北野战军参谋长。抗日战争时期，任抗日军政大学第四大队大队长，中央军委总参谋部一局局长，总参谋部部长，八路军驻武汉办事处高级参谋，冀中军区第四军分区副司令员兼参谋长，晋察冀军区参谋长。抗日战争胜利后到东北，先后任松江军区司令员，中共松江省委常委，东北民主联军参谋长兼哈尔滨卫戍司令员，辽吉军区司令员，辽北军区司令员，中共辽宁省委常委，第四野战军副参谋长等职。中华人民共和国成立后，任装甲兵副司令员，工程兵副司令员。1956年被授予中将军衔。

3月15日　毛泽东批准中国乒乓球队参加第三十一届世界乒乓球锦标赛。第三十一届世界乒乓球锦标赛定于3月28日在日本名古屋举行。由于柬埔寨朗诺政府也派队参加，并有可能在比赛中与中国队员相遇，柬埔寨民族团结政府提出驱逐朗诺政府代表队，由民族团结政府组队参加。15日，周恩来为此向毛泽东提出请示报告。报告说："正值我乒队即将出发之际，柬埔寨王国政府向我提出不承认朗诺集团有权派球队去名古屋参加乒乓球比赛，提议驱逐他们。"报告认为：我乒乓球队拟仍前往日本名古屋参加三十一届国际乒乓球比赛。到日本后支持柬民族团结政府，不承认朗诺集团的球队为合法，并主张驱逐，对南越卖国集团派的球队，亦采取同一态度。对以色列也询问阿联、叙利亚的态度。如不成，就避开与他们比赛，我球队如去，当做好各种警戒准备。当日，毛泽东批示："照办。我队应去，并准备死几个人。不死更好。要一不怕苦，二不怕死。"

3月15日—7月22日　国务院召开全国出版工作座谈会。全国出版部门和工农兵的代表参加了会议。会议原计划召开两周，因为面临许多复杂问题，延长4个多月才结束。周恩来于4月12日和6月24日两次接见会议代表，在讲话中严厉批评了出版工作中的极左思潮。他说："你们管出版的，要印一些历史书。""现在书店里中国和外国的历史书都没有。不出历史、地理书籍，是个大缺点。""不讲历史、割断历史怎么行呢？""否定一切，不一分为二，这是极左思潮，不是毛泽东思想。""那些把书都烧了的，还不是受极左思潮的影响？""《鲁迅全集》封起来干什么？这不是滑稽得很吗！""一面说青年没书读，一面又不给他们书读，就是不相信青年人能判断。无怪现在没有书读了，这完全是思想垄断，不是社会主义民主。"座谈会提出了今后两三年内的出版计划，要求各地领导把出版工作列入议事日程，一年抓几次。目前，第一书记应抓一下出版工作。会议提出：出版部门应当健全各级"三结合"的领导班子，创造条件实行三分之一人员坚持工作，三分之一人员调查研究，三分之一人员下放劳动的"三三制"。会议期间，毛泽东批示同意了出版口领导小组关于《整理出版二十四史及〈清史稿〉的请示报告》。由于极左思潮的影响和张春桥、姚文元的直接插手，会议报告提出了关于出版战线的两个估计：文化大革命前的17年，出版战线是"反革命专政"，领导权被"资产阶级及其代理人"篡夺了。出版队伍中的大多数人世界观"基本上还是资产阶级的"。报告要求编辑队伍要"掺沙子”，吸收工农兵参加。8月13日，中共中央转发了经毛泽东批示同意的国务院《关于出版工作座谈会的报告》。

3月18日—24日　中共吉林省第三次代表大会在长春召开。出席大会的代表有921名。吉林省革命委员会党的核心小组组长王淮湘代表核心小组向大会作了题为《在毛主席革命路线指引下，为巩固无产阶级专政而奋斗》的工作报告。大会讨论和通过了王淮湘的工作报告，选举出74名委员和15名候补委员，组成中共吉林省第三届委员会。经省委第一次全体会议选举和中共中央批准，新省委常委有13人，王淮湘为第一书记，张兆佳、何友发、萧道生、阮泊生、郑季翘为书记。省委第一次全体会议作出了《关于加强各级党委革命化建设的决议》。

3月21日　林立果、周宇驰、于新野、李伟信在上海秘密据点密谋。他们分析形势后认为：在全国范围内，“首长”（指林彪）的权力势力，目前是占绝对优势，但是可能逐渐削弱。“文人力量”（指张春桥、姚文元等人）正在发展，发展趋势是用张春桥，张春桥代替林彪的可能性最大。他们认为林彪“接班”有三种可能，一是“和平接班”。林立果说，五六年还接不了班，即使五六年，其中变化就很大，很难说“首长”的地位还一定保得住。当然和平过渡的办法最好。二是“被人抢班”。周宇驰认为一下不可能，最起码3年以后。林立果认为很难说，主席威信高，他要谁倒还不是一句话，“首长”随时都可能被赶下台。三是“提前抢班”。可有两个办法，把张春桥一伙搞掉，保持“首长”地位不变，再和平过渡；直接谋害毛泽东，但毛泽东影响大，威信高，以后政治上不好收拾，尽可能不这样干。他们商定：做好武装起义的准备，先做两件事，写个计划和由空四军组建一个“教导队”。林立果将计划定名为“571工程”计划（取“武装起义”谐音）。

3月22日　中国和科威特在科威特签署联合公报，决定自即日起建立大使级外交关系。

3月23日—24日　于新野起草《“571工程”纪要》。《纪要》共分9个部分：可能性，必要性，基本条件，时机，力量，口号和纲领，实施要点，政策和策略，保密和纪律。在“可能性”中写道：“9·2

(指中共九届二中全会）后，政局不稳，统治集团内部矛盾尖锐，右派势力抬头。十多年来，国民经济停滞不前。群众和基层干部、部队中下干部实际生活下降，不满情绪日益增长。敢怒不敢言。甚至不敢怒不敢言。”“中国正在进行一场逐渐地和平演变式的政变。”“政变正朝着有利于笔杆子，而不利于枪杆子方向发展。”“因此，我们要以暴力革命的突变来阻止和平演变式的反革命渐变。”“和国外‘571工程’相比，我们的准备和力量比他们充分得多、成功的把握性大得多。”“地理回旋余地大，空军机动能力强。比较起来，空军搞‘571’比较容易得到全国政权，军区搞地方割据。两种可能性：夺取全国政权，割据局面。”在“必要性、必然性”中写道：“B—52（指毛泽东）好景不长，急不可待地要在近几年内安排后事。对我们不放心。与其束手被擒，不如破釜沉舟。”“笔杆子托派集团正在任意篡改、歪曲马列主义，为他们私利服务。”“当前他们的继续革命论实质是托洛茨基的不断革命论。”“他们的社会主义实质是社会法西斯主义，他们把中国的国家机器变成一种互相残杀、互相倾轧的绞肉机。把党和国家政治生活变成封建专制独裁式的家长制生活。当然，我们不否定他在统一中国的历史作用，正因为如此，我们革命者在历史上曾给过他应有的地位和支持。但是现在他滥用中国人民给其信任和地位，历史地走向反面。实际上他已成了当代的秦始皇。”“他不是一个真正的马列主义者，而是一个行孔孟之道借马列主义之皮、执秦始皇之法的中国历史上最大的封建暴君。”在“时机”中写道：“敌我双方骑虎难下。目前表面上的暂时平衡维持不久，矛盾的平衡是暂时的相对的，不平衡是绝对的。是一场你死我活斗争！”“战术上时机和手段：B—52在我手中，敌主力舰（指江青等人）均在我手心之中。”“属于自投罗网式：利用上层集会一网打尽；先斩爪牙，既成事实，迫B—52就范。”“逼宫形式：利用特种手段如毒气、细菌武器、轰炸、543（一种武器代号）、车祸、暗杀、绑架、城市游击小分队。”在“实施要点”中，将“工程”的实施分为三个阶段：一、准备阶段。包括计划、力量、物质准备、情报保障等方面。二、实施阶段。提出“上下同时进行”等方案，并强调：“一是奇袭。二是一旦开始，坚持到底。”三、巩固阵地、扩大战争阶段。分为“军事上固守”、“政治上进攻”，“组织上扩大”三个方面。这个反革命政变计划记于一个拉链活页笔记本上。“九一三事件”之后的9月15日，在北京西郊空军学院“联合舰队”的秘密据点发现。后由中央专案组收入《林彪反党集团反革命政变的罪证》中下发。

3月23日—28日　中共湖北省第三次代表大会在武汉召开。出席大会的代表有1 150名。湖北省革命委员会党的核心小组组长曾思玉代表核心小组作题为《沿着毛主席革命路线胜利前进，为进一步加强无产阶级专政而斗争》的工作报告。大会讨论通过了曾思玉的工作报告，选举出80名委员和23名候补委员，组成中共湖北省第三届委员会。经省委第一次全体会议选举和中共中央批准，新省委常委由17名组成，曾思玉为省委第一书记，刘丰为第二书记，张体学、张玉华、孔庆德、姜一、潘振武为书记。第一次全会作出于《关于加强学习的决定》。

3月24日　毛泽东对黄永胜、邱会作、李作鹏书面检讨做出批示。毛泽东在3月21日黄永胜的书面检讨上批示：“黄永胜、邱会作、李作鹏三同志的检讨都看了，我认为写得都好。以后是实践这些申明的问题。只在黄的第二页上有一个注语，请各同志注意。”黄永胜在书面检讨的第二页上讲到“过去我对反党分子陈伯达这个人有迷信，被他所谓‘天才理论家’、文化大革命‘有功’、‘小小老百姓’等假象所迷惑”时，毛泽东批注：“陈伯达早期就是一个国民党反共分子。混入党内以后，又在1931年被捕叛变，成了特务，一贯跟随王明、刘少奇反共。他的根本问题在此。所以他反党乱军，挑动武斗，挑动军委办事组干部及华北军区干部，都是由此而来。”

3月26日　中国和喀麦隆在雅温得签署联合公报，决定自即日起建立大使级外交关系。

3月28日—4月7日　中国乒乓球队在日本名古屋举行的第三十一届世界乒乓球锦标赛上获得男子团体、女子单打、女子双打和男女混合双打4项冠军。

3月29日　建筑工程部部长刘秀峰去世。刘秀峰，化名李子芳，

1909年生。河北完县人。1925年加入中国共产主义青年团。1926年转为中国共产党党员。历任中共保定地委第一支部书记，市职工运动委员会书记，完（县）满（城）县委书记。1929年因叛徒出卖被捕入狱，1935年刑满获释。后任中共保定特委宣传部部长，保定特委代理书记。抗日战争爆发后，先后任中共平汉线省委组织部长，中共晋察冀区党委宣传部部长，中共张家口市委书记兼张家口卫戍司令部政委等职。解放战争时期，先后任中共张家口市委书记，中共冀中区党委书记兼冀中军区副政委，中共石家庄市委书记、石家庄市市长。中华人民共和国成立后，历任中共天津市委副书记兼天津市副市长，中共中央华北局组织部部长，中共中央华北局副书记兼工业部部长，华北行政委员会第一副主席，建筑工程部部长、党组书记。第二届全国政协委员，第二届全国人大代表，中共八大代表。“文化大革命”中受到诬陷和迫害。1980年5月，中共中央为他平反昭雪，恢复名誉。

3月30日　毛泽东对刘子厚在河北省“批陈整风”会议上的检查做出批示。批示说：“此件留待军委办事组各同志一阅。上了陈伯达贼船，年深日久，虽有庐山以来半年的时间，经过各种批判会议，到3月19日才讲出几句真话，真是上贼船容易下贼船难。人一输了理(就是走错了路线)，就怕揭，庐山会议上的那种猖狂进攻的勇气，不知跑到那里去了。”，“这只还是申明。下文如何，要看行动。”毛泽东对林彪集团的这一严厉批评，在随后召开的中央“批陈整风”汇报会上作了传达。

3月30日—4月3日　中共福建省第二次代表大会在福州召开。出席大会的代表有977人。福建省革命委员会党的核心小组组长韩先楚代表核心小组作题为《紧跟伟大领袖毛主席继续革命，乘胜前进》的工作报告。大会讨论通过了韩先楚的工作报告，选举出75名委员和18名候补委员，组成中共福建省第二届委员会。经省委第一次全体会议选举和中共中央批准，新省委常委由15人组成，韩先楚为省委第一书记，周赤萍为第二书记，卓雄、谭启龙、朱绍清、黄亚光、倪南山为书记。省委第一次全体会议作出了《关于加强思想和政治路线教育的决议》。

3月31日　林立果等人召开策划反革命政变的所谓“三国四方会议”。“三国”指上海、浙江、南京，“四方”指上述三方负责人和北京的江腾蛟。会议于深夜在上海岳阳路招待所秘密召开。参加会议的有原南京军区空军政委江腾蛟、驻上海空四军政委王维国、驻浙江空五军政委陈励耘。4月1日凌晨，南京军区空军副司令员周建平也参加了会议。林立果在会上说：“庐山会议都是几个老总（指黄、吴、李、邱）搞坏的，丘八斗不过秀才，现在军队日子难过啊！”“现在的斗争，是争夺接班人的斗争。主席的班，靠谁来接？张春桥他算老几，一不会做工，二不会种田，三不会打仗，就是会造点舆论。”他还说：“夺权也有两种形式，一是武装形式，一是和平形式。我们要作好武装形式的准备。他要他的笔杆子，我抓我的枪杆子，看看谁的厉害。”林立果布置说：“根据目前形势，我们不能坐着挨打，要作最坏的准备，要防止人家搞突然袭击。要少搞表面文章，关键是掌握部队的指挥权。”具体分工是：“上海以王政委为头，杭州以陈政委为头，南京以周副司令为头。还有江政委，他是你们的老政委，由他负责拉总。”他还要求“加强团结，互相支持”，“各地有各地的情况，有不同的做法，大的方向要一致。”江腾蛟、王维国、陈励耘、周建平等人在会上也表了态。会议还商议了建立武装力量，配备、制造武器的具体问题。会后，对“联合舰队”主要成员传达了会议精神。

4月1日—5日　中共山东省第三次代表大会在济南召开。出席大会的代表共1 488人。山东省革命委员会党的核心小组组长杨得志代表核心小组作题为《在党的“九大”团结、胜利路线指引下，为进一步巩固无产阶级专政而斗争》的工作报告。大会讨论通过了杨得志的工作报告，选出了90名委员和25名候补委员，组成中共山东省第三届委员会。经山东省委第一次全体会议选举和中共中央批准，新省委常委有11人，杨得志为省委第一书记，袁升平为第二书记，张铚秀、白如冰、苏毅然为副书记，新省委第一次全体会议作出了《关于加强思想和政治路线教育的决定》。

4月7日　毛泽东指示邀请美国乒乓球队访问中国。3月下旬，美国乒乓球队在第三十一届世界乒乓球锦标赛上通过不同方式，6次向中国乒乓球代表团表示，希望访问中国。4月3日，中国外交部和国家体委向周恩来提出报告。报告建议："……可以告诉美国队现在访华的时机还不成熟，相信今后会有机会。"4日，周恩来批准了这一报告，并在报告中加进："可留下他们的通信地址，但对其首席代表在直接接触中应表明，我们中国人民坚决反对'两个中国'、'一中一台'的阴谋活动。"据此，中国乒乓球代表团拟答复美国乒乓球队。7日，毛泽东决定，立即邀请美国乒乓球队访问中国，指示"为满足美国乒乓球队的要求，邀请他们同其他四国乒乓球队一起访问中国"。周恩来立即召见黄华、章文晋谈话，指出：一、毛主席决定邀请美国乒乓球队访华，对于打开中美关系的局面，是一个非常好的时机。要把它当做一个大事情来抓，政治意义大于体育意义。二、在来访的乒乓球队中，接待重点放在美国队。三、在接待中，我们要热情主动。当日上午，中国乒乓球代表团在日本接到了国内指示："关于美国乒乓球队要求访华事，考虑到该队多次提出要求，表现热情友好，现决定同意邀请美国乒乓球队包括负责人在内来我国进行访问。可在香港办理入境手续，旅费不足，可补助。请将办理情况，该队来华人数，动身时间等及时报回。"中国代表团负责人宋中等人立即向美国乒协国际部主任哈里森发出了邀请。随后，中国代表团向日本共同社记者宣布了这一消息，立即在世界上引起了轰动。美国国务院发言人布雷说："这次邀请和接受这次邀请是一个良好的开端。美国还将以欢迎态度看待中国体育代表队进行的任何相应的访问。"4月8日，周恩来在报告上批示："遵照主席指示，改正原批件，这次就邀请美国乒乓球队来访。电话传过去后，名古屋盛传这震动世界的消息，超过了31届国际比赛的消息。"中国和美国之间的这一体育交往后被称为"乒乓外交"，"小球转动了大球"。

同　日　毛泽东、中共中央决定派纪登奎、张才千参加中央军委办事组工作。这是毛泽东对黄永胜、吴法宪、叶群等人把持的中央军委办事组采取的"掺沙子"措施。

4月7日—11日　中共山西省第三次代表大会在太原召开。出席大会的代表共955名。山西省党的核心小组主要负责人谢振华代表核心小组作题为《高举党的“九大”团结、胜利的旗帜，沿着毛主席革命路线奋勇前进》的工作报告。大会通过了谢振华的工作报告，选举出72名委员和28名候补委员，组成中共山西省第三届委员会。经山西省委第一次全体会议选举和中共中央批准，新省委常委由14人组成，谢振华为省委第一书记，曹中南、陈永贵、张平化为书记。

4月9日　林立果、江腾蛟策划秘密成立反革命政变武装“教导队”。按照《“571工程”纪要》设想建立政变基本力量的原则，“教导队”由王维国在上海空军主持组建、直接指挥，“上海小组”集体领导。队员必须严格经过挑选，政治条件是：必须“路线斗争觉悟高，能认清当前路线斗争的实质”，“坚信林副部长，对林副主席、林副部长无限忠诚”；身体条件是：身体强壮，身高1.70米左右。并规定：凡上海、北京、广州等大城市籍的战士，一律不入选；高级干部子弟或同高干子弟有联系者，一律不收。还规定：正副班长、区队长及队的干部的选用，一律由王维国审批。武器配备方面，每人配长短枪各一支，每个区队一辆卡车，全队配备两辆吉普车。平时训练除一般科目外，还进行各种汽车的驾驶、登高、巷战及格斗演练。林立果特别强调所谓“机动性”，要求全国哪里需要，就往哪里调。“教导队”以对林彪和林立果的效忠作为政治训练的中心，成立第一天即每人发一本林立果“讲用报告”，以培养对林立果的“感情”，并进一步要求队员“做到对林彪和林立果的两个誓死捍卫”。“九一三”事件前，“教导队”已发展到约80人。在林彪的南逃计划中曾安排这些人乘飞机到广州。“九一三”事件后，“教导队”被解散，成员受到审查。

4月10日—17日　美国乒乓球代表团访问中国。以美国乒协主席斯廷霍文为团长的美国乒乓球代表团，在参加第三十一届世界乒乓球锦标赛后，应中国乒乓球代表团的邀请，于4月10日由深圳进入中国，进行访问。随同访问的还有4名美国记者。美国代表团在北京参观了清华大学、万里长城、故宫博物院等。4月13日在首都体育馆同中国乒乓球队进行了一场友谊比赛。14日，周恩来总理在人民大会堂会见了来华访问的加拿大、哥伦比亚、英国、尼日利亚、美国乒乓球代表团，进行了友好的交谈。周恩来说："过去有很多美国朋友来过中国，以后还会有不少朋友来。""中美两国人民以后会经常彼此友好来往的。"他在回答美国队员科恩提出的关于"嬉皮士"评论问题时说："可能现在世界青年对现状有点不满，想寻求真理。青年思想波动时会表现为各种形式。但各种表现形式不一定都是成熟的或固定的。因为，寻求真理的途径总要通过各种实践来证明是对还是不对，这在青年时代是许可的。""按照人类发展来看，一个普遍真理最后总要被人们认识的，和自然界的规律一样。我们赞成任何青年都有这种探讨的要求，这是好事。要通过自己的实践去认识。但是有一点，总要找到大多数人的共同性，这就可以使人类的大多数得到发展，得到进步，得到幸福。"周恩来还补充说："如果自己通过实践证明是错误的，就应该改。正确的坚持，错误的改正，这是我们的认识。"他最后说："你们这次应邀来访，打开了两国人民友好往来的大门。"美国乒乓球队的访问和周恩来的会见，立即在世界上引起了巨大的反响。4月14日，美国总统尼克松发表声明，决定采取五项对华政策新措施：一、美国准备迅速发给从中华人民共和国到美国访问的个人或团体的签证。二、将放宽美国货币方面的控制，以使中华人民共和国能使用美元。三、将取消对供应前往中国或来自中国的船只或飞机的燃料的美国石油公司的限制。四、美国船只或飞机今后可在非中国的港口之间运中国货物，美国拥有的悬挂外国旗帜的运输工具可前往中国的港口。五、要求开出一个可按照一般执照的规定直接向中华人民共和国出口的非战略性项目的清单。16日，尼克松在谈话中又说："本届政府和下届政府的长远目标必须是做两件事：一、使美国政府和中华人民共和国之间的关系正常化；二、使大陆中国与世隔绝的状态结束。"

4月12日　中共中央批转中央军委国防工业领导小组《关于国防工业管理体制的报告》。《报告》决定：对国防工业的管理，实行中央和地方双重领导，国防工厂的管理体制只下到省一级，第四、五机部的工厂全部下放，第三、六机部的工厂部分下放，由大军区国防工业领导小组领导。并确定：一、国务院各国防工业部主要负责：基建规划和年度计划，编制长期和年度生产和科研计划，组织主要物资供应，组织全国生产协作配套，统一分配产品，统一产品技术标准，有计划地调配技术力量支援新厂建设。二、各大军区主要负责：政治思想领导和干部管理，本大区内建设规划和布局，组织并检查督促生产、科研和基建的实施，组织本大区内国防工厂的生产协作配套，协助省（区）、市组织本大区内民用工厂的军工动员生产。协同国务院各国防工业部组织主要物资的供应。三、各省（区）、市主要负责：本省（区）、市内国防工厂、工地的党政工作和干部管理，生产、科研和基本建设的实施，组织物资的供应和管理，劳动力的补充和调配，企业财务管理，组织本地区内国防工厂的协作配套。国防工业办公室要协助组织民用工厂的军工动员生产。四、为了确保战备的需要，国防工厂下放后，工厂的生产方向、产品方案、协作关系一律不变，确需改变或调整时，必须经过军委国防工业领导小组批准。军工材料、设备、投资要保证用于军工。对于计划外的临时任务，在保证完成国家计划的前提下，由主管工厂的部门统一安排，归口下达，避免“多头”。

4月15日—29日　中共中央召开“批陈整风”汇报会。中共中央、各地方及军队负责人共99人参加，正在参加中央军委座谈会的143人也参加了会议。会上讨论了黄永胜、吴法宪、叶群、李作鹏、邱会作等人在3月被迫写出的书面检查，传达和学习了毛泽东批评他们的有关批示。会议对陈伯达继续进行了批判，兼及李雪峰、郑维山。在分组会上，对黄、吴、李、邱等人在中共九届二中全会上的活动进行了揭发。会议还交流了各地“批陈整风”的经验。29日，周恩来代表中共中央作了总结讲话。他指出，黄永胜、吴法宪、叶群、李作鹏、邱会作在政治上犯了方向路线错误，组织上犯了宗派主义错误。站到反“九大”的陈伯达分裂主义路线上去了，希望他们实践自己的申明，认真改正错误。周恩来还正式宣布了中共中央关于任命李德生为北京军区司令员，谢富治、纪登奎为第一、二政委的决定；并决定刘子厚接替李雪峰任河北省革命委员会主任兼党的核心小组组长。会前和会议期间，叶群多次打电话给吴法宪，要求他与黄永胜、李作鹏、邱会作等人会上不要多讲话，不要做越轨的事，当“闭口道士”。当会上有人对吴法宪等人进行揭发时，林彪、叶群等人十分惊恐，于19日由北戴河回北京坐镇。林彪并派周宇驰到揭发吴法宪的人家中，警告说：“林副主席要你不要再讲了。”又拉拢说：“首长对你还是信任的。”林立果也召集“联合舰队”开会，指责揭发者是“叛徒，百分之百的叛徒”。23日，他们又召开秘密会议，对中央“批陈整风”汇报会形势进行分析，提出：“根据斗争形势，准备加快、提前、保密。”

4月15日—7月31日　全国教育工作会议在北京召开。参加会议的有国务院有关部委，各省、市、自治区，军委各总部，各军、兵种主管教育的负责人和198所高等院校的有关人员共631人。会议在张春桥、迟群等人控制下，一开始就由上海的徐海涛提出：文化大革命前17年的教育战线是“叛徒、特务、走资派把持领导权”，“是培养资产阶级知识分子的场所”，“资产阶级专了无产阶级的政”。他还说：“我们的稿子都是经市委（张春桥、姚文元）点了头的，不能随便改，上海发言，少而精，放一炮就要打响。”会上，许多代表对他们的做法进行了抵制和反对，认为党中央和毛主席历来对教育工作的方针路线是肯定的。迟群立即指责这些人“立场、感情、态度有问题”，质问这些人“到底是哪条路线上的人”，威胁说：“这样的人若不转变，能否继续参加会议，值得研究。”清华大学一位代表对高教“六十条”产生的背景作了较客观的分析，被指责为“资产阶级知识分子的代言人”。一位会议负责人提出：把普通大学同“五七大学”、“七二一大学”、“五七学校”写在一起，会造成普通大学的概念不清楚。毛远新在辽宁的一个亲信立即攻击他是“否定文化大革命的新生事物”，迟群也不点名地批判了这位负责人，并表扬了辽宁的那个亲信。在张春桥等人控制下，会议造成了对十七年，对知识分子只许否定，不许肯定的局面。凡是不反映十七年“资产阶级专政”的典型材料的发言，会议简报就不予刊载。7月6日，周恩来接见会议领导小组成员时，针对会议上关于十七年教育战线的估计，指出："毛主席的红线也是照耀了教育战线的"，"知识分子的大多数是接受共产党领导的，是为社会主义服务的"，"对教师队伍和解放后培养的学生要作具体分析，要辩证地看问题"。张春桥却在会议领导小组会上说，十七年教育战线"领导权的问题始终没有解决"，"毛主席的路线没有落实"，"名义上是共产党领导，实际上是假的"。会议期间，王洪文也到驻地听取了上海等地代表的汇报。7月27日，由迟群执笔，写出了包括"解放后十七年"，"毛主席的无产阶级教育路线基本上没有得到贯彻执行"，教师队伍中的大多数"世界观基本上是资产阶级的"等内容（即"两个估计"）的《全国教育工作会议纪要》，上报中共中央。

4月16日　国务院批转国家计委、财政部《关于开展清产核资工作的报告》。报告说，根据毛主席"扫仓库"的指示，决定在前两年清仓查库的基础上，进行一次全面的清产核资工作。通过清产核资，要求工交企业的流动资金节约20%，生产建设单位的设备利用率提高20%。多余和积压的物资，要求边清理边调剂处理，首先用于计划内的生产和建设；残次呆滞物资，要采取加工改制、修旧利废等办法利用起来；确实无法利用的物资和设备，经上级批准，可以报废和核销。这次清产核资工作由地方统一领导，在两年内完成。国务院为此成立了清产核资领导小组，负责处理日常工作中的问题，并制订具体的实施办法。

4月18日　中国外交部就苏联轮船肇事照会苏联驻华大使馆。照会对苏联轮船"台尔曼号"违反有关国际规则，在海南岛西南海面撞沉中国渔船一艘，造成渔民11人死亡，11人受伤的严重海事损失事件表示愤慨，并要求苏联政府赔偿中国渔民的一切损失，保证今后不再发生类似事件。

4月19日　国家计委向国务院提出《关于改革物资管理体制意见的报告》。《报告》提出：在二三年内在全国实行物资分配大包干。国家计委目前统一管理的物资，改为分级管理。仍由国家计委分配管理的物资48种；由国务院各部委分配管理的物资169种；由各省、市、自治区分配管理的物资91种；地方企业超产的由国家计委和部管的物资，地方可按50%分成；重点厂矿企业的超产部分，按30%分成。对“五小”企业的产品，一律不纳入国家统一分配。在保证完成国家计划的前提下，各省、市、自治区之间，可以组织生产协作，带料加工。改革订货办法，逐步做到物资就地平衡，就地供应。

4月21日　新疆发动群众兴办小型水电站。报道说：天山南北广大农牧区已建起了170多座小型水电站，加速了农牧机械化的进程。1970年，全自治区新建的小型水电站装机容量几乎等于1966年以前17年的总和。

4月21日—6月11日　周恩来请叶海亚·汗传话邀请美国领导人访华。4月21日，周恩来总理通过巴基斯坦总统叶海亚·汗向美方发出邀请：“要从根本上恢复中美两国关系，必须从中国的台湾和台湾海峡地区撤走美国一切武装力量。而解决这一关键问题，只有通过高级领导人直接商谈，才能找到办法。因此，中国政府重申，愿意公开接待美国总统特使如基辛格博士，或美国国务卿甚至美国总统本人来北京直接商谈。”尼克松获悉后极为高兴，4月29日通过巴基斯坦驻美大使口头表示同意，5月17日又正式答复说：“为了解决两国之间那些分歧问题，并由于对两国关系正常化的重视，他准备在北京同中华人民共和国诸位领导进行认真交谈，双方可以自由提出各自主要关心的问题。”并提议：“由基辛格博士同周恩来总理或另一位适当的中国高级官员举行一次秘密的预备会谈。基辛格在6月15日以后来中国。”对此，毛泽东主席表示：既然要来，就公开来嘛，何必藏头露尾呢！但美国方面回信坚持要秘密来。5月31日，中国方面请叶海亚·汗转告尼克松：周恩来总理认真研究了尼克松总统1971年4月29日、5月17日和5月22日的口信，并向毛主席报告尼克松准备接受他的建议访问北京，同中国领导人直接会谈。毛主席表示，他欢迎尼克松总统来访。周总理欢迎基辛格博士来华作一次秘密的预备性会谈，为尼克松访华做准备工作并进行必要的安排。时间可定在6月15日到20日之间。6月2日，基辛格把上述备忘录交给尼克松，尼克松说：“这是第二次世界大战以来美国总统所收到的最重要的信件。”6月4日，尼克松回信表示，感谢欢迎他访华，并说由于时间短促，以及为基辛格的旅行找个借口，建议基辛格于7月9日到达北京，11日离开。基辛格将从巴基斯坦的伊斯兰堡直飞北京。6月11日，周恩来回信表示同意。

4月27日　最高人民检察院副检察长黄火星中将去世。黄火星，1909年生。江西乐安人。1930年参加中国工农红军，同年加入中国共产主义青年团。1931年转入中国共产党。曾任弋阳县第四游击大队政委，赣东北赤色警卫师第一团政委，红十一军三十一师九十五团政委，福建军区第三军分区政委，闽西南军政委员会委员，第四军分区司令，闽西南第二纵队政委。中央红军主力长征后，留在闽西南坚持斗争。抗日战争爆发后，任新四军第二支队三团团长、新编第二支队政委、第七师政治部副主任、代理主任、第十九旅政委等职。解放战争时期，任华中野战军第七纵队政治部主任、华东野战军第七纵队副政委、第三野战军二十五军政委、二十九军政委。中华人民共和国成立后，历任中国人民解放军第十兵团兼福建军区政治部主任、兼厦门军事管制委员会主任，江苏军区第二政委，中国人民解放军总政治部军事检察院院长，最高人民检察院副检察长兼军事检察院院长兼中央军委总直属队政治部主任等职。1955年被授予中国人民解放军中将军衔。当选为第三届全国人大代表。

4月29日　全国政协副主席、地质学家李四光去世。李四光，原名李仲揆，字福生。1889年生。湖北黄冈人。1902年赴日本留学，学造船机械。1905年加入同盟会，1911年参加辛亥革命，曾任南京临时政府特派汉口建筑筹备委员、湖北军政府实业司司长，1913年赴英国伯明翰大学地质系，获硕士学位。1920年回国后任北京大学地质系教授，后兼任系主任，长期从事古生物学、冰川学和地质力学的研究和教学工作。1927年获伯明翰大学科学博士学位。1928年与丁西林等筹建中央研究院，任地质研究所所长、中央研究院评论员、院士。1934年提出了中国第四纪冰川学。中华人民共和国成立后，历任全国地质工作计划指导委员会主任，中国科学院副院长，中华人民共和国地质部部长，中国科学技术协会主席，中华全国自然科学专门学会联合会主席，中国科学院学部委员、古生物研究所所长，国务院科教组组长。1958年加入中国共产党。当选为第一至三届全国人大代表，第一届全国政协常委，第二至四届全国政协副主席，中共第九届中央委员。在古生物学科分类方面有重大贡献；创立了地质力学，并以此为指导，探索地壳运动与矿产分布的规律，为中国的石油工业发展做出了重要贡献。

5月1日　毛泽东在天安门城楼同首都50万群众一起参加“五一”晚会。参加晚会的有林彪以及在北京的中共中央政治局委员周恩来、朱德、叶剑英、江青等人。西哈努克亲王等外国贵宾也参加了晚会。

5月6日　中国和圣马力诺在巴黎签署关于建立领事级正式关系的议定书，决定自即日起建立领事级正式关系。

5月7日—11日　中共新疆维吾尔自治区第二次代表大会在乌鲁木齐召开。出席大会的各族党员代表有725名。龙书金代表自治区革命委员会党的核心小组作了题为《高举党的“九大”团结、胜利的旗帜，沿着毛主席的无产阶级革命路线奋勇前进》的工作报告。大会通过了龙书金的工作报告，选举出67名委员和23名候补委员，组成中共新疆维吾尔自治区第二届委员会。经自治区党委第一次全体会议选举和中共中央批准，新的自治区党委常委有17人，龙书金为第一书记，赛福鼎为第二书记，曹思明、宋致和、刘星为书记。新的自治区党委第一次全体会议作出了《关于加强学习的决定》。

5月7日—14日　中共贵州省第三次代表大会在遵义召开。出席大会的代表有812名。蓝亦农代表中共贵州省核心领导小组作了题为《在毛主席革命路线指引下，团结起来，争取更大的胜利》的工作报告。大会通过了蓝亦农的工作报告，选举出72名委员和15名候补委员，组成中共贵州省第三届委员会。经省委第一次会议选举和中共中央批准，新省委常委由16人组成，蓝亦农为第一书记，张荣森为书记，贾庭三、李立、何光宇为副书记。新省委第一次全体会议做出《关于批修整风，深入进行思想和政治路线方面的教育的决定》。

5月13日—18日　中共内蒙古自治区第三次代表大会在呼和浩特召开。出席大会的代表共680名。尤太忠代表内蒙古自治区党的领导小组作题为《高举马克思主义、列宁主义、毛泽东思想伟大红旗，沿着党的“九大”团结胜利路线奋勇前进》的工作报告。大会通过了尤太忠的工作报告，选举出77名委员和15名候补委员，组成中共内蒙古自治区第三届委员会。经自治区党委第一次全体会议选举和中共中央批准，自治区党委常委有13人，尤太忠为区委第一书记，吴涛、徐信、邓存伦、赵紫阳为书记。新的自治区党委第一次全体会议作出了《关于进一步加强学习的决定》。

5月17日—20日　中共河北省第二次代表大会在石家庄召开。出席大会的代表共1 209名。省革命委员会党的核心小组组长刘子厚代表核心小组作了题为《高举党的“九大”团结、胜利的旗帜，沿着毛主席的无产阶级革命路线胜利前进》的工作报告。大会讨论通过了刘子厚的工作报告，选举出79名委员和20名候补委员，组成中共河北省第二届委员会。经新省委第一次全体会议选举和中共中央批准，省委常委有13人，刘子厚为省委第一书记，郑三生为第二书记，马辉、刘海青、马杰为书记，吕玉兰（女）、马力为副书记。

5月22日—26日　中共天津市第三次代表大会在天津召开。出席大会的代表共858名。天津市革命委员会党的核心小组组长解学恭代表核心小组作了题为《高举毛泽东思想伟大红旗，沿着“九大”团结、胜利的路线奋勇前进》的工作报告。大会讨论通过了解学恭的工作报告，选举出了65名委员和12名候补委员，组成中共天津市第三届委员会。经新市委第一次全体会议选举，并经中共中央批准，市委常委有16人，解学恭为市委第一书记，吴岱为第二书记，刘政、王一、王曼恬（女）、许诚、费国柱为书记。市委第一次全体会议做出了《关于加强学习的决定》。

5月26日　中国和奥地利在布加勒斯特签署联合公报，决定自5月28日起，两国建立大使级外交关系。

5月29日　中共中央政治局向毛泽东、林彪提出关于中美会谈的报告。5月26日，中共中央政治局召开会议，讨论、准备原定在6月中旬举行的中美预备性秘密会谈。会后写出报告。在报告中，中共中央政治局提出了新的对美关系政策。中共中央政治局认为，在中美关系及与此相关的台湾、印度支那问题上，中方应掌握以下原则：

一、美国一切武装力量和专用军事设施，应规定期限从中国的台湾省和台湾海峡地区撤走。这是恢复中美两国关系的关键问题。这一条如不能事先有原则商定，尼克松的访问就有可能推迟。二、台湾是中国领土，解放台湾是中国内政，外人不容干预。要严防日本军国主义在台湾的活动。三、我力争和平解放台湾，对台工作要认真进行。四、坚决反对进行“两个中国”或“一中一台”的活动。如美利坚合众国欲与中华人民共和国建交，必须承认中华人民共和国是代表中国的唯一合法政府。五、如因前3条尚未完全实现，中美不便建交，可在双方首都建立联络机构。六、我不主动提联合国问题，如美方提到联合国问题，我可明确告以我绝不能接受“两个中国”或“一中一台”的安排。七、我不主动提中美贸易问题，如美方提及此事，在美军从台湾撤走的原则确定后，可进行商谈。八、中国政府主张美国武装力量应从印度支那3国、朝鲜、日本和东南亚各国撤走，以保证远东和平。针对党内有人提出的一些问题，如有人认为，中美会谈不同一般，会影响美国人民的斗志。又有人问，中美会谈会不会妨碍印度支那抗美战争和巴黎谈判？又有人问，尼克松、基辛格这一手是否有诈？表面谈和，实质不变，以涣散我备战士气，小则放蒋出笼，大则引苏东向。中共中央政治局指出，美国群众运动，在尼克松上台后，确实高涨，重点在反战和反种族歧视。有人说，运动处于抛弃改良走向革命的过渡之中。他们正好以从越南撤军和从台湾撤军，走向同中国建立正常关系这两张牌动员美国群众，影响当权派和反对派的政策，增长群众的斗志。几年内，还不能预言美国有爆发革命、武装夺取政权的可能，而印支抗美战争，中美人民来往和两国会谈，正是动员美国群众、考验群众领导的好机会。中美会谈对印支抗美战争和巴黎谈判可能有一时波动，但谈清楚了会更有助于印支抗战和巴黎谈判，因为尼克松已认清美苏争霸的焦点在中东和欧洲，不是在远东。中美会谈如有进展，必将有助于印支撤军和巴黎谈判。即使步骤有先后，也更利于支援印支抗战。今天的形势是我们不断同帝、修、反斗争胜利的结果，也是美帝内外交困和美苏争霸世界的必然趋势，姑不论美帝有无欺诈的可能，我现处无产阶级文化大革命深入斗、批、改阶段，战备不懈是我经常任务，若有风吹草动，正好锻炼我动员和作战能力，也正好更加暴露其反动面目，提高人民觉悟。反之，如能谈好，至少可使两霸相争加剧，我可增强战备力量。敢战方能言和，谈和更需备战。报告还回顾了中美关系的历史经过。

5月31日—6月3日　中共云南省第二次代表大会在昆明召开。出席大会的代表共1 235人。省革命委员会党的核心小组负责人周兴代表核心小组作了题为《高举毛泽东思想伟大红旗，在党的“九大”路线指引下奋勇前进》的工作报告，大会通过了周兴的工作报告，选举出89名委员和15名候补委员，组成中共云南省第二届委员会。经过省委第一次全体会议选举和中共中央批准，新省委常委有18人，周兴为省委第一书记，王必成为第二书记，陈康、鲁瑞林为书记。省委第一次全体会议做出《关于深入开展批修整风运动，认真学习马克思主义、列宁主义、毛泽东思想的决定》。

6月1日—9日　罗马尼亚共产党中央总书记、国务委员会主席齐奥塞斯库率领党政代表团访问中国。毛泽东主席会见了齐奥塞斯库及代表团成员。周恩来、黄永胜、姚文元、李先念等同罗马尼亚党政代表团就发展两党、两国和两国人民友好合作关系和共同关心的国际问题进行了会谈。齐奥塞斯库等还参观访问了南京和上海。6月6日，中罗在北京签署了联合公报。双方满意地指出，中罗两国的政治、经济、文化等方面的合作，有了显著的加强和扩大。双方同意采取相应步骤，进一步发展中罗两党的双边关系。双方认为，帝国主义的侵略、颠覆、推行霸权和发号施令的政策，是国际局势紧张的根源。印度支那是当前全世界人民反美斗争的主要战场。罗马尼亚方面声明，在今天，“没有中华人民共和国的参加，国际生活中的重大问题的彻底解决是不可能的”。一些资本主义国家同中国关系正常化的倾向，“符合不同社会制度国家之间的合作事业，符合和平和国际安全的利益”。

6月3日　毛泽东主席会见罗马尼亚共产党总书记齐奥塞斯库及其率领的罗马尼亚党政代表团。双方进行了友好的谈话。在谈到新中国成立以来的教育形势时，毛泽东说，对旧的资产阶级教授也还得利用，不然我们没有啊。不过，他们也应该听我们的话，听工人的话，听农民的话。有些人口里说是听话的，但心里是埋怨的。这就要时间，慢慢来，已经21年了。过去也有一些进步，在教育方面不能讲完全不对。但是呢，就是教育从根本上来一个革命，在最近几年才开始。双方还就当前国际形势及共同反对修正主义的问题交换了意见。罗方参加会见的有毛雷尔、伊利埃斯库；中方有林彪、周恩来、康生、黄永胜、姚文元、李先念等。

6月10日　中国作家协会副主席邵荃麟去世。邵荃麟，原名邵骏远，笔名夫力，1906年生。浙江省慈溪人。早年就读于复旦大学。1926年加入中国共产主义青年团。同年加入中国共产党。先后任共青团上海江湾吴淞区委书记，共青团杭州地委组织部部长，共青团上海杨树浦区委书记、法租界区委书记和共青团江苏省委常委，中共浙江省委常委兼共青团浙江省委书记。1934年任上海反帝反法西斯大同盟宣传部长。同年被捕入狱，1937年经中共党组织营救出狱。抗日战争时期，任中共浙江省委文化工作委员会书记，中共桂林文化工作组组长，主编《文化》杂志月刊。1945年任中共中央重庆局文委委员，主编《文艺杂志》。抗日战争胜利后，任中共香港工作委员会文委委员、工委副书记，中共中央香港分局文委书记。中华人民共和国成立后，历任政务院文化教育委员会计划局局长、副秘书长，中共文教委员会委员，中共中央宣传部副秘书长兼教育处处长，中国作家协会副主席兼中共党组书记、作协创作委员会副主任。当选为第一、二、三届全国人大代表，中华全国文学艺术联合会委员等。"文化大革命"中遭受残酷迫害，在狱中去世。1979年9月20日，中共中央为他举行追悼会，宣布平反昭雪。

6月15日　全国政协副主席谢觉哉去世。谢觉哉，字焕南，1884年生。湖南宁乡人。早年从事教育工作。1919年积极参加五四运动，主编《湖南通俗报》。1921年加入新民学会。1923年加入国民党。1925年加入中国共产党。任中共党的刊物《湖南半月刊》主编，《湖南民报》主编。1926年在国民党湖南省第二次代表大会上当选为省党部执行委员，任工人部长。1928年以后，负责编辑中共中央机关刊物《红旗》、《上海报》。1931年到湘鄂西苏区，任湘鄂西两省政治秘书长、文化部副部长，同时主编《工农日报》，任党校教育长。1932年7月曾被国民党军队逮捕，年底经营救获释。1933年起历任毛泽东秘书、中央工农民主政府秘书长，兼任中央政府机关党总支书记。1934年10月参加了长征。1935年11月后，任中央政府西北办事处国民经济部合作指导委员会主任、内务部长、秘书长、司法部长、代理最高法院院长和审计委员会主席。抗日战争初期，任中共中央驻甘肃办事处代表。1939年后，任中央党校副校长，中共陕甘宁边区中央局副书记，兼任陕甘宁边区政府秘书长和政府党团书记，陕甘宁边区参议会副会长。曾主持起草了《陕甘宁边区宪法草案》和《陕甘宁边区选举法大纲》等。1946年6月，任中共中央法律问题研究委员会主任委员，负责起草全国新宪法和创立新民主主义的法律理论。1947年8月任华北人民政府委员、司法部部长，兼任政法大学校长，曾起草《民法》、《土地改革法》等。中华人民共和国成立后，任政务院政务委员、政法委员会委员，中央人民政府内务部长、法制委员会委员、新法学研究院副院长。1959年当选为最高人民法院院长。在中国共产党第八次代表大会上当选为候补中央委员，在1966年5月中共中央政治局扩大会议上递补为中央委员。任第四届全国政协副主席。主要著作收入《谢觉哉文集》。

6月19日　国务院发出《关于大专院校放暑假和招生工作的通知》。《通知》指出：1970年，许多省、市、自治区的大专院校招收了工农兵学员，至今没有放暑假。今年决定放暑假一个月，教员进行休整、总结，为下段教学工作做准备。关于1971年的招生安排，《通知》提出：招生办法参照1970年6月27日中共中央批转的北京大学、清华大学招生试点的请示报告，由各省、市、自治区按照本地区和院校的不同情况，根据需要和可能酌情处理。1971年，全国部分高等院校继续实行试点招收工农兵学员，共招收4.242万人。

6月21日　周恩来与美国记者谈话。周恩来与美国《纽约时报》助理总编辑西摩·托平、《每日新闻》社长威廉·阿特武德、《华尔街日报》记者罗伯特·基特利等人谈话。周恩来说，我们要求美国政府不要继续干涉中国内政，美国一切武装力量从台湾和台湾海峡撤走，尊重中华人民共和国的主权、独立和领土完整。这个问题解决了，一切问题就解决了。中美关系，也就是中华人民共和国和美利坚合众国的国家关系就可以建立了。当美国记者问到如何把台湾的中国人重新吸收回来时，周恩来答道，我们跟蒋介石联合过，也敌对过，我们打了几十年，但在这一点上有共同性，都认为中国只有一个，外国只能承认一个中国。现在事情就是这样。所以总会找出办法的。有人说，台湾生活水平很高，回归后会降低。相反，回归后我们有可能逐步提高他们的生活水平：第一，不仅不增加税收，还减少税收。第二，不需要付债，可以帮助他们建设。第三，我们是低薪制，不收所得税。第四，失业的人可以回到大陆家乡。第五，在台湾的人做出贡献，可以得到奖励。所以说，这样做只会使台湾得到更多的好处，不会使台湾受到任何损失。如果这样做，中美关系会更好。

6月27日　上海江南造船厂制造的中国第一艘两万吨级货轮“长风”号下水。新华社报道说，由工人、技术人员、干部组成的“三结合”设计小组经过多次实地考察，获得了大量科学资料，终于设计出了能适应各种航区要求的船体结构、配套设备和仪器，并采用国产材料进行制造。

7月1日　《人民日报》、《红旗》杂志、《解放军报》联合发表文章：《纪念中国共产党50周年》。文章经毛泽东审定。共分3个部分：“坚持武装夺取政权的道路”，“坚持无产阶级专政下的继续革命”，“重要的问题在于学习”。文章认为：“中国共产党50年的历史证明：一个政党的成功或失败，决定于路线是否正确。”文章回顾了中共建立以来的历史，指出：“当前，特别需要在全党开展批修整风，进行思想和政治路线方面的教育。”并不点名地批判陈伯达是“口称‘小小老百姓’实则大大野心家的人物”。文章还提出了“今天应特别引起全党注意和学习的”“我党历史经验”，即：一、“必须坚持马克思列宁主义的普遍真理同中国革命的具体实践相结合”；二、“必须正确地进行党内斗争”；三、“必须力戒骄傲”；

四、“要两点论，不要一点论”；五、“必须坚持群众路线”；六、“必须坚持民主集中制”；七、“必须建设一支强大的人民军队”；八、“必须坚持无产阶级国际主义”。

7月8日　国务院转发卫生部、商业部、燃化部《关于做好计划生育工作的报告》。《报告》提出，1969年、1970年全国人口自然增长率分别高达26‰左右。为了切实控制人口的盲目增长，根据周恩来的建议，要求在“四五”期间人口自然增长率要逐年降低，争取到1975年，一般城市降到10‰左右，农村降到15‰以下。原来城乡综合增长率低的不应回升。降低人口自然增长率的措施，主要是大力开展晚婚、计划生育宣传，成立抓计划生育工作的机构，医疗卫生单位和人员做好技术指导，提高节育手术质量，加强避孕药具的研究、生产和供应。开展计划生育工作的经费，由省、市、自治区统筹安排。国务院在转发《报告》时，重申了毛泽东的指示：“人类在生育上完全无政府主义是不行的，也要有计划生育。”要求除人口稀少的地区外，各级都要加强对计划生育工作的领导。这一文件是20世纪70年代在全国大力开展计划生育的新起点。《报告》下发后，各省、市、自治区和卫生部门加强了对计划生育工作的领导和各项计划生育措施的落实，使全国人口自然增长率逐渐降低。

7月9日—11日　美国总统国家安全事务助理基辛格秘密访华。7月1日，白宫新闻秘书宣布：尼克松即将派基辛格于7月2日—5日到越南南方执行调查任务。回途中将与泰国、印度、巴基斯坦官员会谈。7月9日凌晨4时30分，基辛格由章文晋等陪同乘巴基斯坦民航波音707飞机直飞北京。同机前往的有美国国家安全委员会高级成员霍尔德里奇、主管印度支那事务官员斯迈泽、基辛格的特别助理洛德。12时15分，基辛格一行到达北京南苑机场。周恩来派叶剑英、黄华、熊向晖、韩叙等人到机场迎接。下午4时，周恩来与基辛格在钓鱼台5号楼举行会谈。基辛格说，访问的两个任务，一是商谈尼克松访华日期及准备工作，二是为尼克松进行预备性会谈。在谈到台湾问题时，他说，1. 美国拟在印支战争结束后撤走2/3的驻台美军，并逐渐减少余留的军事力量。2. 不支持“两个中国”或“一中一台”，但希望台湾问题能和平解决。3.承认台湾是中国的一部分，不支持台湾独立。4.美蒋条约留待历史去解决。5.美国不再指责和孤立中国，美国将在联合国支持恢复中国的席位，但不支持驱逐台湾代表。在谈到印支问题时，基辛格保证通过谈判解决越南战争，准备制定一个从越南和印支撤走武装力量的时间表，但希望得到一个维护他们的体面和自尊的办法。接着，他还谈到了日本、美苏关系、南亚次大陆等问题。周恩来坦率地指出：我们双方有不同的看法，但这种分歧并不妨碍我们两个在太平洋两岸的国家寻求阁下所说的平等友好相处的途径。我同意这样的说法，即中美两国人民是愿意友好的，并且过去是友好的，将来也会友好的。周恩来着重谈了中国对台湾问题的立场，并阐明台湾历来就是中国的领土，解放台湾是中国的内政，美军必须限期撤走，美蒋条约无效。在谈到印支问题时，他特别指出：美国朋友总是喜欢强调美国的体面、尊严。你们只有把你们所有军事力量统统撤走，一个不剩，这就是最大的荣誉和光荣。会谈结束后，周恩来向毛泽东作了汇报。当听了美国要从印度支那撤军的汇报时，毛泽东说：美国应当重新做人。多米诺骨牌是什么意思？基辛格英文比我们好。让那些骨牌倒了算了。这是进化嘛！当然不打它也不倒，不是我们打，是他们打。美国要从越南撤军，台湾不慌，台湾没打仗，越南在打仗，在死人呀！我们让尼克松来不能就为自己。当汇报到日本问题时，毛泽东说：要给基辛格吹天下大乱，形势大好，不要老谈具体问题。我们准备美国、苏联、日本一起来瓜分中国。我们就是在这个基础上邀请他来的。10日上午，基辛格一行参观了故宫博物院后，在人民大会堂与周恩来继续会谈。周恩来说：你们要争取中美之间的和平，争取远东的和平，世界的和平。现在和平根本谈不上，战争一直没有停。客观世界的发展是大动乱。我们始终是积极防御，准备大乱，准备美国、苏联等国瓜分中国。准备苏联占黄河以北、美国占黄河以南，同时向我们进攻。这样我们可以更好地动员、教育下一代。基辛格说：请你们放心，美国要同中国来往，决不会对中国进攻。美国同自己的盟国和对手决不会进行勾结针对中国。中国对付美国的军队可以向北开，摆在别的地方。最后，双方商定尼克松在1972年春天访问中国。当晚，叶剑英向毛泽东作了汇报。毛泽东说：他们要我们把军队往北开啊！过去我们是北伐，后来是南伐，现在是北来北伐，南来南伐。当汇报到双方商定以巴黎为联络渠道时，毛泽东表示可以。关于双方公告内容，毛泽东表示：尼克松来访，谁也不主动，双方都主动。公告中也不写我要见他的话，要学诸葛亮留一手。当时，周恩来与基辛格商议起草了公告稿。11日，毛泽东审阅了公告稿，表示满意。他说，就双方共同关心的问题交换意见，这样写好，不然好像我们只关心我们的问题。公告一发表，会引起世界震动，尼克松可能等不到5月就要来，早点来也好嘛！当日下午，基辛格一行乘原机飞回巴基斯坦。临行他表示，访问成果“超过了他原来的期望，圆满地完成了他们的秘密使命”。7月15日北京时间晚7时（华盛顿时间晚10时），中美双方公布了基辛格访华的公告：“周恩来总理和尼克松总统的国家安全事务助理基辛格博士，于1971年7月9日—11日在北京进行了会谈。获悉，尼克松总统曾表示希望访问中华人民共和国，周恩来总理代表中华人民共和国政府邀请尼克松总统于1972年5月以前的适当时间访问中国。尼克松总统愉快地接受了这一邀请。中美两国领导人的会晤，是为了谋求两国关系的正常化，并就双方关心的问题交换意见。”公告发表后，在世界上引起了震动。

7月12日　中共中央办公厅印发毛泽东关于对外宣传工作的批示。这是毛泽东于1967年3月—1971年3月在中共中央办公厅、军委办事组、中联部和外交部等文电上的一部分重要批示和修改，共33条。在批示中，毛泽东批评了“文化大革命”前期外事宣传工作中赠送毛泽东像章、宣传毛泽东语录的一些极左做法，指出：“这些是强加于人的，不要这样做。”“他们怎样宣传，是他们的事。我们应注意自己的宣传，不应吹得太多，不应说得不适当，使人看起来好像有强加于人的印象。”毛泽东还纠正了那种以中国为革命中心及在世界范围内的个人崇拜提法，指出：“这种话不应由中国人口中说出，这就是所谓‘以我为核心’的错误思想。”“把离开主题的一些空话删掉。不要向外国人自吹自擂。”批示中还反映了毛泽东在对外援助、中美关系、中苏关系、中日关系、与外国兄弟党关系中的一些具体意见。

7月14日　国务院发出《关于内迁职工家属安置问题的有关规定》。《规定》说，1964年以来，为加快内地建设，全国约有380个项目，14.5万名职工，3.8万多台设备从沿海迁往内地。但迁建工厂的职工家属，随迁的只有20%~30%，大部分仍留在沿海，长期两地分居，生活上带来许多困难，而且每年探亲，增加国家开支，耽误生产。因此，国家规定：内迁职工的家属都允许随迁，原来吃商品粮的家属可以在内迁企业的所在地落户，原来户口在农村的仍落农村户口，个别确有困难的直系亲属也可以落城镇户口。安排内迁职工家属工作的原则是：原在全民所有制单位工作的固定工，内迁后就近安排在全民所有制单位工作，工种不对口可以调整；原在全民所有制单位担任常年性工作的临时工、合同工，如生产需要、本人符合条件，可由迁出地区转为固定工后内迁；原在集体所有制单位工作或从事临时性工作的家属，内迁后就近安置在集体所有制单位工作，如果全民所有制企业有招工指标，够条件的可以吸收为固定工；原来没有参加工作和家居农村的家属，可以组织起来办集体性质的小工厂或从事农副业生产和服务性劳动，还可以到农村插队落户；内迁职工的子女，已经上山下乡的不随迁，需要照顾的独生子女等，可以迁入当工人，或同当地知识青年一起统一安排。这些规定，解决了部分内迁职工两地分居问题，但由于内地工作生活条件的限制和其他原因，仍有许多内迁职工的家属不能或不愿随迁。

7月18日　中国医务工作者和科学工作者创造成功中国独特的麻醉技术——针刺麻醉。采取针刺麻醉做手术，病人的生理机能不会发生紊乱，手术后也没有麻醉药物带来的副作用。大量的临床实践证明，针刺麻醉安全、方便、经济、有效。

7月21日　财政部向中共中央提出《上半年财政金融情况的报告》。上半年财政收入343亿元，支出323亿元，结余20亿元；银行信贷收入119亿元，信贷支出109亿元，回笼货币10亿元。上半年完成全年财政收入计划的48.6%，比上年同期增长21%。上半年基本建设支出127亿元，完成年度计划的47%，比上年同期增长18%。外援显著增加，上半年支出7.2亿元，比上年同期增加84%。但是，企业财务管理偏松，有相当一部分企业仍处于亏损状态，基本建设战线较长，全年国家安排的基建投资共270亿元，到基层实际达到330多亿元。

7月22日　周恩来批准举办出土文物展览并复刊《考古学报》、《文物》、《考古》杂志。“文化大革命”开始后，各种文物展览及学术刊物均停办，严重影响了文化交流和学术研究。为此，郭沫若写报告给周恩来，请求举办出土文物展览、复刊《考古学报》、《文物》、《考古》3份杂志。周恩来立即批示：“同意”，“请文化组办。”此后，由郭沫若亲自设计展出方案、审定陈列展品的中国出土文物展览在国内外相继展出，轰动了世界。复刊的3种杂志则成为“文化大革命”以来最早复刊的学术杂志。

7月23日　全国政协副主席、民盟中央副主席高崇民去世。高崇民，原名恩浚，字健国，1891年生。辽宁开原人。早年参加中国同盟会。1919年毕业于日本东京明治大学，回国后从事抗日爱国活动。“九一八事变”后，发起建立东北民众抗日救国会、复东会，任常务委员兼总务部副部长、秘书长。1936年参与发动“西安事变”，参与起草张杨关于停止内战抗日救国的8项主张。1937年参与成立东北救亡总会，任主席团委员兼组织部部长。1941年以东总名义加入中国民主同盟，秘密组织东北民主政治协会。抗日战争胜利后，任东北解放区安东省政府主席。1946年加入中国共产党。同年被选为东北行政委员会副主席兼民政委员会主任委员及安东省主席。1948年任东北人民政府副主席兼司法部部长。1949年出席第一届全国政协会议，任主席团委员。中华人民共和国成立后，历任中央人民政府委员、东北人民政府副主席、东北行政委员会副主席兼最高人民法院东北分院院长，第四届全国政协副主席，中国民主同盟中央副主席等职。是第一至四届全国政协常委，第一、二届全国人大常委会委员。“文化大革命”中遭受迫害，在狱中含冤去世。1979年中共中央宣布为他平反昭雪，恢复名誉。

7月30日　中国政府声明不能接受苏联召开5个核大国会议的建议。声明说，1971年6月15日，苏联政府声明提议召开拥有核武器的5

大国会议，研究核裁军问题。对此，中国政府声明，少数核国家无权把世界大多数国家撇在一边，擅自开会研究和决定这样重大问题。历史告诉人们，单靠少数拥有核武器的大国进行谈判，是根本不可能解决核裁军的。声明指出：中国发展核武器，是为打破帝国主义的核垄断，最终消灭核武器。中国现在不是核大国，将来也绝不作那种“推行核垄断、核威胁、核讹诈政策的‘超级大国’，任何时候，中国决不同意背着无核国家去参加核大国的所谓核裁军谈判”。在核武器问题上，中国政府的一贯立场是：一、主张全面禁止和彻底销毁核武器；二、在任何情况下，中国不首先使用核武器；三、召开世界各国首脑会议，讨论全面禁止和彻底销毁核武器。作为第一步，首先达成不使用核武器的协议。为了实现全面禁止和销毁核武器，美国和苏联，应该发表声明，保证不首先使用核武器，撤销设在别国领土上的一切核基地和核部队。

本　月　国务院文化组成立。组长为吴德，副组长为刘贤权。成员有：石少华、于会泳、浩亮、刘庆棠、王曼恬、吴印咸、狄福才、黄厚民。后于会泳任副组长。

8月4日　中国和土耳其在巴黎签署联合公报，决定自即日起建立大使级外交关系。

8月6日　中共中央决定撤销潘复生的黑龙江省党的核心小组组长、省革命委员会主任职务。任命汪家道为黑龙江省革命委员会主任，刘光涛为第一副主任，傅奎清、张林池为副主任。

8月7日　毛泽东主席会见缅甸联邦革命委员会主席、政府总理奈温。双方进行了友好的谈话。毛泽东回顾“文化大革命”初期的情况时说，有一段时间，1967年，我们控制不住我们的外交部，管不了了。有那么两个月，天下大乱。你们大使馆还算好的，没有烧掉，英国代办处烧了。那时候也是无政府主义。我们烧大使馆那两个月，都是极左派当权，自己向国外发电报，都是极左啊！极左思潮有些不是“五一六”，要进行教育。文化大革命的一部分成果就是把这些坏人暴露出来了。双方还就发展中缅两国关系交换了意见。参加会见的有周恩来、李先念等。周恩来在谈话中指出：极左思潮干扰了中国对外政策。他说："你知道1967年我们正进行无产阶级文化大革命，有一些极左思潮，你们新大使来后可能知道一些。1967年事件的直接起因，是华侨学生佩戴毛主席像章，引起纠纷，以后牵涉到我们驻缅使馆，发生了数十人死亡以及华侨被捕的情况。""一个是要冲缅匈驻华使馆，一个是火烧英国代办处，这两件事都有坏人，他们想破坏我国的对外关系。""另外，那时我们驻外使馆也出现过一种情况，就是对重大政治问题直接对外发照会。""在1967年，的确有极左思潮的干扰。文化大革命运动的发展，如果仅仅是在青年中产生极左思潮，那是可以得到说服和纠正的，问题是有些坏人利用这个机会来操纵群众运动，分裂群众运动，破坏我们的对外关系。这种人只有在事情充分暴露以后才能发现。"他最后还提出："1967年华侨学校的某些行动，我们也不赞成。年轻人、侨民有爱国心，他们学我们国内的样子去做，当然就不合适了。"

8月7日—12日　中共西藏自治区第一次代表大会在拉萨召开。出席大会的各族党员代表共505名。自治区革命委员会党的核心小组组长任荣，代表核心小组作了题为《团结起来，沿着毛主席的革命路线奋勇前进》的工作报告。大会通过了任荣的工作报告，选举出65名委员和16名候补委员，组成中共西藏自治区第一届委员会。经过自治区党委第一次全体会议选举和中共中央批准，自治区党委常委有17人，任荣为第一书记，陈明义、天宝（藏族）、杨东生（藏族）、封克达、高圣轩、巴桑（藏族，女）为书记。自治区委第一次全体会议做出了《关于深入进行思想和政治路线方面的教育的决定》。

8月11日　国务院批准全面调整银行利率。调整利率的原则是：适当降低利率水平，简化利率种类，取消某些不合理的优待利率。具体方案是：一、农业贷款，原来利率比较低的仍维持不变，原来偏高的，适当降低。农副产品预购定金，国营农场和农村社队生产费用贷款，农村社办企业贷款，由4.8‰和6‰降为3.6‰农村信用社对社队和社员的存款和贷款改按银行利率执行，农村社队存款利率由1.8‰降为1.5‰，信用社对社队农业贷款和社员贷款，对社办企业贷款，由最高7.2‰降为3.6‰；信用社对社队生产设备贷款和向银行贷款，由

3.9‰降为1.8‰；信用社在银行转存款，利率由3.9‰改为2.7‰。二、国营工商企业存贷款利率，适当调低，存款利率，由1.8‰降为1.5‰；贷款利率由6‰和4.8‰降为4.2‰城镇集体经济的存款和贷款与国营企业实行统一的利率。三、华侨人民币定期储蓄存款利率由年息2.88%~8%改为月息3.3‰，略高于国内。华侨或外国人的外币存款，改按国内活期储蓄存款利率办理，但使、领馆的外币存款仍为无息不变。四、城乡人民定期存款利率，原来存半年率，原来存半年以上的为2.7‰，一年以上的为3.3‰，这次统一为2.7‰。调整后，贷款利率降低30%左右，存款利率降低20%左右。调整利率的时间，除国营工商企业自1972年1月1日执行外，其他一律从1971年10月1日起执行。

8月12日—16日　中共四川省第二次代表大会在成都召开。出席大会的代表共1 477名。省革命委员会党的核心小组组长张国华，代表核心小组作了工作报告。大会通过了张国华的工作报告，选举产生了106名委员和44名候补委员，组成中共四川省第三届委员会。经省委第一次全体会议选举和中共中央批准，新省委常委有19人，张国华为第一书记，梁兴初为第二书记，李大章、谢家祥、段君毅、谢正荣、徐驰、何云峰为书记。省委第一次全体会议作出了《关于加强学习的决定》。

8月12日—9月19日　国务院在北京召开全国林业工作会议。会议提出，从1972年起，用5年或稍长一点时间，实现《全国农业发展纲要》规定的“在一切宅旁、村旁、路旁、水旁，只要是可能的，都要有计划地种起树来”的要求；用5年、10年或更多一点时间，实现“在自然条件许可和人力能够经营的范围内，绿化荒地荒山”的要求；缺材省区分别在5年、10年、15年左右做到地方用材自给。会议明确了以下几个政策问题：一、维护国家、集体的山林所有权。过去划给集体的大片国有林，除留给集体能够经营的以外，其余收归国家开发利用。二、社队附近的国有荒山、荒地，未设国营林场或国营林场近期无力造林的，可以委托给社队集体造林；集体的荒山、荒地，近期无力造林的，经过协商，可由国营单位造林，谁造的林，林权就归谁所有；也可由国家和集体合作造林，按比例分益。三、鼓励社员在宅旁、屋前、屋后或生产队指定的其他地方种树，自种自有。四、国家鼓励和支持社队发展林业生产。竹、木集中产区的社队，要以经营竹、木为主，合理安排粮食购销指标，保证社员口粮不低于邻近产粮区。五、改革育林基金制度，原来由省统一调剂使用的育林基金和返还给社队的育林基金，即甲种、乙种育林基金，由省、市、自治区统一调剂使用，用于扶植发展社队集体造林、育林。

8月13日　中共中央批发《全国教育工作会议纪要》，毛泽东批示："同意。"中共中央批语指出："中央同意全国教育工作会议纪要，现发给你们，望各级党委认真讨论执行。"《纪要》是由迟群执笔，张春桥、姚文元修改审定的。《纪要》提出了对教育战线的"两个估计"，即：解放后17年，"毛主席的无产阶级教育路线基本上没有得到贯彻执行，教育制度、教学方针和方法几乎全是旧的一套"；原有教师队伍中，"大多数是拥护社会主义，愿意为人民服务的，但是世界观基本上是资产阶级的"。还提出了要批判所谓修正主义教育路线的"八大精神支柱"："全民教育"、"天才教学"、"智育第一"、"洋奴哲学"、"知识私有"、"个人奋斗"、"读书做官"、"读书无用"。《纪要》共分三个部分。第一部分分析了教育战线"文化大革命"前17年和后5年的形势，认为："22年的斗争充分说明，在无产阶级专政条件下，教育仍然是无产阶级同资产阶级生死斗争的一条重要战线"，"资产阶级在这方面还比较有力量，他们就竭力使学校成为培养资产阶级知识分子的场所，成为破坏无产阶级专政，复辟资本主义的工具"。第二部分提出了当前要抓好的问题：1、巩固工人阶级在教育阵地的领导权，工宣队要在学校长期留下去。2、坚持办好"五七干校"和"七二一大学"。3、要批判资产阶级，开展批修整风。4、教改的问题，主要是教员问题。要广泛吸收工农兵参加教学，抓紧对原有教师队伍的再教育。5、工农兵学员是教育革命的主力军，要充分发挥他们上大学、管大学、改造大学的作用，坚决改革旧的教学方法，实行招收工农兵学员的制度。　6、教材要彻底改革，适当选编一些反面教材，供批判用。7、高等院校调整和管理体制问题，要继续试行原有高等院校调整、下放方案。8、中小学教育革命要抓好教师队伍的改造和建设，清除反革命分子、坏分子。争取在“四五”期间，农村普及小学五年教育。9、认真办好中专和技工学校。十、军队院校教育革命结合具体情况贯彻执行。8月—11月，全国各省、市、自治区先后召开教育工作会议，对《纪要》进行传达贯彻。1979年3月19日，中共中央转发教育部党组报告，宣布撤销以中发［1971］44号文件转发的《全国教育工作会议纪要》。

8月14日　中共中央批复同意国务院《关于1971年物价调整方案》。《调整方案》说，为了促进工农业生产的发展，决定适当提高部分农副产品的收购价，降低部分支农产品、机械产品的出厂价和销售价。调价的主要内容是：一、农副产品的收购价：油料、油脂平均调高16.7%，甘蔗调高15.3%，东北菜牛调高5.8%，黄连、党参、黄芪、红花等中药材平均提高12.3%。二、工业品的销售价和出厂价：化肥分别降低9.7%和12.4%，农药分别降低15%和9.6%，煤油分别降低20.8%和21.6%，柴油分别降低9.7%和8.8%。润滑油销售价降低10.5%，内燃机、齿轮箱、联合收割机、多级水泵、仪器仪表、工业锅炉、汽车配件的出厂价平均降低15.7%。电子工业基础产品的出厂价平均降低17.1%，其中地方企业产品降低18.8%。

8月14日—9月12日　毛泽东巡视南方各地并同沿途各地负责人作重要谈话。陪同视察的有汪东兴等人。8月16日，毛泽东到达武汉。在武汉期间，他5次召见武汉军区政委刘丰等湖北、河南党政军负责人，谈到：“庐山这件事，还没有完，还没有解决。”他说，“林彪同志那个讲话，没有同我商量，也没有给我看。”“庐山这一次斗争，……他当然要负一些责任。”他点名批评了黄永胜、叶群。毛泽东还在专列上指挥大家唱《国际歌》和《三大纪律八项注意》。8月27日晚，毛泽东到达长沙。在长沙期间，他召见了广州军区司令员丁盛、第一政委韦国清、第二政委刘兴元等人，作了重要谈话。他质问广州军区负责人说，你们同黄永胜关系这么密切，来往这么多，黄永胜倒了，你们得了？8月31日，毛泽东到达南昌。在南昌期间，他召见了福州军区司令员韩先楚、南京军区司令员许世友等人，作了重要谈话。江西省军区司令员程世清向毛泽东汇报了林彪集团成员在庐山会议期间的活动及在江西试制水陆两用汽车的情况。9月3日，毛泽东到达杭州，召见了江西省军区、省革委会负责人南萍、熊应堂、陈励耘、白善等人。9月10日下午，毛泽东在了解到一些异常情况后，突然决定立即离开杭州。9月11日上午，毛泽东到达上海，在火车上接见了许世友、王洪文，随后立即下令开车北上。9月12日下午到达北京丰台车站。在火车上他召见了李德生、纪登奎、吴德及北京卫戍区司令员吴忠，作了谈话。随后经北京火车站回到城内。毛泽东南巡期间，林彪集团十分焦急，想方设法了解毛泽东的动向和言行。9月5日夜，广州军区空军参谋长顾同舟通过周宇驰将毛泽东在长沙的谈话内容秘密报告叶群和林立果，随后又整理出文字稿，派人乘飞机送到北京。9月6日，武汉军区政委刘丰将毛泽东在武汉谈话内容报告了李作鹏，李作鹏立即回北京，转报黄永胜。黄永胜电话报告了正在北戴河的叶群。毛泽东南巡沿途的谈话内容，引起了林彪集团的极大恐慌。

8月15日—18日　中共宁夏回族自治区第三次代表大会在银川召开。出席大会的代表有415名。自治区革命委员会党的核心小组组长康健民，代表核心小组作了题为《沿着党的“九大”路线奋勇前进，为进一步巩固无产阶级专政而斗争》的工作报告。大会讨论通过了康健民的工作报告，选举出53名委员和10名候补委员，组成中共宁夏回族自治区第三届委员会。经区委第一次全体会议选举和中共中央批准，自治区党委常委有14名，康健民为区委第一书记，高锐为第二书记，张桂金为书记，王志强、邵井蛙、赵志强为副书记。新区委第一次全体会议做出了《关于进一步开展批修整风，认真学习马克思主义、列宁主义、毛泽东思想的决定》。

8月16日　中国和伊朗在伊斯兰堡签署联合公报，决定自即日起建立大使级外交关系。

同　日　根据毛泽东指示，周恩来、张春桥、纪登奎、黄永胜前往北戴河向林彪汇报工作。在汇报结束时，周恩来说，根据毛主席的提议，党中央决定“十一”前后召开中共九届三中全会，然后召开四届全国人大，现在各项准备工作正逐步就绪。林彪等人听到这一消息后十分紧张，担心毛泽东在九届三中全会上提出处理林彪集团的问题，也担心在四届全国人大上林彪将当不成副总理和国防部长。

8月16日—19日　中共黑龙江省第三届代表大会在哈尔滨召开。出席大会的代表共998名。省革命委员会党的核心小组负责人汪家道代表核心小组作了题为《紧跟伟大领袖毛主席，沿着毛主席的革命路线乘胜前进》的工作报告。大会通过了汪家道的工作报告，选举出87名委员和22名候补委员，组成中共黑龙江省第三届委员会。经省委第一次全体会议选举和中共中央批准，省委常委有15人，汪家道为省委第一书记，刘光涛为第二书记，傅奎清、于杰、张林池为书记。省委第一次全体会议做出了《关于深入开展批修整风运动的决议》。至此，全国各省、市、自治区（除台湾省外）全部召开了中共代表大会，选举产生了新的中共省、市、自治区委员会。

8月16日—9月15日　国务院在北京召开全国农业机械化会议。会议拟定了《全国农业机械化发展规划》（草案），提出今后10年的奋斗目标是，要在1980年使中国农、林、牧、副、渔的主要作业机械化水平达到70%以上，基本实现农业机械化。全国农用拖拉机拥有量要达到80万台左右，排灌动力机械要达到6 000万马力左右，平均每亩耕地施用化肥要达到80市斤左右。在10年规划的前5年，即到1975年，全国平均耕作机械水平，由现时的占可机耕面积的25%，提高到50%左右；全国灌溉面积，由现时的6亿亩增加到7.5亿亩；基本上实现粮、棉、油、糖、饲料加工、脱粒的机械化和半机械化；每亩耕地施用化肥40市斤；实现农业人口平均每人1亩高产稳产田。到1975年，全国粮食总产量要达到6 000亿斤左右，棉花总产量达到6 000万担左右。这次会议期间由于发生林彪叛国出逃事件，会议提前结束。会议拟订的一些不切实际的方针、措施、指标并未付诸执行。

8月20日　中共中央批发《广州军区三支两军政治思想工作座谈会纪要》。毛泽东批准并在中央批语上增加了“认真研究”4个字，要求引起重视。《纪要》是根据7月15日—31日广州军区召开的三支两军政治思想工作座谈会讨论精神写成的。《纪要》指出：军区现有两万多名干部战士参加三支两军工作，其中担任省（区）、县和相当县以上革命委员会工作的有3 744人，有78%的县以上党委书记和革命委员会主任是军队干部。《纪要》指出，军队三支两军人员对地方党委组织也应当尊重和支持。为了保证地方党委实行一元化的领导，维护地方党委的威信，《纪要》规定：凡参加地方党组织生活的三支两军人员，必须接受地方党委（支部）的统一领导；在地方各级党委中担任领导职务的，特别是担任一、二把手的军队干部，必须正确理解党的一元化方针，对三支两军人员实行军队和地方共同管理，以地方为主的办法。《纪要》反映：三支两军人员中存在骄傲跋扈、好大喜功、任人唯亲、打击报复、滥用职权、违法乱纪等错误的思想作风；有些人存在着特权思想，不尊重、不支持已经成立的地方党委。这些现象必须加以改正。毛泽东在南方巡视途中与各地负责人谈话时，再次就这个《纪要》所提出的问题说："地方党委已经成立了，应当由地方党委实行一元化领导。如果地方党委已经决定了的事，还拿到部队党委去讨论，这不是搞颠倒了吗？"

同　日　外交部发表声明，坚决反对美国政府在联合国制造"两个中国"的阴谋。8月17日，美国驻联合国首席代表向联合国秘书长递交的一封信和一份备忘录宣称，在联合国"中华人民共和国应当有代表权"，同时又宣称联合国"应当规定不剥夺中华民国的代表权"。为此，中国外交部声明指出，中华人民共和国政府是代表全中国人民的唯一合法政府，台湾是中国领土不可分割的一部分。联合国中的中国席位理所当然地属于中华人民共和国。美国明目张胆地要在联合国制造"两个中国"的阴谋，"利用联合国推行强权政治的蛮横做法"，中国政府和中国人民是绝对不能容忍的。中国政府郑重声明，恢复中华人民共和国在联合国的合法权利和把蒋介石集团驱逐出联合国，这是一个问题的不可分割的两个方面。只要在联合国里出现"两个中国"、"一中一台"、"台湾地位未定"或其他类似情况，"中华人民共和国政府就坚决不同联合国发生任何关系"。

8月20日—9月21日　国家计委召开全国统计工作会议。会议批判了"报表挂帅"、"一垂三统"（即垂直领导，统一管理编制、干部和经费）、"专家路线"、"繁琐哲学"和"弄虚作假"。强调统计工作必须“为无产阶级政治服务，为三大革命运动服务”。针对有些部门和地区统计力量薄弱，数字报不上来，情况不明，统计工作不能适应需要的现象，会议强调要提高统计数字的准确性和及时性，加强基层统计工作，建立健全基层统计制度，县以上各级都要有统计机构，大型企业要设专职统计人员，中小型企业和农村公社要设专职或兼职统计人员。统计人员要稳定和明确。各部门、各地区要有负责人主管统计工作，定期检查，具体领导。

8月21日　中共中央发出《关于继续实行粮食征购任务一定5年的通知》。从1965年开始，连续6年实行的粮食征购一定3年的政策，对促进农业生产发展起了积极作用，受到广大农民的欢迎。《通知》说，从1971年起，粮食征购实行一定5年的政策。各省、市、自治区在这个期间内，对有的社队由于国家投资兴修水利后增产幅度较大，或发现少数社队畸轻畸重的，可经过协商作适当调整。《通知》还对1971年—1975年粮食征购基数作了调整。由现行的726亿斤调整到765.5亿斤，增加39.5亿斤。各省、市、自治区向下分配任务时，可以在中央确定的征购基数基础上，增加5%左右的机动数，用以调剂受灾减免，保证完成国家计划。省以下各级不得层层加码。为了保证国家建设和增加储备的需要，在丰收的地区，可以通过协商，向社队适当超购一部分粮食。超购的粮食，继续实行加价奖励的办法，超购加价幅度不得高于统购牌价的30%。

8月24日　中共中央对新疆、云南关于少数民族地区和牧区划分阶级成份问题的请示报告做出指示。原则同意两个省、区在没有划过阶级成份或过去虽然划过但没有划清的少数民族地区，参照西藏社会主义改造中执行的原则和政策划分阶级成份。1979年2月27日，国务院批准中共新疆维吾尔自治区委员会的报告，提出1970年在牧区划定的阶级成份应予推倒，不予承认。

8月25日—9月5日　中共中央在北京召开陕西省委汇报会。参加汇报的有中共陕西省委、陕西省军区、驻陕二十一军、四十七军的主要领导人。会议在周恩来亲自指导下，形成了《陕西省委汇报会传达提纲》，强调坚决批判资产阶级派性、无政府主义和极“左”思潮，加强对经济工作和工农业生产的领导。周恩来、李先念等对陕西问题作了重要指示。周恩来指出："毛主席在延安，陕北人民丰衣足食，现在全国已经解放20多年了，听说陕北的群众粮食还不够吃，我们感到很难过；革命圣地没有搞好，对不起老区人民。"《传达提纲》指出：陕西在经济上的主要问题是，工农业生产发展的速度比较缓慢，与兄弟省、市、区相比落后了，主要的原因，一是阶级敌人利用资产阶级派性煽动无政府主义，制造停工停产。二是少数人闹派性成瘾，制造分裂、争权夺利，三是有些人纪律松懈、规章制度废弛等。《传达提纲》公布以后，陕西省开展了批判派性和无政府主义的活动，对经济建设的发展起到了促进作用。

8月27日　《人民日报》发表祝贺地方各级党代会召开的社论：《我们党在朝气蓬勃地前进》。社论说："全国各省、市、自治区(除台湾省外）相继隆重地召开了党的代表大会，选举产生了新的省委、市委和自治区党委"，"是无产阶级文化大革命的丰硕成果，是毛主席无产阶级建党路线的伟大胜利"。社论引用了毛泽东自1967年—1970年中共九届二中全会期间关于整党建党的一系列指示，认为："我们的党提高了质量，扩大了队伍，比以往任何时候都更加纯洁，更加坚强，更加富有战斗力。"同时，社论还提出："不要以为经过这次整党，建立了新党委，党内就没有矛盾，就没有两条路线的斗争了，党内两条路线的对立和斗争，是社会阶级矛盾和新旧事物矛盾在党内的反映，是长期存在的。"

8月31日　全国燃料化学工业会议召开。国家计委、燃化部、煤炭部及全国各大矿务局、化工企业负责人出席了会议。余秋里在会议上讲话指出，针对当前工业生产中普遍存在的问题，要做好以下七个方面的管理工作：一、加强设备管理，建立岗位责任制；二、提高产品质量，坚持产品检验制度，做到自检、互检和专职检查三结合；三、严明劳动纪律，整顿生产秩序，加强安全生产教育，减少事故；四、降低生产消耗定额，实行经济核算；五、认真解决企业领导班子问题，领导干部要敢于抓生产，把革命和生产割裂对立起来的观点是错误的；六、加强科学技术研究；七、关心职工生活。

同　日　国务院和中共中央军委发出《关于在全国试行新广播体操的通知》。《通知》说：这套新广播体操由国家体委编操小组编制，中央乐团配曲。全操共有8节，做一遍约需5分钟时间。新操编出后，在140多个单位的9万多人中试做和修改，征求了各地和各部门的意见。从9月1日起，中央人民广播电台和各地广播电台将予播送，北京电视台也将举办节目。

9月4日　《红旗》杂志十期发表的文章《努力学会领导学校工作》在《人民日报》刊出。署名“驻清华大学工人、解放军毛泽东思想宣传队”的这篇文章介绍了“关于如何加强工人阶级对教育革命领导的一些体会”。文章共分4个部分：“工人阶级的领导就是要执行正确的政治路线”，“工人阶级领导必须坚持贯彻群众路线”，“工人阶级领导必须认真落实党的知识分子政策”，“关键是建设一个革命化的领导班子”。文章重申了毛泽东关于“无产阶级必须在上层建筑其中包括各个文化领域中对资产阶级实行全面的专政”的指示。指出：原有的教师队伍中“世界观基本上是资产阶级的”，“要继续抓紧对知识分子的再教育，正确处理使用与改造的关系。要创造条件，让原有教师分期分批到工厂、农村、部队”。文章最后强调：“宣传队要长期留下去”，“上大学、管大学，用毛泽东思想改造大学”。

9月5日　台湾“财政厅”机要秘书张双照起义回到北京。张双照是带职在美国学习结业后，拒绝返回台湾，乘飞机归来的。

同　日　国画家潘天寿去世。潘天寿，原名天授，字大颐，号寿者等，1897年生。浙江宁海人。自幼酷爱绘画。1915年考入浙江省立第一师范学校。1923年任上海美术专科学校及新华艺术专科学校中国画教授。1928年任杭州国立西湖艺术院教授。抗日战争期间曾任教于西南联大艺术系，后任国立艺术专科高校国画系主任、校长。中华人民共和国成立后，任浙江美术学院院长、中国美术家协会副主席、全国人大代表。1958年被聘为苏联艺术科学院名誉院士。擅长写意花鸟和山水画，并精于指画。“文化大革命”中，受到迫害，9月5日逝世于杭州。1978年有关部门为他平反昭雪，恢复名誉。

9月7日　中共湖南省委发出《关于开展学唱〈国际歌〉、〈三大纪律八项注意〉的通知》。这是根据毛泽东在南巡讲话中有关学唱两首歌的指示而发出的。《通知》说："各级党组织和革命委员会必须把组织学唱这两首革命歌曲当做一项严肃的政治工作，切实抓好，进一步提高广大革命群众继续革命的觉悟，团结起来，争取更大的胜利。"10月28日，《人民日报》转载了中共湖南省委的这一《通知》，同时刊载了这两首歌曲，并配发了评论员文章：《唱好两首革命歌曲》。

9月7日—12日　林立果下达政变命令，企图杀害毛泽东。7日，林立果向"联合舰队"下达了"一级战备"命令，妄图杀害毛泽东，发动武装政变。8日，林彪写下手令："盼照立果、宇驰同志传达的命令办。"当晚，林立果、周宇驰等人从北戴河回到北京，向江腾蛟出示了林彪的手令，并布置了三条办法："一、用火焰喷射器，40火箭筒打火车；二、调几门100高射炮打火车，并要空4军教导队以抢救主席为名往上冲；三、实在不行，就要王维国趁主席接见时动手。"他们还商议了把附近油库烧着，趁乱动手的办法。9日—10日，林立果等人又提出了"仿照日本人搞皇姑屯事件的办法"，在毛泽东乘坐的专列通过苏州后，爆炸附近的硕放铁路桥。11日，林立果、江腾蛟找到空军司令部作战部部长鲁珉，让他南下苏州，执行杀害毛泽东的阴谋。后因鲁珉胆怯未遂。同时，林彪还通过王飞给黄永胜带信说："永胜同志，很惦念你，望任何时候都要乐观，保护身体。有事时可与王飞同志面洽"策划南逃广州另立中央的计划。林立果、江腾蛟、王飞等人还亲自乘车前往钓鱼台，观察地形，准备武装攻打。11日晚，林立果又通过空军副参谋长胡萍，私自调动256号三叉戟飞机飞往北戴河，预备出逃。

9月8日　中国人民银行召开全国银行工作会议。李先念、李富春、余秋里、华国锋听取会议汇报时，强调要批判极左思潮，正确认识银行的职能作用，对银行建国20多年来的成绩要给予充分的评价；要加强银行工作的独立性，全国信贷资金统一调拨，全国统一结算，金、银、外汇统一管理。他们强调：当前银行管理偏松，要加强分口管理，不能乱来，否则一定要多发票子。会议通过讨论，初步澄清了“文化大革命”初期金融工作中的一些混乱，就发挥银行职能问题提出：一、必须全面理解和执行“发展经济，保障供给”的方针，既反对只抓资金收支，不关心生产发展，也反对那种否定对生产的管理和监督的观点。二、必须加强银行部门上下之间的业务管理，使银行在业务工作上有独立性，相对集中。三、严格划清财政资金和信贷资金的界限，财政资金和信贷资金必须分别管理。不得在计划外动用银行资金。银行贷款不得用于基建、弥补企业亏损、职工福利等方面。会议还就做好农村金融工作，加强工商信贷管理、外汇管理、现金和工资基金管理，积极开展人民储蓄，整顿和改进银行内部工作，严格执行《中央金库条例》，做好经济活动分析和综合反映工作，健全银行机构和加强人员队伍建设等问题，提出了具体意见。这次会议成为整顿“文化大革命”中银行工作的第一次转机，收到了明显的效果。

9月13日　林彪等人仓皇出逃，自取灭亡。9月12日晚，驻北戴河的警卫部队将林彪之女林立衡报告叶群、林立果要带林彪乘飞机出逃的情况转报北京周恩来。周恩来立即查问256号三叉戟专机的去向，并通过李作鹏向山海关机场下达指示：256号专机必须有周恩来、黄永胜、吴法宪、李作鹏4个人一起下命令才能飞行。晚11时，周恩来接到叶群电话，称：林彪想动一动，需要调几架飞机。周恩来追问调了飞机没有，叶群谎称还没有调。周恩来答复今晚夜航不安全，调飞机的事商量一下，看看天气情况再说。叶群等人感到计划败露，十分恐慌，决定改南逃广州为北逃苏联。13日0时，林彪、叶群、林立果、刘沛丰不顾警卫部队的阻拦，乘红旗轿车急速由北戴河逃往山海关机场，途中开枪打伤跟随多年、不愿出逃的警卫秘书。警卫部队立即派车追赶。林彪等人逃至机场，在机场奉命关闭，机组乘务人员未到齐的情况下，于0时32分强行起飞。周恩来接到报告后，立即向毛泽东报告。毛泽东、周恩来断然发出全国禁空令：任何飞机都不准来北京；没有毛泽东、周恩来、黄永胜、吴法宪、李作鹏的联合命令，任何飞机都不准起飞。不久，雷达发现256号飞机向蒙古方向飞行。吴法宪请示汪东兴是否拦截，汪东兴请示毛泽东，毛泽东说："天要下雨，娘要改嫁，都是没有法的事，让他去吧！"凌晨3时，林彪乘坐的256号飞机在蒙古温都尔汗附近肯特省贝尔赫矿区南10公里处强行着陆坠毁，林彪、叶群、林立果、刘沛丰及机上乘坐的其他人员共9人全部死亡。3时多，林彪集团成员周宇驰、于新野、李伟信乘直升飞机从北京沙河机场向蒙古方向逃跑。接吴法宪报告后，周恩来等人下令派战斗机拦截，绝不能让它飞出国境。后直升飞机驾驶员陈修文发觉被骗，驾机飞回。周恩来又下令迫降。上午，周宇驰等人乘坐的直升飞机在北京怀柔县境内迫降。驾驶员陈修文与周宇驰搏斗牺牲。周宇驰、于新野开枪自杀，李伟信和另一驾驶员陈士印被捕。凌晨3时多，周恩来根据毛泽东指示，在人民大会堂召开在京中共中央政治局委员会议，通报了林彪乘飞机出逃的情况，说明作了应付万一的准备。周恩来指出，犯路线错误的头子没有一个好下场。并提醒到会者：飞机消失了，可能是真的坠毁了，也可能是耍的阴谋，要注意他万一得逞后，在国外发表声明之类的东西。当日周恩来亲自给各大军区和全国29个省、市、自治区负责人打电话说："庐山会议上第一个讲话的那个人，带着老婆、儿子叛国逃跑了！部队立即进入一级战备，以应付一切可能发生的情况。"9月14日中午12时，中国驻蒙古使馆打回电话，报告了三叉戟飞机坠毁，人员全部死亡的消息。当日，中共中央、中央军委向全军下发紧急战备指示，要求各军区立即做好应付敌人进攻的准备。

同　日　原中共中央副主席、中央军委副主席林彪身亡。林彪，原名育容，又作毓容，1906年生。湖北黄冈人。1923年加入中国共产主义青年团。1925年加入中国共产党。同年考入黄埔军校第四期。1927年在国民革命军叶挺独立团任连长。参加了南昌起义和湘南起义。历任中国工农红军四军团长、第一纵队司令，红四军军长，红一军团军团长。1934年参加长征。到达陕北后，任红军大学校长（后改为抗日军政大学）。抗日战争爆发后，任八路军一一五师师长，指挥了平型关战斗。1938年底去苏联治病，1942年回国。赴重庆协助周恩来与国民党谈判。解放战争时期，任东北民主联军总司令，中共中央东北局书记，东北野战军司令员，东北军区司令员兼政委，第四野战军司令员，中共中央华中局（后改为中南局）第一书记、华中军区司令员。中华人民共和国成立后，历任中南军政委员会主席，中央人民政府革命军事委员会副主席，国务院副总理兼国防部长，国防委员会副主席，中共中央军委副主席。1955年被授予元帅军衔。在中国共产党第七次全国代表大会上当选为中央委员，在七届五中全会上当选为政治局委员，在第八次全国代表大会上当选为中央政治局委员，在八届五中全会上增选为中央委员会副主席，政治局常委，在第九次全国代表大会上当选为中央委员会副主席、政治局常委。"文化大革命"中，伙同陈伯达等组成反革命集团，并和江青反革命集团相勾结，诬陷和迫害党和国家领导人，阴谋夺取党和国家的最高权力。1971年9月8日，妄图发动反革命武装政变，谋害毛泽东，另立中央。阴谋败露后，于9月13日私乘飞机叛逃，在蒙古温都尔汗地区坠机身亡。1973年8月20日，中共中央通过决议，将他永远开除出党。1981年1月被中华人民共和国最高人民法院特别法庭确认为林彪、江青反革命集团案主犯。

同　日　原中共中央政治局委员叶群身亡。叶群，1917年生。福建闽侯人。林彪之妻。早年参加过"一二·九"学生运动，后去延安。"文化大革命"中，任全军文化革命小组成员，副组长，林彪办公室主任，中共中央军委办事组成员等职。1969年在中国共产党第九次全国代表大会上，当选为中央委员和政治局委员。积极参与林彪反革命集团一系列篡党篡国的阴谋活动，是林彪反革命集团的主犯。1971年9月13日，随林彪私乘飞机叛逃，在蒙古温都尔汗机毁身亡。1973年8月20日被中共中央永远开除出党。1981年，被中华人民共和国最高人民法院特别法庭确认为林彪、江青反革命集团主犯。

9月18日　中共中央发出《关于林彪叛国出逃的通知》。毛泽东批示："同意"。《通知》说：中共中央正式通知："林彪于1971年9月13日仓惶出逃，狼狈投敌，叛党叛国，自取灭亡。"《通知》在说明了林彪出逃经过后指出："根据确实消息，出境的三叉戟飞机已于蒙古境内温都尔汗附近坠毁。林彪、叶群、林立果等全部烧死，成为死有余辜的叛徒、卖国贼。”《通知》说：林彪叛党叛国，是长期以来，特别是党的九届二中全会以来阶级斗争和两条路线斗争的继续，是林彪这个资产阶级个人野心家、阴谋家的总暴露、总破产。《通知》说：我们党是从阶级斗争和两条路线斗争中成长壮大起来的。早在土地革命初期，林彪对中国革命前途悲观失望。“在无产阶级文化大革命中，他提出‘带枪的刘邓路线’等反毛泽东思想的反党乱军的主张。”“中央号召全党同志首先是高级干部同林彪划清界限。中央对于坚决同林彪划清界限的同志，不论他过去是否受过林彪的影响，是否犯过错误，都是同样爱护而不会轻易怀疑的。”《通知》要求：全党必须提高革命警惕，防止敌人破坏，必须继续加强战备。中央军委已有部署，必须坚决落实。《通知》规定：林彪叛党叛国问题，根据内外有别、有步骤地传达的原则，目前只传达到省、市、自治区党委常委以上的党组织。有关林彪的文字、图画、电影等均暂不改动。并望切实注意严格保密。《通知》还要求将讨论本通知的情况和意见，及时报告，密封专送中央。9月28日，中共中央又发出通知，将这一文件扩大传达到地、师以上干部。

9月19日　国务院批转《关于全国林业工作会议的报告》。《报告》提出：一、竹、木集中产区的社队，要以经营竹、木为主，竹木生产和粮食生产相结合，粮食购销指标要合理安排，保证社员口粮标准不低于邻近产粮区。二、国家收购社队的竹、木和主要林产品，继续实行奖售政策，奖售物资的品种、数量，由省、自治区、直辖市根据实际情况做出规定。三、竹、柴、炭的经营管理，可采取两种办法：一是由林业部门统一经营管理；二是由林业和商业部门共同制定计划和有关规定，林业部门负责林政管理，商业部门负责购销。

9月21日　全国侨联副主席方方去世。方方，又名思琼，1904年生。广东普宁人。1924年秋入广州农民运动讲习所学习，后从事农民运动。1925年加入中国共产主义青年团。1926年转入中国共产党。先后任中共潮安县委工委书记、普宁县委书记、汕头市委书记、闽粤赣边区省委职工运动委员会书记、上杭中心县委书记，福建军区杭、岩、永游击纵队政委，中共福建省委宣传部部长兼武装部部长，福建军区红九团政委兼军政委员会主席。1934年留在闽西坚持游击战争，先后任闽西南军政委员会政治部主任、常委兼第一军分区政委，中共闽赣边省委常委兼组织部部长、闽粤边特委书记，中共中央南方局南方工作委员会书记。解放战争时期，任北平军调部第八小组中共代表，中共中央香港分局书记、华南分局书记，曾领导营救和转移大批民主党派、爱国人士安全抵达东北和华东解放区。中华人民共和国成立后，历任中共中央华南分局第三书记，广东省人民政府副主席，中共中央统战部副部长，国务院侨委副主任、中共党组书记，全国侨联副主席等职。曾当选为中共七大、八大代表，第二、三届全国人大代表，第四、五届全国政协委员。“文化大革命”中遭受残酷迫害。1979年，中共中央统战部举行追悼会，为他平反，恢复名誉。

9月24日　中共中央命令黄永胜、吴法宪、李作鹏、邱会作离职反省，彻底交代。周恩来代表中共中央在当日召开的会议上向黄、吴、李、邱当面宣布了这一命令。10月6日，中共中央在通知中指出：黄、吴、李、邱在林彪叛党叛国以后，未向中央作任何揭发交代，中央等待10天之久，眼见他们活动频繁，毁灭罪证，遂于9月24日命令他们离职反省，彻底交代。

同　日　国务院批准改革黄河水利委员会体制。黄河水利委员会成立以后，机构越来越大，机关人员增加5倍多，黄委系统职工多达9 000多人。为了改变这种状况，加强地方党委的一元化领导，国务院决定撤销黄河水利委员会，另成立黄河治理领导小组。领导小组由黄河流域的各省区的主要负责人组成。在领导小组下设办公室，由黄委抽调300人左右组成，原来黄委的勘测、设计、科研人员所担负的任务，以及所属的水利机构、设施和医院、学校等，都分别下放给流域各省。

9月26日—10月15日　中共中央召集部分老同志召开揭发批判林彪的9次座谈会。座谈会由李富春主持，陈毅、聂荣臻、徐向前、蔡畅、邓颖超、邓子恢、张云逸、张鼎丞、曾山、王震等人出席。座谈会对林彪的叛党叛国活动表示强烈愤慨，并揭发了林彪历史上的问题。陈毅带病两次作长篇发言，对红军创建初期林彪的历史问题作了系统、全面的揭发。朱德、刘伯承也分别写信或谈话，对林彪进行揭发批判。

9月27日　中越两国政府在河内签署1972年中国向越南提供经济、军事物资援助协定。协定规定向越南提供的无偿援助价值达27.98亿元。包括这项援助协议在内，1971年中国同越南签订的援助协议共有7笔，援助数额折合人民币36.14亿元，均属无偿性质。在这一年，中国签订的援外协议总额度为74.25亿元，实际对外承担的援助金额为66.77亿元，是建国32年来承揽援外任务最重的一年。由于对外援助协议签订过多，使得1971年的对外援助支出，由上年的22.59亿元增加到37.6亿元，对外援助支出占国家财政支出的比重，由上年的3.5%上升到5.1%。

9月29日　中共中央发出隔离黄、吴、李、邱的通知。毛泽东批示："同意。"通知说："中央鉴于黄永胜、吴法宪、李作鹏、邱会作4同志参加林、陈反党集团的宗派活动，陷入很深，实难继续现任工作，已令他们离职反省，彻底交代。军委日常工作，中央已决定由军委副主席叶剑英同志主持，并筹组军委办公会议，进行集体领导。"

10月1日　周恩来举行庆祝中华人民共和国成立22周年宴会。由于林彪事件发生，庆祝宴会在颐和园举行。周恩来、李先念、叶剑英、郭沫若等党和国家领导人出席了宴会。应邀出席的还有柬埔寨国家元首西哈努克亲王和夫人、政府首相宾努亲王和夫人、特使英·萨利。周恩来和西哈努克亲王在宴会上发表了讲话。同日，在北京劳动人民文化宫等公园及全国各大城市，都举行了国庆游园活动。《人民日报》刊载了阿尔巴尼亚、越南、朝鲜等国领导人致毛泽东、林彪、周恩来等人的祝贺电报，并报道了以毛泽东、林彪照片为封面的1971年第10期《人民画报》出刊消息。

10月2日　国家计委通知，从1972年起开始执行1970年工农业产品不变价格。自1958年以来，中国计算工农业总产值，都是采用1957年制定的不变价格。10多年来，工业产品价格逐步降低，农业产品价格有较大幅度的提高，工业新产品大量增加，原有不变价格与现行价格的差距很大，继续沿用1957年不变价格，已不能确切反映工农业生产发展的实际情况。为此，国家计委会同各部委重新制定了1970年全国通用的工农业产品的不变价格。工业产品不变价格，是以1970年四季度的工业产品出厂价格为基础制定的，共有3.35万多种，比1957年增加4 000多种。农业产品的不变价格，基本上是根据省、市、自治区1970年农产品收购价格制定的。植物油料和甘蔗的价格是根据1971年调整价格制定的。农业产品不变价格共有269种，比1957年的479种精减210种。未编入全国通用不变价格的工农业产品，由各省、市、自治区补充制定不变价格，在本地区执行。未编入全国通用和地区性不变价格的工业产品，则以企业1970年四季度的产品出厂价格作为不变价格，在本企业使用。为了做好衔接工作，1971年统计年报按1957年和1970年两种不变价格计算产值，编完1971年年报后，停止使用1957年不变价格。

同 日 中日友协代表团和日本促进恢复日中邦交议员联盟访华代表团在北京签署联合声明。日本促进恢复日中邦交议员联盟访华代表团于9月17日—10月4日在中国进行友好访问。双方一致确认恢复日中邦交的基本原则是：一、中国政府是代表中国人民的唯一合法政府，坚决反对“一中一台”或类似的荒谬主张；二、台湾是中国领土不可分割的一部分，坚决反对“台湾归属未定”或“台独”的阴谋；三、所谓“日蒋条约”是非法的，无效的，应予废除；四、必须恢复中国在联合国的一切合法权利，把蒋介石集团的代表驱逐出联合国。

10月3日 中共中央发出成立林陈反党集团中央专案组的通知。毛泽东批示：“同意”。通知说：“为彻底审查、弄清林陈反党集团的问题，中央决定成立中央专案组，集中处理有关问题。中央专案组由周恩来、康生、江青、张春桥、姚文元、纪登奎、李德生、汪东兴、吴德、吴忠10人组成。”在专案组领导下，设立工作机构，由纪登奎、汪东兴负责日常工作。通知要求：各地、各单位今后凡向中央上报有关林陈反党集团的揭发材料，统请以绝密亲启件送交中央专案组统一处理。

10月4日　毛泽东接见中共中央军委办公会议成员。毛泽东在谈话中说："军队政治教育，主要是搞路线方面的教育。""四好运动搞形式主义，把部队作风带坏了，要改变。""军队要严格训练，严格要求，才能打仗。锻炼部队，一是靠打仗，一是靠平时训练。""我提了5条，他提了研条（指林彪1966年8月讲话中提出的接班人三原则）。三条不讲马列主义，不讲反对修正主义和防止赫鲁晓夫式的人物，不讲团结大多数，不讲批评和自我批评。"

同　日　中共中央发出成立军委办公会议的通知。毛泽东批示："同意"。通知说："中央决定，撤销军委办事组，成立军委办公会议。军委办公会议由军委副主席叶剑英同志主持，并由叶剑英、谢富治、张春桥、李先念、李德生、纪登奎、汪东兴、陈士榘、张才千、刘贤权10同志组成，即日工作，在中央军委领导下负责军委日常工作。"

10月6日　中共中央发出通知，扩大传达林彪叛党叛国事件。毛泽东批示："照办"。通知共分五条：一、当前全国形势很好。林彪叛党叛国事件发生后，中央于1971年9月18日发出通知，9月28日又发出扩大传达范围的通知。全党全军师、地以上党委进行了认真的讨论，一致拥护中央通知和中央采取的各项措施。二、中央在审查林彪叛党叛国事件中，查出了大量物证人证，进一步说明：林彪叛党叛国是两个司令部之间斗争的继续。三、为了使全党全军全国革命群众早日了解林彪叛党叛国事件，中央决定：在10月中旬将传达范围扩大到地方党支部书记、副书记，军队连级党员干部，空军务机组、空勤地勤成员。中央要求各级党委将传达、讨论和揭发批判林陈反党集团的罪行，当做当前头一位的大事来抓。中央准备在10月下旬扩大传达到全体共产党员、中国人民解放军全体战士、广大工人和贫下中农，各单位要预做准备。四、目前国内外敌人对我国内形势进行种种猜测，制造许多谣言。全党全军务必提高警惕，加强战备。五、各级党委传达讨论情况，逐级密封上报。

10月8日　毛泽东主席会见埃塞俄比亚皇帝海尔·塞拉西一世。

双方进行了友好的交谈。毛泽东表示了对说假话，搞阴谋者的厌恶，他说，美国有两个党，共和党比较好一点，其好处之一就是反共，而且公开地反，不留余地。为什么比较好呢？教育世界人民嘛！毛泽东说，尼克松来，我要跟他说：这个帝国主义就是不好，应该打倒。至于打，你们国家如果有帝国主义，由你们那里的人民打，别的国家的帝国主义，由别的国家的人民去打。双方还讨论了中埃两国发展友好关系及非洲局势等问题。参加会见的有周恩来、姬鹏飞、吴德、肖劲光、方毅等人。

同　日　中国和突尼斯两国政府经过友好商谈，中国政府决定恢复中国驻突尼斯大使馆工作，并将派出大使。

10月13日　中国和布隆迪在达累斯萨拉姆签署恢复外交关系的联合公报，决定自即日起恢复两国之间的大使级外交关系。

10月16日　中日友好协会代表团和日中友好协会（正统）访华代表团在北京签署联合声明。以黑田寿男为团长的日中友协（正统）访华代表团9月28日—10月18日访问了中国。中国方面赞扬日中友好协会（正统）一贯为促进日中友好、恢复日中邦交所作的积极努力。双方强调指出，“反对美日反动派复活日本军国主义是当前亚洲各国人民的共同战斗任务”，“一个反对美帝、苏修的历史新时期已经开始”。双方强烈谴责美、日策划“台湾独立”的阴谋，谴责宫本修正主义集团破坏日中友好的罪恶活动。

10月20日—26日　美国总统国家安全事务助理基辛格访问中国，为美国总统尼克松访华进行具体安排。周恩来与基辛格在北京举行了会谈。双方确定了尼克松访华的日期，讨论了尼克松访华时的中美联合公报初稿。中方坚持公报中应该并列双方对重大国际问题和中美关系的看法的共同点和不同点，不掩盖分歧，不制造假象，允许双方各自阐明自己的态度，保留自己的立场。美方终于表示同意。双方着重讨论了台湾问题。美方希望改善中美关系，但又强调美国不能立即放弃台湾这个“老朋友”，还力图把美国从台湾撤军同中国保证只有用和平方式解决台湾问题联系起来。中方重申和坚持了台湾是中华人民共和国的一部分的立场。

10月25日　联合国大会通过恢复中华人民共和国在联合国合法权利的阿尔巴尼亚等国提案。10月18日，联合国第二十六届会议开始关于恢复中华人民共和国在联合国合法权利的辩论。经过一周的辩论，约80个会员国的代表在大会上发了言，发言的情况表明：美国、日本制造“两个中国”的“重要问题”提案（即将驱逐蒋介石集团作为重要问题，须三分之二多数才能通过）和“双重代表权”提案(即由中国取得联合国大会和安理会席位，台湾当局继续保留在联合国内）越来越不得人心。10月25日晚，在正式表决前的几分钟，美国还指使某些国家出面要求推迟表决，这一动议以53票赞成，56票反对，19票弃权被拒绝。大会接着表决“重要问题”提案，表决结果，以59票反对，55票赞成（包括台湾当局一票)，15票弃权，否决了“重要问题”提案。美国的北约盟国除卢森堡、葡萄牙和希腊之外，都投了反对或弃权票。电子计票牌上出现表决结果时，大厅里立即沸腾起来，热烈的掌声持续了好几分钟。这时，美国首席代表又走上讲台，要求在表决阿尔巴尼亚、阿尔及利亚等23国提案时，删去关于立即驱逐蒋介石集团代表出联合国的一节。这一要求当即遭到大多数国家代表反对。经过大会主席、印度尼西亚代表马利克的裁决，阿尔巴尼亚等国提案仍按原样表决，见局势已无可挽回，台湾当局的“外交部长”周书楷被迫宣布“中华民国”退出联合国，并带领所谓“代表团”离开会场。最后，大会表决阿尔巴尼亚等国提案，以76票赞成，35票反对，17票弃权的压倒多数获得通过，会场上再次响起了一片热烈欢呼声。提案决定：“恢复中华人民共和国的一切权利，承认他的政府的代表为中国在联合国组织的唯一合法代表，并立即把蒋介石的代表从他在联合国组织及其所属的一切机构中所非法占据的席位上驱逐出去。”投票赞成这一提案的有：阿富汗、阿尔巴尼亚、阿尔及利亚、奥地利、比利时、不丹、博茨瓦纳、保加利亚、缅甸、布隆迪、白俄罗斯、喀麦隆、加拿大、锡兰、智利、古巴、捷克斯洛伐克、丹麦、厄瓜多尔、阿拉伯埃及共和国、赤道几内亚、埃塞俄比亚、芬兰、法国、加纳、几内亚、圭亚那、匈牙利、冰岛、印度、伊朗、伊拉克、爱尔兰、以色列、意大利、肯尼亚、科威特、老挝、利比亚、马来西亚、马里、毛里塔尼亚、墨西哥、蒙古、摩洛哥、尼泊尔、荷兰、尼日利亚、挪威、巴基斯坦、也门民主人民共和国、刚果人民共和国、秘鲁、波兰、葡萄牙、罗马尼亚、卢旺达、塞内加尔、塞拉利昂、新加坡、索马里、苏丹、瑞典、叙利亚、多哥、特立尼达和多巴哥、突尼斯、土耳其、乌干达、乌克兰、苏联、英国、坦桑尼亚联合共和国、阿拉伯也门共和国、南斯拉夫、赞比亚。投票反对的有美国、日本等国。这一提案通过后，美国、日本的"双重代表权"提案即被自动否决。

10月26日　联合国大会恢复中国一切权力。联合国秘书长吴丹打电报给中国外交部代部长姬鹏飞，正式通知联合国大会通过恢复中华人民共和国的一切权利的决议。

同　日　中国和比利时在巴黎签署联合公报，决定自即日起，建立大使级外交关系。

同　日　中国农村培育杂交高粱和杂交玉米获得显著成绩。杂交高粱具有抗旱、耐涝、耐盐碱、耐贫瘠土质，适应性强，能够大面积稳产高产等优点，比普通高粱一般能增产30%~40%。1971年全国17个省、市、自治区已种植杂交高粱2,280万亩。杂交玉米也具有显著优点。增产潜力很大，一般可增产25%~30%，高的可达1倍以上，1971年全国19个省、市、自治区已种植杂交玉米6 720多万亩，占全国玉米面积的1/3左右。

10月27日　中共中央西南局书记处书记张经武中将去世。张经武，又名张仁山，1906年生。湖南酃县人。毕业于建国军军官学校。1930年加入中国共产党。1932年参加工农红军。历任工农红军学校队长、政治营长、教导团团长、军委直辖第三师师长、中央警卫师师长，红一军团司令部作战科科长、三师师长、十四师师长、广昌警备区司令、军委总参谋部第五局副局长、军委教导师师长、红五军团参谋长、红九军团参谋长。参加了长征。任军委第二野战纵队参谋长，陕甘支队第三纵队参谋长等职。抗日战争时期，任八路军驻武汉办事处高级参谋，八路军山东纵队总指挥，陕甘宁边区留守兵团副司令员，陕甘宁晋绥联防军参谋长，晋绥野战军参谋长。解放战争时期，任北平军事调处执行部副参谋长，第十三执行小组中共代表，晋绥军区参谋长，陕甘宁晋绥联防军区参谋长，西北军区参谋长。中华人民共和国成立后，任西南军区副参谋长，中央军委人民武装部部长兼军委办公厅主任，中央人民政府驻西藏代表，中共西藏工作委员会书记。1955年任中华人民共和国主席办公厅主任。1958年后兼任西藏军区政委、第一政委，中共中央西南局书记处书记，中共西藏工委第一书记，中共中央统战部副部长。1955年被授予中将军衔。在中共八大上当选为候补中央委员（后递补为中央委员）。是第一、二届全国人大代表，第三届全国人大常委会委员，第一、二届全国政协委员。“文化大革命”中遭受迫害。1979年8月，中共中央举行追悼会，为他平反昭雪，恢复名誉。

11月2日　中国和秘鲁在北京签署联合公报，决定自即日起建立大使级外交关系。

11月2日—14日　亚非乒乓球友好邀请赛在北京举行。这次邀请赛是由朝鲜、埃及、日本、毛里求斯、尼泊尔和中国乒乓球协会共同发起的。亚非51个国家和地区的体育代表参加了邀请赛活动。中国运动员获得女子团体、男子双打、女子单打冠军，日本运动员获得男子团体、男子单打、女子双打冠军，朝鲜运动员获得男女混合双打、少年男子单打、少年女子单打、元老赛冠军。

11月6日　中国人大常委会、国务院致电苏联最高苏维埃主席团和部长会议，祝贺十月革命54周年。电报说，“忠于伟大列宁的苏联人民为保卫十月革命的胜利成果，坚持十月革命的道路所进行的长期斗争”，始终得到中国人民的同情和支持。中国政府认为，“中苏之间的原则争论不应该影响国家关系”。在和平共处五项原则基础上，“解决我们两国国家关系中存在的重要问题，保持和发展中苏两国之间的正常关系”，这是我们两国人民的共同愿望。

11月9日　中国和黎巴嫩在巴黎签署联合公报，决定自即日起建立大使级外交关系。

11月10日　国务院同意国家计委《关于追加1971年基本建设投资问题的报告》。《报告》说，根据16个省、市和9个部门提出追加投资29亿多元的要求，决定在原定基本建设投资计划270亿元的基础上，从财政部掌握的1971年财政超收中能动用的资金和国家预备费中拿出9.5亿元作追加投资，连同其他几次追加投资，合计比原计划投资增加51亿元，投资总额达到321亿元。

同　日　周恩来与日本东京都知事美浓部亮吉等人谈话，指出日本必须承认台湾已经归还中国。周恩来说，中日之间存在一个台湾问题，第一个，中华人民共和国政府是代表中国人民的唯一合法政府。日本的佐藤政府、美国政府都把调子降低了，说代表中国的是中华人民共和国政府，但还有一个台湾问题。我们认为，单说台湾是中国的一个省，或者说是中国领土不可分割的一部分还不够，还要说台湾已经归还它的祖国——中华人民共和国。所以现在的问题，即第二个问题，必须承认台湾已经归还中国了。现在世界上有一股逆流，说“台湾地位未定”，这等于说要把台湾从中国分裂出去。这种分裂思想在帝国主义者的头脑中是存在的。矛盾嘛！你承认台湾是中国的一个省，又说“台湾地位未定”，哪有这样的道理！但它还要保持这个立场干什么？就是为适应美日的这股逆流，鼓动台湾独立。蒋介石没有死，他也不赞成台湾独立。蒋介石85岁了，总有一天不在。台独分子就是要搞台湾独立。周恩来最后强调，现在的问题不是中华人民共和国政府是否为代表中国的唯一合法政府，这个问题已经解决了，而是台湾问题，台湾究竟归还没归还祖国，地位定没定。比如说，有人要搞琉球独立，我们就不支持，你们当然也不会赞成，一定坚决反对。

11月11日—12月18日　中国代表团出席联合国第二十六届大会。代表团团长为外交部副部长乔冠华，副团长为黄华，代表团代表为符浩、熊向晖、陈楚，副代表为唐明照、安致远、王海容、邢松鹤、张永宽。11日，中国代表团团长乔冠华在纽约机场发表讲话。15日，乔冠华在联大全体会议上讲话。他代表中国政府对于为恢复中国在联合国的合法权利进行了不懈努力的许多友好国家表示衷心的感谢，并且全面阐述了中国政府在一系列重大国际问题上的原则立场。他说：新的世界大战的危险依然存在，但是，当前世界的主要倾向是革命。联合国的事，要由参加联合国的所有国家共同来管，不允许超级大国操纵和垄断。在过去长时间里，一两个超级大国利用联合国做了很多违背联合国宪章和各国人民意愿的事情。这种情况不应该继续下去。57个国家的代表在会上向中国代表团致欢迎词。24日，乔冠华在联大会议上发言，建议不把苏联关于召开世界裁军会议的提案付诸表决。26日，他再次发言，驳斥苏联代表马立克对中国的攻击。23日，中国代表团在联合国大厦举行盛大招待会，感谢各国朋友为恢复中国在联合国合法权利所做的努力。12月7日，乔冠华在联大全体会议上发言，强烈谴责印度在苏联支持下侵略巴基斯坦。18日，中国代表团部分成员回国。

11月12日　中国和卢旺达在基加利签署联合公报，决定自即日起建立大使级外交关系。

11月14日　中共中央印发《“571工程”纪要》并发出《通知》。《通知》说：“中央在审查林陈反党集团案件中，从林彪的儿子林立果在北京空军学院的秘密据点里，查获了林彪一伙制定的反革命政变纲领《“571工程”纪要》。这个《纪要》证明，林彪一伙发动这次反革命政变是早有预谋的。”“它的实质，是反对党的‘九大’路线，是要从根本上改变党在整个社会主义历史时期的基本路线和政策，改变无产阶级专政和社会主义制度。在国内，他们要联合地、富、反、坏、右，实行地主买办资产阶级的法西斯专政。在国际，他们要投降苏修社会帝国主义，联苏联美反共反华反革命。”

同　日　毛泽东接见参加成都地区座谈会的同志。毛泽东在讲话中说：“你们再不要讲他（指参加会议的叶剑英）‘二月逆流’了。‘二月逆流’是什么性质？是他们对付林彪、陈伯达、王、关、戚，那个王、关、戚，‘五一六’，要打倒一切，包括总理、老帅。老帅们就有气嘛！发点牢骚。他们是在党的会议上，公开的，大闹怀仁堂嘛！缺点是有的。你们吵了一下也是可以的。同我来讲就好了。那时候我也搞不清楚。……问题搞清楚了，是林支持的，搞了一个什么‘五一六’，打倒一切。”关于庐山会议上的斗争，毛泽东说：“《我的一点意见》当时没有题目，撇开一些问题，中心是个主席问题，我就撇开。那个司令部要我当国家主席是假，林当主席、林接班是真。也有一些人是真心要我当主席，和林彪不一样。”

11月18日　中国在西部地区进行了一次新的核试验。这是中国为了防御而进行的必要和有限制的一次核试验。

11月20日　周恩来与英国作家马克斯韦尔谈第二次世界大战后的形势。周恩来说，战后26年来，并没有爆发新的世界大战，但是在亚非拉这个第一中间地带，小的战争一直不断，其中首先发生的一个比较大的战争就是中国的内战。二次大战结束后，美国曾不可一世地称霸世界。哪儿人民要解放，它就派军队去镇压，它建立了很多军事基地，派出了很多军队。哪儿经济困难，要钱，它就给钱，结果怎么样呢？美国不仅在第一中间地带，即亚、非、拉侵占了不少地方，对美苏以外的西方国家即第二中间地带，它的手也伸进去了。周恩来强调指出，我们可以在几十年后发展成为一个强盛的国家。但我们声明，无论如何我们不做超级大国，现在不做，将来也不做。从整个世界来看，国家要独立，民族要解放，人民要革命，已成为不可抗拒的历史发展的趋势。

11月22日　毛泽东主席会见范文同率领的越南民主共和国党政代表团。双方进行了友好的谈话。毛泽东含蓄地提到不久前的林彪叛逃事件时说，真正讲党内矛盾解决得比较好一点，就是现在这个时候，军队可以统一了。过去军队就是不统一嘛！一分为二嘛！现在各国都在猜想中国出了什么大问题。中国出了大问题是在一年以前庐山会议上，在那以后逐步解决了。我这个人犯了错误，就是进城以后，不管军队。结果就闹山头主义、也闹宗派主义。但是，从去年8月庐山会议以来，这一年多，我就改正了错误，整顿我们的军队。双方还讨论了援越抗美战争中的有关问题。会见时周恩来、叶剑英、李先念、耿飚等在座。

11月29日　国务院批转商业部、外贸部、农林部《关于发展狩猎生产的报告》。《报告》指出：1950年—1970年，全国收购野生动物皮毛约2.89亿张，还收购了大量的鹿茸、麝香、野禽、野味、羽绒、观赏动物等，对经济建设和援外出口起了重要作用。当前存在的主要问题是：一、许多地区狩猎生产处于无人管理状态，乱捕滥猎，破坏资源；或者不捕不猎，浪费资源，酿成兽害；猎枪、猎具供应不足。二、有些地区把狩猎生产看成“不务正业”，或者当成“走资本主义道路”来批判；有些地区却对“弃农就猎”，盗猎国家珍贵动物不加禁止，狩猎产品自由买卖、投机倒把。这些问题严重影响了狩猎生产的发展。《报告》提出几点意见：一、各级商业部门要加强基层收购力量，合理设置收购网点，便于群众交售。二、积极收购国家建设和出口需要的狩猎产品，同时做好狩猎物资的供应工作。三、坚持合理的奖售制度，妥善供应劳保用品、猎犬、饲料粮。

11月30日　国务院发出《关于调整部分工人和工作人员工资的通知》。《通知》指出：这次调整工资，主要是考虑1958年参加工作的2级工已经工作多年，多数已成为生产骨干，有两三个孩子，每月工资在40元左右，生活确有困难。因此，有必要对他们的工资和情况类似人员的工资进行1次调整。这次调资的范围是：1957年底以前参加工作的3级工，1960年底以前参加工作的2级工，1966年底以前参加工作的1级工和低于1级工的工人，以及与上述工人工作年限相同，工资等级相似的职工。矿山井下主要生产工人的调整范围，可以分别放宽1级。调整范围内的工人和工作人员，一般都调高1级。对1957年底以前参加工作的2级工、1960年底以前参加工作的1级工和低于1级工的工人，可以调高2级。在这次调整工资中，调高1级的工资级差在5元以上的按现行工资标准执行，级差不够5元的增加到5元，并对这次调级以后的同1级人员，也按调高1级人员的工资额发给工资。此外还规定，生产建设兵团和国营农场从1971年起新招收的人员，实行工分制或供给制，并发给一定的零用费。1966年以来分配在全民所有制企业、事业单位和机关中工作的中专、技校、半工半读学校毕业生，工作已满1年以上，可以转正定级。《通知》说，这次全国调资面为28%左右，1年约增加工资基数11亿元。不论何时调整，一律从1971年7月1日起增加工资。

同　日　国务院发出《关于改革临时工、轮换工制度的通知》。

当时全国共有临时工、轮换工900多万人，其中从事常年性生产的约650万人，从事临时性、季节性生产的约250万人。《通知》规定：常年性的生产、工作岗位，应该使用固定工，不得再招用临时工。现在这种岗位上使用的临时工，凡是生产、工作确实需要，本人政治历史清楚，表现较好，年龄和健康状况又适合于继续工作的，经群众评议，领导批准，可以改为固定工。改为固定工后，工资一般暂不变动，少数人工资过高，群众意见大的，可以适当调整；工资偏低的，按照1971年11月30日国务院发出的调资通知中有关规定调整。上述临时工改为固定工，不包括生产建设兵团和国营农场的农业临时工。临时性、季节性的生产、工作岗位，仍须使用临时工。这些临时工在企业工作期间的政治待遇、粮食定量、劳保用品应当和同工种的固定工相同。因工死亡、致残的应按固定工的劳动保险待遇执行。对于矿山井下的生产工作岗位，从保护工人身体健康出发，可以继续试用轮换工，并应逐步改进。县办企业的临时工改为固定工，要采取慎重态度，从严掌握，并须经省、市、自治区审查批准。

12月7日　中国和塞内加尔在达喀尔签署联合公报，决定自即日起建立大使级外交关系。

12月8日　中国和冰岛在哥本哈根签署联合公报，决定自即日起建立大使级外交关系。

12月9日　国家计委发出征求1972年国民经济计划指标（草案）意见的通知。根据国务院12月4日发出的召开全国计划会议的通知中要求各地提前做好各地各部门计划指标的精神，国家计委发出这一通知，并附发：1972年国民经济计划主要指标，工农业生产分地区指标，基本建设大中型项目指标，主要商品收购、调拨和财政收支、信贷计划指标。1972年国民经济计划安排的初步意见是：工农业生产总产值预计比1971年增长8.7%，农业和工业总产值分别增长4%和10%；粮食5 100亿到5 200亿斤，棉花5 000万担；钢2 300万吨，原煤3.87亿吨；国家基本建设预算比1971年减少5.7%，为265亿元；财政收入和支出分别比1971年预计增长8.3%和9.1%，均为780亿元；社会商品购买力和社会零售总额预计比1971年增长7%。通知要求各地对上述指标进行讨论后，在全国计划会议上研究确定。

同　日　解放军总后勤部副部长周玉成中将去世。周玉成，原名周长久，又名周鸿礼，1904年生。湖南祁阳人。1928年参加平江起义，加入中国工农红军。同年加入中国共产党。先后任红五军二大队大队长，红八军第一团团长、师军需处处长、供给部部长，红三军团供给部部长。参加了长征。后任陕甘军区供给部部长兼红二十九军供给部部长，红军前敌总指挥供给部副部长。抗日战争时期，历任八路军总部兵站部副部长，前方总部供给部部长，晋冀鲁豫军区供给部部长等职。解放战争时期，历任晋冀鲁豫军区后勤部副部长，晋冀鲁豫边区政府审查厅厅长，中共中央军委后勤部副司令兼驻邯郸办事处主任，华北军区后勤部财务部部长等职。中华人民共和国成立后，历任军委总后勤部财务部部长、油料部部长，东北军区后勤部副部长，沈阳军区财务部部长、后勤部部长，中国人民解放军总后勤部副部长等职。1955年被授予中将军衔。是第三、四届全国政协委员。

12月11日　中共中央印发《粉碎林陈反党集团反革命政变的斗争》（材料之一）并发出组织传达和讨论的《通知》。毛泽东批示："照发"。《通知》说："粉碎林彪陈伯达反党集团反革命政变阴谋的斗争，是一场惊心动魄的阶级斗争。这场斗争，是'九大'以来，特别是九届二中全会以来，两个阶级、两条道路、两条路线斗争的继续，是两个司令部，即以毛主席为首的无产阶级司令部，同以林彪为头子的资产阶级司令部斗争的继续。""在伟大领袖毛主席亲自发动和领导的无产阶级文化大革命运动中，继揭露以刘少奇为头子的资产阶级司令部之后，又揭露了阴谋反革命政变的林彪陈伯达反党集团，除了一害。这对于巩固我国的无产阶级专政，防止资本主义复辟，具有伟大的深远的意义。这对于帝、修、反是最大的一次打击。"中央专案组根据已经查实的物证、人证，整理的《粉碎林陈反党集团反革命政变的斗争》的材料之一，主要讲中共九届二中全会前后的斗争情况。共分4个部分。导言部分说：林陈反党集团早在九届二中全会以前就勾结在一起，妄图推翻党中央，他们策动的反革命政变，是有国际背景的。第一部分揭露了林陈反党集团从1970年3月—8月反对毛主席关于不设国家主席指示的活动。第二部分综述了林陈反党集团在九届二中全会期间，利用会上会下发言，制造谎言，编发简报，秘密串联等手段进行的活动，并摘录了毛泽东在文章和讲话中对他们的严厉批评。第三部分介绍了九届二中全会以后至1971年4月毛泽东和党中央对林陈反党集团的批评指示和采取的重要措施，及林彪一伙毫无悔改之意的继续顽抗活动。

12月13日　中国专政机关宽大处理4名美国犯人。美国中央情报局间谍分子约翰·托马斯·唐奈和理查德·乔治·费克图由于犯间谍罪，于1954年11月，经中国最高人民法院军事审判庭分别判处无期徒刑和有期徒刑20年。鉴于2犯在服刑期间，已经认罪，表现尚好，专政机关决定给予宽大处理，唐奈改判为有期徒刑5年（刑期从改判日期算起），费克图给予提前释放。同日，美国越境犯玛丽·安·哈伯特（女）也被释放出境；另一名越境犯美国人吉拉特·劳斯·麦克劳夫林已于1969年3月7日自杀身死。

12月14日　中国和塞浦路斯在纽约签署联合公报，决定自即日起建立大使级外交关系。

12月15日　周恩来指示：要把质量问题放在议事日程来解决。他在关于飞机生产质量问题的批示中说："'歼六'40架，原说是为援外装配的。一经检查，便有7架不能交付，占全数17.5%。只此一端，就可看出我们飞机生产质量下降到什么程度，还不够我们提起警惕么！"其后，周恩来又委托中央军委副主席召开航空产品质量座谈会。12月26日，周恩来到会作了重要讲话。他明确指示："要批判林彪反党集团，批判无政府主义，批判极左思潮，各单位一把手要亲自抓产品质量"；要"抓援外，促质量；抓'歼六'，促其他；抓航空工业，促国防工业和民用工业"。1972年1月21日，周恩来又对汽车生产质量问题做出批示："请秋里像剑英同志一样，把长汽、二汽、重汽、南汽抓一抓。质量这样下降，如何援外，如何备战？"

12月16日　中国政府发表声明，坚决反对印度在苏联支持下对巴基斯坦发动的侵略战争。声明说，印度以海、陆、空军大举进攻东巴基斯坦，这充分暴露了印度扩张主义的狂妄野心。巴基斯坦问题是巴基斯坦内政，东巴难民问题只能由印巴双方协商解决，决无理由诉诸武力。印度炮制的一个所谓‘孟加拉国’，只能说明它是一个傀儡政权。对印度的这种侵略行径必须及时制止。苏联在这次侵略战争中，充当了印度扩张主义的后台，其目的“就是要进一步加强对印度的控制”，“挟持印度成为南亚次大陆的次超级大国，作为苏联侵略亚洲的助手和伙伴，进而同另一个超级大国争霸整个南亚次大陆和印度洋”。中国政府和人民，坚决支持巴基斯坦政府和人民的斗争，不仅在政治上这样做，“而且将继续在物质上给予援助”。

12月16日—29日　外交部照会印度外交部。中国外交部和中国驻印度大使馆多次照会印度驻华大使馆和印度外交部，就印度武装人员和印度飞机侵入中国境内进行侦察事件及印度政府纵容印度人和西藏叛匪到中国驻印度大使馆前挑衅事件，分别向印度政府和印度外交部提出强烈抗议，并要求印度政府立即采取有效措施，防止再发生类似事件。

12月16日—次年2月12日　国务院在北京召开全国计划会议。会议批判了林彪一伙的反革命《“571工程”纪要》，批判了他们鼓吹的“空头政治”及对经济工作的干扰、破坏。会议讨论了1972年的国民经济计划。此计划在会后又作了个别修改，于1972年3月10日由国家计委印发，其主要指标是：工农业总产值（按1957年不变价格计算）3 730亿元，比上年预计数增长8.7%，其中农业增长4%，工业增长10.1%。主要产品产量：粮食5,100亿斤，比上年预计数增长172亿斤；棉花4 800万—5 000万担，增长405万—605万担；钢2 300万吨，增长200万吨；原煤3.86亿吨，增长2 200万吨；原油4 500万吨，增长600万吨；发电量1 500亿度，增长140亿度；棉纱1 000万件，保持上年水平；铁路货运量7.65亿吨，增长3 000万吨。国家预算内基本建设投资安排265亿元，加上自筹资金安排的基本建设，总规模为285亿元左右。计划施工的大中型项目1 215个。全民所有制单位年末职工总数5 272万人，当年新增职工100万人，另安置到建设兵团和国营农场的知识青年30万人。社会商品购买力和商品可供量各920亿元。进出口贸易总额276亿元。对外援助55亿元。国家财政收入和支出各770亿元。1972年确定的生产指标，基本上是可靠的，但基本建设规模安排偏大，致使在主要原材料的平衡上，留下了不小的缺口。其中钢材平衡差201万吨，木材平衡差232万立方米，煤炭平衡差292万吨。2月5日，周恩来在听取国家计委汇报会议情况时指出，现在我们的企业管理乱得很，要整顿。会议根据周恩来的指示和与会同志的要求，在国务院领导同志主持下，起草了《1972年全国计划会议纪要》。《纪要》针对经济中的问题，提出了若干整顿措施：一、要求加强统一计划；二、整顿企业管理，恢复和健全7项制度，即岗位责任制度、考勤制度、技术操作规程、质量检查制度、设备管理和维修制度、安全生产制度、经济核算制度；三、明确要抓产量、品种、质量、原材料燃料动力消耗、劳动生产率、成本和利润等7项指标，把产品质量提到第一位；四、落实党的干部政策，落实党对工人和技术人员的政策，坚持又红又专的方向；五、反对无政府主义。其后，国家计委又起草了《关于坚持统一计划，加强经济管理的规定》。经周恩来批准，这个文件草稿，从纠正生产建设上存在的极“左”思潮和无政府主义出发，规定了10条不得违反的纪律，重新强调按劳分配原则，提出要实行计时工资加奖励的办法，允许少数重体力劳动搞计件工资。张春桥借口“文件长了，不好发”，而从中作梗，使上述两个文件未能作为正式文件下发，但它对实际工作发生了积极的作用和影响。

12月26日　中共中央做出《关于农村人民公社分配问题的指示》。中央针对当时农村存在的“分光吃净”，集体增产个人不增收，超支户多，分配不兑现，以及劳动计酬上的平均主义等现象，要求解决好六个问题：一、应在生产发展的基础上逐步增加积累，但也不要一下子积累过多，要尽可能使农民能够在正常年景下，从增加生产中增加个人收入。公社、大队一般地不从生产队提取公共积累，如举办企业、购买农业机械等，在不影响生产队扩大再生产的前提下，可以从生产队提取一部分公共积累。二、口粮分配要采取基本口粮和记工分分粮相结合的办法，或者大多数社员拥护的其他办法，做到既有利于调动最大多数社员的劳动积极性，又要保证军烈属、职工家属和困难户能够吃到一般标准的口粮。三、坚持“各尽所能，按劳分配”的原则。学习大寨的劳动管理办法要从实际出发，不能硬搬照套。要总结当地好的经验，坚持那些为群众所欢迎的、简便易行的办法。四、社队办集体福利事业、要和经济发展水平相适应，不许任意增加脱产人员。社、队干部补贴工分不能超过《六十条》规定。国家在农村举办文教、卫生和其他企事业，或者把企事业下放给生产队管理的，其开支由主管部门负担，不得转嫁给集体和社员。国家补助给民办公助学校和民办教师的经费，不得任意挪用。五、切实解决超支户的问题，干部要带头偿还欠款。六、注意农业的全面发展，不能把党的政策允许的多种经营当做资本主义去批判。从1972年1月起，《人民日报》根据这一指示精神，发表了多篇落实农村政策的社论和文章。

12月30日　中国外交部发表声明，抗议美国、日本把中国的钓鱼岛等岛屿划入日本“归还区域”。声明重申钓鱼岛、黄尾屿、赤尾屿、南小岛、北小岛等岛屿是台湾的附属岛屿。它们和台湾一样，自古以来就是中国领土不可分割的一部分。不久前，美、日两国国会先后通过了“归还冲绳协定”，公然把钓鱼岛等岛屿划入“归还区域”。这是对中国领土主权的明目张胆的侵犯。中国人民绝对不能容忍！中国人民一定要解放台湾！中国人民也一定要收复钓鱼岛等台湾的附属岛屿！

本　月　中国研制的第一艘导弹驱逐舰交付海军使用。这艘中型导弹驱逐舰在海军司令员肖劲光、国防科委副主任刘华清主持下于1968年12月起开始由大连造船厂试制，全国22个省市、260多个厂、所参与协作，定名为051型，排水量3 000多吨，是中国自行设计制造，材料、设备全部立足国内的第一代中型舰艇。

1972年

1972年综述

1月—7月，中共中央先后发出《粉碎林陈反党集团反革命政变斗争》材料之二、之三及关于陈伯达的《审查报告》和罪证，全国深入开展批林整风运动，在报刊上以批判“刘少奇一类骗子”的形式对林彪集团进行不点名的批判。5月，中共中央召开批林整风汇报会，传达了毛泽东1966年7月8日给江青的一封信，信中对林彪的一些做法表示了不满。同时，中共中央在全国部署揭批、清查林彪集团余党的工作，调整和改组了湖北、江西、浙江、四川、河南、贵州、福建、新疆等地的地方和军队领导班子。由于江青集团的插手，也产生了一些冤、假、错案。8月，中共中央发出关于三支两军问题的决定，撤回了向地方派出的三支两军机构和人员，改变了军队对地方政权干预过多的局面。

同年，周恩来主持中央工作，抓住批判林彪的有利时机，在各条战线纠正“文化大革命”的错误，恢复、落实党的政策。1月—4月，《人民日报》先后发表关于农村政策的社论，要求在农村中落实全面发展、多种经营、照顾社员利益的政策。4月，周恩来修改、批准《人民日报》发表社论：《惩前毖后，治病救人》，强调老干部是党的宝贵财富，并采取了一系列的解放老干部、恢复老干部待遇的具体措施。8月，毛泽东对邓小平来信作出批示，肯定了邓小平，为他的复出创造了条件。10月，根据周恩来的指示，《光明日报》发表周培源的文章，要求加强基础理论的学习和研究；《人民日报》发表了3篇批判极左思潮和无政府主义的文章。这一时期，周恩来还指示有关部门派出工作队，到各民族地区落实被极左思潮破坏的民族政策。

江青集团对周恩来纠“左”的努力进行了阻挠和破坏，以《人民日报》文章和中联部、外交部有关纠“左”的报告为焦点，双方在批判林彪是批极左还是批极右的问题上发生了严重对立。12月，毛泽东在谈话中指出，批林要批极右。此后，就只准批林彪的极右，不准再批极左。

2月，美国总统尼克松访问中国。毛泽东、周恩来与他进行了会谈。中美双方在上海发表了联合公报，标志着中美两国关系从对抗开始走向正常化。9月，日本国总理大臣田中角荣访问中国。毛泽东、周恩来与他进行了会谈。中日两国发表联合声明，宣布中日邦交正常化。

2月，毛泽东、周恩来批准“四三计划”（即进口43亿美元外国成套工业设备的计划）中的部分项目，扩大了对外经济交流，开始打破长期以来的闭关锁国状态。同月，在全国计划工作会议上，周恩来主持制订了一系列调整经济措施。本年，国民经济调整初见成效，基建规模有所缩小，积累率有所降低，重工业发展速度有所放慢，但经济建设中的问题仍然十分突出：一、基本建设规模仍然过大；二、“三个突破”继续恶化；三、劳动生产率下降，企业亏损额上升；四、国防和军工开支比例仍然过大，高达财政支出的30%。

同年，中央军委副主席、国务院副总理、外交部长陈毅，全国人大常委会副委员长何香凝，全国政协副主席邓子恢先后去世。国务院副总理、公安部长谢富治病死。

同年，全国政协机关恢复日常活动。

主要经济指标：工农业总产值3 635亿元，比上年增长4.5%；

其中，工业总产值2 547亿元，比上年增长6.6%；农业总产值1 088亿元，比上年下降0.18%（以上按1970年不变价格计算）。工农业产品总量：粮食：2.4048亿万吨，比上年下降3.9%；棉花：195.8万吨，比上年下降7%；油料：411.8万吨，比上年增长0.12%；钢：2 338万吨，比上年增长9.7%；原煤：4.1亿吨，比上年增长4.6%；原油：4 567万吨，比上年增长15.9%；发电量：1 524亿度，比上年增长10.1%；基建投资总额327.98亿元，比上年下降3.7%；铁路货运量17.755亿吨，比上年增长5.6%；进出口贸易总额146.9亿元，比上年增长21.5%。社会商品零售总额1 023.3亿元，比上年增长10%。国家财政总收入766.6亿元，总支出766.4亿元，结余0.2亿元。

1月1日　《人民日报》、《红旗》杂志、《解放军报》发表元旦社论：《团结起来，争取更大的胜利》。社论回顾了过去一年的国际形势。指出："越来越多的中小国家联合起来反对两个超级大国的霸权主义和强权政治，第三世界国家在国际事务中所起的积极作用日益加强，一切受到两个超级大国侵略、颠覆、控制、干涉和欺负的国家和人民正在结成广泛的统一战线，这是当前国际关系中的一个重要趋势。""联合国发生的变化，是国际形势大好的一个生动反映。"关于国内形势，社论指出："过去的一年，是在全党和全国人民中间进行一次思想和政治路线方面的教育取得伟大胜利的一年。"针对不久前发生的林彪叛国出逃事件，社论以批判所谓"刘少奇一类骗子"的形式指出："刘少奇一类骗子复辟资本主义的反革命活动，在全党、全军、全国人民中是极端孤立的，是见不得人的，他们只能靠玩弄阴谋诡计，造谣诬蔑。"此后至1973年中共十大召开，所谓"刘少奇一类骗子"被作为林彪等人的代名词。

同　日　解放军总政治部发出《认真贯彻执行毛主席关于解放军学全国人民的指示的通知》。《通知》指出，认真贯彻执行毛主席最近发出的"解放军学全国人民"的指示，对于提高全军指战员的觉悟，增进军政、军民之间的团结，使人民解放军更好地肩负起保卫祖国的伟大历史使命，必将发挥巨大作用。《通知》要求，全军指战员要深刻认识"解放军学全国人民"的重大意义，积极开展"解放军学全国人民"的活动，提高向全国人民学习的自觉性，利用一切机会，采取各种行之有效的方法，虚心地向工人阶级、贫下中农、地方干部和革命知识分子学习，经常征求人民群众的意见，听取批评，接受监督。要抓紧新年、春节开展拥政爱民活动及冬季野营训练等机会，掀起向人民群众学习的热潮。各级党委要加强领导，把向全国人民学习的活动抓紧抓好，长期坚持下去，务必取得切实的效果。

同　日　外交部常务副部长章汉夫去世。章汉夫，1906年生。江苏武进人。早年留学美国。1927年参加中国共产党，任美国旧金山中国支部书记。1928年赴莫斯科学习并任共产国际东方部研究员、翻译。1931年回国后任中共广东省委宣传部部长、代理书记，中共中央宣传部干事，中共江苏省委书记。1933年因叛徒告密被捕入狱。1937年9月后，任上海文艺界抗日救亡协会秘书，武汉《群众》周刊和《新华日报》编辑，重庆《新华日报》社新闻编辑部主任、总编辑。1945年5月赴美国参加联合国成立大会，任中国代表团秘书。1946年后曾任中共上海工委副书记、中共华南分局委员、香港分局委员、上海市委委员、上海市外事处处长。中华人民共和国成立后，任外交部常务副部长、中共中央国际活动指导委员会委员、外交部党组副书记等职。在中国共产党第八次代表大会上当选为候补中央委员。负责了《毛泽东选集》第一—四卷英译本的定稿工作。在“文化大革命”中受到诬陷和迫害，在狱中含冤去世。1979年9月18日，有关部门为他举行了平反昭雪追悼会。

1月3日　美国总统国家安全事务副助理黑格率先遣组到达北京。先遣组是为尼克松总统访问中国进行技术安排而来的。6日，周恩来、叶剑英会见了先遣组成员。

1月6日　中共中央军委副主席、全国政协副主席、国务院副总理兼外交部长陈毅去世。陈毅，字仲弘，1901年生，四川乐至人。1919年赴法国勤工俭学。1921年因参加留学生爱国运动，被驱逐回国。1922年加入中国社会主义青年团。1923年在北京中法大学加入中国共产党。曾任北京学生总会的党团书记、中国国民党市党部的中共代表。1925年中法大学毕业后，在北京、重庆、武汉等地从事党的工作。1927年在武汉中央军事政治学校做政治工作。参加了南昌起义和湘南起义，任工农革命军第一师党代表，后与朱德率领部队上井冈山，任中国工农红军第四军十二师师长、红四军军委书记。1929年后任红军第一军团六军政委、二十二军军长、中共赣西南特委书记、江西军区总指挥兼政委。在第一、二次全国工农兵代表大会上，当选为中央工农民主政府执行委员。1934年中央红军主力长征后，留在南方，任中华苏维埃共和国中央政府办事处主任，坚持艰苦的游击战争。抗日战争爆发后，参与组建新四军。任中共中央东南分局委员、中央军委新四军分会副书记、新四军第一支队司令员、新四军江南指挥部指挥。1941年皖南事变后，任新四军代军长、军长兼山东军区司令员；解放战争时期，任华东军区司令员、华东野战军和第三野战军司令员兼政委、总前委委员，参与组织和指挥了淮海战役。1949年5月任上海市市长。中华人民共和国成立后，任中央人民政府委员、人民革命军事委员会委员、中共中央华东局第二书记兼上海市委第一书记和上海市市长、华东军区司令员，中共中央军委副主席，国务院副总理兼外交部长，全国政协副主席，国防委员会副主席。1955年被授予元帅军衔。在中国共产党第七、第八、第九次全国代表大会上，均当选为中央委员，在中共八届一中全会上当选为中央政治局委员。“文化大革命中”，同林彪、江青反革命集团进行了坚决的斗争。

1月7日　中国成功地进行了一次新的核试验，中国政府再次声明：中国在任何时候、任何情况下，决不首先使用核武器。

1月9日　建筑学家梁思成去世。梁思成，1901年生，广东新会人。1915年入北京清华学堂。1924年赴美留学专攻建筑学和西方建筑史。1928年回国后，任东北大学建筑系、清华大学建筑系主任兼教授，中国营造学社法式部主任、故宫博物院文献馆专门委员、中央研究院院士。中华人民共和国成立后，历任清华大学土建系主任、中国建筑学会副理事长、中国科学院技术科学部委员、北京市城建委员会副主任、北京市政协副主席、全国政协常委、全国人大常委会委员。1959年加入中国共产党。“文化大革命”中曾遭受凌辱和迫害。

1月10日　毛泽东参加首都举行的追悼陈毅大会。1月6日陈毅逝世后，中共中央政治局决定：陈毅追悼会由中共中央军委出面组织，部分中共中央政治局委员参加。1月10日中午，毛泽东临时决定亲自参加陈毅追悼会。周恩来立即通知在京的中共中央政治局委员必须全体参加追悼会，其他人士“凡是提出参加陈毅同志追悼会要求的，都能去参加”。追悼会在北京八宝山革命公墓礼堂隆重举行。毛泽东在休息室向陈毅夫人张茜及其子女亲切慰问说：“我也来悼念陈毅同志，陈毅同志是一个好同志！”他还说：“陈毅同志是立了功劳的，……是执行中央路线的。陈毅同志是能团结人的”。“要是林彪的阴谋搞成了，是要把我们这些老人都搞掉的。”参加追悼会的有：宋庆龄、周恩来、江青、叶剑英、张春桥、李先念、纪登奎、李德生、汪东兴、徐向前、聂荣臻、郭沫若、阿沛·阿旺晋美、傅作义、帕巴拉，格列朗杰等人。诺罗敦·西哈努克亲王和夫人受到特别邀请参加了追悼会。追悼会由李德生主持，周恩来致悼词。悼词说："陈毅同志是中国共产党的优秀党员，是中国人民的忠诚战士"。"陈毅同志的逝世，使我们失去了一位老战友、老同志，是我党我军的一大损失。"

1月12日　中国和塞浦路斯在纽约签署联合公报，决定自即日起建立大使级外交关系。

1月13日　中共中央印发《粉碎林陈反党集团反革命政变的斗争》（材料之二）并发出组织传达和讨论的《通知》。毛泽东批示："照发"。《通知》指出："传达讨论的重点是批判林彪一伙炮制的《"571工程"纪要》反革命纲领。"传达的步骤应分两步，第一步在干部中传达，第二步向群众传达。材料之二主要内容是林彪一伙制定的反革命政变纲领《"571工程"纪要》。中央专案组调查了这个反革命政变纲领的出笼经过和林彪一伙根据这个纲领进行反革命政变的准备情况。共分三个部分。第一部分介绍了林立果等人炮制《纪要》的背景和过程。第二部分揭露了林彪集团按照《纪要》进行反革命政变的10个方面的准备活动。第三部分批判了《纪要》的反动实质。指出："这个反革命纲领，是地、富、反、坏、右和帝、修、反多年来反华、反共、反人民的各种反动观点的大杂烩。它颠倒是非、混淆黑白，肆意污蔑我们党在毛主席领导下半个世纪的革命历史，一笔抹煞全国人民长时期英勇奋斗所取得的伟大胜利，把国内外大好形势说得漆黑一团。"材料中引用了毛泽东在中共八大二次会议上《破除迷信》讲话和1966年7月给江青的一封信中的两段话，对林彪予以驳斥。

同　日　《关于宣传报道中废止不利于党、不利于人民的提法的初步意见》上报中央。新华社、《人民日报》社、中央广播事业局向中共中央联合上报《意见》。《意见》提出：关于"天才地、全面地、创造性地"三个副词，"最高指示"、"马列主义顶峰"、"最高最活"、"一句顶一万句"等等提法，一概废止；毛主席的话，被林彪盗用或由林彪作过所谓概括的提法，根据不同情况分别处理。

同　日　国务院、中央军委发出《关于军队复员干部安排工作后

工资待遇问题的通知》。《通知》说，1969年以来军队复员干部安排工作后，可按工龄长短和表现，评定工资等级。复员干部安排当工人，凡是表现好，军龄加入伍前的工龄，不满8年的定2级工；8年—15年的定3级工；15年—20年的定4级工；20年以上的定5级工。分配地方当干部的，可以按照上述规定的年限，分别定为国家机关行政25级、24级、23级、22级。复员的大专院校毕业生安排工作后，一般应参照在地方工作的同届毕业生的工资标准评定工资等级。对安置回农村的复员干部，优先考虑在企、事业单位安排工作，并参照上述规定评定工资等级。复员干部工资低于本通知规定的，应予重新评定，高于本规定的，可不降低。今后，对拟退出现役的连以下干部，如地方工作需要也可以办理转业手续。

1月19日　河北省副省长高树勋去世。高树勋，字健侯，1897年生。河北盐山人。早年为冯玉祥部属。1926年随冯玉祥参加北伐战争，任国民政府第二集团军师长。曾代理青海省省主席。中原大战后所部为蒋介石收编，后历任察哈尔民众抗日同盟军骑兵司令，河北省保安处副处长，河北游击总指挥，国民革命军新六师师长，八军军长，第三十九集团军总司令。抗日战争胜利后，任第十一战区副司令长官。1945年10月30日，率领国民党军队一个军和一个纵队在邯郸起义。起义部队改编为民主建国军，任总司令。中共中央1946年曾发出《解放区工作的方针》的通知，号召“从国民党内部去准备和组织起义”，开展“高树勋运动”。1946年加入中国共产党。后任晋冀鲁豫野战军第十纵队司令，五十八军军长。中华人民共和国成立后，任河北省人民政府副主席、河北省副省长、国防委员会委员、全国人大代表、全国政协委员。

1月24日—2月12日　中共中央、国务院在北京召开宁夏固原地区工作座谈会。座谈会是根据周恩来指示召开的，研究了固原地区在执行民族政策方面的问题及平叛扩大化等问题。座谈会提出，要认真落实党的民族政策，在一切工作中坚持民族平等和民族团结；要挑选懂得民族政策的同志到少数民族地区工作；要尊重少数民族的宗教信仰和生活习惯，积极培养少数民族干部，满腔热情地帮助各少数民族得到发展和进步。7月2日，中共中央在批转座谈会报告的通知中指出，近几年来，在某些同志中间，由于受极左思潮的影响，对党的民族政策的观念十分淡薄，有的甚至发生了严重违反党的民族政策的情况。因此应当对执行民族政策的情况进行一次检查。

1月31日　中国和马耳他在罗马签署联合公报，决定自即日起建立大使级外交关系。

1月31日—2月2日　巴基斯坦总统布托访问中国。毛泽东主席会见了布托。周恩来总理同布托举行了会谈。周恩来同布托签署了联合公报。公报说，双方强烈谴责印度侵略巴基斯坦，要求印度必须执行联合国决议。中国支持巴基斯坦的经济发展，决定将向巴基斯坦提供的4笔贷款全部改为无偿援助，将1970年一笔贷款的归还期推迟20年。

2月5日　毛泽东、周恩来批准国家计委《关于进口成套化纤、化肥技术设备的报告》。《报告》说，为了把我国化纤、化肥工业搞上去，以适应人民生活、工农业生产和出口援外的需要，国家计委与有关部门商定在上半年与外商签订合同，引进化纤新技术成套设备4套，化肥设备2套，以及部分关键设备和材料，约需4亿美元，争取五六年内全部建成投产。投产后，一年可生产化纤24万吨，化肥400万吨。1972年，连同上述6套成套设备，中共中央和国务院共批准进口14套化纤、化肥成套设备，这些成套设备是“四三”方案（即43亿美元引进方案）中26套成套设备的一部分。

2月14日　中国和墨西哥在纽约签署联合公报，决定自即日起建立大使级外交关系。

2月16日　中国和阿根廷在布加勒斯特签署联合公报，决定自1972年2月19日建立大使级外交关系。

2月20日　长江中下游水利建设取得重大成绩。据新华社报道：解放22年来，长江中下游兴修了各种水利工程，共完成土石方180亿立方米。普遍整修了堤防，先后兴建了荆江分洪工程、汉江分洪工程和其他蓄洪排渍工程，建设了一批大中型水库，整治了许多湖泊等，大大提高了对长江洪水的分洪、蓄洪能力。同时兴建了数以万计的各种小型灌溉工程，建成500多座大中型水库，使长江中下游的灌溉总面积达到1.5亿多亩，其中建成的旱涝保收农田约1.1亿亩。沿江平原一般已可排泄5年—10年一遇的渍涝，丘陵灌溉区可以抗御持续50天—70天或更长时间的干旱。目前，长江经过整治疏浚，改造了航道条件，航运事业有了较大发展。1971年，长江航运货运量比解放初期增长约8倍。

2月21日—28日　美国总统尼克松访问中国，双方发表《联合公报》。随同访问的有尼克松夫人、国务卿罗杰斯、国家安全事务助理基辛格等。21日上午9时，尼克松总统专机飞抵上海，由乔冠华等陪同，于11时30分到达北京。周恩来、郭沫若、李先念、叶剑英、吴德、姬鹏飞等中国领导人前往机场欢迎。尼克松走下舷梯，主动与周恩来热烈握手。周恩来表示："你的手伸过世界最辽阔的海洋来和我握手——25年没有交往了呵！"当日下午2时40分，毛泽东在中南海书房会见了尼克松，双方进行了热烈、认真和坦率的谈话，讨论了哲学、外交等问题。尼克松访问期间，同周恩来举行了5次会谈。双方就国际形势和双边关系问题坦率而深入地交换了看法。尼克松说，他多年来对中华人民共和国的立场是中国领导人所完全不同意的，他的观点曾和杜勒斯有相似之处。当今世界变了，中美关系也应随着情况的改变而改变。他同意周恩来所说的，一个舵手应顺应潮流，而不是企图反潮流，否则将为潮流所淹没。尼克松还强调中美两国不应该是敌人，双方虽然有分歧，但两国可以找到共同点来建立一个世界结构，一个双方都可以在其中安全地各自发展自己、各走各的路的结构。他希望实现一种突破，这种突破不仅将有益于中美两国，而且在以后的岁月中有益于全世界，他说他就是为此而来的。尼克松重申了美国就台湾问题所作的承诺：美国承认只有一个中国，台湾是中国的一部分；美国不再说"台湾地位未定"，也不支持"台独"；美国将谋求实现与中国关系正常化，并将支持任何关于和平解决台湾问题的办法。同时，他仍然强调美国还不能承认中华人民共和国政府是中国的唯一合法政府，还不能丢弃台湾。周恩来当即指出："还是那句话，不愿意丢掉老朋友，其实老朋友已经丢了一大堆了。"尼克松还表示，美国同意最后将从台湾撤出其军事力量和设施，但前提是中国必须保证只用和平方式解决台湾问题。周恩来明确指出：中国用什么方式实现自己的统一，完全是中国的内政，决不许任何外国加以干涉。双方还就朝鲜、印度支那、裁军等问题交换了看法。周恩来批评美苏核军备竞赛："下个世纪会批评为什么用那么多的人力、物力、财力搞核武器。我们希望你们达成协议，减少核军备。"姬鹏飞代外长与罗杰斯国务卿同时也举行了5次会谈，探讨了发展中美经济贸易和科技文化交流的途径。乔冠华副外长和基辛格助理举行了起草联合公报的会谈，双方各自提出了公报的方案，并在台湾、反霸权主义等问题的措词上发生了争论。经过艰苦、激烈的会谈，27日在杭州去上海的飞机上，公报终于定稿。28日，中美双方在上海签订《联合公报》（通称《上海公报》）。《公报》列举了双方对重大国际问题的不同观点，肯定了中美两国的社会制度和对外政策有着本质区别，强调指出双方同意以和平共处五项原则来处理国与国之间的关系。双方声明："中美两国关系走向正常化是符合所有国家的利益的；双方都希望减少国际军事冲突的危险；任何一方都不应该在亚洲——太平洋地区谋求霸权，每一方都反对任何其他国家或国家集团建立这种霸权的努力；任何一方都不准备代表任何第三方进行谈判，也不准备同对方达成针对其他国家的协议或谅解。"双方还认为，大国相互勾结反对其他国家或在世界上划分利益范围，都是违背世界各国人民利益的。关于台湾问题，中方重申："中华人民共和国政府是中国唯一的合法政府；台湾是中国的一个省，早已归还祖国；解放台湾是中国内政，别国无权干涉；全部美国武装力量和军事设施必须从台湾撤走。"美方声明："美国认识到，在台湾海峡两边的所有中国人都认为只有一个中国，台湾是中国的一部分。美国政府对这一立场不提出异议。"又重申"它对由中国人自己和平解决台湾问题的关心。"《公报》最后说："同意为逐步发展两国间的贸易提供便利。"《公报》的发表是中美关系史上重要的一页，标志着两国关系正常化过程的开始，为以后中美关系的进一步改善和发展打下了基础。访问期间，尼克松一行出席了欢迎宴会，观看了舞剧《红色娘子军》和体育表演，游览了北京长城，并访问了杭州。28日，尼克松总统和夫人一行离开上海回国。

2月21日　毛泽东主席会见美国总统尼克松。会见在北京中南海毛泽东的书房进行。中方参加会见的有周恩来、唐闻生、王海容；美方参加会见的有基辛格、洛德。毛泽东与尼克松进行了友好的谈话。毛泽东说："今天你在飞机上给我们出了一个难题。要我们谈的问题限于在哲学方面。"尼克松说："我之所以这样说，是因为读了主席的诗词和讲话，我知道主席是一位思想深刻的哲学家。"毛泽东指着基辛格说："他是博士，今天主讲要看他。"基辛格说："我过去在哈佛大学教书时，指定我的学生要读主席的文选。"毛泽东说："我那些东西算不了什么。"尼克松说："主席的著作感动了全国，改变了世界。"毛泽东说："没有改变世界，只改变了北京附近的几个地方。""我们共同的老朋友，就是说蒋委员长，他不赞成。他说我们是'共匪'。其实我们跟他做朋友的时间比你们长得多。"谈到美国大选，毛泽东说："讲老实话，这个民主党如果再上台，我们也不能不同他打交道。"尼克松说："这个我懂得，我们希望我们不会使你们遇到这个问题。"毛泽东说："你当选我是投了一票的。"尼克松说："我想主席投我一票是在两个坏家伙中选择好一点的一个。"毛泽东说："我喜欢右派。人家说你们是右派，你们共和党是右派。""我比较高兴这些右派当政。"谈到这次会晤的历史背景时，毛泽东说："是巴基斯坦总统把你介绍给我们的。当时，我们驻巴基斯坦的大使不同意我们同你们接触。""然而在那段时间，你们也没有想通。"尼克松说："我知道多少年来我对中华人民共和国的态度是主席和总理完全不能同意的。把我们带到一起来的是，认识到世界上出现了新的形势。"尼克松提到台湾、越南等问题。毛泽东说："这些问题我不感兴趣，那是他（周恩来）跟你谈的事。""来自美国方面的侵略，或者来自中国方面的侵略，这个问题比较小，也可以说不是大问题，因为现在我们两个国家不存在打仗的问题。你们想撤一部分兵回国，我们的兵也不出国。所以我们两家也怪得很，过去22年总是谈不拢，现在从打乒乓球起不到10个月，如果从你们在华沙提出建议算起两年多了。""我们办事也有官僚主义，你们要搞人员来往这些事，搞点小生意，我们就是死不干，包括我在内。后来发现还是你们对，所以就打乒乓球。"最后，尼克松还表示，他懂得"只争朝夕"。毛泽东指着基辛格说："'只争朝夕'就是他。""大概我这种人放空炮的时候多。无非是全世界人民团结起来，打倒帝、修、反，建设社会主义这一套。"尼克松笑着说："就是像我这样的人，还有匪徒。"毛泽东说："就个人来说，你可能不在打倒之列。可能他（指基辛格）也不在内。都打倒了，我们就没有朋友了嘛。"又说："我跟早几天去世的记者斯诺说过，我们谈得成也行，谈不成也行，何必那么僵着呢？一定要谈成。"他称赞尼克松写的《六次危机》不错。尼克松说："你读的太多了。"毛泽东说："读得太少，对美国了解太少了，对美国不懂。要请你派教员来，特别是历史和地理教员。"会谈从14时40分起至15时50分，进行了1小时10分钟。

同　日　四川省委第一书记、成都军区第一政委张国华中将去世。张国华，1914年生。江西永新人。1929年3月参加中国工农红军。1930年春加入中国共产主义青年团。1931年3月转为中国共产党党员。先后任红四军战士、青年干事、指导员、连长，福建军区汀州教导团政委，红一军团政治部巡视团主任、第二师六团总文书。参加了长征。后任红一军团政治教导大队政委，红军河东抗日游击支队政治部主任，陕南游击支队科长。抗日战争时期，历任八路军一一五师战士剧团主任、师直属队政治处主任，鲁西七支队政委、黄河支队政委，教导第四旅兼湖西军区政委兼中共湖西区党委书记，冀鲁豫军区第九军分区政委兼中共地委书记等职。解放战争时期，历任晋冀鲁豫军区第一纵队副政委兼政治部主任，第七纵队副政委，豫皖苏军区司令员，第二野战军十八军军长等职。中华人民共和国成立后，率部进军西藏，促成了西藏的和平解放。历任西藏军区司令员兼西藏工委书记及西藏自治区筹委会第二副主任，中共西藏工委第一副书记、第二书记，中共西藏自治区委第一书记，中共四川省委第一书记兼四川省革命委员会主任，成都军区第一政委等职。1955年被授予中将军衔。在中国共产党第九次代表大会上当选为中央委员。中共中央军委委员，第一——三届国防委员会委员。2月21日因病在成都逝世。

2月29日　中国和加纳在拉各斯签署新闻公报，决定自即日起恢复大使级外交关系。

同　日　治理淮河成绩显著。据新华社报道：21年来，淮河流域地区普遍培修了堤防，整治了河道，同时开挖了新沂河、新沭河、新汴河、红卫河、苏北灌溉总渠等11条大型骨干河道，总长达1 000多公里；还兴建了佛子岭、梅山、南湾等30多座大型水库及2 000多座中小型水库；兴建了淠史杭大型灌区以及大量的机电排灌站等。通过治理，灌溉面积迅速扩大，1971年相当于1949年的5倍以上。目前全流域已有20多个县、市和1万多个生产队粮食亩产超过《纲要》规定的指标。

3月2日　中共中央指示检查贯彻民族政策情况。根据中央指示，公安部、农林部先组成联合调查组，赴宁夏隆德县调查。经过落实政策，促进了当地的春耕生产。本月，在周恩来建议下，又以农林部学习小组名义派出4个调查组，分赴内蒙古、新疆、西藏、云南等少数民族地区，调查了解民族政策执行情况和当地群众生产生活中存在的问题。7月2日，中共中央在批转公安部、农林部联合调查组报告的通知中指出：落实党的民族政策，对于社会主义革命和社会主义建设，都是极其重要的。中央希望各地对执行民族政策的情况进行一次检查。要认真学习和坚决贯彻执行党的民族政策，在少数民族地区工作的同志，尤应注意。8月，周恩来指示农林部派专人赴青海，调查了解青海省的农牧业生产落后的问题。10月，根据中共中央关于检查民族政策执行情况的电报，中共广西壮族自治区委发出通知，派工作组深入基层检查民族政策情况，并在给中央的报告中，肯定了民族工作的成绩，检查了各方面存在的问题。

3月4日　商业部印发《关于进一步加强合作商店社会主义改造几个政策问题的意见（修改稿）》。《意见》共包括企业改造、整顿队伍、评划阶级成分、股金处理、工资福利、公积金管理、合作小组和个体商贩改造、领导管理8个方面。《意见》将过去一直称为“半社会主义集体所有制经济”的合作商店性质改为“社会主义劳动群众集体所有制经济，但还保留着私有制因素”；对合作商店实行社会主义改造的方针，也由过去的“利用、限制、改造”改为“采取加强领导、积极改造的方针，进一步调动它们的积极因素，更好地为社会主义革命和社会主义建设服务。”《意见》中又规定：“今后对合作商店的人数要严加控制，未经省、自治区、直辖市革委会批准，不得随意增加人员”，“有证个体商贩只能减少不能增加。”

3月7日　中共中央发出《关于中美联合公报的通知》。《通知》指出：尼克松的访华和中美联合公报的发表，在美国引起强烈反响，在国际上震动也很大。总的说来，对公报的反应是积极的，大都认为这标志着中美关系有一个新的开始，国际形势将发生重大变化。这表明，毛主席邀尼克松访华的英明决策，在利用矛盾、分化敌人、壮大自己方面起了重大的作用。这是国际关系中的一个转折，其影响是十分深远的。《通知》说：在联合公报中，我方旗帜鲜明，坚持了一贯原则立场，戳穿了苏修的诽谤，鼓舞了世界人民。“但同时也必须看到，这些协议还是纸面上的，能否实现还要看美国今后的实际行动。”尼克松通过访华，虽已提高其在国内外影响，但并不能从根本上改变其内外交困的处境，因而国内外各方对他的牵制仍然很大，反对势力拼命攻击尼克松此行是对我投降，所以，今后事态发展还会有曲折反复，我方必须有所准备。据此，《通知》要求：一、无论从策略上讲，还是从协议仍有待实践这一点讲，我对外表态时要谨慎从事，要照顾到四面八方，不给敌人以破坏中美会谈成果的借口，说话不要过头，特别是不宜由我正面宣传联合公报是我们的胜利、美国的失败。二、公报中有一些细微的问题，望在阅读时注意。如，有关双方共同点，在文字表达上，大都采用了“应该”、“准备”、“希望”这类字眼，这是我方坚持的，其目的就是为了表明双方根本立场有原则区别。又如，在台湾问题上，美方声明部分说到将随着“这个地区”紧张局势的缓和逐步撤军，这里“地区”不是仅指台湾，而是指整个远东地区。三、公报关于两国人员来往、贸易等，只是从原则上作了规定。今后民间人员来往会逐步增加，不仅美国人来，我们的人员也要去美。四、我方同美方的会谈除联合公报外，没有任何秘密协议或谅解。我内部学习或对外交谈时，应一律以联合公报的内容为准，并不得任意加以发挥。五、在宣传报道和官方表态方面，中美会谈时，美方希望双方有所克制，以保持有利气氛。现在，有了一个联合公报，形势同过去总有所不同。今后一段时间，除非有新的情况，我方将基本维持目前做法。六、我对美和对苏、对日所持的原则立场是一致的，我并不反对美苏会谈，希望其有利于缓和国际紧张局势，而不做出不利于世界人民的事。

3月10日—4月9日　周恩来、李先念指示要批判极左思潮，恢复发展工艺美术生产和出口。李先念在全国出口商品生产工作会议上说，手工业受极左思潮的影响，很多改行转产了。我们国家有条件，又有传统，又有人，在这方面没有人能同我们竞争，手工业品多出口一些。总之，只要路线正确，政策落实，加强领导，就能搞好。4月9日，周恩来在接见广州出口商品交易会代表时说："中国人民有传统的手工艺，要保持自己的特点，木刻、象牙雕刻这些好的传统工艺很难学，带徒弟要好多年才能培养出来。这些东西没有人与我们竞争嘛！但是，都被极左思潮打掉了。手工艺要大提倡，今年开始，每年都要提倡。手工艺大有前途，应该把它搞上去。"

3月13日　中国人民银行总行发言人就台湾当局蒋介石集团盗卖中国银行和交通银行股权事发表谈话。谈话指出，1971年12月15日，蒋介石集团制定了一项所谓"中国银行组织法"，并将"中国银行"改名为"中国国际商业银行"。这是妄图以偷梁换柱、改头换面的手法盗窃国家财产的又一严重阴谋。众所周知，中华人民共和国一成立，中国政府即明令宣布没收中国银行和交通银行，并委由我行接管。两行在台湾省和外国分支机构的全部财产，均属两行总管理处所有，只有中国人民银行和两行总管理处才有权处置，决不容许任何人以任何手段进行侵吞或盗卖。为此，本行申明，不论蒋介石集团采取什么形式和手法转移或盗卖两行财产，都是非法的和无效的。本行的两行总管理处保留一切追索权力。

同　日　中国和大不列颠及北爱尔兰联合王国在北京签署联合公报。公报决定自即日起将本国派驻对方首都的外交代表由代办升格为大使。联合王国决定于3月13日撤销其在台湾的官方代表机构。

3月17日　中共中央转发《毛主席在外地巡视期间同沿途各地负责同志的谈话纪要》。毛泽东的这些谈话是1971年8月中旬—9月12日在长沙、武汉、杭州、南昌等地召见各地、各军区负责人时进行的。讲话主要包括三个方面的内容：一、直接点名批评林彪。毛泽东说："林彪同志那个讲话（指林彪1970年8月23日在中共九届二中全会上的讲话），没有同我商量，也没有给我看。他们有话，事先不拿出来，大概总认为有什么把握了，好像会成功了。可是一说不行，就又慌了手脚。""庐山这一次的斗争，同前9次不同，前9次都作了结论，这次保护林副主席，没有作个人结论，他当然要负一些责任。""我同林彪同志谈过，他有些话说得不妥嘛。""什么'顶峰'啦，'一句顶一万句'啦，你说过头了嘛。""陈伯达的话对他们才是一句顶一万句。什么'大树特树'，名曰树我，不知树谁人，说穿了是树他自己。"毛泽东还说："我一向不赞成自己的老婆当自己工作单位的办公室主任。林彪那里，是叶群当办公室主任，他们四个人（指黄、吴、李、邱）向林彪请示问题都要经过她。"二、回顾党的历史上的路线斗争，指出庐山会议斗争的实质。毛泽东说："我们这个党已经有50年的历史了，大的路线斗争有10次。这10次路线斗争中，有人要分裂我们这个党，都没有分裂成。"毛泽东历数了从陈独秀、瞿秋白、李立三、罗章龙、王明、张国焘、高岗、饶漱石到所谓的彭德怀、刘少奇"两个司令部"的斗争。总结说："犯了大的原则的错误，犯了路线、方向错误，为首的，改也难。历史上，陈独秀改了没有？瞿秋白、李立三、罗章龙、王明、张国焘、高岗、饶漱石、彭德怀、刘少奇改了没有？没有改。"毛泽东强调指出："这次庐山会议，又是两个司令部的斗争。""我看他们的突然袭击，地下活动，是有计划、有组织、有纲领的。纲领就是设国家主席，就是'天才'，就是反对'九大'路线，推翻九届二中全会的三项议程。""庐山会议以后，我采取了三项办法，一个是甩石头，一个是掺沙子，一个是挖墙角。""你们对庐山会议怎么看法？比如华北组6号简报，究竟是革命的，半革命的，还是反革命的？我个人认为是一个反革命的简报。""庐山这件事，还没有完，还没有解决。"三、强调军队要谨慎，要加强教育，加强纪律性。毛泽东说："第一军队要谨慎，第二地方也要谨慎。""军队要统一，军队要整顿。我就不相信我们军队会造反，我就不相信你黄永胜能够指挥军队造反，军下面还有师、团，还有司、政、后机关，你调动军队来搞坏事，听你的？""现在是只搞文不搞武，我们军队成了文化军队了。""工业学大庆，农业学大寨，全国人民学解放军，这不完全，还要加上解放军学全国人民。"毛泽东说："要学列宁纪念欧仁·鲍狄埃逝世25周年那篇文章，学唱《国际歌》、《三大纪律八项注意》。不仅要唱，还要讲解，还要按照去做。""现在就是有几条记不清了，特别是三大纪律的第一条，八项注意的第一条和第五条，这几条记不清了。""我希望用三大纪律八项注意教育战士，教育干部，教育群众，教育党员和人民。"毛泽东在谈话中还谈到了要多读马列的书，干部的大多数是好的等问题。

3月21日—4月26日　中共中央在北京召开解决浙江问题的会议。中共浙江省委、驻浙江部队负责人南萍、熊应堂、赖可可、铁瑛等10人参加了会议。周恩来讲话指出：林彪事件发生后，中央9月18日已发了通知，而南萍、熊应堂等人竟不向下传达，还在报纸上登了林彪的像，他们同陈励耘的思想在很长时间里是有联系的。会议对南萍、熊应堂进行了揭发批判，两人做了多次检查。4月15日，毛泽东对浙江问题做出指示："首先解决敌我问题。"4月25日，中共中央批转会议写出的《关于继续深入开展反对林陈反党集团斗争的请示报告》，《报告》指出：林彪反党集团在《"571工程"纪要》反革命政变纲领中对浙江问题十分重视，林彪死党多次到浙江，与陈励耘秘密串联，收集情报，策划反革命阴谋活动。南萍、熊应堂上了贼船，陷得很深，犯了严重的方向路线错误。4月26日，周恩来、叶剑英等人接见参加会议的浙江代表，宣布中共中央决定谭启龙任中共浙江省委第一书记，铁瑛任书记。6月29日，中共中央通知，南萍、熊应堂送北京审查交待问题。陈励耘已于1971年9月20日被隔离审查。

3月22日　全国政协副主席徐冰去世。徐冰，原名邢西萍，又名萍舟，1903年生。河北南宫人。1923年赴德国留学，1924年在德国加入中国共产党，后赴莫斯科学习。1928年回国，任中共中央秘书处翻译，从事党的地下工作，曾任上海反帝大同盟中共党团书记。1932年被捕，1933年经组织营救出狱。到北平从事党的地下工作，编辑《世界论坛》、《中外论坛》等进步刊物，宣传抗日救亡。1937年到延安，任中共中央党报委员会秘书长、《解放》周刊编辑，并从事马列著作翻译工作。1939年到重庆，任中共中央南方局文化宣传委员会秘书兼文化组组长，中共中央重庆工作委员会委员。1946年任北平军调处执行部中共方面顾问，中共潍坊市委书记，济南市副市长，北平市副市长。中华人民共和国成立后，历任北京市副市长，中共中央统战部第一副部长、部长，全国政协秘书长、副主席，全国人大常委会委员。在中国共产党第八次全国代表大会上当选为候补中央委员。“文化大革命”中，遭受诬陷和迫害在狱中去世。1979年8月27日，中共中央举行追悼会，为他平反昭雪，恢复名誉。

3月23日　中共中央批转四川省委关于解决四川问题的请示报告。报告提出联系四川实际批判林彪反党集团罪行的请示意见。此前，11日、22日，中共中央政治局成员两次接见了刘兴元、李大章等四川省委负责人，宣布刘兴元任中共四川省委第一书记、省革委会主任。7月中旬，中共四川省委、成都军区召开常委扩大会议，传达贯彻中央批林整风汇报会议精神。8月9日，中央召集四川省负责人刘兴元、李大章等10人到北京，讨论制定了《四川省委、成都军区党委扩大会议总结提纲》。8月17日，中共中央批转了这个《提纲》。

3月25日　毛泽东对杨成武女儿来信做出批示。来信说：杨成武是忠于毛主席的，他受了林彪、陈伯达、叶群的政治陷害，要求让杨成武到实际阶级斗争中去接受考验。批示说：此案处理可能有错，当时听了林彪一面之词。

3月26日　原中共中央政治局委员、国务院副总理兼公安部部长谢富治病死。谢富治，1909年生。湖北黄安（今红安）人。1930年参加中国工农红军。1931年加入中国共产党。曾任红四方面军宣传队队长、连指导员、团政治处主任、师政治部主任、军政治部主任、方面军总政治部组织部长、中共川陕省委组织部部长。参加了长征。抗日战争时期，任八路军一二九师七七二团政治处主任、政委，三八五旅政委，中共太行第六地委书记，太岳军区副司令员、代司令员，太岳纵队政委。抗日战争胜利后，任晋冀鲁豫军区第四纵队政委。1947年与陈赓率领晋冀鲁豫野战军一部，强渡黄河，进军豫西。后任第二野战军三兵团政委。中华人民共和国成立后，任川东军区司令员兼政委，中共云南省委第一书记，昆明军区司令员兼政委，中国人民解放军公安部队司令员兼政委，公安部部长，国务院副总理，中共北京市委第一书记，北京军区政委，北京卫戍区第一政委。1955年被授予上将军衔。在中国共产党第八次代表大会上当选为中央委员，1966年8月被补选为中共中央书记处书记、政治局候补委员。在中国共产党第九次代表大会上当选为中央委员、政治局委员。中央军委委员，国防委员会委员。参与了林彪、江青反革命集团篡夺党和国家最高领导权的阴谋活动。1980年10月16日中共中央决定开除其党籍。1981年1月25日中华人民共和国最高人民法院特别法庭确认他为林彪、江青反革命集团主犯。

3月27日　国家计委发出《全国重点钢铁企业产品分成的通知》。《通知》说，全国重点钢铁企业，按1972年钢产量计划的3%分给所在省、市、自治区使用。各地分成钢材的数量品种，均纳入全国的产需衔接订货，于每季度末提取。其超额部分产品，也按同样的比例分成，但必须在年终结账后提取。对所需钢材，各地区在分成留用的钢材数中，可以适当照顾。

4月1日　《红色娘子军》演出本被移植。《红旗》杂志第4期发表的现代京剧《红色娘子军》1972年1月演出本在《人民日报》刊载，由中国京剧团根据同名舞剧集体移植创作的这个剧本成为革命样板戏系列之一。此后，《人民日报》还组织配发了一批称颂这一移植成果的文章。

4月6日　八机部部长陈正人去世。陈正人，1907年生。江西遂川人。1925年5月参加中国共产主义青年团。同年加入中国共产党。曾任中共万安县特别支部支部书记、遂川县特别支部支部书记，领导了万安县暴动。1928年上井冈山后任中共湘赣边界特委委员、特委副书记，中共安福中心县委书记，江西省行动委员会宣传部长，中共赣西南特委宣传部长，中共江西省委组织部长、代理省委书记，江西省苏维埃政府副主席、党组书记，临时中央政府执行委员会委员。1934年因病留在南方根据地，1937年到达延安。任陕甘宁边区政府教育厅长、中央军委总政治部宣传部长、中共中央西北局组织部长。抗日战争胜利后，任东北民主联军总政治部主任、中共吉林省委书记兼军区政委。中华人民共和国成立后，历任中共江西省委书记，建工部部长，中共中央农村工作部副部长，国务院农林办公室副主任，八机部部长。在中国共产党第八次代表大会上，当选为候补中央委员。"文化大革命"中，遭受林彪、江青反革命集团诬陷和迫害。1980年得到平反昭雪。

4月7日　国家计委发出《关于严格控制增加职工，充分挖掘现有劳动潜力的通知》。规定：一、国家下达的劳动计划，必须严格执行。新增加职工人数，年末职工人数和工资总额，未经国务院批准，不得超过；轮换工以及县办企业常年性生产岗位上使用的临时工，也要纳入国家劳动计划，不得在计划外招收职工。二、新增加的职工，一般不要从农村招收。矿山井下，森林采伐和地质勘探等行业招工时，可以招收本单位职工子女；生产建设兵团和国营农场，主要是接收统一安置的城市知识青年，不要另外招工。

4月9日　周恩来批评极"左"思潮破坏艺术质量的提高。他在广州观看部队文艺演出时的谈话中说："你们报幕的同志，为什么不报独唱、伴奏人员的名字？看来你们的极左思潮还没有肃清。极左思潮不肃清，破坏艺术质量的提高。"他还批评说："你们的歌越唱越快，越唱越尖，越唱越高。""革命激情要和革命抒情结合，要有点地方的色彩。"

4月12日—15日　毛里求斯总理拉姆古兰访问中国。周恩来同拉姆古兰举行了会谈。拉姆古兰等还在北京、广州进行了参观访问。15日两国在北京签署了联合公报，商定建立大使级外交关系。

4月13日　中国中日友好协会代表团与日本民社党访华代表团在北京签署联合声明。双方一致认为，促进中日友好和两国邦交的恢复是不可阻挡的历史潮流。民社党方面声明，中华人民共和国政府是代表中国人民的唯一合法政府，台湾是中国领土不可分割的一部分。坚决反对“两个中国”、“一中一台”和“台湾独立”的阴谋。“日蒋条约”是非法的，无效的，必须废除。上述各项原则，是恢复中日邦交的前提。日本民社党强烈要求日本政府迅速接受日中邦交的基本原则，彻底改变敌视中国的政策。双方声明，坚决反对日本军国主义的复活。

4月16日　《人民日报》发表社论：《以粮为纲，全面发展》。社论重新强调了“文化大革命”中被破坏的“以粮为纲，全面发展”的农业方针，针对前一时期农村片面强调“以粮为纲”，排斥其他作物种植和牧、林、渔、副业的现象指出：“粮食生产和多种经营决不是互不相容的，而是互相促进的。”“也只有很好地安排粮食生产和多种经营，才更有利于使全劳力、半劳力、辅助劳力和有各种专长的社员各尽其能，而且在各个季节都有活可干。”“至于土地，在多种经营的条件下，比单一经营更便于合理安排、充分利用。”社论特别指出：“有的同志划不清正当的多种经营和资本主义倾向的界限，不敢抓多种经营，忽视抓多种经营。对此，应该加强路线和政策教育，予以澄清。”“决不可把党的方针、政策所提倡和允许的多种经营当做资本主义倾向来批判。”这篇社论反映了周恩来批判极“左”思潮，恢复落实党的政策的思想。

同　日　内务部部长曾山去世。曾山，原名柏如，1899年生。江西吉安人。1926年加入中国共产党。参加了广州起义。后任中共吉安区委书记、吉水县委书记、中共赣西特委组织部长、赣西南苏维埃政府主席、中共赣西南特委书记、江西省苏维埃政府主席、中华苏维埃共和国中央执行委员、中央政府内务部部长、中共江西省委书记兼江西军区政委。1934年中央红军主力长征后，留在南方根据地坚持斗争。1935年底赴莫斯科学习。1937年回国，任中共中央东南分局副书记兼组织部长，新四军驻江西办事处主任，参加新四军的组建工作。后任中共中央华中局组织部长。解放战争时期，任中共中央华中分局组织部长兼财经办事处主任。中华人民共和国成立后，历任中共中央华东局委员、华东军政委员会副主席兼财经委员会主任并兼上海市副市长、财经委员会主任，政务院财经委员会副主任，中共中央交通工作部部长，中华人民共和国纺织工业部部长、商业部部长、内务部部长，国务院第五办公厅副主任。当选为全国政协委员。在中国共产党第八、九次代表大会上当选为中央委员。

4月18日　国务院批转财政部《关于恢复建设银行的报告》。《报告》说，从1970年5月建设银行并入人民银行以后，放松了对基建财物和拨款的监督。有时甚至连一些基本情况和拨款数字也反映不上来。为了加强对基本建设财务的管理和监督，国务院决定恢复中国人民建设银行总行，省、市、自治区恢复建设银行分行。省以下建设任务比较集中的地点，大中型建设工程所在地，以及国防军工和跨省、跨地区施工的大型建设工地，也设立分行、支行或办事处。各地建设银行实行上级业务部门和地方的双重领导，以地方领导为主的体制。

4月19日　国务院决定调整部分产品价格。其中甜菜收购价由每吨52元调到60元；毛竹收购价由每根0.68元调到0.78元；木炭收购价由每担3元左右调为5元—6元；每吨柴油的优待额由原来70元—100元的基础上再增加40元左右；铱金笔的零售价平均每支由1.41元降为1.10元。这5种产品调价后，国家年财政收入相应减少2.2亿多元。

同　日　中央军委发出《关于办好教导队，加速轮训部队基层干部的指示》。《指示》指出，办好教导队，教育好干部，提高他们的毛泽东军事思想水平和组织指挥能力，是整顿好建设好军队的一个重要方面，是整军备战的迫切需要。鉴于林彪的破坏给部队造成的恶果，及部队新干部大量增加、技术装备不断发展的新情况，各级党委必须把轮训干部的工作列入议事日程，切实抓紧对基层干部的培训，认真办好教导队。要由打过仗的有经验的军、师、团一级的领导干部亲自任教，担任队长、排长、班长，进行传帮带，严格训练，严格要求。《指示》要求全军各大单位在两年内把基层干部轮训完。此后到1973年底，各大军区轮训干部最多的已达应训干部的95%以上。

4月23日　全国妇联副主席、全国政协副主席李德全去世。李德全，1896年生。北京通县人。冯玉祥夫人。1919年积极参加五四爱国运动，曾当选为协和女子大学学生会会长。1925年在北京创办求知学校。1926年随冯玉祥到苏联考察。后在泰山创办15所小学，使当地农民子女得以受教育。抗日战争时期，发起创办中国战时儿童保育会，任副理事长。1939年任中苏文化协会常务理事，负责妇女工作。抗日战争胜利后，组织中国妇女联谊会，任主席，发起组织中国儿童福利事业协进会，推动各大城市创办托儿所。1946年9月随冯玉祥赴美国，并出席在美国召开的世界妇女代表大会。1948年回国后，任北京师范大学保育系教授兼系主任，当选为第一届全国妇联副主席，参加了中国人民政治协商会议第一届全体会议，当选为政协委员。中华人民共和国成立后，任政务院文化教育委员会委员，卫生部部长，中国红十字总会会长，国家体委副主任，中国人民保卫儿童全国委员会副主席，中国人民救济总会副主任，世界和平理事会理事，中苏友协副会长，全国妇联副主席，全国政协副主席。1958年加入中国共产党。

4月24日　《人民日报》发表社论：《惩前毖后，治病救人》。社论由周恩来指示起草和亲自修改。4月18日，周恩来在送审稿上批示："同意。请考虑加一段主席多次说过的，在我党10次路线斗争中证明，我党绝大多数干部和党员要团结不要分裂，坚持在正确路线的基础上搞团结，反对在修正主义路线下搞分裂。这也是我党兴旺发展和胜利的重要条件。"社论针对"文化大革命"中对广大干部进行打击和迫害的极"左"思潮，重申了党的干部政策。社论指出："要严格区分敌我矛盾和人民内部矛盾这两类不同性质的矛盾。除了极少数混进革命队伍的阶级敌人和屡教不改、不可救药的分子外，对一切犯错误的同志，不论老干部、新干部，党内的同志、党外的同志，都要按照'团结—批评—团结'的公式，采取教育为主的方针。""对犯错误的同志的处理，要从全党利益为出发点，以党的利益高于个人和局部的利益为出发点。"这篇社论在批判极左思潮、解放老干部方面起到了一定的促进作用。

同　日　国家计委、财政部发出通知。通知要求对全民所有制单位的一切国家财产和合作工厂、手工业合作社等集体所有制企业的财产都进行清查。同时随通知附发《关于清产核资工作情况和对1972年工作意见》、《全国清产核资实施办法（草案）》。通知要求彻底清查厂矿企业、交通运输企业、建设单位、施工单位、物资、商业、外贸部门、科研单位和校办工厂等的流动资产、固定资产、债权债务以及用基本建设资金购置的材料、设备和在建工程等。凡是实行独立经济核算的国营工业企业、交通企业、国营商业的三级批发商店、零售商店、外贸企业、商办工业、国营农（牧）场、施工单位、地质勘探单位、文教卫生企业、城市公用企业等，都要核定流动资金定额。

5月1日　中共中央发出《关于杜绝高等学校招生工作中“走后门”现象的通知》。毛泽东批示：“同意”。《通知》指出：“当前值得认真注意的一个问题是，各地招生工作中程度不同地存在着‘走后门’现象，有些地区和单位情况比较严重。”《通知》要求：一、各级领导部门要加强对招生工作的领导，严格按照党的方针、政策办事，在方法上要切实执行“自愿报名，群众推荐，领导批准，学校复审”的原则。二、各有关领导部门、选送学员的单位和招生的学校，要采用领导和群众相结合的办法，对招生工作认真进行一次检查。今后，如再有干部滥用职权，违反招生规定“走后门”者，除对有关干部进行严肃处理外，也要把学生退回。三、对干部子女应和广大工农群众子女一样看待，都要按招生条件办事。

5月6日　中共中央发出《关于召开批林整风汇报会议的通知》。《通知》回顾了1971年9月13日林彪叛国出逃事件发生以来到现在8个月中毛泽东和党中央采取的5项措施。指出：“为了总结和交流这一时期的经验，以利于进一步揭发和批判林彪反党集团和反革命罪行，深入开展批林整风运动，使全党团结起来，争取更大的胜利，中央决定从5月20日起，召开一个全国性的批林整风汇报会议。”

5月8日　国家决定取消私营侨汇业，由银行接办其业务。私营侨汇业在“文化大革命”前有318家，主要分布在广东、福建、浙江、广西等省区，有股金56万美元，国外股东占股金的66%，主要是经营和吸收禁汇、限汇国家和地区的侨汇。他们经营的侨汇占全国侨汇40%左右。这次国家正式做出决定，将私营侨汇业全部由银行接办，从业人员由地方安置，其财产除了由省、自治区提存部分资金，留作发付退职金、退休金、人员安置费用、国外股东的股金以及应发的红利以外，其余的动产和不动产全部交给地方使用。

同　日　国务院科教组转发《北京市革委会科教组关于高等学校试办补习班的报告》。国务院科教组的转发通知指出："各高等学校对于实际文化程度没有达到要求的学员，可根据各类专业的不同要求，有重点地补习必要的文化基础知识。"根据北京市革委会的《报告》反映：北京市所高等学校招收的工农兵学员，文化程度参差不齐，初中以上文化程度的只占20%，初中程度的占60%，相当于小学程度的占20%。因此，北京市要求学校按照学员的实际文化程度和专业要求，有重点地为学员补习半年左右的文化基础知识，补习时间不计入学制之内。1974年后，办补习班的措施被指责为"修正主义教育路线的回潮、复辟"，各地不再施行。

5月9日　中国外交部发表声明，强烈抗议美国军舰和飞机在5月6日、7日和8日连续袭击停泊在越南义安省的中国两艘商船。中国政府对中国船员和正在船上的越南平民被炸伤，船体遭到严重破坏，提出保留要求赔偿损失的合法权利。

5月10日—6月20日　国务院科教组召开综合大学和外语院校教育革命座谈会。北京大学、复旦大学、上海外国语学院等15所学校及北京、上海、辽宁等地教育部门的代表参加。会议提出，要批判林彪反党集团从右和极左方面破坏毛主席革命路线的罪行；要抓紧落实干部政策，适当安排原有干部的工作；要全面落实知识分子政策，发挥教师的业务专长，合理安排他们的工作，鼓励教师为革命刻苦钻研科学技术，在教学中严格要求学员，由政治上表现好、业务能力强的教师领导科研和教学工作。会议要求：认真注意进一步提高质量的问题，加强基础理论教学；理科的基础课一般要单独授课，系统学习，知识面要宽一些，保证教学时间；文科要使学员在实践基础上着重学习理论；外语院校要加强基本功训练。会议要求：努力开展科研，重视科研人才的培养和基础科学的发展；理科要加强理论研究，抓紧实验室、研究室的改造与建设。会议还讨论了综合大学文、理两科的培养目标。9月25日，国务院科教组转发了会议总结。

5月16日　中国和荷兰在北京签署联合公报，决定自1972年5月

18日起由代办升格为大使级外交关系。

5月21日—6月23日　中共中央在北京召开批林整风汇报会议。中共中央各部门和各省、市、自治区负责人，各大军区负责人共312人参加。周恩来在5月21日的第一次全体会议上讲话，介绍会议文件，说明和林彪反党集团的斗争过程，对林彪等人进行批判。经毛泽东、中共中央政治局确定的会议文件有：《九届二中全会公报和九届二中全会以来毛主席的文章、批示和重要谈话》（共12件），九届二中全会以来的中央的有关文件（共两本）、《粉碎林陈反党集团反革命政变的斗争》（材料之三）、《关于国民党反共分子、托派、叛徒、特务、修正主义分子陈伯达的反革命历史罪行的审查报告》和陈伯达的历史罪证，毛泽东1966年7月8日给江青的一封信。会议的参阅文件有：批判林彪反革命的修正主义军事路线的罪行材料、朱德等9位老同志的书面揭发林彪材料、李力群对林彪的揭发材料、林彪《论短促突击》文章、关于中苏关系的11个问题。周恩来在讲话中着重说明了毛泽东给江青的一封信情况。他说："这个信只有政治局一部分同志看过"，"在1966年5月18日政治局扩大会议林彪在河北厅讲话以后，林彪讲话经过多次改动，送到主席那里，主席总是有点不安，里头有些话过头，叙述政变那种写法也不当。""毛主席这封信一针见血。""现在大家想想看，那简直是完全看到了这些问题。""只有我们伟大领袖毛主席才能预见到这么清楚。"到会者学习了这一封信，政治局9人分别到各组解释了这一封信。江青的解释刊登在会议简报上，她说毛泽东早就看出林彪"不是马克思主义者"。6月10日—12日，周恩来根据毛泽东的指示在会上作了民主革命时期党内6次路线斗争的报告。在讲到王明"左"倾教条主义时，他作了自我解剖。根据毛泽东的指示，周恩来6月23日在结束会上作了题为《关于国民党造谣污蔑地登载所谓"伍豪事件"的真相》的报告，中共中央又发出文件予以说明，并附若干原始材料传达至高级干部。毛泽东当时说，这样做的用意是，让党内高级干部了解事情真相，不允许任何人今后在这个问题上诬陷周恩来，江青在华东组和中南组会上的讲话也作为会议文件下发。这次会议一方面系统地批判了林彪集团，一方面又把粉碎林彪反革命集团的斗争作为“文化大革命”的胜利，回避了对极左思潮的批判。

5月22日　中共陕西省委书记潘自力去世。潘自力，原名潘自励，又名潘鼎九，1904年生。陕西华县人。1923年加入中国社会主义青年团。1925年10月被派赴莫斯科中山大学学习。1926年转入中国共产党。1927年回国，先后任陕西长安县农民协会宣传部长、共青团陕西省委代理书记兼宣传部长、中共陕西省委候补委员、中共西安市委书记、陕西省委书记。1928年参与领导渭华起义。同年11月被捕。1930年出狱。1931年赴法国留学。曾参加了法国反帝同盟中国支部。1933年回国，同党组织失去联系。1935年初到川北，先后任红三十一军政治部干事、红四方面军总政治部干事，红四方面军红军大学高级指挥科政治教员，中国抗日红军大学二科教员。参加了长征。后任西北民众运动指导委员会组织部长，中共陕西省委宣传部部长，晋察冀军区政治部宣传部长、政治部副主任兼宣传部部长。解放战争时期，任晋察冀军区政治部副主任，晋察冀野战军政治部主任，华北军区野战军第二兵团政治部主任，第十九兵团副政委兼政治部主任。中华人民共和国成立后，任中共宁夏省委书记、宁夏军区政委、宁夏人民政府主席，中共中央西北局委员，中共陕西省委书记、省人民政府副主席。1955年起先后任中国驻朝鲜、印度、尼泊尔、苏联等国特命全权大使。在中国共产党第八次代表大会上当选为候补中央委员。“文化大革命”中遭受诬陷迫害，5月22日在山西霍县病逝。1979年为他举行追悼会，宣布平反昭雪。

5月23日　商业部向国务院提出关于少数民族特需商品生产和供应情况的报告。报告提出，由于受极左思潮的影响，有的地区把绝大部分民族特需用品视为“封、资、修”的东西，加以封存。有的地区不敢经营。生产民族特需商品的厂社，大部分停产转产。民族贸易机构普遍撤销。报告建议：一、加强对少数民族特需商品生产和供应工作的领导；二、对少数民族特需商品，各省、区应自力更生，积极组织生产；三、优先安排民族特需商品生产的原材料；四、少数民族特需用品的生产和供应工作要有专人负责，恢复民族用品商店或专柜。国务院批转这个报告时指出：近几年来由于受极“左”思潮的影响，有些地方不考虑少数民族的特殊需要，任意取消少数民族特需商品的生产和供应，这种做法是错误的。要教育干部，认真执行民族政策，尊重少数民族的风俗习惯，切实搞好对少数民族特需商品的生产和供应。

5月25日　农村大力开发利用地下水。新华社报道：中国农村积极开发利用地下水，建成大批机井，扩大农田灌溉面积。据河北、河南、山东、山西、陕西等13个省、市统计，1966年—1971年新建的机井，相当于1966年前10多年机井建设总数的3倍。仅河北、河南、山东3省，近几年就新建机井40多万眼，利用机井灌溉的农田面积已占总灌溉面积的一半，使这个全国有名的缺粮地区基本实现了粮食自给。

本　月　周恩来被确诊为患膀胱癌。本月，医护人员发现周恩来小便中红血球增加，并有细胞变异现象。经专家会诊，确定为膀胱癌。11月，医生向叶剑英、李先念提出报告，认为周恩来要特别注意休息。毛泽东看到报告后批示：应当休息，节劳，不可大意。但周恩来因为工作繁忙，一直拖到1973年3月以后才做手术。

6月5日　中国和希腊在地拉那签署联合公报，决定自即日起建立大使级外交关系。

同　日　国务院发出《关于加强工资基金管理的通知》。《通知》规定：各地区、各部门在下达职工计划的同时，必须一律下达职工工资总额计划，并抄送人民银行，据以监督支付。各单位的工资总额计划，都要报经上级主管部门和劳动部门核定，并送当地人民银行。凡未经批准超计划招收职工以及违反国家政策和规定增加工资的，银行有权拒绝支付，并向劳动部门和主管部门反映，由劳动部门和主管部门研究处理。有关工资基金管理的具体办法，由各省、市、自治区和有关部门先行制定。要求既能管得住，又简便易行，避免繁琐复杂。集体所有制单位的工资基金管理，由各省、市、自治区根据情况自行规定。《通知》规定，1972年的工资总额，暂以1971年12月份的实际职工总数和工资总额为基数，予以控制。这个

《通知》把“文化大革命”中被破坏的工资基金管理制度恢复起来，使银行在解决“三个突破”中发挥了重要作用。1973年全民所有制职工人数和工资总额比上年只增长2.6%和38%，趋于正常。

6月9日—7月2日　全国5项球类运动会举行。这次运动会是“文化大革命”以来第一次恢复举行的全国范围的各项球类比赛运动会，是为纪念毛泽东“发展体育运动，增强人民体质”题词20周年而举办的。运动会分别在北京、天津、石家庄、保定、唐山、张家口6个赛区进行，包括乒乓球、羽毛球、足球、篮球、排球。江青、叶剑英、李先念等人出席了开幕式。这次比赛获得各团体和单项比赛第一名的多是“文化大革命”以前涌现的老运动员，反映了体育力量后继无人的严重状况。

6月12日　中国外交部发表声明，严厉谴责美国在6月6日和8日，出动大批飞机袭击河内市郊和海防市及其他地区。声明说，美国继续对越南战争升级，轰炸的范围越来越大，直至逼近中越边境地区，威胁中国安全。美国的侵略行径，同时也是对中国人民的严重挑衅。

6月19日—23日　美国总统国家安全事务助理基辛格访问中国。周恩来与基辛格就促进两国关系正常化和共同关心的问题进行了会谈。24日，双方发表了《公告》。

6月25日—7月5日　中共中央召开西藏工作会议。会议目的是解决西藏在批林整风运动中存在的问题。西藏自治区负责人任荣等6人向中央写出《关于贯彻中央批林整风汇报会议精神的报告》。其后，西藏自治区、军区党委分别召开扩大会议，传达中共中央9月8日批示及西藏自治区6位负责人写给中央的报告。全区组织6 000多名干部下乡，贯彻中央批示和自治区扩大会议精神。

6月27日　中国和圭亚那在伦敦签署联合公报，决定自即日起建立大使级外交关系。

6月28日　毛泽东主席会见斯里兰卡总理班达拉奈克夫人。双方进行了友好的谈话。毛泽东说，我们这个国家也有人家骂我们，说是整了“左”派。我们的“左”派是什么一些人呢？就是火烧英国代办处的那些人。今天要打倒总理，明天要打倒陈毅，后天要打倒叶剑英。这些所谓“左”派现在都在班房里头。我们这里早几年天下大乱，全国各地都打，全面内战。两边都发枪，一共发了100万支枪吧。这一派军队支持这一派，那一派军队支持那一派，打。被那些“左”派夺了权。一个半月，（外交部）权不在我们手里，在那些所谓“左”派的手里。这些所谓“左”派，其实就是反革命。毛泽东又说，没有多少问题，几个月过去了，几年过去了，总后台的人现在也过去了，叫林彪。坐一架飞机往苏联去，其目的是想见上帝。摔下来了，见上帝去了。会见时周恩来、唐闻生、王海容在座。

7月2日　中共中央转发《关于国民党反共分子、托派、叛徒、特务、修正主义分子陈伯达的反革命历史罪行的审查报告》。《报告》由中央专案组7月1日提出，中共中央在转发通知中要求“组织传达、阅读和讨论”。《报告》共分五个部分：一、陈伯达是一个国民党反共分子；二、陈伯达1929年在莫斯科参加托派组织，回国后继续进行托派反共活动；三、陈伯达1931年在天津被捕叛变，成了特务；四、陈伯达背着毛主席、党中央、同苏方人员秘密来往，进行阴谋活动；五、陈伯达在社会主义革命时期一贯坚持修正主义、妄图复辟资本主义。《报告》说，陈伯达到延安以后直至九届二中全会期间的反革命罪行，还在继续审查中。《报告》后附有“陈伯达的反革命历史罪证”。

同　日　中共中央印发《粉碎林彪反党集团反革命政变的斗争》（材料之三），并发出《通知》。《通知》说：各地在传达讨论“材料之三”时，要以《毛主席在外地巡视期间同沿途各地负责同志的谈话纪要》为武器，深入地进行批林整风运动。各地在向群众传达有关第十次路线斗争的毛主席重要谈话、批示和中央文件时，采取了总结试点经验，开办学习班，重点培养骨干，然后向群众普遍展开传达宣讲的办法。这些办法是行之有效的。中央专案组选印的“材料之三”题为《林彪反党集团反革命政变的罪证》。第一部分为“林彪反党集团在党的九届二中全会期间发动反革命政变的罪证”；第二部分为“林彪反党集团准备发动反革命武装政变的罪证”；第三部分为“林彪反党集团妄图谋害伟大领袖毛主席，另立中央，发动反革命武装政变和失败后叛国投敌的罪证”。材料中选录了大量照片、信件、揭发材料、供词，并酌加按语和注释。

7月3日　吉林省副省长朱德海去世。 朱德海，朝鲜族，原名吴基涉，1911年生。吉林省延吉市人。1930年加入中国共产主义青年团。1931年转入中国共产党，曾先后任村党支部书记，抗日联军第四军二团后方留守处党支部书记。1936年赴莫斯科学习。1939年回到延安，任八路军三五九旅连指导员和团供给处指导员。1943年任延安朝鲜革命军政学校党委委员、总务处长。抗战胜利后，任东北义勇军第三支队政委，东北行政委员会民族事务处处长，吉林省延边公署专员，中共延边地委书记。中华人民共和国成立后，任中共延边朝鲜族自治区区委书记、自治区主席，中共延边自治州州委书记、自治州州长、延边军分区第一政委、州政协主席，吉林省副省长，全国人大民族事务委员会副主任，全国政协委员。在中国共产党第八次代表大会上当选为候补中央委员。“文化大革命”中遭受打击和迫害，7月3日在武汉逝世。

7月9日　公安部向中共中央提出《关于公安系统落实干部政策情况和意见的报告》。 这个报告是在周恩来指示下起草的。《报告》建议对应解放的干部抓紧工作，及时解放，原则上都应在公安部门分配适当工作。公安部机关军管已经完成了历史任务，应当予以撤销。中共中央批准了这个报告，并转发各地党委督促贯彻执行。到1973年，全国公安机关陆续解放了一批领导干部，调回了一大批业务骨干。

7月10日　毛泽东主席会见法国外交部长舒曼。 双方进行了友好的谈话。舒曼称赞毛泽东改变了世界。毛泽东说，没有改变多少，改变了一点，十个指头改变了一个指头，把这个北京改了一改。最近我们又把一个姓林的，叫林彪，也把他改造了。这个林彪啊，他天天吹我，说我怎么了不起。而实际呢，就要杀我的头。跟他斗争了几十年，后来变成了“亲密战友”、“副统帅”。结果庐山会议到去年，一年多他就呆不住了。谁也没有赶他，谁也没有料到他会跑，坐一架飞机就上天了。双方还就法国历史问题及当前国际形势进行了交谈。参加会见的有周恩来。

7月15日—8月9日　国务院科教组在北京召开高等院校招生座谈会。会议总结交流了1970年、1971年实行招收工农兵学员的经验，研究了1973年的招生工作，并对招生办法、政治审查、学员质量、加强领导等问题做出具体规定。会议对工农兵学员的工资问题重新予以规定：5年以上工龄的职工，在校学习期间计算工龄，由原单位照发工资；一年时间左右的学习班学员，非国家职工由学校发给生活费，国家职工仍由原单位发给工资。1972年，全国部分高等院校共招收工农兵学员13.3553万人。

7月17日—次年2月20日　中共海军党委四届五次全会扩大会议召开。海军师以上领导干部304人参加了会议。会议议题是贯彻中央批林整风汇报会精神，进行海军内部的批林整风。会议由肖劲光主持，第一阶段揭发、批判了林彪及李作鹏、张秀川的罪行。11月16日，叶剑英主持的中央军委办公会议讨论并基本通过了海军全会的总结报告。周恩来指示，会议不要时间太长，要适时结束。但在海军全会即将结束时，张春桥推翻了中央军委基本通过的总结，给会议扣上"颠倒主次"、"否定文化大革命"等罪名，指示会议要批判肖劲光，并捏造出肖劲光"上了贼船"的所谓5大问题：关于林彪1969年1月25日找肖劲光、李作鹏等5人谈话问题；九大选举没投"忠于毛主席的中央领导同志票"问题；关于九届二中全会华北组发言问题；关于"北兵南调"问题；及顶撞"中央领导"问题。会议被长期拖延下来。1973年经张春桥亲自修改以海军党委四届五次全会扩大会议领导小组名义向中央提交了会议《情况报告》，对肖劲光等人做出了错误结论。会议于2月20日结束。2月24日，中共中央批转了这个报告。1979年3月5日，中共中央批转总政治部《关于肖劲光同志的复查报告》，指出海军四届五次全会扩大会议制造所谓肖劲光"上贼船"问题完全是张春桥蓄意制造的一桩冤案，应当予以彻底平反。并宣布撤销1973年中央批转的有关文件。

7月21日—8月1日　周恩来批评新华社、人民日报社极左思潮没有批透。7月21日，周恩来对新华社军代表谈话时指出：有些东西又臭又长，林彪就搞这一套，你们批林整风就从文风开始。8月1日，周恩来在人民大会堂接见中国驻外使节时，批评外交部、人民日报社、新华社说：你们极左思潮没有批透，极左就是形左实右，搞空洞的、抽象的、形式主义的东西，夸夸其谈，走极端。不批透，还会犯错误。极左不批透，右的还会来。当新华社军代表检查说，抓运动熟悉顺手，抓业务不熟悉时，周恩来马上说，这话不妥，运动和业务不能分开。运动就是要落实到政策上，政治挂帅就是要挂在业务上，二者不能脱节。他针对当日外事稿件中的错误说：军管快5年了，怎么不把报道抓起来？你不亲自看稿子，这怎么行？这不是十足的官僚主义？周恩来的指示精神传达后，得到了新华社和人民日报社广大干部的热烈拥护。8月8日，张春桥、姚文元接见人民日报社领导成员时，却说："林彪的一套，是我们批判刘少奇的过程中搞出来的。……林彪利用批刘，搞出一套'形左实右'和过了头的东西，流毒很广。因此在批林时要动脑筋，划清界限，不要过头。不要重犯过去批刘时的错误。"张春桥还表示不赞成批判"精神万能论"、"唯意志论"，认为这些都是"过头"的例子。

7月23日　周恩来对周培源来信做出批语，要求加强基础科学研究。他在给国务院科教组负责人和中国科学院负责人郭沫若、刘西尧、丁国钰、秦力生、迟群、谢静宜的批语中说："把周培源同志来信和我的批评及你们批件的意见都退给你们，好作根据，在科教组和科学院好好议一下，并要认真实施，不要如浮云一样，过了就忘了。"7月14日，周恩来对周培源谈话中指出：要把综合大学的理科办好，提高基础理论水平，并强调有什么障碍就要拔除，7月20日，周培源给周恩来写了一封信，信中说：关于我国基础科学现在这样落后，我认为有下列一些原因：一、文化大革命前基础科学研究工作，缺乏具体领导。国家科委只抓了32个"国重"，经过文化大革命，这32个"国重"大致都垮了。二、科学院的科研所应该注意基础科学研究。三、学校中科研工作反复性很大，来一次运动首先受冲击的是基础理论研究，以北京大学为例，现在老中教师普遍的思想情况是不愿搞也怕搞基本理论研究。怕在短期搞不出成绩，怕挨"理论脱离实际"的批评。

7月27日　中共中央、中央军委批转北京军区、陆军六十六军、天津警备区3个单位党委的报告。同意北京军区提出的对部队进行政策纪律教育，坚决退还占用地方的房屋、土地、生产资料和纠正不正之风所采取的措施。中央在批示中指出：占用学校、医院和工矿企业的房屋、无偿占有地方的车辆和物资等情况，“不仅天津一地有，全国许多地方也有；不仅军队有，党政机关也有；这种不正之风，必须引起各级地方和部队党委的严重注意，并且采取坚决的措施予以克服”。截至1973年底，人民解放军坚决贯彻中央文件精神，认真清退“文化大革命”初期占用地方的房舍、土地和财物，已清退房舍705万多平方米、土地77万亩，退还机械车辆1.7万台及其他物资16.9万多件。对损害的作了赔偿。

7月30日　周恩来做出批示要求加强气象工作。他针对“文化大革命”中气象单位业务工作被强行归并到军队中，体制遭到严重破坏的情况，在中央气象局关于今年第三号台风预报的初步检查报告上对叶剑英、李先念等人批示说：“请你们乘此由国务院业务组将气象局业务抓起来，体制暂时不管。总参、海军、空军哪一位管气象？请剑（英）、春（桥）、德（生）三位指定专人参加国务院业务组会议，整顿气象局全国布局”，“人不够，要从“五七”干校调回，或者将转业或遣散走的调回。要打破军民界限，共同协力，军民两用。预防各种气象变化，特别要防气流、大风突然转向。”

同　日　马王堆墓葬出土。新华社报道：一座距今2 100多年的西汉早期墓葬在湖南省长沙市郊的马王堆出土。这座墓葬里的尸体、棺椁及大批的随葬器物，都保存比较完整，是中国考古发掘工作中一项极为罕见的重要发现。古墓埋葬女尸一具，由于墓葬采取了防腐措施，尸体外形不仅基本完整，而且皮下组织疏松，结缔组织有弹性，纤维清楚。墓的结构复杂，从突起地面的墓顶到椁室深20米。墓内随葬器物共有千余件，其中最珍贵的是覆盖在内棺上的一幅长2米多、上宽92厘米、下宽42厘米的彩绘帛画。帛画内容丰富，线条流畅，描绘精细，色彩绚丽而对比强烈。实为中国古代帛画中前所未见的杰作，是中国现存的2 100多年前唯一的一件画在丝织品上的绘画珍品。这座墓葬的发掘出土，为研究西汉初期的历史、文化、手工业、农业以及医药、防腐等方面的情况提供了极有价值的资料。

7月31日　国防部举行盛大招待会庆祝建军45周年。叶剑英发表讲话说：人民解放军一定要抓紧路线教育，深入开展批修整风运动，搞好军事训练，加强民兵建设，增进军政团结、军民团结、官兵团结。出席招待会的有董必武、朱德、周恩来、江青、张春桥、姚文元、李先念、徐向前、聂荣臻等。在“文化大革命”初期遭到批判和迫害的党和国家领导人陈云、滕代远、王震及军队领导人苏振华、肖克、杨勇、陈再道、钟汉华等也出席了招待会。

本　月　海军赴越南扫雷工作队赴越执行扫雷任务。应越南政府的请求，5月9日，周恩来紧急召见海军领导人，布置组队赴越南北方海域扫雷任务。由12艘扫雷艇、4艘保障艇、318名人员组成的工作队分5批开赴越南。至1973年8月27日完成任务回国期间，扫雷航程达2.7万多浬，扫除美国各种类型水雷46枚。工作中有40%的人立了功，全体指战员均获得越方颁发的战功勋章。

8月1日　《红旗》杂志第八期发表署名齐永红的文章：《认真改进文风》。7月24日，《人民日报》根据周恩来“批林整风就从文风开始”的指示，发表了两篇短调查报告。齐永红文章指出：“《人民日报》提倡写短文章，发表了两篇短而好的调查报告，我们完全赞成。”针对林彪在“文化大革命”中鼓吹的形式主义语言，文章批判说：林彪“专门搞那些空空洞洞的文字游戏和概念堆砌，把一些不符合马克思主义的形容词、副词当做闪光的标签，花言巧语，强行推销。什么‘最、最、最’，到底以哪个为‘最’呢？‘最’到后来，岂不是前面的都‘不最’了吗？岂不是后面否定了前面吗？‘核心中的核心’，前一个‘核心’指什么，后一个‘核心’又是指什么呢？如果要强调的是后一个‘核心’，岂不是说前一个本来就不是‘核心’吗？还有，如‘突出一个某字，狠抓一个某字，落实一个某字’等等的排比，在它刚出现的时候，本来就不是很科学的，后来被……引上了邪路，使之泛滥成灾。”

8月8日　周恩来接见中国驻外大使时指示要批判林彪的“空头政治”。他在讲话中强调：政治挂帅一定要挂到业务上，各级领导干部要打消顾虑，理直气壮地抓业务、抓生产、抓管理。国家计委负责人将这一指示精神向全国物资会议领导小组作了传达，并写进了全国加强经济核算，扭转企业亏损会议纪要。这一系列正确意见，由于遭到“江青集团”的阻挠和反对，没有得到认真贯彻。

8月11日—15日　联合国秘书长瓦尔德海姆和夫人访问中国。他们是应外交部长姬鹏飞的邀请前来访问的，姬鹏飞与瓦尔德海姆举行了会谈。周恩来总理会见了瓦尔德海姆。

8月12日　外交部长姬鹏飞受权宣布：周恩来总理欢迎并邀请日本田中首相访问中国，谈判并解决中日邦交正常化问题。在此之前的11日，日本外相大平正芳会晤了中国上海舞剧团团长孙平化和中国中日备忘录贸易办事处驻东京联络处首席代表萧向前，正式转告：日本首相田中角荣要为谈判实现日中邦交正常化访问中国。

8月14日　毛泽东对邓小平来信做出批语。8月3日，在江西下放劳动的邓小平写信给毛泽东，信中批判了林彪，并做了一些自我分析。8月14日，毛泽东阅后给周恩来写出批语说：“请总理阅后，交汪主任印发中央各同志。邓小平同志所犯错误是严重的，但应与刘少奇加以区别。一、他在中央苏区是挨整的，即邓、毛、谢、古4个罪人之一，是所谓毛派的头子。整他的材料见两条路线、六大以来两书。出面整他的人是张闻天。二、他没历史问题。即没有投降过敌人。三、他协助刘伯承同志打仗是得力的，有战功。除此之外，进城以后，也不是一件好事都没有做的。例如率领代表团到莫斯科谈判，他没有屈服于苏修。这些事我过去讲过多次，现在再说一遍。”8月15日，周恩来主持中共中央政治局会议传达了上述批语，同时以中共中央名义通知中共江西省委，宣布邓小平立即解除监督劳动，恢复党组织生活，做一些调查活动。从而开始了解放邓小平的准备工作。

8月19日　国家计委向中共中央报送《关于当前国民经济中几个问题的报告》。《报告》提出，当前国民经济存在着两个比较突出的问题：一是基建战线过长，设备、材料、投资跟不上，1972年计划安排预算内投资265亿元；但各地区、各部门实际安排了345亿元。项目上得多，建成投产的却极少。基建战线的过长，导致了许多问题。二是职工人数增加多了，部分地区一个季度已把全年用工指标用完，并且还在增加，对市场供应造成很大压力，购买力与商品供应的差额达25亿—30亿元。为了解决上述问题，一方面要积极增加生产，另一方面要严格控制基本建设规模，严格控制职工人数。

8月21日　中共中央、中央军委发出《关于征询对三支两军问题的意见的通知》。《通知》后附有《关于三支两军若干问题的决定(草案)》。《通知》说，三支两军必须适应变化了的新情况，在一个地区，应当由当地最高一级的地方党委，对党政军民各个方面实行一元化领导。省军区、军分区、县人民武装部3级军事机构，除了保持军事系统的垂直领导和隶属关系外，同时是地方党委的军事工作部，受同级地方党委领导。驻各地的野战军，除了接受军事系统的垂直领导外，在与地方有关的各项工作上，也必须接受所在省、市、自治区党委的领导。“凡是实行军管的地方和单位，在党委建立后，军管即可撤销”。军管人员除少数需要留下担任地方工作的以外，其余调回部队。少数有某种特殊需要的地方和单位，对外可保留军管名义，对内不再行使职权。“已经建立党委的地方和单位，军宣队应即撤回部队”。“地方各级党委建立后，各级支左领导机构……及其办事机构应即撤销”。以后属于部队支援地方的各项工作，由部队政治机关负责；调整地方党委成员，更多地挑选一些熟悉全面工作的比较有经验的地方干部担任主要领导职务；继续留在地方工作的军队干部，除主管省军区、军分区、县人民武装部工作的军政主要负责干部外，原则上不再兼任军职。文件发出后，自1967年1月派出的军队三支两军人员陆续撤回部队。

同　日　中共中央、国务院批准从联邦德国、日本进口1.7米轧机，建在武汉钢铁公司。这是中华人民共和国成立以来最大的引进项目之一。全部工程分5个部分：第二炼钢厂、连铸车间、热轧厂、冷轧厂、硅钢片厂。连铸和冷轧从联邦德国引进，热轧和硅钢片从日本引进，具有大型化、自动化、高速化、连续化的特点，代表20世纪70

年代的先进水平。这项工程全部概算投资为38.97亿元，其中国外引进费用22.28亿元，折合外汇约6亿美元，国内费用16.6亿元。全部建成投产后，按设计能力，年产300万吨热轧板卷，可以加工成279万吨成品板材。这项工程从1975年6月正式施工，到1978年12月基本建成。但由于轧机建设中存在的问题，如：没有很好地实行考察、谈判、建设到组织生产的一贯制，对掌握设备影响很大；主体工程建设与辅助工程建设的关系处理得不好，影响设备的调试和正常运转；外部协作配套条件没有相应跟上，难以发挥作用。所以到1980年，热轧、冷轧、硅钢和连铸的产量，才分别达到设计能力的29%、26%、18%和40%。

8月24日　中国外交部发表声明。声明强烈抗议美国飞机8月22日轰炸停泊在越南义安省宇岛附近海面的中国商船"红旗151号"所属的一只救生艇，炸死5名中国船员的严重挑衅行为。26日，外交部新闻司发言人奉命发表谈话，对美国企图抵赖炸毁中国救生艇的罪责进行驳斥。

8月27日　中共天津市委向中共中央报送关于万晓塘的审查报告。报告将已故天津市委第一书记万晓塘定为"死不改悔的走资派、反革命修正主义分子，万张反革命修正主义集团的头子，刘少奇资产阶级司令部在天津的忠实代理人"，此前的5月15日，中共天津市委已向中共中央报送对原市委书记张淮三的审查报告，将其定为"隐藏在党内的叛徒、特务、死不改悔的走资派"。1978年3月，中共天津市委宣布为所谓"万张集团"冤案彻底平反。

8月29日　国务院批准国家计委、外贸部《关于同日本签订钢材长期贸易协议的请示》。为了解决经济建设中钢材的需要，决定同日本签订从1973年—1977年5年的钢材贸易协议。每年从日本进口150万吨—200万吨钢材，价值3亿—4亿美元。

本　月　江青与美国女作家维特克进行6次谈话。维特克来华是为采访现代中国妇女革命史料的，中国对外友协事先商定她采访邓颖超、康克清等人。江青知道后，执意要会见维特克。周恩来只好同意，特意指示：只见一次，只谈文艺。但江青借此机会私自与维特克在北京和广州谈了6次话，共约60小时。江青在谈话中肆意编造历史、美化自己，贬低和诽谤中央领导人，还大量泄露党和国家机密，把政治、军事、外交、人事、资源等多方面的重要情况告诉维特克，还把一些机密的作战地图和照片送给维特克。江青说："斯诺写了一本《西行漫记》，世界闻名。""我希望你能走斯诺的道路。"要维特克为她写一本江青传记。维特克受宠若惊，立即应允。江青答应将全部谈话记录奉送。谈话记录整理好后，分送周恩来、张春桥、姚文元审阅。张、姚一字未改，退给江青。周恩来阅改后认为问题太多，不宜外送，经请示毛泽东后，决定将所有记录清理封存。

9月1日　全国政协副主席，全国人大常委会副委员长、民革中央主席何香凝去世。何香凝，女，原名谏，又名瑞谏，1878年生。广东南海人，生于香港。1897年与廖仲恺结婚。1902年随廖去日本留学，先后入东京目白女子大学、女子师范预科学习。1905年加入中国同盟会，是同盟会中最早的女会员。1911年回国，参加讨袁运动。二次革命失败后，流亡日本，加入中华革命党。1924年国民党改组后，坚决拥护孙中山的三大政策，任国民党中央妇女部长、兼管广东妇女运动工作，出版《妇女之声》旬刊。1926年当选为国民党中央执行委员、妇女部长。严厉斥责蒋介石制造的"中山舰事件"、"整理党务案"，坚持国共合作的原则。1927年"四一二"反革命政变后，辞去国民党政府职务。1929年出国。1931年"九一八事变"后回国，任全国救国会理事，积极响应中国共产党提出的抗日民族统一战线号召，从事抗日民主运动。1946年在广州成立中国国民党民主促进会。1948年与李济深等人成立中国国民党革命委员会，任中央副主席。1949年出席新政协第一届全体会议。中华人民共和国成立后，任中央人民政府委员，政务院华侨事务委员会主任，全国政协副主席，人大常委会副委员长，民革中央副主席、主席，中国美术家协会主席，全国妇联名誉主席等职。9月1日在北京病逝。能诗擅画，著有《何香凝诗画集》。

9月2日—13日　第一届亚洲乒乓球锦标赛在北京举行，中国队获得女子团体、女子单打两项冠军。亚洲31个国家和地区的乒乓球代表团参加了开幕式。

9月3日—次年1月27日　全国工艺美术展览会在北京民族文化宫举办。这是“文化大革命”以来第一次大型工艺美术展览，是轻工业部、外贸部根据周恩来要多出口一些工艺品的指示而举办的。展品共2.7万件，规模空前。共接待全国各地观众及工艺美术部门代表八十多万人，来自90多个国家的外宾1万多人。朱德、叶剑英、李先念、余秋里、聂荣臻、徐向前、邓颖超、王震、郭沫若等参观了展览。叶剑英为展览会题词：“二万七千展品，蔚为艺术之宫”。郭沫若的题词是：“百花齐放，万马腾空，为民服务，巧夺天工”。这次展览会对恢复发展工艺美术生产和出口起了重要的作用。1974年初，“四人帮”借批林批孔之机，把这次展览会说成是“复辟回潮”，“文艺黑线回潮的急先锋”，并派人搜集周恩来有关工艺美术的指示。

9月7日　毛泽东决定，调王洪文到北京参加中央工作。毛泽东在谈话中称赞王洪文当过兵，务过农，做过工。

9月11日　周恩来致信张文裕、朱光亚，要求重视基础科学和理论研究。8月18日，第二机械工业部401所副所长张文裕等18位科学家写信给周恩来，反映了中国高能物理研究的情况，提出了发展高能物理研究的建议。周恩来在复信中说：“这件事不能再延迟了。科学院必须把基础科学和理论研究抓起来，同时又要把理论研究与科学实验结合起来。高能物理研究和高能加速器的预制研究，应该成为科学院要抓的主要项目之一。”

9月19日　中国和多哥在北京签署联合公报，决定自即日起建立大使级外交关系。

9月20日　国家计委成立进口设备领导小组。小组的职能是负责审查进口设备和综合平衡及长期计划的衔接工作，向国家计委提出审查报告。工作重点是国家计委将向中共中央、国务院提出引进43亿美元的成套设备的综合平衡。

9月25日　全面治理黄河取得巨大成绩。新华社报道：全面治理黄河的工作，主要包括在它的中上游地区治山、治水、治沟、治坡、植树种草、控制水土流失；在下游两岸修筑堤坝，防御洪水；在干流和支流上兴建水库、涵闸、电站等工程。经过20多年的努力，黄河历史上“三年两决口”的险恶局面已经得到扭转。现在黄河下游两岸已建成引黄涵闸60多座，虹吸工程80多处，灌溉面积达到800多万亩。在黄河干流和支流上修建成一座座大型水利枢纽和大、中、小型水力电力工程。1971年全流域粮、棉产量分别比1949年增长79%和137%。

9月25日—30日　日本国内阁总理大臣田中角荣访问中国，双方发表《中日联合声明》。随同访问的有日本外相大平正芳和官房长官二阶堂进等人。25日，田中一行到达北京，周恩来、叶剑英、郭沫若等人到机场欢迎。当晚，周恩来举行欢迎宴会，周恩来和田中先后致祝酒词。25日—28日，周恩来与田中角荣进行了4次会谈。周恩来说：“中日两国是一衣带水的近邻，把邦交恢复起来，和平共处，可以使我们两国世世代代友好下去，这既符合我们两国人民的利益，也有助于缓和亚洲紧张局势和维护世界和平。”27日晚，毛泽东在中南海会见了田中角荣，双方进行了认真、友好的谈话。29日，经过双方的共同努力，《中华人民共和国政府、日本国政府联合声明》在北京签署。《声明》宣布：“自本声明公布之日起，中华人民共和国和日本国之间迄今为止的不正常状态宣告结束。”“日本方面痛感日本国过去由于战争给中国人民造成的重大损害的责任，表示深刻的反省。”“中华人民共和国政府宣布：为了中日两国人民的友好，放弃对日本国的战争赔偿要求。”在《声明》中，日本政府承认中华人民共和国政府是中国的唯一合法政府；中国政府重申：“台湾是中华人民共和国领土不可分割的一部分。”日本政府表示充分理解和尊重中国政府的这一立场，并坚持遵循《波茨坦公告》第八条的规定。《声明》宣布：双方决定从1972年9月29日起建立外交关系并尽快互换大使；同意进行以缔结和平友好条约以及政府间的贸易、航海、航空、渔业等协定为目的的谈判；决心在互相尊重主权和领土完整、互不侵犯、互不干涉内政、平等互利、和平共处各项原则的基础上，建立两国间持久的和平友好关系。《声明》签署后，大平外相发表谈话说，《开罗宣言》规定台湾归还中国，而日本接受了承继上述宣言的《波茨坦公告》，鉴于这一原委，日本政府坚持遵循《波茨坦公告》的立场是理所当然的；《日台条约》已失去了存在的意义，可认为条约已经完结；日台间的“外交关系”也不能维持，驻台湾的原日本大使馆处理善后事宜后将予以关闭。28日，周恩来在田中举行的答谢宴会上说：“在这一历史性时刻，我愿代表中国人民，对那些长期以来为促进中日友好和实现中日邦交正常化做出贡献甚至不惜生命的日本各界朋友，表示衷心的感谢和敬意。”29日，田中角荣一行由周恩来陪同，前往上海访问；30日乘专机离开上海回国。

9月27日　毛泽东主席会见日本内阁总理大臣田中角荣。双方进行了友好的交谈。毛泽东回顾中日两国2 000年来的友好交往时说，历史记载中第一次见于中国历史的是后汉嘛。到了三国，孙权想找你们，派遣一个3万人的船队，结果不仅没找到日本，也没找到台湾。毛泽东还谈起他年轻时的读书生活说，五经四书，除了《春秋》、《易经》，我都读过。读了呢，一点啥用处也没有，只是一次跟我父亲作斗争时用上了，我也利用宋朝王安石说过的三句话顶了我的老师：“天变不足畏，祖宗不足法，人言不足恤。”毛泽东说，我是中了书毒了，离不了书。并拿起《楚辞集注》送给田中角荣。田中角荣表示十分感谢。日方参加会见的有外务相大平正芳、官房长官二阶堂进；中方有周恩来、姬鹏飞、廖承志。

9月29日　国务院批转《国务院办公室关于老干部、高级知识分子和爱国人士住房情况的调查报告》。批语要求各单位认真检查上述3种人的住房情况，并规定住房被挤占的，原则上应予退还。国务院科教组、北京市革命委员会对北京大学、清华大学、北京医学院、北京工业大学作的调查指出，这4所学校中的老干部（副部长级以上）、高级知识分子（3级教授以上）、爱国人士（全国人大、政协常委以上）共有208人，“文化大革命”前原有住房1 036间，2.0105万平方米。在“文化大革命”中，住房被挤占的有189户191人，占上述3种人总数的91.8%。被挤占住房508间，共1.0101万平方米。此外，这4所学校的9—12级干部中还有17人被挤占住房88间，687平方米，占原住房面积的41%以上。

9月30日　国家计委、财政部发出《关于试行非贸易外汇管理办法的通知》。规定非贸易外汇包括：侨汇，边境收兑外币和港口业务收入，交通、民航、邮电、银行、保险部门的国际业务收入，书刊、影片、邮票等进出口收支，出国代表团、驻外机构的经费开支，接待外宾的旅费和馈赠，支援国外的救济费和捐款，向国际组织支付的会费，经银行办理的外国驻华机构和外侨的外汇收支等。《通知》指出，非贸易外汇收入必须及时地全部送交中国人民银行收兑，使用必须严格执行国家的规定。

10月2日　业余英语广播讲座在北京开始播出。这个讲座是由北京市教育局和北京市人民广播电台举办的。此后，全国各地都陆续开办外语广播讲座。

10月6日　《光明日报》发表周培源的文章：《对综合大学理科教育革命的一些看法》。文章是在周恩来关于加强基础理论研究的指示精神下写成的。文章分3个部分：理科的内容、理与工的关系，理科的培养目标，理论联系实际的问题。文章指出："既要批判理论脱离实际，又要批判'理论无用'的错误思想"，"'理工不分'的看法，实际上是取消理科，这是十分有害的。"针对"文化大革命"中教育战线片面强调参加生产实践，偏废理论实验的现象，文章认为，"有些地方有忽视实验室建设，以校办工厂来代替实验课教学的偏向。这个偏向必须纠正。我们通过生产实践来掌握物质运动的规律性，但是有些客观规律可以通过科学实验来掌握。""实验课是培养学员通过从实践到理论，从理论到实践的循环，认识世界、改造世界的重要途径，决不可忽视。"文章还提出了综合大学理科贯彻理论联系实际的4个问题，文章本来是应《人民日报》之约而写的，但张春桥、姚文元借组织座谈会征求意见为名，进行阻挠；最后以"可能引起争论"为由，不准《人民日报》发表这篇本来就是供讨论用的文章。文章在《光明日报》发表后，张春桥说："周培源有后台，不管他的后台多大多硬，就是要批！"在他们的组织下，《文汇报》连续发表《这样提出问题是否妥当？》、《马克思主义是最基础的理论》、《打什么理论基础》等文章，对周培源的文章发动批判。1973年冬，迟群等人又在清华大学发动"反右倾回潮"运动，把加强理论基础研究说成是"复旧"。

10月11日　中国和德意志联邦共和国在北京签署联合公报，决定自即日起建立大使级外交关系。

10月12日　国务院批准国家计委《关于增加棉花进口的报告》。报告指出，1969年以来，棉花产量大幅度下降，由1968年的4 700万担下降到1972年的3 900万担。因此每年不得不动用国家库存棉花，使库存纺棉由1968年的4 864万担减少到1972年的3 213万担。1972年计划生产棉纱1 000万件，由于棉花原料供应不足，影响了棉纱生产。到年底，国家棉布库存量将比年初减少15亿米。另一方面，国际市场棉花价格下降，对进口有利。因此，报告建议1973年从国外进口700万担棉花，其后，在实际进口中又增加150万担。

10月12日—18日　1972年全国田径运动会在南京举行。参加的有28个省、市、自治区及解放军、北京体育学院等单位的1 258名运动员，只打破1项全国纪录。这是自“文化大革命”开始以来的第一次全国田径运动会。

10月14日　中共中央转发中共上海市委《关于筹建共青团上海市委的请示报告》。中央批语要求：各省、市、自治区，经过整团建团，在绝大部分基层团组织建立的基础上，可以建立县、地两级共青团委员会，并着手筹备工作，在条件具备的时候，把省、市、自治区一级的团委建立起来。中央批语要求，各级党委要加强对共青团工作的领导，中央拟成立一个共青团工作小组，负责调查研究，总结经验，协助中央联系和处理各地共青团的工作。中央批语还指出：全国少年儿童组织统称红小兵，各级共青团组织要加强对红小兵的领导。

同　日　《人民日报》发表署名龙岩的学习笔记：《无政府主义是假马克思主义骗子的反革命工具》。这篇文章是按照3月李先念、余秋里、华国锋听取黑龙江3个大厂负责人汇报时的“要批判无政府主义”的指示，结合周恩来要求批判极左思潮的指示精神，由中共黑龙江省委理论组撰写，《人民日报》理论部修改后发表的。同版配发的还有《坚持无产阶级铁的纪律》及介绍《巴枯宁》的书评文章。龙岩的文章指出：“无政府主义者这种‘绝对自由’，‘反对任何权威’的主张，不仅在生产领域里行不通，在政治领域里也是反动的。无政府主义者从追求‘绝对自由’出发，把任何国家、任何政党都当成该打倒的权威。”文章还列举无政府主义在“文化大革命”中的种种现实表现：“大肆煽动极左思潮，只要民主，不要集中，只要自由，不要纪律，鼓吹‘群众说了算’，鼓吹‘规章制度无用论’，叫嚷要‘砸烂一切’。”文章发表后，张春桥、姚文元立即授意《文汇报》组织工人座谈会讨论龙岩的文章。姚文元说：“当前要警惕的是右倾思潮抬头，怎么现在去批无政府主义思潮？”11月4日，《文汇报》内部刊物《文汇情况》刊出座谈会纪要，猛烈攻击龙岩的文章，张春桥说：“上海工人对这篇文章意见大啦！”11月24日，《文汇情况》又列举龙岩文章发表后各地一些报纸批判无政府主义的提法，作为反面观点。江青指示：“要从《人民日报》这篇文章入手，从这个版入手，从理论部入手。”张春桥说，《人民日报》里有“一股力量，一股邪气”，必须镇压。从1973年—1974年，他们在人民日报社进行了一场“批邪”运动。

同　日　周恩来指示中学毕业生可以直接上大学。他在和美国哥伦比亚大学教授、诺贝尔奖金获得者李政道博士的谈话中说：“我们小学和中学的学制究竟是10年还是12年，还没有确定。过去是12年，是不是要这么长，现在还在研究。对学习社会科学理论或自然科学理论有发展前途的青年，中学毕业后，不需要专门劳动两年，可以直接上大学，边学习、边劳动。当然这总是少数，大多数人要参加劳动，不一定升学。至少在70年代和80年代不可能所有的人都进大学，国家没有这个力量。中学毕业后马上进大学的总是少数，大量的要在生产实践中提高。劳动几年后，有升学机会的当然还可以深造。”由于“文化大革命”的“左”倾指导思想未被纠正，周恩来的这一设想未能及时得到实施。

同　日　中国和马尔代夫在科伦坡签署联合公报，决定自即日起建立大使级外交关系。

10月17日—18日　国务院科教组在北京召开教材工作座谈会。参加座谈会的有华东、中南、华北17个省市教育局的有关人员。座谈的议题是推动大、中、小学教材改革和建设。会议确定，由国务院科教组分大区交流编写教材的经验，组织协作编写，然后采取分科设点择优推荐、集体修订分工出版的办法，出版一批质量较高的教材，供各地参考使用。并在这一基础上，制定教材改革和建设规划，逐步建立教材编审、出版的新工作体制。11月2日，《文汇报》发表华东师范大学物理系教师的文章：《怎样编好基础课教材》。随后又发表文章对其进行批判。这是张春桥、姚文元在上海的帮派人物特意为批判编写教材中的“复旧”而制造的“靶子”。

10月17日—11月17日　商业部召开粮食工作会议。会议估计，1972年粮食购销将有136亿斤的差额，除进口30亿斤外，尚需挖库存106亿斤，粮食安排出现这个问题的原因，除1972年农业受灾，粮食比上年预计减产191亿斤外，主要是粮食工作放松了，1971年粮食丰收后没有多购，销售控制不严，反而挖了14亿斤的库存。另外，基本建设战线过长，吃商品粮的职工增加过多，1970和1971两年新增职工近1 000万，超过计划500多万人，农村转入城市的人口也增加很多。这种情况如不及时纠正，预计粮食销量将突破900亿斤。为此，商业部于11月23日向国务院报告提出解决意见，主要是：一、处理好农轻重关系，大力发展粮食生产。二、认真整顿粮食统销工作，压缩一切不合理的供应，纠正任意提高的口粮标准和不合规定的粮食补助。三、控制职工人数和吃商品粮的人口。1972年新增职工超过国家计划的地区和部门应立即停止招工，自行招收的要及早减下来，走后门和不合规定迁入城镇的都要退回去。四、在丰收地区多购一点粮食，以丰补歉。五、农村不合理的销量要核减。民工人数和粮食补助必须严格控制。六、严格粮食管理制度，未经国务院批准，不得提高城市定量，不得动用国家粮食库存。通过各方面的努力，力争1972年粮食征购完成820亿斤，粮食销售量尽量做到不超过880亿斤。国务院原则上同意了这个报告，并于11月24日向中共中央写了《关于粮食问题的报告》。中共中央于12月10日批转了国务院和商业部的报告。

11月1日　《红旗》杂志第十一期发表的现代京剧《奇袭白虎团》1972年9月演出本在《人民日报》刊载。由山东省京剧团《奇袭白虎团》剧组编写的这个剧本成为革命样板戏系列剧目之一。剧情是：志愿军英雄严伟才率领侦察排，在朝鲜人民的支援下，深入敌后，奇袭南朝鲜军白虎团，配合大部队完成了进攻任务。此后，《人民日报》又配发了一系列称颂《奇袭白虎团》的评论文章。

11月5日　国务院批转国家计委、国家建委《关于继续压缩基本建设中使用民工的报告》。《报告》说，按照1972年全国计划会议关于压缩民工、支援农业的精神，各地使用的民工由年初的1 100多万人减少到9月底的不足370万人，但压缩得仍不够。为此，要求各地区、各部门对民工使用情况进行一次严格的审查，将多余的民工迅速减下去，未经批准擅自动用的民工原则上一律退回农村。要求今后除了水利、铁路、公路和大型土石方工程可以使用民工外，其他工程尽可能不用或少用民工；如果劳动力确实不足，可在国家批准的劳动计划内招收少量临时工。

同　日　中国和马尔加什共和国在北京签署联合公报，决定自即日起建立大使级外交关系。

11月8日　广东沿海发生强台风灾害。海南、湛江、佛山、肇庆等地区及惠阳、韶关、广州地区部分县受灾严重，受灾农田1 638万亩，倒塌房屋15万多间，480人死亡，沉船344艘。

11月10日　国家计委、财政部、中国人民银行联合发出《关于切实加强流动资金管理的通知》。《通知》强调指出，要坚持贯彻中共中央和国务院关于财政资金与信贷资金、基本建设资金与流动资金分口管理的规定，并通过加强信贷资金管理，促进企业按照产量、品种、质量、燃料、动力和原材料消耗、劳动生产率、利润7项指标全面完成国家计划；强调银行贷款一定要按计划严格控制，并赋予银行一定的贷款自主权；要把清理不合理的资金占用和清查仓库、清产核资、处理多余积压物资结合起来进行。《通知》发出后，由于财政部门和银行密切配合，取得了明显的清理资金效果，挪用资金、占压银行贷款的现象有所减少。不少地区出现了多增产少增资或增产减资的有利局面。如天津、上海、辽宁3省市工业生产上升幅度分别为8.3%，8.5%，8.7%；而流动资金占用分别下降了3.4%，5.1%，1.6%；信贷资金使用效益提高。

11月12日　毛泽东对周培源来信做出批示。批示说：此事关系很大。印发政治局各同志、国务院文教组及北京市委各同志研究。请中央考虑做出决定。周培源来信提出在落实知识分子政策和教育革命中还有一个问题亟待解决，就是如何处置66—70届大专毕业生问题。建议66、67届在校4年以上，按本科毕业生待遇。68、69、70届3年以下按大专毕业生待遇。

11月13日　中国和卢森堡在莫斯科签署联合公报，决定自1972年11月16日起建立大使级外交关系。

11月13日—12月28日　国家计委召开研究1973年国民经济计划会议。会议讨论了各地区、各部门关于1972年生产情况和1973年计划设想的汇报，认为1969年以来，经济建设中存在着大量问题：一、农轻重比例失调。各方面支援农业不够，大量挪用支援农业的资金和物资，加上1972年农业严重受灾，造成粮食、棉花等农产品供应极度紧张。二、三线建设与投产的关系处理不好。三线地区工业经过几年建设已具有较雄厚基础，但生产能力提高不够；对一、二线投资比例过低，也影响了这些地区经济优势的发展。三、过分强调国防建设，影响了经济建设。对军工企业投资比例过大，影响了其他工农业生产。由于这些工农业生产中的原材料、动力、运输等落后，也使许多军工厂建成后设备不配套，不能投产，造成国防建设与经济建设脱节。四、用于简单再生产的投资过少。五、外援比例过大，影响国内经济建设的人力、物力、资金。会议要求，1973年要对各项比例关系进行调整，建设速度不能过快，要为四五计划后两年准备条件，会议提出几项措施：一、增加对农业的投资比例，各行各业都要大力支援农业。二、压缩国防建设和援外开支的投资比例，适当增加对一、二线地区的投资，增加军工生产中的民用生产比例。三、提高用于维修设备等进行简单再生产的投资比例。四、多引进外国的先进生产技术。五、加强计划管理，对企业进行整顿。六、提高对普及小学教育的教育经费投资。七、解决大学毕业生专业不对口的问题，以增加科技力量。

11月14日　外交部长姬鹏飞发表声明。声明尊重和支持拉丁美洲国家关于建立拉丁美洲无核区的主张，姬鹏飞是在答复墨西哥驻中国大使安吉亚诺的一项照会中做出上述声明的。他代表中国政府宣布："中国决不对拉丁美洲无核国家和拉丁美洲无核地区使用或威胁使用核武器，也不在这些国家和这一地区试验、制造、生产、储存、安装或部署核武器，或使自己带有核武器的运载工具通过拉丁美洲国家的领土、领海和领空。"

11月15日—25日　尼泊尔首相比斯塔访问中国。毛泽东主席会见了比斯塔。周恩来总理同比斯塔举行了会谈。18日，中尼两国政府在北京签署经济技术合作协定。比斯塔还到桂林、长沙、韶山、广州进行了参观访问。

11月19日　中国和扎伊尔在巴黎签署联合公报，决定自1972年11月24日起实现两国关系正常化，并互派大使级外交代表。

同　日　国务院第七办公室主任廖鲁言去世。廖鲁言，1913年生。江苏南京市人。1930年入北平陆军军医大学学习，1932年加入中国共产党。曾任北平抗日团体联合会义勇军部部长兼义勇军大队长，是北平学生运动的领导人之一。1932年被捕入狱。1936年经组织营救出狱，赴山西任太原抗日军政训练委员会编辑和军政训练班指导员，山西抗日决死队营指导员，总队政治部主任、旅政治部主任。1939年到延安，任中共中央统战部科长，中共中央党务研究室研究员。解放战争时期，任中共中央政策研究室秘书长、副主任。中华人民共和国成立后，任中共中央政策研究室副主任，政务院参事室副主任，政务院副秘书长，农业部部长、党组书记，中共中央农村工作部副部长，国务院第七办公室主任。在中国共产党第八次代表大会上当选为候补中央委员，第四届全国政协委员。"文化大革命"中遭受诬陷迫害，11月19日被迫害致死。1979年为他举行追悼会平反昭雪。

11月23日　中国和牙买加在渥太华签署联合公报，决定自即日起建立大使级外交关系。

11月26日　中国和越南在北京签署1973年无偿给予越南经济、军事物资援助协定和供应越南军事装备物资议定书。协定书确定援助越南数量价值21.07亿元。1972年，中国同越南签订的援助协议共

13项，金额达26.57亿元，全部属于无偿性质。1972年，中国对外签订的援外协议总额度为49.95亿元，实际对外承担的援助金额46亿元。1972年国家财政对外援助支出为51.49亿元，占国家财政支出的6.7%，比援外比重已经很大的1971年上升1.6%。

11月28日　中国和乍得在北京签署联合公报，决定自即日起建立大使级外交关系。

同　日　在第十五届斯堪的纳维亚国际乒乓球锦标赛上，中国队获女子团体冠军。

11月28日—12月2日　周恩来、江青、张春桥对中联部、外交部关于召开外事会议的请示报告批示，发生批极左还是批极右的争论。11月28日，中联部、外交部在关于召开外事会议的请示报告中提出："林彪反党集团煽动的极左思潮在一些单位和地方还没有得到彻底批判和肃清"，拟召开全国外事工作会议，"彻底批判林彪反党集团煽动的极左思潮和无政府主义"。11月30日，周恩来批示："拟同意。"12月1日，张春桥批示："当前的主要问题是否仍然是极左思潮？批林是否就是批极左和无政府主义？我正在考虑。"12月2日，江青批示说："我个人认为应批林彪卖国贼的极右。同时批他在某些问题上形左实右。在批林彪叛徒集团的同时应着重讲一下无产阶级文化大革命的胜利。"

12月1日　《红旗》发表署名文章。《红旗》杂志第十二期发表署名杨荣国的文章：《春秋战国时期思想领域内两条路线的斗争——从儒法论争看春秋战国时期的社会变革》。这是"文化大革命"中用极左观点解释历史上的儒法斗争的第一篇文章。作者杨荣国为中山大学历史系教授。文章认为：孔子是坚决站在奴隶主立场维护旧制度的儒家代表，商鞅是为新兴地主阶级立法的法家。"法与儒在思想上的论争，是反映了当时两个阶级、两条路线的斗争"。

同　日　国务院副总理、全国政协副主席邓子恢去世。邓子恢，1896年生。福建龙岩人。1917年赴日本留学。1923年发起创办《岩声》报，宣传马克思主义。1925年参加革命。1926年12月加入中国共产党。1927年后参与领导了赣南崇义县五一暴动和龙岩后田暴动。曾任中共龙岩县委宣传部长、上杭县委宣传部长、闽西特委宣传部长、特委书记、闽西苏维埃政府主席，并先后兼任中国工农红军第十二军和第二十一军政委。1931年11月被任命为财政人民委员。1932年先后任中华苏维埃共和国临时中央政府财政部长、副部长等职。1934年中央红军主力长征后，留在闽西坚持游击战争，任闽西南军政委员会财政部长兼民运部长、闽西南军政委员会副主席兼财政部长。抗日战争时期，任新四军政治部副主任、新四军江北指挥部政治部主任、津浦路东人民抗日联防办事处和联防司令部主任、新四军政治部主任兼第四师政委和中共淮北区党委书记。解放战争时期，任中共中央华中分局书记兼华中军区政委、华东局副书记兼华东军区副政委、中原局第三书记、中原临时人民政府主席、华中局第三书记兼华中军区政委。中华人民共和国成立后，任中共中央中南局第二书记、中南军区第二政委、中南行政委员会副主席、国家计委副主席、中共中央农村工作部部长、国务院副总理、全国政协副主席。在中国共产党第七、第八、第九次全国代表大会上均当选为中央委员。在合作化问题上，他坚持“积极发展、稳步前进”的方针；在坚持人民公社大集体的前提下，提出实行联产责任制的建议，因此曾先后两次受到错误的批判和处理。“文化大革命”中遭受林彪、江青反革命集团的迫害。1981年3月中共中央为他在建国后受到的两次错误批判平反、恢复名誉。

12月14日　中国选派16名留学生赴英国学习英语。本年连同派赴法国的20名留学生，共派出36名。这是自“文化大革命”开始以来首次恢复向外派出留学生。

12月17日　毛泽东与张春桥、姚文元谈话，指示批林要批极右。12月5日，人民日报社工作人员王若水给毛泽东写信，信中说：“今年8月1日，总理在一次谈话中指出：人民日报等单位，极左思潮没有批透；‘左’的不批透，右的东西也会抬头。我很同意总理这个提法。总理讲的是机关内部的运动，但我觉得对报纸宣传也是适用的。”他在信中还反映了张春桥、姚文元不同意批极左的意见。12月17日，毛泽东在北京中南海与张春桥、姚文元谈话中说：“批极左，还是批右？有人写信给我，此人叫王若水。我认识此人，不很高明。也读过一点马克思，参加过合二而一、一分为二。……”他指出：“极左思潮少批一点吧！”还说：“王若水那封信我看不对。（林彪）是极左？是极右。修正主义，分裂，阴谋诡计，叛党叛国。”12月19日，周恩来、江青、张春桥、姚文元在人民大会堂召集人民日报社等单位负责人会议，传达了毛泽东讲话的精神。周恩来在讲话中承担了《人民日报》发表批极左文章的责任。江青在讲话中说：“这封信客观上对中央起着挑拨作用，我看了以后很不高兴。林彪的路线，右到叛国了，至于他在某一个时间、某些事情上，利用极左思潮，实质上也是极右。”张春桥在讲话中说：“怎么能说千千万万工农群众是无政府主义？怎么能说他们是林彪的反革命工具？这是极右的思想。”此后，毛泽东关于批极右的意见传达到全党、全国。全国对林彪的批判，除外事工作外，只准批极右，不准再批极左。

12月18日　毛泽东、周恩来指示废除法西斯式审查方式。1972年，原铁道部副部长刘建章的夫人刘淑清写信给毛泽东，反映刘建章无辜被捕及在狱中受到迫害。毛泽东批示：“请总理办。这种法西斯式的审查方式，是谁人规定的？应一律废除。”本日，周恩来给公安部部长李震、交通部革委会主任杨杰、国务院办公室负责人吴庆彤写信说：“请你们联合起来办三件事：一、将刘建章保外就医，按他身体病状，或送阜外（指中国医学科学院阜外医院）或送工农兵医院（即北京同仁医院），并通知其妻刘淑清及其子女家属去看望刘。二、将刘建章全案结论抽出送国务院先念、登奎同志批。三、请公安部会同卫戍区将我在国务院当面提出过的要清查北京监狱待遇问题，再在年内做一次彻底清查，凡属主席指出的‘这种法西斯式的审查方式’和虐待殴打，都需列举出来，再一次宣布废除；并当着在押犯人公布，如有犯者，当依法惩处，更容许犯人控诉。”

同　日　周恩来传达毛泽东指示：应该让谭震林回来。他在给纪登奎、汪东兴的信中说：“昨晚主席面示，谭震林同志虽有一时错误（现在看来，当时大闹怀仁堂是林彪故意造成打倒一批老同志的局势所激成的），但还是好同志，应该让他回来。此事请你们二人商办。

他在桂林摔伤了骨头，曾请韦国清同志注意帮他治好。”周恩来还指示：“邓小平同志一家曾要求做点工作，请你们也考虑一下，主席也曾提过几次。”不久，自1969年10月起被下放外地的谭震林回到北京。

同　日　政协全国委员会机关成立临时领导小组，恢复日常工作。领导小组负责人为李金德，负责主持政协全国委员会机关日常工作。此后，全国政协机关恢复了日常工作。

12月21日　中国和新西兰在纽约签署联合公报，决定自12月22日起建立大使级外交关系。

同　日　中国和澳大利亚在巴黎签署联合公报，决定自即日起建立大使级外交关系。澳大利亚决定于1973年1月25日前从台湾撤走其官方机构。

12月29日　毛泽东主席会见越南南方临时共和国外交部长阮氏萍。双方进行了友好的谈话。毛泽东说，我们总是一家人啊！你们北方、南方、印度支那，还有朝鲜，我们这一家，互相支持。关于巴黎和谈，毛泽东说，如果你们谈好了，那么不但南越，而且北越，可能跟美国人搞成某种程度的正常化。现在有一些所谓共产党人就说你们不应该谈判，应该打下去，打他100年，就叫做革命，不然那就是机会主义。关于中国的“文化大革命”，毛泽东说，天下大乱啊！结果有一派人就掌握了权力，一下就把英国代办处烧掉了。这些坏人都是林彪之流，后台都是林彪。双方还讨论了越南抗美救国战争的形势。参加会见的有周恩来、姬鹏飞。

同　日　中国同达荷美在北京签署联合公报，决定自即日起恢复两国之间的大使级外交关系。

同　日　国务院、中央军委发出《关于进一步做好从部队选调学员入地方高等学校培养工作的通知》。《通知》指出：从部队选调学员进入地方高等学校培养，是加强部队建设的重要措施，各级部队党委要认真抓好这一工作。自1970年以来，部队共选调了9 300余名基层干部和战士进入地方高等院校学习。这种做法至1977年停止。

1973年

1973年综述

3月，中共中央根据毛泽东的指示，决定恢复邓小平党的组织生活和国务院副总理职务。5月，中共中央举行工作会议，为召开中共十大作准备。会议解放了谭震林等13名老干部，决定王洪文、华国锋、吴德参加中央政治局工作。7月，毛泽东在谈话中，批评周恩来主持的外交部“大事不讨论，小事天天送。此调不改动，势必搞修正”。8月，中共中央批准对林彪反党集团的审查报告。决定将林彪、陈伯达、叶群等人永远开除党籍。

8月，中国共产党第十次全国代表大会召开。周恩来作政治报告，王洪文作修改党章的报告。在十届一中全会上选出了新的中央政治局，王洪文当选为中共中央副主席，被置于毛泽东的接班人地位。十大肯定了九大的政治路线和组织路线，继续坚持“无产阶级专政下继续革命”的“文化大革命”理论。十大把江青集团的骨干分子选进中央委员会，加强了江青集团力量，“四人帮”开始形成；同时，一些曾受迫害的老干部邓小平、谭震林、乌兰夫等也进入中央委员会。十大以后，全国开始了对林彪的公开点名批判。

12月，毛泽东提议邓小平参加军委，任总参谋长，并建议大军区司令员互相对调。他还提出要为贺龙、罗瑞卿、杨成武、余立金、傅崇碧平反，并作了自我批评。他在谈话中还批评“政治局不议政，军委不议军”。

同年7月—8月，毛泽东在谈话中提出，要批判孔子，林彪同国民党都是尊孔的；并主张肯定历史上的秦始皇和法家，否定儒家。他还批发了杨荣国的批孔文章。揭开了批林批孔运动的序幕。

同年，江青集团先后制造了张铁生“白卷”事件和批判《园丁之歌》、黄帅“日记”、考教授等事件，在教育战线开始“反右倾回潮”。其写作班子陆续发表了一系列批判孔子、评儒反法、攻击周恩来的文章。

同年，周恩来主持全国计划工作会议，研究起草了解决“三个突破”的意见，做出坚持统一计划、加强经济管理的规定。从1970年开始的下放企业、三大包干、精简合并机构的“经济体制改革”实际已经停止。因此，经济调整取得了成效，“三个突破”基本上被控制，工农业生产形势明显好转，本年国民经济计划各项主要指标都超额完成，计划安排也大体符合实际，人民生活水平有所改善。但积累率过高、基建规模过大等问题仍然突出，企业管理混乱的状况没有根本上得到改变。

同年，全国各省、市、自治区的共青团、工会、妇女代表大会先后召开，选举产生了共青团、总工会、妇联的地方机构。

主要经济指标：工农业总产值3 968亿元，比上年增加9.2%。其中，工业总产值2 789亿元，比上年增长9.5%；农业总产值1 179亿元，比上年增长8.4%（以上按1970年不变价格计算）。工农业产品产量：粮食：2.6494亿万吨，比上年增长10.2%；棉花：256.2万吨，比上年增长30.8%；油料：418.6万吨，比上年增长1.7%；钢：2 522万吨，比上年增长7.9%；原煤：4.17亿吨，比上年增长1.7%；原油：5 361万吨，比上年增长17.4%；发电量：1 668亿度，比上年增长9.4%；基本建设投资总额338.1亿元，比上年增长3.1%；铁路货运量18.5183亿万吨，比上年增长4.3%。

进出口贸易总额220.5亿元，比上年增长50.1%；社会商品零售总额1 106.7亿元，比上年增长8.2%。国家财政总收入809.7亿元，总支出809.3亿元，结余0.4亿元。

1月1日　《人民日报》、《红旗》杂志、《解放军报》联合发表《新年献词》。《献词》回顾1972年说："过去的1年，是我国人民在政治思想战线、经济战线和外交战线取得伟大胜利的1年。""批修整风运动在全国更加深入扎实地开展，保卫和发展了无产阶级文化大革命的丰硕成果。"《献词》指出：在新的1年里，要把批修整风这个头等大事继续抓紧抓好。在社会主义建设中，要搞好农业、加强农业；工业战线要抓紧基础工业；人民解放军要严格训练，严格要求。各条战线都要加强党的一元化领导。在党中央的领导下，在1个地区，由当地最高一级的地方党委，对党政军民各个方面实行一元化领导。《献词》公布了毛泽东"深挖洞，广积粮，不称霸"的带方针性的口号。根据毛泽东不久前关于林彪"是极右，修正主义，分裂，阴谋诡计，叛党叛国"的谈话精神，《献词》指出：林彪反党集团的实质是"在国内，他们要联合地、富、反、坏、右，实行地主买办资产阶级的法西斯专政。在国际，他们要投降苏修社会帝国主义，反华反共反革命"。

同　日　周恩来、江青等人接见部分电影、戏剧、音乐工作者。参加接见的还有叶剑英、张春桥、李先念等中共中央政治局成员。周恩来根据广大人民群众的要求，在讲话批评说：电影太少，"这是我们的大缺陷"。"电影的教育作用很大，男女老少都需要它，它是大有作为的"。他要求电影制片厂"经过3年努力，把这个空白填上，群众要求很迫切"。又说："总结7年来（指"文化大革命"开始以来）这方面的工作，还是薄弱的，文化组要把电影工作大抓一下。"江青在讲话中针锋相对地说："不是7年，是解放以来，二十几年电影的成绩很少，放毒很多，取得经验太少，很糟。"张春桥也说："说少的绝大多数是出自内心的要求，希望多搞一些。当然也不排除少数别有用心的人。"在这次接见时，江青指定于会泳、浩亮、刘庆棠抓创作，成立国务院文化组创作领导小组办公室，于会泳任组长。随后出现的江青集团在文艺界的喉舌"初澜"、"江天"就是这个办公室写作班子的笔名。1月14日，中共中央政治局成员再次接见部分电影、戏剧、音乐工作者和出席电影工业会议的代表。江青、张春桥、姚文元在这次接见中责难电影《海港》样片，申斥电影工办的负责人，诬陷原驻北京电影制片厂洗印厂的军代表是坏人，并从各方面对周恩来、李先念等领导人施加压力。

1月2日　国家计委向国务院报送《关于增加设备进口，扩大经济交流的请示报告》，提出“四三方案”。根据周恩来的指示提出的这个《报告》认为，应该利用西方处于经济危机的时机，在今后三五年内引进43亿美元的成套设备和单机，称为“四三方案”。“四三方案”的项目（有一部分12.5亿美元设备中央已批准进口）。包括：13套大化肥、4套大化纤、3套石油化工、1个烷基苯工厂、43套综合采煤机组、3个大电站、武钢1.7米轧机，以及透平压缩机、燃汽轮机、工业汽轮机制造工厂等项目。引进的原则是：一、集中力量，切实解决国民经济几个问题；二、学习国外先进技术与自力更生独创相结合；三、有进有出，进出平衡；四、新旧结合，节约外汇；五、解决当前问题与长远利益兼顾；六、进口设备大部分放在沿海地区。并设想在10年左右的时间里，从这些进口设备投产后所增加的工矿产品中，拿出一部分来扩大出口；在最近二三年，先从国内挤出一些原煤、原油、锡、汞等物资增加出口。这样，使外汇收支基本保持平衡。“四三方案”确定后，又陆续追加了一批项目，达到51.4亿美元，但没有全部实现，到1977年底实际对外签约成交39.6亿美元。

1月4日　李先念在全国外贸工作会议上讲话，指出对外贸易应有较大的发展。讲话的要点是：一、积极发展对外贸易。我们同一些资本主义国家往往是先搞贸易，然后建交。从国内建设上看，也需要扩大同外国的经济技术交流，促进我国经济的发展。发展对外贸易，首先是增加出口。要遵照毛主席关于“百花齐放，推陈出新”和“古为今用，洋为中用”的方针，努力创作新的工艺品题材。有些地方片面理解以粮为纲，把多种经营挤掉了，请同志们注意。出口商品的收购工作要抓紧抓好。外贸要统一对外，不要互相封锁。二、加强调查研究。我们同外国人做生意，要熟悉人家的政治情况和经济情况，要随时掌握国际市场动态，做到心中有数。三、出口商品的价格问题。国际市场与国内市场是两个不同性质的市场，有两种不同的价格，把两者混同起来，是没有常识。有的人说我们提价20%，外国商人卖出也提价20%，这不是加重了对各国人民的剥削吗？这真是一种奇谈怪论。硬是想要我们吃大亏，外国资本家赚大钱。李先念强调指出，国际市场是受供求关系指挥的，是受价值法则支配的。我们同资本家做生意，要学会运用这个规律，使贸易工作有利于国家建设。

1月7日—3月30日　全国计划会议在北京召开。会议揭露和批判了林彪反党集团破坏国民经济计划的罪行，研究了解决"三个突破"问题的具体措施，确定了1973年的国民经济计划指标。会议指出：林彪一伙破坏党对经济工作的领导，自立政策，自成系统，搞独立王国；分裂工人阶级队伍，挑动资产阶级派性；反对有计划按比例地发展国民经济，叫嚷"我说的就是计划"，"打仗就是比例"；反对抓生产、抓业务；破坏党在现阶段的经济政策，在农村强迫扩社并队、没收自留地、砍家庭副业、搞"一平二调"，在城镇乱割"资本主义尾巴"等。造成了严重经济损失。会议认为粮食销量、工资总额、职工人数突破国家计划的"三个突破"的问题，1972年仍在继续发展，必须采取有效措施，加以解决。会议决定：一、大力加强农业。国家用于农业的财政拨款和支农工业的投资，比上年增加19%；国家用于农业和农业机械化方面的钢材，比上年增加30%；地方掌握的钢材要拿出30%~40%用于农业。争取1973年的农业生产有较大幅度的增长，做到当年粮食收支平衡，1974年、1975两年补上粮食购销差额，使国家的粮食储备达到800亿斤以上。二、缩短基本建设战线。确定1973年预算内基本建设投资270亿元，比上年计划增长1.9%，大中型建设项目1280个，比1972年施工的大中型项目数减少280个。三、压缩国防和行政方面的开支。国防费和行政费占财政支出的比重，要由1972年的25.2%降低到24%，国防工业和国防科研投资占预算内总投资的比重，由1972年的9.6%减到8.5%。四、精减职工。精减1972年超计划招收的职工，同时动员1970年以来从农村来的临时工、基本建设占用的常年民工和违反国家规定流入城镇的人返回农村，争取以上几方面减少500万人。1973年不再招收新职工。会议确定1973年国民经济计划指标：工农业总产值比上年增长7.2%，其中工业增长7.7%，农业增长6.1%。计划生产粮食5 200亿斤，增长

400亿斤；棉花4 500万担—4 800万担，增长589万担—889万担；钢2 500万吨，增长166万吨；原煤3.9亿吨—3.96亿吨，增长350万吨；原油5 200万吨，增长634万吨；发电量1 600亿度，增长89亿度；棉纱1 050万件，增长13万件；铁路货运量8.2亿—8.3亿吨，增长3 200万吨—4 200万吨。预算内基本建设投资安排270亿元，加上自筹资金，总规模为296.8亿元—297.4亿元。计划施工的大中型项目1 280个，比正在施工的项目减少300个左右，其中新开工项目53个。计划建成投产的大中型项目161个。计划年末职工人数5 450万人，比上年减少121万人，工资总额342亿元。社会商品零售额1 055亿元，比上年增加61亿元。进出口贸易总额80亿美元，比上年增加18.3亿美元。财政收入和支出均为790亿元，比上年各增加30亿元。

1月8日—24日　全国体育工作会议在北京召开。会议批判了林彪反党集团对体育工作的干扰和破坏，指出，解放以来全国体育工作的成绩是主要的。会议讨论了1973年全国体育工作的安排，提出：一、要进一步开展群众性体育活动，采取因地制宜、因陋就简，业余、自愿、小型多样的原则，积极开展学校、厂矿、企业、机关、部队的体育活动。二、继续调整和充实各省、市、区的专业运动队，迅速提高运动水平，迎接将在1975年召开的第三届全国运动会。三、在“友谊第一，比赛第二”方针指导下，积极地有步骤地开展国际体育交流活动。四、做好体育工作的宣传出版，力争《体育报》在今年夏季复刊。五、有计划、有重点地开展体育科研工作，为普及和提高服务。六、办好体育院校，培养以体育师资为主的专业人才。七、落实必要的体育经费、场地、器材等物质条件。2月20日，国务院批转了《全国体育工作会议纪要》。指出，各地革命委员会要加强对体育工作的领导，为了积极发展群众体育活动，迎接1975年召开的第三届全国运动会，要从儿童抓起，加强专业队的建设，迅速提高专业运动水平，改变当前运动员队伍青黄不接的状况。

1月13日　毛泽东主席会见扎伊尔总统蒙博托，双方进行了友好而坦率的谈话。毛泽东说：“卢蒙巴，他没有来过。”蒙博托说：“对，他没来得及。”毛泽东说：“我们是支持他的。我们还支持几个，有基赞加，谬勒尔，就是不支持你！我们给他们钱和武器。就是他们不会打，打不赢啊，那我有啥办法啊！”蒙博托表示，过去使我们分裂的事情一笔勾销。毛泽东说：“至于一笔勾销，历史还是历史啊！现在两国就要合作了，你讲和平共处，我也没法子反对了。”会见结束后，蒙博托说，我很欣赏毛主席讲老实话，喜欢毛主席坦率的性格。参加会见的有周恩来、姬鹏飞等人。

同　日　中国和柬埔寨两国政府在北京签署关于1973年中国无偿供应柬埔寨军事装备物资协定和中国向柬埔寨提供经济援助协定。

1月14日　中国民航一架飞机在贵阳失事。这架中国民航成都管理局第七飞行大队的伊尔—14型644号飞机在执行成都——重庆——贵阳——桂林——广州航班任务中，在贵阳机场着陆，撞在机场中心5度方向11.5公里处岩坡失事，造成一等事故。这是该机场在不到一年半中连续两次发生重大事故。

1月15日—29日　1973年全国冰上运动会在吉林省吉林市举行。这是“文化大革命”以来第一次举行全国冰上运动会。

2月1日　毛泽东主席会见越南劳动党中央政治局委员黎德寿、阮维桢。双方进行了友好的谈话。关于越南问题的巴黎协定，毛泽东说，这个美国人不那么顽固，就没料到居然谈出这样一个协定。美国历史上听说是少有的，事实上承认自己失败了嘛！那个时候，我们有些朋友不理解，为什么我们要请尼克松到北京来。你不打败敌人，不打痛它，不是这样，你们谈判桌上得不了这样的结果。暂时休整一个时间，很有必要，只能是这样的方针，列宁从前就是这么做的。双方还就巴黎协定签订以后的国际形势交换了意见。参加会见的有周恩来、张春桥、姬鹏飞。

2月12日—19日　共青团上海市第六次代表大会召开。这是“文化大革命”以来省、市级共青团组织第一次恢复活动。出席大会的共青团员共有1 503人，被邀请列席大会的还有300名红卫兵代表。中共上海市负责人王洪文、马天水等出席了大会，王洪文在会上作了报告。大会选举产生了共青团上海市委，由85名委员、18名候补委员、17名常委组成。陈新发、汪明章、郑均培、万桂红为团市委书记，杨小兵、杨佩莲、沈芬娣为副书记。这是各省、市、自治区中第一个恢复工作的共青团机构。此后，各省、市、自治区也相继召开共青团代表大会，成立省、市、自治区团委机构。但全国共青团代表大会在“文化大革命”期间始终未能召开。

2月15日　国务院发出经中共中央批准的《关于口岸工作的情况和改进意见》。提出加强和整顿口岸工作的措施：一、加强口岸工作的统一领导和组织建设。原有口岸涉外人员，适合做口岸涉外工作的，应尽可能归队；口岸工作人员不足的，应尽快配齐，并加强政策教育和业务训练；口岸检查单位不宜层层下放，更不要划归生产、企业部门领导。二、口岸涉外人员要严格执行请示报告制度；检查工作要贯彻执行“内紧外松”、“一视同仁，有所区别”的原则；对于违法、违章以及业务纠纷和海事等问题的处理，要掌握“有理、有利、有节”的原则；对现行的口岸工作的规章、法令等，应尽速组织力量加以研究、审查和修改。三、采取措施，扩大港口吞吐能力，压缩外轮停港时间；建立健全理货、代理业务和其他服务机构，提高工作质量；为保证航行安全，原则上应向外轮供应我沿海的海图、提供港口资料和外轮避风的港口、锚地。四、充实口岸工作急需的工具设备，少数国内不能提供的设备，可从国外进口一部分。五、责成交通、外交、公安等部门组织若干联合检查组，分赴各口岸，进行落实政策和加强工作的检查和帮助。

2月15日—19日　美国总统国家安全事务助理基辛格访问中国。毛泽东主席会见了基辛格。周恩来总理同基辛格进行了会谈。22日双方发表访问公报宣布：经商定，中美双方将在不久的将来相互在对方的首都建立一个联络处。

2月17日　毛泽东主席会见美国总统国家安全事务助理基辛格。双方进行了友好的谈话。毛泽东称赞基辛格在越南问题谈判中的努力说，你的事情干得好，到处飞。越南问题可以算是基本解决了。在谈到中美关系时，毛泽东说，只要目标相同，我们也不损害你们，你们也不损害我们。我们希望你们跟欧洲、跟日本合作。基辛格说，我认为我们双方应该忠于各自的基本原则，实际上如果双方讲同样一个调子，只会使局势混乱。我对（周恩来）总理说过，在欧洲，你们出于自己的原则，可以讲得比我们更坚定。在谈到近代中外关系时，毛泽东认为，我们中国没有几个外国人。你们不同的民族有多少，你们美国有60万中国人，而我们恐怕连60个美国人都没有，我也不知道是什么道理，你们研究一下吧。基辛格认为：这是因为历史上你们同外国人打交道不幸运。毛泽东说：有这么点理由。恐怕过去100年，主要是八国联军，后来日本人占领中国14年，占领大部分领土。占领了北京还要赔偿。参加会见的有周恩来等人。

同　日　中国和埃塞俄比亚之间的国际航线正式开航。航线从埃塞俄比亚首都亚的斯亚贝巴横渡阿拉伯海，飞越南亚大陆到达中国上海，航程9 000多公里，大大方便了中埃两国和亚非两大洲之间的友好往来。

2月17日　台湾当局逮捕台湾大学师生陈鼓应、王晓波等人。罪名是他们在“民族主义座谈会”上强调台湾与大陆密不可分，主张实现祖国统一，反对民族分裂，反对依赖外国，有为中共宣传统战之嫌。18日，台大学生郭誉孚在台大校门口血书“和平、统一、救中国”标语，随之聚集2 000余学生和民众，要求当局放人。台湾当局迫于群情激愤，将陈鼓应、王晓波等人释放。

2月26日　周恩来在谈话中指出，要研究解决“三个突破”问题，消除林彪一伙对经济的破坏性后果。他在听取国家计委汇报1973年计划和《关于坚持统一计划，加强经济管理的规定》的草稿时插话说：“1969年以后，在经济管理上瞎指挥盛行。南昌把飞机厂最好的工人下放了。景德镇陶瓷窑也给炸了。林彪一伙一直破坏到‘九一三’，影响到1973年，恶果逐步暴露出来了。应把九大以来林彪一伙破坏经济计划的情况编个材料，供大家批判。一定要批透，把破坏性后果消除掉。”他指出：“1970年基本建设大膨胀，1972年没有抓，鉴于这个教训，以后要全年抓。”“发展五小工业要有个范围，要对农业有利，破坏计划的无论如何不能发展。”周恩来特别指出了国民经济中“三个突破”的现象。他说：“职工人数、工资总额、粮食销售量3项都突破了计划数字。去年我讲了这个问题，但没有抓。

确实没有‘王法’了。不只三个突破，货币发行也突破了。这不是那么舒服的。”“今年市场平衡有30亿元的商品差额，票子发多了。林彪一伙破坏经济所造成的恶果这两年表现出来了。票子发多了，到了最大警戒线。三个突破不如这一个突破。你们管财政、银行的也不叫，要随时提醒，这是个寒暑表嘛！”“全国职工总数突破5 000万人，一下子达到5 600多万人。你们要抓一下。”周恩来还批评了经济效益不高的现象，他说：“钢那么多，钢材怎么样？前后左右不衔接，出了钢不能轧材，白白消耗了热能。”针对林彪一伙对按劳分配原则的破坏，周恩来强调说：“按劳分配的问题，现在是四个一样嘛！还有干难干易一个样。‘不利于调动职工积极性，也不利于控制职工人数的增加’，这句话说得对！必要的奖励制度是可以的。”周恩来还批评了科技教育界中的极左思潮。他说：“最近我们出去了两个代表团。一个医学代表团在国外看了回来，不敢做报告。他们要做报告，有个军代表说，不要把我们说得一团漆黑。这么老大，随便给人家戴帽子，结果他们不敢讲了。这种风气不好。”“有些人自己不懂，又随便给人家戴帽子。出国参观、考察，就是为了学习人家的长处。”周恩来的这个讲话，对于排除极左思潮对经济领域的干扰，扭转国民经济“三个突破”的不利局面，起到了重要作用。

2月28日　国务院批转国家计委、国务院科教组《关于高等学校历届遗留毕业生处理问题的请示报告》。《报告》同意北京市革命委员会对北京市各高等学校中1966—1970年少数因政治问题或其他问题未予分配工作的毕业生的处理意见。并指出：全国各高等院校可参照北京市的处理意见对类似遗留问题进行清理。

3月8日　中联部、外交部为庆祝三八妇女节举行茶会招待在京外国女专家、专家夫人。应邀出席茶会的有柯如思、柯弗兰、帕特等外国朋友200余人。周恩来、江青、张春桥、姚文元、王洪文等出席茶会。周恩来在讲话中严厉批评了“左”倾错误对外事工作的干扰破坏，对在“文化大革命”中遭受批判斗争或被迫离开中国的外国朋友表示歉意，并欢迎他们重回中国。

3月9日　中国人民银行转发国务院批准的《关于解冻储蓄存款

的报告》。“文化大革命”初期，一些被审查人员的储蓄存款被强行冻结。根据周恩来的指示，各地银行从1969年下半年起，对这些存款陆续开始解冻。《报告》提出：凡是结案定为人民内部矛盾或敌我矛盾按人民内部矛盾处理的人，他们被冻结的储蓄存款均予解冻，并且照付利息。据上海市统计，原冻结个人储蓄存款4 500多万元，到1972年底已解冻了3 000万元。这一措施增强了群众对银行储蓄的信任感，促进了储蓄事业的恢复和发展。

同　日　中国和西班牙在巴黎签署联合公报，决定自即日起建立大使级外交关系。

3月10日　中共中央做出《关于恢复邓小平同志的党组织生活和国务院副总理的职务的决定》。《决定》指出：根据毛主席的意见，中共中央决定恢复邓小平同志的党组织生活和国务院副总理的职务。4月12日，邓小平公开出席了周恩来举行的欢迎柬埔寨国家元首西哈努克亲王从柬埔寨解放区回到北京的招待会。

同　日　周恩来写信给毛泽东，建议抓紧解放干部的工作。他在信中提出了一个先易后难的方案。根据周恩来的建议，中央组织部提出了一个300多人的名单。周恩来、叶剑英等不顾江青、张春桥的百般阻挠，连续主持中央政治局多次开会通过，使陈再道等一大批高级干部获得解放，重新参加工作。

3月15日　中国专政机关释放3名美国犯人。新华社报道:美国中央情报局间谍分子约翰·托马斯·唐奈，于1952年11月29日乘间谍飞机侵入中国领空被击落逮捕，判处无期徒刑；因认罪尚好，决定予以宽大处理，即行释放。美国空军飞行员菲利普·史密斯，于1965年9月20日乘飞机侵入中国上空，被击落逮捕；美国海军飞行员罗伯特·费林，于1967年8月21日乘飞机侵入中国上空，被击落逮捕，两人经长期关押后，中国专政机关决定予以释放。

3月17日　国务院批准恢复一批高等院校。由国务院科教组通知批准恢复的有：北京广播学院、北京师范学院、江西中医学院、江西大学、云南民族学院、西北民族学院、成都体育学院、北京财贸学校等。本年，国务院还批准恢复了山西财经学院、黑龙江建设兵团农垦大学等。这些被恢复的高等院校大多数是在1969年10月以后因战备疏散而被停办的。

3月19日　国务院批转国家计委《关于实行农副产品统一奖售办法的请示报告》。《报告》说，鉴于各地区、各部门规定农副产品奖售品种和奖售标准不统一，不利于生产和收购。因此提出，实行农副产品奖售，必须有利于促进生产，有利于巩固发展集体经济，有利于增加收购，有利于市场供应和扩大出口。初步确定，这次实行统一奖售标准的农副产品有95种，比“文化大革命”以前减少61种。各地现行的收购生猪、食油等奖售标准，可以继续实行，不作全国统一规定。奖售标准，内外贸原则上应当一致。全国统一规定的奖售品种，按照产品归口管理的原则，分别由中央有关部门和省、市、自治区负责。社员交售每百斤皮棉奖售化肥70斤，按播种计划每亩预拨40斤。社员交售农副产品，不奖化肥，只奖粮、布。已经向群众公布奖售办法的地区，奖售标准同全国规定不一致的，允许暂不变动，但以后要逐步做到统一。少数不宜实行统一奖售的农副产品，由省、市、自治区自行规定。据统计，1973年需要奖售粮15亿斤，化肥300万吨，棉布1.3亿米。

3月20日　国务院批准国家计委《关于建立出口工业品专厂、专车间和出口农副土特产品生产基地的通知》。决定：一、专厂、专车间按现行产品（商品）管理权限经有关方面协调划分国家管理和地方管理两部分。二、专厂、专车间的生产所需原材料纳入各级物资分配计划。凡使用外汇贷款进口原料进行加工的产品，全部出口；按国外特殊规格要求生产的产品，除供应特需外，其余出口；国内外都适销的产品，按外贸收购计划确定出口数量，超产原则上都出口。三、有供应港澳市场任务的省、市、自治区，可以有选择地建立鲜活产品和农副产品生产基地；各省、市、自治区对传统的名贵土特产品或出口的大宗农副产品，可以在集中产区或有条件的地区建立生产基地。基地所需物质条件自行解决，解决不了的由外贸部扶植。基地生产的产品，按照国家计划进行收购出口。四、产品收购奖售，一般按全国统一奖售办法；基地生产贷款优先给予安排；分配的投资、贷款、物资要专项使用。

3月23日　屠德雍开始向全国投寄《文化大革命十大罪行》文章。屠德雍是成都电讯工程学院原电工教研室副主任，中共党员。他从1973年3月—1974年4月，多次写出并投寄文章，抨击“文化大革命”给国家和人民带来的动乱。文章指出：“文化大革命是我党历史上最大一次‘左’倾路线的产物，给全党和全国人民造成无穷无尽的灾难痛苦。”其“十大罪状”是：一、使90%以上的干部、60%以上的群众受到打击、迫害；二、使林、康、江、陈、张等一小撮野心家篡夺了党和国家的领导权；三、使工农业生产受到了极大的破坏；四、使科学、文化、教育、艺术遭到空前的灾劫；五、使党和国家一度在国际上陷于孤立；六、使解放以来社会道德空前堕落；　七、人为地造成人民群众之间的分裂和冤仇，互相杀戮；八、使党的威信一落千丈；九、使军队内部分裂，优良传统大半丧失；十、使无产阶级专政遭到严重破坏，阶级阵线混乱。他还在以后的文章中指出：“所谓批林批孔运动是妄图转移人民视线，是极左路线又一次向人民反扑，像林贼和孔老二一样满口仁义道德，干男盗女娼的正是江、康、姚等一小撮阴谋家、野心家。”这一事件从立案至破获，长达两年多。1975年11月3日，屠德雍被捕；1976年5月23日被判处无期徒刑。1978年11月25日，中共成都市委批准为屠德雍彻底平反，恢复党籍。

3月26日　毛泽东主席会见喀麦隆总统阿希乔。双方进行了友好的谈话，探讨了有关“三个世界”划分的理论。毛泽东说，亚洲、非洲、拉丁美洲都叫第三世界，但是日本除外。他认为，这个世界上问题多得很，我看会要天下大乱，亚、非、拉应该有所准备。参加会见的有周恩来等人。

4月3日　国务院批转国务院科教组《关于高等学校1973年招生工作的意见》，提出要重视文化考查。《意见》除指出1973年招生继续采取与前一年相同办法之外，特别提出，要“重视文化考查，了解推荐对象掌握基础知识的状况和分析问题、解决问题的能力。保证入学学生有相当于初中毕业以上的实际文化程度”。“考查的内容和方法，各省、市、自治区可根据本地具体情况和专业的不同要求进行试验”。其后，根据周恩来的指示，国务院科教组又发出文件，要求北京外国语学院招生时选拔少量应届高中毕业生。7月下旬，江青集团制造张铁生“白卷”事件，批判电影《园丁之歌》事件之后，国务院要求重视文化考查的做法被攻击为“右倾翻案”、“否定教育革命成果”。本年，全国高等院校共招收工农兵学员15万人。

4月5日—15日　我国选手获乒乓球世锦赛冠军。在南斯拉夫举行的第三十二届世界乒乓球锦标赛上，中国运动员胡玉兰和郗恩庭分别获得女子单打和男子单打世界冠军，梁戈亮和李莉获得男女混合双打世界冠军。

4月9日　西藏高原建成畜牧兽医网。新华社报道：现在全西藏地、市一级设有畜牧兽医总站，全区71个县除1个县正在筹建外，都建有畜牧兽医站，县以下建立了145个兽医疫病防治所，公社和乡都有了“赤脚兽医”。全区共有3 000多名藏、汉兽医工作者活跃在牧畜疫病防治战线上，促进了畜牧业的发展。现在全区牲畜存栏总头数比民主改革的1959年增加了1倍。

4月10日　国务院同意并批转国家计委《关于加强国家战略储备物资管理的报告》。指出，随着国民经济的发展和战备的需要，储备工作的任务越来越重，必须加强对储备工作的领导，确实做到保质、保量、保安全，一旦需要，保证调得出，用得上。《报告》说，目前，已在22个省、市、自治区建立了93座储备仓库，同时还有33座即将投产，正在筹建12座，共计138座。储备物资的品种和数量日益增长，共达220多个品种，包括有钢材、汽车、橡胶、棉布、炸药、有色金属、稀贵金属以及各种油料等，为国家储备了一定的后备物资力量。针对在储备物资管理上存在的一些问题，《报告》提出以下几点意见：一、凡是设立储备仓库的省、市、自治区，应本着精简的原则，建立和健全省一级的储备物资管理局，实行以国家计委为主的国家计委与省、自治区的双重领导。二、国家储备物资，由中央直接掌握，动用储备物资，必须经国家计委同意，报国务院批准。三、国家储备资金、管理费用和基建投资，由中央财政拨款，结余和各项收入上交中央财政，储备部门的财产均属中央。

同　日　最高人民检察署副检察长李六如去世。李六如，原名李抱良，又名李宝良，1887年生。湖南平江人。早年加入中国同盟会，1911年参加辛亥革命，曾任第七协十三标统带。后入日本东京明治大学学习。1918年回国，倡导平民教育。1921年加入中国社会主义青年团，同年转入中国共产党。参加国共合作，曾任国民党湖南省党部执行委员，国民革命军总司令部党政处处长，第二军军校政治部指导主任。1926年参加北伐，任国民革命军第二军四师党代表。1927年参与领导平江起义。1928年前往新加坡从事革命活动。1932年进入闽西革命根据地，历任福建省苏维埃政府执行委员，财政部兼内务部部长，国家银行福建分行行长，中华苏维埃共和国临时中央政府国家银行总行副行长、代理行长，中央红军主力长征后，留在根据地坚持斗争，任中央政府办事处财经委员会代理主任。1935年冬被捕。1937年获释。先后任毛泽东办公室秘书长，延安行政学院代院长，中共中央财经部副部长，中共热河省委常委、省政府秘书长，东北人民政府司法部部长和法院院长。中华人民共和国成立后，任中央人民政府政务院政法委员会委员，最高人民检察署副检察长兼党组书记。当选为第二、三届全国政协常委。“文化大革命”中遭受迫害。著有小说《六十年的变迁》。1980年7月中共中央为他举行追悼大会。

4月16日—21日　北京市工会第六次代表大会和上海市工会第五次代表大会同时召开。这是自“文化大革命”开始以来工会首次恢复活动。出席北京市工会六大的有2 396人，张春桥、姚文元、吴德等出席了大会。倪志福代表北京市工代会领导小组作了工作报告，大会选举产生了北京市总工会第六届委员会。倪志福为主任，刘锡昌、张世忠、曹宪波、罗淑珍、李瑞环、王静儒为副主任。出席上海市工会五大的有1 598人，王洪文、马天水等出席了大会。王洪文向大会作了报告。大会选举产生了上海市总工会第五届委员会。王洪文为主任，王秀珍、杨富珍、金祖敏、陈阿大、叶昌明、沈涵为副主任。北京和上海的总工会建立后，“文化大革命”前期成立的北京市工代会和上海“工总司”即告结束。此后，全国各省、市、自治区也相继召开了工会代表大会，成立了各总工会。但全国工会代表大会在“文化大革命”期间始终未能召开。

4月18日　原台湾陆军少校、中华航空公司编译赵明哲起义乘飞机到达北京。

4月20日　毛泽东主席会见墨西哥总统埃切维里亚。双方进行了友好的谈话。在谈到“反面教员”的作用时，毛泽东说，我们年轻时代也没有想到要革命啊！读孔夫子的书，然后又读资本主义的书，到了二十几岁，我还不知道世界上有马克思主义。十月革命开始，我才知道世界上有马克思、马克思主义、列宁主义。我开始就搞城市的工人运动、农民运动、学生运动，就是没有准备打仗，就是要感谢我们现在住在台湾的那位先生（蒋介石）。他们到处杀人，只好上山啊，一打就10年，打到延安。关于“赤脚医生”，毛泽东认为，也是个穷办法，没别的办法了，只好用这种办法了。学那么几个月就去当医生，在治病过程中学习，不然，哪有那么多上过大学的医生呢？双方还讨论了发展中墨友好关系的有关问题。参加会见的有周恩来、熊向晖等人。

4月21日　国务院批转轻工业部、外贸部《关于发展工艺美术生产问题的报告》。批语指出：“发展工艺美术生产，不仅为丰富国内人民物质文化生活所必需，而且是扩大外贸出口，换取外汇，支援社会主义建设的一个重要方面，必须大力生产。”国务院要求：各地区必须进一步加强对工艺美术工作的领导。要建立和健全必要的管理机构，要认真总结发展工艺美术生产的经验，进一步落实党对老艺人、创作设计人员的政策，继续做好工艺美术企业和人员的归队工作，并注意培养新生力量。全国工艺美术展览要继续办下去。工艺美术院校和科研机构要适当恢复。计委、轻工、外贸、商业等有关部门要通力合作，采取有效措施，促进工艺美术生产和出口的大幅度增长。这个报告是根据周恩来、李先念要批判极左思潮、恢复工艺美术生产的指标提出的。报告下发后，1973年工艺美术产值达15.98亿元，比1972年增长48.4%，出口创汇增长66%。1974年初，“四人帮”借批林批孔之机，把工艺美术生产和出口说成是“复辟倒退”、“文艺黑线回潮”，使大批工艺美术工厂处于停工、半停工状态。

4月22日　中共中央地方病防治领导小组成立。中共中央任命中共辽宁省委第一书记陈锡联为组长，卫生部副部长黄树则为副组长。

此前的1月5日，周恩来指示，“要把克山病病因搞清楚”，全国成立了克山病病因研究协作组，进行大规模、多学科的攻坚战。

4月25日　毛泽东复信给上书反映知识青年上山下乡中的困难的李庆霖。毛泽东在信中写道：“李庆霖同志：寄上300元，聊补无米之炊。全国此类事甚多，容统筹解决。”李庆霖是福建省莆田县城郊公社下休村小学教师。1972年12月20日，他给毛泽东写信反映情况说：1969年，我的孩子到莆田山区插队落户，遇到了口粮不够吃、连理发钱都挣不到、没有房子住宿等种种困难。信中写道：一部分下乡知识青年“倚仗他们的亲友在社会上的政治势力，拉关系，走后门，都先后被招生、招工、招干去了”，“单剩下我这号农村小学教员的子女，在政治舞台上没有靠山，又完全举目无亲”。“我在呼天不应、叫地不灵的艰难窘境中，只好大胆地冒昧写信来北京‘告御状’了”，1973年6月10日，中共中央发出文件，将毛泽东的复信及李庆霖的来信印发全党。此后，国务院召开全国知识青年上山下乡工作会议，中共中央转发了会议报告，对知识青年上山下乡中出现的困难做出统筹安排，打击了一批迫害上山下乡知识青年的坏人。1974年3月18日，毛泽东的复信及李庆霖的来信被编入中学课本。

4月27日　中国北方农村打井抗旱开发地下水成绩显著。据统计，从1972年10月到今年3月底，北方14个省、市、自治区新打机井18.4万眼，完成配套11万多眼。至此，北方地区投入农田灌溉的机井超过了百万眼。

4月30日　中国化肥工业高速度发展。由于坚持兴办大中型化肥厂和小化肥厂两条腿走路，小化肥厂已成为化肥工业的强大生力军。目前全国小化肥厂已达1 400个左右，遍布29个省、市、自治区。小化肥厂生产的氮肥和磷肥，占全国化肥总产量的60%。据统计，1970年—1972年，全国化肥产量平均每年递增310万吨，比1949年—1969年的20年中平均每年的递增数，提高了将近7倍。

5月1日　《红旗》杂志第五期发表朱克家的文章：《我深深爱上了边疆的一草一木》。朱克家是云南省勐腊县勐仑公社下乡知识青年，1969年5月，他从上海来到云南西双版纳插队落户，4年中与当地傣族、爱尼族人民共同劳动，为他们服务，担任小学教师，并学会了开拖拉机、缝纫、理发等本领。1972年，公社推荐他上大学，他表示，自己离不开爱尼族人民，需要在农村这个大课堂里，继续学习锻炼。文章介绍了他在边疆农村扎根的事迹和体会。文章发表后，姚文元等出于政治需要，将朱克家宣传为“反潮流”的典型。8月，朱克家出席了中共十大，当选为候补中央委员。1975年1月，当选为四届全国人大常委会委员。粉碎“四人帮”后，被开除党籍，撤销一切职务。

5月4日　中国电信总局和日本邮政省在北京签署关于建设中国和日本之间海底电缆的协议。这项工程由中日两国合建，计划在1976年建成交付使用。

5月13日　北方15省、市、自治区防治地方病工作会议最近在沈阳召开。会议总结了各地防治地方病的经验，制定了北方15省、市、自治区防治地方病的规划。会议号召北方地方病发病地区的各级党委和革委会，要加强领导，全面规划，大搞群众运动，巩固和发展合作医疗，加强农村公社卫生院的建设，广泛调动医药、卫生、科研人员的积极性。各有关部门要密切合作，支援防治地方病工作。会议根据中共中央指示，重新建立了中共中央北方防治地方病领导小组。

5月16日　国家文物局发出《关于进一步加强保护古窑址的通知》。《通知》要求要进一步做好文物保护工作，对于古窑址的保护工作要做到：一、凡是在著名古窑遗址范围内兴建工程时，施工单位必须按有关规定事先与文物部门共同协商，提出方案，报请省、市政府审查批准。二、严禁个人和集体在古瓷窑遗址采集瓷片，同时要与外事部门取得联系，绝不准外国人采集。有关文物考古单位因工作需要采集者，要报请当地文物主管部门同意。

5月20日—31日　中共中央工作会议在北京召开。参加会议的有中共中央政治局委员、候补委员和各省、市、自治区及中央各部门负责人共246人。在5月20日的第一次全体会议上，周恩来宣布会议的主要议题是：一、筹备召开党的第十次代表大会；二、讨论批林整风问题；三、讨论本年度的国民经济计划。会议讨论了《中央关于党的十大代表的产生的决定》，确定代表名额为1 740人。会议同意经毛泽东审定的《中央政治局关于修改党章问题的请示》中的各项规定。同意党章修改问题的重点是总纲部分；按毛泽东多次提出的现在还是帝国主义和无产阶级革命的时代进行修改，不写入“三个里程碑”的提法。不写入人名，增加毛泽东近年来若干新指示和“第十次路线斗争”的经验等内容。会议决定由张春桥、姚文元、王洪文负责中共党章修改小组，在中央政治局领导下，起草《中国共产党章程（草案）》。周恩来在会议上传达了毛泽东的指示：一、项目多了，计划工作至今没有走上轨道；二、搞计划要依靠地方，以省、市、自治区为主；三、要把协作区搞起来。一旦有事好办；四、只注意生产，不注意上层建筑、路线，不对。要批判孔子。会议讨论了国家计委关于1973年计划会议议题和今后经济发展设想的报告。根据毛泽东的指示，会议宣布解放谭震林、李井泉、乌兰夫、李葆华、廖志高、江华、江渭清、王稼祥、秦基伟、李成芳、方强、陶鲁笳、曾希圣等13名老干部。会议还宣布，经毛泽东提议，中央政治局决定王洪文从上海调中央工作，与华国锋、吴德两人列席中央政治局会议并参加政治局的工作。会议印发的文件有：林彪、叶群的日记和笔记；毛泽东审定的《中央关于党的十大代表的产生的决定》；毛泽东审定的《中央政治局关于修改党章问题的请示》。

5月21日　财政部、商业部发出《关于供销社利润上交办法的联合通知》。规定：基层供销社仍应按照税法规定交纳所得税（所得税率为实现利润的39%），其余利润按规定用于社员股金分红和补充流动资金等开支。基层供销社自有流动资金比例超出年末商品资金70%的部分可以调出，补充给不足40%的基层供销社。县以上供销社（包括县以上供销社企业）实现的利润全部就地交库，亏损也就地弥补。原有利润留成办法解决的各项资金，改由财政从当年商业收入中退库，交给省、自治区、直辖市商业主管部门按规定的开支范围专款专用。

5月23日　国务院、中央军委发出《关于调整邮电体制问题的通知》。《通知》说，中央已于3月6日批准恢复邮电部，调整邮电体制。调整的主要内容是：一、邮电部恢复后，撤销电信总局和交通部邮政总局。各省、市、自治区邮政局和电信局合并，恢复邮电管理局。各省、自治区领导机关所在地城市和中央直辖市的邮政局一般仍可分设。长途电信局和市内电话局除北京、上海市外应合设为电信局。二、各省、市、自治区邮电管理局，由省、市、自治区革命委员会领导。北京市邮政局、长途电信局和市内电话局，由邮电部和北京市革委会双重领导。原交通部邮政总局和电信局直属的企业(不得转产)、事业单位和邮电院校，原则上应下放地方管理。三、邮电干部和技术人员，应保持相对稳定，需要在全国范围内调剂的，由邮电部与有关地方党委协商调动。四、邮电各项计划实行中央和省、市、自治区两级管理。邮电一级（跨省）干线和通信卫星地面站、国际无线电台的生产、建设、物资、维护以及由全国集中支付的费用，均纳入国家计划。邮电业务收入，除北京市外，均纳入各省、市、自治区财政计划。上述计划管理体制，从1974年起执行。关于邮电业务的方针政策、长远规划、国际通讯、邮票印制和发行等项全国统一的邮电业务工作，由邮电部管理。

同　日　国务院、中央军委联合发出《关于调整气象部门体制的通知》。《通知》说中央已于3月6日，批准调整气象部门体制。决定中央气象局划归国务院建制，由农林部领导，恢复总参气象局。中央气象局负责统筹规划全国气象建设和业务指导，总参气象局负责统筹规划军内气象工作建设和业务指导，在业务上总参气象局接受中央气象局指导。全国7个区域气象中心工程，仍按原计划进行，气象中心建成后，由所在省与中央气象局双重领导。

5月28日　国务院批准国家计委颁发《短期外汇贷款试行办法》。决定利用我在港、澳的银行吸收的外币存款和外国银行存放在中国银行的信用资金，发展对外贸易。贷款主要应用于进口国内短缺的原材料和某些见效快的关键设备，以增加出口产品生产。用于购买原材料的贷款，使用期限一般不超过一年；用于购买进口关键设备的贷款，原则上不超过一年半。贷款可一次或分次归还。贷款利息暂按年息6厘—7厘。如发生外国银行和港澳银行挤提资金这类紧急情况时，用国家贸易外汇或其他支付手段抵补，以保证国家信誉。

5月30日　国务院同意并转发外交部《关于加强地方旅游机构的

请示报告》。5月24日提出的《报告》说，随着我国对外关系的迅速发展，要求自费来华参观旅行的外宾日益增多，接待任务十分繁重。目前，全国对外开放的城市和地区，绝大多数地方都没有专门接待外国自费旅行者的国际旅行社等机构。即使有，干部和翻译力量也感不足。为适应形势发展的需要，建议分别情况逐步恢复和健全地方旅游机构，在各省、市、自治区或所在地方党委和革委会外事部门统一领导下进行工作。中国国际旅行社总社对各地国际旅行社的分、支社是业务指导关系。

同　日　财政部发出《关于工商税制改革后城市维护费和工商税附加处理办法的通知》。《通知》说，由于工商税制的改革，全民所有制和集体所有制单位交纳的城市房地产税，已经大部分并入“工商税”内统一征收，纳入国家预算。因此，原由城市房地产税解决的城市维护费，改为纳入国家支出预算统筹安排，收支不再挂钩。为了不减少地方机动财力，原来随同“工商统一税”征收的为1%的地方附加税，从1973年起，改为从新的“工商税”收入中按月提取1%的留成，划归地方使用。原来随同“工商所得税”征收的1%的地方附加，仍按规定办法，由纳税单位随同正税交纳，留归地方使用。

6月4日　国务院批准国家计委《关于计划外从资本主义国家进口情况和意见的报告》。《报告》提出，今年上半年，已先后批准、追加了8.2亿美元的进口额。除此之外，各部门又先后提出80余项新进口要求，共计3.4亿美元。为此，国家计委建议，其中2.2亿美元的进口要求留在国内解决或暂不安排，其余1.2亿美元的进口要求拟予以批准。这样，当年计划外共批准进口9亿多美元，当年用汇约5亿美元，其余部分下年支付。为解决外汇来源，一是决定将1.8亿美元的重要物资改为下年的预订货，由外贸部门调剂解决；二是用银行筹措的外汇资金暂时垫付一部分。《报告》要求，今后进口用汇要从严掌握，力争做到收支平衡。

6月5日　毛泽东主席会见越南劳动党中央第一书记黎笋、政府总理范文同。双方进行了友好的谈话。黎笋说，毛主席的正确判断，对我们是巨大的鼓舞。毛泽东说，我们外交部发过通报，美国的战略中心是在亚洲、太平洋。我说，不一定，它在欧洲、中东，还有美国本土，问题不少。它总要抽一部分兵力走，不能老在亚洲、太平洋，所以这次黎德寿同志在巴黎谈判，会有结果的。毛泽东还批判林彪的战略思想说，他就是只搞游击战，希望你们把美国人拖住。我就希望你们搞运动战，能歼灭敌人一部分。最后，黎笋代表越南党和政府，对中国给予的巨大支援表示深切感谢。参加会见的有周恩来、叶剑英。

6月8日　中国和越南在北京签署关于1974年中国给予越南无偿经济和军事援助的协定。这次援助越南的有一般物资、军事装备、成套项目和现汇，折合人民币为24.93亿元。1973年，中国同越南共签署了7笔援助协定，确定援助数量价值人民币25.39亿元，均属无偿性质。1973年包括同其他国家签订的援助协议在内，全年对外援助协议总额度为40.63亿元，实际对外承担34.7亿多元，比上年减少11.2亿元。尽管签订的援外协议额度有所减少，但由于以前签订的援外协议需要执行的援助数量多，使得1973年国家财政对外援助支出达到57.98亿元，为中华人民共和国成立以来对外援助支出最多的一年；对外援助支出占国家财政支出的比重达到7.2%，援外比重也是最大的一年。

6月16日　各地掀起开办政治夜校的高潮。新华社报道介绍“上海市川沙县六里人民公社政治夜校情况调查”。上海市的这个公社有75个生产队，从去年9月以来，分别办起了政治夜校，全公社参加夜校学习的有4 800多人，占劳动力总数的80%以上。“调查”说：“这些政治夜校，已成为广大基层干部和群众学习政治、文化，对刘少奇一类骗子开展革命大批判的重要阵地。”政治夜校一般分初、中级班和理论班，每星期上课一次，以学习马列和毛泽东著作为主。在三夏大忙，生产队收工较晚的情况下仍坚持学习，据统计，半年多来，政治夜校已召开400多次批判会，1 600多人发言。报道发表后，各地纷纷掀起了开办政治夜校的热潮。

6月18日　国务院、中央军委批转《总后勤部关于在援外军事装备中所发现的质量问题的报告》。《报告》指出了中国援外军工产品不断出现的质量问题及其不良后果，要求各有关工业部门、企业和驻厂军代表抓紧质量整顿工作，严格把好质量关。同时规定，凡影响基本性能和使用安全的产品不援外；凡因质量问题而损坏又难以修复者给予退换；对尚未处理和新发现的援外装备质量问题，请有关工业部门即以技术通报形式通知受援国，并视情况及早派人检修、更换，或供应必要的部件，请受援国自行修换。

6月20日　国家计委向中共中央提出《关于国民经济计划问题的报告》。报告指出，在本年度内要把大型建设项目从1 500多个压缩到1 200个左右，今后要把更多的投资用到技术改造方面来。《报告》建议，在3年内把军政费用占国家财政支出的比重，从1972年的25.2%，降到20%左右。增加农业生产第一线的劳动力，1973年争取减少500万城镇人口和职工。严格控制人口增长速度，1975年要把城市人口净增率降到10‰左右。农村降到15‰以下。争取在三五年内进出口额增长1倍。

6月22日　毛泽东主席会见马里国家元首特拉奥雷。双方进行了友好的谈话。毛泽东说："我们都是叫做第三世界，就是叫做发展中的国家。你不要看中国有什么展览会啊，其实啊，是一个很穷的国家。我说，越穷越好！就会革命啊。西方国家呢，不大行了。"毛泽东又说，无论怎么样，这些西方资本主义国家是创造了文化，创造了科学，创造了工业。现在我们第三世界可以利用他们的科学、工业、文化，包括语言——好的部分。

6月22日—8月8日　全国知识青年上山下乡工作会议在北京召开。会议由国务院主持，中央及各省、市、区知识青年上山下乡安置办公室的负责人及有关部门领导人参加了会议。会议学习了毛泽东给李庆霖来信的复信。针对知识青年上山下乡中存在的问题，会议讨论和议定了六条统筹解决的办法：一、各级党委要严格检查上山下乡工作，成立领导小组，由一名书记主管。二、切实解决下乡知识青年在口粮、住房、医疗等方面的困难，给予补助，增加经费。三、加强对下乡知识青年的培养教育。四、坚决刹住"走后门"的不正之风。五、对破坏上山下乡的犯罪活动要作坚决的斗争，惩办一批迫害知识青年、强奸女青年的犯罪分子。六、对今后的上山下乡做出长远的全面的规划，主要采取4种形式：1. 插队；2. 建立青年队；3. 建立知识青年农场；4. 到生产建设兵团。会议起草了《关于知识青年上山下乡若干问题的试行规定草案》和《1973年到1980年知识青年上山下乡初步规划草案》。8月4日，中共中央转发了国务院7月24日关于全国知识青年上山下乡工作会议的报告。

6月27日　中国在中国西部地区上空，成功地进行了一次氢弹试验。

6月29日　财政部颁发《中国人民银行短期放款办法》。规定：放款对象为在建设银行开户的国营施工企业，专门供应基建物资的供销企业，地质部门的供销机构和附属修配厂，以及按国家规定实行包工包料的县以上视同国营企业管理的集体所有制建筑企业。放款种类为：超定额储备材料放款，放款期限不得超过6个月；大修理放款，放款期限不得超过1年。放款年息一律按月息4.2‰计算。按季收取。

6月30日　北京、上海、天津大批先进分子被吸收入党。据新华社报道说：北京市新发展的6万多名党员，“都是无产阶级文化大革命和批修整风运动中涌现出来的先进分子，其中76%是工人、贫下中农”。上海市从中共九大以来，已吸收了3.36万多名新党员，“都是无产阶级文化大革命中和批修整风运动中涌现出来的先进分子”，天津市工业战线在“文化大革命”中入党的有1.6万多名新党员，“大部分是生产第一线的优秀工人”。

本　月　陈云指示银行要研究资本主义经济，利用外资。他在听取中国人民银行行长陈希愈、副行长乔培新的汇报时，提出由银行担负世界经济研究的任务，并提出要调查研究的10个有关国际经济贸易和国际货币金融方面的问题。他指出：过去我们的对外贸易是75%面向苏联和东欧国家，25%对资本主义国家，现在改为75%对资本主义国家，25%对苏联和东欧国家，因此对资本主义国家要很好地研究。他特别强调说：“不研究资本主义，我们就要吃亏；不研究资本主义，就不要想在世界市场上占领我们应占的地位。”针对江青集团煽起的“批判洋奴哲学、爬行主义”极左思潮。陈云要求银行把利用外资的任务承担起来。他说，“和资本主义打交道是大势已定了”，“要立一个新的办法，把一些界限划清楚，如不要把自力更生的方针与利用资本主义信贷对立起来”。按照陈云的这一意见和周恩来的多次指示，中国人民银行对资本主义国家的财政金融状况，做了许多调查研究，在筹措外汇和利用外资方面积极开展工作，1973年筹措到的外汇资金达10亿多美元，支持了对外经济贸易的发展。

7月1日　中央文史馆馆长章士钊去世。章士钊，字行严，1882年生，湖南长沙人。早年入两湖书院，后入南京陆军师范学堂学习。1903年参加蔡元培等组织的军国民教育会，任《苏报》主笔。辛亥革命后，主持上海《民立报》。“二次革命”失败后，流亡日本，与陈独秀等创办《甲寅》月刊。1915年回国参加护国反袁。1917年在北京办《甲寅》杂志，并被聘请为北京大学教授兼图书馆主任。1918年后任广州军政府秘书长、北京农业大学校长、段祺瑞临时执政府司法总长、教育总长，反对新文化运动，压制学生民主运动，激起学生的强烈反对。1928年底再赴欧洲。1930年回国任东北大学文学院主任，上海法政学院院长，华北冀察政务委员会委员兼法制委员会主任。抗日战争时期，任国民政府参议员。抗战胜利后，回上海从事律师事务。1949年作为国民党政府和谈代表抵达北平与中共谈判。在南京政府拒绝在和平协议上签字时，留在北平。中华人民共和国成立后，当选为全国政协第一、二、三届常委，任政务院法制委员会委员，中央文史馆馆长等职。1973年5月受毛泽东、周恩来委托赴香港进行促进祖国统一大业活动。因病于7月1日逝世于香港。著有《柳文指要》等。

同　日　美国宣布停止向台湾当局提供军事援助，但仍向台湾出售武器装备和军事物资。

7月3日　国务院批转国家计委、国务院科教组《关于中等专业学校、技工学校办学几个问题的意见》。《意见》提出：对中等专业学校和技工学校要抓紧调整、规划、布局等工作，根据需要和可能适当发展。《意见》规定：一、中等专业学校一般招收有两年以上实践经验，相当于初中毕业文化程度的工农知识青年，学制暂定为2—3年；技工学校招收相当于初中文化程度的经过1—2年劳动锻炼的知识青年或应届初中毕业生，学制暂定为2年。二、工龄满5年的国家职工，在校期间工资照发，其他学生由学校发给伙食和津贴费。应届初中毕业生实行助学金制度。三、中专、中技学校的开办、撤销等，由所属的中央各部及直属单位或省、市、自治区审批，并主管。《意见》还规定了中专、中技学校的招生、毕业分配办法。此后，自“文化大革命”开始以来停止招生的中专、中技学校恢复了招收新生。

7月4日　毛泽东同王洪文、张春桥谈话。他批评外交部说“近来外交部有若干问题不大令人满意”，与中央历来的，至少几年来的意见不相联系。中央总是说国内外形势大好，一个大好，也不是中好，也不是小好，更不是不好。而外交部说大事不好，欺骗性更大，美苏主宰世界的气氛更浓。我常说“大动荡、大分化、大改组。(外交部) 忽然来一个什么大欺骗、大主宰。总而言之，在思想方法上是看表面，不看实质”。他说：“结论是四句话：大事不讨论，小事天天送。此调不改动，势必搞修正。”“将来搞修正主义，莫说我事先没讲。”关于对孔子评价，毛泽东说：“郭老（指郭沫若）在《十批判书》里头自称人本主义，即人民本位主义，孔夫子也是人本主义，跟他一样。郭老不仅是尊孔，而且还反法，尊孔反法。国民党也是一样啊！林彪也是啊！我赞成郭老的历史分期，奴隶制以春秋战国之间为界。但是不能大骂秦始皇。”

7月15日　毛泽东、周恩来指示恢复徐悲鸿纪念馆。7月6日，徐悲鸿夫人廖静文写信给毛泽东，请求恢复徐悲鸿纪念馆。7月15日，毛泽东将来信批交周恩来，要他派人查明恢复。次日，周恩来指示国务院办公室负责人吴庆彤及吴德，徐悲鸿纪念馆“在1965年夏，因修地下铁道就将纪念馆拆除。它所收藏的悲鸿作品、美术文献和1万多件美术图片多分散各处，徐悲鸿墓碑也被坏人捣毁。请你们分别查清，并与王冶秋或文化组议定恢复方案，进行筹办”。

7月16日　国务院发出《关于成立国务院计划生育领导小组的通知》。《通知》说，为了加强对计划生育工作的领导，决定成立国务院计划生育领导小组，下设办公室，负责日常工作。办公室设在卫生部。

7月18日　中国人民外交学会会长张奚若去世。张奚若，字熙若，1889年生。陕西朝邑人。早年赴美国哥伦比亚大学留学，获硕士学位。参加了中国同盟会。曾任北京法政大学和中国大学政治学教授，国民政府教育部国际出版物交换局局长，高等教育处处长，南京中央大学、清华大学、北京大学、西南联大等校教授，国民参政会参议员等。支持并参加爱国民主运动，是著名的进步教授、无党派爱国民主人士。1949年出席中国人民政治协商会议第一次全体会议。中华人民共和国成立后，当选为第一、二、三、四届全国政协常委，中央人民政府委员，政务院政法委员会副主任，教育部部长，对外文化联络委员会主任，中国人民外交学会会长等职。

7月19日　经国务院批准，国务院科教组转发《关于1973年接受来华留学生若干问题的请示报告》。《报告》提出：从1973年起恢复接受外国留学生来华学习，并对一部分留学生提供奖学金。本年接受的留学生限于入我国高等院校学习的大学生、选课大学生、进修生。留学生来华后，一般先学习一年左右的汉语，然后视汉语能力，转入各专业学习。《报告》提出对留学生的管理方针是，政治上积极影响，不强加于人；学习上严格要求，认真帮助；生活上严格管理，适当照顾。《报告》发出后，部分高等院校恢复了自1966年“文化大革命”开始以来的首次招收外国留学生工作。本年，共接受各国来华留学生383人。

同　日　中共广东省委书记处书记冯白驹去世。冯白驹，原名裕球，1903年生。广东琼山人。曾参加五四运动。1926年加入中国共产党。曾任区农民协会主任、中共琼山县委书记、县人民政府主席、中国工农红军琼崖总司令部第七路军党代表、中共琼崖特委书记。抗日战争时期，历任中共琼崖特委书记、琼崖人民抗日自卫团独立纵队司令员兼政委、琼崖东北区人民政府主席。解放战争时期，历任中共琼崖区委员会书记、琼崖人民政府主席、中国人民解放军琼崖纵队司令员兼政委、中共海南区党委书记。中华人民共和国成立后，历任中共海南区委书记、海南军区司令员兼政委、海南军政委员会主任、中共广东省委书记处书记、广东省副省长、中共中央中南局委员、中共浙江省委委员、浙江省副省长等职。当选为第一届全国人大代表，国防委员会委员。在中国共产党第八次代表大会上当选为候补中央委员。1955年被授予中将军衔。1957年受到错误的批判，被撤销广东省委书记和常委职务。“文化大革命”中受到林彪、江青反革命集团的迫害。1983年2月，中共中央批准为“冯白驹地方主义反党集团案”平反，撤销原处分决定，恢复名誉。

同　日　对马王堆女尸的初步研究结果公布。新华社报道：中国科学研究人员最近对长沙马王堆一号汉墓女尸进行了解剖和初步研究。结果表明，这具距今2 100多年的尸体不仅内脏器官完整，而且主要病变尚可确认。这次解剖，为我国古代医药、防腐以及其他方面的研究，进一步提供了丰富的科学资料。

7月26日　原中共中央监委副书记钱瑛去世。钱瑛，1903年生。湖北咸宁人。1923年考入湖北省立女子师范学校。1927年3月加入中国共产主义青年团，同年5月转入中国共产党。1929年赴莫斯科劳动大学学习。1931年回国，先后任中共湘鄂西分局职工工作委员会委员兼省总工会常委、秘书长，中共潜江县委组织部长、县委书记，中共江苏省委妇女委员会秘书长。1933年被捕，1937年经组织营救获释。曾任中共湖北省委组织部长兼妇女委员会书记、中共湘鄂西区党委书记、代理省委书记，中共南方局驻川西、川康特委代表、中共西南工作委员会书记等职，长期从事党的秘密工作。1945年起任中共中央重庆局、南京局组织部长，中共中央上海分局委员，负责国统区的学生运动。1949年起任中共中央华中局（后改中南局）常委兼组织部第一副部长、部长、妇女委员会书记、纪律检查委员会副书记，中南军政委员会委员、人事部长，中央纪律检查委员会副书记兼政务院监察委员会副主任，中华人民共和国监察部部长、内务部部长，中共中央监委副书记，中共贵州省委第二书记。当选为第三届全国人大常委。“文化大革命”中受到迫害。1978年3月23日，中共中央为她平反昭雪。

7月28日　国务院批转外交部《关于华侨学生上山下乡问题的请示报告》。《报告》提出：华侨学生的上山下乡可安排在华侨农场，原则上不动员他们去农村插队；今后应当鼓励华侨学生在侨居国学习，要求回国学习的，由有关省、市安排他们到指定的普通中小学和国内学生一起学习。《报告》还对已上山下乡的华侨学生要求出国及安排工作等问题做出了规定。

7月29日　毛泽东主席会见刚果人民共和国总统恩古瓦比。双方进行了友好的谈话。毛泽东说："中国跟你们非洲国家差不多，全世界的帝国主义都压迫我们。现在苏联，我们也说它是帝国主义，因为它也压迫我们。我们希望你们非洲国家和地区一个个统统独立。团结起来，逐步，急了也不行，逐步统一起来。"毛泽东还说："如果中国人在你们国家，一切非洲独立国家，在那里称王称霸，自以为了不起，那么这种态度就是不对的了。共产党如果不支持世界人民革命，那还算共产党？你也要采取这种态度，就是要站在各国人民方面。"在谈到国际形势时，毛泽东说："现在这个世界，不要相信是平安无事。现在的局势是'山雨欲来风满楼'。但是这个山雨要来，还没有来呢。可是风来了，而且风很急啊！"周恩来参加了会见。

8月4日　中共中央转发国务院《关于全国知识青年上山下乡工作会议的报告》。中央批语指出：各级党委要以批林整风为纲，纠正不正之风，组织力量，对上山下乡的情况严格地全面地进行检查，解决急需解决的实际问题。《报告》说，全国已有800多万城镇知识青年上山下乡，其中有5.9万人入了党，83万多人入了团，24万多人被选入各级领导班子。但是工作中还存在很多问题，如：某些部门和一些干部把这项工作当做临时措施，抓得不得力；不少下乡知青的生活困难长期得不到解决；培养、教育问题无人安排、过问；某些领导干部"走后门"将子女留在城镇或调离农村，带来不好的影响等。为解决这些问题，会议讨论起草了《关于知识青年上山下乡若干问题的试行草案》和《1973年到1980年知识青年上山下乡初步规划草案》及六条统筹解决目前存在问题办法：一、各级党委要加强领导。县以上党委都要建立负责知青工作的领导小组和得力的办事机构，由一名书记主管，组织各方面力量做好这项工作。二、切实解决下乡知青的口粮、住房、医疗等方面的实际困难。生活困难的，国家要给予必要的补助。安置费今后要适当增加。三、加强对下乡知识青年的培养教育。四、坚决刹住"走后门"的不正之风。五、对破坏知识青年上山下乡的犯罪活动进行坚决斗争。六、要求有关部门对今后上山下乡工作做出长远的全面的规划，与整个经济建设、开发边疆和文教科研的规划衔接起来。

同　日　国务院批准国家计委《关于追加石油工业1973年基建投

资的报告》。《报告》指出，为了加快大庆、胜利、大港、盘锦、扶余等5个油田的开发，及在下半年动工建设秦皇岛到北京石油化工总厂的输油管道，为京津地区的深井钻探提供钻机等设备，决定追加石油工业投资4.5亿元，预计全年石油工业完成基建投资17.5亿元，可使全国新增原油生产能力1 000万吨，年底原油生产能力达到6 000万吨。

8月5日　毛泽东与江青谈中国历史上的儒法斗争。毛泽东指着郭沫若著的《十批判书》说：我这是批判用的。他给江青念了他写的诗《读〈封建论〉——呈郭老》："劝君少骂秦始皇，焚坑事业要商量，祖龙魂死秦犹在，孔学名高实秕糠。百代都行秦政法，《十批》不是好文章。熟读唐人《封建论》，莫从子厚返文王。"毛泽东又说：历代政治家有成就的，在封建社会前期有建树的，都是法家。这些人都主张法治，犯了法就杀头，主张厚今薄古，儒家满口仁义道德，一肚子男盗女娼，都是主张厚古薄今的。8月，江青在中共中央政治局会议上提出要将毛泽东的上述评价儒家法家谈话内容写入中共十大政治报告，主持会议的周恩来表示"要理解消化一段时间"，不必马上公布。

8月5日—20日　国家计委召开全国环境保护会议。这次会议是在长期以来只重视工业生产建设，忽视"三废"治理，环境污染日趋严重的背景下召开的。会议检查了全国当前环境保护情况，讨论制定了《关于保护和改善环境的若干规定》（试行草案）。主要内容是：一、要作好全面的规划。二、工业要合理布局。三、逐步改善老城市的环境。四、综合利用，除害兴利。五、加强对植物和土壤的保护。六、加强水系和海域的管理。七、植树造林，绿化祖国。八、开展环境监测工作。九、大力开展环境保护的科学研究工作，做好宣传教育。十、环境保护必需的投资、设备、材料要安排落实。

8月7日　《人民日报》发表中山大学历史系教授杨荣国的文章：《孔子——顽固地维护奴隶制的思想家》。文章是毛泽东指示发表的，文章分为两个部分：一、孔子的政治立场；二、孔子的思想——"仁"。文章认为，从孔子对4件事的态度：反对鲁国"三分公室"、"四分公室"；反对田成子取代齐简公；反对铸刑鼎；杀少正卯，说明"孔子顽固地站在日趋崩溃的奴隶制一边，坚决反对新兴的封建制改革"。孔子

"仁"的思想，"是为正在崩溃中的奴隶主贵族阶级的利益服务的"，就是"剥削有理，造反有罪"。文章最后特别指出："批判孔子的反动思想，对参加现实的阶级斗争，特别是对抓上层建筑意识形态领域的阶级斗争，是会有帮助的。"这篇文章发表后，各地报刊纷纷转载，成为"批林批孔"运动的先声。8月13日，《人民日报》又发表了杨荣国的另一篇文章《两汉时代唯物论反对唯心论先验论的斗争》。

8月8日　中共中央发出关于召开中共十大预备会议的《通知》。《通知》要求将要出席中共十大的各代表组就地召开中共第十次代表大会的预备会议，讨论中共中央下发的《在中国共产党第十次全国代表大会上的报告》（草稿）、《关于修改党章的报告》（草稿）、《中国共产党章程修改草案》等3个文件，并学习中共中央下达的有关批林整风文件，为中共十大的正式召开作好准备。

8月10日　《人民日报》转载《辽宁日报》7月19日发表的《一份发人深省的答卷》。《人民日报》编者按说："这封信提出了教育战线上两条路线、两种思想斗争中的一个重要问题，确实发人深思。"《辽宁日报》编者按语说："这里刊载的是张铁生同志在今年大学招生考核试卷背面写的一封信。张铁生同志是1968年的下乡知识青年，共青团员，现任兴城县白塔公社枣山大队第四生产队队长。他对物理化学这门课的考试，似乎交了'白卷'，然而对整个大学招生的路线问题，却交了一份颇有见解、发人深省的答卷。"按语提出质问："录取的主要标准，是根据他在三大革命运动实践中的一贯表现，还是根据文化考试的分数？是鼓励知识青年积极接受贫下中农和工人阶级再教育，努力钻研和完成本职工作，还是鼓励他们脱离三大革命运动实践而闭门读书？"张铁生在信中写道："本人自1968年下乡以来，始终热衷于农业生产，全力于自己的本质（职）工作。""在考试期间，忙碌地翻读了一遍数学教材，对于几何题和今天此卷上的理化题眼瞪着，真是心有余而力不足。""我所苦闷的地方就在这里，几个小时的书面考试，可能将把我的入学资格取消。"信的最后恳求："希望各级领导在这次入考学生之中，能对我这个小队长加以考虑为盼！"7月10日，中共辽宁省委副书记毛远新在辽宁省大学招生文化考察座谈会上，听到了关于这封信的汇报，立即要求《辽宁日报》加编者按发表，并删去了原信最后一段恳求语言。实际上，张铁生参加了所有的考试，每门考卷都答了题。其中，语文38分，数学61分，物理化学6分，他交的根本不是“白卷”。考试前，他借书复习功课；考试时他误了时间，竟然从窗子跳进考场应试。他写在考卷背面的信也是事先准备好的。所谓“白卷”事件完全是江青集团制造的一起政治闹剧。其后，各地报刊纷纷转载这一“答卷”和按语，各种各样的“白卷”也相继产生。招生中的文化考试被攻击为“旧高考制度复辟”、“否定教育革命”。

8月12日　国务院同意并批转燃化部《关于大庆到铁岭输油管线复线工程的请示》。国务院在批示中指出：东北地区输油管道的建设，对加速大庆油田的开发，缓和东北铁路运输作用很大，希望抓紧进行，特别是国务院各有关部门要和沈阳军区、东北三省积极配合，做好各项物资保障工作。燃化部8月3日的《请示》说，大庆经铁岭转抚顺的输油管道，1971年11月建成投产，年输油能力为1 800万吨到2 000万吨。铁岭至秦皇岛输油管已经建成，今年10月即将投产。这些输油管道的建成投产，对加速大庆油田开发，缓和东北铁路运输起到了很好的作用。近年大庆原油生产能力增长很快，今年预计可达3 350万吨，仅靠一条输油管道不能承担全部输油任务。国家计委已将铺设大庆到铁岭的输油管道复线，列为今年跨省续建项目。我们打算今冬开始施工，力争明年10月建成。复线全长520公里，年输油能力为2 000万吨（连同第一条输油管道共为4 000万吨），工程投资为2.27亿元，需要卷板管材11万吨，设备4 800台（件）。

8月12日—19日　中共十大预备会议在各地举行。预备会议按所在地区和单位分为34个组，在各单位所在地就地举行。在预备会议上，根据中共中央8月8日通知，讨论和学习了由张春桥、姚文元、王洪文负责起草的3个文件：《在中国共产党第十次全国代表大会上的报告》（草稿）、《关于修改党章的报告》（草稿）、《中国共产党章程修改草案》。大多数代表除在文字措词方面提出一些意见外，都表示同意这3个文件。

8月13日　周恩来批示成立中国歌舞团。为了保存东方民族艺术，周恩来批示将中央歌舞团、东方歌舞团和中央民族乐团合并为中国歌舞团，下设东方歌舞队，并指示组建中国话剧团、中国歌剧团，由于掌握文化大权的于会泳等人拒不执行这些指示，直到1974年，中国歌舞团、中国话剧团、中国歌剧团才相继成立，但长期没有演出任务，东方歌舞队也被裁撤。

8月15日　李先念对商业市场形势的报告做出批示，要求抓好人民生活的大问题。8月11日，商业部提交《关于上半年市场情况和下半年安排意见》的报告。李先念批示说："总的说形势好。但粮、棉、油的工作，总不大理想。今年是年成不错的时候，粮、棉、油在国内应当收支平衡，这不应当成为一句空话。特别还要注意到，国际市场粮食和棉花普遍不足，购粮食和棉花不那么容易了。因此我们必须立足于国内这个观念，决不能削弱，寄托吃国外粮食，那是太危险了。其他商品要抓紧生产（只要有原料），使市场好看些。关心人民生活是要经常注意的大问题。"

8月16日　中国收音机、电视机生产迅速发展。现在全国各省、市、自治区都能够生产收音机，有26个省、市、自治区试制或生产了电视机。据有关部门测定，收音机的灵敏度、选择性等主要指标，达到了国外同类型收音机的水平。

8月20日　中共中央批准《关于林彪反党集团反革命罪行的审查报告》。由中央专案组7月10日上报的这个审查报告共分三个部分。第一部分指出：根据已经调查核实的物证、人证，现已查明：一、"早在九大前后，林彪就招降纳叛，结党营私，伙同他的老婆叶群，勾结陈伯达、黄永胜、吴法宪、李作鹏、邱会作等人，结成以林彪为头子的资产阶级司令部。"二、"在党的九届二中全会上，林彪反党集团向党发动的突然袭击，是有预谋的。"三、"党的九届二中全会以后，林彪反党集团立即秘密进行发动反革命武装政变的准备。""林彪还企图勾结苏修，对我实行南北夹击。"四、"林彪叛党叛国是有其历史根源的。林彪出身于大地主兼资本家家庭，入党以后，资产阶级世界观没有得到改造。"审查报告的第二部分指出："林彪反党集团的出现，是国内外激烈阶级斗争的尖锐表现。""在这样的形势下，林彪反党集团作为国内外阶级敌人的代表，迫不及待地跳出来。他们为自己的阶级本性所决定，非跳出来不可。"在审查报告的第三部分，"中央专案组建议党中央：一、永远开除资产阶级野心家、阴谋家、反革命两面派、叛徒、卖国贼林彪的党籍。二、永远开除林彪反党集团主要成员、国民党反共分子、托派、叛徒、特务、修正主义分子陈伯达的党籍，撤销其党内外一切职务。三、永远开除林彪的反党集团主要成员、混进党内的阶级异己分子、特务、叛徒、卖国贼叶群的党籍。四、永远开除林彪反党集团主要成员黄永胜、吴法宪、李作鹏、邱会作、李雪峰的党籍，撤销他们的党内外一切职务。五、对参与林彪反革命政变的其他骨干分子，由有关部门负责审查，按照党的政策，区别情况，提出处理意见，报中央审批。"8月20日，中共中央政治局会议通过了这一审查报告。1982年4月1日，中共中央做出《关于恢复李雪峰同志党籍的决定》。

同　日　国务院、中央军委发出《关于小三线军工厂归地方领导的若干问题的通知》。《通知》说，1969年林彪一伙借口"统一规划"把小三线军工厂的管理权强行上收，严重损害了地方办军工的积极性。根据中央既定方针，小三线军工厂仍全部归各省、市、自治区领导，并明确小三线军工厂的任务主要是生产轻兵器，其生产建设规划和年度计划由省、市、自治区拟定，报归口部门和国务院国防工办综合平衡。工厂所需国家统配物资和部管物资，由省、市、自治区统一向国家和有关部门申请，军工产品由省、市、自治区支配。

8月20日—23日　中共中央在北京召开中共十大选举准备委员会会议。委员会由104人组成。根据毛泽东的意见，王洪文任选举准备委员会主任，周恩来、康生、叶剑英、江青、张春桥、李德生任副主任。选举准备委员会的主要任务是协商中共十大主席团名单和中央领导机构人选。通过两天的讨论，会议同意中央政治局提出的中共十大主席团名单、第十届中央委员、候补委员候选人名单草案，并决定由张春桥任大会秘书长。会议还听取了中共中央政治局通过并批准的中央专案组《关于林彪反党集团反革命罪行的审查报告》的决议。

8月21日　中国政府在墨西哥城签署《拉丁美洲禁止核武器条约》第二号附加议定书。中国驻墨西哥大使熊向晖同时代表中国政府声明：中国政府签署该议定书，并不意味着中国在裁军和核武器问题上的原则和立场有任何改变，特别是，这不影响中国政府反对"不扩散核武器条约"和"部分禁止核试验条约"的一贯立场。

同　日　国务院、中央军委决定，沈阳军区黑龙江生产建设兵团移交中共黑龙江省委领导。10月4日—9日，中共黑龙江省委和沈阳军区召开黑龙江生产建设兵团交接会议。

8月24日—28日　中国共产党第十次全国代表大会在北京召开。出席大会的代表有1 249人，代表了2 800万党员。代表中工农兵代表占总数的67%，妇女代表占20%。台湾省在全国各地党员中选出的代表第一次参加了党的代表大会。大会议程是：一、周恩来代表中央委员会作政治报告；二、王洪文代表中央委员会作修改党章的报告，并向大会提出《中国共产党章程（草案）》；三、选举中国共产党第十届中央委员会。8月24日，举行第一次全体大会。毛泽东主持了这次大会的开幕式。大会选出主席团，毛泽东为主席团主席，周恩来、王洪文、康生、叶剑英、李德生为主席团副主席，张春桥为主席团秘书长。大会接着听取了周恩来向大会作的政治报告。这个报告是张春桥、姚文元起草，经毛泽东审定的。报告共分三个部分：一、关于九大路线。报告完全肯定了九大路线，认为九大的政治和组织路线都是正确的。二、关于粉碎林彪反党集团的胜利。报告对林彪集团的反革命罪行，作了进一步的揭发和批判，深刻揭露了他们"语录不离手，万岁不离口，当面说好话，背后下毒手"的反革命两面派本质。但是，政治报告仍然坚持了无产阶级专政下继续革命的理论，坚持了"党在整个社会主义历史阶段的基本路线"，坚持了"文化大革命"。三、关于形势和任务。报告对政治形势的分析仍然承袭了九大的"左"倾错误，又突出了党内两条路线斗争的长期性，指出"还会出现10次、20次、30次"。报告为此要全党"特别重视党的基本路线"，指出"埋头日常的具体小事，而不注意大事，这是非常危险的。如果不改变，势必走到修正主义道路上去"。这段话是根据毛泽东不久前对周恩来主管的外交部提出批评而加进的。报告还提出要继续深入实际上因林彪事件已停止了的斗、批、改运动，巩固文化大革命的成果，随后，王洪文代表中央委员会向大会作《关于修改党章的报告》。报告也是由张春桥、姚文元起草，毛泽东审定的。报告说，“条文部分改的不多”，删去了总纲中有关林彪为接班人的一段话。报告介绍了新的党章修改草案增写的六点内容：一、关于文化大革命，明确写上“这样的革命，今后还要进行多次”。二、把毛泽东的“三要三不要”原则写进党章。三、写进了“反潮流”的原则。报告说：“事关路线，事关大局”，要“不怕撤职，不怕开除党籍，不怕坐牢，不怕杀头，不怕离婚”。四、要在群众斗争中培养千百万无产阶级革命事业的接班人。五、加强党的一元化领导，发扬党的优良作风。六、坚持无产阶级国际主义。25日—27日，代表们分组讨论和学习了这两个报告和新党章。28日，大会一致通过了这两个报告和新党章。然后，以无记名方式，按照事先拟定的候选人名单，选出195名中央委员和124名候补中央委员。大会在通过公报后闭幕，由于党的民主集中制的被破坏，十大在选举新的中央委员会时，一些地方上的野心家、投机分子、帮派骨干进入了中央。在选拔中央接班人时，仍然采用了个人指定的办法，使王洪文进入了中央最高领导核心，成为毛泽东的接班人。十大在组织上进一步加强了江青集团在中央的地位，为“四人帮”的形成创造了条件。十大将已清查出来的林彪反革命集团成员从中央委员会清除出去，并重新选进了在“文化大革命”前期被排挤出中央的邓小平、王稼祥、乌兰夫、李井泉、谭震林、李葆华、廖承志等老同志，对于今后增强同江青集团作斗争的力量，坚持党的正确路线，也产生了一定的积极影响。十大在政治路线上虽然揭露、批判了林彪反革命路线的罪行，但仍然坚持了“文化大革命”的“左”倾错误指导方针，进一步发展了“左”的错误，从而使“文化大革命”又延长了数年之久。

8月25日—9月6日　亚非拉乒乓球友好邀请赛在北京举行。来自三大洲的86个国家和地区的乒乓球代表团参加，共1 100多人。中国乒乓球队获得了男子团体、女子团体和混合双打3项冠军。

8月26日　中国第一台每秒钟运算百万次的集成电路电子计算机

试制成功。这台计算机是由北京大学、北京有线电厂和燃化部有关单位共同设计试制的。它字长48位，内部储存器容量13万字，加上磁带机、磁盘机、打字机、作孔机和输出、输入机等共有9种22台外部设备。经过3 000多小时的试算运转证明，它的性能稳定，质量良好，主机的解题能力，外部设备和管理、语言编译、符号汇编3套程序等主要指标，均已达到设计要求。

8月30日　中共十届一中全会在北京举行。全会选举了新的中央政治局，选举结果为：中央委员会主席：毛泽东。中央委员会副主席：周恩来、王洪文、康生、叶剑英、李德生。中央政治局委员：毛泽东，(以下按姓氏笔画为序）王洪文、韦国清、叶剑英、刘伯承、江青、朱德、许世友、华国锋、纪登奎、吴德、汪东兴、陈永贵、陈锡联、李先念、李德生、张春桥、周恩来、姚文元、康生、董必武。中央政治局候补委员：吴桂贤、苏振华、倪志福、赛福鼎。中央政治局常委：毛泽东、王洪文、叶剑英、朱德、李德生、张春桥、周恩来、康生、董必武。

9月1日　国际乒乓球联合会为庄则栋连获三届世界男子单打冠军，授予他复制的圣·勃莱特杯，今日晚在北京举行发奖大会。

9月8日　巴黎—北京航线正式通航。

9月8日—11日　国务院科教组在北京召开教育战线批判孔子问题座谈会。参加座谈会的有各省、市、自治区教育部门及有关高等学校负责人共98人。广州中山大学教授杨荣国在会上作了《儒法两家的斗争和孔子反动思想的影响》的报告。会上交流了北京大学、复旦大学等单位开展批孔的经验。国务院科教组负责人迟群在会上提出，要把批孔作为贯彻党的十大精神，深入批林整风的一项大事来抓；他说，不光文科院校、不光是大学要批孔，各类学校都要开展批孔，要把批孔与深入开展教育革命结合起来。迟群还在会上说，“哪些地方不重视批孔”，哪些地方就属于“针插不进，水泼不进”。10月初，周恩来批评了迟群的这些说法。

9月10日　经中共中央批准，国务院、中央军委发出《关于成立国务院国防工业办公室的通知》。《通知》指出：为了加强对国防工业的统一领导，决定撤销中央军委国防工业领导小组及其办公室，成立国务院国防工业办公室，受国务院、中央军委领导，以国务院为主。这个机构的主要任务是对国防工业的生产、建设和科研工作进行统筹规划，全面安排，组织执行。随着国防工业领导体制的变动，第三、四、五、六机械工业部，由军工领导转变为由国务院直接领导。这几个部领导军口各院少数骨干企业，其余的部直属企业和国防工业系统的院校，下放给省、市、自治区管理，实行地方和部队双重领导，以地方为主。省、市、自治区设立管理国防工业的机构和管理电子工业的专门机构，撤销各大军区管理国防工业的机构。1974年5月，这项《通知》经过征求意见颁发执行。这次将国防工业划归国务院系统为主领导，是在总结了搞独立的大军工体系的教训后做出的决定。

9月11日　国务院科教组在内部刊物上综合反映各省、市、自治区现行中小学学制的情况。“文化大革命”以来，全国各地进行了中小学学制改革，其中有14个省、自治区实行9年制（小学5年，初中2年，高中2年）；7个省、市、自治区实行10年制（小学5年，初中3年，高中2年或小学6年，中学4年）；9个省、自治区的农村学校实行9年制，城市学校试行10年制，西藏自治区实行小学5年制和6年制并存，初中实行3年制。

9月11日—17日　法国总统乔治·蓬皮杜对中国进行正式访问。11日，国务院总理周恩来举行欢迎宴会，王洪文、姚文元、李先念、吴德等出席作陪，周恩来、蓬皮杜先后在宴会上讲话。同日，《人民日报》发表社论：《热烈欢迎蓬皮杜总统》。12日—14日，周恩来与蓬皮杜举行了3次会谈。双方主要就国际问题和中法关系交换了意见。双方在会谈中表示，所有国家，无论大小，也不管其社会制度如何，一律平等；相互尊重主权和领土完整。各国和各国人民的事应该由各国和各国人民在没有外来干涉的情况下，根据国家独立的原则自己解决。双方声明：为了国际局势的改进，反对任何霸权。双方对两国在经济交流和工业技术接触方面所取得的进展和良好前景表示高兴。14日，蓬皮杜分别举行了答谢宴会和记者招待会。同日，双方签署《中法公报》，17日，《公报》发表。

9月12日　毛泽东主席会见法兰西共和国总统乔治·蓬皮杜。会见在中南海进行。双方就共同感兴趣的问题交换了意见。在谈到中国在国际上的地位时，毛泽东说："美国说我们比希特勒还要坏。赫鲁晓夫1954年到中国，1955年就跟阿登纳讲，请他帮助反对中国。他把这个话讲给戴高乐将军，讲给杜勒斯，总而言之逢人就讲。他(指阿登纳）就高兴呢，高兴赫鲁晓夫反对中国。"毛泽东认为西方各国有一股潮流要推动苏联反对中国。他对蓬皮杜说，阿登纳批评我们，说我们骄傲，说我们太骄傲了，那个时候全世界都反对我们，那不骄傲一点也不行呢。在谈到美苏在全球争霸问题时，蓬皮杜认为美苏是爱好和平的。毛泽东则指出苏联野心很大。整个欧洲、亚洲、非洲，它都想拿到手。他还说，美国人到底搞不搞孤立主义，是值得怀疑的。孤立主义对欧洲不利，对中国也不利。毛泽东说："战争总有一天是要打的。宁可放在这个'打'字上。第二个才放在和平上，不然就要丧失警惕。"两位领导人还回顾了两国建交的过程和近年来双边关系的发展。他们一致认为中法两国之间没有隔阂，没有对立，不要互相戒备。毛泽东向客人介绍了中国国内的一些情况。周恩来、王洪文以及王海容、唐闻生会见时在座。法国外交国务秘书让·德利普科夫斯基也参加了会见。

9月12日—22日　美国费城交响乐团前来中国访问演出。从14日开始在北京举行了4场交响音乐会。16日晚，中央领导人和有关方面负责人江青、姚文元、吴德、乔冠华、杨骥、林林、于会泳、石少华、丁国钰等出席观看了演出，并在演出结束后会见了该乐团负责人和主要演员。费城交响乐团成立于1900年，是美国著名的交响乐团之一。乐团在上海也举行了两场音乐会。22日，交响乐团离沪回国。

9月15日　中国政府和上沃尔特共和国建立外交关系的联合公报发表，决定建立大使级的外交关系并互派大使。16日，《人民日报》发表社论：《祝贺我国和上沃尔特共和国建交》。12月3日，两国政府经济技术合作协定在瓦加杜古签订。

9月15日—20日　北京市第六届妇女代表大会召开。张春桥、纪登奎、吴德接见了与会代表，吴德在大会上讲了话。大会选举产生了北京市妇女联合会第六届委员会。傅玉芳为北京市妇女联合会主任，副主任为徐光、刘桂英、白仙畔、宋舜英、王志华、王静儒。

9月17日　8省、市组织援藏医疗队。新华社报道：上海、江苏、湖南、湖北、河南、山东、辽宁、四川8省、市组织8个医疗队，最近先后出发去西藏，帮助西藏发展医疗卫生事业。这8个医疗队共有440多名医务工作者，他们分别深入西藏的拉萨、山南、日喀则、那曲、昌都等城乡地区，防病治病，帮助藏族卫生人员提高技术水平，扶持当地医药卫生事业的发展，还有计划地调查研究高山不适应症和当地的常见病、多发病的情况，提出有效的防治措施，同时注意研究西藏地区特殊的药材。

9月18日—12月18日　中国代表团出席联合国大会第二十八届会议。代表团团长乔冠华，副团长黄华。本届联大会议于本月18日—12月18日在美国纽约举行。20日，黄华在联大总务委员会会议上阐述了中国对有关朝鲜问题议题的原则立场。10月2日下午，乔冠华在联大全体会议上发言。他的发言围绕着当前的世界形势、柬埔寨问题、朝鲜问题、孟加拉问题、中东问题、反对殖民主义问题、反对海洋霸权问题以及裁军问题等10个方面的内容阐明了中国的立场和看法。本届大会还通过了把已是联合国大会和安理会正式语文的中文列为大会和安理会的工作语文的决定。

9月23日　毛泽东主席会见埃及副总统侯赛因·沙菲，双方就国际形势和双边关系问题坦诚地交换了意见。在谈到美苏关系时，毛泽东认为，美苏一致是表面的、骗人的，而不一致是本质的、根本的。在谈到中国的对外关系时，毛泽东说，我们受过八国联军的苦，其中特别是日本。但是现在我们跟日本搞得比较好。其次是美国和苏联，受他们两家的苦。现在跟美国又比较好一点，比较接近一点，跟苏联还僵着。在谈话中，毛泽东还谈到了秦始皇。他说，秦始皇是中国有名的，就是第一个皇帝，一世。最近，林彪还骂我叫“秦始皇”。中国人历来分两派，讲秦始皇好的是一派，讲秦始皇坏的是一派。我是赞成秦始皇，不赞成孔夫子。因为秦始皇是第一个统一中国，统一文字。修筑宽广的道路，不搞国中有国而用集权制，由中央政府派人去各个地方，几年一换，不用世袭制度。在会谈结束时，毛泽东对沙菲说："我们总是支持你们的，我们两国人民和第三世界人民，以及全世界人民总是要团结的。"会见持续了两小时。周恩来、王洪文参加了会见。

9月24日　外交部长姬鹏飞致电国际货币基金组织总裁约翰内斯·韦特文，严正要求将蒋介石集团的代表驱逐出该组织。电文重申，中华人民共和国政府是中国的唯一合法政府，蒋介石集团根本没有任何资格代表中国参加国际组织。中国是国际货币基金组织的创始国之一。但20多年来，蒋介石集团继续非法窃据中国在国际货币基金组织的席位。这种错误的状况必须加以纠正。同日，姬鹏飞给国际复兴与开发银行行长罗伯特·麦克纳马拉也发出了同样内容的电报。

9月26日　国务院同意并批转外贸部《关于广州交易会几个问题的请示报告》。外贸部9月17日的《报告》提出：一、统一对外是我国对外贸易的一项重要原则。必须进一步加强我们内部的团结协作，反对在对外成交中搞"三争"（争商品、争市场、争客户）。广交会的经营方向，要反对"外汇挂帅"，要促生产、促内贸，不是单纯对外搞成交。二、在货源组织上，开幕前要做好充分准备。秋季交易会要有一部分下个年度的出口商品，提前成交。要有计划地吸收生产部门的同志参加工作，以利于沟通情况，促进出口生产的发展，扩大出口货源，提高出口商品质量，改进包装装潢。三、随着对外贸易的发展，交易会的成交额可以有适当增长。但出口成交如过于集中在交易会进行，对于选择销售时机和进行价格斗争有不利的一面。就整个对外贸易来说，应以平时成交为主，交易会主要销售适宜看样成交的商品，例如某些轻纺工业品、农副土特产品、手工艺品等，规格、花色比较简单的，国际市场上价格比较敏感的大宗产品，主要通过平时成交。此外，还可以举办专业性的小型交易会。《报告》提出，举办商品交易会要处理好以下几个关系：一、中小客户与大客户的关系。交易会以中小客户为主要对象。二、新客户和老客户的关系。要统筹安排。三、民间和官方的关系。交易会以民间为主。四、直接贸易和转口贸易的关系。交易会应积极发展直接贸易。五、出口和进口的关系。交易会主要指出口，同时兼顾进口，大宗进口商品一般不在交易会洽谈。为进一步加强对交易会工作的领导，建议由广东省、外贸部、国家计委和外交、商业、轻工等部派负责同志，并吸收各交易团和交易会机关的负责人参加，组成交易会领导小组。

9月27日　《人民日报》发表中央党校写作班子“唐晓文”文章：《孔子是“全民教育家”吗？》。中央党校写作班子是康生一手培植起来的。原来是把矛头指向刘少奇的“革命大批判组”，于1972年正式以“唐晓文”的笔名在《红旗》杂志上发表文章。文章认为，“古今中外没有也不可能有什么超阶级的、全民的教育。无论从哪方面看，孔子的教育活动都是为复辟西周奴隶制度的反动政治服务的，孔子本人是个地地道道奴隶主贵族的忠实奴才。所谓‘全民教育家’不过是一些人给孔子披上的一张画皮。”文章最后说：“刘少奇、林彪之流所以热衷于把孔子吹捧为‘全民教育家’，宣扬‘有教无类’的滥调，就是要为其修正主义的教育路线制造理论根据，妄图抹煞无产阶级教育的阶级性，把我们的学校变成培养资产阶级接班人的场所。”

9月27日—10月17日　全国首次港口建设会议在北京召开。会议确定，到1976年，全国港口建设的基本目标是：一、沿海港口货物吞吐能力由1亿吨提高到1.6亿—1.7亿吨，基本适应国内外贸易和援外货运的需要，使进出口的原油、矿石、钢铁和杂货的运输状况有较大的改善。二、大幅度缩短远洋运输船舶平均停港时间，基本消除压船、压货的严重情况。三、保证远洋运输船舶的供油、供水，并为外籍船舶航次修理和船员生活服务提供必要的条件。四、适当改善客运条件。会议提出港口建设的方针和政策是：注意合理布局，重点在有城市作为依托的已有沿海港口，并为以后港口建设制定长远计划；统一计划、统筹安排、远近结合和分期建设；坚持勤俭建港，处理好新建和改建的关系；“集中力量打歼灭战”，按照基本建设程序办事，没有勘察不能设计；没有设计不能施工，建成1个项目，投产1个项目，尽快形成生产能力；积极引进和采用新技术，加强科学技术研究，因地制宜，“土洋结合”，大胆创新；提高装卸机械化水平，组织科研、设计、制造和生产等部门对港口机械进行选型和定型，逐步做到标准化、通用化、系列化，对稳定的大宗散货尽量采用高效率的流水作业线，有条件可试用集装箱。

9月28日　首都百万工人民兵代表集会，纪念毛泽东发出“大办民兵师”号召15周年。大会由首都工人民兵总指挥部主持召开。中共中央政治局候补委员倪志福及北京市的党、政、军负责人出席了大会。倪志福在会上讲了话。他着重讲了武装工人阶级、加强城市民兵建设的重要意义，对今后的首都民兵建设，提出了新的要求。29日，《人民日报》、《解放军报》发表社论：《办好民兵》。社论高度评价民兵武装的作用，认为它是“加强无产阶级专政，防止资本主义复辟的一支重要力量”，要求有关部门“要把主要精力放在民兵工作上”。社论还提出：“办好城市民兵，武装工人阶级，对于建设和保卫城市有重要意义，应当十分重视。城市民兵要以产业工人为主体。要适应城市特点，把民兵更好地组织起来。要根据未来城市作战的要求落实各项战备措施。无产阶级文化大革命以来，城市民兵建设有许多新鲜经验，是很宝贵的，需要好好学习和总结。”

本　月　王洪文、张春桥指示王秀珍、金祖敏“选拔一批工人出身的新干部”，准备到中央各部当部长。早在1972年上半年，张春桥就说：“我们也要培养工人大使，现在的外交人员，到联合国去的人都是知识分子。”根据他的指示，由当时分管组织工作的金祖敏挂帅，选调了80名工人，送到复旦大学培训，准备两年后分配到外事和外贸单位熟悉工作，一旦“四人帮”篡权后即派往国外当大使。1972年8月，王洪文提出“要准备100名干部，随时准备抽调出去”。他到北京工作后，多次通过金祖敏，布置抓紧进行挑选。1973年1月，王洪文迫不及待地指示市委召开全市组织工作会议，王洪文赶赴上海，亲自到会作“指示”，要各级领导抓紧选拔。会后，金祖敏、王日初抽调了大批人力，分赴工厂、农村基层单位进行选拔。到1973年4月份，选出100人，集中办学习班。这100人名单报王洪文后，王大为不满，因为其中没有多少他们“熟悉”的。他们仅从中选定9人当“十大”代表。此后，王洪文多次密电金祖敏，要他寻找中央委员和候补中央委员人选。于是，金祖敏指名把连“十大”代表都不是的祝家耀、周宏宝、汪湘君、张国权、陈佩珍5人，塞进上海参加中央委员和候补中央委员的名单。王秀珍、金祖敏为了选拔"真正能起作用"的干部，从1973年10月起，专门举办了"市委工农兵干部学习班"，进行考察选拔。

本　月　中国民航从美国订购的第一架波音—707型飞机正式加入航班飞行。

10月1日　北京电视台（今中央电视台）彩色电视节目转入正式播出。上海、天津、南京、武汉、杭州等地试转了彩色电视节目。北京电视台的彩色电视节目是本年5月1日开始试播的。

10月6日　李先念对黑龙江省粮食局《关于黑龙江生产建设兵团的粮食生产和预计交售情况》的报告做出批示。报告说，从1968年—1973年，国家对黑龙江建设兵团的基本建设累计投资达7.3亿元；拥有的拖拉机增加49%，职工人数增加50.8%，耕地面积扩大34.8%，粮豆播种面积扩大17.5%，而单产却下降了41%，总产减少30%，上交商品粮减少69.5%。兵团成立当年盈利1 347万元，第二年开始亏损，5年累计亏损5.37亿元，其中1973年亏损近2亿元。李先念的批示指出："这个兵团的生产情况，真有些像王小二过年，一年不如一年了。再不过问，恐怕明年要吃国家的粮食呢。我想兵团的全体指战员是不会甘心长此下去的。""问题在于方针政策是否正确，方针政策不正确，人的积极性是调动不起来的。"

10月8日　国务院发出《通知》，批转商业部《关于认真执行棉纱、棉布及主要针棉织品统购统销政策意见》。《通知》要求认真检查纱、布统购统销工作的执行情况，坚决纠正一切违反政策的现象，堵塞漏洞，加强管理，切实做好棉纱、棉布及主要针棉织品的统购统销工作。商业部的《意见》提出：一、加强统购工作。凡用棉花、化学纤维纺织或用两种纤维混纺、交织的纱、布、针棉织品及凭布票供应的布制成品，除出口、军需等外，均由当地商业主管部门统购，任何部门不得自行处理。二、认真执行供应政策。各项用布标准，必须按批准和下达的标准和计划执行，不能任意扩大销售。 三、严格执行凭票供应办法。未经国务院批准，任何单位都无权变动。四、减收布票要严加控制。需减少布票的，由商业部另行规定办法。五、建立健全布票印制、发放、收缴、销毁、管理和凭票进货的制度，堵塞漏洞。

10月9日　大庆油田新油区提前出油。本年4月动工开发的这个新油区的油井已喷出原油。原油的产量迅速增长。新油区的建设时间，比原计划大大缩短。在建设过程中，钻井月进尺、取岩芯收获率和井口安装、泵站建设的速度，也都创造了大庆油田会战以来的最新纪录。

10月13日　毛泽东主席会见加拿大总理特鲁多。会见在中南海进行。在近一个半小时的会晤中，双方回顾了中加两国建交3年来双边关系的发展情况。在谈到世界和平问题时，毛泽东认为世界上永远也不会有持久的和平。他说，在现在的制度的条件下，把人分为阶级，建立国家，那就非打不可。我讲"永远"，不是讲一万年，只是讲一两百年。总而言之，这个世界不安宁。口里讲和平，实际上准备打。所以你们也要注意呵。周恩来、王洪文、唐闻生、王海容等会见时在座。

10月19日　美国作家埃德加·斯诺骨灰安葬仪式在北京举行。他的骨灰被安葬在北京大学未名湖畔。汉白玉的墓碑上用中英文分别刻着："中国人民的美国朋友埃德加·斯诺之墓"。墓前陈放着毛泽东、宋庆龄、朱德、周恩来等中国党政领导人献的花圈。毛泽东的花圈上写着："献给埃德加·斯诺先生"。周恩来、李富春、郭沫若、邓颖超、廖承志、康克清、刘湘屏、丁国钰等参加了安葬仪式。斯诺的夫人洛伊斯·斯诺和女儿等亲属也参加了安葬仪式。安葬仪式由邓颖超主持，廖承志和斯诺夫人在仪式上讲了话。

同　日　《人民日报》发表题为《医院也可以办大学》的调查报告。这则关于上海华山医院办医科大学试点班的调查报告中说：这个于1970年7月创办的3年制的试点班共有42名工农兵学生。他们都参加过两年以上的工农业生产劳动，其中有的人还当过"赤脚医生"、不脱产的工人医生和部队卫生员。他们学完规定的全部课程后，于本年8月毕业。调查报告认为："医院办医科大学，更加便于结合医院的医疗实践组织教学。"在3年的学习时间内，试点班还让学生用三分之一的时间到农村、工厂去，主要是在县医院或结合农村巡回医疗进行教学。华山医院办试点班的经验，被认为是学习上海机床厂从工人中培养技术人员的经验后，在医学教育领域出现的一个新生事物。

10月20日　全国妇联副主席杨之华去世。杨之华，1900年生。浙江萧山人。瞿秋白夫人，又名杨音、芝华，化名杜宁。1922年加入中国社会主义青年团。1923年考进上海大学社会系，同时在向警予领导下做女工工作。1924年加入中国共产党，同年11月与瞿秋白结婚。曾参加上海纱厂工人罢工、“五卅运动”和上海工人第三次武装起义。后在中共中央妇女运动委员会工作，任中央妇女部部长。1930年后，任中共中央妇女运动委员会委员兼秘书，并在全国总工会女工部工作。1934年任中共中央局组织部秘书。1935年赴苏联出席共产国际第七次代表大会，任国际红色救济会常务委员。1941年回国途经新疆时被军阀盛世才逮捕。抗日战争胜利后出狱赴延安，仍任中央妇委委员。1947年调任中共晋冀鲁豫中央局妇委书记。1949年5月出席第一次全国妇女代表大会，被选为中华民主妇女联合会常务委员，任党组成员、国际部部长。中华人民共和国成立后，历任中华全国妇女联合会副主席，中华全国总工会党组成员、女工部部长、第七、八届执行委员。在中共八届十中全会上，当选为中央监委委员、候补常务委员。是第一至第三届全国人大代表，第三届全国人大常委会委员，中共五届中央委员。“文化大革命”中受到林彪、康生、江青等人的诬陷和迫害，被关进监狱达7年，含冤去世。1979年，中共中央为她平反昭雪，恢复名誉。

10月24日　解放军总政治部宣传部发出《关于在部队中批判孔子的意见》。《意见》要求：“各级党委、政治机关要认真学习5月中央会议传达的毛主席关于批孔的教导。注意阅读中央报刊发表的文章，充分认识批孔的重要意义。”“当前，要认真学习十大文件，继续把批林整风放在首位。在深入批林中联系批孔”。1974年1月25日，在中央直属机关和国家机关批林批孔动员大会上，这个《意见》被谢静宜、江青指责为“屁话”。当谢静宜念到该《意见》要求“批孔的口径”“批什么问题，批到什么程度，一定要以中央报刊为标准，不要乱批，不要乱提口号，不要乱点名”时，江青紧接着说：“屁话！就是主席讲的屁话。”

10月26日　中共北京市委第二书记刘仁去世。刘仁，1909年生。四川省酉阳人，土家族。1924年到北京，在其舅父、共产党员赵世炎的影响下，参加了反帝爱国学生运动。1927年加入中国共产主义青年团，同年转为中国共产党党员。后到天津工作，任中共天津市委纺织行动委员会书记。1930年被捕，1932年被国民党当局宣布无罪释放。自1933年起，先后在内蒙古、张家口、北平等地从事兵运工作和群众工作。1935年被派往苏联学习。1937年底回到延安，任中共中央党校秘书长兼班主任。1938年冬到晋察冀抗日根据地工作，任中共晋察冀中央分局委员、秘书长，分局组织部副部长。1942年后任分局城市工作委员会书记、晋察冀中央局城工部部长兼敌工部部长等职。解放战争时期，任中共中央华北局组织部副部长、城工部部长，曾组织和领导了平津地区的地下革命斗争，配合人民解放军和平解放北平地区。中华人民共和国成立后，历任中共北京市委组织部部长、市委副书记、第二书记、中共中央华北局书记处书记等职，长期协助市委第一书记彭真主持北京市委日常工作。在中国共产党第八次全国代表大会上当选为候补中央委员。在“文化大革命”中，受到江青等人的诬陷和迫害。1966年11月，江青和陈伯达在群众大会上公开点了刘仁的名。此后，便遭到游斗。1968年1月，林彪、江青和康生等人，诬陷刘仁是“反革命敌特分子，出卖党政军核心机密、叛党叛国”，“出卖祖国的情报”，“勾结美国特务”，诬蔑当年刘仁领导的华北局城工部是“特务窝子”。批判刘仁17年搞了修正主义，说他和北京市委一些主要负责人结成“反革命修正主义集团”，包庇“三家村”，等等。从此，刘仁被关进监狱整整5年。在关押期间，刘仁患了严重的肺病，于1973年10月26日在北京逝世，终年64岁。1979年2月，中共中央为他平反昭雪。

10月—次年1月　“四人帮”在清华大学和北京大学掀起“反右倾回潮”的“3个月运动”。迟群一伙打着“反击右倾复辟势力”、“反击修正主义回潮”的旗号，上揪“资产阶级复辟势力代表人物”，下扫“复辟势力的社会基础”，挥舞“裴多菲俱乐部”、“自由论坛”、“反对工人阶级领导”、“反对教育革命”、“反对七二一指示”等政治帽子，派人进驻教研组和一些“重点单位”，搞“揭盖子”，“夺权”，“占领阵地”，对广大干部和教职工进行打击迫害。在这个运动中，清华大学被立案审查和重点批判的教职工有64人，被点名批判的有403人，被点名指责或被迫作检查交代的人为数更多，一些干部被无理停止工作。在此期间，迟群将他在发动这一运动中的两次讲话稿修改后，以《巩固和发展无产阶级文化大革命的成果》和《再论巩固和发展无产阶级文化大革命的成果》为题，署名“秦怀文”，在《教育革命通讯》上发表。文章把学校师生员工对“文化大革命”的不满、对“教育革命”和“两个估计”的抵制说成是在教育界“出现了一股翻案风”，是“搞反攻倒算”，说知识分子队伍中“暴露了一小撮右派”，提出要“毫不留情地揭露批判”，进行“反击”等等。迟群一伙掀起的这个“反右倾回潮”运动，很快由清华大学波及其他学校，从教育界波及其他各界，从北京波及全国一些地方，1977年12月，清华大学党委决定，为“反右倾回潮运动”中受打击迫害的干部和教职员工一律平反，恢复名誉。

11月2日　毛泽东主席会见澳大利亚总理惠特拉姆。在会晤中，毛泽东、周恩来介绍了前不久召开的中国共产党第十次全国代表大会的概况。在惠特拉姆问及林彪事件时，毛泽东说，1971年9月，他自己跑掉了。其实，林彪这个人，我跟他打交道有几十年了，合作的时候也有，很少，对立的时候很多。他是亲苏联的，他准备搞政变。总而言之，他没有出路，向北面去，这就是一个证据。打日本时，差不多有一半时间他在苏联。在苏联发表文章，拥护蒋介石，根本不理共产党。毛泽东还说：“苏联扶助中国党内一个小派别，领袖（指王明）现在还在莫斯科。”毛泽东还谈到中国的经济发展情况，说：“我做的事很小。中国到现在还是一个贫穷的国家，用美国总统的话讲叫做‘潜在力量’，发展中的国家。可见我的工作不行呵！中国穷，有个好处，就是要革命。”周恩来、王洪文参加了会见。

11月6日　商业部、财政部、燃化部下达《关于调整药品价格的联合通知》。决定降低46种制剂价格，降幅在50%~70%的有12种。磺铵类5种降幅在10%~29%；维生素B_1降低42.8%。

11月7日　毛泽东主席会见塞拉勒窝内总统西亚卡·史蒂文斯博士。会见在中南海进行。双方就广泛的问题交换了意见。毛泽东在会见时说：非洲国家同我们建交的不少。非洲国家人民总是要起来的。第一次世界大战，非洲国家起来的还不多，第二次世界大战后就多起来了。庆贺你们整个非洲都发展起来。非洲发展起来，对于整个世界都有好处。会见时，周恩来、王洪文等在座。

11月9日　国务院批转国家计委11月3日《关于增产煤炭保证冬季生产、生活用煤的报告》。《报告》说，当前煤炭生产发展不平衡。山东省的煤炭产量，从7月—10月比计划少产原煤127万多吨。黑龙江省同期累计欠产75万吨。四川、贵州、新疆、内蒙古等省、区，1—10月一直欠产：四川为193万吨，贵州202万吨，新疆16万吨，内蒙古73万吨。全国重点煤矿超欠相抵，前10个月全国重点煤矿欠产782万吨，以致煤炭供应较紧。为了保证冬季生产和生活用煤的需要，要求对生产不好的煤矿加强领导，争取今后不再继续欠产，生产较好的煤矿要多做贡献；加强山西煤炭的调运工作，完成增产150多万吨煤的运输任务；保证重点钢铁企业的用煤需要；大力节约煤炭。

11月10日—14日　美国国务卿兼总统国家安全事务助理基辛格访问中国。10日晚，外交部长姬鹏飞举行欢迎宴会。周恩来、叶剑英及美国驻中国联络处主任布鲁斯、副主任詹金斯和霍尔德里奇等出席。11日—13日，周恩来、姬鹏飞、乔冠华分别同基辛格一行举行了3次对口会谈。在会谈中，双方回顾了今年2月基辛格访华以来国际事态的发展。双方对在北京和华盛顿的联络处正在顺利地行使其职能表示满意，并认为应该继续扩大联络处的工作范围。双方还研究了扩大两国交流的问题，商定了1974年的若干新交流项目。14日，中美双方发表了会谈公报，重申上海公报原则；商定两国将继续扩大联络处的工作范围，并采取措施为进一步发展两国贸易创造条件。

11月12日　毛泽东主席会见美国国务卿兼总统国家安全事务助理基辛格。在近3小时的会见中，双方着重就台湾问题和中美关系问题交换了意见。毛泽东指出，要把美国跟我们的关系问题同我们跟台湾的关系问题分开。只要你们跟台湾断绝外交关系，我们两国就可能解决外交关系问题。至于我们跟台湾的关系问题，那就复杂了。毛泽东还向客人介绍了中苏关系的一些情况。他说："中苏之间1959年就闹翻了，1958年开始闹翻，他们要控制中国的海岸和军港。我跟他们的大使谈话几乎拍了桌子，臭骂了他一顿，他报告了莫斯科，赫鲁晓夫就来了。那时候他提'共同舰队'，苏联和中国搞共同的海军。赫鲁晓夫提出了这个问题。他那个时候相当神气，因为见了艾森豪威尔总统。后来，苏联又要跟我们拉关系。"毛泽东说，苏联就是欺软怕硬，野心很大，欧洲、亚洲，甚至非洲北部都想霸占。但它能力不够，困难很多。会见中，双方还谈到了中东局势、核战争、美日关系以及美国民主党的孤立主义等问题。周恩来、姬鹏飞等参加了会见。美方参加会见的有美国驻华联络处主任布鲁斯和温斯顿·洛德。

同　日　国务院批转水电部《关于今年中小型水库垮坝情况的报告》。《报告》说，1973年汛期到9月上旬，全国中小水库垮坝570座，垮坝最多的是江西省。垮坝的主要原因，是近几年来地方水利建设只图多快，忽视质量。为此，国务院在批转《报告》时强调，必须逐个地、认真地解决水利大检查中发现的问题，今后再发生垮坝事件，一定要严肃处理。

11月13日　国务院批转保护环境的报告。国务院批转国家计委《关于全国环境保护会议情况的报告》和会议拟定的《关于保护和改善环境的若干规定（试行草案)》。批语指出，保护和改善环境，是关系到保护人民健康和为子孙后代造福的大事，关系到巩固工农联盟和多快好省地发展工农业生产的大事。过去由于对"三废"的危害性认识不足，缺乏经验，一些地区已经出现了环境污染问题。各级革命委员会必须把保护和改善环境的工作列入重要议事日程，把这项工作认真抓起来。要做好环境保护的规划工作，使工业和农业，城市和乡村，生产和生活，经济发展和环境保护，同时并进，协调发展。新建工业、科研等项目，必须把"三废"治理设施与主体工程同时设计，同时施工，同时投产。否则，不准建设。对现有城市、河流、港口、工矿企业、事业等单位的污染，要迅速做出治理规划，分期分批加以解决。要在资金、材料、设备上给予保证。各地区、各部门要设立精干的环境保护机构，给他们以监督、检查的职权。要依靠群众，逐步建立必要的规章制度。国家计委的《报告》说，1973年8月5日—20日在北京召开了第一次全国环境保护会议，检查了我国环境保护情况，拟定了《关于保护和改善环境的若干规定(试行草案)》。其主要内容是：一、要做好全面规划。二、工业要合理布局。三、逐步改善老城市的环境。四、综合利用，除害兴利。五、加强对土壤和植物的保护。六、加强水系和海域的管理。七、植树造林，绿化祖国。八、认真开展环境监测工作。九、大力开展环境保护的科学研究工作，做好宣传教育。十、环境保护所必需的投资、设备、材料要安排落实。

同　日　台湾“行政院长”蒋经国在国民党十届四中全会上提出5年内完成“十项建设”计划。该计划于1974年开始实施，除个别项目，大部分于1979年前完成。总计耗资56.06亿美元。包括：“中山高速公路”、“中正国际机场”、“铁路电气化”、“北回铁路工程”、“苏澳港工程”、“台中港工程”、“一贯作业钢厂”、“高雄造船厂”、“石油化学工程”、“核能发电工程”。

11月14日　中国积极研究和应用激光技术，取得重要的成果。自1961年我国第一台红宝石激光器研制成功以来，到现在为止，在科学研究和工业生产部门的努力下，已试制成功数十种常用的激光材料和各种配套元件。在农业上，利用激光照射种子，使农作物获得了高产。上海激光试验站和其他单位合作，仅用了10个月左右的时间就试制成功了中国第一台激光热导仪。吉林省冶金研究所的科研人员和工人们经过一年半的反复实验，试制成功了液体激光显微光谱仪。国家地震局武汉地震大队和北京科学仪器厂等单位研究试制成功的激光测距仪，为大地测量和地震预报研究提供了长距离观测的新仪器。

11月16日　亚运会联合会理事会以压倒多数批准执委会决议，确认中国为会员。该理事会于11月15日—16日在伊朗首都德黑兰举行特别会议。会议于16日以38票赞成，13票反对，5票弃权，批准了这个联合会的执委会在今年9月通过的关于确认中国中华全国体育总会为该联合会会员，驱逐蒋介石集团的所谓体育组织的决议。亚运会联合会成立于1949年。1951年，印度在新德里举办第一届亚运会时，曾邀请中国参加亚运会联合会和首届亚运会。中华全国体育总会派代表团参观了第一届亚运会。1954年，第二届亚运会在菲律宾举行时，蒋介石集团挤进了亚运会联合会。从此，中国未同亚运会联合会发生任何联系。17日，中华全国体育总会发表声明，“对一切主持正义、支持恢复中国合法权利的亚洲和世界各国的体育组织和友好人士表示衷心的感谢”。声明指出：中华全国体育总会作为亚运会联合会的成员将派出体育代表团参加1974年9月在德黑兰举行的第七届亚运会。18日，《人民日报》发表评论员文章：《中国在国际体育组织中的合法权利应当恢复》。

同　日　国务院、中央军委联合发出《关于严格控制社会集团购买力，制止年终突击花钱的通知》。《通知》指出，自1970年以来，社会集团购买商品额占社会商品零售额的比重不断上升，1970年为6.7%，1971年为8.2%，1972年为9.1%，1973年继续增加，据有关部门估计，今年将达100亿元，比1966年—1970年间每年平均55亿元，上升80%以上。《通知》指出，本年不少单位和企业，讲排场，摆阔气，请客送礼、铺张浪费之风有所抬头，非生产性开支和社会集团购买力增加很快。在接近年终时，有的单位怕资金结余上交，又出现了突击花钱，或变相转移资金的苗头。这种情况给市场供应造成了较大的压力，也不利于货币的回笼。1973年计划年底货币流通量在1972年底151.1亿元的基础上不再增发票子，但上半年仅回笼15.6亿元，三季度已投放6.8亿元，这样第四季度只有比上年第四季度减少投放7亿元，才能做到不增发票子，这将影响农副产品收购旺季的农副产品收购量。《通知》针对上述情况，要求各地区、各部门要立即进行讨论和检查，要求财政银行部门、商业部门和物资部门，要把好管钱、管物的关，同违反国家财经纪律的行为作斗争，对于违反国家规定的，要进行批评教育；情节严重的，要给予纪律处分。

同　日　根治海河取得巨大成就。海河是中国华北地区主要水系之一，在1949年以前的580年间，发生洪水灾害就达387次之多。全国解放以后，曾对河道进行过一些治理，但还是经不住较大洪水的袭击。1963年11月17日，毛泽东发出了“一定要根治海河”的号召。从此，一个空前规模的治理海河的浩大工程展开了。10年来，海河流域各省、市对子牙河、大清河、永定河、北运河、南运河等5大河系和徒骇河、马颊河等骨干河道，普遍进行了治理；修筑防洪大堤4 300多公里；还开挖、疏浚了270多条支流河道和15万条沟渠，在河渠上新建了6万多座桥、闸和涵洞。这些工程的完成，基本上改变了海河水系上大下小、洪涝争道、尾闾不畅的状况，初步解除了洪涝灾害的威胁。使海河中下游初步形成了河渠纵横、排灌结合的水利系统，排洪入海能力比1963年提高了5倍多，比解放前提高了10倍多。同时，还扩建和新建了一批水库，使海河流域的大中型水库达到80多座，小型水库达到1 500多座，万亩以上灌区发展到271处。

11月18日—23日　越南南方共和临时革命政府代表团访问中国。越南南方民族解放阵线中央委员会主席团主席阮友寿率领代表团18日抵达北京，在机场受到了周恩来、李德生、张春桥、李先念、吴德、邓小平等中国党政领导人的欢迎。当晚，周恩来总理举行欢迎宴会。周恩来和阮友寿在宴会上讲话。同日，《人民日报》发表社论：《热烈欢迎来自越南南方的亲密战友》。18日—20日，周恩来同阮友寿举行了3次会谈。19日，首都各界群众举行隆重欢迎大会，北京市革委会主任吴德致欢迎词，阮友寿在大会上讲话。20日，代表团举行告别宴会。同日，中国政府和越南南方共和临时革命政府关于1974年中国给予越南南方共和临时革命政府无偿经济援助的协定在北京签字。21、22日代表团访问了天津、广州，于23日回国。24日，《联合公报》发表。

11月19日　毛泽东主席会见越南南方民族解放阵线中央委员会主席团主席阮友寿。在会见中，毛泽东十分关心地询问了越南南方人民进行抗美救国斗争的情况以及柬埔寨和印度支那的形势。毛泽东说：看来这个斗争还是长期的，无论是越南，还是柬埔寨，还是老挝，最后胜利还是人民的。当阮友寿提出越南南方和北方交通运输有困难，需要中国提供帮助时，毛泽东说：“我们应该支持你们，尽我们的所能支持你们。”周恩来、李德生、张春桥等参加了会见。

越南南方共和临时革命政府外交部部长阮氏萍等会见时也在座。

同　日　批判以"智育第一"为中心的讲座拉开序幕。《文汇报》、《解放日报》以《要重视上层建筑领域的革命》为题，发表上海师范大学学员刘丽华的谈话记录，掀起以批判"智育第一"，批判"资产阶级习惯势力"为中心的讨论。刘丽华是黑龙江肇州县农民，共产党员，1970年12月到上海师大中文系学习，当选为校党委委员兼中文系团总支副书记。后回黑龙江工作。刘丽华在谈话中说，她"深感上层建筑阶级斗争是很复杂的。一个突出的问题是'智育第一'的精神枷锁尚未彻底摧毁"，把学校加强对学生的基础理论教育，严格要求学生掌握必需的科学文化知识，以及学校择优选拔、培养人才等做法，都说成是"'智育第一'的精神枷锁尚未彻底摧毁"。两报发表她的谈话记录，是按照张春桥的旨意，徐景贤曾作过删改、增补，并在编者按语中说：刘丽华的谈话，"揭露了修正主义教育路线流毒的若干表现，说明了资产阶级习惯势力的顽固性"，提出"要注意文教战线上两条路线、两种思想斗争的长期性和复杂性"，并号召就谈话中提出的一些问题，认真展开讨论。这个讨论在上海的报刊上持续了3个多月，上海的高等学校还通过贴大字报、召开座谈会等方式，搞"摆问题，提看法"，揭露"智育第一"流毒的表现。

11月22日—12月5日　国务院召开黄河下游治理工作会议。会议根据黄河中上游水土流失情况日益恶化，黄河下游出现泥沙淤积加重，排洪能力迅速降低，河势摆动加剧等严重威胁堤防、生产建设和人民生命安全的情况，提出了治理措施：采取人工加堤和放淤固堤相结合的办法加高加固堤坝；废除淤区生产堤；整治河道，搞好滞洪区，修建支流水库；进一步清理三门峡库区；加紧完成山东齐河、垦利展宽工程和河口治理等项措施。完成上述规划，约需投资10亿元。1974年3月22日，国务院批转黄河治理领导小组《关于黄河下游治理工作会议的报告》。国务院在批转《报告》时，要求把黄河下游今后10年治理规划同黄河中上游的治理规划统一研究，由国家计划委员会统筹考虑。

11月25日　毛泽东在批评江青的一封来信上批示："印发政治

局各同志。有些意见是好的，要容许批评。”这封来信署名是“一个普通的共产党员”。信的内容是批评江青“民主作风较差”，把文艺强调得过分，在文艺工作中不执行双百方针，等等。信中认为“一切为样板戏让路”的口号，吹捧江青是“文化大革命的英勇旗手”，是不恰当的。

11月26日　财政部提出《关于改进财政管理体制的意见（征求意见稿）》。1971年以来，国家财政管理体制连续3年实行大包干的办法，扩大了地方财政管理权限和收支范围，增加了地方机动财力。但是，自1972年3月财政部发出《关于改进财政收支包干办法的通知》之后，各地区在执行中收支指标难以切合实际，苦乐不均的情况仍然存在。为了改变这种情况，1973年在华北、东北地区和江苏省进行了“收入按固定比例留成，超收另定分成比例，支出按指标包干”办法的试点。财政部认为，从试点情况看，这个办法保持了财政收支包干办法的基本精神，基本上是可行的。当时许多地方也都赞成试行这个办法。因此，财政部提出，从1974年起，在全国普遍试行。具体办法主要是：一、财政收入按固定比例给地方留成。留成比例确定后，固定3年不变；留成的绝对数额，将随生产的发展和财政收入的增长，逐年有所增加。二、对于收入超收的部分，另定超收分成比例。考虑到中央需要有相当的机动财力，并且为了便于年初落实财政收支指标，地方超收分成的比例，应控制在30%的幅度以内。三、地方机动财力大体上应有70%用于发展农业生产、老企业的技术改造和补充流动资金；30%用于解决城市建设、各项事业费和行政经费，以及其他方面的一些急需开支。四、除基建拨款和城市人口下乡安置费以外，地方财政的其他各项支出，按照国家每年核定的指标，由地方在总额内包干使用，结余归地方，超支自行弥补。五、进一步搞好资金调度。在年度预算执行过程中，由财政部根据国家核定的地方财政收支指标，暂定一个收入留解指标，据以办理收入上解事宜。年终核算，多退少补。

11月28日　《一所深受贫下中农欢迎的大学》被发表。《光明日报》以此为题，发表辽宁农学院朝阳分院（即朝阳农学院的前身）的教育革命调查报告，开始宣传“朝农经验”。这所学院原名朝阳五七农业科技大学，是1970年由原沈阳农学院的水利系迁往朝阳部分，同朝阳水利学校、农业学校和地区农业科学研究所合并创建的。校址设在离朝阳县城几十里远的山沟里。设有农学、水利、牧医、果林4个系，有3年制的学生584名，第一届大学生即将毕业，几年来还先后举办了50多期短训班，为社、队培训了近万名各种农业技术人员。《调查报告》宣扬的经验是：一、学生实行“社来社去”，即学生由社、队选送，毕业后仍回原选送社队当农民，为社、队培养农业科学技术骨干——社会主义的新型农民。二、从发展农业生产的需要出发组织教学，建立了教学、生产劳动和科学研究三结合的新体制，以科研促教学。根据农业生产发展需要解决的问题建立若干课题组，围绕科研课题组织教学。三、办学方式，实行“几上几下”，每年分期组织学生回到自己社、队，参加当地农业学大寨群众运动，从而使教育超出了人们通常所说的学校的范围，走向了社会。“上”就是在校学习，“下”就是回队实践。《调查报告》认为“几上几下”是朝阳分院教学制度的一项重要改革，打破了“正常的”教学秩序。而这个“乱”是“好事”，它迎来了“无产阶级教育的新面貌”。

本　月　中共中央政治局召开会议批评周恩来，江青提出“第十一次路线斗争”。毛泽东依据不可靠的汇报，误认为周恩来在同美国国务卿基辛格的会谈中说了错话。根据毛泽东的意见，中共中央政治局召开会议错误地批评了周恩来。江青在会议上指责周恩来、叶剑英同基辛格的会谈是“丧权辱国”、“投降主义”等等，对周恩来和叶剑英进行围攻，提出这是“第十一次路线斗争”。姚文元也跟着附和。江青还诬陷周恩来是“迫不及待”地要代替毛主席。紧跟着，她提出要增补姚文元和她自己为政治局常委，并报告了毛泽东。12月9日，毛泽东在分别同周恩来、王洪文以及唐闻生、王海容谈话时，一方面肯定“这次会开得好，很好”但同时，他又批评了江青的提法，指出：有人讲错了两句话。一个是讲第十一次路线斗争，不应该那么讲，实际上也不是。对总理可以批评，林彪就不行。一个是讲总理迫不及待。他（指周恩来）不是迫不及待，她自己（指江青）才是迫不及待。毛泽东还指示："增补常委，不要。"1974年12月23日，周恩来同王洪文赴长沙向毛泽东汇报四届人大的人事安排时，毛泽东在谈话中再次批评了江青等人所说的"第十一次路线斗争"。由于毛泽东的批评和制止，江青等人的阴谋未能得逞。

本　月　"四人帮"制造"无标题音乐问题"事件。10月，周恩来等中央领导人圈阅同意对外文委关于邀请友好国家的两名音乐家来华演出的报告。江青、张春桥、姚文元歪曲报告的原意，说这份报告宣扬"无标题音乐无社会内容"，并且针对这个问题发起了一场全国性的大批判。11月，他们在上海发难，开座谈会，散发简报，组织批判文章。12月7日，于会泳在北京召开首都文艺界大会，攻击周恩来同志圈阅同意的报告是"开门揖盗"，号召开展批判"无标题音乐问题"，"与反革命修正主义路线斗争"。12月15日，初澜率先发表《要重视文化意识领域的阶级斗争》一文，把这个问题在报刊上公开。12月25日—1974年1月3日，国务院文化组在天津召开各省市文化部门的有关负责人会议，传达江青等人的指示，部署批判"无标题音乐"。据不完全统计，自1973年12月开始，全国发表了100多篇批判"无标题音乐"的文章。这一事件，在国外也造成很坏的影响。

本　月　中央"五七"艺术大学成立。该校在中央"五七"艺术学校（1970年冬成立）的基础上建立，下设戏剧学院、音乐学院、美术学院、戏曲学校、电影学校、舞蹈学校。江青任名誉校长，于会泳任校长，浩亮、刘庆棠、王曼恬任副校长。

本　月　空军有关部门提出武器装备发展规划。规划总结了过去的经验与教训，强调研制武器装备要把继承与创新结合起来，逐步提高，设计和研制要系统配套，使飞机装备部队后能很快投入作战使用。规划提出抓紧进行歼-7改型飞机和歼-8飞机的试飞，争取早日定型；为解决夜间作战的需要，建议恢复歼-6甲型飞机的生产；规划还提出歼-7、歼-8型飞机也改一些全天候截击机；要求研制轰-5型飞机的后继机和低空性能良好的强击机，以打坦克为主要任务；对运输机提出要研制运-7、运-8型和能载一个排兵力的、在高原具有良好性能的直升飞机。

12月2日　国务院批转轻工业部、商业部《关于加强少数民族特需用品生产和供应工作的报告》。国务院指出，目前大部分少数民族特需用品，仍在沿海城市生产，布局是不合理的，应当逐步改变。从现在起，要在9个城市（呼和浩特、兰州、成都、昆明、乌鲁木齐、贵阳、西宁、延吉、海拉尔）改建和扩建少数民族特需用品的生产基地，力争在今后两三年内，做到大部分民族特需用品基本满足当地和毗邻省、自治区的需要。为此，决定：1974、1975两年安排基建投资1 800万元，促进少数民族特需用品的恢复和发展。12月20日—28日，全国少数民族特需商品供应交流会在广西桂林市召开。会议沟通了情况，交流了经验，在进一步研究商业、轻工两部座谈会规划的82种少数民族特需用品的基础上，组织了商品供应和交流。

12月3日　中央广播事业局决定行使亚广联正式会员的权利。中央广播事业局以中华人民共和国广播电台和电视台的名义致电“亚洲——太平洋广播联盟”第十届全会和该联盟主席，决定行使亚广联正式会员的权利。1974年9月29日—10月11日，中央广播事业局派出以李哲夫为团长的代表团，第一次参加亚广联合会和有关会议。

12月7日　国家计委向国务院提出《关于1974、1975年国民经济计划的一些设想》的汇报提纲。这一提纲是在各部委联合调查组于10月中旬—11月上旬分别到6个大区，与各省、市、自治区交换意见后，经过综合平衡，并根据11月上旬国务院领导人对“四五”后两年计划所作的指示精神制订的。提纲提出：明后两年总的设想，要争取国民经济的发展比今年更快些，计划的立足点应放在发挥现有企业潜力，搞好社会主义协作。为此，提纲要求各单位切实解决好的主要问题是：一、以农轻重为序，争取农业、轻工业有较大增长。二、狠抓重工业的薄弱环节，主要是钢、煤炭、运输，突出的是煤炭。三、有计划地进行技术改造。四、缩短基建战线，要下决心把大中型项目控制在1 200个以内。五、有计划地引进新技术。六、加强经济核算。七、继续控制职工人数。适当解决部分职工工资问题。八、进一步改进经济管理体制。提纲对当年7月30日国家计委拟订的“四五”计划主要指标进行了调整，并提出1974年国民经济计划主要指标。调整后的“四五”计划中1975年指标是：工农业总产值4 430亿元，其中工业总产值3 200亿元，农业总产值1 230亿元。其中粮食5 500亿斤；棉花5 000万担；钢3 000万吨；原煤4.4亿吨；原油7 000万吨；发电量1 900亿度；化肥3 000万吨；棉纱1 200万件；铁路货运量9亿吨。按照调整后“四五”计划要求，1974年计划主要指标是：工农业总产值4 200亿元，比1973年预计增长6.2%~6.7%，其中工业总产值3 000亿元，农业总产值1 200亿元，分别增长7.1%~7.9%和3.9%；国家基建投资286亿元，增加26亿元；财政收入850亿元，增加60亿元。粮食5 400亿斤，增长3.8%；棉花4 800万—5 000万担，增长4.1%；钢2,700万吨，增长8%；煤4.3亿吨，增长7.5%；发电量1 750亿度；原油6 400万吨；化肥2 800万吨；棉纱1 150万件；铁路货运量8.5亿—8.6亿吨；社会商品零售额1 143亿元，增长6%；进出口贸易总额130.3亿美元，增长29%。

同　日　中央军委转发《关于全军恢复和增建41所院校的报告》。中国人民解放军原有军队院校125所，1969年受林彪大砍院校的影响，院校减少到43所，严重影响了干部的培训和部队建设。为全面提高干部的军政素质和专业技术水平，适应军队建设和战备的需要，8日，中央军委转发经中共中央批准的全军院校调整领导小组《关于全军恢复和增建41所院校的报告》。《报告》提出了恢复和增建院校的原则和方案，对学制、校址、定额等问题作了明确的规定。《报告》转发后，总参谋部、总后勤部、各军兵种及各有关军区，因地制宜地先后把41所院校恢复和建立起来。其中指挥学校（军政干部学校）19所，医务学校12所，专业技术学校10所。到1975年，这些院校相继建成，全军院校达到84所。

12月8日—14日　尼泊尔国王比兰德拉和王后访问中国。8日，周恩来、李先念、邓小平、徐向前等中国党政军领导人前往机场迎接。同　日，《人民日报》发表社论：《热烈欢迎尼泊尔贵宾》。周恩来、江青、李先念等会见了国王和王后一行。周恩来总理举行了欢迎宴会。9日下午，毛泽东主席会见了比兰德拉国王和王后。10日，尼泊尔驻华大使苏巴举行答谢宴会，周恩来总理和比兰德拉国王分别讲了话。9日和10日，周恩来同比兰德拉举行两次会谈。11日—14日，比兰德拉国王一行访问南京、苏州和广州后回国。中尼两国《联合公报》发表。

12月12日　江青集团制造《一个小学生的来信和日记摘抄》事件。本日，《北京日报》发表了《一个小学生的来信和日记摘抄》，这封信是北京市海淀区中关村第一小学5年级学生、红小兵黄帅和班主任老师产生了一些矛盾之后，在其家长的指使参与下写成的。10月21日，这封来信附上黄帅本年9月5日—10月19日写的几则反映她和老师矛盾的一些具体情况的日记，分别寄给《人民日报》、《北京日报》、《文汇报》和《北京少年》杂志。不久，《北京日报》在该报的一个内部刊物上刊登了这份材料，迟群、谢静宜看到后，大为赞许，并接见了黄帅，表示十分支持黄帅的"反潮流精神"。12月12日，《北京日报》根据谢静宜的指令在当天报纸的头版头条位置发表了黄帅的来信和日记摘抄，并加"编者按"说，"这个12岁的小学生以反潮流的革命精神，提出了教育革命中的一个大问题，就是在教育战线上，修正主义路线的流毒还远没有肃清，旧的传统观念还是很顽强的。在教育革命深入发展的大好形势下，我们千万不能忘记教育战线上两条路线、两种思想斗争的长期性和复杂性。黄帅同学提出的问题虽然直接涉及到的主要是'师道尊严'的问题，但在教育战线上修正主义路线的流毒远不止于此。""有了许许多多像黄帅这样的积极分子，把教育革命进行到底就大有希望。""编者按"还提出，"要当教育革命的促进派，而反对那种促退振；要当动力，而不要成为阻力，更不要站在运动的对立面"。号召教师和学生"共同向修正主义教育路线开火"，"要警惕修正主义的回潮"。12月28日，《人民日报》根据姚文元的指示全文转载《北京日报》的"来信和日记摘抄"，以及"编者按"，并加编者按语赞扬黄帅"敢于向修正主义教育路线的流毒开火，生动地反映出毛泽东思想哺育的新一代的革命精神面貌"。提出"要注意抓现实的两个阶级、两条路线、两种思想的斗争"。姚文元还指示《人民日报》在转载《北京日报》的这个材料时，配"中关村第一小学教育革命形势大好"的简短新闻。迟群还在这则新闻中加上了“要看到资产阶级右倾复辟势力的危险性，要向他们应战”一句话。从此以后，江青集团用他们手中控制的各种舆论工具，极力渲染黄帅的来信和日记摘抄，在全国各地的报刊、电台、电视台广为传播。国务院科教组还用电话通知各省、市、自治区教育局，组织学校师生学习。全国，特别是中小学迅速掀起了一股“大破师道尊严”、“横扫资产阶级复辟势力”、“批判修正主义教育路线回潮”的浪潮，有些地方还树立了本地的黄帅式的“反潮流英雄”。这股浪潮，使得经过整顿刚刚有所起色的教学秩序，又陷入了一片混乱之中。一些学生则为所欲为，打架骂人，辱骂教师。许多学校桌椅被拆毁，门窗被打坏，玻璃被砸碎。仅北京市在短短几个月内，学校的玻璃，就被砸碎20多万平方米。

12月12日—22日　毛泽东主持召开中央政治局会议，提出八大军区司令员对调，并提议邓小平当军委委员、政治局委员。12日，毛主席在中央政治局会议上说：“我和剑英同志请邓小平同志参加军委，当委员。”“军委不议军，政治局不议政，以后改了吧。”“我提议，议一个军事问题，全国各个大军区司令员互相调动。”毛泽东提议，陈锡联当北京军区司令；李德生到沈阳军区去；杨得志跟曾思玉对调；许世友跟丁盛对调；韩先楚跟皮定均对调。他说，“一个人在一个地方搞久了，不行呢。搞久了，油了呢”。14日，毛泽东说，现在，请了一个军师，叫邓小平。发个通知，当政治局委员，军委委员。政治局是管全部的，党政军民学，东西南北中。我想政治局添一个秘书长吧，你不要这个名义，那就当个参谋长吧。12月15日，毛主席在同政治局有关同志和北京、沈阳、济南、武汉军区负责人谈话时说，“我还可以打一仗呢。要打就打嘛！天下大乱，包括中国嘛！”“一打来就可以分清，谁是真正愿意打的，谁是勾结外国人，希望自己做皇帝的。”毛泽东说，“步调一致才能得胜利。林彪步调不一致，所以不能胜利。”“我们现在请了一位总参谋长(指邓小平)。他呢，有些人怕他，但是办事比较果断。他一生大概是三七开。”“柔中寓刚，棉里藏针。外面和气一点，内部是钢铁公司。过去的缺点，慢慢地改一改吧。”毛主席还肯定了福建李庆霖的信和辽宁张铁生的信，说：“我看，在北京要把8大学院的教授集中起来，出一批题目，要他们考。他们总是看不起学生。”“现在好多人又看不起儿童团。我也是儿童团过来的，你们都是吧。你们那个青年时期，十几岁，二十几岁就那么高明，我就不相信。”12月21日，毛主席在接见参加中央军委会议同志们时，对许世友说：“你这个人以后搞点文学吧。‘常恨随陆无武，绛灌无文’。你能够看懂《红楼梦》吗？要看5遍。《水浒》不反皇帝，专门反对贪官。后来接受了招安。”“如果中国出了修正主义，大家要注意啊！”在谈话中，毛泽东再次说朱德是“红司令”，还作了自我批评说：“我看贺龙同志搞错了。我要负责呢。”“要翻案呢，不然少了贺龙不好呢。杨、余、傅也要翻案呢，都是林彪搞的。我是听了林彪一面之辞，所以我犯了错误。小平讲，在上海的时候，对罗瑞卿搞突然袭击，他不满意。我赞成他，也是听了林彪的话，整了罗瑞卿呢。”“有几次听一面之辞，就是不好呢。向同志们做点自我批评呢。”12月22日，根据毛泽东的意见，中共中央发出通知，决定：邓小平为中央政治局委员，参加中央领导工作，待十届二中全会开会时追认；邓小平为中央军委委员，参加军委领导工作。同日，中央军委发布八大军区司令员对调的命令。命令称：为了加强军队建设和反侵略战争的准备，使军区主要领导干部交流经验，熟悉更多地区的情况，经毛主席、党中央决定，北京与沈阳、南京与广州、济南与武汉、福州与兰州八个军区司令员相互对调，任命北京军区司令员李德生为沈阳军区司令员，沈阳军区司令员陈锡联为北京军区司令员；南京军区司令员许世友为广州军区司令员，广州军区司令员丁盛为南京军区司令员；济南军区司令员杨得志为武汉军区司令员，武汉军区司令员曾思玉为济南军区司令员；兰州军区司令员皮定均为福州军区司令员，福州军区司令员韩先楚为兰州军区司令员。

12月15日　《人民日报》发表“初澜”文章：《要重视文化艺术领域的阶级斗争》。文章提出，“无产阶级要继续搞好文艺革命，要在上层建筑包括各个文化领域中对资产阶级实行全面专政。但是，被推翻的地主资产阶级是不肯轻易地放弃他们的思想文化阵地的，在某些角落，他们还在负隅顽抗。”“有些地方，还有人演坏戏，说坏书，唱坏歌，隐蔽地或公开地同无产阶级争夺思想文化阵地。虽然这只是个别地区的个别现象，是极少数人干的，广大革命群众是坚决反对的，但这种现象的出现，却应该引起我们的注意。我们必须以党的基本路线为纲，重视思想文化艺术领域中这一阶级斗争的动向。要清醒地看到无产阶级和资产阶级在意识形态方面的斗争的长期性和复杂性，切不可掉以轻心。”文章认为，“同地主资产阶级的思想文化势力作斗争，是无产阶级专政下继续革命的一个重要方面，是长期的斗争任务。”“要把占领思想文化阵地提到巩固无产阶级专政的高度来认识。”文章要求“继续大力普及革命样板戏”，要把“出版革命样板戏”“放到重要的地位”。文章发表之后，《人民日报》又在本月16日、22日和30日的报纸上接连发表了《要继续搞好文艺革命》、《要重视文艺路线的教育》和《发展革命的战斗的文艺批评》等文章。围绕着“抓好文艺领域里的阶级斗争和路线斗争”，批判所谓“修正主义文艺思想”。

12月20日　中国民航事业获得较大发展。新华社报道：新中国民航事业从1950年创办起，到目前，国内已经建立了以北京为中心的80多条民用航空线，连结着全国70多个城市。国内航线里程比解放初期增加近5倍，旅客和货运量分别增长45倍和30倍。在国际民航方面，已经同100多家外国航空公司建立了业务往来。除了从事客货运输外，中国民航还用专业的飞机从事防治农林病虫，进行人工降雨、除草、施肥、播种、造林和护林防火等作业。有关部门还用飞机在各地进行航空物理探矿、普查探矿，并为工农业建设测绘地图、铁路选线、森林调查、河道整治等服务。一些初、高级航空学校，培养了大量的空中、地勤技术人员。

12月21日　《人民日报》发表《很有必要，大有作为——北京下乡知识青年孙立哲给知识青年们的信》。《人民日报》编者按称，孙立哲和他的同学们，到延安地区插队后，虚心接受贫下中农再教育，努力为贫下中农服务，深受贫下中农的欢迎。孙立哲和20名同学一起，于1969年1月到延安县关家庄大队插队落户，后来当上了赤脚医生并办起了合作医疗站，热心为贫下中农服务。他于1972年9月加入共产党。

同　日　自1968年12月22日至今5年来，全国已有800多万知识青年上山下乡。其中有近6万名上山下乡知识青年参加了中国共产党，83万多人参加了共青团，24万多人被选进各级领导班子。

12月22日　《人民日报》发表通讯：《革命的好后代》。介绍在河北省晋县周头公社贺家寨大队插队落户的北京下乡知识青年董良翮的事迹。董良翮是董必武的儿子。《编者按》说："广大下乡知识青年，特别是革命干部的子女，应当从董良翮进步的事迹中受到启示，鞭策自己更加自觉、更加坚定地走与工农相结合的道路。广大革命干部同样应当从中受到启发，教育已经下乡的子女向董良翮这样的同志学习，教育还没有下乡的子女热烈响应党的号召，到农村安家落户。"10月10日，《人民日报》曾发表董良翮写的《坚持走与工农相结合的金光大道——批判林彪反党集团鼓吹的"变相劳改"的谬论》一文。

12月30日　国务院科教组和北京市革命委员会科教组采取突然袭击的方法考教授。这是根据毛泽东15日同中共中央政治局有关同志谈话中的指示组织的。北京地区17所高等院校的613名教授、副教授以开座谈会的名义，被召去参加数理化考试。许多教授采取拒绝参加考试、交白卷、在考卷上写反对意见等方式，进行抵制。事后，科教组还通过召开座谈会、发简报、在《教育革命通讯》上发表题为《考教授有感》的署名文章等方法，极力扩大"考教授"的政治影响。在此之前，张铁生在辽宁省已经对大学教授进行过一次考试。在北京"考教授"之后，上海、天津等地也先后效仿。1974年1月25日，在中央直属机关和国家机关"批林批孔"动员大会上，谢静宜声称这次"考教授"中，有560名教授不及格，占91.4%；有200名交了白卷；有些人平均0.1分和0.4分。江青、姚文元、迟群也在大会的讲话中赞扬"考教授"的行动。

同　日　各高等学校1970年招收的第一批工农兵学生陆续毕业。今年先后有2.9万多名工农兵大学生陆续毕业。

1974年

1974年综述

1月，经毛泽东批准，中共中央转发由江青主持选编的《林彪与孔孟之道（材料之一）》。江青在北京连续召开在京单位和中直机关、国家机关的“批林批孔”动员大会，在大会上发表演说，对周恩来、叶剑英等中央领导人进行不点名的攻击。江青在大会前后还以个人名义，给部队领导机关写信，派人到某部防化连送材料，企图搞乱部队。在江青等人操纵下，这一时期报刊上大量刊登以“批周公”影射攻击周恩来，吹捧“女皇”的文章。他们还先后制造了河南“马振扶中学事件”，开展了对晋剧《三上桃峰》、湘剧《园丁之歌》的批判，攻击文艺、教育界“修正主义回潮”。6月，江青召集会议，授意要批“现在的儒”。随后她在天津的谈话中，更露骨地说要“批党内的大儒”。此后，全国掀起一阵所谓“评法批儒”的浪潮。

2月，毛泽东针对江青的讲话指出：“现在，形而上学猖獗，片面性，批林批孔，又夹着走后门，有可能冲淡批林批孔。”他还扣发了江青等人准备在全国播放的1月25日大会录音带。7月，毛泽东在中央政治局会议上批评江青说：“不要设两个工厂，一个叫钢铁工厂，一个叫帽子工厂，动不动就给人戴大帽子。”并说，你们“不要搞成四人小宗派呢”。这是毛泽东第一次提出“四人帮”的问题。

10月，毛泽东提议邓小平任国务院第一副总理。“四人帮”对此非常不满，在中央政治局会议上，借口所谓“风庆轮”事件，攻击邓小平。随后，“四人帮”又进行密谋，由王洪文到长沙，向毛泽东告周恩来等人的状，说北京“大有庐山会议味道”。毛泽东当即批评了王洪文，并在批示中指出江青有野心，说：“不要由你组阁（当后台老板）。”同月，毛泽东会见丹麦首相保罗·哈特林时，谈到无产阶级专政理论问题，并指示要写文章。他说，中国“现在还实行八级工资制，按劳分配，货币交换，这些跟旧社会没有多少差别。所不同的是所有制变更了”。“这个问题不搞清楚，就会变修正主义，要使全国知道”。12月，毛泽东提议邓小平为中央军委副主席、国务院第一副总理、总参谋长，主持中央工作。这一指示对挫败“四人帮”的“组阁”阴谋，保证四届全国人大的召开，起到了重要作用。

是年1月，我西沙群岛军民，对侵犯我领海、领空，强占我岛屿的南越伪军，进行了胜利的自卫反击作战。

2月，毛泽东会见赞比亚总统卡翁达时，提出关于三个世界划分的战略，号召联合起来反对霸权主义。4月，邓小平在联大特别会议上阐述了这一战略政策。

是年，原中共中央书记处书记王稼祥、原中共中央政治局委员彭德怀去世。

是年，新华社报道：我国在华北东部和山东渤海地区建立起大港油田和胜利油田。

是年，由于“批林批孔”运动和“反右倾回潮”运动的冲击，经一度调整后有所好转的国民经济再次陷入低潮，钢铁、煤炭生产和铁路运输量下降。中共中央发出“抓革命促生产”的通知，其后，又传达了毛泽东的指示“以安定为好，全党全军要团结”。

主要经济指标：工农业总产值4 024亿元，仅比上年增长

1.4%。其中，工业总产值2 796亿元，仅增长0.3%；农业总产值1 238亿元，增长4.2%（按1970年不变价格计算）。工农业产品产量：粮食：2.7527亿吨，增长3.9%；棉花：246.1万吨，下降3.9%；油料：44.4万吨，增长5.4%；钢：2 112万吨，下降16.3%；原煤：4.13亿吨，下降0.96%；原油：6 485万吨，增长21%；发电量：1 688亿度，增长0.2%。基本建设投资总额347.71亿元，增长2.8%；铁路货运量：7.69亿吨，下降3.2%；进出口贸易总额292.2亿元，增长32.5%；社会商品零售总额1 163.6亿元，增长5.1%。国家财政总收入783.1亿元，总支出790.8亿元，赤字7.7亿元。

1月1日　《人民日报》、《红旗》杂志、《解放军报》发表元旦社论：《元旦献词》。社论说："党在社会主义历史阶段的基本路线告诉我们，反对修正主义的斗争是一个长时期的斗争……批林，批判林彪路线的极右实质，就是批判修正主义。""要重温毛主席在无产阶级文化大革命中的一系列重要指示，吸取两条路线斗争的经验，正确对待无产阶级文化大革命，正确对待群众，正确对待自己。"社论提出，"要继续开展对尊孔反法思想的批判，在批判中建设马克思主义的理论队伍。中外反动派和历次机会主义路线的头子都是尊孔的，批孔是批林的一个组成部分。"社论还强调要"坚持反潮流这个马列主义的原则"。

同　日　《红旗》杂志第一期发表"初澜"的文章：《中国革命历史的壮丽画卷——谈革命样板戏的成就和意义》。该文称："在文艺战线上，以革命样板戏为标志的无产阶级文艺革命取得了重大的战果"。"这一变革不仅推动了文艺革命运动的蓬勃发展，而且对上层建筑各个领域的革命起了巨大的鼓舞和推动作用"。文章说：文化大革命以前"炮制的毒草""简直多得充斥市场，泛滥成灾"，"要严加批判，把它们彻底扫进历史的垃圾堆里去"。文章还提出"最近又有一种论调，就是攻击我们的作品少"。"这是阶级敌人放出来的阴风"，"正是阶级斗争在文艺问题上的反映"。此后一段时间里，报刊上连篇累牍地大谈"文化大革命"前后文艺作品的"多"与"少"的问题，4月底，刘庆棠在审查"五一"节目座谈会上说："说现在的文艺作品少，就是怀念过去的毒草多。"这些都是直接针对周恩来批评"文化大革命"以来文艺作品少的正确意见的。

1月3日—6日　日本国外务大臣大平正芳访问中国。4日和5日，周恩来总理两次会见大平。姬鹏飞外长同大平举行了两次会谈。5日，中国和日本国贸易协定在北京签字，姬鹏飞和大平分别代表本国政府在协定上签字，国务院副总理李先念、外贸部长李强等出席了签字仪式，协定规定，缔约双方在有关进出口物品的一切关税、国内捐税和其他税费，以及上述各种税费的征收方法、海关规章、手续方面，相互给予最惠国待遇。6日，大平一行离开北京回国。

1月4日—16日　国务院在北京召开全国棉花生产会议。参加会议的有19个省、市、自治区的919名代表，其中包括多位植棉模范和能手。会议总结交流了棉花丰收的经验，讨论了1974年棉花生产和收购计划。陈永贵到会作了报告。针对棉花产量多年徘徊在4 000万担左右和1973年又大量进口的状况，为了增产棉花，改善人们穿衣状况，会议要求克服领导思想的片面性，摆正粮棉关系，对粮食、棉花和其他经济作物要统筹兼顾，全面安排，努力把棉花生产搞上去。棉花种植，应采取"合理布局，适当集中"的原则，按国家计划种足种好；努力改变生产条件，挖掘生产潜力。实行科学种棉，提高单位面积产量。会议强调，要继续抓紧棉花布局的调整，坚决落实棉农口粮标准不低于邻近粮区的政策和交售棉花奖售化肥的政策。会议提出，1974年的棉花生产要继续大干快上，努力增产。其具体指标是：播种面积7 500万亩，总产量达到5 500万担，收购量达到5 000万担。

1月5日　毛泽东会见日本外务大臣大平正芳。会见在中南海进行。谈到台湾问题时，毛泽东说，台湾早晚是要归还中国的。毛泽东表示中国在许多方面要向日本学习，如钢铁、化学肥料，特别是造船业。希望日本方面能派些专家来中国进行指导。在谈到国际局势时，毛泽东说：我看，美国、日本、中国，连巴基斯坦、伊朗、土耳其、阿拉伯世界、欧洲，都要团结起来呀。一大片的第三世界要团结。会见持续了两个多小时。周恩来、王洪文、王海容、唐闻生等参加了会见。

同　日　《人民日报》以《敢于同旧传统观念决裂的好青年》为题，发表知识青年柴春泽给他父亲的信。柴春泽，原是辽宁省赤峰市红代会副主任。1971年中学毕业时，他在学校最先贴出大字报，申请到风沙大、路途远、环境比较艰苦的内蒙古翁牛特旗插队落户。后来当青年点出现"转点风"时，他的父亲曾动员他转回赤峰县。他给父亲回信，表示要坚持实行"两个决裂"，扎根农村。1973年6月，他入了党，并担任大队党支部副书记、公社党委副书记。不久，他的父亲来信作了自我批评。1973年8月31日。他又接到父亲一封来信，告诉他有一招工机会，不要错过。他又给父亲写了这封复信，并把父亲的信和他自己的复信在青年点拿出来公开讨论。他的行动使他的父亲又一次“受到很大的教育”，承认原来的想法是“错误的”。《人民日报》在发表柴春泽这封复信时加了编者按，指出这封信“代表了我们的革命小将在思想领域里向老将的挑战：看谁敢于同旧的传统观念实行最彻底的决裂！……老将们，经受过革命斗争的多次考验，经过了党的长期教育，在人民群众中享有很高的威信，更应该坚决地支持子女上山下乡，扎根农村”。

1月7日　国防部副部长王树声大将去世。王树声，1905年生。湖北麻城人。原名王宏信。1926年曾参加中国国民党，同年加入中国共产党，从事组织农民协会的工作，1927年任麻城县国民党县党部委员，县农民协会组织部部长等职。大革命失败后，脱离国民党，参与领导了黄麻起义和创建鄂豫皖苏区的斗争，后任鄂东工农革命军第二路军副司令员。1928年任鄂豫区中国工农红军十一军三十一师分队长、大队党代表，1930年任鄂豫游击区总预备队总指挥，后任红一军一师支队长、团长，1931年任红四军十一师副师长、师长。1932年任红二十五军七十三师师长、红二十五军军长。1934年任红四方面军副总指挥、红三十一军军长。1935年4月参加长征。1936年10月西渡黄河，任红军西路军副总指挥、红九军军长，1937年8月到达延安。同年冬，任晋冀豫军区副司令员兼晋豫边区游击纵队司令员；1938年夏，任军区代理司令员。1940年后任太行军区副司令员兼人民武装部部长。1945年初任河南军区司令员。解放战争时期，任中原军区副司令员、第一纵队司令员兼政委，参与指挥了中原突围。1947年后任鄂豫军区司令员。中华人民共和国成立后，曾任湖北军区第二副司令员、司令员。1954年2月，任中南军区第三副司令员兼湖北军区司令员。同年11月任国防部副部长、总军械部部长。1958年任军事科学院副院长。1972年任军事科学院第二政治委员、院党委第二书记。中共第八、九、十届中央委员，中共中央军委委员，第一届全国人大代表，第一——第三届国防委员会委员。1955年被授予大将军衔。

1月12日　国家计委向国务院提出关于拟订长期规划的报告。报告指出，为在本世纪内实现毛泽东提出的要用几个五年计划的时间赶上和超过世界水平的战略思想，国家计委设想拟订1976—1985年10年远景规划，重点放在1976—1980年的五年计划。

1月14日　《人民日报》发表“初澜”批判“无标题音乐”的文章：《应当重视这场讨论》。文章认为，当前正在展开的关于无标题音乐是否反映社会内容、有无阶级属性问题的讨论，“是文艺战线的一场大是大非的论战，是马克思主义的世界观、文艺观同资产阶级、修正主义的世界观、文艺观在文艺的根本性质问题上所展开的又一次重大斗争”。2月12日，《人民日报》又发表初澜的文章：《抓住实质、深入批判——再谈应当重视关于标题音乐、无标题音乐问题的讨论》。文章指出，“音乐作品是有标题的，还是无标题的，这不是问题的实质。主要是要看音乐作品表现了哪一个阶级的政治内容，为哪一个阶级的政治路线服务。资产阶级的标题音乐和无标题音乐，都是为资产阶级夺取政权和巩固政权服务的舆论工具”。文章认为，“在存在着阶级的社会里，任何文艺作品都只有具体的、阶级的社会内容，决没有什么抽象的、超阶级的社会内容，也决没有什么抽象的‘深刻’。”“宣扬资产阶级音乐作品‘没有什么深刻的社会内容’等论调的真正目的，是掩盖资产阶级的音乐作品所反映的阶级内容，只能使革命人民丧失对资产阶级思想侵蚀的警惕性，为资产阶级的文化渗透大开方便之门，为资产阶级向无产阶级争夺文艺阵地打掩护。”4月，《红旗》杂志第四期，又发表“初澜”题为《深入批判资产阶级的人性论——从标题与无标题音乐问题的讨论谈起》的文章。文章强调，这场讨论反映了文艺领域、音乐战线上“无产阶级与资产阶级，马克思主义与修正主义的尖锐斗争”；着重批判了“资产阶级、修正主义音乐理论的核心——人性论”。“初澜”是国务院文化组创作领导小组办公室写作班子的笔名。从1972年—1976年“初澜”前后发表文章100余篇。

同　日　“王亚卓”事件发生。自从《人民日报》刊登了黄帅的来信和日记摘抄后，她被作为“反潮流典型”加以宣扬，造成了教育界的严重混乱局面，引起了人民群众的不满。本日，内蒙古生产建设兵团十九团政治处的宣传干事王文尧、放映员恩亚立、报道员邢卓在研读了黄帅的信和日记摘抄后，决定联名给她写一封信，同她进行辩论。3个人从每个人的名字中摘出一字，署名“王亚卓”。信由邢卓执笔。他们在信中认为，反潮流首先要认识潮流，只有能真正认识潮流，又敢反潮流的人才应得到支持。只具有反潮流精神的人还不能取得群众支持的资格。他们批评黄帅的信关键是“矛头指错了”，“提意见的态度大错特错了”，“师生关系紧张了，并非什么‘师道尊严’在作祟。……你们之间的争执不属于原则问题，只要有一个高姿态便可解决”。“‘师道尊严’不对，‘学道尊严’也不对！”信中最后说，“现在许多学校里，老师们都成了谨小慎微的君子，学生动辄就贴大字报，谓之‘反潮流’，‘作教育革命的闯将’，其实这才是一股很不好的潮流。……这样下去，教师还能说话，还能负责吗？让我们设身处地地为教师们想一想吧，他们多少年如一日忠诚党的教育事业，为培养革命后代努力地工作着……他们多么希望同学们满怀热忱地协助他们搞好工作啊！他们欢迎的是‘诚心者’，不是‘造反派’。”“王亚卓”的信发出后，引起了江青等人的不满。迟群在信上批道，此信“完全是反革命复辟势力的语言”，“要革命就有反革命，有反革命还要革命，革命就是要革反革命的命”，接着，他们又以黄帅的名义炮制了致“王亚卓”的《公开信》，这封信发表前曾经迟群、姚文元、王洪文、张春桥、江青先后圈阅，江青命令“版面排得突出些，生动活泼些”，并把原来《复王亚卓同志的一封公开信》亲笔改为《复内蒙古生产建设部队十九团政治处王亚卓同志的一封公开信》。2月11日，《人民日报》在《反潮流是马列主义的一个原则》的通栏标题下，以《为教育革命大好形势拍手叫好》为题，发表了这封信，并加了“编者按语”。“编者按语”说，黄帅的信和日记摘抄发表后，“有人很看不惯，出来指责。王亚卓同志就是一个。黄帅同学写了信，对他的错误思想一一加以批驳，说得有理，驳得有力，值得一读”。“这件事情反映出教育战线上两条路线、两种思想的斗争，仍然十分尖锐。是前进，还是倒退？是坚持革命，还是折中调和？是扶植和发展革命的新生事物，还是对它横加指责？这是进一步发展教育革命大好形势必须解决的重要问题。”《公开信》广播后，江青等人就派了工作组到“王亚卓”所在的兵团，做出了“批判王亚卓右倾思潮”的决定。工作组提出，“孔老二要复礼，林彪要复辟，王亚卓要复旧”，“批林批孔联系实际就是批王亚卓”。王文尧等3人被打成“资产阶级复辟势力的代表”、“急先锋”、“反革命”，遭到多次批斗、隔离审查。1974年4月5日，他们被遣送到该团条件最艰苦的连队劳动改造，连家属也受到株连。王文尧受到留党察看一年的处分，撤销职务，下放连队劳动；恩亚立被开除团籍，下放连队劳动；邢卓被开除团籍，判处有期徒刑一年半。中共十一届三中全会后，他们3人的冤案得到了平反。

1月15日　苏联外交人员马尔琴柯等在北京从事间谍活动被捕获。当日晚上，苏联驻华大使馆一等秘书维·伊·马尔琴柯夫妇、三等秘书尤·阿·谢苗诺夫夫妇和武官处翻译阿·阿·科洛索夫在位于北京市东北郊的北环东路西坝河桥下与苏联派遣特务李洪枢等秘密接头，交接情报、文件和电台、联络时间表、密写工具、伪造的边境通行证等间谍用品以及活动经费等，被中国公安人员和民兵当场抓获。1月19日上午，中国外交部副部长余湛召见苏联驻华大使托尔斯季科夫，面交一份抗议照会，宣布维·伊·马尔琴柯夫妇、尤·阿·谢苗诺夫夫妇和阿·阿·科洛索夫为“不受欢迎的人”，“立即驱逐出境”。马尔琴柯等5人于当天下午离开中国。

同　日　中共黑龙江省委、省革命委员会批转《全省安置处理自流人员工作会议纪要》。据统计，1971年—1973年7月，盲目流入黑龙江省人员近百万人，今后每年还会流入。1968年以来，全省已安置了60多万自流人员。省委指示，各地对已经流入的人员，要按照中央的指示，本着顾全大局，对群众负责的精神，采取有效措施，妥善安置和处理，帮助他们解决生产、生活上的困难，发挥他们在“农业学大寨”和建设商品粮基地中的作用。同年8月5日，国务院批转国家计委《关于解决黑龙江省安置处理自流人员问题的意见》。《意见》指出：山东、河北等省一些农民，自动向黑龙江省移居，有长期的历史习惯。黑龙江地广人稀，增加一部分劳动力也是必要的。

但安置和控制要结合，要安置旧的，同时控制新的，以免一时流入过多，加重流入地区的负担，影响流出地区社队劳动力的稳定。

1月16日—20日　国务院文化组召开电影制片厂负责人会议。传达江青、张春桥等对《战洪图》、《火红的年代》、《年轻的一代》等影片的意见。于会泳在讲话中对周恩来关于“中央对故事片抓晚了”的批评进行了攻击。故事片《火红的年代》、《艳阳天》、《青松岭》、《战洪图》开始在全国各地陆续上映。这是“文化大革命”以来首次上映新的国产故事影片。

1月17日—20日　人民解放军取得西沙群岛自卫反击作战的胜利。西沙群岛、南沙群岛、中沙群岛、东沙群岛历来是中国的领土。长期以来，南越当局对中国南海诸岛怀有领土野心，大肆侵犯南沙、西沙群岛中的一些岛屿，1973年9月，南越当局为了抢夺石油资源，悍然宣布将中国南沙群岛中的南威、太平等10多个岛屿划归南越福绥省管辖。1974年1月11日，中华人民共和国外交部发言人发表声明，对西贡当局上述行动表示愤慨，重申南沙群岛、西沙群岛、中沙群岛和东沙群岛，都是中国领土的一部分，中华人民共和国对这些岛屿具有无可争辩的主权，这些岛屿附近海域的资源也属于中国所有。中国政府决不容许西贡当局对中国领土主权的任何侵犯。南越当局不顾中国政府多次警告，竟于1月15日派驱逐舰侵入西沙海域，对我渔轮进行袭扰；17日，南越军队侵占中国的金银岛和甘泉岛，公然取下我国国旗，并打死、打伤中国渔民多人；18日，南越两艘舰艇冲撞我国两艘渔轮，将其中一艘渔轮驾驶台撞毁。中国人民解放军海军南海舰队为维护国家领土主权，保护渔民生产，奉命于1月17日、18日派出舰艇至永乐群岛执行巡逻任务。19日南越当局派武装部队向我琛航、广金两岛发动进攻，打死打伤我渔民多人。我海军6艘舰艇和渔民、民兵进行自卫反击。海战中收复了被敌侵占的甘泉、金银、珊瑚3岛，生俘南越西贡军队官兵48人和美国联络官1人，击沉敌护卫舰1艘，击伤敌驱逐舰3艘，毙、伤敌100余人。西沙群岛自卫反击作战是人民解放军第一次在远离大陆的条件下同外国海军作战。这次作战的胜利，保卫了中国国家主权和领土完整，粉碎了南越当局妄图侵占中国西沙群岛的野心，受到了中央军委和国务院的通令嘉奖。1月20日，我国外交部就南越当局武装侵犯我国领土西沙群岛所属永乐群岛、琛航岛等岛屿一事发表声明。声明对西贡当局将南沙群岛10多个岛屿划入其版图，并进行军事挑衅，以武力侵占中国领土的行径，表示极大的愤慨和强烈抗议。声明重申了1951年8月15日外交部部长周恩来在《关于美英对日和约草案及旧金山会议的声明)》中指出的立场："西沙群岛和南威岛正如整个南沙群岛和中沙群岛、东沙群岛一样，一向为中国领土。"声明指出："为了维护我国领土完整和主权，中国政府和中国人民有权采取一切必要的自卫行动。中国舰艇部队和渔民、民兵在忍无可忍的情况下进行了英勇的自卫还击，给了来犯之敌以应有的惩罚。"1月29日，新华社受权公告，中国政府决定将1月19日、20日在西沙自卫反击战中所俘获的南越西贡军队官兵48名，美国人1名，分两批在广东深圳全部遣返，随后，于1月31日和2日17日分两批将这些人全部遣返。

1月18日　中共中央转发《林彪与孔孟之道》（材料之一），在全国开展"批林批孔"运动。"九一三"事件以后，周恩来在毛泽东的支持下主持中共中央和国家的日常工作，从纠正"左倾"错误入手，使各方面工作开始有了转机。毛泽东却不满于批极左，提出要批极右。他根据江青等人在林彪住处所发现的一些林彪尊奉孔孟的笔记、手书题词和其他材料，提出林彪是尊孔反法的。此后，毛泽东又在几次谈话中谈到批孔问题。不久，迟群、谢静宜就向毛泽东汇报林彪有肯定孔孟的言论，毛泽东要他们整理一份材料。于是，在江青的直接指挥下，迟群、谢静宜组织了北京大学、清华大学的三四十人的写作班子，于1973年12月，将林彪、叶群、陈伯达等人的笔记、题词、条幅、言论与孔孟的言论相对照编成《林彪与孔孟之道》的材料。1974年1月12日，王洪文、江青给毛泽东写了一封信，建议把《林彪与孔孟之道》的材料转发全国，供批林批孔时参考。毛泽东批示："同意转发。"1月18日，中共中央发出中发［1974］1号文件：《关于印发〈林彪与孔孟之道〉的通知》。通知说：林彪"是一个地地道道的孔老二的信徒。他和历代行将灭亡的反动派一样，尊孔反法，攻击秦始皇，把孔孟之道作为阴谋篡党夺权、复辟资本主义的反动思想武器。北京大学、清华大学选编的这个材料，对于继续深入批林，批判林彪路线的极右实质，对于继续开展对尊孔反法思想的批判，对于加强思想和政治路线方面的教育，会有很大帮助。”这份材料近三万字，共分八个部分：一、效法孔子“克己复礼”，妄图复辟资本主义。二、鼓吹“生而知之”的天才论，阴谋篡党夺权。三、宣扬“上智下愚”的唯心史观，恶毒诬蔑劳动人民。四、宣扬“德”、“仁义”、“忠恕”，攻击无产阶级。五、贩卖“中庸之道”，反对马克思主义的斗争哲学。六、用孔孟反动的处世哲学，结党营私，大搞阴谋诡计。七、鼓吹“劳心者治人，劳力者治于人”的剥削阶级思想，攻击“五七”道路。八、教子尊孔读经，梦想建文林家世袭王朝，这个文件下达之后，一场大规模的“批林批孔”运动便在全国开展起来。

同　日　《人民日报》刊登南京大学政治系哲学专业工农兵学员钟志民向学校提出的申请退学报告，并加编者按。编者按指出：钟志民“自觉批判了自己‘走后门’上大学的错误，从一个方面反映了工农兵学员向地主资产阶级意识形态展开了新的进攻”，认为“这份报告提出了两个重要问题：一、革命干部子女，是在三大革命运动的风浪中锻炼成长，还是躺在父母的‘功劳簿’上享受‘特殊照顾’？二、革命干部是教育子女走同工农相结合的道路，做无产阶级革命事业的接班人，还是把子女当做‘私有财产’，把‘走后门’上大学作为成名成家的阶梯？”认为“这是事关反修防修，事关培养千百万无产阶级革命事业接班人的大问题”。1月24日，南京大学党委批准钟志民的退学申请，全校师生员工纷纷表示学习他的“敢于反潮流、敢于自我革命的精神”。1月25日，江青、迟群等人在中直机关和国家机关批林批孔动员大会上，在谈到“走后门”问题时，突出地列举了钟志民的事例。1月27日，《人民日报》又刊登了有关《钟志民的父母积极支持儿子退学的革命行动》的报道，也加了编者按。2月2日，国务院科教组在《教育革命简报》上转载这些材料并加编者按语，提出：“在批林批孔中，要抓现实的阶级斗争和路线斗争，严肃检查、批判和纠正‘走后门’这种背叛马克思主义的不正之风。”在此以后，一些高等学校纷纷揭发追查“走后门”上大学的不正之风。一些“走后门”进大学的学生，要求退学；一些“走后门”、“开后门”的领导干部作了检查。江青等人利用人们对“走后门”的不满，搞“三箭齐发”（“批林批孔”又夹进批“走后门”），混淆两类不同性质的矛盾，整倒一批中央、地方和军队的领导干部。

1月19日　中国驻苏联大使馆随员关恒广遭到苏联方面的绑架。关恒广是在中国驻苏联大使馆任职期满，奉调回国的。当他乘坐北京——乌兰巴托——莫斯科的8次国际列车于1月19日凌晨抵达伊尔库茨克车站时，苏方有关人员以他“企图向苏联女公民索取军事性质的间谍情报”为由，将关恒广无理扣押，对他进行非法审讯达13小时之久。同日，苏联外交部第一远东司司长向中国驻苏联大使刘新权提出口头声明，宣布将关恒广“驱逐出境”。当天晚上，关恒广被押上飞机送到莫斯科，在机场再次遭到非法审讯。在他的多次抗议下，苏方才于20日凌晨将关恒广交给中国大使馆。苏方还出动警察，包围中国列车，将列车上的制动设备全部破坏，抢走和撕毁车厢上用以停车的红旗讯号，砸碎车厢玻璃，并派出五六十名警察，将中国列车强行押送到苏蒙边境。23日下午，关恒广回到北京。25日上午，中国外交部副部长余湛召见苏联驻华大使托尔斯季科夫，面交一份照会，就此事件向苏联政府提出强烈抗议。照会指出，这一事件“是苏联政府对中国政府宣布驱逐苏联间谍分子马尔琴柯等5人的卑劣报复”。

1月19日—21日　江青等人制造“马振扶公社中学事件”。1973年7月10日下午，河南省唐河县马振扶公社中学初二（一）班进行英语考试，张玉勤交了白卷，并在试卷背面写道：“我是中国的人，何必要学外文，不学ABCD，也能当接班人，接好革命班，埋葬帝修反”。为此张玉勤受到班主任杨天成的批评，并要她做出检查。12日，学校负责人罗天奇在初中班学生大会上不点名地批评了她，要求各班对此事讨论批判。由于老师批评方式失当，加上其他原因，张玉勤当日称病请假离校后即投河自杀，14日才在水库中找到她的尸体。事情发生后，公社、县有关部门和学校都已做了调查并妥善处理。1974年1月，江青在一份内部刊物上看到此事后，借题发挥，派迟群和谢静宜带人到马振扶公社中学重新进行所谓调查。他们召开了两个半天的座谈会，于1月26日写出《河南省唐河县马振扶公社中学情况简报》，把马振扶公社中学诬为“法西斯专政”、是“复辟”、“回潮”的典型，说“张玉勤之死，完全是修正主义教育路线的迫害所造成的”，说中学负责人和班主任老师是杀人“凶手”。1月31日，中共中央转发了《河南省唐河县马振扶公社中学情况简报》，并提出：“请河南省委认真复核，严肃处理这一修正主义教育路线进行复辟的严重恶果，并迅速将处理结果上报。各地也应注意，检查有无类似情况”。江青抓住这个材料大作文章，在1974年2月的一次会议上大哭大闹，说是修正主义教育路线回潮逼死了天真的女孩子，叫嚷“要向全国控诉”。王洪文也指示要给该校老师和负责人“判重刑”。迟群把江青、王洪文这些话用电话通知了中共南阳地委，迫使当地政府对这一事件重新作了处理。马振扶公社中学被夺权，罗天奇、杨天成被批斗并被判刑2年。唐河县层层办学习班，揪“罗、杨式人物”，共批斗了280余人。全国各省、市、自治区也按文件精神检查、“揭露”修正主义路线“回潮”和“复辟”等等。在全国掀起“反复辟”浪潮，对广大教师和教育工作者展开批判，大批教师被打成“复辟”典型，进一步搞乱了学校的秩序。1977年11月，中共河南省委对于南阳地委和省教育局重新处理“马振扶公社中学事件”的报告作了批示，指出，这是一个大冤案，决定撤销对罗天奇、杨天成的刑事处分，恢复他们的职务，为受迫害的干部和教师平反。1979年3月19日，中共中央批准教育部党组的建议，决定撤销“1974年1月31日中央转发的河南省唐河县马振扶公社中学情况简报”，指出，“这一事件是‘四人帮’出于篡党夺权的需要，在‘批林批孔’中另搞一套炮制的”。“这个文件把‘马振扶事件’作为‘修正主义教育路线进行复辟的严重恶果’的典型通报全国”，“不少地方也抓了大大小小的‘马振扶’，制造了许多冤案，不少忠诚党的教育事业的教师和干部遭到残酷打击迫害，蒙受不白之冤，给教育事业带来严重灾难”。此后，各地类似冤案便陆续平反昭雪。

1月21日　国务院发出《关于进一步做好粮食购销工作的通知》。《通知》说，1973年，农业生产获得丰收，粮食产量超过了建国以来的最高年产量。但从全国看，去年12月中旬以后，粮食入库进度明显地慢了；相反，粮食销量仍在增加，4—12月预计比上年同期多销24亿多斤。《通知》要求把粮食工作抓紧抓好。狠抓计划用粮、节约用粮，严格控制粮食销量。力争多购一点，少销一点，落实毛主席关于"国内粮食自给，不吃进口粮"的指示，实现当年粮食收支平衡并有节余的方针。要加强市场管理。各地在征购任务没完成之前，严禁粮食进入集市贸易。《通知》还要求认真贯彻执行"统一征购、统一销售、统一调拨、统一库存"的"四统一"粮食管理制度。所有征购入库的粮食，都要据实统计上报，不许层层留机动，不许打埋伏，搞"小仓库"。粮食销售指标有节余的要上缴，绝不允许搞突击销售。

1月22日　国务院批转国家计委、国家建委、财政部《关于做好进口成套设备项目建设工作的报告》。《报告》说，在今后三五年内，从国外引进一批大型化学肥料、化学纤维和连续式钢板轧机等成套设备。这批项目建成，可增加上千万吨化肥、几十万吨合成纤维、塑料和几百万吨钢材的生产能力，使这些产品进一步立足国内。这些项目的建设工作，要由所在省、市、自治区负责，由国家建委负责组织各部门、各地区之间的协作，处理重大问题；按项目的隶属关系，由有关地区或部门在年度基建财务计划中，编列专项用款计划，报财政部分次拨款，年终按实际用款数调整预算指标；国内分交、供应的设备，应选用标准定型产品；2、3类机电产品，就地组织供应；成套设备中的大件运输，由交通部统一负责组织，国务院在批转《通知》时强调，从国外进口成套设备，目的是为了争取时间，加快我国社会主义建设，要确保按合同规定的期限、高质量、高水平地把这批项目建成投产。

1月24、25日　江青等人召开批林批孔大会。江青等人在未经中央政治局讨论，未报告毛泽东的情况下，在北京召开驻京部队和中直机关、国家机关的"批林批孔"动员大会。24日，江青背着中央政治局、中央军委，炮制了一封以江青个人名义给中央军委和全军指战员的信，并突然下令召开驻京部队“批林批孔”动员大会。她指派两名不在军队工作的亲信谢静宜、迟群在大会上发表讲话，煽动军队参加“批林批孔”运动。随后，他们又精心策划了“一·二五”大会，江青向迟、谢2人口授了讲话内容，还要姚文元在会上多讲一些话。大会前，江青得意忘形地说：“哈哈，周总理都叫我搞得没有办法了！”江青等人俨然以党中央“批林批孔”主要领导人的身份出场，置周恩来、叶剑英等中央领导人于被动的被指责地位。会上，迟群、谢静宜发表了煽动性的长篇讲话。他们介绍了《林彪与孔孟之道》（材料之一）产生的过程和“反复辟”的主题，强调“批林批孔”要联系现实。还提到意大利共产党员安东尼奥尼拍摄的一个纪录片《中国》，说这“实际上就是一个间谍加汉奸搞出来的”；提到“马振扶公社中学事件”，以及“走后门”问题等等。迟群和谢静宜在讲话中都强调“走后门”是对马克思列宁主义的背叛，对毛主席思想的背叛。他们在“批林批孔”中夹进批“走后门”问题是别有用心的，目的是要借这个题目，整倒一批同他们有不同意见的党政军负责人。他们还在会上大叫“不斗则退，不斗则修，不斗则垮”。会后，江青和姚文元又精心炮制了“一·二五”大会的录音带，准备发到全国，被毛泽东制止。

同　日　中共早期领导人、八届中央书记处书记王稼祥去世。王稼祥，1906年生。安徽泾县人。1925年加入共青团。同年10月下旬赴苏联，先后在中山大学和红色教授学院学习。1928年2月加入中国共产党。1930年3月回国，任中共中央宣传部干事。1931年1月，任中央党报委员会秘书长，《红旗报》、《实话报》总编辑。同年4月，被派往江西中央苏区，任中共苏区中央局委员、中国工农红军总政治部主任。11月，在第一次中华苏维埃共和国工农兵代表大会上当选为中央执行委员会委员，任外交人民委员；并任中央军委副主席，红军总政治部主任。1934年1月，在中共六届五中全会上被增选为中共中央委员、中央政治局候补委员。10月参加长征。1935年1月，出席遵义会议，支持以毛泽东为代表的正确路线，批判博古、李德的“左”倾冒险主义军事错误，对确立毛泽东在中央的领导地位起了重要作用。随后，被增选为中央政治局委员。同毛泽东、周恩来一起，任中央3人军事指挥小组成员。1936年10月，任中央军委主席团成员。1937年抵莫斯科，任中共驻共产国际代表。1938年回延安。任中共中央军委副主席、总政治部主任，兼代八路军总政治部主任，主持中央军委日常工作。同年9月14日，在中央政治局会议上传达共产国际的指示和季米特洛夫的意见，认为中共中央领导机关中要以毛泽东为首解决统一领导问题。1939年1月，兼任中共华北华中工作委员会主任。同年9月，兼任八路军军政学院院长。1941年9、10月间，参加中央政治局扩大会议，对毛泽东和他的思想理论作了高度评价。任中央研究组副组长。并为中央军委直属系统整风学习领导人之一。1943年7月，首次提出“毛泽东思想”的概念。1945年6月，在中共七大上当选为中央候补委员。1947年5月，任中共中央东北局委员、城市工作部部长。1948年11月，任中共中央东北局宣传部代部长。在中共七届二中全会上递补为中央委员。1949年10月，任中华人民共和国首任驻苏联大使，外交部副部长。1951年2月回国，任中共中央对外联络部部长。1953年3月，兼任中央国际活动指导委员会主任委员。1956年，在中共八大上当选为中央委员、中央书记处书记。“文化大革命”中被康生等人指责为“推行‘三和一少’、‘三降一灭’修正主义路线”，遭到迫害。1973年在中共十大上当选为中央委员。曾当选为第三届、四届全国政协常委。1979年3月，中共中央批准为所谓“三和一少”、“三降一灭”问题平反，推翻了对他的一切诬陷不实之词。

1月28日　江青企图利用西沙之战沽名钓誉。她以个人名义给广州军区领导人和西沙军民写“贺信”，同时，她还指派一个诗人、一个作家“代表”她到西沙“送材料”、“送路线，送政治”，交代他们回来后要写作品，并要他们给海南一个摄影工作者带去20卷彩色胶卷，要其多拍些照片。江青希望以此把自己塑造成为西沙作战胜利的组织者和鼓舞者。在江青的授意下，为江青树碑立传的“诗报告”——《西沙之战》，于3月15日在《光明日报》发表，16日《人民日报》转载。“诗报告”以象征的手法喻示江青对参战部队的影响，其中提到："舰长的视线投向挂历，挂历上一幅壮丽的画卷：飞渡的乱云，从容的劲松，无限的风光，巍峨的庐山。……"8月，小说《西沙儿女》出笼，再一次重复江青拍摄的照片《庐山仙人洞》引导西沙军民取得胜利的神话。1974年10月，《南海诸岛之一——西沙群岛摄影展览》在北京和广州开幕。江青一方面称影展"事关全局"，要亲自过问，要求"从现实斗争需要出发"，展出"深批克己复礼"、"研究儒法斗争史"一类照片，利用西沙海战为自己捞取政治资本，一方面又抓住海军的服装问题大作文章，发泄对人民解放军的不满。结果"影展"中涉及海军的照片，数量很少，有关"批林批孔"的内容却相当突出。

1月30日　《人民日报》发表评论员文章：《恶毒的用心，卑劣的手法——批判安东尼奥尼拍摄的题为〈中国〉的反华影片》。《红旗》杂志第二期转载了这篇文章。2月6日《人民日报》还发表了"率众"的批判文章：《中国人民不可侮》。安东尼奥尼是意大利导演，于1972年春访华时拍摄了一部长达3个半小时的反映我国各方面情况的影片。美国广播公司以25万美元购进这部影片，在美国公开放映，并被评为1973年在美国上映的"十部最佳纪录影片之一"。文章认为，这部影片是"当前国际上一小撮帝国主义和社会帝国主义分子对新中国极端仇视的心理的反映，这部影片的出现，是一个严重的反华事件，是对中国人民的猖狂挑衅。"文章认为安东尼奥尼"怀着对中国人民的敌意，采取别有用心的，十分卑劣的手法，利用这次访问的机会，专门搜罗可以用来污蔑攻击中国的材料，以达到不可告人的目的"。"任何稍有民族自尊的中国人，看了这部影片，都不能不感到极大愤慨。如果容忍这样的影片在世界上招摇撞骗，那就等于承认任意侮辱中国人民的反动宣传是正当的行为，那就是向国际反动派的反华挑衅投降"。安东尼奥尼在国外对这些批判进行了申辩，说"凭良心，我没有做过这样事，我不承认污蔑中国和歪曲中国现实的指责"。《红旗》杂志第三期又发表"华言"的文章：《到底是谁家的"工具"——评安东尼奥尼的"申辩"》，对安东尼奥尼继续进行批判。

同　日　国务院批转交通部《关于〈中华人民共和国防止沿海水域污染暂行规定〉的报告》。国务院的批示指出：防止沿海水域污染，对于保证港口和海上交通安全，保护水产资源，维护国家主权，都是一项重要的措施，要认真对待。交通部的《报告》说，这一《暂行规定》是为了防止中国沿海水域被油类或油性混合物，以及其他有害物质污染，确保沿海水域和港口的清洁与安全。为确保《暂行规定》的实施，《报告》提出了以下措施：一、对沿海水域保护工作实行分工。二、加强对沿海水域保护工作的领导。三、抓紧进行港口处理污水设施的建设和现有船舶的改造。四、由交通部科学院和上海船舶研究所共同负责，研究试制消除海上大面积溢油的器材和设备；劳动卫生研究所研究有关标准和规范等问题。

1月—2月　江青等人打着"批林批孔"的旗号，以个人名义到处写信、送材料，煽风点火，进行反党乱军活动。1月13日，江青以个人名义给空军司令员马宁写信，并派人给空军送去《林彪与孔孟之道》、《五四以来反动派、地方资产阶级学者尊孔复古言论摘录》各100本。给南京军区陆军二十军防化连写信，并派迟群、谢静宜直接到防化连，送去《林彪与孔孟之道》及其附件，策动军区一些单位"揭发上级领导机关的阶级斗争、路线斗争大是大非问题"。1月22日，她给海军政治委员苏振华写信。1月23日，江青致信吴德，给国务院文化组送去《林彪与孔孟之道》、《名辞简释》各200份。另附《五四以来反动派、地主资产阶级学者尊孔复古言论辑录》、《批孔文章汇编》各20份。1月24日，她竟给中央军委和全军指战员写信并送材料。致信"洪文、剑英、春桥、小平同志"，内称："相当长时间了，从许多材料看来，全国范围内的批林整风运动的发展是很不平衡的，批孔更是深入不下去，而林彪的思想体系和孔老二的关系，更是不清楚"，送去的材料"是可以帮助全体同志们解决这个问题的。因此我特请谢静宜、迟群两位同志向全军指战员宣读中央的通知，他们已下过连队蹲点，取得经验，可能对全军有所帮助。""有什么问题报中央，我们也要和同志们一起学习，我们将努力解答同志们提出的问题。"同日，张春桥将江青的信批转叶剑英："建议军委议一议如何抓好批林批孔，并商量一下江青同志的信如何落实”。1月28日，江青又给中央领导人写信，要他们“代我向广州军区全体指战员、海南岛、西沙群岛全体军民同志们致以无产阶级革命的敬礼”，说什么“我身在北京，心逐南海，汹涌澎湃，虽不能与同志们一块儿持枪战斗，但在思想上、政治上正在进行着一场大斗争”。1—2月份内，江青还给国防科委、外交部、中联部、中国科学院、四机部第十设计院、河南郏县广阔天地大有作为人民公社等单位写信、送材料。中共中央1月25日转发了南京军区党委关于学习江青信的报告和二十军党委、二十军防化连给江青的信。2月4日《人民日报》发表《解放军某部防化连批林批孔取得初步经验》的报道。江青在军队没有职务，这样写信、送材料是极不正常的现象。1975年5月3日，毛泽东批评江青说：“有意见要在政治局讨论，印成文件发下去，要以中央的名义，不要用个人的名义，比如也不要以我的名义，我是从来不送什么材料的。”

2月1日　《人民日报》刊登上海港务局第五装卸区工人的一张大字报：《要当码头的主人，不做吨位的奴隶》。大字报指责5区领导不是坚持无产阶级政治挂帅，而是吨位挂帅，只要完成吨位，就可得到表扬和提早下班。提出“我们管码头，不仅要管生产，管多装快卸，更要管路线”。《人民日报》为此加的编者按认为，这张大字报“抓住了当前企业管理中的要害问题，具有普遍的现实意义”，提出“党委不抓大事，文化大革命中已被批判了的东西也有可能重新出现，社会主义企业仍然有可能走到修正主义路上去！”1973年12月底，船舶在港艘数由10月份最多的210条下降到180条，港口形势好转。但是1974年1月以来，由于“批林批孔”的冲击，由于《人民日报》宣扬“左”的错误观点，在整个工交战线发生了一定影响，使不少企业的领导不敢抓生产。在“要当码头的主人，不做吨位的奴隶”这个口号的影响下，许多港口不敢抓装卸和疏运吨位指标，使得港口压船情况再度严重起来，在港船舶经常保持在240—250艘。其中，超过一个月的船有40多条，最长的超过100天。仅1月份外贸租船等泊一项就损失租金186万英镑。

2月4日　外交部发言人就南越西贡当局再次侵占南沙群岛所属岛屿一事发表声明。声明说："最近，南越西贡当局在入侵我国西沙群岛，遭到我国军民的痛击之后，竟然于2月1日再次出动军舰，侵占我国南沙群岛所属南子岛等岛屿，在岛上非法设立所谓'主权碑'。这是西贡当局对我国领土主权的肆意侵犯，对中国人民新的军事挑衅。中国政府和中国人民对此表示强烈的谴责和抗议。中国政府已多次声明，南沙群岛、西沙群岛、中沙群岛和东沙群岛，都是中国领土的一部分，中华人民共和国对这些岛屿及其附近海域具有无可争辩的主权。"声明再次重申："中华人民共和国政府决不容许西贡当局以任何借口侵犯中国的领土主权。"

同　日　外交部发言人就日本政府和南朝鲜当局签订共同开发大陆架协定发表声明。1974年1月30日，日本政府和南朝鲜当局在汉城签订了共同开发大陆架的协定。该项协定在东海海域片面划了大面积的大陆架，作为日本和南朝鲜的"共同开发区"，由日本和南朝鲜双方共同投资，在该区域开发石油和天然气。对此，中国外交部发言人于2月4日受权声明："中国政府认为，根据大陆架是大陆自然延伸的原则，东海大陆架理应由中国和有关国家协商确定如何划分。现在，日本政府和南朝鲜当局背着中国在东海大陆架划定所谓日、韩'共同开发区'，这是侵犯中国主权的行为。对此，中国政府决不能同意。如果日本政府和南朝鲜当局在这一区域擅自进行开发活动，必须对由此引起的一切后果承担全部责任。"

2月5日—8日　国务院在北京召开教育战线第二次批林批孔座谈会。参加会议的有各省、市、自治区教育部门和部分大中小学的代表，学校工宣队、贫管会代表，批林批孔搞得好的工厂农村和上山下乡知识青年代表，以及国务院各部委、军委总政治部负责教育工作的干部等共230多人。会议是在迟群策划、催促下召开的。原计划在会上播放1月25日中共中央直属机关和国家机关批林批孔动员大会的录音。因毛泽东不准播放，迟群等人阳奉阴违，改变计划，把那次大会的内容作为"中央精神"在会上作了传达，并在会上宣讲了《林彪与孔孟之道》这份材料，又介绍工宣队进驻大学以来所谓占领与反占领的斗争情况及北大哲学系工农兵学员评注《论语》的经验等。迟群还在会上会下鼓吹“不批孔，就是不批林”，并要各地都去揪“复辟势力的代表”，抓本地的“马振扶”。

2月7日　《人民日报》以《敢于同旧传统观念决裂》为题，转发知识青年白启娴给《河北日报》的一封信。白启娴是河北师范大学的1名女大学毕业生，1968年12月到河北省沧县阎村公社相国庄大队“接受贫下中农再教育”，后担任公社中学教师，同一个普通农民结了婚。这件事遭到了一些人的嘲笑。白启娴为此给《河北日报》写了一封信，批判那些看不起农民的旧传统观念。1月27日《河北日报》发表了白启娴的来信，并写了编者按，认为这是一篇生动的批林批孔和进行路线教育的好教材。白启娴在信中说：“这使我不由地想到孔老二大骂向他请教种田种菜的学生樊迟是‘小人’，想到历代剥削阶级都‘望子成龙’、‘教女成凤’”，认为“几千年来遗留下来的这种看不起农民，轻视农业劳动的腐朽思想应该批判”。

同　日　全国科学技术协会副主席竺可桢去世。竺可桢，1890年生。浙江绍兴人。字藕舫。1908年毕业于上海澄衷学堂。1910年赴美国留学，1913年毕业于美国伊利斯大学农学院。1918年毕业于美国哈佛大学研究院地学系。1915年获硕士学位，1918年获博士学位。1918年秋回国后曾任南京高等师范学校地理系主任，南开大学地理系教授，南京政府中央研究院气象研究所所长，浙江大学校长。被选为中国气象学会会长、中国科学社理事。1948年被选为南京政府中央研究院院士，全国科学工作者协会主席。1949年7月赴北平参加全国科学工作者代表大会筹备会议，9日出席中国人民政治协商会议第一届全体会议。中华人民共和国成立后历任中国科学院副院长，中国科学院生物学地学部主任和中国科学院自然资源综合考察委员会主任、编辑出版委员会主任、自然科学委员会主任，中华全国科学技术协会副主席，中国气象学会名誉理事长，中国地理学会理事长，中德友好协会会长等职，是第一、二、三届全国人大常委会委员，1962年加入中国共产党，著有《论我国气候的几个特点及其粮食的生产关系》、《中国气象概论》、《竺可桢日记》、《竺可桢科普创作选集》、

《竺可桢文集》等。

2月8日　周恩来致电埃里克·盖里总理，祝贺格林纳达宣布独立，中国政府决定承认格林纳达。

2月10日　江青制造所谓“蜗牛事件”。1973年，为了发展我国的建设事业，第四机械工业部经中央政治局批准，准备从美国引进一条彩色电视显像管生产流水线。当时江青也曾签字同意。1973年12月，第四机械工业部所属中技公司组成一个技术考察团赴美考察访问，美国康宁公司赠送代表团成员每人1件工艺礼品——玻璃蜗牛。批林批孔”运动开始后，1974年2月，四机部第十设计院的许文彬写信给江青，诬告考察团接受玻璃蜗牛礼品，并且臆断这是美方对我国的污蔑，江青接信后于2月10日清晨，突然来到四机部找许文彬，大骂国务院是“卖国主义”、“洋奴哲学”，说引进彩色显像管是“屈辱于帝国主义的压力”，是“崇洋媚外”，并一口咬定送蜗牛礼品“是骂我们，侮辱我们，说我们爬行”。她责令四机部把礼品退到美国驻华联络处去，还要对那个国家“提出抗议”，说“美国这条生产线，我们不要它的了”，企图制造国际事件，给周恩来施加压力。江青又给许文彬写信称：“我十分赞赏你的爱国主义精神，中国人民……绝不能再受帝国主义的屈辱！是美国有求于我们，并非我们求它，更不求它的侮辱”。四机部党的核心小组迅即召开了扩大会议和全部大会，大会对以“赠送礼品”为名侮辱中国人民的行为进行谴责，要求不再从美国引进这条彩电显像管生产技术，并通过外交途径将蜗牛退回。接着，水利电力部、邮电部先后于2月13日、14日召开了声讨大会。水利电力部一位职工贴出大字报，说她在民航局工作的丈夫1973年去美实习，也收到美国人赠送的蜗牛。她当即将蜗牛交出，要求部领导将蜗牛退给美国有关方面。在此期间大字报、大小会一浪高过一浪。周恩来得知此事后，提出让外事部门调查那个国家的风俗习惯后再作处理。外交部通过对赴美考察组和出访人员调查，并查阅了有关资料后，于2月16日上报中央，查明蜗牛确系该公司生产的圣诞节礼品。按当地风俗，蜗牛象征幸福、吉祥，是美国人喜爱的礼品之一；康宁公司对考察组给予热情友好的接待，未发现有任何不礼貌的言行，周恩来于2月18、19日又两次指示外交部对此礼品进一步调查研究后再作定夺。外交部经过进一步调查核实，于2月21日上呈《关于美国人送“蜗牛”礼品等事的报告》，认为对礼品或资料中发现的问题，应实事求是，具体问题具体分析。建议对两起“蜗牛”礼品不必退回和交涉。周恩来当即批示：“外交部这一分析和所提处理意见较为正确。拟同意外交部这一报告，即呈毛主席……批示。”毛泽东当即圈阅，表示同意。在此期间，周恩来还主持中央政治局会议，对“蜗牛事件”作了研究。会议决定，江青在四机部的讲话是错误的，不印发，不下达，已印发的立即收回。至此，这场风波平息，但在“蜗牛事件”影响下，我国引进彩色显像管生产线的工作以及其他外国先进技术的交流和引进工作均被迫陷于停顿，推迟了好几年。

2月15日　毛泽东尖锐批评江青等人借“批林批孔”搞“三箭齐发”。1月30日，叶剑英写信给毛泽东，表明自己对“批林批孔”和批“走后门”的态度。2月15日，毛泽东在叶剑英的信上批示：“剑英同志：此事甚大，从支部到北京牵涉几百万人。开后门来的也有好人，从前门来的也有坏人。现在形而上学猖獗，片面性。批林批孔，又夹着走后门，有可能冲淡批林批孔。小谢、迟群讲话有缺点，不宜向下发。我的意见如此。”2月20日，中共中央根据毛泽东的意见发出通知，说明对“走后门”问题需要具体分析，慎重对待。通知指出“当前，批林批孔刚刚展开，又夹着走后门，有可能冲淡批林批孔。因此，中央认为，这个问题应进行调查研究，确定政策，放在运动后期妥善解决”。1975年5月，毛泽东在中央政治局会议上又说，“现在我们的一部分同志犯了错误要批评。三箭齐发，批林，批孔，批走后门。批林批孔都要这些人来干，没有这些人批林批孔就不行，走后门这样的人有成百万……”。毛泽东的批示和讲话，在一定程度上，遏制了江青等人借批“走后门”整老干部，整军队的企图。

同　日　姬鹏飞外长通知国际民航组织秘书长阿沙德·柯台特。通知声明中国政府决定承认1944年《国际民用航空公约》（简称《芝加哥公约》）和有关修正议定书，自即日起恢复在国际民航组织的活动。9月24日—10月15日，中国民航局副局长沈图率中国民航代表团出席在加拿大蒙特利尔举行的国际民用航空组织第二十一届大会。会上，中国当选为理事国。12月，中国政府在蒙特利尔的国际民航组织总部设立了中国驻该组织理事会代表处，第一任代表为何风光。

同　日　“四人帮”在中国美术馆和人民大会堂举办所谓“黑画”展。共展出18名作者的215幅所谓“黑画”，画展至4月5日结束。1971年—1973年间，周恩来曾指示，宾馆布置画的美术作品，要有民族风格和时代风格，要能体现我们国家悠久的历史和独特的民族文化。要挂中国画，出口工艺美术品只要不是反动的、丑恶的、黄色的东西，都可以组织出口和生产。又说，风景画不能叫“四旧”。有关部门根据周恩来的指示，组织创作了一批美术作品。1974年1月2日，姚文元在上海市委常委会上拿出一本外贸部门编印的出口画样本《中国画》，指责它是“迎合资产阶级和修正主义的货色”，要“外贸部门和美术部门查一查，进行批判”。张春桥抓住外贸部门出版的年历挖苦说：“祝这些大老板、大设计家们早日成仙，离工农兵越远越好！”1974年初，于会泳等向“创办”组织人传达姚文元的指示，并派人到国际俱乐部、北京饭店、荣宝斋、北京画院、中央美术学院等单位，用诈骗的手段，广为搜罗，连有些作者废弃的草图也不放过，全被列为所谓“黑画”。他们从收集的700多幅作品中，选出215幅，在中国美术馆举办了一个“黑画展”。在于会泳等人亲自布置炮制的展览“前言”中，特别点出：“这批画……的产生是得到某些人公开鼓励支持的”，“特别值得我们深思”。“初澜”在一篇题为《坚持文艺革命，反对复辟倒退——反击美术领域文艺黑线的回潮》一文中，也大肆指责这些“反动倾向十分露骨的黑画，竟然得到某些人的鼓励和支持，为之开绿灯”。把矛头指向周恩来。3月11日，周恩来到医院检查病情，15日下午出院，17日江青就要他去参观画展。展览期间，组织了数万人前去参观批判。在这个“黑画”展的影响下，上海、陕西等一些地方都办起了类似的展览。被定为黑画家或受到株连的美术工作者有上百名。

2月19日　王文娟打破世界纪录。上海射箭运动员王文娟，在广州举行的全国8单位射箭友谊赛中，以342环的成绩，打破了由波兰选手克劳佐维茨创造的341环的女子30米单轮射箭的世界纪录。

2月22日　毛泽东在会见赞比亚共和国总统肯尼思·戴维·卡翁达时，提出关于划分“三个世界”的理论。毛泽东说：“我看美国、苏联是第一世界。中间派，日本、欧洲、加拿大，是第二世界。”“第三世界人口很多。亚洲除了日本都是第三世界。整个非洲都是第三世界，拉丁美洲是第三世界。”后来，周恩来对这一理论又作了具体阐述：苏美是第一世界，它们拥有最强的军事和经济力量；日本、欧洲、加拿大是第二世界，它们是经济发达的国家；其他国家是第三世界，它们指亚、非、拉、美等发展中国家。本年4月10日，邓小平副总理在联合国大会第六届特别会议上发言时，对毛泽东这一新的战略构想作了进一步的阐明。3月21日，中共中央转发了有关毛泽东主席与卡翁达总统、布迈丁主席谈话的文件。

2月22日—25日　梁漱溟发言撰文抵制“批林批孔”运动。1973年底，“批林批孔”开始，梁漱溟参加在京的全国政协委员和民主党派、工商联成员的学习组学习，梁一直保持沉默，持续了一个多月，12月14日，他在会上说：“毛主席多次说过，允许保留不同意见。我对当前批林批孔运动持保留态度。至于如何评价孔子，我有话要说，我准备专门写篇文章。”“我很不同意时下流行的批孔意见。”1974年1月25日，江青在中央机关批林批孔动员大会上，在鼓动“批林批孔”时点梁的名，说，梁漱溟“现在还反对我们，反对我们批孔。他是尊孔。”“我们主席说孔老二有恶霸作风，法西斯气味。”“像梁漱溟这样的先生老爷，会不领教的。”2月22日、25日，梁漱溟在学习会上作了长达两个半天的发言，题目是《今天我们应当如何评价孔子》。他认为评价孔子，要“看孔子在中国文化史上的影响”，“一分为二”。“我现在认识到的孔子，有功和有过两个方面”。并说，“我的文章，我的观点，确实是对时下流行的批孔意见不同意的。”“中国有5 000年文化，孔子是接受了古代文化，又影响着他之后的中国文化的。……他生活在前2 500年和后2 500年之间，他本人是承前启后的。”他还说：“如今批判‘克己复礼’一词最时行，殊不知许多解释是经不起推敲的。”“既然中国并没有典型的奴隶社会，那么这‘礼’又怎能是指奴隶主之‘礼’呢？至于林彪写‘克己复礼’这张条幅，……究竟他为什么这么做，他的‘己’和‘礼’又何所指？我看除了问他自己，别人难以解释”。这时，梁漱溟自知他的文章没有人敢发表，特别在文末注明：“1974年6月25日改写稿，1974年11月8日立冬撰写完成不发表”。梁漱溟发言后，学习组对他进行了批判。在追问他对“批林”的态度时，他说：“批孔’是从‘批林’引起的”，“我的态度是不批孔，但批林。”“我认为林彪没有路线，谈不上路线”，“路线是公开的，可以见人的！不敢见人的，不是路线！从做人的角度说，光明是人，不光明是鬼！林彪就是一个鬼，他够不上做一个人，没有人格”。“刘少奇的主张很多，都是公开的。彭德怀也有公开信给毛主席”，“他们都有为国家、民族前途设想而提出的主张”。“多年来我一直与中共领导党求大同，存小异的”，“但我是公开的、光明的，而林彪则利欲熏心，专搞祸国殃民的阴谋诡计。我堂堂正正是个人，但林彪身败名裂，不够做人的资格”。梁漱溟的这一系列言论导致对他的批判逐步升级，从学习组20余人上升为一二百人的联组批判会，批判持续到1974年底。在9月13日会上他说：“三军可夺帅也，匹夫不可夺志。”

2月23日　汉江丹江口水利枢纽初期工程建成。这项我国自行设计、建造的一项大型水利工程是为了根治和综合开发汉江而兴建的关键工程，具有防洪、发电、灌溉、航运、养殖等综合效益。整个枢纽包括一条总长达2.5公里的大坝；一座装机总容量90万千瓦的电站；一套国内第一次制造的、一次可以提升载重150吨驳船的开船机，以及引水总量为600秒立方米的两个引水灌溉渠道。丹江口水利枢纽初期工程的建成，为今后综合开发水利资源，根据我国特点进行水利枢纽设计与施工等方面，提供了丰富的经验。

2月25日　毛泽东会见阿尔及利亚革命委员会主席胡阿里·布迈丁。会见中，毛泽东在谈到中国革命和建设的经验时说：“中国成就有一点，但是不大。”“我们犯过许多错误，犯了错误就改正。”他还指出：“有时候工作方法比较好，有时候不大好。如果片面地介绍中国，说怎么好，那是不妥的。当然，说中国是一片黑暗，也是不对的。光明面是主要的，但是有时候有黑暗这一面。我们下面的工作人员就爱吹他的成绩，而不爱把自己的错误讲出来，所以你们要注意。我们这个教育老是不大好，叫他们两方面都介绍，往往办不到。”同时，毛泽东又说：“别国大体也是如此，总是有光明的一面，也有缺点。”毛泽东还指出：“中国属于第三世界，因为政治、经济，各方面，中国不能跟富国、大国比，只能跟一些比较穷的国家在一起。”会见进行了约1小时。周恩来、王洪文，以及王海容、唐闻生等参加了会见。

本　月　江青等人制造批判《三上桃峰》事件，在全国掀起一场反击“文艺黑线回潮”运动。1月23日—2月18日，国务院文化组举办华北地区文艺调演，山西省文化局创作室创作员杨梦衡和许石清等集体创作的晋剧《三上桃峰》参加调演。《三上桃峰》取材于1965年7月25日《人民日报》刊登的一则通讯：《一匹马》。说的是某公社杏岭大队以欺骗手段把一匹病马当做好马卖给了桃峰大队，杏岭大队党支部书记发现此事后，亲自三上桃峰，退款道歉，送去一匹大红马支援春耕的事迹。江青在文化战线的一个心腹看了这出戏后立即给于会泳写了一个《关于晋剧〈三上桃峰〉的报告》，说：“这出戏有着严重的政治问题”，“要害是为刘少奇翻案，为刘少奇歌功颂德，为王光美的‘桃园经验’招魂”。2月1日，于会泳就此问题给中央政治局写了报告，同时又给江青写了一封信。2月5日，江青表示可以批判后，于会泳马上布置了批判《三上桃峰》的计划。2月8日，在于会泳亲自指挥下，首次召开了批判会，并把火引向山西省委第一书记谢振华。2月29日，《人民日报》发表“四人帮”在文化部的亲信控制的写作班子“初澜”的文章：《评晋剧〈三上桃峰〉》。文章说；《三上桃峰》是“一株否定无产阶级文化大革命，为叛徒刘少奇反革命的修正主义路线翻案的大毒草”。说《三》剧的出笼，是阶级斗争、路线斗争在文艺上的反映，诬蔑该剧“鼓吹刘少奇、林彪的‘阶级斗争熄灭论’”，反对党的基本路线，狂热地宣扬“孔孟之道”，把剥削阶级的意识形态冒充为共产主义风格和无产阶级思想；诬蔑社会主义制度，对毛主席革命路线进行诋毁和谩骂等等。说《三》剧是集“无冲突论”、“中间人物论”，反“题材决定”论、“人性论”、“时代精神汇合论”之大成的大毒草。文章发表前，姚文元作了11处修改，最后由江青、张春桥定稿，姚文元补充一段：“我们社会主义建设的成就是否定不了的，人民群众的劳动结出的胜利果实是抹煞不了的。这种咒骂只能暴露出这个戏的炮制者完全站在地、富、反、坏、右的立场上。”以后还感不足，又加了一句：“‘三上’被揭露了，会不会搞‘四上’、‘五上’呢？值得我们深思。”“初澜”文章出台后，全国报刊都嗅出这场运动是有来头的，当即有32种报刊转载了这篇文章。从此，一场批判《三上桃峰》的浪潮，便在全国开展起来。在不到两个月时间内，便发表了500多篇批判文章。全国各大中城市都召开了大大小小的批判会，到处抓“回潮派”、“复辟派”、“翻案派”。1978年8月，中共中央批转中共山西省委关于为《三上桃峰》事件平反的报告。

3月1日　国务院批转国家计委《关于节约燃料油的安排情况报告》。国务院指出，节约国内用油，支持出口需要和增加国家储备，是加强我国外交斗争，加强战备的一项重要措施，是一项政治任务。要按照《报告》精神，切切实实把这件事情抓好。根据周恩来关于节约国内燃料用油，增加出口，解决远洋轮用油和外轮加油问题的指示，国务院决定1974年出口原油由原计划的400万吨增加到600万吨，出口成品油由原计划的150万吨增加到160万吨，远洋轮用油和外轮加油由原计划的120万吨增加到255万吨。以上3项合计，共需增加原油200万吨，成品油145万吨，全部折合成原油为490万吨。解决的办法，是增产原油200万吨，节约燃料油300万吨。节约燃料油的安排情况是，燃化、冶金、电力、交通重点企业节约234万吨，其中燃化企业节约145万吨；冶金企业节约35.4万吨；电力企业节约40.5万吨；交通企业节约6万吨；地方中小型企业节约66万吨。

3月2日　国务院批转公安部、交通部《关于整顿铁路治安秩序的请示报告》。指出，铁路是国民经济的动脉，直接关系着国防建设、工农业生产和人民生活，在任何情况下，都要保证铁路运输的畅通，决不允许破坏铁路的运输秩序和安全。同时要求各地在整顿交通治安工作中，要正确区分两类不同性质的矛盾，教育广大干部群众自觉遵守纪律，爱护国家财产，维护革命秩序，并积极向一切不良倾向进行斗争。公安部和交通部在《请示报告》中，针对有些车站、特别是大站秩序不好，无票乘车现象严重，有些铁路区段刑事犯罪活动较多等问题，提出了5条整顿意见。

3月5日　江青等人在军队制造“放火烧荒”乱军事件。 1月13日，江青把迟群、谢静宜、苏延勋（空军副处长，谢的丈夫）找去谈话说，“我这个人爱放炮，是个炮手，又造炮，又造炮弹，又有炮队，现在就把你们当炮弹放出去，去放炮”，派他们分别到军委总部、海军、二十军防化连和空军“点火放炮”。还派一批没有军籍的记者到各部队领导机关为她搜集情报。1月24日，江青以个人名义给中央军委和全军指战员写信，并突然下令驻京部队召开万人大会，搞“三箭齐发”，对中共中央军委领导人叶剑英等进行不点名的突然袭击式的攻击。江青还在政治局会议上对某些领导干部子女当兵问题，点名批评叶剑英。2月8日，王洪文、张春桥在一次会议上说：总参谋部领导“右倾手软，右得不能再右了”；对总政“可以夺权”，总后勤部“垮得越彻底越好”。2月10日，工程兵、铁道兵、炮兵、二炮等单位向军委办公会议汇报“批林批孔”情况，王洪文、张春桥借机指责这些单位领导人说，大字报贴少了，运动开展不起来。因此，江青提出对军队要“放火烧荒”的口号来整军队。3月5日，江青、张春桥召集于会泳、陈亚丁等人开会，江青说：“今天我斗胆，不敢得罪军队，今天把你陈亚丁（注：陈是当时没有职务的原军委总政治部文化部副部长）也请来了，就是要整一整。”“听听八一（厂）的吧。八一（厂）造孽了，军阀管你们。”“春桥同志，看来要夺权，军队的文化工作还是让亚丁去管起来，你在军委提一下。”“放火烧荒，你们去三个人，去放火嘛。”6日，王洪文在总参谋部汇报时说，总参的问题“盘根错节”，“要解决一下”，要“继续发动群众，把盖子揭开，揭总参领导的问题”，“一定要揭开，揭不开就砸，砸不开就用炸弹炸”。3月13日，张春桥在听取总后勤部汇报时说："总后已经瘫痪了，我看瘫痪得越彻底越好。"不要怕派性。打内战也可以，有些问题要靠打内战才能解决。"3月15日，王洪文诬蔑叶剑英兼管的总参作战部说："如果苏修、美帝真的打来，我怀疑作战部会有'维持会'。真的打起仗来，总参会有维持会长、副会长，一套班子齐全。"3月17日，陈亚丁擅自召集驻京部队文艺单位一些负责人开会，传达江青的"三五"讲话："江青同志要我回到总政就是要放火烧荒。今天叫你们来就是叫你们回去放火。"3月18日，张春桥又以处理总参一个部门的问题为借口，大整总参负责人，3月21日，王洪文对王秀珍说，"总部（总政、总参、总后）多次运动盖子没有揭开。如总参，人换了路线没有换，修正主义路线没有变"。"三五"讲话传出后不久，毛泽东和中央及时觉察了江青等人的阴谋活动。3月20日，毛泽东对江青提出了严厉批评。3月21日，王洪文、张春桥带着陈亚丁，在一部分中央政治局委员面前，陈亚丁承认自己传达江青"三五"讲话是"乱说"，以掩盖江青到军队"放火烧荒"的罪行。

3月11日　《解放军报》被变相停刊178天。1月17日《解放军报》发表《既要讲批评又要讲谅解——空军某部航修厂党委搞好革命团结的体会》一篇不足1 500字的短文。主要内容是：空军某部航修厂党委成员在开展积极的思想斗争中，正确理解和处理批评和谅解的关系，"要把问题摆到桌面上来，还要能互相谅解"，搞好党委团结的经验。这篇文章也体现了周恩来、叶剑英1973年在空军一次党委会上讲话的精神：党委要按照毛主席提出的三项基本原则办事，要讲团结，不要搞一言堂，不要称霸。1月28日晚，在一次会议后，"四人帮"把某些新闻单位的几个人留下来，江青首先叫嚷："要到《解放军报》去几个人，我气得很！"张春桥具体布置说："《解放军报》1月17日有篇文章，怪得很，你们可以写文章批评。"王洪文也说："这篇文章很坏。"此后，由"四人帮"安插在某报的心腹，立即指派记者到一个"试点"的连队搞座谈，要干部战士写批评信，并给他们定调子，划框框。由《人民日报》通过《情况汇编》转发。江青等人看后觉得"分量不够"，干脆撇开连队的信，让记者捉刀代笔，大加“修改”，炮制出一篇滥用“连队干部战士”名义，给军报横加罪名的文章：《这样介绍“体会”对吗？》江青说：“这几个战士是勇敢的，对的”，还让张春桥、姚文元“仔细推敲一下，使它变成一把更加锋利的匕首”，姚文元则批道：“告军报加一个有自我批评的按语在《解放军报》发表。”王洪文批示：“解放军报社组织群众认真讨论一下这封战士的来信，要发动群众揭开报社阶级斗争的盖子。”他们既不报告军委，也不通知总政治部，就让《解放军报》按照他们的规定写了按语，经“四人帮”亲自删改，于2月15日在头版头条发表。该文说：1月17日的文章“离开批林批孔斗争的大方向，来讲团结的问题”；“离开了马克思主义斗争哲学，大肆强调谅解，……倒很像是折衷主义，很像是中庸之道。”“编者按语”说：“斗则进，不斗则退，不斗则垮，不斗则修。我们发表这篇文章（指1月17日文），在讲团结的时候，离开了马克思主义的斗争哲学，歪曲了毛主席的教导，大讲谅解，貌似全面，实际上宣扬了折衷主义、中庸之道。”3月11日，张春桥以中共中央政治局名义，强令《解放军报》只准转发新华社的消息，停止编发自己的稿件。从3月中旬—9月初，迫使军报变相停刊178天。

3月12日　江青对北京市石景山区永乐中学教师王惠生来信做出批示。王惠生的信反映了该校1971年一个初一学生因躲避家长责打而跳楼，造成下肢骨折一事。王在信中不仅旧事重提，并把它说成是“修正主义路线使一个学生被逼跳楼”。江青在信上批道：“建议立即对此事进行调查研究，严肃处理。”并说：“北京市已有几个学校实行法西斯主义，让坏人专了学生的政。打、骂、死、活听之，是社会主义中国，还是国民党的台湾？建议北京市委抓紧批林批孔这个纲，抓住典型。这是坏的典型，是要夺权改革的问题。师道尊严，也要彻底批判，这种残害青年的败类，应对他们实行无产阶级专政，希望也抓一些好的典型推广。”13日，国务院科教组在迟群指使下，将江青的批语精神用电话通知各地教育部门。随后，永乐中学的党支部被改组，主要干部被停职检查，遭受批斗，调离学校。这种做法也波及到了其他学校。

3月15日　中华人民共和国和几内亚（比绍）共和国在科纳克里签署建立外交关系的联合公报，决定自即日起建立大使级外交关系。

3月18日　国务院科教组发出《通知》。《通知》将毛泽东给李庆霖的复信、李庆霖的信、张铁生的答卷及《辽宁日报》、《人民日报》对张铁生的信所加的编者按语编入中学课本，《通知》说：这些是向学生进行基本路线教育和反修防修教育的生动活泼的好教材。

3月20日　毛泽东写信批评江青。信中写道："不见还好些。过去多年同你谈的，你有好些不执行，多见何益？有马列书在，有我的书在，你就是不研究。我重病在身，81岁了，也不体谅。你有特权，我死了，看你怎么办？你也是个大事不讨论，小事天天送的人。请你考虑。"

同　日　原国民党军官吴淼火向福建前线部队投诚。原台湾国民党海军陆战队二师两栖侦察队乌丘岛侦察组中尉组长吴淼火，本日从国民党军队盘据的乌丘岛渡海归来，向中国人民解放军福建前线部队投诚。他投诚时，携带有橡皮舟一艘、重机枪一挺、手枪两支、无线电发报机一部。吴淼火投诚后，受到当地驻军和政府的热烈欢迎。3月30日，在福州为他举行了欢迎、授奖大会。

同　日　我国第一艘2.5万吨级浮船坞"黄山号"在上海建成投产。当日，这艘船坞在黄浦江上进行了一次抬船试验，结果表明这艘浮船坞性能良好，符合设计要求，"黄山号"全长190米，宽38.5米，坞墙高达15.8米，能抬举修理载重量2.5万—3万吨级的海轮，船坞内有电站，以及修理船舶用的机械、电器、坞木加工等全套设备，自动化、电气化程度较高，对发展我国远洋和沿海运输事业，改变港口面貌，支援造船工业的发展都有重要的作用。"黄山号"浮船坞的建设，工程量大，工艺复杂，从总装到建成仅花半年时间，是100多个船厂、设计院及海运局等单位通力协作的成果。

3月21日　中共广东省委书记陈郁去世。陈郁，1901年生。广东宝安（今深圳）人。原名陈旭责，又名陈煜。1915年到香港做工。1921年到英轮"亚洲皇后"号当海员。1922年1月参加香港海员工人大罢工。1924年后，曾任香港中华海员工业联合总会干事、副主席兼任太平洋航线分部主席。1925年参加领导了省港大罢工，同年8月加入中国共产党。1926年任中华全国海员总工会副主席，次年任主席、党团书记。1927年“四一二”政变后，任中共广东省委常委，中共广东省委工委书记和组织部长、职工运动委员会书记，广州市委书记。1927年参与发动广州起义，任广州苏维埃革命政府司法人民委员，1928年起，任中共香港市委书记。1930年9月由香港调往上海，任中华全国总工会党团成员，中华全国海员总工会党团书记。1931年任中共驻共产国际代表。在中共六届三中全会上当选为中共中央委员。在六届四中全会上当选为中共中央政治局委员。同年赴苏联列宁学院学习，兼任中共列宁学院中国部支部书记。因反对王明的“左”倾路线，1934年被打成右派，送往斯大林格勒拖拉机工厂当工人。1940年回到延安。1943年到西北财经委员会工作。抗日战争胜利后，于1945年9月赴东北，任中共辽西省委副书记兼东北职工总会筹委会主任、长春市委副书记。1946年6月，调任中共合江省依勃桦区党委书记、勃利军分区政治委员、三五九旅政治委员。1947年任中共中央东北局生产委员会副主任。1948年任东北人民政府工业部副部长、部长，中华全国总工会常委、执行委员兼生产部长。中华人民共和国成立后，历任华北人民政府重工业部部长，中央人民政府燃料工业部部长兼党组书记，煤炭工业部部长。1957年调任中共广东省委书记、广东省省长。1961年任中共中央中南局书记处书记。1965年任中共中央中南局第三书记。1968年任广东省革命委员会副主任。1972年任中共广东省委书记。在中共第七次全国代表大会上当选为候补中央委员，在中共第八、九、十次全国代表大会上当选为中央委员。是第三届全国人民代表大会代表。

3月22日　国务院发出《关于认真做好1974年度粮食工作的通知》。《通知》说，去年农业丰收，农村缺粮队、缺粮户大大减少，1973年度内粮食收支平衡，改变了前两年连续挖用库存的情况。同时农村留粮和社队储备都有一定增加。今年粮食统销工作必须从年度开始就抓紧。近几年的一条重要教训，总是开头放松，多销了，后来再抓，已经晚了。今年一定下决心改变这种状况。要在年度一开始就把统销工作抓紧。今年完全有条件把农村粮食销量减下来，同时，要继续压缩城镇的不合理供应，积极开展工业用粮的节约代用，保证市场行业用粮的正常需要。有条件的地方，可以议购一些粮食，但议购价格不能超过国家允许的限度。关于1974年度粮食购销计划，责成商业部提出一个建议数字。征购计划，到秋后再作调整，油脂计划的建议数字也由商业部同时下达。并希望各地落实油料播种面积，提高油料单产，积极开辟油源。

同　日　国务院批转黄河治理领导小组《关于黄河下游治理工作会议的报告》。当时，黄河下游河道泥沙淤积严重，有的河段已成为高于滩面、地面的“悬河”，排洪能力迅速降低，出现河势摆动加剧等严重威胁堤防安全的问题。1969年到1972年，下游河道平均每年淤积泥沙6亿吨，比往年淤积量增加2亿吨。特别是花园口附近大堤，只能通过1万个流量，不但发生大洪水时有很大危险，甚至发生中小洪水也有出乱子的可能，严重地威胁着冀鲁豫平原的生产建设和人民生命安全。为此，1973年11月22日—12月5日召开了黄河下游治理工作会议，提出以下措施：采用人工加堤和放淤固堤相结合的办法加高加固堤坝；废除滩区生产堤；整治河道，搞好滞洪区，修建支流水库，进一步清理三门峡库区；抓紧完成山东齐河、垦利展宽工程，完成上述规划，约需投资10亿元。会议还制订了1974年防汛的应急措施，共需投资6 100万元。国务院在批转会议报告时，要求把黄河下游同黄河中、上游的治理规划统一考虑。

3月23日　外交部副部长余湛对苏联政府派遣飞机进入我国境内进行间谍活动提出强烈抗议。照会指出，1974年3月14日，苏联米-4型武装侦察直升飞机1架侵入中国新疆维吾尔自治区纵深，不止一次地在哈巴河县境内降落，进行间谍活动，机上3名军人和飞机被中国边防部队和民兵当场捕获。

3月24日—31日　坦桑尼亚联合共和国总统朱利叶斯·克·尼雷尔访问中国。周恩来、叶剑英、李先念、邓小平、陈锡联、吴德、阿沛·阿旺晋美等到机场欢迎。24日，《人民日报》发表社论：《热烈欢迎尼雷尔总统》。晚上，周恩来总理举行了盛大欢迎宴会。25日、

26日和30日，周恩来同尼雷尔举行3次会谈。29日，中坦两国政府经济技术合作协定，在北京签字，同日，尼雷尔总统举行答谢宴会。31日，尼雷尔一行结束访华回国。

3月25日　北京卫星地面站2号站在京郊建成投入使用，它是中国第2座国际卫星通信地面站。

3月27日　毛泽东写信批评江青反对邓小平出席联大特别会议。 1974年3月，政治局讨论派谁去参加第六届特别联大时，江青坚持不让邓小平去。唐闻生、王海容把政治局开会的情况报告了毛泽东。3月27日，毛泽东给江青写了一封信，全文如下：“江青：邓小平同志出国是我的意见，你不要反对为好。小心谨慎，不要反对我的提议。”

同　日　中共早期领导人王明病死。 王明，1904年生，安徽六安人。原名陈绍禹。1925年赴莫斯科中山大学学习。1926年加入中国共产党。曾在中山大学副校长米夫的支持下组织宗派小集团。1929年回国后，任党中央机关刊物《红旗》编辑。1930年发表《为中共更加布尔什维克化而斗争》的小册子，提出了比李立三“左”倾冒险主义更为“左”倾的政治纲领。同年任中共江苏省委书记。1931年1月在中共六届四中全会上，依靠米夫的支持，被选为中央政治局委员，取得了中共中央的领导权。同年10月赴苏联任中共驻共产国际代表团团长后，仍通过博古继续推行“左”倾冒险主义，给中国革命事业造成了严重危害。1935年1月遵义会议结束了王明等人在中共中央的统治。1935年7月25日—8月20日，他出席了共产国际第七次代表大会，被选为共产国际执委会主席团委员和书记处候补书记。会议期间，他和中共驻共产国际代表团其他成员一起，讨论和起草了《中共为抗日救国告全体同胞书》（即“八一宣言”），提出了全国人民团结一致、共同抗日的主张。1937年11月回国，在12月14日结束的中共中央政治局扩大会议上，他被增补为中央书记处书记，并任中共中央长江局书记，推行右倾投降主义，使南方地区革命力量受到损失。在1939年9月长江局撤销后，任中共中央统战部部长、中央党刊委员会主席、中央妇委主席。1941年后长期休息。1942年延安整风运动期间对他的“左”倾和右倾错误进行了严肃的批评。1945年在中共七大上他当选为中央委员。1949年6月，任中国新政治学研究会副主席兼筹委会主任。建国后，他于1949年10月1日被任命为政务院法制委员会主任。10月5日，被选为中苏友好协会理事会理事。10月19日，毛泽东发出任命通知书，任命他为中央人民政府政务院政治法律委员会副主任、最高人民法院委员。1950年6月9日，中共七届三中全会通过了《关于王明同志的决定》，要求王明执行二中全会的决定，对于他在内战时期及抗日时期所犯的原则错误作一次深刻的反省。1956年1月，王明赴苏联就医，此后长期留居苏联，拒不回国，写了《中共50年》一书。曾是中共七届、八届中央委员。他还曾被选为第一届全国政协委员。

3月29日　我国建成1座试验性的地热发电站。新华社报道：北京电力工业部门和北京大学等单位在河北省怀柔县自行设计建成1座试验性的地热发电站。这座发电站不消耗燃料，没有普通火电站的烟囱和锅炉设备，也不用建设水力发电站所需要的拦河坝，只是利用从机井里抽上来的天然热水，把蒸发器里面的低沸点的中间介质加热，化为蒸气，推动气轮发电机发电。它具有发电成本低，易于操作、维护等优点。这座发电站的机组经过长时间的连续运行考验，性能良好，达到了设计要求。

3月30日　于会泳在中直文艺单位批林批孔大会上，点名批判一些作品，把它们打成“翻案复辟”的“毒草”。它们是：《松涛曲》(哈尔滨话剧院演出)、《不平静的海滨》（山东省话剧团演出)、《牧笛》（短篇小说，发表在河南省内部刊物《文艺作品选》1973年第1期)、《友谊的春天》和《要有这样一座桥》（中国话剧团演出)。据此，5月6日，中共黑龙江省委向中共中央呈报《关于批判话剧〈松涛曲〉的请示报告》。话剧《松涛曲》的作者关守中，根据刘少奇1964年视察小兴安岭林区的有关材料，先写成话剧《登高望远》，后又改为《松涛曲》。《报告》认为此剧的要害是为刘少奇推行的所谓反革命修正主义路线翻案。同时，省委在全省组织开展了对《松涛曲》一剧的批判，提出要挖出“支持《松涛曲》出笼的”省、市和有关部门领导人。粉碎“四人帮”后，上述作品均得到公开平反。

4月1日　《红旗》杂志第四期发表署名“梁效”的文章：《孔丘其人》。这篇文章以批林为名，但通篇不讲林彪为何尊孔，却用许多现代语言描述孔丘的言行，影射攻击。文章露骨地说孔丘：“甚至在他71岁，重病在床的时候，听说齐国新兴地主阶级杀了奴隶主头子齐简公，夺取了政权，还拼命挣扎着爬起来，摇摇晃晃地去朝见鲁君，再三请求讨伐”；“孔老二这个家伙却是‘述而不作’，根本写不出什么东西”等等。甚至把鲁国当时根本没有的“宰相”职务硬加在孔丘头上，说孔丘“蒙蔽了季桓子，骗取了信任，居然当上鲁国首都行政长官，并很快窃取了警察总监和代理宰相的要职”。这篇文章是江青出题目，由北大、清华“两校大批判组”炮制的，写了8稿。3月26日，江青将该文送给姚文元，称赞该稿写得“生龙活虎”，姚文元看后立即复江青：“看了一遍，觉得写得较生动，可以用”。有人问这个像画的是谁，迟群险恶地说：“你看像谁就是谁。”

同　日　《红旗》杂志第四期发表上海市委写作组署名“罗思鼎”的文章：《评〈吕氏春秋〉》。文章特别点出《吕氏春秋》的所谓时代特色。认为“吕不韦政治投机的成功，是秦国国内外奴隶主复辟势力相互勾结的结果，反映了当时工商奴隶主同贵族奴隶主联合起来反对新兴地主阶级的动向”。“《吕氏春秋》……这部反动著作，继承和发展了孔丘‘兴灭国，继绝世，举逸民’的主张，提出了复辟奴隶制的反动政治纲领”。文章认为，《吕氏春秋》与《春秋》在表现形式上很不同，“实际上是用‘杂家’的面目来掩盖极右的儒家本质。这是一种以折衷主义面目出现的反动思潮”。文章认为，“《吕氏春秋》之所以采用折衷主义手法，是由于当时阶级力量对比发生了变化”，奴隶主阶级力量日益衰落，法家势力强大，吕不韦只能搞折衷主义，在“杂家”的招牌下贩卖儒家的黑货。文章最后有意影射说：“历史现象常常会有相似之处。《吕氏春秋》这种以折衷主义形式出现的反动思潮在今天还可以看到”，“在尖锐的革命斗争面前，当机会主义者处于不利地位的时候，他们常常摆出一副平正、公允的面孔，用似是而非、模棱两可的态度来掩盖自己的极右本质，表面上不偏不袒，实质上千方百计保护反动派，对革命派则是力图置之死地而后快”。这篇文章是姚文元根据江青的旨意赴上海当面向朱永嘉等人布置写的。

4月2日　毛泽东会见乔森潘和英·萨利。会见在中南海进行。柬埔寨国家元首西哈努克亲王、宾努首相等也参加了会见。双方就柬埔寨目前的局势进行了交谈。毛泽东十分关切地询问了柬埔寨人民进行抗美救国战争4年来的情况，他希望柬埔寨各方力量加强团结，不要分裂，“小吵架，大团结”，以共同对敌。毛泽东还介绍了中国的经验。他说：我们过去也没有坦克，没有海军，没有空军，只有陆军。打了18年，跟蒋介石打，跟日本人打。后来和平了又打，在朝鲜跟美国人打，不过我们出的是志愿军。加在一起25年。我今年81岁了，有20多年消耗在打仗上。这个打仗，一打就学会了。毛泽东在谈话中还就柬埔寨的军事策略和土地改革等问题提出了建议。乔森潘感谢毛泽东、中国共产党和中国人民对柬埔寨人民争取民族独立斗争的支持。会见持续了近两个小时。周恩来、王洪文参加了会见，王海容、唐闻生、齐宗华、罗旭等会见时也在座。

4月3日　中国领导人对法国总统蓬皮杜逝世表示哀悼。董必武代主席和周恩来总理致电法兰西共和国代总统阿兰·波埃，对2日逝世的乔治·蓬皮杜总统表示深切的哀悼。同日，周恩来总理还代表毛泽东主席并以他个人的名义打电报给蓬皮杜夫人，对蓬皮杜不幸去世表示哀悼。周恩来、邓小平、阿沛·阿旺晋美、姬鹏飞等于4日下午前往法国驻中国大使馆，吊唁蓬皮杜总统。同日，董必武和周恩来委派我驻法大使曾涛为中国特使，参加6日在巴黎圣母院为蓬皮杜总统举行的哀悼仪式。毛泽东、董必武、周恩来、邓小平等中国领导人送了花圈。

4月6日—19日　邓小平率中国代表团出席联合国大会第六届特别会议。代表团副团长为外交部副部长乔冠华和中国常驻联合国代表黄华。这次联合国大会特别会议是为研究原料和发展问题而召开的。是联合国成立以来首次开会讨论有关反对帝国主义剥削和掠夺、改造国际经济关系的重大问题，标志着第三世界国家和人民团结反帝、反霸斗争的新高潮。4月9日，会议开幕。4月10日，邓小平在大会上发言，全面阐述了当前国际形势，“第三世界”的理论以及我国的对外政策。他说：“当前国际关系激烈变化，整个世界动荡不安。一系列亚非拉国家纷纷取得独立，在国际事务中起着越来越大的作用。战后一个时期内曾经存在的社会主义阵营，现已不复存在。西方帝国主义集团，也已四分五裂。从国际关系的变化看，现在的世界实际上存在着互相联系又互相矛盾着的三个方面、三个世界，美国、苏联是第一世界。亚非拉发展中国家和其他地区的发展中国家，是第三世界。处于这两者之间的发达国家是第二世界。两个超级大国是当代最大的国际剥削者和压迫者，是新的世界战争的策源地。处于超级大国和发展中国家之间的发达国家都在不同程度上具有摆脱超级大国的奴役或控制，维护国家独立和主权完整的要求。广大发展中国家，长期遭受殖民主义、帝国主义的压迫和剥削。这些国家受的压迫最深，反对压迫、谋求解放和发展的要求最为强烈。”邓小平指出，原料和发展问题的实质，就是发展中国家维护国家主权，发展民族经济，反对帝国主义，特别是超级大国的掠夺和控制的问题。这是当前第三世界国家和人民反殖、反帝、反霸斗争的一个极其重要的方面。邓小平表示，中国政府和中国人民热烈赞同并坚持支持第三世界国家要求改变目前极不平等的国际经济关系及提出的许多合理的改革建议。他在发言最后说：“中国是一个社会主义国家，也是一个发展中的国家。中国属于第三世界。中国政府和中国人民，坚决支持一切被压迫人民和被压迫民族争取和维护民族独立，发展民族经济，反对殖民主义、帝国主义、霸权主义的斗争，中国现在不是，将来也不做超级大国。国家要独立，民族要解放，人民要革命，这是不可抗拒的历史潮流。”邓小平发言是根据毛泽东的历次指示写的，经中央政治局讨论通过，并报请毛泽东审阅。毛泽东批示：“好，赞同。”

4月10日　中共中央发出《关于批林批孔运动几个问题的通知》。《通知》的主要内容是：一、“批林批孔运动在党委统一领导下进行，不要成立战斗队一类群众组织，也不要搞跨行业、跨地区一类的串联。”二、“已经回部队的三支两军人员，不要再回支左单位参加批林批孔。如果对他们有批评意见，可以送到所在部队的领导机关。”三、“要欢迎群众联系本地区阶级斗争和两条路线斗争实际所提出的批评。有极少数领导干部，不批林，不批孔，捂盖子，怕群众，甚至采取恶劣手段挑动群众斗群众，破坏革命，破坏生产，煽动经济主义，破坏知识青年上山下乡，这是完全错误的。”“中央希望各级党委认真加强领导，团结95%以上的群众和干部，使批林批孔运动进一步开展起来。”

4月19日　全国政协副主席傅作义去世。傅作义，1895年生，山西省临漪人。字宜生。保定军官学校毕业。原为阎锡山部属。1930年参加阎、冯反蒋战争，任津浦线总指挥。1931年后，曾任35军军长，绥远省政府主席，曾率部参加长城抗战和绥远抗战。抗日战争期间，先后任第七集团军总司令，第八战区副司令长官、第十二战区司令长官兼绥远省和察哈尔省政府主席。日本投降后，曾赴热、察、绥受降。解放战争时期，任华北“剿总”司令，1949年1月底，天津解放后，接受中共提出的和平解放北平的条件，率部起义，对北平和绥远的和平解放做出了重要贡献。同年9月，出席中国人民政治协商会议第一届全体会议。中华人民共和国成立后，曾任中央人民政府委员、人民革命军事委员会委员、国防委员会副主席、水利部部长、水利电力部部长。是第一、二、三届全国政协常委，第四届全国政协副主席，第一、二、三届全国人大代表。

4月20日　中华人民共和国和加蓬共和国建立外交关系的联合公报在利伯维尔签署。一致决定建立大使级外交关系并互派大使。

同　日　中华人民共和国和日本国航空运输协定在北京签字。国务院副总理李先念、中国日本友好协会会长廖承志等出席了签字仪式。

4月22日　中共中央基本同意并批转国家计委《关于1974年国民经济计划（草案）的报告》。1973年7、8月间，国家计委同有关部门一起研究，提出了1974年的计划设想。1973年10月，国家计委又会同各部委到各地征求省、市、自治区的意见，对计划作了调整和修改，但由于“批林批孔”的原因，全国计划会议迟迟不能召开。为了不影响全年的生产建设工作，国家计委在安排了1974年前两个季度的生产之后，起草了这个报告。报告中拟订的1974年国民经济计划的主要指标要求是：工农业总产值4 210亿元，比上年预计增长7.1%。其中工业总产值3 000亿元，增长8.3%；农业总产值1 210亿元，增长4.3%；粮食5 400亿斤，比上年增长1.9%；棉花5 100万到5 300万担，比上年预计增长1.6%~5.6%；钢2 700万吨，增长7.3%；原煤4.3亿吨，增长5.7%；原油6 400万吨，增长19.4%；发电量1 750亿度，增长6.3%；化肥2 800万到3 000万吨；棉纱1 150万件，增长6.3%；铁路货运量8.5亿到8.6亿吨，增长4.6%~5.8%。由国家预算直接安排的基本建设投资300亿元，其中财政拨款281.6亿元，动用库存18.4亿元，加上地方自筹、军事工程、人防工程、援外项目等，总规模为370亿元。计划施工的大中型项目1 135个，其中新建项目50个，主要是进口成套设备的13套化肥、3套化纤、1套乙烯装置、1套1.7米轧机，投资总规模170亿元，其中1974年内安排16亿元。计划建成投产大中型项目250个，单项工程520个，社会商品供应量为1 115亿元，比1973年供应量增加37亿元，计划进出口总额为130亿美元，比上年增长21.4%。国家财政收支计划各为850亿元，比上年增长6%。1974年拟实行“固定比例留成，超支另定分成”的财政管理体制，地方固定机动财力将达18亿元。职工人数计划达到5 625万人，比上年增加10万人。计划年内精减职工280万人（包括自然减员），安排家居城镇的复员军人和大中专毕业生60万人；工资总额计划为357亿元。这个《报告》未经召开全国计划会议讨论，便由中共中央批转执行。但是，由于“批林批孔”运动的干扰，1974年的大部分主要指标没有完成计划。

4月26日　国务院批转科教组《关于内地支援西藏大学、中学、专科师资问题的请示报告》。西藏地区民主改革前，教育事业十分落后，广大劳动人民被剥夺了上学读书的权利。民主改革后，在党的领导下，教育事业有了很大发展。全自治区已有小学2 600多所，入学儿童达12万多人，各个地区和市都有了中学，还有一所西藏民族学院。但由于历史原因，西藏教育事业的基础仍然比较薄弱，师资缺乏。因此中央决定，对西藏要求配备的8所中学和一所师范学校的师资，由上海、江苏、四川、湖南、河南、辽宁6省、市和国家机关定区、定校包干支援。并对支援教师的任务、分工、条件、年限、待遇等提出了具体意见，7月，6省、市和国家机关选派了大中学校教师和干部389人进藏，支援西藏教学工作，并协助在拉萨市筹办一所师范学院。1976年4月11日，国务院又发出支援西藏师资的通知：免除原由国家机关各部委轮换派出的任务，决定由山东、湖北两省在1976年和1978年分两批派出援藏教师，每期每批各派45名。1983年，上海、天津、浙江、吉林、四川、陕西6省、市的高等院校，选派了131名大学教师，作为第四批援藏教师，分赴西藏民族学院、西藏农牧学院、西藏师范学院担任文史哲、农林牧医、数理化、体音美等学科的教学工作，还从上海、江苏、山东、湖南、湖北、四川、辽宁、河南8省、市，选派522名高中教师，分批赴拉萨、日喀则、昌都、山南、那曲、阿里等地的15所中学担任高中各科的教学工作。大批教师援藏，推动和加强了西藏教育事业的发展。

4月28日—30日　南京市近万名下放工人上街游行。他们包围机关，拦截汽车，强乘火车，要求赴北京上访。这次行动造成火车晚点10多个小时。中共中央、国务院于29日、30日两次电示江苏省委负责做工作，劝阻工人去北京，下放工作中的问题放在运动后期处理。

本　月　铁道兵部队动工修建青藏、南疆铁路。从青海西宁至西藏拉萨的青藏铁路，全长2 047公里。铁道兵部队曾于1959年2月和1963年12月开赴青藏高原，进行了泉吉东至格尔木和海晏至克土段铁路的修建工作。本年3月，根据国家有关部门关于青藏铁路先修建哈尔盖至南山口段683公里的决定，铁道兵部队第三次登上青藏高原，于4月开始施工，南疆铁路，从新疆的吐鲁番至库尔勒，全长476.5公里，也于4日开始施工。这两条铁路地处高原、戈壁，多数地段荒无人烟，交通十分不便，气候恶劣，环境艰苦。参加施工的铁道兵指战员经过长达5年多的艰苦奋战，终于在1979年9月实现了青藏铁路格尔木至南山口段铺轨通车；11月实现南疆铁路铺轨通车。与此同时，铁道兵部队还修建了海湖（克木至海湖）、茶卡（繁汗诺至茶卡）等铁路支线49公里。

4月—6月　重庆钢铁公司机修厂技术员白智清上书周恩来、叶剑英、邓小平等中央领导人，鞭挞“文化大革命”和“四人帮”。他以“心赤客”名义写出的信有：4月16日“上周恩来书”，6月1日“上叶剑英书”，还有1975年3月20日“上邓小平书”等。白智清出于对祖国命运和前途的担忧，信中呼吁周恩来、叶剑英、邓小平等“为了国家的富强，为了民族的昌盛，切勿手软啊！”，“为了拯救国家，拯救民族，因势利导，担负起这个沉重而又伟大的担子吧！”“当断不断，反遭其乱，该决不决，自寻其灭，是时候了……如果到了‘后党’形成，大权在握——最后到国破家亡便悔之晚矣！”。他在给邓小平的信中，希望他能尽快搞出个社会主义的法典来，拯救中国社会。他还给江青写信，痛骂她“把祖国的大好河山搞成这个样子！”当时，被公安部列为“心赤客反革命案件”而受到处理追查。

5月1日　国务院、中央军委发出《关于调整国防工业管理体制的决定》。主要内容如下：一、第三、四、五、六机械工业部，由国务院直接领导，成立国务院国防工业办公室。二、撤销军委国防工业领导小组和航空、造船、常规兵器、电讯4个领导小组。三、第三、四、五、六机械工业部的直属企业、国防工业的高等院校和其他学校，有计划、有步骤地下放给省、市、自治区领导，实行地方和部队双重领导，以地方为主。四、省、市、自治区党委对本地区的国防工业企业实行统一领导，在省、市、自治区革命委员会内，设立国防工业办公室或相应机构。撤销各大军区管理国防工业的机构。五、搞好军民团结、平战结合。六、各研究院、所归属各工业部门。这次对国防工业管理体制进行调整，是总结林彪一伙搞独立的大军工体系的教训，并使国防工业建设同国民经济建设结合起来而做出的决定。

同　日　人民警察、海军部队及陆、空军女同志自本日起改换新式服装。改革后的民警服装，消防、边防、森林和铁路押运民警的冬、夏服，一律为上绿下蓝服装，其他民警的夏服，一律为上白下蓝服装，男戴蓝色大沿帽，女戴蓝色无沿帽，套白色蓝牙帽罩，冬服仍为全蓝服装。人民警察的帽徽和领章不变。改革后的海军服装样式为：夏季上白下蓝和全蓝两种，干部服制式不变，戴大沿帽，女夏服制式增加裙服，戴无沿软帽，战士恢复水兵服，戴水兵帽；冬服为全蓝色。水兵服领章改为长方形红色小肩章。陆、空军女夏服制式增加裙服，解放帽改为无沿软帽。

5月5日　由中国自己设计、制造和施工安装的大型现代化炼油装置，在南京石油化工厂建成投产。

5月6日—18日　塞内加尔共和国总统列奥波尔德·塞达·桑戈尔访问中国。周恩来、李先念、陈锡联、华国锋、吴德、徐向前等到机场欢迎。6日，《人民日报》发表社论：《热烈欢迎桑戈尔总统》。当晚，周恩来、江青等会见塞内加尔贵宾。随后，周恩来举行盛大欢迎宴会，周恩来和桑戈尔在宴会上讲话。7日和9日，周恩来总理、李先念副总理同桑戈尔总统举行会谈。9日，桑戈尔总统和夫人举行答谢宴会。18日，《塞内加尔共和国总统列奥波尔德·塞达·桑戈尔访问中华人民共和国公报》发表。同日，桑戈尔一行离开上海回国。

5月7日　毛泽东会见塞内加尔共和国总统列奥波尔德·塞达·桑戈尔。周恩来、王洪文、李先念等参加了会见。在交谈中，桑戈尔提出"无产阶级文化大革命摧毁了一些艺术品，对此我感到不可理解"。毛泽东回答说："我也不明白。你去调查一下吧。有一些摧毁了，有一些没被摧毁。""9/10保存了，1/10没有。"桑戈尔表示理解，他说："一切革命过程中都会有破坏。但主要的是把精华保留下来，这一点很重要。"毛泽东谈到："有些没有法子摧毁的，比如北京的城墙太厚了，要摧毁，也不行呵。比如讲长城，那个是摧毁不了的。""有些喇嘛教的庙，比如北京的雍和宫，现在还在，你去看一下。"他指出，"我们还犯了许多错误，现在比较好一些。"在交谈中，桑戈尔还对中国的农业技术专家在塞内加尔极为有效的工作表示感谢，并提出，"希望他们扩大活动"。双方还就其他一些问题交换了意见。会见进行了1个小时。

5月11日　毛泽东会见巴基斯坦总理佐勒菲卡尔·阿里·布托。会见在中南海进行。毛泽东详细询问了巴基斯坦和印度、阿富汗、苏联以及孟加拉国的关系问题。双方交换了对当前国际形势的看法。

在谈到双边关系时，两位领导人对近年来两国在政治、经济、军事等方面关系的进展表示满意。双方还就亚洲安全体系问题，伊朗和印度之间的关系，中国和孟加拉国建交的问题，中国和印度之间的关系以及克什米尔争端等地区性问题进行了广泛的交谈。周恩来、王洪文、邓小平参加了会见。

同　日　下午3时25分，云南省昭通地区和与其邻接的四川省凉山彝族自治州境内，发生强烈地震。据地震台网测定，这次地震为7.1级，震中地区在北纬28.2°，东经104°。12日还有余震。震后房屋、人、畜都遭到不同程度的损失，地震发生后，党中央、国务院迅速组织有关部门进行救灾工作；同时，派出由商业部部长范子瑜任团长的慰问团前往灾区慰问。中共四川省委和云南省委采取了紧急措施，分别组织有关部门做好抗震救灾工作。

5月12日　中国出土文物展览在瑞典首都斯德哥尔摩瑞典“远东古物博物馆”开幕。瑞典国王卡尔十六世·古斯塔夫出席了开幕式并讲话。

5月13日　民革中央常委卢汉去世。卢汉，1895年生，云南昭通人，字永衡，原名邦汉，彝族。历任滇军旅长、师长，云南省财政厅厅长。抗日战争时期，任国民革命军六十军军长，三十军团军团长，第一集团军副总司令、总司令，第一方面军总司令，1938年春率部参加台儿庄战役。抗日战争胜利后任国民党云南省政府主席兼云南绥靖公署主任，国民党中央执行委员会委员。云南解放前夕，曾支持中共领导的人民游击武装。1949年12月在云南率部起义。历任云南省军政委员会主席，西南军政委员会委员，西南行政委员会副主席，国防委员会委员，国家体育运动委员会副主任等职。是第一届全国人大代表，第二、三届全国人大常委，第一届全国政协委员，第二—四届全国政协常委，中国国民党革命委员会中央常委。

5月15日　我国在华北东部滨海地区建成大港油田。大港油田位于津浦铁路以东，北至唐山以南的柳赞，南达南皮县的段六拨。地理位置优越，水陆交通方便。这是继大庆油田、胜利油田之后，依靠我国自己的力量勘探、建设起来的一个新油田。这个油田的勘探会战是从1964年春天开始的，经过近10年的艰苦奋斗，从已获得的大量地质资料表明，这个油田的油气资源丰富，油层厚，渗透性好，原油性质好，经济价值高。探明石油可采储量9 000多万吨。自1967年到1973年，这个油田的原油产量平均每年递增60.9%，从1966年的11.5万吨达到1974年400万吨的生产水平。这个油田的开发，将为我国提供大量的石油和天然气，对改变我国燃料构成，促进工农业生产发展具有重要意义。

5月16日　广东省枫树坝水电站建成。已经安装的第一台7.5万千瓦的发电机组，自1973年12月底正式投产以来，运转情况良好。这个水电站从1970年10月开始全面施工，到1973年12月基本建成。枫树坝水电工程的建成，不仅为广东地区增加了新的电源，而且提高了东江的防洪和通航能力，具有发电、防洪和航运等综合效益，它的拦河大坝、电站厂房和水轮发电机组以及各种附属设备，都是中国自己设计、制造和安装的。电站的仪器、仪表采用了可控硅先进技术，自动化程度比较高。

5月17日—24日　塞浦路斯共和国总统马卡里奥斯大主教访问中国。17日，邓小平、陈锡联、纪登奎、吴德、徐向前、阿沛·阿旺晋美等党、政、军领导人到机场欢迎马卡里奥斯一行。同日，《人民日报》发表社论：《热烈欢迎马卡里奥斯总统》。18日，江青、邓小平等中国领导人会见了塞浦路斯贵宾，晚上，邓小平副总理主持以周恩来总理名义举行的欢迎宴会。18日，周恩来、邓小平同马卡里奥斯举行会谈。19日，邓小平同马卡里奥斯继续会谈。20日，马卡里奥斯总统举行答谢宴会，邓小平和马卡里奥斯在两次宴会上讲话。21日—24日，马卡里奥斯访问上海、杭州、广州。24日，马卡里奥斯一行结束访华回国。

5月18日　中共中央发出《关于批林批孔运动几个政策问题的通知》。《通知》的主要内容是：一、当前，要注意掌握党的政策，注意严格区别和正确处理两类不同性质的矛盾，以利于团结95%的干部，团结95%的群众，争取批林批孔的更大胜利，争取抓革命、促生产、促工作、促战备的新胜利。二、在运动中，广大群众揭发批判了许多同林彪反党集团有关的人和事，这是完全必要的。继续把这方面的问题搞清楚，也是完全必要的。但是，领导上必须注意清查的范围应限制在同林彪反党集团阴谋活动有关的问题，不要扩大化。在时间上，应当以毛主席1971年8、9月巡视各地打招呼为界；以听到传达中发（1971）51号文件为界，在这以前的事，包括犯了严重错误，只要向党讲清楚，同林彪反党集团划清了界限，就不要再算这些老账。三、确定陆、海、空军的军（省军区、警备区、科研单位、军事院校不含，野战军含）以下领导机关和部队，在批林批孔运动中，一律坚持正面教育。四、加强马克思主义的理论队伍。……逐步地造成一支宏大的理论队伍，使全党全军能文能武。各级党委都要把这个问题当做坚持马克思主义、反对修正主义的百年大计认真抓起来。五、批林批孔运动，进一步证明了毛主席历来的估计：我们的国家，我们的人民是比较好的，我们的党、国家机关、人民解放军基本上是好的，是经得起风浪的。各级党委应当结合学习毛主席、党中央的历次指示，认真地总结自己的经验，分析形势，加强领导，争取批林批孔运动和各项工作的新胜利。

同　日　毛泽东会见塞浦路斯共和国总统马卡里奥斯。会见中，毛泽东详细了解了塞浦路斯的国情、人口状况，塞浦路斯国内希腊族和土耳其族人之间的民族冲突问题，塞浦路斯和希腊的关系，塞浦路斯和罗马教皇的关系以及塞浦路斯宗教方面的一些情况。马卡里奥斯也谈了此次访华的观感，他表示塞浦路斯愿进一步发展两国之间的友好关系。周恩来、王洪文、邓小平以及唐闻生、章含之、王海容参加了会见。

同　日　国务院批准国家计委《关于1974年市场情况和安排意见的报告》。《报告》提出，今年社会购买力计划安排为1 153亿元，比上年增加75亿元。但商品可供量仅增加37亿元，两者之间有近40亿元的差额。《报告》指出，今年市场供应的主要问题是：一、大商品比重下降，吃的、烧的商品偏紧。二、副食品供应紧张。如卷烟，去年销售880万箱，吃了库存22万箱；今年第一季度又吃13万箱库存，已有16个地区脱销。三、集市贸易价格上涨，据对85个集市统计，当年3月份与上年6月份相比，鸡蛋价格上涨15.4%，食油价格上涨11.3%，猪肉价格上涨7.1%。这种情况造成一些农副产品收购不上来，加重了市场供需矛盾。针对上述情况，《报告》对1974年市场安排提出以下措施：一、努力增加轻工业品。除计划安排轻工业产值比上年增长10%外，还要再增产23亿元轻工业品。其中增产卷烟100万箱，回笼货币5亿元；增产白酒13万吨，回笼货币4亿元；增产化纤产品，回笼货币13亿元。二、调剂进出口。增加商品进口和把一部分原拟出口的化纤产品转为内销，可回笼货币4亿元。三、从库存中拿出可回笼13亿元货币的商品投放市场。

5月19日　周恩来对一些反映中国试验通信卫星工程进展缓慢情况的群众来信做出批示。批示要求国家计委、国防科委联合召开会议，先将通信卫星的制造、协作和使用方针定下，然后再按计划分工作出规划，督促进行。6月，由国防科委直接领导下的中国空间技术研究院组织召开了卫星方案可行性讨论会，讨论了总体方案设想、大型试验方案及环境模拟试验条件，协调了各系统间的初步指标分配。同年9月，七机部召开了卫星通信工程情况交流会。会议交流了卫星、运载火箭和地面测控设备的研制情况，讨论了这3大系统之间的技术接口问题。1974年底，四机部召开了“通信系统总体方案初步设想”讨论会，协调了转发器与通信地面站之间的接口指标。

5月20日　黑龙江省绥棱县发生特大火灾。火灾使一个建设了25年的绥棱林业局山下生产设施、仓库全部被烧毁。受灾居民2 388户，烧毁住宅6.25万平方米，粮食576吨，烧死1人，重伤12人。损失金额3 600多万元。11月21日，国务院向全国摘要印发了黑龙江省的《检查报告》。

同　日　原湖南省临时政府主席陈明仁去世。陈明仁，1903年生，湖南醴陵人，字子良。1924年入广州革命政府军政部讲武学校，后并入黄埔军校，是军校第一期毕业生。1926年，参加广东革命政府讨伐陈炯明的第一、二次东征。后任国民党陆军十师五十六团团长，陆军八十师少将副师长、中将师长，陆军二师中将参谋长，国民党军事参议院中将参议，国民党军政部中将处长，陆军预备师中将师氏，陆军七十一军中将副军长、代理军长，东北第五绥靖区中将司令，第七兵团中将司令，国民党政府参军，华中“剿总”中将副总司令兼武汉警备司令、二十九军军长。1949年任华中军政长官公署副长官，先后兼任第一兵团司令官，湖南省政府主席，湖南省保安司令等职。同年8月4日与程潜率部在长沙宣布起义。后编入中国人民解放军，任湖南省军区副司令员，第四野战军二十一兵团司令员、五十五军军长，湖南省临时省政府主席，中南军政委员会委员，一—三届国防委员会委员。1955年被授予上将军衔和一级解放勋章。第一—三届全国人大代表，第一届全国政协委员，第 三—四届全国政协常委。

5月25日　毛泽东会见英国前首相、保守党领袖爱德华·希思。会见时中方在座的有：周恩来、王洪文、邓小平、乔冠华等。毛泽东和希思就美、苏、欧洲等广泛的国际问题交换了意见。毛泽东在谈到苏联有很多困难时说：“我看他们自顾不暇。它不能对付欧洲、中东、南亚、中国、太平洋。我看它会输的。”“我们准备它来。但是它来了，它就垮台了呢！”毛泽东在谈到中国情况时说：“我的缺点更大呢！8亿人口要吃饭，工业又不发达。不能吹中国怎么样。你们英国还可以吹一下。你们算发达国家，我们是不发达的国家。”毛泽东在谈到美国时说：“美国人呢，就是手伸得太长了。你看，日本、南朝鲜、菲律宾、台湾、东南亚、南亚、伊朗、土耳其、中东、地中海、欧洲。”“美国人骂了我们多少年，二十多年。怕得要死！基辛格第一次到北京，好像中国人要吃他。他自己说，第一次很紧张，第二次也还有点紧张，第三次不紧张了。这位国务卿是有点能力的。”双方还就国际时局、香港问题交换了看法。

5月28日—6月2日　马来西亚总理敦·阿卜杜勒·拉扎克·宾·达图·侯赛因一行，访问中国，中马两国建立外交关系。李先念、华国锋、吴德、阿沛·阿旺晋美到机场欢迎。5月28日，《人民日报》发表社论：《中国和马来西亚友好关系的新发展》。同日，中国领导人周恩来、江青、李先念等会见马来西亚贵宾。晚上，周恩来总理举行盛大欢迎宴会，周恩来和拉扎克在宴会上讲话。29日，毛泽东主席在中南海会见了拉扎克一行。双方进行了友好、坦诚的谈话。周恩来、王洪文、李先念参加了会见，唐闻生、章含之、王海容会见时在座。同日，周恩来总理、李先念副总理同拉扎克举行会谈。30日，李先念同拉扎克举行会谈，两国总理在会谈中一致认为，近年来亚洲形势发生了有利于各国人民的深刻变化。中马两国关系正常化是符合两国人民利益的。31日，《中华人民共和国政府和马来西亚政府联合公报》在北京签署。《公报》宣布：中马两国政府，决定自《公报》公布之日起互相承认并建立外交关系。同日晚上，拉扎克举行答谢宴会，拉扎克和李先念在宴会上讲话。6月2日，拉扎克一行在访问了上海后，结束访华回国。

5月30日　毛泽东会见来华探亲、访问的美籍物理学家李政道博士。朱光亚、罗青长、王海容、唐闻生会见时在座。周恩来、王洪文、张春桥、江青、姚文元、邓小平、郭沫若，于5月24日晚上也会见了李政道和他的夫人，周荣鑫、吴有训、周培源、钱学森、朱光亚等会见时在座。6月6日，李政道和夫人离开广州回国。

同　日　外交部新闻司发言人就中苏界江发表谈话。指出："根据沙皇俄国强加给中国的不平等的《中俄北京条约》规定，中苏边界线经过黑龙江和乌苏里江的汇合口，这个汇合口就在哈巴罗夫斯克（伯力）市城下。中国船舶经两江汇合口的主航道航行，是中国不可剥夺的权利。但是，苏联竟把这段约100公里的中苏界江说成是它的内水，把中国内水抚远水道说成是中苏界江，并且自1966年以来一直以武力阻挠中国船舶经两江汇合口航行。苏联外交部5月23日的声明，就是要中国首先承认苏联提出的上述领土要求，然后才能考虑中国民用船舶在这段界江的航行问题。中国方面早已多次拒绝，现在也决不接受这种无理要求。"

6月1日　周恩来住进解放军305医院。此后在医院里度过了他一生最后1年零6个月的岁月。1972年5月周恩来在一次常规检查中发现得了癌症，但是"文化大革命"的现实，使他不但不能进行充分的治疗和休息，相反，他带着不治之症，顾全大局，任劳任怨，为尽量减少"文化大革命"所造成的损失，为保护大批的党内外干部，作了坚持不懈的努力。1974年初，江青等人除了开展所谓“批林批孔”运动，批“周公”，把矛头指向周恩来外。还常常打着“商量工作”的幌子，无端干扰周恩来的治疗工作，并且迫使周恩来承担频繁的迎送、接见外宾的礼节性工作。这时，正是周恩来病情越来越严重的时候，他不顾“四人帮”的攻击和迫害，不顾病情的恶化，把全部力量用到了工作上。从1974年1月1日—6月1日共139天中（除进医院检查和病重休息的日子外），周恩来抱病工作的情况是：工作12小时以上、14小时以下的，有9天；工作14小时以上、18小时以下的，有74天；工作超过18小时的有38天；工作24小时左右的5天；连续工作近30小时的一次。3月15日，他刚从医院检查病情出院，17日江青就要他去看那个矛头正是对着周恩来等人的所谓“黑画”展览。看过以后，他又继续工作。从3月16日—5月底这两个来月中，除日常工作外，他还参加政治局会议21次、外事活动54次，参加其他会议、听取汇报、找人谈话等共54次。其间，4月28日、5月19日、5月23日、5月25日曾4次发生缺氧病状，病势严重，他才同意住进医院动大手术。他坚持按原定计划于5月29日与马来西亚总理拉扎克就两国建交问题举行正式会谈；31日，他又同拉扎克分别代表本国政府签署了中马建交公报。之后，他才交待了工作，住进了医院。

6月3日　中国驻美国联络处主任黄镇应邀参加美国美中贸易全国委员会等3个组织联合举行的宴会。美国国务卿亨利·基辛格在宴会上发表了对华政策讲话。他说：“本届政府决意要不断改善同中华人民共和国的关系”。“同中华人民共和国关系正常化是我们对外政策中的一个永久的和必不可少的因素”。宴会是由美中贸易全国委员会、美中关系全国委员会和美国与中华人民共和国学术交流委员会联合举行的。

同　日　国务院发出通知，恢复和新建一些高等院校。其中有：天津外国语学院、天津财经学院、四川农学院、西南民族学院、贵州民族学院、西安公路学院、蚌埠医学院、皖南医学院、广州体育学院、湖南林学院、云南工学院、浙江师范学院等27所高等院校。本年，恢复和新建的高等院校还有山东大学、曲阜师范学院、湘潭大学、广东民族学院、西藏师范学院、浙江中医学院等。撤销山东科技大学。

6月7日　长城203高级台式电子计算机由中国科学院数学研究所所属工厂的工人、科技人员研制成功。经鉴定，这种计算机比国外同类型的计算机的存贮量、速度都有所提高，操作更易于掌握，逻辑线路结构简单，体积小，功耗低，使用方便，即将投入生产。这种计算机比普通的台式计算机增加了函数运算，扩大了存贮量，提高了速度，能方便地编制、调整和修改程序，在程序的控制下自动进行运算，并配有小型打印机和磁带机，组成一个独立完整的小型计算系统。

6月8日　《孙子兵法》和《孙膑兵法》被发现。《人民日报》报道：《孙子兵法》和《孙膑兵法》等竹简在山东临沂银雀山发掘的西汉前期墓葬中发现。这次发现的《孙子兵法》和已经失传1 000多年的《孙膑兵法》等竹简共4 000多枚。在中国历史上，对于《孙子兵法》的作者是孙武还是孙膑，一直存在不同看法。由于《孙膑兵法》失传，上述疑案长期得不到解决，这次《孙膑兵法》和《孙子兵法》同时发现，使这个长期争论的问题得到了解决。这次发现的《孙子兵法》竹简，已经整理出105枚，共1 000余字，已发现的篇名和《宋本十一家注孙子》的13篇相同。《孙膑兵法》已经整理出223枚，共6 000余字，可以确定的篇名有：《阵忌问垒》、《禽（擒）庞涓》、《客主人分》、《将败》、《月战》等。可以推断的有：《将义》、《五共》、《五名》、《将失》、《兵问》、《陈（阵）》、《火战》、《水战》等篇。

6月11日　中国向墨西哥递交批准书。中国驻墨西哥大使姚广在墨西哥外交部举行的仪式上，向《拉丁美洲禁止核武器条约》的存约国墨西哥合众国政府递交了中华人民共和国代主席董必武于4月23日签署的对该条约第2号附加议定书的批准书。中国政府已于1973年8月21日签署了上述议定书。姚广强调，中国政府尊重和支持拉美国家关于建立拉丁美洲无核区的主张，同时他重申了中国政府关于全面禁止和彻底销毁核武器的一贯主张。

6月12日　江青、姚文元、王洪文在人民大会堂接见“梁效”、“唐晓文”等写作班子成员，并举行座谈。会上，江青大肆鼓吹儒法斗争继续到现在的观点。当有人问到一些资产阶级代表人物算不算法家时，江青有意不正面回答，却说：“蒋介石是不是资产阶级？但他就是一个大儒”，当“唐晓文”一个成员谈到儒法斗争一直贯穿到近代时，江青插话：“到现在也是这样。我这观点准备挨批判。为什么要批林批孔，林彪就是尊孔，就是儒。有一个批判继承问题。复辟和反复辟，前进和倒退的斗争，从奴隶社会，到封建社会，一直到社会主义社会，都贯穿这个。现在还有人要复辟，不能说没有。要复辟必然要抬出儒家。我们要革命，对历史上法家就要批判继承。”江青还说：“凡是儒家都是卖国主义，凡是法家都是爱国主义。”

6月14日　江青在人民大会堂召开的“战士批林批孔汇报会”上大讲所谓“儒法斗争史”，要求写文章批“现代的儒”。她说：“现在文章很少提到现代的儒。如果有，希望你们提出一篇。现在的儒，除了林彪、陈伯达，不提。以前的不提无神论，唯物论，现在的不提现在的儒。难道我们现在没有儒了吗？没有，为什么反孔老二？现在有没有儒？有很大的儒，蒋介石是总代表。”6月15日，江青等人与“梁效”、“唐晓文”等写作班子成员谈话中再次重复了上述论调。几天后，“梁效”的一个头头在迟群等人召集的一个会上说：“注意，大儒不是指刘少奇，也不是林彪、陈伯达。”

6月15日　国务院批转国务院科教组《关于1974年高等学校招生工作的请示报告》。《报告》指责1973年招生工作中“不少地区曾不同程度地沿袭旧高考的办法”，在文化考查问题上突出反映了“修正主义教育路线”的表现和影响。报告提出了本年度招生：一、要以党的基本路线为纲，抓紧抓好批林批孔。坚定不移地贯彻执行毛主席的“七二一”指示。二、选拔学生要无产阶级政治挂帅，把政治表现、路线觉悟放在首位，注意选拔批林批孔的积极分子。坚持选拔具有两年以上实践经验的优秀工农兵入学。三、坚持“自愿报名，群众推荐，领导批准，学校复审”的招生办法。文化考查可采用调查访问、座谈讨论等多种形式进行试验，反对“智育第一”，反对“用对待敌人的办法考学生”。四、在保证工农及其子女享受教育的优先权的前提下，注意适当招收确实表现好的剥削阶级家庭出身的子女和可以教育好的子女。本年，高等学校招收工农兵学员16.5万人。

6月17日　中国在西部地区上空，成功地进行了一次新的核试验。

6月17日—28日　江青到天津活动，煽动“揪现代大儒”。江青带领迟群、于会泳及“梁效”写作班子等一大批人到天津，在工厂、农村、部队，借宣讲“儒法斗争史”，散布“儒法斗争继续到现在”的谬论，煽动“揪现代大儒”。6月19日晚7时半至次日凌晨，江青主持召开了1 000余人参加的“天津市儒法斗争史报告会”。她在讲话一开始就指出：“在我国历史上，自春秋战国以来，凡是尊儒反法的都是卖国主义的，所有的尊法反儒的都是爱国的，这是一个相当大的标志。”“历史上凡是法家都是受压的，他们是基层起来的，要斗争；凡是有作为的封建人物也好，封建帝王也好，不管是打天下的还是治天下的，一般都是法家或接近法家。”“总的来看，历史上法家是爱国主义的，对群众是爱护的，使群众受到鼓励；儒家对群众，奴隶也好，农民也好，对我们工人阶级也好，他们是残酷无情的……”，接着，她大讲其“儒法斗争史”，提到从先秦至明清的许多历史人物。她并以批刘少奇“进城初期亲自祭过孔”为名，说“你们不要以为社会主义没有儒了，我们党内就出了不少的儒”，并露骨地说：“这次运动重点是批‘党内的大儒’。”江青在会上指使亲信读一份吹捧江青是“激进派”、诬蔑周恩来是“温和派”的外国电讯，借外国人之口向与会者交底：“中国当前的斗争是以周恩来为代表的温和派和以江青为代表的激进派的斗争。”

6月18日　国家计委向中央政治局汇报当前工农业生产问题。当时由于“批林批孔”运动，许多地方和企业的领导干部挨批挨斗，甚至被打倒打跑，不能领导和组织生产，许多地区和部门重新出现动乱的局面，国民经济重新下降。计委在汇报中指出：一、农业方面，全国夏粮总产量预计840多亿斤（实际是922亿斤），超过了上年。

二、工业方面，1974年上半年工业生产不少地区和部门没有完成国家计划。“主要问题是煤炭和铁路运输情况不好，钢铁、化肥等产品和一些军工产品也欠账较多，对整个国民经济和战备影响较大”。1月—5月份累计，全国工业总产值仅比去年同期增长1%。在这5个月中，前3个月还能勉强做到逐月略有增长，从4月份开始急剧下降。同3月份相比，4、5两个月平均日产值分别下降6%和3%。1—5月工业产值比去年同期下降的有山东、湖南、贵州、内蒙、江西、浙江、安徽、山西、湖北、新疆和四川等11个省、自治区。其中贵州，1972、1973年两年工业生产连续大幅度下降，今年1月—5月又比去年同期下降20.9%，全省工业基本上处于瘫痪、半瘫痪状态。1974年1—5月累计，全国重点煤矿欠产835万吨，比去年同期下降6.2%；钢欠产188万吨，比去年同期下降9.4%；25个重点企业中，武钢、包钢、太钢等12个企业欠产较多。化肥欠产185万吨，比去年同期下降3.7%。煤炭减产，影响了整个工业生产和市场供应，造成不少企业停产和半停产。三、铁路运输方面，由于发生动乱，很多路段不畅通，所通过的列车比正常情况少三分之一左右。铁路货运量1—5月份欠运2 100万吨，比上年同期下降2.5%，全国20个铁路局有13个未完成计划；徐州、长沙、包头、贵阳等重要区段经常阻塞，使津浦、京广、京包、贵昆4条重要干线的列车不能畅通，“通过的列车比正常情况少三分之一左右”，严重影响了全国的货物运输，造成不少企业停工减产。由于铁路运输受阻，致使山西、河南的煤炭和其他物资不能及时外运，造成一些大中城市、工业基地和市场用煤告急。四、财政收支方面，1月—5月份，全国财政收支比上年同期减少5亿元，财政支出比上年同期增加25亿元，出现财政赤字5亿元，而上年同期是收大于支27.4亿元。国家计委的汇报认为：后几个月如不积极地把煤炭，把整个工业生产和交通运输抓上去，势必会影响抓农业，影响基本建设和战备，影响财政收支平衡和市场供应。汇报提出各省、市、自治区党委要采取有效措施，尽快把生产搞上去。

6月20日　中华人民共和国与特立尼达和多巴哥建立外交关系的联合公报本日在纽约签署，决定自即日起建立大使级外交关系。

6月23日、9月24日　江青两次到小靳庄活动。小靳庄是天津市宝坻县林亭口公社的一个大队，全村101户，582人，是天津市农业学大寨先进单位之一。江青在这里制造了一个在农村进行“意识形态领域革命”的假典型。6月23日，江青第一次来到小靳庄，打着“抓点”的旗号，实际上是为自己树碑立传，为她反党篡权制造反革命舆论。她假借毛主席、党中央名义吹捧自己，欺骗群众，逢人就讲“是我们的主席派我来的”，“我代表毛主席、党中央向同志们问好”。她给很多人改了名字。小靳庄妇委会主任周福兰接待她时，她问周叫什么后说，“你这个名字太封建了，我可要造反哪”，“你叫周克周吧，克制周礼嘛”，“用我们这个周去克他那个周”。她住在高级招待所里，吃喝玩乐，看黄色外国电影，有时以参观、视察为名，以个人名义乱批文件，到处送材料；到处施小恩小惠收买人心。例如，她把头上的草帽送给侯隽，说“我这个草帽是延安开荒时戴的，……送给邢燕子你们俩，你们轮着戴”，还给邢燕子送大襟衣服；送社员发卡；给大队送莲蓬籽、油荷豆、玉米种、菲律宾玩具等等。同年9月24日，她陪菲律宾总统马科斯夫人伊梅尔达第二次来到小靳庄。她吹嘘说：“小靳庄是我的点，也是中央的点。”小靳庄被江青作为她的“点”后，被称为农民写诗、唱样板戏来占领上层建筑领域阵地的典型。《人民日报》8月4日刊登《天津市宝坻县小靳庄十件新事》的长篇报道，称：经过文化大革命，这个大队“一面批林批孔清除剥削阶级旧思想、旧文化的污泥浊水，一面努力学习和发扬无产阶级的新思想、新文化，新气象、新事物层出不穷”，最重要的有“十件新事”：第一，办起了一所深受群众欢迎的政治夜校；第二，培养贫下中农的理论队伍；第三，贫下中农登台讲历史；第四，大唱革命样板戏；第五，成立了业余文艺宣传队；第六，开展群众性的诗歌创作活动；第七，开办图书室；第八，讲革命故事；第九，群众性体育活动蓬勃发展；第十，移风易俗，破旧立新。9月8日《人民日报》又在头版显要位置上发表《小靳庄的政治夜校》一文，大肆宣扬政治夜校组织干部、社员以学政治、学理论为主，同时兼学文化和农业科学技术，成为大队党支部“向群众灌输社会主义思想的一个重要阵地”。这个夜校实际上是1971年7月，小靳庄为落实“五七”指示“以学为主，兼学别样”而成立的“农业科技夜校”，被改名为“政治夜校”，学习内容增加了“无产阶级专政下继续革命的理论”，批判修正主义、批判资本主义等等，原来的主课农科知识几乎全被排挤出了课堂。他们弄虚作假，强令一批社员整天脱产写诗、唱样板戏，布置专人辅导、加工，甚至代写。他们给小靳庄以特殊照顾，据现存于宝坻县委档案馆的确凿的材料：从江青到小靳庄之后，国家为小靳庄无偿拨款10.0781万元，贷款5.18万元，拨给砖瓦37万块，木材135.99立方米，化肥155吨，钢材92公斤。此外，为修路和桥涵耗资4.32万元，修厕所花9 000元，天津市科技局农村局无偿地在小靳庄试验安装了170亩喷灌。此外，除本地各单位无法计算的人力外，单是外地和军队支援小靳庄生产的人数就达1.946万人次。

6月26日—7月12日　国务院在北京召开全国农业机械化预备会议。会议主要是检查1970年北方地区农业会议和1971年全国农业机械化会议的执行情况，拟定农业发展规划和调整1971年制定的农业机械化规划，为召开全国农业机械化会议作准备。会议认为，1971年全国农业机械化会议提出的1980年基本实现农业机械化的规划，是比较切合实际的，要认真落实。会议对1980年基本上实现农业机械化的主要目标作了适当的调整和补充：使农、林、牧、副、渔各业的机械化水平达到70%以上；全国农用拖拉机拥有量达到80万台左右，手扶拖拉机达到150万台左右，机耕面积达到9亿亩左右；排灌动力由原计划的6 000万马力调整为7 000万马力，灌溉面积达到8.5亿—9亿亩；化肥年产量达到6 000万—6 500万吨；全国粮食总产量争取达到8 000亿斤。会议还提出了《农业“五五”规划初步设想的说明》，认为“五五”期间发展农业的总任务是深入开展农业学大寨的群众运动，基本上实现农业机械化。使农业有一个新的跃进。要搞好农业的战略布局，重点建设西北、华北、东北地区，进一步改变黄、淮、海地区的低产面貌，彻底扭转南粮北调。要加速大“三线”和山区的建设；加快建设新商品粮基地。

6月28日　中华人民共和国和委内瑞拉共和国建立外交关系的联合公报在加拉加斯签署，决定自即日起建立大使级外交关系。

6月—12月　经国务院、中央军委批准，撤销军区所属生产建设兵团，交所在省领导。6月，广州军区生产建设兵团移交广东省委领导；云南生产建设兵团撤销，成立农垦总局分局。10月，兰州生产建设兵团机关撤销，所属各农建师分别交由各省、自治区领导：农建一师、农建二师和林建师交甘肃省；农建四师交青海省；农建五师交宁夏回族自治区；农建六师交陕西省。12月，撤销南京军区所属江苏、浙江、安徽生产建设兵团，交所在省领导。12月，国务院、中央军委同意中共江西省委、省军区撤销江西农建师的报告。同年，福建生产建设兵团、广西生产师、宁夏农建师也分别撤销。各地生产建设兵团撤销后，都先后成立了农垦分局等行政管理机构。

7月1日—6日　美国民主党参议员杰克逊夫妇应中国人民外交学会邀请来华访问。邓小平副总理同他进行了坦率的谈话。7月5日，周恩来总理在医院会见了杰克逊夫妇。杰克逊说，中美之间正在发展“真正的”缓和，而“俄国人是不可信赖的”。

7月5日　《人民日报》转载《红旗》杂志第七期发表的“初澜”文章：《京剧革命十年》。文章认为，10年来我国的文艺战线上发生了巨大的、根本性的变化。“京剧革命是10年来上层建筑领域各条战线社会主义革命中打头阵的一次伟大战役”，是一场“大破剥削阶级文艺，大立无产阶级文艺的彻底革命，在历史上是第一次”。文章把江青、陈伯达、张春桥、姚文元早在1968、1969年就开始鼓吹的所谓“空白论”、“创业期论”、“新纪元论”，作了系统的发挥，说什么“第一批八个革命样板戏的诞生”宣告了“中国社会主义文艺的新纪元已经到来”，“过去的10年，可以说是无产阶级文艺的创业期”等等。

同　日　我国建成500吨浮吊。新华社报道：天津新河船厂建成中国第一艘大型起重船——500吨浮吊。这是继百吨浮吊之后，中国自己设计自己建造的又一艘大型起重吊船。船体总长67.7米，宽25.2米，排水量3 600吨，主钩起重量为500吨。浮吊还设有两个50吨的副钩，主、副钩可以同时使用。由于采用了大功率可控硅无级调速装置，浮吊工作时，电压变化稳定，起落速度均匀。

7月7日—12月30日　中共中央召集中共江西省委部分常委与两派群众代表，在北京京西宾馆举办学习班。学习班的主要内容是讨论、研究和解决江西问题。在这期间，中央又调杨尚奎参加学习班，任党支部书记。由刘俊秀、张志勇、熊振武组成3人小组主持全省工作。学习班之后，中共中央决定陈昌奉调往武汉军区，任命江渭清为中共江西省委第一书记。

7月11日　中共中央军委转发总参谋部、总政治部、总后勤部《关于地方大专院校学生到部队学军问题的请示报告》。《报告》规定：地方大专院校学生到部队学军，需经各院校提出计划，由各省、市或上级机关批准，与所在军区、军兵种协商安排。如在院校内搞军训，教练员不足，部队予以协助解决。《报告》并对学军的内容、器材、经费、学军中的政治思想工作等问题作了规定。

同　日　黄淑艳打破世界纪录。新华社报道：北京体育学院选手黄淑艳在济南举行的射箭友谊赛中，以1 237环的成绩，打破女子单轮全能射箭1 236环的世界纪录。

7月12日　江青批示要求中小学生广泛开展批林批孔运动。江青对《北京日报》一个内部刊物上登载的北京市第二十七中学孙武成反映批林批孔情况的一封信，写了如下一段批语："中学，甚至小学的批林批孔都应抓紧些。要抓典型，以点带面。如不及时抓紧，对青少年、儿童不利。《三字经》之类的东西，就是针对少年、儿童编的。我们对这个问题不重视，不能使一个人从儿童、少年就粗知一点马克思主义，敢于批孔老二，值得深思。"国务院科教组于20日将这个批语用电话通知各省、市、自治区教育行政部门。并根据江青批语在《教育革命通讯》第八期发表题为《夺取中小学批林批孔的新胜利》的评论。此后，在各级学校以至幼儿园又开展了批判《三字经》、《闺训千字文》、《弟子规》、《改良女儿经》、《神童诗》、《名贤集》等旧书的活动，大量翻印了这些当代青少年从未耳闻目睹过的旧书。8月13日—21日，国务院科教组召开北京、天津、辽宁、河北4省、市中小学批林批孔汇报会。会议听取了一些地方和学校开展批林批孔运动情况的汇报，组织代表参观、学习天津站和宝坻县小靳庄大队以及京、津两地五所中小学的“批林批孔”经验，研究了如何使中小学“批林批孔”运动深入、普及、持久地开展下去的问题。会议强调发挥中小学生在批林批孔运动中的作用，要重视“儿童团”。会后，科教组利用《教育革命简报》向全国各地教育部门报道了会议的内容、要求，并转发了一些学校的6篇“批林批孔”经验材料。此外，根据江青和迟群的指示，在中小学教材中塞进了大量的尊法反儒、儒法斗争的内容。

7月13日　中华人民共和国展览会在日本大阪隆重举行。这是中日邦交正常化以后，中国在日本举办的第一个大型综合展览会。展览会共分中日友好、农业、重工业、轻工业、手工艺品和文化等6个部分。展览会于8月11日结束，在近1个月内，接待了来自日本全国各地的观众260万人次。

7月15日　黄龙滩水电站最近在湖北省建成。这座水电站建筑在汉江最大支流堵河的下游，是综合开发汉江流域的重点工程之一，是继丹江口水利枢纽工程之后的又一座水电工程。黄龙滩水电站于1969年破土动工，工程包括：一条长371米、高107米的混凝土大坝，一座装机容量为15万瓦的水电站，一个蓄水10.15亿立方米的水库和一套过坝的升船机设备。这座水电站建成后，不仅为鄂西北建设提供了强大的动力和充足的工业用水，而且还大大改善了航运条件。

7月17日　毛泽东在中共中央政治局会议上批评江青。他说：“江青同志你要注意呢！别人对你有意见，又不好当面对你讲，你也不知道。不要设两个工厂，一个叫钢铁工厂，一个叫帽子工厂，动不动就给人戴帽子。不好呢，要注意呢。你那两个工厂不要了吧。”“她并不代表我，她代表她自己。对她也要一分为二，一部分是好的，一部分不大好呢。”“此人（指江青）一触即跳。”毛泽东还对其他政治局成员说：“总而言之，她代表她自己。她算上海帮呢！

你们要注意呢，不要搞成四人小宗派呢！”这是毛泽东第一次提出江青、张春桥、姚文元、王洪文搞“四人帮”的问题。

同　日　中国各小麦产区大力推广优良品种。目前，已有80多个丰产性能好，抗锈病、抗倒伏的小麦良种在全国大面积推广。小麦良种播种面积已占全国小麦播种总面积的80%以上。

7月18日—27日　尼日尔共和国政府代表团访问中国，中国同尼日尔建立外交关系。代表团由尼日尔最高军事委员会副主席、发展部长、矿业和水利部长萨尼·苏纳·西多少校率领。18日，邓小平副总理、姬鹏飞外长等到机场欢迎。当天和20日，邓小平副总理和西多副主席举行会谈。20日，中华人民共和国和尼日尔共和国建立外交关系的联合公报在北京签字并发表，两国政府决定自即日起建立大使级外交关系。中尼两国政府经济技术合作协定也同时签字。当日，国务院总理周恩来会见了西多副主席。22日，《人民日报》发表社论：《热烈祝贺我国同尼日尔共和国建交》。

7月19日　国务院文化组发出《关于批判〈园丁之歌〉的通知》。《通知》发给北京、天津、上海市和湖南省，并抄送全国各省、市、自治区。《通知》指出：《园丁之歌》是一个内容有严重错误的坏戏。它的要害是否定无产阶级文化大革命，为反革命修正主义教育路线招魂，向无产阶级反攻倒算。8月4日《人民日报》发表了署名“初澜”的文章：《为哪条教育路线唱赞歌?》。文章按江青等人定的调子，并经江青、姚文元审批。文章认为《园丁之歌》这出戏，向观众宣扬了如下观点：一、培养教育少年的“园丁”是教师；二、没有文化就不能承担革命的重担；三、学生如不循规蹈矩地死啃书本，就是“糊不上壁”的“稀泥”。文章认为这些观点都是“修正主义教育路线的旧调重弹，是对无产阶级的反攻倒算”。在“四人帮”的策划下，很短时间内各报刊发表了近百篇批判《园丁之歌》的文章。湘剧《园丁之歌》是柳仲甫等根据花鼓戏《好教师》改编的。1973年4月，根据华国锋指示，由中央新闻纪录电影制片厂拍成电影。剧本热情地歌颂了忠于教育事业、辛勤培育学生的小学教师，并批评了学生不好学，教师不能教，教育质量下降的现象。7月28日，江青、张春桥、姚文元等在审查此片后，就横加指责。江青说：“剧名就不合适。园丁应该是共产党，怎么能是教员？是知识分子？”，“男教师的人物形象也不好”，“桃李满园，还是修正主义那一套”。张春桥说：“这个戏在教育路线上也有问题，学生受教师摆布。”江青又抓住一句唱词“没有文化怎能把革命重担来承担”说：“这句话问题大了，这句话简直是反攻倒算。”从1974年初到7月份，江青在接见电影工作者的两次谈话中，都责令要批判《园丁之歌》。1974年6月14日，江青批示“《园丁之歌》的电影应上演，上演的同时发表批判文章”。于是国务院文化组发出了批判《园丁之歌》的通知，发动了一场围剿电影《园丁之歌》的批判。1974年冬，毛泽东到湖南，在11月份的一天圈定要看影片《园丁之歌》，看完后鼓掌，说：“为什么要批判，你们讲讲有什么问题？我看是出好戏。”事后，“四人帮”竟把毛主席的话当做谣言进行追查，继而仍严密封锁，不准上演。围绕这个问题的斗争一直延续到1975年、1976年。

7月20日　国务院批转国家计委《关于研究解决天津市蓟运河污染等问题的情况报告》。国务院要求认真落实《报告》所提出的措施，并且定时检查，直到根治时为止。还强调指出，工业“三废”对环境造成的污染危害，是许多地区普遍存在的问题。各地区、各部门要认真把环境保护工作抓紧抓好；要做出防治污染、保护环境的具体规划，分别纳入各部门、各地区的计划，分期分批地加以解决；要集中力量打歼灭战，解决一批问题再解决一批问题。

7月29日　河北省邯郸市汉光机械厂自行设计、试制成功硒静电复印机。硒静电复印机利用静电感应和光电导原理录字和录像，是一种新技术。目前，这种机器在国际上只有少数几个国家能够生产。汉光机械厂试制成这种复印机，只用了3个月时间。复印机元件全部采用国产材料，复印质量达到了设计要求。

7月31日　国家民委副主任谢扶民去世。谢扶民，1910年生。广西田东人。壮族。1929年参加百色起义并加入中国工农红军第七军。后随红七军到中央革命根据地。1931年参加中国共产党。1934年参加长征，曾任红军科长、团政委、旅政委，师政委、军区政治部主任、军政治部主任等职。中华人民共和国成立后，历任中共广西省梧州地委书记、梧州市委书记兼市长并任梧州军分区政治委员，中共广西省委组织部部长，监察委员会主任，中共广西省委第二副书记，中共广西壮族自治区党委书记，全国人民代表大会民族委员会副主任委员、主任委员，国家民族事务委员会副主任等职。是一、二、三届全国人大常委。

本　月　中共中央决定为“杨、余、傅事件”平反。经毛泽东亲自批准的决定宣布：杨、余、傅问题是林彪搞的，搞错了，宣布平反。此后不久，杨成武、余立金、傅崇碧3人即被释放，中共中央、中央军委重新安排了他们的工作。但由于江青一伙的干扰和破坏，致使中共中央的这一决定长时期未能向广大干部和群众公布，使许多受株连和遭迫害的人没有得到平反昭雪和落实党的政策。1979年3月28日，中共中央发出《关于为“杨、余、傅事件”公开平反的通知》，为“杨、余、傅事件”公开平反。

本　月　秦始皇兵马俑坑开始发掘。我国考古工作者在陕西省临潼县东侧，发现了一处规模巨大的秦代陶俑坑。这次出土的大批形体高大，造型生动的兵马俑，为研究秦始皇时代的武士、兵器和秦代的雕塑艺术提供了珍贵资料。经探测，整个陶俑坑东西长210米，南北宽60米，深4.6米—6.5米，总面积为1.26万平方米。从7月开始，在坑的东端，已试掘清理了南北60米，东西16米，深4.6米约1 000平方米的范围，发现从东面有5个斜坡门道，南北60米的地面上排列着3列72路横队，共216个武士俑，脸面朝东。武士背后，整齐排列着人数壮观的40路纵队，因现挖面积东西长只有16米，40路纵队武士俑只出土一小部分，计有314个，陶马24匹。据估计，此坑出土和未出土的武士俑约有6 000左右，排列成一个完整的军阵场面。从现已发掘的部分看，武士俑和车骑有规律地间隔并对称排列，阵容严整。武士俑高1.82米，身着战袍铠甲，挟弓挎箭，或手执箭，或手执剑、矛、弩机等锋利的实用兵器。雄骏的陶马，形体大小也与真马相似，以4匹为编组，拖一辆战车。这些生龙活虎的武士和骏马集结的军阵场面，再现了秦始皇千里驰骋，南北征战，统一中国的雄伟壮丽的图景。这座地下建筑的地面铺着绳纹砖，梁架棚木已被火烧为灰烬。根据现场清理和文献记载，这批陶俑大体是秦始皇在世时制作的，距今2 100多年。这个随葬的地下建筑可能在秦始皇死后，为项羽盗掘始皇陵时纵火烧毁的。这批兵马俑的雕塑制作，显示了秦代劳动人民高度的智慧和高超的雕塑技巧。这些雕塑珍品，艺术手法明快细腻，风格朴素，具备了很高的艺术水平。陶俑、陶马与现实生活中的人和马大小相称，比例相宜，造型准确，俑、马各个细部雕塑极为精巧。这样大型的雕塑品，无论从数量上、质量上，以及从考古发现上看，都是举世罕见的。

8月1日　中央军委发布命令，将中国自行设计制造的第一艘核动力潜艇命名为"长征一号"，正式编入海军战斗序列。同日，中央军委为这艘潜艇举行了庄严的军旗授予仪式。海军司令员肖劲光、国防科委副主任钱学森等参加了潜艇的交接命名大会。从此，人民海军进入了拥有核潜艇的新阶段。这艘核潜艇是1970年12月26日建成下水的。

8月5日、12月19日　中共中央先后两次发出《通知》，将军事科学院编写的3个材料发至全军，对林彪军事上的错误开展批判。这3个材料是：《林彪在辽沈战役中的问题》、《林彪在平津战役中的问题》和《批判林彪的"六个战术原则"》，材料发至军队排以上单位，地方上党支部，要求向广大干部、群众和部队指战员传达以上3个材料，并组织讨论，开展批判，以肃清林彪的流毒和影响。

8月7日　国家计委向各省、市、自治区和国务院各部、委发出《关于拟定十年规划的通知》，并上报国务院。《通知》提出，第四个五年计划明年就要完成。为了进一步动员全国人民更好地建设社会主义，更好地支援世界革命，亟需有一个长远规划。经中共中央批准，今年即着手拟订1976—1985年发展国民经济的十年规划。《通知》指出：要在几十年内，努力改变我国经济和科学文化的落后状况，迅速达到世界先进水平。从第三个五年计划开始，国民经济的发展可以按两步来考虑：第一步，建立一个独立的比较完整的工业体系和国民经济体系；第二步，全国实现农业、工业、国防和科学技术的现代化，使我国经济走在世界前列。国家计委设想：1980年以前，建成我国独立的比较完整的工业体系和国民经济体系，有步骤地建设经济协作区，基本上实现农业机械化；1985年，基本建成6个大区不同水平、各有特点、工农业协调发展的经济体系，并为在本世纪内全面实现农业、工业、国防和科学技术的现代化打下牢固的基础。随着生产的发展，逐步提高人民的物质和文化生活水平。《通知》要求，拟定10年规划要采用条块结合，块块为主，由下而上，上下结合的方法。先由各省、市、自治区和各部门提出地区规划（包括地方企业和中央企业）和部门规划，然后由国家计委会同有关部门和省、市、自治区以大区为单位组织平衡。在此基础上进行全国平衡，提出十年规划轮廓。在步骤上，今年提出十年规划的轮廓，包括任务、建设重点、布局、经济和技术政策，以及工农业生产和各项事业发展的主要指标；明年再具体化。此后，国务院各部委和各省、市、自治区开始进行十年规划的编制工作。

同　日　全国农村夏粮征购计划提前超额完成。其中，北京、上海超过计划1倍多，湖北、贵州超过计划50%，浙江、天津、江苏超过计划20%以上；河北、山东、陕西、山西、四川都完成或超额完成了征购计划。

8月11日　中国科学院吉林应用化学研究所研制成功中国第一批气敏半导体器件。这种器件是用一种对易燃易爆气体敏感的半导体材料制成的，用于可燃性气体的监测、分析、报警及大气污染监测、火灾烟气报警等方面。

8月12日　中共中央东北局第三书记马明方去世。马明方，1905年生。陕西米脂人。曾用名马汝舟、马济民。1925年加入中国共产党。1927年与刘志丹共同创建了陕北革命根据地，先后任中共区委书记、县委书记，中共陕北特委代理书记，陕北省苏维埃政府主席，中共陕北省委书记等职。1938年赴苏联学习。1941年回国路过新疆时，被军阀盛世才逮捕。1946年6月获释后，任中共中央西北局副书记兼中共晋南工委书记。中华人民共和国成立后，历任中共陕西省委书记，陕西省人民政府主席，中共中央西北局第三书记，西北行政委员会副主席、财经委员会主任，西北军区副政委，中共中央组织部副部长，中共中央副秘书长，国务院财贸部部长，中共中央东北局第三书记等职。是第一——第二届全国人大代表、常委，中共第七届、八届中央委员。“文化大革命”期间，长期受诬陷和迫害。1979年12月，中共中央为他平反昭雪，举行追悼会，恢复名誉。

8月14日　1974年全国少年田径运动会在长春结束。参加比赛的有25个省、市、自治区和人民解放军的田径代表队，共490多名运动员。辽宁女子接力队在4×400米接力赛跑中打破了全国成年纪录。比赛中还有9人、5个队、18次刷新了11项全国少年纪录。

8月15日　中华人民共和国和巴西联邦共和国建立外交关系的联合公报在巴西利亚签署，决定自即日起建立大使级外交关系。

同　日　中国自行设计的单机4 000马力交直流电传动内燃机车成批生产。这种大马力内燃机车是在大连机车车辆工厂试制成功的。经过10多万公里各种条件的牵引试验表明，性能良好，运行可靠。它牵引旅客列车，能够以每小时120公里的速度平稳运行；牵引货物列车，在大坡道和隧道多的关键区段，比当时中国牵引力最大的前进型蒸汽机车的运行速度和起动加速度都要快。

同　日　河南省发掘出大面积夯土台基和成堆奴隶头骨。这是河南省文物工作者在郑州市商代城墙遗址内发掘的。郑州商代城墙遗址，是中国目前发现的最早的一座古城，距今已有3 500多年。这座古城周长7公里。河南省博物馆于1973年夏天开始进行考古钻探和发掘工作。经过近一年的工作，在方城内东北部一带发现了大面积的商代夯土台基，台基东西长约300米，南北宽约150米，面积为4.5万平方米。从发掘的地层叠压关系和结构来看，这片夯土台基属于比安阳殷墟早的商代前期。夯土台基是用土分层夯筑起来的，在夯土面上，残存有部分房基面、柱础、柱洞等遗址，附近还出土了不少玉簪、铜簪和玉铲等遗物。此外，还挖掘出一条商代壕沟，壕沟内的填土中，除有大量陶器碎片和骨器、石器等遗物外，还堆埋了数量众多的人头骨。

8月18日　湖南长沙马王堆第二、三号汉墓出土一批珍贵文物。

新华社报道：我国文物、考古工作者从1973年11月到1974年年初对长沙马王堆第二、三号汉墓进行了发掘，获得了大批珍贵文物。特别是三号墓出土的帛书，用墨把古书抄录在帛上，字体为小篆或隶书，共有12万多字，大部分是已经失传了一两千年的古籍。这些佚书的出土，为研究我国古代历史和哲学思想，提供了丰富的新资料，这次出土的帛书中，有《老子》写本两种，上下篇的次序与今本相反，文字也有出入；《战国策》1 200多字，一半以上是今本所没有的；《易经》4 000多字；以及其他秦汉以前的古书，共10多种。出土的《老子》甲本卷后有3篇古佚书，没有篇名，第二篇抄录伊尹论九主的一段，约1 500—1 600字；出土的《老子》乙本卷前，有《经法》、《十大经》、《称》、《道原》4篇古佚书，共1.1万多字。在佚书中，还有《易说》约7 000字；《相马经》4 000多字；《医经方》1万多字；《二十八宿行度》约4 000字；以及关于刑德、阴阳五行的书。此外，还有湘江、漓江上游地图、驻军图等，这是我国发现的最早的地图。此外，还发掘竹简600多枚。其中400多枚是随葬物品清单；200枚是医书，文体与《黄帝内经》相似。继一号墓之后，三号墓地也发掘出彩绘帛画，共有4幅。这次发掘出土的器物，有漆器300余件，数量之多，造型之大，制作之精，都超过了一号墓出土的漆器；兵器有弓、弩、戈、矛、兵器架等；还有木俑、丝织品等。在墓坑填土层中，发现了一件完整的木柄铁臿（音插），全长139.5厘米，上刻“五”字。臿口包有凹字形铁口。这是当时的生产工具。这次发掘，进一步肯定了马王堆三座汉墓的年代、墓主人及他们之间的相互关系。二号墓是第一代轪侯利苍的墓。据《史记》记载，利苍在汉惠帝二年（公元前193年）以长沙丞相被封为轪侯，死于吕后二年（公元前186年）。三号墓是利苍的儿子，第二代轪侯利豨的兄弟的墓，葬于汉文帝十二年（公元前168年）。从地层关系看，二、三号墓早于一号墓，证明利苍的妻子比利苍晚死。这次发掘工作是在湖南省委和国家文物事业管理局统一领导下，由湖南省博物馆等单位进行的。

8月19日　朱德在秦皇岛海区检阅海军新型舰艇部队。朱德乘坐223驱逐舰和水兵们一起航行了3个多小时，并为海军题词：“增强革命团结，加速人民海军建设”。

8月20日　中华人民共和国游泳协会发表声明。声明就最近国际游泳联合会执行局决定禁止中国运动员在亚运会上同亚洲各国运动员进行比赛一事表示“强烈的谴责”。声明认为“这是对中国人民和运动员的公然敌视，也是对亚洲体育事务的粗暴干涉”。针对国际泳联容许台湾的所谓“游泳协会”窃据中国合法席位，声明提出，台湾，“根本无权参加任何国际组织”。“中国人民和运动员坚决反对任何妄图在国际体育组织中制造‘两个中国’或‘一中一台’的阴谋”。

8月21日　中国代表在联合国世界人口会议上阐述中国的人口政策。8月19日—30日在布加勒斯特举行联合国世界人口会议上，21日中国代表团团长黄树则在大会发言。他说：“建国20多年，尽管我国人口从5亿左右增加到近8亿，增长近60%，而同一时期，粮食生产从1.1亿吨增加到2.5亿吨以上，增长一倍多，布匹和其他工业品增长许多倍。我国现时耕地只占全国总面积10%略多一点，还有很多土地可以开垦，单位面积产量还可以大大提高，潜力是很大的。目前我国人民生活水平虽然还比较低，但已经做到了人人有工作，有饭吃，有衣穿，生活逐步在改善。我国的历史事实，完全驳倒了超级大国在人口问题上制造的种种谬论，完全证实了毛泽东主席所提出的‘革命加生产即能解决吃饭问题’的真理。”

8月24日—9月13日　农林部和对外经济联络部在北京召开接替台湾农耕队工作会议。会议检查总结了派遣农技组去非洲有关国家接替台湾农耕队的工作情况，研究确定了进一步做好这项工作的措施。

8月31日　中共江苏省委做出关于在清查“五一六”工作中一些问题的处理意见。省委认为江苏省在清查“五一六”问题中犯了“扩大化”的错误，吴大胜等人在清查“五一六”过程中犯了严重错误。决定：一、坚决执行“有反必肃，有错必纠”的方针，严格区分和正确处理不同性质的矛盾；二、经审查不是“五一六”分子，又不属敌我矛盾性质的问题，在审查期间被扣发的工资应予补发；三、经审查不是“五一六”分子，又无重大政治问题的，组织上仍应继续信任；四、经审查不是“五一六”分子，其所有假材料，由组织上统一销毁；五、被审查人员的“五一六”问题排除后，审查单位应主动和本人家属、子女和亲友等所在单位及提供材料的有关单位联系，消除政治影响；六、在审查期间非正常死亡人员，应根据问题的性质，做出恰当的结论。中共十一届三中全会以后，中共江苏省委进一步做出了有关彻底平反的决定。

同　日　大连红旗造船厂建成2.48万吨油轮“大庆61号”。这艘油轮从下料开工到试航交船，仅用了8个月的时间。经过试航和技术鉴定，完全达到了规定的质量标准，已正式投入海上运输。

9月1日—16日　中国体育代表团参加在伊朗首都德黑兰举行的第七届亚洲运动会。代表团团长为赵正洪，副团长倪志钦、徐寅生、黄中等6人。代表团运动员共269人，其中包括台湾省籍运动员2人。这是中国目前参加国际体育比赛规模最大的一个体育代表团。中国运动员参加了16个项目的比赛，共赢得金牌33枚，银牌46枚，铜牌27枚，金牌总数在日本、伊朗之后居第3名。9月5日，中国运动员李亚敏以555环的成绩打破了女子标准手枪25米60发554环的世界纪录。亚运会期间，13个亚洲单项体育组织召开了会议，在足球、羽毛球、体操、举重、摔跤、自行车、射击、田径教练等8个组织中驱逐了蒋介石集团，恢复了中华人民共和国的合法席位。中国还参与发起成立了亚洲水上运动（游泳、跳水、水球）联合会和亚洲手球联合会。亚洲击剑联合会也接纳中国为会员。20日，中国体育代表团离开德黑兰回到北京。28日，国家体委为欢迎代表团举行大会。

9月2日　中国自行设计、研制成功DJS-130小型多用电子计算机。经试算运转证明，这种计算机性能比较稳定，各项技术指标都达到设计要求，即将成批投入生产。这种计算机，具有速度较高、内存储器容量较大，内存储器与外部设备的配合联接灵活方便等优点。配有控制打字机、穿孔机和纸带输入、输出机等外部设备。这种计算机可以灵活地编制、调整和修改程序，在程序控制下自动进行中等复杂的科学计算和数据处理等工作；用于工业控制效果更好。全机使用的13种集成电路，有11种是新试制成功的，它的集成度比过去用的电路普遍提高3倍—5倍。

9月2日—12日　多哥共和国总统纳辛贝·埃亚德马访问中国。邓小平、陈锡联、吴德、阿沛·阿旺晋美等中国党政领导人前往机场迎接。2日，江青、邓小平、陈锡联、吴德、阿沛·阿旺晋美会见了埃亚德马一行。邓小平副总理以周恩来总理的名义举行欢迎宴会，邓小平和埃亚德马先后在宴会上讲话。当天和3日下午，邓小平同埃亚德马举行会谈。5日，中多两国政府经济技术合作协定议定书在北京签字。12日，埃亚德马一行离开北京回国。

9月3日　中共湖北省委书记张体学去世。张体学，生于1915年。河南新县人。1931年加入中国共青团，1933年转为中国共产党党员。第二次国内革命战争时期，历任中国工农红军战士、班长、排长、营政委、游击队大队长、副团长、团政委等职。抗日战争时期，历任新四军豫鄂挺进纵队参谋处长、新四军五师十四旅政委、第五军分区司令员。解放战争时期，任鄂豫军区第四军分区司令员兼政委，鄂东军区代司令员。中华人民共和国成立后，历任中共湖北省委组织部部长、湖北省副省长、省长、中共湖北省委代理第一书记和省委书记、湖北省革命委员会副主任、武汉军区政治委员、中共武汉军区党委副书记、湖北省军区政治委员、中共湖北省军区党委书记等职。在中共第九、十次全国代表大会上当选为中央委员。第一——三届全国人大代表。

9月4日　毛泽东会见多哥共和国总统纳辛贝·埃亚德马。双方在会见中回顾了中多两国关系的发展，并就非洲事务、中东局势等国际问题坦诚地交换了意见。埃亚德马表示：面对帝国主义，我们要坚持我们的立场，加强非洲团结，同时还要依靠中国人民在道义和物质上的支持。毛泽东认为：我们就是4个字，自力更生。邓小平参加了会见。

9月7日　国家修订关于对个人、外国单位申请非贸易外汇的批汇办法。修改的主要内容是：一、允许华侨投资公司所得股息汇往国外，但不得超过本年股息的50%。二、放宽华侨人民币存款的汇出，侨居海外或全家移居出境满2年以上的存款人，准予汇出其存款本息的一部或大部；对不满2年或部分直系亲属仍留居国内的，汇款1万元以内由省、市、自治区批准，超过1万元报人民银行总行批准。三、对全家移居出境的，其工资积余的普通人民币存款一般给予汇出。四、允许各国驻华外交代表机关、使领馆的签证费、认证费汇出。

9月8日　中国运动员姜胜玲在西宁举行的1974年全国射箭比赛中以388环的成绩，打破女子70米单轮射箭307环的世界纪录。

9月8日—15日　尼日利亚联邦共和国联邦军政府首脑、武装部队总司令雅库布·戈翁访问中国。李先念、陈锡联、华国锋、徐向前等前往机场迎接戈翁一行。9日，江青、李先念、陈锡联、华国锋、徐向前会见了戈翁等尼日利亚贵宾。当晚，国务院副总理李先念以周恩来总理的名义举行欢迎宴会。11日，戈翁将军和夫人举行答谢宴会。李先念和戈翁在两次宴会上都讲了话。9日、10日、11日下午，李先念同戈翁举行会谈。15日，尼日利亚贵宾离开广州经香港回国。16日，《戈翁将军访问中华人民共和国新闻公报》发表。

9月10日　毛泽东会见尼日利亚联邦军政府首脑雅库布·戈翁将军和夫人。谈到中国的人口问题，毛泽东说，中国人口多，数目也不准呢。我不相信中国有8亿人口。当戈翁问及有关中苏关系正常化问题时，毛泽东指出：这个问题不取决于我们，取决于苏联。我们历来是受欺负的。这两国的人民将来总是要好起来的。李先念参加了会见。

9月12日　国家计委向国务院报送《1974年外汇收支平衡问题的报告》。《报告》说，今年1—9月份，出现了建国以来数额较大的外汇收支逆差，差额约12亿—14亿美元。主要原因是：年初安排进出口计划时，就有5亿多美元的差额；由于国际市场变化，我国出口商品价格多数下降，进口的钢材、化肥、化工原料等却大幅度涨价；有些大宗出口商品销路不畅，有些出口商品货源不足；计划外进口物资的数量增加；租船运费增加。为了解决外汇收支平衡问题，拟作如下安排：一、增加石油、锡、钨、糖等出口3亿美元。二、推迟粮食、棉花、部分钢材、化肥等进口到货并转卖一部分大豆共5.1亿美元。三、由银行继续从国外筹措一笔资金，卖一部分黄金，解决4.5亿美元。四、压缩租船费和其他非贸易外汇开支1亿美元。以上合计13亿多美元。9月30日，国务院批准国家计委《关于外汇收支平衡和对外开证问题的报告》。在采取上述措施之后，1974年外汇收支取得了平衡，并略有顺差。

同　日　哈尔滨制成30万千瓦水轮发电机组。据新华社报道：这台由哈尔滨电机厂设计制造的发电机组，经过一年多运行发电表明，质量符合要求。这台机组是中国目前单机容量最大的一台水电机组。机组上采用了新技术、新结构，具有体积小、重量轻的特点。

同　日　宋淑贤打破射箭世界纪录。新华社报道：在西宁举行的全国射箭比赛中，北京体育学院运动员宋淑贤以585环的成绩，打破女子70米双轮射箭588环的世界纪录。

9月13日　财政部向中共中央呈交《关于增加收入、节约支出、平衡全国财政信贷收支的报告》。1974年1—8月，全国财政收入472.3亿元，比计划少收60多亿元，比上年同期减少33亿元，1月—8月财政支出499.5亿元，前8个月收支相抵，支大于收27.2亿元。银行回笼的货币也很少，以后几个月，如果不在增加收入、节减支出方面采取有效的措施，全年有可能出现几十亿元的财政亏空，银行还要多发票子，不利于稳定市场物价，发展工农业生产。为此，《报告》就平衡财政信贷收支的问题提出以下意见：一、全面贯彻落实《中共中央关于抓革命促生产的通知》，在发展生产的基础上增加收入。二、在大力增加收入的同时，采取坚决节减支出的措施，建议从现在起，停止追加新的支出。三、把增产轻工业产品，作为增加市场供应、回笼货币、稳定物价的一项重要任务。四、各地区、各部门要认真控制职工人数和工资基金，不得任意招收职工或者变相增加人员，不得随意提高工资和福利标准。五、坚持财政资金和信贷资金统一平衡、分口管理的原则。财政银行部门要协助企业加速资金周转，减少物资积压，尽力保证企业发展生产所需资金，同时，又要认真执行中央和国务院过去规定的原则：任何部门和单位都不得侵占和拖欠国家税收和利润，不得抽调或挪用企业的流动资金和银行信贷资金，不得把银行贷款用于基本建设和其他财政性开支，不得用银行贷款垫交被挪用的税款和利润。

同　日　中国第一座5万吨级油码头最近在湛江港建成并交付使用。这个油码头是专供装卸石油用的。它有长138米的泊位，和与它配套使用的突堤、栈桥、联系桥和4个缆墩。一条粗大的油管，从海中伸向岸上油库。这座油码头工程是1973年10月开始施工的。

9月15日　青铜峡水利枢纽工程基本建成并发挥显著效益。据新华社报道：青铜峡水利枢纽，是黄河干流开发的第一期重点工程之一，坐落在宁夏回族自治区青铜峡县境内。它是一个以灌溉为主，结合发电、防洪、防凌等综合利用的大型水利枢纽工程。这项工程于1958年动工兴建，1960年发挥灌溉效益，1967年底开始发电。它包括1座长697米、高42米的混凝土拦河大坝，6个河床闸墩电站，两个渠首电站，7孔溢流坝，3孔泄洪闸和开关站等建筑工程，是新中国成立后在少数民族地区较早开工兴建的大型水利工程之一。在工程建设过程中，全国有32个大、中城市支援了大量技术力量和器材，保证了工程的顺利进行。

9月17日—27日　毛里塔尼亚伊斯兰共和国总统莫克塔·乌尔德·达达赫访问中国。邓小平、纪登奎、吴德、徐向前等中国党政领导人前往机场欢迎。同日，江青、邓小平、纪登奎、吴德、徐向前会见了达达赫等毛里塔里尼亚贵宾。当日，《人民日报》发表社论：《热烈欢迎达达赫总统》。晚上，邓小平副总理以周恩来总理的名义举行欢迎宴会，达达赫和夫人26日举行答谢宴会，邓小平和达达赫在两次宴会上讲了话。17日—19日，邓小平同达达赫举行了会谈。19日晚，中国政府和毛里塔尼亚政府经济技术合作协定在北京签字。26日下午，周恩来总理在医院会见了达达赫总统和夫人，邓小平参加了会见。27日，达达赫一行离开北京回国。

9月19日　毛泽东会见毛里塔尼亚总统莫克塔·乌尔德·达达赫。毛泽东详细询问了毛里塔尼亚政治、经济等方面的情况，以及毛里塔尼亚同法国的关系。达达赫在谈话中感谢中国给予毛里塔尼亚的无私援助。他还向毛泽东介绍了整个非洲的局势。邓小平参加了会见。

9月21日　中国第一座水槽双壁沉井螺旋式升降的大型煤气储气柜建成。据新华社报道：这是中国目前最大的一座储气柜，由上海市煤气公司建造。它共分5层，可以灵活升降。升起时，相当于一座10多层楼房高的建筑物。下降后，在地面仅留38层几米高的圆顶。整个储气柜的容量为15万立方米。

9月25日　湘黔铁路建成通车。据新华社报道：这条铁路自1970年10月开始兴建，到1972年10月全部完工，前后共花了两年时间。湘黔铁路东起湖南株洲，西到贵州贵阳。东头和浙赣铁路相连，西头和贵昆铁路相接，在中国南方形成了和陇海路平行、横贯东西的第二条交通大干线。这条铁路的建成，大大缩短了西南地区与北京和华东、中南地区的距离，密切了西南与首都和全国的联系，改善了西南地区交通闭塞的状况。

9月29日　中共中央为贺龙恢复名誉。经周恩来提议、毛泽东批准，中共中央发出《关于为贺龙同志恢复名誉的通知》，指出：林彪要整贺龙蓄意已久，早在1966年就向中央提出，贺龙历史上曾向国民党反动派"请求收编"和"阴谋篡军反党"等问题，要进行审查。中央当时认为，把贺龙的问题搞清楚也是必要的，于1967年9月予以同意。在"九一三"事件发生以前，对贺龙问题的审查，一直为林彪、黄永胜、吴法宪、叶群、李作鹏等人所把持。他们捏造事实，隐瞒真相，欺骗和封锁中央，诬陷贺龙历史上"通敌"和"篡夺军权"。"九一三"以后，中央直接对贺龙的问题进行了审查。经中央查证甄别：一、所谓"通敌"问题，完全是颠倒历史，蓄意陷害。事实是：1933年12月蒋介石曾派反动政客熊贡卿"游说"贺龙，企图"收编"。贺龙发觉后，报告了湘鄂西中央分局，经分局决定，将熊贡卿处决，并于1934年3月17日将此事经过报告了中央。二、所谓"阴谋篡夺军权"和支持军队一些单位的人"篡夺军权"的问题，经过调查，并无此事。三、关于所谓贺龙搞"二月兵变"的问题，纯系讹传。贺龙已于1969年6月9日病故。中央决定，对贺龙予以平反，恢复名誉。由于江青、康生一伙的干扰破坏，这次平反是不彻底的，有些提法是错误的。为此，1982年10月16日，中央发出《关于为贺龙同志彻底平反的决定》，高度评价贺龙同志的一生是"战斗的一生，革命的一生，光辉的一生"。同时撤销了原中发［1974］25号文件及中发

[1968] 71号文件。

同　日　中国和日本两国实现正式通航。《人民日报》为此发表社论：《祝贺中日正式通航》。同日，中国国务院总理周恩来和日本国内阁总理大臣田中角荣，中国外交部部长姬鹏飞和日本外务大臣木村俊夫，互致贺电。上午10时，由全国人大代表、国务院前部长王震率领的中国友好访问团，乘坐中国民航首航班机前往日本，参加中日通航庆祝活动。由日本自由民主党众议员小权善太郎为团长的日本日中通航友好访华代表团，也于当天下午乘坐日本航空公司的首航班机抵达北京，参加庆祝活动。9月30日，国务院副总理邓小平会见了日本代表团全体成员。

同　日　我国建起又一大油田——胜利油田。据新华社报道：胜利油田是继大庆油田之后，发现的第二个大油田，位于渤海湾地区黄河三角洲地带。幅员辽阔，油气资源丰富，油藏类型繁多，距离我国一些工农业生产的主要地区比较近，海陆运输方便。它的开发、建设，对于高速度发展我国的石油工业，改变我国的燃料构成和燃料工业布局，促进我国国民经济的发展，具有重要的意义。油田从1955年开展勘探，到1962年9月23日第一口油井钻出石油，日产原油555吨，这是当时全国日产量最高的一口油井。1964年春天展开大规模勘探、开发的会战，组成华北石油勘探会战指挥部。石油工业部部长余秋里到东营地区指挥会战，石油工业部副部长康世恩兼任华北石油勘探会战指挥部总指挥。已探明石油可采储量近3.9亿吨。到1973年，胜利油田的原油产量达到1 084万吨。从1960—1974年，这个油田的国家预算内基本建设投资及各项费用累计为24.1亿元；原油产量由1964年的13.3万吨以平均每年递增57.6%的高速度持续增长；上交财政的利润和税收累计为37.9亿元。

9月30日　周恩来抱病参加在人民大会堂为庆祝中华人民共和国成立25周年举行的盛大招待会。招待会由王洪文主持，党和国家领导人以及各条战线、各个方面的代表和人士、来自世界各地的来宾共4 500多人出席。当周恩来步入宴会大厅时，全场沸腾，掌声雷动，经久不息。坐在前面的中外来宾一拥而上，紧紧地围簇在他的身边，争相向他问候致意。不少坐在后面的同志，纷纷站在椅子上，遥望祝愿。周恩来致祝酒词的短短数分钟，竟被全场热烈的掌声打断10余次之多。充分显示了当时的党心、军心、民心所向。宴会前一天，9月29日，周恩来曾抱病给王洪文写信："昨晚你交我国庆节招待会拟见报的名单，并告我已给主席一一听过，主席当即提出要加肖华、李力群、侯宝林3人，又问及商震是否列入。经政治局昨晚讨论，你告我遵照主席精神，又加刘志坚1人。昨夜我匆匆看过名单，便想到齐燕铭。今晚又将两千多见报名单细细翻阅。在第十七类爱国人士方面，据统战部提出起义将领四夫人韩权华（卫立煌夫人）、郭翼青（程潜夫人）、洪希厚（张治中夫人）、刘芸生（傅作义夫人）及张学铭（张学良之弟、张学思之兄，因吕案解案被禁多年，去年已无罪释放）5人。我看四夫人对国内外影响也不小。至于张学铭，则因林彪利用东北军一案大搞东北民主人士，现吕正操同志已平反，张学思已死（此案亦应弄清），故邀张学铭出席有此必要。"

同　日　"风庆轮"远航归来，"四人帮"制造"风庆轮事件"。周恩来对发展我国造船工业、建设远洋船队曾一再指示加速发展远洋船队，要立足于发展我国的造船工业，但也不排斥在国内造船一时不能适应需要时，适当买进一些的船舶，以尽快结束依赖租船的局面。5月4日，由上海江南造船厂自行设计、制造，并全部采用国产机器和设备的万吨远洋货轮"风庆轮"由上海港启航首次远航欧洲，把1.1万吨大米运到罗马尼亚，航行3.2万海里，历时150天，于9月30日返抵上海吴淞口。"四人帮"利用"风庆轮"远航成功，以歌颂自力更生方针为幌子，配合"批林批孔"、"批周公"的阴谋，在造船买船问题上大做文章，借机发难。早在6月18日，王洪文就在几封来信上写批语："那些迷信外国资产阶级的'假洋鬼子'，必然赞成和拥护立足于向外国买船，即刘少奇的造船不如买船，买船不如租船的修正主义路线"，把矛头指向周恩来。当"风庆轮"返回上海时，张春桥下令要组织盛大欢迎，报刊大造舆论。10月12日，《文汇报》发表评论员文章：《红灯指航向，踏破万层浪——欢呼"风庆轮"万吨轮远航归来》，《解放日报》发表评论员文章：《乘风破浪，胜利前进——从“风庆轮”首航远洋归来赞自力更生方针的伟大胜利》，把造船和买船对立起来，影射周恩来执行的是一条“孔孟之徒的卖国主义路线”，胡说“我国近代造船工业发展史是一部充满尊孔崇洋与反孔爱国斗争的历史”，影射现实生活中有人奉行“造船不如买船，买船不如租船”的洋奴哲学，要“彻底批判代表儒家卖国主义路线”的崇洋媚外思想等。“风庆轮”远航时，交通部派中国远洋运输总公司组织处副处长李国堂和宣传干事顾文广担任该轮副政委和政治干事。当时，“四人帮”在上海的帮派骨干要求李、顾2人在船员中开展批判所谓买船问题上的“崇洋媚外”、“卖国主义”，遭到李、顾拒绝，并据理驳斥了在买船问题上散布的种种谬论。“四人帮”在上海的亲信为此写了一封诬告信上送中央。王洪文批示，“先将李国堂留在上海，发动‘风庆轮’船工进行彻底的揭发批判”，并责令交通部必须对李国堂进行严肃处理。10月12日，姚文元把上海《解放日报》社党委办公室编造的《发生在风庆轮远航途中的尖锐斗争》材料批交新华社刊登《国内动态清样》副本。江青10月13日在这个材料上作了很多旁批，诬陷“风庆轮”副政委李国堂是阶级异己分子，并给政治局写信质问：“交通部是不是毛主席、党中央领导的中华人民共和国的一个部？”还说：“有少数崇洋媚外买办资产阶级思想的人专了我们的政”，“政治局对这个问题应该有个表态”，“而且应该采取必要的措施”。1978年7月22日，交通部为这一事件彻底平反。

10月1日　《红旗》杂志第十期发表“梁效”的文章：《研究儒法斗争的历史经验》。这篇文章是姚文元策划和修改完稿的。从6月5日姚文元布置写这篇文章，到10月1日刊出，历时近4个月。《红旗》杂志编辑部贯彻姚文元的意图，说文章的主题应放在“研究儒法斗争对无产阶级革命和专政的意义上”，文章的目的是“为了现实的阶级斗争”，所以要“针对当前的主要问题来写”，要着重写“复辟与反复辟”的“经验教训”。8月5日，姚文元说：“索性改为儒法斗争对今天的意义。”文章借研究秦汉儒法斗争历史经验之名，借古喻今说：“在整个封建社会中，始终存在着尊儒反法和尊法反儒的斗争，这种斗争一直影响到现在。”“新兴地主阶级能不能保持政权，关键在于能不能保证继续执行法家路线。”又说，正当秦始皇“陶醉于‘黔首安宁，不用兵革’这种太平景象的时候，奴隶主复辟势力的代表人物赵高已经披着法家的外衣钻进了秦王朝的心腹，对地主阶级政权进行‘挖心战’。秦始皇一死，赵高立即发动沙丘反革命政变，用一条‘收举余民，贱者贵之，贫者富之，远者近之’的儒家路线代替了秦始皇的法家路线，对地主阶级的政治代表实行血腥的阶级报复。”文章说：“西汉王朝的前期和中期所以能在反复辟斗争中取得胜利”，就是因为汉高祖死后“法家路线却历经吕后、文、景、武、昭、宣六代基本上得到了坚持”，“这和西汉王朝在中央政权中长期保持了一个法家领导集团有很大关系”。文章进而点明：在无产阶级专政条件下，那些钻进党内的资产阶级代表人物也往往采取这种“清君侧”的反革命策略，打击坚持毛主席的正确路线的革命力量。文章的用意是影射攻击周恩来、邓小平等为钻进党内的赵高、刘濞。

10月1日—11月30日　国务院文化组举办4个美术展览。这4个展览是全国美术作品展览、上海、阳泉、旅大工人画展览、全国摄影艺术展览和南海诸岛之一——西沙群岛摄影展览。它们分别在北京中国美术馆和民族文化宫展出。江青等人在观看了南海诸岛之一——西沙群岛摄影展览之后，对经中央政治局讨论通过，由毛泽东亲自批准的中国海军的服装提出了责难。10月18日，江青在奉月16日关于南海诸岛之一——西沙群岛摄影展览的报告的批语中写道：“第十三、第二十五两张摄影艺术甚佳，可是士兵头上戴着国民党、北洋军阀、沙俄苏修的大盖帽，事关我军的革命传统，似不宜登载。”于是扣发了展览中戴着大沿帽的海军官兵的照片。

10月2日　上海制成中国最大的竖井钻机。据新华社报道：这台新试制成功的钻机，钻头最大直径为7.4米，采用了可控硅自动控制、液压装置等新技术。参加这台大钻机设计的有上海等地的8个科研单位和设计院，参加制造的工厂达100多家。

10月4日　毛泽东建议邓小平担任国务院第一副总理。王洪文当时作了电话记录。他接到电话的当天晚上就告诉了江青、张春桥和姚文元，隔了几天，才告诉中央政治局和周恩来。

10月4日—9日　加蓬共和国总统、政府首脑哈吉·奥马尔·邦戈访问中国。邓小平、吴德、阿沛·阿旺晋美等到机场迎接。晚上，江青、邓小平、吴德、阿沛·阿旺晋美会见加蓬贵宾。邓小平副总理以周恩来总理名义举行欢迎宴会，邓小平和邦戈在宴会上讲话。5日和6日，邓小平同邦戈举行会谈。6日下午，周恩来总理在医院会见了邦戈，邓小平参加了会见。6日晚，邦戈总统和夫人举行答谢宴会。同日，中国政府和加蓬政府经济技术合作协定和贸易协定在北京签字。9日，邦戈一行结束访华离开广州回国。同日，《加蓬共和国总统哈吉·奥马尔·邦戈访问中华人民共和国新闻公报》发表。

10月5日　毛泽东会见加蓬共和国总统哈吉·奥马尔·邦戈。在会见中，毛泽东说："对中国要一分为二，有些成绩，有些事情做得不好。"当邦戈告诉毛泽东整个非洲都很钦佩他时，毛泽东表示，我也没什么学问。你们是先生呢。我是小学教员。邦戈说："但你在当小学教员之后，又缔造了新中国。这是一段很长的历史。"毛泽东说："中国的革命，第一个是反对帝国主义，第二个是反对封建主义，第三个才是反对资本主义。我看跟你们非洲差不多。"在会见中，毛泽东还向客人了解了加蓬的自然地理、资源、土地面积等情况。两位领导人还谈到了中法关系、非洲形势等问题。邓小平参加了会见。

10月6日　红宝石视网膜激光凝固器试制成功。它是由山西医学院第二附属医院眼科医务人员和山西大学物理系师生共同研制的，为眼病患者的治疗开辟了新的途径。

10月6日—14日　国家计委在北京召开全国抓革命促生产会议。由于"批林批孔"运动的冲击和干扰，工业生产和交通运输完成不好，市场商品供应紧张，国家财政前8个月出现27.2亿元赤字，全年商品可供量与购买力差额预计为40亿元。为此，中央政治局听取了国家计委和财政部关于财政和生产情况的汇报后，指示国家计委召开这次会议。会议对第四季度生产提出了任务和要求：一、农业要继续开展学大寨运动。要求今冬明春大搞农田基本建设，扩大冬种面积，抓好化肥、农机等支农产品的生产。二、轻工业要在第三季度生产水平的基础上，增产40亿元以上的产品，对轻工业生产所需的燃料、电力、原材料和运输，要优先安排，“不挤不让”。同时要求商业部门拿出20亿元库存商品投入市场，外贸部门拿出5亿元库存商品转为内销。三、在第四季度，统配煤矿的平均日产量要达到76万吨以上；钢铁的平均日产量要达到7万吨，全国库存的近200万吨钢锭要尽可能轧成材。四、确保京广、津浦、浙赣、京包等铁路干线的畅通，争取第四季度平均日装车量达到5.3万—5.4万车，重点是把山西存煤抢运出来。五、要努力增加财政收入，节约支出，国家的总预备费和各部门掌握的待分配投资和费用、地方的预备费和机动财力，基本上不再动用。

同　日　西藏自治区有90%以上的乡建立了人民公社。据《人民日报》报道：1965年中共中央批准西藏地区试办人民公社，截止1970年4月，全区共办起人民公社600多个，占全区总乡数的30%。中共西藏自治区革委会核心小组于1970年6月11日向中共中央请示报告，提出要在1971年全区实现人民公社化，并结合农牧业的社会主义改造，在牧区补划阶级成份，在农区调整阶级政策。1970年12月8日，中共中央正式发出了关于西藏社会主义改造问题的指示。要求西藏的各级党组织“依靠贫下中农牧，联合中农牧，消灭农牧主、牧主和富农、富牧阶级的剥削制度，在两三年内基本实现人民公社化”。据此，西藏大规模地展开了以划分阶级成份和成立人民公社为主要内容的社会主义改造运动。

10月11日　中共中央发出《关于准备在最近期间召开第四届全国人民代表大会的通知》。《通知》首先传达了毛泽东的重要指示：“无产阶级文化大革命已经八年。现在，以安定为好。全党全军要团结。”《通知》提出希望抓紧做好下列准备：继续把批林批孔运动普及、深入、持久地进行下去；认真落实党的各项无产阶级政策，抓紧专案清查工作；坚持“抓革命、促生产、促工作、促战备”、“深挖洞、广积粮、不称霸”的方针，把社会主义的各项工作做得更好。

10月15日　今年全国招收16.7万多名工农兵大学生。

10月16日　国务院科教组转发经国务院批准的《关于改进和加强出国留学生选派、管理工作的请示报告》。《报告》提出：送往国外的成年留学生，以专业上的提高、进修为主。要选送有实践经验的在职人员和外语学校应届毕业生中的工农兵学员。并要加强出国前和出国后的思想政治教育。

10月17日　中共中央政治局召开会议，"四人帮"借"风庆轮"问题攻击邓小平。"四人帮"在会上拿出关于"风庆轮"的材料，质问邓小平是什么意见。邓小平说："我已圈阅了，对这个材料还要调查一下呢！"江青进一步逼问他对批评"洋奴哲学"是什么态度，是赞成还是反对？邓小平针锋相对地驳斥江青说："这样政治局还能合作？强加于人，一定要写出赞成你的意见吗？"姚文元在会上，把过去毛泽东说过的"路线对好合作，路线错难合作"的话，和邓小平抵制江青联系起来，攻击邓小平路线上有问题。散会后，张春桥又马上煽动说："邓小平又跳出来了。"当晚，江青召集张春桥、姚文元、王洪文到钓鱼台17号楼进行密谋策划，派王洪文去长沙向毛泽东告状。

10月18日　王洪文到长沙，向毛泽东诬告周恩来、邓小平和中央其他领导人，遭到毛泽东严厉批评。18日，王洪文到长沙后，下午2点左右毛泽东接见了他。王洪文说："北京现在大有庐山会议的味道。我来湖南没有告诉周总理和政治局其他同志。我们4个人（王、张、江、姚）开了一夜会，商定派我来汇报。趁周总理休息的时候就走。我是冒着危险来的。"王别有用心地说："周总理虽然有重病，住在医院里，但昼夜都'忙着'找人谈话，经常去总理那里的有邓小平、叶剑英、李先念等同志。"王洪文还在毛泽东面前吹捧张春桥怎样有能力，姚文元怎样读书，对江青也做了一番吹捧。王洪文还将一封诬告信交给毛泽东。谈话结束时，毛泽东当即严厉批评了王洪文，说："有意见当面谈，这么搞不好。你要注意江青，不要跟她搞在一起，你回去后找总理、剑英同志谈谈。"王洪文当天晚上回到北京后，根本没有执行毛泽东的指示，还是去找江青、张春桥、姚文元。10月18日晚，4个人再次聚集在钓鱼台17号楼，由王洪文讲了去长沙的情况，在传达过程中，江青又通知唐闻生、王海容去参加。江青先让张春桥介绍所谓形势问题。张把“批林批孔”后国内财政开支和对外贸易中出现的逆差说成是国务院的领导人崇洋媚外造成的，说邓小平在“风庆轮问题”上跳出来不是偶然的，他在文化大革命以前就主张造船不如买船，买船不如租船。张春桥还恶毒地把17日晚政治局会议比作“二月逆流”。江青让唐闻生、王海容再去长沙向毛泽东诬告邓小平。10月19日，唐、王到医院向周恩来报告了江青找他们谈话的情况。周恩来指出：是他们4个人事先计划好整小平同志，他们已多次搞小平同志，小平同志忍了很久。10月20日，毛泽东在长沙接见外宾以后，王、唐把情况报告了毛泽东。毛泽东听后很生气，说：“风庆轮的问题本来是一件小事，而且先念等同志已在解决，但江青还这么闹。”毛泽东指示唐闻生等转告周恩来和王洪文：总理还是总理，四届人大的筹备工作和人事安排要总理和王洪文一起管。他还建议邓小平任党的副主席、第一副总理、军委副主席兼总参谋长。毛泽东赞扬邓小平针锋相对地顶江青，并指示王、唐转告王洪文、张春桥和姚文元，不要跟在江青后面批东西。

同　日　1974年全国田径运动会在四川省重庆市结束。参加这次田径运动会的，有来自全国各省、市、自治区和人民解放军的29个代表队共700多名运动员。这次运动会共打破4项全国纪录。

10月20日　毛泽东在长沙会见丹麦首相保罗·哈特林。在交谈中，毛泽东认为：中国现在还不行，不够好。“总而言之，中国属于社会主义国家。解放前跟资本主义差不多。现在还实行八级工资制，按劳分配，货币交换，这些跟旧社会没有多少差别。所不同的是所有制变更了。”毛泽东说：我看这个世界不安宁，比较过去很不安宁，无论在什么地方，也包括中国在内。前不久出了林彪的事，林彪是我们党内的一霸。邓小平参加了会见。

10月22日　美国新任驻华联络处主任乔治·布什抵达北京。他在9月6日曾经表示，美中关系仍以前总统尼克松访华时发表的上海公报为基础，这一政策没有改变。11月2日，邓小平副总理接见了布什。布什的前任布鲁斯于7月13日离开北京回国。

10月29日　北京—卡拉奇—巴黎国际航线正式开航。以中国民航总局局长马仁辉为团长的中国友好参观团本日晚乘坐中国民航首航班机前往巴基斯坦参加开航庆祝活动。

本　月　周恩来研究人大筹备工作。周恩来在医院和邓小平、叶剑英、李先念以及王洪文、江青谈话，并约政治局成员分3批开会，传达毛泽东的指示，研究四届人大的筹备工作。11月6日周恩来给毛泽东写信，汇报四届人大准备工作进展情况。在信中明确表示："积极支持主席提议的小平同志为第一副总理，还兼总参谋长。"信中提到召开四届人大的具体时间，说他考虑到三届人大是1964年底召开的，因此四届人大最好在1974年底召开，相隔整整10年，不要拖到来年。信中还写道："我的身体情况比7月17日见主席时好多了，只是弱了些，如果12月能开人大，定能吃得消。"信中并说："最希望主席健康日好，这一过渡时期，只有主席在，才能领导好。"12月，周恩来在医院里紧张地展开了四届人大的各项准备工作。他在审阅四届人大各界代表的名额分配名单后，致信中央政治局，提议要增加老干部的名额。他在审阅了政府工作报告后，提出了修改意见。在最关键的人事安排问题上，周恩来针对江青、张春桥等人竭力要将亲信安插在文化、教育、体育等部委的情况，约邓小平、李先念等人几次研究，交换意见，认为教育部关系重大，不能让，以周荣鑫掌管为宜；文化部、体委可作让步。随后，他在医院里分批召集中央政治局成员开会，通过了四届人大常委会委员长、副委员长和国务院副总理候选名单的3个方案。

本　月　国务院成立知识青年上山下乡领导小组。陈永贵任组长，沙风、顾秀莲任副组长。1975年又提拔下乡知识青年侯隽任专职副组长。知青办设在农林部。

11月6日　毛泽东会见特立尼达和多巴哥总理埃里克·尤斯塔斯·威廉斯。毛泽东阐述了对当前国际局势的看法。他说：我看见过第一次世界大战和第二次世界大战。现在到处讲和平，我看危险！第二次世界大战后头几年，不讲和平……而现在大讲特讲！没有病，就不要看医生。有病，他就要看医生。……现在地球害病，所以要讲缓和紧张，缓和国际紧张，要讲和平。现在给地球治病，我是持怀疑态度。国际会议这么多，美国这个国务卿到处跑，相当怪！黄昏的时候，燕子忙，飞得低，雨要下了！李先念参加了会见。

11月10日　“李一哲”贴出大字报。李正天、陈一阳、王希哲三位青年署名“李一哲”，在广州街头贴出一张题为《关于社会主义民主与法制——献给毛主席和四届人大》的大字报。大字报针对“林彪体系”猖狂破坏社会主义的民主与法制，大搞封建法西斯专政的暴行，指出：林彪反党集团赖以产生的社会历史条件是延续两千多年的中国封建社会的意识形态；林彪反革命路线的表现形式是极“左”。大字报还不点名地指出了江青的许多罪行，并且联系这些现象，分析了我们国家在上层建筑领域中存在的某些缺陷。这张大字报在群众中引起了强烈的反响和争论。当时，广东省委把这张大字报定成“反动大字报”，以后又错误地宣布“李一哲”为反革命集团。1978年2月广东省委召开群众大会，为被打成反革命集团的“李一哲案件”平反；同时宣布，因“李一哲”问题受牵连、被审查的其他人的问题也要实事求是地予以解决。

同　日　江青就四届人大人事安排一再给毛泽东写信。江青在得悉周恩来给毛泽东写信，汇报四届人大准备情况后，也给毛泽东写信，提出要谢静宜任全国人大副委员长，迟群任教育部长，乔冠华任副总理，毛远新、迟群、谢静宜、金祖敏列席中央政治局会议，作为接班人培养。毛泽东当日批示，告诫江青：“不要多露面；不要批文件；不要由你组阁（当后台老板）。你积怨甚多，要团结多数。至嘱。毛泽东。”“人贵有自知之明。又及。”江青不听毛主席的告诫，继续公开要官。11月19日，江青又给毛泽东写了一封信，先作了检讨，说：“我愧对主席的期望，因为我缺自知之明，自我欣赏，头脑昏昏，对客观现实不能唯物的正确对待，对自己也就不能恰当的一分为二的分析。一些咄咄怪事，触目惊心，使我悚然惊悟。”接着说：“自九大以后，我基本上是闲人，没有分配我什么工作，目前更甚。”20日，毛泽东给江青写信再次批评了她，信称：“可读李固给黄琼书。就思想文章而论，都是一篇好文章。你的职务就是研究国内外动态，这已经是大任务了。此事我对你说了多次，不要说没有工作。此嘱。”江青受到毛主席批评后仍不死心。在1974年12月23日以前，把唐闻生、王海容找去，要她们去长沙时向主席转达她的意见，由王洪文任副委员长，排在朱德、董必武同志之后。唐、王向主席报告后，主席说：“江青有野心。她是想叫王洪文做委员长，她自己做党的主席。”1975年初，四届人大之后，江青又把唐、王二人找去，情绪十分激动地把几乎所有的政治局委员都大骂了一遍，并要她们把她的意见报告毛主席。毛主席听了后说：“她看得起的人没有几个，只有一个，她自己。”唐、王又问：“你呢？”主席说：“不在她眼里。”又说：“将来她会跟所有的人闹翻。现在人家也敷衍她，我死了以后，她会闹事。”

11月13日　中日海运协定签字仪式在日本外务省举行。中国外交部副部长韩念龙和日本外务省事务次官东乡文彦分别代表本国政府在协定上签字。日本国外务大臣木村俊夫，中国驻日本大使陈楚等出席了签字仪式。

11月15日　国务院、中央军委发出《关于严禁机关、团体、部队、企业、事业单位自行到农村采购农副产品的通知》。《通知》指出，不少单位直接去农村采购农副产品，“如果任其下去，势必严重冲击国家计划，破坏社会主义统一市场，助长资本主义自发倾向”。为此规定：一切机关、团体、部队、企事业单位一律不许到农村和集市采购国家统购派购的农副产品，不许用国家的机器设备、原材料等物资去换取农副产品；一切农村社、队，所有属于国家统购、派购的产品，需要出售时，应一律向当地商业收购部门交售；商业部门要积极组织农副产品收购，合理调整商业网点，注意安排好市场，作好农副产品供应，严禁商品“走后门”；加强市场管理，坚决打击投机倒把活动，同一切违法乱纪行为作斗争。

11月17日　原中共中央监察委员会副书记张云逸大将去世。张云逸，1892年生，广东文昌人。原名张运镒，又名张胜之。早年加入中国同盟会，曾参加辛亥革命和讨袁护国战争。1926年加入中国共产党，参加过北伐战争。曾任国民革命军旅长、师参谋长。1927年大革命失败后，参加了“八一”南昌起义。后在广州、香港从事党的秘密工作。1929年12月在广西右江与邓小平共同领导了百色起义，创建了中国工农红军第七军。第二次国内革命战争时期，任中国工农红军第七军军长，中央革命军事委员会副参谋长兼作战局局长，粤赣军区司令员兼政治委员，西征支队司令员，红军总司令部作战部部长，中央纵队先遣队司令员，中央革命军事委员会委员、副参谋长。参加了长征。“西安事变”发生后，随周恩来参加中共代表团工作。抗日战争时期，任新四军参谋长兼三支队司令员，新四军江北指挥部指挥兼前敌委员会书记，新四军副军长兼二师师长，中国人民抗日军政大学八分校校长。解放战争时期，任山东军区副司令员、司令员，华东军区副司令员兼参谋长，华东军政大学校长兼政委，中共中央华中局委员、华东局委员，华南军区副司令员。中华人民共和国成立后，任中央人民政府委员，中国人民革命军事委员会委员，中共广西省委书记，广西省人民政府主席，广西军区司令员兼政治委员，中共中央中南局委员，中共中央华南分局第二书记，中南行政委员会副主席，中共中央监察委员会副书记等职。1955年被授予大将军衔。一—三届国防委员会委员，一—三届全国人大常委，中共七—十届中央委员。

同　日　伊朗国家航空公司德黑兰—北京—东京航线，本日晚正式开航。

11月25日—29日　美国国务卿兼总统国家安全事务助理亨利·基辛格一行访问中国。周恩来总理在医院会见了基辛格和夫人，乔冠华外长举行欢迎宴会。28日，基辛格举行答谢宴会。26日—28日，邓小平、乔冠华同基辛格举行了会谈。29日，基辛格一行结束访华离开上海回国。同日发表公报说，两国政府商定，杰拉尔德·福特总统将于1975年访问中华人民共和国。

11月26日　中国民航北京—德黑兰—布加勒斯特—地拉那航空线正式通航。

11月29日　原中共中央政治局委员、国务院副总理兼国防部长彭德怀去世。彭德怀，1898年生。湖南湘潭人。原名德华，号石穿。早年投入湘军。1926年参加了北伐战争。1928年4月加入中国共产党，参与领导平江起义。第二次国内革命战争时期，历任红五军军长，红三军团总指挥，红一方面军司令员，中共中央革命军事委员会副主席，红西路军总指挥，东方军司令员。在长征途中参加了遵义会议，后任红军北上抗日先遣队（即陕甘支队）司令员，西北革命军事委员会副主席，中国人民抗日先锋军司令员，西方野战军司令员兼政治委员等职，曾参加指挥东征、西征和直罗镇等战役。抗日战争时期，任八路军副总指挥，中央军委前方军分会副书记，中共中央北方局委员、常委、代理书记，中共中央革命军事委员会副主席兼总参谋长。1940年秋在华北组织指挥了著名的“百团大战”，给日军以重创。解放战争时期，任西北野战军（后改称第一野战军）司令员兼政治委员，中共西北野战军前委书记，中共中央西北局第一书记，中国人民解放军副总司令等职。中华人民共和国成立后，任中央人民政府委员，中共中央革命军事委员会副主席，中国人民革命军事委员会副主席，西北军政委员会主席，西北军区司令员。1950年10月任中国人民志愿军司令员兼政治委员，率志愿军赴朝作战。1952年4月回国后主持中央军委日常工作。1954年9月任国务院副总理兼国防部部长，是一—二届国防委员会副主席。1955年9月被授予元帅军衔。曾当选为中共六、七、八届中央政治局委员，第一、二届全国人大代表，第一届全国政协委员。1959年7月在中央政治局扩大会议（即庐山会议）上，他上书毛泽东，陈述“大跃进”的错误和教训，被错定为“右倾机会主义反党分子”，受到错误批判，并被免去中共中央监察委员会副书记职务。1965年11月，经毛泽东和中央批准，到成都就任中共中央西南局“三线”建设委员会第三副主任。在“文化大革命”期间，他遭到林彪、江青反革命集团的诬陷和迫害，身心受到严重摧残。1974年11月29日含冤去世。1978年12月中共十一届三中全会为他平反昭雪，恢复名誉，12月24日，为他举行了隆重的追悼大会。

同　日　中共中央军委批准总后勤部《关于增收节支减少今年国防费拨款的报告》。10月，国务院副总理李先念给叶剑英等人写信，建议从当年国防费中节余15亿元上缴财政部，以平衡国家财政预算。叶剑英表示同意，中共中央军委批准的总后勤部这个报告决定，把当年开支不出去和可用可不用的13.85亿元（其中含装备购置费10亿元，基本建设费2亿元，被装物资购置费1.1亿元，战备物资储备、马匹购置和预备费0.75亿元）减下来，另外，动用一部分结余经费，做到减少15亿元。1974年，国家批准国防费拨款145亿元，比1973年少5亿元。再次减少后，为130亿元，12月1日，总后勤部为贯彻国务院消灭财政赤字，力争收支基本平衡和军队还有节余存款，可以多收一点的精神，再次做出《关于进一步压缩今年国防费拨款的报告》，提出国防费拨款再减少3亿元，同时上缴结余经费7亿元，共10亿元。连同11月份的报告，这一年实际减少国防费拨款25亿元。

本　月　毛泽东在同李先念、汪东兴谈话时指示：要“把国民经济搞上去”。李先念在政治局会议上作了传达。这一指示，连同“还是安定团结为好”及有关学习无产阶级专政理论的指示，当时被称为“三项指示”。在毛泽东圈阅的1975年中央第四号文件中向全党作了传达。

12月1日　全国政协副主席、铁道部部长滕代远去世。滕代远，1904年生。湖南麻阳人。笔名李光。1924年加入中国社会主义青年团。1925年春加入国民党，同年10月转为中国共产党员。曾任中共湖南省委委员，省农民协会委员长，中共湘东特委书记兼醴陵县委书记，湘鄂赣边区特委书记等职。1928年与彭德怀、黄公略等共同领导了平江起义，成立了中国工农红军第五军，是湘鄂赣革命根据地创建人之一。第二次国内革命战争时期，历任红五军党代表，红四军副党代表兼三十三团党代表，红三军总政治委员，红一方面军副总政治委员兼红三军团政治委员，中央军委武装动员部部长。1934年9月赴苏联列宁学院学习，出席了1935年7月召开的共产国际第七次代表大会。抗日战争时期，任中央军委参谋长，抗日军政大学总校副校长兼副政委，中共中央北方局委员，八路军参谋长，中共晋冀鲁豫中央局委员，晋冀鲁豫军区副司令员，参与指挥上党战役和平汉战役。1945年12月参与北平军事调处执行部的工作，并奉命在北京设立八路军办事处，不久又去重庆、南京，协助周恩来与马歇尔、张治中举行谈判。解放战争时期，历任中共中央华北局委员，华北军区副司令员，中央军委铁道部部长，1949年兼任中央军委铁道兵团司令员、政治委员。中华人民共和国成立后，历任国务院铁道部部长、党委书记，中国人民解放军铁道兵团司令员兼政治委员，国防委员会委员。第四届全国政协副主席，中共七—十届中央委员。

12月3日　国务院、中央军委发出通知。通知批转公安部、总参谋部、总政治部、总后勤部《关于边防检查站人民武装警察实行义务兵役制的请示报告》。《通知》提出，根据建站以来的历史经验，边防检查站必须作为一支武装队伍进行建设和管理。《通知》主要内容如下：一、边防检查站民警服役期限为3年，如因工作需要，可超期服役；二、边防检查站干警的更新比例，干部每年需更新约5%，警士每年需更新约30%；三、边防检查站应征民警的条件，按中国人民解放军征兵条件办理，但需具备特种政治条件和初中文化程度；四、边防检查站的干部来源，主要从警士中提拔，级别工资按军队标准评定；五、边防检查站民警实行义务兵役制后，干警的生活福利待遇按总后勤部规定的标准，由公安部门供给，干警的家属按军属对待；六、边防检查站民警拟从今冬开始实行义务兵役制。

12月9日—30日　美国参议院民主党领袖曼斯菲尔德和夫人访问中国。周恩来在医院会见了他们。邓小平副总理也同他们进行了友好而坦率的谈话。曼斯菲尔德曾于4月2日发表声明，建议给中国提供最惠国待遇。几天之后，他向国会提出了一项《给中华人民共和国产品提供最惠国待遇的法案》。同年11月14日，他在回答记者提出的问题时说："我和国会中其他许多人竭力赞成扩大同中国的技术和经济合作——甚至超过同苏联的合作。""太平洋地区的前途系于中国、日本和美国之间的良好关系。今后几十年，中国将成为这个地区的事务中的一个重要因素。”

12月15日　财政部发出《关于1974年财政决算编审工作的通知》，对新的财政管理办法做了进一步规定。1971年—1973年，在经济体制实行“大下放”、“大包干”的情况下，财政上实行收支包干的体制，由于办法不够完善，产生了“包而不干”的问题，即：财政超收的地区，超收部分全归地方支配，中央无法调剂；财政短收的地区，财政收支不平衡时，还要中央财政帮助。同时中央机动越来越少，国家财力出现过于分散的趋势。针对这种情况，财政部规定：1974年中央对各省、市、自治区的财政体制，试行“收入按固定比例留成，超收另定分成比例”的办法。即：固定比例的留成额，按1974年财政决算的实际收入数和中央确定的固定比例留成率以省、市、自治区为单位计算，留归地方。地方财政超收的部分，70%上缴中央，30%留归地方。地方财政的支出，除财政部规定的结转项目，可以结转下年继续使用，国家分配的基本建设拨款结余将来另作规定外，其余各项支出结余，均归地方统筹安排，支配使用。财政部关于对财政体制进行改革的意见，曾在1973年全国计划会议上进行过讨论，以后决定从1974年开始实行。上述规定是对财政体制改革办法的进一步改善。

12月17日　毛泽东会见扎伊尔共和国总统蒙博托·塞塞·塞科。两位领导人就当前的国际局势以及其他地区性问题坦诚地交换了看法。毛泽东认为中国是第三世界，他赞成第三世界的国家要互相帮助。他指出，这个世界不安宁。到处讲缓和，实际上准备打仗，邓小平参加了会见。

同　日　中华人民共和国和冈比亚共和国发表建立外交关系的联合公报，决定自12月14日起建立大使级外交关系并互派大使。

12月21日—28日　国务院科教组、农林部和中共辽宁省委联合召开学习朝阳农学院教育革命经验现场会。参加现场会议的有各省、市、自治区教育部门和农林部门的负责人，国务院各有关部委和各高等农林院校等单位的代表共180人，辽宁省各类学校代表和市、地文教、农林部门负责人140人。朝阳农学院于1972年在农学、果林、畜牧兽医3个系的3年制普通班，实行“社来社去”的办学方针。其基本内容是，学员经过社队选送入学，毕业后又回到原来的社队当农民。与此相配合，还实行“几上几下”的教学方法。上，就是学员在校学习，实行半工半读，勤工俭学。下，即要求学员回到所在社队边学习，边实践。在采取这一教育方针的过程中，朝阳农学院提出要和“文化大革命”前17年的旧教育路线对着干。“四人帮”在辽宁的亲信以后又炮制出一个办政治大学的方案，说要把朝农“首先办成政治大学，其次办成劳动大学，最后办成农业大学”，说“朝农一个新的战斗任务，就是培养同走资派作斗争的坚强战士”。朝阳农学院的经验，全国各主要报刊都曾作过广泛的宣传。1974年11月28日《光明日报》发表题为《一所深受贫下中农欢迎的大学——辽宁农学院朝阳分院教育革命调查》的长篇文章。1974年12月2日《人民日报》发表题为《农大毕业当农民好——辽宁朝阳农学院实行“社来社去”的调查》，并加了编者按，称：“这是无产阶级文化大革命和批林批孔运动中，教育战线出现的又一个社会主义的新生事物。”12月3日《光明日报》也发表了有关朝阳农学院的调查报告。全国掀起了宣传、学习朝农经验的浪潮，各报刊、电台发表了大量的通讯报道，各地组织了大批人员去朝农参观学习。据统计，仅从1974年底到1976年，报刊、电台、电视台、电影制片厂就竞相发稿150多篇，拍摄电影9部。到1975年底为止，朝阳农学院共接待来自全国29省、市、自治区参观学习的单位1 700多个，8.4万多人。

12月21日—29日　全国计划会议召开，研究和拟定1975年国民经济计划。会议认为：1974年国民经济发展“取得了新的成就”，但发展不平衡。有些地方和企业计划完成得不好，钢、煤和化肥减产，运输紧张。1975年是第四个五年计划最后的一年，一定要把生产搞上去。会议提出1975年发展国民经济的主要任务是：一、把农业放在首位，继续夺取农业丰收。油料、糖料是薄弱环节，要力争有较多的增产。要加快农业机械化的步伐。二、加快重工业的发展速度。狠抓钢、煤、油、电等原材料和燃料动力。工业，积极增产化工原料和产品。要继续大打矿山之仗，各地区、各部门都要发展原材料工业，不搞“无米之炊”。三、集中力量打好重点建设项目的歼灭战。18个大型的化肥、化纤、乙烯、1.7米轧机的建设项目1975年进入施工高潮，需投资48亿元，要作为建设重点，集中力量搞好建设。同时加强煤炭、石油、铁矿、轧钢、水利、港口等的建设。严禁搞计划外项目，严禁擅自兴建楼堂馆所，严格控制上新项目。四、积极搞好物资平衡。1975年物资平衡矛盾较大的是燃料和钢材。煤炭有1 600万吨缺口，原油平衡也比较紧，钢材指标中，国内生产的还有100多万吨没有落实。解决物资短缺，供求不平衡的矛盾，要采取增加生产、节约和清仓查库等措施。五、搞好财政收支平衡和外汇收支平衡。会议提出了1975年发展国民经济计划的主要指标：工农业总产值4 410亿—4 460亿元，比上年预计增长11.1%~12.3%，其中工业总产值3 150亿—3 200亿元，增长14.6%~16.4%；农业总产值1 260亿元，增长3.3%。粮食5 600亿斤，比上年预计增长3.3%；棉花5 200万担，增长2%。钢2 600万—2 700万吨，增长21.8%~26.5%；原煤4.3亿吨，增长7.5%；原油7 500万吨，增长16.5%；发电量1 830亿—1 900亿度，增长9.6%~13.8%；棉纱1 150万—1 200万件，增长17.4%~22.5%；铁路货运量8.5亿吨，增长10.4%。国家直接安排的基本建设投资300亿元，加上地方自筹资金等，投资总额为375亿元。计划施工的大中型项目1 106个，其中新开工项目48个。社会商品零售额安排1 210亿元，比上年预计增长6.1%。国家财政收入和支出各为850亿元。由于1974年经济情况不好，当时经济发展中又存在不少问题，因此，1975年计划安排基本上保持上年计划的水平，不少重工业产品指标还低于“四五”纲要（修正草案）规定的水平。这次会议拟定的计划，在四届人大闭幕后，提交中央召集的各省、市、自治区主要负责同志座谈会征求意见，进行调整和修改，拟定出1975年国民经济计划，经中央批准后下达。

同　日　布加勒斯特—北京国际航线正式通航。这条航线经停雅典、德黑兰、卡拉奇。

12月23日—27日　周恩来、王洪文到长沙向毛泽东请示有关四届人大的最后准备工作，毛泽东作了重要指示。23日，毛泽东在谈到邓小平时，写了“人才难”3字和“强”1字，说小平是难得人才，政治思想强。在报告由叶剑英以军委副主席兼国防部长，小平以第一副总理兼总参谋长时，毛泽东说：“小平要担任第一副总理、军委副主席和总参谋长3个职务。”24日他又说，“你们留在这里谈谈，告诉小平在京主持工作”。毛泽东说，“四人帮不要搞了。中央就这么多人，要团结”。又说，“在批林批孔运动中立了功，但不要搞宗派，搞宗派要摔跤的。摔了跤，能爬起来就好”。并举党内斗争历史为例。毛泽东说他自己也在做江青的工作，劝她三不要：一不要乱批东西，二不要出风头，三不要参加组织政府（组阁）。在谈到江青说没有工作做时，毛泽东说看资料，研究国际国内问题然后提意见。自己多少年来就是这样做的。对江青，毛泽东说当然要一分为二，她在批刘批林上是对的，说总理的错误是第十一次路线错误就不对了。毛泽东还说，“批林批孔，批走后门，成了三个主题，就搞乱了。搞乱了，也不告诉我”。“江青有野心。你们看有没有？我看是有。我比你们了解她，几十年，我对她做了工作。”毛泽东还严厉批评王洪文说：“我几次劝你，不要几个人搞在一起，你总是听不进去！这一次你既然来了，就多住3天，好好想一想，写个书面检查给我！”毛泽东还说，批林容易批孔难。世界上事，说起来难，做起来并不难，现在五经四书也批了，孔夫子是文圣打倒了，关云长是武圣也打倒了。说批林批孔是第二次文化大革命是不对的。在谈到国际形势时，毛泽东认为越讲缓和越备战，现在可以不提当前世界主要倾向是革命，而要强调备战紧张，各国人民对此要有所准备。周恩来回北京后，把毛泽东的谈话向中央政治局作了汇报，并获得政治局的赞成。毛泽东对“四人帮”的批评和对周恩来、邓小平工作的支持，使得“四人帮”的诬告和“组阁”阴谋未能得逞。

12月26日　毛泽东在长沙同周恩来谈关于无产阶级专政理论问题。毛泽东说：“列宁为什么说对资产阶级专政，要写文章。要告诉春桥、文元把列宁著作中好几处提到这个问题的找出来，印大字本送我。大家先读，然后写文章。要春桥写这类文章。这个问题不搞清楚，就会变修正主义。要使全国知道。”在谈到社会主义制度时，毛泽东说："我同丹麦首相谈过社会主义制度。我国现在实行的是商品制度，工资制度也不平等，有八级工资制，等等。这只能在无产阶级专政下加以限制。""所以，林彪一类如上台，搞资本主义制度很容易。因此，要多看点马列主义的书。"毛泽东还指出："列宁说，'小生产是经常地、每日每时地、自发地和大批地产生着资本主义和资产阶级的。'工人阶级一部分，党员一部分，也有这种情况。""无产阶级中，机关工作人员中，都有发生资产阶级生活作风的。"

12月27日　大庆至秦皇岛输油管道建成输油。据新华社报道：这条输油管道，北起黑龙江，纵贯吉林、辽宁两省，南到河北，全长1 152公里。在输油管道的地面上，每隔六七十公里建有1个泵站，为原油加压、加热，使原油在输油管中能够保持一定的速度和温度，畅流无阻。为了给泵站提供动力和便于生产调度，还相应地建设了电源和通讯配套工程。这条管道第一期工程从1970年冬季开始动工，第二期工程到1973年国庆节前夕结束，两期工程前后实际只用了两年多的时间。一年多来的输油情况表明，工程质量良好，机泵运转正常，输油安全平稳。1973年9月，在大庆至铁岭之间，又开始建设1条复线，在本年国庆节前夕建成输油。

12月28日　国务院科教组决定：现有10所外国语学校继续办下去。从小学高年级办起，招收小学3年肄业期满的学生。外语学校应办成带有专业性的普通中小学。分别开设英、俄、法、西班牙、德、日、阿拉伯7个语种，学制10年。学生中学毕业后，仍要上山下乡，其办法是在城市郊区定点集体插队（场）。

12月31日　中共中央转发上海市、河北省关于开展计划生育和晚婚工作的两个报告。要求各级党委把计划生育工作和晚婚工作列入议事日程，切实抓紧，把生育计划落实到人，把避孕药具送上门。这两个省、市的计划生育和晚婚工作，成绩比较显著。1973年同1965年相比，上海市人口出生率由17‰下降为10.25‰，人口自然增长率由11.3‰降为4.78‰，1974年上半年的人口出生率和自然增长率都低于上年同期。河北省的晚婚率达到了85%以上，节育率达到80%以上。

本　月　毛远新炮制所谓“赶社会主义大集经验”，即“哈尔套经验”。1974年冬，辽宁省彰武县哈尔套公社党委组织群众破“猫冬”的旧习。12月，中共辽宁省委书记、省革命委员会副主任毛远新到该公社“视察”，他认为这个公社“资本主义的东西相当多”，“看不出人民公社优越性”，“看不到文化大革命好在哪儿”，认为当地群众满脑子“个体经济”，“走资本主义道路”，跑自由市场“有能耐”，执行路线“偏到右边去了”。他把打井、修井、采石、积肥等生产建设项目说成只是伸出个“猫爪子”，还不算解决“破猫冬”问题，“只有揭开冻盖，修水平梯田才是‘破猫冬’”。几天后，毛远新到该公社敖汉大队参加了一会儿劳动，便宣扬说他“刨了第一镐”，“揭开了猫冬盖子”，第二天便召开两个地区、1个市和7个县的领导参加现场会，推广哈尔套所谓“破猫冬”的经验。12月26日，有人向毛远新的亲信反映有的社员跑市场卖黄烟影响生产、影响出工人数，应当动员社员将自产黄烟卖给国家。此后，毛远新的这个亲信听说柳树大队有一个社员积极向国家交售黄烟，就于12月28日跑到柳树大队，在30日组织社员向供销社交售黄烟，并把此事向毛远新作了汇报。30日，柳树大队出动了300余人，敲锣打鼓，排着队，挑着烟，作了第一次“赶大集”的预演。1975年元旦，毛远新等强令哈尔套公社的社员群众，由干部带领，挑着“自家”的农副产品(没有的，要到黑市高价购买)，敲锣打鼓，红旗招展，从四面八方赶到哈尔套街里，强迫把农副产品低价交售给供销社，再到供销社买回自己需要的农具和其他日用品。集市上，公社和各大队的业余文艺宣传队，还演出文艺节目。这就是哈尔套经验中的所谓“赶社会主义大集”。1月5日，毛远新在哈尔套召开全省市、地、县委书记学习“哈尔套经验”现场会。宣称“大集”是“解决走社会主义道路还是走资本主义道路的问题”，说有了“哈尔套经验”，“农业方向、路线问题解决了”，“全省就要按哈尔套的经验搞”。此后，大连市也组织了郊区农民“赶大集”。

1975年

1975年综述

1月，中国共产党十届二中全会举行，讨论了四届全国人大的准备工作，选举邓小平为中共中央副主席、中央政治局常委。四届全国人大一次会议举行；周恩来重申了发展国民经济的两步设想和在本世纪内实现四个现代化的宏伟目标；大会通过了宪法，选出了以朱德为委员长的全国人大常委会，任命了以周恩来为总理、邓小平为副总理的国务院组成人员。会后，邓小平实际上开始主持中央日常工作。

2月，中共中央召开全国主管工业的书记会议，邓小平作了关于整顿铁路的重要讲话。根据这一精神，其他各条战线和地区也开始了整顿工作。6月，中共中央发出整顿钢铁工业的文件；中央军委召开扩大会议，邓小平、叶剑英作了“军队要整顿”的重要讲话。7月，毛泽东指示要调整党的文艺政策；中共中央批转浙江省委文件，提出党组织的整顿问题。9月，邓小平在全国农业学大寨会议上讲话，提出各方面工作都要整顿的方针；在他的支持下，形成了《关于加快工业发展的若干问题》（草稿）、关于科学院工作的《汇报提纲》、《论全党全国各项工作的总纲》3个文件，提出了整顿工作的纲领，为今后工业、科技的改革做了准备。经过几个月的整顿，经济形势日益好转，工业生产和交通运输中的多项指标，达到历史上月产的最高水平；军队、农业、科技、文教方面的整顿也取得明显成绩。

是年2月，中共中央将毛泽东关于理论问题的指示发到全国，《人民日报》发表由张春桥、姚文元主编的“33条语录”，要求在全国开展“学习无产阶级专政理论”的运动。3月，张春桥在全军政治部主任会议上讲话，姚文元发表《论林彪反党集团的社会基础》，鼓吹经验主义是当前的主要危险。4月，张春桥发表《论对资产阶级的全面专政》，提出所谓在“一切领域”、“在革命发展的一切阶段”实行“全面专政”的理论。毛泽东对“四人帮”的“反经验主义”活动作了批评。其后，毛泽东又对江青、张春桥、姚文元、王洪文提出批评，要他们“不要搞四人帮”。据此，中共中央政治局多次召开会议批评江青等人。8月，“四人帮”利用毛泽东关于《水浒》的一次谈话，掀起一场“评《水浒》、批判投降派”的运动，影射攻击周恩来、邓小平等人。

11月，毛泽东在听取毛远新歪曲情况的汇报后，不能容忍邓小平系统纠正“文化大革命”错误的做法。他提出“文化大革命”是“七分成绩，三分错误”，并说邓小平转交的一封信“矛头是对着我的”。从此开始所谓“批邓、反击右倾翻案风”运动。邓小平被停止了大部分工作。

是年，籼型杂交水稻得到鉴定，开始大面积推广种植；我国又成功发射一颗人造地球卫星，标志着我国掌握了卫星回收技术。

是年，美国总统福特访问中国。

是年，全国人大常委会副委员长、中共中央政治局常委董必武，国务院副总理李富春病逝；原中共中央副主席康生病死。

主要经济指标：工农业总产值4 504亿元，比上年增长11.9%。其中，工业总产值3 219亿元，比上年增长15.1%；农业总产值1 285亿元，比上年增长4.6%（以上均按1970年不变价格计算）。工农业产品产量：粮食：2.8452万吨，比上年增长3.4%；

棉花：238.1万吨，比上年下降3.3%；油料：452.1万吨，比上年增加2.42%；钢：2 390万吨，比上年增长13.16%；原煤：4.82亿吨，比上年增长16.7%；原油：7 706万吨，比上年增长18.82%；发电量：1 958亿度，比上年增长15.99%；基本建设投资总额409.32亿元，比上年增长17.71%；社会商品零售总额1 271.1亿元，比上年增长9.2%；国家财政总收入815.6亿元，总支出820.9亿元，赤字5.3亿元。

1月1日　《人民日报》、《红旗》杂志、《解放军报》发表《新年献词》。《新年献词》在总结过去的一年时说："一年来各条战线的胜利，特别是经过批林批孔运动，使人们从现实的和历史的阶级斗争中，更加深刻地认识到坚持党的基本路线的重要性。反修防修是一个长期的艰巨的斗争，我们决不可以松懈自己的斗志。"关于新的一年的任务，《新年献词》指出："今年是第四个五年计划的最后一年，我们要坚持抓革命，促生产，鼓足干劲，力争上游，努力完成和超额完成第四个五年计划。要继续贯彻执行以农业为基础、工业为主导的方针，按照农、轻、重的次序安排国民经济计划，大办农业，加强工业对农业的支援，加强基础工业，认真抓好国防工业。要发扬独立自主，自力更生的革命精神，深入开展工业学大庆，农业学大寨，全国学人民解放军，解放军学全国人民的群众运动。随着批林批孔运动的深入，必将出现一个社会主义建设的新高潮。我们对这一点要有足够的估计。要全心全意地依靠工人阶级，依靠贫下中农，调动一切积极因素，团结一切可能团结的人，加快社会主义建设的步伐。"《新年献词》还指出："要在党的统一领导下，充分发挥革命委员会的作用，发挥工、农、妇、青等各种群众组织的作用。"

1月3日　改革新疆生产建设兵团体制的请示报告出台。中共新疆维吾尔自治区党委和新疆军区党委向中共中央、国务院、中央军委报送了《关于改革兵团体制，加强党的一元化领导问题的请示报告》。中共中央和中央军委于2月18日—3月25日在北京召开了改变兵团体制的会议，并于4月20日正式批准《报告》，撤销了新疆生产建设兵团建制。兵团所属各企事业单位、农牧场，划归地方统一领导。兵团撤销后，1975年—1977年生产下降，亏损剧增。工农业总产值由1974年的9.4亿元下降到1977年的5.7亿元，财务亏损总额达6.6亿元，平均每年2.2亿元，占全国农场亏损的一半。1981年2月，王震视察新疆后，提出恢复生产建设兵团的建议。邓小平在建议上批示："请王震同志牵头，约集有关部门领导同志，对恢复生产兵团的必要性，作一系统的报告，并为中央拟一决议，以凭决定。"12月3日，中共中央、国务院、中央军委做出《关于恢复新疆生产建设兵团的决定》。

1月4日　周恩来致信毛泽东提出恢复文化部、教育部。建议任命于会泳为文化部部长、周荣鑫为教育部部长。“四人帮”曾提名迟群为教育部长，周恩来未予理睬。

1月5日　中共中央发出1号文件，任命邓小平为中共中央军委副主席兼中国人民解放军总参谋长。同时任命张春桥为中国人民解放军总政治部主任。

1月6日　中华人民共和国和博茨瓦纳共和国建立大使级外交关系。两国建交的《联合公报》在纽约签署。

1月7日—10日　马耳他共和国总理多米尼克·明托夫访问中国。李先念副总理与明托夫总理就双方共同关心的问题举行了会谈。

1月8日　毛泽东主席在长沙会见马耳他共和国总理多米尼克·明托夫及其随行人员。毛泽东同马耳他贵宾进行了亲切友好的谈话。毛泽东在谈到中国国内问题时表示：中国不怎么好，我都不满意。

同　日　中共中央政治局常委、国务院副总理李富春去世。李富春，1900年生。湖南长沙人。1919年赴法国勤工俭学，1921年加入中国共产主义青年团，1922年加入中国共产党，是中共旅欧支部领导人之一。1925年回国参加北伐战争，任国民革命军第二军党代表兼政治部主任，中共江西省委代理书记。1927年7月以后，先后任中共江苏省委宣传部长、代理省委书记，广东省委宣传部长、代理省委书记。1931年进入中央革命根据地，任中共江西省委书记。1934年参加长征，任红军总政治部副主任、红三军团政治委员。长征到达陕北后，任中共陕甘省委书记。抗日战争时期，先后任中共中央秘书长、组织部副部长、财政经济部长、办公厅主任。解放战争时期，历任中共西满分局书记、中共东北局副书记、东北人民政府副主席、东北军区副政治委员，参加领导了东北的人民解放战争。中华人民共和国建立后，曾任政务院财经委员会副主任，重工业部部长，国家计划委员会副主任、主任，国务院副总理。在中共七大、八大、九大、十大上当选为中央委员，任中共第八届政治局委员、政治局常委、中央书记处书记。是第二、第三、第四届全国人大代表。

1月8日—10日　中共十届二中全会在北京举行。周恩来主持了会议。会议讨论了第四届全国人民代表大会的准备工作，决定将《中华人民共和国宪法修改草案》、《关于修改宪法的报告》、《政府工作报告》和第四届全国人民代表大会常务委员会、国务院组成人员的候选名单提请全国人民代表大会讨论。十届二中全会还追认邓小平为中共中央政治局委员，选举邓小平为中共中央副主席、中央政治局常委，批准了李德生关于免除他所担任的中共中央副主席、中央政治局常委的请求。会议闭幕时，周恩来讲话，他说："二中全会闭幕前，请示毛主席有什么话要说，毛主席讲了8个字：'还是安定、团结为好'。"周恩来最后说："希望中央政治局的工作，各省市自治区的工作，解放军的工作，各级革委会一直到人民公社的工作，都要遵照主席的指示做好。1975年是安定团结的一年，是争取跃进胜利的一年，我相信在毛主席的谆谆教导下，安定团结，一定会把各项工作做得更好。"十届二中全会坚持了毛泽东关于支持周恩来筹备四届人大、任国务院总理的正确意见，挫败了"四人帮"妄图组阁的阴谋。

1月12日—17日　联邦德国基督教社会联盟主席施特劳斯访问中国。

1月13日　第四届全国人民代表大会第一次会议在北京召开。大会的内容为：一、修改宪法；二、听取《政府工作报告》；三、选举和任命国家领导工作人员。据会议《新闻公报》称，在筹备四届人大的过程中，全国经过了广泛的民主协商，反复讨论，共选出代表2 885名。出席这次大会的代表共2 864人。他们当中有产业工人、农民、其他劳动人民、人民解放军、革命干部、革命知识分子、爱国人士、归国华侨的代表。工农兵代表占72%。妇女代表占22%以上。54个少数民族都有代表参加。参加大会的还有12名台湾省籍同胞的代表。这些代表中，有许多人是"文化大革命"和批林批孔运动中涌现出来的先进分子。四届人大一次会议开幕前，从1月5日到11日举行了预备会。

同　日　周恩来在第四届全国人民代表大会第一次会议上作《政府工作报告》。周恩来在谈到国内经济问题时说："我们超额完成了第三个五年计划，第四个五年计划1975年也将胜利完成。我国农业连续13年夺得丰收，1974年农业总产值预计比1964年增长51%。这充分显示了人民公社制度的优越性。全国解放以来，尽管我国人口增加60%，但粮食增产1.4倍，棉花增产4.7倍。在我们这样一个近8亿人口的国家，保证了人民吃穿的基本需要。工业总产值1974年预计比1964年增长1.9倍，主要产品的产量都有大幅度增长，钢增长1.2倍，原煤增长91%，石油增长6.5倍，发电量增长2倍，化肥增长3.3倍，拖拉机增长5.2倍，棉纱增长85%，化学纤维增长3.3倍。在这10年中，我们依靠自己的力量，建成了1 100个大中型项目，成功地进行了氢弹试验，发射了人造地球卫星。同资本主义世界经济动荡、通货膨胀的情况相反，我国财政收支平衡，既无外债，又无内债，物价稳定，人民生活逐步改善，社会主义建设欣欣向荣，蒸蒸日上。周恩来在《报告》中重新展示了1964年12月他在第三届全国人民代表大会上提出的我国国民经济发展按两步设想的蓝图，提出实现四个现代化的目标。他宣布："遵照毛主席的指示，三届人大的政府工作报告曾经提出，从第三个五年计划开始，我国国民经济的发展，可以按两步来设想：第一步，用15年时间，即在1980年以前，建成一个独立的比较完整的工业体系和国民经济体系；第二步，在本世纪内，全面实现农业、工业、国防和科学技术的现代化，使我国国民经济走在世界的前列。"《报告》用很大的篇幅阐述我国的对外政策。《报告》说："当前国际形势的特点，仍然是天下大乱，而且越来越乱了。""目前，革命和战争的因素都在增长。不论是战争引起革命，还是革命制止战争，国际形势总是朝着有利于人民的方向发展，世界的前途总是光明的。我们要继续执行毛主席的革命外交路线，着眼于人民，寄希望于人民，把对外工作做得更好。我们愿意在和平共处五项原则的基础上同一切国家建立和发展关系。第三世界是反殖、反帝、反霸的主力军。中国是一个发展中的社会主义国家，属于第三世界。""我们支持第二世界国家和人民反对超级大国控制、威胁和欺负的斗争。""中美两国之间存在着根本分歧。由于双方的共同努力，3年来两国关系有所改进，两国人民的往来有了发展。只要中美上海公报的各项原则能够认真执行，两国关系就可以继续得到改善。苏联领导集团背叛了马克思列宁主义，我们同他们的原则争论是要长期进行下去的。但是，我们历来认为，这种争论不应妨碍中苏两国正常的国家关系”。

同 日 张春桥代表中共中央在第四届全国人大第一次会议上作《关于修改宪法的报告》。《报告》说：“总结我们的新经验，巩固我们的新胜利，反映我国人民坚持无产阶级专政下继续革命的共同愿望，就是我们这次修改宪法的主要任务。”《报告》介绍《宪法》时称：“序言是新写的。条文从106条，缩减为30条。”重要的修改，有以下几点：“(一) 修改草案从序言开始，记载了我国人民英勇奋斗的光辉历史。‘中国共产党是全中国人民的领导核心’，‘马克思主义、列宁主义、毛泽东思想是我国指导思想的理论基础’，就是我国人民从一百多年来的历史经验中得出的结论，现在写进了修改草案总纲。草案规定：‘全国人民代表大会是在中国共产党领导下的最高国家权力机关’，又规定：‘中国共产党中央委员会主席统率全国武装力量’。由于不设国家主席，草案对1954年宪法关于国家机构的规定，作了相应的修改。（二）修改草案规定：‘中华人民共和国是工人阶级领导的以工农联盟为基础的无产阶级专政的社会主义国家。’规定各级人民代表大会以工农兵代表为主体。又规定了无产阶级专政的对象和政策。在伟大的革命群众运动中涌现的政社合一的农村人民公社和实行革命三结合的地方各级革命委员会，也分别写进了修改草案。（三）无产阶级专政，一方面对敌人实行专政，另一方面在人民内部实行民主集中制”。“修改草案还规定了人民群众有运用大鸣、大放、大辩论、大字报的权利。同时，根据毛主席的建议，草案第二十八条增加了公民有罢工自由的内容。（四）1954年宪法提出的生产资料所有制方面的社会主义改造任务，已经基本完成。修改草案充分肯定了我国人民取得的这一伟大胜利。规定我国现阶段主要有两种所有制，即社会主义全民所有制和社会主义劳动群众集体所有制。（五）根据毛主席关于深挖洞、广积粮、不称霸的教导，我们将‘中国永远不做超级大国’写进了修改草案，表示我们国家今天不称霸，永远不称霸”。17日，这部《宪法》在全国人大会议上通过。它以国家根本法的形式肯定了“无产阶级文化大革命”的理论与实践。

1月16日　毛泽东主席在长沙会见德意志联邦共和国基督教社会联盟主席弗兰茨—约瑟夫·施特劳斯。毛泽东同施特劳斯主席进行了友好的谈话。施特劳斯说，我们双方一致同意，本世纪的最后25年将是极不安宁的。我担心苏俄会试图扩张其政治控制，这就意味着在欧洲建立霸权，而德国人就将成为他们的第一个目标。在赫鲁晓夫之后的10年中，苏联的军队增加了大约100万，他们的军力主要是在西方，也就是四分之三的军事力量对着欧洲。毛泽东说：“天天讲和平，天天准备打仗。我们不赞成什么“和平”、“缓和”、“友谊”这一套。”

1月17日　第四届全国人大一次会议选出第四届全国人大常务委员会委员长、副委员长、委员。委员长朱德，副委员长董必武、宋庆龄（女）、康生、刘伯承、吴德、韦国清、赛福鼎、郭沫若、徐向前、聂荣臻、陈云、谭震林、李井泉、张鼎丞、蔡畅（女）、乌兰夫、阿沛·阿旺晋美、周建人、许德珩、胡厥文、李素文（女）、姚连蔚。

同　日　第四届全国人大第一次会议根据中共中央的提议，任命中华人民共和国国务院总理、副总理、各部部长、各委员会主任。任命情况是：国务院总理周恩来，副总理邓小平、张春桥、李先念、陈锡联、纪登奎、华国锋、陈永贵、吴桂贤、王震、余秋里、谷牧、孙健，外交部部长乔冠华，国防部部长叶剑英，国家计划委员会主任余秋里，国家基本建设委员会主任谷牧，公安部部长华国锋，对外贸易部部长李强，对外经济联络部部长方毅，农业部部长沙风，冶金工业部部长陈绍昆，第一机械工业部部长李水清，第二机械工业部部长刘西尧，第三机械工业部部长李际泰，第四机械工业部部长王诤，第五机械工业部部长李成芳，第六机械工业部部长边疆，第七机械工业部部长汪洋，煤炭工业部部长徐今强，石油化学工业部部长康世恩，水利电力部部长钱正英（女），轻工业部部长钱之光，铁道部部长万里，交通部部长叶飞，邮电部部长钟夫翔，财政部部长张劲夫，商业部部长范子瑜，文化部部长于会泳，教育部部长周荣鑫，卫生部部长刘湘屏（女），体育运动委员会主任庄则栋。在宣布选举结果和任命名单后，大会宣布闭幕。

同　日　中共中央发出《关于禁止抢夺武器问题的通知》。《通知》说："毛主席最近指示：'凡有两派的地方，民兵不要搞进去。'但目前，浙江、云南的个别地区、单位，资产阶级派性严重，两派对立，把民兵组织搞了进去，坏人乘机挑动，分裂民兵，抢夺武器进行武斗，破坏革命、生产秩序，危害人民生命。为了贯彻执行毛主席指示，实现'安定'、'团结'，发展大好形势。中央规定：一、无论什么人以任何借口抢夺武器，利用民兵组织搞武斗都是错误的，都是不容许的。二、凡因资产阶级派性严重，在思想上组织上还没有联合好的地区和单位，一律不要成立'民兵指挥部'或'民兵团'之类的机构，一律不要给民兵发枪。民兵组织要在党的一元化领导下，在大联合的基础上逐步加以整顿，通过整顿民兵促进实现革命大联合。三、凡已发生抢夺武器进行武斗的地区和单位，省委应责成有关部门立即收缴被抢的武器、弹药，集中封存，妥善保管。"《通知》要求将中共中央禁止抢夺武器问题的精神，在浙江、云南广泛传达到基层党支部和群众，全国其他地区传达到县、团级单位。

1月19日　国务院发出《关于进一步加强财政工作和严格审查1974年财政收支的通知》。1974年12月，有些地区发生不正常的增支减收情况，尤其是基本建设拨款比上月猛增一二倍，违反财经纪律、规定的现象屡屡发生。针对这类现象，国务院的《通知》规定：一、凡属任意减免税款、扣留国家收入、乱摊生产成本、虚报企业亏损以及化大公为小公的，都要清理收回，补交国库。二、对各项开支，特别是对基本建设拨款，必须逐笔核算，不准采取预算外支出转到预算内开支，不准用任何手法转移资金。三、1974年国家预算内基本建设拨款结余，除经中央批准结转使用的以外，全部上缴中央财政。未完工程需要的拨款，在1975年基本建设计划内统一安排。《通知》要求抓紧1975年的财政工作，做到收支平衡，略有结余。根据国务院《通知》的要求，财政部先后派出7个工作组，分赴江苏、山东、辽宁、吉林、黑龙江、河北、山西、陕西、甘肃、广东、河南等省了解情况，检查督促。《通知》中各项要求的贯彻落实，对于扭转财政收支的不正常情况和纠正违反财经纪律的现象，推动1975年的财政工作，起了好作用。

1月20日　第四届全国人大常委会第一次会议举行。会议由朱德委员长主持。朱德在会议上强调说："在庄严的四届人大一次会议上，我们被选为人大常委会委员，党和人民委托我们执行宪法规定的职权，责任很重大，任务很艰巨。我们一定要刻苦学习马克思列宁主义、毛泽东思想，勤勤恳恳地努力工作，完成党和人民赋予我们的光荣而艰巨的任务。"会议任命江华为最高人民法院院长，任命姬鹏飞为第四届全国人大常委会秘书长。

1月25日　邓小平在总参谋部机关团以上干部会上发表《军队要整顿》的讲话。邓小平指出军队的状况是：从1959年林彪主管军队工作起，特别是在他主管的后期，军队被搞得相当乱。现在，好多优良传统丢掉了，军队臃肿不堪。军队的人数增加很多，军费开支占国家预算的比重增大，把很多钱花费在人员的穿衣吃饭上面。更主要的是，军队膨胀起来，不精干，打起仗来就不行。我想军队绝大多数同志是不满意这种现状的。所以毛泽东同志提出军队要整顿。军队的总人数要减少，编外干部太多要处理；优良传统要恢复。这就有大量的工作要做。邓小平说："这些年来，我们军队出现了一个新的大问题，就是闹派性，有的单位派性还很严重。这个问题主要在干部。""不消除派性，安定团结不起来，军队战斗力也一定会削弱。每个干部都要把党性放在第一位。原来喜欢搞派性的，要觉悟，要改正，改正了就好。今后军队干部的使用、提升，一条重要的原则，就是不能重用派性严重的人，不能重用坚持派性不肯改正的人"。"再一个问题是军队的纪律很差。为什么毛泽东同志提出要唱《三大纪律八项注意》歌，而且专门唱那一条，叫做'一切行动听指挥'呢？就是强调纪律嘛。军队要像军队的样子。现在提出加强纪律性，首先要从我们北京的机关、部队做起。不抓怎么行？所以，军队的整顿，一个是要提高党性，消除派性；一个是要加强纪律性。”邓小平要求总参谋部“一定要按照毛泽东同志制定的军事路线、建军原则，好好地清理一下，使我们真正起到参谋的作用”。“毛泽东同志过去批评总参不参，这个状况要改变”。《军队要整顿》的讲话是邓小平抓全面整顿的开端。

1月26日　叶剑英致信毛泽东，建议成立军委常委会。信中说，1971年成立的军委办公会议成员情况发生了变化，为了加强对军队和战备工作的具体领导，建议把西沙作战后成立的军委6人小组扩大组成军委常委会，并增补刘伯承、徐向前、聂荣臻、粟裕等同志为常务委员。毛泽东同意叶剑英的建议。2月5日，中共中央发出3号文件，通知取消军委办公会议，成立中共中央军委常委会。任命叶剑英、王洪文、邓小平、张春桥、刘伯承、陈锡联、汪东兴、苏振华、徐向前、聂荣臻、粟裕为中共中央军委常务委员。叶剑英负责处理日常工作。文件还规定：总参谋部第一副总参谋长、总政治部第一副主任、总后勤部党委第一书记、军委办公厅主任列席中央军委常委会议。

同　日　国务院发出《关于继续抓紧粮食工作的通知》。《通知》说，粮食的征购，应该收到的必须坚决收到，不能短少。粮食销售必须从年初就抓紧。农村售粮要严格控制，对缺粮社队，要逐队逐户落实统销指标；在农田基本建设中，用粮要统筹安排；补助粮要严格执行国家规定的标准。城镇售粮要防止年末突击销售的错误做法。《通知》还要求，在抓好粮食工作的同时，要抓紧油脂收购工作。5月8日，中共商业部核心小组向中共中央报送了《关于1974年度粮食情况的报告》。《报告》说，1974年度粮食收支相抵，结余40亿斤。

1月30日　商业部向国务院报送《关于商业部、中华人民共和国供销合作总社机构设置和人员编制的请示报告》。1975年初，周恩来在病重住院期间同李先念谈话说：“中国农村大，农民多，要加强农村的商业工作，处理好同农民的关系，应当恢复全国供销合作总社。”中共中央根据周恩来的提议，决定恢复全国供销合作总社，并于1月11日任命陈国栋为全国供销合作总社主任。2月28日，供销合作总社发出通知，中华人民共和国供销合作总社已经成立，自3月1日起启用印章。

1月31日—2月6日　特立尼达和多巴哥总理威廉斯访问中国。邓小平副总理与威廉斯总理就双方共同关心的问题，包括联合国第七届特别会议、石油和技术转让等问题以及两国间发展友好合作关系等问题举行了会谈。中国政府还与特立尼达和多巴哥政府签署了互设大使馆的协议。

本　月　中共中央、国务院批准国家计委、国家建委关于“川气出川工程”的报告。国家计委和国家建委联合向国务院提出的《报告》中说，四川天然气储量约有10 000亿立方米（具备立即开采条件的一级储量为5 000多亿立方米，尚需打探井进行验证的二级储量为5 000多亿立方米），如果以年产量300亿—500亿立方米计算，可以开采二三十年。国家计委、国家建委建议加快开发四川天然气和铺设出川输气管道，将天然气通过管道输送到长江中、下游各省市。1976年9月，国家建委批准了由石油化学工业部提出的《关于开发四川天然气300亿立方米配套工程和铺设川汉输气管道总体设计审查报告》(即一期工程的总体设计)。国家建委要求将这一特大工程的一期工程总概算控制在40亿元之内。石化部提出的一期工程包括两大部分，一是四川天然气的开发建设，计划投资22.1亿元；二是川汉输气管道建设，要求按年输气150亿立方米配套建设输气管道，计划投17.9亿元。同时，与“川气出川工程”同步配套的建设项目有：1. 新建湖北沙市钢管厂，用以生产川汉输气管道。2. 引进成套设备建设南京汽轮机厂，生产输气管线的配套设备大马力燃气轮压缩机组。3. 以川气为原料，引进成套设备建设湖北枝江化肥厂和湖南岳阳化肥厂。“川气出川工程”建设项目在上报时由于受浮夸风的影响，在计算天然气储量时没有从四川的地质构造的实际出发，而是直接套用中东一带盛产油气国家计算天然气储量的方法，致使计算出来的四川天然气储量大大超出了实际的情况。1978年，四川天然气产量仅为60.79亿立方米，这只是原规划产量的五分之一强，四川天然气产量连四川本省内的使用都不能满足，根本没有更多的天然气可供输出。1978年9月，在国家建委的建议下，国务院决定停建川汉输气管道工程。

2月1日　周恩来主持国务院常务会议，审定国务院副总理的分工。12位副总理出席，中央军委副主席叶剑英、中国科学院院长郭沫若列席了会议。会前，周恩来于1月下旬在医院连续主持召开了中央政治局会议，讨论了国务院副总理的分工问题。他指示国务院核心小组副组长吴庆彤转告邓小平，请邓小平把副总理的分工列出来。周恩来说：他不好讲，由我讲。会议审定国务院副总理分工如下；邓小平主管外事，在周恩来治病疗养期间，代总理主持会议和呈批主要文件；张春桥主管文化、教育；李先念为常务副总理，主管财政、贸易；陈锡联主管国防工业和体育；纪登奎为常务副总理，主管劳动工资和干部调配；华国锋为常务副总理，主管政法和科学；陈永贵主管农业；吴桂贤主管卫生和轻工业；王震主管交通和供销；余秋里主管计划和工业；谷牧主管建设和工业；孙健主管工业生产。国务院的日常事务由李先念、纪登奎、华国锋3位常务副总理负责。2月2日，周恩来向中共中央政治局和毛泽东送上《关于国务院各副总理分工问题的请示报告》。毛泽东圈阅了报告。邓小平在毛泽东、周恩来的支持下，实际上开始主持国务院的工作。

2月4日　当日19时36分，辽宁南部营口、海城一带发生7.3级地震。震中位置在北纬40.6°，东经122.8°。受灾面积约1 200平方公里，灾区倒塌房屋110多万间，死亡1 328人，重伤4 292人，轻伤1.2688万人。营口、海城地震是我国首次在人口稠密地区预报成功的一次7级以上的大地震。由于预报准确，在震前采取了预防措施，从而极大地减少了居民的伤亡。震后，国家地震局立即组织了16个单位的共400余人的专业队伍开展海城地震现场调查及观测。2月5日，以华国锋为团长的中央慰问团抵达灾区慰问受灾群众。2月12日，李先念致信余秋里、谷牧，提出加强全国地震工作。2月24日，谷牧主持召开了地震工作会议。会议决定全面加强对地震的研究、预防工作，并在最近二三年内，集中力量把北京、天津、唐山、张家口、渤海地区和南北地震带的工作抓好。同时，会议还研究并提出了具体措施：一、健全观测台网，加强综合分析工作。国家地震局设立保卫京、津地区的地震分析预报小组，对京、津地区重点工程和房屋建筑进行全面检查，并落实抗震措施。二、加强科学研究，充实国家地震局所属科研机构，建立流动性地震研究队伍，并在国家建委建筑科学研究院设立工程抗震研究所，广泛宣传地震和防震抗震知识，培训群众测报的能力。三、在高等院校增设有关地震专业和专业课堂。四、加强领导，增加科研经费和科研仪器。

同　日　中国最大的水电站——刘家峡水电站建成。据新华社报道：刘家峡水电站位于甘肃省永靖县境内，以黄河水为动力，总发电能力为122.5万千瓦，年发电量57亿度。刘家峡水电站于1958年开工建设，1974年发电机组全部建成投产，到1978年完成收尾工程，共投资6.15亿元。刘家峡水电站的建成，是我国水电建设史上第一个装机百万千瓦以上的大型水电站。

2月9日　《人民日报》发表社论：《学好无产阶级专政的理论》。社论首次公布了毛泽东关于理论问题的指示："列宁为什么说对资产阶级专政，这个问题要搞得清楚，'这个问题不搞清楚，就会变修正主义。要使全国知道'。"社论指出，马克思主义、列宁主义、毛泽东思想关于无产阶级专政的理论，是搞好社会主义革命和社会主义建设的指路明灯，要认真学好。社论认为："我们同修正主义的斗争，不是一两次较量，而是长期的斗争。我们的任务，是不断铲除滋生修正主义的土壤，像列宁所说的那样，造成使资产阶级既不能存在，也不能再产生的条件。"社论强调，要看到社会主义时期是衰亡着的资本主义与生长着的共产主义彼此斗争的时期，从理论和实践上分清什么是社会主义，什么是资本主义。要看到社会主义国家仍然存在着生产关系和生产力之间，上层建筑和经济基础之间又相适应又相矛盾的情况，注意解决生产关系方面的问题，注意抓好上层建筑领域里的社会主义革命。社论还说："对无产阶级专政的态度，是区分真假马克思主义的试金石。一切修正主义分子总是千方百计地歪曲、攻击、取消无产阶级专政。他们否认无产阶级和资产阶级、社会主义和资产阶级的矛盾是社会主义社会的主要矛盾，否认无产阶级必须在上层建筑其中包括各个文化领域中对资产阶级实行全面的专政，否认无产阶级专政对尚存的那一部分资产阶级法权应该加以必要的限制。我们有些同志在这个问题上也有这样那样的糊涂观念，甚至把某些资本主义的东西当社会主义的东西。”社论要求：“学习四届人大有关文件，也要抓住无产阶级专政这个中心。”

2月10日　中共中央发出《批转1975年国民经济计划的通知》，批准和下达1975年国民经济计划。《通知》要求全党“坚持抓革命、促生产、促工作、促战备的方针，把国民经济搞上去”。计划规定：1975年工农业总产值比上年预计数增长11%左右。其中工业增长14%左右，农业增长3%左右。计划确定的主要生产指标：粮食5 600亿斤，比上年预计数增长200亿斤左右；棉花5 200万担，增长200万担；钢2 600万吨左右，增长490万吨；原煤4.3亿吨，增长2 000万吨；原油7 500万吨，增长1 020万吨；发电量1 830亿度到1 900亿度，增长160亿度到230亿度；棉纱1 150万件到1 200万件，增长160万件到210万件；铁路货运量8.5亿吨，增长8 100万吨。国家直接安排的基本建设投资300亿元，加上地方自筹、国防工程、人防工程、援外工程等，总规模为375亿元。计划施工的大中型项目1 106个，其中新开工项目48个。建设重点是18个大型化肥、化纤、乙烯和轧机项目。全民所有制单位安排新增职工150万人，其中包括安排到建设兵团和国营农场的城镇知识青年30万人。社会商品零售总额安排1 210亿元，比上年预计数增长70亿元。进出口贸易安排133亿美元到138亿美元，大体保持上年预计水平。国家财政收入和支出各850亿元。中共中央要求发动群众，讨论和落实计划，强调当前特别要把交通运输和煤炭、钢铁生产抓上去，克服困难，努力完成和超额完成1975年计划和第四个五年计划。

同　日　中国男、女乒乓球队在印度加尔各答获得三十三届世界乒乓球锦标赛男、女团体赛冠军。中国女子乒乓球参赛的队员是张立、葛新爱、胡玉兰，男子乒乓球队参赛的队员是李振恃、许绍发、陆元盛。

2月10日—3月11日　江青等人指责电影《创业》，罗列“十大罪状”。2月10日，《人民日报》报道彩色故事片《创业》等即将正式在全国公映，还配发了5幅《创业》剧照和大幅广告。江青看到后，立即打电话通知姚文元："今天，《人民日报》用了极大的篇幅吹捧《创业》，我建议《人民日报》和《红旗》今后不要再登这类东西。另外，我建议，对《创业》电影组织一篇有说服力的评论文章。这种评论权力我们不能放弃。可以评好，也可以批坏。"姚文元于当日回江青电话说："我完全同意江青同志的意见。中午我起床后就给《人民日报》打了电话，要他们以后不要登这类文章，要登要经我同意。我在电视上看到了一半不到，给我的印象是很乱，不清楚，别的还不能下评论。我还注意到当时中央首长给送《矛盾论》和《实践论》，是指的哪一位？"随后，江青立即调看了《创业》，看后大发雷霆，她说："这个电影看了半天看不懂，很生气"，影片"政治上、艺术上都有严重错误"，并责问："编导创作人员要把片子拉到真人真事上去"，"你们给什么人树碑立传？"2月12日，中国电影公司向其下属单位发出通知，《通知》规定：电影《创业》，一、不许继续印制拷贝；二、不许发表评介文章，停止电台、电视播放；三、不许向国外发行。2月20日，江青又对姚文元说："关于《创业》的评论，按我们的批示精神写，但我们不看。现在不急着发，过几个月冷却一下再说。"3月10日，文化部长于会泳和副部长浩亮整理了一份报告上送江青。报告说："听了您对《创业》的批评后，我们心里一直不安。""《创业》这部影片，我们过去不但看过，并且还提了3次修改意见，从原来的3小时15分的放映时间缩短为2小时25分。我们在双片送审的报告中，虽然也对此片提出了一些缺点，说了一些存在问题，但是没有抓住存在问题的实质及其要害。""从您批评后，遵嘱我们对照了您原来所推荐的报告文学《铁人的故事》又看了该片，感到两者差距很大。"报告指责电影《创业》存在十个问题：一、影片《创业》，没有把这一重大题材表现好，"不如报告文学感人，也不如报告文学脉络清楚"。二、影片中3次笼统地提到"党中央"和"中央首长"，"有意无意地起了给刘少奇、薄一波之流涂脂抹粉的作用"。三、较明显地存在着写活着的真人真事的问题。"片中主要人物的一些警句，许多是余秋里同志的语言"。"这种写真人真事的风气如果以合法的形式加以肯定，则是后患无穷的”。四、影片对革命乐观主义精神表现得较差。五、在周挺杉的性格刻画上，“表现了一个鲁莽汉子的形象，基本上没有写他的智慧，他的政策观念和周密的思考的方面。所以这个人物形象是单薄的，有缺陷的，因而是不典型的”。六、“许多戏有意地用贬低周挺杉的方式来抬高华程”。七、工程师章易之的转变，“有人情感化的倾向”。八、影片“很多地方表述不清，让人看不懂”。九、对周挺杉这个人物，影片“用了很大篇幅去写他解放之前。既造成浪费，又造成结构上拖沓”。十、主要人物的语言概念化。3月11日，姚文元对该报告批示说：“这个报告提出了一些问题，但是没有把事情过程及产生原因说清楚，即报告文学是很动人的，为什么电影中会出现这些错误呢？建议有关部门及创作单位认真讨论江青同志批评，从思想上把问题弄清楚，作一有分析的报告。”张春桥也批示说：“请文化部把事情搞清楚，才能真正总结经验。”江青也称：“我同意春桥、文元同志的意见，请照办。”于会泳等人的报告经过简单修改后，作为文化部核心组对《创业》的意见正式提出。

2月17日　国家计划委员会、国防科委向中共中央提出《发展我国卫星通信问题的报告》。这一报告是发展我国卫星通信工程的指导性文件。《报告》指出，加速发展我国卫星通信是很必要的，应根据不同的使用要求，统一规划，形成一定的通信卫星系列。对研制第一颗赤道同步卫星，应该集中兵力打歼灭战，本着综合使用、军民结合、平战结合，国际国内通信，传送广播、电视兼顾的原则，以先解决有无和满足各有关方面的试验要求为主要目的，在使用中考验卫星各系统的性能。卫星研制、建设所需费用，初步预算约9亿元左右。具体项目，由国防科委制定总体规划，经国家计委综合平衡后，列入年度计划实施。《报告》要求，卫星通信工程由国防科委负责抓总，运载火箭、通信卫星由七机部负责研制，地面测控系统由四机部和七机部负责研制，通信地球站（即卫星通信地面站）的设备由四机部负责研制，发射场由国防科委负责建设。3月31日，中央军委第八次常委会议讨论了《报告》（后来将卫星通信工程命名为“331工程”），随即，《报告》得到中共中央和毛泽东的批准。从此，我国卫星通信工程（包括通信卫星、运载火箭、测控系统、发射场和地面站五大系统）正式列入国家计划，改变了过去几年的徘徊局面。

2月20日—3月2日　莫桑比克解放阵线主席萨莫拉访问中国。邓小平副总理与萨莫拉主席就双方共同关心的国际问题和发展中莫两国友谊举行了会谈。双方发表了《新闻公报》，宣布将于6月25日建立大使级外交关系，并在经济和文化领域进行友好合作。

2月21日　中共中央发出《关于成立中国共产主义青年团第十次全国代表大会筹备组的通知》。《通知》说，为了筹备召开中国共产主义青年团第十次全国代表大会，中共中央决定成立团代会筹备组，组长为谢静宜。筹备组随后于2月26日—3月20日召开了第一次会议，会议起草并讨论修改了大会的工作报告、共青团章程和研究了代表名额的产生和分配办法。

2月23日　全国海关工作会议在北京召开。国务院副总理李先念指出："海关工作要加强"，要贯彻"既严格、又方便"的原则。会议提出要"集中力量，稳、准、狠，以准为重点打击政治破坏和重大经济破坏活动"。会议要求海关要同兄弟部门密切配合，协同作战，集中优势兵力，查破大案。对于重大走私案件要从政治上坚持打击，经济上彻底摧垮。在处理走私案件时，要注意追查有组织的走私活动，着重打击主犯和幕后主使人。对新生资产阶级分子，尤其是涉及我机关、部队等人员的重大走私案件，要报请有关党委，彻底查清，依法处理。如果遇到阻力，可以越级上报。

2月25日—3月8日　中共中央召开解决铁路问题的各省、市、自治区党委主管工业的书记会议。由于1974年批林批孔运动的干扰，1974年全国铁路全年比上一年少运货物4 321万吨，货运量下降了5.3%；新建铁路投资比上一年减少3.9%，但铺轨里程却减少了21.5%；铁路工业生产总值比上一年减少了2.4亿元。到1975年，铁路运输状况更加恶化。1975年2月，位于京沪、陇海两大干线交汇处的徐州铁路枢纽，由于"批林批孔联络站"的破坏，造成铁路枢纽的堵塞，随后又发生了武斗。京沪、陇海两大干线有被堵死的危险。全国铁路的日均装车量只有4万多辆，大大低于5.5万辆的装车能力。铁路运输生产全面下降，严重影响了工农业生产和人民群众的生活。3月5日，邓小平在会上发表《全党讲大局，把国民经济搞上去》的讲话。邓小平说："目前生产的形势怎么样？农业还比较好一点，但是，粮食产量按全国人口平均每人只有609斤，储备粮也不多，农民的收入就那么一点。工业方面，那就确实值得引起严重注意。现有的生产能力没有发挥出来，去年一年，工业生产情况是不好的。今年是第四个五年计划的最后一年，生产再搞不好，势必影响第五个五年计划的实行。我们必须预见到这种形势，认真抓这个问题。怎样才能把国民经济搞上去？分析的结果，当前的薄弱环节是铁路，铁路运输的问题不解决，生产部署统统打乱，整个计划都会落空。"邓小平严厉地批评了派性。他说："中央的决定还讲到反对派性。现在闹派性已经严重地妨害我们的大局。要把这个问题摆到全体职工面前，要讲清楚这是大是大非问题。这个问题不解决，光解决具体问题不行。对闹派性的人要再教育，要反对闹派性的头头；大概有这样两种情况：一种是被派性迷了心窍的人，打几年派仗打昏了头，马克思主义不见了，毛泽东思想不见了，共产党也不见了。要对他们进行教育，教育过来，既往不咎，再不转变，严肃处理。另外一种是少数坏人，各行各业、各个省市都有那么一些，他们利用派性浑水摸鱼，破坏社会主义秩序，破坏国家经济建设，在混乱中投机倒把，升官发财。对这样的人，不处理不行。"邓小平尖锐地说："听说现在有的同志只敢抓革命，不敢抓生产，说什么'抓革命保险，抓生产危险'。这是大错特错的。"邓小平最后说："解决铁路的经验，对其他工业部门会有帮助。对于当前存在的问题，要有明确的政策。要从大局出发，解决问题不能拖。"会议讨论并通过了《关于加强铁路工作的决定》，作为中共中央文件下发。邓小平重要讲话的传达和这一文件的下达执行，标志着1975年各条战线整顿工作的开始。

2月27日—3月8日　刚果人民共和国总理洛佩斯访问中国。邓小平副总理与洛佩斯总理就双方共同关心的国际问题以及进一步加强两国关系举行了会谈。两国政府签署了经济技术合作项目的换文。

2月28日　剧作家焦菊隐去世。焦菊隐，1905年生。天津市人。

青年时热衷于散文诗的写作，曾组织过“绿波社”等文学团体。1928年在燕京大学组织讽刺军阀祸国殃民的多幕话剧《蟋蟀》的演出，遭到通缉。1931年筹办北平戏曲专科学校并任校长，培养了一批表演艺术家。1935年去法国留学。1938年回国后，参加改编和导演了很多戏剧作品，并于1942年在国内第一个把莎士比亚名著《哈姆雷特》搬上舞台。1948年冬，奔赴解放区。1950年导演了老舍的话剧《龙须沟》，1958年又导演了老舍的《茶馆》和郭沫若的《蔡文姬》，形成了独具特色的导演学派。焦菊隐是中国戏剧家协会常务理事兼艺术委员会主任，第二、三、四届全国政协委员。1979年5月，首都文艺界为他举行了追悼会。

3月1日　《人民日报》发表姚文元的文章：《论林彪反党集团的社会基础》。文章说，林彪反党集团代表了社会主义社会中新产生的资产阶级分子篡权的愿望，他们身上具有新产生的资产阶级分子的某些特点，他们当中若干人本身就是新产生的资产阶级分子，他们的某些口号适应和反映了资产阶级分子和想走资本主义道路的人发展资本主义的需要。文章说：“资产阶级影响的存在，国际帝国主义、修正主义影响的存在，是产生新的资产阶级分子的政治思想根源。而资产阶级法权的存在，则是产生新的资产阶级分子的重要经济基地。”文章认为，社会主义社会中，还存在全民所有制和集体所有制这两种社会主义所有制，这就决定了我国现在实行的是商品制度。而社会主义制度下在分配和交换方面就不可避免地存在资产阶级法权。列宁和毛泽东都提出并要求我们在无产阶级专政下要限制资产阶级法权，林彪等人却要求巩固、扩大和强化资产阶级法权及其带来的不平等、两极分化的现象。林彪等人这样做的结果就是“在党员、工人、富裕农民、机关工作人员中都会产生少数完全背叛无产阶级和劳动人民的新的资产阶级分子、暴发户”。林彪一伙就是“在社会主义招牌下扩大资产阶级法权，使新的资产阶级分子和某些想走资本主义道路的派别和集团，同被打倒的地主资产阶级相勾结，‘指挥一切、调动一切’，推翻无产阶级专政，复辟资本主义。林彪一类人物则是他们政治代表”。文章指出：“由于资产阶级思想腐蚀和资产阶级法权存在而产生出来的新资产阶级分子，一般都具有两面派的暴发户的政治特点。为了在无产阶级专政下进行资本主义活动，他们总是要打着某种社会主义的招牌；由于他们复辟活动不是夺回自己丧失的生产资料而是要夺取他们未曾占有过的生产资料，因而表现特别贪婪，恨不得一下子把属于全国人民所有或集体所有的财产吞下肚子里去，化为私有制。”文章企图通过对林彪集团产生的社会阶级基础的分析来论证“文化大革命”的理论和政策及其实践的正确性，用大量篇幅论述了所谓的“资产阶级法权”的存在“是产生新的资产阶级分子的重要的经济基础”，并突出强调了当前的主要危险是经验主义，说明经验主义者不仅不能识别林彪一类新生的资产阶级，反而跟着林彪反党集团上当受骗。这篇文章曾经中共中央政治局讨论，由毛泽东批准发表。为了进一步煽动起对“经验主义”的批判，姚文元指使《人民日报》3月21日发表社论，同时指令新华社说：“社论说到主要危险是经验主义，你们要组织宣传，要搞典型，配评论，这样才效果好。”在“四人帮”的操纵下，报纸、杂志上反“经验主义”的鼓噪连篇累牍，反“经验主义”的典型也被创造出来了，有的地方还开起了反“经验主义”的经验交流大会。

同　日　张春桥在全军各大单位政治部主任座谈会上讲话，强调批判经验主义。他说：“1958年8月15日，主席讲话，要我们重视学习理论。主席说：‘为了从理论上批判经验主义，我们必须学哲学。理论上我们过去批判了教条主义，但是没有批判经验主义。现在，主要危险是经验主义。’在延安整风当中，主要批判了教条主义。全国解放以后，也批判了教条主义，对经验主义没有注意批过。主席把经验主义问题提出来了，林彪也犯经验主义，因为经验主义是作为教条主义的助手出现的，林彪搞经验主义，不学理论，说是自己有经验，可以上升为理论。他不但反对学习马列，也反对学习主席著作，说学习主席著作是‘捷径’。”张春桥还说：“对经验主义的危险，恐怕还是要警惕。主席说：‘看来，无产阶级文化大革命不搞是不行的，我们这个基础不稳固。据我观察，不讲全体，也不讲绝大多数，恐怕是相当大的一个多数的工厂里头，领导权不在真正的马克思主义者、不在工人群众手里。’修改宪法的报告里面不是说了这句话吗？在讨论那个报告的时候，有人提出说那句话的范围要限制一下，说‘一小部分’。我说，不改。主席的话讲了，没有作用，什么物质刺激、利润挂帅、奖金，等等，七一、七二年都有。不要以为主席说过了，问题就解决了。因为它有它的基础，到处都有。如果理论上不搞清楚，以为这些都是好的，正如主席所说的，分不清楚，他就跟着刘少奇那条路线走。很多问题，理论上不搞清楚，政策上就要发生错误；思想上的错误就会变成政治上的错误，使资本主义大泛滥。”针对周恩来在四届全国人大上再次提出的四个现代化宏伟目标，张春桥说：“四届人大提出了一个很宏伟的目标，在本世纪内，也就是本世纪末，要把我们的国家建设得很强大，走在世界各国的前列，无非就是搞几千亿斤粮食，几千万吨钢。但是，如果我们把理论问题搞不清楚，就会重复斯大林的错误。当时他们有几千万吨钢，粮食没有我们这么多，他们是卫星上天，斯大林的旗帜落地。”

3月5日　中共中央发出《关于加强铁路工作的决定》（1975年中共中央9号文件）。《决定》指出，铁路运输当前仍然是国民经济中一个突出薄弱环节，不能适应工农业生产发展的需要，不能适应加强战备的需要。为了迅速改变这种状况，中共中央决定：一、全国所有铁路单位都必须坚决贯彻执行安定团结的方针，掀起社会主义建设新高潮。二、全国铁路由铁道部统一管理，铁路运输由铁道部集中指挥，铁路职工由铁道部统一调配，铁路的政治工作和运输指挥工作必须统一。三、各省、市、自治区党委对铁路单位的政治运动、地区性社会活动和党的思想政治工作继续抓紧抓好，对极少数问题较多的严重影响全国铁路运输的铁路单位要采取有力措施限期解决，不能再拖。四、建立健全必要的规章制度，发动群众，把岗位责任制、技术操作规程、质量检验及设备管理维修建立起来，确保安全正点，铁路职工要一切行动听指挥，做好本职工作，对于少数资产阶级派性严重、经过批评教育仍不改正的领导干部和闹派性的头头要及时调离，不宜拖延不决，妨害大局，对严重违法乱纪的要给予处分。五、整顿铁路运输秩序，任何人不得以任何借口妨碍正在进行指挥、调度和各种勤务的工作人员的正常工作，阻拦列车、中断运输、损坏列车和铁路设施都是违法的，必须坚决制止，严重的要严肃处理。对少数职工利用职权，内外勾结，搞资本主义的行为，必须坚决反对，严肃批评，警惕阶级敌人的破坏活动，对制造事故、杀人抢劫、煽动停产、煽动哄抢物资、盗窃铁路器材的反革命分子破坏分子，要坚决打击，依法惩办。当地驻军、公安机关和路社联防组织维护铁路运输秩序，保障运输安全畅通。

3月7日　铁道部召开全国铁路电话会议，铁道部部长万里传达中共中央《关于加强铁路工作的决定》。

3月8日　京剧艺术家周信芳去世。周信芳，1895年生。江苏清江市人。6岁练功学戏，7岁登台表演，之后曾与当时著名的京剧艺术家梅兰芳、谭鑫培等同台演出，深受熏陶，演技渐趋成熟。1927年后，广泛涉猎文史书画，艺术造诣更为精进，渐以“麒派”享誉海内。他做功、唱功兼备，真实塑造了各种人物形象，他勇于向各种黑暗势力进行斗争，始终坚持进步。1949年出席了第一届中国人民政治协商会议。1953年赴朝鲜慰问中国人民志愿军，1959年加入中国共产党。新中国成立后，曾编演了《义责王魁》、《海瑞上疏》等名剧。当选为第一、二、三届全国人大代表，中国戏剧家协会副主席和上海分会主席、上海市文联副主席。

3月10日　铁道部开始整顿徐州铁路局生产运输问题。铁道部和中共江苏省委联合组成工作组，铁道部部长万里、江苏省革命委员会副主任许家屯等到达徐州，根据中共中央《关于加强铁路工作的决定》，整顿铁路秩序，解决运输堵塞问题。他们首先组织了对派性的批判；对闹派性的头头批评教育，对别有用心的坏人由地方政府予以逮捕；整顿领导班子，对派性严重的干部限期改正，不肯改正的坚决调走或就地给予处分；同时建立健全规章制度，加强职工队伍的组织纪律性。由于整顿措施针对性强，铁路生产、运输秩序出现好的转变。徐州铁路局过去21个月未完成国家计划，4月份提前3天完成了国家计划。

3月12日—17日　圭亚那合众共和国总理伯纳姆访问中国。邓小平副总理与伯纳姆总理就进一步发展两国关系和共同关心的国际问题举行了会谈。两国政府签署了经济技术合作协定。双方发表了《新闻公报》。

3月15日　铁道部部长万里在徐州召集济南、上海、郑州3个铁路局的领导干部开会，解决津浦、陇海、京广北段铁路运输不畅通的问题。

3月15日—4月25日　根据国务院关于长远规划工作的部署，国家计委召开长远规划工作会议。会议讨论了各部门10年规划和提出了进一步改善经济管理体制的意见。会议提出了到1980年工农业生产预计达到的指标：粮食6 500亿斤；棉花5 700万—6 200万担；钢4 000万吨；煤炭5.5亿—5.8亿吨；石油1.5亿吨；电3 000亿度；乙烯120万吨。会议提出了解决经济管理问题的六项措施：一、进一步搞好企业下放。二、工业企业原则上实行省、市两级管理。三、基本建设投资一小部分由国家安排，大部分由国家定任务，地方统筹安排，包投资，包生产能力。四、物资分配，有步骤地实行在国家统一计划下"地区平衡，差额调拨，品种调剂，保证上交"的办法。五、财政收支，除地方仍按固定留成比例提取机动财力以外，对地方财政收支实行"经常费比例包干、五年一定"的办法。六、尽快把6个大区的经济计划协作机构建立起来。会议要求在6月底再次召开研究10年规划和经济管理体制改革的会议，7月份提出10年规划初稿，向国务院汇报。

3月17日—18日　第四届全国人大常委会举行第二次会议。朱德委员长主持了会议。会议审议了周恩来总理提出的对全部在押战犯实行特赦释放的建议，周恩来的建议是根据毛泽东的指示做出的。会议决定将在押的全部战争罪犯特赦释放。会议听取了余秋里副总理关于1975年国民经济计划的说明。还听取了关于辽宁海城、营口等地防震救灾情况的报告。会议决定任命罗青长、武新宇、李金德、沙千里等4人为第四届全国人民代表大会常务委员会副秘书长。

3月19日　最高人民法院特赦战犯。根据第四届全国人大常委会第二次会议的决定，最高人民法院特赦释放黄维、李九思、庄村夫、宋清轩、汪宪、王绪镃、郭一予、陈士章、王秉钺、刘镇湘、文强、胡靖安等293名在押全部战犯。特赦释放人员中包括原属于蒋介石集团的战犯290名（内有蒋军军官219名，党政人员21名，特务50名），伪满洲国战犯2名，伪蒙疆自治政府战犯1名。至此，处理所有战犯工作全部结束。对国内全部856名战犯的处理情况是：特赦589名，刑满释放65名，另案处理（释放）10名，经审查后按起义投诚对待，立即释放的有25名，病亡167名。

3月20日　周恩来致信毛泽东，报告自己的病情。信中说："主席：最近4年来，我的大便中偶有潜血出现，但因消化系统好，未进行肠胃检查。这两年又因膀胱癌出现，尿中有血，易于计量和检查，故医疗力量集中于治疗膀胱癌。现膀胱癌经过两次开刀，3次电烧，已能稍稍控制。去年11月12日经镜照电烧后，一个半月内仅尿血9个cc；今年2月4日经镜照电烧后到现在一个半月内，亦仅尿血10个cc多，如待满3个月再行镜照检查，当在5月初或4月底。今年开会后，大便中潜血每天都有，大便也不畅通。因此利用3月间隙，进行食钡和灌钡检查，始发现大肠内接近肝部有一肿瘤，类似核桃大，食物成便经此肿瘤处蠕动甚慢，通过亦窄。若此肿瘤发展，可堵塞肠道。灌钡至横结肠，在肿瘤下，抽出钡液无血；灌钡至升结肠，在肿瘤上抽不出钡液，待与大便齐出有血。在食钡检查时，食道、胃和十二指肠、空肠、小肠均无病变，更无肿瘤。而这一大肠内的肿瘤位置，正好就是40年前我在沙窝会议后得的肝脓疡病在那里穿肠成便治好的，也正是主席领导我们通过草地北上而活到现在的。由于病有内因，一说即明。好了的疮疤，现在生出了肿瘤，不管它良性或者恶性，除了开刀取出外，别无其他治疗方法。政治局常委4同志（王、叶、邓、张）已听取了医疗组汇报，看了x光照片和录像电视，同意施行开刀手术，并将报请主席批准。我因主席对我病状关怀备至，今又突然以新的病变报告主席，心实不安，故将病情经过及历史造因说清楚，务请主席放心。在去年两次开刀后，我曾托王、唐两同志转报主席，我决不应再逞雄了。但如需再次开刀，我还受得了。现在要好好地做此准备。问主席好！"

3月24日　中共中央发出通知要求做好工代会、团代会、妇代会

的准备工作。《通知》说，同意中国工会第九次全国代表大会筹备组、共青团第十次全国代表大会筹备组和中国妇女第四次全国代表大会筹备组讨论通过的代表产生办法和分配方案。《通知》要求各省、市、自治区党委要加强领导，认真做好3个代表大会代表的选举工作。这3个代表大会的筹备组均被“四人帮”所控制，在“文化大革命”结束前，3个代表大会都未召开。

3月29日　国家计委召开会议，研究落实国务院批准的《关于高能加速器预制研究和建造问题的报告》。会议商定：一、组成高能加速器研制领导小组。二、把高能加速器研制工程，列为国家重点科研项目。三、高能加速器研制计划，统一由中国科学院归口管理。各有关部门为研制高能加速器提供专用材料、设备、仪器所需的科研试制费、措施改造费及建造期间的基本建设投资费等，每年由中国科学院统一汇总，经国家计委平衡后下达，划转各部门使用。四、调整专业人员和增加人员指标。根据国务院批准的人数，由中国科学院、第一机械部、北京市分别同国家计委协商办理。周恩来在1972年9月曾指示，高能物理研究和高能加速器的预制研究，应该成为科学院的主要项目之一。

3月31日　中共中央军委召开会议研究陆军步兵部队编制问题。中央军委副主席叶剑英、邓小平、徐向前、聂荣臻，国务院副总理陈锡联，以及中央军委常委粟裕等，听取了中国人民解放军副总参谋长张才千关于陆军军、师编制方案的汇报。方案规定步兵师编大、小两种，减少骡马，增编汽车。按此方案，1975年步兵师与1962年步兵师相比较，自动火器增加46%，反坦克火器增加3.2倍，汽车增加近1倍，骡马减少40.3%。

本　月　中国方面多次向越南提出举行边界谈判的建议。由于越南在中越边境地区不断制造事端，挑起纠纷，企图侵占中国领土，中国多次向越南提出了举行边界谈判的建议。中国方面表示：它尊重历史条约线，在重新标定边界时，如果中国有超过条约线管辖的地区，将无条件地交给越南，同样，如果越南有超过条约线管辖的地区，也应无条件交给中国；对条约线具体位置存在争议的地区，可以通过友好协商，在公平合理的基础上加以解决。对中国方面的这些建议，越南方面以种种借口进行了拖延。

本　月　在中央军委领导人支持下，张爱萍对七机部进行整顿。张爱萍被任命为国防科委主任后，首先带领工作组进驻七机部当时派性最严重的单位调查研究。在中共中央9号文件精神指导下，他组织动员广大科研人员和干部深入批判了资产阶级派性。他提出“团结一致，上下一心，树雄心，立壮志，尽早研制出战备需要的战略导弹”的目标，努力恢复科研、生产秩序。叶剑英和邓小平对张爱萍整顿七机部的措施予以肯定并给予坚决支持。5月19日，中央军委开会听取整顿七机部的情况汇报时，邓小平对张爱萍说：你大胆干，错了我负责。同时限定七机部于7月1日前停止派性活动，要求整顿好各级领导班子，建立健全科技管理体系，严格执行规章制度，搞好科研和生产。邓小平还严厉地说，七机部现在两派这样闹，不要说社会主义，连爱国主义也没有。”5月25日，毛泽东和周恩来批准了国防科委关于导弹核武器的研制规划。6月30日，中共中央批发了国防科委《关于解决七机部问题的报告》。中共中央这些决策和国防科委采取的坚决的整顿措施，使七机部的科研和生产形势有所好转，战略导弹、运载火箭和卫星的科研取得了进展。1975年下半年，中国连续发射成功了3颗人造卫星，在当时被人们赞誉为“三星高照”。

本　月　河北考古工作者在河北宣化辽代墓葬中发现辽代彩绘星象图。该图以中国古代二十八宿为主，同时吸取了古代巴比伦的黄道十二宫的内容。关于黄道十二宫之说，自隋唐以来，在许多古籍中有所记载，但是这种综合中外天文成果的彩绘星象图，在我国是首次发现，它为我国天文史的研究增加了新的重要内容。

4月1日　《人民日报》发表张春桥的文章：《论对资产阶级的全面专政》。文章指出：“列宁反复地强调说，不对资产阶级实行长期的全面专政，便不能战胜资产阶级。”中国“不但老的地主资产阶级人还在，心不死，而且新的资产阶级分子正像列宁讲的那样每日每时地在产生着”。中国仍然存在着变修的危险。文章指出，我国的所有制已经变更，社会主义的两种公有制代替了五种私有制，“但是，我们必须看到，在所有制方面，问题还没有完全解决”。不仅如此，“我们还必须看到，不论是全民所有制，还是集体所有制，都有一个领导权问题，就是说，不是名义上而是实际上归哪个阶级所有的问题”。文章又指出，在短时间内，全民所有制和集体所有制这两种所有制并存的局面不会有根本改变，而只要有这两种所有制，商品生产，货币交换，按劳分配就是不可避免的，城乡资本主义因素的发展，新资产阶级分子的出现，也就是不可避免的。“现在，资产阶级的土围子还很多，打掉一个还会长出一个”。文章得出结论：“历史经验告诉我们，无产阶级能不能战胜资产阶级，中国会不会变修正主义，关键在于我们能不能在一切领域、在革命发展的一切阶段始终坚持对资产阶级的全面专政。”文章认为对资产阶级的全面专政就是无产阶级专政，“更具体地说，这种专政是达到消灭一切阶级差别，达到消灭这些差别所以产生的一切生产关系，达到消灭和这些生产关系相适应的一切社会关系，达到改变由这些社会关系产生出来的一切观念的必然的过渡阶段”。文章还说：“只在某些领域专政，不在一切领域专政，只在某个阶段专政，不在一切阶段专政，也就是说，不是全部地打掉资产阶级的一切土围子，而是留下一些，让它再扩大队伍，那岂不是为资产阶级复辟准备条件吗?”文章要求共产党员，劳动人民，“都要牢记马克思主义的这条基本原理：必须对资产阶级实行全面专政，决不能半途而废”。这篇文章发表前，曾经中共中央政治局讨论，由毛泽东批准发表。文章发表后，“四人帮”在上海的党羽吹捧说，这是“张春桥思想”，是“第四个里程碑”。5月3日，毛泽东在谈到反经验主义问题时说：“我自己也犯了错误，春桥那篇文章，我没有看出来。”

4月1日—8日　突尼斯总理努伊拉访问中国。张春桥副总理与努伊拉总理就两国关心的国际问题举行了会谈。

4月2日　中华人民共和国代主席董必武去世。董必武，1885年生。湖北黄安人。青年时代留学日本，加入同盟会，参加了辛亥革命。1920年在武汉发起组织共产主义小组。1921年7月出席了中共一大，会后任中共武汉地方委员会书记、湖北省委委员。1927年赴莫斯科中山大学学习。1931年回国后，历任中共中央党校校长、中共中央党务委员会书记、中华苏维埃共和国临时中央政府执行委员、最高法院院长、工农检察委员会副主任等职。1934年10月参加长征。到陕北后任中共中央党校校长，代理陕甘宁边区政府主席。抗日战争时期，是中国共产党同国民党谈判的代表之一。1945年代表解放区出席旧金山联合国制宪会议。1946年任中国共产党代表，参加在重庆举行的政治协商会议。1948年任中共中央华北局书记、华北人民政府主席。建国后，历任中央财政经济委员会主任，政务院副总理，政法委员会主任，最高人民法院院长，政协全国委员会副主席，中共中央监察委员会书记，中华人民共和国副主席和代理主席，全国人大副委员长等职务。在中共六届六中全会和中共七大、八大、九大、十大上，均当选为中央委员，七届、八届、九届、十届中央政治局委员，十届中央政治局常委。

同　日　中国有关方面就美国无理取消中国艺术团访美演出发表谈话。中国人民对外友好协会和中国外交部新闻司发言人在谈话中说，根据中美双方商定的计划，中国艺术团预定3月29日动身赴美访问演出，但是，就在中国艺术团行将启程的时候，美国国务院竟无理要求中国方面取消艺术团预备曲目中的一首歌——《台湾同胞——我的骨肉兄弟》，声称美方不能同意将提及解放台湾的歌曲列入节目中去，并限期中方给予答复，否则就通知美中关系全国委员会无限期推迟中国艺术团的访美演出。美方这样做是毫无道理的。由于美方坚持其违背上海公报精神的无理主张，中方只能同意无限期推迟中国艺术团的访美。

4月4日　张志新被杀害。张志新，1930年生。天津市人。1950年考入河北师范学院教育系，不久被选送至中国人民解放军军事干部学校学习，后转入中国人民大学俄语系。1955年加入中国共产党。1957年调入中共辽宁省委宣传部工作。1968年被下放到盘锦“五七”干校监督劳动。因尖锐地揭露林彪、江青等人而于1969年9月24日被捕，在监狱中的2 100个日夜中，她没有松懈过斗志，更加无情地揭露批判林彪、江青等人的反党罪行。为了迫害张志新，“四人帮”

控制下的反动势力，采用了各种各样的手段，甚至在杀害张志新时，因怕其在刑场上继续揭露他们的反党罪行，竟残酷地将张志新的喉管切断，剥夺了她说话的权利。1979年3月，张志新被平反昭雪，并追认为革命烈士。

4月4日—10日　国务院副总理李先念访问伊朗。李先念副总理与伊朗首相胡韦达就进一步加强两国关系和双方共同关心的问题举行了会谈。

4月5日　中国国民党总裁蒋介石去世，严家淦继任“总统”。蒋介石，生于1887年，浙江省奉化人。原名瑞元，学名志清，改名中正，字介石。1907年入保定军官学校。后公费留学日本，入振武军校。1908年加入同盟会。1910年入日本高田野炮兵十三联队为士官候补生。辛亥革命后追随孙中山，曾参加反对袁世凯活动。1923年赴苏联考察军事政治。1924年回国后任黄埔军校校长，国民革命军第一军军长。1926年先后制造“中山舰事件”、“整理党务案”，打击共产党和革命势力。同年任国民革命军总司令等职，并率师北伐。1927年发动“四一二”反革命政变，在各地清党，屠杀共产党人和革命志士，致使国共合作破裂。1928年任南京国民政府主席，不断进行新军阀混战。1931年“九一八”事变后，任军事委员会委员长，推行“攘外必先安内”政策，围攻红军革命根据地。1936年“西安事变”后，被迫接受抗日主张，实行第二次国共合作。1938年任国民党总裁。抗日战争期间，任国防最高委员会主席，同盟国中国战区最高统帅。抗日战争胜利后，与中共代表团在重庆进行和平谈判，1946年撕毁“停战协定”、“政协决议”，命令进攻解放区，单独召开制宪国民大会，通过宪法。1948年召开第一届国民大会，当选“总统”。1949年1月21日，在国民党军队节节败退的形势下，被迫发表《引退谋和文告》，由副总统李宗仁代行总统职权。到台湾后，“复统”后一直任“总统”、国民党总裁。

4月5日—26日　全国基本建设会议在北京召开。针对长期存在的基本建设效果不好的问题，会议决定在基本建设管理上推行大包干的办法。1975年先选择一批项目试行，争取1980年全面铺开。会议确定，1975年基本建设的主攻方向，是进口成套设备项目，港口建设项目以及燃料、动力、矿山、重要铁路枢纽、国防军工等骨干项目，要求全部建成投产的大中型项目为170个，投产单项工程为350个，重要续建项目为230个。会议提出，争取1980年以前，全国主要城市和主要部门的施工实现机械化，3年内由国家每年安排资金3亿元，用于发展墙体屋面材料生产，为新型墙体材料的发展打下基础，1985年以前，全国大中城市新建房屋基本上取消小块粘土砖，代之以新型墙体材料。5月23日，国务院同意并批转了《会议简报》。

4月7日　瑞士航空公司开辟的苏黎世—日内瓦—雅典—孟买—北京—上海国际航线正式通航。

4月7日—19日　财政部在北京召开全国税务会议，强调发挥税收作用。会议本着整顿税收的精神，在揭露几年来削弱税收管理，政出多门，制度混乱，偷税漏税现象严重等问题的基础上，强调要更好地发挥税收的作用，要求做到：一、同有关部门密切配合，打击投机倒把活动，限制资本主义势力，限制资产阶级法权，保护和发展社会主义经济基础。二、通过征税调节各种经济成分的收入，贯彻党的经济政策。并在工作中促进企业厉行增产节约，改善经营管理，加强经济核算。三、在商品生产与货币交换还存在价值规律还起一定作用的情况下，税收可以配合价格政策，促进国民经济有计划、按比例地发展。税收具有强制性，有利于及时、均衡、稳定地组织财政收入，为社会主义革命和建设积累资金。同年，财政部税务局恢复为“税务总局”的建置，以加强对全国税收工作的领导。1976年上半年，全国已有21个省、市、自治区成立了税务局。

4月10日　国务院批转教育部《关于边疆和少数民族地区普及小学5年教育问题的请示报告》。国务院在批语中指出，普及农村小学5年教育，是关系到我国亿万农民文化翻身，巩固工农联盟，加强无产阶级专政，促进社会主义革命和社会主义建设的一项大政。各地、各部门要切实解决边疆、少数民族地区普及教育工作中的实际问题，力争尽早实现普及农村小学5年教育。《报告》提出：要克服重内地轻边疆、重城市轻农牧区、重公办学校轻民办学校的错误观点，重视在边疆、少数民族地区特别是边境沿线普及小学教育的工作。加速培养少数民族师资，把教育规划纳入边防建设或各该地区的建设计划，并同贯彻执行民族政策结合起来。

4月13日　10名被特赦的前国民党人员要求经香港去台湾，遭到台湾当局的拒绝。

4月18日　毛泽东主席会见朝鲜劳动党中央委员总书记、朝鲜民主主义人民共和国主席金日成和他率领的朝鲜党政代表团。毛泽东和金日成进行了亲切友好的谈话。毛泽东说："董必武去世了，总理生病，康生、刘伯承也害病，我也生病。我今年82岁了，快不行了。靠你们了。"毛泽东指着参加会见的邓小平说："我不谈政治，由他来跟你谈。此人叫邓小平，他会打仗，还会反修正主义，红卫兵整他，现在无事了。那个时候打倒了好几年，现在又起来了，我们要他。"

4月18日—26日　朝鲜民主主义人民共和国主席、朝鲜劳动党中央委员会总书记金日成访问中国。中共中央副主席、国务院副总理邓小平和金日成就双方共同关心的国际问题举行了会谈。双方讨论了进一步加强和发展两党、两国和两国人民的战斗友谊及革命团结等问题，会谈结果使中朝关系有了进一步的发展。金日成访问结束时，两国签署了《联合公报》。

4月19日—27日　比利时王国政府首相廷德曼斯访问中国。纪登奎副总理与廷德曼斯首相就共同关心的国际问题和两国关系举行了会谈。两国政府签署了海运协定和民用航空运输协定。

4月19日—5月9日　第三次全国地震工作会议在北京召开。会议传达和学习了国务院领导同志对地震工作的指示，总结和交流了海城地震预报的经验。会议结束后不久，教育部与国家地震局联合发出《关于培养地震专业人员的通知》，决定在甘肃省天水筹建地震学校；在若干重点高等院校设置有关专业，开办短训班和进修班。

4月20日　毛泽东主席会见比利时王国政府首相莱奥·廷德曼斯。毛泽东同比利时贵宾进行了友好的谈话。毛泽东说："我出国只去过两趟莫斯科，见了斯大林、赫鲁晓夫。苏联人民是好的，高级领导人不那么好。一面讲缓和、和缓，一面拼命搞扩军。现在世界不太平、不安宁，二三十年后可能会要打仗。你们不要怕我们，我们不会侵略到你们欧洲去。我希望你们团结起来。苏联人骂我们，毁了合同，撤了人员。现在，我们在打舌仗。他们现在还不敢侵略中国，我看他们主要的战略重点在欧洲、中东。将来怎么样，你们可以看，可能我的不对。”廷德曼斯说：主席刚刚对国际形势作了非常清晰的分析。我们两个人都在致力于实现欧洲团结。我认为我们这一代人的主要任务就是实现欧洲、西欧的统一，实现欧洲一体化。

4月20日—25日　国务院副总理李先念访问巴基斯坦。李先念副总理与巴基斯坦总理布托就国际形势和进一步加强两国友好合作关系和双方共同关心的其他问题举行了会谈，会谈取得了令人满意的结果。

4月23日　毛泽东批评片面强调反对经验主义。毛泽东在新华社《关于指导学习无产阶级专政理论问题的请示报告》上批示：“提法似应提反对修正主义，包括反对经验主义和教条主义，二者都是修正马列主义的，不要只提一项，放过另一项。各地情况不同，都是由于马列水平不高而来的。不论何者都应教育，应以多年时间逐渐提高马列为好。我党真懂马列的不多，有些人自以为懂了，其实不大懂，自以为是，动不动就训人，这也是不懂马列的一种表现。此问题请提政治局一议。”自3月以来，张春桥、姚文元等人在讲话和文章中，一再借批所谓经验主义，攻击以周恩来为代表的老同志。4月，姚文元授意新华社在关于指导学习无产阶级专政理论问题的请示报告中又提出：“特别要注意宣传各级干部通过学习，认识和批判经验主义的危害，自觉克服经验主义。”毛泽东的批评就是针对张春桥、姚文元等人的错误而发的。在此之前，邓小平曾就江青、张春桥、姚文元等人提出并宣扬反“经验主义”问题向毛泽东请教，提出了自己的看法。邓小平的意见引起了毛泽东的重视。对毛泽东的批示，新华社领导要求在新华社传达，被王洪文、姚文元压制。王洪文批示“暂不传达”，姚文元批“同意暂不传达。精神可以在新华社工作中贯彻执行”。

同　日　中共中央决定压缩和调整我国对外援助支出。我国援外支出占财政支出的比例，“一五”、“二五”计划期间为1%，从1963年起援外支出开始逐年有所提高，到1972年、1973年、1974年分别上升到6.7%、7.2%、6.3%。中共中央考虑到越南战争发生了很大变化，朝鲜、阿尔巴尼亚等受援国的经济已有一定基础，有的受援国生活水平比中国还高，而要求中国援助的第三世界国家日益增多，需要统筹兼顾。同时，中国国内建设也需要加强。根据这种情况，中共中央决定：在第五个五年计划期间，将援外支出占财政支出的比例，由“四五”计划时期的6.3%降至5%以内，援外总额基本维持“四五”计划水平，大约平均每年50亿元。扣除结转因素，平均每年新提供二三十亿元。对朝鲜、越南、阿尔巴尼亚、老挝、柬埔寨5国援助占援外总额的比例，由“四五”计划时期的70%降至50%以内。

同　日　国务院批转教育部《关于推广辽宁朝阳农学院经验和有关政策问题的请示报告》。《请示报告》提出：今年高等学校招生，农业院校学生一般实行“社来社去”，林、医、师范院校部分试行“社来社去”，其他各类院校可进行“社来社去”试点。6月，教育部通知本年高等院校招生，按《请示报告》中规定的原则执行。1975年全年，全国高等院校共招收了工农兵学员19.1万人。7月11日，国务院副总理王震在援外工作会议上谈到国内教育工作情况时说：“农学院都学‘朝阳’，我不那么赞成。”24日，周荣鑫向新华社记者转述了这个意见。此后，教育部和报刊曾一度停止宣传“朝农经验”。

4月28日　国民党中央委员会推蒋经国为主席。国民党中央召开的临时全会决议，为纪念蒋介石，设留总裁位置。

同　日　铁道部召开解决南昌铁路局领导班子问题大会。根据邓小平所作“南昌铁路局的问题，省里就有人支持。一定要把铁路上搞派性活动的里外联系割断”的指示，铁道部召开了南昌铁路局、铁路分局机关干部和南昌地区基层单位领导干部大会。大会认真学习了中共中央《关于加强铁路工作的决定》。铁道部部长万里在大会上宣布了经铁道部研究批准的南昌铁路局新的领导班子，以及调整后的向塘机务段的领导班子。此后，经过全铁路局干部、职工的努力工作，6月份，南昌铁路局提前完成上半年货运量，日均装车量上升，开始做到安全正点。

同　日　在1975年全国射箭比赛中，北京运动员宋淑贤以1 255环的成绩，打破女子单轮全能1 237环的世界纪录。

4月29日　中医蒲辅周逝世。蒲辅周，1886年生。四川梓潼人。青年时期随父学习中医，发愤研读《素问》、《灵枢》等医学经典。1917年去成都开业。中华人民共和国成立后，在成都市联合诊所工作。1953年任西南铁路医院医师，1956年调中医研究院工作，1956年加入中国农工民主党，1962年加入中国共产党。擅长内科、妇科、儿科，尤以治疗急性病而著名。曾长期对流行性乙型脑炎、腺病毒肺炎等病作重点观察研究，探求治疗规律，治疗独具一格。历任卫生部中医研究院副院长、国家科委中医专题委员会委员、中华医学会常务理事，第三、第四届全国政协常委，第四届全国人大代表。

本　月　长期被无辜关押的高级干部300多人被释放。根据毛泽东关于尽快结束专案审查把人放出来的意见，在周恩来、邓小平的推动下，中共中央决定，除与林彪集团有关的审查对象和其他极少数人外，对绝大多数被关押受审查者予以释放。其中属于敌我问题的，有劳动能力分配工作或劳动，丧失劳动能力的养起来，有病的安排治疗；属于人民内部矛盾的，妥善安置，补发工资，分配适当工作，党员恢复组织生活；搞错的人员进行平反；对于尚不能作结论的，问题在内部挂起来，分别由中央组织部和解放军总政治部会同有关机关再作结论。待工作结束后，中央专案组自行撤销。根据中共中央的这一决定，长期被关押的高级干部300多人被释放出来，其中一些人陆续给分配了工作。

本　月　邓小平主持召开国防工业重点企业汇报会。他强调要缩短战线，精简型号，搞好常规武器的发展规划，加强集中统一管理，狠抓科研，在中共中央于5月批准常规武器10年发展规划之后，6月18日，中央军委成立常规武器发展领导小组，陈锡联任组长，负责统一领导部队装备体制和武器装备发展方向、科研、生产、定型等工作。

本　月　越南侵占中国南沙群岛的6个岛屿。越南当局在向西贡进军、解放越南南方的同时，公然派出军队侵占了属于中国南沙群岛的6个岛屿，继而向中国正式提出了对南沙群岛和西沙群岛的领土要求，并且在越南国内和国际上大造舆论，宣传南沙群岛和西沙群岛属于越南。南沙群岛、西沙群岛历来就是中国领土，中国政府为此曾多次发表声明。越南政府在1974年以前也曾多次发布声明，承认西沙群岛和南沙群岛属于中国领土，并在其出版的《越南地图集》、《世界地图集》和《世界政治地图》中，明确用中国名称标注。中国外交部亚洲司于5月同越南驻华大使馆提出交涉，重申政府对南沙群岛的一贯立场，明确表示“不能同意越方把南沙群岛说成是越南的领土”。越南外交部竟向中国驻越南大使馆表示，“长沙群岛（即中国南沙群岛）自古以来就是越南领土”，还说“有充分材料证明黄沙群岛（即中国西沙群岛）属于越南领土”。随即，越南当局修改了从前出版的地图，将西沙群岛、南沙群岛列入越南的版图，并要求别国修改地图，把西沙群岛、南沙群岛标属为越南领土。

本　月　全国煤炭重点矿区枣庄矿务局所属10个煤矿超额完成生产计划。1974年，由于“批林批孔”运动的影响造成全国煤炭欠产1 700万吨。其中枣庄矿务局所属的10个煤矿，连续19个月煤炭生产处于停产和半停产状况。1975年初，煤炭工业部成立，决定采取各种坚决措施，增加煤炭产量。并确定以恢复枣庄矿务局各煤矿煤炭生产为突破口，全面整顿煤矿的生产秩序。中共枣庄市委和枣庄矿务局坚决执行中央指示，冲破重重阻力，恢复了煤炭生产的正常秩序。5月29日，邓小平在讲话中指出：“煤炭工业上得很快，就是一个明显的例子。他们的经验，就是敢于同派性作坚决的斗争。”1975年，全国煤炭工业坚决执行整顿措施，全面增产了煤炭。煤炭生产补足了1974年度欠产的1 700万吨，还超产煤炭5 200万吨。

本　月　全国铁路运输经过整顿形势好转。在铁道部的统一领导下，铁路职工认真贯彻《关于加强铁路工作的决定》，几个严重堵塞的铁路区段先后疏通。徐州铁路局结束了连续21个月没有完成国家运输任务的被动局面，4月份提前3天完成国家任务。徐州铁路运输生产问题的解决，给整顿铁路运输工作提供了经验。4月份，全国20个铁路局有19个完成装车计划，日均装车比2月份增加上万辆，煤炭日均装车58个月以来第一次完成月计划，全国铁路57个月以来第一次完成了卸车计划。

5月3日　毛泽东召集北京的中共中央政治局委员，发表重要讲话。关于反经验主义问题，毛泽东说："春桥那篇文章，我没有看出来，只听了一遍，讲了经验主义的问题我放过了，我自己也犯了错误，我要负责任。春桥的文章是有理由的，因为1958年就写了文章，那时我还不认识他，那篇文章我写了一个按语，《人民日报》登了，只有两篇文章是拥护的，其他的都是反对的，所以他有气。上海机床厂的10条经验，都只说了经验主义，没有说教条主义，一个马克思主义都没有。你们只恨经验主义，不恨教条主义。经验主义的人多，无非是不认识几个字，马列也不能看，他们只好凭经验办事。"毛泽东强调说，无论经验主义，无论教条主义，都是修正马列主义。关于"四人帮"搞的"三箭齐发"，毛泽东说："现在我们的一部分同志犯了错误要批评。三箭齐发，批林批孔、批走后门。"毛泽东批评江青等人说："不要搞'四人帮'，你们不要搞了，为什么照样搞呀？为什么不和200多个中央委员搞团结，搞少数人不好，历来不好。批经验主义的人，自己就是经验主义。我看江青就是一个小小的经验主义者，教条主义谈不上，她不像王明那样写一篇《更加布尔什维克化》文章，也不会像张闻天那样写机会主义的动摇。不要随便，要有纪律，要谨慎，不要个人自作主张，要跟政治局讨论，有意见要在政治局讨论，印成文件发下去，要以中央的名义，不要用个人的名义，比如也不要以我的名义，我是从来不送什么材料的。"但毛泽东又说："我看问题不大，不要小题大作，但有问题要讲明白，上半年解决不了，下半年解决；今年解决不了，明年解决；明年解决不了，后年解决。关于知识分子，毛泽东说，教育界、文艺界、新闻界、医务界，知识分子成堆的地方，其中也有好的，有点马列的。臭老九，老九不能走。"

5月3日—23日　毛泽东对海军发展工作做出指示。5月3日，毛泽东指示说："海军很少，敌人不怕。""海军要搞好，使敌人怕。"海军党委为此向毛泽东提出报告说，要"努力把海军各项工作搞好，力争在10年左右建成一支较强的海军”。23日，毛泽东批示：“同意。努力奋斗，十年达到目标。”

5月4日　铁道部部长万里率领工作组到湖南株洲用心机车车辆厂整顿工作。在召开的万人大会上，万里传达了中共中央《关于加强铁路工作的决定》，严厉批判了派性，并当场宣布将长期闹派性的头头调出学习。这一整顿使这个连续16个月未完成国家计划、欠产损失达6 000万元的“老大难”企业受到强烈震动。

5月4日—11日　欧洲经济共同体委员会副主席克里斯托弗·索姆斯应邀访问中国。周恩来总理、李先念副总理分别会见了索姆斯副主席。外交部长乔冠华与索姆斯副主席举行了谈判。双方就关注的国际问题和中国与欧共体之间的关系问题交换了意见。双方一致同意中国和欧共体建立正式关系。中国政府决定向欧共体派驻代表。

5月4日—14日　李先念提出财政体制要“总额分成，收支挂钩”。在财政部长张劲夫向李先念汇报财政信贷收支情况和有关工作时，李先念说：“在可能收到手的情况下，要给地方多一点机动财力，要发挥地方的积极性。要下决心走大路，走正路，不走小路，不走暗路，财政部要拿出主张来。财政体制，我主张‘收支挂钩，总额分成，一年一定’的办法。中央各部要抓财务，不能企业下放了就不抓财务。”14日，李先念在与张劲夫、段云讨论财政问题时提出，对资金分散造成的后果要摆出来，对大的企业收入要拿上来作为中央财政的收入，建议把现行财政体制改为“总额分成、收支挂钩”的办法。18日，财政部根据李先念的指示，起草了《财政金融问题汇报提纲》和3个参阅资料（国营企业积累情况和存在的问题、基本建设情况和存在的问题、市场货币流通情况和存在的问题）。

5月8日—29日　中共中央在北京召开全国钢铁工业座谈会。李先念、邓小平先后就整顿钢铁工业发表重要讲话。有17个省、市、自治区和11个大钢厂及国务院有关部委领导先后参加了这次座谈会。1月—4月份，全国钢铁产量比计划要求少产195万吨，其中鞍钢、武钢、包钢、太钢等大型钢厂由于企业领导班子不团结，少数人闹派性，造成了群众没有生产积极性，钢铁生产欠产严重。4大钢铁企业欠产的钢，占全国欠产总数的一半。李先念在会上发表讲话，严厉地批评了派性、不团结等现象，他指出："毛主席提出安定团结的指示快一年了，为什么你那里还有派性，政策不落实，还不安定团结？到底问题在哪里？我看关键在领导。少数人在捣乱，工人在着急，但那里的领导却软弱无力，不敢碰。""对这些人的问题要严肃对待，该处分的处分，该调动的调动，该批评的批评。对那些屡教不改的人，老是迁就，不处理，怎么得了！"他还说："现在，不少钢铁厂管理混乱，节焦、节电、节水没有人过问。焦比600多公斤，这个钢铁谁办得起？""我看现在这样搞，现代化没有希望。希望这次会后能确实解决问题。同志们回去不要轰一轰、开个万人大会就完了，要做扎扎实实的工作。钢铁工业再不赶上去不行了。钢铁上不去，什么都被拖住，农业机械化、国防建设、基本建设，统统都谈不上。"铁道部长万里在会上作了整顿铁路工作的经验介绍。21日，邓小平就钢铁工业的整顿发表了重要讲话。29日，叶剑英、邓小平、李先念先后在座谈会上作了重要讲话，邓小平在讲话中提出了整顿钢铁工业的四条办法：一、从部到厂要建立起强有力的、敢字当头的、有能力的领导班子，不能软、懒、散。冶金部的班子软，要加强一下。二、发动群众同资产阶级派性作斗争，寸土必争，寸步不让。三、落实好政策，把受运动伤害的老工人、老干部、老劳模和技术骨干的积极性调动起来。四、把必要的规章制度建立起来，大钢厂要有单独的强有力的生产指挥机构。邓小平在讲话中第一次把"三条重要指示"作为各项工作的"纲"提出。后来即形成"三项指示为纲"的提法。他说："毛主席最近三条重要指示，一条是关于理论问题的重要指示，要反修防修，再一条是关于安定团结的指示，还有一条把国民经济搞上去。这就是我们今后一个时期各项工作的纲。这3条重要指示，是互相联系的，不能分割的，一条都不能忘记。"邓小平在钢铁工业座谈会上的讲话在全国传达后，引起了巨大的反响。至此，中共中央关于整顿工作的指导思想和基本方针已经明确。

5月11日—25日　中国人民解放军第三届体育运动会在北京举行。20个代表团近5 000名运动员参加。北京部队运动员董湘毅以590环的成绩，打破女子小口径标准手枪60发慢加速射击587环的世界记录。

5月12日　国务院批准国家计委《关于1975年市场情况和安排意见的报告》。《报告》指出说：由于农副产品收购增加，职工就业面扩大和基本建设、集团购买力支出增多等因素，城乡购买力的增长，仍然大于商品可供量的增长。为解决目前市场上有些商品供应偏紧的问题，《报告》提出了一些措施：一、抓紧农副产品收购。二、努力增加轻工、化工产品的生产，计划内产品要抓紧落实，要千方百计解决所需煤、电和原材料供应，还要在计划外安排增产卷烟、白酒、化纤织品等商品。三、利用记账外汇顺差，进口一部分原料、半成品和消费品。四、认真“扫仓库”。要求商业部门从库存中拿出8亿元商品，外贸部门拿出5亿元商品。

5月12日—17日　邓小平副总理访问法国。邓小平副总理分别同德斯坦总统、希拉克总理就重大国际问题和发展两国关系问题举行了会谈。邓小平强调：“毛泽东主席十分关心中法两国关系的发展。”针对欧洲不受超级大国控制、欧美关系应该遵循平等原则等问题，邓小平指出：“只有平等才能真正建立伙伴关系。”邓小平还说：“欧洲人民可以相信，在他们维护独立和加强联合的事业中，总是能够得到中国人民的支持的，欧洲各国联合起来，这是历史的要求，团结就是力量，分散易受欺侮。”邓小平副总理对法国主张用对话而不是对抗来解决南北问题，对欧共体同不少发展中国家签订洛美协定，对西欧一些国家在中东问题上采取有别于美国的立场，都表示赞赏。中法两国有着密切的经济联系。对此，邓小平表示：“随着中法政治关系的发展，应该进一步加强两国的经济关系。”中法双方商定：两国外长将根据需要进行政治磋商；成立混合委员会以促进两国经济贸易关系的进一步发展。

5月14日　中共中央军委转发解放军总参谋部、总政治部、总后勤部《关于院校编制若干问题的报告》。《报告》明确了军队各类院校的训练分工、学员定额及抽调比例、院校机关和学员队的设置。《报告》同时还规定了各类院校的教工人员与学员的编配比例：大专院校和军政干部学校教工人员与学员的比例分别为1:1.9和1:2，教员与学员比例分别为1:5和1:6，中等专业技术学校和军医学校教工人员与学员的比例分别为1:2.3和1:2.5，教员与学员比例均为1:6。指挥院校实行三级训练体制：军政大学培训师以上干部和少数优秀的团职干部，军政大学干部学校培训营团干部和部分优秀的连职干部，教导队轮训连排干部。工程技术院校和专业训练队分别训练高等和中等技术人员。

5月17日　毛泽东做出关于贺诚、傅连暲的批示。毛泽东在中共中央军委《关于贺诚任职请示》上批示："奇文共欣赏，疑义相与析。贺诚无罪，当然应予分配工作。过去一切污蔑不实之词，应予推倒。傅连暲被迫死，亟应予以昭雪。贺诚幸存，傅已入土。呜呼哀哉！"毛泽东的批示，为进一步解放老干部创造了极为有利的条件。

5月18日　国务院环境保护领导小组提出《关于环境保护十年规划的意见》。《意见》认为"保护和改善环境问题是个路线问题"。提出五年环境保护规划的要点是：一、治理工业污染。二、改善城市环境。三、控制水系污染。四、防止食品污染。五、健全环境监测系统。六、加强环境科学研究工作。《意见》还着重强调了十年环境保护规划的目标：一要使全国主要江河水系的污染得到治理，在10年内使江河湖海水质恢复到良好状态。二要使所有企业的"三废"排放符合国家规定的标准，使企业成为不危害职工健康、不污染周围环境的清洁工厂。三要使全国所有城镇达到清洁城市的标准。要求做到：城市工业和生活污水、烟尘的排放要经净化处理；城市垃圾、废物要做到及时、妥善的处理；城市要大搞植树造林，种植草坪，绿化环境；减少城市噪声和汽车废气的污染。四要积极发展高效、低毒、低残留的农药新品种。五要开展环境科学基础理论的研究，研制快速、准确、轻便的监测方法和仪器。《意见》最后要求制定有利于环境保护的经济和技术政策以及在国务院和各省、市、自治区设立环境保护机构，制定必要的规章制度。

5月19日　全国劳动模范时传祥去世。时传祥，1915年生。山东齐河人。全国著名劳动模范。第三届全国人大代表。1956年加入中国共产党，1959年出席全国群英会。曾多次受到毛泽东、刘少奇、周恩来的接见。1966年12月，江青、陈伯达诬陷说，"时传祥是个工贼"、

“时传祥被资产阶级收买了”，时传祥被数百次批斗并受到长期残酷迫害。1973年8月21日，周恩来在了解到时传祥的情况后，气愤地说：“难道文化大革命是要打倒一个掏粪工人吗？”他立即指示：“要代表党组织把时传祥请回北京。给他平反，向他道歉，给他治病，落实政策。”时传样平反后住院治疗，但终因受摧残过重，医治无效逝世。

5月21日—27日　周恩来就如何传达毛泽东4月23日批示等问题给中共中央政治局写信。周恩来指出：3月1日张春桥在全军各大单位政治部主任座谈会上讲话以后，反“经验主义”对各大军区影响很大。信中还说，小平同志曾就张春桥的讲话中，强调经验主义是当前的主要危险，要反“经验主义”问题向毛泽东请教。邓小平在阅信后补充写道：他向主席请教时，还提到了江青在中央政治局会议上提出反“经验主义”问题。22日，张春桥在周恩来致中央政治局信上批“总理的信，有些话不确切”。为此，周恩来于27日抱病复信张春桥。信中说到：“在你的注语中，说我信中有些话不确切。我因头上皮下神经疱疹未好，脚上皮下毛血管麻痛未止，故晚了两天才将当时认为较确切的语言写出。当时，你说，由于批判彭德怀反党集团时，主席建议印读两本书，都在半年读完。政治经济学教科书有些组织和同志还读得多些和较好些，而哲学小辞典三版选辑，却很少有人读，几乎没有什么反映，所以主席在批印的指示时就说：我们过去批判了教条主义，但是没有批判经验主义。现在，主要危险是经验主义。而后，刘、林反党集团实施阴谋诡计，经验主义者就常常上当，所以你在批林整风时就提出将主席批印《经验主义还是马克思列宁主义》再印一批发出。这次，主席指示要把列宁为什么说对资产阶级专政这个问题要搞清楚，才会防止变修正主义，如果不把资产阶级法权加以阐明和限制，林彪一类如上台，搞资本主义制度就很容易。因此，要多看点马列的书，还要你写文章。因此，你联系到十多年的思想，经验主义者由于不多读书，难于总结经验，易于上反党集团的当，甚至陷进去，故你在3月1日总政召开的各大单位主任座谈会上片面地强调经验主义的危险，这在三四月中各政治部向总政来电反映讨论情况，也可看出。”

5月27日　中共中央政治局召开会议批评“四人帮”。会议是根据毛泽东5月3日指示召开的。吴德在会议上发言说：“主席讲了3次‘四人帮’不要搞了，但没有在行动上实际改正，照样搞。”邓小平发言说：“5月3日，主席在政治局的讲话，提到了党内生活的很多原则，这是告诫政治局这个党的核心机构的。这对于我们的党是非常重要的。政治局的同志首先要安定团结，三要三不要，这样，才能给全党作出榜样。”邓小平批评“四人帮”的错误说，4月23日，主席批示后，27日政治局就讨论，有的同志说这次会议上讲话过了头，也有同志说是突然袭击、围攻。我认为谈不上突然袭击和过头。40%的问题都没有讲，讲了有没有20%也难讲。（去年的会）批评周恩来、叶剑英，批评是完全应该的，但是（江青）却说了是党内十一次路线斗争，这不是主席的本意，后来由主席出来才加以纠正。批林批孔，又提出了批走后门，当面点很多人的名，学习无产阶级专政的理论、反修防修，却又提出主要危险来自经验主义，并且来势凶猛，别的事情都不那么雷厉风行，批经验主义却是雷厉风行。主席提出了3个大问题，但却钻出来这样3件事，倒是要提一个问题，问一问这是为什么？”邓小平强调指出：三要三不要是总结历史经验得出来的，政治局要注意，不搞掉派性不行。看不到宗派主义、“四人帮”，这值得警惕。李先念在发言中说，4月27日会议，我认为没有过分，没有越轨。陈锡联说，小平同志讲了党的历史，我们是大党，不能是少数人，要多数人。不要搞宗派。

同　日　中国登山队从北坡攀登珠穆朗玛峰成功。中国登山队女登山队员潘多和男登山队员索南罗布、罗则、贡嘎巴桑、侯生福、桑珠、次仁多吉、大平措、阿布钦等9人于北京时间14时30分从北坡成功地登上珠穆朗玛峰。登山队员在峰顶未用氧气工作了70分钟，采集了岩石标本和冰雪样品，测量了珠峰顶峰覆雪深度，竖起了3米高的铸有“中华人民共和国登山队”字样的红色金属测量觇标，配合对珠穆朗玛峰高程进行了准确测量，潘多还与山下配合，进行心电遥测，成功地获得了人在世界最高峰的第一张心电图。在登山活动中，遇到恶劣气候，突击队长邬宗岙献出了生命。

本　月　毛泽东批示要求将武器装备突击修好。毛泽东在《关于国防工业和部队装备问题汇报会的情况》上批示："要在3年左右时间内把失修装备突击修好。"国防工业和部队装备问题汇报会是4月由叶剑英主持召开的一次重要会议。会议强调要对武器、装备的研制、生产方面的混乱状况，进行整顿。当时，海军的装备失修情况严重，海军舰船的航率下降40%左右，出现了海军历史上第二次舰艇严重失修的状况。毛泽东批示后，中共中央军委、国务院立即发布相应指示。海军为此召开了装备修理厂生产会议，部署抢修失修装备，并重点研究解决舰艇失修最突出的南海地区的问题。会后，由海军、第六机械工业部派出调研人员，分别赴南海舰队和湖北、江西、广东等地，调查舰船技术状况和有关厂（所）的修船能力，落实抢修工作安排。

本　月　王洪文对在批林批孔运动中的错误写出检讨。检讨中说："在批林批孔运动中，初期我对批林批孔同贯彻十大的精神对立起来，因此我对批林批孔是不理解的，特别是关于广州召开十万人大会问题，当时查清楚是对的，但由于我自己不理解，也说过一些错话，在政治局也进行过争论。当主席批示了北大、清华那份批林批孔的材料以后，特别是1974年1月24日、25日两次大会。虽然我对于两次大会的召开未经政治局讨论，未报告过主席，关于反对走后门有些提法不妥，如混淆两类矛盾的提法，扩大了打击面等，也同个别同志交换过意见，我也是赞成反对走后门的，但我没有及时向毛主席报告。这是我原则性不强，组织观念不强的表现。"

本　月　国防科委向中央军委呈报关于战略导弹研制工作安排的请示。中共中央军委常务会议讨论了这个报告，明确要求国防科委必须首先抓紧洲际导弹的研制，并且确定了洲际导弹第一步要达到的射程和发射方式。

本　月　铁道部部长万里、山西省委第一书记王谦着手解决太原铁路局运输不畅的问题。太原铁路局是全国铁路系统的"老大难"单位，火车运行秩序混乱，客、货车的正点率最低时只有百分之十几。铁道部和山西省委坚决贯彻中共中央有关整顿的精神，调整了太原铁路局的领导班子，调离了一些资产阶级派性严重的领导干部和帮派头子，发动工人群众，批判了资产阶级派性，提高了广大干部群众的生产热情。太原铁路局经过整顿后，运输生产持续上升，列车的装卸水平逐月提高，运出了积压在山西的煤炭，使全国能源紧张的状况得到了缓解。

本　月　教育部长周荣鑫根据周恩来、邓小平等领导人的指示精神，积极着手整顿教育工作。他在一段时间内，多次召开干部、教师座谈会、汇报会，听取意见，了解情况，针对江青、张春桥散布的错误思想、观念，发表了一系列谈话，提出了一系列观点。他指出："到底在上层建筑对资产阶级全面专政怎么专法？专对了没有？为什么提出这个问题？""教育与经济基础，哪些相适应，哪些不相适应？现在一讲教育，好像一文不值了，成不成？""不能一提知识分子就骂一通，这样符合不符合主席的方针？""毛主席当时讲的500万，是指旧社会来的知识分子。现在我国有2 500万知识分子，……是否大多数都是资产阶级知识分子？""工农兵学员上了大学就不能当技术员，不能当干部，只能回去当工人、农民，这样成不成？""我们现在学校有没有培养干部的任务？不培养干部办大学干什么？""根本不要文化，就讲培养有社会主义觉悟的劳动者，行吗？""老说过去是'智育第一'，根本不是"，"贫下中农为革命种田，工人为革命做工，学校为什么就不能提为革命读书呢？""有知识的是私有，没有知识的就公有？那不要学校好了！""我们教育革命的片面性和形而上学的倾向很严重，非出问题不行。""总理的讲话（指加强基础理论）他们为什么不贯彻？"周荣鑫的讲话，受到了教育界的热烈拥护。《教育革命通讯》按照这些讲话精神，连续发表了《全面关怀青少年的成长》、《培养无产阶级革命接班人的正确道路》、《研究基础理论为社会主义建设服务》、《按照马克思主义认识论搞好基础理论研究》、《实用主义教育思想剖析》等文章和评论。

本　月　中共中央决定：赵辛初任湖北省革命委员会主任；宋佩章任安徽省革命委员会主任；王谦任山西省革命委员会主任。

本　月　电影《春苗》摄制完成。拍摄"走资派"电影，酝酿于

1974年初的“批林批孔”运动。“写走资派”电影主要是为配合“四人帮”的政治夺权制造舆论的产物。《春苗》电影的原剧本内容是反映农村合作医疗站为农民热情送医送药的。由于张春桥的插手，将《春苗》电影的主人公塑造成了造“走资派”反的“英雄”。

6月2日　中共中央批转《中共江苏省委关于徐州地区贯彻执行中央9号文件的情况向中共中央、国务院的报告》。《报告》反映：在整顿前，“许多领导干部陷进了资产阶级派性的泥坑。在相当多的单位中，不是用党性掌权，而是用‘派性’掌权。这一派上了台就整那一派；那一派掌了权又整这一派。几经反复，裂痕很深。”“近几年来，那些用派性掌权的同志，又借各种运动之机整另一派的干部和群众。批林批孔运动一来，原来掩盖的矛盾爆发了。”“坏人就趁机兴风作浪，浑水摸鱼”，“打着‘揭盖子’的旗号，欺骗、拉拢少数群众，向无产阶级专政进行疯狂进攻，妄图趁机推翻各级党的领导。”《报告》总结解决徐州问题的经验是：紧紧抓住解决领导班子问题这个关键，对派性严重的领导干部，要敢批、敢斗、敢捅“马蜂窝”，限期改正错误，到期不改，采取组织措施。对群众坚持正面教育，防止互相攻击。对极少数坏人，把他们抓起来，在群众中批判。中共中央要求各地参考江苏的经验，解决各地区的问题。由于全国各地坚决执行中共中央9号文件，全国的政治、经济生活得到了改善。河南、浙江等省在党的组织方面采取行动，刹住了从1973年下半年开始的突击吸收入党、突击提干之风。河南省曾经在半年之内突击吸收党员18万人，突击提干6.6万人，数量居全国之首。许多省市还采取措施，调离了一批靠造反起家的帮派头子，挂职下放了一批帮派思想严重的干部，改组了一批陷入派性泥坑的革命委员会，一批软、懒、散的领导班子得到了调整和加强。中共浙江省委决定对“四人帮”帮派分子翁森鹤实行隔离审查，将张永生、贺贤春等下放劳动。

6月3日　中共中央政治局召开会议批评“四人帮”。这是继5月27日之后的又一次批评“四人帮”的会议。叶剑英在发言中说，3月1日，出现反经验主义的问题，全国舆论就跟着宣传反对经验主义，用反对经验主义来代替反对修正主义，只提一个经验主义，放过了另一个教条主义。这个问题说明，要精通马列主义是很难的。有些同志读马列多一些，不要作为私产，要帮助我们学习好，今后中央要带头学。叶剑英指出，主席讲这次不同于庐山，我理解是因为那时有些同志是商量如何对付林彪，过去可以交头接耳，但现在情况变化了，现在就不行了，再这样，就不利团结了。过去有一个时期不正常，如果发展下去，就有害团结。历来凡有小组织存在，结果都是不好的，要分裂。叶剑英还强调说：（“四人帮”）提十一次路线斗争，事先没有请示主席；批走后门，仍然如此；批经验主义是主要危险，还是事先未请示主席。为什么不请示主席？这些都要引起严重注意。要请示报告，要严守组织纪律。以后要提交政治局讨论，不能事先不请示，事后再来纠正。王洪文、江青迫不得已在会上检讨。王洪文说：“反走后门，我是赞成的。两次大会，我也参加了，事先没有报告主席。去年11月份争论，我只听了一方的意见，没有听小平同志的意见，觉得应该向主席报告，但对争论的看法，有片面性。报告主席后，受到了主席的批评。（提出）经验主义是当前的主要危险，我没有认识到问题在哪里，也没有重视它，直到主席批示后，以后要好好学习。”王洪文还提出他对有些问题还持保留观点。江青在会上说，27日在会上她的自我批评不够，又有新的不恰当的地方，还要加深认识，再做进一步的检讨。实际上江青拒绝了检讨。会后，毛泽东在与邓小平的谈话中指出：会议“有成绩”。

6月4日　中共中央做出《关于努力完成今年钢铁生产计划的批示》。该文件转发了中共冶金工业部核心小组《关于迅速把钢铁工业搞上去的报告》。中共中央批示指出：“当前钢铁生产计划完成得不好的情况，值得引起我们的注意。”“那些至今钢铁生产还上不去的企业，有关的领导同志应当认真地检查一下：你们那里思想政治路线是不是端正了，无产阶级专政理论的学习运动是不是真正开展起来了，群众是不是真正发动起来了，一个强有力的领导核心是不是建立起来了，资产阶级派性是不是克服了，党的政策是不是认真落实了，对阶级敌人的破坏活动是不是有力地打击了。”中共中央批示还要求：“各省、市、自治区党委必须加强对钢铁工业的领导。辽宁、湖北、内蒙古、山西、四川等省、市、自治区党委的主要负责同志，要亲自动手，对问题多的单位进行调查研究，采取有力措施，认真加以解决，不要久拖不决，贻误大局。冶金工业部要主动依靠和帮助各地党委，抓好重点企业的革命和生产建设，建立和健全必要的规章制度，搞好生产指挥调度，搞好地质、矿山和科学技术工作。国务院应即充实和加强冶金工业部的领导班子，要他们像石油化工部、煤炭部、铁道部那样，坚决贯彻执行毛主席、党中央的指示，敢于负责，认真做好自己的工作。”

同　日　铁道部部长万里率工作组参加郑州铁路局党委常委会议，解决运输生产问题。“文化大革命”中，郑州铁路局运输生产受到破坏，影响全国，曾多次引起周恩来等国家领导人的关注。贯彻执行中共中央《关于加强铁路工作的决定》后，郑州铁路局完成了4月份的计划，但5月份运输生产又出现波动。铁道部6月份调整了问题最多的新乡铁路分局的领导班子，撤销了一个利用派性混入共产党内，又用派性掌权的分局主要领导的职务。随后，铁道部在中共河南省委支持下，又调整了贯彻中央精神不力的郑州铁路局的领导班子。

6月7日　毛泽东主席会见菲律宾总统马科斯。毛泽东同马科斯等菲律宾贵宾进行了友好的谈话。毛泽东说：“共产党靠外国援助，有好处，也有坏处，坏处多。我们这个国家穷，中国人太多了，每个人的口粮不富裕。还有台湾没有解放，不值得骄傲。”

同　日　国务院、中央军委批准宣布全中国大陆海岸线的总长度为1.8万多公里。从批准日起，全国采用这一数据。新中国成立后，中国大陆海岸线在缺乏实测岸线资料的情况下，其长度一直沿用1.2万公里这一数据，1972年，中国人民解放军总参谋部给海军下达了精确统计全中国大陆海岸线总长度的指示，经过艰苦的工作，终于准确地测定了中国大陆海岸线的总长度。

6月7日—11日　菲律宾共和国总统马科斯访问中国。邓小平副总理与马科斯总统就双方共同关心的国际问题和进一步发展两国关系举行了会谈。

6月9日　贺龙骨灰安放仪式在八宝山举行。周恩来不顾医生的多次劝阻，前往参加，这是周恩来生前最后一次参加悼念活动。贺龙骨灰安放仪式由叶剑英主持，周恩来致悼词说："贺龙同志是一个好同志，在毛主席、党中央的领导下，几十年来为党、为人民的革命事业曾做出重大的贡献。在他的一生中，无论在战争年代，或在全国解放以后，他是忠于党、忠于毛主席革命路线、忠于社会主义事业的，"他的逝世"是我党、我军的重大损失。"向贺龙遗像鞠躬时，周恩来一连鞠躬7次，表达了他深切的哀悼。周恩来在八宝山公墓休息室里对贺龙的夫人薛明沉痛地说："薛明，我没有保住他啊！都6年了，老总的骨灰没能移到八宝山公墓，我很难过啊！"贺龙骨灰安放仪式的消息当时没有公开发表。

同　日　中华人民共和国政府和菲律宾共和国政府在北京签署《联合公报》，决定自即日起互相承认并建立大使级的外交关系。两国政府认为，"凡已取得对方国籍的本国公民，都自动失去了原有国籍"。

6月11日—17日　冈比亚共和国总统贾瓦拉访问中国。李先念副总理与贾瓦拉总统就共同关心的国际问题和进一步发展两国友好合作关系举行了会谈。

6月12日　毛泽东主席会见冈比亚共和国总统达乌达·凯拉巴·贾瓦拉。毛泽东同冈比亚贵宾进行了亲切友好的谈话。毛泽东说：经济上先要搞小型的项目，不要搞大的项目。我们吃过亏，搞"大、洋、全"。先搞农业、轻工业，可以积累资金。不要急，积累经验，慢慢来。基本上靠自己，最好不要欠外国的账，要些外援，但不能附加任何政治条件。毛泽东还说："我们现在还是一个穷国，我们也不能帮上忙。还要有30、40、50年，可能好一些。我们帮助外国，首先要使他们自力更生。我们现在没有外债，也没有内债。我们要感谢苏联，它逼我们，撤走专家，撕毁合同，骂我们，我们没有办法啊，只好自力更生。现在，美国人想卖伞给我们，送给我们'保护伞'，我们说：非常感谢，我们不要。"在会见结束时，毛泽东请贾瓦拉总统回国后问候冈比亚人民，并祝愿整个非洲站起来。

6月13日　国家计委向国务院报送《关于加速发展新材料问题的报告》。《报告》对加速发展新材料问题提出如下意见：一、“五五”计划期间，在大力发展提高现有材料的同时，迅速掌握有发展前途的新材料生产应用技术，逐步建立起适合中国资源条件的独立的材料体系。二、要搞一个赶超世界先进水平的新材料发展规划，指出新材料的发展方向，明确今后5年、10年的奋斗目标。三、要认真做好组织协调工作，把专业研究机关、有关高等院校和厂矿企业的技术力量组织起来，统一安排，分工协作。此后，有关部门曾组织了一个新材料规划小组，在8月11日拟订了一个《1976—1985年新材料25项重点项目发展规划草案》，发给有关单位进行研究讨论。

6月15日　邓小平向中央提出成立国务院政治研究室。国务院政治研究室是由邓小平建议成立的，研究室负责人为胡乔木、吴冷西、胡绳、李鑫、熊复、于光远、邓力群。研究室成立后在以邓小平为主要领导的国务院领导下，撰写了《论全党全国各项工作的总纲》和参加起草了《科学院工作汇报提纲》、《工业二十条》等重要文件、文稿，向毛泽东、中共中央转呈了揭露“四人帮”扼杀电影《创业》、《海霞》的信，为在文化领域恢复毛泽东的“百花齐放”方针，与“四人帮”进行了坚决的斗争。“四人帮”对政治研究室的设立和工作极端仇视。1975年11月，张春桥说：“政治研究室把那么一些人搞在一起，是干不出好事来的。”江青说：政治研究室“是一个相当大的谣言店”，胡乔木“是一个坏人”，邓小平“把胡乔木这样的人也凌驾在政治局之上了”。在“反击右倾翻案风”运动中，迟群、谢静宜等人也说：“国务院有个政研室，专搞阴谋诡计。”“政研室成立，集中了相当一批黑秀才，是邓小平的舆论工具。”“是继旧中宣部后又一个阎王殿，是制造右倾翻案风的黑风口。”于会泳还炮制了一份《批邓宣讲材料》说：“在邓小平指使下，国务院政治研究室胡乔木、邓力群等人策划于密室，点火于基层，秘密搜集和整理文化部的黑材料，对文化部的干部搞策反。”

6月16日—8月11日　国务院召开计划工作务虚会。李先念、陈锡联、纪登奎、华国锋、吴桂贤、王震、谷牧、孙健等副总理，以及国务院有关部门和各经济部门的负责人参加了会议。会议分为两个阶段，第一阶段围绕着如何加快经济发展问题进行了讨论。从7月2日起，会议进入第二阶段，参加会议的人员分为理论、体制、钢铁、工业和企业管理、基本建设、机械工业规划、改进计划工作、轻工农林商业等8个小组，随后又增加了文教和科技2个小组，进行专题研究。在此基础上，国务院开了6次会议，听取各小组研究结果的汇报。务虚会上谈到的一些意见是：当前经济生活中的主要问题是乱和散，必须狠抓整顿，强调集中。在计划体制上，要实行自下而上、上下结合、块块为主的办法，国家计划不能层层加码，或随便减少任务。在企业管理体制上，跨省市的铁路、邮电、电网、长江航运、民航、输油管和远洋航运、重要的科研设计单位、专业施工队伍以及大油田等少数关键企业、关键建设项目，要由中央各部委为主管理，其余的由地方管理，但不能层层下放。在物资管理体制上，物资部门管理通用物资，专业部门管理专业物资，设备成套走向以地区成套为主。在财政体制上，推行收支挂钩、总额分成的办法，大中型企业的折旧基金中央要集中20%~30%。要整顿软、懒、散的班子，年老体弱的领导干部可以当顾问。对职工要严格训练、严格要求，要建立岗位责任制和各项生产管理制度，严格执行。大型企业的非生产人员不得超过职工总数的18%，中小企业不得超过10%。务虚会还就如何发展钢铁工业、调整机械工业、缩短基本建设战线、安排好轻工市场、发展科学技术等问题，提出了一些设想。

6月18日　铁道部部长万里率工作组到昆明铁路局检查工作。昆明铁路局在工作组的指导下改组了铁路局的领导班子，对少数搞派性、打内战的领导干部，予以撤职或调离。新的领导班子强调今后的工作要放手发动群众，坚决地、毫不动摇地同资产阶级派性作斗争。

6月18日—7月15日　公安部与铁道部联合召开全国铁路治安工作会议。会议检查、总结了各地公安机关贯彻中共中央《关于加强铁路工作的决定》，打击犯罪和整顿秩序的工作，对今后进一步搞好铁路治安工作作了部署。国务院副总理兼公安部部长华国锋、国务院副总理王震到会讲话。在全国铁路工作整顿后，公安部密切配合铁道部贯彻和落实中共中央《关于加强铁路工作的决定》，公安部部署所属公安部门稳、准、狠地打击刑事犯罪活动和整顿车站、列车治安秩序的工作。4—6月，全国铁路共破获各类案件7 600多起，依法惩办了严重犯罪分子3 000多名，从而震慑了犯罪分子，教育了干部和群众，使偷拿、哄抢运输物资的歪风基本煞住。大量的无票乘车、扒车、闹事现象和阻拦火车、中断运输等问题被初步制止。

6月20日—8月4日　中共浙江省委召开工作会议。王洪文、纪登奎到会，协助解决、处理浙江问题。浙江省是当时情况比较乱的省市之一。由于“四人帮”以及帮派势力的严重干扰，国民经济面临困难局面。会议期间，中共中央批准了浙江省委《关于正确处理突击发展的党员和提拔的干部的请示报告》。浙江省委认为，浙江各地在批林批孔运动期间，在派性严重的头头的策划带动下，以发展帮派势力为目的，突击发展了大量党员和提拔了大量干部。发展党员，采用由某些人强制党员通过和到外单位或其他党支部发展党员的办法，提拔干部不按干部管理权限审批，只由某些派头头指定，或由个别党委成员点头算数。这些做法都是严重违反党的章程和组织原则的。省委决定，在全省试点，解决“双突”问题，批派性，促生产。

6月21日　毛泽东主席会见柬埔寨共产党中央书记波尔布特。双方进行了亲切友好的谈话。毛泽东说：“民主革命转变到社会主义道路，有两种可能：一个是社会主义，一个是资本主义。我们现在还是这样。以后50年，或者100年，还有两条路线斗争，1万年还有两条路线斗争。到了共产主义的时候，也有两条路线斗争。不然就不是马克思主义者。这是对立统一的，只说一个，就是形而上学。我相信马克思、列宁说的，道路是弯弯曲曲的。苏联从列宁时代到赫鲁晓夫、勃列日涅夫时代就不同了，将来一定还会回到列宁的道路上。中国也是这样。将来可能也变成修正主义，但是最后还会回到马克思、列宁的道路。我们现在正是列宁所说的没有资本家的资产阶级国家。这个国家是为了保护资产阶级法权，工资不相等，在平等的口号的掩护下实行不平等制度。共产主义也有两条路线斗争，先进和落后的斗争，现在还不能讲得完全。”毛泽东还说：“不要完全照抄中国，要自己想一想。马克思说，他们的学说只是行动的指南，而不是教条。”

同　日　炮兵副司令员孔从洲就加强电子对抗问题致信毛泽东。信中提出：“我军电子对抗存在的问题是严重的”，“如不及早采取措施，战争一来，将使我指挥失灵，兵器失控，处于十分危险的境地”。孔从洲建议组建电子对抗领导小组和专门机构，统筹负责全军进行电子对抗的战略方针和战术手段，拟订发展规划和组织协调，收集、研究外国有关情报并确定对策，“使敌不能制我，而我可以制敌”。6月23日，毛泽东在信上批示：“送小平、剑英、成武同志阅。请剑英同志找二炮孔从洲等同志商议几次，为盼。”经叶剑英、陈锡联、杨成武、王诤、孔从洲等多次研究后，叶剑英提出了《关于加强我军电子对抗工作的报告》，毛泽东于12月批准了这个报告。1976年2月20日，总参谋部成立了第四部（电子对抗雷达部）。在以后的几年中，解放军相继增建了若干个电子对抗团（营）和反雷达伪装团。

6月24日　国务院、中央军委决定：改变内蒙古生产建设兵团体制，撤销兵团、师两级机构，把农牧业团改为国营农牧场。

6月24日—7月11日　第4次全国援外工作会议在北京举行。会议学习了4月中共中央、国务院《关于合理安排对外援助的决定》。20世纪70年代，我国对外援助支出增加过猛，占同期国家财政总支出的5.88%，其中1973年高达6.92%，如此巨大的援外支出，同当时的国家生产能力不相适应，是不可能长期继续下去的。会议认为：鉴于要求援助的第三世界国家日益增多，我国已经签订协议尚待交付的援款金额，以及已经承担的在建和待建的成套项目工作量都很大，而国家的经济力量有限，在一定时期内，要认真执行对外已签订的协议，适当控制新签援款的数额，每年对外援助支出控制在国家财政支出的一定比例范围之内；要调整对外援助的结构，适当提高成套项目援助的比重；对各受援国家的援助和项目建设计划要统筹兼顾，全面安排；承担成套项目时，要充分考虑产销条件和工艺技术、设备的成熟条件等因素。

6月24日—7月15日　中共中央军委扩大会议举行。参加会议的有中国人民解放军各总部、各大军区、各军兵种、军事院校的负责人共70余人。7月14日，邓小平在会上作了《军队整顿的任务》的重要讲话。叶剑英、徐向前、聂荣臻也就军队情况发表了讲话。会议以毛泽东关于“军队要整顿”、“要准备打仗”的指示为指导方针，认真分析了国际国内的形势后认为，国际形势的根本问题是美苏两个超级大国的争夺，革命和战争的因素都在增长。因此，一、战争不可避免，帝国主义是战争的策源地的状况没有改变。二、战争不是三五年内一定要打得起来的，有可能推迟。三、有必要也有可能争取时间，搞好工作，准备打仗。这个分析在一定程度上改变了以前“立足于早打、大打、打核战争”的观念。会议提出，中央军委的工作是要整顿军队，准备打仗。会议集中讨论和重点解决了压缩军队定额、调整编制体制、配备领导干部和安排超编干部等军队的重大问题。会议提出，整顿军队的主要任务是先搞好军队的编制整顿、体制整顿、压缩军队的人员定额，调整配备好各级领导，以此带动和影响军队其他问题的解决。第二是加强军队的装备建设，加强军工生产，加强装备发展的统一领导，改善军队的装备技术状况。第三是军队要抓战略，研究战场建设、作战、训练等战略性问题，要提高军队领导干部的管理水平、指挥水平。会议决定，1975年下半年，首先要配备好各总部、各大军区、各军兵种的领导班子和军以上单位的军政主要负责人，然后是配备好师以下的领导班子。会议上印发了4月23日毛泽东对新华社《关于报道学习无产阶级专政理论问题的请示报告》的批示。会议代表针对“四人帮”以反对经验主义为名，攻击、打击老干部，普遍表示不满，并且提出了很多尖锐的批评。7月15日，叶剑英向毛泽东汇报了军委扩大会议的情况。7月19日，经毛泽东批准，中共中央转发中央军委《关于压缩军队定额、调整编制和安排超编干部的报告》和《叶剑英同志在军委扩大会议上的总结讲话》、《邓小平同志在军委扩大会议上的讲话》等文件。会议文件在全军传达后，受到了全军指战员的热烈拥护。“四人帮”对这次会议的召开和讨论的问题，采取了阳奉阴违的态度。7月11日，中央军委成员讨论会议总结讲话稿时，张春桥表示，总结讲话说得好，讲得很全面。对邓小平的讲话，他也说，讲得好，要放开讲。7月17日下午，中央军委成员讨论将此次会议的讲话和文件上报毛泽东、中共中央审批时，王洪文、张春桥都没有提出反对意见。7月18日晚，中共中央政治局讨论以中共中央名义转发会议文件时，张春桥、江青、姚文元也都表示同意。但是，会议刚刚开过不久，王洪文、张春桥就诬蔑、攻击军委扩大会议“问题多着呢”，“要批判的不只是这两个讲话”。

6月27日—29日　加蓬共和国总统邦戈访问中国。张春桥副总理与邦戈总统就双方共同关心的国际问题和进一步发展两国友好关系举行了会谈。

6月28日　江青致信毛泽东和在北京的中央政治局委员。信中称：“我在4月27日政治局会议上的自我批评是不够的。经几次政治局会议上同志们的批评、帮助，思想触动很大，但是思想上一时转不过来。经过思想斗争，我认为会议基本上开得好，政治局比过去团结了。当我认识到四人帮是个客观存在，我才认识到有发展成分裂党中央的宗派主义的可能，我才认识到为什么主席从去年讲到今年，达三四次之多？原来是一个重大原则问题，主席在原则问题上是从不让步的。”

6月30日—7月6日　泰王国总理克立访问中国。邓小平副总理与克立总理就双方共同关心的问题举行了会谈。中泰两国政府7月1日在北京签署了关于建立外交关系的《联合公报》，决定自7月1日起互相承认并建立外交关系。《联合公报》说：“中华人民共和国政府注意到，几个世纪以来侨居在泰国的中国人能遵循泰国的法律和泰国人民的风俗习惯，同泰国人民和谐友好相处。中华人民共和国政府宣布不承认双重国籍。双方政府认为任何中国籍或中国血统的人在取得泰国国籍后都自动失去了中国国籍。对自愿选择保留中国国籍的泰国的中国侨民，中国政府按照其一贯政策要求他们遵守泰王国法律，尊重泰国人民的风俗习惯，并与泰国人民友好相处。他们的正当权利和利益将得到中国政府的保护，并将受到泰王国政府的尊重。”

本　月　毛泽东与邓小平谈话。毛泽东针对中央政治局3次开会批评"四人帮"指出："我看有成绩，把问题摆开了"。邓小平汇报说："他们否认有'四人帮'。政治局的同志气很大，我说不要把话都说完"。毛泽东肯定说："这个办法好，留有余地。大家清楚就行了。我准备找王洪文谈，叫他找你，听你的话，他威望不高。"邓小平说："他最后的发言，政治局许多同志感到不真实"。毛泽东说："江青也不喜欢他，专门在我这里告他的状。他应该好好工作。过去有功劳，反刘少奇，反林彪，现在就不行了，反总理，反邓小平，反叶帅，反陈锡联。要告诉庄则栋，有事要找陈锡联，不要找王洪文、江青。在政治局，风向快要转了"。毛泽东告诉邓小平说："你要把工作干起来。木秀于林，风必摧之"。毛泽东还对邓小平说："是叶帅提议你当总参谋长的，我赞成"。

本　月　邓小平在谈话中告诫马天水，要维护党的领导。6月中旬，邓小平在陪同外宾到上海访问时，向马天水正式传达了毛泽东对江青等人的某些批评，告诫马天水不要把什么都当做资产阶级法权来批判，要维护各级党委的领导，不要弄得各级党委的话没人听。在邓小平去上海前，王洪文就打电话给马天水，要他注意邓小平的行动。邓小平找马天水谈话后，马天水立即将谈话内容报告王洪文、姚文元，随后，马天水又根据王洪文、姚文元的指示将邓小平的谈话整理成材料，用特大字抄写，上报毛泽东，材料上报前，王洪文在上写了批语，诬蔑邓小平与马天水的谈话是一次策反的谈话，在政治上、组织上都是错误的。

本　月　经我国测绘工作者测定的珠穆朗玛峰高程数据公布。珠穆朗玛峰高程为8 848.13米，这一数据将作为今后中国统一采用的标准数据。我国建国初期使用的8 882米的珠穆朗玛峰高程数据，是本世纪初外国人测定的。1966年2月，我国曾测定珠穆朗玛峰高程为8 848.98米。

7月1日　毛泽东主席会见泰王国总理蒙拉差翁·克立·巴莫。毛泽东同泰国贵宾进行了友好的谈话。毛泽东说："你不要信，不要信那些说我伟大的话。我们支持世界各国的共产党，但是不支持修正主义。国家是国家关系，党是党的关系。共产党是骂出来的，打出来的，杀出来的。美国花了2 000亿美元，派了50万军队，去打越南、柬埔寨，不打还好，一打呢，美国滚走了。苏联骂我们，不骂还好，一骂呢，我们就不理它了。”

同　日　我国第一条全线电气化铁路宝成铁路建成交付运营。宝成铁路电气化改造工程是分两期完成的。宝鸡至凤州一段91公里为第1期工程，1958年动工修建，1961年8月建成，这是中国最早修建的一段电气化铁路。第2期工程是对凤州至成都一段长578公里的铁路进行电气化改造。宝成电气化铁路的建成通车，使通往大西南的咽喉要道变成了高效能的运输线，为国民经济的发展做出了重要贡献。宝成铁路所经地区的80%为山区，有些地区地势险峻，地质构造复杂，对勘测设计和施工提出了更高的要求。宝成铁路的电气化建设，为我国山区铁路工程建设提供了成功的经验。

7月2日　毛泽东批示解决周扬问题。毛泽东在林默涵的信上批示说：“周扬一案，似可以从宽处理，分配工作，有病的养起来并治病。”毛泽东连续对解决高级干部问题的批示，推动了干部政策的落实。

7月3日　河北任丘打出一口高产油井，成为任丘油田的发现井。该井初期日产原油达1 014吨，成为冀中地区第一口日产千吨的高产油井。石油化学工业部随后组织了勘探、开发、规划等部门集中力量对该含油构造进行钻探，至1976年1月基本上探明了任丘油田的含油面积和产油能力。石油化学工业部即向国务院提出了《关于组织冀中地区石油会战的报告》，要求把华北石油勘探的重点转移到冀中地区，高速度、高水平地建设冀中油田。同月获国务院批准。1976年4月，任丘油田正式投入开发。

7月4日　邓小平对中央读书班第四期学员作题为《加强党的领导，整顿党的作风》的讲话。邓小平说：“现在，相当一部分地方党的领导没有建立起来，党的领导削弱了。各级都有这个问题。没有党的领导怎么行？党讲话不大灵怎么行？解决这个问题，关键是建立省委一级的领导，许多事情都拿到中央来解决是不行的。在座的许多同志参加省里的工作，希望你们经过学习，通过自己的工作，把省委的领导建立起来，使省委说话有人听，能够担负起领导责任，做到一不是软，二不是懒，三不是散。”邓小平严厉批判了派性，他说：“如果说文化大革命初期的两派也是自然形成的话，那么，现在还搞两派，性质就不同了。毛泽东同志讲，要安定团结。让少数人继续在那里闹，能安定团结吗？徐州有那么几个人，就把共产党的市委打入‘地下’，这是什么专政？是派性专政。这根本谈不上什么安定团结。实际上，那些坚持搞派性的只是少数几个人，95%以上的人，包括跟着闹派性的群众，是厌恶派性的。只要把问题讲清楚，群众觉悟了，看清了那些坚持闹派性的人的真面目，就不会跟他们走了。”邓小平在讲话中再次强调要以“三项指示为纲”，并且提出党委要整顿，他说：“搞好安定团结，发展社会主义经济，需要加强党的领导，把我们党的优良作风发扬起来，坚持下去。这是一个非常重要的问题。毛泽东同志讲军队要整顿，整个党也有这个问题，特别是在党的领导和党的作风方面。”

7月4日—7月7日　伊拉克共和国副总统马鲁夫访问中国。邓小平副总理与马鲁夫副总统就两国关系和双方共同关心的国际问题举行了会谈。两国政府还签署了关于发展贸易和经济技术合作的文件，并发表了《新闻公报》。

7月7日　毛泽东主席会见伊拉克共和国副总统塔哈·毛希丁·马鲁夫和由他率领的伊拉克政府代表团。毛泽东说：“我们两国没有利害冲突，整个第三世界都没有什么利害冲突。中国现在还不行，还要过几十年以后，可以好一点。我们现在尽力支持你们，你们的斗争也支持了我们”。

7月8日　秦皇岛至北京的输油管道建成。输油管建成后，以大庆为起点的大口径输油管道可直通北京，形成了一条从东北到华北，全长1 507公里的“地下大动脉”。这一工程由国家投资1.94亿元，管道年输油能力为600万吨。

7月9日　邓小平指示国务院政治研究室收集整理文化教育领域中情况。邓小平说：“除百花齐放外，还有一个百家争鸣的问题。

要防止僵化。现在的文章是千篇一律，是新八股。‘双百’方针没有贯彻执行，文学、艺术不是更活泼、更繁荣”。根据这一指示，国务院政治研究室开始整理文艺领域的问题，发现文艺宣传中对毛泽东有关文艺方针的四句话都只引“古为今用”、“洋为中用”、“推陈出新”三句，不引用“百花齐放”这一句。国务院政治研究室将这个情况整理材料上报邓小平。

7月12日　中华人民共和国政府和圣多美和普林西比民主共和国临时政府在圣多美签署《联合公报》，决定自即日起两国建立大使级外交关系。

同　日　《文汇报》刊登影射攻击周恩来、邓小平的两篇读史札记。在名为《赵高复辟有其深刻的社会基础》的札记中说，“赵高篡权政变，使秦王朝的政治局面由生气勃勃，改变为毫无生气”。“赵高这个政治小丑之所以阴谋得逞，只是因为他有着深刻的社会基础，集中代表了被打倒的但仍然存在的奴隶主阶级复辟的愿望。六国余孽、‘继宗世族’、‘老师宿儒’，这些旧制度的残余，就是赵高复辟的阶级基础”。另一篇名为《儒家势力存在，社会就不得安宁》的读史札记则说，秦始皇统一中国，实行一条法家路线和一系列法治措施，使整个社会秩序相对安定下来，除了新上台的地主阶级和才下台的奴隶主复辟势力的矛盾十分尖锐外，地主和农民，统治阶级内部的关系都得到一定程度的调整或改善。赵高复辟后，社会秩序被打乱了。奴隶主复辟势力和广大农民及奴隶的矛盾激化了，封建统治阶级和农民、奴隶的矛盾也激化了，奴隶主阶级和地主阶级的矛盾激化了，统治阶级内部的矛盾也激化了。这说明，“儒家复辟势力的存在及其复辟活动，是社会不得安宁的根源。要安定，就必须坚定不移地反复辟，开展对儒家复辟势力的斗争”。

7月13日　中共浙江省委向中共中央、毛泽东报送《浙江省关于正确处理突击发展的党员和提拔的干部的请示报告》。15日，中央政治局开会讨论这个报告。17日，中共中央批准浙江省委的报告，作为中共中央（1975）16号文件下发。中共中央认为浙江省委提出的问题带有普遍性，在全国范围“对党组织从思想上、组织上进行一次整顿是十分必要的”。

7月14日　毛泽东就调整文艺政策作书面谈话。他指出：“党的文艺政策应该调整一下，一年、两年、三年，逐步逐步扩大文艺节目。缺少诗歌，缺少小说，缺少散文，缺少文艺评论。对于作家，要惩前毖后、治病救人，如果不是暗藏的有严重反革命行为的反革命分子，就要帮助。鲁迅那时被攻击，有胡适、创造社、太阳社、新月社、国民党。鲁迅在的话，不会赞成把周扬这些人长期关起来。脱离群众。已经有了《红楼梦》、《水浒》，发行了。不能急，一两年之内逐步活跃起来，三年、四年、五年也好嘛。我们怕什么？1957年右派猖狂进攻，我们把他们骂我们的话登在报上，最后还是被我们打退了。以前的《万水千山》没有二、四方面军，这不好。现在听说改好了。文艺问题是思想问题，但是不能急，人民不看到材料，就无法评论。《反杜林论》，柏林大学撤了杜林的职，恩格斯不高兴了，争论是争论嘛，为什么撤职？杜林这个人活了八十多岁，名誉不好。处分人要注意，动不动就要撤职，动不动就要关起来，表现是神经衰弱症。林彪不跑，我们也不会杀他，批是要批的。蒋介石的时候，报纸、广播、学校、电影都是他们的，他们蒙蔽人民。我们都是从那儿来的。”7月初，毛泽东在同邓小平谈话时还指出：“样板戏太少，而且稍微有点差错就挨批。百花齐放都没有了。别人不能提意见，不好。”

同　日　邓小平在中央军委扩大会议上发表讲话。邓小平的讲话共分为六个部分，第一部分讲形势，其余五部分讲军队的问题。邓小平指出，应当肯定军队总的状况是好的，但是，由于林彪一伙的破坏，军队建设中确实存在不少问题，具体地说，就是肿、散、骄、奢、惰五种现象。在这五种现象中，邓小平着重讲了“散”的问题。他说：“这是军队在支左当中出现的新问题。军队支左，许多人也卷到派性里面去了。一些人卷到这一派里，另一些人卷到那一派里。军队的权力大得很，变成了派的后台，以后把派性带回到军队，在军队内部不少单位也分成了两派。现在，文化大革命已经九年了，军队还有相当一部分人没有摆脱派性，这一点影响了我们军队本身的团结。派性在军队里存在是很危险的，说严重一点，这种现象是不能容忍、也不应该容忍的。”“有些部队的派性回过来又影响到地方，使地方的派性问题也不能解决。”他还说：“最近，中央连续发了几个文件，都提出要解决领导班子问题。领导班子软懒散问题，地方有，军队也有。军队有相当多的散班子，也有相当多的懒班子，恐怕软班子占得更多。这段时间，地方上对这些问题解决得比较好，比较快，军队慢了一点。”邓小平明确地说：“军队要整顿。”“军队整顿什么？就是整上面讲的那五个字。”邓小平指出，抓编制，抓装备，还要抓战略。战略要研究的问题，不仅是作战问题，还要包括训练，要把训练放在战略问题的一个重要位置上。如果不注意军队的训练，至少在战争初期要相当倒霉。关于干部调整、交流问题，邓小平说：“毛泽东同志讲了，除八大军区司令员对调外，省军区和有些部门的干部也要交流一下，在一个地方呆久了不好。有的在地方卷入了派性，妨碍地方的工作，总要调换一下。”邓小平说：“在步骤上，我建议首先自上而下地调整好各级领导班子。我们解决地方问题，包括企业单位的问题，就是首先解决领导班子。领导班子要有威信，敢字当头，能很好地执行党的方针政策，能很好地工作。”“军队也一样。配备班子的时候，首先要把一、二把手选准，要选党性好、作风好、团结好的。”

同　日　上海《解放日报》和《学习与批判》发表一批影射文章。《解放日报》发表随感《刁小三的逻辑》，《学习与批判》发表杂谈《八路军的“样子”》，影射攻击正在召开的中央军委扩大会议，将这次会议讨论通过的方案中规定的可以安排超编的连排级干部当职工或到地方当干部，比作胡传揆汉奸部队的刁小三抢群众的包袱。这两篇文章发表后，军队干部对这两家报刊提出批评、抗议，但这两家报刊拒绝承认错误。海军司令员肖劲光支持广大军队干部的正确意见，写信给中共中央指出两篇文章是对人民解放军的恶毒攻击。

7月15日　中央军委扩大会议结束，叶剑英作会议总结讲话。叶剑英认为军队建设上还存在着不少问题。他说：“党的领导受到削弱，许多党委没有形成坚强的领导核心，怕字当头，不敢负责，有些领导班子存在着‘软’、‘懒’、‘散’的严重现象；政治思想工作软弱无力，管理教育不严，组织纪律差，事故多，有些人受资产阶级思想作风严重影响和腐蚀；有些单位资产阶级派性严重，闹不团结，政策不落实，有些干部的积极性没有调动起来；作战思想不够统一，战备工作、军事训练和民兵建设都存在一些问题。部队臃肿庞大、干部超编、装备落后的情况比较突出。”在这些问题之中，叶剑英指出，当前首先要解决压缩军队定额、调整编制体制和安排超编干部两个问题。叶剑英在讲话中说：“毛主席关于学习理论、反修防修、安定团结和把国民经济搞上去的重要指示，是当前全党、全军、全国各项工作的总纲。三者是密切联系的，是一个整体，缺一不可。”他着重指出学习无产阶级专政理论要理论联系实际，解决军队存在的问题。主要是：第一，要彻底批判和消除资产阶级派性，增强无产阶级党性。第二，要坚持安定团结的方针，认真落实党的政策。坚持辩证唯物主义和历史唯物主义，严格区分和正确处理两类不同性质的矛盾，抓紧专案处理和复查工作。第三，要破除资产阶级法权思想，抵制资产阶级思想作风的影响和腐蚀，自觉地改造世界观。第四，要坚决执行三大纪律八项注意。要强调个人服从组织，少数服从多数，下级服从上级，全党服从中央。针对江青等人插手军队送材料的活动，叶剑英气愤地说：你们要注意，现在有的人到处送书、送材料、写信，把部队的思想搞乱了。你们要抵制，以后没有军委的同意，任何人不得这么做。叶剑英在会议期间，还分别同各大军区、军兵种的司令员和政治委员谈话，尖锐地批评了资产阶级派性，并传达了毛泽东批评“四人帮”的讲话。他说，毛主席说现在有个“上海帮”，你们要注意警惕，稳定部队，把部队掌握好。军委扩大会议以后，叶剑英全力贯彻军委扩大会议的精神，根据军委的部署，经毛泽东批准，调整配备了全军各大单位的领导班子。采取了防止“四人帮”插手军队的重要措施。

7月17日　中共中央转发国务院《关于今年上半年工业生产情况的报告》。《报告》说：“3月以来，工业生产和交通运输一月比一月好。原油、原煤、发电量、化肥、水泥、内燃机、纸及纸制品、铁路货运量等，5、6月份创造了历史上月产的最高水平，军工生产的情况也比较好。”《报告》说当前的问题是，有一批重点企业，生产还没搞上去。国务院要求：首先要把钢铁生产很快抓上去，继续抓好煤炭生产和铁路运输，同时坚持不挤不让的方针，认真抓好轻工市场。要严格按照国家要求组织生产，不要拼设备，要注意安全生产，关心群众生活。要加强设备的维护检修，切实安排好维修配件的生产。要加快重点基建工程的进度，保证按计划建成投产。要坚持计划用电，节约用电，降低原材料和燃料消耗。要搞好综合平衡，有计划地控制长线产品的生产。严格控制财政支出，坚决制止乱用企业资金。9月底以前，各级财政不要追加新的开支，要组织好商品供应，增加货币回笼。要切实整顿企业管理，把规章制度很快建立健全起来，加强纪律性和全局观念。《报告》还要求所有地区、部门和企业都要对上半年计划的执行情况认真检查总结，对下半年的各项生产建设工作做出切实可行的部署。

同　日　中共中央军委转发中共总后勤部党委《关于傅连暲同志恢复名誉的报告》。毛泽东圈阅了总后勤部的《报告》。《报告》说，1973年11月12日，总政治部曾批准，追认傅连暲为革命烈士。

7月18日　张天民上书毛泽东和邓小平，对文化部核心组批评《创业》的10条意见表示不同看法，建议《创业》重新上演。张天民是长春电影制片厂摄制的影片《创业》的编剧。他在信中说，《创业》“经过大庆各条战线模范人物代表的审查，给了我们许多支持和鼓励，又经文化组负责同志多次审查，也给了肯定的评价”。“但就在上映的第二天，有关领导做出几项决定：不继续印制拷贝；报纸上不发表评介文章；不出国；电视电台停止广播，并通知了全国各地。不久，北影负责人传达了中央负责同志的指示，指出影片在政治上、艺术上都有严重错误，政治上美化刘少奇，艺术上写真人真事，公式化概念化。要求查一查背景，并写批评性的评论文章。这使文艺界受到了极大的震动，思想上比较混乱，我本人也感到压力很大。直到4月8日，文化部核心组‘经过仔细认真地讨论’，提出了十条批评意见”。“我和文艺界不少同志对十条意见有不同看法，但谁也不公开讲。我想写信给毛主席，又担心会受到有关方面的责难。考虑再三，我觉得这不仅是一部影片的问题，而是关系到今后创作怎样搞的问题，是广大文艺干部所共同关心的问题”。张天民提出：“如果这部影片的错误还没有到十条意见指出的那样严重程度，我建议应该重新上演，相信经过无产阶级文化大革命锻炼的人民是会正确地鉴别它的。”张天民的信经胡乔木呈送毛泽东。

7月20日—8月4日　中共中央、国务院在北京召开国防工业重点企业会议。邓小平、叶剑英、李先念到会讲话。邓小平在讲话中强调，解决军工企业的问题主要抓好三条：第一，一定要建立敢字当头的领导班子。要找一些能够办事、敢于办事的同志来负责。那些“怕字当头，不干工作，小病大养，无病呻吟”的人索性请他休息。第二，一定要坚持质量第一。质量问题与建立规章制度有关。没有必要的责任制度，质量难于保证，这方面要很好地整顿。要发挥科技人员的积极性，要搞三结合，科技人员不要灰溜溜的。第三，一定要关心群众生活。要做许多踏踏实实的工作，工业城市和三线地区，要使工人有肉吃、有菜吃。可以考虑调5亿斤粮食，养500万头猪，专粮专用，还可以办现代化的养鸡厂。叶剑英不指名地批评了“四人帮”。他说，现在有大大小小的野心家，搞得党不安宁。李先念在讲话中重申，要建立和健全总工程师、总会计师的责任制，保证企业的正常生产秩序。在这次会议的推动下，许多省、市开始整顿军工企业。

7月24日　焦枝铁路建成交付运营。焦枝铁路北起河南焦作，南至湖北枝城，全长753公里，于1969年全面动工修建。该铁路是山西煤炭南下的重要通道。焦枝铁路位于中原腹地，北接太焦线，南连枝柳线，共同构成平行于京广线的南北交通大动脉，还与京广、陇海线相接轨，是联系华北、中南地区的铁路网络，是中部地区铁路网骨架的重要组成部分。

7月25日　毛泽东对电影《创业》编剧张天民的来信做出批示。批示说：“此片无大错，建议通过发行。不要求全责备，而且罪名有十条之多，太过分了，不利调整党的文艺政策。此信增发文化部及来信人所在单位。”毛泽东批示下发后，江青等人便抵赖十条罪状是他们制造的，并攻击支持张天民的邓小平等领导人。江青在9月14日说：“对这部电影，我是提过意见，但十条不是我提的。张天民告了我的刁状，说我看了，立即就停演。”“张天民信上说，我看了第二天就停演了。这告的是刁状。”“这部片子是有缺点的，张天民为什么不检查一下？主席批示说，此片无大错，可见还是有错误的，为什么不检查？”“张天民这个年青人给主席写信，后面总有人支持，可能有坏人。”她还在另一次会议上称：“有人逼着主席批，主席说《创业》无大错，并不是没有错。”“目前有人攻击文化部，给文化部施加压力，说文化部是大行帮，我替他们顶着，老子不怕。”

同　日　国务院发出《关于加快发展电力工业的通知》。《通知》指出，当前电力供应不足的矛盾十分突出，很多电网负荷超过发电能力，经常处于低周波低电压运行，被迫无计划拉闸限电，严重影响生产的正常进行。这两年电力建设没有上去，是造成电力不足的重要原因。《通知》说，国务院决定采取以下措施：一、抓紧完成1975年装机400万千瓦、1976年装机500万千瓦的任务，有关部门对所需条件要逐一落实，建一个成一个。二、在煤矿、油田、气井附近建设坑口火电站；提高水电比重，调整燃料构成；依靠群众兴办中小水电站，满足各地分散用电的需要。三、严格执行计划用电，保证重点，兼顾一般。四、厉行节约，所有单位都要订出用电指标、节电指标，并严格执行。五、加强电网的统一管理。跨省电网实行以水电部领导为主的管理体制。不跨省、自治区的电网，由省、自治区电力局统一管理，不能层层下放。

7月26日　“风暴一号”运载火箭发射我国自行研制的卫星——“技术试验卫星一号”成功。卫星重量1 107公斤。卫星运行轨道，距地球最近点186公里，最远点464公里，轨道平面与地球赤道平面的夹角为69度。卫星绕地球一周的时间为91分钟。卫星上各种仪器工作正常。“风暴一号”运载火箭是1969年我国以远程火箭为原型开始研制的，是发射重型人造地球卫星的重要技术装备。此次发射是我国首次把重量超过1吨的重型卫星送入预定轨道。

7月29日　毛泽东对电影《海霞》做出批示，邓小平决定该影片在全国放映。毛泽东在《海霞》编导谢铁骊、钱江就影片被无端批判一事写给他的信上批示：“印发政治局全体同志。”次日，邓小平和在北京的政治局委员在人民大会堂召集文化部于会泳、张维民和摄制人员谢铁骊、钱江等一起审看《海霞》。邓小平、李先念支持了《海霞》摄制组的意见，决定《海霞》在全国上演。《海霞》在1975年春节摄制完成后，周恩来、朱德、叶剑英等先后调看过该片，对影片给予肯定并建议放映此片招待国际友人。由于《海霞》的创作脱离了“四人帮”所规定的创作模式，于会泳派人于6月查封了《海霞》的全部底片和样片，并且给该影片扣上了“突破了样板戏的框框”的罪名。他们还将电影中描写的军民关系和渔民生活说成是“歪曲人民解放军”，“拿穷人开心”；把影片中的演员和外景，说成是“城市大姑娘”，“好山好水好风光”；把影片的结构说成是“散文式”、“列传式”等。于会泳、刘庆棠还在江青、张春桥的支持与授意下，以文化部核心组名义给北京电影制片厂接连发去3封公开信，称《海霞》是“黑线回潮的代表作”。毛泽东对电影《创业》做出批示后，于会泳等人迫于形势，同意讨论修改《海霞》，但他们却在未经与创作人员商量的情况下，擅自剪裁了影片。《海霞》的创作人员为此给周恩来写信，抗议文化专制主义。同时，在国务院政治研究室邓力群支持下，谢铁骊、钱江给毛泽东写信，经邓力群、胡乔木送交邓小平，送达毛泽东处。《海霞》上演后，江青在9月14日的一次讲话中说：“《海霞》就不同了，基调很坏，改了一百多个镜头，再改也不行了，基调改不过来。现在，我还可以批这部片子，基本方面不好嘛。”“批邓、反击右倾翻案风”运动开始后，江青又说“要算账”，说《海霞》是“邓小平支持的片子”，“那位邓（颖超）大姐可喜欢呢”，“总理可支持呢！”。他们还派人调查谢铁骊等人的写信经过和信件的内容，以及中央政治局审看影片的意见，决定在1976年10月12日召开文化部系统大会，对《海霞》创作人员进行批判后宣布逮捕。由于10月6日粉碎了“四人帮”，这一迫害措施才未能得逞。

7月29日—8月4日　云南发生“沙甸事件”。沙甸是云南省红河哈尼族彝族自治州蒙自县鸡街公社的一个生产大队，是回民聚居的村庄，全村有回族1 578户，7 549人。“文化大革命”初期，一些被极“左”思潮煽动起来的人以“破四旧”为名，强行关闭清真寺，查抄焚毁伊斯兰教典籍，不尊重回民生活习俗，引起回民强烈不满。此后，云南各级领导在执行“划线站队”错误政策中，又派武装进驻该地，批斗当地干部、群众，采取了一些严重侮辱回民、伤害回民民族感情和宗教感情的做法，激化了回民护教情绪。后来沙甸等地回民群众提出开启清真寺和纠正“划线站队”的错误等合理要求，对此，云南各级领导采取压制态度，激起民族之间和群众之间的武斗，并酿成使用武力镇压回民造成极为严重后果的“沙甸事件”。1979年2月，经中共中央批准，中共云南省委和昆明军区党委发出《关于沙甸事件平反通知》。《通知》指出：“沙甸事件”并不是反革命叛乱，采取军事解决是错误的，“原定以沙甸为中心的反革命武装叛乱的结论正式撤销，事件中涉及的广大回族干部、群众，应予平反”，对被打死和错杀的群众要一律平反，并给予家属、子女抚恤，伤残的给予治疗或救济。1987年8月，中共云南省委又撤销了《通知》中个别的不正确的结论，“沙甸事件”得到了彻底平反。

本　月　教育部编印毛泽东、周恩来有关科学、教育论述。教育部为研究改进理科教育，编印了《周恩来关于基础科学研究和理科教育革命和部分指示》，不久又编印了《毛主席关于自然科学的部分论述》，供内部学习使用。在“反击右倾翻案风”运动中，这两份材料被“四人帮”反党集团诬为周荣鑫“反对毛主席”、“分裂党中央”的“罪证”。

本　月　邓小平要求四川树立“农业第一”的思想，把农业搞上去。邓小平在同中共四川省委第一书记刘兴元谈话时指出，四川要树立“农业第一”的思想。四川没有肉吃，没有菜吃，要去很远的地方去拉菜，就不能安定。邓小平指出，根据国家计委6月份统计，四川农业增产比例在全国倒数第一，农民分配水平全国倒数第二，农业机械化程度全国倒数第三，1974年全四川省人均农业产值全国倒数第二。他要求四川管农业的班子要加强，要研究农业方面的政策，包括养猪政策，政策不能随便改变，改变了群众就不信任，四川要在几年内把农业搞上去。8月2日，中共四川省委召开地、市、州、县委书记会议，传达贯彻邓小平关于四川要树立“农业第一”的思想的重要讲话。随后，中共四川省委调整和加强了各级主管农业的领导班子，抓了化肥的生产以及加快农业机械化、改田改土、兴修水利、植树造林等方面的工作。省委还要求工业要对农业发展给予大力支援。1975年秋冬，四川全省1 200万劳动力治山治水。由于一系列农业政策的落实，四川省扭转了1974年农业生产下降的局面。1975年农业总产值比1974年增长0.4%，粮食产量比上年增长0.7%，生猪年末存栏数比1974年增长2.4%，棉花、麻类、烟叶、茶叶等经济作物，均比1974年有所增长。

本　月　陕西省临潼县秦始皇陵东侧出土大批秦代兵马俑。据新华社报道，在秦始皇陵东侧，发现了一处规模巨大的秦代陶俑坑。陶俑坑经试掘整理，出土了形体高大的陶质武士俑500余件，拖有战车的大型陶马24件，铜兵器及金、铜、石等饰品7 000余件，并有大量的建筑遗迹。武士俑体高1.82米，身材比例适中，面容各异。陶马高约1.63米，形体高大俊秀，此次出土的秦代实物，其数量之多，雕塑艺术之生动，均为举世罕见。考古工作者根据试掘结果推知整个秦俑坑规模巨大，秦俑坑内埋葬的是一排列有序的大型军事方阵，根据秦俑排列的密度推算，这一军阵的兵马俑约有7 000个，驷马战车100多辆，战马100多匹。秦代陶俑坑的发现，为我国对秦代政治、军事、艺术、建筑等领域的研究提供大量的实物研究资料。

本　月　邓小平致信毛泽东，建议公开发表《论十大关系》一文。《论十大关系》是毛泽东在1956年中共中央政治局扩大会议上的讲话，讲话提出要把国内外一切积极因素调动起来，为社会主义服务。讲话文稿经胡乔木主持于7月上旬整理出来后，邓小平立即给毛泽东写信提出：“这篇东西太重要了，对当前和以后，都有很大的针对性和理论指导意义。”“希望早日定稿，定稿后即予以公开发表，并作为全国学理论的重要文献。”毛泽东当时表示同意，但又提出暂时不要公开。

8月1日　大型纪录片《长征路上》播出。这是中国第一部反映长征历程的大型纪录片，生动地记录了当年红军经过和战斗过的地方的风光、史迹。

8月4日—27日　河南暴雨成灾，一批水库垮坝。河南省的洪汝河、沙颍河、唐河流域普降特大暴雨，4日—7日降水量达1 600多毫米。驻马店、许昌、南阳等地区和舞阳工业区遭受洪水侵害，洪、汝、颍、唐白河漫溢决口，板桥、石漫滩、田岗、竹沟4个大中型水库和63个小水库垮坝，受灾区平地水深1米—3米，最深处为5米。灾区包括29个县、6.2939万个生产队，受灾群众1 035.6万人，倒塌房屋568万间，造成人口死亡3.13万人。中共中央、国务院和河南省委极为关心灾区人民，调拨了大量物资救济灾民，并由国家财政拨给河南省7亿元救灾款。

8月7日　中央军委转发解放军总政治部《关于安排超编干部的方案》。《方案》说：根据1974年底的统计，人民解放军干部共有152.6万人，超编46.7万人，压缩定额、调整编制体制后，还要多出干部10万人，预计超编干部可能达到60万人。同时，各级领导班子人员普遍很多，大军区平均36人，最多的44人；省军区平均38人，最多的58人；陆军军、师、团也达到20—40人，干部年龄偏大，陆军师师长、政治委员平均49岁，团长、政治委员45岁。《方案》提出了安排超编干部的意见，对各级各类干部的安排原则、方法以及工作和生活待遇等问题做出了规定。

8月8日　中共“五七”艺术大学音乐学院教师李春光贴出大字报，谴责“四人帮”推行的文化专制。大字报说：“正如《创业》是一部政治艺术上都不可多得的好作品一样”，“四人帮”所炮制的围剿《创业》的《十条》也是一篇内容上，乃至语言上都不可多得的奇文。“《十条》在理论上是荒谬的，逻辑是混乱的，作风是霸道的，政治上是有害的”，“是反对安定团结的”。李春光还在大字报中责问《十条》的炮制者说：“有没有行帮？你们有没有‘哥们儿义气’，有没有‘好处想着点’，‘问题兜着点’？”大字报还警告“四人帮”一伙“不要低估了人民的力量”！大字报的抄件经国务院政治研究室邓力群、胡乔木上送邓小平，又由邓小平转送给了毛泽东。毛泽东看大字报的抄件后，批示给邓小平：“此件有用，暂存你处。”“批邓、反击右倾翻案风”运动开展后，李春光被隔离审查。于会泳借此事造谣说“邓小平已将李春光的大字报作为12月份搞政变的材料了”。

8月11日—26日　国务院副总理谷牧主持由国家建委、财政部联合召开的全国施工企业经济核算经验交流会。会议针对着当时普遍存在的设计无概算、施工无预算、竣工无决算的混乱情况，强调了要加强施工企业经济核算制，加强施工企业管理、降低工程成本。会议还交流了推行基本建设大包干的经验。

8月13日　清华大学刘冰等人致信毛泽东反映迟群的问题。中共清华大学委员会副书记刘冰、惠宪钧、柳一安和校党委常委、政治部主任吕方正等四人联名给毛泽东写信，揭发中共清华大学委员会书记迟群的问题。信中说：“近几年来，迟群同志在赞扬声中经不起考验，没有自知之明，也没有知人之明，思想和作风上起了严重变化，官做大了个人野心也大了，飞扬跋扈，毫无党的观念，搞一言堂，搞家长制，资产阶级生活作风越来越严重，背离了主席接班人五项条件的要求。”“为了党的事业。我们从维护大局出发，对迟群同志的问题总是尽量在我们几个主要负责人内部解决，对于他从爱护教育出发，多次劝说和帮助，但他拒不接受，却一意孤行。”“我们本着对党的事业负责的态度，向您老人家如实报告，请求中央派人解决。”随信附有《关于迟群同志问题的材料》。材料列举了迟群资产阶级个人野心严重，毫无党的观念，搞一言堂、家长式的恶劣作风，任人唯亲、封官许愿、违反党的干部政策以及资产阶级生活作风等五个方面的问题。材料说：他经常炫耀自己：“我和小谢是主席的两个兵”，“我可以到省里干一干”，“到军区干干”，“我要当官有的是，让我当国防科委主任，我都不干”，“清华大学是个社会，当好一个部长不一定能管好我这个清华大学”。还说什么一个清华的校长，就能当总理。十大和四届人大后，他没有当上中央委员，没有当上部长，极端不满，多次大哭大闹，不接电话，不看文件，不工作。连续几个星期不分昼夜地吃安眠药、喝酒、睡大觉。甚至大骂："四届人大常委有什么了不起"，"人大也有右派参加"，"别人不提我当四届人大代表，主席提我"。材料还反映了迟群在教育部成立后，因没有当上教育部长的极为不满表现。刘冰等人的信经由邓小平转呈毛泽东。

同　日　李天德投寄反对"四人帮"的《献国策》一文。李天德是四川雅安地区的一名职工，他所撰写的《献国策》的主要内容为12条：1.节制生育，控制人口；2.缩小工农和城乡差别；3.为农业人口提供福利；4.教育革命问题；5.知青下放问题；6.医疗卫生问题；7.干部问题；8.纠正歪风邪气；9.刑法、定罪、治安问题；10.重新认识三面红旗、文化大革命、教育革命等问题；11.领袖的任期与功过问题；12.关于共产主义社会的探讨。李天德在《献国策》中批评当时盛行的极左行为和思想。他说："关于文化大革命，我认为是完全不必要的，坏处大大超过好处，（A）我们的许多好干部受到林彪一类的迫害；（B）我们的人民遭到前所未有的愚弄，受了坏人的唆使，像仇人一般相互厮杀；（C）让林彪一类大小坏蛋捞了便宜。小坏蛋搞打、砸、抢、抄、抓、奸淫；大坏蛋搞阴谋诡计、篡党、夺权搞法西斯主义。为一切仇杀、个人报复大开绿灯；（D）国民经济遭到建国以来仅次于'自然灾害'年的空前大破坏。中央当然不可能知道文革期间全国工农业产值的真实数目；（E）在精神道德方面，由于林彪搞的神秘主义、宗教迷信、极权崇拜，使人们变得不诚实、伪善、奸滑。"李天德在上访人员接待站被捕，不久即被判处有期徒刑20年。1979年，李天德被改判无罪释放。随后，《献国策》一文的原件，被中国革命博物馆作为革命文物收藏。

8月14日　毛泽东与北京大学中文系教师芦荻谈论中国古典小说《水浒》的谈话整理成文。8月13日，毛泽东说："《水浒》这部书，好就好在投降。做反面教材，使人民都知道投降派。《水浒》只反贪官，不反皇帝。屏晁盖于108人之外。宋江投降，搞修正主义，把晁的聚义厅改为忠义堂，让人招安了。宋江同高俅的斗争，是地主阶级内部这一派反对那一派的斗争。宋江投降了，就去打方腊。这支农民起义队伍的领袖不好，投降。李逵、吴用、阮小二、阮小五、阮小七是好的，不愿意投降。鲁迅评《水浒》评得好，他说：‘一部《水浒》，说得很分明：因为不反对天子，所以大军一到，便受招安，替国家打别的强盗——不替天行道的强盗去了。终于是奴才。’金圣叹把《水浒》砍掉了二十多回。砍掉了，不真实。鲁迅非常不满意金圣叹，专写了一篇评论金圣叹的文章：《谈金圣叹》。《水浒》百回本，百二十回本和七十一回本，三种都要出。把鲁迅的那段评语印在前面。”14日，姚文元在获悉了毛泽东的谈话内容后，立即给毛泽东写信说：关于《水浒》的评论“这个问题很重要”，“对于中国共产党人、中国无产阶级、贫下中农和一切革命群众在现在和将来、在本世纪和下世纪坚持马克思主义、反对修正主义，把毛主席的革命路线坚持下去，都有重大的、深刻的意义。应当充分发挥这部‘反面教材’的作用”。姚文元还提出将毛主席批示和他的信，“印发政治局在京同志，增发出版局、人民日报、红旗、光明日报，以及北京大批判组谢静宜同志和上海市委写作组”，并“组织或转载评论文章”。经毛泽东批准，中共中央转发了毛泽东关于《水浒》的谈话。

同　日　国家计委向国务院报送《关于筹建华东地区经济协作机构的意见》。《意见》反映，在华东地区长远规划座谈会上，对筹备华东地区经济协作机构问题进行了专题讨论，并提出如下意见：一、为了加强省、市之间的经济协作，促进华东地区国民经济的协调发展，参加座谈会的各省、市代表一致要求把华东经济协作区尽快建立起来，并建议在协作区未正式成立之前，先设立一个过渡性质的办事机构，名称暂定为国家计委华东经济协作调查组。二、华东经济调查组的任务，是在国家计委领导下，会同国务院各部、委组织华东地区各省、市经济计划部门，围绕制定长远规划的要求，开展经济调查，针对薄弱环节，研究统筹安排方案，为华东和全国计划综合平衡提供资料和建议，为建立华东经济协作区做好各项准备工作。三、调查组工作人员主要来自国家计委和上海市，各省计委根据工作需要，选派有关人员参加。要求煤炭部、水电部、冶金部、一机部和农林部，在1975年下半年，各派一个工作组，分别参与调查规划工作。四、华东经济协作调查组的日常工作，由上海革委会代管，视同上海革委会下属的一个组办机构。五、华东经济协作调查组，经国家计委批准并征得各省、市委同意后，即开始工作。

8月15日　中华人民共和国政府和日本国政府就中日两国在上海市和大阪市互设总领事馆问题互换照会。双方政府确认自8月15日以后在上海市和大阪市互设总领事馆。

8月18日　国务院讨论《关于加快工业发展的若干问题》的文件，邓小平对工业发展发表重要意见。邓小平说：一、要确立以农业为基础、为农业服务的思想。工业支援农业，促进农业现代化，是工业的重大任务。工业支援农业，农业反过来又支援工业，这是个加强工农联盟的问题。二、引进新技术、新设备，扩大进出口。这样做好处很多。要争取多出口一点东西，换点高、精、尖的技术和设备回来，加速工业技术改造，提高劳动生产率。三、加强企业的科学研究工作，这是多快好省地发展工业的一个重要途径。四、整顿企业管理秩序。五、抓好产品质量。六、恢复和健全规章制度。七、坚持按劳分配原则，这在社会主义建设中始终是一个很大的问题。人的贡献不同，在待遇上是否应当有差别？同样是工人，但有的技术水平比别人高，要不要提高他的级别、待遇？技术人员的待遇是否也要提高？如果不管贡献大小、技术高低、能力强弱、劳动轻重，工资都四五十块钱，表面上看来似乎大家是平等的，但实际上是不符合按劳分配原则的。《关于加快工业发展的若干问题》即（《工业二十条》）是国家计委根据国务院的指示起草的，初稿为十四条，后来根据邓小平等人的意见增加了部分内容，扩展为二十条，主要内容是：一、学习理论必须促进安定团结，促进生产发展。不能把搞好生产当做“唯生产力论”和“业务挂帅”来批判。二、整顿企业，首先要整顿党的领导。用一年左右的时间把所有企业的领导班子整顿好，改变“软、懒、散”的领导班子，把坏人篡夺了的权力夺回来，建立起一个精干的而不是臃肿的、坚强有力的而不是松散软弱的、能打硬仗的而不是一拖就垮的领导班子。三、整顿企业管理，严格遵守制度。所有企业，要建立以岗位责任制为核心的生产管理制度。四、要落实党的政策。工人、技术人员、干部，凡是被戴上“保守派”、“站错队”等帽子的，一律摘掉。要信任科学技术人员，积极发挥他们的才能，不适当改行的，要加以调整。五、对于“造反”、“反潮流”要进行具体分析。要坚决地同派性作斗争，针锋相对，寸步不让。六、坚持按劳分配的原则。不分劳动轻重、能力强弱、贡献大小，在分配上都一样，不利于发展生产。七、虚心学习外国一切先进的东西，有计划有重点地引进国外的先进技术，为我所有，以加快国民经济的发展速度。八、干部、工人、科技人员都要走又红又专的道路。《工业二十条》吸取发展了过去的《工业七十条》的优点，体现了邓小平等中央领导人一系列讲话和国务院务虚会议的精神。10月，国家计委提出报告，要求在中央政治局讨论后将这个文件送交全国计划会议讨论，然后正式下发执行。由于“四人帮”的阻挠，该文件未能下发，但其主要内容在实际工作中产生了积极的影响。

同　日　中国、柬埔寨两国政府经济技术合作协定在北京签字。协议规定，中国向柬埔寨提供价值6亿元人民币的一般物资和成套项目无偿援助。

8月20日—9月7日　国务院召开生猪生产座谈会。参加会议的有19个省、自治区、直辖市和部分重点工矿城市的负责人。会议材料说：1974年全国收购肉猪9 843.4万头，比1973年减少352.5万头，许多城市人均肉食定量每月只有1斤，肉食供应紧张，群众生活水平下降。座谈会重申“积极发展集体养猪，继续鼓励社员养猪”的方针。讨论修改了《国务院关于大力发展养猪业的通知（草稿）》，制定了发展养猪的规划。李先念、王震副总理到会讲话。

8月23日—30日　教育部召开北京、上海、天津、广东4省、市城市中小学教育座谈会。教育部长周荣鑫在会上说：“毛主席从来没有讲过不要文化。毛主席在《新民主主义论》中提出要建立民族的科学的大众的文化。现在一谈起文化，就谈虎色变，怕得要死，赶紧出来说话，什么‘回潮’啊，‘又是1972年的风’啊！毛主席指示过的，也可以不管，这样不成。”“几百万教师在培养学生，还天天说他们是资产阶级知识分子，这不是自己打自己的嘴巴吗?”“我的有些话可能刺痛了那些好搞形而上学的人，他们有些不满。”“要打倒，我也不怕。要做小平同志讲的那样不怕被打倒的人。”讲话在教育界引起了强烈的反响。9月15日—23日，教育部又在江苏省无锡市召开湖南、湖北、山东、江苏4省城市中小学教育革命座谈会，传达讨论了周荣鑫的讲话，研究了城市教育工作中的一些问题。

8月27日　毛泽东主席会见柬埔寨国家元首、柬埔寨民族统一阵线主席诺罗敦·西哈努克亲王和夫人。柬埔寨民族统一阵线中央政治局主席、王国民族团结政府首相宾努亲王和夫人，王国民族团结政府副首相、柬埔寨民族解放人民武装力量总司令乔森潘，人民教育和青年大臣英蒂丽也参加了会见。会见自始至终充满了亲切友好的气氛。毛泽东热烈赞扬柬埔寨人民敢于斗争，敢于胜利，在五年稍多的时间内，取得了民族解放战争的彻底胜利。当西哈努克感谢中国人民对柬埔寨人民的支援时，毛泽东说：“不是中国人民给了柬埔寨人民什么援助，而是柬埔寨人民援助了中国人民。”

8月30日　经中共中央、毛泽东批准，中共中央军委发出《通知》，调整配备中国人民解放军各总部、各军兵种、各大军区主官。名单如下：总政治部主任张春桥，副主任梁必业、徐立清、傅钟、黄玉昆、田维新；总后勤部部长张宗逊，副部长张震、贺诚、张令彬、张元培、李元、封永顺、张汝光、孔洪珍；空军司令员马宁，政治委员傅传作，第二政治委员余立金；海军司令员肖劲光，第一政治委员苏振华，第二政治委员王宏坤；炮兵司令员张达志，政治委员张池明；第二炮兵司令员向守志，政治委员陈鹤桥；装甲兵司令员黄新廷，政治委员莫文骅；工程兵司令员谭善和，政治委员王六生；铁道兵司令员吴克华，政治委员吕正操；国防科委主任张爱萍，政治委员陶鲁笳；军事科学院院长宋时轮，第一政治委员粟裕，第二政治委员肖华；军政大学校长肖克，政治委员唐亮；南京军区司令员丁盛，第一政治委员张春桥（兼），第二政治委员彭冲（兼），政治委员廖汉生；沈阳军区司令员李德生，政治委员曾绍山、毛远新（兼）；广州军区司令员许世友，第一政治委员韦国清（兼），政治委员赵紫阳（兼）、张平化（兼）、孔石泉；武汉军区司令员杨得志，政治委员王平、刘建勋（兼）、赵辛初（兼）；成都军区司令员秦基伟，第一政治委员刘兴元（兼），第二政治委员李大章（兼）、政治委员严政；昆明军区司令员王必成，政治委员周兴（兼）、刘志坚；济南军区司令员曾思玉，第一政治委员白如冰（兼）、政治委员肖望东；福州军区司令员皮定均，政治委员李志民、廖志高（兼）、江渭清（兼）；兰州军区司令员韩先楚，政治委员冼恒汉（兼）、李端山（兼）；新疆军区司令员杨勇，第一政治委员赛福鼎（兼），政治委员郭林祥、司马义·艾买提（兼）。当时，总参谋长是邓小平，副总参谋长杨成武、张才千、向仲华、彭绍辉、李达、王尚荣、胡炜、何正文、伍修权。

同　日　中央军委通知，经中共中央、毛泽东批准，任命罗瑞卿、谭政、陈士渠、陈再道、王建安为中共中央军委顾问。

8月31日　《人民日报》发表1975年第九期《红旗》杂志短评：《重视对〈水浒〉的评论》。这篇短评经过姚文元修改。短评说，《水浒》“极力歌颂宋江，而把晁盖排除在一百零八人之外。这完全是为了宣扬投降。晁盖死后，宋江窃取了梁山农民革命的领导权，他第一件事便是把聚义厅改为忠义堂，强行通过了争取‘招安’的投降主义路线。宋江对晁盖起义路线的‘修正’，是对农民革命的背叛。”“宋江的反革命道路证明：搞修正主义，必然要当投降派，出卖革命，充当反动派的走狗。这是一切修正主义者的特点”。短评指出：“《水浒》所描写的宋江同高俅的斗争，其实质是地主阶级内部这一派反对那一派的斗争。宋江是地主阶级内部一个派别的代表人物，他不反对皇帝这个地主阶级利益的最高代表，他反对贪官不过是为了效忠皇帝，维护反动的封建统治，在统治阶级内部争得一席地位而已。认清宋江这一阶级本质，对于我们认识修正主义的欺骗性和危害性是很有意义的。”《短评》认为，只有这样认识，才能起到服务现实的作用。短评最后说：“重温一下毛主席在建国初期对电影《武训传》的批判，是很有必要的。”“毛主席的这些深刻分析，对于我们今天开展对《水浒》的讨论和批判，肃清《水浒》研究中的阶级调和论的流毒，是完全适用的。《水浒》这部小说中的宋江，同《武训传》中的武训是一丘之貉。歌颂叛徒宋江，同歌颂奴才武训，是同样性质的问题。”这篇短评和《人民日报》署名为竺方明的文章《评〈水浒〉》发表后，“四人帮”在全国制造了一场“评《水浒》”、“批判投降派”的运动，把矛头指向周恩来、邓小平等党和国家领导人。

本　月　康生提出张春桥、江青是叛徒的问题。康生在与王海容、唐闻生的谈话中，表白自己“没有叛变”，说“江青、春桥历史上都是叛徒”，并且指出证明人。康生还要求王海容、唐闻生将张春桥、江青的历史问题转报毛泽东。关于江青、张春桥的历史问题，康生在延安时期即已清楚，但他一直没有向中共中央和毛泽东反映。

本　月　财政部起草《关于整顿财政金融的意见》。文件提出，要努力促进工农业生产发展，调整财政收入，节约财政支出，迅速扭转企业亏损，加强基本建设拨款的管理，管好用好更新改造资金，加强信贷管理，控制货币发行，改进财政和信贷管理体制，严格财经纪律。文件针对前几年生产遭破坏，资金偏于分散的情况，提出进一步改进财政信贷管理体制的要求。主要内容是：财政资金要适当集中，管理权限主要集中于中央和省、市、自治区两级，特别强调财政方针、政策、国家预算、税法税率、全国性的开支标准、企业基金提取比例、生产成本和商品流通费用的开支范围等，都由中央统一规定。这个文件受到张春桥的非难，没有正式发出。

本　月　全国供销合作社总社在北京召开南方15省、市、自治区供销社负责人座谈会。会议对农村商业、发展社会主义商品生产等重要问题进行了讨论。会议认为，发展商品生产和商品交换是社会主义革命和社会主义建设的需要，这种商品生产和商品交换不同于资本主义的商品生产和商品交换，从现实情况看，中国商品生产还不发达，在今后一段历史时期内，必须大力发展商品生产。会议针对当时“四人帮”宣扬的所谓“限制资产阶级法权”，提出应当“发展社会主义商品生产和商品交换”，对资产阶级法权“如果限制过急，对发展生产不利，可能使社会商品减少”。会议指出，农村集市贸易是同农民的自留地、家庭副业相联系的，是客观存在的，是社会主义统一市场的补充。供销合作社的工作，要从积极促进农业生产的发展，加强农副产品的收购，加强对集市贸易的管理，统一来研究。会议要求把发展农村社会主义商品生产提高到支援国家建设、支援城市、支援出口、进一步安排好市场的物质基础的高度来认识。全国供销合作总社还在会议上布置了搞好旺季农副产品收购，组织生产资料和生活资料供应，促进多种经营，帮助灾区恢复生产和重建家园，加强对农村集市贸易的领导和管理，改善经营管理等工作。

本　月　国务院决定恢复哲学社会科学部业务活动。军宣队、工宣队撤出，哲学社会科学部成立临时领导小组。

9月4日　《人民日报》发表社论：《开展对〈水浒〉的评论》，公布了毛泽东关于《水浒》的谈话。社论说：“《水浒》问世以来，它的主要倾向是什么，一直众说纷纭。解放以后，曾被有些人捧为‘千古不朽的农民革命的史诗’，甚至把宋江代表地主阶级利益的投降主义路线，也说成是无可非议的‘农民的局限性’，并把这种观点称为‘历史唯物主义观点’。”开展评论《水浒》，“这是我国政治思想战线上的又一次重大斗争，是贯彻执行毛主席关于学习理论、反修防修重要指示的组成部分，它将有力地促进无产阶级专政理论学习的深入”。“我们要从《水浒》这部反面教材中吸取教训，总结历史经验，学会在复杂的斗争中识别正确路线和错误路线，知道什么是投降派。我们党50多年的历史证明，凡是搞修正主义的都是投降派，对内搞阶级投降，对外搞民族投降主义”。社论把评论《水浒》说成是在我国政治思想战线上的重大的斗争，又强调了毛泽东关于要搞马列主义，不要搞修正主义；要团结，不要分裂；要光明正大，不要搞阴谋诡计的指示，造成一种将要开展尖锐斗争的气氛。“四人帮”并在其他场合更进一步地暗示了“投降派”的所指。江青召集于会泳等人开会说：“主席对《水浒》的批示有现实意义。评论《水浒》的要害是架空晁盖，现在政治局有些人要架空主席。”从而把斗争矛头直接指向周恩来、邓小平等国务院领导人。

9月7日　周恩来在医院会见罗马尼亚共产党中央书记维尔德茨。周恩来说："马克思的请帖，我已经收到了。这没有什么，这是不以人的意志为转移的自然法则。"他回忆说，时间过得真快，就在10年前，我到布加勒斯特去参加乔治乌·德治的葬礼，大衣也没穿，步行走了4个多钟头，现在，我连4分钟的路也走不了了。周恩来还请维尔德茨转告罗共中央齐奥塞斯库同志说，经过半个多世纪毛泽东思想培育起来的中国共产党，是有许多有才干、有能力的领导人的。现在，副总理（指邓小平）已经全面负起责任来了。具有55年光荣历史的中国共产党，是敢于斗争的。这是周恩来一生中的最后一次会见外宾。从秋季开始，周恩来全身的免疫力严重下降，病情急转直下。

同　日　中共中央军委批转中国人民解放军总参谋部《压缩军队定额、调整编制体制方案》。《方案》提出撤销的单位有：野战步兵6个生产师（保留的步兵师半数以上实行简编编制）；守备部队1个师部、2个守备区和11个团；工程兵7个工区、27个建筑团；铁道兵3个师部、37个团；海军1个基地和6个高炮营；空军4个军部、6个高炮师；总后勤部4个办事处、10个基地兵站、1个兵站；国防科委1个基地机关。《方案》规定全军总人数精减26.2%，陆军步兵部队精减27.3%，工程兵、铁道兵精减最多，两者精减数占陆军兵种部队精减总人数的92.1%，海军精减17%，调整基地、舰艇、高炮和航空兵部队的编制体制，将部分工程建筑部队改为基建工程兵性质的部队，不计入军队定额；空军精减16.4%，主要精减机关，撤销部分高射炮兵部队，工程建筑部队改为基建工程兵性质的部队。不计军队定额；各大军区及其直属单位精减38%；各总部及其直属单位精减16.6%。按《方案》精减整编后，全军机关、保障部队比例减小，战斗部队、院校和科研单位的比例将增大，陆军所占比例将减小，海军、空军比例将增大，人民解放军基本上可以做到：小打，使用现有部队就可以，中打，稍加充实扩编就能应付，大打，由于保留了技术骨干和领导骨干，做好了民兵工作和扩编计划，能够迅速扩编，保证战争需要。这次精减整编，从1975年第四季度开始实施，但受江青反革命集团的干扰破坏，没有完成就停了下来。至1976年底，全军总人数比1975年减少了13.6%。

9月8日　李井泉向国务院提出今年减少四川的粮食征购数。他在致信国务院的信中说："四川省今年年成不好，减产已成定局，决不是夸大。为了保护这个全国的主要粮食基地，保护群众的积极性，提议今年四川征购减少5亿—10亿斤。四川省农村口粮平均不到400斤，有38%的生产队平均口粮在360斤以下，再减口粮不好。今年减产幅度很难预计，因为去年报总产已经过头。"李井泉信中认为四川粮食问题极为严重，"如果不及时注意，很可能要重犯1959年错误"。李井泉的建议得到国务院同意。四川省的农村经济受"左"倾政策的严重干扰，1971年以后粮食产量增长缓慢。农民交征购粮后，扣除必要的集体提留，每人平均口粮只有原粮300多斤，因而三分之一的征购粮又得回销农村。四川全省有半数以上的生产队又购又销，农民生活得不到调剂和改善，生产情绪低落。1976年度四川粮食减产，购少销多的矛盾更加突出，"天府之国"的四川被迫调入10亿斤粮食。1977年又调入了2.5亿斤粮食。

9月9日　毛泽东建议释放国民党省将级人员。毛泽东在公安部党的核心小组《关于清理在押国民党省将级党政军特人员的请示报告》上批示："建议一律释放。本地不能转业的，转别地就业。如何，请酌处。"邓小平随后也批示："拟照主席批示，由公安部照办。即（四项）的109人，也予释放。县团以上的3 000多名，也照此原则办理。"公安部根据以上指示，部署各省、市、自治区公安机关，对341名国民党省将级以上人员和3 300名国民党县团以上人员核实材料，依法履行释放和安置手续。

同　日　华国锋率领中央代表团参加西藏自治区成立10周年庆祝活动。10日，华国锋会见西藏自治区领导人，转达了周恩来总理对西藏工作的指示：在少数民族地区，民族政策要执行好，干部要培养好，人民要团结好，生产建设要发展好，物质生活要搞好，工作就能搞起来。邓小平全面整顿各个领域工作后，西藏自治区为了贯彻执行整顿方针，先后召开了西藏自治区革委会第五次全体（扩大）会议、全区公安工作会议，全区商业和手工业工作座谈会、全区工业学大庆经验交流会和全区出版、教育、体育工作座谈会等，对工业、农牧业、交通、邮电、文教等领域进行整顿。经过整顿，西藏社会秩序、工作秩序、生产秩序都明显好转。

9月12日—28日　第三届全国运动会在北京举行。党和国家领导人朱德、叶剑英、邓小平出席了开幕式和闭幕式。参加这届运动会的包括台湾省在内的各省、市、自治区和中国人民解放军共31个代表队1万多名各族男女运动员和体育工作者。有4人1队6次破3项世界纪录，2人2次平射击、射箭世界纪录，83人49队197次破62项全国纪录。解放军选手董湘毅、李亚敏和杜宁生在女子小口径手枪慢加速射60发比赛中，分别以592环、591环和588环的成绩打破587环的世界纪录；在上述项目的团体比赛中，董湘毅、李亚敏、杜宁生组成的解放军队，以1 771环的成绩，打破了苏联运动员创造的1 752环的世界纪录；辽宁选手金东翔，在女子小口径标准步枪（3×20）的比赛中，以578环的成绩，打破了577环的世界纪录。邓小平恢复工作后，主管体育系统的工作，与江青等人插手体育工作进行了斗争。江青等人要求体委要办成“小靳庄式的体委”，体育干部被轮留派到那里去“取经”，甚至在第三届全运会上表演的团体操也要用小靳庄做背景。邓小平等人针锋相对地对团体操背景提出了一系列修改意见，提出取消关于小靳庄的内容和缩小“八个样板戏”的画像，并且要在反映学校生活的背景上出现教师的形象。在以后的“批邓、反击右倾翻案风”运动中，江青反革命集团进一步插手体育界，打出“体育革命”的旗号，把建国以来国家体委的三任领导诬蔑为“三代修正主义”，甚至将邓小平对体育运动员提出的“提高运动技术水平，争取好的成绩”的要求，说成是“修正主义的纲领”。

9月15日—10月19日　国务院召开全国“农业学大寨”会议，讨论建设大寨县、农业机械化和整顿社队问题。参加大会的，有各省、市、自治区的负责人，各地区、各县和国营农牧场的负责人，农业、农业机械企业、事业和科教单位的代表，财贸系统、上山下乡知识青年的代表，大庆油田的代表，解放军的代表，国务院有关单位负责同志，共3 700人。邓小平在开幕式上作了讲话。邓小平说，这次会议很重要，可以说是1962年七千人大会以后各级领导干部来得最多的一次重要的会议。他强调农业现代化的重要性说，实现四个现代化，“关键是农业现代化。农业现代化、工业现代化、国防和科学技术的现代化，这四个现代化比较起来，更加费劲的是农业现代化。毛主席向来讲我们的国家建设要按农、轻、重的次序安排。为什么要把农字放在第一位？农业为基础，马克思讲过，但是，那个时候人们是不大注意的。是毛主席把这个问题说得最清楚。我们今后25年时间达到四个现代化目标，必须认真注意这个问题。不管工业发展得怎么快，不管我们科学技术的水平提高到怎么样，要有农业这个基础的发展，才能够推动另外三个现代化的前进。如果农业搞得不好，很可能农业拉了我们国家建设的后腿。”邓小平要求全国各地，“省委要抓农业，工业越发达的地方越要抓农业，越要把农业放在第一位，否则要拖你的后腿。”在谈到机械化问题时，邓小平说，机械化不是要照抄大寨，照抄别的地方，而是要各有特点。每个地方的机械化要有自己的特点，要有自己的重点。南方有南方的特点，北方有北方的特点。邓小平在讲话中还提出要进行各方面的整顿。他说：“我们现在全国存在着各方面的整顿问题。你们都看了中央发的18号文件，军队要整顿，是毛主席指示的。这次军委扩大会议，就是讲的军队要整顿，要准备打仗。就是两条。这是毛主席提出的两个纲。毛主席讲过，军队要整顿，地方要整顿。地方就是好多方面。工业要整顿，农业要整顿，商业也要整顿，我们的文化教育也要整顿，科学技术队伍也要整顿。文艺，毛主席叫调整，实际上调整也就是整顿。”10月15日，华国锋代表中共中央、国务院作了题为《全党动员，大办农业，为普及大寨县而奋斗》的总结报告。华国锋说：当前，摆在我们面前的伟大战斗任务，就是全党动员，大办农业，为普及大寨县而奋斗。从全国的情况来看，全国粮食亩产过了《纲要》的已经有5个省、市，44个地区，725个县。接近《纲要》的已经有12个省、市。由于具备了这一切物质基础，因此，普及大寨县的条件已经基本成熟了。华国锋提出："大寨县目前的标准是：一、有一个坚决执行党的路线和政策、团结战斗的县委领导核心；二、树立了贫下中农的阶级优势，能够对资本主义活动进行坚决斗争，对阶级敌人实行有效的监督改造；三、县、社、队三级干部都能够像昔阳县那样坚持参加集体生产劳动；四、在农田基本建设、农业机械化和科学种田方面，进展快，收效大；五、集体经济不断：比大，穷社穷队的生产和收入，达到或超过当地中等社队现在的水平；六、农林牧副渔各业全面发展，增产数量大，对国家贡献多，社员生活逐步有改善。"华国锋要求："从中央到地方各级党委，都要像领导土地改革、农业合作化那样，像指挥作战那样，做出全面规划和切实的部署，全力以赴，去夺取胜利。苦战5年，到1980年，要求全国三分之一以上的县建成大寨县，其他的县也都要建成更多的大寨式的大队和公社。"华国锋还重申了1971年全国农业机械化会议上提出的到"1980年基本上实现农业机械化"的目标。10月19日，中共中央批转了华国锋的总结报告。

9月12日　江青在大寨群众干部大会上讲话，强调评《水浒》"要联系实际"。她说："不要以为评《水浒》只是一个文艺评论。同志们，不能那么讲。不是、不单纯是文艺评论，也不单纯是对历史，对当代也有现实意义。因为我们党有十次路线错误，今后还会有的。敌人会改头换面藏在我们党内。"她还说："宋江上了梁山，篡夺了领导权，他怎么篡夺的领导权呢？同志们，他是上山以后，马上就把晁盖架空了。怎样架空的呢？他把像河北的大地主卢俊义——那是反梁山泊的，千方百计地弄了去。把一些大官，大的将军、武官、文吏，统统弄到梁山上去，都占据了领导的岗位。这是他的组织路线。"她还别有用心地说："你看嘛，主席对学马列的指示这篇讲话，有人就不提了。我刚才讲的主席对马列主义的贡献、发展，有的人就胆敢删掉。这个，你们就可以识别了嘛！你看，宋江怎么处心积虑地排斥晁盖，架空晁盖。最后，晁盖第一天死，第二天他就把'聚义厅'改为'忠义堂'。""我们党内的投降派、修正主义者，干的事情是公开的敌人做不到的。""我们不仅承认阶级斗争不是熄灭了，而是要看到我们党内有两条路线的激烈的斗争。所以有人说，学理论怎么困难，理论不怎么样啊。有人他就不批林、不批孔。原因是什么？怕批到他们自己头上。他们跟他们划不清界线，或者就是上了贼船，潜伏在咱们党内的，所以破坏批林批孔，破坏理论学习。现在我们批《水浒》，看看宋江如何排斥晁盖，架空晁盖。”

9月16日　中共中央发出《关于大力发展养猪业的通知》。这是10年来以中共中央名义发出的第一个关于发展养猪业的文件。《通知》指出，积极发展集体养猪，继续鼓励社员养猪的方针，是毛主席批准的现阶段发展养猪业的正确方针，不能改变。最近一个时期，生猪存栏除了一些地方持续上升外，也有的地方徘徊不前，个别的省还有所下降。社员饲养公母猪，应当允许。只能用积极发展集体养猪的办法提高集体养猪的比例，决不能用限制社员养猪的办法来提高这个比例。不能把社员正当的家庭副业当做资本主义倾向去批判。鼓励社员养猪的政策和奖励办法不要随意变动。这一文件广为宣传和贯彻执行后，扭转了前一个时期养猪业徘徊不前，个别省份下降的局面，社员养猪得到了一定的发展。1975年底生猪存栏为2.8亿头，比1974年底的2.6亿头有所增加。但是，随之出现了生猪存栏头数增加，出栏率反而下降的不正常现象。1977年和1978年的生猪出栏率仅为55%左右，直接影响了猪肉产量，使猪肉供应紧张，从1964年以来一直敞开供应猪肉的北京、上海、天津三大直辖市，到1977年被迫再次实行猪肉定量供应。

9月17日　江青在大寨召集座谈会发表讲话。参加座谈会的有北京电影制片厂、长春电影制片厂、新闻电影制片厂和新华社、《人民日报》社、法家著作注释组、北大清华两校写作班子等单位共100余人。江青说：“评《水浒》就是有所指的。宋江架空晁盖，现在有没有人架空主席呀？我看是有的。”“有些文章不给主席送，是我批了送主席看。”“三十三条语录政治局一遍都没有学完。”“他们反对学理论，反对限制资产阶级法权。”她还说：“党内有温和派，有左派，左派领袖就是鄙人。”江青还把中央政治局开会批评她说成是迫害她，她造谣说："最近，有那么一些人，把主席批评我的一封信，江某人向政治局传达的，政治局没有讨论，给传出去了。""我这个人天天挨骂，修正主义骂我，共产党员还怕骂吗？""在北京我跟他们斗了半年多了。"在全国农业学大寨会议期间，江青要求在大会上播放她的讲话录音，印发她的讲话稿。华国锋为此请示毛泽东，毛泽东严厉批评江青的讲话是"放屁，文不对题"。毛泽东指示："稿子不要发，录音不要放，讲话不要印。"

9月19日—21日　英国前首相希思访问中国。邓小平副总理与希思前首相进行了会谈。

9月20日　周恩来再次作手术。在进入手术室准备接受手术时，他大声说："我是忠于党、忠于人民的！我不是投降派！"手术时，发现他身上的癌细胞已经全身扩散，无法医治。邓小平当即指示医疗组："减少痛苦，延长生命。"

同　日　中共总后勤部党委为傅连暲骨灰举行安灵仪式。陈云、聂荣臻、徐向前、谭震林、王震、余秋里等出席安灵仪式并送了花圈。报刊未作报道。1978年8月13日经中共中央批准，新华社发布为傅连暲平反的消息。11月22日，总后勤部召开大会，宣布为傅连暲平反昭雪，恢复名誉。

9月21日　毛泽东主席会见英国前首相爱德华·希思，同他进行了友好的谈话。在谈到中国国内问题时，毛泽东说："中国现在还很穷，有一些变化，不大。至少要30、40、50年。人一穷，他就要斗争。"毛泽东告诉希思，请他不要相信中国一些吹牛皮的话。

9月21日—27日　中共中央政治局常委张春桥率中国共产党代表团访问朝鲜。

同　日　国务院成立钢铁工业领导小组。谷牧任组长，纪登奎任政委。钢铁工业战线经过整顿生产形势有所好转。6月份，全国钢的平均日产量达到了7.24万吨，超过了全年计划要求的平均日产水平，开始补还欠产部分。由于前几个月欠产严重，据1975年年底统计，全年产钢2 390.3万吨，没有能够达到计划的2 600万吨的要求。

9月22日　司法机关决定对在押的95名台湾武装特务和49名武装

特务船船员，全部宽大释放。自1962年10月—1965年9月间捕获的台湾武装特务及武装特务船船员，至此已全部处理完毕。对被宽大释放的人员，给予公民权，并根据他们的具体情况安排就业。愿意回台湾的可以回去，并给足路费，提供方便。此外，被宽大释放的还有1965年捕获的“台湾情报局”特务船船员日本人2名、南朝鲜人2名。

9月22日—28日　越南劳动党中央委员会第一书记黎笋访问中国。中共中央副主席、国务院副总理邓小平与黎笋第一书记举行了会谈。在会谈中，邓小平副总理对越南在报刊上加紧宣传所谓“北方的威胁”、向中国提出无理的领土要求、在中越边境蓄意制造纠纷等问题，表示中国方面对此感到不安。黎笋访华期间，中越两国政府签署了中国向越南提供无息贷款的协定和1976年中国向越南提供一般物资的议定书。

9月23日—10月21日　中共中央在北京召开农村工作座谈会。参加会议的有中央主管农业的负责人和部分省、市、自治区党委第一书记等17人，李先念主持了座谈会。会议讨论了陈永贵于8月14日提出的关于在短期内将人民公社基本核算单位由生产队过渡到生产大队，以及取消社员自留地和家庭副业等改变农村经济政策的建议。只有个别人赞成陈永贵的意见，主张从现在开始，就分期分批过渡。大多数持不同意见的同志则指出，毛主席讲过，三级所有，队为基础，30年不变，这已深入人心，如果向大队核算过渡这件事一股风吹下去，对群众生产、分配会产生不利影响；说要分期分批，但实际上人们会怕说右倾，会一哄而起，不可能分期分批；即使分期分批，搞上几年，没有实行大队核算的生产队，也会观望，积累也不会搞了，农田基本建设也不搞了，吃光分光。此事只能搞试点，宁可把准备时间拖长一些。会议决定暂不改变现行政策，待日后看条件是否成熟再作考虑。这个决定又一次排除了“左”的干扰，保持了农村经济政策的连续性。

9月24日　毛泽东主席会见越南劳动党中央第一书记黎笋。毛泽东同黎笋和黎清毅进行了亲切的谈话。毛泽东说：“现在天下最穷的不是你们，而是我们。我们有8亿人口。我们现在有领导危机。总理身体不好，一年开过4次刀，危险。康生身体不好，叶剑英身体也不好，我82岁了，我也有病。”毛泽东用手指着参加会见的邓小平说，只有他算一个壮丁。

9月26日　邓小平在听取胡耀邦、李昌、王光伟、周荣鑫等汇报科学院工作和讨论《科学院工作汇报提纲》时作重要讲话。在谈到科学研究领域的问题时，邓小平着重讲了科研人员和科技领导的问题。邓小平说，科研工作既要靠老知识分子，也要靠年轻的知识分子，30多岁应是出成果的年龄了。在一段时间里，大多数人没有搞科研，看电影、打派仗，科研工作被大大削弱了。但也有秘密搞的人，陈景润就是秘密搞的，究竟算红专还是白专？陈景润在世界上公认是有水平的，就是白专，有一点又有什么？应该爱护、赞扬。老科学家有知识，叫他改行，学非所用，这种人是大量的，这才是对国家的最大浪费。邓小平指出：思想整顿的关键是班子。闹派性的人是少数，一不懂行，二不热心，三有派性的人，为什么要留着？广大的科学工作者是想搞研究啊。科研人员中有水平、有知识的可以当所长。领导班子要有三种人，管党的工作的人、科研工作者、管后勤工作的人。搞科研的人允许是书呆子，要建立科技人员的档案，把那些比较好的科技人员，那些有前途的人员记下来，帮助他们创造条件，发展条件，要在政治上关心他们，包括怪脾气、毛病大的人，都应该支持。“白专”，只要是对中华人民共和国有好处，比占着茅房不拉屎的，比闹派性、拉后腿的人好得多。邓小平强调说，后勤工作也很重要，要为研究工作创造条件，把资料、材料、仪器、机器保护好，这是科研工作中的政治工作。后勤工作者也得学科学知识，不懂科学知识，搞后勤也不行。谈到教育领域的问题时，邓小平说，后继要有人，中心是教育部门，究竟大学起什么作用？培养什么人？钢铁学院办成了中等技术学校的水平，这还何必要叫大学？上海机床厂的七二一大学是一种形式，不能代替其他大学。一点外语知识也没有，数理化也没有，还攀什么高峰？中峰都不行，低峰行不行还成问题。要选数理化好的高中毕业生进科技大学。邓小平指出：还有个教师的地位问题，几百万教员，只挨骂，这怎么能调动积极性呢？教育也要调动积极性。如果我们工厂的自动化水平要提高，就要增加科技人员，提高数量，提高质量。自动化水平提高了，体力劳动减少，世界上先进国家不管是什么制度，都要走这条道路。这些科技人员是不是劳动者？叫生产力，就是劳动者。邓小平在这次讲话中，明确地指出：科研不走在前面，是要拖整个国家的后腿。我们有个危机，可能发生在教育部门，把整个现代化水平拉住了。邓小平针对《科学院工作汇报提纲》指出：主席非常关心这个问题，《科学院工作汇报提纲》要送主席批准，用这个充分发动群众。

同　日　胡耀邦作关于《科学院工作汇报提纲》的说明。胡耀邦是7月到中国科学院主持工作的，中共中央当时主管科学院工作的华国锋指示他尽快就发展科技工作提出意见。胡耀邦等人在调查研究的基础上，由胡乔木协助，写出了《科学院工作汇报提纲》。《汇报提纲》的主要内容是：一、关于肯定科技战线上的成绩问题。《提纲》说："经过三大革命斗争实践的锻炼，绝大多数人是拥护党、拥护社会主义、愿意为人民服务的，并且为独立自主地解决经济建设和国防建设中的一些重大科学技术问题作出了贡献……20多年来，科技战线上绝大多数领导干部、科技人员和广大职工，辛勤努力，成绩是主要的。"二、关于科技工作的组织领导问题。《提纲》认为，中国科学院和国家科委合并以后，中国科学院承担的任务十分复杂和繁重。中国科学院为了承担国家科委的部分工作而设立的"科技办公室"，不能适应工作进展的需要。"为了集中精力搞好中国科学院这支专业队伍的工作，我们是赞成把原科委工作划出的"。三、关于力求弄通毛主席提出的科技战线的具体路线问题，提出要正确处理6大关系：1. 政治与业务的关系。对科技工作，一定要有坚强的政治领导，又有切实具体的业务领导。2. 生产斗争与科学实验的关系。提出"科学技术是生产力"，"不打这一仗，生产力无法提高"。科研要走在前面。3. 专业队伍与群众运动的关系。发展科学技术要两条腿走路，发挥两个积极性。《提纲》指出："决不能否定和取消实验室的研究工作。不能不加区别地要求任何科学研究工作都要实行'以工厂、农村为基础'的三结合。不宜笼统地、绝对地、不加具体分析地提‘开门办科研’这样的口号。”4.自力更生与学习外国长处的关系。主张自力更生，既要反对崇洋迷外，盲目照搬，又要反对排外主义、闭关自守。必须经常密切注意和调查研究国际上科学技术发展的最新动向，有必要从国外引进一些先进技术、先进设备，必须积极开展同国际科学界间的友好活动。5.理论与实际、基础与应用的关系。要正确地贯彻理论联系实际的方针。要以大部分科技力量积极地认真地去解决经济建设和国防建设的实际问题。但是，又不能忽视自然科学的理论研究和基础性工作。6.党的绝对领导与百家争鸣的关系。党对科学技术的领导就是路线、方针、政策的领导，就是用计划来领导。自然科学学术问题上的不同意见的争论必须实行百花齐放、百家争鸣的方针，不能用行政命令的办法，更不能以多数还是少数，青年还是老年，政治表现如何来作为衡量学术是非的标准。四、关于科技战线知识分子政策问题。对现有的400万科技人员的基本估计，《提纲》说：“总的说来，他们在基本政治立场上是拥护党、拥护社会主义、愿意为人民服务的，反党反社会主义分子只是极少数。”“绝大多数是好的或比较好的，做了大量的工作，许多人已经成为政治上、业务上的骨干。”五、关于科技十年规划轮廓的初步设想。《提纲》提出：1.组织钢铁和粮食两个科学技术大会战。2.各部门、行业要集中力量解决本部门、行业的关键科学技术问题，发展新技术、新装备、新工艺、新设计的研究。3.配合国防科技部门，研究提供两弹、卫星、飞船、核潜艇所需的各项新材料、新装备等，探索新技术。4.狠抓计算机与自动化技术、激光技术、遥感技术、仿生技术等四项新兴技术。5.加强基础科学的理论研究。六、关于中国科学院院部和直属单位的整顿问题。根据邓小平的意见，胡乔木等对《汇报提纲》又作了多次修改，呈送毛泽东。由于毛泽东未对该文件表示同意，故该文件没有下发。

9月26日—11月8日　周荣鑫主持起草教育部向国务院的汇报提纲。周荣鑫在起草小组传达了邓小平的指示，要求汇报提纲要体现邓小平指示精神。邓小平说：“25年发展远景，关键是我们教育部门要培养人。科学研究工作后继有人问题，中心是教育部门的问题。

现在有个危机——不读书。教师有个地位问题，教育部门也有个调动教师积极性问题。”由于周荣鑫要求汇报体现邓小平指示精神，11月8日被迫开始做检查，教育部向国务院汇报工作停顿。

同　日　毛泽东对周长庚建议支持社队企业的来信做出批示。9月9日，浙江省永康县银行干部周长庚给毛泽东、中共中央写信，信中反映，由于《农村人民公社工作条例修正草案》的有关规定未作修改，中央未明确由哪个部门主管社队企业，致使一些基层单位的党政干部对社队企业不敢大胆支持和领导，社队企业处境困难，有的社队企业自流发展，有的社队企业走了弯路。有一些部门对办得好的社队企业千方百计要改变其体制，收归自己管辖，如企业不同意就不分配原料，不安排产品销路等等。来信“恳请党中央对这方面作些新的指示，动员全党和全国各条战线，学习推广北京、上海、河北、河南、湖南等先进省、市的典型经验”。随信还附上了《华国锋同志给湖南省委的一封信》的抄件和1974年12月15日《河南日报》以《光明灿烂的希望》为题发表的关于河南巩县回郭镇公社围绕农业办工业，办好工业促农业的调查。9月27日，毛泽东将周长庚的信转给邓小平，并批示说：“请考虑，此三件（两封信及一篇报道）可否即发在京各中央同志。”邓小平根据毛泽东的批示，用中共中央文件的形式将信印发全国参照执行。华国锋给湖南省委的一封信，是华国锋在1974年12月18日，看到了湖南省社队企业局写的《社队企业具有强大的生命力》、《积极发展社队企业，加速实现农业机械化》两个调查材料后，给中共湖南省委书记张平化写的。信中建议加强对社队企业的领导，信中说：“社队企业有如烂漫的山花，到处开放，取得了可喜的成绩。……这对于巩固发展人民公社集体经济，对于加速实现农业机械化，消灭三大差别，都具有重大意义。它代表了人民公社的伟大希望和前途。”信中指出加强党的领导，“社队企业就会由无到有，由少到多，由低级到高级的不断向前发展”。

9月27日—10月4日　邓小平在中共中央召开的农村工作座谈会上，两次发表讲话，要求全面整顿。邓小平在9月27日和10月4日的两次会议上讲话说：“当前，各方面都存在一个整顿的问题。农业要整顿，工业要整顿，文艺政策要调整，调整其实也是整顿。要通过整顿，解决农村的问题，解决工厂的问题，解决科学技术方面的问题，解决各方面的问题。我在政治局讲了几个方面的整顿，向毛泽东同志报告了，毛泽东同志赞成。”“整顿的核心是党的整顿。只要抓住整党这个中心环节，各个方面的整顿就不难。”邓小平在强调整顿的同时，还突出地、有针对性地谈到了如何宣传毛泽东思想的问题。他指出：“我总觉得现在有一个很大的问题，就是怎样宣传毛泽东思想。林彪把毛泽东思想庸俗化的那套做法，罗荣桓同志首先表示不同意，说学习毛主席著作要学精神实质。当时书记处讨论，赞成罗荣桓同志的这个意见。林彪主张就学‘老三篇’（后来加成‘老五篇’），是割裂毛泽东思想。毛泽东思想有丰富的内容，是完整的一套，怎么能够只把‘老三篇’、‘老五篇’叫做毛泽东思想，而把毛泽东同志的其他著作都抛开呢？怎么能够抓住一两句话，一两个观点，就片面地进行宣传呢？割裂毛泽东思想这个问题，现在实际上并没有解决。比如文艺方针，毛泽东同志说，要古为今用，洋为中用，百花齐放，推陈出新。这是很完整的。可是，现在百花齐放不提了，没有了，这就是割裂。现在相当多的学校学生不读书，这也不符合毛泽东思想。毛泽东同志反对的是教育脱离实际、脱离群众、脱离劳动，并不是不要读书，而是要读得更好。毛泽东同志给少年儿童的题词是‘好好学习，天天向上’嘛。还有，毛泽东同志讲了四个现代化，还讲过阶级斗争、生产斗争、科学实验是三项基本社会实践，现在却把科学实验割裂出来了，而且讲都怕讲，讲了就是罪，这怎么行呢？恐怕在相当多的领域里，都存在怎样全面学习、宣传、贯彻毛泽东思想的问题。毛泽东思想紧密联系着各个领域的实践，紧密联系着各个方面工作的方针、政策和方法，我们一定要全面地学习、宣传和实行，不能听到风就是雨。”

9月30日　国务院发出《关于调整国务院直属机构的通知》。《通知》指出：一、保留民航总局（由空军代管）、国家海洋局（由海军代管）、国家测绘总局（由国家建委代管）、中央气象局（由农林部代管）、国家地震局、国家标准计量局（由中国科学院代管）、国务院机关事务管理局、国务院参事室（由国务院办公室代管）、中国文字改革委员会（由教育部代管）、国家文物事业管理局。二、增设国家地质总局、国家物资总局、国家劳动总局（由国家计委代管）、国家建筑材料总局（由国家建委代管）、国家出版事业管理局。三、撤销国务院宗教事务局。

本　月　中共中央决定：曾绍山任辽宁省革命委员会主任。

本　月　中国历史博物馆通史陈列经过修改后重新开放。

10月1日　七机部舒龙山给毛泽东写信诬告张爱萍。舒龙山是七机部党的核心小组成员。信中诬告国防科委主任张爱萍推行“今不如昔”的“右倾机会主义错误路线”。毛泽东于11月2日对这封信批示：“此人是‘九一六’左派。”毛泽东同时还口头指示：“对张爱萍要帮。”12月13日，王洪文到国防科委党委常委和七机部党组成员联席会议上讲话说：“张爱萍的错误实际上是否定‘文化大革命’在国防科委、七机部的伟大胜利，否定整个‘文化大革命’。”此后，在国防科研领域内开展了“‘批邓联张’反击右倾翻案风”运动。

同　日　中共中央军委任命北京军区、成都军区领导人。中共中央军委通知，北京军区主官调整配备如下：司令员陈锡联，第一政治委员纪登奎，第二政治委员秦基伟，副司令员傅崇碧、马卫华、康林、刘海清、肖选进、尤太忠（兼内蒙古军区司令员），副政治委员黄振棠、吴岱、万海峰、迟浩田、吴涛（兼内蒙古军区第一政治委员）。中共中央军委通知，刘兴元任成都军区司令员，赵紫阳兼任成都军区第一政治委员，陈先瑞调任成都军区政治委员；张廷发任空军政治委员。

同　日　陈锡联率领中央代表团参加新疆维吾尔自治区成立20周年庆祝活动。代表团副团长有乌兰夫、张才千、毛远新、巴桑、崔海龙、苏静。代表团在乌鲁木齐出席了庆祝大会，参加了国庆游园。陈锡联作了讲话。随后，代表团分5路到新疆各地慰问。

10月3日　中共云南省委第一书记、云南省革命委员会主任周兴去世。周兴，1905年生。江西永丰人。1925年加入中国共产主义青年团，1926年转入中国共产党。1927年参加南昌起义，1931年后历任江西省苏维埃政府肃反委员会秘书长、政治保卫局执行部部长。1934年参加长征。曾任红一军团政治保卫局副局长，中华苏维埃共和国中央政府西北办事处政治保卫局代理局长，陕甘宁边区政府保安处处长兼陕甘宁边区保安司令部副司令。1949年任南京市公安局局长。中华人民共和国成立后，历任西南军政委员会公安部部长、公安部副部长，最高人民检察院副检察长，1960年任中央山东省委书记处书记，1965年任中共云南省委书记处书记、云南省省长。1970年起任中共云南省委第一书记、云南省革命委员会主任、昆明军区政委，第九、十届中共中央委员，第三、四届全国人大代表。

10月4日　中华人民共和国政府和孟加拉人民共和国政府在纽约签署《联合公报》。决定自10月4日起建立外交关系并互派大使。

10月6日　胡乔木在哲学社会科学部、国务院政治研究室召开的筹办《思想战线》杂志会议上发表谈话。他批评当时评《水浒》的文章说："把毛主席比做晁盖，简直是荒谬！毛主席是无产阶级的伟大领袖，晁盖无论怎样勇敢，只是一个农民英雄，这两个人怎能比较呢？还有把毛主席身边的人比做宋江，那不是说毛主席用了宋江吗？"他指出："毛主席的指示在报刊上得不到反映，这本身就是个严重的问题，我们的刊物就要反映。"他还说："写文章要正面立论，不要放暗箭。现在报刊上的文章都很长，但就只有那么一两句话是有所指的，是放暗箭的话。我们不放暗箭。"胡乔木还针对被"四人帮"搞得极为混乱的教育战线说："不是允许学生可以无纪律、搞破坏。对老师错误的教育方针、教学内容提出批评是应当的，但无纪律、搞破坏决不是反潮流、反师道尊严。学生无纪律、搞破坏，首先是破坏了自己的尊严。""国家的利益，社会主义的秩序，都要有尊严。教师要改造，学生更要改造。"《思想战线》杂志是邓小平要求学部恢复后创办的综合性理论刊物。邓小平几次讲话要求办好《思想战线》，并说，《化石》这样的刊物，毛主席还这样关心，学部办的综合性理论刊物，毛主席还会不关心？"四人帮"一伙对胡乔木的讲话极为恼火。姚文元在胡乔木这一讲话的记录稿上批注说："想反掉以毛主席为首的党中央领导下的《红旗》，把那个不肯改悔的走资派吹捧为‘代表党’，这不是反党、篡党吗？”

10月6日—12日　南斯拉夫联邦执委会主席比耶迪奇访问中国。邓小平副总理与比耶迪奇主席就双方共同关心的重大国际问题和进一步加强两国友好合作关系问题进行了会谈。邓小平指出：中南两国对许多重大国际问题的看法是相同或类似的，中南关系在过去几年中取得了良好的发展，正面临着广阔的发展前景。比耶迪奇主席此次访问中国，为铁托总统1977年访华铺平了道路。

10月7日　国务院政治研究室邓力群主持起草完成《论全党全国各项工作的总纲》。该文是根据邓小平以及其他国务院领导人的多次讲话精神撰写的。胡乔木在起草之前说，报纸上宣传安定团结，把国民经济搞上去的文章太少，当前很需要写一篇全面宣传三项指示的文章。文章强调说，要识破假马克思主义的政治骗子，绝不能只看他们的宣言，而要看他们的实际行动。“他们打着反修正主义的旗号搞修正主义，打着反复辟的旗号搞复辟，把党的好干部和先进模范人物打下台，篡夺一些地方和一些单位的领导权，在这些地方和单位实行资产阶级专政”。“这种斗争就是当前两个阶级、两条道路、两条路线斗争的集中表现”。文章尖锐地批判了那些顽固地搞资产阶级派性的头头，说：“他们热衷于拉山头，打派仗，长期纠缠于所谓这一派和那一派的斗争，所谓造反派和保守派的斗争，所谓新干部和老干部的斗争，所谓‘儒家’和‘法家’的斗争。有的甚至为了达到资产阶级极端个人主义的目的，不惜同那些反马克思主义的阶级敌人同流合污，串通一气。”进而指出，“由此我们应当得到一个深刻的教训，这就是在阶级社会里，对一切社会现象都要进行马克思主义的阶级分析。例如，对‘造反’，就要看他是造哪一个阶级的反，是代表哪一个阶级在造反。又例如，对‘反潮流’，就要看他是反什么性质的潮流，是反马克思主义的潮流，还是反修正主义的潮流，是反正确的潮流，还是反错误的潮流”。文章说：“我们一些同志至今还是用形而上学来对待政治和经济、革命和生产的关系，总是把政治和经济互相割裂开来，把革命和生产互相割裂开来，只讲政治，不讲经济，只讲革命，不讲生产，一听到要抓好生产，搞好经济建设，就给人家戴上‘唯生产力论’的帽子，说人家搞修正主义。这种观点是根本站不住脚的。”文章鲜明地提出：“革命就是解放生产力，革命就是促进生产力的发展。我们中国共产党人，要对革命负责，也要对生产负责。要从自己的头脑中清除那些‘抓革命保险，抓生产危险’、‘革命非常重要，生产无关紧要’、‘抓革命吃得开，抓生产倒霉’的糊涂观念。”“不信邪，不怕鬼，树雄心，立壮志，挺起腰板干。”该文在“批邓反击右倾翻案风”运动中，被称之为“大毒草”。姚文元亲自对该文写了47条批语，把该文定为“一篇复辟资本主义的总纲”，说它“同‘571工程纪要’何其相似！”江青攻击此文是“邓小平他们已经搞了赫鲁晓夫式的秘密报告。赫鲁晓夫还在斯大林逝世了几年后搞的，而邓小平在主席健在的时候就搞。他们比赫鲁晓夫的秘密报告还厉害。”根据“四人帮”的这些指示，对该文的起草者进行了围攻。邓力群表示：该文每个观点、每个提法、每句话，都由他负全部责任。1977年，邓小平在一次讲话中指出：“‘三株大毒草’中的《论总纲》确实最近才看到。文章写得好，针锋相对，很尖锐，是个香花，不是毒草。”

同　日　刘冰、惠宪钧、柳一安3人联名再次就揭发迟群、谢静宜问题上书毛泽东。信中对迟群的跋扈专横行为进行了汇报，并且指出，迟群最近的表现更为不好，搞了许多违背党的原则的活动，给党的事业已经带来了损失，发展下去将会使党的事业受到更大的损失。信中反映，谢静宜越来越明显地袒护迟群的错误。“在一次书记会上，因为一个干部的批准手续问题，她借题发挥，用威胁的口气说‘岂有此理，你们告去吧！’联想起十大以后迟群发泄不满情绪时，她跪在迟群面前握着迟群的手讲些不合原则的话，当时我们就实在看不下去”。“盼望中央解决我们班子的问题”。随信还附有《关于迟群同志的错误》的报告。《报告》说：“党的十大、四届人大以后，由于没有当上中央委员，没有当上部长，迟群同志极为不满。他说：‘主席身边的人都有职位了，为什么不给我安排？中央不信任我’。‘总理老是给我出难题，难的地方都叫我去做’；‘老子辛辛苦苦干了这些年，落下这个下场’，‘主席的两个兵，屁！什么两个兵？'”“刘西尧、周荣鑫主持教育部后，迟群把周围的工作人员召集起来讲话说：‘你们不要光看现在，再过几年再看’，‘别人不提我当四届人大代表，主席提我’，‘我才四十岁，他们都六七十岁了，咱们走着瞧。'”《报告》还说，迟群“在一些重大原则问题上忽左忽右。批林批孔运动开始时，他大反走后门，学习无产阶级专政理论运动开始时，他提出要注意经验主义，并令校刊写了反对经验主义的文章。”这封信是经由邓小平转送给毛泽东的。在向毛泽东写信的同时，刘冰等人还将同样内容的信寄送给当时北京市委的主要领导人，并且向北京市委科教组负责人作了同样内容的口头汇报，要求北京市委调查处理迟群问题。11月以后，清华大学在迟群和谢静宜的主持下，连续召开大会，对刘冰等人揭发的问题，作了颠倒黑白的所谓“澄清”，把两封揭发信定为“诬告信”，刘冰等人被撤销党内外一切职务，被打成“正在走的走资派”、“投降派”、“左倾翻案风急先锋”，送到清华大学农场监督劳动。1977年5月，清华大学组织了调查小组，查清了有关事实，把强加给刘冰等人的诬陷之词全部推倒，为刘冰等人恢复了名誉。

10月8日　毛泽东主席会见南斯拉夫联邦执委会主席杰乌尔·比耶迪奇。双方进行了友好的谈话。在谈到未来世界安全问题时，比耶迪奇说：“我们认为，如果再打仗，那就会是一场可怕的核战争，而这一现象本身，对于任何想要发动战争的人来说，都是最好的威慑力量。”毛泽东说：“你们是堵死另一条路。我不堵死。常规武器、核武器两种可能都有。没有什么可怕，无非是多死一些人。要准备打，没有坏处，不准备打，就危险了。思想上不能解除武装。”

10月11日　《人民日报》发表《伟大的光明灿烂的希望——河南巩县回郭镇公社围绕农业办工业、办好工业促农业的调查》一文。文章认为社队工业有四个方面的巨大作用：一、进一步巩固了人民公社集体经济。二、改进了农业生产条件，加快了实现农业水利化、机械化、电气化、化学化的速度。三、进一步发挥了人民公社“一大二公”的优越性，公社利用自己的经济力量扶持穷队发展生产，帮助受灾队进行生产自救，使一些较穷的生产队能够较快地赶上较富的生产队。四、人民公社三级经济关系的新变化，对生产力的发展和人们社会主义觉悟的提高，产生了积极的影响。文章提出："他们的实践说明，公社必须办工业，公社能够办工业。"《人民日报》在编者述评中号召说要"满腔热情地办好社队工业"。

10月12日—20日　解放军总参谋部、总后勤部召开全国民兵装备工作会议。会议交流了民兵武器装备、维修和管理的经验。在会议期间，主持会议的副总参谋长彭绍辉当面质问参加会议的上海民兵指挥部的头头说，你们那个指挥部还不撤销？中共中央军委对于民兵工作的领导体制，早在7月军委扩大会议上就明确为由省军区、军分区、人民武装部来领导。所有的民兵指挥部、民兵小分队要一律撤销。此前，9月18日王洪文曾接见上海民兵指挥部领导成员，他说："现在总是有人觉得过去的东西顺手、方便，还有人说民兵抓阶级斗争不正规化，还有人骂我们，上海搞第二武装集团。""上海民兵是经过斗争的，今后还是有斗争的。"

10月16日　毛泽东作批示。毛泽东在《学部老知识分子出席国庆招待会的反映》上批示："打破'金要足赤'、'人要完人'的形而上学错误思想。可惜未请周扬、梁漱溟。"

10月19日　毛泽东主席会见马里共和国国家元首特拉奥雷的夫人、马里全国妇女联盟主席玛丽亚姆·特拉奥雷。毛泽东主席与马里贵宾进行了亲切友好的谈话。玛丽亚姆感谢中国对马里的帮助。毛泽东说：是你们帮助了我们。你们搞好了，也就帮助了我们。

同　日　《人民日报》、《解放军报》发表社论：《纪念长征胜利40周年》。社论说："毛主席的革命路线同王明'左'倾机会主义路线、张国焘右倾机会主义路线的斗争，是马克思主义同修正主义的斗争。搞修正主义的，都是投降派。自称'百分之百布尔什维克'的王明，完全违背了马克思列宁主义的普遍真理同中国革命的具体实践相结合的原则，先'左'后右，最后叛国投敌，当了苏修社会主义的走狗。张国焘反对北上抗日，主张南下逃跑，最后投降国民党反动派，当了可耻的叛徒。刘少奇、林彪走的也是这样一条路。这就告诉我们，要搞马克思主义，就要坚持对修正主义、投降主义的斗争，就要反对投降派。”10月以后，人民解放军各总部、各大军区、军兵种文艺演出单位，根据中共中央批准的开展长征胜利40周年纪念活动的指示，演出了包括话剧《万水千山》、长征组歌《红军不怕远征难》等大量歌颂长征的文艺节目。中共中央政治局、国务院、人大常委会、中央军委20多位领导人集体审看了话剧《万水千山》，一致同意该剧在纪念长征胜利40周年活动中正式公演。朱德在观看了《万水千山》后，还为剧团题字“万水千山”，并接见全体演员。“四人帮”没有参加审看。江青对上演《万水千山》攻击说：“这个戏有问题。”张春桥说：“《万水千山》那东西，都是为那些老家伙评功摆好的！”

10月19日—23日　美国国务卿基辛格访问中国。邓小平副总理与基辛格国务卿就国际形势以及双方共同关心的国际问题和中美关系交换了意见。基辛格说：“为福特总统今年晚些时候访问中国所做的准备工作进行得很好。这次访问将有助于促进中美在上海公报原则基础上的关系。”

10月21日　毛泽东主席会见美国国务卿基辛格。参加会见的还有美国驻中国联络处主任乔治·布什等，中国方面参加会见的有邓小平、乔冠华、黄镇、王海容等。双方在友好的气氛中就广泛的问题进行了谈话。毛泽东说：现在世界不太平，风雨要来。风雨欲来燕子忙。风雨可以推迟，但要阻止风雨难。毛泽东还说，敦刻尔克战略不是不可取的，我们就是敦刻尔克，要让敌人占领北京、天津、武汉、上海，这样，我们就胜利了，敌人就失败了。两次世界大战，第一次世界大战，第二次世界大战，都是这样，然后取胜。毛泽东在谈话中还请基辛格转达他对福特、尼克松的问候。

10月24日　周恩来高度评价邓小平的工作。周恩来在动手术前，对邓小平说：“你这一年来的工作，证明比我强得多。”自从1974年6月1日周恩来住进医院直至逝世，他共动过大手术6次，小手术8次，平均每40天左右动手术一次。这期间，他还同中央负责人谈话161次，同中央各部门及其他有关方面负责人谈话55次，接见外宾63次，在接见外宾之前或之后与陪见负责人谈话17次，在医院中召开会议

20次，离开医院外出开会20次，外出看人或找人谈话7次。周恩来在12月份与叶剑英的谈话中，作最后的嘱托，他说："要注意斗争方法，无论如何，大权不能落在他们手里。"

10月25日　清华大学人事处负责人林钧万给毛泽东写信诬告教育部长周荣鑫。林钧万受迟群指使，在信中诬陷周荣鑫"组织上任人唯亲，搞宗派"，"千方百计地要否定科教组几年来的工作"，想把迟群"从教育部门领导班子中赶出去"，"已在全国特别是教育战线产生了很坏的影响"。信中还大肆吹捧迟群在"文化大革命"中，为教育革命做出了他应有的贡献。毛泽东在信上批示："先作调查、然后讨论一次。"但"四人帮"随即便开始了对周荣鑫的围攻批判。

10月26日—次年1月23日　全国计划会议在北京召开，会议讨论了发展国民经济的10年规划和1976年计划。会议原定还要讨论整顿经济工作和体制改革问题，由于会议期间开始了所谓"反击右倾翻案风"，这两项议程没有进行，为这两项议程准备的《关于加快工业发展的若干问题》和有关条例的文件，也没有拿到会上进行讨论。1976年计划要求：工农业总产值比上年预计数增长7%到7.5%，其中工业增长8.2%到9%，农业增长4%。1976年主要产品的产量要达到：粮食5 800亿斤，比上年预计数增加200亿斤；棉花5 200万担，增加200万到400万担；钢2 600万吨，增加200万吨；原煤4.8亿吨，增加2 000万吨；原油8 700万到8 900万吨，增加1 000万到1 200万吨；发电量2 110亿度，增加180亿度；棉纱1 230万件，增加80万件；铁路货运量9亿吨，增加3 200万吨；社会商品零销额安排1 325亿元，增加105亿元。进出口贸易总额146.6亿美元，增加1.4亿美元。新增职工130万人。人口自然增长率为14‰。国家安排基本建设投资326亿元，加上地方自筹、军事工程、人防工程、集体所有制企业补助，共为378亿元。计划施工的大中型项目1 100个。国家财政收入和支出各安排890亿元。会议认为经济发展中有三个突出问题，需要在计划执行中采取措施解决：一是国家安排的投资规模稍大，二是市场平衡有40亿元左右的商品差额，三是钢材比较紧，煤炭有1 500万吨缺口。会议决定对固定资产折旧费实行企业自留40%，地方与部门调剂使用30%，国家财政集中30%的办法，先试行1年。关于10年规划，国家计委曾于3、4月份召开座谈会，研究规划的指导思想、方针、政策和主要指标，还曾到各大区征求意见，听取各部门有关长远规划的设想汇报。在此基础上，国家计委草拟了《1976—1985年发展国民经济10年规划纲要》（草案），10月25日该规划提交中共中央政治局讨论，并报经毛泽东同意后，送交全国计划会议讨论。12月25日、27日政治局审议了经计划会议讨论修改的纲要草案，决定略加修改后试行1年，再作进一步修订。30日，国家计委将修改好的纲要草案报送中共中央和毛泽东审阅，并发给到会的各省、市、自治区负责人，调查研究，做准备工作。

10月27日　中国进行了第十七次核试验地下试验。

10月28日　美国总统福特签署法案。法案废止1951年1月美国国会通过的授权美国总统使用美国武装部队保护台湾及澎湖列岛的《台湾决议案》。

10月29日　公安部、最高人民法院、中央统战部联合提出《关于宽大释放在押的原国民党县团级以上党政军特人员的实施方案》。《实施方案》提出的具体办法是：一、对宽大释放人员，提请当地高级或中级人民法院做出裁定，并发给释放裁定书，同时宣布摘掉反革命分子“帽子”，给予公民权。二、释放时，每人发给新制被褥、衣服和零用钱。回家安置的，发足路费。三、转业安置人员，原则上有家回家，就地安置；无家可归，自愿留场者，由原劳改单位安置。愿意去台湾的，允许去台湾，并提供方便。四、对刑满留场就业人员，宣布摘掉反革命分子“帽子”，享受公民待遇，已在劳改单位安家的人员一般不再迁动，需回家安置的发给路费。《实施方案》要求释放工作于年底基本完成。

10月30日　毛泽东主席会见德意志联邦共和国总理施密特。双方进行了友好的谈话。在谈到欧洲局势时，毛泽东说：“如果你们10年不联合，不在军事、政治、经济上联合一个共同体，会要吃亏，要靠欧洲自己为主。苏联改变了，不是列宁了，不是斯大林了，而是赫鲁晓夫、勃列日涅夫。他们是列宁的叛徒，叛变了列宁，叛变了斯大林。美国到处保护，保护日本，……又保护欧洲，……我看不行。靠你们自己，靠别人是第二位的。”双方还讨论了共同感兴趣的哲学问题。中方参加会见的还有邓小平、王殊、王海容等人。

同 日 煤炭工业部在北京召开全国煤矿采掘队长会议。煤炭工业部部长徐今强在会上作了《学大庆、赶开滦，为建设一支特别能战斗的队伍而奋斗》的报告。《报告》中批判了资产阶级派性，指出煤炭战线打了一场围剿资产阶级派性的仗，增强党性，促进团结，取得了胜利。王洪文在看过《报告》后，写批语说：“胡说八道”，要煤炭部收回这个报告，并作检查。徐今强在重病之中回答：“言如箭出，不可乱发，一入人耳，有力难拔。报告能收回，但话是收不回来的。现在煤炭工业形势刚刚好转，煤矿的基层干部刚刚缓过一口气，我不能不替生产第一线的同志着想。事关全局，文件不能收回，也不作什么检讨。”

本 月 毛泽东批示为人民音乐家聂耳逝世40周年、冼星海逝世30周年举行纪念音乐会。周恩来热情支持了纪念活动。文化部于会泳等人则按照江青、张春桥“不提纪念、不要请人”的指示，刁难、破坏纪念音乐会，甚至将印有毛泽东题词“为人民音乐家冼星海同志致哀”的音乐会节目单全部废弃，改用一张没有题词的简陋的节目单。纪念聂耳、冼星海的展览，也在他们的百般阻挠下，未能与广大群众见面。

本 月 解放军三总部成立以副总参谋长李达为召集人，何正文、徐立清、张震等参加的总部训练小组。小组是根据邓小平要把训练放在战略位置的指示而成立的。1975年全年，各军区和军兵种共组织了17次军事演习，全军指战员极大地提高了对防御战、歼灭战、运动战、近战、夜战等作战思想、作战原则和战法的理解，提高了军事思想水平和组织指挥能力，全军军事训练出现了好的形势。

本 月 中共中央决定：赵紫阳任四川省革命委员会主任，韦国清任广东省革命委员会主任，安平生任广西壮族自治区革命委员会主任。

本 月 中共中央任命贾启允为中共云南省委第一书记、省革命

委员会主任。贾启允到任之前，邓小平指示他到云南后要放手发动群众，坚决反对派性，抓好领导班子的调整，团结使用和依靠老干部。云南省认真贯彻了邓小平的指示，政治、经济工作开始出现了一些好的势头。

本　月　长篇小说《李自成》的作者姚雪垠上书毛泽东，要求支持他继续写作《李自成》。姚雪垠在信中说，《李自成》第一卷已经出版，第二卷已经写成，“倘若在一切方便的条件下，我能够专心致志地工作，加上已经有了个8万字的写作提纲和第一、二卷的基础，大概用3年时间可以写成1卷”。他还说：“敬爱的主席！我原先除写《李自成》之外，还有一个写太平天国的计划，也做了些必要的准备工作。如今转眼间已经六十多岁，身体也不十分好，而《李自成》尚未完成一半。我希望再次获得您的支持，使我能够比较顺利地完成《李自成》，争取在75岁以后写出长篇小说《天京悲剧》。为要替党的文学事业多尽点微薄力量，为无产阶级专政的利益占领历史题材这一角文学阵地，填补起五四新文学运动以来历史长篇小说的空白，我将不断地努力追求，直至生命终止。”毛泽东对姚雪垠的请求给予了支持，他批示：“我同意他写李自成小说二卷、三卷至五卷。”12月，姚雪垠由湖北调至北京，全力撰写《李自成》一书。

本　月　中国同联邦德国政府成立促进经济和贸易关系的混合委员会。从此，两国间的经济贸易关系开始走上正常发展的轨道。1976年两国双边贸易额达到9.4亿美元。

11月2日　毛远新向毛泽东作歪曲情况、攻击邓小平的汇报。毛远新称：今年以来，在省里工作就感觉到有一股风，主要是对文化大革命。对文化大革命怎么看？是看主流，还是看支流，在评价上是三分不足七分成绩，还是七分错误三分成绩，是肯定，还是否定。其次是对批林批孔运动怎么看，是看主流，还是看支流，很多人讲迟群、谢静宜在批林批孔运动中又要批走后门。批走后门只是干扰了批林批孔运动。现在，只在口头上说两句成绩，但阴暗面却讲了一大堆，不讲批林批孔运动的成绩。第三是要不要继续批判刘少奇、林彪的路线。当前，批刘少奇的路线似乎不大提了。毛远新还说：

"对文化大革命，有一股风。似乎比1972年批极左而否定文化大革命时还要凶些。""担心中央，怕出反复。""我很注意小平同志的讲话，我感到一个问题，他很少讲文化大革命的成绩，很少提批刘少奇的修正主义路线。""三项指示为纲"，"其实只剩下一项指示，即生产上去了。"毛远新还否定了工农业、财贸、教育、文艺等方面经过初步整顿取得的成绩。毛远新建议说，当前一方面要进一步落实毛主席的干部政策，另一方面也还应该对干部进行教育，使干部有正确的态度，干部应该感谢革命群众对自己的帮助教育。毛泽东同意毛远新的看法，他说：有两种态度，一种是对文化大革命不满意，另一种是要算账，算文化大革命的账。毛泽东指示毛远新说：你找邓小平、汪东兴、陈锡联、李先念、纪登奎、华国锋到我这里谈一下，说是我让你找他们，你当面讲，不要吞吞吐吐，要开门见山，把意见全讲出来。我找小平谈了两次，昨天晚上又讲了。毛泽东考虑一下后又说，先找小平、锡联、东兴同志开个会，你把这些意见全讲出来。当天晚间，邓小平、陈锡联、汪东兴、毛远新开会，毛远新作了发言，邓小平随后也谈了自己的意见。邓小平说，按照毛远新的描述，中央整个是执行了修正主义路线，而且是在所有领域里都没有执行毛主席的路线，这个问题可要再考虑考虑，说毛主席为首的党中央搞了修正主义路线，这个话不好说。邓小平还对自己的主要工作和讲话作了简略的回顾。他说，我是从今年3月中央9号文件后开始抓工作的，主持中央工作是7月。9号文件以后是什么路线，我主持中央工作3个多月是什么路线，这些都可以考虑，就是算上到我的账也要从中央发出9号文件后开始算起。从中央9号文件发出以后，全国的形势怎么样？是好一点，还是坏一点，这可以想想看。邓小平最后说，1日晚上，我曾问主席这一时期工作的方针、政策正确与否，主席肯定说，对。

11月3日　毛泽东与毛远新谈话。毛泽东在听取了毛远新关于2日晚与邓小平争论的汇报以后，指示继续开会，范围扩大一点，李先念、纪登奎、华国锋、张春桥也参加，8人先行讨论。毛泽东坚持肯定无产阶级文化大革命的立场，说：对文化大革命，总的看法：

基本正确，有所不足。三七开，七分成绩，三分错误。关于三分错误，毛泽东说："文化大革命犯了两个错误，一是打倒一切，二是全面内战。"毛泽东要求8人会议抓住当前两条路线斗争，集中讨论"文化大革命"问题，以他的这个结论为基础，对"文化大革命"做个决议。

同　日　在清华大学党委扩大会议上，吴德传达毛泽东在10月下旬的一次讲话精神。毛泽东说："清华大学刘冰等人来信告迟群和小谢。我看信的动机不纯，想打倒迟群和小谢。他们信中的矛头是对着我的。"毛泽东认为"小平偏袒刘冰"。清华大学党委扩大会议11月12日扩大到1 700人，学习、讨论毛泽东的指示。18日清华大学召开全校大会，揭发批判刘冰和周荣鑫等人"否定教育革命，翻文化大革命的案"。会后，清华大学、北京大学相继贴出了大批大字报，公开点名批判刘冰和周荣鑫。北京和一些省、市奉命组织干部、群众到清华、北大看大字报。两校大字报的内容被迅速在各地传布，各地一些学校也开展了"教育革命大辩论"。

11月4日　毛泽东与毛远新谈话。毛泽东在听取了毛远新对当日召开的8人会议的情况汇报后说，对文化大革命的认识，总的看法是基本正确，也有所不足。现在要研究的是在有所不足方面，大家的看法不见得一致。毛远新说，这次会议，争取在对文化大革命这个问题上能初步统一认识，这对团结有利。会议的目的，是不是要通过讨论，团结起来，搞好工作。毛泽东肯定地说："对"。毛泽东还嘱咐毛远新说，这个不要告诉江青，什么也不讲。

11月5日　中华人民共和国政府和斐济政府在堪培拉签署《联合公报》。决定自11月5日起互相承认和建立大使级外交关系。

11月6日　中华人民共和国政府和西萨摩亚政府在阿皮亚签署《联合公报》。决定自11月6日起互相承认并建立外交关系。

11月8日　张春桥找周荣鑫谈话。张春桥否定了周荣鑫对教育工作提出的一系列正确主张，责令周荣鑫做检查。周荣鑫提出：当前学生不读书等问题亟待解决。张春桥却说："社会上有否定文化大革命、否定教育革命的风。""一个是培养有资产阶级觉悟的、有文化的剥削者、精神贵族，一个是培养有觉悟的没有文化的劳动者，你说要什么人？我宁要一个没文化的劳动者，而不要一个有文化的剥削者、精神贵族。”张春桥还表示说：迟群1968年带领军宣队、工宣队到清华、北大，路线是正确的。

11月13日　毛泽东主席会见缅甸联邦总统兼国务委员会主席吴奈温。毛泽东同缅甸贵宾进行了亲切友好的谈话。毛泽东说：中国是一个不发达国家，工业、农业都不发达，现在正在想办法，这是一个大问题。我们是农业第一，农、轻、重。

同　日　中华人民共和国政府和科摩罗伊斯兰联邦共和国全国执行委员会在纽约签署《联合公报》。决定建立大使级外交关系。

11月20日　中共中央政治局讨论对“文化大革命”的评价问题。毛泽东希望在对待“文化大革命”问题上统一认识。会前，他提出由邓小平主持作一个肯定“文化大革命”的决议，他认为对“文化大革命”运动总的评价应该是“三分缺点，七分成绩”。邓小平婉言拒绝说：“由我主持写这个决议不适宜。我是桃花源中人，‘不知有汉，何论魏晋’。”

11月21日　国家加强民兵武器管理。国务院、中央军委批转国家计委、财政部、国务院国防工办、总参谋部、总后勤部《关于加强民兵武器装备管理的报告》。《报告》说，近几年来，民兵武器装备(其中包括迫击炮、高炮）数量大幅度增加，武器装备质量也有提高。全国民兵现有的各种武器装备相当于解放战争末期全军装备数量的三倍半。《报告》指出当前存在的主要问题是：一、管理体制不健全。二、维修力量薄弱。三、仓库很少，又无专人管理。《报告》针对这三个存在的主要问题提出了解决办法。《报告》要求：加强民兵武器装备工作，“对民兵武器装备要认真地进行一次整顿，配备、储存以适应战备要求，数量质量要心中有数，要建立健全必要的规章制度，搞好维修保养，使民兵武器装备经常处于良好状态。”

11月22日　谢静宜、迟群将周荣鑫的一些讲话汇编成册，上送江青。谢静宜、迟群秉承江青的旨意，将他们编造的《周荣鑫修正主义教育观点》、《周荣鑫右倾翻案言行》等8种材料，印刷2万册公开散发。他们还在各种场合，诬陷周荣鑫“把矛头指向毛主席和以毛主席为首的党中央”，“妄图恢复资产阶级在学校的一统天下，专无产阶级的政”。

11月26日　我国发射返回式遥感人造卫星获得成功。这次发射卫星是运用我国自行设计制造的“长征二号”运载火箭。卫星在空间工作正常，并在3天后按计划成功地返回地面。毛泽东对这次试验非常关心，多次审阅了有关报告并观看了卫星获得的遥感资料。遥感卫星发射、回收的成功，是我国航天技术发展史上一个新的突破，它表明了我国的卫星技术、运载火箭的运载能力和制导精度技术、以及地面测控系统，在卫星的发射、运行、回收过程中，能够圆满地完成一系列跟踪、测量、控制任务。我国是世界上继美、苏之后第三个掌握卫星回收技术的国家。1974年11月5日，我国曾首次发射返回式遥感卫星，但因运载火箭故障，致使发射失败。

11月30日　张春桥向阿尔巴尼亚教育代表团介绍中国“教育革命大辩论”情况。张春桥说：“现在争论的头一个问题是对文化大革命以前17年教育怎样估计。”这17年是“资产阶级专了我们的政”，“但是，有人说，这17年很好，那个时候倒是马列主义的，相反，文化大革命以来，学校反而不好了，教育质量降低了，在课堂上课少了。大学生不如以前中学生读书多。”张春桥对外宾说：“我们的教育部长也有问题。”12月20日，中共中央转发了载有张春桥谈话的《外交通报》。

本　月　中共中央召开“打招呼”会议，宣读经毛泽东审阅的《打招呼的讲话要点》。会议是根据毛泽东的指示召开的，参加会议的主要是党、政、军机关一些负责的老同志，也有几位青年负责同志，共130余人。经毛泽东审阅的《打招呼的讲话要点》指出：“一、清华大学党委副书记刘冰等人，于1975年的8月、10月两次写信给毛主席，他们用造谣诬蔑、颠倒黑白的手段，诬告于1968年7月带领工人宣传队进驻清华、现任清华大学党委书记迟群、副书记谢静宜两同志，他们的矛头实际上是对着毛主席的。根据毛主席指示，清华大学党委自11月3日起召开常委扩大会议，就刘冰等同志的信展开了大辩论。这个会议逐步扩大，现在已经在全校师生中进行辩论。二、毛主席指出：‘清华大学刘冰等人来信告迟群和小谢。我看信的动机不纯，想打倒迟群和小谢。他们信中的矛头是对着我的。’中央认为，毛主席的指示非常重要。清华大学出现的问题绝不是孤立的，是当前两个阶级、两条道路、两条路线斗争的反映。这是一股右倾翻案风。尽管党的九大、十大对无产阶级文化大革命已经作了总结，有些人总是对这次文化大革命不满意，总是要算文化大革命的账，总是要翻案。根据惩前毖后、治病救人的方针，通过辩论，弄清思想，团结同志，是完全必要的。三、清华大学的这场大辩论必然影响全国。毛主席指示，要向一些同志打个招呼，以免这些同志犯新的错误。中央希望大家认真学习无产阶级专政理论，正确对待群众，正确对待自己，同广大干部、广大群众团结在一起，以阶级斗争为纲，把各项工作做好。”11月26日，中共中央发出《关于转发〈打招呼的讲话要点〉的通知》。通知要求将《打招呼的讲话要点》扩大传达到省、市、自治区党委常委，大军区党委常委，中央国家机关各部委常委或领导小组、党的核心小组成员，军委各总部、各军兵种党委常委，要求他们进行讨论并将讨论情况上报中共中央。《打招呼的讲话要点》的传达，使持续了9个月的全面整顿工作为之中断。此后，全国形势急转直下，开始了“反击右倾翻案风”运动。

本　月　中国人民解放军武汉军区在河南临汝地区组织加强陆军师运动战检验性演习。全军300多名军师职干部实地进行了观摩学习。

本　月　中共中央军委将《中国人民解放军内务条令》和《中国人民解放军纪律条令》颁发全军试行。《内务条令》共十二章七十一条，分别规定了人民解放军管理教育工作的总则以及军人相互关系，军人职责，军容风纪，日常制度和规则，伙食管理，武器装备、车辆和军马管理，值班，警卫，紧急集合，野营勤务和安全工作。《纪律条令》共分五章十七条，除总则外，规定了奖励、处分、控告和审诉以及特殊问题的处理等内容。这两个新颁布的《条令》取代了20世纪60年代颁布的同类《条令》。

本　月　在迟群支持下，吴炜煜写出大字报：《论走资派还在

走》。吴炜煜是清华大学政治部副主任，他写出的《论走资派还在走》的大字报被迟群看到后，迟群立即找到吴炜煜说：“你的大字报提出了一个很重要的问题，就是走资派还在走。这将在今后有很大影响，你应当继续写下去，不要放弃这个题目。”在迟群的具体指挥下，吴炜煜从1975年11月—1976年9月连续炮制了10篇“论走资派还在走”的文章，其中有3篇分别登在《人民日报》、《北京日报》上。这些文章诬陷邓小平“‘三项指示为纲’的杏黄旗一举，‘还乡团’、‘复辟派’以及一切牛鬼蛇神纷纷出动，向无产阶级及其革命事业猖狂进攻”，并说“我们要把眼睛盯住走资派，不停顿地向走资派发动进攻，同他们进行不妥协的斗争”。

本　月　张春桥授意上海市委写作组编写《中共党史讲义》。这部《中共党史讲义》篡改和歪曲党的历史，为江青等人树碑立传，为“四人帮”篡党夺权制造舆论。

本　月　《解放军文艺》编辑部写出文章：《学习毛主席关于〈创业〉批示的几点认识》。文章对“四人帮”的文艺主张提出了很多不同的看法。于会泳诬蔑这一文章是“修正主义典型语言”，他们还从这篇文章中断章取义地摘出一些话，作为“翻案风”的证据，写进他们编写的《文艺界右倾翻案言论》、《关于文艺领域右倾翻案风几个突出问题》中。

12月1日—5日　美国总统杰拉尔德·福特访问中国。毛泽东主席、朱德委员长分别会见了福特总统。邓小平副总理与福特总统就双方共同关心的问题举行了会谈。在实现中美关系正常化问题上，美国在会谈中采取拖延的方针。福特说，由于美国国内形势的需要，解决美中关系正常化问题须推迟到1976年的美国总统大选后再仿照“日本方式”采取行动，此前，美国将把驻扎在台湾的美军从2 800人减至1 400人。他重申“期待中国政府和平解决台湾问题”，说美国“不能在预期和平演变以外的前途的情况下抛弃老朋友”。邓小平明确指出：按照“日本方式”，也就是要接受断交、废约、撤军三个原则，但美台间的民间贸易关系可继续保持，关于用什么方式解决台湾问题，应该由中国自己来决定。中美双方经过会谈后确认：两国领导人直接交换意见，有助于增进相互了解，上海公报是有历史意义的文件，是中美关系的基础，是富有生命力的。

12月2日　毛泽东主席会见美国总统杰拉尔德·福特。参加会见的美国总统随行人员有国务卿亨利·基辛格，美国驻中国联络处主任乔治·布什，总统国家安全事务助理布伦特·斯考克罗夫特，副国务卿约瑟夫·杰克·西斯科，负责东亚和太平洋事务助理国务卿菲利普·哈比卜，国务院政策计划司司长温斯顿·洛德等。中方参加会见的有邓小平、李先念、乔冠华、黄镇、王海容等。毛泽东主席同福特总统在友好的气氛中，就广泛的问题进行了认真的、有意义的交谈。

12月3日　全国供销合作总社印发《贫下中农管理农村商业试行办法（草稿）》。对贫下中农管理农村商业工作的任务、贫下中农代表的产生、贫下中农管理商业的机构和权力都作了规定。“文化大革命”后，这一工作未再提倡，《试行办法》自行失效。

12月4日　《人民日报》转载1975年第十二期《红旗》杂志发表的长篇文章：《教育革命的方向不容篡改》。这篇文章是受姚文元的指使和授意由北京大学、清华大学大批判组撰写的。姚文元提出这篇文章的文字“分量要重一些”，“这是一个信号”。文章说：“最近，教育界有一种奇谈怪论，说什么文化大革命以来，教育革命这也不行，那也不是，教育革命的方向‘总没有解决好’，因而‘就是要扭’。这无非是说，教育革命搞过了头，搞糟了，要把教育革命的方向‘扭’回去。”文章将邓小平提出的理科“要挑中学生好的，要直接上大学”，“要有热心科学的外行来领导”以及周荣鑫批评教学质量下降，“不如过去的中技高”，学校开门办学后，学习理论知识的热情下降，出现“实践——实践——实践”的片面强调实践的现象等谈话内容，诬蔑为奇谈怪论。文章指出：“当前争论的焦点在于：是坚持教育要革命的方向，把无产阶级教育革命进行到底，还是为修正主义教育路线翻案，复辟资产阶级知识分子统治我们学校的旧教育制度？我们必须抓住问题的实质，批判否定教育革命的错误思潮，分清路线上的大是大非，继续巩固和发展教育革命的成果，加强无产阶级在上层建筑领域对资产阶级的全面专政。”文章突出强调，社会主义大学作为无产阶级专政的工具，最重要的是要把学生培养成为巩固无产阶级专政、反修防修的坚强战士。学校有各种工作，一切都是为了转变学生的思想。学生要进行多方面的学习，首先要认真学习马克思主义、列宁主义、毛泽东思想。学生要上这样那样的课程，首先要认真上好阶级斗争这门课。文章最后结论指出："现在，教育界的怪论就是企图为修正主义教育路线翻案，进而否定文化大革命，改变毛主席的革命路线。修正主义仍然是当前的主要危险。教育战线上的这场争论，是当前社会上两个阶级、两条道路、两条路线斗争的组成部分。"这篇文章是第一篇有影响的"反击右倾翻案风"的文章。

12月7日　财政部提出《关于迅速扭转企业亏损的意见》，送交全国计划工作会议。财政部指出，近几年企业积累水平下降，企业亏损增加较多。1965年企业亏损总额只有14.8亿元，1970年增加到28亿元，1974年猛增到81.3亿元，比1965年亏损额增加4.5倍，比1970年增加1.9倍。企业的亏损户数也增多。以1973年为例，工业企业有1.0758万户发生亏损，占工业企业总户数的28.4%；农场和兵团有　2 774户发生亏损，占农业企业总户数的75.4%。财政部提出，要在各级党委的领导下，狠抓扭亏增盈工作，严格控制亏损补贴范围，制定规划，分期分批扭转亏损。要求在两年内基本扭亏，1976的亏损企业的户数和亏损额，都要比1975年减少半数以上。财政部还提出了依靠群众，改善经营管理，加强亏损补贴的管理，严格财经纪律，建立扭转企业亏损的专门机构等措施，要求把扭亏增盈工作切实抓起来。

12月8日　《人民日报》发表冯友兰文章：《谈谈批林批孔运动对我的教育》。冯友兰说："我是拥护孔家店的。'五四'以后，封建社会的尊孔老方式不起作用了。我就用资产阶级的方式拥护孔家店，其具体的表现就是我在30年代写的那部《中国哲学史》，以及在抗日战争时期写的那些吹捧孔孟之道的东西。这是为大地主、大资产阶级，特别是为国民党反动派的统治服务的。在解放以后，资产阶级的方式又不行了。我就用修正主义的方式拥护孔家店，其具体的表现就是在60年代我写的那半部《中国哲学史新编》。这是为刘少奇反革命的修正主义路线服务的。”文章还称经过了批林批孔运动，自己的认识发生了变化，他说：“在开始的时候，我觉得对于我好像是一种灾难。后来我觉得对于我确实是一种幸福。这是因为前后所站的立场有所不同，所走的路线有所不同。”冯友兰在1984年出版的《三松堂自序》一书中，针对他在批林批孔运动中的思想活动写道：“如果自己没有真实的见解或有而把它隐蔽起来，只是附和暂时流行的意见，以求得到某一方面的吹捧，这就是伪。这就叫哗众取宠，照上面所说的，我在当时的思想，真是毫无实事求是之意，而有哗众取宠之心，不是立其诚而是立其伪。”

12月13日　中国引进英国先进的航空发动机。中国技术进出口总公司与英国罗尔斯·罗伊斯公司在北京签署了引进该公司生产的英国军用型斯贝航空发动机专利的合同。斯贝航空发动机是当时英美两国分别装配在其空军F—4“鬼怪”式战斗机和A–7攻击机上的当时世界上先进的发动机。

12月14日　中共中央转发《清华大学关于教育革命大辩论的情况报告》。《报告》叙述了清华大学抓住该校党委副书记刘冰等人给毛泽东的信，召开党委扩大会议，开展教育革命大辩论的情况。《报告》说刘冰等人的信是“诬告”，“矛头实际上是对着毛主席的”，是有着深刻的政治背景的。《报告》说：“今年7、8、9三个月，社会上政治谣言四起，攻击和分裂以毛主席为首的党中央，否定无产阶级文化大革命，翻文化大革命的案，算文化大革命的账。这是一股右倾翻案风。在教育界，尤其突出。”“教育部周荣鑫同志到处讲话，制造和散布种种否定教育革命的奇谈怪论，反对毛主席的教育路线，篡改教育革命的方向，并且直接插手刘冰等人的诬告信。”因此，清华大学这场斗争，“是当前两个阶级、两条道路、两条路线斗争的反映，是无产阶级文化大革命的继续和深入”。中共中央在转发《报告》的批语中说，这个《报告》很好，提供了在党委领导下开展教育革命大辩论的经验。要求将《报告》下发到大、中、小学校的党支部。《报告》下发后，“教育革命大辩论”推向全国。

12月15日　司法机关决定对在押的原国民党县团以上的党政军

特人员一律宽大释放。在宽大释放这些人员的同时，各地公安机关还对服刑期满后留在劳改单位就业的原国民党县团以上党政军特人员，发给转业证明书，对于被剥夺政治权利的，宣布给予公民权，对这些人员的工作和生活也作了适当的安置。

12月15日—25日　西藏自治区第一次农牧业机械化会议在拉萨召开。会议指出，至1975年，全西藏自治区拥有大、中、小型拖拉机1 295台，机引农具1 049部（主要分布在国营农场和拖拉机站），排灌机械1 156台，收割机械47台，场上作业机械1 770部，农副产品加工机械181台，牧业机械78部。全西藏自治区机耕土地面积42.45万亩，机播作物面积38.28万亩，不少社队场上作业初步实现了机械化和半机械化，奶油分离器、剪毛机等牧业机械开始在牧区试验推广。这次会议没有考虑到西藏耕地分散、技术力量薄弱等客观情况，不适当地提出了到1980年全西藏自治区要基本实现农业机械化的目标。

12月16日　原中共中央副主席、全国人大常委会副委员长康生病死。康生，1898年生。山东胶县人。1906年在家读私塾，1914年在青岛的教会学校礼贤中学读书。1919年五四运动爆发，康生接受了一些革命思想。1924年康生在上海进入上海大学。1925年加入中国共产党，并参加上海工人运动。1926年任中共上海大学特支委员会书记，参加领导上海工人第一次武装起义。1927年任中共沪东区委书记，参加领导上海工人第二、三次武装起义。1931年中共六届四中全会被选为中央委员，后为中央组织部部长。“九一八”事变后为临时中央政治局委员。1933年去苏联，任中共中央驻共产国际代表团副团长，驻苏期间，康生追随王明。1934年六届五中全会被选为中共中央委员、中央政治局委员。1937年11月回国，先后任中央书记处书记、中央党校校长、中央社会部长、中央情报部长。在延安整风运动中制造了一批冤假错案，受到毛泽东的批评。1945年中共七大当选中央委员、中央政治局委员。1948年任中共华东局第二书记。1949年任中共山东分局第一书记、山东省人民政府主席。1950年后长期养病，1956年在中共八大上当选为中央委员，八届一中全会上当选为政治局候补委员，同年奉中共中央之命，负责组织起草《再论无产阶级专政的历史经验》一文。1959年任毛泽东选集编辑委员会副主任，康生曾几次作为中共代表团成员前往苏联及其他社会主义国家参加共产党和工人党国际会议，主持写作了多篇反修文章，并做了一些文化教育方面工作。1966年5月，被任命为“文化革命小组”顾问。他在中共八届十一中全会上被选为中央政治局委员、常委，中共九大和十大都被选为中央委员，在九届一中全会上当选为中央政治局委员、常委，在十届一中全会上当选为中央政治局委员、常委和中共中央副主席。21日，北京举行康生追悼大会。当天，全国各地下半旗志哀。追悼大会由中共中央副主席王洪文主持，中共中央副主席叶剑英致悼词。悼词称康生是“中国人民的伟大的无产阶级革命家、光荣的反修战士”。1978年中共十一届三中全会根据康生在“文化大革命”中积极为林彪、“四人帮”出谋划策，诬陷了一批党政军领导干部，决定对他进行审查。1980年10月16日，中共中央批转中央纪律检查委员会关于康生的审查报告，中央纪律检查委员会根据确凿的证据，查明康生政治品质恶劣，在“文化大革命”期间直接参与林彪、江青等人篡党夺权的反革命阴谋活动，犯下了严重罪行。中共中央决定把康生的反革命罪行向全党公布，撤销康生的“悼词”，开除康生的党籍。1980年11月2日，中华人民共和国最高人民检察院特别检察厅起诉书说，经审查确认康生为林彪、江青反革命集团主犯，在“文化大革命”中，他们互相勾结，狼狈为奸，有预谋地诬陷、迫害党和国家领导人，篡党篡国，推翻无产阶级专政的政权，但康生已经死亡，依照《中华人民共和国刑事诉讼法》规定，不再追究刑事责任。

同　日　利用“风暴一号”运载火箭发射“技术试验卫星二号”成功。卫星重量1 109公斤。卫星运行轨道，距地球最近点为184公里，最远点为387公里，轨道平面与地球赤道平面的夹角为69度。卫星绕地球一周的时间为90分钟。

12月18日　毛远新向毛泽东提出报告，要求整理毛泽东最近的有关指示。毛远新说：“上次请示是否可以把主席近一时期有关指示整理一下，开会时印发大家学习，主席同意可以试试。我试着综合了一下。为便于大家学习理解，没有按时间顺序，而是根据内容整理的。主要3个方面：1. 阶级斗争为纲；2. 文化大革命（包括教育革命）；3. 当前运动的方针、政策。这样编排是否妥当，送上草稿，请主席批评指示。”毛泽东在报告上批示：“可以”。

12月20日　周恩来在病床上约罗青长谈对台工作。他询问了台湾近况和在台老朋友的情况，其间两次被病痛折磨得说不出话来，最后不得不中止谈话。他抱歉地对罗青长说：“我实在疲倦了，让我休息十分钟再谈。”随后，周恩来便昏迷过去了。

12月23日　毛泽东主席会见圣多美和普林西比民主共和国总统、解放运动总书记曼努埃尔·平托·达科斯塔。毛泽东同圣多美和普林西比贵宾进行了亲切友好的谈话。毛泽东说：“我看援助太少了。援助可以分为两部分，一部分是解决现在他们没有粮食，没有布匹，没有药品，这些援助要快；然后再援助建设。你们和我们互相帮助，不只我们帮助你们，你们也帮助我们。我们被帝国主义压迫，现在还是被压迫。我们应该帮助世界上被压迫人民。”毛泽东还说：“中国有一部分人不好，有大国沙文主义作风。”

12月27日　我国决定释放1974年3月14日越入我国境内的苏联武装侦察直升机的3名机组人员。直升机和机上一切装备、文件资料也同时交还苏方。这项决定由中国外交部副部长余湛通知苏联驻中国大使托尔斯季科夫。决定是按毛泽东批示做出的。毛泽东指出，“三人无罪，罪在上级”，“请他们吃一顿饭，欢送”。29日，3名苏方人员离开北京回国。

12月31日　毛泽东主席会见美国前总统尼克松的女儿朱莉和女婿戴维·艾森豪威尔。毛泽东同他们在亲切友好的气氛中进行了谈话。朱莉首先向毛泽东转达了尼克松对毛泽东的问候，并且转交了尼克松的一封信。她说：“我父亲和母亲对于他们的1972年中国之行，都有着深刻的印象。”戴维说：“我能到这里来是极大的荣幸，这是由于在我的家族当政的时代，我们两国处于敌对时期，而我是这以后的第二代，我十分高兴今天能作为我们家族的代表看到我们两国关系的增长。”毛泽东说：“中国有些成绩，总的来说是落后的。过10年，你们再来看。”戴维说：“我们这次所看到的很多方面是十分古老的，很多方面又非常新，比我们过去所想象得更新。西方对这些新事物有些报道。我们感到最新的是中国的精神发展，这一点给我们留下深刻的印象。中国是世界的榜样。”毛泽东说：“这是靠斗争。我们这里有阶级斗争，在人民内部也有斗争，共产党内部也有斗争。不斗争就不能进步。就不能和平。8亿人口，不斗行吗?”戴维说：“事实上，西方并不了解中国所进行的这场斗争的深度和广度，因此认为是一种可怕的现象。西方人应当访问中国，以便正确了解这一现象并对其分量做出正确的评价。”毛泽东说：“不可怕，我们不杀人。对国民党过去的党、政、军、特人员，战争中的俘虏，现在都把他们赦免了。”戴维说：“你们认为主要依靠自我教育，从你们的革命的角度来看，没有一个灵魂是不能拯救的。这一点很吸引人，是一个强有力的概念。”毛泽东说：“帮助人家改正错误，譬如批评10个人的错误，8个批评对了，有两个没有错误，搞错了，恢复名誉。我们的法院没有多少用处，就是这样由人民议论、批评，就解决问题了。”毛泽东在会见结束时表示欢迎尼克松再次来中国访问。

本　月　中国的武器装备基本上实现国产化。据统计，至1975年底，中国人民解放军的武器装备中，国产武器装备所占的比例分别为：坦克71%，飞机75%，战斗舰艇89%，工程机械96%，火炮97%，枪械、通信、防化装备和舟桥渡河器械，全部实现了国产化。

本　月　中共中央军委转发解放军总参谋部、总政治部、总后勤部《1976年战备训练指示》。《指示》就1976年全军军事训练的指导思想、重点、主要内容、训练时间、参训人员及训练保障等问题做出规定，部署了各大军区、海军、空军组织合成军队协同训练。

本　月　西藏自治区实现人民公社化。1970年11月，农林部、西藏自治区革委会向中共中央提出《关于西藏地区农牧业社会主义改造问题的请求报告》。12月8日，中共中央发出《关于西藏社会主义改造问题的指示》。《指示》要求，西藏自治区的人民公社所有制，可以是两级，也可以是三级；生产队的规模不宜一律规定30户，可以大一点，也可以小一点，因地制宜。对生产资料入社的办法，可以采用初级社的经验，也可以采用高级社的经验，或者采用内地人民公社的办法。这些都要和群众商量，由群众自己去决定，切不可强迫命令，简单从事。要给社员保留自留地、自留畜。西藏自治区社会主义改造的步伐应当放得稳一些，把工作搞得扎实一些。要提高办人民公社的质量，增加生产和不死牲畜，务必使农牧业生产有一个较大的发展。《指示》提出，要实行积极领导，分期分批，稳步前进的方针，对已经办起来的人民公社进行整顿，在办社过程中认真执行党的民族政策，帮助和培养藏族干部。1970年，全西藏自治区陆续建立了1 100个人民公社。1972年，西藏自治区革委会针对人民公社化运动中存在的问题，开始分期分批地进行了整社建社的工作。到1975年年底，全西藏自治区1 929个乡（不含阿里）中，建立了1 921个人民公社。1983年4月，西藏自治区四届人大一次会议后，西藏自治区除墨脱县外，普遍进行了社改乡工作。至1985年底，全西藏自治区（不含墨脱）共设立了2 055个乡级人民政权机构，结束人民公社体制，建立人民政府。

本　月　在“反击右倾翻案风”运动中，江青直接插手福建动乱。江青毫无根据地指责中共福建省委主要负责人“涂炭福建人民”。“四人帮”的帮派分子、自诩为中共福建省委中“唯一左派”的陈佳忠以及李庆霖、庄志鹏等人与“四人帮”紧密勾结，在福建鼓吹“越乱越好”，煽动打砸抢，煽动层层揪斗干部。他们指使一些地方成立“运动办公室”、“反击办公室”取代各地党委的领导，宣布1975年经过整顿产生的领导班子是“右倾翻案风的产物”，胁迫领导干部“转弯子”。陈佳忠声称：“我有我的中央支持”，“我有天线，天线就是江青”，他们把斗争矛头指向中共福建省委，围攻主持省委工作的廖志高等领导人，叫嚷“要查一查省委的第一把交椅是不是给宋（江）大哥坐去了”，妄图夺省委的权，同时还攻击福州军区主要领导人皮定钧是省委的“黑后台”，是“闽赣两省的太上皇”，攻击福建前线加强战备是“以战备压批邓”。

本　月　朱德和原中共辽宁省委书记周桓谈话。朱德对邓小平主持中共中央日常工作后，在很多领域开展的整顿工作，表示很满意。朱德赞扬说：现在形势很好，组织上顺过来了，思想上还未顺过来。朱德还针对当时“四人帮”大搞“反击右倾翻案风”，要打倒邓小平和一大批老干部，篡夺党和国家的最高领导权的一系列阴谋活动说：“现在有人还在捣乱。要抢班夺权是不行的，林彪不是垮了吗？他们要打倒我，这不是我个人的事，我并不想‘当官’。我是党树起来的，要打倒我，就得先打倒共产党，此外没有别的办法”。

本　年　陕西省岐山县董家村发现一处西周中晚期的铜器窑藏。该窑藏共出土铜器37件。有铭文一二百字的铜器有5种16件，其中年代属恭王前后的有二十七年卫簋、三年卫盉、五年卫鼎和九年卫鼎（即所谓“裘卫四器”），以及夷厉时期，铭文内容涉及土地交换和土地赔偿，是了解西周中晚期土地关系的重要资料。

本　年　中国开发的维生素C两步发酵生产法新工艺在上海第二制药厂投入生产。维生素的工业生产始于20世纪30年代，维生素的产量和产值在整个制药工业中占有重要地位，其中以维生素C的产量为最大。中国自20世纪50年代开始研究生产，至1975年投入工业生产。中国的生产方法省去了大量的丙酮和苯等有机溶剂，极大地降低了生产成本并简化了生产过程。

1976年

1976年综述

1月8日，中共中央副主席、国务院总理周恩来逝世，引起了全国人民的沉痛哀悼。其后，经毛泽东提议，华国锋任国务院代总理，主持中央工作。2月，中共中央召开各省、市、自治区负责人会议，布置“批邓”。

3月下旬—4月初，以南京为开端，以北京天安门广场为中心，全国各大城市的群众纷纷自发进行悼念周恩来，声讨“四人帮”的活动。4月4日晚，中共中央政治局召开会议，在江青等人的摆布下，会议决定对天安门广场的群众悼念活动进行镇压。根据毛泽东提议，中共中央做出华国锋任中央第一副主席，撤销邓小平党内外一切职务的决议。以天安门事件为中心的强大群众抗议活动，为粉碎“四人帮”奠定了牢固的群众基础。

4月—9月，“四人帮”利用他们控制的宣传工具，撰写大批文章诬陷邓小平，批判《论总纲》等“三株大毒草”，并陆续公布了毛泽东听取毛远新汇报时批判邓小平的谈话内容。

7月，中共中央政治局常委、全国人大常委会委员长朱德逝世；原中共中央领导人张闻天逝世。

7月28日，河北省唐山、丰南地区发生强烈地震，并波及北京、天津。累计死亡24.2万人，重伤16.4万人，造成了重大损失。

9月9日，中共中央主席、中央军委主席毛泽东逝世。全国人民极为悲痛，举行了隆重的吊唁活动。

毛泽东逝世后，“四人帮”加快了篡党夺权的活动。10月4日，“梁效”发表文章《永远按毛主席的既定方针办》，影射攻击华国锋和其他党和国家领导人是所谓“修正主义头子”。

10月6日，以华国锋、叶剑英、李先念、汪东兴等为核心的中共中央政治局，采取断然措施，对江青、张春桥、姚文元、王洪文实行隔离审查，粉碎了江青反革命集团。不久，“四人帮”在上海的一小撮余党策划武装暴乱的阴谋也被彻底粉碎。全国人民纷纷举行盛大的集会游行，热烈庆祝这一伟大的历史性胜利。

10月7日，中共中央政治局一致通过华国锋任中共中央主席、中央军委主席的决议。其后，又决定出版《毛泽东选集》第五卷、建立毛主席纪念堂。同时，中共中央成立“四人帮”专案组，向全国批发“四人帮”的罪证材料。全国广泛掀起了揭发、批判“四人帮”，清查帮派体系的群众运动。在“揭、批、查”运动中，华国锋第一次提出了“两个凡是”的主张。年底，他在第二次全国农业学大寨会议上，继续提出了“左”的农业发展口号。

是年，由于“批邓、反击右倾翻案风”的运动的破坏，经1975年整顿后一度好转的经济形势再次陷入低潮，全年工农业总产值比上年只增长1.7%，大大低于原计划增长7%~7.5%的速度。

主要经济指标：工农业总产值4 579亿元，比上年增长1.7%。其中，工业总产值3 262亿元，比上年增长1.3%；农业总产值1 317亿元，比上年增长2.5%（以上均按1970年不变价格计算）。工农业产品产量：粮食：2.8631亿万吨，比上年增长0.6%；棉花：205.5万吨，比上年下降13.7%；油料：400.8万吨，比上年下降11.3%；钢：2 046万吨，比上年下降14.4%；原煤：4.83亿万吨，比上年增长0.2%；原油：8 716万吨，比上年增长13.1%，发电量：2 031亿度，比上年增长3.7%，基建投资总额376.44亿元，比上年下降0.8%；社会商品零售总额133.94亿元，比上年增长5.4%；国家财政总收入776.6亿元，总支出806.2亿元，赤字29.6亿元。

1月1日　《人民日报》、《解放军报》、《红旗》杂志发表元旦社论：《世上无难事，只要肯登攀》。社论公布了毛泽东的指示："安定团结不是不要阶级斗争，阶级斗争是纲，其余都是目。"社论说："多年来的历史经验告诉我们：否定或修改以阶级斗争为纲，在理论上和实践上就必然会犯错误。搞马克思主义还是搞修正主义的两条路线的斗争，是两个阶级、两条道路斗争在党内的反映。最近教育战线那种刮右倾翻案风的奇谈怪论，就是代表资产阶级反对无产阶级的修正主义路线的突出表现。这再一次说明：社会主义社会中的阶级斗争是长期的、曲折的、有时是很激烈的。我们要保持清醒的头脑。坚持无产阶级对资产阶级的斗争，任何时候都不要忘记阶级斗争这个纲。纲举才能目张。"社论指出，教育战线的大辩论要在各级党委领导下进行，不搞战斗队，要严格区分和正确处理两类不同性质的矛盾，对于路线斗争的大是大非问题，要通过辩论，弄清思想，划清马克思主义同修正主义的界限。社论还指出：1976年是实行发展国民经济第五个5年计划的第一年，在这1年里，要继续深入开展农业学大寨的群众运动，全党动手，大办农业，为普及大寨县而奋斗；要贯彻执行鞍钢宪法，继续深入开展工业学大庆的群众运动，走我国自己工业发展的道路。

同　日　毛泽东词二首《水调歌头·重上井冈山》、《念奴娇·鸟儿问答》发表。《人民日报》和《红旗》杂志分别转载《诗刊》1976年第一号刊登的毛泽东写于1965年的这两首词。《水调歌头·重上井冈山》（1965年5月）："久有凌云志，重上井冈山，千里来寻故地，旧貌变新颜。到处莺歌燕舞，更有潺潺流水，高路入云端。过了黄洋界，险处不须看。风雷动，旌旗奋，是人寰。三十八年过去，弹指一挥间。可上九天揽月，可下五洋捉鳖，谈笑凯歌还。世上无难事，只要肯登攀。"《念奴娇·鸟儿问答》（1965年秋）："鲲鹏展翅，九万里，翻动扶摇羊角。背负青天朝下看，都是人间城廓。炮火连天，弹痕遍地，吓倒蓬间雀。怎么得了，哎呀我要飞跃。借问君去何方？雀儿答道：有仙山琼阁。不见前年秋月朗，订了三家条约。还有吃的，土豆烧熟了，再加牛肉。不须放屁，试看天地翻覆。"

同　日　彩色故事影片《决裂》公开放映。片中描写了某医学院围绕招生和办学与走资派斗争、与旧的传统观念彻底决裂的故事。《人民日报》7日发表署名初澜撰写的文章：《无产阶级教育革命的赞歌》，吹捧这部影片“回击了那股向文化大革命反攻倒算的右倾翻案风，起到了鼓舞人心的战斗作用”，文章还鼓吹要“向修正主义教育路线和旧教育制度宣战”。

1月5日　国务院批转归侨职工退职金问题。国务院批转外交部、国家计委、农林部、财政部等单位提出的《关于国营农场归侨职工出国居留发给退职金问题的请示》。决定对经批准出国居留或去港澳长期居住的归侨职工，凡是在国营企、事业单位工作的，不论是在工厂或农场，均按照国家有关规定办理退职手续并发给退职金。

1月8日　中共中央副主席、全国政协主席、国务院总理、中央军委副主席、伟大的无产阶级革命家周恩来逝世。周恩来，1898年生。江苏淮安人。1917年在天津南开学校毕业后，赴日本求学。1919年回国，在五四爱国运动中成为天津学生界的领导人，并与运动中的其他活动分子共同组织进步团体觉悟社。1920年赴法国勤工俭学。1921年参加共产主义小组，1922年和赵世炎（后来是党的前期重要领导人之一）等组织旅欧中国少年共产党。同年夏，经中国共产党中央批准为中共党员，任中国社会主义青年团旅欧支部书记、中共旅欧支部领导人。1924年秋回国，正值国共合作，在这一期间曾任广东黄埔军校政治部主任，国民革命军第一军政治部主任、第一军副党代表等职，并先后任中共广东区委员会委员长、常委兼军事部长。1927年3月，在国民革命军北伐临近上海的情况下，领导上海工人第三次武装起义，赶走了驻守上海的北洋军阀部队。5月，在中共第五次全国代表大会上当选为中央委员，在五届一中全会上当选为中央政治局委员。当时，国共合作即将全面破裂，中共中央总书记陈独秀却继续实行右倾投降主义的政策。7月12日，中共中央改组，周恩来任中共中央政治局临时常务委员会委员。国共全面分裂后，同贺龙、叶挺、朱德、刘伯承等一起于8月1日在江西南昌领导武装起义，任中共前敌委员会书记。1928年，在中共六届一中全会上当选为中央政治局常委。后任中共中央组织部部长，中央军委书记。当时中共中央在敌人统治的上海在秘密状态下工作，为保证中共中央的安全，为联系和指导各地区的武装斗争，为发展在国民党统治区的秘密革命工作，争取群众，周恩来做出了巨大的努力和重要的贡献，在这一阶段的大部分时间内，实际上是中共中央工作的主持者。1931年12日，离开上海到位于江西省南部和福建省西部的中央革命根据地，先后任中共苏区中央局书记、中国工农红军总政治委员兼第一方面军总政治委员、中央革命军事委员会副主席。1933年春和朱德一起领导和指挥红军战胜了国民党军队对中央革命根据地的第四次“围剿”。1934年10月参加长征。1935年1月，在贵州省遵义县城举行的中共中央政治局扩大会议（即遵义会议）上，支持毛泽东的正确主张，并继续被选为中央主要军事领导人之一。1936年12月，当时驻在陕西西安的爱国军队将领张学良和杨虎城，反对蒋介石拒绝抵抗日本侵略而集中全力反共，发动了武力拘禁蒋介石的“西安事变”。周恩来任中共全权代表与秦邦宪、叶剑英等去西安同蒋介石谈判，和张、杨一起迫使蒋介石接受“停止内战，一致抗日”的主张，促使团结抗日局面在中国出现。抗日战争期间，周恩来代表中共长期在国民党统治区做统一战线工作，即团结各方面主张抗日救国力量的工作，并先后领导中共中央长江局、南方局的工作。坚持国共合作，反对分裂，广泛团结民主党派、进步知识分子、爱国人士和国际友好人士，努力制止反共逆流，克服对日投降的危险。在1945年的中共七届一中全会上当选为中央政治局委员、书记处书记。抗日战争胜利后，为制止内战，率中共代表团同国民党谈判。1946年夏蒋介石发动全面内战。此后，作为中央军委副主席兼代总参谋长，协助毛泽东组织和指挥解放战争，同时指导国民党统治区的革命运动。1949年中华人民共和国成立后，周恩来一直任政府总理，曾兼任外交部长，并任中国人民政治协商会议全国委员会副主席、主席，中共中央副主席，中央军委副主席等职。担负着处理党和国家日常工作的繁重任务。中国发展国民经济的几个5年计划，都是周恩来主持制定和组织实施的。他主张经济建设必须积极稳妥，综合平衡，这种主张对于第一个五年计划的顺利完成和后来经济调整工作的迅速收效，起了重要的作用。他对社会主义时期的统一战线工作、知识分子工作和科学文化工作给予特殊的关注，指导这些工作取得了重大成绩。周恩来参与制定和亲自执行了重大的外交决策，1954年参加日内瓦会议，这次会议解决了印度支那问题，使越南（除南方外）、老挝、柬埔寨3国的独立获得国际承认。周恩来代表中国政府和人民倡导和平共处五项原则，成为国与国间关系的准则。1955年在亚非29国在印度尼西亚举行的万隆会议上主张和平共处，反对殖民主义，提倡求同存异、协商一致。他先后访问过欧、亚、非几十个国家，接待过大量来自世界各国的领导人和友好人士，增进了中国人民与世界人民的友谊。“文化大革命”中，周恩来对林彪、江青反革命集团的破坏活动进行了各种形式的斗争。在非常困难的处境中为使党和国家还能进行许多必要的工作，为尽量减少“文化大革命”所造成的损失，为保护大批党内外干部，作了坚持不懈的努力。为实现中美、中日关系正常化和恢复中国在联合国的席位做出了卓越贡献。1972年他患膀胱癌后，仍然坚持工作。在1975年的第四届全国人民代表大会第一次会议上，代表中国共产党提出在中国实现工业、农业、国防和科学技术现代化的号召。主要著作收入《周恩来选集》。

同　日　中国和朝鲜共同建设的中朝友谊输油管竣工。新华社报道：中国对朝鲜提供石油，1970年为15万吨，1972年增加到140万吨。为了运输石油，中国和朝鲜双方于1972年商定共同建设输油管。中朝友谊输油管工程于1974年2月动工，管道年输油能力为400万吨。

1月9日　中央人民广播电台于凌晨4时12分提前开机，广播中共中央、全国人大常委会、国务院发布周恩来逝世的讣告。讣告说：“周恩来是中国共产党的优秀党员，伟大的无产阶级革命家，忠诚的革命战士，党和国家久经考验的卓越领导人。”讣告说：“周恩来同志忠于党，忠于人民，为贯彻执行毛主席的无产阶级革命路线，争取中国人民解放事业和共产主义事业的胜利，英勇斗争，鞠躬尽瘁，无私地贡献了自己毕生的精力。周恩来同志的一生，是为共产主义事业光辉战斗的一生，是坚持继续革命的一生。”讣告说：“周恩来的逝世，对于我党我军和我国人民，对于我国的社会主义革命和建设事业，对于国际反帝、反殖、反霸的事业和国际共产主义运动的事业，都是巨大的损失。”

同　日　新华社播发中共中央、国务院隆重追悼周恩来的通知。通知说：“1月10日、11日向周恩来同志遗体告别。12日、13日、14日举行吊唁仪式。15日举行追悼大会；同日全国下半旗致哀，停止娱乐活动一天。自发表讣告之日起至15日，首都天安门、新华门、劳动人民文化宫、外交部下半旗致哀。”

同　日　新华社播发周恩来治丧委员会公告。公告说：“治丧委员会获悉有些国家的政府、兄弟党和友好人士要求派代表团或代表来华参加周恩来总理逝世的吊唁活动，对此表示深切的感谢。按照我国的惯例和礼宾改革，决定不邀请外国政府、兄弟党和友好人士派代表团或代表来华参加吊唁活动。”

同　日　“四人帮”压制、破坏悼念周恩来的活动，下达禁令：不准戴黑纱、白花，不准送花圈。姚文元要求新华社不组织悼念周恩来活动的报道。新华社向姚文元报告：北京新闻单位和许多地方新闻单位提出，怎样组织悼念周恩来的宣传报道，怎样组织悼念周恩来的文章？姚文元指令新华社说：“悼词尚未发表，现在不组织。悼词发表后是不是组织反应？仍应再请示。”于会泳等人秉承“四人帮”的旨意，要求文化部各单位在悼念期间不准戴黑纱，不准设立灵堂，不准送花圈，他们还指示文艺团体照常进行文艺演出。9日晚，文化部竟以招待外宾为借口，强迫中央乐团演出，外宾、观众纷纷退票，以示抗议。他们又到音乐学院强迫师生到剧场，说：“一定要演出，这是一个战斗，就是剩下一个观众也要演出。”中央乐团的演员十分悲痛，停止演出，刘庆棠却声称要追查。工人、干部纷纷打电话抗议，于会泳等人则说这是“阶级敌人的恐吓”，通知公安机关进行追查。

同　日　舒龙山进行诬陷邓小平活动，在七机部制造混乱。舒龙山是七机部党的核心小组成员。他给王洪文写信，诬陷邓小平“在主席年高健在和总理病重住院的时机”，“纵容、支持科技界的张爱萍、汪洋（七机部部长），扼杀社会主义新生事物，打击无产阶级新生力量，大搞反攻倒算，复避倒退”。2月18日，舒龙山在七机部党的核心小组会议上再次攻击邓小平“搞复辟很快”，“他比林彪搞得更快”。3月18日，王洪文指名诬陷七机部的主要领导人“坐在右的一边”，1974年“右”，1975年“更右了”，他要求七机部“领导班子，除部、院两级外，有些厂、所班子问题也要解决”。3月29日，舒龙山在王洪文、江青等人接见国防科委和七机部党委领导人时，当面诬告张爱萍“是反对毛主席的”。5月3日，王洪文在听取国防科委、七机部负责人汇报时，大肆煽动说：“要通过这次把运动深入搞透。现在抓的是表面的，要把幕后策划者、深的搞出来。”“比较难的是在党内。领导层要追下去，千万不要手软，揪出一个拿来教育群众。不要手软，准的该抓就抓，该批就批，该斗就斗。”他要求国防工业系统“趁这个机会打翻身仗”。6月23日，王洪文再次对舒龙山等人说，清查“要抓大官，抓上线”。舒龙山等人在“四人帮”的唆使下，猖狂攻击中共中央关于解决七机部问题的1975年14号文件是“修正主义纲领”，诬蔑经中共中央批准召开的1975年七机部1、2院批林批孔汇报会是“翻案的会，复辟的会，分裂的会”。他们在七机部层层揪“走资派”，对七机部部、院到基层的大批领导干部打击陷害、开除党籍、撤职降薪、关押揪斗。从1976年4月开始，把七机部系统在北京的厂、所以上单位的领导班子改组了80%。1978年10月，舒龙山因反革命罪被逮捕，判处有期徒刑15年，剥夺政治权利3年。

1月11日　周恩来遗体火化，百万人伫立十里长街默哀送灵。16时45分，周恩来的遗体由王洪文、汪东兴、邓颖超以及治丧委员会工作人员和周恩来生前友好，隆重地护送到八宝山火化。从长安街到八宝山的几十里长街上，成百万人顶着凛冽的寒风，肃立在周恩来灵车经过的道路两旁，默哀送灵。

1月14日　《人民日报》在头版头条发表文章：《大辩论带来大变化》。该文称：“近来，全国人民都在关心着清华大学关于教育革命的大辩论。”文章分3个部分，赞扬了清华大学展开的教育革命大辩论。这篇文章是根据姚文元的指令撰写的，是作为压制悼念周恩来逝世的报道而在《人民日报》刊登的。新华社奉命转发了这篇文章。在周恩来追悼大会即将举行的时刻，刊登、播发这篇文章，引起了广大读者、听众的极大愤怒。读者纷纷打电话质问《人民日报》说："当前全国人民注视的、关心的大事是周总理逝世，是悼念周总理，怎么能说都在'关心着清华大学关于教育革命的大辩论'呢？""为什么不宣传悼念周总理的活动？为什么不宣传周总理的丰功伟绩？登这篇文章究竟安的是什么心？""四人帮"利用他们手中的权力，千方百计破坏和压制悼念周恩来的报道。《人民日报》和新华社不报道从1月9日—14日首都和全国各地的悼念活动；《红旗》杂志不刊登周恩来遗像，不刊登讣告和悼词。13日，姚文元在1天之内，3次给新华社下达指示。他要求："不要因为刊登悼念总理的活动把日常抓革命促生产的报道挤掉了。""这几天报纸登唁电数量多，太集中，并且刊登在第一版上。唁电版面往后放，从三版四版开始。""采写吊唁消息时，要有工农兵学商几方面化悲痛为力量的内容，如学生化悲痛为力量反击右倾翻案风，在消息中要反映出来。"16日，周恩来追悼大会后，姚文元下令："治丧报道要立即结束。"由于姚文元的压制，纪念周恩来的新闻照片和纪念周恩来逝世的新闻电影被停止发行。

同　日　天安门广场出现大量悼念周恩来的花圈。群众成群结队来到人民英雄纪念碑，进行各种形式的悼念活动。许多基层单位不顾"四人帮"的禁令，组织追悼会和座谈会，表达对周恩来的无限崇敬和爱戴，对"四人帮"的愤恨和蔑视，以及对党和国家前途的深切忧虑。

1月15日　周恩来追悼大会在人民大会堂举行。下午3时，中共中央副主席王洪文宣布追悼大会开始。中共中央副主席、国务院副总理邓小平致悼词。悼词说："我们怀着极其沉痛的心情，悼念中国共产党的优秀党员、伟大的无产阶级革命家、杰出的共产主义战士、中国人民久经考验的卓越的党和国家领导人周恩来同志。"悼词重申了讣告中对周恩来的评价。悼词提出：要学习他对马克思主义、列宁主义、毛泽东思想的无限忠诚；学习他全心全意为人民服务的高尚品质；学习他对敌斗争的坚定性；学习他坚强的无产阶级党性；学习他谦虚谨慎，平易近人，以身作则，艰苦朴素的优良作风，学习他同疾病作斗争的革命毅力。

同　日　邓颖超同周恩来身边工作人员、医疗小组成员和亲属谈话。邓颖超说："恩来去世了，你们都很悲痛，我也很悲痛。但是，悲伤和眼泪都不能使死去的人复活了。毛主席在《为人民服务》这篇文章中，讲得非常好。他说，人总是要死的，但死的意义有不同。一个人，为人民的利益而死，就是死得其所。恩来同志是这样的人。他是一位人民的勤务员。他一生的追求，一生的奋斗，都是为人民的利益，为了实现共产主义远大理想这样一个崇高目标的。""当他知道自己的病不能挽救时，一再叮嘱我，死后不要保留他的骨灰。这是我和恩来在十几年前共同约定下来的。""他自己就曾经讲过：人死后为什么要保留骨灰？把它撒在地里可以做肥料，撒在水里可以喂鱼。他还主张人死了以后应该做尸体解剖。在他病重住院期间，他曾专门交代医务人员：现在对癌症的治疗还没有好办法，我一旦死去，你们要彻底解剖检查一下，好好研究研究，能为国家的医学发展做出一点贡献，我是很高兴的。恩来对于自己个人离开人世没有丝毫挂虑，对祖国的科学发展和未来却充满了热情和期望。"邓颖超还说："恩来对他的后事，曾经对我说过，葬仪要从简，规格不要超过中央的任何人。这件事，我已经向党中央做了报告。中央给了他很高的荣誉。他还向我说过，一定不要特殊化。我个人是坚决执行的。对于丧事，我是严格按照三大纪律八项注意的第一条，一切行动听指挥，没有提出一项个人的要求，一切都由治丧委员会决定。恩来的遗体是由西华厅党支部保护下火化的，并将他的骨灰盒放在吊唁的地方，因为他是西华厅党支部的党员，在具体执行吊唁他的仪式时，有些事情应该放到支部里去做，由支部的同志来承担。我想这是符合他生前愿望的。"

1月21日　毛泽东同毛远新谈话。毛远新汇报了20日中央政治局开会听取邓小平的检讨发言等情况，毛泽东说，还是人民内部问题，引导得好，可以不走到对抗方面去，如刘少奇、林彪那样。邓小平与刘少奇、林彪还是有一些区别，邓小平愿意作自我批评，而刘少奇、林彪根本不愿意。毛远新又汇报说：小平同志要求向主席陈述自己的错误，除听取教诲外，还想讲他自己的工作问题。毛泽东指示说：小平工作问题以后再议。我意见可以减少工作，但不脱离工作，即不应一棍子打死。毛远新说：还是惩前毖后、治病救人的方针。毛泽东肯定地说，对。毛远新最后汇报说：华国锋、纪登奎、陈锡联三位副总理提出请主席确定一个主要负责同志牵头处理国务院的工作，他们三人做具体工作。毛泽东指示：就请华国锋带个头，他自认为是政治水平不高的人。小平专管外事。

1月23日　中国进行了第十八次核试验。

1月28日　国务院批准兴建龙羊峡水电站。龙羊峡水电站是黄河梯级水电站建设的开端。早在1956年，水利电力部就开始了黄河上游龙羊峡到青铜峡段水电资源开发的规划、勘测、设计工作，经过多年的艰苦工作，他们提出了黄河龙羊峡到青铜峡段的15级梯级开发规划。该规划要求在长达1 023公里的黄河龙羊峡至青铜峡段的首部，建设一个总库容量为247亿立方米的龙羊峡水电站，并在刘家峡、盐锅峡、八盘峡、青铜峡等水库建成后，首先建设龙羊峡水电站。龙羊峡水电站设计共装4台单机容量为32万千瓦的水轮发电机，总装机容量为128万千瓦，年发电量为60亿千瓦时，龙羊峡电站水库，还可与刘家峡水库补偿调节，用以提高下游一些水电站的发电量。

1月31日　文艺理论家冯雪峰去世。冯雪峰，1903年生。浙江义乌人。1919年接受新思潮，因参加学潮被学校开除。1922年与汪静之、应修人等组成湖畔诗社。1927年加入中国共产党。1928年，开始与鲁迅交往并逐渐成为鲁迅的学生和战友。1929年底，参与中国左翼作家联盟的筹备工作，1930年—1933年，作为左翼文化战线的领导人，曾任“左联”党团书记。1933年到达中央苏区，参加了长征。1936年，以中央特派员身份回到上海，兼管文艺工作，1941年被捕，1942年被营救出狱，以后撰写了重要的理论著作《民主革命与文艺运动》，研究鲁迅作品。中华人民共和国成立后，曾任中国作家协会副主席和党组书记，人民文学出版社社长兼总编辑，《文艺报》主编等。1954年后，被解除《文艺报》主编职务并受到批判。1958年初被错划为右派分子，开除党籍，1972年后参与了《鲁迅日记》的校订出版工作。1979年4月，中共中央为冯雪峰的错案做出改正的决定，恢复他的党籍和政治名誉。

本　月　朱德在谈话中批判“四人帮”散布的抓生产就是“唯生产力论”的谬论。他在与中共江西省委常委刘俊秀谈话时，针对“四人帮”攻击抓生产是“唯生产力论”说：“别听他们‘革命’口号喊得比谁都响，实际上就是他们在破坏革命，破坏生产。不讲劳动，不搞好生产，能行吗？粮食不会从天上掉下来。没有粮食，让他们去喝西北风。”朱德还在与人大常委会的几位负责人谈话时说：“总理去世了。我们国家在国际上的威望只能上，不能下。”“我们的生产只能上，不能下。一定要把生产搞上去。”

本　月　中共中央确定召开“批邓反击右倾翻案风”的打招呼会议。王洪文起草了以中共中央工作主持人身份在打招呼会议上的长篇讲话。

2月1日—6日　江青、张春桥布置写“与走资派作斗争”的作品，写“走资派”电影成为电影厂的主要任务。1日，江青向于会泳等人布置说：“写与走资派作斗争的戏，能和当前的斗争紧密配合。今年就拿出来上演，纪念文化大革命10周年。”张春桥则指出：“要理解这个任务的重要性。……最迟不能超过国庆节上演。”6日，张春桥指示于会泳组织“写与走资派作斗争的有深度的作品”。他说：“现在很需要安排，文艺界与走资派作斗争的作品，搞这样的戏是当前斗争的需要，应该写一个地区、一个市、一个省，甚至一个部，这样作用就大了。”他还具体地说：“要注意刻画走资派，把邓小平那种特点写出来。”此后，写“走资派”的电影泛滥起来。代表作是“四人帮”一伙要作为南北“两个战役来打”的《反击》和《盛大的节日》。《反击》以“教育革命”为背景，把省委第一书记刻画为“走资派”的典型，歌颂了“造反英雄”江涛在江青的化身赵昕的支持下夺取一省的党政大权的所谓“事迹”。《盛大的节日》通过描写上海夺权的“一月风暴”，表现与市委的“走资派”激烈作斗争的情况，影片吹捧敢于与错误路线作斗争和起来造反的典型人物铁根和井峰，并通过主人公的言论、形象向人们展示主人公是以王洪文、张春桥为原型塑造的。7月，影片《欢腾的小凉河》上映，该影片通过"走资派"夏副主任的言论，攻击、诬陷邓小平。1976年，全国7个故事片厂在修改剧本和投入摄制的写"走资派"的电影有60部。在这些作品中，有21个基层领导是"走资派"，还有12个县委书记，9个中央部长、1个副总理也都是"走资派"。

2月2日　毛远新向毛泽东提出报告，要求整理毛泽东最近指示。毛远新在《报告》中说："根据大家的要求，我对去年12月21日整理的主席有关指示作了一些补充，现将补充过的段落都重抄一份，请主席审阅。主要是最后一段把对小平同志的批评和政策界限集中在一起，这样安排是否合适，请主席批评指正。"毛泽东在报告上批示："可以。"由毛远新整理的毛泽东重要指示，3月作为中共中央文件下发。

同　日　中共中央发出《中共中央通知》（1976年中共中央1号文件）。通知说："经伟大领袖毛主席提议，中央政治局一致通过，由华国锋同志任国务院代总理。经伟大领袖毛主席提议，中央政治局一致通过，在叶剑英同志生病期间，由陈锡联同志负责主持中央军委的工作。"在此之前，毛泽东于1月21日和28日先后提议，华国锋任国务院代总理和主持中央日常工作。

2月3日　张春桥写下"有感"。他针对1975年中共中央1号文件任命邓小平为中共中央军委副主席、中国人民解放军总参谋长，1976年中共中央1号文件任命华国锋为国务院代总理写道："又是一个1号文件。去年发了一个1号文件。真是得志更猖狂。来得快，来得凶，垮得也快。错误路线总是行不通的。可以得意于一时，似乎天下就是他的了，要开始一个什么新'时代'了。他们总是过高地估计自己的力量。人民是决定性的因素。代表人民的利益，为大多数人谋利益，在任何情况下，都站在人民群众一边，站在先进分子一边，就是胜利。反之，必然失败。正是：爆竹声中一岁除，东风送暖入屠苏。千门万户曈曈日，总把新桃换旧符。"（引诗系宋朝王安石作《元日》）

2月7日　福州军区司令员皮定均去世。皮定均，1914年生。安徽金寨人。1928年加入中国共产主义青年团，1929年参加中国工农红军，1931年转入中国共产党。参加了鄂豫皖革命根据地第一、二、三、四次反“围剿”作战。参加了长征。抗日战争时期，任八路军第一二九师特务团团长，太行军区第五军分区司令员，豫西抗日独立支队司令员，解放战争时期，任中原军区第一旅旅长，1946年率该旅从中原突破国民党重兵包围，转战数千里到达华东解放区。后任第三野战军二十四军军长。1952年参加抗美援朝战争，回国后任中国人民解放军福建军区副司令员，福州军区副司令员，兰州军区司令员，中共甘肃省委书记，福州军区司令员。2月7日，在福建因飞机失事殉职。

2月10日　张铁生在山西太原发表讲话，进行反革命宣传煽动。张铁生说：“走资本主义道路的当权派就是走资派，就是这些资产阶级性质的民主革命派一个变种，也可以说这些资产阶级民主革命派，又是在我们国内，在我们党内出修正主义的一个大祸根。”张铁生猖狂地说：“中央召集一些老的领导干部，开了一个打招呼会，我活了二十几年，这个打招呼会还很少听到，什么叫打招呼会呢？现在据我自己的理解，我看呢，这个打招呼会就是给那些还在走的走资派打招呼，给那些还在继续搞资产阶级民主革命的，不干共产主义的这样一些民主革命派打招呼，给他们下场毛毛雨，打个预防针，应当清醒清醒嘛，不要错误地估计形势，不要不自量力，不要没皮没脸。”张铁生的讲话引起了山西省多数干部、群众的强烈反对，中共山西省委下令封存了张铁生的讲话录音。与此同时，江青在中共中央召开的打招呼会议四川小组会上支持张铁生说：“在一次会上，我支持了张铁生。我当时不知道是远新他们抓的。他带了40个人去大寨学习，路过北京，要到清华看大字报，北京市不安排。他找了谢静宜、迟群同志，他们就安排了。他到了太原，请他讲话，他点了火，他才是真正的又红又专。”

2月12日　毛泽东对知识青年问题做出批示。他在一份反映知识青年下乡工作中一些问题的材料上批示：“印发政治局，知识青年问题，似宜专题研究，先做准备，然后开一次会，给予解决。”5月6日，国务院和知青领导小组召开了领导小组全体成员会议，决定从中央有关部门抽调干部分赴各地调查了解知青下乡工作的情况。

2月16日　中共中央发出《批转军委关于检查1975年军委扩大会议文件的报告》。军委的报告说：“军委常委于2月6日开会，对去年7月军委扩大会议的文件作了检查。一、一致认为，这次军委扩大会议，遵照毛主席、党中央批准的议程，讨论通过的《关于压缩军队定额、调整编制体制和安排超编干部的报告》是正确的，应当继续贯彻执行。二、军委扩大会议上的两个讲话是有错误的。建议停止学习和贯彻执行。三、当前，回击右倾翻案风的斗争正深入发展，全军要积极参加这场伟大的斗争。为了保持部队的稳定，随时准备打仗，军队的运动要在各级党委的统一领导下，采取正面教育的方式进行。有的需要展开大辩论的单位，如国防科委，要经军委批准。”

2月16日—27日　江青、张春桥一再指示“写走资派”。《人民日报》16日发表文章：《文化大革命铸造的一代新人——评“朝霞丛书”〈序曲〉》，称《序曲》一书是“努力反映文化大革命的斗争生活”的征文选，提出要用小说、散文、诗歌、剧本等多种文学形式热情歌颂“文化大革命”。江青对此批示，要求把该书一些写“走资派”的作品“改编为电影、戏剧”。并指示文化部“立即派新闻电影制片厂的摄制组到北大、清华、朝阳农学院、上钢五厂等单位”进行拍摄报道。根据江青的指示，《坚决同邓小平对着干》等新闻纪录片投入摄制。27日，张春桥指示于会泳，要“抓与走资派作斗争的创作”。张春桥说，可以写一个铁路方面的斗争的戏，可以写县委、市委的党委书记搞复辟，不要怕。根据张春桥的指示，文化部派人到兰州铁路局，炮制出以与铁路系统“走资派”作斗争为主要内容的电影剧本《主要战场》。

2月21日—29日　美国前总统尼克松访问中国。华国锋代总理与尼克松举行了会谈。尼克松夫妇还拜会了邓颖超，对周恩来逝世表示哀悼。

2月23日　毛泽东主席会见美国前总统理查德·尼克松。毛泽东同尼克松就广泛的问题进行了友好的交谈。尼克松说："这次来中国是我离开公职以及动手术之后的第一次旅行。"毛泽东说："你的女儿和戴维，听说很不错。我祝他们好。中国跟美国要搞好，这个我同意。我们和欧洲要搞好，跟非洲、拉丁美洲、亚洲也要搞好。美国在世界上有利益要保护，苏联要扩张，这个没法子改变。在阶级存在的时代，战争是两个和平之间的现象。战争是政治的继续，也就是说是和平的继续。和平就是政治。"在谈话结束时，毛泽东请尼克松回国以后向福特总统转达他的问候。

同　日　张春桥攻击进出口活动。张春桥在中共中央召集各省、市、自治区和各大军区负责人参加的打招呼会议上，攻击进口成套乙烯装置和出口原油是"买办资产阶级"，"比蒋介石还厉害"。

2月24日　《人民日报》发表社论：《抓阶级斗争，促春耕生产》。社论公布了毛泽东批评"三项指示为纲"的指示："什么'三项指示为纲'，安定团结不是不要阶级斗争，阶级斗争是纲，其余都是目。"社论说："毛主席这个重要指示，是对党内不肯改悔的走资派鼓吹的'三项指示为纲'有力的针锋相对的批判。""给反击右倾翻案风的斗争指明了方向。"

同　日　教育部临时领导小组成立。由周宏宝任组长，薛玉珊任副组长。这一临时领导小组是由张春桥策划批准成立的，实际上篡夺了教育部的领导权。

2月25日　中共中央召集各省、市、自治区和各大军区负责人会议。华国锋代表中共中央讲话说："我们这个会是打招呼的会"，"会议期间还初步揭发、批判了邓小平同志的修正主义路线错误"；要求大家"转好弯子"，"早点回去，把反击右倾翻案风的斗争开展起来。"华国锋代表中共中央提出了几点要求："第一，最重要的，是要认真学习毛主席的重要指示和中央文件。""第二，在学习毛主席重要指示和中央文件的基础上，深入揭发批判邓小平同志的修正主义路线错误。""第三，要牢牢掌握斗争大方向。"提出"中央认为，应该划一个界限，以这次会议打招呼为界，这次会议前的问题，中央负责，有这样那样问题的地方，应转好弯子。这次会议后，还不转过来就不好了”。“注意不要层层揪邓小平在各地的代理人。当前，就是要搞好批邓”，“对邓小平同志的问题，可以点名批判，但点名的大字报不要上街，不要广播、登报。”“第四，对犯有错误的同志，要遵照毛主席的教导，实行‘惩前毖后，治病救人’的方针。不要揪住不放。不要一棍子打死。”华国锋最后强调：“整个运动要根据毛主席指示，在党委一元化领导下进行。不搞串联，不搞战斗队。要抓革命、促生产、促工作、促战备。通过反击右倾翻案风的斗争，进一步促进安定团结，发展巩固文化大革命和批林批孔运动的伟大成果。”在中共中央召开的这次会议上，传达了经由毛远新整理的毛泽东自1975年10月—1976年1月间多次关于“批邓反击右倾翻案风”的谈话。会议还印发了清华大学《批判邓小平右倾投降的机会主义路线，教育革命大辩论掀起新高潮》的情况简报、《上海市委关于召开常委会批判右倾翻案风的情况报告》、《辽宁省委关于召开市地委书记会议情况的报告》以及在批邓打招呼会上《辽宁组的集体发言》。上海市委的《报告》中称：“邓小平等人在打击革命力量的同时，千方百计地拼凑班底，搜罗干将，从组织上搞复辟。他把有些对文化大革命极为不满、至今不肯改悔的走资派，重新安置到重要部门、重要岗位上去，其中有的成了刮右倾翻案风的急先锋。”《报告》点了胡乔木、胡耀邦的名。会议期间，江青以她和华国锋两个人的名义，向参加会议的人员赠送了文冠果和油莎豆的种子。

同　日　在“四人帮”支持下，浙江帮派头目张永生要求“平反”。张永生在1973年5月后曾任浙江省革命委员会副主任。25日，他给江青写信，要求平反。他在信中说，去年夏季前后在浙江猛然刮起一股右倾翻案风。他们施展种种手段，对我进行人身攻击和政治上陷害，最后竟以拒不执行省委决定的罪名，把我处理调离浙江，立即由中央组织部和省委派人把我押送河北遵化县西铺大队劳动。3月，张永生被王洪文接到北京。4月3日，王洪文、张春桥、江青在人民大会堂接见张永生，说不能把造反派的棱角磨掉，支持张永生向走资派斗争。当日夜，在王洪文、张春桥、江青等人在场时，张永生对随后被叫到人民大会堂的中共浙江省委第一书记谭启龙进行诬蔑和攻击。1978年8月，张永生因反革命罪、打砸抢等罪被逮捕，经杭州市中级人民法院审理，判处无期徒刑，剥夺政治权利终身。

本　月　上海大量印发中央领导人有关整顿的讲话，供基层单位批判使用。马天水、徐景贤等人为了打击大批坚持整顿的领导干部，大量收集中央和各部门、各地区负责人关于整顿工作的讲话，将其汇编成所谓“奇谈怪论”，这些被作为批判对象的讲话材料在上海印刷达500多万份，广泛散发到基层单位和全国各地。材料涉及中共中央政治局委员、国务院副总理和全国人大常委会副委员长15人，中央各部、委负责人20多人，省、自治区第一书记13人。2月2日，上海市委将收集到的中央领导讲话上送张春桥，并称市委已决定，“在常委内部学习中，对翻案风总头子已点名批判”。

本　月　王洪文起草在中央军委常委会议上的讲话，攻击邓小平提出的“三项指示为纲”。他的讲话称：“三项指示为纲”，实质上就是反对毛主席提出的以阶级斗争为纲，篡改党的基本路线，反对我们党20多年来的基本理论和基本实践，混淆了纲与目，统帅与被统帅的关系。

本　月　张春桥与参加打招呼会议的上海人员谈话，攻击邓小平并散布老干部是走资派的谬论。张春桥在与马天水、徐景贤、王秀珍等人谈话中，攻击邓小平说：“邓小平这批人，就是买办资产阶级，把中国工人的劳动成果送给人家，再把石油垄断起来，把猪肉垄断起来，完全是垄断资产阶级，比蒋介石还厉害，蒋介石垄断不了全国。邓小平路线，有些人执行得可舒服呐，可积极呐；思想太一致了。”他诬蔑邓小平“对内搞修正主义，对外搞投降主义”。他还将大批老干部说成是比老资产阶级还厉害的走资派，强调这些人是“敌人”。张春桥要求上海立即召开一个理论工作座谈会，并且指定要讨论“究竟什么叫停留在资产阶级民主革命阶段”、“限制资产阶级法权怎么限制法”等题目，他要求上海在这方面“要早做准备”。张春桥在谈话中还说：“我最近在读《阿Q正传》，看到小D和阿Q打架，闹派性，他们还不知道是走资派赵太爷在挑动。有些地方两派至今闹得很厉害，就是因为背后有走资派。”受张春桥指使，2

月底到3月初，在徐景贤等人的积极组织下，中共上海市委召开了大型的“理论工作座谈会”，讨论所谓“老干部变走资派”的问题。4月初，中共上海市委召开万人大会，徐景贤在会上作“从民主派变成走资派”的长篇讲话。张春桥审阅批准了徐景贤的讲话稿。

本 月 北京出现反对张春桥、江青、姚文元的传单。传单说：“张、江、姚是林彪式的小舰队，是陈伯达式的政治骗子，他们欲把大批老同志置于死地而篡党夺权。”“起来！起来！战斗！战斗！全国人民紧急行动起来，以实际行动向叛徒、野心家、阴谋家张春桥、江青、姚文元之流进行坚决斗争！”

本 月 中国第一艘海底布缆工作船“邮电1号”建成。为了敷设中国至日本的海底电缆，中国科技人员研制建造了这一工作船，该船能够与船速同步放缆。

3月1日 中共中央决定李素文主管财贸、外经等部工作。在国务院副总理纪登奎召集财政、商业、外经等各部部长会议上，宣布经毛泽东批准的中央决定，在李先念副总理养病期间，由全国人大常委会副主任李素文负责主管财贸各部委和外经部的工作。

3月2日 江青在中央会议期间，擅自召集12省、区会议并发表长篇讲话。她在讲话中攻击邓小平“我说他是买办资产阶级，代表买办、地主资产阶级，中国有国际资本家的代理人，就是邓小平。叫他汉奸，正确不正确？”她还诬蔑“邓小平是个谣言公司的总经理，他散布的谣言很多”。江青称邓小平“他才不是安定团结的因素呢，才是一个破坏、分裂的大阴谋家呢。‘三要三不要’，他恰恰是要修正主义，要分裂，要阴谋诡计”。“把国民经济搞上去，我没有听主席说过”。江青在讲话中还表露出她想当“女皇”的野心，她说：“有人写信给林彪说我是武则天，有人又说是吕后，我也不胜荣幸之至。吕后是没有戴帽子的皇帝，实际上政权掌握在她手里，她是执行法家路线的。”“诽谤武则天，诽谤吕后，诽谤我，目的是诽谤主席。”毛泽东知道江青讲话后，要人转告华国锋，江青的讲话是不对的，并于10日批示：“江青干涉太多了，单独召集十二省讲话。”在江青要求把她讲话的部分内容印发全国，华国锋请示毛泽东后，毛泽东又批示："不应该印发，此事是不妥的。"

同 日 《人民日报》转载《红旗》杂志第三期署名池恒的文章：《从资产阶级民主派到走资派》。文章提出，党内不肯改悔的走资派，"他们是带着资产阶级民主主义思想来参加无产阶级革命队伍的，他们在组织上入了党，思想上并没有完全入党，甚至完全没有入党。""当革命从新民主主义革命阶段向社会主义革命阶段转变的时候，他们的思想并没有随着革命的转变而转变。相反，他们的身子虽然进了社会主义社会，思想却还停止在民主革命阶段，这就决定了他们对社会主义革命必然产生抵触甚至反对。资产阶级民主派的立场和世界观，代表资产阶级，就是右倾翻案风的阶级根源和思想根源"。文章宣称："从资产阶级民主派到走资本主义道路的当权派，从民主革命时期党的同路人到社会主义时期的反对派、复辟派，从思想停止在资产阶级民主革命阶段到搞修正主义，这不正是不肯改悔的走资派所实际走过的道路吗？"文章经过姚文元精心修改。文章发表后，江青在一次讲话中竟声称："老干部75%都是民主派，民主派发展到走资派是客观的必然规律。"

3月3日 中共中央发出《关于学习〈毛主席重要指示〉的通知》。《通知》说："伟大领袖毛主席在亲自发动和领导回击右倾翻案风的斗争中，作了多次重要谈话。中央根据毛主席1975年10月—1976年1月的多次重要谈话，整理了《毛主席重要指示》，并经毛主席审阅批准。现将《毛主席重要指示》印发给你们，请你们组织县团以上干部认真学习，深刻领会，坚决贯彻执行。学习贯彻情况，请综合上报中央。"同日，中共中央还发出了华国锋在2月25日中共中央召集的各省、市、自治区和各大军区领导同志会议上的讲话。"批邓反击右倾翻案风"运动在党内公开化。

同 日 财政部通知执行"定收定支，收支挂钩，总额分成，一年一变"财政管理体制。财政部通知各省、市、自治区，从1976年起，试行这一制度。执行这一制度，主要是为克服固定比例留成存在的问题，把地方财政的权力和责任联系起来，多收可以多支，少收则要少支，同中央一起，共同平衡预算。这一体制与1959年—1970

年执行的“总额分成，一年一变”的体制区别在于：一、扩大了地方财政的收支范围和管理权限。二、保留了地方实行固定比例的既得利益，把从总收入中按一定比例留成改为在原有基础上按一定数额拨给。三、改变过去超收部分也按总额分成比例分成的办法，规定地方总额分成比例在30%以下的，超收部分按30%分成；总额分成比例在70%以上和受补助的地区，超收部分按70%分成，以解决分成比例过低或过高出现的分配不均的问题。

3月4日　《人民日报》转载《红旗》杂志第三期发表的初澜的文章：《坚持文艺革命，反击右倾翻案风》。文章称，“文化大革命”以来的10年中，在文艺界，资产阶级从来就没有停止过对文艺革命的进攻。而“去年夏、秋，当教育界、科技界右倾翻案风甚嚣尘上的时候，文艺界同样很不平静，谣言纷起，浊浪翻滚。”文章攻击邓小平根据毛泽东关于调整文艺政策的指示精神而采取的一系列整顿文艺的行动说：“在党内不肯改悔的走资派眼里，文艺革命这一新生事物，这也不是，那也不是；经过文化大革命锻炼成长起来的新的领导班子和革命文艺队伍，这也不行，那也不行。总之，他是横下了心，要‘整顿’一番。于是，策划于密室，点火于基层。”文章强调，文艺界的“黑风”的风源“出自那个党内不肯改悔的走资派”，鼓吹“资产阶级在哪里进攻，无产阶级就要在哪里将它击退。现在是文艺战线反击右倾翻案风的时候了！”

同　日　白智清贴出评张春桥的文章。白智清在成都市盐市口贴出用大字抄写的文章：《试问，到底是哪家的“主义”？——评张春桥的〈破除资产阶级的法权思想〉》。文章贴出后，成千上万的人前往观看，文章的内容被广泛传播。白智清是重庆钢铁公司技术员，他的文章共分两部分，第一部分说明张春桥自1958年起发表的《破除资产阶级法权思想》的文章。第二部分引用马克思的《哥达纲领批判》，批判张春桥利用极左的口号反马列主义。文章说：“那体现马列主义的‘按等量劳动领取等量产品’这个社会主义原则的‘等级工资制’、‘计件工资制’，在张春桥的文章里——被斥之为‘钱能通神’。而他却硬要在生产资料都还没有全部为社会所有的历史阶段上，塞进他的‘彻底破除了资产阶级法权思想的’，‘共产主义供给制’。如果说他文化低下的程度连马克思的名言——‘权利永远不能超出社会的经济结构以及由经济结构所制约的社会的文化发展’的字句都不认识，那未免太笑话他了，肯定是另有原因的。”文章尖锐地写道：“利用人民对共产主义的向往，利用极左的口号来反马列主义，还曾一度蒙蔽了不少同志。”白智清于6月被逮捕。1978年7月被释放。1978年11月24日，中共四川省委常委会做出决议，肯定了他的革命行动，为他彻底平反，恢复名誉，并向全省公布。

3月5日—25日　上海发生“《文汇报》事件”，激起广大群众义愤。5日，《文汇报》在转发新华社当日播发的《沈阳部队指战员坚持向雷锋同志学习》一稿时，将周恩来赞扬雷锋的题词内容删掉。25日，《文汇报》在一篇题为《走资派还在走，我们就要同他斗》的报道中说“孔老二要‘兴灭国，继绝世，举逸民’，党内那个走资派要把被打倒的至今不肯改悔的走资派扶上台”。25日后数天内，各地向《文汇报》社发去的抗议函电400多件，抗议电话1 000多次。这些文电责问：“《文汇报》成了谁家的报纸？”严正要求“《文汇报》必须向全国人民交代事件的真相！”对此，张春桥却说：“为什么惟独查《文汇报》？”“不要批评报纸了，报纸以后还要删！”王洪文说：“删掉总理题词算个屁事！”姚文元表态说：“编辑不删稿子，那就不要办报了！”马天水、徐景贤等人在得到张春桥的支持后，提出一份“市委意见”，宣称：“现在有人利用《文汇报》的报道大做文章”，“这是分裂以毛主席为首的党中央的严重政治事件。”4月1日，徐景贤、朱永嘉等人到《文汇报》社“代表市委”表示“慰问”和“致敬”，声称《文汇报》社“又经受了两条路线斗争风浪的考验”。

3月6日　“反击右倾翻案风”运动在云南造成混乱。当日，中共云南省委第一书记、省革命委员会主任贾启允在中共云南省委召开的地、州、市委书记会议上，在帮派分子的压力下，作了《我的揭发、批判和初步检查》，将邓小平对云南工作的正确指示称之为“修正主义路线”。他还主持制定了一份适应帮派势力需要的《省委常委会议纪要》（即省委1976年40号文件），无端承认“去年夏季以来，省委积极执行了邓小平反革命的修正主义路线，刮了右倾翻案风”，并且指责省委常委中一些人思想还处在资产阶级民主革命阶段，“重犯了走资派错误”等。“反击右倾翻案风”运动开展后，“四人帮”在云南的帮派分子黄兆其、刘殷农等人即煽动层层揪“复辟势力”、打“还乡团”，进行“第二次夺权”。他们在省委召开的地、州、市委书记会议上，煽动揪斗了省委副书记黎韦等人，并且组织数百人的所谓“告状团”、“上访团”冲击会场，进驻省委领导机关，揪斗省、地、州的领导干部。此后，他们又煽动、支持了在13个地、州、市围攻党委，冲击公安机关，强行释放在押犯的严重事件。

3月8日　吉林市降落世界罕见的陨石雨。15时1分59秒，一颗陨星在吉林市金珠乡上空发生爆炸。这次陨石雨散落的范围约有500多平方公里，包括了吉林市郊区、永吉县、蛟河县的7个公社。至4月22日，收集到陨石100多块，总重量为2 600公斤。其中最小的重量在0.5公斤以下，有3块重量分别超过100公斤的陨石，最大的一块陨石重量为1 770公斤，大大超过了美国收藏的，当时世界上最大的陨石重量（1 078公斤）。这次陨石雨无论是数量、重量和散落范围，均为世界罕见。它对于天文学、天体物理、高能物理、宇宙化学、天体史、地球史等方面的研究都具有重要的价值。

3月10日　《人民日报》发表社论：《翻案不得人心》。社论说：“毛主席最近指出：‘翻案不得人心。’去年夏季前后，社会上刮起了一股右倾翻案风，刮这股风的人，反对以阶级斗争为纲，篡改党的基本路线，否定无产阶级教育革命、文艺革命，否定科技领域的社会主义革命，否定老、中、青三结合，否定各条战线的社会主义新生事物，否定无产阶级文化大革命，翻文化大革命的案，算文化大革命的账。他们的翻案活动，是有理论、有纲领、有组织的。”社论说，毛主席明确指出，走资派就是社会主义革命时期党内的资产阶级，从合作化到批资产阶级法权。社会主义革命每前进一步，都要受到党内资产阶级的抵抗。“由于社会主义社会还存在阶级、阶级矛盾和阶级斗争，还存在产生资本主义和资产阶级的土壤和条件，总会在党内出现走资派。出现新的资产阶级的代表，‘走资派还在走’的现象将长期存在。煽起右倾翻案风的那个人，就是在文化大革命前追随刘少奇搞修正主义、对抗历次社会主义革命运动，在文化大革命中被批判过而不肯改悔的走资派。他口头上说什么‘永不翻案’，一旦重新工作，旧病复发，又继续走资本主义道路了。这种人，从来也不是马克思主义者，而是毛主席曾经指出的思想至今还停止在民主革命阶段的资产阶级民主派。”这篇社论是经过姚文元审改的。

3月15日—24日　老挝人民革命党总书记、老挝人民民主共和国政府总理凯山·丰威汉访问中国。华国锋代总理与凯山总理就加强两党两国关系以及双方共同关心的问题进行了会谈。中国政府还与老挝人民民主共和国政府签订了经济技术合作协定。

3月16日—23日　文化部召开“创作座谈会”，贯彻张春桥、江青提出的写同“走资派”作斗争的文艺作品的指示。于会泳在座谈会上传达了张春桥等人对写“走资派”作品的指示。刘庆棠在会上说：“现在是大的斗争前夕，拿出戏来当炮弹用”，“要写表现走资派，而且是不肯改悔的走资派的作品”。31日，文化部党的核心小组在报告中称：座谈会提出“要敢于写较高级干部中的走资派，因为走资派越是职位高、权力大，它的危险就越大”；“要努力把同走资派的斗争放在更广阔的背景上写”。“使作品有思想深度，有较高的质量”。报告中说：会议制定的创作规划是“按题材来分，有工业5部，农业5部，铁路3部，海运1部，教育4部，科技2部。按体裁形式来分，小说方面有长篇5部，中篇3部，短篇3部，电影剧本7部、戏剧剧本2部。上述作品写到中央有关部门一级或省一级的走资派的有8部，写到地、县一级（包括工厂）的走资派的有12部”。

3月17日　毛泽东主席会见老挝人民革命党总书记、老挝人民民主共和国政府总理凯山·丰威汉率领的老挝党政代表团。毛泽东同老挝同志在非常亲切的气氛中进行了友好的谈话。毛泽东说：“我们现在还在斗。你到清华、北大去过吗？”毛泽东还说：“你们比我们好。你们没有台湾问题，也没有香港问题。”

同　日　中共河南省委召开有地、市委书记参加的省委常委扩大会议，唐岐山在河南制造新的动乱。会议传达了中共中央打招呼会议的精神，要求各级领导干部带头，联系河南的实际情况，掀起“反击右倾翻案风”运动的高潮。曾任河南省委常委的帮派分子唐岐山在中央打招呼会议期间，曾获得江青的接见并与之密谈。江青许诺唐当河南“省委第一书记”，并要他“代表中央过问湖北的事情”。在唐岐山等人的破坏下，河南省的情况急剧恶化。整顿中被撤职的一些人又重新活动起来，大搞派性活动，在郑州市内搞百辆汽车大游行，冲击领导机关、公安机关。8月25日，河南省委召开全省3级干部会议，部署重点批判《论全党全国各项工作的总纲》、《科学院工作汇报提纲》和《关于加快工业发展的若干问题》等当时被称为“三株大毒草”的文稿，会议全盘否定1975年河南的各项整顿工作。随后，许多经济部门老干部又一次被打倒，已经恢复和健全的规章制度被废除，正常的经济秩序遭到破坏。

3月19日　天安门广场出现第一个悼念周恩来的花圈。花圈是由朝阳区牛坊小学敬献的。从此以后，向天安门广场送花圈和参加悼念活动的人员越来越多。

3月24日　中共中央就浙江一些学生赴京学习“反击右倾翻案风”经验一事发出《通知》。20日，浙江各大专院校代表共130多人组团到北京参观清华、北大大字报，学习“反击右倾翻案风”经验。代表团登车后，浙江师范学院等校又有一批学生无票强行上车赴京。此事上报中央后，华国锋对此迅速做出指示：“不管省组织的还是无组织的都不要来京。”列车到徐州附近停开，赴京学生被劝阻。24日，中共中央报经毛泽东同意，发出《中共中央通知》。《通知》说：“最近，浙江有几批学生强行登上火车，要求来京上访和到清华、北大看大字报。经过劝阻，大部已经回去了。中央认为，这种做法是不妥当的，不符合毛主席、党中央的指示精神，影响抓革命，促生产、促工作、促战备。中央要求各地要坚决贯彻执行毛主席的重要指示和中央文件的规定，对强行登车要求来京的人员，应做好思想工作，坚决劝阻，告诉他们，整个运动要根据毛主席指示，在党委一元化领导下进行，不搞串联，不搞战斗队。在本地区、本单位搞好教育革命大辩论，深入揭发批判邓小平同志的修正主义路线错误，把反击右倾翻案风的斗争进行到底。”

3月24日—31日　南京爆发反对“四人帮”的群众运动。24日，南京江苏新医学院师生员工抬着献给周总理的花圈到雨花台，隆重举行悼念活动，掀起了南京人民反对“四人帮”运动的序幕。28日上午8时，南京大学数学系400余人抬着周总理的巨幅遗像和大花圈，绕道新街口来到周恩来曾居住战斗过的梅园新村，缅怀周恩来的巨大历史功绩，沿途许多群众纷纷加入这一队伍，成为南京市民反对“四人帮”的第一次大规模的示威游行。此后，南京市的学生和市民开始举行游行、集会，人们高呼“保卫周恩来”，“打倒张春桥”，“我们怀念周总理，我们怀念杨开慧”等口号，人们还在往来的汽车上贴上“《文汇报》的反党文章是篡党夺权的信号弹”、“不揪出《文汇报》的黑后台誓不罢休”等标语。29日，南京大学数学系学生贴出大标语，提出要警惕野心家、阴谋家篡夺党和国家的最高领导权，要用鲜血来保卫红色江山。下午，南京大学300多名学生分成20多个小组，在南京市的各个主要街道张贴大标语。夜晚，大量学生前往火车站，将标语刷写在南京的列车上。30日，南京大学的学生继续前往火车站，用柏油和油漆在火车车厢上刷写了“揪出《文汇报》的黑后台”、“谁反对周总理就打倒谁”、“打倒张春桥”等大标语。31日，南京中山东路张贴出“打倒大野心家、大阴谋家——张春桥”的大标语。南京市人民率先大规模地反对“四人帮”的行动，引起了“四人帮”的极端仇恨。30日，王洪文对“四人帮”在《人民日报》社的心腹鲁瑛说：“南京事件的性质是对着中央的。”他攻击说：“那些贴大字报的是为反革命复辟制造舆论。”南京群众反对“四人帮”的革命行动被“四人帮”诬蔑为“反革命政治事件”。1978年11月，中共江苏省委宣布为所谓的“南京反革命政治事件”平反。

3月25日　武汉市出现署名“寒城牛”的传单：《绝不对资产阶级野心家卑躬屈膝》。26日，武汉锅炉厂有200人集会，指名批判江青，张春桥。与此同时，在武汉市街头还出现了“继承总理志，实现四个现代化”的大幅标语。清明节期间，在武汉的6机部701研究所的工作人员分别将直径为3米和4米的两个铁骨焊接的大型花圈送至武汉长江大桥武昌桥头，掀起了悼念周恩来，反对“四人帮”的运动。广大干部和群众将大量的花圈、挽联和标语送到了长江大桥的桥头安放、悬挂。

同　日　王文娟等人打破女子射箭世界纪录。在福州市举行的1976年全国9单位春季射箭测验比赛中，上海队女运动员王文娟以315环的优异成绩，打破了美国运动员创造的女子射箭70米单轮310环的世界纪录。26日，王文娟又与队友郭蓓和内蒙古女运动员扎拉嘎，分别以675环、670环和665环的成绩，打破了苏联运动员创造的女子射箭30米双轮661环的世界纪录。

3月26日　迟群、谢静宜等人围攻邓小平。在江青的策划指使下，迟群伙同谢静宜等人，以“汇报清华大学运动”为名，用极其恶毒的语言，面对面地围攻诬陷邓小平。他们捏造事实，罗织罪名，诬陷邓小平“是党内资产阶级的头子”，“要抢班夺权，另立中央”，“在我国复辟资本主义”。

同　日　国家计委发出《关于1976年单项新技术引进计划的通知》。《通知》说，为利用近几年国际上的有利时机，更有效地引进国外技术，增强独立自主、自力更生地解决问题的力量，要选择一批短期内国内还难以解决的技术关键项目，抓紧组织引进。

3月28日　《人民日报》发表社论：《反右倾翻案，促工业生产》。社论公布了毛泽东对邓小平的批评。社论说：“毛主席最近指出：‘他这个人是不抓阶级斗争的，历来不提这个纲。还是‘白猫黑猫’啊，不管是帝国主义还是马克思主义。’”

3月29日　原上海市委书记、上海市市长曹荻秋去世。曹荻秋，1909年生。四川资阳人。1925年参加爱国学生运动，1926年入成都师范大学学习，并参加进步组织的活动，1929年加入中国共产党。曾任中共温江工委书记、广汉特委书记，领导并参加了广汉暴动。后任中共重庆市委宣传部部长，1931年到上海，“九一八”事变后组织学生赴京请愿团，任总指挥。1932年被捕。1937年被营救出狱后，任中共皖北特委书记、盐阜区行署主任、中共盐阜地委书记、苏北军区政治委员、中共江淮区党委书记兼军区政治委员，华东支前司令部副司令员。中华人民共和国成立后，任中共重庆市委第一书记兼市长，四川省委第三书记，上海市委书记，上海市市长。在“文化大革命”中遭受江青、张春桥残酷迫害。1978年6月，中共中央为他平反昭雪。

3月30日—5月22日　我国第一次远洋调查开始。这次调查考察是根据国务院、中央军委关于为我国第一次远程运载火箭试验提供远洋水文气象保障的要求进行的。海军组织了“向阳红05号”和“向阳红12号”两艘远洋调查船对南太平洋海域进行了海洋水文、海洋气象、海洋化学、海洋重力、海底地貌、远洋通讯、远航等多方面的综合调查。这次远航两次通过赤道和国际日期变更线，航经4个海峡和4个群岛，规避了两次台风，出色地完成了调查任务。

本　月　《周总理遗言》在社会上出现并被广泛传抄。《周总理遗言》是浙江省杭州汽轮机厂的青年工人李君旭编撰的。《遗言》说：“小平同志一年来几方面工作都很好，特别是关于贯彻主席的三项指示，抓得比较坚决，这充分证明了主席的判断的正确。要保持那么一股劲，更多请示主席，多关心同志，多承担责任。今后小平同志压力更大，但只要路线正确，什么困难都会克服的。”这份《遗言》和当时出现的许多针对“四人帮”的不满言论的传单，使“四人帮”极为恼火，他们宣称这类材料是矛头对着党中央的，是分裂党的反革命谣言。王洪文说：去年反革命谣言就没有好好追，今年我们要追，天皇老子也要追，不要认为是老干部就不敢追，涉及到国务院、党中央系统也要追。“四人帮”利用手中的权力，要求各省、市、自治区、军队系统成立“追查反革命谣言领导小组”，并要由主要负责人领导此项工作。仅浙江省就收缴到了5万多份各种传单，逮捕了数十人。

本　月　军事博物馆“历史综合馆”被张春桥下令关闭。2月间，军事博物馆群工组的一名工作人员诬告“历史综合馆”纪念长征40周年的展览内容是“紧密配合了右倾翻案风”，“树了邓小平”，“不适当的突出了叶帅”等等。“历史综合馆”的展览是1975年10月由叶剑英主持，经中央军委讨论决定进行预展的。姚文元将反映诬告内容的《情况汇编清样》中公开攻击叶剑英、徐向前、聂荣臻的地方作了删改，在《情况汇编清样》中一处把“老干部”三字改为“不想搞社会主义的人”。3月2日，张春桥将该《情况汇编》批给总政治部，要求“将情况查明”。4日，他又命令：一、立即闭馆；二、原封不动；三、尽快查明。

4月1日　中央政治局于夜间召开会议讨论南京和各地出现的悼念周恩来、反对“四人帮”活动的问题。会议决定向全国发出经毛泽东圈阅的《中共中央关于南京大字报问题的电话通知》。《通知》说：“一、据了解，最近几天，南京出现了矛头指向中央领导同志的大字报、大标语，这是分裂以毛主席为首的党中央，转移批邓大方向的政治事件，你们立即采取有效措施，全部覆盖这类大字报、大标语。对有关群众要做好思想工作。要警惕别有用心的人借机扩大事态，进行捣乱、破坏。二、对这次政治事件的幕后策划人，要彻底追查。三、所谓总理遗言，完全是反革命谣言，必须辟谣，并追查谣言制造者。四、任何人不准冲击铁路。”

同　日　天安门广场出现巨型花圈和反对“四人帮”的诗词。巨型花圈上写着“深切怀念敬爱的周总理”。由山西青年王立山创作的诗词“欲悲闻鬼叫，我哭豺狼笑。洒泪祭雄杰，扬眉剑出鞘”被张贴在纪念碑前。北京市公安局就天安门广场的形势召开会议，刘传新在会上称，清明节扫墓是“旧传统，旧习惯”，要阻止群众送花圈。他还布置说，“现在反革命破坏活动相当嚣张”，“凡是纪念碑前反动的东西，要坚决搞掉”，“要追查幕后操纵者”。

4月1日—4日　杭州爆发悼念周恩来，反对“四人帮”的大规模群众运动。这一运动被王洪文诬蔑为“杭州反革命事件”。1日凌晨3时，杭州钢铁厂职工群众将直径3米镶嵌有周恩来遗像的大花圈悬挂在杭州延安路解放街市劳动局大楼的旗杆上。凌晨6时，杭州公交公司的职工又在湖滨的大街上安放一个大花圈，并将“谁冲击、诬蔑、诽谤敬爱的周总理就打倒谁！”，“谁反对周总理就是人民的公敌！”，“誓与林彪一类野心家、阴谋家血战到底！”，“坚决打倒野心家马天水！”等大标语张贴在杭州闹市的街头。杭州市玻璃厂用树胶布做成的，写有“深切怀念中国人民伟大的无产阶级革命家、杰出的共产主义战士周恩来总理！”的长达50米的大标语，被悬挂在解放街百货商店大楼的正面，成为杭州街头最醒目的战斗号令。这一天，杭州市大批干部、群众上街，将写有“反对周总理就是反革命！”“严防林彪一类野心家、阴谋家篡夺党和国家的最高领导权！”，“深切怀念杨开慧烈士！”等内容的标语张贴在杭州市的街头，敬献给周总理的花圈也大量出现。浙江省的其他地、市也开始出现自发悼念周总理的活动。4日，杭州市的悼念活动达到高潮。解放街一带以及少年宫广场、浙江省展览馆前出现了大批花圈、挽联和诗词。许多单位的群众列队游行，高呼“坚决揪出化装成美女的毒蛇”、“谁反对周总理谁就是人民的公敌”等口号。路经杭州的火车，被书写上了“绞死它，绞死《文汇报》那条向周总理狂吠的疯狗！”，“马天水贩卖政治谣言要彻底追查！”等标语。杭州市的干部群众自发地聚集在大会堂，慷慨激昂的演说彼伏此起。7日夜，浙江省委召开省委常委会和全省电话会议。王洪文在接到浙江省的电话报告后确认，杭州群众悼念周恩来、反对“四人帮”的行动“就是反革命事件”。9日，王洪文打电话称，浙江的“反革命”事件比较突出，江苏是全国第一，浙江是全国第二。1978年10月13日，中共浙江省委、杭州市委宣布为所谓的“杭州清明节反革命事件”平反。

4月2日　毛远新向毛泽东书面报告中央政治局会议情况。报告说，“4月1日晚，政治局讨论了几件事。一、当前全国各地流传所谓‘总理遗嘱’、‘总理给主席的诗词’欺骗了一些不明真相的人，干扰破坏当前反击右倾翻案风的斗争，南京已有借故闹事，还要利用清明节（4月4日）搞什么扫墓活动，并要以纪念杨开慧烈士名义送花圈。北京等地也有很多类似东西，这个动向值得注意。除电话答复江苏等地外，中央可以正式发一文件，说明所谓遗嘱之类，是敌人造的谣言，干扰破坏当前的斗争大方向，要追查，不要上当。二、今年五·一节的活动，有的同志提出不搞游园活动了，应改革一下，还有见报不好安排等。讨论结果，五一节的活动今后可以改革，一年搞一次（国庆节）即可。但今年改变不利，当前国内外敌人都说我们乱了套，要钻空子，历年有活动，今年不搞影响太大。要利用这个机会体现安定、团结，庆祝反击右倾翻案风的初步胜利，鼓舞全国人民，还是按去年的办法不变。至于登报排列，可分3个公园分别报导，不搞通栏，只登政治局同志、副委员长、副总理，不搞过去上千人的大名单。建议邓小平同志不出席，其他政治局同志尽量都出席。三、3月初主席指示，《毛主席的重要指示》暂时就传达到县团级，暂不扩大传达。目前干部已学习了近一个月，党员、基层干部普遍要求传达，是否可以考虑下一步再扩大传达到支部书记和各级机关的党员干部。”4月3日，毛泽东对该报告批示：“同意。”

同　日　天安门广场出现有组织地悼念周恩来的队伍，北京市开始传达《中共中央关于南京事件的通知》。中国科学院109厂的广大干部职工有组织地前往天安门广场，队伍由4辆卡车开道，抬着4个大花圈和4个写有“红心已结胜利果，碧血再开革命花。倘若魔怪喷毒火，自有擒妖打鬼人”的巨型诗牌的队伍穿过王府井，进入天安门广场。同时，由北京重型电机厂工人制作的第一个铁花圈被送到天安门广场安放。北京市各单位开始传达《中共中央关于南京事件的通知》。在传达中，北京市提出：“清明节是鬼节”，“送花圈是四旧”，“天安门有反革命分子捣乱”，要求干部和群众不要去天安门广场。

同　日　北京成立公安、民兵、卫戍区人员参加的“联合指挥部”。北京市公安局拟定《对天安门广场出现的各种问题的处理办法》，开始组织机动力量，准备镇压行动。

同　日　《人民日报》转载《红旗》杂志第四期发表署名苗雨的文章：《反击卫生战线的右倾翻案风》。文章将邓小平等对卫生领域的一些正确意见，如卫生战线“25年来”“是循着”正确路线走的，“赤脚医生不能一步登天”，合作医疗是“社会主义办了共产主义的事”等诬蔑为“直接插手卫生部门，大肆攻击卫生战线的社会主义新生事物，阻挠和干扰贯彻落实毛主席光辉的‘六二六’指示，把矛头直接指向毛主席的无产阶级卫生路线”。

4月3日　王洪文到天安门广场察看情况，“四人帮”指使北京市公安机关开始抓人。凌晨4时40分，王洪文到天安门广场，用手电察看了纪念碑周围的部分花圈和悼词。随后，他打电话给公安部称：“我刚到天安门去看了一下，那些反动诗词你们拍下来没有？不拍下来怎么行呢？将来都要破案的呀。否则，到哪里去找这些人呢？你们应该组织人去把它拍下来，要考虑将来破案。”天明后，大批干部和群众从四面八方涌入天安门广场，献上精心制作的和撰写的花圈和诗词。国务院政工小组向国务院所属部门发出电话通知，要求在京的各单位干部、职工不要去天安门广场送花圈。姚文元在批看《人民日报》社编写的《情况汇编》中，把许多悼念周总理、反对“四人帮”的标语定为“反动口号”。他声称：“中国这个国家，激烈的斗争不断，但解决矛盾却总是不彻底。为什么不能枪毙一批反革命分子呢？专政毕竟不是绣花。”当日夜，北京市公安机关以各种罪名共抓捕26人。

同　日　西安、郑州、洛阳等地爆发怀念周恩来、反对“四人帮”的群众运动。各地群众自发书写标语、诗词，悼念周恩来的丰功伟绩，赞扬邓小平狠抓整顿的成绩，痛斥“四人帮”的反党活动。在山西太原五一广场，太原重型机器厂的职工，用载重卡车运来一个以钢筋、钢板为原料精心制作特大花圈，五一广场周围的树上、栏杆上挂满了小白花和诗词。

4月4日　天安门广场的悼念活动达到高潮，上百万人形成声势浩大的群众示威运动。整个广场淹没在人潮花海之中，各式各样的花圈从广场的北侧一直摆放到纪念碑的南端。人民英雄纪念碑下，安放着周总理的巨幅画像，画像下面是一条用黑布白花装饰的大型横幅，横幅上书写“民族英魂”四个大字。纪念碑四周的松墙上，系满了小白花，系在护链上的白花连接成白色素带，环绕着纪念碑。在纪念碑南面的松树林里，挂起了由干部群众撰写的各种诗文。写有“敬爱的周总理我们永远怀念您”的方框大匾，悬挂在纪念碑前的13根旗杆上，横贯整个天安门广场。在广场国旗旗杆的汉白玉基座上，放着一个铺着金丝绒台布的金属小桌，桌上放着插着花朵的花瓶，旁边有一个用石纹纸精心制作的墓碑，碑上用毛笔精心抄录着邓小平在周恩来追悼大会上代表中共中央致的悼词。在广场中央放着一个由东风电视机厂敬献的盛着巨大万年青的花篮，花篮的挽联上写着“亿瓣心镶人民将总理永远怀念，万年长青总理为人民一片丹心”。广场的每一根华灯柱上，都挂满了花圈或花篮。广场上空，飘着两个大气球，白色的飘带上一边写着“怀念总理”，一边写着“革命到底”。上午7时，青云仪器厂职工，分四列纵队、共275排抬着34个花圈，从西单来到天安门广场，绕场一周后，举行了隆重的悼念仪式。曙光电机厂3 000多名职工排成长队，以周总理的遗像为先导，在哀乐声中缓步从东单开进天安门广场。北京铁路分局职工王海力写出血书“敬爱的周总理！我们将用鲜血和生命誓死捍卫您！”首都钢铁公司李铁华在天安门广场发表讲演。他说：“我们的好总理呀！您忠于党、忠于人民，对敌人大义凛然、横眉冷对；对人民父亲般地关怀，母亲样地慈爱！您老人家光明磊落、胸怀宽阔、任劳任怨、从无倦态。您一辈子工作、战斗，战斗、工作，不辞辛苦，不分昼夜，您为中国革命和建设事业，英勇斗争，鞠躬尽瘁。”他哭着说：“您老人家活活累死的呀，总理！！临死前对人民还是那样地热爱，您把骨灰都用来造福于人民。这样崇高的人格，这样无私的品德，古今中外，有谁能与您媲美！”“同志们，我们发现有那么一小撮人，把矛头对准周总理，这是我们绝不允许的！同志们，我是工人。我们这里还有很多来自农村的，刚才有来自大兴县的农民，也有来自部队的同志，爱总理的心情是一样的，今天成千成万的工农兵群众涌向天安门，这就是人心所向！”李铁华最后说：“总理得人心，人民热爱周总理，这就是历史最好的见证！同志们，解放军同志们，工人同志们，农民同志们，斗争是尖锐复杂的。但是，我们要坚定信心，把那些野心家、阴谋家彻底打垮！”人们在诗词中用“三人十只眼”来强烈批判江青、张春桥、姚文元，并且在一份《第十一次路线斗争大事记》的传单中公开点名批判江青。传单说：“第十一次路线斗争：一、1974年1月，江青扭转批林批孔大方向，把矛头指向周总理。二、1974年2月，江青背着中央接见外国传记记者，诬蔑中央领导同志，在四届人大争当总理。三、1975年1月，主席识破了江青，按周总理的意图召开了四届人大，取得了斗争的初步胜利。四、1975年7月，毛主席批评江青，停止其在中央的工作。在周总理患病期间，由邓小平同志主持中央工作，斗争取得了决定性胜利。邓小平同志重新主持中央工作，全国人民大快人心。五、最近所谓反右倾斗争，是一小撮野心家搞的翻案复辟活动。毛主席说：‘翻案不得人心’。这些人翻历史的案成了过街老鼠。”北京市公安机关在“四人帮”的指使下，进行了紧急布署，做到“车辆准备好，拘留所、收容所做好准备”等一切工作。

同　日　中共中央政治局于夜间开会讨论天安门广场情况。华国锋讲话说，一批坏人跳出来了，写的东西有的直接攻击主席，很多攻击中央，煽动群众，很恶毒的。吴德代表北京市委汇报了天安门广场的情况。他说，在纪念碑前送花圈2 073个，1 400多个单位，有的不写单位，有的冒充某单位。3日有507个单位送了800多个花圈，4日有420个单位送了450个花圈。花圈大的有直径为6米的。送花圈比较多的单位，都是问题比较多的单位。去人最多的单位是七机部、科学院，其次是四机部、铁道部、外贸部。去天安门的多数人是出于怀念总理的，有的就是在校学生到那里去宣誓，还有的是教育干部等等。吴德还说，4月2日开始就有恶毒煽动、讲演的人，诗词、悼词、小字报等，有48件是恶毒攻击主席、中央的。敌人利用了这件事，性质和南京是一样的。看来这次是一个有计划的行动。今年出现这件事是邓小平搞了很长时间的准备形成的，邓小平从1974年起就作了大量的舆论准备，什么批林批孔是批周公，什么反经验主义是揪总理，说某某人要夺总理的权等。吴德称，“文化大革命”以来没有这次这样的逆流。过去都是说想念毛主席，这次根本不提主席，敌人比过去更猖狂了。性质是清楚的，就是反革命搞的事件。吴德在会上还汇报了北京市采取的防范措施：一、当场取证、拍照，向群众说明这是反动的。二、看准了是反动的人，待离开人群以后再抓，已拘留了10个人。三、将中央的电话通知传达下去，向群众说明是坏人利用群众的心情，攻击主席、中央，破坏批邓大方向。同时，投入5 000民兵、3 000公安人员，做了大量的保卫、劝说工作。中共中央政治局会议认为：这是反革命事件，“文化大革命”以来没有过像这次这样严重的逆流。“是反革命煽动群众借此反对主席、反对中央，干扰、破坏斗争的大方向。”江青等人还在会上借广场上出现的一份《第十一次路线斗争》的传单点了江青的名为借口大闹，说什么“中央的人身安全都没有保证了”，压别人表态，要连夜把花圈转走，要抓发表“反革命”演说的人。中共中央政治局会议决定：在全国揭露敌人的阴谋，发动群众追查政治谣言，在“五一”前搞一次大的反击；立即清理天安门广场的花圈和标语；调民兵和公安人员在广场周围，阻止群众送花圈和集会，调动卫戍部队在二线待命。

4月5日　毛远新向毛泽东书面报告中央政治局关于天安门广场情况的讨论和决定。报告说：“4月4日晚，政治局分析了当前北京的情况：几天来，向天安门前烈士纪念碑送了2 000多个花圈，大的有6米。去的人每天有几万人，3日达20万人次。最多的单位是七机部、科学院，其次是四机部、铁道部、外贸部，北京有的工厂在动员后仍送去钢铁焊成的花圈。多数是悼念总理，少部分有影射攻击中央的，个别是非常恶毒的。4月2日起，有不少人当场致悼词、读诗词，有的贴小字报、标语、传单。其中不少内容是以悼念总理为名，分裂、攻击中央，有的直接攻击毛主席，还有人上去发表煽动性演说，宣读十分反动的传单，语言极为恶毒，下面有人组织鼓掌，要求再读一遍。有的人上去读反动材料，周围有一帮打手，谁去干涉就挨打。4月4日晚有人公开读一个传单，说邓小平上台是决定性胜利，反击右倾翻案风，是一小撮人搞的，某某人反总理，某某人想夺权等等，大群人围着听（还有外国人）。有人帮助照明，他连续读5遍，完全是攻击中央，攻击主席的。北京组织民兵、公安人员在现场，这几天已发生50来起反动的案件，民兵一起去干涉，结果挨打，已打伤多人，公安派出所也受冲击，天安门的卫兵干涉一个人爬上旗杆发表演说，被打伤。这样大量的在天安门前集中那么多群众场合下，公开发表反革命的演说，直接攻击毛主席，是建国以来没有的。很显然，这是有计划有组织的，不仅北京，全国不少地方都有。”毛远新还说：“政治局的同志分析，阶级敌人猖狂跳出来是件好事，他们只能靠谣言、靠死人来煽动不明真相的人，说明他们日子实在不好过，也没什么了不起。但是要提高警惕，防止挑起更大的事端，这次看出存在一个地下的‘裴多菲俱乐部’，有计划地在组织活动。因此也要防止万一，采取一些必要措施。政治局决定，鉴于纪念碑前反革命活动越来越猖狂，从今晚（4号）开始，清理花圈和标语，估计会有人捣乱，已调了3 000民兵在广场周围，卫戍区一个营在二线准备（尽量不用部队出面）。明天开始，布置民兵围绕纪念碑，劝说阻止群众去送花圈和集会，不再允许进入这个范围，截止目前（5日晨5时）在5 000民兵和3 000公安人员的包围下，抓住了当众宣读反革命传单的人及其保镖。把周围保护那个反革命分子的100多人集中起来，进行教育，肃清流毒，其中20多人身上都有反革命的传单、材料。群众基本走散，现场正在清理，花圈都送到八宝山。进行得还顺利。估计下一步会出现两个可能：一是暂时地平息下去；一是挑起新的事端，敌人会利用‘中央有人反总理，连送花圈悼念活动都不允许’的借口去煽动，以致导致武斗”。毛泽东圈阅了这个报告。

同　日　天安门广场悼念周恩来、声讨“四人帮”的群众运动遭到镇压。凌晨1时，北京卫戍区和汽车运输公司出动200辆汽车将天安门广场的花圈运往八宝山销毁。在清理广场花圈时，有7人被捕。5时10分，王洪文到天安门广场察看。此时，天安门广场已聚集了数千民兵和公安人员，通往广场的路口已被把守，有些地点还设置了劝阻站，人民英雄纪念碑已被围住，不准送花圈的群众进入。6时，北京172中学的学生，抬着花圈走向人民英雄纪念碑，他们在广大群众的支持下，将花圈送到纪念碑下。7时，有一个人公开说：“大家不要受反革命分子挑动。别再闹了。别为走资派卖命了，现在报上都快把走资派点出来了。”这一下激起了在场群众的不满，有两个人上前劝，但被群众认出是公安人员后，人们更加愤怒，其中一人向人民大会堂逃去，大批群众追至大会堂东门外。北京市公安局的广播车在广播“清明节已过，悼念活动已结束，请革命同志离开天安门广场，要警惕一小撮阶级敌人的破坏活动”的指令后，沿着人民大会堂东侧由北向南来回行驶，连续广播。当广播车转到第三圈时，群众包围了广播车，大家愤怒地质问：“你们说悼念活动已经过去，是谁组织过我们悼念总理？悼念活动从什么时候算起？”“阶级敌人是谁？是谁在破坏捣乱？”激愤的群众砸扁了喇叭，推翻了汽车。9时，又有一持清华大学机械系听课证的人公开散布“送花圈没有用，周总理是最大的走资派”等攻击周总理的言论，在场群众将其扭送派出所，要求严肃处理。这时聚集在人民大会堂外的群众已达数十万，人们高呼：“还我花圈，还我战友”的口号，同工人民兵和警卫战士发生冲突。11时，大批群众手挽着手，高唱国际歌，包围了“联合指挥部”所在地小灰楼。侯玉良、赵世坚等人与“联合指挥部”交涉，提出归还花圈、释放被捕群众、保障群众有悼念总理的权利等3项要求，交涉毫无结果。12时58分，群众开始点燃一辆停在“联合指挥部”楼前的轿车。15时，愤怒的群众又点燃了另外一辆面包车、两辆吉普车。17点04分，群众冲击“联合指挥部”，并放火焚烧了“联合指挥部”的所在地小灰楼。中央政治局一部分人在人民大会堂注视着广场事态的变化。此时的天安门广场，数万群众高唱国际歌，高呼“我们永远怀念周总理”的口号，人们齐声朗诵由景晓东撰写的怀念总理的抒情诗《告别》。18时25分，天安门广场开始播放中共北京市委第一书记吴德的广播讲话，吴德说，近几天来，正当我们学习伟大领袖毛主席的重要指示，反击右倾翻案风，抓革命、促生产之际，极少数别有用心的坏人利用清明节，蓄意制造政治事件，把矛头直接指向毛主席，指向党中央，妄图扭转批判不肯改悔的走资派的修正主义路线、反击右倾翻案风的大方向。我们要认清这一政治事件的反动性，戳穿他们的阴谋诡计，提高革命警惕，不要上当。今天，在天安门广场有坏人进行破坏捣乱，进行反革命破坏活动，革命群众应立即离开广场，不要受他们蒙蔽。19时，首都民兵1万人、公安干警3 000人、北京卫戍部队5个营分别在中山公园、午门、劳动人民文化宫、历史博物馆等地集结待命。22点40分，天安门广场的镇压行动开始，在广场尚未撤出的群众遭到毒打，38人被捕。

同　日　中共中央政治局于夜间开会，听取北京市委关于天安门事件经过的汇报。北京市公安局局长刘传新在汇报广场情况时称：今天，天安门广场提出的口号是“还我花圈、还我战友”，一些人利用部队对战士打不还手的要求，打伤了公安人员和战士168人，其中重伤15人（4个战士，11个公安人员），砸毁了两辆汽车，烧了4辆汽车。下午决定只要歹徒动手打人，民兵可以还手，并给在现场值勤的民兵配备了短木棍用以还击。在广播吴德讲话以后，多数看热闹的群众散开了。1万名民兵带着短木棍包围了天安门广场，分批清理了现场的人，抓了38个人。刘传新还说，天安门很多讲话、文章，不提走资派，不提主席，用诗词、演讲等多种攻击的手法，有些文字恶毒隐晦，不是青年人写的。这几天够立案侦察的有300多起。他还讲，今天搞过后，还要防止新的反扑。北京市已组织了3万民兵、9个营的卫戍区部队机动待命，只要允许挨打还手，民兵和公安人员是完全可以对付局面的。华国锋在会上讲话指出：敌人今天充分地进行了暴露，烧了汽车、房子，打了人，进行了反革命的宣传。这几天是要大造舆论。下一步真正要搞些什么活动，是不是一定要在天安门广场，要多注意。他要求，明天指挥要沉着，要看准，轻易不动，一动就要取胜。

4月6日　毛远新于凌晨3时将中央政治局会议讨论天安门事件的情况书面报告毛泽东，毛泽东做出批示。报告说：天安门广场人员损伤情况是：168人负伤，其中工人民兵61人，战士52人，公安人员55人，重伤者15人，烧毁汽车4台，砸毁汽车2台，烧毁了历史博物馆南侧的小红楼。报告还说：由于民兵、战士、公安人员还手，“敌人的气焰马上就下来了，我们的士气大振”。目前，天安门广场恢复正常。报告声称：“这次有个特别明显的特点，即他们的矛头非常集中，各类演说、诗词、悼词、小字报、传单、字条、口号都集中攻击毛主席、攻击毛主席为首的党中央，这么多讲话、文章，就是不批邓，（有的公开拥护邓）不提走资派，不正面提毛主席（攻击的提）手法多样，朗诵诗词的，发表演说的，教唱歌的什么都有，很多不是这些年青人写得出来的，内容既恶毒又隐晦，是白头发的人编写的；再一个特点是法西斯，不顾后果，疯狂已极，杀人、放火无所不为（不是抢救得快，很多人会被打死）。连提出不同意见的看热闹的群众都往死打，是地地道道的反革命事件，在天安门广场光天化日下群魔乱舞，是历史上没有的。此外，从整个行动来看，完全是早有预谋、有组织、有计划的。今天这么凶猛的反扑，出我们意外，原以为昨夜打击了他们，得喘息一下吧，谁知趁我们拂晓调整兵力布置的时机，突然组织反扑，我们过于天真了，看简单了。今天得了教训，准备明后天新的反扑，已组织了3万民兵，9个营的战士，只要允许民兵挨打还手，不用战士也可以对付。估计敌人会准备明暗两手，要防止他们搞暗杀、破坏活动，他们什么都干得出来的。”毛远新汇报说：“政治局的同志一起研究分析了一下：不要以为事情完了，天安门前大表演是在造舆论，下一步是不是在广场不一定，防止他们声东击西，准备更大的事件发生。因此民兵明天不要轻易出动，指挥要从全市着眼，不要只注意广场，遇事要沉着，看准了，不动则已，一动就要取胜。民兵要进行思想教育，讲清这根本不是什么悼念总理，是反革命暴乱性质。不要把民兵手脚捆得太死，‘小人动手，君子也动手’。请吴德同志代表中央去慰问受伤的同志。公安局要侧重侦察线索，找到地下司令部，只打击了表面这些年轻人不行，要揪出司令部。部队也要加强教育，防止敌人也拿起武器，包括枪支。要准备几个方案，徒手、木棍、动枪。市委要进一步加强宣传教育工作，使全市人民知道天安门前到底发生了什么事，明天《人民日报》要发社论，组织全市人民学习，批邓，提高警惕，准备应付更大的斗争。”毛泽东于当日18时在报告上批示：“士气大振，好，好，好。”

同　日　《人民日报》发表社论：《牢牢掌握斗争大方向》。社论公布了毛泽东批判右倾翻案风的一段讲话：“1949年提出国内主要矛盾是无产阶级对资产阶级之间的矛盾。13年后重提阶级斗争问题，才有形势开始好转。文化大革命是干什么的？是阶级斗争嘛。刘少奇说阶级斗争熄灭论，他自己就不是熄灭，他要保护他那一堆叛徒、死党。林彪要打倒无产阶级，搞政变。熄灭了吗？”

4月7日　毛泽东听取毛远新关于天安门情况的汇报。毛泽东提议做出华国锋任中共中央第一副主席和撤销邓小平党内外一切职务的两个决议。毛远新汇报说，上次会议，春桥当着邓小平的面说，你看看天安门的情况，人家要推你出来当纳吉了。毛泽东点头说：“是的。

这次一、首都，二、天安门，三、烧、打，这三件好。性质变了。据此，赶出去。”毛泽东还指示，华国锋出任政府总理，这一决议和开除邓小平一切职务的决议由中央政治局通过并同时登报，中央政治局开会时，邓小平不参加，不通知叶剑英、苏振华参加。当天下午，毛泽东补充指示，华国锋任党的第一副主席，并要写在中央政治局决议上。当晚，中共中央政治局开会，通过了《关于华国锋任中国共产党中央委员会第一副主席、中华人民共和国国务院总理的决议》，《决议》说：“根据伟大领袖毛主席提议，中共中央政治局一致通过华国锋同志任中国共产党中央委员会第一副主席，中华人民共和国国务院总理。”中共中央政治局会议还通过了《关于撤销邓小平党内外一切职务的决议》，《决议》说：“中共中央政治局讨论了发生在天安门广场的反革命事件和邓小平最近的表现，认为邓小平问题的性质已经变为对抗性的矛盾。根据伟大领袖毛主席提议，政治局一致通过，撤销邓小平党内外一切职务，保留党籍，以观后效。”

4月8日　《人民日报》发表工农兵通讯员和记者撰写的报道《天安门广场的反革命政治事件》。这篇报道是由“四人帮”直接组织编写的。“四人帮”在人民大会堂接见了编写人员。张春桥在谈话中说：“这帮家伙写那些反动诗，就是要推出邓小平当匈牙利反革命事件的头子纳吉。”姚文元指示：“要把这些话写上去。还要把‘由邓小平主持中央工作，斗争取得决定性胜利，全国人心大快’这些话引进去，这样更有力量。”姚文元还提出要把“有预谋、有组织、有计划地制造反革命的政治事件”等文字写进报道中。在编写这篇报道时，姚文元要求：“要快，写好一页送一页回去排印，用我的警卫车去送稿子。”在稿子排印出来后，张春桥对稿子在处理所谓“冲入大会堂”、“烧楼房”等文字不满意，他说：“几百个民兵排着队走上大会堂干什么？去参观？目的性没有说清楚。”他还说：“把烧楼房改为烧解放军营房，全国人民一听这帮坏人砸了、烧了解放军营房，就会愤慨。”根据张春桥的要求，报道的文字改为“几百个工人民兵，为了保卫人民大会堂”，将楼房改为“解放军营房”，造成似乎有人冲人民大会堂和解放军营房的假象。这篇报道诬蔑天安门广场爆发的广大人民群众悼念周恩来、反对“四人帮”的活动说：“一小撮阶级敌人打着清明节悼念周总理的幌子，有预谋、有计划、有组织地制造反革命政治事件。他们明目张胆地发表反动演说，张贴反动诗词、标语，散发反动传单，煽动搞反革命组织。他们用影射和赤裸裸的反革命语言，猖狂地叫嚣‘秦始皇时代已经过去’，公开打出拥护邓小平的旗号，丧心病狂地把矛头指向伟大领袖毛主席，分裂以毛主席为首的党中央，妄图扭转当前批邓和反击右倾翻案风斗争的大方向。进行反革命活动。”报道声称：“在这几天里，这帮家伙不仅写反动诗词，而且贴出反动传单。他们为邓小平歌功颂德，妄图推出邓小平当匈牙利反革命事件的头子纳吉。他们胡说什么：‘由邓小平主持中央工作，斗争取得了决定性胜利’，‘全国人民大快人心’。还恶毒地攻击诬蔑说：‘最近所谓的反右倾斗争，是一小撮野心家的翻案活动。’这些家伙公然反对毛主席亲自发动和领导的反击右倾翻案风的伟大斗争，反革命气焰嚣张至极。”

4月10日　《人民日报》发表社论：《伟大的胜利》。社论公布了毛泽东批评邓小平的讲话：“他这个人是不抓阶级斗争的，历来不提这个纲。”“他不懂马列，代表资产阶级。说是‘永不翻案’，靠不住啊。”

4月13日　教育部长周荣鑫去世。周荣鑫，1917年生。山东蓬莱人。1937年加入中国共产党，曾任中共行唐县委组织部长，张家口平绥铁路局党委书记，晋察冀中央局党校教务主任，晋察冀中央局副秘书长，华北局副秘书长。中华人民共和国建立后，历任中央人民政府财经委员会副秘书长，建筑工程部副部长，浙江大学校长，教育部副部长，国务院秘书长，教育部部长。1975年按照邓小平的指示，在教育界进行了整顿。“反击右倾翻案风”运动开展后，周荣鑫被残酷批斗50余次。12日，他在连续遭批斗5天的情况下，心脏病突发，昏厥在批斗会上，13日凌晨逝世。

4月15日　中华人民共和国政府和佛得角共和国政府在普拉亚签署《联合公报》，决定自4月25日起建立外交关系并互派大使。

4月17日　华国锋总理会见美籍物理学家杨振宁博士。

4月18日　《人民日报》发表社论：《天安门广场事件说明了什么》。社论强调：天安门广场发生的反革命政治事件，说明资产阶级就在共产党内，党内两条路线的斗争就是无产阶级同资产阶级两大对抗阶级的生死斗争；说明反革命分子确实有，而且他们的反革命活动是同党内走资派搞复辟倒退的阴谋紧密相联的；说明一切反革命都短命，广大人民群众绝不会容忍他们的反革命活动。社论宣称："如果以前有人还不理解走资派就是党内的资产阶级，是无产阶级专政下继续革命的主要对象，那么，天安门广场的反革命政治事件，应该使他们明白过来了。"社论提出："对攻击毛主席、分裂党中央和破坏反击右倾翻案风斗争、张贴反革命标语、散发反革命传单、制造反革命政治谣言、投寄反革命匿名信、组织反革命集团的一小撮反革命分子，对打、砸、抢者，必须实行镇压。"社论说："邓小平是党内最大的不肯改悔的走资派，他是右倾翻案风的总后台，他推行的反革命的修正主义路线，集中代表了党内外新老资产阶级和没有改造好的地、富、反、坏、右的利益。"

4月18日—24日　埃及副总统穆巴拉克访问中国。华国锋总理与穆巴拉克副总统就当前中东局势和国际问题举行了会谈。

4月20日　毛泽东主席会见阿拉伯埃及共和国副总统胡斯尼·穆巴拉克。毛泽东同埃及贵宾进行了亲切友好的谈话。在会见开始时，毛泽东说："不要讲伟大领袖。"毛泽东还说，"好好定一下援助。"并且指着参加会见的国务院总理华国锋说，"他是个好人"。在会见结束时，毛泽东请穆巴拉克副总统回国以后向安瓦尔·萨达特总统转达他的问候。

同　日　湖南省副省长周世钊去世。周世钊，1897年生。湖南宁乡县人。早在青年时代就同情革命，曾参加过我国的革命团体"新民学会"。长期在湖南教书，曾任中学、师范学校教员，湖南省第一师范学校代理校长等职。中华人民共和国建立后，历任湖南省第一师范学校校长、湖南省教育厅副厅长、湖南省副省长，政协湖南省委员会副主席、民盟中央委员、民盟湖南省委员会主任委员，第二、三届全国人大代表，第四届全国人大常委会委员。曾作有多首与毛泽东唱和的诗词。

4月21日　中共甘肃省委决定改组兰州铁路局，甘肃省出现新的动乱。兰州铁路局自“批邓、反击右倾翻案风”运动开展后，“四人帮”的追随者就开始攻击整顿铁路工作的中央9号文件是“修正主义纲领”，散布“宁要社会主义的晚点，不要资本主义的正点”，打击坚持运输生产的干部和广大群众，并围斗了铁道部帮助兰州铁路局整顿的领导干部。2月9日，中共甘肃省委第一书记冼恒汉提出《关于解决兰州铁路局问题的意见》，甘肃省委改组兰州铁路局的决定就是在此意见基础上做出的。改组后的兰州铁路局，一些被整顿下去的人官复原职，他们层层揪“代理人”，点名批判各级干部，给他们戴上“走资派”、“翻案派”、“算账派”、“复辟派”、“投降派”等各种帽子，坚持工作的干部群众受到了批判，严重挫伤了他们的生产积极性。在“宁要社会主义的晚点”的谬论下，他们大肆破坏运输生产，使兰州铁路局大量出现堵塞和中断行车事件。由于运输失灵，在甘肃省的冶金、石油化工等156个重点企业中，有40个企业停产，33个企业半停产，全甘肃省的80%的汽车停驶，新疆油田关闭160口油井，玉门油田关闭了130口油井。

同　日　京沪杭中同轴电缆1 800路载波通信干线建成投产。新华社报道，这条载波通信干线全长1 700多公里，纵贯8个省、市，穿过黄河、长江等200多条大小河流。这一干线是我国自行设计、研制、施工的，整个干线共安装了现代化通信设备数千部（台），各种元件近1 000万个。这条通信干线容量大，电路稳定，保密性能好，抗灾和抗干扰性强，在一条线路上，能供数千人同时通话。

4月25日　章含之写信给毛泽东，报告康生揭发江青、张春桥事。信中说：“去年夏天，大约8月，一天晚上，海容、小唐两位同志来找我说有件事要了解。她们说她们去看了康生同志。是邓小平带话给她们说康老想见她们，后来康老的秘书直接打电话与她们联系约时间。小唐说她们请示了主席，主席同意后她们才去的。接着，她们说康老病很重，恐不久于世了，因此有件心事要托她们转报主席。康老说，江青、春桥两同志历史上都是叛徒，他曾看过春桥同志的档案，是江青同志给他看的。康老要海容、小唐找两个人去了解情况，一个叫王观澜、一个叫吴仲超。康老说这两个人可以证实江青、春桥同志是叛徒。”“当时我们都劝王、唐两位不要替康老传这些话。我们说如果康老有事向主席报告，他可以口授他的秘书写下来，而不应该叫两个不了解情况的年轻同志传这种话。我当时说尤其关于江青同志这些话更不应该传，这样做客观上矛头是对着主席的。小唐说他们这些老同志不会把江青同志的事扩大的，不过她应当退出政治活动，将来叫她养老，去看看她还是可以的。”这封信被江青看过后，江青写道：“此类事逐渐会揭发出来，我看他们是否高超过林彪？据说，他们的大、小舰队活动有些雷同，有些不同。小舰队有过之而无不及。吃的饱饱的、睡的好好的，打一场更大的胜仗。”

4月28日—5月5日　新西兰总理马尔登访问中国。华国锋总理与马尔登总理就两国关系以及双方关心的国际问题进行了会谈。中国和新西兰两国政府还签署了航运互惠问题的换文。

4月30日　毛泽东主席会见新西兰总理罗伯特·马尔登，会见结束后，听取了华国锋关于国内情况的汇报，写了3句话。毛泽东同新西兰贵宾进行了友好的谈话。毛泽东说，这个世界很乱，因为有俄国存在。我们这里有原子弹，污染空气，日本和你们，还有美国他们不满意，你们骂一骂也可以。毛泽东会见马尔登之后，参加会见的华国锋向他汇报了全国的情况。华国锋说，全国的形势不错，有几个省不太好。毛泽东听完汇报后，亲笔写给华国锋3句话：“慢慢来，不要招（着）急”、“照过去方针办”、“你办事，我放心”。

同　日　《毛主席诗词》英译本出版。《人民日报》报道说，英译本共收毛主席诗词39首。受江青指使，由毛泽东亲自审定的《蝶恋花·答李淑一》中关于杨开慧的一条注释在这个译本中被删掉了。

本　月　湖北帮派分子夏邦银、朱鸿霞等人在湖北制造新的动乱。他们诬蔑中共湖北省委负责人执行中央的整顿方针是“搞复辟”，是“反革命修正主义路线”。为夺取湖北省的领导权，他们还暗地拼凑了以夏邦银、朱鸿霞为主要成员的“核心”班子，策动了多起冲击中共湖北省委、省革委会机关，围攻中共湖北省委负责人的事件。他们明目张胆地提出要改组中共湖北省委领导班子，并策划派人到省委办公厅、组织部、宣传部以及公安领导机关去负责、掌权。“四人帮”以及在湖北的帮派分子大肆进行的篡党夺权活动，极大地冲击了经济建设。1976年，湖北省的经济遭到破坏，全省工农业生产总值比1975年下降4.7%，其中工业下降11.1%。

本　月　四川石油管理局7002钻井队打成6 011.6米深的全国最深探井。该井钻透了6个地质时代的主要沉积层而达到盆地基底，取出了基底火山岩的岩心，首次揭示出盆地内沉积层的基本面貌。该井的钻探使中国超深井钻探技术跨入世界先进行列。

5月3日　国务院批准河南省、山东省、水利电力部《关于防御黄河下游特大洪水意见的报告》。《报告》说：根据气象分析，1976年三门峡以下的黄河流域有降暴雨的可能。为了防御特大洪水，河南省、山东省和水利电力部于1975年底召开了防洪座谈会，研究讨论了黄河水利委员会提出的防洪方案和1976年紧急渡汛措施，并提出“上拦下排，两岸分滞”的整治方针，要求在三门峡以下兴建干支流工程，拦蓄洪水；改建现有滞洪设施，提高分滞能力；加大下游河道泄量，排洪入海。这一《报告》下发后，有关省市和部门坚决贯彻执行，进行了一系列防洪工程建设。

同　日　原四川省省长李大章去世。李大章，1900年生。四川合江人。1920年赴法国勤工俭学，1922年加入中国共产主义青年团，1924年转入中国共产党。曾任青年团旅欧执行委员会秘书长，1925年去苏联东方大学学习，任青年团旅莫斯科支部宣传委员。1927年回国后任共青团陕西省委宣传部部长，中共青岛市委书记、河北省委宣传部部长。抗日战争时期，曾任中共北方局宣传部部长，太行分局副书记兼宣传部部长。解放战争时期，曾任中共牡丹江省委书记，中共东北局民运部副部长、城工部副部长、宣传部副部长。中华人民共和国成立后，曾任中共川南区党委书记兼行署主任，1954年任四川省委第二书记，1955年任四川省省长，1960年任中共西南局书记，1964年任中共贵州省委代理第一书记，1975年任四川省革命委员会副主任兼成都军区第二政委。曾当选为中共第八届候补中央委员，中共第九、十届中央委员。第一、二、三、四届全国人大代表。

5月6日—6月23日　教育部分三批召开29个省、市、自治区高等学校招生工作座谈会。座谈会推广辽宁省1975年试行的“社来社去”、“哪来哪去”经验。

5月10日—23日　新加坡共和国总理李光耀访问中国。华国锋总理与李光耀总理就共同关心的问题进行了会谈。李光耀总理访华时，中国同新加坡没有外交关系。李光耀总理成功访华后，中国和新加坡两国关系取得了明显的进展。

5月12日　毛泽东主席会见新加坡共和国总理李光耀。毛泽东同新加坡贵宾进行了友好的谈话。毛泽东说：这个世界很怪，大多数国家都怕一个国家。欧洲、非洲、美国、日本、中国，还有你们新加坡、东南亚。你看怪不怪呀。

同　日　晶体管960路和电子管600路微波通信设备投入使用。新华社报道，这一通信设备投入使用，可形成北京为中心连通全国20多个省、市、自治区的微波通信干线，可进行传送电视、传真、电报、电话等多种通信业务服务，为发展大容量微波通信事业奠定了基础。

5月16日　《人民日报》等发表文章攻击邓小平。《人民日报》、《红旗》杂志、《解放军报》编辑部发表文章：《文化大革命永放光芒——纪念中共中央1966年5月16日〈通知〉10周年》。文章说：“在反击右倾翻案风的斗争中，毛主席又指出：‘搞社会主义革命，不知道资产阶级在哪里，就在共产党内，党内走资本主义道路的当权派。走资派还在走。’毛主席的这些重要指示，深刻地分析了社会主义时期阶级关系的变化和阶级斗争的特点，提出了资产阶级在共产党内的科学论断，发展了马克思列宁主义，为我们在无产阶级专政下的继续革命进一步指明了方向。10年来，我们同刘少奇斗，同林彪斗，同邓小平斗，这一次一次的斗争都证明：资产阶级确实就在共产党内。党内走资派是资产阶级同无产阶级进行较量、搞资本主义复辟的主要力量。这里，关键的问题在于他们是混进无产阶级专政机构内部走资本主义道路的当权派。"文章说："三项指示为纲"，是邓小平翻案复辟的政治纲领，这个修正主义纲领，宣扬阶级斗争熄灭论和唯生产力论，反对以阶级斗争为纲，否定党的基本路线，否定"文化大革命"的必要性。文章宣称，"邓小平搞的这一套，是反动的《二月提纲》的继续和发展"，"邓小平的这条路线，就是刘少奇、林彪反革命的修正主义路线的继续"。

5月24日　国务院发出《关于北京市1976年基本建设综合计划的批复》。指示北京市对一般民用建筑要实行统一规划、统一投资、统一建设、统一分配、统一管理的办法。根据北京市提出的城市建设计划，在2—3年内，要建成全长达5公里、新建住宅和生活服务设施共约60万平方米的前三门一条街的住宅区。要在东郊、南郊等地，进行规划设计，综合开发，统一建设劲松、团结湖等建筑面积达几十万平方米，各种生活服务设施和基础设施同时具备的居住区。

5月26日—30日　巴基斯坦伊斯兰共和国总理布托访问中国。华国锋总理与布托总理就加强两国关系和共同关心的国际形势进行了会谈。中国和巴基斯坦政府还签署了两国科学技术合作协定和两国政府经济技术合作协定议定书。

5月27日　毛泽东主席会见巴基斯坦总理佐勒菲卡尔·阿里·布托。毛泽东同布托等巴基斯坦贵宾进行了亲切友好的谈话。这是毛泽东最后一次会见来访的外国领导人。

同　日　宁夏回族自治区建成贺兰山煤炭工业基地。据新华社报道：这个煤炭工业基地北起黄河岸边，西临阿拉善左旗大草原，绵延百里，煤炭储量大，品种齐全。

5月28日　中华人民共和国政府和苏里南共和国政府在纽约签署《联合公报》，决定自即日起建立大使级的外交关系。

5月29日　云南龙陵、潞西一带发生强烈地震。该地区20时23分发生7.3级强烈地震后，22时零分又发生7.4级强烈地震。震中位置为北纬24.6°，东经89.7°。此次地震受灾面积为1 800平方公里，死亡98人，重伤451人、轻伤199人。由于地震部门对这次强烈地震提出了预报并采取了预防措施，大大减轻了当地的人员伤亡。

6月2日—9日　尼泊尔国王比兰德拉访问中国四川、西藏地区。华国锋总理与比兰德拉国王就进一步加强双方关系和共同关心的国际问题进行了会谈。

6月4日　湖南帮派分子唐忠富、胡勇等人制造新的动乱。唐忠富、胡勇等人强行在省委召开有地、市委参加的万人“转弯子大会”并在会后调动230辆汽车举行游行示威。6月20日，胡勇、叶卫东等人在株洲煽动说：“你们要层层点火，处处冒烟，烧得走资派团团转”。造反派要把运动搞起来，“来一个邵阳促长沙，长沙、邵阳带全省”。7月19日，邵阳一些群众到长沙上访，在长沙街头书写标语，反对身为省总工会主任的唐忠富。唐忠富将此行动诬为“天安门反革命事件”，伙同其他帮派分子策划，调民兵将邵阳上访群众包围在省委大院内，并且不服从省委“人不能抓，民兵不能调，问题由省委处理”的意见，将民兵增调至上千人，制造了打伤21人（重伤3人）的流血事件。7月24日，唐忠富在中共长沙市委、市革委会扩大会议上，攻击湖南省委第二书记张平化说：“张平化在各个关键时刻，都与毛主席的路线唱对台戏，我们要下决心同他斗争到底。”唐忠富又到北京，声称：“这次来北京的目的，就是要打倒张平化”，“解决湖南的领导班子问题。”在他的煽动下，8月23日，帮派分子组织冲击了长沙市民兵指挥部，强占办公室，控制了文件柜、武器、装备仓库，夺取公章，发表所谓的“严正声明”，宣布夺权。邵阳、衡阳、黔阳等地也大量发生冲击党委、抢夺公章、围攻揪斗领导干部的事件。

6月6日　大连鲇鱼湾油码头建成。鲇鱼湾油码头是为输出大庆油田的原油而兴建的，该码头设计年吞吐能力为1 500万吨，有两个深水泊位，可停靠2.5万—10万吨级油轮，油库容量大，装船速度快，一般7—13小时即可装完一艘船。这是我国第一座10万吨级油码头。

6月7日　贯穿大兴安岭林区的嫩江至古莲铁路建成通车。这一铁路全长677公里。

6月11日—15日　马达加斯加民主共和国总统拉齐拉卡访问中国。华国锋总理与拉齐拉卡总统就双方共同关心的国际问题和进一步发展中国和马达加斯加两国友好合作关系问题进行了会谈。

6月12日　王洪文、张春桥批评总政治部领导没有转弯子。张春桥说："他们都说去年军委扩大会以后如何如何。邓小平一当总长，第一次讲话，就讲要整顿军队、反派性。当时你们欢迎我去总政讲话，我坦率地说，我不敢去讲。我要讲就和邓小平讲的不是一回事，我讲要抓无产阶级专政理论的学习，他整顿军队反派性，同一个中央文件下的命令，两个人讲的不一样，怎么办？"张春桥讲话中发泄他的不满说："我觉得总政现在那么被动，推都推不动。"他还指责总政治部领导"还没有转弯子"，"思想感情没有变化"。王洪文也指名批判总政治部的领导"去年就曾煽风点火，如说什么'大大小小的野心家'。有这种煽风点火，下面才敢这样干。在总政出现这种事，并不感到奇怪，在去年这种政治气候下面，总政党委里面有没有人传过政治谣言？《解放军报》班子里就是传谣言的窝子。"张春桥甚至说："总政如果不转弯，影响全军，有一天中央要用总政，用不上。"

6月14日　国家计委向中共中央报送《关于上半年国民经济计划执行情况和下半年安排意见的报告》。《报告》指出，经济战线问题比较突出的是铁路运输，许多地区产品运不出来，燃料、原材料运不进去。由于煤电和原材料供应不足，加上有些企业内部存在的问题没有解决，1月—5月，钢少产123万吨，钢材少产86万吨，化肥少产58万吨，棉纱少产57万件。这些产品产量的下降，影响了生产建设的物资供应，影响了市场和财政收入。1—5月，轻工业生产大约少供应14亿元商品，财政收入大约少收20亿元。关于下半年的安排，《报告》提出七项安排内容：一、优先安排支农工业和轻工业的生产，适当调整钢铁的生产。二、狠抓煤炭、原油生产，搞好交通运输。三、缩短基本建设战线。对在建项目进行认真调查，推迟建设条件不具备或者建成后燃料动力、原材料供应不上的项目。四、动员所有企业努力节约燃料、动力和原材料，同时狠抓清仓挖库工作。五、在增加生产的基础上，改善人民生活。六、认真研究经济管理体制的进一步改革，做到在中央统一计划下让地方办更多的事。七、建议四季度召开全国工业学大庆会议。

同　日　外交部就菲律宾宣布在中国南沙群岛地区钻探石油发表

声明。声明说：南沙群岛正如西沙群岛、中沙群岛和东沙群岛一样，历来就是中国领土的一部分。中国政府曾多次声明，中国对这些岛屿及其附近海域，拥有无可争辩的主权，这些地区的资源属于中国所有。任何外国派兵侵占南沙群岛的岛屿或在南沙群岛地区勘探、开采石油和其他资源，都是对中国领土主权的侵犯，都是不能允许的。任何外国对中国南沙群岛的岛屿提出主权要求，都是非法的、无效的。

6月15日　毛泽东同华国锋等人作重要谈话。毛泽东在病情加重的情况下，召见华国锋、王洪文、张春桥、江青、姚文元、汪东兴、王海容等人。他说，人生70古来稀，我80多岁了，人老总想后事。中国有句古话叫盖棺定论，我虽未盖棺也快了，总可以定论吧！我一生干了两件事，一是与蒋介石斗了那么几十年，把他赶到那么几个海岛上去了，抗战8年，把日本人请回老家去了。对这些事持异议的人不多，只有那么几个人，在我耳边叽叽喳喳。无非是让我及早收回那几个海岛罢了。另一件事你们都知道。常是发动“文化大革命”。这事拥护的人不多，反对的人不少。这两件事没有完，这笔遗产得交给下一代，怎么交？和平交不成就动荡中交，搞不好就得血雨腥风了，你们怎么办，只有天知道。

同　日　江苏望江亭发电厂的30万千瓦双水内冷气轮发电机组投产。据新华社报道，中国自行设计、制造和安装的这一发电机组，经过运行发电，证明机组性能和质量已达到设计要求，是中国当时最大容量的火力发电机组。

6月20日　国务院转发水利电力部《关于抓好今年防汛工作的报告》。国务院要求各地认真检查防汛准备工作。《报告》说：去年11月召开的全国防汛和水库安全会议，总结了河南水库垮坝的经验教训，今年各地较早地抓了防汛准备工作。长江、黄河、淮河、海河、辽河等防汛工作有所提高，但仍存在问题。《报告》要求防汛工作应做好以下工作：一、克服麻痹思想，提高警惕。二、健全各级防汛指挥机构，组织好防汛抢险队伍，有关地区要做好群众安全转移的准备工作。三、加速完成险库处理、圩堤整修及河道清障工作，逐项落实水库渡汛措施。四、水库、行洪区、蓄洪区和江河的控制运用计划，经批准后要严格执行。做好水文、气象情报和预报工作。五、切实做好防汛所需的物资、器材、通讯、照明和交通工具等准备工作。

6月20日—27日　澳大利亚总理弗雷泽访问中国。华国锋总理与弗雷泽总理就双方共同关心的国际问题举行了会谈。两国政府签署了中国出土文物赴澳展览的协定。

6月22日　国务院转发国家计委、教育部《关于1976年高等院校毕业生分配问题的请示报告》。《报告》提出，要坚持使毕业生回到基层、回到生产第一线的原则，毕业生一般返回原单位、原地区工作，特殊需要的由国家统一分配；招生时规定“社来社去”的，应按原规定执行；毕业生自愿要求到农村当农民的，要积极支持。本年全国高等院校应届毕业工农兵学员共14万余人。经国家计委、教育部报请国务院批准，列入国家调剂的名额共1 339人，其中调入西藏的500人。

6月24日　原林业部部长刘文辉去世。刘文辉，1895年生。四川大邑人。1914年在保定军官学校毕业后，曾任师长、成都卫戍司令，1926年后任国民革命军二十四军军长，四川省主席，国民党中央委员兼西康省党部主任。1944年加入中国民主同盟，后任民主同盟中央委员。1948年任国民党革命委员会川康分会主任，进行反蒋活动。1949年在四川省彭县率部起义。中华人民共和国成立后，历任西南军政委员会副主席，西南行政委员会副主席，四川省政协副主席，林业部部长，第二、三、四届全国政协常委，第一、二、三、四届全国人大代表，第四届全国人大常委。

6月25日　国家计委向中央政治局汇报工业生产和国民经济计划执行情况。汇报过程中，“四人帮”攻击进口化肥、出口原油等措施是“卖国”。江青就进口化肥和化纤成套设备攻击说：“你们把外国设备安装在大庆，是丢人，要追查是谁批准的。”张春桥也说：“你们进口那么多大项目，要批。”华国锋当场表示说：“进口的项目都是经毛主席批准的，不能说不对，不能批过了头。”张春桥立即蛮横地说：“我不同意你的意见，你们总是拿主席压人。”关于出口原油，江青攻击说，出口原油“把国际经济危机转嫁到中国人民身上，得罪了第三世界，救了第一、第二世界的命”。她咒骂说：“这是洋奴、卖国、汉奸。”王洪文诬陷说：“我们外贸部门有一批卖国主义者。”张春桥更加变本加厉地说：“外贸部有问题，不仅是外贸部”；“在我们党内，首先在政治局内部有资产阶级、买办资产阶级”，并谩骂说：“你们崇洋媚外，买那么多破烂，不知洛克希德公司给了多少钱。”关于增加工矿产品出口，有关部门曾建议建立几个煤炭出口基地以保证出口煤炭的质量和便于组织运输。姚文元就此提出责问说：“有哪几个矿山设想租让给外国？租让给哪几个帝国主义国家？是日本、德国还是苏修？”

同　日　中华全国体育总会台湾省体育工作联络处在北京成立。联络处负责人表示：欢迎台湾省的和旅居海外的台湾同胞中的体育工作者、体育队伍、运动员和台湾省体育工作联络处取得联系，并且欢迎他们回祖国参观访问或参加各种比赛。

6月26日　中共中央转发山西省委《关于大同铁路分局的情况报告》。中共中央强调指出，任何人不准冲击铁路，不准串联，不准成立任何形式的战斗队，要维护铁路运输生产秩序。中共中央要求，对破坏铁路运输的阶级敌人，要坚决打击；对反革命，对打、砸、抢者，要坚决镇压。中共中央还要求全国铁路职工坚守工作岗位，抓革命，促生产。

6月29日　黄浦江大桥建成通车。黄浦江大桥是黄浦江上第一座公路、铁路双层钢铁大桥，铁路桥全长3 048米，其中跨江的正桥钢梁长420米，公路桥全长1 860米，宽12米。大桥的建设采用了中国自行设计的“大型高桩承台钢管摩擦桩”的新结构。

6月30日　中华人民共和国政府和塞舌尔共和国政府在维多利亚签署《联合公报》，决定自6月30日起建立大使级外交关系。

本　月　公安部召开全国公安局长座谈会，形成《全国公安局长座谈会纪要（讨论稿）》。在座谈会上，公安部党的核心小组负责人施义之、公安部党的核心小组成员祝家耀等人宣称，公安工作到了一个“转折点”，公安干部“要转好思想弯子，适应新的形势”。《纪要（讨论稿）》说：“随着社会主义革命的不断深入，阶级关系发生了新的变化，党内走资派已成为与工人阶级和贫下中农尖锐对立的阶级，成为整个资产阶级的主体和核心，成为资产阶级同无产阶级较量的主要力量，是颠覆无产阶级专政、复辟资本主义的主要危险。因此，国内外的阶级敌人越来越把复辟的希望寄托在党内走资派身上。我们公安机关要适应这一新的形势，不仅要注意社会上老的阶级敌人，而且更要看到新产生的反革命分子，特别要警惕党内的资产阶级、还在走的走资派。这就要求我们公安机关在同反革命分子作斗争时，注意他们同党内走资派之间的联系，重视深挖他们的后台，发现重要线索，及时报告党委。对走资派的现行反革命破坏活动，要坚决给予打击。”“据各地统计，在最近查获的现行反革命分子中，新产生的反革命分子占90%以上，党团员、干部、职工以及干部子女占很大比重。这些人中，有的对无产阶级文化大革命怀有刻骨仇恨。”这个《纪要》在上报当时兼任公安部长的华国锋时，华国锋指出：只有少数死不改悔的走资派才属于敌我矛盾，多数是愿意改正错误的，属于人民内部矛盾。专政机关把矛头指向走资派，就是把矛头指向党内。由于华国锋的制止，这个《纪要》没有印发。

本　月　马天水、徐景贤、王秀珍等人密谋决定向被他们控制的“民兵武装”发放枪支、弹药。讨论时徐景贤提出：“军队要出乱子，要打内战”，“手里要有点力量”。王秀珍说“当前复辟势力很严重”，要准备应付复杂情况，把民兵抓好，“准备打仗”。

本　月　中共中央宣布：毛泽东主席不再会见外国来访人士。

本　月　毛主席纪念堂建筑设计开始进行。在中共中央、国务院的具体领导下，北京、天津、上海、江苏、广东、陕西、黑龙江、辽宁等省市的建筑设计院和大学的著名专家、教授参加了设计。

7月1日　中共早期领导人张闻天去世。张闻天，1900年生。江苏南汇（今上海川沙县）人。1915年毕业于南汇县立第一高等小学。1917年入南京河海工程专门学校。1919年参加五四运动，宣传马克思主义。同年加入少年中国学会。1920年赴日本留学。1921年回国后任中华书局编辑。1922年赴美国勤工俭学。1924年回国，到重庆二女师任教。1920年起致力新文学创作和外国文学翻译，为五四新文化运动的热情战士。1925年在上海加入中国共产党。同年赴苏联学习。1931

年回国后，历任中央宣传部长、临时中央政治局常委。1933年1月到江西瑞金中央苏区。1934年任中央政治局委员、中央书记处书记、中华苏维埃共和国临时中央政府人民委员会主席等职。在长征途中，摒弃“左”倾路线，支持毛泽东，促成了遵义会议的召开，在会上作了反对“左”倾军事路线的报告，会后常委分工确定在党内负总责。他坚决反对张国焘的右倾和分裂行为。红军到达陕北后，协助毛泽东完成了从内战到抗日的伟大战略转变，反对王明的投降主义错误，坚持了党在抗日时期的正确路线。六届六中全会前后，兼任党中央宣传部长、马列学院院长等职，在理论、宣传和干部教育工作中成绩卓著。1942年1月—1943年3月到陕北、晋西北进行社会调查。1943年3月离开党中央书记处。在党的七大和七届一中全会上当选为中央委员、中央政治局委员。解放战争时期，致力于东北根据地的开辟和建设，历任合江省委书记、东北局组织部长、辽东省委书记等职。新中国成立后，先后任驻苏大使和外交部常务副部长，为执行党的对外政策，发展我国对外关系做出了贡献。在党的八大和八届一中全会上当选为中央委员、中央政治局候补委员。1959年庐山会议上，他和彭德怀一起批评当时的“左”倾错误，因而受到指责和处理。自1960年起任经济研究所特约研究员。十年动乱期间横遭迫害，1969年10月被遣送广东肇庆。1975年8月移居江苏无锡，1976年7月1日心脏病猝发逝世。1978年8月，中共中央举行张闻天追悼大会，为他平反，恢复名誉。

同　日　中央电视台开始试播新闻联播节目。每日晚7点播出，节目时间15分钟，内容全部是国内新闻。

7月6日　全国人大常委会委员长、伟大的无产阶级革命家朱德去世。朱德，1886年生。四川仪陇人。幼年入私塾，一面读书，一面劳动。1909年，考进云南陆军讲武堂，同年加入孙中山领导的中国同盟会。1911年在反对清王朝的革命中在云南参加武装起义。1915年参加反对袁世凯复辟帝制的战争。1917年任滇军旅长，在四川参加反对北洋军阀段祺瑞的战争。在俄国十月革命和中国五四运动的影响下，逐渐接受马克思主义。1922年，为寻求革命真理，毅然抛弃高官厚禄，离开云南到北京、上海转赴德国，在柏林结识了周恩来和其他共产党人，加入中国共产党。1925年，因积极从事革命活动两次被德国政府逮捕，并被驱逐出境。随即到苏联学习军事。1926年夏回国，受中共派遣到四川军队中进行革命工作。1927年初，到江西南昌创办国民革命军第三军军官教导团，培训了一批革命军事干部。1927年蒋介石、汪精卫叛变革命后，参加领导了在江西南昌举行的“八一”起义，任起义军第九军副军长。起义军南下广东，其主力在潮汕地区被反动军队击败，率领余下的起义军重整旗鼓，坚持斗争，转战至湖南省南部，发动农民起义，建立苏维埃政权。1928年4月，率部前往井冈山，同毛泽东领导的部队会合；5月，成立工农革命军（不久改称红军）第四军，任军长，毛泽东任党代表。1929年，和毛泽东率部向江西省南部和福建省西部进军，为建立中央革命根据地奠定了基础。1930年8月，任中国工农红军第一方面军总司令。后任中国工农红军总司令。1930年9月，在中共六届三中全会上当选为中央委员。1931年中华苏维埃共和国临时中央政府成立，任中央革命军事委员会主席。先是同毛泽东、后来是同周恩来一起指挥红军战胜了国民党军队对中央革命根据地的四次“围剿”。1934年1月，在中共六届五中全会上当选为政治局委员。同年10月参加长征。1935年1月在贵州省遵义县城召开的中央政治局扩大会议上，支持毛泽东的正确主张。长征途经四川北部时，对红四方面军领导人张国焘分裂党和红军的活动进行了坚决的斗争，但是当时未能制止这种活动，被留在张国焘率领的军队里。直到1936年贺龙、任弼时率领的红二方面军同红四方面军会合后，和任弼时、贺龙等才说服张国焘到陕北与毛泽东领导的中央红军会合。1937年抗日战争爆发后，中国工农红军改编为国民革命军第八路军，朱德任总指挥，率领和指挥八路军深入敌后，广泛开展游击战争，建立和扩大了许多抗日根据地。1938年，写了《论抗日游击战争》这本重要著作。1940年5月从前线返回延安。同年冬，提出“南泥湾政策”，要求部队在不妨碍作战的条件下开荒种地，为打破国民党对陕甘宁边区的经济封锁做出了重大贡献。在1945年中国共产党第七次全国代表大会上，作《论解放区战场》的军事报告。在中共七届一中全会上，当选为中央政治局委员、中央书记处书记。在1946年开始的解放战争中，任中国人民解放军总司令。1947年国民党军队攻占延安，朱德同刘少奇等组成以刘少奇为书记的中共中央工作委员会，到华北进行中央委托的工作。曾亲临华北前线指导作战。在战略决战阶段，协助毛泽东组织和指挥了辽沈、淮海、平津三大战役。1949年4月，和毛泽东一起发布中国人民解放军渡长江南下作战的命令。经过南下作战和解放西南、西北的几大战役，彻底摧毁了蒋介石在中国大陆的统治。中华人民共和国成立后，历任中央人民政府副主席、中华人民共和国副主席，全国人民代表大会常务委员会委员长。在党内曾任中共中央政治局委员、中央军委副主席、中央纪律检查委员会书记、中央副主席等职。1955年被授予中华人民共和国元帅军衔。参与制定党的路线、方针和政策，为发展中国的社会主义经济建设、国防建设，为加强党的纪律检查工作，进行了不懈的努力。还进行了出国访问、会见外国领导人等国事活动，增进了中国人民和各国人民的友谊。主要著作收入《朱德选集》。

同　日　新华社播发中共中央、全国人大常委会、国务院关于朱德逝世的讣告。讣告说："朱德同志忠于党，忠于人民，为贯彻执行毛主席的无产阶级革命路线，争取中国人民解放事业的胜利，英勇斗争，无私地贡献了自己毕生的精力。在毛主席的领导下，朱德同志对建设和发展战无不胜的人民军队，对建设和壮大革命根据地，对推翻帝国主义、封建主义和官僚资本主义的反动统治，夺取新民主主义革命的胜利，对建设我国的革命政权，巩固无产阶级专政，争取社会主义革命和建设事业的胜利，为党为人民建立了不朽的功绩，受到了全党全军全国人民的衷心爱戴。"讣告还说，朱德同志的逝世，是我党我军和我国人民的巨大损失。同日，朱德治丧委员会组成。毛泽东为首，华国锋、王洪文、叶剑英、张春桥等人参加。

同　日　朱德治丧委员会公告。公告说："定于1976年7月8日向朱德同志遗体告别。9日、10日举行吊唁仪式。1976年7月11日举行追悼大会，同日全国下半旗志哀，停止娱乐活动一天。自发表讣告之日起至11日，首都天安门、新华门、劳动人民文化宫、外交部下半旗志哀。"公告还说，按照我国的惯例和礼宾改革，决定不邀请外国政府、兄弟党和友好人士派代表团或代表来华参加吊唁活动。

同 日 滇藏公路建成通车。新华社报道：滇藏公路是继川藏、新藏公路之后，从内地到西藏的第四条公路干线。滇藏公路南起云南下关，北至西藏自治区芒康，全长716公里，横跨金沙江和澜沧江，同川藏公路的南线接头，通往拉萨。

7月6日—8月1日 中共中央召开全国计划工作座谈会。会议有两项内容：一是批判"条条专政"，二是调整下半年计划。会议召开前夕，王洪文就通知上海为攻击外贸部工作收集准备材料，并说中共中央印发毛泽东关于社教的批示后，那些大官们已经惶惶然了。会议期间，王洪文4次到会上活动。他声称，一些部委一批邓，就批到自己头上了，他要求上海要对"洋奴哲学，崇洋媚外要狠批，假洋鬼子要狠整"。在王洪文的指使下，上海代表、上海市委常委黄涛，辽宁代表、辽宁省委书记杨春甫等人在计划工作座谈会的华东组、东北组同时发难，攻击1975年国务院务虚会和全国计划会议，把这两个会议说成是"右倾翻案风的风源"、"复辟的高潮"，扬言不揭开这个盖子就不能散会。13日，黄涛攻击去年的经济工作"务虚会"，在邓小平的指挥棒下，名曰规划国民经济，实为策划右倾翻案。认为经济领域里右倾翻案风的风源，盖出于此。20日，杨春甫也攻击务虚会是资本主义泛滥，计划会议是掩护邓小平退却。还提出"为什么让邓小平在周总理的追悼会上念悼词？我们不能不怀疑，是不是受邓小平影响的人搞的？"20日下午，王洪文私下召见上海、辽宁代表。王洪文说，"国务院务虚会的问题很值得研究，看务的什么虚，'二十条'、'十八条'，同一个时间各部门都搞这种东西，搞'管、卡、压'。"他表扬辽宁代表的发言"批得很好，问题提得很尖锐，批判就要直捅，不要不痛不痒"。他声称："要斗，不斗就不能胜利，在这可以斗，回去还可以斗。实践证明，不斗不行。不斗，修正主义老爷就拆你的台。"20日晚，中共中央政治局听取了会议情况汇报，确定会议仍按原计划进行，规定不许追国务院务虚会的问题，使王洪文企图扭转会议方向的阴谋没有得逞。21日后，会议转入讨论调整下半年计划。当时在"批邓、反击右倾翻案风"运动的冲击下，原定的1976年的经济计划已不可能完成。经中共中央政治局讨论同意，国家计委提出调整部分生产指标，钢产量由原来的2 600万吨调到2 400万吨，基本建设拨款比原计划减少20亿元，从外贸库存中再拿出20亿元商品投放市场，进口计划压缩5亿美元，社会集团购买力压缩10%~20%，原定调整工资计划推迟到下一年实行。由于会议后期发生了唐山地震，在简单讨论了国家计委提出的计划调整方案之后匆匆结束，调整方案也没有得到很好的执行。此误最早出于1976年7月的全国计划工作座谈会后。会议已经开了20天，迟迟没有收尾，因为发生了唐山地震，决定立即结束。7月30日晚上，华国锋、王洪文、江青、吴德、纪登奎、苏振华、倪志福等在京西宾馆接见与会代表。华国锋做了简短讲话说：毛主席最近有重要指示，给大家传达一下，第一句是“不要着急，慢慢来”。第二句是“照过去方针办”。由于当时继续不清原因，发出文件被写成“按既定方针办”。文件写道：毛主席最后指示我们：“国内问题要注意。”还指示过我们：“按既定方针办。”各地区、各部门必须坚持按照毛主席的指示，按照中央的规定去办。各级领导干部要抓紧学习，深入批邓，把革命搞好……”。

7月11日　朱德追悼大会举行。追悼大会在人民大会堂举行。中共中央副主席王洪文主持追悼大会，中共中央第一副主席、国务院总理华国锋致悼词。悼词说：“我们怀着十分沉痛的心情，悼念中国共产党的优秀党员、中国人民伟大的革命战士和无产阶级革命家、全国人民爱戴的党、国家和军队的卓越领导人朱德同志。”悼词重申了讣告中对朱德的评价，悼词说：“他的逝世，是我党我军和我国人民的重大损失，全党全军和全国人民都感到深切的悲痛。”悼词提出：“要学习他不断革命的精神；学习他坚定勇敢地对敌斗争的革命精神；学习他全心全意为人民服务的崇高品质；学习他无产阶级的优良作风。”

7月14日　中国援助建设的坦赞铁路竣工，交接仪式在赞比亚举行。坦赞铁路是1970年10月开始奠基动工的，它起自坦桑尼亚首都达累斯萨拉姆，在赞比亚北方省的卡皮里姆波希与赞比亚既有铁路相接。铁路正线全长1 860.5公里，其中坦桑尼亚境内段975.9公里，赞比亚境内段884.6公里。铁路全线共建车站93个。坦赞铁路是连结坦赞两国的重要交通干线，为赞比亚提供了一个新的出海口，促进了坦赞两国的经济交流和工农业生产的发展，同时也为邻近国家提供了便利的交通条件。中国为建设坦赞铁路提供了无息的、无附带任何条件的贷款，同时派出了施工队伍并提供了修建坦赞铁路的各种物资和设备。

7月15日—20日　贝宁人民共和国总统克雷库访问中国。华国锋总理与克雷库总统就进一步加强两国友好合作关系和共同关心的国际问题进行了会谈。两国政府还签署了经济技术合作协定议定书等文件。

7月21日　煤炭工业部部长徐今强去世。徐今强，1915年生。浙江宁波人。1938年加入中国共产党。曾任新四军第四师政治部联络科科长，中共华东局联络科科长。中华人民共和国成立后，历任中国石油公司军代表，石油工业部副部长兼大庆油田党委书记和总指挥，化学工业部代理部长，燃料化学工业部副部长，煤炭工业部部长。

7月23日　津沪铁路复线提前接轨。据新华社报道：贯穿河北、山东、安徽、江苏和天津、上海的津沪铁路全长1 300公里，是连接中国南北铁路交通的动脉，是首都北京通往华东地区的主要干线。

7月25日　我国测定云南“元谋猿人”的年龄为距今170万年左右。中国科学研究人员运用古地磁法测定的这一数据，证明了云南发现的“元谋猿人”是我国已被发现的最早的古人类。同时，科研人员还采取铀系法、裂变经迹法、古地磁法等多种方法测定了“北京人”开始生活的年代是距今70万年，前后经历约50万年，“蓝田人”的年龄为距今80万年。

同　日　教育部转发《辽宁省教育局1975年高等学校招生工作总结》。教育部在通知中说，“辽宁省去年各类高等学校试行‘三来三去’原则的经验很好”，是“改革普通高等学校招生分配制度，限制资产阶级法权，深入教育革命，把学校办成无产阶级专政工具，培养和工农画等号的普通劳动者的重要措施之一，大方向是完全正确的”，要认真学习、推广。1976年，全国高等学校共招收工农兵学员21.7万人。

7月25日—8月4日　农林部在江苏省吴县召开连家渔船社会主义改造座谈会。淡水渔区的捕捞渔民，大多数是世代以船为家，终年漂泊江湖的连家船渔民。据1965年调查统计，全国有淡水连家船渔民12万户，人口60余万，劳动力和产量都占淡水专业捕捞劳动力和捕捞总产量的50%以上。1965年11月，水产部在上海召开全国淡水连家渔船社会主义改造座谈会，1966年2月，中共中央批转水产部党组《关于加速连家渔船社会主义改造的报告》，要求各地开展这一工作。到1976年7月，全国大部分连家船渔民已经组织起来，60%以上的渔民实现了陆上定居。

7月26日—8月9日　博茨瓦纳共和国总统卡马访问中国。华国锋总理与卡马总统就共同关心的国际问题进行了会谈，两国政府还签署了经济技术合作协定。

7月27日　音乐家马可去世。马可，1918年生。江苏徐州人。1935年入河南大学化学系学习，在一二·九运动的影响下，参加抗日救亡运动，1939年赴延安。对民间传统音乐有深入的接触，创作了《别让鬼子过黄河》、《南泥湾》、《咱们工人有力量》、《夫妻识字》等有广泛群众影响的作品。作品音乐语言有鲜明的民族化、群众化的特色，深刻而生动地反映现实生活的各个侧面。他对中国新歌剧的创造和发展做出了重要贡献。歌剧《白毛女》、《小二黑结婚》的创作，奠定了新歌剧形成的坚实基础，还写了不少有关歌剧创作的理论文章，认为新歌剧的发展必须重视对民族音乐传统的继承和借鉴。

7月28日　3时42分53秒河北唐山、丰南一带发生强烈地震。地震中心在北纬39.38°，东经118.11°，震源深度11公里，震级为7.8级，震中烈度为11度。同日18时45分发生强余震，震级7.1级，震中位置河北省滦县，震中烈度为7度。地震波及到天津、辽宁、山西、山东、河南、内蒙古等14个省、市、自治区。唐山地震震前没有预报。地震给唐山市造成了毁灭性的破坏，共有322万间房屋倒塌，唐山市区破坏尤为严重，市区民用房屋约68万间，近1 100万平方米，在地震中倒塌和受到严重破坏的约65万间，1 050余万平方米，破坏率高达96%和91%。工业用房1 000余万平方米，地震中倒塌和受到严重破坏的占78%多。唐山市地面构筑物也遭到严重破坏。地震给铁路、公路、城市设施、电力、电讯设施、农田水利建设设施均造成不同程度的破坏。笔直的铁路钢轨大段大段地出现蛇形扭曲，铁路桥梁40%遭到破坏，铁路干线京山线及通坨线分别遭破坏69公里和171公里；公路路基成片成片地下沉使公路呈波浪状起伏，公路桥梁的60%遭到破坏。唐山市交通中断，水电断绝。地震发生后，空军唐山场站于5时50分沟通与北京的通讯联系，6时15分，载有向北京汇报情况的航空兵某部副政委刘忽然等人的飞机飞往北京，与此同时，开滦煤矿干部李玉林等人也乘坐汽车前往北京，汇报唐山灾情。中共中央、国务院于28日晨，派直升机巡视天津、唐山、丰南一带，了解灾情。当日，中共中央向灾区人民发出慰问电，并且成立抗震救灾指挥部，国务院设立了抗震救灾办公室。由中共河北省委第一书记刘子厚，北京军区副司令员萧选进和副政治委员万海峰、北京军区空军副司令员刘光裕等在唐山建立了抗震救灾前线指挥部。调集空军、海军、铁道兵、工程兵、基建工程兵、装甲兵等11个师，共14万余人先后奔赴灾区；调集24个省、市、自治区的283个医疗队共1.9万名医务工作者参加抗震救灾；分属工业、交通、邮电等部门的干部、技术人员和工人约3万余人，星夜奔驰，赶赴灾区，展开抢险救灾。7月29日，唐山恢复了与外地的电话联系，8月4日，唐山电厂恢复发电，8月12日，唐山市全市公路和京山铁路恢复简易通车。毛泽东极为关心唐山的救灾情况，他于重病中多次审看了有关报告。中共中央、国务院派出的以华国锋总理为团长的中央慰问团到达灾区，亲切看望受灾群众。这期间，中国政府对外宣布：中国人民决心以自力更生的精神克服困难，谢绝外部提供的援助。大批救灾人员抵达唐山后，唐山的救灾工作全面展开。救灾人员先后从被震毁的建筑物中救出1.64万人，各医疗队共救治伤员1 500万人次，其中抢救危重伤员15.6万人，向北京、上海等12省、市转送重伤人员10.5万人。8月，由于大批救灾物资运抵唐山，灾区实行了实物供给制，每人每天免费供应粮食9两，蔬菜3—4两，每人每月食油4两，猪肉半斤，火柴半包；每个居民委员会发半导体收音机1台。9月1日，开始发放全市职工的工资，一批简易商业网点营业，商品供应初步恢复。10月，由大批解放军建造的上百万间越冬简易房完工，各省、市为此紧急调运了1 000多万根木材，90多万卷油毡，138万件苇席，100多万条草袋，2 000吨苇子。在救治伤员、组织物资供应的同时，中央抗震救灾指挥部指示救灾工作要搞好灾区的防疫灭病工作，并向唐山紧急调运了消毒药240吨、杀虫药176吨，由于一系列防疫灭病措施的实施，唐山市在地震后没有出现瘟疫的流行。唐山地震是我国建国后首次发生在人口稠密、工业集中地区的强烈地震，唐山地震累计死亡24.2万人，70余万人受伤，其中重伤16.4万人，地震造成的直接经济损失约为30亿元。靠近唐山的天津市也遭了地震的严重破坏，其中宁河县、汉沽区等地损失严重。地震造成天津市死亡2.4256万人，重伤2.1462万人。6 300万平方米的各种房屋建筑遭到破坏，占原有面积的61%，倒塌和遭到严重破坏的达3 600万平方米，占原有面积的35%。将近70万人失去了住房。据天津市的7个工业局统计，遭到地震破坏严重的企业有289个，占企业总数的33%。地震使6座水库遭到破坏，其中北大港水库和于桥水库遭受严重破坏。地震使农田喷沙、冒水、盐碱度增高，25万亩耕地受到不同程度的破坏。唐山地震以及11月在宁河县发生的6.9级地震，给天津造成的直接经济损失达75亿元人民币。

本　月　王洪文口授一封给毛泽东的信。王洪文说，毛主席最近指示“国内问题要注意”。我看国内问题还是要批邓。全国运动有几种情况，一种搞得好的，一种比较一般，还有一种是问题比较多的。这后面两种，占全国多数，都需要解决领导班子问题，特别是第三种不解决不行。国务院有些部，军委有些部门，也是这样。解决的办法要像有的部已经做的那样，把主要领导干部换掉。

本　月　华国锋删改由“四人帮”起草的有关毛泽东病情的通报。中央政治局为向党内高级干部通报毛泽东的健康状况，专门批发了一个通报。通报由“四人帮”起草，竟称：毛泽东健康好转，不久可以恢复工作。叶剑英、汪东兴等人在讨论这一通报时，坚决反对这样的文字内容，并为此与张春桥、江青发生激烈争论。华国锋最后签署下发这份通报时，毅然删去了“健康好转，可以恢复工作”等文字。

8月6日　江苏帮派分子在博茨瓦纳共和国总统卡马访问南京时蓄意制造涉外事件，引起新的动乱。进入8月后，“四人帮”在江苏的帮派分子华林森支持和煽动了多起冲击江苏省党政机关的事件，闹事者在南京各处张贴、散发攻击省委的大、小字报，并且寻衅闹事。6日，在卡马总统的车队行驶途中，闹事者散发攻击中共江苏省委的传单，引起现场秩序混乱。南京市公安局水佐岗派出所民警紧急出动并采取坚决的措施才制止了事态的发展。但是，华林森却指使其追随者邹学祺指挥大批民兵以此为借口冲击省委和江苏省公安机关，强行占据水佐岗派出所19天，肆意绑架4名民警，殴打数人。

8月16日　22时6分四川省北部松潘、平武一带发生7.2级地震。23日再次发生7.2级地震。成都市和甘肃省武都地区有强烈震感。震中位置为北纬32.7°，东经104.1°。地震造成死亡41人，重伤156人，轻伤600余人。由于地震部门对此次地震有所预报，减少了地震造成的各种损失。

8月20日　中华人民共和国政府和中非共和国政府在班吉签署《联合公报》。决定自8月20日起实现两国关系正常化，恢复两国之间的外交关系，并互派大使级外交代表。

8月21日　《人民日报》发表社论：《深入批邓，抗震救灾》。社论强调，要进一步战胜地震灾害，必须以阶级斗争为纲。社论指出：“解放以来的历史事实证明，每当出现严重自然灾害的时候，也是两个阶级、两条道路、两条路线斗争激烈的时候。党内机会主义路线的头子，总是妄图利用自然灾害造成暂时的困难，扭转革命方向，复辟资本主义。”社论声称，“在当前的抗震救灾斗争中，我们要牢记这个历史经验”。这篇社论是根据姚文元的一次讲话内容撰写的。

8月23日　山西省帮派分子张安帮等人制造绑架、游斗省委第一书记王谦事件。中共山西省委立即将此事上报中央。8月26日，依照中共中央指示，依法逮捕了“八二三”打砸抢事件的策划者、指挥者及打人凶手。由于“四人帮”在山西的帮派分子兴风作浪，1976年山西各方面工作全面遭到破坏，山西全省近90%的县级以上单位陷入瘫痪，太原铁路枢纽又被堵塞，南、北同蒲铁路再次不畅，仅太原地区每日就少装车1 000余辆，少运各种货物5万余吨。

8月26日　江青到北京新华印刷厂、清华大学、北京大学座谈。迟群为此组织撰写《中共中央政治局委员江青代表毛主席党中央看望首都人民》的报道。报道吹捧江青说“江青同志来到这3个单位的群众之中，体现了毛主席和以毛主席为首的党中央对首都革命人民的亲切关怀，极大地鼓舞了广大群众和干部”，“我们感到非常温暖，十分幸福”。姚文元表示这一报道要中共北京市委批发由《北京日报》发表。中共北京市委提出：这样的消息，不经中央批准，地方报纸不能发表。此事请示华国锋后被制止。

8月30日　我国利用“风暴一号”运载火箭发射“技术试验卫星三号”成功。卫星重量1 108公斤。卫星运行轨道，距地球最近点为191公里，最远点为2 145公里，轨道平面与地球赤道平面的夹角为70度。卫星绕地球一周的时间为109分钟。

同　日　西沙群岛出土大量文物资料，充分说明西沙群岛自古以来就是中国领土。据新华社报道：中国考古工作者近两年来对西沙群岛的绝大部分岛礁、沙滩，进行了较大规模的考古发掘，取得了数以千计的文物资料。大量的文物资料以及文献记载等证明：西沙群岛同南沙群岛、中沙群岛、东沙群岛一样，自古以来就是中国的神圣领土。

本　月　马天水、徐景贤、王秀珍指示上海开始突击发放大批武器。马天水在要求发放武器的报告上作“立即发”的批示。8月31日，上海民兵指挥部在给中共上海市委、市革命委员会的报告中称：“根据市委领导指示精神，8月11日和13日，我们分别召开了武器发放工作会议，进行讨论、安排，重点是加强边防和防空降地区。共计下发五六式半自动步枪5.3万支、六三式全自动步枪2.2642万支、五六式轻机枪200挺、六三式六〇炮300门。目前除了宝山、崇明因防震未领回之外，其余的均已下发完毕。”

9月2日—9日　西萨摩亚国家元首马列托亚访问中国。华国锋总理与马列托亚就两国关系等问题进行了会谈。两国政府还签署了经济技术合作协定。马列托亚的访问，对增进中国同南太平洋岛国的友好关系和进一步加强相互之间的经济贸易合作，起着重要的推动作用。

9月6日　中华人民共和国新任驻印度大使陈肇源离京赴任。中印关系自60年代初出现严重波折后，长期处于不正常状态，直到1976年双方才恢复互派大使，结束了15年间两国事实上只维持代办级外交关系的局面。印度新任驻华大使纳拉亚南于7月7日到达北京，24日向吴德副委员长递交了国书。

9月9日　中共中央主席、中共中央军委主席、全国政协名誉主席、伟大的无产阶级革命家毛泽东去世。毛泽东，1893年生。湖南湘潭人。辛亥革命爆发后在起义的新军中当了半年兵。1914年—1918年在湖南第一师范学校求学。毕业前夕和蔡和森等组织革命团体新民学会。五四运动前后接触和接受马克思主义，1920年在湖南创建共产主义组织。1921年7月，出席中国共产党建党的第一次全国代表大会。后任中共湘区委员会书记，领导长沙、安源等地工人运动。1923年，出席中共第三次全国代表大会，被选为中央执行委员，参加中央领导工作。1924年国共合作后，在国民党第一、二次全国代表大会上都当选为候补中央执行委员，曾在广州任国民党中央宣传部代理部长，主编《政治周报》，主办第六届农民运动讲习所。1926年11月，任中共中央农民运动委员会书记。1925年冬—1927年春，先后发表《中国社会各阶级的分析》、《湖南农民运动考察报告》等著作，指出农民问题在中国革命中的重要地位和无产阶级领导农民斗争的极端重要性，批评了陈独秀的右倾错误。国民党发动反共政变、国共合作全面破裂后，中共中央于1927年8月7日在汉口召开紧急会议，他在会上提出“政权是由枪杆子中取得的”，即以革命武力夺取政权的思想，并被选为政治局候补委员。会后，到湖南、江西边界领导秋收起义。接着率起义部队上井冈山，发动土地革命，创立第一个农村革命根据地。1928年同朱德领导的起义部队会师，成立工农革命军（不久改称红军）第四军（所以称为第四军，并不是因为另有第一军至第三军，而是因为在北伐战争中国民革命军第四军中共产党的力量较强，战功卓著，深受人民爱戴，所以沿用第四军的番号），任党代表、前敌委员会书记，朱德任军长。以毛泽东为主要代表的中国共产党人，从中国的实际出发，在反动统治比较薄弱的农村发展武装斗争，开创了以农村包围城市、最后夺取城市和全国政权的道路。在《中国的红色政权为什么能够存在?》、《星星之火，可以燎原》等著作中对这个问题从理论上作了阐述。1930年红军第一方面军成立，任总政委。1931年中华苏维埃共和国临时中央政府在江西省东南部的瑞金成立，被选为主席。1933年被补选为中共中央政治局委员。从1930年底起，同朱德领导红一方面军战胜了国民党军队的多次“围剿”。以王明为代表的“左”倾冒险主义分子反对毛泽东关于中国革命和中国革命战争的正确的指导方针，在他们进入中央革命根据地以后，就把毛泽东排斥于党和红军的领导之外，执行完全错误的战略和政策，从而导致第五次反“围剿”战争的失败。1934年10月红一方面军开始长征。长征途中，1935年1月中共中央政治局在贵州省遵义县城召开了扩大会议，纠正了错误的领导，确立了以毛泽东为代表的新的中央领导。10月，中共中央和红一方面军胜利到达陕北。12月，毛泽东作《论反对日本帝国主义的策略》的报告，阐明了抗日民族统一战线政策。1936年10月，由张国焘(1938年叛逃)、徐向前率领的红四方面军和贺龙、任弼时率领的红二方面军（原曾计划成立的红三方面军并没有成立）也经过长征到达甘肃境内，先后同红一方面军会师。同年12月，毛泽东同周恩来等促使“西安事变”（这是驻在西安的爱国将领张学良、杨虎城为反对蒋介石拒绝抗日、坚持反共内战而发动的以武力拘禁蒋介石的事变）和平解决，这成为由内战到第二次国共合作、共同抗日的时局转换的枢纽。1937年夏，毛泽东写了著名哲学著作《实践论》和《矛盾论》。抗日战争开始后，以他为首的中共中央坚持统一战线中的独立自主原则，努力发动群众，开展敌后游击战争，建立了许多大块地区的抗日根据地。这些抗日根据地大部分是在华北山区，但也有的是在河北平原和苏北平原。在抗日时期，写了《论持久战》、《新民主主义论》等许多重要著作。1942年领导全党开展整风运动，着重提倡从实际出发和依靠群众，纠正与此相反的主观主义和宗派主义，这为全党夺取抗日战争和全国革命的胜利奠定了思想基础。1943年3月被选为中共中央政治局主席。1945年主持召开中共第七次全国代表大会，作《论联合政府》的报告。在这次大会上，毛泽东思想（它被定义为“马克思列宁主义的理论与中国革命的实践之统一的思想"）被确定为中共的指导思想。从七届一中全会起，一直担任中共中央主席。抗战胜利后，针对蒋介石的和谈骗局和内战阴谋，提出"针锋相对"的斗争方针。1945年8月赴重庆同蒋介石谈判。1946年夏蒋介石发动全面内战后，和朱德、周恩来等领导中国人民解放军艰苦奋战，粉碎了蒋介石军队的战略进攻，并使自己转入战略进攻。经过辽沈、淮海、平津三大战役和1949年4月渡江以后的作战，推翻了国民党政府。1949年3月，主持召开中共七届二中全会，并作重要报告，决定把党的工作重心从农村转到城市，规定了解放全中国以后的各项基本政策。1949年中华人民共和国成立，当选为中央人民政府主席。建国以后，同刘少奇、周恩来、朱德、陈云、邓小平等领导中国人民进行革命和建设，取得了巨大成就。建国后的头3年，以他为首的中共中央和中央人民政府领导全国人民一面在国内完成了繁重的土地制度改革和其他民主改革任务，一面迫于美国军队攻入朝鲜三八线以北地区，威胁中国东北部的形势，进行了抗美援朝战争，同时迅速恢复了在旧中国遭到严重破坏的国民经济。1953年，按照毛泽东的建议，中共中央宣布了党在过渡时期的总路线，开始有系统地实行社会主义工业化和对生产资料私有制的社会主义改造。1954年，第一届全国人民代表大会第一次会议通过了由他主持起草的《中华人民共和国宪法》，按照这部宪法，在这次会议上当选为中华人民共和国第一任主席，任职到1959年。1956年4月作《论十大关系》的讲话，这个讲话对适合中国国情的建设社会主义的道路进行了一些初步的探索。同年9月，生产资料私有制的社会主义改造基本完成，中共召开第八次全国代表大会，指出全国人民的主要任务已经转变为集中力量发展社会生产力。但是这个方针并没有得到认真的执行，因而导致了以后的一系列指导工作上的错误和挫折。1957年2月，作《关于正确处理人民内部矛盾的问题》的讲话，提出正确区分和处理社会主义社会中人民内部和敌我两类不同性质矛盾的学说，这个学说在以后的活动中也没有得到真正的实行。1958年，轻率地发动"大跃进"和农村人民公社化运动。从1960年冬到1965年，在中共中央的领导下，对国民经济实行"调整、巩固、充实、提高”的方针，初步纠正“大跃进”和人民公社化运动中的错误，使国民经济得到比较迅速的恢复和发展。在这期间，提出了一系列措施，初步纠正了农村工作中和其他方面的“左”的错误。但不久，又把主要的注意力转向了他所认为已经再次成为国内主要矛盾的新的阶级斗争。从50年代末开始，毛泽东领导中共同苏共领导人奉行的大国主义和干涉、控制中国的企图进行了坚决斗争。20世纪70年代，提出三个世界划分的战略思想，并且开始打开了对外工作的新局面，为中国进行现代化建设创造了有利的国际条件。1966年由于对国内外形势做出了极端的估计，发动了被称为“文化大革命”的动乱，这个动乱因受林彪、江青两个反革命集团操纵而变得特别狂暴，大大超出了毛泽东的预计和控制，以至延续10年之久，使中国的许多方面受到严重的破坏和损失。毛泽东在他的晚年虽然犯了严重的错误，但是由于他对中国革命的不可争论的巨大功绩，仍然受到中国人民的崇高尊敬。中国共产党在他逝世5年以后对他的全部革命活动和革命思想以中央委员会决议的形式做出了全面的评价。毛泽东思想作为马克思主义在中国的发展（他所犯的错误被认为是对这一思想本身的违反）仍然是中国共产党的指导思想。主要著作收入《毛泽东选集》。

同　日　新华社播发中共中央、全国人大常委会、国务院、中央军委《告全党全军全国各族人民书》。宣告我党我军我国各族人民敬爱的伟大领袖、国际无产阶级和被压迫民族被压迫人民的伟大导师、中共中央主席、中共中央军委主席、全国政协名誉主席毛泽东于9月9日0时10分在北京逝世。《告人民书》说：毛泽东是中国共产党、中国人民解放军、中华人民共和国的缔造者和英明领袖，在他的领导下，中国共产党经过曲折的道路，发展成为今天领导着中华人民共和国的伟大的、光荣的、正确的马克思列宁主义政党。在新民主主义革命时期，他根据马克思列宁主义的普遍真理，结合中国革命的具体实践，创造性地规定了新民主主义革命的总路线和总政策，创建了中国人民解放军，他领导我党我军我国人民，用人民战争推翻了帝国主义、封建主义和官僚资本主义的反动统治，夺取了新民主主义革命的伟大胜利，创建了中华人民共和国。在社会主义革命时期，他全面总结了国际共产主义运动正反两个方面的经验，深刻分析了社会主义社会的阶级关系，在马克思主义的发展史上第一次明确提出了在生产资料所有制的社会主义改造基本完成以后，还存在阶级和阶级斗争，做出了资产阶级就在共产党内的科学论断，提出了无产阶级专政下继续革命的伟大理论，制定了党在整个社会主义历史阶段的基本路线。《告人民书》说："中国人民的一切胜利，都是在毛主席领导下取得的，都是毛泽东思想的伟大胜利。毛泽东思想的光辉，将永远照耀着中国人民前进的道路。"《告人民书》还说："毛泽东主席的逝世，对我党我军和我国各族人民，对国际无产阶级和各国革命人民，对国际共产主义运动，都是不可估量的损失。"

同　日　中共中央、全国人大常委会、国务院、中央军委发布公告。公告说："一、9月11日—9月17日，在人民大会堂举行吊唁。中共中央委员和候补中央委员、中央党政军机关和北京市等各方面的负责人、工农兵以及其他各方面的群众代表参加吊唁，瞻仰遗容。全国各机关、部队、厂矿、企业、商店、人民公社、学校、街道等一切基层单位的人员，可在本单位举行吊唁。二、9月18日北京时间下午3时，在天安门广场举行隆重的追悼大会。中央人民广播电台、北京电视台转播在天安门广场举行的追悼大会的实况，全国各机关、部队、厂矿、企业、商店、人民公社、学校、街道等一切基层单位，都要组织群众收听、收看，进行追悼。全国县以上地区，要在9月18日下午3时召开有工农兵以及其他各界代表参加的追悼会，先收听北京追悼大会的实况，然后由本地区党政军主要负责人致悼词。三、从9月9日—9月18日，全国各地和我驻外使领馆及其他驻外机构，一律下半旗致哀，同时停止一切娱乐活动。四、9月18日下午3时整，一切在机关、部队、厂矿、企业、商店、人民公社、学校、街道的人员以及在外行进中的人员，除不能中断工作的以外，均应就地肃立，静默致哀3分钟。9月18日下午3时整，有汽笛的地方和单位，如火车、轮船、军舰、工厂等，应鸣笛3分钟致哀。五、对外国政府、兄弟党和友好人士要求来华吊唁，我驻外使领馆应表示深切的感谢，并转达我党中央和我国政府关于不邀请外国政府、兄弟党和友好人士派代表团或代表来华吊唁的决定。”

同　日　毛泽东治丧委员会组成。以华国锋为首，王洪文、叶剑英、张春桥等人参加。

同　日　国务院、中央军委对国家计委、商业部、解放军总后勤部《关于建设地下战备粮库的报告》做出批复。指出：建设地下战备粮库，要搞好统一规划，分期建设。关于建设范围，原则同意重点安排“三北”陆地防御要点、重点设防岛屿和适当安排“三北”几个军区的后方基地的意见。建设中要认真总结经验，注意因地制宜，大中小结合，平战结合，以战为主的原则，做到既要符合战备要求，又要有利于平时储运管理。地形条件允许的地区，原则上多建土洞库。各种结构的仓库，都要搞好防炸、防水、防潮、防震等措施，确保工程质量，保证粮食长期安全储存。地下战备粮库列入国家基建计划。

9月10日—12日　王洪文擅自要求各省、市、自治区发生重大事件均向他报告、请示，中央政治局得知后立即制止。9月10日，王洪文不经中共中央政治局同意，擅自指示他的办公室工作人员在中南海怀仁堂另立办公室，并用中共中央办公厅的名义通知各省、市、自治区：一、在毛主席吊唁期间，各省、市发生的重大问题，要及时报告；二、在此期间有重要问题不好解决的，要及时请示；各省、市的报告、请示，均与王洪文办公室的工作人员联系。11日、12日上午，王洪文的指示通过他在中南海设立的值班室用电话通知到全国各省、市、自治区。中共湖南省委书记张平化接到王洪文办公室的通知后，立即与华国锋联系，提出疑问。华国锋得知此事后，经与叶剑英商量后决定以中央名义发出通知：各地发生的重大问题，应向华国锋请示报告。

9月11日　华国锋去李先念家中密谈，请他向叶剑英征求对解决“四人帮”问题的意见。华国锋以到医院检查身体为由，突然来西黄城根9号李先念临时住处，向李表示，解决“四人帮”的时候到了。李问：“你下决心了吗？”华答：“下了，现在不能再等待了。问题是什么时候解决好，采用什么方式好，请你考虑。如果你同意，请你代表我去见叶帅，征求他的意见，采取什么方式、什么时间解决

‘四人帮’的问题。”李先念以惊喜的心情接受了华国锋交办的任务。同日，华国锋还找了汪东兴商量此事，汪东兴表示坚决支持华国锋解决“四人帮”问题的意见。9月13日，李先念借去香山植物园的名义，突然转往西山叶剑英处。李向叶转达了华的意见和华派他来的意思，两人都表明了态度。

9月12日　叶剑英和汪东兴谈对付“四人帮”问题。毛主席吊唁仪式的第二天，党和国家领导人继续参加吊唁和守灵。中间休息的时候，叶剑英到了休息厅，对汪东兴说到了江青的胡闹，及对汪的压力，最后表示：“看来，我们与他们的这一仗，已是不可避免的了！”汪说：“她（指江青）又要闹事了。主席逝世后，他们的活动更加频繁，更加明目张胆了。”叶说：“对于这一点，我们的看法是一致的。现在双方都在搞火力侦察，选择突破口，寻找时机。”

同　日　谢静宜、迟群用清华大学、北京大学全体师生员工和革命家属名义，向江青写“效忠信”。信上说：“我们也一定保持清醒头脑，狠狠批邓，准备应付各种可能遇到的复杂情况。”此后，迟群又在清华大学说：“可以给下边打招呼，让分党委，还有团委、学生会这样的群众组织写一些信。”一些“效忠信”还提出所谓由“四人帮”主持中共中央工作的建议。信中竟称：“毛主席的中共中央、江青同志：我以极其悲痛的心情，向党中央写这封信。我们这些小人物最担心的是毛主席逝世以后，党中央的领导权落到什么人手里？我恳切地向党中央建议：江青同志担任中共中央主席和军委主席；增加春桥同志担任中共中央副主席和军委副主席；增加洪文同志担任军委第一副主席……。”

9月14日　山西襄汾县丁村文化遗址发掘出土一枚大约10万年前的幼童右顶骨化石。这一新发现，为研究古人类的发展和丁村遗址的地质时代提供了新的资料。

9月16日　华国锋召集李先念、吴德、陈锡联、纪登奎、陈永贵等人在国务院会议厅开会。其间，华国锋提问：“毛主席提出的‘四人帮’的问题，怎么解决？”纪登奎说，对这些人恐怕还是要区别对待。因为互相不摸底，开会没有深谈。华国锋决定搞“个别串连”。

同　日　《人民日报》、《红旗》杂志、《解放军报》联合发表社论：《毛主席永远活在我们心中》。社论提出："毛主席嘱咐我们：'按既定方针办'。在沉痛哀悼毛主席逝世的时候，我们要化悲痛为力量，永远遵循毛主席的教导，坚持以阶级斗争为纲，坚持党的基本路线，坚持无产阶级专政下的继续革命，坚持无产阶级国际主义，把伟大的无产阶级革命事业进行到底。按既定方针办，就是按毛主席的无产阶级革命路线和各项政策办。"社论强调："当前，要把毛主席亲自发动的批判邓小平、反击右倾翻案风的斗争继续深入地开展下去，巩固和发展无产阶级文化大革命的胜利成果，进一步巩固无产阶级专政。"

9月18日　北京百万群众在天安门广场举行毛泽东追悼大会。15时，中共中央副主席王洪文宣布追悼大会开始。中共中央第一副主席、国务院总理华国锋致悼词。悼词指出："全党全军全国各族人民，一定要积极响应党中央的号召，化悲痛为力量，继承毛主席的遗志，'要搞马克思主义，不要搞修正主义；要团结，不要分裂；要光明正大，不要搞阴谋诡计'，在党中央的领导下，将毛主席开创的无产阶级革命事业进行到底。在国内，我们一定要认真学习马克思主义、列宁主义、毛泽东思想，以阶级斗争为纲，坚持党在整个社会主义历史阶段的基本路线和政策，坚持无产阶级专政下的继续革命，巩固工人阶级领导的工农联盟为基础的各族人民的大团结，深入开展批邓、反击右倾翻案风的斗争，巩固和发展无产阶级文化大革命的胜利成果，反修防修，巩固无产阶级专政，独立自主，自力更生，努力把我国建设成为一个强大的社会主义国家，争取对人类做出较大的贡献。"悼词还说：毛泽东做出了"搞社会主义革命，不知道资产阶级在哪里，就在共产党内，党内走资本主义道路的当权派。走资派还在走"的科学论断，"粉碎了刘少奇、林彪、邓小平的复辟阴谋"。悼词没有写进"按既定方针办"的所谓毛泽东指示。

9月19日—21日　华国锋正式决定毛泽东的一切文件、材料和书籍由汪东兴负责，暂时封存。21日，中共中央办公厅开始封存毛泽东的文件。在收回的被江青骗取的1974年毛泽东在武汉与杨得志、王六生的谈话记录稿上，发现文稿已被江青篡改。

9月21日　聂荣臻提出解决“四人帮”问题。他派杨成武转告叶剑英说：“四人帮”的问题一定要设法解决。“四人帮”是一伙反革命，他们什么坏事都干得出来。要防止他们先下手，如果他们把叶剑英软禁了，把邓小平暗害了，把华国锋也除掉了，中国为此要倒退几十年。聂荣臻还说：解决“四人帮”问题，采用党内斗争的正常途径来解决，是无济于事的，只有我们先下手，采取果断措施，才能防止意外。聂荣臻要叶剑英早下决心。叶剑英对杨成武说：请聂荣臻放心。

9月22日　张春桥致信要求上海“切实准备好对策”。他在给马天水的信中说：“上海是具有光荣革命斗争传统的城市，是毛主席发动文化大革命的起源地。毛主席始终认为，上海大有希望。现在，毛主席和我们永别了，你们要警惕党内出修正主义，主要是中央，在上层。像林彪那样的人物，确实是大有人在的。希望你们切实准备好对策。”

9月23日　王洪文电话要求上海“提高警惕”。他在打给王秀珍的电话中强调说：“你们要提高警惕，斗争并未结束，党内资产阶级是不会甘心失败的，总有人会抬出邓小平的。”

同　日　“西湖”号5万吨油轮建成下水。该油轮是我国自行设计、由大连红旗造船厂自行建造的第一艘5万吨级油轮。该船在建造过程中，由于某些设备建造中未按设计施工并且施工质量较差，曾出现刚性不足和振动等质量问题，经采取加固等一系列措施后，“西湖”号油轮于1979年1月才交付使用。

9月23日—26日　新疆军区在戈壁沙漠地区结合原子弹实爆试验组织陆军师进攻性演习。李达、杨勇在现场指挥了当量为3.8万吨的氢弹空中爆炸。这是我军首次在原子武器条件下的实兵演习，演习着重演练了核条件下战斗的组织指挥以及步兵分队的战术行动，使步兵的训练有了新的提高。

9月24日　国家计委向国务院报送《关于1976年挖潜改造措施资金安排情况的报告》。《报告》提出：一、1976年的企业更新改造资金，国家不再上收。原定由地方集中30%，是否集中，由省、市、自治区党委确定。二、1976年挖潜改造计划，由各地根据具体情况，统筹考虑，统一安排。各部委原来下达的挖潜改造措施计划所列项目，仅供各地参考。三、1976年挖潜改造计划中，国家预算安排的更新改造资金8.3亿元，仍由国家拨款。

9月26日　华国锋与李先念、吴德商量解决“四人帮”的最佳实施方案。吴德支持华国锋的决心，说：解决“四人帮”的办法，无非是两种，一是抓起来再说，二是开会投票罢免。李先念提出赫鲁晓夫下台的例子，不同意开会解决。全面分析和权衡了各种情况后，三人认为：解决“四人帮”的问题，政治局开会投票，我们有把握；中央全会开会投票，我们无把握。最后经反复掂量，决定“采取隔离审查的办法才是上策”。关于解决“四人帮”的时间问题，华国锋提出“早比晚好，愈早愈好”，李先念、吴德均表示赞同。考虑到毛泽东治丧活动刚刚结束，全国人民情绪还未调整过来，三人初步议定：国庆节后，准备10天，然后再动手。讨论一直持续到第二天凌晨5点才结束。随后，华国锋再次委托李先念将密商结果通报叶剑英，叶剑英获悉后表示完全同意。

9月27日　张春桥再次要求上海“警惕中央出修正主义”。他在给上海的指示中称：一、要警惕中央出修正主义；二、今后中央搞集体领导；三、《毛泽东选集》第五卷不出了，可出单行本，先出接班人五项条件。

9月28日　张春桥又对上海余党说：“上海有大考验，要打仗。”他委派秘书肖木去上海向市委常委传话，要求上海要“经常分析阶级斗争的形势”，“一方面要提高警惕，一方面要提高信心”，“要看到曲折，要看到资产阶级还有力量，问题是谁挂帅”；现在有人“要搞上海”，“上海还没有真正经受过严重考验”。

9月29日　中共中央政治局召开会议。华国锋拒绝“四人帮”提出毛远新留在北京的建议，得到叶剑英、李先念、汪东兴等人坚决支持。在会议上，张春桥要求安排江青的工作，公然觊觎党的最高领导权。

9月30日　华国锋、王洪文、叶剑英、张春桥等人出席在天安门城楼举行的国庆座谈会。会前，姚文元在给新华社的指示中称座谈会的主要内容是：学习毛主席著作，继承毛主席遗志，遵照毛主席“按既定方针办”的指示。华国锋在座谈会结束时作了简短的讲话，他说：“在庆祝中华人民共和国成立27周年的时候，我们更加怀念伟大的领袖和导师毛主席。我们要化悲痛为力量，继承毛主席的遗志，把毛主席开创的无产阶级革命事业进行到底。”华国锋的这次公开讲话，又一次不提“四人帮”捏造的所谓毛泽东的“按既定方针办”的嘱咐。

10月1日　江青在清华大学发表讲话，诬蔑邓小平“迫害主席”。江青说：“文化大革命揪出了刘少奇、林彪，其实是他们自己跳出来的。邓小平也是自己跳出来的。”“主席体格是非常好的，但刘少奇、林彪，特别是邓小平迫害主席。我在主席逝世后的第一次中央会上，就控诉了邓小平，要开除他的党籍，没有开除，要以观后效，还会有人要为他翻案。”江青还在讲话中诬蔑陶铸说：“中央文革有坏人，自己端出来了。‘怀疑一切’是陶铸的。他的一篇文章和一个文件，送给主席，我们签了名，不同意，签名的，也有坏人。他说要层层烧透，高举红旗的人也要烧透，说是主席以下都可以怀疑，实质上是可以怀疑主席。”

10月2日　华国锋批示指出“按既定方针办”的提法有错误。他在外交部9月30日送审的乔冠华即将作的《中国代表团团长在联合国大会第三十一届会议上的发言（稿）》上批示：“引用毛主席的嘱咐，我查对了一下，与毛主席亲笔写的错了3个字。毛主席写的和我在政治局传达的都是‘照过去方针办’，为了避免再错传下去，我把它删去了。”张春桥在同一文件上批示：“国锋同志的批注，建议不下达，免得引起不必要的纠纷。”

同　日　王洪文私拍“标准像”，为其篡权做准备。他要求新华社为他拍摄了穿便服、军服的标准像、办公像，并从27张8寸样片中选定了标准像，指定按照周恩来标准像的标准进行修改。

10月2日—4日　华国锋、叶剑英、汪东兴商议隔离审查“四人

帮”实施方案。2日下午3时许，叶剑英来到汪东兴办公室，提出：该摊牌了，不能失掉时机，兵贵神速，乘人之不备。我们要立即找华国锋同志谈，要加速采取果断措施。汪送走叶后，通知中央办公厅副主任张耀祠和中央警卫局副局长、“8341部队”政委武健华来开会制定方案。随后叶剑英再次造访华国锋商谈，希望华尽快解决“四人帮”。当晚，汪东兴来到华国锋住地，华说，叶刚才来过，你们意见和我想的一致。我们商议，由你先拿出一个执行办法来，我们来议定。汪回去后，与张、武两人进一步商讨，于3日凌晨制定了方案：以召开会议名义把王、张、姚找来中南海怀仁堂，名义是：一、讨论《毛选》第五卷出版问题。二、讨论建造毛主席纪念堂选址问题。解决顺序是，先解决王、张，再处置江、姚。毛远新区别对待，就地监护。3日晚9时，汪到华办公室，向他汇报了实施方案。华说：我认为办法是可行的，我考虑时间是否再缩短一些，争取提前解决。4日晚，叶听了汪汇报后说，我看这个计划比较成熟，安排也相当周全了，必会成功。要特别注意保密。

10月3日　姚文元找《人民日报》总编辑鲁瑛谈话，要他减少“按既定方针办”的提法。姚说：“现在报纸上大量出现‘按既定方针办’，这句话传得不准确，要采取措施，从明天起，在报纸上逐渐减少‘按既定方针办’的提法，你得亲自把关。”并要鲁瑛转告新华社解力夫和《光明日报》莫艾。姚文元还特别强调说：“这是个很大的问题，你得有思想准备。”

同　日　王洪文在北京平谷县讲话，煽动攻击中共中央。他说：“中央出了修正主义，你们怎么办？打倒！别人搞修正主义我也打倒他，我搞修正主义，你们也来造反。最好是不出修正主义，但这只是个人愿望，实际上是不可能的。建国以来，中国就出了高岗、饶漱石、彭德怀、刘少奇、林彪、邓小平，不出是不可能的。今后还可能出什么唐小平、王小平之类，要警惕！不只是邓小平搞修正主义。出是可能的，不出是奇怪的。”他还提出：“要把眼睛睁得大大的看着修正主义。”

10月4日　《光明日报》发表署名梁效的文章：《永远按毛主席

的既定方针办》。文章说："按既定方针办"，"这是保证我们的党永不变修，我们的国家永不变色的战略措施。篡改毛主席的既定方针，就是背叛马克思主义，背叛社会主义，背叛无产阶级专政下继续革命的伟大学说。"文章说："毛主席的无产阶级革命路线和各项政策，是建立在马克思列宁主义、毛泽东思想这一科学理论基础上的。一切修正主义路线头子要篡改这一既定方针，必然要篡改马列主义、毛泽东思想，阉割它的革命灵魂，磨灭它的革命锋芒。"文章称，"任何破坏党的团结、制造分裂的行为，都是违背毛主席的既定方针的，都是三千万党员，八万万人民，所绝对不能允许的"。文章宣称："任何修正主义头子胆敢篡改毛主席的既定方针，是绝对没有好下场的。"这篇文章引起了叶剑英的警惕，10月5日他与华国锋商议，决定把原定10月10日进行的隔离审查"四人帮"行动提前到10月6日。

10月5日　叶剑英指示军队要提高警惕，服从命令。他指示总政治部副主任梁必业：总政机关要提高警惕，保持稳定，要加强部队的管理教育。他还指示总参谋部代总长杨成武：切实掌握好三总部，陆、空军和沿海边防，务必搞好战备，无论如何要保证军队不出问题。他请杨成武转报聂荣臻：事情已经商量好了，请聂荣臻放心。杨成武表示：军队永远听党的话，听军委指挥。

10月6日　"四人帮"骨干被隔离审查。华国锋、叶剑英代表中共中央政治局，执行党和人民的意志，对江青、张春桥、王洪文、姚文元及其在北京的帮派骨干实行隔离审查。在华国锋、叶剑英、汪东兴的精心部署下，经过反复挑选，从中央警卫局和中央警卫团中抽调了20几名干部，分成4个行动小组。分别负责4人的隔离任务。本日下午，中共中央办公厅发出于当日20时在中南海怀仁堂召开中央政治局常委会的通知。通知说，常委会的议题为：一、审议《毛泽东选集》第五卷的清样；二、研究毛泽东纪念堂的设计方案和中南海毛泽东故居的安置。通知还说，由于需要改动毛泽东的文稿，姚文元列席中央政治局常委会。20时左右，张春桥、王洪文先后来到中南海怀仁堂，华国锋分别向他们宣布："你不顾中央的一再警告，继续结帮拉派，进行非法活动，阴谋篡党夺权，对党和人民犯下了不可饶恕的罪行。中共中央决定，对你实行隔离审查，立即执行。”稍后，姚文元也被从家中招来，予以隔离。与此同时，毛远新在中南海住地被监护。随后，8时30分，张耀祠来到中南海201所，对江青宣布：“我按华国锋总理电话指示，党中央决定将你实行隔离审查，马上执行。你到另一个地方，你要老实向党坦白交代你的罪行，要遵守纪律。”同时，吴德在北京市委以开会的名义，召来迟群、谢静宜等，予以隔离。隔离“四人帮”行动结束后，华国锋、叶剑英在怀仁堂指示耿飚等，立即率部队接管新华社、中央广播事业局、中央广播电台、北京电视台等新闻机关。22时，中共中央在北京玉泉山9号楼召开中央政治局紧急会议，商讨粉碎“四人帮”后党和国家的重大问题。出席会议的中央政治局委员和候补委员是：华国锋、叶剑英、李先念、汪东兴、陈锡联、纪登奎、吴德、陈永贵、倪志福、苏振华、吴桂贤。华国锋向政治局委员们宣布，已经对四人帮实行拘捕。他说明这次行动的重要性时说：“这次粉碎‘四人帮’的伟大胜利，使我们党避免了一次大分裂，一次大流血，使我们的人民避免了一次大灾难，使我们的事业避免了一次大倒退。”李先念带头，政治局委员一起鼓掌。叶剑英在会上就粉碎“四人帮”的经过和重大意义作了讲话。他说，我们粉碎“四人帮”，是完成毛主席生前没有来得及做的事。……毛主席曾和我多次强调说：“‘四人帮’的问题一定要解决。不然要出大乱子。”我牢记着毛主席的嘱托，协助国锋同志进行了这场斗争。到会的中共中央政治局委员和候补委员完全同意对“四人帮”反党集团的处置。随后讨论中央文件，内容是向全党、全军和全国人民通报中央对“四人帮”隔离审查的《中共中央通知》和推选华国锋为中央主席的决定。会议一致通过了中共中央《关于华国锋同志任中国共产党中央委员会主席、中国共产党中央军事委员会主席的决议》和《关于华国锋同志任中国共产党中央委员会主席、中国共产党中央军事委员会主席的决议的通知》。会议还决定，就粉碎“四人帮”问题，中央政治局将分批召集各省市自治区及各大军区负责人会议。会议特别研究了解决

“四人帮”上海余党、稳定上海局势的问题。会议要求北京市委一定要控制和稳定首都局势，北京不能乱。7日凌晨3时，会议结束。会议还将这些情况通报给不在北京的韦国清、许世友、李德生、赛福鼎等中央政治局委员，他们表示完全拥护中共中央政治局的决定。

同　日　黄岛油港建成投产。青岛港务局黄岛油港位于胶州湾西侧的黄岛上，是由我国自行勘测、设计、施工并全部采用国产设备和材料建成的。于1974年2月开始兴建。全长1 260米。整个工程包括装输原油、装输燃料油、供水和污水处理四大生产系统。黄岛油港建成投产，对扩大原油运输能力具有重要意义。

10月7日—14日　中共中央召开打招呼会议。中共中央政治局在北京分批召开中央党、政、军机关，各省、市、自治区、各大军区负责人参加的打招呼会议，通报了王洪文、张春桥、江青、姚文元反党集团事件以及粉碎“四人帮”的情况。华国锋等在讲话中宣布了中央粉碎“四人帮”的决定，并且历数了“四人帮”的罪行，及毛泽东长期以来对“四人帮”的批评。会场响起了热烈掌声。会议提出的方针是既要解决问题，又要稳定局势。会议期间，华国锋提出要“继续批邓、反击右倾翻案风”，号召广大党员干部对“文化大革命”要做到“三个正确对待”。叶剑英在会上指出，粉碎“四人帮”篡党夺权的阴谋，只是“初战的胜利”，至于从思想上肃清“四人帮”的余毒，还得长时间努力。

10月8日　中共中央决定出版《毛泽东选集》和筹备出版《毛泽东全集》。《决定》指出，尽快出版《毛泽东选集》第五卷，并陆续出版以后各卷。在出版选集的同时，积极地筹备出版《毛泽东全集》。出版《毛泽东选集》和《毛泽东全集》的工作，由以华国锋为首的中共中央政治局直接领导，下设一个毛泽东主席著作编辑出版委员会，负责整理、编辑和出版的具体工作。毛泽东主席著作的所有原件，由中共中央办公厅负责收集、保存。《决定》还责成各级党委将本地区、本单位保存的毛泽东主席的一切手稿，尽快送交中央办公厅。

同　日　中共中央、人大常委会、国务院和中央军委决定建立毛

泽东主席纪念堂。在首都北京建立毛泽东主席纪念堂。在纪念堂建成以后，即将安放毛泽东主席遗体的水晶棺移入堂内，让广大人民群众瞻仰遗容。

10月8日—15日　“四人帮”上海余党策划武装暴乱。8日，徐景贤、王秀珍派人到北京刺探消息，得知江青等人不知下落，立即召开紧急会议，实行紧急动员，决定“要干”，“拉出民兵来，打一个礼拜不行，打5天，3天也好，让全世界都知道”。徐景贤下达手令，调集和部署民兵3.35万名，组织指挥班底，设立两处秘密指挥据点。他们还研究了武装叛乱的初步方案，责成《文汇报》、《解放日报》、上海人民广播电台等宣传工具大造舆论。9日，上海民兵指挥部召集10个区、5个直属民兵师负责人开会进行部署。12日，准备发表《告全市、全国人民书》，拟定了21条标语。当晚，王少庸、朱永嘉等人开会策划停产罢工，游行示威，控制电台，封锁中共中央发布的消息，提出“还我江青”、“还我春桥”、“还我文元”、“还我洪文”等反动口号，扬言要“决一死战”。中共中央政治局对解决上海问题作了周密的部署。先将马天水召到北京，随后又通过马天水将徐景贤、王秀珍召到北京，使“四人帮”在上海的余党陷入群魔无首的困境。

10月10日　《人民日报》、《红旗》杂志、《解放军报》发表社论：《亿万人民的共同心愿》。社论指出，中共中央、人大常委会、国务院、中央军委公布关于建立毛泽东主席纪念堂的决定和中共中央公布关于出版《毛泽东选集》和筹备出版《毛泽东全集》的决定，具有极其重大的政治意义和深远的历史意义，是中国人民和世界人民的共同愿望。

10月11日　巴布亚新几内亚总理迈克尔·托马斯·索马雷和夫人应邀访问中国。

10月12日　中共中央政治局在玉泉山9号楼召开会议，讨论派工作组接管上海问题。华国锋说：“现在看来上海市委这些人已经无法工作了，他们顽固地站在‘四人帮’的立场上，和中央对抗，妄图发动武装叛乱。中央应该马上派人去接管上海，不然会出大乱子。”叶剑英表示赞成华国锋的意见，他说：“要派一位无论是在军队还是在地方都能压得住台的老同志去。我看苏振华堪当此重任。他资格老，林彪、‘四人帮’整得他很惨，但他斗争很坚决，在粉碎‘四人帮’的紧急时刻起了重要作用。”华国锋、李先念还分别建议倪志福、彭冲与苏振华一起去上海。政治局其他人都同意。关于工作组去上海的方针，会议明确指出是：“既要解决问题，又要稳定局势。”最后确定的中央工作组总数226人，其中部省级干部17人、司局长干部59人。

同　日　中华人民共和国和巴布亚新几内亚建立外交关系的联合公报今晚在北京签字。华国锋总理、索马雷总理分别代表本国政府在联合公报上签字。

10月14日　上海把中央打招呼会议精神传达到各区县局和大学负责人，下午开始向群众传达。上海沸腾了，从外滩到上海市革命委员会大楼，全市一下涌出成千上万张大字报、大标语：“绞死王洪文、张春桥、江青、姚文元！”“砸烂‘四人帮’在上海的老窝！”“揭开上海市委阶级斗争盖子，彻底肃清‘四人帮’流毒！”“市委为什么不传达中央关于上海是‘四人帮’基地的指示？”“马天水、徐景贤、王秀珍必须老实交代！”……从10月15日下午起，手持红旗和标语的游行队伍一队一队来到市革命委员会大楼，外滩人山人海。上海市委已经失去控制力。

10月15日—11月15日　1976年秋季中国出口商品交易会在广州举行。粮油食品、土产畜产、纺织品、轻工业品、化工、五金矿产、机械等7个交易团，以及中国国际书店、中国邮票出口公司等单位参加交易会。

10月17日　我国成功地进行了一次地下核试验。

同　日　《鲁迅书信集》、《鲁迅日记》出版。《鲁迅书信集》分上下两卷，收入除《两地书》外迄今为止所能收集到的鲁迅书信共1 381封（其中包括致日本人士的96封），另有收信人姓名不详的2封及散见于书刊的片断16则。《鲁迅日记》分上下两卷，收入鲁迅从1912年5月5日起—1936年10月18日止的日记。两本书均由人民文学出版社出版发行。

10月18日　诗人郭小川逝世。郭小川，河北省平宁县人。1937年参加八路军，同年加入中国共产党。他先后在部队从事党的机要、文化、理论、宣传工作，是著名的思想评论集体“马铁丁”的一员。1953年任中共中央宣传部理论宣传处副处长和文艺处副处长。1955年任中共中国作协党组副书记、书记处书记兼秘书长。在“文化大革命”中，郭小川受到江青的残酷迫害，和他们一伙进行了斗争。

10月19日　中共中央发出宣布隔离审查“四人帮”的《中共中央通知》。该文件即10月6日夜在玉泉山会议上通过的隔离审查“四人帮”的16号文件。《通知》包括六点，主要内容有：一、王洪文、张春桥、江青、姚文元进行反党篡权的阴谋活动，罪行极为严重。二、伟大领袖和导师毛主席对王洪文、张春桥、江青、姚文元进行了多次严肃地批评和耐心的教育，但是，他们就是不肯改悔。三、我们党同王、张、江、姚反党集团的斗争，是无产阶级同资产阶级、社会主义同资本主义、马克思主义同修正主义之间的你死我活的斗争。四、在揭发和批判王、张、江、姚反党集团的斗争中，要注意政策。五、反对王、张、江、姚反党集团的斗争，一律在党委一元化领导下进行。

同　日　中华人民共和国鲁迅展览会在日本仙台市展出。展览是为纪念鲁迅逝世40周年，由仙台市政府、日中文化交流协会、日本经济新闻社、河北新报社联合举办的。

10月20日　中共中央成立审查“四人帮”专案组。审查王洪文、张春桥、江青、姚文元的罪行。专案组由华国锋和在京的中央政治局委员组成。专案组办公室由汪东兴、李鑫负责。

10月21日　北京军民庆祝粉碎“四人帮”。新华社广播消息：首都150万军民举行声势浩大的庆祝游行，热烈庆祝华国锋同志任中共中央主席、中央军委主席，热烈庆祝粉碎“四人帮”反党集团篡党夺权阴谋的伟大胜利！由此，“四人帮”被粉碎的消息正式公诸于世。10月23日，新华社报道：全国29个省、市、自治区军民举行庆祝活动。连日来，全国数千万军民普遍举行声势浩大的庆祝集会和游行，热烈欢呼华国锋任中共中央主席和中央军委主席，热烈欢呼中共一举粉碎王洪文、张春桥、江青、姚文元“四人帮”篡党夺权阴谋的伟大胜利。全国各地到处洋溢着团结、战斗、胜利的革命气氛。

10月24日　首都百万军民举行隆重集会庆祝粉碎“四人帮“胜利。继3日来，首都580万军民举行盛大的庆祝游行之后，本日在天安门广场举行隆重、盛大的庆祝大会，有百万军民参加大会，热烈庆祝华国锋任中共中央主席、中央军委主席，热烈庆祝粉碎王洪文、张春桥、江青、姚文元反党集团篡党夺权阴谋的伟大胜利。华国锋、叶剑英等党和国家领导人出席。吴德在会上讲话。

10月25日　《人民日报》、《红旗》杂志、《解放军报》发表题为《伟大的历史性胜利》社论。社论引用毛泽东的话，说明华国锋任中共中央主席和中央军委主席，粉碎王洪文、张春桥、江青、姚文元“四人帮”篡党夺权阴谋的胜利，是伟大的历史性胜利。

10月27日　中共上海市委在上海市展览馆召开党员大会。苏振华宣读了中共中央的决定：撤销张春桥、姚文元、王洪文在上海的一切职务；任命苏振华兼任中共上海市委第一书记，革命委员会主任，倪志福兼任上海市委第二书记、革委会第一副主任，彭冲任上海市委第三书记、革委会第二副主任。中共中央还对“四人帮”在其他各地的骨干分子也采取果断措施，保证了全国政治局势的稳定。

10月29日　《解放军报》编辑部发表题为《华国锋同志是我们党当之无愧的领袖》一文。31日，《人民日报》头版头条予以转载。

10月30日　中国经济贸易展览会在菲律宾马尼拉举行。共展出7 000多个品种，受到了菲律宾人民的热烈欢迎。其后，又在其他国家展出。

10月30日—11月1日　隆重纪念“毛泽东号”机车命名30周年。北京铁路局举行庆祝大会，全国20个铁路局的代表参加大会。11月3日，人民日报发表题为《永做“抓革命，促生产”的火车头》的评论员文章。

11月2日　中共中央、人大常委会、国务院、中央军委发表公告。公告对世界各国政府、党组织、团体、个人对毛泽东主席逝世表示的悼念和慰问，表示衷心感谢。

11月7日　中共中央电贺阿尔巴尼亚劳动党成立35周年。8日，华国锋主席致电恩维尔·霍查，热烈祝贺他再次当选为阿尔巴尼亚劳动党中央第一书记。

11月8日　《解放军报》发表编辑部文章：《华国锋同志为我党领袖是毛主席的英明决策》。9日，《人民日报》在头版头条转载。

11月9日　中共中央、国务院、中央军委发布解决保定地区武斗问题的《布告》。《布告》指出，保定问题长期不能解决，根子就是“四人帮”。重申要立即无条件停止武斗。此前，中共中央已成立由秦基伟负责的解决保定问题领导小组，规定了解决保定问题的方针和政策。从11月16日起，着手解决保定地区长期武斗这一“老大难”问题，共拆除了192个武斗据点，收缴了数以万计的枪支弹药，逮捕了21名罪行严重、民愤极大的首恶分子。社会和生产秩序开始恢复。

11月11日　《光明日报》举行工农兵批判“梁效”文章座谈会。《光明日报》编辑部邀请“毛泽东号”机车组、北京二七机车车辆工厂、首都钢铁公司石钢炼钢厂、北京工艺美术工厂、慈云寺邮局评报组、红星人民公社、第二炮兵后勤部等7个单位的工农兵代表，批判了“四人帮”在10月4日《光明日报》头版头条用“梁效”名义写的《永远按既定方针办》一文。

11月12日　全国一些城市举行纪念孙中山诞辰110周年活动。北京、上海、南京、广州、武汉各界人士分别举行仪式，隆重纪念孙中山先生诞辰110周年。徐向前、阿沛·阿旺晋美、周建人、许德珩、胡厥文、邓颖超、廖承志、王震、沈雁冰等参加了首都的纪念仪式。

11月15日　中非共和国总统、中非革命委员主席博卡萨应邀访华。《人民日报》发表题为《热烈欢迎博卡萨总统》的社论。

11月15日—19日　中共中央在北京召开宣传工作座谈会。会议初步揭批了“四人帮”在宣传理论战线上的罪行，并部署了继续揭批“四人帮”的任务。1977年1月23日，中共中央成立中央宣传口5人领导小组，由耿飙负责。

11月17日　我国成功地进行一次新的氢弹试验。这是本年内成功地进行的第四次核试验。18日，《人民日报》在头版发表题为《大长革命人民的志气》的短评。

11月22日　《解放军报》发表编辑部文章：《一切行动听华主席为首的党中央指挥》。《人民日报》于23日在头版头条转载。

同　日　中国工艺美术展览在牙买加首都金斯敦开幕。

11月24日　毛泽东主席纪念堂奠基仪式在北京举行。华国锋强调，要继承毛主席的遗志，就要坚持以阶级斗争为纲，坚持党的基本路线，坚持无产阶级专政下的继续革命。

同　日　长沙县板仓纪念馆开慧陵园隆重举行集会，纪念杨开慧就义46周年。

11月28日　《人民日报》发表社论：《彻底揭发批判“四人帮”》。社论从政治上、思想上、组织上等方面揭发批判“四人帮”的罪行，指出他们是代表地、富、反、坏和新老资产阶级的利益，反映了帝国主义、社会帝国主义和各国反动派的愿望。号召人民把粉碎“四人帮”反党集团的伟大斗争进行到底。

11月30日—12月2日　全国人大四届常委会举行第三次会议。吴德在会上讲话，乌兰夫介绍了全国人大代表团访问伊朗、科威特情况。会议通过邓颖超为第四届人大常委会副委员长的决议。

12月5日　中共中央发出通知，指出：凡纯属反对“四人帮”的人和案件应给予彻底平反。凡不是纯属反对“四人帮”而有反对毛主席、反对党中央、反对“文化大革命”或其他反革命罪行的人，绝不允许翻案。

12月7日　我国发射1颗人造地球卫星，10日，按预定计划准确地返回地面。这是1970年4月以来，我国发射的第七颗人造地球卫星。

同　日　音乐家郑律成在北京病逝。郑律成，朝鲜金罗南道光州人，1918年生，1950年加入中国籍。1933年到中国南京，入朝鲜义烈团办的朝鲜革命干部学校，后从事秘密抗日活动，并在南京、上海学习音乐。1937年赴延安，先后在陕北公学、鲁迅艺术文学院学习，毕业后在抗日军政大学、鲁迅艺术文学院任教，并从事歌曲创作。

1939年加入中国共产党。抗日战争胜利后回朝鲜，1950年再度来华，先后在北京人民艺术剧院、中央歌舞团、中央音乐团从事作曲工作，为中国音协会员，著名作曲家。其主要作品有《延安颂》、《八路军军歌》、《中国人民解放军军歌》、《中国人民志愿军进行曲》等。17日，郑律成追悼会在北京八宝山革命公墓举行，王震副总理参加。

12月9日　印度柯棣华大夫纪念馆在石家庄市解放军白求恩国际和平医院礼堂举行开馆典礼。

12月10日　中共中央下发《王洪文、张春桥、江青、姚文元反党集团罪证（材料之一）》。材料以大量事实揭露王、张、江、姚结成“四人帮”，企图篡党夺权、危害人民的罪行。此后，王、张、江、姚反革命集团罪证材料之二、之三也相继下发，对揭发批判“四人帮”的罪恶历史及其反革命罪行在各方面的表现，并清查其帮派体系，起了推动作用。

12月10日—27日　第二次全国农业学大寨会议在京召开。国务院副总理陈永贵在会上作题为《彻底批判“四人帮”，掀起普及大寨县运动的新高潮》的报告。会议提出在深入揭批“四人帮”基础上，要把农业生产搞上去。会议继续坚持或重新提出一些不切实际的高指标、大口号，继续推行“左”的政策，要求1980年全国有三分之一的县建成大寨。县，各省、市、自治区都实现粮、棉、油、猪上《纲要》，超计划，基本实现全国农业机械化等。华国锋在会上说，王、张、江、姚是一伙“极右派”，他们那条反革命修正主义路线是一条极右路线。

12月11日　话剧《万水千山》再次公演。该剧反映的是中国工农红军二万五千里长征这一重大历史事件，毛泽东、周恩来对此剧给予亲切关怀。由于“四人帮”阻拦，几乎被扼杀。“四人帮”粉碎后，才在北京再次公演。

同　日　最高人民法院副院长吴德峰在北京病逝。吴德峰，湖北保康人，1896年生。1929年加入中国共产党。同年9月任中共汉口地方执委军委书记。1927年，参与领导鄂南暴动，先后任中共赣西南特委书记，中共河南省委军委书记、中共中央交通局局长。1934年2月当选为中华苏维埃共和国中央执行委员。红军长征中任红二方面军政治保卫局局长。到陕北后，任中共中央联络局局长、中共中央交通局局长。解放战争时期，先后任中共晋察冀中央局敌军工作部部长、郑州市委书记。建国后，历任中共武汉市委第一副书记、武汉市市长、中南军政委员会政法委副主任，国务院第一办公室主任，最高人民法院副院长。曾当选为中共第八届中央监察委员会委员、第三届全国政协常委、第四届全国人大常委。

12月17日　华国锋接见会议代表。华国锋接见全国“工业学大庆”会议筹备会、全国石油企业“工业学大庆”会议、全国化工、炼油企业“工业学大庆”会议的代表。

同　日　巴基斯坦总统代表向宋庆龄赠送一枚纪念巴基斯坦创始人穆罕默德·阿里·真纳诞生100周年的金质纪念章。

12月20日　阿拉伯也门共和国指挥委员会主席兼武装部队总司令哈姆迪中校对我国进行正式访问。华国锋主席到机场迎接。

12月21日　华国锋电贺黎笋当选为越南劳动党总书记。

12月22日　国务院电贺开滦煤矿吕家矿全面恢复生产，达到震前水平。

12月23日　新华社报道：最近新发现鲁迅最后10年中写下的13封书信。

12月25日　《毛主席永远活在我们心中》摄影展览在首都民族文化宫隆重展出。

12月26日　《论十大关系》发表。《人民日报》发表毛泽东1956年4月25日在中共中央政治局扩大会议上的讲话《论十大关系》。这篇文稿是1975年由邓小平主持整理定稿，并经毛泽东同意的。

12月28日　《人民日报》发表社论：《彻底揭发批判“四人帮”》。

12月30日　《东方红》等6部影片将上映。《人民日报》报道：被“四人帮”长期禁锢的音乐舞蹈史诗《东方红》以及《洪湖赤卫队》等6部影片将于1977年元旦重新上映。

第四卷

改革开拓

(1977 年—1998 年)

(上)

编委会

主　编　谭宗级　叶心瑜　柳建辉

副主编　汤应武

撰稿人　王杰之　王智理　王　蓓　叶心瑜　孙怀新
李　蓉　汤应武　许睢宁　刘宋斌　陈　夕
张　翔　张战伟　张永琏　郑雅茹　柳建辉
高远戎　黄如军　韩　松　程　晓　谭宗级
陈大伟　凌　辉　袁志坚　杨　峰　孔晶宝
钮建平　霍中和　冯忠奎　李明军　韩　光

审稿人　谭宗级　叶心瑜　徐达深

目 录

1977年

1977年综述

1977年是我国在徘徊中前进的一年。

深入揭发批判江青反革命集团篡夺党和国家最高权力的罪行及其在各方面造成的危害是本年度政治生活中的重要内容。中共中央继上年之后，又分别发出关于江青反革命集团罪证的第二、第三批材料，掀起了揭批江青反革命集团的群众运动。同时，全国普遍清查了江青反革命集团的帮派体系，逐步调整和加强了各级领导班子。到上半年，全国政治局面趋向稳定。7月，中共十届三中全会决定把“四人帮”永远开除出党，撤销其党内外一切职务；8月，中共第十一次全国代表大会总结了同江青反革命集团的斗争，宣告“文化大革命”已经结束。

华国锋制定的“抓纲治国”的决策及“两个凡是”的错误方针是本年党和国家政治生活的指导思想。在揭批江青反革命集团的斗争中，在《毛泽东选集》第五卷编辑、出版发行的宣传工作中，有关“文化大革命”的错误理论、政策和口号继续得到肯定和沿用，中共十一大未能从理论和党的指导方针上完成拨乱反正的任务。这就使得当时政治生活和各项工作呈现出矛盾状态：一方面欲结束“文革”造成的混乱，达到“天下大治”；另一方面求治的工作进展缓慢，整个国家的发展难上正轨。7月，中共十届三中全会正式决定恢复邓小平的领导职务。在此前后，他批评

"两个凡是"，开了全党、全国解放思想的先导。拨乱反正的工作在重重干扰中艰难起步。

在经济领域，中共中央、国务院号召深入开展"工业学大庆"、"农业学大寨"运动，并先后召开一系列会议，强调进行企业整顿，建立各项规章制度，恢复和发展生产，把国民经济搞上去。经过整顿，国民经济得到较快恢复，某些方面甚至有所发展，扭转了长期以来停滞不前甚至下降的局面。

全国60%的职工10多年来第一次不同程度地增加了工资，社会商品零售总额比上年增长7%，人民生活水平有所提高。但由于华国锋等对"文革"结束后国民经济的紧张形势认识不足，对经济建设中"左"的指导思想没有清理，本年度经济工作发生了急于求成、片面追求高速度的急躁冒进错误。华国锋和中央有关部门对农业机械化和粮食生产，对石油、煤炭、钢、化工的生产等方面，相继提出了不切实际的高指标和根本不可能实现的口号，并试图依靠所谓工业学大庆、农业学大寨的群众运动推动国民经济的"新跃进"，加剧了国民经济比例失调的状况，造成了新的失误。

在科学教育文化领域，由于邓小平的主要领导作用，出现了全新的面貌。邓小平批判了林彪、江青等人鼓吹的"文艺黑线专政论"、"教育黑线专政论"，号召尊重脑力劳动、尊重人才。由此，多年来对知识分子"左"的政策开始扭转，知识和知识分子重新受到重视，一大批被长期禁锢的文艺作品得到解放，在"文革"中被废弃的全国高等学校招生考试制度得到恢复。科学教育文艺领域气氛趋向活跃，渐呈生机。

外交领域，由于"左"的指导思想尚未改变，工作仍在徘徊中进行。8、9月之交，南斯拉夫共产主义者联盟主席、南联邦共和国总统铁托访华，中南两党恢复正常关系。

1977年国民经济得到了比较快的恢复，扭转了长期以来停滞不前甚至下降的局面。农业生产虽然受严重自然灾害的影响没有完成原定计划，但由于广大农民的努力，大大减少了自然灾害造成的损失。农业总产值1 339亿元，比上年增长1.7%。工业生产逐步回升，某些方面还有一定的发展。全国工业总产值3 728亿元，比上年增长14.3%。工农业总产值5 067亿元，比上年增长10.7%。工农业产品产量：钢，2 374万吨，比上年增长16%；煤，5.5亿吨，比上年增长13.9%；原油，9 364万吨，比上年增长7.4%；发电量，2 234亿度，比上年增长10%；水泥，5 565万吨，比上年增长19.2%；粮食，2.8273亿吨，比上年减产358万吨；棉花，204.9万吨，比上年有所减产；油料，401.7万吨，比上年增加9 000吨。基本建设投资总额382.37亿元，比上年增长1.6%。社会商品零售总额1 432.8亿元，比上年增长7%。进出口贸易总额272.5亿元，比上年增长3.2%。国家财政总收入874.5亿元，总支出843.5亿元，结余31亿元。

1月1日　《人民日报》、《红旗》杂志、《解放军报》发表元旦社论：《乘胜前进》。社论指出，1976年是极不平凡的一年，我们一举粉碎了王、张、江、姚反革命集团篡党夺权的阴谋。经过这场惊心动魄的阶级大搏斗，中国革命避免了一次大曲折，中国历史避免了一次大倒退，中国人民避免了一次大灾难。粉碎“四人帮”伟大胜利的深远影响，正在越来越充分地显示出来。这对于继承毛主席的遗志，坚持毛主席的革命路线，把伟大领袖毛主席和敬爱的周总理以及老一辈无产阶级革命家开创的无产阶级革命事业进行到底是最可靠的保证。社论认为，毛主席在光辉著作《论十大关系》中提出的：“我们一定要努力把党内党外、国内国外的一切积极的因素，直接的、间接的积极因素，全部调动起来，把我国建设成为一个强大的社会主义国家”的思想是我们各项工作都必须遵循的基本方针。华主席在刚刚闭幕的第二次全国农业学大寨会议上，提出在新的一年里，要深入开展揭发批判“四人帮”的伟大群众运动；加强党的建设，在全党进行一次马克思主义的思想教育运动；深入开展农业学大寨、工业学大庆的群众运动，努力把国民经济搞上去；进一步把群众性的学习马列著作和毛主席著作的运动推向新高潮。这是大治天下的四项战斗任务。对毛主席的《论十大关系》和华主席的重要讲话，全党全军全国各族人民都必须努力学习好，宣传好，贯彻执行好。社论强调指出，深入揭发批判“四人帮”，是我们全年的中心任务。从政治上、思想上、组织上把他们揭深批透，肃清其流毒和影响，还要做许多艰苦细致的工作。把“四人帮”揭深批透，把思想政治路线搞清楚，把各方面的积极因素调动起来，我们的各项工作就一定能够搞好。社论认为，在华主席为首的党中央领导下，我们一定能够造成一个政治上生动活跃，经济上繁荣昌盛，科学文化上百家争鸣、百花齐放，人民生活在生产发展基础上不断改善的崭新局面。我们一定能够在本世纪内全面实现农业、工业、国防和科学技术现代化，把我国建设成为强大的社会主义国家的宏伟目标。

1月2日　新华社报道：中国目前最长的公路桥——洛阳黄河公路大桥通车。大桥全长3 428.9米。

1月2日—6日　孟加拉国军法管制首席执行官、陆军参谋长齐亚·拉赫曼少将访华。访华期间，国务院总理华国锋会见齐亚·拉赫曼少将；国务院副总理李先念同齐亚·拉赫曼少将举行会谈。4日，中孟两国政府经济技术合作协定、贸易和支付协定在北京签字。6日，《新闻公报》发表。

1月10日—25日　全国煤炭工业学大庆、赶开滦会议在北京举行。这次会议的任务是认真学习毛主席的《论十大关系》，学习华国锋在第二次全国农业学大寨会议上的重要讲话，贯彻落实华国锋代表中共中央提出的1977年的战斗任务，落实全国工业学大庆筹备会议的精神；总结学习大庆经验，贯彻"鞍钢宪法"，交流学大庆、赶开滦的先进经验，讨论如何建设和普及大庆式企业，制定建设和普及大庆式企业的规划；安排1977年煤炭工业战线的任务。来自各地的3 000多名代表出席了会议。23日，华国锋、叶剑英、李先念等党和国家领导人接见了出席会议的全体代表。会议总结交流了煤炭工业战线学大庆、赶开滦、赶"十面红旗"，建设大庆式企业的经验，提出了普及大庆式企业的规划和措施。会议命名河北省开滦煤矿等30个单位为大庆式企业，通报表扬了130个学大庆的先进单位。会议号召全国煤炭企业和全国煤炭职工更高地举起"工业学大庆"的红旗，以阶级斗争为纲，坚持党的基本路线，掀起一个学大庆、赶开滦、赶"十面红旗"的新高潮，把"鞍钢宪法"的五项原则贯彻到企业各项工作中去；会议要求整顿和加强企业管理，建立强有力的生产指挥系统，坚持领导干部值班的制度，整顿好劳动组织，建立和健全岗位责任制、技术操作规程、考勤制等七项制度，节约原材料，加强经济核算，关心职工生活。

1月11日　新华社报道：中国又一大型的、现代化的综合性石油化工基地——山东胜利石油化工总厂建成投产。

1月14日　新华社报道：30万吨乙烯工程在北京石油化工总厂建成投产。这是毛泽东和周恩来生前亲自批准的重点建设项目，是中国目前最大的乙烯工程。这项工程从1973年8月开始动工，至1976年5月建成，并且一次试车成功。

1月17日　《人民日报》发表“交通部大批判组”文章。《一出反革命闹剧——“四人帮”炮制“风庆轮问题”的真相》。文章指出，“四人帮”借“风庆轮”远航一事于1974年10月掀起的批所谓的“造船不如买船，买船不如租船”的洋奴哲学，其实质是借“风庆轮”事件，要把周恩来总理等中央领导同志打成“当代的李鸿章”。妄图在四届人大之前整倒周恩来等，清除他们“组阁”的障碍。1976年1月周恩来总理逝世后，毛泽东主席提议华国锋任代总理，“四人帮”又一次把“风庆轮问题”搬上舞台，借此发难，但被毛主席制止，但“四人帮”仍私下布置一家电影制片厂拍摄以风庆轮为题材的电影。文章说，围绕着“风庆轮问题”展开的这场惊心动魄的两个阶级、两条路线的斗争，是我们党同“四人帮”反党集团斗争的一个侧面。《人民日报》编者按指出，王、张、江、姚反党集团采取种种卑劣的手段，捏造什么“洋奴哲学”、“卖国主义”等罪名，胡说有人不搞自己的造船工业，把矛头指向毛主席、周总理、华主席。他们利用风庆轮大做文章，既是摘桃子，又是打棍子，妄图证明自己是“正确路线的代表”。打倒了“四人帮”，“风庆轮问题”的真相已大白于天下。

1月18日　中共宁夏回族自治区委第一书记康健民在银川逝世。康健民，甘肃榆中县人，1916年生。他于1932年参加革命，1933年加入中国共产党，历任中国工农红军战士、班长、排长、政治指导员、连长、副团长、骑兵团长、骑兵旅长、师长、副军长、军政委、军长、宁夏回族自治区革命委员会筹备小组组长、宁夏回族自治区革命委员会中共核心小组组长等职。在中共九大、十大上当选为中共中央候补委员。他生前任中共宁夏回族自治区委第一书记、宁夏回族自治区革命委员会主任、中国人民解放军兰州部队副司令员，他还是第四届全国人大代表。

1月19日　中共中央发出召开全国工业学大庆会议的通知。通知指出，中央决定今年五一节前召开全国工业学大庆会议，动员全党、全国工人阶级，把工业学大庆的革命群众运动推向一个新的阶段，为普及大庆式企业而奋斗的目标是实现华主席提出的走向大治的战略决策的重要步骤。通知指出，大庆是毛主席亲自树立的我国工业战线的一面红旗。十几年来，大庆坚持“两论”起家的基本功，用毛泽东思想武装广大职工，坚持贯彻党的基本路线，坚持毛主席办社会主义工业的路线，全面贯彻“鞍钢宪法”，走出了一条同资本主义、修正主义根本对立的我国自己工业发展的道路。大庆，是学习和运用毛泽东思想的典范，是大学解放军、具体运用解放军政治工作经验的典范，坚持了集中领导同群众运动相结合的原则，坚持了高度革命精神同严格科学态度相结合的原则，坚持了技术革命和勤俭建国的原则。通知指出，工业学大庆，是从上层建筑到经济基础的一场深刻的革命，它必然会在政治、思想、生产、生活等各个方面引起巨大的变化，促进社会主义革命和社会主义建设向前发展。学不学大庆，是要不要继续革命的问题，是执行不执行毛主席革命路线的问题，是要不要把巩固无产阶级专政的任务落实到基层的问题，是要不要把我国建设成为社会主义现代化强国的问题，是坚持不坚持社会主义道路、共产主义方向的问题。从壮大经济力量和国防力量、保卫和巩固无产阶级专政的角度看，工业学大庆是一项十分紧迫的战斗任务。通知要求，各地区、各部门、各企业要认真学习毛主席的光辉著作《论十大关系》和华主席在第二次全国农业学大寨会议上的讲话，学习中央关于批判“四人帮”的一系列重要指示，深揭狠批“四人帮”，抓好领导班子的建设，加强思想政治工作，增强职工队伍的革命团结，建立和健全合理的规章制度，开展社会主义劳动竞赛，大搞增产节约，努力完成和超额完成国家计划任务，掀起工业学大庆运动的高潮，掀起抓革命、促生产的高潮，以优异成绩迎接全国工业学大庆会议的召开。通知要求各地区、各部门党委，必须加强领导，全面规划；各省、市、自治区的主要负责同志，要抓住阶级斗争这个纲，一手抓农业，一手抓工业，把工业学大庆运动像农业学大寨那样切实抓紧抓好。

1月27日　新华社报道：国务院、中央军委要求全国各地区、各部队在1977年春节期间广泛深入地开展拥军优属和拥政爱民活动。通知要求全国军民在开展这一活动中，要认真学习、宣传、贯彻执行毛主席的光辉著作《论十大关系》和华主席在第二次全国农业学大寨会议上的重要讲话，完成好华主席提出的1977年的四项战斗任务。通知号召全国军民遵循毛主席的教导，掀起“全国学人民解放军，解放军学全国人民”的高潮。通知要求在全国普遍进行一次拥军优属和拥政爱民的教育，狠批“四人帮”反党乱军，破坏我党我军光荣传统，破坏军政、军民团结的罪行。通知最后说，全国军民要提高警惕，加强战备，做好民兵工作，搞好军民联防，随时准备歼灭一切敢于入侵之敌。

本　月　一批长期被“四人帮”禁演的优秀戏剧节目重新和观众见面，其中包括歌剧《洪湖赤卫队》，话剧《豹子湾战斗》、《南海长城》，现代京剧《八一风暴》，现代豫剧《朝阳沟》，舞剧《小刀会》和评弹《蝶恋花》等。

2月5日　《人民日报》转载《红旗》杂志评论员文章《大打一场揭批“四人帮”的人民战争》。文章指出，深入开展揭批“四人帮”的伟大群众运动是今年的中心任务，是全党、全军和全国人民的头等大事。3个多月来，揭批“四人帮”的斗争虽然取得了很大胜利，但还不能自满，还要进一步提高认识，加强领导，放手发动群众，大打一场揭批“四人帮”的人民战争，夺取更大的胜利。文章说，“四人帮”是一伙披着马克思主义外衣搞修正主义、搞分裂、搞阴谋诡计，以篡夺党和国家最高领导权、颠覆无产阶级专政、复辟资本主义为根本目的的反革命黑帮；是一伙对毛主席、对周总理、对毛主席亲自选定的接班人华主席和其他老一辈无产阶级革命家怀有刻骨仇恨，必欲置之死地而后快的极右派。他们的社会基础，是地富反坏和新老资产阶级。他们的路线，集中代表了这一切反革命阶级的利益和愿望，是一条极右的反革命修正主义路线。我们同“四人帮”的斗争，是中国共产党领导下的广大革命人民群众同国民党反动派长期斗争的继续，是无产阶级同资产阶级阶级斗争的继续，是马克思主义同修正主义斗争的继续，是我党历史上又一次重大的路线斗争，是敌我矛盾问题，是一场你死我活的阶级大搏斗。文章指出，“四人帮”在我们党内经营了多年，从上层建筑到经济基础，从革命到建设，从理论到实践，从中央到地方，特别是在一些他们严密控制的地区和单位，给人们的思想造成了极大的混乱，流毒很广很深。对此，我们决不能轻视，决不能低估。因此，要充分认识这场斗争的严重性、艰巨性和复杂性，坚决把这场斗争进行到底。目前，全国各地揭批“四人帮”的运动发展是好的，但不平衡，有的地方和单位还存在着领导落后于群众、落后于形势的现象，也有的地方和单位满足于前一阶段运动的成绩，没有注意把运动推向前进。文章强调，当前要把运动引向深入，关键在领导。各级领导要响应党中央的战斗号召，进一步提高对这场斗争的伟大意义的认识，以阶级斗争为纲，积极带领群众深入开展揭批“四人帮”的斗争。在斗争中一定要旗帜鲜明，立场坚定，坚决果断；同时要深入群众，深入实际，抓好典型，推动一般；要注意党的政策，团结一切可以团结的人。

2月7日　《人民日报》、《红旗》杂志、《解放军报》以《学好文件抓住纲》为题发表社论，首次在全国公开提出“两个凡是”。“两个凡是”即“凡是毛主席作出的决策，我们都坚决维护，凡是毛主席的指示，我们都始终不渝地遵循”。早在1976年10月26日，华国锋在听取中共中央宣传口汇报时就指示：要揭批“四人帮”，连带批邓；“四人帮”的路线是极右路线；凡是毛主席讲过的、点过头的，都不要批评；天安门事件要避开不说。1977年1月，华国锋在起草3月中共中央工作会议的讲话稿时，授意写作班子把“两个凡是”的观点写进去。2月3日，李鑫向写作班子传达汪东兴的指示：华主席的讲话要推进，先发一篇社论，把华主席讲话稿中关于“高举旗帜”的内容都要写进去。写作班子把华国锋的“两个凡是”稍加修改移到社论里。“两个凡是”的观点是华国锋这一时期思想的集中体现。提出“两个凡是”的用意，是为了阻止邓小平出来工作，阻挠为天安门事件平反，其实质就是想原封不动地把毛泽东晚年的“左”倾错误坚持下去。“两个凡是”的方针压制了思想解放，阻碍了拨乱反正工作的进行。

2月8日　中共中央发出《关于坚决打击政治谣言的通知》。通知指出，在揭批“四人帮”的运动中，有少数坏人制造谣言，甚至伪造华主席、中央领导同志的讲话，妄图挑拨离间，分裂以华主席为首的党中央，干扰运动的方向。根据这个精神，3月28日国务院下发的第三十号文件指出，对攻击毛主席、周总理、华主席和以华主席为首的党中央，破坏揭批“四人帮”斗争的现行反革命分子，要坚决逮捕法办。对少数罪大恶极，不法办不足以平民愤的，要坚决处决。广大干群一些要求拨乱反正的正确呼吁，被当做“政治谣言”和“反革命”行动，由此受到打击，造成了一些新的政治冤案。

2月15日　《人民日报》刊登“石油化学工业部大批判组”的文章：《把“管、卡、压”大棒同“四人帮”一道埋葬》。文章指出，“管、卡、压”是“四人帮”反对规章制度的一根大棒，他们挥舞这根大棒，破坏革命，破坏生产，妄图把社会主义企业搞乱，把国民经济搞垮，达到他们篡党夺权的目的。张春桥公然提出“要建立没有规章制度的企业”，根据是“毛主席只讲过改革不合理的规章制度，没有讲过建立规章制度”。这是对毛泽东思想的明显歪曲和篡改。文章说，建立规章制度、加强企业管理，是发展社会主义经济、巩固无产阶级专政的一个重要问题。搞好管理，一个重要方面，就是要建立合理的规章制度，就是要明确规定哪些是应该干的，哪些是不允许干的。反对“管、卡、压”这个口号，在“四人帮”看来是个无政府主义的口号，“管、卡、压”否定集中统一，否定无产阶级纪律，否定革命权威，是反马克思主义的。即便对资产阶级的规章制度，也要作具体分析，对其合乎科学的东西，也应学习。文章号召向大庆学习。文章说，大庆建立了以岗位责任制为主要内容的一整套规章制度，生产搞得很有条理，很有秩序，很有规矩，很有纪律。大庆的实践证明，社会主义企业必须建立合理的规章制度，没有规章制度是不行的；有了规章制度，不严格执行也是不行的。文章指出，为什么大庆的规章制度“四人帮”反也反不掉？因为大庆的规章制度来自群众，来自实践，既反映了客观规律，又深深扎根于群众之中，具有强大的生命力；因为大庆在执行规章制度中，不靠单纯的行政命令，而主要是靠深入细致的思想政治工作，大张旗鼓地树立先进典型，大力表彰好人好事；还因为大庆的规章制度具有相对的稳定性，又能适时而改，增添群众的新鲜经验，并且不搞繁琐哲学。文章号召坚决执行华国锋主席“依靠群众，健全合理的规章制度，改进和加强社会主义的经济管理”的指示，在深揭狠批“四人帮”的斗争中，以大庆为榜样，把各项规章制度认真建立和健全起来，加强企业管理，把国民经济搞上去。

2月17日　中国和利比里亚共和国建立外交关系的联合公报在利比里亚首都蒙罗维亚签署，两国政府决定从即日起建立大使级外交关系。

2月20日　新华社报道：全国铁路工作会议在北京召开。这次会议是经中共中央批准，由国务院主持召开的。中共中央、国务院、中国人民解放军有关部门的负责人，20个铁路局和16个铁路分局党委的负责人，28个省、市、自治区党委的负责人，共200多人出席了会议。会议期间，华国锋、叶剑英等接见了与会代表，华国锋、叶剑英作了指示，纪登奎讲了话。与会代表们学习了毛主席《论十大关系》和华国锋在第二次全国农业学大寨会议上的讲话，联系本部门、本单位的实际，揭发批判了“四人帮”破坏铁路运输的罪行。会议认真研究了动员全党管好铁路，抓纲治国，大干快上的问题。会议指出，铁路是国民经济的大动脉，全国要大治，工农业要大上，铁路必须做到畅通无阻，当好先行。铁路运输上去了，整个国民经济就活了，发展就快了。为此，必须全党动手，党政军民一齐努力，千方百计地把铁路运输迅速搞上去，把“四人帮”干扰、破坏造成的损失夺回来。会议强调指出，管好铁路，必须处理好中央和地方的关系，在中央的统一领导下，发挥两个积极性。各省、市、自治区党委要进一步加强对铁路工作的领导，要有一名书记亲自抓铁路工作，及时发现问题、解决问题，经常督促检查。在地方党委的一元化领导下，铁道部门和地方公安部门密切配合，放手发动铁路沿线的广大群众和铁路职工，保卫人民铁路，认真把列车、车站和沿线的治安工作搞好。会议期间，一些铁路局和省的代表介绍了加强党的领导，学好文件抓住纲，抓革命、促生产的经验。会议提出，要苦战三五年，把全国的铁路办成大庆式企业。为了建设大庆式企业，要以阶级斗争为纲，深入进行党的基本路线教育；要坚持“三要三不要”的基本原则，坚持老中青三结合的原则和无产阶级革命事业接班人的五项条件，抓好铁路各级领导班子的建设；要在培养革命化的职工队伍上狠下功夫，把铁路职工队伍建设成为一支特别能战斗的半军事化的产业大军；要走群众路线，建立一套管好社会主义企业的科学的规章制度。

2月22日　《人民日报》发表“教育部大批判组”文章：《党的知识分子政策不容践踏》。文章指出，党对知识分子团结、教育、改造的政策是以毛主席关于知识分子的科学分析为依据的。1957年，毛主席对我国知识分子状况的分析是：知识分子中比较熟悉马克思主义，并且站稳无产阶级立场的，是少数；大多数是拥护社会主义，愿意为人民服务的，但世界观基本上是资产阶级的；对国家抱敌对情绪的知识分子是极少数。但是，“四人帮”只要一提到知识分子，就任意给其戴上“资产阶级知识分子”的帽子，他们把旧教育制度和旧学校培养的学生混为一谈，从不作具体分析。文章说，毛主席历来十分重视知识分子在革命过程中的作用，但“四人帮”竭力否定知识分子的革命作用。“四人帮”的一个干将大肆鼓吹所谓建国后十七年培养出来的学生“基本上是对社会主义经济基础起了破坏作用”的谬论，是他们颇有代表性的论点。文章指出，“文化大革命”以前，学校培养出来的学生，多数或大多数在毛主席革命路线的指引下，与工农兵相结合，努力改造世界观，为人民做了不少有益的工作。他们在向工农兵学习，为工农兵服务，接受工农兵再教育的过程中，不断得到改造。“四人帮”鼓吹的“破坏论”，道理是反动的，事实上也是荒谬的。文章说，无产阶级教育革命是要改革旧的教育制度，而不是要打倒广大教师，相反，更要依靠其中的积极分子，团结广大教师。“四人帮”动辄斥教师为“右倾复辟势力”，甚至提出取消教师的荒谬主张，妄图制造一个取消教师而由学生自治的“典型”。文章指出，“四人帮”肆意践踏党的知识分子政策，既破坏对知识分子的团结，又破坏对知识分子的教育和改造。他们对知识分子极端仇视，百般诬蔑，根本谈不上半点团结。对他们来说，“教育”、“改造”，不过是“打棍子”、

“戴帽子”的代名词。他们把“师道尊严”说成是教育战线的主要危险，煽动学生把教师当做“孔老二的徒子徒孙”来批判，对知识分子大搞法西斯专政。“四人帮”肆意践踏党的知识分子政策，用“大棍子”打人，用“大帽子”压人，用“小鞋子”整人，致使广大知识分子欲干不能，欲罢不忍，左右为难，无所适从，极大地影响了他们为社会主义事业服务的积极性，妨碍了他们在革命和建设中作用的发挥，给社会主义事业造成极大的损失。

2月24日　王猛任国家体委党的核心小组组长、体委主任；庄则栋被免去国家体委党的核心小组组长、体委主任的职务。

2月25日　新华社报道：中国科学院数学研究所研究人员杨乐、张广厚，密切合作研究函数理论，在世界上第一次找到了函数值分布论研究中两个主要概念——“亏值”和“奇异方向”之间的有机联系。对这两个概念的研究，获得了具有世界先进水平的重要成果。

2月25日—3月10日　全国基本建设会议在北京召开。会议揭批了“四人帮”对基本建设的干扰破坏行径，同时提出该年度必保的关系国民经济全局的重要建设项目138个，计划建成的大中型项目122个，单项工程305个，挖潜和收尾项目230个。会议要求，应该建成投产的大中型项目和单项工程，要做到一个不少，新增生产能力计划，要如数完成。会议强调，要认真总结经验，大力整顿基本建设管理；任何地区和部门，对计划内项目，都不得任意扩大建设规模，增加工程内容，提高建设标准，更不准擅自上计划外项目；建设银行要按照国家统一计划、国家预算、基建程序和工程进度办理拨款，建设物资要统一调度；大中型项目开工前，要作好组织上、技术上、物资上的准备，编制施工组织设计，准备不好不能开工。

2月28日　首都各界人士和在京台湾同胞纪念“二·二八”起义30周年。参加纪念会的有首都各界人士和在北京的台湾省同胞300多人，叶剑英、陈锡联、吴德等党和国家领导人出席纪念会。纪念会由全国政协副主席许德珩主持。中共中央委员廖承志在会上首先讲话。他说，粉碎“四人帮”，对盘踞在台湾的蒋经国的反动统治是一个沉重的打击，更加鼓舞了包括台湾省人民在内的全国各族人民解放台湾、统一祖国的斗志；毛主席和周总理解放台湾、统一祖国的遗志，必将在华主席为首的党中央领导之下实现。他在讲话中强烈谴责国际上一小撮反华反共的顽固派，勾结台湾极少数民族败类，制造所谓“两个中国”、“一中一台”、“一个中国，两个政府”、“台湾独立”等种种阴谋。他说，解放台湾、统一祖国，是中国人民的内政，绝不容许外人干涉。中国人民和中国人民解放军，要继续提高警惕，保卫祖国，随时准备歼灭入侵之敌和解放台湾。全国人大常委会副委员长胡厥文等也在纪念会上发了言。

本　月　《红旗》杂志发表中共湖南省委的文章：《华国锋同志是毛主席革命路线的卓越继承者》。文章认为，华国锋同志是毛主席革命路线的忠实执行者、勇敢捍卫者和卓越继承者，无愧为我们党的英明领袖。我们十分感激毛主席为我们党和国家选定了最好的接班人。毛主席无限信任华国锋同志，称赞华国锋同志有领导县、地区、省的全面工作的经验，又有在中央工作的经验。文章历数华国锋建国后的历史功绩，鼓吹他在农业合作化运动中坚决反对所谓“刘少奇的右倾机会主义路线”；在1957年组织和领导了湖南的反右派斗争；在大跃进时期反对了彭德怀的“右倾机会主义”和“刘少奇在湖南的代理人”；在60年代初期反对刘少奇的“三自一包”；在社会主义教育运动中反对所谓“修正主义和资本主义”；在“文化大革命”中反对林彪集团和“四人帮”的“文攻武卫”、“怀疑一切，打倒一切”，坚决执行毛主席的革命路线和战略部署。文章说，回顾20多年来华国锋同志在湖南的革命实践和光辉业绩，我们深深感到，华国锋同志一贯忠于毛主席，坚持无产阶级专政下的继续革命，在两个阶级、两条道路、两条路线斗争的关键时刻，总是立场坚定、旗帜鲜明地站在毛主席的革命路线一边，同修正主义路线和各种错误倾向作坚决斗争。

3月1日　中共中央决定成立毛泽东著作编辑出版委员会，华国锋为主任，叶剑英为副主任，汪东兴任委员会办公室主任、党委书记。

3月3日　中共中央政治局决定，华国锋兼任中共中央党校校长，汪东兴兼任第一副校长，胡耀邦任副校长。

3月3日—16日　1977年全国计划会议在北京召开。会议讨论了

1977年的国民经济计划，通过了国家计委和中共中央政治局提出的《关于1977年国民经济计划几个问题的汇报提纲》。针对当时经济领域存在的混乱思想，会议提出了十个“要不要”的问题，并阐明了正面意见：一是要不要坚持党的基本路线？强调要划清界限，不能颠倒敌我关系；二是要不要党的领导？驳斥了“四人帮”所谓“踢开党委闹革命”的谬论；三是要不要全心全意依靠工人阶级？强调要把资产阶级派性搞臭，加强工人阶级的团结；四是要不要搞好生产？强调企业要以生产为主，各项工作都要为生产服务；五是要不要规章制度？强调企业要制定和执行必要的规章制度，理直气壮地抓管理；六是要不要社会主义积累？强调为国家提供积累是每个企业必须完成的重要任务；七是要不要实行“各尽所能，按劳分配”的原则？强调要反对平均主义，克服干多干少、干好干坏、干和不干一样的现象；八是要不要无产阶级自己的专家？强调要努力造就一支又红又专的宏大的技术干部队伍；九是要不要引进新技术？强调要有计划有重点地引进国外先进技术，以加强我国自力更生的能力；十是要不要坚持计划经济？要求加强国民经济计划，实行统一计划，分级管理。弄清这十个问题对于批判“四人帮”的反动谬论，澄清人们的思想，起了积极作用。会议认为：在1977年计划中，要认真着手解决3个突出问题：一是农业和轻工业不适应生产建设和人民生活改善的需要，这是当前国民经济的主要问题；二是燃料动力工业和原材料工业的发展赶不上整个国民经济发展的需要；三是已经铺开的基本建设规模，超过了当前物力、财力的可能。据此，会议安排了1977年计划的主要指标。这次会议为被“四人帮”诬为“三株大毒草”的3个文件恢复了名誉。所谓“三株大毒草”，是江青等对邓小平1975年主持中央和国务院日常工作期间领导制定的《论全党全国各项工作的总纲》、《关于加快工业发展的若干问题》和《关于科技工作的几个问题》等3个文件的诬称，这3个文件被江青等诬为“邓小平修正主义纲领的产物”。

3月4日　新华社重新播发毛泽东“向雷锋同志学习”的题词和华国锋、周恩来、叶剑英、朱德关于学习雷锋的题词。5日，《人民日报》、《红旗》杂志、《解放军报》发表社论《向雷锋同志学习》。社论指出，14年来，学习雷锋的伟大群众运动，对于推动广大干部和群众尤其是青年学习马列和毛主席著作，树立共产主义世界观，对于造成毫不利己专门利人的社会风尚，对于掀起社会主义革命和建设的高潮，产生了深刻的影响。社论说，学习雷锋，就是要学习他全心全意为人民服务的精神；学习他爱憎分明的阶级立场；学习他干一行爱一行，又红又专，对工作极端负责，对技术精益求精，放在哪里就在哪里发光发热，做一颗永不生锈的螺丝钉。社论指出，开展学习雷锋的群众运动，就是要把被“四人帮”搞乱了的思想纠正过来；就是要把他们败坏革命传统、破坏社会风气的污泥浊水扫除干净；就是要在全国人民特别是在青年中，培养全心全意为人民服务的一代新人，使老一辈无产阶级革命家开创的马克思列宁主义的革命事业后继有人。社论要求，学雷锋，人民解放军全体指战员要学，全党和全国工、农、商、学各条战线都要学，党、政府、军队、群众团体的各级组织都要抓，共青团组织尤其要把它当做自己经常的重要工作。

3月6日　中共中央下发《王洪文、张春桥、江青、姚文元反党集团罪证》（材料之二）。材料证明，张春桥是国民党特务分子，江青是叛徒，姚文元是阶级异己分子，王洪文是新生的资产阶级分子。中共中央在转发“材料之二”的通知中指出，“四人帮”披着马克思主义的外衣，搞修正主义，妄图篡夺党和国家的最高领导权，扭转中国历史前进的方向，是有深刻的阶级根源和历史根源的。

3月7日　中共中央发出通知，宣布取消1976年2月2日作出的由陈锡联主持中央军委日常工作的决定，决定中央军委日常工作仍由叶剑英主持，陈锡联协助。

3月10日—22日　中共中央召开工作会议。会议的主要内容是初步总结粉碎“四人帮”以来的工作，并研究部署当年的工作任务。华国锋在讲话中坚持“两个凡是”的错误方针，继续沿用“文化大革命”中的一些错误提法。他仍然认定天安门事件是“反革命事件”，认为“继续批邓、反击右倾翻案风”是正确的，阻挠邓小平出来工作。这就为全党纠正“文化大革命”的“左”倾错误和坚持拨乱反正，设置了重重障碍。会上，陈云书面提出，应恢复邓小平的工作，并为天安门事件和其他重大冤假错案平反。王震也提出了同样的意见。华国锋对此加以压制，不让陈云、王震的发言刊登会议简报，但陈云、王震坚持原则的行为，得到了许多与会同志的赞同，由此揭开了拨乱反正的序幕。

3月26日—4月5日　中国乒乓球代表团在英国伯明翰举行的第三十四届世界乒乓球锦标赛上获得男、女团体冠军及男子双打冠军。

3月28日　国务院批转国家计委等部门关于坚决压缩和严格控制社会集团购买力的请示报告。国家计委等部门的报告提出：“文革”10年中，城市社会集团购买力急剧增加，1976年全国达130亿元，比1970年增长1倍多，为逐步改变这种状况，1977年要把社会集团购买力总额控制在100亿到110亿元。主要措施是：一切单位购买各种非生产性商品，一律核定限额，同时发给购货证，凭证定点供应；一切单位购买高级消费品和市场紧缺商品，除特殊需要外，一律不批、不供。国务院在批转报告时指出，要严格控制社会集团购买力，坚决纠正讲排场、摆阔气、请客送礼、挥霍浪费的资产阶级作风。使用购买凭证，是社会主义有计划分配商品的一种办法，是可行的。要采取有效办法，严格财经纪律，务必把社会集团购买力压缩下来。

3月31日　新华社报道，全国冶金工作会议在北京举行。会议期间，李先念、纪登奎等接见全体代表，李先念、纪登奎、谷牧分别在会上讲话。会议揭发批判了“四人帮”及其在冶金部的代表篡党夺权、破坏冶金工业的罪行，交流了贯彻鞍钢宪法和开展工业学大庆运动的经验，讨论了完成本年度生产建设计划的措施。会议着重讨论了如何加快冶金工业发展的问题。会议认为，冶金工业要大治快上，首先要紧紧抓住揭批“四人帮”这个纲，深入开展学、揭、批、查的活动，把揭批“四人帮”的斗争进行到底；其次，必须深入开展工业学大庆群众运动，贯彻鞍钢宪法，搞好企业整顿，加强企业管理。会议提出，要放手发动群众，开展社会主义劳动竞赛，大搞增产节约运动，打好矿山仗、降低消耗仗、设备整修仗、基建仗和科技攻关仗。会议重温了1975年中央关于加快钢铁工业发展的重要文件，提出要全党动手，大家来办，促进冶金工业大治快上。

本　月　《红旗》杂志发表评论员文章：《在毛主席的旗帜下紧跟华主席胜利前进》。文章指出，毛主席的旗帜，是战无不胜的马列主义旗帜，始终是我们团结战斗、夺取胜利的根本保证。英明领袖华主席一贯高举毛主席的伟大旗帜，坚决执行和捍卫毛主席的革命路线。文章说，华主席为首的党中央作出了建立毛主席纪念堂、出版《毛泽东选集》和筹备出版《毛泽东全集》的重要决定；作出了抓纲治国的战略决策，并且提出了今年的四项战斗任务，开展了深入揭批“四人帮”的伟大斗争，掀起了一个抓革命、促生产的新高潮，努力把国民经济搞上去；重点抓了由于“四人帮”的干扰破坏造成的一些省、市、地区的问题和一些部门的问题，顺利地解决了问题；重新夺回了被“四人帮”篡夺和控制的一些部门和单位，特别是舆论阵地的领导权。这每一项决定，每一个部署，都闪耀着毛主席革命路线的光辉，代表了亿万人民的根本利益和共同心愿。华主席作为毛主席的接班人，作为我们党的领袖，是毛主席生前的英明决策，全党需要他，军队需要他，人民需要他，无产阶级革命事业需要他。有华主席掌舵引路，我们的革命事业就无往而不胜。

4月2日　中共中央办公厅转发中央宣传口《当前宣传要点》。要点称，要宣传华主席是毛主席的好学生、好接班人，是他继承、高举和捍卫了毛主席的伟大旗帜。要宣传华主席抓纲治国的战略决策是毛主席关于无产阶级专政下继续革命和党的基本路线伟大理论在当前的具体实践。要宣传凡是毛主席作出的决策，都必须维护；凡是损害毛主席形象的言行，都必须制止。

4月6日—10日　毛里塔尼亚总统达达赫和夫人访华。访华期间，国务院总理华国锋会见达达赫总统和夫人一行；李先念副总理同达达赫总统举行会谈；邓颖超副委员长会见达达赫总统和夫人。

4月7日　中国和约旦哈希姆王国关于建立外交关系的联合公报在华盛顿签署。联合公报说，中约两国政府决定建立大使级外交关系，双方在4月14日同时于各自首都宣布这一决定，并将互派大使。

4月7日—13日　英国保守党领袖玛格丽特·撒切尔夫人访华。访华期间，李先念副总理、邓颖超副委员长、华国锋主席先后会见撒切尔夫人。

4月10日　邓小平致信中共中央，批评“两个凡是”的错误观点。邓小平在信中说：“我们必须世世代代用准确的完整的毛泽东思想来指导我们全党、全军和全国人民，把党和社会主义事业，把国际共产主义运动的事业，胜利地推向前进。”不久，邓小平在同中共中央办公厅两位负责人谈话时，又一次指出“两个凡是”不行。5月3日，中共中央转发了邓小平的信，肯定了他的正确意见。5月24日，邓小平在同中共中央两位同志谈话时，再次重申，“两个凡是”不符合马克思主义。他说：“把毛泽东同志在这个问题上讲的移到另外的问题上，在这个地点讲的移到另外的地点，在这个时间讲的移到另外的时间，在这个条件下讲的移到另外的条件下，这样做，不行嘛!”他指出：“这是个重要的理论问题，是个是否坚持历史唯物主义的问题。……马克思、恩格斯没有说过‘凡是’，列宁、斯大林没有说过‘凡是’，毛泽东同志自己也没有说过‘凡是’。”他强调：“毛泽东思想是个体系。……我们要高举旗帜，就是要学习和运用这个思想体系。”邓小平对“两个凡是”的批评，显示了他作为无产阶级革命家的清醒的政治头脑和巨大的理论勇气，是全党解放思想的先导。

4月11日　新华社报道：全国交通工作会议在北京举行。会议研究了交通战线落实抓纲治国战略决策的要求和措施，提出了交通行业大干快上的奋斗目标。

4月15日　《毛泽东选集》第五卷出版发行，《人民日报》发表中共中央《关于学习〈毛泽东选集〉第五卷的决定》。《毛泽东选集》第五卷是由中共中央毛泽东主席著作编辑出版委员会编辑出版的，华国锋任委员会主任，叶剑英任副主任，全体政治局委员和候补委员任委员会委员。《毛泽东选集》第五卷收录毛泽东从1949年9月到1957年的重要著作共70篇，其中有46篇是过去没有公开发表过的。这70篇著作大部分正确地论述了关于社会主义改造和社会主义建设问题，但也包含一些“左”倾错误的内容。4月15日《人民日报》发表中共中央4月7日作出的《关于学习〈毛泽东选集〉第五卷的决定》，还发表了中共中央毛泽东主席著作编辑出版委员会3月1日关于《毛泽东选集》第五卷的出版说明、介绍和毛主席《关于红楼梦研究问题的信》的手迹。中共中央4月7日的决定认为，《毛泽东选集》第五卷的出版，是我国人民、政治生活中的一件大事，也是马克思主义发展史上的一件大事。它对于深入揭批“四人帮”，加强党的思想理论建设，发展我国的社会主义革命和建设，巩固无产阶级专政，对于国际共产主义运动和全世界被压迫人民、被压迫民族的解放事业，都具有伟大的现实意义和深远的历史意义。中央决定，在全党全军和全国各族人民中，开展学习《毛泽东选集》第五卷的群众运动，掀起一个学习毛主席著作的新高潮，同时决定把毛泽东晚年“左”倾错误观点集中表述为所谓的“无产阶级专政下继续革命的理论”，认定是“毛主席在马克思主义理论上最伟大的贡献”，要想学习《毛泽东选集》第五卷，一定要深刻理解和牢牢掌握这个基本思想。16日《人民日报》登载了《毛泽东选集》第五卷目录。同日，《人民日报》、《红旗》杂志、《解放军报》联合发表社论《掀起学习毛主席著作的新高潮——热烈欢呼〈毛泽东选集〉第五卷出版》。29日，新华社报道：《毛泽东选集》第五卷首批发行，大大突破了原定1 500万册的计划，在短短的十几天时间内，就发行了2 800万册。

4月17日—19日　华国锋视察大庆油田。华国锋在石油化工部部长康世恩，石油化工部副部长兼大庆党委书记、革委会主任宋振明陪同下，视察了大庆油田的钢铁1205钻井队、采油四部女子采油队、大庆化肥厂、大庆油田开发科学实验陈列馆等单位。视察中，华国锋高度赞扬大庆工人阶级艰苦创业的革命精神和十七年来所取得的伟大成就，赞扬他们确实是一支反修防修，又红又专，压不倒、摧不垮的铁人式的革命化队伍。他多次强调工业学大庆的重要意义，认为工业学大庆，就是要以大庆为榜样，走我国自己工业的发展道路。他指出，要学习大庆工人阶级那种“有条件要上，没有条件创造条件也要上”的革命精神，只要大家都像大庆人那样干革命，那么什么困难都可克服，各项工作就一定能搞上去。在参观大庆油田开发科学实验陈列馆时，他要求科技人员要脚踏实地地进行科学实验，培养更多的科技人员。他说，我国的科技人员还是少的，水平还不高，不能满足于已经取得的成绩。19日，华国锋和纪登奎、汪东兴、李德生等一起接见了大庆党委和油田各指挥部的负责人及油田英雄模范和先进单位的代表，共450人。其间，党和国家领导人李先念、纪登奎、汪东兴、李德生、陈永贵、吴桂贤、苏振华、王震、余秋里、谷牧，也视察了大庆油田。

4月18日—5月5日　圭亚那合作共和国总统阿瑟·钟和夫人访华。访华期间，李先念副总理、王震副总理、乌兰夫副委员长欢宴阿瑟·钟总统和夫人一行；华国锋主席于4月21日会见了阿瑟·钟总统和夫人及随行人员。其间，阿瑟·钟总统和夫人在朝鲜作短暂停留。

4月20日—5月13日　全国工业学大庆会议召开。会议由中共中央召开，4月20日—26日在大庆油田举行，4月27日—5月13日在北京继续举行。参加会议的有全国各地工业战线的代表7 000多人。4月20日，会议在大庆油田开幕。华国锋、李先念、纪登奎、汪东兴、李德生、陈永贵、吴桂贤、苏振华、王震、余秋里、谷牧出席开幕式。会议开始前，华国锋为大庆油田题词——“我们一定要高举毛主席树立的大庆红旗”。华国锋主持大会。李先念致开幕词。他说，这次会议的任务，就是要动员全党、全国工人阶级，更高地举起毛主席的伟大旗帜，掀起学习毛泽东思想的新高潮，进一步深入揭批“四人帮”，把工业学大庆的群众运动推向新阶段，普及大庆式企业，为尽快把我国建设成为社会主义的现代化强国而奋斗。这是贯彻以华主席为首的党中央抓纲治国的战略决策，是走向天下大治的重要部署。大庆油田党委书记、革委会主任宋振明在会上作了题为《高举毛主席的伟大旗帜走我国自己工业发展的道路》的发言，汇报了大庆工人阶级同“四人帮”进行的针锋相对的斗争和大庆油田当前的大好形势，全面介绍了大庆油田17年来取得的巨大成就和基本经验。4月23日，《人民日报》发表社论：《抓纲治国的空前盛会——热烈祝贺全国工业学大庆会议胜利开幕》。4月27日，会议在北京继续举行，交流各地深入揭批“四人帮”、开展工业学大庆运动、普及大庆式企业的经验。5月4日、9日、13日，会议继续举行大会，华国锋、叶剑英、李先念、陈锡联、纪登奎、汪东兴、吴德等党和国家领导人先后参加了4日、9日、13日的大会。5月4日的大会由华国锋主持，余秋里受中共中央委托，在大会上作了题为《全党、全国工人阶级动员起来为普及大庆式企业而奋斗》的报告。他的报告共分6个部分：一、发展大好形势，夺取新的胜利；二、把揭批“四人帮”的伟大斗争进行到底；三、坚持走我国自己工业发展的道路；四、加快我国工业发展速度，努力赶超世界先进水平；五、关于整顿企业的基本问题；六、普及大庆式企业，关键在省、市委。在5月9日的大会上，华国锋在讲话中提出，在第五个五年计划期间，全国至少要有1/3的企业办成大庆式企业，特别要注意那些重点企业。叶剑英在会上也作了讲话。13日，大会闭幕，汪东兴主持闭幕式，纪登奎致闭幕词。5月14日，《人民日报》发表社论：《中国人民有志气——欢呼全国工业学大庆会议胜利闭幕》。社论指出，这次会议的重大意义，远远超出工业的范围。当日下午，华国锋、叶剑英、李先念等接见了出席全国工业学大庆会议的全体代表。这次会议对于清除“四人帮”在生产战线上的错误影响、恢复全国工农业生产秩序有着积极的意义，但会议继续采用“无产阶级专政下继续革命”等“左”倾提法。在华国锋指示下，会议在未经科学论证的情况下，贸然提出创建10多个大庆油田及在第五个五年计划内全国至少1/3的企业办成大庆式企业等主观口号，极大地助长了已开始露头的“冒进”情绪，促进了“洋跃进”，加剧了国民经济重要比例关系的失衡。

4月21日—26日　华国锋视察东北三省和唐山。华国锋在大庆主持全国工业学大庆会议开幕式以后，于4月21日—25日视察了黑龙江、吉林、辽宁三省，接见了三省党、政、军主要负责人。视察中华国锋指出，东北三省的战略地位十分重要，苏修亡我之心不死，一定要以阶级斗争为纲，深入揭批“四人帮”，把革命和生产搞上去，把战略工作搞好。他要求三省认真抓好本地区工业学大庆、农业学大寨的群众运动，把各项工作搞上去。4月26日，华国锋视察唐山市，接见了出席中共河北省委召开的唐山丰南地震抗震救灾先进集体、先进个人代表会议的全体代表，并讲了话。

4月27日 《人民日报》、《红旗》杂志、《解放军报》发表评论员文章：《新老反革命结成的黑帮》。文章说，根据大量的确凿证据，现已查明，张春桥是国民党特务分子，江青是叛徒，姚文元是阶级异己分子，王洪文是新生的资产阶级分子。总之，他们是一伙反革命，而张春桥和江青还是由历史反革命到现行反革命的双料反革命。“四人帮”就是由这样一伙新老反革命结成的黑帮，一个暗藏在革命阵营的反革命派别，一个地下的独立王国。文章说，官僚、地主家庭出身的张春桥，30年代在济南和上海两地，就充当国民党特务，参加法西斯组织，1938年初混入延安，后混入党内。江青是地主家庭出身，曾加入共产党和共青团，1934年被捕叛变，为国民党效劳，抗战爆发后混入延安，钻入党内。姚文元是国民党中统特务头子的干儿子，解放前夕，他隐瞒了其父亲叛徒、特务的身份和地主、资本家家庭出身的情况，隐瞒了自己的重大政治历史问题，由此混入党内。王洪文虽出身劳动人民家庭，参过军，当过工人，但作风不正，结帮营私，个人野心恶性膨胀，成了一个吸工人血的新生资产阶级的典型代表，是一个正在走的走资派。文章说，“四人帮”崛起和覆灭的历史又一次告诉我们：无产阶级越是取得胜利，阶级敌人越是要钻到无产阶级内部来，采取“从内里蛀空”的战术。文章说，“四人帮”是右得不能再右的极右派，是彻头彻尾死不悔改的走资派，是穷凶极恶的反革命派，是窃取文化大革命胜利果实的扒手，是破坏文化大革命的罪魁祸首。文章说，“四人帮”网罗了一大批新老反革命分子、打砸抢分子、贪污盗窃分子、卖身投靠的所谓老干部、出卖灵魂的无耻文人、打小报告和告黑状的投机分子、牛鬼蛇神、流氓阿飞、社会渣滓，从而建立了一个反革命黑帮，形成了一个有纲领、有路线、有组织的反革命的帮派体系，其流毒之广，为祸之烈，影响之深，在我党历史上是罕见的。文章说，我们同“四人帮”的斗争，是共产党及其领导下的广大革命民众同国民党反动派长期斗争的继续，是无产阶级和资产阶级长期斗争的继续，是马克思主义和修正主义长期斗争的继续。文章指出，尽管“四人帮”已被打倒，但要彻底摧毁其帮派体系，把其罪行全部揭穿，把其流毒和影响从政治上、思想上、组织上彻底肃清，任务还是很艰巨的。文章号召全党和全国人民，在以华主席为首的党中央领导下，抓纲治国，把揭批“四人帮”的人民战争打到底。

4月27日—5月12日　缅甸联邦社会主义共和国总统兼国务委员会主席吴奈温和夫人一行访华。访华期间，国务院总理华国锋，中共中央副主席叶剑英会见吴奈温总统和夫人一行；李先念副总理欢宴吴奈温总统和夫人一行，并同吴奈温总统举行会谈；邓颖超副委员长设宴款待吴奈温总统和夫人。

5月1日　《人民日报》发表华国锋的长篇署名文章：《把无产阶级专政下的继续革命进行到底——学习毛泽东选集第五卷》。文章指出，贯穿在《毛泽东选集》第五卷的根本指导思想，就是“无产阶级专政下的继续革命”，这是一条清楚的、明确的、正确的马克思列宁主义路线。这表明，华国锋所要坚持的不是毛泽东思想的科学体系，而是毛泽东晚期的“左”倾错误思想。

5月3日—5日　加蓬总统邦戈在出访途中，于北京停留。纪登奎副总理同邦戈总统举行会谈；华国锋主席会见了邦戈总统一行。

5月12日—7月3日　《解放军报》针对“四人帮”破坏军队建设的罪行和谬论，连续发表10篇评论员文章。这些评论是根据华国锋、叶剑英的指示撰写的。《解放军报》发表的这10篇评论员文章是：《应该不应该坚持党对军队的绝对领导》，《应该不应该坚持无产阶级党性反对资产阶级派性》，《应该不应该发挥我党我军的优良传统》，《应该不应该整顿军队》，《应该不应该严格遵守革命纪律和规章制度》，《应该不应该按照接班人“五项条件”搞好老中青三结合》，《应该不应该强调军队要稳定》，《应该不应该严格训练、严格要求》，《应该不应该坚持野战军、地方武装、民兵三结合的武装力量体制》，《应该不应该准备打仗》。7月17日，《解放军报》发表社论：《深入揭批“四人帮”搞好十个“应该不应该”的教育》。社论说，华主席和叶副主席提出的必须搞清楚的十个“应该不应该”，抓住了“四人帮”反军乱军篡军的要害，概括了我军遵循毛主席的军事思想和军事路线进行革命化现代化建设的根本要求，指出了整顿军队的基本内容。搞清楚十个“应该不应该”，是毛主席军事路线的再教育，是抓纲治军的一项根本措施。

5月13日　民建中央原副主席章乃器在北京病逝。章乃器，1897年生，浙江青田人。1935年任上海光华大学教授，同年底参与发起组织上海文化界救国会，任常委。1936年初又发起组织上海各界救国联合会，任常务理事和全国各界救国联合会常委。1936年7月与沈钧儒等人一起被捕，是著名的“七君子”之一。抗战前期曾任国民党安徽省政府委员兼省动员委员会秘书长、省政府财政厅长。1939年被免职后积极从事民主运动，反对国民党独裁统治。1945年底与黄炎培等发起组织中国民主建国会，任中央常委。1949年9月—1957年，历任中国人民政协全国委员会常委兼财经组组长、中央人民政府财经委委员、政务院委员兼编制委员会主任委员、中国人民银行顾问、粮食部部长、选举法起草委员会委员、全国工商联副主任委员、民建中央常务委员会副主席等职。1957年被错划为右派分子，在“文革”中遭受迫害。1980年得到平反，1982年5月为他举行了追悼会。

5月17日　《人民日报》报道：4月份以来，我国工业生产和交通运输继续全面上升，一个新的跃进局面正在形成。报道说，4月份全国工业总产值比3月份增长7.9%，比去年同期增长10.8%，有27个省、市、自治区的工业总产值比3月份和去年同期都有增长；铁路运输超过历史最高水平，水运也大幅度超过原计划。

5月18日　中共中央主席华国锋会见以印度尼西亚共产党中央书记、中央政治局委员尤素福·阿吉托罗普为团长的印尼共产党中央代表团。

5月24日　毛主席纪念堂竣工。全部工程只用了半年时间。

5月28日　中共中央主席华国锋会见以葡萄牙共产党（马列）总书记埃杜依诺·维拉尔为团长的葡共（马列）中央代表团。

5月30日　中国和巴巴多斯建交。中国和巴巴多斯关于建立外交关系的联合公报在纽约签署，两国政府决定建立大使级外交关系。

6月5日　唐敖庆在量子化学研究中取得世界先进水平的成果。《人民日报》报道：吉林大学化学系唐敖庆教授和江元生等人最近几年把分子轨道对称守恒原理从定性阶段提高到半定量阶段，并建立了分子轨道图形理论，从而丰富和发展了量子化学中分子轨道理论，其研究成果具有世界先进水平。

6月6日—16日　尼迈里总统率苏丹政府代表团访华。访华期间，华国锋会见尼迈里总统一行；李先念同尼迈里总统举行会谈；9日，两国政府经济技术合作协定在北京签署。

6月13日　我国就大陆架主权发表声明。外交部就日本政府最近强使所谓“日韩共同开发大陆架协定”在日本国会获得“自然批准”一事发表声明，对日本政府这一公然侵犯中国主权的行为表示强烈抗议，并指出，日政府必须对由此产生的一切后果负完全责任。《人民日报》14日发表评论员文章：《我国大陆架主权不容侵犯》。外交部声明和评论员文章指出，东海大陆架是中国大陆领土的自然延伸，中国对东海大陆架拥有不容侵犯的主权，东海大陆架涉及其他国家的部分，理应由中国和有关国家协商确定如何划分。日本政府同南朝鲜当局背着中国片面签订的所谓“日韩共同开发大陆架协定”完全是非法的和无效的。

6月16日—21日　刚果总理戈马访华。访华期间，华国锋会见戈马总理；李先念同戈马总理举行会谈；18日，两国政府经济技术合作协定在北京签署。

6月17日　文学家阿英（钱杏邨）在北京逝世。阿英，安徽芜湖人，1900年生。他早年参加北伐战争，1926年加入中国共产党，后在上海发起成立太阳社，曾任中国左翼文化总同盟常委。1941年赴苏北抗日根据地，在新四军中任职，曾任中共中央华东局文委书记、中共大连市委文委书记。新中国成立后，历任天津市文化局长、文联主席，全国文联党组成员、副秘书长等职。著有小说《义冢》，剧本《海国英雄》、《洪宣娇》、《李闯王》，以及文学史论等多种著作。

6月18日—20日　老挝人民革命党总书记、政府总理凯山·丰威汉率老挝党政代表团访华。访华期间，李先念同凯山举行会谈；华国锋会见凯山一行。

6月22日　华国锋、叶剑英等党和国家领导人接见《毛泽东选集》第五卷少数民族文版和外文版的翻译出版人员，此外还有中央民族学院等院校的各族师生员工，从事少数民族语言广播的工作人员，解放军军政大学学员和教职员工代表，参加总参谋部和国防工业有关部门召开会议的代表，解放军赴大庆参观学习团，出席卫生部召开的肿瘤会议的代表，共8 000余人。

6月26日　中国承认吉布提共和国。国务院总理华国锋致电吉布提共和国总统古莱德，对吉布提6月27日宣布独立表示祝贺，并表示中国政府决定承认吉布提共和国。27日，《人民日报》发表社论：《祝贺吉布提独立》。

7月1日　《毛泽东选集》第五卷少数民族文版出版。继《毛泽东选集》第五卷汉文版出版发行之后，《毛泽东选集》第五卷五种少数民族文版出版。朝鲜文版于6月15日发行，蒙古、藏、维吾尔、哈萨克文版于7月1日在北京和各有关省、市、自治区同时发行。第一批发行50万册，并准备印制250万册。

同　日　全国地质部门学大庆会议在京开幕。参加会议的有各省、市、自治区地质局和指挥部的负责人，各地质队和地质部门所属工厂、科研单位、院校的负责人，大庆式企业、先进单位、先进生产者和先进工作者的代表，共2 600多人。国务院副总理王震、余秋里、谷牧出席开幕式。国家地质总局局长孙大光主持大会，副局长李轩致开幕词。7月13日会议闭幕。国务院副总理李先念、陈锡联、纪登奎、陈永贵、吴桂贤、王震、余秋里、谷牧出席闭幕式。李先念、余秋里分别讲话和作报告，要求为实现四个现代化而加强地质工作。7月15日，《人民日报》发表社论：《地质工作者的光荣任务》。

7月2日　中国代表在海洋法会议上发言。在第三次联合国海洋法会议第六期会议第一委员会举行的会议上，中国代表吴晓达就国际海底管理机构问题发言，要求所有国家共同参与国际海底的管理工作。

7月3日　华国锋、叶剑英接见科学和地质工作者。李先念、陈锡联、汪东兴、吴德、吴桂贤、苏振华、倪志福、徐向前、王震、余秋里、谷牧、粟裕参加接见。被接见的人员有参加中国科学院工作会议、全国地质部门工业学大庆会议的代表以及中国人民解放军海军《毛泽东选集》第五卷干部学习班学员、参加外经部会议和其他方面的同志。

同　日　华国锋、叶剑英会见并宴请参加《毛泽东选集》第五卷翻译工作的外国专家。李先念、汪东兴以及毛泽东主席著作编辑出版委员会办公室的负责同志参加了会见和宴会。

7月4日　中共中央批转《关于辽宁省揭批“四人帮”及其死党毛远新斗争情况的报告》。中共中央指出：“辽宁揭批‘四人帮’的群众运动发展迅猛，局势稳定，生产上升，中央对此表示满意。”

同　日　新华社报道：经国务院批准，黄河治理领导小组、水利电力部、农林部在陕西省延安市联合召开黄河中游地区水土保持工作会议。来自陕西、甘肃、宁夏、山西、内蒙古、青海等6个省、自治区，25个地区（盟、市），138个县（旗）的代表出席了会议。

7月5日　7001队创我国钻探深井最新纪录。新华社报道：四川省石油管理局7001钻井队把一口深井打到7 058米的深度，创造我国钻探深井最新纪录。

7月6日　中华人民共和国出土文物展览在南澳大利亚州的阿德莱德闭幕。在展出的4周时间中，接待人数超过12.5万人，相当于南澳大利亚州人口的1/3。

7月6日—8月5日　全国农田基本建设会议召开。这是粉碎“四人帮”后第一次召开这样的会议，也是解放以来规模最大的一次农田基本建设会议。会议先在山西昔阳县举行，后根据华国锋提议移到北京。会议以大寨、昔阳为榜样，部署了1977年春农田基本建设的任务，讨论了到1980年农田基本建设所要达到的目标。会议期间，华国锋、李先念、陈锡联、纪登奎、陈永贵、王震、余秋里、谷牧等中央领导人听取了会议的汇报。华国锋、陈永贵在会上作了讲话。8月4日，华国锋等接见会议全体代表。这次会议由国家计委、国家建委、农林部、水利电力部、一机部、商业部、财政部、石油化工部、五机部、国家物资总局、供销合作总社联合召开。参加会议的有省、市、自治区和地区、县主管农业和有关部门的负责人，以及国务院有关部委的代表共1 140多人。8月8日，《人民日报》发表题为《今冬明春要大搞一下农田基本建设》的社论，号召全党立即动员起来，为今冬明春大搞农田基本建设作好准备。

7月8日　国务院通知各地区、各部门大力开展扭转企业亏损、增加盈利的工作。“文化大革命”中，国营企业的亏损面一再扩大，亏损额大幅度增加。1976年同1970年相比，国营工业企业的亏损面由28.9%扩大到37.2%；亏损金额由14.65亿元增加到72.47亿元，增长了3.9倍。1977年1—5月工业企业累计亏损额又比上年同期增加35%。为了改变这种局面，国务院决定成立扭转企业亏损增加盈利领导小组，要求亏损企业必须制定具体措施，限期转亏为盈。

7月11日　中国驻扎伊尔大使和第5届金沙萨国际博览会的中国馆馆长为中国馆日举行招待会。这是中国1973年以来第三次参加金沙萨国际博览会。中国馆展出的大部分是农业、轻工业和纺织工业产品。

7月14日—28日　全国外贸学大庆学大寨经验交流会在北京举行。这次会议强调要高举毛主席的伟大旗帜，认真学习大庆、大寨的基本经验，多快好省地发展我国的对外贸易事业，使外贸工作更好地为社会主义革命和社会主义建设服务，为实现四个现代化作出贡献。26日，会议在人民大会堂举行大会，党和国家领导人李先念、纪登奎、陈永贵、吴桂贤、王震、余秋里、谷牧出席了大会。中共中央、国务院各部门的负责人和正在北京的各省、市、自治区主管财贸工作的负责人，也出席了大会。李先念、余秋里副总理分别作了讲话和报告。

7月15日—9月24日　庆祝中国人民解放军建军50周年全军第四届文艺会演大会在北京召开。参加会演的有20多个单位的5 600余人。中共中央政治局委员、国务院副总理、中央军委常委陈锡联出席了开幕式和闭幕式。在历时70天的会演中，一共演出53台晚会600多个节目和剧目。演出共进行了735场，观众达130多万人次。有一大批文艺工作者和节目、剧目获得了总政治部授予的创作奖、演出奖和表演导演奖、舞台美术奖。中国人民解放军总政治部主任韦国清出席了闭幕式。

7月16日—21日　中共十届三中全会在北京举行。粉碎江青反革命集团以后，全国人民衷心拥护党的领导，他们迫切要求拨乱反正，恢复正常的社会秩序和生活秩序。在全国局势逐步稳定的基础上，中国共产党召开了十届三中全会。全会由华国锋主持。会议的主要内容有：一、通过关于追认华国锋任中共中央主席、中共中央军委主席的决议；二、通过关于恢复邓小平的中共中央委员、中央政治局委员、常委，中共中央副主席、中共中央军委副主席，国务院副总理，中国人民解放军总参谋长的职务的决议；三、通过《关于王洪文、张春桥、江青、姚文元反党集团的决议》，决定永远开除王洪文、张春桥、江青、姚文元的党籍，撤销他们党内外的一切职务；四、通过《关于提前召开党的第十一次全国代表大会的决议》，同意中央政治局为这次代表大会所作的各项准备工作；五、决定党的第十一次全国代表大会的议程是：中央委员会的报告，修改中国共产党章程和关于修改党的章程的报告，选举中央委员会；六、基本通过中央政治局为党的十一大准备的3个文件——政治报告、关于修改党的章程的报告、中国共产党章程草案。全会在揭批“四人帮”和拨乱反正、恢复邓小平领导职务方面起了积极作用。但会上继续宣扬“两个凡是”的错误方针，认为党中央提出的在两个阶级、两条路线的激烈斗争，实现安定团结，巩固无产阶级专政，巩固和发展无产阶级文化大革命的胜利成果，达到天下大治的战略决策，以及为实现这个“抓纲治国”的战略决策所采取的一系列重大措施，是完全正确的。这实际上是坚持“文化大革命”的“左”倾错误理论和政策。针对这一情况，邓小平在闭幕会上作了重要讲话。他指出，要对毛泽东思想有一个完整的准确的认识，要善于学习、掌握和运用毛泽东思想的体系来指导我们的各项工作，而“不能够只从个别词句来理解毛泽东思想”。他建议做政府工作的同志，要花相当多的功夫，从各个领域阐明毛泽东思想的体系；要用毛泽东思想的体系来教育我们的党，来引导我们前进。他强调，毛泽东倡导的作风，群众路线和实事求是两条最根本的东西。邓小平的讲话，进一步批评了“两个凡是”的错误方针，对如何正确认识和对待毛泽东思想具有重要的指导意义。十届三中全会的召开，为中共十一大召开作好了充分准备。因此，可以说它是十一大的预备会。7月23日，《人民日报》刊登《中国共产党第十届中央委员会第三次全体会议公报》。

7月16日—30日　1977年北京国际足球友好邀请赛举行。参加邀请赛的有朝鲜民主主义人民共和国、埃塞俄比亚、几内亚、中国香港、伊朗、日本，墨西哥、摩洛哥、扎伊尔、中国等10个国家和地区的足球队。《人民日报》7月17日发表《欢迎您，足坛健儿——热烈祝贺北京国际足球友好邀请赛开幕》的短评。7月17日晚，北京国际足球友好邀请赛在工人体育馆开幕。国家体委主任王猛等出席。邀请赛组织委员会主任黄中在开幕式上讲话。开幕式结束后，中国二队和几内亚二队进行首场比赛。7月30日晚，国务院副总理邓小平同党和国家其他领导人李先念、吴德、陈永贵、吴桂贤、苏振华、李井泉、阿沛·阿旺晋美、胡厥文、王震等出席了闭幕式，并观看了中国香港足球队同中国青年足球队的比赛。获得此次邀请赛第一名的是中国青年队，第二名是中国香港队，第三名是朝鲜大同江队。

7月17日　新华社报道：云南、贵州、四川、西藏四省、区联合举办我国第一次少数民族美术作品展览。有29个少数民族作者创作的237件作品参展。

同　日　中华人民共和国展览会在日本北海道札幌开幕。各界人士1 000多人出席开幕式。到7月31日观众已超过32万人次。到8月7日展出闭幕，观众已达64万人次。

7月19日　我国第一台自行设计，全部采用国产材料的80万倍电子显微镜在上海试制成功。

同　日　新华社报道：中国远洋科学调查船“向阳红五号”和“向阳红十二号”，在太平洋海域又成功地进行了一次科学调查。两只船在太平洋上连续航行、作业达72天，完成了海洋水文、海洋气象、海洋化学、海洋重力、海洋磁力、海底地质、海底地貌等多学科的调查任务；第一次在太平洋上进行了船只锚泊和我国新试制成功的远洋通信设备效能试验；更正了外国海图上许多不准确的标记，填补了我国大洋磁场、航海资料、远洋通信等方面的空白。不少项目突破了首次远洋科学调查的记录，有的达到了世界先进水平。

7月23日　全国各地举行盛大集会游行庆祝党的十届三中全会召开。十届三中全会召开的消息公布后，北京、辽宁、吉林、黑龙江、河北、山西、山东、江苏、安徽、浙江、福建、江西、广西、内蒙、新疆、天津、上海、广东、河南、湖北、湖南、陕西、甘肃、宁夏、青海、四川、贵州、云南、西藏等地广大军民举行盛大集会游行，庆祝十届三中全会召开。各省、市、自治区负责同志纷纷出席、主持会议，号召群众抓革命促生产，以社会主义革命和建设的新成就，迎接党的十一大召开。

同　日　我国第一次在四川省永川县发现一具比较完整的肉食恐龙化石。

7月25日　中国登山队首次登上天山最高峰托木尔峰。中国登山队10名男女运动员和3名电影工作者于北京时间15时31分首次登上海拔7 443.8米的天山最高峰托木尔峰。7月30日13时15分，第二批突击队17名运动员又登上顶峰。8月25日，北京群众1.8万多人举行大会欢迎登山队归来。李先念、纪登奎、吴德、余秋里、陈锡联出席大会并接见登山队全体队员。

7月29日　新华社报道：人民解放军总参谋部、总政治部颁发了关于部队施行《国家体育锻炼标准条例》的规定。规定要求全军指战员严格按照规定的项目和标准积极开展锻炼活动，增强体质，提高部队战斗力。

7月30日　中共中央转发国务院《关于1977年上半年工业生产情况的报告》。《报告》说，上半年，我国工业生产改变了过去那种长期停滞不前甚至下降的局面，正在以较快的速度回升，并且在生产总量上有了新的发展。工业总产值自3月份以来逐月增加，上半年完成全年计划的48%。80种主要工业产品，5、6月份的产量，绝大多数高于上年同期水平，其中26种创造了历史最高月产水平。有24个省、市、自治区的上半年工业总产值超过了上年同期水平。6月份，所有省、市、自治区的工业总产值都比5月份有所增长，有23个达到和超过了历史最高月产水平。上半年工业生产这样迅速地好转，是带有很大的恢复性的。但是，报告过高地估计了这种形势，认为这标志着“国民经济的新的跃进局面正在出现”。

同　日　全国邮电学大庆会议闭幕。国务院副总理王震、余秋里、谷牧出席闭幕式。王震、余秋里讲话，谷牧作报告。会议强调要落实抓纲治国战略决策，努力加速邮电通信现代化。闭幕式上通过了大会给华国锋主席、党中央的致敬信，以及向全国邮电职工的倡议书。8月7日，《人民日报》发表题为《努力实现邮电通信现代化》的社论，指出，最近召开的第二次全国邮电部门学大庆会议开得很好。邮电系统职工闯出了一条自力更生、艰苦奋斗、改变落后面貌的路子。同时刊登了《从延寿看邮电如何迅速实现现代化》的访问记，介绍了黑龙江省延寿县邮电局的经验。

7月30日—8月8日　中央代表团赴呼和浩特参加内蒙古自治区成立30周年庆祝活动。31日，内蒙古自治区党委和革委会举行欢迎中央代表团的大会。代表团团长陈锡联为内蒙古自治区社会主义革命和建设成就展览剪彩开幕。8月1日，代表团参加庆祝内蒙古自治区成立30周年群众大会。3日—6日，中央代表团分成7路前往自治区的四盟三市进行慰问。

7月31日　中共中央、国务院、中央军委召开中国人民解放军建军50周年庆祝大会。华国锋主持。叶剑英在会上讲话。他表达了对毛泽东、周恩来、朱德、董必武等老一辈无产阶级革命家的怀念；颂扬了毛泽东的丰功伟绩和解放军战胜国内外敌人的斗争历史；全面系统地论述了毛泽东军事思想；批判了林彪、“四人帮”破坏军队建设的罪行；提出了解放军在新的历史时期的光荣任务；要求全国的工人、农民、知识分子和人民解放军全体指战员，一定要抓紧时间，加快速度，加强军队建设，加强民兵建设和人防建设，加强国防科研和国防工业生产，要认清形势，要有战争观念，要立足于早打、大打，充分作好反侵略战争的准备，一定要和台湾同胞一道完成解放台湾、统一祖国的神圣大业；号召全党全军和全国人民，一定要永远高举毛泽东思想伟大旗帜，紧密地团结在党中央周围，认真贯彻落实党中央的战略决策，在本世纪内把我国建设成为具有现代农业、现代化工业、现代化国防和现代化科学技术的社会主义国家，为人类做出较大的贡献。邓小平及党和国家其他领导人出席了大会。工农兵代表在庆祝大会上发言。晚上，北京少年儿童和解放军指战员举行庆祝八一营火晚会。为期3天的庆祝建军节的军民联欢晚会也同时开始。

同　日　中共中央转发中联部、外交部《关于阿尔巴尼亚劳动党发表反华文章和我处理意见的通报的请示》。1976年11月阿党领导人将中阿分歧公开化。1977年7月7日又在其党报上发表长文歪曲和攻击毛泽东三个世界划分的理论，从而使其对中国的攻击出现新的升级。《请示》提出，从国际斗争的全局出发，仍对阿的反华文章不予置理，不同它公开论战。在国家关系上则坚持原则，不做有损于中阿关系的事，对阿援助继续执行已签订的协议。

本　月　南方水稻生产会议在湖南湘潭地区召开。会议总结、交流了发展水稻生产的经验，讨论了今后的规化和措施。这次会议经国务院批准，由农林部召开。中共中央政治局委员、国务院副总理陈永贵出席会议并讲了话。7月18日，《人民日报》发表题为《夺取今年水稻全面丰收》的短评。

本月—9月　邓小平同方毅、刘西尧、雍文涛、李琦等多次谈话。他指出，“两个估计”是不符合实际的。28年来广大教师是辛苦的，是有成绩的，教育战线是毛泽东思想占主导地位的。要相信依靠教师，要整顿好领导班子，要加强基础理论教学和外语教学，要搞电化教育，要编印通用新教材，同时引进外国教材。要恢复招收研究生，增派出国留学生，聘请外国专家来讲学。要提倡尊师爱生，当前特别要提倡尊师，要恢复考试、留级、开除等制度。

8月1日　呼和浩特各族人民集会庆祝内蒙古自治区成立30周年。中共中央政治局委员、国务院副总理、中央代表团团长陈锡联、中央代表团副团长乌兰夫、伍修权、马文瑞、傅崇碧、贾那布尔、张冲和代表团全体成员，中共内蒙古自治区委员会第一书记、内蒙古自治区革命委员会主任、内蒙古军区司令员尤太忠等出席。大会由自治区党委第二书记、自治区革委会副主任池必卿主持，尤太忠首先讲话。陈锡联接着讲话，转达了华国锋、叶剑英、邓小平对内蒙古自治区各族军民的问候，代表党中央、人大常委会、国务院和中央军委，向自治区800万各族军民致以最热烈的祝贺。人大常委会副委员长、中共代表团副团长乌兰夫，宣读了人大常委会、国务院庆祝内蒙古自治区成立30周年的贺电。接着，中央代表团赠送了贺幛和《毛泽东选集》第五卷。大会最后宣读了给党中央、华国锋的致敬电。大会结束后，15万各族群众举行了盛况空前的庆祝游行。

同　日　中华人民共和国经济贸易展览会在肯尼亚首都内罗毕开幕。这是中国第二次在这里举办展览会，展品达1 600多种，主要是农产品、农具、拖拉机、轻工业和纺织工业产品以及工艺美术品。肯尼亚政府官员、各界群众和一些非洲国家的人士约10万人参观了展览。15日，展览会闭幕。

8月4日　联合国秘书长瓦尔德海姆应邀访华。库尔特·瓦尔德海姆一行上抵达北京，下午与黄华等会谈，晚上黄华设宴欢迎。黄华和瓦尔德海姆在宴会上分别讲话。5日，邓颖超副委员长会见瓦尔德海姆。6日，华国锋会见瓦尔德海姆一行，对他们的访问表示欢迎。瓦尔德海姆表示对被邀请访问中国感到非常荣幸，祝愿中国在华国锋主席领导下繁荣昌盛。11日，瓦尔德海姆在先后访问北京、大寨、西安、桂林、广州后返回北京离开中国。

8月4日—8日　中共中央召开科学和教育工作座谈会。中央分管科教工作的邓小平在会上作重要讲话，强调我们国家要赶上世界先进水平，就要从科学和教育入手。他对“文革”前十七年教育战线的估计问题，调动积极性问题，体制、机构问题，教育制度和教育质量问题，后勤工作问题，学风问题等进行了系统的阐述，回答了大家所关心的党对科教工作中面临的一系列重要问题。他指出，对全国教育战线十七年的工作怎样估计，应该说主要方面是红线。应肯定绝大多数知识分子是自觉自愿为社会主义服务的。9月19日，邓小平同教育部主要负责人谈话，主要谈教育战线的拨乱反正问题。他认为，1971年《全国教育工作会议纪要》提出的所谓“两个估计”，即“文革前十七年教育战线是资产阶级专了无产阶级的政，是‘黑线专政’；大多数知识分子的世界观基本上是资产阶级的，是资产阶级知识分子”的提法是错误的，毛泽东画了圈，不等于里面就没有是非问题了。1976年的天安门事件毛泽东也画了圈，但并不符合实际。“两个估计”也是这样。怎么能把几百万、几千万知识分子一棍子打死呢？他提出和强调了应从应届高中毕业生中直接招收大学生的问题和健全机构、管好后勤、加强教师队伍建设等问题。

8月10日　国务院发出《关于调整部分职工工资的通知》。国务院决定在国民经济初步恢复和国家财政情况开始好转的基础上，为部分低工资的职工调整工资。全国60%的职工10多年来第一次不同程度地增加了工资，生活有所改善。

8月12日—18日　中共第十一次全国代表大会在北京举行。出席大会的代表1 510名，代表着3 500多万党员。华国锋代表中共第十届中央委员会向大会作政治报告。报告总结了中国共产党同江青反革命集团的斗争，批判了江青反革命集团炮制的各种反动谬论，揭露了他们篡党夺权的罪恶阴谋和反革命面目，宣告“文化大革命”已经结束；重申在20世纪内把我国建设成为社会主义现代化强国，是新时期党的根本任务。这对于动员全国各族人民投入社会主义现代化建设起了积极作用。但是，报告仍然充分肯定“文化大革命”的错误理论、政策和口号，把坚持“以阶级斗争为纲”，坚持“无产阶级专政下继续革命”的理论和“党在社会主义历史阶段的基本路线”，规定为十一大的指导方针，继续错误地肯定“文化大革命”期间召开的十大的政治路线和组织路线都是“正确的”；把粉碎“四人帮”说成是“文化大革命的又一伟大胜利”；认定“四人帮”推行的不是极左而是一条所谓“极右的反革命修正主义路线”；继续贯彻经济工作中的“左”倾错误指导思想；不适当地夸大华国锋在粉碎“四人帮”斗争中的作用，等等。这就严重阻碍了拨乱反正、正本清源工作的顺利进行。8月13日，十一大举行第二次全体会议。叶剑英代表第十届中央委员会向大会作《关于修改党的章程的报告》。报告对中国共产党章程修改草案，从8个方面作了说明。报告强调：我们党只有以马列主义、毛泽东思想作为自己的指导思想和理论基础，才能保持无产阶级先锋队的性质。报告特别说明，党章中写进了要在20世纪内领导全国各族人民把我国建设成为农业、工业、国防和科学技术现代化的社会主义强国的内容。8月14日—17日，代表们分组讨论了叶剑英的报告和党章修改草案。十一大通过的党章对九大、十大的党章作了不少修改。党章把实现四化、建设社会主义现代化国家的奋斗目标写入总纲，要求全党保持和发扬党的优良传统和优良作风是积极的、正确的，但是仍沿用“文化大革命”的一些“左”倾错误理论和提法，没有否定九大和十大党章中的错误，这就必然给党的建设带来消极的影响。8月18日，十一大举行第三次全体会议。会议通过了华国锋的政治报告，通过了中国共产党章程。代表们以无记名投票的方式选出了中国共产党第十一届中央委员会。当选的中央委员共201人，候补中央委员132人。邓小平为大会致闭幕词。他强调指出，我们一定要恢复和发扬毛主席为我们党树立的群众路线、实事求是、批评与自我批评、谦虚谨慎、戒骄戒躁、艰苦奋斗等优良传统和作风，全心全意为中国人民和世界人民服务；我们一定要恢复和发扬民主集中制的优良传统和作风，在全党、全军、全国努力造成一个既有集中又有民主，既有纪律又有自由，既有统一意志又有个人心情舒畅、生动活泼那样一种政治局面。他号召全党全军和全国各族人民要高举和捍卫毛泽东思想的伟大旗帜，为在20世纪内把我国建设成为伟大的社会主义现代化强国，对人类做出较大的贡献，努力奋斗。总之，十一大宣告“文化大革命”的结束，重申建设社会主义现代化强国的任务是有积极作用的，但由于当时历史条件的限制和华国锋“左”的错误的影响，十一大没有纠正“文化大革命”的错误理论、政策和口号，反而加以肯定，因而未能完成从理论和党的指导方针上拨乱反正的任务。8月19日，中共十一届一中全会在北京举行。会议选举产生了新的中央领导机构，选举华国锋为中共中央主席，叶剑英、邓小平、李先念、汪东兴为副主席，选出中央政治局委员23人，政治局候补委员3人，政治局常委5人。21日，《人民日报》发表《中国共产党第十一次全国人民代表大会新闻公报》。从20日晚起，全国各地举行盛大庆祝游行，欢庆党的十一大闭幕。22日，《人民日报》发表中共十一届一中全会新闻公报，公布了中央机构的选举结果。同日，《人民日报》、《红旗》杂志、《解放军报》发表社论：《伟大的里程碑——热烈祝贺党的十一大胜利闭幕》。

8月13日—9月25日　全国高等学校招生工作会议在北京召开。会议决定改变“文化大革命”期间高校招生不考试的做法，采取统一考试、择优录取的办法。这一决定，成为鼓励学生努力学习、提高教育质量的有效措施，受到广大群众的欢迎。1977年，全国约有570万青年参加高等学校招生考试，各大专院校从中择优录取了27.3万名学生入学，新生的质量有了较大的提高。1977年高等学校招生工作推迟到第四季度进行，新生于1978年2月前后入学。

8月16日　邓小平会见牛满江教授和夫人。邓小平说，中国人是聪明的，我们的人民、干部、党员是有觉悟的。尽管被“四人帮”干扰、破坏，我们在科学发展上损失了一些时间，但只要方向对头，努力赶超，损失的时间可以抢回来。美籍生物学家牛满江夫妇应邀第四次来中国短期工作，同中国生物学家童第周教授共同进行科学实验研究。会见时中国科学院副院长方毅等在座。

8月17日　邓小平会见并宴请丁肇中教授。邓小平说，科学是老老实实的事，一点不能弄虚作假。我们一定要搞好科学研究。“四人帮”最蠢，胡说什么知识越多越反动，把知识分子说成是“臭老九”。科学技术是人类共同创造的财富，学会先进的东西才能超过先进。中国科学院副院长方毅、吴有训等参加了会见和宴会。9月4日，华国锋会见丁肇中，方毅等在座。

同　日　中国代表团参加在索非亚举行的1977年世界大学生运动会开幕式。16日和17日，中国学生体育协会代表张联华和张千出席在索非亚举行的国际大学生体育联合会代表大会。18日，中国男子体操队获世界大学生运动会团体赛第三名。19日，世界大学生运动会组委会主席会见中国体育代表团负责人。

8月17日　中国台湾展开乡土文学论战。彭歌在《联合报》副刊上发表《不谈人性，何有文学》一文，批评乡土文学主张是“用阶级观点来限制文学，正如用阶级观点来推行政治一样，都是走不通的绝路”。“只讲阶级，不承认普通的人性，哪里还有文学”同月20日，诗人余光中也在报刊上发表《狼来了》一文，称乡土文学作家的创作观点与延安工农兵文艺路线“似有暗合之处”，并说：“北京未闻有三民主义文学，台北街头可见工农兵文艺，‘台湾的文化界’真够大方。说不定，有一天工农兵文艺还会在台北得奖呢!”这两篇攻击乡土文学文章发表后，文坛上层开了围绕乡土文学的论战。乡土派作家旗帜鲜明地捍卫乡土文学在中国台湾文坛的地位，对文坛创作产生了积极影响。作家白先勇认为“70年代乡土文学之争其实不是文学之争，而是意识形态和政治路线之争”。

8月19日　广东省政协副主席林李明在北京病逝。林李明又称李明，生于1910年，广东文昌（今属海南省）人。1927年加入中国共产主义青年团，1933年转为中共党员。先后任中共上海闸北区委组织部部长、区委书记，后被国民党当局逮捕入狱，坚贞不屈。1937年抗日战争爆发后，经中共中央营救获释，此后历任中共琼崖特委组织部部长、特委书记，中共海南区党委副书记兼中国人民解放军琼崖纵队政治部主任，中共滇桂黔边区党委书记兼解放军滇桂黔边区纵队政治委员，中共中央西南局委员、中共云南省委组织部长，中共中央济南分局副书记、中共广东省委书记，广东省副省长、代理省长，广东省革命委员会副主任，广东省政协副主席等职。曾当选为中共七大代表，中共第十届候补中央委员、第十一届中央委员，第三、四届全国人大代表等。8月24日，林李明追悼会在北京举行，王首道主持追悼会，韦国清致悼词。

8月21日　在京爱国人士集会庆祝中共十一大召开。全国人大常委会副委员长、中共中央统战部部长乌兰夫，人大常委会副委员长阿沛·阿旺晋美，人大常委会副委员长、政协全国委员会副主席许德珩，人大常委会副委员长胡厥文，政协全国委员会副主席沈雁冰等出席。中共中央统战部负责人童小鹏、阿沛·阿旺晋美、胡厥文、沈雁冰、许德珩等在会上发了言。会议结束后，部分爱国人士集会游行庆祝中共十一大召开。

8月22日　黄华外长宴请美国国务卿万斯和夫人。上午万斯一行乘专机抵达北京，黄华外长等迎接。下午黄华与万斯举行了会谈。23日上午继续会谈，下午万斯参观了中国通史陈列，晚上万斯和夫人出席文艺晚会，黄华等陪同。24日，邓小平副总理会见万斯国务卿，黄华外长、中国驻美国联络处主任黄镇等在座，黄华与万斯再次会谈。25日，华国锋会见万斯，对他前来访问表示欢迎，并同他就双方共同关心的问题进行了会谈。谈话时黄华外长等在座。26日，万斯离开北京前往东京停留，28日回国。

8月22日—23日　全国各地军民举行庆祝十一大召开的盛大集会游行。山东、黑龙江、河北、广东、广西、新疆、吉林、湖北、西藏、福建、四川、宁夏、江西、山西、安徽、河南、贵州、辽宁、甘肃、江苏、陕西、内蒙古等地军民举行集会游行，欢庆党的十一大召开。各地党政军负责人主持参加了庆祝大会。

8月23日　中国科学院副院长方毅会见并设宴招待美籍物理学家杨振宁。27日，华国锋、邓小平会见杨振宁并设宴招待。

8月25日　中共第十一届中央军事委员会组成。中共中央发出通知，公布中国共产党第十一届中央军事委员会组成名单，华国锋为军委主席，叶剑英、邓小平、刘伯承、徐向前、聂荣臻为副主席。

8月25日—27日　全国科学技术协会举行大型谈话会。协会邀请科学普及读物作家高士其等科学家、劳动模范同北京中学青少年科学爱好者见面、谈话。谈话会在北京中山公园音乐堂举行3次，参加的青少年科学爱好者7 000多人。中共中央政治局委员、中国科学院副院长方毅、教育部长刘西尧等出席。全国科协副主席周培源、茅以升，全国科协书记处书记严济慈分别主持了谈话会。数学家江泽涵、吴文俊、胡世华、庄圻泰、冯康、陆汝钤、龚升、陈景润、杨乐、张广厚；物理学家张文裕、王竹溪、王守武、林兰英（女）、傅泳义、陶诗言、屠善澄、沈光铭、胡传锦、郝柏林；化学家黄子卿、赵宗燠、张青莲、王葆仁、蒋明漠、钱人元、陈家镛、闵恩泽等参加了谈话会。数学家华罗庚、化学家唐敖庆、大庆油田模范标兵武丽云，分别从外地寄来书面谈话材料。

8月28日　教育部原部长周荣鑫追悼会在北京举行。华国锋、叶剑英、邓小平、李先念、汪东兴等送了花圈。邓小平、李先念等出席追悼会，王震主持追悼会，谷牧致悼词。周荣鑫是山东蓬莱人，1917年生。1932年参加革命，同年加入中国共产党。历任延安中央党校教务处干事，行唐县县委组织部长，张家口平绥铁路局党委书记，晋察冀中央局党校教务主任，晋察冀中央局和华北局副秘书长。建国后，历任中央人民政府财政经济委员会副秘书长，建工部副部长，中共浙江省委常委、浙江大学党委书记、校长，教育部副部长，国务院副秘书长、秘书长，中共中央科学院核心小组副组长等职。“文化大革命”后期受到“四人帮”迫害，1976年4月13日在北京逝世。

8月30日—9月8日　南斯拉夫总统、南共联盟主席铁托访华。中南两党恢复关系，两党关系进入新的发展阶段。

8月31日　新华社报道：中国科学院召开基本粒子理论座谈会。与会代表交流了科学研究成果，座谈会制定了今后的发展规划。美籍物理学家杨振宁教授参加会议，并作了学术报告。参加座谈会的有有关科研单位、高等院校代表130多人。与会代表作了43次学术报告，交流了科研成果，座谈会反映了中国基本粒子理论研究的新成果、新水平。

9月7日　教育部通知清除中学教材中的“四人帮”及其余党的言论、文章等。《通知》还要求，清除“四人帮”控制的写作班子和署名池恒、程越、梁效、初澜、江天、齐永红、罗思鼎、秦怀文、翟青等的文章和一切有关内容，肃清其流毒和影响。

9月9日　纪念毛泽东逝世一周年及毛泽东纪念堂落成典礼大会在北京举行。中共中央、全国人大常委会、国务院和中央军委召开大会，纪念毛泽东逝世一周年并举行纪念堂落成典礼。华国锋、叶剑英、邓小平、李先念、汪东兴出席。党和国家其他领导人宋庆龄、乌兰夫、方毅、许世友、纪登奎、苏振华、耿飚、聂荣臻、倪志福、徐向前、陈慕华、郭沫若、谭震林、李井泉、张鼎丞、蔡畅、邓颖超等出席了大会。中央军委负责人粟裕、罗瑞卿，政协全国委员会副主席沈雁冰，最高人民法院院长江华，也出席了大会。叶剑英主持大会。华国锋在大会上讲话。他把党的十一大路线概括为：高举毛主席的伟大旗帜，坚持党的基本路线，抓纲治国，继续革命，为建设社会主义的现代化强国而奋斗。这表明华国锋仍坚持以“阶级斗争为纲”和“无产阶级专政下继续革命”的“左”倾错误理论。会后，党和国家领导人同参加大会的1万名首都群众，瞻仰了毛泽东的遗容。到9月27日，全国各地选派了16万人作代表来京瞻仰毛泽东遗容。9月9日晚，北京举行纪念毛主席逝世一周年的文艺演出。党和国家领导人乌兰夫、方毅、纪登奎等观看了演出。文艺演出由文化部、北京市革命委员会、中央广播事业局、中国人民解放军总政治部文化部联合主办。9月7日，邮电部发行毛主席逝世一周年和毛主席纪念堂纪念邮票各一套。

同　日　《伟大的领袖和导师毛泽东主席光辉生平》摄影展览和《毛主席永远活在我们心中》美术作品展览在北京展出。展览由文化部和国家文物事业管理局联合主办。同日，《伟大领袖和导师毛泽东主席纪念展览》在京正式展出。座落在湖南省浏阳县文家市的秋收起义会师旧址纪念馆正式开馆。武昌毛泽东旧居陈列馆落成正式开放。毛泽东在重庆谈判期间进行活动的重庆桂园开放。15日，秋收起义铜鼓纪念馆在江西省铜鼓县落成开放。

同　日　全国各地集会纪念毛泽东逝世一周年。上海、天津、辽宁、吉林、黑龙江、河北、山西、内蒙古、山东、江苏、安徽、浙江、江西、福建、河南、湖北、湖南、广东、广西、陕西、宁夏、甘肃、青海、新疆、四川、贵州、云南、西藏等地的党政军负责人主持出席了各地的纪念大会。在此前后，港澳爱国同胞、旅日、美、荷、爱国老华侨也举行集会和各种纪念活动，颂扬毛泽东的功绩，纪念毛泽东逝世一周年。

9月10日　国务院向各省、市、自治区发出搞好“小秋收”的通知。通知要求各地区必须充分发动群众，不失时机地努力搞好今年的“小秋收”，把尽可能多的野生资源采收、利用起来，为国家增加物资财富，增加市场供应，支援工业，支援出口。通知指出，一、继续深入揭批“四人帮”；二、认真落实党在农村的各项经济政策；三、妥善安排“小秋收”劳力；四、认真搞好收购、调运和加工利用；五、加强对“小秋收”的领导。

9月11日　华国锋召集国务院领导和有关负责人研究加快经济建设速度问题。华国锋批评国家计委提出的工业增长速度“太保守”，强调“今后工业部门要开足马力，挽起袖子大干”，“明年的积累要加快”。

9月15日　李先念出席全国银行工作会议，陈锡联、王震、谷牧也出席了会议。李先念讲话。他指出，银行是金融中心，是国民经济活动的寒暑表。为了保证国家有计划、有重点的建设，高速度地发展国民经济，必须重视银行工作，加强金融管理，充分发挥银行的作用。会议期间，各地代表还交流了经验，研究了整顿和加强会计、出纳、结算、统计等银行基础工作的问题。

9月16日—20日　缅甸吴奈温总统访华。16日，华国锋、邓小平、邓颖超到机场迎接。吴奈温是到朝鲜访问后访华的。17日，华国锋会见吴奈温，邓小平向邓颖超参加了会见和谈话。同日晚，国务院举行欢迎吴奈温宴会，邓小平、吴奈温相互敬酒。李先念、王震、邓颖超等出席。19日，吴奈温举行答谢宴会。邓小平、王震、邓颖超等应邀出席。吴奈温和邓小平相互祝酒。20日，吴奈温离开北京到达平壤。23日，吴奈温结束对朝鲜的国事访问途经武汉回国。湖北省革命委员会第一副主任陈丕显等到机场迎送。

9月17日　中国又成功地进行了一次核试验。

同　日　中国在国际民航组织第二十二届大会上当选为国际民航组织理事会成员。

9月18日　中共中央发出召开全国科学大会的通知。通知指出，中共中央决定1978年春在北京召开全国科学大会。这次大会的任务是，高举毛泽东思想的伟大旗帜，贯彻执行中共十一大路线，深入揭批“四人帮”，交流经验，制定规划，表扬先进，特别要表扬有发明创造的科学技术工作者和工农兵群众，动员全党全军全国各族人民和全体科学技术工作者，向科学技术现代化进军。通知号召全体科学技术工作者，坚持又红又专的方向，树雄心立壮志，不畏劳苦，勇于创新，攻克科学城堡，攀登世界高峰。通知号召广大工人农民和其他劳动者，不断提高思想政治觉悟，大搞技术革新和技术革命，实行科学种田，开展社会主义劳动竞赛，创造先进的劳动生产率；号召全国青少年，发奋努力，学政治，学文化，树立爱科学、讲科学、用科学的风气；号召共产党员和共青团员，努力成为向科学技术现代化进军的模范。24日，《人民日报》发表题为《全党动员大办科学》的社论。24日、25日，《解放日报》、《光明月报》分别发表社论：《向国防科学技术现代化进军》、《建设世界第一流的科学技术队伍》。从9月下旬到10月，北京、上海、陕西、甘肃、宁夏、青海、新疆、山东、江苏、广东、天津、河北、山西、安徽、浙江、江西、福建、河南、湖北、辽宁、吉林、黑龙江、湖南、广西、四川、云南、贵州、西藏等各省、市、自治区党委纷纷召开大会传达贯彻中央通知，各有关部门、高等院校、科研单位、厂矿企业负责人、科技人员代表出席了大会。9月18日，中共中央作出《关于成立国家科学技术委员会的决定》。方毅任国家科委主任。

9月18日—23日　尼日尔最高军事委员会主席、国家元首孔切访华。21日，中尼两国政府有关经济技术合作项目议定书在北京签署。

9月18日—29日　全国体操、技巧比赛在长沙举行。参加比赛的有来自29个省、市、自治区和解放军的代表队，有汉族、回族、蒙古族、壮族、朝鲜族、纳西族、维吾尔族、哈萨克族8个民族和台湾省籍的运动员、教练员、裁判员、工作人员等1 100多人。其中，青少年运动员占运动员总数的80%，最小的8岁。

9月20日—27日　赤道几内亚总统马西埃率领国家代表团访问中国。23日，中国和赤道几内亚政府在北京签订经济技术合作协定。

9月21日　新华社报道：全国建筑材料工业学大庆会议在哈尔滨召开。国家基本建设委员会副主任、国家建筑材料工业总局党的核心小组组长白向银在会上作了报告，提出了建材工业的奋斗目标：苦干3年大变样，奋战8年攀高峰；23年建材工业实现现代化，在20世纪末，使我国建材和非金属矿的主要产品产量、品种、质量和技术水平走在世界的前列。这次会议，表彰了33个大庆式企业、453个学大庆先进企业、132个学大庆先进集体和101名学大庆先进个人，并向他们分别授予锦旗和奖状。9月22日《人民日报》发表题为《全国人民都希望建材工业大上快上》的社论。

9月22日　华国锋视察北京市红星养鸡场和实验猪场。中共北京市委第一书记、市革委会主任吴德陪同。华国锋在视察中强调，发展机械化养猪、养鸡事业，一定要发扬自力更生、艰苦奋斗的精神。华国锋还写下题词："总结经验把机械化养猪养鸡事业发展起来满足人民需要。"10月4日，中共北京市委、北京市革委会召开55万人的大会，传达华国锋9月22日的指示和题词，决心大干三四年，全市实现猪肉、鸡蛋自给。中共北京市委、市革委会和市农林、工交、财贸、科教等有关部门的负责同志，以及北京卫戍区的负责同志出席大会。吴德在会上讲话。

9月23日　中共中央下发《王、张、江、姚反党集团罪证》（材料之三）并发出通知。通知指出，长期以来，"四人帮"利用他们控制的舆论工具和其他渠道，肆意歪曲和篡改马列主义和毛泽东思想，在思想上、理论上造成极大的混乱。现在应结合十一大文件，继续揭露"四人帮"的极右实质，从哲学、政治经济学、科学社会主义理论上进行批判。

9月23日　蒋经国在"行政院"所作的施政报告中提出台湾"十二项建设"项目。"十二项建设"实际上是"十项建设"的完善与扩大，耗资总计63.5亿美元。"十二项建设"是：一、拓宽东线铁路、新建南回铁路；二、新建3条横贯东西公路；三、高速公路延长至屏东；四、屏东至鹅銮鼻高速公路；五、台中港二、三期工程；六、中钢第二阶段扩建工程；七、第二三核能发电厂；八、全面实施农业机械化；九、改善农田排水系统；十、修建西海岸海堤工程及全岛重要河流堤防；十一、开发新市镇，新建居民住宅；十二、每一县市建立一个文化中心。上述“十二项建设”的完成将缓解加工出口型经济快速发展带来的交通、能源、住宅、服务设施紧张的状况，为台湾产业结构调整和改善创造有利的条件。蒋经国在报告中称解决中国问题的唯一办法就是重建“民主中华”，还称世界上没有“台湾问题”，只有“中国问题”。

9月24日　中共中央决定中央一级国家机关和人民团体的领导小组或党的核心小组改称党组。地方各级国家机关和人民团体的领导小组或党的核心小组，也要按照上述原则办理。中共中央各部委和相当于部委一级的单位，要建立党委。

9月25日　华国锋在京接见全国科学大会预备会和其他会议代表。华国锋、叶剑英、邓小平、李先念、汪东兴等党和国家领导人在人民大会堂接见出席全国科学大会预备会议和其他一些会议的代表并照相留念。受接见的其他会议代表是出席全国高等学校招生工作、大学科研规划、教材等会议，全国测绘部门工业学大庆会议，新华社国内分社会议，中国人民解放军领导机关召开的一些会议和全国计划生育工作汇报会的代表。被接见时，还有参加庆祝中国人民解放军建军50周年全军第四届文艺会演、全军摄影展览和全军美术展览的文艺工作者和其他人员。

同　日　中共中央转发外经部党组《关于进一步做好援外工作的报告》。《报告》说，1950年—1976年我国对外已签订协议的援款总额共619亿元，已支出445亿元。第三世界需我国援助的越来越多的需求与我国力不从心是当前援外工作的突出矛盾。今后如无特殊情况，援外支出占财政总支出的比例以不超过4%为宜。对重点国家也不是援助越多越好、有求必应，由此造成对我国的依赖。

同　日　黄华出席联合国大会第三十二届会议。中国代表团团长、外交部长黄华及其一行抵达纽约。29日，黄华在联大全体会议上发言，就重大国际问题阐述了中国的原则立场。10月4日，黄华应加拿大政府邀请，由纽约抵达渥太华对加拿大访问。6日晚，黄华结束对加拿大访问前往巴黎。7日，法国总统吉斯卡尔德斯坦接见黄华外长。10日，黄华回到北京，王震副总理等到机场迎接。

9月25日—10月9日　全国测绘部门工业学大庆会议在北京召开。余秋里、王震副总理出席会议。谷牧副总理讲话。他号召测绘战线的广大职工继续努力，再接再厉，以大庆为榜样，发扬革命加拼命的精神，少说空话，多做工作，扎扎实实，埋头苦干，为当好国民经济建设和国防建设的尖兵，为实现四个现代化多做贡献。会议讨论落实了测绘部门工业学大庆、普及大庆式企业的规划和标准，提出了23年测绘事业发展规划的设想。

9月26日　邓小平副总理会见欧洲核子研究中心总主任。邓小平对约翰·伯特拉姆·阿达姆斯主任等说，我国发展科学技术的目标是，在20世纪末，力求接近当时的世界先进水平，相当的部分赶上当时的世界先进水平，个别的超过。我们应该有所创造，为人类做出贡献。会见时在座的有中国科学院负责人李昌，第一机械工业部副部长孙友余等。

9月29日　国务院办公室举办欢迎参加国庆的台湾港澳同胞、华侨和外籍人士招待会。邓小平在招待会上致词祝贺。邓小平说，我们一定要加强全国各族人民的大团结，进一步发展工人阶级领导的，以工农联盟为基础的包括爱国民主党派、爱国人士和台湾同胞、港澳同胞、海外侨胞的统一战线，调动一切积极因素，为社会主义革命和社会主义建设事业服务。我们一定要完成解放台湾、统一祖国的神圣事业。

同　日　中共中央致电柬共中央。热烈祝贺柬共成立17周年。30日，中共中央政治局委员、中共中央对外联络部部长耿飚代表中共中央前往宾馆，向柬共中央书记波尔布特表示祝贺。

同　日　邓小平、邓颖超会见并宴请英籍作家韩素音女士。10月1日晚，华国锋、叶剑英、邓小平、李先念、汪东兴在天安门城楼上会见韩素音。

同　日　中共中央高级党校校长林枫在北京逝世。林枫，黑龙江省望奎县人，1906年生，1931年加入中国共产党。他历任河北反帝大同盟党团书记，北平市委书记，河北省委巡视员，天津市委书记，山西省委副书记，北方局组织部长，晋西南、晋西区党委书记，晋绥分局副书记、代书记，东北局组织部长、副书记，东北行政委员会主席，东北人民政府副主席，中共中央副秘书长，国务院文教办公室主任，第一届全国人大常委会委员，第二届、第三届全国人大常委会副委员长，中共中央高级党校党委书记、校长。在中共第七届、第八届代表大会上被选为中央委员。终年71岁。10月8日，林枫追悼会在八宝山革命公墓礼堂举行，吴德主持，中共中央党校副校长胡耀邦致悼词。

9月30日　华国锋举行庆祝中华人民共和国成立二十八周年招待会。华国锋致祝酒词。叶剑英、邓小平、李先念、汪东兴、韦国清、乌兰夫、方毅、纪登奎、苏振华、吴德、余秋里、张廷发、陈永贵、陈锡联、耿飚、聂荣臻，倪志福、徐向前、陈慕华、郭沫若、陈云、谭震林、邓颖超等党和国家领导人出席了招待会。出席招待会的中外来宾共3 000余人。应邀出席的外国贵宾有柬共书记、民主柬埔寨政府总理波尔布特，缅甸共产党中央主席德钦巴登顶，罗共中央执行委员、政府副总理保罗·尼古列斯库，越南社会主义共和国国会常务副主席黄文欢，印尼共产党中央书记尤素福·阿吉托罗普，德国共产党干部访华团团长，加拿大运输部长，日中文化交流协会代表团团长，日中友协（正统）访华代表团团长等。10月1日，《人民日报》、《红旗》杂志、《解放军报》发表社论：《为建设社会主义的现代化强国而奋斗——热烈庆祝中华人民共和国成立二十八周年》。

10月4日—10日　喀麦隆总统阿希乔访华。7日，我国同喀麦隆政府在北京签订经济技术合作协定。

10月5日　中共中央作出《关于办好各级党校的决定》。《决定》指出，要深入批判“四人帮”，努力澄清被“四人帮”颠倒了的路线是非、思想是非、理论是非，恢复我们党的优良传统和优良作风，彻底清除“四人帮”在党的建设方面的危害。我们要学好马列主义、毛泽东思想，就必须切实办好党校。中央认为，各省、市、自治区一级的党校，都应从速恢复，切实加强领导，纠正目前有些地方党的委员会不管党校的现象。地、市、州、盟一级的党校，也应力争早日恢复或者进行整顿。至于县、市、镇一级的党校，有条件的也可以办。各级党校最重要的课程，就是要有计划地阅读马列著作和毛主席著作，完整地、准确地领会和掌握毛泽东思想的科学体系。这就要求各级党校根据当时的工作实际和思想实际，根据学员的文化程度、学期长短和教学力量等情况，有计划地安排学习内容。学习方法，应坚持阅读原著为主，提倡理论密切联系实际的学风。为了搞好党的理论工作，中央认为，各级领导要下决心，经过较长时间的努力，造就一支马克思主义的又红又专的理论队伍，不断提高教学和辅导质量。《决定》还指出，各级党校都必须以整风精神搞好党的建设课程的学习，也要学习党史，总结党的历史经验，做到每期学员结业重新走上工作岗位时，在党性和作风方面，都有一个明显的进步和提高。这应该成为衡量党校办得好不好的一个主要标志。根据《决定》精神，中共中央党校于10月9日举行开学典礼，宣告在“文革”中业已停办多年之后正式复校。中共中央主席、中央党校校长华国锋，中共中央副主席叶剑英、邓小平，中共中央副主席兼中央党校第一副校长汪东兴、副校长胡耀邦等出席开学典礼。华国锋、叶剑英、胡耀邦在会上先后讲话。叶剑英在讲话中指出，我们党之所以能取得胜利，集中到一点就是有马列主义的普遍真理同革命的具体实践相结合的毛泽东思想。我们要坚持和发扬毛主席倡导的理论联系实际的学风，要研究和编写党史。胡耀邦在讲话中说，革命没有止境，学习也没有止境，时时意识到时代赋予自己的重担，就会认识到要更好地学习。他对不同时期、不同经历、不同年龄的学员，分别提出了希望。10月10日，《人民日报》全文发表《中共中央关于办好各级党校的决定》。随后，全国各级党校相继恢复。1983年5月，中共中央作出《关于实现党校教育正规化的决定》，党校教育得到进一步发展。

10月7日　《人民日报》发表《把“四人帮”颠倒了的干部路线是非纠正过来》一文。文章根据胡耀邦意见，由中共中央党校几个同志写成。文章强调要敢于冲破阻力，推翻“四人帮”一伙对干部审查中的不实之词和所作的错误结论，带头为平反干部的冤假错案作了舆论准备。文章发表后的短时期内，不少干部群众给中央有关部门写了约1万封信，拥护文章的观点。

10月8日　邓小平会见美籍物理学家吴健雄、袁家骝博士。10日，邓颖超副委员长会见吴健雄、袁家骝。

10月9日　《人民日报》报道：全国自然科学学科规划会议在北京召开。来自中国科学院、全国高等院校、中央有关部、委和各地科研机构的1 200多名科学工作者、教授、专家出席了会议，讨论制定出全国六大基础学科和有关新兴学科的发展规划。在此基础上，提出全国基础科学规划纲要（草稿）。

10月10日　邓小平会见美籍高能加速器专家邓昌黎教授和夫人。

10月12日　李先念副总理举行宴会欢迎根舍副总理。德意志联邦共和国副总理兼外交部长汉斯—迪特里希·根舍和夫人一行到北京时受到外交部长黄华等欢迎。根舍与黄华举行了会谈。14日，华国锋会见根舍一行。中国科学院副院长方毅和外贸部长李强分别会见根舍副总理。根舍举行宴会，李先念等应邀出席，根舍和李先念先后祝酒。15日，根舍一行经上海回国。上海市革委会曾设宴欢迎，彭冲第二副主任和根舍副总理相互祝酒。

10月15日　1977年秋季中国出口商品交易会在广州隆重开幕。交易会展出的我国出口商品的样品以及反映我国经济建设和科学技术新成就的部分产品，共4万多种。交易会举行盛大招待会，出席的宾主共6 400多人。22日，交易会举行宴会，招待旅日旅美台湾同胞和旅日华侨代表。11月15日交易会闭幕。这届交易会出口和进口的成交额都超过了历届水平。来自世界五大洲110个国家和地区的客商共3万多人洽谈贸易或参观。来宾人数之多，也超过历届交易会。

10月19日　邓小平会见英国前首相希思。20日，华国锋会见希思。华国锋说：“我们希望看到一个联合的、强大的欧洲。我们相信，欧洲也希望看到一个强大的中国。”

10月22日　国务院、中央军委发布《关于恢复驻厂军事代表制度的通知》。该《通知》决定撤销1975年11月1日发布的《关于取消驻厂军事代表制度颁发军工产品交接若干问题暂行规定的通知》，恢复中国人民解放军驻厂军事代表制度，且规定了有关事宜。

10月23日—24日　第四届全国人大常委会第四次会议在北京召开。决定1978年春召开第五届全国人大一次会议。华国锋代表中共中央向人大常委会提出提前召开第五届全国人民代表大会的建议，并就这项建议作了说明。会议通过全国人大五届一次会议的议程是：听取政府工作报告，修改中华人民共和国宪法和听取关于修改宪法的报告，选举和任命国家领导工作人员。叶剑英、邓小平、李先念、汪东兴出席了会议。会议由吴德副委员长主持。韦国清、郭沫若、徐向前、陈云、谭震林、蔡畅、乌兰夫、邓颖超、阿沛·阿旺晋美、周建人、许德珩、胡厥文副委员长出席。党和国家的其他领导同志还有方毅、纪登奎、苏振华、余秋里、张廷发、陈锡联、耿飚、倪志福、王震、谷牧。余秋里作《我国国民经济的发展情况》的讲话。他指出，1月—9月，工业总产值累计比去年同期增长12%；财政收入比去年同期增长7.8%。从1977年10月1日开始的工资调整，调整的人数约占职工总数的46%。另外还有百分之十几的职工，也能适当增加一些工资。讲话指出，要加快国民经济的增长速度，需着重抓好几方面的工作：一、把揭批“四人帮”的斗争进行到底；二、切切实实地把企业和社队整顿好；三、整顿经济工作；四、大力加强国民经济的薄弱环节；五、研究解决若干经济政策和技术政策问题；六、有重点地解决群众迫切要求解决的一些生活问题。

10月29日　中共中央政治局听取煤炭工业部汇报煤炭工业长远规划设想。设想的主要内容是：对于今后23年煤炭工业的发展，总的指导思想是，“要拿出前所未有的高速度”，到1985年，要使煤炭总产量达到8.8亿吨，1987年突破10亿吨，赶上美国；到20世纪末，要使总产量达到20亿吨。

同　日　民盟中央副主席陈望道在上海逝世。陈望道，浙江义乌人，1891年生。早年留学日本。1919年回国，解放前在浙江第一师范学校执教，积极投身于新文化运动，对封建纲常礼教进行猛烈抨击，被查办离职。回乡后他潜心研究新思潮，于1920年翻译出版《共产党宣言》一书。1921年脱离共产党组织。先后任上海复旦大学教授、上海大学教务长、安徽大学教授、广西大学中文科主任，积极支持和配合中共的地下工作，积极参加国民党统治区“反饥饿、反迫害、反内战”的民主革命运动。解放后，历任华东军政委员会委员、文教委员会副主任、文化部长，华东高教局局长，复旦大学校长，中国科学院哲学社会科学学部委员，中国文字改革委员会委员，上海市哲学社会科学联合会主席，上海市语文学会会长。1953年10月任中国民盟上海市委员会副主任。1957午6月重新加入中国共产党。1958年12月当选为中国民盟中央副主席。他是全国人民代表大会第一、二、三、四届代表，四届人大常委，全国政协第三、四届常委。其主要著作收入《陈望道文集》。11月5日，陈望道追悼会在上海举行，彭冲主持，王一平致悼词。

10月30日　中共中央批准设立国务院农业机械化领导小组。这个小组的设立，是为了适应中共十一大提出的1980年基本实现农业机械化的要求。

10月30日—11月18日　普及大寨县工作座谈会在北京召开。华国锋在会上讲话，提出要抓住揭批“四人帮”这个纲，抓革命，促生产，来一个高速度。1980年粮食生产要达到7 000亿斤，今后3年是7%的增长速度。会议认为，“农业生产新跃进的形势正在到来”。12月19日，中共中央将这次会议提出的意见转发各地研究执行。

10月31日　中共中央决定恢复中央宣传部。张平化任部长。中宣部的任务是在党中央领导下，掌管全国宣传、文化、出版工作中的路线、方针、政策问题。中宣部协助中央在业务上指导中央所属和国务院所属宣传、文化、出版单位的工作。中宣部对省、市、自治区的宣传部门负有指导的责任。

11月1日　人民日报编辑部撰写的《毛主席关于三个世界划分的理论是对马克思列宁主义的重大贡献》一文发表。文章对毛泽东提出关于三个世界划分理论的来龙去脉及这个理论的主要内容进行了分析概括。文章指出，三个世界的划分是对世界现状的马克思主义科学论断；毛泽东的这个理论，指明了当前国际斗争的大方向，明确了谁是主要的革命力量，谁是主要的敌人，谁是可以争取、联合的中间力量，这就使国际无产阶级在世界范围的阶级斗争中，能够团结一切可能团结的力量，结成最广泛的统一战线，以反对主要的敌人。

11月2日　中华人民共和国羽毛球协会发表声明。声明对国际羽联少数领导人把“中华民国台湾羽毛球协会”重新拉入国际羽联，制造“两个中国”提出强烈抗议，坚决支持成立新的世界羽毛球组织。

11月3日—7日　马耳他总理明托夫访华。6日，中马两国政府经济技术合作议定书签署。

11月6日　全国人大常委会和国务院电贺十月社会主义革命60周年。贺电说，十月革命以来60年的历史证明，十月革命的道路，是无产阶级、被压迫人民和被压迫民族解放的根本道路。我们坚信，伟大列宁所开创的十月革命的事业，不管经过多少艰难曲折，是一定要取得最终胜利的。

同　日　中共中央转发教育部党组《关于工宣队问题的请示报告》。报告说，工宣队已经完成了在特定条件下党交给的特殊任务，可以尽早宣布撤出学校。中共中央批示指出，现在从学校撤出工宣队，已不影响无产阶级教育事业的发展。据此，工宣队全部撤出学校。

11月7日　全国电子工业学大庆会议在北京开幕。余秋里，方毅、王震、谷牧以及有关方面负责人出席了开幕式。出席会议的代表有2 500余人，会议强调要加快建设现代化的强大的电子工业。

11月8日　新华社报道：我国建成第一个数字控制卫星通信地面站。地面站顺利开通后，接收卫星双通道彩色电视节目，图像清晰，伴音良好。

11月8日—22日　石油化工部组织的学大庆检查团对胜利油田进行大检查。10月初，石油化工部召开了电话会议，通知全国各石油化工企业，对照大庆式企业的6条标准，各自作检查，找出差距，进行整改。在这个基础上，石油化工部抽调部机关和所属企业的部分负责人、业务技术人员、工人和家属，组成学大庆检查团，由部长、副部长率领，分别对全国各地的石油化工企业进行大检查，在胜利油田的检查是个开端。

11月9日　中共中央政治局听取冶金部关于钢铁工业长远规划的汇报。规划分4个阶段：第一阶段，到1980年钢产量达到3 500万吨。第二阶段，到1985年钢产量达到6 000万吨，力争达到7 000万吨。第三阶段，到1990年钢产量达到1亿吨。第四阶段，到20世纪末，要拿下二十几个鞍钢，使全国钢产量达到1.6亿吨以上，超过美国。

11月13日—19日　中央军委教育训练委员会在北京召开全军院校工作座谈会。会议学习了毛泽东关于军队教育训练的论述和叶剑英、邓小平关于办好军队院校的指示；批判了林彪、“四人帮”破坏军队院校的罪行；传达了中央军委教育训练委员会《关于调整和增建军队院校的报告》；确定了全军院校除保持原有的84所外，新增建33所，使之形成一个比较完整的体系；研究了全军院校训练任务规划以及等级权限和编制定额，以及迅速办校招生、开课的措施。

11月14日　中央军委科学技术装备委员会成立。国务院、中央军委决定成立中央军委科学技术装备委员会，统一领导国防科学技术和国防工业生产工作，张爱萍任主任，洪学智、李耀文任副主任。

11月18日　中共中央同意并批转商业部党组《关于全国粮食会议情况的报告》。《报告》指出，近几年来，由于“四人帮”的干扰破坏，国内粮食增支出现了较大的亏空，粮食企业亏损越来越大，这是当前粮食工作中两个突出的问题。迅速改变这种被动局面，是关系到抓纲治国的战略决策、高速度建设社会主义、实现四个现代化的重大问题。

同　日　教育部和《人民日报》编辑部联合召开部分教育工作者座谈会。座谈会揭发、批判了“四人帮”炮制“两个估计”，“猖狂反对毛主席的革命路线、严重破坏教育革命、残酷迫害广大知识分子和干部的滔天罪行”。同日，《人民日报》发表教育部大批判组撰写的文章：《教育战线的一场大论战——批判“四人帮”炮制的“两个估计”》和本报记者采写的文章《“两个估计”是怎么炮制出来的?》。此后在全国教育系统掀起了一场揭批“四人帮”第三个战役的斗争热潮。山西和浙江省的领导同志在全省会议上发言，表示要坚持砸烂“两个估计”这一“四人帮”套在广大教育战线干部和教师头上的精神枷锁。上海等地大、中、小学干部、教师、学生也纷纷举行座谈会，撰写文章批判“两个估计”。

11月20日　全国气象局长会议在北京召开。中共中央政治局委员、国务院副总理陈永贵到会讲话。会议以揭批“四人帮”为纲，认真总结了28年来气象工作的基本经验，着重研究了气象部门的具体路线、方针和政策，提出了未来23年气象事业发展的规划，讨论了8年规划和3年大治的任务。

11月20日—25日　黎笋率越南党政代表团访华。当晚，中共中央、国务院举行欢迎宴会，华国锋主持，邓小平、李先念、汪东兴等出席。华国锋和黎笋分别讲话。耿飚陪同越南党政代表团瞻仰毛泽东遗容。21、22日，华国锋同黎笋会谈。黎清毅、春水、李先念、耿飚等参加会谈。22日，吴德陪同黎笋访问中越友好人民公社。23日，邓颖超到宾馆看望黎笋。黎笋离开北京前往广州，华国锋、李先念、吴德到机场欢送，耿飚陪同。广东省委、省革委会设宴热烈欢迎代表团，韦国清、黎笋相互祝酒。24日，越南党政代表团访问佛山市。25日，黎笋率代表团离开广州乘专机回国，韦国清、耿飚等到机场送行。

11月21日　《人民日报》编辑部邀请文艺界部分同志座谈。与会者揭发批判江青与林彪破坏文艺事业的罪行，并批判他们否定文艺工作成绩的“文艺黑线专政”论。“文艺黑线专政”论是林彪、江青于1966年2月相互勾结抛出来的。它否定十七年革命文艺的成就，并从文艺界打开“突破口”，扩展到各条战线，全盘否定文化大革命以前十七年的伟大成就，公然叫喊要“同十七年对着干”。此后10多年间，这个“文艺黑线专政”论成为沉重的精神枷锁，压得广大文艺工作者透不过气来。参加座谈会人士表示，党中央揭穿“四人帮”的文艺战线“黑线专政”论，砸碎了这个强加给文艺界的精神枷锁，广大文艺工作者无不欢欣鼓舞、扬眉吐气，决心同其他战线的同志们一起彻底清查"四人帮"炮制"文艺黑线专政"论的全部阴谋，迎接社会主义经济建设和文艺建设的新高潮，迎接社会主义文艺百花齐放的春天。此后，全国文艺界掀起了揭批"文艺黑线专政"论的斗争热潮。

11月23日　国务院发出《批转国家地震局关于加强地震预测预防工作几项措施的请示报告的通知》。该报告主要规定了加速地震预测预报系统的建设，调整、加强地震科学研究机构，建立地震预测预防通讯网等方面的措施。

11月24日—12月15日　全国计划会议在北京召开。会议主要研究了长远规划问题。会后国家计委向中共中央提出的《关于经济计划的汇报要点》，提出在第六个五年计划期间，即到1985年，粮食产量要达到8 000亿斤，钢达到6 000万吨，原油达到2.5亿吨。为了实现这些高指标，工业方面要新建和续建120个大项目，其中有30个大电站，8个大型煤炭基地，10个大油气田，10个大钢铁基地，9个大有色金属基地，10个大化纤厂，10个大石油化工厂，10多个大化肥厂，以及新建续建6条铁路干线，重点建设5个大港口。在2000年以前，要全面实现四个现代化，粮食总产量达到13 000亿—15 000亿斤，钢产量达到1.3亿到1.5亿吨。到那个时候，我国将成为世界上第一个农业高产国，许多省的工业水平将赶上和超过欧洲的某些工业发达国家。

11月26日—12月12日　水利电力部在北京召开全国电力工业会议。会议期间，李先念、纪登奎、余秋里、陈永贵、陈锡联、方毅、陈慕华、谷牧接见了出席会议的全体代表。李先念、余秋里、谷牧在会上作了重要讲话。

11月27日　华国锋、李先念、汪东兴和政治局其他同志到密云水库参加劳动。华国锋说，一定要充分利用水力发电，把电搞上去。要在全国大大提倡植树造林。中共湖南省委、革委会负责人毛致用等到农田基本建设工地参加劳动。12月2日，农林部、水电部，一机部部长率领干部到京郊参加农田基本建设劳动。同日，北京市吴德、倪志福等领导同志也到郊区参加劳动。4日—5日在沈阳的李德生，上海的彭冲，出席山东省及大寨县工作会议的省、地、县三级负责干部参加农业劳动。12月上中旬，海军负责同志和天津、吉林、新疆、广东等地负责同志带头参加劳动。

11月30日　物理学家吴有训在北京病逝。吴有训，1897年生，江西高安人。早年留学美国，获美国芝加哥大学物理学博士学位。1926年回国后，历任中央大学、清华大学教授，西南联大物理系教授、系主任、理学院院长，南京中央大学校长，中国物理学会理事长等职。建国后，历任上海交通大学校务委员会主任委员，华东军政委员会委员、文教委员会副主任、教育部长，政务院文教委员会委员，中华人民共和国科学技术协会副主席，中国科学院副院长，中国人民政治协商会议第一届全体会议代表，第二、三届全国政协委员，第3届全国政协常委，第一、二、三、四届全国人大代表，第三、四届全国人大常委等职。1958年加入中国共产党。他是著名的科学家、教育家，是中国近代物理学杰出的奠基人之一。其主要论著有《康普顿效应和第三级辐射》、《康普顿效应》、《论X射线的吸收》等。12月7日，吴有训追悼会在北京举行，邓小平、乌兰夫等出席。

本　月　人民解放军在武汉地区首次组织了电子对抗伞兵试验演习。

12月1日　中共中央、国务院批准并下达了国家计委关于1979—1985年发展国民经济10年规划纲要（修订草案）。纲要修订草案规定：工农业生产每年平均增长速度为8.7%，其中工业速度为10%；财政收入10年合计为1.28万亿元；基本建设投资10年合计为4 580亿元；1985年工业生产指标：钢6 000万吨，煤9亿吨，化学纤维150万吨。这个修订草案于1978年3月5日全国人大五届一次会议审议通过。

12月1日—1978年1月15日　第十七次全国公安会议在北京召开。会议揭发批判了“四人帮”破坏公检法的罪行，肯定“文化大革命”以前十七年公安工作取得了显著的成绩，公安干警绝大多数是好的和比较好的，提出了新时期公安战线的方针和任务。

12月3日　参加全国农田基本建设办公室的8个单位联合召开电话会议，号召迅速掀起农田基本建设高潮。这8个单位是：国家计委、水利电力部、农林部、第一机械工业部、商业部、财政部、全国供销合作总社和国家物资总局。各省、市、自治区农田基本建设指挥部和有关部门的领导同志以及一些地区、县级负责同志参加了会议。参加会议的还有国家建委、冶金工业部、石油化工部、国家地质总局、国家测绘总局、中央气象局等部门的代表。

同　日　新华社报道：教育部在北京召开高等学校应用科学和新技术学科规划会议。参加会议的有25所理工科大学和有关省市教育部门、国务院有关部委负责科研工作同志共200余人。会议经过反复讨论，制定出了机械学、电工学、土木建筑、水利学与水工、化学工程学、无线电子学、计算机学、半导体、自动化、力学、光学、环境科学、材料科学和工程热物理学等14门应用科学与新技术的科学规划的草案。会议还部署了高等学校的有关科研工作。

12月4日　全国电子工业学大庆会议闭幕。李先念在会上讲话，他鼓励与会代表和广大职工高速度、高水平地发展电子工业，为实现四个现代化作出更大的贡献。余秋里、陈锡联、徐向前、方毅、陈慕华、王震、谷牧等出席了会议。

12月7日　新华社报道：国务院通知决定召开第3次全国农业机械化会议。会议进一步动员全国人民，自力更生，艰苦奋斗，争时间，抢速度，为在1980年基本上实现农业机械化而奋斗。

12月10日　教育部、中共北京市委联合召开揭批“四人帮”炮制“两个估计”的反革命罪行大会。会上，北京大学、清华大学、景山学校、永乐中学、河南省教育局等单位对“四人帮”全盘否定文化大革命前十七年教育工作，打击和迫害知识分子的罪行进行了揭发批判。

同　日　中共中央任命胡耀邦为中共中央组织部长。胡耀邦遵循党的实事求是、有错必纠的原则，率领组织部全体同志，经过大量切实的调查研究，打开了平反冤假错案、落实党的政策的新局面。

12月11日　新华社报道：国务院发出《关于认真做好大庆式企业的检查评比和验收工作的通知》。《通知》要求各省、市、自治区、国务院工交各部委在1977年和1978年1月，对工业学大庆、普及大庆式企业群众运动的开展情况，普遍地进行一次群众性的大总结、大检查、大评比，认真做好1977年规划建成的大庆式企业的验收工作。通知还对检查评比和验收工作提出了具体要求。

同　日　广州地区工农兵各界代表集会纪念广州起义五十周年。中共广东省委书记、广州市委第一书记焦林义主持大会。中共广东省委书记王首道，广州部队政治委员向仲华以及各界代表在会上讲了话。在此之前，中共广东省召开参加过广州起义的部分老同志座谈会，纪念广州起义五十周年。中共广东省委书记李坚真、副书记吴南生等出席座谈会。

12月12日—31日　中共中央军委召开全体会议。会议肯定1975年军委扩大会议是正确的，提出了军队建设的十项任务，通过了《关于加强部队教育训练的决定》等9个决定和条例。叶剑英在会上讲话，他强调部队要抓好的十项任务是：第一，把揭批“四人帮”的斗争进行到底；第二，贯彻毛泽东战略思想，做好作战准备；第三，整顿领导班子；第四，加强党的建设；第五，把教育训练提到战略地位；第六，加速装备现代化；第七，搞好精简整编；第八，加强后勤战备建设；第九，加强民兵建设；第十，恢复和发扬我军的优良传统。邓小平讲话包括了揭批“四人帮”和整顿领导班子、国内国外形势、把军队办成一个大学校、整顿纪律、关于团结等5个问题。他指出一定要抓紧备战工作，特别是要训练干部学会指挥现代战争。他还指出，要把军队办成一个大学校，使干部战士既能打仗，又能搞社会主义建设，使干部成为军队和地方都合用的干部，战士成为一兵多能的战士。

12月13日　中共中央宣传部举行座谈会。中共中央宣传部为征求对当前宣传工作和拟于1978年召开的全国宣传工作会议的意见，开始邀请在京的社会科学界、文化艺术界、新闻出版界党内外人士座谈，先开了5次小范围的座谈会。25、26日扩大座谈会规模，出席者达300余人。

12月14日　全国总工会副主席陈少敏在北京病逝。陈少敏，山东寿光县人，1902年生。她于1927年加入中国共产主义青年团，次年加入中国共产党。曾任山东寿光县团委妇女部长，天津市委秘书长，洛阳特委书记，河南省委组织部长，中共中央中原局敌后挺进支队政治委员，新四军第五师副政委，鄂中区党委书记，豫鄂边区党委书记，中原局组织部长等职。建国后，历任中国纺织工会全国委员会主席、党组书记，中华全国总工会书记处书记、副主席、党组副书记等职。她是中共七届候补中央委员、八届中央委员。曾当选为全国政协第二、三届常委，全国人大三届常委。

12月19日 《第二次汉字简化方案（草案）》发表。这个《草案》共收简化字853个。其中第一表248个，第二表605个。《草案》是在4 500个常用字范围内拟定的，经国务院批准，由中国文字改革委员会发表。

同　日　华国锋等视察农业机械化展览。华国锋、邓小平、李先念、汪东兴到北京农业展览馆视察农业机械化展览并观看了农业机械表演。华国锋对国务院农业机械化领导小组的同志说："农业机械化事业要大干快上。要狠抓农机产品质量的提高，做到坚固耐用。""农机生产要搞标准化、系列化、通用化。一台机器要带多种作业机具，充分发挥拖拉机的效能。""要抓好产品定型、成批生产，要减少原材料消耗，降低生产成本。"

同　日　教育部、中央广播事业局联合开办面向全国的电视教育讲座。这次电视讲座有英语、数学、电子技术3种课程。

12月22日　党和国家领导人接见台湾同胞。华国锋、叶剑英、李先念、汪东兴以及韦国清、乌兰夫、纪登奎、吴德、张廷发、陈永贵、陈锡联、耿飚、徐向前、陈慕华等党和国家领导人，接见出席台湾省全国人大代表协调选举会议的同胞。他们来自28个省、市、自治区。

12月26日　鞍钢新建的一座我国目前最大的高炉投产。这座高炉的容积为2 580立方米，年产铁150万吨。

12月27日—29日　四届政协常委会第七次扩大会议在京举行。华国锋、叶剑英、邓小平、李先念、汪东兴出席会议。会议拥护中共中央提议，于1978年春召开五届政协首次会议。叶剑英在会上讲话，阐述了五届全国人大和五届全国政协召开的意义，阐述了毛泽东的统一战线思想以及政协的地位和作用等。方毅作《关于科学和教育事业情况的报告》，提出了为实现中共中央《关于召开全国科学大会的通知》中规定的科学技术现代化的奋斗目标，以及在近期和20世纪末科技和教育战线的具体任务和规划设想。列席会议的有各民主党派和全国工商联负责人、无党派爱国人士以及中共中央统战部和有关单位的负责人。

12月28日　中央军委颁发《关于办好军队院校的决定》。《决定》对教育方针原则、院校体制、整顿配备院校领导班子、建设又红又专的教员队伍、招生条件、学制、军政教育时间比例、编写教学大纲和教材、教学方法、教学保障工作等作出了规定，提出了要求。

12月31日　国务院办公室为在京外国专家及其夫人举行新年招待会。党和国家领导人邓小平、方毅、耿飚、陈慕华、王震等出席招待会。邓小平代表中国共产党、中国政府和中国人民，向来自五大洲40多个国家的专家和他们的夫人致以热烈的新年祝贺和亲切的问候，感谢他们在过去一年里的辛勤劳动和做出的多方面贡献。

本　月　国家体委发出通知，从1977年12月开始颁发“国家体育锻炼标准”证书、证章。

1978年

1978年综述

这一年是吹响改革开放前奏的一年。

2月，第五届全国人民代表大会第一次会议召开。会议提出在20世纪内把中国建设成为农业、工业、国防和科学技术现代化的伟大的社会主义强国的任务。由于受“左”倾指导思想的影响，对当时国民经济比例严重失调的情况估计不足，会议对经济的发展提出了高指标。这个方针的执行，造成国家财政困难和国民经济比例更加失调的严重后果。

5月，《光明日报》刊登题为《实践是检验真理的唯一标准》的特约评论员文章，引发了全国性的关于实践是检验真理的唯一标准问题的讨论。党内外绝大多数人支持和拥护文章的观点。这一讨论，冲破了长期以来“左”倾思想的束缚，促进了全国性的马克思主义的思想解放运动，为中共十一届三中全会的召开准备了思想条件。

12月，中共十一届三中全会召开。此前，中共中央召开工作会议，解决了许多有关党和国家命运的重大问题。邓小平在会上作的题为《解放思想，实事求是，团结一致向前看》的讲话，为三中全会提出了基本的指导等思想。三中全会的中心议题是讨论把全党工作的重点转移到社会主义现代化建设上来。全会在党的领导工作方面作出了具有重大意义的转变，这标志着党从根本上冲破了长期“左”倾错误的严重束缚，端正了党的指导思想，使广大干部和群众从过去盛行的个人崇拜和教条主义中解放出来，在思想上、政治上和组织上全面恢复和确立了马克思主义的正确路线，结束了1976年10月以来党的工作在徘徊中前进的局面。十一届三中全会是建国以来中共历史上具有深远意义的伟大转折点。会后，中共中央政治局会议确定胡耀邦为中央秘书长，胡乔木、姚依林为副秘书长，处理党的日常工作。会议免去汪东兴在中共中央机关的所有各项兼职（包括中共中央办公厅主任一职）。

是年，中日两国签订中日和平友好条约。中美两国政府决定，自1979年1月1日起建立外交关系。

是年，工农业生产得到进一步恢复，国民经济主要指标都完成或超额完成国家计划。财政收入也大大超过原定计划。国内市场供应有所改善。对外贸易也有新的发展。但是，在经济建设上急于求成的做法，已经开始给经济工作带来危害，并在后来的经济发展中表现出来，主要是：基本建设规模过大，农轻重比例、积累和消费比例关系严重失调；经济效益较差，全国有1/3的企业管理较混乱，生产秩序不够正常。

主要经济指标：工农业总产值5 690亿元，比上年增长12.3%。其中，农业总产值1 459亿元，比上年增加9%；工业总产值4 231亿元，比上年增加13.5%。工农业产品产量：粮食，3.0477亿吨；棉花，216.7万吨；油料，521.8万吨；糖，227万吨；原煤，6.18亿吨；钢，3 178万吨；布，110.3亿米；原油，1.0405亿吨；发电量，2 566亿度。基本建设投资总额501亿元。社会商品零售总额1 558.6亿元。国家财政总收入1 121.1亿元，总支出1 111亿元。

1月1日　《人民日报》、《红旗》杂志、《解放军报》发表题为《光明的中国》的元旦社论。社论认为，抓纲治国的战略决策已经初见成效。社论指出，1978年要把揭批“四人帮”这个纲继续抓紧抓好，要继续放手发动群众，坚决打好揭批“四人帮”的第三个战役，即进一步分清是非、拨乱反正、解放思想的大战役。要加快建设速度，把国民经济搞上去。社论强调，建设的速度问题，不是一个单纯的经济问题，而是一个尖锐的政治问题。加快速度，不仅必要，而且是可能的。这种过分渲染高速度的气氛，助长了经济建设中急于求成的倾向。

1月3日　国务院电贺开滦煤矿生产达到1976年地震前的水平。5日，唐山市隆重举行庆祝开滦煤矿达到震前生产水平胜利大会。1976年发生的强烈地震，使开滦煤矿地面建筑几乎全部倒塌，所有矿井全被水淹，不少职工和家属伤亡。经过1年零5个月的恢复建设，排出井下积水1.6亿吨，修复740多里的巷道，修好3.3万多台机器设备，盖起62万平方米的永久性工业建筑，1977年12月平均日产原煤7万吨，达到了地震前的水平。

1月4日—26日　第三次全国农业机械化会议在北京举行。会议的主要任务是揭批“四人帮”的实质及其破坏农业机械化的罪行，肃清其流毒和影响；检查国务院有关部委及各地对中央于1977年初发出的保证在1980年基本实现农业机械化这一文件的执行情况；总结交流走我国农业机械化道路的经验；进一步落实今后3年的规划，以及实现这个规划所必须采取的一些重大政策和措施。在正式会议召开之前，1977年12月20日全体与会代表在山东省济南市举行预备会，并进行了参观学习。余秋里在大会上作了题为《全党动员，决战三年，为基本上实现农业机械化而奋斗》的报告。当时，有的部门的同志已经看到并正式提出，1980年基本实现农业机械化的目标不可能实现，但是，这次会议仍然坚持到1980年基本实现农业机械化。会议认为，在1980年实现农业机械化，不仅是必要的，而且是完全能够做到的。会议确定，到1980年，全国农林牧副渔作业的机械化水平要达到70%左右；同1977年相比，大中型拖拉机拥有量要增长70%，大中型机引农具拥有量要增加110%，手扶拖拉机拥有量要增长36%，排灌动力机械拥有量要增长32%，化肥年产量要增长58%。为达到这个目标，会议决定采取若干政策和措施。《人民日报》分别在1月5日和2月1日发表题为《夺取三年决战的胜利——祝贺第三次全国农业机械化会议的召开》和《做农业机械化大干快上的促进派》的社论。

1月5日　中国人民解放军军事学院、政治学院、后勤学院分别召开成立大会。这3所学院是经中共中央军委批准重新成立的，3月1日正式开学。军事学院由肖克任院长兼第一政委，段苏权、刘兴元为政治委员；政治学院由唐亮任院长（1978年12月，中共中央军委又任命林浩为院长，唐亮为政治委员）；后勤学院由陈漫远任院长，李聚奎为政治委员。

1月7日　国务院批转教育部《关于加强中小学教师队伍管理工作的意见》。由于“四人帮”的破坏，近年来，多数地区的教育行政部门不能管理教师，也不能管理师范院校毕业生的分配，出现了许多问题，严重影响到扩大和加速中小学教育事业发展的规模和速度，也严重影响到教育质量的提高，教育部的《意见》规定，中小学公办教师的管理、调配工作，应在党委一元化领导下，由县以上各级教育行政部门负责；高师、中师毕业生应全部分配到教育战线工作；各级行政部门不应占用教育事业编制。此后，各地进行了中小学教师队伍的整顿工作，调回大批被借调做其他工作的教师。随着教师队伍管理体制的变更，改变了一些大中城市实行的由街道管理小学的体制；农村则重建了学区、中心小学；城乡中小学校先后恢复由教育行政部门直接领导和管理的体制。

1月9日　广州军区副司令员杨梅生逝世。杨梅生，1905年生，湖南湘潭县人。1926年参加国民革命军武汉警卫团，1927年投入湘赣边界秋收起义，1928年加入中国共产党。他历任湘赣红三师师长，四川军区参谋长，红四方面军总部纵队参谋长，参加了长征。此后，曾任新四军竹沟留守处参谋长，江北指挥部副参谋长，津浦路东联防司令员，新四军第二师独立旅旅长，热河军区代司令员，合江军区司令员，第四野战军四十六军副军长。建国后，任第二十兵团军长，湖南军区司令员，广州军区副司令员。1955年被授予中将军衔。他是全国政协第一至第四届委员。

1月10日　《人民日报》发表评论员文章：《切实整顿组织部门落实党的干部政策》。文章指出，要把被“四人帮”颠倒了的干部路线是非纠正过来，彻底摧毁资产阶级帮派体系，认真落实党的干部政策，尽快把审干工作中的遗留问题处理好。1月18日，中共中央组织部为了尽快给待分配的干部安排工作，成立了干部分配办公室，至7月，中共中央组织部已经按政策分配和安置了中央和国家机关干部 5 344名，占中央和国家机关53个单位原有待分配干部的87.2%。7月1日，鉴于中组部干部局已成立，干部分配办公室停止工作。

1月11日　中共中央批转《全国侨务会议预备会议的情况报告》。全国侨务会议预备会议是最近在北京举行的。会议重新学习了中共中央制定的侨务工作的方针政策，揭发批判了林彪、“四人帮”对侨务工作的严重干挠、破坏的罪行；讨论了今后如何加强侨务工作，团结广大华侨，调动广大侨眷和归侨的社会主义积极性，为实现祖国的四个现代化做出贡献等问题。1月4日，《人民日报》发表题为《必须重视侨务工作》的社论，同时发表廖承志的题为《批判“四人帮”所谓“海外关系”问题的反动谬论》的文章。文章共分四个部分：一、批驳“海外关系”是反动的政治关系；二、批驳有“海外关系”的人是“反动的社会基础”；三、批判“四人帮”否认侨务工作的特点的唯心主义、形而上学；四、肃清“四人帮”的流毒和影响，坚决贯彻和落实党的侨务工作方针政策。

同　日　国务院批准教育部发出关于办好一批重点中小学的试行方案的通知。通知指出，切实办好一批重点中小学，以提高中小学的教育质量，总结经验，具有重要意义。通知要求各级教育部门要对发展和办好本地区、本部门的重点中小学作出规划和部署。教育部关于办好一批重点中小学的试行方案提出，大中城市可在市和区县两级开重点学校。市办好一批重点中学；区县可办二三所重点中学，五六所重点小学。各省、自治区，可在省、地市，县三级开办重点学校。省和地市两级可各自办好一批重点中小学；县可办好二三所重点中学，五六所重点小学。目前，教育部办的重点中学和重点小学已经确定，共20所。此后，各地确定了一批重点学校，至1979年底，全国共有重点中学5 200多所，重点小学7 000多所。

1月13日　新华社报道：长江源头和总长度业已查清。长江流域规划办公室组织调查组对长江源头的勘查结果表明，长江的源头不在巴颜喀拉山南麓，而是在唐古拉山脉主峰各拉丹冬雪山西南侧的沱沱河；长江全长不止5 800公里，而是6 300公里。

1月18日　中共中央军委发出《关于加强部队教育训练的决定》。由于林彪、“四人帮”的长期干扰破坏，部队在政治、军事、作风、纪律等方面受到严重损害，军政素质下降。针对这种状况，《决定》要求全军把教育训练提高到战略地位，把军队整顿好、训练好，全面提高部队战斗力。《决定》指出，解放军在和平时期不可忘记自己永远是一个战斗队，要抓紧作好反侵略战争的准备。加强教育训练，是关系军队建设、战争准备全局的重大问题。《决定》对部队教育训练的内容、指导思想、领导等都作出了规定，提出了要求。

同　日　教育部颁发《全日制10年制中小学教学计划试行草案》和通知。《试行草案》规定了中小学的任务，学制，制订教学计划的基本原则，“主学”、“兼学”的安排，活动总量，课程设置等内容。全日制中小学学制为10年，其中小学5年、中学5年，中学5年按初中3年，高中2年分段。有条件的地区，可以逐步实行6周岁半或6周岁入学。

1月19日—24日　法国总理雷蒙·巴尔偕夫人访华。华国锋、邓颖超分别会见了巴尔和夫人，邓小平同巴尔举行了会谈。访问期间，中法两国政府签订了科学技术协定。

1月21日　国务院发出《关于当前市场物价问题的通知》。《通知》要求各有关部门采取有力措施，整顿物价，刹住随意变动价格的歪风。《通知》强调，物价大权归中央，任何地方和部门都要维护全国统一规定的计划价格，不得自行改变。要坚持计划价格，反对自由价格。《通知》指出，各地区、各有关部门要加强物价工作的领导，要有相应的物价机构和人员。对随意变动物价、抬级抬价、压级压价的，要严肃处理。对于利用价格搞贪污盗窃、投机倒把的，要坚决打击。

1月22日—30日　全国体育工作会议在北京举行。这次会议是建国以来代表性最广泛、规模最大的一次体育工作会议。会议制定了今后3年、8年、23年体育事业发展规划。会议提出，高速度发展我国体育事业，努力做到城乡群众体育大普及，人民体质大增强，力争在不长的时间内，使大部分运动项目接近和超过世界水平。会上国家体委给117个群众体育先进单位和68个先进运动队颁发奖旗。

1月23日　新华社报道：教育部和中国科学院统一安排招收研究生的工作。决定将1977、1978两年招收研究生的工作合并进行，同时报考，一起入学，统称为1978届研究生。定于5月初试，6月复试，9月入学。据27个省、市、自治区不完全统计，共有6.35万多人报考，210所高校和162所研究机构共录取研究生1.0708万人。

1月25日　国务院召开的全国国营农场工作会议在北京闭幕。这次会议研究了如何挖掘潜力，加速国营农场发展的问题。会议决定，加强对国营农场的领导，首先重点武装黑龙江的国营农场，在北大荒打一场大会战，使那里的国营农场提高作物的单位面积产量和扩大垦荒规模；同时，积极支持其他垦区生产建设，加快其他垦区的发展速度，在不长的时间里，把国营农场建设成为商品粮食基地、工业原料基地、城市副食品基地、外贸出口产品基地。

1月26日　中国成功地发射了一颗人造地球卫星。卫星运行情况良好，按预定计划完成了科学实验任务，并成功地返回地面。

1月28日　中共中央组织部召开中央、国家机关26个部委副部长座谈会。会议讨论给待分配干部尽快安排工作问题。胡耀邦在会上强调，干部是我们党的宝贵财富，可以工作而没有分配工作的，要尽快分配工作；年老体弱不能工作的要妥善安排；少数干部要作出审查结论的应尽快作出。

1月31日　中共中央批转中央对台工作领导小组关于对台湾进行工作问题的建议。中央指出，我们力争用和平方式解决台湾问题，因而对台湾工作是当前最大的统一战线工作。

2月3日　《人民日报》报道：《一份省委文件的诞生——记中共安徽省委〈关于当前农村经济政策几个问题的规定〉的产生经过》。《人民日报》为这篇文章加了编者按。按语指出：中共安徽省委把认真落实党的农村经济政策当做一件大事来抓，用3个多月的时间调查研究、酝酿讨论，在1977年11月产生了这份省委文件，安徽省委文件的主要内容是：恢复和建立各项规章制度，加强人民公社的经营管理；尊重生产队的自主权，减轻生产队和社员的负担；坚持按劳分配，保证社员分配兑现；开展多种经营；慎重地对待基本核算单位由生产队向大队过渡的问题；在保证集体经济占绝对优势的条件下，允许和鼓励社员经营少量的自留地和正当的家庭副业。6月13日，《人民日报》又报道了四川省落实农村经济政策的经验。中共四川省委在1978年2月制定了主要内容与安徽省委文件相同的《关于目前农村经济政策几个主要问题的规定》，在四川省实行。在上述政策精神的鼓舞下，一些地区大胆冲破多年来“左”的一套束缚，开始了大胆改革农业管理体制的探索。

2月5日　中共中央批转国家计委《关于经济计划的汇报要点》和《1978年国民经济计划主要指标》。这两个文件是1977年11月24日—12月11日的全国计划会议拟定的。《汇报要点》指出，在今后23年，在经济战线，分三个阶段，打几个大的战役。第一阶段，在1980年以前，基本上实现农业机械化，粮食产量达到6 700亿斤；工业方面，钢产量达到3 600万吨，在全国建成独立的比较完整的工业体系和国民经济体系。第二阶段，1985年以前，农业提高到一个新水平，粮食产量达到8 000亿斤；各工业部门的主要生产环节基本掌握现代先进技术，钢产量达到6000万吨。第三阶段，在2000年以前，全面实现四个现代化，粮食总产量达到13 000亿斤到15 000亿斤，钢产量达到1.3亿吨到1.5亿吨，在各个生产技术领域，多数接近、少数赶上和超过当时的世界先进水平，使我国的国民经济走在世界的前列。根据这样一个总的战略构想，《汇报要点》提出了“五五”计划后3年和“六五”计划的重点安排和主要指标，并且提出了15项重大政策措施，以保证各项任务的完成。

2月6日　中共中央批准教育部、中央广播事业局《关于筹办电视大学的报告》。《报告》提出主办面向全国的中央广播电视大学。这所学校为业余性质，要求学员学完全部课程，能达到相当于大学毕业的水平。

2月17日　国务院转发教育部《关于恢复和办好全国重点高等学校的报告》，决定恢复和办好一批全国重点高等学校。国务院指出，恢复和办好全国重点高等学校是一项战略性措施，对于推动教育战线的整顿工作，迅速提高高等教育的水平，尽快改变教育事业与社会主义革命和建设严重不相适应的状况，是完全必要的。教育部的报告提出，对全国重点高等学校要实行统一领导，分级管理。面向全国和面向地区的全国重点高等学校，除少数院校实行有关部委直接领导外，多数院校实行有关部委和省、市、自治区双重领导，以部委为主。面向本省、市、自治区的全国重点高等学校，原则上由本省、市、自治区领导，有关部委要给予支持。第一批全国重点高等学校已经确定，共88所，其中恢复原有的60所，新增加28所。在此以后，中国人民大学、北京政法学院、国际关系学院、南京农学院、中国首都医科大学相继复校，仍列为全国重点学校。国务院又批准将西北农学院、西南农学院、华中农学院、华南农学院、沈阳农学院、山西农业大学列为全国重点学校。广东化工学院并入华南工学院。撤销大寨农学院。至1979年底，全国共有重点高等学校97所。

同　日　新华社报道：我国自行设计建造的第一座5万吨级干船坞，已在山海关船厂基本建成并简易投产。它是我国目前最大的一座现代化修船坞。

同　日　《人民日报》转载徐迟的报告文学：《哥德巴赫猜想》。这篇作品原载于1978年第1期《人民文学》，它以生动的文笔，如实地反映了我国著名数学家陈景润不畏艰苦、勇攀高峰的动人事迹，受到广大读者的热烈欢迎。这一期《人民文学》很快销售一空。《人民日报》的编者按语指出，这反映了全国人民非常关心祖国科学研究事业的进步，向四个现代化进军的号召已深入人心，也说明，凡是有发明创造的科技工作者和工农兵群众，都会受到国家和人民的尊重，受到整个社会的尊重。

2月18日—23日　中共第十一届中央委员会第二次全体会议在北京举行。华国锋主持了这次会议并讲话。这次会议的任务是：从政治上、思想上和组织上为第五届全国人民代表大会和第五届全国政协的召开，完成各项必要的准备工作。全会对中央政治局提出的各项文件进行了认真的讨论。全会一致通过了《政府工作报告》、《1976—1985年发展国民经济10年规划纲要（草案)》、《宪法修改草案》和《关于修改宪法的报告》，决定提请五届人大一次会议审议。全会一致通过了全国人民代表大会常务委员会组成人员、国务院总理和国务院其他组成人员、最高人民法院院长、最高人民检察院检察长、政协全国委员会常务委员会组成人员的候选人名单，决定分别提请五届全国人大和五届全国政协会议讨论。全会还通过了中华人民共和国国歌的新歌词，也决定提请五届全国人大会议讨论。

2月21日　新华社报道：青年数学家张广厚在函数理论研究中获得具有世界水平的重要成果。张广厚成功地找到了整函数或亚纯函数的亏值、渐近值和茹利雅方向三者之间的有机联系，并给这种联系作出了具体的数学论证，更深刻地揭示了整函数或亚纯函数所反映的客观规律。另外，在渐近值理论方面，张广厚还一举解答了国际上多年没有解决的4个问题。

同　日　经国务院批准国家劳动总局发布《关于企业职工加班工资支付问题的通知》。《通知》要求，对必须在法定节日加班的工人和必须随同生产工人加班的其他职工（不包括科长以上的领导干部)，可按本人标准工资的200%发给。

2月21日—24日　中共中央组织部分3批召开中央、国家机关和部分省、市研究疑难案件座谈会。胡耀邦在座谈会上讲话指出，落实干部政策是关系到我们党是不是实事求是的问题，是不是是非分明的问题，是不是真正坚持原则的问题。在党内和干部队伍中，是非功过一定要分明。他提出了落实干部政策的标准：一是没有结论的，应该尽快作出结论，结论不正确的，要实事求是地改正过来；

二是没有分配工作的要分配适当工作，年老体弱不能坚持正常工作的，要妥善安排；三是已去世的，要作出实事求是的结论，把善后工作做好；四是受株连的家属、子女的问题要解决。总的方针是实事求是，方法是群众路线。

2月24日—3月8日　全国政协五届一次会议在北京举行。这次会议是“文化大革命”后召开的第一次全国政协会议。许德珩作《中国人民政治协商会议第四届全国委员会常务委员会工作报告》，韦国清作《关于修改中国人民政治协商会议章程的说明》的报告。大会一致通过了新的政协章程和政协第五届一次会议决议，一致选举邓小平为第五届政协主席，乌兰夫、韦国清、彭冲、赵紫阳、郭沫若、宋任穷、沈雁冰、许德珩、欧阳钦、史良（女）、朱蕴山、康克清(女)、季方、王首道、杨静仁、张冲、帕巴拉·格列朗杰、周建人、庄希泉、胡子昂、荣毅仁、童弟周等22人为副主席。会议选举齐燕铭为全国政协秘书长，并选出常务委员243人。

2月25日　五届全国人大一次会议举行预备会议。会议由宋庆龄主持。会议选举了五届人大第一次会议主席团和秘书长。会议通过了五届人大第一次会议的议程。预备会议结束后，大会主席团举行第1次会议，推选了常务主席。随后，五届人大代表资格审查委员会举行会议，纪登奎作了资格审查报告。这次共选出人大代表3 500人，其中3人因发现有严重错误，已由原选举单位撤销代表资格，现有代表3 497人。其中工人占26.7%，农民占20.6%，人民解放军占14.4%，革命干部占13.4%，知识分子占15%，爱国人士占8.9%，归国华侨占1%。代表中妇女占21.2%。中年、青年代表占62.9%。全国54个少数民族都有代表，他们的代表占10.9%。

2月26日—3月5日　五届全国人大一次会议在北京举行。会议的主题是：动员全国各族人民团结起来，为建设社会主义现代化强国而奋斗。华国锋作政府工作报告，叶剑英作《关于修改宪法的报告》。大会讨论并同意国务院提出的《1976年—1985年发展国民经济10年规划纲要（草案)》，一致通过了《中华人民共和国宪法》和关于政府工作报告的决议。大会还通过了中华人民共和国国歌新歌词。

大会选举叶剑英为人大常委会委员长，宋庆龄（女）、聂荣臻、刘伯承、乌兰夫、吴德、韦国清、陈云、郭沫若、谭震林、李井泉、张鼎丞、蔡畅（女）、邓颖超（女）、赛福鼎、廖承志、姬鹏飞、阿沛·阿旺晋美、周建人、许德珩、胡厥文等为副委员长。决定华国锋为国务院总理，邓小平、李先念、徐向前、纪登奎、余秋里、陈锡联、耿飚、陈永贵、方毅、王震、谷牧、康世恩、陈慕华等为副总理。决定江华为最高人民法院院长，黄火青为最高人民检察院检察长。决定郭沫若为中国科学院院长、胡乔木为中国社会科学院院长。政府工作报告总结了16个月以来的工作，提出社会主义革命和社会主义建设在新的发展时期的总任务：坚决贯彻执行党的十一大路线，坚持无产阶级专政下的继续革命，深入开展阶级斗争、生产斗争和科学实验三大革命运动，在20世纪内把我国建设成为农业、工业、国防和科学技术现代化的伟大的社会主义强国。由于当时的历史条件的限制和“左”的指导思想的影响，政府工作报告和《10年规划纲要》在经济建设上急于求成地提出许多新的要求：从1978年到1985年，要新建和续建120个大型项目，其中有10个大钢铁基地，9个大有色金属基地，8个大煤炭基地，10个大油气田，30个大电站，6条铁路新干线，5个重点港口；到1985年，钢产量要达到6 000万吨，原油产量要达到2.5亿吨，粮食产量达到8 000亿斤。这8年间工业总产值每年要增长10%以上，全国的基本建设投资相当于过去28年的总和。报告还预计，20世纪末我国农业主要产品的单位面积产量要达到或超过世界先进水平，工业主要产品产量要分别接近、赶上和超过最发达的资本主义国家；农业生产要最大限度地实现机械化、电气化、水利化，工业生产的主要部分自动化，交通运输大量高速化，各项经济技术指标分别接近、赶上和超过世界先进水平。这样宏大的建设规模和增长速度，从资源、财力、技术力量和建设周期来说，都是不可能实现的。

2月27日　新华社报道：中国科学院上海分院为所谓“‘两线一会’特务集团”假案、冤案彻底平反。1968年，“四人帮”及其在上海的余党利用清队，无中生有，制造假案，把解放前国民党的中央研究院作为一条线，把日本占领时期的上海自然科学院作为一条线，同国民党溃退前夕组织的伪中央研究院接应安全小组委员会连在一起，叫做"'两线一会'特务集团"，把解放前的科研人员都作为"特务"，而且诬陷他们"潜伏下来又发展新的特务"。这一假案株连到14个研究单位，有数百人包括一些著名的科学家被诬陷为"特务"，被隔离审查。

2月28日　教育部、国家计委联合发出电报，决定自1977届新生起，在普通高等学校试行招收走读生，增加高等学校招收名额。高等学校在完成1977年招生计划之外，可以根据本校条件增加招生名额（包括招收住读生和走读生）。增招的走读生在校期间和毕业后的待遇与住读生相同。增招的学生来源，从符合录取条件的考生中择优录取。招生工作要求在3月结束，新生于4月入学。据此，各省、市、自治区挖掘潜力，共增招新生6.2万余人。

同　日　新华社报道：中国社会科学院决定今年面向全国招收研究生。招生办法与中国科学院和各高等学校相同。

3月6日　国务院在北京召开第三次全国城市工作会议。会议指出，近10多年来，由于林彪、"四人帮"的干扰破坏和工作认识上的偏差，我国城市工作积累了大量问题。针对城市工作中的问题，这次会议提出改进措施和今后工作的方针：一、控制大城市规模，多搞小城镇。今后百万以上人口的特大城市，一般不再在市区和近郊安排新的建设项目和大的扩建项目，以控制人口和用地规模，大中城市也要采取措施防止进一步膨胀。二、认真抓好城市规划工作。50万人口以上的大城市的总体规划，要报国务院审批，其他城市的总体规划，由省、市、自治区审批，报国务院备案。三、加速住宅及市政设施的建设。在今后几年，国家将平均每年拿4亿元投资，用于城市职工住宅建设。同时有47个城市（省会城市、人口在50万以上的大城市及遵义、延安、桂林、洛阳、苏州、无锡）试行每年从上年工商利润中提成5%，作为城市维护和建设资金的办法，以加强市政设施的建设。

3月7日　五届全国人大常委会举行第一次会议。叶剑英委员长主持了会议。会议在听取了粟裕的说明以后，讨论批准了国务院提出的

《关于兵役制问题的决定》。决定指出，为加速军队革命化、现代化建设，特决定实行义务兵与志愿兵相结合的制度，并对现行义务兵的服役年限作适当延长。决定规定，从1978年起，义务兵的服现役年限分别为：陆军部队的战士3年；空军、海军陆勤部队和陆军特种技术部队的战士4年；海军舰艇部队、陆军船舶分队的战士5年。为稳定和加强部队的技术骨干力量，部分超期服役的义务兵可以改变为志愿兵。志愿兵的服役年限，一般为15—20年，年龄一般不超过40岁。

同　日　国务院批转教育部《关于高等学校恢复和提升职务问题的请示报告》。决定在国务院没有作出新的规定以前，仍执行1960年国务院颁发的《关于高等学校教师职务名称及其确定与提升办法的暂行规定》。原来确定和提升的教授、副教授、讲师、助教，一律有效，恢复职称，并新规定了可以越级提升教授、副教授，将提升教授的审批权限改为由省、市、自治区批准，报教育部备案。在此以后，各高等学校都恢复了原有职称，还根据“坚持标准，保证质量，全面考核，择优提升”的原则，分期分批地进行了提升和确定教师职称的工作。至1981年，全国高等学校有13万多名教师提升和确定了职称。其中，提升教授的2 400多名，副教授2.07万多名，讲师11.61万多名。

3月11日　国务院决定新建宝山钢铁厂。这是国务院根据国家计委、建委、经委、上海市、冶金部《关于上海新建钢铁厂的厂址选择、建设规模和有关问题的请示报告》作出的。决定从日本引进成套设备，在上海宝山县新建钢铁厂。批准的宝山钢铁厂的建设规模为年产钢、铁各600万吨（最后批准的规模为年产铁650万吨，钢670万吨），每年所需的1 000万吨铁矿石近期从国外进口，经浙江北仑港转驳运往宝山。整个工程总投资为214亿元，其中外汇48亿美元，折合人民币144亿元，国内投资70亿元。

3月13日—16日　北京体育学院女子射箭队宋淑贤、孟凡爱、黄淑艳3名运动员，在广西武鸣县举行的全国八单位射箭比赛中以3 780环的成绩，打破团体单轮世界纪录。

3月14日　新华社报道：黄潼年首创具有世界水平的“齿轮动态整体误差测量新技术”。这项新技术，突破了世界上齿轮误差测量的旧框框，提出了多种新的测量方法，能够高效率测出各种齿轮动态整体误差的曲线，并且发展了多种能测量各种渐开线元柱齿轮的整体误差测量仪。这是一项具有世界水平的成果。这项新技术的主要创造者，是成都工具研究所技术员黄潼年。

3月15日　中国成功地进行了一次新的核试验。

3月16日　中国科学院为遭受林彪、“四人帮”迫害致死的科学家平反昭雪。中国科学院在北京八宝山革命公墓，为著名地球物理学家赵九章、著名数学家熊庆来分别举行骨灰安放仪式。在林彪、“四人帮”一伙肆虐的日子里，赵九章横遭诬陷，被迫害致死。熊庆来身患重病仍惨遭折磨，不幸去世。他们去世后，一直未能得到正确评价。粉碎“四人帮”后，中国科学院正式为他们平反昭雪，恢复了名誉。此后，中国科学院还陆续举行了被林彪、“四人帮”一伙迫害致死的著名冶金学家叶渚沛、昆虫学家刘崇乐、理论物理学家张宗燧、真菌学家邓叔群等人的骨灰安放仪式，并为他们平反昭雪，恢复名誉。

3月18日—31日　全国科学大会在北京举行。出席大会的代表近6 000人。这是一次由中共中央召开的动员全党全军全国各族人民向科学技术现代化进军的大会。邓小平在大会开幕式上讲话。华国锋作了题为《提高整个中华民族的科学文化水平》的讲话，方毅作了关于发展科学技术的规划和措施的报告，郭沫若发表了题为《科学的春天》的书面讲话，纪登奎致闭幕词。大会表彰了826个先进集体、1 192名先进科技工作者和7 657项优秀科技成果的完成单位和个人。大会制定了《1978年—1985年全国科学技术发展纲要（草案）》。《人民日报》、《红旗》杂志、《解放军报》在17日和31日分别发表题为《树雄心，立壮志，向科学技术现代化进军——热烈祝贺全国科学大会开幕》和《神州九亿争飞跃——欢呼全国科学大会胜利闭幕》的社论。邓小平在讲话中指出，四个现代化，关键是科学技术的现代化。他阐述了科学技术是生产力的观点。他说，现代科学技术的发展，使科学与生产的关系越来越密切了。科学技术作为生产力，越来越显示出巨大的作用。近30年来社会生产力的巨大发展，劳动生产率的大幅度提高，最主要的是靠科学的力量、技术的力量。邓小平强调，我国知识分子的绝大多数已经是无产阶级的一部分。他们与体力劳动者的区别，只是社会分工的不同。从事体力劳动的，从事脑力劳动的，都是社会主义社会的劳动者。邓小平指出，要建设一支宏大的又红又专的科学技术队伍。对又红又专要有正确的理解、合理的要求。一个人，如果爱社会主义祖国，自觉自愿为社会主义服务，就应该说是红了。科学技术人员应当把最大的精力放到科学技术工作上去，至少必须保证5/6的时间搞业务。邓小平指出，把我国的科学技术尽快地搞上去，关键在于我们党要善于领导科学技术工作。科研机构要建立技术责任制，实行党委领导下的所长分工负责制，党委的领导，主要是政治上的领导，同时，通过计划来领导，并做好后勤保证工作。科学技术的业务工作，应当放手让所长、副所长分工去做。对学术上的不同意见，必须坚持“百家争鸣”的方针，开展自由的讨论。要认真听取专家的意见，充分发挥专家的作用。邓小平的讲话，澄清了科技事业中的一些重大原则问题，是对科学教育工作和知识分子问题的又一次重要的拨乱反正。华国锋在讲话中强调，提高整个中华民族的科学文化水平，是实现四个现代化的直接需要，也是在全国范围内造就有社会主义觉悟的有文化的亿万劳动者，攀登科学技术高峰的战略任务。讲话提出，为了提高整个中华民族的科学文化水平，必须正确处理普及与提高的关系，独立自主与学习外国的关系。

3月20日　国务院批转教育部《关于办好“七二一”大学的几点意见》。国务院的批示指出，“七二一”大学是高等教育的一个组成部分，是培养技术人员的一个重要途径。各部门和厂矿企业，对现有的“七二一”大学要加强领导，认真进行整顿，提高教育质量。教育部的《几点意见》，对怎样办好“七二一”大学，从培养目标、办学形式、教师队伍建设、教材建设、勤俭办学、职工业余教育、加强领导等方面，提出了意见。在此以后，各地都对“文化大革命”以来发展起来的“七二一”工人大学进行了调整和整顿。对经过批准保留的“七二一”大学予以充实提高，对不具备条件的“七二一”

大学改办为业余大学、业余中等专业学校或文化技术业余学校。此后，各地“七二一”工人大学均先后改称为职工大学。

3月28日　邓小平同国务院政治研究室负责同志谈话。他说，我们一定要坚持按劳分配的社会主义原则。按劳分配就是按劳动的数量和质量进行分配。根据这个原则，评定职工工资级别时，主要是看他的劳动好坏、技术高低、贡献大小。政治态度也要看，但要讲清楚，政治态度好主要应该表现在为社会主义劳动得好，做出的贡献大。处理分配问题如果主要不是看劳动，而是看政治，那就不是按劳分配，而是按政分配了。他说，要实行考核制度。考核必须是严格的、全面的，而且是经常的。各行各业都要这样做。他强调，要有奖有罚，奖罚分明。我们实行精神鼓励为主、物质鼓励为辅的方针。过去行之有效的各种措施都要恢复。奖金制度也要恢复，稿费制度也要恢复，并根据新的情况加以修订。总的是为了一个目的，就是鼓励大家上进。

3月29日—4月4日　泰国总理江萨和夫人访华。访华期间，华国锋、叶剑英分别会见了江萨，邓小平同江萨举行了会谈。两国政府签订了贸易协定、科学技术合作协定。

4月1日　《人民日报》报道：中央军委作出《关于加强军队组织纪律性的决定》。要求各级党委根据决定的内容，充分发动群众，以团级以上党委和机关为重点，对部队的组织纪律普遍地、认真地进行检查整顿，切实加强部队的组织纪律性，以保证抓纲治军、准备打仗等各项任务的完成。《决定》要求加强对部队的组织纪律教育，提高干部战士遵守纪律的自觉性。严格遵守个人服从组织，少数服从多数，下级服从上级，全党服从中央的统一纪律。必须坚决执行命令，一切行动听指挥。要严格执行条令、条例和各种规章制度。要严格遵守群众纪律，发扬拥政爱民的光荣传统。各级干部特别是高级干部，要成为遵守和维护革命纪律的模范。《决定》指出，对模范遵守纪律的，应当表扬奖励；对违反纪律的，要批评教育，严重的要给予处分。《决定》规定，要建立与健全团级以上党的各级纪律检查委员会，充分发挥其作用，切实加强对纪律情况的检查和监督，使纪律检查委员会真正成为党委反对不良倾向、维护纪律的有力助手。同时，《人民日报》还转载了《解放军报》评论员文章：《军队非讲纪律不可》。

4月5日　中共中央批准中央统战部、公安部4月4日呈送的《关于全部摘掉右派分子的帽子的请示报告》。报告说，1957年中共发动反右派斗争，犯了严重扩大化的错误。在反右斗争中全国划为右派分子的有55万人。从1959年到1964年先后5批摘掉约30余万右派分子的帽子，到1978年全国大约还有右派分子10万多名。《报告》认为，现在全部摘掉右派分子的帽子的条件已经成熟。中共中央批准《报告》，决定全部摘掉右派分子的帽子。9月17日，中共中央批发中组部、中宣部、统战部、公安部、民政部8月25日呈报的《贯彻中央关于全部摘掉右派分子帽子决定的实施方案》，并指出，对于过去错划了的人，要做好改正工作。有反必肃，有错必纠，这是我党的一贯方针。已经发现错划了的，尽管事隔多年，也应予以改正。至11月，全国各地摘掉右派分子帽子的工作已全部完成。随后，对错划右派的改正工作在1980年基本结束，改正的占原错划“右派分子”总数的97%以上，余下的改正工作继续进行。

同　日　中共中央就在中央各部委和国家机关中建立党组和党委的问题发出补充通知。通知要求：一、中央一级国家机关和人民团体中的党组，可以领导直属单位的党组织，可以管理干部和审批所属单位干部的任免。地方各级国家机关和人民团体中的党组可以参照上述原则办理。二、国家机关各部委的政治部，是党的政治工作机关，受各部委的党组领导。三、中央一级国家机关和人民团体中的党组，可以领导该单位的机关党委。四、党中央各部委应成立党委，由机关党代表大会或党员大会选举产生，报中央审批。五、地方各级党委的部委，可建立由领导成员组成的部分会议或办公会议的制度。

4月6日　中共中央批准1978年追加基建投资等支出52亿元。其中，基建投资34.8亿元，挖潜改造措施费10.8亿元。追加的投资用于五个方面：一、煤、电、运输和森林工业、建材、糖厂投资22亿元。

二、农业和支农工业18亿元。三、挖潜改造措施费7.3亿元。四、增加高级科教人员宿舍和配合煤炭外运、加快陇海铁路复线改造等基建投资3.4亿元。五、大规模集成电路会战措施费和其他经费1.3亿元。1978年，各部门、各地区要求追加基建投资和其他各项支出达160亿元。国家计委、财政部根据国家财力的状况，向中央报告，提出先解决52亿元，资金的来源一是从超计划收入中支出22亿元，二是使用中央集中的更新改造资金30亿元。

4月7日　新华社报道：国务院向各省、市、自治区革命委员会和国务院各部委发出关于坚持开展爱国卫生运动的通知。通知要求：一、各地各级应迅速恢复和健全爱国卫生运动委员会及其办事机构，把卫生运动切实领导起来。二、动员起来，讲究卫生，减少疾病，提高健康水平。在五一节前的几个星期内，掀起一个全国性的爱国卫生运动。三、全国农村，应把搞好卫生工作列入农业学大寨的计划，工矿企业应把搞好卫生工作列入工业学大庆的计划，经常检查落实。四、实行群众运动和卫生专业工作相结合的方针。五、为了推进爱国卫生运动的开展，各省、市、地、县、社、队、厂、户、店、校之间，都要开展评比竞赛。六、今后每年春、夏、秋、冬四季，都要掀起一次爱国卫生运动的高潮，各单位要实行每周1次大清扫的制度，经常保持卫生清洁。8日，《人民日报》发表题为《把爱国卫生运动广泛地开展起来》的社论，号召全国人民积极行动起来，掀起爱国卫生运动的高潮。

4月13日　中共中央发出《关于在全国普遍进行一次新宪法宣传教育的通知》。《通知》要求，集中必要的力量和时间，对新宪法大张旗鼓地进行一次普遍的宣传和教育。通过宣传教育，提高广大干部和人民群众的政治觉悟，增强当家做主的自觉性，加强社会主义法制的观念。5月3日，《人民日报》发表题为《学习新宪法，宣传新宪法，遵守新宪法》的社论。社论指出，新宪法的颁布，是我国人民政治生活中的一件大事。学习和宣传新宪法，要全面准确地掌握新宪法的精神和实质，切实弄懂加强社会主义法制对实现新时期总任务的重要性。社论强调指出，广大国家机关工作人员特别是领导干部，要以身作则，带头学习新宪法，宣传新宪法，努力提高社会主义法制观念，做遵守法纪的模范。

4月14日—18日　索马里民主共和国总统、索马里革命社会主义党总书记穆罕默德·西亚德·巴雷访华。访华期间，华国锋会见了西亚德一行，李先念同西亚德举行了会谈。

4月15日—23日　全国铁路学大庆会议在北京举行。这是铁路史上规模空前的一次大会，出席大会的共有3 000余人。段君毅在大会上作了关于努力办好人民铁路，为高速度发展国民经济，当好先行的报告。李先念、谷牧在大会上讲话。会议提出，动员全铁路职工和家属，深入开展学大庆的群众运动，努力加快铁路现代化的步伐，使铁路成为国民经济高速发展的先行，为实现新时期的总任务做出更大的贡献。在会议上，铁道部授予112个先进集体、先进单位为学大庆的红旗称号，并表彰了一批先进单位和个人。

4月17日　国务院批准恢复暨南大学、华侨大学。这两所学校先后于1957年、1960年建校，1970年被迫停办。复校后，暨南大学要办成一所文、理、医等多学科综合性大学，华侨大学要办成一所多种专业的工科大学。两校均以招收海外华侨、港澳同胞和台湾青年学生为主，同时也招收部分归侨和侨眷子女。

4月19日　中共中央原则同意国家计委、国务院财贸小组、对外贸易部、财政部、人民银行《关于今后8年发展对外贸易、增加外汇收入的规划要点（草案）》的报告。《规划要点》提出，要实现今后8年进出口规划，关键在于增加出口货源，增加外汇收入。各行各业都要十分关心出口，花大力气，抓出口，抓非贸易收入。《规划要点》提出的主要措施是：一、要统一全党对外贸工作的认识。二、要在发展生产的基础上，大力增加出口货源。三、积极办好出口商品生产基地。四、大力改进出口商品包装装潢。五、解决好出口货源几个政策问题。六、积极增加非贸易收入，做好旅游、侨汇、港口服务等工作。

4月20日　中共中央下发《关于加快工业发展若干问题的决定（草案）》（简称工业30条），到各工业管理机关、各工业交通企业试

行，《工业30条》是在1961年的《工业70条》和1972年的《工业10条》与1975年的《工业20条》等草案的基础上逐步发展起来的。《决定》对整顿企业提出了明确的要求和具体的标准，对工业企业的任务、基本制度、工作方法等作了明确的规定，对于如何搞好工业管理，提出了一系列方针和政策。《决定》指出，通过整顿，各个企业要建立起精干的、强有力的领导班子；要逐步建设一支思想红、干劲大、技术精、作风好、团结紧、纪律严的产业大军；《决定》强调，要建立和健全以岗位责任制为核心的各项规章制度，切实搞好各项管理工作；强调企业是生产单位，必须以生产为中心，各个企业都要恢复实行党委领导下的厂长分工负责制，总工程师、总会计师的责任制，建立党委领导下的职工代表大会或职工大会制，恢复和建立企业基金制度。对企业要实行“五定”，即定产品方向和生产规模，定人员机构，定原材料、燃料等消耗定额和供应来源，定固定资产和流动资金，定协作关系。《决定》设立企业基金制度。企业全面完成国家计划和供货合同，可以按比例在利润中提取企业基金，主要用于举办企业的集体福利事业。《决定》提出，要按照专业化协作的原则改组工业，首先组织同一地区的本行业的专业公司，然后逐步地发展跨省市、跨行业的联合公司；要从上到下建立起强有力的各级工业指挥系统，以有秩序地组织生产和建设活动。《决定》还对工业支援农业，大力发展燃料、动力、原材料工业和交通运输；挖潜、革新、改造；综合利用及环境保护；增加积累、厉行节约；加强科学研究，采用先进技术等问题，作出具体的规定。《工业30条》是当时指导工交战线拨乱反正的重要文件。文件下达后，各省、市、自治区积极组织实施，抓紧进行整顿企业的工作，使一批“老大难”的、关系全局的重点企业较快地改变了落后面貌。

4月22日—5月16日　全国教育工作会议在北京召开。刘西尧作报告，报告共分八个部分：一、新时期教育战线的任务；二、深入揭批“四人帮”，把学校整顿好；三、集中力量办好一批重点学校；四、开展科学实验，加强科学研究；五、加强教师队伍的建设；六、努力实现教学手段的现代化；七、全面贯彻教育与生产劳动相结合的原则；八、广开才路，大力选拔和培养优秀人才。会议讨论了《1978—1985年全国教育事业规划纲要（草案）》，《全国普通高等学校暂行工作条例》、《全日制中学暂行工作条例（草案）修改意见（讨论稿）》、《全日制小学暂行工作条例（草案）修改意见（讨论稿）》。邓小平在会议上作了重要讲话。他指出，要提高教育质量，提高科学文化的教学水平，更好地为社会主义建设服务。他要求学校大力加强革命秩序和革命纪律，造就具有社会主义觉悟的一代新人，促进整个社会风气的革命化。要在青少年中大力提倡勤奋学习、遵守纪律、热爱劳动、助人为乐、艰苦奋斗、英勇对敌的革命风尚，把青少年培养成忠于祖国、忠于革命事业的优秀人材。他说，今后不仅大中学校招生要德智体全面考核，择优录取，而且各部门招工用人也要逐步实行德智体全面考核的办法，择优录用。讲话指出，教育事业必须同国民经济发展的要求相适应。各级各类学校对学生参加什么样的劳动，怎样下厂下乡，花多少时间，怎样同教学密切结合，都要有恰当的安排。邓小平强调，要尊重教师的劳动，提高教师的质量。要提高人民教师的政治地位和社会地位，整个社会都应该尊重教师。要研究教师首先是中小学教师的工资制度。采取适当的措施，鼓励人们终身从事教育事业。邓小平的这篇讲话，为新时期的教育工作指明了前进方向。

4月24日　《人民日报》报道：中共中央军委作出《关于办好军队院校的决定》。《决定》要求各总部、各军兵种、各军区党委加强对军队院校的领导，各级各类军队院校党委认真按照《决定》的精神和要求，努力办好军队院校，为抓纲治军、准备打仗和加速军队革命化现代化建设大力培养军政人材。《决定》阐述了办好军队院校的方针，对院校的政治教育和军事教育的内容作了明确的规定，并要求各总部、各军兵种、各军区制定培养干部的全面规划，有计划地抽调优秀干部进院校。《决定》提出了十项办好院校的措施：一、要联系实际，深入系统地肃清林彪、“四人帮”的流毒，澄清是非，坚持正确的办校路线和方向。二、要健全院校体制。三、要认真整顿、调配好各院校的领导班子。四、要建设又红又专的教员队伍。五、要严格招生条件。六、要加速培训干部，规定学制。七、要建立和健全必要的规章制度，保证教学时间和秩序。八、编好教学大纲和教材。九、要认真改进教学方法。十、要在勤俭节约的原则下，切实搞好和不断改善各项教学保障工作。

4月24日—28日　也门民主人民共和国总理阿里·纳赛尔·穆罕默德率政府代表团访华。访华期间，华国锋会见了纳赛尔一行，李先念同纳赛尔举行了会谈。

4月24日—5月22日　最高人民法院召开的第八次全国人民司法工作会议在北京举行。会议联系司法战线实际，深入揭批“四人帮”的反革命罪行，进一步分清了路线是非。会议还讨论了宣传贯彻五届人大通过的新宪法和加强社会主义法制的问题，确定了新时期人民司法工作的任务。李先念、纪登奎在会上讲了话。江华向大会作了报告。会议通过了《第八次全国人民司法工作会议纪要》。

4月25日　中共中央发出《关于在全国深入开展新时期总任务的宣传学习运动的通知》。根据《通知》，全国开展了各种形式的宣传学习运动。由于这里所说的“新时期总任务”是以《1976年—1985年发展国民经济10年规划纲要》为实际内容的，就使得经济建设上的急躁冒进的倾向愈加严重地表现出来。6月6日，中共中央转发了国家建委的《基本建设汇报提纲》，再一次强调了要实现五届人大提出的新时期总任务和发展国民经济的《10年规划纲要》。《提纲》提出，在2000年以前，全面实现四个现代化，使我国国民经济走在世界前列。在1978—1985年的8年内，初步安排的国家预算内投资总额为4 000亿元。显然，《提纲》提出的目标是不现实的，投资规模也大大超过了国家的财政负担能力。

同　日　新华社报道：经国务院批准，教育部决定在全国恢复和增设55所普通高等学校。其中恢复1971年前后被撤销、裁并的院校13所，新增设的院校42所。它们是：广西轻工业学院、锦州工学院、北京化纤工业学院、江汉石油学院、沈阳航空工业学院、南昌航空工业学院、郑州粮食学院、湖北轻工业学院、湘潭煤炭学院、西安工业学院、西安地质学院、安徽农机学院、抚州地质学院、山东建筑工程学院、山东轻工业学院、山东纺织工学院、葛洲坝水电工程学院、成都气象学院、荆州师范专科学校、黄冈师范专科学校、襄阳师范专科学校、宜昌师范专科学校、宁波师范专科学校、温州师范专科学校、曲靖师范专科学校、下关师范专科学校、蒙自师范专科学校、保山师范专科学校、菏泽师范专科学校、北镇师范专科学校、上饶师范专科学校、宜春师范专科学校、九江师范专科学校、遵义师范专科学校、黔南民族师范专科学校、兴义师范专科学校、铜仁师范专科学校、黔东南民族师范专科学校、太原师范专科学校、晋中师范专科学校、宝鸡师范学院、汉中师范专科学校、上海师范学院、延边农学院、西藏农牧学院、青海畜牧兽医学院、莱阳农学院、长春中医学院、延边医学院、天津中医学院、甘肃省中医学院、四川财经学院、陕西财经学院、郑州航空工业管理专科学校、上海体育学院。

同　日　解放军副总参谋长彭绍辉上将逝世。彭绍辉，1906年生，湖南湘潭县人。1926年参加农民赤卫军，1928年投身平江起义，同年加入中国共产党。曾任红五军第一师一团团长，红三军团第四师参谋长、红五军第一师师长，兴国模范师师长，少共国际师师长，红三十军参谋长，红六军团参谋长。参加了长征。以后，历任八路军一二〇师三五八旅旅长，抗日军政大学总校副校长、第七分校校长，吕梁军区司令员，西北野战军第七纵队司令员，第一野战军七军军长。新中国成立后，任第一野战军参谋长，西北军区副司令员兼参谋长，解放军副总参谋长兼训练总监部副部长，军事科学院副院长，副总参谋长。1955年被授予上将军衔。他是中共第九至十一届中央委员，第一至三届国防委员会委员，第二至四届全国人大常委。

4月26日　法学家张志让逝世。张志让，1894年生，江苏武进县人。他早年留学美国和德国学习法律，回国后从事法学研究和文化教育工作，先后任北京大学、东吴大学、复旦大学教授。九一八事变后，积极参加抗日救亡活动，为营救爱国人士沈钧儒等“七君子”进行了不屈不挠的斗争。七七事变后，拥护中共提出的关于成立民主联合政府的主张，热情支持国民党统治区的学生运动，积极营救遭受国民党迫害的爱国进步人士和中共地下工作人员。新中国成立后，曾任复旦大学校务委员会主任委员，第二、三届全国人民代表大会法案委员会委员，政务院政治法律委员会委员，最高人民法院副院长、中国政治法律学会副会长等职。

4月27日—6月6日　解放军全军政治工作会议在北京举行。会议的主题是讨论在新的历史条件下军队政治工作的方向和任务。韦国清作了题为《在新的历史条件下发扬政治工作优良传统，提高我军战斗力》的报告。华国锋、叶剑英、邓小平先后在会上讲话。邓小平在6月2日的讲话中，着重阐述了实事求是是毛泽东思想的出发点、根本点的问题。他强调，马克思主义的活的灵魂，就是具体地分析具体的情况。马列主义、毛泽东思想的基本原则，一定要和实际相结合，要分析研究实际情况，解决实际问题。实事求是，一切从实际出发，理论和实际相结合，是毛泽东思想的根本观点。他再次批判了“两个凡是”的错误观点，指出，他们的观点，实质上是主张只要照抄马克思、列宁、毛泽东的原话，照抄照转照搬就行了。这只能把我们引导到唯心主义和形而上学，只能引导到工作的损失和革命的失败。那样，即使我们口头上大讲拥护毛泽东思想，实际上也只能违反毛泽东思想。全军政治工作会议总结了50多年来军队政治工作正反两方面的经验，提出了在新的历史条件下加强军队政治工作的方向、任务和方法。会议讨论和修改了加强军队政治工作的决议、政治工作条例、干部服役条例等3个草案。这次会议是在新的历史条件下加强军队政治工作的一次重要的历史性会议。

同　日　新华社报道：国务院在北京召开全国工业学大庆工作会议。会议认真总结了工业交通战线一年来揭批“四人帮”、开展工业学大庆运动的经验，讨论和部署了今年后3个季度的工作，并对当前工业生产中一些亟待解决的问题作了研究。李先念、康世恩在会上讲话。会议初步规划，在1977年建成县属以上大庆式企业3 000个左右的基础上，1978年要再建成大庆式企业1.25万多个。这次会议还就提高产品质量问题专门进行了讨论，提出了一系列改进质量的措施。

4月28日—5月4日　塞舌尔共和国总统弗朗斯·阿尔贝·勒内和夫

人访华。访华期间，华国锋会见了勒内一行，李先念同勒内举行了会谈，中塞两国签订了经济技术合作协定。

4月28日—6月5日　解放军全军后勤工作会议在北京举行。会议着重讨论和解决在新的历史条件下抓纲治军，整顿后勤，加速后勤革命化现代化建设问题。全军军以上单位负责后勤工作的领导同志以及有关部门的后勤负责同志参加了会议。张震在会上作了题为《高举毛泽东思想伟大红旗，整顿后勤，准备打仗》的报告。会议强调，必须坚持集中力量打歼灭战的方针，抢时间，争速度，尽快把后勤战备和革命化现代化建设搞上去。会议确定了后勤战备建设规划和加强后勤建设的任务与措施。会议指出，艰苦奋斗是我军的政治本色，对于后勤工作尤其重要。一切后勤工作人员都要克勤克俭，精打细算，廉洁奉公，当好红管家。

5月1日　《光明日报》改版。此后该报作为以科学、教育为主要宣传内容的文化战线方面的报纸，以宣传科学、教育方面的路线、方针、政策为主，积极反映国内外科学、教育方面的动态，大力普及科学知识，并兼顾社会科学和文化方面基本领域的宣传，并增设各种专刊和副刊。

5月5日—10日　国务院总理华国锋应金日成的邀请赴朝鲜民主主义人民共和国进行正式友好访问。访问期间，华国锋同金日成举行会谈，取得了完全一致的意见。7日，朝鲜平壤举行10万人群众大会，欢迎华国锋。

5月7日　国务院发出《关于实行奖励和计件工资制度的通知》。《通知》指出，要有条件、有计划地实行奖励和计件工资制度；要规定合理的奖励、计件工资办法；要严格控制奖金总额和计件超额工资。《通知》还阐述了试点单位和具体试行办法的审批手续，科研机构的科技人员的奖励等问题。

5月10日　韩念龙强烈抗议日本侵犯我国大陆架主权。韩念龙副外长约见日本驻华大使佐藤正二，就日本政府把所谓“关于实行日韩大陆架协定的特别措施法”提交日本国会通过，继续采取侵犯中国主权的步骤，表示强烈抗议。对日本政府和南朝鲜当局背着中国在东海大陆架片面划定“共同开发区”的所谓“日韩共同开发大陆架协定”，中国政府曾两次发表声明，指出这是侵犯中国主权的行为，所谓“日韩共同开发大陆架协定”完全是非法的、无效的。但日本政府根本无视中国政府的立场，4月7日又在众议院通过了所谓“关于实行日韩大陆架协定的特别措施法”，并提交参议院进行审议。

同　日　南京军区顾问王近山中将逝世。王近山，1915年生，湖北黄安（今红安）县人。1930年参加红军，同年加入中国共产主义青年团，1932年转入中国共产党。他历任红四军第十师副师长，红三十一军九十三师师长。参加了长征。以后，曾任八路军一二九师三八五旅副政委，三八六旅旅长，太岳纵队副司令员，中原野战军第六纵队司令员，第二野战军第三兵团副司令兼十二军军长和政委。建国后，先后任川东军区司令员，志愿军三兵团副司令员，山东军区副司令员、代司令员，北京军区副司令员，公安部副部长，南京军区副参谋长、顾问。1955年被授予中将军衔。他是全国政协第五届常务委员。

5月11日　《光明日报》刊登题为《实践是检验真理的唯一标准》的特约评论员文章。文章的初稿是南京大学哲学系胡福明撰写的，经过《光明日报》社杨西光、马沛文，中共中央党校吴江、孙长江等多次修改，由胡耀邦审定的。文章于5月10日先在中央党校内部刊物《理论动态》上发表，5月11日新华社转发了《光明日报》发表的这篇文章。12日，《人民日报》和《解放军报》同时转载，全国绝大多数省、市、自治区的报纸也相继转载。文章论述了检验真理的标准只能是社会实践，理论与实践的统一是马克思主义的一个最基本的原则的观点。文章指出，任何理论都要不断接受实践的检验。马克思主义的理论宝库不是一堆僵死不变的教条，它要在实践中不断增加新的内容。当前，仍然存在着“圣经上载了的才是对的”错误倾向。这是“四人帮”强加在人们身上的精神枷锁，必须坚决打碎。这篇文章是从理论上对“两个凡是”的否定，在全党全国引起了强烈反响，引发了一场全国性的关于真理标准的大讨论。中共党内外绝大多数人支持和拥护文章的观点，但是华国锋和当时中共中央分管宣传工作的汪东兴却对关于真理标准的讨论加以压制。华国锋指示中央宣传部门的某些负责人，对真理标准问题的讨论“不表态”、“不介入”。汪东兴在许多场合指名谴责这篇文章，他说这篇文章“实际上是把矛头指向主席思想的”，责问“这是哪个中央的意见？”他还针对当时全党要求拨乱反正、肃清“四人帮”流毒的潮流，提出“一不要砍旗，二不要丢刀子，三不要来一百八十度的转变”。一场关系党的思想路线的原则分歧的争论展开了。邓小平、叶剑英、李先念、陈云、胡耀邦等多数领导人积极领导和支持这一讨论。6月2日，邓小平在全军政治工作会议上讲话，尖锐地批评了那种把坚持实事求是，从实际出发，理论和实践相结合，说成是“犯了弥天大罪”的奇谈怪论，再次批评了“两个凡是”的观点，阐明实事求是是毛泽东思想的出发点和根本点。他说，要打破精神枷锁，使我们的思想来一个大解放。邓小平的讲话，有力地支持了正在开展的关于真理标准问题的讨论。6月24日，《解放军报》发表得到中共中央军委秘书长罗瑞卿支持和审定的特约评论员文章：《马克思主义的一个最基本的原则》，较为系统地从理论上回答了对于坚持实践是检验真理的唯一标准的原则所提出的责难，进一步阐明了实践是检验真理唯一标准这个马克思主义的基本观点。7月，李先念在国务院务虚会上明确肯定实践是检验真理的唯一标准的提法是正确的。7月21日，邓小平同中共中央宣传部负责人谈话，要求不要再“下禁令”，“设禁区”了，不要再把刚开始的生动活泼的政治局面拉向后退。9月16日，邓小平在东北地区视察工作听取中共吉林省委常委汇报时，再次批评“两个凡是”不是高举毛泽东思想的旗帜，而是损害毛泽东思想。9月25日，胡耀邦在信访工作会议上鲜明地提出：凡是不正确的结论和处理，不管什么时候、什么情况下搞的，不管是哪一级，什么人定的、批的，都要实事求是地改正过来。在邓小平等中央多数领导人的正确引导和积极支持下，关于真理标准问题的讨论在全国范围展开。这时全国思想界、理论界非常活跃。中央和地方的理论部门和报刊纷纷发表文章，开展关于真理标准的讨论。从6月到11月，全国绝大多数省、市、自治区和大军区的主要负责人都发表文章或讲话，表示支持真理标准的讨论，一致认为，坚持实践是检验真理的唯一标准这一马克思主义的原则，具有重大的现实意义。关于真理标准问题的讨论，是建国以来思想理论战线上一场规模巨大、影响深远的斗争，也是中国共产党自延安整风运动以来的又一次马克思主义的教育运动和思想解放运动。它冲破了长期以来"左"倾错误思想的束缚，开始把人们从多年盛行的教条主义和个人崇拜的精神枷锁中解放出来，使党的思想路线逐渐得到端正，有力地推动了揭批林彪、"四人帮"的斗争和各条战线实际工作的拨乱反正，为十一届三中全会的召开准备了思想条件。

5月12日　中共清华大学委员会在全校范围内宣布《关于推翻迟群等人制造的"走资派"、"资产阶级反动学术权威"错案的决定》。《决定》指出，1969年1月29日，经中共中央、中央文革转发的驻清华大学工人、解放军宣传队关于《坚决贯彻执行对知识分子"再教育""给出路"的政策》的报告是捏造罪名，镇压干部、知识分子，欺骗中共中央、毛主席的假报告。《决定》明确宣布，这个假报告中制造的一切错案，一律予以平反，强加给这些同志的一切诬陷不实之词，统统推倒。

5月14日—15日　尼泊尔国王比兰德拉和王后顺道来中国进行非正式访问。华国锋会见并宴请了比兰德拉一行。

5月15日—20日　罗马尼亚共产党总书记、罗马尼亚社会主义共和国总统尼古拉·齐奥塞斯库对中国进行正式友好访问。访华期间，华国锋同齐奥塞斯库举行会谈，叶剑英会见了齐奥塞斯库。华国锋和齐奥塞斯库签署了中罗关于经济技术合作的长期协定。

同　日　全国政协副主席欧阳钦逝世。欧阳钦，1900年生，湖南宁乡人。1919年3月赴法国勤工俭学。1924年在法国加入中国共产主义青年团，同年转为中国共产党党员。1925年转赴莫斯科学习军事。1926年回国后投入北伐战争。后任中央军委秘书、组织科科长等职，1931年到中央根据地，任苏区中央局秘书长、红一方面军政治部组织部部长，红军第六师政治部主任等职，参加了长征。此后，历任中共陕西省委书记、中共西北局调查研究局副局长、西北局秘书长，冀热辽中央分局秘书长、中共旅大地委书记。建国后，历任中共旅大市委书记、市长，黑龙江省委第一书记、黑龙江省省长，东北协作区主任、东北局第二书记。他曾当选为中共第八届中央委员，全国政协第五届副主席、第五届人大常委。

5月17日　国务院发出《关于成立引进新技术领导小组的通知》。引进新技术领导小组的主要任务是：一、根据《发展国民经济10年规划纲要》和在20世纪内实现四个现代化的宏伟目标，在调查国内外情况的基础上，研究3年、8年或更长时间的引进新技术的方向、重点，搞好综合平衡，统筹提出新技术和成套设备的引进计划。二、向中共中央、国务院提出有关引进新技术和成套设备的方针、政策的建议，包括采用工艺技术，引进方式的政策，国别政策等。三、组织引进计划的实施，进行督促检查，总结交流这方面的经验。四、组织有关方面研究、消化和发展引进的新技术。五、完成中共中央、国务院交办的其他事项。领导小组办公室设在国家计委，作为办理机构。国务院决定，余秋里任小组组长，顾明为副组长。中央要求今后各部门、各地方提出的引进项目方案，应一律报送国务院引进新技术领导小组进行通盘考虑和审核。

同　日　余湛就苏军侵犯中国边界事件发表口头声明。余湛副外长约见苏联驻华大使托尔斯季科夫，就苏联方面对苏军侵犯中国边界、打伤中国居民的事件所作的歪曲事实的辩解发表了口头声明。5月9日，苏联方面派遣直升飞机一架，飞越乌苏里界江，侵入中国黑龙江省虎林县丹牙泡地区上空，纵深达4公里，又派遣18艘军舰侵入该地区中国水域。随后苏军约30人登上中国江岸，深入中国境内纵深4公里，追捕和包围中国居民，连续向他们开枪射击，打伤中国居民多人。5月11日，外交部照会苏联驻华大使馆，强烈抗议苏联对我国的军事挑衅。5月12日，苏联外交部照会中国驻苏联大使馆，并由塔斯社发表公告，对苏侵犯中国边界事件进行辩解，称苏军是在搜捕罪犯时误入中国领土的。外交部声明以大量事实驳斥了苏联方面的辩解，指出，种种事实充分表明，这次苏军入侵事件决不是误入中国领土，而是苏联方面一次有组织的军事挑衅，是苏联军人制造的一次流血事件，也是苏联方面推行敌视中国、对中国使用武力和武力威胁政策的表现。声明要求苏联方面老老实实承认错误，并采取有效措施，保证今后不再发生类似事件。

5月18日　新华社报道：浙江省余姚县河姆渡村发现距今约7 000年的原始社会遗址。文物考古工作者在河姆渡村进行了两期发掘，共获得石器、陶器、骨器、木器等各类比较完整的物品近7 000件。大量文物证明，早在六七千年以前，我国劳动人民不仅在黄河流域，而且在长江流域就有着灿烂的原始文化，这改变了过去认为江南文化发展较晚的观点。

5月20日　蒋经国宣誓就职台湾"总统"。蒋经国在就职演说中称，国民党和中共"绝不谈判，绝不妥协"。

5月24日　国务院侨务办公室发言人就越南驱赶华侨回国问题，向新华社记者发表谈话。谈话指出，早在1977年初，越南方面就为了所谓"净化边境地区"，开始有计划地驱赶很早以前从中国迁居越南的边境地区的边民，随后，逐步发展到大批驱赶旅居越南各地的华侨。到现在被驱赶回国的华侨总数已达7万多人。大量事实证明，越南当局驱赶大批华侨回国，完全是有领导、有计划、有目的的行动。发言人表示坚决反对越南当局对待华侨的蛮横的、片面的、非法的行为，要求越南方面立即停止执行排斥、迫害和驱赶华侨的错误政策，不要使两国和两国人民之间的传统友谊继续受到伤害。

5月25日　中国政府和阿曼苏丹国政府在英国伦敦签署联合公报，决定从即日起建立大使级外交关系并互派大使。阿曼苏丹国政府承认中华人民共和国政府是代表全中国人民的唯一合法政府。两国政府同意在和平共处五项原则的基础上发展相互之间的友好和合作关系。27日，《人民日报》发表社论，热烈祝贺我国同阿曼苏丹国建交。

5月25日—31日　莫桑比克总统访华。莫桑比克解放阵线主席、共和国总统萨莫拉·莫伊塞斯·马谢尔率领莫桑比克党政代表团访问中国。华国锋会见了萨莫拉和他率领的代表团，李先念、耿飚同萨莫拉举行了会谈。访华期间，中莫两国政府签订了经济技术合作协定。

5月27日—6月5日　中国文联三届三次会议在北京举行。这是粉碎“四人帮”以后文艺界举行的第一个全国性的会议。出席会议的文联全国委员和各界代表共340多人。郭沫若发表题为《衷心的祝愿》的书面讲话，黄镇代表中共中央宣传部作题为《在毛主席革命文艺路线指引下，为繁荣社会主义文艺创作而奋斗》的讲话。会议批判了“四人帮”炮制的“文艺黑线专政论”，通过了《文联第三届全委会第三次扩大会议决议》。会议宣布：中国文学艺术界联合会、中国作家协会、中国戏剧家协会、中国音乐家协会、中国电影工作者协会和中国舞蹈工作者协会正式恢复工作。《文艺报》立即复刊。

5月31日　新华社报道：我国动工兴建高能加速器。中国第一台能量为300亿电子伏特到500亿电子伏特的高能环形质子同步加速器的预制研究工程，在北京动工兴建。这标志着我国高能物理的研究进入了一个新的发展阶段。

6月1日　襄渝铁路正式交付国家使用。这条铁路东起湖北襄樊，西抵四川重庆，全长916公里，是我国东西走向的又一条交通干线，也是沟通我国西南和中南地区的重要交通干线。该线70年代初动工兴建，1973年10月通车。

6月2日—12日　全国医药卫生科学大会在北京举行。出席会议的有关人士共1 300多人，这是新中国成立以来卫生战线最大的一次会议。江一真向大会作了报告。大会向21个红旗单位、231个先进集体、157个先进个人，697项优秀科技成果分别授予锦旗和奖状。

6月3日　人民艺术家老舍骨灰安放仪式在北京举行。老舍生前是中国文联副主席，受林彪、“四人帮”炮制的“文艺黑线专政”论的摧残迫害，于1966年8月24日逝世。

6月6日　国务院批转教育部《关于1978年高等学校和中等专业学校招生工作的意见》。《意见》提出，自本年起，高等学校主要招收20岁左右的青年，不再限定录取应届高中毕业生的比例。招生实行全国统一命题，由省、市、自治区组织考试、评卷。考试分文、理两科进行，两科都考外语，但暂不计入总分，作为录取时参考。在公布参加体检的考生名单的同时，要公布全体考生的各科成绩，并由考生所在单位张榜公布录取的考生名单。1978年，高等学校招收新生40.2万人，成为建国以来高等学校招生人数的第三个高峰。

6月8日—14日　卢旺达总统、全国发展革命运动主席和创始人朱韦纳尔·哈比亚利马纳少将访问中国。华国锋会见了哈比亚利马纳一行，邓小平同他举行了会谈。中国和卢旺达两国签订了经济技术合作协定。

6月9日　我国外交部发表《关于越南驱赶华侨问题的声明》。声明指出，早在1977年初，越南就在与中国毗邻的省份推行“净化”边境地区的方针；同年10月，越方即开始在越南西北地区驱赶华侨，以后又逐步扩展到大批驱赶越南北方的华侨。声明严正抗议本年4月以来越南大规模的排华反华行动，指出这是越方追随苏联反华、破坏中越关系的一个严重步骤。至5月底，被越南驱赶回国的华侨达10万余人，他们受到祖国热情关怀和接待，政府对他们作了妥善的安排。

6月10日　《人民日报》转发《红旗》杂志第6期特约评论员文章：《抓紧落实党的干部政策》。文章指出，做好落实干部政策工作的基本要求至少应包括以下五条：一、过去受审查需要作结论而没有结论的，要尽快作出正确结论。二、已作结论处理但不正确的，要改正过来，一切诬蔑不实之词应予推倒。三、可以工作而没有分配工作的，要尽快分配适当的工作；分配了工作但不适当的，要进行调整；年老体弱不能工作的，要妥善安排，在政治上生活上给予关怀和照顾。四、对受审查期间死去的同志，要实事求是地作出结论，并把善后工作做好。五、对无辜受牵连的家属、子女、亲友、身边工作人员中应予解决的问题，要妥善解决。文章指出，对于林彪、“四人帮”摧残党员、干部队伍造成的严重恶果，必须有足够的估计。落实政策所涉及到的不是少数人，而是一大批人。他们的问题，如果得不到尽快解决，党心不安，民心不安，不利于发挥广大干部、群众的积极性，不利于党和人民的事业。做党的工作特别是做干部工作的同志都要设身处地地为遭受打击迫害的同志着想，为党和人民的利益着想。党委要把这项工作列入重要议事日程，有布置、有检查。要认真执行首长负责，亲自动手的传统办案方针。对落实政策的工作班子，要帮助提高政策思想水平，不断改进办案作风。

6月11日—16日　斐济总理卡米塞塞·马拉访问中国。华国锋会见了马拉和夫人及其随行人员，李先念同马拉举行了会谈。

6月12日　全国人大副委员长、文学家、历史学家郭沫若逝世。郭沫若，中国现代学者、作家、社会活动家。1892年11月16日生，原名郭开贞，四川乐山人。1914年赴日本留学，1918年入帝国大学医科。后弃医从文，1921年与成仿吾等组织创造社，从事新文学运动。1923年回国。编辑《创造周报》，从事诗歌、剧本、小说和散文创作。他系统学习马克思主义理论，提倡无产阶级文学。1926年任中山大学文学院院长。不久参加北伐，任国民革命军政治部副主任。1927年蒋介石清党后，写了讨蒋文章《请看今日之蒋介石》，接着参加南昌起义，起义失败后在南下途中加入中国共产党。1928年在上海写成诗集《恢复》，同年2月因被国民党政府通缉，逃往日本，流亡10年。其间进行中国古代社会研究，著有《中国古代社会研究》等多部重要学术著作。1937年抗日战争爆发后回国，任军事委员会政治部第三厅厅长，后改任文化工作委员会主任，从事抗日救亡运动。抗日战争时期他创作了《棠棣之花》、《屈原》等大量历史剧，学术著作《十批判书》的大多数篇章也写成于这一时期。他还是著名的书法家。1946年后，他站在民主运动前列，成为国民党统治区文化界的革命旗帜。中华人民共和国成立后，被选为全国文联主席，历任政务院副总理兼文化教育委员会主任、中国科学院院长、全国人大常委会副委员长等职，当选中共第九、十、十一届中央委员。著有历史剧《蔡文姬》、《武则天》，诗集《新华颂》，主编《中国史稿》和《甲骨文合集》。全部作品编为《郭沫若文集》共38卷。

6月16日　中国撤销驻胡志明市总领事的任命。外交部照会越南外交部，指出由于越方一再以种种借口拒不安排中国筹建总领事馆人员前往胡志明市执行任务，中国政府被迫决定撤销我驻胡志明市总领事的任命。根据对等原则，请越方即关闭驻广州、昆明、南宁3

个总领事馆，并在最近期内撤离全部总领事馆的人员。

6月16日—21日　西班牙国王胡安·卡洛斯一世和王后索菲娅访问中国。华国锋会见并宴请了卡洛斯一行。叶剑英会见了他，邓小平同他举行了会谈。访问期间，两国政府签订了贸易协定和民用航空运输协定。

6月19日—29日　利比里亚总统威廉·理查德·托尔伯特对中国进行国事访问。访华期间，华国锋会见了托尔伯特，李先念同他举行了会谈。中国和利比里亚政府签订了经济技术合作协定。

6月20日—7月9日　中共中央召开的全国财贸学大庆学大寨会议在北京举行。参加会议的代表共5 000多人。华国锋、李先念在会上讲了话，余秋里作了题为《为促进国民经济的高速度发展而奋斗》的报告。会议讨论并决定了新时期财贸工作如何促进国民经济高速度发展、如何促进四个现代化加快实现的问题。会议向1 700多名财贸战线的先进集体、先进个人的代表颁发了《光荣册》。

6月23日　中共中央转发湖南省湘乡县委《关于认真落实党的政策，努力减轻农民不合理负担的报告》。中共中央指出，要坚决落实党在农村的各项政策，从各方面减轻农民的不合理负担。中央规定：一、对那些破坏集体经济的坏人，对那些贪污盗窃犯、投机倒把犯，必须坚决予以打击。二、今后凡是动用公款吃喝送礼的，谁动用谁偿还；凡是在国家计划以外乱盖楼堂馆所的，一律由国家没收。三、无偿平调社队劳力、财力、物力，要坚决退赔。四、任何单位都不得向社队乱行摊派；国家的各项支农资金，任何单位不准扣留和挪用。五、国家和县、社抽调常年离队的劳动力要严加控制；社队不许随意增加脱产人员，不许随意增加工分补贴人数和补贴工分。六、不论进行农田基本建设还是发展社队企业，在组织协作时，必须执行等价交换、自愿互利的政策，不能“一平二调”。7月5日，《人民日报》刊登了《中共湘乡县委采取有效措施落实政策，解决农民负担过重问题》的消息，同时发表题为《落实党的政策，减轻农民负担》的社论。社论指出，要坚决落实党在农村的各项政策，从各方面减轻农民的不合理负担。任何部门和单位一律不准无偿平调社队劳力、财力、物力，坚决压缩非生产性开支，做到增产增收，多劳多得，分配兑现。

同　日　邓小平在听取清华大学工作汇报时讲话。他指出，教育就是要抓重点。他说，在学校工作的干部，本身要懂行。学校要办成学校，学校要按学校的要求办。他还提出要增加派出留学生的数量，注意对留学生的管理方法。

同　日　上海市原市长曹荻秋平反昭雪。经中共中央批准，上海市举行原中共上海市委书记、上海市市长曹荻秋骨灰安放仪式，并为他彻底平反昭雪、恢复名誉。曹荻秋是因长期遭受“四人帮”及其余党的诬陷和迫害，于1976年3月29日在上海逝世的。

6月24日　四川省召开全省批斗“四人帮”在四川的亲信、现行反革命分子刘结挺、张西挺的广播大会。刘、张二人在“文化大革命”前曾分别担任过中共四川省宜宾地委书记和宜宾市委书记，由于犯有严重错误，受到撤销职务、开除党籍的处分。“文化大革命”中他们造反起家，窃取四川省革命委员会的领导职务，残酷迫害干部，组织大规模武斗。1969年底，中共中央对刘、张在四川的问题作了处理，1971年撤销了他们在四川的党内外一切职务。在中央对他们的审查过程中，刘、张拒绝悔改，伺机翻案，并煽动帮派分子篡夺省委的领导权。粉碎“四人帮”后，在隔离中，拒不认罪。1977年8月，中共中央决定将刘、张隔离审查，交群众批斗。1977年8月—1978年2月，根据群众的要求，先后把他们押到成都、重庆、宜宾、南充等地进行了53次批斗，共有1 300多万人参加批斗大会。

6月26日—28日　国务院新的计划生育领导小组组成并举行第一次会议。会议着重讨论了如何实现争取在3年内把我国人口自然增长率降到1%以下的任务的问题。陈慕华任计划生育领导小组组长。

6月30日　商震骨灰安放仪式在北京举行。邓小平等参加了安放仪式，并向商震的夫人安田作子表示亲切慰问。商震是5月15日在日本东京逝世的。商震，1891年生于河北保定，早年毕业于北洋陆军速成学堂洋文班。后赴日本留学，加入了同盟会，回国后北洋政府先后授予他少将、中将军衔。1927年后，任国民党政府军事委员会委员、天津警备司令等职，并升为陆军上将。抗日战争中任第三战区司令长官。1944年任中国驻美军事代表团团长。1947年任盟国对日委员会中国驻日代表团团长。1949年被免职，弃政从商，定居日本。1974年回国观光，积极从事中日友好工作。

同　日　电影艺术家袁牧之逝世。袁牧之，1909年生，浙江宁波人。早年在上海读中学和大学时从事戏剧活动，曾主演《五奎桥》、《回春之曲》、《怒吼吧，中国》等进步话剧。1934年进入电通影片公司。创作并主演了电影《桃李劫》，还演出了《风云儿女》、《生死同心》，编导了《都市风光》、《马路天使》等进步影片。抗日战争爆发后，参加中国电影制片厂的工作，曾主演《八百壮士》。1938年赴延安，在八路军总政治部延安电影团负责艺术创作工作。编导了纪录片《延安与八路军》，并和陈波儿等人合作编演了《延安三部曲》。1940年加入中国共产党，后赴苏联学习考察。抗日战争胜利后回国，参加东北电影制片厂的创建和领导工作，任厂长。中华人民共和国成立后，历任文化部电影局局长，中国影协副主席。他是全国政协委员、全国文联委员。他的主要著作有《演剧漫谈》等。

7月1日　中国第一座抗高烈度地震公路桥——滦河新桥正式通车。该桥位于河北省滦县境内，全长979米。

7月3日　中国决定停止对越南的经济技术援助并撤回援越工程技术人员。中国政府照会越南政府，通知越南方面，由于越南方面不断加剧反华排华，极为严重地破坏了中越两国的友好关系，极大地损害了两国人民的兄弟情谊，制造了诋毁与仇视中国的恶劣气氛，破坏了中国专家在越南继续进行建设援助项目的最起码条件。因此，中国政府决定，停止对越南的经济技术援助，调回尚在越南工作的中国工程技术人员。

7月4日　邓小平对郑州大学祝一清向中央反映该校贯彻全国教育工作会议精神有阻力的来信作了批示：不放手发动群众，不揭批，不整顿领导班子，任何单位都不可能搞好。中共河南省委根据这一批示，整顿和加强了郑州大学领导班子，放手发动群众，彻底揭开盖子。7月15日，教育部发出通知，向各地传达邓小平的批示，并要求切实检查各单位贯彻全国教育工作会议精神的情况，对存在问题的单位，要采取适当措施，尽快改变过来。

7月6日—9月9日　国务院召开务虚会。会议的主题是研究加快我国四个现代化建设的速度问题。当时认为，近两年国民经济迅速好转，很快就可以消除“四人帮”长期破坏造成的严重恶果。从这种认识出发，会议提出要组织国民经济的新的大跃进，要以比原来设想更快的速度实现四个现代化。会议在总结建国以来经济建设的经验教训的基础上，也提出了一些改革开放的思想。会议指出，要放手利用国外资金，大量引进国外先进技术设备。在今后经济领导工作中，要坚决摆脱墨守行政方式的老框框，放手发挥经济手段和经济组织的作用；要改变手工业式、小农经济式甚至封建衙门式的管理方法，坚决实行专业化，发展合同制，贯彻按劳分配原则。会议要求有关部门尽快提出贯彻上述原则的具体措施。李先念在会上作了重要讲话。他在讲话中强调指出，要实现现代化，必须勇敢地改造一切不适应生产力发展的生产关系和不适应经济基础要求的上层建筑，放手发挥经济手段和经济组织的作用，必须同外国进行经济文化交流。自力更生决不是闭关自守，决不能不学习外国的先进事物。他指出，我国已不止一次地改革经济体制，但往往从行政权力的转移着眼多，往往在收了放、放了收的老套中循环，因而改革的结果也往往不能符合经济发展的最大利益。在经济领导工作中，要坚决地摆脱墨守行政层次、行政区划、行政便利、行政方式而不讲经济核算、经济效果、经济效率、经济责任的老框框，掌握领导和管理现代化工农业大生产的本领。9月30日，中共中央转发了李先念的讲话。

7月7日　中共中央、国务院批准，受“文化大革命”干扰破坏停办达8年之久的中国人民大学正式复校。确定该校仍为综合性社会科学大学，由教育部和北京市双重领导，以教育部为主。1978年，人民大学共招收本科生、研究生1 700名。

同　日　中国政府决定停止对阿尔巴尼亚的经济和军事援助。外交部照会阿尔巴尼亚驻华大使馆，中国政府决定停止对阿尔巴尼亚的经济和军事援助，停止支付对阿尔巴尼亚援款，接回在阿尔巴尼亚工作的经济和军事专家。自1954年以来，中国政府向阿尔巴尼亚提供了经济和军事援助。为了履行中阿双方签订的协议，中国要花费人民币100多亿元，其中绝大部分已经交付使用。中国同意援阿的成套项目共计142个，其中已建成91个，基本建成和正在建设的23个，已经考察和进行设计的17个。中国先后向阿派出近6 000名专家，并为阿培养了大批技术骨干，其中在中国培训的就有2 000余名。但是，阿方出于对内对外的政治需要，肆意诋毁中国对阿尔巴尼亚的援助，破坏双方经济和军事合作。照会指出，中阿两国的经济和军事合作关系遭到破坏，完全是阿方造成的，全部责任只能由阿方承担。7月21日，我国援阿专家和技术人员全部回到北京。在我国学习的阿尔巴尼亚留学生和实习生，分别于7月13日和7月20日回国。

7月16日　国务院批转《全国物价会议纪要》。国务院指出，物价问题必须引起足够重视。现在要集中力量，整顿物价，促进企业改善经营管理，巩固市场物价的稳定。同时，要大搞调查研究，摸清各类产品的比价关系，为今后有计划有步骤地调整产品价格，作好准备。《纪要》认为，28年来，我国物价工作取得了很大成绩。在稳定物价的同时，国家还随着国民经济的发展，对工农业产品价格有计划地进行了调整，使工农业产品剪刀差和地区差价、城乡差价逐步缩小。《纪要》总结了我国物价所以能够长期稳定，并逐步趋向合理的主要经验。《纪要》指出，当前物价工作中存在的亟待解决的问题，首先是散和乱的问题。有些地区和单位不执行统一价格，各行其是，自由定价，随意调价。有的单位乱收费用，乱定协作物资价格。《纪要》提出，要集中力量，整顿好物价。要坚决纠正社会主义企业内部的资本主义倾向，健全规章制度，严格执行统一价格。还要配合工商部门，加强对集市贸易的领导和管理。

7月18日　曾希圣追悼会在北京举行。邓小平、李先念等参加了追悼会。曾希圣是中共八届中央委员、原中共中央西南局书记处书记，因受林彪、“四人帮”迫害，于1968年7月15日逝世。

7月19日　外交部照会越南外交部，建议中越两国政府就居住在越南的华侨问题举行副外长级谈判。8月8日，中越关于华侨问题谈判的第一次会议在河内举行。

7月20日—8月6日　解放军总参谋部、总政治部和总后勤部在北京召开全国民兵工作会议。聂荣臻、杨勇在会上讲话。会议清算了“四人帮”一伙“改造民兵”、拼凑“第二武装”，作为其篡党夺权工具的罪行，并根据新时期的总任务提出民兵工作的光荣使命：恢复和发扬民兵工作的光荣传统，按照野战军、地方军和民兵三结合武装力量体制大力加强民兵建设，切实搞好民兵工作“三落实”。重点抓好武装基干民兵，充分作好打仗的准备，动员广大民兵为实现新时期的总任务而奋斗。会议讨论了《民兵工作条例》（修改草案）。10月14日，中共中央转发了聂荣臻、杨勇的讲话，并批准颁发了国防部制定的《民兵工作条例》。11月7日，中共中央发出《关于恢复中央军委和各级地方党委人民武装委员会的通知》。徐向前兼任中央军委人民武装委员会主任。

8月3日　中共中央书记处书记、国务院副总理罗瑞卿大将逝世。罗瑞卿，1906年生，四川南充人。1926年加入中国共产主义青年团，1927年在黄埔军校武汉分校从事革命活动，1928年转为中共党员。1929年到中央苏区，参加中国工农红军，历任红军大队长，纵队、师和军的政治委员。在长征中，任红一军团保卫局长、红三军团政治部主任、红一方面军保卫局长。1936年起，任红军大学和以后的抗日军政大学的教育长、副校长。1939年率部分抗大学员深入敌后。1940年任八路军野战政治部主任。抗日战争胜利后，任军事调处执行部中共方面代表团参谋长。解放战争时期，任晋察冀军区副政委兼政治部主任，华北军区政治部主任兼第二兵团政委。建国后，任政法委员会副主任、国务院政法办公室主任、公安部部长，兼任公安军司令员、政委。1959年，任国务院副总理、国防部副部长，中央军委秘书长，解放军总参谋长，以后又任国防委员会副主席，国防工业办公室主任。1955年被授予大将军衔。他是中共七届中央候补委员，八届、十一届中央委员，历任中共北方局委员，晋察冀中央局副书记，中央书记处书记；当选为第一、二、三届全国人大代表、五届人大常委。1965年受到林彪一伙的诬陷，“文化大革命”中受到林彪、“四人帮”的残酷折磨和摧残。

8月4日　教育部根据中共中央指示发出通知，1978年出国留学生(包括大学生、进修生、研究生)的名额增至3 000名以上，主要学习理、工科（包括农、医）的有关专业。并决定从本年高考生及高校一年级学生中选拔出国留学生；从本年录取的研究生中选拔出国研究生；从高等学校教师、科研机构的科技人员和科技管理干部、企业的科技人员中选拔出国进修生。至年底，教育部和中国科学院共向28个国家派出了480多名留学生，并首次派出赴美留学生。

8月5日　中共中央通报河南省驻马店地区严重违法乱纪事件。1975年8月驻马店地区遭受特大洪水灾害，国务院拨给3.7亿元救灾专款，原地委第一书记苏华、副书记杨作孔等一些地委、县委的负责人，目无党纪国法，趁机侵占救灾专款、救灾物资和国家财政收入，从1975年到1977年共侵占挪用1.6亿元。他们把这部分钱的绝大部分搞了楼堂馆所、计划外工程和用于请客送礼，吃喝玩乐，挥霍浪费。中共河南省委决定，撤销苏华等6人党内外一切职务，开除党籍，送交司法机关依法惩办。对其他一些有关人员也给予了处分。中共中央要求各地区、各部门结合“一批双打”，发动群众，全面深入地进行一次财经纪律大检查，抓住几个典型案件，进行严肃处理，坚决纠正和刹住此种歪风邪气，进一步推动各方面的整顿工作。

8月9日　中共中央批准颁发中央军委6月26日作出的《关于加强军队政治工作的决议》。中共中央指出，这个决议明确提出了在新的历史条件下加强军队政治工作的方向、任务和方法，是一个加强军队政治工作的好文件、好章程。它不仅适用于军队，而且它的基本精神，对于各级党组织、政府机关以及学校、企业部门等都是适用的。《决议》包括22项内容。《决议》指出，在新时期，军队政治工作的任务就是：高举毛主席的伟大旗帜，坚持党对军队的绝对领导，坚持用马列主义、毛泽东思想和党的路线教育部队，保持我军的无产阶级性质，领导和保证完成抓纲治军、准备打仗的任务，提高部队战斗力，为实现新时期的总任务而奋斗。《决议》指出，要提倡唯物主义、辩证法，反对唯心主义、形而上学；要增强无产阶级党性，加强组织纪律性，发扬艰苦奋斗的优良传统，反对资产阶级派性、无政府主义和资产阶级生活作风。《决议》号召大力发扬实事求是、群众路线的优良作风，大兴调查研究之风。

同　日　中国和利比亚建交。两国政府在北京签署关于建立外交关系的联合公报，决定从即日起建立大使级外交关系，并互派大使。11日，《人民日报》发表社论，祝贺我国和利比亚建交。

8月11日—31日　第三次全国治安工作会议在北京举行。参加会议的代表共450人。于桑作了题为《全面加强治安管理工作，为创造更加良好的社会秩序而奋斗》的报告。会议认为，粉碎“四人帮”一年多来，社会治安形势是好的，1977年全国刑事案件的破案率达到近10年来的最好水平。1978年上半年全国刑事案件比去年同期有所下降，火灾损失显著减少，交通事故也出现了下降趋势。但是，会议认为，对当前社会治安问题的严重性绝不可低估。坚决打击刑事犯罪分子的破坏活动，是解决当前治安问题的一项迫切的战斗任务。会议提出了当前治安工作的主要任务：在中共中央和各级党委的统一领导下，以揭批“四人帮”为纲，全面整顿、恢复、加强治安管理工作，使社会秩序出现一个崭新的面貌，为抓纲治国3年大见成效，保证新时期总任务的顺利实现，做出更大的贡献。

8月12日　中日和平友好条约在北京签字。中华人民共和国和日本国和平友好条约签字仪式在北京举行。华国锋、邓小平、廖承志出席，黄华和日本国外务大臣圆田直分别代表本国政府在条约上签字。这是继1972年9月中日联合声明发表、中日两国邦交正常化以来两国关系史上的又一新的里程碑。《条约》共5章，其基本内容是：确认中日联合声明是两国间和平友好关系的基础；双方在和平共处五项原则的基础上，发展两国间持久的和平友好关系；在相互关系中，用和平手段解决一切争端，而不诉诸武力和武力威胁；任何一方都不应在亚洲和太平洋地区或其他任何地区谋求霸权，并反对任何其他国家或国家集团建立这种霸权的努力；双方将本着睦邻友好的精神，按照平等互利互不干涉内政的原则，为进一步发展两国之间的经济关系和文化关系，促进两国人民的往来而努力；条约有效期为10年。同日，华国锋和日本国内阁总理大臣福田赳夫互致电文，祝贺中日和平友好条约签订。8月16日，全国人大常委会一致通过决议，批准了这项条约。条约的签订，开辟了中日两国长期友好合作的新时期。

8月13日　四机部部长王诤中将逝世。王诤，原名吴人鉴，1909年生，江苏武进县人。1930年参加红军，1934年加入中国共产党，历任红一方面军无线电总队总队长兼通信主任，军委通信联络局局长，参加了长征。此后，曾任军委通信联络局局长兼三局局长和通信学校政委，军委三局局长兼作战部副部长、电信总局局长。建国后，任军委三局局长，邮电部副部长、党组书记，军委通信部部长兼电讯工业局局长，解放军通信兵部主任兼军事电子学研究院院长，国防部第五研究院副院长，四机部部长，解放军副总参谋长兼总参谋部四部部长。1955年被授予中将军衔。他是第3届国防委员会委员，中共第十、十一届中央委员。

8月16日—21日　华国锋应邀出访罗马尼亚。国务院总理华国锋应齐奥塞斯库的邀请，对罗马尼亚进行正式友好访问。布加勒斯特20万人在街头欢迎华国锋。访问期间，华国锋同齐奥塞斯库进行了会谈，就国际形势和进一步加强双边关系交换了意见。中罗两国政府签订了关于建立经济技术合作委员会的协定和其他8个协定，双方互换了中罗经济技术合作长期协定的批准书，并签订了互换中罗领事协定批准书的证书。

8月19日　中共中央转发共青团十大筹备委员会《关于红卫兵问题的请示报告》。《报告》指出，作为“文化大革命”中产生的红卫兵组织，已经完成了它的历史使命。现在，学校共青团组织早已恢复，工作在不断加强；少先队和学生会也正在恢复。红卫兵的存在，使学校中学生组织重迭，学生干部负担过重，矛盾很多。普遍认为，红卫兵组织可以不再继续存在了。文件下达后，学校中的红卫兵组织即行解散。

8月21日—29日　华国锋应邀出访南斯拉夫。国务院总理华国锋应南斯拉夫共产主义者联盟主席、南斯拉夫社会主义联邦共和国总统铁托的邀请，对南斯拉夫进行正式友好访问。数十万贝尔格莱德市民夹道欢迎中国客人。访问期间，华国锋同铁托就进一步加强和发展两党两国之间的友好合作关系，以及双方共同关心的国际问题，进行了卓有成效的、令人满意的会谈。中南两国政府签订了关于建立中南经济、科学和技术合作委员会的协定以及经济、科学和技术长期合作协定。

8月28日　解放军女射击运动员董湘毅在罗马尼亚布加勒斯特举行的比赛中，以593环的成绩，打破了标准手枪慢加速附592环的正式世界纪录。

8月29日—9月1日　华国锋应邀出访伊朗。国务院总理华国锋应伊朗国王巴列维陛下的邀请，对伊朗进行正式友好访问。访问期间，华国锋同巴列维进行了诚挚友好的会谈，就加强中伊关系和双方共同关心的国际问题交换了意见，中伊两国政府签订了文化合作协定。

9月5日—10月22日　国务院召开全国计划会议。安排1979、1980年计划。第一阶段召开预备会，各地计委主任和财政局长参加。9月24日计划会议正式开始，各省、市、自治区主管经济工作的中共党委书记到会。会议确定，经济战线必须实行3个转变：一是从上到下都要把主要注意力转到生产斗争和技术革命上来。二是从那种不计经济效果、不讲工作效率的官僚主义的管理制度和管理方法，转到按经济规律办事、把民主和集中很好地结合起来的科学管理的轨道上来。三是从那种不同资本主义国家进行经济技术交流的闭关自守或半闭关自守状态，转到积极地引进国外先进技术，利用国外资金，大胆地进入国际市场上来。会议讨论了1979、1980年的计划安排问题。计划要求，1979、1980年，农业总产值平均每年增长5%—6%，工业总产值平均每年增长10%—12%。钢产量平均每年增加300万吨；原煤平均每年增加4 000万吨；原油平均每年增加600到1 000万吨。1979年国家直接安排的基本建设投资为457亿元，比投资规模急剧膨胀的1978年又增长15.7%。1979年的计划中，物资、财政、外汇都留了相当大的缺口。燃料缺1 500万吨，钢材品种和到货时间都不能保证，水泥缺100多万吨，木材缺75万立方米。可以看出，在当时组织新的跃进、加快实现四个现代化的速度的思想指导下，会议最后拟订的生产计划和基本建设计划，都存在着过急过高的毛病。这个计划草案在1979年4月的中央工作会议上进行了较大的调整。

9月7日　新华社报道：湖北随县发掘出战国早期珍贵文物。湖北随县擂鼓墩不久前发掘出战国早期曾侯乙的一座大墓，出土铜、金、玉器和竹简等7 000余种贵重文物，其中有8种124件古代乐器是中国音乐史上空前的发现。特别珍贵的是保存完好的64件编钟，埋在地下已有2 400余年，出土后音乐性能仍然很好，音色优美，古今乐曲都能演奏。

9月7日—13日　国家建委在北京召开城市住宅建设工作会议。这是全国解放29年来第一次召开住宅工作会议。会议讨论了1979年—1985年全国城市住宅建设规划。按照这个规划，今后7年间，用于建设全国城市住宅的投资总额相当于全国解放以后28年建设住宅投资的总和。会议要求各地区和各有关部门切实解决好资金、建筑材料、施工力量和住宅建设的规划问题。从今年起，国家要拨付一笔城市住宅建设补助资金，以加快职工住房的建设。会议提出，到1985年城市平均每人居住面积，要从1977年的3.6平方米增加到5平方米，比解放初期的4.5平方米提高0.5平方米。会议指出，加快城市住宅建设，必须充分发挥国家、地方、企业和群众各方面的积极性。地方财力除了用于发展农业外，今后几年应当主要用于城市住宅建设，企业应当从自筹资金中多拿出一些钱建设职工住宅。在有条件的城市和工矿区，可以试行“自建公助”、“分期付款”等办法，鼓励和组织个人集资建房。

9月8日　云南为“滇西挺进纵队”和“云南特务组计划”两大假案平反。经中共中央批准，中共云南省委和昆明部队党委召开云南250万人参加的全省广播大会，为林彪、“四人帮”在文革中炮制的“滇西挺进纵队”和“云南特务组计划”两个全省性的假案公开平反，为受迫害的军内外干部、职工等恢复名誉。在这次大会之前，中共云南省委对“滇东北游击军”、“中上层干部联络站”和“摧资兵团”等冤假案已作了公开平反。

同　日　《北京日报》报道：北京大学召开全校落实政策大会。为被林彪、“四人帮”陷害的我国著名的马克思主义史学家翦伯赞教授，以及著名化学家傅鹰教授等一大批干部、教师、学生平反。

9月8日—13日　邓小平率团访问朝鲜。中共中央副主席、国务院副总理邓小平率中国党政代表团到平壤参加朝鲜民主主义人民共和国国庆30周年活动并进行友好访问。访朝期间，邓小平同金日成举行会谈，双方就当前国际形势和共同关心的问题广泛交换了意见，双方气氛十分融洽。

9月8日—17日　中国妇女第四次全国代表大会在北京举行。近2 000名代表出席了大会。汪东兴代表中共中央向大会致词，康克清向大会作了题为《新时期中国妇女运动的崇高任务》的报告。大会选举了全国妇联新的领导机构，宋庆龄、蔡畅、邓颖超当选为全国妇联名誉主席，会议通过了全国妇联章程。在19日举行的全国妇联第四届执行委员会第一次全体会议上，康克清当选为全国妇联主席，会议决定设立书记处，罗琼任全国妇联书记处第一书记。

9月11日　国务院、中央军委决定恢复国务院、中央军委和各大军区交通战备领导小组。早在1962年8月10日，中央军委就成立了交通战备规划小组，此后各大军区也相继成立了军区交通战备规划小组，对促进全国交通战备工作起了积极作用。但在“文化大革命”期间，小组的工作基本停顿。这次恢复建立的国务院、中央军委交通战备领导小组由谷牧任组长。各大军区交通战备领导小组由大军区，有关省、市、自治区革命委员会和有关部门负责同志组成。

同　日　山西为晋剧《三上桃峰》平反。中共山西省委遵照中共中央关于为《三上桃峰》事件平反的文件召开大会，正式宣布为在《三上桃峰》事件中蒙受冤屈的革命领导干部、文艺团体和文艺工作者平反昭雪。晋剧《三上桃峰》是1974年山西省参加华北地区文艺调演的一个剧目。“四人帮”及其亲信无中生有，诬陷捏造，给它加上种种罪名。他们在《人民日报》和《红旗》杂志上先后抛出题为《评晋剧〈三上桃峰〉》的文章，由全国32家报刊转载，并说这出戏的上演“是阶级斗争、路线斗争的一个集中反映，是社会上翻案风和黑线回潮的突出表现。”1974年春天，在不到两个月的时间里，各地报刊登载批判《三上桃峰》的文章达500多篇，各大、中城市召开了批判会。打倒“回潮派”、“复辟派”、“翻案派”的狂澜平地而起，一时冤案迭出。

9月12日—15日　坦桑尼亚总理爱德华·莫林格·索科伊内访华。访问期间，华国锋会见了索科伊内，李先念同索科伊内进行了会谈，中坦两国签订了关于进一步发展两国经济技术合作的议定书。

9月13日　北京为一批老干部的子女平反。北京市公安局遵照中央有关部门和北京市委的指示，为遭受林彪、“四人帮”迫害的贺龙的儿子贺鹏飞等一批老干部的子女彻底平反。林彪、“四人帮”一伙阴谋打倒一批老干部，以莫须有的罪名，从1968年到1972年间把贺鹏飞等一批老干部的子女关押，办所谓“干部子女学习班”，进行极端残酷的迫害。北京市公安局经过复查，决定为“学习班”的受害者彻底平反。

9月20日—27日　乍得共和国总统马卢姆将军访华。访华期间，华国锋、叶剑英分别会见了马卢姆，李先念同马卢姆举行了会谈，两国签订了经济技术合作议定书。

9月25日　中共中央军委通知全军团以上党委建立纪委。中共中央军委根据中共十一大通过的《中国共产党章程》的规定，发出《关于团以上各级党委成立纪律检查委员会的通知》。《通知》明确了各级纪律检查委员会的组织原则、人选要求和工作任务。《通知》下达后，全军团以上党委普遍成立了纪律检查委员会。

9月27日　新华社报道：纵贯中国南北的第一条输油管道——鲁宁输油管道胜利建成并已正式输油。这条输油管道包括鲁宁干线（山东临邑——江苏南京油港）和两条支线，北起河北，贯穿山东、安徽，南到江苏，途径几十个县、市，总长1 000多公里。

9月27日—10月4日　尼泊尔王国政府首相比斯塔对中国进行友好访问。访华期间，华国锋会见了比斯塔和夫人及其随行人员，邓小平同比斯塔举行了会谈。中国和尼泊尔两国政府关于建设成套项目的协定在北京签署。

9月28日　《人民日报》发表特约评论员的文章：《坚持社会主义的民主原则》。文章分为“一个严重的教训”、“人民的民主权利不可侵犯”、“为充分发扬社会主义民主而斗争”等三部分。文章强调指出，要发扬人民民主，首先必须保障人民享有充分的民主权利。当前首先要解决的问题是：第一，我们的干部是受人民的委托来管理国家的，必须懂得自己的一切权利都是人民授予的，只能运用它来为人民服务，而决不能把它作为谋取私利的手段。第二，我们的干部不论职位多高，都必须把自己的一切工作置于人民群众经常的直接的监督之下。第三，我们的干部必须坚决维护人民群众法定的民主权利，自觉地遵守社会主义法制，任何时候都不能违背。第四，我们的干部必须和人民同呼吸，共命运，一切言论和行动都要体现人民群众的利益，而决不能滋长官僚主义。

9月29日　《人民日报》报道：中共宁夏回族自治区党委和革委会在银川召开大会，撤销1970年8月判处为“现行反革命集团”的“共产主义自修大学”一案的判决，为在这一错案中惨遭林彪、“四人帮”迫害的青年彻底平反，恢复名誉。“共产主义自修大学”是由13名大、中学校毕业不久的学生于1969年11月在银川成立的自学组织，1970年2月自动解散。这个自学组织1970年被打成“打着研究马克思主义、毛泽东思想的旗号，进行旨在推翻我国无产阶级专政的社会主义国家的一个反革命组织”，“是有组织、有纲领、有计划、有策略、有言论、有行动的反革命集团”，对其作出了极其错误的判处。

9月30日　国务院举行盛大招待会热烈庆祝中华人民共和国成立二十九周年。华国锋在祝酒词中说，国民经济正在走上持续跃进的轨道。一个安定团结，大干快上的大好局面，已经出现。他要求全党、全军、全国人民大大加快在20世纪内把我国建成社会主义现代化强国的速度。他说，这是无产阶级专政条件下的一场伟大革命。我们要思想再解放一点，胆子再大一点，办法再多一点，步子再快一点。

10月1日　中国人民解放军国防科技大学在长沙正式成立。张衍任校长，李东野任政治委员。国务院、中央军委赋予国防科技大学的任务是：培养高质量、高水平的研究、设计、生产、试验人才，同时担负战略武器试验、使用部队各级指挥干部的轮训和在职技术干部的进修任务。

10月2日　新华社报道：中国又一个高产大油田——任丘油田建成。任丘油田位于冀中平原。1975年开始钻探，1976年组织石油会战，做到了当年建设，当年生产，并且当年就收回了全部投资。1977年，任丘油田的原油总产量超过设计能力的10%。

10月6日　《人民日报》发表胡乔木的署名文章：《按照经济规律办事，加快实现四个现代化》。文章从理论和实践的结合上，论述了改进经济工作的几个原则性问题。文章总结了我国经济发展中正反两个方面的经验，指出，社会主义经济是在公有制基础上的高度社会化大生产，如果正确地运用社会主义制度的优越性，按照客观规律办事，就会以人类历史上前所未有的巨大力量加速经济发展；相反，如果不研究不遵守客观规律，靠长官意志想当然、瞎指挥，那就会造成某些单位甚至整个国民经济停滞倒退，使千百万以至几亿人民遭受苦难。文章认为，按经济规律办事，首先要遵守有计划按比例的规律，其次是遵守价值规律，再次是保证国家、企业和个人利益的统一。文章强调扩大经济组织和经济手段的作用，特别是要普遍推广合同制，不仅企业之间要实行合同制，而且国家和企业之间、中央和地方之间、地方各级之间也都可以实行合同制。同时还要发展专业公司，发展经济立法和经济司法。在农村，必须真正承认农民的集体所有制，承认生产队的自主权。只有这样，才能调动农民的积极性。

10月8日　中共陕西省委为1976年清明节错案平反。新华社报道：中共陕西省委召开座谈会，为1976年清明节前后因悼念周总理和反对“四人帮”而遭受拘捕，错定为“反革命”的31位同志彻底平反，恢复名誉。

10月9日　中共中央批转国家科委党组《关于1978—1985年全国科学技术发展规划纲要（草案）》。中央批示指出，科学技术是生产力。要在20世纪末达到四个现代化，必须抓紧实现科学技术现代化。批示要求各地和各有关部委的党组，立即组织力量，采取措施，创造条件，抓紧落实。《纲要》提出，从1978年到1985年科学技术工作奋斗的目标是：一、部分重要的科学技术领域接近或达到70年代的世界先进水平；二、专业科学研究人员达到80万人；三、拥有一批现代化的科学实验基地；四、建成全国科学技术研究体系。《纲要》根据全面安排、重点突出的原则，确定108个项目作为全国科学技术研究的重点。并且提出，在今后几年内，要集中力量，在农业、能源、材料、电子计算机、激光、空间、高能物理，遗传工程等8个技术领域，做出突出成绩。《纲要》为实现这个任务制定了具体措施。

10月10日—11月4日　中共中央组织部分批召开落实知识分子政策座谈会。会议围绕《关于落实党的知识分子政策的几点意见》的讨论稿进行讨论。10月31日，胡耀邦在会上作了题为《为什么对知识分子不再提团结、教育、改造的方针》的讲话。会议认为，知识分子队伍的状况已经发生深刻变化，解放初期提出的对知识分子“团结、教育、改造”的方针已经不适用于目前的情况，当前要继续做好复查与平反昭雪知识分子中的冤假错案工作；对知识分子要充分信任，放手使用，做到有职有权有责；调整用非所学，做到人尽其才，才尽其用；努力改善他们的工作条件和生活条件。会后，中共中央组织部发出《关于落实党的知识分子政策的几点意见》。

10月11日—21日　中国工会第九次全国代表大会在北京举行。出席大会的代表共1967人。邓小平代表中共中央、国务院致辞。他指出，加快实现四个现代化的步伐是一场根本改变我国经济技术落后面貌，进一步巩固无产阶级专政的伟大革命。这场革命必然要多方面改变生产关系，改变上层建筑，改变工农业企业的管理方式和国家对工农业企业的管理方式。为了提高经济发展速度，各个经济战线不仅需要进行技术上的重大改革，而且需要进行制度上、组织上的重大改革。为了实现四个现代化，我们所有的企业必须毫无例外地实行民主管理，企业的重大问题要经过职工代表大会或职工大会讨论。倪志福受全国总工会第八届执委会的委托，向大会作了题为《中国工人阶级新的伟大历史使命》的工作报告。报告指出，新时期工人阶级的历史使命，就是要在20世纪内把我国建成四个现代化的社会主义强国，使我国国民经济走在世界的前列。新时期工会工作的基本方针是：在党的领导下，遵循党的十一大路线，团结、教育、吸引广大职工不断提高政治觉悟，掌握现代科学技术，积极参加企业管理，广泛开展社会主义劳动竞赛，努力提高劳动生产率，并在发展生产的基础上逐步改善职工群众的物质文化生活，为实现新时期总任务而奋斗。大会通过了倪志福的报告和关于修改中国工会章程的决议。大会选举产生了中华全国总工会第九届执行委员会，其中执行委员193名，候补执行委员85名。22日，全国总工会召开第9届执行委员会第1次全体会议，选举产生了主席、副主席和常务委员。倪志福当选为全国总工会主席。23日，总工会第九届执委会常务委员会举行首次会议，决定设立常委会书记处，并决定了书记处书记和候补书记。

10月12日　山东为“阴谋陷害江青的重大反革命集团”冤案平反。新华社报道：中共山东省委在济南召开万人大会，为山东省原公安厅所谓“阴谋陷害江青的重大反革命集团”冤案彻底平反昭雪。1959年，山东省公安厅根据上级指示，对江青的哥哥李干卿的政治历史问题进行调查，查明李干卿是一个有历史罪恶的特务。对李干卿的问题进行调查，是公安机关应尽的职责。1968年4月2日，在陈伯达的授意下，负责调查李干卿问题的原山东省公安厅副厅长李秉政等6人被拘留，并株连了39名公安干部和他们的家属子女。这些同志被诬陷为“阴谋陷害江青的重大反革命集团”。

10月13日　华国锋、叶剑英、邓小平等在人民解放军某机场观看了空军部队战备训练汇报表演。汇报表演的共有15个项目，包括轰炸、射击、侦察、伞降等战斗使用课目和复杂飞行技术，表演的规模之大，成绩之好，超过了1964年空军群众性练兵运动所达到的水平。汇报表演历时2小时。

同　日　中共中央政法小组召开座谈会，商讨加强社会主义法制建设问题。赵苍璧在会上作了中心发言。陶希晋作了关于修改、起草法规问题的说明。他说，初步考虑，原有法规急需修订、重新公布的有：全国人民代表大会组织法、人民法院组织法、人民检察院组织法等，以及农村人民公社工作条例修正草案、森林保护条例、国务院关于加强企业生产中安全工作的几项规定、发明奖励条例、技术改进条例和国务院关于国家行政机关工作人员的奖惩暂行规定等28个法规；急需新制定的有：刑法、刑事诉讼法、民法、环境保护法以及关于婚姻问题的若干规定等6个法规。在进行上述工作的过程中，准备深入调查研究，广泛征求意见，反复修改，而后定稿，分别提交人大常委会审定公布，或由国务院公布。

10月16日—26日　中国共青团第十次全国代表大会在北京举行。出席会议的代表共2 000名，这次会议的主要任务是确定新时期共青团的任务，动员全国青年为把我国建设成为社会主义的现代化强国而奋斗。李先念代表中共中央、国务院向大会致词。韩英受共青团十大筹委会的委托，作了题为《为伟大的新长征贡献青春》的工作报告，胡启立作了关于修改团的章程的报告。大会选举产生了共青团第十届中央委员会，选出中央委员201名，候补中央委员99名。会议通过了工作报告和《中国共产主义青年团章程》。27日，共青团第十届中央委员会第一次全体会议召开。会议选举了团中央书记处第一书记、书记和常务委员。韩英当选为第一书记。会议通过了关于恢复中国少年先锋队名称的决议，通过了经过修改的《中国少年先锋队队章》和《中国少年先锋队队歌》。

10月21日　国务院副秘书长齐燕铭逝世。齐燕铭，1907年生，北京市人，蒙古族。1930年毕业于北京大学国语系。1933年任中国大学讲师。曾在中国大学、中法大学、东北大学等校执教。1935年“一二·九”运动时加入新学联。1938年加入中国共产党。抗日战争时期，曾任鲁西北《抗战日报》主编、政治干部学校教务长。1940年到延安，任中央研究院历史研究室研究员，并在鲁迅艺术文学院兼课。他参与主持创作了平剧剧本《逼上梁山》、《三打祝家庄》。此后，历任中共赴重庆代表团和南京代表团秘书长，中共中央城市工作部和统战部秘书长。建国后，历任中央人民政府办公厅主任，政务院副秘书长，国务院副秘书长，国务院总理办公室主任，国务院专家局局长，中央统战部副部长，文化部副部长兼党组书记，中国社会科学院顾问，第五届全国政协秘书长。他还是文学家、书法家和篆刻家，曾任中国剧协常务理事。

10月22日—29日　邓小平应邀访日。邓小平应日本政府的邀请，对日本进行正式友好访问并出席互换中日和平友好条约批准书仪式。23日，邓小平和福田纠夫出席了中日和平友好条约批准书互换仪式，随着两国互换批准书，这一条约于当天生效。访问期间，日本天皇裕仁和皇后接见了邓小平和夫人卓琳。邓小平与福田纠夫举行了会谈。24日，《人民日报》发表社论：《中日友好关系的新阶段》。

10月22日—11月4日　第三次全国人民防空会议在北京举行。李先念代表全国人民防空领导小组，在会上作了题为《加强人民防空建设，做好反侵略战争准备》的报告。会议认为，中央提出的在大力发展国民经济的同时，积极搞好人防战备建设的任务，是符合实际情况的。中央确定的“全面规划，突出重点，平战结合，质量第一”的方针，是今后人防建设的方向，是开展人防战备工作必须遵循的依据和指导思想。会议期间，还组织到会代表参观了湖南省株洲、长沙、湘潭和北京市的人防工程，交流了各地人防战备建设的经验。会议表彰了全国人民防空战备建设的先进城镇、先进单位和先进个人。

10月24日—30日　墨西哥总统何塞·洛佩斯·波蒂略访华。访华期间，华国锋、叶剑英分别会见了洛佩斯·波蒂略，李先念同他举行了会谈。27日，中墨两国政府文化协定、关于旅游合作的协定在北京签署。

10月26日　外交部对越南反华行径提出强烈抗议。外交部照会越南驻华大使馆，对于越南方面侵犯中国领土主权，蓄意进行反华挑衅的行径提出强烈抗议。照会说，中国政府严正要求越南方面立即停止侵犯中国领土主权的一切行动。越南当局必须承担由此而引起的后果和全部责任。

10月31日—12月10日　全国知识青年上山下乡工作会议在北京举行。会议根据新时期的总任务和当前国民经济发展的实际情况，研究了如何进一步做好知识青年上山下乡工作的问题，决定调整政策，改进做法，城乡广开门路，发展生产，采取多种形式，妥善安排知识青年，积极稳妥地解决好在农村的下乡知识青年的问题。会议认为，城市中学毕业生的安排，要实行“进学校、上山下乡、支援边疆、城市安排”四个面向的原则。城市应该积极开辟新的领域，新的行业，大力发展集体所有制的企业事业，举办大学分校、中等专业学校、技工学校等，为更多的城镇中学毕业生创造就业和升学条件。会议通过了《全国知识青年上山下乡工作会议纪要》和《国务院关于知识青年上山下乡若干问题的试行规定》。12月12日，中共中央政治局会议讨论通过了这两个文件。

11月2日　《人民日报》报道：中共中央批转中共卫生部党组《关于认真贯彻党的中医政策，解决中医队伍后继乏人问题的报告》。中央指出，在发展西医队伍的同时，必须大力加快发展中医中药事业，特别是要为中医创造良好的发展与提高的物质条件，抓紧解决中医队伍后继乏人的问题。《报告》说，现在中医药事业日趋衰落、中医药队伍后继乏人的状况严重，为改变这种状况，《报告》建议：认真贯彻落实党的中医政策，切实纠正对待中医中药人员的错误态度；认真办好中医院校，积极培养中医中药的新生力量；整顿和办好中医医院；加强中医药研究机构的建设；继续组织西医学习中医；从民间医生中选拔一批中医，充实加强中医药教学、科研和医疗机构。

11月4日　西藏自治区公安机关宽大处理西藏上层反动集团的全部在押要犯，在拉萨举行宽大释放大会。这次获得宽大处理的罪犯，包括原西藏地方政府官员、寺庙活佛和地区叛匪司令共24名。1959年，西藏上层反动集团背弃和平解放西藏的协议，勾结帝国主义和国内外反动派发动反革命武装叛乱时，这些罪犯都是参与组织策划叛乱的首恶分子和骨干。他们经过19年的教育改造，绝大部分认罪伏法，愿意重新做人。他们被释放后，一律给予公民权，并根据本人的具体情况，分别进行适当安置。这次同时被宽大释放的还有10名受外国反动派和外逃叛匪特务机关派遣，潜入西藏地区的特务人员。

11月4日—7日　在泰国曼谷举行的第一届世界羽毛球锦标赛中，我国运动员庚耀东、张爱玲分别获得男、女单打冠军，侯加昌和庚耀东获得男子双打冠军，张爱玲和李芳获得女子双打冠军。

11月6日　国务院发布《关于扫除文盲的指示》。《指示》要求各地采取有效措施，分别于1980年、1982年或者稍长一点时间内，基本扫除少年、青年、壮年文盲。《指示》提出扫除文盲要采取“一堵、二扫、三提高”的措施，一堵就是抓好普及小学五年教育。二扫就是把12周岁到45周岁的少年青年壮年中的文盲基本上扫除，达到能识1 500字、能看懂浅近通俗的报刊、能记简单的账、写简单的便条的水平。重点对象是少年、青年、党员、团员、社队干部、农业技术人员。三提高就是对已经脱盲的，要进一步巩固和提高。

同　日　辽宁为所谓“东北帮叛党投敌反革命集团”假案平反。中共辽宁省委召开大会，彻底推翻林彪、“四人帮”制造的所谓“东北帮叛党投敌反革命集团”假案，为遭受打击迫害的陈先舟、车向忱等90名党政军领导干部和知名爱国人士平反昭雪。所谓“东北帮叛党投敌反革命集团”案，起源于1968年。某群众组织说，吕正操、万毅、张学思等42人，1946年曾联名给蒋介石发电报，要求张学良回东北，还密谋策划在国民党军队向东北北方进犯时，倒戈投敌，搞掉林彪作战指挥部，暗害林彪。林彪、“四人帮”及其在辽宁死党一伙据此认定：这是经过长期预谋，妄图叛党投敌的一起重大反革命案件。于是，他们大动干戈，立案追查，大搞刑讯逼供。1969年1月，他们又无中生有地编造了一个90人的所谓“军阀张学良东北地区残余分子名单”，株连省军级以上干部12名，厅、局级干部36名，全国政协委员7名，省政协委员17名。因为涉及人员原籍都是东北，故取名“东北帮”。所谓“‘东北帮’叛党投敌反革命集团”就这样被制造出来。

11月7日　外交部强烈抗议越南在中越边界制造的流血事件。外交部照会越南驻华大使馆，强烈抗议越南政府11月1日在中越边界地区蓄意制造极为严重的流血事件。1日，越南当局派出大批武装人员侵入中国广西靖西县庭毫山区，开枪打伤我社员和民兵12人，抓走8人，其中6人被杀害。照会说，中国政府正告越南当局，不要把中国方面的克制态度视为软弱可欺。如果越南当局一意孤行，在中越边界继续加剧反华挑衅和武装入侵活动，那么，越南当局必须承担由此而引起的一切后果。

11月10日—12月15日　中共中央工作会议在北京召开。参加会议的有各省、市、自治区和各大军区的主要负责人，有中央党、政、军各部门和群众团体的主要负责人，共212人，分6个组进行讨论。10日，华国锋在开幕会上宣布会议的议题：讨论如何把农业生产搞上去的问题和《关于加快农业发展速度的决定》、《农村人民公社工作条例（试行草案）》两个文件；商定1979、1980两年国民经济计划的安排；讨论李先念在国务院务虚会上的讲话。中央政治局根据邓小平会前的提议决定要讨论工作重点转移的问题。与会同志热烈拥护工作重点转移的战略决策。一些老同志提出，与此相适应，还应当解决历史上的一些大是大非问题。11月12日，陈云在东北组发言，提出发展安定团结的局面是保证党的工作重点顺利转移的关键。为此，要解决“文化大革命”中遗留的一大批重大问题和一些重要领导人的功过是非问题。他提出，薄一波等61人所谓叛徒集团案不实；应当承认1937年7月7日中央组织部关于所谓自首分子的决定和1940年中央组织部的决定，要正确解决陶铸、王鹤寿的历史问题；彭德怀贡献很大应予肯定；要肯定天安门事件是一次悼念周总理，反对“四人帮”的伟大的群众运动；要批判康生的严重错误，等等。陈云的发言，实际上是涉及“文化大革命”中以及在此以前的“左”倾错误的重大问题，得到与会同志的热烈响应。胡耀邦、万里、聂荣臻、康克清等在发言中一致表示，赞成把“文化大革命”中尚未解决的一些大是大非问题搞清楚。完全同意陈云提出的6点意见。并建议，凡是林彪、“四人帮”强加于人的一切诬蔑不实之词，都应予以推倒。根据会议的这种发展状况和历史发展的需要，中央政治局常委决定，放手让大家讲话，以总结工作，肯定成绩，批评错误，分清是非。这样，大家敞开思想，畅所欲言。11月25日，华国锋代表中央政治局向会议宣布了对“文革”中和“文革”前遗留的一些重大政治事件，以及一些重要领导人功过是非问题的平反决定；并决定中央专案一办、三办（包括原中央专案二办）、“五一六”专案联合办公室，全部案件移交中央组织部，今后不再采取成立专案组审查干部的办法；关于康生、谢富治的问题，有关揭发他们的材料，可以送交中央组织部审理。中央的决定得到了与会同志的热烈拥护。与会同志高度评价了实践是检验真理的唯一标准的讨论，对华国锋提出和坚持的“两个凡是”错误方针，近两年来华国锋、汪东兴等工作中的失误问题和恢复党的优良传统问题等，提出了中肯的批评和建议。会议一致同意中央政治局提出的重要决策，从1979年起把全党工作着重点转移到社会主义现代化建设上来。在讨论国民经济计划的安排时，与会同志总结了建国以来经济建设的经验教训，指出，国民经济中一些重大的比例失调状况还没有完全消除，因而必须采取一系列新的措施，纠正急于求成的错误倾向，解决好国民经济重大比例失调等问题。陈云在又一次发言中，就经济工作要从国情出发，克服急于求成的“左”的思想影响；注意发挥中央和地方的两个积极性等提出建议。胡耀邦就彻底平反冤假错案，放手恢复老干部工作等问题，提出了重要的意见。胡乔木就少宣传个人问题，提出了建议。12月13日，在闭幕会上，邓小平、叶剑英、华国锋发表了讲话。邓小平在题为《解放思想，实事求是，团结一致向前看》的讲话中特别强调解放思想是当前的一个重大政治问题，民主是解放思想的重要条件。处理遗留问题为的是向前看，是为了顺利实现全党工作重心的转移。邓小平的讲话，是对中央工作会议的重要总结，为随即召开的十一届三中全会提供了基本指导思想。叶剑英讲了三点意见：一、领导班子问题；二、发扬民主，加强法制；三、勤奋学习，解放思想。华国锋在讲话中总结了中央工作会议的成果，并表示关于“两个凡是”错误方针的问题，他应该作自我批评，也欢迎同志们批评。闭幕式后，各组讨论了两天，中央工作会议胜利结束。

11月14日　北京市为1976年“天安门事件”平反。经中共中央政治局常委批准，中共北京市委宣布：1976年清明节，广大群众到天安门广场沉痛悼念敬爱的周总理，愤怒声讨“四人帮”，完全是革命行动。对于因悼念周总理、反对“四人帮”而受到迫害的同志，一律平反，恢复名誉。这个决定，得到广大群众的热烈拥护。从1978年5月开始，北京市公安局组织专门班子，对1976年天安门事件进行了全面复查。经过大量调查证明，这是一起重大冤案。11月18日，北京市公安局和有关部门为在天安门事件中无辜被捕的300多人彻底平反恢复名誉。11月21日和22日，《人民日报》发表该报记者的文章：《天安门事件真相——把“四人帮”利用〈人民日报〉颠倒的历史再颠倒过来》。文章分10个部分，用大量事实揭露了“四人帮”镇压群众的犯罪行径，彻底否定了1976年4月8日“四人帮”利用《人民日报》抛出的《天安门广场的反革命政治事件》的假报道，恢复了事件的真相。

11月17日、20日　《人民日报》报道：苏、浙、豫三省为1976年清明节前后参加革命行动受迫害的同志平反。中共江苏省委、中共浙江省委和中共河南省委分别作出决定，郑重宣布：1976年清明节前后这3个省的广大群众悼念敬受的周总理，反对祸国殃民的“四人帮”，完全是革命的行动。对于参加上述革命行动而受到迫害的同志，要彻底平反，迅速恢复名誉，被整的材料一律销毁。

11月18日　中共中央发出关于省、市、自治区对台工作任务和组织机构问题的通知。通知要求各省、市、自治区党委都要把对台工作提上具体议事日程，贯彻执行中央对台方针政策。目前主要工作是：1.向党内外进行对台政策教育。2.组织对台宣传。3.做好对台胞、台属及其他有关人士的团结教育和落实政策工作。4.开展同台方人士的交往和通信影响工作。5.做好回大陆的台湾各界人士的接待和安置工作。各省、市、自治区（除西藏外）均应成立对台工作小组。

11月19日　新华社报道：国家决定建设“三北”防护林体系。国家正式决定在我国西北、华北、东北风沙危害和水土流失严重的广阔地区建设8 000万亩防护林体系，到1985年北方大地将出现宏伟壮观的“绿色万里长城”。“三北”防护林体系营造地区，包括新疆、青海、宁夏、内蒙古、甘肃中北部、陕北、晋西、冀北坝上地区和东北三省的西部。这个防护林体系从新疆到黑龙江，沿着万里风沙线，营造大型防风固沙林带1.4万多里，计1 031万亩，以此为骨架，营造草原防护林252万亩，农田防护林922万亩，水土保持林4 900多万亩，构成带、网、片交错的防护林体系，形成一道绿色屏障。它将有效地保护这一地区的耕地和草原，产生巨大的气象和水文效益，改善生态平衡。今冬明春，“三北”防护林工程将揭开序幕。

11月23日　《人民日报》报道：清华大学党委公开纠正“刘冰诬告信”错案。清华大学党委经过调查研究证实，1975年原清华大学党委副书记刘冰等4人两次给毛泽东写信，完全合理合法，信中内容属实，根本不是什么“诬告信”。他们向党的中央委员会主席写信报告实际情况，完全符合党章的规定，是党章赋予党员的民主权利。清华大学党委实事求是地公开纠正了这一错案。1975年8月13日和10月13日，原清华大学党委副书记刘冰、惠宪钧、柳一安和党委常委、政治部主任吕方正4人，先后给毛泽东写了两封信，报告了迟群等人在政治上、思想上、工作上和生活作风等方面的严重问题。刘冰还向中共北京市委主要负责人写了两封内容基本相同的信，要求中央和北京市委调查处理。刘冰等人的信被说成是“诬告信”，“四人帮”和迟群等人对刘冰等4人进行了有组织的围攻，实行残酷斗争。

11月24日　公安部副部长杨奇清逝世。杨奇清，1911年生，湖南平江县人。1928年参加平江起义，1929年加入中国共产党，1930年参加中国工农红军，曾任红三军团保卫局执行部长。1934年随中央红军参加长征。后担任红十五军团保卫局长、八路军野战政治部锄奸部长、中央北方局社会部长、晋冀鲁豫军区第四纵队副政委、晋冀鲁豫中央局社会部长、中央军委公安部副部长等职。建国后，历任公安部党组副书记、副部长兼政治保卫局长，解放军总政治部保卫部长，中共中央中南局常委，中南军政委员会公安部党组书记，最高人民检察院中南分署检察长、公安部副部长，第五届全国政协常委。

11月25日　国务院发出《关于加强港口口岸组织领导的通知》。决定成立国务院港口口岸领导小组，研究制定港口口岸工作的具体方针、政策、任务和重大措施，督促检查各港口口岸办公室的工作，交流港口口岸工作经验。在谈到港口口岸工作的方针任务时，《通知》指出，要把港口口岸作为开展同各国人民友好往来，支援世界人民反霸斗争的重要阵地，作为开展对外贸易，引进国外先进技术、设备的重要途径。《通知》还规定了港口口岸的管辖范围，港口口岸系指沿海对外开放港口。其工作主要是：保卫国家主权和经济权益，对外轮进行管理；开展对外贸易，搞好港口业务工作；搞好来往人员及船舶的服务、供应工作；开展对外宣传和接待工作。

同　日　国务院批转财政部《关于国营企业试行企业基金的规定》。各国营企业按照这个规定，从1978年起提取和使用企业基金。国务院在转发《规定》时指出，试行企业基金制度，是加快发展国民经济的一项重要措施。实行这个制度的目的，是为了改变企业办好办坏一个样的现象，把企业经营成果同企业和职工切身利益联系起来。《规定》共8条，其主要内容是：1.凡是全面完成国家下达的8项年度计划指标以及供货合同的工业企业，可按职工全年工资总额的5%提取企业基金。只完成产量、品种、质量、利润等4项指标和供货合同的，可按工资总额的3%提取。在完成上述4项指标和供货合同的前提下，其他指标每多完成一项，可按工资总额增提0.5%的企业基金。没有完成上述4项指标和供货合同的，不能提取企业基金。2.各级企业主管部门，按其直属企业汇总计算，盈亏相抵以后的利润，超过国家年度利润指标的部分，可分别按照国家规定的不同比例提取企业基金。3.企业基金主要用于举办职工集体福利事业。企业主管部门提取的企业基金50%用于奖励超额完成利润指标的企业，50%用于生产技术措施和本系统企业的集体福利设施。

11月27日　邓小平会见美国专栏作家罗伯特·诺瓦克。在谈到中国实现四个现代化的进程时，邓小平说，马克思列宁主义、毛泽东思想是实现四个现代化的指导思想。邓小平强调指出，毛主席在中国历史上的伟大功绩是难以用言语表达的。在中国，人人都懂得“没有毛主席就没有新中国”。他说，我们在实现四个现代化进程中，要善于完整地准确地掌握和运用毛泽东思想。我们国家的政治生活要生动活泼，心情舒畅。邓小平还回答了诺瓦克提出的有关当前国际形势和中美关系等方面的问题。

11月28日　中共中央军委转发解放军总政治部《关于结束揭批

“四人帮”群众运动的意见》，要求全军认真贯彻执行。《意见》指出，在中共中央和中央军委的领导下，全军揭批“四人帮”的斗争取得了伟大胜利，从当前运动发展情况看，全军范围揭批“四人帮”的群众运动，除少数单位外，今年年底可以基本结束。《意见》对结束好揭批“四人帮”的群众运动、继续努力解决好遗留的问题，提出了标准和要求。总政治部提出的结束揭批“四人帮”群众运动的5条标准是：1.同“四人帮”篡党夺权阴谋活动有牵连的人和事、“四人帮”的帮派体系查清了。2.干部队伍和领导班子、特别是重要单位和部门的领导班子进行了整顿。3.实事求是、老老实实的传统作风初步恢复了。4.军队和地方、军队和人民群众的关系有了明显改善。5.部队纪律严格了。

12月1日　枝柳铁路接轨铺通。枝柳铁路北起湖北枝城，向南跨越界溪河进入湖南境内，在怀化与湘黔铁路相交，然后穿过彭莫山进入广西，在洛满与黔桂铁路合轨，而后到达柳州南站，全长885公里。它的南端与湘桂、黔桂铁路相接，北端与焦（作）枝（城）铁路以及将要通车的太（原）焦（作）铁路连成一线，构成了联通华北、中南地区，同京广铁路平行，纵贯我国南北的第二条交通大干线。枝柳铁路是1970年10月开始施工的。12月26日，铁道部和湖北、湖南、广西三省（区）领导机关在怀化市联合举行了枝柳铁路通车庆祝大会。

12月2日　国务院批转财政部《关于减轻农村税收负担问题的报告》。1977年，国家向农村征收的税收，主要有农业税、工商税、工商所得税3种（其他税为数甚微），共计53.4亿元。这3项税收的征收额，约占农村社、队工农业总产值的3.35%。《报告》提出，为了加快农业生产的发展，再采取下列措施：1.农村社队新办企业在开办初期纳税有困难的，除了生产烟、酒、棉纱等高税率产品的以外，免征工商税和所得税2年—3年。2.工商所得税的起征点由原来的全年所得额600元改为3 000元。3.为促进边境地区和少数民族地区农村经济的发展，从1979年起，对边境地区和民族自治县（旗）的社、队企业，免征工商所得税5年。4.在粮食产区，凡是低产缺粮的生产队，每人平均口粮在起征点以下的，免征农业税。

12月4日—6日　加蓬共和国总统哈吉·奥马尔·邦戈访华。访华期间，华国锋、邓小平分别会见了邦戈，李先念同邦戈举行了会谈。

12月5日　文艺界出版界人士呼吁为批错的作品和作者平反。《文艺报》编辑部和《文学评论》编辑部邀请文学、戏剧、电影工作者和出版社、报刊的编辑人员在北京举行座谈会，呼吁有关方面给批错的作品和受迫害的作者平反，要求研究解决如何给文艺工作者以法律保护，保证文艺界自由地进行民主讨论的问题。

12月9日　我国钢产量达到3 000万吨。这一年，国家的钢产量计划为2 800万吨，在执行过程中冶金部门一再抓超产，到年底达到3 178万吨，大大超过了国家计划，比1977年增加800万吨，10日—20日，冶金部召开全国冶金战线群英大会，庆祝我国钢产量突破3 000万吨。

12月9日—20日　中国在第八届亚运会上获金牌数和奖牌数均名列第二。第8届亚洲运动会在泰国举行。中国运动员获金牌56块、银牌60块、铜牌51块，获金牌数和奖牌总数均列第二位。

12月13日　邓小平在中共中央工作会议闭幕会上发表题为《解放思想，实事求是，团结一致向前看》的讲话。邓小平的这篇讲话实际是中共十一届三中全会的主题报告。邓小平的讲话分为四个部分：一、解放思想是当前的一个重大政治问题。他指出，解放思想，开动脑筋，实事求是，团结一致向前看，首先是解放思想。只有思想解放了，才能正确地以马列主义、毛泽东思想为指导，解决过去遗留的问题，解决新出现的一系列问题，正确地改革同生产力迅速发展不相适应的生产关系和上层建筑，根据实际情况，确定实现四个现代化的具体道路、方针、方法和措施。他分析了一些同志思想处于僵化或半僵化的状态的原因，并指出由此产生的后果，他强调，不打破思想僵化，不大大解放干部和群众的思想，四个现代化就没有希望。他再次肯定了关于实践是检验真理的唯一标准问题的讨论，指出，一个党，一个国家，一个民族，如果一切从本本出发，思想僵化，迷信盛行，那它就不能前进，它的生机就停止了，就要亡党亡国。只有解放思想，坚持实事求是，一切从实际出发，理论联系实际，社会主义现代化建设才能顺利进行，我党的马列主义、毛泽东思想的理论也才能顺利发展。二、民主是解放思想的重要条件。他说，解放思想，开动脑筋，一个十分重要的条件就是要真正实行无产阶级的民主集中制。当前这个时期，特别需要强调民主。因为在过去一个相当长的时间内，民主集中制没有真正实行，离开民主讲集中，民主太少。我们要创造民主的条件，要重申“三不主义”：不抓辫子，不扣帽子，不打棍子。党的领导就是要善于集中人民群众的正确意见，对不正确的意见给以适当解释。对思想问题，无论如何不能用压服的办法，要真正实行“双百”方针。关于发扬经济民主的问题，他指出，当前最迫切的是扩大厂矿企业和生产队的自主权。三、处理遗留问题为的是向前看。邓小平指出，这是解放思想的需要，也是安定团结的需要。目的正是为了向前看，为了顺利地实现全党工作重心的转变。我们的原则是“有错必纠”。凡是过去搞错了的东西，统统应该改正。他指出，对人的处理要十分慎重。对过去的错误，处理可宽可严的，可以从宽；对今后发生的问题，要严些。今后选拔干部要严格。对那些搞打砸抢的、帮派思想严重的、出卖灵魂陷害同志的、连党的最关紧要的利益都不顾的人，决不能重用。四、研究新情况，解决新问题。他说，要及时地研究新情况和解决新问题，否则就不可能顺利前进。尤其要注意研究和解决管理方法、管理体制、经济政策这三方面的问题。在管理方法上，要特别注意克服官僚主义。在管理制度上，要特别注意加强责任制。在经济政策上，允许一部分地区、一部分企业、一部工人和农民，由于辛勤努力成绩大而收入先多一些，生活先好起来。这是一个大政策，一个能够影响和带动整个国民经济的政策。邓小平强调指出，实现四个现代化是一场深刻的伟大的革命。在这场大革命中，我们是在不断地解决新的矛盾中前进的。全党同志一定要善于学习，善于重新学习。

12月13日、24日　外交部连续照会越南驻华大使馆，强烈抗议越南当局不断侵犯中国领土，在北部湾海面和中越边境任意枪杀、

枪伤中国平民，向中国进行武装挑衅，制造一系列新的严重流血事件。照会指出，越南当局必须正视中国方面的多次抗议和警告，不要当做耳旁风，立即停止对中国主权领土的一切侵犯行为，停止对中国的一切武装挑衅活动，停止枪杀和枪伤中国平民的罪恶行径。否则，越南当局必须承担由此引起的一切责任。25日，《人民日报》发表了题为《我们的忍耐是有限度的》的社论，指出，“中国人民的忍耐和克制是有限度的，中国不欺侮任何人，也决不允许别人欺侮我们。人不犯我，我不犯人，人若犯我，我必犯人。我们说了的话从来都是算数的”。社论严正警告越南当局，如果得寸进尺，继续恣意妄为，必将受到应有的惩罚。

12月16日 《人民日报》报道：国务院通知各地和有关部门改用汉语拼音方案作为我国人名地名罗马字母拼写法的统一规范。文件规定，用汉语拼音字母拼写的我国人名地名，适用于罗马字母书写的各种语文，如英语、法语、德语、西班牙语和世界语等。这是取代威妥玛式等各种旧拼音法，消除我国人名地名在罗马字母拼写法方面长期存在混乱现象的重要措施。威妥玛是英国外交官，曾任英国驻华使馆秘书、公使。他于1867年出版一部京音官话课本，书中用罗马字母拼写汉语的方式，称为“威妥玛式”。“威妥玛式”原来是作为某些外国驻华使馆人员学习汉文的注音工具，后来扩大用途，成为在英文中音译中国人名、地名和事物的一种主要拼法，一直沿用至今。“威妥玛式”用许多附加符号区分发音，由于附加符号经常脱落，常常造成大量音节混乱。外交部已于12月1日通报各国驻我国外交机构，从1979年1月1日起，中国政府的外交文件译文将改用汉语拼音方案作为中国人名地名罗马字母拼写法的统一规范。

同 日 中美两国政府分别在北京和华盛顿同时宣布两国自1979年1月1日起建交。国务院总理华国锋和美国总统卡特分别在北京和华盛顿同时宣布中国和美国决定自1979年1月1日起建立外交关系的联合公报。联合公报重申了上海公报中双方一致同意的各项原则，并且指出，美国承认中华人民共和国政府是中国的唯一合法政府，台湾是中国的一个省。联合公报确定，两国1979年3月1日互派大使。中国政府16日发表声明指出，中美建交是两国关系中的历史性事件。解决台湾回归祖国，完成国家统一的方式，这完全是中国的内政。同日，美国政府就中美建交发表声明，美国将通知台湾，结束外交关系，美国和台湾的共同防御条约也将按照条约的规定予以终止。美国还声明，在4个月内从台湾撤出美方余留的军事人员。同日，华国锋就中美建交举行记者招待会，卡特发表电视讲话。17日，《人民日报》发表社论：《历史性的大事》。中美两国建交后，两国关系开启了一个新的阶段。

12月16日—27日　第七次全国检察工作会议在北京举行。这次会议是检察机关重建后的第一次全国性会议。会议揭发批判了林彪、“四人帮”砸烂”检察机关、破坏社会主义法制的罪行，讨论了检察机关在新时期的方针和任务。同时，在总结检察工作经验的基础上，提出了修改人民检察院组织法的建议，准备提请全国人民代表大会常委会加以审议。胡耀邦在会上讲话。他要求政法部门从巩固和发展安定团结的政治局面出发，抓好冤案、错案的平反工作，要做到彻底平反，善始善终。他说，检察干部一定要坚持实事求是，坚持群众路线，坚持调查研究。他要求大家要解放思想，敢于思考问题，提出问题和解决问题。

12月18日　外贸部部长李强在香港举行中外记者招待会，介绍中国的对外贸易政策和接受外国货款、投资等问题。李强说，中国尊重国际上习惯的贸易做法，只要条件合适，我们现在可以考虑同意政府之间的贷款。政府之间与非政府之间的贷款，中国都可以接受。在回答关于中国政府是否愿意同台湾发生贸易和经济关系时，李强说，“台湾是中国的，台湾和大陆为什么不可以贸易”？

12月18日—22日　中共十一届三中全会在北京举行。出席会议的中央委员169人，候补中央委员112人，中央及地方有关部门的负责同志列席了会议。全会的中心议题是讨论把全党工作的重点转移到社会主义现代化建设上来。全会讨论了党的思想路线问题。全会坚决批判了“两个凡是”的错误方针，充分肯定了必须完整地准确地掌握毛泽东思想的科学体系，高度评价了关于真理标准问题的讨论，确定了解放思想、开动脑筋、实事求是、团结一致向前看的指导方针。会议继承和发扬了毛泽东倡导的辩证唯物主义的思想路线，认真讨论了“文化大革命”中发生的一些重大政治事件，实事求是地审查和解决了党的历史上一批重大冤假错案和一些重要领导人的功过是非问题，决定撤销中央发出的有关“反击右倾翻案风”运动和天安门事件的错误文件，指出，1975年邓小平受毛泽东委托主持中央工作期间，各方面工作取得了很大成绩，全党、全军和全国人民是满意的。1976年4月5日的天安门事件完全是革命行动。会议审查和纠正了过去对彭德怀、陶铸、薄一波、杨尚昆等所作的错误结论，肯定了他们对党对人民的贡献。全会一致认为，采取步骤正确地解决这些问题，是完整地、准确地掌握和运用毛泽东思想的科学体系的表现。全会号召，党中央在理论战线上的崇高任务，就是领导、教育全党和全国人民历史地科学地认识毛泽东的历史功绩，完整地、准确地掌握毛泽东思想的科学体系，把马列主义、毛泽东思想的普遍原理同社会主义现代化建设的具体实践结合起来，并在新的历史条件下加以发展。全会讨论了党的政治路线问题。三中全会果断地停止使用“以阶级斗争为纲”这个不适用于社会主义社会的口号，否定了“无产阶级专政下继续革命”的错误理论，作出了把全党工作的着重点和全国人民的注意力转移到社会主义现代化建设上来的战略决策，这是党在政治路线上最根本的拨乱反正。会议重申了毛泽东1957年作出的我国大规模的急风暴雨式的群众阶级斗争已经基本结束的正确论断，指出，对于社会主义社会的阶级斗争，应该按照严格区别和正确处理两类不同性质的矛盾的方针去解决，按照宪法和法律规定的程序去解决，决不允许混淆两类不同性质的矛盾的界限，决不允许损害社会主义现代化建设所需要的安定团结的政治局面。这就恢复和发展了党的八大的政治路线。全会讨论了经济建设问题。全会指出，在经济建设问题上，从纠正急于求成的错误倾向和全党要注意解决好国民经济重大比例严重失调等问题出发，必须采取一系列新的重大措施，对陷于失调的国民经济比例关系进行调整，并且对于权力过分集中的经济管理体制着手认真的改革，在自力更生的基础上积极发展同世界各国平等互利的经济合作，努力采用世界先进的技术和设备，并大力加强实现现代化所必须的科学和教育工作。这些思想，是党确立对外开放、对内搞活经济的重要方针的开端。全会从调动几亿农民的社会主义积极性，在经济上充分关心他们的物质利益，在政治上切实保障他们的民主权利的指导思想出发，制定了发展农业生产的一系列政策和措施，决心首先集中主要精力把农业搞上去。其中最重要的是：各级经济组织必须认真贯彻执行按劳分配的社会主义原则，按照劳动的数量和质量计算报酬，克服平均主义；社员自留地、家庭副业和集市贸易是社会主义经济的必要补充部分，任何人不得乱加干涉；在今后一个较长时间内，全国粮食征购指标继续稳定在1971年到1975年“一定五年”的基础上不变，绝对不许购过头粮。全会原则同意1979、1980两年的国民经济计划安排，同意将《中共中央关于加快农业发展若干问题的决定（草案）》和《农村人民公社工作条例（试行草案）》下发讨论试行。全会讨论了党的组织路线问题。全会总结了党的历史经验教训，决定健全党的民主集中制和党规党法，并强调了党中央和各级党委的集体领导，着重提出了发扬社会主义民主和加强社会主义法制的任务。全会增选陈云为中央政治局委员、政治局常务委员、中央委员会副主席，邓颖超、胡耀邦、王震为中央政治局委员；增补黄克诚、宋任穷、胡乔木、习仲勋等9同志为中央委员。会议决定成立中央纪律检查委员会，并选举陈云为中央纪委第一书记，邓颖超为第二书记，胡耀邦为第三书记，黄克诚为常务书记，王鹤寿为副书记。十一届三中全会使我国进入拨乱反正和全面改革的新时期。

12月19日　解放军三总部要求全军从1979年起把科学文化教育列为部队教育训练的一项内容。解放军总参谋部、总政治部、总后勤部联合发出通知，规定部队的科学文化教育应以普及中学数学、物理、化学知识为主，以干部为重点。三总部的通知针对不同的对象提出了不同的要求和标准，并对解决科学文化教育的时间、教员、教材和经费等问题作出了规定。抓好部队科学文化教育的目的在于提高全军广大指战员的科学文化水平，加速国防现代化建设。

12月22日—28日　全国侨务会议、第二次全国归侨代表大会在北京举行。李先念代表中共中央、国务院向大会致词。廖承志在大会上作了题为《认真落实党的侨务政策，为建设现代化的社会主义强国而奋斗!》的报告。全国侨联代理主席庄希泉在报告中总结了第一次全国归国华侨代表大会以来的侨联工作，并提出了全国侨联和各地侨联今后的任务。大会修改了全国侨联章程，选举了全国侨联委员。会议一致推举廖承志为全国侨联名誉主席。28日，第二届全国侨联委员会召开第一次会议，庄希泉当选为本届全国侨联主席。

12月23日　上海宝山钢铁总厂举行动工典礼。谷牧专程参加了动工典礼并讲话。在此之前，22日，中国技术进口总公司和新日本钢铁公司在上海签订了关于订购上海宝山钢铁总厂成套设备的总协议书。

12月24日　彭德怀、陶铸追悼大会在北京隆重举行。彭德怀、陶铸是党和国家的卓越领导人，曾担任过许多重要领导职务。他们在林彪、“四人帮”的残酷迫害下，分别于1974年11月29日和1969年11月30日不幸逝世。现在，中共中央给他们作出了全面的、公正的评价，为他们恢复名誉。华国锋、叶剑英、邓小平、李先念、陈云、汪东兴等人参加了追悼会，叶剑英主持追悼会，邓小平、陈云在追悼会上分别致悼词。追悼会后，彭德怀、陶铸的骨灰安放在八宝山革命公墓。

12月25日　中共中央政治局会议在北京举行，讨论决定人事问题。会议讨论了新增选的4位政治局委员的分工，决定陈云分管中央纪委、公安、检察、法院、民政等中央政法部门；邓颖超分管工会、共青团、妇联等群众团体；胡耀邦分管中央日常工作和宣传工作；王震仍分管第三、四、五、六机械工业部等国防工业部门。会议接受中央工作会议和十一届三中全会上许多同志的意见，通过以下一系列人事变动：设立中央秘书长、副秘书长，协助中央领导处理日常工作，任命胡耀邦为中央秘书长兼中央宣传部部长，胡乔木为中央副秘书长兼毛泽东著作编辑委员会办公室主任，姚依林为中央副秘书长兼中央办公厅主任；任命宋任穷为中央组织部部长；免去张平化的中央宣传部部长职务，调任中央党校副校长；调陕西省委第一书记王任重任国务院副总理兼国家农业委员会主任（经人大常委会讨论后公布）；调中央党校副校长马文瑞任陕西省委第一书记；任命中央党校副校长冯文彬兼中央办公厅第一副主任；任命杨德中为中央办公厅警卫局局长兼中央警卫师师长、党委书记；姚依林原任商业部部长一职，由金明接任；任命陈国栋为国务院财贸小组组长兼中华全国供销总社主任；任命刘澜涛为中央统战部第一副部长、全国政协秘书长，建议1979年全国政协开会时选他为副主席。会议免去了汪东兴的中央办公厅主任、党委书记，中央警卫局局长、党委书记，8341部队政委兼党委书记，毛泽东著作编委会办公室主任、党委书记等各项兼职。这次中央政治局会议决定的一系列人事更动，为贯彻十一届三中全会的路线、方针、政策提供了组织保证。

同　日　国务院批转国家科委、外交部《关于加强引进人才工作的请示报告》。国务院批示指出，加强引进人才工作对于促进我国科学技术和经济的发展有着重要的作用。应采取积极争取、大量吸收的方针，从国外引进人才。《报告》认为，引进人才有多方面的作用：有利于促进本国科学技术和经济的发展；可以加速本国科技人才的成长；可以节约本国的教育投资；有利于吸收和消化外国的新技术。《报告》说，近期的引进人才的工作，以短期为主，逐步扩大中长期定居的数量；以华侨、台湾同胞、港澳同胞和中国血统的外籍人中的科技人员为主，也要争取一些外国学者；以自然科学和工程技术人才为主，也要争取一些熟悉经济和现代化管理以及其他社会科学方面的人才。对短期来我国工作的，方式可以多种多样。《报告》提出，为了做好引进人才工作，成立国务院引进科技人才领导小组，统一协调和组织有关方面的工作。《报告》还对接待专家学者的具体组织工作及专家的生活待遇等问题，作了具体规定。

12月26日　第五届全国人大常委会举行第五次会议。会议听取黄华关于中美关系正常化谈判经过的报告。根据华国锋的提议，会议一致通过决议，任命王任重为国务院副总理；任命郭维城为铁道部部长，免去段君毅的铁道部部长职务；任命王子纲为邮电部部长，免去钟夫翔的邮电部部长职务。会议还通过《告台湾同胞书》，建议台湾与大陆尽快实现通航、通邮，以利两地同胞直接接触，进行学术文化交流、体育观摩。

12月27日　北京市揭批“文革”中的聂元梓等“五大学生领袖”。中共北京市委、北京市革命委员会召开大会，揭发批判反革命分子聂元梓、蒯大富、谭厚兰、韩爱晶、王大宾反党乱军，大搞打砸抢，残酷迫害革命干部和革命群众的反革命罪行。这次大会中心会场设在首都体育馆，378个分会场分布在全市18个区、县，共有30万人参加大会。

12月28日　国务院发布重新修订的《中华人民共和国发明奖励条例》。原条例是1963年11月发布的。新的条例规定，发明是一种重大的科学技术新成就，它必须同时具备下列3个条件：1.前人所没有的；2.先进的；3.经过实践证明可以应用的。条例包括发明的申报、审核机关；发明的申报内容和程序等方面的内容。条例规定，对发明的奖励，实行精神鼓励和物质鼓励相结合而以精神鼓励为主的原则。奖励等级共分4级，除奖给发明证书及奖章外，分别发给奖金1万元、5 000元、2 000元和1 000元。

同　日　国务院通知，决定在全国恢复和增设169所普通高等院校，进一步发展高等教育，以逐步适应四个现代化的需要。其中工科院校46所，农林院校13所，医药学院18所，师范院校77所，财经院校10所，体育学院3所，艺术学院2所。

12月29日　外交部发言人受权就南沙群岛的主权问题发表声明。指出，南沙群岛历来是中国领土的一部分，中国对这些岛屿及其附近海域拥有无可争辩的主权，这些地区的资源属于中国所有。任何外国侵占南沙群岛的岛屿以及在这些地区进行开发或其他活动，都是对中国领土主权的侵犯，都是不能允许的。任何外国对南沙群岛的岛屿提出主权要求，都是非法的、无效的。

12月31日　中共中央批转国务院环境保护领导小组办公室的《环境保护工作汇报要点》。我国全国性的环境保护工作是从70年代开始的，取得了一定的成效。但是，我国环境污染仍在发展，有些地区达到了严重的程度。工业废气、废水、废渣是主要污染源。《通知》指出，消除污染，保护环境，是进行经济建设、实现四个现代化的一个重要组成部分。各级党委、各级领导部门都应主动去抓，这是一项非抓不可的大事情。《通知》严肃指出，要规定工矿企业和一切污染危害环境的单位的治理期限。对长期不改的，要停产治理，并追究领导责任，实行经济处罚，严重的给予法律制裁。《汇报要点》要求，一切新建、改建、扩建的企事业单位，在建设的同时，要严格采取防治环境污染的措施；现有大中型企业，在三五年内分批治理，达到环境标准的要求。要改善城市环境，三五年内重点治理北京、上海、天津等20个城市的环境污染。要治理水域污染，三五年内重点控制和治理渤海、黄海、长江、黄河和主要港口的污染。要防治食品污染，逐步消除粮食、食品、蔬菜等农副产品在生产、贮运、加工过程中造成的污染。

1979年

1979年综述

1979年是全国把工作重点转移到社会主义现代化建设上来的第一年，是全面拨乱反正的第一年，是对国民经济进行调整的第一年。

是年，全国工作主要抓了以下五项：一是切实把全国工作重点转到以经济建设为中心的轨道上来。中共中央一再强调经济问题是最大的政治问题，是压倒一切的中心任务。各部门、各单位都研究制定适应工作重点转移的具体措施，全党全国一心一意抓经济建设并取得较好成绩。二是开始大规模系统拨乱反正并对建国以来的历史作出初步总结。是年，拨乱反正、平反冤假错案成绩显著，如1月为上海“一月革命”拨乱反正；1月—3月，中共中央先后为贺龙、彭真、肖劲光、陆定一等平反，恢复名誉；2月，为“旧文化部”、“帝王将相部”、“才子佳人部”、“外国死人部”的大错案彻底平反；3月，为内蒙古“新内人党”三大冤案平反，为全国统战、民族、宗教工作部门摘掉“执行投降主义、修正主义路线”帽子，为“杨（成武）、余（立金）、傅（崇碧）事件”公开平反，撤销1971年8月13日转发的《全国教育工作会议纪要》这一错误文件，为“总政阎王殿”冤案和“谭政反党宗派集团”冤案彻底平反，中共中央组织部、中央宣传部、文化部党组、全国文联筹备组联合召开落实中共知识分子政策座谈会，对“文化大革命”中遭到错误批判处理的一律平反昭雪；5月，撤销1961年2月《部队文艺工作座谈会纪要》，彻底否定该《纪要》中提出的所谓“文艺黑线专政论”；7月，对1959年被定为右倾机会主义分子或右倾机会主义错误的，一律予以平反、改正；8月，北京市为“三家村反党集团”冤案彻底平反，为张闻天恢复名誉；9月，为全国所划右派55万余名右派分子摘帽复查，不留尾巴；11月，将“文化大革命”中被诬陷立案审查的200万左右干部的材料予以清理，等等。叶剑英在国庆40周年的讲话中对建国以来的历史作了初步总结。三是统战工作的恢复和落实政策。统战工作得到恢复和加强，各民主党派重新开展活动并召开了各自的代表大会，宗教、民族、知识分子等方面的工作也有很大进展。为地富分子摘帽，恢复70万户原工商业者的劳动者身份，落实原国民党起义、投诚人员的政策，重申对知识分子的政策，等等。四是进一步清理“左”的指导思想，同时重申四项基本原则。号召解放思想、清理“无产阶级专政下继续革命”等“左”的理论，否定“以阶级斗争为纲”。针对出现的右倾思潮，邓小平在理论工作务虚会上及时重申四项基本原则。五是开始调整、改革国民经济。针对国民经济中存在的严重比例失调，4月，中共中央工作会议制定“调整、改革、整顿、提高”八字方针。随后，开始调整国民经济，改革开放也开始起步。国家大幅度地提高农副产品的收购价格，扩大农业自主权，改革财政管理办法，对广东、福建实行特殊政策、灵活措施，发展对外贸易。

与此同时，在民主法制建设，军队现代化建设，工、青、妇、科协、侨联等群众团体的工作，科学、教育、文化等各项事业方面都取得了可喜的成就。

是年元旦起，中美正式建立外交关系，邓小平访问美国，全国人大常委会发表《告台湾同胞书》，提出台湾归回祖国，完成祖国统一大业。1月5日—2月16日，中国政府5次照会越南驻华大使馆，对越南当局反华排华、接连派武装人员侵犯中国领土、杀害中国边民、制造多起流血事件表示极大愤慨，并提出强烈抗议。越南当局竟置若罔闻。2月17日—3月16日，我边防部队在广西、云南进行对越自卫还击、保卫边疆的战斗。自卫还击战达到预期目的，我边防部队全部撤回我国境内。

是年，工农业主要生产指标都完成和超额完成国家计划。工农业总产值达6 175亿元，比上年增长8.5%。国民收入达3 370亿元，按可比价格计算比上年增长7%。工业总产值达4 591亿元，比上年增长8.5%，其中轻工业增长9.6%，重工业增长7.7%，在100种主要产品产量方面，完成和超额完成计划的89种，未完成的11种。农业有较大幅度的增长，农业总产值达1 584亿元，比上年增长8.6%。在12种主要农畜产品产量中，有7种完成或超额完成了计划，有5种没有完成计划。全年竣工房屋面积1.2亿平方米，比上年增长33%，创造了建国以来最高水平。是年，全国完成基本建设投资总额500亿元，比上年增长4.4%。铁路货运量10.9495亿吨，比上年增长1.9%。社会商品零售总额1 752.5亿元，比上年实际增长12.4%。进出口贸易总额455亿元，比上年增长28%。其中出口212亿元，增长26.3%；进口243亿元，增长29.6%。进口大于出口31亿元，除用非贸易外汇额顺差弥补外，还借用了一部分国外资金。由于农业生产的发展和国家大幅度地提高农副产品收购价格并实行超额加价，农村人民公社社员每人平均从集体经济分得的收入为83.4元，比1978年增加9.4元；社员个人家庭副业收入也有较多增加。全国城镇安置待业青年和其他人员以及国家统一分配的大中专应届毕业生共902.6万人。全民所有制职工年平均工资为529元，比上年增长12.8%。是年，由于对1978年经济建设新冒进的后果未采取有力措施解决，也由于调整价格、增加工资、扩大就业等提高人民生活方面的开支增加较多，财政赤字高达170.7亿元，这是建国以来出现的最大的一次赤字。

1月1日　中美两国正式建交。1978年12月16日，中美两国政府分别在北京和华盛顿同时发表联合公报，决定自1979年1月1日起互相承认并建立外交关系。联合公报重申1972年中美上海公报中双方一致同意的各项原则，并且再次强调，美国承认中华人民共和国政府是中国唯一合法的政府，台湾是中国的一部分。双方决定，1979年3月1日互派大使并建立大使馆。同日，中美两国政府分别就中美建交发表声明。美国政府声明指出，在1979年1月1日，美国将通知台湾，结束外交关系，美国和台湾的共同防御条约也按照条约的规定予以终止。美国还声明，在4个月内从台湾撤出美方余留的军事人员。中国政府的声明指出，中美建交是“两国关系中历史性事件”，“解决台湾归回祖国，完成祖国统一的方式，这完全是中国的内政。”同日，华国锋总理就中美建交举行记者招待会，美国总统卡特发表电视讲话。12月17日，《人民日报》发表社论：《历史性的大事》。1979年1月1日，中美两国正式建交。华国锋总理、邓小平副总理分别致电美国总统卡特，热烈祝贺中美两国建交。美国国务院正式通知台湾当局，美台《共同防御条约》1980年1月1日终止。1979年内，美国暂停与台湾签订新的销售武器的协议。1月28日—2月5日，邓小平副总理和夫人应美国总统卡特的邀请，赴美国进行正式访问。3月1日，中美两国在对方首都正式建立大使馆。同月，中国首任驻美大使柴泽民和美国首任驻华大使伍德科克分别到任。至此，中美两国关系开始了一个新的阶段。

同　日　全国人大常委会发表《告台湾同胞书》。1月1日，中华人民共和国全国人民代表大会常务委员会发表《告台湾同胞书》。《告台湾同胞书》指出，台湾自古就是中国不可分割的一部分。近30年台湾同祖国的分离，是人为的，是违反我们民族的利益和愿望的，决不能再这样下去了。统一祖国这样一个关系全民族前途的重大任务，现在摆在我们大家的面前，谁也不能回避，谁也不应回避。今天，实现中国的统一，是人心所向，大势所趋。我们殷切期望台湾早日归回祖国，共同发展建国大业。我国领导人已经表示决心，一定要考虑现实情况，完成祖国统一的大业，在解决统一问题时尊重台湾现状和台湾各界人士的意见，采取合情合理的政策和办法，不使台湾人民蒙受损失。台湾当局一贯坚持一个中国的立场，反对台湾独立。这就是我们共同的立场，合作的基础。希望台湾当局以民族利益为重，对实现祖国统一的事业做出宝贵的贡献。台湾海峡目前仍然存在着双方的军事对峙，这只能制造人为的紧张。我们认为，首先应当通过中华人民共和国政府和台湾当局之间的商谈结束这种军事对峙状态，以便为双方的任何一种范围的交往接触创造必要的前提和安全的环境。我们希望双方尽快实现通航通邮，以利双方同胞直接接触，互通讯息，探亲访友，旅游参观，进行学术文化体育工艺观摩。我们相互之间完全应当发展贸易，互通有无，进行经济交流。这是相互的需要，对任何一方都有利而无害。《告台湾同胞书》最后指出，统一祖国，是历史赋予我们这一代人的神圣使命。让我们携起手来，为这一光荣目标共同奋斗！全国政协举行座谈会。出席会议的政协常委、各党派负责人和爱国人士热烈拥护《告台湾同胞书》，表示要与包括台湾同胞在内的全国各族人民一起，为完成祖国的统一大业而同心协力、共同奋斗。全国政协主席邓小平在会上发表讲话，指出台湾归回祖国、完成祖国统一的大业提到具体日程上来。他指出，今年的元旦有三大特点。第一，今天我们全国工作的着重点转移到四个现代化建设上来。第二，今天中美关系实现了正常化。第三，今天把台湾归回祖国，完成祖国统一大业提到具体的日程上来了。这三个特点，反映了在粉碎“四人帮”之后，我们在国内工作和国际事务中都取得了相当大的成就。去年我国的生产形势很好，比我们原来预计的情况要好得多，我们在国际事务中取得了许多重大的成就。台湾归回祖国、完成祖国统一大业的事情能提到具体日程上来，也是由于在国内和国际的工作中取得重大成就的结果。邓小平指出，中日和平友好条约的签订和中美关系正常化，有利于世界的和平和稳定，有利于国际反霸事业的发展。当前，我们面临的问题很多，我们还要继续努力。

同　日　国防部部长徐向前发表声明：从即日起停止对大金门、小金门、大担、二担等岛屿的炮击。

同　日　陈云、邓小平提出调整国民经济的问题。陈云对1979年国民经济计划问题于本月1日和5日作了两次指示："国务院通知指出：1979年有些物资还有缺口。我认为不要留缺口，宁肯降低指标，宁可减建某些项目。""有物资缺口的，不是真正可靠的计划。"1月6日，邓小平指出："我们要从总方针上来一个调整，先搞那些容易搞、上得快、能赚钱的，减少一些钢铁厂和一些大项目。引进的重点要放在见效快，赚钱多的项目上。今年计划有些指标要压缩一下，不然不踏实，不可靠"。

同　日　《人民日报》报道：四川、云南、广东的部分社队实行生产责任制。四川省广汉县委决定从今年开始，全县农业普遍推广"以产定工，超产奖励"的办法。云南省楚雄彝族自治州在全州推广包产到组，把劳力、土地、农具、成本核算、产量、工分加奖励落实到作业组，建立严格的管理责任制。广东省的社队普遍推行"五定一奖"的经营管理制度，给生产队的作业组规定产量任务，在管理上实行责任制，超额完成任务的给予奖励。上述报道，对全国农村各种形式的生产责任制的建立和实行起了很大的推动作用。

1月3日　胡乔木提出要对"继续革命"等理论进行清理。胡乔木在中共中央宣传部1次会议上就关于社会主义时期阶级斗争的一些提法问题发表讲话。他说，现在思想理论工作正处在一个重要的历史时期。由于林彪、"四人帮"的长期干扰，有些旧的说法需要继续清理。对有些重大的理论问题的提法，要继续进行讨论和研究，弄清楚它们的客观意义和科学涵义。比如，"无产阶级专政下继续革命"这个口号，究竟是什么涵义，它的科学根据是什么，继续使用好不好，就值得重新研究。至少在一段时间内不要在报刊上讲。对于社会主义时期阶级斗争的形式和作用的认识，也是很迫切需要解决的重要理论问题。那种阶级斗争"始终存在"的错误提法，迫切需要纠正。在社会主义社会，阶级斗争在什么范围、什么条件下存在，它是不是社会主义社会发展的动力等问题都需要重新进行认真的、实事求是的科学探讨。又比如，"以阶级斗争为纲"，这个提法，要看在什么意义上、在什么范围内讲才有意义。不讲清楚就会引起思想上和实际工作中的混乱。在这个问题上的混乱，现在不能再继续下去了。党内斗争，是否都是社会阶级斗争的反映，都是路线斗争？党的历史是否只是路线斗争的历史？党内存在路线斗争，这是事实。但是，党的历史不等于就是路线斗争的历史。把党内一切复杂的斗争都简单化成为一定的刻板的模式，我们以后有没有必要继续这样做？总之，需要重新研究和探讨的问题还有许多。我们一定要把马列主义、毛泽东思想搞准确，维护它的严整的科学思想体系。这对我们实现新时期的总任务，是十分必要的。胡乔木的上述讲话在1979年1月18日—4月3日召开的党的理论工作务虚会上印发。

1月3日—8日　欧洲议会议长埃米利奥·科隆博访华。访问期间，华国锋主席、邓小平副总理分别会见科隆博议长，姬鹏飞副委员长同科隆博议长举行会谈。

1月4日　中共中央转发国家科委和中国科学院《1979—1985年全国基础科学发展规划纲要》。中央的批示说，四个现代化的关键在于科学技术现代化。基础科学是整个科学技术发展的基础，不论是从当前还是从长远考虑，不搞基础科学的研究是不行的。我们在学习和消化引进的国外先进技术，努力发展我国农业、工业、医药卫生和国防等方面的科学技术的同时，必须加强对基础科学的研究。基础科学的研究主要由中国科学院和高等院校承担，地方和产业部门以大力发展应用科学为主，也要积极开展相应的基础科学研究工作。各有侧重，大力协作。

同　日　中共中央转发上海市委《关于解决所谓“一月革命”问题的请示报告》。《报告》指出，所谓“一月革命”，是指从1967年1月4日张春桥、姚文元回到上海，到2月5日建立“上海人民公社”这一段时间内，他们从上海打开缺口，进行全面夺权的阴谋活动，是林彪、陈伯达和“四人帮”搞乱全国、进行全面夺权的一个重要步骤。其矛头是针对各级领导干部，是向党中央夺权。对为此而被公开点名批判的陈丕显、曹荻秋、魏文伯、杨西光等，和所有受迫害的群众组织和干部、群众，以及与此相关联的一切假案、错案、冤案，予以彻底平反，恢复名誉，一切诬陷不实之词，予以统统推倒；

宣布对参与策划所谓“一月革命”，并在以后继续进行篡党夺权阴谋活动的主要骨干分子逮捕法办。同时，向干部和群众说清楚，当时的各群众组织和群众是受蒙蔽的，是没有责任的。

同　日　《人民日报》发表《完整地准确地理解党的知识分子政策》的评论员文章。文章分析了建国以来我国知识分子队伍状况的变化，指出党在解放初期提出来的，以资产阶级的和小资产阶级的知识分子为主要对象的团结、教育、改造的政策，现在对于绝大多数知识分子来说，已经不适用了。知识分子已经不是解放初期那种团结、教育、改造的对象，而是从事脑力劳动的工人阶级，是党的依靠力量。

1月4日—21日　全国轻工业局长会议在上海召开。会议的主要议题是轻工业工作重点转移问题。会议提出今后轻工业工作的重点是：一、从着重抓产值、产量转到着重抓质量、品种上来；二、努力扩大出口，换取更多的外汇，当年计划出口换汇21亿美元；三、搞好挖潜、革新、改造和新技术引进；四、按照轻工业的特点搞好专业化生产与协作；五、各级领导要把主要精力放到生产建设和技术革命上来。企业领导班子要用80%的时间抓生产、抓管理、抓科学技术，提高管理水平。

1月4日—22日　中共中央纪律检查委员会第一次全体会议在北京举行。会议着重研究维护党规党法，搞好党风的问题。中共中央副主席、中央纪委第一书记陈云主持会议并讲话。陈云指出，党的中央纪律检查委员会的基本任务，就是要维护党规党法，整顿党风。我们做好这件事，对我们这样一个在9亿人口国家中的执政党，是一种重大的工作，这对于国际共产主义运动也是一种重大的责任。中纪委第二书记邓颖超着重从党的历史经验教训中论述加强党的纪律性的重要意义。中纪委第三书记胡耀邦在会上就如何学习和贯彻党的十一届三中全会精神作了重要讲话。中纪委党委书记黄克诚提出做好纪委工作必须具有“五不怕”精神。会议提出，当前纪委要着重抓好对党员进行党的纪律和党的作风教育，抓紧处理积压的案件和做好来信来访工作。会议讨论并拟定了《关于党内政治生活的若干准则》（草稿），通过了《中共中央纪律检查委员会关于工作任务、职权范围、机构设置的规定》、《中共中央纪律检查委员会第1次全体会议通告》。《通告》确定了纪律检查工作必须遵循的重要原则，这些原则是：一、严格区分，正确处理两类不同性质的矛盾；二、反倾向斗争，必须从实际出发；三、重证据，重调查研究，严禁逼供信；四、对人的处理要持十分慎重态度；五、坚持实事求是，有错必纠；六、敢于斗争，刚直不阿；七、认真走群众路线；八、实行集体领导和个人分工负责相结合的制度。会议还决定对康生、谢富治的问题进行审查。中纪委副书记王鹤寿作了总结讲话。

1月5日　邓小平谈台湾回归祖国是中国的内政。国务院副总理邓小平在会见中美建交之际来访的27位美国记者时说："台湾回归祖国，完成祖国统一大业，这完全是中国的内政。正是在这个基础上，我们实现了同美国关系正常化。当然，在双方达成建交协议的时候，卡特总统曾经表示一种愿望，希望能够用和平方式解决台湾问题。我们注意到这个愿望，但是我们同时也表示这是中国的内政问题。……在这个问题上，我们不能承担这么一个义务：除了和平方式以外不能用其他方式来实现祖国统一的愿望。我们不能把自己的手捆起来。如果我们把自己的手捆起来，反而会妨碍和平解决台湾问题这个良好愿望。至于时间表，中国是有耐心的。"邓小平表示，将采取多种方法同台湾当局，特别是同蒋经国先生商谈祖国统一问题。

同　日　新华社报道：现代化大型化肥厂——贵州赤水天然气化肥厂建成投产。这个厂的化肥装置是从美国和荷兰引进的，日产合成氨1 000吨，尿素1 620吨，全年产量折合标准化肥100万吨。

1月6日　西藏自治区成立接待藏族同胞归国和参观委员会。目的在于希望在国外的藏族同胞，包括达赖喇嘛在内，回到祖国怀抱，或者参观访问，省亲会友。

1月7日—11日　各省、市、自治区党委宣传部长会议在北京召开。会议主要讨论全党工作重点转移后宣传工作的根本任务问题。中宣部部长胡耀邦到会讲话。他指出，全党工作重点转移后，党的宣传工作的根本任务是：把马克思列宁主义、毛泽东思想的普遍真理同实现四个现代化伟大实践密切结合起来，研究新情况，解决新问题，尽可能使理论工作走在实际工作的前头，使马列主义、毛泽东思想在实践中不断丰富和发展，指导我们夺取新长征的胜利。胡耀邦在会上还宣布了中共中央为所谓“中宣部阎王殿”彻底平反的决定。1月16日，《人民日报》发表题为《伟大的转变和宣传工作的根本任务》的社论。

1月8日　中国政府和吉布提共和国政府决定自即日起建立大使级外交关系。

1月8日—19日　外国留学生工作会议在北京召开。这次会议是由教育部、外交部、文化部、公安部联合召集的。方毅到会并讲了话。会议肯定1962年经中央批准的对外国留学生“学习上严格要求，认真帮助；政治上积极影响，不强加于人；生活上适当照顾，严肃管理”的管理教育工作的方针是完全正确的，应继续认真贯彻执行。会议传达了邓小平关于留学生工作的指示，并对外国留学生工作中几个迫切需要解决的重要问题进行了认真讨论。5月3日，国务院批转了《外国留学生工作会议的报告》。

1月9日　新华社报道：全国恢复和增设169所普通高校。国务院批准教育部关于恢复和增设普通高等学校的报告，决定在全国恢复和增设169所普通高等学校，其中属于恢复的有16所，新增设的153所，重点放在加强理工科教育上面。按照科类划分，工科院校46所，农林院校13所，师范院校77所，医药院校18所，财经院校10所，体育院校3所，艺术院校2所。

同　日　新华社报道：1978年是我国恢复研究生制度的第一年。这一年共录取了1.05万名研究生。这个数字已接近“文化大革命”前十七年培养的研究生的总数。

1月11日　中共中央发出通知，将十一届三中全会原则通过的《关于加快农业发展若干问题的决定（草案）》和《农村人民公社工作条例（试行草案）》两个文件印发各省、市、自治区讨论和试行。9月，中共十一届四中全会对《决定（草案）》作了修改并正式通过，下发全国执行。《决定》的内容包括4个方面：一、统一全党对我国农业问题的认识；二、当前发展农业生产力的25项政策和措施；三、实现农业现代化的部署；四、加强党和政府对农业的领导。《条例》对1962年中共八届十中全会讨论通过的《农村人民公社工作条例（修正草案）》（即《60条》）作了补充和修改，共15章60条款。这两个文件总结了我国社会主义改造基本完成以来农业方面的一些经验教训，强调指出：人民公社、生产大队和生产队的所有权和自主权，必须受到国家法律的切实保护，不允许无偿调用和占有生产队的劳动力、资金、产品和物资；任何机关和领导人都不准再搞“一平二调”和瞎指挥；各级经济组织必须按照劳动的数量和质量计算报酬，克服平均主义；可以在生产队统一核算和分配的前提下，包工到作业组，联系产量计算劳动报酬，实行超产奖励；社员自留地、家庭副业和农村集市贸易是社会主义经济的必要补充部分，任何人不得乱加干涉，不得当做“资本主义尾巴”加以取缔；人民公社要坚决实行三级所有队为基础的制度，稳定不变，决不允许任意改变，搞“穷过渡”。

同　日　中共中央作出《关于地主、富农分子摘帽问题和地富子女成分问题的决定》。《决定》指出，地主、富农分子经过20多年以至30多年的劳动改造，他们当中的绝大多数已经成为自食其力的劳动者。中央决定：除极少数坚持反动立场的以外，凡是多年遵守政府法令，老实劳动，不做坏事的地主、富农分子以及反革命分子、坏分子，经过群众评审，县革委会批准，一律摘掉帽子，给予农村人民公社社员待遇。地主、富农家庭出身的社员，他们本人的成分一律定为公社社员，享有同其他社员一样的待遇。今后，他们在入学、招工、参军、入团、入党和分配工作等方面，主要应看本人的政治表现，不得歧视。地主、富农家庭出身的社员的子女，他们的家庭出身应一律为社员，不应再作为地主、富农家庭出身。

同　日　国务院批转教育部、中央广播事业局《关于全国广播电视大学工作会议的报告》。国务院在指示中指出，举办广播电视大学，是我国高等教育事业发展中的新事物，对于扩大高等教育的规模，提高广大群众的科学文化水平，加速培养大量又红又专的人才，将会起重大作用。请各省、市、自治区革委会，国务院各部委、各直属机构大力支持广播电视大学的筹办工作，切实解决工作中的问题，注意总结经验，努力把广播电视大学办好。全国广播电视大学工作会议于1978年11月26日—12月3日召开。会议讨论了广播电视大学筹办工作的指导思想，制定了《中央广播电视大学试行方案》，对开办广播电视大学急需解决的编制、经费、物质条件等问题做了初步的安排。

1月17日　邓小平提出搞建设要利用外资和发挥原工商业者的作用。邓小平接见胡厥文、胡子昂、荣毅仁等工商界领导人并就如何搞经济建设问题发表谈话。他说，我们现在搞建设，门路要多一点，可以利用外国的资金和技术，华侨、华裔也可以回来办工厂。吸收外资可以采取补偿贸易的方法，也可以搞合营，先选择资金周转快的行业做起，如轻纺工业、手工业、旅游业等，以换取外汇。当然，利用外资一定要考虑偿还能力。邓小平指出，要发挥原工商业者的作用。有真才实学的人，应该把他们找出来，使用起来。能干的人，就当干部。对这方面的情况，你们比较熟悉，可以多做工作。还要请你们推荐有技术专业、有管理经验的人管理企业，特别是新行业的企业。不仅是国内的人，还有入了外籍的，都可以用。要落实对原工商业者的政策。落实政策以后工商界还有钱，有的人可以搞一两个工厂，赚取外汇，也可以投资到旅游业。手里的钱闲起来不好。你们可以有选择地搞。总之，钱要用起来，人要用起来。邓小平对荣毅仁说，你主持的中国国际信托投资公司，要规定一条：给你的任务，你认为合理的就接受，不合理的就拒绝，由你全权负责处理。处理错了也不怪你。要用经济方法管理经济，从商业角度考虑签订合同，有利润、能创汇的就签订，否则就不签。应该完全排除行政干扰。所谓全权负责，包括用人权。只要把社会主义建设事业搞好，就不要犹豫。

同　日　中共中央批转中央统战部等六部门《关于落实对国民党起义、投诚人员政策的请示报告》。中央的批语指出，爱国一家，既往不咎，一视同仁，量才录用，妥善安置，是毛主席、周总理为我党制定的对起义、投诚人员的一项重要政策。当前，认真落实这项政策，这不仅对恢复党的优良传统是必要的，而且对台湾回归祖国、完成祖国统一大业，有着重要的意义。

同　日　经中共中央批准，中共北京市委作出《关于为刘仁同志平反昭雪的决定》。

1月18日—4月3日　党的理论工作务虚会在北京召开。会议的目的是要总结宣传理论战线的基本经验教训，研究全党工作重心转移之后理论宣传工作的根本任务。1月18日，中共中央秘书长、中宣部部长胡耀邦作《理论务虚会引言》，就会议的由来、目的和开会方法、两年来思想理论战线的形势以及理论宣传工作怎样适应全党工作重点转移发表了意见。3月30日，邓小平代表党中央在会上做了《坚持四项基本原则》的重要讲话。会议一致拥护邓小平的讲话，确定把宣传和贯彻四项基本原则作为重大的政治任务和理论任务。会议对“两个凡是”和思想僵化现象继续进行了尖锐的批评，对多年来被林彪、“四人帮”和1957年下半年以来“左”倾指导思想歪曲了的重大理论问题，如社会主义社会的基本矛盾和目前时期的主要矛盾问题，社会主义社会阶级斗争的一些提法，关于无产阶级专政下继续革命的理论、关于党内斗争是否都是阶级斗争的反映、关于涉及党的十一大路线的一些提法等问题，都进行了广泛热烈的讨论，并要求按马克思主义观点予以澄清。会议要求继续解放思想，坚持实事求是，把解放思想同坚持四项基本原则统一起来。这次会议的讨论和邓小平的讲话，促进了十一届三中全会确立的思想路线和政治路线的贯彻执行。

1月21日　宁夏青铜峡“反革命叛乱事件”冤案获得彻底平反。中共中央批示同意中共宁夏回族自治区委员会为此案平反给中央的请示报告。

1月22日—24日　中共中央统战部在北京召开大型座谈会，中央统战部部长乌兰夫在会上讲话，重申了党对民族资产阶级的一贯政策。乌兰夫提出林彪、“四人帮”破坏统战工作和民族资产阶级政策的罪行必须清算，制造的假案、错案、冤案必须平反、纠正、昭雪，并就进一步落实党对民族资产阶级的八个政策问题做了说明。第一，“文化大革命”中许多资产阶级工商业者被查抄的存款，无论金额大小，全部解冻，一次发还，并且按照银行的规定，发给利息。本人已经去世的，退还给配偶。其他财物，也要抓紧落实、退还。第二，“文化大革命”中资产阶级工商业者被扣减了的高薪，一般应当恢复他们原来的薪金，并且补发过去被扣减的部分。第三，“文化大革命”中一些大中城市部分资产阶级工商业者被占用的私人房屋仍然属于他们个人所有，被占用了的私房，应当归还给他们。在处理中，如存在实际困难，可根据统筹兼顾的原则，分清轻重缓急，有步骤地予以解决。第四，对“文化大革命”开始被下放到车间或门市部从事体力劳动的资产阶级工商业者的工作要进行适当调整；对确有技术专长的，应当授予相当的技术职称，如工程师、技艺师或顾问等，以用其所长；有业务管理经验的，可以安排适当的业务工作；不宜继续从事重体力劳动的，可以适当调整岗位和工种，分配力所能及的工作。第五，积极组织资产阶级工商业者和职工一起参加劳动竞赛和评比；对于生产劳动和工作表现好的，应当实事求是地给以表扬和物质奖励；对政治上表现好的、有突出贡献的，可以评为先进生产者和先进工作者。第六，对资产阶级工商业者的生活福利待遇等问题，病假期间的工资，一律根据生活困难情况或病假期间长短，按照本人的工资发给50%~70%；已经按照职工待遇办理的，不变。医疗待遇、非因公死亡，参照所在单位职工的待遇办理。退休问题，应当继续执行1962年国务院的规定。第七，按国家的政策，资产阶级工商业者1966年9月以前应领而未领的定息，可以领取。第八，对于资产阶级家庭出身的子女，要坚持重在本人表现，不能唯成分论。在入党、入团、升学、招生等问题上，都不应歧视他们。

1月24日　张际春、徐海东、吴芝圃、刘长胜、张霖元、王世英、南汉宸、刘裕民平反昭雪追悼会在北京举行。邓小平主持追悼会，韦国清致悼词。

1月25日　廖鲁言、徐子荣、胡锡奎、刘锡五、王其梅平反昭雪追悼会在北京举行。李先念主持迫掉会，胡耀邦致悼词。

1月26日　新华社报道：全国计划生育办公室主任会议在北京召开。国务院副总理、国家计划生育领导小组组长陈慕华在会上讲话。会议讨论了争取1980年把人口自然增长率降到1%以下的具体措施，研究了有关计划生育的经济政策等问题。会议强调，今后要提倡每对夫妇生育子女数最好一个，最多两个，间隔3年以上。

1月29日—2月5日　邓小平副总理应邀对美国进行正式访问。这是中华人民共和国成立后中国领导人首次访问美国。1月30日，邓小平在华盛顿发表讲话，阐述了中国对世界形势、中美关系和台湾问题的立场和政策。他说，用什么方式解决台湾归回祖国的问题，那是中国的内政。我们不再用“解放台湾”这个提法了，只要台湾归回祖国，我们将尊重那里的现实和现行制度。1月31日，邓小平副总理和卡特总统分别代表中国和美国政府签署了两国科技合作协定和文化协定，以及两国在教育、农业、空间方面合作的谅解的换文。还签署了在高能物理方面合作的协议，建立领事关系和互设总领事馆的协议。双方同意签订贸易、航空、海运协定。2月1日，发表新闻公报。

2月4日—3月12日　全国工商行政管理局长会议在北京召开。国务院副总理李先念、余秋里、王任重到会讲话。会议提出工商管理工作要从全局出发，按照客观经济规律办事，更好地着眼于支持工农业生产，促进商品流通，活跃市场和方便群众。要保护合法交易，加强企业登记、商标管理和合同管理。今后一切工商企业都要按照国家规定向工商行政管理部门登记，领取营业执照。要管理企业招牌，恢复国际、国内卓有声誉的企业名称。要进一步加强商标统一注册制度，鼓励企业创名牌、保名牌，不断提高产品质量。还要管好工商之间和农商之间的购销合同，加工订货合同，协调产销关系，监督检查合同执行情况，调解仲裁纠纷。会议还对农村集市贸易管理工作中的政策问题作了明确规定。会议提出，农村集市贸易的管理工作，要着眼于促进农副业生产的发展，活跃农村经济，便利社员生活。

2月5日—3月1日　全国水产工作会议在北京召开。会议确定今后的方针是：大力保护资源，积极发展养殖，调整近海作业，开辟外海渔场，采用先进技术，加强科学管理，提高产品质量，活跃城乡市场。会议还提出了具体的政策措施。

2月6日　《北京日报》报道：中共北京市委决定为《北京日报》、《北京晚报》、《前线》杂志彻底平反。指出，林彪、"四人帮"诬陷这几个报刊是"反党反社会主义的工具"、"资产阶级的阵地"，并给报刊负责人扣上种种帽子，这些完全是诬陷不实之词，应予全面推倒。对因此受到株连的所有同志都应一律平反。

2月7日　中共中央政治局委员、中共上海市委第一书记苏振华上将在北京逝世。苏振华，原名苏七生，1912年生，湖南平江县人。1928年参加平江农民暴动。1929年加入中国共产主义青年团，1930年转入中国共产党。历任红三军团排长、连政委、师经理处政委，团党总支部书记、团政委。参加了长征。抗日战争时期，任中国人民抗日军政大学队长、大队长，一一五师三四三旅政委，鲁西军区政委、八路军二纵队政委、冀鲁豫军区副政委兼政治部主任。解放战争时期，任晋冀鲁豫野战军第一纵队政委、二野五兵团政委。新中国成立后，任贵州军区政委、司令员兼政委，中共贵州省委书记，海军副政委、政委、第一政委，中共中央军委副秘书长，中共上海市委第一书记。1955年被授予上将军衔。他是第一、二、三届国防委员会委员，中共八届候补中央委员，第十届中央政治局候补委员，第十一届中央政治局委员、中共中央军委常委。

2月8日　中国和葡萄牙共和国政府决定建立大使级外交关系。

2月10日　《人民日报》报道：财政部确定，从今年起进一步减轻农村社队的税收负担，并规定了实施办法。实施办法已经国务院批准。预计全国农村每年将因而增加收入10亿元以上。新的减税办法规定，从今年开始，农村社队企业工商所得税的征收起点，将由原来的600元提高为3 000元，在起征点以下的一律免税，税率仍按20%的比例征收。

同　日　外交部强烈抗议越南当局的挑衅行为。外交部照会越南驻华大使馆，强烈抗议越南当局无视中国政府的一再警告，继续侵犯中国领土、打死打伤我边民。16日，外交部再次照会越南驻华大使馆，正告越南当局：由此产生的一切后果，必须由越南承担全部责任。

2月12日　国家体委召开群众大会为贺龙平反。大会上宣读了中共中央批准的国家体委党组关于建议撤销1968年5月12日对全国体育系统的命令的报告，宣布彻底推翻强加给体育系统的“独立王国”的罪名，推倒强加给贺龙等的一切不实之词，并为一切遭受迫害和打击的同志彻底平反，恢复名誉。

2月14日　叶剑英委员长接见新华社记者谈法制建设问题。他说，全国人民代表大会常委务员会已在着手组织有关方面的力量研究拟定或者修改刑法、刑事诉讼法、民法、婚姻法和各种经济法则等，尽快完善我国的法制。法律和制度必须具有稳定性、连续性；一定要具有极大的权威，只有经过法律程序才能修改，绝不能以任何领导人个人的意志为转移；检察机关和法院一定要保持应有的独立性，忠实于人民的利益，忠实于法律和制度；要有一批无私无畏的检察官和法官，维护社会主义法制的尊严；要保证在法律面前人人平等，不允许任何人有超于法律之上的特权。只有在充分发扬民主的基础上，才能确立健全的社会主义法制。

同　日　中共中央发出《关于对越进行自卫反击、保卫边疆战斗的通知》。《通知》指出，事实反复证明，同越南侵略者打交道，委屈已经不能求全，忍耐已经被当做软弱可欺，劝告、警告一概成了耳边风。他们欺人太甚，我们忍无可忍。中央经过反复考虑，决定进行自卫反击、保卫边疆的战斗，给越南侵略者以应得的惩罚。我们的目的，是为了求得我国边疆地区的和平和安定，以利于四个现代化的顺利进行。战斗的地区、时间和规模，都是极为有限的，都是根据这一目的确定的。我们决不要越南的一寸土地，也决不允许别人侵占我们的一寸土地。这个战斗的性质是正义的。我们的战斗，不仅将得到中国人民的拥护，而且将得到世界人民（最后也将包括越南人民）的同情和支持。

2月16日　中共中央召集党政军副部长以上干部报告大会。邓小平在会上作了关于对越进行自卫反击、保卫边疆作战问题的报告。

2月17日　中共中央发出《关于为彭真同志平反的通知》。《通知》指出，“文化大革命”运动中强加给彭真的种种罪名和一切诬蔑不实之词，均应予以推翻。中央决定，恢复彭真党的组织生活，分配工作。

同　日　新华社报道：京（北京郊区昌平）通（吉林通辽）铁路通车。连同北京郊区怀柔至怀北、河北承德至隆化的两条联络支线通车，全长870公里。

2月17日—3月16日　人民解放军进行对越自卫反击作战。自卫反击战自2月17日起—3月16日止，我边防部队攻克了越南谅山、高平、老街3个省会和17个县市，重创越军4个正规师和10个团，击毙越军3.7万余人，缴获大批武器装备和作战物资，摧毁越南北部地区针对我国构筑的大量军事设施，给越南侵略者以严厉的教训和惩罚。2月17日，新华社奉命就我边防部队被迫奋起反击发布声明，表明我国对越自卫反击的原则立场，并建议双方迅速进行谈判。3月5日，新华社再次奉命发表声明，宣布我被迫自卫反击，已达到预期目的，自即日起，中国边防部队开始全部撤回中国境内，并且再次建议中越双方迅速举行谈判。3月16日，黄华外长在中外记者招待会上宣布，我边防部队已于即日从越南全部撤离完毕。当天，中共中央发出关于胜利结束对越自卫反击、保卫边疆战斗的通知。

2月21日　刘仁追悼会在北京举行。中共8届中央候补委员、原中共华北局书记处书记、中共北京市委第二书记刘仁同志追悼会在北京展览馆举行。刘仁因遭受林彪、“四人帮”的诬陷和迫害，于1973年10月26日不幸逝世。追悼会由聂荣臻主持，林乎加致悼词。

2月21日—3月1日　欧洲共同体委员会主席罗伊·詹金斯访华。

2月22日　著名的马克思主义史学家、原北京大学副校长翦伯赞追悼会在北京举行。宣布为他平反昭雪，恢复名誉。翦伯赞由于林彪、“四人帮”的迫害，于1968年12月18日不幸逝世。

2月23日　国务院批转财政部、国家农垦总局《关于农垦企业实行财务包干的暂行规定》。《规定》决定：从1979年起到1985年，对农垦企业实行独立核算，自负盈亏，亏损不补，有利润自己发展生产，资金不足可以贷款的财务包干办法。

同　日　国务院发出《关于恢复中国农业银行的通知》。《通知》规定：中国农业银行作为国务院的一个直属机构，由中国人民银行代管。

2月28日　北京集会纪念台湾"二二八"起义32周年。全国政协在北京人民大会堂召开座谈会，纪念台湾省人民"二二八"起义32周年。全国人大常委会副委员长乌兰夫、邓颖超、廖承志出席。全国政协副主席许德珩代表全国政协宣布，为了增进台湾和大陆同胞的相互了解，推进台湾归回祖国的神圣事业，邀请台湾各界人士来大陆参观访问，同时准备大陆各界人士去台湾参观访问，双方就统一祖国问题进行协商。

同　日　新华社报道：为"旧文化部"案平反。中共中央宣传部批准文化部党组的决定，对林彪、"四人帮"制造的"旧文化部"、"帝王将相部"、"才子佳人部"、"外国死人部"这一大错案进行公开彻底平反。决定指出，解放后17年，文化部的成绩是主要的，根本不存在所谓"文艺黑线"和以周扬、夏衍、田汉、阳翰笙为代表的"黑线代表人物"问题，宣布凡是受到这一错案牵连和遭到打击、诬陷的同志一律彻底平反。

3月1日　国务院决定从3月份开始，提高粮、棉、油、猪等18种主要农副产品的收购价格。确定：粮食统购价格从夏粮上市起提高20%，超购部分在这个基础上再加价50%；棉花平均提高15%；油料平均提高25%，超购加价50%；生猪平均提高26%；牛、羊、蛋、甜菜、甘蔗、大麻、苎麻、桑蚕茧、南方木材、毛竹、牛奶、部分中药材、主要水产品等也适当提高收购价格。18种主要农副产品的收购价格平均提高24.8%。这个措施调动了农民发展生产、踊跃交售农副产品的积极性。由于提价，当年农民收入增加108亿元。

3月2日　中共北京市委作出《关于"三家村"冤案的平反决定》。经中共中央批准，决定撤销原中央专案审查小组对邓拓、吴晗、廖沫沙所作的错误结论，恢复他们的政治名誉，恢复邓拓、吴晗的党籍，恢复廖沫沙的组织生活。

同　日　解放军总政治部作出《关于为“总政阎王殿”冤案彻底平反的决定》。决定为“总政阎王殿”等一系列冤、假、错案彻底平反，为在这些冤、假、错案中所有受到打击迫害的同志彻底平反，恢复名誉，对被迫害致死的同志予以昭雪。

3月2日—5日　共青团中央和林业部在延安召开全国青年造林大会。大会全体代表向全国青少年发出关于开展植树造林竞赛的倡议书。

3月3日—25日　全国基本建设工作会议在北京召开。会议主要讨论了基本建设战线的调整问题。会议期间，国务院副总理李先念、余秋里、耿飚、谷牧等听取了情况汇报。会议提出，今后两三年内，基本建设战线的重要任务是：坚决贯彻执行中央关于调整国民经济的方针，认真搞好基本建设的调整、整顿和改革工作。

3月5日　新设深圳、珠海市。国务院批复广东省革命委员会，同意：一、将宝安县改设为深圳市，以宝安县的行政区域为深圳市的行政区域，市革命委员会驻深圳；二、将珠海县改设为珠海市，以珠海县的行政区域为珠海市的行政区域，市革命委员会驻香洲。

同　日　为肖劲光冤案平反。中共中央批转总政治部《关于肖劲光同志问题的复查报告》。中共中央在批语中说，肖劲光同志是受林彪、“四人帮”打击迫害的，所谓“上贼船”问题完全是张春桥蓄意制造的一桩冤案，应当予以彻底平反。

3月7日　《人民日报》报道：关于农业劳动报酬联系产量计算的调查。《调查》包括四个部分：一、产量责任制是调动农民集体生产积极性的有效措施；二、冲破“禁区”，敢于实践；三、实行产量责任制是不是单干倒退？会不会产生资本主义？四、从实际出发不强求一律。《调查》总结了安徽省一些社队的产量责任制的经验。产量责任制就是在生产队统一领导下，定产到组，责任到人。《人民日报》为这篇《调查》加了编者按。编者按指出，《中共中央关于加快农业发展若干问题的决定（草案）》中提出的“在生产队统一核算和分配的前提下，包工到作业组，联系产量计算劳动报酬，实行超产奖励”的这一规定，适应一些地区当前生产力水平和农民群众思想水平，是贯彻按劳分配原则，克服平均主义，进一步发挥农民群众集体生产积极性的一项有效措施。一些生产队把劳动计酬与产量联系起来，劳动效率和农活质量大大提高，增产显著，得到广大社员的赞扬。实行产量责任制，一定要从实际出发，因地制宜，不能搞“一刀切”。

3月8日　陈云提出计划与市场的关系。陈云写了《计划与市场问题》的讲话提纲。提纲的内容主要有：一、马克思提出的社会主义经济将是有计划按比例地发展的这个理论是完全正确的。二、现在的计划太死，包括的东西太多，结果必然出现缺少市场自动调节的部分。计划又时常脱节，计划机构忙于日常调度。因为市场调节受到限制，而计划又只能对大路货、主要品种作出计划数字，因此生产不能丰富多彩，人民所需日用品十分单调。三、整个社会主义时期经济必须有两个部分：一是计划经济部分（有计划按比例的部分）；二是市场调节部分（即不作计划，让它根据市场供求的变化进行生产，即带有“盲目”调节的部分）。第一部分是基本的主要的；第二部分是从属的次要的，但又是必需的。既掌握了政权，又有了第一部分经济，就能够建设社会主义。第二部分只能是有益的补充（基本上是无害的）。问题的关键是，直到现在我们还不是有意识地认识到这两部分经济同时并存的必然性和必要性，还没有弄清这两部分经济在不同部门应占有不同的比例。四、忽视了市场调节部分的另一后果是，同志们对价值规律的忽视，即思想上没有“利润”这个概念。这是大少爷办经济，不是企业家办经济。五、在今后经济的调整和体制的改革中，计划经济和市场调节这两部分的比例的调整，将占很大的比重。不一定计划经济部分愈增加，市场调节部分所占绝对数额就愈缩小，可能是相应地增加。

3月9日　中共中央对外联络部发出《关于为所谓“三和一少”、“三降一灭”问题平反的通报》。《通报》指出，康生等人强加于中联部和整个外事战线的所谓“三和一少、“三降一灭”修正主义路线的罪名，完全是诬陷不实之词，必须予以推翻。

同　日　新华社报道：为内蒙三大冤案平反。经中共中央批准，对“乌兰夫反党叛国集团”，“内蒙古二月逆流”和“新内人党”三大冤案，予以彻底平反。

同　日　《人民日报》报道：中共四川省委负责人同理论工作者探讨经济理论问题。中共四川省委第一书记赵紫阳同成都地区部分经济理论工作者举行座谈会，就当前经济领域内的一些理论问题进行了探讨。座谈会提出，计划经济和市场经济能不能结合？怎样结合？座谈会认为，计划经济和市场经济这两个概念不是绝对对立的，是可以结合的。在计划经济指导下，有一定范围的市场经济作为补充，很有必要。座谈会提出，要使企业生产随着市场的变化而变化，企业之间要搞点“竞争”。实现现代化必须走专业化、区域化和农、工、商一条龙的道路。要用经济办法管理经济，充分发挥银行作用，通过银行贷款来体现国家经济政策。

3月10日　提高城乡居民存款利率。国务院同意中国人民银行的报告，决定从1979年4月1日起，提高城乡居民和华侨人民币储蓄的存款利率，并增加储蓄种类和利率的档次，以及开办半年的定期储蓄、5年的长期储蓄存款。

3月13日　国务院批转中国人民银行《关于改革中国银行体制的请示报告》。决定扩大中国银行的权限；设立国家外汇管理总局授权管理国家外汇；将中国银行从中国人民银行分设出来，直属国务院领导，由中国人民银行代管。

3月14日　中共中央决定在国务院下设立财政经济委员会，作为研究制定财经工作的方针政策和决定财经工作中的大事的决策机关。财政经济委员会由陈云、李先念、姚依林、余秋里、王震、谷牧、薄一波、王任重、陈国栋、康世恩、张劲夫、金明12位同志组成。以陈云为主任，李先念为副主任，姚依林为秘书长。7月1日，五届全国人大常委会第九次会议根据中共中央3月27日的建议，决定设立国务院财政经济委员会，任命陈云兼主任，李先念兼副主任，姚依林兼秘书长。

3月15日　新华社报道：经国务院批准，一些化纤棉纺织品陆续降价。各种纤维棉布价格平均下降20%。

同　日　《人民日报》报道：为傅崇碧事件平反。经中共中央批准，1968年3月发生的所谓傅崇碧“武装冲击中央文革”事件获得平反。

3月16日　为李维汉和全国统战部门平反。中共中央统战部在北京召开统战系统干部大会。中央统战部部长乌兰夫、中央统战部顾问李维汉在会上讲了话。乌兰夫在会上宣读了中共中央批准的中央统战部关于建议为全国统战、民族、宗教工作部门摘掉“执行投降主义、修正主义路线”的帽子的请示报告。乌兰夫代表中共中央正式宣布：1962年、1964年对李维汉同志的批判是错误的，在全国统战、民族、宗教工作部门，包括李维汉本人，都不存在执行一条所谓“投降主义、修正主义路线”，凡是因这个问题而受到牵连的同志，一律平反，恢复名誉。

同　日　中共中央发出《通知》。《通知》指出，有些公开发表的文章实际上宣传了毛主席长时期执行了一条错误路线，这种做法不慎重、不妥当，不符合三中全会决定的方针，不利于全党全军和全国人民安定团结的大局。中央认为有必要提醒全党注意防止这种情况继续出现。

同　日　商业系统试行企业利润留成办法。商业部、财政部发出通知，决定在商业部系统试行企业利润留成办法，给企业较大财权，并对利润留成比例，提取、结算，资金的使用及管理都作了具体的规定。

3月17日　国务院成立进出口领导小组。余秋里任组长，王任重、王震、方毅、谷牧、康世恩、陈慕华任副组长。重大方针、政策、规划问题由领导小组审议，日常领导工作由谷牧全权负责。在领导小组下建立进出口工作办公会议。国务院要求各有关部委和各省、市、自治区应建立进出口领导小组。

同　日　拉萨市举行宽大处理参叛人员大会。公开宣布，西藏自治区司法机关决定宽大释放1959年参加西藏武装叛乱的376名罪犯。

同时宣布，刑满就业后继续戴叛乱分子帽子和社会上戴叛乱分子帽子监督改造的6 000余人，一律摘掉帽子。

3月17日—20日　布隆迪总统让—巴蒂斯特·巴加扎上校访华。19日，中布两国政府签订了经济技术合作协定。

3月19日　中共中央决定撤销1971年8月13日转发的《全国教育工作会议纪要》和1974年转发的《关于河南省唐河县马振扶公社中学的情况简报》。

3月21日　解放军总政治部召开平反大会。中共中央、中央军委发出通知，同意总政治部《关于为“总政阎王殿”等冤案彻底平反的请示》、《关于为“谭政反党宗派集团”冤案彻底平反的决定》和《关于为“总政阎王殿”冤案彻底平反的决定》。4月2日，总政治部召开了平反大会。

3月21日—23日　中共中央政治局讨论国民经济调整问题。中共中央政治局召开会议，讨论1979年计划和国民经济调整问题。陈云、邓小平在会上作了重要讲话。陈云指出，我们搞四个现代化，建设社会主义强国，是在什么情况下进行的？讲实事求是，先要把“实事”搞清楚。这个问题不搞清楚，什么事情也搞不好。我们国家是一个9亿多人口的大国，80%的人口是农民。一方面我们很穷，另一方面要经过20年，即在本世纪末实现四个现代化。这是一个矛盾。人口多，要提高生活水平不容易；搞现代化用人少，就业难。我们只能在这种矛盾中搞四化。这是现实的情况。所谓按比例，就是按这个比例。按比例发展是最快的速度。过去说，指标上去是马克思主义，指标下来是修正主义，这个说法不对。踏步也可能是马克思主义。单纯突出钢，这一点，我们犯过错误，证明不能持久。借外国人那么多钱，究竟靠得住靠不住？外国商人说借钱给你，有真有假，这件事也不要看得太简单。可以向外国借款，中央下这个决心很对，但是一下子借那么多，办不到。不按比例，靠多借外债，靠不住。陈云提出，要有两三年调整时间，最好三年。比例失调，比1961、1962年严重得多。调整的目的，就是要达到按比例，比较按比例地前进。外资还要不要，外国技术还要不要？一定要，而且还要充分利用，只不过把期限延长一点就是了。要找增加外汇收入的来源，把它看做很重要的题目。总之，搞外汇要成为一个大题目。邓小平在讲话中指出，现在的中心任务是调整，首先要有决心，东照顾，西照顾不行。过去提以粮为纲，以钢为纲，是到该总结的时候了。一个国家的工业水平，不光决定于钢，要把钢的指标减下来，搞一些别的。谈农业，只讲粮食不行，要农林牧副渔并举。会议同意国家计委修改和调整1979年国民经济计划的意见，并决定用3年时间调整国民经济。

3月23日—4月13日　全国教育科学规划会议在北京召开。这次会议由教育部、中国社会科学院联合召开，讨论和落实了全国《教育科学发展纲要规划（草案）》，教育部副部长张承先代表教育部宣布，1958年批判心理学和1963年批判“母爱教育”是错误的，予以彻底平反。

3月24日　国务院、中央军委批转总后勤部《关于军队退还占用地方房屋和处理产权纠纷问题的意见》。《意见》指出，军队在“文化大革命”中，无偿占用的地方房屋，凡未退还的，应全部退还地方。

同　日　新华社报道：龚咀电站竣工。我国西南地区目前最大的一座水电站——龚咀电站已经胜利建成。该电站在四川乐山县境，发电能力为75万千瓦。

3月25日　国务院财政经济委员会举行第1次会议。财经委主任陈云在会上讲话。他指出，“调整就是步伐调整调整，该踏步的踏步，该下的下，该快马加鞭的快马加鞭。目的是为了前进，为了搞四个现代化。要注意粮食。粮食一定要有人管，我看这个问题要注意。钢铁是硬的，我看粮食更硬。要进口一些粮食。一方面地方不要靠中央，一方面中央手里还要抓一点粮食。”陈云还提出，“要找1个，2个，3个，4个，或者5个年轻一些的，40岁到50岁的干部，到财经委员会工作。培养这样的人，我看很有必要”。

同　日　中央慰问团分赴广西、云南慰问。中共中央、人大常委会、国务院、中央军委发出给广西、云南边防部队和民兵民工的慰问信。同日，以王震副总理为团长的中央慰问团和以方毅副总理为团长的中央慰问团分别赴广西和云南，慰问边防部队、民兵和支前民工。

3月26日　国务院转发《以进养出试行办法》。《办法》指出，要引进新技术，进口成套设备，必须大量地增加出口。各有关部门和各地区，要千方百计地发展出口商品生产，在充分挖掘国内出口货源潜力的同时，积极利用国外原材料和技术，大力发展以进养出业务，把出口贸易做大做活，以增加外汇收入。

同　日　中共辽宁省委作出关于为张志新彻底平反昭雪，追认她为革命烈士的决定。

3月26日—4月4日　香港总督麦理浩爵士一行访华。访华期间，邓小平副总理会见麦理浩总督一行。

3月28日　中共中央发出《关于为“杨、余、傅事件”公开平反的通知》。《通知》指出，所谓“杨、余、傅事件”纯系林彪、“四人帮”反党集团制造的冤案，他们强加的罪名，纯属捏造。中央决定，为“杨、余、傅事件”公开平反。对杨成武、余立金、傅崇碧同志的一切污蔑不实之词，都应予以推倒；凡有关“杨、余、傅事件”的文件、材料、讲话一律作废；撤销1968年中发52号，1970年中发20号文件。由于这个案件受到株连的同志，一律平反，恢复名誉；被迫害致死致残的同志，要公开平反昭雪。

3月29日　北京市革委会发布通告。通告指出，“凡是反对社会主义、反对无产阶级专政、反对共产党的领导、反对马列主义、毛泽东思想，泄露机密，违反宪法和法律的标语、海报、大字报、小字报及书刊、画册、唱片、图片等，一律禁止”。

3月30日　邓小平提出坚持四项基本原则和探索中国式的现代化道路。邓小平受党中央的委托，在党的理论工作务虚会上发表《坚持四项基本原则》的讲话。《讲话》共分三部分：一、形势和任务。二、实现四个现代化必须坚持四项基本原则。邓小平提出，过去搞民主革命，要适合中国情况，走毛泽东开辟的农村包围城市的道路。现在搞建设，也要适合中国情况，走出一条中国式的现代化道路。

他代表党中央提出，我们要在中国实现四个现代化，必须在思想政治上坚持四项基本原则。这是实现四个现代化的根本前提。这四项是：第一，必须坚持社会主义道路；第二，必须坚持无产阶级专政；第三，必须坚持共产党的领导；第四，必须坚持马列主义、毛泽东思想。邓小平指出，这四项基本原则不是新的东西，是我们党长期以来所一贯坚持的。三、思想理论工作的任务。邓小平指出，解放思想，就是要运用马列主义、毛泽东思想的基本原理，研究新情况，解决新问题。

同　日　全国政协副主席、生物学家童第周在北京病逝。童第周，1902年生，浙江鄞县人。毕业于上海复旦大学，后留学比利时、法国，获博士学位。1934年回国后，曾任山东大学、中央大学、同济大学、复旦大学教授，英国剑桥大学、美国耶鲁大学研究员。1949年赴美国讲学，得知解放军节节胜利的消息，立即回国。建国后，历任山东大学教授、副校长，中国科学院生物学部委员、主任。他是第一至第五届全国人大代表，第三、四、五届全国人大常委，第五届全国政协副主席。1978年加入中国共产党。他是我国著名的生物学家。4月11日，童第周追悼会在北京举行，聂荣臻主持，方毅致悼词，邓小平、李先念等党和国家领导人参加。

4月3日　中共中央批转国家农委党组报送的《关于农村工作问题座谈会纪要》。《纪要》是3月12日—24日，国家农委邀请广东、湖南、四川、江苏、安徽、河北、吉林七省农村工作部门和安徽金椒、广东博罗、四川广汉三县委的负责人，就传达贯彻三中全会精神和当前农村工作的一些问题进行座谈后产生的。座谈会比较集中地讨论了建立健全生产责任制的问题，并取得了大体一致的意见：(一) 充分发挥集体经济的优越性，调动社员的社会主义积极性，加快农业发展速度，这是建立健全生产责任制的根本出发点。(二) 目前多数地方，还是实行分组作业，小段包工，按定额计酬的办法。对这种办法，群众满意，没有要求改变的，就要继续实行，总结提高，把它进一步办好。还有的地方，基层干部和群众不同意实行联系产量责任制的，也不要硬性推广。不论实行哪种办法，除特殊情况经县委批准者以外，都不许包产到户，不许划小核算单位，一律不许分田单干。（三）必须注意保持人民公社体制的稳定。人民公社三级所有，队为基础的制度基本上是适合我国农村现状的。（四）对已搞了包产到户、分田单干的地方，要积极引导农民重新组织起来，至于喂养家畜、家禽、管理鱼塘、经营小宗作物等农活，实行个人岗位责任制，并且规定产量（产值），实行超产奖励，是统一经营下的专业化生产，不是对统一经营的否定，应当允许。深山、偏僻地区的孤门独户，实行包产到户，也应当许可。

同　日　新华社报道："三孔"古迹修整一新。全国重点文物保护单位之一的山东曲阜鲁国故城和孔庙、孔府、孔林，已经修整一新，恢复了古迹的原状。同时，孔庙里设专室陈列着2 000多块珍贵的碑刻，形成了我国又一个碑林。

4月4日　新华社报道：中共中央批准为甘肃白银公司夺权事件平反。中共中央批准中央组织部、甘肃省委和冶金部党组为在"四清"运动中曾经报道全国的所谓"以黄罗斌为首的地方资产阶级篡夺白银公司领导权"（1964年6月23日中共中央批转这一报告）事件这个错案彻底平反。

4月5日—28日　中共中央工作会议制定"调整、改革、整顿、提高"八字方针。中共中央工作会议主要讨论调整国民经济和当前思想理论工作方面的问题，正式通过了对整个国民经济实行"调整、改革、整顿、提高"的方针。李先念代表中共中央和国务院在会上作了《关于国民经济调整问题》的重要讲话。讲话的主要内容是：（一）当前经济形势和调整的必要性。李先念指出，多年来造成的国民经济的重大比例失调表现在：农业和工业的比例严重失调；轻、重工业的比例严重失调；燃料动力工业同其他工业的比例严重失调；积累和消费的比例严重失调；劳动就业问题十分严重。由于重大比例失调的状况没有改变过来，再加上企业整顿工作还没有完全搞好，经济管理体制上存在着许多问题，所以，生产、建设、流通、分配领域中的混乱现象还没有完全消除。李先念指出，这次调整，就局部来说，是有进有退，有上有下；就全局来说，总的生产建设在调整中是要稳步前进的。因此，我们这次的方针是，“调整、改革、整顿、提高”。边调整边前进，在调整中改革，在调整中整顿，在调整中提高。（二）实现现代化的指导思想和调整的主要任务。李先念指出，我们搞现代化，一定要从中国的国情出发。我们是一个有9亿多人口的大国，其中80%以上是农民。我们的国家穷，搞现代化需要大量资金，人民又要改善生活，这就是矛盾；搞现代化，用人少，而我们有大量劳动力需要就业，这又是矛盾。我们只能在这样的矛盾中来搞四化，这就是现实的情况，是我们规划建设蓝图时必须考虑的基本出发点。我们一定要从自己国家的实际出发，走出一条在社会主义制度下实现现代化的中国式的道路。坚决地、逐步地把各方面严重失调的比例关系基本上调整过来，使整个国民经济真正纳入有计划、按比例健康发展的轨道；积极而又稳妥地改革工业管理和经济管理的体制，充分发挥中央、地方、企业和职工的积极性；继续整顿好现有企业，建立健全良好的生产秩序和工作秩序；通过调整、改革和整顿，大大提高管理水平和技术水平，更好地按客观经济规律办事。（三）调整比例关系的原则措施是：第一，集中主要精力把农业搞上去，调整好农业和工业的关系。第二，加快轻纺工业的发展，使轻、重工业的比例协调起来，使商品供应同国内购买力和对外出口的增长相适应。第三，在重工业中要突出地加强煤、电、油、运输和建筑材料工业的生产建设，以保证其他工业和整个国民经济的发展。第四，按照国民经济发展的需要和燃料动力、原材料供应的可能，认真调整工业企业。第五，坚决缩短基本建设战线，使建设规模同钢材、水泥、木材、设备和资金的供应可能相适应。第六，引进要循序前进，前后衔接，步子不能太急。第七，我们要多引进一些国外先进技术，最可靠、最主要的途径，就是要扩大出口。第八，在保持物价基本稳定的前提下，对某些不合理的价格做必要的调整。第九，坚持统筹兼顾的方针，解决好劳动力安排问题。第十，必须切实控制人口的增长。第十一，切实做到在发展生产的基础上改善人民生活。第十二，各项计划要互相衔接，不留缺口。（四）继续搞好企业整顿，开展增产节约运动。（五）关于改革经济管理体制的问题。李先念指出，我们现行的经济管理体制，弊病很多，非逐步改革不可。第一，在整个国民经济中，以计划经济为主，同时充分重视市场调节的辅助作用。第二，扩大企业的自主权，并且把企业经营好坏同职工的物质利益挂起钩来。第三，按照统一领导，分级管理的原则，明确中央和地方的管理权限。第四，精简行政机构，更好地运用经济手段来管理经济。（六）决心要大，工作要细。会议讨论和同意了李先念的讲话，决定集中3年时间，认真搞好调整，同时进行改革、整顿、提高的工作，以消除经济工作中长期存在的“左”倾错误造成的影响，把整个国民经济进一步纳入持久的、按比例的、高速度发展的轨道。中央指出，这是摆在我们面前的一个决定性战役，是全党全国的中心任务。

4月6日　国务院发出《关于种足种好棉花及实行棉花超购奖励的通知》。《通知》中规定提价后的收购价格，再加价30%；也可以实行每超购1斤皮棉，奖给1斤商品粮的办法。

4月9日　国务院批转国家计委、港澳办公室《关于设立港澳经济小组的请示报告》。国务院批语说，各地区、各部门都要关心港澳地区的经济工作，支持港澳经济小组，把工作做好。港澳经济小组要协助港澳工委，加强经济工作的领导，组织和督促驻港澳经济机构完成国家计划，完成各有关部门规定的任务。

4月10日　黄华外长约见美国驻华大使伍德科克。黄华在约见时指出，美国总统卡特今日签署的《与台湾关系法》违反中美上海公报和建交公报的原则，并申明中国政府坚决反对的立场。

4月11日　商业部、国家物价总局发出《关于调整粮食和油脂油料统购价格的通知》。规定粮食统购价格从1979年夏粮上市的时候起提高20%，超购部分在这个基础上再加价50%，油料统购价格也相应提高。

4月13日　中共中央、国务院批转国家建委党组《关于改进当前基本建设工作的若干意见》。《意见》提出：要认真清理在建项目，缩短基本建设战线；大搞增产节约；加强基本建设的前期工作；改进基本建设的物资供应工作；加速实现建筑业的技术改造；积极开展对外承包工程业务，大力组织园林产品出口。中共中央和国务院在《通知》中指出，粉碎“四人帮”两年多来，我国国民经济有了很大的发展。但是应该看到，这种发展带有很大的恢复性质，一些重要比例失调的状况，还没有改变过来，生产、建设方面的混乱现象，还没有完全消除，我们的经济管理体制和管理方法，也存在不少问题。当前一项迫切的任务，就是要对那些不急需和不具备条件的建设项目，实行停、缓、并、转、缩等办法，以便腾出人力、物力、财力，加强薄弱环节和直接关系人民生活设施的建设，使国民经济的发展逐步协调起来。

4月14日　新华社报道：四川宽大释放参与叛乱的500多名在押犯。四川省甘孜、阿坝两个藏族自治州的司法机关，分别在康定、汶川两地举行大会，宣布宽大释放1960年前参加武装叛乱的588名服刑在押犯，对刑满就业仍继续戴反革命叛乱帽子监督改造的363人，一律摘掉帽子。至此，四川藏族地区参与叛乱的人员已全部得到人民政府宽大处理。

4月16日　国务院批转国家计划委员会《关于清理压缩计划外用工的办法》。国务院在批语中指出，清理压缩计划外用工是一项艰巨复杂的工作，各地区、各单位必须加强领导，切实做好政治思想工作。同时，要通过清理压缩计划外用工，加强劳动计划管理，搞好城乡劳动力的统筹安排，挖掘企业劳动潜力，大力克服劳动力使用上的混乱和浪费现象，努力提高劳动生产率。

4月20日　高崇民平反昭雪大会在北京举行。4届全国政协副主席、民盟中央副主席高崇民因受林彪、“四人帮”的迫害，于1971年7月29日在北京逝世，终年81岁。

4月25日　田汉追悼会在北京举行。著名戏剧家田汉在“文化大革命”中遭到林彪、“四人帮”残酷迫害，于1968年逝世。

4月26日　新华社报道：中共上海市委为林彪、“四人帮”制造的大冤案——上海地下党案件彻底平反昭雪。为数以千计的遭受残酷迫害和株连的同志恢复了政治名誉。

同　日　著名翻译家傅雷的追悼会在上海举行，宣布为他平反昭雪，恢复名誉。傅雷，生于1908年，上海南汇人，早年留学法国，毕生致力于法国文学的翻译介绍工作。在“文革”中遭到江青反革命集团的迫害，于1966年9月3日含冤去世。

4月29日—5月2日　联合国秘书长库尔特·瓦尔德海姆访华。其间，华国锋总理、邓小平副总理分别会见瓦尔德海姆秘书长，黄华外长同瓦尔德海姆秘书长举行了会谈。

5月2日—9日　马来西亚总理达图·侯赛因·奥恩访华。

5月3日　中共中央批转解放军总政治部《关于建议撤销1966年2月部队文艺工作座谈会纪要的请示》。《批示》指出，中央同意总政治部1979年3月26日的请示，决定撤销中央批发的1966年2月部队文艺工作座谈会纪要。对受《纪要》影响被错误批判、处理的人员和文艺作品，要实事求是地予以平反；对过去曾经宣传、执行过《纪要》的各级组织和个人，不必追究政治责任。

同　日　中共中央、国务院发出《关于国家农业委员会的任务和机构的通知》。《通知》指出，为了加强党和国家对社会主义农业现代化的领导，根据十一届三中全会决定，成立中华人民共和国国家农业委员会（简称国家农委）。国家农委的组织和机构是：除主任委员外，设副主任委员若干人，委员由农业、林业、水利、农垦、农机、气象、供销合作总社、农业银行等有关部门主要负责同志兼任，并设专职委员若干人。国家农委机关设办公室、政策研究室、计划局、科教局。

5月9日　新华社报道：全国农村市场兴旺。其表现在：一是尽管去年有些地区发生过严重自然灾害，可是，各省、市、自治区没有一个向国家要粮食支援，而且农村集市上农民出售余粮的很多；二是猪、禽、蛋、蔬菜、土特产品的上市量显著增加，国家收购计划完成得很好；三是许多地区多年被禁止的集市贸易，重新恢复和活跃起来。到1978年底，全国农村集市已恢复到3.3万多个；四是农民购买力提高，工业品销售增加。

5月11日　中共中央、国务院就批转商业部《关于全国粮食局长会议情况的报告》发出通知。《通知》指出，国家粮食收支亏空增大，这是很值得注意的问题。近3年来，为了弥补粮食收支亏空，国家已经挖库存一百几十亿斤，净缺口280亿斤。现在，库存只能维持正常周转，不能再挖了。解决我国粮食问题的根本方针是立足国内，自力更生，发展生产，厉行节约。在近几年内，进口一部分粮食是必要的，但决不能长期依靠进口大量粮食过日子。

5月20日　《人民日报》报道：广东农村实行“五定一奖”生产责任制。“五定一奖”即在生产队统一支配生产资料、统一调配劳动力、统一生产计划、统一重大生产措施、统一处理产品和收益分配的前提下，对作业组实行定劳力、定地段、定产量、定工分、定成本，超产奖励这一责任制，把增加产量、发展经济同社员个人的物质利益结合起来，克服了浪费劳力的现象，有利于提高经营管理水平。

5月22日—6月10日　国家民委第1次全体委员（扩大）会议在天津召开。会议研究了社会主义现代化建设时期民族工作的任务；检查部署民族政策再教育工作；讨论解决民族杂居、散居地区的民族工作。10月12日，中共中央、国务院批转了国家民委党组《关于做好杂居、散居少数民族工作的报告》。

5月26日—6月1日　邓颖超副委员长应金日成主席的邀请，对朝鲜进行正式友好访问。5月31日，金日成陪同邓颖超在咸兴市参加周恩来总理铜像和纪念碑揭幕典礼。

5月28日　国务院批准外交部、邮电部《关于中国人和外国人通信的暂行规定》。《规定》指出，凡中华人民共和国公民都享有和外国人通信的自由，但关于军事、外交、公安、机要和其他保密部门所属人员与外国人通信问题，按有关部门的规定处理，不包括在本规定范围内。

5月30日　中共中央、国务院决定恢复内蒙古自治区原行政区划。决定将现属辽宁省的昭乌达盟、吉林省的哲里木盟和科尔沁右翼前旗、突泉县，黑龙江省的呼伦贝尔盟和鄂伦春自治旗、莫力达瓦达斡尔族自治旗，甘肃省的额济纳旗、阿拉善右旗，宁夏回族自治区的阿拉善左旗，从1979年7月1日起划归内蒙古自治区。

同　日　周小舟追悼会在广州举行。中共八届中央候补委员、中共湖南省委原第一书记周小舟在1959年庐山会议上遭到错误批判，职务被撤销，于1966年12月26日不幸逝世。1979年2月中共中央撤销1959年对他的错误处分，5月为他平反昭雪。

6月4日　中共中央、国务院发出《关于处理当前部分人员要求复职复工回城就业等问题的通知》。《通知》指出，处理这些问题要从有利于国民经济的调整、有利于安定团结出发，分清不同情况，采取适当措施。对于那些应当解决而又能够解决的问题，要继续抓紧解决。对于那些应当解决，但由于目前国家经济困难而无法解决的问题，要向群众耐心说明情况，做好说服解释工作。落实党的政策，解决"文化大革命"以前遗留下来的问题，要着重从政治上解决问题，经济问题原则上不作清退。

6月6日　新华社报道：国务院正式承认聚居于云南的基诺人为我国的一个单一的少数民族。迄今，我国被正式确认为单一少数民族的共有55个。

6月8日　为陆定一错案平反。中共中央转发中组部《关于陆定一同志问题的复查报告》。《报告》指出，原中央专案审查小组第一办公室的审查报告认定陆定一同志为"阶级异己分子"、"反党分子"、"内奸嫌疑"问题，是错误的，应予以平反。中央决定，恢复陆定一党的组织生活，分配工作。

同　日　财政部发出《关于国营企业固定资产实行有偿调拨的试行办法》。实行这一办法的目的在于促使企业把多余、闲置的固定资产有偿地调给其他企业使用，但所得价款要用于固定资产更新改造，不准挪作他用。

6月13日　新华社报道：我国新开辟的乌鲁木齐—新疆南部且末、成都经武汉—上海两条航空线，分别于6月7日和13日正式通航。乌鲁木齐—且末航线，全程741公里，成都至上海航线全程1 770公里。

6月15日—7月2日　五届全国政协第二次会议在北京举行。全国政协主席邓小平致开幕词。他指出，我国的统一战线已经成为工人阶级领导的、工农联盟为基础的社会主义劳动者和拥护社会主义的爱国者的广泛联盟。新时期统一战线和人民政协的任务，就是要调动一切积极因素，努力化消极因素为积极因素，团结一切可以团结的力量，同心同德，群策群力，维护和发展安定团结的政治局面，为把我国建设成为现代化的社会主义强国而奋斗。邓小平指出，为了实现四个现代化，必须发扬社会主义民主和加强社会主义法制。人民政协是发扬人民民主、联系各方面人民群众的一个重要组织。中国的社会主义现代化建设事业，继续需要政协就有关国家的大政方针、政治生活和四个现代化建设中的各项社会经济问题，进行协商、讨论，实行互相监督，发挥对宪法和法律实施的监督作用。邓小平指出，人民政协应当积极开展工作，发展爱国统一战线，促进台湾早日归回祖国，实现祖国统一大业。同时，要积极开展人民外交活动，加强同国际朋友的友好往来，为发展国际反侵略扩张的统一战线作出自己的努力。在新的历史时期，人民政协作为统一战线组织，任务是十分光荣的，工作是大有可为的。许德珩在会上作5届政协常委会工作报告。会议增选刘澜涛、陆定一、李维汉、胡愈之、王昆仑、班禅额尔德尼·确吉坚赞为第五届政协副主席，还增选了40名常务委员。乌兰夫副主席致闭幕词。

6月16日—29日　国务院财政经济委员会连续召开4次全体会议，讨论上海宝山钢铁厂建设问题。会议指出：宝钢是实现四个现代化进程中引进的第一个特大项目。对于这样一个大项目，本应用更多一点时间，听取更多方面的意见来考虑决定。现在看来决定得仓促了，这是由于我们对大规模的工业建设经验不足所致。从开工以后的情况看，工程进度是快的，成绩是很大的。现在既已决定建设，就应当统一全党认识，协力同心，勇往直前，一干到底。建设期限必要时可以延长一两年，不要操之过急。应当列入宝钢建设的项目，都要考虑周到，不要漏列。对外应签未签的合同，可即着手签订。会议决定由谷牧、韩光、叶志强、陈锦华负责宝钢建设。

6月17日　陈云提出经济建设应注意水资源和工业污染问题。陈云致信李先念、姚依林，提出经济建设必须尽早注意两个问题：(一) 全国各地的水力资源情况。农业要用水，工业要用水，人民生活要用水。有些地区水力资源已很紧张，如天津、北京等地。今后工厂的设立必须注意到用水量。有些工厂因为矿藏关系只能在当地开办，有些工厂可以而且应该在有水的地方办。即使有水力资源的工厂，也应该有节约用水的办法。（二）工业污染问题。现已办了的工厂，哪些还未处理污染问题的，我们应该心中有数，逐步加以改变。今后办厂必须把处理污染问题放在设计的首要位置，真正做到防害于先，这是重大问题。陈云提出，以上两个问题，可否请姚依林商请有关经济研究机构或有关单位收集材料，在两三个月内各准备一份意见书，以便讨论。

6月18日—7月1日　五届全国人大二次会议在北京举行。叶剑英致开幕词和闭幕词，华国锋作政府工作报告，余秋里作关于1979年国民经济计划草案的报告，张劲夫作关于1978年国家决算和1979年国家预算草案的报告，彭真作关于7个法律草案的说明，人大常委会作了书面工作报告，江华、黄火青分别向大会提交最高人民法院和最高人民检察院的书面工作报告。会议通过的《政府工作报告》宣布：我国除台湾省外，作为阶级的地主阶级、富农阶级已经消灭，作为阶级的资本家阶级也已经不再存在。当然，我国还有反革命分子和敌特分子，还有各种严重破坏社会主义秩序的犯罪分子和蜕化变质分子，还有贪污盗窃、投机倒把的新剥削分子。“四人帮”的某些残余，没有改造好的极少数地主富农分子和其他旧剥削阶级的某些残余，也还会继续坚持反动立场，进行反社会主义的政治经济活动。并且，国内阶级斗争又同国际阶级斗争密切地联系着。所以，各种阶级敌人还将长期存在，我们还必须对他们实行无产阶级专政。但今后再不需要也再不应该进行大规模的急风暴雨式的群众阶级斗争。我们的根本任务已经由解放生产力变为在新的生产关系下面保护和发展生产力，在20世纪内实现四个现代化，把我国目前很低的生产力水平迅速提高到现代化水平。现阶段所要解决的主要矛盾，即全国人民现阶段的中心工作，就是要改革我国目前生产关系和上层建筑中那些妨碍实现四个现代化的部分，扫除一切不利于实现四个现代化的旧习惯势力。《报告》指出，国务院根据十一届三中全会的政策，从1979年起，把全国工作的着重点转移到社会主义现代化建设方面来。并且宣布：从1979年起，集中3年的时间，认真搞好国民经济的“调整、改革、整顿、提高”，把国民经济逐步纳入持久的按比例的高速度发展的轨道。会议通过决议，批准了《政府工作报告》和关于决算、预算的报告，批准了全国人大常委会的工作报告，最高人民法院和最高人民检察院的工作报告。通过了《关于修正〈中华人民共和国宪法〉若干规定的决定》。制定和通过了《地方各级人民代表大会和地方各级人民政府组织法》、《全国人民代表大会和地方各级人民代表大会选举法》、《人民法院组织法》、《人民检察院组织法》、《刑法》、《刑事诉讼法》、《中外合作经营企业法》7个重要法律。会议增选彭真、肖劲光、朱蕴山、史良为人大常委会副委员长；任命陈云、薄一波、姚依林为国务院副总理，方毅为中国科学院院长。陈云任国务院副总理后，不再任人大常委会副委员长。

6月22日　中国和爱尔兰决定建立大使级外交关系。

6月28日　中共中央邀请各民主党派负责人和无党派人士召开民主协商会。就增补和调整人大副委员长，国务院副总理和政协副主席的人选等问题进行协商。华国锋、叶剑英、李先念出席会议。

同　日　美术家、文学家丰子恺的骨灰安放仪式在上海举行。经中共上海市委批准，已为他彻底平反，恢复名誉。丰子恺，浙江桐乡人，1898年生，在“文革”中受迫害，1975年9月15日在上海病逝。

7月3日　中纪委发出《关于不准干扰大学毕业生分配工作的通报》。《通报》指出，今后大专院校毕业生的分配工作，应按照国务院的有关规定办理，任何人不得干扰。对于那些利用职权和私人关系，营私舞弊，干扰破坏毕业生分配工作的机关和人员，学校应该加以抵制，并向有关部门提出控告。

7月4日　国务院将《关于发展社队企业若干问题的规定（草案）》下发试行。《规定》对社队企业的发展方针、经营范围、资金来源、产供销计划，以及价格、税收和奖售补贴等问题作了具体规定。《规定》指出，社队企业的发展方针，必须坚持社会主义方向，积极生产社会所需要的产品，主要为农业生产服务，为人民生活服务，也要为大工业、为出口服务。为了鼓励社队企业的发展，《规定》提出，今后新办的小铁矿、小煤窑、小电站、小水泥厂从开办起免税3年，其他新办企业在开办初期纳税有困难的，经省、市、自治区确定，可免征工商税和所得税2—3年；对边境和少数民族地区的县（旗）、社、队企业，从1979年起免征所得税5年；灾区社队从事自救性的生产，经省、市、自治区批准，可在一定期限内减征或免征工商税和所得税。

7月5日—31日　澳大利亚共产党（马列）主席爱·弗·希尔访华。

7月9日　江苏省溧阳县发生6级地震。13日，中共中央、国务院向地震灾区发出慰问电。15日，以乌兰夫为团长、程子华为副团长的中央慰问团到达灾区慰问受灾人民。

7月9日—13日　缅甸总理吴貌貌卡访华。12日，中缅两国政府签署了经济技术合作协定。

7月9日—25日　中纪委在北京召开全国纪律检查工作会议。会议听取各省、市、自治区关于纪律检查工作的汇报并交流经验。会议回顾中纪委成立7个月来纪律检查工作的情况，分析了当前党风、党纪的基本状况，研究了进一步搞好党风、严肃党纪，坚决而有步骤地加强党的建设的若干问题。22日，胡耀邦在会上作题为《关于搞好党风，严肃党纪的几点意见》的讲话，对当前如何搞好党的建设提出要求：（1）教育党员干部坚决执行和维护党中央所确定的新时期的路线、方针和一整套政策；（2）认真地坚决地同派性作斗争；（3）把各级党的组织生活搞正常；（4）要努力克服一部分党员，特别是党的某些领导干部严重脱离群众，腐蚀党的肌体的歪风邪气；（5）恢复党内斗争的优良传统；（6）有步骤地改革党的干部制度。

7月13日　新华社报道：四川100个企业进行扩大自主权试点。中共四川省委和省革委会从1979年初开始，在全省100个企业中进行扩大企业自主权的试点。上半年，这100个企业的工业产值比全省工业总产值的平均增长水平高56.7%，利润增长幅度也较大。

同　日　国务院试行新的财政管理办法。国务院作出《关于试行

“收支挂钩、全额分成、比例包干、3年不变”的财政管理办法的若干规定》。《规定》指出，从1980年起，国家对省、市试行“收支挂钩、全额分成、比例包干、3年不变”的财政管理办法。

同　日　中共中央发出《关于对被定为右倾机会主义分子的平反、改正问题的通知》。《通知》指出，在1959年以来的反右倾斗争中，因反映实际情况或在党内提出不同意见，被定为右倾机会主义分子或右倾机会主义错误的人，一律予以平反改正，妥善落实政策。在处理反右倾斗争的遗留问题时，首先必须坚定地采取有错必纠的实事求是态度，凡是一切搞错了的人和事，都必须毫不动摇地加以纠正。

7月13日—30日　全国高级人民法院和军事法院院长会议在北京召开。最高人民法院院长江华在会上讲话指出，5届人大2次会议通过的7项重要法律，标志着我国社会主义法制进入了一个新阶段。这些法律的制订和公布，对司法工作是一次极大的推动。他要求司法人员必须依法办事，要学法、懂法、执法。他说，截至今年6月底，全国各地共复查了“文化大革命”中判处的刑事案件70.8万多件，纠正了冤案、假案、错案16.6万多件。会议研究了进一步加强社会主义法制建设问题，要求各地法院为明年1月1日起施行几个重要法律做好各项准备工作。

7月14日—8月2日　全国检察工作会议在北京召开。会议讨论确定施行新法律的各项准备工作和具体措施。彭真副委员长到会讲话。他指出，《中华人民共和国人民检察院组织法》规定，检察院独立行使检察权，不受其他行政机关、团体和个人的干涉。这样做的目的，就是为了保证全国任何地方、任何人都统一服从法律、严格依法办事，依法办案，在法律面前不允许有任何特权。

7月15日　中共中央、国务院批转广东省委、福建省委《关于对外经济活动实行特殊政策和灵活措施的两个报告》。中央指出，对两省对外经济活动实行特殊政策和灵活措施，给地方以更多的自主权，使之发挥优越条件，抓紧当前有利的国际形势，先走一步，把经济尽快搞上去，这是一项重大的改革。广东规划到1990年外汇收入达到100亿美元，赶上和超过香港目前的出口水平。福建规划到1990年外汇收入达到35亿美元，比现在增长10倍以上。中央和国务院已原则同意两省试行在中央统一领导下的大包干的经济管理体制方式。除财政管理体制试行大包干的办法外，两省在计划、物资供应、物价政策等方面，也都实行新的经济体制和灵活政策。出口特区先在深圳、珠海两市划出部分地区搞试点。

7月23日　中共中央统战部给中共中央关于统一战线问题的报告。统战部的报告指出："现在最大的统一战线是台湾回归、祖国统一的问题。""只要赞成统一祖国，即使并不赞成社会主义制度的人，也要团结。我国的历史经验证明，在爱国主义旗帜下能团结极为广泛的阶级、阶层和人们。只要台湾同意换上五星红旗，连蒋经国这些人也可以包括在统一战线之内，我们的国家就会出现第3次国共合作的新局面。为了广泛团结一切爱国力量，有利于争取台湾回归祖国，实现祖国统一大业，遵照中央指示，现阶段统一战线应称为革命的爱国的统一战线，它是全体社会主义劳动者和一切爱国者的广泛联盟。这里所说的爱国者包括拥护社会主义的爱国者和拥护祖国的爱国者"。

7月24日　中共中央和国务院批转北京市《关于安排城市青年就业问题的报告》。当时全国亟待安排就业人员达800多万人，其中城市知识青年约占57%。北京市根据中央、国务院的指示精神，结合本地区的具体情况，广开就业门路，大力组织集体所有制和各种生产服务事业，解决了多数青年就业问题。

7月26日—8月9日　全国物价工资会议在北京召开。会议讨论调整农副产品销价和给职工副食品价格补贴，以及增加职工工资问题。9月24日，中共中央、国务院批转了《全国物价工资会议纪要》，决定提高粮食、油料、棉花、生猪等18种主要农产品的收购价格（平均提价24.8%）；决定从11月1日起，适当提高猪肉、牛肉、羊肉、禽、蛋、蔬菜、水产品、牛奶等8种主要副食品的销售价格，同时对职工实行补贴（每月补贴5元）；决定从11月1日起给40%的职工提升工资级别，同时将国家机关、文教、科研、卫生、体育、财贸等部门实行的三、四类工资区各提高一类。

7月29日　邓小平强调思想政治路线的实现要靠组织路线来保证。邓小平接见海军党委常委扩大会议全体同志时发表讲话。他指出，政治路线确立了，要由人来具体地贯彻执行。这就提出了一个要什么人来接班的问题。现在摆在老同志面前的任务，就是要有意识地选拔年轻人，选一些年轻的身体好的同志来接班。选干部，标准有好多条，主要是两条，一条是拥护三中全会的政治路线和思想路线，一条是讲党性，不搞派性。解决组织路线问题，最大的问题，也是最难、最迫切的问题，是选好接班人。当然，组织路线方面还有其他的问题，如机关臃肿怎么解决，退休制度问题怎样解决等等。我们将来要建立退休制度。但是，最重要的还是选拔培养接班人。我们的人才是有的，关键是解放思想，打破框框。邓小平提出，组织路线是保证政治路线贯彻落实的。解决组织路线问题已经提到我们议事日程上来了。中国的稳定，四个现代化的实现，要有正确的组织路线来保证，要有真正坚持马克思列宁主义、毛泽东思想和党性强的人来接班才能保证。

8月2日　新华社报道：为"三家村反党集团"冤案平反。经中共中央批准，中共北京市委正式决定为所谓"三家村反党集团"冤案彻底平反。撤销对邓拓、吴晗、廖沫沙三位同志所作的错误结论，恢复他们的政治名誉。

8月4日　小说《刘志丹》冤案得到平反。中共中央批准中央组织部《关于为小说〈刘志丹〉平反的报告》。《报告》指出，《刘志丹》不是反党小说，而是一部比较好的歌颂老一辈无产阶级革命家、描写革命斗争历史的小说，习仲勋等同志对如何改好这部小说发表过意见，是完全正当的，根本谈不上是什么反党阴谋集团活动。从案件前后经过看，所谓利用写小说《刘志丹》进行反党活动一案，是康生制造的一起大错案。中央决定，为小说《刘志丹》平反，为《刘志丹》小说案件受到诬陷的同志，一律昭雪平反。

同　日　中共中央批准中央组织部《关于文化大革命前一些案件处理意见》。《意见》指出，对于"文化大革命"前老案的处理，仍然应该本着实事求是的精神，坚持"有反必肃，有错必纠"的方针，全错全改，部分错部分改，不错不改。对于错被开除党籍，后来一直表现好现在具备党员条件者，可恢复其党籍或重新入党。对于错被开除公职，除个别工作需要且本人可以工作外，一般不再收回安排工作，可采取退职等办法，酌情妥善处理。凡错被处理的经过复查改正以后，工资一律不补发。

8月13日　中共中央、国务院批转中央保密委员会办公室、外交部、公安部《关于在对外活动中加强保密工作的请示报告》。《报告》提出，党和国家的工作人员，尤其是各级领导干部，均应自觉地遵守下列保密守则：不该说的机密，绝对不说；不该问的机密，绝对不问；不该看的机密，绝对不看；不该记录的机密，绝对不记录；不在非保密本上记录机密；不在私人通信中涉及机密；不在公共场所和家属、子女、亲友面前谈论机密；不在不利于保密的地方存放机密文件、资料；不在普通电话、明码电报、普通邮局传达机密事项；不携带机密材料游览、参观、探亲、访友和出入公共场所。

同　日　国务院颁发《关于大力发展对外贸易增加外汇收入若干问题的规定》。《规定》的内容有：（一）实行出口商品的分级管理，扩大地方经营范围。（二）大力组织商品对外销售，认真完成国家出口收汇计划。（三）加强技术和设备的引进工作。（四）成立专业公司。（五）增加外贸口岸和调整口岸分工。（六）广开出口门路，逐步改变出口商品机构。（七）实行贸易和非贸易外汇留成。（八）对以进养出的物资实行优惠税利。（九）扩大生产企业办外贸的权限，简化审批手续。（十）改变出口贸易收汇结算办法和兑换牌价。（十一）出国开办企业。（十二）试办出口特区。

8月13日—20日　斯里兰卡总理普拉纳辛哈·雷马达萨访华。

8月15日—9月3日　全国统战工作会议在北京召开。会议讨论了当前国内阶级状况的根本变化和统战工作的基本任务，明确了新时期统战工作的性质、任务、方针和基本政策等问题。会议指出，新时期的统一战线包括广大的台湾同胞、港澳同胞和国外侨胞，包括一切热爱祖国的人们。只要赞成统一祖国，即使并不赞成社会主义制度的人，也要团结。只要台湾当局同意换上五星红旗，连蒋经国这些人也可以包括在统一战线之内，我们国家就会出现第三次国共合作的新局面。华国锋、邓小平、李先念等中央领导人听取了会议汇报，中央统战部部长乌兰夫作了总结发言。乌兰夫指出，新时期的统一战线是一个非常广泛的联盟，遵照中央的指示，现阶段统一战线应当称为革命的爱国的统一战线，它是社会主义劳动者和爱国者的广泛联盟。另外，新时期的统一战线担负着为整个现代化服务和统一祖国的双重任务。10月14日，中央批转了全国统战工作会议文件《新的历史时期统一战线的方针任务》。

8月17日　中共中央转发中宣部、教育部、文化部、公安部、国家劳动总局、共青团中央等8个单位《关于提请全党重视解决青少年犯罪问题的报告》。中央在《通知》中指出，青少年是我们的希望，是我们的未来。从现在起，各级党委都要把加强对青少年的培养教育，包括解决其中极少数人的违法犯罪问题，放到重要议事日程上来。要大力加强对青少年、特别是在校中小学生的思想政治工作。在安置城镇待业青年的就业上，一方面要解放思想，广开门路，统筹安排，就地解决；另一方面，还要积极采取政治动员和经济吸引相结合的办法，继续组织大中城市的待业青年到小城镇去，到附近农村去。对于违法犯罪的青少年，我们的方针应着眼于教育、挽救和改造。领导干部要自觉地加强对自己子女的思想教育工作。

同　日　中共中央发出《关于清理历史遗留问题中涉及到有关中央文件的处理办法的通知》。《通知》指出，中央过去所发文件的内容、提法和决定，同中央新发文件、讲话的内容、提法和决定相矛盾、相抵触的，一律应以新的文件、讲话为准，旧的文件或其中的有关部分自然失效，除少数特殊情况外，不必再一一宣布撤销。

同　日　新华社报道：海军党委召开常委扩大会议，决定在海军普遍深入开展真理标准问题的学习和讨论。叶飞在会上强调指出，思想路线是确定政治路线的基础。邓小平接见到会人员并发表讲话。

8月18日　新华社报道：文化部党组发出通知，为“二流堂”问题平反，对受到“二流堂”问题牵连的同志予以彻底平反，恢复名誉。所谓“二流堂”是我党联系党外人士的一个场所。林彪、“四人帮”把它打成“反革命的裴多菲俱乐部”，其矛头是对着周恩来总理的。

同　日　交通部部长曾生提出迅速恢复发展大陆与台湾间海运业务。曾生提出，为了便于大陆和台湾之间的人员来往（包括探亲、访友、参观等）和经济贸易交流，交通部门愿就迅速恢复和发展大陆与台湾之间的海上客、货运输业务问题同台湾航运界进行协商，希望台湾航运界对此予以合作。曾生表示，祖国大陆热烈欢迎台湾交通部门能约定时间、派出代表到北京或其他地方同大陆进行协商，祖国大陆也随时准备派出代表去台湾进行协商。曾生还就几个具体问题作了说明。

8月23日　中共中央、国务院发出《关于进出口管理委员会、外国投资管理委员会的任务和机构的通知》。《通知》指出，中央和国务院决定成立中华人民共和国进出口管理委员会和中华人民共和国外国投资管理委员会，已经五届人大常委会第十次会议通过公布。这两个委员会，是一个机构，两个名称。撤销原国务院新技术引进领导小组和进出口领导小组。

同　日　《人民日报》报道：中纪委和省级纪检机构工作成绩显著。在中共中央和各级党委领导下，中纪委和省级地方党委纪检机构的工作取得了显著的成绩：全国多数地方和多数党组织建立了纪检机构；中纪委查处或批转了15万多封党员和群众来信；中纪委用很大力量，正在直接调查审理几个重大案件和党的历史上遗留的重大问题；仅据上海、辽宁等17个省、市、自治区的统计，这些省、市、自治区党委纪检委，配合党委组织部和公、检、法等部门，共计受理了“文革”和历次政治运动中申诉案件385万件，已经调查处理了326万多件，约占受理案件总数的85%。福建、内蒙古等20个省、市、自治区纪委共收到来信和接待来访49万多件（次），这些来信和来访者所提出的问题，已经处理的和正在处理的约占总数的90%。在查处的党员违反党纪的3.34万多起案件中，包括7个省、市、自治区的县级以上党员干部的案件590起，由于各级纪检机构的努力工作，大大伸张了正气，打击了邪气，深得党心、民心。

8月25日　张闻天追悼会在北京隆重举行。张闻天是伟大的马克思主义者，杰出的无产阶级革命家和理论家，曾长期担任党内重要领导职务。因受林彪、“四人帮”的迫害，于1976年7月1日在江苏省无锡市含冤逝世。追悼会由陈云主持，邓小平致悼词。悼词对张闻天一生的革命活动作出了全面、公正的评价，决定为他平反和恢复名誉。8月25日、27日，《人民日报》先后发表张闻天1973年写的《无产阶级专政下的政治和经济》、《党内斗争要正确进行》两篇马克思主义论文。1985年8月，《张闻天选集》（收录1931年—1974年的重要文章）出版。

同　日　内蒙古自治区五原县发生6级地震。28日，国务院副总理薄一波代表中共中央、国务院赶赴地震灾区，察看灾情，慰问灾区人民。

8月26日—29日　尼泊尔国王比兰德拉访华。

8月27日　徐冰、张经武、吴溉之、邹大鹏、伍云甫追悼会在北京举行。李先念主持追悼会，胡耀邦致悼词。徐冰等因受林彪、“四人帮”的迫害于1967年—1972年先后逝世。

9月1日　邓小平谈统一战线工作问题。邓小平、李先念等中央领导人听取第十四次全国统战工作会议情况汇报，邓小平作了讲话。关于统一战线的性质，邓小平说，新时期的统一战线，可以称为社会主义劳动者和爱国者的联盟，爱国者的范围是很宽广的，包括蒋经国在内。现在可以提第三次国共合作。现阶段的统一战线可以提革命的爱国的统一战线。现在最大的统一战线问题，是台湾归回祖国、实现祖国统一问题。统一战线的对象，是把一切能够联合的都联合起来，范围以宽为宜。统一战线的性质，叫革命的爱国的统一战线，就是社会主义劳动者和爱国者的联盟。关于知识分子问题，邓小平说，社会主义劳动者之间也有统一战线，知识分子是劳动者。知识分子问题，统战部应注意。知识分子的安排、待遇，包括政治的、生活的，个别的单位不能从总的方面去考虑。现在发现知识分子外流，程度很严重。解决这个问题单靠政治不行，还要有物质。要研究制定一系列制度，包括学位、职称评定等。把知识分子团结起来，要有制度。关于继承权问题，邓小平说，对遗产要允许有继承权，我们应该在法律上作出规定，解决继承权问题。关于赎买政策，邓小平说，资产阶级分子改造成为劳动者，这个历史任务已经基本完成。这是党、毛主席最大的贡献。关于统战工作问题，邓小平说，加强统战工作是必要的，抓一下，对。现在提出的更多的是民族资产阶级的问题，民族、宗教问题还没有议，这些方面有很多问题。还有起义人员、原国民党的老人物的安排问题，也要考虑。民主党派的性质问题也在议论。不管怎么议，总要让他们各得其所。历史公案，不要匆忙去搞。提历史问题宜粗不宜细，这个想法好，现在应更多地解决现在的问题。

9月1日—19日　全国旅游工作会议在北戴河召开。会议确定旅游业的发展规划是：1983年接待外国旅游者达到100万人，到1985年接待300万—350万人，外汇收入达到20亿—25亿美元。实现上述指标，约需增加饭店客房6万间，共需投资22亿元。会议提出：（一）旅游管理体制要实行企业化，在财务上应实行统一领导，分级管理。地方旅游外汇留成一般为40%，新开辟的旅游区头三年收汇留给地方用于旅游区建设。（二）各地专供接待国宾和中央领导人用的高级宾馆、招待所，包括北京钓鱼台、玉泉山的一部分都要开放接待旅游者。（三）对国家投资兴建的旅游饭店要确保重点，加快建设速度。（四）要积极利用侨汇、外资分期建造一批旅游饭店，并学习外国建造和管理饭店的先进技术和经验。

9月2日—24日　国务院财经委员会讨论计划安排。国务院财经委员会连续召开会议，讨论1980年和1981年计划的安排。在财经委召开的汇报会上，陈云针对当时经济调整和计划安排中的问题作了重要讲话。陈云指出，经济的调整是必要的，并不是多此一举。我们的基建投资，必须是没有赤字的。不要用自由外汇兑换成人民币来弥补基建投资的赤字。对所借外债要加以分别。基本上说，只有两种外债：第一种是买方贷款，实际上就是外国卖机器设备给我们。第二种是自由外汇贷款，这一种贷款数量很少。利用外资来进行建设，我们的经验还很少，需要认真加以研究。基建投资的项目，应该由计委这样的权威机关来制定。哪个项目该上就必须上，哪个项目没有财力就必须下。建设像宝钢等那样大的工程，在每个五年计划期间平均计算，大体上只能建成一个。我们在实现四个现代化建设中，除了要上若干个大项目以外，我们着重点应该放在国内现有企业的挖潜、革新、改造上。

9月5日　新华社报道：全国广播电视大学发展迅速。目前，全国已有29所广播电视大学，中央和28个省、市、自治区都各有一所。各地广播电视大学的学生41万多人，专职和兼职的教师2万多人。

同　日　邓拓追悼会在北京举行。追悼会由胡耀邦主持，林乎加致悼词。经中共中央批准，中共北京市委已为他平反昭雪，恢复名誉。

9月9日　中共中央作出《关于坚决保证刑法、刑事诉讼法切实实施的指示》。《指示》说，封建主义、官僚主义、特权思想、家长制作风至今严重存在，否定法律、轻视法律、以党代政、以言代法、有法不依，在很多同志身上已成为习惯，认为法律可有可无，政策就是法律，在党员干部中相当流行。中共中央要求，严格按照刑法和刑事诉讼法办事，坚决改变和纠正一切违反刑法、刑事诉讼法的错误思想和做法，加强党对司法工作的领导。党的各级组织、领导干部和全体共产党员，都要带头遵守法律。

9月10日　新华社报道：中共云南省委宣布，所谓“沙甸反革命事件”，已经中共中央批准予以平反。

同　日　《人民日报》发表题为《认真整顿和发展社队企业》的社论。社论指出，最近3年间，全国社队企业蓬勃发展，1977年社队企业总产值比1976年增长43.7%；1978年又增长25.4%。1978年，社队企业直接支援农业的投资达26亿多元，相当于全年国家农业投资的60%多。全国参加社队企业的农民，已达2 800多万人，占农村总劳动力的9.5%，比1977年增加了400多万人。

9月12日—21日　丹麦女王玛格丽特二世和亨里克亲王访华。9月14日，中丹两国政府签署经济和技术合作协定。

9月14日　马寅初冤案平反。在中共北京大学委员会召开的干部会议上，教育部副部长周林宣布经中共中央批准的为马寅初先生平反的决定。决定指出，1958年，对马寅初关于人口问题和综合平衡问题的讲话、文章，错误地进行了点名批判。他的“新人口论”的观点和关于国民经济要综合平衡、各部门应有计划按比例地发展的观点是正确的。

同　日　吴晗及其夫人袁震追悼会在北京举行。经中共中央批准，中共北京市委已为他们平反昭雪，恢复名誉。

同　日　新华社报道：抽调中央机关干部参加处理来京上访人员问题。中共中央和国务院决定从中央机关抽调1 000多名干部参加处理来京上访人员的问题，并陪同上访人员返回原地，推动各地党政部门实事求是地解决他们的问题。

9月14日—24日　全国职工教育工作会议在郑州举行。会议讨论了职工教育的方针和任务。会议指出，当前职工教育要适应四化，大力发展；全面安排，突出重点；灵活多样，讲求实效；统一领导，通力合作。目前，我国9 400多万职工中，技术人员少，许多工人文化程度低，不少干部缺乏科学管理知识，这种状况很不适应经济发展的需要，必须改变。要对领导干部、管理人员和技术人员普遍进行轮训，对广大工人进行高中和中等专业技术教育，努力办好职工业余高等教育，造就一批技术人才，提高职工的政治、文化、技术等各方面素质，以适应社会主义现代化建设的需要。

9月15日—30日　第四届全国运动会在北京举行。华国锋、邓小平、李先念、汪东兴等党和国家领导人出席开幕式。在34个比赛项目中，有5人5次打破5项世界纪录，2人3次打破3项青年世界纪录，3人3次平3项世界纪录。中共中央政治局委员、国务院副总理徐向前致闭幕词。党和国家领导人华国锋、叶剑英、邓小平、李先念、汪东兴等出席闭幕式。

9月16日　国家经委发出《关于进一步开展工业改组试点工作的通知》。《通知》指出，一年多来，北京、天津、上海、辽宁和其他一些省、市先后开展工业改组的试点工作，已初见成效。按专业化协作原则改组工业，建立各种企业性的专业公司和联合公司，是当前工业管理体制上的一项重要改革。

9月18日　中共中央批转教育部党组的报告，同意教育部关于重申高等学校实行中央统一领导，中央和省、市、自治区两级管理的建议，重新颁布《关于加强高等学校统一领导，分级管理的决定(试行草案)》。中央的批示指出，1963年6月26日，中共中央、国务院颁布的上述决定的试行草案，总结了建国后十几年领导管理高等学校的经验，当时试行的效果是好的。现在又作了必要的修改，还是适用的。

同　日　章汉夫追悼会在北京举行。章汉夫曾任外交部副部长，因遭受林彪、“四人帮”的残酷迫害，于1972年1月1日在狱中含冤逝世。

9月19日　全国新长征突击手命名授予大会在北京举行。胡启立主持会议，邓颖超以中共中央名义向大会祝贺。被命名授予的有10面新长征突击队红旗，同时命名表彰的有155个新长征突击手（队）标兵和万名新长征突击手（队）。

同　日　为赖若愚、董昕错案平反。中共中央批转《对中华全国总工会党组第3次扩大会议的复查结论和报告》，批准为1958年全国总工会整风会议错案平反，为赖若愚、董昕等彻底平反，恢复名誉。

9月21日全国“三八”红旗手、“三八”红旗集体表彰大会在北京举行。邓颖超以中共中央名义向大会祝贺。康克清在会上讲话。受到表彰的有8 000多名“三八”红旗手，1 000多个“三八”红旗集体。

9月25日　作家周立波在北京病逝。周立波，1908年生，湖南益阳人。1934年在上海参加中国左翼作家联盟。1935年1月加入中国共产党。负责编辑左联秘密会刊，任中共左联党团成员，积极从事左翼文艺运动，翻译了《被开垦的处女地》、《秘密的中国》，译著近百万字。抗日战争爆发后，历任延安鲁迅艺术文学院编译处处长兼文学系教员，《解放日报》社副刊部副部长，《中原日报》社副社长，政务院文化部编审处负责人，湖南省文联主席兼中共党组书记等职。他曾被选为第一、二、三届全国人民代表，第五届全国政协委员，连续被选为全国文联委员和全国作家协会理事。他的长篇小说《暴风骤雨》和参与编剧拍摄的《解放了的中国》影片，先后获得斯大林文学奖金，《湘江之夜》获全国短篇小说一等奖。他是中国现代卓有成就的优秀作家。

同　日　中共贵州省委第一书记马力在北京病逝。马力，河北蓟县（今属天津）人，1916年生。1938年加入中国共产党。曾任冀东十四地委城工部部长、专员、冀东十七地委书记、军分区政委。建国后，历任河北省唐山区专员、中共河北省常委、河北省副省长、中共北京市委书记兼秘书长、河北省革委会副主任，中共贵州省委第一书记兼省军区第一政委。中共十一大当选为中共中央委员。

9月25日—28日　中共十一届四中全会在北京召开。出席会议的中央委员189人，候补中央委员118人，另有16名中央机关和地方党委负责人列席了会议。会议总结了我国社会主义革命和社会主义建设的经验教训，讨论通过了叶剑英代表党中央、人大常委会和国务院在庆祝中华人民共和国成立30周年大会上的讲话和《中共中央关于加快农业发展若干问题的决定》。全会通过协商和无记名投票，增补王鹤寿、刘澜波、刘澜涛、安子文、李昌、杨尚昆、周扬、陆定一、洪学智、彭真、蒋南翔和薄一波等12位同志为中央委员，准备在党的十二大时，提请对这一增补手续予以追认。全会还增选赵紫阳和彭真为中央政治局委员。

9月26日　外交部发表声明，重申南沙群岛历来是中国的领土。

9月26日—10月5日　卢森堡大公让访华。9月28日，中卢两国政府文化合作协定和定期货运航班协议在北京签署。

9月28日　中共中央批复北京市委、国家出版局为北京新华印刷厂彻底平反的报告。批复指出，“四人帮”1968年在新华印刷厂炮制的那个假经验文件，应予否定；强加给该厂广大干部的一切诬蔑不实之词，应予推翻，所造成的一切冤假错案，应予平反昭雪。

9月29日　叶剑英在国庆30周年大会上讲话。中共中央、人大常委会、国务院举行大会，热烈庆祝中华人民共和国成立30周年。华国锋主持大会，邓小平、李先念、陈云、汪东兴等党和国家领导同志出席大会，叶剑英代表中共中央、人大常委会和国务院在会上作了重要讲话。他全面回顾和总结了建国30年来的战斗历程，深刻批判了林彪、“四人帮”反革命阴谋集团蓄意制造和推行的极左路线，初步总结了社会主义革命和社会主义建设的基本经验，明确指出了进一步贯彻党的十一届三中全会和五届人大二次会议精神的努力方向。邓小平、李先念、陈云、汪东兴等党和国家领导人出席大会。

10月2日　徐向前发表《为实现国防现代化而努力奋斗》一文。此文系徐向前为庆祝中华人民共和国成立30周年而作。文章指出，国防现代化是四个现代化的组成部分。实现国防现代化，是一项具有重大战略意义的任务，是抵御霸权主义侵略的迫切需要，是保卫我国社会主义现代化建设的重要条件。文章认为，现代科学技术的飞跃发展和广泛应用，引起了武器装备的巨大变革，武器装备的现代化成为国防现代化的重要组成部分。为了改善和发展我军的武器装备，必须根据我国当前的实际情况，研究探讨进行国防现代化建设应当遵循的方针和原则。我国的国防现代化建设必须和国民经济的发展相适应，要首先保证国民经济有一个高速度的发展。要努力在国民经济现代化的基础上实现国防现代化。实现国防现代化，必将促使我军建设发生一场深刻的革命。加强军队现代化建设，要把教育训练作为中心工作来抓。

同　日　新华社报道：新中国成立后第一部修订的大型综合性辞书——《辞海》1979年版（三卷本）正式出版。

10月3日　新华社报道：我国现代规模最大的一部阅读古籍的工具书——《辞源》的修订初稿已全部完成。修订后的《辞源》共四册。第一分册已经在10月1日前出版。

10月4日　中国国际信托投资公司董事会成立，经国务院批准，董事会由44人组成，荣毅仁为董事长，雷任民为副董事长。公司总经理由荣毅仁兼任。该公司为社会主义国营企业，是国务院直接领导的业务机构。任务是按照中华人民共和国中外合资经营企业法及国家其他有关法令、条例，引导、吸收和运用外国的资金，引进先进技术，进口先进设备，对我国进行建设投资，加速我国社会主义现代化建设。

同　日　中共中央批转中央纪委《关于在受理华侨捐献中严禁违反政策和营私舞弊的若干规定》。中央批语指出，各有关地方，特别是广东、福建两省，以及中央各有关部门，都应根据党和国家的侨务政策、中纪委的这个规定，对广大干部和群众进行宣传，提高严格执行侨务政策、坚决遵守外事纪律的自觉性，努力防止各种不正之风和违法乱纪现象的发生。

10月4日—10日　各省、市、自治区党委第一书记座谈会在北京召开。会议主要讨论经济工作和1980年计划工作的盘子。华国锋、邓小平、李先念、陈云在会上讲了话。邓小平指出："经济工作，经济问题，现在是最大的政治问题，说得更准确一点，是压倒一切的政治问题。"胡耀邦在会上讲了4个问题：（1）讨论经济问题要有一个好的方法；（2）经济工作的基本经验教训；（3）应该研究清楚的几个问题；（4）要搞一个经济工作的好文件。会议结束时，李先念代表中央政治局常委讲了几点意见，主要是：1980年和1981年两年的经济工作，调整是关键。基本建设投资按200亿元左右定下来。大中型项目坚决再减掉几百个，但不能推平头，22个引进项目该减则减，不要犹豫。工业生产的增长速度按6%定下来，争取达到7—8%。财政体制，江苏按原定办法再搞一年，广东、福建继续按中央文件规定办，四川按划分企业隶属关系划分收支、两级计划、两级财政试点，其他省按四川的办法作准备。这次会议确定了1980年计划的总盘子，为全国计划会议召开作了准备。

10月8日　中共中央科学研究协调委员会成立。中共中央决定成立中央科学研究协调委员会，以协调国防科委、国防工办和国家科委三个系统的科学研究工作，由聂荣臻、方毅、王震、张爱萍、洪学智、李昌组成，聂荣臻任书记。

10月9日　新华社报道：为《科研十四条》、"广州会议"等冤假错案平反。经中共中央批准，国家科委党组召开大会，为《科研十四条》、"广州会议"等一些重大冤假错案彻底平反。

10月10日　《人民日报》报道：四川商业企业扩大试点成绩显

著。四川省从今年3月起在全省40个商业企业中进行扩大自主权的试点工作，成绩显著。据统计：当年1月—7月，商业销售额和上缴利润分别比同行业平均水平高出5—6%。这些企业扩大的自主权包括：择优进货权；灵活制订物价权；利润分成权；残次滞销商品处理权；灵活使用奖金权；人事管理权；惩处权；择优招工权。

10月11日—22日　民革等8个民主党派和全国工商联先后在北京召开代表大会。中国国民党革命委员会第五届全国代表大会、中国民主同盟第4次全国代表大会、中国民主建国会第三次全国代表大会、中华全国工商业联合会第四届会员代表大会、中国民主促进会第四次全国代表大会、中国农工民主党第八次全国代表大会、中国致公党第七次全国代表大会、九三学社第三届全国社员代表大会、台湾民主自治同盟第二次代表大会分别在北京举行。出席8个民主党派和工商联的代表共2 533人。会议期间，朱蕴山在民革“五大”上作《团结起来，为实现四化和祖国统一的伟大任务而奋斗》的工作报告，胡愈之在民盟四大作《中国民主同盟第3届中央委员会工作报告》，胡子昂在民主建国会三大和工商联第四届会员代表大会上作《坚定不移跟党走，尽心竭力为四化》的工作报告，徐伯昕在民进四大上作《团结起来，为加速社会主义现代化建设贡献力量》的工作报告，周谷城在农工民主党八大上作《在为社会主义现代化建设服务的道路上前进》的工作报告，黄鼎臣在致公党七大作《同心同德，为把我国建设成为社会主义现代化强国贡献力量》的工作报告，周培源在九三学社三大作《解放思想、献身四化》的工作报告，蔡啸在台盟二大作《团结起来，为祖国统一和祖国建设的伟大事业贡献力量》的工作报告。会议讨论通过了各自的工作报告，修改了各自的章程，各自选举了新的中央领导机构。23日，各自选出的新中央领导机构分别举行第一次全体会议，选出各自的领导成员：民革中央主席朱蕴山、民盟中央主席史良、民建中央主任委员胡厥文、民进中央主席周建人、农工党中央主席季方、致公党中央主席黄鼎臣，九三学社中央主席许德珩、台盟总部理事会主席蔡啸、工商联执委会主任委员胡子昂。

10月12日　中共中央批转中央组织部、统战部《关于在国务院各部委和在地方各级人民政府中安排党外人士担任领导职务的请示报告》。《报告》提出，国务院各部委，除少数不宜安排党外人士的单位外，凡有条件和对象的单位，一般应考虑安排一些党外人士担任副部长，副司、局长。条件合适的也可担任正职。地方各级人民政府，应选拔一些党外人士担任领导职务。中央在批语中指出，与党外人士实行民主合作是我党的一贯政策。各级党委要克服清一色思想，继续切实做好对党外人士的安排工作，并和他们真诚合作，共同把国家的事办好。

同　日　中共中央、国务院批转国家民委党组《关于做好杂居、散居少数民族工作的报告》。中央在批语中指出，这一工作的好坏，是关系到巩固和发展安定团结的政治局面，充分调动少数民族人民群众的积极性，加速社会主义现代化建设的一个重要因素。希望各地组织用适当力量，认真检查一下本地区杂居、散居少数民族工作的情况，并结合实际，拟定措施，抓紧落实党的民族政策，努力做好杂居、散居少数民族的工作。

10月14日　中共中央批转中央统战部《关于地方民族主义分子摘帽子问题的请示》。《请示》中说，凡是在1957年反右派斗争期间及以后几年内划为地方民族主义分子的，不论是按照敌我矛盾或者人民内部矛盾对待的，都应根据中央的精神，全部摘掉地方民族主义分子的帽子；对确实划错了的，也要实事求是地改正过来。对摘帽和改正的人都应妥善处理。

同　日　中共中央批转全国统战工作会议文件《新的历史时期统一战线的方针任务》。中央通知指出，在新的历史时期，统一战线仍然是一个重要法宝，不是可以削弱，而是应该加强。“现在台湾归回祖国已经提到我们的议事日程上来，这是统一战线面临的重大任务。要放宽视野，把统一战线的范围搞得宽一些，只要赞成祖国统一，即使不赞成社会主义制度的人们也要团结”。《新的历史时期统一战线的方针任务》提出新时期统一战线的10项工作：（1）继续抓紧落实政策，发展安定团结的政治局面。（2）加强对知识分子的工作。（3）加强人民政协和民主党派的工作。（4）认真贯彻对党外人士的安排使用政策，搞好党与非党的合作共事关系。（5）继续做好对原工商业者的工作。（6）在为四个现代化服务的实践中帮助党外人士继续实行思想改造。（7）加强民族工作。（8）全面贯彻宗教信仰自由政策。（9）开展对台湾同胞、港澳同胞和海外侨胞的统一战线工作。（10）开展对外友好活动，促进国际反霸统一战线。

10月15日—11月6日　华国锋总理先后出访法国、联邦德国、英国、意大利。10月17日，中法两国政府签署了《关于中法经济关系的发展》、《关于互设领事机构》和《关于1980年—1981年文化交流计划》。10月24日，中国和联邦德国两国政府签署了关于经济、文化合作的两项协定和关于互设总领事馆的协议。11月1日，中英两国政府签署了关于教育和文化合作协定及民用航空运输协定。11月6日，中意两国政府签署了关于经济贸易合作意向书、关于文化和科技合作意向书、关于在上海和米兰互设总领事馆的议定书。

10月16日　魏京生被判刑。北京市中级人民法院鉴于魏京生向国外提供军事情报和煽动推翻我国无产阶级专政的政权和社会主义制度的反革命罪行，依法判处有期徒刑15年，刑满后剥夺政治权利3年。

10月16日—11月9日　全国粮食会议在北京召开。会议座谈了粮油的生产和购销情况，讨论了有关政策和财务问题。会议确定继续执行粮食征购基数一定5年，超购1年一定，以丰补歉和加价奖励的政策，在生产队完成征购、超购任务，安排好口粮、种子、饲料等项开支以后，粮食部门可以适当开展粮食议购议销。食油在完成交售任务后也可以进行议购议销。

10月18日　邓小平接见渡边诚毅谈台湾问题。国务院副总理邓小平在北京接见日本《朝日新闻》社长渡边诚毅谈有关台湾问题时说："台湾没有勇气。我们提出台湾的社会制度可以不变，可以继续保持着资本主义生活方式，包括它的军队。我们承认台湾作为地方政府可以实行广泛的自治。我们要求的仅仅是改变中华民国的称号，成为中华人民共和国的地方自治政府就行了。第二次国共合作时，国民党容许在陕北设立特区由共产党治理。因此我们也准备在台湾设立特区。但是他们怀疑我们的诚意。蒋经国认为我们的提案不过是统战的手段而已。我们说不是手段是原则。若认为搞统一战线就会吃亏，两次国共的合作果然是他们损失了吗？第1次合作取得了北伐的胜利。第2次取得了抗日战争的胜利。第1次合作我们吃了大亏。第2次合作他们失败逃到台湾。如果说合作必定是国民党吃亏，共产党得利，从道理上，历史事实上都不符合。台湾人民希望统一。统一是民族的愿望，也需要时间”。

同　日　作家赵树理的骨灰安放仪式在北京举行。赵树理，1906年生，山西沁水人。长期遭受林彪、“四人帮”迫害，1970年9月23日在太原逝世。

10月19日　叶剑英、邓小平、李先念等中央领导人在人民大会堂接见出席各民主党派和工商联代表大会的全体代表。当晚，全国政协和中央统战部举行招待会。中共中央副主席邓小平在招待会上讲话，强调坚持“长期共存、互相监督”的方针，为实现四化和统一祖国大业共同奋斗。邓小平说，在中国共产党的领导下，实行多党派的合作，这是我国具体历史条件和现实条件所决定的，也是我国政治制度中的一个特点和优点。在当前新的长征中，在四项基本原则的指引下，实行互相监督，充分发扬社会主义民主，加强社会主义法制，对于增强和维护安定团结，共同搞好国家大事，是十分重要的。对于我们党来说，更加需要听取来自各方面的，包括民主党派的不同意见；需要接受各方面的批评和监督，以利于集思广益，取长补短，克服缺点，减少错误。

10月26日　胡耀邦在全国上访工作座谈会上讲话。他阐述了做好上访工作的几条原则：（1）凡属群众中合理而又能够解决的要求，就要主动地办；（2）凡属群众中间的正确意见，各级组织要向上反映；（3）凡属广大人民的呼声一定要听，但对社会上那种违法乱纪、捣乱破坏的行为，必须坚决斗争。

10月30日—11月16日　中国文学艺术工作者第四次全国代表大会在北京举行。出席会议的代表有来自各民族的文学家、戏剧家、美术家、音乐家、表演艺术家、电影工作者和其他文艺工作者的代表共3 200名。党和国家领导人叶剑英、邓小平、李先念等出席了开幕式。会议总结了建国以来文艺战线正反两方面的经验教训，讨论了新时期如何繁荣社会主义文艺事业，为四化建设服务的问题。中国文联副主席茅盾致开幕词。中共中央副主席邓小平代表中共中央、国务院向大会致祝词。祝词充分肯定了我国文艺事业的成就，提出要在建设高度物质文明的同时，建设高度民主的社会主义政治制度，提高全民族的科学文化水平，发展高尚的丰富多彩的文化生活，建设高度的社会主义精神文明，文艺工作者要为此作出积极贡献。我们的文艺属于人民，应当在描写和培养社会主义新人方面付出更大的努力，取得更丰硕的成果。我们要继续坚持毛泽东提出的文艺为最广大的人民群众、首先为工农兵服务的方向，坚持百花齐放、推陈出新、洋为中用、古为今用的方针，在艺术创作上提倡不同形式和风格的自由发展，在艺术理论上提倡不同观点和学派的自由讨论。围绕着实现四个现代化的共同目标，文艺的路子要越走越宽，文艺题材和表现手法要日益丰富多彩，敢于创新。文艺工作者要始终面向广大群众，在艺术上精益求精，认真严肃地考虑自己作品的社会效果，力求把最好的精神食粮贡献给人民。祝词强调指出，党对文艺工作的领导，不是发号施令，不是要求文学艺术从属于临时的、具体的、直接的政治任务，而是根据文学艺术的特征和发展规律，帮助文艺工作者获得条件来不断繁荣文学艺术事业，提高文学艺术水平，衙门作风必须抛弃。在文艺创作、文艺批评领域的行政命令必须废止。中国文联副主席周扬在大会上作了《继往开来，繁荣社会主义新时期的文艺》的报告。全会代表一致拥护邓小平的祝词，认为是我国新的历史时期文学艺术的战斗纲领。会议通过了周扬所作的报告，讨论通过了全国文联的新章程。11月16日，大会通过《第4次全国文代会决议》，夏衍致闭幕词。在同日举行的四届文联第一次会议上，大会选出由457人组成的中国文联第四届全国委员会，选举茅盾为中国文联名誉主席，周扬为主席。巴金、夏衍、傅钟、阳翰笙、谢冰心等11人为副主席。大会期间，文联所属各协会分别举行了会员代表大会，并选出新的领导机构和领导人：中国作家协会主席茅盾，中国戏剧家协会主席曹禺，中国音乐家协会主席吕骥，中国电影家协会主席夏衍，中国舞蹈家协会主席吴晓邦，中国美术家协会主席江丰，中国曲艺家协会主席陶钝，中国民间文艺研究会主席周扬，中国摄影家协会主席徐肖冰。11月17日，《人民日报》发表题为《迎接社会主义文艺复兴的新时期》的社论。1980年1月31日，中共中央发出《关于认真学习贯彻第四次全国文代会精神的通知》。

10月31日　新华社报道：中共中央、国务院联合发出通知，从1979年11月份起，给全国40%的职工升级，增加工资。

11月1日　提高8种主要副食品销售价。中共中央、国务院决定从11月1日起适当提高猪肉、牛肉、羊肉、禽、蛋、蔬菜、水产品、牛奶八种主要副食品的销售价格。以1978年为基数，猪肉提高33%，鲜蛋提高32%，水产品提高33%，牛、羊肉销价提高的金额与当地猪肉提价幅度相同。蔬菜要严控，尽量不提或少提。家禽、牛奶的销售价和修理服务行业的收费标准，要严控。原则是：经营环节多余的要压缩，购销差价偏宽的要缩小，利润偏高的要适当降低。对供应外宾、华侨的有关商品的销价，也要根据按质论价的原则，相应调整。在主要副食品销售价格提高的同时，还决定给每个职工（包括退休职工和学徒）每月补贴5元。

同　日　中共中央就关于出国人员同台方人员交往问题发出通知。《通知》指出，我驻外人员、临时出国人员和留学生，除在正式外交场合或国际会议上避免出现“两个中国”外，均应积极主动地同台方官员、台湾同胞、留学生交往，争取一切可以争取的人，扩大爱国统一战线，同台方人员交往，要高举爱国主义旗帜，根据不同对象，顺乎自然，进行工作，但不要强人所难，急于求成。

同　日　中共中央对去台人员在大陆亲属政策发出通知。《通知》指出，对去台人员在大陆的亲属，应在政治、经济、社会生活等方面，一视同仁，平等相待，不得歧视；大陆和台湾亲友间正常的通信、通电，任何人不得干预；去台人员在大陆的亲属，遭到林彪、“四人帮”政治陷害的，一律平反，迫害致死的，应予昭雪。

11月2日　邓小平号召高级干部要带头发扬党的优良传统。邓小平在中央党、政、军机关副部长以上干部会上作《高级干部要带头发扬党的艰苦朴素、密切联系群众的优良传统》的报告。报告共讲了三个问题：（一）高级干部的生活待遇问题。邓小平说，现在，我们先从对高级干部的生活待遇作出规定开始，再逐步地作出关于各级干部的生活待遇问题的一些规定，克服特殊化。只要高级干部带头，这个事情就好办了。我们必须恢复和发扬党的艰苦朴素、密切联系群众的优良传统。我们脱离群众，干部特殊化是一个重要的原因。我们有些高级干部不仅自己搞特殊化，而且影响到自己的亲属和子女，把他们都带坏了。为了整顿党风，搞好民风，先要从我们高级干部整起。《关于高级干部生活待遇的若干规定》一经中央和国务院下达，就要当做法律一样，坚决执行，通也要执行，不通也要执行。我们的高级干部现在并不是工资太高，而是其他方面的待遇太宽了。这样就要脱离群众，脱离干部，甚至腐蚀自己的子女和家庭，把风气带坏了，官僚主义也无法克服。（二）认真选拔接班人。邓小平说，解决干部生活待遇方面存在的问题首先要从高级干部着手，选拔接班人更和高级干部有直接的关系。现在我们搞四个现代化，急需培养、选拔一大批合格的人才。这是一个新课题，也是对老同志和高级干部提出的一个责任，就是要认真选好接班人。现在任何一个老同志和高级干部、合乎不合乎党员标准和干部标准，就看他能不能认真选好合格的接班人。老同志现在的责任很多，第一位的责任是什么？就是认真选拔好接班人。（三）切实关心群众生活。邓小平说，我们的历史经验是，越是困难的时候，越要关心群众。只要你关心群众，同群众打成一片，不仅不搞特殊化，而且同群众一块吃苦，任何问题都容易解决，任何困难都能够克服。邓小平说，现在需要全国的干部，首先是高级干部起模范带头作用，把我们党的艰苦朴素、密切联系群众的传统作风很好地恢复起来，坚持下去。

同　日　新华社报道：上山下乡知青由分散插队改为安置到集体农场。我国对安置上山下乡知识青年工作正进行重大改革，将由原来到人民公社分散插队，改为安置到专为他们举办的集体所有制农场。

11月8日　新华社报道：从1978年1月到今年10月底，我国已向33个国家派出访问学者和留学人员2 230多人。

11月12日　中共中央批转中央统战部等六个部门提出的《关于把原工商业者中的劳动者区别出来问题的请示报告》。报告指出，1956年对私营工商业实行按行业公私合营的时候，有一大批小商、小贩、小手工业者以及其他劳动者被带进公私合营企业，把他们统统称为私方人员，按资产阶级工商业者对待。长时间以来，这个问题并没有得到解决。报告提出，当前应将这一部分劳动者从原资产阶级工商业者中区别出来，明确他们本来的劳动者成分。文件下达后，经过一年多的努力，这项工作顺利结束。根据1956年估算，社会主义改造高潮期间和以前参加国营、公私合营的原工商业者，全国共76万人。这次列入区别范围的计86万人，区别出劳动者70万人，约占81%；属于原资本家、资本家代理人的16万人，约占19%。各地在开展区别工作的同时，也贯彻了中央《关于对原工商业者的若干具体政策的规定》，摘掉了原工商业者的资本家或资本家代理人的帽子。

11月12日—16日　希腊总理康斯坦丁·卡拉曼利斯访华。15日，中希两国政府签署了科学技术合作协定。

11月13日　中共中央、国务院印发《关于高级干部生活待遇的若干规定》和邓小平在中央党政军机关副部长以上干部会上的报告——《高级干部要带头发扬党的艰苦朴素、密切联系群众的优良传统》。《若干规定》就高级干部的宿舍、房租和水电费、家具和生活用具、交通工具、服务人员、出差出国和外出休养、文化娱乐、不请客送礼、食品定点供应、遗属的生活安排等10个方面作了10项规定，并要求各有关部门必须严格执行，高级干部应自觉遵守。中央在通知中指出，目前，广大群众对少数领导干部、特别是高级干部存在的生活特殊化问题，意见很大，反映强烈。对此，我们必须高度重视，认真加以解决。我们一定要坚决而又稳妥地解决好干部生活待遇问题，反对特殊化，纠正一切不正之风。

11月17日　文艺理论家冯雪峰追悼会在北京举行。冯雪峰是由于遭受林彪、“四人帮”的迫害而不幸逝世的。1979年4月他的冤案得到昭雪，恢复了党籍和政治名誉。

11月19日—27日　全国保险会议在北京召开。经国务院批准，中国人民保险公司将从1980年开始逐步恢复国内保险业务。

11月20日—12月21日　全国计划会议召开。会议讨论拟定了1980年国民经济计划，并讨论确定了财政体制的改革。1980年的计划安排是：工农业总产值比上年预计增长5.5%，其中农业总产值增长3.8%；工业总产值增长6%。为确保计划的完成，会议提出：要抓广开生产门路，多方开辟财源；抓降低消耗、减少积压、节约开支；抓工业改组；抓技术改造；抓工业内部的调整，对轻纺工业实行六个“优先”；抓管理体制的改革，把经济搞活。会议确定：全国财政体制，除京、津、沪3市外、广东、福建实行特殊照顾办法，江苏按原定办法实行，广西、云南、内蒙、新疆、宁夏、青海、西藏和贵州等8个省区实行民族自治地方财政体制，其余15个省实行“四川式”体制，即“划分收支，分级包干”的办法。

11月21日　国务院发布《中华人民共和国自然科学奖励条例》。自然科学奖分为四等：一等奖，1万元；二等奖，5 000元、三等奖，2 000元；四等奖，1 000元。

11月21日—12月5日　全国人事局长会议在北京举行。会议认为，政府人事部门是政府系统综合管理人事工作的重要部门。各级人事部门要在党和政府的领导下，紧紧围绕四化建设这个中心，协助党的组织部门做好培养选拔接班人工作和对干部制度、干部队伍结构的改革，做好对干部的考核、调配、调整、奖惩和工资福利等工作。会议讨论修改了《中华人民共和国行政机关工作奖惩条例草案》、《国务院和县以上地方各级人民政府工作人员任免条例草案》、《干部调配工作暂行规定》、《外语翻译干部职称和晋升试行办法》等条例，报请人大常委会和国务院审批。

11月25日　渤海二号石油钻井船翻沉。石油部海洋石油勘探局渤海二号钻井船在渤海湾迁移井位的拖航作业途中翻沉，死亡72人，直接经济损失达3 700多万元。

11月26日　邓小平同美国《不列颠百科全书》副总编弗·吉布尼谈中国的现代化问题和前景。邓小平会见美国《不列颠百科全书》副总编辑弗·吉布尼等外国朋友，向他们发表了关于中国四个现代化问题和前景的谈话。邓小平指出，说市场经济只限于资本主义社会、资本主义的市场经济，这肯定是不正确的。社会主义为什么不可以搞市场经济：市场经济，在封建社会时期就有了萌芽。社会主义也可以搞市场经济。邓小平认为，社会主义的市场经济，方法基本上和资本主义社会相似，但也有不同，这是全民所有制之间的关系，当然也有同集体所有制之间的关系，也有同外国资本主义的关系。但是归根到底是社会主义的，是社会主义国家。他说，我们不要资本主义，但是我们要发达的、生产力发展的、使国家富强的社会主义。学习资本主义的某些好东西，包括经营管理方法，也不等于实现资本主义。这也是社会主义利用这种方法来发展社会生产力。邓小平说，我们面前还有很多困难，还有很多复杂问题要解决。有一件基本的事，就是行政管理的问题。我们的很多政府机关机构臃肿，人浮于事，但是精简这些机构不是件容易的事。不言而喻，越是现代化，需要的人就越少。可是我们现在有这么多人，他们上哪里去呢？干什么去呢？这些都是我们迎面碰到的问题。我们需要一大批有才干的人来掌握现代科学和技术，可是我们的人才不够。我们实际上有整整一代青年没有受到足够的教育。他说，我国的某些管理制度是学习苏联时遗留下来的。这并不是说，我们在所有方面都仿照了苏联的榜样。邓小平指出，目前，我们正处在中国历史上的又一个转折关头，从1978年开始，我们实行了一项大规模的现代化计划。这对于我们中国人来说，确实是一场新的革命。革命的目的，归根结底，就是在一个国家中解放和发展生产力。邓小平说，外国的观察家特别想知道我们能够实现中国现代化的信心有什么根据。我们基本上是根据这样4点理由：第一，中国地大物博。一旦中国的自然资源被开发出来，就是了不起的物质力量。第二，过去30年，尽管我们做了一些蠢事，但我们还是为中国的农工业和技术的发展打下了一个基础。可以说我们已经具备了实现四个现代化的物质基础。第三，中国人不蠢。我们的一个大问题是怎样才能把他们的创造才能充分地发挥出来。这就是为什么我们要号召人民解放思想的原因。第四，中国现在按照国际的精神，采取了一个向世界开放的政策。为了加速中国的现代化，我们不仅要利用外国的经验，还要利用外国的资金。当然，我们首先必须依靠自己的资源和努力。建设中国的现代化，看到中国的有利条件，树立足够的信心，并为此做不懈的努力奋斗，十分重要。

同　日　中国在奥林匹克运动中的合法地位得到恢复。国际奥林匹克委员会经过全体委员的通过表决，批准一项决议，决定中华人民共和国奥林匹克委员会的名称为“中国奥林匹克委员会”，它使用中华人民共和国的国旗和国歌；设在台北的奥委会的名称为“中国台北奥林匹克委员会”，它不能使用目前使用的歌、旗和会徽，今后使用的歌、旗和会徽须经国际奥委会的批准。这个决议表明，国际奥委会承认中国奥委会是全中国的代表，而中国台北奥委会是中国的一个地方机构。中国奥委会早在20年代就被国际奥委会所承认。从1958年起，中国奥委会中断了同国际奥委会的关系，经过21年的努力，中国在奥林匹克运动中合法权利终于得到恢复。

11月27日　中共中央、国务院批转《全国粮食会议纪要》。纪要指出，目前我国粮食一年增产约100亿公斤，进口约1 000万吨，国家粮食收支平衡仍然紧张，对于城乡销售和各项粮食开支，要精打细算，从紧安排。同时，要严格控制非农业人口的增加。要在城乡人民中，提倡勤俭持家，节约用粮。解决粮食问题，必须立足国内，自力更生，发展生产，厉行节约。这是一个根本方针，战略方针，要坚定不移。为了有利于国民经济的调整，促进农业生产更快发展，在几年内，进口一部分粮食是必要的。

11月28日　新华社报道：全国科学技术工作会议在北京召开。会议主要研究科技战线贯彻“调整、改革、整顿、提高”的方针问题，并就重视技术政策的研究、整顿科研机构，改革科技管理体制、关心科技人员的生活疾苦、改进党的领导工作等问题进行了讨论。会议认为，国防科委在这次会议上提出的用经济办法管理科研工作，扩大科研单位的自主权，实行合同制等，都是有力的措施，应该积极试行，总结经验。

11月30日　中共中央组织部发出《关于处理文化大革命运动中干部审查材料问题的通知》。《通知》指出，在“文化大革命”中，林彪、“四人帮”制造了大批冤假错案，全国立案审查的干部达200万人左右。这部分材料大都无限上纲、诬蔑不实。各级党组织对这些材料应进行认真清理，把一切诬蔑不实的材料全部销毁。

12月2日　中共中央、国务院转发外经部等六部门《关于经援工作几个问题的请示报告》。《报告》提出，今后经援工作在继续贯彻“坚持无产阶级国际主义，坚持援外八项原则，积极稳妥，保证重点，兼顾全面，促进受援国自力更生发展民族经济”方针的基础上，应进一步调整援外支出比例，改进援助方式，积极开展对外承包工程和技术合作，逐步改革体制，大力加强管理。

12月5日　日本首相大平正芳访华。6日，中日两国政府文化交流协定在北京签订。7日发表联合公报。公报宣布：日本政府将对中国的六项工程进行力所能及的合作，并准备提供不超过500亿日元数额的贷款作为1979年度的份额而进行合作。

12月6日　北京市革命委员会发布《通告》。《通告》对在本市张贴大字报问题作出暂行规定。今后凡在自己所在单位以外张贴大字报，一律改在月坛公园内的大字报张贴处。禁止在“西单墙”和其他地方张贴。

同　日　中共中央发出《关于为所谓“华北山头主义”平反的通知》。《通知》指出，所谓“晋察冀山头主义”、“华北山头主义”，完全是林彪、“四人帮”强加的莫须有的罪名，是他们蓄意制造的冤案，现中央决定予以公开平反。

12月9日　中共中央发出《关于整顿城市治安应集中目标打击现行犯的通知》。《通知》指出，这次整顿城市治安工作中，务必注意坚持集中目标于打击那些危害人民安全，破坏社会秩序的现行犯。不要把“文化大革命”时期红卫兵和其他群众打砸抢案件或武斗中的杀伤事件混在一起，以致分散或转移整顿社会治安工作中的主要打击目标和注意力，引起社会上的疑虑和不安。

12月9日—15日　吉布提共和国总统哈桑·古莱德·阿普蒂敦访华。11日，中吉两国政府签署了经济技术合作协定。

12月10日　国务院批转国家科委等单位关于颁发《工程技术干部技术职称暂行规定》的请示报告。《规定》确定我国工程技术职称定为：高级工程师、工程师、助理工程师、技术员、技师。职称的确定，业务上以工作成就、技术水平和业务能力为主要依据，并适当考虑学历和从事技术工作的资历。《人民日报》为此发表社论说，这是我国科技干部管理制度的一项重大改革。实施技术职称制度，是为了激励科技人员奋发向上，培养选拔优秀人才，促进科学技术繁荣昌盛。

12月10日　台湾地区“美丽岛”事件发生。高雄《美丽岛》杂志社主要成员黄信介等人不顾军警阻挠，于当天晚上在高雄市街头组织集会，高举火炬游行。游行者公开喊出“争自由、争民主、争权利”等口号，要求台湾当局“开放党禁、报禁”，“取消戒严令”。国民党当局出动大批军队、宪兵、警备部队和警察进行围堵镇压，游行者则以木棍、砖头等与之对抗，持续达几个小时，伤200余人，其后人群被镇暴部队施放催泪瓦斯驱散。随后《美丽岛》、《八十年代》、《春风》等“党外势力”主办的杂志被查封，黄信介、施明德等160余人被逮捕。其中不少主要人物被判刑，施明德被判处无期徒刑，黄信介被判处14年徒刑。

12月15日—20日　全国计划生育办公室主任会议在成都召开。陈慕华副总理在会上强调指出，把计划生育工作的重点转移到一对夫妇最好生一个孩子上来，是解决我国人口问题的战略任务。

12月17日　中共中央批转中央统战部等五部门《关于对原工商业者的若干具体政策的规定》。《规定》指出，在原工商业者中，不要具体划分谁是自食其力的劳动者，谁是拥护社会主义的爱国者。他们原来的成分是历史记载，不再改动。从1979年7月起，他们填写现在的成分时，是干部就填“干部”，和工人一样参加生产劳动的就填“工人”。今后在政治上应对干部、工人一视同仁。

12月18日　国家体委、全国体总、中国奥委会在北京体育馆召开参加奥运会的动员大会。大会号召我国运动员、教练员紧张行动起来，积极做好参加明年奥运会的准备工作，走向世界，为国争光。

12月20日　李先念在全国计划会议上讲话。他就经济工作中各方面比较关心的几个问题发表了意见。李先念说，我们一定要争取国民经济有一个较快的发展速度，但一定要是实实在在的速度，持续发展的速度。要做到这一点，就必须避免瞎指挥、瞎呼隆的错误，保证在政治上、经济上不再乱折腾。这要作为一条重要的指导原则在思想上牢固地确立起来和坚定不移地贯彻执行。李先念说，在发展生产的基础上，不断改善人民生活，这是我们党的一贯方针。在国民经济的调整中，我们一定要正确处理生产和生活、积累和消费的关系。为了促进生产的发展，我们在坚持贯彻按劳分配原则的同时，还必须大力提倡艰苦奋斗。李先念认为，对国民经济实行"调整、改革、整顿、提高"的方针是完全必要的，要坚定不移地贯彻下去。1980年和1981年两年这方面的工作做得好不好，对于今后生产建设能不能较快地发展，具有重大意义。李先念说，在调整国民经济和实现四个现代化的整个过程中，我们要充分利用外资，善于利用外资，努力引进我们需要的先进技术。当然，我们必须把立足点放在自己力量的基础上，继续坚持自力更生的方针。

同　日　中共中央马恩列斯著作编译局编辑的《斯大林选集》出版。全书分上下两卷，收录58篇文章，共102万字。

12月27日　我国成功合成核糖核酸。我国科学家用人工方法，合成了有41个核苷酸组成的核糖酸半分子，为天然核糖核酸的人工合成打开了一条道路。这是我国人工合成核糖核酸方面的一个重大突破，标志着我国在这方面的工作达到了国际先进水平。这种核糖核酸是由76个核苷酸组成，它的分子量高达2.5万多。人工核糖核酸的合成对遗传工程及病毒、肿瘤等方面的研究工作具有重要意义。

同　日　新华社报道：我国首次举办的1979年度全国最佳运动员评选揭晓。评出的十名最佳运动员是：陈肖霞（跳水）、陈伟强（举重），葛新爱（乒乓球），吴数德（举重），容志行（足球），聂卫平（围棋），栾菊杰（击剑)，邹振先（田径)，宋晓波（篮球)，吴忻水（篮球)。

12月28日　国务院在北京人民大会堂隆重举行第2次授奖仪式。嘉奖农业、财贸、教育、卫生、科研战线的351个全国先进单位和340名全国劳动模范。华国锋、邓小平等党和国家领导人出席大会，李先念代表中共中央、国务院致词。参加会议的先进单位和劳动模范向全国发出了《农业战线全国先进社队和全国劳动模范倡议书》、《农业、财贸、教育、卫生、科研战线全国先进单位和全国劳动模范倡议书》。

12月29日　新华社报道：正在我国各地高等院校学习的外国留学生，共有1 300多人，他们分别来自全世界五大洲的77个国家。

同　日　马明方、王维舟追悼会在北京举行。徐向前主持追悼会，姚依林、王鹤寿分别致悼词。马明方，1905年生，陕西米脂人。1960年冬起任中共中央东北局第三书记。在“文化大革命”中受林彪、江青反革命集团的诬陷迫害，于1974年8月12日逝世。王维舟，1887年生，四川宣汉人。1956年任中共中央监察委员会常委。在“文化大革命”中受到诬陷迫害，1970年含冤逝世。

12月31日　中共中央批转最高人民法院党组《关于善始善终地完成复查纠正冤假错案工作几个问题的请示报告》。报告说，三中全会以来，全国各地人民法院在党委的统一领导下，全面复查“文化大革命”以来判处的反革命案件和普通的刑事案件，纠正了一大批冤案、假案和错案。1967年—1976年的10年中，已复查24.1万余件，约占总数的83%，从中纠正了冤、假、错案13.13万余件，约占复查的54%。因反对林彪、“四人帮”和为邓小平受诬陷鸣不平而被判决的案件，已复查结束，作了纠正。同时复查了普通刑事案件50.7万余件，纠正了冤、假、错案3.58万余件，占已复查的7%。此外，各地法院从办理申诉案件中，还纠正了许多“文化大革命”前判处的冤、假、错案。但复查任务还相当繁重。全国还约有4.6万余件反革命案件、50多万件普遍刑事案件没有复查。

1980年

1980年综述

这一年是进入20世纪80年代的第一年。1月，邓小平在全国政协新年茶话会上提出80年代要做好三件大事。接着，他在中共中央召集的干部会议上作《目前的形势和任务》的报告并加以阐述。他说，一、在国际事务中反对霸权主义，维护世界和平；二、台湾回归祖国，实现祖国统一；三、加紧经济建设，就是加紧四个现代化建设。四个现代化建设是三件事中的核心。实现四个现代化必须具备四个前提：一、要有一条坚定不移的、贯彻始终的政治路线；二、要有一个安定团结的政治局面；三、要有一股艰苦奋斗的创业精神；四、要有一支坚持走社会主义道路的、具有专业知识和能力的干部队伍。要做到这一切，最关键是要“坚持党的领导，改善党的领导”。

2月，以加强和改善党的领导为主题召开的十一届五中全会，一方面增选中央常委，选举成立中共中央书记处，批准汪东兴、纪登奎、吴德、陈锡联辞职，就是为了把中共中央领导核心调整好；同时提出党章修改草案和通过《关于党内政治生活若干准则》，对党员提出更严格的要求，把党组织整顿好，以充分发挥党组织的战斗堡垒作用和共产党员的先锋模范作用。

是年，开展法制建设，继续平反冤假错案。1月，中共中央成立中共政法委员会，以协调和加强对政法工作的领导。随即开始地县基层政权选举。4月，中共中央组织部发出把落实干部政策的工作进行到底的意见。5月，中共中央要求对凡是在反右斗争前定为历史反革命戴上右派帽子的人进行复查，作出实事求是的结论。9月，中共中央统战部为错划成右派的著名“六教授”改正，为在“文革”中被错误点名批判的同志一律平反；中共中央批转公安部、最高人民检察院和最高人民法院为“胡风反革命集团”错案平反。10月和11月，中共中央为在“文革”中受到诬陷的瞿秋白、李达平反，恢复名誉。同时，先后为谭震林、罗瑞卿、肖华、黄克诚、李德生、杨尚昆、杨献珍等彻底平反，恢复名誉。10月—12月，公开审判林彪、江青反革命集团的主犯。同时，中共中央决定将直接参与林彪、江青反革命集团篡党夺权反革命阴谋活动的康生、谢富治开除出党，向全党公布他们的罪行。

是年，改革党和国家的领导制度也列入重要议事日程。8月，在中共中央政治局扩大会上，邓小平作《党和国家领导制度的改革》的重要讲话，强调废除干部领导职务实际上存在的终身制，逐步实现各级领导人员的革命化、年轻化、知识化和专业化，这篇讲话经中共中央批准，认为是党和国家领导制度改革的纲领性文献。11月—12月，根据党内干部的要求，中共中央政治局连续召开9次会议，主要议题是讨论批准向中共十一届六中全会提出人事更改方案。会议同意华国锋辞去现任职务，决定暂由胡耀邦主持中共中央政治局和常委会工作，由邓小平主持中央军委工作。

是年，经济上主要是贯彻调整方针，解决重大比例失调问题。1月，中共中央批转国家计委1980年国民经济计划安排的要求控制基本建设规模；同时发出关于节约非生产性开支、反对浪费的通知。3月，成立中共中央财经领导小组，以加强对贯彻“调整、改革、整顿、提高”八字方针的领导。3月—4月，国家计委根据中央建议，决定降低积累在国民收入中的比重，积累率以25%为好，这是为了调整经济结构，使农业、轻工业发展得更快一些；4月，全国工业交通会议，落实当年增产节约、增收节支任务。11月—12月，全国省、市、县会议和全国计划会议，决定调整计划，采取措施，克服经济上的潜在危险。为此，中共中央12月工作会议，着重解决经济形势和经济调整问题。会议充分肯定建国31年来取得的成绩，同时也分析并指出建国以来特别是1957年以来经济建设中的"左"倾错误是路线错误，决定在经济上实行进一步调整，在政治上进一步安定的重大方针。邓小平在会上作了《贯彻调整方针，保证安定团结》的讲话。

是年，国民经济贯彻执行以调整为中心的"调整、改革、整顿、提高"的方针，在发展工农业生产、改善农轻重比例关系、控制基本建设规模和降低积累率等方面取得了初步成效。全年工农业总产值达6 638亿元，比上年增长7.2%。工业总产值比上年增长8.7%，其中轻工业增长18.4%，重工业增长1.3%。轻工业产值占全部工业总产值的比重，由上年的43.7%上升到47.2%。农业总产值比上年增长2.7%。粮食生产6 411亿斤，比上年减产231亿斤；棉花生产5 413万担，比上年增产998万担。社会商品零售总额2 140亿元，比上年实际增长12.2%。全国进出口贸易总额387.2亿美元，比上年增长24%，其中进口大于出口19亿美元。全国城镇安置待业人员以及国家统一分配的大中专应届毕业生共900万人。城乡大多数人民的生活继续有所改善。但财政出现127.5亿元的赤字，使国民经济处于不稳定的局面；市场商品供应，求过于供，两者相差100亿元，导致物价上涨约6%（其中副食品上涨13.8%）；基本建设规模仍然偏大，积累率也偏高（为31.6%）。这些情况表明，国民经济还潜伏着危险，经济调整的任务仍很繁重。

1月1日　全国政协举行新年茶话会。全国政协主席邓小平在讲话中指出：80年代是十分重要的年代。在80年代里，我们最根本的工作就是把自己的事情办好。这就需要我们做好四件事：第一，一定要坚持党的政治路线。第二，必须要有一个安定团结的政治局面。第三，要有艰苦奋斗的创业精神。第四，要建立一支坚持社会主义道路的，有专业知识的干部队伍。他特别强调党的领导是四项基本原则中带根本性的一条。人大常委会副委员长邓颖超也在会上讲话。她指出，《告台湾同胞书》宣告的大政方针是我国政府坚定不移的决策。

1月4日—23日　全国物价会议在北京举行。会议确定1980年物价工作的方针和中心任务是：从安定团结的大局出发，保持物价的基本稳定，切实加强物价管理，继续开展物价的检查整顿。农产品价格、原材料价格要严格控制，人民生活必需品的价格一般不作变动，少数极不合理的价格作必要的调整。同时开展对物价改革的调整研究和试点工作。会议确定1980年物价调整的范围是：重工业方面提高焦炭、生铁等的出厂价格；轻纺工业调价面尽可能缩小。在农产品价格方面，准备适当提高棉花、黄麻、松脂的收购价格，提价总额约9亿多元。另外，把东北地区、内蒙古自治区木材出厂价格提高30%。

1月5日　国务院批转中国人民银行《关于维护人民币统一市场，禁止外币在国内市场流通的报告》。批语指出，要把收取外币的单位压缩到最小限度，极少数单位有必要直接收取外币的，应由各省、市、自治区人民政府审查，并提出意见报国务院批准。本年内中国银行发行外汇兑换券后，应立即停止直接收取外币。

1月5日—10日　广州粒子物理理论讨论会在从化举行。共有85位海内外学者作了报告，取得了满意的成果。

1月5日—13日　美国国防部长布朗率代表团访华。耿飚副总理同他举行会谈。华国锋总理、邓小平副总理兼总参谋长分别会见了布朗一行。在会见时邓副总理呼吁世界各国联合起来，认真对待苏联的全球扩张主义政策。他还指出，中美两国应该做一些扎扎实实的工作，来维护世界和平和对抗苏联霸权主义。布朗在9日举行的告别宴会上说，美中的战略利益是吻合的，并表示“希望我们的全球战略关系将会扩大和加深。”布朗还到武汉和上海参观访问。

1月7日　新华社报道：农业部在北京召开社队企业经营管理座谈会。会议指出，全国社队企业目前已发展到150多万个，平均每个公社有30多个，年产值占公社经济收入的近1/3，从事社队企业的职工达2 000多万人，产品有7 000多种。会议提出要继续加强社队企业的经营管理。

同　日　新华社报道：国家决定1980年对轻纺工业实现“六个优先”：原材料、燃料、电力供应优先；挖潜、革新、改造的措施优先；基本建设优先；银行贷款优先；外汇和引进新技术优先；交通运输优先。国务院批准中国人民银行按以上原则，发放20亿元中短期贷款，以扩大轻纺生产的能力。

1月7日—25日　中纪委举行第2次会议确定今年工作重点是抓党风党纪，保证党的路线贯彻执行。第三书记胡耀邦主持会议，第二书记邓颖超、常务书记黄克诚等出席会议。黄克诚在讲话中指出，党的纪律检查机构的主要任务，就是通过抓党风、党纪，保证党的思想路线、政治路线和组织原则的贯彻执行，保证全党按照中央提出的四项基本原则胜利前进，这比抓一般的违法乱纪、官僚主义、特殊化、破坏财经纪律更为重要。会议确定当年的工作任务是：一、把纪律检查工作的重点进一步转移到以保证党的三中全会路线、方针、政策的贯彻执行，保证实现四化建设上来；二、协助各级党委监督、保证《关于党内政治生活的若干准则》（草案）和《关于高级干部生活待遇的若干规定》，作为党规党法，在全党贯彻执行；三、继续加强纪律检查委员会的自身建设，吸收中青年优秀干部，增强新的血液，进一步建立和健全党的纪律检查机构，使各级党的纪律检查机构在搞好党风，保证四化建设中发挥更大的作用。会议回顾和总结了中纪委成立一年来的工作，认为中纪委在中共中央领导下，坚决执行十一届三中全会的政治路线、思想路线，同各级纪检机构一道，紧紧围绕党的纪律检查工作的基本任务，积极开展工作，取得成绩。审理、复查了几个关系重大的案件，平反、纠正了一些大的冤错假案；制定了一些必要的党规党法，又针对一些倾向性的问题发出了一些通告和通报，为搞好党风、严肃党纪做了大量工作，深入实际，对有关贯彻十一届三中全会路线，对平反冤假错案、消除派性和违法乱纪等问题，进行了调查研究，积极做好信访工作；会同中央组织部督促和推动了全党各级纪律检查机构的组建。中纪委副书记王鹤寿代表中纪委作了工作报告。各省、市、自治区党委纪律检查委员会、国务院各部党组纪检组（或纪委）的负责人，以及中央有关部门负责人列席了会议。

1月9日　华国锋总理会见美国国防部长布朗。双方就共同关心的问题友好地交换了看法，并就阿富汗局势进行了详尽的讨论。谈话时中国方面在座的有：耿飚副总理，解放军副总参谋长伍修权，总参谋长助理刘华清，外交部副部长章文晋，国防部外事局局长柴成文，外交部美大司司长韩叙等。美国方面参加谈话的有：驻中国大使伍德科克，国防部副部长科默，助理国防部长麦吉弗特，助理国务卿霍尔布鲁克等。

1月10日　中共中央发出《关于为谭震林同志平反的通知》。《通知》指出，林彪、"四人帮"诬蔑谭震林同志为叛徒等一切不实之词，应予推倒，彻底平反。

1月16日　华国锋总理会见参加广州粒子物理讨论会的杨振宁、李政道、陈匡五等40多位海外科学家，祝贺讨论会取得圆满成功。华国锋向海外的科学家介绍了中国国内的政治、经济形势和实现四个现代化的方针、政策，回答了他们提出的问题。

同　日　中共中央在北京召集干部会议。邓小平代表中央作《目前的形势和任务》的报告。报告共分三个部分。第一部分讲述在80年代要做的三件大事和80年代的国内形势。邓小平指出，80年代我们要做的主要是三件事：第一，在国际事务中反对霸权主义，维护世界和平；第二，台湾归回祖国，实现祖国统一；第三，加紧经济建设，就是加紧四个现代化建设。三件事的核心是现代化建设。这是我们解决国际问题、国内问题的最主要的条件。第二部分讲述实现四个现代化所必须解决的四个问题，或者说必须具备的四个前提：第一，要有一条坚定不移的、贯彻始终的政治路线；第二，要有一个安定团结的政治局面；第三，要有一股艰苦奋斗的创业精神；第四，要有一支坚持走社会主义道路的、具有专业知识和能力的干部队伍。第三部分讲述坚持党的领导，改善党的领导。邓小平强调指出，坚持党的领导必须努力改善党的领导。除了改善党的组织状况以外，还要改善党的领导工作状况，改善党的领导制度。同时，还必须加强党的纪律，全党要服从中央。最后，邓小平强调，只有坚决保证党的统一和战斗力，才能完成我们今天所提出的各项任务。

1月21日　中美科技合作联合委员会在北京举行全体会议。联合委员会中方主席、国务院副总理方毅和联合委员会美方主席、美国总统科学技术顾问弗兰克·普雷斯博士在会议上讲话。他们回顾了过去一年来中美两国科技合作情况时指出，合作是富有成效的，进展也是顺利的，超过了人们的预想。联合委员会两位主席希望，在新的一年里双方要广泛地进行接触，不断开辟新的途径，采取多种方式，进一步加强和扩大两国之间的科技合作和交流。24日，中美科技合作联合委员会第1次会议圆满结束。双方签订了有关科学技术合作的6个文件。邓小平副总理出席了签字仪式。

1月23日—2月13日　中国戏剧家协会、中国作家协会、中国电影家协会在北京召开剧本创作座谈会。胡耀邦到会讲话。他对当前文艺创作中出现的某些思想倾向，如怎样看待我们的党、我们的社会、我们的军队，怎样看待毛主席和毛泽东思想以及怎样看待社会中的阴暗面等问题进行了论述。他提出，衡量一个作品的社会效应，最重要的是看是否有利于现代化建设，有利于安定团结，有利于提高人民和青年的社会主义觉悟。

1月24日　中共中央发出成立中央政法工作委员会的通知。该委员会在中央的领导下，研究处理全国政法工作中的重大问题，并向中央提出建议。彭真、黄火青、江华、赵苍璧、程子华、魏文伯、武新宇、黄玉昆、刘复之任中央政法委员会委员，彭真任书记，刘复之任秘书长。

同　日　邮电部部长王子纲提出愿与台湾邮电同行进行通邮通电商谈。王子纲在中央统战部和邮电部联合举办的春节茶话会上发表讲话时提出：我们愿意在任何时间和任何地点，与台湾邮电部门进行通邮通电商谈，尽快建立直接的邮电通信联系，并为通邮通电提供一切方便。王子纲希望，爱国一家，同行相助。双方携起手来，尽快打破30年来海天远隔、音讯断绝的局面，共同为海峡两岸的千家万户传佳音，让骨肉同胞天涯海角紧相连，为台湾回归祖国、完成祖国统一大业贡献力量。

1月25日　中共中央、国务院批准专项拨款为高级知识分子修建住宅。1979年批准专项拨款1亿元，为中国科学院，教育部、卫生部系统的高级知识分子建设住宅。1980年又批准专项拨款3 000万元，为社会科学院、文化部、文联、作协部分高级知识分子建设一批住宅。这两次批准建设的高级知识分子住宅共83万平方米，投资1.3亿元。

同　日　中共中央、国务院发出《关于节约非生产性开支、反对浪费的通知》。要求：一、节约公用经费。二、精简各种会议。三、控制差旅费。四、压缩购买费开支。五、节约办公费用。六、控制小汽车使用。七、勤俭办外事。八、严禁用公款请客送礼。九、严禁私分产品和国家财物。十、整顿宾馆、招待所。十一、对行政事业单位试行“预算包干”办法。十二、整顿劳保福利开支和奖金、津贴。十三、整顿人员编制。

1月28日　新华社报道：我国一个新的大型油气田——辽河油田建成投产。目前年产原油500万吨，天然气17亿立方米。它是全国主要油田之一。

1月29日　中共中央决定成立中央党史委员会，由华国锋、叶剑英、邓小平、李先念、陈云、聂荣臻、邓颖超、胡耀邦组成。在党史委员会领导下成立党史编审委员会，由胡耀邦、彭真、粟裕、胡乔木、陆定一、李维汉、程子华、杨尚昆、王鹤寿、安子文、姚依林、冯文彬组成。在党史编审委员会领导下成立党史研究室，胡乔木任主任。

2月1日　中美贸易关系协定开始生效。外交部和美国驻中国大使馆在北京互换照会，从而使1979年7月7日正式签署的《中华人民共和国和美利坚合众国贸易关系协定》即日起生效。《协定》规定：缔约双方对来自或输出至对方的产品相互给予最惠国待遇。缔约双方同意采取一切适当的措施，以促进两国贸易持续和长期地发展。缔约双方认定政府贸易机构对发展它们之间贸易和经济关系起重要作用。双方同意对这些机构的贸易促进活动给予鼓励和支持。

同　日　外交部新闻司发言人就有关莫斯科夏季奥运会问题发表谈话。指出，在苏联入侵阿富汗的情况下，在莫斯科举行第22届夏季奥运会显然是不适宜的。中国政府支持敦促国际奥委会作出的改变地点或取消举行的决定。如果国际奥委会不作出这样的决定，中国政府将要求中国奥委会认真考虑不参加在莫斯科举行的第22届夏季奥运会。

2月6日　中共中央批转外国投资管理委员会党组《关于中外合营企业几个问题的请示报告》和李先念、彭真给中央的信。中央原则同意：合营企业应实行董事会制度；合营企业的管理应实行总经理负责制；对合营企业中外国合资者的资产不没收、不征用；合营企业有雇佣职工的自主权；企业所得税，国家规定是在扣除储备基金、发展基金、奖励和福利基金之前按税率征收的，税率可定为35%；职工工资应以国内工资的平均先进定额为准。

2月7日　华国锋主席会见南斯拉夫工会联合会代表团。华国锋主席说："中国党、政府和人民十分关心铁托同志病情，铁托同志那么快地恢复了健康，现在已能处理一些日常工作，这确实使我们感到十分高兴。"南斯拉夫工会联合会代表团团长、南工会联合会主席团执行主席米卡·什皮里亚克说："不久前出现一些舆论，猜测南斯拉夫可能会发生某些问题，这些猜测是没有根据的"，"南斯拉夫将始终不渝地执行不结盟政策，决心保卫独立，永远是一个独立的国家。"华国锋说："经过长期艰苦卓绝斗争考验的南斯拉夫党已成为一个坚强的党，南斯拉夫人民是英雄的人民。"中共中央政治局委员、中华全国总工会主席倪志福等参加了会见。

同　日　中国和哥伦比亚建立外交关系。双方发表了建交联合公报。

2月13日—24日　中国体育代表团参加第十三届冬季奥运会。自国际奥委会恢复中国合法权利后，这是中国第1次参加冬季奥运会。

2月15日　在“文化大革命”期间停办的、在全国有较大影响的两家晚报《北京晚报》、《羊城晚报》当日起复刊。

2月19日　国家经委提出做好扩大企业自主权试点工作的意见。一、把扩大企业自主权试点工作同整顿企业结合起来。二、试点企业要正确处理国家、企业、个人三者关系，保证国家多收、企业多留、职工多得。三、进一步搞好利润留成的试点工作。

2月22日—24日　中国男女乒乓球队在联邦德国吕塞尔斯姆举行的第二十九届国际乒乓球锦标赛中，获得男女团体冠军和4个单项冠军。来自日本、瑞典、南斯拉夫、捷克斯洛伐克、匈牙刊、法国、英国、美国、联邦德国和南朝鲜等22个国家和地区的优秀选手参加了这次比赛。

2月22日—28日　中国核学会首次全国代表大会和原子能科学技术如何为四化建设做出更大贡献讨论会在北京举行。会议提出了关于发展核电和发展核技术同位素应用两个建议书。

2月23日—29日　中共十一届五中全会在北京召开。主席华国锋，副主席叶剑英、邓小平、李先念、陈云出席会议，并作了重要讲话，华国锋主持会议。会议的主题是坚持党的领导，改善党的领导，提高党的战斗力，这是使社会主义现代化建设得以取得胜利的最重要保证。全会认为，十一届三中全会以来，国内外形势发生了重大的变化。随着全党工作重点的转移，社会主义现代化建设事业开始走上了健全发展的轨道。三中全会、四中全会所确定的政治路线、思想路线、组织路线，广泛地深入人心，林彪、“四人帮”一伙的反革命罪行，他们所推行的极左路线和他们在组织上、思想上的残余，受到了进一步批判；历史上遗留的冤假错案大批得到平反，党的各项政策在全国范围内广泛地得到落实。在此基础上，全党全军和各族人民紧密地团结在党中央周围，为四个现代化的伟大事业和国民经济的调整、改革、整顿、提高方针的实施，艰苦奋斗，使各条战线捷报频传，安定团结、生动活泼的政治局面正在发展。事实证明，中共中央所执行的路线、方针、政策是正确的，我们的国家已经从十年动乱所造成的严重混乱状态，基本上转变成为有领导、有秩序、有前进的方向和目标、有胜利的条件和信心的局面。这是我们党克服了巨大困难所取得的巨大胜利。全会指出，全国各族人民向四化进军的伟大实践，现在向我们党提出了一系列需要不失时机地加以迅速解决的重大问题，包括确定国民经济发展的远景规划，确定适合国民经济发展的经济体制，确定适合国民经济发展需要的教育计划和教育体制。国家和党的生活的一系列重要问题、思想上理论上的一些重要问题，也需要作相应的解决。为解决这些迫切问题，要求中央提前召开党的十二大。全会一致通过决定，提前召开中共十二大，召开这次大会的具体时间，由中央政治局决定。全会经过充分讨论，决定增加中央政治局常委的人数，选举胡耀邦、赵紫阳为中央政治局常委。决定恢复设立中央书记处作为中央政治局和它的常务委员会领导下的日常工作机构，选举胡耀邦为中央委员会总书记，选举万里、王任重、胡耀邦、胡乔木等11人为中央书记处书记。全会认为，中央政治局常委的增选，中央书记处的成立，是一项重要决策，中央领导的加强，将对全国安定团结、生动活泼政治局面的发展巩固，起到重要的作用。全会讨论了《中国共产党章程》（修改草案），提出修改意见，修改后将发至全党讨论，根据讨论中提出的意见再加修改，提请十二大审议通过。党章修改草案对党员条件规定了严格的要求，对民主集中制作了比较完善的规定，对干部制度作了一系列新的规定，包括废止干部职务实际上存在的终身制。全会讨论并一致通过了《关于党内政治生活的若干准则》，共12条。全会认为，12条准则总结了中国共产党几十年来处理党内关系的经验教训，是对党章的必不可少的具体补充，它对发扬党内积极因素，克服消极因素，发挥党员的先锋模范作用，具有重要的意义。全会一致通过撤销中共八届十二中全会强加给刘少奇的“叛徒、内奸、工贼”的罪名和把刘少奇“永远开除出党，撤销其党内外的一切职务”的错误决议，撤销原审查报告，恢复刘少奇作为伟大的马克思主义者和无产阶级革命家、党和国家的主要领导人之一的名誉；在适当时间为刘少奇举行追悼会；因刘少奇问题受株连造成的冤假错案，由有关部门予以平反。全会认为，刘少奇几十年一贯忠于党和人民，把毕生精力献给无产阶级革命事业，在中国新民主主义、社会主义革命和建设中，建立了不可磨灭的功绩。全会向全党和全国人民宣告：为刘少奇平反，表明中国共产党是一个实事求是、有错必纠、严肃认真、光明磊落的马克思主义政党，表明中央决心恢复毛泽东思想的本来面目，不是一句空洞的口号，而是贯彻在中共全部实际活动中的坚定不移的原则立场。全会还决定批准汪东兴、纪登奎、吴德、陈锡联四人的辞职请求，免除或提请免除他们所担任的党和国家的领导职务。全会认为，发扬社会主义民主和健全社会主义法制，保证人民群众有充分的权利和机会，表达他们对国家大事的意见，对党政领导提出建议和批评，是中国共产党坚定不移的方针。但是经验证明，大鸣、大放、大辩论、大字报，即所谓“四大”，不是实现这个目的的好办法。全会决定向全国人民代表大会建议，把中华人民共和国宪法第四十五条中关于公民“有运用大鸣、大放、大辩论、大字报的权利”的规定，予以取消。

2月24日—27日　中共中央就召开十一届五中全会邀请各民主党派负责人和无党派人士举行座谈会。各民主党派和全国工商联的负责人、无党派人士及其他知名人士近百人出席。华国锋主席出席了24日上午的座谈会，并代表中共中央就五中全会的各项议程作了说明。中央统战部部长乌兰夫主持了座谈会。参加座谈的党外人士一致表示，完全赞同中共十一届五中全会讨论这些问题，热烈拥护中共中央为刘少奇同志平反。他们认为，中共十一届五中全会的召开，对于加强和改善党的领导，进一步密切党同人民群众的关系，对于加强全国人民的大团结，巩固和发展安定团结的政治局面，对于进一步落实党的政策，调动全国人民的积极性，同心同德进行社会主义现代化建设，都将产生不可估量的影响。座谈会结束时，乌兰夫对大家发表的意见和建议表示感谢。他希望大家同心同德，共同为实现四个现代化的宏伟目标而奋斗。

2月25日　中共中央发出通知，为所谓“习仲勋反党集团”平反。1962年康生指控小说《刘志丹》为高岗翻案，并借此向小说《刘志丹》提过意见，提供过材料的习仲勋、贾拓夫、刘景范进行审查。把他们说成是“习仲勋反党集团”。中央《通知》指出，所谓“习仲勋反党集团”纯属不实之词，强加给他们的反党罪名应予推倒，彻底平反，恢复名誉。

同　日　邓小平在中共十一届五中全会第三次会议上讲话，题为《坚持党的路线，改进工作方法》。其中主要讲了三个问题。一、我们党的政治生活局面，多年来没有这么活跃了。这次全会，真正做到了大家畅所欲言，真正体现了中央委员会的集体智慧和集体领导，在党的生活中树立了很好的风气。二、关于坚持党的政治路线、思想路线和组织路线。我们党现阶段的政治路线，概括地说，就是一心一意地搞四个现代化。三、注意工作方法，克服官僚主义。

2月27日　新华社报道：1978年全国粮食征购量比上一年同期增加103亿斤，国家收购的各种农副产品总额比上一年增加了25%。在生产发展的基础上，社员收入有了明显增加。去年全国农村每人平均从集体分配的收入，比1978年增加了10元多，比1979年增加了20元。

3月2日　中共中央决定：邓小平免兼中国人民解放军总参谋长、总参谋部党委第一书记；任命杨得志为中国人民解放军总参谋长、总参谋部党委第一书记、中央军委副秘书长、军委办公会议成员。

3月9日　华国锋总理会见并宴请民主柬埔寨国家主席团主席、政府总理乔森潘。会谈中双方就当前柬埔寨战场形势，印支、东南亚地区局势和其他有关问题，交换了看法。双方认为，越南对柬埔寨发动旱季攻势以来，民主柬埔寨武装力量经受了考验。柬埔寨军民反对越南侵略的斗争一定能够坚持到底。越南军队必须无条件地撤出柬埔寨。在宴会上，华国锋总理说，中国政府和中国人民坚决支持柬埔寨人民反抗越南侵略的正义斗争。只要越南不停止对柬埔寨的侵略，只要柬埔寨人民的民族权利没有实现，中国人民就继续支持柬埔寨人民反侵略的正义斗争，直到最后胜利。乔森潘总理强烈谴责越南黎笋集团对柬埔寨的侵略和扩张。他强调指出，只有越南河内集团和军队全部撤出柬埔寨，整个柬埔寨问题才能得到和平解决，东南亚的和平、稳定和安宁，才能得到保障。

3月12日　邓小平在中央军委常委扩大会议上作了《精简军队，提高战斗力》的讲话。他说，我们存在的一个最大问题，就是军队很臃肿。现在提出消肿，主要是解决军队机构重叠、臃肿，以及由此带来的各级指挥不灵问题。军队要提高战斗力，提高工作效率，不“消肿”不行，这次精简，主要是减少不必要的非战斗人员，减少统率机构，指挥人员。最主要的是减少干部。我们的军队体制有许多问题，不改革不行，体制和制度问题中，最重要的是建立军官服役、退役制度。

3月17日　中央政治局常委会决定：成立中央财政经济领导小组，赵紫阳任组长，余秋里、方毅、万里、姚依林、谷牧为成员，撤销原国家财政经济委员会。同时成立国家能源委员会，余秋里任主任。

3月19日　中共中央发出《关于认真传达好为刘少奇平反的决议的通知》。

同　日　邓小平审阅《关于建国以来党的若干历史问题的决议》的提纲后，对起草《决议》稿提出三条指导思想。这三条指导思想是：第一、确立毛泽东的历史地位，坚持和发展毛泽东思想。这是最核心的一条。第二、对建国以来历史上的大事，哪些是正确的，哪些是错误的，要进行实事求是的分析，包括一些负责同志的功过是非，要作公正的评价。第三、要通过这个决议对过去的事情作个基本的总结。总结宜粗不宜细。总结过去是为了引导大家向前看。

3月20日　李立三、贾拓夫追悼会在北京举行。李立三因受林彪、“四人帮”的残酷迫害，于1967年6月22日逝世，终年68岁。贾拓夫因受林彪、“四人帮”的残酷迫害，于1967年5月7日逝世，终年54岁。华国锋、叶剑英、邓小平、李先念、陈云、刘伯承等送了花圈；中共中央、人大常委会、国务院、全国政协、中纪委、中央办公厅、中组部、中宣部、中央统战部等单位送了花圈。邓小平、胡耀邦、乌兰夫、方毅、余秋里等和中共中央、国家机关有关单位负责同志，以及李立三、贾拓夫的生前友好，共700余人参加了追悼会。追悼会由彭真主持，王震为李立三致悼词，薄一波为贾拓夫致悼词。追悼会前，邓小平等向李立三的夫人李莎及其子女，向贾拓夫的夫人白茜及其子女，表示亲切慰问。

3月27日　经国务院批准，并经联合国教科文组织和人与生物圈理事会执行局通过，中国长白山、卧龙、鼎湖山三处自然保护区被划为国际生物圈保护区。

3月28日　田家英追悼会在北京举行。田家英于1966年5月23日被江青、陈伯达迫害致死，年仅44岁。追悼会由姚依林主持，邓力群致悼词。

3月30日　新华社报道：国务院授权中国银行从4月1日起在国内发行外汇兑换券。

同　日　《人民日报》报道：甘肃华亭县境内发现大煤田，煤田面积达100余平方公里，储量达33亿吨。

3月30日—4月24日　国务院召开长期计划座谈会，主要讨论编制长期计划的方针、政策问题。会议之前和会议期间，邓小平、陈云、李先念、姚依林等对拟定长期计划的方针、政策阐述了一系列重要意见。主要是降低积累占国民收入中的比重，适当提高消费基金的比重，使人民生活继续有所改善；基本建设投资总额两三年内控制在500亿元左右；工业生产每年增长7.8%或5.6%。

4月1日　中国民航波音747大型喷气客机载着100多名中外旅客首航巴黎。经过12个小时的连续飞行，下午抵达巴黎戴高乐机场。

4月4日　全国农垦局长会议提出把国营农场真正当成企业来办的措施：继续调整经营方针和作物布局；把现有耕地种好；提高经营管理水平；对农场实行财务包干；坚持围绕农业办工业，办好工业促农业的方针；扩大农工商联合企业的试点；抓好职工生活。据统计，1979年农垦系统由上一年亏损9 000万元变为盈利3亿多元，从而扭转了全国农垦多年亏损的局面。

同　日　新华社报道：在联邦德国货轮上工作的17名大陆海员

游览台湾。他们在货轮到达台湾基隆港时，应邀到台北市参观游览，受到台湾同胞的热情欢迎和接待。同日，中国海员工会副主席丘金就此事发表谈话，希望今后这种交往越来越多。

4月10日　新华社报道：目前全国进行扩大自主权试点企业共有3 358个。占全国预算内企业总数的8%，产值约占全国工业总产值的1/3，利润大约占40%。

4月11日　邓小平副总理会见美联社驻京记者罗德克并发表谈话。他说，我们强调集体领导，这是鉴于国际的经验，也有我们自己的经验。邓小平还说，所谓集体领导也不排除某一主要领导人的特殊作用，比如说毛泽东主席就是这样的典型。

4月15日　中共中央总书记胡耀邦会见意大利记者。他说，中国共产党和中国人民热烈支持中意两党在完全平等、独立自主、互相尊重的基础上加强团结和合作。胡耀邦指出，中国共产党非常乐意同世界上一切独立自主的、坚持正确立场的工人阶级政党建立、恢复和发展关系，坚决反对某些打着共产党招牌，实际上欺负别的党，干涉别国内政，甚至出兵侵占别国领土的所谓“共产党”。他说，如果我们不同这样的党坚决划清界限并同它们进行坚决的斗争，那么，我们就没有严肃地维护国际共产主义活动的尊严，我们就不可能有效地动员全世界工人阶级和人民同那些霸权主义者和破坏世界和平的人进行斗争。在被问到中意两党存在的分歧时，胡耀邦说，我们两党对过去发生的小小的历史插曲，是没有多大兴趣去纠缠的。我们的重点是团结起来，面向我们伟大的未来。胡耀邦赞扬贝林格同志在意共的建设上所做的卓越贡献。他说，贝林格同志的思想和实践证明了他是意大利人民的好儿子，国际共产主义运动的优秀战士，也是中国人民的好朋友。

4月17日　邓小平、胡耀邦在人民大会堂会见意大利共产党总书记贝林格和由他率领的意共代表团。邓小平和贝林格早在15年前就见过面。会见的时候，邓小平亲切地说，15年是曲折的，你们有变化，我们也有变化。现在中意两党终于走到一起来了。这是整个国际局势的需要，也是全世界人民的需要。他指出，意大利共产党是本国的重要政治力量，是欧洲的重要政治力量，也是国际共产主义运动、争取人类进步事业、争取国际和平和安全的重要力量。贝林格高度评价粉碎“四人帮”以后中国出现的积极变化。他说，我们之间有许多问题要讨论，有发展两党关系的愿望，了解彼此观点，寻求合作。意大利共产党、意大利广大劳动人民群众、进步民主力量，都极其满意地评价我们两党关系的发展。他祝愿中国实现自己的宏伟目标，尽快地建设起一个强大的、进步的中国。

同　日　国际货币基金组织正式决定恢复中华人民共和国在该组织的代表席位。

同　日　中国和津巴布韦建立大使级外交关系。

4月21日　中共中央书记处听取、讨论了北京市委负责人关于北京市城市建设方针问题的汇报，并作了四条指示。一、在社会治安，社会秩序和道德风尚方面，北京要成为全国的模范，在全世界也应当是最好的；二、改造北京市的环境，搞好绿化、卫生，利用有山、有水、有文物古迹的条件，把北京市建设成优美、清洁、具有一流水平的现代化城市；三、要使首都成为全国文化科学技术最发达、教育程度最高的城市；四、经济要不断繁荣，人民生活要安定方便。

4月23日　中共中央政治局会议通过《关于丧失工作能力的老同志不当十二大代表和中央候选人的决定》。决定指出，为了使出席中共十二大的代表和大会选举的中央委员会，有相当比例的年富力强的同志，使党的领导机构能够适应社会主义现代化建设繁重任务的需要，保证党的路线、方针、政策的长期连续性，中央决定，凡年事已高，丧失工作能力和生活自理能力的老同志，不当选中央的十二大代表和中央委员会候选人。这是废除实际上存在的干部职务终身制和逐步更新领导班子的一个重要步骤。

4月24日　中国奥委会在北京召开会议决定：只要苏联当局拒绝尊重奥林匹克的崇高宗旨，在5月24日以前不从阿富汗全部撤出其武装部队，中国奥委会将不派运动员参加在莫斯科举行的第二十二届奥运会。

4月29日　邓小平接受卢森堡电视台记者采访，谈到欧洲共产主义问题。他说，我们历来认为，任何一个国家的革命，任何一个国家的问题，都必须跟本国、本地区的具体实际结合起来。毛泽东主席最伟大的地方，就是把马列主义同中国的具体实践结合起来，取得中国革命的胜利。根据我们自己的经验，我们尊重各个国家、各个地区共产党的选择。他们应该根据自己的特点，制定自己的方针、政策。欧洲共产主义现在究竟怎样，将来实际结果怎样，要通过他们自己实践的经验得出结论。

5月2日—6日　巴基斯坦总统齐亚·哈克和夫人访华。华国锋为齐亚·哈克总统举行欢迎宴会。他说，巴基斯坦在阿富汗问题上采取了鲜明的正义的立场，并表示，中国坚决同巴基斯坦站在一起，反对外来侵略和干涉。齐亚·哈克总统在宴会上重申，巴基斯坦反对在世界任何地方、以任何形式出现的侵略、干涉和霸权主义，致力于和平与人类进步的目标。他说："巴基斯坦和中国一起，形成了反对任何形式和表现的帝国主义和殖民主义的坚定的联合战线。"3日，国务院副总理邓小平同齐亚·哈克总统举行第1次会谈，4日，举行了第2次会谈。在会谈中，哈克总统重申了巴基斯坦要求苏联军队无条件地全部撤出阿富汗，在撤军以前，巴不承认喀布尔卡尔迈勒政权的严正立场。邓小平副总理说，我们的目标是和平，但和平要通过斗争来赢得。中国坚决支持巴基斯坦在阿富汗问题上所采取的立场。哈克总统访华期间，还接受了《人民日报》记者的采访，回答了记者提出的问题。

5月4日　财政部通知各地，对安置待业知识青年的城镇集体企业进一步减免税收。从原来的免征工商所得税一年改为免征工商所得税2年—3年。原有城镇街道办的集体企业，在当年新安置的待业知识青年达到企业职工总人数60%以上的，也可免征工商所得税2年—3年。

5月5日　新华社报道：教育部、国务院侨办联合发出关于华侨青年回国和港澳、台湾青年回内地及大陆报考大学的通知。规定，凡符合报考条件的，可向我驻在国使领馆、新华社香港分社提出申请，经批准签证"入境"。根据"来去自由"的政策，华侨、港澳、台湾学生毕业后，可以回原居住地就业，愿意参加祖国社会主义建设的由国家统一分配工作。

5月7日　中国政府发表声明，指出日本政府决定同南朝鲜当局在东海大陆架片面划定的“共同开发区”西侧开始进行钻探试采，是无视中国主权，不以中日友好关系为重的行为。中国政府再一次郑重申明：日本政府不同中国协商，背着中国而同南朝鲜当局签订的所谓“日韩共同开发大陆架协定”完全是非法的、无效的。

5月8日　国务院颁发《农业技术干部技术职称暂行规定》。农业技术干部的职称为：高级农艺师、农艺师、助理农艺师、农业技术员。

5月8日、22日　中共中央书记处听取并讨论了教育部党组关于《教育工作汇报提纲》和蒋南翔的说明。在讨论中，胡耀邦说：关于教育问题，“我看主要是四句话：第一句话，新中国成立后，我们的教育事业有了很大的发展。第二句话，林彪、‘四人帮’在台上的10年，使我们的教育事业受到很大的摧残。第三句话，现在的教育状况很不适应四个现代化的要求。第四句话，全党、全国人民都要重视，力争在80年代使我们国家的教育事业有一个很大的发展。要超过我们新中国历史最高水平”。赵紫阳说：“教育要从中国的实际出发。中国的实际是：第一，中国不提高教育水平，四化搞不成；第二，中国有10亿人口，经济不发达、不平衡，齐头并进提高教育水平不可能。因为教育的发展是受经济水平制约的。在一定时期内，要下决心承认不平衡”。“要把重点抓好”。“教育经费的投资和师资要集中，把先进地区先搞上去”。“要集中力量把大学和一部分重点高中办好”。中央书记处的同志还指出，中等教育结构非改变不可。高等教育的结构也有改革的问题。教育制度的改革，要跟劳动制度、干部制度的改革紧密结合起来。要进一步落实知识分子政策。要改善教师待遇。要改革教育的领导管理体制。要改进领导方法等。

5月9日　华国锋总理在参加铁托总统葬礼后的回国途中到罗马尼亚进行短暂访问。他和齐奥塞斯库总统举行会谈。双方强调指出，必须从完全平等、尊重民族独立和国家主权、不干涉内政、不诉诸武力和武力威胁等原则出发，以及从每个国家人民主宰自己的命运、不受外来干涉的神圣不可剥夺的权利出发，努力通过和平途径解决世界各地区的紧张局势和冲突。

同　日　新华社受权公告：中国1980年5月12日—6月10日，由中国本土向太平洋南纬7度零分、东经171度33分为中心，半径70海里圆形海域范围内的公海上，开始发射运载火箭试验，中国舰船和飞机将在该海域进行作业。

5月10日　国务院批发《统计干部的技术职称暂行规定》。文件规定统计干部的技术职称为：高级统计师、统计师、助理统计师、统计员。

5月14日—27日　中共中央组织部召开选拔优秀中青年干部座谈会。胡耀邦于18日和19日到会讲话。他提出今后两年组织工作的四件大事：一、基本上调整好各级领导班子。二、把党风党纪搞好。三、努力改进各级领导班子和工作方法。四、认真做好召开各级党代表会的准备工作。关于调整各级领导班子问题，胡耀邦提出三位一体的工作任务：一、大胆选拔一大批年富力强、坚持党的路线、有专业知识和本领的、有培养前途的干部充实到各级领导班子中来。二、妥善安排一大批年老体弱的老同志退居二线。三、调整一些难以胜任现职工作的同志。

5月16日　邓小平谈台湾归回祖国是80年代三件大事之一。国务院副总理、中共中央副主席邓小平在当日中央召集的干部会议上提出，80年代要做的三件大事中，“第二件事，是台湾归回祖国，实现祖国统一。我们要力争80年代达到这个目标，即使中间还有这样那样的曲折，也始终是在我们日程上面的一个重大问题”。邓小平还指出，我们政治上和经济制度上比台湾优越，经济发展上也要比台湾有一定程度的优越性，没有这一点不行。四个现代化搞好了，经济发展了，我们实现统一的力量就不同了。所以，在国际事务中反对霸权主义，台湾归回祖国、实现祖国统一，归根到底，都要求我们把经济建设搞好。

同　日　中共中央、国务院作出《关于广东、福建两省会议纪要》。决定在广东省的深圳市、珠海市、汕头市和福建省的厦门市，各划一定范围的区域，试办经济特区。中共中央在批语中指出，一年来的实践证明，中央决定广东、福建两省在对外经济活动中，实行特殊政策和灵活措施是正确的。两省工作有很大进展，成绩是显著的。两省试行新体制的过程中，出现一些问题是难免的。这次会议总结的经验和提出的措施是可行的，要认真贯彻落实。

5月17日　中共中央副主席、中华人民共和国主席刘少奇追悼大会在北京人民大会堂隆重举行。党和国家领导人以及首都各方面代表1万余人参加了追悼大会。中共中央、人大常委会、国务院、中共中央军委、全国政协送了花圈。华国锋、叶剑英、邓小平、李先念、陈云、宋庆龄、刘伯承等送了花圈。中共中央各部门、国家机关各部门、各民主党派、各人民团体、解放军各总部、国防科委、各军兵种、各大军区、各省、市、自治区也送了花圈。国务院总理华国锋主持追悼大会。国务院副总理邓小平致悼词。悼词说，刘少奇同志几十年如一日，为党的巩固和发展，为新民主主义革命的胜利，为社会主义革命和建设事业的胜利，为反帝反殖和国际共产主义运动的开展，进行了不懈的斗争，建立了不朽的功绩，赢得了全党、全军、全国各族人民的爱戴和尊敬。刘少奇是我们党的马克思主义理论家。他一贯重视理论和实践的统一，勤于调查研究和总结经验，并且善于把实践经验提到理论高度。他对我们党的建设，对我国工人运动和党的白区工作，在实践上和理论上，都有重要的建树。他在这几方面提出的理论观点和思想原则，是党和人民几十年英勇奋斗的经验结晶，是毛泽东思想科学体系的组成部分。刘少奇长期以来是我国工人运动的主要领导者和组织者之一。他善于把党的政治任务同工人群众的切身利益紧密结合起来，组织群众进行卓有成效的斗争。1927年大革命失败后，刘少奇主张在群众工作中尽可能地利用公开合法手段，利用敌人内部矛盾，争取同盟者，并且注意根据群众的觉悟程度，采取适当的斗争方式，以保存和发展党在白区的革命力量。他的这些主张虽然当时受到压制和诋毁，但是抗日战争前夕他关于白区工作的经验总结，却受到全党的重视，并且在抗日战争和解放战争的白区工作中起了重要作用。刘少奇同志在新民主主义革命时期党内几次重大政治路线斗争中，坚持了正确的立场。

他曾同李立三“左”倾冒险主义、王明右倾机会主义、张国焘在长征中分裂党的罪恶活动以及王明在抗日初期的右倾机会主义，作过坚决斗争。历史事实证明，刘少奇同志不愧为坚定的无产阶级革命家。建国以后，刘少奇同志作为党和国家主要领导人之一，积极参与制定和贯彻执行社会主义革命和社会主义建设的路线、方针、政策。他坚持社会主义道路，坚持无产阶级专政，坚持共产党的领导，坚持马列主义、毛泽东思想。在我国生产资料所有制的社会主义改造基本完成以后，他代表党中央在党的第8次全国代表大会所作的报告中，主张把党的工作重点转移到经济建设上来，集中力量提高生产力。在60年代初经济困难时期，他深入实际了解情况，倾听群众呼声，深切关怀国家的安危和人民的疾苦，坚决支持“调整、巩固、充实、提高”的正确方针，并作了卓有成效的努力。悼词最后说，和毛泽东、周恩来、朱德同志一样，刘少奇同志将永远活在我国各族人民的心中。邓小平致悼词后，全体同志向刘少奇遗像三鞠躬。乐队奏国际歌。党和国家领导人向刘少奇的亲属王光美等致以亲切的慰问。遵照刘少奇生前遗愿，他的骨灰将撒在祖国的大海里。

5月20日　中共中央发出《关于为罗瑞卿同志平反的通知》。《通知》指出，因罗瑞卿问题受株连的同志，也应予以平反，恢复名誉。

5月22日　新华社报道：1980年5月18日—5月21日，中国向太平洋海域发射运载火箭获得圆满成功。这是中国社会主义现代化建设取得的一个重大成就，是参加研制、生产和试验的全体科学工作者、工程技术人员、工人、解放军指战员和一切有关人员，发扬自力更生、艰苦奋斗的革命精神，解放思想，刻苦钻研，辛勤劳动，大力协同的结果。中共中央、国务院、中央军委向他们致以热烈的祝贺。

5月22日—5月30日　胡耀邦、万里受中共中央委托到西藏考察，同西藏共商尽快提高西藏人民物质文化生活的大计。提出应该做好六件大事：一、在中央的统一领导下，充分行使民族区域自治权利。二、根据西藏自治区相当困难的情况，要坚决实行休养生息的政策，大大减轻群众的负担。三、要在所有的经济战线上，包括农、林、牧、财政、商业、手工业、交通等战线上，实行特殊的、适合西藏特点的灵活政策，目的是为了较快地促进西藏经济的发展。四、要把国家支援的大量经费，用到促进和发展农牧业生产，用到西藏人民日常生活的迫切需要上来。五、在坚持社会主义方向的前提下，大力恢复和发展西藏的文化、教育、科学事业。六、正确执行党的民族干部政策，要极大地加强藏汉民族干部的紧密团结。31日，胡耀邦、万里返回北京途经青海格尔干时说，我们在西藏讲的6条，基本上符合青海情况，可参照执行。

5月23日　中国乒乓球代表团所乘飞机因遇台风在台北临时降落。中国乒乓球代表团在从印度新德里返回香港时，因遇台风，飞机在台北降落。李富荣、郑敏之等在机场与机场职工亲切交谈，受到友好待遇。

同　日　第三届电影“百花奖”授奖大会在北京举行。《吉鸿昌》、《泪痕》、《小花》获得最佳故事片奖。《敬爱的周恩来总理永垂不朽》、《美的旋律》获最佳纪录片奖。

5月27日—6月1日　华国锋总理访问日本。27日下午，日本天皇裕仁在皇宫会见华国锋总理，他们在谈话中表示，希望中日两国人民世世代代友好下去。华国锋总理于27日和28日与日本首相大平正芳举行了两轮会谈，就中日两国共同关心的广泛问题，坦率地、建设性地交换了意见。他们认为亚太地区和中东地区产生的纠纷和紧张使世界的和平和稳定受到威胁，这些问题应按照联合国宪章和有关决议尽快得到解决，两国要从各自立场出发，为维护世界的和平作出努力。华国锋总理和大平首相对中日两国关系的发展表示满意。他们认为尽管两国体制不同，但应该通过进一步增进交流，发展和加深两国间的持久的、不可动摇的和平友好合作关系。他们满意地注意到中国政府恢复在国际货币基金组织和国际复兴开发银行的代表地位，并认为这对中国和国际经济新秩序的发展将带来好影响。两国领导人确认在平等互利原则的基础上继续扩大两国间贸易等经济交流的重要性，并就中日两国间的经济合作问题进行了富有建设性的交谈。28日上午，华国锋总理在迎宾馆会见日本前首相田中角荣，进行了友好的交谈。29日上午，华国锋在迎宾馆会见了日本前首相福田纠夫，并共进早餐。同日，华国锋总理出席6个日本经济团体为欢迎他访日举行的午宴，并在宴会上发表讲话。同日，华国锋总理出席6个日中友好团体主办的欢迎大会，并发表演说，指出中日友好向着新的深度和广度前进。离开东京之前，华国锋总理举行了记者招待会，回答了记者的提问。30日，华国锋总理以及随行人员访问名古屋、京都、神户和大阪，参观了一些工厂企业。6月1日，华国锋总理结束了对日本为期6天的访问，从大阪回国。

5月28日　《中华人民共和国政府和日本国政府科学技术合作协定》在东京签署。外交部长黄华和日本外务大臣大来佐武郎分别代表本国政府在协定文本上签了字。华国锋总理和大平正芳首相出席了签字仪式。协定指出，中日两国政府鉴于两国间的友好合作关系在中日和平友好条约的基础上正在发展，确信两国政府在科学技术领域的合作将有助于两国间友好关系的进一步巩固和两国经济、社会的发展。协定规定，合作可以采取下列形式：一、派遣和接受科学家和技术人员；二、举办两国科学家和技术人员参加的讨论会、研究会等；三、进行共同研究；四、交换有关科学技术情报；五、两国政府同意的其他形式的合作。两国政府为达到协定的目的，设立由两国政府代表组成的中日科学技术合作委员会。委员会轮流在中国和日本会晤。协定指出：两国政府应尽可能支持和促进两国各种团体、机构和个人之间的科学技术合作。协定自签字之日起生效，有效期两年。期满后，如任何一方政府不在6个月以前通知另一方政府予以终止，则协定继续有效。中国方面出席签字仪式的还有：国务院副总理谷牧，中国驻日本大使符浩，国家建委副主任谢北一等。日本方面出席的还有：内阁官房长官伊东正义、副官房长官加藤弘一等。

5月31日　邓小平同中央有关人员谈农村政策。他指出：一、一些适宜搞包产到户的地方搞了包产到户效果很好。这样搞会不会影响集体经济的担心是不必要的。二、现在农村工作中的主要问题还是思想不够解放，除表现在集体化的组织形式外，还有因地制宜发展生产的问题。哪里适宜发展什么就发展什么，不适宜发展就不要去硬搞。像西北不少地方，应该下决心以种牧草为主，发展畜牧业。

5月31日—6月2日　中国天主教代表会议在北京举行。会议宣布成立中国天主教教务委员会和中国天主教主教团，上海教区主教张家树当选为教务委员会主任和主教团团长。会议通过了《中国天主教教务委员会章程》、《告全国天主教神长教友书》和《告台湾天主教神长教友书》。

6月4日　中共中央，国务院发出《关于收回文化大革命期间散失的珍贵文物和图书的规定》。规定：凡属国家珍贵文物、图书，林彪、“四人帮”、康生、谢富治一伙非法掠夺的坚决追回；我们的同志私拿去或低价“购买”的，应坚决退回。

6月7日　中国和阿根廷两国政府关于经济合作和科技合作两个协定以及关于文化交流的两个换文在北京签署。华国锋总理和阿根廷总统魏地拉将军出席了签字仪式。姬鹏飞副总理和阿根廷外交和宗教事务部长卡洛斯·华盛顿·帕斯托签署了经济合作和科学技术合作两个协定，文化部长黄镇和帕斯托部长签署了关于文化交流的两个换文。

6月11日　中共中央发出《中共中央批转中央统战部〈关于爱国人士中右派复查问题的请示报告〉的通知》。《通知》指出：一、粉碎“四人帮”后，中央决定给尚未摘掉帽子的右派分子全部摘掉帽子，并按照实事求是、有错必纠的原则，对被划为右派的人员进行复查，把错划的改正过来，这是中央根据毛泽东思想的科学体系，严肃处理历史遗留问题的一项重大措施。二、对右派分子的复查结果表明：1957年确有一股反党反社会主义思潮，确有极少数资产阶级右派分子向党和社会主义制度猖狂进攻，对这种思潮进行批判，对这种攻击进行反击是完全必要的。三、为了消除反右斗争扩大化造成的严重后果，进行复查和改正工作是完全必要的。四、党内外有些同志由于看到改正面很大，因而对反右派斗争持全盘否定的态度，这是错误的。五、反右斗争主要教训在于对当时的阶级形势估计得过于严重，把大量的人民内部矛盾当做了敌我矛盾，以致造成扩大化的错误。六、中央认为，肯定1957年反右斗争的必要性，同时指出在反右斗争中犯了扩大化的错误，并坚决地加以纠正，目的是为着团结一致向前看，同心同德搞四化。中共中央统战部的报告指出，1957年开展的反右派斗争，全国划了右派分子49万余人，以后又陆续划了几批，共计55万余人。1959年到1964年，先后5批摘掉约30万人的右派帽子。1978年根据中央指示，全部摘掉右派分子帽子。《报告》就上层爱国人士中右派复查工作的三个问题作了请示报告：一、关于27名上层爱国人士的右派复查问题。二、关于“章罗同盟”问题。三、关于召开各民主党派、无党派人士座谈会统一对反右斗争的认识问题。

6月14日　中共中央批转中组部、总政治部《关于为“新疆马明方”平反的报告》，对“新疆马明方叛徒集团案”彻底平反，恢复名誉。

6月15日　《人民日报》刊登文章：《昔阳“西水东调”工程缓建》，并为此发表社论：《再也不要干“西水东调式”的蠢事了》。“西水东调”工程从1975年动工兴建，到1979年，共投工近500万个，耗资达几千万元，而仅完成工程量的38.3%。社论指出，这件事说明，我们某些领导同志不仅无视经济规律，而且存在着严重的封建家长式统治作风。

6月17日　新华社报道：中科院新疆分院副院长彭加木在新疆罗布泊地区进行科学考察时失踪。党、政府、附近驻军和有关部门积极组织寻找，但一直没有下落。

6月19日　中国代表团在日内瓦裁军谈判委员会夏季会议上提出关于禁止化学武器公约的建议。主张缔结一项全面禁止发展、生产、储存、获取、转让和使用化学武器并彻底销毁此种武器的国际公约，这是中国在裁军谈判委员会提出的第一个建议。

6月21日　《人民日报》报道：全国县级直接选举试点工作基本结束。下半年各地将普遍进行县级直接选举。现在全国大约有550多个县、自治县、不设区的市和市辖区进行了选举试点。

6月23日　新华社报道：据国家劳动总局统计，现在全国已有26个省、市、自治区的大中城市和区、县建立了831个劳动服务公司。

组织和安排了150多万待业人员进行劳动服务和就业训练。

同　日　外交部照会越南驻华大使馆。指出，目前越南当局变本加厉地反华仇华，坚持对柬埔寨实行军事占领，顽固推行地区霸权主义，这种情况和气氛对中越举行第三轮谈判是极为不利的。

6月25日　中共中央组织部部长安子文在北京病逝。安子文，陕西绥德县人，1909年生。1925年6月加入中国共产主义青年团，1927年12月转为中共党员。其后任中共河南省委交通科科长，中共顺丘省委秘书长，1931年被捕入狱，坚贞不屈，1936年秋经组织营救出狱，任中共北平市委组织部部长。抗日战争爆发后，历任中共太原工委书记、中共晋冀鲁豫省委委员兼统战部部长，中共太岳特委、地委书记，中共中央党校二部副主任、中共中央组织部副部长、中共中央党校教育长，中共中央工作委员会秘书长。建国后，先后任中共中央组织部副部长、部长兼中纪委副书记，中央人民政府人事部部长，中共中央党校副校长、人大常委会法制委员会副主任。他被选为中共八届、十一届中央委员，二、三、四届全国政协常务委员，五届全国人大代表。7月12日，安子文追悼会在北京政协礼堂举行。中共中央政治局委员、人大常委会副委员长彭真主持追悼会。中共中央总书记胡耀邦致悼词。

同　日　中华人民共和国和基里巴斯共和国决定正式建立外交关系。中华人民共和国驻斐济大使米国钧和基里巴斯总统耶雷米亚·塔巴伊于当日在基里巴斯首都塔拉瓦就此互换了信件。两国政府达成了谅解备忘录：中华人民共和国和基里巴斯共和国建立外交关系，并尽早互换大使级外交使节。

同　日　国务院环境保护办公室主任李超伯在日内瓦宣布，中国决定参加国际自然和自然资源保护联合会和有灭绝危险的野生动植物国际贸易公约。

6月26日—7月10日　国家物价总局在北京召开价格改革座谈会。关于物价改革，许多同志认为包括四个方面：一、改革不合理的价格结构，建立合理的价格结构；二、当前价格管理过分集中，管理过死，应当按照“统一领导，分级管理”的原则，扩大地方管理权限，给企业一定的定价权;三、改革单一的计划价格形式，实行国家定价、浮动价、议价、集市贸易价等多种价格形式；四、建立健全价格法治。

6月30日　中国同世界野生生物基金会关于在中国四川省卧龙地区建立保护大熊猫研究中心的议定书在海牙签署。设在瑞士的世界野生生物基金会是为保护野生生物募捐经费的国际组织，它的标记就是大熊猫。中国于1979年9月参加这个基金会。

同　日　台湾当局宣布收回“红毛城”。红毛城筑于淡水镇文化里淡水河北岸山顶，1867年清政府以永久租借地形式割让给英国。1972年，英国从台湾撤馆后，将“红毛城”委托美国人代管。1980年初，台湾当局经与英方交涉，达成协议，将“红毛城”收回。

7月1日　《人民日报》报道：中科院发展一批有重要贡献的新老科学家入党。中国科学院在粉碎“四人帮”以来的几年中，吸收了一批为发展中国科学事业做出重要贡献的老科学家和有造诣的中青年科学家加入中国共产党。这批新党员中有严济慈、童第周、华罗庚以及杨乐、张广厚等。

7月3日　解放军副总参谋长邓华上将在上海病逝。邓华，1910年生，湖南郴县人。1927年3月加入中国共产党。1928年1月参加湖南起义，任工农革命军第七师政治部组织部干事。到井冈山后，先后任红四军十一师三十三团宣传中队长、连党代表，第三纵队政治部组织科科长，红十二军教导队政委，三十六师政委，红一军团一师三团政委，第二师政治部主任，红一师、二师政委，参加了长征。抗日战争时期，历任一一五师六八五团政治处主任、副团长、团政治委员，晋察冀军区第五军分区司令员兼政委，平西支队司令员，八路军第四纵队政委，挺进第十一纵队司令员，陕甘宁晋绥联防军教导二旅政委。解放战争时期，任东北保安副司令员兼沈阳市卫戍司令员，东北野战军第七纵司令员，四十五军军长，第十五兵团司令员。建国后，任第十三兵团司令员，志愿军第一副司令员兼第一副政委，代司令员兼代政委，沈阳军区司令员，解放军副总参谋长，军事科学院副院长。1955年被授予上将军衔，是第一、二届国防委员会委员，中共第八届中委，第九、十、十一届候补中委。

7月7日　国际足球联合会第四十二届代表大会在苏黎世正式通过联委会去年10月作出的关于恢复中华人民共和国在国际足球联合会的合法权利的决定。大会要求台北足球协会改名为“中国台北足球协会”，并且不得使用“中华民国”的任何标志。

7月8日　西藏拉萨举行詹东·计晋美、恩久·洛桑群培、顿吉·索朗多吉3位爱国上层人士的追悼会。自治区负责人郑重宣布为他们平反昭雪，并给其家属落实政策。

7月13日　第28届国际生理科学大会一致决定接纳中国生理科学会为国际生理科学联合会的团体会员。同时，确定我国台湾生理学家组织在该联合会中的名称为“位于中国台北的生理学会”。

7月17日　国务院、中央军委批转工商行政管理总局等部门《关于加强对华侨、港澳、台湾同胞进口物品管理和打击走私、投机倒把活动的报告》。要求各地海关要坚决执行海关法的规定，依法查处走私案件。银行、工商行政管理部门迅速制定打击投机倒把和金融管理办法。

同　日　史学家吕振羽在北京病逝。吕振羽，我国著名的马克思主义历史学家。1900年生，湖南邵阳人。早年从湖南大学毕业投笔从戎，加入国民革命军，参加北伐攻打江西等战役。1927年“四一二”政变后，赴日本留学。1932年任北平中国大学教授，任左翼的自由职业大同盟书记。1935年底，受中共北平市委派遣，以“红色教授”身份同国民党代表曾养甫秘密谈判国共合作抗日问题。1936年3月加入中国共产党。此后，任塘田战时讲学院副院长兼党代表，在中共中央华中局党校执教，后任刘少奇的政治秘书、学习秘书，中共辽东省委常委、大连大学校长兼党委书记，东北人民政府文化委员会副主任，东北人民大学校长兼党委书记，中共中央党校教授兼历史教研室顾问等职。被选为第一届全国人大代表，第三届全国政协委员，中国科学院哲学社会科学部委员等。他是著名的马克思主义历史学家。中共十一届三中全会后，他的冤案得到彻底平反。8月9日，在八宝山革命公墓为吕振羽举行追悼会。

7月20日　黑龙江省黑河地区中级人民法院和牡丹江地区中级人民法院分别对两起苏联派遣间谍案进行公开审判。判处苏联间谍张·尼古拉·彼特洛维奇有期徒刑7年，判处中国籍的苏联间谍王嘉胜死刑。王犯于8月16日在牡丹江被处决。

7月21日　外交部发言人就苏越签订所谓在“越南南方大陆架”合作勘探、开采石油和天然气协定发表声明。重申西沙、南沙群岛和东沙、中沙群岛一样，历来是中国领土的一部分，任何国家未经中国许可，进入上述地区从事勘探、开采活动都是非法的，他们之间为此签定的协定和合同均是无效的。

7月24日　中共中央书记处邀请科学家给中央领导同志讲课。著名科学家钱三强教授主讲第一课：科学技术发展的简况。钱教授讲述了世界科学技术发展的几个阶段及其对社会进步的影响。参加听课的中央书记处和国务院的领导同志兴致勃勃地听讲近三个小时。应中央书记处的要求，中国科学院的专家们初步拟定了为中央书记处和国务院领导同志讲10堂课的内容，包括农业、能源、资源、人口、环境保护、计算机、空间科技、数学等学科领域。

同　日　中共中央发出《关于为肖华同志平反的通知》。《通知》指出，对林彪、“四人帮”强加给肖华同志的罪名予以推倒，为其彻底平反，恢复名誉。

7月25日　《人民日报》报道：为遇罗克平反。1979年11月21日，北京市中级人民法院为遇罗克平反，正式宣布遇罗克无罪。遇罗克原是一名北京工人，在“文化大革命”中，撰写了《出身论》一文，反对林彪、“四人帮”一伙的倒行逆施，被逮捕入狱，1970年3月5日被杀害，年仅27岁。

7月28日　中共中央批转总政《关于黄克诚同志的复查结论》。宣布给黄克诚彻底平反，恢复名誉。

7月30日　中共中央发出《关于坚持“少宣传个人”的指示》。《指示》指出，当前在执行三中全会制定的要“多歌颂党和老一辈革命家，少宣传个人”的方针时，还存在一些问题。主要是对老一辈革命家的歌颂仍有一些过于突出个人，不够实事求是。纪念文章多了一些，一部分纪念文集重复积压，特别是许多纪念方法严重流于形式，有的甚至为了收集个人文物，成立专门小组，跑遍全国。这些不适当的纪念方法不但造成铺张浪费，脱离群众，而且本身就容易使人产生个人创造历史的误解，不利于在党内外进行马克思主义教育，肃清封建主义和资产阶级的思想影响。为改变上述情况，中共中央决定：从现在起，除非中央有专门决定，一律不得新建关于老一代革命家个人的纪念堂、纪念馆、纪念亭、纪念碑等建筑。出版个人传记或个人文集应比较慎重。少宣传领导人个人的没有重要意义的活动和讲话。毛主席像、语录、诗词在公开场合悬挂得太多，今后要逐步减少到必要程度。

7月30日—8月9日　全国司法行政工作座谈会在北京召开。会议提出：加强司法干部培训工作，培养法律专业人才，保障国家法律的实施，建立和推行律师制度，开展公证工作，加强司法助理员和人民调解委员会的工作，提高广大人民的法制观念。开展法学研究和国际交往活动。建立健全各级司法行政机关。12月12日，国务院批转了这个座谈会的报告。

8月2日　新华社报道：教育部在北京召开高等院校招生录取工作会议。会议确定当年全国地方高等院校招生27万人，军事院校招生1.5万人，总计28.5万人。重点高等院校录取标准：理工农医类总分不低于360分，文史类不低于330分。

8月6日　中共中央、国务院批转西藏自治区党委和人民政府《关于大批调出进藏干部、工人的请示报告》。批语指出，西藏解放以来，中央从内地先后派去大批干部、工人和文教卫生、科技人员，他们同西藏广大人民一道，艰苦奋斗，辛勤工作，对发展西藏的政治、经济和文化，对建设边疆、维护民族团结、捍卫祖国统一，培养当地民族干部，都做了很大的贡献，受到了当地人民群众的称赞。现在，进藏的同志基本上完成了历史任务，除留一部分领导骨干和技术骨干继续在藏工作外，大部分同志将分期分批调回内地。

8月11日　《人民日报》报道：全国大中城市已开放农副产品市场2 300多个，上市商品品种达一二百种。成交总金额上半年达4.8亿元，比上年同期增加一倍以上。粮、油、肉、禽的价格持续下降，有的低于国家牌价。

8月13日　中共中央、国务院作出关于设置顾问的决定：在县级以上单位设置顾问，并作为一项制度，长期坚持下去。顾问组（3人以上可设立）和顾问是在同级党委（党组）和行政负责人的领导下工作，其任务主要是调查研究，了解情况，帮助党政领导出主意，当参谋，并把党的好传统、好作用传给年轻一代。党员顾问组长和不设置顾问组的顾问可列席同级党委（党组）会议。顾问为在编干部，列入相应的党委管理的干部职务名称表，按照干部的管理权限任免。顾问一般不再兼任人大常委会、政协的职务。

同　日　《人民日报》报道：中共昔阳县委平反冤假错案。中共昔阳县委查清十年浩劫期间，在学大寨创大寨县运动中执行极左路线，造成141人非正常死亡的案件，并对这些冤、假、错案予以平反昭雪。

8月14日　华国锋、李先念、胡耀邦等中央领导同志在中南海听著名物理学家吴仲华、王淦昌和化学家鲍汉琛讲能源科学。15日，《人民日报》发表评论员文章：《恭恭敬敬地学，老老实实地学》。

8月16日　中共中央发出《关于禁止在对外活动中送礼、受礼的决定》。《决定》指出，在各种对外活动中互赠礼品的歪风，是一个严重问题，必须采取果断措施，从根本上彻底解决。《决定》规定，今后，除党和国家领导同志（党中央主席、副主席，总书记，人大常委会委员长，国务院总理，全国政协主席），在与外国领导人（国宾）的交往中，按照国际通例，代表党和国家互相赠送礼品外，其他任何单位和个人，都不得在对外活动中，以任何借口向外国人、华侨或港澳商人赠送礼品和接受对方赠给的礼品。只有外事单位和外贸机构的工作人员可以按照工作需要，同对方互赠对等的礼品。《决定》还规定，将一概不赠送礼品也不接受礼品定为国家的正式制度。10月7日，国务院常务会议通过关于在对外活动中不赠礼、不受礼的决定。

同 日 新华社报道：为错划右派的“六教授”改正。在1957年反右派斗争中被错划为右派分子的著名“六教授”——曾昭伦、费孝通、黄药眠、陶大镛、钱伟长和吴景超，已经全部得到改正（曾昭伦和吴景超已病故）。

8月18日 邓小平在中共中央政治局扩大会议上作题为《党和国家领导制度的改革》的讲话。31日，中央政治局讨论并通过了这篇讲话。邓小平指出，国务院领导成员的变动，将是五届人大三次会议的主要议题之一。中央的正式建议将提交人大会议和政协会议讨论决定。中央这样考虑的原因是：一、权力不宜过分集中。权力过分集中，妨碍社会主义民主制度和党的民主集中制的实行，容易造成个人专断，破坏集体领导，也是在新的条件下产生官僚主义的一个重要原因。二、兼职副职不宜过多。一个人的知识、经验、精力都有限，左右上下兼职过多，工作难以深入，副职过多效率难以提高，容易助长官僚主义和形式主义。三、着手解决党政不分、以党代政的问题。四、从长远想，解决好交接班的问题。让比较年轻的同志走上第一线，老同志当好他们的参谋，这是保证党和政府正确领导的连续性、稳定性的重大战略措施。邓小平还分析了党和国家领导制度、干部制度方面存在的弊端，即官僚主义、权力过分集中、家长制、干部领导职务终身制和形形色色的特权现象。他认为这些弊病多少带有某些封建主义色彩，因此必须重新提出在思想政治路线肃清封建主义残余影响的任务。肃清封建主义残余影响，重点是切实改革和完善党和国家的各项制度。邓小平说，现在正在考虑逐步进行的还有如下党和国家领导制度的重大改革：一、中央将向五届人大三次会议提出修改宪法的建议。要使宪法切实保证人民真正享有管理国家各级组织和各项企业事业的权利，享有充分的公民权利，要使各民族真正实行民族区域自治，要改善各级人民代表大会制度等。关于不允许权力过分集中的问题，也将在宪法上体现出来。二、中央已设立了纪律检查委员会，正在考虑再设一个顾问委员会，连同党的中央委员会，都由党的全国代表大会选举产生，并明确规定各自的任务和权限。三、真正建立从国务院到地方各级政府从上到下的强有力的工作系统。今后凡属政府职权范围内的工作，都由国务院和地方各级政府讨论、决定和发布文件，不再由党中央和地方各地党委发指示、作决定。四、有准备地有步骤地改变党委领导下的厂长负责制、经理负责制，经过试点，逐步推广，分别实行工厂管理委员会、公司董事会、经济联合体的联合委员会领导和监督下的厂长负责制、经理负责制。五、各企业事业单位普遍成立职工代表大会或职工代表会议。六、各级党委要真正实行集体领导和个人分工负责相结合的制度。重大问题一定要由集体讨论和决定。决定时，要严格实行少数服从多数，一人一票，每个书记只有一票的权利，不能由第一书记说了算。

同　日　国务院环保领导小组办公室发言人对记者发表谈话。他说，去年，全国每天排放工业和生活废水量为7 880万吨，废气量为99亿立方米，全年排放的废渣量为4.5亿吨。目前，水的污染和大气污染问题比较突出。今年，国家对1 500个严重污染环境的厂矿企业，实行收费，课以罚金。

8月20日—23日　美国共和党副总统候选人布什一行访问中国。21日，黄华外长会见布什时指出，任何对中美关系现状倒退的言行都将损害建立中美关系的政治基础，损害中美两国人民的根本利益和世界人民的利益。22日，邓小平副总理会见布什，同他进行了认真坦率的谈话。同日，新华社发表记者述评，对里根21日再次重申他打算在台湾地区设立政府联络处一事进行驳斥，指出里根一而再、再而三地鼓吹“两个中国”的错误主张，这就不能不引起中国人民的严重关切和极大愤慨，台湾问题是个重大原则问题，中国方面绝无妥协退让的余地。

8月21日　陈昌浩追悼会在北京举行。陈昌浩是在林彪、“四人帮”的迫害下，于1967年7月30日去世的，终年61岁。陈昌浩早年参加革命，1930年加入中国共产党。1931年，他担任鄂豫皖中央分局委员兼共青团特委书记。此后，他曾任红四军政治委员、红四方面军总政治委员等职，参加了举世闻名的长征。1934年1月，在中共6届五中全会上，他当选为中央候补委员。1937年8月，他到中央宣传部工作，并在陕北公学、抗大、马列学院讲课。1939年他去苏联养病，在苏联翻译了大量政治书籍、文艺作品，并编纂了《俄汉辞典》，对促进中苏文化交流、增进中苏友谊贡献了力量。1952年他从苏联回国，担任中央马列学院副教育长，1953年起任中央编译局副局长。追悼会由徐向前主持，王惠德致悼词。李先念、王震、陈慕华和陈昌浩的生前好友，以及群众代表500多人参加了追悼会。

同　日　新华社报道：现已撤除天安门广场上的马克思、恩格斯、列宁、斯大林画像。北京市人民政府发言人指出，天安门广场的革命导师画像过去只是逢重大节日举行庆祝活动时才竖立，节日后即行撤去。但在“文化大革命”中竖立后没有撤去，沿袭至今。今后，只有在必要时才悬挂马克思、恩格斯、列宁、斯大林画像。

8月21日、23日　邓小平两次会见意大利记者奥琳娜·法拉奇，回答她的提问。当谈到毛泽东时，邓小平说，毛主席的功绩是第一位的，他的错误是第二位的。我们要实事求是地讲毛主席后期的错误。我们还要继续坚持毛泽东思想。当法拉奇问他如何才能避免“文化大革命”那样的错误时，邓小平回答说，这要从制度方面解决问题。我们过去的一些制度，实际上存在着封建主义影响，包括家长制、个人迷信和家长作风，甚至包括我们的干部终身制。我们现在正在研究避免这种现象重复，要从制度着手。我们这个国家有几千年封建社会的历史，缺乏社会主义的民主和社会主义的法制。现在我们要认真建立社会主义民主和社会主义法制。只有这样，才能解决问题。

8月25日　福州部队副司令员王建安上将在北京病逝。王建安，湖北红安县人。1907年出生。1927年加入中国共产党，1928年加入中国工农红军。在长期的革命斗争中，他历任解放军班长、排长、连长、营长、团政治委员、师政治委员、军政治委员、华东野战军第八纵队司令员兼政治委员、第七兵团司令员、第八兵团司令员兼政治委员、志愿军第九兵团司令员兼政治委员和沈阳、济南、福州部队副司令员等职。王建安是一位作战经验丰富、很有军事才能的解放军指挥员。他参加指挥鲁南、莱芜、孟良崮、开封、淮海、渡江等战役，出色地完成了任务，积累了丰富的作战经验。他出生入死，历尽艰险，为中国人民解放事业做出了重大贡献。

同　日　国务院作出关于处理“渤海2号”事故的决定。决定指出，石油工业部海洋石油勘探局“渤海2号”钻井船，1979年11月25日在渤海湾翻沉，造成船上职工72人死亡和国家财产的重大损失。这是严重违章指挥造成的、我国石油工业史上最重大的责任事故。海洋石油勘探局在接受石油部命令“渤海2号”紧急迁移井位的难于完成的任务以后，采取了违反拖航安全的错误做法，冒险降船、拖航，是造成这次不应有的惨痛事故的主要原因。“渤海2号”翻沉事故的发生，是由于石油部领导不按客观规律办事，不尊重科学，不尊重安全生产，不重视职工意见和历史教训造成的。石油部领导对此负有不可推诿的重大责任。国务院领导对这一严重事故处置不当，也是重要的失职，应当向全国人民承认错误。国务院会议在听取石油部和其他有关方面的报告以后决定：一、接受宋振明的请求，解除他的石油部部长的职务，提请人大常委会批准。二、国务院主管石油工业的副总理康世恩，对这一事故没有认真对待和及时处理，决定给予记大过的处分。三、国务院对“渤海2号”死难的同志表示沉痛的哀悼，对他们的家属致以深切的慰问。国务院的决定还指出，安全生产是全国一切经济部门和生产企业的头等大事。各企业和主管机关的行政领导和各级工会都要十分重视安全生产，采取一切可能的措施保障职工安全，努力防止事故的发生，绝对不应采取任何粗心大意、漫不经心的恶劣态度。

8月28日　李先念就里根有关美台关系言论发表谈话。中共中央副主席李先念当天会见意大利社会党副总书记西尼奥里莱时指出，美国共和党总统候选人里根关于美国与台湾关系的言论是违背中美建交公报精神的，这种言论是鼓吹搞“两个中国”或“一个半中国”，是中国政府和中国人民绝对不能接受的。我们同美国发展关系不仅仅是从中国的利益出发，而且是从中美两国人民的共同利益和全球战略出发的。处理中美关系必须以中美建交公报为依据，而不应该以所谓《与台湾关系法》为依据。

8月30日—9月10日　全国人大5届3次会议在北京举行。叶剑英主持会议并致开幕词。彭真作人大常委会工作报告。姚依林、王丙乾分别作关于1980年、1981年两年国民经济计划安排的报告和关于1979年国家决算、1980年国家预算和1981年国家概算的报告，江华和黄火青分别作最高人民法院和最高人民检察院的工作报告，会议审查和批准了这些报告并通过了相应的决议。华国锋就政府工作讲了话。会议还讨论了制定发展国民经济长远规划和继续推进经济管理体制改革、克服官僚主义、改进政府工作、进一步发展社会主义民主和法制等问题。会议通过《关于修改〈中华人民共和国宪法〉第四十五条的决议》，决定取消第四十五条中关于公民“有运用‘大鸣、大放、大辩论、大字报’的权利”的规定；决定成立以叶剑英为主任委员、宋庆龄和彭真为副主任委员、丁光训等103人为委员的宪法修改委员会，主持修改1978年制定的宪法。会议批准公布《中华人民共和国国籍法》、《中华人民共和国婚姻法》、《中华人民共和国中外合资经营企业所得税法》、《中华人民共和国个人所得税法》4部法律。会议检查了因1977年特别是1978年经济建设上的高指标、新冒进所造成的一百几十亿元的财政赤字。与会代表直率地对政府工作中的问题提出咨询、批评和建议。国务院有关部门负责人到会对提出的问题作了说明和回答。会议根据中共中央建议，决定接受华国锋辞去国务院总理，决定赵紫阳为国务院总理；增补杨静仁、张爱萍、黄华为副总理；接受聂荣臻、刘伯承、张鼎丞、蔡畅、周建人辞去5届人大常委会副委员长的请求；补选彭冲、习仲勋、粟裕、杨尚昆、班禅额尔德尼·确吉坚赞为5届人大副委员长。大会还接受陈永贵要求解除国务院副总理的请求。这次会议充满民主、改革的精神，在推进国家领导体制改革和废除干部领导职务实际存在的终身制方面，迈出了重要的一步。

9月2日　中纪委作出《关于康生问题的审查报告》。《报告》揭露了康生的罪行。主要是：一、伙同林彪、江青、陈伯达等人，玩弄阴谋，制造事端，乱中夺权。以批判《海瑞罢官》为名，制造陷害彭德怀的借口；在《二月提纲》问题上，诬陷彭真；捏造所谓“二月兵变”的谣言，图谋打倒贺龙、彭真，并借机围攻几位中央军委副主席和国务院副总理；制造和策划反军乱军阴谋，制造全面内战，以便乱中夺权；诬陷刘少奇、周恩来、朱德等老一辈革命家。二、在“文革”中捏造罪名，蓄谋陷害一大批党政军领导干部。康生伙同林彪、江青等人，利用其掌握的中央专案工作大权，随心所欲，给大批干部戴上“叛徒”、“特务”、“内奸”等帽子，制造党史上空前众多的冤假错案。三、歪曲和篡改马列主义，为林彪、“四人帮”篡党夺权制造理论根据。康生采取形式主义、实用主义手法，把毛泽东思想变成宗教信条，制造个人迷信；他最先提出，要公开批判“唯生产力论”，使国民经济遭到严重破坏；他大搞影射史学，为江青一伙反对周恩来出谋划策。四、康生的极“左”、整人和耍两面派是一贯的。在30年代中共驻共产国际代表团时期，在延安整风时期，康生就利用“肃反”、“抢救运动”等诬陷许多忠于党的事业的干部和青年，造成了严重后果。五、倚仗权势，巧取豪夺，侵吞大量珍贵文物。长期以来，康生利用特权，窃取了国家和私人珍藏的大量文物、图书。仅在“文化大革命”中，他就从原北京市文物管理处窃取文物1 100多件，图书1.2万册。康生所犯的一系列罪行证明，他确实是大阴谋家、大野心家、反革命两面派，是凶手、政治骗子和林彪、江青两个反革命集团的核心人物之一。1980年10月，中共中央批转了中纪委的审查报告，决定把康生的罪行向全党公布。同时撤销对他的《悼词》，并将其开除出党。

同　日　国务院批转国家经委《关于扩大企业自主权试点工作情况和今后意见的报告》。国家经委的报告指出，一年来，全国已有6 600多个企业实行了扩大企业自主权的试点。实践证明，这个方向是正确的，效果是显著的。《报告》批准从1981年起把扩大企业自主权的工作，在国营工业企业中全面推开，使企业在人财物、产供销等方面拥有更大的自主权。

同　日　中纪委作出《关于谢富治问题的审查报告》。《报告》认为，谢富治在革命战争年代和建国以后的前十几年里，担任过许多重要职务；也曾做过有益的工作和贡献。“文化大革命”中，他的恶劣品质和政治野心日益暴露，投靠林彪、江青、康生、陈伯达等人，利用职权，参与了一系列篡夺党和国家最高领导权的反革命阴谋活动，犯下了许多重大罪行。其主要罪行有：一、同林彪、江青、康生等人一起，诬陷、迫害一大批党政军领导同志。二、紧跟林彪、江青等人，积极参与所谓“反击二月逆流”的阴谋活动及制造武汉“七二〇”事件，乱党乱军。三、镇压群众，支持打砸抢，制造大批冤假错案。四、砸烂公、检、法，破坏无产阶级专政。谢富治在“文化大革命”中的所作所为，充分说明他已经背叛了无产阶级，蜕变为野心家、阴谋家、反革命两面派，是林彪、“四人帮”两个反革命阴谋集团的重要成员。10月16日，中共中央批转这个报告，并决定撤销对他的《悼词》，开除其党籍。

9月5日　国务院批转教育部《关于大力发展高等学校函授教育和夜大学的意见》。指出：要把函授教育和夜大学纳入高等教育事业计划，本科和专科的函授教育和夜大学学生，考试成绩及格的，国家承认其学历。

同　日　新华社报道，国务院批准卫生部《关于允许个体开业行医问题的请示报告》。

9月11日　国务院、中央军委批转教育部《关于退还被占用校舍进展情况报告》。要求各地、各部队和国务院各部委、各直属机构认真研究执行。报告说，据1979年5月统计，全国被占校舍共1 761万余平方米。自1978年8月国务院批转教育部《关于退还被占用校舍的请示报告》以来，已退还280余万平方米。

9月14日—19日　肯尼亚总统丹尼尔·阿拉普·莫依访问中国。16日，中国和肯尼亚两国政府经济技术合作协定和文化合作协定签署。

9月14日—22日　中共中央召开省、市、自治区党委第一书记会议，着重讨论加强和完善农业生产责任制问题。会议系统地总结了党在农业经济上的经验教训，清理“左”的错误。9月27日，中共中央印发了这次座谈会的纪要《关于进一步加强和完善农业生产责任制的几个问题》。纪要提出，自十一届三中全会以来，各地建立了各种形式的农业生产责任制，有效地调动了农民的积极性，农业生产得到比较迅速的恢复和发展，农民增加了收入，农村的形势越来越好，集体经济是我国农业向现代化前进不可动摇的基础，加强和完善农业生产责任制，在不同的地方、不同的社队，要根据实际情况，采取各种不同形式，不可拘泥于一种模式，搞一刀切；在边远山区和贫困落后地区，实行包产到户，是联系群众、发展生产、解决温饱问题的一种必要的措施，不会脱离社会主义轨迹，没有复辟资本主义的危险。

9月15日　中华人民共和国宪法修改委员会举行首次会议，宣布正式成立。宪法修改委员会主任委员叶剑英主持会议并讲了话。他指出，修改宪法是我们国家政治生活的一件大事，它标志着我国社会主义民主和社会主义法制正在大踏步地向前发展。修改的宪法应当反映并且有利于我国社会主义的政治制度、经济制度和文化制度的改革和完善，使全国各族人民能够更加充分地行使管理国家、管理经济、管理文化和其他社会事务的权利，使法制的民主原则、平等原则、司法独立原则更加充分地实现，使我国的人民代表大会制度，包括全国人民代表大会和地方各级人民代表大会的权力和工作，它们的常务委员会的权力和工作得到进一步健全和加强。要努力使修改的宪法能够体现我国历史发展新时期全国各族人民的共同愿望。会议决定成立宪法修改委员会秘书处，胡乔木任秘书长，吴冷西、胡绳等任副秘书长。

9月16日　中共中央主席华国锋会见肯尼亚共和国总统丹尼尔·阿拉普·莫依及其主要随行人员。

9月18日—26日　意大利总统山德罗·佩尔蒂尼和夫人访华。18日，叶剑英委员长会见了山德罗·佩尔蒂尼。19日，彭真副委员长代表叶剑英委员长与佩尔蒂尼举行会谈。中共中央主席华国锋会见了佩尔蒂尼总统。

9月19日　新华社报道：国务院批转教育部的报告，要求各地大力发展高等学校函授教育和夜大学。教育部的报告提出，到1985年，全国高等学校举办的函授教育和夜大学本科、专科在校学生总数，要达到相当于全日制高等学校在校学生人数的1/3以上。

9月20日　中共中央办公厅转发西藏4个落实政策的文件。一、中共西藏自治区关于给"小班禅集团案"、"复叛组织案"、"地下寺庙和地下经堂案"、"回族叛国集团案"、"七星党案"、"中华民主党案"彻底平反的决定。二、中共西藏自治区委员会关于切实纠正平叛扩大化问题的指示。三、中共西藏自治区委员会批转区党委落实政策领导小组关于"回族叛国集团案"的复查报告；四、中共西藏自治区委员会关于纠正城镇错划资本家的通知。

同　日　《人民日报》报道：曾经大肆推广的"国才式锅炉"查明是个大骗局。这个骗局的制造者——化工部副部长李国才，技术上招摇撞骗，作风上专横跋扈的问题，已被彻底揭穿。同年11月11日，国务院决定解除李国才的化工部副部长职务。

9月22日　中共中央批转最高人民法院党组《关于复查纠正"文化大革命"期间被错判死刑案件的几点意见的请示报告》。《报告》指出，为了善始善终地完成复查任务，当前各级人民法院应该集中必要的力量，对"文化大革命"期间判处死刑案件进行全部复查。对其中造成冤杀、错杀的案件，按照全错全平，部分错部分平的原则，实事求是地予以改判纠正，并做好善后工作。

9月22日—29日　挪威首相努尔利访华。23日，赵紫阳总理举行宴会欢迎奥得瓦尔·努尔利和夫人。9月25日，中共中央主席华国锋、副主席邓小平分别会见努尔利首相。同日，中国和挪威两国政府经济、工业和技术合作协定在北京签署。

9月25日　中共中央发出关于控制我国人口增长问题致全体共产党员、共青团员的公开信，号召党团员带头，做到每对夫妇只生育一个孩子。

9月26日—29日　五届全国人大常委会第十六次会议在北京举行。最高人民检察院检察长黄火青在会上宣布，最高人民检察院准备就林彪、江青反革命集团案向最高人民法院起诉，并建议人大常委会作出决定，组成特别检察厅和特别法庭，审理这一反革命集团案主犯。他说，这次准备起诉的10名主犯是：江青、张春桥，姚文元、王洪文、陈伯达、黄永胜、吴法宪、李作鹏、邱会作、江腾蛟。对已死的各犯不再起诉。中央纪委副书记王鹤寿就中央纪委审查此案的有关情况作了说明，公安部副部长凌云就江青等人的罪行作了简要介绍。会议决定成立最高人民检察院特别检察厅和最高人民法院特别法庭，检察、审判林彪、江青反革命集团案主犯；任命黄火青检察长兼任特别检察厅厅长，江华院长兼任特别法庭庭长。会议决定特别法庭公开进行审判。会议还通过了《国务院关于老干部离职休养的暂行规定》，批准康克清代表中国政府签署的联合国《清除对妇女一切形式歧视公约》。

9月29日　中共中央批转公安部、最高人民检察院、最高人民法院提出的《关于"胡风反革命集团"案件的复查报告》。《报告》认为：胡风在1927年—1928年，任国民党反动职务，写反共文章，属政治历史问题，此后没有发现他同帝国主义的勾结和组织上的联系。没有事实证明胡风有以反对社会主义制度、颠覆无产阶级专政为目的的反革命活动。因此，胡风不是反革命分子，也不存在一个以胡风为首的反革命集团。胡风反革命集团一案应属错案错判。《报告》提出对"胡风反革命集团"一案予以平反的意见：一、凡因此案被判处徒刑的，由原判决法院撤销判决、宣告无罪。二、凡被定为胡风反革命分子的人，一律予以平反，恢复名誉。三、对被定为胡风反革命分子的人，在其问题平反以后，应从平反之日起恢复原工资待遇，生活有特殊困难的，酌情予以补助。中共中央批转了这个报告，并指出，"胡风反革命集团"一案，是在当时的历史条件下，混淆了两类不同性质的矛盾，将有错误言论、宗派活动的一些同志定为反革命分子、反革命集团的一件错案。造成这种错案的责任在中央。这样错案的平反，体现了中国共产党的实事求是的优良传统的恢复和认真贯彻执行"有反必肃，有错必纠"的方针。中共中央希望，通过这一错案的平反，文艺界的同志们，包括胡风等同志，要以实事求是的精神和向前看的积极态度，加强团结，同心同德，为进一步繁荣社会主义文艺作出贡献。1988年6月18日，中央办公厅发出《关于为胡风同志进一步平反的补充通知》，对以上《报告》遗留或未予澄清的3个问题作出了进一步平反的说明。指出，所谓“五把刀子”之说与胡风的原意有很大出入，予以撤销，关于所谓胡风进行宗派活动之说，指出胡风在政治上是拥护党中央的，本着宜粗不宜细的精神，对这个问题也不宜在中央文件中作出政治性结论，《报告》中有关提法应予撤销。关于胡风的文艺思想和主张，《报告》中有关内容撤销。

10月1日　中国首次参加在华盛顿举行的国际货币基金组织和世界银行联合年会。中国财政部长、世界银行的中国理事王丙乾在会上发了言。

10月2日　“美国在台协会”和台湾在美国的“北美事务协调委员会”签署互给对方以外交特权与豁免权协议。这两个机构是美国和台湾地区在中美建交后互相在对方设立的非官方机构，用以处理贸易、商业等民间关系。15日，章文晋副外长约见美国驻华大使伍德科克，就美国政府支持这一协议，向美方正式递交了外交部的抗议照会。

10月6日　外交部照会苏联驻华大使馆，强烈抗议苏联武装人员侵入中国内蒙古自治区境内并制造流血事件。中国要求苏联当局惩办流血事件的肇事者，停止在中苏边境地区的一切武装挑衅活动。

同　日　沈阳市中级人民法院开庭公审中国医科大学外国留学生卡玛尔伤害致人死亡一案。卡玛尔系叙利亚人。6月10日晚，中国医科大学部分留学生之间发生斗殴，卡玛尔用刀刺中刚果留学生冈波梅上腹部，致使冈波梅次日在医院死亡。经过审理，法庭判处卡玛尔有期徒刑15年。卡玛尔当庭表示服从判决，不再上诉。

10月6日—21日　新华书店总店和北京市新华书店在北京举办建国以来第一次全国规模的1980年书展。全国107家出版社向书市提供1.2万多种展销图书。书市共接待顾客70多万人次，销售书籍600多万册。

10月7日　国务院公布《关于老干部离职休养的暂行规定》。《规定》指出，在第一、二次国内革命战争时期参加革命工作的干部，抗日战争时期参加革命工作的副县长及相当职务或行政十八级以上的干部，建国以前参加革命工作的行政公署副专员及相当职务或行政十四级以上的干部，年老体弱、不能坚持正常工作的，应当离休。

10月10日　中国政府已正式加入保证民用航空安全的《海牙公约》和《蒙特利尔公约》，并于1980年10月10日生效。中国政府在加入书中声明，台湾当局用中国名义对上述公约的签署和批准是非法的、无效的。同时声明，中国政府将不受这两个公约下述条款的约束，这些条款规定在对公约的解释或应用发生争端而不能谈判解决时，应将有关争端交付仲裁或提交国际法院。中国政府高度重视保障人民的生命财产和民航的安全，一贯反对劫持飞机、劫持人质等恐怖犯罪行为，也不赞成以个人冒险行为来进行政治斗争。

10月14日　中纪委通报商业部长王磊在饭店吃喝不照付费的错误，并表扬陈爱武的斗争精神。7月中旬，中央纪委接到陈爱武揭发某些领导干部和所谓"关系户"在北京丰泽园饭庄吃喝（所谓"客饭"），不照付费的错误，其中特别指出商业部长王磊的错误的信件后，立即责成北京市纪委筹备组核实结果，并转发了北京市纪委筹备组的检查报告。中纪委的通报指出，有三个问题值得我们深思与警惕。一、有些领导干部凭借自己的地位，对于企业生产的产品以"试用"、"试尝"等名义，化公为私，据为己有。对于服务行业，则有以"首长"或领导者的名义，谋取特殊便利。这种歪风邪气大量存在，严重地损害了党和领导干部的形象，降低了群众对我们的信任。二、所谓"关系户"问题，是另一种普遍存在的歪风邪气。这种歪风破坏国家正常制度，助长敲诈之风，腐蚀很多干部。"关系户"的关系实际是一种"变相贿赂"的关系，必须坚决反对。三、坚持原则的好同志，严正地反对不正之风，反受奚落、打击、孤立，而那里的党组织不但不支持不表扬，反而给以压力。这种现象是更加值得我们深思的。我们某些党组织竟然屈服在歪风邪气的势力之下，这怎么还能谈得上领导群众前进呢！这种状况必须迅速改变。16日，中共商业部党组开会讨论王磊的错误，王磊作了初步检查。

10月15日—21日　法国总统吉斯卡尔·德斯坦访问中国。赵紫阳总理同他进行会谈，双方在许多重大国际问题上表示了一致或相似的看法。中法两国政府签订了关于设立领事机构的协议。

10月17日　邓小平副主席回答法国记者提问。中共中央副主席邓小平在回答法国总统德斯坦随行记者提出的问题时指出，当前的世界是更不安定，更加多事，这是肯定的。我们应该尽一切努力使大家联合起来，反对霸权主义，延缓世界大战的爆发，维护世界和平。他在谈到同吉斯卡尔·德斯坦总统会见的印象时说，我们进行了自由的、亲切的交谈，我们有许多观点是一致的。我们谈话的中心是全球战略问题，我们对当前的国际局势感到不安，但是同时我们又很有信心。邓小平赞扬了法国革命对人类作出了很大贡献。他说，中法两国的关系渊源很深，两国人民是相互了解的。他说，我相信，通过两国领导人相互访问，交换意见，我们两国的关系一定会加深，两国人民的友谊一定会增强，两国的友好合作一定会发展。

10月19日　中央办公厅转发中纪委《关于瞿秋白同志被捕问题的复查报告》。指出，1945年中共六届七中全会对瞿秋白所作的历史评价，是正确的；“文化大革命”把瞿秋白当成“叛徒”进行批判，应予彻底平反，恢复名誉。

同　日　新华社报道：我国县一级直接选举工作全部展开。目前全国共有1 200个县（自治县、不设区的市、市辖区）正在开展选举活动，610个县已经完成了选举任务。其余900多个县的直接选举工作大部分在今冬明春进行。

10月23日　中共中央发出《转发华国锋同志的信的通知》。华国锋提出，今后在公共场所不再悬挂他的像和题词。中共中央的《通知》指出，个人和家庭是否悬挂哪位去世的或现在的领导同志的像，完全由自己决定，各级组织不得以任何形式进行干预。今后全国性重大节日和重要活动时的挂像问题，中央另行考虑。华国锋同志的信是对赵步池写信对华国锋的题词“先进更先进，后进赶先进，革命加拼命，无往而不胜”提出异议后所作的复信。

同　日　中共中央办公厅发出经中共中央书记处批准的《关于为原中央办公厅和杨尚昆等同志平反问题的请示报告》。《报告》指出，林彪、江青、康生一伙及汪东兴同志强加给原中央办公厅和杨尚昆同志的一切罪名，包括所谓“私录毛主席谈话”，全属不实之词。建议中央予以彻底平反，恢复名誉，消除影响。因受此案株连、现尚未平反的，请有关单位宣布平反，恢复名誉。

10月27日　赵丹悼念会在北京举行。方毅、王任重等和文化艺术界知名人士、首都群众1 000多人参加悼念活动。中国文联主席周扬主持悼念大会。中国电影家协会主席夏衍作了长篇讲话，介绍了赵丹的生平、艺术成就和他走过的坎坷道路。赵丹的老朋友司徒慧敏、金山等先后在会上讲话。赵丹的夫人黄宗英作了题为《人民了解他》的讲话，言简意赅，感情深重。大会还放映了赵丹银幕形象选辑纪录片《他活着》。

同　日　中共中央办公厅通知，经中央书记处讨论决定，各地过去和现在为毛泽东和中央其他负责同志视察准备的住房（包括住过的和未住过的），一律开放，做招待所。

10月27日—31日　泰国总理炳·廷素拉暖上将访问中国。21日和28日，赵紫阳总理和炳总理举行会谈。双方就东南亚地区的局势和柬埔寨问题，以及进一步发展两国间的经济、技术合作和贸易往来交换了意见。赵紫阳说，越南撤军是解决柬埔寨问题的关键和基础。不撤军就谈不上柬埔寨问题的政治解决，也无法保证柬埔寨的独立、主权和中立。炳总理表示，地处东南亚的泰国对本地区的和平与安全至为关注。他的国家愿意和东盟其他成员国及本地区其他国家一道，为谋求在尊重柬埔寨人民的意愿的基础上，通过政治途径解决柬埔寨问题，为维护东南亚的和平和稳定，作出积极的贡献。中共中央主席华国锋、副主席邓小平分别于28日、29日会见炳·廷素拉暖。

11月4日　新华社报道：我国律师事务兴起。全国已有20个省、市、自治区建立了律师协会或律师协会的筹备机构、公证机关350多个，律师发展到3 000人，公证员1 000多人。

11月5日　新华社报道：中共中央书记处批准中共湖北省委决定，为李达平反昭雪，恢复名誉。李达是著名的马克思主义哲学家，中共一大代表，参加过创建中共活动，在大革命前脱党，解放前夕重新入党，中共认定恢复他的党籍。在“文化大革命”初期，李达被诬陷为武汉大学“三家村黑头目”、“反党反社会主义反毛泽东思想的资产阶级代表人物”，被戴上“叛徒”、“地主分子”帽子，并被开除党籍，致使李达于1966年8月24日含冤去世。李达在长期的革命斗争中，为宣传辩证唯物主义、历史唯物主义和毛泽东思想作出了重要贡献。他抵制了林彪鼓吹的“顶峰论”，坚持了正确的观点。他在湖南大学、武汉大学担任校长期间，认真执行党的教育工作的路线、方针、政策，为发展教育事业作出了贡献。

11月6日　杨献珍彻底平反、恢复名誉大会举行。大会宣读了经中央书记处批准的中共中央党校校务委员会的决定。决定指出，杨献珍在主持中央党校工作期间，虽有某些缺点错误，但他认真贯彻执行了中共中央关于干部教育和办党校的方针，成绩是显著的。康生等人给他加上的诸如所谓“反毛泽东思想”和“制造反对社会主义的理论”等反动帽子及诬陷他的各种罪名，应予全部推倒，彻底平反。杨献珍担任中共中央高级党校校长兼党委书记多年。从1959年开始遭打击和迫害。十年动乱中，林彪、江青等人继续迫害杨献珍，并于1975年开除其党籍。平反大会还宣布，恢复杨献珍的党籍。85岁的杨献珍出席了平反大会并讲了话，他感谢党中央和中央党校党委会为他平反和恢复名誉，认为他的平反反映了党的实事求是的唯物主义传统。他表示，愿在有生之年同大家一起学习辩证唯物主义，坚持辩证唯物主义，为党的理论建设出最后一把力。

同　日　中共中央办公厅发出《关于毛泽东同志塑像问题的通知》。《通知》指出，对已建成的钢筋水泥塑像或其他坚固塑像，没有必要一下子全部毁除。现在有一些地方为了塑像的问题引起了争端，中央希望，凡在有争论的地方，一概不要拆毁。其他有影响的纪念性的建筑物，如需要封闭、拆除或改造，也一定要在群众中进行充分的宣传解释工作。

11月9日—24日　新加坡总理李光耀访华。10日，赵紫阳总理设宴欢迎李光耀总理和夫人。赵紫阳和李光耀在人民大会堂举行了会谈。两位总理就国际形势，特别是东南亚和柬埔寨局势，坦率地交换了意见。宾主在会谈中还讨论了进一步发展中、新两国友好合作关系问题。中共中央副主席邓小平和中共中央主席华国锋分别于11日和12日会见了李光耀总理。

11月10日—12月5日　中共中央政治局会议讨论人事变动问题。中共中央政治局连续召开9次会议。到会政治局委员21人，候补委员1人，中央书记处书记7人列席会议。会议的主要议题是讨论、批准十一届六中全会提出的人事变动方案。在8月中央政治局扩大会议以后和讨论《关于建国以来党的若干历史问题的决议（讨论稿）》的过程中，许多同志鉴于华国锋在粉碎“四人帮”以来，特别是头两年工作中的一些重要错误，要求中央调整他的工作。根据党的广大高级干部的意见，会议讨论了华国锋在粉碎“四人帮”以来的重要错误。大家在发言中指出，华国锋在十一大前后提出一系列基本上还是“文化大革命”中的口号，他从来没有主动地提出过纠正“文化大革命”错误的创议。他阻碍解放老干部和平反冤假错案，明显违背了党内大多数同志的愿望。他热衷于制造和接受新的个人迷信。前两年经济工作中的冒进和损失，他负有重要责任。中央政治局认为，华国锋继续担任现职是不适当的。会上，华国锋要求辞去现任职务。会议经过讨论，一致决议：一、向将要召开的十一届六中全会建议，同意华国锋辞去中央委员会主席、中央军委主席职务。二、向六中全会建议，选举胡耀邦为中央委员会主席，邓小平为中央军委主席。三、在六中全会前，暂由胡耀邦主持中央政治局和中央政治局常委的工作，由邓小平主持中央军委工作，均不用正式名义。同时，会议肯定华国锋在粉碎“四人帮”这一事件中是有功劳的，在过去4年中做过一些有益的工作，希望六中全会将继续选举华国锋为中央政治局常委和中央副主席。会议决定对《关于建国以来党的若干历史问题的决议（讨论稿）》参照讨论中提出的意见进行改写。1981年1月9日，中共中央发出《关于扩大传达〈中央政治局会议通报〉的通知》。《通知》指出，中央决定把《中央政治局会议通报》扩大传达到县、团级党员干部。

11月14日—29日　中纪委在北京召开第三次贯彻《关于党内政治生活的若干准则》座谈会。会议期间，胡耀邦等到会作了改善和加强党的领导的重要讲话，传达了陈云关于搞好党风的重要意见：一、执政党的党风是有关党的生死存亡的问题，因此，党风必须抓紧搞，永远搞；二、纪委工作会有困难，但是经过统一认识是可以解决的；三、必须实事求是，查清问题，核实材料，再处理问题，并和本人见面。1981年1月8日，中共中央批转座谈会纪要。中央的批语指出，纠正不正之风是当前全党一项重要的任务。邓小平在去年8月中央政治局扩大会议上的讲话，12月在中央工作会议上的讲话和陈云在这次纪委会议期间提出的重要意见，是我们搞好党风的基本指导思想。从领导做起，层层带头，一级抓一级，是贯彻执行《准则》、纠正不正之风的关键。特别是中央一级党政机关和各省、市、自治区以及部队军以上领导干部，更要言行一致，以身作则，首先做出榜样。

11月15日　北京——伦敦国际航线正式开通。航线全长1.4888万公里，是目前中国民航开辟的国际航线中最长的一条，全线飞行时间需18小时25分钟。中国民航将使用波音747宽体客机在这条航线上飞行。

同　日　邓小平副主席会见美国《基督教科学箴言报》总编辑费尔，回答了他有关当前国内外一些重要问题的提问。邓小平指出，苏联扩张和霸权主义的全球战略不改变，中苏关系改变不了。希望中美关系继续发展，不要停滞、倒退，这是全球战略所要求的。至于我国情况，我国现行政策的延续性的根本保证，在于政策本身是对的。审判“四人帮”的刑事罪时，因涉及国家机密，不能对外公开。

11月15日—12月21日　国务院召开全国计划会议。议题是讨论经济形势，调整1981年计划。会议期间，陈云、邓小平、李先念强调，调整1981年计划，基本建设要退够。1981年国民经济计划调整的情况是，工农业总产值由原来的6 955亿元，减为6 800亿元。在工业产值中，轻工业由原来的2 890亿元减为2 637亿元。重工业由原来的2 860亿元减为2 637亿元。财政收入由原来的1 154.5亿元减为1 056.6亿元，收支平衡。基本建设投资由原来的242亿元减为170亿元。国防战备费由原来的193亿元减为160亿元。

11月17日　国务院常务会议通过在对外活动中不赠礼、不受礼的决定。其主要内容是：一、各级政府、军民机关、人民团体、企业事业单位及其成员，在同外国单位和个人的交往中，除确有必要，并经授权机关批准外，一律不向对方赠送礼品，也不接受对方的礼品。二、在对外交往中，严禁公开示意或暗示对方赠与礼品，或以托对方代购物品为名变相敲诈勒索。违者从严处分。三、在对外交往中，由于难以谢绝而接受的礼品，一律交公，不得自行处理。

11月20日　最高人民法院特别法庭开始对林彪、江青两个反革命集团的10名主犯进行审理。经过审理，特别法庭确认：以林彪为首的反革命集团和以江青为首的反革命集团，都是以夺取党和国家最高权力为目的而进行阴谋活动的反革命集团。这两个反革命集团有共同的推翻我国人民民主专政即无产阶级专政的犯罪动机和目的，有共谋的犯罪行为，形成了一个反革命联盟。在“文化大革命”中，这两个反革命集团凭借他们当时取得的地位和权力，采取公开的和秘密的、文的和武的各种手段，有预谋地诬陷、迫害党和国家领导人刘少奇、周恩来、朱德、邓小平、陶铸、彭德怀、陈毅等及大批的中央委员、人大常委会委员、全国政协委员，制造了一系列事件，阴谋颠覆政府和破坏军队，镇压、迫害广大干部、知识分子和社会各阶层群众，仅文化部及其直属单位受诬陷迫害的就有2 600多人。1970年到1971年9月，林彪反革命集团策划武装政变，阴谋杀害毛泽东主席。1970年9月到10月，江青反革命集团策动上海武装叛乱。他们危害国家和社会的行为，前后达10年之久，殃及全国各个领域、各个地区，无论按照当时的法律、法令，还是按照自1980年1月1日起施行的《中华人民共和国刑法》，均构成了犯罪。1981年1月25日，特别法庭根据10名被告人的犯罪事实、性质、情节和对于社会的危害程度，依照《中华人民共和国刑法》，对10名主犯进行了宣判：判处江青死刑，缓期两年执行，剥夺政治权利终身；判处张春桥死刑，缓期两年执行。剥夺政治权利终身；判处姚文元有期徒刑20年，剥夺政治权利5年；判处王洪文无期徒刑，剥夺政治权利终身；判处陈伯达有期徒刑18年，剥夺政治权利5年；判处黄永胜有期徒刑18年，剥夺政治权利5年；判处吴法宪有期徒刑17年，剥夺政治权利5年；判处李作鹏有期徒刑17年，剥夺政治权利5年；判处邱会作有期徒刑17年，剥夺政治权利5年；判处江腾蛟有期徒刑17年，剥夺政治权利5年。

11月21日—22日　中日关于东海大陆架和共同开发问题的政府间专家级会谈在北京举行。双方就大陆架问题阐明了各自的立场，并在钓鱼岛等岛屿附近海域的共同开发问题友好、坦率地交换了意见。日本方面还就日本和南朝鲜共同开发大陆架问题作了说明。对此，中国方面重申了自己一贯的原则立场。

11月23日　中共中央转发山西省委《关于农业学大寨运动中经验教训的检查报告》。报告指出，大寨在农业合作化运动中是先进的。在“大跃进”时许多地方发生浮夸风，大寨的工作是比较实在的。特别是1963年遭受严重洪灾后，大寨党支部带领社员自力更生、艰苦奋斗，迅速恢复生产、重建家园的事迹，是很突出的。“文化大革命”之前，它的确是山西农业战线上的一个先进单位，是山西生产建设的先进典型。在“文化大革命”中，大寨的代表人物登上了更高的政治舞台。“左”的路线需要一个能够体现它的典型，大寨也就自然地走向反面，成为农业战线推行“左”倾路线的典型。大寨、昔阳经验中“左”的东西表现在政治、经济、思想、组织、作风的各个方面，但最集中的是所谓“三条根本经验”，归结到一点，就是所谓坚持无产阶级专政下的继续革命。其主要内容包括：不断地人为地制造“阶级斗争”，形成阶级斗争扩大化；不断地变革生产关系，搞“穷过渡”；不断地割“资本主义尾巴，堵资本主义道路”；不断地鼓吹平均主义，破坏按劳分配原则。报告还说，中共山西省委在指导农业学大寨运动中犯有很多错误。省委曾提出，不但要学大寨的根本经验，还要学大寨的一整套具体经验；把农业学大寨这一农业战线的事，推广到工业、财贸等各行各业；把学大寨运动和各种政治运动混在一起，整了许多人，从昔阳调出一批干部到一些地县和省直机关担任领导职务，使“左”的东西更加泛滥；在一段时间内把大寨、昔阳看成特殊的地方和单位，使其与省委的关系处于不正常状态。这些都使“文革”以来的农业学大寨运动，在政治上、经济上、思想上都给山西带来了很大的危害。它破坏了党的各项农村政策，破坏了党和群众的密切关系，挫伤了广大干部群众的积极性，严重地阻碍了农业生产的发展，使山西省农村经济路子越来越窄。中共中央在批转这个材料时指出，“文化大革命”以来，山西省内推行大寨经验的错误以及由此造成的严重后果，山西省委已经承担了责任。就全国范围内来说，主要的责任，在当时的党中央。全国各地学大寨的农业先进典型绝大多数在生产上、建设上都是有成绩的、有贡献的。大寨和昔阳的绝大多数干部和群众，在农业战线上也作过贡献，只要振奋精神，和其他先进典型取长补短，互相促进，就能够获得新的进步。

11月28日　新华社报道：1957年到1977年全国净减少耕地1.8亿亩。这相当于四川、广东、广西耕地面积的总和，平均每年减少的耕地大约和福建省面积相等。

本　月　中共中央批准中央统战部《关于李维汉同志问题的复查报告》。1962年9月中共八届十中全会以后，在“以阶级斗争为纲”的“左”倾思想指导下，中央统战部分别在1962年和1964年对统战工作中的所谓“投降主义”、“修正主义”进行批判，首当其冲的是统战部长李维汉。李维汉在研究政策过程中提出的一些看法和意见，基本上是正确的；虽然有些提法内容不够准确，但这在研究政策和讨论问题中是难免的。而在这两场批判中却把这些意见和看法毫无根据地说成是阶级斗争熄灭论和投降主义，扣上“执行修正主义”和“反党反中央反毛主席”的罪名。1979年3月，中共中央批准为全国统战系统摘掉“执行修正主义、投降主义”的帽子。1980年11月，中共中央指出，1962年和1964年对李维汉的批判，“在理论上和政治上是违背马列主义、毛泽东思想的，在组织上是违背毛主席关于党内斗争的方针和方法的教导的”。中共中央批准将在两场错误批判中送中央的有关批判李维汉的几个报告，连同1964年12月25日中央决定撤销李维汉担任的中央统战部部长职务的通知，一并撤销。

12月1日　在云南省禄丰县石灰坝发掘出腊玛古猿人类化石。这一发现，证明人类起源是800万年前，起源地点在亚洲。

12月3日—5日　中日两国政府成员级首次会议在北京举行。中国方面参加会议的有国务院副总理谷牧、姚依林、黄华和9名部长和部长级政府成员。日本方面参加会议的有伊东外务大臣及随行人员。双方就国际形势和两国的外交政策、两国的经济和财政以及两国的合作关系3个方面交换了意见。5日，双方发表了联合公报，并就日本政府给中国政府1980年度560亿日元贷款签字换文。邓小平副主席、赵紫阳总理分别会见了日本6位内阁成员。

12月4日　赵紫阳总理会见日本6位内阁大臣。他说，这次在北京举行的中日政府成员级会议是中日关系史上的一个创举。这件事本身说明了中日两国的友好关系达到了新的高度，它将载入中日友谊史册。参加会见的6位日本内阁大臣是：外务大臣伊东正义、大藏大臣渡边美智雄、农林水产大臣龟冈高夫、通商产业大臣田中六助、运输大臣盐川正十郎、经济企划厅长官河本敏夫。赵紫阳代表中国政府对日本6位大臣为发展中日友好事业所做的贡献表示感谢。伊东说，“这次会议对于日中睦邻友好有着重大意义，我们珍惜并希望这一会议继续下去。日中友好不仅对两国人民有利，而且有利于亚洲和世界和平。日本政府将努力发展两国友好关系”。伊东说，“中国正在推进现代化建设，我认为这是一个壮举，日本方面愿为此积极进行合作，为日中友好而协调努力”。在诚挚的交谈中，赵紫阳同6位大臣还就共同关心的国际问题交换了意见。

12月7日　国务院发出《关于严格控制物价、整顿议价的通知》。《通知》规定，凡由国家规定牌价的工农业商品，在全国各地的零售价格，一律执行国家的规定，不得提高。各种议价商品，在全国各大城市、中等城市、小城市、工矿区、县城和县以下城镇的零售价格，一律按1980年12月7日的价格出售，只能降低，不许提高。议购议销必须按照国务院规定的原则和各省、市、自治区人民政府规定的品种范围执行。国家计划调拨的生产资料，包括超产部分和自销部分，必须执行国家定价，不准议价。鲜活商品（如蔬菜、蛋、鱼、水果等）应当有一定的季节差价。一切机关、团体、部队、事业单位，不准从事倒手转卖从中渔利的活动。各级税务机关必须严格照章征税，对欠交税款的，必须立即追交。铁道、交通部门必须严格执行旅客携带行李的限额，不得超过。各级政府接到本通知后，应立即组织有关部门进行讨论，采取具体措施，认真贯彻执行。

12月13日　外交部照会越南驻华大使馆强烈抗议越南在中越边境武装入侵和挑衅。外交部在照会中指出，越南当局在大肆进行反华仇华活动的同时，不断在中越两国边境地区制造事端，加剧紧张局势。一个多月来，越南方面对中国广西、云南边境地区的武装侵犯和军事挑衅活动有增无减，严重事件竟达200余起。照会说，中华人民共和国外交部对越南当局在中越边境地区制造的上述种种行径提出强烈抗议，并严正要求越南方面必须停止对中国边境的武装入侵和挑衅活动。否则，由此而引起的一切后果，只能由越南当局承担全部责任。

12月14日　胡耀邦答希腊《黎明》报主编问。胡耀邦说，我们党的一致看法是，所谓“文化大革命”的10年，是一场灾难。这10年使我国经济、文化、教育、政治思想、党组织都遭受很大破坏。他说，我们实行的改革是两个方面。第一是政治方面，主要是健全社会主义民主和法制，恢复党的好传统好作风。第二是对经济体制的改革，当前重要的是进行经济调整。

同　日　国务院设立学位委员会，负责领导全国学位授予工作。经国务院批准，学位委员会主任委员由方毅担任，周扬、蒋南翔、武衡、钱三强担任副主任委员。次日，国务院学位委员会召开第一次（扩大）会议，讨论研究从明年起如何实施《中华人民共和国学位条例》的有关问题。会议审议了《中华人民共和国学位条例暂行实施办法》，讨论并通过了《国务院学位委员会关于审定学位授予单位的原则和办法》。

12月16日　中共中央办公厅和国务院办公厅转发中国民航总局党委《关于落实“两航”起义人员政策的请示报告》。1949年11月9日，原中国、中央两家航空公司（简称“两航”）员工在香港宣布起义。在过去的历次运动中“两航”起义、留用人员受到不应有的冲击，许多人受到迫害和牵连，在国内外造成了恶劣后果。《报告》汇报了原“两航”起义、留用员工的基本情况，要求全面落实党对起义人员的政策：一、彻底纠正“两航”起义、留用人员的冤假错案，认真解决遗留问题，做好善后工作。二、本着一视同仁、量才录取原则，合理安排起义、留用人员的工作，做到定位合适，人尽其才，充分信任。三、对起义人员有特殊贡献和较大影响的人员，应分别给以照顾和安排一定的荣誉职务。四、注意做好“两航”起义、留用人员中发展党员的工作。五、建议中共中央、国务院批转这个报告，说明“两航”起义的性质，澄清林彪、“四人帮”制造的混乱，推倒诬蔑不实之词，以正视听，消除影响。

12月16日—23日　中国佛教协会第四届全国代表大会在北京举行。赵朴初作《中国佛教协会第三届理事会工作报告》。会议修改了《中国佛教协会章程》，通过《中国佛教协会第四届全国代表大会的决议》，选举出以班禅额尔德尼·确吉坚赞为名誉会长、赵朴初为会长的新的领导机构。

12月16日—25日　中共中央在北京召开工作会议。讨论经济形势和经济调整问题，确定在经济上实行进一步调整，政治上实行进一步安定的方针。16日，陈云在讲话中指出，建国以来经济建设方面的主要错误是“左”的错误，这是主体方面的错误。错误的主要来源是“左”的指导思想。我们这次的调整是清醒的健康的调整。现在的经济形势是建国以来少有的好形势，但是要看到不利的一面。25日，李先念作了《对经济调整工作的几点意见》的讲话。他说，计划工作要实事求是；财政收支要做到真正平衡；农业生产，粮食是第一位的。同日，邓小平作题为《贯彻调整方针，保证安定团结》的讲话。他说，为了保证这次调整的顺利进行，必须坚定不移地继续执行十一届三中全会以来一切行之有效的方针、政策、措施。必须坚持四项基本原则，其核心是坚持党的领导，这又必须改善党的领导，改革党和国家的领导制度。要继续发扬社会主义民主，健全社会主义法制。要继续克服权利过分集中的弊端。要在坚持社会主义道路的前提下，使干部队伍年轻化、知识化、专业化。要加强思想政治工作，要继续批判和反对封建主义影响，同时要批判和反对崇拜资本主义、主张资产阶级自由化的倾向。要坚决而又稳妥地把保证安定团结政治局面的工作做好。

12月21日　外交部新闻司发言人就荷兰政府批准向台湾地区出售潜艇一事，表示了中国政府的强烈不满和极大遗憾。认为荷兰政府这一决定，背离了中荷两国1972年建交公报的原则，不能不对两国关系带来消极影响。

12月22日　外交部照会越南驻华大使馆，就中越谈判问题遇到障碍表示强烈不满。指出，中越第二轮谈判以来，越南当局变本加厉地推行反华仇华政策，竭力加紧侵华战争，侵犯泰国领土，向苏联提供军事基地。在目前这种情况下，举行中越第三轮谈判不会有什么实际意义。

12月24日　胡耀邦主持召开广东、福建实行特殊措施座谈会。1981年1月21日，中共中央办公厅转发《广东、福建实行特殊政策、灵活措施座谈会纪要》。《纪要》指出，现在是调整时期，中央拿不出很多钱来支援广东、福建，而且还要广东、福建对国家多做贡献。因此，广东、福建两省实行特殊政策、灵活措施的步子要稍慢一点。以后在前进过程中，也可能因为出点什么问题要收缩一下，调整一下，但是，中央在广东、福建实行特殊政策、灵活措施的方针是不动摇的。

1981年

1981年综述

1981年是政治上实现安定团结、经济上在调整中逐步发展的一年。

中共十一届六中全会通过的《关于建国以来党的若干历史问题的决议》，运用马克思主义的立场、观点、方法，科学地分析、总结了建国以来党的历史，实事求是地评价了毛泽东在中国革命中的历史地位，充分论述了毛泽东思想的指导意义。决议首次提出中国的社会主义还处在初级阶段，提出必须经历一个长久的过程，社会主义制度才可以从比较不完善达到比较完善；肯定了十一届三中全会以来逐步确定的社会主义现代化建设的道路，指明了中国社会主义事业和党的工作的前进方向。中共十一届六中全会以在党的指导思想上完成拨乱反正的历史任务而载入史册。

是年，中共领导全国人民，开展了以“五讲”、“四美”为主要内容的社会主义精神文明建设活动，加强了党对思想、文艺战线的领导；进一步扩展了社会主义的民主与法制建设，加强了地方人大工作，开展了对社会治安的综合治理，开始重视经济立法工作；继续巩固并努力扩大爱国统一战线，在统一祖国问题上提出了“一国两制”的基本构想，加强了在大陆的台湾社团的工作；加强了人民解放军的思想建设，举行了建国以来规模最大的军事演习，使军队在革命化、现代化、正规化建设的道路上不断前进；加强了在商品经济条件下的干部队伍建设，加强了对中共党员和国家干部的纪律监察。开展频繁的外交活动，加强了和第三世界国家的友好合作关系，宣传了中国反对霸权，维护和平的主张。

是年，中国共产党和人民政府领导全国人民继续贯彻国民经济调整的方针，国民经济各部门均相应地确定了本年度的经济工作方针，在实践中认真探索社会主义经济建设的道路，全国人大五届四次会议对中国的经济建设道路作了初步总结。在进一步完善、扩展农业生产经营责任制的基础上，积极发展城乡多种经营；在贯彻经济调整方针的过程中，加速了企业经营责任制的推进过程，加强了企业的民主管理工作，使企业经营责任制从工交企业开始向商业部门推进，初步推出了一批有关企业民主管理的法规，企业的经营与管理在社会主义道路上不断迈进。

是年，中国共产党和全国人民在思想上实现了空前的一致，全党、全国人民一心一意地开创现代化建设大业；社会治安有了很大的好转。各地方、各部门大力压缩基本建设规模，压缩国防经费和企业流动资金，积极扩大消费品生产，努力增收节支，使全国财政收支达到了基本平衡，财政赤字下降到25亿元。在调整中，国民经济得到了发展。据国家统计局公布的资料，按1980年价格计算，国民收入比上年增长3%。全年工农业总产值达7 900亿元，比上年增长4.5%；工业总产值为5 178亿元，完成计划的101.7%，比上年增长4.1%；农业总产值为2 318亿元，完成计划的101.8%，比上年增长5.7%。工业内部的结构得到调整，重工业总产值比上年下降4.7%，轻工业总产值比上年增长14.1%，轻工业总产值在全部工业总产值中的比重，从上年的46.9%上升为51.4%。基本建设因停建、缓建了一批不具备条件的项目，战线有所缩短，完成基建投资总额比上年减少111亿元，压缩32.6%。交通运输业完成货物周转量比上年增长1%；邮电业务总量比上年增长5.1%；扣除物价上涨因素，社会商品零售总额比上年增长7.2%。到年底，全国农村中已有90%以上的生产队建立了不同形式的生产责任制，调动了农民的生产积极性。8种主要农产品中，粮食总产量高于上年水平，棉花、油料产量又有大幅度增长，农村社队的多种经营与社员的家庭副业也有较快的发展。科技、文教事业也有重大进展。全国共取得3 100项重大科技研究成果，其中经国家批准的发明创造有120项；高等学校在校学生达128万人，比上年增加13.6万人。全国城镇共安排820万人就业。城乡人民生活继续有所改善，全国职工工资总额比上年增长6.1%，城乡人民储蓄存款计524亿元，比上年增加了31%。但是，经济发展中还有一些问题，如：财政收支的平衡是在大幅度紧缩支出的条件下实现的，还不够巩固；一部分消费品的增长还赶不上人民需要的增长，市场供应紧张状况仍没有根本改变；经济效益低下的情况还没有多大改变，有的甚至还有所下降。总之，国民经济中潜在的危险虽然有所缓和，但还没有根本消除。

1月1日　中共中央在人民大会堂举行新年茶话会。中共中央总书记胡耀邦主持茶话会，国务院总理赵紫阳在茶话会上就国民经济调整问题讲话。他说，当前国民经济形势是好的，国民经济调整的方针是积极的，已经取得了成绩，在1981年要作进一步的调整。希望大家在新的一年里，为维护安定团结的局面，搞好国民经济的调整做出自己的贡献。茶话会上，与会者畅所欲言，为搞好祖国的建设事业提出自己的建议。大家满怀信心地表示，形势一定会越来越好，一定要同心协力，为实现我国的社会主义现代化建设事业而共同奋斗。出席茶话会的有中共中央、人大常委会、国务院、全国政协领导人邓小平、李先念、彭真、邓颖超等。各民主党派、各人民团体和北京市的负责人以及各界知名人士也出席了茶话会。同日，《人民日报》发表元旦社论：《在安定团结的基础上，实现国民经济调整的巨大任务》。

1月1日—8日　赵紫阳到湖北、河南、山东视察。他重点对宜昌、荆州（重灾区）、南阳、开封和菏泽（困难地区）五个专区的农村进行考察，听取了地方干部的汇报，访问了一些农户，对农村中正在进行的生产经营形式的改革给予肯定和支持。在同已经实行包产到户的困难地区干部谈话中，他说：包产到户，堵是堵不住的，只能导、不能堵。群众要求政策3年不变，我们就按群众的意见办，在这些地方包产到户的办法要稳定一个时期。就是先进地区，也存在着压抑生产力的矛盾，也需要改革，不能总是照原样搞下去。回到北京后，赵紫阳总结沿途所见所闻，提出了全国三类不同经济发展水平的地区，可以采取不同的责任制形式的意见：好的地区，集体经济比较巩固，生产在逐年发展，农民生活在逐步提高，这样的地区应该实行专业承包、联产计酬责任制，实行包产到组的可以自愿结合；中间状态地区，应该引导到在“统一经营、联产到劳”，即在“六统一”的条件下，实行包产到劳，联产计酬的办法；困难落后地区，可以搞包产到户、包干到户。3月27日，中共中央办公厅转发国家农委副主任杜润生根据赵紫阳这次考察而提出的《关于农村经济政策问题的一些意见》，其中正式提出：在困难地区实行包产到户稳定几年，大有好处；中间社队适于采用统一经营，联产到劳的责任制；在不搞包产到户的地方，应适当扩大自留地的数量等意见。中央办公厅要求全国各地结合自己的情况，认真研究这些意见，并作为处理当前出现的一些农村经济政策问题时的参考。

1月4日　葛洲坝大江截流戗堤胜利合龙。这次在每秒4 720立方米流量的大江上截流，从开始到合龙仅仅用了36个小时零23分。叶剑英、邓小平、李先念等党和国家领导人曾先后来工地视察、指导、解决工程建设中遇到的问题。3日，赵紫阳总理等中央和地方上的一些负责同志也亲临截流施工现场。同日，中共中央、国务院电贺葛洲坝工程局、长江流域规划办公室以及参加工程建设的全体同志，向他们表示热烈的祝贺和亲切的慰问，希望他们再接再厉、继续奋进，确保今年安全渡汛和通航发电。

1月6日　中共中央批转中央统战部、中央组织部《关于在国家机关安排党外人士担任领导职务的情况和今后意见的报告》。中央批语指出，加强党和非党的联盟，充分发挥非党同志在四化建设中的作用，是当前干部工作中一个值得注意的问题。实现干部年轻化、知识化、专业化，不仅要选拔党内的优秀干部，同时也应大胆选拔党外人士（包括他们中的中年人）。在我们的国家机关中，应该建立和恢复与党外同志合作共事的好的传统，把他们中符合条件的人选拔到各级领导岗位上来（包括少数条件适当的党外部长、厅长、局长、市长、县长等），共同管理好国家，这不仅是健全社会主义民主制度的需要，也是调动一切积极因素，加快四化建设的需要。

同　日　中共中央办公厅转发中央统战部等6个部门《关于抓紧对原国民党起义、投诚人员落实政策工作的请示报告》。报告总结了自1979年以来落实政策的具体实践，并且指出，目前这项工作在有的地区已经完成，有的地区接近完成，还有少数地区任务仍较重，需要做大量工作。根据胡耀邦多次批示的要“狠抓民主党派、起义军官、知识分子的政策落实问题”，报告要求各省、市、自治区落实起义、投诚人员政策领导小组，对各地区起义投诚人员落实政策工作进行认真检查，把问题排排队，对需要解决的问题和需要安置的人员进行全面研究，一个人一个人地落实。对能够解决的问题要尽快解决，不能解决或暂时不能解决的问题，要说明情况，做好思想工作。

1月13日　《人民日报》报道：国务院批准颁布6种社会科学专业人员业务职称。国务院先后批准颁发会计、统计、编辑、外语翻译、新闻记者和经济专业干部的业务职称的6个暂行规定。以上各类人员的职称分别定为：高级会计师、会计师、助理会计师、会计员；高级统计师、统计师、助理统计师、统计员；编审、副编审、编辑、助理编辑；译审、副译审、翻译、助理翻译；特级记者、高级记者、记者、助理记者；高级经济师、经济师、助理经济师、经济员。已经颁发的6个暂行规定中，各类业务职称的名称，参照了我国历史上沿用的职称和各自的业务特点，有的还参照了国外的职称。这些职称，是在广泛听取了各种意见，经过一年多反复酝酿，经有关部门和专家们的反复讨论和协商而确定的。各类业务职称都分为四个等级。这是考虑到人们习惯于用高等院校教师的职务名称来衡量一个人的学识水平、业务能力和工作成就，也是为了与其他技术管理职称相对应。这样有利于专业技术干部的统一管理、组织交流和国际交往等。为了切实贯彻执行社会科学几个业务职称，年前国家人事局召开了会议，专门研究了在贯彻执行中应注意和掌握的一些具体问题。

1月14日—2月1日　总政治部召开全军政治工作会议。会议的中心议题是学习和贯彻1980年12月中央工作会议精神，加强军队的思想政治工作；研究预防政治事故，加强基层政治工作等。总政治部主任韦国清在会上作了题为《贯彻中央工作会议精神，加强军队政治工作》的报告。中共中央总书记胡耀邦、中央军委秘书长耿飚到会讲话。胡耀邦重点讲了六个问题：一、如何正确分析国内形势。二、如何看待党的路线方针政策。三、如何做到全党全军全国各族人民都坚持四项基本原则。四、如何巩固发展安定团结的大好局面。五、如何进一步提高全党全军全国人民保卫祖国、保卫四化的信心。六、我们每个同志如何争取为党为人民做出最大的贡献。2月13日，中共中央办公厅向全国印发胡耀邦《在全军政治工作会议上的讲话》。

1月15日　国务院发出指示，要求加强市场管理，打击投机倒把和走私活动。国务院向各省、市、自治区和国务院各部委、各直属机构发出指示，要求加强市场管理，打击投机倒把和走私活动。指示说，党的十一届三中全会以来，随着经济管理体制的改革和各项经济政策的落实，市场供应有了改善，整个国民经济活跃起来了，形势是好的。但是，由于经济立法和管理工作跟不上，有些地区市场比较混乱，投机倒把和走私活动很严重，直接危害安定团结，破坏经济的调整与稳定。指示规定，下列行为属于投机倒把活动：抬价抢购国家计划收购物资，破坏国家收购计划的；从国营和供销合作社零售商店套购商品，转手加价出售的；个人坐地转手批发；黑市经纪，牟取暴利的；买空卖空，转包渔利；欺行霸市、囤积居奇、哄抬物价；倒卖计划供应票证和银行有价证券的；倒卖金银、外币、珠宝、文物、外货、贵重药材的；偷工减料、掺杂使假、以假充真、骗钱牟利；以替企业、事业等单位办理业务为名，巧立名目，招摇撞骗，掠取财物的；出卖证明、发票、合同、代出证明、代开发票、代订合同，提供银行账户、支票、现金，从中牟取非法收入的。指示要求对从事投机倒把活动的任何单位和个人，除按政府规定罚款或没收其财物外，情节严重的，交由司法机关依法惩处。指示还要求各地加强对走私活动特别是海上走私活动的查缉。一切船只，包括渔船在内，逃避海关管理，非法买卖商品，按走私处理。公安部门和海防、边防部队协助海关查缉走私活动。沿海、沿边各省、市、自治区，特别是广东、福建、浙江、上海、广西、云南等地，要采取有力措施，坚决取缔黑市交易，打击走私活动。对国家干部、现役军人参与走私的，或利用职权徇私受贿的，必须从严处理。指示还强调，对阻挠、抗拒检查，冲击工商行政管理机关、海关、税务机关、公安机关，或者围攻、辱骂、殴打检查人员的违法犯罪分子，必须依法从严惩办。

1月16日　国务院会议决定1981年开始发行国库券。发行国库券的目的是调整和稳定国民经济，适当集中各方面的财力，进行社会主义现代化建设，逐步提高人民物质和文化生活水平。会议确定1981

年国库券发行数额为40亿—50亿元，以后年度的发行量将根据财政经济情况确定。会议通过的《中华人民共和国国库券条例》共11条，对发行国库券的目的，发行对象，发行和还本付息事宜，发行的主管机关和具体办理部门作了明确规定。条例还规定：国库券不得作货币流通，不得自由买卖；伪造或破坏国库券信誉者，将依法惩处。

1月20日　1980年全国“十佳”运动员评选揭晓。首都10个新闻单位联合举办的1980年全国最佳运动员的评选揭晓，他（她）们分别是：女子跳水运动员陈肖霞、女子排球运动员郎平、女子游泳运动员梁伟芬、男子乒乓球运动员郭跃华、举重运动员吴数德、足球运动员容志行、男子体操运动员李月久、女子体操运动员李翠玲、男子羽毛球运动员韩健、男子三级跳远运动员邹振先等10名。这次评选活动吸引了我国广大的体育爱好者，成为改革开放后人们家庭生活中一项有积极意义的文化生活内容。

2月9日　新华社报道：中国自行设计建造的第一座大型高通量原子反应堆在西南建成。这座反应堆热功率设计定额为12.5万千瓦，最大热中子通量为每秒钟每平方厘米620万亿个中子；它是一座试验研究反应堆，具有一堆多用的显著特点；它有一整套必要的安全防护和“三废”处理设施。该反应堆由二机部西南反应堆工程研究设计院研究设计，科研设计人员绝大多数是中国自己培养的大专院校的毕业生，他们完成了近200项重要研究课题；该反应堆主体及配套工程共有设备5万多台件，全部是中国自己制造的，全国26个省、市、自治区和冶金、机械、化工、电子、建筑安装等工业部门的200多个工厂企业相互配合，研制出1 100多种新材料和新产品，保证了设备设计、安装的质量。该反应堆的建成表明中国已具备自行设计、制造和建造核电站的能力，中国原子能科学技术的发展有着广阔的前景。

2月12日　邓小平会见法国记者。邓小平指出，西哈努克亲王表示要同民主柬埔寨联合，这是一个新姿态，有积极意义，中国表示欢迎；苏联武装入侵波兰的危险始终存在，如果入侵发生，从道义上讲，中国将表示反对；密特朗等人对中国的访问对增进中国共产党和法国社会党之间的了解和友谊是有益处的。关于记者提出的中国国内问题，邓小平说，中国始终要坚持毛泽东思想，毛泽东晚年确有错误，对此要讲清楚，但他对中国人民、中国革命的贡献是非常伟大的；任何国家、任何党总是存在着这样那样的人事变动，这并不值得奇怪，国外关于华国锋是否在公开场合露面的猜测是没有什么意思的；对江青的判决是中国自己的事情。

2月20日　中共中央、国务院发出《关于处理非法刊物非法组织和有关问题的指示》。《指示》指出，非法刊物和非法组织是指违反宪法和法律，以反对四项基本原则为宗旨的刊物和组织。《指示》提醒各级党委、人民政府，有必要认清非法刊物和非法组织的反党反社会主义的实质，进行严肃处理。《指示》确定，处理非法组织和非法刊物的总方针是决不允许其以任何方式活动，以任何方式印刷、出版、发行，达到合法化、公开化；决不允许这些非法组织、非法刊物的成员在单位之间、部门之间；地区之间串联，在组织上、行动上实现任何形式的联合。《指示》还具体提出了处理非法组织和非法刊物的措施。

2月24日—3月4日　中纪委第三次全会在京召开。中纪委常务书记黄克诚主持会议，中纪委第二书记邓颖超在会上作题为《坚定不移地搞好党风》的讲话。会议通过的决议认为：陈云提出的执政党的党风问题是有关党的生死存亡的问题，对中国共产党建设具有重大意义，是做好纪律检查工作的基本指导思想，应当形成舆论，使全体党员，尤其是领导干部，认识到这个问题的严重性。决议提出：各级纪检部门当前工作的重点是坚持四项基本原则，保证党的路线、方针、政策的贯彻执行；要把反对经济领域的不正之风，当做一项重要的任务。

2月25日　全国开展“五讲”、“四美”活动。全国总工会、共青团中央、全国妇联、中国文联等9个单位联合发出《关于开展文明礼貌活动的倡议》，向全国人民特别是青少年倡议，开展以讲文明、讲礼貌、讲卫生、讲秩序、讲道德和心灵美、语言美、行为美、环境美为内容的“五讲”、“四美”文明礼貌活动，根本改变中国城乡的社会风气和道德面貌，使中国以社会主义高度精神文明的新风貌出现在世界的前列。参加倡议的另外5个单位是：中央爱委会、全国学联、全国伦理学会、中国语言学会和中华全国美学学会。同月28日，中宣部、教育部、文化部、卫生部、公安部联合发出通知，要求积极支持9个单位关于“五讲”、“四美”活动的倡议，把它当做建设社会主义精神文明的大事来抓。

2月27日　中国照会荷兰政府决定召回驻荷大使。照会指出：一个国家向另一个它所正式承认的国家的地方当局提供武器，用来反对这个国家的中央政府，这是与普遍公认的国际关系准则不相容的。向台湾出售海军潜艇超出了一般民间贸易的范畴，荷兰政府批准向台湾出售潜艇的决定，是干涉中国内政、损害中国主权、背离1972年中荷外交关系升格公报的原则的严重步骤，中国政府和人民决不能接受。中国政府为了维护国家主权和民族尊严，维护国际关系的基本准则，决定召回中国驻荷兰大使，并要求荷兰政府召回其驻中国的大使，中国政府要求把中荷关系降为代办处级并建议双方尽快就此进行谈判。

2月28日　国家体委举行授奖大会。大会向近年来获得世界冠军、打破世界纪录的运动员颁发体育运动荣誉奖章，向在国际体育比赛中获得优良成绩的运动员颁发优异成绩奖状。荣获荣誉奖章的运动员有：马燕红（女子体操），洪伟、董志航（航空模型），于吉平（射击），陈志健（航空模型），叶家锭（航空模型），倪志钦（跳高）。获得优异成绩奖状的有男子排球、女子排球、男子篮球、乒乓球、田径、体操、技巧、举重、游泳、射箭、击剑、跳水、国际象棋、航海模型，航空模型和跳伞项目的选手，共197人。杨静仁、王猛、钟师统等和在京的1 000多名运动员、教练员和正在北京参加全国省、市、自治区体委主任会议的全体人员出席授奖大会。荣高棠在讲话中号召运动员胸怀祖国，放眼世界，勤学苦练，以优异成绩为国争光，为四化做贡献。

3月12日—29日　全国商业厅局长座谈会在京举行。会议回顾了1980年的商业工作，认为整个市场出现了建国以来少有的活跃景象。

会议提出：为了稳定经济，安排好市场，商业部门应当做好三件事：一、积极支持轻纺工业增加市场急需商品的生产，要特别注意帮助轻纺工业集中的城市发挥生产优势，尽可能多地生产一些优质名牌产品，增加花色品种，丰富市场；二、继续疏通商品流通渠道，发展商业网点，除国营商业网点外，还要大力发展集体商业和恢复个体商业；三、积极扩大商品销售，要克服商业经营中的惜售思想，保证供应；要针对不同的商品，确定不同的销售方式，方便顾客：要积极组织货源下乡，增加对农民的供应。饮食和服务修理业应增加网点，增加服务项目，提高服务的质量。

3月22日—26日　美国前总统福特来华访问。黄华副总理兼外长与福特举行了会谈，邓小平副主席、赵紫阳总理分别会见了福特。

3月24日　1980年全国优秀短篇小说发奖大会在京举行。这次评奖的主办单位是《人民文学》编辑部，他们从全国各地的读者推荐的40多万份作品中，经群众推荐和专家评选，共评出《西线轶事》、《乡场上》等30篇获奖作品。周扬、夏衍及文艺界人士500多人参加大会。大会向获奖者颁发了奖金和获奖证书。

3月27日　中共中央军委主席邓小平同解放军总政治部领导同志谈话。他指出，要加强坚持四项基本原则的宣传、教育，要多写这方面的文章。要批判“左”的错误思想，也要批判右的错误思想。纠正“左”的倾向和右的倾向，都不要随意上“纲”，不要人人过关，不要搞运动。关于“三支两军”问题，一定要讲两句话。第一句话：当时军队不出面不能维持局面，出面是正确的，“三支两军”是起了积极作用的。第二句话：“三支两军”给军队造成的危害是很大的，带来了许多坏的东西，对军队的威信损害很大。比如派性，还有一些“左”的东西，相当大的成分是从那里来的。

同　日　全国作协主席茅盾在北京逝世。茅盾原名沈德鸿，字雁冰。浙江相乡人，生于1896年。1913年考入北京大学。1916年毕业后，进上海印书馆编译局工作，开始文学活动。1921年，同郑振铎、叶圣陶等组织文学研究会；接办并主编《小说月报》，倡导现实主义文学，同年加入中国共产党。1926年，曾以“左”派国民党员的身份参加国民党第二次代表大会，并被选为中央宣传部秘书。中山舰事件后回上海，年底去汉口主编“左”派掌握的《民国日报》。汪蒋合流后遭“通缉”，1927年8月回上海，从事专业创作，写有3部连续性的中篇小说《幻灭》、《动摇》、《追求》（即《蚀》的三部曲）。1928年夏东渡日本，写有长篇小说《虹》。1930年回国，在上海加入中国左翼作家联盟，并担任领导工作。其间，主要作品有《子夜》、《春蚕》、《林家铺子》等。抗日战争爆发后，组织和团结国民党统治区进步文化人士从事抗日救亡运动。主编《文艺阵地》杂志，其间赴新疆任教年余，并去延安考察学习。解放前夕，前往北平，参加中国人民政治协商会议和筹备第一次全国文代大会。建国后，曾任文化部部长，并当选为历届全国人民代表大会代表、历届政协全国委员会常务委员和第四、五届副主席、历届全国文联副主席和第四届名誉主席、历届中国作协主席等。中共中央在收到茅盾病危时给中共中央的信之后，于3月31日作出决定，恢复他的中国共产党党籍，党龄从1921年算起。4月11日举行（诀别）追悼大会，邓小平主持，胡耀邦致悼词。

3月29日　新华社报道：中国科学院增补学部委员。中国科学院学部成立于1956年6月。学部成立后，在贯彻“百家争鸣”的学术方针，发挥科学家对科学事业集体领导力量方面，起过很好的作用。十年动乱期间，它被迫停止活动；1979年春恢复活动；1980年11月，民主选出283名学部委员。此次新增补的学部委员共113人，从而使中国科学院学部委员人数达到400人。他们的产生经过了广泛的推荐，采用了差额选举和无记名投票的民主选举办法，最后经过国务院批准认可；他们的平均年龄比原有的学部委员小11岁，其中有40多人为55岁以下的中年科学家；他们分属于物理学数学部、化学部、生物学部、地学部和技术科学部，至此五大学部的委员人数分别为79人、67人、89人、75人和90人。

3月30日　中共中央、国务院转发国家农委《关于积极发展农村多种经营的报告》。国家农委在报告中指出，十一届三中全会以来，中国农村的多种经营有了可喜的发展，粮食和一些主要经济作物及林、牧、副、渔的生产有了较快的发展，农作物的布局和耕作制度也得到一定的调整。但农业的生产结构、农林牧之间的比例还不合理，尚未建立起良性循环的基础，开展多种经营成为中国农村发展的客观需要。报告列举了中国各地农村的差异性，分析了进行多种经营的潜力和条件，指出在农村中开展多种经营的门路广阔，大有可为。报告还提出，要正确处理好粮食生产和多种经营的关系，对发展多种经营需要进一步解决的若干问题也提出了意见和建议。中共中央、国务院在转发该报告的通知中指出，中国农业的基本特点，一是人均耕地少，但自然资源丰富；二是技术装备落后，但劳动力资源丰富。只有在党的领导下，依靠亿万农民合理地利用和开发各种资源，大力发展商品经济，搞好多种经营，才能保证农业建设的正常进行。通知指出，各地应当记取“左”倾错误思想指导下，农业生产遭到破坏的教训；应当做好自然资源和农业区划工作，制定合理的国土利用规划，用以指导农业布局；应正确处理农业同林业、牧业、渔业和其他副业，粮食生产同经济作物生产的关系，在不放松粮食生产的情况下，积极开展多种经营；应高度重视并反复研究科学家和技术人员就发展农业，调整布局提出的建议，通过反复试验，进行抉择，逐步推行；要采取适当的合理的措施，发挥集体和个人两方面的积极性；在开展多种经营时，必须坚定而又审慎、积极而又稳步地前进，要协调好各方面的工作，使各方面的配套措施跟上经营的进展，还要组织各种形式的经济联合，切实解决产销和技术指导等方面的问题。通知要求各级党委和政府，认真开展调查研究，获取新的知识和经验，使农村的社会主义事业更有活力，逐步走出一条适合国情的发展农业的路子。

4月1日—5日　英国外交和联邦事务大臣卡林顿来华访问。卡林顿访问期间，黄华外长同他举行了会谈，赵紫阳、邓小平分别同他会见。黄华和卡林顿都认为，国际形势因苏联入侵阿富汗而更加恶化了，世界人民有理由对国际局势感到担心。访华期间，卡林顿会见了中外记者，介绍了访华情况，还回答了关于香港问题的提问。他表示，邓小平重申了中国关于香港问题的一贯立场，香港的投资者应该对自己的在港投资利益感到放心。

4月7日—14日　瑞典首相费尔丁访华。赵紫阳在欢迎宴会上讲话，表示对中瑞两国友好关系的发展感到高兴。费尔丁访问期间，赵紫阳同他举行了会谈，邓小平同他会见。在友好的气氛中，赵紫阳和费尔丁就一些重大的国际问题交换了意见，介绍了各自国内的经济状况。双方对两国友好关系的发展一致表示满意，都认为两国在许多问题的看法上有共同点。邓小平向费尔丁指出，实现世界和平的手段，就是同侵略扩张行为针锋相对地进行斗争；不应当减少对阿富汗和柬埔寨的注意，应当给这两个国家的抵抗力量以有效的支持。邓小平和费尔丁都希望两国加强各方面的合作，增加往来。

4月10日　新华社报道：国务院批转《关于加强风景名胜保护管理工作的报告》。报告由国家城市建设总局、国务院环保领导小组、国家文物管理局和中国旅游总局联合作出。报告提出了风景名胜保护工作中存在的一些急需解决的问题，并就如何加强风景名胜的保护管理工作提出了意见。这些意见主要有：由各省、市、自治区的有关部门分期分批对风景名胜进行调查，作出评价、鉴定，确定风景名胜的等级和范围，然后立碑刻文，标明界区，建立档案；充实和加强风景名胜区的管理机构，由各级城建部门负责风景名胜区的保护、管理和规划工作；对风景名胜区的地形、地貌、水体、山石、动物、植物、土壤、大气等严加保护；有计划地进行风景名胜区的开发和建设。国务院在批转通知中，要求各地结合实际情况，切实把风景名胜的保护管理工作做好。

4月11日　新华社报道：团中央、教育部、文化部等单位向全国少儿推荐儿童歌曲和儿童集体舞蹈。推荐的儿童歌曲共12首，它们是：《少年，少年，祖国的春天》；《生长在祖国的怀抱中》；《我向党来唱支歌》；《嘀哩，嘀哩》；《祖国像妈妈一样》；《学雷锋小组是朵小红花》；《少先队友谊之歌》；《开吧，小红花》；《每当我走过老师窗前》；《金色的童年，幸福的时光》；《小红花》；《好孩子要诚实》。儿童舞蹈是：儿童圆舞曲、娃哈哈和龙首舞等3个集体舞蹈。参与推荐歌曲和舞蹈的单位还有：全国妇联、中国音协、中央人民广播电台和中央电视台。

同　日　《人民日报》发表黄克诚文章：《关于对毛主席评价和对毛泽东思想的态度问题》。这篇文章是黄克诚在中纪委召开的第三次贯彻《关于党内政治生活若干准则》座谈会上讲话的一部分。黄克诚指出，如何认识和评价毛主席、如何对待毛泽东思想，对党和国家来说是一个根本问题。鉴于有些同志对这两个问题的态度比较偏激，个别人甚至放肆地诋毁毛泽东思想、丑化毛泽东，黄克诚深感忧虑，觉得有责任说出自己的看法。他回顾了党建立以来的历史，尤其是党在新民主主义革命时期的历史指出，毛主席作为党和国家的主要缔造者，多次在危机中挽救了革命，这是党内任何其他人都不能比拟的。对毛主席的评价，应当从10亿人民的根本利益出发，以实事求是的态度进行。毛主席的许多决策比别人来得高明，这是明摆着的事实，不能因为毛主席有错误，就把他的功劳归到别人头上，不尊重历史事实；对毛主席后期的错误，不应当用轻薄的态度随意哂笑，而应具体问题具体分析。毛主席后期的错误主要有两条，一是在完成三大改造以后，没有及时地、明确地把工作重点转移到社会主义建设上来，并且在具体的工作指导上犯了急性病错误；二是混淆了两类不同性质的矛盾，导致了“文化大革命”的十年浩劫。如果把建国以来党所曾犯的错误全部算在毛主席身上，是不符合历史事实的。只要是在中央全会举手通过决议的事情，如果错了，中央都应该来承担责任。毛主席所犯的错误是一个伟大革命家所犯的错误。在纠正他的错误、总结经验时，应该抱着爱护、尊敬的心情谅解他老人家，决不能感情用事，意气用事，丑化、歪曲毛主席。只会丑化、歪曲党和社会主义祖国，会危害党、国家和十亿人民的根本利益。关于毛泽东思想，黄克诚指出，中国的历史证明：从孔夫子到孙中山的思想主张都不能解决中国的未来问题，只有马列主义、毛泽东思想才能救中国，毛泽东思想是马列主义的普遍原理同中国革命具体实践相结合的产物，是千百万共产党员和亿万革命群众用血汗凝成的宝贵财富，它有中国的特点，有中国的独特的内容，对于我们更亲切，更行之有效。我们这样大的一个党，这样一个十亿人口的大国，总要有个思想武器作指导。我们不能把历史已经证明过了时和行不通的东西作为自己的思想武器；应当依靠毛泽东思想这个武器，团结人民、战胜困难、聚精会神、同心同德搞四化。黄克诚还指出，有些人要丢掉毛泽东思想这面旗帜，甚至把毛主席的正确的思想、言论也拿来批判，这样会把中国引上危险的道路，是要吃亏的，是会碰得头破血流的。毛主席的某些话是过时的或讲错的，但毛泽东思想的精髓和基本原则将永远是中国共产党和革命人民的精神武器。毛泽东思想作为一个科学体系，有一个不断丰富和发展的过程，我们不能苛求前人，只能通过后人的斗争实践弥补前人的不足，不断丰富和发展毛泽东思想。

4月18日　文化部举行1980年优秀影片授奖大会。习仲勋、张爱萍等及文化艺术工作者1 000多人参加大会。这次获奖的影片有《巴山夜雨》等8部故事片，舞台艺术片《白蛇传》，《三个和尚》等2部美术片，《刘少奇同志永垂不朽》等6部纪录片、新闻杂志片，《生命与蛋白质——人工合成胰岛素》等7部科教片，《啊！野麦岭》等2部译制片，共26部。大会向获奖者发了奖品和奖金；陈荒煤代表文化部领导讲了话。陈荒煤向获奖者表示祝贺。并且指出1980年的电影创作，不仅数量上比1979年有所增加，质量上也有提高，出现了一批较有特色、有新意的好影片。

4月20日　新华社报道：国务院发出制止农村侵占耕地建房的通知。通知指出，近几年来，有不少地方对农村建房缺乏全面的规划和必要的管理，农村建房和兴办社队企业乱占滥用耕地的现象相当严重；中国耕地很少，如果在用地上失去控制，将会影响农业生产的发展和人民生活的改善，并且会带来长期的难以弥补的后果，贻害子孙后代；各级政府对此应高度重视，教育农村干部、群众顾全大局，保护耕地，节约用地。通知要求各地统一规划农村建房用地，合理布局，节约用地；充分利用山坡、荒地和闲置宅基地建房；根据各地的自然地理条件，选择适当的建筑形式，确需动用耕地建房时，要经过批准；逐步改革农房建筑材料，减少打坯、烧砖、取土用地。通知申明：农村社队的土地归集体所有；分配给社员的宅基地、自留地（自留山）和承包的耕地，社员只有使用权，没有所有权，不能随意占用。通知还要求各地政府严肃处理任意侵占耕地、强行占地以及建房占地过多的行为。

4月26日　中国运动员夺取第三十六届世界乒乓球锦标赛全部冠军。其中，郭跃华、王会元、蔡振华、施之皓、谢赛克获男子团体冠军，张德英、曹燕华、齐宝香、童玲获女子团体冠军，郭跃华获男子单打冠军，童玲获女子单打冠军、李振恃、蔡振华获男子双打冠军，张德英、曹燕华获女子双打冠军，谢赛克、黄俊群获混合双打冠军。此外，中国运动员还夺得5个单项比赛亚军和3项第三名。

4月27日—5月2日　塞拉利昂总统史蒂文斯访华。史蒂文斯访华期间，赵紫阳同他举行了会谈，邓小平同他会见。赵紫阳和史蒂文斯还共同出席了中华人民共和国和塞拉利昂共和国文化协定的签字仪式。协定规定，双方将根据平等互利的原则，发展两国在文化、教育、科学、卫生、体育、出版和新闻广播方面的交流与合作。

4月30日　全国人大副委员长、全国政协副主席朱蕴山在北京逝世。朱蕴山，安徽六安县人。生于1887年。早年参加光复会、同盟会，参加了辛亥革命、讨袁运动和反对北洋军阀的斗争。第一次国内革命战争时期，以国民党“左”派身份参加国民党二大，不久加入中国共产党。大革命失败后参加八一南昌起义，任国民党革命委员会委员。支持中共开辟鄂豫皖根据地；参与冯玉祥、方振武等人组织抗日同盟军的活动，与李济深、蔡廷锴等发起组织中华民族革命大同盟。第二次国共合作时期，曾受中共委托，三去太原推动抗日；在西南几省联络国民党上层人士坚持抗战、坚持团结、反对投降、反对分裂。抗日战争后期和解放战争时期，接受中国共产党的建议，团结国民党民主派，积极进行民主活动，参加中国民主同盟，任中央常务委员，并任国内关系委员会主任，积极从事国统区抗日民主运动，又与谭平山等人发起成立三民主义同志联合会。1947年，与李济深等发起组织中国国民党革命委员会，任中央常务委员，兼代政治委员会主席。1949年9月，出席新政协会议，当选为全国委员会委员。新中国成立后，任历届全国人民代表大会代表，第四、五届全国人大会常委会委员；政务院人民监察委员会委员；第二、三、四、五届全国政协常委，第五届全国政协副主席，第五届全国人大常委会副委员长，中国国民党革命委员会中央常务委员会委员兼组织部长、五届民革中央主席，终年94岁。5月11日，举行追悼会，追悼会由彭真主持，邓小平、邓颖超、胡耀邦等参加，乌兰夫致悼词。

5月5日　中国政府照会荷兰政府决定自即日起将中国驻荷使馆降为代办处。照会指出，鉴于荷兰政府坚持向台湾地区出售潜艇的错误立场，中国政府决定自即日起将中华人民共和国驻荷兰王国大使馆降为代办处，称为中华人民共和国驻荷兰王国代办处。5月11日，荷兰政府向中国驻海牙代办处临时代办高光递交备忘录，同意将荷兰同中华人民共和国外交关系从大使馆级降为代办处，并决定将荷兰驻北京的代表级别降为代办处级。

5月6日　《人民日报》报道：中国农业科学家袁隆平、李必湖等在世界上首先育成强优势杂交水稻。杂交水稻具有根系发达、分蘖性强、茎秆粗壮、穗大粒多、米质优良、适应性广、抗逆性强等优点。1975年多点试种成功后，迅速推广到长江南北各地。1976—1980年间，增产粮食260亿—270亿斤，平均亩产比其他水稻良种增产100斤以上。这种杂交水稻还在国际上产生了重大影响。1980年，它被转让到美国，经过试验对比，它的平均亩产比美国良种增产165.5%—180.3%。柬埔寨、菲律宾和其他一些国家也引进、试验、试种中国杂交水稻。国际上许多专家认为，中国杂交水稻居世界领先地位。

5月9日　国家科委发明评选委员会审查批准26项发明和奖励等级。棉花新品种“鲁棉一号”获一等奖；伪倾斜柔性掩护支架采煤法等4项科研成果获二等奖；膜式压榨机等13项成果获三等奖，高频电压国家标准（10—3 000兆赫）等8项成果获四等获。

5月11日—20日　中国科学院第四次学部委员大会在京举行。来自24个省、市、自治区的332名代表参加大会。邓小平、彭真、邓颖超、赵紫阳、王震、韦国清、乌兰夫、方毅、王任重、薄一波、陆定一接见与会全体代表并出席了开幕式，大会结束后，胡耀邦、万里、方毅、谷牧、宋任穷、姚依林、彭冲等邀请大会代表到中南海举行了座谈。大会通过了中国科学院院长方毅的工作报告。大会选举出29人的主席团，选举严济慈、李昌、吴仲华为主席团执行主席。主席团推选化学家卢嘉锡为中科院院长，钱三强、胡克实、冯德培、李薰、严东生、叶笃正为副院长。大会还选举钱三强为物理学数学部主任，严东生为化学部主任，冯德培为生物学部主任，徐光炽为地学部主任，李薰为技术科学部主任。

5月12日—17日　津巴布韦总理穆加贝来华访问。穆加贝访华期间，到北京大学作了演说，赵紫阳总理同他进行了会谈，胡耀邦总书记、邓小平副主席分别同他会见。在介绍中国情况时，邓小平指出，总的来说，建国以来我们取得的成绩是伟大的，所走的道路是正确的。他说，只有真正总结经验教训，才能发扬成绩，克服缺点，使我们今后少犯错误，更好地建设国家。

5月23日　第一届中国电影“金鸡奖”和第四届电影“百花奖”授奖大会在杭州举行。这两项电影奖的评选活动分别是由中国电影家协会和《大众电影》杂志社主办的。“金鸡奖”此次设立了最佳故事片、最佳新闻纪录片、最佳教科片、最佳美术片、最佳编剧、最佳导演、最佳女主角、最佳男女集体配角、最佳摄影、最佳美术、最佳音乐以及特别奖等项目，《巴山夜雨》等影片、谢晋等电影制导人员获得奖励。百花奖评出《庐山恋》等最佳故事片，达式常、张瑜分获最佳男女演员奖。大会向获奖者颁发了“金鸡”和“花神”雕像以及获奖证书，夏衍在会上讲话。夏衍指出，1980年的电影在开拓人民生活的深度、广度和影片风格样式方面都取得了较好的成绩，但目前的电影在数量和质量上还远远不能适应党和群众的要求。他希望有志于中国电影事业的广大工作者继续坚持正确的政治路线和双百方针，为建设社会主义精神文明而努力。

5月25日　全国中篇小说、报告文学、新诗颁奖大会在京举行。这次评奖共有89人的80篇作品获奖，其中篇小说和报告文学的评奖范围是1977年—1980年的作品，优秀新诗是1979年—1980年的作品。朱穆之、周扬等和首都文艺界1 000多人出席大会。大会向谌容、徐迟、张万舒等获奖者颁发了奖金和证书。中国作协副主席张光年在会上指出，近几年大量文学新作的出现，宣告着三中全会以来文艺战线上百花齐放的局面开始形成；文艺界的主流是好的，对这样那样令人不愉快的支流，必须认真对待，要严格区分两类不同性质的矛盾，采取适当方式加以解决；要十分爱惜并坚持维护、发展来之不易的安定团结、生动活泼的政治局面和文艺局面，千万不能因一时的粗心大意而损害它。周扬在大会讲话中指出，党的政策应该使作家心情舒畅，敢于讲话，敢于创新；评论文艺作品不能违背四项基本原则和三中全会的精神，曲解思想解放和双百方针；要依据文艺科学的标准进行评论，鼓励好的作品，适当地批评创作上的缺点；文艺批评要以理服人，平等讨论；要增强作家的社会责任感。他希望文艺工作者认真学习马列主义、毛泽东思想，不要教条主义、实用主义式地对待《在延安文艺座谈会上的讲话》，而要联系当前实际，领会和发扬其基本精神。

5月25日—6月5日　比利时国王博杜安一世和王后法比奥拉来华访问。博杜安一世访华期间，彭真副委员长同他举行了会谈，赵紫阳总理，邓小平副主席分别同他会见。

5月28日　新华社报道：国务院批转农业部、商业部《关于加强大中城市和工矿区蔬菜生产及经营工作的报告》。报告认为，近年来，多数大中城市和工矿区的蔬菜供应存在数量少、质量差、销价高、网点少的问题，买菜已成为城市居民的一大负担。报告建议：大中城市郊区农业生产应以蔬菜为主；要认真贯彻菜区的各项经济政策，处理好蔬菜生产和工副业、粮食生产的关系；要优先保证蔬菜生产所需的劳动力和生产资料。大中城市要建立比较稳定的蔬菜生产基地；禁止非蔬菜生产的部门、工程租用、侵占菜地；蔬菜生产要坚持产大于销的方针；要搞好蔬菜的全国调剂。

5月28日—6月8日　全国人事局长会议在京举行。会议指出，人事部门要依照任人唯贤、德才兼备的原则，协同组织部门发现、培养和选拔年轻干部、妇女干部和少数民族干部；要做好老干部的离退、退休工作；要加强干部的组织纪律观念；要加强综合管理和计划管理工作；实现干部队伍的年轻化、知识化、专业化是党的干部政策的一大方针，老干部应当意识到自己的历史责任，切实抓好中、青年干部的选拔工作。

5月29日　中华人民共和国名誉主席宋庆龄在北京去世。宋庆龄，海南文昌县人。1893年1月27日生，1913年毕业于美国佐治亚州威斯理安女子大学，同年回国后，担任孙中山的秘书。1915年同孙中山结婚，为孙中山处理机密书信和其他日常工作。1919年五四运动时，代孙中山起草电文，声援学生的爱国行动。1922年6月16日，掩护孙中山脱离陈炯明叛军的袭击。同年8月，为孙中山与中共代表商谈国共合作做了大量切实有效的工作。1924年召开国民党一大时，坚决拥护联俄、联共、扶助农工的政策。1925年，陪同孙中山北上商谈中国统一和建设问题。1926年国民党二大时，同共产党合作，对国民党右派进行了斗争，并当选为国民党执行委员会委员。“四·一二”政变后，和国民党“左”派人士及中国共产党联名发表讨蒋通电。1927年8月1日，和毛泽东等22人揭露蒋介石、汪精卫的叛变行为。1927年12月和1929年8月，两次被选为国际反帝国主义大会名誉主席。1931年，积极支持共产党停止内战、一致抗日的主张。1932年和鲁迅、杨杏佛等组织“中国民权保障同盟”。1933年9月领导召开了世界反对帝国主义战争委员会远东会议。1935年，与何香凝等率先响应中共《八一宣言》。1936年，任全国各界救国联合会执行委员。1938年，发起组织“保卫中国同盟”。“皖南事变”后，与何香凝等电斥蒋介石的内战行为。1945年，组织了中国福利基金会。1948年，任国民党革命委员会名誉主席。1949年，应邀参加新政协会议，当选为中央人民政府副主席。1950年4月，当选为中国人民救济总会执委会主席。同年11月，当选为世界保卫和平委员会执行局委员。1951年9月，获“加强国际和平”斯大林国际奖金。1952年和郭沫若等发起召开亚洲及太平洋区域和平会议，并被选为亚洲及太平洋区域和平联络委员会主席。1955年12月—1956年2月，出访印度、缅甸、巴基斯坦。1956年8月，出访印度尼西亚。1957年，随毛泽东赴莫斯科参加社会主义国家共产党和工人党代表会议。1964年，同周恩来、陈毅共访锡兰。1954年9月、12月，分别当选为人大常委会副委员长、政协全国委员会副主席。在第二、三届全国人大一次会议上，当选为国家副主席；在第四、五届人大一次会议上，当选为人大常委会副委员长。从1953年4月全国妇联第2届执委会1次会议至1978年全国妇联第四次代表大会，均被选为全国妇联名誉主席；从1951年11月至去世，一直担任中国人民保卫儿童全国委员会主席。1981年5月8日，加拿大维多利亚大学授予她荣誉法学博士学位；15日，中共中央政治局决定接收她为中共党员；16日，五届人大常委会第十八次会议决定，授予她中华人民共和国名誉主席的荣誉称号；29日，因病去世。党和政府出面组织了由393人组成的治丧委员会，安排了大规模的悼念活动。从5月31日—6月2日，首都各界10余万人参加吊唁活动，瞻仰宋庆龄遗容。6月3日，胡耀邦主持了近万人参加的追悼会，邓小平致悼词。6月4日，邓颖超、乌兰夫、廖承志、陈慕华等护送宋庆龄的骨灰到上海安葬。

同　日　《人民日报》报道：中纪委发出通报，要求严厉打击盗窃国家财产的行为。通报要求各地纪委协助有关部门查明本地区、本部门发生的重大案件，总结经验教训，制定防范措施，打击此类犯罪活动；要求坚决克服对国家财产不负责任的官僚主义作风，对玩忽职守给国家财产造成损失者，一定要追究责任，严肃处理；要求加强党员和全体职工的思想政治工作，使之奉公守法，自觉维护国家利益；要求领导干部特别注意做好关停并转单位的组织领导工作和思想政治工作，严防国家财产被盗窃、哄抢和遭受各种不应有的损坏，带头同不良倾向作斗争；要求各地做到赏罚分明，大力树立正气，打击歪风，尤其对带头盗窃国家财产的领导干部，要从严处理，是党员的，情节严重者要开除党籍，并依法制裁。

5月30日—31日　国家计划生育委员会第一次会议召开。陈慕华主持了会议。计生委副主任栗秀真在会上发言，回顾了1973年8月国务院计划生育小组成立以来的工作及所取得的成就，指出这些成就对发展国民经济、改善人民生活和实现20世纪末国家控制人口增长的目标均有积极作用。会议强调要继续提倡一对夫妇只要一个孩子，并着重讨论了有关的政策问题。会议明确了计生委的职责，并且指出，开展计划生育，控制人口增长关系到国家民族的前途和四化建设大业，做好这项工作是本部门义不容辞的责任。

6月10日—15日　联合国秘书长瓦尔德海姆访华。瓦尔德海在华期间，黄华副总理兼外长同他举行会谈，邓小平副主席、赵紫阳总理分别同他会见。赵紫阳向瓦尔德海姆介绍了他的南亚3国之行的情况，重申了中国政府对柬、阿问题的原则立场。他指出，中国政府支持联合国组织准备召开柬埔寨问题的国际会议；解决柬、阿问题的前提是外国军队无条件撤出这两个国家，如果允许外国侵略军继续占领这两个国家，今后要维护世界和平和安全就会更加困难。

6月12日　新华社报道：国务院批准公布《中华人民共和国学位条例暂行实施办法》。该《办法》共25条。它规定：学位依照哲学、经济学、法学、教育学、文学、历史学、理学、工学、农学、医学等学科门类授予。《办法》规定了学士、硕士、博士和名誉博士学位授予单位、授予条件和授予程序，规定了学位评定委员会的职责、构成和评委资格等项。此外，《办法》还就留学生的学位授予，学位证书格式的制定，硕士、博士论文的收藏和保存，以及在职人员申请学位等问题，作出了明确的规定。

6月14日—17日　美国国务卿黑格访华。黑格访华期间，黄华副总理兼外长同他举行会谈，邓小平副主席、赵紫阳总理分别同他会见。在会谈中，黄华与黑格就当前共同关心的重大国际问题充分、深入地交换了意见，对双边关系进行了深入的探讨。邓小平同黑格友好而坦率地讨论了双边关系和共同关心的国际问题，邓小平请黑格转达他对里根、布什的良好祝愿和对尼克松、福特的热情问候。赵紫阳向黑格介绍了中国的政治经济形势，并就共同感兴趣的问题同黑格交换了意见。赵紫阳接受了里根总统的访美邀请，并代表中国政府邀请里根在他认为方便时访问中国。

6月15日　葛洲坝船闸首次试航成功。上午8点30分，东方红51号和向阳1号两艘客货轮载着试航人员，从西陵峡口的南津关码头分别驶向坐落在三江上的2号、3号船闸，船闸运行灵活自如。当客货轮驶入船闸时，两座船闸的上游闸门徐徐关闭，闸室内水位平稳地从海拔60米降至46.6米，与下游航道水位平行时，下游闸门打开，客货轮顺利出闸。2号船闸闸室长280米、宽34米，可容万吨船队通过，是世界上少数巨型船闸之一。3号船闸闸室长120米，宽18米，可以通过3 000吨以下的客货轮和小型船队。

6月27日—29日　中共十一届六中全会在北京举行。出席会议的中央委员195人，候补中央委员114人，列席者53人。胡耀邦、叶剑英、邓小平、赵紫阳、李先念、陈云、华国锋主持了会议。全会一致通过了《关于建国以来党的若干历史问题的决议》。《决议》共分建国以前28年历史的回顾；建国32年的基本估计；基本完成社会主义改造的7年；开始全面建设社会主义的10年；“文化大革命”的10年；历史的伟大转折；毛泽东同志的历史地位和毛泽东思想；团结起来，为建设社会主义现代化强国而奋斗8个部分。《决议》运用马克思主义的辩证唯物论和历史唯物论，对建国32年来党的重大历史事件特别是“文化大革命”作出了正确的总结，科学地分析了在这些事件中党的指导思想的正确和错误，分析了产生错误的主观因素和社会原因，实事求是地评价了毛泽东作为中国人民的伟大领袖和导师在中国革命中的历史地位，充分论述了毛泽东思想的科学内容和作为党的指导思想的伟大意义。《决议》肯定了三中全会以来逐步确定的适合中国情况的建设社会主义现代化强国的正确道路，进一步指明了中国社会主义事业和共产党的工作继续前进的方向。全会一致同意华国锋辞去党中央主席和中央军委主席职务的请求；通过无记名投票的方式，改选和增选了中央领导班子。选举的结果是：胡耀邦为中央委员会主席；赵紫阳、华国锋为中央委员会副主席；邓小平为中央军事委员会主席；中央主席和副主席组成中央政治局常务委员会，他们是：胡耀邦、叶剑英、邓小平、赵紫阳、李先念、陈云、华国锋；习仲勋为中央书记处书记。全会充分发扬民主，到会者畅所欲言，在总结历史经验和讨论决定中央领导人选的过程中，采取了实事求是的态度，贯彻了批评和自我批评的精神，恢复和发扬了党的优良传统。会议表示，相信正确总结建国以来党的历史经验，必将促进社会主义建设事业取得新的胜利。全会号召全党、全军和全国各族人民，高举马列主义、毛泽东思想的旗帜，更紧密地团结在党中央周围，继续发扬愚公移山的精神，下定决心，排除万难，逐步把中国建设成为现代化的、高度民主的、高度文明的社会主义强国，这次全会是继中共十一届三中全会之后中共历史上又一次具有重大意义的会议，是总结经验、团结前进的会议。这次会议以在党的指导思想上完成拨乱反正的历史任务而载入史册。

7月3日　中国人民银行发表公告，从本年起定期发表全国金融统计数字。公告说，发表金融统计数字的目的是为了人民群众和各方面了解经济情况、监督经济工作和为从事理论研究提供重要资料，增进国际社会对中国的了解，促进对外经济交流与合作。这次发表的金融数字有国家信贷收支情况、农村信用合作化存款、贷款情况和汇率、黄金外汇储备情况等。

7月7日　国务院发出《关于城镇非农业个体经济若干政策性规定》。规定指出，在国营经济和集体经济占绝对优势的前提下，恢复和发展城镇非农业个体经济有利于发展生产，活跃市场，满足人民生活的需要，扩大就业。各地应当扶持城镇非农业个体经济的发展，在资金、货源、场地、税收、市场管理等方面给予支持和方便。规定确定的个体经营范围是：各种小型的手工业、零售商业、饮食业、服务业、修理业、非机动工具的运输业、房屋修缮业，以及那些群众需要而国营和集体未经营或经营不足的行业。凡有城镇户口的待业青年，均可以申请从事个体经营；退休职工中，具有技术专长或经营经验，能教学徒、传授技艺的，也可申请从事个体经营。未经批准者，不得经营。个体经济户，可以是1人经营或家庭经营；必要时可以经过工商行政部门批准，请一至两个帮手；技术性较强或有特殊技艺的，可以带两三个帮手，最多不超过5个。个体经营所需的原材料、货源，属于计划供应的部分，由当地商业、物资部门根据统筹兼顾、一视同仁的原则，纳入计划，合理分配，积极安排。

7月11日　中国女子垒球队和中国台北女子垒球队在加拿大进行比赛。这是大陆运动员和台湾运动员第一次对抗比赛，比赛在友好的气氛中进行。

7月13日　国务院发出《关于新扩大的自留地、饲料地照征农业税的通知》。通知指出，为了保持不搞包产到户的地方与搞包产到户的地方在农业税负担政策上的平衡，各地在适当扩大自留地、饲料地后，对这部分土地原来负担的农业税应继续征收。通知要求各级人民政府依据当地情况，确定征收的办法和数目。

7月17日—28日　欧洲议会主席韦伊夫人访华。韦伊夫人访华期间，李先念、邓颖超分别同她会见。李先念同韦伊夫人就共同关心的国际问题充分地交换了意见。邓颖超副委员长向韦伊夫人指出，中国同西欧没有利害冲突，从国际局势看，双方有共同的利益，面临共同的任务。邓颖超还介绍了中国共产党十一届六中全会的情况，韦伊夫人分别向李先念和邓颖超说，欧洲议会同中国在许多重大国际问题上有一致的观点，愿意加强同中国的关系。

7月20日　中纪委通知各地纪委杜绝“关系户”不正之风。通知指出，“关系户”现象的存在，是林彪、“四人帮”的流毒没有肃清的突出表现。在经济交往、工作往来中，办事人员无原则地给有关单位或个人某种利益，没有这种“拉关系”的手段，就会遇到对方刁难，理应办成的事情也办不成。这种为了私利互相“拉关系”、建立“关系户”的歪风，在大多数情况下是一种变相的受贿、行贿的行为，极大地危害着党组织、国家机关和全社会风气。通知说，执政党的党风是关系到党生死存亡的问题，歪风邪气与共产党的党风是绝不相容的。通知要求所有的共产党员必须模范地宣传和执行国务院《关于制止商品流通中不正之风的通知》。要求各级纪委坚决向“关系户”现象作斗争，发现多少就查多少，并动员和支持党员、干部和群众向这种歪风作斗争；对干部目无党纪国法的违纪违法行为，越是更高的干部，高一级的纪委就越要鼓足勇气出来批评、制止，直至给以纪律处分，对国务院通知下达后仍进行这种不正当活动的，要加重处分，直到开除党籍；贪污受贿的财物一律退赔；阻挠对这种不正之风进行检查的，无论组织或个人，均给以党纪制裁。

7月24日　国家科委发明评选委员会审批44项发明和奖励等级。这44项发明和奖励等级包括6项二等奖、12项三等奖和26项四等奖。

7月26日—8月2日　国务院学位委员会学科评议组第一次会议在京举行。方毅、蒋南翔到会讲话。会议的主要任务是审核中国首批有权授予博士学位的高等院校和科研机构及其学科、专业名单。会议分为44个学科评议分组进行评定工作，按照"质量第一，逐步开展"的方针和"保证质量、坚持标准、严格要求、公正合理"的原则，以严肃认真、积极负责的态度，复审了中国科学院、中国社会科学院和国务院48个部、委初审后提出的博士、硕士授予单位的情况，以无记名投票方式，通过中国首批博士学位授予专业点805个，可以指导博士的导师1 143人；授予硕士学位的专业点2 957个。

8月3日—8日　中宣部在京召开全国思想战线问题座谈会。各省、市、自治区党委主管宣传文化教育工作的书记、宣传部长，各大军区、各军兵种宣传部、文化部的负责人，中共中央、国务院有关部门的负责人及文艺、理论、新闻出版工作者共300多人参加了会议。王任重主持会议，胡耀邦、胡乔木、习仲勋等到会讲话，韦国清、余秋里、万里、宋任穷、杨尚昆等也出席了会议。会议讨论了邓小平于7月17日同中央宣传部门负责人的谈话，邓小平在谈话指出，不能否认和忽视思想战线、文艺战线领导工作中存在某种简单化和粗暴的倾向，但当前更需注意的是思想战线上的涣散软弱状态；四项基本原则的核心是党的领导，资产阶级自由化的核心是反对党的领导；坚持实行"双百"方针，丝毫不是说可以不对自由化倾向进行批评和自我批评，批评的方法要讲究，分寸要适当，不能再搞运动、搞围攻，但不搞自我批评也不行；党员作家、艺术家、思想家、理论工作者要首先遵守党的纪律。胡耀邦在讲话中说，讨论思想战线领导的涣散软弱，不是为了追究谁的责任，而是要分析原因，研究克服的办法。他指出，中国共产党在开展批评问题上，有确立并坚持三大优良作风的正确的经验，也有无限上纲、乱批乱斗的错误经验。现在有的同志一听说搞批评自我批评就反感、抵制、反对；批评别人可以，自我批评或被别人批评就不行，这种思想是危险而有害的。他强调，全党必须坚持原则，开展正确的批评和自我批评，学会运用这个武器。他要求全党、各级党委和各条战线在思想领导方面有一个比较显著的进步，对症下药，实事求是地解决存在的问题。与会者认为，党中央领导同志指出的问题对思想战线和各方面工作均具有重要指导意义。会议对思想战线领导的涣散软弱状态进行了分析，进行了批评和自我批评，研究了克服所存在问题的办法，决心做出显著的改进。

8月5日　新华社报道：中国国际单位制推行委员会颁发《中华人民共和国计量单位名称与符号方案（试行）》。这一方案业经国务院批准，由计量出版社出版、新华书店发行。它所规定的新的计量单位名称与符号，在积极采用国际单位制的同时，考虑并照顾了中国计量名称的使用现状，保留了39个尚在中国广泛使用的非国际单位制单位，与国际单位制单位暂时并用。

8月6日—13日　赵紫阳总理出访菲律宾、马来西亚、新加坡。访菲期间，赵紫阳接受了马科斯总统授予的拉贾级锡卡度纳勋章，并表示将珍惜这一荣誉，继续为发展中菲两国的友谊和合作做出努力。赵紫阳还同马科斯举行了会谈，就国际形势、地区局势和双边关系问题交换了意见，双方都表示，希望两国在贸易、文化和其他方面的关系得到进一步的发展。访问马来西亚期间，在同马哈蒂尔的会谈中，赵紫阳就国际局势，特别是柬埔寨问题阐述了中国政府的立场。在谈到中国与马来西亚共产党的关系时指出，中共与马共的关系只是政治上和道义上的关系；我们不愿意让历史上遗留下来的问题影响中马两国友好关系的正常发展，并且已经为此作出了很大的努力。会谈双方都一致表示愿意积极发展两国的贸易。在新加坡，赵紫阳同李光耀总理就国际形势，特别是东南亚形势和柬埔寨问题诚恳、深入地交换了意见。在会谈中，赵紫阳重申了中国处理同一些国家共产党关系问题的立场，指出中国信守和平共处五项原则，也不干预别国共产党的内部事务。会谈双方还一致对中新两国友好关系和贸易关系的发展感到满意，并决心加速两国关系的发展。

8月8日　台湾空军第五联队少校飞行考核官黄植诚驾驶F—5E型飞机飞往祖国大陆。飞机降落在福建某机场。

8月20日—25日　马里总统特拉奥雷访华。特拉奥雷访华期间，赵紫阳同他举行了会谈，邓小平、胡耀邦分别同他会见。在会谈中，双方介绍了各自国家的对外政策和立场，就重大国际问题和双边关系交换了意见，并在许多问题上取得了一致的看法。特拉奥雷还指出，中国专家对马里建设做出了有益的贡献，马里同中国的合作非常适合马里的情况；马里政府和人民将永志不忘中国人民给予马里的支持和帮助。邓小平向特拉奥雷介绍了党的三中全会以来中国政治形势的变化，指出中国正在把党和国家的生活纳入正轨。胡耀邦就发展两党、两国的友好合作关系同特拉奥雷交换了意见。特拉奥雷向邓小平、胡耀邦表示，相信中国情况会一天天好起来，两党、两国的关系将进一步得到加强。

8月25日　《人民日报》报道：喉癌切除硅橡胶喉成型研制成功。它是山东医学院附属医院耳鼻喉科研制的，它能使接受喉部癌肿瘤切除手术的患者恢复呼吸、吞咽、说话的功能，是一项具有国际先进水平的研究成果。

8月28日　新华社报道：国务院召开广东、福建、浙江三省打击走私工作会议。会议由谷牧主持。会议指出，要取得反走私的决定性胜利，关键在于各级领导要统一认识，中央有关部门和其他省、市、自治区都要积极主动地配合这三个省的工作。会议决定采取有力措施，打击走私活动，指出要进一步加强三省的海、陆缉私力量，并动员各部门共同打击走私、贩私活动；对依靠走私的暴发户和走私贩私集团和首犯，要依法严惩，决不手软；要公开处理一些典型案件，震慑犯罪分子，教育人民群众；要大张旗鼓地进行爱祖国和遵守法纪教育。会议要求共产党员、共青团员和机关工作人员自觉抵制糖衣炮弹的袭击。会议重申：凡涉及内部的走私贩私活动都要查清事实，分别轻重，依照党纪国法严肃处理，决不容许姑息养奸。

同　日　新华社报道：教育部决定正式执行《中学生守则》和《小学生守则》。教育部在给各省、市、自治区教育厅（局）的通知中指出，自1979年8月试行《中学生守则》和《小学生守则》以来，这两个守则在加强学校思想政治教育、抵制资产阶级思想侵蚀、培养学生良好的道德风尚和文明行为等方面起了积极的作用。通知决定：现根据各地意见，必要地修改和补充这两个守则，并自9月1日起，正式在各中、小学校执行。

9月13日—19日　解放军北京部队和空军在华北某地举行军事演习。这次演习是由北京军区组织的方面军防御战役实兵演习，也是人民解放军历史上规模最大的一次演习。参加演习的有陆军1个军部、8个师又29个团、11个营，空军2个航空大队，以及3个后勤分部、3个医院，共11万多人；出动坦克、装甲车1 300辆，大炮1 500门，飞机285架，汽车1万多辆。北京军区司令员秦基伟、副司令员马卫华、副政委曲竞济、参谋长周依冰等担任导演并组织指挥。演习的基本设想是："蓝军"以突然袭击的方式向"红军"发动大规模全面进攻，首先使用核武器和航空兵对"红军"防御纵深的重要战略、战役目标实施猛烈袭击，而后地面部队发起进攻，入侵"红军"防守地区，企图夺取战略目标。"红军"发现"蓝军"大规模入侵征候后，立即进入紧急临战状态，迅速完成战役展开，组织坚守防御，顽强抗击，粉碎了"蓝军"的进攻。演习部队围绕战争初期抗击"蓝军"战略空袭，制止其长驱直入的作战任务，重点演练了4个课题：模拟"蓝军"坦克师进攻；空降与反空降；坚固守御阵地；集团军首长机关带部分实兵实施战役反突击。演习标志着人民解放军合同战役战术训练进入了一个新阶段。9月19日，邓小平、胡耀邦、赵紫阳、李先念、华国锋、王震、韦国清、方毅、李德生、余秋里、张廷发、耿飚、彭冲、陈慕华、万里、王任重、宋任穷、杨得志、廖承志、杨尚昆、薄一波、姬鹏飞、黄华等党和国家领导人，韩先楚、杨勇、王平、陈锡联等中央军委常委，陆定一、康克清、王首道、肖克、程子华等政协全国委员会领导人，人民解放军各总部、各军兵种、各大军区、各省军区、野战军和军事院校的领导人，中共中央、国务院各部委领导人，各省、市、自治区党政领导以及当地干部和人民群众的代表等，观看了演习。演习结束后，举行了盛大的阅兵式，邓小平在秦基伟陪同下，检阅了陆海空军指战员排列成的，53个方队，并且向受阅部队发表讲话。9月24日，胡耀邦、叶剑英、邓小平等党和国家领导人接见了参加演习部队的领导干部。

9月20日　中国首次成功地用一枚运载火箭发射3颗空间物理探测卫星。卫星准确进入预定轨道，各系统工作正常，并且不断地向地面发送各种科学探测和试验数据。此次发射使中国成为继美国、苏联和西欧航天局以后，第四个掌握火箭多次分离技术的国家。

9月25日　鲁迅诞辰100周年纪念大会在京举行。鲁迅诞辰100周年纪念委员会主任委员邓颖超主持大会，胡耀邦、叶剑英、邓小平、赵紫阳、陈云、华国锋等党政领导人，首都各界代表及外国朋友共6 000多人参加大会。周扬在题为《坚持鲁迅的文化方向，发扬鲁迅的战斗传统》的长篇报告中，概述了鲁迅的生平，分析了鲁迅思想的发展过程和鲁迅的伟大贡献。胡耀邦在会上作重要讲话。他高度评价鲁迅的历史地位和伟大功绩，强调指出，鲁迅是经过长期的实践斗争和独立思考而接受共产主义世界观的，他虽然在组织上没有加入中国共产党，但他是一个真正的马克思主义者和共产主义者。胡耀邦在回顾了近几年文艺战线取得的重大成就以后，强调指出，我们党的一些带根本性的重要意见，没有引起文艺界同志的充分重视。他指出，要促进文艺的健康发展，正确地开展批评和自我批评是十分必要的。

9月25日—29日　多哥总统埃亚德马访华。埃亚德马访华期间，赵紫阳同他举行了会谈，胡耀邦主席、邓小平副主席分别同他会见。在会谈中，赵紫阳说，两国在一些重大国际问题上，有广泛一致的看法。他指出，中国制定外交政策的依据仍是毛泽东主席关于三个世界划分的理论，中国将永远同第三世界在一起；中国采取对外开放政策，同发达国家交往，并不意味着削弱了同第三世界友好国家的关系。埃亚德马向胡耀邦介绍了非洲的形势，胡耀邦重申了中国支持非洲人民正义斗争的立场，并且指出，苏联企图挑拨、分化、瓦解第三世界国家的关系，我们必须提高警惕；他希望非洲国家加强团结、巩固民族经济，发展经济。邓小平同埃亚德马就共同关心的问题进行了交谈。

9月28日　中共中央发出关于《落实居住在（祖国）大陆台湾同胞政策的指示》。《指示》指出，现在居住在大陆的台湾同胞约1.7万多人，正在和全国人民一道为祖国的统一努力工作。由于种种原因，特别是十年动乱期间，林彪、江青反革命集团在台湾同胞中制造了许多冤假错案，不少人身心受到严重的摧残，甚至含冤致死，党的十一届三中全会以后，各级党委对落实台湾同胞政策做了不少工作，取得了一定成绩。但是也有一些地方和部门对这一工作抓得不紧。《指示》作出8条具体规定，要求各级党委重视落实居住在祖国大陆台湾同胞的政策。

9月30日　叶剑英委员长对新华社记者发表谈话，进一步阐明台湾回归祖国实现和平统一的9条方针。他建议：举行中国共产党和国民党两党对等谈判，实行第三次合作，共同完成祖国统一大业。双方可先派人接触，充分交换意见；共同为通邮、通商、通航、探亲、旅游以及开展学术、文化、体育交流提供方便，达成有关协议；国家实现统一后，台湾可作为特别行政区，享有高度的自治权，并可保留军队。中央政府不干预台湾地方事务；台湾现行社会、经济制度不变，生活方式不变，同外国的经济、文化关系不变，私人财产、房屋、土地、企业所有权、合法继承权和外国投资不受侵犯；台湾当局和各界代表人士，可担任全国性政治机构的领导职务，参与国家管理；台湾地方财政遇有困难时，可由中央政府酌情补助；台湾各族人民、各界人士愿回祖国大陆定居者，保证妥善安排，不受歧视，来去自由；欢迎台湾工商界人士回祖国大陆投资，兴办各种经济事业，保证其合法权益和利润；统一祖国，人人有责。我们热诚欢迎台湾各族人民、各界人士、民众团体通过各种渠道，采取各种方式提供建议，共商国是。

10月3日　国家民航总局为随时架起台湾海峡两岸的空中桥梁作出三项决定。这三项决定是：一、大陆民航已准备好随时可以飞往台湾各城市的航机，为台湾海峡两岸各族人民进行学术、文化、体育交流和探亲、访友、旅行以及发展贸易提供方便条件。二、台湾民航飞机在飞行中如遇有紧急情况，可到大陆各民航机场降落起飞，大陆机场将提供一切安全保障和服务设施。三、中国民用航空总局准备随时与台湾航空当局进行通航谈判，具体时间、地点可互相商定。在通航协议未达成前，建议先在空运业务之间互相实行业务代理，合作处理客运、邮运、货运等业务。

10月5日　国家医药管理部门作出关于愿和台湾地区同行互通有无的决定。国家医药管理总局局长胡昭衡今天发表谈话，宣布了国家医药管理部门表示愿和台湾地区同行互通有无的四项决定：一、欢迎台湾医药界同仁与祖国大陆积极开展中药材、中成药、化学药品等贸易，互通有无，相互支持。二、欢迎台湾医药界同仁与祖国大陆开展医药科学技术交流，特别是中药学术和科研技术的交流，共同努力，发扬祖国医药遗产。三、欢迎台湾医药界和工商界来祖国大陆投资兴办医药生产和科研事业。四、台湾地区如发生灾情、疫情，我医药供应部门可以随时支援。

10月5日—7日　联邦德国副总理兼外长根舍访华。根舍访华期间，赵紫阳总理和邓小平副主席分别同他会见，黄华同他进行了会谈。在会谈中，双方介绍了各自国家的情况和对国际问题、双边关系的看法。赵紫阳向根舍介绍了中国当前的经济情况，指出两国之间具有长期发展贸易和经济合作关系的条件和基础，他并且请根舍转达他对施密特总理的问候。根舍转达了施密特对赵紫阳的祝愿，并表示联邦德国经济界对中国经济的发展怀有极大兴趣。邓小平同根舍就共同关心的一些国际问题及进一步发展两国友好合作关系问题交换了意见。邓小平指出，今后两国的经济合作可以采取更多的方式，可以在技术转让、合资经营方面加强合作，大中小项目都可以搞。根舍认为，中国目前经济发展方针是正确的。他转达了施密特总理和谢尔前总统对邓小平的问候，邓小平请根舍转达他对施密特和谢尔的问候。

10月7日—16日　全国少儿读物出版工作会议召开。会议由国家出版局召集，在山东泰安召开。各省、市、自治区出版部门负责人、儿童文学作家、编辑及少儿工作者共260多人参加会议。会议主题是讨论如何进一步加强和改进少儿读物出版工作。会议认为，出版部门面临着一个重要课题：在注意少儿读物知识性的同时，增强读物的思想性。会议讨论制定了少儿读物的部分选题计划，打算在近两三年内力争出版。会议还讨论了加强科普读物、农村少儿读物、学龄前低幼读物的出版问题。

10月16日　外贸部部长郑拓彬提出促进大陆和台湾通商的4点建议。郑拓彬就如何促进大陆和台湾通商，贸易进一步发展的问题，提出四点建议，一、欢迎台湾工商界同胞来大陆参观考察、洽谈生意、参加广州出口商品交易会、举办商品展销会、设立公司代表机构。二、本着互通有无和调剂余缺的精神进行物资交流。对台湾需要的祖国大陆产品，如煤炭、石油、中药材等，我们愿以优惠价格安排供应。对台湾能够供应而我们又需要的产品，我们将以积极态度洽购。三、对直接输入大陆的台湾产品，在办理各种手续上，我们将给予方便。四、我们热烈欢迎台湾"经济部"官员同我外贸部有关官员进行会晤，商讨大陆与台湾通商事宜，会晤时间地点可共同商定。

10月19日—29日　丹麦首相约恩森访华。约恩森访华期间，万里同他举行了会谈，邓小平同他会见。会谈中，双方均对两国友好合作关系的发展表示满意，并且一致认为，进一步发展两国的经济、技术合作有着良好的基础和前景。万里还表示，中国重视加强同欧洲共同体的合作。约恩森向邓小平指出，丹中两国之间没有利害冲突。邓小平说，最重要的是在当前十分动荡的形势下，我们愿意通力合作，争取一个较长的和平时期；对付苏联霸权主义要做一些扎扎实实的工作，一切反对苏联侵略扩张的力量要联合起来。邓小平请约恩森转达他对玛格丽特二世女王的良好祝愿，约恩森也转达了女王对邓小平的问候。

10月21日　国家水产部门为与台湾同仁共同发展祖国水产事业作出决定。国家水产总局局长肖鹏今日就大陆和台湾进一步发展祖国水产事业向新华社记者发表谈话，宣布国家水产部门作出的决定：一、除了继续做好对台湾渔民在海事中的救助工作和台湾渔民进入大陆沿海港口避风的接待工作外，还热烈欢迎台湾及金门、马祖等岛屿渔民以及水产界的同仁、同事、朋友回乡探亲、访友、观光。对来者，我们将提供便利。二、为了发展祖国的水产事业，我们欢迎台湾水产科学界同仁与大陆开展水产科学技术交流，共同探讨发展祖国水产事业的科学技术问题。同时，欢迎双方互派渔业代表团和渔业工作者参观访问。三、欢迎台湾水产界和工商界来大陆投资兴办水产生产和加工事业。对台湾需要大陆供应的物资我们愿意优惠安排供应，开展大陆与台湾之间水产品贸易。四、为了保护和合理利用祖国沿海的水产资源，希望共同协商，协调一致，维护好海上生产秩序，发展渔业生产。

10月27日—11月2日　委内瑞拉总统埃雷拉访华。埃雷拉访华期间，赵紫阳同他举行了会谈，双方交流了对共同关心的重大国际问题的看法，并着重就拉美形势和中委关系的进一步发展问题深入地交换了意见。赵紫阳和埃雷拉还出席了中委文化合作协定和科学技术协定的签字仪式。这两个协定分别规定：双方将为促进在文化、艺术、教育、体育、新闻、广播、电影、电视方面的合作和交流做出努力；将本着友好合作精神和平等互利原则进行科学技术合作。邓小平副主席会见了埃雷拉。他指出，第三世界国家要自立、自强、自信；对付苏联霸权主义，就需要中国和第三世界国家以及其他一些国家消除障碍，广泛地联合起来。邓小平还向埃雷拉介绍了中国近几年的情况。他说，我们的国家是有希望的。

11月14日　中国科学院主席团会议通过《中国科学院科学基金试行条例》。条例共分总则、组织、科学基金的来源和使用、项目的申请和选择、评审程序、管理和监督、附则，共7章25条。根据条例，科学基金面向全国，全国各部门、各单位的科学工作者均可以按规定的手续申请；基金的资助范围主要是全国自然科学方面的基础研究和应用研究中的基础性工作；资助的项目要经过同行评议，择优支持；学部科学基金组织有权检查、监督基金的使用情况。

11月16日　中国女子排球队获第三届世界杯女子排球赛冠军。这次比赛在日本举行。中国女子排球队团结合作，勇猛顽强，接连击败日本、美国、苏联等世界强队，夺得冠军。中国女排的领队是张一沛，教练为袁伟民、邓若曾，队员有孙晋芳、张蓉芳、周晓兰、郎平、陈亚琼、陈招娣、曹慧英、杨希、朱玲、梁艳、张洁云、周鹿敏。在这次比赛中，袁伟民获最佳教练员奖，孙晋芳获最佳运动员、优秀运动员和二传奖，郎平获优秀运动员奖。

11月30日—12月13日　五届全国人大四次会议在京举行。赵紫阳总理在会上作题为《当前的经济形势和今后的经济建设方针》的政府工作报告。报告指出，1981年国民经济计划预计可以胜利完成，稳定经济的目标能够基本实现，国民经济已开始走上稳步发展的轨道。经济的稳定首先表现为财政和信贷的基本平衡。财政赤字预计将从1979年的170亿元，1980年的127亿元，降低到1981年的27亿元。与此同时，市场物价已基本稳定。农业的全面增产，将成为经济稳步发展的基础。1981年的粮食总产量预计可接近1979年的水平，是建国以来第二个高产年；棉花在1980年创历史最高纪录的基础上又有新的突破；油料在连续3年大增产的基础上又增长17%左右；糖料将比1980年增长10%以上；林业、畜牧业、渔业也都取得了新的成绩；社队企业继续有所发展。此外，轻工业生产有了大幅度增长；基本建设战线过长的问题正逐步得到解决，投资的使用比过去合理了；科研工作正在发挥重要作用；对内对外贸易都有所扩大，人民生活正在继续得到改善。报告提出了今后进行经济建设的十条方针：一、依靠政策和科学，加快农业的发展；二、把消费品工业的发展放到重要地位，进一步调整重工业的服务方向；三、提高能源利用率，加强能源工业和交通运输业的建设；四、有重点有步骤地进行技术改造，充分发挥现有企业的作用；五、分批进行企业的全面整顿和必要的改组；六、讲究生财、聚财、用财之道，增加和节省建设资金；七、坚持对外开放政策，增强我国自力更生的能力；八、积极稳妥地改革经济体制，充分有效地调动各方面的积极性；九、提高全体劳动者的科学文化水平，大力组织科研攻关；十、从一切为人民的思想出发，统筹安排生产建设和人民生活。会议讨论通过了关于《当前的经济形势和今后经济建设的方针》报告的决议、关于批准国务院1980年国家决算和1981年国家概算执行情况报告的决议、关于推迟审议宪法修改草案的决议、关于全国人民代表大会常务委员会工作报告的决议、《中华人民共和国经济合同法》、《中华人民共和国外国企业所得税法》、关于最高人民法院工作报告和最高人民检察院工作报告的决议、关于开展全民义务植树运动的决议。会议还通过了一批增补的全国人大代表的名单。

12月15日—23日　中共中央召开省、市、自治区党委第一书记座谈会。胡耀邦、陈云在会上讲了话。胡耀邦指出，1981年全党的工作有了新的进展，政治局面更加安定，经济上继续好转，理出了一套稳妥的社会主义经济建设方针，走上稳定发展的轨道。1982年的奋斗目标是：第一、要两手抓，一手抓物质文明建设，一手抓精神文明建设，在两方面都取得令人满意的新成就；第二、在经济上，要努力争取一个扎扎实实的，没有“水分”的、一定的发展速度；第三、在政治上，在精神文明建设上，要努力争取社会治安、社会风尚和党风有一个决定性的好转。陈云在讲话中重点谈了经济问题。他指出，一、农业经济是全国经济的重要部分，也必须以计划经济为主，市场调解为辅；二、要使十亿人民有饭吃，不能吃得太差，也不能吃得太好，必须做到一能吃饭，二能建设；三、试办经济特区，只能有现在这几个，不能再增多；四、国家建设必须是一盘棋，必须按计划办事。

12月16日　全国人大副委员长张鼎丞逝世。张鼎丞，福建永定县人。1898年12月出生。1927年加入中国共产党。1928年，与邓子恢等领导闽西龙岩、永定、上杭等县的农民武装暴动，建立了苏维埃政权。1929年7月，任中共闽西特委委员、军委书记、红四军第四纵队党代表。1930年，任闽西苏维埃政府主席。1931年，当选为中华苏维埃共和国中央政府执行委员、土地部长。1932年，当选为福建省苏维埃政府主席。红军长征后，坚持南方游击战争。抗日战争时期，他先后担任新四军第二支队司令员、中央党校二部主任。解放战争时期，先后担任华中军区司令员、中共中央华东局常委兼组织部长。新中国建立后，曾任中共福建省委书记兼省人民政府主席、省军区政委，中共中央华东局第四书记，华东行政委员会副主席兼政法委员会主任，中共中央组织部副部长。1954年，在第一届全国人民代表大会上当选为最高人民检察院检察长。“文化大革命”中受到林彪、江青反革命集团的严重迫害，他进行了坚决的斗争。粉碎“四人帮”后，坚决拥护中共十一届三中全会以来的路线，方针、政策。他是中共七、八、九、十、十一届中央委员会委员，第四、第五届全国人大常委会副委员长。

12月24日　国家体委召开表彰大会。杨静仁、李梦华等出席大会并讲了话。大会共表彰了91名在1981年创造优异成绩的运动员、教练员，他们分属于乒乓球、排球、羽毛球、跳水、体操、技巧、射击、田径、举重、跳伞、航海模型、航空模型、登山、足球等运动队。徐寅生宣读了国家体委关于表彰91名运动员、教练员的决定，杨静仁等向获奖者颁发了体育运动荣誉奖章。杨静仁在讲话中赞扬体育战线取得了令人振奋的成绩；要求运动员、教练员向获奖者学习。

本　月　中国建立人类精子库。精子库设在湖南医学院生殖工程研究室，精液被贮藏在零下196摄氏度的液氮汽藏库中。这是中国第一个人类精子库，它将用于开展遗传、生殖研究和人工授精。

1982年

1982年综述

1月，中共中央批转《全国农村工作会议纪要》，对农业生产责任制、改善农村商品流通、运用农业科学技术、提高经济效益、改善生产条件、加强思想工作和基层建设等问题，提出了合乎实际的政策。此后，农业生产责任制转入总结、完善、稳定的阶段。

同月，中共中央政治局会议决定精简中央机构。中共中央和国务院开始机构改革工作。机构裁并，工作人员总编制缩减，领导班子中新选拔了一批中青年干部。到6月底，机构改革工作告一段落。机构臃肿、人浮于事、领导班子老化的现象得到初步改善。

4月，针对经济领域各种犯罪活动增多的状况，中共中央、国务院公布《关于打击经济领域中严重犯罪活动的决定》。全国进行了大规模打击经济领域中严重犯罪活动的斗争，取得了一定成效。

9月，中国共产党第十二次全国代表大会召开，通过政治报告和新的党章，选出了新的中央委员会和中央纪律检查委员会，设立了中央顾问委员会。十二大根据中央关于建设有中国特色的社会主义的指导思想，提出了全面开创社会主义现代化建设新局面的宏伟纲领。中央新的领导机构实现了新老交替，为全面开创社会主义现代化建设新局面提供了可靠的组织保证。

10月，中国用潜艇在水下向预定海域发射运载火箭获得成功。

是年，中共中央作出《关于建立老干部退休制度的决定》。国务院发布《关于老干部离职休养制度的几项规定》。这是干部制度方面的重要改革。根据中央的规定，一批老干部退出了第一线领导岗位。

是年，国民经济在调整、整顿、改革中稳步发展。农业生产获得大丰收，农业开始由自给、半自给经济向商品经济转变，由传统的耕作技术向现代化的科学技术转变。工业生产全面增长，轻重比例关系有了新的调整。人民生活继续有较大的提高。国民经济发展中存在的主要问题是：固定资产投资过多，资金使用分散；基本建设规模过大，战线过长，盲目生产、重复建设的现象仍然存在；生产建设、流通领域中经济效益差的状况没有明显改善；一些地方能源供应不足，交通运输紧张。

主要经济指标：工农业总产值8 291亿元，比上年增长8.7%。其中，工业总产值5 506亿元，比上年增加7.7%；农业总产值2 785亿元，比上年增长11.1%。工农业产品产量：粮食，3.545亿吨；棉花，359.8万吨；油料，1 181.7万吨；钢，3 716万吨；原煤，6.66亿吨；原油，1.0212亿吨；发电量3 277亿度。基本建设投资总额555.5亿元。社会商品零售总额2 570亿元。全国财政总收入1 124亿元，总支出1 153.3亿元。

1月1日　中共中央批转《全国农村工作会议纪要》。《纪要》指出，全国农村已有90%以上的生产队建立了不同形式的农业生产责任制，大规模的变动已经过去，现在已经转入了总结、完善、稳定阶段。《纪要》明确宣布，目前实行的各种责任制，都是社会主义集体经济的生产责任制，都是社会主义农业经济的组成部分。我国农业必须坚持社会主义集体化道路，基本生产资料公有制是长期不变的，集体经济要建立生产责任制也是长期不变的。《纪要》认为，健全与完善农业生产责任制要坚持因地制宜分类指导的原则；坚持土地的集体所有制，切实注意保护耕地和合理利用耕地；把完善生产责任制的工作和促进农业生产的全面发展目标密切联系起来；实行各种承包责任制的生产队，必须抓好订立合同的工作，把生产队与农户、作业组、专业户之间的经济关系和双方的权利、义务用合同形式确定下来。关于改善农村商品流通，《纪要》指出，今后一个时期农副产品收购价格必须采取基本稳定的方针。增加农民的收入，不能指望提高收购价格或降低收购基数，而只能主要依靠发展商品生产，实现多产畅销。因此，必须采取措施，改善农村商业，疏通流通渠道，加强市场管理。《纪要》指出，农业经济是国民经济的重要组成部分，要以计划经济为主，市场调节为辅。要恢复和加强供销社组织上的群众性、管理上的民主性和经营上的灵活性，使它在组织农村经济生活中发挥更大的作用。必须多方设法疏通和开辟流通渠道，逐步实现多成分、多渠道，少环节。要积极开展农副产品的就地加工、产品精选和综合利用。关于农业科学技术，《纪要》认为，农业可以吸收多学科的科学技术成就，成为知识密集的产业部门。要动员组织各方面的研究力量，有计划地进行科学技术攻关。要恢复和健全各级农业技术推广工作，充实加强技术力量。要进一步做好农业资源调查和农业区划这一基础工作。要调整和加强农业院校的领导班子，进一步改善办学条件，抓好专业培训工作，还要加强农民教育，提高科学文化水平。关于提高经济效益、改善生产条件，《纪要》强调，农业生产应和其他各部门一样，十分重视经济效益原则，强调发掘内涵性潜力。要建立一个多种经营综合发展的合理的生产结构；要采取有效措施，尽快使林业和畜牧业恢复和发展起来；要抓好水利、农机、化肥等项投资的利用效益，改善农业生产条件；要健全财务管理制度，提高经营管理水平。关于加强思想政治工作和基层组织建设，《纪要》指出，必须采取措施切实改进农村思想政治工作存在着的涣散软弱的状况。要围绕建立健全生产责任制这个中心，结合实际的工作问题和思想问题，对农民进行“两不变”、“三兼顾”的宣传教育，使之懂得我国农业必须坚持社会主义农业集体化的道路、公有制长期不变，生产责任制长期不变；要国家、集体、个人三方面兼顾，不能只顾一头。还要加强农村基层组织建设。中央批语着重指出，近来农村一部分社队基层组织涣散，甚至陷于瘫痪、半瘫痪状态，这种状况应当引起各级党委高度重视，在总结完善生产责任制的同时，一定要把这个问题切实解决好。

1月2日　中共中央、国务院作出《关于国营工业企业进行全面整顿的决定》。《决定》指出，为了进一步充分贯彻执行党对国民经济调整、改革、整顿、提高的方针，充分发挥现有国营工业企业的潜力，提高经济效益，促进国民经济状况的根本好转，中央决定从1982年起，用两三年时间，有计划有步骤地、点面结合地、分期分批地对所有国营工业企业进行全面的整顿。《决定》指出，企业全面整顿的内容有五项：一、整顿和完善经济责任制，改进企业经营管理，搞好全面计划管理、质量管理和经济核算工作。二、整顿和加强劳动纪律，严格执行奖惩制度。三、整顿财经纪律，健全财务会计制度。四、整顿劳动组织，按定员定额组织生产，有计划地进行全员培训，坚决克服人浮于事、工作散漫的现象。五、整顿和建设领导班子，加强对职工的思想政治教育。

1月4日　国务院、中央军委联合发出《关于军队干部离职休养的暂行规定》。《规定》对离休干部的安置原则、办法、政治和生活待遇等作了明确规定：年老体弱不能坚持正常工作的1937年7月6日以前入伍（含参加革命工作，下同）的干部；1945年9月2日以前入伍的团职或行政18级以上干部以及与其职级相当的干部；1949年9月30

日以前入伍的师职或行政14级以上干部以及与其职级相当的干部，可以离休。离休的年龄为：师职以下干部年满55周岁，军职干部年满60周岁，兵团职和大军区职干部年满65周岁。身体不能坚持正常工作的，可提前离休。因工作需要，身体又能坚持正常工作的，可推迟离休。

1月4日—6日　中纪委在北京召开纪检工作座谈会。会议认为，只有党的正确路线，没有端正的党风，四化依然实现不了。党的组织不纯、思想不纯、作风不纯，就不能贯彻和实施党的正确路线。中纪委在1981年直接、间接处理了3 000多个案件，伸张了正义，顶住了压力，严肃了党纪国法，得到了人民群众的信任。工作取得了很大成绩，党风正在好转，但尚未根本好转。会议认为，党风问题事关党的生死存亡，是一个全局性的问题，必须全党动手，各级党委重视，职能部门协同作战。当前中纪委和各级纪委都要认真抓党风，重点是：一、纠正思想领域的不正之风，坚持四项基本原则，坚持党的路线、方针、政策，反对资产阶级自由化。二、抓经济领域的不正之风，保证四化建设的顺利进行。三、反对官僚主义作风，卓有成效地为人民服务。

1月8日　中纪委就陈寿阳向外商索贿并贪污公款事发出《必须严肃处理党员干部中的违法乱纪案件》的通报。1981年1月，江苏省机械进出口分公司副经理陈寿阳等人在与外商洽谈业务中，以极为卑劣的手法向外商索贿。接受贿赂后，在商务谈判中屈从外商提出的苛刻要求，使国家在政治上和经济上遭受损失。陈寿阳等人在国外还贪污公款购买个人消费品。中共江苏省委同意省纪委提出的给予陈寿阳开除党籍的处分，并建议撤销其行政职务，由司法机关依法惩办。中央纪委的通报指出，纠正党员干部中的违法乱纪行为，抵制资产阶级腐朽思想的侵蚀，端正党风，根本问题在于经常进行思想教育，健全党内民主生活，开展批评与自我批评，清除我们队伍中的政治灰尘，这是一个重要方面。对那些违法乱纪者，必须严格执行纪律，凡是蜕化变质丧失党员条件的，必须清除出党；对那些触犯刑律的，要交司法部门依法惩办，绝不能姑息迁就，贻害于党。

1月11日　中共中央就广东省一些干部中存在走私贩私、贪污受贿等经济问题发出《紧急通知》。《通知》指出，对一些干部甚至一些负责干部走私贩私、贪污受贿、把大量国家财产窃为已有的严重违法犯罪行为，全党一定要抓住不放，雷厉风行地加以解决。对那些情节严重的犯罪干部，首先是占据重要职位的犯罪干部，必须依法逮捕，加以最严厉的制裁，《通知》指出，在全国范围内，只要认真处理十几件，几十件重大的犯罪案件，并且大张旗鼓地在干部和人民中间加以公布，人民就会兴高彩烈，党风和整个社会风气就会得到很大扭转，坏人就会大大收敛。中共中央还派出习仲勋、余秋里、彭冲、王鹤寿等领导干部去广东、福建、浙江、云南等地，传达中央常委的指示，采取紧急措施，开展打击走私贩私、贪污受贿等活动。

1月11日、13日　中共中央政治局召开会议讨论中央机构精简问题。邓小平在会上作了题为《精简机构是一场革命》的讲话，阐明机构改革的性质、任务和方针原则。他说，精简机构是一场革命。当然，这不是对人的革命，而是对体制的革命。如果不搞这场革命，让党和国家的组织继续目前这样机构臃肿重叠、职责不清、许多人员不称职、不负责，工作缺乏精力、知识和效率的状况，是不可能得到人民赞同的。这场革命不搞，让老人病人挡住比较年轻、有干劲、有能力的人的路，不只是四个现代化没有希望，甚至要亡党亡国。因此，对这场革命决心要大，坚定不移，不受干扰，工作要细，不用过去搞运动的方法。他指出，这一次精简机构，不但要注意出的问题，还特别要注意进的问题。进，最关键的问题是选比较年轻的。中共中央政治局会议一致同意邓小平的讲话。1月19日，中共中央将邓小平的讲话印发给中央各单位和国务院各部委党组。随后，中共中央和国务院的机构改革工作开始进行。中央党政机关的精简机构工作在试点的基础上，有领导、有步骤、有秩序地进行。到6月底完成了第一阶段的工作。经过精简机构，国务院所属部委、直属机构和办公机构，由100个裁并为60个，工作人员总编制缩减1/3左右。仅据38个部委统计，除兼职的部长、主任外，正副部长、主任共有167人，比原有的505人减少67%；原设有司局级机构720个，现在减少32%；原有正副局长2 450人，现在减少43%。在新的领导班子中新选拔的中青年干部占32%，平均年龄由64岁降到58岁。国务院副总理由13人减为2人，新设国务委员10人。中共中央直属单位，局级机构减少11%，处级单位减少10%，工作人员总编制缩减17.3%。各部委的正、副职都严格按照3—5人配备，共减少了15.7%，平均年龄从64岁降到60岁。局级机构，正、副职一般设2—3人，减少了14%，平均年龄从原来的58岁降到54岁。新选拔的中青年干部在新配备的领导班子中，部级占13%，局级占16%，部、局两级领导班子的文化水平都有了提高。这次机构改革，虽对机构臃肿、人浮于事、领导班子老化的现象有所克服，但由于没有注意转变职能，仍未摆脱“精简—膨胀—再精简—再膨胀”的老路。

1月13日　中共中央发出《关于加强政法工作的指示》。《指示》指出，必须加强党的领导，全党动手，认真落实“综合治理”的方针，务使社会风气，社会治安在1982年内有个明显的好转。《指示》指出，青少年犯罪已经成为一个严重的社会问题。加强青少年教育是搞好“综合治理”的中心环节。要十分关心青少年的健康成长，关注他们的思想动态，研究少数青少年走上违法犯罪道路的原因和教训，积极地采取教育引导和预防犯罪的措施。《指示》要求各级政法机关把争取治安情况根本好转作为自己第一位的任务，为进行社会主义现代化建设创造良好的工作环境和社会秩序。《指示》指出，加强基层工作和基础工作，是长治久安的根本措施。要切实整顿、加强城镇和农村的基层组织。农村一般应当以区、公社（乡）或集镇为中心逐步建立公安派出所和设置司法助理员。县以上要逐步建立法律顾问处和公证处。城市街道办事处下属的居民委员会和治安保卫委员会、调解委员会，要普遍恢复，认真做好工作。《指示》指出，扩大、充实、整顿和提高政法队伍，1982年内要争取取得决定性的进展。增加人员的主要来源是：从大专和高中毕业生中招考合格的人员；从转业军人和基本建设队伍中挑选合格的干部、战士和职工。动员有法律知识的人员尽量归队。《指示》还要求政法工作人员不断提高政治觉悟，自觉服从党的领导，增强党性，克服派性，坚决反对任何阳奉阴违的行为。

同　日　新华社报道：中国科学院上海生物化学研究所等单位已于1981年底胜利完成酵母丙氨酸转移核糖核酸的人工全合成。这标志着我国在人工合成生物大分子的研究方面继续居于世界先进行列。

同　日　新华社报道：我国研制的电火箭首次进行空间飞行试验获得成功。继美、苏、日后，我国有了一种新型空间微推力火箭发动机，标志着我国电火箭的科研工作进入了一个新的阶段。

1月15日　新华社报道：国务院批准我国458所高等学校首批有权授予学士学位。国务院学位委员会和教育部联合下达了首批有权授予学士学位的高等学校名单。这些学校都是经国务院批准建立，在1978年以前（含1978年）已招收本科学生，师资、教学条件诸方面达到了要求的。其中，综合大学31所、理工院校169所、师范院校57所、财经院校18所、政法院校3所、语文院校10所、体育院校8所、艺术院校22所、民族院校9所、农林院校51所、医药院校80所。这些高等学校将在今年应届毕业生中首批授予学士学位。

1月17日　1981年全国十名最佳运动员评选揭晓。孙晋芳、郎平、陈肖霞、郭跃华、容志行、李月久、邹振先、童玲、吴数德、李小平当选。这次评选活动是由首都18家新闻单位联合举办的。17日在北京工人体育馆举行颁奖大会。

1月19日　农业部顾问王观澜逝世。王观澜，1906年生，浙江临海县人。1925年加入中国共产主义青年团，1926年转为共产党员。曾在莫斯科共产主义劳动大学学习，这期间，同王明的教条主义和宗派主义进行了坚决斗争。1930年回国后，历任县委书记，闽粤赣军区政治部组织部长、宣传部长，《红色中华》总编辑，中央工农政府土地部副部长，查田运动指导委员会主任。长征期间，任红一、三军团地方工作团主任。在陕北时期，任中央土地部部长、农委主任、陕甘宁边区党委副书记、统战委员会主任。建国后，历任中共中央政策研究室副主任，农业部党组书记、副部长，中央农村工作部副部长，国务院农林办公室副主任兼北京农业大学校长、党委书记，农业部顾问。他还是二、三、四届全国政协委员，四、五届全国人大常务委员。

1月23日　新华社报道：中纪委转发中共浙江省委关于检查温州市某些部门、企业进行投机诈骗情况的报告，并就此事发出通报。通报要求各级纪委、党委像浙江省委一样，下决心抽出强有力的干部，彻底检查、严肃处理一些重大案件，扎扎实实地做几件端正党风、严肃党纪国法的事，以引起大家警惕，造成反对一切歪风邪气的声势，使人民群众亲眼看到我们党对整顿党风有决心，说话是算数的。一个时期以来，温州市某些部门、企业投机诈骗活动严重。浙江省委遵照中央领导同志的指示，从省级机关抽调20名干部组成检查组，去温州检查，温州市和所属各县的党委组织了130名干部参加检查。对现已查清的23个重点案件的有关人员，分别给予法律制裁和党纪、政纪处分。对行骗造成的欠款，各县也在积极设法清退。

同　日　中国文字改革委员会举行主任会议。会上，胡乔木重申了中共中央、国务院在50年代规定的中国文字改革委员会的三项任务：推广普通活；推广汉语拼音方案；简化汉字。他就这三项任务着重指出：一、推广普通话的工作要在学校教育和社会教育中继续加强。二、汉语拼音方案是经过长时间广泛讨论、采取慎重步骤制定的，它不但是由国务院提请全国人大讨论通过的推行多年的方案，而且已经得到了世界的公认，没有任何理由动摇。现在需要的是迅速制定正词法规则和解决扩大实际应用范围的一系列技术问题。三、关于简化汉字方案，需要进一步加以完善，以适应汉字信息化的要求。

1月25日　陈云约请国家计委负责人座谈加强计划经济问题。姚依林、宋平、柴树藩、李人俊、房维中等人参加了座谈。陈云说，我们国家是计划经济，工业要以计划经济为主；农业实行生产责任制以后，仍然要以计划经济为主。陈云说，国家搞计划要有重有轻，有先有后。只要我们脚踏实地，按部就班地干，经济发展就快；如果急于求成，经济发展就慢。人民生活是要改善的，第一要吃饭，而且要吃饱，不能吃得太差，但是也不能吃得太好。第二要建设，一个国家吃光用光，那这个国家就没有希望。只有吃饱后，国家还有余力来建设，这才有希望。

2月1日　国务院公布《中华人民共和国1982年国库券条例》。1982年计划发行国库券40亿元，其中由全民所有制单位和集体所有制单位购买20亿元，城乡人民购买20亿元。个人购买国库券的利息为年息8%。国库券的还本付息，自发行后的第六年起办理。2月16日，中央国库券推销委员会成立，杜星垣任主任委员。1982年实际发行国库券43.8亿元。

同　日　王维经因走私套汇、投机倒把被逮捕法办。原广州市电信局党委书记、局长王维经和妻子王敏（退休干部）自1978年以来。用各种手段走私套汇，投机倒把，牟取暴利，其犯罪活动的情节和手法是极其恶劣的。广州市人民检察院对王维经夫妇进行了长时间的侦察，并于1981年6月向广州市人民法院提起公诉。经广州市中级人民法院央定，于1981年7月25日依法逮捕了王敏。4月3日，广州市中级法院判处王维经有期徒刑2年。5日，《人民日报》就此事发表题为《发人深思的教训》的评论员文章，指出要争取党风有个决定性的好转，就一定要坚决打击走私贩私、贪污受贿等严重违法犯罪行为。

2月1日—10日　第二届中国电影“金鸡奖”评选活动在南京举行。参加评选的影片都是1981年创作生产的。评选结果是：《邻居》获最佳故事片奖；成荫获最佳导演奖；张弦获最佳编剧奖；张雁、李秀明分获最佳男、女主角奖；《喜盈门》获荣誉奖。

2月4日　济南军区副司令员、顾问杨国夫中将逝世。杨国夫，1905年生，安徽霍丘县人。1928年加入中国共产主义青年团，1929年参加中国工农红军，1930年转入中国共产党。土地革命战争时期，曾任红四军第十师三十团营长，红一军团第十二团团长。参加了长征。抗日战争时期，任山东纵队第三旅副旅长，清河军区司令员，渤海军区司令员兼第七师师长。解放战争时期，任东北民主联军第七师师长，第四野战军四十三军副军长，江西军区副司令员。建国后，任中南军区第一文化速成中学校长，济南军区副司令员、顾问。1955年被授予中将军衔。他是第四届全国政协委员，第五届全国政协常委，山东省政协第四届委员会副主席。

2月7日　新华社报道：国家工商总局有关负责人谈加强市场管理、打击投机倒把活动的问题。他指出，投机倒把活动主要是指以下几种行为：一是投机倒卖。二是居间牟利。三是降质抬价。四是支持投机倒把活动，从中分成，牟取非法收入。当前投机倒把活动比较突出的是，倒卖紧俏工农业生产资料，倒卖外货、金银、外币、文物、贵重药材、买空卖空等。关于如何看待“二道贩子”，他指出，“二道贩子”是指不是出卖自己生产的产品，而是买进商品转手卖出，从中获利的人。这种活动有国家允许的，有不允许的。我们应当打击“二道贩子”违反国家政策规定、投机倒把、哄抬物价、破坏市场秩序的行为。而对“二道贩子”的正当贩运活动，应当给予保护。

2月9日　中共中央、国务院发出《关于进一步做好计划生育工作的指示》。《指示》要求继续提倡晚婚、晚育、少生、优生，以控制人口数量，提高人口素质。国家干部和职工、城镇居民，除特殊情况经过批准者外，一对夫妇只生育一个孩子。农村普遍提倡一对夫妇只生育一个孩子，某些群众确有实际困难要求生二胎的，经过审批可以有计划地安排。不论哪一种情况都不能生第三胎。

2月10日　中纪委就辽宁省委纪委《关于铁法矿务局一些干部和工人接受骗子马喜光贿赂情况的报告》发出通报。马喜光是刑满释放人员，他“用现金和物资铺平道路”，在铁法矿区进行诈骗活动达两年。铁法矿务局直接、间接接受马喜光贿赂和礼物的有113人，其中33名科级以上干部，45名共产党员。通报指出，各级党组织和广大党员干部都要从马喜光的行贿诈骗案中汲取教训，每个共产党员必须以党员的标准严格要求自己，自觉地加强世界观的改造，廉洁奉公，遵纪守法，并敢于同各种坏人坏事作斗争。

2月12日　中共中央转发《全国统战工作会议纪要》。这次会议是1981年12月21日—1月6日在北京召开的。《纪要》总结了3年来的统战工作，明确了今后统战工作的主要任务。《纪要》指出，在整个建设社会主义现代化强国的新的历史时期中，统一战线仍然是我们党的一个重要法宝，只要阶级还没有最后消灭，共产党还存在，就要坚持党与非党人士的合作，同党外朋友真正建立起肝胆相照、荣辱与共的关系。中共十一届三中全会以来，党和政府各级领导，逐步清除“左”的影响，落实各项统战政策，成绩显著。近3年来，我国8个民主党派共发展新成员3.5万余人，现共有地方组织700多个，基层支部4 000多个，在国家政治生活和社会主义现代化建设中发挥着积极作用。胡耀邦等中央领导同志在这次全国统战工作会议上的讲话中，提出要继续防止和克服关门主义、包揽一切的错误倾向，进一步发展和壮大爱国统一战线，团结一切可以团结的力量，调动一切积极因素，同党外朋友真正建立起肝胆相照、荣辱与共的关系。要求全党同志必须明确认识，今后我们的朋友将越来越多，统一战线的范围将越来越宽广。历史的和现实的经验已经反复地告诉我们，只有在工农联盟的基础上，争取和团结一切可以团结的力量，我们的事业才能无往而不胜。同时，提出当前统战工作主要要抓好的四件大事：一、要大力宣传新时期统一战线的重要性，提高全党对统战工作的认识。二、要坚决贯彻党同民主党派“长期共存、互相监督”的方针。三、全党和各级统战部门必须认识落实政策问题的严肃性，进一步狠抓各种政策的落实。四、要妥善安排党外人士，切实改善同党外人士合作共事的关系。每个从事统战工作的同志，要努力学习周恩来的好思想、好作风、好风格，打开统战工作的新局面。

同　日　新华社报道：中国已划定8个鸟类自然保护区。即青海青海湖自然保护区；新疆巴音布鲁克天鹅湖自然保护区；山西芦芽山自然保护区；山西庞泉沟自然保护区；辽宁老铁山蛇岛自然保护区；黑龙江扎龙自然保护区；吉林通榆自然保护区；吉林镇赉自然保护区。这8个保护区的总面积达36万多公顷。

2月14日　中共中央办公厅转发中宣部《关于深入开展“五讲四美”活动的报告》。《报告》指出，“五讲四美”活动要在城乡开展，先着重抓大、中城市。1982年主要抓好三件事：一、搞好环境卫生，解决一个“脏”字。二、整顿公共秩序，解决一个“乱”字。三、提高服务质量，解决一个“差”字。《报告》规定，每年3月为“全民文明礼貌月”。每年的“全民文明礼貌月”活动，可因时因地制宜，各有重点。1982年的“全民文明礼貌月”可围绕1982年“五讲四美”活动的3个重点进行。2月25日，中共中央宣传部等16个单位发出《动员起来，扎扎实实抓好“全民文明礼貌月”活动的联合通知》。《通知》要求各地一定要把1982年3月第一个“全民文明礼貌月”活动搞好，开一个好头，搞出个样子来。《通知》规定了1982年“全民文明礼貌月”活动要具体抓好的6个项目，要求各地讲究实效，狠抓落实。通过1982年的“文明礼貌月”活动，为深入持久地开展“五讲四美”活动打下好的基础。

2月15日　新华社报道：国务院批准24个城市为我国首批历史文化名城。国务院要求各级人民政府切实加强领导，做好这些城市的保护和管理工作。这24个城市是北京、承德、大同、南京、苏州、扬州、杭州、绍兴、泉州、景德镇、曲阜、洛阳、开封、江陵、长沙、广州、桂林、成都、遵义、昆明、大理、拉萨、西安、延安。《人民日报》2月16日发表文章，对这24个历史文化名城作了介绍。

同　日　胡耀邦会见美国麻省理工学院教授丁肇中。胡耀邦说，今年要抓紧解决两个还没有解决好的问题：精简机构和打击经济领域中的犯罪活动。这是关系到我们党和国家盛衰兴亡的大问题，一定要坚决办好。方毅、李昌、钱三强参加了会见。

2月18日　邓小平在北京会见柬埔寨诺罗敦·西哈努克亲王和夫人。邓小平向西哈努克谈到我国当前的情况，他说：“现在我们正在搞体制改革。官僚主义、机构臃肿、人浮于事的现象必须清除。干部老化问题也到了非解决不可的时候了。我们下了很大的决心，把它当做一次革命，当然这是对体制的革命，而不是对人的革命。”邓小平说：“体制改革工作才开始1个月。从1个月的情况看，工作进行得很顺利。我们党内同志，包括老同志在内，对这个问题的认识是一致的。现在看来，体制改革工作所需要的时间会比原先设想的要短得多。这项工作行得通的本身就证明我们的国家是稳定的。”我国政治稳定和政策的连续性，保证了体制改革的顺利进行。会见后邓小平设宴款待西哈努克亲王和夫人。黄华和夫人何理良参加了会见和宴会。

2月20日　中共中央颁发《关于建立老干部退休制度的决定》。《决定》对老干部离休年龄界限作了规定：担任中央机关部长、省政府省长一级职务的干部，年龄一般不超过65岁，担任副部长、副省长一级职务的干部和担任司局长一级职务的干部，年龄一般不超过60岁。4月10日，国务院发出了《关于老干部离职休养制度的几项规定》，对建国前参加革命工作，达到规定年龄的老干部，实行离职休养的制度。对离休老干部，国家授予《老干部离休荣誉证》，他们的基本政治待遇不变，生活待遇略微从优，原工资照发。对抗日战争及其以前各个革命时期参加工作的老干部，离休以后，每年还增发一定数量的生活补贴。在1982年开始的机构改革中，遵照中共中央、国务院的决定和规定，一大批老干部退出了一线。1982年，全国有3万多老干部办理了离职休养的手续，其中中央机关部长一级的干部有145人，占部级干部应离休人数的64%；司局级干部2 273人，占司局级应离休干部人数的88%。

2月22日—24日　中国代表团参加“新德里磋商”（又名“南南会议”）。44个发展中国家的代表参加了会议，中国作为特邀代表由浦寿昌率代表团出席会议。

2月24日　国家建委副主任赖际发逝世。赖际发，1910年生，福建永定县人。1926年加入共青团，1927年在闽西建立了农村共青团支部，发动农民组织农协。1928年初，参加领导当地的农民暴动，同年转为共产党员。土地革命战争期间，曾任县委委员，营党代表。1930年后，任中央红军团政委、师政治部民运科长。长征时期，任师后勤部长兼供给部长，军政治部民运部长。抗日战争时期，曾任晋中区军政委员会书记，一二九师后方政治部主任、地委书记等职。解放战争时期，曾任华北人民政府企业部副部长，太原军管会工业接管组组长。建国后，历任重工业部办公厅主任、副部长、党组副书记，建工部副部长、党组副书记，建材部部长、党组书记，国家建委副主任等。他曾被选为中共八大、九大代表，九届中央委员会委员，第一、二、四届全国人大代表，第三届全国政协委员，第四、五届全国政协常委。

2月25日　邓小平会见摩洛哥首相马蒂·布阿比德一行。在谈到中国对外开放问题时邓小平说，中国将继续实行对外开放政策。我们主要是引进先进的技术和管理知识，吸收对我们有用的资金。但是，贪污、行贿、走私等坏东西、腐朽的东西决不能引进来。邓小平说，我们实行对外开放政策，一些不良的影响也会随之而来。问题是要消除这些影响。在这方面，我们要有清醒的头脑，要采取切实有效的措施，甚至实行严厉的法律制裁。在反对这些坏东西的同时，我们要提倡精神文明，教育我们的后代要有理想，讲道德，守纪律，有礼貌，要艰苦奋斗。每个人都要有爱国主义精神，有民族自尊心，这与实现四个现代化是密切相关的。黄华、何英会见时在座。

2月28日　赵紫阳和美国总统里根就中美上海公报发表10周年互致信件。双方表示愿意遵循上海公报和中美建交公报所共同确定的各项原则，共同努力克服障碍，发展关系。上海公报是1972年美国总统尼克松访华时双方签署的联合公报。

3月1日　“全民文明礼貌月”活动在全国展开。“全民文明礼貌月”活动，主要是治理环境卫生“脏”、公共秩序“乱”、服务质量“差”，使全国城乡都讲清洁卫生，讲文明礼貌，增进健康，振奋精神，整顿公共秩序，加强团结互助，减少混乱现象，提高工作效率，改善社会风气。2月28日，赵紫阳发表电视广播讲话，代表中共中央和国务院，号召全国人民都来积极参加这项活动。同日，北京党政军民学200多万人走上街头，打扫环境卫生，维持交通秩序，宣传文明礼貌，开展学雷锋、树新风活动，以浩大的声势和扎实的行动揭开了“全民文明礼貌月”活动的序幕。此后1个月，全国各地亿万人民积极响应中共中央、国务院的号召，投入到改造社会、移风易俗的各项公益活动之中，“全民文明礼貌月”活动在全国轰轰烈烈地进行，治理“脏”、“乱”、“差”有了一个良好的开端。4月26日—5月4日，中共中央宣传部、共青团中央根据中共中央的指示在北京召开“全民文明礼貌月”活动总结座谈会。座谈会总结了我国第一个“全民文明礼貌月”活动的成果和经验，着重讨论了如何经常地、持久地开展“五讲四美”活动的问题。5月28日，中共中央转发这次会议的纪要《深入持久地开展“五讲四美”活动，争取社会主义精神文明建设的新胜利》并发出通知。通知指出，“五讲四美”活动，以及“全民文明礼貌月”等活动，是我国人民在建设社会主义精神文明中创造的具体形式。这些活动已经取得的成绩和经验，要充分肯定，不断充实和提高。这些活动本身，也要逐步做到经常化、制度化，长期进行下去。中央指出，各级党组织要根据新时期的特点，坚持社会主义、共产主义的思想阵地，对各种错误的，有害于社会主义事业的思想和行为，理直气壮地、有说服力地进行批评；要进行爱国主义、集体主义和共产主义教育，打击邪气，扶植正气，使我国的人民成为有理想、有道德、有文化、守纪律的人民。

3月2日　赵紫阳在五届人大常委会第二十二次会议上作《关于国务院机构改革问题的报告》。《报告》对国务院机构改革的方案和进展情况作了说明。《报告》说，国务院机构的改革，首先必须改进国务院本身的领导体制和领导方法，以加强集中领导，提高工作效率。建议减少副总理，设国务委员，由总理、副总理、国务委员和秘书长组成国务院常务会议，作为国务院的日常领导工作机构。副总理由13人减为2人。根据重叠的机构撤销、业务相近的机构合并的原则，拟将现有的98个部、委、直属机构和办公机构，裁减、合并为52个左右。其中，部、委由52个裁并为39个，直属机构由41个裁并为10个，办公机构由5个裁并为3个。机构精简后，工作人员编制从现在的4.9万人减少为3.2万人。国务院有12个单位已提出具体的实施方案。《报告》阐述了国家政府机构改革工作的基本方针和几项主要任务。《报告》指出，用革命的精神来进行这场重大的改革，这就是我们的基本方针。在机构改革中，要重点解决好以下四个问题：

第一，必须首先明确各部门及其所属机构的任务和职责范围。第二，选贤任能，配备和建设好领导班子。第三，认真安排好老干部退休离休和退居二线的工作。第四，切实加强干部的轮训工作，提高整个干部队伍的素质。

同　日　《人民日报》报道：河南安阳查获一起倒卖汽车的重大案件。该案主犯陈希海、曹振山从1979年12月到1981年3月，利用行贿和欺骗手段，在各地订购汽车1 300多辆，先后倒卖汽车758辆，摩托车72辆，拖拉机29台，牟取暴利130多万元。陈、曹从中贪污48万多元。这个案件涉及15个省、市的130多个机关、工厂。有95名国家干部、78名共产党员在此案中触犯党纪国法。《人民日报》就此事发表评论员文章：《一起倒卖汽车案的教训》。11月3日，陈希海被判处无期徒刑，其他参与者也分别受到法律制裁。

3月5日　电力部部长刘澜波逝世。刘澜波，1904年生，辽宁凤城县人。1926年参加共产主义青年团，1928年转入中国共产党。在此期间，先后在南开中学、北京大学参加学生运动，从事革命斗争。九一八事变后，在辽宁参加东北义勇军抵抗日本侵略活动。1932年—1937年春，受中共委派在东北军工作，先后任中共东北骑兵二师工委组织部长、上层工作委员会书记。在西安事变前后，做了出色的工作。抗日战争爆发后，参加东北救亡总会工作。1939年初到延安，后任中央统战部科长。解放战争期间，历任中共辽东省委副书记、省政协主席，安东省政协主席、省委书记、军区政委，辽东省委副书记、省政协主席。建国后，历任中共燃料工业部党组副书记、副部长，中共水利电力部党组书记、副部长。十年动乱期间遭到严重迫害。1979年后出任中共电力工业部党组书记、部长。1981年3月，主动要求退居二线，他的行动受到党和人民的高度赞扬。他还是中共八届候补中央委员，十二届中央委员，国务院顾问，中纪委常务委员，第二届全国政协常委、第三届全国人大常委。

3月8日　五届全国人大常委会第二十二次会议通过关于宽大释放全部在押的原国民党县团以下党政军特人员的决定。随后，全国各地公安、司法机关开始进行释放在押原国民党党政军特人员的工作。这批人员共4 237人。他们经过长期教育改造，基本上达到了改恶从善的标准。释放时，政府发给每人一套适合时令的被服和100元零用钱；回家的发足路费。对这批宽大释放人员，各地通过各种渠道予以妥善安置。

3月11日　新华社报道：近3年城市职工家庭生活水平显著提高。国家统计局对北京、上海、天津等46个城市8 715户职工家庭收支情况进行了调查，调查的结果是：1.1981年平均每人每月生活费收入比1978年提高31.3%，收入提高的主要原因是：就业者的收入增加；职工家庭就业人口增加；职工家庭人口减少。2.绝大多数职工家庭平均每人月收入超过20元。3.职工家庭消费的各类生活品全面增长，消费构成发生了新的变化。4.职工家庭拥有的电视机增长3.2倍，其他耐用消费品也显著增长。5.职工家庭居住状况有了一定的改善。1981年底职工家庭平均每人居住面积达到5.27平方米，比1978年增加近1平方米。6.当前职工生活中的几个问题：部分职工家庭生活受到物价上涨的影响；一部分低收入职工家庭生活困难问题需要逐步解决；部分职工家庭住房情况仍较紧张。

同　日　新华社报道：国务院批准公布第二批全国重点文物保护单位。这批重点文物保护单位选择的标准是：一、在中国历史、革命史、中国共产党党史上具有重大意义的事迹的遗址、纪念建筑；二、具有重大历史价值和艺术价值的古建筑、古遗址、古墓葬、石窟寺、石刻、雕塑、壁画；三、在工程技术、科学研究史上有重大价值的建筑物，包括仪器设备等等。第二批全国重点文物保护单位共62处，其中革命遗址及革命纪念建筑物10处，石窟寺5处，古建筑及历史纪念建筑28处，石刻及其他2处，古遗址10处，古墓葬7处。3月，《人民日报》连续发表文章，对第二批全国文物保护单位作了介绍。

3月15日　巴金获1982年“但丁国际奖”。“但丁国际奖”是1979年意大利学院为纪念意大利中世纪著名诗人但丁·亚利基里而设立的一种荣誉奖，每年评选一次。此届“但丁国际奖”授奖仪式于4月间在意大利佛罗伦萨城举行。

3月16日—20日　曹大元在日本东京举行的第四届世界业余围棋锦标赛上获冠军。

3月17日　国家体委向首批获得围棋高段位的10名运动员颁发证书。这是我国第一次向围棋运动员正式颁发段位证书。获得九段证书的运动员是聂卫平、陈祖德、吴淞笙。

3月20日　新华社报道：据财政部统计，从1979年到1981年的3年间，国家用于增加城乡人民收入和改善人民生活的资金已达1 400多亿元，占这3年国家财政收入的31%，比例之大是建国以来不曾有过的。这笔资金主要用于以下几个方面：提高农副产品收购牌价和超购加价幅度，442亿元；减轻农村部分税收负担，78亿元；增加职工工资和实行奖励制度，300亿元；城镇陆续安排就业2 600万人，这部分职工工资为105亿元；农用柴油、农业用电、民用煤和肉、蛋、禽，以及进出口粮、棉、糖、化肥、农药等价格补贴，341亿元；城镇职工住宅竣工面积2.2亿平方米，同前3年比较共增加1.3亿平方米，增加开支152亿元（其中由国家财政预算开支部分为50亿元）；大中城市从工商企业利润中提取5%的资金用于城市公用设施的维护和建设，28亿元。

3月21日　胡耀邦会见美国哥伦比亚大学教授李政道和夫人，胡耀邦在同李政道的谈话中展望了我国的大好前途。他说，安定、富强、统一是中国人民的人心所向。这是不以某些人的意志为转移的。我们党目前奉行的政策符合民心，这就保证了我国的前途是光明的，中国的前途可以概括为：政局必稳、四化必胜、统一必成。胡耀邦指出，我们党和国家之所以能够取得今天这样的成绩，归根结底是我们适应了潮流，符合了人民的意志。历史经验告诉我们，谁违背了民心，谁就会失败。因此我们党经常教育党员和干部不要违背人民意志，不要违背人心。现在的中国是人心思定、思富强、思统一，我们就是要适应这一潮流，顺乎这一民心。胡耀邦说，我相信，一个稳定的中国，富强的中国，统一的中国，对世界人民是有好处的。参加会见的有：方毅、卢嘉锡、钱三强、刘春。

3月22日　1981年全国优秀短篇小说评选揭晓，20篇短篇小说获奖。这些当选作品是：王润滋的《内当家》、赵本夫的《卖驴》、乌热尔图的《一个猎人的请求》、陈建功的《飘逝的花头巾》、简嘉的《女炊事班长》、达理的《路障》、刘厚明的《黑箭》、迟松年的《普通老百姓》、周克芹的《山月不知心里事》、汪曾祺的《大淖记事》、林斤澜的《头像》、刘绍棠的《蛾眉》、张一弓的《黑娃照相》、古华的《爬满青藤的小屋》、韩少功的《飞过蓝天》、王安忆的《本次列车终点》、航鹰的《金鹿儿》、鲁南的《拜年》、王振武的《最后一篓春茶》等。这次评选是中国作家协会委托《人民文学》杂志社举办的。这是第四届全国优秀短篇小说评选。

3月26日　外交部就美国利用移民限额制造“两个中国”事件提出抗议。外交部今天向美国驻华大使馆发出照会，抗议美国方面在移民问题上把台湾作为一个“单独的外国”看待，制造“两个中国”，要求美国政府从速采取步骤，纠正这一错误，同时保证今后不再发生类似事件。外交部人士严正指出，台湾是中国的一个省，决不是什么“单独的外国”，更不是自治领、委任统治地或联合国托管地。台湾作为中国领土的一部分这一法律地位，已为世界上100多个国家和联合国所承认，美国政府自己也已在中美建交联合公报中确认这一点。美国的《与台湾关系法》和援外法律修正案在移民问题上把台湾作为一个国家看待，是公然违反中美建交联合公报和国际关系准则的行为。

同　日　《人民日报》报道：原“北航红旗”造反派头头刘汉如被取消中共预备党员资格并被撤销职务。刘汉如在“文化大革命”期间直接参与迫害彭德怀，并多次参加打人事件，从北京航空学院毕业后，在吉林省国防工业某工厂工作。他隐瞒其严重问题，1980年混入中共并被提拔为厂科研所的副所长。《人民日报》就这条消息加的编者按指出，对中共中央关于“三种人”不能留在领导岗位和提拔重用的指示，必须认真贯彻执行。这类人物在“文革”中学得一套善于窥测政治风向、玩弄手段、伪装进步的本领，应引起人们警惕。

同　日　中国同瓦努阿图共和国建立大使级外交关系。

3月29日　《人民日报》报道：中共天津市委和市人民政府改组了由“造反”起家的人掌权的天津市水产局的领导班子。该局中共党组书记杨恒，党组副书记、副局长马志成，党组成员、副局长兼市海洋捕捞公司党委书记刘增样，党组成员、副局长周云洪，已被免去党内外的领导职务。杨恒等人都是在“文革”中由“造反”起家的，他们掌握水产局的领导大权后，公开对抗中共十一届三中全会的组织路线，为那些在“揭批查”中下台的人鸣冤叫屈，并把这些人调回来重新担任领导职务。在渔业生产上，他们抵制国务院和天津市的指示，千方百计地压缩捕捞渔船，降低捕鱼量，为解散天津市海洋捕捞公司创造条件。新华社就此事发表评论员文章：《严重的事件，深刻的教训》。

3月31日　中共中央印发《关于我国社会主义时期宗教问题的基本观点和基本政策》。这个文件对我国社会主义时期宗教问题的基本观点和基本政策作了系统的阐述和总结。文件的主要内容是：尊重和保护宗教信仰自由，是党对宗教问题的基本政策；争取、团结和教育宗教界人士首先是各种宗教职业人员，是党对宗教工作的重要内容，也是贯彻执行党的宗教政策的极其重要的前提条件；合理安排宗教活动场所，是落实党的宗教政策，使宗教活动正常化的重要物质条件；充分发挥爱国宗教组织的作用，是落实党的宗教政策，使宗教活动正常化的重要组织保证；有计划地培养和教育年轻一代的爱国宗教职业人员，对我国宗教组织的将来面貌具有决定的意义；党实行宗教信仰自由的政策，不是说共产党员可以自由信奉宗教，共产党员不得信仰宗教，不得参加宗教活动，长期不改的要劝其退党，在那些基本上是全民信教的少数民族中，这些规定的执行，需要按照实际情况，采取适当步骤，不宜简单从事；坚决保障一切正常的宗教活动，同时要坚决打击一切在宗教外衣掩盖下的违法犯罪活动和反革命破坏活动，以及各种不属于宗教范围的、危害国家利益和人民生命财产的迷信活动；加强党的领导，是处理好宗教问题的根本保障。中共中央在印发这个文件的通知中说，中央希望各级党委，在集中主要力量做好当前工作的前提下，用两三年的时间，对自己主管的地区和部门的宗教工作进行认真的调查研究，系统地总结正反两方面的经验，形成符合本地区、本部门情况的、理论与实际密切结合的一套观点和办法。

4月10日　邓小平在中共中央政治局讨论《中共中央、国务院关于打击经济领域中严重犯罪活动的决定》的会上发表讲话。邓小平指出，实行对外开放和对内搞活经济两个方面的政策以来，有相当多的干部被腐蚀了。卷进经济犯罪活动的人不是少量的，而是大量的。这股风来得很猛。如果我们党不严重注意，不坚决刹住这股风，那么，我们的党和国家确实要发生会不会"改变面貌"的问题。他说，对于同经济犯罪活动所进行的斗争，认识应该提得更高一点，看得更深一点。刹这个风，一定要从快从严从重。邓小平在讲话中提出坚持社会主义道路的四项必要保证：第一，体制改革；第二，建设社会主义精神文明；第三，打击经济犯罪活动；第四，整顿党的作风和党的组织，包括坚持党的领导，改善党的领导。邓小平着重指出，打击经济犯罪活动是一个长期的经常的斗争，是坚持社会主义道路和实现四个现代化的一个保证。我们要有两手，一手就是坚持对外开放和对内搞活经济的政策，一手就是坚决打击经济犯罪活动。没有打击经济犯罪活动这一手，不但对外开放政策肯定要失败，对内搞活经济的政策也肯定要失败。

同　日　中纪委就四川省成都市何德明等轮奸妇女一案发出《抓紧对子女的教育是革命干部的责任》的通报。通报指出，这是又一起高干子弟恶性犯罪案件。为引起全党同志对教育子女问题的重视，中纪委要求：1.各级领导干部，特别是高级干部，必须把教育子女作为自己义不容辞的责任。2.干部子女犯罪，特别是已经工作的子女犯罪，应由其本人负责。3.各级政法机关的中共组织，要教育所属的工作人员，在查处干部子女违法乱纪案件时，要坚持原则，打破顾虑，不论是谁的子女，只要查实其犯罪活动，就必须依法处理。4.要把对子女的教育问题作为党的生活会的内容之一。

4月13日　中共中央、国务院公布《关于打击经济领域中严重犯罪活动的决定》。《决定》指出，打击经济领域中的严重犯罪活动，是我国社会主义社会在新的历史条件下阶级斗争在经济领域内的重要表现。在共产党员和国家工作人员中进行这场坚持共产主义纯洁性、反对腐化变质的斗争，关系到我国社会主义现代化建设的成败，关系到我们党和国家的盛衰兴亡。《决定》规定了各项有关政策，以指导打击经济领域中犯罪活动的开展。5月31日，万里在中纪委召开的中央党政军机关负责干部会议上讲话，要求各单位把打击经济领域中严重犯罪活动的斗争，认真开展起来。中纪委派出司局级以上干部154名，分赴全国各地充实、加强打击经济领域犯罪活动的办案力量，直接参与大案要案的调查处理工作。到1982年年底初步统计，全国揭出并立案审查的各类经济犯罪案件有16.4万多件，已结案8.6万多件，依法判刑的近3万人，追缴赃款赃物3.2亿多元。在斗争的威慑和政策的感召下，全国投案自首、坦白交待的共有4.67万多人。斗争取得一定成效。

4月13日—17日　罗马尼亚共产党总书记、罗马尼亚社会主义共和国总统尼古拉·齐奥塞斯库和夫人埃列娜·齐奥塞斯库访华。胡耀邦、赵紫阳分别同齐奥塞斯库举行会谈。会谈中双方通报了各自的国内情况和在各个领域内所取得的成就，并就两国的经济合作交换了意见。双方就共同关心的国际问题交换了意见，并在许多重大问题上取得了一致看法。访华期间，邓小平、李先念分别会见齐奥塞斯库。中罗两国政府签订了关于发展经济、科学技术和文化合作等5项文件。此次是齐奥塞斯库第四次访华。

4月14日　外交部发言人发表声明强烈抗议美国向台湾地区出售与军事有关的零配件。4月13日，美国政府正式通知美国国会，决定向台湾地区出售一批与军事有关的零配件。在1981年12月，中国政府曾就此事向美国提出了抗议。在中美双方的交涉过程中，美方一再向中国方面作出三点解释：一是这批零配件是在1981年10月坎昆和华盛顿中美高级会晤之间向台湾地区承诺的，不是新的武器出售；二是这次只涉及零配件，没有武器供应；三是在中美双方继续就解决美国售台武器问题的商谈过程中，美国不考虑对台湾地区的军事转让问题。外交部发言人的声明指出，如果美国政府继续无视中国的主权，背弃上述对中方的保证，它必须承担由此而引起的一切后果。

4月21日　文化部举行1981年优秀影片授奖大会。获奖的影片共有28部，其中故事片9部：《喜盈门》、《西安事变》、《邻居》、《南昌起义》、《沙鸥》、《路漫漫》、《伤逝》、《乡情》、《被爱情遗忘的角落》；儿童故事片1部：《绿色钱包》；戏曲艺术片1部：《李慧娘》；美术片1部《南郭先生》；纪录片6部：《先驱者之歌》、《莫让年华付水流》、《钢铁长城》、《飞翔》、《自古华山一条路》、《麻鸭化宝》；科教片8部：《蜜蜂王国》、《万里长城》、《白蚁王国》、《长白山珍奇》、《胆结石的奥秘》、《蚜茧蜂》、《地膜覆盖》、《幼儿家庭教育》；译制片2部：《远山的呼唤》、《妈妈的生日》。

4月25日—29日　阿尔及利亚总统、民族解放阵线党总书记沙德利·本·杰迪埃访华。胡耀邦、邓小平分别会见并宴请了沙德利。赵紫阳同沙德利举行了会谈，双方在许多重大问题上观点一致或相近。

4月26日　全国政协副主席沙千里逝世。沙千里，1901年生，上海市人。政治活动家。青年时期受五四运动影响，积极从事进步活动。抗日战争爆发前后，执行律师职务，并积极参加党领导的抗日救亡运动。九一八事变后，先后参与发起组织上海市职业救国会、上海市各界救国联合会、全国各界救国联合会等进步团体，主编《生活知识》，宣传党的抗日主张。1936年11月因积极参加抗日救国活动被逮捕入狱，是著名的“七君子”之一，是当时救国会的领袖人物。1938年加入中国共产党。后又参与发起宪政运动，组织中国经济事业协进会。解放战争时期，筹建救国会的上海组织，组织上海人民团体联合会，推动民主运动，遭到国民党当局的迫害。随后即赴香港参与救国会的领导工作。1949年，参加接管上海市的工作，任上海市军管会、市人民政府副秘书长。9月出席全国政协第一届全体会议。建国后，历任中央人民政府贸易部副部长，地方工业部部长、轻工业部部长，粮食部部长，政务院财经委员会第六办公厅副主任，中华全国工商联秘书长等职。他先后当选为第一届全国政协委员、第五届全国政协常务委员、第六届全国政协副主席、第一至第五届全国人大代表，第四届全国人大常委会委员兼副秘书长，法制委员会副主任，中华全国工商业联合会副主任委员，中国民主同盟中央委员，中国民主建国会中央常务委员等。

同　日　中国民航3303次航班266号客机在广西壮族自治区恭城县上空撞山。全机损毁，机上104名乘客和8名机组人员全部遇难。这架飞机是从广州飞往桂林的。

4月27日　《人民日报》刊登中共中央办公厅、中共中央党校调查组的文章：《完善农业生产责任制中的几个认识问题》。文章的主要观点和内容是：1.对待生产责任制的完善要有科学的态度。现在各地农村出现了多种形式的生产责任制，各地情况千差万别，生产水平各不相同，在坚持“两不变”的前提下，要允许从本地的实际出发，确定责任制形式，不要把一种形式绝对化。2.“统”和“分”是辩证统一的。“统”和“分”是现阶段农业集体经济管理中不能分割的两个方面。“统”有着统一经营和统一管理的分别，“分”有着分户经营和统一经营下分散作业的区分。要“统”和“分”得当，互相结合，选择相应的承包制。3.要把调动社员个人的劳动积极性和合理运用生产力诸要素结合起来。4.不应把按劳分配理解为“不折不扣的劳动所得”。5.实行生产责任制是农民和干部学习办社会主义农业的好课堂。

4月29日　《人民日报》报道：我国第一所集体所有制的民办大学——中华社会大学在北京成立。该校由全国科学社会主义学会和北京科学社会主义学会主办。目前该校共设有文、理、工、医、艺术等科的15个系，近30个专业，每系还分为半工半读部、函授部和科学研究部三部。

4月29日—5月5日　卢森堡首相皮埃尔·维尔纳和夫人访华。邓小平会见了维尔纳和夫人。赵紫阳同维尔纳就共同关心的问题进行了会谈。

4月30日　新华社报道：国家体委公布了中国象棋特级大师名单。胡荣华、杨官磷获中国象棋特级大师称号。

5月3日—9日　利比里亚国家元首、武装部队总司令兼救民委员会主席塞缪尔·卡尼翁·多伊访华。邓小平会见了多伊。赵紫阳同多伊举行了会谈。访问期间，两国政府签订了文化协定。

5月10日　人口学家马寅初逝世。马寅初是中国共产党的真挚诤友、坚强不屈的民主战士、著名的经济学家、教育家。他是浙江嵊县人，1882年生。早年留学美国，获经济学博士学位。1915年回国，先后在北京大学、中山大学、交通大学、重庆大学、浙江大学任教。抗日战争时期，他反对官僚资本主义和通货膨胀，反对出卖民族利益和独裁统治。抗战胜利后，积极投入反内战、反独裁的民主运动。全国解放后，先后担任政协第一届全体会议代表、中央人民政府委员、政务院财政经济委员会副主任、华东军政委员会副主席、浙江大学校长、北京大学校长，第一、二届全国人大常委，政协第一、二、三、四届全国委员会委员、第二、四届常委，中科院哲学社会科学学部委员等职，为发展我国文化教育和经济事业做出了贡献。50年代中期，提出"新人口论"和综合平衡、按比例发展的经济理论，虽受到了错误批判，但仍坚持认定的真理。中共十一届三中全会后，得到彻底平反，恢复了他的职务和名誉。生前任五届人大常委、五届政协常委、北京大学名誉校长、中国人口学会名誉会长等职。

5月11日　《人民日报》报道：中纪委就程占彪被开除出党发出题为《保持党的纯洁性，坚决清除腐化变质分子》的通报。通报号召所有共产党员，都要积极行动起来，同一切经济犯罪活动和腐化变质行为作坚决斗争，绝不能姑息养奸。程占彪原是云南省参事室副主任、党组副书记。他追求资产阶级腐朽生活方式，采取卑劣手段欺骗组织，纵容女儿耿红和香港资本家张某姘居，做张的姨太太。程占彪已腐化变质，丧失了共产党员的品质和条件。中共云南省委决定，将他开除出党。

5月14日　1980—1981年全国话剧、戏曲、歌剧优秀剧本评奖揭晓。获奖的共有72个剧本，其中话剧27个、戏曲25个、歌剧5个、小话剧和小戏曲15个。这次评奖是文化部、中国戏剧家协会联合举办的。17日，文化部和中国剧协在北京举行1980—1981年优秀剧本授奖大会。

5月21日　中国羽毛球队荣获第十二届国际羽毛球锦标赛（汤姆斯杯）冠军。中国队在决赛中以5:4战胜了7次世界冠军获得者印度尼西亚队。这是中国队第一次参加汤姆斯杯比赛。22日，国家体委、全国体总、共青团中央、全国青联、全国学联等分别电贺中国羽毛球队荣获汤姆斯杯赛冠军。

5月26日　国家计委、国家统计局发出《关于沿海和内地划分问题的通知》。《通知》规定，今后沿海地区的范围，包括辽宁、河北、北京、天津、山东、江苏、上海、浙江、福建、广西、广东11个省、市、自治区（台湾回归祖国后也应包括在内），其余18个省和自治区则称为内地。

5月28日　193次旅客快车发生重大颠覆事故。当日16时05分，由济南开往佳木斯的193次旅客快车，行驶至沈山线兴隆店车站（距沈阳43公里）时，发生重大颠覆事故，造成3名旅客死亡，143名旅客和4名列车乘务人员受伤，报废机车1台、客车4辆、守车1辆，损坏机车1台、客车5辆、货车1辆和部分线路、道岔等设备，沈山下行正线中断运输近20小时，直接经济损失达170余万元。6月15日，国务院对铁道部关于这次事故的报告作了批示，要求迅速改变目前铁路安全生产不好的状况。6月30日，锦州铁路运输中级法院开庭审理了这一案件，分别判处交通肇事犯孙友义、景贵恩有期徒刑7年和4年。铁道部对这次事故的有关责任人员，作出了给予撤职处分和行政记过处分的决定。

5月29日　李汉魂及夫人吴菊芳应廖承志邀请回国访问。叶剑英、邓小平、邓颖超、廖承志和夫人经普椿分别会见了他们。李汉魂早年毕业于保定军官学校，曾参加孙中山直接领导的粤军，北伐战争时任国民革命军第四军第二十五师师长，以后在国民党军队中历任军长、集团军总司令、战区副司令长官，以及国民党广东省政府主席、内政部部长、总统府参军长等职。1949年以后，李汉魂一直侨居美国。李汉魂的夫人吴菊芳曾任国民党中央委员。

5月31日　杨联康到达黄河入海口完成徒步考察黄河。1981年6月10日，地学工作者杨联康从北京出发，7月19日到达黄河源头。在历时10个月又10天的时间里，他历经9个省（区）108个县，行程近1.1万公里，从而成为中国有史以来第一个单身徒步考察黄河的人。

在徒步考察黄河的过程中，杨联康采集了多种土样、化石标本，写下了几十万字的考察笔记，为研究黄河发育史提供了大量第一手资料。

5月31日—6月5日　赵紫阳访问日本。赵紫阳访日期间，同日本首相铃木善幸举行了会谈。赵紫阳提出了“和平友好、平等互利、长期稳定”地发展中日经济关系的3项原则，得到日本政府的积极响应。赵紫阳访日新闻公报指出，使中日成为永久的友好邻邦是两国人民严肃的责任和任务。

本　月　国家经济体制改革委员会正式成立。它是在原国务院体制改革办公室的基础上建立的。赵紫阳兼主任，薄一波、杜星垣、安志文、周太和、童大林任副主任，下设办公室、规划组、试点组、生产组、分配组、流通组、理论组、调研组。国家体改委的主要任务是：负责拟定全国经济体制改革的总体设计，统一研究、筹划和指导全国经济体制改革的工作。其主要职责是：1.根据国民经济发展的状况和要求，依据党和国家关于社会主义经济建设的路线、方针和任务，拟订适合国情的全国经济体制改革总体规划和实施方案；2.调查研究国内、国外经济体制的沿革和现状，重点总结国内经验，提出改革经济体制的可行性依据；3.结合实践，组织研究经济体制改革的理论问题，论证经济体制改革的方向、原则问题；4.根据经济体制改革总体规划，会同国家有关综合部门，指导有关部门和地区制定改革规划，协调解决相互之间有关经济体制改革的重大问题；5.重点组织和指导地区的、行业的、企业的经济体制改革试点工作，推广试点经验；6.会同有关部门和地区，规划和组织经济体制改革的干部培养、训练工作。

6月1日　庆祝恢复新疆生产建设兵团大会在乌鲁木齐举行。王震代表中共中央、人大常委会、国务院、中央军委，向新疆生产建设兵团的广大干部、农垦职工表示亲切问候和热烈的祝贺。新疆生产建设兵团是1954年成立的，在担负生产队、战斗队、工作队光荣职责方面取得了巨大成绩。“文化大革命”期间，新疆生产建设兵团受到林彪、江青反革命集团的严重摧残，建制被撤销。1981年，中央军委主席邓小平在新疆视察工作期间，对恢复兵团的问题提出了意见。同年12月，中共中央、国务院、中央军委正式作出恢复新疆生产建设兵团的决定。

6月7日　黄华率中国代表团出席讨论裁军问题的联合国大会第二届特别会议。出席会议的共有157个国家的代表团。11日，黄华在会上发表讲话，阐明中国在裁军问题上的原则立场，并且代表中国政府向大会提出关于立即停止军备竞赛和进行裁军的主要措施。21日，中国代表团向大会提交《关于立即停止军备竞赛和进行裁军的主要措施的建议》。《建议》指出，裁减军备应遵循以下6项基本原则：1.争取实现裁军应同维护世界和平和安全的努力相结合。2.拥有最大武库的国家应率先进行裁军。3.进行核裁军的同时，应裁减常规军备，才有助于减少战争危险。4.各项裁军措施的进行，不得损害和威胁任何国家的独立、主权和安全。5.裁军协定应规定严格有效的国际核查措施。6.各国有权以平等地位参加裁军问题的审议、谈判和解决。中国代表团在《建议》中提出4条裁军措施：1.所有核国家就不使用核武器达成协议。在此之前，核国家各自保证无条件地不对无核国家和无核地区使用或威胁使用核武器，并保证在任何时候和任何情况下彼此不首先使用核武器。2.苏联和美国停止一切核试验，停止对它们的核武器作任何质量上的改进，停止生产任何种类的核武器，并将其现有的核武库，包括各类洲际、中程和其他战术核武库及其运载工具削减50%。此后，所有核国家停止核试验，停止改进和生产核武器，并削减各自的核武器及运载工具。3.各国庄严承担不以常规军事力量对任何国家进行武装干涉、侵略和军事占领的义务。作为裁军的第一步，立即撤回一切外国占领军；同时，苏、美两国着重大量裁减其重型和新式常规武器装备，其他军事上的重要国家也应同它们一起削减各自的常规军备。4.禁止化学武器和其他大规模毁灭武器。中国代表团在《建议》中还就核查问题、谈判问题提出了建议。

6月11日—14日　扎伊尔共和国总统蒙博托·塞塞·塞科和夫人访华。赵紫阳同蒙博托举行了会谈。邓小平会见了蒙博托和夫人。这是蒙博托第四次访问中国。

6月16日　中国首次举行博士论文答辩。研究生马中骐、谢惠民、李尚志、赵林城、白志东分别通过答辩，获得理学博士学位，冯玉琳获工学博士学位。

6月19日—25日　中国文联四届二次会议在北京举行。中共中央书记处书记王任重在会上讲话。会议着重讨论了《关于文艺工作经验的若干意见（草稿）》，通过了《文艺工作者公约》。会议强调要深入生活繁荣创作，坚持文艺为人民服务、为社会主义服务。会议决定增补朱穆之、吴冷西、舒同、胡风等9人为中国文联委员，同时决定设立中国文联书记处，由赵寻任常务书记。

6月22日　张建中在郑州举行的中国、联邦德国、奥地利飞机跳伞友谊比赛中，以5秒6的成绩打破男子个人特技跳伞世界纪录。

6月22日—7月1日　国务院在北京举行东南沿海三省第三次打击走私工作会议。会议在总结反走私斗争经验的基础上，重点研究了在新的形势下如何发挥各级政府有关职能部门的作用，进一步加强缉私工作等问题。中共中央书记处书记、国务委员谷牧主持了这次会议并讲了话。

7月1日　全国人口普查今日零时正式开始。这是世界历史上规模最大的一次人口普查，也是中华人民共和国成立以来的第三次人口普查。国家统计局10月27日发布《关于1982年人口普查主要数字的公报》，公布了第三次人口普查的主要结果：1.总人口：10.31882511亿人，大陆29个省、市、自治区（不包括福建省的金门、马祖等岛屿，下同）人口和现役军人共10.08175288亿人。2.性别构成：29个省、市、自治区和现役军人的人口中，男性占5.19433369亿人，占51.5%；女性4.88741919亿人，占48.5%。性比例（以女性为100对男性的比例）为106.3。3.各民族人口：29个省、市、自治区共有汉族人口9.36703824亿人，占93.3%；各少数民族人口6 7233.254万人，占6.7%，人口超过百万的少数民族为15个。4.各种文化程度人口：29个省、市、自治区人口中，具有大学毕业文化程度的441.4495万人，具有大学肄业文化程度的（包括大学在校生）160.2474万人，具有高中文化程度的6 647.8028万人，具有初中文化程度的1.78277140亿人，具有小学文化程度的3.55160310亿人。文盲和半文盲人口为2.35820002亿人，占总人口的比例从1964年的38.1%下降为23.5%。5.人口出生率和死亡率：1981年出生率为20.9‰死亡率为6.36‰，自然增长率为14.55‰。6.市镇总人口：2.06588582亿人，与1964年相比，市镇总人口增长62.5%，占全国总人口的比例从18.4%上升为20.6%。

同 日　邯（郸）长（治）铁路建成通车。这条铁路全长220公里，沟通京广、太（原）焦（作）两条铁路干线，连接河北、山西、河南三省，是晋煤外运的又一条重要通道。

7月5日　《人民日报》报道：我国橡胶树北移种植成功。这是在国外历来认为不能种植橡胶的北纬17度以北的地区，经过30年的艰苦奋斗获得的成就。现已建成以海南岛、西双版纳为主的天然橡胶生产基地。1981年全国橡胶总产量达12.8万吨，居世界第六位。橡胶树在我国北纬18度—24度地区已成功栽种640万亩，这在世界上是没有先例的。10月18日，国家科委发明评选委员会决定授予全国橡胶科研协作组以一等发明奖。

7月8日　中央电视大学举行首届毕业典礼。至本年，中央电视大学已招收3届学员，共80多万名。1979年招收的11.3万名全科生，经过3年学习，有7.8万多人成绩及格，准予毕业。

7月10日—24日　全国政法工作会议在北京举行。这是建国以来规模最大的一次政法会议。会议由彭真、彭冲主持。彭真在会上作了总结讲话。邓小平等党和国家领导人接见了与会代表。会议指出，新时期政法工作的任务是健全社会主义民主和社会主义法制，加强人民民主专政，保卫和促进以经济建设为中心的社会主义现代化建设，会议强调要十分谨慎地区别敌我矛盾和人民内部矛盾。关于治安形势，会议认为，近两年来，整顿社会治安特别是整顿城市治安已经取得成效。8月28日，中共中央批转了这次会议的纪要和彭真讲话的要点。

7月12日　萨空了向全国政协副主席办公会汇报关于中年知识分子的情况调查。为了调查了解知识分子政策的落实情况，全国政协于1982年5月中旬，派出由萨空了、吴亮平、杨放之、沈其震、钱伟长、单士元、郑孝燮和佟铮组成的调查组，赴上海、浙江、江苏、山东作了一个半月的调查。萨空了在汇报中说，十一届三中全会以来，知识分子政策在逐步贯彻落实，一般地说，老年知识分子的问题相对地解决得好些，但中年知识分子的工作和生活条件还是不好。主要问题是：第一，工资偏低。第二，居住条件差。第三，健康状况普遍不良。第四，缺乏进修机会，业务难以提高。萨空了认为，要进一步落实知识分子政策，必须继续克服在对待知识分子问题上的“左”的影响，适当改善中年知识分子的工作条件和生活条件；还要适当改变干部的“单位所有制”，促进人才交流。

7月14日　济南黄河公路大桥建成通车。它是中国自己设计建成的预应力混凝土斜拉桥，总长2 023.44米，宽19.5米；由主桥和引桥组成，主桥共5孔，长488米，最大跨径220米，是目前中国最大跨径的公路桥。

7月16日　国务院批转教育部、公安部、外交部、劳动人事部《关于自费出国留学的规定》。《规定》指出，自费出国留学是培养人才的一条渠道。

7月18日　自然科学奖励委员会宣布我国的自然科学奖获奖项目和等级。122项获奖项目中评定一等奖6项，二等奖40项，三等奖49项，四等奖27项。其中数学物理学方面39项，化学方面25项，地学方面28项，生物学方面15项，技术科学方面15项。这些获奖项目，反映了我国20多年来在自然科学领域研究中所取得的重大成就。这次评奖，是继中国科学院1956年颁发的自然科学奖之后，我国第二次自然科学评奖活动。

7月22日　中纪委发出《关于进一步核实和处理杨义邦同志所犯错误的决定》。化工部副部长、党组成员、原北京市燕山石油化学工业总公司党委书记兼总经理杨义邦在对外经济活动中，不做认真的调查研究，不顾有关部门多次提供的材料和提出的劝告，在国外活动不通过我国的有关驻外机构，一再违反纪律，并有变相索贿受贿的行为，听从外商的摆布，屈从外商的要求，给国家的信誉和经济利益造成了重大损失。中纪委决定给予杨义邦留党察看两年和撤销原任党内一切职务的处分，并建议撤销他在党外原任的各种职务，另行分配工作。在此之前，中纪委曾在2月1日对杨义邦给予党内严重警告处分，在这次进一步处理时，决定将2月1日的原处分撤销。中纪委的决定，还给予在同一案件中犯有严重错误的北京市经委副主任兼北京经济建设总公司总经理肖秧党内严重警告处分，并建议行政给予记过处分。8月11日，国务院决定给予杨义邦撤销化工部副部长职务的处分。

7月24日　廖承志致信蒋经国希望国共两党同捐前嫌，共竞祖国统一大业。信中说，祖国和平统一，乃千秋伟业。台湾早日回归祖国，早日解决对各方有利。外人巧言令色，意在图我台湾。当断不断，必受其乱。信中赞扬了国民党推翻帝制，建立民国的光辉业绩，并指出国共两度合作对国家民族做出了巨大贡献。信中说，合则对国家有利，分则必伤民族元气。评价历史，展望未来，应以国家民族利益为最高准则。信中希望国民党能依时顺势，负起历史责任，毅然和谈，达成国家统一，国共两党长期共存，互相监督，共图振兴中华之大业。信中最后表示，如果方便，愿意前往台湾探望。这封信是用电报发往台北的。26日—31日，各民主党派、人民团体、各界知名人士及港澳同胞、华侨纷纷召开座谈会，发表谈话，切盼蒋经国捐弃前嫌，依时顺势，择善而从，共图振兴中华之伟业。

7月25日　中国民航2505班机战胜劫机者。从西安飞往上海的中国民航2505班机在飞临无锡上空时，机上的5名歹徒突然用暴力手段劫持飞机。飞行人员在旅客的协助下，同歹徒进行了机智勇敢的搏斗，战胜了劫持者，使飞机安全抵达上海虹桥机场。5名歹徒全部被抓获。8月12日，国务院发布命令，嘉奖、表彰这一英雄事迹。8月19日，中国民用航空总局在北京举行庆功授奖大会，宣读了国务院授予胜利粉碎劫机事件的民航2505班机杨继海机组以“中国民航英雄机组”称号的嘉奖令。向机组人员杨继海、阎文华、刘兆贤、苗学仁、黄振江、许克敏、盖生兰、贾志梅等分别颁发了立功奖状和奖金。8月11日，上海市中级人民法院依法判处孙云平等5名劫机犯死刑，8月19日，依法执行枪决。

7月26日　外交部亚洲司司长肖向前约见日本驻华公使渡边幸治，代表中国政府要求日方纠正文部省篡改侵华历史的错误。日本文部省审定日本高中和小学教科书时，把“对中国的全面侵略”改为“对中国的全面进攻”，把“侵略华北”改为“进出华北”；日军侵略中国东北的九一八事变改成日军“炸毁了南满铁路”；甚至把南京大屠杀的起因说成是“由于中国军队的激烈抵抗，日军蒙受很大损失，激愤而起的日军杀害了许多中国军民”。教科书问题发生后，在国际上引起强烈反响。8月1日，因日本文部省为篡改侵华历史辩解激起中国人民强烈不满，中国教育部通知日本文部大臣目前不宜访华。8月5日，吴学谦约见日本大使鹿取泰卫，重申中国立场，并指出，是否承认日本帝国主义对中国侵略的历史，这是发展中日关系的一个重大原则问题。日本政府对审定教科书出现的问题负有不可推卸的责任。8月23日，日本首相铃木善幸表示要尽快负责地解决教科书问题。8月26日，日本内阁官房长官宫泽喜一发表政府见解，重申了日本政府在中日联合声明中表明的痛感战争责任、表示深刻反省的立场，并表示日本“政府将负责纠正”教科书中的有关错误论述。8月28日，吴学谦约见鹿取泰卫，指出宫泽谈话与中方要求相距甚远，再次要求日本政府采取切实有效措施纠正教科书中的错误。9月6日，鹿取大使奉命向吴学谦提出了解决这一问题的具体措施。9月8日，吴学谦约见鹿取，代表中国政府作了答复。吴学谦表示，日方这次提出的纠正错误的具体措施，尽管还有一些含糊不清、不能令人满意之处，但同过去所作的说明相比，是前进了一步。对此，我们给予评价。对于铃木首相表达的维护日中友好关系的愿望和由日本政府负责纠正这个问题的决心，表示赞赏。吴学谦同时强调，日方在审定教科书中的错误能不能切实得到纠正，我们还要看今后采取的具体行动及其所产生的效果。我们对此保留评论的权利。至此教科书问题暂告一段落。

7月30日　邓小平在中共中央政治局扩大会议上讲话。他指出，顾问委员会是干部领导职务从终身制走向退休制的一种过渡。这个过渡是必要的，我们选择了史无前例的这种形式，切合我们党的实际。但是，在这个过渡阶段，必须认真使干部队伍年轻化，为退休制度的建立和领导职务终身制的废除创造条件。

同　日　陈云在中共中央政治局扩大会议上就党的干部交接班问题讲话。陈云指出，党的干部交接班问题历来是党的一件大事。这在国际共产主义运动中有过严重的教训，在中国党内也有过严重的教训。我们现在主动地、有意识地来进行这项工作，证明中国共产党已经进一步成长为一个成熟的伟大的党。关于提拔青年干部问题他指出，一方面，必须成千上万地提拔，决不是提拔几个或几十个；另一方面，在提拔中、青年干部时，必须对“三种人”保持警惕，决不能提拔造反起家的人、帮派思想严重的人、打砸抢分子，对这些人一个也不能提拔，必须坚决撤下来。

本　月　国务院、中央军委批准运七中短程旅客飞机设计定型，由西安飞机制造公司小批生产。“运七”飞机是适应国内航空支线运输需要研制发展的一种多用途飞机，它装有两台涡轮螺旋桨发动机，最大商务载重4.7吨，可载旅客48人—52人，最大航程1 900公里。“运七”飞机是1966年开始研制的。

本　月　记述中国人民解放军光辉历程的大型革命回忆录选集《星火燎原》1—10集全部出版。这部书从1956年7月开始征文，到1960年7月止，征文编辑部共收到来稿1.161万件。从1957年到“文化大革命”前夕，除第5、第8集尚未出版外，原定10集中的其他8集陆续问世，共发行370万册。十年动乱开始后，《星火燎原》的编辑出版工作被迫中断。1977年，中央军委再次批准了《星火燎原》的选编修订和出版计划。《星火燎原》由解放军战士出版社陆续选编修订出版。全书以年代先后为序编排，记述了从1927年八一南昌起义到全国解放各个历史时期的重大事件和重大战斗，共编入637篇文章，约360.9万字。

8月4日　南雍连破世界航模纪录。在南阳举行的河南省第五届运动会航空模型比赛中，南雍以123.34公里/小时的成绩打破F3A—无线电遥控水上模型飞机封闭速度（54号）的世界纪录。8日，南雍以

138.195公里/小时的成绩再次打破了这个项目的世界纪录。

8月6日　中共十一届七中全会在北京举行。出席这次会议的有中央委员185人，候补中央委员112人，列席21人。胡耀邦、叶剑英、邓小平、赵紫阳、李先念、陈云、华国锋主持了这次会议。全会决定9月1日召开中共十二大。全会审议并通过了中央委员会向十二大的报告、《中国共产党章程（修改草案）》。全会还讨论并通过了给刘伯承、蔡畅的致敬信。全会决定在他们因年高久病，不再担任领导职务之际，以全会的名义表达全党同志对他们的亲切问候和崇高敬意。全会正式会议前开了6天预备会议，就全会的议题进行了充分的酝酿和认真的讨论。

8月17日　中美发表"八一七"公报。公报指出，美国政府声明不寻求执行一项长期向台湾地区出售武器的政策，美国向台湾地区出售的武器在性能和数量上将不超过中美建交后近几年供应的水平，逐步减少对台湾的武器出售，并经过一段时间导致最后的解决。在声明中，美国承认中国关于彻底解决这一问题的一贯立场；并强调，为了使美国售台武器这个历史遗留的问题经过一段时间最终得到解决，两国政府将尽一切努力，采取措施，创造条件。同日，外交部发言人就中美"八一七"公报发表声明。指出，只有彻底解决美国售台武器问题，才能排除发展两国关系中的障碍。美国单方面制定的《与台湾关系法》严重违背了两国建交公报原则。任何试图把联合公报同《与台湾关系法》相联系的解释，都是不可接受的。中美协议只是解决问题的一个开端，重要的是公报的有关规定能得到认真履行。

8月19日　国务院、中央军委作出《关于撤销基建工程兵的决定》。基建工程兵所属部队按系统对口集体转业到国务院有关部和所在的省、市、自治区。基建工程兵的撤销工作，1983年底基本完成。

8月19日—23日　联合国秘书长佩雷斯·德奎利亚尔访华。邓小平、赵紫阳分别会见德奎利亚尔。

8月23日　胡耀邦会见毕雅社长率领的法新社代表团。胡耀邦在会见时说，我国的政治局面一定能够比较长时期地稳定下去。这样说的根据有两条：一、绝大多数中国人从动乱不安中接受了必要的教训；二、我们的国家是由共产党领导的。现在我们的党恢复了民主集中制，中央领导机构实现了集体领导的原则，并有健全的组织机构，这就从组织上保证了我国政治局面的长期稳定。穆青、曾涛参加了会见。

8月25日　新华社报道：中国政府有关部门批准叶常棣、张立义回台湾与亲人团聚。叶常棣、张立义原是台湾国民党空军三十五中队美制U—2型高空侦察机少校飞行员，分别于1963年11月1日和1965年1月10日驾驶U—2型飞机窜入大陆，为美蒋搜集情报，在华东和华北地区被人民解放军空军部队击落生俘。他们被俘后，受到人民政府的宽大处理，对自己所做有害于人民的事深感痛心。1969年经政府批准，他们被释放，给予公民权利。现在，叶常棣是某工学院外语系副教授，张立义是某航空学院工程师。

8月30日　中共第十二次全国代表大会举行预备会议。会议通过了中共十二大的议程：1.审议通过中央委员会的报告；2.审议通过中国共产党章程；3.审议通过中纪委的工作报告；4.选举中央领导机构。会议选出252人组成的十二大主席团。胡耀邦在会议上说，十二大将对粉碎“四人帮”后6年来、特别是十一届三中全会以来实现的伟大历史性转折作出胜利的总结，同时将确定党在新的历史时期的宏伟目标和战斗任务，使我们党能够以新的面貌和坚强的战斗力，率领全国各族人民为开创社会主义现代化建设的新局面而奋斗。会议通过了由29人组成的代表资格审查委员会，通过了《关于确认十一届三中、四中全会增补中央委员的决定的决议》。

同　日　中共第十二次全国代表大会主席团会议举行。会议选出由31人组成的主席团常务委员会，通过大会副秘书长的名单。会议通过了宋任穷代表十二大代表资格审查委员会所作的关于代表资格的审查报告。会议还通过了大会的日程和关于大会秘书处的工作任务及机构设置的报告。

9月1日　中共中央主席胡耀邦提出及早举行国共两党谈判的建议。胡耀邦在中共十二大上的报告中提出，我们党还面临一个重大历史任务，就是要同全体爱国同胞携手合作，为完成祖国统一的神圣使命而努力奋斗。台湾回到有5 000年历史、10亿人口、960万平方公里面积的不可分割的伟大祖国的怀抱，是全国同胞的共同要求，是历史发展的必然归宿，任何党派和个人都无法抗拒。这是中国的内政，任何外国无权干预。胡耀邦希望台湾同胞、港澳同胞和国外侨胞督促国民党当局，审时度势，以国家前途民族大义为重，不要执迷不悟，及早举行国共两党谈判，共同促进祖国和平统一大业的实现。

9月1日—12日　中共第十二次全国代表大会在北京隆重举行。出席大会的正式代表1 545人，候补代表145人，代表3 965.7212万名党员。这次大会主要议程是：（一）审议第十一届中央委员会的报告，确定党为全面开创社会主义现代化建设新局面而奋斗的纲领；（二）审议和通过新的《中国共产党章程》；（三）按照新的党章的规定，选举新的中央委员会、中央顾问委员会和中央纪律检查委员会。邓小平致开幕词，阐明这次代表大会的重要历史地位、任务和指导思想。他强调，把马克思主义的普遍真理同我国具体实际结合起来，走自己的路，建设有中国特色的社会主义，这就是我们总结长期经验得出的基本结论。他还说，加紧社会主义现代化建设，争取实现包括台湾在内的祖国统一，反对霸权主义，维护世界和平，是中国人民在80年代的三大任务。这三大任务，核心是经济建设，它是解决国际国内问题的基础。胡耀邦代表第十一届中央委员会向大会作了题为《全面开创社会主义现代化建设新局面》的报告。报告总结了十一届三中全会以来各条战线取得的重大成就，宣告自粉碎“四人帮”以来，特别是十一届三中全会以来开始的历史性的转变已经胜利实现。报告在总结中国社会主义革命和建设的正反两方面经验的基础上，分析了当前的政治和经济形势，提出中国共产党在新时期的总任务是：团结全国各族人民，自力更生，艰苦奋斗，逐步实现工业、农业、国防和科学技术现代化，把我国建设成为高度文明、高度民主的社会主义国家。报告根据这个总任务，提出了各方面的任务：促进社会主义经济的全面高涨；努力建设高度的社会主义精神文明；努力建设高度的社会主义民主；坚持独立自主的外交政策；把中国共产党建设成为领导社会主义现代化建设事业的坚强核心。报告强调指出，要在今后5年内，实现财政经济状况的根本好转，实现社会风气的根本好转，实现党风的根本好转。在今后一个时期内，必须有系统地完成机构改革和经济体制改革，必须大力建设社会主义精神文明，必须坚决打击破坏社会主义经济和其他破坏社会主义制度的严重犯罪活动，必须整顿党的作风和党的组织。大会审议和通过了吸收七大和八大党章的优点、并适应新时期执政党特点的新的《中国共产党章程》。大会通过了关于第十一届中央委员会报告的决议和关于中纪委工作报告的决议。叶剑英、陈云在大会上作了重要讲话。大会选举出中国共产党第十二届中央委员会正式委员210名、候补委员138名，中顾委委员172名，中纪委委员132名，大会由李先念致闭幕词。

9月8日—11日　在英国伦敦举行的第五届世界技巧锦标赛上，林远向、陈铁、何继东、梁建坤获男子4人单套第一套冠军。

9月9日　我国成功地发射了一颗科学试验卫星。14日，卫星准确地返回预定的回收区。9日，中共十二大主席团致电参加卫星发射工作的全体同志，祝贺发射成功。

9月12日—13日　中共第十二届一中全会在北京举行。会议由胡耀邦、赵紫阳主持。会议选举万里、习仲勋、王震、韦国清（壮族）、乌兰夫（蒙古族）、方毅、邓小平、邓颖超（女）、叶剑英、李先念、李德生、杨尚昆、余秋里、宋任穷、张廷发、陈云、赵紫阳、胡乔木，胡耀邦、聂荣臻、倪志福、徐向前、彭真、廖承志为中央政治局委员，姚依林、秦基伟、陈慕华（女）为中央政治局候补委员；选举胡耀邦、叶剑英、邓小平、赵紫阳、李先念、陈云为中央政治局常务委员会委员；选举胡耀邦为中央委员会总书记；选举万里、习仲勋、邓力群、杨勇、余秋里、谷牧、陈丕显、胡启立、姚依林为中央书记处书记，乔石、郝建秀（女）为中央书记处候补书记。全会决定邓小平为中央军委主席，叶剑英、徐向前、聂荣臻、杨尚昆为中央军委副主席。全会批准中顾委全体会议选举产生的主任、副主任和常务委员会委员人选，批准中央纪委全体会议选举产生的书记和常务委员会委员人选。胡耀邦代表新产生的中央书记处，对党的当前和1983年的工作部署作了重要讲话。胡耀邦指出，1982年和1983年的工作主要是：第一，要认真组织全党学习十二大文件。第二，要抓好机构改革的工作。第三，要认真考虑如何抓好整党。第四，经济工作任何时候都不能放松。胡耀邦指出，今后5年内，党和国家的命运，是同新的中央领导集体息息相关的。这一届中央领导集体应当比上一届中央领导集体做得更好一些。

9月13日　中共中央顾问委员会第一次全体会议在北京举行。会议由薄一波、程子华主持。全会选举邓小平为中顾委主任，薄一波、许世友、谭震林、李维汉为副主任；选举王平、王首道、邓小平、伍修权、刘澜涛、江华、许世友、李井泉、李维汉、肖克、肖劲光、何长工、宋时轮、陆定一、陈锡联、段君毅、耿飚、姬鹏飞、黄火青、粟裕、程子华、傅钟、谭震林、薄一波为中顾委常务委员。邓小平在会上就顾委会的性质和任务作了重要讲话。他说，顾问委员会是根据中国党的实际情况建立的。这是解决我们这个老党、老人实现新旧交替的一种组织形式。目的是使我们的中央委员会能够逐步地更年轻化一些，同时也就能更妥善地使我们一些老同志，在退出第一线之后，还能够继续发挥一定的作用。邓小平指出，顾委会要注意的第一件事情就是要真正起到党章规定的“助手和参谋”的作用，不要妨碍中央委员会的工作。第二，顾委会的成员一定要联系群众。第三，以身作则，搞好精神文明建设。

同　日　中纪委第一次全体会议在北京举行。会议由王鹤寿、韩光主持。陈云在会上就加强党的纪律检查工作问题作了重要讲话。他说，中纪委和各级纪委今后的主要工作，仍然是协助中央和各级党委，切实抓紧抓好党风的整顿。陈云指出，要继续建立和健全党的纪律检查部门；要把党的纪律检查队伍本身的干部选好、用好。全会选举陈云为中央纪委会第一书记，黄克诚为第二书记，王鹤寿为常务书记，王从吾、韩光、李昌、马国瑞、韩天石为书记，马国瑞、王从吾、王鹤寿、李昌、李之琏、李正亭、陈云、黄克诚、韩光、韩天石、蔡顺礼为中央纪委会常务委员。

9月15日　民革中央举行纪念杰出爱国将领冯玉祥诞辰100周年大会。屈武主持大会。乌兰夫在大会上讲话，向冯玉祥表示深切的怀念和崇高的敬意。在大会上讲话的还有王昆仑、许德珩。冯玉祥的儿子冯洪达代表亲属在会上讲话。14日，邓小平会见冯玉祥的子女冯弗伐、冯理达、冯洪志、冯颖达、冯洪达，同他们进行了亲切的交谈。

9月15日—10月8日　刘适兰荣获国际象棋特级大师称号。刘适兰参加在苏联举行的女子国际象棋区际赛，获第三名，取得参加世界冠军赛决赛的资格。根据规定，刘适兰自然进入国际象棋特级大师行列，成为中国和亚洲第一位荣获国际象棋特级大师的棋手。

9月16日—25日　朝鲜劳动党主席、朝鲜民主主义人民共和国主席金日成对中国进行正式国事访问。胡耀邦、邓小平、赵紫阳同金日成举行了会谈。两国党政领导人在会谈中通报了各自国家的政治、经济情况，并就共同关心的国际问题交换了意见。邓小平、胡耀邦分别陪同金日成访问了成都和西安。

9月18日　考古学家裴文中逝世。裴文中，1904年生，河北丰南县人。他是古人类学家，古生物学家，考古学家，地质学家。1921年毕业于北京大学地质系，后留学法国，获巴黎大学理学博士学位。他曾在中国地质调查所任职，负责周口店遗址发掘工作，是中国猿人第一个头盖骨的发现者。建国后，任中国科学院古脊椎动物与古人类研究所研究员、中国社会科学院考古研究所研究员，北京自然博物馆馆长，中国自然科学博物馆协会理事长，中国考古学会副理事长。他是中国科学院学部委员。

9月19日—29日　中国声乐小组参加第二十届布达佩斯国际柯达伊—艾凯尔音乐比赛获奖。在歌剧比赛中胡晓平荣获一等奖、特别奖，温燕青获特别奖。这是中国歌唱家在历次国际声乐比赛中获得的最高奖。

9月22日—26日　英国首相玛格丽特·撒切尔访华。这是英国在任首相首次访华。撒切尔在上海主持了江南造船厂为香港环球航运集团建造的散装货轮的命名交船典礼。在广州，撒切尔出席了中国南海石油服务总公司、广东省邮电管理局和英国伦敦大东电报局公共有限公司“关于向南海油田提供电信服务意向书”的签字仪式。

9月23日　黄金饰品国内销售业务恢复。从23日起，北京、上海、天津、广州、苏州等23个城市的工艺美术服务部先后恢复销售黄金饰品。

9月25日　中国女子排球队荣获第九届世界女子排球锦标赛冠军。这是中国女排继1981年夺得世界杯女子排球赛冠军以来再次获得世界冠军称号。26日，国务院电贺中国女排获得第九届世界女子排球赛冠军。10月5日，国家体委和全国体总举行茶话会庆贺中国女排再次夺魁。

9月26日—10月1日　日本首相铃木善幸访华。铃木访华期间，两国政府签署了1982年度贷款换文，日本政府同意向中国提供650亿日元的贷款。

9月27日　全国第五次“质量月”授奖大会在北京举行。获得1982年国家金质奖和银质奖的优秀工业产品297项、优质食品9项，获得国家金质奖和银质奖的优秀工程项目有28项、优质工程企业3家，有226个优秀质量管理小组获得了奖牌。大会同时向获得第二届中国工艺美术品百花奖的21种工艺美术品颁发了金、银奖杯。张劲夫在大会上讲话。

同　日　中国和安哥拉两国政府宣布互相承认，并已指定各自的代表自即日起在巴黎就两国之间的关系正常化和建立外交关系开始接触。

9月28日　中共中央、中央军委批准陶峙岳上将加入中国共产党。陶峙岳，湖南宁乡县人。1911年参加武昌起义后加入同盟会。1926年参加北伐战争，后历任国民革命军师长、军长，参加淞沪抗战。后任国民党军新疆警备总司令。1949年率部在新疆起义，任新疆军区副司令员兼新疆生产建设兵团司令员。10月13日，陶峙岳在长沙市湖南军区干休所参加入党宣誓仪式。

9月29日　中国第一条复线电气化铁路—石太线（石家庄—太

原）正式通车。该线全长235公里。

9月30日　外交部新闻司发言人阐明中国政府对香港问题的严正立场。英国首相撒切尔在访问北京后，9月27日在香港发表谈话，竟宣称19世纪英帝国主义强加于中国的那些不平等条约继续“有效”，“不应推翻”，而应由双方加以“修改”。她认为，英国对香港居民负有“道义责任”，还说香港是在英国的管辖下“繁荣起来”的。对此，外交部新闻司发言人在答新华社记者问时强调，香港是中国领土的一部分。过去英国政府同中国清政府签订的有关香港的条约是不平等条约，中国人民从来是不接受的。发言人严正表示，中国政府的一贯立场是，不受这些不平等条约的约束，在条件成熟的时候收回整个香港地区。

10月3日　中共中央、国务院作出《关于中央党政机关干部教育工作的决定》。规定今后中央党政机关的所有干部都要分期分批参加轮训，把干部教育工作经常化、正规化、制度化，力争在三五年内使中央党政机关干部队伍的政治、业务水平得到明显的提高，以适应社会主义现代化建设的需要。《决定》规定，中央今后使用和提拔干部必须把学历、学习成绩同工作经历、工作成绩一样作为重要依据。为此，要建立干部学习的考核、考试制度，学习成绩记入档案。

10月6日　美国总统里根就《与台湾关系法》发表谈话。里根称继续执行《与台湾关系法》，继续向台湾地区出售武器。里根提出把和平解决台湾问题作为美国停止向台湾地区出售武器的条件。

10月7日—14日　国家计委和国家民委联合在银川召开经济发达省、市同全国少数民族地区对口支援和经济技术协作座谈会。中共十一届三中全会以后，为了加快少数民族地区的经济发展，中共中央决定：北京支援内蒙，河北支援贵州，江苏支援广西和新疆，山东支援青海，天津支援甘肃，上海支援云南和宁夏，全国支援西藏。

10月7日—16日　中国在本国海域首次以潜艇从水下向预定海域发射运载火箭获得成功。这一成就标志着中国运载火箭技术又有了新的发展。10月16日，中共中央、国务院、中央军委打电报给我国运载火箭研制和发射试验的同志，祝贺我国在海上发射运载火箭获得成功。新华社10月25日报道：国防科学技术工业委员会和海军隆重举行祝捷大会，热烈庆祝潜艇水下发射运载火箭取得圆满成功。张爱萍代表中共中央、国务院、中央军委，向全体参试人员表示慰问和祝贺。

10月10日—17日　德意志联邦共和国总统卡斯滕斯和夫人对中国进行国事访问。访问期间，两国签署了技术合作协定，卡斯滕斯主持了德意志联邦共和国驻上海总领事馆的开馆仪式。

10月14日　邓小平同国家计委负责人谈话，对重大骨干项目建设和科技队伍管理问题发表重要意见。邓小平指出，国家计委在计划施工的建设项目之外，提出一批重大的勘察设计项目，准备提前做好建设的前期工作，要认真落实。到条件具备时，就可以动工兴建。不管怎样困难，也要下决心搞。他说，这批重大勘察设计项目包括了各行各业，各个部门都要认真抓，尽快开展前期工作。要列出进度表，充分准备，并且要抓紧。20年的时间分为前10年，后10年。前10年为后10年做准备。准备，有个时间问题，要抢时间，不能不认真对待。邓小平指出，前期工作，也包括农业。农业的发展一靠政策，二靠科学。靠政策调动积极性很重要，但有个限度，到一定时期，也就“饱和”了。但科学技术的发展和作用是无穷无尽的。关于加强科技队伍的管理问题，邓小平指出，科技队伍的组织管理问题，要认真考虑，现在的管理形式不行。我们不是没有人才，问题是能不能很好地把他们组织和使用起来，把他们的积极性调动起来，发挥他们的专长。对科技人员要想法打破部门、地方界限，合理使用，就要统一管起来，没有一个很强有力的权威机构，搞不动。这个机构既管民用部门的，也能管军队的。所谓落实20年发展规划、落实知识分子政策，第一位的就是落实科技队伍的管理使用问题。这个问题应当抓紧解决。

10月14日—26日　法国共产党总书记乔治·马歇率领法共中央代表团访问中国。双方一致同意，在完全平等、独立自主、互相尊重、互不干涉内部事务等原则的基础上，正式恢复自1965年以来中断了的两党关系，并决定不断扩大双方的友好合作。这次访问取得了圆满成功。

10月17日—23日　巴基斯坦总统穆罕默德·齐亚·哈克上将和夫人访华。胡耀邦、邓小平分别会见了齐亚·哈克，赵紫阳同他就当前国际形势、特别是南亚和中东问题进行会谈。访问期间，两国政府签订了关于成立经济、贸易和科学技术合作联合委员会的协定。

10月18日　中国驻美国大使柴泽民约见美国负责东亚和太平洋事务的助理国务卿托马斯·休史密斯，并向美方提出抗议。柴泽民就美国总统安全事务助理克拉克等高级官员出席台湾驻美机构举行的所谓"双十国庆"招待会一事，向美国方面提出抗议。柴泽民严正指出，这是违反中美两国建交公报和联合公报的严重事件，是制造"两个中国"或"一中一台"的行径。它发生在中美两国发表联合公报之后不久，发生在美方一再声称要以实际行动履行联合公报的时候，中国方面不能不感到严重关切。柴泽民要求美国政府切实采取措施，制止今后不再发生类似事件。

10月21日　新华社报道：胡耀邦在中共陕西省委召开的负责干部大会上作重要讲话。胡耀邦希望陕西省委思想更加解放一点，改革更加大胆一点。实现四个现代化也好，建设"两个文明"也好，都应该注意这两点，思想更加解放一点，在工农业年总产值翻两番的问题上，就要注意：第一，不能单单靠国家富裕，同时要靠农户富裕，要全国8亿农民家家户户都富裕起来。国家、地方、集体、个人四个方面的积极性要一起调动起来。第二，农民要富裕起来，单单靠粮食是不能富裕的。绝不能放松粮食生产，但是只靠粮食生产不能致富，还必须靠多种经营。第三，不能单靠已有的工业，还要努力开发能源，把交通搞上去。第四，不能停留在现有的计划管理、经济管理和科技水平上，必须努力提高水平，创造新的更高的劳动生产率。

10月22日—24日　中国运动员在第六届世界杯体操赛中夺得6项冠军，获7枚金牌。22日，李宁获男子全能比赛冠军。24日，李宁获自由体操、鞍马、吊环、跳马、单杠5个单项的冠军。童非同李宁并列单杠冠军。这是我国体操运动员在重大国际比赛中获得的最好成绩。25日，国家体委致电中国体操队，向他们表示热烈祝贺。

10月23日—25日　全国科学技术奖励大会在北京举行。赵东宛主持大会。方毅致开幕词。武衡在会上作了发明和自然科学评奖工作报告。大会向100多位获奖者代表颁发了发明和自然科学奖证书和奖章。赵紫阳在会上作了题为《经济振兴的一个战略问题》的重要报告。报告主要阐明了4个问题：1.搞现代化，振兴经济，翻两番，一定要依靠科学技术进步。2.科学技术工作要面向经济建设，这要成为科技工作的指导思想。要以这个指导思想，来确定科研的任务、课题，调整科研体制和科研力量，完善对科技人员的考核制度和奖励政策。3.把科技工作人员组织起来，参加规划，参加攻关。4.解决企业技术进步的动力问题，提高企业对技术进步的积极性。

11月4日　台湾地区进行"第二阶段土地改革"。台湾地区经"第一阶段土地改革"建立起来的以一家一户为单位的家庭农场经营制度，随着经济的发展，已越来越不适应大规模加工出口外向型经济发展的需要。这一矛盾促使台湾当局考虑并提出进行"第二阶段土地改革"。台湾"行政院"今天通过了《第二阶段土地改革方案》，改革方案提出：提供扩大农场经营购地贷款，鼓励农家购买转业农家的耕地，扩大经营规模；推动委托、共同、合作经营，在不影响土地所有权的情况下，扩大农场经营规模；推广育苗中心，并以此为核心组织作业中心班；推动农业机械化等。台湾地区"第二阶段土地改革"的目的是使更多的农民摆脱土地的束缚，实行较大规模的农业生产，从而促进劳动力的转移和农村资本主义经济的发展。

11月13日　由巫兰英、邵伟萍、冯梅梅组成的中国队在委内瑞拉加拉加斯举行的第四十三届世界射击锦标赛上荣获女子双向飞碟团体冠军并打破世界纪录。冯梅梅和邵伟萍还分别以194靶和192靶的成绩打破和平了女子飞碟双向个人世界纪录。

11月14日—17日　中国特使黄华赴莫斯科参加苏联最高苏维埃主席团主席勃列日涅夫的葬礼。行前，黄华对新华社记者发表谈话说，中国人民一向十分珍视同苏联人民的传统友谊，希望两国能在和平共处五项原则的基础上友好相处。中国人民诚心诚意地希望两国关系能够排除障碍，得到真实的改善，并逐步恢复正常化。在悼念勃列日涅夫主席的时候，我们希望安德罗波夫总书记和苏联党政当局作出新的努力，促使中苏关系得到改善。黄华特使在苏期间，出席了勃列日涅夫主席的葬礼，参加了安德罗波夫同各国代表的礼节性会见，并会晤了葛罗米柯外长。勃列日涅夫10日逝世后，中国人大常委会于11日向苏联最高苏维埃主席团发了唁电。12日，乌兰夫、黄华到苏联驻华大使馆吊唁。

11月17日—20日　泰国总理炳·廷素拉暖上将访华。胡耀邦、邓小平、邓颖超分别会见了炳·廷素拉暖。赵紫阳同廷素拉暖举行了会谈，一致同意继续支持柬埔寨人民团结抗越。

11月18日　中共中央政法委员会召开电话会议部署今冬明春的社会治安工作。会议由刘复之主持。陈丕显在会上讲话。会议要求全国各地在党的十二大精神鼓舞下，在当前社会治安情况有了明显好转的基础上，抓好今冬明春的社会治安工作。

11月19日—12月3日　中国运动员参加在印度新德里举行的第九届亚洲运动会。经过15天的激烈角逐，中国运动员共夺得61枚金牌、51枚银牌和41枚铜牌，荣获金牌总数和团体总分第一，在金牌总数上超过了历届亚运会第一名日本队，首次名列榜首。创男子跳高当年世界最好成绩的中国选手朱建华被评为本届亚运会唯一的一名最佳运动员。12月3日，国家体委、全国体总等单位分别致电中国代表团表示祝贺。9日，赵紫阳、万里等接见参加亚运会的中国代表团全体同志并勉励他们更上一层楼。

11月20日—26日　民主柬埔寨联合政府总理宋双访华。胡耀邦会见了宋双。赵紫阳同宋双就国际形势特别是柬埔寨抗越斗争形势举行了会谈并宴请了宋双。

11月24日　胡耀邦同中曾根谈台湾问题与中美关系。胡耀邦在日本同中曾根会谈时指出，我们愿意把中美关系继续推向前进。但最近又发生了两件不愉快的事，一是里根总统在日本讲“不会抛弃台湾老朋友”，二是美国参议院外交委员会通过了所谓的“台湾前途”决议案。之所以反复发生此类问题，根本原因在于美国一些主要领导人顽固地抱着“两个中国”不放。这就使中美关系很难顺畅发展，搞得不好，中美关系还会严重逆转。这当然不是我们所希望的。胡耀邦表示，中国力争台湾较快地回到祖国怀抱，并如期恢复对香港行使主权。这两者都是中国实现祖国统一大业、坚持领土和主权完整的重大原则问题，绝不允许任何外国势力阻挠和干涉。至于一切外国在这两个地区的经济利益，我们绝对负责保障。

同　日　叶剑英对《人民日报》记者发表谈话。叶剑英在谈到即将召开的全国人大五届五次会议时说，这次会议将要通过的新宪法，是党领导全国人民广泛讨论和修改后制定的。这是人民自己制定的宪法，人民有责任监督宪法的执行，监督政府按宪法办事。宪法通过以后，全体共产党员要宣传新宪法，做执行新宪法的模范。叶剑英对老干部寄予殷切的希望。他说，老干部要把失败的教训，成功的经验，传授给青年人。这个新宪法就是经过长期斗争，用无数次的成功和失败换来的，要十分珍惜，要把我们党的优良传统发扬光大。谈到军队现代化建设时，叶剑英说，军队是国家政权的支柱。军队应当执行宪法，捍卫宪法。谈到对青年一代的希望时，叶剑英说，中国的未来是青年们的。为了未来，青年人要跟老年人合作，保证宪法的实施。

11月25日　聂荣臻接见《红旗》杂志社总编辑熊复，就努力开创我国科技工作的新局面问题发表重要谈话。聂荣臻谈了他主持科技工作时期的主要经验，特别是着重谈了党在知识分子问题上的历史经验和当前落实知识分子政策应当注意的问题。他提出，搞好科技工作，第一要自力更生，第二要制订恰当的科学技术发展规划，第三要组织好队伍，第四要加强集中统一领导。他说，四个现代化的关键是科学技术现代化。要实现科学技术现代化，就要依靠掌握现代科学技术的知识分子。没有知识分子就不可能有四个现代化。他指出，要教育广大干部和群众懂得知识分子在现代化建设中的地位和作用。要造成全社会尊重知识、尊重科学、尊重知识分子的新风气，要努力结成工人、农民、知识分子的兄弟联盟，为此，必须对轻视和歧视知识分子的种种偏见进行斗争。聂荣臻的这次谈话以《努力开创我国科技工作的新局面》为题，在《红旗》杂志1982年第24期发表。

11月26日—12月10日　五届全国人大五次会议在北京举行。会议期间，彭真受宪法修改委员会主任委员叶剑英的委托，作关于宪法修改草案的报告；赵紫阳作关于我国国民经济和社会发展第六个五年计划的报告；王丙乾作关于1982年国家预算执行情况和1983年国家预算的报告。会议还听取了习仲勋关于全国人大、国务院和地方各级人大和各级人民政府的组织法和选举法的若干规定的决议草案的说明，杨尚昆关于第六届全国人民代表大会代表名额和选举问题的说明。全国人大常委会、最高人民法院、最高人民检察院分别向大会提出书面报告。代表们审议并通过了宪法修改草案报告，以及各项报告、议案和法律草案。大会通过《中华人民共和国宪法》。大会还通过了关于本届全国人大常委会职权的决议和关于恢复《义勇军进行曲》为中华人民共和国国歌的决议。大会批准了《中华人民共和国国民经济和社会发展第六个五年计划（1981—1985)》。叶剑英在会上致闭幕词。大会通过的新的《中华人民共和国宪法》对国家机构作了许多新的规定：（一）加强人民代表大会制度。（二）恢复设立国家主席和副主席。（三）国家设立中央军事委员会，领导全国武装力量。（四）国务院实行总理负责制；总理、副总理、国务委员和秘书长组成国务院常务会议；总理召集和主持国务院全体会议和国务院常委会议，各部、委员会实行部长、主任负责制；部长、主任召集和主持部务会议或者委员会会议、委务会议。（五）在中央统一领导下，加强地方政权建设，县以上地方各级人大设立常委会。（六）改变农村人民公社的政社合一的体制，设立乡政权。（七）规定国家主席、副主席、全国人大常委会委员长、副委员长、国务院总理、副总理等国家领导人连续任职不得超过两届。大会批准的《中华人民共和国国民经济和社会发展第六个五年计划（1981—1985)》，要求工农业总产值增长21.7%，平均每年递增4%，其中农业总产值和工业总产值每年递增的速度都定为4%，在执行中争取达到

5%。这个计划特别强调提高经济效益。在计划中，教育、文化、卫生、体育事业的经费有所增加。会议批准的《中华人民共和国1983年国民经济和社会发展计划》共有三个部分：（一）1983年计划制订执行情况；（二）1983年计划的任务和主要指标；（三）努力提高经济效益，完成和超额完成1983年计划。计划从七个方面提出1983年国民经济和社会发展的具体任务和主要指标：1.保证粮食稳步增长，同时积极开展多种经营，全面发展农林牧副渔各业；2.在进一步调整产品结构，努力提高经济效益的基础上，争取工业生产持续稳步增长；3.大力增收节支，继续保持财政、信贷收支基本平衡；4.严格控制固定资产投资规模，加快能源、交通等重点建设，有重点地推进企业的技术改造；5.进一步组织好商品流通，努力扩展对外贸易；6.加强科学技术研究和科技成果的推广应用，加速人材的培养；7.在发展生产的基础上，使城乡人民的物质文化生活继续有所改善。

11月27日　新华社报道：中纪委在江苏省无锡市召开华东7省、市纪律检查工作座谈会。王鹤寿、韩光出席了座谈会，并就整顿党风党纪问题，以及全国打击经济领域中严重犯罪活动的形势、政策和经验教训，作了总结性的讲话。王鹤寿说，据7省、市的初步统计，10个月来共揭露出了大大小小的各种经济犯罪活动的案件4万多件。斗争的发展是健康的，是从调查入手，重事实，重证据的，避免了过去那种由于一哄而起常常发生的偏差。从全国来看，斗争打击了犯罪分于的嚣张气焰，刹了社会上的歪风，促进了党风和社会风气的好转。王鹤寿指出，存在的缺点和问题是，在省、地、县直机关和中央在地方的大型企事业单位中，这场斗争还没有认真开展起来，斗争的声势不足；对工作中的经验教训总结得也很不够。王鹤寿说，目前打击经济领域严重犯罪活动的斗争已从普遍揭露转入到集中力量查处大案要案的时候，到了彻底查清省、地、县直机关和中央在地方大型企事业中的严重经济犯罪问题的时候，已到了一个关键时候。要认真总结经验，堵塞各种规章制度的漏洞，提出改进措施。他强调，搞好这场斗争一定要注意掌握政策。韩光在讲话中着重谈了纠正和清查领导干部在建房、分房中的不正之风和支持乱砍滥伐森林的问题。

12月2日　国务院作出《关于调整国家机关、科学教育卫生部门部分工作人员工资的决定》。决定从1982年10月1日起调整国家机关、科学文教卫生等部门部分工作人员的工资。1983年和以后的两年，将陆续调整企业部分职工的工资，并积极着手工资制度的改革。

同　日　陈云就国家经济建设和上海工作发表重要意见。出席五届全国人大五次会议的上海代表团部分代表到陈云家中看望，陈云同他们进行了亲切的谈话。陈云说，为了实现今后20年在不断提高经济效益的前提下力争使全国工农业年总产值翻两番的奋斗目标，要分两步走，前10年主要是打好基础，为后10年进入经济振兴时期创造条件。如果急于求成，把本来应当放在后10年办的事也勉强拿到前10年来办，在六五和七五两个五年计划期间乱上基本建设，那么经济又可能出现混乱，翻两番的任务反而有可能完不成。陈云说，为了给后10年比较快的发展创造条件，由中央适当集中一笔资金，加强能源、交通和科学教育等薄弱环节，保证重点项目的建设是完全必要的。这是大革命、大建设，是从全局利益出发的。当然，地方上的小革命、小建设也要搞，但必须以大革命、大建设为主，这也就是局部服从全局。否则，不分大小，齐头并进，国家吃不消。只有把国家的大革命、大建设搞好了，各地的小革命、小建设才有切实的保障。他说，六五计划期间一个重要任务是进行现有企业的技术改造，这也应当是我们今后发展工业的一条新路子。上海老企业多，应当特别注意这个问题。陈云指出，党的十一届三中全会以来，实行搞活经济的政策，效果显著。今后要继续实行搞活经济的政策，继续发挥市场调节的作用。他同时指出，我们也要防止在搞活经济中，出现摆脱国家计划的倾向。搞活经济是在计划指导下搞活，不是离开计划指导的搞活。这就像鸟和笼子的关系一样，鸟不能捏在手里，捏在手里会死，要让它飞，但只能让它在笼子里飞，没有笼子，它就飞跑了。如果说鸟是搞活经济的话，那么笼子就是计划经济。当然，“笼子”大小要适当，该多大就多大，不一定限于一个省、一个地区，也可以跨省跨地区，甚至不一定限于国内，也可以跨国跨洲。另外，“笼子”本身也要经常调整，比如对五年计划进行修改。但无论如何，总得有个“笼子”。

12月5日—6日　由约旦国王侯赛因率领的阿拉伯7方委员会代表团访华。代表团成员包括叙利亚、沙特阿拉伯、摩洛哥、约旦、突尼斯、阿尔及利亚等国外长或外交大臣，巴解组织执委会委员阿巴斯和阿盟秘书长卡利比。

12月11日　胡耀邦在省、市、自治区党委书记座谈会上作题为《1983年的工作》的讲话。他指出，1983年是十二大提出的全面开创社会主义现代化建设新局面的第一年，又是实施新宪法，为国家的长治久安而奋斗的第一年。我们的工作计划，要抓住重点，在以下两个问题上取得明显的成绩：1.完成省、市、自治区和地市两级的机构改革，并开始整党，力求使党风、社会风气和社会治安情况进一步好转；2.力争国民经济的综合发展水平不低于1982年，并切实做好1984年和今后若干年继续健康发展的必要准备。胡耀邦强调，改革工作必须按中央的部署坚决而有步骤地进行；机构改革是整个改革的第一步，应当努力做到不因机构改革而使国家蒙受损失。经济领域的改革也要一步步前进。

12月13日　中国第一条支农铁路——福前线（黑龙江的福利屯站到同江县前进镇）交付使用，全长226.7公里。

12月13日—17日　土耳其总统凯南·埃夫伦首次对中国进行正式访问。访问期间，中土双方签署了两国政府1983年—1984年文化交流计划，中土经济、工业和技术合作混合委员会协议纪要。

12月14日　邓小平会见全国政协五届五次会议新增选的常委马璧、范寿康。马璧原任台湾《政治评论》月刊社社长，1981年从台湾回大陆定居；范寿康原任台湾大学教授兼图书馆馆长，1982年4月从美国回国定居。邓小平同他们进行了亲切的谈话。邓小平对他们说，台湾总是要回归的，祖国总是要统一的。你们带了头，你们的行动是会产生影响的。他勉励马璧、范寿康继续为包括台湾在内的祖国统一贡献力量。参加会见的还有胡愈之、董其武等人。

12月15日　首届“茅盾文学奖”（长篇小说）授奖大会在北京

举行。获奖的作品是：周克芹的《许茂和他的女儿们》、魏巍的《东方》、姚雪垠的《李自成》第二卷、莫应奉的《将军吟》、李国文的《冬天里的春天》、古华的《芙蓉镇》。

12月20日—30日　中国共产主义青年团第十一次代表大会在北京举行。出席大会的代表1 500多人，列席代表145人，代表全国4 800万团员。胡启立代表中共中央向大会作题为《殷切的希望》的祝词，王兆国代表青年团第十届中央委员会作题为《团结全国青年，向社会主义现代化光辉前程进军》的工作报告。大会通过了《关于第十届中央委员会工作报告的决议》和新的《中国共产主义青年团章程》。大会选举产生了由263名委员、51名候补委员组成的共青团第十一届中央委员会。会议期间，胡耀邦、邓小平等党和国家的领导人多次亲临大会，与大会代表座谈，或写信、打电报祝贺大会的召开，对青年寄予殷切的期望。大会号召各级团组织、全体共青团员和各族青年，站在祖国建设的最前列，做四化建设的英勇突击队，做转变社会风气的先锋，在振兴中华的宏伟事业中，展现出中华民族新一代的英姿，在伟大祖国的960万平方公里的土地上，创造出震古烁今的英雄业绩。这次大会，是共青团进一步贯彻党的十二大精神的大会，是全国各族青年大团结的盛会，是动员青年向社会主义现代化光辉前程进军的誓师大会。它揭开了共青团光荣历史新的一页，标志着我国青年运动进入了一个蓬勃发展的新阶段。31日，共青团十一届一中全会选举王兆国为团中央第一书记；胡锦涛、刘延东、李海峰、克尤木、巴吾东、陈昊苏、何光伟为团中央书记处书记；张宝顺为候补书记。胡耀邦在会上作题为《你们应当超过我们》的讲话。

12月20日—1983年1月17日　赵紫阳应邀先后对埃及、阿尔及利亚、摩洛哥、几内亚、加蓬、扎伊尔、刚果、赞比亚、津巴布韦、坦桑尼亚和肯尼亚进行正式访问。这是继60年代周恩来总理访问非洲后中国总理第二次访问非洲。出访期间，赵紫阳同各国领导人进行了会谈。1983年1月13日，在访问坦桑尼亚期间，赵紫阳在达累斯萨拉姆举行的记者招待会上宣布了中国同非洲国家经济技术合作的四项原则：平等互利、讲求实效、形式多样、共同发展。赵紫阳还就香港和台湾问题，中美关系，中苏关系问题以及非洲问题回答了记者的提问。这次访问是成功的，富有成果的，加深了中非友谊和了解。20日，《人民日报》发表社论：《中国和第三世界国家团结友好史上光辉的一页——热烈祝贺赵紫阳总理访问非洲圆满结束》。

12月21日　新华社报道：枝柳铁路（湖北枝城—广西柳州）通过验收，1983年1月1日起正式运营通车。该线全长883公里，是纵贯中国南北的第三条铁路大干线。它于1970年10月开始修建，1978年12月接通，1979年开始临时运营。

同　日　中国和安提瓜和巴布达在纽约签署建交联合公报，决定从1983年1月1日起建立大使级外交关系。

12月22日　中共中央、中央军委批准董其武加入中国共产党。84岁高龄的董其武是全国五届政协副主席、第五届全国人大常委。解放前他曾任国民党西北长官公署副长官、绥远省政府主席兼保安司令。在共产党感召下，董其武于1949年9月19日率部起义，为和平解放绥远做出了重要贡献。他参加革命军队30多年来，历任绥远省人民政府主席兼绥远军区副司令员、兵团司令等职。

同　日　新华社报道：中国第一台质子直线加速器，在中国科学院高能物理研究所建成，并于12月17日首次引出能量为1 000万电子伏特的质子束流。这台加速器是1978年8月开始设计研制的。

12月23日　建筑学家杨廷宝逝世。杨廷宝，1901年生，河南南阳县人。20年代留学美国学习建筑，1927年回国后长期致力于建筑设计和建筑教育工作，并对中国古典建筑和民间建筑进行深入研究。30年代，参加北京天坛祈年殿、紫光阁、西直门城楼等古建筑的修复工作。在南京设计了运动场、医院、图书馆、火车站等大型公共建筑。建国后，参加了首都北京的建设。解放初期，他主持的大型设计工程是和平宾馆、王府井百货大楼。在人民英雄纪念碑、人民大会堂、毛主席纪念堂、北京图书馆等重要建筑的设计中，都做出了贡献。主持和参加设计的重要建筑还有北京火车站、南京长江大桥桥头堡、南京机场候机楼等。曾被选为历届全国人大代表，中国建筑学会理事长，并曾连任两届国际建筑协会副主席。主要作品有：《杨廷宝建筑设计作品集》、《杨廷宝水彩画展》等。

12月24日　中国银行经国务院授权，根据1979年签订的中美两国政府关于解决资产要求的协议，负责办理被美国政府冻结的各项资产的收回事宜。依据收回工作的实际执行情况，国务院责成中国银行对客户的相应美元资产，进行审核、清偿，并发出公告。公告声明，已收回的解冻美元资产，申请领取期限，至1983年12月31日止。逾期没有提出申请的，统一由中国银行就地上交中央金库。原私营企业在国外或香港地区的美元资产，解冻收回，原资产所有人已去世，可以由其合法继承人，按照国家有关规定，办理领取手续。

同　日　民航兰州—广州班机失事。中国民航兰州管理局由兰州飞往广州的伊尔18—202号班机，在广州白云机场失火，机上旅客和机组人员中23人遇难。

12月30日　中共中央发出《关于清理领导班子中“三种人”问题的通知》。《通知》指出，在中央提出对追随林彪、江青反革命集团造反起家的人、帮派思想严重的人、打砸抢分子这“三种人”不可重用以后，对“三种人”进行了初步清理。但由于多方面原因，在少数部门和地方，仍有一些“三种人”留在领导班子中或要害岗位上，继续受到重用，有的还被作为接班人已经提拔或准备提拔，这些人为数不多，活动能力很强，活动范围很广，是一种不安定因素和不可忽视的潜在危险。必须坚决把他们从领导班子中清理出去，调离要害部门和要害岗位。对清理出领导班子的“三种人”，应加强对他们的思想教育工作，给以改正错误、弃旧图新的机会。

同　日　全国侨联为庄希泉举行入党宣誓仪式。廖承志宣读了中共中央批准庄希泉入党的决定。94岁高龄的庄希泉是全国5届政协副主席、全国侨联主席。他早年为寻找祖国兴盛富强的道路，参加过同盟会，又参加过北伐战争。在革命战争年代和新中国成立后，他曾多次申请加入中国共产党。列席中共十二大后，他要求入党的愿望更加强烈，再次写了入党申请书。

1983年

1983年综述

1983年，全国政治经济形势发生了喜人的变化。国家政治稳定，经济发展迅速，人民生活有了明显提高。

6月，换届的第六届全国人大第一次会议召开。大会选举李先念为中华人民共和国主席，彭真为六届人大常委会委员长，决定赵紫阳为国务院总理，选举邓小平为中华人民共和国中央军事委员会主席，任命了各部、委、行、署的领导人。六届人大的召开及其选出的国家领导机构人选，标志着中国政体日趋完备。

按照新宪法的要求，适应经济改革的需要，1983年，中国经济立法也取得了新进展。全年共制定和修改了52个经济法规草案，颁发了20个法案。1983年，全国开展了严厉打击刑事犯罪活动和经济领域犯罪活动的斗争。中央决定以3年为期，组织一次、两次、三次战役，按照依法“从重从快，一网打尽”的精神，对刑事犯罪分子予以坚决打击。10月，中共十二届二中全会通过了《中共中央关于整党的决定》，确定从1983年冬季开始全面整党，用3年时间对党的作风和组织进行一次全面整顿。11月—12月，中国民主建国会等民主党派相继召开了全国代表大会，通过自己的章程，选出新的中央领导机构。是年，农村经济体制改革继续深入发展。1月，中共中央印发《当前农村经济政策的若干问题》作为草案，下发各地试行。草案对农业发展规划、农村发展道路、稳定和完善农业生产责任制及农村领导体制等14个问题作了规定。

是年，国民经济在进一步贯彻执行“调整、改革、整顿、提高”八字方针中继续稳步前进，全国的生产、流通工作获得了较大成就，在经济效益上也有了进步。是年，国民经济的发展取得了可喜成就：农业连续第五年获得丰收；工业生产稳步增长；工农业总产值和粮、棉、煤、原油等33种主要工农业产品产量，提前两年达到第六个五年计划规定的1985年指标；重点工程建设得到加强；工交部门技术改造大有进展，经济效益提高；对外经济有新的扩大；消费品价格基本稳定；居民收入继续增加，生活改善。是年，一、农业战胜气候反常、南涝北旱的严重自然灾害，又夺得了第五个丰收年。二、工交战线以提高经济效益为中心，在调整中稳步前进，取得增产增收的可喜成绩，利税有较多的增长。三、重点工程建设成就显著。是年，国家重点建设共完成投资额97亿元，为国家计划的101%。是年，全国有91个大中型项目和152个单项工程建成投产。四、全国工交部门技术改造大有进展。基本建设投资构成有所改善。五、中外合资企业有新的发展，投资结构也发生了变化。六、对外经济交流有新的扩大，进出口贸易总额增长。七、消费品价格有升有降，基本保持稳定。八、在工农业生产持续增长的基础上，城乡市场普遍活跃、兴旺。个体工商业户有较大发展。九、居民收入继续增加。全国城乡居民储蓄余额和人均储蓄存款都创历史最高水平。

是年，中国领导人出访了许多国家，有20多位外国元首和政府首脑先后来华访问。高级官员之间的会晤和磋商更加频繁，民间的各种外事活动也十分活跃。中国新参加了一些国际组织，并在其中发挥了应有的作用。中国坚持对外开放政策，根据平等互利的原则进一步扩大了同发达国家和发展中国家的经济、技术交流和合作，并已开始收到了效果。

1月1日　《红旗》杂志全文刊载胡耀邦于1982年4月24日约见邓力群等，就中共党的思想政治工作问题发表的重要谈话。胡耀邦指出，思想政治工作的最根本目的和任务，用一句话说，就是提高人们对世界的认识和改造的能力。思想政治工作的特点为：范围很宽很广，主要解决思想认识问题，政治立场问题，因此要实行灌输、启发和教育；思想政治工作的基本原则是对人们进行教育工作、说服工作，而不是采取强制的、压服的办法和行政命令的办法，大量工作要依靠干部来做，为此，搞思想政治工作，首先要解决好干部中的思想问题。教育者必须先受教育，也就是要加强思想政治工作队伍的建设。胡耀邦强调指出，当前思想战线上应当注意的是要抵制腐朽、落后的东西，一种是物质上的“糖衣炮弹”，一种是精神上的“糖衣炮弹”，决不要当资产阶级思想的俘虏。他同时强调，党的各级组织，应当把思想政治工作放在重要地位，列入党委的重要议事日程。

同　日　中国和安提瓜和巴布达建立大使级外交关系。两国政府于1982年12月21日在纽约签署了关于建立外交关系的联合公报。联合公报申明，两国政府同意，在相互尊重主权和领土完整、互不侵犯、互不干涉内政、平等互利和和平共处的原则基础上，发展两国之间的友好合作关系。中华人民共和国政府支持安提瓜和巴布达政府维护安提瓜和巴布达的独立和主权的正义事业以及发展国民经济的努力。安提瓜和巴布达政府承认中华人民共和国政府是中国的惟一合法政府，台湾是中华人民共和国领土不可分割的一部分。1月2日，《人民日报》发表社论：《祝贺我国和安提瓜和巴布达建交》。

1月2日　中共中央印发全国农村工作会议提出的《当前农村经济政策的若干问题》（即中央1号文件），通知各地作为草案试行。《当前农村经济政策的若干问题》于1982年12月31日由中共中央政治局讨论通过。文件指出，联产承包责任制和各项农村政策的推行，打破了我国农业生产长期停滞不前的局面，促进农业从自给半自给经济向着较大规模的商品生产转化，从传统农业向着现代农业转化。这种趋势，预示着我国农村经济的振兴将更快到来，从而为实现党的十二大的战略目标提供更为有利的条件。现在，方向已经明确，道路已经开通，群众正在前进。我们面临的主要问题是，不少同志对这一历史性变革缺乏充分的思想准备，某些上层建筑的改革赶不上经济基础变化的需要。这种状况如果不改变，农民已经高涨起来的积极性就可能重新受到挫伤，已经活跃起来的农村经济就可能受到窒息。文件提出，党和政府的各个部门，各级领导干部，都应力求做到：思想更解放一点，改革更大胆一点，工作更扎实一点，满腔热情地、积极主动地为人民服务，为基层服务，为生产服务，认真执行党的十二大确定的路线、方针和政策，依靠8亿农民和广大知识分子，为建设具有高度物质文明和高度精神文明的新农村贡献力量，使农村社会主义事业更加欣欣向荣，蒸蒸日上。文件规定了当时的农村政策：（一）各地都要根据本地区的资源条件和经济技术条件，拟定自己的农业发展规划，并采取有力措施，保证实现。要按照我国的国情，逐步实现农业的经济结构改革、体制改革和技术改革，走出一条具有中国特色的社会主义的农业发展道路。（二）走农林牧副渔全面发展、农工商综合经营的道路。（三）稳定和完善农业生产责任制，仍然是当前农村工作的主要任务。完善联产承包责任制的关键是，通过承包处理好统与分的关系。林业、牧业、渔业、开发荒山荒水以及其他多种经营方面，都要抓紧建立联产承包责任制，要建立和健全承包合同制。要加强经营管理，建立健全财务制度。（四）适应商品生产的需要，发展多种多样的合作经济，通过多种形式、多种层次的经济联合，可以把众多的分散的生产者联结起来，使之成为整个社会主义经济的有机组成部分。（五）要从两方面改革人民公社体制：一是实行生产责任制，特别是联产承包制，二是实行政社分设。（六）在农村允许资金、技术、劳力一定程度的流动和多种方式的结合。农村个体工商户和种养业的能手，请帮手、带徒弟，可参照《国务院关于城镇非农业个体经济若干政策性规定》执行。（七）我们现在正进入城乡社会主义商品生产大发展的时期，为了搞活商品流通，促进商品生产的发展，要坚持计划经济为主，市场调节为辅的方针，调整购销政策，改革国营商业体制，放手发展合作商业，适当发展个体商业。实现以国营商业为主导，多种商业经济形式并存的局面。要打破城乡分割和地区封锁，广辟流通渠道。（八）要继续进行农业技术改造，建立与健全农业科学技术研究推广体系和培养农村建设人才的教育体系。（九）加快农村建设，必须广辟资金来源。（十）为使决不放松粮食生产、积极发展多种经营的方针落到实处，农、林、牧、副、渔等各业都应根据因地制宜、发挥优势、适当集中的原则，建立一批商品生产基地。（十一）力争尽快改变边远山区和少数民族地区的贫困面貌。(十二) 采取多方面的有力措施，认真对待森林过伐、耕地减少、人口膨胀问题。首先要坚决刹住乱砍、乱占的歪风，严格控制超计划生育。同时加强调查研究，有步骤地解决体制、政策问题和立法问题。（十三）党在农村的工作，必须坚持一手抓物质文明，一手抓精神文明，使整个农村的物质生活不断改善，思想政治不断进步，文化知识不断提高，把党的思想政治工作渗透到各项改革和生产活动中去，并保证各项改革和生产建设任务的进行。（十四）系统地培训干部，提高干部素质，改善和加强党的领导。

1月6日　中共中央书记处书记、副总参谋长杨勇上将逝世。杨勇，原名世峻，1913年生，湖南浏阳人。1927年加入中国共产主义青年团，1930年参加中国工农红军，同年转为中共党员。先后任红军宣传大队长、连政治委员、营政委、师政治部政务处长、团政治处主任、团政委、师政委，参加了长征。抗日战争时期，任八路军一一五师三四三旅六八六团团长兼政委，独立旅旅长兼政委，三四三旅旅长兼鲁西军区司令员，延安军事学院高干队队长，冀鲁豫军区副司令员。解放战争时期，任冀鲁豫军区第七纵队司令员，第一纵队司令员，第二野战军五兵团司令员。中华人民共和国成立后，1950年任贵州省人民政府主席、省军区司令员，总高级步兵学校副校长、第二高级步兵学校校长，中国人民志愿军二十兵团司令员，志愿军副司令员兼参谋长、司令员，任解放军副总参谋长兼北京军区司令员，沈阳军区副司令员，新疆自治区革命委员会副主任、中共新疆自治区委员会第二书记，新疆军区司令员，解放军第一副总参谋长，中共中央军委常委、副秘书长。1955年被授予上将军衔。是第一、二、三届国防委员会委员，第五届全国人大常委会委员。中共八届候补中委，第十、十一届中委，第十二届中委、中央书记处书记。

同　日　成都军区第一政委徐立清中将逝世。徐立清，1910年生，安徽金寨人。1927年参加革命。1929年参加中国工农红军。1930年加入中国共产党。土地革命战争时期，任红军师政治部组织科科长、宣传科科长、团政治处主任、师政治部主任、军政治部主任、红四方面军总卫生部政治部主任、政治委员，任援西军政治部教育科科长，参加了长征。抗日战争时期，任八路军一二九师政治部组织股股长、组织部长，冀南东进纵队政治委员，新四旅政治委员。解放战争时期，任陕甘宁晋绥联防军政治部主任，西北野战军政治部主任，六纵队政委，第一野战军二兵团副政委兼政治部主任，一兵团政治委员、兼任新疆军区政治部主任。中华人民共和国建立后，任中共中央军委总干部部副部长，解放军总政治部副主任，济南军区政治委员，成都军区第一政委。1955年被授予中将军衔。是中共七大、八大、十一大、十二大代表，中共十一届候补中央委员，在中共十二大上当选为中顾委委员。他还是第一、二、三、四届全国人大代表，第三届人大常委，第三届全国政协常委。

1月6日—13日　中美纺织品协议第四轮谈判在北京举行。由于美方缺乏诚意，谈判未获结果。13日，中国纺织品谈判代表团团长李登山就此事发表谈话指出，谈判未获结果，责任在美国方面。同日，美国宣布对中国纺织品实施单方面进口限制。中美两国贸易关系协定明确规定，双方要采取一切适当的措施，为在各方面加强两国经济贸易关系创造最好条件，而美国单方面的限制行动完全违背了这一基本原则。19日，中国经贸部外贸管理局局长沈觉人受权宣布，中国立即停止批准今年从美国进口棉花、化纤和大豆的新合同，并削减从美国进口其他农产品。

1月9日　新华社报道：武汉建筑工业学院教师张在元的“中国长江水晶宫”设计方案，获1982年国际建筑设计竞赛“佳作奖”。

1月12日　邓小平同国家计委和农业部门负责人谈话。他指出，现在放得还不够。农村、城市都要允许一部分人先富起来。勤劳致富是正当的。又指出，要以是否有助于建设有中国特色的社会主义，是否有助于国家的兴旺发达，是否有助于人民的富裕幸福，作为衡量我们各项工作做得对或不对的标准。《谈话》已收入邓小平的《建设有中国特色的社会主义》一书。

同　日　中国和安哥拉建交。中国和安哥拉两国在巴黎签署关于建立外交关系的联合公报，决定自1月12日两国政府间建立大使级外交关系。13日，《人民日报》发表社论：《祝贺我国同安哥拉建交》。

1月25日　最高人民法院依法对江青、张春桥作出减刑裁定。最高人民法院刑事审判庭作出裁定，对林彪、江青反革命集团案的主犯江青、张春桥原判处的死刑缓期两年执行的刑罚，依法减为无期徒刑，原判处剥夺政治权利终身不变。最高人民法院的《刑事裁定书》说，罪犯江青、张春桥的死刑缓期执行期，到1983年1月25日，两年期满。本院依照《中华人民共和国刑事诉讼法》规定，组成合议庭，对罪犯江青、张春桥在死刑缓期执行期间的表现，进行了审查。现已查明，罪犯江青、张春桥在死刑缓期执行期间，无抗拒改造的恶劣情节。本庭依照《中华人民共和国刑法》第四十六条的规定，并经本院审判委员会第172次会议决定，裁定如下：对原判处罪犯江青、张春桥死刑缓期二年执行减为无期徒刑；原判处剥夺政治权利终身不变。

同　日　人民音乐家冼星海的骨灰从苏联接回北京。

1月26日—2月2日　首次全国农村科技工作会议在北京举行。会议就农村科技体制的改革、农村科技队伍的建设等问题进行了讨论。万里在会上讲话指出，农村科技工作一定要大胆改革，凡不适应农村新形势发展需要的都要改。方毅在总结发言中，就农村科技工作面临的任务谈了具体意见：第一，进行农业的技术改造，对于实现战略目标有着举足轻重的意义。第二，农村科技工作要为开辟新的生产门路和建立新的产业服务，依靠技术和经济的结合，推动生产向广度和深度进军。第三，农村科技工作要为农村的全面建设服务。

第四，加强生态建设、资源建设和保护环境，为子孙后代造福。他说，我们的农村科技工作一定要打开思路，打开眼界。要从只抓粮、棉、猪中跳出来，看到更广阔的天地。要从只考虑眼前的利益中跳出来，想到长远的、根本的利益，从远处着眼，近处着手。

1月28日　1982年全国10名最佳运动员评选揭晓。李宁、朱建华、韩健、孙晋芳、郎平、宋晓波、邹振先、吴佳妮、刘适兰、郭跃华当选。同日，发奖大会在北京举行。

1月28日—2月7日　中纪委第二次全体会议在北京举行。中纪委常务书记王鹤寿代表常委会作题为《尽快实现党风的根本好转》的工作报告。报告指出，党还存在思想不纯、作风不纯和组织不纯的问题，有的地方不正之风和违法乱纪行为还相当严重，党风还没有根本好转。报告总结了4年来端正党风的新经验，最基本的是：维护党的纪律，改善党的领导，必须从抓党风入手；严肃党的纪律，必须把维护党的政治纪律放在首位；整顿党风，必须走群众路线，但不搞群众运动；对待犯错误的同志，既要避免“左”倾错误做法，又要维护党纪的严肃性。报告提出，开创纪律检查工作的新局面，就是要努力做到：（1）坚决执行党的十二大关于纪律检查工作的一系列重要指示和规定，坚持着重抓党风的方针，积极引导全党同志增强党性，加强组织性和纪律性，使党的纪律检查工作取得更明显的成效；（2）大力克服当前某些领导机关在政治上组织上存在的软弱涣散、纪律松弛的现象，动员全党和各方面力量，坚决同一切歪风邪气进行斗争；（3）建立和健全各级纪律检查组织，切实改进领导作风和工作方法，建立一支党性坚强、作风正派、敢于斗争、精干有力的纪律检查队伍。报告强调今年要着重抓好以下几项工作：（一）按照新党章对党员进行党性党风党纪的教育；（二）努力促进经济建设和各项改革的顺利进行；（三）继续抓紧打击严重经济犯罪的斗争；（四）狠刹几股严重危害国家和人民利益的歪风；（五）坚决克服领导工作中的软弱涣散现象。中纪委书记王从吾提出了《关于一年来打击经济领域中严重犯罪活动工作的初步总结和今后的意见》的书面报告。2月12日，中共中央批准王鹤寿《尽快实现党风根本好转》的工作报告，并为此发出通知。9日，《人民日报》发表社论：《做改革的卫护者》。

2月1日　北京市破获一起国民党潜伏特务案。“台湾情报局”华北地区特派员、北平站站长、潜伏特务李家琪、特务交通员蔡苹，以及向李家琪提供中共党和国家机密文件的中国农业银行干部仇云妹等人均被逮捕归案。6月15日，北京市中级人民法院依法判处李家琪无期徒刑，剥夺政治权利终身；判处蔡苹有期徒刑3年，剥夺政治权利1年；判处仇云妹有期徒刑5年。

2月2日—6日　美国国务卿舒尔茨访华。吴学谦外长和舒尔茨就中美关系和共同关心的国际问题举行3轮会谈。邓小平、赵紫阳分别会见舒尔茨，双方在台湾问题上和中美双边关系方面的一些分歧仍未消除。吴学谦外长还向舒尔茨递交了外交部就美国地方法院对所谓湖广铁路债券案作出“缺席判决”一事的备忘录。备忘录再次申明，中国政府对于历届旧政府的外债，一概不予承认，也不承担偿还的义务；国家主权豁免是国际法的一项重要原则。中国作为一个主权国家无可非议地享有司法豁免权。对于美国地方法院将美国国内法强加于中国，损害中国主权、损害中国民族尊严的行为，中国政府坚决拒绝。

2月4日　诗人萧三逝世。萧三，原名萧子暲。1896年生，湖南湘乡人。早年就读于长沙湖南第一师范学校。1918年参与毛泽东、蔡和森等创建新民学会工作。1920年赴法国勤工俭学。后参加旅欧中国少年共产党。1922年加入法国共产党，同年转入中共。1923年被派赴苏联，入莫斯科东方大学学习。1924年1月与任弼时等代表中共旅莫斯科支部参加列宁的葬礼及护灵活动。同年夏回国，任青年团湘区委员会书记、中共湘区区委委员，参与领导开展湖南青年运动。1925年春调任共青团北方区委员会书记。同年秋任中共张家口地方执行委员会书记。1926年秋到上海，任共青团中央组织部部长和代理书记。1927年2月兼任中共中央与上海区委特别委员会委员，参与上海工人第三次起义的组织领导工作。4月—5月出席中共五大。随后任团中央常务委员兼组织部部长。第1次大革命失败后赴苏联。1928年起在莫斯科东方大学任教，并从事文学活动。1930年春中国左翼作家联盟成立后，担任左联常驻苏联代表，出席在莫斯科举行的国际革命作家会议，负责主编该会刊物《世界革命文学》中文版。1934年出席苏联作家第1次代表会议。经过中共批准加入苏共，并担任过两届苏联作家协会党委委员，同鲁迅保持密切通讯联系。在苏联期间，他写了大量文艺作品向全世界介绍中国工农红军、土地革命及其领袖人物。1939年春回延安后，任鲁迅艺术文学院编译部主任、陕甘宁边区文协常务委员、文化俱乐部主任、中共中央文化工作委员会委员等职。1945年出席中共七大。解放战争时期任晋察冀边区文委常务委员、华北文学艺术联合会主任。中华人民共和国成立后历任政务院文化部对外文化联络事务局局长，中苏友好协会副总干事，世界和平理事会常务理事、书记处中国书记，中国作家协会书记处书记、顾问、兼外国文学委员会主任，国际笔会中国笔会中心副会长等职。被选为第1、2届全国政协委员，第五届全国政协常务委员，第1、2届全国人大代表，中国人民对外文化协会常务理事，中国人民保卫世界和平委员会委员等。主要著作有《毛泽东同志的青少年时代》、《萧三诗选》等。

同　日　中国故事片《城南旧事》在第2届马尼拉国际电影节中被评为最佳影片，获金鹰奖。

2月5日　中国运动员栾菊杰获莱比锡第六届国际女子花剑个人赛冠军。

2月9日　新华社报道：中央军委副主席杨尚昆向新华社记者发表谈话，指出中共十一届三中全会以来，军队工作取得了九项重大进步。主要是：（一）思想上政治上同党中央保持一致更自觉了。（二）军事素质和战备水平有了新提高。（三）大力进行军内体制改革和精简整编工作。（四）各级领导班子更精干。（五）国防科研和尖端武器发展进入新阶段。（六）正规化建设有了新进展。（七）后勤建设取得了新进展。（八）建设社会主义精神文明取得可喜成就。（九）军民军政关系有了很大改善。杨尚昆说，现在军队的建设是建国以来最好的时期之一。

2月20日—27日　民主党派为边疆、少数民族地区四化建设服务挂钩会在北京举行。民盟、民进、农工民主党、九三学社和民革5个民主党派与新疆、内蒙古、云南、贵州等9省区达成150项协议，2 000多名专家学者接受“智力支边”任务。

2月22日　经济学家孙冶方逝世。孙冶方，原名薛萼果，又名宋亮。1908年生，江苏无锡人。1923年9月加入中国社会主义青年团，1924年初转为中共党员，1925年由中共派赴苏联莫斯科中山大学学习。毕业后在该校东方劳动者共产主义大学任政治经济学翻译。1930年回国后，在上海从事工人运动和左翼文化运动，积极参加组织中国农村经济研究会并编辑《中国农村》杂志，在理论战线上对“托派”及王明“左”倾机会主义路线进行了斗争。1937年9月以后，历任中共江苏文化工作委员会书记，中共中央华中局宣传部教育科科长，华中局党校教育科科长，中共苏北路西地委宣传部部长，中共华中分局财经委员会委员，苏皖边区政府货物管理局副局长，华东财经委员会秘书长。建国后，历任上海军事管制委员会重工业处处长、华东军政委员会工业部副部长、国家统计局副局长、中国科学院经济研究所所长等职。从50年代中期开始，先后以实际经济工作者和经济理论工作者的身份对中国社会主义建设的重大理论问题和实际问题进行了创造性的研究，提出了一系列具有真知灼见的观点。“文化大革命”中受迫害监禁。1977年后得到彻底平反，任中国社会科学院经济研究所顾问、中国社会科学院顾问、5届全国政协委员、国务院经济研究中心顾问、国务院学位委员会评议组成员、中国社会科学院经济研究所名誉所长。1982年9月，抱病出席中共十二大，当选为中顾委委员。主要著作有《社会主义经济论》、《社会主义经济的若干理论问题》及其续集。出版有《孙冶方文集》。

本月　《台声》杂志在北京创刊。该刊为中华全国台湾同胞联谊会主办，以海外台湾同胞为主要读者对象。这是中国大陆第一家专门面向台湾同胞的杂志。《台声》杂志由丁玲、王蒙、白杨、艾青、李可染、吴作人、胡公石、马璧、启功、曹禺、张颖、黄翔、黄永玉、赵朴初、谢冰心和雷洁琼担任顾问。

3月1日　外交部新闻司举行首次新闻发布会。司长齐怀远说，中国十分重视即将在新德里召开的不结盟国家和政府首脑会议，衷心祝愿会议取得圆满成功。他宣布从今天起外交部将经常举行新闻发布会，介绍中国对国际问题的表态，宣布重要外事活动并对一些问题进行答复。会上将发布新闻和背景材料。8日，齐怀远在新闻发布会上说，只有中华人民共和国政府才能代表中国加入亚洲开发银行。台湾当局丝毫不具备亚洲开发银行成员的资格，29日，齐怀远在新闻发布会上谴责美国阻挠中国加入亚洲开发银行。他说，美国国务院发言人龙伯格在新闻发布会上就中国申请加入亚洲开发银行问题发表的谈话表明，美国实际上是在为该行接纳中华人民共和国为成员国设置障碍。4月26日，外交部新闻司声明，中国政府已采取正式行动申请加入亚洲开发银行。

3月2日　中国政府和象牙海岸共和国政府建立大使级外交关系。

3月4日　新华社报道：中共中央决定重新发表老一辈无产阶级革命家关于向雷锋同志学习的题词手迹。同日，全国青少年学雷锋先进集体和先进个人代表座谈会在北京举行，“当代保尔”张海迪，80年代的活雷锋朱伯儒等在会上发言。5日，首都各界举行纪念向雷锋同志学习20周年大会，胡乔木代表中共中央和国务院作题为《做八十年代的新雷锋》的报告。

3月13日　中共中央在北京举行纪念马克思逝世100周年大会，大会由中共中央政治局常委、国务院总理赵紫阳主持。胡耀邦在会上作题为《马克思主义真理的光芒照耀我们前进》的讲话。讲话指出，现在我们大家更加深切地感到，没有马克思的学说，就没有我们的今天。无论过去、现在和将来，我们都要向马克思请教，认真地学习他的著作，从中汲取智慧和力量。他说，马克思不但是伟大的革命家，而且是伟大的科学家。他之所以能够创立科学共产主义，一个极其重要的条件，就是他掌握了人类文化知识的优秀成果，并使它同工人运动牢固地结合起来。胡耀邦在讲话中指出，推翻旧世界，需要知识和知识分子；建设新世界，更加需要知识和知识分子。他号召全党全国人民进一步清除长期“左”倾错误的严重影响，努力掌握现代科学文化知识，为建设一个具有高度文明、高度民主的现代化社会主义强国而奋斗。

3月15日　《人民日报》报道：第三届中国电影“金鸡奖”评奖结果在北京揭晓。《人到中年》、《骆驼祥子》获最佳故事片奖，吴贻弓获最佳导演奖，潘虹、斯琴高娃获最佳女演员奖。

3月20日　《人民日报》报道：国家计划生育委员会主任钱信忠获得1983年联合国人口奖。

3月27日　新华社报道：国务院已批准上海宝山钢铁总厂第二期工程继续建设，并要求第一期工程在1985年9月建成投产。

同　日　新华社报道：中国选手栾劲、张爱玲分别获1983年全英羽毛球锦标赛男女单打冠军，徐蓉、吴健秋获女子双打冠军。

3月27日—4月3日　以美国众议院议长小托马斯·奥尼尔为团长的美国众议院代表团访华。邓小平会见代表团时说，中美双方都应该认识到两国关系的进一步发展有利于两国人民，也有利于世界和平。他说，当前两国之间还有一些障碍需要消除，但清除障碍重在行动。

3月28日　第3届全国优秀电视剧（“飞天”金像奖）评选揭晓。《蹉跎岁月》等18部电视剧获奖，蔡晓晴获优秀导演奖，肖雄获优秀女演员奖。

同　日　国家计划生育委员会发言人说，中国已圆满完成1‰人口生育率抽样调查。中国的总和生育率由40年代的5.44下降到1981年的2.36。共抽取815个样本单位，它们分布在除西藏、台湾外的全国28个省、市、自治区的800多个县（区）内。调查样本总人口数为107.1574万人。

4月1日　中共中央、国务院批转《加快海南岛开发建设问题讨论纪要》。中央决定在政策上放宽，给予海南行政区较多的自主权，以加快海南岛的开发建设；还指示中央各有关部门采取积极态度，从人、财、物上给海南岛以必要的直接支持。《纪要》提出了加快海南岛开发建设的具体方针政策和措施。指出，海南岛的开发建设，必须立足岛内资源优势，充分挖掘内部潜力，讲求经济效益，逐步建立起具有海南特色的经济结构。《纪要》提出了改革海南行政区计划体制、财政体制、金融体制、劳动工资体制的具体意见，强调要积极发展区内外的联合，鼓励内地经济发达地区到海南岛兴办或合办工厂、农场和旅游业；海南岛的中央和省属企业，要通过经济联合的方式，积极参加海南建设。积极稳妥地利用外资，引进先进技术，发展进出口贸易和旅游事业，以对外开放促进内部开发，是加快海南建设的一项重要措施。中央决定在对外经济合作方面给海南以较多的自主权。

4月1日—4日　阿拉伯埃及共和国总统穆巴拉克访华。赵紫阳总理宴请穆巴拉克总统并同他就发展双边关系和共同关心的国际问题进行会谈。双方就签订中埃两国政府科技合作协定、科技合作农业项目换文、1983年贸易议定书等事宜达成了协议。双方还商定，埃及将在中国上海设立总领事馆。3日，邓小平、胡耀邦分别会见穆巴拉克。邓小平在会见时说，中东问题的最终解决，要靠阿拉伯世界的团结。他说："我们希望阿拉伯各国加强团结，希望埃及在这方面发挥更大的作用。"胡耀邦在会见时说，第三世界国家当前首要的任务之一是发展本国的经济，用经济独立来保障和巩固政治独立。同日，中埃两国政府科学技术合作协定在北京签署。

4月2日　国画家张大千在台北病逝。张大千，1899年生，四川内江人。9岁时在母亲和姐姐的教导下，开始学习绘画、书法。18岁时，随兄张善子赴日本留学，学习染织，兼习绘画。20岁时，张大千由日本回国，寓居上海，曾先后拜名书法家曾农髯、李瑞清为师，学习书法诗词。接着因婚姻问题，削发出家，当了一百多天和尚。还俗后，即以其佛门法名"大千"为号，从此全身心致力于书画创作。画风由典雅高古而走上豪迈豁达，从传统走向现代，曾被美国纽约世界美术家协会推崇为当代第一画家。代表作有《青城山胜景》、《蜀中四大名山图》、《长江万里图》、《庐山图》长卷等。

4月5日　外交部新闻司司长齐怀远强烈抗议荷兰政府批准荷马丁航空公司和台湾"中华航空公司"达成的通航协议。9日，新华社报道：外交部发言人就荷台通航答记者问时指出，荷台通航决不是民间商业性活动，事关中国主权，荷方必须停止执行通航协议。

同　日　中国人民武装警察部队总部在北京成立。李刚任司令员，公安部长赵苍壁兼任政治委员。中国人民武装警察部队，是根据党中央、国务院和中央军委的决定，把中国人民解放军担负内卫执勤任务的部队移交给公安部门，同公安部门实行兵役制的武装、边防、消防警察统一组建而成。它的任务是维护国家主权和尊严，维护社会治安，保卫党政领导机关，重要目标和人民生命财产的安全。这支部队实行义务兵和志愿兵相结合的制度，执行人民解放军的条令、条例，享受和人民解放军的同等待遇。19日—27日，人民武装警察部队第1次会议在北京召开。会议确定，人民武装警察部队1983年的工作中心是在中共十二大精神指引下，加速部队组建，开展全面建设，以完成执勤任务为中心，积极参与社会治安的综合治理，为争取社会治安根本好转作出更大的贡献。

4月6日　外交部照会美国大使馆，强烈抗议美国政府给予中国网球运动员胡娜所谓“政治庇护”。照会说，4月4日，美国政府宣布给中国网球运动员胡娜以所谓“政治庇护”。这是美方经过长期策划、蓄意制造的一起严重政治事件。同日，中华全国体育总会负责人发表谈话说，由于美国政府的行动破坏了中美两国体育交流的正常气氛，中华全国体育总会决定停止中美两国1983年双边体育交往。

4月8日　全国政协副主席刘斐逝世。刘斐，1898年生，湖南醴陵县人。早年就学于广西南宁讲武堂和广东西江讲武堂，以后受孙中山三大政策的影响，投身革命。抗日战争时期，历任国民党“对日作战大本营”作战组组长、军令部厅长、次长等职，主张团结抗日，是国民党中比较坚决的抗日派之一。抗日战争胜利后，曾任国防部参谋次长，由于不满国民党政府的内战独裁政策而辞职。1949年4月，任国民党政府和平谈判代表团代表，和张治中等一起到北平进行和谈。当国民党当局拒绝和平协定后，他于1949年6月自北平抵达香港，只身潜入广州，劝说李宗仁、白崇禧回心转意，共商和平。在此期间，他还为湖南和平解放做出贡献。他在香港联合44位国民党知名人士发表了《我们对于现阶段中国革命的认识与主张》，宣布起义，同国民党政府公开决裂。8月，他应邀到北京，出席中国人民政治协商会议第一届全体会议。新中国成立后，历任中央人民政府革命军事委员会委员，中南军政委员会委员兼水利部部长，体育运动委员会主任、文教委员会副主任。他是第一、二、三届全国人大代表，第四、五届全国人大常务委员会委员，第5届人大常委会法制委员会委员；第一、二、三届国防委员会委员；第二、三、四、五届全国政协常务委员。1981年12月增补为第五届全国政协副主席。他还担任过中国国民党革命委员会中央常务委员、副主席等职。

4月10日　外交部照会越南驻华大使馆，强烈抗议越南对我边境地区进行武装挑衅和入侵。16、17日，越南当局无视中国方面的警告和抗议，连续向中国边境许多地方进行武装挑衅，中国广西、云南边防部队炮兵先后被迫进行还击。17日，《人民日报》评论员发表文章：《警告越南当局》。19日，外交部新闻司司长齐怀远驳斥越南外交部4月17日颠倒是非、歪曲事实的声明，指出中越边境紧张局势是越南当局一手造成，越南必须立即停止武装挑衅，否则中国方面继续保留还击权利。

同　日　第一届梅纽因国际小提琴比赛在英国南部福克斯通城结束，中国选手王晓东、王峥嵘和张乐分别获少年组第一、二、三名。

4月10日—30日　新华社报道：广东、黑龙江等22个省、自治区分别选出省人大主任、省长、政协主席。广东、黑龙江、湖北、浙江、河北、福建、四川、山西、河南、安徽、青海、贵州、辽宁、西藏自治区、广西壮族自治区、江西、宁夏回族自治区、内蒙古自治区、江苏、云南、山东、新疆维吾尔自治区，分别举行六届人大第一次会议和政协五届第一次会议，选出省人大常委会主任、省长、省政协主席。罗天为广东省人大常委会主任、梁灵光为省长、梁威林为省政协主席；赵德尊为黑龙江省人大常委会主任、陈雷为省长、李剑白为省政协主席；韩宁夫为湖北省人大常委会主任、黄知真为省长、黎韦为省政协主席；李丰平为浙江省人大常委会主任、薛驹为省长、王家扬为省政协主席；刘秉彦为河北省人大常委会主任、张曙光为省长、尹哲为省政协主席；胡宏为福建省人大常委会主任、胡平为省长、伍洪祥为省政协主席；杜心源为四川省人大常委会主任、杨析综为省长、杨超为省政协主席；阮泊生为山西省人大常委会主任、王森浩为省长、武光汤为省政协主席；赵文甫为河南省人大常委会主任、何竹康为省长、王化云为省政协主席；杨蔚屏为安徽省人大常委会主任、王郁昭为省长、张恺帆为省政协主席；宋林为青海省人大常委会主任、黄静波为省长、沈岭为省政协主席；吴实为贵州省人大常委会主任、王朝文为省长、苗春亭为省政协主席；张正德为辽宁省人大常委会主任、全树仁为省长、宋黎为省政协主席；阿沛·阿旺晋美为西藏自治区人大常委会主任、多杰才旦为自治区人民政府主席、杨岭多吉为自治区政协主席；黄荣为广西壮族自治区人大常委会主任、韦纯束为自治区人民政府主席、覃应机为自治区政协主席；马继孔为江西省人大常委会主任、赵增益为省长、吴平为省政协主席；马青年为宁夏回族自治区人大常委会主任、黑伯理为自治区人民政府主席、王金璋为自治区政协主席；巴图巴根为内蒙古自治区人大常委会主任、布赫为自治区人民政府主席、石生荣为自治区政协主席；储江为江苏省人大常委会主任、顾秀莲为省长、钱钟韩为省政协主席；刘明辉为云南省人大常委会主任、普朝柱为省长、朱家璧为省政协主席；秦和珍为山东省人大常委会主任、梁步庭为省长、李子超为省政协主席；铁木尔·达瓦买提为新疆维吾尔自治区人大常委会主任、司马义·艾买提为自治区人民政府主席、司马益·牙生诺夫为自治区政协主席。

4月12日—23日　赵紫阳总理出访新西兰和澳大利亚。赵紫阳总理同新西兰总理马尔登就如何进一步发展中国和新西兰之间的贸易和经济合作关系交换了意见。赵紫阳表示，希望在中新建交以后的第二个10年里，两国贸易和经济技术合作能够有更大的发展。15日，赵紫阳和马尔登就国际问题继续举行会谈。双方讨论了柬埔寨、阿富汗、国际经济以及其他共同关心的问题。同日，双方有关部长还举行了对口会谈，就贸易和经济合作的途径进行了探讨。18日—19日，赵紫阳总理同澳大利亚总理霍克举行会谈。双方就国际上的一些重大问题，特别是柬埔寨问题交换了意见，双方在当前国际局势的某些问题上有着相似或大体一致的看法。在谈到两国关系问题时，双方对于两国自1972年建交以来各方面的发展表示满意，希望在第二个10年中，两国关系能够得到更大的发展。他希望双方能够发展长期稳定的关系，通过多种形式和“一揽子的办法”来促进贸易和经济技术合作的发展。在出访期间，赵紫阳总理先后在惠灵顿和堪培拉举行记者招待会，就柬埔寨问题、中越关系、中美关系等问题阐述了中国政府的立场。19日，中澳两国在堪培拉签订地质科技合作备忘录。

4月19日—29日　中共中央政法委员会在北京召开全国公安工作会议。会议传达了中共中央书记处的有关指示，讨论研究了加强和改革公安工作问题。中共中央政治局委员彭真、中共中央书记处书记陈丕显在会上讲话。中央政法委员会委员程子华、武新宇、赵苍璧、刘复之，中央党政军机关有关负责人，各省、市、自治区政法委员会和公安厅、局的负责人，出席了会议。会议认为，现在我国的客观情况发生了很大变化，公安工作必须自觉地适应变化了的情况，为此，需要从思想作风、机构体制、领导方法等方面加强和改革公安工作。会议指出，实行综合治理、积极治安，应当作为加强和改革公安工作的方针。而在认识和实践上应解决好下列几个问题：要正确认识专政与民主的关系；打击犯罪与预防犯罪的关系；专门工作与群众工作的关系；执行党的政策与依法办事的关系等等。

4月21日　新华社报道：全国29个省、市、自治区的中共领导机构已全部调整完毕，并获中共中央的批准。这次29个省级党委领导班子调整具有以下特点：一、整个领导班子年轻化；二、具有大学文化程度的知识分子和专业干部的比重增加；三、领导成员人数减少，机构精简。各省、市、自治区党委负责人是：北京市第一书记段君毅，书记焦若愚、陈希同、赵鹏飞；天津市第一书记陈伟达，书记张再旺、李瑞环、吴振、谭绍文；河北省第一书记高扬，书记张曙光、邢崇智、高占祥、解峰；山西省书记李立功，副书记李修仁、王森浩、王克文；内蒙古自治区第一书记周惠，副书记布赫、千奋勇、巴图巴根、刘贵谦；辽宁省第一书记郭峰，书记戴苏理、李铁映、全树仁、孙维本、徐少甫；吉林省第一书记强晓初，书记张根生（常务书记）、高狄、赵修、赵南起、刘敬之；黑龙江省书记李力安、陈雷、陈俊生、侯捷；上海市第一书记陈国栋，第二书记胡立教，书记杨堤、汪道涵、阮崇武；江苏省书记韩培信，副书记沈达人、顾秀莲、孙颔、周泽。浙江省书记王芳，副书记薛驹、陈法文、吴敏达；安徽省书记黄璜，副书记杨海波、王郁昭、袁振、王光宇、史钧杰；福建省第一书记项南，书记胡平、马兴元、胡宏（常务书记）、程序；江西省第一书记白栋材，书记许勤、赵增益，副书记王书枫；山东省书记苏毅然、梁步庭，副书记陆懋曾、李昌安、李振、姜春云；河南省第一书记刘杰，书记刘正威、于明涛、何竹康、罗干；湖北省书记关广富、王全国、黄知真、沈因洛，副书记王群、钱运录；湖南省第一书记毛致用，书记熊清泉、焦林义、刘正；广东省第一书记任仲夷，书记林若、梁灵光、谢非、吴南生、王宁；广西壮族自治区第一书记乔晓光，副书记韦纯束、周光春，黄云、金宝生、陈辉光；四川省书记杨汝岱，副书记杨析综、聂荣贵、冯元蔚、蒋民宽；贵州省第一书记池必卿，书记朱厚泽、苏钢、王朝文；云南省第一书记安平生，副书记普朝柱、赵廷光、刘树生；西藏自治区第一书记阴法唐，书记热地、多杰才旦、杨岭多吉、巴桑、宋子元；陕西省第一书记马文瑞，书记李溪溥、曾慎达、李庆伟、周雅光、董继昌；甘肃省书记李子奇，副书记陈光毅、刘冰、贾志杰；青海省书记赵海峰、黄静波、马万里，副书记宦爵才郎、刘枫；宁夏回族自治区第一书记李学智，书记黑伯理，副书记郝廷藻、李恽和、申效曾；新疆维吾尔自治区第一书记王恩茂，书记司马义·艾买提、铁木耳·达瓦买提、祁果、李嘉玉、贾那布尔。

4月22日　医学家林巧稚逝世。林巧稚，1901年生，福建厦门人。1921年进入协和医学堂，1929年毕业，获博士学位，被聘为协和医院妇产科大夫，成为医学堂留下的第一位中国女医生。1932年赴英国进修。后到维也纳进行医学考察。1935年回国，任北京协和医院妇产科讲师，1937年任副教授。1939年赴美国进修。1940年回国，后任北京协和医院妇产科主任，成为该院第一位中国籍女科主任，同年受聘为美国自然科学荣誉委员会委员。抗日战争胜利后，仍任协和医院妇产科主任，并兼协和医院和北京大学医学院教授。新中国成立后，继续在协和医院任原职，并当选为中国人民保卫儿童委员会委员，中华全国妇女联合会执委会委员、北京市妇女联合会副主席。1955年被聘为中国科学院第1届学部委员，是新中国第一位女学部委员。1956年当选为中华医学会副会长、中华医学会妇产科学会主任委员，并任《中华妇产科杂志》总编辑。1957年被任命为国务院科学规划委员会医学组成员。1959年被任命为北京妇产医院院长、中国医学科学院副院长。1973年受聘为世界卫生组织医学研究顾问委员会顾问。1974年出席日内瓦世界卫生组织专家顾问委员会会议。1978年当选为第四届中华全国妇女联合会副主席。她是著名医学家，中国妇产科学的开拓者之一。曾任一至五届全国人大代表，三、四、五届全国人大常委会委员。

同　日　台湾陆军航空队少校分队长李大维驾驶U—6A型飞机回归祖国大陆。30日，福州部队空军司令员杨思禄在福建军民欢迎大会上宣读了批准李大维参加中国人民解放军空军的决定。5月13日，空军司令员张廷发接见李大维并宣布了任命李大维为空军某航校副校长（副师级）的任职命令。19日，军委常务副主席杨尚昆接见李大维。

4月24日　胡耀邦就新闻不能没有阶级性的问题发表意见。他在《关于思想政治工作问题》一文中指出，关于新闻报道，首先，崇洋的东西不要登报；其次，注意政策；最后，要核实清楚，不登浮夸的假东西。我们的报刊对于资本主义世界的报道，要很严肃，很慎重，要采取分析批判的态度，决不能美化，不能搞所谓纯客观的报道。新闻是意识形态的东西，不能没有阶级性。将来全世界消灭了阶级，也还有是非曲直，何况现在世界范围内的阶级斗争还很尖锐、复杂。资本主义世界的科学研究成果，先进的技术，合理的管理方法，我们可以报道，也提倡学习，但是要根据我国的国情，根据我们的具体情况，来吸收、消化或加以发展。至于它的社会制度，它的腐朽的思想观点，一切同社会主义对立的东西，那是绝对不能歌颂的。

4月25日　新华社报道：中纪委通知各级纪律检查部门坚决制止一些地区、部门和单位在机构改革中出现的不正之风。通知列举的不正之风现象有：私分公款、公物，突击提干和发展党员，营私舞弊，给自己的子女和亲属解决户口、转正和调换工作以及多占住房等。通知指出，这些不正之风，严重损害了国家利益，败坏了党的声誉，违背了一个党员应该遵循的行动准则，在群众中造成了极坏的影响。通知要求，对乘机构改革搞不正之风的有关人员，要视其问题的性质和情节，依据党纪国法作出严肃处理，以教育党员和干部。

4月25日—28日　全国政协第5届常务委员会第23次会议在北京举行。会上，中共中央统战部部长杨静仁受中共中央委托宣布，中共中央决定，在第6届政协全国委员会的委员中，共产党员的比例将从五届的60%减少到40%。中共中央还决定，共产党员已是党的中央委员会委员、中顾委委员、中纪委委员或者在党、政府机构中担任实际领导职务的，除因工作需要的很少数人外，一般不再担任全国政协委员。会议决定，全国政协第6届第1次会议6月上旬在北京召开。会议协商决定了政协六届全国委员会参加单位、委员名额和人选。这届委员会包括31个组成单位，共有委员2 000余人。会议还通过了政协五届全国委员会常委会工作报告起草小组名单。

4月27日　国务院批准、财政部制订的《关于国营企业利改税试行办法》下发各地。国务院同时发出通知，要求各省、市、自治区人民政府和国务院各部门立即作出部署，认真贯彻执行。《关于国营企业利改税试行办法》自1983年1月1日起实行，征税工作从1983年6月1日开始办理。4月17日，《人民日报》就国营企业即将全面实行利改税问题发表社论：《一个重要的原则——国家得大头》。

4月27日—30日　塞舌尔共和国总统、人民进步阵线主席弗朗斯·阿尔贝·勒内访华。赵紫阳总理宴请勒内总统并同他举行会谈。双方就当前国际问题和加强双边友好关系交换了看法。28日，胡耀邦总书记会见勒内总统时说，大小国家都应友好相处，相互尊重。

29日，中国和塞舌尔两国政府经济技术合作协定和文化协定在北京签订。

4月29日　国家统计局发布1982年国民经济和社会发展计划执行结果的公报。这个公报提供的数字表明，去年中国经济和社会发展取得新成就，全国社会总产值为9 894亿元，比上年增长9%。其中工农业总产值为8 291亿元，比上年增长8.7%。国民收入初步计算为4 247亿元，比上年增长7.4%。粮食总产第一次突破7 000亿斤大关，比历史上最高年份的1979年多426亿斤。

4月30日　中国工人阶级队伍近几年在构成上发生了五大变化。第一，女职工在工人阶级队伍总数中所占的比重增大，由1978年的33.1%上升到1982年的36.3%。第二，集体所有制职工队伍迅速壮大。1982年底，集体所有制企业的职工人数达2 651万人，比1978年增长近29.4%。第三，商业、饮食业及非物质生产部门的职工显著增加。1982年底，这些行业的职工人数增加到2 275万人，比1978年增长28%以上。第四，沿海地区职工增长快于内地。1982年，沿海地区的职工人数比1978年增长20%以上，超过了内地职工增长17.54%的幅度。第五，工人阶级队伍中的脑力劳动者增多。1982年与1978年比，体力劳动者增长了13.2%，而脑力劳动者增长了近24%。

同　日　中国运动员在美国休斯敦第3届世界杯跳水赛中获得4项冠军。其中跳水队获得男子团体冠军、女子团体冠军；李艺花获得女子跳板跳水冠军；周继红获得女子跳台跳水冠军。

5月3日　国务院批准成立全国高等教育自学考试指导委员会。并同意在全国各省、市、自治区逐步执行高等教育自学考试制度。

5月3日—7日　法国总统弗朗索瓦·密特朗访华。赵紫阳举行宴会欢迎密特朗。4日，赵紫阳同密特朗举行会谈。会谈前，赵紫阳会见了随同密特朗总统访华的法国记者和一些驻北京的外国记者，回答了他们提出的问题。会谈表明，双方在许多国际问题上的立场是很接近的。赵紫阳说，法国是第一个同我国建立正式外交关系的西方大国。中国一贯重视发展同法国的关系。他认为两国在经济领域中的合作还有很大的潜力。他希望两国的经济合作能在原有的基础上有新的突破。密特朗说，法中两国是很好的政治伙伴。两国在政治、外交方面有很多共同点。两国的经济、贸易关系也可以变得更密切。他说，与此同时，我们也不要忘记发展两国的文化关系。同日，胡耀邦会见密特朗。5日，邓小平会见密特朗。邓小平说，两国的合作关系不应只限于贸易，在经济技术合作方面也可以有所发展。同日，中法两国签署关于核电合作的备忘录和广播电视合作的议定书。备忘录指出，中法双方5月4日在北京就中国拟建核电站的有关问题进行了讨论，双方就法国向中国计划在广东和华东地区兴建核电站提供反应堆设备和技术的问题进行了协商，并取得了积极的进展。7日，密特朗总统在上海授予巴金以法国荣誉勋章。

5月5日　中国民航296号班机被卓长仁等6名暴徒劫持至南朝鲜。中国民航296号客机由沈阳起飞去上海途中，被武装暴徒劫持，被迫在南朝鲜春川军用机场降落。7日，中国民航局局长沈图率领民航工作组前往汉城处理劫机事宜。经双方磋商，10日，旅客和机组人员平安返回中国。但是，南朝鲜方面不同意把劫机罪犯交还中国。7月18日，南朝鲜汉城刑事地方法院开庭审判以卓长仁为首的6名劫机罪犯。台北律师公会12人于7月15日赶到汉城为这6名罪犯的“辩护”进行“协助”。这一事件是建国后罕见的重大恶性案件。国家紧急处置劫机领导小组的通报指出，“五五”暴徒劫机事件暴露了我们各方面的工作存在着许多问题和漏洞。我们要从这次劫机事件中真正吸取经验教训，下定决心转变各级领导的思想作风和工作作风。5月18日，国务院发布嘉奖令，决定授予中国民航王仪轩机组以“中国民航英雄机组”称号；授予机长王仪轩以“中国民航英雄机长”称号，分别给予机组9名同志记功、晋级等奖励，以表彰机组全体人员与暴徒进行斗争的英勇事迹和在南朝鲜期间的良好表现。

5月5日—15日　中共中央总书记胡耀邦出访罗马尼亚、南斯拉夫。访问期间，胡耀邦分别同齐奥塞斯库和里比契奇等两国党和国家领导人就进一步加强中罗、中南党和国家的合作关系，双方关心的国际问题，以及国际共产主义运动和工人运动等，进行了富有成果的会谈。11日，胡耀邦在贝尔格莱德举行记者招待会，他说，

“我同罗、南两党领导人的会谈，很有成效”，并回答了记者提出的问题。17日，《人民日报》发表社论：《伟大的友谊，成功的访问——热烈祝贺胡耀邦同志访问罗马尼亚、南斯拉夫圆满成功》。20日，胡耀邦结束对罗、南的访问并在新疆看望各族人民后回到北京。

5月9日　中国运动员在东京举行的第37届世界乒乓球锦标赛上获6项冠军、4项亚军和9个并列第三名。中国乒乓球队获男女团体冠军；郭跃华获男子单打冠军；曹燕华获女子单打冠军；沈剑萍和戴丽丽获女子双打冠军；郭跃华和倪夏莲获男女混合双打冠军。同日，中国乒协名誉主席杨尚昆、国家体委等分别致电祝贺。

5月9日—12日　卢旺达共和国总统朱韦纳尔·哈比亚利马纳访华。赵紫阳总理举行宴会欢迎哈比亚利马纳总统，并同他举行会谈。11日，邓小平会见哈比亚利马纳总统。12日，中国和卢旺达两国政府文化和科学合作协定、关于成立经济技术贸易合作混合委员会的协定和关于发展两国经济技术合作的议定书在北京签字。

5月13日　中共中央同意许家屯任中共港澳工作委员会书记、新华社香港分社社长，免去王匡的中共港澳工作委员会书记、新华社香港分社社长职务。

5月13日—17日　莱索托王国首相莱布阿·乔纳森访华。赵紫阳举行宴会欢迎乔纳森首相。双方对会谈所涉及的双边关系和重大国际问题的看法完全一致。14日，中国和莱索托王国决定自4月30日起建立大使级外交关系的联合公报在北京发表。15日，邓小平会见乔纳森。邓小平说，中国一贯坚决支持非洲国家反对南非种族主义的斗争。邓小平热烈祝贺中国同莱索托两国正式建立外交关系。他说，中国同莱索托之间的合作和支持是相互的。建交后，我们之间的来往将更多。邓小平祝愿中莱两国间今后的合作不断发展。16日，中国和莱索托两国政府经济技术合作协定在北京签字。

5月15日　新华社报道：国务院决定成立电子计算机和集成电路领导小组。万里任组长，方毅、吕东、张震寰任副组长。国家计委、国家经委、国家科委、国防科工委、电子工业部、机械工业部、教育部、中国科学院等部委的领导同志兼任领导小组成员。15日—19

日，全国计算机和集成电路规划会议在北京举行。

5月19日—29日　毛里求斯总理阿内罗德·贾格纳特访华。22日，邓小平会见贾格纳特。他说，要发展友谊和友好合作关系，就需要加强互相了解。邓小平向客人介绍了中国目前的政治经济形势和到本世纪末的奋斗目标。他说，从近3年的实践看，我们制定的奋斗目标不是空话，但要实现这些目标还需要作出艰巨、扎实的努力。23日，中国和毛里求斯两国政府关于成立经济技术和贸易合作混合委员会的协定以及两国政府文化协定1983年和1984年执行计划在北京签署。

5月23日　第六届《大众电影》百花奖”揭晓。《人到中年》、《牧马人》、《骆驼祥子》获最佳故事片奖；严顺开、斯琴高娃分别获男女最佳演员奖；姜黎黎获最佳女配角奖。同日，第3届中国电影“金鸡奖”和第6届电影“百花奖”授奖大会在福州举行。

5月23日—25日　中美联合商务贸易委员会首届会议在北京举行。25日，赵紫阳总理会见美国商务部长鲍德里奇时指出，中美两国应该采取实际行动，消除障碍，建立相互间信任的基础，使两国关系健康发展。赵紫阳总理对中美联合商务贸易委员会首届会议取得一定成果表示欢迎。

5月26日　邓小平、赵紫阳分别会见世界银行行长克劳森。邓小平说，中国要达到在本世纪末建成一个小康社会的目标还需要作出艰苦的努力。我们要有正确的经济政策，不光是国内政策，还有对外开放政策。要争取国际上的帮助，其中包括世界银行的帮助。世界银行可以在资金、技术和经济管理方面给予帮助。赵紫阳说，在世界银行恢复中国合法席位以后的3年里，中国同世界银行之间的合作关系很好。我们对此表示满意。世界银行在向中国提供贷款和咨询、为中国培训人员方面做了不少工作。合作项目效果也很好。他说，中国和世界银行的合作将是长期的，合作的内容将越来越丰富。克劳森说，世界银行同中国的合作正在扩大和加强，合作项目在增加。他表示今后双方的合作势头将继续下去。31日，克劳森行长说，世界银行将向中国贷款24亿美元。

5月27日　国务院学位委员会和北京市人民政府联合召开博士和硕士学位授予大会。胡乔木作了题为《走独立自主培养高级专门人才的道路》的讲话，中国科学院等单位向18位博士学位获得者颁发了《博士学位证书》，国务院学位委员会向指导教师发了纪念品。同日，党和国家领导人接见了18位博士及其指导教师以及硕士学位获得者的代表，并勉励他们继续提高业务水平，与发达国家的博士并驾齐驱，同时做中国人民精神面貌的体现者。

6月3日　外交部照会蒙古驻华使馆，抗议蒙古于3月9日—6月1日迫迁和驱赶华侨。

6月4日—22日　全国政协六届一次会议在北京举行。邓颖超致开幕词。她说："第六届全国政协具有空前广泛的代表性，委员总数2 039人，包括各民主党派、无党派民主人士、各人民团体、各界代表人物、少数民族、台湾同胞、港澳同胞、归国侨胞、特邀人士等31个方面。这个新阵容，生动地体现了我国社会主义建设事业的新发展和中华民族的大团结、大统一。"邓颖超说："今后爱国统一战线的方针任务，就是要高举爱国旗帜，发展和加强中华民族的大团结、大统一，为实现社会主义现代化建设、完成祖国统一大业、维护世界和平作出新的贡献。"她说："在中国共产党领导下党同各民主党派实行多党合作，是我们党一贯的方针，是我国政治制度的一个特点和优点。我们要坚定地贯彻'长期共存，互相监督'、'肝胆相照，荣辱与共'的方针。"谈到祖国统一问题，邓颖超说，实现祖国和平统一，是全国各族人民的共同愿望，是历史赋予我们这一代人的光荣任务。我们尊重历史，尊重现实。我们充分考虑台湾各族人民的愿望和台湾当局的处境。我们不仅考虑到现在，也考虑到将来。祖国统一后，台湾作为特别行政区，可以实行同大陆不同的制度，互相补充，互相支援。只有在现实基础上的真正统一，才能带来国家富强，民族兴旺。赞成祖国统一就是爱国，在统一的大前提下，一切问题都好商量，总会求得合理的解决。台湾问题是我国内政问题，不允许任何外国干涉。我们深信，祖国统一的千秋功业一定能够早日实现，会议选举邓颖超为政协第6届全国委员会主席，选举杨静仁、刘澜涛、陆定一、程子华、康克清、季方、庄希泉、帕巴拉·格列朗杰、胡子昂、王昆仑、钱昌照、董其武、陶峙岳、周叔弢、杨成武、肖华、陈再道、吕正操、周建人、周培源、包尔汉、缪云台、王光英、邓兆祥、费孝通、赵朴初、叶圣陶、屈武、巴金为6届全国委员会副主席。彭友今当选为秘书长。会议听取、讨论了邓颖超的开幕词，委员们就政府工作报告提出许多有益的意见和建议。会议通过了《中国人民政治协商会议第六届全国委员会第1次会议决议》。邓颖超致闭幕词。4日，《人民日报》发表社论：《巩固和发展中华民族的大团结大统一》。

6月6日—21日　六届全国人大一次会议在北京举行。出席大会代表1 900多名，有76.5%是新选出来的。代表中知识分子701名，占代表总数的23.5%；民主党派和无党派爱国民主人士543名，占代表总数的12.8%。彭真致开幕词，赵紫阳作《政府工作报告》，姚依林作《关于一九八三年国民经济和社会发展计划的报告》，财政部长王丙乾作《关于一九八二年国家决算的报告》。杨尚昆、江华、黄火青分别向大会提交5届全国人大常委会、最高人民法院、最高人民检察院的书面工作报告。会议分别审查批准了上述各项报告，并通过了相应的决议。《政府工作报告》，回顾了过去5年的工作，《报告》指出，今后5年政府的主要任务是：动员全国各族人民全面完成和超额完成第六个五年计划，制定和执行第七个五年计划，把以经济建设为中心的各项建设事业继续推向前进，实现中共第12次全国代表大会提出的争取国家财政经济状况和社会风气的根本好转，在全面开创社会主义现代化建设新局面的斗争中取得更大胜利。会议选举李先念为中华人民共和国主席，乌兰夫为副主席；选举彭真为6届全国人大常委会委员长，决定赵紫阳为国务院总理，选举邓小平为中央军委主席，选举陈丕显、韦国清、耿飚、胡厥文、许德珩、彭冲、王任重、史良、朱学范、阿沛·阿旺晋美、班禅额尔德尼·确吉坚赞、赛福鼎、周谷城、严济慈、胡愈之、荣毅仁、叶飞、廖汉生、韩先楚、黄华等20人为6届全国人大常委会副委员长，王汉斌为秘书长，选举133人为6届全国人大常委会委员。会议决定万里、姚依林、李鹏、田纪云为国务院副总理，方毅、谷牧、康世恩、陈慕华、姬鹏飞、张劲夫、张爱萍、吴学谦、王丙乾、宋平为国务委员。会议决定叶剑英、徐向前、聂荣臻、杨尚昆为中央军委副主席，余秋里、杨得志、张爱萍、洪学智为中央军委委员。会议选举郑天翔为最高人民法院院长，杨易辰为最高人民检察院检察长。会议任命田纪云为国务院秘书长（兼），任命吴学谦为外交部部长（兼），张爱萍为国防部部长（兼），宋平为国家计划委员会主任（兼），张劲夫为国家经济委员会主任（兼），赵紫阳为国家经济体制改革委员会主任（兼），方毅为国家科学技术委员会主任（兼），陈彬为国防科学技术工业委员会主任，杨静仁为国家民族事务委员会主任，刘复之为公安部部长，凌云为国家安全部部长，崔乃夫为民政部部长，邹瑜为司法部部长，王丙乾为财政部部长（兼），于明涛为审计署审计长，吕培俭为中国人民银行行长，刘毅为商业部部长，陈慕华为对外经济贸易部部长（兼），何康为农牧渔业部部长，杨钟为林业部部长，钱正英为水利电力部部长，李锡铭为城乡建设环境保护部部长，孙大光为地质矿产部部长，李东冶为冶金工业部部长，周建南为机械工业部部长，蒋心雄为核工业部部长，莫文祥为航空工业部部长，江泽民为电子工业部部长，于一为兵器工业部部长，张钧为航天工业部部长，高扬文为煤炭工业部部长，唐克为石油工业部部长，秦仲达为化学工业部部长，吴文英为纺织工业部部长，杨波为轻工业部部长，陈璞如为铁道部部长，李清为交通部部长，文敏生为邮电部部长，赵守一为劳动人事部部长，朱穆之为文化部部长，穆青为新华通讯社社长，吴冷西为广播电视部部长，何东昌为教育部部长，崔月犁为卫生部部长，李梦华为国家体育运动委员会主任，钱信忠为国家计划生育委员会主任。闭幕会上，李先念主席、彭真委员长作了重要讲话。6日、21日、22日，《人民日报》先后发表社论：《走向胜利——祝贺六届人大一次会议开幕》、《十亿人民的喜悦》、《毋忘团结奋斗致力振兴中华——热烈祝贺六届人大一次会议和政协六届一次会议胜利闭幕》。

同　日　中共中央政治局委员廖承志在北京病逝。廖承志，广东惠阳人，1908年生于日本东京。1928年加入中国共产党。1928年—1932年，受中共派遣到德国国际海员工会工作。回国后，任中华全国总工会宣传部长、全国海员总工会中共党团书记。1933年8月，参加中国工农红军，任川陕苏区省委常委。1934年任红军第四方面军总政治部秘书长，因反对张国焘的错误被拘捕，开除党籍，后经周恩来解救获释，恢复党籍，任党报委员会秘书。1938年1月任八路军香港办事处负责人。1942年在广东乐昌被国民党逮捕。1946年经中共中央营救出狱。1946年—1948年，先后任中共中央南方局委员，晋冀鲁豫中央局宣传部部长，中共中央宣传部副部长，新华通讯社社长等职。新中国成立后，历任中共中央对外联络部副部长，中共中央统战部副部长，青年团中央副书记、书记处书记，全国青年联合会主席，中国青年艺术剧院院长，华侨事务委员会副主任、主任，国务院外事办公室副主任。外交部顾问、党组第二副书记，国务院侨务办公室主任，华侨大学校长，北京外语学院院长。中国人民保卫儿童全国委员会副主席，中国人民保卫世界和平委员会副主席，中国亚非团结委员会主席，中苏友好协会副会长，中日友好协会会长，中华全国归国华侨联合会名誉主席，纪念宋庆龄名誉主席基金会顾问等职。在中共七届二中全会上递补为中央委员，是中共第八、十、十一、十二届中央委员，中共十二届中央政治局委员，他还是历届全国人大代表，第一届、第四届全国人大常委会委员，第五届全国人大常委会副委员长。

6月13日　国家有关部门决定，择优录取先进人物升学深造。教育部、国家计委、财政部、劳动人事部、全国职工教育管理委员会、团中央、全国妇联、全国总工会联合作出规定，对先进人物的升学深造，放宽年龄限制，降低录取分数线，结婚与否不限，予以择优录取，以利更快地提高他们的科学文化水平。

6月16日　外交部照会美国驻华大使馆，强烈抗议美国政府坚持批准泛美航空公司经营台湾航线。同日，中国民用航空局致函美国驻华使馆，决定停止给予泛美航空公司使用有关中国航路和机场的权利，要求美国政府另行指定一家不飞台湾的空运企业飞行中美航线。

6月18日　中国女子射击队夺得世界双向飞碟团体冠军。由巫兰英、冯梅梅和邵伟萍组成的中国女子射击队在加拿大埃德蒙顿举行的世界飞碟移动靶射击锦标赛中夺得女子双向飞碟团体冠军。

6月25日　日本天皇授予廖承志勋一等旭日大绶章转交仪式在北京举行。前来参加吊唁活动的日本政府特使古井喜实向廖承志的夫人经普椿转交了勋章和授勋书，并致词说，日本国天皇陛下向多年来为增进日中两国相互了解和友好睦邻关系而鞠躬尽瘁，并建立了不朽功绩的已故廖承志阁下赠予勋一等旭日大绶章。经普椿致答词表示，要继承廖承志的遗愿，为中日两国人民世世代代友好下去贡献力量。

6月26日　邓小平谈中国大陆和台湾和平统一设想。中顾委会主任邓小平在北京会见美国新泽西州西东大学教授杨力宇时，谈到实现中国大陆和台湾和平统一的一些设想。他说，问题的核心是祖国统一。和平统一已成为国共两党的共同语言。但不是我吃掉你，也不是你吃掉我。我们希望国共两党共同完成民族统一，大家都对中华民族做出贡献。邓小平不赞成台湾“完全自治”的提法，他说：“自治不能没有限度，既有限度就不能‘完全’。‘完全自治’就是‘两个中国’，而不是一个中国。制度可以不同，但在国际上代表中国的，只能是中华人民共和国。我们承认台湾地方政府在对内政策上可以搞自己的一套。台湾作为特别行政区，虽是地方政府，但同其他省市的地方政府以至自治区不同，可以有其他省市自治区所没有而为自己所独有的某些权力，条件是不能损害统一的国家的利益。”邓小平说，祖国统一后，台湾特别行政区可以有自己的独立性，可以实行同大陆不同的制度。司法独立，终审权不须到北京。台湾还可以有自己的军队，只是不能构成对大陆的威胁。大陆不派人驻台，不仅军队不去，行政人员也不去。台湾的党、政、军等系统，都由台湾自己来管。中央政府还要给台湾留出名额。他还说，要实现统一，就要有个适当方式，所以我们建议举行两党平等会谈，实行第三次合作，而不提中央与地方谈判。双方达成协议后，可以正式宣布。但万万不可让外国插手，那样只能意味着中国还未独立，后患无穷。邓小平说，我们是要完成前人没有完成的事业的。如果他们能完成这件事，蒋氏父子以及一切致力于中国统一事业的人，历史都会写得好一些。当然，实现和平统一需要一定时间。如果说不急，那是假话，我们上了年纪的人，总希望早日实现。要多接触，增进了解。我们随时可以派人去台湾，可以只看不谈。也欢迎他们派人来，保证安全、保密，我们讲话算数，不搞小动作。邓小平指出，我们已经实现了真正的安定团结。我们和平统一祖国的方针，是党的十一届三中全会以后制定的，有关政策是逐渐完备的，我们将坚持不变。

7月1日　国家安全部在北京召开成立大会，凌云任部长。中共中央书记处书记陈丕显到会并代表中共中央、国务院作了重要讲话。他在分析了当前中国的政治、经济形势之后说：国家安全部是人民民主专政机关之一，是国家机器的重要组成部分。国家安全机关的工作，直接关系到党的安危，国家的安危，人民的安危。陈丕显对今后国家安全部的工作提出了六点要求：第一，解放思想，总结经验，积极改革，大胆创新。第二，建设一支精干、内行、对党绝对忠诚的干部队伍。第三，一手抓组建，一手抓工作。第四，教育人民群众，依靠人民群众，做好国家安全工作。第五，在共同的政治基础上搞好团结。第六，加强组织性、纪律性，树立良好风气。

7月2日　中共中央宣传部、中共中央书记处研究室发出《关于加强爱国主义宣传教育的意见》。《意见》指出，在我国社会主义现代化建设进程中，经常地进行和加强爱国主义的宣传教育，培养全体人民、特别是青年的爱国主义精神，提高他们的爱国主义觉悟，是建设以共产主义思想为核心的社会主义精神文明的一项重要任务，是宣传教育和思想政治工作的一项基本内容。在进行社会主义现代化建设的新的历史时期，我国各族人民爱国主义的主要内容，就是邓小平同志代表中共中央所提出的三大任务，即加紧社会主义现代化建设，争取实现包括台湾在内的祖国统一，反对霸权主义、维护世界和平。在目前社会条件下，振兴中华，就是要切实完成这三大任务。《通知》要求做好以下十个方面的宣传：一、宣传祖国新貌和建设成就。二、宣传英雄人物、先进集体的模范事迹。三、宣传成功的建设经验。四、宣传祖国的壮丽河山、名胜古迹。五、宣传重大的历史事件和著名的历史人物。六、宣传历代杰出的文艺家及其作品。七、宣传历代杰出的科学家及其贡献。八、宣传历代文化。九、宣传各民族人民对祖国的历史贡献。十、宣传侨居国外的爱国者和世界各国著名爱国者。《意见》指出，爱国主义不只是宣传部门的工作，各条战线，各行各业，包括教育、新闻、出版、科学（自然科学和社会科学）、文艺等部门，包括经济、军事、政治、外事、民族、工会、共青团、妇联等系统的有关部门，都要通过自己的业务，采取同自己的业务相结合的方法，针对不同的对象，有计划有系统地、生动活泼地进行爱国主义教育，把爱国主义的内容渗透到思想教育工作中去。

同　日　《人民日报》报道：国务院批转中国人民银行《关于国营企业流动资金改由人民银行统一管理的报告》并发出通知。决定从7月1日起陆续把国营企业的流动资金改由中国人民银行统一管理。

7月3日　国务院、中纪委向各地发出《关于坚决制止乱涨生产资料价格和向建设单位乱摊派费用的紧急通知》。《通知》规定：一、全民所有制企业生产的国家定价的生产资料，不论是计划内生产的，还是计划外生产的，或是超产的，都必须严格执行国家规定的价格。二、各省、市、自治区和国务院有关部门要组织所属企业，首先对1983年1月1日以来钢材、生铁、水泥、木材、煤炭等原材料和燃料价格，进行一次全面检查。擅自提价或变相涨价和加收费用的，非法收入一律没收。三、各省、市、自治区要对批准的钢材临时价格进行一次整顿。四、对于各单位从建设工程中收取的各种费用，要区别不同情况进行处理。五、由国家经委牵头，会同国家计委、国家审计署、财政部、国家物价局、国家工商行政管理局，组织力量对各地区、各部门执行本通知的情况进行重点检查。《通知》规定，务必在7月15日前刹住乱涨价、乱摊派这两股歪风，逾期不改的，要从重惩处。

7月5日　外交部就台湾当局在美国等国的机构直接颁发签证事件照会各国驻华外交代表机关。照会指出，近年来台湾当局在已同中国建交的一些国家设立了名目繁多的机构，直接受理、颁发前往所谓“中华民国”签证。台湾当局还拉拢这些国家也在台湾设立相应的机构，并在台湾直接受理、颁发签证等活动，同这些国家建立或实际上建立“官方关系”，破坏这些国家同中国的正常关系。中国政府一贯坚决反对任何可能导致出现“两个中国”、“一中一台”，或任何把台湾作为一个单独的政治实体的活动。照会强调中国政府不仅一贯坚决反对任何国家允许台湾设立，甚至与之互设带有官方性质的代表机构，进行官方性质的来往，也一贯坚决反对任何国家允许台湾当局设立的任何机构行使领事职能或者在台湾设立任何行使领事职能的机构。

7月8日、9日　谭立锋、苏健翔、魏毓明和王谷平在保加利亚举行的第三届世界航海模型锦标赛中分别获4项冠军，并刷新了1项世界纪录。

7月12日　中国石油化工总公司在北京成立。李人俊任董事长，陈锦华任总经理。中国石油化工总公司是国务院直属领导下的经济实体，对所属企业的人财物、产供销、内外贸实行集中领导，统筹规划，统一管理的托拉斯。隶属中国石油化工总公司的有13个石油化工公司、总厂，17个炼油厂，4个化纤厂，5个化肥厂、化工厂，共39个大中型企业，及其所属的规划，科研、设计、机械制造和维修等单位。

7月15日　章文晋就美国向台湾地区出售武器提出强烈抗议。新华社报道：美国国防部今天宣布一项向台湾出售总额为5.3亿美元的一揽子军火销售计划。19日，外交部新闻司副司长李举卿在新闻发布会上驳斥美国取消所谓“中国公民”不用签证过境美国的优待。22日，中国驻美大使章文晋就美国向台湾地区出售武器一事向美国国务院提出强烈抗议。

7月16日—20日　中共中央组织部在北京召开全国组织工作座谈会。会议回顾和总结了过去5年，特别是中共十一届三中全会以来组织工作的成绩和经验，讨论了在新形势下组织工作的主要任务以及完成任务的主要措施。会议认为，粉碎“四人帮”以后，组织工作中纠正了长期存在的“左”的错误，取得了一些成绩。截至1982年底，全国已平反纠正了约300万名干部的冤假错案，给47万多名党员恢复了党籍，给12万名党员撤销了原受的其他错误处分，解脱了数以千万计的无辜遭受株连的干部和群众。在落实党的知识分子政策方面做了大量工作，解决了一批多年未能解决的实际问题。几年来，有近20万名用非所学的科技人员合理调整了工作岗位，给闲散在社会上的几万名学有专长的人安排了工作，给100多万专业技术人员评定了业务技术职称，还有一大批德才兼备的知识分子被选拔到各级领导岗位。十一届三中全会以来，全国发展新党员400多万名，其中从各类专业技术人员中吸收的有46万多名。会议指出，今后一个时期，党的组织工作的主要任务是：坚决贯彻执行干部“四化”的方针，改善领导班子的结构，提高干部队伍的素质，改革干部制度，认真搞好全面整党，进一步加强和改善党的领导，提高党组织的战斗力。会议要求各级党的组织部门从形势的需要和实际出发，尽快制定到1990年8年的改革领导班子结构的规划。并通过建立一套比较完整的制度，经常保证领导班子的合理的年龄结构和知识结构、专业结构。要进一步清除“左”的思想影响，大胆地放手选拔优秀年轻干部。对那些确属德才兼备、年富力强、真正懂行、能开创新局面的同志，要大批地选拔到各级领导岗位上来。在政治上给以充分信任，工作上放手使用，让他们有职有权，在适当的领导岗位上充分发挥特长。要努力把“第三梯队”建设好，建立正规的后备干部制度。会议要求到明年上半年，挑选出一大批后备干部，作为正副部长、正副省长和省市区党委正副书记、常委的选拔对象。为了使党的干部适应新形势的要求，会议认为，必须对现行的干部制度进行改革。搞好干部管理体制的改革，搞好对干部的考察了解、培养教育和选拔使用，健全干部的选举、招考、任免、考核、弹劾、轮换等制度。会议强调，一切有关干部制度的改革，都必须有利于干部队伍的“四化”和进行正常的新老交替与合作；有利于做到大量生长人才、及时发现人才、合理使用人才；有利于调动广大干部的积极性和创造性，纠正“干不干一个样、干好干坏一个样”、“能上不能下”、“能进不能出”等现象。

7月25日—26日　六届全国人大常委会举行委员座谈会，座谈严惩严重破坏经济的罪犯的问题。中纪委书记韩光在会上作了《关于打击经济领域中严重犯罪活动工作的报告》。《报告》指出，从1982年1月—1983年4月底，全国已揭露并依据党纪国法立案审查的各类经济犯罪案件共约19.2万多件，其中非法牟利10万元以上的170人，个人非法所得万元以上的7 000多人，案件中涉及党员7.1万多人。现已结案13.1万多件，占案件总数的71%，依法判刑近3万人，在所涉及的党员中被开除党籍的8 500多人。追缴赃款赃物合4.1亿多元。在斗争的威慑和政策的感召下，全国投案自首、坦白交代各种经济违法犯罪问题的共有2.44万多人。参加会议的委员们在座谈中认为，严厉打击经济领域和其他领域内破坏社会主义的犯罪活动，是集中力量进行现代化建设的重要保证，必须深入地开展下去。

7月28日—8月2日　圣多美和普林西比解放运动主席、民主共和国总统曼努埃尔·平托·达科斯塔应邀访华。29日，赵紫阳同达科斯塔举行会谈。赵紫阳说，当前世界处于紧张、动乱中，第三世界国家深受其害，因此他们应该加强团结，防止超级大国插手，自己解决自己的问题。关于双边关系问题，赵紫阳赞成达科斯塔提出的两国应该进一步加强友好关系，在经济方面，扩大贸易，多搞一些合作项目等建议。30日，两国政府签署技术合作协定。

8月6日　新华社报道：国务院决定，对全国企业领导干部实行国家统一考试。参加国家统考的领导干部包括全民所有制的工业、交通、基建、财贸等行业的公司和企业正副经理、厂长。

8月15日　胡耀邦会见日本《每日新闻》社代表团，就香港、台湾和中日、中苏、中美关系等问题发表谈话。胡耀邦在会见日本记者时说。我们对香港的主权到1997年是要收回的。现在举行的中英谈判只是讨论如何保持香港的繁荣和稳定以及从现在到收回时如何逐步过渡的问题。关于台湾问题，他说，邓小平同志前不久同美国杨力宇教授的谈话表达了我们中央政治局的一致看法。他强调说，台湾和大陆的统一完成得越早，对台湾当局越有利。同日，胡耀邦在会见由社长山内大介率领的日本《每日新闻》社代表团时，谈及中日、中苏、中美关系等问题。谈到中日关系时，胡耀邦说，中日两国关系在过去的11年里总的讲是好的，但是，我们两国之间也有一个在政治上、经济上和人员往来上如何更好地相互信任的问题。我们要不断地消除误会和疑虑。我们对此是有诚意和信心的。在谈到中苏关系时，胡耀邦说，我们希望同苏联的关系正常化。现在中苏关系还说不上正常化，但我想终究会走向正常化的。正常化对我们两国人民、对世界和平都有好处。在谈到中美关系时，他说，中美之间有个很紧的疙瘩没有解开，那就是台湾问题。这个问题涉及我们国家的主权、内政，我们不能让步。他说，我们年年向美国发出信号，可惜美国领导人的耳朵不大灵敏，他还说，中国愿意同日本、苏联、美国、英国、法国等所有国家的人民发展友好关系，学习他们的好经验。

8月15日—20日　津巴布韦共和国总统卡南·巴纳纳应邀访华。

8月19日　中国又成功发射一颗科学实验卫星。卫星准确入轨，运行良好，各系统工作正常。24日中午12时46分，这颗卫星按预定计划准确地返回地面。

8月24日　中共中央、国务院作出《关于引进国外智力以利四化建设的决定》。《决定》指出，在充分利用外资和引进国外先进技术的同时，积极地、有计划有步骤地引进国外人才，特别是引进现在国外的华侨华裔人才，将大大有利于我国的社会主义现代化建设。全党必须进一步深刻认识这个问题的重要性，统一思想，统一政策，不失时机地把这件大事抓紧抓好。9月7日，中共中央决定，成立中央引进国外智力以利四化建设工作领导小组，由姚依林、方毅、张劲夫、宋平组成，姚依林任组长，张劲夫负责小组的日常工作。

8月25日　中共中央发出《关于严厉打击刑事犯罪活动的决定》。中央决定以3年为期，组织1次、2次、3次战役，按照依法“从重从快、一网打尽”的精神，对刑事犯罪分子予以坚决打击。

8月25日—9月2日　六届全国人大常委会第二次会议在北京举行。公安部长刘复之汇报了当前社会治安情况。他说，依法从重从快惩处严重刑事犯罪分子，是搞好社会治安综合治理的首要措施。对那些对社会危害大、对人民安全威胁大的刑事犯罪分子，要依照法律，该逮捕的逮捕，该判刑的判刑，该劳教的劳教，该注销城市户口的注销城市户口；对那些罪行特别严重，情节特别恶劣的，要坚决依法给以最严厉的制裁。全国人大常委会秘书长、法制委员会副主任王汉斌就提交会议审议的几个法律案、关于严惩严重危害社会治安的犯罪分子的决定草案、关于迅速审判严重危害社会治安的犯罪分子程序的决定草案作了说明。9月2日，彭真委员长在会上就严厉打击刑事犯罪问题和几个有关的法律案作了重要讲话。他说，这次会议决定严惩严重危害社会治安的犯罪分子，对有关的部分法律规定作了修改、补充，这是一项很重要的决定。危害社会治安的犯罪分子，人数虽然不多，但是危害很大，对他们决不能麻痹大意，熟视无睹，更不能姑息纵容。特别是对那些煽动、腐蚀、收买、强迫青少年犯罪的教唆犯，屡教不改的惯犯，必须坚决打击，依法从重从快地惩处。

9月1日—10日　约旦国王侯赛因应邀访华。2日，李先念欢宴侯赛因。在宴会上，李先念说，最近，苏联安德罗波夫主席在一次谈话中表示了改善中苏关系的愿望，这是值得欢迎的。同日，赵紫阳同侯赛因举行会谈，3日，胡耀邦会见侯赛因。4日，中约两国政府在北京签订成立经济贸易和技术合作混合委员会的协定。

9月4日　《人民日报》发表社论：《必须严厉打击刑事犯罪活动》。社论指出，刑事犯罪分子的罪恶活动，严重威胁人民群众生命财产的安全，影响社会安定，扰乱正常的生产秩序、工作秩序、社会秩序，破坏社会主义经济建设。为此，必须严厉打击杀人犯、放火犯、爆炸犯、投毒犯、强奸犯、抢劫犯、流氓犯罪集团、拐卖妇女儿童的人贩子、重大盗窃犯等严重刑事犯罪分子，必须对他们实行依法从重从快惩处的方针。

9月5日—9日　中纪委召开全国打击经济领域严重犯罪活动工作

会议。会议强调要加强对这场斗争的领导；要进行坚持不懈的努力，消灭死角，抓好中央各部门以及所属企业事业单位和省、地直属机关打击经济领域严重犯罪活动的斗争；对于危害社会主义现代化建设事业的严重经济犯罪分子必须依法从重从快予以打击，以保证这一场斗争的深入发展。

9月9日　中国运动员李荣荣在意大利锡耶纳举行的第二届世界杯跳伞赛中获全能冠军。

9月11日　引滦入津工程全线正式通水。这一跨省市、跨流域的综合性的大型城市引水工程，于1982年5月全线开工，1983年7月29日全线竣工。8月15日开始全线试通水。引滦入津工程是中国最大的城市供水工程。全长234公里，共215个工程项目。这一工程的建成为天津提供了一个稳定可靠的水源和一个完整的输水系统。在正常年景下，每年可供水10亿立方米，大大缓和了天津城市用水的紧张状况。9月12日，天津市举行隆重的引滦入津工程通水庆功大会。杨尚昆等代表中共中央、国务院、中央军委向大会祝贺。

9月15日　中华人民共和国审计署成立。于明涛任审计署审计长。田纪云在审计署成立大会上发表讲话，他主要讲了三个问题，一、为什么要建立审计机关，实行审计监督。二、关于审计机关的任务。三、关于如何开展工作。他说，宪法规定，我国实行审计监督制度。这是加强财政经济管理的一项重要措施，是发扬社会主义民主、健全社会主义法制的又一个重要标志。这一制度的建立，将对中国经济产生重要影响。田纪云说，审计工作是一项新的工作，希望国务院各部门和各级政府的领导都大力支持这项工作。各级审计机关的同志要善于学习，勇于实践，发挥创造性，逐步建立起一套适合中国国情的社会主义审计体系和制度。

9月17日　国务院作出《关于中国人民银行专门行使中央银行职能的决定》。中国人民银行专门行使中央银行职能，不再兼办工商信贷和储蓄业务。国务院还决定，成立中国工商银行，承担原来由人民银行办理的工商信贷和储蓄业务。

同　日　《人民日报》发表社论：《进行社会主义现代化建设要

坚持两手抓》。社论指出，进行社会主义经济建设，必须坚持两手抓，一手抓坚持对外开放和对内搞活经济的政策，一手坚决打击经济犯罪活动。这是中国共产党在新的历史时期，为做好经济工作，推进社会主义现代化建设事业的重大战略决策。这个两手抓的“两手”，是相辅相成，缺一不可的。

9月18日—10月1日　第五届全国运动会在上海举行。乌兰夫、万里等出席开幕式。国际奥委会主席萨马兰奇等应邀参加。22日，朱建华跃过2.38米，再创男子跳高世界纪录。本届全运会共打破两项世界纪录，平3项世界纪录，破1项世界青年纪录、9项亚洲纪录、60项全国纪录；评选出106个精神文明运动队，有1 500余名运动员和裁判员获精神文明奖。

9月20日　《人民日报》摘要发表《国际问题研究》1983年第四期将发表的今甫写的文章：《中国收回香港地区完全符合国际法》，23日，新华社发表评论员文章：《中国内地大力支援是香港繁荣的重要因素》。这两篇文章批驳了英国有些舆论散布的，香港的繁荣离不开英国的管治，主张要“以主权换治权”等论调。指出，无论是根据国际法，或者根据国际实践，这都是站不住脚的。近30年来香港的繁荣，主要是香港500多万居民（98%以上是中国同胞）的勤劳智慧和努力经营的结果，中国内地长期以来对香港各方面的大力支援，也是一个十分重要的因素。

9月24日　中国队获1983年世界杯竞走赛团体冠军。在挪威卑尔根举行的1983年世界杯竞走赛中，中国竞走队获女子10公里竞走团体冠军。徐永久获女子10公里竞走冠军。

9月25日—29日　美国国防部部长温伯格访华。26日，国防部长张爱萍同温伯格举行会谈。27日，赵紫阳会见温伯格，对中美关系近几个月趋向好转表示欢迎。他重申中国政府关于台湾问题的原则立场，指出这个问题是进一步发展中美关系的主要障碍。28日，邓小平会见温伯格，温伯格向邓小平递交了里根总统的信件。邓小平指出，要发展中美双边关系，双方加强交往、增进互相了解是重要的，但更重要的是要解决一些根本性的障碍和实质性问题。邓小平说，中美之间有共同点，但也确实有必要解决分歧。邓小平说，3年来，中美之间的关系有一个曲折的过程，但核心问题还是个台湾问题。如果这个问题解决了，中美关系中的主要障碍就排除了，这对亚洲和世界和平是有利的。

9月30日　全国人大副委员长、中顾委副主任谭震林在北京逝世。谭震林，1902年生，湖南攸县人。1925年参加革命，1926年加入中国共产党。1927年秋上井冈山后，任中共茶陵县委书记、县苏维埃政府主席，中共湘赣边界特委书记，红四军第二、第四纵队政委，红一军团第十二军政委，福建军区司令员。红军长征后，留在闽西任军政委员会军事部长、副主席，新四军第三支队副司令员、政委，江南人民抗日救国军东路指挥部司令员兼政委，新四军第六师师长、政委，并兼任苏南区党委书记，新四军第二师政委兼淮南区党委书记。解放战争时期，先后任中共中央华中分局副书记、华中军区副政委、华中野战军政委、华东野战军副政委，兼任华东野战军山东兵团政委，第三野战军第一副政委，淮海战役前敌委员会委员，兼任第七兵团政委，中共浙江省委书记、省人民政府主席、省军区政委，中共江苏省委书记、省人民政府主席，中共中央华东局第三书记，华东军政委员会副主席等职。1954年后历任中共中央副秘书长兼中央书记处第二办公室主任，中共中央书记处书记，政治局委员，国务院副总理，兼农林办公室主任。"文化大革命"中，坚决抵制林彪、"四人帮"的倒行逆施，受到残酷迫害。1974年重新出来工作，当选为四、五届全国人大常委会副委员长。他是中共七届、八届、十届、十一届中央委员，中共十二大当选为中顾委委员、中顾委副主任。

10月3日　外交部发言人就英国首相撒切尔夫人9月23日和外交和联邦事务国务大臣卢斯9月28日在香港问题上发表的言论向新华社记者发表谈话。他指出，香港，包括香港岛、九龙司和"新界"是中国领土不可分割的一部分，中国理所当然地要收回整个香港地区，这是不容置疑的。恢复行使对香港的主权，保持香港的繁荣和稳定，是中国政府坚定不移的方针。英方负责人接连发表不恰当的谈话，只能增加目前正在进行的中英关于香港问题的谈判的困难，而无助于问题的合理解决。

10月5日—7日　中国与联邦德国经济合作混合委员会第三次会议在北京举行。中国对外经济贸易部长陈慕华和联邦德国经济部长拉姆斯多夫出席，双方在一系列问题上达成新的协议。7日，两国投资保护协定在北京签订。

10月6日　国务院批转财政部关于自10月份开始在全国开展财务大检查的报告。国务院的通知指出，开展财务大检查，严肃财经纪律，防止“跑、冒、滴、漏”，是确保今年财政收支基本平衡的一项必要措施。

10月6日—9日　加蓬共和国总统哈吉·奥马尔·邦戈访华。6日，李先念、乌兰夫会见邦戈。7日，赵紫阳同邦戈举行会谈。赵紫阳对加蓬在国内建设方面取得的成就和在国际事务中发挥的日益重要的作用表示赞赏。8日，邓小平会见邦戈。邦戈亲切地询问邓小平的身体情况。邓小平说：“还可以。我现在少管日常工作，主要由比较年轻的同志来管。这几年的实践证明，他们管得不错。”邓小平说，中国共产党是个老党，中国革命经历的时间长，老干部多。因此，干部年轻化的问题不是一下子可以解决好的，我们准备再用几年的时间解决这个问题。

10月10日　《半月谈》第十九期刊登胡耀邦8月15日就国内和对外关系10个大问题答日本记者问。其主要内容是：一、关于日中关系问题。二、关于亚洲地区的形势。三、关于中苏关系问题。四、关于中美关系问题。五、关于香港问题。六、关于台湾问题。七、关于中国的经济建设问题。八、关于党、政、军整顿的问题和交接班问题。九、关于中国边远地区的开发问题。十、关于访问日本。

10月11日　外交部向越南驻华使馆递交备忘录。强烈抗议越南当局不断在中越边境武装挑衅，并要求越南方面立即停止挑衅活动。备忘录说：“仅自8月底到9月底的一个月内，越南军队在中越边境地区进行的武装挑衅、入侵活动即达30余起，向中国境内发射各种枪弹、炮弹2 000余发，打死打伤中国边民多人”。

10月11日—12日　中共十二届二中全会在北京举行。全会之前，举行了预备会议。会议经过热烈讨论，一致通过了《中共中央关于整党的决定》，确定从1983年冬季开始全面整党，用3年时间分期分批地对党的作风和党的组织进行一次全面整顿。《决定》提出这次整党的基本任务是：统一思想，整顿作风，加强纪律，纯洁组织。这次整党的步骤是，从中央到基层组织，自上而下、分期分批地整顿。《决定》阐明这次整党的基本方法是，在认真学习文件，提高思想认识的基础上，开展批评和自我批评，分清是非，纠正错误，纯洁组织。会上，邓小平集中讲了要防止整党走过场和思想战线不能搞精神污染，要加强思想战线领导的问题。他指出，无论在理论界或文艺界，主流还是好的或比较好的，搞精神污染的只是少数。问题是对这少数人的错误言行缺乏有力的批评和必要的制止措施，精神污染的危害很大，足以祸国殃民。他强调，加强党对思想战线的领导，克服软弱涣散状态，已经成为全党的一个迫切任务。陈云着重讲了清理"三种人"和共产党员不能以权谋私的问题。全会号召全体党员认真学习整党决定，积极参加整党。为了确保整党工作的日常领导，全会选举产生了中央整党工作指导委员会，胡耀邦任主任，万里、余秋里、薄一波、胡启立、王鹤寿任副主任，王震、杨尚昆、胡乔木、习仲勋、宋任穷为顾问。12日，全会发表公报。14日，《人民日报》发表社论：《整党是夺取现代化建设伟大胜利的重大步骤》。

10月12日　中共中央、国务院发出关于政社分开、建立乡政府的通知。《通知》提出，当前首要任务是把政社分开，建立乡政府。同时按乡建立乡党委，并根据生产的需要和群众的意愿逐步建立经济组织。《通知》规定，乡的规模一般以原有公社的管理范围为基础。乡的编制力求精干，不得超过现在公社的人员编制。此后，人民公社政社分开，建立乡人民政府的工作在全国各地陆续展开。

10月15日—16日　中顾委第二次全体会议在北京举行。中顾委常务副主任薄一波、常务委员陆定一，刘澜涛主持会议。胡耀邦总书记出席了会议，并作了重要讲话。会议一致拥护中共十二届二中全会通过的《中共中央关于整党的决定》，一致同意邓小平、陈云同志在中央全会上的重要讲话，并讨论了在整党中发挥中顾委和中顾委委员作用的问题。会议还一致同意《中共中央顾问委员会向中央的工作报告》。

10月17日—25日　中纪委第三次全体会议在北京举行。中纪委常务书记王鹤寿主持会议。会议一致拥护中共十二届二中全会通过的《中共中央关于整党的决定》，一致同意邓小平、陈云在中央全会上的重要讲话。会议集中讨论了从纪律检查工作方面保证中央整党决定的贯彻执行问题。会议原则通过了中央纪委《加强党的纪律的若干规定》（草稿）。会议认真讨论了抵制和清除精神污染的问题。要求各级纪委要十分重视这方面工作，保证党的四项基本原则的贯彻执行。会议还讨论了加强党的纪律检查机关的组织建设和思想建设及思想作风建设问题。

10月19日—20日　中英关于香港问题第二阶段第五轮会谈在北京举行。20日，外交部发言人说，中英双方举行了有益和建设性的会谈。

10月21日—26日　中共中央邀请党外人士270多人举行座谈会，向党外朋友传达中共十二届二中全会精神，就中共整党等问题听取他们的意见。彭真受中共中央委托，就整党和反对精神污染问题作了讲话，他希望党外人士畅所欲言地提出意见，帮助共产党把党整好。他强调说，这次整党只解决共产党内的问题，决不整民主党派，不整党外人士。邓力群在会上介绍了理论思想界、文艺界精神污染的情况。胡绳就《中共中央关于整党的决定》文件中的有关内容作了说明。党外人士在发言中指出，中共中央关于整党的决定和清除精神污染的决策得人心、顺民意，充分体现了中共全心全意为人民服务的宗旨和对国家、对人民高度负责的精神。他们表示，要以“肝胆相照、荣辱与共”的态度对待中共的整党。不少人士对如何整好党谈了中肯的意见。胡耀邦在座谈会结束时发表讲话，他充分肯定了许多党外人士在座谈会上就整党和反对精神污染两个方面提出的中肯意见和建议。

10月24日—30日　中印第四轮官员会谈在新德里举行，中国副外长宫达非和印度外交部秘书巴杰帕伊出席。双方都认为，这次会谈是有益的。下轮会谈明年适当时候在北京举行。31日，中国代表团人士表示，中国主张全面解决中印边界问题，但不反对为达成全面解决而分段讨论。

10月26日　中国男子体操队在布达佩斯举行的第22届世界体操锦标赛中首次荣获团体冠军。

10月29日　新华社发布关于中苏第三轮磋商新闻公报。公报指出，中苏第三轮磋商10月在北京举行，中国特使、副外长钱其琛和苏联特使、副外长伊利切夫参加，双方认为磋商是有益的，并商定下轮磋商于1984年3月在莫斯科举行。

11月1日　外交部新闻发言人宣布，自即日起中国与欧洲煤钢共同体和欧洲原子能共同体建立关系。

11月1日—6日　欧洲共同体执委会主席托恩访华。2日，国务委员兼外交部长吴学谦同托恩举行会谈。5日，邓小平、赵紫阳分别会见托恩。邓小平说，我们都希望有和平、稳定的环境。中国对付当前形势的办法就是加强自己，搞好建设，摆脱贫穷落后的状态。赵紫阳说，一个团结、强大的欧洲同一个繁荣、强大的中国的友好合作关系将是保障当今世界安全稳定的重大因素。他说，中国和西欧各有优势，可以把我们双方的优势结合起来。西欧有先进的技术和资金，中国有丰富的资源和巨大的市场。双方建立密切的经济关系是互有需要的。双方应共同努力使贸易额有显著的增加。

11月2日　北京市中级人民法院判处在"文化大革命"中积极参加和追随林彪、江青反革命集团进行犯罪活动的戚本禹、迟群、刘庆棠等人以有期徒刑。戚本禹、迟群均被判处徒刑18年，剥夺政治权利4年；刘庆棠被判处徒刑17年，剥夺政治权利4年；齐景和被判处徒刑17年，剥夺政治权利4年；赵登程被判处徒刑15年，剥夺政治权利3年。

11月5日　中国文联主席周扬对新华社记者发表谈话。他拥护整党决定和清除精神污染的决策，就发表论述"异化"和"人道主义"

文章的错误做了自我批评。

同　日　新华社报道：国家统计局对610个县调查表明，广大少数民族地区农村经济发展较快。1982年同1978年比：农业总产值增长33.7%，粮食总产增长20%，经济作物总产增长一倍以上，每个劳动力创造的产值提高13%。国家统计局的调查报告认为：中国少数民族地区农村经济近几年发展较快的原因，是贯彻落实了联产承包责任制等经济政策。另外，国家对这些地区采取了财政补贴、减免税收等多种特殊措施，极大地调动了各族农牧民的积极性。

11月5日—8日　中共中央宣传部召开的部分理论工作者座谈会在北京举行。会议认为，清除精神污染，需要把马克思主义的理论队伍组织起来，认真学习，共同研究，并在清除精神污染的斗争中壮大理论队伍，提高马克思主义理论水平。邓力群在座谈会上讲话，提出了5点意见：一、对于整党和清除精神污染要抱高度的乐观主义态度。二、党的理论工作者都要努力做合格的共产党员。三、马克思主义者应该有革命的批判的风格。在原则问题上要站出来说话，不能讲情面。四、要坚持和发展马列主义、毛泽东思想。五、理论工作者要组织起来，分工合作，深入研究重大理论问题。

11月10日　全国人大副委员长、全国政协副主席杨秀峰在北京逝世。杨秀峰，1897年生，河北迁安县人。1929年赴法国留学。1930年在法国加入中国共产党。1931年底被法国当局驱逐出境。1932年转入莫斯科列宁学院学习。1934年10月回国后，在河北法商学院、中国大学、北平师范大学、东北大学等校任教，以大学教授身份从事革命活动。1936年参加发起、组织华北各界救国会，是华北文化界救国会的主要领导人之一。1937年七七事变后，杨秀峰投笔从戎，组建冀西抗日游击队，任司令员，先后任晋豫区党委委员，河北抗战学院院长，冀南行署主任、冀南区党委常委，冀南、太行、太岳行政联合办事处主任，晋冀鲁豫边区政府主席，中共中央太行分局委员、晋冀鲁豫中央局常委，华北人民政府副主席、党组书记、华北局委员，河北省人民政府主席、党组书记、中共河北省委常委，高等教育部部长、教育部部长、党组书记，国务院文教办公室副主任，最高人民法院院长、党组书记。在“文化大革命”期间，他坚持原则，对林彪、江青一伙的罪恶行径进行了针锋相对的斗争。粉碎“四人帮”后，任五届全国政协副主席、五届全国人大常委会委员、全国人大法制委员会副主任、中国教育学会、中国法学会名誉会长。他是中共第七大、八大、十二大代表，中共第八届中央委员。

11月13日—21日　博茨瓦纳总统奎特·马西雷访华。14日，李先念会见并宴请马西雷总统。同日，国务院总理赵紫阳同马西雷举行会谈。16日，胡耀邦会见马西雷。同日，国务委员兼外交部长吴学谦同博茨瓦纳外交部长莫惠举行了会谈。双方就南部非洲地区的形势和其他重大国际问题广泛地交换了意见。

11月15日　中国自行研究设计的第一个大型向量计算机系统通过国家鉴定。这个大型计算机系统简称“757”机，其主机向量运算速度为每秒1 000万次。研制“757”机主要由中国科学院计算技术研究所承担，得到了全国80多个研制、生产和使用单位的大力协作和支持。国家鉴定委员会认为，“757”机通过国家鉴定是中国大型计算机系统研制水平提高的一个重要标志。

11月17日　《人民日报》报道：中共中央政法委员会、中宣部、全国妇联、解放军总政治部、公安部、最高人民检察院、最高人民法院、司法部、民政部、文化部、广播电视部、全国总工会、共青团中央共13个单位，联合发出通知，决定在今冬明春集中一个月时间，在全国各地开展以保护妇女儿童合法权益为主要内容的法制宣传月活动。

11月18日　中国政府就美国参议院外交委员会11月15日通过的所谓关于“台湾前途”的决议案一事，向美国政府提出强烈抗议。25日，中国政府就美国国会参众两院分别于17、18日在通过的一项拨款法案中制造“两个中国”一事，向美国政府提出强烈抗议。30日，对外经济贸易部新闻发言人就美国商务部对中国向美出口纺织品“反补贴”案立案受理再次发表声明，希望美方慎重和妥善处理此事。

11月22日　商业部发出通告：从今年12月1日起，全国临时免收布票、絮棉票，对棉布、絮棉敞开供应。

11月23日—30日　中共中央总书记胡耀邦出访日本。24日，胡耀邦总书记和中曾根首相举行会谈。在会谈中，中曾根首先表示希望日中两国永远友好。胡耀邦说，我们要一代一代地把这种友好关系传下去。中曾根建议，在和平友好、平等互利、长期稳定的三项原则上，加上相互信赖，在此基础上加强两国关系。胡耀邦对中曾根的主张表示赞赏。会谈中，胡耀邦向中曾根介绍了中国的最新情况。胡耀邦在谈到中苏关系时说，中国愿意就中苏两国关系正常化进行磋商。但是，中国主张中苏关系正常化是有原则的，这个原则就是坚持消除3个障碍，即：苏联要从中苏边境、从蒙古撤军；从阿富汗撤军；停止支持越南侵略柬埔寨。在谈到中美关系时，胡耀邦说，我们愿意把中美关系继续推向前进。但由于美国一些主要领导人顽固地抱住“两个中国”不放，使中美关系很难顺畅发展。关于维护亚太地区的和平与稳定问题，胡耀邦说，中国真诚希望东南亚各国加强团结和合作，致力于各自民族的复兴。当前，东南亚最突出的问题是东盟各国要团结一致，坚定不移地迫使越南从柬埔寨撤军，让柬埔寨自主地决定自己民族的命运。他说，中国真心实意、坚定不移地希望朝鲜半岛局势长期稳定。在会谈中，胡耀邦还说明了中国在台湾、香港问题上的立场。关于中日关系，胡耀邦在会谈中提出两条建议：一、要不断增强相互信任。二、要不断扩大经济合作。25日，胡耀邦在日本国会发表演说。他阐述了中国的基本国策，着重介绍了中国的对外政策。同日，日本天皇裕仁会见并宴请了胡耀邦总书记。同日，吴学谦外长和日本外相安倍晋太郎举行会谈。会谈后，随同胡耀邦总书记访日的外交部新闻司司长齐怀远向记者宣布，中日两国政府一致同意把中日关系三原则扩大为四原则，即：和平友好，平等互利，相互信赖，长期稳定。双方还决定建立有两国各界老中青代表参加的“中日友好21世纪委员会”。26日，胡耀邦在日本各界青年集会上发表演说。他说，中日两国人民的共同愿望是“世世代代友好下去”。这是一个总目标，一个很好的理想。12月1日，《人民日报》发表社论：《开创中日友好合作的新世纪》。

11月28日　邓力群在文化部、广播电视部召开的两个会议上谈清除精神污染的范围、政策和界限。他说，整党也好，清除精神污染也好，都是为了搞好我们的经济建设，都是为了实现党的总路线。我们主张社会主义的人道主义，批判的是资产阶级人道主义。对外国文化，我们既不盲目崇拜，也不一概排斥。邓力群说，邓小平同志严肃指出，思想战线不能搞精神污染。新闻、报刊、广播、电视等宣传部门关于清除精神污染的宣传报道，要在思想战线这个范围内作文章，为社会主义精神文明建设做出贡献。我们的文化生活要丰富多彩，不能一讲清除精神污染就把节目搞得那么单调、冷清。他说，不能把经济体制改革试点中不成功甚至失败的东西说成是精神污染。我们的某些政策和制度还要不断完善，我们要继续进行经济体制的改革，要继续执行对外开放政策。邓力群强调，对于中共中央作出决定的东西，所有共产党员必须坚决执行，要与党中央保持政治上的一致。他说，学术问题还是要正常地进行讨论。是否是精神污染，主要标准是看他是否散布了形形色色的资产阶级或其他剥削阶级的腐朽思想，看他是否散布了对社会主义制度和党的领导的不信任情绪。他说，共产党员不能搞精神污染，这是个原则问题。邓力群希望思想界、文艺界、宣传界的同志，在抵制和反对精神污染的同时，要大力宣传社会主义的建设成就，大力表扬层出不穷的好人好事，宣传中共的革命传统和优良作风，发扬国家民族的正气，对人民进行爱国主义、共产主义的思想教育。他说，整党，清除精神污染，要讲政策，讲方法，目的是发扬成绩，改正缺点，调动全党和社会各方面的积极性，同心同德地把国家建设好。

11月28日—29日　加拿大总理特鲁多访华。访华期间，赵紫阳总理与特鲁多总理就当前国际形势举行会谈；邓小平会见特鲁多。

11月28日—12月15日　中共中央在北京召开全国农村工作会议。会议认为，今年年初中共中央发布的《当前农村经济政策的若干问题》（[1983] 1号文件）所提的目标、方针、政策，经过一年的实践，证明是正确的，建议作为今后一个时期的指导工作的正式文件，继续贯彻执行。1984年的工作重点应当是进一步完善责任制，稳定土地承包关系，以鼓励农民更合理有效地利用土地，提高生产效益。对农民要求延长承包期限，要求进一步把经济搞活，使商品交换能够畅通，解决买难卖难的问题都应予满足。会议肯定，发展商品生产是农村富裕化的前提，是农业现代化的前提，是整个农村实现中共十二大提出的宏伟经济纲领的必要条件。万里在会上作了长篇讲话。他说，1983年是联产承包制全面落实并向农村经济体制改革纵深发展的一年。以家庭经营为主的联产承包制已占农户总数的90%以上。这对建设具有中国特色的社会主义事业有着不可估量的意义。我国单一的农业生产开始变为农工商综合经营，变为包括科技、流通等多方面的经济网络，展现出农村生产力发展的充满生机的前景。同时，他也指出，目前整个农村的经济基础还非常薄弱，农民的生活水平发展很不平衡，随着生产力的不断提高，农村经济结构多样化的发展，生产关系、上层建筑不适应的问题越来越突出。解决这些问题，必须从发展农村的商品生产出发，必须从如何建设具有中国特色的社会主义出发，改进我们的领导工作。要深入实际调查研究，树立一种大胆探索，知难而进的改革精神。会议期间，中共中央书记处农村政策研究室主任杜润生作了题为《农村前进中几个问题》的讲话。他阐述了通过联产承包制形式，将小型分散的家庭经营引入合作经营的意义，以及家庭承包制将要长期存在的客观依据，展望了推行联产承包责任制，建立有统有分的双层经营结构这一具有中国特色的社会主义现代化农业的广阔前程，并就发展农村商品生产的历史意义和农村技术改造政策作了说明。1984年1月1日，中共中央发出关于1984年农村工作的通知。

12月1日　经国务院批准，湖北省鄂西土家族苗族自治州正式成立。

12月6日　外交部发言人就美国国会制造“两个中国”事件答记者问。当有记者问，美国国会接连发生制造“两个中国”的事件，其性质如何时，外交部发言人说，最近美国参议院外委会通过了一项关于“台湾前途”的决议，接着，美国国会两院又通过了拨款法案关于亚洲开发银行的修正案。这是粗暴干涉中国内政、公然制造“两个中国”、“一中一台”的行动，完全违背了中美建交公报所确定的原则，严重伤害了中国人民的民族感情。当记者问，在目前情况下，中国政府对发展中美关系持何态度时，发言人说，中国政府一向重视同美国的关系，并为发展这一关系作出了努力。但是，我们也一再指出，中美之间还存在着障碍，关键就是台湾问题。任何干涉中国内政、制造“两个中国”的言行都将遭到中国的坚决反对。

12月12日　解放军空军领导机关向投诚起义的原国民党空军人员颁发证书。自1946年6月26日刘善本起义以来，国民党空军共有101人驾驶43架飞机起义，现在人民空军工作的有28人，其中23人担任师职以上职务。

12月13日　新华社报道：国务院、中央军委决定，铁道兵部队并入铁道部，集体转业。

12月22日　《人民日报》报道：“银河”巨型计算机在长沙研制成功。国务院电子计算机与大规模集成电路领导小组在长沙宣布：中国自行设计的第一个每秒向量运算一亿次的巨型计算机系统研制成功，通过国家鉴定。这个命名为“银河”的巨型计算机系统是中国目前运算速度最快、存贮容量最大、功能最强的电子计算机。它是石油、地质勘探、中长期天气数值预报、卫星图像处理、计算大型科研题目和国防建设的重要手段。“银河”机的研制成功，标志着中国计算技术已发展到一个新阶段。“银河”机在设计、生产、调试过程中，提出了许多新技术、新工艺和一些理论问题，有些是国内首次使用，有些达到国际水平。

同　日　中共中央发出《关于批转中央组织部、省市自治区机构改革指导小组〈关于调整省、地两级领导班子的工作报告〉的通知》。报告说，省一级领导机构的调整，从1982年10月开始，到1983年3月底已基本完成。省属部、委、厅、局领导班子的调整，也基本完成。省级领导班子、党委常委、正副省长由原来的698人减为463人，减少了34%；平均年龄由原来的62岁下降到55岁；具有大专文化程度的由原来的20%增加到43%。新提拔的省级领导干部204人，占新班子成员的44%，其中具有大专文化水平的145人，占71%。地、市和省属部、委、厅、局的领导班子，党委常委、正副专员和正副厅、局长人数，由调整前的1.6658万人减少到1.0603万人，减少36%；

平均年龄由58岁降为50岁；具有大专文化程度的由原来的14%提高到44%。

12月25日　陈云谈祖国统一问题。中共中央政治局常委陈云说，现在我们两边虽然吵架，但都坚持只有一个中国、反对“台湾独立”的立场，在这一点上我们两边是一致的。将来我们这一边老一辈人不在了，接我们班的人仍然会坚持这个立场，但他们那边老人不在时，接他们班的人能否坚持得住，这就很难说。因此，要趁我们这些老人还在的时候早作打算，早下决心，先把国家统一起来。这样即使他们身后有人搞“台湾独立”也就不那么容易了。陈云主张用一个国名，一个首都来统一，其余都可维持现状不变，就是说既不要用大陆的社会主义去“统”，也不要用台湾的现行制度来“统”。陈云指出，用三民主义统一中国我看不现实，国民党在大陆推行三民主义几十年，结果并不理想。我们搞社会主义只搞了30年，不仅解决了10亿人口的吃饭穿衣问题，而且使人民的生活水平有了明显提高。所以国家统一以后，大陆还是要搞社会主义，台湾的现行制度也可以继续下去，我们不反对。陈云还指出，有人死抓住台湾不放，把台湾看成是自己不沉的航空母舰，他们是一定要千方百计从中阻挠破坏的，要提高警惕，尽可能采取一些防范措施。

1984年

1984年综述

1984年，是全国政治、经济、文化等各条战线越来越好的一年。

1984年，我国经济体制改革在理论上、实践上都取得了突破性的进展。特别是10月召开的中共十二届三中全会通过的《中共中央关于经济体制改革的决定》总结了建国以来特别是十一届三中全会以来经济体制改革的经验，比较系统地提出和阐明了经济体制改革中的一系列重大理论和实践问题，是全面进行经济体制改革的纲领性文献。

在农村经济体制改革方面，继续贯彻1983年10月12日中共中央和国务院关于《实行政社分开建立乡政府的通知》，建立乡（镇）政府作为基层政权，同时普遍成立村民委员会作为群众性自治组织。到1984年底，全国各地基本完成了政社分设，建立了9.1万个乡（镇）政府，92.6万个村民委员会。至此，农村人民公社制度实际上已经不复存在了。同时，巩固和完善了联产承包责任制，帮助农民在家庭经营的基础上扩大生产规模，提高经济效益。1984年1月，宣布土地承包期延长至15年以上。生产周期长的开发性项目，如果树、林木、荒山、荒地等，承包期还可以更长一些。在经济比较发达的地区实行市领导县的新体制，促进了城乡经济的共同发展。到1984年底为止，全国已有87%的省辖市实行市领导县的新体制，加上中央直辖市共有129个市领导着周围571个县。国家还采取一系列措施，支持农村调整产业结构，大幅度缩小农副产品统购派购范围，开放和扩大了议购议销的范围。

在城市，围绕搞活企业进行了一系列改革：1.在所有制和经营方式上进一步放开，到1984年底，全国已经放开的全民所有制小型商业企业有5.8万多个，1984年全国集体所有制工业产值比上年增长21.9%，其他经济类型工业产值增长56.8%，都高于全民所有制工业产值增长11%的速度。2.从解决企业吃国家的"大锅饭"，职工吃企业的"大锅饭"问题入手，在企业内部实行小配套改革。在国家对全民所有制企业实行利改税改革的同时，企业内部普遍实行了各种形式的经济承包责任制和厂长负责制。3.开始了政企职责分开，简政放权的改革试点。5月，国务院发布了《关于进一步扩大国营企业自主权的暂行规定》，在10个方面扩大了企业自主权。

是年，城市经济体制综合改革试点工作的步伐进一步加快。在重庆市实行计划单列以后，国务院又先后批准武汉、沈阳、大连、哈尔滨、西安和广州6个大城市实行计划单列，享有省一级管理经济权限。

4月，开放天津、上海、大连、秦皇岛、烟台、青岛、连云港、南通、宁波、温州、福州、广州、湛江和北海14个沿海港口城市。这是扩大对外开放的一个重大步骤。1984年，国家共批准中外合资经营企业741个，超过前5年的总和。

是年，中共根据中共十二大的决定继续整党，从1983年冬到1984年底第一期整顿中央一级、省、市、自治区一级和军队各大单位领导机关中的党组织。结合整党，在全国进行了彻底否定"文化大革命"的宣传教育和清理"三种人"。

7月28日—8月13日，中国体育代表团参加在美国洛杉矶举行的第23届奥林匹克运动会，共获得15枚金牌，居第四位，改变了旧中国在奥运会上的零分纪录。

根据“一个国家、两种制度”的构想，经过和英国政府两年的谈判，于1984年12月在北京签订了《中华人民共和国政府和大不列颠及爱尔兰联合王国政府关于香港问题的联合声明》及3个附件，圆满地解决了香港问题，并为通过协商解决国际争端提供了新经验。

是年，全国工农业总产值达到10 333亿元，比上年增长14.2%，其中农业总产值3 303亿元，比上年增长14.5%，工业总产值7 030亿元，比上年增长14%。粮食产量4.0712亿万吨，比上年增产1 984万吨，平均每人占有粮食395公斤，第一次达到世界平均水平。棉花产量607.7万吨，比上年增产144万吨，平均每人占有5.9公斤，超过世界平均水平。油料1 185.2万吨，比上年增长12.3%。

主要产品产量原煤7.72亿吨，比上年增长8%，钢4 337万吨，比上年增长8.4%，原油1.1453亿吨，比上年增长8%，水泥1.2108亿万吨，比上年增长11.8%。

进出口贸易总额达1 201亿元，比上年增长39.7%，扣除价格和汇率变动因素，实际增长19.6%。全国利用国外资金达26.6亿美元。

在生产发展的基础上，城乡居民生活水平增长较快，1984年全国职工工资总额达1 233亿元，比上年增长21%，全国职工达到1.1842亿人，比上年增加309万人。年底城乡居民储蓄存款余额1 215亿元，比上年末增长36%。全年财政收入为1 465亿元，赤字50亿元。从1984年下半年开始出现经济过热等问题，中共中央、国务院未能及时采取果断措施加以遏制，以致出现一些问题，如能源交通特别是电力供应和铁路运输紧张，原材料供应不足的矛盾日益突出；产业结构和产品结构跟不上消费结构变化；消费基金增长过猛、固定资产投资规模偏大。

1月1日　《人民日报》发表元旦社论：《勇于开创新局面》。社论指出，在新的一年里，摆在全党和全国各族人民面前的任务，就是继续坚定不移地贯彻十二大精神，加快全面开创社会主义现代化建设新局面的步伐。社论指出，为了开创新局面，就要勇于改革、勇于创新。社论指出，在全面开创新局面的各项任务中，首要的任务是把经济建设继续推向前进。社会主义现代化建设，以经济建设为中心。80年代我们的三大任务中，核心是经济建设。5年来我国的形势一年更比一年好，最基本的一条经验，就是牢牢地抓住了这个中心。邓小平同志多次指出："我们党在现阶段的政治路线，概括地说，就是一心一意地搞四个现代化。这件事情，任何时候都不要受干扰，必须坚定不移地、一心一意地干下去。……这件事情一定要死扭住不放，一天也不能耽误。"我们对经济建设任何时候都不能放松，其他一切任务都要服从这个中心，围绕这个中心，决不能干扰它，冲击它。社论指出，根据《中共中央关于整党的决定》的部署，1984年要完成中央、省、市、自治区及解放军各总部、各军兵种、各大军区领导机关中党组织的整党任务。社论指出，我们要围绕经济建设这个中心，把其他各方面的工作和斗争抓得更好，要切实加强党对思想战线的领导，认真地正确地清除精神污染，促进社会主义精神文明的建设。要继续搞好机构改革和经济体制改革，进一步实现干部队伍的革命化、年轻化、知识化、专业化。要继续严厉打击破坏社会主义的严重经济犯罪活动和刑事犯罪活动，加强社会主义法制，巩固社会主义制度。

同　日　中共中央总书记胡耀邦应日本《朝日新闻》驻京记者的请求，向日本人民发表新年祝词。他说，当1984年来临的时候，我很高兴向日本朝野人士和全体人民致以节日的祝贺。我一直没有忘记前不久访问贵国的时候，贵国政府、朝野人士和广大人民对我的隆重接待和热情欢迎，这种欢迎反映了你们对发展中日友好的强烈愿望。中国举国上下也同你们一样怀着这种最诚挚的感情。中曾根首相和我在会谈中共同确认的4项原则，"和平友好、平等互利、相互信赖、长期稳定"，更完整地概括了使21世纪成为中日更加友好的世纪的目标。让我们向着这个目标携手前进吧！我期待着在新的一年里，中日两国在经济、文化的交流和合作方面，在政府领导人的友谊交往方面，在人民特别是青年的友好往来方面，都有新的进展。祝日本人民节日快乐！祝你们每个家庭幸福愉快！

同　日　中指委（中共中央整党工作指导委员会的简称）发出关于第一期整党单位的党委或党组必须贯彻执行边整边改方针的通知（第六号）。通知指出，边整边改是这次整党的一项重要方针，要贯穿于整党的各个阶段。所有第一期整党单位的党委或党组，都必须在认真进行调查研究和充分讨论的基础上，作出本单位边整边改的具体部署和规划，并从学习整党文件阶段起，立即动手解决一些能够解决的问题。用边整边改的生动事例向党内外群众说明“整党不能走过场”的决心，不断密切与群众的联系，不断增强他们的信心，推动整党工作的顺利发展。整党的4个方面任务，都应贯彻执行边整边改的精神。边整边改的重点应放在纠正严重的不正之风上。主要抓两条：一条是抓纠正利用职权和工作条件谋取私利的歪风，另一条是抓纠正对党对人民不负责任的官僚主义作风。通知指出，关于纠正利用职权和工作条件谋取私利的不正之风，首先要从群众最关心、意见最大、最有普遍教育意义的事情上动手解决。一、从整党开始，各级党员领导干部对自己的子女、亲友的劳动就业和工作分配、调动，不得插手干预，一律由劳动部门、人事组织部门按党的政策、原则和政府法令办理；二、住房分配一律由本部门、本单位的分房委员会或分房小组在党委或党组的统一领导下负责办理，任何党员领导干部不得私自决定，更不得私自批条子。分房委员应选择党性强、办事公道的人充任；三、必须遵守国家财政纪律，不允许请客送礼，更不允许行贿受贿；四、不允许违反国家法律，纵容、庇护犯罪分子，不允许以任何方式为自己的子女或亲友的犯罪行为说情和开脱罪责。各级党委或党组都要在这类问题上不懈地、一件事一件事地抓住解决，不能只说不做。特别是对那些在整党开始以后，继续利用职权谋取私利，严重违法乱纪的党员领导干部，必须立即追查，从严处理，并选择其中的典型事例加以通报或公布。关于纠正对党对人民不负责任的官僚主义作风，各地区、各部门、各单位的党委或党组，也应在广泛征求党内外群众意见的基础上，首先从那些群众最关心、影响最大的事情上做起。做好以上所说的这些工作，再继续努力，进一步解决更多的问题，党内外广大群众就会看到，我们的领导作风的确发生了深刻的变化。通知指出，现在，有些地区、部门的党委或党组，在抓边整边改工作中，已经开始收到显著的成效。希望已经开展边整边改工作的单位，要发扬成绩，总结经验，继续前进。凡是还没有开展边整边改工作的单位要立即行动起来，不得延误。本通知的精神，对第二期整党单位也基本适用。3月，经中央批准，中指委决定将中央和国家机关各部委分为党群、政法、宣教等十个口，以利对各部委整党工作的指导。在中南海召开了十个口的成立会议。参加会议的有中指委办公会议的同志和各口的负责同志。薄一波根据当前整党工作的实行情况，讲了六个方面的问题：（一）要检查一下对十二届二中全会决定的执行情况。（二）学习整党文件是否走过场的标志是什么？（三）抓紧边学边议、边整边改。（四）整党工作要注意抓业务工作中存在的严重问题和与此有关的人事问题。（五）对“三种人”的摸底工作丝毫不能放松。（六）领导干部一定要以身作则地开展批评和自我批评。同日，中指委办公会议就机械部整党工作指出，机关整党必须解决突出的业务问题，薄一波在听取汇报时着重指出：机关整党，要克服官僚主义作风。对于严重失职的官僚主义问题要认真查处，抓住典型，追查责任，加以通报，推动整党工作的深入。12月20日，中共中央军委召开全军整党工作汇报会，要求高级干部坚持高标准严要求，以身作则搞好整党。薄一波出席大会并讲了话。杨尚昆在会上做了总结发言。

1月5日　中纪委就郑州铁路局查获一起倒卖车皮指标和煤炭的重大案件发出通报。通报指出，郑州铁路局在中央纪委、河南省纪委筹备组和铁道部的指导、帮助下，经过4个多月的工作，于1983年11月查破以吴中堂、职世平、徐兰品为首的伪造印章和车皮计划、大量倒卖车皮指标和煤炭的重大投机诈骗团伙案。这个重大案件涉及4个省区，57个单位。吴中堂一伙先后骗得车皮904个（其中高价倒卖135个），倒卖煤炭4.8477万吨，牟取暴利106万元，仅吴中堂一人，就得赃款47.2万元。其手段之恶劣，涉及面之广，金额之大，都令人触目惊心。这个案件的案情现已查清，主要犯罪分子已大部分逮捕归案，司法机关正在加紧审理。通报指出，这个案件的查破说明：一是打击经济领域严重犯罪活动的斗争中确实存在着“死角”，郑州铁路局就是一个，但是只要认真去抓，就不难突破。类似郑州铁路局发现的这种案件，绝不会是仅有的。当前的问题，是要再接再厉把斗争进一步深入下去。二是所有犯罪分子有一条共同规律，他们贪婪成性（不少人都有前科劣迹），无孔不钻，哪里有薄弱环节，他们的罪恶之手就伸向哪里。而我们队伍中的一些不坚定分子，见利忘义的人，则是他们诱取的对象。有的人甚至同流合污，内外勾结，挖社会主义墙角。吴中堂案涉及铁路、煤炭系统20多个单位50来人，他们吃请受贿，为犯罪活动提供方便，其结果是败坏社会风气，破坏社会主义建设。三是犯罪活动之所以得逞的另一重要原因，是有关部门领导上的官僚主义，他们对群众揭发熟视无睹、麻木不仁，不及时查处，使犯罪活动愈演愈烈。通报说：吴中堂案件是一个重大而又具有典型意义的案件。各级纪委和各部门要结合本单位的情况，抓紧清查、揭露本部门的“死角”中的问题。17日，新华社报道：中纪委发出通报，要求各地党组织坚决克服官僚主义作风，狠狠打击粮食系统的经济犯罪活动。23日，新华社报道：中纪委就中共浙江省委和省纪委严肃处理省机关事务管理局一些领导干部贪污受贿、违法乱纪的案件发出通报，要求各地各级领导主动查处机关内部的违法乱纪活动。27日，新华社报道：中纪委就原吉林省白城市教育局长、党组书记刘永海大量挪用教育经费谋取私利一事发出通报，要求各地必须严肃惩处那些挪用教育经费的人。

1月7日—23日　赵紫阳总理访问美国和加拿大。1月7日，应美国总统罗纳德·里根和加拿大总理皮埃尔·特鲁多的邀请，赵紫阳总理乘专机离开北京，前往美国和加拿大进行正式访问。赵紫阳在机场向记者发表了书面讲话。他说：“我期待着同里根总统和特鲁多总理就广泛的国际问题和双边关系问题交换意见。我还希望同两国各界人士进行广泛的接触。我相信这次访问将会有助于中美、中加之间的友好关系，并对维护世界和平有所裨益。”赵紫阳总理一行在美国的檀香山和威廉斯堡两地作短暂停留后，于1月9日抵达华盛顿，10日开始对美国进行正式访问，于1月17日—23日期间对加拿大进行正式访问。访美期间，赵总理同里根总统和舒尔茨国务卿举行了会谈，赵总理阐明了我国对中美关系和重大国际问题的立场和观点，双方表示了进一步发展两国关系和重大国际问题的立场和观点，双方表示了进一步发展两国关系的愿望。赵总理在华盛顿、旧金山和纽约会见了美国国会领导人和政府官员，同各界人士和华侨华人代表进行了广泛接触，并在各种公开场合发表了一系列重要讲话，详细阐述我国对外关系和一些重大问题的立场和政策。12日，中美工业技术合作协定与中美科学和技术合作协定在华盛顿签署。访加期间，赵紫阳同特鲁多总理举行会谈，双方表示将进一步采取措施发展两国友好关系。赵总理在加拿大参众两院联席会议上发表重要讲话，阐明我国的对外政策。施赖尔总督会见并宴请赵总理。赵总理在渥太华、蒙特利尔、多伦多和温哥华与各界人士进行了广泛接触和交谈。18、19日，中加两国先后签订《中加投资保险协定》和中国向加拿大购买26个卫星地面站和有关技术的五项合同。24日，赵紫阳圆满结束了对美国、加拿大的正式访问，乘中国民航专机从温哥华回到上海。18、25日，《人民日报》就赵紫阳访美、加分别发表社论：《一次有意义的访问》、《富有成果的访问》。

1月24日　新华社报道：从1982年下半年开始的全国省、地、县领导班子调整工作于1983年底基本结束，大批中青年干部到第一线挑重担。经过调整后的新班子人数普遍减少，平均年龄下降，文化程度提高，向革命化、年轻化、知识化、专业化前进了一大步。省级领导班子党委常委、正副省长（市长、自治区主席）的人数，减少了34%；平均年龄降低了7岁；具有大专文化程度的由原来占20%提高到43%。新提拔的省级党政领导干部占新班子成员的44%，其中具有大专以上文化程度的占71%。地、市（州、盟）和省属部、委、厅、局的领导班子，党委常委、正副专员（市长、州长、盟长）和正副厅、局长（部长、主任）人数，减少了36%，平均年龄降低了8岁；具有大专文化程度的由原来占14%提高到44%。这次新提拔的地、市和厅、局级党政领导干部占新班子总人数的近1/2。新提拔的成员中，有1/3以上年龄在45岁以下，2/3的人具有大专文化程度。

1月24日—29日　邓小平视察深圳、珠海并和广州军民共度春节。中共中央政治局常委、中顾委主任邓小平和王震、杨尚昆等，1月24日—29日视察了广东省深圳、珠海两个经济特区，对特区几年来取得的建设成就表示满意。24日，邓小平、王震、杨尚昆等，由中顾委委员刘田夫，中共广东省委书记、广东省省长梁灵光等陪同来到深圳特区视察，受到广大特区建设者的热烈欢迎。他们先后听取了中共深圳市委书记、市长梁湘、蛇口工业区管理委员会负责人袁庚等的汇报。邓小平说，建设经济特区是中央提倡的，要来看看建设得怎么样。邓小平等在深圳特区期间，曾登上20层高的国际商业大厦，眺望正在建设中的新城市市容，对特区的建设发展速度表示满意。在上埗工业区的一家电子工业公司，他们兴致勃勃地观看了这家企业自己生产的新产品，对科技人员的辛勤工作给予鼓励。他们还访问了渔民村，到党支部书记吴柏森家里做客，了解当地的生产情况和群众生活情况。在蛇口工业区，邓小平等首先视察了微波通讯站，而后到合资经营的华益铝材厂和海上旅游中心参观。邓小平应邀为我国首座海上旅游中心题名，挥毫写下“海上世界”4个字。26日，邓小平为深圳特区题词：“深圳的发展和经验证明我们建立经济特区的政策是正确的。”随后，邓小平等从蛇口港乘坐海军炮艇前往珠海特区，先后参观了九洲港、香洲毛纺厂、直升飞机场和石景山旅游区。28日，邓小平、王震、杨尚昆等还在中山温泉会见了港澳知名人士霍英东、马万祺以及澳门南光公司总经理柯正平等。2月1日，邓小平等出席了中共广东省委、省人民政府在广州举行的盛大春节联欢晚会，同广州地区各界代表1 400多人一起欢度春节。当邓小平等在中共广东省委第一书记任仲夷、广州部队政委王猛等陪同下步入联欢晚会会场时，全场响起了热烈的掌声。邓小平等在演出结束后步上舞台，同演员们亲切握手，并向出席联欢晚会的全体同志挥手致意。

1月27日　新华社报道：中国人民银行理事会在北京举行第一次会议。姚依林、田纪云副总理出席会议，并讲话强调指出，中国人民银行的职能，用经济办法管理全国金融事业，是一项重要改革。田纪云说，实行这样的改革后，人民银行与专业银行在业务上是领导与被领导的关系，在行政上不是隶属关系。这种领导不是通过人们习惯的行政办法，而是通过经济办法来实现。姚依林指出，中国银行是国家的外汇专业银行，要充分发挥它的作用。中国银行可根据国家授权和中国人民银行的委托，与外国政府和中央银行签订协议。

同　日　中共中央、全国人大常委会和国务院在上海举行宋庆龄雕像揭幕典礼。1月27日是中华人民共和国名誉主席宋庆龄诞辰91周年，中共中央在上海宋庆龄陵园举行了宋庆龄雕像揭幕典礼。中共中央政治局委员、国家副主席乌兰夫，中共中央政治局委员、国务委员方毅，中共中央书记处书记、全国人大常委会副委员长陈丕显，全国政协副主席、宋庆龄基金会主席康克清出席了揭幕典礼。乌兰夫在揭幕典礼上讲话。参加揭幕典礼的有各民主党派负责人和无党派民主人士，中共中央、全国人大常委会、国务院、全国政协有关部门负责人，宋庆龄基金会负责人，宋庆龄生前友好和亲属，上海市党政负责人，在上海的中共中央委员、候补中央委员、中顾委委员、中纪委委员、全国人大常委会委员、全国政协常委和上海市有关方面负责人以及宋庆龄生前的身边工作人员等共700多名。汉白玉雕成的宋庆龄全身坐像高2.54米，磨光花岗岩贴面基座高1.1米。雕像是在著名雕塑家刘开渠指导下，由5位雕塑家创作，北京建筑艺术雕塑工厂工人雕刻而成的。

2月5日　全国人大副委员长粟裕大将在北京逝世。粟裕，1907年生，湖南会同县人。1926年加入中国共产主义青年团。1927年转为中共党员。参加南昌起义后，历任中国工农红军班长、连指导员、营党代表、支队长、团长、团政委、师长、师政委、军团参谋长、闽浙军区司令员。抗日战争时期，历任新四军支队副司令员、江南指挥部和苏北指挥部副指挥、师长兼政委、苏中军区和苏浙军区司令员兼政委、苏中区和苏浙区党委书记。解放战争时期，历任华中军区副司令员、华中野战军司令员、华东军区副司令员、华东野战军副司令员、代司令员、代政委、第三野战军副司令员。1949年5月以后，还担任过上海市军管会副主任、南京市军管会主任、南京市市长、华东军政委员会副主席。从1951年12月起，历任解放军副总参谋长、总参谋长、国防部副部长、军事科学院副院长、第一政委。他是中共第七届候补中央委员，第八、九、十、十一届中央委员。他还是第三、四届全国人大常务委员会委员，第五届全国人大常务委员会副委员长。1982年任中顾委常务委员。1955年被授予大将军衔。在长期的革命战争中，粟裕始终战斗在第一线。他努力学习并创造性地运用毛泽东军事思想，指挥过一系列重大的战役、战斗，尤其善于组织大兵团作战，表现了卓越的军事才能，为中国人民的解放事业立下了不朽的功勋。粟裕生前曾表达他的意愿，在他身后，不要举行遗体告别，不要举行追悼会，希望把他的骨灰撒在曾经频繁战斗过的土地上，与长眠在那里的战友们在一起。中共中央、中顾委、中央军委尊重粟裕的意愿，决定丧事从简，不举行葬礼。12日，《人民日报》刊登粟裕生平照片；14日，《人民日报》刊登新华社播发的《光荣战斗的一生——粟裕同志生平事迹》，13日、14日、15日、18日，《人民日报》陆续发表肖劲光、陈丕显、杨尚昆、叶飞、解放军军事科学院悼念粟裕的文章。

2月7日—10日　邓小平视察厦门经济特区。中共中央政治局常委、中顾委主任邓小平和中共中央政治局委员王震，视察福建省厦门市和正在建设的厦门经济特区。在中共福建省委第一书记项南、福州军区司令员江拥辉、福建省长胡平、中共厦门市委书记陆自奋等陪同下，他们视察了已建成投产的东渡港5万吨码头、集装箱码头、渔业码头，已开始启用的厦门国际机场和正在建厂的胡里工业区。当福建省委领导同志汇报这几年福建集中财力、物力和利用国外贷款加强基础设施建设的情况时，邓小平听了很高兴。9日上午，邓小平在听取了厦门经济特区负责人汇报后高兴地挥笔题词：“把经济特区办得更快些更好些”。8日上午，邓小平和王震视察驻厦门海军部队。邓小平见到海军战士英姿焕发，军容严整，十分高兴，同他们合影留念。9日，邓小平和王震参观陈嘉庚先生生前创办的集美学校和他的故居。邓小平赞扬广大华侨积极支持祖国四化建设的爱国爱乡精神，要求进一步贯彻好侨务政策。在厦门期间，邓小平、王震还视察了厦门大学，游览了鼓浪屿，接见了居住在厦门的台湾同胞和归国华侨代表，在同原台湾成功大学教授、1981年回到大陆定居、现为厦门大学物理学教授沈持衡交谈时，邓小平询问了他的生活和工作情况。10日上午，邓小平、王震和福建省、厦门市负责人一起，冒雨在厦门万岩植物公园种下12棵樟树和南洋杉。

2月14日　全国政协副主席周叔弢在天津逝世。周叔弢，1891年生，原籍安徽东至县，生于江苏扬州。从1919年起随同叔父在青岛创办华新纱厂，任专务董事。以后历任唐山华新纱厂经理、天津华新纱厂经理、启新洋灰公司协理、总经理，并任滦州矿务局、耀华玻璃公司、江南水泥厂及其他一些厂矿企业董事等职，是我国北方民族工商业的代表人物。1936年冬天，日本帝国主义强迫收买了唐山、天津两地的华新纱厂，他不畏强暴，拒绝和日方合作，愤然离职，表现了崇高的民族气节和强烈的爱国主义精神。他是一位和中共长期合作共事的爱国民主人士，是中共的亲密朋友。全国解放前，他读过马克思、恩格斯和毛泽东的一些著作，追求进步，对中共的主张有所了解。解放战争时期，他对蒋介石发动内战、实行独裁统治、向帝国主义出卖国家主权表示不满，赞赏中共关于和平建国、成立民主联合政府、召开新政治协商会议的主张。解放后，他曾任中央人民政府政务院财经委员会委员，华北行政委员会委员，天津市副市长，天津市政协副主席，天津市文物保管委员会主任委员，天津市国际信托公司董事长等职务；是全国人大第一至六届代表和第一届至五届常务委员会委员，全国政协一至四届、六届委员和二届常务委员、六届副主席、天津市人民代表大会一至六届、八至十届代表和一至六届人民委员会委员等。他为原工商业者所爱戴，为各界人士所敬仰，成为他们中的楷模。他早在1982年10月，就以改革者的气魄，对自己身后做了移风易俗的安排。25日，全国人大常委会、全国政协、中共中央统战部、民建中央、全国工商联领导人和天津市各界人士，在天津市友谊俱乐部向周叔弢的遗体告别，党和国家领导人以及各有关方面负责人送了花圈。

12月15日—16日　邓小平、王震视察上海。邓小平、王震由中共上海市委第一书记陈国栋、第二书记胡立教等领导同志陪同视察了宝钢，参观了上海市微电子技术及其应用汇报展览。15日上午9时半，邓小平、王震乘坐面包车来到宝钢，视察了正在试车的高炉、已有两台发电机组投产的宝钢自备电厂和原料码头。在位于长江口的原料码头上，邓小平、王震同迎上前来的职工们亲切握手。在自备电厂，邓小平、王震乘电梯登上10多米高的电厂中央控制室，观看了各种先进的控制设备，邓小平关切地向电厂厂长了解操纵人员的文化程度、工人和技术人员的平均年龄，鼓励职工们努力学习科学文化，迅速掌握新技术。在休息室里，冶金部副部长、宝钢工程总指挥黎明汇报了宝钢工程的建设进度。邓小平详细询问了宝钢二期工程准备等情况，要求指挥部抓紧时间。邓小平为宝钢题词，“掌握新技术，要善于学习，更要善于创新”。王震也为宝钢题词。16日上午，邓小平、王震参观微电子技术及其应用汇报展览。他们很有兴趣地听取了工作人员对电子器件、基础材料、设备、人才培养、科研开发、计算机应用、规划等各部分的介绍，观看了展出的图片、实物。在应用开发馆部分，曾在上海市少年计算机程序设计竞赛中获得一等奖的初中学生李劲和小学生丛霖，用自己编制的程序，在电子计算机上，为邓小平、王震表演机器人唱歌、眨眼睛、下棋。邓小平说，计算机的普及要从娃娃做起。同日，邓小平、王震亲切接见探索高等教育管理改革取得显著成效的上海交通大学的主要领导干部和部分教授。邓小平对上海交大的教育改革工作表示满意。下午，王震专门到上海交大看望师生员工，对他们进行的教育管理改革表示赞许。他说，学校要适应新的历史条件，适应四化建设的需要，就必须进行改革。改革是一场革命，在前进的道路上总是有障碍、有困难的，要坚持斗争。王震同志还察看了正在兴建的“包兆龙图书馆”的施工现场，参观了学校计算中心的微机研究室、中文信息处理研究室和学校的科研成果展览，并观看了中文信息研究和中文智能终端设备的操作表演。他勉励教职员工要为多出人才，出好人才，继续努力，为四化建设作出更大贡献。

2月22日　邓小平会见美国战略和国际问题研究中心代表团，纵谈中国统一和中美中苏关系问题。邓小平在同由乔治城大学战略与国际问题研究中心高级顾问兹比格纽·布热津斯基和研究中心主席阿穆斯·乔丹率领的美国战略和国际问题研究中心代表团交谈时谈到中国统一问题，他说，中国统一以后，台湾可以搞它的资本主义、大陆搞社会主义，可以实行一个中国两种制度，双方互不伤害。在谈到中美关系时邓小平说，要发展中美关系，首先要增进了解，我们要多了解美国，美国朋友要多了解中国。这次两国专家和学者的讨论是很好的。我们完全可以理解，双方对一些问题的看法不可能完全一致，但是大家平心静气地阐述看法就是增进相互了解。我们欢迎更多这样的接触。邓小平说，我是热心发展中美关系的，希望两国人民的友谊不断加强。邓小平指出，美国国会通过的《与台湾关系法》对中国人民的伤害是不能低估的。在谈到中苏关系时邓小平说，中苏关系正常化的前提是消除三大障碍。我们坚持这一点。但这不妨碍中苏两大邻国在其他一些问题上改善和发展关系。中苏关系正常化对稳定国际局势是有益处的。他指出，如果苏联不在消除三大障碍问题上走出一步，两国关系的戏剧性变化是不可能的。邓小平强调指出，中国希望世界形势稳定，希望至少有20年的和平环境。这样，中国人民可以集中精力搞四个现代化建设。布热津斯基曾多次与邓小平见面。他对邓小平说，我非常珍视每次同你的谈话。你是中国现代化建设和开拓新型美中关系过程中的核心人物。美中关系的发展有利于世界的和平与稳定。美国许多政治家都诚心诚意地希望两国关系进一步发展。王炳南、伍修权、宦乡、韩叙，美国驻中国大使恒安石参加了会见，乔丹在答谢宴会上讲话时说：我们很荣幸能见到邓小平主任，并听取他对国际问题的分析。乔丹希望两国的研究人员经常交换意见。他代表研究中心邀请中国专家学者组织代表团到美国访问，继续相互间的讨论。

2月27日　国务院发布《在我国统一实行法定计量单位的命令》。命令如下：一、我国的计量单位一律采用《中华人民共和国法定计量单位》。二、我国目前在人民生活中采用的市制计量单位，可以延续使用到1990年，1990年底以前要完成向国家法定计量单位的过渡。农田土地面积计量单位的改革，要在调查研究的基础上制定改革方案，另行公布。三、计量单位的改革是一项涉及到各行各业和广大人民群众的事，各地区、各部门务必充分重视，制定积极稳妥的实施计划，保证顺利完成。四、本命令责成国家计量局负责贯彻执行。本命令自公布之日起生效。过去颁布的有关规定，与本命令有抵触的，以本命令为准。3月3日，国家计量局负责人就我国统一实行法定计量单位答新华社记者问。3月4日，《人民日报》发表评论员文章：《统一实行法定计量单位是件大事》，同日，《人民日报》还刊登了《中华人民共和国法定计量单位表》、《法定计量单位名词解释》。

3月15日　中国残疾人福利基金会在北京宣布成立。成立大会在全国政协礼堂三楼大厅举行。会场悬挂着以我国人民喜爱的梅花为外形，以"残疾人"汉语拼音字头为中心图案的基金会会徽。中共中央政治局委员、全国人大常委会委员长彭真到会祝贺，希望全社会进一步发扬支持残疾人、尊重残疾人、关心残疾人生活、学习和工作的良好风气。中共中央政治局委员、基金会名誉理事长王震在讲话中代表中共中央、代表基金会，向全国残疾人致以热烈祝贺并表示亲切慰问。他祝全国残疾人为振兴中华、为人类社会的不断进步，做出更大的贡献。王震指出，我们在向广大群众进行共产主义、社会主义和爱国主义思想教育的活动中，在大力宣传和实行社会主义人道主义的同时，一定要继承和发扬中华民族的优良传统，大力倡导人与人之间的相互尊重、相互关心、相互友爱的精神，培养人们的共产主义道德情操，使社会主义的人道主义在两个文明的建设中更加充分地得到体现，推动残疾人福利事业有一个更大的发展。中共中央政治局委员、中央书记处书记习仲勋在讲话中希望基金会积极协助党和政府动员社会力量，充分发挥残疾人的聪明才智，在社会主义物质文明和精神文明建设中做出贡献。全国政协副主席、基金会名誉理事胡子昂说，去年我和季方、李维汉、华罗庚、赵朴初、黄鼎臣、张邦英、吴作人8位同志，曾在全国政协六届一次会议上建议成立“中国残疾人福利基金会”，并向民政部寄了“建议书”。各方面的同志也先后提出过建议。在不长的时间内，党和政府就采纳了我们的建议。他对党和政府以及各有关方面的大力支持，表示崇高的敬意。基金会副理事长邓朴方，卫生部长、基金会名誉理事崔月犁，民政部长、基金会理事长崔乃夫，基金会理事吴运铎在大会上先后讲话。余秋里、王平、段君毅、程子华、朱学范、阿沛·阿旺晋美、荣毅仁、李鹏、杨静仁、胡子昂、赵朴初等也到会热烈祝贺。大会由中国残疾人福利基金会副理事长李正主持。基金会在京名誉理事、理事，首都各界人士共500多人出席了成立大会。会议结束后，大家参观了中国残疾人福利基金会图片展览。展览反映了党和政府对残疾人的关怀以及残疾人在社会主义建设中发挥的作用。16日，《人民日报》刊登了“中国残疾人福利基金会成员名单”、“中国残疾人福利基金会章程（1984年3月10日理事会议通过）”，并发表社论：《认真做好残疾人工作》。

3月19日—21日　中美联合经济委员会第四次会议在北京举行。我国国务委员兼财政部长王丙乾和美国财政部长里甘在会上发了言。20日，赵紫阳总理会见里甘。21日，中美两国政府关于对所得避免双重征税和防止偷漏税协定在京草签。

3月23日—26日　日本首相中曾根康弘访华。访华期间，赵紫阳总理同中曾根首相就加强两国经济合作等问题举行会谈，双方一致同意设立“中日友好21世纪委员会”，中曾根宣布，日本政府决定在7年中向中国提供4 700亿日元的第二批长期低息贷款；邓颖超主席、彭真委员长、邓小平主任先后会见中曾根首相；胡耀邦总书记设家宴款待中曾根一家；中曾根在北京大学发表题为《朝向21世纪》的演讲；吴学谦外长同安倍外相也举行了会谈。

4月2日　广西、云南边防部队炮兵对在我边境加剧武装挑衅的越南军队进行炮火还击。4日，外交部新闻司司长齐怀远在新闻发布会上说，中国政府严正警告越南当局必须立即停止对我边境的挑衅活动。28、30日，我云南边防部队奋起还击和消灭了入侵云南老山和者阴山地区的越军。29日，我外交部发言人发表谈话，揭露越南蓄意加剧中越边境紧张局势，要求越南当局立即停止挑衅和入侵。

4月8日—16日　我国发射的试验通信卫星成功定点。8日，我国发射一颗试验通信卫星。16日，这颗卫星成功地定点于东经125度赤道上空，星上仪器设备工作良好，通信、广播和电视传输等试验进行正常。18日，中共中央、国务院、中央军委特向全体从事研制、试验的科学工作者、工程技术人员、工人、干部、解放军指战员致电表示热烈祝贺。19日，国务委员兼国防部长张爱萍向新华社记者发表谈话指出，这次试验通信卫星发射成功表明，我国的运载火箭技术水平不亚于其他先进国家，卫星通信技术也接近世界先进水平。同日，《人民日报》发表社论：《航天事业的新飞跃——热烈祝贺我国同步卫星发射成功》。30日，庆祝试验通信卫星发射成功大会在京举行，胡耀邦等领导人出席，赵紫阳代表党中央、国务院讲了话。庆祝大会由张爱萍主持，参加研制、试验的科学工作者、工程技术人员、工人、干部、解放军指战员和首都8 000多群众参加了大会。

4月9日　解方少将逝世。解方，原名解沛然，1908年生，吉林东丰县人。1930年毕业于日本陆军士官学校。曾任东北军第五十一军参谋、副旅长、师参谋长。1936年4月加入中国共产党。历任中央军委情报部三局局长、三五八旅参谋长、东北民主联军副参谋长、十二兵团参谋长、中国人民志愿军参谋长、军委军训部副部长、军事学院副教育长、高等军事学院教育长、副院长，后勤学院副院长等职，1955年被授予少将军衔。曾当选为中共七大代表和第一届全国人大代表、第六届常委。4月24日，党和国家领导人以及首都各界400多人前往八宝山革命公墓向解方遗体告别。叶剑英、邓小平、陈云、彭真、徐向前、聂荣臻、韦国清、谷牧，全国人大常委会、国务院、中央军委等送了花圈。

4月12日　全国人大副秘书长郑季翘在北京病逝。郑季翘，1912年生，山西五台县人。1932年参加“左翼”社会科学家联盟，投身革命。1937年加入中国共产党。他曾任晋察冀边区救国报社社长，《晋察冀日报》副总编辑。新中国成立后，他历任中共大同市委宣传部长、天津市委秘书长、《红旗》杂志社常务编委，中共吉林省委书记，第五届全国人大常委会副秘书长等职。他是中国共产党第八次全国代表大会代表。

4月19日　毛泽东前夫人贺子珍在上海病逝。贺子珍，1909年生，江西永新县人，女。1925年加入中国共产主义青年团，1926年转为中共党员。曾任中共永新县委负责人之一、共青团永新县委书记、吉安党委妇委、妇女协会组织部长。1927年在参加组织永新农民武装暴动后上井冈山。1928年与毛泽东结婚。她在毛泽东领导下参加了井冈山革命根据地的艰苦斗争，1928年在湘赣边界特委和红四军前委机关工作。1934年10月参加二万五千里长征，1935年10月到达陕北。1937年冬去苏联治病学习，1947年8月回国。解放后在浙江省杭州市妇联工作。1979年当选为第五届全国政协委员。4月25日，在上海龙华革命公墓大厅，举行向贺子珍遗体告别仪式。胡耀邦、邓小平、陈云、邓颖超等送了花圈。中共中央办公厅、中共中央组织部、全国政协办公厅以及上海市、江西省、湖南省、福建省、浙江省、陕西省、贵州省、江西吉安地区、永新县的党和政府也送了花圈，中共中央书记处候补书记郝建秀、中共上海市委第一书记陈国栋、第二书记胡立教、书记杨堤、汪道涵、阮崇武，中共中央办公厅副主任冯岭安，以及贺子珍的亲属及她在上海的生前友好数百人，参加了遗体告别仪式。同日，贺子珍遗体火化，骨灰盒安放在北京八宝山革命公墓。

同　日　吉林省人大常委会主任栗又文在北京病逝。栗又文，1901年生，辽宁辽阳县人。1935年参加革命，1936年参加中国共产党。他于1935年冬到东北军工作，任张学良将军的上校机要秘书，党的东北军工作委员会委员。抗日战争期间，他参加组织东北救亡总会的工作，并任总会的常委兼秘书长，后任东北挺进军总部上校秘书主任，党支部书记，八路军延安留守兵团司令部秘书长，陕甘宁晋绥联防军政治部联络处长。抗日战争胜利后，他历任辽宁省、吉林省政府副主席，东北行政委员会秘书长，东北人民政府秘书长。解放后，他曾任中共吉林省委书记、省长，吉林省政协副主席和第五届省人大常委会主任。1982年在中共十二大当选为中顾委委员。

4月26日—5月1日　美国总统里根访华。访华期间，赵紫阳总理同里根总统就重大国际问题和双边关系举行了坦诚友好和建设性的会谈。李先念主席、胡耀邦总书记、邓小平主任先后与里根总统进行了友好的会晤，加深了双方的相互了解，增进了友谊；吴学谦外长同舒尔茨国务卿进行了会谈；里根总统在京向我国经济贸易、科技和学术界人士发表了讲演，并在西安和上海参观访问时向上海复旦大学师生作了讲演。30日，中美两国政府在京签订了有关文化交流执行计划、对所得避免双重征税和防止偷漏税及工业科技管理和科技情报合作方面的4项协定和议定书，并草签了中美和平利用核能合作协定。

5月1日　横贯柴达木盆地的高原铁路——西（宁）格（尔木）铁路正式交付国家运营。西格铁路与兰（州）青（海）铁路相接。它东起青海省会西宁市，西至昆仑山下的新兴城市格尔木，全长834公里。这一条铁路的建成使当地世代以游牧为主的少数民族中，出现了第一代铁路职工，为当地经济繁荣打开了大门。

同　日　目前我国最长最重的箱梁型公路大桥——柳州市河东大桥建成，举行通车典礼。箱梁型大桥，是目前国际上广泛采用的一种先进设计。河东大桥总长1 300米，主桥10墩9孔，长541.6米，桥面宽20米，

5月3日—11日　中共中央总书记胡耀邦应邀出访朝鲜。在访朝期间，双方进行了3次会谈。胡耀邦和金日成就当前的国际形势，特别是亚洲和朝鲜半岛的局势，朝鲜和平统一的途径，以及双方共同关心的一系列重大问题，互相通报了情况，充分交换了意见。胡耀邦在会谈中重申，中国人民坚决支持朝鲜人民在没有外来干涉的情况下自主和平统一祖国的努力，支持金日成和朝鲜劳动党为实现这一伟大目标而提出的联邦制方案，以及朝鲜北方、南方和美国举行三方会谈的倡议，反对美国驻军南朝鲜，要求美军从南朝鲜撤走。

5月5日　中纪委就大米霉烂变质事故发出通报。中纪委就上海市从湖北、湖南、江西、安徽、浙江等省调进的大米中，有71.3万斤霉烂变质，4 926万斤发热变色的重大事故发出通报，要求有关部门对这起事故负有责任的人员进行严肃处理；对严重失职、渎职的官僚主义者，给予必要的党纪、政纪处分，直至建议司法部门追究其法律责任。5月11日，《人民日报》报道了这一通报。

同　日　阎红、徐永久打破女子5公里竞走世界纪录。在挪威卑尔根举行的国际竞走邀请赛中，阎红以21.403分、徐永久以21.41分的成绩，打破女子5公里竞走21.518分的世界纪录。这是中国选手多年来第一次打破径赛项目的世界纪录。这个纪录的原纪录是意大利选手朱利亚纳·萨尔切于去年10月1日创造的。另外两名中国女选手于和平和王妍在3公里场地竞走比赛中，分别以13.521分和13.532分夺得冠亚军。

5月5日—7日　巴勒斯坦解放组织执委会主席、巴勒斯坦革命武装力量总司令西亚尔·阿拉法特率领巴勒斯坦解放组织代表团访华。赵紫阳总理和阿拉法特主席举行会谈。5月6日和7日，李先念主席和中顾委主任邓小平，分别会见了阿拉法特主席。

5月7日　《人民日报》公布4月6日国务院发布的《中华人民共和国居民身份证试行条例》。公安部部长刘复之就我国逐步实行居民身份证制度答新华社记者和《中国法制报》记者问。刘复之指出：实行居民身份证制度，有利于保护国家利益和人民利益，保证四化建设顺利进行。

5月10日—13日　尼日尔共和国最高军事委员会主席、国家元首赛义尼·孔切和夫人访华。11日，赵紫阳和孔切举行会谈。两位领导人一致认为，两国在各方面的关系发展得很好，在农业、水利、医疗卫生等方面的合作是卓有成效的，双边贸易不断发展。双方同意，今后要开展更加多样化的合作，包括知识技术服务，人员培训等。

5月12日　《人民日报》报道：中国科学院古脊椎动物与古人类研究所的科技人员，在江苏泗洪县发掘四颗古猿的牙齿化石。经考证距今约1 000万年以上，这是迄今我国发现的年代最古的古猿化石。

同　日　新华社报道：中共天津市委会同中国船舶工业总公司党组等有关部门作出决定，解散由“文革”中犯有严重错误的干部和造反起家的人为核心的707所党委。中共中央指委会办公室为这篇报道加的按语说，原中共707所党委，组织上严重不纯，政治上思想上顽固对抗中共十一届三中全会以来的路线、方针、政策，已经变质，完全丧失了一个党组织应有的作用。中共天津市委在征得中国船舶工业总公司党组同意后，决定解散707所党委，所有党委委员就地免职，并对其主要成员李元烈、张树文等分别给以党纪处分，这是完全正确的。各地区、各部门的党的领导机关，都应从这件事中吸取经验教训，进一步加强对整党工作的领导，对确已变质的党组织及其负责人员，一经发现，就应查明情况，严肃、果断地加以处理，决不能优柔寡断，拖延不决，否则，将无法维护党组织的纯洁性和党纪的严肃性，也打不开整党工作和业务工作的新局面。

5月14日　医学家黄家驷在北京病逝。黄家驷，江西玉山县人，生于1906年。1933年毕业于北平协和医学院。他生前任中国科学技术学会副主席，中国医学科学院名誉院长，中国首都医科大学名誉校长，是一、二、三、四届全国人大代表，五、六届全国政协委员，中国科学院学部委员。他还多次代表我国医学界出席各种国际学术会议，向世界医学界介绍了新中国的医药卫生成就。他是美国胸外科委员会创始人之一，也是苏联医学科学院院士。

5月14日—19日　厄瓜多尔共和国总统马尔塔多和夫人访华。在访华期间，国家主席李先念和马尔塔多就中厄双边关系和共同关心的国际问题举行了会谈，中厄两国政府签署了关于经济和科技合作基础协定，贷款合作协定，关于成立中厄经济贸易和科技合作混委会的换文，关于互设总领事馆的换文和关于中国政府向厄瓜多尔政府提供三座小水电站设备项目的换文。5月15日，赵紫阳总理会见马尔塔多及其随行人员。5月17日，中顾委主任邓小平在会见马尔塔多总统时说，中国永远属于第三世界，现在我们名副其实地属于第三世界，50年后我们国家发展起来后，还是属于第三世界。今天中国同第三世界是同呼吸共命运的关系，50年后仍然是这种关系。邓小平说，世界上最根本的问题有两个：一个是反对霸权主义，维护世界和平，这是第三世界的共同任务；另一个是南北问题，这是今后国际问题中一个十分重要的方面，因此必须解决南北对话问题，同时还必须加强南南合作。

5月15日—31日　六届全国人大二次会议在北京召开。全国人大常委会委员长彭真主持了开幕和闭幕会，并讲话。赵紫阳总理代表国务院作了政府工作报告。政府工作报告提出，今后一个时期的经济工作要着重抓好体制改革和对外开放两件大事。思想文化领域各部门按照国家宪法规定的原则以及党和政府规定的正确政策，为反对和抵制精神污染做了许多工作，取得了明显成效，刹住了前一时期少数人搞精神污染的歪风，依法查禁了淫秽书刊。群众要求美化精神生活和物质生活是完全正当的，是应当提倡的，决不允许把它同思想战线的精神污染混淆起来。实践证明，严肃而又正确地反对和抵制精神污染，对于提高人民群众的思想觉悟和发扬健康纯朴、奋发向上的社会风尚有积极作用，是建设社会主义精神文明不可缺少的重要方面，也是我们国家一项长期的根本性任务。会议审议通过了政府工作报告的决议，通过了全国人大常委会、最高人民法院、最高人民检察院的工作报告，审议通过了1984年国民经济和社会发展计划及1983年国家决算和1984年国家预算，通过了《中华人民共和国民族区域自治法》、《中华人民共和国兵役法》，决定设立海南行政区。在会议期间，5月25日，中顾委会主任邓小平接见了港澳出席六届全国人大二次会议的代表和出席全国政协六届二次会议的委员时强调：我们在恢复对香港的主权之后，中国政府有权在香港驻军，这是维护中华人民共和国领土的象征，是国家主权的象征，也是香港稳定和繁荣的保证。

5月17日　中共中央党校顾问成仿吾逝世。成仿吾，1897年生，1925年参加中国国民党，任广东大学教授和黄埔军官学校教官。大革命失败后，离国赴欧。1928年在巴黎参加中国共产党，主编中共柏林、巴黎支部机关刊物《赤光》。1931年，任中共鄂豫皖省委宣传部长、苏维埃文化委员会主席兼红安中心县委书记。1934年1月，参加全国苏维埃第二次代表大会，被选为苏维埃中央政府委员，并在中央宣传部和中央党校工作。1934年10月参加二万五千里长征。到陕北后，任中央党校高级班教员、教务主任、陕北公学校长、华北联合大学校长、晋察冀边区参议会议长、中共晋察冀中央局委员、华北大学副校长等职。建国后，他历任东北师范大学校长、山东大学校长、中共山东大学委员会书记、中国人民大学副校长、校长、中共中国人民大学委员会书记、名誉校长、中共中央党校顾问、全国政协常务委员、中顾委会委员。他是中共七大、八大、十二大代表，是第一、二、三、四、五届全国人大代表，是全国政协第一届委员和第五届常委。5月25日，在北京八宝山革命公墓礼堂举行了成仿吾遗体告别仪式。

5月20日—25日　斯里兰卡民主社会主义共和国总统朱尼厄斯·理查德·贾亚瓦德纳和夫人对中国进行国事访问。李先念主席和贾亚瓦德纳就当前国际形势和双边关系问题举行了会谈。赵紫阳和邓小平分别会见了贾亚瓦德纳。在访华期间，中国和斯里兰卡政府关于成立经济、贸易合作联合委员会的协定和两国政府科学技术合作协定于5月22日下午在北京签署。

5月25日　邓小平同港澳出席六届全国人大二次会议的代表和出席全国政协六届二次会议的委员谈话。他强调，我国在恢复对香港的主权之后，中国政府有权在香港驻军，这是维护中华人民共和国领土的象征，是国家主权的象征，也是香港稳定和繁荣的保证。他说："香港是中国的领土，为什么不能驻军？没有这个权力，还叫什么中国领土？我们解决香港问题的立场是完全合情合理的。"他请代表和委员们充分相信，只要按照我国政府的政策办事，香港问题是会得到圆满解决的，真正爱国的，爱香港的人是不会失望的。邓小平还同代表和委员们谈了处理好我国恢复对香港的主权以前13年过渡时期的一些问题。

5月27日—30日　巴西联邦共和国总统若昂·巴普蒂斯塔·德奥利维拉·菲格雷多和夫人访华。赵紫阳总理和菲格雷多举行了会谈。胡耀邦、邓小平分别会见了菲格雷多。李先念主席会见并欢宴菲格雷多总统。邓小平在会见时说，中国的对外政策是独立自主的，是真正的不结盟。中国不打美国牌，也不打苏联牌，我们也不允许别人打中国牌。我国独立自主的政策的目标是争取世界和平。在争取和平的前提下，我们一心一意搞四个现代化建设，发展自己的国家，建设具有中国特色的社会主义。他说，当前世界上问题很多，但突出的问题有两个，一是和平问题。二是南北之间的问题。这个问题在目前十分突出。发达国家越来越富，而发展中国家越来越穷。南北问题不解决，就会对世界经济的恢复和发展带来障碍。我们主张南北对话，也主张加强第三世界国家间的合作，也就是南南合作。中巴两国政府在29日签署了5项有关科学技术合作、贸易等方面的议定书、补充协定、协议和备忘录。

5月30日—6月16日　赵紫阳总理应邀出访法国、比利时、欧洲共同体、瑞典、丹麦、挪威和意大利。5月23日，赵紫阳在会见西欧驻京记者时说，他这次出访的目的是寻求和平、友谊和合作，5月30日—6月3日，抵法国访问，与密特朗总统举行两次会谈，同法国总理皮埃尔·莫鲁瓦签署了中法两国政府关于相互鼓励和保护投资协定及关于对所得避免双重征税和防止偷漏税协定。中法双方都认为，这两个协定的签署将对扩大两国的经济合作和交流产生积极的影响。6月4日—5日，到比利时进行访问，同比利时首相马尔滕斯进行会谈，会谈结束后，举行了中比政府间的投资保护协定签字仪式。赵紫阳还在比利时皇家国际关系学会发表了题为《扩大经济交流促进共同繁荣》的演讲。6月5日，与欧洲共同体委员会主席托恩举行了会谈，双方都表示希望加强团结和合作。6日—7日，对瑞典王国进行访问，与奥洛夫·帕尔梅首相举行了会谈，着重就国际问题和双边关系问题交换了意见。赵紫阳总理和国务委员兼国家经委主任张劲夫还同瑞典经济界人士就两国经济合作问题举行了座谈，介绍了我国的对外开放政策，并回答了他们提出的各种问题。8日—9日，在丹麦进行访问，和丹麦首相施吕特举行了会谈，赵紫阳总理举行了记者招待会，他在招待会上说，他和施吕特首相都对中丹两国在经济技术合作中已取得的成就表示满意，并决心共同努力把这种合作提高到更高水平。10日—13日，对挪威进行访问，和挪威首相维洛克举行了会谈，并举行了记者招待会。13日—16日，对意大利进行访问，访问期间，和意大利总理贝蒂诺·克拉克西举行了两次会谈，意大利总统山德罗·佩尔蒂尼会见了赵紫阳，赵紫阳还代表中共中央参加了意共总书记贝林格的葬礼，会见了意大利共产党领导人、意共中央领导机构成员、书记处成员巴叶塔。在罗马，赵紫阳还分别会见了总部设在罗马的联合国粮农组织总干事萨乌马和国际农业发展基金总裁苏德里，与他们讨论了中国与这两个联合国专门机构的关系问题，并表示中国已决定向非洲国家捐献价值300万美元的粮食，以缓和那里的粮食紧缺状况。17日，赵紫阳总理圆满结束了对西欧的访问回到南宁。在归途中，他对随行记者说，中国和西欧的经济技术合作前景广阔，大有可为。

6月1日　国家70项重点工程之一的皖赣铁路全线正式通车。这条铁路全长539.92公里，北起芜湖市附近的火龙岗经景德镇到贵溪和浙赣路接轨。从此，南京发往江西鹰潭分流至南昌、福州的列车，比绕道上海经浙赣线近285公里，从南京、南昌等地前往黄山的旅客，均可乘火车在安徽歙县境内的岩寺站下车，转乘汽车，只1个多小时就可到达旅游胜地。这条铁路的建成营运，为华东地区新增了一条“动脉”，对分担沪宁，沪杭、浙赣诸线的运输压力，沟通皖、赣、苏、浙、闽诸省的物资文化交流都具有重要意义。

6月9日　国务院批转教育部《关于在部分全国重点高等院校试办研究生院的请求报告》，决定先在北京大学、中国人民大学、清华大学、北京航空学院、北京工业学院、北京钢铁学院、北京师范大学、北京农业大学、北京医学院、南开大学、天津大学、吉林大学、哈尔滨工业大学、复旦大学、上海交通大学、上海第一医学院、南京大学、浙江大学、武汉大学、华中工学院、国防科技大学、西安交通大学等22所全国重点高等院校试办研究生院。

6月10日　新华社报道：中共中央书记处讨论了30岁以上未婚青年的婚姻问题。中央书记处要求各级党组织要对这个社会问题给以应有的重视和关心，工会、妇联和共青团组织应把解决这个问题作为一项重要工作认真抓好。

同　日　中国选手朱建华在联邦德国坎伯斯塔特国际跳高比赛中，以2.39米的高度，打破自己1983年9月保持的2.38米的男子跳高世界纪录。

6月11日—15日　圭亚那总统林登·福布斯·桑普森·伯纳姆应邀访华。李先念和伯纳姆举行会谈，胡耀邦和邓小平分别会见了伯纳姆。中国和圭亚那签署了一项会谈备忘录和两国政府文化协定。会谈备忘录指出，为了在平等互利的基础上加强和扩大两国的经济关系，两国代表团就在渔业、林业和矿业方面的合作进行了商谈。同时签字的还有中圭双方同意成立政府间经济、贸易和科技合作混合委员会等3个换文。

6月18日—27日　全军各大单位整党办公室主任会议在北京召开。中央军委副主席杨尚昆在会上讲话，他着重讲了三个问题：(一) 对前段整党工作的估计；(二) 要彻底否定"文化大革命"；(三) 要集中一段时间深入进行整改。他强调，全军第一期整党单位在对照检查基本结束后，要集中一段时间深入进行整改，要一鼓作气，保证整党工作善始善终。

6月22日　中顾委主任邓小平会见香港工商访问团。他说，香港人要有志气有信心把香港管理好。邓小平表示相信，爱祖国爱香港的香港人一定能把香港管理好。他说，在中国恢复对香港行使主权后，香港社会、经济制度不变，生活方式不变，实行一个国家两种制度。有人担心将来政策会不会变，可以肯定地说，只要政策对，谁也变不了。香港总商会主席唐骥千和香港中华厂商联合会会长倪少杰表示，对1997年后香港的社会制度在50年内不变表示欢迎。6月23日，邓小平又会见了香港知名人士钟士元、邓莲如和利国伟，邓小平在会见时强调，中国政府为解决香港问题所采取的立场、方针、政策是坚定不移的，是符合500万香港人的利益的。他说，我们希望能同英国就香港问题达成一个符合中英两国人民利益，同时也符合香港人利益的好协议。两年来，我们同香港人士进行了广泛的交谈，香港真正的民意我们是知道的。我们提出的一个国家两种制度的做法是充分考虑了香港的实际情况的。香港人有能力管好香港。中国人不是低能的。

6月26日—7月1日　塞浦路斯共和国总统斯皮罗斯·基普里亚努和夫人一行应邀访华。赵紫阳总理和基普里亚努举行了会谈，胡耀邦总书记会见了基普里亚努，中塞两国政府签署了经济和科学技术合作协定和两国政府文化协定1984年—1985年执行计划。

6月30日　邓小平在会见第二次中日民间人士会议日方委员会代表团时，阐明什么是有中国特色社会主义的问题。他在谈话中回顾了中国的历史经验尤其是三中全会后五年半所走过的发展道路，进一步阐述了建设有中国特色的社会主义的有关问题：1.坚持马克思主义对中国十分必要，坚持社会主义也十分必要。中国是因为坚持了马克思主义才取得了革命成功，是坚持了社会主义才解决了中国的统一和发展，建设有中国特色的社会主义必须坚持正确的思想路线。2.社会主义的本质特征是社会生产力高度发展，社会物质财富极大丰富。社会主义阶段的根本任务是发展生产力，消灭贫穷，其优越性表现在能逐步发展生产力，逐步改善人民的物质文化生活。为此，邓小平向客人介绍了在本世纪末达到小康社会的最低目标是人均收入达到800美元。他说，这对发达国家来说，也还是落后的；对中国来说，可以稍微改变一下自己贫穷落后的面貌。要达到这个目标得付出很大的努力才行。3.指出“对内搞活经济，对外开放”是加快建设有中国特色的社会主义的基本政策，强调坚持社会主义的分配原则，不搞两极分化。邓小平的这个讲话，体现了他关于建设有中国特色的社会主义的部分科学构想。

7月4日　中国人民建设银行总行负责人宣布，从1985年起，基本建设投资一律实行贷款制。

7月4日—9日　塞内加尔共和国总统阿卜杜·迪乌夫和夫人应邀访华。赵紫阳总理与迪乌夫举行了会谈。7日，中国政府向塞内加尔政府提供贷款协定在京签署。

7月5日　中国运动员黄文贵和邓学文在华盛顿举行的1984年世界青年摔跤锦标赛古典式决赛中，各得一枚金牌。这是中国运动员在世界摔跤锦标赛中第一次荣获冠军。

同　日　中共中央对农村工作提出意见。中共中央书记处、国务院在联合听取中央书记处农村政策研究室、中国农村发展研究中心的工作汇报时，对农村工作提出了以下意见：一、农村在我国占有非常重要的地位，农村改革正在向广度和深度方向发展，形势很好，对农业问题要给予高度重视，不断加以研究，进行指导。二、我国现阶段实行的是社会主义制度，有着资本主义制度不可比拟的优越性。但是，我国的经济还很落后，人民生活还不富裕，需要放宽政策，努力发展生产，同时要善于寻求和利用某些变通的过渡性的经营形式，作为一种补充，以利于社会主义经济的完善和发展，加速社会主义现代化。我们现在允许外国资本家到国内来办独资企业，允许国内个体经营存在，就是对社会主义经济的补充。允许这种补充形式存在，丝毫不影响反而有助于我国社会主义制度的发展。

7月6日　中医学家赵炳南在北京逝世。赵炳南，回族，生于1899年，河北宛平县人（今属北京市）。他14岁从师学徒，专攻中医外科。1924年开业于北京，有“年方弱冠，誉满京城”之誉，是开拓中医皮外科事业的“一代名医”。解放后，他曾任北京市中医研究所所长、中华全国中医学会副会长、北京第二医学院教授等职。曾当选为第四、五、六届全国人大代表，第七届北京市人大常委会委员。生前任北京中医院名誉院长、北京市伊斯兰教协会副主任，中华全国中医学会副会长。赵炳南的丧事按照伊斯兰教礼仪办理。

7月14日　国务院批转商业部《关于当前城市商业体制改革若干问题的报告》并发出通知。国务院《通知》指出，我国商品生产正在迅速发展，商业体制不适应的矛盾越来越突出，必须从根本上进行改革。商业部《报告》中提到的改革内容，都是些重大改革，各级人民政府必须切实加强领导，精心研究，组织有关部门密切配合，积极支持商业改革。《通知》强调，商业改革十分复杂，它同工农业生产联系密切，同人民生活息息相关，在改革过程中，要采取切实有效措施，防止弄虚作假、转嫁负担，保护消费者利益，使商业改革健康发展。商业部的《报告》指出，城市商业体制改革的目的是：促进商品生产，搞活商品流通，提高经济效益，提高服务质量，方便人民生活。改革的方向是：实行政企分开，建立以国营商业为主导的，多种经济形式、多种经营方式、多种流通渠道的商品流通制；实行以城市为中心的开放式、多渠道、少环节的批发商业体系；建立责权利相结合的高经济效益、高服务质量的企业管理办法；形成城乡畅通、地区交流、纵横交错、四通八达的流通网络，走出一条中国式的社会主义商业路子。《报告》就以下几方面的内容提出了改革意见：实行政企分开，扩大企业权力，加强行政管理；改革日用工业品一、二、三级批发层次，批发站与市批发公司合并；建立城市贸易中心，逐步形成开放式、多渠道、少环节的批发体制；小型国营零售商业、饮食服务业转为集体经营或租赁给经营者个人经营；国营零售商业和饮食服务业要有计划有步骤地实行经营承包责任制；要正确执行价格政策，严禁转嫁负担。

7月17日　中共中央办公厅、国务院办公厅发出《关于党政机关在职干部不要与群众合办企业的通知》。《通知》指出，经济体制改革必须坚持政企分开，官商、官工分开的原则。党政机关在职党政干部与群众合伙兴办经营企业，容易削弱党和政府对经济工作的全面领导，影响党政干部秉公办事当好全体人民的勤务员，也容易发生与民争利的偏向，形成一批仗权谋利的垄断企业，不利于真正搞活经济。

7月17日—22日　莫桑比克解放阵线党主席、总统萨莫拉·莫伊塞斯·马谢尔元帅应邀访华。赵紫阳总理同萨莫拉举行了会谈。中莫两国政府经济技术合作协定于20日上午签署。

7月20日　《人民日报》报道：中共中央书记处决定，改革干部管理体制，适当下放干部管理权限。将采取分级管理、层层负责的办法，缩小由中央管理的干部的范围，中央原则上只管下一级的主要领导干部。中央书记处指出，干部管理权过于集中，不利于人才的发现和合理使用，必须进行改革。实行新的干部管理体制后，中央管理干部人数，将比原来减少2/3，原来管理的大部分干部将放到下一级组织去管，以便做到管少、管好、管活。中央书记处要求各地党委充分认识新形势下搞好干部管理工作的重要性，加强领导，明确职责，改进方法，转变作风，把属于自己管理的那部分干部的工作做好。中央组织部已就执行上述决定的有关问题发出通知，要求各地各部门从8月1日开始，按照新的干部管理体制做好工作。7月28日上午，中共中央书记处候补书记、中央组织部部长乔石在中组部召开的中央和国家机关各部委主管干部工作的负责同志和干部司局长会议上要求干部管理权限下放后，要层层尽职尽责，搞好管理工作，并提出了5点具体要求。

7月26日　国家统计局负责人在中外记者招待会上说，今年前6个月，我国国民经济全面协调增长的主要标志：夏粮连续第四年丰收，秋季作物长势良好。工业生产稳步协调发展。今年上半年工业总产值比去年同期增长11.6%，轻重工业比例协调。城乡市场活跃，物价有升有降，基本稳定，略有提高。进出口贸易全面增长，对外经济合作又有新发展。加快了城市经济改革的步伐，为国民经济发展增添了活力。人民生活继续改善，上半年职工工资和奖金比去年同期增长9.2%，城乡职工退休金、抚恤金、救济金等其他收入比去年同期增长19%，对农民的农副产品采购支付的现金增长8.1%，6月末，城乡居民储蓄存款已突破千亿元大关。当前存在的困难，一是有些工业产品的品种和档次不够丰富多样，二是交通运输比较紧张，三是还有一些企业的素质差，应变能力差，这些困难需要努力克服。

7月27日—31日　英国外交大臣杰费里·豪对我国进行工作访问。吴学谦外长和杰费里·豪就香港问题的主要方面进行了富有成果的会谈，并取得了重大的进展。双方就成立中英联合联络小组的问题达成了协议，并明确了联合联络小组的职责。邓小平、赵紫阳分别会见了杰费里·豪。邓小平在会见时说，香港问题的圆满解决，在国际上将会引起很好的反应，并将向全世界提供解决国家之间历史遗留问题的范例。他还说，“一个国家，两种制度”的构想不是今天形成的，是几年以前，主要是党的十一届三中全会以后就形成了。这个构想首先是从中国解决台湾问题和香港问题出发的。解决香港、台湾问题可以有两种方式，一种是非和平方式，一种是和平方式。非和平方式，或者说用武力解决问题，总是不好的。怎样才能用和平方式解决问题呢？这就必须充分照顾到香港和台湾的历史和实际情况。十一届三中全会恢复了毛泽东同志的实事求是路线，一切从实际出发。尊重事实，尊重实际，就是要尊重香港和台湾的历史实际。我们提出要保存香港的资本主义制度，就是实行“一个国家，两种制度”。

7月28日　中国女运动员余建玲在意大利全国蹼泳锦标赛100米蹼泳比赛中，以41秒的成绩打破世界纪录。这是中国参加国际潜水联合会以来首次在这个项目中创造世界纪录。

7月28日—8月12日　中国体育代表团参加在美国洛杉矶举行的第23届奥林匹克运动会，取得辉煌成就。全世界140个国家和地区近8 000名运动员参加了这次规模空前的体育盛会。中国派出353人的大型体育代表团，其中运动员达231人，他们在16天的比赛中，共获得15枚金牌，8枚银牌，9枚铜牌，获得金牌总数仅次于美国、罗马尼亚和联邦德国，居第四位。同时，他们在赛场内外表现了良好的精神品质和道德作风。这一优异成绩改变了旧中国在奥运会上的零分纪录。中国运动员在奥运会获得金牌的是：许海峰（男子自选手枪射击）、曾国强（52公斤级举重）、吴数德（56公斤级举重）、陈伟强（60公斤级举重）、李玉伟（男子移动靶射击）、姚景远（67.5公斤级举重）、吴小旋（女子小口径步枪射击）、栾菊杰（女子花剑）、李宁（男子自由体操、鞍马、吊环）、楼云（跳马）、马燕红（高低杠）、中国女排（张蓉芳、郎平、梁艳、朱玲、侯玉珠、周晓兰、杨锡兰、苏惠娟、姜英、李延军、杨晓军、郑美珠）、周继红（女子10米跳台跳水）。8月19日，首都隆重集会，为体育代表团庆功。国家体委等单位分别作出决定，表彰取得优异成绩的运动队、运动员。

7月29日　全国人大副委员长、全国政协副主席、民进中央主席周建人在北京病逝。周建人字松寿，又字乔峰，是鲁迅先生的胞弟，1888年生，浙江绍兴人。1920年入北京大学攻读哲学，1921年10月到上海商务印书馆任编辑。并先后在上海大学神州女学、上海暨南大学、安徽大学等校任教。抗战胜利以后，他积极投入爱国民主运动，在任生活书店、新知识书店的编辑时，经常发表文章，抨击反动当局卖国、独裁、内战的政策。1948年4月，加入中国共产党。同年秋辗转到达解放区。北平解放后，任华北人民政府教育部教科书编审委员会副主任，出席中国人民政协第一届全体会议。建国后，他历任中央人民政府出版总署副署长，高等教育部副部长，浙江省人民政府副主席，浙江省省长，第九、十、一届中共中央委员，第一、二届全国人大常务委员会委员，第三、四、五届全国人大常务委员会副委员长，第二、三、四届全国政协常务委员，第五、六届全国政协副主席等职。周建人是中国民主促进会的创始人和卓越领导人之一，历任民进第一、二届中央理事会理事、第三届中央理事会常务理事兼文教部部长，文教委员会主任委员，第四、五届中央委员会副主席、代理主席，第六、七届中央委员会主席。8月6日，党和国家领导人以及老战友在八宝山革命公墓向周建人遗体告别。8月11日，政协全国委员会副秘书长叶至善代表全国政协赴天津塘沽将周建人的骨灰撒向大海。

7月30日　《人民日报》报道：我国第一条高原铁路干线——青藏铁路第一期工程，西宁—格尔木段通过国家验收交付使用，全长867公里。路轨铺设在平均海拔3 000米以上的路面上，穿过世界罕见的盐湖区，高寒低氧，干旱而多风沙。这条干线建成后，由内地运往西藏的物资运费将会大大节约，对当地及铁路沿线柴达木盆地经济的发展也将起巨大作用。

7月31日　中共中央发出关于清理“三种人”若干问题的补充通知。通知指出，清理“三种人”的方针是既要坚定，又要慎重，既不要漏掉，又不要扩大化，强调清理“三种人”要抓住重点，关键是防止“三种人”进入各级领导班子、要害部门和第三梯队，已进入的要坚决清除出去。因此，既要坚决清理那些已经查清核实的“三种人”，还要特别注意清理那些在“文化大革命”中造反积极，干了坏事，造成严重后果，现在比较年轻、隐藏下来，对党危害大的人，以及在幕后操纵的人。通知还要求严格区分“三种人”和“文化大革命”中犯有严重错误的人。对“文化大革命”中犯有各种错误和罪行的人的清理和处理问题，补充通知作出了明确的政策规定。

8月5日—10日　朝鲜民主主义人民共和国政务院总理姜成山对中国进行正式友好访问。赵紫阳总理和姜成山举行了会谈。李先念主席和中共中央总书记胡耀邦分别会见了姜成山总理。

8月6日　解放军总政治部向全军各单位发出《关于在部队中深入进行彻底否定“文化大革命”教育的意见》。强调彻底否定“文化大革命”，是从思想、政治和组织路线上拨乱反正的一个根本问题。

8月7日　南疆铁路吐鲁番—库尔勒段交付使用。南疆铁路北段经过我国最低盆地（最低处海拔负154米）——吐鲁番盆地，与兰新铁路相接，沿戈壁滩西南行，穿过世界有名的三大风口之一的托克逊，迂回曲折向天山进发。进天山后，线路由海拔800米增至3 000米，再降到1 200米。从勘测设计到施工难度都很大。南疆铁路在设计和施工中较好地解决了遇到的3个难题：找到了在高山永冻土层地区建设铁路路基的办法；摸索出对付高山隧道中地下结冰阻碍安全行车和每秒风速大于12级台风的风害的措施。南疆铁路全长476公里，它是沟通南疆地区同内地联系的一条重要铁路干线。它的建成，对新疆工、农、牧业生产和文化教育事业的发展，加强兄弟民族团结、建设西北边疆、巩固国防具有重要意义。

8月11日　全国人大副委员长、全国政协副主席李维汉在北京病逝。李维汉又名罗迈，湖南长沙县人。1896年6月生。1918年同毛泽东、蔡和森等一道在长沙组织新民学会。1919年赴法国勤工俭学。1922年，旅欧中国少年共产党成立，李维汉负责组织工作。同年底，由毛泽东、蔡和森介绍加入中国共产党。以后任中央湘区委员会(后改称中共湖南省委）书记，当选为中共四届、五届中央委员，中央政治局委员。1927年大革命失败后，中共中央改组，他为临时中央五人常委之一，并担任“八七”会议主席，会议选举他和瞿秋白、苏兆征等组成中共临时中央局。六大后，任中共江苏省委兼上海市委组织部长、书记。1930年在中共六届三中全会上被补选为中央委员。后去莫斯科学习。1933年回国到江西苏区，任中央组织部部长。红军长征时，任中央军委二纵队司令员兼政委、总政地方工作部部长。到陕北后，曾任中共定边少数民族工作委员会书记、中共陕甘省委书记、中共中央群众工作委员会书记，中央党校校长，陕北公学副校长、校长和党团书记，中央西北工作委员会秘书长、中共中央宣传部副部长、兼中央研究院新闻研究室和教育研究室主任，中共西北局委员、陕甘宁边区政府秘书长。抗战胜利后，参加政协中共代表团，协助周恩来做了大量工作。1946年底，任中共中央城市工作部副部长、部长，中共中央统一战线工作部部长。1949年4月，任中共代表团代表，参与同国民党和平谈判代表团的谈判。建国以后，历任全国政协秘书长、政务院秘书长、中央民族事务委员会主任委员，政务院财政经济委员会副主任，国务院第八办公室主任，一、二届全国人大常委会副委员长，二、三届全国政协副主席，中共第八届中央委员、中共中央统战部顾问，五届全国政协副主席，中央顾委会副主任。其主要著作收入《李维汉选集》，于1987年10月出版发行。另有回忆录《回忆与研究》问世。

8月13日—21日　赤道几内亚共和国总统特奥多罗·奥比昂·恩圭马·姆巴索戈上校应邀访华。赵紫阳总理同奥比昂总统举行会谈，两国领导人在会谈中讨论了进一步加强两国经济技术合作问题。访华期间，中国和赤道几内亚两国政府签署了两国政府经济技术合作协定。

8月14日　外交部发言人严正抗议南朝鲜当局提前释放卓长仁等劫机犯。声明指出，南朝鲜当局于8月13日宣布对去年劫持中国民航296号客机的卓长仁等6名罪犯“停止服刑”、“驱逐出境”，并于当天将他们送往台湾。中国政府和人民对于南朝鲜当局这种违背有关国际公约规定，纵容损害国际民航安全的行为表示严正抗议。8月20日，公安部有关方面负责人就台湾当局接受卓长仁等6名劫机罪犯一事发表谈话，谴责南朝鲜当局屈从于台湾当局的压力，将卓长仁等6名罪犯提前释放，并准他们去台湾。他说，严惩劫机犯罪是维护国际民航安全的必要措施。台湾当局纵容劫机犯罪行为，是危害世界各国旅行安全的罪恶行径，违背了世界公众的意愿。是对中国人民欠下的又一笔债，全体中国人民理所当然地坚决反对。

8月17日　赵紫阳总理主持召开国务院常务会议，决定机械管理体制进行重大改革。会议听取机械工业部长周建南关于机械工业管理体制改革意见的汇报，原则上同意机械工业部的报告，指出：机械工业肩负着为我国现代化建设提供技术装备的重任。但是，现行体制造成的条块分割、自成体系和企业“大而全”，“小而全”的状况，越来越严重地影响着机械工业的发展和四化建设的顺利实现，必须尽快进行改革，并为整个工业领导体制的改革提供经验。会议认为，工业领导体制改革的一个关键问题，是通过各级政府简政放权和扩大企业自主权，逐步实现政企分开，从根本上解决条块分割问题，打破地区、部门界限，发展各种形式的联合和专业化协作。机械工业部的报告，体现了这一精神，方向是对的，方法、步骤也是大体可行的。改革后的机械工业部，是国务院统管全国机械行业的职能部门，主要是管好有关机械工业的方针政策、统筹规划、综合平衡、组织协调和监督服务。部的工作将面向全行业，通过运用经济调节手段和行政立法，统一组织和管理全国的机械工业。机械工业部的报告，对机械工业管理体制改革的主要内容是：简政放权与企业扩权同步改革，逐步实现政企分开。下放企业，打破界限，发展联合，部属企业全部下放，原则上下放到中心城市，省、自治区的机械厅局不直接管企业。机械工业部门面向全行业，改革管理职能，加强行业管理。充分发挥中心城市的作用，行业管理与城市管理紧密结合。打破部门界限，统筹规划，使设备制造和使用部门紧密结合。

8月20日—9月5日　李先念应邀率团出访罗马尼亚、南斯拉夫。李先念主席应齐奥塞斯库总统和久拉诺维奇主席的邀请，率中国党政代表团参加罗马尼亚国庆40周年活动，并对罗马尼亚和南斯拉夫进行国事访问。在访问罗马尼亚期间，李先念参加了罗马尼亚国庆40周年庆祝活动，随后对罗马尼亚进行了国事访问，和齐奥塞斯库进行了会谈，齐奥塞斯库授予李先念、邓小平“罗马尼亚社会主义共和国之星”一级勋章。29日抵达南斯拉夫进行访问，访南期间和久拉诺维奇主席进行了会谈，南共联盟主席舒克里亚会见了李先念主席。贝尔格莱德市议会授予李先念荣誉市民称号。

8月31日　北京农林科学院农作物研究所副研究员胡道芬培育小

麦高产新品种获奖。她在我国首次采用花粉单倍体育种方法成功地培育出冬小麦高产新品种“京花1号”，并选育出“京单52”、“京单106”新品系。“京花1号”已通过鉴定，在北京、河北、山东、安徽等地区种植10万亩。试种结果，成穗率高，抗病能力强，适应性广。亩产600斤—800斤，高者可达1 000斤。北京市政府向她颁发了“特等科技成果奖”、荣誉奖状和1万元奖金。

9月6日—16日　意大利参议院议长费朗切斯科·科西加应邀访华。彭真委员长、邓小平主任、赵紫阳总理分别会见科西加一行。

9月8日　中国跳伞运动员于梅在法国维希第十七届世界特技与定点跳伞锦标赛中，获得女子个人定点跳伞冠军。

9月10日　中国烟草专卖局开始正式施行《烟草专卖条例施行细则》。这一细则是根据国务院去年9月发布的《烟草专卖条例》具体制定的。细则规定卷烟、雪茄烟、烟丝、烤烟、名晾（晒）烟为烟草专卖品，产供销、内外贸以及价格、储运等业务，均由烟草总公司统一管理和经营；卷烟盘纸、过滤嘴、烟草专用机械为烟草专卖管理品，由烟草总公司会同主管部门择优定点生产和分配。另外，细则还对烟草的种植、收购、分配和调拨，卷烟、雪茄烟、烟丝的生产、调拨和销售，价格、商标和运输，卷烟盘纸、过滤嘴、烟草专用机械的生产和分配，进出口贸易和对外经济技术合作，烟草专卖许可证的制定、申请和发放，奖励和处罚等作了规定。并在附则中强调本《施行细则》适用于全国（包括经济特区、沿海港口城市和民族自治地区）的烟草行业。

同　日　中日友好21世纪委员会首次会议在日本东京新大谷饭店隆重开幕。胡耀邦总书记、赵紫阳总理联名致电热烈祝贺。会议由日员石川忠雄主持。中日双方20位委员都出席了当天的会议。日本首相中曾根康弘出席了开幕式并在会上致词。中方首席委员王兆国和日方首席委员石川忠雄分别在会上作基调报告。9月11日，中日友好21世纪委员会首次会议在箱根举行专题报告会。会上中日双方委员作了政治、经济、文化交流等专题报告。9月12日上午中日友好21世纪委员会首次会议在箱根圆满结束。在当天上午的会议上，日方首席委员石川忠雄首先代表日方委员向会议提出了关于设立日中关系中长期展望专门委员会，日中经济科技交流专门委员会和日中青年文化交流专门委员会3项提案。中方首席委员王兆国代表中方委员表示完全同意。中日双方首席委员一致同意将首次会议上提出的今后中日共同研究的课题以及成立3个专门委员会的具体事宜交由双方的办事机构磋商后向双方的委员提出报告。双方委员决定共同向两国政府提议，由两国政府合作，尽快在北京建造中日青年交流中心。双方一致认为，建造中日青年交流中心将对促进两国青年的友好交流起重要作用，对实现21世纪中日友好会产生积极影响。中日友好21世纪委员会是1983年11月胡耀邦总书记访日时，中曾根首相为响应胡总书记关于谋求中日睦邻友好关系长期稳定发展的主张，而首次提出来的。1984年3月，中曾根首相访华期间，中日双方在24日正式宣布了这个委员会的成立。中日友好21世纪委员会的宗旨是：根据中日政府联合声明和中日和平友好条约的基本原则，遵照“和平友好、平等互利、相互信赖、长期稳定”4项原则，从政治、经济、文化和科技等广泛的角度，研究中日睦邻友好关系长期稳定发展的途径，并向两国政府提出建议。

9月11日　国际刑事警察组织正式接纳中国为成员国。国际刑事警察组织第53届大会在卢森堡欧洲中心闭幕。大会接受中国的申请，于9月5日正式接纳中华人民共和国为成员国。中国代表团团长刘文在大会闭幕后对新华社记者说：“国际刑警组织根据章程接纳中国为成员国，使我们有可能同其他成员国密切合作，共同对付国际犯罪活动。”

9月12日　国务院发布《中华人民共和国科学技术进步奖励条例》，规定本条例自发布之日起施行。条例对奖励范围作了规定，具体包括：新技术、新工艺、新产品成果推广、栽培、养殖、勘探、设计、施工、制造、技术管理、质量检验、标准、计量、测试、劳保、医疗卫生、环境建设、物资储运、交通运输、科技情报等21个方面。奖励原则是按贡献大小行奖，贡献大的重奖。奖励分国家级和省(部委)级。有特殊贡献的项目，则按第六条规定，经国务院批准授予特等奖。国家科委有关方面负责人就国务院发布本条例答新华社记者同时表示，科委将会同国务院有关部门按照条例第七条的规定，尽快组建“国家科学技术进步奖励评审委员会”，开展工作。

同　日　我国成功发射一颗科学实验卫星。卫星运行和工作正常，并按预定时间于9月17日回收。

9月15日　我国目前规模最大的立交桥——北京三元立体交叉桥基本建成。该桥位于北京市三环路、机场路和京顺路3条大干道的会合处，占地35万平方米，由3座小立交桥和5座绕桥组成。桥面为1 100平方米，路面为8.6万平方米，地上有人行梯道9座，地下有人行通道8条。桥上还矗立着新式高杆灯11杆。这样一座大型立交桥仅用10个月时间建成，创我国立交桥建设速度新纪录。9月20日下午，三元立交桥正式通车。

同　日　国务院批转了对外经济贸易部关于外贸体制改革意见的报告，并通知各地认真贯彻执行。国务院通知说，这次外贸体制改革是我国经济体制的一项重要改革，对我国实行对外开放，对内搞活经济，进一步发展对外贸易，加快现代化建设，具有重大的意义。通知要求各地区、各有关部门要从全局出发，加强领导，通力合作，密切配合，保证这项改革工作的顺利进行。对外经济贸易部报告的主要内容是：政企分开，加强对外贸易的行政管理；简政放权，充分调动外贸企业的经营积极性；实行进出口代理制，改进外贸经营管理；改革外贸计划体制，简化计划内容；改革外贸财务体制，加强经济调节手段。

9月17日—25日　坦桑尼亚总理萨利姆·阿·萨利姆应邀访华。赵紫阳总理设宴欢迎并与萨利姆总理举行会谈。胡耀邦总书记、李先念主席先后会见萨利姆总理。9月20日上午，中国政府向坦桑尼亚政府提供商品贷款的协定在北京签字。

9月21日　中国自行设计制造的迄今最大的一座受控热核聚变研究实验装置“中国环流器一号”，在核工业部西南物理研究所建成并顺利启动，已产生等离子体，取得预期的调试数据。受控热核聚变是当前世界重大科研课题之一。它的任务是根据太阳和其他恒星释放能量的原理，设法将氢弹爆炸这一瞬间完成的核聚变现象变成可以控制的过程，从而使它的能量充分被人类所利用。“中国环流器一号”是中国国内第一台中型“托卡马克”（又称“环形电流器”）装置。它的建成和顺利启动，标志着中国在受控热核聚变科研领域的装置建造和实验手段有了新的发展，为今后的物理试验研究打下了良好的基础。

9月22日　孔子像复原揭幕仪式在山东曲阜孔庙大成殿前举行。来自世界各地的中外宾客、华侨、港澳同胞、新闻记者共300多人以及孔子后裔族人参加了揭幕仪式。

9月23日　我国选手在印度尼西亚首都雅加达举行的第四届世界杯羽毛球赛中获得3项冠军、4项亚军。他们分别是男子单打冠军韩健、亚军杨阳，女子单打冠军李玲蔚、亚军韩爱萍，女子双打冠军林瑛和吴迪西、亚军吴健秋和徐蓉，男子双打亚军李永波和田秉义。

同　日　中国自行编译的第一部《列宁全集》（1—4卷）日前出版，十一将同广大读者见面。二十多年前，中国编译出版了《列宁全集》（共39卷），促进了列宁主义在我国的研究和传播。但这一版完全照俄文第四版全集翻译。新版《列宁全集》以俄文第五版为基础并增收以后发现的许多新文献编译而成，共60卷，分为著作类、书信类和笔记类三部分，共收文献近万件。较之现行《列宁全集》，总篇幅增加60%，约2 600万字。是当今文献最丰富的一部《列宁全集》。

9月26日　中国和英国《关于香港问题的联合声明（草签文本）》在北京草签。草签仪式在人民大会堂西大厅隆重举行。国务委员兼国务院港澳办公室主任姬鹏飞和外交部副部长、中国政府前任团长姚广出席了签字仪式。中国政府代表团团长、新任外交部副部长周南和英国政府代表团团长、英国驻华大使理查德·伊文思，分别代表本国政府在联合声明上签字。联合声明宣布，中国政府决定在1997年7月1日对香港恢复行使主权，英国政府将在同日把香港交还给中国。中国政府还在联合声明中宣布了对香港的基本方针政策。草签的文件还包括联合声明的3个附件。双方在将在正式签署时交换的备忘录上也签了字。附件一就中国政府对香港的基本方针政策作了具体说明。附件二就中英两国成立关于香港问题的联合联络小组事宜作了规定。附件三就中英两国将成立土地委员会处理香港土地契约问题作了规定。草签之后，姬鹏飞、姚广、周南、尹文思和两国代表团成员热烈鼓掌，共同举杯，祝贺双方本着友好合作和互相谅解的精神，经过两年的耐心会谈，终于就香港这个历史遗留下来的问题达成了圆满的协议，完成了一桩大事。周南和伊文思还在仪式上发表了讲话。周南说，协议圆满地解决了香港的主权问题。根据“一个国家、两种制度”的构想，也为香港未来的繁荣和稳定提供了有力的保证。香港问题的解决，必将促使中英两国现已存在的友好关系在新的基础上得到进一步的巩固和发展，也为和平解决国与国之间历史遗留的问题提供了新的经验。我们相信协议是完全符合包括香港同胞在内的中国人民和英国人民的根本利益的，并将得到他们的拥护和支持。我们同样相信，它也将得到全世界人民的欢迎和赞同。周南指出，我们的成就的取得，首先要归功于中英两国领导人具有远见卓识的决策。伊文思说，“联合声明体现了‘一个国家、两种制度’这个富有想象力的构想，并且证明了和平谈判是解决历史遗留下来的问题的最好办法。”他以英国政府代表团的名义，对中国政府代表团全体成员的才能和致力工作的态度，表示赞扬。他还说，英中两国政府一致认为通过协商妥善地解决历史上遗留下来的香港问题，有助于维持香港的繁荣与稳定，并有助于两国关系在新的基础上进一步巩固和发展。9月27日《人民日报》以《具有历史意义的大事》为题发表社论，高度评价了香港问题的圆满解决。

9月27日　国务院环境保护委员会公布我国第一批《珍稀濒危保护植物名录》。为此，向各省、自治区、直辖市人民政府及国务院各有关部、委发出通知，希望各地区、各部门加强对保护珍稀濒危植物重要意义的宣传，采取切实措施做好珍稀濒危植物的保护工作。

9月28日　一种多用途无人驾驶飞机在北京航空学院研制成功。

10月1日　首都举行盛大阅兵仪式和群众游行，庆祝中华人民共和国成立35周年。中共和国家领导人检阅了受阅部队和群众游行队伍，50万人参加了广场上的庆祝活动。中共中央和国家领导人胡耀邦、邓小平、赵紫阳、李先念、陈云、彭真、邓颖超、徐向前、聂荣臻、乌兰夫等，在天安门城楼主席台参加庆典。民主柬埔寨主席西哈努克亲王和夫人、联合政府主席宋双、负责外交事务的副主席乔森潘、黄文欢，正在中国访问的赞比亚总统卡翁达和夫人，国际奥委会主席萨马兰奇和夫人，也应邀登上天安门城楼。上午10时，北京市市长陈希同宣布庆典开始。广场上1 200人组成的军乐队高奏国歌，28响礼炮响彻云霄。邓小平在雄壮的军乐声中走下天安门城楼，由阅兵总指挥、北京军区司令员秦基伟陪同，乘坐敞篷检阅车检阅了受阅部队。检阅完毕后，邓小平回到天安门城楼发表讲话，向为社会主义现代化建设事业、为完成祖国统一大业、为保卫祖国安全而奋斗的同志们、同胞们、朋友们致以最热烈的节日祝贺。全场不时为他的讲话热烈鼓掌。他在讲话中谈到了中国当前的主要任务和对外政策。他说，中国坚决主张维护世界和平，反对一切侵略和霸权主义。中国将长期实行对外开放，愿意在和平共处五项原则的基础上，同世界一切国家建立、发展外交关系和经济、文化关系。中国主张用谈判方式解决国际争端，如同我们和英国谈判解决香港问题一样。邓小平说，我们主张对台湾实行和平统一，希望全国各族人民共同促进这一天的到来。邓小平讲话后，来自人民解放军陆军、海军、空军和人民武装警察以及首都民兵的1万多名优秀儿女，在雄壮的乐曲声中一个方队一个方队地通过天安门广场，代表中国人民的武装力量接受祖国、党和人民的检阅。当晚，北京各界群众150万人在天安门广场举行了盛大的联欢晚会。

同　日　国际奥委会主席萨马兰奇在北京体育馆将一枚缀有奥林匹克五环标志的银质勋章授予中国奥委会主席钟师统。萨马兰奇在授勋仪式上说，希望看到中国在1990年成功地举办亚运会，并希望看到中国将来举办奥运会。赵紫阳总理下午在中南海紫光阁会见萨马兰奇时表示，中国政府将全力支持北京根据亚洲奥理会的章程办好1990年第11届亚运会，并希望在条件成熟时在北京举办奥运会。

10月2日　国务院作出关于改革建筑业和基本建设管理体制若干问题的暂行规定。主要内容是：一、全面推行建设项目投资包干责任制；二、大力推行工程招标承包制；三、建立工程承包公司，专门组织工业交通等生产性项目的建设；四、建立城市综合开发公司，对城市土地、房屋实行综合开发；五、勘察设计要向企业化、社会化方向发展，全面推行技术经济承包责任制；六、实行鼓励承包单位节约投资、提前投产的政策；七、建筑安装企业要普遍推行百元产值工资含量包干；八、改革建设资金的管理办法；九、改革建筑材料供应方式，逐步由物资部门将材料直接供应给工程承包单位，由工程承包单位实行包工包料；十、改革设备供应办法；十一、改革现行的项目审批程序；十二、全民所有制的建筑业，要保留一支技术水平高、战斗力强的骨干队伍，同时允许集体和个人兴办建筑，允许持有营业执照的建筑队参加投标竞争，也允许国营建筑企业与集体建筑企业联合承包；十三、改革建筑安装企业的用工制度；十四、推行住宅商品化；十五、实行征地由地方政府统一负责的办法；十六、改革工程质量监督办法。

同　日　中顾委主任邓小平会见参加建国35周年庆典的60多名华人科学家。这些科学家中包括诺贝尔物理学奖金获得者杨振宁、李政道、丁肇中教授，著名实验物理学家吴健雄教授，著名学者吴家玮、任之恭教授。邓小平在会见时说，即将召开的中共十二届三中全会的主题是城市的改革。“这个改革需要更大的勇气。”他说：“党的十一届三中全会，是从农村的改革做起的。农村的政策已经见效了。农民好起来了。人民很高兴，确实高兴。不久我们要召开十二届三中全会，又一个三中全会，这个三中全会的主题是整个城市的改革，包括工业、商业、科学、文化等，范围更广了，我们要开拓新局面。我相信，这次会议在将来的历史上会表明它的重要性。”

10月3日　中顾委主任邓小平会见港澳同胞国庆观礼团。他希望香港同胞团结一致，共同努力，维护香港的稳定与繁荣，为1997年政权移交做出贡献。在谈到有些人怕中国的政策多变时，邓小平说，我们的政策不会变，谁也变不了，因为这些政策见效、对头，而且人民拥护，既然是人民拥护，谁要变，人民就反对。在谈到中英关于香港问题协议中规定的对香港实行“一个国家、两种制度”的方针时，邓小平说，一个国家两种制度在国际上是一种新的构想。我们提出这一方针不仅因为面临香港问题，而且我们对外政策的总方针是维护世界和平。在当今世界上，要解决各种国际争端，就要有新的办法。当然这种制度能否成功，要靠香港同胞的努力，但我相信时间将证明这种制度会取得成功。

10月7日　北京正负电子对撞机国家实验室奠基典礼在中国科学院高能物理研究所举行。邓小平等参加了奠基典礼，为基石培土，祝工程如期完工。在工地现场，邓小平还接见了参加中美高能物理第五次会议全体成员。北京正负电子对撞机是国家重点建设工程项目之一。它是一台可以使正、负两束电子在同一个储存环里沿着相反的方向加速，并在指定的地点发生对头碰撞的巨型机器。这台对撞机的开工建设是我国科学发展史上的一件大事，它不仅表示我国高能物理研究基地的建设进入新的阶段，也标志着我国的科学技术和工业水平正在向着新的高峰发展。

10月7日—13日　德意志联邦共和国总理赫尔穆特·科尔及其夫人应邀访华。科尔一行在为时一周的访华期间，赵紫阳总理同科尔总理举行会谈；胡耀邦总书记、李先念主席、邓小平主任先后会见科尔总理；科尔总理在北京大学发表演说。10日，中国和德意志联邦共和国若干合作文件在北京签字。

10月8日　中国第一支南极考察队在北京举行成立大会。考察队将在南极半岛地区的亘古荒原上建立中国第一个夏季科学考察站，并开展对南极的多学科综合考察工作。考察包括两大部分：南极设站及考察、南大洋考察。将有数百名航海人员、科学工作者及施工人员分乘两艘万吨级远洋轮参加这项远涉重洋的壮举。担负南极登陆建站及科学考察工作的南极考察队由50人组成，他们分别来自10余个部门的20几个单位，年龄最大的55岁，最年轻的只有19岁，绝大多数是科学工作者和工程技术人员。近日，南极考察队的全体队员已齐集北京，在特聘的日本南极考察专家指导下开始多项专业训练。按照计划，中国南极考察队1985年元旦前后在南极半岛地区的某一适当地点登陆，然后在当地建立起两幢钢结构防风防寒考察用建筑物。南极地区的这个新考察站，将被命名为“中国南极长城站”。

10月10日　由体育报社、中国体育记者协会等联合举办的评选建国35周年以来杰出的教练员和运动员活动揭晓。杰出的教练员10人，他们是（按姓氏笔画为序）：文国刚（击剑）、王文教（羽毛球）、李富荣（乒乓球）、张健（体操）、胡鸿飞（田径）、袁伟民（排球）、梁伯熙（跳水）、黄健（田径）、黄强辉（举重）、傅其芳（乒乓球）。杰出运动员40人，他们是（按姓氏笔画为序）：马燕红（体操）、王富洲（登山）、刘适兰（棋类）、许海峰（射击）、孙晋芳（排球）、朱建华（田径）、宋晓波（篮球）、李宁（体操）、李连杰（武术）、李念敏（垒球）、李玲蔚（羽毛球）、李淑兰（射箭）、吴小旋（射击）、吴传玉（游泳）、吴数德（举重）、杨伯镛（篮球）、陈肖霞（跳水）、陈祖德（棋类）、陈福寿（羽毛球）、陈镜开（举重）、张蓉芳（排球）、张燮林（乒乓球）、周继红（跳水）、罗致焕（滑冰）、邱钟惠（乒乓球）、郑凤荣（田径）、郎平（排球）、胡荣华（棋类）、侯加昌（羽毛球）、容志行（足球）、容国团（乒乓球）、栾菊杰（击剑）、聂卫平（棋类）、徐永久（田径）、徐寅生（乒乓球）、钱澄海（篮球）、郭跃华（乒乓球）、戚烈云（游泳）、郝建华（跳伞）、潘多（登山）。

10月11日　国务院批转城乡建设部《关于扩大城市公有住宅补贴出售试点报告》，并通知各地各部门研究执行。国务院通知说，城市公有住宅补贴出售给个人，是逐步推行住宅商品化、全面改革中国现行住房制度的重要步骤。《关于扩大城市公有住宅补贴出售试点报告》根据在常州、郑州、沙市、四平4个城市试点的经验，对今后扩大试点提出了以下一些具体意见：一、各省、自治区、直辖市要根据本地的实际情况，有计划地逐步扩大试点范围。二、住宅的售价要考虑职工的支付能力。三、个人购买的住宅应免征房产税和契税。四、今后各单位建造住宅向个人出售，不计算在固定资产投资规模内。五、建设银行对扩大公有住宅补贴出售试点城市的房产经营部门，今后每年安排一定数量的贷款指标。六、各有关部门要给予大力支持。

10月12日　中国人民公安大学和中国人民警官大学在北京成立。这两所大学上午在一起举行了开学典礼。中国人民公安大学和中国人民警官大学是1984年1月和5月由国务院批准兴办的。邓小平和彭真分别为这两所大学题写校名。中国人民公安大学主要任务是培养公安管理人才、公安院校师资和公安专业干部，已设置公安管理、侦察、治安等专业。中国人民警官大学主要是培养公安科学技术人才，已设置通讯、城市交通管理、警卫等专业。

10月16日　以江南为笔名的旅美华人作家刘宜良被枪击致死。这是台湾国民党当局策划的一起骇人听闻的血案。刘宜良，江苏靖江人，1949年随国民党去台后，曾在台湾“国防部”政工干部学习班学习，毕业后投身台湾新闻界。1967年以《台湾日报》特派员身份驻美，写《蒋经国传》，交《加州论坛报》发表，披露了一些蒋氏父子鲜为人知的丑闻，台湾国民党当局遂秘密策划，指派台湾黑社会“竹联帮”分子陈启礼前往美国枪杀了刘宜良。事后3人恐回台湾后遭灭口之灾，录了两卷录音带，交待此事来龙去脉。命案发生后，引起海内外全体华人社会的愤怒，舆论界纷纷谴责这一惨无人道的暴行，要求有关当局查办凶手。台湾当局采用“舍车保帅”的策略，判处“国防部”情报局长汪希苓无期徒刑，并法办杀手陈启礼等人。尽管这一命案始终未能彻底查处，但仍给国民党当局以很大打击。

10月20日　中共十二届三中全会在北京举行。出席全会的中央委员和候补委员32人。中顾委委员、中纪委委员、以及地方、中央各有关方面的主要负责人共297人列席会议。会议由中央政治局常委胡耀邦、邓小平、赵紫阳、李先念、陈云主持。全会前，举行了6天的预备会议。全会通过了两个重大决定，即《中共中央关于经济体制改革的决定》和《中国共产党第十二届中央委员会第三次全体会议关于召开党的全国代表会议的决定》。《中共中央关于经济体制改革的决定》，阐明了加快以城市为重点的整个经济体制改革的必要性、紧迫性，规定了改革的方向、性质、任务和各项基本方针政策，是中国经济体制改革的纲领性文件。其主要内容是：一、改革是形势发展的迫切需要。二、改革是为了建立充满生机的社会主义经济体制。《决定》指出，为了从根本上改变束缚生产力发展的经济体制，必须认真总结历史经验，认真研究中国经济的实际状况和发展要求，同时必须吸收和借鉴当今世界各国包括资本主义发达国家的一切反映现代社会化生产规律的先进经营管理方法。进一步解放思想，走自己的路，建立起具有中国特色的、充满生机与活力的社会主义经济体制，促进社会生产力的发展，这就是经济体制改革的基本任务。三、增强企业活力是经济体制改革的中心环节。围绕这个中心环节，主要应该解决好两个方面的关系问题，即确立国家和全民所有制企业之间的正确关系，扩大企业自主权；确立职工和企业之间的正确关系，保证劳动者在企业中的主人翁地位。四、建立自觉运用价值规律的计划体制，发展社会主义商品经济。《决定》说，改革计划体制，首先要突破把计划经济同商品经济对立起来的传统观念，明确认识社会主义计划经济必须自觉依据和运用价值规律，是在公有制基础上的有计划的商品经济。全会决定1985年9月召开中共全国代表会议，会议的议题是：（一）讨论和通过关于国民经济和社会发展第七个五年计划纲要的建议；（二）增选中央委员会成员等组织事项。

10月23日　中国队在第三届世界的四伞循环造型跳伞比赛中，以21分创造该项目世界最好成绩并夺得冠军。

10月24日—28日　马尔代夫共和国总统穆蒙·阿卜杜勒·加尧姆访华。访华期间，李先念主席同加尧姆总统举行会谈；赵紫阳总理、邓小平主任分别会见加尧姆总统。27日，中国和马尔代夫经济技术合作等协定在北京签署。

10月25日　中国共接收安置印支难民达27.6万多人。中国民政部印支难民安置办公室一位副主任对中外记者说，1977年以来，中国政府共接收并安置了27.6万多印支难民，用于安置这些难民的费用已超过10亿元人民币。

同　日　中国商业信贷工作会议确定，对经济特区、海南岛和14个沿海城市的开发区实行特殊的信贷政策。这些政策主要包括：放宽贷款条件，只要符合政策，有经济效益，还款有保证，都可以得到贷款。不论国营、集体和个体经营的各种商业、服务业，还是外商独资、中外合资的商业服务业，都给予贷款。打破流动资金贷款和固定资金代款的使用界限。对这些地区国内建造、地区联营或与外商合资的宾馆、饭店、旅游等服务设施，银行可以试办投资。

10月27日　中国艺术体操队在美国印第安那波利斯市举行的第四届四大洲艺术体操锦标赛中以38.5分的成绩首次为中国获得团体冠军。

10月28日—11月7日　缅甸联邦社会主义共和国总统、国务委员会主席吴山友和夫人访华。访华期间，李先念主席、赵紫阳总理分别同吴山友总统举行友好会谈和政治会谈，邓小平主任和胡耀邦总书记先后会见吴山友总统。

10月30日　本年度农业生产喜获丰收。预计粮食总产量可达8 000亿斤左右，比1983年增产250亿斤以上。这是国家统计局综合司在中外记者新闻发布会上透露的。预计获得丰收的还有棉花、油料、糖料、烤烟、黄麻等经济作物。

同　日　国家核安全局在北京成立，著名核工业专家姜圣阶首任局长。国家核安全局是依照中国法律和有关法令、法规对中国民用核设施进行安全审查、监督、管理和组织核安全研究工作的政府权力机构。其主要任务和职责是：负责起草国家原子能基本法；组织起草和制订民用核设施有关的安全法规、守则和标准；建立严格有效的安全审批程序，对自己建造和国外引进的民用核设施进行安全审批并颁发建造许可证和运行执照；对已经批准建设和运行的民用核设施的安全工作进行检查和监督；组织国内有关部门与地方开展对民用核设施的安全和管理的科学研究；开展核安全方面的国际交流与合作等。

11月1日　中国与阿联酋建交。中国政府和阿拉伯联合酋长国政府经过友好协商，决定自1984年11月1日起建立大使级外交关系。

同　日　中国给最后一批7.9万多名“地、富、反、坏分子”摘帽工作结束。至此，自建国以来对2 000多万名四类分子进行教育改造的历史任务已完成。

11月10日—23日　李先念主席出访西班牙、葡萄牙和马耳他。出访期间，李先念分别同卡洛斯国王、埃亚内斯总统和巴巴拉总统等三国领导人就共同关心的国际问题和双边关系交换了看法，并分别同西班牙首相冈萨雷斯和马耳他总理明托夫举行了会谈；吴学谦外长也先后同西班牙外务大臣莫兰和马耳他外长特里戈纳举行了会谈；吴学谦外长在里斯本就澳门问题对记者发表了谈话。15日，中西两国政府在马德里签署了关于发展经济和工业合作协定，并就在上海和巴塞罗那互设总领事馆问题达成协议。

11月14日　中国向非洲受灾国捐赠5万吨粮食。外交部新闻司在新闻发布会上宣布，中国政府决定在自年初以来向非洲受灾国家捐赠3万吨救灾粮食之后，再捐赠5万吨救灾粮食。

11月15日　中国加入《禁止细菌（生物）及毒素武器的发展、生产及储存以及销毁这类武器的公约》。同日，中国驻美国大使章文晋向美国政府递交了吴学谦外长给舒尔茨国务卿的信，阐明中国加入禁止生物武器条约的立场。

同　日　国务院发布《关于经济特区和沿海14个港口城市减征、免征企业所得税和工商统一税的暂行规定》的通知，要求各部委、各地区遵照执行。该暂行规定决定特对外国和港澳等地区的公司、企业以及个人在4个经济特区（深圳、珠海、厦门、汕头）和沿海14个港口城市（大连、秦皇岛、天津、烟台、青岛、连云港、南通、上海、宁波、温州、福州、广州、湛江、北海）投资兴办中外合资经营企业、中外合作经营企业、客商独立经营企业给予减征、免征企业所得税和工商统一税的优惠。该暂行规定指出，这样做是为了有利于上述特区和城市扩大对外经济合作和技术交流，吸收外资、引进先进技术，加速现代化建设。

11月17日—24日　挪威首相维洛克访华。访问期间，赵紫阳总理同维洛克首相举行会谈；邓小平主任会见维洛克首相。21日，中挪两国政府关于相互保护投资的协定在北京签字。

11月20日　中国国家重点建设项目——合肥国家同步辐射实验室工程奠基典礼在中国科技大学举行。这项工程的目标是建成中国第一台从红外、可见光、真空紫外光到软X射线频谱范围的高强度、高稳定性的专用同步辐射光源。这个实验室建成后将向全国开放，为国内外研究部门、高等院校、工矿企业共同使用。

11月23日　有关部门介绍中国出国留学最新情况：自1978年到1984年6月底累计到国外留学的总人数达到3.3万多名。其中，公派留学人员2.6万多名，另有7 000多人自费出国留学。已有1.4万多人学成回国。6年来出国留学人员不仅在数量上超过1950年—1977年的28年总和的一倍以上，而且在人员结构、选派渠道、学习专业门类等方面都有许多新的特点。

11月29日　国务院发出同意民政部关于调整建镇标准的报告的通知。由各地试行。这个报告对1955年和1963年规定的设镇标准作了调整。新的建镇标准主要是：一、凡县级地方国家机关所在地，均应设置镇的建制。二、总人口在2万人以下的乡，乡政府驻地非农业人口超过2 000人的，可以建镇；总人口在2万人以上的乡，乡政府驻地非农业人口占全乡人口10%以上的，也可以建镇。三、少数民族地区、人口稀少的边远地区、山区和小型工矿区、小港口、风景旅游区、边境口岸等地，非农业人口虽不足2 000人，如确有必要，也可以设置镇的建制。四、凡具备建镇条件的乡，撤乡建镇后，实行镇管村的体制；暂时不具备设镇条件的集镇，应在乡人民政府中配备专人加以管理。

同　日　中国运动员许兆晓在布达佩斯多瑙温泉奖国际花样滑冰赛中获得男子单人滑第一名。这是中国运动员在国际花样滑冰比赛中取得的第一个冠军。

12月10日—15日　苏丹总统尼迈里访华。访华期间，李先念主席同尼迈里总统举行政治会谈，邓小平主任和赵紫阳总理分别会见尼迈里总统；中国和苏丹两国政府贸易议定书、贷款协定及两个换文在北京签署。

12月11日—14日　中国共青团十一届三中全会在北京举行。全会选举胡锦涛为团中央书记处第一书记；全会通过了《关于在经济体制改革中充分发挥共青团作用的决定》。全会还决定于1985年第四季度召开共青团全国代表会议。

12月13日　国务院发出《关于筹措农村学校办学经费的通知》。通知规定对农村学校在逐年增加国家对教育基本建设投资和教育事业费的同时，要充分调动农村集体经济组织和其他各种社会力量办学的积极性，开辟多种渠道筹措农村学校办学经费。除国家拨给的教育事业费外，乡人民政府可以征收教育事业附加费，并鼓励社会各方面和个人自愿投资在农村办学。这些经费，要实行专款专用，任何部门和单位不得挪用和平调。国家拨给经费由县下达到各乡，不得减少和截留；乡人民政府可征收教育事业附加费用之于乡；民办教师全部实行工资制，做到不再分公办民办。

12月15日　国务院决定从1985年1月1日起，国营企业的厂长（经理）实行任期制度，并就此事向各地区各部门发出《关于国营企业厂长（经理）实行任期制度的通知》。通知的主要内容为：一、凡由上级任命的国营企业的厂长，一律实行任期制。二、厂长的任职期限，应根据企业的规模和生产经营的特点，确定不同的任期，每届任期最长为4年，在规定的任职年龄内可以连任，但不得超过3届。三、现任厂长、任期自何时计算，由各省、自治区、直辖市和国务院各部门自行确定。四、厂长在任期内，可以辞职。辞职前，必须正式向上级任免机关提出报告，陈述理由，经批准后生效。五、上级任免机关有权免除任期内厂长的职务。

同　日　江苏省徐州市发现1 000多件汉代兵马俑。考古人员指出，徐州汉代陶俑的发现，对研究汉代历史具有重要意义，它的价值仅次于西安秦代兵马俑。

同　日　上海经济区范围扩大。国务院批准，上海经济区的范围由上海市及江浙两省9个市扩大为4省1市，即江苏、浙江、安徽、江西4省全部和上海市。扩大了的上海经济区，土地面积51万平方公里，人口1.97亿。这是一个实力雄厚的地区，不但是强大的工业基地、港口基地，而且是全国农业高速度发展地区。这里资源丰富、人才集中，又是文物之邦、旅游胜地，发展第三产业很有潜力。

12月18日　由中国田径协会、中国体育记者协会、《田径》杂志编辑部、人民体育出版社、中央电视台、中央人民广播电台六单位联合举办的1984年中国最佳田径运动员评选活动在北京揭晓。这是历次田径十佳评选中规模最大的一次，全国田径界的教练员、科研人员、体育记者、体育教师和有关人员参加了投票，根据票数选出了1984年中国最佳田径运动员10名：朱建华、阎红、徐永久、邹振先、刘玉煌、李梅素、郑达真、刘云鹏、蔡舒、曾朝学。1984年中，中国田径运动员取得很大成绩，共有3人4次打破世界纪录，2人2次创1项世界纪录，4人9次打破4项亚洲纪录，31人队71次打破22项全国纪录，6人7次创1项全国最好成绩。

12月18日—20日　英国首相撒切尔夫人来华签署中英关于香港问题的联合声明并进行正式友好访问。19日，中英关于香港问题的联合声明由赵紫阳总理和撒切尔夫人在北京正式签字。邓小平主任、李先念主席出席了签字仪式。同日，邓小平主任、李先念主席和胡耀邦总书记分别会见撒切尔夫人；赵紫阳总理同撒切尔夫人举行会谈。

12月21日—29日　苏联部长会议第一副主席阿尔希波夫访华。访华期间，赵紫阳、陈云、彭真先后会见阿尔希波夫第一副主席；姚依林副总理同阿尔希波夫举行会谈。28日，中苏两国政府经济技术合作协定、科学技术合作协定在北京签字。两国还于26日就1985年补充贸易进行换文，决定1985年两国贸易额从36亿瑞士法郎增加到46亿瑞士法郎。

12月25日　中国迄今容积最大、技术最先进的大型高炉——上海宝山钢铁总厂1号高炉综合联动试车成功。宝钢1号高炉容积为4 063立方米，投产后每天可出1万吨铁水。这次综合联动试车现场没有一个试车人员，全部采用电子计算机和微处理机自动控制。从原料库到高炉顶的700多米主体生产线上的设备都按照电子计算机的指令，依次投入运行。

12月26日　中国重点建设项目之一的引滦入唐工程提前1年竣工通水。该项工程是为了解决唐山市工业和人民生活缺水而兴建的一条输水工程，沿途经过迁西、丰润两县，全程52公里。原计划1985年底建成。

12月27日　中国首批南极考察队员登上南极洲乔治岛，至31日考察队全体队员顺利登上南极土地，中华人民共和国国旗首次插上南极洲。30日，中国南极长城站站址选定在南极的菲尔德斯半岛上。31日，奠基典礼在乔治岛举行。

12月28日　国家统计局预计，本年度中国工农业总产值将突破1

万亿元，比1983年大约增长11%。这一增长速度，使过去30年工农业总产值平均每年增长8%多一点的速度相形见绌，它表明国民经济本年度迈出了历史性的步伐。率先改革的农业，本年度再丰收，10亿中国人平均每人占有的粮食因此超过800斤，第一次赶上世界平均水平。开始搞活的工业，本年度持续而协调地发展，增长速度之大和经济效益之高，都是实行“调整、改革、整顿、提高”八字方针以后历年来所未有的。

同　日　上海港年吞吐量首次突破亿吨大关。这是一个历史性的突破，使上海港跃入世界上10个亿吨大港的行列。

同　日　天津市举行地下铁道通车典礼。这是继北京之后，在中国大城市中建成的第二条地铁。

1985年

1985年综述

1985年，是我国执行“六五”计划的最后一年，也是对外开放形成新格局，经济体制、教育科技体制、军队体制步入全面改革的一年。

1月1日，中共中央、国务院发布的《关于进一步活跃农村经济的十项经济政策》，是继打破集体经济中的“大锅饭”以后，指导农村改革，迈出以改革、统购派购制度，调整产业结构为中心内容的第二步。

同月，邓小平《建设有中国特色的社会主义》一书出版发行。该书收入邓小平1982年中共十二大—1984年11月之间的重要讲话和谈话22篇。同月，国务院发出《关于国营企业工资改革问题的通知》，决定从1985年开始，在国营大中型企业中，实行职工工资总额同企业经济效益按比例浮动的办法。经过试验逐步在全国推广。

3月，中共中央公布《关于科学技术体制改革的决定》，提出对现行科技体制在运行机制、组织结构、人事制度等方面的改革内容和基本原则。5月，中共中央颁布《关于教育体制改革的决定》。与此同时，邓小平宣布中国政府决定，人民解放军裁军百万，推进军队体制改革。我国开始进入经济体制、教育科技体制、军队体制全面改革的阶段。

4月，邓小平会见坦桑尼亚副总统兼桑给巴尔总统阿里·哈桑·姆维尼。并说，中国的社会主义制度是个好制度，我们要坚持，一直到共产主义。但关键要搞清楚什么是社会主义和如何建设社会主义。不发展生产力，不提高人民的生活水平，就不能说是搞社会主义。

6月，中共中央、国务院决定对机关和事业单位实行以职务工资为主的结构工资制，同时下发改革方案，从此经济体制改革逐步展开。

同月，国务院批准把厦门经济特区扩大到厦门和鼓浪屿全岛，并逐步实行自由港的某些政策。这是我国对外开放的重要战略部署。通过经济特区——沿海开放城市、沿海经济开放区——内地这样多层次、全方位的探索和实践由东到南、从外向内滚动式地逐步推进，形成对外开放的新格局。

9月，中共十二届四中全会在北京举行，决定本月18日召开中国共产党全国代表会议。同月，中国共产党全国代表会议召开，会议通过了《中共中央关于制定国民经济和社会发展第七个五年计划的建议》。同月，中共十二届五中全会召开，进行了中央领导机构的人事调整。

11月，我国钢铁联合企业——宝山钢铁总厂一期工程举行投产仪式。同月，共青团全国代表会议在北京召开，会议确定了共青团在“七五”计划期间的任务。

12月，《刘少奇选集》下卷出版发行。《选集》收录了刘少奇在中华人民共和国成立以后的重要著作38篇。

1985年是“六五”计划最后一年，到年底各条战线都顺利完成了“六五”计划规定的各项经济指标。具体是：工农业总产值13 269亿元，比上年增长16.2%。其中，农业总产值为4 510亿元，比上年增长约13%；工业总产值为8 759亿元，比上年增长18%。工农业产品产量：粮食，3.7898亿吨，比上年降低7%；钢，4 666

万吨，比上年增长7.3%；原煤，8.5亿吨，比上年增长7.7%；原油，1.25亿吨，比上年增长8.9%；发电量，4 073亿度，比上年增长8%。社会商品零售总额，4 305亿元，比上年增长27.5%。国家财政总收入，1 866.4亿元，总支出1 844.78亿元，结余21.62亿元。国民经济发展中存在的主要问题是，社会总需求仍然超过社会总供给。如生产出现非常的“超高速发展状况：进口增加过猛，外汇收支逆差较大；固定资产投资规模偏大；消费基金增长过快；许多企业管理水平不高，经济效益低的状况还没有根本转变，等等。

1月1日　中共中央、国务院发布关于进一步活跃农村经济的十项政策。其主要内容是：一、改革农产品统派购制度。二、大力帮助农村调整产业结构。三、进一步放宽山区、林区政策。四、积极兴办交通事业。五、对乡镇企业实行信贷、税收优惠，鼓励农民发展采矿和其他开发性事业。六、鼓励技术转移和人才流动。七、放活农村金融政策，提高资金的融通效益。八、按照自愿互利原则和商品经济要求，积极发展和完善农村合作制。九、进一步扩大城乡经济交往，加强对小城镇建设的指导。十、发展对外经济、技术交流。

同　日　国务院发出《关于下达1985年国民经济和社会发展计划（草案）的通知》。《通知》提出了1985年计划的主要任务，即：进一步贯彻执行对内搞活经济、对外实行开放的方针，积极而稳妥地进行经济体制改革，保持国民经济协调稳定地发展，全面完成和超额完成“六五”计划规定的各项任务，并为“七五”经济发展准备条件。在计划安排中，要在保持社会生产稳定增长的基础上，认真搞好财政信贷平衡，切实抓好两个环节：一是严格控制货币发行量；二是严格控制基本建设投资总规模。具体任务是：（一）努力提高经济效益，在这个基础上求得生产的持续增长。（二）严格控制基建投资总规模，认真贯彻执行以技术改造和改建、扩建为主的方针。1985年基建投资总额计划安排800亿元，比上年计划增加150亿元。其中，国家预算内拨款改贷款投资361亿元（包括由地方财力安排的20亿元在内），比上年计划增加38亿元；利用外资100亿元，增加36亿元；银行贷款86亿元，增加30亿元；自筹投资176亿元，增加26亿元；其他投资70亿元，增加19亿元。（三）适应经济搞活的新形势，调整国家统配物资的分配办法。（四）活跃城乡市场，适应人民生活改善的需要。（五）进一步实行对外开放，扩大对外经济技术合作和交流。（六）加强智力开发，进一步发展科学、教育等事业。《通知》还规划了1985年计划体制改革的指导思想和内容，这就是：要突破把计划经济同商品经济对立起来的传统观念，在计划管理中自觉依据和运用价值规律，建立起统一性和灵活性相结合的计划体制，促进国民经济大体按比例地协调发展。

同　日　邓小平《建设有中国特色的社会主义》一书出版发行。这本书是继《邓小平文选（1975—1982）》之后，围绕建设有中国特色的社会主义这个主题，将党的十二大以来邓小平的一些重要谈话和讲话编辑而成，以十二大开幕词为开卷篇。全书共22篇，3万多字。它反映了邓小平在1983—1984两年多时间内，从中国的实际情况出发，运用马克思主义的辩证唯物主义和历史唯物主义，解决不断遇到的实际问题，而提出和阐述的一系列重要思想和主张。

1月5日　国务院发出《关于国营企业工资改革问题的通知》。《通知》规定，从1985年开始，在国营大型企业中，实行职工工资总额同企业经济效益按比例浮动的办法。

同　日　中纪委发出要求各级纪委清理党政机关和干部经商办企业问题的通知。通知要求各级纪委以鲜明态度，积极协助党委和配合有关部门，认真检查清理党政机关和党政干部经商、办企业问题。

1月6日　中国作家协会第四届理事会选出主席团和书记处。中国作协主席巴金当选为主席，丁玲、王蒙、冯至、冯牧、艾青、刘宾雁、沙汀、陆文夫、张光年、陈荒煤、铁依甫江11人当选为副主席。马烽、韦君宜、邓友梅、叶君健、刘白羽、朱子奇、严文井、玛拉沁夫、李准等20人为委员。作协主席团在7日举行第一次会议，推举唐达成、鲍昌、葛洛，束沛德、杨子敏、邓友梅，韶华、张锲、乌热尔图9人组成书记处，负责处理作协的日常工作。

1月11日　国务院颁发《关于自费出国留学的暂行规定》。据新华社报道，国务院在颁发的《关于自费出国留学的暂行规定》中指出：凡我国公民个人通过正当合法手续取得外汇资助或国外奖学金，办好入学许可证件的，不受学历、年龄和工作年限的限制，均可申请自费到国外上大学、读研究生或进修。

1月19日　中顾委主任邓小平会见香港核电投资有限公司代表团，陪同参加会见的有国务院副总理李鹏等。邓小平在会见以香港中华电力公司主席嘉道理勋爵为首的香港核电投资有限公司代表团时，指出广东同香港合营的广东核电站将“对保持香港的繁荣和稳定、增加港人的信心有着特别重要的意义。”他对这座核电站的合同正式签字表示祝贺。他说，这个核电站不仅在7年的建设过程中，甚至在1997年我国对香港恢复行使主权以后都会发生影响。它将使大陆和香港在经济上的联系更加紧密。邓小平强调，我们的对外开放、吸引外资的政策，是一项长期持久的政策。在本世纪内不能变，下个世纪的前50年也不能变。有人说中国的开放政策会导致资本主义。如果真的导致了资本主义，那么，我们的这个政策就失败了。我们的回答是，我们的开放政策不会导致资本主义。实行对外开放政策，会有一部分资本主义的东西进入。但是，社会主义的力量更大，而且会取得更大的发展。社会主义的比重将始终占优势。邓小平还指出，到本世纪末使我国的工农业年生产总值在1980年的水平上翻两番只是我们的第一个雄心壮志。我们还必须有第二个雄心壮志。那就是在下一个世纪再花50年的时间，使我们的国家接近发达国家的水平。为了实现这两个雄心壮志，都更加需要对内搞活经济，对外实行开放。嘉道理说，我非常高兴能同社会主义国家合作。邓小平对嘉道理说，中国在同外资合作中，不会让外资吃亏，但是希望大家都过得去。在考虑政治、经济问题时，一厢情愿是不行的。我们在同英国就香港主权回归中国的问题进行谈判时，考虑到中国、英国和香港各方面的利益，最后达成了解决香港问题的协议。他说，下一步要着手解决台湾问题，解决台湾问题的条件更宽，所谓宽就是台湾可以保留军队。解决台湾问题也不能一厢情愿。大陆的利益、台湾的利益以及同台湾有关的外国资本的利益都要考虑到，否则就搞不成。嘉道理对邓小平提出的这一构想表示赞赏。他表示相信，台湾同香港一样，也会回到祖国的怀抱里的。邓小平对嘉道理同中国密切合作表示称赞。

1月31日　国务院批转国家旅游局《关于当前旅游体制改革几个问题的报告》。《报告》指出，当前旅游体制改革的主要目标是：破除不适应旅游发展要求的老观念、老办法、老框框，充分调动各方面的积极性，使旅游事业得到更快、更好的发展。要从只抓国际旅游转变为国际、国内一起抓；从主要搞旅游接待转变为开发、建设旅游资源与接待并举；从以国家投资为主建设旅游基础设施转为国家、地方、部门，集体、个人一起上，自力更生与利用外资一起上。要按照“政企分开，统一领导，分级管理，分散经营，统一对外”的原则，建立以国营旅游企业为主导的多种经济形式、多渠道、少环节的旅游经营体制；建立责权利相结合的、高经济效益、高服务质量的旅游企业管理体制，把旅游事业搞活，走出一条适合国情、日益兴旺发达的中国式的旅游道路。

2月2日　关于高等院校、高级中学进行军事训练试点问题。据《中国教育报》报道，教育部、劳动人事部、财政部、解放军总参谋部、总政治部、总后勤部于1月中旬联合发出了《关于高等院校、高级中学进行军事训练试点问题的通知》。通知说，试点的学校，应是领导和师资力量比较强，并具有实施军训试点的基本条件。高等院校最好选择设有武装部、进行过军事训练、有代表性的不同类型的院校；高级中学和相当于高级中学的学校，要选择不同地区（城市、农村）、不同类型的（普通高中、职业高中、中专、技工）学校。试点的高等院校，可设置直属军事教研室。教研室主任、副主任分别由武装部长、副部长兼任，在主管校长和教务长的领导下负责军事教学工作。

2月9日　台湾地区发生引发金融风暴的“十信事件”。“十信”，是指台北市第十信用合作社，是台湾最大的信用合作社，拥有7万余个存款客户，存款总额达150亿新台币。“十信”理事会主席蔡辰洲是国民党增额“立法委员”，多年来，利用职权和家族姻缘关系，先后假借其所经营的“国泰塑胶关系企业”职工名义向“十信”贷取巨款，作为企业运用的资金，导致“十信”周转不灵。台湾“财政部”发现“十信”账目不实，不良放款增加，于2月9日勒令“十信”自11日—13日暂停营业3天。“十信”弊案暴露后，立即发生挤兑风潮，债权和债务人还发动了数次大规模游行、示威请愿，引发了各种社会问题。国民党当局为了防止事态扩大，先后接管了“十信”、“国塑”等公司，拘捕了蔡辰洲等人。台湾“经济部长”徐立德为此事辞职。

2月13日　全总公布《职工自学成才奖励暂行条例》。《条例》规定，职工未经高等院校（包括职工大学、职工业余大学、电视大学、普通高等院校办的夜大学）系统学习，通过自学达到相当于大学专科文化水平，并具备一定的条件，可以申请职工自学成才奖。《条例》还规定，职工自学成才的奖励贯彻精神鼓励与物资鼓励相结合，以精神鼓励为主的原则，获奖者由全国总工会颁发奖状、奖章并发给奖金1 000元。奖励名额由全国总工会确定。

2月14日　我国政府决定增加67个开放市、县。公安部出入境管理局负责人宣布，我国政府决定从1985年2月15日起增加67个开放市、县，外国人士去这些地方，不需办旅行证。这些市、县是：石家庄市、承德市、涿县、包头市、呼和浩特市、鞍山市、抚顺市、丹东市、锦州市、吉林市、延吉市、齐齐哈尔市、大庆市、连云港市、南通市、常州市、扬州市、宁波市、温州市、绍兴市、合肥市、芜湖市、黄山市、蚌埠市、屯溪市、九华山游览区、南昌市、九江市、景德镇市、福州市、厦门市、泉州市、漳州市、烟台市、泰安市、潍坊市、淄博市、济宁市、安阳市、宜昌市、沙市市、襄樊市、江陵县、衡阳市、岳阳市、湘潭市、深圳市、珠海市、汕头市、海口市、湛江市、中山市、江门市、韶关市、惠州市、北海市、柳州市、梧州市、乐山市、峨眉县、贵阳市、安顺市、延安市、兰州市、西宁市、银川市、乌鲁木齐市。从3月1日起，再增加江苏省的镇江市和福建省的崇安县为开放市、县。至此，我国这类开放地区的数量已达100个。

2月15日　中国南极长城站在南极乔治岛建成。20日，南极长城站落成典礼在大雪纷飞中举行。这标志着我国南极科学考察进入一个新阶段。国家南极考察委员会主任武衡首先宣读国务院给中国南极考察队全体同志的贺电。他代表全国人民向为祖国争得荣誉的考察人员表示热烈的祝贺和亲切的慰问。中国南极长城站站长郭琨在落成典礼上发表声明，欢迎各国科学家和中国台湾省的科学家到中国南极长城站参加南极科学考察活动。中国南极长城站胜利建成，填补了我国科学事业上的一项空白，标志着我国的极地考察事业发展到一个新的阶段；为我国进一步加强国际科学技术交流与合作，和平利用南极，造福于人类奠定了基础。它对进一步加强地球物理、海洋、气象、通讯技术和宇宙科学等方面的研究，对我国社会主义建设都具有重大意义。国务院希望中国南极考察队全体成员团结奋斗、克服困难、再接再厉，为人类和平利用南极做出更大的贡献。

2月26日　中共中央办公厅转发中共中央组织部《关于大量吸收优秀知识分子入党的报告》。《报告》指出，目前，全国4 000多万党员，具有大学文化程度的仅占4%，中专和高中文化程度的占13.8%，而小学文化程度的占42%，文盲占10.1%。这种状况，同党所面临的新形势、新任务很不适应。各级党委要高度重视改善党员队伍文化科学知识水平偏低的状况，把决心为社会主义现代化事业和共产主义事业献身的优秀知识分子大量吸收到党内来。这不仅是必要的，而且是可能的。在知识分子中发展党员，重点应是优秀的中青年同志。在校的研究生、大学生和中专生是知识分子队伍的后备力量，要大力加强在他们中间发展党员的工作。要在归侨、侨眷知识分子中发展一批党员。党的领导干部要主动同知识分子交朋友，从思想认识上、社会舆论上以及组织措施上，坚决排除各种干扰，尽快解决优秀知识分子入党难问题。

3月13日　中共中央发出《关于科学技术体制改革的决定》。《决定》指出，改革的主要内容是，在运行机制方面，要改革研究机构的拨款制度，按照不同类型科学技术活动的特点，实行经费的分类管理。要促进技术成果的商品化，开拓技术市场，克服单纯依靠行政手段管理科学技术工作，国家包得过多，统得过死的弊病；在对国家重点项目实行计划管理的同时，运用经济杠杆和市场调节，使科学技术机构具有自我发展的能力和自动为经济建设服务的活力。在组织结构方面，要改变过多的研究机构与企业相分离，研究、设计、教育，生产脱节，军民分割，部门分割，地区分割的状况；大力加强企业的技术吸收与开发能力和技术成果转化为生产力的中间环节，促进研究机构、设计机构、高等学校、企业之间的协作和联合，并使各方面的科学技术力量形成合理的纵深配置。在人事制度方面，要克服“左”的影响，扭转对科学技术人员限制过多，人才不能合理流动、智力劳动得不到应有的尊重的局面，造成人才辈出，人尽其才的良好环境。科学技术体制改革的根本目的，是使科学技术成果迅速地、广泛地应用于生产，促进经济和社会的发展。

3月17日　国务院作出《关于加强外汇管理的决定》。这一《决定》规定，严禁非法倒卖外汇的活动和严禁外币流通。机关、团体、企业单位议价买卖外汇和用外汇倒卖进口物资的，外汇管理部门要没收其全部非法收入，上缴国库，并课以罚款；情节严重的，要对有关单位领导人给予纪律制裁。

3月20日　中国19种食品荣获国际金质奖。经法国国际美食及旅游委员会评审，我国19种食品达到国际高质量标准，获得金质奖牌。获奖的食品是：贵州的飞天牌茅台酒、天津的金星牌玫瑰露酒、北京的丰收牌桂花陈酒、浙江的塔牌绍兴花雕酒、山东的龙口粉丝、上海的鸽牌龙虾片、上海的菊花晶、江苏的金梅牌麻油、江苏的金梅牌镇江香醋、江苏的金梅牌肉松、广西的象山牌糖水荔枝、福建的水仙花牌糖水龙眼、福建的水仙花牌豆芽、福建的茉莉花茶、江西的长青牌荠头、辽宁的红梅牌芦笋、浙江、上海和江苏的梅林牌清水马蹄、梅林牌糖水金桔、梅林牌糖水杨梅。此外，香港产的淘大海鲜酱、淘大辣椒酱和李锦记熊猫牌蚝油也同时获得金质奖牌。

3月28日—4月7日　中国选手在第三十八届世界乒乓球赛中频频夺魁。第三十八届世界乒乓球锦标赛在哥德堡举行。中国选手获男女团体冠军，江加良、曹燕华分别获男女单打冠军，蔡振华和曹燕华获混合双打冠军，戴丽丽和耿丽娟获女子双打冠军。

4月2日　国务院通知对外合作开采石油资源应集中管理。国务院批转石油工业部《关于对外合作开采陆上石油资源的请示》，并通知各地区、各部门贯彻执行。《通知》指出，对外合资开采我国石油资源具有重要意义，应由国家集中管理，统一经营。陆上石油对外合作勘探开发，只限在中央、国务院已批准的江苏、浙江、安徽、福建、湖南、江西、云南、贵州、广西、广东等10个省（区）进行。国务院确定由石油工业部作为对外合作开采陆上石油资源的政府主管部门，由中国石油开发公司负责经营对外合作开采陆上石油的业务。在陆上石油对外合作中，石油工业部要注意发挥地方和地质部门的积极性，地方和各有关部门要积极支持这项工作。

4月17日　国务院发布《关于严禁淫秽物品的规定》。《规定》指出，淫秽物品，毒害人们的思想，诱发犯罪，危害极大。为了保护广大人民特别是青少年的身心健康，维护社会治安，保证社会主义现代化建设的顺利进行，对各种淫秽物品，不论是否以营利为目的，都必须严禁进口、制作(包括复制)、贩卖和传播。《规定》还指出，查禁淫秽物品的工作，既要坚决、认真，又不要扩大范围。夹杂淫秽内容的有艺术价值的文艺作品，表现人体美的美术作品，有关人体的生理、医学知识和其他自然科学作品，不属于淫秽物品的范围，不在查禁之列。

4月28日　《人民日报》报道：中组部在京召开部分省市、部委第三梯队建设工作座谈会。座谈会指出，建设第三梯队对于我们建设有中国特色的社会主义，对于进一步搞好新老干部的合作与交替，从组织上保证实现翻两番的奋斗目标，以至在21世纪的前三五十年使我国的经济实力接近经济发达国家的水平，都具有十分重要的意义。考察和选拔第三梯队人选，一定要坚持“四化”方针，特别要注重政治素质，切不可让“三种人”和有其他严重问题的人混进来。考察干部要看主流，看他们的工作实绩和实际水平，着重于真才实学和组织领导能力，不应片面地、单纯地层层看年龄和文凭。会议还指出，今后第三梯队的建设，要进一步做好两个方面的工作：一是继续抓好第三梯队的选拔、充实和培养、提高。要建设成一支德才素质好、数量充足、结构合理、上下衔接，既能满足近期领导班子调整的需要，又能适应远期领导班子建设的要求，不断充实和发展的后备干部队伍。二是要发扬勇于改革的精神，逐步建立和健全有助于大批年轻优秀干部源源不断地涌现，并得到及时选拔、培养和使用的制度，以创造一种适于大批优秀人才脱颖而出的环境。

5月1日　中国人民解放军陆、海、空军指战员换着新的制式服装。

5月6日　中国美术家协会第四次会员代表大会在济南举行，会议民主选举产生新的领导机构。中国美术家协会第四届理事会由选出的221名理事组成；常务理事会由选出的56名常务理事组成；吴作人当选为中国美术家协会主席；王朝闻、古元、叶浅予、刘开渠、关山月、华君武、李少言、李可染、周思聪、秦征、黄永玉、蔡若虹（按姓氏笔画为序）被选为副主席。

5月11日—17日　中国音乐家协会第四次会员代表大会在京举行。这次大会理事会第一次会议推举吕骥、贺绿汀为中国音协名誉主席；选举李焕之为主席；才旦卓玛、严良堃、李凌、吴祖强、孙慎、丁善德、周小燕、时乐蒙、瞿希贤、施光南、沈亚威、李德伦、赵沨、瞿维为副主席，周巍峙、喻宜萱为顾问。

5月15日—29日　中共中央、国务院在北京召开全国教育工作会议。会议的中心议题是讨论中共中央《关于教育体制改革的决定（草案）》并就如何繁荣和发展社会主义教育事业献计献策，共商大计。胡启立、万里、邓小平先后在会上作重要讲话。胡启立指出，经济建设、社会发展、科技进步，都取决于人才，而解决人才问题关键在于教育。尊重知识，尊重人才，首先就要尊重教育。万里指出，人才是现代化建设成败的关键，没有教育就没有人才。人才的极端重要性决定了教育在四化建设中的战略地位。教育体制改革的根本目的是多出人才，出好人才。邓小平在会上作了题为《各级党委和政府要把教育工作抓起来》的重要讲话。他说，我国国力的强弱，经济发展后劲的大小，越来越取决于劳动者的素质，取决于知识分子的数量和质量。一个10亿人口的大国，教育搞上去了，人才资源的巨大优势是任何国家比不了的。有了人才优势，再加上先进的社会主义制度，我们的目标就有把握达到。他说，中共提出要以极大的努力抓教育，并且从中小学抓起，这是战略眼光的一着。如果现在不向全党提出这样的任务，就会误大事，就要负历史责任。《决定》强调教育体制改革的根本目的是提高民族素质，多出人才，出好人才。改革的主要内容是：改革教育管理体制，在加强宏观管理的同时，坚决实行减政放权，扩大学校办学自主权；5月27日，中共中央发布《关于教育体制改革的决定》。调整教育结构，相应地改革劳动人事制度；改革同社会主义现代化建设不相适应的教育思想、教育内容、教育方法。经过改革，要达到使基础教育得到切实的加强，职业技术教育得到广泛的发展，高等学校的潜力和活力得到充分的发挥，学校教育和学校外、学校后的教育并举，各级各种教育能够主动适应经济和社会发展的多方面需要。《决定》还就增加教育投资，把发展基础教育的责任交给地方，有步骤地实行九年制义务教育；调整中等教育结构，大力发展职业技术教育；改革高等学校的招生计划和毕业生分配制度，扩大高等学校办学自主权；对加强领导，调动各方面积极因素，保证教育体制改革的顺利进行等问题，作了明确的原则规定。

5月23日　中共中央、国务院发出《关于禁止领导干部的子女、配偶经商的决定》。《决定》指出，凡县、团级以上领导干部的子女、配偶，除在国营、集体、中外合资企业，以及在为解决职工子女就业而兴办的劳动服务性行业工作者外，一律不准经商。所有干部子女特别是在经济部门工作的干部子女，都不得凭借家庭关系和影响，参与或受人指派，利用牌价议价差别，拉扯关系，非法倒买倒卖，牟取暴利。各级领导干部要以身作则，教育子女及配偶遵纪守法，绝对不得利用关系进行违法活动。

5月23日—6月6日　中央军委扩大会议在北京召开。会议主要是讨论贯彻关于军队减少员额100万的战略决策，并研究制定了落实这一决策的措施和步骤。会议确定，搞好改革体制，精简整编，是军队今后两年的中心任务。会议号召全军指战员顾大局、识大体，保证这一重大决策的顺利实现。中共中央总书记胡耀邦、中央军委主席邓小平在会上作了重要讲话。胡耀邦说，国防建设必须服从经济建设这个大局。他指出，我们要集中财力物力搞经济建设，经济建设搞上去了，加强国防建设也就好办了。邓小平指出，世界战争的危险是存在的。但是，世界和平力量的增长将超过战争力量的增长。全世界维护和平力量进一步发展，在较长时间内不发生大规模的世界战争，是有可能的，维护世界和平是有希望的。他说，解放军减少员额100万，是中国政府和人民有力量、有信心的表现。它表明，拥有10亿人口的中华人民共和国，愿意并且用自己的实际行动对维护世界和平做出贡献。他强调，中国要集中力量搞经济建设。经济建设是我国的大局，一切都要服从这个大局。中央军委常务副主席杨尚昆主持会议并作了总结讲话。中央军委副秘书长杨得志作了改革体制、精简整编，加速我军现代化正规化建设的报告。

5月24日　国务院批准农业税由征粮为主改为折征代金。新华社报道：经国务院批准，我国农业税从本年起，由过去征收实物为主改为折征代金，农民可以不再以实物缴纳农业税了。这次农业税改革既考虑到商品经济发展的需要，又照顾了一些经济较落后地区的实际情况，不搞一刀切。少数地区农业税仍需征收粮食，经省、自治区、直辖市人民政府批准，可暂不实行折征代金。国务院要求各级政府加强对征收工作的领导，教育农民积极履行纳税义务。有关部门应密切协作，及时解决存在问题，把工作做好，保证完成国家税收任务。

同　日　邓小平会见葡萄牙总统拉马略·埃亚内斯。会谈中邓小平介绍了中国的国内形势。他说，我们在建设社会主义的过程中曾经犯过错误，原因是太急了。违背客观事物的规律，必然会犯错误。中国的底子薄，不能太急，制定的目标不能太高。他还说，“我们正在进行的城市改革，比农村改革复杂得多。我们对城市改革的态度是胆子要大，要坚决地改，不丧失时机。但是，我们的步子要稳，走一步看一步。犯了错误，及时发现，及时纠正。我们已经搞了半年了，看来势头不错。我个人相信，这个改革肯定会成功，因为全国人民赞成改革，懂得不进行改革，就不能争取到今后几十年稳定、持续的发展”。

5月27日　中英关于香港问题联合声明宣告生效。《人民日报》报道：上午10点，中华人民共和国外交部副部长周南和大不列颠及北爱尔兰王国驻中华人民共和国特命全权大使伊文思爵士在北京分别代表本国政府，互换了中英两国政府关于香港问题的联合声明的批准书，并共同签署了互换批准书的证书。至此，中英联合声明正式生效。从现在开始，香港已进入过渡时期。

5月31日　国家重点科研项目——高精度自动数据处理穆斯堡尔

谱仪已由南京大学研制成功。它填补了国内空白，其主要性能指标已达到和部分超过了国外同期产品水平。

6月2日—19日　赵紫阳出访英国、联邦德国和荷兰。赵紫阳总理应玛格丽特·撒切尔首相、科尔总理和吕贝尔斯首相的邀请，于6月2日—19日对英国、联邦德国和荷兰进行了正式访问。3日，中英两国政府在伦敦签署中英经济合作协定和中英和平利用核能合作协定。10日，中国和联邦德国两国政府签署了关于避免双重征税的协定、关于延长经济合作协定、关于财政合作协定和关于核能合作协定的备忘录。17日，中荷两国政府签署了两国相互鼓励和保护投资协定。

6月4日　党政机关工作人员实行职务工资为主的结构工资制度。中共中央、国务院发出《关于国家机关和事业单位工作人员工资制度改革问题的通知》。《通知》指出，国家机关行政人员、专业技术人员均改行以职务工资为主要内容的结构工资制，共分为基础工资、职务工资、工龄津贴、奖励工资4个组成部分。基础工资：以大体维持工作人员本人的基本生活费计算，现行6类工资区定为40元。从领导干部到一般工作人员，均执行相同的基础工资。职务工资：按照工作人员的职务高低、责任大小、工作繁简和业务技术水平确定。每一职务设几个等级的工资标准。工龄津贴：按照工作人员的工作年限逐年增长，每工作1年每月发给5角。奖励工资：用于奖励在工作中做出显著成绩的工作人员，不得平均发放。《通知》指出，行政人员和专业技术人员均按其现在担任的实际职务确定职务工资。职务变动时，按新任职务领取职务工资。高等学校教师、科研人员和其他专业技术人员，同样也按其实际担任的职务确定职务工资。学历、学位、学衔和专业技术称号可作为担任某一职务的重要条件之一，但不作为确定职务工资的依据。新参加工作的各类学校毕业生，见习期满后，应根据本人在实际工作中的表现、贡献和工作能力等因素来确定其职务和相应的职务工资。《通知》规定，改革方案下达后，教育部门和高等学校、科研等事业单位办的普通中小学、国家机关和其他事业单位（含中等专业学校、技术学校等），从1985

年7月起实行。企业所属的科研设计单位、医院、中小学、中等专业学校、技工学校、幼儿园等，随同本企业工资制度改革进行。

6月8日　文学家胡风在北京病逝。胡风，原名张光人，湖北蕲春县人。1923年曾加入过中国共产党。30年代曾任中国“左翼”作家联盟宣传部部长、书记。1954年，因对文艺问题的不同意见，被作为敌对分子处理。1980年9月经过重新审理，得到彻底平反。恢复自由后被选为全国政协常委、全国文联委员。著有《文艺与生活》、《论民族形式问题》、《论现实主义的路》。

6月12日　数学家华罗庚在日本东京病逝。华罗庚，江苏金坛人，1910年生。从小喜爱数学，自学成才。1930年撰写的论文在《科学》杂志发表，引起清华大学数学系主任熊庆来教授的关注，1932年被邀到清华大学数学系任助理员，在熊庆来指导下，刻苦研究数论，并自修英、法、德文。1935年被提升为数学助教，不久破格晋升教授。1936年夏，中华文化教育基金会资助赴英国剑桥大学访问学习。他从事堆垒素数论研究，提出著名的华氏定理，先后在英、法、德等国杂志上撰写论文18篇。1938年回国，任西南联合大学教授。1946年赴美国，任普林斯顿数学研究所数学研究员、普林斯顿大学和伊利诺大学教授。建国后，任中国科学院数学研究所所长、中国数学学会理事长，中国科学院副院长、学部委员兼数理化学部主任，中国科技大学数学系主任、副校长，中国科技协会副主席、国家学位委员会委员，中国优选法、统筹法与经济数学研究会会长，第六届全国政协副主席等职。他还被选为第一至六届全国人大常委会委员，中国民盟中央常务委员、副主席。1956年所作《典型域上调和分析》获国家科技一等奖。1979年应邀访问英国，任伯明翰大学客座教授，被法国南锡第一大学授予荣誉博士。同年加入中国共产党。1982年4月被选为美国国家科学院外籍院士，同年香港中文大学授予名誉理学博士。1985年当选为联邦德国巴伐利亚科学院院士。他是我国著名的数学家和著名的教育家、社会活动家。1985年6月3日赴日本进行学术交流。6月12日在东京向日本数学界作学术报告时，心脏病猝发逝世。6月21日，党和国家领导人及首都各界500多人在八宝山革命公墓为华罗庚举行骨灰安放仪式。

6月25日　国务院发出《关于对若干商品开征进口调节税的通知》。《通知》决定对小轿车、旅行车、工具车、越野车和其他机动小客车，8吨以下载重车、摩托车、录相机、复印机、彩色投影电视机、电视显像管、电子计算器、微型计算机及其外围设备、涤纶加工丝、化纤织物等，征收关税和进口环节产品税（或增值税）的同时开征进口调节税。

7月2日—6日　香港特别行政区基本法起草委员会第一次全体会议在北京举行。1990年提请人大审议并颁布香港基本法。决定在香港成立一个民间性的、有广泛性的基本法咨询委员会。起草委员会主任委员姬鹏飞在会上讲话。他说，载入中英联合声明的中国政府对香港的方针政策，是根据"一个国家，两种制度"的设想而制定的。现在我们将要进行起草的中华人民共和国香港特别行政区基本法，就是要将"一国两制"这一设想所形成的政策，用法律形式规定下来。5日，胡耀邦、邓小平、彭真等接见与会的全体委员。

7月3日　国务院发布《国营企业奖金税暂行规定》和《国营企业工资调节税暂行规定》。《奖金税规定》要求，凡未实行工资总额随经济效益挂钩浮动的国营企业应按规定缴纳国营企业奖金税。奖金税以企业为纳税义务人，实行超额累进税率，按年计征，其分级税率如下：（1）全年发放奖金总额人均不超过4个月标准工资的，免税；（2）全年发放奖金总额人均超过4个月—5个月标准工资的部分，税率为30%；（3）全年发放奖金总额人均超过5个月—6个月标准工资的部分，税率为100%；（4）全年发放奖金总额人均超过6个月标准工资的部分，税率为300%。纳税人拖欠税款、罚款和滞纳金，经催缴无效的，税务机关可以通知其开户银行扣缴入库。纳税人偷税、抗税的，税务机关除责令其据实申报奖金发放数额，限期追缴税款外，并可酌情处以应补税款一倍以下的罚款；情节严重、触犯刑律的，由司法机关对直接责任人员依法追究刑事责任。规定自1985年度施行。《国营企业工资调节税暂行规定》指出，凡按照国务院规定实行工资总额随经济效益挂钩浮动的国营企业都应缴纳国营企业工资调节税、企业当年增发的工资超过国家核定的上年工资总额70%以上的部分，计征调节税、工资调节税按超额累进税计征，工资增长总额占核定工资总额7%~12%的，税率为30%；工资增长总额占核定工资总额12%~20%，税率为100%；工资增长总额占核定工资总额20%以上的，税率为300%。规定自1985年施行。

7月5日　国务院批转国家科委、教育部和中国科学院《关于试办博士后科研流动站的报告》。决定在我国实行博士后研究制度，并拨专款用于建立博士后科研流动站。博士后研究制度，是第二次世界大战后在一些发达国家逐渐形成的一种造就优秀专业人才的制度。实行博士后制度的办法和目的是，在高等学校和研究机构设置一些不固定的职位，挑选一些获得博士学位的人员在这里从事一个阶段的研究工作，以拓宽知识面，进一步培养独立工作的能力，使之成为具有较高水平的科研、教学人员。

7月7日　第三世界科学院接纳中国科学院院长卢家锡，副院长周光召，学部委员黄昆、曾呈奎为该院院士。第三世界科学院成立于1983年，总部设在意大利的北部海滨城市里雅斯特。其宗旨是，加强第三世界科学家之间的联系与合作，扩大第三世界国家在世界科技界的影响，促进发展中国家的科学发展。

7月9日　中共中央办公厅、国务院办公厅发出《关于党政机关干部不兼任经济实体职务的补充通知》。《通知》指出，根据政企职责分开的原则，所有在职和退居二线的党政机关干部，一律不兼任全民所有制各类公司、企业等经济实体（包括以民间面目出现的全民所有制企业）的职务(包括名誉职务)，已经兼任的，应辞去兼任的职务，或辞去党政机关的职务；不论在职、退居二线或离休、退休的党政机关干部，一律不准受聘担任集体或个体所有制各类公司、企业等经济实体的职务，已受聘担任的，应辞去；党政机关干部不兼任各类公司、企业等经济实体的职务的原则，同样适用于中外合资、合作企业。

7月11日—31日　李先念主席出访加拿大、美国。16日，中国和加拿大两国政府就延长贸易协定和成立农业联合委员会进行换文的签字仪式在渥太华举行。23日，中美两国政府关于和平利用核能合作协定、中美文化协定两年执行计划、中美教育合作交流议定书和中美渔业协定在华盛顿签署。

7月12日　国家教委、国家计委、劳动人事部联合通知各省、自治区、直辖市以2000年末为目标，制定本地区教育发展的15年规划。《通知》指出，各地区应从本地区经济状况和总体发展战略考虑，确定教育的规模、速度和结构；力争实现数量与质量、规模与条件、速度与效益的统一，追求实实在在的效果。《通知》规定，规划内容应包括经济、社会发展与人才需求预测，以及教育规划两部分。发展预测部分的基础工作包括经济、社会发展水平预测；产业结构预测；行业人才结构预测；人才现状调查；以及国民收入和分配预测等项。教育规划部分包括教育现状调查与分析；教育结构体系及布局预测；教育规划参数预测；建立数学模型；规划方案模拟试算及政策调整等项。《通知》说，这项工作分两个阶段进行。第一阶段做基础工作：确定组织领导、制定工作计划、建立和训练队伍、开展典型调查、规划参数预测研究、教学模型的准备等。第二阶段为计算、制定规划阶段。《通知》要求各地计划、劳动人事、教育等部门及业务厅局通力配合。

7月13日　中纪委发出致福建晋江地委、行署党组的公开信。公开信就晋江地区一些企业单位，大量制造假药，并用各种行贿手段销往全国各地的问题，要求晋江地委、行署党组必须按党纪政纪法纪严肃处理有关人员，并将处理结果报告中央。7月27日、31日，中纪委常委听取福建省委、省纪委关于晋江假药案查处情况的汇报。中纪委认为，对参与制造销售假药的不法分子，必须从快从严依法惩处。该撤职的撤职，该开除党籍的开除党籍，该法办的法办，绝不应纵容姑息。同时，要坚决追究有关党组织和领导者的责任。中纪委决定，立即将参与制造销售假药、从中牟利的晋江县委常委、纪委书记林华补撤职查办。

7月27日　国务院发布《中华人民共和国国家金库条例》。条例规定：国家金库（以下简称国库）负责办理国家预算资金的收入和支出；中国人民银行具体经理国库。组织管理国库工作是人民银行的一项重要职责；各级国库库款的支配权，按照国家财政体制的规定，分别属于同级财政机关；各级人民政府应加强对同级国库的领导，监督所属部门、单位，不得超越国家规定的范围动用国库库款。国库机构按照国家财政管理体制设立，原则上一级财政设立一级国库。中央设立总库；省、自治区、直辖市设立分库；省辖市、自治州设立中心支库；县和相当于县的市区设立支库。支库以下经收处的业务，由专业银行的基层机构代理；各级国库的主任，由各该级人民银行行长兼任，副主任由主管国库工作的副行长兼任；国库业务工作实行垂直领导。

7月31日　中共中央、国务院批准中纪委等单位关于海南进口汽车的联合调查报告。报告说，在1984年1月1日到1985年3月5日的时间里，中共海南区党委、海南区政府一些主要领导干部违背党中央、国务院关于海南岛建设方针的指示，采取炒买炒卖外汇和滥发、滥借贷款等错误做法，先后批准进口8.9万多辆汽车，以及电视机、录相机、摩托车等大量物资，然后倒卖出岛。报告说，中共广东省委已决定给这一事件的主要责任人雷宇同志以撤销中共广东省委委员、海南区党委副书记、海南行政区人民政府党组书记职务的处分，并建议行政上撤销其海南行政区人民政府主要负责人的职务；给姚文绪、陈玉益同志以党内严重警告处分，同时建议行政上免去陈玉益同志的海南行政区人民政府负责人和海南行政区对外经委主任的职务，另行分配工作。中纪委同意这一处分决定。报告还提出，对这一事件除给予党纪、政纪处分外，还应在报纸上公布。这是严肃党纪、政纪所必需，在报纸上公布也是一种党风、党纪、政纪的教育。

8月10日　国家物价局颁发《对违反物价纪律实行经济制裁的暂行规定（修订）》。《规定》指出：凡有下列行为之一的为违反物价纪律：越权制定和调整国家管理定价的产品价格；越权扩大实行浮动价格的国家定价商品范围或超出规定浮动幅度的；擅自提级提价，压级压价，以及巧立名目、乱收费用的；违反规定将国家定价的计划内工业生产资料转为计划外加价销售的；擅自将国家规定平价供应的商品转为议价销售的；擅自提前或推后执行国家调价通知；经营批发业务的工商企业高于国家规定批发价格向零售企业、个体商贩出售商品的；违反规定按国家零售牌价或高于零售牌价套购商品，加价销售的；套购重要生产资料和紧缺耐用消费品加价倒卖的；以次充好，掺杂使假，粗制滥造，变相涨价的；泄露物价机密的。《规定》决定：对违反物价纪律的非法收入，不论哪类违纪行为和案件，都应全部没收。凡能退给消费者和用户的都应退回，不应退回或无法退回的，应予收缴。《规定》指出，企事业单位和个体工商户非法收入或给国家造成直接经济损失金额在1 000元以下的，为一般违纪行为；1 000—1万元的，构成一般违纪案件；1万元以上的，构成重大违纪案件。对于违反物价纪律的行为，根据不同情况予以经济制裁。对于情节严重，触犯刑法的，由司法机关依法追究刑事责任。

8月12日　全国政协副主席肖华上将在北京病逝。肖华，1916年生，江西兴国县人。1928年12月加入中国共产主义青年团，1929年底任共青团兴国县委书记。1930年调入中国工农红军，同年转为中共党员。历任红军四军军委青年委员、特务营政委、团政委，红军总政治部青年部长，少共国际师政委，红军一军团组织部长、师政委，抗日挺进纵队司令员兼政委，鲁西军区司令员兼政委，一一五师政治部主任兼山东军区政治部主任，辽东军区司令员兼政委，南满军区副司令员兼副政委，东北一兵团政委，第四野战军特种兵司令员，兵团政委，解放军空军政委，解放军总政治部副主任，总干部部部长，总政治部主任，军事科学院第二政委，兰州部队第一政委。中共第八、十一、十二届中央委员会委员。1955年被授予上将军衔。曾当选为第六届全国政协副主席。

8月13日　国家工商行政管理局发布《关于经济合同鉴证的暂行规定》。《规定》的主要内容是：（一）鉴证是经济合同管理机关根据双方当事人的申请，依法证明经济合同的真实性和合法性的一项制度。（二）经济合同的鉴证实行自愿原则，国家另有规定者除外。（三）工商行政管理局是经济合同的鉴证机关。（四）经济合同的鉴证，依照国家法律、行政法规和政策的规定，审查签订经济合同的当事人是否合格，是否具有权利能力和行为能力；经济合同的内容是否符合国家的法律、政策和要求；经济合同的主要条款内容是否完备、文字表达是否准确，合同签订是否符合法定程序。（五）经济合同的鉴证，应当由当事人双方到工商行政管理局办理。（六）工商行政管理局发现自己对经济合同的鉴证有错误时，应予撤销。

8月16日　国务院办公厅转发国家科委《关于抓一批“短平快”科技项目促进地方经济振兴的请示》。《请示》指出，选择“短平快”科技项目，应符合以下几条原则：（一）必须瞄准国内外市场需求；（二）确有资源和技术方面的优势；（三）技术成果商品化周期短，经济效益显著，有可能在一二年内投产，五年左右收回投资；（四）具有示范意义，能够为推广应用提供成套成熟技术或提供设备，并可以成为地区培训基地；（五）优先选择那些可以创汇或能减少进口的节汇项目。《请示》强调，为了提高投资效益，必须改革过去的拨款方式，实行“匹配拨款”制度，即只有论证充分和地方能集资2/3左右的（1/3由地方财政拨款或贷款，1/3由企事业投资），国家才给以“匹配支持”1/3左右的投资或贷款。对合同的执行由银行监督。成功的，国家投资或贷款部分分期收回；失败的，风险均摊。关于项目的管理，一是要简政放权，二是要依靠银行系统加强经费管理。10月11日—15日，“星火计划”工作会议在扬州召开。会议讨论了今后两年“星火计划”重点开发技术，讨论修改了执行“星火计划”程序和暂行规定。国家科委主任宋健在会上强调，要把科技引向农村、乡镇。

8月19日　国务院批转财政部《关于开展税收、财务大检查的报告》并发出《通知》。《通知》指出，财政部《报告》指出，大检查的范围，主要是工业、交通、商业、粮食、外贸、供销、物资、金融等国营企业。对国家事业单位和行政机关也要检查。集体所有制企业和个体经营者的税收也应当进行检查。主要是检查1984年和1985年发生的问题。对个别数额大、性质严重的案件，也可以追溯到1984年以前。《报告》提出大检查的主要内容是：检查纳税机关和纳税人是否照税法规定，及时足额地上交国家各种税款，有无偷税、漏税、欠税；企业应上交国家的利润，能源交通重点建设基金等各项收入是否及时足额地上交了国库，有无截留、挪用、拖欠的情况；企业成本费用列支是否符合规定；有无自行提高留用利润比例和各项专用基金比例的情况；有无违反国家规定，化大公为小公，或者收入不入帐，私立“小钱柜”的情况；有无违反国家规定，自行乱涨价，倒买倒卖国家重要的工业生产资料和紧俏耐用消费品的情况；有无炒买炒卖外汇的情况；有无突击花钱和动用公款请客送礼、大吃大喝、铺张浪费的情况；有无贪污盗窃、投机倒把、行贿受贿的行为等。11月7日，《人民日报》报道：据10月中旬不完全统计，全国税收、财务、物价大检查，查出各类违纪金额35亿多元，已入库12.1亿元。

同　日　国家教委发出《关于制止用省、自治区、直辖市高等教育自学考试指导委员会的名义滥发学历证书的通知》。《通知》指出，凡未经全国或省、自治区、直辖市高等教育自学考试指导委员会统一组织的考试，一律不得以省、自治区、直辖市高等教育自学考试指导委员会的名义发放单科合格证书或毕业证书，已经发放的宣布无效。

8月20日　国务院发出《关于进一步清理整顿公司的通知》。《通知》指出，由于法制不健全，管理工作没有跟上，有些公司存在不少问题，主要是政企不分和从事违法经营活动等问题。这不仅严重地影响公司本身的健康发展，而且干扰经济体制改革的顺利进行，必须认真加以解决。《通知》决定：必须贯彻政企分开的原则，对于党政机关和党政机关干部办的公司，要实行政企分开，并使公司在经济上与党政机关脱钩，党政机关干部担任公司职务的，要辞去一头；公司必须具备相应的条件，开办公司一般要有固定的生产经营场所和与生产经营规模相适应的资金、设施和从业人员、有健全的财务制度、组织管理机构和公司章程；成立公司必须经过批准，并办理登记注册手续；公司必须按照规定的经营范围依法经营；要加强领导，按照统一的部署和分工负责的原则，搞好公司的清理和整顿工作。25日，国家工商行政管理局公布《公司登记管理暂行规定》，并从即日起施行。《暂行规定》提出，开办公司应当具备以下基本条件：公司章程；固定的生产经营或服务场所；与生产经营或服务规模相适应的资金、设施和从业人员；健全的财务制度和组织管理机构。

8月23日　全国政协副主席、民革中央主席王昆仑逝世。王昆仑，1902年生，江苏无锡市人，北京大学哲学系毕业，曾任国民党立法委员、中央委员。1933年秘密加入中国共产党。在中共的直接领导下，长期从事民主运动和党的统一战线工作。他曾支持和帮助筹建各界抗日救国会。1941年皖南事变后，与王炳南、屈武等在重庆发起和组织中国民主革命同盟（简称小民革），在国民党内部主张抗战到底，反对分裂倒退。1943年与谭平山等发起组织三民主义同志联合会，这个组织又成为民革的组成部分之一。在1945年5月举行的国民党六大上，他公开揭露国民党顽固派勾结日伪、制造分裂、策划内战的阴谋，引起很大震动。他以自己的社会交往和历史关系，争取和团结国民党上层人士和其他爱国民主分子，积极掩护和营救被捕的中共秘密地下党员和进步学生。1948年为避开国民党迫害赴美国考察。1949年1月进入解放区，历任第一、二、三届全国人大常委会委员、第一届全国政协常务委员，第三、四届全国政协委员，第五、六届全国政协副主席。曾任政务院委员，北京市副市长，民革中央副主席、代主席、主席等职。

8月25日　《半月谈》刊载中国人民解放军调整后七大军区负责人名单：北京军区司令员秦基伟、政委杨白冰；沈阳军区司令员刘精松、政委刘振华；广州军区司令员尤太忠、政委张仲先；南京军区司令员向守志、政委傅奎清；济南军区司令员李九龙、政委迟浩田；兰州军区司令员赵先顺、政委李宣化；成都军区司令员傅全有、政委万海峰。

9月6日　全国人大副委员长、民盟中央主席史良在北京病逝。史良，江苏扬州市人，1900年生。曾任上海律师公会执行委员。1935年参加救国会，为上海妇女救国会常委。1936年被国民党逮捕，为历史上著名的“七君子”之一。1938年后，任妇女指导委员会委员兼联络委员会主任，第一、二届参政员。1942年加入民主政团同盟，任民盟中央常委，重庆市支部组织部长。解放战争期间，为上海民盟执行部负责人之一。解放后，任中国人民政治协商会议第一次全体会议代表，政协委员，司法部部长，第一届全国人大代表，第二、三、四届全国人大常委会委员，第五、六届全国人大常委会副委员长，第二、三、四、五届全国政协常务委员，民盟中央副主席、主席。

9月7日—12日　国家体改委和国家计委在沈阳召开七城市（重庆、武汉、沈阳、大连、广州、哈尔滨、西安）计划单列工作会议。会议认为，七城市实行计划单列以来，取得了明显成效：（1）这些城市都是历史上自然形成的经济中心，实行计划单列使中心城市跳出了行政区划的小天地，有力地推动了城市改革。（2）增强了城市的综合服务功能，使老工业基地、老城市正在焕发青春。七城市被赋予省级管理权限后，在一定范围内有权安排城市的基础设施建设和老企业的技术改造。（3）有利于打破部门分割和地区封锁，促进了对外开放、对内搞活。（4）加强了城市的责任，对国家和省的贡献增多。中心城市增加权限后，为发展经济注入了活力，经济效益大大提高。12月17日，国务院原则同意国家体改委、国家计委《关于继续落实和完善七城市计划单列工作的报告》。

9月7日—15日　第二届全国工人运动会在北京举行。这届工运会是继1955年第一届全国工人体育运动大会以来，我国工人阶级的又一次体育盛会。4 800多名运动员参加了8个比赛项目和1个表演项目的比赛，共决出115枚金牌，有298人打破了全国工人运动会纪录。各路职工健儿在赛场内外讲团结，守纪律，表现出良好的精神面貌。

9月9日　国务院办公厅发出《暂不发行地方政府债券的通知》。1985年中央1号文件规定，省、自治区、直辖市政府，可以在国家批准的数额内，根据交通建设计划，量力发行部分公路、航道债券。因此，有些地方政府提出发行地方政府债券，以筹集资金，解决基本建设资金不足问题。国务院认为，目前，发行地方政府债券将会扩大固定资产投资总规模，继续加大已经膨胀了的固定资产投资。

因此，各地政府目前不要发行地方政府债券。

同　日　《人民日报》报道：全国29个省、区、市的党政主要领导干部，近一年来又进行一次较大幅度的调整。调整后的省、自治区、直辖市党委常委和正副省长、主席、市长，平均年龄由57岁下降为53岁。具有大专文化程度的从1982年到1983年那次调整的43%上升到60%。这次共有126名年轻的优秀干部进入省级领导班子，他们中55岁以下的占90%；50岁以下的占63%，具有大专文化程度的占80%。

9月10日　中共中央宣传部、国家教委、北京市人民政府、共青团中央、全国教育工会在人民大会堂举行庆祝新中国第一个教师节大会。万里在会上发表讲话，代表中共中央和国务院向全国教师和教育工作者热烈祝贺节日。他说，建立教师节，标志着教师在我国受到全社会的尊敬。教师工作在很大程度上决定着国家的未来。各级党政领导要在尊重知识、尊重人才、尊师重教方面起模范带头作用。北京八十中语文教师、北京市劳动模范宁鸿彬代表全市教师在会上发言。大会结束后，首都文艺工作者演出了文艺节目。

9月10日—12日　中共中央邀请各民主党派、全国工商联、无党派民主人士和其他知名人士举行座谈会。会议通报了即将召开的中共全国代表会议和中共十二届四中全会、五中全会的主要议题，征求大家对局部调整中共中央领导机构的成员和《中共中央关于制定“七五”计划建议》（草案）的意见。会议由胡启立主持，习仲勋就对中央领导机构成员进行局部调整和调整的基本原因，以及党的全国代表会议的组织和准备工作等情况作了介绍。田纪云在会上介绍了当前我国的经济形势。中央财经领导小组副秘书长袁木在会上介绍了《中共中央关于制定国民经济和社会发展第七个五年计划的建议（草案)》的起草过程和主要内容。参加座谈会的党外人士表示拥护中共中央对局部调整中央领导机构成员的意见，并对“七五”计划的建议草案提出了意见。

9月12日　《人民日报》报道：全国3 000个大中型骨干企业领导机构的再次调整工作，已经基本完成。新调整的大中型骨干企业领导机构，年龄基本形成了梯型结构，40几岁的干部成了主体。据对其中2 900个企业统计，在1.8万名领导干部中，40岁以下的占20%，41到50岁的占63%，平均年龄为45岁。具有大专以上文化程度的已占班子成员的74%。厂长中具有大专以上文化程度的占89%，比调整前增加了40%，党委书记中具有大专以上文化程度的达81%，比调整前增加了70%。新进领导机构的同志，大都在企业中工作多年，有较丰富的实践经验，在工作中做出过显著成绩。

9月13日　新华社报道：从1984年5月开始的中共中央主要办事机构和国务院系统各主要部门的领导机构的调整已基本落实。一批德才兼备、年富力强、富有创新精神的干部走上了领导岗位。在1年多的时间里，中央、国务院新任命的部长、主任以及直属局局长共47名；副部长、副主任和直属局副局长近80名。其中新选拔了近百名中青年干部。国务院系统81个部门的领导班子调整后的正职领导干部的平均年龄为56.6岁，比调整前下降5岁，55岁以下干部的比例由10%增加到近30%，经济部门的主要负责人绝大多数年龄在55岁左右，各部门的正职领导干部中具有大专以上文化程度的达到71%，比调整前增加了27.5%。

9月14日　中顾委第四次全体会议在北京举行。会议讨论了局部调整中顾委成员的问题。薄一波主持会议。他说，自中顾委今年6月常委扩大会后，有37位同志联名给党中央写信，请求不再担任中顾委委员职务。中共中央经反复研究，拟定了一个同意这些同志退出中顾委，并建议增选56位同志进入中顾委的方案，使中顾委的委员基本保持中共十二大时确定的人数。一些请求退出中顾委的委员在会上发言，表示退出中顾委以后，仍要从各个方面做力所能及的工作。

同　日　中纪委第五次全体会议在北京举行。会议讨论了局部调整中纪委成员的问题。王鹤寿在会上讲话。他说，有30位老同志给中央写信，请求退出中纪委，中央建议增选30位左右的同志进入中纪委。王鹤寿宣读了黄克诚给中央写的请求不再担任中纪委委员的信。

9月16日　中共十二届四中全会在北京举行。中顾委和中纪委委员列席了会议。会议由中央政治局常委胡耀邦、邓小平、赵紫阳、李先念、陈云主持。会议决定，今年9月18日召开中国共产党全国代表会议。会议讨论并原则通过了《中共中央关于制定国民经济和社会发展第七个五年计划的建议（草案)》，决定将这个文件提请党的全国代表会议审议。全会讨论确定了关于进一步实现中央领导机构成员新老交替的原则。全会收到了叶剑英、邓颖超、徐向前、聂荣臻、乌兰夫、王震、韦国清、李德生、宋任穷、张廷发等64位同志请求不再担任第十二届中央委员会委员或候补委员，李井泉等37位同志请求不再担任中顾委委员，黄克诚等30位同志请求不再担任中纪委委员的信。全会高度评价这些老同志从党和人民的利益出发，积极促进中央领导机构成员新老交替的表率行动，同意他们不再担任中央三个委员会成员的请求，并向党的全国代表会议报告。全会给叶剑英、黄克诚写了致敬信。全体会议之前开了4天预备会议，就上述议题进行了充分酝酿和认真讨论。

9月18日　国务院发布《关于口岸开放的若干规定》。主要内容是：（一）口岸分为一类口岸和二类口岸。（二）凡开放口岸，应根据需要设立边防检查、海关、港务监督、卫生检疫、动植物检疫、商品检验等检查检验机构，以及国家规定的其他口岸机构。（三）两类口岸的具体划分：一类口岸是对外国籍船舶、飞机、车辆等交通工具开放的海、陆、空客货口岸；只允许中国籍船舶、飞机、车辆出入国境的海、陆、空客货口岸；允许外国籍船舶进出我国领海内的海面交货点。二类口岸是依靠其他口岸派人前往办理出入境检查检验手续的国轮外贸运输装卸点、起运点、交货点；同毗邻国家地方政府之间进行边境小额贸易和人员往来的口岸；只限边境居民通行的出入境口岸。（四）一类口岸报请国务院批准；二类口岸报请省级人民政府批准。（五）新开放的口岸，在开放前必须对其交通安全设施、通信设施、联检场地检查检验等单位的机构设置和人员配备，以及办公、生活设施等进行验收。（六）口岸开放应有计划地进行，按隶属关系分别列入国家或地方口岸开放计划。

9月18日—23日　中国共产党全国代表会议在北京举行。胡耀邦致题为《团结奋斗，再展宏图》的开幕词。赵紫阳在开幕会上作了《关于制定“七五”计划建议的说明》。会议通过了《中共中央关于制定国民经济和社会发展第七个五年计划的建议》。《建议》共分七部分：（一）基本指导原则和主要奋斗目标。“七五”期间经济和社会的发展，必须遵循的基本原则是坚持把改革放在首位，使改革和建设互相适应，互相促进；坚持社会总需求和总供给的基本平衡，使积累和消费保持恰当的比例；坚持把提高经济效益特别是提高产品质量放到十分突出的位置上来；坚持在推进物质文明建设的同时，大力加强社会主义精神文明的建设。“七五”期间经济和社会发展的主要奋斗目标确定为：争取基本上奠定有中国特色的新型社会主义经济体制的基础，大力促进科学技术进步和智力开发，不断提高经济效益，使1990年的工农业总产值和国民生产总值比1980年翻一番或者更多一些，使城乡居民的人均实际消费水平每年递增4%到5%，使人民的生活质量、生活环境和居住条件都有进一步的改善。（二）经济建设的战略布局和主要方针。经济建设的总体布局要解决好3个问题：进一步调整产业结构；把建设的重点转到现有企业的技术改造和改建扩建上来；促进经济布局的合理化。为此，要执行依靠政策和科学发展农业、努力扩大消费品工业的生产领域，集中力量建设一批能源、交通、通信等重点工程，加快发展第三产业等一系列方针。（三）科学、教育和文化事业。要逐步增加教育、科研和文化事业的经费。中央和地方政府教育拨款的增长，要高于财政经常性收入的增长。（四）对外经济贸易和技术交流。进一步实行对外开放，鼓励出口和增加收汇，保持外汇平衡。（五）经济体制和调节手段。既坚定不移又慎重稳妥地推进经济体制改革，进一步增强企业特别是全民所有制大中型企业的活力；进一步发展社会主义的有计划的商品市场，逐步完善市场体系；国家对企业的管理逐步由直接控制为主转向间接控制为主。（六）人民生活和社会保障。“七五”期间，必须进一步贯彻按劳分配原则，继续落实鼓励一部分地区、一部分企业和一部分人先富起来的政策，着重克服平均主义的弊端，同时防止收入差距的过分悬殊。（七）团结起来，为胜利推进社会主义现代化建设而奋斗。会议同意131位老同志不再担任中央委员会委员、中顾委委员、中纪委委员的请求。会议增选了中央委员56人，候补中央委员35人，中顾委委员56人，中纪委委员31人。在闭幕会议上，邓小平、陈云作了重要讲话，李先念致闭幕词

9月20日　国务院发布《事业单位奖金税暂行规定》。主要内容是：（一）凡实行企业化管理的事业单位，国家不再核拨事业经费，经上级主管部门和财政部门批准，按照国家和省、自治区、直辖市规定的工资标准和核定的增资指标，自费工资改革的，在增发工资外，全年发放奖金总额人均不超过3个月基本工资金额的，免税；超过免税限额的部分，比照国营企业奖金税适用税率征收奖金税。(二）凡需要国家核拨一部分事业经费的事业单位，按照国家和省、自治区、直辖市规定的工资标准和核定的增资指标，自费工资改革的，在增发工资外，全年发放奖金总额人均不超过两个月基本工资金额的，免税；部分自费、部分依靠国家拨款进行工资改革的事业单位，在增发工资外，全年发放奖金总额人均不超过一个半月基本工资金额的，免税；超过免税限额的部分，比照国营企业奖金税适用税率征收奖金税。（三）凡需国家核拨全部事业经费，并完全用国家核拨经费进行工资改革的事业单位，全年发放奖金总额人均超过核定限额的，比照国营企业奖金税适用税率征收奖金税。事业单位奖金税的征收和管理，比照《国营企业奖金税暂行规定》执行。

9月24日　中顾委第五次全体会议在北京举行。薄一波主持会议。他说，在这次党的全国代表会议上，中央三个委员会的进退工作做得很好，特别是中央委员会的年轻化前进了一大步，用梯队结构的形式来解决新老交替的问题，这是一个成功的办法，今后还应当继续实行下去。会议增选王震、李一氓、李德生、宋任穷、黄镇为中顾委常委，增选王震、宋任穷为中顾委副主任。

同　日　中纪委第六次全体会议在北京举行。会议由王鹤寿主持。陈云就加强党的纪律检查工作作了书面讲话。他说，对外开放，引进国外先进技术和经营管理经验，为我国社会主义建设所用，是完全正确的，要坚持。但同时要看到，对外开放，不可避免地会有

资本主义腐朽思想和作风的侵入，“一切向钱看”的资本主义腐朽思想，正在严重地腐蚀我们的党风和社会风气。我们搞社会主义，一定要抵制和清除这些丑恶的思想和行为，要动员和组织全党和社会的力量，以除恶务尽的精神，同这种现象进行坚决的斗争。全会增选王德瑛、肖洪达、陈作霖、傅杰、强晓初为中纪委常委，全会选举王鹤寿为第二书记，韩光为常务书记，强晓初、陈作霖为书记。

同　日　中共十二届五中全会在北京举行。中顾委委员和中纪委委员列席了会议，经过中共全国代表会议同意不再担任中央三个委员会成员的老同志也列席了会议。全会增选田纪云、乔石、李鹏、吴学谦、胡启立、姚依林为中央政治局委员，增选和调整后的中央政治局由22位同志组成。他们是：政治局委员、政治局常务委员会委员胡耀邦、邓小平、赵紫阳、李先念、陈云；政治局委员万里、习仲勋、方毅、田纪云、乔石、李鹏、杨尚昆、杨得志、吴学谦、余秋里、胡乔木、胡启立、姚依林、倪志福、彭真；政治局候补委员秦基伟、陈慕华。全会根据习仲勋、谷牧、姚依林的请求，同意他们不再担任中央书记处书记；全会增选乔石、田纪云、李鹏、郝建秀、王兆国为中央书记处书记。增选和调整后的中央书记处由11位同志组成。他们是总书记胡耀邦，书记胡启立、万里、余秋里、乔石、田纪云、李鹏、陈丕显、邓力群、郝建秀、王兆国。这次全会还批准了中央顾委会第五次全体会议增选的中顾委常务委员会委员和副主任人选；批准了中纪委第六次全体会议增选的中纪委常务委员会委员和第二书记、常务书记、书记人选。

9月27日　《解放军报》报道：人民解放军三总部、各大军区、各军兵种领导班子已经调整完毕。一批德才兼备、年富力强的同志走上军队高级领导岗位。调整后的各大单位领导班子平均年龄由64.9岁下降到56.7岁；每个班子中都有40岁左右、50岁左右、60岁左右的干部，基本形成了梯队年龄结构。知识结构也有了进一步的改善，60%的干部具有大专文化程度，75%的干部经过军队院校的培训。

9月30日　国务院发布《关于中外合资建设港口码头优惠待遇的暂行规定》。《规定》的主要内容是：（一）外国公司、企业或个人

(以下简称外国合营者)，在中华人民共和国境内，同中国的公司、企业共同投资兴办合营企业（以下简称合营企业)，建设港口码头，除适用有关合营企业的法律、法规、规章外，按照本规定给予优惠待遇。（二）合营企业以投资总额内的资金进口建设码头必需的原材料、装卸设备、运输工具和其他生产设施，免征关税和工商统一税。（三）合营企业按15%的税率缴纳所得税。对新办的合营企业，合营期在15年以上的，经企业申请，所在地的省、自治区、直辖市税务机关批准，从开始获利的年度起，第一年至第五年免征所得税，第六年至第十年减半征收所得税。（四）合营企业的外国合营者将从企业分得的利润汇出境外，免征所得税。（五）合营企业的外国合营者，将从企业分得的利润，再投资合营建设新的泊位或码头，期限不少于5年的，经外国合营者申请，税务机关批准，退还再投资部分已纳所得税税款的40%。

10月2日　国家经委发布关于开展资源综合利用若干问题的暂行规定。规定指出：一、国家鼓励企业积极开展资源综合利用，对综合利用资源的生产和建设，实行优惠政策；二、开展综合利用，打破部门、行业之间的界限，不搞一家独办；三、普查勘探矿产资源，新建或改造共生、伴生矿产资源的矿山、油气田，都必须按照矿产资源法规的有关规定，执行“综合勘探、综合评价、综合开采、综合利用”的方针；四、对企业开展综合利用，实行“谁投资、谁受益”的原则；五、由企业自筹资金建设的综合利用项目生产的产品，不列入国家分配计划。此外，还对煤矸石、粉煤灰、各种炉渣等的综合利用办法，产品的销售以及资金、技术和筹集、引进办法等作了具体规定。

10月4日　外交部发言人谈台湾当局在亚行地位问题。发言人说，中华人民共和国是中国的唯一合法政府，只有中华人民共和国政府才能在亚行中代表中国。中国有关方面已与亚行当局达成谅解，自中国成为亚行正式成员之日起，台湾当局将以“中国台北”的名称留在亚行。在亚洲范围内，“中国台北”系指中国的台湾地区。亚行董事会11月26日会议已授权亚行行长藤冈真佐夫据此做出相应的行政安排。发言人还明确表示，由于各国际组织均有自己的章程，各组织均遵照它自己通过的决议行事，台湾改称后留在亚行这一模式，对于任何其他国际组织不构成先例。

同　日　中纪委就农业银行湖南分行截留和转移上缴利润事件发出通报。通报说，中国农业银行湖南省分行办理1984年度决算时，在总行会计部财务处的支持下，弄虚作假，截留和转移上缴利润2 700万元，严重违反了财经纪律，为此，中纪委会同国家审计署、财政部和中国人民银行对这一案件进行了调查。中纪委决定，并报中共中央批准，给予中国农业银行总行原行长、党组书记韩雷党内严重警告处分；给予总行会计部主任刘惠英党内严重警告处分；给予原总行副行长、党组成员赵秋喜党内严重警告处分；给予总行会计部财务处长彭海滨留党察看处分，并建议撤销其处长职务；给予中国农业银行湖南省分行行长、党组书记王玉琨撤销党内职务处分，并建议撤销其行长职务；给予分行副行长、党组副书记戴梁和副行长、党组成员张维新党内严重警告处分。中纪委要求银行系统全体党员，特别是党员领导干部，都要从这一案件中吸取教训。

同　日　中共中央发出《关于进一步加强青少年教育，预防青少年违法犯罪的通知》。《通知》指出，全社会都要关心和教育青少年；大力加强对青少年的理想、道德、纪律和法制教育；积极开展群众性的、健康有益的文体活动，丰富青少年的业余、课余生活；为青少年提供更多更好的精神产品，满足青少年的求知欲望；严禁淫秽物品，整顿内容不健康的报刊，严厉打击引诱青少年犯罪的教唆犯；严格纪律，在青少年中造成良好风气；巩固在学率，减少辍学率；认真做好对有轻微违法犯罪行为的青少年的帮教工作，教育挽救失足者；充分发挥离休、退休老干部、老工人、老教师的作用，精心培育青少年；抓紧制定保护青少年的有关法律，切实保障青少年的合法权益。

10月6日—18日　第一届全国青少年运动会在郑州举行。来自全国的2 800多名选手，在比赛中，共刷新了6项游泳和举重全国纪录，17项举重全国青年纪录和一大批全国少年纪录；另有一项射击比赛的成绩超过了世界少年纪录。

10月7日　中国第一历史档案馆召开庆祝建馆60周年大会。田纪云在会上讲话，希望台湾和大陆的史学工作者、历史档案工作者早日实现交流与合作，把目前分存于两处而彼此都不完整的明清档案通过各种方式进行交流，为振兴中华文化做出应有的贡献。

10月7日—12日　罗马尼亚社会主义共和国总统尼古拉·齐奥塞斯库访华。12日，中国和罗马尼亚发表联合新闻公报。访问期间，两国签订了《中华人民共和国和罗马尼亚社会主义共和国关于1986年—1990年期间双边经济关系发展协定》、《两国政府关于1986年—1990年期间相互供应主要货物的长期协定》和其他关于扩大双边经济关系的谅解。

10月22日　中顾委副主任许世友上将在南京逝世。许世友，河南新县人，1906年生。1926年加入中国共产主义青年团，1927年转为中共党员。生前曾先后担任红四军军长、红四方面军骑兵司令员、山东纵队参谋长、胶东军区司令员、华东野战军第九纵队司令员、山东军区司令员、中国人民志愿军第三兵团司令员、中国人民解放军副总参谋长、南京军区司令员、国防部副部长兼南京军区司令员、广州军区司令员、中共中央军委委员、常务委员等职。曾被选为中共第八届中央候补委员，第九、十、十一届中央政治局委员。在中共十二届一中全会上被选为中顾委副主任。1955年被授予上将军衔。

10月24日　国务院、中央军委发布《征兵工作条例》。《条例》规定，每年12月31日以前年满18岁的男性公民，应当被征集服现役。当年未被征集的，在22岁以前，仍可以被征集服现役。根据军队需要，可以按此规定征集女性公民服现役。根据军队的需要和本人自愿的原则，可以征集当年未满18岁的男女公民服现役。《条例》还对什么人可以免征、缓征和不征集作了规定。

11月10日　在蒙特利尔举行的第二十三届世界体操锦标赛上，中国选手童非获得自由体操和单杠金牌，李宁获得吊环金牌。

11月20日　中国女排获1985年世界杯女排赛冠军，成为世界女排史上第一支连续4次夺得世界大赛冠军的女队。

同　日　中日围棋擂台赛中国队聂卫平获胜。11月20日下午4时

47分，聂卫平以1又3/4子胜藤泽秀行，从而使中国棋手以8:7的战绩胜日本棋手，结束了历时1年多的中日围棋擂台赛。

11月23日　据《光明日报》报道：我国首批试办百余个博士后科研流动站。全国博士后科研流动站管理协调委员会召开会议，确定由北京大学、清华大学、中国科学院理论物理研究所等73个高等院校和科研机构，首批试办102个博士后科研流动站，首次招收博士后研究人员250人。首批试办的博士后科研流动站，是全国博士后科研流动站管理协调委员会组织一批高水平的专家，对申请建站的单位认真评审后确定的，涉及物理学、化学、生物学、地学、数学、天文学、技术科学等基础科学和应用科学的有关领域。建站单位都具有博士学位授予权，有高水平的博士导师，学术气氛比较浓厚与活跃，其科研工作在国内处于领先地位，有必需的实验设备，科研后勤条件也较好，并能在试办期间，妥善解决博士后研究人员的住房问题。全国博士后科研流动站管理协调委员会还决定，未被批准建站的单位，如果有一定数量的出国留学毕业博士生愿意到该单位做博士后研究人员，可随时申请。凡符合建站条件并有名额时，可酌情批准其建站。

11月25日　上海宝山钢铁总厂一期工程建成投产。宝钢工程于1978年12月23日正式动工兴建。设计能力为年产铁650万吨，钢670万吨，钢材422万吨，商品坯122万吨。第一期工程投资为128.77亿元，生产规模为年产铁300万吨，钢312万吨，钢管50万吨，商品坯212万吨。

11月26日　中共中央办公厅、国务院办公厅发出《关于解决当前机关作风中几个严重问题的通知》。《通知》提出了在今冬明春期间，主要解决机关作风中的六个问题：一、坚决刹住争相购买和更换进口小轿车的不正之风；二、坚决刹住滥派人员出国的不正之风；三、坚决制止党政干部挥霍公款到外旅游；四、严禁铺张浪费，请客送礼；五、严禁党政干部在工资和机关福利以外获取不正当的收入；六、对党政机关、领导干部及其子女、配偶利用职权和各种方便违反规定经商牟利的，要严加查处。

11月28日—29日　中国共青团全国代表会议在京举行。出席会议的代表共695名，其中包括团十一届中央委员会委员、候补委员和团干部代表，以及各条战线青年、青年先进集体代表。会议以党的全国代表会议精神为指针，明确中国青年在“七五”计划期间的光荣使命；根据党中央关于进一步实现干部队伍“四化”的要求和加强团干部队伍建设的需要，局部调整团中央委员会成员。会议一致通过了《关于动员和带领全国各族青年在“七五”期间建功立业、做四有新人的决议》、《关于团十一届中央委员会局部调整名单》。新增选了团中央委员121名、候补委员10名，平均年龄31.3岁，大专文化程度占85.5%。29日—30日，共青团十一届中央委员会第四次会议选举宋德福为团中央书记处第一书记。

12月4日　中共中央、国务院批转中宣部和司法部《关于向全体公民基本普及法律常识的五年规划》并发出通知。通知要求各级党委、政府和各单位领导，要结合普及法律常识这项工作，认真检查本地区、本部门、本单位遵纪守法的情况，总结经验教训，定出改进措施，切实增强领导干部和广大工作人员的法制观念，提高遵纪守法的自觉性。对违法乱纪、触犯刑律的人，特别是违法的“执法者”，必须严肃依法追究，尽速查处，做到件件有着落。政法部门和一切执法工作人员更要带头学好法律，以法律为准绳，规范自己的言行，坚持光明正大、公道正派的原则，发扬廉洁奉公、见义勇为的优良作风，为维护法律的尊严、维护国家和人民的利益做出新的贡献。

12月5日—21日　中央农村工作会议在北京召开。会议强调“决不放松粮食生产，积极发展多种经营”是指导农业生产的根本方针，农业和农村工业必须协调发展，应该把“无工不富”与“无农不稳”有机地结合起来。会议指出，发展乡镇企业是振兴我国农村经济的必由之路，以工补农，以副养农，以经济作物支持粮食作物将是我国长期实行的一个办法。会议重申发展国民经济应以农业为基础的战略方针，绝不能由于农业情况有了好转就放松农业，更不能因为农业占国民经济产值的比重逐步下降而否定农业的基础地位，也不能因为农业基础建设投资周期长、见效慢而忽视对农业的投资。会议强调，改革中发生的问题，只能靠坚持改革、深入改革去解决，决不能因为遇到问题就倒退到老路上去。倒退是没有出路的。会议提出1986年农村工作的总要求：坚定不移地贯彻执行农业是国民经济基础的战略方针，进一步落实党中央制定的各项农村政策，继续深入进行农村改革，改善农业生产条件，组织产前产后服务，推动农村经济持续稳定协调发展。

12月6日　横贯中国西北、华北、东北的三北防护林体系一期工程完成。该项工程的竣工使我国1.2亿多亩农田得到林网保护。兴建这项工程，是为了在我国北方逐步形成一个绿色综合防护体系，根治风沙危害和水土流失，为国民经济的发展创造一个良好的生态环境。

12月7日　中华人民共和国和尼加拉瓜共和国发表联合公报，决定建立大使级外交关系。

12月15日　国家科委发出《关于加强对技术市场管理工作的通知》。为了坚持科技体制改革，开拓技术市场，国家科委对技术市场管理工作提出以下意见：一、技术市场是技术成果流向生产的重要渠道，是我国社会主义商品市场的重要组成部分。各地区各部门要切实加强对技术市场的领导和管理，建立和健全必要的经营管理制度。二、技术市场包括技术成果转让、技术承包、技术联营、科研生产联合、技术咨询、技术培训、技术服务等多种形式的技术贸易活动，不强求划一，不追求形式主义。三、在技术市场上进行转让的技术，必须是成熟的技术或阶段性的技术成果，转让者应如实地说明技术成果的成熟程度，不得夸大，不许弄虚作假，不准剽窃他人成果或侵犯他人的技术经济权益，更不准转让违犯国家法律和政策规定的技术。四、在进行技术交易时，买卖双方必须本着严肃、认真、负责的态度，向对方如实地提供有关的详细情况，并且在双方意见一致的基础上，依照有关规定签订并信守技术合同。五、技术商品的价格，可由双方根据技术的经济效益、技术价值、研究开发成本、使用期限，以及分享成果的权利和承担风险的责任等因素，在合理的范围内协商议定。六、转让技术的收入，近期内一律免税，并可以从中提取一部分奖励直接从事开发工作的人员。七、从事技术开发和技术流通的经营机构，应有明确的服务方向和经营内容，有与经营相适应的科技力量、资金和工作地点、章程制度。八、科技人员在完成本职工作和不侵犯本单位技术权益、经济利益的前提下，可以适度地从事业余技术工作和咨询服务，收入归己。九、对在技术市场有关管理机构工作的科技人员和其他从事技术经营活动的科技人员，其工资待遇、技术职务等应与从事研究与开发的科技人员一视同仁，对他们中的成绩卓著者，应给予奖励。

同　日　中国运动员韩健、李玲蔚在东京举行的1985年国际羽毛球大奖赛总决赛中分获男、女单打冠军。

同　日　国家“六五”期间重点建设工程京秦复线电气化铁路全线正式开通。该线西起北京的丰台西站，东至山海关，全长341公里，年设计运量为8 700万吨，对华东、华南、华北地区的经济发展和对外贸易具有重要意义。

12月17月　《人民日报》报道：中国文改会改名为国家语言文字工作委员会。国家语言文字工作委员会仍为国务院的直属机构。其主要职责是：贯彻执行国家关于语言文字工作的方针、政策和法令，促进语言文字的规范化、标准化，继续推动文字改革工作，并做好有关的社会服务工作。国务院的决定说，少数民族语言文字工作仍由国家民族事务委员会管理。

12月18日　香港特别行政区基本法咨询委员会在香港举行成立大会。大会由咨询委员会执行委员会主任委员安子介主持。正在香港访问的国务委员、基本法起草委员会主任委员姬鹏飞参加了大会，并在会上介绍了基本法起草工作的大体规划和设想：基本法起草委员会预计用4—5年的时间完成基本法的起草工作，争取在1990年上半年提出《香港特别行政区基本法》（草案），报请全国人民代表大会审议通过并颁布。明年4月召开起草委员会第二次会议，研究并确定基本法的结构和应包括的内容，划分专题，着手进行起草工作。争取1988年初拟出初稿，印发各方面征求意见。修改后经全国人大常委会审议，公布草案。广泛征询各方面特别是香港同胞的意见，再经修订后，提交全国人大审议通过并颁布。

12月20日　中纪委发出关于开除北京市公用局局长马学亮党籍、改组市煤气公司党委的通告。通告指出，北京市公用煤气公司及所属单位，在局党委副书记、局长马学亮的支持下，自1984年下半年以来，打着改革的旗号，乱搞所谓“承包”，巧立名目，敲诈勒索，大肆进行违法乱纪活动。经查实，在半年多的时间里，共捞取非法收入909万元，已私分424多万元，滥发实物花去60万元，向有关领导干部和单位行贿24万多元。尤其严重的是，市公用局、煤气公司和管网所等单位，竟有22名领导干部参与了这一违法乱纪活动。公用局局长马学亮玩忽职守，放弃原则，丧失党性，对所领导的企业发生的问题纵容支持，并接受贿赂，违法犯罪。在他的支持纵容下，煤气公司、管网所、管线队三级领导班子中的原主要负责人几乎全部卷入进去。其中贪污、私分和受贿最多的达3.7万多元。煤气公司党委听任这些干部胡作非为，完全丧失了一级党组织的作用，不仅把所领导的企业带入歧途，而且毁掉了一批干部。为了严肃党纪、政纪和法纪，教育全党，中纪委批准开除市公用局党委副书记、局长马学亮的党籍，由司法机关依法逮捕。北京市委决定，改组煤气公司党委，解散煤气公司管网所总支委员会；责成市公用局党委做出深刻检查。此案涉及的其他21名领导干部，也分别受到了党纪、政纪和法纪处分。

12月22日　国家教委通知不得擅自决定组织“国家承认学历”的考试。据《光明日报》报道，国家教育委员会发出通知说，今后凡举行“国家承认学历”的考试，只能由国家教育委员会或根据国家教育委员会制定的有关规定进行。任何地区和部门不得擅自决定，对没有按国家教育委员会（原教育部）有关成人招生规定，自行考试招生的各类成人高等学校已毕业或结业的学生，组织“国家承认学历”的统一考试；已发文宣布组织“国家承认学历”的统一考试，要立即停止。他们所发的毕业证书，国家不予承认。通知还强调指出，任何地区和部门不得擅自决定，对没按国家教育委员会（原教育部）有关成人招生的规定自行考试招收入学的学生，组织承认学籍的验收考试或入学复试；已发文宣布组织验收考试或入学复试的，必须立即停止。承认的学籍并纳入统一学籍管理的，一律无效。

12月27日　横贯沂蒙山区的一级铁路干线——兖石铁路建成，并于本月31日交付济南铁路局接管营运。该线位于山东省南部，西起煤炭基地兖州以南的津浦铁路程家庄站，东至黄海之滨的现代化深水煤炭港石臼，全长308公里，年运输能力为1 800万吨。

12月28日　中国颁发首批专利证书大会在京举行。中国专利局在人民大会堂举行大会，颁发首批中华人民共和国专利证书，对143项专利申请授予专利权。中国专利局局长黄坤益在会上讲话时说，自4月1日我国实施专利法开始，至12月25日止，中国专利局已收到国内外专利申请1.4051万件，首批授于专利权的项目，大部分都是4月1日就提出申请，申请文件齐全、撰写质量较好、审查工作顺利，并提出要求实质审查和提前公布的。由于准备工作充分成熟，使我国专利法实施仅9个月，就取得很好的社会经济效益。他说，现在已经交到中国专利局的专利申请都正在审查过程中。今后，专利局将定期颁发专利证书。中共中央政治局委员、国务院副总理李鹏代表国务院对到会的84位中外专利权人代表致贺，并在讲话中指出，我国实施专利法，是以法律保护和鼓励发明创造、促进科学技术进步、加快我国经济发展速度的大事。搞好专利工作，应当本着从严掌握的方针，保证专利申请和审批的质量。我们授予专利权的目的，是为了将发明创造迅速转化为生产力，加快四化建设速度。他要求各级政府、各个部门、各个单位和司法部门都来支持专利工作，抓专利法的宣传和实施。

12月31日　中共中央书记处就端正党风问题作出决定，重点抓好中央党政军和北京市机关的党风。据新华社讯，中共中央书记处12月中旬以来连续听取了中央直属机关党委、中央国家机关党委、中共北京市委关于端正党风、纠正和抵制不正之风的情况汇报，决定把中央党政军机关和北京市机关的党风问题作为重点来抓，半年至1年抓出成效。中央书记处认为，有些不正之风，如政治上的自由主义，作风上的官僚主义，主要来自领导机关而不是基层；中央机关又比地方机关多些。同样的不正之风，发生在领导机关比发生在基层的危害更大。只要中央党政军机关和北京市机关的风气好了，作为表率，才能为全党风气的根本好转造成一个有利的形势。为此，中央书记处决定，当前主要抓好以下几项工作：一、发挥党组织的作用，充分走群众路线，揭露矛盾，分清是非，解决问题。二、领导干部带头，从我做起，边议边改。对于一般性的问题重在教育，及时纠正。对于精神不振，不负责任，官僚主义严重，有错不改的，要按照党章和国家的法律该撤的撤。对于有严重问题的党员干部，要该处分的处分，该法办的法办，同时要把一批作风正派、工作认真、党性强、敢于坚持原则、敢于抵制不正之风的中青年干部提拔到领导岗位上来。三、在纠正不正之风的过程中要切实关心群众生活，凡是涉及群众切身利益的事，都要采取慎重的态度。有些单位制度不完善，要通过调查研究健全规章制度，堵塞各种漏洞。要办好食堂、幼儿园等机关生活设施，逐步解决群众生活中的实际问题。

1986年

1986年综述

1月，中共中央书记处在北京召开有8 000多人出席的中央机关干部大会，号召中央党政军机关的全体党员和干部在端正党风中做全国的表率，为实现全党风气和社会风气的根本好转而奋斗。同月，中共中央、国务院就简化各级领导干部外出活动的接待工作问题、制止滥派团组和人员出国问题、选拔干部应走群众路线等问题先后分别发出通知，作出有关规定。2月，中共中央、国务院就制止干部用公款旅游、制止党政机关和党政干部经商办企业等问题先后作出规定，并发出文件。

2月，我国发射实用通信广播卫星定点成功，这标志着我国的航天技术和电子技术取得了新的进展。5月，我国翻译出版的《马克思恩格斯全集》（50卷）中文版全部出齐。同月，全国科学技术奖励大会在北京人民大会堂举行。9月—10月，我国在第10届亚运会上获金牌总数第一。

3月、4月，全国人大六届四次会议在北京举行，会议确定了“七五”计划的基本任务。

6月，胡耀邦总书记访问英国、联邦德国、法国和意大利。10月，英国女王伊丽莎白二世访华。

9月，中共十二届六中全会在北京举行。全会通过了《中共中央关于社会主义精神文明建设指导方针的决议》和关于召开中共第十三次全国代表大会的决议。11月，中共中央、国务院在北京召开中央农村工作会议，讨论了促进农村改革和农村精神文明建设等问题。

是年，无产阶级革命家、军事家刘伯承、叶剑英先后逝世。纪念长征胜利50周年、孙中山诞辰120周年、朱德诞辰100周年的大会先后在北京召开。

主要经济指标：由于认真执行改革、开放、搞活方针，巩固和发展了各项改革成果，国民经济和社会发展取得新成就。全年社会总产值达到18 961亿元，比上年增长9.1%；国民生产总值9 380亿元，比上年增长7.8%。全国工农业总产值为15 207亿元，比上年增长9.3%；其中农业总产值4 013亿元，比上年增长3.5%，林、牧、渔、副业比重由上年37%上升为37.6%，全国粮食总产量3.9151亿吨，比上年增长3.2%；工业总产值为11 194亿元，比上年增长11.1%。对外贸易方面，全年进出口总额为738.5亿美元，比上年增长6.1%。在生产发展的基础上，城乡人民生活继续有所改善。全年城镇居民人均可用于生活费的收入为828元，实际收入比上年增长13%；农民人均年收入424元，实际收入较上年增长3.2%。国民经济中存在的主要问题是：消费需求增长过快，固定资产投资规模偏大，国家财政收支和外汇收支不平衡。

1月1日　中共中央、国务院作出《关于1986年农村工作的部署》。文件提出1986年农村工作总的要求是：落实政策，深入改革，改善农业生产条件，组织产前产后服务，推动农村经济持续稳定协调的发展。文件指出今年农村工作的重点是：围绕已经实行的政策，加强后续工作，把粮食统购改为合同定购，这是粮食收购制度的重大改革，只能逐步完善，不能动摇。从今年起，对各省、自治区、直辖市实行粮食调拨包干，对调拨价格和财政补助办法适当调整。包干以外需要调出、调入的粮食，由各地区自行协商议价购销。此外，文件还指出，地区性合作经济组织，应当进一步完善统一经营与分散经营相结合的双层经济体制；我们要允许一部分人先富起来，也一定要注意发展合作制度，实行税收调节，做好扶贫工作，走向共同富裕。

同　日　《人民日报》报道：军队编制体制改革取得重大成果。中国人民解放军副总参谋长何其宗在接受记者采访时介绍说，人民解放军野战军改建集团军工作已经顺利结束，各项工作已按新的隶属关系进行。人民解放军陆军部队从单一兵种发展到多兵种，现在又发展到由诸兵种合成的集团军，这是军队编制体制改革取得的重大成果，这标志着人民解放军现代化建设进入了一个新阶段。

1月4日—8日　全国职称改革工作会议在北京召开。胡启立、田纪云出席了会议，并同部分代表举行了座谈。中央职称改革领导小组组长宋键在会上宣布，中央决定从今年改革职称评定制度，逐步实行专业技术聘任制。1月24日，中共中央、国务院转发了《关于改革职称评定、实行专业技术职务聘任制的报告》。

1月5日　《人民日报》报道：中空纤维氮氢膜分离器现场试验成功。由中国科学院大连化学物理研究所研制的一种能大量回收合成氨工厂排放的氢气的装置——中空纤维氮氢膜分离器，不久前在上海吴泾化工厂进行工业规模现场试验获得成功。这项成果已于最近通过技术鉴定。

1月6日、9日　中共中央书记处在北京召开中央机关干部大会。会议号召中央党政军机关全体党员、干部在端正党风中做全国的表率，为实现全党风气和社会风气的根本好转，为把以城市为重点的整个经济体制改革逐步引向深入，为完成“七五”计划，建设有中国特色的社会主义而奋斗。胡耀邦总书记在大会上作《中央机关要做全国的表率》的讲话。他回顾了党的十一届三中全会以来所取得的巨大成就，指出中央机关在整个事业中起着枢纽作用，强调中央机关要以自己高尚的精神面貌和优良的工作作风做全国的表率。国务院副总理田纪云在大会上作了题为《关于当前经济形势和经济体制改革的问题》的讲话。他在讲话中介绍了当前全国经济形势的主流、经济生活中的不稳定因素，群众所关心的物价、工资改革及收入差距、对外开放等问题的情况，并就如何进一步搞好改革的几个认识问题作了阐述。中共中央书记处书记王兆国作了《关于中央机关端正党风的问题》的讲话，提出中央机关端正党风要按照邓小平同志提出的“少讲空话，多干实事”的精神，着重抓好以下四个方面的工作：一、要加强思想教育。二、要健全制度和整顿纪律。三、要严肃查处大案要案。四、要健全党内生活。中共中央政治局委员、中央军委副主席杨尚昆作了《端正党风军队要走在前头》的讲话，提出军队端正党风要从现在开始，从军委做起，从三总部、国防科工委、各军兵种、各大军区等领导机关和领导干部做起，自上而下一级一级地抓，上半年要做出明显成效，争取今年内实现军队党风的根本好转。中共中央政治局常委，国务院总理赵紫阳在大会结束前也讲了话，提出端正党风，从北京做起，从中央党政军机关做起，十分必要。这次大会由中共中央政治局委员，书记处书记胡启立主持。他在会上宣布：中央书记处决定成立中央机关端正党风领导小组，由乔石任组长，王兆国、强晓初任副组长。万里、习仲勋、方毅、乔石、杨得志、吴学谦、姚依林、王震、薄一波等和中央党政机关、北京市的领导干部共8 000多人出席了大会。

1月7日　外交部发言人驳斥1月4日越南外交部关于西沙群岛和南沙群岛是“越南领土”的声明。重申西沙和南沙群岛历来是中国的神圣领土，中国对这些岛屿具有无可争辩的主权，绝不允许任何外国加以侵犯。

1月9日　《人民日报》报道：厂长负责制试点企业遍布全国。厂长负责制试点1984年从北京、天津、上海等6个城市搞起，在不足2年的时间里，试点企业已遍布全国各地，达2.2万多个，绝大多数是国营企业。

1月10日　赵紫阳总理在北京中南海会见关税和贸易总协定总干事亚瑟·邓克尔。他表示中国实行的对外开放政策正在向广度和深度发展，中国希望恢复它在关税和贸易总协定的缔约国地位。

1月11日—20日、1月12日—2月3日　全国经济工作会议和全国计划会议在北京举行。1月13日，赵紫阳总理在这两个会上发表了关于经济体制改革的讲话。会议讨论了经济体制改革的形势和本年的任务。指出：经过1年的努力，去年初提出的改革要初战必胜的要求已经实现，但经济生活中不稳定的因素仍然存在，社会总需求仍然超过社会总供给；在去年改革的基础上，本年主要实行"巩固、消化、补充、改善"的方针，同时为明后年改革迈出重要的步子做好准备。今年的改革，主要要抓好以下几个方面的工作：第一，改善宏观控制。第二，对已经出台的价格改革、工资改革做一些消化、补充工作，解决突出的遗留问题。第三，进一步把大中型骨干企业和出口企业搞活。第四，大力促进跨地区、跨部门的横向经济联合。

1月13日　《人民日报》报道：全国第二次土壤普查获丰硕成果。从1979年开始，历时6年的全国第二次土壤普查，通过对全国农耕地、林地、牧地和荒地等的调查，基本查清了土地资源概数和各类土壤的数量和质量，将形成1.2万多幅土壤图件，近3 000份成果报告及大量的有关资料，为科学管理、利用土地和指导农业生产提供了科学依据。

1月14日　中共中央、国务院、中央军委发出《关于县（市）人民武装部改归地方建制有关问题的通知》。《通知》指出，县（市）人民武装部改归地方建制，工作人员改为地方编制，任务不变，实行地方和军队双重领导。这是从国家经济建设大局出发作出的正确决策，有利于依靠地方党委、政府做好民兵、预备役工作。3月31日，国务院办公厅、中央军委办公厅发出通知，对人民武装部改归地方建制后的机构设置、领导关系、工作职责、干部选配、工资福利、经费来源以及移交的方法和步骤，作了具体规定。根据上述规定，全国县（市）人民武装部改归地方建制工作，从1986年3月份开始，到8月中旬顺利完成。

1月15日　外交部新闻发言人答记者问。指出，中苏外长互访的日期并未确定；苏方多年来提出的签订互不侵犯条约的建议早被中方明确拒绝；消除三大障碍是中苏两国关系正常化的必由之路。

1月18日　英国外交国务大臣蒂莫西·伦顿应邀访华。1月20日，国务委员兼外交部长吴学谦和国务委员兼国务院港澳办公室主任姬鹏飞分别会见伦顿一行。在访华期间，周南副外长和伦顿就国际问题和包括香港在内的双边关系问题进行了富有成果的会谈，并取得了广泛的一致。

1月21日　党和国家领导人接见为发展中国国防工业做出贡献的专家。党和国家领导人胡耀邦、方毅、李鹏、杨尚昆、郝建秀接见姜圣阶、王淦昌、刘兴忠、闵耀中、黄齐陶、于敏、连培生、钱皋韵、吕得贤、孙祖训等为我国核工业发展做出贡献的专家，称赞核工业战线所取得的成绩，并勉励他们为和平利用核能做出新贡献。1月24日，赵紫阳、杨尚昆、胡启立、李鹏、方毅等接见了航空工业部和兵器工业部20位为发展中国国防工业做出贡献的专家，同他们座谈国防工业如何面向社会主义现代化建设的问题。

1月23日　中共中央办公厅、国务院办公厅就简化各级领导干部外出活动接待工作作出以下规定：（1）废除礼仪性的送往迎来；（2）减少陪同人员、轻车简从；（3）从俭安排食宿；（4）禁止馈赠礼品；（5）如实汇报工作情况；（6）改进警卫形式和新闻采访。

同　日　《人民日报》报道：我国以党报为核心的多层次、多样化的报纸结构已开始形成。据中国社会科学院新闻研究所、首都新闻学会联合组织的调查表明，全国经正式登记的报纸有1 777家，它们的发行总量达到2.02075亿份，一个以党报为核心的多层次、多样化的报纸结构已开始形成。

同　日　中国政府和苏联政府1986年交换货物和付款议定书在

北京签字。中国政府贸易代表团团长、经贸部副部长王品清和苏联政府贸易代表团团长、外贸部第一副部长根·基·茹拉夫廖夫代表各自政府在议定书上签字。根据议定书，中国供应苏联的主要货物有：有色金属、大豆、玉米、花生仁、鲜冻肉和肉类制品、水果、纺织品、轻工业品等；苏联向中国供应的主要货物有：有色金属、钢材、生铁、尿素、汽车、木材、飞机等。同时，双方就中国新疆维吾尔族自治区同苏联5个加盟共和国等地区开展边境贸易换函。

1月28日　中共中央发出《关于严格按照党的原则选拔任用干部的通知》。《通知》指出，当前在干部选拔任用工作中存在一些问题。为此，特作如下规定：领导干部必须在用人方面模范地遵守党的原则，维护组织人事工作纪律；选拔任用领导干部必须严格按照规定的程序办事，充分走群众路线；决定提拔干部前，必须按拟任职务所要求的德才条件进行严格考察；选拔干部必须由党委集体讨论决定，不能个人说了算；提拔干部应从经过实践锻炼的同志中择优任用；严格禁止擅自增设机构、提高机构规格和增加领导干部人数；各级组织人事部门必须认真履行职责，当好党委的参谋和助手。

1月30日　国家体改委负责人谈城市经济体制改革的成就。指出，我国城市经济体制改革初战必胜的要求已经实现，城市经济体制因此而发生了五大可喜变化：在所有制结构方面，由过去的单一公有制结构正在逐步向以社会主义公有制为主体的、多种经济形式和多种经营方式共同发展结构转变；在国家与企业的关系方面，企业已经开始从过去那种行政机关附属物的地位，逐步向相对独立的商品生产经营者的方向转变；在市场方面，由过去那种统购派购、统购包销、凭票供应、计划分配的状况开始转变为合同定购、议购议销、自由购销等多种形式；在对内对外经济联系方面，由过去那种对外封闭、对内条块分割封锁的状况向开放型经济转变;在宏观管理方面，过去那种主要用行政手段、高度集中的传统体制正在改革，指令性计划的范围和比重有所缩小，财政、税收、银行等经济杠杆以及法律手段的作用得到加强。

1月31日　《人民日报》报道：中国政府决定调整对外国人开放

的地区，由1985年的107个增加到244个。从2月1日《中华人民共和国外国人入境、出境管理法》实行之日起，外国人只要持有有效签证或者居留证件即可前往。

同 日　新华社报道：1985年全国最佳运动员评选揭晓。他们是：郎平、聂卫平、韩健、童非、阎红、曹燕华、杨锡兰、李宁、江加良和李玲蔚。

2月1日　中共中央办公厅、国务院办公厅联合发出通知，要求中央和地方党政军务部门和人民团体坚决制止干部用公款旅游。通知作了五条规定：一、各级领导干部，首先是高级干部，必须做到不用公款旅游；二、严禁以出差、开会等名义用公款旅游；三、坚决制止以参观学习为名用公款旅游；四、各级干部疗养、休养和探亲必须严格执行国家有关规定；五、财务部门和财务人员要严格按规章制度办事，堵塞用公款旅游的漏洞。对违反上述规定的，要给予严肃批评和处理。

2月4日　中共中央、国务院发出《关于进一步制止党政机关和党政干部经商、办企业的规定》。《规定》指出：1984年12月《关于严禁党政机关和党政干部经商、办企业》的文件下达以后，党政机关办的企业大部分已经停办或者同党政机关脱钩；参与经商、办企业的党政干部，大多数已经回到机关工作或辞去党政职务。但是，这股不正之风还没有完全刹住。为此，特进一步要求党政机关，包括各级党委机关和国家权力机关、行政机关、审判机关、检察机关以及隶属这些机关编制序列的事业单位，一律不准经商、办企业；凡违反规定仍在开办的企业包括应同机关脱钩而未脱钩，或者明脱钩暗不脱钩的，不管原来经过哪一级批准，都必须立即停办，或者同机关彻底脱钩。《规定》提出党政机关一律不准经商办企业的10条规定，要求做到令行禁止；对拒不执行的，要严肃处理，并追究领导责任。

2月4日—9日　中央机关考察访问组分赴贫困地区调查研究。由中央机关27个部门的30名领导干部组成的中央机关考察访问组，分成3个组，在春节前后分别深入云南文山壮族苗族自治州、广西河池地区、贵州毕节地区进行实地考察。这是中央机关贯彻中共中央、国务院关于帮助贫困地区改变面貌的指示，深入实际开展调查研究、改进工作作风的一次有意义的活动。

2月6日　新华社报道：中纪委等查处广宇公司走私18万套彩电组装件重大案件。中纪委同最高人民检察院、海关总署等有关部门查处航天工业部所属广宇工业贸易总公司走私18万套彩电组装件的重大案件。该案责任人，涉及到两名部级干部、5名局级干部和4名处级以下干部，其中广宇公司副总经理朱涵澄、海南国际信托投资公司总经理李汉文、海南海玛厂厂长侯瑞林、电子工业部瑞达公司副经理陈达等4人已构成犯罪，被依法逮捕。2月28日，中纪委发出《关于严肃查处航天部广宇公司走私案的通报》，经中央批准，给予航天部原部长张钧、副部长程连昌党内严重警告处分；对于该案的其他有关责任者，也分别给予党纪政纪处分和法律的严厉制裁。

2月12日　外交部在联合国公布《关于越南当局加紧侵略柬埔寨和在中越边境制造紧张局势问题的备忘录》。《备忘录》严正谴责越南当局侵柬反华的猖狂行径，驳斥越南当局对中国的诬蔑和攻击，同时希望越南当局立即从柬埔寨撤出全部侵略军，停止一切反华挑衅，为柬埔寨问题的公平合理解决，为中越关系正常化，为恢复东南亚和平和稳定创造条件。2月19日，外交部新闻发言人在新闻发布会上揭露越南当局所谓“春节停火”建议的虚伪性，指出越南军队从未停止对中国边境的武装挑衅。

同　日　中国代表石继成在联合国外层空间委员会第二十三届科技小组委员会上发言。他强调外层空间应完全用于和平目的，造福于人类，并且表示中国愿将“CZ—2”和“CZ—3”运载火箭投入国际市场。

2月14日　《人民日报》报道：万里、黄中荣获国际奥委会授予的奥林匹克勋章。2月10日—12日于洛桑举行的国际奥委会执委会会议决定，授予中国国务院副总理万里金质奥林匹克勋章，以表彰他为中国体育事业和促进奥林匹克运动在中国的发展所做的贡献；授予中国奥委会副主席黄中银质奥林匹克勋章。同时，为表彰中国对发展中国家、特别是非洲国家在发展体育设施方面所做的贡献，执委会会议还决定授予中国奥委会奥林匹克奖杯。

2月16日　《人民日报》报道：中国对鼻咽癌前瞻性现场研究已居世界领先地位。我国在鼻咽癌前瞻性现场研究以及早期诊断方法的建立和应用方面取得重大成果。这一成果已于14日在京通过鉴定，有关专家认为该成果居于世界领先地位。

2月17日　亚洲开发银行理事会通过决议，接纳中华人民共和国为亚行成员国。26日，外交部新闻发言人对亚洲开发银行理事会的这一决议表示赞赏。3月10日，亚洲开发银行发表的一项新闻公报宣布，中华人民共和国从1986年3月10日起正式成为亚洲开发银行的成员。3月17日，中国人民银行宣布，中国政府已任命国务委员兼中国人民银行行长陈慕华为亚洲开发银行中国理事。中国人民银行理事会理事车培钦被任命为亚洲开发银行中国副理事。同时，中国政府指定中国人民银行为中国对亚行的官方联系机构和亚行在中国的保管银行，负责中国与亚行的联系及保管亚行所持有的人民币和在中国的其他资产。

2月18日　《中国教育报》报道：国家教委召开全国成人高校招生工作会议。会议针对成人高等教育过程中所存在的学非所用、学用脱节等问题以及盲目追求数量、忽视教学质量的倾向，提出必须根据成人高校的特点，坚持学用结合、按需施教、注重真才实学的原则，要突破目前单一的学历教育，实行系统的学历教育，按工作岗位需要进行的专业合格教育和单科的合格教育，并相应建立学历证书、专业合格证书和单科合格证书等3种证书制度。

2月19日　胡耀邦视察贵州、云南、广西三省并就领导工作和贫困地区脱贫致富问题发表谈话。中共中央总书记胡耀邦在南宁听取由中央机关组成的3个考察访问组对贫困地区进行考察的情况汇报和云南、广西、贵州3个省、区的工作汇报之后，强调指出，中央和省级领导机关、领导干部经常到群众中去，到基层去，进行调查研究，考察访问，密切上级与下级、领导机关与广大人民群众之间的联系，不仅可以形成一种好的风气，产生巨大的精神力量，更重要的是有助于实现正确的领导，减少领导工作中的失误，提高干部的素质，促进干部特别是年轻干部健康成长。关于贫困地区脱贫致富问题，胡耀邦指出，中央一直很关心和重视这个问题，1984年9月29日专门发出了关于帮助贫困地区尽快改变面貌的通知，现在的问题是狠抓落实。最重要的是，选准目标，集中力量，每年都要使一些贫困县区的绝大多数群众实实在在地增加一些收入，切忌搞花架子，贪大求全。必须明确扶持贫困地区的指导思想，应是加强贫困地区自力更生的能力，提高贫困地区自身“造血”的功能，要调动贫困地区人民发展经济的积极性。在此之前，胡耀邦于2月4日—16日亲自视察了贵州的安顺、云南的曲靖、广西的百色以及北海市和防城港。

同　日　上海市严惩流氓强奸犯陈小蒙、胡晓阳等6人。上海市对流氓强奸犯陈小蒙、胡晓阳、葛志文等6人，分别依法判处死刑和有期徒刑。其中陈、胡二犯是上海市领导干部的儿子。20日，《人民日报》评论员为此发表题为《在法律面前人人平等》的文章。

2月20日　中国发射实用通信广播卫星定点成功。卫星发射中心于2月1日发射的一颗实用通信广播卫星在今日17时准时定点于东经103度赤道上空。卫星上仪器设备工作正常。同日，中共中央、国务院、中央军委向参与通信广播卫星及运载火箭研制、发射、测控、应用、保障的工作人员致电祝贺。

2月20日—23日　全国落实侨务政策工作会议在浙江宁波举行。会议指出，近几年来，全国落实侨务政策进展快，成绩大，现已平反纠正“文革”中归侨、侨眷冤假错案3.3万多件，复查了“文革”前历史遗案1万多件，在国内外产生了积极影响。会议要求各级侨务部门在今明两年内，基本解决全国范围内有关归侨、侨眷的历史遗留案件和问题。

2月20日—26日　毛里塔尼亚救国军事委员会主席、国家元首塔亚上校访华。访华期间，李先念主席主持欢迎仪式；赵紫阳总理同塔亚主席举行了会谈；胡耀邦总书记会见了塔亚主席。23日，中国向毛里塔尼亚赠送玉米的换文和两国政府贷款协定在北京签署。

2月23日　中共中央书记处决定每年进行税收、财务、物价大检

查。胡启立、田纪云在中南海接见国务院税收、财务、物价大检查工作组全体成员时指出，开展税收、财务、物价大检查，不是权宜之计，而是严肃财经纪律，促进党风和社会风气进一步好转，保护国家和人民利益，保证经济体制改革顺利进行的一项重要措施。中央书记处决定，最近几年，每年都要进行大检查工作。

同　日　《人民日报》报道："六五"期间我国计划生育工作取得成就。我国已胜利完成"六五"计划规定的控制人口增长的任务，全国人口年平均自然增长率由"五五"期间的13.25‰。下降到11.7‰，妇女总和生育率已从1965年的6.1‰降到目前的2‰。有关部门认为，"六五"期间控制人口增长的成绩，标志着我国50年代第一个人口生育高峰的周期性影响已平稳地通过。这不仅有利于促进当前的社会主义建设，而且对今后建立一个合理的稳定的人口年龄结构和人口再生产的良性循环创造了有利条件。

2月24日—3月1日　塞拉利昂共和国总统约瑟夫·赛义杜·莫莫对中国进行国事访问。访华期间，国家主席李先念举行欢迎仪式，赵紫阳总理与莫莫总统进行会谈，表示中国愿在力所能及的情况下，继续以传统方式与塞拉利昂进行经济技术合作，并希望双方努力探索多种形式的互利合作；胡耀邦总书记会见了莫莫总统。2月27日，中国政府向塞拉利昂政府提供无息贷款的协定和两国政府经济技术合作议定书在北京签署。对外经贸部部长郑拓彬，塞拉利昂外长阿卜杜勒·卡里姆·科罗马分别代表本国政府在上述两个文件上签字。

2月25日　中纪委决定开除周而复党籍。中纪委发出《关于对外友协副会长周而复访问日本期间严重违反外事纪律的通报》。周而复于1985年10月20日—11月12日率对外友协代表团访问日本期间，违反外事纪律，丧失民族气节，犯有严重错误。经中共中央批准，中央纪委决定开除周而复的党籍，有关领导部门也随即撤销其中国人民对外友好协会副会长、文化部对外文化交流委员会副主任等职务。3月4日，《人民日报》为此发表评论员文章《严守外事纪律维护国格》。

2月28日　《人民日报》报道：国务院成立国家自然科学基金委

员会。该委员会的任务是：根据国家发展科学技术的方针、政策和规划，有效地运用科学基金，指导、协调和资助基础研究和部分应用研究工作，发现和培养人才，促进科学技术进步和经济、社会发展。该委员会设委员25名，由科学家、管理专家担任，实行任期制；另由基金会主任聘请中外知名学者、专家和实业家50人左右组成顾问委员会，以便对学科发展和资助方向等重大问题提供咨询。同日，《人民日报》评论员发表题为《发展基础研究的战略性措施》的文章，指出科学基金制将推动我国的基础研究面向应用，面向科学前沿，走向世界科学舞台。

3月1日　中华人民共和国香港特别行政区基本法咨询委员会在香港举行第一次全体会议。会议宣布，至3月1日止，接受邀请出任咨委会顾问的有16人，法律顾问1人。会议还决定成立八个专责小组：一、基本法的结构；二、政制；三、法律；四、居民及其他人的权利、自由、福利与义务；五、金融、财政、经济；六、文化、科技、教育、宗教；七、涉外事务；八、中央和特别行政区的关系。会议由咨询委员会主任安子介主持，有147名咨询委员出席会议。

3月4日　哈尔滨市中级人民法院以“劫持飞机罪”依法判处苏联劫机犯阿利穆拉多夫有期徒刑8年。

同　日　文学家丁玲逝世。丁玲，原名蒋冰之，1904年生于湖南临澧县。1927年底开始发表小说。1930年5月，她加入中国“左翼”作家联盟。1932年3月加入中国共产党，积极投身反击国民党文化“围剿”的斗争。1936年11月，她到达陕北，历任苏区“中国文艺协会”主任、中央警卫团政治部副主任、西北战地服务团团长。《解放日报》文艺副刊主编。陕甘宁边区文协副主任。新中国建立后，先后任《文艺报》主编、中央文学研究所所长、中共中央宣传部文艺处处长、中国作家协会党组书记、副主席和《人民文学》主编等职；还担任了全国政协委员、国务院文化教育委员会委员、中国妇联理事、中国文联委员和党组副书记、全国人大代表等社会职务。她多次参加国际和平促进活动和国际进步妇女活动，曾被选为世界民主妇联理事会执行委员。她一生留下近300万字的著作，其中长篇小说《太阳照在桑干河上》于1951年荣获斯大林文艺奖金。

3月5日　《光明日报》报道：国家文物鉴定委员会正式成立。它是文物鉴定学术性权威机构，由文化部聘请有关专家组成，委员共54人，由启功教授任主任委员，下设铜器组、书画碑帖组、陶瓷组、玉器组、货币组、古籍组、杂项组等。这是建国以来首次成立的文物鉴定机构。

3月6日　美学家朱光潜教授逝世。朱光潜，1897年生，安徽桐城人。1925年赴英、法留学，获博士学位。1933年回国，先后在北京大学、四川大学、武汉大学、西南联大等校任教，并曾任四川大学文学院院长、武汉大学教务长、北京大学文学院代理院长，还曾主编商务印书馆《文学杂志》。解放后，他历任北京大学一级教授，全国政协二、三、四、五届委员、第六届常委，民盟三、四、五届中央委员，中国美学学会会长，中国外国文学学会常务理事。中国社会科学院学部委员等职。他一生著述译著甚丰，已收入《朱光潜文集》。

3月9日　《人民日报》报道：申请国家质量奖的产品采用国际标准。今后申请国家质量奖的产品和耐用消费品，都要采用国际标准和国外先进标准；一切进行批量生产的产品，都须按国家标准或专业标准组织生产。

同　日　《人民日报》报道：《汉语大字典》编纂完成。由周恩来、邓小平批准组织编写，被国务院列为国家文化建设的一项重点科研项目的《汉语大字典》，经四川、湖北两省400多名专家、学者和教师的10年努力，已经编纂完成，从今年10月起陆续出版发行。该字典共分8卷，是当今世界上收集汉字最多的一部字典，共收楷书单字5.6万多个。

3月11日　国家科委举行新闻发布会公布全国科技普查情况。截至“六五”计划期末，我国已有地市以及地市以上单位所属的独立科学研究与技术开发机构4 935个，其中国务院各部门（包括中国科学院）所属的989个；在4 690个民口独立研究与开发机构中，有职工77万人，其中科学家和工程师23.1万人，其他技术人员12.1万人；全国760所理、工、农、医学科领域的高等学校中，科技人员有48.1088万人，其中科学家和工程师35.6088万人。

3月11日—14日　中英联合联络小组第三次会议在香港举行。会议进一步讨论了关于确保香港特别行政区继续参加关税和贸易总协定以及国际纺织品贸易的安排问题、关于香港居民的旅行证件及其有关问题、有关香港的国际权利和义务问题，并就解决这些问题提出了具体的方法和步骤。

3月16日　《人民日报》报道：1985年全国各级审计机关认真贯彻中共中央、国务院对审计工作的指示精神，积极开展审计监督工作，全国共审计了6.62万多个单位，审计出有问题的金额102.17亿元。

3月16日、18日　中苏经济、贸易、科技合作委员会第一次会议在北京举行。李鹏副总理和苏联部长会议第一副主席阿尔希波夫主持会议，双方就进一步发展两国在经济、贸易、科技领域里的合作达成协议。21日，双方签署了会议纪要。

3月17日　商业部通知严禁收购、经营珍稀野生动物及产品。商业部向各省、市、自治区商业厅（局）、供销社发出通知，要求商业、供销系统模范遵守国家有关政策规定，密切配合当地野生动物主管部门做好野生动物资源的保护管理和宣传工作，坚决与乱捕滥猎、非法倒卖、走私国家重点保护野生动物的违法行为作斗争。同时禁止收购和以任何形式买卖国家重点保护动物及其产品。

3月19日　外交部发言人声明：中国政府历来反对任何国家向台湾地区出售武器。外交部发言人在新闻发布会上发表声明指出，中国政府历来坚决反对任何国家向台湾地区出售任何种类的武器以及提供生产包括原子武器在内的各类武器的技术。

3月20日　《人民日报》报道：深圳经济特区管理线从4月1日起启用。该管理线是1982年6月2日由国务院确定的，它东起大鹏湾背仔角，西至深圳湾南头半岛的安乐村，全长达86公里。根据3月12日公布的《深圳经济特区与内地之间人员往来管理规定》，在深圳特区与非特区之间的陆地沿线的6个公路口、29个通道口，以及深圳特区海岸现有码头、渔港等海上通道，按不同情况分别由公安、边防、海关设立机构对来往人员、船舶实行检查管理。

3月21日　新华社报道：解放军驻闽部队停止向台湾飘送宣传品。中国人民解放军驻福建地区部队发言人宣布：为了进一步缓和台湾海峡地区的局势，促进祖国的和平统一，我部已奉命于1985年停止向台湾和金门、马祖诸岛空飘海漂宣传品。

3月22日—29日　新西兰总理戴维·郎伊应邀访华。赵紫阳总理同郎伊总理举行了会谈。双方就两国关系、裁军、朝鲜半岛和柬埔寨局势等国际问题交换了意见。双方对中新两国关系的发展表示满意，并希望两国在贸易、合资企业和旅游业等方面加强合作。双方原则上同意两国将尽早就签订避免双重税收协定、投资保护协定和科技合作协定举行谈判。访问期间，邓小平和胡耀邦分别会见了郎伊总理。

3月23日　国务院发布《关于进一步推动横向经济联合若干问题的规定》。规定指出，坚持"扬长避短，形式多样，互利互惠，共同发展"是横向经济联合的原则，提倡以大中型企业为骨干，以优质名牌产品为龙头的经济联合，不受地区、部门、行业界限的限制，不受所有制的限制。发展经济联合，应当围绕以下目标和要求进行：(1) 有利于充分挖掘现有企业潜力，做到投入少，产出多，产品质量好，技术进步快，经济效益高；(2) 有利于促进企业组织结构、产业结构和地区布局的合理化；(3) 有利于形成和发展商品市场、资金市场和技术市场；(4) 有利于打破条块分割，实现政企职责分开、简政放权和所有权与经营权适当分开。《规定》还就加强生产与科技的结合，发展资金的横向融通，调整征税办法，保证经济联合组织的合法利益等问题提出了具体要求和措施，指出开展横向经济联合具有4个作用：(1) 促进资源的开发和资金的合理利用；(2) 促进商品的合理流通和社会主义统一市场的形成；(3) 促进技术进步和人才合理交流；(4) 促进经济结构和地区布局的合理化。

3月23日—30日　丹麦王国首相保罗·施吕特应邀访华。赵紫阳总理同施吕特就共同关心的国际问题和进一步发展双边关系问题举行了会谈。3月26日，中国和丹麦两国政府在北京签署了3项协议：关于对所得避免双重征税和防止偷漏税的协定、关于医学生物学合作计划的协定和关于种子开发项目的协议。赵紫阳和施吕特出席了签字仪式。

3月25日　邓小平在会见丹麦首相保罗·施吕特时谈中国内外政策。他说："这几年来我有意识地少做工作，让别人多做。中国的现行政策并不仅仅体现在我一个人身上。我好久没有露面就是这个原因。"他指出：中国现行的政策得到全国绝大多数人的广泛支持，得到广大干部的支持，干部和群众都要求改革。他还指出，中国奉行独立自主的政策，我们希望欧洲国家也奉行独立自主的政策。我们深信这种政策有利于世界和平，我们希望中国、欧洲和所有第三世界国家强大起来，加强团结，维护世界和平。这样，和平是有希望的，战争应该避免也可以避免。

3月25日—4月12日　六届全国人大四次会议在北京举行。国务院总理赵紫阳作《关于第七个五年计划的报告》，报告回顾了"六五"计划执行情况，提出"七五"时期的基本任务和主要建设方针，确定"七五"时期经济体制改革的主要内容和坚持独立自主的和平外交政策。国务委员兼国家计委主任宋平作《关于1986年国民经济和社会发展计划草案的报告》，报告对1986年国家计划的任务和目标以及计划胜利实现的保证措施作了说明。国务委员兼财政部部长王丙乾作《关于1985年国家预算执行情况和1986年国家预算草案的报告》，报告介绍了1985年国家财政预算的执行情况，对1986年国家财政预算草案和完成国家预算任务的保证措施的制定作了说明。全国人大常委会秘书长王汉斌作《关于〈中华人民共和国民法通则（草案）〉的说明》的报告。报告对民法通则的基本原则和调整范围、法人、个体工商户和农村承包经营户、民事法律行为、民事权利、民事责任等内容作了说明。国务院副总理兼国家教委主任李鹏作《关于〈中华人民共和国义务教育法（草案）〉的说明》，报告对其中的义务教育性质、入学年龄、学制、步骤、经费、师资以及教育方针等内容进行了介绍。对外经济贸易部部长郑拓彬作《关于〈中华人民共和国外资企业法（草案）〉的说明》，对制定外资企业法的依据、设立外资企业的条件、关于外资企业的法人资格、税收、经营期限、管理和监督、关于外资企业的工会、外国投资者合法权益的保护等问题作了说明。最高人民法院院长郑天翔作《最高人民法院工作报告》，最高人民检察院检察长杨易辰作《最高人民检察院工作报告》。此外，全国人大常委会副委员长彭冲作了全国人大法律委员会关于民法通则、义务教育法、外资企业法等3个法律草案审议结果的报告，全国人大常委会副委员长陈丕显作了《全国人民代表大会常务委员会工作报告》。大会通过了关于第七个五年计划和第七个五年计划的报告的决议，决定批准赵紫阳总理代表国务院所作的关于第七个五年计划的报告，原则批准国务院制定的中华人民共和国国民经济和社会发展第七个五年计划；通过了关于1986年国民经济和社会发展计划的决议，批准了国务院提出的1986年国民经济和社会发展计划，批准了宋平所作的关于1986年国民经济和社会发展计划草案的报告；通过了关于1985年国家预算执行情况和1986年国家预算的决议，决定批准国务院提出的1986年国家预算，批准王丙乾所作的关于1985年国家预算执行情况和1986年国家预算草案的报告，并授权全国人大常委会审查和批准1985年国家预算；通过于中华人民共和国民法通则、中华人民共和国义务教育法、中华人民共和国外资企业法。大会还分别通过决议，批准陈丕显副委员长代表全国人大常委会所作的关于全国人大常委会工作报告，郑天翔院长所作的关于最高人民法院的工作报告，杨易辰检察长所作的关于最高人民检察院工作报告。大会决定任命乔石为国务院副总理，宋健为国务委员。大会分别补选楚图南为六届全国人大常委会副委员长，多杰才旦（藏族）、郁文、陶大镛、彭清源、程思远为六届全国人大常委会委员，还通过了增补全国人大专门委员会副主任委员、委员的名单。

3月27日　新华社报道：黑龙江省严肃查处3名厅局级领导干部索贿受贿的重大案件。原黑龙江省电力工业局副局长王正明被开除党籍并撤销一切行政职务；原哈尔滨市工商管理局党组书记、局长杨诚和原哈尔滨市房地局党委书记伊景山被中共哈尔滨市委、市政府开除党籍和撤销行政职务。公安机关已依法将这3名干部逮捕。3月28日，《人民日报》评论员就此发表《决不容许以权谋私》的文章。

同　日　新华社报道：中国航天工业部与瑞典公司于1月22日在斯德哥尔摩签订协议。协议确定利用中国长征二号运载火箭搭载发射瑞典邮政卫星的“发射订座”。

3月28日　邓小平在会见新西兰总理朗伊时谈国内改革和对外政策。他说：“我们过去5年的成绩是可喜的，但毕竟是新的长征路的起步。要使我们有一个大的变化，有两个重要的因素：一方面，我们要坚持现行的政策，对这一点来说，‘七五’计划是非常关键的。在这段时间里，经济体制的全面改革将涉及政治、教育、科技等各个领域。改革成功了将为中国几十年持续稳定的发展奠定基础。另一方面，是国际上长期的和平环境，搞建设没有和平环境不行。因此，我们坚持独立自主的外交政策，这有利于世界和平。中国越发展，对和平就越有利。中国将成为制止战争、维护和平的一支重要力量”。

3月31日　国务院批转国家计委、国家经委、财政部、中国人民银行、铁道部《关于铁道部实行经济承包责任制的方案》。《方案》提出，为了在“七五”期间使铁路建设有较快的发展，在管理体制上进行改革，实行投入产出，以路建路经济承包责任制。从1986年开始实行，一包5年不变。承包的主要内容是：包运输任务、包机车车辆生产任务、包铁路建设规模和形成运输能力、包基本建设投资和机车车辆的购置费、按规定缴纳税款，实行换吨公里工资含量包干等。

4月2日　外交部发言人赞赏蒋经国中国必须统一的谈话。外交部发言人在新闻发布会上答记者问时说：我们赞赏蒋经国所说的中国只有一个、中国必须统一的话。

4月3日　《中国青年报》报道：1985年全国有100万名共青团员光荣加入中国共产党。

4月7日　班禅额尔德尼·确吉坚赞副委员长接见港澳记者。他在答记者问时说：西藏在发展前进，西藏问题不属于一国两制问题。

达赖回国我们欢迎，但他必须放弃搞西藏独立。

同　日　中国和蒙古1986年—1990年长期贸易协定在北京签署。这是两国政府间第一个长期贸易协定。

4月7日—10日　希腊共和国总理安德烈亚斯·帕潘德里欧访华。赵紫阳总理同帕潘德里欧举行会谈，双方表示今后两国在政治、经济等各方面加强合作。邓小平和李先念分别会见了帕潘德里欧总理一行。在会见时，邓小平指出，世界形势错综复杂，但我们应该看到两个根本性的问题，即东西问题和南北问题。他说，东西问题实际上是战争与和平的问题，反对霸权主义和维护世界和平是中国长期的对外方针；南北问题不仅是落后国家的发展问题，实际上是整个人类的发展问题。在介绍中国国内情况时，邓小平指出：为了创造我国国民经济长期稳定发展的条件，我们正在进行改革。改革中出现一些差错是难免的。有了错误，我们就努力去改，但改革的道路是坚定不移的。

4月7日—14日　中国和苏联第八轮磋商在莫斯科举行。中国政府特使、外交部副部长钱其琛和苏联政府特使、外交部副部长列·费·伊列切夫继续就中苏关系正常化问题和某些国际问题交换了意见。双方重申愿意进一步改善和发展两国在政治、经济、科学、文化和其他领域的关系，并商定下一轮磋商1986年10月在北京举行。

4月10日　谷牧向中外记者宣布：1985年是我国对外开放工作成绩最大的一年。外商直接投资合同额为58.5亿美元，比1984年增长120%，新批准建立中外合资企业1 300多个，为前5年的总和。

4月10日—18日　缅甸总理吴貌貌卡访华。赵紫阳总理同吴貌貌卡总理举行会谈。李先念、邓小平、邓颖超分别会见吴貌貌卡。邓小平在会见时说：中国的城市经济体制改革实际上是一个全面的改革，我们希望能够成功，我们也相信能够成功。

4月12日　中共中央办公厅、国务院办公厅发出关于在全国范围内实行夏时制的通知。通知规定，从1986年起，每年夏季在全国范围内实行夏时制。1986年夏时制的做法是：从5月4日（星期日）早晨2时起，把时针往前拨1小时，变2时为3时；到9月14日（星期日）早晨2时，再把时针往后拨1个小时，即2时还原为1时。

同　日　《人民日报》报道：《普通话异读词审音表》经国家语言文字工作委员会等部门通过，已正式公布。

4月14日　新华社报道：北京市依法严惩泄密受贿罪犯张常胜、叶之枫。北京市中级人民法院审理了张常胜、叶之枫相互勾结，向外商、港商泄露国家重要机密，收受贿赂的重大案件。张常胜被依法判处死刑、剥夺政治权利终身；叶之枫被依法判处有期徒刑17年，剥夺政治权利3年。15日，《人民日报》评论员为此发表文章：《严厉惩处泄密受贿罪犯》。

4月15日　赵紫阳总理会见联合国开发计划署署长布雷德福·莫尔斯。对联合国开发计划署同中国合作的进展表示满意，并感谢莫尔斯署长为推动这方面合作所作的努力。

4月16日　李鹏副总理会见由斯特林·斯莱皮协调员率领的美国乔治城大学国际战略研究中心记者团。他指出，我们愿意在消除障碍的基础上同苏联实现国家关系正常化。我们希望中苏两国能成为友好的、和睦相处的邻邦，但中苏两国不会结盟。同日，外交部发言人在新闻发布会上说，在有碍中苏两国关系正常化的障碍消除以前，两国领导人进行会晤是不现实的。

4月17日　参加第十四届日内瓦国际发明展览会的中国展览团荣获35项国际发明奖。它包括两个专门奖、5枚金牌、11枚镀金牌、16枚银牌和3枚铜牌。其中梁旭东发明的“无氰刷镀金技术”荣获世界知识产权组织颁发的“发展中国家发明奖”和展览会颁发的金牌，张开逊研制的“PN结温度传感器”获得“日内瓦州奖”和金牌。

4月17日—20日　胡耀邦总书记视察河北省西部太行山区。他要求中青年干部学会创造性地贯彻中央和上级的政策以及正确处理党内矛盾这两件大事，同时还提出扶持贫困户主要靠扩大生产门路，要送信息和资金，最主要是送技术。

4月18日—22日　香港基本法起草委员会第二次全体会议在北京举行。会议通过香港特别行政区基本法结构（草案）、香港特别行政区基本法起草委员会工作规则和关于设立香港特别行政区基本法起草委员会专题小组的决定，通过了会议新闻公报。

4月19日　邓小平会见香港知名人士包玉刚、王宽城、霍英东、李兆基等时，就经济体制改革和教育问题发表谈话。他指出，现在我们国家总的情况是好的，从去年开始的城市经济体制改革虽然只进行了3个多季度，现在看来很有希望。改革会有一定的风险，也可能引起点波动，但是没有改革的决心不行。我们这几年的改革，是经过深思熟虑的结果。再过三五年，就可以把我国经济体制中的重大关系理顺。关于教育，他指出：教育是一个民族最根本的事业。四化建设的事业要靠知识、人才，这就要抓教育，要从娃娃抓起。他对包玉刚等香港知名人士热情捐资帮助内地兴办教育事业的举动表示赞赏。

4月20日—5月4日　建国以来全国规模最大的书展在北京中国革命博物馆举行。共展出3.5万余种图书。邓力群、周谷城为书展开幕式剪彩，王首道、杨静仁、朱厚泽、朱穆之等有关部门负责人出席了开幕式。

4月25日　新华社报道：国家计委确定1986年基建项目。我国要在今年内建设投产的大中型基本建设项目78个，单项工程103个。

4月28日　新华社报道：中国银行1985年资产总额2 605亿元人民币，纯收益为18.43亿元人民币，分别比上年同期增长30.07%和23.31%。

4月29日　《人民日报》报道：目前国内最大的汉字微型计算机系列—JH系列微机通过鉴定。它在汉字和图形信息处理方面达到国际水平。

4月30日　首都集会纪念五一国际劳动节100周年。胡耀邦等中央领导同志出席了大会，胡启立在会上发表题为《当代中国工人阶级的历史使命》的长篇讲话，全总副主席罗干在会上宣读全总关于向1 017名先进模范人物颁发奖章的决定。同日，胡耀邦等接见了在京的五一劳动奖章获得者和前来参加五一纪念活动的港澳工会代表团。

同　日　新华社报道：西安出土我国迄今最早的甲骨文。考古专家认为，它把中国人最早使用文字的历史提前到4 500年—5 000年前。

同　日　《人民日报》报道：广播电影电视部发出通知，从今年6月1日起，在全国实行《电视剧制作许可证制度的暂行规定》。凡制作单位向中央电视台和地方各级电台提供（出售、交换、赠送）电视剧，必须持有许可证。通知要求全国各有关单位，届时与当地政府的广播电视管理部门联系，严格按规定办理申领手续。

5月2日　《人民日报》报道：陕西发掘秦景公墓。我国迄今发掘的最大古墓——陕西秦公一号大墓揭开椁木。经考古工作者10年发掘，目前出土文物2 000多件，初步判断墓主为距今2 500多年的秦景公。

5月3日　台湾“华航”货机事件顺利解决。台湾“中华航空公司”B198号波音747货机机长王锡爵驾机飞抵广州白云机场，要求在大陆定居，与家人团聚。中国民用航空局3日和11日两次致电台湾“中华航空公司”，邀请尽快派人来商谈并办理接回飞机、货物及机组其他人员的具体交接事宜。17日，中国民航代表同台湾“中华航空公司”代表在香港开始商谈交接事宜。20日，双方就交接事宜达成协议，并签署会谈纪要。24日，双方在香港启德机场顺利完成交接。5月6日，田纪云副总理接见王锡爵和他的父亲及3个弟弟，欢迎他到祖国大陆定居。这次货机事件的顺利解决，在台湾岛内引起轰动，国际反应非常强烈，扩大了中国的政治影响。

5月3日—4日　中国男女羽毛球队在雅加达举行的第十一届尤伯杯和第十四届汤姆斯杯羽毛球赛中，双双夺冠。

5月3日—18日　杨得志总参谋长访问美国。他同美国国防部长温伯格举行了会谈；布什副总统会见了杨得志一行。

5月5日　新华社报道：《马克思恩格斯全集》中文版已全部出齐，这是我国翻译出版界30年辛勤劳作的成果。《全集》中文版共50卷，3 200万字，收入两位革命导师的2 000多篇著作和4 000多封书信以及400多件文献资料。自1956年第1卷开始出版至今，我国已经陆续发行《马恩全集》430多万册。同日，中国马列主义毛泽东思想研究会、中共中央马恩列斯著作编译局、人民出版社、中国社会科学院马列主义毛泽东思想研究所为此举行了座谈会。

5月6日　中国新任裁军事务大使范国祥在联合国裁军审议委员会阐述中国裁军主张。他说，赵紫阳总理3月份提出的裁军问题主张是实现真正裁军的合理途径。8日，范国祥向审议委员会提交工作文件，阐述中国对联合国在裁军领域中作用问题的基本立场。14日，范国祥在“海军军备竞赛与裁军问题”磋商会上发言，要求苏美停止海军军备竞赛。

5月7日—13日　国家教委在北京召开留学生工作会议。会议指出，通过各种形式派遣出国留学人员完全符合我国对外开放的长期方针，今后必须坚定不移地坚持下去；派遣出国留学人员要从我国四化建设的实际出发，密切结合我国生产建设、科学研究和人才培养的需要，以解决科研、生产中的问题和增强培养高级人才的能力；要像对待公派留学人员那样关心和爱护自费留学人员。参加会议的有各省、自治区、直辖市教育部门，中央、国务院部分部委、部分高等学校和驻外使馆教育处的负责同志。

5月8日—10日　中美联合经济委员会第六次会议在京举行。国务委员兼财政部长、中方代表团团长王丙乾和美国财政部长、美方代表团团长贝克共同主持会议并讲话。8日、9日，李先念主席和赵紫阳总理先后会见了贝克一行。

5月8日—12日　加拿大总理布赖恩·马尔罗尼应邀访华。10日，马尔罗尼在北京举行的加拿大加中贸易理事会年会上说，加拿大决定向中国提供总额为3.5亿加元的优惠资金便利。12日，中加两国政府签署关于对所得避免双重征税和防止偷税漏税的协定。

5月9日　新华社报道：第四届“大众电视金鹰奖”授奖大会在福州举行。《新星》等15个优秀电视连续剧、单剧、短剧、小品、儿童剧、戏剧片和6位演员获奖。

5月10日　新华社报道：我国第一台大型串列式静电加速器核物组实验室在中国原子能科学研究院建成。

5月13日　“六五”国家科技攻关总结表彰大会在北京举行。在“六五”期间所获得的3 896项重要科技成果中，有83个攻关项目，37

个先进个人获得奖励，291个攻关项目获得表彰。

5月14日　中央军委授予云南老山地区防御作战有功单位及个人荣誉称号。他们是：某部六连被授予“老山坚守英雄连”称号；某炮兵团一连被授予“英雄神炮连”称号；某部七连被授予“攻坚英雄连”称号；某部六连战士韦昌进、某部四连副连长都昌林、某部侦察连副连长原明、某部七连战士童培友被分别授予“战斗英雄”称号；炮兵某部指挥连副连长花陈兵烈士被授予“炮兵侦察英雄”称号。同日，中央军委发布嘉奖令，嘉奖老山地区对越防御作战部队。16日，云南边防部队隆重举行庆功大会。

同　日　我国拒绝印度提出的抗议。外交部发言人在新闻发布会上表示，印度就中国和巴基斯坦向第三国国民开放红其拉甫口岸一事向中国提出抗议是毫无道理的，中国方面已坚决拒绝。

5月14日—23日　姚依林副总理出访美国。里根总统和布什副总统会见了姚依林一行，姚依林副总理同舒尔茨国务卿就一系列国际问题交换了意见。15日—16日，姚依林副总理参加了中美商务贸易联合委员会第四次会议。中美双方签署了电信科技合作议定书等4个协议。

5月15日　全国科学技术奖励大会在北京举行。赵紫阳总理代表党中央、国务院到会祝贺，并号召全国科技人员为“七五”计划的全面完成再立大功。大会奖励了荣获首次国家科技进步奖的1 761个项目、荣获1985年国家发明奖的185个项目和荣获“六五”攻关成果奖的115个项目及获奖的37人，表彰了在日内瓦、南斯拉夫和保加利亚3个国际发明展览会获奖的科技人员。

5月16日　《人民日报》报道：中国将为美国发射两颗通讯卫星。中国长城工业公司同美国的特雷卫星公司已就发射卫星事宜签署了一项协议备忘录。双方商定，中国将用“长征三号”火箭于1987年12月为美国发射第一颗通讯卫星，第二颗卫星1988年发射。

5月18日　新华社报道：新型人造血首次用于战场抢救。由中国科学院上海有机化学研究所等单位研制的新型人造血——全氟碳代血液，已在云南老山前线成功地用于战场抢救，这在世界上是第一次。

5月18日—25日　澳大利亚总理罗伯特·霍克应邀对中国进行正式访问。赵紫阳总理举行欢迎仪式，并与霍克总理进行了会谈。双方就当前的国际局势、裁军、柬埔寨和朝鲜半岛局势交换了意见。并满意地回顾了近年来中澳关系的发展。邓小平会见了霍克总理，介绍了中国国内的改革情况，指出中国的事情虽然很多，但归根到底是两件事，一是和平问题，一是发展问题。胡耀邦总书记在成都接待霍克总理一行，并陪同霍克总理抵南京访问。20日，中澳签署了中国投资澳大利亚波特兰炼铝厂的协议和中澳两国政府关于关税和贸易总协定项目的谅解备忘录等文件。

5月19日—22日　上海市市长江泽民率团参加联合国人口和城市未来国际会议。联合国人口和城市未来国际会议在西班牙巴塞罗那举行。中国代表团团长、上海市市长江泽民被推选为大会副主席，并在会上发言。这次会议通过的《巴塞罗那声明》指出，各国必须全面制定人口政策以实现人口平衡发展。

5月20日　中国和葡萄牙两国政府决定今年6月最后一周在北京就解决历史遗留下来的澳门问题举行会谈。

5月22日　新华社报道：农垦总公司投机倒把案被查处。中纪委和最高人民检察院查处农牧渔业部所属中国农垦农工商联合企业总公司的一起重大投机倒把案。该总公司前副总经理王英等3人在此案中负有直接责任，已触犯刑律，被依法逮捕。赵凡等3人在这一案件中负有重要领导责任，受到党内严重警告处分。5月23日，《人民日报》为此发表评论员文章：《国营公司要带头遵纪守法》。

5月26日　中国运动员何灼强在第十二届世界青年举重锦标赛中破52公斤级抓举世界纪录。

5月27日　《人民日报》报道：我国已授予博士学位354人、硕士学位3.8万多人。实施学位条例5年来，我国招收了5 100多名博士研究生，已授予354人博士学位，授予3.8万多人硕士学位。文、理、工、农、医等学科都有了我国自己培养的博士和硕士。

5月27日—6月3日　佛得角共和国总理佩德罗·皮雷斯访华。5月

30日，中国政府向佛得角政府提供无息贷款的协定在北京签署。

5月28日　《人民日报》加按语刊登了6名共产党员批评国家计委办文拖拉的信。编者按指出，六名同志的信，揭了国家计委机关之短，这对于国家计委端正党风，改进工作是一个推动，对于其他中央机关也是一个促进。

同　日　日本将向中国贷款806亿日元。中国和日本关于1986年度贷款的政府换文在北京签署，根据换文规定，日本将向中国贷款806亿日元。

5月29日　中共中央、国务院批转《国家教委关于加强高等学校思想政治工作的决定》。《决定》提出，对高等学校学生进行思想政治教育的内容和方法，必须进行改革。要着重做好以下几方面的工作：一、经常地、切实地进行形势和政策教育；二、加强和改进马克思主义理论教育；三、进行爱国主义革命传统教育；四、进行品德和纪律教育，树立良好的学风和校风；五、改进思想政治工作的方式和方法。

5月30日　中英土地委员会在香港举行第九次会议。双方就香港的新土地契约的形式和内容达成协议。

5月31日　《人民日报》报道：北京市查处南苑冷库烂菜案。南苑冷库的3个负责人潘凤才、史西文、王楼增被依法追究刑事责任，已被逮捕；市蔬菜公司主管冷库工作的副经理孙仁被依法追究刑事责任；对于其他责任者，市委也已作出给予党纪政纪处分的决定。同日，《人民日报》发表评论员文章：《“腐烂综合症”的发作》。

6月2日　国务院学位委员会学科评议组第三次会议在北京结束。参加会议的有各学科的600多名专家、学者。会议根据“坚持标准，严格要求，保证质量，公正合理”的原则，进行同行评议，无记名投票表决，通过了新增博士学位学科专业点671个，硕士学位学科专业点2 045个，博士生指导教师1 797人。评议结果将报国务院学位委员会批准后实施。

6月4日　新华社报道：国务院发出《关于认真解决商品搭售问题的通知》。《通知》要求各地认真解决损害广大消费者利益、败坏社会主义商业信誉的商品搭售现象，并采取以下措施：一、要把住生产关；二、要把住商业关；三、抓紧拟订具体解决办法；四、要切实抓好检查监督工作。

同　日　李鹏副总理在全国机械工业会议上谈机械工业体制改革问题。他强调，在机械工业部属企业全部下放后，各省市、各部门所属的机械企业也都要有计划、有步骤地下放。关于机械行业的体制改革问题，李鹏提出了三条措施：一是发展横向联合；二是注意发挥军工企业的作用；三是今后机械产品订货要实行招标投标制度。

6月5日　由广播电影电视部主办的第六届全国优秀电视剧“飞天奖”评选在京揭晓。《四世同堂》获特别奖，《寻找回来的世界》获一等奖，《诸葛亮》、《新星》获并列二等奖。

同　日　《人民日报》报道：全国城乡集市贸易购销两旺，去年成交额已突破上百亿元。6日，《人民日报》报道：国家统计局的最新统计资料表明，1985年，随着农村产业结构调整和农产品统派购制度改革迈出重大步伐，农村商品经济有长足的进步，主要反映在两个方面：一、多种经营发展，商品化程度提高。二、平均每一农村劳动者为社会提供的产品增加较多，以提供商品平衡量的劳动生产率增加。6月14日，《人民日报》又报道：农村商品经济联合体发展迅速，国家统计局提供的有关最新统计表明，到去年底为止，全国已有这类联合体48万多个，从业人员420万人，经营收入达133亿元。

6月6日　新华社报道：全国农业技术推广总站大力推广粮食生产新技术。全国农业技术推广总站去年示范推广了16项粮食生产新技术，示范推广面积4 600多万亩，比常规生产技术增加产量19.3亿公斤，增加产值11.4亿元。

6月7日　外交部就日本文部省教科书审议会审定的新编高中日本史教科书严重歪曲史实事件，向日方提出严正交涉。

6月8日—23日　胡耀邦总书记出访英国、联邦德国、法国和意大利4国。出访期间，胡耀邦总书记先后同玛格丽特·撒切尔首相、德国社会民主党主席勃兰特、科尔总理、密特朗总统、希拉克总理、克拉克西总理分别举行会谈；英国女王伊丽莎白二世、联邦德国总统魏茨泽克、意大利总统科西加先后会见胡耀邦一行；胡耀邦还同英共、法共、法国社会党、意共的领导人以及4国的其他朝野人士分别举行会见和会谈；并在英国皇家国际事务研究所、德国工商大会以及会见意共干部时发表重要讲话，还在巴黎同密特朗总统联合举行记者招待会。9日，中国与包玉刚爵士基金会和英国关于设立中英友好奖学金谅解备忘录在伦敦签署。19日，中国、意大利两国领事条约在罗马签署。

6月10日　新华社报道：国家加紧建设重点实验室。“六五”期间确定的20个项目有的已提前建成，“七五”期间将再建50个。

同　日　《人民日报》报道：我国服装出口以质取胜，出口额平均以高于11%的幅度递增，成为仅次于石油的第二大出口商品。

6月13日　新华社报道：1985年全国农村出售农副产品总额达到1 680亿元；出售的工业品总额为1 751.8亿元。农村出售的工业品产值超过出售的农产品，这在中国经济发展史上是空前的。

6月17日　新华社报道：我国将对中外合资营建的高层或超高层现代化高楼大厦实行以我为主的国内总承包、由中方担任项目经理。

6月18日　邓小平、彭真在北京分别会见应邀来访的200多位荣氏海内外亲属。赞扬荣氏家族对发展民族工业有功，希望海外同胞积极参与祖国的建设事业。

6月19日—26日　马里总统特拉奥雷访华。访问期间，赵紫阳总理同特拉奥雷总统举行了会谈，双方就发展双边关系和共同感兴趣的国际问题进行了讨论。邓小平会见了特拉奥雷一行。21日，中国政府向马里政府提供无息贷款的协定、中国政府和马里政府关于马里塞古纺织厂管理合作的议定书在北京签署。

6月20日　邓小平、赵紫阳分别会见香港长江实业（集团）有限公司董事局主席兼总经理、香港特别行政区基本法起草委员会委员李嘉诚。对他这几年为祖国做出的贡献表示感谢，对他的爱国精神表示赞赏。

6月21日　《人民日报》报道：我国第一个长波授时台通过国家级技术鉴定。我国第一个长波授时台，经过两年多的试播，圆满地完成了空间技术试验等高精度授时任务，在陕西天文台正式通过国家级技术鉴定。

6月24日　新华社报道：国务院批转国家体改委，商业部等单位《关于1986年商业体制改革几个问题的报告》并发出通知，要求各地认真贯彻落实。《报告》指出，近几年，在商业流通领域进行了一系列改革，取得了一定成绩。但是，由于目前正处在新旧体制交替时期，商业流通渠道不适应商品经济发展的新要素，必须进一步改革。1986年要做好巩固、消化、补充和改善工作，积极探索新的流通渠道、新的商业形式、新的管理体制和宏观调节措施。这些措施是：一、广泛发展商业领域的横向经济联合；二、进一步搞活国营大中型商业企业；三、继续开放国营小商业企业；四、加强对市场商品流通的宏观调节和管理；五、进一步简政放权。

6月26日　新华社报道：我国目前共有324个城市，总户数为5 351万，总人口为2.1187亿。

6月28日　《人民日报》报道：我国成立由25位科学家组成的核安全专家委员会。该委员会是国家制定核安全方面的政策、法规和标准，进行核电站审批监督，以及核安全科研等方面的高级专家咨询机构，由著名核工程专家姜圣阶担任主任。6月27日，该委员会召开了第一次会议。

同　日　邓小平在中共中央政治局常委会上作《改革政治体制，增强法制观念》的讲话。他指出：我们现在的重点是端正党风，但从全局来说，是加强法制。加强法制重要的是要进行教育，根本问题是要教育人，法制教育要从娃娃开始。法律范围的事由党来管，这不利于在全体人民中树立法制观念。他还说，我们所有的改革最终能不能成功，决定于政治体制的改革。政治体制改革同经济体制改革应该相互依赖，相互配合。只搞经济体制改革，不搞政治体制改革，经济体制改革也搞不通。

6月29日　《人民日报》报道：截至1985年底，全国已有46.9万名中青年干部走上县级以上领导岗位，成为推进改革和四化建设的中坚力量。各级领导班子的素质和结构都有明显的改善，省、地、县三级领导班子成员的平均年龄，分别由1982年的62岁、56岁、49岁下降到53岁、49岁、44岁，具有大专以上文化程度的干部所占比例，分别达到62%、55%、54%，均比1982年提高45%左右，初步形成了以德才兼备的中青年干部为主体的梯队年龄结构和有较强决策能力、组织管理能力的领导集体。

6月30日—7月1日　中国和葡萄牙两国政府代表团关于解决澳门问题第一轮会谈在北京举行。7月1日，两国政府代表团就会谈发表新闻公报，双方对会谈结果表示满意。

7月1日—5日　欧洲共同体委员会主席雅克·德洛尔应邀访华。访问期间，万里代总理和邓小平主任以及李鹏副总理分别宴请或会见了德洛尔主席。吴学谦外长同德洛尔主席举行了会谈，双方就双边合作及国际政治、经济形势等共同感兴趣的国际问题交换了意见。

7月2日　新华社报道：陕西省考古工作者在泾河岸发现秦代郑国拦河坝遗址。这是我国迄今发现年代最早的规模最大保存最完整的拦河坝。7月24日，新华社又报道：辽宁西部山区发现距今大约5 000年的大型祭坛、女神庙和积石冢群址，据考古学家推断，5 000年前这里曾存在过一个具有国家雏形的原始文明社会。

7月2日—26日　赵紫阳总理访问罗马尼亚、南斯拉夫、希腊、西班牙、土耳其和突尼斯等6个巴尔干、地中海地区国家。访问期间，赵总理先后同齐奥塞斯库总统及德斯克列斯库总理、米库利奇总理、帕潘德里欧总理、冈萨雷斯首相、厄扎尔总理、斯法尔总理举行了广泛深入的会谈，并同雷诺维察主席和哈萨尼主席、萨采塔基斯总统、卡洛斯国王、埃夫伦总统、布尔吉巴总统先后举行了亲切友好的会谈；此外还分别会见了希共（国内派）和西共领导人以及巴解组织执委会主席阿拉法特，并对新闻界发表了多次讲话，阐述和宣传中国的内外政策。6日，中罗双方发表了赵紫阳总理访问罗马尼亚的公报。这次访问，表明中国既对资本主义国家开放，也对社会主义国家开放；既对发达国家开放，也对广大发展中国家开放；表明中国愿同一切国家谋求国际合作，共同发展。

7月3日　中国人民解放军总政治部主任余秋里在全军端正党风、

整党情况汇报会上讲话。提出，除严格执行三大纪律八项注意以外，还要实行8个不准：不准打骂体罚战士；不准接受战士礼物；不准干部侵占战士的利益；不准对战士罚款；不准酗酒；不准赌博；不准看淫秽物品，不准弄虚作假。1987年1月，中央军委在《关于新时期军队政治工作的决定》中，把8个不准正式列为部队加强思想教育的内容之一。

7月4日　中国首次利用卫星接传技术开展国际学术交流。北京师范大学现代化研究所在北京长途电话大楼图像室，首次运用双向电视和电话线路慢扫描传输静止画面等技术，成功地接传了在加拿大温哥华举行的国际建筑工程学会的实况，并把这次会议北京分会场的情况传送到加拿大。

7月5日　人民币对各国货币的汇率下调15.8%。国务委员兼中国人民银行行长陈慕华在会见以亚洲部主任纳维卡为团长的国际货币基金组织年度磋商代表团时宣布：从今天起，人民币对各国货币的汇价下调15.8%，即由过去的100美元合320元人民币调整为100美元合370.36元人民币。

同　日　《人民日报》报道：中央军委已经决定，人民解放军实行军士制度。军队中原先由军官担任的行政管理、技术领导等76种职务，将改由士官或志愿兵担任，其中包括连队的司务长、电影队长以及电台台长、各类修理技师等。为此，军队内新创办了两所士官学校，并在42所军事院校中设了士官班。实行军士制度在人民解放军历史上是第一次，这有利于部队保留战斗、技术骨干，使官与兵的比例趋于合理。

7月6日　新华社报道：三门峡水利枢纽工程在防洪、防凌、灌溉和发电等方面发挥了重要作用，取得了显著综合效益。1973年以来已有5台5万千瓦水轮发电机陆续并网发电，到1986年5月底已累计发电105.7亿千瓦小时，仅发电一项收益就已收回国家对这项工程的全部投资。

7月8日　全国卫星通信网正式宣告建成。北京、乌鲁木齐、拉萨、呼和浩特和广州等5城市联网可覆盖全国。

同　日　新华社报道：原中共上海市委办公厅副主任余铁民被惩处。他利用职务上的便利为他人谋划，从中收取价值3万多元的贿赂，被上海市中级人民法院判处无期徒刑，剥夺政治权利终身，没收部分财产。7月9日，《人民日报》发表评论员文章：《机关干部更要遵纪守法》。

7月10日　陈龙灿在第七届世界杯乒乓球赛中获得男子单打冠军。

同　日　中共中央发出《关于全党必须坚持维护社会主义法制的通知》。《通知》指出，在新的历史条件下，要认真贯彻落实"一手抓建设，一手抓法制"的思想，重视社会主义法制建设。《通知》提出以下6条要求：（1）全党同志，特别是党政军领导机关和领导干部一定要充分认识加强法制的极端重要性，时时处处自觉地维护法制；（2）从中央到基层，所有党组织和党员的活动都不能同国家的宪法、法律相抵触，只有模范地遵守宪法和法律的义务，而没有任何超越宪法和法律的特权；（3）各级党委要加强对人民代表大会工作的领导，坚决支持各级人民代表大会和它的常务委员会依法行使职权；（4）党对司法工作的领导，主要是保证司法机关严格按照宪法和法律，依法独立地行使职权；（5）各级党委要高度重视国家权力机关、行政机关和司法机关干部队伍的建设。对于这些机关领导干部的任免、调动，必须坚持党的干部政策和原则，严格按照干部管理权限进行审批，按照宪法和法律规定的程序办事；（6）各级公安、司法机关的党组织和广大党员既要自觉地把自己的工作置于党的领导之下，又要敢于抵制各种违宪违法行为，保证宪法和法律的正确实施，决不能知法犯法，循私枉法。

7月11日　中国常驻联合国代表钱嘉东向关税及贸易总协定总干事邓克尔提交了中国政府关于恢复中国在关贸总协定缔约国地位的申请。

7月13日　新华社报道：我国自己研制的第一台微加重力仪精确地测出了固体潮的变化，国家地震局组织国内有关专家进行了鉴定。

7月13日、19日新华社先后报道：我国农民平均每人存款上半年首次突破百元大关。农村储蓄总额达800多亿元；我国城镇储蓄上半年首次突破千亿元大关，达到1 069.8亿元。

7月16日　外交部发言人驳斥印度的无理抗议。指出桑多洛河谷地区一向是中国的领土，我边防人员是在自己领土上正常巡逻，印度颠倒事实向我提出抗议纯属无理。23日，外交部发言人在答记者问时说，印度报业托拉斯关于中国向那加叛乱分子输送武器的报道纯属"无中生有"。

7月17日　中国小提琴手薛伟在伦敦举行的第十届卡尔弗莱什国际小提琴决赛中获得第一名。

7月18日　《人民日报》报道：国务院新近批准长白山等20个自然保护区为国家级森林和野生动物类型自然保护区，至此，我国国家级自然保护区的总数已达30个。

同　日　新华社报道：广播电影电视部决定，由中国电影发行放映公司统一出版发行中外电影录像带。从9月1日起，凡未经广播电影电视部批准的任何海外文艺性录像带一律禁止出售、出租和公开放映。

7月19日　《人民日报》报道：经中共中央书记处、国务院同意，国家教委向全国发出通知。要求今年全国选派1万名左右的高等学校的应届毕业生参加支援中小学工作1年，作为他们的见习期。

7月20日　《人民日报》报道：国务委员兼国防部长张爱萍谈军工生产的战略转移问题。他指出：军工生产要坚持军民结合、平战结合、以民为主，以平为主；不管是搞军品还是搞民品，都要贯彻"缩短战线、突出重点、狠抓科研、加速更新"的方针，尤其要加强科学技术研究工作；要提高质量，确保质量。

7月21日—23日　中印第七轮官员会谈在北京举行。双方就两国边界问题进行了讨论，进一步增进了相互了解，但未取得实质性进展。

7月23日　《纽约时报》记者伯恩斯违反中国法律被驱逐出境。北京市国家安全局官员宣布，持英国护照的美国《纽约时报》驻京记者伯恩斯违反我国法律，故意进入我非开放区进行与记者身份不相符的活动，被驱逐出境。同日，外交部发言人在新闻发布会上说，伯恩斯被我拘留后，我在探视等问题上的处理符合中英领事协定。

7月25日　中国经济贸易展览会在莫斯科开幕，苏联部长会议第一副主席阿尔希波夫为展览会剪彩。李鹏副总理发出贺信。这是自1953年以来中国首次在苏联单独举办经济贸易展览。

同　日　新华社报道：全国合同工已达350万之多。始于“六五”之初试行的劳动合同制，经过5年多的工作，已遍及全国29个省、自治区、直辖市，全国合同制工人已达350万人之多，占到全国工人总数的5%以上。合同工制以各尽所能的积极性和较高的劳动生产率显示了很强的生命力。

7月29日　核科学家邓稼先在北京病逝。邓稼先，1924年生于安徽怀宁县，1945年毕业于西南联合大学物理系。抗战胜利后，任教于北京大学物理系，积极投入中共领导的反对国民党反动派的民主斗争。1948年赴美留学获物理学博士学位，1950年9月回国参加新中国建设。1956年加入中国共产党。历任第九研究院理论部主任、副院长、院长等职。他是新中国核武器理论研究工作的奠基者和开拓者之一，又是研制和发展核武器在技术上的主要组织领导者之一。

7月30日　《人民日报》报道：1985年全国乡镇企业总产值已超过1968年全国社会总产值，达到2 728亿元。一年为国家创汇近40亿美元。

7月31日　新华社报道：我国政府决定于8月中旬释放29名非法侵入我境内的越南武装人员和特务。

7月31日—8月6日　尼泊尔王国外交大臣赛伦德拉·库马尔·乌帕德亚雅一行访华。吴学谦外长同乌帕德亚雅举行了会谈，并分别代表本国政府签署了《中华人民共和国和尼泊尔国王陛下政府关于中国西藏自治区和尼泊尔之间的通商、交通和其他有关问题的协定》。

8月2日　新华社报道：大庆30万吨乙烯一期工程建成。3日，举行投产仪式。同日，国务院致电祝贺。

8月3日　《人民日报》报道：目前，全国已有6.46万个国营商店小店进行改革。其中，76%改为国营所有、集体经营，12%为集体所有、集体经营；12%（大约7 000多个小型企业）则被租赁给个人经营。正在进行的这项改革有两个特点，一是所有权与经营权分离；二是由国家所有变为集体所有，有的小企业租赁期满后可归个人所有。

同 日 沈阳市人民政府举行新闻发布会正式宣告：连续亏损10年、负债额超过全部财产2/3的沈阳市防爆器械厂破产，并收缴其营业执照。这是新中国成立后全国第一家正式宣告倒闭的企业，沈阳市工商行政管理部门按地方法规程序对企业进行破产处理。

8月3日—17日 全国大、中学生运动会和少数民族运动会相继召开。3日—9日，全国第二届大学生运动会在大连市举行，李鹏代表党中央、国务院到会祝贺。这次运动会刷新了99项田径纪录。10日—17日，第三届全国少数民族传统体育运动会在乌鲁木齐举行，万里代表党中央和国务院到会祝贺并接见55个少数民族的运动员代表。11日—15日，第三届全国中学生运动会在鞍山市举行。有300多人次刷新40多项全国少年纪录和全国中学生运动会纪录，4人达到运动健将标准。

8月4日 《人民日报》报道：党的十一届三中全会以来的7年中，在城镇中安排了5 500多万人就业。城镇待业率已从1979年的5.9%，减少到1985年的1.8%。

8月5日 胡耀邦总书记和邓小平主任分别会见日本自民党最高顾问二阶堂进。12日，胡耀邦会见日本船舶振兴会会长笆川良一。15日，胡耀邦会见“中日友好21世纪委员会”日方委员香山健一时说，中曾根首相决定不参拜靖国神社是明智的，并表示理解日本一般战死者家属悼念亲人的心情。

8月6日 新华社报道：甘肃省秦安县大地湾新石器时期遗址出土一座距今5 000年的大型建筑遗址。它的建筑总面积达420平方米。这是我国新石器考古发掘出土的最大的建筑物。

同 日 外交部发言人在新闻发布会上指出：戈尔巴乔夫总书记7月28日在海参崴的讲话，讲了些改善中苏关系的新话，但保障亚太地区安全必须采取实际行动。13日，吴学谦外长会见苏联驻华使馆临时代办费多托夫，同他就中苏关系问题进行谈话。26日，在7月底来中国作短期治疗的苏联部长会议第一副主席阿尔希波夫回国。在华期间，万里副总理等看望了阿尔希波夫。

8月7日—9日　中蒙会谈并签署领事条约。正在蒙古访问的刘述卿副外长同蒙古第一副外长云登就双边关系和共同关心的某些国际问题举行会谈。9日，中蒙两国领事条约在乌兰巴托签署，这是两国间签署的第一个领事条约。11日—21日，中、蒙、苏三国铁路代表会议在乌兰巴托召开。这种会议是近20年来的第一次。

8月11日　新华社报道：经过3年的摸索和实践，我国的审计监督工作已开始走向规范化、经常化和制度化。全国已建立了内部审计机构1万多个。3年来共审计了12万个单位，查出违反财经纪律应上缴财政的金额达43亿多元。

8月15日　《人民日报》报道：我国开发陕北神木大煤田的前期准备工作已揭幕。这片世界罕见的大煤田现已探明的储量约占全国探明储量的30%，将在本世纪末成为我国最重要的优质动力煤、出口煤基地。

8月16日　新华社报道：人民解放军职称改革工作即将展开。军队的高等技术院校、科研和卫生3个系统将陆续实行专业技术干部职务任命制。26日，《人民日报》报道：军事学已列入国家学科门类，国务院学位委员会批准增设军事学学位和军事学评议组。

8月18日　新华社报道：据国家经委统计，随着横向经济联合、联系的加强，目前全国已建立跨省、市的经济协作区网络23个。这是一种按照经济的客观联系，根据自愿、平等、互利的原则组成的松散开放式网络组织。这表明以城市为中心的经济协作网络正在我国形成。

8月19日　《人民日报》报道：据国家工商行政管理局统计，我国城乡个体工商业者从改革开放前的10多万人发展到1 700多万人。占全社会经营网点的76.2%；全国已有个体经济合作组织27万多个，310万人。这表明个体经济已有很大的发展，已成为我国经济中不可缺少的一个部分。

8月21日　邓小平在视察天津经济技术开发区时强调对外开放。

他说："对外开放还是要放，不放就不活，不存在收的问题。"他还为开发区题词，"开发区大有希望"。

8月23日　中国选手高敏在马德里举行的第五届世界游泳锦标赛上获得女子跳板跳水的冠军，陈琳获得女子跳台跳水的金牌，中国队获得女子跳水总分奖。

8月25日　中国自行建造的最大的化学品、成品油轮"奥斯科·倍龙娜"号在大连下水。邓颖超为这艘6.9万吨巨轮下水剪彩。

8月28日　新华社报道：我国16个中等城市成为全国第一批机构改革试点城市，为全国机构改革探索道路。这16个城市包括：江门、丹东、潍坊、苏州、无锡、常州、马鞍山、厦门、绍兴、安阳、洛阳、黄石、衡阳、自贡、宝鸡、天水。

8月29日　《人民日报》报道：中共中央确定从基层工作做出优异成绩的人中选拔第三梯队。田纪云在甘肃视察时透露，中央已确定，今后不再搞先确定第三梯队名单，再放到基层去的做法，而要从基层工作中做出优异成绩的人中间选拔。

9月2日　邓小平接受美国记者华莱士电视采访，就中苏关系、中美关系、中国统一和国内现行政策问题发表谈话。他指出，戈尔巴乔夫在海参崴的讲话有点新东西，但步子迈得并不大。苏联内部对中国政策究竟怎么样，我们还要观察。中苏实际上处于热点和对峙，不过方式是通过越南军队同中国对峙。如果苏联能够帮助越南从柬埔寨撤军，我愿意跟戈尔巴乔夫见面。中美关系也有个障碍，就是台湾问题。希望里根总统执政期间能够使中美关系得到进一步发展，其中就包括美国在中国统一问题上能有所作为。凡是炎黄子孙都希望中国能统一，我们采取"一国两制"的方式解决统一台湾问题，对台湾人民没有损失。关于国内政策，他说，我们的政策是允许一部分人先好起来，允许一部分地区先富起来，目的是尽快实现共同致富，这不会导致两极分化。现行政策只要一改变，人民生活肯定会下降。如果人民认为现行政策是正确的，谁要改变现行政策，谁就要被打倒。

9月3日　邓小平会见竹入义胜率领的日本公民党第十五次访华

团。邓小平在会见时说，1980年我们提出的改革也包括了政治体制改革，不搞政治体制改革，就会阻碍生产力的发展，阻碍四个现代化的成功。首先我们要确定政治体制改革涉及的范围，弄清从哪里着手。总的来讲，我们的党要善于领导，党政要分开，要消除官僚主义，调动人民和基层单位的积极性。

9月5日　新华社报道：国家计委决定，海南行政区实行计划单列，赋予相当省一级的经理管理权限。

9月6日　新华社报道：国务院新增10亿元贷款用于扶持贫困地区。国务院决定在原来用于扶持贫困地区资金数量不变的基础上新增加10亿元专项贴息贷款，从1986年开始使用，连续5年，每年发放10亿元，以扶持贫困地区的经济开发，尽快解决群众的温饱问题。

9月8日—15日　苏联部长会议第一副主席、国家计委主席塔雷津访华。10日，中苏双方签署了重新修订的中苏领事条约等文件。

9月9日　《人民日报》报道：全国实行市管县新体制的已有146个城市。据国务院有关部门统计，截至目前为止，在全国162个省辖市中，管辖县的已有143个，加上京、津、沪三个直辖市管县的城市总数已达146个。这些城市共管辖了659个县（旗），占全国总县数的32%。市管县新体制实行3年多来，已在改变城乡分割，推进城乡结合，走向城乡一体化方面显示出重要作用。

9月9日—10日　中国和葡萄牙关于解决澳门问题第二轮会谈在北京举行。

9月10日　国家教委、中宣部等部门在北京联合举行表彰全国教育系统优秀教师和先进集体大会，李鹏代表中共中央、国务院向受表彰的100个基础教育先进县、1 000名全国教育系统劳动模范，106个全国教育系统先进集体表示祝贺，并向大会作了题为《坚持改革大力发展基础教育》的长篇讲话。同日，中国中小学幼儿教师奖励基金会在京成立，王震任该基金会理事长。

9月11日　中国已接纳印支难民28万人。赵紫阳总理会见联合国难民事务高级专员奥凯一行。12日，奥凯在在北京举行的记者招待会上说，自1978年以来，中国已接受了28万多印支难民，为安置他们花了约6亿美元。

9月11日—14日　尼加拉瓜总统奥尔特加访华。14日，中尼两国政府贸易协定和两国经济、科技合作协定在北京签字。

9月14日　新华社报道：中纪委就山西李计银违法乱纪案通报全国。中纪委就原全国人大代表、山西省劳动模范、定襄县横山村党支部书记李计银凭借职权，非法拘禁捆打村民、套购倒卖汽车，并对揭发他的问题的干部进行打击报复一事发出通报，要求全体党员、干部一定要增强法制观念。

同　日　中国女排在布拉格举行的第十届世界女子排球锦标赛中获得冠军，这是中国女排连续第五次夺得世界冠军。

9月19日　新华社报道：中共山西省长治市委副书记何元堂严重以权谋私、利用职权插手子女调动、提拔、入党，破坏了党的纪律和组织原则，被中共长治市委撤销党内一切职务。9月20日，《人民日报》发表评论员文章：《绝不让以权谋私者为所欲为》。

9月20日—10月5日　中国运动员在第十届亚运会上蝉联金牌总数第一。

9月21日　《人民日报》报道：国营企业厂长负责制试点工作自1984年开始后，经过2年多的努力已取得重大进展。试点面从北京、天津、上海、沈阳、大连、常州6个城市发展到全国各地的几百个城市，试点范围从工业企业扩大到交通、建筑、农林、内外贸、物资、金融等企业，试点企业总数从开始时的191个发展到现在的2.77万多个。试点企业多数通过厂长负责制加强了生产经营管理系统，开始出现决策快、指挥灵、效率高的新局面。

9月23日　中法英三国的有关银行和公司负责人在北京签署广东大亚湾核电站贷款协议等7个文件。

9月24日　正在纽约出席联合国大会的吴学谦外长同苏联外长谢瓦尔德纳泽举行会晤。双方就明年恢复副外长级的中苏边界谈判问题达成了协议。

9月25日　黄裕辉被处死。新华社报道：原中共广西贺县县委副书记黄裕辉贪污巨款被处死。原中共广西贺县委员会副书记黄裕辉，利用职务上的便利贪污公款9.515万元，并接受贿赂3 000元，被开除党籍和判处死刑，剥夺政治权利终身，并追缴全部赃款。9月26日，《人民日报》为此发表评论员文章：《清除蛀虫》。

9月27日　新华社报道：国务院转发国家语言文字工作委员会《关于废止〈第二次汉字简化方案（草案）〉和纠正社会用字混乱现象的请示》，并决定从现在起停止使用《第二次汉字简化方案（草案）》。

同　日　新华社报道：原山西太原市古交区矾石沟煤矿副矿长程国义等因玩忽职守导致进口大型设备被烧毁，造成直接经济损失260多万元，被太原市中级人民法院判刑。28日，《人民日报》发表评论员文章：《玩忽职守岂能容忍》。

9月28日　中共十二届六中全会在北京举行。中共中央政治局常委胡耀邦、邓小平、赵紫阳、李先念、陈云主持这次会议。全会通过了《中共中央关于社会主义精神文明建设指导方针的决议》。决议根据马克思主义基本原理同中国实际相结合的原则，阐明了社会主义精神文明建设的战略地位、根本任务和基本指导方针。决议把社会主义现代化建设的总体布局概括为“一个中心三个坚定不移”，即以经济建设为中心，坚定不移地进行经济体制改革，坚定不移地进行政治体制改革，坚定不移地加强精神文明建设。决议要求全党同志必须从这个总体布局的高度，正确认识社会主义精神文明的战略地位，并据此提出社会主义精神文明建设的基本指导方针，即社会主义精神文明建设必须是推动社会主义现代化建设的精神文明建设，必须是促进全面改革和实行对外开放的精神文明建设，必须是坚持四项基本原则的精神文明建设。决议指出，在社会主义时期，物质文明为精神文明的发展提供物质条件和实践经验，精神文明又为物质文明的发展提供精神动力和智力支持，为它的正确发展方向提供有力的思想保证。决议规定社会主义精神文明建设的根本任务，是适应社会主义现代化建设的需要，培育有理想、有道德、有文化、有纪律的社会主义公民，提高整个中华民族的思想道德素质和科学文化素质。决议明确规定建设有中国特色的社会主义，是现阶段我国各族人民的共同理想。决议所体现出的指导思想，是强调精神文明建设的要领在于建设，要一切着眼于建设，把注意力集中到团结人民、充分发挥人民的社会主义积极性和创造精神上来，集中到满足人民的文化和精神需要上来，集中到加强思想道德建设和教育科学文化建设上来。决议正确地解决了精神文明建设与坚持四项基本原则的关系、精神文明建设与改革开放的关系的问题，是新的历史时期加强中国社会主义精神文明建设的纲领性文献。此外，这次全会还通过了《中国共产党第十二届中央委员会第六次全体会议关于召开党的第十三次全国代表大会的决议》，决定十三大于1987年10月在北京召开。全会同意递补尹长民为中央委员。在全会召开之前，举行了5天预备会议，在民主、团结和生动活泼的气氛中对上述议题进行了认真的讨论，还听取和讨论了姚依林代表中央财经领导小组作的关于当前经济形势和经济情况的通报。

同　日　台湾民主进步党成立。130余位“党外人士”召开会议，宣布正式成立民进党，并提出党纲草案及组织构想，会上推举7人为组党工作委员，进一步研究规划具体党务细节，预备于今年底以前召开第一届“全国”代表大会。民进党是在台湾当局尚未“开放党禁”情况下成立的第一个在野政党。

10月3日　全国人大副委员长韩先楚上将在北京病逝。韩先楚，湖北红安县人，1913年2月出生在一个贫苦农民家庭。1927年参加农民协会，1929年加入中国共产主义青年团，1930年参加游击队，并转为中国共产党员，1933年编入中国工农红军第二十五军，历任班长至师长等职。抗日战争时期，任副旅长、旅长和抗大总校第一大队队长等职务。解放战争时期在东北根据地坚持斗争、任东北民主联军第四纵队副司令员、东北野战军第三纵队司令员和十三兵团副司令员等职。抗美援朝战争中，先后任中国人民志愿军副司令员、十九兵团司令员，并荣获朝鲜民主主义人民共和国一级国旗勋章1枚，一级自由独立勋章2枚。1953年回国后，历任中南军区参谋长，解放军副总参谋长，兼福州部队司令员和党委第一书记，中共福建省委第一书记，兰州部队司令员和党委第二书记，中央军委委员和军委常委。当选第一届全国政协代表和第四届全国人大代表，担任过第一、二、三届国防委员会委员，第九、十、十一、十二届中央委员。1983年当选为全国人大常委会副委员长。1955年被授予上将军衔，荣获一级八一勋章、一级独立自由勋章和一级解放勋章。

同　日　国务院就开展1986年税收、财务、物价大检查向各地各部门发出通知。《通知》指出，为了严肃财经纪律，保障企业和单位的合法权益，打击经济犯罪活动，促进党风和社会风气的好转，保障改革和建设的顺利进行，国务院决定1986年继续在全国范围内开展税收、财务、物价大检查。检查的内容是：（一）违反国家税法规定偷税、漏税、抗税，以及超越权限擅自减税、免税；（二）违反国家财务会计制度规定，采取各种手段侵占、截留应交利润和其他收入，以及虚报亏损，骗取国家财政补贴；（三）违反国家物价政策，随意涨价，乱收费，牟取非法收入；（四）用公款请客送礼，滥发奖金、补贴和实物，挥霍浪费；（五）贪污盗窃，行骗受贿、中饱私囊。通知要求采取自查和重点检查相结合的方法，做到实事求是、宽严适度。

10月6日　中国技术市场联合开发集团在北京成立。它是由中央40多个部、委的技术市场组成的多学科、跨行业、跨系统的横向联合体，集中了全国科研、教育、生产部门的强大技术力量，将为技术商品的生产、流通提供多方面的服务。

10月6日—14日　中苏第九轮磋商在北京举行，并于15日发表新闻公报宣布，1987年将恢复两国副外长级边界谈判。

10月7日　全国人大副委员长刘伯承元帅逝世。刘伯承1892年出生于四川开县。1913年参加四川讨袁（世凯）军，1914年加入孙中山先生领导的中华革命党。在护国、护法战争中，任连长、旅参谋长和团长等职。1926年5月加入中国共产党，同年12月参与发动泸州、顺庆起义。1927年参加领导南昌起义，同年冬赴苏联军事院校学习。1930年回国后，历任中共中央长江局军委书记、红军学校校长兼政治委员、中央革命军事委员会总参谋长兼中央纵队司令员、中央红军先遣队司令、红军大学副校长等职。抗日战争和解放战争时期，他任八路军一二九师师长、晋冀鲁豫军区司令员，第二野战军司令员。建国后，他任中共中央西南局第二书记、西南军政委员会主席、军事学院院长兼政治委员、军委训练总监部部长、中共中央军委副主席。他还是第一、二、三届国防委员会副主席，第二、三、四、五届全国人大常委会副委员长，中共第七届中央委员和第八、九、十、十一届中央政治局委员。1955年被授予元帅军衔。10月16日，刘伯承追悼会在北京举行，邓小平主持追悼会，胡耀邦致悼词。21日，《人民日报》发表邓小平的悼念文章：《悼伯承》。

10月8日、18日　邓小平会见美国王安电脑公司董事长兼总裁美籍华人王安、意大利物理学家齐吉基和美国华人物理学家李政道。

10月10日　国家语言文字工作委员会经国务院批准重新发表《简化字总表》。

10月11日　新华社报道：中国摄影家选送的作品集体荣获在南斯拉夫贝尔格莱德举行的第一届世界专业摄影展览的最大奖——“胜利者”金像奖。

同　日　中国第十九颗人造卫星（主要用于国土资源普查的科学探测和技术试验卫星）运行5天完成任务后按预定计划准确返回地面。从1975年至今，中国共发射8颗返回式人造卫星，回收成功率达100%。这在世界航天史上是一个奇迹。

10月12日—18日　英国女王伊丽莎白二世在爱丁堡公爵菲利普亲王陪同下访华。访问期间，李先念主席举行隆重的欢迎仪式和宴会，菲利普亲王和赵紫阳总理出席了宴会，女王在宴会上宣布设立皇家学会对华研究员奖金。胡耀邦、邓小平和赵紫阳先后会见或看望了女王。女王还访问了上海等地，受到热烈欢迎。14日—15日，中英经济贸易合作座谈会在上海举行，双方对16个合作项目签订了协定。19日，随同女王访华的英国外交大臣杰弗里·豪在香港对记者说，女王访华很成功。

10月13日　新华社报道：我国试制成功国家重点工程项目正负电子对撞机八大关键设备之一的70B储存环弯转电磁铁。胡耀邦高度评价了这一成就。

10月14日　新华社报道：国家计委批准，东风汽车工业企业联营公司从1987年起实行计划单列。这是我国计划体制改革的试验，使企业真正成为独立经营、自负盈亏的经济实体。

10月15日　国民党中常会宣布台湾“解除戒严”、“开放党禁”。国民党中常会通过了《动员戡乱时期国家安全法令》和《动员戡乱时期民间社团组织》两项“革新”议题，实施了30多年的戒严令将宣布解除，并准予依“法”建立政党及政治性团体。会议确立了四项原则：一、维护“宪政法统”；二、坚持“国家统一”，坚持反共，认同“三民主义统一中国”，不得传播分裂主义；三、确定社会、政治安定；四、鼓励合法政治参与。蒋经国在会上讲话称，国民党要以大公无私的胸襟，推动革新，使民主“宪政”更充实、更完美。这次中常会的两项议案将交“行政院”办理。

10月22日　全国人大委员长叶剑英元帅逝世。叶剑英，1897年4月出生于广东省梅县。1924年，他参与创办黄埔军校并任军事教官。1926年7月，参加指挥北伐战争。1927年加入中国共产党，同年12月参加领导广州起义。土地革命战争时期，他历任中央革命军事委员会参谋长、红军学校校长、红一方面军参谋长、福建军区司令员、红军前敌总指挥部参谋长、中央军委参谋长。抗日战争和解放战争时期，他历任八路军参谋长、北平“军事调处执行部”中共代表、军委副总参谋长、中共中央后方委员会书记、中国人民解放军参谋长、北平市市长。建国后，任广东省人民政府主席兼广州市市长、广东军区司令员、人民革命军事委员会副主席、中国人民解放军武装力量监察部部长、训练总监部代部长、军事科学院院长、中央军委副主席兼秘书长、国防部部长，并任第一、二、三届国防委员会副主席、第四届全国人大常委会副委员长，第五届全国人大常委会委员长，第四届全国政协副主席，中共第七届中央委员，第八届中央书记处书记和中央政治局委员，第十、第十一届中共中央副主席，第十二届中央政治局常务委员。10月29日，叶剑英的追悼会在北京举行。邓小平主持追悼会，胡耀邦致悼词。31日，叶剑英的灵骨由北京移送广州，将安放在广州市黄花岗广州起义烈士陵园。

同　日　外交部发言人就美国国会最近在通过进出口银行法修正案时把中国西藏作为"国家"列出一事发表谈话。指出这是对中国内政的粗暴干涉。同日，美国国务院发言人重申，美国承认西藏是中国的一部分，美国国会把西藏列为"国家"是"技术上的疏忽"。

同　日　中共中央在北京召开有首都各界人士和红军老战士6 000人参加的纪念红军长征胜利五十周年大会。胡耀邦总书记主持大会，中央军委常务副主席杨尚昆在会上讲了话，青年代表、全国新长征突击手杨本莉在会上作了发言。

10月23日　新华社报道，国务院批准上海城市总体规划方案。明确提出上海应当更好地为全国的现代化建设服务，并逐步成为太平洋西岸最大的经济贸易中心之一。

10月29日—11月4日　全国哲学社会科学"七五"规划会议在北京举行。会议着手讨论了社会科学面临的形势和任务，制定和落实了"七五"期间的社会科学重点研究课题。为使哲学社会科学工作有一个大的繁荣发展，中共中央书记处作出3项决定：全国哲学社会科学规划领导小组由胡绳任组长，何东昌、朱厚泽任副组长，筹建政治、经济、社会、文化公共信息中心和全国网络，设立全国性的哲学社会科学研究优秀成果奖励基金。胡耀邦等接见了参加会议的全体代表。胡绳在会上作了题为《为实现社会主义科学大发展而努力的报告》。10月30日，新华社报道：我国从1986年开始设立国家社会科学基金。

10月30日—11月2日　意大利总理克拉克西访华。访华期间，赵紫阳总理同克拉克西总理举行了会谈，双方对近几年来两国间的经济、贸易关系和文化交流的迅速发展表示满意，并就共同关心的国际问题和进一步发展两国关系交换了意见。李先念、邓小平和胡耀邦先后会见了克拉克西总理一行；吴学谦外长同意大利外长安德烈奥蒂也举行了会谈。10月31日，中意两国关于对所得避免双重征税和防止偷漏税协定等文件在北京签署。

11月2日　《人民日报》报道：自1985年4月中国专利法实施开始到今年10月31日止，中国专利局已接受专利申请2.8963万件。其中国内申请2.0007万件，占69.1%，国外申请8 956件，占30.9%。在已授权批准和正在审批的专利申请中，已有一批得到实施，并在经济建设中见到了效益。同日，又报道：中国专利技术开发公司在北京成立。公司的业务是，接受专利权人和实施单位的委托，开展国内许可证贸易和技术转让业务；接受委托对技术出口和向国外申请专利者提供咨询，对确有技术经济意义的发明提供智力和资金上的投资；接受委托制定与国外合作开发的专利技术项目的开发方案。

11月4日　新华社报道：我国在“七五”期间，用于城市建设的投资将达450亿元。占全国固定资产投资总规模的5.6%。

11月6日　《人民日报》报道：清华大学招收“论文博士生”。它为成绩突出的在职人员获得博士学位创造了条件。

11月8日—9日　日本首相中曾根访华。在此期间，中日青年交流中心奠基典礼在北京举行，胡耀邦总书记和中曾根首相参加了典礼，并分别发表了讲话。胡耀邦、邓小平和赵紫阳先后会见了中曾根首相。

11月8日—12日　中共中央、国务院在北京召开农村工作会议。胡启立主持开幕式，田纪云作题为《坚持改革，促进农村经济持续稳步发展》的讲话，万里作《如何认识和对待农村社会主义精神文明建设》的讲话。会议充分肯定一年来农村改革和经济发展的巨大成绩，即农村产业结构继续得到调整，粮食生产丰收，农产品基地建设、多种经营和乡镇企业继续发展，帮助贫困地区改变落后面貌的工作也有新的进展，农产品商品率提高，市场活跃，等等。会议认为，从各方面看，农村经济的发展显现出若干新的特征，主要是改革由突破转向纵深发展，经济由超常规性增长转入常规性增长。会议指出，整个农村经济体制改革的根本出发点和目标是发展有计划的商品经济，建设具有中国特色的社会主义新农村。会议确定1987年农村工作总的要求是继续坚持改革，搞好基层建党，争取粮食有较大幅度的增产，全面发展商品经济，促进农村经济持续稳定发展。会议部署1987年的农村工作，一是切实抓紧抓好粮食生产，继续合理调整农村农业结构；二是积极疏通流通渠道，大力搞活农村商品流通；三是继续加强贫困地区的经济开发，增强贫困地区的经济活力；

四是采取有效措施，保持农民收入的不断增长；五是认真搞好农村整党，加强农村基层工作。会议要求各级政府、各个经济部门、各种经济和社会团体，都应当从全局出发，为农村经济的发展创造条件，为农民开辟更多的增加收入的门路。会议期间，党和国家领导人接见了出席会议的各省市自治区和中央有关部委的负责人。赵紫阳总理在会上讲话时，强调了改革农业投资体制，提高投资效益，发展粮食生产，利用丰富的劳动力开发农村资源以及搞活农村多种经营和乡镇企业等问题。

11月9日　新华社报道：国家计委、国家经委联合发出通知。从明年起，国家将不再上调废钢铁，重点冶金企业所需废钢铁，由企业用钢材同地区、部门自行串换、采购解决。

11月12月　新华社报道：中央军委确定，1949年11月11日为中国人民解放军空军正式成立日期。

11月13日　新华社报道：今年乡镇企业总产值首次超过农业总产值。预计将达3 000多亿元，比去年增加2成多。

11月16日　新华社报道：屠守锷等5位专家当选为国际宇航科学院院士和通讯院士。在最近召开的国际宇航科学院第二十六届年会上，屠守锷、黄纬禄、陈信、贺真治、庄洪春等5位中国专家分别被选为国际宇航科学院院士或通讯院士。

11月17日　陈俊生向台湾灾民表示慰问。国务院秘书长陈俊生就本月15日台湾北部发生里氏6.8级地震造成巨大损失向灾民表示慰问。中国红十字会捐款5万美元救济灾民。

同　日　新华社报道：全国集中清理在建项目取得成效。停建缓建1 200多个项目，压缩投资77.5亿元。

11月18日　中共中央、国务院转发《高技术研究发展计划（八六三计划）纲要》并发出通知。通知指出：中央认为，当代世界的新技术革命，将对人类社会的经济生活和社会生活产生重大影响。在几个重要的高技术领域跟踪世界水平，这对我国在本世纪末、下世纪初的经济和科学技术持续发展，对国防实力的增强都具有极为重要的意义。这个计划纲要是经过各方面专家反复论证后制定的，符合当前改革、开放的方针，同我国国情也比较相适应。只要精心组织实施，纲要中的任务有可能在15年左右的时间内顺利完成。《纲要》确定生物技术、航天技术、信息技术、先进防御技术、自动化技术、能源技术和新材料等7个领域中的15个主题题目，作为国家今后发展高技术的重点。

11月22日　亚洲与西太平洋法律协会理事会会议接纳中国法学会为该协会会员。并决定台湾两个法律组织可使用中国台湾名称，作为中国地方法律协会组织继续留在这个协会。

11月25日　新华社报道：中国长江科学考察漂流探险队到达吴淞口，完成了历时5个月的漂流任务。在此之前，由一批青年自发组织的洛阳长江漂流探险队，于12月到达吴淞口。

11月25日—28日　中英联合联络小组第五次会议在北京举行。会议讨论了多项议题，并取得了积极成果。27日，中英两国政府就香港身份证明书使用安排互换备忘录。根据备忘录，中国政府允许身份证明书在1997年6月以后可继续使用，直至期满为止。

11月28日　习仲勋接见天主教人士时谈宗教政策。中共中央政治局委员习仲勋在接见出席天主教爱国会第四届代表会议和天主教第二届代表会议的代表时指出，我国政府历来支持宗教界朋友在平等和互相尊重的基础上与各宗教界人士进行友好交往，但绝不允许任何外国宗教组织和个人干涉我国内政，以及以任何方式插手和支配我国的宗教事务。

11月29日　中国选手在第七届世界技巧锦标赛中获4枚金牌6枚银牌。

11月30日　新华社报道：我国政府新增加192个市、县为对外国人开放地区。

12月2日　新华社报道：第一次全国城镇房屋普查结果表明，我国28个省、自治区、直辖市的城镇普查范围内共有房屋建筑面积46.76亿平方米。其中323个市（不含市属县）有房屋28.33亿平方米，占60%，城市居民的居住水平略低于县镇。人均居住面积6.36平方米；新中国成立后新建房占91%。

12月3日—5日　全国个体劳动者第一次代表大会暨全国先进个体劳动者表彰大会在京举行。中国个体劳动者协会同时成立，薄一波为名誉会长，任中林任会长。4日，赵紫阳等接见与会全体代表，希望个体劳动者协会能够沟通个体户与政府的联系。

12月5日　外交部哀悼香港总督尤德逝世。外交部新闻发言人就香港总督尤德4日夜里睡眠中在英国驻华大使官邸逝世一事发表谈话表示哀悼。6日，吴学谦外长等电唁尤德爵士逝世。

12月6日　《人民日报》报道：为期10年的“三北”防护林系建设二期工程今年首战告捷。全年造林合格面积达120万公顷，超过计划任务的80%；“四旁”植树5.46亿多万株；义务植树2.89亿多万株；封山封沙育林育草8.66万公顷。

12月7日　新华社报道：我国培育油菜新品种成功。我国农业科技工作者李殿荣研究利用油菜细胞质雄性不育系、保持系、恢复系配套技术首次获得成功，培育出世界上第一个杂交油菜新品种——“秦油二号”。

12月8日　新华社报道：国务院决定，坚持厂长、经理统考制度。将负责全国企业厂长、经理统考工作的专门机构“经济管理干部国家考试指导委员会”改名为“经济管理干部国家培训考试指导委员会”。

同　日　《人民日报》报道：中组部要求民主评议县处以上领导干部。中共中央组织部转发广东省委组织部《关于对县以上党政领导班子开展民主评议、民意测验和民主推荐干部工作的意见》、北京市委组织部《关于进一步做好民主评议领导干部工作的意见》，并发出通知，要求民主评议县处以上领导干部。

12月9日　新华社报道：中国杂技演员在第十一届世界杂技锦标赛上夺得团体冠军和全部25块金牌中的22块。

12月10日　《人民日报》报道：国家正式设立博士后科学奖金。

12月11日　中国决不承认“阿鲁纳恰尔邦”。外交部发言人发表谈话指出，印度议会非法通过法案，将其在非法占领的中国领土上建立“阿鲁纳恰尔”中央直辖区升格为“邦”，这一做法严重侵犯了中国的领土主权，中国决不承认所谓“阿鲁纳恰尔邦”。17日，外交部新闻发言人在新闻发布会上答记者问时指出，解决中印两国边界问题的唯一出路在于互谅互让。

12月11日—25日　中共中央军委扩大会议在北京举行。杨尚昆主持会议并作了总结讲话，余秋里、杨得志、张爱萍和洪学智也分别在会上讲话。会议认真总结了人民解放军的政治工作经验，强调全军要贯彻中共十二届六中全会精神，进一步加强军队的政治工作和精神文明建设。会议主要讨论《中央军委关于新时期军队政治工作的决议》，还讨论了有关干部工作、教育训练和管理教育等方面的几个文件草稿，同时对今后一个时期内军事、后勤、国防科研等方面的工作进行了部署。会议明确提出我军建设指导思想的战略性转变，就是要求我军的工作从立足于早打、大打、打核战争的临战状态，真正转入和平时期建设的轨道，就是要充分利用今后较长时间内大仗打不起来的和平环境，在服从国家经济建设大局的前提下，抓紧时间，有计划、有步骤地加强以现代化为中心的根本建设，提高军队的军政素质，增强我国在现代化战争条件下的自卫能力。25日，邓小平、胡耀邦等接见了与会的高级干部。

12月17日　新华社报道：我国汉民一部创世纪史诗——《黑暗传》在鄂西北的神农架林区发现。

12月19日　《人民日报》报道：地球资源遥感卫星地面站落成。由中国科学院负责引进的我国第一个地球资源遥感卫星地面站，于今年6月份开始运行。20日，在北京举行了落成典礼。

12月20日　《人民日报》报道：我国创造深潜纪录。我国第一台海洋机器人“海人一号”在南海下潜到199米，创造了我国自行研制的“无人遥控潜水器”（简称ROV）深潜纪录。

12月22日　新华社报道：我国成为世界上第一位产纱国。截至12月中旬，我国棉纱年产量突破2 000万件，成为世界上第一个年产量突破2 000万件大关的国家，比居世界第二位的产纱国高出1倍。

12月23日　《人民日报》发表题为《珍惜和发展安定团结的政治局面》的社论。25日，又发表评论员文章：《政治体制改革只能在党的领导下进行》。文章针对12月中旬以来，合肥、上海、南京等地部分高校学生上街游行，对学校教学管理和有关国家政治体制改革等问题提出意见，并高呼“要民主!”等口号，以至影响交通和社会秩序一事，社论和文章指出，珍惜和发展安定团结的局面是每个公民的心愿和神圣责任，强调政治体制改革只能在党的领导下进行，讲民主不能离开四项基本原则。

12月25日　新华社报道：人民解放军精简整编体制改革成绩显著。到目前为止，全军兵员已减少41万人，编余干部已有相当数量被安排转业或离休、退休。原先的11个大军区整编成7个，全军军级以上单位减少30多个，师、团单位减少4 000多个，精简了领导班子。全军体制方面的改革达70多项。陆军中的军已整编为集团军，加大了特种兵的比重，提高了合成程度，增强了整体威力和独立作战能力；开始实行士官制度，为稳定技术骨干创造了条件；县、市的人民武装部改归地方建制，有利于政府加强对人民武装后备力量建设的领导。这些改革使全军在精兵、合成、提高效能等方面迈进一大步。

12月26日　北京市八届人大常委会第三十三次会议通过《北京市关于游行示威的若干暂行规定》。它规定，举行游行、示威的组织者应当在5日前到游行、示威的地区、县公安机关提出书面申请，说明游行示威的目的、人数、时间、地点、路线，并注明组织者的姓名、职业、住址；市、区、县公安机关对于游行、示威的申请，除违反宪法法律规定，损害国家、社会、集体的利益和其他公民的合法的自由和权利的以外，应当予以许可；同时，公安机关根据维护交通、治安秩序的需要，可改变原申请的时间、地点和路线，并可提出相应的要求；人民大会堂、中南海、钓鱼台国宾馆和首都机场的周围不许可游行、示威。这个法规还规定，游行示威应当遵守宪法和法律、保守国家秘密、爱护公共财产、遵守公共秩序、尊重社会公德；应当按照许可的时间、地点和路线等条件进行游行，不得扰乱社会秩序、生产秩序、工作秩序、教学科研秩序和人民群众的生活秩序。27日，《北京日报》发表社论：《保证公民正当行使民主权利的重要法规》。

同　日　新华社报道：吉林省破获两起南朝鲜间谍案。国家安全部官员宣布，吉林省国家安全机关破获两起南朝鲜间谍案件，为南朝鲜充当间谍的李琪焕和赵镛周相继落入法网。

同　日　新华社报道：中国发现新型超导材料。中国科学院物理研究所科技人员在实验时，骤然发现了一种在绝对温度70度时具有超导电性的多相性金属氧化物，这是迄今国际上发现的温度最高的新型超导材料。

12月27日　新华社报道：国家将再放宽科技人员政策。支持部分人以调离、辞职、停薪留职方式脱离原单位，允许带领群众致富的科技人员自己得到优厚的报酬。

12月28日　中纪委第二书记黄克诚大将在北京逝世。黄克诚，湖南永兴县人，1902年10月1日生，1925年加入中国共产党。历任北伐军营、团政治指导员，红三军团政治部宣传部长、组织部长、代理政治部主任、红一军团第四师政委，八路军一一五师三四四旅政委兼太南军政委员会书记，八路军第二纵队政委，冀鲁豫军区司令员、冀鲁豫军政委员会书记，八路军第四纵队政委，第五纵队司令员兼政委，新四军第三师师长兼政委和苏北军区政委，东北民主联军副司令员兼后勤司令员、政委，东北野战军第二兵团政委，中共天津市委书记，湖南省委书记，解放军副总参谋长兼后勤部长，中共中央军委秘书长，解放军总参谋长，国防部副部长和解放军总参谋长兼中共中央财经领导小组成员，中央军委顾问和中纪委第二书记。他是中共七届候补中央委员、八届中委、中央书记处书记、十一届中委。还是第一届全国人大常委会委员，第五届全国政协常务委员。1955年被授予大将军衔。

12月30日　邓小平约胡耀邦、赵紫阳、万里、胡启立、李鹏、何东昌等人就学生闹事问题谈话。他指出，学生闹事，大事出不了，但看问题的性质，是一件很重大的事情。凡是闹得起来的地方，都是因为那里的领导态度不坚决，旗帜不鲜明。他强调，要旗帜鲜明地坚持四项基本原则，否则就是放任资产阶级自由化。为了贯彻邓小平同志的讲话精神，中共中央于1987年1月6日发出《关于向全体党员和干部、群众传达〈邓小平同志关于当前学生闹事问题的讲话要点〉的通知》。《通知》指出，当前反对资产阶级自由化的斗争，关系到我们党的命运，关系到社会主义前途，关系到全面改革和对外开放的成败。《通知》要求党员、团员、解放军指战员、国家机关工作人员，特别是干部，一定要旗帜鲜明地站在斗争的前列，绝不允许以任何形式参与或支持学生闹事，违者要给以党纪、团纪、政纪、校纪处分，情节严重经教育不改的，要从严处理。

同　日　北京市人民政府发言人就北京市公安机关依法逮捕冒充学生混进北京市高校进行煽动破坏活动的贵州无业人员薛德云发表谈话。号召全市人民提高警惕，防止坏人捣乱。

12月31日　外交部发言人就收回澳门一事发表谈话。他指出，在2000年以前收回澳门是中国政府和包括澳门同胞在内的10亿中国人民的不可动摇的坚定立场和强烈愿望。

1987年

1987年综述

1月，中共中央决定反对资产阶级自由化，将《邓小平同志关于当前学生闹事问题的讲话要点》和邓小平在中共十二届五中全会上关于反对资产阶级自由化问题的讲话传达到全党，同时发出《关于当前反对资产阶级自由化若干问题的通知》。同月，中共中央政治局在北京举行扩大会议，会议对胡耀邦在工作中的失误进行了严肃的同志式的批评，并同意他辞去总书记职务的请求，一致推选赵紫阳代理中共中央总书记。同月，鼓吹资产阶级自由化的方励之、王若望、刘宾雁等人被中共开除出党。3月，中共中央宣传部在北京召开全国宣传部长会议，讨论和研究了当前宣传理论工作和报纸刊物的整顿问题。

2月，中国和伯利兹正式建立外交关系。4月，中葡两国政府正式签署关于澳门问题的联合声明，邓小平阐述了“一国两制”的方针。5月，金日成对我国进行正式友好访问。6月，赵紫阳代总书记访问波兰、民主德国、捷克斯洛伐克、匈牙利和保加利亚等东欧5国。10月，台湾当局开放台胞到大陆探亲。

3月、4月，全国人大六届五次会议和全国政协六届五次会议同时在北京召开。

5月，黑龙江省大兴安岭林区发生特大火灾。国务院成立了扑火指挥小组。经过3万多军民21个昼夜的奋战，将大火扑灭。

这次火灾造成的直接经济损失达5亿元。对此犯有严重官僚主义和重大失职错误的林业部部长兼中共林业部党组书记的杨钟被撤职，同时对此负有重要责任的副部长黄智勇亦被撤职。同月，全国整党工作总结会议在北京举行，会议宣布历时3年半的全国整党工作基本结束。

10月，西藏发生一起由少数分裂主义分子为配合达赖喇嘛分裂祖国的活动所蓄意制造的骚乱。同月，中共十二届七中全会在北京举行，全会决定于同月在北京召开中共第十三次全国代表大会，并讨论和原则同意《政治体制改革总设想》。10月、11月，中共十三大及其一中全会在北京举行。赵紫阳代表中共十二届中央委员会向大会作了题为《沿着有中国特色的社会主义道路前进》的报告。大会选举中央委员175人、候补中央委员110人组成十三届中央委员会，选举200名顾问委员组成中顾委，选举69名纪律检查委员组成中纪委。十三届一中全会选举赵紫阳、李鹏、乔石、胡启立、姚依林为中央政治局常委，赵紫阳为总书记，决定邓小平为中央军委主席。11月，李鹏出任国务院代总理。

是年，我国超导研究获得重大突破。我国又发射和回收一颗科学探测和技术试验卫星。

主要经济指标：全年国民生产总值11 049亿元，比上年增长9.4%，国民收入9 321亿元，比上年增长9.4%。工业总产值13 813亿元，比上年增长16.5%；农业总产值为4 447亿元，比上年增长4.7%，全年粮食总产量达4.0241亿吨。全年进出口总额826.5亿元，比上年增长12%。国民经济发展中存在的主要问题是：社会总需求仍大于社会总供给，部分商品特别是主要副食品供应偏紧，物价上涨幅度过大。

1月2日　新华社报道：我国新近成立“国际住房年”中国委员会，由城乡建设环境保护部部长叶如棠任主任委员。同日，叶如棠对新华社记者透露：我国已确定到2000年基本上使每户居民能住上一套经济实惠的住房这一奋斗目标。“七五”期间安排建造城镇住宅6.5亿平方米，农村住宅30亿平方米。

1月10日　国家安全机关破获一起国民党特务案。据新华社报道：台湾当局派遣特务杨斌，以船主身份来往于台湾、大陆之间。杨斌收买了陈良全、陈能新、林凤妹等人，并将他们送到台湾进行特务训练后潜回大陆，组成特工小组，代号“2767工作站”，阴谋进行爆破、杀人放火等破坏活动。被国家安全机关破获。

1月10日—15日　中共中央政治局常委在北京召集党中央一级的党的生活会议。在会议上，胡耀邦就自己的错误作了检讨，并向中央政治局提出了辞去中央总书记的要求。与会同志表示欢迎胡耀邦作出的检讨，对他在工作中的成绩予以肯定，对他的错误进行了严肃的批评。

1月12日　新华社报道：具有国际先进水平的宝钢二期工程2030冷连轧机制造任务提前完成。11日，国务院致电视贺。

同　日　新华社报道：中共中央和国务院作出决定，改组中国科技大学的领导班子。任命滕藤教授为中国科技大学校长兼中国科技大学研究生院院长，由国家教委副主任彭珮云兼任中国科技大学党委书记。免去严重失职的管惟炎的校长、党委副书记、研究生院院长职务，撤销方励之的副校长职务。13日，《安徽日报》发表社论：《反对资产阶级自由化的重大措施》。

1月13日　中共上海市纪委作出开除中国作家协会理事、上海作家协会理事王若望党籍的决定。决定指出，近年来，王若望经常借作报告、发表文章的机会，鼓吹资产阶级自由化，反对四项基本原则，屡教不改，严重违反党章和《关于党内政治生活的若干准则》，已经完全丧失了一个共产党员的条件，为了严肃党纪，根据党章的规定，决定开除王若望的党籍。17日，安徽省纪委作出决定，把公开鼓吹资产阶级自由化、反对四项基本原则和煽动学生闹事的方励之开除出党。23日，中共《人民日报》社机关纪委作出决定，把鼓吹资产阶级自由化的《人民日报》记者、中国作家协会副主席刘宾雁开除出党。25日，《人民日报》为此发表评论员文章：《坚持四项基本原则，坚决执行党的纪律》。

1月14日—21日　外交部新闻发言人发表谈话，对香港英国政府准备清拆九龙城寨，并在原址上兴建公园的决定表示充分理解。17日，外交部新闻发言人答记者问时表示：欢迎魏德巍出任香港总督。21日，外交部新闻发言人在新闻发布会上说，中共中央最近的人事变动和中国反对资产阶级自由化的斗争不会影响中共十一届三中全会以来的路线、方针和各项内外政策包括对香港的政策。

1月16日　胡耀邦辞去中共中央总书记职务。中共中央政治局在北京举行扩大会议。胡耀邦在会上检讨了他担任党中央总书记期间在工作中的失误，并请求中央批准他辞去党中央总书记职务。会议同意胡耀邦辞职的请求，对他进行了严肃的同志式的批评。同时也如实地肯定了他在工作中的成绩。扩大会议作出如下决定：（1）一致同意接受胡耀邦关于辞去党的总书记的请求；（2）一致推选赵紫阳代理党中央总书记；（3）上述两项决定，将提请党的下一次中央全会追认；（4）继续保留胡耀邦中央政治局委员、中央政治局常委的职务。中共中央政治局扩大会议指出，全党要继续执行中共十一届三中全会以来党中央的路线、方针和各项内外政策，继续坚持四项基本原则，反对资产阶级自由化，继续坚持以经济建设为中心，集中力量发展社会生产力，继续实行全面改革，实行对外开放、对内搞活经济的政策，继续发展社会主义民主、完善社会主义民主、完善社会主义法制、巩固和扩大爱国统一战线，动员、组织全党同志和全国各族人民，团结一致，艰苦奋斗，努力圆满实现第七个五年计划的任务。参加这次中央政治局扩大会议的有：中央政治局委员18人，政治局候补委员2人，中央书记处书记4人；中顾委负责人17人，中纪委负责人2人，还有其他有关同志。

同　日　国家体委举行授奖大会，给1986年在重大国际比赛中取得优异成绩的60名运动员、30名教练员颁发了体育运动荣誉奖章。

1月17日　《人民日报》报道：1987年全民所有制企业将逐步推行责任制。据国家经委负责人介绍，1987年全民所有制大中型企业将逐步试点和推行经营承包责任制、企业经营责任制、厂长任期目标承包责任制、工资总额同上缴税利挂钩承包、投入产出包干、定工包干等多种具体经营形式；国营小型企业、微利和亏损企业可以试行租赁、承包经营；对沿海地区引进技术任务重、出口创汇多的企业，可以按照外资企业的某些管理办法进行试点。

1月17日—20日　全国文化厅局长会议在北京举行。会议确定要坚定不移地坚持四项基本原则，站在反对资产阶级自由化的前列，坚持“百花齐放、百家争鸣”的方针，维护安定团结的社会环境和文化环境，向社会提供各种丰富多彩、健康有益的精神产品，使文化工作者在培养有理想、有道德、有文化、有纪律的社会主义一代新人中发挥更大的作用。

1月21日　受中共中央委托，中顾委、中组部、解放军总政治部联合举行老同志迎春茶话会。薄一波主持会议，万里、习仲勋和其他1 000多位离休老同志出席了会议，宋任穷、余秋里在会上讲话。

同　日　新华社报道：国务院作出决定，成立中华人民共和国新闻出版署，撤销原国家出版局，保留国家版权局。新闻出版署为国务院直属机构，负责全国新闻出版事业的管理工作。

1月22日—25日　全国经济工作会议在北京举行。会议确定1987年全国经济工作的中心任务是：深化企业改革，努力增产节约，全面提高经济效益，确保国民经济持续、稳定、协调地向前发展。

1月23日　全国十佳运动员评选揭晓。李宁、阎明、李玲蔚、许海峰、关平、杨锡兰、梁艳、何英强、陈翠婷、高凤莲当选。

1月24日　新华社报道：我国研制的新型心脏急救起博装置在第35届尤里卡世界发明博览会上获金奖。

同　日　新华社报道：郭荣江在日研制成“汉语语音理解系统”。中国人工智能研究专家郭荣江，在日本研制成功一种能把汉语语音变成正确的汉语句子的“汉语语音理解系统”（简称CSUS）。这种系统受到日本学术界和技术界的好评。

1月26日　法新社记者麦乐仁被驱逐出境。外交部新闻司宣布，法新社驻京记者麦乐仁进行了与其记者身份不相符的活动，要求法新社尽快将麦乐仁调离中国。30日，因法新社拒绝中国政府的要求，麦乐仁被我有关部门驱逐出境。

1月27日　张开逊发明的时间分割多功能传感器获第三十五届尤里卡金奖。《人民日报》报道：高级工程师张开逊发明的时间分割多功能传感器、可自救高灵敏呼吸监护仪，在布鲁塞尔举办的第三十五届尤里卡国际发明博览会上分别获得金质奖章和个人发明最高奖——一级骑士勋章。

1月28日　中国用“长征三号”运载火箭为美国特雷卫星公司发射卫星的合同在北京签署。

同　日　中共中央发出《关于当前反对资产阶级自由化若干问题的通知》。《通知》要求把反对资产阶级自由化斗争的范围严格限于党内，而且主要在政治领域内进行；党政军机关、城市企业事业单位和人民解放军，主要是对广大党员进行正面教育；农村不搞。

2月6日　中国和伯利兹建交。中国常驻联合国代表李鹿野和伯利兹常驻联合国代表今日分别代表两国政府在纽约签署了建交公报。

同　日　《人民日报》报道：我国航空事业有了迅速的发展。至目前为止，已有国内航线253条，国际航线27条，3年来运输总周转量平均增长32.9%。

2月7日　新华社报道：国家重点攻关项目——8060中型计算机系统研制成功，已通过国家鉴定。

2月9日—23日　中苏边界谈判在莫斯科举行。中国副外长钱其琛率领中国代表团参加谈判。双方对谈判表示满意，并商定讨论中苏边界全线走向并从边界东段开始。23日，苏联外长谢瓦尔德纳泽会见了钱其琛。

2月10日　中国签署《南太平洋无核区条例》。中国驻斐济大使冀朝铸在斐济首都苏瓦代表中国政府签署了《南太平洋无核区条例》第二和第三号附加议定书，并宣读和递交了中国的声明。同日，冀朝铸转交了吴学谦外长给第十七届南太平洋论坛主席、斐济总理马拉的信。这封信阐述了中国对《南太平洋无核区条例》所持的立场。

2月13日　经国务院批准，酝酿已久的中国民航管理体制改革方案出台。改革方案的内容是：实行政企分开，民航局不再直接经营航空企业；全国成立六大骨干航空公司，实行独立核算，自负盈亏。同日，李鹏在听取全国民航工作会议代表汇报时指出，改革管理体制有利于发展民航事业，要尽量少建机场，实行军民合用，老机场实行改造挖潜。

同　日　中国驻联合国代表钱嘉东代表中国政府向关贸总协定提交中国对外贸易制度备忘录，并附有一信，信中要求尽快尽早恢复中国的缔约国地位。

2月16日—22日　加蓬总统邦戈访华。18日，中国和加蓬两国政府关于中国向加蓬提供贷款的协定等文件在北京签署。

2月17日　新华社报道：云南省司法机关宣判一起重大贩毒案。泰国籍人温源和、香港居民戴文煊伏法。

同　日　新华社报道：解放军总政治部发出通知。《通知》要求全军各级党委和政治机关把坚持四项基本原则，反对资产阶级自由化的教育作为今年部队政治工作的重要任务，认真抓好这项工作。

2月18日　新华社报道：我国科学家经过4年的联合攻关，发现一项能够避免因小斑病菌侵染造成玉米大面积减产的科研成果——玉米小斑病菌C小种，经专家鉴定表明，这项成果居国际先进水平。

2月20日　国家统计局发布1986年国民经济和社会发展统计公报。1986年全年社会总产值为18 774亿元，比上一年增长9.1%，其中工农业总产值增长9.3%，国民收入比上年增长7.4%。

同　日　武汉钢材市场开业。这是我国生产资料流通体制的一项重大改革，实现了钢材流通的计划调节与市场调节相结合。

同　日　国家民委、中国作协开会批评丑化侮辱藏族同胞的小说。国家民委、中国作协约请部分在京的藏族代表就《人民文学》发表《亮出你的舌苔或空空荡荡》这篇丑化侮辱藏族同胞的小说一事召开座谈会进行批评，中国作协宣布了《人民文学》主编停职检查，《人民文学》编辑部作出严肃深刻的公开检查等决定。21日，《人民日报》为此发表评论员文章：《接受严重教训，端正文艺方向》。

2月21日　新华社报道：中国选手在第十五届国际舞蹈赛中获金奖。中国选手蔡一磊在第十五届国际舞蹈比赛中，以精彩的巴蕾舞表演获得一项国际金奖。

同　日　姬鹏飞重申中国对香港的政策。国务院港澳办公室主任姬鹏飞接受《北京周报》记者采访时，重申了中国政府关于香港的政策。姬鹏飞说，在香港保持资本主义制度50年不变，维持香港的繁荣稳定，这一政策已经载入中英联合声明，并业经全国人民代表大会批准，是不会改变的。

2月22日　新华社报道：我国农民收入稳定增长，去年人平均收入为424.05元，比上年增长6.7%。

2月23日—3月1日　中国佛教协会第五届全国代表会议在北京举行。班禅额尔德尼·确吉坚赞出席会议。中国佛协会长赵朴初在会上作了题为《团结起来，发扬佛教优良传统，为庄严国土利乐有情做贡献》的报告。国务院宗教事务局局长任务之在会上表示：宗教信仰自由政策是我国一项长期的政策，反对资产阶级自由化不涉及宗教界人士。

2月24日　《人民日报》报道：我国男女乒乓球队在第三十九届世界乒乓球锦标赛中再次获得男女团体冠军。

同　日　中国、日本和尼泊尔三国在北京签署议定书，宣告三国1988年珠穆朗玛——萨迦玛塔友好登山队成立。

同　日　新华社报道：陕西临潼发现最完整的龙山文化遗址。陕西西安东北面临潼县康家村发现距今4 000多年前的大量房屋遗址及其他文化遗存。据考古专家鉴定，它是迄今发现最完整的一处龙山文化遗址。

同　日　新华社报道：国家安全机关破获一起台湾特务案。台湾派遣特务刘振国、何荣生落网。

2月26日　我国外交部就日本对光华寮的错误判决发出照会抗议。刘述卿副外长约见日本驻华大使，就当日下午日本大阪高等法院对中国国有财产京都光华寮问题的错误判决进行了严正交涉，并提交了外交部照会。照会指出，大阪高院的错误判决是站不住脚的，在政治上是错误的。同一天，中国驻日使馆和驻大阪总领事馆举行记者招待会，表示了对大阪高院判决的强烈不满。

2月26日—3月4日　中纪委在北京召开全国纪检工作会议。会议部署1987年的纪律检查工作，强调要严肃党的政治纪律，反对资产阶级自由化，加强党内监督。

2月27日　新华社报道：经国务院批准，宁波市实行计划单列，赋予相当省一级的经济管理权限。

2月28日　新华社报道：云南元谋县新近发现25枚古人类牙齿化石。有关专家鉴定认为，这些化石距今已有250万年，这一发现把我国人类史向前推进了80多万年。

3月1日—6日　美国国务卿舒尔茨访华。访华期间，李先念、赵紫阳和邓小平先后会见舒尔茨，舒尔茨向3位中国领导人转交了里根总统的信。吴学谦外长同舒尔茨国务卿举行会谈，双方就共同关心的国际局势和双边关系问题深入地交换了意见。关于中美关系，双方都表示重视两国关系的健康发展，并将为进一步加强两国在经济、贸易和科技方面的合作继续做出努力。

3月2日　《人民日报》报道：至1986年底全国公路总里程已达960万公里。

3月6日—10日　坦桑尼亚总统姆维尼访华。9日，中坦两国经济技术合作协定在京签署，同时签署的还有关于中国帮助坦桑尼亚建设基威那煤矿部分工人宿舍，帮助桑给巴尔建设1座播音馆，向坦桑尼亚无偿提供药品和医疗器械以及食品的4个换文。

3月6日—29日　中国超导研究获得重大突破。《人民日报》报道：北京大学超导体研究获得新成果，转变起始温度高于绝对温度100度。10日，新华社报道：中国科技大学的研究人员在超导体研究方面进入国际先进行列，已获得的液氮温区超导体超导起始转变温度在110K以上，超导转变中点温度为90K，转变宽度为4K，转变区电阻下降大于4个数量级。19日，新华社报道：中国科技大学超导体研究又前进了一步，在钡钇铜氧多晶烧结体上达到电阻明显偏离线性的起始转变温度为215K，转变区中点温度93K，转变区宽度2.5K，转变区电阻下降大于4个数量级，并经过多次热循环，测试数据重复性好，样品稳定。24日，《人民日报》报道：中科院物理所制成具有实用价值的超导体薄膜，超导起始转变温度达89.5K，中点转变温度55K，零电阻温度20K，在超导转变区域电阻下降5个数量级，有明显的抗磁性，这在国际超导研究中处于前列。29日，新华社报道：吉林大学物理系在对他们烧制的超导材料的测试中发现，此类超导材料的磁化率随着温度的变化出现顺磁、抗磁交替变化的现象，这一发现对超导机组的探讨具有重要价值。29日，《人民日报》报道：电子工业部第十六研究所超导研究小组发现金属氧化物超导体与正常金属间在液氮温区（78K）出现的超导隧道效应。

3月7日　新华社报道：国务院办公厅日前转发国家经委关于加速采用国际标准工作部署的报告。要求各级人民政府及国务院各有关部门，要把采用国际标准工作提到重要议事日程上来，采取切实措施，大力加强标准化工作，保证“七五”计划目标的顺利实现。

3月9日—14日　中共中央宣传部在北京召开全国宣传部长会议。会议围绕如何健康而持久地开展反对资产阶级自由化的斗争，回顾了前一段时间的宣传工作，分析了当前的思想动向，讨论了今后的宣传任务和应注意的问题，对新闻宣传和思想理论工作进行了具体的部署。

3月11日　外交部发言人在新闻发布会上对美国最高法院9日就湖广铁路债券案作出维持原判的裁决表示欢迎。外交部发言人又指出，美国参院外委会主席佩尔发表“台湾自决”等言论，是对我国内政的粗暴干涉，违反中美建交公报的原则。

3月14日　中纪委发出通知。通知要求共产党员在职业道德建设中发挥先锋模范作用，应做到在工作中全心全意为人民服务，忠于职守，公正无私，光明磊落，忠诚积极，钻研业务，使自己和同行业职工的工作有益于社会主义建设。

3月16日—25日　加拿大总督让娜·索维访华。访华期间，李先念主席举行仪式，赵紫阳和邓小平先后会见了让娜·索维总督。19

日，中国和加拿大两国政府在北京签署了《中加语言培训中心谅解备忘录》、《中加人才开发谅解备忘录》、《中加管理教育第二周期谅解备忘录》、《中加十四个沿海开放城市领导干部培训谅解备忘录》等4个文件。根据这4个文件，加拿大将向中国提供6 000多万加元的无偿援助。

3月17日　新华社报道：我国考古工作者不久前在长江三峡地区首次发现5 000年前原始社会时期的乱葬坑，这为研究原始社会部落间冲突提供了宝贵的实物资料。

同　日　《人民日报》报道：国家决定提高今年棉花收购加价比例。具体做法是：北方棉区由“倒四六”加价比例恢复到“倒三七”加价比例，南方棉区执行“倒三七”加价比例。

3月18日—23日　中葡澳门问题第四轮会谈在北京举行。3月26日，中葡两国政府经过谈判，草签了关于澳门问题的联合声明。联合声明宣布，中华人民共和国政府1999年12月20日对澳门恢复行使主权。中国政府宣布根据“一国两制”方针对澳门实行12项基本政策。4月13日，国务院总理赵紫阳和葡萄牙共和国总理席尔瓦在北京正式签署联合声明。

3月20日—4月2日　全国政法工作座谈会在北京举行。彭真在会上强调，抓住坚持四项基本原则这个总纲，加强队伍建设，把政法工作搞得更好。会议认为，政法战线能较好地坚持人民民主专政的正确方向，坚持贯彻严厉打击严重刑事犯罪和严重经济犯罪的正确决策，是由于遵循了邓小平同志代表中央常委所作的正确指导，抵制了一些错误主张。会议对三年多来的“严打”战役作了回顾，对当前社会治安的状况和发展趋势进行了分析，同时还部署了1987年工作和加强队伍建设问题。

3月22日　《人民日报》报道：国家科委和财政部发布科学事业费管理暂行规定。这个规定把独立的科研单位按其主要从事科学技术活动的特点，划分为技术开发型、基础研究类型、社会公益事业科研类型和多种研究类型进行管理，并对各科研单位的科学事业费和其他来源经费统一核算办法作了具体规定。这是我国又一项科技拨款改革工作的重要配套政策。

3月23日　巴基斯坦向赵紫阳授勋。巴基斯坦驻华大使扎基代表齐亚·哈克总统在京向赵紫阳总理授予巴基斯坦最高荣誉勋章——“伟大领袖真纳勋章”，还向东方歌舞团团长王昆授予“卓越明星”勋章。

3月25日—31日　喀麦隆总统比亚访华。3月28日，中国政府向喀麦隆政府提供贷款的协定在北京签署。

3月27日　新华社报道：我国运动员马湘君在澳大利亚阿德莱德举行的第三十届世界射箭锦标赛上获冠军。

同　日　交通部交通运输管理体改方案出台。改革方案的内容是：实行政企分开，所有权和经营权分离，交通部直属的沿海港口和工业企业全部下放给地方；交通部行使政府职能，实行行业管理和宏观控制。

同　日　中国驻日本使馆照会日本外务省，要求日本政府严格履行中日协议，及时妥善地解决好光华寮问题。照会申明：在台湾问题上，违反中日联合声明有关原则和两国政府协议，侵犯中国主权，损害中国人民感情的任何行为都将会造成严重政治后果。

3月27日—29日　首届中国特殊奥运会在深圳举行，来自国内13个省市和香港地区的300多名弱智人运动员参加了这次奥运会。

3月30日　周培源、费孝通、雷洁琼、钱伟长等4位著名人士接受中外记者集体采访。他们在回答记者的提问时指出，中国的知识分子在各种岗位上发挥着重要的作用，反对资产阶级自由化不会影响科研发展。

3月31日　外交部就我远洋货轮被袭击事表示严厉谴责。交通部新闻发言人就中国一艘远洋货轮2月26日在波斯湾公海正常航行时，遭到两艘不明国籍的炮舰袭击一事发表声明，严厉谴责这种严重破坏国际法和国际航行规则的行为。

4月2日　新华社报道：中共中央、国务院批准我国高技术研究发展计划纲要，从今年开始实施。这个计划纲要提出了生物技术、航天技术、信息技术、激光技术、自动化技术、能源技术和新材料技术等7个技术领域的十几个主要项目作为研究发展目标。

4月3日—9日　瑞典首相卡尔松应邀访华。6日，中国向瑞典购买纸张的合同及关于空间合作的谅解备忘录等文件在北京签署。

4月7日、18日　新华社报道：中科院化学研究所在我国首次研制成功液氮温区的超导线材。这种线材的零电阻为绝对温度83.7K，同时出现抗磁性。这是我国在超导研究方面所取得的又一重大成果。18日，新华社报道：中科院长春应用化学研究所在超导体研究上又获重大进展。这种超导材料的零电阻温度为91.0K，转变宽度为2.2K，性能稳定，而且重复性好。

4月11日—17日　葡萄牙总理席尔瓦访华。4月13日，赵紫阳总理和席尔瓦总理分别代表各自政府在北京正式签署了中葡关于澳门问题的联合声明，邓小平和李先念出席了签字仪式。

4月13日　香港特别行政区基本法起草委员会第四次全体会议在北京举行。会议通过了《关于中华人民共和国香港特别行政区区旗、区徽图案的征集和审定办法》，并决定尽快展开区旗、区徽图案的征集工作。

4月14日—20日　中苏第十轮磋商在莫斯科举行。20日，苏联外长谢瓦尔德纳泽会见中国政府特使钱其琛。同一天，钱其琛就中苏第十轮磋商问题答《瞭望》周刊特约记者问时说：中苏之间障碍未除，政治关系上还有困难。

4月15日、29日　外交部发言人答记者问。指出，桑多洛河谷地区历来是中国领土，印度方面指责中国入侵该地区是完全颠倒黑白。29日，外交部新闻发言人在回答记者有关印度正在中印边境地区集结军队进行军事演习的提问时严正指出，中国希望印度方面从维护中印友好的大局出发，避免制造事端。

同　日　“援助西藏发展基金会”筹备委员会在北京成立。乌兰夫、习仲勋代表中共中央、国务院到会表示祝贺。

4月16日　邓小平接见香港特别行政区基本法起草委员会委员谈“一国两制”。中顾委会主任邓小平今天在北京人民大会堂接见香港特别行政区基本法起草委员会委员时说，香港回归祖国后，它的现行制度50年不变，50年后更没有变的必要。这个精神同时适用于澳门，也适用于将来按照“一国两制”方针解决统一问题的台湾。邓小平指出，“一国两制”要讲两个方面。一方面是社会主义国家里允许一些特殊地区搞资本主义，不是搞一段时间，而是几十年、成百年不变。另一方面，也要确定整个国家的主体是社会主义。两制是两个方面，不是“一制”，而是“两制”。当谈到美国记者曾问到大陆经济发展水平低于台湾，为什么台湾要同大陆统一时，邓小平说，回答主要有两条。第一，中国统一是全中国的愿望，是一个半世纪以来中华民族的共同愿望，不是哪个党哪个派的愿望。第二，台湾不回归祖国，不实现统一，台湾的地位是不稳定的。不知哪一天，会被别人拿去。以“一国两制”解决香港、澳门问题，确定了它们是中国的一部分。以这个方针解决台湾问题，台湾实行的制度等一切不变，只有一条，必须确定是中国的地方。解决了这个问题，海峡两岸人民都会认为是一件大好事，为我们国家、民族的统一做出了贡献。

4月16日—20日　刚果劳动党主席、共和国总统、政府首脑萨苏访华。18日，中国政府向刚果政府提供贷款的协定在北京签署。

4月19日　《人民日报》报道：国家语言文字工作委员会、中国地名委员会、铁道部、交通部、国家海洋局、国家测绘局联合制定《关于地名用字的若干规定》。要求各类地名均应按国家确定的规范汉字书写，不得使用自造字、已简化的繁体字和已淘汰的异体字。

同　日　新华社报道：国家语言工作委员会和广播电影电视部联合制定《关于广播、电影、电视正确使用语言文字的若干规定》，要求广播、电影、电视使用的语言文字应做到规范化，对全社会起积极的示范作用。

4月20日　新华社报道：国家语委、商业部等共同制定出《关于企业、商店的牌匾、商品包装、广告等正确使用汉字和汉语拼音的若干规定》。《规定》要求企业、商店的牌匾、商品包装、广告等用字必须合乎规范。

4月21日　最高人民检察院向各省、自治区、直辖市人民检察

院、军事检察院发出通知。要求各级检察机关积极配合税务部门，严肃税收法纪，依法积极查处偷税、漏税、抗税案件，保证国家税收工作的顺利进行。

4月23日—26日　中国运动员在荷兰举行的第五届世界杯跳水赛中获4项冠军3项亚军。

4月24日　《人民日报》报道：中国科学院西安光机所留英学者陈国夫及其所在的研究组，在英国苏格兰圣·安德罗斯大学创造了超短激光脉冲世界纪录。

4月24日—30日　中纪委召开全国案件审理工作座谈会。会议在湖南桑植县召开。会议指出，要加强基层案件的审理工作，正确处理党员违纪案件，以维护党纪的严肃性。

4月25日　国务院发布关于发行新版人民币的命令。新版人民币面额，主币有1元、2元、5元、10元、50元、100元6种；辅币有1角、2角、5角3种。同日，中国人民银行发出通告，从4月27日起首先发行新版人民币50元券和5角券。28日，中国人民银行负责人就发行新版人民币回答了记者提出的问题，指出发展新版人民币是发展商品经济的需要，不会引起通货膨胀和影响人民生活水平。

4月25日—5月15日　荣毅仁副委员长出访美国。出访期间，荣毅仁副委员长会见了布什副总统，并同美国国会及政府有关方面领导人讨论了中美两国经济和贸易关系问题。

4月29日　《科技日报》报道：国家科委发明评选委员会改进评选办法。以今年起改革发明评选工作，实行先公布申请项目，再听取异议，最后审批的报批程序。

4月30日　《人民日报》报道：我国九段棋手聂卫平在东京举行的第二届中日围棋擂台赛最后的决胜比赛中，以两目半战胜日方主将大竹英雄九段。中国棋手在持续一年多的第二届中日围棋擂台赛中，最后以9:8的比分战胜日本棋手。

5月3日　《人民日报》报道：共青团中央命名先进青年人物。命名并表彰了42个新长征突击队，522名新长征突击手和34名优秀团干部，15名青年报刊先进工作者，17名优秀学生干部。

5月3日—5日　法国外长雷蒙访华。5月4日，中国和法国关于民事、商事司法协助的协定在北京签字。根据协定，双方将在转递和送达司法文书和司法外文书、代为调查取证、相互承认和执行对方法院的裁决和仲裁裁决等方面进行合作。这是中国同外国签署的第一个有关这方面的协定。

5月4日　中国驻美大使韩叙致函美参众两院和政府有关部门，指出美国国会通过和正在酝酿的贸易保护主义法案将损害中美两国贸易关系，美方应尽快采取行动予以撤销。

5月5日　邓小平会见日中友协会长宇都宫德马。他说，希望日本政府妥善处理光华寮问题。6日，外交部新闻发言人在答记者问时说，在光华寮问题上日方如一意孤行，中国方面将作出强烈反应。

5月5日—10日　保加利亚共产党中央总书记、国务委员会主席日夫科夫访华。日夫科夫是中保建交以来第一位访问中国的保加利亚最高领导人。访华期间，李先念宴请日夫科夫。赵紫阳同日夫科夫举行会谈，双方互相通报了各自的经济建设、改革、外交政策和对外关系等方面的情况，并表示愿意进一步发展双边友好合作关系。邓小平、彭真也先后会见了日夫科夫。5月6日，中保两国关于长期经济和科技合作协定以及两国领事条约等文件在北京签署。

5月6日　全国十大传统名花评选揭晓。十大传统名花为：梅花、牡丹、菊花、兰花、月季、杜鹃、山茶、荷花、桂花、水仙花。

同　日　新华社报道：我国首次运用多平台遥感探试技术进行国土调查获得成功。这是国家“六五”科技项目，已在长沙通过评审。

5月6日—6月2日　黑龙江省大兴安岭林区发生特大火灾。5月6日—26日，黑龙江省大兴安岭林区的西林吉、图强、阿尔木和塔河4个林业局发生严重火灾。火灾发生后，从中央到地方，各级党委和政府都十分重视。5月9日，国务院当即成立由总参谋部、林业部、铁道部、国家气象局和国家物资局等部门领导人参加的扑火指挥小组，由国务院秘书长陈俊生任组长。5月19日，国务院召开常务会议，进一步部署扑火救灾工作，要求集中全力，扑灭林火。24日，大兴安岭特大火灾东部火区全部封闭，西部扑火大获进展。25日—26

日，李先念主席和国务院先后致电慰问参加扑火救灾的全体解放军指战员、武装森林警察和职工。经过3万多军民21个昼夜的奋战，大兴安岭的地面明火已于5月26日全部扑灭。当天国务院在大兴安岭地区塔河扑火前线总指挥部召开现场办公会，田纪云在会上宣布，国务院已成立了大兴安岭恢复生产、重建家园领导小组，由刘中一担任组长。6月2日，大兴安岭大火被彻底扑灭。6月2日，中央军委主席邓小平发布通令，嘉奖参加大兴安岭扑火救灾的全体指战员。据统计，这场大火损失严重，过火面积达101万公顷，其中森林面积65万公顷，烧毁贮木场存材75万立方米，烧毁各种设备2 488台，粮食650万斤，各种房舍61.4万平方米，桥涵67座，铁路专用线9.2公里，通讯线路483公里，输变线路284.2公里，直接经济损失约5亿元。受灾群众1.0807万户、5.6092万人；在火灾中丧生193人，烧伤226人。6月6日，国务院举行全体会议，讨论关于大兴安岭特大森林火灾事故的处理问题。会议追究林业部主要负责人严重的官僚主义错误和重大的失职行为，决定撤销杨钟的林业部部长职务，提请全国人大常委会批准。6月10日，鉴于中共林业部党组书记杨钟在大兴安岭特大火灾中犯有严重官僚主义和重大失职的错误，经中共中央批准，中纪委决定给予杨钟以撤销中共林业部党组书记职务的处分。23日，国务院常务会议决定，撤销对大兴安岭特大森林火灾事故负有重要责任的董智勇的林业部副部长职务。大兴安岭火灾是建国以来损失最为严重的一次森林火灾。这起事故发生的根本原因是企业管理混乱、纪律松弛、违反规章制度、违章作业以及严重的官僚主义作风。引起大火的5个火源是林业职工违反规章制度吸烟和割灌机违反操作规程造成的。

5月8日—14日　联合国秘书长德奎利亚尔访华。吴学谦外长同德奎刑亚尔秘书长举行会谈，双方就中东局势、两伊战争、阿富汗、柬埔寨、南部非洲、裁军等国际问题友好地交换了意见。赵紫阳、邓小平先后会见德奎利亚尔秘书长。

5月10日　中国电影表演艺术学会在郑州举行首届“学会奖”颁奖大会。于绍康、潘虹、刘晓庆等演员获奖。

5月10日—16日　荷兰首相吕贝尔斯访华。13日，中荷两国关于避免双重征税和防止偷漏税协定以及两国科技合作谅解备忘录等文件在北京签署。

5月11日　新华社报道：我国第一台5 000千瓦低温核供热反应堆容器已由哈尔滨锅炉厂与清华大学联合研制成功。

5月11日—14日　姚依林副总理率中国政府代表团参加在莫斯科举行的中苏经济、贸易、科技合作委员会第二次会议。苏联部长会议主席雷日科夫会见姚依林一行。

5月12日　北京市国家安全局负责官员宣布：日本共同社驻京记者边见秀逸在华任职期间，采用非法手段窃取我国重要机密，违反了我国法律和有关规定，8日被我国家安全机关限期离境。

5月14日　《人民日报》报道：我国血防工作经过30多年的努力，取得了很大成绩。到去年年底，全国12个流行省市区，已有广东、上海、福建在全省（市）范围内消灭了血吸虫病；全国372个流行县（市、区）中，已有278个消灭或基本消灭了血吸虫病。

5月15日　第三次南极考察队返抵青岛，胜利完成中国历史上首次环球航海科学考察。

同　日　新闻出版署负责人在中外记者新闻发布会上宣布：今年的工作重点是整顿全国的有关报刊和出版社。

5月15日—6月7日　中央军委副主席杨尚昆率中国政府代表团出访美国和加拿大。访美期间，杨尚昆副主席同美国总统里根、副总统布什、国务卿舒尔茨、国防部长温伯格和国会议员就中美关系问题和共同关心的国际问题分别进行了会谈，双方对彼此的观点有了进一步的了解。杨尚昆副主席一行还广泛接触了美国各界知名人士。访加期间，杨尚昆副主席先后同让娜·索维总督、马尔罗尼总理、克拉克外长、贝蒂国防部长等加拿大领导人进行了富有成效的会见和会谈，并同各界人士进行了友好接触。

5月16日　邓小平谈祖国统一寄希望于台湾当局、台湾人民。中顾委主任邓小平在会见美国加州大学柏克利分校化学系教授李远哲、哥伦比亚大学教授李政道和夫人时说，“我们都是立足于振兴中华民族，口号是振兴中华。不管怎样，我们是一个根，但如果光是根深蒂固，不发扬光大，我们都是没有什么光彩的”。邓小平说，关于祖国统一问题，寄希望于台湾当局，寄希望于台湾人民。邓小平强调说，统一祖国是几千年来中华民族的共同愿望。台湾现在尽管在经济上比大陆好，但差距在缩小。差距缩小在下个世纪50年代会表现得更明显。那时，中国将达到中等发达国家的水平，大陆将大大超过台湾。如果国民生产总值达到人均4 000美元的话，按十四五亿人口计算，就意味着国民生产总值将达6万亿美元。那时大陆的科学肯定比现在强，人才也会比现在多得多。邓小平说，中国人脸上开始有光彩是什么时候？是新中国成立以后。祖国统一后，所有中华民族的子孙就不仅是站起来了，而且飞起来了。邓小平还说，按照“一国两制”方针解决统一问题后，香港、澳门、台湾的制度50年不变。50年以后，香港、澳门、台湾在整个国家经济上的比重小了，这就更没有变的必要。

5月17日　新华社报道：中科院金属研究所冶炼出能够在1 240摄氏度高温下进行正常锻造加工的高温合金钢，创造了世界高温合金锻造温度的新纪录。

同　日　《人民日报》报道：四川省什邡县烟草试验农场培育出由烟草和波菜两种植物的细胞杂交的奇特烟草，这是世界植物细胞穿壁技术的首创。

5月18日　中英两国政府在北京互换备忘录。确认在联合联络小组第六次会议中双方就1997年6月30日后香港签证身份书继续使用的安排达成协议。

5月19日　新华社报道：中国气象局局长邹竞蒙在日内瓦举行的第十次世界气象大会上当选为世界气象组织主席。这是中国在联合国各专门机构中第一次担任主席职务。

5月20日　《人民日报》报道：中科院物理所的科技人员研制成零电阻为77K的超导薄膜。这是继美国国际通用商业机械公司之后，又一次获得液氮温区的超导薄膜。

5月21日—25日　朝鲜劳动党总书记、国家主席金日成访华。访华期间，赵紫阳和李先念欢宴金日成主席，邓小平和邓颖超分别会见和看望金日成主席。赵紫阳同金日成举行会谈，双方表示中朝两党、两国人民的友谊要世世代代相传下去；双方还互相通报了两国在对外关系方面的情况，同时就双方共同关心的问题充分深入地交换了意见，对所讨论的问题取得了一致的看法。25日，金日成主席在天津访问时说：他的这次访问取得了圆满的成功，感到非常满意。

5月22日　新华社报道：由核工业部第五研究设计院研制的耐幅射、耐明火、耐水和耐超压的核级高效空气过滤器已通过部级鉴定。这套设备将安装在处于建设中的浙江秦山核电站。

5月26日　杨尚昆在美国谈用“一国两制”解决台湾问题。中共中央军委副主席杨尚昆今天在洛杉矶世界事务委员会为欢迎中国政府代表团而举行的宴会上发表重要讲话，阐述了实现祖国和平统一政策。杨尚昆指出，用“一国两制”的办法来解决台湾问题，对台湾只有好处而没有害处。台湾可以作为中国的一个特别行政区，享有高度自主权。它可以保留自己的行政系统、自己的军队和司法独立的权利。大陆不派人到台湾去，军队不去，行政人员也不去。台湾当局和各界代表人士可以参与中国全国性政治机构，共商国是。在经济方面，台湾作为一个特别行政区，可以实行单独的财政预算，不对大陆承担财政义务。它可以照常进行对外贸易，保持同外国的经济贸易关系。外国在台湾的投资和一切经济权益也保持不变。台湾拥有相当大的技术力量和对外贸易经验，大陆拥有丰富资源和广阔市场，经济正在迅速发展，如果大陆和台湾进行交流合作，取长补短，必将促进海峡两岸的繁荣，有利于双方经济的发展。杨尚昆还指出，在最终实现中国和平统一以前，我们主张先在大陆和台湾之间实行通商、通邮和通航。我们将为此作出最大的努力，我们相信台湾人民将响应我们的努力，我们希望台湾当局能采取通情达理的态度，我们也希望一切关心亚洲的和平稳定、对中国友好的人士，能对我们的努力采取同情和支持的态度。杨尚昆同时希望美国政府信守只有一个中国和承认中华人民共和国政府为中国唯一合法政府的原则，对中国和平统一的大业能够有所作为。

5月28日　新华社报道：中纪委近日作出关于开除原江西省委副

书记、江西省省长倪献策党籍的决定，并向全党发出《党员领导干部更要做遵纪守法的模范》的通报。5月30日，倪献策因犯循私舞弊罪被判处有期徒刑2年。6月2日，《人民日报》为此发表评论员文章：《违法必究》。

5月29日　中共中央发出《关于改进和加强高等学校思想政治工作的决定》。《决定》强调高等学校必须把改进和加强思想政治工作作为自己的重要任务，并为此提出了以下要求：（1）进一步明确办学指导思想，坚持高等教育的社会主义方向；（2）努力改进学校思想政治工作的内容、形式和方法；（3）加强教职队伍的思想建设，大力提倡教书育人，服务育人；（4）建设一支坚强的马克思主义理论队伍和思想政治工作队伍；（5）提高高等学校领导班子的思想政治水平，加强和改善对思想政治工作的领导；（6）全党全社会都应当关心青年学生的健康成长。

同　日　《人民日报》报道：我国考古工作者在陕西省扶风县法门寺地宫，发现4枚佛指舍利和大量唐代宫廷稀世珍品。这是我国考古工作继秦始皇兵马俑之后的又一重大发现。

同　日　《人民日报》报道：由广播电影电视部中外电视杂志社、温州电视台联合举办的首届“中外电视”优秀剧本评选揭晓。《努尔哈赤》、《断续涛声断续雨》获一等奖；《长江第一漂》、《画圣》、《遥望云天》获第二等奖。

5月30日　《人民日报》报道：我国幼儿教育事业近几年发展迅速。据统计，去年全国各类幼儿园已达17.3万所，入园幼儿1 628万多人，全国幼儿教师已达60.5万人，目前全国已有18个省、市建立了幼儿教育科研机构，许多省、市、自治区建立了幼儿教育研究会。

同　日　全国儿童少年工作协调委员会、中国儿童和少年基金会决定设立“热爱儿童”荣誉奖章。被儿童称为“故事爷爷”的孙敬修、北京儿童医院名誉院长诸福棠、北京第二实验小学校长陶淑范、南京师范大学附属小学特级教师斯霞等首批获得“热爱儿童”荣誉奖章。

6月1日　《人民日报》报道：浙江省余杭县发现一处良渚文化时期的祭坛遗迹。这是我国迄今为止所发现的唯一与墓葬复合的祭坛。

6月4日　中国三北防护林带获联合国环保奖，《中国环境报》和大兴县留民营生态村村长张占林同时获奖。

6月4日—24日　中共中央代理总书记、国务院总理赵紫阳先后出访波兰、德意志民主共和国、捷克斯洛伐克、匈牙利、保加利亚和巴基斯坦等6国。在访问东欧5国期间，赵紫阳总理分别同5国党政领导人雅鲁泽尔斯基第一书记和梅斯内尔总理、昂纳克总书记和斯多夫部长会议主席、胡萨克总书记和什特劳加尔总理，卡达尔总书记和拉扎尔部长会议主席及洛松齐主席、日夫科夫总书记进行了坦诚的、融洽的会谈和会晤，增进了相互了解和信任。5日，中国和波兰两国在华沙签署关于民事和刑事司法协助协定，这是中国同外国在刑事诉讼方面建立协作关系的第一个协定。8日，中国和民主德国在柏林签署两国关于避免双重征税协定和关于互免签证协定。赵紫阳总理出访巴基斯坦期间，分别同哈克总统和居内久总理进行了会见和会谈，双方对所讨论的问题取得了广泛一致的意见。22日，中巴两国在伊斯兰堡签署一项贷款协定。根据这项协定，中国将从1987到1992年向巴基斯坦提供1亿元人民币的无息贷款，用于中小型建设项目。

6月5日　中英两国政府在北京签署关于解决历史遗留的相互资产要求的协定。中国周南副外长、英国驻华大使伊文思代表各自的政府在协定上签字。这是中国同西欧国家达成的第一个资产要求协定。

6月6日　《人民日报》报道：云南省生物医学工程研究所高级工程师周林研制的WS频谱效应场治疗仪出口成交1 500万美元。这是我国首次向国外出口的最大一宗医疗仪器高技术产品。

同　日　中蒙两国政府在乌兰巴托草签边界制度和处理边境问题条约。

6月8日—15日　中国驻日本使馆公使衔参赞徐敦信严正驳斥日本外务省亚洲局长藤田为外务省某负责人散布不友好言论所进行的辩解。10日，外交部新闻发言人在新闻发布会上驳斥了日本外务省首脑对邓小平主任上周同日本公明党委员长矢野谈话的攻击，指出日本官员的这种攻击"伤害了中国人民的感情"。15日，日本外务省事务次官柳谷谦介会见记者时表示，前不久发表的攻击中国领导人邓小平的言论是失礼的，对此表示遗憾，并转达了中曾根首相表示的“日本的国家意志是主张‘一个中国’”的指示。

同　日　经国家科委批准，中国人体科学学会在北京正式成立。该学会由著名科学家钱学森任名誉理事长，张震寰任理事长。

同　日　中国在第二届法国圣一迪齐埃国际发明展览会上获前二名金牌大奖。在第二届法国圣一迪齐埃国际发明展览会上，中国展团张绍先的“非金属刷镀”和李金铠的“多文种电脑”获得前二名金牌大奖。

6月8日—11日　联合国世界粮食理事会第十三届部长会议在北京举行。会议通过《世界粮食理事会北京宣言》，呼吁各国团结一致，共同努力，永远清除饥饿灾难。万里代总理代表中国政府到会讲话。李先会主席会见了参加会议的各国代表。

6月9日　全国第一家承办自费出版业务的出版社——文津出版社在北京成立。

6月9日—10日　中国和不丹第四轮官员级边界会谈在延布举行，并签署了联合公报。9日，不丹国王旺楚克会见了中国代表团团长刘述卿。

6月10日—11日　中国代表团同欧共体代表就恢复中国在关贸总协定中的席位问题在布鲁塞尔举行首次磋商。

6月12日　中国舞台美术作品首次获得“布拉格国际4年展”颁发的荣誉奖——传统戏剧和现代戏剧舞台美术设计奖。

同　日　新华社报道：国家经委新近制定了国家优质产品奖有效期满后的复查确认办法，对优质名牌产品称号不搞“终身制”。

6月13日　《人民日报》报道：在京秦铁路建设中，我国首次采用光纤通讯系统。

同　日　李先念主席会见伊朗外长韦拉亚提。他希望早日实现海湾和平安全稳定，并重申了中国对两伊战争严守中立和积极劝和的立场。17日，外交部新闻发言人在新闻发布会上表示，中国对两伊战争严守中立，不向交战的任何一方出售武器。

同　日　新华社报道：最高人民法院日前决定，设立交通运输审判庭。以监督和指导铁路运输各中级法院的工作和原属最高人民法院经济审判庭负责的海事法院的业务，并审理有关案件。

6月19日　国家经委负责人在全国名牌彩电产品介绍会上透露：我国彩色电视的质量已达到国际先进水平，成为我国成功地引进、消化、吸收外国先进技术的代表性产品。

6月23日　台湾“立法院”通过《动员戡乱时期国家安全法》。“国安法”规定“人民集会结社不得违背‘宪法’、主张共产主义或主张分裂国土”等共10条。

6月24日　外交部发言人在新闻发布会上强调，香港的政制改革必须同基本法衔接；中国方面阐明中国政府对有关问题的立场，根本谈不上是对英国过渡时期中对香港行政管理的干预。

6月25日　新华社报道：我国乡镇企业发展迅速，1986年总数共达1 500多万个，总收入比上一年增长31.1%。

同　日　外交部发言人驳斥美国众议院18日通过的所谓关于中国人权问题的修正案和关于中国在西藏侵犯人权的修正案。认为这是粗暴干涉中国的内政，伤害了中国人民的感情，我们表示强烈愤慨和不满。23日，中国驻美大使馆临时代办唐树备对美众院通过的这两个修正案也提出了抗议，他要求美方立即采取措施，消除修正案造成的后果。

6月27日　《人民日报》报道：国家“七五”计划重点建设项目鹰（潭）厦（门）线电气化改造工程首战告捷，开创了我国既有铁路线改造封锁施工的先例。

同　日　《人民日报》报道：上海光机所建成“神光”高功率激光装置。这标志着我国激光核聚变研究进入世界先进行列。

6月29日　《人民日报》报道：“高临界温度超导物理国际讨论会”在北京召开。会议提供的材料表明，我国超导材料研究继续居世界前列。

同　日　中国女演员辛丽丽在今天结束的第二届纽约国际芭蕾舞赛中获第1名。

7月1日　新华社报道：国家教委、财政部决定，今年在全国本科高等学校新生中普遍实行奖学金和学生贷款制度。

同　日　新华社报道：西安交通大学、航天部504所和厦门王安电脑开发公司联合研究和制造成功CCD高分辨率计算机图像系统，其性能达到了国际先进水平。

7月2日　中美合作制造的首架MD—82型飞机首次试飞成功。

同　日　《人民日报》报道：四川成都破获一起“部令专车”武装押运的特大非法贩烟案。7月8日，新华社报道：贵阳查出另一非法贩烟大案，四川江津烟贩陈治行从1986年3月—4月，利用“部令专车”非法贩运香烟9 352箱，价值达242万元。

同　日　新华社报道：全国首届城市雕塑优秀作品奖评选揭晓，获最佳奖的有《人民英雄纪念碑浮雕》、《农展馆组雕》等。

7月2日—7日　孟加拉国总统艾尔沙德访华。3日，邓颖超主席和艾尔沙德总统出席了中孟友谊小学新址奠基典礼。4日，关于中国政府帮助孟加拉国政府建设桑布贡吉公路桥的议定书在北京签署。

7月3日　草樱在莫斯科举行的苏联文学作品翻译家国际会议上，被授予高尔基文学奖金。

7月4日　中蒙1987—1988年度科技合作计划书签字。这是中蒙20多年来首次在科技领域签订合作计划。

7月5日　《人民日报》报道：农牧渔业部和国家土地管理局联合发出通知，要求各地在调整农业结构中要严格控制占用耕地。

7月6日　中国人民抗日战争纪念馆在北京卢沟桥畔揭幕。王震、胡乔木等党政军领导和首都各界群众出席落成典礼，杨尚昆在典礼上讲话。

同　日　新华社报道：1986年全国增加城市29个。至目前为止，全国城市的总数已由1985年的324个上升为353个。城市总人口已占全国总人口的22.13%。

7月7日　新华社报道：湖南出土竹简数百件、旧石器20多件。湖南省考古研究所和慈利县考古队在湖南慈利县石板村挖掘一座战国古墓时，出土了数百件（片）文字清晰的竹简，总计近万字。7月14日，新华社报道：湖南省考古研究所在地处湘黔边界的新晃侗族自治县兴隆乡柏树林村，首次挖掘出20多件旧石器。这一发现表明，这一地区在5万—10万年前就有人类的活动。

同　日　新华社报道：公安部发言人宣布：经国务院批准，我国又有16个市、县被列为对外国人开放地区。至目前为止，全国对外国人开放地区达到452个。

7月7日—10日　中英联合联络小组第七次会议在伦敦举行。会议取得了积极成果，并就香港继续参加亚洲和太平洋经济社会委员会问题达成协议。

7月8日　《人民日报》报道：中科院植物研究所蔡起贵等人在人工气候箱中，培育出世界首批由玉米原生质体培养出的再生植株，使生物工程技术研究获突破性进展。

同　日　《人民日报》报道：国家计划生育委员会向中外记者宣布，1986年全国大陆总人口达到10.5721亿人。

7月10日　《人民日报》报道：国家地震局有关负责人介绍说，《中国岩石圈动力学地图集》和《1:400万中国及邻近海域岩石圈动力学图》，现已编成并正式出版。这是世界第一部岩石圈动力学图。

同　日　中国政府与法国政府1987年第一个财政议定书在北京签字。根据议定书，法国方面将向中国方面提供一笔最大额度为8.97亿法郎的贷款，用于北京地下铁道改造等13个中法合作项目。在这笔贷款中，法国政府直接提供的贷款额为3.7095亿法郎，约占41%。

7月12日　《人民日报》报道：广西百色盆地打出高产油气井，这是我国南方找油所取得的重大突破。28日，《人民日报》报道：南海西部石油公司自营勘探，在我国南海北部湾海峡打成一口高产油气井。

7月12日—19日　联邦德国总理科尔访华。访华期间，李先念主席、彭真委员长和邓小平主任分别会见科尔总理；赵紫阳总理同科尔总理就今后长期稳定地发展两国经济工作、贸易往来和文化交流等问题深入交换了意见，表示了发展两国关系的强烈愿望，并对今后进一步加强合作提出了具体设想和建议。科尔一行还访问了西藏，并向大昭寺和哲蚌寺各捐款1万马克。14日，中国有关部门与联邦德国有关公司在北京签署了3个合作文件。

7月14日 **台湾当局宣布从明日零时起在台湾地区解除“戒严令”。**台湾当局发布的“正式解除台湾地区戒严之声明”称，解严为“民主宪政发展史上一个新的里程碑”，今后将缩减军事管制范围，扩张普通行政及司法机关职权。解严地区包括台湾本岛及澎湖地区，戒严期间依据戒严法制定的30种法令，于解严日正式公告废止，“动员戡乱时期国家安全法”同日开始施行。

7月15日 **新华社报道：中国6名学生在第二十届国际中学生奥林匹克数学竞赛中全部获奖。**

7月16日 **《人民日报》报道：我国在辽东湾自营勘探区域内，又发现一个大含油构造，面积达130平方公里。**

同　日 **公安部有关负责人就香港发现台湾空飘炸弹汽球一事向新华社记者发表谈话，希望各地特别是东南沿海地区的群众不要私自拣收空飘物。**

7月17日 **首届“中国图书奖”授奖大会在北京举行，人民出版社出版的《元朝史》等10种图书获奖。**

同　日 **中国驻美大使对美国决定取消在中国举办美国肖像画展一事表示遗憾。**他指出，中美文化交流应在相互尊重的基础上进行。

7月20日 **华罗庚实验室在北京成立。**该实验室是由中国计算机发展公司和中国科学院中国优选法与管理科学中心共同组建的。

同　日 **《人民日报》报道：中国驻美使馆公使衔参赞钱永年致函《华盛顿时报》，严辞驳斥了该报13日登载的一篇题为《中国以铁拳统治被其兼并的“冰雪之地”》的署名文章中歪曲西藏历史和现状的言论。**

7月21日 **《人民日报》报道：我国自行研制的第一艘导弹驱逐舰胜利完成加装直升机舰面系统的重大工程。**

7月23日 **《人民日报》报道：中国运动员在第七届亚洲田径锦标赛中获得21枚金牌、13枚银牌和8枚铜牌，金牌和奖牌总数高居榜首。**

7月24日 **《人民日报》报道：我国第一条具有80年代国际水平的国产34MB数字微波电路于日前在广东正式开通。**

7月25日　《人民日报》报道：扬子30万吨乙烯第一阶段工程建成并正始投料试车。

7月26日　《人民日报》报道：我国目前最长的一级公路双线隧道——福马公路鼓山隧道提前竣工。

7月26日—29日　中国政府特使齐怀远访问科威特。出访期间，科威特领导人会见齐怀远。28日，齐怀远在对记者讲话时指出，中国在两伊战争问题上的立场是光明磊落的，中国无任何私利，唯一的希望是尽早结束这场战争。

7月29日　新华社报道：国务院学位委员会决定，扩大在职人员申请硕士、博士学位的试点范围。

7月30日　“当代优秀农民企业家”评选结果在北京公布。当选的有100名乡镇企业厂长、经理，其中有10人被评为“最佳农民企业家”。此次评选活动是在农牧渔业部的支持下，由中国乡镇企业报、中央人民广播电台、中央电视台共同举办的。

8月1日　烟台市城镇住房制度的改革试行方案正式开始试行。烟台是经国务院确定的全国第一个住房制度改革试点城市。该市住房改革方案的主要内容和特点是：一、提租发券，即由现行的福利性低租金，一步提高到每平方米1.28元准成本租金，使住房价格接近价值，对租用公房的职工发给标准工资23.5%的有价住房券，以交纳租金形式收回住房券。二、空转起步，即对改革前（1986年11月1日前）的旧房，采取一手发出去，一手收回来的空转办法，对改革后的新住宅进入实转；旧住宅通过有计划地出售，逐步进入实转。三、减免补助，即对于发给的住房券全部交租后，仍要在原负租金的基础上增加较多支出的家庭，在坚持多住房多拿钱的前提下，在一定时期内对其增支部分给予适当的减免补助。四、鼓励买房。为了促进职工买房，还实行某些必要的经济优惠办法和行政干预办法。五、理顺资金，逐步建立市、企业和个人的住宅基金制度。实行生产性固定资产资金同住房资金逐步分离，把围绕住宅发生的生产、流通、消费等资金集中起来，由银行统一控制，作为住宅信贷资金来源。此外，还成立住房储蓄银行，以有效地组织社会闲散资金和住宅资金进行商品房的建设和经营。

同　日　中共中央、全国人大常委会、国务院电贺内蒙古自治区成立40周年。7月31日，内蒙古自治区领导机关举行干部大会，庆祝自治区成立40周年。由乌兰夫为团长、习仲勋为副团长的中央代表团出席了大会，乌兰夫、习仲勋分别在会上讲话。8月1日，呼和浩特各族群众举行庆祝大会，中央代表团成员出席了大会。

8月2日　新华社报道：我国地质工作者先后在四川安岳县龙桥乡境内发现3个恐龙化石点。30日，《人民日报》报道：山东苍山县发现一枚象牙化石。据考古专家考证，这是我国首次在平原黑土中发现象牙化石。

8月3日　新华社报道：天津大学姚建铃教授研制成高功率信频YAG激光器。它输出绿激光功率达34.2瓦，超过目前国际最高水平。

8月4日　新华社报道：今年上半年，我国全民所有制独立核算工业企业的工业总产值比去年同期增长10.6%。在新增的产值中，2/3的新增产值是由提高劳动生产率所取得的。

同　日　中国政府在广西友谊关至越南同登公路的零公里处，释放了314名俘虏。其中包括12名因入侵中国领土被俘的越南武装人员和2名非法潜入中国境内的越南特务。

8月7日　中国运动员在第七届国际夏季特殊奥运会上，共获18枚金牌、20枚银牌和13枚铜牌。

8月7日—21日　第二轮中苏边界谈判在北京举行。中国方面由钱其琛副外长为团长率代表团参加会谈，苏联方面由外交部副部长罗高寿为团长率代表团参加会谈。在谈判中，中苏双方讨论了中苏东段边界问题，双方都主张以有关目前中苏边界的条约为基础，按照通航河流以主航道中心线、非通航河流以河流中心线或主流中心线划界的原则，合理地解决东段边界问题。双方协议，在边界会谈的同时，建立专家工作小组，具体讨论东段整个边界线的走向。

8月7日、22日　新华社报道：一批玩忽职守的官僚主义者受到处理。其中大兴安岭林区特大火灾事故责任已查明，17名干部受到党纪政纪国法惩处；水利电力部作出决定，对在查处治黄物资大量外流被倒卖案件过程中犯有严重官僚主义错误的黄委会负责人给予政纪处分；南通船舶碰撞和重庆天然气漏失燃烧事故重大责任者被严肃处理。

8月8日　国务院发布《关于对来华工作的外籍人员工资、薪金所得减征个人所得税的暂行规定》。规定在中国境内设立的中外合资经营企业、中外合作经营企业和外资企业中工作的外籍人员，在外国公司、企业和其他经济组织的驻华机构中工作的外籍人员以及其他来华工作的外籍人员的工资、薪金所得，依照《中华人民共和国个人所得税法》的规定应缴纳的个人所得税税额，减半征收。此项规定自8月1日起施行。

同　日　新华社报道：据财政部负责人介绍，国家财力9年来增加一倍半，去年总财力达到3 854亿元。

8月10日　卫星发射部门在四川省中部预定地区又收回一颗科学探测和技术试验卫星。这颗卫星是8月5日在酒泉卫星发射中心用"长征2号"运载火箭发射的。卫星按计划在轨道上运行了5天，进行了科学探测和首次微重力下的技术试验。卫星装有法国马特拉公司的两个微重力试验装置，这是我国第一次为外国公司提供卫星搭载服务。在国际上，这也是首次将超导材料送上外层空间进行试验。

同　日　新华社报道：最高人民检察院近日通知，各级检察机关要严肃查处重大责任事故案。11日，新华社报道；全国各级检察机关排除各种阻力和干扰，今年前5个月共查处因严重不负责任和官僚主义造成的玩忽职守和重大责任事故等法纪案件14 837起。

8月14日　《人民日报》报道：山西省人民医院主治医师赵生才研究成功输精管可复性注射栓堵法，首创一项男性节育新技术。联合国有关部门派专家考察后计划近期向全球推广。

同　日　新华社报道：最高人民法院日前发出通知，要求各级人民法院对触犯刑律的偷税、抗税案件和那些公然伤害税收人员的犯罪分子，要依法及时严肃处理。

8月17日　新华社报道：我国考古专家在安徽歙县通往黄山途中的呈坎村发现大批明清建筑。其中明代建筑有36处，这在全国是非常罕见的。

8月17日—19日　中美贸易、投资法律讨论会在北京召开。万里、乔石和美国联邦司法部长米斯等出席开幕会，国务委员张劲夫在会上作了重要讲话。这次会议为发展中美两国贸易和法律界友好交往和合作关系，开辟了新的渠道。8月19日，赵紫阳会见美国司法部长米斯和参加会议的双方代表。

8月19日　外交部发言人指责美国政府的卑劣行径。他指出，美国政府用停止捐款手段阻挠联合国人口活动基金的工作，同时对中国人口政策进行无端攻击，这是完全违反联合国大会有关决议的。

8月21日　国务院发言人袁木就物价问题发表谈话。他说，国务院已经并继续采取措施制止物价上涨的趋势。这些措施包括：（1）1987年下半年，凡属各级政府管理的消费品零售价格，各大中城市由国家管理的公用事业收费和其他重要收费，原则上都不提高。（2）努力保持副食品价格的基本稳定；（3）对已开放的工业价格，各级政府将区别不同情况加强指导和管理；（4）对一些重要的农副产品，规定收购指导价格，协调收购价格，防止价格暴涨暴跌；（5）进一步加强物价的监督和检查。国务院确定今年物价工作的方针是：坚持改革，稳步前进，保持物价基本稳定。

同　日　香港特别行政区区旗、区徽图案评选委员会第一次全体会议在北京举行。22日—26日，香港特别行政区基本法起草委员会第五次全体会议在北京举行并发表公报。主任委员会议决定成立基本法总体工作小组。

8月23日　1818次铁路货车行驶至陇海路天兰线十里山2号隧洞时颠覆起火。铁道部长丁关根飞抵事故现场指挥救灾工作。24日，烈火全部扑灭。8月31日天兰线恢复通车。

8月23日—30日　第二届全国伤残人运动会在唐山举行。在比赛中共有8人9次超6项伤残人世界纪录；459人和5个队破197项首届全国伤残人运动会纪录。

8月24日　新华社报道：中科院兰州冻土研究所在8年中基本完成冰川普查编目工作。我国冰川资源在亚洲居第一位。

8月26日　新华社报道：国家教委作出决定，凡是入大学前未参加过社会实际工作或生产劳动锻炼的大学毕业的青年教师，都必须到基层锻炼1年或1年以上。

8月27日—30日　第六届亚洲射击锦标赛在北京举行。在本届34项决赛中，中国运动员共夺得24枚金牌、13枚银牌和9枚铜牌，破1项世界纪录，打破14项亚洲纪录，平1项世界纪录和4项亚洲纪录，同时首创男子移动靶标准速和混合速两项亚洲纪录。

8月28日　《人民日报》报道：中科院物理所副研究员赵忠贤在高临界温度超导体研究中成绩显著，被第三世界科学院授予1986年第三世界科学物理奖。

8月29日　新华社报道：台湾当局宣布撤销对台湾民众以香港为外出旅游首站的限制后，首批16名台湾旅客于28日从台湾乘飞机到达香港。

9月1日　中国藏语系高级佛学院在北京成立，并举行首届学员开学典礼。邓颖超等领导同志及有关方面负责人参加了开学典礼。该院由班禅任院长，赵朴初被聘为高级顾问。

9月4日　新华社报道：国家教委、公安部联合发出通知，规定国内外组织和个人不得擅自在我国招收自费出国留学生。

9月5日—24日　首届中国艺术节在北京举行。万里代表中共中央、国务院致贺词。艺术节期间，北京主会场专场剧（节）目44台，演出近180场，观众逾20万人。天坛公园举办的“北京秋令会”等群众文化活动和中国美术馆、民族宫的中国民间美术展览，受到社会各界的欢迎。

9月6日　中国选手何灼强在第四十一届世界举重锦标赛52公斤级挺举比赛中，以153公斤的成绩创世界新纪录。

9月8日　翻译家曹靖华逝世。曹靖华，河南卢氏县人，1897年生。早年留学苏联莫斯科东方大学。从1923年起，开始翻译俄国进步作品和苏联革命作品。1927年夏再次赴苏留学，曾先后在莫斯科中山大学、列宁格勒东方学院等校执教。1933年秋回国，先后在国立北平大学女子文理学院、东北大学、中国大学执教。建国后，任北京大学俄语系主任、教授。1956年加入中国共产党。曾当选为全国人大第一至三届代表，第五届全国政协委员、中国文联委员、中国作协书记处书记、国务院学位委员会委员、中国苏联文学研究会名誉会长等职。1987年8月，苏联最高苏维埃主席团授予他各国人民友谊勋章。

9月9日　新华社报道：我国出版界最高荣誉奖——韬奋出版奖在北京首次颁发。有10位出版工作者荣获该奖。

9月10日　全国最大的中外合作经营项目——平朔安太堡露天煤矿举行投产典礼。

同　日　新华社报道：全国共有5 900多种商品进入国际市场，9年来外贸创汇1 839亿元。

9月10日—14日　国务院第二次援藏工作会议在北京举行。这次会议是根据党中央的决定召开的，参加会议的有各地副省长、副市长和教育部门的负责同志。会议的主要议题是：一、关于大量培养西藏建设所需要的各级各类人才，首先要立足于办好西藏本地的教育事业，进一步明确办学的指导思想和发展教育的方针。二、认真贯彻中央指示，采取更有效的措施，进一步做好全国智力援助西藏工作。会议期间，代表们讨论了《关于改革和发展西藏教育若干问题的意见》以及《关于内地对口支援西藏教育实施计划（草案）》的报告。万里等中央领导同志在会上讲话，强调要发展西藏教育。

9月12日　新华社报道：自1980年恢复国内保险业务以来，投保户数增加2 000倍，我国城乡投保家庭财产住户共6 000万户。

9月12日、13日　赵紫阳、邓小平先后会见美国西方石油公司董事长哈默。

9月13日　新华社报道：从1979年—1987年7月份的8年半时间里，来华游客总数已突破1亿。旅游创汇超过80亿美元，创汇由世界第41位上升到第17位。

同　日　新华社报道：我国总数近4万个预算内国营工业企业从1979年—1986年的8年中，累计向国家上交财税8 800多亿元。

9月14日　史学家侯外庐逝世。侯外庐，山西平遥人，1903年生。1927年留学法国。回国后在哈尔滨法政大学、北平大学、师范大学任教。1936年出版中译本《资本论》第一卷。建国后，任西北大学校长、中科院历史研究所所长。较早运用马克思主义观点整理古代思想文化遗产，建树颇多，著有《中国古典社会史论》、《中国古代思想学说史》，主编《中国思想通史》等。

同　日　台湾《自立晚报》记者赴大陆采访。台湾《自立晚报》李永得、徐璐两位记者绕道日本于当日到达上海，其后他们在上海、北京、杭州、广州、厦门和深圳进行了为时两周的新闻采访。在这期间，《自立晚报》逐日登载李永得和徐璐每日从大陆发回的新闻稿。两记者于9月27日经香港返回台湾。这是台湾报界记者38年来第一次到大陆采访，此事在台湾岛内和海外引起了强烈的反响。赞成两岸进一步交流、关心进一步缓和的人士认为两记者此举，为两岸人民沟通讯息，创造了新的历史条件，弥补民族分裂的不幸，功在国家，是件大好事。尽管这两位记者一再声明表示，此次到大陆主要是采访中共如何接待台湾同胞到大陆旅游探亲，他们是以专业记者身份前往，绝不与中共官方接触，从事政治活动。但仍死抱着“三不政策”不放的台湾当局，不顾人民的意愿，台湾“新闻局”在两记者到达大陆的当日即发表声明，决定依法于两年内停止受理《自立晚报》人员出境申请，并以伪报不实罪嫌移送侦办。台湾当局这一决定，当即遭到很多人反对。“台湾笔会”、“夏潮联谊会”、“台湾人权促进会”、“大陆去台国军自谋生路退役官兵自救会”、“台湾史研究会”、“外省人返乡探亲促进会”、“大陆各省旅台同乡会”、《远望》杂志社和一些社会团体、知名人士纷纷发表声明和谈话，强烈要求台湾当局撤销对《自立晚报》及其记者的处分。他们指出，“台湾的土地是中国的土地，台湾的人民是中国的人民”，“中国人前往任何中国国土，乃是一切中国人生而具有的权利。以任何理由剥夺中国人民的此项权利，都是历史的遗憾。”在台湾人民和社会正义之声的强大压力下，台湾国民党当局终于被迫取消了对《自立晚报》的处分。

9月14日—17日　尼泊尔国王比兰德拉和王后艾什瓦尔雅访华。访华期间，李先念、邓小平先后会见了比兰德拉国王和王后；赵紫阳同比兰德拉国王举行了会谈。17日，中国和尼泊尔两国政府经济技术合作协定和关于在尼泊尔建设成套项目的议定书在北京签署。

9月17日　我国卫星发射部门在四川省中部预定地区又成功地回收了一颗新型科学探测与技术试验卫星。国务院、中央军委向全体研制与参试人员致电祝贺。该卫星是9月9日在酒泉卫星发射中心用“长征二号”运载火箭发射的。

同　日　新华社报道：新华通讯社决定在澳门设立分社，周鼎任社长。

同　日　新华社报道：陕西考古工作者在临潼县骊山首次发掘出保存基本完整的历史上著名的唐代华清宫宫殿遗址。

9月18日　对外经贸部发言人就东芝机械事件发表谈话。他指出，日本政府5月作出的禁止东芝机械公司向苏联、东欧国家和中国等14个“共产国家”出口的决定，使我国蒙受很大经济损失，损害了中日经济贸易的正常发展。发言人表示希望日本政府能从中日友好大局和维护日本的国际信誉出发，尽快妥善地处理好上述未能如期执行的合同，避免事态进一步扩大，以利于两国双边经贸关系的继续发展。

同　日　中国驻美使馆就西藏问题及流亡国外的达赖喇嘛即将访美一事举行记者招待会，阐述中国政府的严正立场。21日，中国驻美使馆参赞郑万珍发表谈话，对美国有些国会议员干涉我国内政，允许正在美国访问的达赖在美众院从事鼓吹西藏独立、破坏中国统一的政治活动一事表示深为遗憾和愤慨。28日，外交部新闻发言人发表评论，指出中国政府和中国人民历来坚决反对任何企图把西藏从祖国分裂出去的阴谋。发言人对美国会为达赖鼓吹“西藏独立”提供讲坛表示愤慨，并表示坚决反对达赖在任何场合发表有损祖国统一和民族团结的言论。

9月20日　参加联大会议的吴学谦外长在纽约同苏联外长谢瓦尔德纳泽会晤。

同　日　新华社报道：从1980年—1986年，我国农村贫困户占农户比重由61.6%下降为11.3%。但目前各地仍有1亿左右的低收入人口，其中4 000万人尚未解决温饱问题。

9月21日　新华社报道：从党的十一届三中全会以来至今的8年间，国家用于住宅建设的投资达1 106亿元。为城镇居民新建住宅1 800万套，有6 000多万居民住进了新房。

9月25日　赵紫阳总理在中南海接受美国全国广播公司记者布罗考的电视采访。回答了布罗考提出的有关中国国内政治形势和经济形势，以及中美关系、中苏关系等诸方面的问题。

同　日　《人民日报》报道：8年来我国法制建设取得巨大成就。全国人大和人大常委会8年来共制定了60部法律，通过了58个有关法律问题的决定；8年中，国务院制定了500多个行政法规，各省、自治区、直辖市共制定了900多个地方性法规。

9月27日　西藏拉萨市发生一起极少数人在市中心游行闹事的事件。28日，阿沛·阿旺晋美就此事发表谈话说，闹事者不得人心，应依法查处。

9月28日　新华社报道：中央军委严肃处理了驻湖南空军某部战士蒙延方等人殴打湖南大学学生蒋高辉致死事件。凶手将交付军事法庭审判。

9月29日　吴学谦外长在纽约接受美国全国广播公司记者甘波尔采访。他指出，中苏关系中存在着三大障碍，但到现在为止，还没有看到苏联在清除这些障碍方面所采取的实际行动。同一天，吴外长应邀在美对外关系委员会发表演讲，他指出中美关系发展的三大要素是，增进相互了解，正视台湾问题，平等互利发展经贸合作。

10月1日　少数分裂主义分子为呼应和配合达赖喇嘛分裂祖国的活动在西藏拉萨市蓄意制造一起骚乱事件。闹事者打着“雪山狮子”旗，呼喊“西藏要独立”的口号；他们抢夺枪支，抛掷石块，烧毁房屋和汽车。在骚乱过程中，死亡6人，19名公安人员受重伤，还有不少人受轻伤。同日，新华社报道：西藏一些上层爱国人士发表谈话，谴责少数分裂主义分子配合达赖集团分裂祖国活动，在拉萨蓄意制造骚乱。5日，西藏日喀则有1 000名藏族群众集会，谴责少数分裂主义分子在拉萨闹事。7日，外交部、国家民委举行新闻发布会。

发言人指出，拉萨10月1日发生的骚乱，是少数分裂主义分子为配合达赖集团在国外分裂祖国的活动而制造的一次政治事件。8日，班禅副委员长在青海发表讲话，严厉谴责少数分裂主义分子在拉萨制造骚乱事件，破坏祖国统一和安定团结的罪恶行径，指出“要依照法律严惩首恶，深挖幕后操纵者，号召西藏和其他藏区的人民，一定要为维护祖国统一和安定团结做出贡献”。

同　日　第三十六届布鲁塞尔尤里卡世界发明博览会举行颁奖仪式。中国展团获奖项目占博览会全部获奖项目的一半，其中包括10枚个人发明骑士勋章，有102项产品获得项目奖。

10月3日　新华社报道：最高人民检察院发表统计数字。全国各级人民检察机关加强对审判工作监督，今年以来共向各级审判机关提出抗诉896件，其中刑事案占647件，经济犯罪案205件，法纪案件44件；上半年各级审判机关已依法改判220件。

10月4日　在第三十四届“帕格尼尼奖”国际小提琴比赛中，中国小提琴手吕思清荣获第一名。

10月5日　中国选手在第七届世界杯羽毛球赛全部5个项目的比赛中获得4项冠军。其中赵剑华和李玲蔚分获男女单打冠军，李玲蔚和韩爱平获女双冠军，王朋仁和史方静获混双冠军。

同　日　新华社报道：城镇居民私人建房已成为解决住房问题的一条途径。据城乡建设环境保护部统计，近8年间，我国城镇居民私人建造住宅1.23亿平方米，私人建房投资累计达70亿元，约有200万户依靠自己的力量解决了住房问题。仅1986年城镇居民私人建房投资占国家住宅建设投资总数已由1979年的2%增加到10%，建成住宅面积占当年全国城镇新建住宅总面积的18.7%。

同　日　广西空军部队击落一架入侵我国领空的越南空军米格—21作战飞机。我国外交部向越南当局提出强烈抗议，并要求越南当局必须采取切实措施，杜绝今后再发生类似的事件。

10月5日—16日　中苏第十一轮磋商在北京举行，双方发表了公报。14日，吴学谦外长会见了参加磋商的苏联政府特使罗高寿。

10月6日　赵紫阳总理会见即将离任的日本驻华大使中江，对日

本政府向中国提供7亿美元的贷款表示感谢，并希望日本政府尽快解决光华寮等政治问题。

同　日　北京图书馆新馆建成开馆。该馆是周恩来生前亲自审定并给予巨大关怀的国家重点建设项目。1983年9月23日奠基，1987年7月1日落成。该馆占地7.42公顷，建筑面积14万平方米，其规模居世界第2位。它的建成开馆，标志我国图书馆事业正在向现代化过渡。

同　日　新华社报道：国家物价局日前发布《检举揭发价格违法案件奖励办法》。这个文件规定，对检举揭发价格违法案件的告发人，根据他的贡献大小，在罚没收入中按一定比例发给其奖金。8日，新华社报道：为保证街道群众对价格进行监督检查，国家物价局日前发布《街道群众价格监督暂行规定》。

10月6日—8日　中国政府声明谴责美国会干涉中国内政。6日，中国驻美大使馆发表声明，重申我对西藏的神圣主权，谴责美国国会粗暴干涉中国内政。7日，外交部新闻发言人在新闻发布会上指出，美国参院6日就所谓“西藏问题”通过修正案，颠倒黑白、混淆是非，是干涉中国的又一严重事件。8日，全国人大外事委员会发表声明，强烈谴责美国国会少数议员围绕所谓“西藏问题”进行一系列干涉中国内政的活动。11日，李先念主席在会见尼泊尔前首相昌德谈到西藏问题时说，美国国会无权干涉我国内部事务，达赖分子分裂祖国的活动不得人心。

10月7日　西藏自治区政府外事办发出通知，要求一些违反规定来西藏采访报道的外国记者限期离开西藏。9日，外交部新闻发言人就此事表示，外国驻京记者享有采访自由，但必须遵守中国的法令和有关规定。

10月8日　新华社报道：目前向中国专利局递交专利申请的已近50个国家和地区，占中国整个专利申请的26%。

同　日　三星堆考古取得新进展。新华社报道：四川省文物考古工作者从广汉县三星堆遗址的两个商代蜀国大型祭祀坑中共出土约800件珍贵文物，把蜀文化的历史上推近了2 000年。

10月9日　中国银行同30家国际银行正式签署在伦敦发行2亿美

元欧洲债券的协议。这是中国金融机构首次进入伦敦债券市场。13日，中国政府在联邦德国法兰克福债券市场成功发行政府债券，3亿马克债券被全部认购。

10月10日　中共中央组织部负责人就干部制度改革发表谈话。他强调干部制度改革是政治体制改革的重要组成部分。干部制度改革要继承好传统，革除旧弊端，并着重做好几项工作：按照党政分开、政企分开和管人与管事既结合又制约的原则，进一步抓好干部分类管理；实行干部分类管理，首先从国家行政机关入手，把现在干部队伍中行使国家行政权力、执行国家公务的这一部分人分离出来，建立相应的管理制度，然后研究其他机关的干部管理制度；在干部管理的改革中，要进一步废除干部领导职务终身制，完善选举、委任、聘任制度，规定任期，促进人员的合理进退和交流。

同　日　中国队在第六届世界杯技巧赛中共夺得6枚金牌。

同　日　新华社报道：我国商品房建设步伐加快，取得瞩目成绩。到1986年底，2 000多个房屋开发公司竣工的商品房面积达6 713万平方米，各地区及开发公司已向城镇居民出售新旧住宅1 345万平方米。据城乡建设环境保护部统计，去年我国开工的商品房面积6 465万平方米，竣工3 437万平方米，其中住宅面积2 849万平方米，出售住宅1 835万平方米，其中直接出售给个人的占13.9%。

10月14日—21日　国务院有关部门制定接待台胞回大陆探亲的措施。据台湾“中央社”报道，国民党中央常会14日通过“五人专案小组”有关台湾同胞赴大陆探亲问题的研究结论报告，“原则同意”除台湾的“现役军人及现任公职人员外，凡在大陆有血亲、姻亲、三亲等以内的亲属者，得登记赴大陆探亲”。同日，国务院有关方面负责人就台湾当局开放台湾同胞到大陆探亲，向新华社记者发表谈话，指出台湾当局采取这一措施对两岸人民的交往是有利的，热情欢迎台湾同胞到祖国大陆探亲旅游。15日，台湾当局宣布赴大陆探亲实施细则。细则定于11月2日开始实施，规定赴大陆探亲每年以1次为限，每次可停留3个月。16日，经国务院批准，国务院办公厅公布关于台湾同胞来大陆探亲旅游接待办法的通知，对其回大陆时应申办的证件、携带物品、购买车票、外汇兑换、以及应遵守的事项作了规定。21日，新华社报道：民航局、交通部、铁道部3个部门已作好准备，给回大陆探亲、旅游的台湾同胞提供交通方便。

10月19日　《人民日报》报道：我国经济法制体系正在形成。8年来，我国新制定的500多件法律和法规中，经济立法占70%以上，这标志着我国经济审判工作已进入一个有法可依、有法必依、执法必严、违法必究的新阶段。

同　日　中旅社总经理高音发表谈话，将为探亲旅游台胞提供周到服务。高音今天在对新华社记者谈话时表示，台湾当局宣布允许台湾同胞来大陆探亲，预计今后将有越来越多的台湾同胞来到祖国大陆。中国旅行社正以更周到的准备，迎接大批台湾同胞的到来。不论是零散来，还是团体来，都将热情接待。台湾同胞来大陆后，中国旅行社有足够的接待能力，为他们的吃、住、行、游、购物等方面提供方便和服务。中国旅行社还可以协助来大陆的台湾同胞寻找亲友，求医治病。

10月20日　中共十二届七中全会召开。会议在北京举行，并发表了公报。出席这次会议的有中央委员202人，候补中央委员122人。列席会议的有中顾委委员161人，中纪委委员121人，有关负责同志39人。中央政治局常委赵紫阳、邓小平、李先念、陈云、胡耀邦主持了这次会议。全会决定，1987年10月25日在北京召开第十三次全国代表大会，全会讨论并通过了中央委员会向党的第十三次全国代表大会的报告，讨论并通过了《中国共产党章程部分条文修正案》，一致决定将这两个文件提请中共第十三次全国代表大会审议。全会讨论并原则同意《政治体制改革总体设想》，决定将这个文件的主要内容写入中央委员会向中共第十三次全国代表大会的报告。全会确认1987年1月16日中共中央政治局扩大会议关于接受胡耀邦同志辞去中央委员会总书记职务的请求的决定和推选赵紫阳同志代理中央委员会总书记的决定。此外，全会还确认1987年7月14日中共中央政治局关于撤销沈图同志中央委员职务的决定。

10月21日　《人民日报》报道：我国目前形成世界各国中最庞

大的教育系统。据国家教委统计，我国各级普通学校的在校学生为2.033619亿名，各级成人学校的在校学生为2 253.49万名，全国共有教职工1 331.33万名，其中专任教师为985.05万名。

10月24日　中共十三大预备会议在北京召开。会议通过了代表资格审查委员会和大会主席团名单、大会秘书长名单和大会的议程。同日，党的十三次全国代表大会主席召开第一次会议，通过由30人组成的常务委员会名单及列席和来宾事项。十三大新闻发言人朱穆之举行首次中外记者招待会。

同　日　新华社报道：1982年十二大以来，中共已同130多个外国政党建立或恢复了关系。

同　日　外交部发言人在揭穿美国国务院的借口时指出，美国国务院22日借口海湾局势紧张，决定暂停审议放宽对我高技术产品出口，是完全没有道理的；把加剧海湾局势的责任推到中国身上的企图是绝对不能得逞的。

10月25日　公安部门将简化台胞来大陆探亲旅游的出入境手续。公安部出入境管理局负责人表示，根据国务院办公厅《关于台湾同胞来祖国大陆探亲旅游接待办法的通知》，今后，台湾同胞来大陆的证件，凡是由外国来的，由我驻外使馆签发《中华人民共和国旅行证》，经香港、澳门来的，可以向外交部驻香港签证处申请《中华人民共和国旅行证》，也可以向香港中国旅行社申请代办旅行证件。为此，公安部出入境管理局已委托香港中国旅行社签发《台湾同胞旅行证明》。

同　日　《人民日报》报道：在全运会竞走决赛中，辽宁选手陈跃聆和老将徐永久分别以43分52秒1和44分19秒5的成绩打破女子万米竞走世界纪录。

10月25日—11月1日　中国共产党第十三次全国代表大会在北京召开。出席大会的代表1 936人，代表全国4 600多万党员。邓小平主持大会开幕式，赵紫阳代表第十二届中央委员会向大会作题为《沿着有中国特色的社会主义道路前进》的报告。报告指出，这次大会的中心任务是加快和深化改革。改革是振兴中国的唯一出路，是人心所向、大势所趋，不可逆转。我们要总结经验，坚持和发展十一届三中全会以来的路线，进一步确定今后经济建设、经济体制改革和政治体制改革的基本方针，确定在改革开放中加强党的基本建设的方针。确定解决这个任务，将有力地促进全党团结和党与各族人民的团结，保证我们沿着有中国特色的社会主义道路继续前进。报告提出，党在社会主义初级阶段应确立的指导方针是：必须集中力量进行现代化建设；必须坚持全面改革；必须坚持对外开放；必须以公有制为主体，大力发展有计划的商品经济；必须以安定团结为前提，努力建设民主政治；必须以马克思主义为指导，努力建设精神文明。党在社会主义初级阶段建设有中国特色的社会主义的基本路线是：领导和团结全国各族人民，以经济建设为中心，坚持四项基本原则，坚持改革开放，自力更生，艰苦创业，为把我国建设成为富强、民主、文明的社会主义现代化国家而奋斗。27日，十三大主席团举行第二次会议，通过将中央政治局建议的中央委员会，中纪委候选人预选名单和中顾委候选人名单提交各代表团酝酿，还通过差额选举中委、候补中委和中纪委候选人等选举事项。30日，十三大主席团举行第三次会议，通过十二届中央委员会报告，十三大关于党章部分条文修正案等4个决议草案，提请大会审议；通过中央委员、候补中央委员、中纪委委员和中顾委委员候选人名单，提请代表酝酿。11月1日，大会以无记名投票方式等额选出十三届中央委员175名、候补中央委员110名、中顾委委员200名、中纪委委员69名；又以举手表决方式，通过了《关于十二届中央委员会报告的决议》、《关于〈中国共产党章程部分条文修正案〉的决议》、《关于中央顾问委员会工作报告的决议》和《关于中央纪律检查委员会工作报告的决议》。

10月26日　《人民日报》报道：据经贸部统计，截至10月20日止，今年对外贸易出口275亿美元的全年计划已提前72天胜利完成。出口实际达到279.8亿美元，比去年同期增长33.9%，这是历史同期最高水平。与此同时，进口比去年同期有所减少，外贸收支状况明显改善。

10月27日　新华社报道：我国自行研制出的一批抗癌药物在临床治疗中获得了满意疗效。目前我国基本上能生产和供应国际上临床常用的有效抗癌药物，在有些药物的研究和合成方面我国处于国际领先地位。

10月28日　对外经济贸易部负责人发表谈话。指出，日本"东芝机械事件"对我国经济建设造成重大损失，希望日本政府采取切实的措施，使问题尽早解决。

同　日　新华社报道：袁隆平再度获奖。我国杂交水稻专家、湖南省农科院研究员袁隆平，继1985年获联合国世界知识产权组织发明奖后，又获得1986—1987年度联合国教科文组织颁发的科学奖。

11月1日　中华全国新闻工作者协会（简称中国记协）负责人谈台湾记者前来大陆采访有关事宜。记协负责人说，中国记协受国务院办公厅委托，将负责受理台湾记者来大陆采访事宜。凡台湾新闻机构派记者来大陆采访，须向中国记协提出申请，并提供本机构和委派书或证明文件、记者本人简历、该新闻机构情况和采访要求，经同意后发给采访证。持采访证的台湾记者在大陆的采访活动受中华人民共和国法律保护。记协负责人还说，台湾记者在大陆必须遵守中华人民共和国法律、法令及其他有关规定。台湾记者采访大陆的党政军机关、企事业单位、团体、学校和个人，须事先征得被采访机构和本人的同意。记协负责人还表示欢迎台湾记者来大陆进行采访。

同　日　中国运动员在第一届世界女子举重锦标赛中，获得22枚金牌、4块银牌和1块铜牌，夺得团体总分第一。

11月2日　中共十三届一中全会在北京举行。出席会议的有中央委员173人，中央候补委员106人。中顾委委员、中纪委员列席了会议。全会选举万里、田纪云、乔石、江泽民、李鹏、李铁映、李瑞环、李锡铭、杨汝岱、杨尚昆、吴学谦、宋平、赵紫阳、胡启立、胡耀邦、姚依林、秦基伟等17人为中央政治局委员，丁关根为政治局候补委员；选举赵紫阳、李鹏、乔石、胡启立、姚依林等5人为中央政治局常务委员会委员；选举赵紫阳为中央委员会总书记。全会根据中央政治局常务委员会提名，通过胡启立、乔石、芮杏文、阎明复等4人为中央书记处书记，温家宝为候补书记；决定邓小平任中央军事委员会主席，赵紫阳为第一副主席，杨尚昆为常务副主席。全会批准了中顾委第一次全体会议选举产生主任、副主任和常委人选，主任陈云，副主任薄一波、宋任穷，全会批准了中纪委第一次全体会议选举产生的书记、副书记和常务委员会委员人选，书记乔石，副书记陈作霖、李正亭、肖洪达。同日，中央政治局常委成员在十三大新闻发言人朱穆之举行的酒会上会见了采访十三大的中外记者。赵紫阳回答了记者的提问。

同　日　台湾开放民众赴祖国大陆探亲。台湾红十字会开始发放赴祖国大陆探亲证件，据统计约有3 000人前往排队领表，到下午17时为止，约有1 100人已办妥探亲登记手续。探亲原则规定：“除现役军人及现任公职人员外，凡在祖国大陆有血亲、姻亲、三亲等以内的亲属者，得登记探亲。”此前，10月14日，蒋经国主持召开的国民党中央常会宣称国民党开放探亲所坚持的基本原则是：“一、反共‘国策’与‘光复’国土目标不变；二、确保国家安全，防止中共统战；三、基于传统伦理及人道立场的考虑，允许国人赴祖国大陆探亲。”

11月3日　文学家梁实秋在台北逝世。梁实秋，1902年生，祖籍浙江。30年代是《新月》杂志主要成员之一。1949年到台湾后任台湾师范学院教授、英语系主任、文学院院长。著有《雅舍小品》、《英国文学史》、《浪漫的与古典的》，并翻译了莎士比亚的全部剧作。

11月4日　中国银行作出妥善安排为台胞回大陆探亲旅游提供服务的决定。中国银行已通知全国各地的分支机构和设在海关、机场、宾馆、商店的兑换点，凡国家外汇管理局公开挂牌可以自由兑换的15种外币，均可为台胞办理兑换业务。台胞可无限额地汇入、携入和兑换这15种外币。为方便台胞安全携带资金，中国银行可接受台胞持有的7种信用卡。中国银行还可以接受与该行有代理协议及存有票样的国外旅行支票、国际汇票及世界汇票等。对于台胞携入台币要求兑换，中国银行也可给予通融办理。中国银行不办理台币存款业务，但可以开立特种人民币存款账户。

11月5日　中国红十字会表示愿为台胞探亲提供协助，中国红十字会负责人今天就台湾同胞到大陆探亲一事发表谈话，表示中国红十字会已通告各地红十字会为台湾同胞的顺利探亲提供必要的协助和给予可能的方便。这位负责人说，台湾已确定由台湾红十字会承办台胞来大陆探亲事宜。我们根据人道主义宗旨，愿与台湾红十字会的同仁协力，共同做好这方面的工作。这位负责人还说，大陆的台湾同胞也迫切要求台湾当局开放台湾探亲的限制，允许他们回乡探亲，解除他们长期思亲怀乡之苦，这是合乎情理的。我们希望他们的这种正当要求和急切的愿望不久将得到满足。届时，我们将给予积极协助。

11月6日　新华社报道：中国系统科学专家王毓云在第十一届国际运筹学会大会上，以高水平的论文获奖。这是我国70年代参加国际运筹学以来首次获奖。

同　日　《人民日报》报道：由台湾红十字会正式办理赴大陆探亲手续的首批公开返乡同胞，连日来相继抵达广州。

11月7日　《人民日报》报道：9年来我国公路建设成绩显著。全国除西藏墨脱县外，县县通了汽车，93%的乡通了公路。至10月底，全国公路里程总计达97.5万公里。

同　日　新华社报道：中国预防医学科学院病毒学研究所首次成功分离艾滋病毒。这种病毒是从一位外国来华的艾滋病人血液中分离出来的。

11月7日—23日　李先念主席出访法国、意大利、卢森堡、比利时4国。出访期间，李先念先后同密特朗总统和希拉克总理、科西加总统和戈里亚总理、让大公和桑特首相、博杜安国王和马尔滕斯首相先后举行了亲切的会谈或会见，同他们就共同关心的问题交换了看法，增进了中国同西欧国家的相互了解，访问取得了圆满成果。此外，李先念一行在访问期间还分别会见法共总书记马歇和意共总书记纳塔，广泛接触了4国各界人士，还先后在巴黎、罗马和布鲁塞尔接受了记者的采访。10日，在巴黎签署了中法1987年经济技术合作财政议定书。14日，在罗马签订了中意第三个年财政、经济、技术合作计划（1987—1989）补充会谈纪要。20日中比关于民事司法协助的协定在布鲁塞尔签署。

11月10日　新华社报道：中共中央办公厅、国务院办公厅转发中央组织部、劳动人事部《关于调整干部结构，为政法、税务、工商行政部门和银行、保险系统调配干部的意见》的通知。通知指出，党中央、国务院决定今明两年将抽调50多万名干部充实这些部门。

同　日　《人民日报》报道：我国企业技术进步9年来向广度和深度拓展。全国工业企业技改投资总额已达2 440亿元，共完成技改项目30万个，新增固定资产为1978年的固定资产的40%。

11月12日—24日　六届全国人大常委会第二十三次会议在北京召开。雷洁琼在会上作关于村民委员会组织法草案修改的报告；张友渔作关于全国人大常委会议事规则草案审议结果的报告；钱正英作关于中华人民共和国水法草案的说明；王汉斌作关于惩治走私罪和惩治贪污罪、贿赂罪两个补充规定草案的说明，并作关于1978年底以前公布的法律进行清理情况和意见的报告。会议决定同意赵紫阳辞去国务院总理职务，由国务院副总理李鹏任国务院代总理，行使总理职权，领导国务院的工作。会议通过了《中华人民共和国村民委员会组织法》（试行），通过了全国人民代表大会常务委员会议事规则和全国人大常委会关于批准法制工作委员会关于对1978年底以前颁布的法律进行清理的情况和意见的报告的决定。会议还决定：接受王兆国辞去六届全国人大常委职务的请求，报全国人民代表大会备案。

11月14日　《人民日报》报道：国家计委、国家体改委、劳动人事部、中国人民建设银行、国家工商行政管理局等5个单位正式批准北京市住宅建设总公司、北京市建工总公司等全国18家施工企业，作为国家第一批推广鲁布革工程管理经验的试点企业。推广这项管理经验的根本目标，是通过深化改革施工管理体制，有步骤地调整、改组施工企业，逐步建立以智力密集型的工程总承包公司为“龙头”，以专业施工企业和农村建筑队为依托的，具有中国特色的工程建设企业的组织结构。

同　日　中共十三届中央政治局举行第一次全体会议。会议讨论通过了《十三届中央政治局工作规则（试行）》、《十三届中央政治局常务委员会工作规则（试行）》、《十三届中央书记处工作规则（试行）》。会议讨论并同意中共中央党校《关于改革中央党校工作的报告》。会议还决定江泽民任上海市委书记，免去芮杏文的上海市委书记职务。

11月15日　新华社报道：32岁的女高音歌唱家、中央歌剧院演员张凤宜在西班牙举行的第二十五届弗朗西斯科·维尼亚斯国际声乐比赛中获得女子组二等奖（一等奖空缺）。

11月15日—17日　中国和印度第八轮官员会谈在新德里举行。17日，拉·甘地总理接见了参加会谈的我国副外长刘述卿，并表示希望发展同中国的关系。

11月16日—19日　中美联合经济委员会第七次会议在华盛顿举行。会议期间，中美双方相互介绍了各自的经济形势，讨论了中国的经济改革、美国证券市场的规律，以及预算和贸易赤字等问题。中方以国务委员兼财政部部长王丙乾率代表团出席了会议；美方以财政部长詹姆斯·贝克率代表团参加了会议。

11月18日　《人民日报》报道：首都医学院宣武医院首次从人类白细胞中提取出血管紧张素11样物质。这一发现对诊断治疗高血压、冠心病、心肌梗塞等疾病意义重大。

11月19日　中国驻美大使韩叙在美国纽约州亨普斯特德的霍夫斯特拉大学召开的关于美国前总统尼克松的研究会上发表演讲。他指出，台湾问题是发展中美关系的关键，希望美国政府能作出正确决定，并指出互相尊重和理解对于确保两国关系的稳步发展至关重要。20日，韩叙大使在美国参议院对华贸易小组举办的午餐会上呼吁美国改变50年代和60年代制定的歧视中国的有关立法。

11月20日　《人民日报》报道：全国各级检察机关截至9月底共受理偷税抗税案3 700多件，已立案查处3 700多件。检察机关在协助税务机关追回大量偷、漏税款的同时，还通过办案为国家挽回经济损失达1 700多万元。

11月20日—12月5日　第六届全国运动会在广州天河体育中心体育场举行。赵紫阳、万里等出席了会议开幕式。22日，著名举重运动员何灼强在第六届全运会举重比赛中，以抓举117.5公斤的成绩，打破52公斤级抓举世界纪录和举重总成绩世界纪录。23日，广东选手何英强以133.5公斤的成绩打破抓举56公斤级世界纪录。24日，陕西选手李朝阳在第六届全运会男子小口径自选步枪60发卧射中，以705.3环的成绩超1项世界纪录。本次全运会共打破和超过了17项世界纪录，平了3项世界纪录，刷新和超过了48次亚洲纪录和亚洲最好成绩；改写了85项全国纪录和全国最好成绩。

11月21日　新华社报道：中国科学院物理研究所和半导体研究所联合筹建的表面物理国家重点实验室，通过国家级验收，并宣布正式开放。

11月22日　新华社报道：至目前为止，全国已建、在建的县级农业技术推广中心共达906个，占全国县（市）总数的40%以上。在3年中，全国各县农业技术推广中心共推广农业技术项目3.8618万次，推广面积达16.6亿亩，直接经济效益达163.6亿元以上。

11月24日　《人民日报》报道：上海第二医科大学人工心脏研究室讲师钱坤喜研制成功完全植入体内的电动心脏，在国际人工器脏学术界引起震动。

11月27日　中共中央决定：杨尚昆兼任中央军委秘书长，洪学智、刘华清任中央军委副秘书长。经中共中央批准和军委主席邓小平签署命令，迟浩田任解放军总参谋长，杨白冰任总政治部主任，赵南起任总后勤部部长。

11月30日　国家教委外事局在新闻发布会上宣布：国家教委将从12月1日起在北京大学、清华大学等19所著名的高等学校内为香港人士设立研究生奖学金，从12月1日起开始办理申请报名工作，截止日期1988年1月30日。

12月1日　经国务院同意和中国人民银行批准，在烟台成立我国第一家住房储蓄银行。

同　日　国务院在北京召开全体会议。赵紫阳和李鹏交接国务院工作，并分别在会上讲话，强调国务院必须以改革来统揽和推动全局工作。在会上，国务院领导同志还强调1987年末要重视两件事：一是抓紧财政收支和金融信贷工作，二是安排好市场，保持物价的基本稳定。

同　日　台湾当局宣布解除报禁。报禁是指台湾当局自1951年起逐渐通过的一些对报纸的“限证”、“限张”、“限印”等限制性措施。台湾“行政院”新闻局长邵五铭宣布，1988年1月1日起，接受新报的登记与开放增张，解除自1951年以来的报禁。

12月2日　外交部发言人重申，南沙群岛历来是中国领土的一部分，任何国家企图据为已有，都是非法的、无效的。发言人指出，中国反对把军备竞赛扩展到太空，希望尽早缔结禁止太空军备竞赛的条约。

12月3日、4日　军委主席邓小平、代总理李鹏先后会见以樱内义雄会长为团长的日本国际贸易促进协会访华团。邓小平在会见樱内义雄时重申，他同苏联领导人戈尔巴乔夫会晤有先决条件，这就是苏联让越南从柬埔赛撤军。

12月5日　新华社报道：我国铁路全国“七五”重点工程大（冶）沙（河街）铁路全线129公里钢轨铺通，为华中、华东地区客货运输提供了一条“钢铁捷径”。

同　日　国务院公告：按《中华人民共和国政府和大不列颠及北爱尔兰联合王国政府关于解决历史遗留的相互资产要求的协定》，凡对原英国政府及英国原在华公司、企业、团体等有资产要求的中华人民共和国公民（含法人），均可持债权凭据原件到指定的中国银行分行办理申请清偿的登记，有关单位根据登记结果制定具体清偿办法。上述清偿登记工作从1988年1月1日起—1988年6月30日止。

12月6日　新华社报道：到目前为止，西藏自治区已形成从幼教到高教的民族教育网。这个民族教育网中的少数民族教师已占教师总数的71%。据统计，从1980年至今，西藏已培养出藏族大中专毕业生5 500多人。

12月7日　国家发明奖授奖大会在北京举行。经国家科委发明评选委员会复核和批准，获1987年度国家发明奖的有225项优秀科技成果。据对185个公布项目统计，总效益已逾18亿元。

同　日　水电部部长钱正英在新闻发布会上宣布：12月4日，黄

河上游的龙羊峡水电站第二台32万千瓦机组正式投入运行。至此，我国拥有的发电设备装机容量已达1亿千瓦以上。

同　日　新华社报道：在第七次夏威夷国际电影节上，中国影片《老井》获评委特别奖。

12月9日—10日　中共中央书记处召开党风建设座谈会，讨论当前党风建设中的若干重要问题。会议认为：党风和改革开放是有关系的。首先应看到，改革为我们党的肌体注入了新的活力，增强了对腐蚀的抵抗能力；同时也要看到在改革开放中不可避免地会出现一些问题。在新旧体制交替过程中，法制不健全，政策不配套，调节机制不完善，机会不够均等，这是不正之风滋生的重要原因。会议提出，在党风建设上，我们要走出一条不靠政治运动而靠改革和制度建设的新路子。一要加快和深化改革开放，逐步减少产生不正之风的土壤；一要从严治党。会议强调，党风建设是新形势下需要认真研究和解决的一个重大问题，各级党委都要把这个问题提到自己的重要议事日程上来。

12月10日　朱启祯副外长向美驻华大使提出抗议。朱启祯副外长约见美国大使洛德，就美国国会参众两院联席会议在12月3日通过所谓“中华人民共和国在西藏侵犯人权”的修正案，向美国政府表示强烈不满和抗议。12月26日，全国人大民委和外委联合发表声明，抗议美国国会通过的所谓修正案。

同　日　全国公安首次精神病管治会议在天津召开。会议透露：我国有些地区的精神发病率已由70年代的7‰上升到现在的10.54‰，其中严重危害社会治安的重症精神病人已超过百万。

12月12日　新华社报道：河南发现一批约8 000年前的甲骨契刻符号。这一发现为探索中国文字起源提供了珍贵资料。

12月12日—16日　香港基本法起草委员会在广州召开第六次全体会议。会议听取了基本法起草委员会政治体制、经济和教科文3个专题小组的工作报告，以及基本法起草委员会秘书处关于《香港特别行政区基本法起草委员会各专题小组拟定的各章条文草稿汇编》的说明，听取了关于香港基本法咨询委员会工作进展情况的介绍。

会议要求有关的专题小组研究委员们提出的意见和香港基本法咨询委员会及各界的意见，对基本法有关章节的条文作进一步修改。会议决定于1988年4月在北京召开基本法起草委员会第七次全体会议。

12月13日　江苏省和南京市集会悼念南京大屠杀遇难同胞50周年。江苏省暨南京市机关、南京军区、各人民团体和民主党派，以及遇难者家属和幸存者代表共400多人举行集会，悼念在日军南京大屠杀中的遇难同胞，并向遇难同胞敬献了花圈。1937年12月13日，日军攻陷南京后制造了一起屠杀30万无辜平民的大惨案。

12月14日　中国小提琴制作家郑荃在索菲亚第二届国际小提琴和中提琴制作比赛中，获得小提琴和中提琴制作第一大奖。

12月16日　外交部发言人就核裁军、东盟首脑会议和中东问题发表谈话。指出，中国对核裁军的立场，是敦促美苏双方率先大幅度削减和销毁各类核武器；中国一贯支持东盟国家的团结合作，对东盟第三次首脑会议取得积极成果表示祝贺；中国谴责以色列当局镇压约旦河西岸加沙的巴勒斯坦居民的行动，并对事态的发展深为关切。

同　日　中共中央政治局在北京召开第二次全体会议，讨论并原则同意关于中共中央、国务院机构改革方案。会议决定：中共中央机构改革方案由中央书记处组织实施，国务院机构改革方案经全国人民代表大会批准后由国务院组织实施。

12月18日　中美两国代表团在华盛顿达成一项新的双边纺织贸易协议。根据这项协议，中国对美出口的纺织和成衣的年增长率，将从原来的19%下降到3%。此项协议自1988年1月1日起生效，有效期为4年。

12月19日　第七届全国优秀电视剧“飞天奖”在北京揭晓。其中《努尔哈赤》、《雪野》等获一等奖，《红楼梦》获特别奖。

同　日　《人民日报》报道：中共中央、国务院决定撤销海南自治州建制，设立7个民族自治县，原自治州所辖市继续享受少数民族各项优惠政策；同时将三亚市升为地级市。

12月21日　杨巍被判有期徒刑2年。中科院上海生化所赴美已完成留学学业的回国人员杨巍，因犯反革命宣传煽动罪，被上海中级人民法院依法判处有期徒刑2年。

12月22日　《人民日报》报道：国家级企业审定试点工作结束。全国有50家工业企业成为国家二级企业。

12月23日　国家重点建设工程——北京国际电信局通过国家验收，并正式开通使用，李鹏出席了开通典礼。

12月24日　《人民日报》报道：国家青年科学基金首次资助项目96个，占申请总项目的30.3%。这批研究课题的负责人全部是35周岁以下并取得博士学位或具有同等水平的青年人。

12月25日　《人民日报》报道：上海市实行土地使用权有偿转让试点。上海市从1988年1月1日起将实行土地使用权有偿转让法，第一块试点地在虹桥开发区内，面积约1万平方米。

12月26日　国家"六五"和"七五"期间重点建设项目——气象卫星资料接收处理系统工程，在北京通过国家验收并投入运行。国家主席李先念出席工程竣工仪式并剪彩。

12月30日　《人民日报》报道：1987年体育成绩喜人。1987年度我国运动员在国际国内重大比赛中，共获得69个世界冠军，打破19项世界纪录。

12月31日　外交部发言人就两名中国驻美外交官被要求离美一事答记者问。指出，美国方面的指控是对我驻美人员的诬陷，我们已就此向美方提出强烈抗议，并保留作进一步反应的权利。

1988年

1988年综述

1988年是中国社会主义建设和改革开放继续前进的一年，也是出现明显的通货膨胀、物价上涨幅度过大，开始实行治理整顿、深化改革方针的一年。

1988年初，中共中央提出实施沿海经济发展战略，发展外向型经济。3月，中共十三届二中全会提出要以改革总揽全局，落实经济发展战略，推进经济体制改革和政治体制改革。8月，中共中央政治局北戴河会议通过价格、工资改革初步方案，提出要闯过难关。8月底，国务院作出关于做好当前物价工作和稳定市场的若干重要决定。9月，中共中央工作会议和十三届三中全会提出治理经济环境、整顿经济秩序、全面深化改革的方针。国务院机构改革按照全国七届人大一次会议批准的方案基本完成。

1988年国民经济发展的主要成就是：（一）社会生产持续发展，经济实力进一步增强。全年国民生产总值为13 853亿元，比上年增长11.2%；国民收入11 533亿元，比上年增长11.4%。全国建成投产大中型基本建设项目78个，大中型项目中重点单项工程138个。（二）对外经济交往扩大。进出口总额突破1 000亿美元，比上年增长24.4%。利用外资98.4亿美元，比上年增长16.4%。新批准外商投资企业5 940家。（三）科技领域取得新突破。国家批准的发明奖217项，科学技术进步奖513项。核潜艇水下发射运载火箭试验圆满成功，北京正负电子对撞机对撞成功，高科技领域有了新突破。是年，国民经济发展存在的主要问题是：多年积累的供求矛盾和结构性矛盾加剧，经济过热。投资需求和消费需求双膨胀。社会总需求超过总供给，通货膨胀明显，物价上涨过猛，全国零售物价总指数比上年上升18.5%。城镇居民平均每人可用生活费的收入为1 119亿元，比上年增长22.2%；扣除职工生活费用上涨因素，实际增长1.2%，部分居民家庭因物价上涨造成实际收入水平下降。是年，国家财政总收入2 587.82亿元，总支出2 668.31亿元，财政赤字80.49亿元。这种情况的产生，是同新旧体制转换时期新机制不可能很快形成分不开的。同时，在工作的指导上也有缺点和失误，在经济建设上存在着急于求成的倾向。从第四季度起，各地区、各部门在贯彻执行治理经济环境，整顿经济秩序方针方面，做了不少工作，初步获得一些成果。

思想、文化战线取得了新的成就，社会主义民主和社会主义法制建设得到加强。同时，忽视精神文明建设，忽视甚至削弱党的领导，对腐败现象和社会丑恶现象惩治不力，资产阶级自由化思潮因未得到应有的批驳和抵制而开始泛滥的问题亟待解决。

是年，中英、中葡联合联络小组通过磋商，就有关香港、澳门顺利过渡的一系列问题达成了协议。台湾海峡两岸关系发生了显著变化。长期紧张对峙、相互隔绝的不正常状态已有初步改变，两岸经济文化交流和人员往来日益增多，这是两岸同胞共同努力的结果。为实现中苏两国关系正常化进行了多次谈判和磋商，已有了实质的进展，中苏高级会晤可望在1989年举行。

1月1日　全国政协举行新年茶话会。全国政协主席邓颖超主持会议，费孝通代表各民主党派等有关方面讲话。李鹏代表中共中央、国务院向所有民主党派、无党派民主人士和一切爱国人士，向全国各族人民、台湾同胞、港澳同胞和海外侨胞致以亲切问候。李鹏说，在过去的一年里，中国社会政治生活发生了一系列重大事件，其中最重要的就是胜利召开了中共第十三次全国代表大会，对中国9年来改革开放中建设社会主义的理论和实践进行了全面系统的阐述，提出了中国共产党在社会主义初级阶段的基本路线，选举了新的中共中央委员会及其政治局，产生了其他中共中央领导机构，使党的领导成员向年轻化、专业化迈进了一步，同时保持了老一辈革命家，特别是邓小平在重大问题上的决策作用，从而使中共十三大路线的贯彻执行从组织上得到了保证。总的来说，中共十三大是一次动员全党和全国人民加快和深化改革的大会，必将对我国社会主义现代化建设产生巨大的推动作用和深远的历史影响。当前我们国家各方面的形势是好的，但我们面临的任务是艰巨和繁重的，困难和问题也不少。在新的一年里，我们首先要认真抓好3件事情：一是稳定经济和深化改革。在深化改革方面，重点是进一步推行和完善各种形式的企业承包经营责任制，并引导企业把实行承包后所发挥出来的积极性和创造性用到开展技术革新，加强科学管理，增加生产，扩大流通，提高经济效益上来。二是进行中央机关的机构改革。中共中央和国务院的机构改革方案已原则通过，国务院的机构改革方案要经七届人大审议批准后才能实施。机构改革的关键是调整结构、下放权力和转变职能，按照党政分开，政企分开的原则，设置政府工作机构。这件事牵涉面较大，需要周密地布置，有计划地实施，争取机构改革做到不断不乱，保证工作正常运转，人员有妥善安排。我们要建立国家公务员制度，以便造就一大批德才兼备的国家工作人员，从根本上提高各级政府的工作水平和工作效率。三是要大力加强社会主义民主政治和精神文明建设。通过机构改革和各项制度的建设，各级领导机关要以全心全意为人民服务为宗旨，克服官僚主义，少说空话，多做实事，逐步完善社会协商对话制度，加强民主和法制的建设。李鹏强调，在新的一年里，要继续完善共产党领导下的多党合作和协商制度。进一步发挥民主党派和无党派爱国人士在国家政治生活中的作用。

1月8日　中国专利局宣布台湾同胞来大陆申请专利有关具体规定。中国专利局局长高卢麟在北京举行新闻发布会宣布了以下具体规定：一、台胞与大陆同胞一样，可以依据中华人民共和国专利法就其发明创造向中国专利局申请专利，取得专利保护。二、台胞申请专利时可以委托在大陆的亲友代办，并使用其通讯地址；在大陆委托亲友有困难且又是在大陆以外申请的，可全权委托设在香港的中国专利代理（香港）有限公司和香港永新专利代理有限公司办理；在大陆提交专利申请时，可直接向中国专利局提交或委托国内专利机构办理。三、我国已参加《保护工业产权巴黎公约》，台胞与大陆同胞一样，可依照中华人民共和国专利法的规定，就其在中国专利局提出的第一次正规申请在规定的优先权限内，办理向其他国家申请专利的优先权手续；台胞以在巴黎公约某一成员国提交的第一次正规申请为基础，向中国专利局要求优先权的，中国专利局予以受理。四、台胞向中国专利局提交的专利申请文件不得使用“中华民国”字样，而应使用“中国台湾”。五、台胞在大陆申请专利的费用，用外汇人民币（兑换券）支付。

1月10日　全国最大的硫铁矿生产基地——广东云浮硫铁矿正式投产。它是全国已探明的储量最大、含硫最高、质量比较好的大型硫铁矿床，平均含硫量达31.01%，储量仅次于世界最大的西班牙硫铁矿，名列世界第二位。

1月11日　《人民日报》报道：赵紫阳考察福建沿海。他指出：福建和广东都是全国超前改革的实验区。厦门、深圳两个经济特区要放得更开，更具有吸引力，也就是要实行计划单列。两个特区实行计划单列后，厦门还是福建省的一部分，深圳也还是广东省的一部分，但中央各种计划都单独切一块给它们，在这一块里怎么搞，由特区政府自己负责。这两个特区搞计划单列，中央切块，有利于它们搞活，跳出现行体制之外。

同　日　国务院发布《重要生产资料和交通运输价格管理暂行规定》和《计划外生产资料全国统一最高限价暂行管理办法》，其目的是为了刹住生产资料和交通运输乱涨价、乱收费的歪风，反对违反物价纪律的行为。国务院要求各级人民政府和各有关部门要清楚地认识到，发展经济必须稳定物价，而稳定生产资料价格特别是管住国营企业和垄断行业的价格，又是稳定物价的重要环节。有关全国统一最高限价的品种和价格水平，国务院授权国家物价局分期分批发布，并适时调整。任何地区、部门、单位、个人都必须严格执行，不得突破。

1月12日　全国新增22个市、县对外国人开放。经国务院批准，全国又有22个市、县被列入对外国人开放地区，外国人持有效的签证或居留证件即可前往这类地区旅行，无须申办旅行证件。这22个市、县是：湖北省的孝感市、应城市、汉川县、云梦县、安陆市、红安县、蕲春县、黄梅县、武穴县、石首市、仙桃市、钟祥县、京山县、松滋县、天门市、潜江县、公安县；新疆维吾尔族自治区的库车县、莎车县、疏附县、塔什库尔干塔吉克自治县、阜康县。

1月13日　台湾“总统”蒋经国在台北去世，终年77岁。蒋经国，1910年生，浙江奉化人，蒋介石之长子。1925年赴苏联，先后在中山大学、红军军事政治研究院学习。在苏联期间，曾加入共青团、共产党。1935年与苏联女工芬娜（后名蒋方良）结婚。1937年返国后，历任江西省保安署新兵督练处处长，三青团江西支团部主任等职。1943年赴重庆，先后任青年军训总监部政治部主任、三青团中央组织处处长、干部学校教育长。抗战胜利后，任东北“外交”特派员、国防部预备干部局局长，上海经济区督导办事处助理督导。1949年到台湾，历任国民党省党部主任委员，总裁办公室资料组组长，“国防部”总政治部主任，“中国青年反共救国团”主任，“国防会议”副秘书长，“行政院”退除役官兵辅导委员会主任委员，“国防部”副部长、部长，兼“国家安全会议国家总动员委员会”主任委员，“行政院”副院长兼经济合作发展委员会委员。1972年任“行政院”院长，1975年任国民党中央主席。1978年任台湾“总统”，兼任“国家安全会议”主席，“国民大会宪政研讨委员会”主任委员，“革命实践研究院”主任。蒋经国去世当天晚上，台湾“副总统”李登辉依“宪法”规定继任“总统”。半个月后，经国民党中央常务委员会决议，国民党中央主席一职也由李登辉代理。

1月14日　乔石接见即将结业的中共中央党校纪检干部进修班学员。他说，今后纪律检查委员会的任务是集中力量抓党纪，协助党委管好党风。中共十三大对加强党的建设提出了更高的要求，对党的纪律检查工作也提出了更高的要求，党的纪检工作只能加强，不能削弱。党政分工，不是剥弱党的领导，而是使党更好地加强各方面的工作。只有加强党的领导，从严治党，才能适应新时期改革开放的需要，才能使党的工作做得更好。建设具有中国特色的社会主义现代化强国，监督检查工作不可缺少，党的纪律检查工作更应加强。我们首先要抓好4 000多万党员管理工作，提高党员的素质、如果我们4 000多万党员都能做到有理想，守纪律，成为名副其实的共产党员，我们党一定能够建设好，党风也一定能够搞好。我们党治理好了，就可以带动整个社会风气的好转。

同　日　中共电唁蒋经国逝世。中共中央致电中国国民党中央委员会，吊唁蒋经国逝世。电文说，惊悉中国国民党主席蒋经国先生不幸逝世，深表哀悼，并向蒋经国先生的亲属表示诚挚的慰问。

同　日　中共中央负责人发表谈话悼念蒋经国逝世。中共中央负责人对中国国民党主席蒋经国的不幸逝世表示悼念，并重申和平统一祖国的方针不变。全文如下：中国国民党主席蒋经国先生不幸逝世，我们深表哀悼。蒋经国坚持一个中国，反对“台湾独立”，主张国家统一，表示要对历史作出交待，并为两岸关系的缓和作了一定的努力。当此国民党领导人更替之际，我们重申，我党和平统一祖国的方针和政策是不会改变的。我们希望新的国民党领导人，从中华民族根本利益出发，审时度势，顺应民心，把海峡两岸关系上开始出现的良好势头推向前进，为早日结束我们国家分裂局面、实现和平统一作出积极贡献。台湾人民有着爱国的光荣传统，盼望统一，反对分裂，近年来同港澳同胞，海外侨胞一起，为推动和平统一，促进国共两党和谈作出了努力。我们愿与台湾各界人士共商国是，完成统一祖国，振兴中华的大业。我们由衷地期望台湾局势稳定，社会安宁，经济继续发展，人民安居乐业。

1月15日　中葡关于澳门问题联合声明生效。中国和葡萄牙两国政府在北京互换关于澳门问题的联合声明的批准书，宣布联合声明自即日起生效。按照联合声明的规定，从现在开始，澳门已进入过渡期。在未来的12年中，继续保持和促进澳门的社会稳定和经济发展，确保联合声明的全面贯彻实施和1999年政权的顺利交接，符合包括澳门同胞在内的全中国人民和葡萄牙人民的共同利益，也是中葡两国政府的共同责任。我国周南副外长和葡萄牙驻华大使瓦莱里奥代表各自的政府交换了批准书，并在互换批准书的证书上签字。

1月15日—18日　全国住房制度改革工作会议举行。会议宣布从今年开始，住房制度改革要正式列入中央和地方的改革计划，在全国分期分批展开。会议认为，住房制度改革是经济体制改革的重要组成部分，是一项全新的开创性工作，要求各级领导坚决贯彻党中央、国务院的指示精神，大胆实践，按照统一的部署和政策，缜密工作，积极地将住房制度改革推向前进。

1月15日—2月6日　20个省、市、自治区完成换届。全国20个省、自治区、直辖市的人大、政府、政协和高级人民法院、人民检察院换届选举民主气氛浓厚，普遍实行差额选举。这次20个省、自治区、直辖市共选出人大、政府、政协和法院院长、检察院检察长592人，除连任的外，新任的208人。新选出的领导班子成员，绝大多数担任过地市或厅局的主要领导职务，有丰富的工作经验和较强的领导能力，在改革开放和现代化建设中做出了突出的成绩；经过换届选举，这20个省、自治区、直辖市领导班子的年龄结构、文化专业素质比上一届都有明显变化。换届前，50岁以下的人在这些地方政府班子中平均占18.4%，现在占26%；人大常委会正副主任中，换届前60岁以下的占6%，现在占25%；政协正副主席中，过去60岁以下的占7.3%，现在占20.2%。在文化素质方面，正副省长、自治区正副主席、直辖市正副市长中，大专以上文化程度的占76.4%。各地的人大代表、政协委员对选举结果感到满意。此次换届选举的一个特点是，各地都实行了差额选举。

1月18日　中国民航西南公司222号飞机失事。中国民航西南航空公司222号伊尔18型客机从北京飞往四川重庆，在重庆机场附近坠毁，10名机组人员、98名乘客（其中3名来自日本，1名来自英国）全部遇难。2月2日，国务院发出紧急通知，要求确保民航飞行安全，发现违反规章制度的现象，要从严、从速处理。3月5日，国务院代总理李鹏主持召开国务院常务会议，听取民航222号客机空难事故调查委员会调查情况的汇报，讨论通过了《国务院关于民航222号客机空难事故的处理决定》。决定指出，由于机械故障而发生的这起空难事故，是一起重大责任事故，给人民的生命财产造成了重大损失。民航局局长胡逸洲有失职守，对这起空难事故负有领导责任。胡逸洲作了检查，并请求给予他纪律处分。会议经过讨论，为了严肃纪律，教育干部，维护人民和国家的利益，决定给予胡逸洲记大过处分。会议责成全国安全生产委员会对客机发生机械故障的原因进一步调查，对负有直接责任人员作出严肃处理。民航系统各级干部和广大职工要认真吸取教训，切实保障空中交通安全。

1月19日　上海市部分居民食用不洁毛蚶引起甲型肝炎流行。上海市政府多方采取措施控制疫情。2月15日，国务院召集有关部门负责人举行会议研究上海市的疫情。会议对上海市进一步做好甲型肝炎的防治工作提出了具体意见，并对防治所需物品的生产作出了安排。会议强调要动员全社会的力量，采取一切可以采取的措施，尽快控制疫情。截至3月18日，上海累计有29.2301万人患甲型肝炎，死亡11例。目前疫情已得到控制。

同　日　赵紫阳会见挪威首相布伦特兰夫人。他说，中国对外政策有两个明显特点，一是维护世界和平；二是发展同各国的经济技术合作。这两点也可概括为和平与发展两大问题。

1月20日　邓小平会见挪威首相布伦特兰夫人。当挪威首相问邓小平，中国最关心的国内和国际问题是什么时，邓小平说，我们希望缓和。我们总的判断是，战争的危险依然存在，但和平力量的发展超过战争（力量）；中国确定一心一意搞四个现代化，正是基于这样一个总的判断。在谈到中国的情况时，邓小平说，9年来的实践证明，十一届三中全会以来的路线、方针、政策是正确的，这就增加了我们的信心。中国的前景是好的，也是有希望的。我们希望至少有50年的和平环境。因为中国要发展成为一个中等发达国家需要这样长的时间。我们今后的发展首先要靠自己的努力，同时学习别国的经验，同发达国家的合作是不可少的。没有国际合作，不搞开放政策，关起门来是不行的。他强调，整个欧洲，西欧、北欧，包括东欧都是和平的力量。中国也是和平的力量。因此我们愿同整个欧洲共同维护世界和平。中国争取和平的实际行动就是努力建设和发展。因为占世界人口1/5的中国每发展一步，就是为世界和平增加一分力量。我们发展自己不仅是为了改善本国人民的生活，同时也是对整个国际和平的贡献，也就是中国对人类的贡献，我们正是朝着这一目标前进的。

同　日　六届全国人大5年来提出批评建议万余件。六届全国人大一至五次会议期间代表提批评建议万余件，办理工作已形成程序。5年来，代表在会上提出建议、批评和意见1.4215万件，内容涉及国家政治生活、经济建设、文化建设、国防建设等各个方面，已经解决或基本解决的有3 875件，正在解决或已列入规划将逐步解决的6 478件，两项占22.8%；因条件限制或其他原因需待以后解决的2 260件，占15.9%；留作有关部门工作参考的有1 602件。办理代表建议的工作，已逐步建立了一套工作程序，一是交办制度，二是办理制度，三是催办制度。

同　日　宋平与中共中央党校学员座谈。他说，要把领导干部的学习培训制度建立起来。目前，四化建设的任务很繁重，又面临着改革开放的新形势，许多新问题摆在面前，我们的干部不是很适应，迫切需要加强学习，特别是马克思主义基础理论的学习。谈到搞好党风建设时，他说，中共十三大报告中讲的党要管党，要从严治党，这很重要。我们党是个好党，但是，“文化大革命”和其他错误使党受到创伤，至今某些方面还没有完全恢复过来。现在我们党的路线是正确的，有条件把党治好。要提高党的崇高威望，不能只靠愿望，要靠每个党员正确执行党的方针政策和发挥自己的先锋模范作用，在任何时候都要想到我们党，想到自己应该是一个合格的共产党员。“一身正气，两袖清风”，是共产党员应该做到的。现在一谈搞不正之风，大家都很有意见，但是不能眼睛只看着别人，首先应该从自己做起，首先要查查自己作风正不正？党风是由每个党员的作风构成的，每个党员做到严格要求自己，敢于和自己身上的不正确东西做斗争，党风就端正了。用人问题上的不正之风，群众有意见，这个问题要通过干部人事制度的改革来解决。

1月22日　赵紫阳谈1987年企业承包问题。他在听取国家经委负责人关于承包情况汇报时说，1987年承包搞得不错，宏观上有进步，微观上也搞活了，不简单，抓到点子上了，今年搞好了，效益会更明显。1987年是实行承包经营责任制取得重大突破的一年。据22个省、自治区、直辖市统计，预算内工业的承包面达75%，其中大中型企业占76%。普遍推行企业承包经营责任制，主要从4个方面起到推动作用：确保财政收入，经济效益稳步提高；企业的动力机制明显增强；承包之后市场引导企业的作用加强了；推进了企业内部配套改革。

1月23日　西藏召开自治区四届人大六次会议。通过关于维护统一，加强民族团结，反对分裂活动的决议。决议说，1987年9月，达赖喇嘛在美国国会众议院人权小组委员会上发表了公然鼓吹“西藏独立”的“五点计划”，区内少数分裂主义分子与其遥相呼应，于九十月间在拉萨制造骚乱事件，严重破坏了区内正常的工作、生活秩序，危害了人民群众的生命财产安全。这是达赖集团和区内少数分裂主义分子有预谋、有计划、有组织地策划和煽动分裂国家、破坏民族团结的严重政治事件，是违反国家宪法和法律的犯罪行为。决议谴责美国国会无视国际关系准则，一再就所谓“西藏问题”做出损害中美两国关系的事，粗暴干涉中国内政。决议说，西藏是中国神圣领土不可分割的一部分，是中华人民共和国的一个自治区。任何有关西藏的问题，完全是中国的内部事务，其他任何国家和个人都无权干涉。决议说，新中国建立30多年来，西藏经过民主改革，实行民族区域自治，人民管理国家的各项事务，享有宪法规定的各种自由和民主权利，广大群众和僧尼正常的宗教活动受到保护，人民当家作主，安居乐业。少数分裂主义分子歪曲和否认西藏发生的巨大变化，企图破坏藏族人民与全国人民的和睦团结，我们坚决反对他们的这种行动。决议要求全区各族人民高举爱国、团结、进步的旗帜，维护国家的统一和全国务民族团结，同一切违反宪法和法律，破坏国家统一和民族团结的行为作斗争。

1月23—25日　中共中央在北京召开全国宣传部长会议。胡启立在会上说，十一届三中全会以来党的路线形成和发展的过程，是全党和全国人民在马克思主义基本原理的指导下，从我国当代的国情出发，不断解放思想的过程。没有解放思想，就没有十一届三中全会以来的党的路线和一系列方针政策，在中国这块土地上也就出现不了党的一场卓有成效的伟大变革和实践，也就实现不了党的十三大在社会主义初级阶段理论认识上的飞跃。解放思想，既要坚定不移地坚持四项基本原则，又要敢于破除对马克思主义的教条式理解和附加到马克思主义名义下的错误观点，破除离开生产力来抽象谈论社会主义的历史唯心主义观点，承认生产力是一切社会发展的最终决定力量，承认一切有利于生产力发展的东西都是社会所要求的或允许的。一切不利于生产力发展的东西都是违反科学社会主义的，是社会主义所不允许的。从事宣传工作的同志，一方面要在对待改革开放的态度上满腔热情，坚韧不拔，锲而不舍；另一方面在具体的宣传工作中，特别是对某些敏感的问题，要头脑清醒，十分谨慎。在谈到关于文化艺术领域的工作时，他说，要保持一个长期稳定的方针，最根本的是牢固掌握一个中心，两个基本点。随着政治体制改革的逐步展示和深化，实行党政职能分开，理顺党和群众团体的关系，党的宣传部门的工作方法和领导方式，也要随之有所改变。党委要把大的方向管住，管好，坚持正确的政治方向，对一些具体的事情不要管得太多。文艺创作方面，要引导文艺工作者努力学习马克思主义，提高自己认识生活、分析生活、透过现象抓住事物本质的能力，力求把最好的精神食粮贡献给人民。对于写什么和怎样写，只能由文艺家在艺术实践中去探索解决。对于学术理论上的争议，某个作品、电影、剧目的评价等等，要积极展开正常的文艺评论和理论探讨，支持不同意见在民主平等的气氛中进行讨论和争鸣。对于文艺创作方面不同的题材、风格、流派，我们更要坚决实行“双百”方针，尽可能避免用行政命令的手法直接干预。

1月29日　1987年全国十佳体育运动员评选揭晓。他们是何灼强（举重）、楼云（体操）、黄晓敏（游泳）、聂卫平（围棋）、杨阳（羽毛球）、高风莲（柔道）、江嘉良（乒乓球）、李玲蔚（羽毛球）、何英强（举重）、柳海光（足球）。

1月30日　赵紫阳与全国从事外贸工作的同志座谈外贸体制改革。他说，长期封闭状况下形成的外贸体制，已经不适应面临的新形势和瞬息万变、充满竞争的国际市场。改革外贸体制，必须实行自负盈亏，放开经营，工贸结合，产销结合。改革过程中有许多困难，所有从事外贸工作的同志，一定要勇于改革。改革中出现的问题，只能通过进一步改革来解决，一遇到问题就想回到老路上去，只能在原地打圈子，是没有出路的，要站得高一些，看到改革的大趋势。以积极的态度对待改革中出现的问题，及时加以解决，总结经验，不断前进，经过几年的探索，找出一条适合中国情况的发展外贸的路子。他要求外贸专业总公司，逐步实现向综合性、多功能、国际化转变，逐步把工作重心由内收购转移到国际市场上。国家要给这些公司充分的自主权，让他们自负盈亏，放开经营。外贸专业公司要逐步把竞争机制引入公司内部，实行人才竞争。外贸系统几十万干部、职工中，能人很多，要创造条件，使人才脱颖而出，这样外贸企业就会面貌一新。

2月2日　赵紫阳在北京通过国际通讯卫星向在瑞士达沃斯召开的1988年度世界经济讨论会发表电视演说。他说，中共十三大，是了解中国现状和发展的一把钥匙。大会分析了中国的国情，确认中国是在生产力水平低下和商品经济不发达的条件下建设社会主义，确认中国处在社会主义初级阶段。由此得出的结论是：必须大力发展生产力，大力发展商品经济。凡是有利于发展中国生产力的措施，都是我们所要求的，我们都鼓励，都允许；凡是为发展商品经济所必须的手段，我们都不拒绝采取。这个认识上的飞跃，将有力地推动改革和开放的进程，促进我国国内市场，包括各种要素市场的发育，加速生产的商品化、社会化、现代化，并进一步加强中国同世界各国的经济技术合作和贸易往来，使中国同国际市场的关系更为密切。我们深知，在国内市场不发达的条件下参与国际交换，是我们的困难所在。因此，我们采取了两条措施：一条是以经济体制改革来改善投资环境，提高经济效益。一条是采取“经济特区，沿海开放城市，沿海经济开放区”这样一种格局，来逐步推进对外开放。现在，在沿海地区，正在形成一条有1亿人口的广阔的前沿开放地带，这里有中国最早的工业基地，有富庶的农作物区，商品经济比较发达，群众文化技术水平较高，熟练劳动力比较多。9年来，在市场竞争的风浪中，这里还涌现出了星罗棋布的乡镇工业，每年以20%—30%的速度蓬勃发展。因而，这一地带更加具备参与国际经济交往的条件。总之，中国的劳动费用比较低廉；在改革过程中生产效率日益提高；各种法规也在日趋完善。不要很久，人们会普遍认识到，中国特别是沿海开放地带，是投入资金和技术的很有吸引力的场所。他说，中国对欧洲、美国和日本一视同仁。他们都是我们重要的贸易伙伴。最有竞争力的伙伴是最有吸引力的伙伴。竞争力是各种因素的综合：包括投资多少、期限长短、利息高低，商品的质量、价格和交货期限，技术转让和技术服务的条件，从中国进口的商品的配额和关税。谁在竞争中得胜，谁就可以同中国做更多的生意。中国的开放是面向全世界的，包括发达国家和发展中国家。我说的原则，适用于日本，也适用于亚洲其他的国家和地区，适用于西欧，也适用于苏联和东欧，适用于美国，也适用于整个北美和拉丁美洲，同样，也适用于非洲和大洋洲。

同　日　1988年发行国库券90亿元。国务院确定，1988年国库券发行数额为90亿元，其中单位购买35亿元，个人购买55亿元。国库券发行后的第4年一次偿还本息。国库券可以转让，但不得作为货币流通。

2月3日　中国同乌拉圭建交。中华人民共和国特命全权大使、常驻联合国代表李鹿野和乌拉圭东岸共和国特命全权大使、常驻联合国代表费利佩·保里约代表各自政府在纽约签署两国建交联合公报。两国政府决定自1988年2月3日起建立大使级外交关系。

2月6日　中共中央政治局在北京召开第四次全会，讨论经济形势和经济工作。会议认为，1987年全国的生产、建设、流通和外贸的情况比预料的要好，经济体制改革有较大的进展。经济增长速度较高又较为正常健康，效益比较好，企业活力明显增强，宏观控制有新的进展，经济生活中长期存在的某些不稳定因素正在趋于缓解。1987年经济工作有不少成功的经验。特别是全面推行企业承包经营责任制，不仅带来了巨大的经济效益，推动了企业内部的改革，而且又为整个经济体制改革提供了动力和条件。在微观搞活的同时，在投资、信贷、消费基金等方面的宏观控制，也发挥了较好的作用，既没有影响微观搞活，又促进了经济的稳定。在中国的经济生活中，出现了微观搞活和宏观控制相互促进的局面。会议认为，1987年经济生活中存在的突出问题是物价上涨幅度过大。物价问题的焦点是食品涨价。解决这个问题的关键是要按照价值规律办事，采取综合配套措施，既要有利于生产发展，又要使群众生活得到适当补偿。这样，人心可以进一步稳定，改革也可以进展得更为顺利。会议强调，1988年的经济工作要认真总结和运用1987年的好经验，全面理解和正确掌握进一步稳定经济、进一步深化改革的方针，以改革总揽全局。最近提出的沿海地区经济发展战略，不仅将把我国沿海开放地带推到国际市场上去参与国际交换和竞争，而且从根本上说，必将有力地促进我国中部和西部地区的经济发展。对于这样一个关系到中国四化建设全局的重大战略部署，必须坚决组织实施，决不能贻误战机。为此，必须加快和深化外贸体制改革。要大力推行企业承包经营责任制，使之配套、完善、深化和发展，发挥更大的效益。要采取坚决措施，严厉控制社会集团的购买力以节约财政支出，缓解市场压力，改变奢侈浪费的不良风气。出席会议的有政治局委员15人，政治局候补委员1人。赵紫阳主持会议。

同　日　《人民日报》报道：1987年江苏省乡镇工业产值超过国营工业。1987年江苏省乡镇工业产值达620多亿元，比该省工业总产值还多100多亿元。该省1/4的县（市）乡镇工业产值均超过10亿元。被称为“苏南五虎”的无锡县、江阴市、张家港市、常熟市和武进县，乡镇工业年产值都超过30亿元，这5个县（市）的总产值占全省1/3还多。

2月8日　经济学家许涤新逝世。许涤新，1906年生。广东揭西人。1925年加入中国共产主义青年团。1933年转入中国共产党。30年代，他在上海参加社会科学家联盟。1935年2月被捕入狱。抗日战争爆发后，在中共的争取下被无条件释放。抗日时期，他曾任《群众》副主编；中共中央南方局宣传部秘书、经济组组长。解放战争时期，任中共香港工作委员会委员、财经委员会书记、《群众》周刊编委，并创办《经济导报》。上海解放后，他先后任上海军管会接管委员会第一副主任、华东财经委员会副主任、中共上海市委委员、统战部部长、市财经委员会副主任、工商局长、市人民政府秘书长等职。1952年底起，先后任中共中央统战部秘书长、副部长、中财委第六办公室主任、国务院第八办公室副主任、中央工商行政管理局局长、全国工商联副主任委员等职。在“文化大革命”中，遭受林彪、“四人帮”的残酷斗争和迫害。粉碎“四人帮”后，他积极参加理论界拨乱反正。并出任中国社会科学院副院长兼经济研究所所长。许涤新是中共八大代表，第一、三届全国人大代表，第五、六届全国人大常委，中国民主建国会中央副主席。

2月9日—12日　全国企业承包经营责任制座谈会在北京召开。李鹏在会上说，1988年经济工作的方针中央已经确定，这就是进一步稳定经济，进一步深化改革，以改革总揽全局。1988年的经济工作国务院作出部署要大力抓四件大事，一是稳定经济，必须稳定物价；二是必须坚决组织实施沿海地区经济发展战略；三是继续大力推行企业承包经营责任制；四是坚决采取措施，严格控制社会集团购买力，以节约财政支出，缓和市场压力，转变奢侈浪费的不良习气。

他说，我们整个经济体制改革，要紧紧抓住搞活企业特别是搞活国营大中型企业这个中心环节和提高经济效益这个根本目标。在我国现阶段，许多矛盾的解决，许多困难的克服，归根到底要靠工业效益的提高，而工业效益的提高，要靠承包经营责任制，要用两三年时间把企业经营承包责任制加以完善和配套。1988年要扩大承包面，把竞争机制引入企业内部，全面推行厂长负责制，推进企业内部机构、人事、劳动和分配制度的改革，推进技术进步，增强企业后劲，有条件的企业要普遍推广"满负荷工作法"、"厂内银行"和其他行之有效的促进现代化管理的办法。同时，也要探索租赁、转让、股份、合资、联营等多种经营形式。2月12日，赵紫阳在中南海接见全国企业承包经营责任制座谈会部分代表，他说，1988年推行承包的一个重点是要引入竞争机制，承包真正引入竞争会有很大动力。现在的竞争招标估计不能太高。真正搞竞争的还不多，有些名义上搞竞争，实际上没有做到。目前承包的潜力大得很，没有承包的企业要实行承包，短期承包要改为长期承包，同时要引入竞争机制，这是最大的潜力。他强调企业承包，一方面要强调厂长的权威，另一方面要使工人发挥主人翁作用，使他们感到是为自己而劳动。今年要总结、探索这方面的问题，如何从厂长承包变为全体职工的承包，如何从厂长承担风险变为全体职工来承担风险。这样厂长不会孤立，而会更好发挥权威作用。只有全体职工承担责任，把厂长的责权利变为全体职工的意志，承包才能落实。这是要在实践中研究解决的一个问题。总之，有两个问题需要进一步研究解决：一是竞争机制目前多数企业还没有落实；二是厂长承包如何更好地依靠全体职工。今年企业执行承包制，就是配套、完善、深化、发展。要按这个方针搞下去；今后几年会大见成效。这对于我国经济局势和整个改革，仍具有极为重要的意义，这一着棋牵动全局。

2月9日—16日　澳大利亚联邦总督斯蒂芬访华。2月9日，李先念主席会见并宴请澳大利亚贵宾，他说，中国今后对外更加开放，中澳两国关系在各个领域里都将有更大的发展潜力。

2月12日　彩色系列照《退下来以后的邓小平》在世界新闻摄影

赛中获奖。中国“现代摄影沙龙”的杨绍明拍摄的彩色系列照片《退下来以后的邓小平》在荷兰首都阿姆斯特丹1988年第31届世界新闻摄影比赛中获得“新闻人物”系列三等奖。这是中国大陆摄影记者在世界新闻摄影比赛中首次获奖。

2月13日　中直机关、国家机关工委分别成立。中共中央决定，为适应改革开放的新形势，将中共中央直属机关委员会和中共中央国家机关委员会分别改为中共中央直属机关工作委员会和中共中央国家机关工作委员会，作为中央派出机构，分别领导中央直属机关和中央国家机关党的工作。温家宝任中共中央直属机关工作委员会书记，陈俊生任中共中央国家机关工作委员会书记。同日，中共中央为此批转了中共中央组织部、中共中央直属机关委员会，中共中央国家机关委员会《关于加强和改进中央党政机关党的工作意见》，并向各地方、各部门的党委、党组发出通知。《通知》指出，我们党是执政的无产阶级政党，党政领导机关党的建设是整个党的建设中的一个重要组成部分。在当前的新形势下，机关党的工作必须加强和改善。各级机关党的组织主要任务是按照十三大的精神，坚决贯彻执行党在社会主义初级阶段的基础路线和各项方针、政策，集中主要精力，切实搞好自身建设，加强党内监督和思想政治工作，为改革开放服务，保证党和政府各项工作任务的完成；努力开拓一条适应改革需要的机关党的工作的新路子。各级行政领导，要热情关心和坚持机关党的工作。《关于加强和改进中央党政机关党的工作的意见》共分4个部分：（1）关于机关党组织的建制问题；（2）机关党组织的主要任务；（3）关于党内监督问题；（4）机关党的工作机构设置及干部配备。

2月16日　文学家叶圣陶在北京逝世。叶圣陶，又名叶绍钧，1894年10月生，江苏苏州人。他是中国新文学史上的先驱者之一。1921年，与沈雁冰、郑振铎等发起组织“文学研究会”，提倡“为人生”的文学观。他发表了许多反映人民痛苦生活和悲惨命运的论文、小说、散文、新诗等，充满了深厚的爱国主义精神，显示了对人民的热爱和对光明的向往。1928年，他创作了中国现代文学史上第一部长篇小说《倪焕之》，反映了从五四时期到大革命时期中小学教师的思想发展过程，批判了改良主义，讴歌了革命力量，震动文坛。九一八事变后，他全力投入抗日救亡活动，参加发起成立“文艺界反帝抗日大联盟”，抗战期间，又参加发起成立“文艺界抗敌后援会”。抗战胜利后，他参加了争取出版自由的斗争。1946年回到上海又参加了爱国民主运动。他担任了中华全国文艺界协会总务部主任，主持文协的日常工作；还担任了上海市小学教师联合进修会和中等教育研究会的顾问。1949年初，他应中共中央的邀请，到达已解放的北平担任华北人民政府教科书编审委员会主任；6月，参加新政协筹备会；7月，参加第一次文代会并当选为文联全国委员；9月，出席了中国人民政治协商会议第一届全体会议，为新中国的诞生做出了重要贡献。建国后，他先后担任中央人民政府出版总署副署长兼编审局局长，教育部副部长兼人民出版社社长和总编辑，教育部顾问，中央文史研究馆馆长等职；并当选为全国人大第一届至第四届代表和第五届常委，全国政协第一届和第五届常委、六届副主席等重要职务。他曾任中国民主促进会中央副主席、主席等职，是民进全体会员极为尊敬和爱戴的德高望重的领导人。

2月22日　外交部就中国舰船考察南沙群岛纯属主权行为发表声明。声明说，2月20日，越南外交部发言人的声明，公然对中国派舰船到南沙群岛及其附近海域进行正常的考察作业和巡逻进行指责，要求中国舰船撤离并扬言要中国对“所引起的一切后果承担全部责任”。声明说，南沙群岛和西沙群岛、东沙群岛、中沙群岛一样，历来是中国领土。中国方面派舰船到南沙群岛的一些岛屿及其附近海域进行考察作业和正常巡逻纯属主权范围内的事情，越南当局无权干涉，需要指出的是，正是越南当局非法侵占了中国南沙群岛的一些岛礁。越南必须从这些岛礁上撤出去。如果越南方面无视中国政府的一贯立场，阻挠中国在上述地区的合法行动，它必须对由此引起的一切后果承担全部责任。

2月23日　国务院举行全体会议。会议由李鹏主持，国务委员兼外交部长吴学谦向会议作关于当前国际形势的报告。会议讨论了严格控制社会集团购买力问题，部署了各部委讨论国务院将向七届全国人大一次会议作的《政府工作报告（讨论稿）》。会议讨论通过了《国务院关于严格控制社会集团购买力压缩开支的紧急通知》。《通知》要求：（1）各级党政机关、人民团体、部队、全民和集体企事业单位以及基本建设单位1988年的社会集团购买力指标，一律在1987年实际支出的基础上压缩20%。这个任务必须层层落实，保证完成。（2）对党政机关、人民团体、部队、全民和集体企事业单位以及基本建设单位要根据上述要求，重新逐户核定社会集团购买力控制指标。各单位必须按照核定的指标执行，不得超过。（3）党政机关、人民团体、部队、全民和集体企事业单位以及基本建设单位，在1988年内，停止购买小汽车、大轿车、摩托车、沙发、地毯、沙发床、空气调节器、录音机和多用机、录像机、照相机和放大机、大型或高级乐器、家具、呢绒毛料及其制品，纯毛毯、彩色电视机、电冰箱、洗衣机、各种电取暖及电煮水设备和复印机19种国家规定的专控商品。（4）国家确定的专项控制商品要实行定点供应，各级人民政府要责成有关部门尽快指定若干商品和专柜经营。各部门、各单位经过社会集团购买力管理机关审查批准购买的专项控制商品，必须在定点商店购买。（5）严格整顿小汽车和大轿车的价格和配车标准。对市场销售的汽车，由国家物价局会同国家物资局分车型制定最高限价。对倒卖汽车的不法分子，要依法处理。（6）对各类房屋，包括办公室、会议室、接待室、住房和其他场所，1988年内一律不准改建、扩建、购置安装空调和其他装饰。（7）加强劳动保护用品的管理。（8）严禁用公款购买实物和购货券发给职工，商业部门也不得向单位发行购货券。企业不准用产品调换生活用品发给职工。各部门、各单位今后不得以做广告名义向有关单位和个人赠送物品。（9）要坚决压缩各种会议，缩短会期，减少人员。（10）要搞好清仓查库，修旧利废；充分利用库存积压物资。（11）国务院各部门和各省、自治区、直辖市人民政府要加强对控制社会集团购买力工作的领导。（12）过去国务院或其他有关部门的规定，凡与《通知》有抵触的，一律按本《通知》执行。

同　日　国家统计局公布1987年国民经济和社会发展统计公报。1987年中国在改革开放中，生产持续稳定发展，国民生产总值首次突破万亿元、达10 920亿元，比上年增长9.4%。国民收入9 153亿元，比上年增长9.3%。国家经济实力明显加强，国民经济发展态势良好。1987年经济发展的特点是，首先，社会总供给增长较快。工业生产不仅发展速度快，而且均衡增长，轻重工业协调发展，工业总产值比上年增长16.5%。农业增长，农业总产值比上年增长4.7%。其次，经济效益有所改善。最后，国内市场旺中偏紧。对外经济贸易继续发展，国际收支状况明显改善。城乡居民收入增长减缓，大多数居民消费水平和储蓄仍有提高。1987年经济发展中存在的问题是：社会总需求仍然大于社会总供给，市场物价上涨幅度过大，部分商品特别是主要副食品供应偏紧；城镇中部分居民实际收入下降。

同　日　电影《红高粱》在西柏林国际电影节获最高奖“金熊奖”。《红高粱》是张艺谋执导的，反映的是抗日战争时期中国人民反抗日本侵略者在中国的抗暴故事。

2月25日　中国运动员李琰在第十五届冬季奥运会表演赛中，以1分39秒的成绩创造了女子1 000米短跑道速滑世界纪录，并获得金牌。

2月26日　新华社报道：中共海南省（筹建）工委成立。中共中央决定，设立中共海南省（筹建）211作委员会，撤销中共广东省海南行政区委员会。中共海南省（筹建）工作委员会由许士杰任书记，副书记是梁湘、刘剑锋、姚文绪。

2月27日　国务院批转国家经济体制改革委员会提出的《1988年深化经济体制改革的总体方案》。《方案》提出1988年深化经济体制改革的主要任务是：按照发展社会主义商品经济的总目标，以落实和完善企业承包经营责任制，深化企业经营机制改革为重点；同时改革计划、投资、物资、外贸、金融、财税体制和住房制度，加强对固定资产投资、消费基金和物价的管理，更好地促进国民经济持续稳定增长。《方案》指出，1988年的经济体制改革，要根据经济要进一步稳定，改革要进一步深入这一经济工作的总方针，从全局出发，立足于解决当前经济运行中急需解决的矛盾和问题，把经济体制改革同经济发展和政治体制改革紧密结合起来，有重点、有步骤地深入进行。国务院就《方案》发出通知，指出改革是统揽全局的大事，各地区、各部门要切实加强领导，把改革列入经常性的议事日程。要加强体改机构建设，并按照经济体制改革总体方案的要求，尽快制订出具体实施方案，认真贯彻落实。

同　日　赵紫阳总书记在中南海会见日本《朝日新闻》采访团。他说，定于3月下旬召开的全国七届人大将是一次换届的会议。在人事安排，机构调整方面将贯彻中共十三大精神，进一步体现出废除国家领导人的职务终身制。另外围绕经济、政治体制改革，转变国家机关的职能，将国家对企业的直接管理为主变为间接管理为主，从重视微观管理到加强宏观管理，将有一些政府部门被裁减、合并，也会新设一些部门。关于领导人的人事安排问题，在中共十三大时已有统一考虑，在七届人大之前还要召开中央全会讨论，然后按有关规定把中共中央的建议递交人大，最后由代表选举决定。在谈到中日关系时，他说，中日两国的政治家要从中日友好的大局出发，着眼于未来，不要讲不利于两国友好的话，不要做不利于两国友好的事。只要根据中日联合声明和中日和平友好条约的精神进行协商，存在的问题不是不可以解决的。

2月28日　中共中央向全国人大常委会提出建议修改宪法个别条款。一、在宪法第十一条的原文后增加一款：国家允许私营经济在法律规定的范围内存在和发展。私营经济是社会主义公有制经济的补充。国家保护私营企业的合法的权益和利益，对私营经济实行引导、监督和管理。二、宪法第十条第四款："任何组织或者个人不得侵占、买卖、出租或者以其他形式非法转让土地。"修改为：任何组织或者个人不得侵占、买卖或者以其他形式非法转让土地。土地的使用权可以依照法律的规定转让。请全国人大常委会审议决定提请七届全国人大一次会议审议。

3月1日　邓小平会见赞比亚总统卡翁达。他说，目前霸权主义仍然存在。超级大国奉行霸权主义，威胁着世界和平。现在美苏达成了中导协议，这仅仅是缓和的起步。我们欢迎这样的起步。世界真正的缓和仍然需要全世界人民为之奋斗若干年。争取和平与发展，是我们面临的两大任务。中国的发展非常重要，因为中国占世界人口的1/5，中国摆脱了贫困，就意味着全世界1/5的人口摆脱了贫困，世界和平就有了更好的保证。因此，我们从来都把中国的发展看做是中国对人类应尽的责任。他说，中赞两国人民是朋友，领导人之间也是好朋友。你同毛主席、周总理是朋友，同李先念、赵紫阳等也是朋友，我们两人更是非常、非常好的老朋友。总统称我们之间的关系是“全天候”朋友，这个形容很好，符合实际。

同　日　中国和欧共体签署援款协议。对外经贸部部长郑拓彬与欧共体负责对外关系和贸易政策委员维利·德克莱克在欧共体委员会总部签署了中华人民共和国和欧洲经济共同体援款协议。根据协议，欧共体在1988—1992年5年内向中国北京、上海、天津等20个城市的奶类发展项目提供7 950万欧洲货币单位的援助，约占中国该项目总投资的1/3。援助内容包括食品和技术两个方面。项目完成后，中国黑白花奶牛将从26.4万头增至38.9万头，净增牛奶产量17万吨。

3月2日　中国研制成新材料超导体，转变温度居世界领先地位。中国科学院物理研究所研制成新材料超导体，转变温度是迄今世界最高的。这种超导新材料的成分是铊钡钙铜氧。它的零电阻温度为114K，在117K时出现明显的抗磁效应。这种新的不含稀土的超导材料，性能稳定，工艺可以重复。

3月5日　西藏拉萨发生骚乱事件。少数分裂主义分子先是在大昭寺南侧松曲热广场的讲经台上起哄，围攻佛教协会西藏分会和西藏自治区民族宗教事务委员会的负责人，呼喊“西藏独立”等反动口号。接着，又开始向大昭寺三楼南侧佛协传昭办公室投掷石块。上午10时许，约20—30名喇嘛开始绕八廓街游行，边走边呼喊反动口号，他们冲击传昭办公室，砸毁了西藏电视台的转播车和采访车，焚烧了佛协的一辆小轿车。在闹事过程中，少数分裂主义分子投掷石头打伤了执勤人员。在闹事愈演愈烈的情况下，前来维护秩序的公安人员和武警战士开进大昭寺，驱散闹事的骚扰分子。在制止骚乱中，5人死亡，武警战士、公安干警330人负伤。西藏拉萨骚乱，是少数分裂主义分子策划和煽动的，旨在破坏祖国统一的严重的政治事件。

3月8日—10日　国务院召开全国科技工作会议。会议的主要议题是深化科技体制改革，进一步建立科技与经济紧密结合的机制，充分发挥科技优势，推动各个经济领域的技术进步，促进新技术、高技术产业的形成，提高我国的科技水平。会议认为，深化科技体制改革，最主要的是进一步放活科研机构和科技人员的政策。在科研机构方面，切实引进竞争机制，在从事技术开发和应用工作的科研机构推行各种形式的承包经营责任制，实行科研机构的所有权和经营管理权分离，使科研机构和科技人员能通过为社会创造财富和对科技进步做出贡献来改善自身的工作条件和物质条件；鼓励和支持科研机构、高等院校以各种形式直接进入经济领域，建立和发展面向国内外市场的新型科研生产经营实体；进一步简政放权，使科研机构向自主、开放、竞争的方向发展，支持和促进全民、集体、个体、私营等不同形式科研机构的发展。关于进一步放活科技人员政策，要采取切实措施，保证科技人员在有偿服务和技术承包中的合法收入；各地可以制定因地制宜的政策，促进人才流向老、少、边、穷和人才缺乏的地区；重视从工人、农民和其他劳动者中选拔科技人才和各种专业技术人才，充分发挥他们的作用。关于改革企业机制，以利于依靠科技进步，逐步改革农业技术推广服务机构的运行机制和尽可能地增加科技投入，也是当前深化科技体制改革需要做的工作。会议强调，发展科技，人才是关键。全国有自然科学技术人员868万人，无论在数量上还是质量上，在发展中国家里占很大的优势。但取得的科技成就与拥有的科技力量不相称，问题的症结在体制上。要引入竞争机制，让科技人才通过招标、技术合同等方式参与技术竞争。鼓励一部分科技人员直接创业，做又懂科技，又懂经营的新一代企业家，到国际交换和国际竞争中大显身手。要进一步在全社会倡导尊重知识、尊重人才的风气，创造一个高度民主和学术自由的环境和气候。要加快关于科技人才和智力劳动的立法，通过法律形式，建立科技人才的教育、培养、使用制度，建立科技人员招聘、就职、兼职、辞职和流动制度，建立相应的专业职务聘任制度、科技奖励和授予荣誉勋章及称号制度，以及分配制度。3月10日，赵紫阳、李鹏、胡启立等在中南海接见参加全国科技工作会议的全体代表。李鹏发表了《发挥科技优势为振兴经济做出更大贡献》的讲话。讲话共分科技进步的意义、加快和深化科技体制改革、充分发挥科技人员作用、加强对科技工作的领导和支持等4个部分。李鹏最后要求各级政府，一定要切实把科学技术工作放在经济发展战略的首要地位，政治体制改革和经济体制改革的各项措施都要有利于技术进步。各级政府部门在经济工作和社会发展工作中所制定的规划、计划和各项政策措施，也都要有利于科技进步和科学技术的发展。

3月11日—15日　中国残疾人联合会成立。中国残疾人联合会首届全国代表大会召开，宣告中国残疾人联合会成立。经过民主协商和全体代表的选举，产生了中国残联主席团和执行理事会。邓朴方当选为中国残联主席团主席和执行理事会理事长。会议还确定了中国盲人协会，中国聋人协会、中国肢残人协会的领导机构。

3月14日　最高人民法院、最高人民检察院发布关于不再追诉去台人员在中华人民共和国成立前的犯罪行为的公告。公告指出，台湾同胞来祖国大陆探亲旅游的日益增多，这对于促进海峡两岸的“三通”和实现祖国和平统一大业将起到积极的作用。为此，对去台人员中在中华人民共和国成立前在大陆犯有罪行的，根据《中华人民共和国刑法》第七十六条关于对犯罪追诉时效的规定的精神，决定对其当时所犯罪行不再追诉，来祖国大陆的台湾同胞应遵守国家的法律，其探亲、旅游、贸易、投资等正当活动，均受到法律保护。

同　日　中共中央举行民主协商会，磋商七届全国人大和七届全国政协的人事安排。在北京的部分全国人大常委会副委员长，全国政协副主席，各民主党派中央负责人和无党派爱国人士，少数民族、宗教界代表人士，有关部门负责人出席了会议。赵紫阳、乔石、胡启立、宋平、薄一波、阎明复、温家宝代表中共中央听取了各界人士的意见。会议由赵紫阳主持。他说，3月2日，中共中央委托乔石和宋平等请民主党派中央、全国工商联主要负责人和无党派爱国人士开过一次会，就七届全国人大和七届全国政协的人事安排问题进行了协商。今天的民主协商会，参加的人数增多了，协商的内容也增加了，要同各位协商国家主席、副主席，七届全国人大常委会委员长、副委员长，国务院总理、副总理、国务委员，中华人民共和国中央军委主席、第一副主席、常务副主席、委员，七届全国政协主席、副主席，最高人民法院院长，最高人民检察院检察长，以及全国人大、全国政协两个常委会委员，全国人大7个专门委员会组成人员的人选建议名单，将中共中央考虑的意见告诉大家，听取大家的意见。中共十三大对人事的安排，党内外反映很好，比原来预料的更好些。现在看到的国家主席、副主席，全国人大常务委员会委员长、副委员长、国务院总理、副总理，全国政协主席、副主席的人选名单，在中共十三大前就进行了较长时间的酝酿，实际上是中共十三大人事安排总格局的重要组成部分，十三大以后又进行了多方面的协商，作了个别的调整。到会的各界人士发言热烈，认为中共中央关于七届全国人大和七届全国政协的人事安排建议比较周到，提出的人选名单有广泛的代表性，从各个方面都比较合适，表示赞同。早在中共十三大之前，中共中央就将七届全国人大和七届全国政协的人事安排问题同各界人士进行协商，广泛听取意见。这说明中国社会主义民主政治的建设正一步一个脚印地前进，说明在共产党领导下的多党合作和政治协商制度的不断健全和完善。

同　日　赵紫阳总书记会见美国前副总统沃尔特·蒙代尔一行。他说，中国把中美关系放在整个对外关系中很重要的位置上，真诚希望两国关系能够持续、平稳地向前发展。最近10多年来，中美关系总的讲发展是平稳的，各个领域的关系都有了发展。中美关系是在尼克松任总统时打开的，两国是在卡特任总统、蒙代尔任副总统时正式建交的。令人高兴的是，发展中美关系已经成为美国两党的一致政策，这是两国关系持续、平稳发展的一个重要保证。中美关系中还存在问题。要使两国关系很好地向前发展，中美双方都应切实地遵守两国签署的3个公报的原则。希望美国政府发挥自己的影响，促进中美经济关系有更大的发展，包括鼓励更多的美国商人来中国投资，办合资或独资企业。

同　日　越南武装舰船侵入南沙群岛海域袭击中国船只。3月13日，中国海军舰船到南沙群岛的九章群礁海域对部分岛礁进行考察。下午2时，舰船在赤瓜礁附近海区停泊抛锚。随后，组织人员登上赤瓜礁考察，并建立观察点。14日6时25分，越南海军604、605运输船和505登陆舰突然窜到赤瓜礁海区进行挑衅活动。他们派出43名武装人员携带轻机枪、冲锋枪，强行登上赤瓜礁。中国考察人员向登礁越军喊话，声明这是中国领土，越南武装人员必须离开。越南武装人员不仅不撤离，反而在8时47分首先使用冲锋枪向礁上中国考察人员开枪，打伤考察人员1人。与此同时，越军604运输船上多挺轻机枪也一齐向中国礁上和舰船人员射击。越南海军的其他舰船也使用舰炮向停泊在赤瓜礁附近海区的中国军舰开炮。在这种情况下，中国舰船被迫进行自卫还击。战斗持续28分钟，越南604运输船被击沉，605运输船和505登陆舰被击受重伤。事件发生后，中国海军舰船本着人道主义精神积极打捞越方落水人员；同时，允许越南船只挂红十会旗帜前来营救。3月14日，外交部向越南驻中国大使馆提出强烈抗议，严正指出，越南当局必须立即停止在南沙群岛海域对中国的武装挑衅，从侵占的中国岛礁及其附近海域撤走，否则，必须对由此引起的一切后果承担全部责任。

3月15日　第三次国家自然科学奖揭晓。国家自然科学奖励委员会公布，179项基础研究和应用基础研究项目获得第三次国家自然科学奖。这使建国以来获得国家自然科学奖的项目增加到338项。这179个项目中，一等奖11项，二、三、四等奖共168项。

3月15日—19日　中共十三届二中全会在北京召开。出席全会的有中共中央委员171人，中央候补委员107人。中顾委委员、中纪委委员和有关负责同志列席会议。中共中央政治局常委赵紫阳、李鹏、乔石、胡启立、姚依林主持了会议。赵紫阳代表中共中央政治局作了工作报告。《报告》分6个部分：（1）关于人大和政协的换届，认为国家主要领导人选推荐名单适当，国务院机构改革重点不是撤减机构，而是转变政府机构的职能；（2）关于经济形势，认为经济保持较快持续增长具备条件，要运用价值规律来促进经济发展，当前经济形势中突出的问题是物价上涨幅度过大。物价的焦点是食品价格；（3）关于加快沿海地区经济发展，认为加快沿海经济发展是全国性战略，要充分发挥科学技术在发展外向型经济中的巨大作用；（4）关于《企业法》的制定和实施，认为颁布和实施企业法时机已经成熟，搞好企业的党政分开，是贯彻《企业法》的一个核心问题。企业党组织贯彻《企业法》，首先必须保证监督落实厂长负责制。企业党组织必须严格按照十三大通过的党章修正案办事。（5）关于党的建设，强调党政干部要廉洁奉公，经济要繁荣，党政机关要廉洁，对党内腐败分子，必须清除出党。（6）关于社会协商对话。报告指出，协商对话要对保证各项改革措施的顺利实施服务，重大事件要向全国人民说明真相。全会审议通过了赵紫阳代表中共中央政治局向全会作的工作报告，认为中共中央政治局以改革总揽全局，在组织实施中共十三大决议，落实经济发展战略，推进经济体制改革和政治体制改革，加强党的建设等方面进行了卓有成效的工作。审议通过了由中共中央政治局提出，经党内外广泛协商，拟向七届全国人大推荐的国家机构领导人选名单和拟向七届全国政协推荐的全国政协领导人选名单，决定将上述两个名单分别向七届全国人大一次会议主席团和七届全国政协一次会议主席团推荐。

3月17日　公安部长王芳今天就台胞来祖国大陆后的安全问题向记者发表了谈话。王芳部长说，台胞在祖国大陆探亲旅游期间从事的各种正当活动，理所当然受到中华人民共和国法律的保护。如人身财产受到他人侵害，政府有关部门将依法行事，保护台胞人身及财产的安全，依法追究犯罪分子的刑事责任。当然，来祖国大陆的台胞也应遵守国家法律，不做有碍社会秩序的事。据统计，1987年11月2日以来，祖国大陆共接待探亲台胞3万余人次。这些台胞都实现了自己来祖国大陆探亲、访友、旅游、经商等愿望，并且已经或正在平安离开祖国大陆。事实证明，台胞来祖国大陆探亲旅游，其人身财产的安全是有可靠保障的。王芳还说，对那些曾在祖国大陆犯有历史罪行的人回来后，政府本着“爱国一家”、“既往不咎”的政策，对他们历史上的问题，我们既不会追究，也不会处罚。

3月19日 中国留美学者、学生联谊会联合会发表声明，欢迎台湾当局邀请留美大陆学者、学生访台。声明说：大陆和台湾的学者、学生均是同祖同宗的炎黄子孙。开展互相访问和学术交流是我们多年的宿愿。台湾当局如能邀我留美学者和学生访问，这是顺乎历史潮流，符合海峡两岸人民心愿的。希望台湾当局在批准访台人选时对所有学者、学生能一视同仁，不附加任何条件和限制，确实保障赴台学者、学生的人身安全和来去自由，并为他们在台进行学术交流和访问活动提供便利。同时，还希望台湾当局能进一步允许大陆学者、学生赴台进行学术交流、参观访问，为早日全面地实现海峡两岸的通商、通邮和通航，以及最终结束国家长期分裂的局面，实现祖国的和平统一而努力。本联合会作为中国在美国两万名学者、学生代表，愿为海峡两岸人民增进交往、增加了解，增加共识，做出贡献。

同　日　中顾委第二次全会在北京召开。出席会议的中顾委委员173人，会议由宋任穷主持。薄一波在会上讲话指出，中共十三届二次全会开得很好。他讲了4个问题：（1）关于国家领导人员人选的推荐名单，他说，这体现了党和人民的根本利益，体现了国家政局的稳定和执行改革开放政策的连续性，体现了民主协商的精神，体现了废除领导职务终身制、实现干部年轻化的原则，标志着中共在推进领导干部的新老交替与合作中取得了重大进展。（2）关于沿海经济发展战略，他强调，要坚决地不失时机地组织实施，切不可犹犹豫豫，老同志要注意学习，加强研究，深化认识，积极促进。（3）关于加强党的建设，他说加快改革同加强党的建设是统一的，必须把两者紧密结合起来，做到互相促进。（4）关于发展协商对话，他说，这是建设社会主义民主政治的重要内容和重要形式。发展协商对话，同发展中共党内民主是相互关联的。要实现整个社会生活的民主化，首先要实现中共党内生活的民主化。在党内必须广开言路。要允许和提倡讲不同意见，提倡倾听不同的声音。健全和完善党内的民主制度，充分实现和保持党内生活的民主化，还要作出艰巨的努力。全会赞同赵紫阳代表中共中央政治局在中共十三届二中全会上作的工作报告，赞同中共十三届二中全会审议通过的向七届人大一次会议主席团推荐的国家机构领导人员人选名单和向七届全国政协一次会议主席团推荐的全国政协领导人员人选名单。

3月20日　河北、四川新增8个市、县对外开放。公安部发言人宣布，为了适应对外开放的需要，经国务院批准，从即日起，中国又有8个市、县被列入对外国人开放地区。这8个市、县是：河北省：南宫市、辛集市、沙河市、冀县、易县。四川省：万县、雅安市、遂宁市。

3月20日—22日　中纪委第二次全会在北京召开。出席全会的中纪委委员68人，中央政治局常委、中央纪委书记乔石主持会议，并代表中纪委常委作了《认真贯彻党的十三大精神，努力做好纪律检查工作》的报告。《报告》分4个部分：（1）增强全党的纪律观念；（2）集中力量管好党纪；（3）在新的历史时期搞好党风建设。报告指出，搞好党风建设，一方面要靠加快和深化改革，建立健全各种制度，逐步减少产生不正之风的土壤；另一方面要靠从严治党，严肃党的纪律。（4）以改革精神加强纪检队伍建设。全会一致赞成中共十三届二中全会工作报告，一致赞同中共十三届二中全会决定向七届全国人大一次会议主席团推荐的国家机构领导人员人选名单和向七届全国政协一次会议主席团推荐的全国政协领导人员人选名单。全会通过了中央纪委常委会《认真贯彻党的十三大精神，努力做好纪律检查工作》的报告，讨论了《党的纪律检查机关体制改革方案》。

3月23日　赵紫阳会见捷共中央书记比拉克。中共中央总书记赵紫阳在中南海会见捷克斯洛伐克共产党中央主席团委员、中央书记瓦西尔·比拉克一行。他说，中国的社会主义制度已经建立，当前的任务是要消灭贫困和落后，一切有利于消灭贫困和落后的政策和措施都应该采用。中共十三大从政治上、组织上、思想上和理论上保护了党的十一届三中全会以来的路线得以继续贯彻下去。中共十三大顺利地解决了两个问题。一、形成了新老交替的格局；二、阐述了中国处于社会主义初级阶段的问题。社会主义初级阶段问题是根据中国的国情提出来的，它是一个相当长的历史阶段。在此期间，中国要在社会主义条件下完成其他国家在资本主义条件下已经完成的生产的商品化、社会化和现代化。他说，近两年来，中捷两党、两国关系非常好。在政治、经济、科技和文化方面的合作关系有了显著发展。他希望并相信这种友好合作关系能够全面、持续、稳定地发展下去。

3月24日　上海郊区发生两列客车相撞事故。14点20分，在距上海真如站7.3公里的外环线匡巷站附近，南京开往杭州的311次旅客列车与要进站的长沙开往上海的208次列车发生正面冲突。旅客死亡28人，其中日本旅客27人；重伤17人，其中日本旅客5人。损坏两台机车、6辆客车及部分线路。事故发生后，李鹏代总理作了三点批示：一、要妥善处理善后，不论是中国伤员还是外国伤员都要全力抢救，由上海市协助；二、事故现场要取证，以便对事故原因作出正确分析；三、认真接受教训，通报全路，提高警惕，搞好当前运输，不得有丝毫松懈和麻痹。25日，李鹏致电日本内阁总理大臣竹下登，向遇难和受伤的日本学生等的家属表示深切慰问，告知中国正尽力抢救受伤人员，做好善后工作。3月29日，李鹏主持总理办公会，听取关于列车相撞处理情况的汇报。4月5日，调查组经过调查论证，确认这是一起列车重大责任事故，直接责任者正副司机分别被逮捕收审。

3月24日—4月10日　全国政协七届一次会议在北京举行。钱学森副主席作了政协第六届全国委员会常务委员会工作报告。报告指出，5年来，全国政协在广泛开展各项活动的过程中，把发挥政治协商、民主监督基本职能作用作为中心环节，把事关国计民生的重大问题作为政治协商、民主监督的主要内容，并在实践中逐步推动政治协商、民主监督向经常化、制度化的方面发展，中国统一战线进入蓬勃发展的历史时期。会议同意钱学森代表六届全国政协常委会作的工作报告。会议代表列席了全国七届人大一次会议，听取了讨论政府工作报告及其他报告，赞同李鹏在七届人大一次会议上所作的政府工作报告，希望国务院充分重视委员们提出的关于物价、社会风气、教育、知识分子待遇、农业、民族和妇女等方面存在的问题，并有计划、有步骤地加以解决。出席政协七届一次会议的1 839名委员，以无记名投票方式，选举李先念为七届全国政协主席，选举王任重、阎明复、方毅、谷牧、杨静仁、康克清、帕巴拉·格列朗杰、胡子昂、钱昌照、周培源、缪云台、王光英、邓兆祥、赵朴初、屈武、巴金、马文瑞、刘靖基、王恩茂、钱学森、钱伟长、胡绳、孙晓村、程思远、卢嘉锡、钱正英、苏步青、司马义·艾买提等28人为七届全国政协副主席。选举周绍铮为秘书长；丁轸宇、万国权、千家驹等280人为常务委员。新当选的七届全国政协主席李先念在闭幕词中赞扬这次会议是民主的大会，团结的大会，成功的大会。

3月24日—4月13日　七届全国人大一次会议在北京举行。李鹏代总理向大会作政府工作报告，报告分3部分：（1）过去5年国内工作的基本总结；（2）今后5年建设和改革的目标、方针和任务；(3) 关于外交工作。在报告今后5年建设和改革的目标、方针和任务时指出，今后5年，我们要加快和深化改革，推动生产力发展，实现第七个五年计划，制定和实行第八个五年计划。到1992年使国民生产总值达到15 500亿元左右，平均每年增长7.5%左右。实现这一目标，就可以为在本世纪末人民生活达到小康水平打下牢固的基础。为此，李鹏提出国务院在今后5年里努力完成的10项主要任务：（1）大力发展农业生产和加强基础工业、基础设施的建设，以保持国民经济的持续稳定增长；（2）加快科学技术和教育事业的发展和改革，把经济建设切实转到依靠科技进步和提高劳动者素质的轨道上来；(3) 以深化企业改革为中心进行综合配套改革，逐步确立新经济体制的主导地位；（4）不失时机地加快实施沿海地区经济发展战略，进一步扩大对外开放；（5）切实搞好政府机构改革，努力克服官僚主义，提高工作效率和严肃党纪政纪；（6）进一步加强社会主义民主和法制建设，维护民族平等和民族团结，巩固和发展全国安定团结的政治局面；（7）大力进行社会主义精神文明建设，促进改革开放和现代化事业的顺利发展；（8）既立足于现实又面向未来，认真贯彻实行计划生育和加强环境保护这两项国策；（9）在发展生产的基础上继续增加城乡人民收入，改善人民的物质生活；（10）随着经济建设的发展，进一步加强国防建设。会议审议和原则批准国务院机构改革方案，即撤销的部委12个，新组建的部委9个，保留的部、委、行、署32个，转为事业单位1个（新华通讯社），改革后的国务院组成部委41个。会议审议通过了关于政府工作报告、关于1988年国民经济和社会发展计划、关于1987年国家预算执行情况和1988年国家预算，以及《中华人民共和国宪法修正案》、《全民所有制工业企业法》、《中外合作经营企业法》、关于建立海南省、海南经济特区的决议等法案和决议。会议选举杨尚昆为中华人民共和国主席，王震为副主席；万里为七届人大常委会委员长，习仲勋、乌兰夫、彭冲、韦国清、朱学范、阿沛·阿旺晋美、班禅额尔德尼·确吉坚赞、赛福鼎、周谷城、严济慈、荣毅仁、叶飞、廖汉生、倪志福、陈慕华、费孝通、孙起孟、雷洁琼、王汉斌为副委员长，彭冲当选为秘书长，丁光训等135人当选为全国人大常委会委员；邓小平当选为中华人民共和国中央军事委员会主席；决定李鹏任国务院总理；赵紫阳、杨尚昆为中央军委副主席，洪学智、刘华清、秦基伟、迟浩田、杨白冰、赵南起为中央军委委员；选举任建新为最高人民法院院长，刘复之为最高人民检察院检察长。

3月26日　姚依林在七届全国人大一次会议上作《关于1988年国民经济和社会发展计划草案的报告》。报告指出，1987年我国的建设和改革都取得了新的成就，国民经济和社会发展计划的完成情况比较好。但经济生活中仍然存在着不稳定的因素和有待进一步解决的问题，最突出的是物价上涨幅度过大，人民生活的改善受到一定影响，一部分城市居民家庭实际生活水平有所下降。1988年经济工作的基本方针是：进一步解放思想，进一步稳定经济，进一步深化改革，以改革总揽全局。1988年国民经济和社会发展总的要求是：通过深化和加快改革，努力增加和改善供给，同时继续控制投资和消费需求扩张，以促进社会总供给和总需求的平衡，在提高经济效益的基础上，保证国民经济以较快的速度稳定增长。1988年计划的具体目标是：国民生产总值比上年增长7.5%，全社会固定资产投资总规模3 300亿元，货币发行量和信贷规模控制在适度水平，财政赤字控制在80亿元，城乡人民的实际收入比上年水平有所提高。1988年国民经济和社会发展的主要任务：（1）大力增加农副产品和轻纺产品的生产与供应，安排好国内市场和人民生活；（2）继续加强基础工业和基础设施的建设，以充分发挥现有生产能力作用和增强经济发展的后劲；（3）加速科技进步和智力开发，促进各项文化事业的发展；积极组织实施沿海地区经济发展战略，促进整个对外贸易和技术交流的全面发展。全面实现1988年计划确定的目标和任务，最重要的，一是深化和加快经济体制改革，进一步调动各方面的积极性；二是继续开展增产节约、增收节支运动，充分挖掘各方面的潜力。4月13日，七届全国人大一次会议批准了这个报告。

同　日　王丙乾在七届全国人大一次会议上作《关于1987年国家预算执行情况和1988年国家预算草案的报告》。报告指出，1987年国家预算的执行情况是好的，财政收入和财政支出都完成了国家预算。根据预计的数字，全年财政总收入2 346.63亿元，国家财政总支出2 426.92亿元，收支相抵，财政赤字80.29亿元。1988年国家预算草案、财政总收入为2 554.5亿元，财政总支出为2 634.5亿元，收支相抵，支出大于收入80亿元。为确保1988年国家预算完成，必须在提高认识、统一思想的基础上，进一步深入开展增产节约、增收节支运动，并把它同深化改革紧密结合起来：（1）要通过增产节约、增收节支运动，提高企业经济效益，确保财政收入的稳定增长；（2）要节减各项开支，压缩社会集团购买力，把财政支出控制在国家财力许可的范围之内；（3）要进一步推进财政税收改革，正确处理国家与企业、中央与地方之间的关系，调动增收节支的积极性；（4）要加强财政管理和监督，严肃财经纪律，堵塞各种漏洞。4月13日，七届全国人大一次会议批准了《报告》，会议授权全国人大常委会审查批准1987年国家决算。

4月8日　新华社报道：国务院新划入沿海经济开放区140个市、县。国务院决定进一步扩大中国沿海经济区的范围。新划入沿海经济开放区的共140个市、县，其中包括杭州、南京、沈阳3个省会城市。这样，中国由经济特区、沿海开放城市和经济开放区构成的沿海对外开放前沿地带显著扩大，市、县增加到288个，面积增加到约32万平方公里，人口增加到1.6亿。

4月9日　七届全国人大一次会议原则批准国务院机构改革方案。国务院机构改革方案指出，根据政府机构改革要建立一个符合现代化管理要求，具有中国特色的功能齐全、结构合理、运转协调、灵活高效的行政管理体系的长远目标，以及党政分开、政企分开和精简、统一、效能的原则，今后5年机构改革的目标是，转变职能、精简机构、精减人员、提高行政效率，克服官僚主义，逐步理顺政府同企事业单位和人民团体的关系、政府各部门之间的关系以及中央政府同地方政府的关系，这次国务院机构改革的基本要求是：减少政府机构直接干预企业经营活动的职能，增强宏观调控职能，初步改变机构设置不合理和行政效率低下的状况。这个改革方案，适当裁减一些专业管理部门，完善或新建一些综合和行业管理机构。具体变动情况是：（1）撤销部、委12个：国家计划委员会、国家经济委员会、劳动人事部、煤炭工业部、石油工业部、核工业部、城乡建设环境保护部、航空工业部、水利电力部、国家机械工业委员会、电子工业部；（2）新组建部、委9个：国家计划委员会、人事部、劳动部、物资部、能源部、建设部、航空航天工业部、水利部、机械电子工业部；（3）保留部、委、行、署32个：外交部、国防部、国家经济体制改革委员会、国家教育委员会、国家科学技术委员会、国防科学技术工业委员会、国家民族事务委员会、公安部、国家安全部、监察部、民政部、司法部、财政部、地质矿产部、冶金工业部、化学工业部、轻工业部、纺织工业部、铁道部、交通部、邮电部、农业部、林业部、商业部、对外经济贸易部、文化部、广播电影电视部、卫生部、国家体育运动委员会、国家计划生育委员会、中国人民银行、审计署；（4）转为事业单位的1个：新华通讯社。

(5) 改革后的国务院组成部委41个：外交部、国防部、国家计划委员会、国家经济体制改革委员会、国家教育委员会、国家科学技术委员会、国防科学技术工业委员会、国家民族事务委员会、公安部、国家安全部、监察部、民政部、司法部、财政部、人事部、劳动部、地质矿产部、建设部、能源部、铁道部、交通部、机械电子工业部、航空航天工业部、冶金工业部、化学工业部、轻工业部、纺织工业部、邮电部、水利部、农业部、林业部、商业部、对外经济贸易部、物资部、文化部、广播电影电视部、卫生部、国家体育运动委员会、国家计划生育委员会、中国人民银行、审计署。

4月11日 《末代皇帝》获9项奥斯卡奖。由中国、意大利和英国合拍、意大利导演执导的故事片《末代皇帝》在美国洛彬矶举行的奥斯卡金像奖授奖大会上获最佳影片奖、最佳导演、最佳改编剧本、最佳服装，最佳作曲、最佳剪辑、最佳音响效果、最佳摄影和最佳美工9项大奖。

同 日 李先念主席会见卢森堡大公储亨利亲王。他说，我国目前形势总的来说是比较好的，但也有不少问题。在全国政协七届一次会议上，有些委员进行了尖锐的批评。他们的话说得不好听，但目的还是希望把国家搞好，把社会主义搞好。在谈到西藏问题时，他说，我们尊重西藏的文化传统和风俗习惯。但达赖喇嘛要搞“独立”或“半独立”，这是绝对不能允许的。不仅中央政府不答应，人民也不答应。在中国历史上，凡是统一时，国家就繁荣昌盛，分裂就会打仗。我们国家没有完全统一，还有个台湾问题。我们希望和平统一祖国。

4月12日 七届全国人大一次会议通过中华人民共和国宪法修正案。(1) 宪法第十一条增加规定：“国家允许私营经济在法律规定的范围内存在和发展。私营经济是社会主义公有制经济的补充。国家保护私营经济的合法权利和利益，对私营经济实行引导、监督和管理。” (2) 宪法第十条第四款“任何组织或者个人不得侵占、买卖、出租或者以其他形式非法转让土地。”修改为：“任何组织或者个人不得侵占、买卖或者以其他形式非法转让土地。土地的使用权可以依照法律的规定转让”。

同　日　七届全国人大一次会议表决产生新一届国务院组成人员。姚依林、田纪云、吴学谦任副总理；李铁映、秦基伟、王丙乾、宋健、王芳、邹家华、李贵鲜、陈希同、陈俊生为国务委员；陈俊生兼国务院秘书长，钱其琛为外交部部长，秦基伟兼国防部部长，姚依林兼国家计委主任，李鹏兼国家经济体制改革委员会主任，李铁映兼国家教委主任，宋健兼国家科学技术委员会主任，丁衡高为国防科学技术工业委员会主任，司马义·艾买提（维吾尔族）为国家民族事务委员会主任，王芳兼公安部部长，贾春旺为国家安全部部长，尉健行为监察部部长，崔乃夫为民政部部长，蔡诚为司法部部长，王丙乾兼财政部部长，赵东宛为人事部部长，罗干为劳动部部长，朱训为地质矿产部部长，林汉雄为建设部部长，黄毅诚为能源部部长，李森茂为铁道部部长，钱永昌为交通部部长，邹家华兼机械电子工业部部长，林宗棠为航空航天工业部部长，戚元靖为冶金工业部部长，秦仲达为化学工业部部长，曾宪林为轻工业部部长，吴文英为纺织工业部部长，杨泰芳为邮电部部长，杨振怀为水利部部长，何康为农业部部长、高德占为林业部部长，胡平为商业部部长，郑拓彬为对外经济贸易部部长，柳随年为物资部部长，王蒙为文化部部长，艾知生为广播电影电视部部长，陈敏章为卫生部部长，李梦华为国家体育运动委员会主任，彭珮云为国家计划生育委员会主任，李贵鲜兼中国人民银行行长，吕培俭为审计署审计长。

4月13日　七届全国人大一次会议决定成立中华人民共和国澳门特别行政区基本法起草委员会，负责澳门特别行政区基本法的起草工作。澳门特别行政区基本法起草委员会向全国人民代表大会负责，在全国人大闭会期间，向全国人大常委会负责。

同　日　七届全国人大一次会议批准设立海南省，撤销海南行政区，海南省人民政府驻海口市。海南省管辖海口市、三亚市、通什市、琼山县、琼海县、文昌县、万宁县、屯昌县、安定县、澄迈县、临高县、儋县、保亭黎族苗族自治县、琼中黎族苗族自治县、白沙黎族自治县，陵水黎族自治县、昌江黎族自治县、乐东黎族自治县、东方黎族自治县和西沙群岛、南沙群岛、中沙群岛的岛礁及其海域。同日，七届全国人大一次会议审议了国务院关于建立海南经济特区的议案，决定划定海南岛为海南经济特区，同时授权海南省人民代表大会及其常委会，根据具体情况和实际需要，遵循国家有关法律、行政法规的原则制定法规，在海南经济特区实施。

4月15日、27日　中共中央政治局先后举行第七、八次全会。会议就七届全国人大一次会议、七届全国政协会议期间人大代表、政协委员提出的重要意见和建议，进行了认真讨论。会议高度评价两个大会取得的重大成果，并认为这标志着中国的社会主义民主和法制建设又前进了一步。15日上午举行的中共中央政治局会议，着重讨论了人大代表、政协委员反映强烈的教育、物价和党风政纪等方面的问题。为了使这些问题得到切实解决，会议确定组成若干小组，对上述问题分别进行研究，提出意见和措施。27日上午举行的中共中央政治局会议，认真讨论了这些小组经过充分调查、酝酿提出的建议。会议认为，这些小组就解决教育、物价和党风政纪等方面问题而提出的意见是正确的，措施是基本可行的，应认真落实。其中有关党的工作部分，由中共中央及其有关部门负责落实；有关政府工作的部分，建议国务院及其有关部门负责落实。会议要求党政军各部门党组织、全体共产党员特别是党员领导干部，必须带头做到廉洁奉公，严守法纪，提高工作效率，全心全意为人民服务。会议强调，中央政治局第四次会议和十三届二中全会关于中国经济形势的分析是正确的，关于今年经济工作的方针和国务院的部署也是正确的。第一季度整个国民经济发展的态势良好。但是也必须看到，前进道路上还存在不少矛盾和困难。在此情况下，特别需要强调遵守纪律，顾全大局，强调个人利益服从集体利益、局部利益服从整体利益、暂时利益服从长远利益。只要认真执行中央和国务院既定的方针和部署，就能够顺利地克服各种困难和矛盾，使中国经济、政治形势继续健康发展。中共中央总书记赵紫阳主持了会议。

4月16日　李鹏会见美国著名基督教福音派领袖葛培理。他说，中国要富强，光有物质条件是不行的，一定要有精神方面的力量。

中国有信天主教、基督教的，但目前信教的人不算多。对于宗教信仰问题，我国宪法保证宗教信仰自由，过去这方面有的地方做得不够，现在纠正了。尽管我们的信仰不同，但有一点是共同的，中国人认为要有崇高的道德品质。

4月18日　国务院召开新一届政府第一次全体会议。会议宣布国务院工作规则和国务院总理、副总理、国务委员的分工。国务院工作规则包括国务院职权，总理、副总理、国务委员的职责，会议制度，文件审批制度，社会协商对话制度5个方面的内容。规则根据宪法、国务院组织法的有关规定和国务院的工作要求，规定国务院实行总理负责制，副总理、国务委员协助总理工作。总理、副总理、国务委员在工作中，要认真贯彻执行党的路线、方针、政策，接受全国人民代表大会及其常务委员会的检查监督；充分发挥国务院各部门和地方各级人民政府的作用；注意调查研究，一切从实际出发，按客观规律办事；要密切联系群众，倾听群众的意见，发扬为人民服务的优良传统；努力提高工作效率，改进机关作风，克服政府工作中的官僚主义。国务院实行全体会议、常务会议和办公会议制度。国务院工作中的重大问题，必须经国务院常务会议或国务院全体会议讨论决定。关于总理、副总理和国务委员的分工：国务院总理李鹏领导国务院的工作。副总理姚依林负责常务工作并协助分管财经工作，田纪云协助分管农业和商贸工作，吴学谦协助分管外交工作。国务委员李铁映协助分管文教工作，秦基伟兼任国防部长，王丙乾兼任财政部长，宋健协助分管科技工作，王芳协助分管政法工作，邹家华协助分管工业交通工作，李贵鲜兼任人民银行行长，陈希同负责协调中央国家机关同北京市的工作关系，负责首都规划建设工作，陈俊生协助处理国务院日常工作。国务院工作规则和国务院总理、副总理、国务委员的分工是4月14日李鹏主持召开的新的一届政府第一次国务院常务会议上通过的。李鹏在国务院首届全体会议上说，新的政府要以改革统揽全局，推动各方面的建设和工作。新的政府要继承和发扬好的传统和作风，同时应该有新的作风。新的作风主要是三条：一要为政清廉，二要加强组织性和纪律性，三要克服官僚主义、提高工作效率。国务院总理李鹏主持会议，副总理、国务委员、各部部长、各委员会主任出席了会议。

4月19日　李鹏总理会见日本首相特使伊东正义。他说，中日邦交正常化以来两国关系总的来看是好的，近年来发生了一些不愉快的问题，但只要双方领导人和政治家以两国友好大局为重，就不难解决。在谈到中日经济合作关系问题时，他说，中日两国经济发展阶段不同，双方互有长处，可以在互助互利、取长补短的基础上共同促进经济发展。日本在东芝事件后不久又发生对两家从事对华贸易的公司强行搜查的事件，对此中国经济、科技界人士感到迷惑不解。希望日方能够慎重处理，并在对华技术转让方面实行更开放的政策。

同　日　邓小平在人民大会堂会见日本首相特使伊东正义。他说，中日两国关系一般来说是正常的。但是近几年来从教科书问题开始，不断出现一些麻烦。值得注意的是，你们称为右翼势力的极少数人，他们的活动应当引起警惕。如果对这些活动处理得过分软弱，就会助长他们的气焰。这些事情看起来不大，但积累起来就代表一种倾向，成为破坏中日友好的一种力量。绝大多数日本人民也是不赞成这些事情的，并且逐步采取一些妥善措施加以解决。我们是感谢的。今后再发生一些有损于中日友好的问题时，希望能够按照中日联合声明与和平友好条约的原则，并根据两国建交十几年来友好关系发展的经验，及时、妥善地加以处理。他强调，中国老一代的领导人毛主席、周总理，包括我本人在内，都是十分关心中日长期友好和平的。现在当政的一代以及今后的领导人，也都会热心于中日友好事业的。在介绍国内情况时，他说，从去年召开十三大到最近闭幕的七届人大一次会议，我们做了两件大事：一是进一步确定了改革开放政策；二是完成了党和国家领导人的换届工作。

4月19—24日　希腊共和国总统赫里斯托斯·安·萨采塔基斯应邀访华。4月19日，杨尚昆主席欢宴萨采塔基斯总统，希望中希两个文明古国进一步发展传统友谊。

4月20日　国务院批准10名全国劳模。全国总工会宣布国务院批准五一期间新命名的10名全国劳动模范。他们是河北石家庄第一塑料厂厂长张兴让，黑龙江牡丹江木工机械厂车工李守堂，安徽省水产局局长赵乃刚，北京市虎坊路浴池特级修脚技师杜德顺，航空工业部科技委副主任顾诵芬，上海第31棉纺厂挡车工路寅娟、山东省电力建设第一工程公司副总工程师朱菊儿，河南省计算机中心副总工程师王永民、辽宁省盘锦市实验中学教师魏书生、中国围棋队总教练聂卫平。

同　日　国家版权局作出保护台胞作品版权规定。国家版权局局长宋木文当天在中华版权总公司成立招待会上公布了国家版权局对大陆使用台湾同胞作品的版权保护进一步作出了规定。规定包括：一、台湾同胞对其创作的作品，依我国现行有关法律、规章，享有与大陆作者同样的版权。二、凡大陆发表，转载、重印、翻译或改编出版台湾同胞的作品，均需取得作者或其他版权所有者授权，并签订版权转让或许可使用合同。三、经授权出版台湾同胞作品，出版者应按国家出版局1980年制定的《关于书籍稿酬的暂行规定》和文化部1984年颁布的《书籍稿酬试行规定》，向作者或其他版权所有者支付报酬和赠送样书，报酬均以人民币支付。四、台湾同胞向大陆转让版权或授权使用作品，可以自行办理，也可以委托亲友或代理人办理，可以直接同大陆出版者签订合同，亦可同版权代理机构中华版权代理公司签订合同。五、受台湾同胞委托，为其办理向大陆转让版权或授权使用作品的代理人，必须持有经过公证的作品或其他版权所有者的委托书。六、1988年3月1日后，大陆出版者或其他人如侵犯台湾同胞的版权，版权所有者可请求侵权者所在地版权管理机关进行处理，亦可向当地人民法院提起诉讼。七、为了保障台湾作者的权益，凡在大陆经营对台版权业务的代理机构，必须经国家版权局批准，未经批准，任何单位和个人不得代理对台版权业务。同时，不论大陆出版台湾作者的作品，还是台湾出版大陆作者的作品，大陆作者和出版者必须将与台湾出版者、作者或其代理者签订的合同报国家版权局审核登记，否则不受法律保护。

同　日　赵紫阳总书记会见希腊总统赫里斯托斯·萨采塔基斯。

他说，今后中国将采取进一步发展社会主义商品经济的具体步骤，经济体制改革的中心环节就是这个。至于中国的政治体制改革，关键在于建设社会主义民主政治。中国同世界各国的经济联系今后将大大加强。希望希腊的企业家能到中国的沿海地区来，同我们进行合作，把两国关系推进到一个更新的水平。

4月23日　经国务院批准，厦门市在国家计划中实行单列，赋予相当于省一级的经济管理权限。

4月26日　海南省委省政府正式挂牌。按照中共中央、国务院“小政府、大社会”的要求，中共海南省委、海南省人大、省人民政府只设36个机构。

4月27日　中央军委主席邓小平签署、颁行《中国人民解放军文职干部暂行条例》。这是中国人民解放军第一部文职干部暂行条例。《条例》共8章27条，是根据《中华人民共和国兵役法》有关规定和中央军委领导有关指示制定的，它对文职干部的性质和地位、编制范围、来源和培养、职务等级、任免、晋升和奖惩、待遇及最低服务年限和转业、退休作了规定。这是从中国军队的实际情况出发，制定颁布的一部过渡性的暂行条例。《条例》规定，文职干部是军队编制定额内不授予军衔的干部，是军队建设的重要力量，也是国家干部队伍的组成部分。由现役军官改任的文职干部保留军籍。文职干部承担着与现役军官基本相同的义务，也享有与现役军官同等的工作、学习、参加政治生活、获得政治荣誉和物质鼓励的权利。文职干部与现役军官依隶属关系和所任职务，构成上下级或同级关系，工作需要时也可以改任现役军官。《条例》对文职干部的编制范围作了原则规定。编制文职干部主要是两类干部：一是科学研究、工程技术、医疗卫生、教学、新闻、出版、文化艺术、体育单位的部分专业技术干部；二是为机关、院校、医院等单位内部服务的部分行政事务、生活保障干部。师以下作战单位、试验训练部队和保障部队，有的负有作战任务，流动性大，有的驻在边远艰苦地区，原则上不编制文职干部。关于文职干部的待遇，《条例》规定，文职干部的政治待遇和粮油定量、住房、医疗、休假、家属随队、优抚等生活福利待遇按照现役军官的有关规定执行；由现役军官改任的文职干部，工资水平与现役军官相同。《条例》还规定，文职干部实行任命和聘任相结合的制度。为了保持文职干部队伍的相对稳定，条例规定了文职干部在军队服务的最低年限。对担任中、高级专业技术职务的和担任非专业技术职务中处级以上干部的退休年龄，条例作了同国家干部基本一致的规定。《条例》的颁发实施，是军队干部制度的一项重大改革，对加强军队干部队伍建设，促进军队现代化、正规化建设具有重大意义。

4月30日　李鹏总理会见中日民间人士会议日方委员会代表伊东正义等。他说，中日民间人士定期会晤是很有好处的。中日经济合作问题，目前主要是个投资问题，中国的投资环境正在逐步好转。当前最大的问题是办事效率低，今后我们要集中解决这个问题。现在有的日本企业还在观望，希望有远见的日本企业家能够不失时机地来华投资。对日本近年来增加军费问题，坦率地说，我们对此是很关注的。虽然占国民生产总值1%多一点的比例并不很大，但由于日本国民生产总值基数大，所以军费的绝对数额是相当可观的。派留学生是中国开放政策的一部分，不会改变。会见中，日本诺贝尔奖获得者江崎玲于奈说，公元1800年时中国的生产总值曾占世界的1/3，希望有一天中国能恢复到原来的水平。李鹏开玩笑地说，看来江崎先生不仅是个科学家，还是个浪漫主义者。我们的目标要低得多。本届政府希望把增长速度保持在平均每年递增7.5%，这样到2000年就可以实现翻两番；再过30—50年，可以达到中等发达水平。那时我们的社会主义初级阶段就基本完成了。

5月3日　国务院常务会议讨论国务院机构设置。会议宣布了各有关部委的副部长、副主任和直属机构、办事机构主要负责人名单。国务院的机构设置，包括业经七届全国人大一次会议通过的41个部委、国务院办公厅，国务院直属机构和国务院办事机构。同时，根据工作需要，设若干个由部委归口管理的国家局和若干个事业单位。经过机构改革，国务院直属机构共19个：国家统计局、国家物价局、国家建筑材料工业局、国家医药管理局、海关总署、国家技术监督局、国家工商行政管理局、国家环境保护局、中国民用航空局、国家旅游局、国家海洋局、国家气象局、国家地震局、国家土地管理局、新闻出版署、国家档案局、国务院宗教事务局、国务院参事室、国务院机关事务管理局。国务院办事机构5个：国务院法制局、国务院外事办公室、国务院侨务办公室、国务院港澳办公室、国务院特区办公室。部委归口管理国家局16个：国家税务局、中国专利局、国家外国专家局、国家中医药管理局、国家语言文字工作委员会、国家烟草专卖局、国家国有资产管理局、国家黄金管理局、国家核安全局、国家测绘局、国家矿产储量管理局、国家文物局、国家保密局、国家外汇管理局、中华人民共和国国家进出口商品检验局、国家版权局。事业单位5个：新华通讯社、中国科学院、中国社会科学院、国务院经济技术社会发展研究中心、国务院农村发展研究中心。会议还讨论了国务院非常设机构的清理整顿问题。原有的非常设机构82个，经清理整顿，保留和新设的有国家机构编制委员会、全国绿化委员会、国家防汛指挥部、中央森林防火指挥部、中央爱国卫生运动委员会等43个。会议由李鹏总理主持。

同　日　原教育部部长蒋南翔在北京逝世。蒋南翔，1913年9月生，江苏宜兴人。1932年考入清华大学，1933年秋加入中国共产党，是“一二·九”运动的重要领导人之一。以后长期从事青年工作，历任清华大学党支部书记，北平市西郊区党委委员，上海市学委江湾区区委书记，北平市学委书记，北方局、长江局青委委员，全国学联党团书记，南方局青委书记，中共中央青委委员、青委宣传部长。解放战争时期，他先后任辽北分省委委员兼宣传部长、哈尔滨市委常委兼宣传部长、市教育局长、东北局青委书记、东北局党报委员会秘书长，新民主主义青年团中央副书记、书记。建国后，任清华大学校长、党委书记，中共北京市委常委、北京市高等学校党委第一书记，教育部副部长、党组副书记，高教部部长、党委书记兼清华大学校长、党委书记。1977年后他历任中共天津市委书记、国家科委常务副主任、教育部部长。1982年8月调任中共中央党校第一副校长。他是中共七大候补代表、中共八届中央候补委员，十一、十二届中央委员，第一届全国政协委员，一、二、三届全国人大代表，五届全国人大常委。

5月4日　李鹏总理会见日本外相宇野宗佑。他说，中国政府把发展对日友好作为对外政策的重要组成部分。中日关系中还有些问题，但总的趋势是好的。只要双方有远见的政治家都在处理中日关系问题上能从长远角度和大局出发，两国间出现的问题就不难解决。他希望中日经济合作能取得重要成果，并早日签订中日投资保护协定。谈到光华寮问题时，他说，这实质上是个政治问题。我们不愿意看到日本也有支持搞“两个中国”的行为。希望日本方面妥善处理这一问题，不要因此影响中日友好的大局。

5月5日　中国、日本、尼泊尔联合登山队跨越世界第一高峰珠穆朗玛峰成功。联合登山队12人全部成功登顶，其中6人在人类登山史上首次进行南北大跨越，并且首次有计划实现了人类在珠穆朗玛峰上会师的目标。

5月6日　中国运动员高敏在加拿大国际跳水比赛中夺得女子跳板比赛冠军。

同　日　赵紫阳会见美国甘尼特报系董事会访问团。赵紫阳总书记在中南海会见由董事长艾伦·纽哈思率领的美国甘尼特报系董事会访问团。他说，中国最近10年确实发生了许多重大变化，这是因为中国以实现四化为目标，实行改革开放。中国将长期坚持这种政策，不会变。邓小平曾多次对外宾说过，如果说有什么变化，只会变得更开放，改革更深入。关于国内物价改革问题，他说，我们有计划、有领导、有步骤地调整物价，目的是逐步使物价结构变得合理，使人民生活得到改善。我们希望经过几年的努力，将能使物价上升指数下降，经济发展保持一定的速度。关于台湾问题，虽然台湾当局拒绝与大陆“三通”，坚持“三不”政策，但是近来中国大陆与台湾之间的接触增多了，间接贸易也有较大增长。中美两国关系总的来说是好的，中国重视发展这种关系。目前存在的问题，一是对台湾的态度，二是对中国转让技术的限制。虽然美国把中国看成不结盟和友好国家，但在技术转让问题上还存在歧视。美国少数议员说了些实际上是干涉中国内政的话，刺激了中国人民的感情。中美关系必须建立在和平、发展的基础上，这种关系不是针对第三国的，否则，中美关系将是不稳定的，是暂时的。希望今后两国多做有利于友好的事，不做或少做不利于友好的事。他欢迎美国实业家到中国沿海地区投资和进行经济贸易合作，并希望美国在中国对外经济合作中走在最前面。

5月8日—15日　爱尔兰总统帕特里克·希勒里应邀访华。5月9日，杨尚昆主席在人民大会堂会见并欢宴希勒里总统。他说，中国同爱尔兰的关系是好的，两国没有利害冲突，希望更进一步地发展同爱尔兰在各方面的关系。在谈到世界形势时，他认为，世界大战在一段时期内不会发生，虽然美苏间的军备竞赛包含了一定的战争危险，但我们认为总的发展趋势是和平力量发展超过战争危险。中国的发展本身是一种和平力量，欧洲包括爱尔兰在内也属于和平力量。

5月10日　新版人民币发行。中国人民银行开始在全国发行票面额为壹佰元、贰元、壹元和贰角的4种新版人民币。

同　日　赵紫阳总书记会见爱尔兰总统帕特里克·希勒里。他说，按照联合国的统计数字，我们现在每年的人均国民生产总值是500美元左右，已经实现了翻一番。现在，我们要争取在20世纪末再翻一番，使人均国民生产总值达到1 000美元，到21世纪中叶，再翻两番，达到4 000美元，中国要真富起来将要经过一个漫长而艰巨的道路。几十年来的经验告诉我们两点：第一，社会主义制度适合中国的国情，中国这样的大国如果不搞社会主义就很难有安定团结；第二，中国必须走与其他社会主义国家不同的道路，就是要搞具有中国特点的社会主义。在这方面，我们主要是实行一系列的改革和开放政策，在10年来我们所以发展比较顺利，主要原因就在于此。我们要发展同世界各国的经济合作，要引进技术和外资，参与国际市场的交换，参加竞争。过去我们搞建设相信两条，既不借外债也不借内债。结果中国的经济发展很慢。近几年来，我们既借内债也借外债。我们借外债有3条原则：一是外债不可不借，但不可借得太多；二是要用好借来的外债，要用在真正能产生效益的项目上；三是借外债要考虑将来还债，不能借来就吃光。

5月12日　我国外交部发表关于西沙群岛、南沙群岛问题的备忘录。备忘录指出，西沙群岛和南沙群岛自古以来就是中国的领土，这不仅有古今中外的大量史料、文件、地图和文物可作证明，而且也为世界上许多国家和广泛国际舆论所公认。最近，越南当局接二连三地发表外交部声明及其他官方文件，一再声称中国的西沙群岛和南沙群岛是越南的“领土”，硬说中国在1987年以前从未在南沙存在过，攻击中国不愿和平解决争端等等，并极力为其在西沙群岛、南沙群岛归属问题上出尔反尔的立场辩解。然而，历史事实不能伪造，国际法原则不容践踏。越南当局随心所欲地拼凑的“材料”和对中国进行的诬蔑攻击，丝毫改变不了中国对西沙群岛、南沙群岛无可争辩的主权。中国政府严正要求越南当局停止一切侵占中国领土和制造紧张局势的活动，赶快从非法侵占的中国南沙群岛岛礁撤走，以恢复该地区的和平与稳定。

同　日　中国民航厦门航空公司2510号波音737—200型客机在厦门飞往广州途中被劫持到台湾。当日，中国民航局局长胡逸洲致电台湾“民航局长”要求协助机组人员及全体乘客迅速飞回厦门，并要求交回劫机分子。13日，被劫持飞机和乘客安全返回厦门。14日，厦门航空公司总经理吴荣南要求台湾方面严惩劫机分子。

5月14日　赵紫阳总书记会见阿根廷总统阿方辛。他说，阿根廷奉行独立自主和不结盟的外交政策，主张和平、裁军和发展，我们对此表示赞赏。我们两国虽然社会制度不同，相距遥远，但是我们的共同点远远超过我们的差异。我们的党同阿根廷的执政党激进党建立了正式的关系，我们对此表示高兴。我们两个党都是执政党，希望今后加强往来，以推动两国政府和人民友好关系的发展。

同　日　李鹏总理会见阿根廷总统阿方辛。他说，为了维护世界和平和促进发展，两国应加强合作，发挥各自的作用。外债问题是不合理的国际经济秩序造成的。中国一贯支持发展中国家对发达国家就解决外债问题提出的合理要求。中国也借了外债。我们主要把外债用于国家的基本建设。同时，我们在借外债时还考虑到偿还的能力。世界的发展是整体性的，任何一个地方的极端贫困都会带来动乱，其结果就会影响世界和平和地区和平。在解决债务问题上，债权国负有更大的责任。

同　日　全国政协副主席庄希泉在北京逝世。庄希泉，福建厦门人，1888年9月生。他早年参加同盟会，追随孙中山，从事实业救国。1916年，他在新加坡创立中华国货公司，次年创办南洋女校，探索“教育救国”的道路，掀起反对英国殖民当局颁布限制华文教育运动。这是中国五四运动后，海外发生的一次较大规模的爱国运动，因此被捕两次，并于1921年初被驱逐出境。回国后，他创办厦南女子师范，并在国共合作时期，加入中国国民党，任福建临时省党部执行委员。上海五卅运动后，他在厦门组织外交后援会，开展罢工、罢市、抵制日货活动，而被日本驻厦门领事馆押往台湾监禁。1934年，他因宣传抗日反蒋被国民党特务拘捕。抗日期间，他积极参加抗日救亡运动，庄希泉以华侨身份掩护中共地下党员活动，变卖香港的全部家产资助革命。1947年，他在香港加入中国民主同盟，任香港工商委员会委员，积极协助中共做海外统战工作。1949年新中国成立，庄希泉被任命为中央人民政府华侨事务委员会副主任委员。1956年当选为第一届全国侨联副主席。他是第三、四、五届全国人大常委会委员。1978年以后，先后担任第五、六届全国政协副主席、第二届全国侨联主席、第三届全国侨联名誉主席、以及华侨大学董事长和中国华侨历史学会会长、名誉会长等职。1982年，他以95岁的高龄加入中国共产党。

5月15日　邓小平在人民大会堂会见阿根廷总统阿方辛。他说，整个第三世界是最大的和平力量。第三世界每发展一步，和平力量就发展一步。过去我们曾经对战争有较大的忧虑。70年代以后，我们改变了观点，发现和平力量超过了战争力量。现在出现了对话代替对抗的新潮流。和平解决国际争端的趋势正在发展。现在人们都在议论21世纪是太平洋世纪。我认为这句话说得太早了，我们还需要50年的努力。看来，争取较长时间的和平是有希望的。我们至少需要50年的和平。这是我们最大的愿望。我们现在面临的问题有两个，就是和平与发展。中国、阿根廷都应该利用这段时间，搞好自己的发展和建设。阿根廷是拉美的大国，拉美的作用在国际事务中越来越重要，相信将来也会出现拉美的世纪。我们在地理上相距遥远，但是在感情上却很近，因为我们都属于第三世界国家。我们的政治环境、要求和目标都是一致的。我们没有任何分歧，包括对国际问题的看法。两国建交以来，关系一直很好。我们应该长期地合作下去。关于中国的改革开放情况，他说，10年来，我们所执行的政策是正确的。我们坚持改革和开放的政策，现在不是收，而是进一步放。这是有风险的，其中会有波折，甚至可能犯错误。但是我们要迎着风浪向前走，力求避免犯大错误。我们的改革开放看来有希望。中共十三大和全国七届人大，这两次大会取得了两个稳定：第一是保证政策的稳定；第二是保证领导班子的稳定。我对此感到非常愉快！

5月16日　赵紫阳会见美国著名经济学家西奥多·舒尔茨。他说，如果西方几个工业大国带头不搞贸易保护主义，对世界经济的发展是会有很大好处的。西方工业国家不能把自己的发展建立在发展中国家经济停滞的基础上。中国沿海地区将进一步对外开放。拥有两亿人口的这一地区进入国际市场，不但有利于自身的发展，也将成为促进国际自由贸易的一个因素。在过去几年里，中国农村的联产承包责任制对农业的发展起了很大的作用。但是，农业要继续向前发展，就需要一切后续政策。一般来说，沿海地区的农业发展水平比较高，有利于增加农业的投入，有利于实行专业化经营。看来改变家庭经营的分散性，其必要的前提是要有相当的农业人口脱离农业生产，转向乡镇企业。中国共产党和中国人民正是因为有了历史上正反两方面的经验，才坚定了改革的信念。如果没有“文化大革命”的深刻教训，就不可能有今天的改革、开放政策。当舒尔茨问，在中国是什么样的力量在支持继续改革开放时，赵紫阳说，支持继续改革开放的最主要力量就是人民。改革开放给人民带来了巨大利益。尽管在改革中会出现这样那样的问题，或者还会有不同的想法，但绝没有人主张回到老路上去。我们现在有许多新的问题要解决，因此只能继续改革开放。当然，如何改，还需要在实践中探索，但继续改革开放是大势所趋。舒尔茨是1979年诺贝尔经济学奖获得者，较早提出了以农业为基础的经济发展理论，他是作为国务院农村发展研究中心主任杜润生的客人访华的。

5月17日　赵紫阳会见莫桑比克总统希萨诺。他说，第三世界国家在独立之后如何建设自己的国家是项重要的任务。我们认为，取得政权后关键在于如何执行一系列有利于发展生产力的政策。只有生产力得到了发展，人民生活改善了，一切问题才能迎刃而解。根据我们的经验，正确的政策坚持执行下去就会取得成效。经济、文化落后的国家取得政权以后，可以逾越资本主义制度，但不能逾越商品经济的发展，没有社会主义商品经济的高度发展，没有生产力的高度发展，就不可能建设社会主义制度。我们认为，检验政策是否正确就是要看这种政策是否有利于生产力的发展。这是中国将近建国40年来的一条经验教训。当然，这只是中国的经验，仅供参考。莫桑比克的事情还得根据本国的实际情况去办。

5月18日　邓小平会见莫桑比克总统希萨诺。他说，搞社会主义首先要弄清楚什么是社会主义。贫穷决不是社会主义。我们建国39年，头8年好，后10年也好，当中20年受到“左”的干扰，情况不好。我们对近10年的发展是比较满意的。中共十三大以后，进一步改革，进一步开放。按照现在的方针政策搞下去，我们相信是会有更大成就的。当然也有些问题，就是物价上涨问题。但我们必须走改革的道路。有问题要及时妥善解决，不能停滞，停滞是没有出路的。同时，建设一个国家不能搞封闭式，要重视国际交往。所有这些概括起来就是对外开放，对内也开放。我们提倡解放思想，独立思考，一切从本国的实际情况出发，紧紧抓住本国的具体情况来制定自己的政策。制定经济政策如此，制定政治上的政策也是如此。

5月19日　邓小平会见由朝鲜人民武装力量部部长吴振宇率领的朝鲜军事代表团。他说，中国的物价改革是一个大胆行动，要冒一定的风险，但是中央有信心把这件事办好。4天前北京放开4种副食品价格后，人们议论纷纷，这中间不满意的话也不少。但是，广大的人民群众理解中央这个决心是应该下的。多年来，物价问题是国家的沉重负担。旧的价格体制不符合价值规律，国家每年都要拿出财政收入的很大一部分用于物价补贴，经济建设增加了很大的包袱。要轻装前进，物价问题非解决不可。不走这一步，中国就不可能在下个世纪中期达到中等发达国家的水平。我们很清楚，价格改革每前进一步都有不小的风险，会遇到困难。要让全党和全国人民懂得，这是很艰苦的工作。中国现在是个巨大的试验室，我们面临的是新事物、新问题，经验靠我们自己创造。这要求我们兢兢业业地工作，决策时既要大胆又要细心，要经常总结经验。我还告诉同志们，胆子要大一点，不要怕风险。如果前怕狼后怕虎，那就走不成路。中央有一定的信心和把握搞好价格改革。10年来中国有了可喜的发展，人民生活有所改善，对风险的承受能力有一定的增强。搞好食品价格改革以后，还要解决原材料价格问题。今后我们还要迎着风险前进，但国家经济发展的速度还会是比较快的。我们党的十三大和不久前召开的七届全国人大一次会议除了决定深化改革和加快对外开放外，还对中央领导班子作了很大的调整，实际上完成了新老接替。这样的安排对于保持中国局势的稳定和政策的连续性是十分重要的。搞好领导班子的新老接替是很不容易的。但是我们全党认识一致，这个问题顺利解决了。外国老说中国有改革派和保守派。事实上，中国没有什么保守派，大家都是赞成改革开放的。当然，具体怎么改，怎么开放，有不同意见是正常的。如果没有不同意见，倒是不正常。改革开放的一个重要步骤是，沿海地区要加快对外开放，使这个拥有两亿人口的广大地带较快的发展起来，从而带动内地更好地发展。

5月20日　北京市以中关村为中心建立新技术试验区。北京市副市长陆宇澄举行新闻发布会，经国务院批准，北京市决定以中关村地区为中心，在海淀区划出100平方公里左右的区域，建立外向型、开放型的新技术产业开发试验区。试验区的“暂行条例”共18条，自宣布之日起施行。

5月21日　中共中央组织部、国家人事部发出《关于全民所有制工业企业引入竞争机制、改革人事制度的若干意见》的通知。《通知》指出，必须把竞争机制引入企业人事管理；通过公开招标选聘企业经营者；改善对企业经营者和各级管理人员的管理工作；要加强对企业人事制度改革的宣传，破除旧的观念，增加竞争意识；要积极支持和促进人才的合理流动；坚持能上能下，打破干部领导职务终身制。

5月23日　中纪委印发3个暂行条例。即《党员领导干部犯严重官僚主义失职错误党纪处分的暂行规定》（共3章18条）、《共产党员在涉外活动中违犯纪律党纪处分的暂行规定》（16条）、《对参与嫖娼、卖淫活动的共产党员及有关责任者党纪处分的暂行规定》（6条）。

5月23日—27日　捷克斯洛伐克共产党中央总书记米洛什·雅克什应邀访华。5月23日，赵紫阳会见并欢宴雅克什。他说，中共十三大提出的政治体制改革，中心是要进行社会主义的民主政治建设，这要在有领导、有步骤和保持国家安定的情况下进行。我们的开放不仅涉及到经济方面，还包括党政机关活动的开放。重大的事情要让人民群众知道，重大的问题要让人民群众参加决策。我们现在还有许多困难，但我们相信这些困难能够在进一步加深改革的过程中得到解决。他强调，当前，社会主义正处在对自己的再认识过程中。在几十年的发展中，社会主义建设积累了许多成功的经验，也遭受了不少挫折。实践使我们变得更加聪明，也更加成熟了。我们越来越深刻地认识到，只有当我们真正地从本国的实际出发，创造性地探索建设社会主义的道路和方法时，社会主义才能真正显示优越性。中捷两党两国都在以自己社会主义的实践和经验丰富着马克思主义的思想宝库。我们有许多东西需要相互理解，我们也有许多东西值得互相交流、互相学习、互相借鉴，这对我们建设社会主义的共同事业无疑是十分有益的。

5月24日　邓小平会见美国大通·曼哈顿银行国际咨询委员会代表团。他说，我们现在正在干的是一件新的事情，是一件很有风险的事情，不会是一帆风顺的。我经常鼓励我们的一些同志要更大胆一些，因为中国只有更加改革开放才有出路。既然要大胆地干，就难免会犯错误，要允许犯错误，一出问题就赶快检查，错了就改。不要让小错误变成大错误。我认为，在这样复杂的情况下难免犯错误，意思就是要更大胆一些。我们对中国的发展前途是有信心的，同时我们感到要更加谦虚谨慎一些，因为要实现我们的目标是很不容易的。在谈到改革开放的前景时，他说，我们现在还要过几个险关，主要的一关是理顺物价。过去物价都是靠国家补贴过日子。现在我们开始过第一关。第一关过去了，还要过其他的关，这就是最大的风险。物价这个关不过不行，是绕不过去的。如果在本世纪内剩下的10多年之内，不把物价理顺，下世纪要达到目标就很困难。现在就要迎着困难前进，保证政策和发展的连续性。中国现在正在进行深入的改革，我希望你们委员会鼓励国际上的企业家和金融家帮助中国发展，重要的方式是来中国投资、转让技术。另外，作为内行，你们可以为我们出主意，这也是很大的帮助。大通·曼哈顿银行国际咨询委员会代表团是来北京举行会议的。邓小平建议委员会研究这样一个课题，从全人类发展的高度来谈发展。他说，我们不反对发达国家继续发展，但是发达国家的继续发展不能建立在众多的发展中国家继续贫困的基础上。

同　日　赵紫阳会见美国大通·曼哈顿银行国际咨询委员会代表团。他说，台湾和大陆海峡两岸出现了好的变化，就是出现了缓和。“三通”实际上已经开始，“三通”的口子会越开越大。中国改革开放政策的实行进入了第10个年头，实行的情况是令人满意的。这一政策使中国经济有了活力，但是也有一些新的问题，或者说是困难，主要是物价问题。现在中国的改革进入了关键的阶段，就是要去解决一些难度比较大的、但又不能回避的问题。现在到了不进则退的阶段，只能进不能退，要进就会胜利，要退就不可收拾。今后一段时间，主要将对物价进行改革，我认为我们具备了物价改革的条件，因为我们的经济情况不错。物价和工资是相关联的。只有有计划地解决了物价问题，才能有计划地解决工资问题。如果不主动解决物价问题，那么工资改革也就跟不上了。他欢迎外国企业家到中国国营企业内投资，主要形式不是把中国股份出卖而是希望外商增加一部分股份，用于技术改造，也希望外国的企业家同中国的乡镇企业合作。中美两国的经济贸易和技术合作应该更快地向前发展。

同　日　李鹏会见美国大通·曼哈顿银行国际咨询委员会代表团。他说，30多年来，中国实行的是计划经济。现在的经济模式有了较大的变化，就是用价值规律指导经济。但我们实行的并不是没有计划的经济，而是有计划的商品经济，使价值规律起更大的作用。有计划的商品经济既不同于资本主义国家的经济，也不同于传统的社会主义国家的经济。现在市场经济中有一个问题，就是价格问题，价格不合理是实行市场经济的一个很大障碍。提高4种副食品价格，这是一次大的行动。理顺价格的工作需要相当长的时间，每走一步都需要周密的计划。提高4种副食品价格的目的是为了调动农民的生产积极性。国家在价格问题上保持一定的手段，掌握价格的上涨幅度，这样做是困难的，也是必要的。

5月25日　邓小平会见捷克斯洛伐克共产党总书记米洛什·雅克什。他说，我们的目标是要真正建立党和国家干部的退休制度，使比较年轻的人担任领导职务，不仅中央是如此，各级也是如此。党和国家各级领导人逐步年轻化，能使党和国家充满活力。年轻人经验不足，但精力充沛，比较容易接受新的事物，新的知识水平也比较高。谈到国内改革时，他说，我们的方针是正确的，我们上下对于改革开放的认识是一致的，没有什么保守派。这一点要“归功”于“文革”十年动乱。“文革”十年动乱灾难性的教训对我们是太深刻了，大家都要求改革，所以我们的改革是顺利的。改革开放要贯穿中国整个发展过程，建设具有中国特色的社会主义，就是要坚定社会主义的发展方向，肯定社会主义的根本内容是发展社会生产力，逐步摆脱贫困。社会主义不是贫穷，而是富裕，这种富裕是共同富裕。

5月27日　李鹏总理主持召开国务院第六次常务会议。会议讨论在京楼、堂、馆、所建设项目的清理问题，决定停建一批，缓建一批，以利压缩首都基本建设规模，树立勤俭节约的社会风尚。据北京市人民政府汇报，当时在京楼、堂、馆、所建设项目，包括饭店、宾馆、公寓、写字楼、办公楼和各种中心、招待所、疗养院等，共有174项，建筑面积693.7万平方米，其中，属于中央单位的有80项，309.2万平方米，属于北京市的有94项，384.5万平方米。这些项目，有的正在施工，有的准备开工，有的还在规划设计或筹集建设资金。经过讨论，决定停建24个项目，其中中央单位的14个，北京市的10个，建筑面积76.5万平方米；缓建9个项目，其中中央单位的4个，北京市的5个，建筑面积共37.5万平方米。停建项目，取消立项；缓建项目，保留立项，可以继续做前期工作，但一般在“七五”期间不准开工。这批停缓建项目，要予以公布，接受群众监督。铁道部所属中国土木工程公司违反国家规定，挪用生产发展基金，占用地方集体基建指标，以铁道部机关劳动服务公司名义建设的莲花饭店项目，国务院予以没收，另案处理。会议还决定，经过批准正在施工的86个项目，要争取尽快竣工交付使用，使之发挥效益；对其余55个准备开工的项目，要重新逐个审查，该停建的停建，该缓建的缓建，合乎建设条件的也要推迟到明年或明年以后开工。会议认为，近年来，北京市的建设任务一直很繁重，每年施工和开工面积达2 500万平方米，竣工900万平方米，其中住宅竣工500万平方米。这对改善首都面貌和群众居住条件是必要的，为适应旅游事业发展的需要，近年来北京建成交付使用的一批饭店、宾馆等旅游设施，效益也是好的。但是，包括饭店、宾馆在内的各种楼、堂、馆、所的建设，数量过多，有些项目标准太高，不符合中国的国情。中国处于社会主义初级阶段，必须勤俭办一切事业，决不能在建设上不顾条件地向发达国家看齐。旅游设施的建设，高、中、低档要有恰当的比例，要考虑交通、能源等配套条件，根据城市总体规划有计划有步骤地进行，不能一哄而起，不能单项突出。会议指出，人民群众对于大量建设楼、堂、馆、所项目意见较多，各级政府应予以重视，认真对待，采取坚决措施进行清理。这件事要从国务院做起，从北京做起。全国清理楼、堂、馆、所建设项目的工作，有关部门要继续抓紧抓好。为了严格地、有效地控制楼、堂、馆、所的建设，会议提出，今后领导者个人不能批条子上项目，上项目必须严格按照基建程序办事。有关部门要尽快制定楼、堂、馆、所建设管理条例，以便使各地有所遵循。会议要求，各省、自治区、直辖市和计划单列市以及省辖市人民政府，都要根据这次会议精神，对所在城市的楼、堂、馆、所建设项目进行一次认真的清理。无论是中央单位的项目还是地方的项目，都要逐项分析，严格审查，坚决地停建一批，缓建一批，并对今后如何控制楼、堂、馆、所建设作出具体部署。

5月28日　李鹏会见澳门总督文礼治。他说，我们实行“一国两制”的构想，保持澳门的社会制度50年不变，不是随便说的。我们用这个指导思想解决了香港和澳门问题，同样要用这个指导思想解决台湾问题，实现祖国的统一大业。中国对澳门的政策像对香港一样不会改变。

5月30日—6月1日　中共中央政治局在北京召开第九次全体会议，会议讨论当前我国改革和经济发展的形势问题。会议认为，目前中国的改革已进入关键阶段。9年来，中国的改革有很大进展，成效是显著的。随着改革的深化，现在一些难度很大而又不能绕开的问题摆在我们的面前。国际的经验和国内的实践表明，改革的难题拖得越久，解决起来难度就越大。改革会有风险，但不进则退，退是没有出路的。我们必须抓住历史给予的有利条件，进一步贯彻党的十三大提出的加快和深化改革的方针，迎着风浪前进，坚决而又稳妥地把改革中不可回避的问题解决好。价格和工资制度改革需要有统盘的考虑和系统的方案。发展社会主义商品经济，要按价值规律办事，理顺原来很不合理的价格关系。工资问题同物价问题紧密联系。要主动地理顺物价，就必须相应地解决工资问题。价格和工资制度的改革，既要理顺关系、促进生产，又要使大多数群众生活水平逐步有所提高。达到这个目标，最终取决于经济效益特别是工业效益的提高。为此，必须深化企业改革，提高管理水平，促进技术进步。要制定配套的改革措施，创造良好的经济环境。为了保证改革开放的顺利进行，必须创造一个稳定的社会环境。党和国家机关要把保持廉洁的问题提上重要议事日程，依法惩处贪污、受贿、弄权渎职、敲诈勒索等犯罪活动。要坚持从严治党，加强基层党的组织建设。要改造和加强思想政治工作。要加强法制建设，保证社会的安定。总之，要通过深化经济体制改革和政治体制改革，逐步建立起与社会主义商品经济相适应的新秩序。出席会议的有中共中央政治局委员15人，中央政治局候补委员1人。中共中央总书记赵紫阳主持了会议。

6月1日　中共中央发出关于党和国家机关必须保持廉洁的通知。《通知》指出，中共是全心全意为人民服务的党，中国政府向来是廉洁的政府。这是主流，必须予以肯定。但确有少数国家机关工作人员和党的干部，弄权渎职，敲诈勒索，贪污受贿，直接损害国家和群众的利益。对此，必须有清醒的认识。中央认为，必须把保持廉洁的问题尖锐地提到党和国家机关的全体共产党员和工作人员面前。中国的改革已进入一个关键阶段，若干重大改革措施将陆续出台。党和国家机关能否保持廉洁，关系到人心的向背和改革的成败。否则，即使问题出在少数人身上，也会玷污党和国家机关的形象，败坏改革的声誉，引起群众的不满。因此，在整个改革开放的过程中，必须做到：改革开放，繁荣经济，要坚定不移；保持廉洁。防止腐败，也要坚定不移。党和国家机关保持廉洁的基本要求是，党和国家机关工作人员要正确运用人民赋予的权力来为人民办事，切实做到：严守法纪，不贪赃枉法；秉公尽责，不以权谋私；艰苦奋斗，不奢侈浪费。在党和国家机关工作的全体共产党员，特别是担任领导职务的共产党员，理所当然地要在这方面起表率作用。必须依法惩处索贿、受贿、贪污、弄权渎职、敲诈勒索等违法犯罪行为，必须坚决刹住受礼送礼、大吃大喝等不良风气。解决这些问题，重点是党和国家的各级机关，必须把廉政工作作为一件大事摆到重要议事日程上，严肃认真、扎扎实实地抓。要充分发挥国家监察机关、审计机关、司法机关和党的纪检机关的作用。要同建立和健全各项制度结合起来，通过法律和制度来保证党和国家的廉洁。要在改革中逐步使党和国家机关走上依法办事的轨道，逐步确立适合社会主义商品经济的新秩序。要在经济体制改革和政治体制改革中重视并解决党和国家机关保持廉洁的问题，使党和国家机关成为廉洁、高效、遵纪守法的机关。

6月2日　赵紫阳总书记会见“90年代的中国与世界”国际会议的中外代表。他说，目前中国经济体制改革的重点将转向价格问题、工资问题。价格改革的方向不是依靠国家定价，而是依靠市场调节。价格改革问题可能是所有社会主义国家在改革中难度最大的问题。中国准备试一试，冒点风险。当然，在中国解决这一问题有成功的可能，因为中国的经济是好的，人民的收入在逐年增加，外汇收支情况现在也不错。如果有5年左右的时间，过了这一关，中国的经济就可以完全转到新的体制上来。

6月3日　邓小平主席会见参加“90年代的中国与世界”国际会议的中外代表。他说，中国的改革没有万无一失的方案，问题是要搞得稳妥一些，选择的方案和时机要恰当。谈到物价改革问题时，他说，这是要冒很大风险的事情，但我们是可以完成的。这是乐观的预言，不是没有根据的。同时，我们要把工作的基点放在出现较大的风险上，也准备好对策。这样，即使出现了大的风险，天也不会塌下来。我们的第一目标，也就是实现温饱的目标已经实现。如果现在不全面搞好物价和工资改革，不理顺关系，到本世纪末达到小康水平实现第二个目标虽然没有问题，但要实现第三个目标，也就是在下个世纪的50年内达到中等发达国家的水平就困难了。所以，我们现在要下决心冒这个风险。一个一个地改革不行，要综合治理。改革也要付出代价，但“长痛不如短痛”。现在我们有条件去冒全面改革物价和工资的风险。首先我们已有10年的发展，社会和人民都有一定的承受能力。另外，我们有60年代克服严重困难的经验。现在的物资比那时要丰富得多。只要我们向人民讲清楚，人民是会接受政府的决定的。即使出现了比较大的风险，克服起来也比60年代初期要容易得多。希望各国企业家放胆到中国来投资，进行技术转让，以帮助中国的发展。中国的改革会有风险，但外国的投资者不会有风险，中国人虽然穷，但是讲信用的。中国政府对香港问题的方针政策不会改变。我们承诺1997年后，香港的现行制度50年不变，这个承诺是不会改变的。好几位外国朋友曾问我，你们为什么说50年不变？有什么根据？我说，有根据。因为，我们说，50年不变不是为了安定香港人心，而是考虑到香港的繁荣和稳定同中国的发展战略有着密切的关系。中国发展战略所需要的时间是下个世纪50年。现在不仅有个香港，我们在内地还要造几个香港。我们讲50年是一种形象的语言，实际上50年后也不会变。因为那个时候，中国大陆本身已发展到中等发达国家的水平，人均国民收入达到4 000美元，香港即使超过1万美元，那也接近了。因此，我们讲50年不变，50年后也不变，是不需要变，不是信口开河。

同　日　中国女子羽毛球队在吉隆坡举行的世界羽毛球女子团体赛中获冠军尤伯杯，实现连续夺冠。

6月4日　中国男子羽毛球队在吉隆坡举行的世界羽毛球赛上夺得冠军汤姆斯杯。

6月6日　中共中央组织部印发《关于试行地方党政领导干部年度工作考核制度的通知》。《通知》指出，经中共中央批准，从1988年起在全国建立地方党政领导干部年度工作考核制度。中共中央批准的《县（市、区）党政领导干部年度工作考核方案（试行）》适用对象是由选举产生的干部。其考核形式是：由上级领导机关负责，同级党的全体委员会和同级人民代表大会常务委员会参与的考核制。考核中要吸收职能部门的负责人和群众代表参加。中共中央批准的《地方政府工作部门领导干部年度工作考核方案（试行）》的适用对象是由委任产生的干部。其考核形式是：首长负责的考核制，考核工作要充分接受上级组织的指导、机关党组织的监督和群众的民主监督。对省辖市（州、盟、区）党政领导干部的考核工作，各地可参考《县（市、区）党政领导干部年度工作考核方案（试行）》的精神，选择有条件的地方进行试点。

6月7日　赵紫阳会见波兰统一工人党政治局委员、波兰部长会议主席梅斯内尔。他说，中国的政治改革需要稳步前进，前提是要保证安定团结的政治局面。中国是一个大国，而且经济、文化又比较落后。因此，政治改革要稳步前进，前提是要保障政治上安定团结的局面。至于经济体制改革，近几年来成绩显著。经济发展速度较快，经济效益也较好。估计这种发展的势头还会保持下去。目前，新旧两种体制并存，带来一些问题和困难。我们的改革面临关键时刻。我们必须解决一些难度较大而又必须解决的问题。否则，难以前进，甚至要倒退。因此，我们正在准备解决改革中难度较大的物价、工资以及企业自负盈亏等方面的问题。这些问题如果解决好了，到时候新的经济体制就将在全国建立起来。社会主义国家要改革是一个总的趋势。这种趋势是任何困难和风险也难以逆转的。遇到问题和困难，可以通过深化改革加以解决。我们很钦佩波兰在改革方面的坚定决心，勇于探索精神和妥善解决问题的方针、政策。希望今后能够在各个方面多交流经验。在谈到双边关系时，他说，我们很高兴看到两党、两国的关系在各个领域里都有很大的发展。形势是令人高兴的，我们非常珍惜这种日益发展的良好关系。

6月8日　李鹏总理会见苏联部长会议第一副主席尤里·马斯柳科夫。他说，社会主义国家的情况千差万别，但是许多国家都在进行改革，目的是更好地把社会主义的优越性发挥出来。中国政府和人民很关心苏联的改革，并希望苏联的改革取得成功。中苏两国在经济、贸易、科技等领域的合作有了不小的发展，边境贸易也开始活跃起来。但是双方的合作还有很大的潜力。

6月14日—21日　赵紫阳在山西、陕西考察工作。他说，不可能沿海发展了内地不发展；内地不发展，沿海也不可能加快发展。发展商品经济，各地都有自己的优势，都可以找到自己的位置，包括那些严重缺乏自然资源、只有劳动力的地方。各地都要注意在发挥自己的优势上做文章。在发展商品经济的情况下，最怕的就是人家搞什么你搞什么。人家搞外向型经济你也搞外向型经济，人家搞轻纺工业你也搞轻纺工业，人家搞尖端你也搞尖端，不看自己的条件，这样肯定是行不通的。沿海发展迫切需要内地提供原材料，这给内地原材料丰富的地方提供了一个极好的机会。沿海的发展必将增加对内地原材料和能源的需求，同时沿海的资金、技术会向内地转移，从而促进内地的资源开发和整个经济的发展。我们国家过去经济效益不高，一个重要的原因是地区分工太差。地区分工所以不发达，是因为长期搞产品经济。现在情况变了，内地应很好地研究自己的优势，利用地区分工，找到自己的位置。在发展商品经济的大格局下，将来自然会形成这样的情况：各地发挥各自的优势，通过商品交换，以人之长补己之短，互补互利共同发展。现在改革进入了一个关键阶段，必须着手解决那些改革中难度较大的问题，主要是物价、工资的改革。物价、工资改革之所以难度很大，讲来讲去，主要是个承受能力问题。而承受能力的大小，关键在企业效益。财政困难的解决、涨价因素的消化，都要靠企业效益。如果企业不改革，社会对物价和工资就没有承受能力。当然，如果不进行物价、工资改革，新的体制建立不起来，企业的改革也就没有好的环境和条件，也很难深入下去。归根结蒂，物价、工资改革，要靠企业效益的提高。企业效益提高了，物价、工资改革的回旋余地就大了。现在一些国营大型企业的经济效益方面落后于中小企业、乡镇企业，这是一个很大的问题。这主要是中小企业、乡镇企业内部机制好，真正实行自负盈亏、按劳付酬，在市场竞争条件下有着很强的适应能力。而一些国营大企业管理落后，内部机制不合理，仍然是“铁饭碗”、“大锅饭”。国营大企业加快内部机制的改革，提高经济效益，是当前关系到全局的大问题。几年来，我们在改革中已经取得了很大成绩，但现在还是新旧两种体制同时在起作用，因此矛盾和摩擦很多。我们应当加快改革，尽量使新旧体制交替的时间不要拖得太久。国营大型企业内部机制的改革，关键是把承包建立在竞争的基础上，改变在确定承包条件过程中“一对一谈判”的局面，真正实行招标承包，使大企业从总厂到分厂、车间，班组都建立起竞争机制。这一条搞好了，企业内部的其他改革就将势如破竹，人事制度，劳动制度，分配制度的改革就都有了条件，劳动生产率就提高了，企业的经济效益就会出来。企业的干部制度要认真改革，要创造一种能使人才可以脱颖而出的良好环境。

6月15日　新的国家计划委员会正式成立。它的职能主要是，进行宏观调控、平衡、协调、服务。包括：研究提出经济、科技、社会发展战略和重大的经济技术政策；从经济总量和结构上做好计划综合平衡与宏观调节和控制；对经济决策和经济运行提供服务和必要的协调。新计委职能有一系列的重大转变：（1）由过去管投资、分物资、批项目和管理企业大量具体活动为主，转向研究发展战略、产业政策和基本经济技术政策为主。（2）由对全民所有制的经济活动管理为主，转向对全社会经济总量和结构的管理与调节为主。（3）由指标性、直接计划管理为主，转为政策性、间接计划管理为主；由年度计划为主，转向中长期计划为主。（4）由依靠行政手段管理经济为主，转向运用经济调节手段和经济法规管理经济为主，综合配套地运用各种手段。

6月16日　国务院向各省、自治区、直辖市人民政府发出关于清理楼堂馆所建设项目的通知。通知说，为了严格控制楼堂馆所的建设，今年3月国务院批准国家计委印发的《关于清理楼堂馆所项目的通知》。5月27日，国务院常务会议决定，停建、缓建一批在京楼堂馆所建设项目，北京市已经先走了一步。为了切实做好这项工作，国务院的通知要求：（1）各地要充分认识清理楼堂馆所项目的重要意义，把这项工作列入议事日程，省长、自治区主席、直辖市市长要亲自抓，务求抓出成效。（2）对在建项目、准备建设项目和规划设计项目（包括旅游宾馆，下同）要全面、认真地进行清理，一个项目一个项目地讨论，不得走过场，要坚决停一批，缓一批。停建项目要撤销立项；缓建项目可保留立项，但“七五”期间一般不得开工；经清理确实需要的在建项目，要尽快建成，早日发挥效益。对于弄虚作假严重违纪的工程，由当地政府予以没收，另外处理。凡是停建、缓建和予以没收的项目，要在省级报纸上公布项目名称、批准单位、建筑面积，接受群众监督，并将清理结果书面报国家计委，《人民日报》将酌情分批公布。（3）从现在起，楼堂馆所建设项目的投资，不论筹资渠道如何，一律先存入建设银行，接受监督，不得存入其他银行。（4）今后审批楼堂馆所建设项目，必须按基建程序办理，不准各级领导者个人批条子上项目。

6月20日　李鹏总理会见菲律宾国会代表团。他说，不仅中国大陆反对搞“两个中国”，而且台湾当局和台湾人民也反对“两个中国”。但是在国际上还有这样一股势力，想造成“两个中国”。比如美国国会就有一些人总想干涉别国的内政，干涉中国的内政，总想把手伸到中国来。最近，台湾对大陆的政策有些变化，允许台湾人来大陆探亲。我们希望大陆和台湾发展“三通”，促进海峡两岸人民的相互了解。欢迎台湾人来大陆投资，以逐步按“一国两制”的方式实现祖国的统一。

6月22日　邓小平会见埃塞俄比亚总统门格斯图·海尔·马利亚姆。他说，现在我们有一个比较好的国际环境，一个不打第三次世界大战的国际环境，第三世界国家要把经济建设作为工作的中心，不要丧失这个时机。10年来，中国的发展速度是不慢的。中国政策的连续性保证了生产将以比较合适的速度发展，但中国仍然需要过几个关，最大的关是要综合治理以及价格改革和工资改革。现在，我们正在闯这个关，打算用五至六年的时间。闯这个关有很大风险，但我们有信心闯过这一关。敢于闯本身就说明我们有信心。闯过这一关是为下一世纪中国的发展创造条件。在闯关期间，可能会有失误，要及时总结经验，但决不能后退。我们前进的道路并不平坦，但是大有希望。所以形势逼人，迫使我们进一步改革开放。“文革”10年浩劫，使中国吃了苦头。中国吃苦头不仅是这10年，在这以前还有10年。从1957年下半年开始，我们犯了“左”的错误，“左”的错误持续了20年。这20年中，中国处于停滞状态，主要表现在生产力不发展，人民生活没有改善。中国过去的教训是对外搞了闭关自守，对内搞了“阶级斗争为纲”，忽视发展生产。当时的政策超越了社会主义的初级阶段。在“文革”的10年中，什么叫社会主义，没有搞清楚，什么叫马克思主义，也没有搞清楚。现在，我们坚持马克思主义、列宁主义和毛泽东思想。从经验教训中，我们已经了解到什么是马克思主义，马克思主义的另一个名字叫共产主义，这仍然是我们要永远坚持的信条。共产主义有两个阶段。初级阶段是社会主义，社会主义阶段是一个很长的历史阶段。社会主义的任务是发展生产力，逐步改善人民的生活，创造物质条件，进入共产主义。共产主义社会要各尽所能，按需分配。各尽所能是清楚的，而按需分配，如果没有极端丰富的物质，怎么能按需分配呢？物质极端丰富、创造能够按需分配的条件，这个任务要在社会主义阶段完成。所以社会主义社会最重要的任务是发展生产，逐步创造一个物质极为丰富的条件。中埃两国都是贫穷国家，都在搞社会主义。搞社会主义要靠自己的实践，对外国的经验绝不能照搬。

同　日　赵紫阳总书记会见埃塞俄比亚工人党总书记、总统门格斯图·海尔·马利亚姆。他说，一个经济文化落后的国家可以避免资本主义阶段，但商品生产阶段不能逾越。一个革命政党在获得政权后除致力于巩固政权外，中心任务就是发展生产力。10多年来，中国的经济改革产生了效果。农村的改革最有成效。农业生产出现了前所未有的好现象。我们还放手发展乡镇企业。乡镇企业有很强的活力，比国营企业灵活，适应性强。10年来，它们发展得非常快，现在已占全国工业产值的1/3。现在，国营企业深深感到乡镇企业的竞争对它们形成的威胁。我们从乡镇企业的飞快发展中深深感到国营企业机制的不合理。国营企业仍然是主体，但这方面的改革收效不理想。由于机制问题，国营企业的设备和人员的活力，不能充分得到发挥。现在，我们正在借鉴乡镇企业的经验来改革国营企业，我们不搞国营企业私有化，而是对国营企业搞招标承包。所有制是国家的，在经营权方面，我们搞投标和承包。企业内部也要进行各种形式的承包。企业内的不同单位也要自负盈亏。职工的收入同经营的好坏挂钩。经营好的，有更大的发展前途，经营不好的，要破产。通过改革，国营企业将增强活力。就中央集中管理的办法而言，世界上没有一个社会主义国家是搞得成功的。中埃两国今后在国际问题上可以多交换意见，在国内问题上多交流经验。

6月23日　哲学家、教育家梁漱溟在北京逝世。梁漱溟，原名焕鼎，字寿铭，广西桂林人，1893年生于北京。1917年10月，应蔡元培之邀，任北京大学印度哲学讲席。1928年任广州政治分会建设委员会主席。1929年任河南村治学院教务长并接办北平《村治月刊》。1931年与梁仲华等人在邹平创办山东乡村建设研究院，任研究部主任、院长，倡导乡村建设运动。抗日战争爆发后，任最高国防参议会参议员、国民参政会参政员。1938年访问延安。1939年参与发起组织"统一建国同志会"，1941年与黄炎培、左舜生、张君劢等商定将该会改组为"中国民主政团同盟"，任中央常务委员并赴香港创办其机关报《光明报》，任社长。香港沦陷后，在中共的帮助下，撤回桂林，主持西南民盟盟务。1946年作为民盟的代表，积极参加政治协商会议，是年再次访问延安，并以民盟秘书长的身份，参与"第三方面"人士的国共调停活动。同年受民盟总部委托赴昆明调查"李公朴、闻一多惨案"，发表《李、闻案调查报告》、《李、闻被杀真相》，痛斥国民党特务的暴行。1947年退出民盟，创办勉仁文学院，从事讲学著述。1950年初应邀来北京，历任第一、二、三、四届全国政协委员，第五、六、七届全国政协常委。1980年后历任中华人民共和国宪法修改委员会委员，中国孔子研究会顾问，中国文化书院院务委员会主席、发展基金会主席等职。

6月30日　李鹏就"亚洲30亿人口日"发表电视讲话。他说，多年来，中国采取国家指导和群众自愿相结合的方针，动员全社会参与和支持计划生育工作，取得了一定的成效。但是，对一个有10亿多人口的国家来说，控制人口增长，绝不是一件轻而易举的事，也不是短时期可以解决的问题，需要作长期的努力。为此，中国把实行计划生育列为基本国策，把控制人口增长作为一项战略任务。力争在20世纪末，把人口总数控制在12亿左右，并且要逐步改善全国人口结构，使之更有利于社会和经济的发展。

7月1日　赵紫阳与中共全国组织工作会议代表座谈。他说，党政机关廉洁问题对改革的成败关系极大。党政机关不能经商办公司，这一点一定要严格，不能官商不分。经商的机构，一定要同党政机关脱钩，机关不能让他们上交钱物。在发展商品经济中，社会中各种各样的问题想完全不发生是不可能的，但只要党政机关的风气正了，事情就好办了。解决党政机关保持廉洁的问题，要靠教育，靠立法，靠规章。关键还要加强监督，要发挥人民监督、社会监督的作用，发挥党组织的监督作用。党组织的活动，要强调监督党政干部，不仅机关党委，所有的党组织都有这么个任务。改革干部制度、做好干部工作，要解决好增加透明度和机会均等这两个问题。提拔什么人，不提拔什么人，一定要有透明度，越透明越好。越是透明，毛病就越少。有了透明度，机会就容易均等，也就越公道。只要公道、公开，走群众路线，让群众参与，事情就好办。越神秘，透明度越差，就越难办，“关系网”就无法打破。办事制度、办事程序、办的结果要公开。这本身就是民主，就是群众路线。组织部门掌握人事大权，也要接受群众监督。评价干部在一个地方的工作，归根到底是看是否解放了生产力，促进了生产力的发展，这是历史唯物主义的观点。

7月2日　李鹏总理在人民大会堂接受日本6家新闻机构负责人采访。他说，中国这几年来基本建设的规模是过大了，消费基金的增长也是快了，这是我们不愿意看到的。我们将采取有效措施来解决这些问题。我们现行的不合理的价格与价格体系，是多年形成的历史产物，进行改革难度很大，也是有风险的。我们对价格改革的态度，一是决心要大，二是方案要稳妥，每一种改革的出台时机选择要适当，也就是说，要考虑到人民、企业、社会等方面的承受能力。没有人民的支持，物价改革是很难进行下去的。国务院已经成立了一个专门的物价委员会，它是一个议事机构，正在制定中长期的价格改革方案，比如说，制定一个5年的改革方案。这个方案将明确改革的目标、步骤和方法以及理顺由价格改革带来的影响，要考虑到综合配套措施。在重大价格改革方案与措施出台前，我们将采取各种方式与人民群众协商对话，以得到人民群众的理解和支持。工资改革与价格改革配套进行，目的是使人民的实际收入水平不因为价格改革而下降。目前社会上确实存在教育经费不足、知识分子待遇低、收入不公平、政府中的官僚主义、腐败现象，因此人民群众不满意。作为执政党和政府，对这些现象也是不满意的。但是，作为执政党和政府，我们不能简单地表示不满意。我们要采取积极、有效的措施，逐渐解决这些问题，克服这些不良现象。

同　日　李鹏总理在北京会见葡萄牙外交部长若昂·德德乌斯·皮涅伊罗。他说，中国面临着两个问题，一是资金不足，二是技术和管理比较落后，所以我们要执行开放政策，从发达国家引进一些技术和管理经验。中国是一个发展中国家，经济发展的起点比较低，因此显得发展速度高。另外一个很重要的原因是中国推行了改革的方针。人的思想解放带来了经济的增长。过去我们搞产品经济、高度的计划经济，企业按计划生产，产品全部由国家收购，只要完成计划就行，企业与职工的收入同生产情况无关。现在，实行承包制度，企业自负盈亏，企业和职工的利益同生产的质量与数量挂钩，生产的积极性就高了。希望中葡两国在平等互利的基础上进一步扩大经济合作。希望葡萄牙到沿海地区，特别是和澳门接近的珠江三角洲及广东省去，搞来料加工、独资企业或合资企业都可以。

7月3日—8日　巴西总统若泽·萨尔内应邀访华。7月4日，杨尚昆主席在人民大会堂欢宴萨尔内总统，表示中国将一如既往本着"和平友好、互相支持、平等互利、共同发展"的原则，努力加强同拉美国家的友好合作关系。5日，邓小平会见萨尔内。他说，第三世界的发展是保证世界和平的主力。中国把自己的发展看做是对人类贡献多少的问题，是保证世界和平的问题。这个历史责任还没有完成，现在我们要还这个债。我们要为人类做贡献主要靠自己努力。第三世界国家要加强合作。中巴两国的历史地位相同，责任相同，应该互相补充，取长补短。发展中国家有落后点，但并不是一切都落后。在这方面，中国、巴西有共同之处。在当今世界上，看来仗一时打不起来，可能有一个比较长的和平时期。我们要抓住这个时机，克服困难，努力发展自己。

7月8日　轻工业部完成"三定方案"的制定和新司局的组建工作，正式开始运行。

同　日　上海市通过国际招标有偿出让第一块土地。日本孙氏企业有限公司以美元支付相当于人民币1.0416亿元的出让金获得上海虹桥开发区内26号地块1.29万平方米土地50年的使用权，成为中国第一个以国际招标方式出让土地使用权的中标者。

同　日　中共中央电贺李登辉当选国民党主席。中共中央领导人今天致电中国国民党中央委员会李登辉先生："值此先生在中国国民党第十三届代表大会上当选国民党主席之际，谨致祝贺。由衷期望贵我两党与全国同胞一道，为早日完成中国统一大业而努力。"

7月9日　中国和卡塔尔国建交。中国驻法国大使周觉和卡塔尔驻法国大使阿迪亚，7月5日在巴黎分别代表本国政府签署了两国建交联合公报。

7月12日　李鹏主持召开国务院第十二次常务会议。审议并原则通过了《国务院关于部分地区实行财政包干办法的通知》和《中华人民共和国城镇国有土地使用税暂行条例（草案）》。会议在审议《国务院关于部分地区实行财政包干办法的通知》时指出，从1985年起国务院对各省、自治区、直辖市实行的"划分税种、核定收支、分级包干"的财政管理体制，调动了地方增产节约、增收节支的积极性，但是，也存在一些问题，主要是收入较多、上交比例大的地区，组织收入的积极性不高，个别地区甚至出现收入下降的情况。要从根本上解决这个问题，比较好的办法是实行分税制，并把包干的机制吸收到分税制中来。但考虑到目前条件还不成熟，因此，在实行分税制的财政体制之前，作为一种过渡，从1988年起，对收入上交比重较多的江苏、辽宁、北京、重庆等13个省、市，实行财政包干，一定3年不变的办法，以便进一步调动这些地方增收节支的积极性，更好地处理中央和地方的财政分配关系。会议认为，对部分地区实行财政包干的办法，可以增加在财政问题上的透明度，尤其是在当前经济和财政变化较大的情况下，采取这种办法，中央和地方可以做到利益分享，风险分担，可以促进地方搞活经济，开辟财源，增加收入。但是，实行包干办法也会带来一些问题。中央财政会减少一些收入；有些地区为追求收入增长速度，可能出现经济上的短期行为。这些都必须引起足够的重视，并采取相应措施加以解决。关于《中华人民共和国城镇国有土地使用税暂行条例（草案）》，会议强调，对城镇国有土地按不同情况征收不同额度的使用税，目的是为了合理利用国有土地，调节土地级差收入，加强土地管理，大大节约使用土地和提高土地使用效益。

7月13日　原中共中央政治局委员纪登奎在北京病逝。纪登奎，山西武乡县人，生于1923年3月。1937年7月参加革命，1938年4月加入中国共产党。长期做党的地方工作。建国后，先后任许昌地委副书记兼宣传部长，地委书记、军分区政委，洛阳矿山机器厂厂长兼党委书记，洛阳地委第一书记，河南省委常委、候补书记兼秘书长，河南省革命委员会副主任、省委书记、国务院副总理、北京军区第一政委。纪登奎曾当选为中共第九届、十届、十一届中央委员，九届中央政治局候补委员，十届、十一届中央政治局委员。1983年任国务院农村发展研究中心研究员。

7月14日　陈立夫等人提出以中国文化为基础达成统一的提案。陈立夫等34名国民党中央评议委员在国民党中央评议委员会议上向国民党当局提出以中国文化为基础达成统一的提案。提案中说，中国统一是台海两岸及海外全体同胞共同愿望。统一须由中国人自力达成，以文化和经济为基础。统一之门一开，进一步走向经济互惠，共同成立“国家实业计划推行委员会”，合力谋划孙中山先生提出的实业计划的实施，先从东方大港与民生日用工业开始，再推及北方大港、南方大港与交流建设，以推进和平统一的基础。

7月15日　《人民日报》发表题为《摒弃歧见增进共识》的社论。这篇社论是就国民党第十三次代表大会的召开而发的。社论说，大会完成了国民党高层人士的更替，制定了一系列的政策与方案；在有关决议案和报告中，明确指出，任何分裂国土的主张，都为民族大义所不容，国家法令所不许；强调要“消除偏安思想和‘台独’意识”等。有些与会人士在发言中还指出，“分裂是国家的不幸，统一是全民的愿望”，要以全民族的力量，“共同努力达成国家中兴统一的历史任务”。这些立场和主张，对于进一步改善两岸关系，促进两岸的“三通”和祖国和平统一，具有积极的作用。对此，我们是赞赏的。但令人遗憾的是，这次大会却又提出“以国家安全与厘清敌我意识为原则”，仍然坚持“不接触、不谈判、不妥协”的立场，这实在是背离时代、拂逆民心之论。当今世界，改革与缓和已成为人心所向的主潮。我们海峡两岸的同胞是一国之内的兄弟，更应该坐下来，沟通对话，达成谅解。还应当提出的是，大会提出把中国共产党与大陆人民分开，这是毫无道理的、根本行不通的。至于国家安全，我们认为，只有统一才能真正保证国家安全。长期分裂下去，只能增加动荡不安的因素，给某些分裂势力和外人以可乘之机。总之，我们认为，国民党上述这些不合时宜的、自相矛盾的论点，是无助于祖国统一进程的。社论呼吁两岸早日实现直接“三通”，欢迎台湾各阶层人士来大陆探亲、旅游，进行各方面交流，欢迎台湾人士来大陆投资，扩大两岸间的贸易。

同　日　邓小平在人民大会堂会见美国国务卿舒尔茨。他说，中国正在闯关，正在深化改革，更加开放。我们不怕风浪，要迎着风浪前进，闯过难关。我们闯过目前这道关口，就能为下个世纪的发展创造良好的条件。闯关主要靠中国人民自己努力，但如果有一个好的国际环境，我们的困难就会减少。我们希望大家共同为建立国际经济新秩序而努力。穷的国家需要发展，富的国家也需要继续发展，但是发达国家的发展不能建立在占全世界人口3/4的国家的继续贫困的基础上。在改革问题上中国没有保守派。在领导层，要改革是一致的。同样，全国人民也一致赞成改革。中美关系的发展是比较稳定的，当然也存在一些问题，但既然是两个国家，存在一些分歧是正常的，总而言之，中美是两个大国，而且都有发展的余地。从世界和平和人民的利益出发，我们需要发展关系。

同　日　赵紫阳在中南海会见美国国务卿舒尔茨。他说，在最近召开的国民党十三大上，国民党领导人就两岸关系讲了一些不合时宜的话，这是意料之中的，他们不得不这样讲。但是我们注意到，他们也有些积极的想法。特别是一些先生在会上就如何进一步改善两岸关系，促进国家统一提了不少好的意见和设想。对此我们表示赞赏。中国统一问题一直受到海内外各界人士的关注。实现国家统一，海峡两岸无论在政治上、经济上和文化传统上，都存在着不少的共识和深厚的基础：第一，海峡两岸都坚持一个中国的立场，都认为台湾是中国不可分割的一部分，反对任何可能导致台湾独立的言论和行动；第二，海峡两岸都需要相互合作，共同发展民族经济，提高人民生活水平，把中国建成一个繁荣富强的现代化国家；第三，海峡两岸都需要继承和发扬我们民族文化的优良传统。中华民族有悠久的历史和灿烂的文化，对世界文明有着伟大的贡献。这一灿烂的文化凝聚着我们，是国家统一的重要基础。中国共产党愿与中国国民党和台湾人民一道，为在上述共识与基础之上早日实现国家统一而继续努力。

同　日　李鹏总理会见美国国务卿舒尔茨。他说，中国的目标是要建立社会主义商品经济的新秩序。现在中国经济正在高速增长，但是有些问题值得密切注意，如物价上涨、基建规模过大，分配不公正等，中国正在采取一系列措施来解决这些问题，以保证改革的深化，中国经济体制正在经历一场巨大的转变。为了顺利完成这一转变，中国需要一个安定的政治局面和一个强有力的政府机构，也需要大力发扬民主，取得人民的理解、支持和监督。发展农业，增加粮食生产是中国政府的一项战略任务。一个10亿人口的大国，靠进口粮食过日子是不行的。世界上也没有任何国家能够提供那么多的粮食。考虑到人口不断增长的因素，中国要更加努力，发展粮食生产。目前，中美间的贸易额还不大，但从发展眼光看，两国贸易有着广阔的前景。随着中国的逐步富强，中国将从美国进口更多的东西，希望美国对中国的货物开放市场。

7月16日　赵紫阳在中南海会见美国—中国协会主席亨利·基辛格。他说，中国正在组织很大的班子，研究解决今后3—5年内的物价改革、工资改革，以及围绕这两个问题的其他配套改革措施。每年夏天，中国领导人都要在北戴河休息，实际上不是休假，而是考虑解决一些重大问题。1987年的十三大报告，就是在北戴河讨论修改的。1985年对经济体制改革的重大决策，也是在北戴河讨论确定的。国内外最近对中国如何处理物价增长与工资增长的关系有些议论。其实，中国新增货币量数额并不很大，而经济的增长按不变价格计算，速度是比较高的，这与有些国家通货膨胀率很高，而经济发展速度很低的情况是不同的。因此，我们有可能使职工实际收入的增长基本上不低于物价上涨率，甚至使大多数人的实际收入还有所改善。

7月21日　中共中央办公厅、国务院办公厅发布《关于解决公司政企不分问题的通知》。《通知》指出，目前，有相当一部分公司（企业）政企不分，既有行政权，又有经营权，还有一些离退休干部担任公司职务，利用在职时的工作关系和影响进行活动，带来很多严重问题。这些公司利用手中的权力，倒卖重要生产资料和紧俏商品，高抬物价，牟取暴利，损害国家和群众的利益，助长不正之风和腐败现象，造成分配不公，已经引起社会不满。这些公司的行为，扰乱社会经济秩序，妨碍价格改革的进行，同时也使刚刚建立起来的干部离退休制度的执行受到很大干扰，发展下去，后患极大。这个问题的根本解决，要靠深化改革，加强立法，把公司的经营活动纳入正确轨道。当前，要采取坚决措施，解决存在的突出问题。根据党中央、国务院的指示，特作如下通知：一、各级党政机关和群众团体必须严格执行党中央、国务院关于严禁党政机关和党政干部经商、办企业的规定。凡是违反规定的，要立即制止纠正，已办的公司要撤销。二、除国务院授权兼有行政管理职能和经营权的少数公司外，其他政企不分、政企合一的公司必须将经营权与行政权严格分开，凡从事企业经营的公司一律不能有行业管理、政府职能的权力，凡有政府职能、进行行业管理的公司一律不准从事企业经营。三、各级党政机关和群众团体不准从公司抽取资金补充机关经费。所有从事企业经营的公司，其财务必须与主管部门脱钩，同财政部门挂钩，否则停止其经营活动。四、从现在起，停止审批党政机关离退休干部和已到离退休年龄尚未办理手续的干部担任公司职务，包括名誉职务。离退休干部已在公司任职的问题如何解决，另行通知。五、从现在起，除涉外企业和私营企业外，暂停审批成立新的公司。《通知》要求各地区、各部门要抓紧贯彻落实，并将情况于9月底前报告中共中央、国务院。

7月22日　最高人民检察院副检察长张苏在北京逝世。张苏，河北蔚县人，1901年10月生。1927年1月参加共青团，同年11月转为中共党员。1927—1937年，先后在榆林、张家口、北京等地秘密从事革命工作。1938年2月到抗日战争胜利，他一直参与晋察冀边区政府的领导工作，先后任晋察冀边区行政委员会委员、冀察区行署主任等职。抗战胜利后，曾任察哈尔省主席、北岳区行署主任。全国解放后，历任察哈尔省政府主席、省委常委，华北局委员、华北行政委员会副主席，最高人民法院副院长，全国人大常委会委员、副秘书长、办公厅主任、机关党组书记，最高人民检察院副检察长、党组副书记，“文化大革命”期间，他受到长期迫害。1978年检察机关重建后，他继续担任最高人民检察院副检察长。他曾先后被选为中共八届中央候补委员、中顾委委员、十三大特邀代表，第一、二、三届全国人大常委会委员。第一届全国政协委员、第五届全国政协常委。

7月25日　中央军委确定《解放军进行曲》为解放军军歌。经邓小平签署，中央军委决定《中国人民解放军进行曲》为《中国人民解放军军歌》。《解放军进行曲》，原名《八路军进行曲》，公木词，郑律成曲，1939年秋作于延安。在解放战争中更名为《人民解放军进行曲》。1965年改名为《中国人民解放军进行曲》。

7月27日　国务院在北戴河召开农业专家座谈会。座谈会由李鹏主持。陈俊生宣读了《国务院关于表彰奖励参加黄淮海平原农业开发实验的科技人员的决定》，有93名优秀科技人员受到表彰奖励。田纪云在会上作了题为《希望有更多的科技人员为农业的开发建设贡献智慧与力量》的报告。李鹏在会上作了重要讲话，他说，黄淮海平原是我国最大的平原，在全国农业生产中占有重要地位。我们的目标是到本世纪末这一地区要增加粮食500亿斤，棉花2 000万担，油料3 000万担和肉类200万吨。黄淮海平原的开发试点，由周恩来总理倡导，我们搞了20多年，取得了重大成果，走出了一条中国式的农业综合开发的路子。发展农业，一靠政策，二靠科学。没有科技突破，农业就不能稳定发展。希望广大农业科技工作者在农林牧副渔各个方面共同突破，发挥更大作用，做出更多的贡献。参加座谈会的有在黄淮海平原开发中做出突出贡献的16位农业科技工作者，是应李鹏总理的邀请来北戴河休假的。

同　日　中共中央同意并转发中央组织部关于逐步撤销国务院各部门党组有关问题的意见。中共中央在通知中指出，撤销政府各部门现有的党组，是政治体制改革的一项重要措施，有利于政府工作的统一和效能。撤销党组的工作，应结合机构改革有组织、有步骤地进行。要注意工作的相互衔接，避免出现脱节现象。党组撤销后，要加强机关党委的工作。中共中央组织部在意见中提出：国务院各部门的党组，要有计划、有步骤地撤销。机构改革中撤销或合并的部门，在新组建的部门正式开展工作后，原机构的党组即行撤销；仍然保留的部门，在内部机构改革基本完成后，党组即行撤销。国务院各直属公司实行经理负责制后，党组即行撤销，参照企业党委的有关规定建立公司党委。由中央国家机关工委领导。根据实际情况，少数部门暂缓撤销党组或设立党委。中央组织部在意见中，对在党组撤销后，机关党的工作、部门直属单位党组织的领导关系、干部管理等问题都作了明确的规定。

同　日　中共中央同意并批转中纪委关于逐步撤销国务院各部门党组纪检组和中央纪委派驻纪检组有关问题的意见。中纪委在意见中指出，撤销党组的部门，党组纪检组或中央纪委派驻纪检组应随之撤销。党组暂缓撤销的部门，党组纪检组或中央纪委派驻纪检组原则上也应撤销。由于工作需要，少数部门保留或设立纪委。党组纪检组撤销的具体事宜由党组决定。中央纪委派驻纪检组报告中央纪委批准后撤销。纪检组撤销时，要妥善安排纪检人员的工作，办好工作移交。纪检组原来承担的任务，属于党纪方面的，由机关党委或机关纪委继续承办；属于政纪方面的，由有关的行政机构承办；属于地方的，移交给地方有关部门。纪检组撤销后，要加强各部门机关纪委的工作。

7月28日　国务院批准放开名烟名酒价格。实行市场调节，同时适当提高部分高中档香烟和粮食酿酒的价格。

7月30日　中央军委在人民大会堂举行授予军队离休干部功勋荣

誉章仪式。根据七届全国人大常委会第二次会议通过的《授予军队离休干部中国人民解放军功勋荣誉章的规定》，中央军委主席邓小平发布命令，授予肖劲光等830名同志中国人民解放军一级红星功勋荣誉章；授予汪荣华等3 704名同志二级红星功勋荣誉章；授予贺进恒等4.7914万名同志独立功勋荣誉章；授予邓兆祥等3.1519万名同志胜利功勋荣誉章。赵紫阳在仪式上代表中共中央、全国人大常委会、国务院、中央军委，向全军荣获功勋荣誉章的老同志们表示热烈祝贺。

8月2日　南沙永暑礁建成海洋观测站。中国政府根据联合国教科文组织要求在南沙永暑礁建成海洋观测站，这是中国行使主权在南沙建立的第一个海洋观测站。3月，国务院和中央军委对永暑礁观测站建设者通令嘉奖。

8月3日　国务院批准22个县市对外开放。经国务院批准，浙江省舟山市等5市县，宁夏回族自治区石咀山市、福建省三明市等16市县，共计22个市县对外国人开放。

8月4日　国家监察部要求各级监察机关设立举报中心。国家监察部开始受理群众的检举、揭发和控告，并公布举报电话。要求全国县以上各级监察机关在1989年6月前设立举报中心。

8月5日　中国在酒泉卫星发射中心发射一颗科学探测与技术试验卫星。卫星上搭载有联邦德国3家用户的试验装置。卫星按照计划在预定轨道上运行了8天，成功地进行了一系列空间科学探测与技术试验，8月13日成功收回。

8月6日　西藏自治区五届人大一次会议选举阿沛·阿旺晋美为人大常委会主任，多吉才让当选为自治区人民政府主席。

8月15日—17日　中共中央政治局在北戴河召开第十次全体会议。会议讨论并原则通过《关于价格、工资改革的初步方案》，方案的主要内容是：价格、工资改革的必要性；改革需要遵循的主要原则；1989—1993年改革的轮廓设想；1989年改革的初步方案；改革中可能遇到的主要风险和基本对策；必须采取的配套改革措施。会议认为，价格改革的总方向是：少数重要商品和劳务价格由国家管理，绝大多数商品价格放开，由市场调节，以转换价格形成机制，逐步实现“国家调控市场、市场引导企业”的要求。根据各方面的条件和现实的可能，今后5年左右的时间，价格改革的目标是初步理顺价格关系，即解决对经济发展和市场发育有严重影响、突出不合理的价格问题。工资改革总的要求是，在价格改革过程中，通过提高和调整工资、适当增加补贴，保证大多数职工实际生活水平不降低，并能随着生产的发展而有所改善，同时进一步贯彻按劳分配原则，解决工资分配中一些突出不合理的问题。会议强调指出，价格、工资改革是整个经济体制改革的关键；价格、工资改革的成功要依靠整个经济体制改革的深入。最重要的是要转换企业机制，加强市场的组织与建设，改进和完善宏观调控机制，从而显著提高企业经济效益和整个经济运行效率。为了保证价格、工资改革的顺利进行，必须同时搞好政治体制改革，特别是继续做好政企分开和精简机构的工作。总之，价格、工资改革实际上是改革的全面深化。搞好这一改革，对于中国确立社会主义商品经济新秩序，加快社会主义现代化建设，具有极为重要的意义。会议还集中讨论了方案出台后可能发生的问题以及必须相应采取的对策、措施。会议强调，目前中国经济止处于充满活力、蓬勃发展的时期。进行价格、工资改革，时机是有利的，尽管面临的问题不少，但克服困难的潜力和回旋余地很大。只要把这些潜力充分挖掘出来，就一定能达到改革的预期目标。1989年要围绕价格、工资改革抓好几项工作：（1）加快企业内部改革，切实提高工业企业效益；（2）采取强有力措施综合治理通货膨胀，特别是要坚决压缩基本建设规模；（3）厉行压缩社会集团购买力，狠刹奢侈、浪费之风，保持党政机关的廉洁；（4）认真清理和整顿政企不分、官商不分的公司；（5）改造和加强思想政治工作，广泛开展协商对话，使广大群众更加理解和支持改革。会议决定，9月在北京先后召开中共中央工作会议和十三届三中全会，讨论和审议关于价格、工资改革的方案。会议由赵紫阳主持，中共中央政治局委员15人、中央政治局候补委员1人出席会议。

8月16日　赵紫阳同日本共同社社长谈1989—1993年改革设想和

1989年改革方案。赵紫阳在北戴河会见日本共同社社长酒井新二时说，5月底中共中央政治局第9次会议进行全面部署后，国务院用一个半月的时间召开了一系列会议，征求意见，并且进行认真测算，制定了中国五年改革的设想和明年改革的方案。这个方案在政治局会议上原则通过以后，将在更大范围内征求意见。今后5年，将是中国从旧的经济体制转为新的经济体制的一个极为重要的历史时期。5年后，改革的基本框架将确立起来。经济体制改革必须与政治体制改革相配合。关于政治体制改革，我们在党的十三大上已经制定了蓝图。现在正在稳步地付诸实施。虽然才半年多的时间，除了国家公务员制度以外，其他方面都已稳步地开始实施了。公务员制度是一个比较复杂的问题。现在实施方案已九易其稿，各方面专家的意见比较趋向一致，不久就可颁布实施。总的来讲，在经济体制改革期间，特别是进入改革关键阶段，不会产生要停止政治改革的问题。当然，今后5年，我们还会遇到这样那样的问题，但我们将把政治体制改革坚定地进行下去。

8月19日　海南将把洋浦建成“自由港”。海南省政府主要负责人透露，海南将把洋浦开发区建设成“自由港”，按世界自由港模式实行自由对外贸易。

8月25日　海南省人民政府成立。海南省人民代表会议第一次会议选举许士杰为省人大常委会主任，梁湘为海南省省长。同时，选举产生了海南省第一届国家权力机关、行政机关、审判机关和检察机关，从政权建设上最终完成了海南建省任务。海南岛是祖国大陆仅次于台湾的第二大岛，面积3.4万多平方公里，人口605万，其中少数民族99万人。海南建省后，简称“琼”。省人民政府驻海口市。海南省管辖海口市、三亚市、通什市和琼海、文昌等16个县以及西沙、南沙，中沙群岛的岛礁及其海域。

8月25日—30日　日本首相竹下登应邀访问中国。25日，李鹏总理在人民大会堂欢宴竹下登并举行会谈。竹下登宣布，日本政府将从1990年开始的6年间向中国提供约8 100亿日元的新的政府贷款。

8月26日　邓小平在人民大会堂会见日本首相竹下登。他说，中国要在下个世界中叶达到中等发达国家的水平，就必须进行重大的改革。中国今后的发展有3个重大环节，一是在改革方面既要决心大，又要步子稳；二是发展要有适当的速度，太快了不行，太慢了也不行；三是如果有国际上的合作，我们渡过难关的能力就更强。中国希望日本加强技术转让和投资方面的合作。在这方面，日本中小企业的能量很大，欢迎它们来，这比贷款更重要。

同　日　赵紫阳同日本首相竹下登谈公平合理地政治解决柬埔寨问题。赵紫阳在中南海会见竹下登时说，从目前柬埔寨四方武装力量的现状来看，无论在人数还是武器装备方面，韩桑森——洪森一派力量最多最强。我们也好，国际社会也好，不赞成红色高棉一派单独掌权，但也决不接受韩桑林——洪森一派单独掌权，否则就等于承认越南侵柬造成的既定事实。这是一个重大的原则问题。我们一贯主张成立四方临时联合政府，这个政府真正领导应是诺罗敦·西哈努克亲王，而不是别人。为了能够做到这一点，中国政府支持向柬埔寨派驻国际维护和平部队和国际监督委员会的主张。关于各派军队的问题，为了防止发生冲突，维护柬埔寨国内的和平并顺利举行大选，原有各派武装都可以解散，由四方按同等数量组成一支统一的国防军，建立统一的指挥部。关于柬埔寨在联合国的席位，在越南从柬埔寨全部撤军以前，我们支持民柬联合政府在联合国的合法席位，不赞成空缺。在越南从柬埔寨全部撤军以后，我们只支持柬埔寨四方联合的政府在联合国的席位，而不支持任何两方或三方联合的政府拥有这一席位。中国在柬埔寨没有任何私利，更不会谋求建立任何势力范围。中国愿意参加有关的国际保证。

9月2日　中共中央政治局举行第十一次会议。会议讨论并原则上通过了关于加强改造企业思想政治工作的文件。会议决定，这一文件在进一步征求意见加以修改后，提交中共十三届二中全会审议。会议由赵紫阳主持，中共中央政治局委员13人，政治局候补委员1人出席会议。

9月3日　中国人民银行开办长期保值储蓄。根据国务院常务会议决定，中国人民银行将从9月10日起开办人民币长期保值储蓄存款。

同　日　全国政协副主席缪云台在北京逝世。缪云台，名嘉铭，云南昆明人，1894年生。他1919年毕业于美国明尼苏达大学矿冶系。1920年回国后，历任云南锡务公司总经理、云南省政府高级顾问、省政府委员、农矿厅厅长、劝业银行经理、富滇新银行行长、云南省经济委员会主任委员、国民参政会参政员。抗日战争胜利后，他出席在重庆召开的政治协商会议，随后，出任国民政府行政院政务委员、处理美援物资救济委员会主任委员、国大代表、立法委员。1950年去美国。他1979年回国定居，任第五届全国人大常委，第五届全国政协常委，第六、七届全国政协副主席。

9月5日　邓小平在北京会见捷克斯洛伐克总统古·胡萨克。邓小平说，总结历史要采取客观的、实事求是的态度，这样才能得到益处，总结历史，不要着眼于个人功过，而要着眼于开辟未来。过去的成功是我们的财富，过去的错误也是我们的财富。在交谈中，胡萨克称赞邓小平在领导中国改革工作方面所起的重要作用。邓小平说，很多好事都是其他同志干的。

9月6日　李鹏总理在北京会见美国国防部长卡卢奇。李鹏说，最近，外国新闻界有的人说中国的改革后退了，这种说法不符合事实。我们在前进，我们的目标不会改变，中国的改革在深化。

9月7日　中国成功发射一颗试验性气象卫星。我国在太原卫星发射中心用“长征四号”运载火箭成功地发射一颗名为“风云一号”的试验性气象卫星。卫星顺利进入椭圆形太阳同步轨道，星上仪器工作正常。这是中国自行研制和发射的第一颗极地轨道气象卫星，它的主要任务是获取全球的气象信息，并向全世界气象卫星地面站发送气象资料。此外，还具有探测空中粒子成分的功能，为空间物理研究提供资料。同日，国务院、中央军委向参与气象卫星研制、试验的全体人员发出贺电，祝贺这颗气象卫星发射成功。

同　日　邓小平在人民大会堂会见美国国防部长卡卢奇。邓小平说，中国正集中精力进行现代化建设，全心全意地维护世界和平，这是我们提出问题和解决问题的出发点。亲自到中国看一看，就可以发现，中国是一个守信用的国家，是个负责任的国家。在国际问题上，我们欢迎谋求缓和的趋势，反对谋求霸权。最近几年的历史证明，所有谋求霸权的都遭到了失败或正在失败。中美关系近几年的发展是比较平稳的，我们应按照中美3个联合公报的精神，进一步发展两国之间的友好关系，这是两国人民的共同愿望。卡卢奇赞扬邓小平是当今世界上最伟大的领导人和战略思想家之一。国务委员、国防部长秦基伟等会见时在座。

同　日　《人民日报》就国民党中评委陈立夫等人的提案发表评论文章。《人民日报》评论员今天以陈立夫为首的34位国民党中央评议委员，提出的关于中国和平统一的议案，发表评论文章。文章指出，这项提案尽管仍有某些不适宜的提法，但主张祖国和平统一，提倡对话协商、互信合作，并有一些具体的设想，这是顺应两岸人民强烈要求和平统一，振兴中华的历史潮流的。陈立夫等34位先生这种谋求祖国统一的积极态度，令人感佩。评论员文章希望两岸能在经济、文化方面开始实行合作，并愿就此问题与台湾方面在大陆、台湾或其他地方早日进行协商。评论员文章还表示，如果陈立夫先生等人的积极主张得以付诸实施，必将对两岸关系的发展和祖国和平统一事业产生积极影响。

9月11日　福建部队宣布停止执行1962年两个《通告》。中国人民解放军驻福建部队发言人今天宣布，从即日起停止执行1962年颁布的对驾机、驾艇起义的国民党官兵给予奖励的两个《通告》，这位发言人说，在1962年台湾海峡两岸处于严重军事对峙状态下，我福建前线司令部、政治部颁布了对驾机、驾艇起义的国民党官兵给予奖励的两个《通告》，即：对驾驶飞机起义的“台湾空军”人员和驾驶舰艇起义的“台湾海军”人员的奖励规定及联络办法。最近几年，我方主动停止对金、马诸岛的炮击，停止向台湾海漂、空飘宣传品，促进了台湾海峡局势日趋缓和，现在，我们正式宣布停止执行上述两个《通告》，以期两岸关系出现更为祥和的气氛。

9月12日　邓小平提出要从战略高度考虑教育问题。这是邓小平在听取关于价格和工资改革初步方案汇报时提出的。他说，从长远看，要注意教育和科学技术。否则，我们已经耽误了20年，还要再耽误20年，后果不堪设想。马克思讲述科学技术是生产力，这是非常正确的，现在看来这样说可能不够，恐怕是第一生产力。他还说：要注意解决好极少数高级知识分子的待遇问题。调动他们的积极性，尊重他们，会有一批人做出更多的贡献。知识分子待遇问题要分几年解决，使他们感到有希望。邓小平提到留学生时说：我们的留学生有几万人，如何创造他们回来工作的条件，很重要。否则，这些人不回来，实在可惜啊。教育工作也要改进，这也是改革的重要内容。要把“文化大革命”时的“老九”提到第一。当然，不是马上就要怎么样，而是作为一个方针，一个战略。从长远来说，这个问题到了着手解决的时候了。

9月13日　李先念会见胡秋原。全国政协主席李先念今天晚上在人民大会堂会见并宴请台湾“立法委员”、“中国统一联盟”名誉主席胡秋原及其一行。李先念说，我们都是年近80岁的老人了。“人生七十古来稀”。我们没有什么个人企图，只希望我们的国家昌盛。胡秋原说，20世纪中华民族多灾多难，民族分裂的状况至今仍然存在，每一个中国人都有责任尽快结束这个不幸，使中国走向一个新的时代。李先念说，我们都应当向前看，使大陆、台湾搞好关系，早日实现国家统一，使我们的国家兴旺发达，提高中国在世界上的地位。

9月14日　中央军委在怀仁堂举行授予上将军衔仪式。国家主席、中央军委副主席杨尚昆宣读中央军委主席邓小平签发的授予上将军官军衔的命令。被授予上将军衔的17位高级军官是中央军委委员洪学智、刘华清、秦基伟，中央军委委员、总参谋长迟浩田，中央军委委员、总政治部主任杨白冰，中央军委委员、总后勤部部长赵南起，副总参谋长徐信，军委纪委书记、总政治部副主任郭林祥，军委纪委第二书记尤太忠，军事科学院政治委员王诚汉，国防大学校长张震，政治委员李德生，北京军区政治委员刘振华，南京军区司令员向守志，成都军区政治委员万海峰，海军政治委员李耀文，空军司令员王海。赵紫阳在仪式上发表讲话，指出实行新军衔制必将推动我军建设。根据七届全国人大常委会批准的《中国人民解放军军官军衔条例》，军官军衔设置一级上将、上将、中将、少将、大校、上校、中校、少校、上尉、中尉、少尉共3等11级。

9月14日—22日　新加坡总理李光耀应邀访华。15日，李鹏总理欢宴李光耀并举行会谈。李鹏说，我们的改革是一项伟大的事业，在前进的道路上将会遇到许多困难，但我们对改革的前景充满信心。当前中国的改革不仅是抓物价、工资方面的改革，而且要配套进行，这包括人事制度、企业效益等方面的改革，并大力治理通货膨胀。我们对自己的改革事业是充满信心的。中新两国关系很好，可以说两国关系中没有什么问题，我们企望通过双方的共同努力把这种关系继续推向前进。

9月15日　邓颖超会见胡秋原。邓颖超说："您赞成统一，反对台独，对台独会造成的破坏看得很透彻，和我们有着共同的见解。"邓颖超还说，解决中国统一问题，需要跟更多的同胞商谈。陈立夫先生年岁已高，我们曾表示欢迎他回来看看，他也有这个愿望，但至今还未实现。您回去后，请代我向陈立夫先生、杭立武先生、张群先生问好。"邓颖超谈到，祖国大陆方面曾向蒋经国先生表示，统一的事越早越好，希望能在他活着的时候解决问题，但他未来得及仔细考虑我们的意见。现在两岸的执政党应当坐下来，商谈和平统一大计。台湾方面如果坚持不谈，一旦岛内为台独分子所控制，台湾就会再度沦为外来势力的殖民地。

9月16日　邓小平在人民大会堂会见日本自民党前副总裁二阶堂进。邓小平说，中国10年来发展到今天这个阶段，是到了应该总结的时候了。只有很好地总结过去的成绩、方针和政策才能继续前进。10年来的发展是可喜的，速度不算慢。但这也带来了一些问题，如总需求与总供给的矛盾。即需求增长太快，总供给不足，还出现了通货膨胀。今后要控制总需求的增长，要控制发展速度，要治理通货膨胀。有些外国人观察中国的形势，认为中国高层领导意见不一致。这是一种虚假的观察。讨论问题时对具体做法和步骤有各种各样的意见，这是好事情。我们讨论的结果，还是那个老方针，即胆子要大，步子要稳。目前胆子已经够大了，所以步子要稳一些。过去10年中我们没有犯大错误，但也出现了一些想不到的事情。香港有些人猜测，说中共内部高层领导不统一，这是造谣。一部分人总是惟恐中国的天下不乱。我们会使他们失望的。中国改革开放的决心决不动摇。

同　日　杨尚昆、赵紫阳分别会见新加坡总理李光耀。杨尚昆高度评价中新两国的友好合作关系。他说，中新两国人民之间有着悠久的传统友谊。中新两国在经济、贸易、科技、文化等领域都很好，发展迅速。

9月17日　邓小平在人民大会堂会见新加坡总理李光耀。邓小平在介绍中国国内形势时说，中国10年发展、10年改革成绩是不错的。当然，在良好的发展过程中也有一些问题。我们对存在的问题是谨慎对待的。现在正总结10年的经验，制定进一步发展的政策。规划和措施也要进一步落实。进展是令人满意的，出现这样那样的问题是我们预料之中的事。因为我们缺乏经验，但本领是可以学会的，其中包括向新加坡学习，我们的总目标是不会改变的。谈到国际形势时，他说，集团政治已到了该结束的时候了，霸权主义也到了该结束的时候了。目前全世界正从对抗转向对话，由紧张转向缓和，这一趋势是明显的，今后还会发展。其中的道理就是超级大国谁也不敢发动战争，谁搞霸权主义，谁侵略别的国家，最终都得收缩回来。绝对优势也没有用，到头来还得搞和平共处五项原则。

同　日　李鹏总理在钓鱼台国宾馆会见由董事长威廉·基廷和社长路易斯·博卡迪率领的美联社董事会访华团。李鹏在谈到中苏关系时说，中国愿同苏联实现关系正常化，但不会回到50年代那种结盟的状况。中苏关系正常化对中国和苏联乃至世界和平都是有利的。他认为，中苏实现最高级首脑会晤首先要解决柬埔寨问题，更具体地说，苏联促使越南从柬埔寨撤军。最近，中苏副外长举行会晤。双方在一些问题上增加了共同点，但在另一些问题上仍然存在着分歧，还需要进行磋商。在谈到中国的国内问题时说，10年来，中国的改革已取得了不小的成绩。中国的改革方向不会改变，但改革的具体步骤与方法将根据情况随时进行调整。改革会遇到一些困难，但只要我们所作的决定符合实际、符合人民的利益并取得人民的支持，我们就能克服困难，把改革逐步推向前进。

9月17日—10月2日　中国体育代表团参加在汉城举行的第二十四届奥林匹克运动会。这届奥运会规模空前，共有160个国家和地区的1.3万多名运动员和官员参加。中国派出以国家体委主任李梦华为团长、由400名运动员组成的中国体育代表团参赛，在奥运会上共夺得5枚金牌、11枚银牌、12枚铜牌。10月5日晚，国家体委、全国体总、中国奥委会在人民大会堂举行招待会，欢迎从第二十四届奥运会鏖战归来的中国体育代表团。中共中央政治局委员、国务委员李铁映在招待会上首先代表党中央、国务院向为祖国荣誉而奋力拚博的体育健儿表示亲切问候和祝贺。他称赞我国运动员遵循和平、团结、进步的奥林匹克宗旨，结识了许多朋友，增进了相互了解，交流了技艺，为弘扬奥林匹克精神做出了努力。

9月19日　赵紫阳在中南海会见美国著名经济学家米尔顿·弗里德曼。他说，中国今后的改革要解决三个问题，一是价格改革；二是治理通货膨胀；三是实行以公有制为主体的企业股份制。当然，要解决这三个问题，难度还是不小的。我们要把价格改革摆在重要的议事日程上，这不是简单的国家调控，而是要解决价格形成的一种机制。物价改革必须同治理通货膨胀同时并举。深化改革还必须进行企业机制的改革，以增强企业自我约束和自负盈亏的能力。为此，今后首先要“两权分离”，即把企业的所有权和经营权分离，并大量实行承包制；其次是实行以公有制为主体的股份制，这对我们的国营企业是一个极大改造。现在，中国已大体上具备了推行股份制的条件。中国经济改革的方向不会改变，我们要坚定不移地一步一步走下去。但是，具体步骤和方法要根据中国的实际情况不断进行调整。他借用古人的话说，在改革过程中要“审时度势，宽严适度”。

9月21日　邓小平在人民大会堂会见斯里兰卡总理普雷马达萨。邓小平说，中国坚定不移的对外政策是反对霸权主义，维护世界和平。既要建立国际经济新秩序，又要建立国际政治新秩序。在国际关系中最经得起时间考验的是和平共处五项原则。有了建立在和平共处五项原则基础上的国际关系，我们就可以一心一意地搞现代化建设，争取尽早摆脱贫困，改善人民生活。好的国际环境是没有战争的国际环境，和平共处的国际环境。我们发展中国家要利用好的国际环境，主要靠自己努力发展。十一届三中全会以来的10年，我们发展得不错，成绩可喜，预定的目标已经实现，基本上解决了人民的温饱问题，到本世纪末达到小康生活的目标也可以实现。发展快是好事，但在发展快的形势下，也产生了通货膨胀问题。现在我们正在总结经验，采取措施，解决这一问题。中国和斯里兰卡自50年代建交以来关系一直很好。不管政治变革如何，我们都是很好的朋友关系。

9月23日　宁夏回族自治区成立30周年庆祝大会在银川市举行。杨静仁在大会上宣读中共中央、全国人大常委会、国务院祝贺宁夏回族自治区成立30周年的电文。国家副主席、中央代表团团长王震在会上代表中共中央、人大常委会、国务院，向宁夏各族人民致以热烈祝贺和亲切问候。自治区主席白立忱作题为《团结起来，为建设繁荣、富裕、文明的新宁夏而奋斗》的讲话。30年来，宁夏的社会、经济面貌都发生了巨大变化。全区社会总产值增长11.4倍，国民生产总值增长7倍，国民收入增长5.96倍。工业总产值增长64倍，农业总产值增长2.2倍，多种经营和乡镇企业蓬勃发展。城乡人民生活有了明显的改善。

9月24日　邓小平主席在人民大会堂会见日中经济协会访华团。邓小平说，中日邦交正常化以来，两国经济贸易的发展总的来说是满意的，希望日本方面加快在中国投资的步伐，特别是在技术转让方面，希望日本能够采取更加开放的政策，帮助中国提高创汇能力。这比单纯向中国贷款更为重要。

9月26日—30日　中共十三届三中全会在北京举行。会议由中共中央政治局常委赵紫阳、李鹏、乔石、胡启立、姚依林主持。全会听取并审议了赵紫阳代表中央政治局作的报告，同意中央政治局对当前国家政治经济形势的分析，批准中央政治局提出的治理经济环境、整顿经济秩序、全面深化改革的指导方针和政策、措施，确定把明后两年的建设和改革重点突出地放到治理经济环境和整顿经济秩序上来。全会认为，当前，全国总的经济形势是好的，但存在的困难和问题也不少，突出的是物价上涨幅度过大。为了创造理顺价格的条件，为了经济建设持续、稳步、健康地发展，必须在坚持改革开放总方向的前提下，认真治理经济环境和整顿经济秩序。治理经济环境，主要是压缩社会总需求，抑制通货膨胀。整顿经济秩序，就是要整顿目前经济生活中特别是流通领域中出现的各种混乱现象。在这两方面都要采取坚决有力的措施。治理经济环境，整顿经济秩序，必须同加强和改善新旧体制转换时期的宏观调控结合起来，必须同努力增加农副产品、适销的轻纺产品以及能源原材料等方面的有效供给结合起来。治理经济环境和整顿经济秩序是长期要注意的大问题，最要紧的是1989、1990两年一定要抓出成效。明年价格改革的步子较小，务必确保1989年的物价上涨幅度明显低于1988年，1989年一切工作都要服从这一点。全会指出，必须有领导有秩序地推进相互配套的全面改革。不理顺价格就谈不上真正确立新经济体制的基础，但深化改革又不仅仅是一个价格改革问题，而是多方面的综合改革。在多方面的综合改革中，应当特别注重深化企业改革，尤其是大中型国有企业的改革。一要进一步推动政企分开，使有条件的企业真正放开经营，二要认真完善承包制，进行以公有制为主体的股份制试点和发展企业集团试点。全会指出，为了保证治理经济环境、整顿经济秩序和深化改革任务的顺利完成，必须加强党的领导，充分发挥我们的政治优势。要特别强调党的领导核心作用和党的纪律，特别强调局部利益服从全局利益。同时，通过治理环境、整顿秩序和深化改革的实践来加强党的建设，提高党组织的战斗力，发挥党员的先锋模范作用。要以治理环境、整顿秩序和深化改革为中心内容，进行一次广泛、深入的形势教育，并以此作为加强和改进思想政治工作的新起点。要充分发挥民主监督的作用，并运用法律的、制度的、纪律的、教育的手段，综合治理，克服腐败现象，保持党政机关的廉洁。全会原则上通过了《关于价格、工资改革的初步方案》，建议国务院在今后5年或较长一些时间内，根据严格控制物价上涨的要求，并考虑各方面的实际可能，逐步地、稳妥地组织实施。全会还原则通过了《中共中央关于加强和改进企业思想政治工作的通知》。出席全会的有中央委员165人，候补中央委员103人。列席会议的有中顾委委员184人，中纪委委员67人，有关方面主要负责人63人。

9月27日　中国核潜艇水下发射运载火箭成功。这次试验的运载火箭，是由中国自行研制的核潜艇从水下发射的，火箭准确地落入预定海域。

9月29日—30日　中纪委第三次全体会议在北京召开。全会听取并审议了乔石代表中央纪委常委作的《加强党的纪律，保证全面深化改革目标的顺利实现》的报告，一致拥护中共十三届三中全会通过的治理经济环境、整顿经济秩序、全面深化改革的指导方针和政策、措施，要求各级纪检机关认真贯彻执行。全会认为，为了保证治理环境、整顿秩序、深化改革的顺利进行，全党必须增强纪律观念，加强组织纪律性，坚持党的民主集中制原则。党的各级组织和每个共产党员都要自觉地同党中央保持一致，维护中央的权威，发挥党的领导核心作用，增强党的凝聚力和战斗力。全会强调，要严格执行党的纪律，严肃查处违纪行为。对违抗中央方针、政策和决定，扰乱经济秩序和其它违纪行为，要严肃查处，并按照党章的规定给予必要的纪律处分，直至开除党籍。全会由乔石主持。

9月30日　中顾委第三次全会在北京召开。全会一致拥护赵紫阳代表中共中央政治局在中共十三届三中全会上作的报告，赞同十三届三中全会原则通过的《关于价格、工资改革的初步方案》和《中共中央关于加强和改进企业思想政治工作的通知》。全会认为，中共十三届三中全会提出的治理经济环境、整顿经济秩序、全面深化改革的指导方针和各项政策、措施，是正确的、稳妥的。表示一定要牢牢掌握坚持四项基本原则、坚持改革开放的两个基本点，积极发挥党的政治优势，加强党的领导，坚决维护党中央和国务院的权威，统一思想，统一行动，严守纪律，服从大局、廉洁奉公、艰苦奋斗，为夺取全面改革和社会主义现代化建设的新胜利做出应有的贡献。全会由宋任穷主持，出席会议的委员有184人。

10月3日　中共中央、国务院作出关于清理整顿公司的决定。《决定》指出，近几年来，全国成立了一大批新的公司，在生产、流通领域中起了一定的作用，但其中有相当一部分公司政企不分，官商不分，转手倒卖，牟取暴利。这些问题的存在和发展，损害党和群众的利益，造成社会分配不公，扰乱经济秩序，败坏社会风气，严重干扰和阻碍改革。为了治理经济环境，整顿经济秩序，加强对商品流通的管理，保障改革的顺利进行，必须对各类公司进行清理整顿。决定规定：一、这次清理整顿的重点是1988年下半年以来成立的公司，特别是综合性、金融性和流通领域的公司。之前成立的公司，凡问题严重的，也要进行清理整顿。通过清理整顿，主要解决公司政企不分、商官不分、转手倒卖、牟取暴利等问题。二、坚决纠正公司的政企不分问题，取消公司的政府行政职能。三、各级机关（包括各级党的机关、国家权力机关、行政机关、审判机关、检察机关）均不得用行政费、事业费、专项拨款、预算外资金和银行贷款投资开办公司。已经开办的公司，必须限期在财务上和物资上与机关彻底脱钩。四、严格执行中央、国务院关于党和国家机关干部不得经商办企业的规定。五、各类公司必须按照核定的经营范围依法经营，严禁转手倒卖重要生产资料和紧俏耐用消费品，赚取非法利润。六、所有公司都必须依法纳税。一律取消对公司特批的减免税优惠待遇和银行贷款优惠利率。七、严格公司审批手续。八、决定同时适用于工会、妇联、共青团、文联和各种协会、学会、基金会等群众组织、社会团体及其人员。九、公司的清理整顿工作由各省、自治区、直辖市人民政府和中央各部门分别负责。十、各级人民政府要采取一般清理和重点整顿相结合的办法，突破重点，推动全局。决定规定，全国清理整顿公司的工作要在1988年底前基本结束。

同　日　李鹏总理在北京钓鱼台国宾馆会见德意志联邦共和国前

总理赫尔穆特·施密特。他说，中国改革的总方向不变，但是在步骤和方法上有一些调整。中共十三届三中全会的精神就是要用两年时间治理经济环境，整顿经济秩序，全面深化改革，把通货膨胀降下来，使经济健康地发展。有些外国朋友对我们的改革有些误解，认为中国搞市场经济就是搞资本主义市场经济，这种理解不正确。中国的改革是要把市场经济的机制引入中国的经济生活中来，但是从宏观上要进行有计划地指导，要实行社会主义的有计划的商品经济。中国不依附于任何大国或大国集团。美苏主宰世界的时代已经过去了，将来是一个多极的世界。多极的世界有利于世界和平。中国欢迎美苏关系缓和，但也不把和平的希望寄托在美苏两家身上，主要的还是要依靠世界各国和各国人民为争取和平而共同努力。

同　日　卫生部顾问马海德在北京逝世。马海德，1910年9月生于美国，祖籍黎巴嫩。1933年毕业于日内瓦医科大学并获博士学位，同年来上海。1937年加入中国共产党。1950年加入中国国籍。任第七届全国政协常委，卫生部顾问，中国麻风病防治协会会长，中国麻风病防治研究中心主任。历任第五届全国政协委员、第六届全国政协常委，是国内外著名的医学专家。为60年代初基本消灭性病和防治麻风病做了巨大努力。他曾先后荣获比利时“达米恩杜顿麻风协会”授予的1982年度奖章、黎巴嫩总统授予的德科芒德尔国家勋章和美国1986年艾伯特—腊斯克医学奖、印度1987年甘地国际麻风奖。为表彰马海德半个世纪以来为中国做出的卓越贡献，国家卫生部授予他“新中国卫生事业的先驱”的光荣称号。

10月4日—7日　肯尼亚共和国总统丹尼尔·阿拉普·莫伊应邀访华。4日，杨尚昆在人民大会堂设宴欢迎莫伊，杨尚昆说，中国同广大的非洲国家有着类似的历史遭遇，又面临着相同的发展任务。加强和巩固同非洲国家的团结与合作，是我国外交政策的重要组成部分。我们支持非洲人民反对南非种族隔离制度的斗争，愿意根据平等互利，讲求实效，形式多样，共同发展的原则，继续发展和加强同非洲国家的经济技术合作。

10月5日—13日　1988年北京国际发明展览会开幕。这次展览的主题是：创新、交流、友谊、和平。比利时、朝鲜、法国、南斯拉夫、葡萄牙、瑞士、西班牙、保加利亚及中国近1 000项高水平发明参加了展出。

10月6日　国务院作出关于从严控制社会集团购买力的决定。决定规定：一、凡属社会集团购买力范围内的支出，各地区、各部门、各单位要从严控制，坚决压缩。二、实行直接控制和间接控制两种管理办法。三、将现在的19种专项控制商品扩大到29种。四、建立健全管理制度。五、对直接控制的社会集团购买力单位，各级财政部门和主管机关要根据集团购买力压缩指标，相应核减单位预算和企业管理费计划。六、实行首长负责制。七、各有关部门要各司其职，密切配合，共同做好控购工作。八、对突破控购指标的，应根据情节轻重，处以超指标数额50%以下的罚款。九、各地区各部门应根据决定结合实际情况，制定具体控制办法。

10月9日—16日　第一届全国农民运动会在北京举行。这届农运会共设田径、篮球、乒乓球、中国式摔跤、自行车、射击、足球7个比赛项目，武术、蒙古式摔跤两个表演项目。来自全国30个省、市、自治区的1 431名运动员参加角逐。杨尚昆、李鹏、万里、王震等党和国家领导人出席开幕式，田纪云代表党中央、国务院表示祝贺。王震在闭幕词中希望重视发展农村体育。

10月11日　中共中央在怀仁堂举行党外人士座谈会。赵紫阳主持座谈会。座谈会主要是就中共十三届三中全会确定的治理经济环境、整顿经济秩序、全面深化改革以及从严治党方面的问题征求意见，共商国是。赵紫阳说，中共十三届三中全会精神的贯彻落实，一方面要靠中共中央的决心和工作，另一方面还要靠大家。欢迎各民主党派参加治理经济环境、整顿经济秩序的工作；参加对党的机关克服和纠正腐败现象的监督工作。坚持和完善在中国共产党领导下的多党合作制度和政治协商制度，是政治体制改革中的一个非常重要的问题。中共中央今后每年将不定期地邀请大家举行座谈会，同各民主党派领导人、无党派爱国人士一起，不拘形式，不拘具体内容，坦诚交谈，交换对国家事务的意见。

10月11日　台湾林园工业区由于严重污染公害，引发大规模的反公害抗议活动——林园事件。林园工业区是台湾石化专业区，连续发生了几起大规模公害。9月22日，人们在汕尾渔港及附近海域发现大批死鱼。次日，高雄县“议会”副议长吴鸿鸣等民意代表出面与厂商沟通，双方约定10月4日协商解决。不料10月5日，污水厂不堪林园18家石化厂大量废水的涌入，废水再次大量溢出，引发了抗议活动。本日，林园乡临海7个村的民众集结了约2 000人在工业中心四周抗议。13日，18家工厂全面停工。台湾“经济部长”陈履安于10月14日召开有关负责人参加的“紧急晨报”会议，准备采取强硬措施解决“林园事件”。其后，“经济部”工业局同意协调18家厂商筹款约12.7亿元补偿汕尾、中芸两地区的居民，此事件才结束。

10月12日　国务院发出全面彻底清查楼堂馆所的通知。通知指出，要重点清查在建项目，下决心停建一批，缓建一批，真正把兴建楼堂馆所之风刹住。对隐瞒或不按规定处理的，一经查出，要予以没收，由监察、审计部门监督执行，并对建设单位及主管部门领导人和有关责任者严肃处理。通知要求，第一批城市在11月上旬清查完毕，第二批城市在11月底全部清查完毕。

10月13日　邓小平在人民大会堂会见芬兰总统科伊维斯托。邓小平说，将来中苏关系正常化以后，两国应在和平共处原则基础上建立新型的政治关系和新型的经济关系。中苏关系正常化不损害同其他国家的关系。中芬两国50年代就建立了良好的关系。芬兰是第一批承认中华人民共和国的国家之一。在70年代，你们有你们的处境，我们有我们的问题，两国关系处于停滞状态。70年代以来，我们两国的关系发展得不错。芬兰的政策正确、政治稳定、经济繁荣，已成为第一流的发达国家。我们对你们所取得的成就表示祝贺。

10月14日　中共中央在怀仁堂举行党外人士座谈会。座谈会由赵紫阳主持，李鹏、胡启立、万里、宋平、芮杏文、阎明复、温家宝出席会议听取意见，出席七届全国政协常委会三次会议的各民主党派、无党派、宗教界的一些人士畅所欲言，陈述己见，对国家的大政方针提出许多宝贵意见和建议。赵紫阳最后讲话，对大家坦诚直率地对党和国家工作提意见、出主意，表示欢迎和感谢。他说，中共十三届三中全会精神我看是可以贯彻下去的，这是因为：中共中央乃至全党都认识到，问题确实到了非解决不可的时候了，这次会议决定的事情不坚决贯彻好，后果将是严重的；全党认识比较一致；中共中央、国务院采取了许多具体有力的措施，还将继续采取综合性的措施，包括政治、行政、法律、纪律、思想政治工作等方面的措施，“五管齐下”。当然，大量艰巨的工作还在后头，只要抓紧、抓落实，督促、检查、纪检都跟上去，就能取得好的结果。现在我们的一些党的机关工作人员中确有腐败现象。如不采取有力措施加以制止和克服，这种现象有蔓延、滋长之势。这是人民群众最不满意的问题之一。因此，最近中央突出地讲廉洁，抓反腐败的问题。新中国成立后，风气是很好的。为什么过了几十年，一些社会丑恶现象、腐败现象又出来了呢？除了我们主观上工作上的某些失误、抓得不紧之外，很重要的一个原因就是：因为在新旧两种体制转换时期，有些旧的，原来的规章制度不行了，失效了，废除了，而新的一套制度还没有完全建立起来。从这个意义上讲，要根本解决这些问题，需要通过深化改革，建立起社会主义商品经济新秩序。但这个工作不是一朝一夕所能完成的。因此过渡阶段是不可避免的。在新旧体制转换中必然产生许多漏洞，这就为以权谋私等腐败现象提供了土壤，只有新秩序建立起来了，才能铲除这种土壤。我们不能等建立起新秩序才去同腐败现象斗争。不能听凭这些腐败现象泛滥。如果听之任之，新秩序、新体制就建立不起来，改革就进行不下去。所以，我们一方面要通过改革，建立新秩序，同时要采取有力的手段和措施，使这些腐败现象不能泛滥，不能蔓延，不能滋长。

同　日　全国政协副主席钱昌照在北京逝世。钱昌照，江苏常熟人，1899年11月生。1919年赴英国留学。从1928年起，先后任国民政府外交部秘书，教育部常务次长，资源委员会副主任委员、委员长。1947年春，钱昌照辞去资源委员会的职务，出国考察，在国外他得知解放战争节节胜利的消息，在中共有关方面帮助下，1949年6月，经香港到达北平，受到毛泽东等接见。1949年9月，出席了中国人民政协第一届全体会议，并当选为政协全国委员会委员。建国后，历任政务院财政经济委员会委员兼计划局副局长，第一、二、三、四届全国人大代表，全国人大常务委员会法案委员会委员、法制委员会委员，第五届全国政协常务委员，第五、六、七届全国政协副主席，民革第三届中央委员、第四届中央常务委员、社会联系工作委员会副主任、对台工作委员会副主任、第五、六届民革中央副主席。

10月16日　中国第一座高能加速器——北京正负电子对撞机首次对撞成功。这是继原子弹氢弹爆炸成功、卫星上天之后，中国在高科技领域又一重大突破性成就。这项被认为是中国科学技术史上最大的科研工程，是邓小平在1984年10月7日奠基破土动工的。在中共中央、国务院委托的北京正负电子对撞机工程领导小组组织指挥下，中国科学院高能物理研究所同中央10多个部委及所属的几百个工厂、研究所、高等院校近万名科技人员、工人、干部、解放军官兵，经过4年时间出色完成了自行设计、研制生产、安装、调试任务，创造了建设速度快、投资省、质量好、水平高的奇迹。北京正负电子对撞机包括电子注入器、贮存环、探测器及数据处理中心、同步辐射区4个主要组成部分，是由数百种、上万台件高精尖专门设备组成的复杂的系统工程。它的建成和对撞成功，对中国粒子物理和同步辐射应用研究开辟了广阔的前景，揭开了中国高能物理研究的新篇章。24日，赵紫阳、邓小平、杨尚昆、李鹏、万里、胡启立、姚依林、王震等党和国家领导人参观正负电子对撞机实验室，并看望参加工程建设的代表。邓小平说，高科技领域的发展一日千里，中国也不能不参与。我们不仅要搞加速器，还要参与其他高科技领域的发展。任何时候，中国都必须发展自己的高科技，在世界高科技领域占有一席之地。

同　日　民盟中央副主席萨空了在北京逝世。萨空了，蒙古族人，1907年生于成都。1927年他开始在北京从事新闻工作。1938年秋，萨空了和杜重远从香港赴新疆从事抗日救亡活动，途经武汉，得到周恩来、叶剑英的教益和鼓舞，从而在党的关怀下，更加积极地投入民族民主革命的洪流。他曾任《新疆日报》社长。由于盛世才的反动面目暴露，他不得不离开新疆，到重庆任《新蜀报》经理，并积极配合《新华日报》开展工作。皖南事变后，在香港任民盟机关报《光明报》总经理，积极宣传民盟的政治主张。1943年5月，萨空了被国民党特务逮捕，后经民盟营救出狱。出狱后任《华商报》总经理，继续从事爱国民主活动。1949年6月，他和胡愈之一起创办中国民主同盟机关报《光明日报》，任秘书长。他积极参加新政协的筹备工作，并作为中国人民救国会的代表出席中国人民政治协商会议第一次全体会议。新中国成立后，萨空了先后任新闻总署副署长兼新闻摄影局局长，出版总署副署长，国家民委副主任，全国政协副秘书长，民盟中央副主席。1960年加入中国共产党。曾当选为第一、二届全国人大代表，第二届全国政协委员，第三届至第六届全国政协常委等职。

10月17日　邓小平在北京钓鱼台国宾馆会见罗马尼亚共产党总书记、罗马尼亚社会主义共和国总统齐奥塞斯库。邓小平说，可能明年能够实现中苏高层会晤。邓小平请齐奥塞斯库用电话向戈尔巴乔夫问候。他说，我们见面不准备纠缠历史。他在介绍中国的情况时说，我们总的情况是好的。1978年十一届三中全会制定的方针政策，经过10年的努力，证明是正确的。10年前我们重新估计了国际形势，确定了内外政策。我们的对外政策是反对霸权主义，维护世界和平，目的是为了赢得一个国际的和平环境。我们根据这个判断，决定把我们的国内政策转到一心一意地搞四个现代化上去。10年中我们取得了可喜的发展，但是发展中也带来了问题。问题之一是我们的速度太快，所以，我们召开了一个三中全会，来控制发展速度，治理经济秩序。我们要加强管理，要努力消除所有的腐败现象。社会主义的发展，要根据自己的实际，要多种形式，但是只能根据自己国家的具体情况，来制定发展战略和符合实际情况的政策。我们社会主义国家之间的经验可以相互参考借鉴，但是绝不能照搬。成功的经验或失败的教训要自己去总结。

10月23日　中日和平友好条约生效10周年纪念日。全国政协主席李先念在人民大会堂会见日中友协全国本部会长宇都宫德马和日本经济协会常任顾问冈崎嘉平太，李先念称他们是日本友好事业的奠基人，祝愿中日友好事业世世代代发展下去。

10月25日—26日　中华人民共和国澳门特别行政区基本法起草委员会第一次全体会议在北京召开。会议的主要议程有两项：一、研究确定澳门基本法起草工作的大体规划和步骤。二、研究起草委员会如何进行工作。47位委员出席会议。26日，赵紫阳、邓小平、杨尚昆、李鹏、万里、李先念在人民大会堂会见澳门特别行政区基本法起草委员会第一次全体会议的成员。

10月26日　杨尚昆会见李政道教授。杨尚昆主席在人民大会堂会见并宴请美籍华人李政道教授，感谢他对建设北京正负电子对撞机国家实验室工程提供的帮助，赞扬他多年来为促进中美科技交流和发展中国科学事业做出的贡献。

10月26日—29日　中国公务员制度及人力资源开发国际研讨会在北京召开。会议是由中共中央组织部、国家人事部共同举办的。30多位来自美国、加拿大、联邦德国、法国、日本、英国、新加坡、香港等国家和地区主管公务员管理工作的高级官员、人事管理方面的专家、学者和80多名中国专家、企业家以及干部人事管理工作者出席会议。自中共十三大决定建立国家公务员制度以来，国家做了一系列准备工作，如拟定了国家公务员暂时条例草案（自1984年以来已起草、修改了15稿），成立了公务员管理机构国家人事部，筹办国家行政学院和高级公务员培训中心，培训了一批推行公务员制度骨干。29日，李鹏总理在中南海会见与会代表。李鹏说，推行公务员制度是政治体制改革的重要内容。建立公务员制度的目的是为了从人事制度上服务和保证国家的改革开放事业。推行公务员制度的前提是对政府进行机构改革。中央一级的机构改革要在1988年内完成。1989年要开始进行地方的政府机构改革。在机构改革基础上建立的公务员制度，将有利于提高政府的工作效率，可以使有业绩、能力的人员在参加各级政府工作中有平等的竞争机会，从而有利于造就一大批有作为的国家公务员，同时也有助于克服、抵制目前仍然存在的某些腐败现象。实行公务员制度要先立法。可能的作法是，先制定有关公务员的暂行条例，在条件成熟时，再制定公务员法。要建立具有吸引力的公务员工资制度，但这种制度要适合国情。要在公务员的报酬方面改变目前政府机关工作人员收入低于企业同类人员水平的状况。同时，还要提倡公务员的献身精神。国家将用10年时间在全国范围内全面推行公务员制度。1992年以前，要首先在中央和省、自治区、市两级政府中建立这种制度。

10月29日　中共中央政治局在北京召开第十三次全体会议。会议的主要议题是讨论从现在到“八五”计划期间深化农村改革和加速农业发展的问题，特别是明后两年农村工作问题。会议认为，中国农村经济改革已走过了10年的历程，改革促进了农村经济体制的转换，农村面貌发生了重大变化。农村改革的巨大成就，支持了国民经济的发展，为整个经济体制改革创造了有利的环境并提供了有益的经验。但是，最近几年来，由于人口的增长，消费水平的提高，主要农产品供求矛盾在新的水平上继续存在。会议指出，农业是整个国民经济的基础。对于农业生产，特别是粮食生产，任何时候都不能放松。搞好农业生产，增加农产品供给，对于平衡市场、稳定大局至关重要，对于治理经济环境，整顿经济秩序，全面深化改革，保证国民经济长期稳定的发展也具有重大意义。因此，应当采取得力措施解决当前农村面临的问题，并对中长期农业的改革和建设及早作出安排，努力把农业生产提高到新水平。解决农业问题的根本途径，是通过进一步完善联产承包责任制、深化农村改革、增加农业投入和推广农业科学技术来加快农业发展。会议着重讨论了1989、1990年搞好农业生产的措施。出席会议的有中共中央政治局委员15人，政治局候补委员1人，赵紫阳主持会议。

11月2日　赵紫阳在人民大会堂会见前来参加第八次企业管理国际讨论会的80多位外国企业家。他说，改革开放是中国的总方针、总政策，这是长期的方针、政策，至少要管几十年、上百年。这个总方针、总政策决不会因为某些局部的、暂时的政治或经济变动而改变。改革开放10年来取得了很大成绩，国家面貌发生了很大变化。因此，不存在走回头路的问题。走回头路，没有群众基础，领导层也没有这样的意图。过去10年的实践证明，改革就能进步，不改革没有出路。我们最近提出要治理经济环境、整顿经济秩序，这主要是因为发生了通货膨胀。这次膨胀对中国人民的承受能力来说是明显的。所谓明显，就是大家都感受到了。因此，我们要认真对待，下决心加以控制。治理经济环境、整顿经济秩序不仅不会影响中国的对外经济关系，而且从长远来看正是为了给对外经济技术合作创造条件。欢迎外国企业家前来举办独资企业，或者在中国现有企业的基础上办合资企业。他称后一种合作形式为“在中国现有企业这棵树上嫁接外国的先进技术和管理经验”。赵紫阳说，今年春天中国提出的沿海发展战略已经产生了初步效果。我们要继续执行这个战略，把广大的沿海地带逐步推向国际市场，参加国际经济大循环。这将加快沿海地区的发展，带动内地的经济发展，在国际上还可以对亚太地区的经济发展助一臂之力。

11月2日—7日　中共中央、国务院在北京召开全国农村工作会议。这次会议的中心议题是：着重研究深化农村改革，大力发展农业，特别是明后两年搞好农业生产的措施，千方百计夺取1989年农业丰收。中共中央政治局委员、国务院副总理田纪云在会上作了题为《必须充分重视和大力发展农业》的讲话。他的讲话分四个部分：一、正确认识农村形势和农业的基础地位；二、逐步推进和深化农村经济体制改革；三、积极促进特别是粮食生产有个较快较大发展；四、切实加强领导，保证农村各项工作顺利开展。4日，赵紫阳等在中南海同参加全国农村工作会议的部分代表就如何夺取1989年农业丰收的问题进行了座谈。赵紫阳强调指出，今后农业的发展，关键要靠3条：一是靠政策调动农民的积极性，总的要进一步稳定和完善家庭联产承包制，同时发展多种形式的生产服务。二是靠科技，农业生产下一步的突破要依赖科技的力量。三是靠增加投入，要采取措施增加化肥、农膜、农药等农用生产资料的有效供给。李鹏在闭幕会上要求大家同心协力，克服困难，做好工作，为争取1989年全国农业生产有个好收成，做出应有的贡献。

11月4日　李鹏总理在中南海紫光阁会见香港总督卫奕信。李鹏重申中国政府对香港问题的一贯立场。双方就当前香港的局势和前途等问题坦率地交换了看法，一致表示要为全面贯彻中英联合声明继续进行密切合作，要进一步加强和发展内地同香港的经济关系。

11月6日　原总政治部主任谭政大将在北京逝世。谭政，湖南湘乡县人，1906年6月生。1927年春，在武汉参加国民革命军。9月，参加毛泽东领导的湘赣边秋收起义。10月，在井冈山加入中国共产党。先后任红四军前委秘书、三十一团党委秘书，红四军军委秘书长、红四军政治部训练部部长、红十二军政治部主任、红二十二军政治部主任、红一军团一师政治部主任、政治委员，他参加了中央革命根据地反“围剿”作战和长征。长征到达陕北，他任红一军团政治部组织部长，后任后方政治部主任，1938年春至1942年冬，任军委总政治部副主任，陕甘宁晋绥联防军副政治委员兼政治部主任。1945年参加中共七大的筹备工作，并当选为中央候补委员。抗日战争胜利后，先后任东北民主联军、东北野战军政治部主任，第四野战军政治部主任，中共中央华中局常委，第四野战军兼中南军区副政治委员。新中国成立后，他历任中南军区及第四野战军第三政治委员、中南局第一副书记、华南分局第三书记、华南军区政治委员，总政治部第一副主任，并任国防部副部长。1955年被授予大将军衔。1956年9月，被选为中共八届中央委员、中央书记处书记。同年12月任总政治部主任。1959年9月任中共中央军委常委。1960年10月，在中央军委扩大会议上，谭政受到林彪陷害，后被横加了“反对毛泽东思想”、“在总政结成反党宗派集团”等罪名，遭到错误的批判，受到撤职、降职等处分。“文化大革命”中，又遭到林彪、江青反革命集团的残酷迫害，被关押8年之久，身心受到严重摧残。但他始终坚持原则，同林彪、江青反革命集团进行了坚决斗争。1975年，在邓小平、叶剑英的关怀下，谭政出任中央军委顾问。1980年中共中央对他受到的政治诬陷给予平反。1978年他被选为五届全国人大常委会委员、法制委员会副主任。

同　日　云南省西南边界澜沧、耿马地区连续发生7.6级和7.2级两次强地震。思茅、临沧、保山、德宏和西双版纳5个地（州）的19

个县受灾，受灾总人口516.83万余人，其中少数民族人口185.28万余人，占35.9%。整个受灾农户50万余户，250多万人。到12日为止，已发现死亡722人，伤3 364人。房屋倒塌和各种财物器材损失累计折款约6.96亿元。9日，以中共中央委员、国务委员宋健为团长的中共中央、国务院慰问团前往地震灾区慰问受灾群众，会同云南省委和省政府组织灾区人民抗震救灾，重建家园。11月30日，南澜沧一带又发生6.7级强余震，25人受伤，1人死亡。

11月7日　邓小平会见乌拉圭总统桑吉内蒂。邓小平说，中乌两国建交不久，桑吉内蒂总统就率领一个重要的代表团访华，我们非常感谢，非常高兴。中国的政策是同拉美国家建立和发展关系，我们要同拉美国家一起，建立南南合作的范例。我们同拉美国家之间有共同的处境、共同经历，也有共同认识。近10年来，中国的发展是可喜的，我们做了一些好事。事实证明我们制定的路线、方针、政策总的来说是正确的，也就是说我们一心一意搞四个现代化建设是正确的，服务于四个现代化建设的政策，特别是改革开放政策看来是正确的。过去10年，我们没有犯大的错误，但是这样或那样的小的缺点，小的毛病是不断的。最近中国就存在着通货膨胀问题，物价涨得太快。四个现代化的道路我们要走几十年。80年代达到温饱水平这个第一步的目标基本上已经实现，我们提前两年实现了第一步计划。现在开始走第二步，也就是在本世纪达到国民生产总值人均800—1 000美元，国民生产总值超过1万亿美元，第二步比第一步要困难一些，但是可以比较有把握地说，希望很大，能够完成。下一个世纪30年到50年，也就是说第三步比较前两步困难大一些，所以还要努力奋斗。我们有自信心，我们充满信心。

11月8日　赵紫阳在中南海同科学家代表座谈。赵紫阳说，我们国家目前存在着许多矛盾的现象：一方面经济活跃了，建设事业蓬勃发展，国家经济实力日益增强，另一方面又出现通货膨胀和在产品经济时期少有的一些混乱现象；一方面在国家政治生活等各领域大大发展了社会民主，另一方面不安定因素和思想混乱也增加了；一方面绝大多数人的生活得到了改善，与改革以前的状况不可同日而语，另一方面人们不满足，不满意的事情和不满意的情绪也有所增长。这些矛盾的现象说明，我们面临的问题是前进中的问题，是发展和进步中的问题，是成功中的困难。对存在的问题，我们必须认真对待，切实加以解决。同时，也要引导干部和群众正确理解前进中的问题。我们既不能小看这些问题，也不应当把问题渲染得过于严重。遇到困难怨天尤人是无济于事的，需要全党和全国人民同心同德、齐心协力，去战胜困难，争取改革的新胜利。小平同志指出：科学技术是第一生产力。今后我们综合国力如何，很大程度上取决于科技发展水平以及科技为增强国力所起的作用。同许多第三世界国家相比，我们的一个突出的优势，就在于有一支优秀的、有相当水平和献身精神的科技队伍。希望继续深化科技体制改革，使现有的科技队伍和工业基础紧密结合，协同攻关，把我们的潜力和优势更好地发挥出来。

11月8日—12日　中国文联五次代表大会在北京举行。胡启立代表中共中央、国务院向大会致祝辞。他说，我们这个民族经历着深刻的激荡，同时又孕育着振兴的前景。机遇和风险，成功和挫折，希望和困惑，牵动着千百万人民群众的心。希望文艺家们在改革开放的过程中清醒地认识到自己肩负的重大社会责任，团结一致，把个人的艺术追求和民族振兴的历史运动结合起来，积极投身到改革开放和现代化建设的洪流中去。中国文联副主席夏衍向大会致开幕词。他回顾了中国文艺走过的10年历程，肯定它所取得的成就是令人鼓舞的。认为中国文艺界走过的曲折、艰险的路从30年代直到今天，“有胜利，有失败，有欢乐，也有忧伤”。时代的变化必然反映到文艺创作中，有许多教训值得记取。那种认为文艺比政治经济更为重要的看法是不科学的，那种用行政命令来管理文艺的方法是不明智的，创作自由是尊重艺术规律的表现，创作自由和尊重艺术个性又是建立在文学家、艺术家的良知的基础上的。那种脱离生活、游离现实、淡化矛盾的倾向是偏颇的；那种片面强调民族性而泥古不化，反对吸收借鉴外来文化的观念是偏狭的；当然，那种主张全盘西化、生吞活剥、东施效颦的作法是有害的。中国文学艺术的起落沉浮，还可以从五四时代去求索经验。这就是文学艺术和科学技术一样，只能在学术自由、科学探讨无禁区的环境中才能进步和发展。与会1 500名代表听取了《中国文联（1979—1988年）会务工作报告》和吴祖强作的《关于修改〈中国文联章程〉的说明》。代表们就文艺同政治的关系、创作自由、社会责任、文艺体制改革等问题展开了热烈讨论，特别是如何贯彻“双百”方针更是关注的热点。虽然观点不尽相同，但目标却是一个：团结，向前看。大会通过了由106人组成的中国文学艺术界五届全委会名单。原则通过了中国文联第四届主席团所作的会务工作报告和中国文联新章程。周扬、傅钟、阳翰笙、谢冰心、贺绿汀、林默涵、俞振飞、陶钝、康巴尔汗等9位文艺界前辈被推举为文联全国委员会名誉委员。大会还同意接纳中国电视艺术家协会为中国文联团体会员。13日，中国文联五届全委会第一次会议选举曹禺为中国文联执行主席，才旦卓玛、马烽、尹瘦石、冯骥才、李瑛、吴祖强、张君秋、夏菊花、谢晋当选为执行副主席。

11月14日　万里委员长在人民大会堂欢宴由议长维托尔·克雷斯波率领的葡萄牙议会代表团。万里说，澳门问题的圆满解决，使中葡两国友好合作关系的发展翻开了新的一页。它不仅为澳门的长期稳定和发展奠定了坚实的基础，也为通过和平谈判的方式解决国与国之间的争端提供了一个新的成功范例。

11月15日　国务院召开第二十五次常务会议。会议听取国务委员宋健关于中央慰问团赴云南地震灾区慰问情况的汇报。会议认为，11月6日云南省西南地区发生强烈地震后，整个救灾工作是及时的、扎实的、有效的，灾民生活已初步得到安排，受伤人员已得到治疗，遭到破坏的公路已经修复，通讯已经畅通，各种救灾物资正源源运往灾区，广大灾民的情绪已经稳定，并开始重建家园。在抗震救灾中，云南省各级干部、医务人员、人民解放军和武警部队指战员、公安干警、地震科技人员，以对人民生命财产高度负责的精神，与地震灾害顽强斗争，做出了重大贡献。鉴于地震发生在云南少数民族地区，波及范围大，灾情严重，会议决定成立国务院抗震救灾领导小组，指导和帮助灾区人民恢复生产，重建家园。会议还讨论并原则通过《医疗用毒性药品管理办法》和《精神药品管理办法》，防止这类药品乱生产、乱销售、乱使用，保护人民群众的健康。会议由姚依林代总理主持。

同　日　赵紫阳会见科摩罗伊斯兰联邦共和国总统阿卜杜拉。赵紫阳说，社会主义国家必须改革，不改革就不可能发挥社会主义的优越性。目前改革已成为潮流，但改革并不那么容易，它充满了困难，没有现成的经验可借鉴，这就需要摸索、探索、试验。我们不能因为害怕困难而不进行改革。我们只能依靠进一步的改革来克服困难。我们现在正是这样做的。当前，我们正面临通货膨胀问题，但中国不会因此而停止改革。从根本上解决通货膨胀还得依靠改革。当前国际形势出现了缓和的趋势，这很大程度上是广大中小国家为维护世界和平所做出的努力的结果，现在少数大国主宰世界事务的时代已经过去了，广大中小国家在国际事务中越来越发挥重要作用。加强同第三世界国家的合作团结是中国对外政策的重要组成部分。中国愿同包括科摩罗在内的广大中小国家一起，为维护世界和平和发展作出应有的努力。

11月20日　外交部发表声明承认巴勒斯坦国。声明说，1988年11月15日在阿尔及尔召开的巴勒斯坦全国委员会第十九次特别会议宣告成立巴勒斯坦国。中国政府充分尊重巴勒斯坦人民所做出的选择，决定承认巴勒斯坦国。

11月22日　国务院第二十六次常务会议在北京召开。会议讨论并原则通过《禁止国家行政机关及其工作人员在国内公务中赠送和接受礼品的规定（草案)》。这一规定是为了严肃政纪，保持国家行政机关及其工作人员的廉洁而制定的。规定指出，国家行政机关工作人员不得借鉴定会、评比会、业务会、订货会、展销会、招待会、茶话会、新闻发布会、座谈会、研讨会等形式赠送和接受礼品，也不许以祝贺节日以及试用、借用、品尝、鉴定等名义赠送和接受礼品。对于违反这一规定的国家行政机关工作人员，将根据情节轻重，除令其退赔外，分别给予警告、记过、记大过、降级直至撤职处分。

规定经进一步修改后，将由国务院公布施行。会议由国务院代总理姚依林主持。

11月28日—12月5日　全国计划会议和全国经济体制改革工作会议在北京召开。这两个会议是国务院召开的，主要议题是按照中共十三届三中全会精神，讨论安排1989年国民经济和社会发展计划；讨论部署1989年经济体制改革工作。李鹏在会议开始时说，中共十三届三中全会以来，国务院在财政、金融、生产建设、商品流通、人民生活等方面，采取了一系列的措施和规定，使中共中央的方针具体化。各地区、各部门在贯彻十三届三中全会精神，落实国务院各项措施和规定方面，也做了许多工作，并开始取得一定成效。但这仅仅是开始，而且进展不平衡。治理经济环境、整顿经济秩序实质是一次经济调整。根据以往的经验，在调整中一定要有所舍有所取，不可能样样都保。这种调整必然要求某些局部作出暂时的必要的让步，以换来整个经济长期稳定发展。如果所有地方、部门、企业的既得利益都不能动，那么整个经济调整就要落空。因此，各地区、各部门要进一步把思想统一到三中全会精神上来，并在行动和措施上真正加以落实，坚持局部服从全局的原则，上下一心，统一步调，克服困难，促使改革和建设走上正常的健康发展的轨道。姚依林在会上作了题为《认真贯彻十三届三中全会精神，安排好1989年计划》的报告，报告中提出1989年计划安排遵循的指导思想是：一、1989年计划的主要目标和任务是，逐步消除经济过热，确保物价上涨幅度明显低于1988年，力争农业有一个好收成。二、切实压缩过大的社会总需求，实行从严的财政金融政策。三、合理调整结构，理顺经济关系，提高经济效益，避免在紧缩需求过程中出现经济滞胀现象。四、把治理经济环境、整顿经济秩序同全面深化改革结合起来，逐步建立新旧体制转换时期宏观调控体系。五、1989年的计划安排必须瞻前顾后，考虑与以后几年的衔接。12月2日，赵紫阳在中南海怀仁堂同与会的部分代表座谈，强调调整经济结构，提高经济效益是治理整顿的关键。各地区各单位要坚决压缩固定资产投资，对教育不但不压，还要加强。8日，李鹏在闭幕会上作了题为《把建设和改革的重点切实放到治理经济环境整顿经济秩序上来》的讲话，讲话的主要内容是：一、坚决把改革和建设的重点切实地放到治理经济环境、整顿经济秩序上来，确保1989年物价上涨幅度明显低于1988年。二、当前必须着重把过大的社会总需求压缩下来，同时改善和增加有效供给，以逐步实现社会供需总量和结构的大体平衡。三、切实组织好市场商品供应，严格物价管理，安排好人民生活。四、把深化改革、坚持开放同治理经济环境、整顿经济秩序密切结合起来。李鹏强调，在“治理、整顿、调整、改革”中，必须做到局部服从全局；在改革和建设的重大问题和重要措施上，必须令行禁止，绝不能讲价钱，打折扣，更不准各行其是。

12月1日—3日　沿海地区对外开放工作座谈会在北京召开。沿海地区的省、市、区负责同志和中共中央、国务院有关部门负责人参加会议。田纪云在会议开幕时要求沿海地区，一是治理、整顿要坚定不移，二是实施沿海地区经济发展战略要坚定不移，坚持改革开放的总方向，为稳定和发展经济做出积极贡献。他说，中共中央和国务院确定实施沿海经济发展战略近1年，发展势头不错。投资环境有了较大改善，外商来华投资增加，外贸出口增加。当然也存在一些问题，主要是有的地方对抓住机遇的紧迫性还认识不足，有些措施还没有跟上；对“两头在外”下的功夫不够；在一些地方还有急于求成的问题。当前国际形势对我国沿海发展外向型经济十分有利。对这样一个关系我国经济发展全局的战略方针，必须不失时机地贯彻实施好。在实际工作中，则要强调扎扎实实、有计划、有步骤地进行。发展外向型经济是需要一定条件的，不能齐步走，得有先有后，不能一哄而起，把战线拉得太长。3日，赵紫阳、李鹏、万里、乔石、姚依林在中南海怀仁堂同与会的同志举行座谈。赵紫阳说，我国沿海地区确实出现了发展外向型经济、进一步吸引外商来华投资的好形势、好机遇。目前适逢国内治理经济环境、整顿经济秩序，我们可以找到一条既有利于沿海地区外向型经济，又不影响治理整顿，而使两者互相促进的路子。治理经济环境、整顿经济秩序要坚定不移，实施沿海地区经济发展战略也要坚定不移。这次治理、整顿，与过去的历次调整不同，是在对外开放的条件下进行的。如何利用好这个条件，来减少和克服治理整顿中的困难，全国各地是有很多文章可做的。在沿海地区发展“两头在外”的外向型经济，这是一个重要方面。特别要充分利用我们的劳力、技术、基础设施和工业能力，开展对外经济技术的合作交流。这方面的发展，对我们进行治理和整顿不仅没有妨碍，而且大有好处。李鹏说，在发展外向型经济和对外贸易中，一定要重信誉，守合同，保证如期到货，并要提高出口产品的质量和档次，及时根据国际市场的需要更新产品的款式。在对外贸易中要注意协调，防止盲目多头对外。

12月1日—3日　外交部长钱其琛出访苏联。钱其琛是应苏联外交部长谢瓦尔德纳泽的邀请出访的，这是1957年以来中国外长第一次正式访问苏联。这次访苏是1988年9月底中苏外长在纽约出席联合国大会期间举行会晤时商定的。访问期间，钱其琛会见了苏联领导人戈尔巴乔夫，与谢瓦尔德纳泽进行了3轮会谈。访问有两项具体成果：一是就柬埔寨问题进行了深入讨论，增加了共同点；二是推动了两国关系的正常化。但是，还有许多问题有待于进一步讨论。双方在讨论中都认为，有必要进行中苏高级会晤，但要进行准备。中苏两国今后要建立一种新型的关系：既不是回到50年代的结盟关系，也不是像过去曾有过的对抗关系。而是建立在和平共处五项原则基础上的关系。2日，钱其琛会见苏共中央总书记、苏联最高苏维埃主席团主席戈尔巴乔夫时，戈尔巴乔夫说，从各方面的情况看，柬埔寨问题是到了该解决的时候了，并希望尽早实现苏中两国关系正常化。双方认为，在1989年上半年举行中苏最高级会晤是有可能的。

12月2日　邓小平在人民大会堂会见1988年度日本国际贸易促进协会访华团。邓小平说，中苏两国没有理由不改善关系。中苏关系的改善不会妨碍中国同其他国家友好关系的继续发展。中苏之间像50年代那种“同志式”、“同盟式”关系已经过时了，现在需要用和平共处五项原则来确定新的中苏关系。目前是建立国际政治新秩序的时期。国际政治领域由对抗转为对话，由紧张转向缓和，出现了许多的情况，因此应该提出一个建立国际政治新秩序的理论。在新的国际形势下，超级大国的霸权主义和地区性霸权主义应该停止了，它们应该用和平共处五项原则来代替霸权政治。不管是国与国也好，还是这一部分与另一部分也好，都应按和平共处五项原则来处理国际事务。和平共处五项原则是有生命力的。“一国两制”是我们的一个新发明，中国存在香港和台湾这样的问题，“一国两制”是唯一可行的解决办法。“一国两制”的方针是不会改变的。改革开放政策是我们的发展战略，尽管目前我们遇到了一些暂时性麻烦，但不会因此而改变这个政策。改革开放我们搞了10年，这10年应该说是成功的。我们能够克服面临的问题和困难。这主要靠我们自己努力，同时需要加强与世界各国的合作，特别是与近邻日本的合作。中国欢迎日本经济界来投资和进行技术转让，这比货款更为重要。

12月6日　钱其琛外长会见尼泊尔外交大臣赛伦德拉·库马尔·乌帕德亚雅。双方对两国关系的顺利发展表示满意。乌帕德亚雅是应钱其琛的邀请于12月5日抵达北京，前来签署中尼边界第二次联合检查议定书并对中国进行友好访问的。同日，中尼边界第二次联合检查的议定书在北京签署，钱其琛和乌帕德亚雅代表各自政府分别在文件上签字。中尼边界联合检查是根据中尼的两国政府1963年签署的两国边界议定书进行的。第二次边界联合检查是1988年2月开始，12月4日结束的。这次联合检查主要对边界部分地段损坏的界桩进行检查和维修。第一次联合检查是1978年—1979年进行的。

12月8日　中华人民共和国副主席乌兰夫在北京逝世。乌兰夫，1906年12月生，内蒙古土默特左旗塔布村人。1923年夏进入北平蒙藏学校学习，同年12月加入中国社会主义青年团，1925年9月转为中共党员。10月赴莫斯科中山大学学习，1928年初毕业后在莫斯科东方大学、中山大学做教学翻译工作。1929年6月归国，先后任中共内蒙工委组织委员、书记，中共蒙旗保安旅党委书记。抗日战争爆发后，他任蒙旗独立旅政治部代理副主任，并任中共地下党委书记，后任延安民族学院教育长、陕甘宁边区民族事务委员会主任委员。抗日战争胜利后，他任绥蒙政府主席，中共晋察冀边区中央局委员，中共内蒙古工委书记，内蒙古自治运动联合会主席兼军事部长，自治区政府主席，内蒙古军区司令员兼政委，中共中央东北局委员。建国后，他历任中央人民政府委员，政务院委员，国防委员会委员，中央民族事务委员会党组书记、副主任、主任，中央民族学院院长，华北行政委员会委员，中共中央华北局副书记，中共中央内蒙古分局书记，绥远省人民政府主席，国务院副总理，内蒙古自治区党委第一书记，自治区人民委员会主席，内蒙古军区司令员兼政委，内蒙古大学校长，中共中央华北局第二书记，内蒙古自治区政协主席，五届全国人大常委会副委员长，五届全国政协副主席，中共中央统战部部长，中华人民共和国副主席，七届全国人大常委会副委员长。1955年被授予上将军衔。乌兰夫是中共七届候补中央委员，八届中央委员、政治局候补委员，十届中央委员，十一届和十二届中央委员、政治局委员。

12月9日　外交部评论台湾当局推行的“弹性外交”。外交部发言人当天指出，台湾当局推行所谓“弹性外交”，就是制造“两个中国”或“一中一台”。这种图谋难以得逞。外交部发言人针对台湾当局一些人士公然声称要同一些与我建交的国家发展“官方关系”、设立所谓“中华民国商务办事处”、把一些民间机构升格为“总领事馆”、重返政府间国际组织等动向，明确指出，中国政府一贯反对在国际组织中出现“两个中国”或“一中一台”的严正立场是十分明确的，也得到了各国政府的充分理解和支持。个别政府间国际组织，例如亚洲开发银行，在我国政府与有关国际组织协商同意后，允许台湾当局以“中国台北”的名义参加，这只是一种特殊安排，决不能被认为是可以普遍适用于其他政府间国际组织的模式。外交部发言人最后严正指出，台湾当局推行所谓“弹性外交”，就是在制造“两个中国”或“一中一台”。这不仅违背了它一再声称“中国只有一个”的立场，也与海内外关心祖国统一的中国人的心愿相悖。我们希望，台湾当局能认清形势，顺应潮流和民心，以中华民族的利益和大局为重，停止不利于祖国统一的活动，并进而与我们一起，为实现中国的和平统一做出努力。只有这样，台湾才能与祖国大陆一起共享我们伟大祖国的尊严和地位。

12月11日　广西壮族自治区庆祝成立30周年。广西壮族自治区各族工人、农民、知识分子、干部和驻军、武警部队以及社会各界人士5 000多人在广西南宁市体育馆举行隆重庆祝大会。中共中央、全国人大常委会、国务院向广西各族人民致电祝贺。中央代表团团长宋任穷在庆祝大会上讲话。广西壮族自治区主席韦纯束在大会上讲话。他指出，30年来，广西壮族自治区经济和社会面貌发生了深刻变化。1987年与1957年相比，全自治区工农业总产值增长近7倍，其中工业总产值增长20倍，农业总产值增长2倍多。交通运输事业发展较快。教育、科技、文化、卫生、体育等各项事业都有了较大发展。城乡人民的生活不断改善。

12月12日　中国最大的重离子加速器在兰州建成并引出碳离子束。这是继北京正负电子对撞机对撞成功后，中国在高科技领域中取得的又一重大成就。用重离子加速器生产的重离子束轰击原子核，可以帮助人们揭示物质结构和运动的奥秘；经重离子束辐射可以改变材料性能，改变生物遗传特性，在原子物理、分子物理、固体物理、材料科学、辐射医学和辐射生物学方面具有广阔的应用前景。兰州重离子加速器系统由注入器、主加速器、8个实验终端和前后束流输运线组成，可加速元素周期表中钽之前的73种元素的离子，是中国能量最高、加速离子种类最多、规模最大的重离子加速器。国外也只有法国、日本建成这样的加速器。13日，聂荣臻向中科院兰州近代物理研究所致贺电，祝贺重离子加速器建成出束。

12月13日　赵紫阳、杨尚昆、李鹏在人民大会堂接见出席核技术发展工作会议的150多位代表。中央领导听取了专家们关于当前中国核技术研究的情况、取得的新成绩及发展前景的汇报，对国家核工业技术取得的成绩表示祝贺，勉励从事高科技工作的科技人员为中国的科技事业发展做出更大贡献。赵紫阳说，我国有支较好的科技队伍，尤其是从事高科学技术研究的队伍，这是非常可贵的财富，也是下个世纪在世界领域里进行新的综合国力竞赛的重要条件。杨尚昆说，我国的科技队伍要继续不懈地努力，今后若干年在科技领域，尤其是高科技领域，取得新的成绩，使中国在国际上的地位更加名副其实。李鹏表示，国务院将尽可能支持科技人员的工作。

同　日　中共中央对外联络部发言人接受新华社记者采访。发言人说，现在各种意识形态相同或意识形态不同的政党之间的交往已成为一种普遍的国际现象。政党本身具有强烈的意识形态的特点，但在政党之间的国际接触和交往中，已在逐渐超越意识形态的鸿沟。中国共产党按照独立自主、完全平等、互相尊重和互不干涉内部事务的原则同世界上一切愿意接触和交往的政党、组织发展友好合作关系。意识形态的异同不是发展党际关系的条件，以独立自主为核心的四项原则是中国共产党处理党际关系的准则。到目前为止，已有250多个各种类型的外国政党同中共有了接触和交往，其中一半是所在国的执政党和参政党，还有许多重要的在野党。

12月15日　中共中央批转中央组织部《关于建立民主评议党员制度的意见》。中共中央的通知指出，建立民主评议党员制度，是从严治党，提高党员素质的一项重要措施，是通过制度建设加强对党员进行经常性教育、管理和监督的有效方法，对于在治理经济环境、整顿经济秩序、全面深化改革中充分发挥党的领导核心作用和党员的先锋模范作用，具有重要的意义。评议党员干部要把顾全大局、清正廉洁、严守法纪作为重要内容。民主评议党员制度要在试点的基础上逐步推行。基层党组织领导班子不健全的，首先要把领导班子整顿调整好。各级党委要加强领导，协调组织、宣传、纪检等部门的力量，共同把这项工作做好。中央组织部的《意见》中就评议目的、评议内容、基本方法、加强领导等具体工作提出了要求。

12月16日　衡广复线正式通车。李鹏在韶关车站举行的通车典礼上代表中共中央、国务院表示祝贺。衡广复线北起湖南省衡阳市茶山坳，南至广州北站，全长526.6公里。其中韶关至郴州段电气化铁路155公里。全线有61座隧道，总长53公里，大中桥梁124座，施工难度大，技术要求高。15日，国务院发出贺电，称赞工程建设施工运输双获丰收，创造了营业铁路技术改造的新经验。衡广复线工程1978年正式动工，由于投资不足被列为缓建项目。1985年底，国务院做出加快衡广复线建设决定，要求1988年底全线开通。

12月19日—23日　印度共和国总理拉吉夫·甘地应邀访华。拉吉夫·甘地是34年来印度总理首次访华。同日，李鹏在人民大会堂欢宴拉吉夫·甘地。李鹏说，近几年来中印双边关系在许多领域已有改善。中国一贯主张并真诚地希望，两国间悬而未决的边界问题能本着互谅互让的精神，通过友好协商，获得合情合理的解决。19日，李鹏在人民大会堂举行中外记者招待会，他说，中国同南亚各国有着十分友好的合作关系。中印两国关系的改善和发展不会影响中国和南亚国家的友好关系。新的国际政治新秩序就是用和平共处五项原则来处理国与国之间的关系，这一原则是中印两国领导人共同倡导的，因此，中印都应为建立这一新秩序作出自己的贡献。中印边界问题确实是影响两国关系的一个重大问题。甘地总理来访为解决这一问题创造了一个良好的机会，是一个好的开端。21日，拉吉夫·甘地在人民大会堂举行中外记者招待会，他说，这次中国之行“很好、是积极的”，是中印两国关系中的一个“新开端”。中印应通过协商和平解决边界问题。23日，中印两国发表联合新闻公报。

12月21日　邓小平会见印度总理拉吉夫·甘地。邓小平说，中印两国人口加在一起超过18亿，占世界人口1/3还多，我们两国对人类负有共同的责任，我们应该利用和平的国际环境发展自己。人们都在议论说下一个世纪是“亚太世纪”，好像这个世纪已经来到，其实，真正的“亚太世纪”要等中国、印度和这个地区其他发展中国家发展起来后才能到来。中印关系中有相当一段时间的情况是彼此不愉快的，忘掉它！一切着眼于未来。我1978年访问尼泊尔时，曾见到了你们的外长，我请他带信给你母亲：我们应该改善关系，我们没有理由不友好，没有理由不改善我们之间的关系。这以后，两国之间有了一些接触。但真正开始改善关系的，是你这次来访，所以要谢谢你。我们两国共同倡议的和平共处五项原则，是最经得起考验的原则，它非常明确、干脆、清清楚楚，我们向国际社会推荐这个原则来指导国际关系，首先我们两个倡导国要实行起来，我们同各自的邻国也应该实行和平共处五项原则。世界上现在有两件事情要同时做：一个是建立国际政治新秩序；一个是建立国际经济新秩序。

12月22日　我国西昌卫星发射中心又成功发射一颗实用通信卫星。卫星由“长征三号”运载火箭送入大椭圆轨道。这颗卫星与3月7日发射的通信卫星属于同一型号。李鹏总理等在西昌卫星发射中心观看发射实况，并代表中共中央、国务院、中央军委表示祝贺。美国、法国、联邦德国、巴基斯坦、伊朗、澳大利亚、巴西、香港等国家、地区的政府部门或公司代表也在西昌观看了发射实况。

同　日　中国人民对外友好协会会长王炳南在北京逝世。王炳南，陕西乾县人，1908年生。1925年参加社会主义青年团，1926年加入中国共产党，后在乾县、淳化等地从事建党工作。1929年起赴日本、德国留学。1936年春奉中共指派回国，做争取杨虎城和十七路军的工作。西安事变后，他任西北民众运动指导委员会主任委员，上海文化界国际宣传委员会常务委员，全国各界救国会中央常委、中共中央南方局国际宣传组负责人、外事组组长、中共中央南方局候补委员等职。1945年国共重庆谈判期间，任毛泽东秘书，后又担任中共驻南京代表团外事委员会第二副书记兼发言人，中共中央外事组副主任。建国初期，他协同周恩来筹组外交部，做了大量工作，并任外交部办公厅主任、部长助理。1955年他任中国驻波兰大使兼中美大使级会谈中方首席代表，参加了长达9年的中美会谈。1964年回国后任外交部副部长。“文化大革命”期间受到长期残酷迫害。1975年恢复工作，任中国人民对外友好协会会长、党组书记。他是中共十二大代表，第一、三届全国人大代表，第五届全国政协常委，第六届全国人大常委会委员、外事委员会委员。

12月24日　中共中央政治局在北京举行第十四次会议。会议讨论了当前国际形势和中国的对外工作。会议认为，当前国际形势正在发生转移性的变化。全世界正从对抗转向对话，由紧张转向缓和，有可能出现一个有利于维护世界和平、促进发展的新时期。但同时也必须看到，导致局势动荡、紧张的各种因素并未消失，东西关系和南北关系，即和平问题和发展问题，仍将是影响今后国际形势进程的两个全球性战略问题。国际形势的变化，总的来说对中国是有利的。中国可能争取到一个长期稳定的国际环境，以集中力量搞好改革和四化建设；各国改革和调整的潮流也为中国积极开展外交、扩大对外经济联系、进行互利合作提供了广阔的活动天地。中共十一届三中全会以来，中国的对外政策进行了重大调整，已取得了明显成效。实践证明，中国奉行的独立自主的和平外交政策是正确的，今后应继续贯彻执行。同时为适应形势的变化，应在总结经验的基础上，对独立自主的和平外交政策加以发展和丰富。要积极推动国际形势朝着长期缓和的方向发展，继续反对霸权主义和强权政治，积极倡导在和平共处五项原则的基础上建立国际政治新秩序和在平等互利的基础上建立国际经济新秩序，大力发展同世界各国的政治关系、经贸关系、科技合作、文化交流和民间往来。要继续坚持对外开放的政策，并把加强国际经济、科技合作摆在对外工作的更加重要地位。会议要求外事部门的同志努力学习，扩大视野，勤奋工作，在工作中加强集中统一领导和协调配合，把对外工作做得更活跃、灵活，在新的国际形势下取得更大的成绩。出席会议的中共中央政治局委员13人，政治局候补委员1人，由赵紫阳主持会议。

12月25日　中共中央发出关于改革和加强中小学德育工作的通知。通知指出，把中国建设成为富强、民主、文明的社会主义现代化强国，实现全国各民族人民的共同理想，需要经过几代人的不懈努力。现在的中小学生是21世纪社会主义建设的主力军。他们的思想道德和科学文化素质状况，不仅是当前社会文明程度的重要体现之一，而且对国家未来的社会面貌、民族精神有着决定性影响。从现在起，就必须努力把他们培养成有理想、有道德、有文化、有纪律的一代新人。通知的主要内容是：一、中小学德育工作必须适应全面深化改革的新形势。二、进一步明确中小学德育工作的指导思想。三、实事求是地确定中小学德育工作的任务的内容。四、改革中小学德育工作的方式方法，注重实效。五、建立校长负责德育工作的体制，加强德育工作队伍的建设。六、全社会都要关心中小学生的健康成长。七、加强对中小学德育工作的领导。

12月26日　全国政协副主席陶峙岳在湖南长沙逝世。陶峙岳，湖南宁乡县人，1892年9月生。早年参加孙中山领导的同盟会和武昌起义、护国护法战争，参加了北伐战争，曾任国民革命军团长。抗日战争爆发后，任国民党第七十六军军长，积极投身抗日战争，曾参与“八·一三”抗战。1947年任国民党西北军政长官公署副长官兼新疆警备总司令，释放关押在新疆监狱的大批共产党员和进步人士，亲自派人护送回延安。1949年9月25日他在新疆通电起义，为和平解放新疆维护祖国统一和民族团结作出了重大贡献。他在任中国人民解放军第22兵团司令员、新疆军区副司令员兼新疆建设兵团司令员期间，建立了一支饮誉中外的生产建设大军。1955年他被授予上将军衔，荣获中华人民共和国一级解放勋章。1982年加入中国共产党。他历任第四、五届全国人大常委，第三、四、五届全国政协常委，六届政协副主席。

12月27日　大秦铁路一期工程在北京茶坞车站举行通车典礼。大秦铁路是中国第一条重载单元双线电气化的现代化铁路。一期工程从山西大同到河北三河县，长410.8公里，二期工程从三河县到秦皇岛，长242.2公里。计划1991年全线建成通车。李鹏参加典礼仪式并代表中共中央、国务院致贺词。12月27日，国务院为大秦铁路一期工程开通发出贺电。

12月30日　全国人大常委会纪念《告台湾同胞书》发表10周年。纪念全国人大常委会《告台湾同胞书》发表10周年座谈会于当天下午在人民大会堂举行。国务院副总理吴学谦在座谈会上以《中国必须统一，国家不应分裂》为题发表谈话。他回顾《告台湾同胞书》发表10年来海峡两岸关系发生的变化，指出，近年来，数十万台湾同胞来大陆探亲、旅游。1988年，两岸的间接贸易额已超过20亿美元；来往信件已超过200万封；来大陆港口的渔船数以万计。两岸的文化、学术、体育等多种形式的民间交流日益展开。这些发展变化是大陆同胞和台湾同胞共同努力的结果。吴学谦表示，在进一步实现“三通”，加速祖国统一的进程中，台湾同胞一定会做出更大贡献。吴学谦强调坚决反对任何可能导致台湾独立和分离的言论和行动。吴学谦表示愿意同台湾各党派团体、各界人士共商国是，就统一问题进行接触和协商，并热忱欢迎国民党党政要员、社会精英，无论是大陆籍或台湾籍的，老一辈的或新一代的，都能回大陆来看看，保证他们的安全和来去自由。热忱欢迎台湾企业家，无论是大企业还是中小企业，来大陆投资设厂，兴办各种实业，并可协商在沿海地区设立合作经济区；也可在沿海地区划出专门地区，供台胞独资开发建设。将切实保障他们的利益，以加强两岸经济合作与贸易往来，互利互惠，发展民族经济。

同　日　中共中央书记处会议在北京召开。会议的主题是讨论党和国家机关在新形势下保持廉洁的问题，会议由赵紫阳主持。胡启立、乔石、宋平、芮杏文、阎明复、温家宝出席会议。与会的还有中纪委、中共中央办公厅、中共中央组织部、中共中央宣传部、中央政治体制改革研究室、中共中央直属机关工委等有关方面负责人。会议讨论的主要内容：一、正确认识当前党和国家机关的廉洁状况。党和国家机关的绝大多数党员干部是奉公守法、廉洁自律的，是经得起改革开放考验的。这是主流。但是确有极少数经不起考验，受贿贪污，弄权勒索。它玷污党和国家机关在人民群众中的形象，败坏改革开放的声誉，直接损害国家和群众的利益，干扰阻碍现代化建设的顺利进行。必须高度重视并采取强有力措施加以解决，绝不能任其发展，侵蚀我们的健康肌体。在商品经济开始趋于活跃，而行政行为、市场行为和企业行为尚未通过法制形式严格规范的时候，权力和金钱等腐败行为最容易滋生蔓延。中国正处在发展社会主义商品经济的阶段，改革过程中的新旧体制交替尚未完成，社会主义商品经济新秩序有待确立。在这种情况下，这类问题的发生会比较突出。但中共领导的社会主义国家绝不允许腐败现象的滋生和蔓延，完全能够在繁荣经济的同时保持廉洁。全党对此要有充分的信心。二、要把廉政建设作为一件大事来抓。三、要综合治理，突出重点。四、要集中力量查处一批危害严重的经济犯罪案件。五、加强制度建设。办事公开和群众举报是中共十三大以来在保持党和国家廉洁方面的两项重要制度建设。六、建立和完善监督体系。七、实行舆论监督。八、发挥民主党派和群众团体的监督作用。九、从严治党。

当前要特别注意把握两关：1.把好干部关。要把廉洁奉公这一条作为推荐、考察、任用干部的重要条件。2.把好党纪关，对有不廉洁行为的党员应按党纪严肃处理。对触犯刑律的除党纪处分外，必须依法惩办。

同　日　国务院在北京召开第四次全体会议。会议的主题是根据中共十三届三中全会坚决治理整顿的方针，部署1989年工作。李鹏主持会议并讲话。他说，治理和整顿，实际上是对国民经济进行一次新的调整，目的是克服经济过热现象，同时下大力量合理调整经济结构，提高经济效益，从而使连续多年的由于社会总需求大于社会总供给而造成的通货膨胀逐步得到控制，使经济建设工作得到持续、稳步、健康的发展。为此，国务院确定1989年经济工作的具体安排是：一、要把过高的经济发展速度降到比较合理的水平，大力压缩过大的基建规模，同时着重在调整经济结构上下功夫；二、把农业生产放在十分重要的位置，进一步稳定家庭联产承包责任制，适当提高粮棉收购价格，对化肥、薄膜、农药实行专营，国家和地方要注意增加对农业的投入；三、全面深化改革，进一步配套完善企业承包责任制；四、继续发展对外贸易和执行沿海发展战略，压缩基建规模中不涉及独资企业和已签约的合资合营企业；五、1989年财政和金融都比较困难，必须实行金融和财政双紧方针；六、努力做到1989年物价上涨幅度明显低于1988年，一切经济工作都应围绕这个中心来做；七、加强运输管理，保证安全运行，保证节日安全；八、全国清理整顿公司将再延长一段时间，1989年一季度前除生产或科技型企业外，各级工商行政部门应停止对公司的审批；九、国务院机构要在建立机关新运行机制、理顺各方面关系、提高工作效率上下功夫。

1989年

1989年综述

1989年是中华人民共和国历史上很不寻常的一年。

是年春夏之交，中国发生了一场政治风波。

是年，东欧各国的政局发生剧变。5月5日—18日，苏联最高苏维埃主席团主席、苏共中央总书记米伊尔·谢尔盖耶维奇·戈尔巴乔夫应邀访华。邓小平、赵紫阳、李鹏分别会见戈尔巴乔夫。16日，戈尔巴乔夫同邓小平会晤。邓小平指出："结束过去，展望未来。"18日，《中苏联合公报》发表，宣告中苏两国关系实现正常化。

6月，中共中央召开十三届四中全会，审议和通过了李鹏代表中共中央政治局提出的《关于赵紫阳同志在反党反社会主义的动乱中所犯错误的报告》。确立了以江泽民为核心的新的中央领导集体。

与此同时，中央明确宣告，党的基本路线和十三大的决策是正确的，绝不因为发生这场政治风波而动摇。中共中央全面坚持党的基本路线，继续抓住经济建设这个中心，努力扭转"一手硬，一手软"的状况，加强思想政治工作和党的建设工作。在国际局势剧变的情况下，按照冷静观察、稳住阵脚、沉着应付、韬光养晦的方针，坚持把注意力集中在办好我们的事情上，加强廉政建设，加强党同群众的联系和惩治腐败，扎扎实实地解决群众关心的若干问题。加强爱国主义、集体主义、社会主义的思想教育，资产阶级自由化思潮受到批判和遏制。坚持四项基本原则，保证了改革开放和现代化建设继续前进。

11月，中共十三届五中全会通过《中共中央关于进一步治理整顿和深化改革的决定》。全会决定，包括1989年在内，用3年或者更长一点时间，基本完成治理整顿的任务。我国经济从1984年到1988年经历了一个加速发展的飞跃时期，展现了农业和工业、农村和城市、改革和发展相互促进的生动局面，整个国民经济提高到一个新的水平。同时在前进中也出现了一些问题，主要是物价波动大了一点，重复建设比较严重。执行治理整顿和深化改革的方针，是克服当前经济困难，实现国民经济持续、稳定、协调发展的根本途径。1989年治理整顿和深化改革取得了明显成效，国民经济向好的方向发展。（1）国民经济保持一定速度。全年国民生产总值34 519亿元，比上年增长3.9%。国民收入13 000亿元，比上年增长3.7%。农业总产值6 535亿元，比上年增长3.3%。工业总产值22 017亿元，比上年增长8.3%。全年建成投产大中型基本建设项目57个，限额以上重点技术改造项目25个。（2）对外经济交往继续发展。进出口总额1 116亿美元，比上年增长8.6%，其中出口525亿美元，增长10.5%。利用外资100.6亿美元，批准外商直接投资项目5 779个。全年创汇18亿美元。（3）严重的通货膨胀得到控制，社会总需求大于总供给的矛盾趋于缓和，全社会固定资产投资4 000亿元，比上年减少近500亿元。经济结构调整开始起步。流通领域的混乱现象得到初步治理，清理整顿公司有了进展，但治理整顿的任务仍很艰巨。经济方面多年积累下来的产业结构失调、经济体制和运行机制不合理、经济效益差等深层次问题远远没有解决，在治理整顿中又出现了市场销售疲软、工业增长回落过猛、停产半停产企业增加等新的矛盾和问题。（4）科技教育事业取得新发展，国家批准的自然科学奖60项，科技进步奖40项，发明奖150项，星火奖123项。教育、文化、体育、卫生事业继续发展。

1月1日　全国政协举行新年茶话会。赵紫阳代表中共中央、国务院在贺词中说，治理整顿才开始不久，已取得的成效决不能估计过高，任务仍然非常艰巨，容不得半点松懈。必须把中共中央、国务院发布的关于治理、整顿的措施坚定不移地贯彻下去，同时在实践中积极探索对国民经济宏观控制的新手段和办法。我们面临的困难还很多。因为困难而对改革开放的总方针总政策发生动摇，是错误的；那种因为困难而从根本上怀疑、否定社会主义制度的思潮更是错误的。在深化经济体制改革，抓紧经济建设的同时，要积极、扎扎实实地推进政治体制改革。我们需要不断完善的民主，同时又需要有安定的秩序。动荡和混乱不符合中华民族的根本利益。雷洁琼代表各民主党派、无党派民主人士和全国工商联致祝词。全国人大常委会、全国政协、各民主党派、全国工商联、各界知名人士500余人出席茶话会。

1月3日　全国最大的水利工程长江葛洲坝水利枢纽工程最后一座船闸试航成功，最后一台机组投入运行，工期提前一年宣告建成。

1月4日—2月2日　中共中央党校举办中央党的建设研究班。研究班以党的十一届三中全会以来中央关于党的建设的指导思想和从严治党的方针为指南，围绕在历史性大转变时期加强和改善党的领导，发挥政治优势，使党更好地担负起领导人民建设有中国特色的社会主义的历史重任这个主题，对当前党的建设一些重大问题认真进行了研究。研究班分析了党的现状后认为，10年改革的实践证明，党的路线是正确的，绝大多数党员是努力为人民工作的，党的组织从总体上看是富有生机活力的，有能力领导社会主义现代化建设。这是本质和主流，应当理直气壮地充分肯定。同时也必须看到，党内确实存在着某些腐败和涣散现象，有的还比较严重，必须予以高度重视，坚持从严治党，把消极现象减少到最低限度。在对党的现状的估计上，把党说得一团漆黑，或对党内存在的亟待解决的问题掉以轻心，都是错误的和有害的，党的思想理论建设当前最重要的是，用建设有中国特色的社会主义的理论和路线武装全党、澄清模糊认识，振奋精神，增强党内的凝聚力。党的思想理论建设和党的建设的理论研究，都必须经常注意适应新形势，分析新情况，回答新问题。研究班讨论了在党政分开的情况下加强和改善党的领导问题，认为，党政分开是指具体的工作体制，决不是要改变党的执政党地位和政治领导作用。研究班的同志还对落实从严治党方针、加强各级领导班子建设、党要管党、保持廉洁等问题进行了探讨和研究。参加这次研究班的，主要是一些省、自治区、直辖市党委的领导同志，还有两位老同志、4位中央有关部门的领导同志，5位市、地委书记和两位从事党建理论工作的同志，共30人。研讨期间，中共中央总书记赵紫阳分别同参加研究班的部分同志交谈了3次，同全体同志座谈了两次，并就党的建设问题讲了话。中共中央政治局常委、中央党的建设工作小组组长乔石在研究班开班会议和研究班结束座谈会上讲了话。中共中央政治局委员、中组部部长宋平多次参加了研讨。乔石在研究班结束时讲话的主要内容是：一、在科学分析的基础上正确认识党的现状，振奋精神，增强信心，进一步把我们的党建设好。二、新时期加强党的建设，必须紧紧抓住把党建设成为领导社会主义现代化事业的坚强核心这个主题，密切联系党的基本路线来进行。1.必须按照党的基本路线的要求来建设党和从严治党。2.必须密切联系党的基本路线的贯彻执行进行党的建设。3.必须用执行党的基本路线的实际效果来检验党的建设工作的好坏。三、继续坚定不移地执行干部队伍“四化”方针，从新情况出发，进一步建设好各级领导班子，切实推进干部制度改革。四、密切结合各行各业的改革，切实抓好党的基层组织的建设，进一步提高党在贯彻执行基本路线中的战斗力。

1月7日—16日　赵紫阳在河北、河南、湖北考察工作。1月7日—9日，赵紫阳在河北省邯郸地区和邯郸市进行调查研究。9日—13日，在河南听取了省委、郑州市委、安阳市委和信阳地委的汇报，邀请郑州、开封、洛阳一些大中型企业的厂长经理和党委书记座谈。14日—16日，听取了湖北省委和武汉市委的汇报，与武汉市部分企业家进行了座谈。在沿途考察中他说，当前全国的政治经济形势是好的，遇到的问题也是前进中的问题，是可以逐步解决的，如果因为眼前出现了一些困难而对改革开放发生动摇，那无疑是错误的；如果因为出现了这些问题而对社会主义制度发生动摇，那更是错误的，要加强形势教育，统一思想认识，坚持一手抓发展社会主义商品经济，一手抓思想政治领域的工作。形势教育，就是要统一干部群众特别是各级领导干部和领导机关对形势和对改革开放这个总方针总政策的思想认识。要引导人们正确对待社会上的不良现象、丑恶现象、腐败现象。

1月9日　李鹏总理在中南海会见孟加拉国副总理卡齐·扎法尔·艾哈迈德。李鹏说，中国与印度改善关系丝毫不会影响中国与其他南亚国家之间已存在的友好合作关系。

1月9日—15日　中国香港特别行政区基本法起草委员会第8次全体会议在广州召开。出席会议的委员53人。会议讨论了经过5个月咨询，广泛听取香港和内地各界人士的意见后形成的《香港特别行政区基本法（草案）征求意见修改稿》。先后提出58个修改提案，其中12个获得通过。会议采取无记名投票方式，逐条进行表决，通过了《中华人民共和国香港特别行政区基本法（草案）》、《关于设立全国人民代表大会常务委员会香港特别行政区基本法委员会的建议》和为全国人民代表大会代拟的《关于香港特别行政区第一届政府和立法会产生办法的决定（草案）》。会议决定，将《中华人民共和国香港特别行政区基本法（草案）》提请全国人大常委会审议、决定公布。会议还对香港特别行政区区旗、区徽图案进行了评选。

1月10日　李鹏总理会见法国通用电气公司总裁兼阿尔卡特集团总裁苏阿尔。李鹏说，中国治理经济环境不会影响对外开放政策。治理经济环境也是一次经济结构的调整，有些项目压缩，有些项目要发展。要停止的一些建设项目大部分是楼堂馆所以及那些过多的加工工业，而交通、能源、通信、原材料等薄弱环节还要发展。西欧各国不但是中国很好的贸易伙伴，而且在经济技术方面与中国有着良好的合作关系。中国的开放政策不会改变，我们之间的合作将会继续发展下去。

同　日　万里委员长在北京宴请巴西议会代表团。他说，中巴自1974年建交以来，两国间的友好合作关系在各个领域都得到迅速发展，并展现出广阔的前景。中巴关系已进入了一个稳定发展阶段。

1月11日　杨尚昆主席会见由国会主席兼参议长温贝托·卢塞纳率领的巴西议会代表团。杨尚昆说，第三世界国家要发展不只是靠本国的力量，还需要国与国之间的合作，真正建立国际经济和政治新秩序。这一点是很重要的。中国和巴西都是幅员广大的国家，资源丰富。两国现在又都面临着发展经济，改善人民生活的任务。中巴两国应加强在各个领域的交往，彼此介绍经验，交换意见，取长补短，共同发展。

1月12日—14日　钱其琛外长对法国进行正式访问。钱其琛是应法国外长罗朗·迪马的邀请出访的。中法外长举行了3次会谈，法国总统密特朗会见了钱其琛。两国外长一致表示，中法关系的发展是令人满意的，并希望在今后使这种关系继续得到加强。

1月12日—19日　全国政法工作座谈会在北京召开。座谈会是中央政法领导小组召开的。乔石主持会议并讲话。会议回顾了近年来政法工作的成绩，分析了社会上存在的不安定因素和社会治安情况，认为在打击严重经济犯罪活动中，要把主要力量放在反贪污、反受贿上；产生社会治安问题有其复杂的社会原因，解决社会治安的根本途径，还在于进行全面综合治理。会议提出1989、1990年政法工作的主要任务是，维护安定团结的政治局面，严厉打击严重刑事犯罪活动和严重经济犯罪活动，为全面深化改革和经济建设创造安定的社会环境，提供有力的法律保障和及时的法律服务。18日，赵紫阳、万里、乔石等会见与会代表。赵紫阳说，当前社会治安方面的问题很多，必须进行综合治理。这里最重要的就是各级党委要坚持两手抓，一手抓发展商品经济，一手抓思想和政治领域的工作。有这样一个大的方针，形成一个大气候，再依靠全社会力量进行综合治理，社会秩序就可以好转。加强社会治安，一定要把综合治理和集中打击、集中整顿结合起来。哪项犯罪活动特别猖獗，就必须进行集中打击；哪个地区、哪些场所问题很突出，就必须进行集中整顿。在集中打击、集中整顿的同时，要认真抓好制度建设，搞好综合治理。

1月13日　新华社报道：1989年中国政府根据同其他国家政府的双边协议，将接收来自110多个国家的2 000多名留学、进修人员，

同时向70多个国家派出3 000多名留学生。

1月17日　第五世至第九世班禅遗体合葬灵塔祀殿——班禅东陵札什南捷开光典礼在西藏日喀则举行。班禅额尔德尼·确吉坚赞主持典礼仪式，并作了他一生最后一次正式讲话。他说，札什伦布大寺是举世闻名的西藏四大寺庙之一，是藏族地区格鲁派的六大寺庙之一，也是黄帽派的教义持护传承基地，自四世班禅以来是历世班禅自主治理政教事务的主寺。国务院1960年将它列入第一批国家级重点保护文物单位之一。“文化大革命”中，札寺的佛像、佛塔和佛经等遭到巨大破坏，尤其是历世班禅的肉身、灵塔连同祀殿全被毁坏，在国内外造成很坏的影响，后果是很严重的。近4年来，在国家的支持下，灵塔祀殿按原定标准完成了新建并命名为“班禅东陵札什南捷”。可以毫不夸张地说，班禅东陵札什南捷这座宏伟壮观的灵塔祀殿，是中国共产党民族宗教政策的正确性、真实性的象征，是藏汉两大民族团结的象征，是西藏宗教和广大僧俗人民爱国主义的象征，是藏汉两族人民共同劳动的结晶。

1月17日—18日　李鹏视察云南地震灾区。17日，李鹏乘直升飞机先后到耿马傣族佤族自治县、沧源佤族自治区、澜沧拉祜族自治县视察抗震救灾工作情况，勉励灾区人民克服困难，发展生产，重建家园。18日，李鹏在昆明与云南省委、省政府负责同志共同研究如何进一步做好抗震抗灾工作。李鹏说，云南地震灾区抗震抗灾要坚持自力更生、艰苦奋斗、发展生产、重建家园的方针。云南地震灾区重建家园，要靠当地人民的力量，要靠当地各级政府的力量，也要靠国家的力量，但更好的是要靠人民的力量，在发展生产的基础上重建家园。这次地震民房毁坏占受损建筑物的一半以上，恢复重建民房应成为救灾的中心工作，云南粮食不宽裕，一定要把发展农业作为大问题，全力抓好，要力争大灾后的第一年有个好收成。

1月19日　赵紫阳在中南海会见美国麻省理工学院斯隆管理学院院长瑟罗教授。赵紫阳说，10年来，中国在经济上有了较大的发展，在经济体制方面作了较大的改革。中国的经济过去基本上是高度集中的计划经济体制，而现在已有50%的生产转入市场调节，80%以上的国营企业实现了所有权和经营权分离，实行了经营承包制。按照改革的进程，应进一步放开商品的价格，使更多的企业放开经营，即为更多的商品和企业实行竞争机制。但现在遇到了一些问题：一是经济发展过热，需求超过了供给，出现了通货膨胀；二是把过去旧的集中计划管理的许多方面的手段废除了，但适应商品经济发展的宏观控制办法跟不上。为此，需要一段调整时期，也可以说是过渡时期。

1月20日　国务院召开第32次常务会议。会议讨论并原则通过《铺设海底电缆管道管理规定（草案）》和《中华人民共和国种子管理条例（草案）》。会议认为，随着国家对外开放政策和沿海经济发展战略的实施，为了国际交流和合作以及国际建设的需要，国家之间、国内大陆与海岛之间、沿海不同地区之间铺设的海底电缆的管道将不断增多。从维护国家主权和海洋权益以及合理开发利用海洋资源出发，制定与国际法原则协调一致的铺设海底电缆管道管理规定是必要的。会议指出，种子是农业、林业最基本的生产资料。随着国家种子商品化的发展，亟需制定种子管理法规，以维护种子选育者、生产者、经营者和使用者的合法权益，严厉打击以假乱真、以次充好、坑害农民的违法活动，确保种子质量，促进农业、林业生产的发展。会议由李鹏主持，出席会议的成员9人。

同　日　李鹏在北京接见中国人民银行全国分行行长会议代表。他说，1988年第4季度以来，人民银行和各专业银行执行了信贷从严的方针，使过热的经济生活开始受到抑制。但由于长期的经济过热带来的通货膨胀不是在短期内可以解决的，调整、治理、整顿，还仅仅是开始。银行必须继续实行从严的方针。当前的治理整顿决不是消极的，而是通过调整把经济发展速度降到一个比较合理的水平，并逐步建立起比较完整的有利于社会主义有计划商品经济发展的宏观调控体系。在宏观调控的众多手段中，今后要更多地发挥银行对经济的调控作用。要通过两年的治理整顿，把银行对经济的干预、对经济的调控作用更好地发挥出来。1989年增长的货币总量要同物价水平和经济增长的速度相适应，特别要注意控制消费基金的过快增长。银行贷款必须抓紧，银行须按照国务院的规定，排除各方面的干扰，严格对固定资产投资的控制。

1月21日　国务院、中央军委在人民大会堂举行中国人民武装警察部队将官授衔仪式。李鹏、乔石等颁布由国务院总理李鹏、中央军委主席邓小平签署的命令状，授予武警部队司令员李连秀中将警衔，授予该部队政治委员张秀夫、副司令员范志伦、副政治委员张海天等29人少将警衔。李鹏代表中共中央、全国人大常委会、国务院、中央军委致贺词。赵紫阳、李鹏、万里、乔石等接见参加授衔仪式的全体将领，武警部队自1992年2月1日起统一佩戴警衔、符号。

同　日　李鹏总理在人民大会堂会见古巴外长伊西多罗·马尔米耶卡。李鹏说，中古两国都是社会主义国家，没有理由不进一步加强两国的友好合作。我们不仅要进一步发展经贸关系，还要拓展其他领域的友好合作。

1月23日　李鹏在京听取全国能源工作会议情况汇报。他说，能源工业近几年来成绩很大。能源工业的成就支持了改革开放和全国的经济建设。当前能源紧张的原因很复杂，煤矿、铁路、电厂都有问题，但主要矛盾还是运输能力不足。今后对于能源工业要一手抓开发，一手抓节约，发展与节约并重，这个方针应长期贯彻下去。我们的能源指标与先进国家相比差距太大，这是浪费，也是潜力所在。今后应把节能列入企业承包指标，注重节能的技术改造，在社会上形成节能风气。煤炭工业今后仍坚持两条腿走路，一方面发展统配煤矿，一方面要支持地方中小煤矿生产。中小煤矿在发展过程中出现不少问题，但不能因噎废食，而是要把发展政策加以完善，制度化。石油工业要保持并力争超过年增长300万吨的速度。核电工业在20世纪还是准备期，努力建好两大核电厂，确保核电建设质量。

1月23日—27日　全国政协七届常委会第四次会议在北京召开。会议决定，全国政协七届二次委员会定于1989年3月下半月在北京召开。会议审议并通过了《全国政协委员会关于政治协商、民主监督的暂行规定》。《规定》共15条，对政治协商、民主监督的目的、主要内容、主要形式和基本程序等作了具体规定。规定强调，政协委员的民主权利应受到保护，在政协的各种会议上，各种意见都可以发表。以全国政协常委会、主席会议或以各专门委员会名义提出的建议、意见和批评，有关方面或部门应积极负责地进行研究处理，并将结果尽快以正式文件形式作出答复。27日，中共中央办公厅通知全国政协办公厅，中共中央将向各省、自治区、直辖市发出这个规定，并要求各地参考执行。

1月23日—28日　全国纪检工作会议在北京召开。会议主要是总结交流中共十三大以来纪律检查工作的情况和经验，按照从严治党的方针，讨论和部署在“治理、整顿、调整、改革”中如何进一步加强党风、党纪建设问题。全国各省、自治区、直辖市及计划单列市的纪委负责人、中直机关工委、中央国家机关工委以及中央国家机关有关部委纪委、纪检组、中央军委纪委的负责人共120多人出席会议。陈作霖代表中央纪委党委作了《在全面深化改革中加强党的纪律检查工作》的报告。乔石在开幕、闭幕时两次讲话。乔石说，中共十三届二中全会以来，中共中央十分重视发挥党固有的政治优势，重视加强党的领导，加强党的建设。今后纪律检查工作的主要任务是，进一步加强党的纪律，以严明的纪律保证党中央决策的贯彻落实；坚持从严治党的方针，严格执行党的纪律，认真查处党内违纪案件；搞好党风建议，保证党政机关的廉洁；强化纪律监督，积极主动与有关部门协调配合，充分发展监督体系的整体功能；切实搞好纪检队伍自身的改革和制度建设，使纪检工作逐步走上规范化、科学化轨道。他强调，在治理、整顿和全面深化改革中，增强党性，提高纪律观念是全党的大事。各级纪委要坚持从严治党的方针，严肃党的纪律，坚决纠正在某些地区和部门存在的有令不行、有禁不止、纪律松弛甚至在治理整顿中存在的“你有政策，我有对策”的现象，维护国家宪法、法律和党中央、国务院决策和政令的权威性。对那些贪污受贿、敲诈勒索、弄权渎职、非法倒卖等严重破坏经济秩序、损害人民群众利益的党员，要严厉惩处，为治理整顿排除干扰和阻力，保证全面深化改革的顺利进行。

1月25日—28日　马里共和国总统、非洲统一组织执行主席穆萨·特拉奥雷访华。特拉奥雷是应杨尚昆主席邀请来访的。25日，杨尚昆欢宴特拉奥雷，高度评价中国同马里和非洲国家及人民的友谊。

1月26日　赵紫阳在京会见马里共和国总统、非洲统一组织执行主席特拉奥雷。赵紫阳说，中国在发展中多次出现问题，主要是因为操之过急，现在看来，第一要努力奋斗，第二要做长期打算。中国是发展中国家，发展工农业是长期任务，中国人口多，实现现代化还要半个世纪或更长的时间。中国的改革进行了10年，各方面都有较大的发展，但是也出现了困难，表现为物价上涨、通货膨胀。其主要原因一是发展速度过快，规模过大；二是改革是从原来的集中计划经济过渡到商品市场的经济，这样，在新旧体制交替的转变过程中有些失控。中共十三届三中全会提出了花两年时间治理整顿的任务。这不意味着中国的改革方针有所变化，而是短暂的调整，中国改革开放的方向、政策没有变，只是步子做了调整。

同　日　李鹏总理会见马里共和国总统、非洲统一组织执行主席特拉奥雷。李鹏称中国和马里及非洲国家的友好合作关系堪称楷模，是国际合作的典范。双方就国际形势、非洲形势，包括非洲债务以及两国关系等问题交换了意见。关于债务问题，李鹏说，债务问题也不是一个简单的债务国与债权国的关系问题，而是一个国际经济秩序问题。国际上存在着不合理的经济秩序，发展中国家和发达国家的经济关系是在不平等的、不等价交换情况下进行的。不等价交换使富的越富、穷的越穷，这就给地区形势带来了不安定因素。债务问题是严重的政治问题，我们主张债务国和债权国之间应通过协商解决问题，对此，债权国负有更大的责任，应该采取宽容的措施来解决问题，这对于债务国和债权国都是有利的。有些债权国利用债务问题干涉别国的内政，这是不能容许的。

1月27日　中共中央政治局第十五次会议在北京召开。会议由赵紫阳主持，讨论在改革开放的新形势下加强政法工作，稳定社会治安的问题。会议认为，社会治安是广大群众十分关心的一件大事，加强政法工作，保护社会安定，是治理经济环境，整顿经济秩序，全面深化改革的重要保障，是广大人民群众的愿望。从党中央到各级党委，都要坚持“一手抓建设，一手抓法制”的方针，加强对政法工作的领导，对政法工作给予充分的重视和更大的支持。社会治安问题，是多种社会矛盾的综合反映。解决社会治安问题，必须动员全社会的力量，通过教育、管理、法治等各种手段，消除危害社会治安的因素，实行综合治理。要把综合治理和集中打击、集中整顿结合起来。首先要集中力量把大中城市、交通干线和沿海开放地区的社会治安搞好。要继续坚持依法从重从快惩处严重犯罪分子的方针，集中打击那些严重危害社会、危害改革开放和经济建设的犯罪活动。对那些治安秩序混乱、群众意见大的地区、场所、单位和行业，要由主要领导坐镇，组织专门力量，进行集中整顿。同时切实加强基层组织建设、精神文明建设、社会主义民主和法制建设，从根本上巩固社会治安的基础。必须继续加强政法队伍的建设，提高政法干警的政治素质和业务素质。政法部门要从实际出发，建立对干警进行教育训练、考核晋升的制度，继续充实、提高政法队伍。要充分发挥政法部门中各级党组织的核心作用和战斗堡垒作用，大力加强思想政治工作，坚持为政清廉。政法部门要自觉接受监督机关和广大群众的监督，从严治理内部，严肃查处政法队伍中的违法乱纪行为。各级党委和政府应积极帮助政法部门改善工作条件。中共中央政治局委员13人、政治局候补委员1人出席会议。

1月28日　第十世班禅额尔德尼·确吉坚赞在西藏日喀则市逝世。班禅额尔德尼·确吉坚赞，俗名贡布慈丹，1938年2月3日（藏历十六绕迥之土虎年的正月初三日）生于青海省循化县文都乡一个藏族农民家庭。3岁时被认定为第九世班禅的转世灵童。1949年6月3日，由国民政府批准为第十世班禅额尔德尼。1949年10月1日，中华人民共和国成立，他立即致电毛泽东和朱德，表示拥护中央人民政府，希望早日解放西藏。1950年4月，到北京积极推动和支持和平解放西藏事宜的谈判。5月23日，西藏和平解放办法协定签订，他热烈拥护和平解放西藏办法的协议。他于1952年4月返藏。1954年9月，班禅同达赖来京，出席一届全国人大一次会议。1956年4月，西藏自治区筹备委员会成立，班禅任该会第一副主任委员。1959年3月，西藏上层反动集团发动全面武装叛乱，班禅高举爱国、团结、进步的旗帜，积极支持人民解放军驻藏部队平息叛乱。28日，周恩来总理发布命令，解散原西藏地方政府，由西藏自治区筹备委员会行使西藏地方政府职权，任命班禅为自治区筹委会代理主任委员。在班禅主持下，自治区筹备委员会通过一系列有关平叛和民主改革的方针政策，废除了农奴制，实行民主改革，为西藏社会的发展进步，做出了积极的有益的贡献。1959年4月，在全国人大会议上他当选为全国人大副委员长。60年代中期，由于“左”的错误他受到不公正对待，尤其是“文化大革命”的十年动乱期间，遭到迫害，幸亏得到周恩来总理的保护。粉碎“四人帮”以后，他衷心拥护和积极宣传贯彻中共十一届三中全会以来的路线、方针和政策。1980年重新当选为全国人大常委会副委员长。班禅对佛教经典有较深造诣。1956年在访问印度期间，被授予婆罗奈斯佛教大学荣誉佛学博士学位。1958年在西藏日喀则扎什伦布寺辩经大法会上，考取“噶钦”学位。他倡导和主持在北京创办中国藏语系高级佛学院，亲任院长。历任第一届全国人大常委会委员，第二、五、六、七届全国人大常委会副委员长，第二、五届全国政协副主席，第三、四届全国政协常务委员，西藏自治区筹备委员会第一副主任委员、代理主任委员。1963年以来，一直担任中国佛教协会名誉会长。

同　日　赵紫阳在中南海同参加中央党建研究班和全国纪律检查工作会议的同志座谈。赵紫阳作了《关于党的建设的几个问题》的讲话，主要内容是：必须把党的建设摆在各级党委的重要议程上来。党委的工作千条万条，归根到底是两手抓：一手抓发展社会主义商品经济，一手抓思想政治领域的工作，而要抓好思想政治领域的工作，关键是抓好党的建设。这两手抓住了，抓好了，就能提纲挈领，驾驭全局。建设有中国特色的社会主义不抓发展社会主义商品经济不行；抓商品经济而不抓思想政治领域的工作不行；抓思想政治领域的工作而不抓党的建设也不行。对党的现状的估计。10年大发展是在党的领导下进行的。党的路线是正确的。各方面的工作都有不少的创造。党的各级组织在总体上是有战斗力的。绝大多数党员是为人民努力工作的，这些是基本的不容抹煞的事实。另一方面，必须看到党内确实存在着腐败和涣散的现象。这些消极的东西，正在腐蚀党的肌体，损害党和群众的联系，危害党的事业。从动态上看，如果听之任之，是会泛滥成灾的。

2月1日　李鹏总理在北京钓鱼台国宾馆会见诺罗敦·西哈努克亲王。李鹏说，越南既然答应在9月底以前从柬埔寨撤军，就应当真正地全部撤军，不应有先决条件，而且应该在有效的国际监督下进行。越军不能以改换军装的方法继续留在柬埔寨，中国不同意越南把停止对抵抗力量的援助作为撤军的条件。我们认为，随着越南真正撤军，所有各方，包括越南和苏联都应当逐步减少乃至完全停止对柬埔寨各派的军事援助。柬埔寨国内问题应由柬埔寨各方协商解决。中国支持建立以西哈努克亲王为首的四方临时联合政府，也支持冻结和削减柬埔寨各派军队的主张。

2月2日—4日　苏联外交部长爱·阿·谢瓦尔德纳泽访华。访问的主要目的是为中苏高级会晤做准备，也是对钱其琛外长1988年12月访苏的回访。2日和3日，中苏外长举行了两次会谈。钱其琛受杨尚昆主席的委托，向谢瓦尔德纳泽转达了对戈尔巴乔夫访华的正式邀请。谢瓦尔德纳泽受戈尔巴乔夫的委托接受了邀请，并对杨尚昆的邀请表示感谢。3日，李鹏总理在中南海会见谢瓦尔德纳泽。李鹏说，将要举行的中苏高级会晤是重要事件，中苏关系正常化有利于两国人民，也有利于世界的和平与稳定。中苏是邻国，又都在进行改革，相互可以借鉴，经济上可以彼此合作。谢瓦尔德纳泽这次访华应对政治解决柬埔寨问题起推动作用，以消除中苏两国关系正常化的主要障碍。4日，邓小平主席在上海西郊宾馆会见谢瓦尔德纳泽。苏联外长转交了苏共总书记戈尔巴乔夫给邓小平的信，并转达了戈尔巴乔夫对邓小平的祝愿。邓小平也请苏联外长转达对戈尔巴乔夫的谢意和祝愿。邓小平说，“中苏关系正常化要消除三大障碍。3年前我就提出，首先要解决柬埔寨问题，越南要真正地从柬埔寨全部撤军。在这个问题上，苏联是大有作为的。中国希望在世界上扮演一个为和平做出贡献的角色，中国致力于创造一个较长时期的国际和平环境，以使中国能够发展起来，摆脱落后”。4日，外交部副部长田曾佩举行记者招待会，他说，为了使中苏关系正常化，需要消除三大障碍：苏联从阿富汗撤军；在中苏边界减少军事对峙；促使越南从柬埔寨撤军。目前，在消除三大障碍上取得了实质性进展。同日，谢瓦尔德纳泽在记者招待会上宣布：戈尔巴乔夫5月中旬访问中国，届时戈尔巴乔夫“将会见邓小平主席、赵紫阳总书记、李鹏总理等领导人，这就意味着实现两国关系完全正常化”。苏中双方都主张政治解决柬埔寨问题，其基础是民族和解。最后一名苏联士兵将在1989年2月15日离开阿富汗。2月5日，新华社报道，应中华人民共和国主席杨尚昆的邀请，苏联最高苏维埃主席团主席、苏共中央总书记戈尔巴乔夫将于1989年5月15日—18日对中国进行正式访问。同日，新华社报道：中苏两国外长发表关于解决柬埔寨问题的声明，双方达成9点一致看法。

2月5日　中共中央办公厅、国务院办公厅关于清理党和国家机关干部在公司（企业）兼职有关问题的通知。通知说，中共中央、国务院《关于清理整顿公司的决定》发出后，各地区、各部门对党和国家机关干部在公司（企业）的兼职进行了清理，已有一批党和国家机关干部辞去了公司（企业）职务，或者辞去了机关职务。但是，还有相当数量的党和国家机关干部仍在公司（企业）兼职。为了认真贯彻落实中共中央、国务院《关于清理整顿公司的决定》，保证清理整顿公司工作的顺利进行，《通知》规定：一、已到公司（企业）兼职的党和国家机关干部，必须在1989年3月底以前辞去公司（企业）职务，或辞去机关职务。如本人坚持在公司（企业）任职，干部主管部门应免去其机关职务，并将人事、工资等各项关系转到所在公司（企业）。这里所指的党和国家机关干部，包括已退出机关工作岗位，但未办理退（离）休手续的干部（下同）。二、党和国家机关中具有生产管理经验、专业技术特长的干部，到生产、技术开发、咨询、服务性公司兼职的，也必须辞去机关职务，或辞去公司（企业）职务。三、在本机关为改善后勤服务工作、方便职工生活而开办的非经营性劳动服务公司兼职的党和国家机关干部，可以继续留任；在党和国家机关开办的、经清查允许保留的经营性劳动服务公司兼职的党和国家机关干部，必须辞去公司职务，或辞去机关职务。四、党和国家机关干部不得到中外合资企业兼职。少数如因履行职务聘任合同，现在辞去企业职务会影响履行对外合同的，可写出专题报告，按干部管理权限审查批准后，暂行留任。一俟聘任合同到期，应即辞去企业兼职。兼职期间不得领取兼职企业的报酬。五、党和国家机关干部、凡已到退（离）休年龄的，都应按中央、国务院有关规定办理退（离）休手续。身体健康、具有经营管理经验和专业技术特长的干部，如需到公司（企业）任职，按中共中央办公厅、国务院办公厅《关于县以上党和国家机关退（离）休干部经商办企业问题的若干规定》执行。六、在兼有政府行政管理职能的公司、事业单位及铁路、邮电、专业银行、保险公司等单位工作的干部，也应按照上述规定执行。七、各地区、各部门要按照干部管理权限，对在公司（企业）兼职的党和国家机关干部，逐个进行清理，按期办完其辞去公司（企业）职务手续或与机关脱钩的手续，并将清理情况逐级上报干部主管部门。八、今后，各级党委、政府不再审批党和国家机关干部到公司（企业）兼职。新成立的公司（企业），凡有党和国家机关干部兼职的，工商行政管理部门不予办理审批注册手续。

2月6日　中共中央、国务院在北京人民大会堂举行春节团拜会。李鹏在团拜会上说，在新的一年里，我们必须坚持中共中央一贯强调的“两手抓”的方针，即一手抓经济建设和改革开放，一手抓政治和思想领域的工作。要在控制物价上涨的幅度，缓解社会分配不公的矛盾，以及消极腐败现象等广大群众和干部普遍关心的问题上，取得实实在在的进展。要把稳定、改革、发展这三者很好地统一起来，审时度势，兴利除弊，在稳定中搞好改革，在稳定中求得经济的发展。

2月8日　李鹏在北京昌平县池口村看望农民。他说，农业问题就全国范围来讲，主要是完善家庭联产承包责任制，这符合中国当前生产力发展水平。有的地方经过实践证明搞适度规模经营效果好，也可以发展适度规模经营。搞什么形式，最终以生产力是否发展为标准，促进生产力发展的，我们就欢迎。

2月10日　李鹏总理在中南海会见泰国外长西提·沙卫西拉。李鹏说，在西哈努克亲王的主持下建立一个四方联合政府，这对于越南撤军以后，防止在柬埔寨出现内战是非常必要的。柬埔寨问题的国际和国内两个方面不能分开解决。越南不仅要从柬埔寨真正撤军，而且他也必须对柬埔寨国内问题的解决承担责任。越南企图通过韩桑林政权继续控制柬埔寨是绝对不能接受的。

2月11日　赵紫阳在中南海会见泰国外长西提·沙卫西拉。赵紫阳说，现在正处在解决柬埔寨问题的关键时期。柬埔寨问题的国际、国内两方面不能分开解决。越南强调把这两个问题分开是为了推卸责任。越南必须真正从柬埔寨撤军和建立以西哈努克亲王为首的四方联合政府，这是解决柬埔寨问题的两个重要方面。关于中越关系，中国的立场是，中越之间应该首先解决好柬埔寨问题，包括其国际、国内两方面。柬埔寨问题解决不了，中越关系也就不能够得到改善。

同　日　李鹏总理在人民大会堂会见巴基斯坦总理贝·布托。双方就国际形势和双边关系问题，就进一步发展经贸、技术合作关系具体交换了意见。李鹏说，当前国际形势出现了缓和，热点问题都在进行政治解决，这是值得欢迎的，但战争的因素仍然存在，对此要提高警惕。中苏关系的改善是两国关系正常化，不会针对任何第三国。柬埔寨问题的国际和国内两方面不可分割。越南撤军后，我们坚决主张建立以西哈努克亲王为首的四方临时联合政府。如果柬埔寨问题得不到公正、合理的解决，中越关系不可能有大的改善。中国希望阿富汗能组成一个基础广泛、能为各方所接受的联合政府，在阿富汗实现和平。中巴关系很好。援助是相互的。我们的关系是以平等互利为基础的。

2月11日—13日　巴基斯坦总理贝娜齐尔·布托访华。这是贝·布托出任巴基斯坦总理后首次正式出访。11日，李鹏总理在人民大会堂宴请贝·布托，宾主共叙中巴传统友谊。12日，赵紫阳在北京会见巴基斯坦总理贝·布托。赵紫阳说，中国共产党愿意与巴基斯坦人民党发展关系，这种关系会有益于进一步加强中巴人民的友谊，促进两国友好关系。目前国际局势总的是趋向缓和。中巴两国都是发展中国家，面临着相同的问题，在推动建立国际政治新秩序方面，也有很多事情可以共同去做。同时，在我们的国家内部，都需要一个稳定的政局，经济政策都应适合国情。

同　日　中国政府和巴基斯坦政府在北京签署《关于相互鼓励和保护投资协定》。双方同意于2月下旬在伊斯兰堡举行第五届经济贸易联合委员会。双方还签署了《关于延长第13号中巴贸易议定书谅解备忘录》。李鹏总理和贝·布托总理出席签字仪式。

2月13日　邓小平在上海会见巴基斯坦总理贝·布托。邓小平说，“巴基斯坦各党派和人民都是我们的朋友，我希望他们联合起来，团结起来，共同发展巴基斯坦，而不计过去的恩恩怨怨。这是我作为巴基斯坦的朋友的希望，或者说是我的建议。中巴关系是不平常的。中巴关系真正体现了和平共处五项原则。两国之间相互尊重，平等相待，无任何疙瘩，即使有不同意见也能相互理解。非常特殊的是两国对相互关系的看法都是举国一致的。巴基斯坦无论哪一派，不论哪一届政府，都坚持中巴友好。中巴友谊是永恒不变的。就中国来说，巴基斯坦是特殊的朋友，就你家庭来说，同中国有几十年的关系，你父亲是毛泽东的朋友，你父母同周恩来、邓颖超建立了特殊的关系。我个人同你家也有较长时间的接触。中巴都需要发展自己。国际形势可能有较长时间的和平环境。我们要利用和平环境来发展自己。我们最关心的是巴基斯坦需要稳定”。

2月13日—16日　中共中央政治体制改革研究室在北京召开廉政制度建设座谈会。1988年3月，中共十三届三中全会提出要尽可能地公开政府的办公制度，便于群众监督。一年来，一些地方和部门着眼于行政行为的规范化和公开化做了不少探索性工作。座谈会上，北京东城区、山东烟台市、安徽阜阳地区、河北藁城县、上海黄埔区、山东郯城县、农业银行黑龙江分行等12个单位介绍了经验。会议认为，进行廉政制度建设，就是要适应发展社会主义商品经济的需要，提高政府部门管理工作的规范化程度和公开程度，以消除权力与金钱交易的温床；当前廉政建设可以从“两公开一监督”入手，即公开办事制度，公开办事结果，依靠群众监督，推进廉政建设。14日，赵紫阳、胡启立、乔石等在怀仁堂听取与会部分代表汇报。赵紫阳说，解决廉政问题，下边创造的经验很可贵。尽管是初步的，但代表一条解决问题的路子，就是两公开、一监督。解决廉政问题不能靠运动，要靠制度建设。靠制度，这个制度就必须使人民都知道，就是公开，制度公开，办事结果公开；还有监督。举报就是一种重要的监督形式。公开本身也是监督，一公开就能起到监督作用。抓住公开办事规则，依靠群众监督，建立内部的、社会的制约机制来防止腐败，我看是好路子。在制度建设中，要特别注意发挥党的重要作用。廉政制度建设实质上是建立商品经济新秩序和建设民主政治的重要组成部分。通过廉政制度建设，可以推动商品经济新秩序的建立，推动民主政治建设。

2月15日　《李先念文选》由人民出版社出版发行。这部文选是根据中共中央决定，在中共中央文献编辑委员会指导下，由原中共中央书记处研究室编辑、中央文献研究室审核、校阅和注释的。全书收录李先念1935年6月—1988年2月的重要著作94篇，其中75篇是首次公开发表。文选的内容大体分三个时期：一、从中国工农红军长征到全国解放。表明作者从当时当地的具体情况出发，正确运用毛泽东关于武装斗争和统一战线的理论和政策取得的成功。二、从全国解放到1954年。主要反映作者在湖北省担任党政军主要领导工作、在中南地区担任重要领导工作期间，根据本地区的实际正确执行中共中央和中央人民政府各项方针政策进行的大量工作，以及取得政权建设、发展经济和文化教育事业的新经验。三、1954年—1988年，在中央工作期间，集中反映了作者从中国国情出发进行建设和改革的主要观点。

同　日　李鹏在全国基础研究和应用基础研究工作会议上讲话。他说，全面安排好科学技术工作不但是保证国家科学技术本身，也是保证国民经济健康发展的重要条件。一般地讲国家科技工作可以分为3个层次，首先是直接为20世纪末国民生产总值翻两番战略目标服务的研究和开发工作。其次是高技术的研究与跟踪，推动高技术产业的形成和发展。最后是基础性研究工作。我们要把大部分科技力量投入到直接为经济建设服务的主战场，但间接的或较长时期才能发生作用的基础研究工作也必须作出必要的安排。基础性研究的进展，高技术产业的兴起，自然科学成果广泛应用于经济建设和社会发展的各个领域，这是构成一个国家综合国力的重要方面，并且日益成为当今世界竞争中的重要因素。如果我们中国不能吸收世界最新科学思想和科学成就，在重要科技领域缺乏应有的能力，就不可能实现现代化，更不可能屹立于世界民族之林。国务院已决定组织力量，制定国家中长期科技发展纲领，力求把技术开发工作、应用研究、基础研究有机结合起来，统筹兼顾，全面发展。全国基础研究和应用基础研究工作会议是2月13日—15日在北京召开的。

同　日　赵紫阳在北京会见巴勒斯坦解放组织政治部主任卡杜米。赵紫阳说，当前国际总的形势出现了缓和与政治解决地区争端的趋向。这对中东问题得到公正、合理的解决是一个好的时机。当然，还需要经过复杂的过程，在目前的形势下，要能够把各方的积极因素调动起来，通过各方的努力，促使美国调整政策，使以色列转变立场，困难还很多，但是有前途的。

同　日　李鹏总理在人民大会堂会见巴勒斯坦解放组织政治部主任卡杜米。李鹏说，中国人民过去、现在和将来一贯支持巴勒斯坦人民反对以色列侵略扩张的斗争。这个原则立场不会改变，除非以色列放弃侵略扩张政策。

2月15日—21日　七届全国人大常委会第六次会议在北京召开。会议决定，全国人大七届二次会议1989年3月20日在北京召开。会议审议通过了《中华人民共和国进出口商品检验法》。进出口商品检验法共6章32条，包括总则、进口商品的检验、出口商品的检验、监督管理、法律责任、附则，将自1989年8月1日起施行。会议审议通过了《中华人民共和国传染病防治法》。共7章41条，包括总则、预防、疫情的报告和公布、控制、监督、法律责任、附则，自1989年9月1起施行。会议决定，将《中华人民共和国行政诉讼法（草案）》、《中华人民共和国全国人民代表大会议事规则（草案）》，提请七届全国人大二次会议审议。会议审议通过关于公布《中华人民共和国香港特别行政区基本法（草案）》的决议，审议通过了关于海南省出席七届全国人大代表团组成的决定，通过了代表资格审查委员会关于补选代表的代表资格的审查报告，还通过了任免名单。

2月17日　中共中央发布《关于进一步繁荣文艺的若干意见》。《意见》的内容是：一、正确估价当前的文艺形势。二、坚持“二为”方向，坚持“双百”方针。1.坚持文艺“为人民服务、为社会主义服务”的方向，坚持“百花齐放、百家争鸣”的方针，是长期稳定地发展社会主义文艺事业的根本保证。2.文艺创作作为一种特殊的精神劳动，尤其需要发挥个人的创造精神。要进一步创造一个让文艺家能够潜心创作的安定团结、民主和谐的社会环境。3.文艺基本上是一种社会文化现象。文艺不等同于政治，不能要求文艺从属于政治。4.要正确认识和处理发扬民族文化传统和吸收外来文化的关系。5.社会主义文艺是政治方向一致性和内容、形式、风格、流派多样性的统一。三、努力改善和加强党对文艺事业的领导。1.党对文艺事业的领导是政治原则、政治方向的领导。2.党的领导机关要充分尊重文艺的特点和规律，对具体的文艺作品和学术问题，要少干预、少介入。3.领导者要正确执行党的路线、方针和政策，努力探索和研究在新的历史条件下领导好文艺工作的方式和方法。四、加快和深化文艺体制改革。五、加强文艺队伍的自身建设。

2月20日—23日　布隆迪救国军事委员会主席、共和国总统皮埃尔·布约亚访华。20日，杨尚昆主席在北京人民大会堂欢迎布约亚总统。杨尚昆说，不断巩固和密切同非洲国家的友好合作关系始终是中国对外关系的重要组成部分。建立在互相尊重、平等相待基础上的中非友谊是经得起时间的考验，是任何力量都破坏不了的。李鹏、赵紫阳、邓小平分别会见了布约亚总统，邓小平在会见时说，可以肯定地说，中国10年来所走过的路是正确的，要坚定地走下去。坚持四个现代化的战略也不会改变。为了实现这个战略目标，各项主要的政策，特别是改革开放的政策，也不会改变。中国在10年内有点进步，但是问题也不少。存在的问题是前进中的问题，克服了存在的问题，获得了一个较好的环境和条件，中国就可以继续前进。

2月20日　赵紫阳在中南海会见罗马尼亚共产党中央政治执行委员会候补委员、政府内务部长杜多尔·波斯特尔尼库。赵紫阳说，从1988年10月以来，总的来说，治理整顿工作已取得成效。当然，要完成这个任务，还需要两三年的时间，今后的任务更艰巨。现在看来，社会主义国家发展商品经济的方针，既可以推动生产力的发展，促进经济的繁荣，也会带来很多问题。既有经济方面的问题，也有思想政治领域方面的问题。我们既要促进经济的发展，又要防止和制止资本主义社会那些弊端在中国泛滥。所以，我们的方针不能只有一条，而是两条都要。全党工作要实行两手抓的方针，一手抓建设、改革开放，发展商品经济，另一手抓思想政治领域的工作，我们不能看到一些问题就对改革开放产生动摇，像中国的一句老话“因噎废食”。但对于已经发生的消极现象也不能掉以轻心。现在发生这些问题主要是两个原因，一是估计不足，事前没有思想准备；二是缺乏经验，所以各方面都不适应。这是个新问题，需要有新的办法。

2月22日　北京军区政治委员朱良才上将在北京逝世。朱良才，1900年生于湖南汝城县。1925年投身革命，任村农协委员。1927年加入中国共产党，翌年参加湘南暴动，曾任红四军军部秘书、连党代表，江西永兴县区委书记，三纵队七支队政治委员，红九师政治委员，红十五军政治委员，博生师（即红十四师）政治委员，红三十四师政治部主任，军委总卫生部政治委员兼政治部主任，红三十一军政治部主任，红四方面军教导团团长兼政治委员，援西军政治部组织部部长。抗日战争时期，任晋察冀军区三分区政治委员兼政治部主任，晋察冀军区政治部副主任、主任。解放战争时期，任华北军政大学副政治委员兼政治部主任。中华人民共和国成立后，任华北军区副政治委员兼政治部主任，北京军区政治委员，1955年被授予上将军衔。他是第一届全国政协代表，第一届全国人大代表，第二至五届全国人大常委会委员，中共中央监察委员会委员。

2月25日　中共中央政治局在北京召开第十六次全体会议。会议讨论并原则同意李鹏代表国务院将向七届全国人大二次会议作的

《政府工作报告（讨论稿）》，建议在进一步征求意见和修改后，提请七届全国人大二次会议审议。会议由赵紫阳主持，中共中央政治局委员14人，候补委员1人出席。

2月25日—26日　美国总统乔治·布什应邀来中国进行工作访问。25日，杨尚昆主席、李鹏总理在人民大会堂举行宴会欢迎布什，宾主强调按照中美三个联合公报原则发展中美关系。同日，钱其琛外长与美国国务卿詹姆士·贝克在钓鱼台宾馆会谈。钱其琛说，在当前的形势下，中美关系的发展不仅对双方有利，而且也对推动国际形势的缓和和世界和平有利。中美经济关系存在着巨大的潜力，希望双方在这方面加强合作。双方在谈到柬埔寨问题时都表示，越南应该言而有信，尽早从柬埔寨全部撤军。双方对西哈努克为解决柬埔寨问题做出的努力表示支持。26日，布什与邓小平、赵紫阳、李鹏举行会谈。26日夜，布什在北京长城饭店举行宴会，他说，经过两天的访问，同中国领导人交换意见，深信中美关系是牢固的，美国希望和中国合作。杨尚昆、李鹏出席宴会，杨尚昆说，尽管中美各自对某些问题有不同看法，两国关系中也存在着一些需要郑重而谨慎处理的问题，但只要双方共同做出努力，中美关系在20世纪的最后10年中完全可以获得新的、更大的发展。

2月26日　中央军委主席邓小平在北京人民大会堂会见美国总统乔治·布什。邓小平说，中国有一个稳定的环境是十分重要的，没有一个稳定的国内环境，就难以取得成绩，已经取得的成绩也会失去，希望外国朋友理解这一点。中国是从自己的根本利益出发来制定国内外政策、做出战略决策的，我们不打什么牌，也不搞权宜之计。10年来，中美关系的发展是平稳的，尽管也存在一些问题，我们希望在布什总统任期内，中美两国的友好合作关系能得到进一步的发展。我们希望同苏联实现关系正常化，希望戈尔巴乔夫的改革取得成功，也希望美国和苏联改善关系。会见时政协主席李先念在座。

同　日　中共中央总书记赵紫阳在人民大会堂会见美国总统乔治·布什。赵紫阳说，中国的改革已进行了10年，步子迈得不小。我们将坚定不移地走下去，走到底。改革是个非常复杂的过程，特别是在中国这样一个大国，更不可能在短时期完成，只能实事求是地逐步推进。中国不向其他国家输出自己的制度，也不照搬其他国家的制度。

同　日　李鹏总理在人民大会堂会见美国总统乔治·布什。李鹏说，现代化建设是中国一切工作的中心，我们需要一个长期和平、稳定的国际环境，欢迎促使国际形势更加缓和的努力，希望美苏在裁军、特别是在核裁军方面继续做出努力。苏联在消除三大障碍方面取得了实质性的进展，中苏关系已经开始了正常化的进程，我们希望中苏实现两国关系正常化，希望建立睦邻关系，这将是一种正常的、新型的国际关系，不会是结盟关系。柬埔寨问题的核心有两个：一是越南真正从柬埔寨全部撤军，而不要让越军以任何形式变相留在柬埔寨；二是在越南撤军以后，建立一个以西哈努克亲王为首的四方临时联合政府。中国反对任何一派单独掌权，同时认为应该注意目前让金边政权独家掌权的倾向。中美关系的发展是比较平稳的，两国的合作领域不断拓宽。我们衷心希望进一步发展这种关系，保持中美关系发展的好势头。我们特别重视台湾问题，对美国方面恪守三个联合公报原则表示赞赏。美方有少数人在这样或那样的问题上企图影响中国的政策、干涉中国的内政，如果这种做法来自官方人士，势必给中美关系投下阴影。

同　日　中国南极中山站举行落成典礼。国务院致电中国南极考察队表示祝贺和慰问。中山站是中国第二个南极科学考察站。

2月28日　经济学家宦乡在北京逝世。宦乡，贵州遵义人，生于1909年。1938年任国民党政府第三战区《前线日报》总编辑。1948年5月加入中国共产党。新中国成立后曾任外交部欧非司司长、首任驻英国代办、外交部部长助理兼政策研究室主任。“文革”期间受到迫害。1979年恢复工作，历任驻欧洲共同体、比利时、卢森堡大使，中国社会科学院副院长、国务院国际问题研究中心（1988年更名为中国国际问题研究中心）总干事。宦乡还担任全国人大外事委员会委员，中国太平洋经济合作全国委员会会长，中国和平统一促进会会长、全国台湾研究会会长、中国国际法学会会长、《世界经济导报》

名誉社长等职。此外他还是联合国发展规划委员会委员、各国议会联盟执行委员、太平洋经济合作会议常务委员会委员、摩洛哥王家科学院院士、伦敦经济学院荣誉研究员、英国格拉斯哥大学荣誉法学博士。

3月2日　李鹏签署国务院第三十号令，发布《中华人民共和国1989年特种国债条例》，决定发行50亿元1989年特种国债。

3月3日　全国政协副主席董其武在北京逝世。董其武，1899年生，山西河津县人。1919的赴太原考入学兵团（又名斌业中学）。1927年参加北伐。1928年秋，到天津投效傅作义部队。1931年"九一八"事变后，他拥护中国共产党提出的"反对内战，一致抗日"的正确主张，积极投身抗日民族战争。1933年5月，率部参加"长城抗战"。参加百灵庙战役获胜，被誉为"抗日民族英雄"。"七七事变"后，与八路军紧密配合，参加平型关战役、忻口会战。抗日战争胜利后，他任国民党西北军政长官公署副长官，坚持拥护和平民主的政治主张。1949年1月，北平和平解放后，他毅然接受中国共产党和毛泽东以和平方式解决绥远问题的主张，于1949年9月率绥远军政人员通电起义，首创"绥远方式"，为和平解放绥远和新中国的建立做出了重大贡献。新中国成立后，他被任命为绥远军政委员会副主席、绥远省人民政府主席。绥远军区副司令员。第二十三兵团司令员，1951年他率部赴朝作战，曾获朝鲜民主主义人民共和国二级自由独立勋章。1953年后，他任解放军六十九军军长。他历任第一、二、三届全国人大代表，全国人大第四、五届常委会委员，全国政协第一届委员及第三、四届常务委员，全国政协第五、六届副主席，第一、二、三届国防委员会委员。1955年，被授予上将军衔。1980年1月加入中国共产党。

3月5日—7日　西藏拉萨发生严重骚乱事件。2月13日以来，少数分裂主义分子在拉萨鼓噪4次游行，有关方面一直采取克制的态度。3月5日12时，13名喇嘛、尼姑打着"雪山狮子旗"沿拉萨八廓街游行。行至第二圈时，游行及尾随者达数百人，边走边呼"西藏独立"口号，向八廓街派出所公安人员砸石头。15时左右，骚乱分子600余人在北京东路继续游行，沿途打、砸、抢、烧，他们纠集数百人4次冲、砸城关区委和区政府机关，摘下城关区机关牌子砸毁，捣毁交通警岗和指示灯，砸坏公安、武警、消防20多辆汽车，然后公然向公安武警开枪射击。在骚乱分子一意孤行、劝阻无效的情况下，公安干警被迫开枪，并采取果断措施。骚乱中，1名武警战士牺牲，40多名公安武警受伤；60多名骚乱分子和围观群众受伤，10人死亡。3月6日，骚乱分子多次围攻城关区党政机关和所属基层办事处；在北京东路、北京中路、色拉路、青年路等继续打、砸、抢、烧个体户的商店和饭馆。公安武警人员先采取忍让克制态度，在制止无效的情况下，被迫开枪。骚乱分子1人被击毙，6人受伤。2名公安武警受伤。7日，数百名骚乱分子以分散小股活动方式，继续在八廓街一带游行，并沿街打砸抢烧。

3月8日　拉萨开始实行戒严。6日，中共西藏自治区党委召开厅、局级以上党员干部大会和自治区爱国上层人士会议，通报少数分裂分子在拉萨制造骚乱的情况。7日，国务院发布关于在西藏自治区拉萨市实行戒严的命令，指出鉴于少数分裂主义分子不断在拉萨制造骚乱，严重危害社会安定，为了维护社会秩序，保障公民人身、财产的安全，保护公共财产不受侵犯，根据宪法第89条第16项的规定，国务院决定自1989年3月8日零时起在拉萨市实行戒严，由西藏自治区人民政府组织实施并根据实际需要采取具体戒严措施。同日，西藏自治区人民政府发布1、2、3号令，分别就戒严地段、戒严期间的各种聚会活动、枪支管理、交通管制等作出严格规定。规定指出，自1989年3月8日零时起，对拉萨市区及达孜县拉木乡以西、堆龙德庆县东嘎乡以东地段实行戒严。8日，西藏自治区人民政府又发布第4、5、6号令，对外国人出入戒严区、骚乱分子投案自首、执勤人员严守纪律等作了具体规定。

同　日　民进中央向中共中央提出《关于切实贯彻〈义务教育法〉，加强基础教育的几点建议》。民进中央的建议是在民进中央副主席雷洁琼的倡导下写成的。建议说，各级领导特别是中共中央和国务院要进一步把“百年大计，教育为本”的战略决策认真落实到行动上，坚持“经济要发展，教育要先行；教育要发展，基础教育要先行”的原则，决不能只追求经济的近期效益，而忽视教育的长远效益。各级政府要依法治教，各级司法部门要负责起对《义务教育法》所承担的执法职责，对招用适龄儿童、少年就业和拒绝送子女按时入学、强迫子女中途辍学等违法行为要给予制裁。国家对基础教育的投入必须实行“优先原则”，而不是“剩余原则”；要提高教师待遇，稳定师资队伍；要采取有力措施，加强德育工作；要深化教育改革，努力提高教育质量。建议是民进中央经过一年多的广泛调查和深入研究形成的。3月29日，中共中央书记处致函中国民主促进会中央，赞扬他们对教育工作提出了许多好的意见。致函说，中共中央不久将召开会议讨论教育问题，民进中央在建议中的一些重要意见将在中共中央拟议的文件中予以吸收、采纳；有些意见将转请国务院责成国家教委在贯彻《义务教育法》中认真研究。真诚欢迎民进及其他民主党派和一切关心教育的人士，同中共一道把教育工作做好。

3月9日—11日　七届全国人大常委会第七次会议在北京召开。会议原则通过《全国人大常委会工作报告》，授权秘书长主持，根据委员们提出的意见进一步修改，由委员长会议审定后，提请七届全国人大二次会议审议。会议通过了《第七届全国人民代表大会第二次会议主席团和秘书长名单（草案）》，提请七届全国人大二次会议预备会议选举；通过了将《第七届全国人民代表大会第二次会议议程（草案）》提请七届全国人大二次会议预备会议审议；通过了代表资格审查委员会关于补选代表的代表资格的审查报告。

3月12日—14日　七届全国政协常委会第五次会议在北京召开。会议审议并通过政协七届二次会议的议程和日程，政协第七届全国委员会常务委员会工作报告、政协七届全国委员会委员增补名单、政协提案委员会关于七届政协一次会议以来提案工作情况的报告。

3月14日　国务院在北京召开第三十八次常务会议。出席常务会议的11人，会议由李鹏主持。会议讨论并通过了《国务院关于当前产业政策要点的决定》。《决定》指出，制定正确的产业政策，明确国民经济领域中支持和限制的重点，是调整产业结构，实行宏观调控的重要依据。产业政策的制定和实施，有利于把改革与发展、计划与市场有机地结合起来，有利于更好地贯彻执行改革和开放的总方针，有利于当前治理经济环境、整顿经济秩序任务的顺利完成。当前，中国经济在总需求大于总供给的情况下，产业结构也存在着比较严重的问题。必须从当前实际情况出发，合理制定产业政策，在压缩和控制社会总需求的同时，下功夫调整和改造产业结构，以防止出现经济滞胀现象，在优化结构的基础上提高国民经济的素质和效益，保证和促进中国经济的长期稳定发展。当前调整产业结构的基本方向和任务，是集中力量发展农业、能源、交通和原材料等基础产业，加强能够增加有效供给的产业的产品，增强经济发展的后劲，同时控制加工工业的发展，使它们同基础产业的发展相协调。《决定》按照市场需求、产业关联、技术进步、创汇作用、经济效益等因素，安排了产业发展序列，明确规定了支持、鼓励什么，限制、禁止什么。《决定》从资金、税收、价格、外汇、外贸、物资、企业组织等方面，提出了政策保障和组织实施的要求。《决定》明确规定产业政策的制定权在国务院。各地方必须执行国家的产业政策，不能因局部和短期利益而损害国家的整体和长期利益。《决定》是根据国务院第三十三次常务会议讨论的意见修改后提交这次常务会议讨论通过的。《决定》3月18日正式公布。

同　日　赵紫阳在北京会见朝鲜劳动党中央政治局委员、中央书记许锬。赵紫阳说，我们准备花两年或者更多的时间以降低速度的代价来解决两个问题：一是进一步进行经济结构调整，二是探讨把经济放活以后，如何采取新的宏观调控办法，避免过去曾反复出现的一放就乱，一管就死的状况。

3月14日—17日　泰国总理差猜应邀访华。15日，李鹏在北京人民大会堂欢宴差猜并举行会谈。李鹏说，中国的内政是为建设；外交是为和平。中国支持柬埔寨三方抵抗力量反对越南侵略。柬埔寨问题的关键仍然是越南必须在1989年9月底前真正从柬埔寨撤出全部军队，成立以西哈努克亲王为首的四方临时联合政府。双方对中泰关系的良好发展感到满意，并就如何进一步发展双边关系，包括经贸关系，特别是开发海南省的问题深入交换了意见。

3月15日　杨尚昆主席在人民大会堂会见泰国总理差猜。杨尚昆说，当前柬埔寨问题中现实的危险是韩桑林—洪森政权企图单独掌权。对此，我们坚决反对。解决柬埔寨问题必须成立以西哈努克亲王为首的四方临时联合政府。否则，柬埔寨国内和平就很难实现。

3月16日　赵紫阳在北京国宾馆会见泰国总理差猜。赵紫阳说，随着国际形势日趋缓和，大国之间正由军事对抗逐步地转向综合国力的竞争。这就为我们发展中国家提供了良好的机会。我们应该利用这个缓和趋势，加快自己的发展，缩小同发达国家之间的差距。中泰在各个领域进行了卓有成效的合作，取得了令人满意的结果。在中泰经济合作方面，有许多事情可做，我们将在这方面予以积极推动。

同　日　李鹏在北京国宾馆会见民主柬埔寨主席诺罗敦·西哈努克亲王、民柬联合政府总理宋双和民柬副主席乔森潘。李鹏说，民柬三方领导人在西哈努克亲王领导下在北京举行会晤，共商抗越斗争大计，具有重要意义。柬埔寨抵抗力量之间进一步增强了团结。这标志着柬埔寨人民的斗争进入了一个新的阶段。

3月17日　邓小平在人民大会堂会见泰国总理差猜。邓小平说，柬埔寨问题要干净地解决，不要出现像阿富汗那样的形势。在柬埔寨问题上，我们坚持三项原则：第一、柬埔寨问题应当政治解决，其前提是越南必须真正地从柬埔寨撤出其全部军队；第二、在柬埔寨当权的应该是以西哈努克亲王为首的四方临时联合政府，并且由国际保证；第三、解决柬埔寨问题必须消除柬埔寨内战的因素。中国主张柬埔寨四方的军队各自减少。柬埔寨问题非常复杂。这一问题的实质是越南侵略柬埔寨。这是个大的原则问题。我们要解决柬埔寨问题，但不能帮助侵略者。首要的问题是越南必须从柬埔寨撤军。所谓撤军，是指所有由越南人组成的武装力量都要从柬埔寨撤出去，包括埋伏在韩桑林—洪森军队中的几万越南人和用移民方式埋伏在柬埔寨民兵中的越南人。这些越南人不撤出柬埔寨，就埋伏了打内战的因素。同时，要成立以西哈努克亲王为首的四方临时联合政府。现在，越南在翘尾巴。越南的话是否可信，要看行动。中泰两国在柬埔寨问题上合作得很好，希望能继续下去。邓小平历数了过去3次会见差猜总理的情景，还回忆说："1978年我访问泰国时，受到了盛情接待，很感谢。"在东南亚，中国最好的朋友是泰国。中泰合作的潜力大得很。应该说东盟各国和我们都有良好的关系。他赞扬了苏哈托总统决定恢复印尼和中国的关系，并说中国、印尼关系正常化的实现将有助于中国和东盟国家进一步发展友好合作关系。

3月18日　赵紫阳在北京会见美国普林斯顿大学教授邹至庄。赵紫阳说，1997年中国政府收回香港的主权后，香港的情况肯定会好。中国内地的政治局势是稳定的，经济在发展，现行的政策不会逆转。所有这些应该使香港同胞对前途增强信心。我们提出用"一国两制"的构想解决祖国大陆同台湾的统一问题比联邦制更好，这样台湾地区可以享有更大的自治权。

同　日　新华社报道：中共中央决定乔石兼任中央党校校长，同意高扬辞去中央党校校长职务。

3月19日—27日　全国政协七届二次会议在北京召开。会议听取并赞同李鹏在七届人大二次会议上所作的政府工作报告、姚依林《关于1989年国民经济发展和社会发展计划草案的报告》、王丙乾《关于1988年国家预算执行情况和1989年国家预算草案的报告》。会议认为，政府工作报告对10年来中国发生的巨大历史性变化，中共十三届二中全会以来治理整顿所取得的初步成果，当前存在的问题和困难，工作中的失误所做的阐述，是符合实际的；提出的治理整顿和深化改革的方针和部署，也是切实可行的，希望国务院进一步总结经验，制定出更加完整和具体的解决当前存在问题的措施，以保证治理整顿、深化改革方针和部署的贯彻落实；充分重视委员们就社会主义物质文明、社会主义精神文明、社会主义民主法制建设，特别是农业、物价、教育、人口、生态环境和廉政等方面提出的意见和建议，有步骤地切实解决。会议听取了副主席钱伟长作的政协七届常委会的工作报告，副主席、提案委员会主任程思远作的关于政协七届一次会议以来提案工作情况的报告，通过了相应的决议。会议首次采用举手表决的方式，增选侯境如、丁光训为全国政协副主席；增选李开信、李赣骝、何鲁丽、杨堤、钱钟书、解峰为全国政协常委。李先念主席在闭幕时讲了话。

3月20日　黄维在北京病逝。黄维，1904年生，江西贵溪县人。1924年黄埔军校第一期毕业，历任国民革命军排长、连长、团长，参加东征、北伐。抗日战争时期，他参加了“八一三”淞沪抗战等著名战役。抗日战争胜利后，他历任国民党青年军第三十一军军长，联勤总司令部副总司令，第十二兵团司令官等职。1948年12月，黄维在淮海战役中被俘。他经过长期学习，愿意在后半生为建设民主独立、繁荣富强的新中国贡献力量。1975年3月被特赦释放后，任全国政协文史资料研究委员会专员。1978年后，历任全国政协第五、六、七届常委。

3月20日—4月4日　七届全国人大二次会议在北京召开。会议听取审议了李鹏代表国务院作的题为《坚决贯彻治理整顿和深化改革方针》的政府工作报告。报告共分8个部分：一心一意进行治理整顿；当前治理整顿的重点仍然是压缩社会需求；认真整顿经济秩序特别是流通秩序；在治理整顿中认真调整经济结构；在治理整顿中确保科技和教育的发展；把治理整顿同深化改革密切结合起来；在治理整顿中积极发展对外开放；努力创造良好的稳定的社会政治环境。此外，还谈了祖国统一问题和外交工作。代表们就物价、农业、教育、廉政、计划生育、社会治安等问题进行了认真讨论，对政府工作的缺点和失误提出了尖锐的批评，提出了许多有价值的建设性意见。会议认为，政府工作报告是实事求是的，富于自我批评精神的，是一个冷静地估计形势、准确地分析矛盾、系统地阐明政策、稳妥地把握全局的报告，决定批准这个报告。会议期间，国务院总理、副总理、国务委员及各部委负责人到会听取意见，接受质询和提问，受到欢迎。会议审查批准了姚依林代表国务院作的《关于1989年国民经济发展和社会发展计划草案的报告》。审查批准王丙乾代表国务院作的《关于1988年国家预算执行情况和1989年国家预算草案的报告》，决定授权全国人大常委会审查批准1988年决算。审查批准了任建新作的《最高人民法院工作报告》、刘复之作的《最高人民检察院工作报告》和彭冲作的《全国人大常委会工作报告》。会议审议通过了《中华人民共和国行政诉讼法》，共11章75条，包括总则、受案范围、管辖、诉讼参加人、证据、起诉和受理、审理和判决、执行、侵权赔偿责任、涉外行政诉讼、附则，自1990年10月1日起施行。会议通过了《中华人民共和国全国人民代表大会议事规则》，共7章54条，包括会议的举行，议案的提出和审议、审议工作报告、审查国家计划和国家预算、国家机构组成人员的选举罢免和辞职、询问和质询、调查委员会、发言和表决，自1989年4月4日公布之日起施行。会议还以1 609票赞成，274票反对，805票弃权，通过了关于国务院提请审议授权深圳市制定深圳经济特区法规和规章的议案的决定。

3月21日—25日　乌干达总统约韦里·卡古塔·穆塞韦尼应邀访华。21日，杨尚昆在北京人民大会堂欢宴穆塞韦尼。杨尚昆说，发展我们的国家是全国人民的愿望，不管是哪个党派，哪个民族，我们都有一个共同的心愿，就是发展我们的国家。近10年来，我们国家的发展有很大进步，但是也发生了许多新的问题，有些新的困难。我们有信心克服困难。

3月22日　赵紫阳在北京同46位大中型企业厂长、经理座谈。他说，建立厂长对企业两个文明建设全面负责的新体制，是符合现代化企业管理需要的，是中国经济体制改革和政治体制改革在企业的体现。一些企业创造和实行的科学管理工作法中，都有做思想政治工作的内容，思想政治工作，就是调动人的积极性。一个企业如果只管生产不做人的工作，那肯定是搞不好的。厂长全面负责制这个路是走得通的。思想工作同经济工作必须融为一体，不能搞“两张皮”。

同　日　赵紫阳在中南海会见乌干达总统穆塞韦尼。赵紫阳说，根据中国多年来的经验，发展中国家要建设好自己的国家，应该记住3点：第一是政局要稳定，要有一个安定团结的政治局面；第二是要有一个务实的、灵活的、符合国情的社会政策和经济政策；第三，发展速度要实事求是，应该从实际出发，循序渐进。发展中国家可以利用国际形势走向缓和这个有利的时机很好地解决自己国内的发展问题，以缩小同发达国家之间的差距。要不失掉这个时机，就需要实现国内的政局稳定，采取符合本国国情的政策，并且发展国际合作。中国也是一个发展中国家，文化、教育、科技落后，缺乏人才，所以我们现在实行对外开放政策，引进技术人才和管理经验。发展中国家也应进行技术合作，南南合作的一个重要方面就是技术合作。

同　日　李鹏总理会见乌干达总统穆塞韦尼。双方就国际形势、重大的国际问题以及双边关系交换了意见。李鹏说，中国政府和人民一贯支持南部非洲前线国家反对南非种族隔离政策，希望就政治解决南部非洲问题达成的协议付诸实施。由于世界经济存在不合理的因素，穷者越穷，富者越富，发达国家同发展中国家之间存在着严重的不等价交换关系，沉重的债务负担压得发展中国家喘不过气来。中国支持发达国家与发展中国家通过协商，共同谋求公正合理地解决问题。

3月23日　邓小平会见乌干达总统穆塞韦尼。邓小平说，这次人大开会，我没有参加，请假了。主要是保养身体，想多活几年。更重要的是，我们这些老同志多年来有一个目标，就是从领导岗位上退下来，让别人工作。我们党的十三大选出新的领导班子，一些老人退出了政治局和政治局常委会，我是其中之一。既然有了新的政治格局，就不要让新领导人总觉得有一股力量盖住他们。这方面我们这些老人要自觉。中国解放后在20多年里，一直处于封闭状态，使中国的经济发展受到限制，一直到1978年底的十一届三中全会才把这一问题恰当地解决了。从那时到去年年底的10年里，我们有了可喜的发展，中国的经济和人民生活水平都上了一个台阶。但在发展的过程中，也出现了新的失误。李鹏总理在人大作的政府工作报告中已经进行了自我批评，我作为一个老人也有份。我们的根本观点是，这10年成就是主要的，我们的国民生产总值翻了一番，这是不容易的，是由于我们坚持社会主义现代化建设的路线，坚持改革开放政策带来的。我们执行的路线、方针、政策是正确的。我们大错误没有犯，但小错误不断。因为我们没有经验，没有经验就要摔跟头，今后也难以避免。我们现在的问题是通货膨胀，物价上涨得太快，给国家和人民都带来了困难。我们现在注意了这个问题，准备用两三年，顶多四年的时间把问题纠正过来。所谓纠正，就是为继续发展创造新的条件。我们能不能成功，主要看我们自己的本事。不过，我们是有信心的，对到本世纪末达到使国民生产总值翻两番的目标，我们没有失望。制定一切政策，要从实际出发。只要注意这一点，就不会犯大错误。如果发现了错误，就要赶快纠正，不要掩饰，不要回避。把错误纠正过来，就能为我们的经济发展创造更好的条件，总之，我们过去搞革命是新事物，现在搞建设也是新事物。我做了点贡献，但功绩主要归功于人民。不要关起门来。我们最大的经验就是不要脱离世界，否则就会信息不灵，睡大觉，而世界技术革命却在蓬勃发展。我们在50年代比起一些国家虽然落后，但落后不多，50年代中期，日本有80万台机床，中国也有80万台，可能质量差些。10年后，日本发展起来了，但中国仍然在踏步。这是我们几十年来得出的最重要的经验教训，这个教训也是财富。我们最近10年的发展是很好的。我们最大的失误在教育方面，政治思想工作薄弱了，教育发展不够。最重要的一条是，没有在经济得到可喜发展、人民生活水平得到改善情况下，告诫人民，包括共产党员在内，应该保持艰苦奋斗的传统。有了这个传统，我们就能抗住腐败现象。我们经过冷静考虑，认为这方面的失误比通货膨胀等问题更大。经过若干年艰苦奋斗之后，才会有较好的发展，并且取得持续发展的条件。这是中国从几十年的建设中得出的经验。只要全国人民思想统一，治理也不难。总之，我们有信心。反对霸权主义不是一件容易的事。尽管中国人民已经站起来了，但是人家还要欺负我们，现在有的国家还要通过议会干涉我们的内政。但中国这一个10亿人口的大国，这些干涉对我们来说，没有什么了不起。我们可以置之不理，也可以提出抗议。我们还有一个台湾问题，仍然面临着国家统一的任务。连中国这样一个发展中的大国，都还有维护主权独立和领土完整的任务。可见第三世界发展中国家维护独立、主权、发展经济的任务还面临着严峻的局面。因此，第三世界要联合起来，共同努力奋斗。

3月29日　全国人大副委员长肖劲光大将在北京病逝。肖劲光，1903年1月生，湖南长沙人。1920年加入共产主义青年团。1922年1月，出席远东各国共产党及民族革命团体第一次代表大会。1922年底由团转党。1924年秋，从苏联回国，在安源煤矿从事工人运动。1925年冬任国民革命军第二军第六师党代表。1927年大革命失败后，肖劲光再赴苏联，入列宁格勒军政学院学习。1930年秋回国，任闽粤赣军区参谋长兼政治部主任。1931年冬任中央军事政治学校校长。1932年，肖劲光任红军第五军团政治委员。从1933年起，他先后任建黎泰警备区司令员兼红十一军政治委员，闽赣军区司令员兼红七军团政治委员。1934年，在党内“左”倾冒险主义错误影响下，他被诬为“罗明路线”在军队中的代表，受到开除党籍、判处5年徒刑的错误处理。遵义会议后，中央纠正了对肖劲光的错误处理。1935年6月，他被任命为红三军团参谋长。长征到达陕北后，任陕甘宁省军事部部长兼红二十九军军长。1937年春，任中央军委参谋长。抗日战争时期，他先后任八路军后方总留守处主任、留守兵团司令员、陕甘宁晋绥联防军副司令员。肖劲光在中共七大当选为候补中央委员。解放战争时期，他任东北民主联军副总司令员兼参谋长，南满军区司令员，第一兵团司令员，第四野战军第十二兵团司令员兼政委，率部由北到南，战功卓著。长沙和平解放后，兼任湖南军区司令员。建国后，历任海军司令员，国防部副部长。1955年被授予大将军衔。从1962年开始，肖劲光受到林彪的打击，“文化大革命”中，在林彪集团的打击陷害下，遭到错误批判，被剥夺了主持海军工作的权力。1971年“9·13”事件后，他重新主持海军工作。1979年，在邓小平、叶剑英、陈云等的关怀下，中共中央对肖劲光受到的政治诬陷给予彻底平反。他是第一、二、三届国防委员会委员，第三、四届全国人民代表大会常务委员会委员，第五届全国人大常委会副委员长，中共第八至第十一届中央委员，1982年被选为中顾委常委。1988年被授予一级红星功勋荣誉章。

3月31日　赵紫阳总书记在北京会见阿根廷副总统兼参议长维克托·马丁内斯。赵紫阳说，中阿两国相距遥远，社会制度不同，但两国的共同点大大超过两国间的差异。中阿都属发展中国家的大国，历史上有过相似的遭遇，今天又面临共同的任务，双方可以进行很好的合作。现在国际形势出现了缓和的趋势，虽然可能还会遇到曲折，但这种趋势会继续下去。发展中国家应该利用这个机会，解决自己的问题。总的说来，发展中国家为了发展自己，需要一定的条件，政治上，应该建立以和平共处五项原则为基础的国际政治新秩序；经济上，要建立公平合理的国际经济新秩序。发展中国家在促进南南合作的同时，还要很好地协调，推动发达国家在改善南北关系上采取更开明更富有远见的政策。

同　日　杨尚昆在人民大会堂会见蒙古外交部长策伦皮勒·贡布苏伦。杨尚昆说，中国一贯主张国与国之间的关系应该建立在和平共处五项原则的基础上，一贯尊重蒙古人民共和国的独立、主权和领土完整。中蒙两国是完全平等的，两国之间的关系应该是亲密合作的关系。中蒙两国是近邻，应该友好相处。在过去一段时间内，两国之间曾经有过一些“疙瘩”，当然原因很多，现在不必再提它了，只要大家都向前看，中蒙之间合作的可能性是很大的。

4月1日　赵紫阳在中南海会见南斯拉夫共产党联盟中央主席团委员伊万·布里吉奇。赵紫阳说，经济体制改革要同政治体制改革结合进行。一个国家的发展和改革，没有稳定的局势是不行的，而要形成稳定的局势，没有政治体制改革也是达不到的。但是，如果政治体制改革的步骤过急或超前，就会带来不安定。中国一向重视南斯拉夫改革的经验，不管是成功的或不那么成功的经验，对中国和其他社会主义国家都是很重要的。不论进行经济体制改革或政治体制改革，都要根据各国的具体情况和国情进行，不能采取一样的模式。

4月4日　中国女子乒乓球队在第四十届世乒赛女子团体决赛中以3:0战胜南朝鲜女队，第八次蝉联女子团体赛冠军。

4月6日—9日　多哥共和国总统纳辛贝·埃亚德马应邀访华。6日，杨尚昆在北京人民大会堂会见并宴请埃亚德马，双方强调要进一步发展两国友好关系。杨尚昆说，不合理的国际经济关系，特别是日益沉重的债务负担，严重地阻碍着非洲国家经济的发展。中国政府愿和广大非洲国家一道为建立公正的国际经济新秩序共同努力。中国政府将一如既往地坚决支持南部非洲国家和人民反对种族隔离制度，维护国家主权和安全的正义斗争。联合国安理会435号决议已从4月1日开始付诸实施。希望有关各方面认真履行达成的协议，使纳米比亚大选能在联合国的有效监督下自由、公正地进行，使纳米比亚能如期宣告独立。

4月7日　赵紫阳会见多哥总统埃亚德马。赵紫阳说，当前，国际局势总的趋势是走向缓和。国际局势的变化为发展中国家的发展提供了机会与可能。但问题不可能自动解决，还要做出很大的努力。发展中国家应该珍视这种机会，研究如何利用这个机会解决发展中国家的发展问题。在国内应保持安定团结的政治局面，经济上则需要有灵活和符合实际的政策。发展中国家要发展自己必须要有一个有利的外部条件，也就是要有一个有利的国际环境。当前，需要在和平共处五项原则的基础上建立国际政治新秩序，同时还要建立国际经济新秩序。发达国家有责任帮助发展中国家改变穷国愈穷、富国愈富的状况。发展中国家也应为建立国际政治经济新秩序做出自己的努力。

同　日　李鹏总理在人民大会堂会见多哥总统埃亚德马。李鹏说，越南政府既然已声明从柬埔寨撤军，我们希望越南当局言而有信，真正履行它已宣布的诺言，不要再出现反复，不附加任何条件，不能再设置障碍，也不以任何借口重返柬埔寨。越南撤军必须在有效的国际监督下进行。纳米比亚独立进程已经开始，希望有关各方特别是南非当局，认真履行协议，保证纳米比亚独立进程顺利实施。不少非洲国家之间出现了改善关系、加强团结的势头。同时，他们也正努力探索适合本国情况的发展道路。政治的稳定是发展经济的必要前提，而经济的稳步发展则是政治稳定的牢固基础。双方还就发展两国经济、贸易和技术合作问题进行了深入具体的商讨。

4月8日　中共中央政治局在北京召开第十七次全体会议。会议主要是讨论《中共中央关于教育发展和改革若干问题的决定》（草案)。《决定》（草案）的酝酿和形成，前后花了一年时间，1988年4月中央政治局第七、八次会议讨论了教育问题，确定由国务院组成专门小组对教育发展和改革中的重大问题进行调查研究，提出建议。《决定》（草案）是在充分进行调查研究和广泛听取各方面意见的基础上形成的。中央政治局常委和国务院多次听取研讨情况和文件起草情况的汇报，认真研究了全国人大代表、全国政协委员、民主党派、社会团体和各界人士关于教育问题的许多重要的意见和建议，讨论了教育在现代化建设中的重要地位和教育经费、教师待遇、品德教育、教育发展战略、教育立法、教育改革等问题，提出了发展和改革教育的具体措施。会议决定：将这个《决定》（草案）在党内外更大范围内进一步征求意见，适当时候召开十三届四中全会予以审议。出席会议的有中共中央政治局委员15人、政治局候补委员1人。中共中央总书记赵紫阳主持会议，有关方面负责人列席了会议。

同　日　邓小平在人民大会堂会见多哥总统埃亚德马。邓小平赞扬多哥的农业问题解决得好。他说，“我看‘绿色革命’要坚持100年、200百年。不仅你们要这样做，我们也要这样做”。谈到国内情况时，邓小平说，“1978年我们党的十一届三中全会是一个转折点，制定了一系列新的方针、政策。执行几年，发展顺利。但接着经济发展过热，带来了一系列供求关系等方面的问题。对这些现象，5年前，哪怕3年前如果警觉一些，注意到这些现象，情况要比现在好得多。中国也许能给国际社会提供一种经验：当我们的事业发展顺利时，要提高警惕，避免差错；发展得好的时候要注意会带来什么新的问题，要尽量避免出现过失或者使过失尽量缩小，但话又要说回来，这毕竟是发展中的失误。出现的困难是前进中的困难，总能想办法解决的”。埃亚德马感谢这次访华中受到的热情接待和中国对多哥的帮助。邓小平认为，中国也有困难。对多哥的帮助是有限的。但相信友谊是持久的，合作是长期的。他说：“我认为最可靠的是持久的相互信任，相互友好。”

4月11日　赵紫阳在中南海同全国企业承包经营责任制座谈会的代表座谈。他说，这次治理整顿是在改革的过程中间，也就是说，是在新旧体制交错、价格存在双轨制这样一个情况下进行的。这种情况大大增加了治理整顿的复杂性和难度，对我们的工作也就提出了新的、更高的要求。过去进行调整所采用过的一些很有效的办法，现在有些已很难奏效，因为我们这几年把经济放活了一大块。对放活的那一块，用老办法难以控制。但是，我们也不能再把已经搞活的经济重新搞死。恰恰相反，这次治理整顿，应该巩固改革的成果，并为进一步改革创造条件。因此，我们必须积极地寻找既能解决治理整顿的问题，又有利于改革，至少不为今后改革增加困难的新办法。

4月12日—16日　李鹏总理应邀出访日本。12日，日本首相竹下登在东京欢宴李鹏并举行会谈。13日，李鹏在皇宫会见日本明仁天皇，在东京赤板宾馆会见日本朝野各政党领导人。14日，李鹏在东京举行记者招待会，指出这次访日，受到日本各界的热情欢迎，巩固了中日友好合作关系的原则基础，增进了正确对待历史的共识；广泛结交日本朝野各界朋友，加深了相互理解；探索和开辟了经济合作新领域。

4月14日　中国人口（不含台湾省）达11亿。国家计划生育委员会、国家统计局等在北京人民大会堂联合召开“中国十一亿人口日”大会，杨尚昆、胡启立、田纪云等出席会议。田纪云在会上作了题为《严格控制人口过快增长》的讲话。他说，必须坚持在发展经济的同时实行计划生育政策，严格控制人口的过快增长，使人口增长与社会和经济发展相适应，同资源利用和生态环境相协调。各级党政领导要亲自抓计划生育工作，并实行责任制，作为衡量当地党政领导政绩的一条重要标准。

同　日　中日互换投资保护协定生效通知书签订。钱其琛外长和日本外相宇野宗佑分别代表本国政府在东京签订生效通知书。中日投资保护协定是日本首相竹下登1988年8月访华时在北京签署的。

4月15日　原中共中央总书记胡耀邦在北京病逝。胡耀邦，1915年11月20日生，湖南浏阳县人。1929年冬加入共产主义青年团。1933年1月调到中央革命根据地，同年转为中共党员。先后任中央苏区反帝拥苏总同盟宣传部长兼青年部长，少共中央局秘书长。1934年参加长征，到达陕北后，任共青团中央宣传部长、组织部长。抗日战争时期，先后担任军政大学政治部副主任、大队政委，中央军委总政治部组织部部长。抗日战争胜利后，历任冀热辽军区代理政治部主任、晋察冀军区第四纵队、第三纵队政委，参加保卫张家口、解放石家庄等战役；后调任第十八兵团政治部主任，参加领导解放太原、宝鸡等战役。1949年冬，他率部参加解放西南的进军，中华人民共和国成立后，任中共川北区党委书记，川北行署主任，军区政委。1952年，任团中央书记，第一书记。在团中央工作期间，使团的工作得到了巨大发展，充分发挥了党的助手作用。1962年，他带职下放，任中共湖南省委书记处书记兼湘潭地委第一书记。1964年底，他任中共陕西省委第一书记、中央西北局第二书记。他深入实际，调查研究，与广大干部和群众同甘共苦，努力发展工农业生产，推进了所在地区的社会主义建设。1966年“文化大革命”开始后，林彪、江青反革命集团出于篡党夺权的阴谋，全面否定团的工作，罗织罪名，对胡耀邦进行了残酷打击和迫害。他不顾个人的荣辱安危，同林彪、江青反革命集团进行了不懈的斗争。1975年他在担任中国科学院党组织的领导职务时，认真贯彻全面整顿的方针，领导起草了《关于科技工作的几个问题》的汇报提纲，正确反映了科技战线的实际情况，在所谓“反击右倾翻案风”中再一次遭到错误的批判。粉碎江青反革命集团以后，他于1977年3月任中共中央党校副校长，12月任中共中央组织部部长。1978年12月在中共十一届三中全会上，当选为中央政治局委员，中纪委第三书记，随后任中共中央秘书长兼中央宣传部部长。这一期间，他组织与推动了关于真理标准问题的讨论，为重新确立中共的马克思主义思想路线做了理论准备。他坚决地组织与领导了平反冤假错案、落实干部政策的工作，使大批遭受冤屈和迫害的老革命家、干部、知识分子和人民群众得到了平反昭雪、恢复名誉。1980年2月在中共十一届五中全会上，他当选为中央政治局常委、中央委员会总书记。1981年6月，在中共十一届六中全会上当选为中央委员会主席。1982年9月，在中共十二大上，他代表中央作了《全面开创社会主义现代化建设的新局面》的报告，在十二届一中全会上当选为中央政治局委员、常委、中央委员会总书记。1983年10月，兼任中央整党工作指导委员会主任。1987年1月，他辞去总书记职务。1987年11月，在中共十三届一中全会上当选为中央政治局委员。他还是中共七大代表，第八、第十一、第十二、第十三届中央委员；第一、第二、第五届全国人大常务委员会委员。

4月16日　全国人大副委员长、民建中央主席胡厥文在北京病逝。胡厥文，原名胡保祥，1895年10月生，上海嘉定人。1918年毕业于北京高等工业学校。先后创办新民机器厂、合作五金公司、黄渡电灯公司、长城机制砖瓦公司等企业，任总经理，被选为上海机器业同业公会主席、上海市棉布市场理事长。1932年，通过中华职教社等组织，发动上海市工商界支援“一·二八”抗战。1937年8月13日，日本侵占上海后，为了保存民族工业，支援抗战，组织江浙沪宁的百余家民营工厂内迁。他担任了中南区工业协会理事长、迁川工厂联合会理事长。1945年，他与黄炎培、章乃器等人发起成立中国民主建国会，团结爱国民族工商业家及有联系的知识界人士，积极投身到民主革命的火热斗争中。1946年，他被推举为上海各界人民团体组织的赴南京请愿停止内战、实现和平的代表团成员。1946年，由于国民党反动派的迫害，民建被迫转入地下。胡厥文在上海创办“中国工业月刊社”掩护民建继续活动。1949年9月，他以民主建国会代表的身份出席中国人民政治协商会议第一届全体会议。新中国成立后，他历任中央人民政府政务院财政经济委员会委员、上海市政协副主席、副市长；第一届全国人大代表，第二、三届全国人大常委会委员，第四、五、六届全国人大常委会副委员长；第一、二、三、四届全国政协委员，第五届全国政协常务委员。他是中国民主建国会的创建人和卓越的领导人之一，为民建的创建和发展做出了重要贡献。先后任民建常务理事，第一、二届中央委员会副主任委员，第三届中央委员会主任委员和第四届中央委员会主席。他连续被民建第四、五届中央委员会推举为名誉主席。1965年以后，先后担任中华职业教育社的代理事长、理事长。他还担任中华全国工商业联合会第一、二、三、四、五届的常务委员。

4月17日　台湾“青年体操队”到北京参加亚洲青年体操锦标赛。这是40年来第一支到祖国大陆参加体育比赛的台湾运动队。

4月17日—21日　中共中央在人民大会堂召开民主党派和无党派人士座谈会。征求对《中共中央关于教育发展和改革若干问题的决定（草案）》的意见。17日，赵紫阳、李鹏、乔石、胡启立、姚依林等出席座谈会。雷洁琼、孙起孟、周谷城等先后就提高全民对教育重要性的认识，加强思想政治工作，加强基础教育、职业教育，切实解决教育经费，提高教师待遇等问题，发表了意见。赵紫阳在座谈会上强调，加强教育事业提高教育位置，必须首先解决好各级领导干部对发展教育事业重要性、紧迫性的认识问题。18日、19日，各民主党派和无党派人士的代表分为7个组对《决定（草案）》进行了认真讨论。

4月18日　中国和巴林建交。

4月18日晚—19日晨　一些人围聚北京新华门。4月15日胡耀邦病逝后，北京市各界群众分别在学校和基层单位举行各种哀悼活动，也出现了许多大小字报、标语、口号、传单和挽联等，要求重新评价胡耀邦的是非功过；否定反对资产阶级自由化。4月18日晚—19日晨，一些人不顾值勤武警拦阻，呼喊口号围聚新华门，试图冲入中南海。4月19日4时，北京市人民政府在现场广播通告，指出冲击党的机关是违法的，是法制不能允许的，要求人群离开现场。4月19日晚—20日晨，又有近300名学生围聚新华门前并冲击中南海。20日3时，北京市政府现场播发通告，指出少数别有用心的人冲击新华门，击伤维持秩序的民警，是严重的违法行为，希望围观的人离开现场。警告蓄意肇事的少数人，如果继续一意孤行，一切后果由他们自负。

4月20日　新华社发表题为《维护社会稳定是当前大局》的评论。评论说，近日北京出现了一些值得注意的不正常情况，有那么一些人，借口悼念胡耀邦，蓄意把矛头指向党和政府。他们发表煽动性讲演，呼喊“打倒共产党”的反动口号，污损人民英雄纪念碑，甚至冲击新华门。他们明明白白地不是在悼念胡耀邦，而是在干扰正常的悼念活动。他们的行动已经超出了法律允许的范围。对这样的活动，采取坚决措施加以制止是完全必要的。

4月22日　胡耀邦追悼大会在北京人民大会堂隆重举行。杨尚昆主持追悼会，赵紫阳致悼词。邓小平、李鹏、万里、彭真、聂荣臻、乔石、胡启立、姚依林、王震等党和国家领导人同各界人士4 000多人参加追悼会。

4月23日—30日　中共中央总书记赵紫阳应金日成的邀请正式访问朝鲜。这是赵紫阳1987年11月就任中共中央总书记以来首次出访。

4月24日　中共中央政治局常委召开碰头会。会议由李鹏主持，会议听取了北京市委和国家教委关于首都高校情况和社会动向的汇报。会议决定中共中央成立制止动乱小组，决定由北京市委在全市范围内广泛发动群众，同反党反社会主义的敌对势力进行坚决斗争，争取多数，孤立少数，力争尽快平息动乱，稳定局势。

同　日　全国人大副委员长李井泉在北京病逝。李井泉，1909年9月生，江西临川县人。1927年加入共青团。南昌起义后，他随军南下。1930年夏，任红一方面军总司令部政委办公室秘书长，同年转为中共党员。后任红三十五军、独立第三师政委。1934年参加红军长征。遵义会议后，任中央直属纵队政治处主任，红二方面军第四师政委。抗日战争爆发后，他历任八路军一二〇师三五八旅副旅长、政委，大青山支队司令员兼政委。从1942年起，先后任抗日军政大学总校政委，中共中央晋绥分局书记兼军区政委。1946年后，兼任二十兵团政委。1949年冬，任十八兵团政委。1950年初，任中共川西区党委第一书记，军区政委，兼行署主任。1952年秋，任四川省委第一书记，省军区第一政委兼省政府主席，中央西南局第三副书记，西南军区副政委。1960年后，任中共中央西南局第一书记兼成都军区第一政委。在“文化大革命”中，遭到林彪、江青反革命集团的残酷迫害，身心受到严重摧残。他是第八届中共中央政治局委员，第三、第四、第五届全国人大常委会副委员长。在党的十二大上当选为中顾委委员、常委。是中共第七、八、十、十一、十二次全国代表大会代表，第八、十、十一届中央委员。曾任西南协作委员会主任委员，西南三线建设委员会主任，四川省政协主席。

4月25日　邓小平发表重要讲话。他对中共中央政治局常委4月24日的决定表示完全赞同和支持，对动乱的性质做了分析。他说，这不是一般的学潮，是一场动乱，一场否定共产党的领导、否定社会主义制度的政治动乱，他们要把一个很有前途的中国变成一个没有希望的中国。这次一出现动乱就是全国性的，不可低估。要旗帜鲜明，措施得力，反对和制止这场动乱。

4月26日　《人民日报》发表社论：《必须旗帜鲜明地反对动乱》。社论是根据中共中央政治局常委决定和邓小平讲话精神撰写的。社论指出，在悼念胡耀邦活动期间，出现了一些不正常情况……事实表明，极少数人不是在进行悼念胡耀邦的活动，不是为了在中国推进社会主义民主政治的进程，也不是有些不满发发牢骚。他们打着民主的旗号破坏民主法制，其目的是要搞散人心，搞乱全国，破坏安定团结的政治局面。这是一场有计划的阴谋，是一场动乱，其实质是要从根本上否定中国共产党的领导，否定社会主义制度。这是摆在全党和全国各族人民面前的一场严重的政治斗争。社论号召全党和全国人民要充分认识这场斗争的严重性，旗帜鲜明地反对动乱。全党和全国人民必须清醒认识到，不坚决地制止这场动乱，将国无宁日。这场斗争事关改革开放和四化建设的成败，事关国家民族的前途，要积极行动起来，坚决、迅速地制止这场动乱。

同　日　北京、上海召开党员干部大会，号召全市共产党员和广大群众迅速行动起来，坚决制止动乱。

同　日　上海市委决定整顿《世界经济导报》。鉴于《世界经济导报》总编辑钦本立严重违反纪律，上海市委决定停止其总编辑、党组成员职务，并向该报社派驻整顿领导小组。

4月29日　政府部门负责人同首都高校学生对话。受国务院和李鹏的委托，国务院发言人袁木和国家教委副主任何东昌、北京市委常委袁立本、北京市副市长陆宇澄在团中央会议室同北京16所高校的45名学生进行坦诚座谈、对话。座谈、对话由全国学联和北京市学联主持，对话中就惩治"官倒"、清理公司、廉政建设、发展教育、新闻报道和学生罢课、游行等问题交换了意见。

4月30日　赵紫阳结束对朝鲜的正式访问，乘专列回到北京。

5月2日　北京数十名大学生递交"请愿书"。北京数十名高校学生向全国人大常委办公厅信访局和中共中央办公厅、国务院办公厅信访局递交他们给全国人大常委会、国务院和中共中央的"请愿书"，就对话问题提出12点要求、4点声明。5月3日，国务院发言人答中外记者问时说，政府与学生的对话应以互相信任为基础，不应有先决条件，有人在学生背后出主意，掀起社会动乱。

同　日　上海部分高校4 000余名学生上街游行。上海市政府指出学生爱国热情可以理解，但示威方式违反了有关法规，不利于解决问题。

5月3日　首都青年隆重集会纪念五四运动70周年。赵紫阳、杨尚昆、李鹏、万里、邓颖超、乔石、胡启立、姚依林等出席。赵紫阳在会上作了《在建设和改革的新时代进一步发扬"五四"精神》的讲话，他说，宏伟艰巨的现代化建设和改革的任务，只有在稳定的而不是动乱的社会政治环境中，才能顺利进行。如果发生动乱，发生大规模的社会冲突和无政府状态，乱了人心，乱了社会秩序、生产秩序、学习秩序、工作秩序，乱了人民自己，闹得国无宁日，一个很有希望很有前途的中国，就会变为一个动乱不安的没有前途的中国。稳定，渐进，组织，秩序，法制，这是建设和改革的要求，也是民主和科学的要求。清醒，理智，坚毅，沉着，实事求是，艰苦奋斗，这是当代青年最可贵最需要的品质。

5月4日　亚洲开发银行理事会第二十二届年会在北京人民大会堂开幕。47个成员国家和地区的3 000余代表出席会议。杨尚昆在开幕式上致贺词。赵紫阳在会上作了与中央态度不一致的讲话，他说，"中国最近有一部分学生上街游行，我认为，游行队伍中的绝大多数学生对共产党和政府的基本态度，又满意，又不满意。他们绝对不是要反对我们的根本制度，而是要求我们把工作中的弊端改掉”，“现在学生最不满意的是贪污腐败现象。这本来是党和政府近几年来一直在解决的问题。但为什么有这么多的人有意见，而且意见这么大？两条原因：一是由于法制不健全，缺乏民主监督；二是由于公开化不够，透明度不够，有些传言无限扩大或无中生有。腐败问题是一定要解决的，但这个问题必须也只能同完善法制、民主监督、扩大透明度等改革措施结合进行”，“现在北京和其他某些城市的游行仍在继续。但是，我深信，事态将会逐渐平息，中国不会出现大的动乱。我对此具有充分的信心”。“我认为，处理学生游行这一事件，应该在民主和法制的轨道上来解决，在理性和秩序的气氛中解决。现在需要广泛地进行协商对话，同学生对话，同工人对话，同知识分子对话，同各民主党派和各界人士对话。在民主和法制的轨道上，在理智和秩序的气氛中，交换意见，增进了解，共同探讨解决大家共同关心的问题。现在最需要的是冷静、理智、克制、秩序，在民主和法制的轨道上解决问题”。

同　日　北京大学、清华大学、北京师范大学、中国人民大学等首都40所高校数万名学生上街游行，汇集天安门广场，宣读“五四宣言”，要求在校园实行民主改革尝试，促进政治体制改革，促进新闻立法。随后，游行的组织者宣布，从5月5日起，北京所有高校全部复课。

5月5日　李鹏总理会见亚洲开发银行理事会第二十二届年会代表。李鹏说，最近中国某些地方发生了学生罢课和游行，政府采取了正确、妥善、冷静的方法加以处理，避免了事态的进一步蔓延和扩大。现在大部分学校已经复课，对话将继续进行。中国的政局是稳定的，政府将努力维护国家的安定，避免动乱，并将认真克服工作中的缺点，消除腐败现象。亚行第22届年会于5月6日在北京闭幕。

5月6日　4名学生递交对话“请愿书”。在署有24所北京高校名称的给中共中央、全国人大常委会和国务院的“请愿书”上，要求就“当前的学生爱国民主运动、深化政治经济体制改革和推进民主法制建设等问题进行真诚的、建设性的公开对话”。5月8日，中共中央办公厅、国务院办公厅信访局负责人答复说，党中央、国务院领导同志将广泛地同工人、农民、知识分子、学生教师、党外人士接触并进行对话。全国人大常委会也做出同样表示。

5月7日　农业部、机电部负责人同高校学生对话。农业部部长何康等邀请北京农业大学和北京农业工程大学的20名学生，就农业生产、农业教育和农民利益等问题进行坦诚对话。机电部5位副部长同该部所属的北京理工大学、北京机械工业管理学院、北京信息工程管理学院的20名学生就如何评价学潮、整顿彩电市场、限制进口轿车等问题交换了意见。

5月8日　赵紫阳会见土尔耳社会民主人民党主席埃尔达尔·伊诺努。赵紫阳在北京中南海会见埃尔达尔·伊诺努时说，最近在北京等城市发生一些学生上街游行和罢课的情况，由于党和政府一直采取非常克制和容忍的态度，也由于大多数学生日益表现出理智，注意秩序和纪律，因而避免了事态的激化。现在大部分学生已经复课。在中国这样一个大国解决改革和发展问题，要想一点问题都不出是不可能的，总会出现这样或那样的问题，出现一点麻烦。但总的来看，中国不会出现大的问题。中国现行的改革开放政策不会改变，将继续下去。最近学生提出的要求中，许多是党和政府要努力解决的问题，我们将在民主和法制的轨道上解决这些问题。

5月9日　北京千余名新闻工作者要求对话。北京30多家新闻单位1 013名新闻工作者联名向中华全国新闻工作者协会递交请求对话的联名信件，要求就中国新闻界近期发生的事情同中共中央主管宣传的负责同志对话。5月11日—13日，胡启立、芮杏文、阎明复分别到新华社、人民日报社、光明日报社、中国青年报社，同编辑、记者和领导干部座谈对话。

5月9日—14日　伊朗伊斯兰共和国总统霍贾特伊斯兰·赛义德·阿里·哈梅内伊应邀访华。9日，杨尚昆在北京人民大会堂欢宴哈梅内伊，李鹏在钓鱼台国宾馆会见哈梅内伊。

5月10日　万里主持召集全国人大常委会委员长会议。会议讨论关于召开七届人大常委会第八次会议问题，建议八次常委会听取关于清理整顿公司的情况汇报；听取关于学生游行示威和罢课的汇报；审议国务院关于提请审议《中华人民共和国集会游行示威法（草案）》的议案；听取关于新闻法起草情况的汇报；审议关于县、乡两级人民代表大会代表选举时间的决定（草案）。会议决定，七届全国人大常委会第八次会议6月20日左右在北京举行。

同　日　赵紫阳在中南海会见伊朗总统哈梅内伊，共祝中伊关系进一步发展。

5月11日　邓小平在北京会见伊朗总统哈梅内伊。邓小平说，"中国要力争有一个稳定的国际环境和国内环境，把自己发展起来。这是我们当前要做的最重要的事情。在国际上要按照和平共处五项原则建立友好关系，中苏也要按照五项原则和平共处。再过几天，我将同戈尔巴乔夫总书记见面，就30年来的争端问题加以解决，使两国关系正常化。中伊两国是朋友，我们同包括伊拉克在内的阿拉伯国家也都是朋友，我们希望你们和平共处。我们都是第三世界国家，应该团结起来，不要把力量消耗在相互争端上。我们希望有一个稳定的中东，利用当前有利的国际形势发展自己。中国在国际关系中也有这样或那样的问题，但在当前国际大气候条件下，只要不怕麻烦、通过对话来解决问题，只能做这种选择"。

5月12日—23日　万里委员长访问加拿大和美国。原定访问为期21天，因健康原因提前回国。

5月13日　赵紫阳在人民大会堂同北京工人代表座谈。他说，近来学生提出的合理要求，工人和其他群众提出的合理要求，党和政府都在认真负责地抓紧研究解决。多渠道、多种形式的对话正在开展。即将举行的中苏高级会晤是举世瞩目的大事。世界各国都很关注。每一个有爱国心的公民，只要理智地想一想，都一定会努力维护祖国的尊严和国家的国际形象，都不会做任何妨碍和损害这次高级会晤的事情。

同　日　李鹏到首都钢铁公司同工人座谈。李鹏说，政府欢迎工人、学生和广大群众提出批评和建议。学生们的有些意见确实反映了社会上和工作中存在的问题，党和政府正在研究一系列有力的措施，通过民主和法制的轨道来解决这些问题。

同　日　北京高校数百名学生在天安门广场开始绝食请愿。“绝食宣言”说，“绝食是为了抗议政府对北京学生罢课采取的冷淡态度，抗议政府拖延与北京高校对话代表团的对话”。绝食自下午开始。13日晚，阎明复邀请部分学生、教师座谈。14日凌晨，李铁映、李锡铭、陈希同等到天安门广场劝说学生返校。

5月14日　李铁映、阎明复等与首都30余所高校学生代表对话。天安门广场上数百名高校学生继续绝食请愿。

5月15日　李铁映、阎明复在全国政协礼堂同北京部分高校学生对话。学生提出的主要要求是中央应对这次学潮做出正确评价。中央负责人再次肯定学生的爱国热情和推进民主进程的合理要求，希望让实践和时间对学潮作出评价，提醒学生事情的发展往往不以人们的善良愿望为转移，希望学生保持理智，劝说学生不要搞绝食请愿活动，但未能奏效。

同　日　北京部分学生继续绝食。午夜，中共中央办公厅、国务院办公厅发表广播讲话，指出：一些高校学生在天安门广场静坐绝食，要求与党中央、国务院领导同志对话，现在党中央和国务院领导与学生的对话已经开始，还将多层次、多渠道继续进行。广大青年学生提出的合理意见和要求，党和政府正在研究，采取切实措施和步骤加以解决。当前，中苏高级会晤已经开始。这是举世瞩目的大事。希望同学们以大局为重，不要做有损于国家尊严和利益的事情。由于同学们静坐绝食时间较长，夜间气候较凉，有的已发现病情。党中央、国务院领导同志对此十分关切，希望同学们尽快返回学校，也希望学校领导、老师、家长劝说动员学生回校。

5月15日—18日　苏联最高苏维埃主席、苏共中央总书记米哈伊尔·谢尔盖耶维奇·戈尔巴乔夫应邀正式访问中国。15日，杨尚昆主持仪式欢迎戈尔巴乔夫。欢迎仪式原定在人民大会堂东门外广场举行，因天安门广场有大批学生绝食请愿而改在首都机场进行。5月18日，《中苏联合公报》发表，宣布中苏两国关系实现正常化。

5月16日　邓小平在北京人民大会堂会见米哈伊尔·戈尔巴乔夫。

邓小平说，3年前，我请齐奥塞斯库给你带口信，希望中苏之间能够消除三大障碍，早日实现我们之间的见面和对话。我们这次会晤，可以概括为八个字：结束过去，开辟未来。长期以来，我们面临的国际形势是非常严峻的。冷战和对抗的局面一直没有得到缓和。坦率地说，世界的中心问题是美苏关系问题。长期以来，总的局势是军备竞赛，水涨船高。你在海参崴的讲话全世界人民都看到了，有新的内容。当时还没有“新思维”这个词。当时我们看到，美苏军备竞赛可能有一个转折，有一个解决的途径，美苏关系可能由对抗转向对话，这是全人类的希望。这就在中国人民面前提出了一个问题：中苏关系可不可以得到改善。出于这样的动机，才给你带信，时间过了三年多，我们才见了面。戈尔巴乔夫说，你提出了三个障碍，所以需要三年的时间，每一个障碍得需要一年的时间。邓小平说，关键是国家与国家要平等。他回顾了外国列强对旧中国的侵略、压迫和掠夺土地的历史，以及中苏两国、两党关系在过去所走过的一段曲折历程。他说，谈历史是为了在更坚实的基础上向前进。中国不会侵略别国，对任何国家都不构成威胁。中国比较贫穷，但坚持独立自主。戈尔巴乔夫说，对以前双方关系恶化的历史，苏方认为，自己方面也有过错。至于一些历史问题，情况很复杂，尽管邓主席的看法不是没有根据的，但苏方还有一些不同的看法。两位领导人表示，过去的事过去了，重点在于应该向前看，在发展两国关系上，多做实事。在谈到社会主义问题时，戈尔巴乔夫说，过去我们认为，社会主义只有一种模式，现实证明并不是这么一回事。这几年，我们对这一问题进行了分析。我们是设法根据我们国家的具体条件，将马列主义落实到现实生活中。邓小平对此表示赞成。他说，真正的马列主义者必须依据实际情况认识、继承、发展马列主义。不可能存在一种固定的社会主义模式。世界形势，包括科学技术的发展，日新月异，不用新的思想观点来继承、发展马列主义，就不是真正的马列主义。一切墨守成规，只能导致失败。各国只能根据自己的条件来建设社会主义。参加会晤的有：全国政协主席李先念，国务院副总理姚依林、吴学谦，中共中央书记处书记阎明复，外交部长钱其琛。

同　日　赵紫阳在北京钓鱼台国宾馆会见戈尔巴乔夫时说，从1978年党的十一届三中全会以来，邓小平一直是国内外公认的我们党的领袖。在1987年召开的党的第十三次全国代表大会上，根据邓小平本人的意愿，他从中央委员会和政治局常委的岗位上退下来。但是，全党同志认为，从党的事业出发，我们党仍然需要邓小平，需要他的智慧和经验，这对我们党是至关重要的。因此，十三届一中全会郑重作出决定：在最重要的问题上，仍然需要邓小平掌舵。十三大以来，我们在处理最重大的问题时，总是向邓小平通报，向他请教；邓小平也总是全力支持我们的工作，支持我们集体作出的决策。中共中央政治局常委乔石、胡启立、副总理吴学谦和中联部部长朱良、外交部部长钱其琛等会见时在座。

同　日　李鹏总理在钓鱼台国宾馆会见苏联最高苏维埃主席团主席、苏共中央总书记戈尔巴乔夫。李鹏说，今天上午，你同邓小平主席进行了有益的谈话，结束了过去，开辟了未来。中苏关系已经开始正常化，对此我感到非常高兴。

同　日　中共中央政治局常委会召开紧急会议。会议主要研究当前形势。常委中多数认为，形势十分严峻，绝不能退让，只有更加坚定地反对动乱，制止动乱。如果承认《人民日报》“4·26”社论有错误，承认学潮是爱国民主运动，他们必然要强迫党和政府承认他们提出的错误乃至反动的政治纲领，承认非法学生组织，进而成立其他非法组织，在中国搞反对派、反对党，最终迫使共产党下台，颠覆社会主义的人民共和国。这就是他们制造动乱的目的，不达目的，他们是不会罢休的。赵紫阳与多数常委意见相左，主张退让。

同　日　首都高校学生继续绝食。北京师范大学等10位大学校长发出公开信，“希望有关方面和有关当事人保持克制，不要进一步激化事态”。同日16时，在北大“三角地”召开了首都知识界联合会“5·16声明”新闻发布会。郑义在会上宣布了由严家其、包遵信等210多人签名的“5·16声明”，“筹委会”决定17日下午全市联合环城大游行，会上还回答了中外记者提出的问题。

5月17日　赵紫阳代表中共中央政治局常委发表书面谈话。他说，同学们要求民主和法制、反对腐败、推进改革的爱国热情是非常可贵的，党中央和国务院是肯定的，同时也希望同学们能够保持冷静、理智、克制、秩序，顾全大局，维护安定团结的局面。党和政府绝不会“秋后算帐”。希望同学们保重身体，停止绝食，尽快恢复健康，党中央和国务院的同志还会继续听取同学们的意见，同各方面多层次多渠道的座谈对话都将深入进行下去。

同　日　中共中央政治局常委会召开会议。赵紫阳坚持己见，主张退让。多数常委坚决反对赵紫阳的意见，认为绝对不能再退了，再退就会发生全国性的大动乱。邓小平坚决支持中共中央政治局常委多数意见。会议决定立即调集一部分军队进驻北京，对北京部分地区实行戒严。赵紫阳提出无法执行，并提出辞职，受到严厉批评。

5月18日　赵紫阳、李鹏、乔石、胡启立清晨5时到北京协和医院、同仁医院看望绝食病倒的部分学生，希望正在医院接受治疗的学生早日恢复健康。

同　日　李鹏在北京人民大会堂接见绝食学生代表。李鹏建议要尽快把绝食学生安全送到各个医院，使绝食学生解除目前的困境。北京师范大学学生吾尔开希、北京大学学生王丹等却坚持无理要求：一、肯定学潮是民主爱国运动，而不是动乱，全面否定“4·26”社论；二、尽快对话，并现场直播。

5月19日　赵紫阳、李鹏凌晨到天安门广场看望绝食的部分高校学生。赵紫阳说，我们来得太晚了，对不起同学们了。现在同学们身体已经非常虚弱，绝食已经到了第七天，不能再这样下去了。现在最重要的是，希望尽快结束这次绝食。你们绝食是希望党和政府对你们所提出的问题给以最满意的答复。我觉得，我们的对话渠道还是畅通的，有些问题需要一个过程才能解决。比如你们提到的性质、责任问题，我觉得这些问题终究可以得到解决，终究可以取得一致的看法。但是，你们也应该知道，情况是很复杂的，需要有一个过程。你们还年轻，来日方长，你们应该健康地活着，看到我们中国实现四化的那一天。你们不像我们，我们已经老了，无所谓了。

现在的情况已经非常严重，你们都知道，党和国家非常着急，整个社会都忧心如焚。北京是首都，各方面情况一天天严重，这种情况不能再继续下去了。有很多事情总是可以解决的。希望你们早些结束绝食。

同　日　李鹏总理在中南海紫光阁会见澳大利亚总理特使伍尔科特。李鹏说，北京发生了混乱，这个混乱已经不同程度地蔓延到其他一些地区。中国政府将以负责的态度采取措施来制止混乱，恢复正常的社会秩序，保证改革开放政策的顺利进行。这纯属中国的内政，我们将妥善解决这件事情。对此，我充满信心。

同　日　中共中央、国务院召开中央和北京市党政军干部大会。国家主席、副主席，中共中央、国务院、全国人大常委会、中央军委、中顾委、中纪委、全国政协和北京市的领导同志出席大会。大会由乔石主持。李鹏代表中共中央政治局常委会讲话，杨尚昆也讲了话。中共北京市委书记李锡铭首先介绍了一个时期以来北京学潮的发生和发展情况，说明了已经出现的动乱对北京市产生的重要影响。李鹏在讲话中说，当前北京形势相当严峻，无政府状态越来越严重，事态还在发展，并已波及到全国许多城市。改革开放和四化建设，人民共和国的前途和命运，已经面临严重的威胁。如再不迅速扭转局面，稳定局势，就会导致全国范围的大动乱。广大青年学生的心灵是善良的，主观愿望上是不想搞动乱的。但是，任意采取游行、示威、罢课乃至绝食请愿等方式，不仅不利于问题的解决，而且事态的发展已经完全不以青年学生们的主观愿望为转移，正在越来越走向他们愿望的反面。极少数的人要通过动乱达到他们的政治目的，这就是否定中国共产党的领导，否定社会主义制度。要坚决保护广大青年学生的爱国热情，把他们同制造动乱的极少数人严格区别开来，对他们在学潮中的过激言行不予追究。为了坚决制止动乱，迅速恢复秩序，党中央和国务院紧急呼吁：一、目前还在天安门广场绝食的学生，希望立即停止绝食，离开广场，接受治疗，尽快恢复健康。二、希望广大同学和社会各界立即停止一切游行活动，并从人道主义出发，再也不要对绝食学生进行所谓的“声援”

了。不管动机如何，再搞“声援”就是把他们推向绝路。全党全军全国各族人民要立即行动起来，在各自的岗位上为制止动乱和稳定局势做出贡献。杨尚昆说，最近，北京的正常工作秩序，生产、生活秩序都发生了混乱，实质上在许多方面已处于无政府状态。为了维护首都社会治安，恢复正常秩序，我们不得已，从外地调来了一部分人民解放军部队。这完全是为了协助首都武警、公安干警执行任务，绝不是针对学生的。希望社会各界的广大人民群众，对此充分地理解和支持。

同　日　北京部分高校学生晚9点宣布停止绝食。

同　日　湖南浏阳的余志坚、喻冬岳、鲁德成将悬挂在天安门城楼上的毛泽东画像及天安门城墙污损。8月11日，北京市中级人民法院以反革命破坏罪、反革命煽动罪分别判处3名案犯无期徒刑、有期徒刑20年及16年。

同　日　戒严部队进城受阻。数十万大学生在天安门广场静坐，北京大街上不断出现游行队伍。奉命进城实行戒严的部队遇到很大困难和阻挠。戒严前夕和戒严后的前几天，所有的主要交通路口被堵塞，200余辆公共汽车被劫持当做路障，交通陷于瘫痪，各路戒严部队不能按时进入指定地点。戒严部队表现了极大的克制。

5月20日　北京部分地区宣布实行戒严。李鹏签署国务院关于在北京市部分地区实行戒严的命令。戒严令指出，鉴于北京市已发生了严重的动乱，破坏了社会安定，破坏了人民的正常生活和社会秩序，为了坚决制止动乱，维护北京市的社会安定，保障公民生命和财产安全，保障公共财产不受侵犯，保障中央国家机关和北京市政府正常执行公务，根据《中华人民共和国宪法》第八十九条第十六项的规定，国务院决定自1989年5月20日10时起在北京市部分地区实行戒严，由北京市人民政府组织实施，并根据实际需要采取具体戒严措施。同时，陈希同签署北京市人民政府第一、二、三号令，宣布对东城区、西城区、崇文区、宣武区、石景山区、海淀区、丰台区、朝阳区实行戒严。

5月21日　中国科技大学学生分别来到聂荣臻、徐向前住地，称

军队要镇压学生。聂荣臻、徐向前分别表示，戒严部队绝不是针对学生来的，希望同学们不要听信谣言，尽快返校。

5月22日　邓颖超致信首都学生和市民。她在信中说，我对北京近一个月来出现的局面极为关切、极为焦虑。我想大家谁也不愿意这种局面再继续下去了，大家都希望安定团结。这几天，社会上谣言很多，对我的谣传也不少，我希望大家不要相信。我恳切希望你们要相信党，相信人民解放军。这次解放军奉命进驻北京是为了维护首都的社会秩序，保证大家有一个正常的工作、学习和生活环境。我希望广大同学和市民给予大力支持。

5月25日　李鹏总理在中南海会见尼日利亚、墨西哥、缅甸新任驻华大使。李鹏说，我们根据宪法第八十九条第十六项的规定，在北京部分地区实行戒严，是为了坚决制止动乱而采取的一种警戒措施。戒严不同于军事管制。戒严已进入第六天，戒严部队遇到阻拦没有进入北京市中心地区。在人们还没有充分理解戒严意义的情况下，为了最大限度地避免冲突，军队表现了极大的克制。现在发生的事情完全是中国的内政。希望外国，特别是愿意同中国保持良好关系的国家，不要用这样那样的方式进行干预。中国的事情是很复杂的，外国朋友一时看不清，不妨多观察一段时间再做处理。

同　日　国务院发出紧急通知，坚决制止各地学生冲击铁路、强行乘车进京。

5月26日　中顾委召开常委会。陈云主持会议并作了重要讲话。会议表示，坚决拥护李鹏和杨尚昆在中央和北京市党政军干部大会上的讲话，坚决拥护中共中央和国务院为制止动乱、稳定局势所作的正确决策和采取的果断措施。

同　日　彭真受中共中央委托邀请7位党外副委员长座谈。被邀的人士认为，只要措施得当问题定能得到妥善解决。彭真强调，必须以事实为根据，以宪法和法律为准绳来统一思想，并对有关宪法和法律规定作了阐述。彭真最后说，一、“以事实为根据，以法律为准绳”，是用来统一思想的。二、一定要坚持法治，不能搞人治，任何人都不能有超越宪法和法律的特权，希望每个人都用宪法和法律来规范自己的行动，群众提出的问题都要通过民主和法制的轨道，实事求是、平心静气地商议解决。三、要爱护学生。

5月27日　政协七届全国委员会在中南海召开第十八次主席会议。会议一致表示，坚决拥护中共中央、国务院为制止动乱、稳定局势所作的正确决策和采取的果断措施。李先念出席会议并讲话，他说，最近极少数人幕后策划，制造谣言，挑拨煽动，恣意扩大事态，企图通过动乱，达到他们否定共产党领导、否定社会主义制度的政治目的，如果他们的阴谋得逞，我们的国家和民族就会陷入深重的灾难之中。造成目前这种复杂局面的一个重要原因，是我们共产党内部领导层的个别人。

5月28日　新华社报道：近几天来，各地群众对仍在天安门广场静坐的学生甚为关切，向中共中央、国务院来电来信希望天安门广场静坐的学生尽快撤离，回校复课。

5月30日　由中央美术学院雕塑系20人设计的“民主之神”雕像未经批准搭设在天安门广场人民英雄纪念碑北侧。北京市天安门管理处发表声明。声明说，天安门广场是国家举行政治性集会和迎宾活动的重要场所，是全国人民的广场，是非常庄严肃穆的地方。现在有人把什么“女神”像搭设在天安门广场，是极不严肃的，也是违反北京市人民政府1981年11月1日通告的，是对国家尊严和民族形象的一种污辱和践踏。

5月31日　邓小平同李鹏、姚依林谈话。他说，改革开放的政策不变，几十年不变，一直要讲到底。国际国内都很关心这个问题。贯彻十一届三中全会以来的路线、方针、政策，连语言都不变。十三大政治报告是经过党的代表大会通过的，一个字都不能动。这个我征求了先念、陈云同志的意见，他们赞成。经过这次动乱，我们确实有些事情要向人民交代。主要有二条：第一，我们要改换领导层，新的领导机构要使人民感到面貌一新，感觉到这是一个改革的有希望的面貌。这是重要的一条，这是向人民亮相啊！无论工人也好，农民也好，知识分子也好，学生也好，还是希望改革的。不过，某些人所谓的改革，应该换个名字叫做自由化，即资本主义化。他们“改革”的中心是资本主义化。我们讲的改革与他们不同，这个问题还要继续争论的。第二，要扎扎实实做几件事情，体现出我们是真正反对腐败不是假的。要反对腐败，要扎扎实实做几件事情。是一就是一，是二就是二，该怎么处理就怎么处理。一个好班子，改革的班子，开放的班子，就要明白地做几件改革开放的事情。凡是遇到机会就不要丢，就是要坚持，要干起来，要体现改革开放，大开放。我过去说过要再造几个香港，就是说我们要开放，不能收，要比过去更开放。不开放就发展不起来。总之，改革开放要更大胆一些。邓小平说，从毛（泽东）、刘（少奇）、周（恩来）、朱（德）开始，中共才真正形成了一个成形的领导。以前的领导都是很不稳定，也很不成熟的。从陈独秀起，一直到遵义会议，没有一届是真正成熟的。在这中间很长一个时间，强调工人阶级领导，勉强拉工人来当领导，红军中也选了一批工人当政治委员。毛、刘、周、朱这一代的前期是好的，后期搞“文化大革命”，变成一个灾难。华国锋只是一个过渡，说不上是一代。他本身没有一个独立的东西，就是“两个凡是”。第二代是我们这一代。现在换第三代。要真正建立一个新的第三代领导。这个领导要取信于民，使党内信得过，人民信得过。我们这个第二代，我算是个领班人，但我们还是一个集体。人民对我们这个集体基本上满意，主要是因为我们搞了改革开放，提出了四个现代化的路线，而且真正干出了实绩。第三代的领导也一样要取信于民，要干出实绩。关门可不行啊，中国不可能再回到过去那种封闭时代。这种封闭的方式也造成了灾难啊，如“文化大革命”。在那种状态下，经济不可能发展，人民生活不可能改善，国家力量也不可能增强。现在世界的发展一日千里，每天都在变化，特别是科学技术，追都追不上。第三代的领导要取信于民，要得到人民对这个集体的信任，使人民团结在一个他们所相信的领导集体党中央周围。反对资产阶级自由化，四个坚持，这不能动摇。这一点我任何时候都没有让过步。中国不搞四个坚持能行吗？人民民主专政能不用吗？坚持不坚持马克思主义，坚持不坚持社会主义，这是个根本问题。邓小平说，我们组成的这个新的领导机构，眼界、胸襟要非常宽阔，这是对我们第三代领导人最根本的要求，我们的第一代领导人的前期是胸襟宽阔的，我们第二代基本上也是胸襟宽阔的，对第三代领导以及以后的第四、第五代领导都应该有这样的要求。进入新的中央政治局、书记处，特别是中央常委的人，要从改革开放这个角度来选。新的领导机构要坚持做几件改革开放的事情。惩治腐败，要真抓几件事，用事实体现出来，取信于民。腐败、贪污、受贿、倒卖，抓个一二十件，有的是省里的，有的是全国范围的。要雷厉风行地抓，要公布于众，要按照法律办事。该受惩罚的，不管是谁，一律受惩罚。邓小平最后坚决表示，等新的班子一经建立了威信，我坚决退出，不干扰你们的事。希望大家能够很好地以江泽民同志为核心，很好地团结。只要这个领导集体是团结的，坚持改革开放的，即使是平平稳稳地发展几十年，中国也会发生根本的变化。关键在领导核心。这就算是我的政治交代。

同　日　北京戒严部队开始上哨。5月21日以后采取不同方式陆续进驻北京重点警卫目标区的戒严部队，已开始着装上哨。部分部队仍在受阻中。

同　日　少数学生仍在新华门前静坐，国务院办公厅发言人希望静坐学生不要无视政府的劝告，尽快离开新华门。

6月3日　部分解放军戒严部队奉命按计划进入警戒目标。凌晨中国人民解放军戒严部队指挥部发出紧急通告，指出，任何人不得以任何借口非法拦截军车，阻拦、围攻解放军，妨碍戒严部队执行勤务。在部队进城前，为了避免伤害群众，北京市人民政府和戒严部队指挥部于18时30分左右发出紧急通告，要求北京市全体市民要提高警惕，从现在起，请不要到街上去，不要到天安门广场去。广大职工要坚守岗位，市民要留在家里，以保证生命安全，避免遭受不必要的损失。这个通告通过电台、电视台和各种广播工具，反复播送。

6月4日　戒严部队进驻天安门广场。戒严部队进入广场之后，凌晨1时半，北京市人民政府和戒严部队指挥部发出紧急通告。通告用高音喇叭反复播放3个多小时。在广场围观的群众，多数都迅速离开。停留在广场静坐的青年学生只有数千人，集中在广场南端人民英雄纪念碑一带。凌晨3时左右，他们派出代表向戒严部队表示，愿意自动撤出广场，戒严部队表示欢迎。凌晨4时半，广场上广播了戒严部队指挥部的通知："现在开始清场，同意同学们撤离广场的呼吁。"同时，广播了北京市人民政府和戒严部队指挥部关于迅速恢复天安门广场的正常秩序的通告。停留在广场上的数千名青年学生听到通告后，立即集结了队伍，布置了手拉手的纠察队，于凌晨5时左右，打着各自的旗子开始有秩序地离开广场。戒严部队在广场东侧南口开出了一条宽阔的通道，保证了学生迅速、顺利、平安地离开。这时，还有少数学生坚持不走，武警战士按照"通告"要求，强制他们离开了广场。至凌晨5时半，清场任务全部完成。

6月5日　中共中央、国务院发布告全体共产党员和全国人民书，号召共产党员要处处以身作则，起模范带头作用。广大干部职工要坚守岗位，搞好生产，保障供给，积极维护社会治安和社会正常秩序。各级党政组织，要加强正面疏导和思想政治工作，耐心教育青年学生和广大群众，不要轻信和传播谣言，不要进行任何形式的串联，为稳定局势创造安定和良好的社会环境而斗争。

6月6日　上海发生烧毁旅客列车严重事件。

6月7日　中纪委发出关于严明党的纪律维护党的团结统一的通知。

同　日　国务院发出关于坚决制止冲击铁路确保铁路运输安全畅通的公告。公告指出，最近，一些城市和地区相继发生冲击铁路、拦截列车、破坏铁路设施等严重威胁铁路运输安全畅通的恶性事件，给国民经济、人民生活和社会秩序带来重大损失和影响。公告要求：一、各级人民政府和公安、铁路部门，要把保障铁路运输安全畅通作为一项重要任务。二、任何人不得以任何借口冲击铁路车站，破坏铁路设施，在线路上设置障碍，以及卧轨强行拦截列车等。一旦发生中断铁路运输或威胁铁路运输安全的违法犯罪情况，可采取一切必要手段予以排除，并依法惩处。三、各地武警部队要抽调适当警力，加强铁路重点部位的保卫工作，帮助铁路部门维护好车站治安秩序。对带头闹事和进行破坏的，要坚决予以打击，绝不手软。四、铁路运输部门的职工要坚守岗位，尽职尽责，严格纪律，确保铁路运输安全畅通。

6月8日　李鹏、王震看望戒严部队官兵。李鹏、王震听取了部队负责同志关于执行戒严任务的工作情况汇报。李鹏代表中共中央、国务院向戒严部队官兵表示慰问，希望大家继续努力，为保卫首都的安定、保卫首都的正常秩序而努力奋斗。王震在讲话中赞扬戒严部队官兵不愧为人民群众的忠诚卫士、人民民主专政的坚强柱石。

6月9日　中央军委主席邓小平在中南海怀仁堂接见首都戒严部队军以上干部。杨尚昆、李鹏、乔石、姚依林、万里、李先念、彭真、王震、薄一波等，以及中央军委其他领导同志参加了接见。邓小平说，这次风波迟早要来。这是国际的大气候和中国自己的小气候所决定的，是一定要来的，是不以人们的意志为转移的，只不过是迟早的问题，大小的问题。而现在来，对我们比较有利。最有利的是，我们有一大批老同志健在，老同志经历的风波多，懂得事情的利害关系。事情一爆发出来，就很明确。极少数人的根本口号主要是两个，一是要打倒共产党，一是要推翻社会主义制度。他们的目的是要建立一个完全西方附庸化的资产阶级共和国。在平息动乱中，军队考试是合格的，仍然是真正的人民子弟兵。在生命危险面前，他们没有忘记人民，没有忘记党的教导，没有忘记国家利益。人民子弟兵真正是党和国家的钢铁长城，永远是党领导下的军队，永远是国家的捍卫者，永远是社会主义的捍卫者，永远是人民利益的捍卫者。这次事件爆发出来，很值得我们思索，促使我们很冷静地考虑一下过去，也考虑一下未来。也许这件坏事会使我们改革开放的步子迈得更稳、更好、甚至更快。使我们的失误纠正得更快，使我们的长处发扬得更好。党的十一届三中全会制定的路线、方针、政策，包括发展战略的“三部曲”，是正确的。党的十三大概括的“一个中心、两个基本点”，是对的。坚持四项基本原则本身没有错，如果说有错误的，就是坚持四项基本原则还不够一贯，甚至讲得很少。改革开放没有错，要说不够，就是改革开放得还不够。我们原来制定的基本路线、方针、政策，照样干下去，坚定不移地干下去。要坚定不移地执行党的十一届三中全会以来制定的一系列路线方针政策，要认真总结经验，对的要继续坚持，失误的要纠正，不足的要加点劲。总之，要总结过去，看到未来。

同　日　国务院发出关于坚决制止破坏经济秩序确保工业生产正常进行的公告。

6月12日　公安部转发北京市公安局对方励之、李淑娴的通缉令。方励之、李淑娴因犯有反革命宣传煽动罪畏罪潜逃。6月5日，方励之、李淑娴进入美国驻华使馆寻求“保护”。美国大使馆已给予庇护。

6月13日　中共中央、国务院召开各部门负责人会议。会议由李鹏主持。乔石传达了邓小平6月9日接见首都戒严部队军以上干部时的讲话。李鹏、姚依林分别作重要讲话。李鹏说，中共中央、国务院要求各部门组织党员和群众，结合本单位实际情况，结合自己的思想，认真学习邓小平的重要讲话，消除模糊认识，把大家的思想统一到讲话上来。当前各部门要做好6个方面的工作。一是继续稳定物价；二是争取农业有个好收成，夏粮总产有可能达到或超过1986年历史最高水平；三是继续压缩基本建设投资，严格控制消费基金增长，开展双增双节运动，做好增收节支工作；四是要求舆论界要迅速站到党和人民的立场上来，加倍努力工作；五是在外交方面要坚持独立自主的和平外交政策；六是特别要强调坚持党的十一届三中全会以来的路线、方针、政策，即以经济建设为中心，坚持四项基本原则，坚持改革开放。姚依林说，邓小平讲话是纲领性文件，要以此统一全党、全国人民的思想。要认真学习，领导要带头。这是搞好今后工作的根本。中共中央各直属单位、国务院各部委和各直属机构的负责人出席了会议。

同　日　公安部转发北京市公安局的通缉令。通缉非法组织“北京市高校学生自治联合会”在逃部分头头和骨干分子王丹等21人。

6月14日　中共中央在中南海怀仁堂召开会议。向全国人大常委会副委员长、全国政协副主席和各民主党派主要负责人传达邓小平6月9日在接见首都戒严部队军以上干部时的讲话。

同　日　公安部转发北京市公安局通缉令，通缉非法组织“首都工人自治联合会”在逃的部分头头和骨干韩东方等3人。

同　日　全国人大副委员长、全国政协副主席韦国清在北京病逝。韦国清，壮族，1913年生，广西东兰人。1929年参加百色起义，同年加入共青团。1931年转入中国共产党，曾在红七军、红军大学、红军教导师任连长、军事教员、党总支书记、营长、团长等职，参加了中央革命根据地反“围剿”和长征，抗日战争时期，先后任八路军总部随营学校校长、抗大一分校副校长，八路军山东纵队陇海南进支队政委，新四军第三师旅政委，第四师旅长兼淮北军区第一军分区司令员和中共淮北区第一地委书记。1944年9月起历任新四军四师副师长、第二纵队副司令员，山东野战军第二纵队司令员、华东野战军第二纵队司令员兼政委、苏北兵团司令员、第三野战军十兵团政委，先后担任苏州市、福州市军管会主任、中共福州市委书记、福州市市长、中共福建省委组织部部长等职。1950年—1956年，韦国清作为军事顾问团团长受派赴越；协助越南人民军进行抗法战争。1955年起，历任广西省省长，省委副书记，广西壮族自治区政府主席，区委第一书记，区政协主席，广西军区第一政委，中共中央华南局第二书记，中共中央军委委员，广州军区第一政委，中共广东省委第一书记，广东省革命委员会主任。“文化大革命中”，他曾遭受林彪、江青一伙陷害，在艰难处境中恪尽职守，努力工作。1977年起，任中国人民解放军总政治部主任，中共中央军委常委、副秘书长，主持全军的政治工作。1982年秋起，专心致力于全国人大常委会的领导工作。韦国清还是中共八届候补中央委员、中央委员，中共九届中央委员，十、十一、十二届中央政治局委员，一届全国人大常委会委员，四、五、六、七届人大常委会副委员长，第四、五届全国政协副主席，第一、二、三届国防委员会委员。1955年被授予上将军衔。

6月17日　中共中央在中南海怀仁堂召开党外人士座谈会。中共中央邀请各民主党派中央、全国工商联领导和无党派人士，讨论邓小平在接见首都戒严部队军以上干部时的讲话和中共中央、国务院

《告全体共产党员和全国人民书》，同时听取党外人士对当前工作的意见和建议。

6月21日　李鹏总理在中南海紫光阁会见巴基斯坦外交秘书胡马云·汗。李鹏说，中国的改革开放政策不会改变；中国的独立自主的和平外交政策不会改变；中国将继续在和平共处五项原则的基础上同各国发展友好关系，这一点也不会改变。“冰冻三尺，非一日之寒”。北京最近发生的动乱，有着深刻的国内和国际背景。关键是国内和国外都有人不喜欢我们的社会主义制度和共产党的领导。而在中国这样一个拥有11亿人口的发展中大国，人们认定只有在共产党的领导下走社会主义道路才能真正摆脱贫困和落后。我们严格区分两类不同性质的矛盾。对一小部分触犯刑律的犯罪分子，将完全按照法律和法律程序办事。对大多数参加过游行、示威、静坐和绝食的人，即使是有过过激的言行，我们也将采取宽容的态度，妥善处理。“疾风知劲草，路遥知马力”。在中国遇到暂时困难的时刻，谁是真朋友，谁是伪朋友，就看得清楚了。经过长期斗争站立起来的中国人民是不会屈服于任何外来压力的。现在有些国家在外交上、经济上对中国施加压力、干涉中国的内政，这是目光短浅、不明智的表现。我们相信，一旦了解了事情的真相，许多人是会改变他们的看法的。

6月22日　姬鹏飞受权郑重声明：中国政府按照“一国两制”构想所拟定的关于香港、澳门问题的一系列方针不会改变，希望港澳同胞为繁荣祖国做出更大贡献。

6月23日—24日　中共十三届四中全会在北京召开。出席全会的中央委员170人，候补中央委员106人。中顾委委员184人、中纪委委员68人、有关方面负责人29人列席会议。全会审议和通过了李鹏代表中共中央政治局作的《关于赵紫阳同志在反党、反社会主义的动乱中所犯错误的报告》。报告认为，赵紫阳在关乎党和国家生死存亡的关键时刻犯了支持动乱和分裂党的错误，对动乱的形成和发展负有不可推卸的责任，其错误性质和造成的后果是极为严重的。他在担任党和国家重要领导职务期间，虽然在改革开放和经济工作方面做了一些有益的工作，但在指导思想上和实际工作中也有明显失误。

特别是他主持中央工作以来，消极对待坚持四项基本原则、反对资产阶级自由化的方针，严重忽视党的建设、精神文明建设和思想政治工作，给党的事业造成了严重的损失。鉴于赵紫阳同志的上述严重错误，全会决定，撤销他的中央委员会总书记、中央政治局常务委员会委员、中央政治局委员、中央委员会委员和中共中央军事委员会第一副主席的职务，对他的问题继续进行审查。全会对中央领导机构的部分成员进行了必要的调整，选举江泽民同志为中央委员会总书记；增选江泽民、宋平、李瑞环同志为中央政治局常务委员会委员；决定增补李瑞环、丁关根同志为中央书记处书记；免去胡启立同志中央政治局常务委员会委员、中央政治局委员、中央书记处的职务，免去芮杏文、阎明复同志中央书记处书记的职务。全会高度评价邓小平同志接见首都戒严部队军以上干部的重要讲话，一致认为，这个讲话是回顾过去，思考未来，统一全党思想认识的纲领性文件。全会强调，要继续坚决执行党的十一届三中全会以来的路线、方针和政策，继续坚决执行党的十三大确定的"一个中心、两个基本点"的基本路线。四项基本原则是立国之本，必须毫不动摇、始终一贯地加以坚持；改革开放是强国之路，必须坚定不移、一如既往地贯彻执行，绝不回到闭关锁国的老路上去。当前，要特别注意抓好4件大事：一是彻底制止动乱，严格区分两类不同性质的矛盾，进一步稳定全国局势；二是继续搞好治理整顿，更好地坚持改革开放，促进经济持续、稳定、协调地发展；三是认真加强思想政治工作，努力开展爱国主义、社会主义、独立自主、艰苦奋斗的教育，切实反对资产阶级自由化；四是大力加强党的建设，大力加强民主和法制建设，坚决惩治腐败，切实做好几件人民普遍关心的事情，决不辜负人民对党的期望。全会号召全党、全国各族人民要更加紧密地团结在党中央周围，同心同德，艰苦奋斗，克服前进道路上的一切困难，满怀信心地把社会主义现代化建设和改革开放事业继续推向前进。

6月24日　中顾委在北京召开四次全会。184名委员出席，宋任穷主持会议。会议坚决拥护李鹏代表中共中央政治局向中共十三届四中全会提出的《关于赵紫阳同志在反党、反社会主义的动乱中所犯错误的报告》，完全赞同和支持中共十三届四中全会关于撤销赵紫阳党的中央委员会总书记和其他职务的决议和全会对中央政治局常委和中央书记处组成人员的调整，坚决拥护江泽民担任中共中央总书记，表示要全力支持新的中共中央领导集体的工作。会议高度评价了邓小平的重要讲话，决心用讲话的精神统一思想和行动，表示坚决响应中共十三届四中全会的口号，紧密团结在党中央的周围，把社会主义现代化建设和改革开放事业继续推向前进。

同　日　中纪委在北京召开四次全会。乔石主持会议。会议一致拥护中共十三届四中全会通过的李鹏代表中共中央政治局提出的《关于赵紫阳同志在反党、反社会主义的动乱中所犯错误的报告》，拥护关于撤销赵紫阳中共中央总书记和其他职务的决议，拥护对中央领导机构部分成员的调整。会议认为，中共十三届四中全会的召开，对于继续坚定不移地贯彻执行中共十一届三中全会的路线、方针、政策，继续坚定不移地以经济建设为中心、坚持四项基本原则、坚持改革开放，具有非常重大的现实意义和深远的历史意义。会议要求各级党组织和纪律检查机关要学习贯彻党的四中全会精神，严肃党的纪律，贯彻从严治党的方针，加强党风党纪建设。

6月26日　万里主持召开全国人大常委会委员长会议，传达中共十三届四中全会精神，决定6月29日举行七届全国人大常委会八次会议。

同　日　全国政协主席李先念在北京钓鱼台国宾馆会见由瓦西姆·萨贾德主席率领的巴基斯坦参议院访华代表团。李先念说，中国政府采取坚决措施平息动乱，是为了恢复社会秩序的稳定，保障国家和人民的安全，使经济建设和改革开放得以顺利进行。中国的改革开放政策不会改变，中国独立自主的和平外交政策也不会改变。现在有的西方大国在那里指手划脚，试图在政治上和经济上对中国施加压力，干涉中国的内政。对此，中国政府和人民是坚决反对的。他们这样做是很不明智的，也是徒劳的。

6月27日　万里委员长会见玻利维亚国会代表团。万里说，前不久，中国极少数人利用学潮掀起了一场严重的社会动乱……中国政府是稳定的，有效地控制着全国局势。中国奉行的独立自主的和平外交政策不会改变，改革开放的政策不会改变。经过总结经验，纠正过去工作中的某些失误，今后改革开放的步子将迈得更稳、更好，甚至更快。处理学潮和动乱是中国的内政，某些爱干涉别国内政的国家对此大做文章，这是绝对不能允许的。

6月28日　中共中央在怀仁堂举行党外人士座谈会。江泽民、李鹏、乔石、姚依林、宋平、李瑞环出席座谈会。李鹏主持会议并向党外人士通报了中共十三届四中全会的情况。党外人士表示拥护中共十三届四中全会的决定，一如既往地与中共肝胆相照、荣辱与共。江泽民就当前各界普遍关心的问题发表重要讲话。

6月29日　李鹏总理在中南海紫光阁会见圣多美和普林西比外交部长卡洛斯·达格拉萨。李鹏说，现在世界上不少国家和人士对中国平息动乱采取了理解和支持的态度。与此同时，也出现了一股反华逆流，他们打着人权的旗帜，对中国平息动乱、依法惩处犯罪分子进行无理指责。中国政府不会因为这场风波而改变自己的政策。中国政府不是根据一时一事来确定自己的政策的，而是从对整个世界形势的正确分析和从中国人民的根本利益出发，来制定中国的内外政策的。中国将坚定地坚持社会主义制度，坚持改革开放，坚持独立自主的外交政策。虽然中国遇到了一些暂时的困难，但相信在党的领导下，全国人民同心同德，一定能克服这些暂时的困难。

同　日　钱学森在美国纽约召开的1989年国际技术与技术交流大会上，获得国际现代理工界最高荣誉奖章“小罗克韦尔奖章”和“世界级科技与工程名人”、“国际理工研究所名誉成员”的称号。

6月29日—7月6日　七届全国人大常委会八次会议在北京召开。会议学习讨论了中共十三届四中全会精神，对全会的各项重要决定表示坚决拥护。会议根据宪法第六十七条第十项的规定和中央军委主席邓小平的提请，决定撤销赵紫阳的中华人民共和国中央军事委员会副主席的职务。会议听取陈希同受国务院委托所作的关于制止动乱情况报告。

7月1日　李鹏总理在中南海紫光阁会见美籍华裔黄锦波博士。

李鹏说，我们将严格区分两类不同性质的矛盾。我们打击和惩处的是那些在幕前和幕后策划和指挥动乱的人；是那些同国外反华势力相勾结，蓄谋颠覆中国社会主义制度的人；是那些进行打砸抢烧杀的人，特别是那些刑满释放的人。我们依法处理这些人，是中国的内政。对那些参加过游行示威、静坐、绝食，甚至有过过激言行的学生，尽管中国党和政府不赞成他们的做法，但只要他们没有触犯刑律，我们是会采取宽容政策的，希望他们认真反思，吸取教训。中国在国外的留学人员有过这样或那样的过激言论，这是由于他们受了舆论的蒙蔽，不了解事实真相。相信当他们一旦了解了事实的真相，是会逐步改变看法的。党和政府期待他们学成回国，为祖国的四化建设贡献力量。国外有人对中国平息动乱不理解，甚至指责，除了确有一些人存在偏见外，多数人是受了舆论的欺骗，加上对中国的国情不了解。我相信，这种情况是会逐步改变的。中国是一个有十一亿人口的国家。只要政局是稳定的，经济是发展的，党的领导核心是团结的，我们的国家就有希望。

7月3日　李鹏总理在中南海紫光阁会见日本著名经济学家宫崎勇。李鹏说，中国是一个发展中国家，人口众多，资源相对短缺，加上其他因素，中国只能走社会主义道路，如果中国实行资本主义，那只会变成资本主义大国的附庸，必然会导致财富的两极分化，进而引起社会动荡。要使中国真正富强起来，就必须实行社会主义制度，根据中国自己的国情，制定正确的政策。对中国平息动乱，西方有些国家对我国实行程度不同的制裁措施，施加压力，一条重要的原因，是他们不了解事实真相，轻信了舆论的不真实报道和谣言。一个国家的政府如果把对外政策建立在不确切的、不负责任的报道、甚至谣言上，那将是危险的。中国的政党和政府多次重申，将坚持改革开放政策。但是，国际上有人试图把中国排斥在国际社会之外，那是很不明智的，也是短视的。许多日本老朋友和著名人士对中国平息动乱能以中日友谊大局为重，采取了比较公正的态度，我们对此表示赞赏。

同　日　杨尚昆主席在人民大会堂会见加拿大西蒙·弗雷泽大学

政治系教授郭焕圭。杨尚昆说，现在国内的局势已经稳定，这是广大人民群众一致期望的。取得这场斗争的胜利，付出了很大的代价，但我们所采取的办法一直非常谨慎、克制、容忍，这是有目共睹的。我们将继续前进。我们这个拥有十一亿人口的国家是大有希望的。

7月4日—7日　全国政协七届常委会第七次会议在北京召开。会议认真学习讨论了中共十三届四中全会文件，听取和讨论了陈希同作的关于制止和平息动乱情况的报告，通过了关于学习和贯彻中共十三届四中全会精神的决议。会议认为，中共中央和国务院在制止动乱和平息动乱这场严肃的政治斗争中作出的决策和一系列重大措施，都是必要的和正确的，得到了全国人民的拥护，以邓小平为代表的老一辈无产阶级革命家在这场斗争中发挥了重大作用。会议强烈谴责西方某些反动势力挑起的反华浪潮。会议赞同中共十三届四中全会关于撤销赵紫阳党内一切职务，并对他继续进行审查的决定；拥护对中共中央领导机构的部分调整；拥护以江泽民为总书记的中共中央新的领导集体。会议要求各级政协组织和政协委员要通过认真学习把思想统一到中共十三届四中全会精神和邓小平重要讲话上来。李先念在闭幕会上发表讲话。

7月5日　李鹏总理在钓鱼台国宾馆会见民柬主席西哈努克亲王。李鹏说，中国支持民柬三方抵抗越南侵略的立场不会改变。柬埔寨问题的核心仍然是越南必须在严格、有效、公正的国际监督下真正地从柬埔寨撤出一切武装力量。中国继续支持建立以西哈努克亲王为首的四方临时联合政府，然后在国际监督下进行大选，这是解决柬埔寨问题的唯一出路。

7月6日　江泽民总书记在中南海会见印度国大党（英）总书记阿扎德。江泽民说，中国不会因北京风波改变自己的政策，中国坚持四项基本原则不变，坚持改革开放政策不变，坚持独立自主的和平外交政策不变，将继续在和平共处五项原则基础上发展同各国的友好关系，在四项基本原则基础上发展同各国政党的友好关系。西方国家有些人千方百计想改变我们的社会主义制度和中国共产党的领导是办不到的，中国人民决不会答应。有些国家想用经济制裁来压垮我们也是徒劳的，中国人民是不会屈服于任何外来压力的。我们继续欢迎各国在平等互利基础上同中国进行贸易往来和经济技术合作。我们双方之间的合作要坚持互相了解、互相信任、互利和长远考虑。现在西方有些人的做法是短视的，这对双方特别是他们自己不利。

7月7日　江泽民总书记在中南海会见马万祺、唐翔等港澳人士。江泽民说，中国按照“一国两制”的原则制定的对香港、澳门和台湾的方针、政策不会改变。多年来，由于没有一贯坚持四项基本原则，导致资产阶级自由化蔓延。一段时间以来，不但很少讲社会主义、共产主义，连爱国主义也讲得很少，有些人连起码的民族气节也丧失了。今后，要加强政治思想教育，对错误思潮要在其萌芽状态时就加以解决。党和政府有决心解决存在的问题，消除腐败，克服分配不公，同时要把经济搞上去。

7月11日　江泽民总书记在中南海会见安子介。江泽民说，用“一国两制”的方针解决香港问题，不只是外交上的需要，而是从香港和整个国家的根本利益出发的。这样，对香港，对整个国家有利，对英国和其他国家也有利。在处理港澳和台湾的问题上，我们采取“一国两制”的方针，我搞我的社会主义，你搞你的资本主义，“井水不犯河水”，我不会在港澳和台湾搞社会主义，你也不要把资本主义的一套搬到内地和大陆来。

7月12日　江泽民、李鹏在中南海接见出席中国第七次驻外使节会议的全体代表。李鹏说，中国独立自主的和平外交政策不会改变，在和平共处五项原则的基础上同各国发展友好关系的方针不会改变，希望外交人员做到16个字，这就是：方针不变，克服困难，坚持原则，多做工作。中共中央新的领导核心已经就反对腐败、惩治官倒和解决分配不公等问题进行了研究。我们研究这些问题时有两个出发点，一是从自己做起，从中央做起；二是不讲空话，制定的措施要切实可行。江泽民说，对外开放是我们的一项不可动摇的基本国策，但对国际间复杂的政治斗争，要保持应有的警惕。处理对外关系，既要讲经济，又要讲政治；既要讲友好，又要讲斗争；既要讲原则，又要讲策略。这就是外交工作中的“两点论”。要加强对外宣传工作，用事实来澄清某些西方舆论机构所制造的谣言，帮助广大国外的朋友消除误解。中共十一届三中全会以来，党的路线、方针、政策是完全正确的。但近几年来，坚持四项基本原则这一条放松了。要坚定不移地开展坚持四项基本原则、反对资产阶级自由化的斗争和教育，要对全国人民特别是青年学生进行爱国主义和民族气节的教育，提高民族自尊心。外交人员特别要具有“富贵不能淫，贫贱不能移，威武不能屈”的品质。中共中央、国务院将下决心切实解决社会分配不公的问题，中国第七次驻外使节会议是7月6日—12日在北京召开的，驻外大使、总领事、商务代表、驻国际组织代表等150余人出席了会议。

7月12日—15日　全国高等学校工作会议在北京召开。会议明确教育必须为社会主义服务，教育必须坚持社会主义方向，用马列主义、毛泽东思想教育青年学生，培养社会主义事业的接班人。14日，江泽民、李鹏、李瑞环等在中南海怀仁堂接见与会的部分代表。江泽民总书记指出，高等学校的领导今后要旗帜鲜明地反对资产阶级自由化，要立场坚定地坚持四项基本原则，对青年学生加强思想政治教育。这次由学潮到动乱，可以说是惊心动魄的。这本身是件坏事，也促使我们清醒过来。邓小平讲这几年最大的失误是教育，开始我们还认识不深，通过这个事件，我们进一步认识清楚了。不少青年这几年受西方文化思想的影响很大，而我们又放松了对他们的正面思想教育，致使他们产生一些错误看法，对社会主义建设和改革的艰巨性、复杂性缺乏应有的思想准备。现在，有两个根本问题还在许多青年中没有很好解决，一个是究竟社会主义好还是资本主义好，另一个是为什么在中国要坚持共产党领导。对此，我们必须加强马列主义教育，既要讲理论，又要摆事实，使他们真正认识到，只有坚持共产党的领导，只有坚持社会主义道路，我们的国家才能兴旺发达。要做到这一点，必须建立一支精干的思想政治工作队伍。知识分子是工人阶级的一部分，真正是民族的精英。进行四化建设要依靠他们，这一点不能发生动摇。方励之一伙总是极少数，是中国知识分子的败类。当然知识分子也会存在缺点，要通过加强教育和学习，提高他们的思想认识，使他们在四化建设中发挥更大的作用。李鹏说，高等学校的领导班子绝大多数都是好的，立场是坚定的，不合格的只是少数，要通过学习贯彻十三届四中全会的精神，分清是非，提高觉悟，把高校的领导班子切实整顿好。对广大青年学生中存在的问题，要严格区分两类不同性质的矛盾，重在教育，帮助他们提高认识。

7月17日—21日　全国宣传部长会议在北京召开。各省、自治区、直辖市党委宣传部长和北京主要新闻、文化、出版单位的负责人出席会议，会议明确今后宣传思想工作的方针和任务是按照中共十三届四中全会精神，大力加强宣传、思想工作，深入进行坚持四项基本原则、反对资产阶级自由化的教育，坚决妥善地整顿宣传舆论阵地。20日，江泽民、李鹏、李瑞环在会上发表讲话，江泽民说，通过这次学潮、动乱，得出的教训之一就是全党必须高度重视和加强宣传、思想战线的工作。宣传战线总体来说是好的，但也暴露了资产阶级自由化严重泛滥的问题。邓小平从1980年到现在几乎年年讲反对资产阶级自由化，主要是由于赵紫阳的责任，没有得到很好的贯彻，甚至沿着资产阶级自由化的方向滑下去。我们一定要真正让社会主义思想占领阵地，把反对资产阶级自由化的斗争进行到底。各级党委都要加强思想政治工作。企业党委要把思想政治工作的责任担任起来，要设立必要的职能机构，建立一支精干的专职政工队伍。李鹏说，在反对动乱的斗争中，新闻宣传错误导向的教训是值得记取的。平息动乱已经取得了决定性的胜利，但是仍面临着艰巨的任务，群众中思想问题还不少，需要进行大量的深入细致的思想教育工作。其中坚持四项基本原则、旗帜鲜明地反对资产阶级自由化，是宣传、思想战线上的长期任务。李瑞环说，这些年，赵紫阳实际上是以资产阶级自由化的态度来对待我们党，致使党的整个工作被严重地削弱了。党的宣传工作出现了危机，许多地方队伍散了，阵地丢了，思想乱了。宣传、思想战线眼下的急迫任务就是，把这些年被资产阶级自由化搞乱了的思想理论问题重新纠正过来，正本清源，为改革开放、治理整顿、经济建设，为党的建设、精神文明建设、民主和法制建设提供良好的舆论环境和科学的理论支持。鉴于过去较长时期坚持四项基本原则不一贯，反对资产阶级自由化不坚决、不彻底的教训，当前尤其要旗帜鲜明地反对资产阶级自由化、强化坚持四项基本原则的正面声音。为了迅速扭转思想政治工作的薄弱状况，现在必须抓紧抓实，办好3件事。一是组织力量写出一批坚持四项基本原则、反对资产阶级自由化的论文、书籍和教科书。二是要为基层加强思想政治工作创造必要的条件。三是要彻底扫除反动的、黄色的出版物和录像制品。要组织好马克思主义的理论学习。把加强马克思主义理论的学习、宣传和研究，作为全党的一个重大政治任务，廓清理论上的迷雾，统一和提高思想认识，当前学习马克思主义理论重点是学习哲学。要把具备马克思主义理论素养作为干部革命化的标志之一，作为选拔和任用干部的考核标准。要加强宣传队伍的思想和组织建设，当前首先要下力量做好宣传队伍的整顿工作。要严格执行党的政策，区别两类不同性质的矛盾，认真解决好团结大多数的问题。

7月19日　全国人大外事委员会就美国国会通过制裁中国修正案发表声明。6月29日和7月14日，美国国会众议院和参议院分别通过制裁中国的修正案，歪曲北京动乱的事实真相，诬蔑和攻击中国政府，并提出一系列对中国的制裁措施。全国人大外事委员会发表声明对美国国会粗暴干涉中国内政、严重伤害中国人民感情的行为表示极大愤慨。7月20日，外交部部长助理刘华秋约见美国驻华大使李洁明，抗议美国国会修正案。7月22日，全国政协外事委员会发表声明，对美国国会的反华行为表示极大愤慨。

7月27日　江泽民总书记在北京中南海会见美中友协老朋友代表团。江泽民说，我们坚持改革和开放。对外国的先进技术和合乎科学的管理经验，我们都要学习。但在对外开放的同时，资本主义的一些腐朽东西也会进来。我们国家确实出现一些腐败现象，尽管从整体上看我们绝大多数党员和干部是好的。我们要坚决反对腐败，我们正在千方百计地克服一切腐败现象。在政治上，我们要坚持四项基本原则，加强教育，加强法制；在经济上，要铲除产生腐败的温床，要整顿一些流通领域里的不符合条件的公司，对一些不法个体户也要依法处理。我们既反对平均主义的“大锅饭”，也一定要下决心解决分配不公的问题，以调动广大产业工人和知识分子的积极性。

7月27日—28日　中共中央政治局在北京召开全体会议。讨论并通过《中共中央、国务院关于近期做几件群众关心的事的决定》和《中共中央关于加强宣传、思想工作的通知》。会议认为，中共十三届四中全会提出的4件大事正在抓紧落实。当前，迫切需要做好几件人民群众普遍关心的事情，坚决惩治腐败，带头廉洁奉公、艰苦奋斗。中共中央、国务院决定，近期在这方面做七件事，首先从党中央和国务院领导同志做起，意义很大。这七件事是：一、进一步清理整顿公司。重点是砍掉流通领域中过多过滥的从事商业、外贸、物资供应的公司和金融性公司。二、坚决制止高干子女经商。三、取消对领导同志少量的食品“特供”。四、严格按规定配车，严格禁止进口小轿车。五、严格禁止请客送礼。六、严格控制领导干部出国。七、严肃认真地查处贪污、受贿、投机倒把等犯罪案件，特别是抓紧查处大案要案。会议通过的《中共中央关于加强宣传、思想工作的通知》提出了宣传、思想工作的指导方针、根本任务和工作任务，指出要大力加强宣传、思想工作的领导，切实反对资产阶级自由化，真正让社会主义思想占领意识形态阵地。中共中央政治局委员13人、候补委员1人出席会议。中顾委副主任、中共中央书记处成员、国务院常务会议组成人员及有关方面负责人10人列席会议。会议由江泽民主持。

7月28日　中共中央发出关于加强宣传、思想工作的通知。通知认为，10年来特别是近几年来，坚持四项基本原则不够一贯，思想政治工作极为薄弱，这种状况必须引起高度重视，坚决加以改变。通知主要内容是：一、宣传、思想工作的指导思想和根本任务。二、宣传十三届四中全会重大组织决定的意义。三、继续做好制止动乱、稳定局势的宣传教育工作。四、加强建设、改革和廉政的宣传。五、坚决妥善地整顿宣传舆论文化阵地。六、加强和改进思想政治工作，稳定充实政工干部队伍。七、做好理论研究、理论宣传、理论教育工作。思想上的混乱，根本在于理论上的混乱。要从深层解决资产阶级自由化的问题，必须在理论研究、理论批判上下功夫。要认真清理、研究各种错误观点，澄清理论是非。要把研究中国、宣传中国作为理论工作的基本主题之一。理论工作者要坚持以马克思主义为指导，深入研究改革开放和现代化建设中的新问题。必须解决马克思主义理论教育荒疏的问题。一部分中高级干部不熟悉、不学习马列主义、毛泽东思想基本理论的状况，一定要迅速扭转，否则他们难以胜任领导工作。要把具备马克思主义理论素养作为干部革命化的标志之一，作为选拔和任用干部的一项考核标准。八、严格宣传纪律，加强法制建设。九、加强对外宣传，维护社会主义中国的尊严。十、党委要加强对宣传、思想工作的领导。

同　日　总政治部副主任傅钟上将在北京病逝。傅钟，1900年6月生，四川叙永县人。1920年冬，赴法国勤工俭学。1921年冬，参加筹建旅欧少年中国共产党的活动，成为中共党员，后任中共旅欧总支部书记，1926年初离开巴黎，到苏联莫斯科入中山大学、列宁格勒托尔马乔夫军事政治学院学习。1930年春回国，在中共中央军委机关从事干部工作和兵运工作。1931年夏被派到鄂豫皖苏区，先后任红四方面军政治部秘书长，红十二师政委、红四方面军随营学校校长兼政委等职。1932年冬，随红四方面军入川，参加创建川陕苏区，任红四方面军（后兼西北军区）政治部副主任。后随红四方面军参加长征。1935年11月任中共川康边区省委书记。1936年7月红二、四方面军甘孜会师后任中共中央西北局组织部长。到达陕北后任中国人民抗日红军大学政治部主任、抗日军政大学政治部主任。抗日战争爆发后，他历任八路军政治部民运部部长、政治部副主任，八路军野战政治部主任等职。1941年起任中央军委总政治部副主任，1943年兼任陕甘宁晋绥联防军政治部副主任。新中国成立后，他担任解放军总政治部副主任，是中共七大、八大代表，十二大被选为中顾委委员、常务委员，十三大特邀代表；第一、二、三届国防委员会委员；

第三、五届全国人大常委会委员；第三、四届中国文联副主席。1955年被授予上将军衔。

7月29日　李鹏总理在北京会见法国《欧洲时报》社长杨永桔女士。李鹏说，中共中央、国务院决定近期做7件群众关心的事有两个特点：一、从中央做起，起表率作用；二、抓具体的、切实的事，踏踏实实地做。中央希望各地方、各部门按照中央决定的精神，结合自己的实际，做出廉政建设的具体规定。有的西方人士把中国首都是否取消戒严作为中国政局是否稳定的标志，这种看法是片面的。目前中国的局势是稳定的。继续戒严是进一步巩固和发展稳定局势的需要，戒严非但不妨碍而且有利于维护社会的正常秩序和保证外宾活动的安全。有的西方政府把中国是否取消戒严作为其取消对中国制裁措施的先决条件，这是对中国内政的干涉，是我们不能接受的。要坚持四项基本原则，加强政治思想工作，加强社会主义的民主和法制建设，从根本上消除产生动乱的各种因素。如果今后再出现动乱这一类的事情，各级政府就应该坚决地、不失时机地将它制止在萌芽状态，这是一条重要的教训。中法两国人民之间的友谊源远流长，最近两国关系出现了困难，这不是中国方面的原因。中法关系能否不受到损害，取决于法国方面。一些在国外学习的留学生在北京发生动乱期间，由于不了解国内的真实情况，加上受西方歪曲宣传的影响，思想出现一些混乱，甚至有些过激言行，这是可以理解的，政府不会追究。随着对事实真相的了解，留学生会逐步改变自己的看法，并一定会认真总结经验教训，增加对复杂事物的识别能力。党和政府希望留学生努力学习，学成回国参加四化建设。

7月31日　全国文联副主席周扬在北京逝世。周扬，原名周起应，1908生于湖南益阳县。1927年加入中国共产党。1928年毕业于上海大夏大学，同年冬留学日本。1930年回上海后，参加领导中国左翼革命文艺活动。1932年重新入党，历任中国左翼作家联盟党团书记、上海中央局文委书记，兼任文化总同盟书记，主编左联机关刊物《文学月报》。其间，在鲁迅、瞿秋白、张闻天等领导下冲破国民党反动派的反革命文化“围剿”，向中国文艺界介绍马克思主义文艺理论。1937年他离上海赴延安，历任陕甘宁边区教育厅厅长、鲁迅艺术文学院院长、中央文委委员、延安大学校长。抗日战争胜利后，他历任华北联合大学副校长、中共晋察冀中央局宣传部长、华北局宣传部长。建国后，他历任中共中央宣传部副部长、文化部副部长和党组书记、中国文联副主席、中国作家协会副主席。1956年在中共八大上当选为中央候补委员。他是第一、二、三届全国人大代表，第三、四届全国政协常委，是中共十一届中央委员，先后担任中国社会科学院副院长兼研究生院院长、学部委员，国务院学位委员会第一副主任，中国文学艺术界联合会副主席、主席、党组书记、名誉委员，中国作家协会副主席、顾问，中共中央宣传部副部长、顾问，中纪委常委，中顾委委员，第五届全国政协常委等职。

8月2日　中国南沙群岛永署、赤瓜、华阳、南薰、渚碧、东门等6礁主权石碑全部落成。碑石采用高级天然花岗岩，碑铭横幅镌刻，上边刻“中华人民共和国南沙群岛”，中央刻礁名。

8月2日—6日　江泽民在上海视察。江泽民说，坚持四项基本原则是立国之本，坚持改革开放是强国之路，两者相辅相成，互相促进。在对外开放中，既要努力学习和借鉴外国先进科学技术和成功的管理经验，把一切有利于中国四化建设的好东西学过来，又要注意抵制资本主义腐朽没落的思想侵蚀。大中型企业在国民经济中占主导地位，大中型企业搞活了，它们在经济建设中的骨干作用可以得到充分发挥，经济搞上去就有希望。要牢固树立“以农业为基础”的指导思想。中国地少人多，土地宝贵，要努力做到一不撂荒耕地，用法制手段保护好耕地；二要千方百计提高单位面积产量，提高土地生产率。在这个基础上，有步骤地发展乡镇工业。

8月3日　国务院第四十三次常务会议在北京召开。会议审议并通过《铁路运输安全保护条例（草案）》。会议指出，近几年来，铁路运输安全状况不好。在列车上寻衅滋事、盗窃铁路器材、抢劫铁路物资、携带危险品上车等现象时有发生，引起人民群众的不安，必须治理。条例由国务院发布实施。国务院常务会议成员14人出席会议。会议由李鹏主持。

8月7日　江泽民、李鹏在中南海紫光阁接见钱学森。中央领导祝贺钱学森荣获“小罗克韦尔奖章”和“世界级科技与工程名人”、“国际理工研究所名誉成员”的称号。李鹏说，中国是以工人阶级为领导的国家，知识分子是工人阶级的一部分。在四化建设中，要依靠工人阶级，也要充分发挥知识分子的作用。希望广大科技工作者在吸收国外经验的同时，发挥自力更生、艰苦奋斗的传统，把国防工业搞上去。江泽民说，要学习老一辈科学家那种高尚的民族自尊心、民族自信心和民族气节。目前，中国的经济同发达国家相比，还有较大差距，但中国的前途是光明的。中国决不屈服外国的压力。越是困难，越要发扬我们的民族精神，越要把我们的工作搞好。同时，中国又是“礼仪之邦”，我们要在和平共处五项原则的基础上发展同各国的友好关系，在平等互利的基础上，与各国进行贸易往来和经济技术合作，进一步搞好对外开放。

8月11日　国务院召开第四十五次常务会议。会议审议并通过有关进一步清理整顿公司的决定。会议认为，1988年10月中共中央、国务院作出清理整顿公司的决定以来，各地方、各部门在清理整顿公司方面做了不少工作，取得了一定成绩。但由于对这一项工作的艰巨性和复杂性认识不足，措施不够具体有力，不少地方和部门犹豫观望，行动迟缓，再加上动乱的干扰，清理整顿公司的工作还远没有取得预期效果。因此，必须采取切实有效的措施，进一步把清理整顿公司的工作抓紧、抓好、抓到底。这是治理经济环境、整顿经济秩序、全面深化改革的重要内容，又是坚决惩治腐败、振奋党心民心的一项重要措施，不仅是经济领域的问题，也是全国上下十分关注的政治问题。会议要求，在清理整顿工作中，中央国家机关要首先带头做好，做出表率。各部门各地区要按照中共中央、国务院总的要求，结合自己的实际情况，采取具体、明确、切实有效的措施，认真负责地进行。会议由李鹏主持。

8月12日　万里委员长在北京会见美国参议员沃伦·拉德曼。万里说，进一步发展中美两国关系对两国人民是有利的，对世界和平与稳定也是有利的。美国国会根据一些谣言通过制裁中国的决议，粗暴干涉了中国的内政，我们不能不做出强烈的反应。

8月12日—16日　黄岛油库油罐因雷击爆炸。13日李鹏赶赴现场进行慰问。抢救中19人丧生，74人受伤。

8月15日　国务院全体会议在北京召开。会议由李鹏主持，中心议题是通报经济情况，部署以后几个月的工作。李鹏说，1月—7月，经济发展比较平稳，主要表现在，一是避免了经济上的大滑坡，保持了工业增长10.6%；二是平抑物价工作取得了成绩；三是农业生产形势比较好。下半年的工作重点是：继续稳定物价，争取全年农业的好收成，缓解总供给与总需求的矛盾。关于治理整顿的时间和目标，国务院已决定由计委牵头组织起草一个包括1989年在内的3年治理整顿计划，明确3年以后要到达的具体目标，这个计划要提交中共中央全会讨论，并提交下次全国人大会议审议。在平息动乱后，一些西方国家掀起反华浪潮，在国际上引起不小的震动。我们既要对反华浪潮有充分的估计，坚持原则，顶住压力，又要看到这种局面是暂时的。国家审计署在会上公布：对中国康华发展总公司、中国国际信托投资总公司、光大实业公司、中国工商经济开发公司和中国农村信托投资公司等大公司及74家子公司进行审计，共没收非法所得、处以罚款和补交税金5 133万元，已交3 000多万元，违纪违法人员将移送监察部门或提请司法机关处理。

同　日　最高人民法院、最高人民检察院发出《关于贪污、受贿、投机倒把等犯罪分子必须在限期内自首坦白的通告》。通告指出，国家工作人员犯贪污罪、受贿罪、投机倒把罪的，企事业单位、机关、团体犯投机倒把罪、受贿罪的直接负责的主管人员和其他直接负责人员，必须在1989年8月15日—10月31日自首坦白。凡在规定期限内投案自首、积极退赃的，或者有检举立功表现的，一律从宽处理。凡在规定期限内，拒不投案自首、坦白交代问题的，销毁证据、转移赃款赃物的，互相串通、订立攻守同盟的，或者畏罪潜逃、拒不归案的，坚决依法从严惩处。

8月17日　中共中央、国务院作出《关于进一步清理整顿公司的决定》。决定的主要内容是：一、进一步清理整顿公司的指导方针。

二、进一步清理整顿公司的基本要求（一）通过清理整顿，坚决撤并一批不符合社会需要、重复设置、不具备开办条件、严重违法违纪的公司，以及长期经营不善、严重亏损、已经资不抵债的公司，重点是砍掉各级党政机关开办的公司，流通领域中过多过滥的从事商业批发、对外贸易、物资供应的公司和金融性公司。（二）认真查处违法违纪案件，特别是查处社会影响大的有县级以上领导干部参与的大案要案。（三）逐步建立健全公司的各项管理法规和制度。要集中力量，1990年3月底以前完成上述主要任务，在1989年年底以前首先基本完成撤并任务。三、各级党的机关、国家权力机关、行政机关、审判机关、检查机关和群众组织、社会团体，一律不得用行政经费、事业费、专项拨款、预算外资金、银行贷款、自有资金和以任何方式集资开办公司，也不得向公司投资入股。四、流通领域中从事商业批发、对外贸易、物资供应的公司和金融性公司，情况特别复杂，清理整顿任务特别重，有关部门和各地区要特别重视，加强指导。五、从事生产经营、科技开发、咨询服务的公司，以及劳动服务公司等，也要认真清理整顿。六、确定撤并的公司应先行停业，由主管部门清理债权债务的资产关系，严禁抽走资金，私分资产，挥霍浪费。七、认真查处违法违纪案件。八、从国务院到各级地方政府，今后原则上不再直接管理公司。九、现有对某些公司特批的减免税、银行贷款利率和经营范围等方面的优惠待遇，凡尚未取消的一律取消。十、逐步调整公司职工待遇。十一、责成国务院法制局会同有关部门抓紧研究，进一步制定和完善相应法规。十二、清理整顿期间，一律不得批准新成立除生产型、科技开发型以外的公司。十三、要充分发动和依靠群众，大力发挥和加强各级举报中心的作用。十四、各级党组织、各级政府、各部门要切实加强组织领导，决不能搞形式主义，决不能走过场。十五、各地区、各部门应将清理整顿公司的结果于1990年4月底前报告中共中央、国务院。

同　日　中共中央办公厅、国务院办公厅作出关于严格控制领导干部出国访问的规定。要求严格控制党和国家机关省、部级（含副省、部级）以上领导干部出国和赴港澳地区访问。

8月18日　李鹏总理在中南海紫光阁会见日本日中友协会长、参议院议员宇都宫德马。李鹏说，中国的政局是稳定的，经济是发展的，国际上对中国的某些误解将随着时间的推移逐步减少，以至消失。中国的对外开放政策没有也不会改变。中国不会走到闭关自守的老路上去，不会自己把已经打开的大门再关上。现在倒是有一种倾向值得注意，那就是，西方某些人试图把这扇大门关上。这是违反历史潮流的，因此是不会成功的。

同　日　李鹏会见离任的葡萄牙驻华大使瓦莱里奥。李鹏说，中国独立自主的和平外交政策，不会因为一时一事而改变。我们愿意在和平共处五项原则的基础上同世界各国保持和发展友好关系，同葡萄牙发展友好关系，并为贯彻中葡关于澳门问题的联合声明和保持澳门的稳定与繁荣继续与葡方进行密切合作。

同　日　江泽民视察北京第一机床厂和亚运会工程。江泽民说，现在不管出现什么压力，归根到底，是要把我们的经济搞上去，把各项工作做好。只要我们安定团结，经济蒸蒸日上，那就没有什么可怕的。目前，我们的经济确实有困难，但只要全国人民同舟共济，是完全可以闯过难关的。经济要上去，必须把大中型企业搞好搞活。要从两个方面搞好搞活大中型企业，即国家支持，企业挖潜。应该说，在产品设计、制造工艺、产品质量、原材料及能源消耗、资金运转等方面都有很大的潜力可挖。

8月18日—22日　全国组织部长会议在北京召开。各省、自治区、直辖市和部分大城市党委的组织部长，中央、国家机关各部门干部人事部门的负责人出席会议。会议的主题是贯彻落实中共十三届四中全会精神，讨论加强党的建设问题。宋平在报告中讲了四个问题：一、从政治动乱的斗争看加强党的建设的重要性和紧迫性。二、加强党的建设必须充分考虑国际国内的环境和党内党外的状况。三、加强党的建设必须十分重视发扬党的优良传统，克服消极腐败现象，密切党和人民群众的联系。四、增强搞好党的建设的信心。8月21日，江泽民、李鹏、乔石、李瑞环同出席全国组织部长会议的代表座谈，李鹏的讲话主要有三点：一、当前各级党组织要把清理工作搞好。清理工作的过程，就是党的建设的过程，就是进行党的思想建设、组织建设的过程。二、关于干部政策问题。这些年来我们按照“四化”的标准，在选拔、使用干部方面成绩是很大的，但通过动乱，也有值得反思的地方。一个党员干部品德端正、廉洁奉公都是必须的，但还要看他共产主义信仰坚定不坚定，特别是对坚持四项基本原则，反对资产阶级自由化的态度。三、强调党的民主集中制的原则，全党都要支持和维护江泽民为总书记的中央领导集体。乔石就党的建设要围绕一个中心两个基本点的基本路线来进行和加强领导班子建设等问题讲了话。李瑞环就反腐败和国庆40周年的宣传问题讲了话。江泽民讲了五个问题：一、要正确估计党组织和党员队伍的状况。党的队伍、党的组织总的来讲是好的，是经受住了考验的。在分析党内状况时，一是不可低估国际敌对势力企图使社会主义国家和平演变对党造成的影响，二是不可低估赵紫阳的错误所造成的危害，三是不可低估资产阶级自由化泛滥对党的建设的破坏。二、抓住有利时机，认真抓好清查、清理工作，保证党的队伍的纯洁性。这项工作要领导重视，组织落实，政策明确，步骤稳定。要防止走过场，不留后患。三、要同腐败现象、腐败分子进行斗争，密切党和群众的联系。反腐败斗争是关系到党的生死存亡的问题。反腐败，不是搞大呼隆，步子要稳妥一些。要扎扎实实办一些群众关心的事，防止形式主义，更要防止一阵风。四、政治体制改革，要有利于加强和改善党的领导。要有一条正确的政治路线，要充分发挥各级党组织的政治核心作用，要按照干部“四化”方针和德才兼备的原则，建设好各级领导班子。五、要把思想建设放在党的建设的重要的突出的位置上。反对资产阶级自由化的斗争要长期坚持下去，党内要进行批评与自我批评，开展党内思想斗争，要提倡学点哲学，特别是在党委领导干部中要加强学习，要用马列主义的立场、观点、方法来观察和处理问题。

8月22日　李鹏总理在中南海紫光阁会见美国银行家罗伯特·阿博特。李鹏说，中国经济体制改革的目标是克服过去经济管理过于集中、统得过死的状况，适当发挥市场调节在经济中的作用，但绝不可能把社会主义公有制为基础的经济全部转变为市场经济。中国实行的是计划经济与市场调节相结合的一种经济，过分强调市场经济在中国是行不通的。中国许多商品短缺，如实行完全的市场经济，必然会导致物价上涨及经济不稳定。过高的积累和超过经济发展速度的高消费只能带来一时的表面的繁荣，但不可能持久。中国政府对世界局势的基本估计没有变，中国独立自主的和平外交政策和改革开放政策也不会改变。国与国的关系有两种，一种是双方的价值观念、信仰一致，经济利益和要求的愿望一致。另一种是虽然意识形态和社会制度不同，但有共同的经济利益和要求和平的愿望。中美关系属于后者，中国政府愿意进一步发展中美关系。

8月26日　新华社报道：中共中央、国务院领导成员带头执行中共中央政治局的决定。中共中央政治局、书记处成员和国务院常务会议组成人员根据中共中央政治局7月27日和28日会议关于坚决制止高干子女经商的决定，主动对自己的配偶、子女及其配偶在流通领域的公司任职、兼职情况进行清理，相关人员已全部从所在公司退出。

8月27日　全国政协副主席包尔汉在北京逝世。包尔汉·沙赫德拉，维吾尔族，祖籍新疆阿克苏，1894年出生于俄国，1912年回到新疆，1914年恢复中国国籍。早年在迪化（今乌鲁木齐）当过学徒、店员、海关关税检查委员、迪化第一任汽车局长。1929年9月被派赴德国购买机器。1930年考入柏林大学，1933年回到迪化。1935年与中共党员俞秀松（时任反帝会长）建立密切联系。30年代任新疆省设计委员会委员、国民政府驻苏联斋桑领事。1945年—1949年，任新疆省民政厅副厅长、迪化专区专员，新疆省政府副主席，国民政府委员、新疆省政府主席。1949年9月，同陶峙岳通电起义，使新疆得以和平解放。同年12月加入中国共产党。起义后，曾任新疆省人民政府主席兼省高等人民法院院长、中共中央新疆分局常委、西北军政委员会委员。1953年后，他担任中国人民政协第二、三、五、六届全国委员会副主席，政协新疆维吾尔自治区委员会主席，中国伊斯兰教协会主任、名誉会长，第一、二、三届全国人大代表，第一、二届全国人大民族委员会副主任委员，中国印尼友好协会会长、中国阿联友好协会会长、中国人民保卫世界和平委员会副主席、中国亚非团结委员会副主席、中国非洲人民友好协会副会长、中国社会科学院民族研究所所长、中国政治法律协会副会长、中国亚非学会副会长等职。

8月29日　江泽民、李鹏、宋平在北京中南海同科技和教育战线上有突出贡献的部分专家座谈。江泽民说，要增强国家的实力，首先要把经济搞上去，实现现代化离不开科学技术的发展和支持，科技工作非常重要。科学技术要为现代化服务，要理论联系实际，要处理好基础科学研究、应用科学研究和开发研究的关系。知识分子是工人阶级的一部分，必须充分发挥他们的作用，为了把经济建设搞上去，要靠科学技术，要靠我们自己的力量，坚持自力更生、艰苦奋斗的精神。中国知识分子特别是从事自然科学的知识分子要争这口气。

9月4日　邓小平致信中共中央政治局请求辞去中央军委主席职务。邓小平在信中说向中央请求辞去现在担任的中共中央军事委员会主席职务。邓小平说，1980年我就提出要改革党和国家的领导制度，废除干部领导职务终身制。近年来，不少老同志已相继退出了中央领导岗位。1987年，在党的十三大召开以前，为了身体力行地废除干部领导职务终身制，我提出了退休的愿望。当时，中央反复考虑我本人和党内外的意见，决定同意我辞去中央政治局常委、中央政治局委员、中顾委主任的职务，退出中央委员会和中顾委；决定我留任党和国家的军委主席的职务。此后，当中央的领导集体就重大问题征询我的意见时，我也始终尊重和支持中央领导集体多数同志的意见。但是，我坚持不再过问日常工作，并一直期待着尽早完成新老交替，实现从领导岗位完全退下来的愿望。邓小平认为，党的十三届四中全会选出的以江泽民同志为首的领导核心，现已卓有成效地开展工作。经过慎重考虑，他想趁自己身体还健康的时候辞去现任职务，实现夙愿。这对党、国家和军队的事业是有益的。他恳切希望中央批准他的请求。他也将向全国人民代表大会提出辞去国家军委主席的请求。邓小平表示：作为一名为共产主义事业和国家的独立、统一、建设、改革事业奋斗了几十年的老党员和老公民，生命是属于党、属于国家的。退下来以后，将继续忠于党和国家的事业。我们党、我们国家和我们军队所取得的成就是几代人努力的结果。我们的改革开放事业刚刚起步，任重而道远，前进中还会遇到一些曲折。邓小平坚信，我们一定能够战胜各种困难，把先辈开创的事业一代代发扬光大。中国人民既然有能力站起来，就一定有能力永远岿然屹立于世界民族之林。

9月7日—12日　布基纳法索人民阵线主席、国家元首、政府首脑布莱斯·孔波雷应邀访问我国。7日，杨尚昆在北京人民大会堂会见并欢宴孔波雷。杨尚昆说，在北京平息动乱曾经引起一些外国朋友的不理解。我们相信，随着时间的推移，真相会慢慢被了解。最近，理解我们平息动乱的人越来越多。平息动乱完全是中国内政，任何国家，或议会、团体都不应干涉。如果干涉别国内政，世界上就没有和平共处了，也是违背联合国宪章的。国际上的反华压力我们顶住了，我们没有屈服。现在情况正在向好的方向发展。布基纳法索与中国有着很好的友谊，两国的关系是经得住考验的。

9月8日　庆祝教师节表彰大会在人民大会堂举行。江泽民、李鹏、宋平、李瑞环等向教师代表颁奖。1.9775万人获得全国优秀教师和教育工作者称号，其中1 475人获全国教育系统劳动模范称号。李鹏在会上作了坚持坚定正确的政治方向发展我国的教育事业的讲话。

同　日　新华社报道：经国务院批准，公安部决定从1989年9月15日起，在全国范围内实施居民身份证的使用和查验制度。

9月9日　李鹏同北京师范大学师生座谈。李鹏说，教育工作，特别是高等院校的教育工作，第一位的是解决好培养什么人的问题。我们培养出来的学生首先应该具有坚定正确的政治方向，同时具有合格的业务水平。派遣出国留学人员，一是要继续派遣，二是要加以改进。我们的方针是，按需派遣，保证质量，学用一致。今后对派遣出国留学工作要加强管理，要注意选派那些政治上比较成熟又有一定业务水平的人员出国学习进修。

同　日　最高人民法院和最高人民检察院宣布，对去台人员在中华人民共和国成立后，在地方人民政权成立前所犯的历史罪行，不再追诉。

9月9日—12日　江泽民视察延安。他强调，自力更生、苦奋斗的延安精神没有过时。抗日战争、解放战争的艰苦岁月要发扬延安精神；社会主义初级阶段，也离不开延安精神。否则，我们的社会主义是很难建成的。

9月10日—19日　李鹏视察黑龙江、内蒙古、吉林、辽宁。李鹏说，以农业为基础的思想不能动摇，要坚定不移地抓好粮食生产。乡镇企业还是要发展的，但要建立在农村资源的基础上，不要跟大企业争原料、争能源，以便合理地使用国家有限的资源。大中型企业是国民经济的骨干力量，一定要把大中型企业办好。必须全心全意依靠工人阶级。企业承包责任制是改革的产物，要继续搞下去，但要不断改进和完善。对苏联东欧的开放，也是中国开放政策的一个组成部分，中苏经济技术合作具有广阔的前景。

9月11日　中国和密克罗尼西亚建交。8月29日中国驻澳大利亚大使张再和密克罗尼西亚联邦外长安唐·阿马拉奇在密克罗尼西亚首都波纳佩分别代表各自政府签署两国建交联合公报。

9月13日　李瑞环在广州召开的南方沿海四省“扫黄”座谈会上讲话。他说，“扫黄”的气候已初步形成，当务之急是，各级领导要再加一把劲，乘势而上，把工作抓紧抓实，取得实效，防止半途而废。当前，“扫黄”工作的重点是集中力量解决“黄源”问题。同时，要抓好繁荣文艺和活跃群众文化生活，用健康、群众喜闻乐见的东西来占领群众思想文化阵地。

同　日　万里委员长在人民大会堂会见苏联最高苏维埃代表团。万里说，中苏都在进行各方面的改革。彼此交流改革经验，促进社会主义发展得更好，这是共同的愿望。中国正在按照马列主义普遍真理同中国具体情况相结合的原则发展社会主义，这就是我们所说的建设有中国特色的社会主义。10年来，中国各方面发生了巨大的变化。当然在发展中也出现了不少问题，所以中国正在治理整顿，努力解决问题。我们反对少数人利用我们工作中的失误来反对党的领导，反对走社会主义道路。党的领导不能放松，必须进一步加强。这样，中国才能沿着坚持四项基本原则和改革开放的道路继续前进。

9月14日　新华社报道：梁湘被撤职审查。中共中央、国务院决定，撤销梁湘中共海南省委副书记、省委常委、委员和海南省省长的职务，并对他的问题继续审查。据查，梁湘在海南工作期间犯有严重的以权谋私错误。他纵容其妻和儿子倒卖房产，妻子出面在海口市预订两栋房子，由儿子非法倒卖获取暴利；他违背省政府有关审批进口汽车的规定，批准某公司进口一批汽车，儿子借机勒索一笔巨款；他违反规定为未在海南落户的另一个儿子办理从海南去香港定居的手续；违反财经纪律，用公款为自己制作服装、支付个人宴请费用等。9月13日，海南省人民代表会议第三次会议一致拥护国务院处理梁湘的决定。

9月15日　国务院台办发言人谈海峡两岸交流中几个具体问题。国务院台湾事务办公室副主任、发言人唐树备在谈到有关两岸交往过程中出现的几个问题时提出：一、关于台胞入境的签证办法是否有改变的问题。我签证机关一直为台胞来祖国大陆探亲、旅游、投资、经商和从事各项交流活动，在入出境手续上提供方便。我驻外领事馆和签证机构，根据台胞的实际需要，颁发旅行证的办法并没有改变。二、关于台湾方面的通话、通邮中进行反动宣传的问题。唐树备说，大陆邮电部门1979年单方面开放了与台湾的部分邮电业务。但台湾当局坚持“三不”，拒不通邮。1989年6月间，台湾当局突然开放间接通话和通邮。在发来的函件中，夹寄反动宣传品、“心战”品，以及声援北京动乱的明信片。有些在信封上印有政治宣传口号，有的贴印有反共内容的邮票，还有的通过用户电报，传递反动宣传品。他说，我们认为，台湾有关方面通过海峡两岸人民之间正常邮电通信，采取上述手法，进行反动宣传，其后果必然是破坏两岸亲友通邮通电的祥和气氛，在两岸关系上制造紧张。这已经引起广大台胞、台属的严重不安，并纷纷加以谴责。台湾有关方面应当立即停止上述一切极不明智的动作。三、关于台胞携带人民币入境问题。他指出，根据政府规定，人民币是禁止携带出境和入境的。违反者，一律没收。现在有些不法分子，把大量人民币偷运出境外进行非法倒卖。我们已经采取措施防止人民币被偷运出境。我们希望台胞遵守国家规定，不要受骗上当，不要从境外换人民币携带入境。四、关于台湾最近出现“大陆妹”问题。唐树备说，一些青年妇女被人口贩子拐骗到台湾逼为娼妇，处境悲惨。台湾有关当局应严惩这些人口贩子，以杜绝类似事件的发生。他表示感谢台湾同胞和公正舆论对被拐骗去台湾的这些祖国大陆骨肉姊妹所给予的关怀和帮助。五、关于防止珍贵野生动物被走私到台湾的问题。唐树备重申严禁走私珍贵野生动物出境。他说，根据《中华人民共和国野生动物保护法》，走私野生动物的不法分子将依法受到刑事处罚。六、关于政府是否允许向台湾派劳务问题。他指出，两岸需要相互合作，共同发展民族经济，以便提高人民生活水平，把中国建设成为一个繁荣富强的现代化国家。在海峡两岸的劳务合作方面，我们也持同样的态度。现在的关键在于台湾当局的政策。当然，我们反对少数人私自盲流去台。七、关于台湾“东群号”渔船上3名祖国大陆船员被押送到台湾受审问题。唐树备指出，在“东群号”上工作的祖国大陆船员共有8名，他们是为履行毛里求斯美美船务公司和我福州市甲际经济技术合作公司签订的劳务合同而上船的。有人涉嫌凶杀，台湾有关当局应把他们遣返祖国大陆，我司法机关将会根据犯罪事实和法律，对他们作出公正合理的判决。八、有关台湾推行“弹性外交”，搞双重承认问题。唐树备强调，我们坚决反对“两个中国”、“一中一台”，反对与我建交的国家与台湾建立官方关系和进行官方往来。

9月16日　邓小平在人民大会堂会见美国哥伦比亚大学教授李政道。邓小平说，中国在10年改革开放中制定的各项政策是不会改变的。中国的四化建设和开放政策将会搞得更好。不久前的动乱给我们上了一堂大课。多年来，我们的一些同志埋头于搞具体事务，不那么关心思想动态、政治动态，对那么严重的腐败现象警惕不足，纠正的措施也不得力。这次动乱后，大家的头脑清醒了。中国不搞社会主义不行，不坚持社会主义不行。没有共产党的领导，没有社会主义，就没有现在的中国。中国目前的局势是稳定的。经过动乱以后，新的领导班子将坚持过去10年的改革开放政策，保持安定团结的局面，坚持一个中心，两个基本点。当然，其中不会没有曲折、没有缺点。但我们相信，坚持这个方针政策的人，最终会取得胜利。有一点是肯定的，那就是中国一定要发展，生产力要发展，要有适当的发展速度。总之，在动乱后，我们要善于总结经验，反对腐败现象，搞廉洁政治，这样，中国的前进步伐就会更稳妥、更扎实、更快。

同　日　江泽民总书记在北京会见美国哥伦比亚大学教授李政道。江泽民说，青年是我们国家的未来和希望，在不久前发生的动乱中参加过一般游行、示威、静坐绝食的青年学生，我们始终对他们采取满腔热情和严格要求的态度，帮助他们总结经验教训、提高认识、明辨是非，并且希望他们为把自己锻炼成为社会主义现代化建设的合格人才而努力学习。

9月18日　中共中央办公厅、国务院办公厅作出关于在国内公务活动中严禁用公款宴请和有关工作餐的决定。规定要求各级党和国家机关工作人员（含离退休人员）在国内进行各种公务活动，包括上级到下级（含到企事业单位）检查指导工作、调查研究，同级之间、地区之间公务往来、参观学习以及干部工作调动等，严禁用公款搞任何形式的宴请。

9月19日　中央军委主席邓小平在人民大会堂会见由伊东正义率领的日中友好议员联盟访华团。邓小平说，霸权主义和集团政治已经行不通了。现在不仅要建立国际经济新秩序，而且也要建立国际政治新秩序。和平共处五项原则应该成为解决国际政治问题和国际经济问题的准则。不久前在巴黎召开的西方七国首脑会议关于中国问题的决议是根据一些谣言和歪曲了的事实而作出的。这个决议是对中国内政的干涉，是中国不能接受的。这个会议这样处理问题是太浅薄了。中国方面注意到日本在会议上的态度同其他国家有所不同。中国不怕什么制裁。制裁到头来也会使制裁者本身受到损失。中日友好十分重要，对中国十分重要，对日本也十分重要。友好对两国人民有利。也对世界和平与发展有利。不管国际上有什么变化，也不管日本与中国国内有什么变化，中日友好不能变，也不会变。中日两国世世代代友好下去，是大家的愿望。

9月26日　江泽民、李鹏、乔石、姚依林、宋平、李瑞环在人民大会堂举行中外记者招待会。中共中央政治局常委们分别回答了记者的提问，主要内容是：动乱不会改变党的方针政策。团结教育绝大多数参加学潮的学生，对触犯刑律的人根据法律予以处理。沿海经济发展战略不变，企业承包制要继续执行，不断完善，对私人企业要加强管理和引导，继续保证乡镇企业健康发展。中共中央要做的廉政7件事中已有3件已做到，国务院不久将公布杜绝在公务活动中请客送礼的规定。统一祖国的方针没有改变，海峡两岸经济差异不能成为阻碍统一的理由。国际上确有人想把香港变成反共基地，相信香港同胞会分清是非界限。“扫黄”得到全国各方面人士共同支持，效果是好的。中苏两国两党合作前景非常好，对中印两国关系发展持乐观态度。

9月30日　李鹏在人民大会堂举行盛大招待会，庆祝中华人民共和国成立40周年。李鹏在讲话中说，坚定不移地执行党的基本路线和方针政策，是我们各项工作的根本立足点。现行的政策都要保持稳定性和连续性，绝不会轻易地加以改变。继续贯彻治理整顿的方针，是当前建设和改革的重点。各级领导干部要有足够的思想准备，艰苦奋斗，以身作则，同全国人民一道过几年紧日子。切实加强农业的基础地位，争取农业有一个较好的收成。维护和巩固稳定的社会政治环境，是顺利进行经济建设的重要保证，把反对资产阶级自由化的教育进行到底，绝不半途而废。坚持独立自主的和平外交政策，继续执行对外开放政策，积极引进国外的先进科学技术和管理经验，吸收外商投资和适当利用外国资金。决不容许国际敌对势力乘此机会对中国社会主义制度进行渗透与颠覆。和平统一和一国两制，代表了包括港澳台胞在内全体中国人民的共同心愿，不管国内外发生什么风波，都将坚定不移地执行这一方向。我们不会改变港澳地区的资本主义制度，同时也不允许有人利用香港作为颠覆中央政府和社会主义制度的基地。希望台湾当局以中华民族利益的大局为重，多做一些有利于促进海峡两岸“三通”和其他交往的事，不要做那些导致两岸关系紧张、不利于祖国统一的事。

10月4日—6日　巴勒斯坦国总统亚西尔·阿拉法特应邀访华。10月4日，杨尚昆在人民大会堂会见并欢宴阿拉法特，杨尚昆说，中国政府和人民坚定不移地站在巴勒斯坦正义事业一边，支持巴勒斯坦人民的正义斗争，主张通过政治途径解决中东问题。

10月5日　李鹏总理在人民大会堂会见巴勒斯坦国总统阿拉法特。李鹏说，为了推动中东和平进程，中国政府正式提出五点主张：一、中东问题应通过政治途径解决，各方都不诉诸武力。二、支持召开在联合国主持下，由5个常任理事国和有关各方参加的中东国际和平会议。三、支持中东有关各方进行他们认为合适的、各种形式的对话，包括巴解组织和以色列直接对话。四、以色列必须停止在占领区对巴勒斯坦居民镇压，撤出占领的阿拉伯领土，相应的以色列的安全也应得到保证。五、巴勒斯坦国和以色列国相互承认，阿拉伯民族和犹太民族和平共处。

同　日　李鹏总理在中南海会见澳门总督文礼治。他希望两国关于澳门问题的联合声明成为“一国两制”的典范，成为国与国之间在和平共处五项原则基础上解决历史遗留问题的典范。

10月6日　江泽民接见中国科学院21名有突出贡献的青年科学家。江泽民说，青年科技工作者只有根植在祖国的大地上，扎扎实实地工作，才能有所成就，成为祖国科学事业的接班人。在当今激烈的国际竞争中，重要的是要看综合国力，而其中最重要的一个方面是科学技术的进步和发展。科学研究当然要服务和结合于对国民经济发展最有影响的方面，但也要有长远眼光，科学技术一定要有后劲、有储备，对基础研究也要加强，并使成果最终在经济发展中得到应用。

同　日　江泽民、李鹏、李铁映在中南海接见留学回国人员代表。江泽民说，把经济搞上去，首先要有安定团结的环境，要依靠科技与教育，依靠知识分子的力量。

10月7日　邓小平在人民大会堂会见老挝部长会议主席、人民革

命党总书记凯山·丰威汉。邓小平说，路总是要自己走才走得出来。中国有些经验在中国行得通，在老挝就不一定行得通。一个主要的经验就是同本国的实际密切结合起来。越南提出要尽快同中国改善关系，我们从来都认为两国最终是要改善关系的，就是有一个柬埔寨问题。其实这很容易，就是越南从柬埔寨干干净净地、彻彻底底地撤军，别的我们都不提了。我们同苏联的关系已经正常化了，同老挝也改善了关系，现在就剩下一个越南了。

10月10日　外交部发表中止同利比里亚外交关系的声明。10月2日，利比里亚政府宣布与台湾重新建立“外交关系”。外交部声明宣布中国政府从即日起中止同利比里亚的外交关系。当日晚上，中国驻利比里亚大使回国。

10月12日　江泽民、李鹏、乔石、宋平在中南海接见全国优秀少先队员和少儿工作者代表。江泽民说，要对少年儿童进行共产主义信念、社会主义思想、爱国主义精神的教育，对他们进行革命传统、民族传统教育，只有这样，才能使他们对资产阶级思想的腐蚀具有较强的免疫力，成为国家未来的栋梁之材。思想政治阵地，无产阶级不去占领，资产阶级就会去占领。加强思想政治教育必须从少年儿童抓起。

10月17日　李鹏总理在中南海会见参加政府行政管理改革国际研讨会的14个国家和国际组织的高级官员、专家和学者。李鹏说，中国将一如既往地执行改革开放的政策并根据经济、政治体制改革的进程，有步骤地进行机构改革。中国的改革不是走向完全的市场经济，也不是要把公有制变成私有制，而是计划经济和市场调节相结合。这是改革的一条重要原则。

10月24日　李鹏总理在北京会见亚洲开发银行行长藤冈真佐夫。李鹏说，中国自1986年加入亚行以来，与亚行一直保持着良好的关系。实践证明，双方合作具有很大的潜力。中国进行建设的立足点主要是依靠自己的力量，但不搞闭关自守，不排除吸收外国先进的科学技术、管理经验和一定数量的资金。

10月25日　李鹏总理签署第四十五号国务院令，发布《第四次全

国人口普查办法》。决定于1990年7月1日零时进行全国第四次人口普查。

10月25日—26日　泰国总理差猜·春哈旺对中国进行工作访问。25日，李鹏总理在人民大会堂同差猜举行了工作会谈，双方强调越南应在国际监督下从柬埔寨全部撤军，重申应该在柬埔寨成立以西哈努克亲王为首的四方联合政府。李鹏说，中国政府平息动乱的行动，大部分国家都表示理解。中国没有损害别国的利益。我们也不允许别国损害中国的利益。中国决不会自己把大门关上，但中国也不会拿原则来做交易。同日，江泽民总书记在中南海会见差猜。江泽民说，中国坚持一条原则，中国不输出革命，同时也不允许别国干涉中国内政和建设社会主义。一国采取什么样的制度，应该由该国人民自己决定。同日，杨尚昆主席在人民大会堂会见差猜。26日，邓小平在人民大会堂会见差猜。邓小平说，在柬埔寨问题上，有两个扎扎实实的问题，也就是说核心问题，一个是越南必须干干净净、彻彻底底地从柬埔寨撤军；一个是建立以西哈努克亲王为首的四方临时联合政府。对这两个问题都不能弄虚作假。两个问题必须同时解决，丢掉哪一个都不行。在柬埔寨问题上，一个是内政问题，一个是侵略问题，两者不能混淆。国际社会不能容忍侵略。东盟、泰国、中国在柬埔寨问题上对人类做出了共同的贡献。中泰两国要求恢复柬埔寨独立、和平、中立、不结盟的地位，结束越南侵略。在这方面，中泰是一致的。现在我们要谨慎一点，就是不要让阿富汗的事态在柬埔寨出现。中泰关系是不同社会制度国家之间友好合作的典范。中泰关系是真好，不是假好。

10月25日—31日　西萨摩亚独立国总理托菲劳·埃蒂·阿莱萨纳应邀访华。26日，李鹏在人民大会堂同托菲劳进行会谈。李鹏说，中英两国为解放香港问题早已达成协议，但现在有人想从中英关于香港问题联合声明的立场向后退，打出3张牌：即所谓“民意牌”、“信心牌”、“国际化”，企图对中国政府施加压力，这是没有用的。中国政府从来是讲原则的，守信用的，从来是忠实履行和恪守同别国达成的协议的。对于中英关于香港问题联合声明的执行也决不例外。中国政府无论现在和将来，都密切关注着香港的稳定与繁荣。

27日，江泽民总书记在中南海会见托菲劳。江泽民说，中国几十年的革命和建设的实践证明，中国必须坚持社会主义，这是由中国的国情决定的。我们的结论是，只有社会主义才能救中国，才能发展中国。中国必须坚持中国共产党的领导。同日，杨尚昆主席、万里委员长先后在人民大会堂会见托菲劳。

10月27日　李鹏在中南海听取全国清理整顿公司座谈会情况汇报。李鹏说，当前清理整顿公司的总的指导思想是下决心撤掉一批公司，但这不等于不要公司。今后，随着有计划商品经济的发展，各种不同类型的公司还是要发展的。清理整顿公司一要决心大；二要加强组织领导；三要妥善处理好公司撤并后的善后工作；四是中央和国务院及其各部委要带头做好这项工作。

10月30日　李鹏总理在钓鱼台国宾馆会见美国前总统尼克松。李鹏说，中国不会因北京发生的动乱而改变改革开放政策。但是，对于改革开放，中国人和西方某些人有完全不同的理解。中国认为自己的改革是社会主义制度的自我完善。西方某些人认为，中国的改革就是搞市场经济，把公有制逐渐变为私有制。这不准确，是误解了中国的经济政策。中国既不完全搞计划经济，也不完全搞市场经济，中国要搞计划经济与市场调节相结合。战后国际关系的历史证明，集团政治行不通，强权政治行不通，干涉别国内政的做法行不通，将自己的价值观念强加于人也行不通。唯一行得通的是和平共处五项原则。尼克松是应中国政府的邀请于10月28日—11月2日访华的。

10月31日　邓小平在人民大会堂会见美国前总统理查德·尼克松。邓小平说，恢复和发展两国的正常关系是我们的愿望。中美建交十几年来，中国没有做过任何一件伤害美国的事情。但是，坦率地说，美国在不久前北京发生的动乱中陷得太深了。中国是真正的受害者，对中国进行指责是不合适的。我们都关心自己的国家，是以国家利益为最高准则来处理问题的。我们永远不能忘记国家的主权，不能忘记国格，不能丢掉民族自尊心。国与国之间不干涉内政是至关重要的，中国绝不会允许任何国家干涉自己的内政。我们希望尽快解决过去几个月来中美关系的纠葛，开辟未来。在这个问题上，美国应该采取主动，也只能由美国采取主动。同时，美国也是可以采取一些主动行动的。在谈到国内问题时，邓小平说，稳定是压倒一切的。在中国，人这么多，底子这么薄，没有安定团结的生活环境，没有稳定的社会秩序，什么事也干不成。

同　日　江泽民总书记在中南海会见美国前总统理查德·尼克松。江泽民说，尽管中美两国社会制度、价值观念不同，在维护世界和平与稳定、发展平等互利的经贸关系方面有着许多共同利益。17年前是如此，今天依然如此。就中国而言，我们将坚定不移地走适合中国国情、具有中国特色的社会主义道路。中国已经打开的大门不会关上，不会走闭关锁国的道路。我们始终坚持在和平共处五项原则的基础上同各国发展友好关系，在平等互利的基础上同各国发展经济技术的交流与合作。至于不久前中国处理所发生的事件，这完全是中国的内政。中国从不干涉别国内政，也不允许别国对中国的内政进行干涉。

11月1日　杨尚昆主席在首都宾馆会见美国前总统尼克松。杨尚昆说，在最近几个月中，美国一些人深深卷入了中国的内部事务。他们用美国的标准判断中国所发生的事情。如果不能使他们满意，就横加指责，乃至实行制裁。他们忘记了历史，中国人民100多年来，经过艰苦卓绝的斗争，才取得了最基本的权利——国家独立和民族尊严。人们的看法不同，思想可以交流，观点可以各自保留，但决不能允许把自己那一套强加于对方，非要对方接受不可。个人之间的关系如此，国家之间的关系更是如此。这正是国际关系应当普遍遵守的原则。我们的政策是在国际国内争取一个和平稳定的环境，使我们能集中精力搞经济建设，我们不威胁任何外国，也不怕外国的威胁。我们不干涉别人的内政，也不允许别人干涉我们的内政。我们相信，我们的事业是会成功的，中国的前途是光明的。

11月5日—7日　朝鲜劳动党中央总书记、国家主席金日成应邀对中国进行非正式访问。金日成抵北京时，邓小平前往车站迎接。6日，同金日成举行会谈。江泽民、李鹏等参加了迎送。江泽民主持欢迎金日成的宴会，并同金日成进行会谈。李鹏会见了金日成。杨尚昆会见并为金日成饯行。邓颖超会见了金日成。乔石、姚依林、宋平、李瑞环参加了以上的活动。在会谈和会见中，双方各自通报了国内情况，表示要坚持党的领导，继续沿着社会主义道路前进。

11月6日—9日　中共十三届五中全会在北京召开。会前，中共中央政治局于10月30日—11月3日召开了中央工作会议，认真讨论和研究经济问题。全会审议并通过中共中央关于进一步治理整顿和深化改革的决定。会议认为，中共十一届三中全会以来，各项事业取得了巨大成就，整个国家的面貌发生了深刻的历史性变化。同时，国家经济在前进中也存在许多问题和困难。十三届三中全会决定对国民经济进行治理整顿是正确的，并经过一年来的努力取得了初步成效。继续坚定不移地执行治理整顿和深化改革的方针，是克服当前经济困难，实现国民经济持续、稳定、协调发展的根本途径。全会决定，包括1989年在内，用3年或者更长一点的时间，基本完成治理整顿任务。治理整顿的主要目标是：逐步降低通货膨胀率，使全国零售物价上涨幅度逐步下降到10%以下；扭转货币超经济发行的状况，逐步做到当年货币发行量与经济增长的合理需求相适应；努力实现财政收支平衡，逐步消灭财政赤字；在着力提高经济效益、经济素质和科技水平的基础上，保持适度的经济增长率，争取国民生产总值平均每年增长5%~16%；改善产业结构不合理状况，力争主要农产品生产逐步增长，能源原材料供应紧张和运力不足的矛盾逐步缓解；进一步深化和完善各项改革措施，逐步建立符合计划经济与市场调节相结合原则的，经济、行政、法律手段综合运用的宏观调控体系。会议指出治理整顿必须抓住四个重要环节。一是，继续压缩社会总需求，坚持执行紧缩财政和信贷的方针，解决好国民收入超额分配的问题，下决心过几年紧日子。二是，大力调整产业结构，增加有效供给，增强经济发展后劲。特别是要迅速在全党全国造成重视农业、支援农业和发展农业的热潮，齐心合力把农业搞上去，确保粮食、棉花等主要农产品的稳定增长。三是，认真整顿经济秩序，继续下大力气清理整顿各种公司，特别是流通领域的公司，克服生产、建设、流通、分配领域的严重混乱现象。四是，深入开展增产节约、增收节支运动，下功夫改进企业的经营管理，挖掘内部潜力，提高科技水平，走投入少、产出多、质量高、效益好的经济发展路子。全会强调，无论是治理整顿期间还是治理整顿任务完成之后，都必须坚持长期持续、稳定、协调发展经济的方针，这是总结40年的经济建设得出的最重要的经验教训。任何时候都必须坚持从基本国情出发，牢固树立持续、稳定、协调发展的指导思想，坚决防止片面追求过高的发展速度，始终把不断提高经济效益放到经济工作的首要位置上来。会议强调，必须正确认识和处理治理整顿和深化改革的关系，在集中力量进行治理整顿期间，改革要围绕治理整顿来进行，并为它服务。对治理整顿不积极，就是对改革不积极。必须充分发挥政治优势，切实加强党对治理整顿和深化改革的领导。必须牢固树立“全国一盘棋”思想，加强组织纪律性、坚决反对分散主义。必须坚决克服腐败现象，切实加强廉政建设和党风建设，大力加强党的思想政治工作。全会讨论通过了关于同意邓小平辞去中共中央军委主席职务的决定。全会认为，邓小平从党和国家的根本利益出发，在自己身体还健康的时候辞去现任职务，实现他多年来一再提出的从领导岗位上完全退下来的夙愿，表现了一个伟大的无产阶级革命家的广阔胸怀。全会高度评价邓小平对党和国家建立的卓著功勋。邓小平是中国各族人民公认的享有崇高威望的杰出领导人，在党所领导的革命和建设的各个历史时期都做出了重大贡献。特别是党的十一届三中全会后，邓小平成为党的第二代领导集体的核心。10年来，在党和军队工作的各个方面，在经济建设和改革开放方面，在努力实现和平统一祖国和外交活动方面，邓小平都是当之无愧的总设计师。在以他为核心的领导集体的坚强领导下，中国社会主义现代化建设取得了举世瞩目的成就，在社会主义新中国的历史上开创了一个新的时期。几十年来的革命实践表明，邓小平不愧是杰出的马克思主义者，坚定的共产主义者，卓越的无产阶级革命家、政治家、军事家，党、国家和军队久经考验的领导人。邓小平根据马克思列宁主义同中国实际相结合的原则提出的一系列观点和理论，特别是建设有中国特色的社会主义的基本理论，是毛泽东思想的重要组成部分，是毛泽东思想在新的历史条件下的继续和发展，是中国共产党和中国人民的宝贵精神财富。全会在充分酝酿的基础上，决定江泽民为中共中央军委主席，杨尚昆为中共中央军委第一副主席，刘华清为中共中央军委副主席，杨白冰为中共中央军委秘书长；决定增补杨白冰为中共中央书记处书记。出席全会的中央委员167人，候补中央委员106人。列席全会的有中顾委委员183人，中纪委委员67人，有关方面负责同志53人。中共中央总书记江泽民同志在全会结束时作了重要讲话。

11月9日　邓小平在北京人民大会堂接见出席和列席中共十三届五中全会的全体同志。邓小平说："感谢同志们对我的理解和支持，全会接受了我退休的请求，衷心感谢全会，衷心感谢同志们。"

11月10日　中顾委第五次全会在北京召开。出席全会的委员183人。全会由宋任穷主持，薄一波作了重要讲话。全会完全赞同中共十三届五中全会通过的《中共中央关于进一步治理整顿和深化改革的决定》，认为这是一个充满实事求是精神的马克思主义文件。各级党组织和全体党员，要牢固树立实现国民经济长期持续、稳定、协调发展的指导思想，统一认识，统一行动，加强组织纪律性，反对本位主义、分散主义，克服腐败现象，团结和带领群众发挥自力更生、艰苦创业的精神，为夺取治理整顿和深化改革的决定性胜利奋发前进。全会一致拥护《中国共产党十三届五中全会关于同意邓小平同志辞去中共中央军事委员会主席职务的决定》，完全赞同五中全会对邓小平的卓著功勋所做的高度评价。一致拥护十三届五中全会决定江泽民为中共中央军委主席，杨尚昆为中共中央军委第一副主席，刘华清为中共中央军委副主席，杨白冰为中共中央军委秘书长，增补杨白冰为中共中央书记处书记。全会号召，全体中顾委委员和所有的老干部，要加强对马克思主义思想理论的学习，首先要认真学习马克思主义哲学，提高自己的思想理论水平，同全党同志和全国各族人民一起，紧密团结在党中央的周围，坚持四项基本原则，反对资产阶级自由化，齐心协力地克服前进中的困难。

同　日　邓小平在人民大会堂会见美国前国务卿亨利·基辛格。邓小平说，"你大概知道，我已经退下来了，中国需要建立一个废除领导职务终身制的制度，中国现在很稳定，我也放心"。基辛格说，“你看起来精神很好，今后你在中国的发展中仍会发挥巨大的作用，正像你在过去所起的作用一样。你是中国改革的总设计师”。邓小平说，“我仍然是中华人民共和国的公民，中国共产党的党员，在需要的时候，我还要尽一个普通公民和党员的义务。你现在不当国务卿了，不也还在为国际事务奔忙嘛”。基辛格说，“你是做的比说的多的少数几位政治家之一，你使中国发生了历史性的变化”。会见时，钱其琛外长、刘华秋副外长在座。

11月10日—12日　中纪委第五次全会在北京召开。出席全会的中纪委委员67人，乔石主持会议并讲了话。全会一致拥护中共十三届五中全会通过的《中共中央关于进一步治理整顿和深化改革的决定》，要求各级党的组织、全体党员干部和共产党员，必须以高度的党性和组织纪律性，坚决贯彻落实。一致拥护《中国共产党十三届五中全会关于同意邓小平同志辞去中共中央军事委员会主席职务的决定》，一致赞同关于邓小平对中国革命和建设做出的巨大贡献的评价。一致拥护中共十三届五中全会决定江泽民为中央军委主席，杨尚昆为中央军委第一副主席，刘华清为中央军委副主席，杨白冰为中央军委秘书长，增补杨白冰为中共中央书记处书记。全会强调指出，在治理整顿和深化改革中，要加强党的民主集中制，加强党的纪律性，反对本位主义、分散主义，维护党的集中统一和安定团结的大局。各级纪检机关要坚定不移地坚持四项基本原则，反对资产阶级自由化，切实加强对党组织、党员领导干部执行中央决策的监督检查，坚持和维护党的纪律的严肃性，保证全党在治理整顿和深化改革中行动一致。要坚决贯彻从严治党的方针，认真查处党内违纪案件，重点抓好大案要案的查处工作，清除党内腐败分子，保持党的队伍纯洁性。要集中力量抓好党纪，协助党委搞好党风建设，惩治腐败，保持廉洁，继续发挥党的优良传统和作风，使党永远保持工人阶级先锋队的性质和精神风貌。

11月10日—12日　中共中央军委扩大会议在北京召开。会议主要是研究部署1990年军队的工作，继续落实军委的一系列方针、原则，推进军队革命化、现代化、正规化。江泽民、杨尚昆出席会议并作了重要讲话。江泽民在讲话中高度评价邓小平领导军队的历史功勋。指出邓小平关于新时期军队建设的思想和理论是我们的宝贵财富，对今后军队建设有着长远的指导作用。坚持党对军队的绝对领导是我们建军的根本原则，必须继续保持和发扬。军队要从严治军。全党和各级政府要积极支持和关心军队建设。杨尚昆在讲话中要求把全军的认识统一到中共十三届五中全会上来，并就军队工作讲了三个问题：一、提出1990年军队工作的指导思想，全面提高部队战斗力。二、提出加强军队政治建设的根本措施。三、围绕坚持战斗力标准，全面提高部队素质的问题，部署了几项主要工作。12日，邓小平接见与会同志。邓小平说，我们的军队要始终忠于党、忠于国家、忠于社会主义。希望我们的军队在江泽民为核心的党中央领导下，在以他为主席的中央军委的领导下，捍卫国家的独立和主权，捍卫社会主义事业，捍卫十一届三中全会以来制定的一系列路线、方针、政策，做出更多更大的贡献。他确信，我们的军队能够始终不渝地坚持自己的性质。这个性质是，党的军队，社会主义国家的军队。他确信，我们的军队能够做到这一点，几十年的考验证明军队能够履行自己的责任。军委领导换了人，邓小平认为，以江泽民为核心的党中央，是我们全党作出的正确的选择。他是合格的军委主席，因为他是合格的党的总书记。邓小平说，他虽然离开了军队，而且退休了，但是他还是关注我们党的事业，关注国家的事业，关注军队的前景。

11月11日　李鹏总理在中南海接受联邦德国《世界报》主编谢尔的专访。李鹏回答了谢尔提出的广泛的有关中国国内形势和国际形势的问题。李鹏说，对中国来说第一位的是发展经济。中国的改革在经济上实行计划经济与市场调节相结合，不是把中国引向资本主义。外商来华投资搞建设有一系列法律保证。中国有充分偿还外债的能力。北京发生的动乱已经威胁到我国的安全，威胁到社会主义制度能否实行下去。所以我们最后不得不采取果断措施加以制止和平息。邓小平为废除领导职务终身制起了表率作用。西方国家改变对中国的态度，结束对中国的制裁，只是时间问题，现在就要看谁走第一步。改善中美关系主动权在美国方面。中苏关系正常化不会妨碍中国同其他国家的关系。中国的大门对欧共体是开着的。

同　日　李鹏总理在人民大会堂会见以日本经济团体联合会会长斋藤英四郎为最高顾问、日本经济协会会长河合良一为团长的日本1989年度日中经济协会访华团。李鹏说，中共十三届五中全会是一次重要的会议，邓小平身体力行地执行了他所倡导的废除领导职务终身制，这同时也标志着中国的政局是稳定的。以江泽民总书记为核心的新的领导班子是团结一致的、是有力量的。改革开放10年来我们取得了很大的成就，方向是正确的。如果说有什么缺点的话，那就是在执行过程中有些急于求成。经验告诉我们，建设不能急于求成，改革不能急于求成，治理整顿也不能急于求成。我们的决心要大，但在步骤上要稳妥。今后我们的方针就是“持续、稳定、协调”发展6个字方针。中日两国经济界有着多领域、多层次的广泛联系。中日两国包括贷款在内的经济技术和贸易关系的发展不仅对中国的建设有利，从长远观点来看，对日本也是有利的。一些西方国家对中国实行制裁，从本质上来说，对中国的制裁，不是经济上的制裁，而是政治上的制裁。造成目前困难局面的原因不在中国。我们多次声明，我们绝不会拿原则做交易，绝不会放弃社会主义制度。制裁会给中国带来一些困难，但对实施制裁的国家本身也会带来损失。中国愿意同包括日本经济界人士在内的外国各界人士共同努力，克服目前出现的困难。

11月12日　全国政协副主席茅以升在北京逝世。茅以升，字唐臣，1896年1月生，江苏镇江人。早年留学美国，获工学博士学位。1920年回国后至1949年，历任唐山工业专门学校、河海工科大学、北洋大学、交通大学唐山工程学院等校教授，并兼任校长、院长。解放后，曾任上海交通大学、北方交通大学校长，铁道技术研究所所长，铁道科学研究院院长。他是成就卓著的桥梁专家。30年代，主持设计建造了钱塘江大桥，这是第一座由中国人自己设计并主持建造的近代化铁路公路两用桥。50年代，他担任由20位中外专家组成的修建武汉长江大桥技术顾问委员会主任。1959年，在北京10大建筑建设中担任人民大会堂结构审查组组长，周恩来指定他审定设计方案并签字。1978年主持编撰《中国古桥技术史》。1947年被公推为中国工程会会长。建国后，任上海市科联主席，北京市科协主席、名誉主席，中国科学院学部委员、技术科学部主任，1953年起当选为中国土木工程学会理事长。1958年起担任中国科学技术协会副主席，1980年改任名誉主席。他是中国人民政治协商会议第一届全体会议代表，第二至六届全国政协委员，第六届全国政协副主席，第一至第六届全国人大常委会委员。1958年起任九三学社中央副主席，1987年后任名誉主席。

11月13日　邓小平会见1989年度日中经济协会访华团。邓小平在会见由斋藤英四郎、河合良一率领的日本1989年度日中友协访华团时说，我想利用这个机会，正式向政治生涯告别。你们这个团是我见的最后一个正式的代表团。退就要真退，不要使新的领导感到工作困难。这次我要百分之百地退下来。我今后不再代表集体、党和国家见客人，要体现真正退休。今后有些老朋友来中国，可能不见不礼貌。我可以去客人住地拜访，谈友谊，谈非政治性的事情。要让党、政、军领导放手工作，我不插手。这对他们的成长和工作很有必要。邓小平赞扬江泽民“是一个很有本领的人”，作为知识分子，他比我知识多，当然经验比我差一些，但经验是可以锻炼出来的。他今年只有63岁。有这个领导班子我很放心。中国10年来制定的方针、政策不会变，发展战略没有变。昨天江泽民、李鹏向你们解释了治理、整顿的意义。治理、整顿是为了更好地前进。前一段我们经济建设搞得太快，有点后劲不足，但我们不后悔。我们毕竟是上了一个台阶，不是迈了一小步，而是一大步。我们的战略目标是分三步走。中国要发展，要国际和平环境合作，要国内不乱，一乱什么也搞不出来。在全国要进一步做好教育工作，特别是纪律教育、爱国主义教育。中日合作具有深厚的基础，这种合作要长期坚持下去。我们中日友好的方针不会改变。日本要自省，不要自大；中国要自强，不要自卑。只有这样，友谊才是永恒的，合作才是永恒的。

11月14日—21日　李鹏总理应邀访问巴基斯坦、孟加拉国和尼泊尔。14日—17日，李鹏同贝·布托举行两轮会谈，会见了巴基斯坦总统伊沙克·汗，中巴两国政府签署了关于对所得避免双重征税和防止偷漏税的协定、经济技术合作协定、关于向巴基斯坦俾路支省提供筑路机械的议定书、关于中国政府向在巴基斯坦境内的阿富汗难民无偿提供物资的换文。17日—19日，李鹏同艾尔沙德举行了会谈，中国和孟加拉国政府签署了中孟两国互免签证协定、经济技术合作协定、贸易协定、关于大桥可行性考察换文，以及中国向孟加拉国购买尿素的长期安排。19日—21日，李鹏同什雷斯塔两次举行会谈，中国和尼泊尔政府签订了两国经济技术合作协定。李鹏出访南亚3国，达到了增进友谊、加深了解和扩大合作的目的，取得了圆满成功。

11月19日　中国政府强烈抗议美国国会通过制裁中国的国务院授权法修正案。 11月15日和16日，美国国会参、众两院不顾中国政府的多次反对，分别通过制裁中国的国务院授权法修正案，歪曲中国制止动乱的真相，污蔑和攻击中国政府，提出了一系列对中国的经济制裁措施。11月19日，刘华秋副外长约见美国驻华大使李洁明，向美国政府提出强烈抗议。20日，全国人大外事委员会发表声明，谴责美国国会通过制裁中国的修正案。22日，全国政协外事委员会发表严正声明，谴责美国国会干涉中国内政，22日，美国总统布什否决了国会一项包括所谓对华制裁修正案的法案。

11月23日　邓小平到钓鱼台国宾馆看望坦桑尼亚革命党主席尼雷尔。 尼雷尔说，再次见到您非常高兴。邓小平说，我们是老朋友了，应该来看看你，拜访你。尼雷尔说，看起来您身体还很好啊！邓小平说，没有大毛病，但小毛病不断，毕竟85岁了。我已经退休了，也许退休后能给我带来多活几年的好处。我来看望你，是为了看看老朋友，叙叙友情，但不谈政治。你以后再来，我还会看望你的，我们要常叙友情。

11月24日　外交部就美国国会通过放宽中国移民法案向美方进行严正交涉。 11月19日和20日，美国国会众议院和参议院分别通过1989年紧急放宽中国移民法案，决定豁免全部持J—1签证的中国留学生必须回国服务2年的限制。24日，刘华秋副外长约见美国驻华大使馆临时代办贝霖进行严正交涉，要求美国政府采取行动加以制止。30日，美国总统布什否决了美国国会的决议，但同时发表有关中国留学人员的声明和备忘录，以中国留学人员回国可能受到迫害为由，宣布用行政手段实施国会通过的法案中对在美的中国学生的全部措施。12月8日，外交部向美国提出强烈抗议。

11月29日　新华社报道：经中央军委确定，33人被冠以军事家的评语载入《中国大百科全书·军事卷·中国人民解放军军事人物分册》。他们是：毛泽东、周恩来、朱德、邓小平、彭德怀、刘伯承、贺龙、陈毅、罗荣桓、徐向前、聂荣臻、叶剑英、杨尚昆、李先念、粟裕、徐海东、黄克诚、陈赓、谭政、肖劲光、张云逸、罗瑞卿、王树声、许光达、叶挺、许继慎、蔡申熙、段德昌、曾中生、左权、彭雪枫、罗炳辉，及林彪。

11月30日　李鹏总理在人民大会堂会见出席面向21世纪教育国际研讨会中外代表。李鹏说，中国教育的方针可以概括为3个方面：一是面向世界、面向未来、面向现代化；二是强调德智体全面发展；三是教育要为社会主义建设服务，社会主义建设必须依靠教育。教育实际上就是为中国的繁荣富强服务。中国教育的基本构成，是基础教育、职业技术教育、高等教育和成人教育。中国的教育还是一个薄弱环节，今后必须大力加强，特别要加强对中小学师资的培训和提高高等教育的质量。中国实行对外开放政策，不仅学习外国先进的科学技术和先进的管理经验，也学习和借鉴那些适合国情的、有益的文化和教育方面的经验。

12月5日　国画家李可染在北京病逝。李可染，1907年生，江苏徐州人。13岁师从乡贤钱食芝习画。新中国成立后，他投身于中国画艺术的革新。从1954年起，他冲破画坛的保守画风，寻找中国山水画的出路。他身背画具，行程10万余里，到祖国各地写生创作，终于为古老的山水画注入了生机。他的作品深厚凝重，博大沉雄，以鲜明的时代精神和艺术个性促进了民族传统绘画的嬗变与升华，成为中国画发展史上划时代的里程碑，被誉为中国画坛一代宗师，杰出的人民艺术教育家。

12月7日　李鹏总理在人民大会堂会见香港特别行政区基本法咨询委员会副主任罗德丞，重申中国“一国两制”的政策不变。

12月8日　李鹏总理在中南海会见由陈香梅女士率领的美国国际

合作委员会代表团。李鹏说，中国大门是敞开的。目前中国同某些西方国家的关系中出现的困难是暂时的。

12月9日—10日　美国总统特使、总统国家安全事务助理布伦特·斯考克罗夫特访问中国。9日，钱其琛外长在钓鱼台国宾馆同斯考克罗夫特会谈。斯考克罗夫特向钱其琛通报了12月2日—3日在马耳他举行的美苏首脑会晤的情况，钱其琛介绍了中国对一些国际问题的看法，指出中美双方应加强接触，互相沟通。10日，江泽民总书记在中南海会见斯考克罗夫特。江泽民说，中美两国应寻求共同点，在和平共处五项原则基础上发展友好合作关系。双方就国际形势和正在发生的变化及其他重大问题交换了意见，斯考克罗夫特说，布什总统十分重视美中关系，希望把美中关系放在积极的轨道上，脱离过去几个月的消极轨道。同日，李鹏总理在中南海会见斯考克罗夫特，希望中美双方为改善两国关系多做实事。同日，邓小平在人民大会堂会见斯考克罗夫特。邓小平说，你这个行动，是一个重要的行动。重要的意义就是，中美尽管有一些纠葛、一些这样那样的问题和分歧，但归根到底中美关系是要好起来才行。这是世界和平和稳定的需要。我已经退休了，本来这样的事情不是我分内的事，但是我的朋友布什总统的特使来，我不见是太不礼貌，也太不合情理了。将军这次来访是通报马耳他会谈，实际上应该说是双方一个共同的愿望：能够尽快解决6个月以来中美之间在一些问题上存在的纠葛，早点解决，使中美关系能够得到新的发展新的前进。这是我们的共同愿望。同日，钱其琛在钓鱼台国宾馆同斯考克罗夫特共进工作餐，斯考克罗夫特说，这次访问是积极的、建设性的、有益的。

12月10日　原外交部部长黄镇在北京逝世。黄镇，1909年12月生，安徽桐城县（现枞阳县）人。1931年参加宁都暴动，加入中国工农红军。1932年加入中国共产党，参加了二万五千里长征。历任红十五军团政治部宣传部长，总政宣传部副部长、民运部部长，晋冀豫军区（边纵）政治委员，八路军一二九师兼太行军区政治部副主任、副政委和区党委副书记，晋冀鲁豫野战军第九纵队政治委员。建国后，先后任驻匈牙利、印度尼西亚、法国等国大使，外交部副部长、驻美国联络处主任。1977年12月—1982年8月，担任中共中央宣传部第一副部长，先后兼任文化部党组书记、部长和对外文委党组书记、主任。1982年下半年起，担任中顾委委员、常委。他是中共八大代表，九、十、十一届中央委员。五届全国人大常委会委员，六届全国人大外事委员会顾问。五、六届全国政协常委。

12月11日　外交部奉命约见挪威驻华大使霍尔维克，就挪威诺贝尔委员会10日授予达赖喇嘛诺贝尔和平奖以及挪威领导人参与授奖活动一事，向挪威政府提出严正交涉。

12月18日—28日　杨尚昆主席应邀访问埃及、阿拉伯联合酋长国、科威特、阿曼。18日—23日，杨尚昆访问埃及，同埃及总统穆巴拉克、总理阿提夫·西德基进行了会谈。23日，杨尚昆访问阿拉伯联合酋长国，会见了扎耶德·本·苏丹·阿勒纳哈杨总统。24日—26日，杨尚昆访问科威特，会见埃米尔（国家元首）贾比尔·艾哈迈德·萨巴赫。26日—28日，杨尚昆访问阿曼，同卡布斯苏丹举行了会谈。杨尚昆历时11天的南亚、北非之行，增进了中国人民同4国人民的了解和友谊，加强了中国同4国的团结和合作，标志着中国国内政治、经济形势是稳定的。

12月19日　杨尚昆接受埃及记者采访时谈“台湾独立”问题。杨尚昆指出，最近，一个现象特别值得注意：有一部分人在“台湾选举”期间公开提出了“台湾独立”的口号。他说：“这里有外国的背景，有外国从中作祟。我们认为，台湾要独立是很危险的。台湾当局默许这些口号扩散，采取纵容的态度，这是非常错误的。中国政府的态度是台湾同祖国大陆一定要统一，决不允许台湾闹独立。如果台湾出现独立的情况，中国政府不会坐视。可以说，在台湾民众中间要求台湾同祖国大陆统一的人越来越多。但是，就台湾当局来讲，有的人现在不是在走向统一，而是在想闹独立，这是绝对行不通的。”

同　日　国家科学技术奖励大会在人民大会堂举行。宋健主持会议，会上奖励和表彰获得1989年度国家科技进步奖、国家发明奖和国家星火奖的777个项目。郭树言作了《关于1989年国家科学技术奖励工作报告》。从1979年—1988年底，国家共奖励各领域、各行业优秀科技成果5 084项，其中，自然科学奖303项，发明奖1 561项，科技进步奖3 082项，星火奖138项。共有2.5万人次获得国家奖励。这些项目共创经济效益2 300多亿元。江泽民、李鹏、万里、姚依林、宋平、李瑞环、王震等出席大会并颁奖。江泽民在会上作了题为《推动科技进步是全党全民的历史性任务》的讲话：（一）科技进步在社会主义现代化建设中的关键作用。（二）中国发展科学技术的主要经验。1.坚持科学技术工作面向经济建设，经济建设依靠科学技术进步的战略方针。2.坚持自力更生为主，国际合作为辅的方针。3.坚持科学组织力量，加强宏观指导和合理配置，分别轻重缓急，实行集体攻关。4.坚持把改革同发展密切结合起来，以改革促发展，在发展中深化改革。5.坚持科技人员同实践相结合，同工人、农民相结合，坚持提高和普及相结合，坚持专家、技术人员的研究工作和群众性的技术革新、技术改造相结合。6.坚持“百花齐放，百家争鸣”的方针，为科技进步创造良好的环境和气氛。（三）当前科技工作为经济建设服务的主要任务。要立足现在，着眼未来；要依靠科技进步振兴农业；要依靠科技进步提高工业的技术水平和经营管理水平；要依靠科技力量，大力研究开发高新技术，发展高新技术产业；要加强基础性科学研究，增加科技发展后劲；科技要发展，人才是关键。（四）加强和改善党对科技工作的领导。

12月21日　江泽民、李瑞环在中南海会见由《大公报》报社社长杨奇率领的香港新闻界访京团。江泽民说，中国将坚持在和平共处五项原则的基础上发展同各国包括资本主义国家的友好合作关系。我们无意输出革命，但也不容许别人来扭转我们的航向。1997年后中国内地同香港实行一国两制，你搞你的资本主义，我搞我的社会主义，“井水不犯河水，河水不犯井水”。不管国际风云如何变幻，中国改革开放的政策不会变。中国一定要沿着社会主义的航向走下去。

12月26日　杨尚昆主席在科威特访问时答科威特新闻界提问。杨尚昆说，最近，东欧国家，包括罗马尼亚，发生了一些历史性的变化。中国认为这些变化既有内在原因，也有外部原因。中国正在密切关注那里局势的变化。我们在他们极端困难的时候，不能说三道四。无论东欧局势发生了什么样的变化，中国都希望东欧国家同中国保持友好的关系。究竟东欧国家采取什么制度，这要由它们的人民自己作出选择，中国尊重东欧各国人民的选择。

12月28日　江泽民总书记在人民大会堂会见美国《领袖》杂志社长兼总编辑亨利·多尔曼。江泽民说，中国的局势稳定，市场的潜力很大，有眼光的外国人是会来中国投资的。

12月31日　江泽民接受中央电视台记者采访。江泽民说，1980年1月，邓小平曾提出了中国80年代的三大任务。10年来，中国人民在实现三大任务方面取得了很大成就。为反对霸权主义，维护世界和平，中国和各国人民进行了共同努力。“一国两制”构想的提出，同英国、葡萄牙两国政府达成了解决港澳问题的协议，也为解决台湾问题开辟了前景。在社会主义现代化建设方面的成就，更是举世公认的。国家经济实力明显增强，人民得到了更多实际利益，其他各项事业也都有很大的发展。最重要的是，我们已经走上了建设有中国特色的社会主义道路，确立和执行了以经济建设为中心，坚持四项基本原则，坚持改革开放的基本路线。在现代化建设和改革开放当中，怎样坚持社会主义方向，怎么反对资产阶级自由化，我们付出了代价，也取得了经验。中国共产党经过10年的锻炼，更加成熟了，中国共产党、中国的社会主义是经得起各种风浪考验的，90年代我们将继续沿着建设有中国特色的社会主义道路坚定不移地走下去。今后的10年，是实现社会主义现代化总体战略目标的关键阶段，也是决定中华民族未来世纪兴衰荣辱的紧要关头。最重要的还是要社会的稳定。社会稳定了，才能把自己的事情办好，经济才能发展，人民才能安居乐业，生活才能逐步改善。我们要巩固和发展安定团结的政治局面，实现国民生产总值再翻一番；要按照中英、中葡联合声明，解决香港、澳门的主权问题，还要按照“一国两制”的原则，推进祖国和平统一大业；继续发展和世界各国人民的友好往来，努力维护世界和平。为了实现90年代的任务，必须首先改善和加强党的领导。当今世界上虽然发生了一些风波，但是总的格局没有变，不论世界局势怎样发生变化，和平与进步的历史潮流是不可逆转的。

1990年

1990年综述

1月11日，北京市部分地区的戒严解除；5月1日，西藏自治区拉萨市的戒严解除。9月22日—10月7日，北京成功地举办了第11届亚运会。司法机关对在动乱中触犯刑律的人员进行了妥善处理，并在全国范围内深入开展严厉打击各种刑事犯罪和“扫黄”、“除六害”的斗争。坚持四项基本原则，反对资产阶级自由化，进行爱国主义、集体主义、社会主义的教育，进一步收到良好的成效。政治稳定的局面进一步得到发展。

1月，中共中央、国务院联合发出关于组织干部下基层的通知。3月，召开中共十三届六中全会，作出《关于加强党同人民群众联系的决定》；继续开展廉政建设和反腐败斗争。进一步调整各级领导班子；继续进行清理、清查工作，并在部分地区开展了党员重新登记工作，着重解决党的队伍在动乱中暴露出来的问题。

本年度进一步贯彻治理整顿和深化改革的方针，积极落实国务院关于坚持总量控制、调整紧缩力度的一系列政策措施，取得了明显成效，总的形势继续朝好的方向发展。社会供需矛盾有所缓解，通货膨胀基本得到控制，物价涨幅明显回落，农业获得全面丰收，工业生产有所回升。但经济领域内一些深层次的矛盾仍然突出，结构失衡，效益低下，财政困难，潜在的通货膨胀压力加大。4月，开始清理“三角债”工作，取得一定成效，但转换企业经营机制进展缓慢。本年度的主要经济指标是：国民生产总值38 035亿元，比上年增长5%；国民收入14 300亿元，比上年增长4.8%；农业总产值7 662万吨，创历史最高水平；工业总产值23 924亿元，比上年增长7.6%，其中全民所有制工业增长2.9%；原煤产量10.8亿吨，原油产量1.38亿吨，钢6 604万吨，钢材5 121万吨，发电量6 180亿千瓦时；预算内国营工业企业实现利税比上年下降18.5%，其中利润下降58%；国营商业和供销合作社实现利润比上年下降85%；社会商品零售总额8 255亿元，比上年增长1.9%；零售物价总体水平比上年上涨2.1%，城乡居民生活费用价格总体水平比上年上涨3.1%；全国职工平均货币工资比上年实际增长9.7%，农民人均收入比上年实际增长1.8%；年末居民储蓄存款余额达7 034亿元；出口货物总额达620.6亿美元，比上年增长18.1%，进口总额533.5亿美元，比上年下降9.8%，实现顺差131亿美元；人口自然增长率为14.39%。年末总人口为11.4333亿人，比上年末增加1 629万人。

中共中央、国务院加紧进行制定十年规划和“八五”工作计划。12月底，中共十三届七中全会通过《中共中央关于制定国民经济和社会发展十年规划和“八五”计划的建议》。深化改革主要围绕治理整顿进行。4月，中共中央、国务院同意开发开放浦东。

外交上，同以美国为首的西方国家的关系尚未走出低谷，但同日本和一些欧洲国家的关系和经贸合作有所回升。在和平共处五项原则基础之上，加强了同亚非拉发展中国家的交往与合作。奉行睦邻友好政策，同周边国家关系进一步改善。8月，同印度尼西亚复交；10月，同新加坡建交。

“亚洲一号”通讯卫星和“长征二号”大推力火箭的发射成功，中国运动员在第十一届亚运会上的重大胜利，是本年度科技体育战线的大事。

1月1日　《人民日报》发表社论《满怀信心迎接九十年代》。社论说，在80年代我们以经济建设为中心，坚持四项基本原则，坚持改革开放，国民经济迅速增长，综合国力显著增强，社会主义制度更加巩固，现代化进程进一步加快，祖国统一大业取得明显成效。亿万人民从亲身经验中深深体会到：不走社会主义道路中国就没有前途，不搞改革开放中国就没有希望；坚持"一个中心，两个基本点"，建设有中国特色的社会主义，是把我国建设成为富强、民主、文明的社会主义现代化国家的唯一正确的道路。这一共识是80年代最重要的收获。社论指出，90年代，我们面临着实现国民生产总值第二个翻番的艰巨任务。要实现这一目标，最重要的是保持国家和社会的稳定，稳定是中国的最高利益，为此，必须坚持不懈地进行坚持四项基本原则的教育，进行反对资产阶级自由化和反对"和平演变"的斗争；必须深刻记取近几年来物质文明和精神文明建设"一手硬、一手软"的教训，在努力发展物质文明建设的同时，切实抓好精神文明建设；必须认真总结历史经验，特别要重视总结共产党执政和领导改革开放的经验，切实加强党的建设。社论号召做好1990年的工作，为实现90年代的奋斗目标创造良好的开端。

1月6日　新华社报道：1989年中国海水养殖总产量达154万吨，创历史最高水平，居世界海水养殖第一位。

1月7日　公安部出入境管理局宣布，吊销严家其、万润南、陈一谘持有的中华人民共和国护照。北京市公安局负责人在回答新华社记者问时指出，严家其等人在国外成立的"民主中国阵线"是意图推翻我人民政府、敌视和破坏中国社会主义制度的反动组织，根据《中华人民共和国宪法》规定，禁止其在中国境内活动，对严家其等人，必须依法追究刑事责任。

1月10日　新华社报道，李鹏总理宣布从1月11日起，解除在北京市部分地区实行的戒严。北京市部分地区的戒严，是在1989年春夏之交的政治风波中，在首都处于无政府状态的情况下，根据国务院1989年5月19日发布的命令，自1989年5月20日10时开始实施的。由李鹏总理签署的《国务院关于解除在北京市部分地区戒严的命令》说，鉴于平息在北京发生的动乱以来，首都和全国局势稳定，社会秩序恢复正常，戒严任务已胜利完成，根据《中华人民共和国宪法》第八十九条第十六项的规定，国务院决定从次日起，解除在北京市部分地区的戒严。当晚，李鹏总理就此发表电视讲话。他说，北京市部分地区戒严的解除，标志着制止动乱已经取得了伟大胜利。他号召努力维护国家的稳定，巩固和发展安定团结的政治局面。根据国务院的命令，北京市市长陈希同签署了《北京市政府关于解除在北京市部分地区戒严的命令》。次日，《人民日报》就此发表题为《中国稳定的重要标志》的社论。

1月11日　国际奥委会医学委员会向中国兴奋剂检测中心颁发认可证书仪式在北京举行。这标志着中国药物分析检测已达到先进水平。

1月18日　新华社报道：公安部宣布，最近有573名因参与1989年北京发生的动乱而被审查的违法犯罪人员，在被审查期间认罪态度较好，有悔改表现，得到宽大处理，经教育后已经释放。

1月18日—21日　中共中央组织部召开党员登记工作座谈会。北京、内蒙古、黑龙江、浙江、山东、河南、湖北、广东、四川、贵州、陕西等省、自治区、直辖市党委组织部和中央直属机关、中央国家机关工委组织部的负责人参加了在北京召开的这次会议。中共中央组织部部长吕枫到会讲话。会议认为，党员登记既是为了保持党员队伍的纯洁性，也是为了提高党组织的战斗力，保持党的先进性；既要解决动乱中党内暴露出来的问题，也要解决民主评议党员中应该解决的问题。要精心组织，加强对这一工作的领导。全国大多数地区和单位的党员重新登记工作应争取当年上半年基本结束，少数地区和单位可以安排至当年下半年。大专院校也可利用假期集中进行。会议提出，通过开展党员重新登记工作要达到以下要求：绝大多数党员经过教育，思想上受到触动，认识有所提高，能严格要求自己；党内的敌对分子、反党分子和腐败分子得到清除，资产阶级自由化倾向严重的人受到严肃处理，不合格党员得到妥善处置；党组织和党员中存在的主要问题基本得到解决。会议认为，做好党员登记中的组织处理工作，关键是坚持党员标准，正确掌握政策界限。当前应主要防止处理失之于宽的倾向。

1月18日—24日　江泽民在山西省考察工作。他深入太原、大同等地的工厂、矿井、农村，考察了1989年10月大同—阳高地震后灾民的生活情况，反复强调要全心全意依靠工人阶级，巩固工农联盟，与人民群众保持血肉联系。

1月21日　法学家钱端升教授在北京逝世。钱端升，1900年生于上海。他1924年获美国哈佛大学博士学位后回国，历任清华大学、北京大学、南京中央大学、西南联合大学副教授、教授。抗日战争时期，他曾到英、美、法等国宣传中国抗战。1957年，钱端升受到不公正对待；十年动乱中，又受到严重冲击。中共十一届三中全会以后，他为加强社会主义民主和法制建设做了不少工作，并在81岁高龄时，加入了中国共产党。他生前曾任第六届全国人大常委、法律委员会副主任委员，第二、三、四、五届全国政协委员、常委，民盟中央参议委员会常委，中国政治学会名誉会长，中国法学会副会长，欧美同学会名誉会长，外交部法律顾问等职。

同　日　中国长城工业公司在为发射阿拉伯第三颗卫星的竞争中夺标。定于1991年底用中国火箭发射这颗卫星。

1月24日　陈云同浙江省领导谈怎样做到实事求是。谈话一开始，陈云就将事先写好的条幅“不唯上、不唯书、只唯实，交换、比较、反复”赠给中共浙江省委书记李泽民，并说，怎样才能做到实事求是？我的体会就是这15个字。陈云接着解释说，不唯上，并不是上面的话不要听。不唯书，也不是说文件、书不要读。只唯实，就是只有从实际出发，实事求是地研究处理问题，这是最靠得住的。交换，就是互相交换意见。比较，就是上下、左右进行比较。反复，就是决定问题不要太匆忙，要留一个反复考虑的时间。这15个字，前9个字是唯物论，后6个字是辩证法，总起来就是唯物辩证法。陈云还说，搞调查研究有两种办法：一种是亲率工作组或派工作组下去；另一种是每名高中级干部身边都有敢讲真话的知心朋友和工作人员，通过他们可以经常听到基层的呼声。后一种调查研究，有“真、快、广”的特点，在某种意义上说，后一种调查研究比前一种调查研究更重要一些。

1月25日　外交部发言人对美国国会众议院就中国留学人员问题再次通过决议一事发表谈话。1月24日，美国众议院投票表决，推翻了布什总统对国会通过的有关延长中国留美学生签证法案的否决。对此，外交部发言人指出，这是对中国内政的粗暴干涉，我们强烈谴责美国国会众院的霸权主义行径。他强调，如美国国会参院也通过这一议案，必将严重损害中美关系，使两国间的文化、教育交流遭到进一步的破坏。1月25日下午，美国参议院就推翻布什总统对国会通过的有关延长中国留学生签证法案的否决进行投票表决，没有获得2/3票数的赞成，使美国国会众院这一干涉中国内政的图谋遭到失败。

1月26日　民盟中央副主席关梦觉在长春逝世。关梦觉是吉林公主岭市人。1933年毕业于东北大学经济系。抗日战争爆发后，他曾任东北救亡总会宣传部副部长，河南大学经济系副教授，《秦风工商日报》联合版主笔，做了大量有益于革命的工作。1946年进入解放区后，先后任嫩江省、黑龙江省教育厅厅长，东北人民政府监察委员。他于1944年加入民盟，曾任民盟西北总支部常委兼宣传部长，民盟东北总支部秘书长，吉林省民盟主任委员，民盟中央副主席。从1954年起，关梦觉历任吉林大学经济系主任、教授、博士生导师，中国世界经济学会副理事长，中国《资本论》研究会副理事长。他还是七届全国政协常委。

2月1日　国务院、中央军委决定：任命周玉书为武警部队司令员，徐寿增为政委，王文理、左印生为副司令员，吕寿延、徐桂宝为副政委。免去李连秀的武警部队司令员、张秀夫的政委、范志伦的副司令员、张海天的副政委职务。

2月2日　刘华秋副外长奉命约见美国驻华大使李洁明，对美国国会干涉中国内政提出强烈抗议。1989年11月21日和1990年1月30日，美国国会众、参两院重新通过了附在“国务院授权法”上的制裁中国的修正案，企图以立法形式，继续对中国实行制裁。刘华秋指出，美国国会如此肆无忌惮地掀起反华浪潮，美国政府负有不可推卸的责任。他敦促美国政府对美国国会的这种行为及时予以制止，并采取有效步骤，尽快撤销对中国的制裁。

2月3日 外交部苏欧司负责人召见捷克斯洛伐克驻华大使。就捷总统哈韦尔邀请达赖喇嘛从2月2日起访捷一事提出抗议，并宣布推迟捷冶金、机械、电气工业部部长原定于2月17日起对中国的访问。

2月4日 中国在西昌成功发射第五颗实用通讯卫星。卫星由“长征三号”运载火箭送入预定轨道正常运行。

2月5日—8日 国务院在深圳召开经济特区工作会议。参加会议的有深圳、珠海、汕头、厦门、海南经济特区，广东省、福建省和国务院有关部门的负责人。会议由田纪云主持，李鹏在会上发表讲话。这次会议的中心议题是：经济特区深入贯彻党的十三届五中全会精神，认真抓好治理整顿和深化改革，进一步发展外向型经济，充分发挥对外开放的窗口和基地作用，更好地为国家的经济发展服务。会议回顾了特区过去的工作，分析了当前面临的形势，提出要以“软件”为重点继续改善投资环境；要以追踪国际市场需求和质量水准为目标，增强参与交换的能力；要按照发展外向型经济的需要，深化各项经济体制改革；要牢固树立特区为全国服务的思想，多为内地办实事，充分发挥窗口作用。李鹏在讲话中强调，要继续坚持改革开放的基本政策，进一步总结经验，把特区办得更好。他指出，经济特区的发展方向是进一步发展外向型经济。李鹏说，特区经济也要实行计划经济和市场调节相结合的原则。市场调节范围可以大一些，方式可以灵活一些，作用可以发挥得充分一些，但不可忽视计划指导和宏观调控。他强调，经济特区要坚持四项基本原则，大力加强社会主义精神文明建设。在对外交往中，政治上要保持清醒的头脑。

2月8日 全国政协副主席、九三学社中央主席许德珩在北京逝世。许德珩，1890年生，江西德化县（今九江市）人。他早年加入同盟会参加辛亥革命，投入孙中山领导的讨伐袁世凯的斗争。1915年在北京大学加入少年中国学会，并同邓中夏等组织北京大学平民教育讲演团。他是五四运动中著名的学生领袖之一。1920年，赴法勤工俭学，接受了马克思主义。1927年春，回国参加革命，先后任中山大学教授，黄埔军校、武汉中央政治学校政治教官，武汉第四中山大学教授，国民革命军总政治部秘书长、代主任。大革命失败后，他在上海从事社会主义理论的写作和翻译工作，宣传马列主义。后任暨南大学社会历史系主任。1931年他应聘来北平执教北京大学和北平师范大学。“九一八”事变后，他积极参加抗日救亡活动，公开反对国民党的倒行逆施和独裁统治。抗战后期，他与梁希等组织民主科学座谈会。抗战胜利后，这个座谈会改为九三学社。解放战争时期，许德珩是北京大学著名的民主教授。他拒绝出席国民党召开的非法“国大”，旗帜鲜明地反对国民党的内战和镇压政策。新中国成立前夕，许德珩作为九三学社的代表出席了中国人民政治协商会议第一届全体会议，参与了新中国的筹建工作。建国后，许德珩先后担任政务院法制委员会副主任委员，水产部部长，第一届全国政协委员，第二、三届常务委员，第四、五届副主席。第一届全国人大常委，第二、三届全国人大代表，第四、五、六届全国人大常委会副委员长。九三学社第一届至第七届中央委员会主席。1979年，89岁的许德珩加入中国共产党。

2月11日　中国选手王秀丽在世界女子速滑锦标赛中获1 500米速滑第一名。

2月13日—17日　香港特别行政区基本法起草委员会第九次会议在北京举行。通过《中华人民共和国香港特别行政区基本法（草案）》。会议期间，香港特别行政区基本法起草委员会对基本法（草案）进行了最后的修改和完善，通过世界上未有先例的体现“一国两制”伟大构想的《香港特别行政区基本法（草案）》。会议还评选出了香港特别行政区区旗和区徽图案（草案）。会议决定，将经过修改的基本法（草案）和区旗区徽图案（草案）提交全国人大常委会，并经人大常委会审议决定提交第七届全国人大三次会议审议。会议委托起草委员会主任委员姬鹏飞向七届全国人大常委会第十二次会议和七届全国人大三次会议作香港特别行政区基本法（草案）起草工作的报告。邓小平、江泽民、杨尚昆、李鹏、万里于17日接见了出席会议的委员。邓小平在接见时指出，基本法是一部具有历史意义和国际意义的法律著作，是一个具有创造性的杰作。

2月22日　外交部就美国国务院“人权报告”发表声明，强烈抗

议美国政府严重侵犯中国主权。美国国务院2月21日发表1989年度的"人权报告"，对中国国内现实肆意歪曲，并借"人权问题"为名，对中国内政横加干涉。外交部的声明指出，美国政府一而再、再而三地粗暴干涉中国内政的行为是彻头彻尾的霸权主义和强权政治。美国国内存在着极其严重的人权问题，美国政府没有资格谈论别国的人权。当天，中国驻美大使朱启祯奉命向美国国务院转交了外交部的声明。朱启祯指出，美国政府的行为又一次使中美关系受到重大损害。25日，《人民日报》发表评论员文章——《霸权主义的新表演——评美国国务院的"人权报告"》。

2月23日—3月1日　江泽民在黑龙江视察。他在视察中指出，大庆精神，即为国争光、为民族争气的爱国主义精神，独立自主、自力更生的艰苦创业精神，讲求科学、"三老四严"的求实精神，胸怀全局、为国分忧的奉献精神，是大庆创造的精神财富。大庆精神不仅石油行业要学习，全国各行各业都应该学习。

2月28日—3月6日　全国政法工作会议在北京召开。各省、自治区、直辖市党委和武汉、广州市委主管政法工作的负责人，中央政法各部门和有关部门负责人，解放军各大单位负责人出席了会议。乔石到会讲话指出，维护稳定，极其重要，要全党动员，依靠群众。各级党委、政府都要把社会治安综合治理工作列为重要议事日程。要依法从重从快严厉打击那些对群众安全危害最大的刑事犯罪活动，严厉打击贪污、贿赂、投机倒把、走私等严重经济犯罪活动，以平民怨。会议期间，江泽民、李鹏、乔石、彭真等分别和与会同志进行了座谈。会议提出，动员全党全社会力量，竭尽全力维护社会稳定，是今后一个时期政法工作的基本指导方针。

3月5日　儿童教育家孙敬修在北京逝世。孙敬修早年毕业于京兆师范学校，他悉心钻研了一套通过讲故事对儿童进行教育的好方法，深受少年儿童的欢迎，在国内外享有盛誉。

3月9日　监察部举行新闻发布会。会议宣布：铁道部副部长罗云光严重失职，收受贿赂，国务院决定撤销其铁道部副部长职务，中纪委将对其做出党纪处理，最高人民检察院已对其以受贿罪立案侦察。同时还宣布：1989年5月下旬青海省可可西里地区因雪灾造成大批金农遭灾遇难事件已经查清，这是一起由自然灾害引发的重大责任事故。在这一事件中有关人员的严重违法违纪问题已受到严肃查处。青海省格尔木市原正副市长贪污受贿被追究刑事责任，青海省原省长、副省长负有重要责任受到行政处分。

3月9日—12日　中共十三届六中全会在北京召开，审议通过了《中共中央关于加强党同人民群众联系的决定》。出席会议的有中央委员166人，中央候补委员103人。中顾委委员，中纪委委员、有关方面负责人列席了全会。江泽民、李鹏在会上作了重要讲话。全会审议通过了《中共中央关于加强党同人民群众联系的决定》。全会认为，党在长期斗争中创造和发展起来的一切为了群众，一切依靠群众，从群众中来到群众中去的群众路线，是实现党的思想路线、政治路线、组织路线的根本工作路线，是党的优良传统和政治优势。人民群众是我们党的力量源泉和胜利之本，能否始终保持和发展同人民群众的血肉联系，直接关系到党和国家的盛衰兴亡。在历史发展的关键时期，向全党郑重提出密切党同群众联系的要求，并作出相应的决定，具有重要的现实意义和历史意义。全会指出，十一届三中全会以来，党群关系、干群关系总的说是好的，但是，这些年来在一些党组织和党员干部中滋长了官僚主义、主观主义、形式主义、个人主义的不良倾向和以权谋私等腐败现象。对此，全党同志必须保持高度警惕，经受住执政和改革开放的考验，努力保持和发展党同人民群众的密切联系。全会总结了历史和现实的经验，提出了加强党同人民群众联系的七个方面的措施：（一）坚持从群众中来，到群众中去，建立健全民主的、科学的决策和决策执行程序，保证决策和决策的执行符合人民的利益。(二) 各级领导干部必须经常深入基层，深入群众，扎实工作，把党的路线、方针、政策落到实处。（三）在深化政治体制改革中，推进社会主义民主和法制建设，积极疏通和拓宽党同人民群众联系的渠道。(四) 坚定不移地加强廉政建设，继续发扬艰苦奋斗精神，切实克服党内存在的腐败现象。（五）加强对各级领导机关和领导干部的监督，建立和完善党内监督和党外监督，自上而下的监督与自下而上的监督的制度。（六）党的基层组织和广大党员，要充分发挥战斗堡垒作用和先锋模范作用，联系群众，宣传群众，组织和带领群众一道前进。（七）在党内普遍深入地进行马克思主义群众观点和党的群众路线的再教育，增强执行党的群众路线的自觉性。全会要求，各级党组织要组织广大党员用整风精神学习和贯彻中央的决定。各地区、各部门都要根据各自的实际情况，制定实施细则和措施，认真执行。要实实在在地解决群众最关心又有条件解决的问题，力争两年内在密切党群关系方面取得明显进步。会议强调指出，90年代是我国发展的关键10年，全党同志特别是党的高中级干部，必须坚定不移地全面贯彻执行"一个中心，两个基本点"的基本路线，贯彻执行实事求是的思想路线和群众路线，加强同全国各族人民的血肉联系，调动一切积极因素，团结一切可以团结的力量，进一步搞好治理整顿、深化改革，促进国民经济持续稳定协调发展，努力实现我国90年代政治经济和社会发展的战略目标，把建设有中国特色的社会主义事业不断推向前进。

3月11日　新中国第一位女将军李贞在北京逝世。李贞，湖南浏阳人。1926年参加革命，1927年加入中国共产党。土地革命战争时期，先后任乡妇女协会委员长、县苏维埃政府执行委员会主席团主席兼赤卫军政委、红六军团和湘鄂川黔军区组织部长等职，参加了秋收起义、湘赣和湘鄂川黔根据地反"围剿"斗争和长征。抗日战争时期，先后任八路军妇女学校校长、陕甘宁晋绥联防军组织部组织科长。解放战争时期，她任晋绥军区政治部秘书长、西北野战军政治部秘书长。抗美援朝战争期间，她任中国人民志愿军政治部秘书长。1953年任防空军政治部干部部长。1955年被授予少将军衔。1957年任最高人民检察院军事检察院副检察长。她是中共七大候补代表，十三大特邀代表，十二届中顾委委员，第一至三届全国人大代表，第五届全国人大常委，第一届全国政协代表，第一、二届全国妇联执委，第三届全国妇联主席团成员，第四届全国妇联常委。

3月14日　江苏南京扬子石化公司年产量居世界首位的45万吨芳烃联合装置投料试车成功。至此，投资66.8亿元的扬子乙烯工程历时5年多建设全部建成投产。

同　日　能源部部长黄毅诚宣布，中国已进入世界能源大国行列，至1989年，一次能源总产量已达10亿吨标准煤。

3月14日—16日　江泽民访问朝鲜。这是江泽民就任中共中央总书记后第一次出访。访朝期间，江泽民同朝鲜劳动党中央总书记金日成举行了会谈，相互介绍了各自情况，并就朝鲜半岛等问题交换了看法。

3月20日—4月4日　七届全国人大三次会议在北京举行。会议开幕的前一天，七届全国人大三次会议举行预备会，选出了大会主席团和秘书长，通过了大会议程。会议期间，代表们听取和审议了国务院总理李鹏关于政府工作的报告。李鹏《为我国政治经济和社会的进一步稳定发展而奋斗》的政府工作报告共分3个部分：一、1989年的回顾；二、1990年的国内工作；三、关于国际形势和外交工作。大会批准了这个报告。会议听取和审议了国务委员兼国家计委主任邹家华关于1989年国民经济和社会发展计划执行情况与1990年计划草案的报告；听取和审议了国务委员兼财政部长王丙乾关于1989年国家预算执行情况和1990年国家预算草案的报告。大会批准了这两个报告，批准了国务院提出的1990年国民经济和社会发展计划及国家预算。会议听取了香港特别行政区基本法起草委员会主任委员姬鹏飞关于基本法草案的说明，审议和通过了《中华人民共和国香港特别行政区基本法》，包括3个附件和香港特别行政区区旗、区徽图案。大会还通过了关于设立香港特别行政区的决定、关于香港特别行政区第一届政府和立法会产生办法的决定、关于批准香港特别行政区基本法起草委员会关于设立全国人民代表大会常务委员会香港特别行政区基本法委员会的建议的决定。会议听取了对外经济贸易部部长郑拓彬受国务院委托所作的关于《中华人民共和国中外合资经营企业法》修正案草案的说明，通过了关于修改《中华人民共和国中外合资经营企业法》的决定。会议听取和审议了全国人大常委会副委员长彭冲关于全国人民代表大会常务委员会的工作报告，并批准了这个报告。会议听取和审议了最高人民法院院长任建新关于最高人民法院的工作报告及最高人民检察院检察长刘复之关于最高人民检察院的工作报告。大会批准了这两个报告。会议审议了邓小平关于辞去中华人民共和国中央军事委员会主席职务的请求，及中共中央3月9日致七届全国人大三次会议主席团《关于接受邓小平同志辞去中华人民共和国中央军事委员会主席职务请求的建议》，经代表表决，大会通过了《关于接受邓小平辞去中华人民共和国中央军事委员会主席职务的请求的决定》。大会选举江泽民为中华人民共和国中央军事委员会主席。根据江泽民的提名，代表们经过表决，决定任命刘华清为中华人民共和国中央军事委员会副主席；免去洪学智的中华人民共和国中央军事委员会委员职务。大会补选曹志为全国人大常委会委员，确认七届人大常委会第九次会议、第十三次会议关于接受贺敬之、伍觉天辞去七届全国人大常委会委员职务的请求的决定。会议号召，全国各族人民在中央的领导下，振奋精神，同心同德，自力更生，艰苦奋斗，努力实现我国政治、经济和社会的进一步发展，满怀信心地沿着有中国特色的社会主义道路继续前进。

3月22日　中国和纳米比亚共和国在温得和克发表建交联合公报，宣布两国从即日起建立大使级外交关系。

3月23日　江泽民邀请北京大学学生到中南海座谈。在此之前，北京大学一些学生联名写信给江泽民等中央领导同志，提出了交谈的愿望。座谈中，学生们就民族精神与时代精神如何结合，高校思想政治工作如何加强，当代大学生如何选择正确的成长道路等问题，畅谈了各自的思考和看法。江泽民说，对青年一代，我们一贯主张既热情爱护，又严格要求。我们主张大学生毕业后先到基层去锻炼，增长才干。一个有志青年，要想成为有用之才，必须准备走艰苦锻炼之路。当代青年知识分子的自我锻炼必须和国家的、人民的需要结合起来。江泽民强调，我们要有民族自豪感，要有民族自信心，要有民族气节。在谈到时代精神时，江泽民特别强调了要学习大庆精神。江泽民对大学生们提出了殷切的希望。

3月25日　李鹏会见美国美中关系全国委员会代表团全体成员。他对美中关系全国委员会在两国关系遇到困难时来访表示赞赏，并指出美中关系目前的困难终会过去。

4月2日　新华社报道：国务院日前决定在全国范围内开展清理“三角债”工作。国务院通知指出，当前，由于市场疲软，产品积压，工交生产中流动资金不足的矛盾十分尖锐，企业、单位之间相互拖欠贷款和前清后欠的情况十分严重，已成为影响生产正常进行的突出问题。国务院指出，清欠工作要与启动、促进生产相结合，与贯彻国家产业政策、调整产业和产品结构相结合，与加强资金管理制度建设相结合，与推动搞活市场相结合。争取在今年7月底以前基本完成清欠工作。国务院要求银行为清理“三角债”投入一批启动资金，并努力防止前清后欠。国务院同时决定成立以邹家华为组长的国务院清理“三角债”领导小组，负责组织领导全国清理“三角债”工作。国务院要求各省、自治区、直辖市政府和国务院有关管理部门都要成立由主要领导同志负责的清理“三角债”领导小组，高度地重视这项工作，把它作为治理整顿、深化改革的一项重要任务抓紧进行。邹家华在4日召开的全国清理“三角债”工作电话会议上说，1989年全国范围内的拖欠总数超过1 000亿元，今年以来又呈上升趋势。这是我国目前经济建设中产业结构、产品结构不合理，总需求和总供给不平衡等诸多因素在资金问题上的综合反映。它已成为影响当前经济建设的重大障碍，必须在治理整顿中加以解决。

4月4日　国民党大陆工作指导小组决定进一步放宽前往祖国大陆人员限制。大陆工作指导小组决定，同意各级“民意代表”及国民党所属各级党部的司机、工友得以个人身份前往祖国大陆探亲或访问，并原则决定，台湾三家电视台赴祖国大陆采访有关1990年北京亚运会新闻报道与节目，可经由国际通信卫星传送至台北。

4月5日　中国第一个横跨南极大陆的科学探险家秦大河在胜利完成横穿南极任务后回国。秦大河是中、苏、美、英、日、法“1990年国际横穿南极考察队”的6名队员之一。

同　日　第二炮兵司令员张翼翔中将在北京逝世。张翼翔，湖南浏阳人。1927年投身湖南农民运动，1929年加入中国工农红军，1932年由中国共产主义青年团员转为中共党员。他历任红军排长、连长、营长、团参谋长，新四军大队长、团长、副旅长兼军分区副司令员，旅长、纵队副司令员兼参谋长、军长、福州军区副司令员、总参军训部副部长、铁道兵司令员、第二炮兵司令员、军事科学院副院长等职。他是中共第九至十二次全国代表大会代表，第九、十届中央委员。1955年被授予中将军衔。土地革命战争时期，他参加了第一至五次反“围剿”作战和二万五千里长征。抗日战争时期，他战斗在淮南和浙东。解放战争时期，他率部参加泰安、宿北、鲁南、莱芜、孟良崮、沙土集、豫东和淮海、渡江、上海等重要战役、战斗。新中国成立后，他为加强海防、为发展我国的核技术和航天技术，为铁道兵和第二炮兵的建设，为加强军事科学理论研究工作做出了重要贡献。

4月7日　中国用自行研制的“长征三号”运载火箭在西昌卫星发射中心成功发射“亚洲一号”卫星。这是中国首次成功地运用自己的运载火箭完成为国外用户发射商用卫星的服务。“亚洲一号”卫星由美国休斯公司制造，亚洲卫星有限公司所有。卫星的发射成功，标志着“长征三号”火箭已进入国际空间技术商务领域。江泽民、邓小平、杨尚昆、李鹏、邓颖超等热烈致贺。

同　日　中国驻莱索托大使馆临时代办声明：鉴于莱索托王国政府无视中莱建交公报原则，于4月5日同台湾当局重新建立所谓“外交关系”，中国政府决定中止同莱索托的外交关系。

4月12日—17日　赤道几内亚共和国总统奥比昂访问中国。

4月13日　济南军区副司令员孙继先中将在济南病逝。孙继先，山东曹县人，1931年参加宁都起义后加入中国工农红军，1932年加入中国共产党。历任红军连长、营长、师参谋长，八路军支队长、旅长、军分区司令员，师长、军长，南京军事学院高级系主任、某训练基地司令员、国防部第五研究院副院长、济南军区副司令员等职。1955年被授予中将军衔。他是第五届全国政协委员。他是优秀的军事指挥员，长征途中，他率部突破乌江，亲自带领十七勇士强渡大渡河，为长征的胜利做出了突出贡献。抗日战争时期，他参加了长生口、黄崖底等战斗后，率部挺进冀鲁边，在津浦线和沂蒙山区打了许多硬仗。解放战争中，他率部参加莱芜、孟良崮、沙土集、洛阳、开封、济南、淮海、渡江和解放舟山群岛等战役、战斗。

4月15日—20日　斐济共和国总理马拉访问中国。访问期间，李鹏同马拉总理进行了会谈；江泽民和杨尚昆先后会见了马拉一行。19日，两国政府签署了经济技术合作协定。

4月16日—20日　中非共和国总统科林巴访问中国。访问期间，杨尚昆、江泽民、李鹏先后会见了科林巴一行，两国签署了中国向中非政府提供贷款的协定。

4月18日　李鹏在上海大众汽车有限公司成立5周年大会上宣布：中共中央、国务院同意上海市加快浦东地区的开发。李鹏说，加快浦东地区的开发，在浦东实行经济技术开发区和某些经济特区的政策，是为深化改革、扩大开放作出的又一个重大部署，对于上海和全国都是一件具有重要战略意义的事情。上海要充分利用优势，有计划有步骤地、扎扎实实地把浦东建设成为一个设施比较配套、齐全、现代化的和外向型的工业基地。上海市准备开发的浦东新区，是指黄浦江以东、长江口西南、川杨河以北紧靠市区的一块三角形地区，面积约350平方公里，人口110万人，有良好的建港和水运条件。在此以前，3月28日—4月8日，姚依林曾受中共中央、国务院委托，率国务院有关部委负责人，去上海对浦东开发问题进行了专题研究、论证。

4月22日—26日　李鹏访问苏联。这是苏联领导人戈尔巴乔夫1989年5月访问中国、中苏两国关系正常化后中国政府首脑首次访问苏联，也是自1964年以来中国总理第一次访问苏联。访问期间，李鹏同苏联部长会议主席雷日科夫举行了会谈，并会见了苏联总统戈尔巴乔夫和苏联最高苏维埃主席卢基扬诺夫，两国领导人就发展双边关系深入交换了意见，对两国关系正常化以来在政治、经济、贸易、科技等领域交往与合作的进一步发展表示满意。李鹏在莫斯科举行记者招待会，并在苏联电视台发表讲话；两国外长举行了工作会谈。访问取得了重要成果。中苏双方签署了关于经济、科学技术长期合作发展纲要，关于和平利用与研究宇宙空间方面进行合作的协定，两国政府关于在中苏边境地区相互裁减军事力量和加强军事领域信任的指导原则协定等6项协定。访苏期间，李鹏参观访问了莫斯科、列宁格勒等地，广泛接触了苏联各界人士。

4月26日　青海省共和县、兴海县发生6.9级地震，伤亡近300人，损失严重。中共中央、国务院、中共青海省委、省政府紧急行动，开展救灾工作。

4月30日　李鹏签署国务院令，决定从5月1日起，解除在西藏拉萨市的戒严。拉萨市的戒严是在1989年3月极少数分裂主义分子制造严重骚乱的情况下决定实行的。鉴于西藏自治区拉萨市的局势已经稳定，社会秩序恢复正常，在拉萨市实行戒严的任务已胜利完成，国务院遂发布《关于解除在西藏自治区拉萨市戒严的命令》。

同　日　上海市宣布开发浦东10项政策，给予外商投资优惠待遇。上海市市长朱镕基说，开发浦东总体规划将分3个步骤："八五"期间为开发起步阶段；"九五"期间为重点开发阶段；2000年以后为全面建设阶段。

5月2日　作曲家施光南在北京病逝。施光南是中共十三大代表，全国青联副主席，中国音协副主席，中央乐团一级创作员。他创作的歌剧《伤逝》、《屈原》给人留下深刻的印象，创作的《祝酒歌》、《周总理，你在哪里》、《打起手鼓唱起歌》、《洁白的羽毛寄深情》、《吐鲁番的葡萄熟了》、《在希望的田野上》等歌曲，深受人民群众喜爱。

5月4日—7日　蒙古大呼拉尔主席团主席彭·奥其尔巴特访问中国。这是1962年以来蒙古最高领导人的首次访华。访问期间，江泽民、杨尚昆会见了彭·奥其尔巴特一行，李鹏同彭·奥其尔巴特进行了会谈。6日，两国政府签署了科技合作、保护自然环境合作、卫生合作等3个协定。7日，中蒙就彭·奥其尔巴特访华发表联合公报。

5月7日—10日　中国、苏联和美国和平登山队共20名队员分次登上地球之巅——珠穆朗玛峰顶峰。

5月7日—13日　阿拉伯联合酋长国总统扎耶德访问中国。这是阿联酋元首首次访华，也是海湾合作委员会6国第一位元首访华。访问期间，杨尚昆和江泽民先后会见了扎耶德总统；李鹏同扎耶德总统进行了会谈。

5月9日—13日　巴巴多斯总理桑迪福德访问中国。访问期间，李鹏和桑迪福德进行了会谈；杨尚昆和江泽民先后会见了桑迪福德。

11日，两国政府签订了经济技术合作协定。

5月10日　公安部宣布：最近陆续有211名参与北京1989年春夏之交的动乱的违法犯罪人员被解除审查，获宽大处理，并已释放。其中有曹思源、杨百揆、周舵、李洪林、李南友等人。但仍有431名参与北京1989年春夏之交动乱的违法犯罪人员在北京市公安机关受审查，其中有的触犯了刑律，司法机关正在依法审理。

5月11日—13日　埃及总统穆巴拉克访问中国。访问期间，杨尚昆欢宴穆巴拉克一行；李鹏同穆巴拉克进行了会谈；江泽民会见了穆巴拉克一行。两国领导人就双边关系、中东形势和国际形势交换了看法并达成了广泛一致。

5月12日—17日　江泽民在海南考察。他在考察时重申，中央关于兴办海南经济特区的战略决策是正确的，在海南实行的各项政策不变，支持海南吸引外商投资进行成片开发。他希望海南走出一条有海南特色的办经济特区的路子。他强调指出，兴办经济特区，必须坚持社会主义方向，要大力加强党的建设，坚持物质文明和精神文明一起抓。

5月14日—30日　杨尚昆访问墨西哥、巴西、乌拉圭、阿根廷和智利。这是中国第一位国家元首出访拉美。访问期间，杨尚昆同墨西哥总统萨利纳斯、巴西总统科洛尔、乌拉圭总统拉卡列、阿根廷总统梅内姆和智利总统艾尔文就双边关系及共同关心的国际问题举行了会谈，交换了看法，达成了广泛的一致。杨尚昆还同5国的政界、工商企业界、新闻界朋友进行了广泛的接触。15日，杨尚昆在墨西哥总统萨利纳斯举行的欢迎会上阐明了中国同拉美国家发展友好合作关系的四项原则。16日，杨尚昆在接受墨西哥6家新闻单位记者联合采访时就东欧剧变和社会主义的前途、中墨和中国同拉美国家的关系、中国国内形势、裁军和消除战争危险等问题回答了记者的提问。18日，中国和巴西签订了两国政府经济技术合作协定及两国政府关于铁矿砂贸易的谅解备忘录。23日，杨尚昆在乌拉圭国会举行的欢迎会上发表讲话，提出发展中国同拉美国家合作关系的五项建议。24日，中国和乌拉圭签定了两国关于动物检疫及卫生合作协定、关于植物检疫合作的谅解备忘录和关于体育合作协定。28日，中国和阿根廷签署了两国文化交流1990—1992年执行计划等协议。29日，中国和智利签署植物检疫合作备忘录。

5月24日　中国农工民主党中央副主席徐彬如病逝。徐彬如，安徽萧县人。1920年加入中国社会主义青年团，1925年加入中共。20年代，他在广州、上海、天津等地从事革命活动，曾任中共中山大学总支书记，中共江苏省委沪中区委宣传部长等职。30年代，他曾在西安从事统战工作，对西安事变的爆发及和平解决起了积极作用。1940年以后，他先后担任陕甘宁边区参议会秘书长、八路军留守兵团联络部部长、中央党校秘书处处长等职。建国后，他主持筹建中国革命博物馆，并成为文博专家和党史专家。他曾任中国农工民主党中央执行局委员、主席团委员和副主席。他还是第五、六届全国政协常委。

同　日　新华社报道：国际棋联授予叶荣光国际象棋特级大师称号。这是中国第一位国际象棋特级大师。

5月26日—6月3日　中国选手在第四届世界女子举重锦标赛上获得17块金牌和7枚银牌，以绝对优势获得团体第一名，并打破5项世界纪录。

5月27日　新华社报道："民主之神"号广播船在公海对中国大陆进行旨在颠覆中国政府的海盗广播计划宣告破产。"民主之神"号广播船是由台湾地区、法国等一些新闻机构临时组成的所谓"中国之船协会"购置的一艘旧勘探船改装而成的，严家其、万润南、吾尔开希等为这艘船准备了以煽动颠覆中国政府为内容的广播节目，并声称将在船驶抵中国沿海时登船活动。3月17日，这艘船从法国启航。5月13日，停泊基隆港。在国际舆论的压力下，台湾当局也改变了为其提供广播设备的承诺。在困境中，这一非法广播活动的台前人物于5月25日在台北和东京宣布，将这条船当做货船拍卖掉。非法广播计划宣告破产。

5月30日　邓颖超致电祝贺张学良九十寿辰，称赞"张先生对近代中国所做的特殊贡献，人民是永远不会忘怀的"。

5月31日　中国驻几内亚比绍大使声明：由于几内亚比绍政府同

台湾当局建立所谓"外交关系"，中国政府决定中止同几内亚比绍的外交关系。

6月2日—3日　中国羽毛球队分别第四次获得尤伯杯和实现汤姆斯杯"三连冠"。

6月3日—4日　国务委员兼国防部长秦基伟率中国军事友好代表团访问埃及和约旦。访埃、约期间，埃及总统穆巴拉克和约旦国王侯赛因分别会见了秦基伟一行。秦基伟先后同埃及国防和军工生产部长及约旦首相举行了会谈。

6月4日　《人民日报》发表社论：《稳定压倒一切》。社论指出，现在我们国家政治稳定、经济稳定、社会稳定，我们已经渡过了由于资产阶级自由化思潮泛滥，以及动乱所造成的最困难时期。社论强调指出，稳定是进行社会主义现代化建设的前提条件，各级党委、政府和有关部门，要把维护稳定作为当前压倒一切的任务，围绕稳定，抓好各方面的工作。

6月6日　公安部发言人宣布，最近又有97名参与1989年动乱的违法犯罪人员，因认罪态度较好，被解除审查，获得宽大处理，并已释放。其中有熊炜、周峰锁、陈琦伟、姚勇战、杨鲁军等人。

6月7日　中纪委就铁道部原副部长罗云光等贪污受贿被开除党籍一事发出通报。通报说，中纪委会同监察部、铁道部等有关部门严肃处理了铁道部机关和郑州铁路局少数领导干部以车谋私、贪污受贿案，该案涉及铁道部原副部长罗云光和15名局级干部、19名处级干部、13名科级干部，共48人。经中共中央批准，中纪委决定开除罗云光等9人的党籍，他们的犯罪问题由司法机关继续审理。

6月11日　江泽民就台湾问题发表讲话。江泽民指出，最近李登辉先生谈到两岸关系问题，表示"台湾和祖国大陆是不可分割的领土"，"中国的统一和富强是所有中国人共同的期望"，愿意"建立双方沟通管道"，"研究国家统一事宜"，我们对此表示欣赏。但有一些话显然是不妥当的，不过这比"不接触、不谈判、不妥协"要好。江泽民重申，只有双方坐下来，真正本着"一个中国"的原则商谈祖国统一问题，而不搞"两个中国"，"一中一台"、"一国两府"，一切问题都可以提出来讨论、商量。江泽民还指出，所谓“一国两府”实质是“两个中国”、“一中一台”，是走向分裂，不是迈向统一。

同　日　新华社报道：国务院批准《1990年经济特区工作会议纪要》，并向各地区、部门发出通知。通知强调指出：进一步办好经济特区，对于推动改革开放，扩大国际影响，具有重要意义，也是缓解当前暂时困难的一项重要措施。为此，国务院要求广东、福建、海南3省人民政府和国务院有关部门继续加强对经济特区的领导和指导，支持特区更好地发展外向型经济，充分发挥特区在对外开放中的窗口和基地作用。

6月11日—13日　最高人民法院在长沙召开全国“严打”工作会议。会议是为进一步贯彻落实中共中央政法委员会开展“严打”斗争的要求和部署召开的。最高人民法院院长任建新在会上讲话指出，今年以来，重大刑事案件上升幅度大，流氓犯罪活动也很猖獗，社会治安状况已引起社会各界的广泛关注。当前，集中开展一场“严打”斗争，是顺乎民意，人心所向，也是贯彻党的十三届六中全会决定，体察民情，为人民群众办一件大实事。他要求对那些人民群众深恶痛绝、情节特别严重的刑事犯罪分子及惯犯、累犯和犯罪集团的首要分子要坚决依法从重从快惩处，把犯罪分子的嚣张气焰坚决打下去，切实搞好社会治安，以维护社会的稳定。他指出，开展“严打”斗争，要坚持党委领导，实行全民动员；要把专门机关的工作与人民群众结合起来，形成震慑犯罪的强大威力；要严格依照法律程序办案；要打防结合，综合治理。他要求各级法院坚持在党的领导下充分发挥职能作用，更好地完成依法严惩刑事犯罪分子的任务。

6月11日—15日　湖南省中部、北部和西部12个地、市连降暴雨成灾，造成254人死亡，直接经济损失17.5亿元。中共湖南省委和省人民政府紧急部署抗洪救灾。

6月16日—22日　江泽民、李鹏等出席农村工作座谈会。这次座谈会是中央政策研究室在北京召开的。江泽民、李鹏、姚依林、宋平等同与会的14个省市的代表，以及中共中央、国务院有关部门负责人一起，分析讨论了当前农村工作中带有共性的问题，提出了深化农村改革、发展农村经济中需要进一步解决和调查研究的问题。江泽民就农业的重要地位、深化农村改革、进一步提高农业生产力水平和加强党对农村工作的领导问题发表重要讲话。他强调指出，11亿人民吃饭是个头等大事，要把农业放在经济工作的首位。他说，农民问题始终是我国革命和建设的根本问题。农村稳定是国家和社会稳定的保证。要从经济上和政治上，从眼前和长远，从社会主义现代化建设的全局，从把农业搞上去这个任务的极端艰巨复杂性等方面，来深刻认识农村工作和农业的重要性。关于深化农村改革，江泽民说，要继续稳定和完善以家庭承包为主的联产承包责任制，这是一项必须长期坚持的政策。所谓完善，核心是逐步健全统分结合的双层经营体制。他强调，要进一步加强和改进党对农民和农村工作的领导，落实好党在农村的各项方针政策。各级党委要把农村工作提到重要议事日程，地、县两级要把工作重心放在农村。领导机关要经常深入农村，确立领导就是服务的观点。江泽民指出，搞好农村党组织建设，发挥党员的先锋模范作用，是加强党对农村工作领导的基础一环，务必要抓好。李鹏就发展乡镇企业、壮大集体经济实力问题发表了意见。他说，进一步发展集体经济，不仅关系到经济基础，也关系到上层建筑。但发展乡村企业一定要从本地的实际出发。宋平在会议结束时作总结讲话。他强调，家庭联产承包制要作为一项基本政策长期稳定下来，在完善双层经营的过程中，逐步建立社会化服务体系。在谈到搞活农村商品流通问题时，宋平指出，当前要注意解决几个问题：一是切实解决主要农产品卖难问题。二是充分发挥供销合作社主渠道作用。三是引导农民组织起来进入流通。四是积极发展产供销联合组织。在谈到认真实施科技兴农战略问题时，宋平指出，各地都要牢固树立科技兴农战略思想。对乡镇企业，宋平指出要坚持实行“积极扶持，合理规划，正确引导，加强管理”的指导方针。在谈到加强农村基层组织建设时，宋平指出，健全村级组织，是加强农村基层组织建设的重点，核心是搞好农村党支部建设。在谈到加强对农村工作的领导时，宋平指出，省级党政一把手要抓，地、县两级领导更要把主要精力和工作重心放在抓农业和农村工作上。同时要突出重点，落实责任，严格检查，改进领导作风和领导方法。宋平还指出，农村工作要始终注重物质文明建设和精神文明建设一起抓，防止出现一手硬一手软的倾向。

6月19日　新华社报道，国家计委委托上海、江苏、浙江三省计划经济部门和有关大专院校、研究部门共同研究完成的《长江三角洲九十年代产业结构和布局调整研究报告》日前通过鉴定。90年代长江三角洲地区将建成中国最大的综合性工业基地、国际贸易基地、科技人才基地和全国的经济核心区。

6月19日—27日　江泽民在广东考察。他先后考察了汕头、深圳、珠海3个经济特区和广州、惠州、东莞、中山、佛山、顺德等市、县。他指出，特区的成功，充分说明根据邓小平同志的倡导，党中央、国务院作出实行改革开放、创办经济特区的决策是完全正确的。他强调指出，实行改革开放的方针，办好经济特区，搞好沿海对外开放，这是关系祖国未来、荫及子孙的一个大政策，决不动摇，决不改变。他希望几个特区都要认真贯彻国务院2月召开的特区工作会议精神，把外向型经济提高到一个新水平，同时加强与内地的联系，更好地发挥“窗口”、“基地”作用，当好建设有中国特色的社会主义的排头兵。考察期间，江泽民还反复强调，坚持对外开放，必须始终坚持社会主义方向，坚持“两个文明”一起抓。他指出，在沿海开放地区和经济特区，切实抓好党的建设和思想政治工作，加强社会主义精神文明建设，具有特别重要意义。考察期间，江泽民专程到虎门参观了鸦片战争博物馆，并指出，要从小学开始对青少年加强爱国主义的思想教育，帮助他们学习中国近现代史，使他们希望国家强大的愿望建立在符合历史实际和中国国情的基础之上。

6月22日　中国第一台原子力显微镜研制成功，并通过专家鉴定。它是由36岁的中科院化学所青年科学家白春礼等人研制的。它的研制成功，表明中国在表面科学这一高新技术领域达到国际先进水平。

6月25日　公安部发言人宣布，原北京天文台研究员方励之、原北京大学副教授李淑贤（方励之之妻）获准宽大处理，准许他们出国治病。方励之夫妇由于参与1989年北京动乱，潜逃到美国驻华使馆，北京市公安局曾对他们进行通缉。在此前不久，方励之夫妇向有关部门写信，承认他们违反了中华人民共和国宪法，望念他们身患疾病，准许他们出国治疗，并表示出国后不进行反对中国的活动。鉴于方励之夫妇已有悔悟表示，且患有疾病，北京市公安局决定准许他们出国治病。公安部发言人同时还宣布，华南理工大学教师王学志参与动乱，构成犯罪，但因认罪态度较好，被免于起诉，已被释放，并准许他出国同法籍妻子团聚。

同　日　新华社报道：经国务院批准，商业部和河南省政府计划于同年9月建立中国郑州粮食批发市场。市场主要进行省际间议价小麦的批发交易，以现货为主，允许签订远期合同，逐渐引向期货市场。这是整顿和改革粮食流通体制的一个尝试。郑州粮食批发市场的建立，将逐步把议价粮食批发业务纳入有组织、有限制、规范化的市场轨道。

6月26日—7月1日　乍得总统哈布雷访问中国。访华期间，李鹏与哈布雷总统举行了会谈；江泽民、王震分别会见了哈布雷总统。6月28日，双方签署了中国政府向乍得政府提供贷款的协定。

6月28日—7月2日　孟加拉国总统艾尔沙德访问中国。访华期间，王震受杨尚昆主席的委托会见和欢宴艾尔沙德总统；李鹏和艾尔沙德总统举行了正式会谈，双方交换对国际局势和亚洲热点问题的看法；江泽民会见了艾尔沙德总统。6月30日，中孟双方签署了合作协定和议定书。

6月29日　李鹏签署发布《国务院关于进行第四次全国人口普查登记的命令》。命令指出，国务院决定，从1990年7月1日北京时间零时起（北京夏令时7月1日1时），到7月10日北京时间24时止（北京夏令时7月11日1时），在中国大陆30个省、自治区、直辖市进行第四次全国人口普查登记工作。

7月1日—4日　印度尼西亚外长阿拉塔斯访华。这是中国和印尼两国关系中断23年之后第一位正式访问中国的印尼政府高级官员。访华期间，李鹏和江泽民先后会见了阿拉塔斯外长。钱其琛外长和阿拉塔斯外长进行了会谈。3日，双方签署了中国和印度尼西亚两国政府关于恢复两国外交关系的公报，决定自1990年8月8日起恢复两国外交关系。双方为此联合举行了记者招待会，发表了联合新闻公报。访问期间，两国外长还签署了关于解决印尼所欠中国债务问题的协定。

7月3日　《人民日报》报道：中共中央作出省际间干部交流的决策。调河北省省长岳岐峰到辽宁省工作，河南省省长程维高到河北省工作，辽宁省省长李长春到河南省工作。河北、河南、辽宁3个省人大常委会随即分别通过决定，任命程维高、李长春、岳岐峰为本省副省长、代理省长职务。

同　日　《人民日报》报道：湖南省自6月下旬—7月2日再降暴雨，造成严重灾害，洞庭湖汛情严重。

7月6日　国家工商行政管理局发布《关于公司撤并后有关事项的公告》，对撤并公司善后工作作出具体规定。同日，国家工商行政管理局局长刘敏学宣布，全国清理整顿公司工作已取得明显效果，党政机关办公司和党政干部经商问题已基本解决。至1990年4月底，全国各级清理整顿公司领导机构已决定撤并公司10.2177万户，其中流通领域的公司占55.3%，基本上改变了公司过多过滥的状况；原来由党政机关办的1.3913万户中，已撤并1.1934万户，占总数的85.8%，其余的公司已与主办党政机关脱钩；原在公司兼任职务的4.9292万名党政干部，已有4.7503万人不再兼任职务，占总数的96.4%，其余的人是在涉外企业兼任职务，俟合同期满即不再兼任职务。

7月6日—11日　塞拉利昂总统莫莫访问中国。访华期间，王震受杨尚昆委托，会见并欢宴莫莫总统；李鹏同莫莫总统举行了会谈；江泽民会见了莫莫总统。8日，两国政府签署了中国政府向塞拉利昂政府提供贷款的协定等文件。

7月6日—14日　国务院召开三峡工程论证汇报会。会议决定将可行性报告提请国务院三峡工程审查委员会审查。在三峡工程审查委员会审查后，将报请中共中央、国务院审议。在中共中央、国务院审议后，再报请全国人民代表大会审定。这次汇报会是在1986年6月以来，对三峡工程可行性进行重新论证的基础上进行的。14日，江泽民、李鹏等会见与会专家，李鹏在会上宣布了国务院三峡工程审查委员会名单，邹家华为审委会主任。

7月7日—26日　上海市市长朱镕基率中国市长代表团访问美国。访问期间，朱镕基一行会见了包括美国副国务卿伊格尔伯格、金米特、参议院共和党领袖多尔、总统国家安全事务助理斯考克罗夫特在内的政府官员、国会议员和工商界人士；美国前总统尼克松和前国务卿基辛格先后会见了朱镕基一行。

7月8日—15日　全国财政会议在北京召开。国务委员兼财政部长王丙乾在会上讲话说，由于工业生产回升缓慢，市场结构性疲软没有明显好转，财政支出控制不严，致使上半年国家预算执行情况不够理想，国家财政面临的形势仍然比较严峻。为此，他强调必须坚持财政、信贷“双紧”的方针。14日，李鹏在听取汇报时指出，要继续贯彻从严从紧的方针，确保国家预算任务的完成。会议确立以促产增收、严控支出、加强检查、深化改革的办法，确保今年财政收支任务的完成。

7月11日　新华社报道：国务院发出《关于加强国有资产管理工作的通知》。通知要求加强国有资产管理工作。要求在全国范围内有计划地开展对国有资产的清产核资工作，弄清“家底”；坚决防止和纠正损害国有资产产权的行为；完善企业的国有资产产权管理机制，深化企业改革，新一轮承包要确保国有资产完整和增值。

同　日　江泽民电贺戈尔巴乔夫再次当选为苏共中央总书记。戈尔巴乔夫是10日在苏共28大上再次当选为苏共中央总书记的。

7月12日　国务院清理“三角债”会议宣告，至6月底，各省区市的“三角债”已清理784亿元，缓解了当前企业资金紧张的状况，促进了上半年的经济发展。国务院决定，从8月1日起，开展全国范围清理“三角债”工作。

同　日　中国科学院宣布中科院上海冶金所在高临界温度超导体的研究中取得突破性进展，液氮温度强磁场下临界电流创造国际最高水平。

7月14日　李铁映在石家庄陆军学院举行的北京大学军政训练学

生结业典礼上讲话时宣布国务院决定：北京大学和复旦大学新生今年将分别到石家庄陆军学院等4所军事院校试行为期1年的军政训练。

7月16日　中国新研制的大推力火箭——“长征二号”捆绑式运载火箭在西昌卫星发射中心发射成功。这次试验发射，是为适应中国航天事业的发展和为国际空间技术服务而进行的，发射时为巴基斯坦搭载了一颗小型科学试验卫星。它的试验成功，表明中国已具有发射重型卫星能力。当天，国务院、中央军委致电表示祝贺。江泽民、李鹏、聂荣臻也分别致贺。18日，中国长城工业总公司负责人宣布，大推力火箭将提供国际服务。

同　日　新华社报道：中国—加拿大联合恐龙考察队日前在新疆准噶尔盆地发现世界迄今最大的恐龙头骨化石。据推测，这只恐龙全长应为30余米。

7月19日—26日　全国人大常委会副委员长彭冲率全国人大代表团访问苏联。访问期间，苏联最高苏维埃主席卢基扬诺夫会见彭冲副委员长。

7月20日—26日　江泽民考察西藏。考察期间，江泽民指出，为了加快西藏的经济发展，党中央和国务院将继续对西藏实行特殊政策和灵活措施。在谈到今后西藏的工作时，江泽民强调指出，应继续把稳定局势放在首要位置。对于境内外分裂主义分子制造事端，骚扰社会安宁的行为，必须采取坚决有力的措施给予打击。关于西藏的经济建设，江泽民指出，在当前和今后一个时期内，主要是做好打基础的工作。要下大力气抓好农牧业生产，抓好能源、交通建设和人才的培养，逐步把资源优势变为经济优势。江泽民还指出，坚持党的领导，是西藏革命和建设事业取得胜利的根本保证。他要求搞好各级领导班子的建设，搞好党风建设和廉政建设，加强党同人民群众的联系，搞好西藏各项事业。在谈到人才培养问题时，江泽民要求西藏各级党政组织和各级领导一定要把智力开发，发展教育，培养人才，提高西藏各族人民的科学文化素质，提高到战略地位来认识和对待。访问期间，江泽民接见了一些民族、宗教界爱国人士。他指出，继续全面正确地贯彻党的民族、宗教政策，对于加强民族区域自治，团结各族各界人士，调动一切积极因素，实现西藏的长治久安，促进国民经济的发展，至关重要。考察期间，江泽民还接见了一些内地援藏人员，看望了在边防哨卡工作的解放军干部战士、武警及公检法干警，并检阅了解放军驻藏部队。

7月21日　北京正负电子对撞机正式通过国家验收，其性能达到80年代国际先进水平。这项工程于1984年10月由邓小平亲自奠基，破土动工，1987年11月完成总体设备安装，1988年10月实现正负电子对撞，总投资为2.4亿元。它的成功，使中国高能物理研究进入世界高能物理研究的前沿水平。

7月22日　“闽平渔5540号”事件发生。台湾军事当局以极不人道的方式遣返私自渡海入台的祖国大陆同胞，将被遣返的祖国大陆同胞关在封住舱盖的船舱里，致使25人因缺氧窒息死亡。

7月23日—29日　乔石考察新疆。考察期间，乔石指出，地处祖国西北边疆的新疆维吾尔自治区，战略地位十分重要。当前，新疆的政治、经济形势是稳定的。他希望各级党政领导坚持党的基本路线，进一步密切同人民群众的联系，不断巩固和加强各民族的大团结，坚持反对民族分裂主义，努力把新疆的各项工作搞得更好。

7月27日　王震受江泽民、杨尚昆、李鹏等委托，专程到黑龙江慰问黑龙江省复转官兵、农垦职工、支边青年、科技人员和驻东北地区部队指战员。王震在讲话中说，广大复转官兵、支边青年和科技人员在东北边疆所创建的光辉业绩，已载入共和国辉煌建设成就的史册。王震勉励边疆军民始终不渝地坚持四项基本原则，毫不动摇地坚持改革开放的总方针，坚持改革开放的社会主义总方向，大力发扬艰苦创业的革命精神，搞好社会主义现代化建设。王震还说，以江泽民为核心的中国共产党的第三代最高领导集体是坚强有力的，他们继承了以毛泽东、邓小平为核心的第一、二代最高领导集体的优良传统，赢得了全党、全军和全国各族人民的衷心拥护和信赖。会后，28日—8月4日，王震到三江平原、完达山区，亲切慰问北大荒的开拓者和建设者。

7月30日　中国民航发言人就中国台北体育代表团出席亚运会包

机一事发表谈话。中国民航发言人指出，中国民航历来主张两岸尽早实现直航，为办好亚运会，也赞同台北体育代表团乘坐中国自己航空公司的飞机直飞北京。两岸间的航空运输属于中国国内航线。外国航空运输不得经营中国国内运输。台湾当局为两岸直航制造障碍，实为不智之举。但为使两岸交流发展，也使台湾地区运动员参赛，为中华民族争光，作为特例，同意包机运载台北体育代表团到北京参赛。

8月6日—14日　李鹏总理访问印度尼西亚、新加坡和泰国。6日—11日，李鹏访问印尼，这是自1965年以来中国领导人首次访问印尼。访问印尼期间，李鹏分别会见了苏哈托总统和苏达莫诺副总统，并同苏哈托总统进行了会谈。两国外长举行了会谈。8日，两国政府签署了关于恢复外交关系的谅解备忘录，宣告中断了23年之久的两国外交关系从当天开始正式恢复，同时还签署了正式复交后的第一个贸易协定，决定相互给予对方最惠国待遇。同日，李鹏在雅加达举行记者招待会，并在印尼方面举行的印尼和中国复交报告会上发表重要讲话，高度评价中国和印尼复交的现实意义和深远影响。11日—13日，李鹏访问新加坡。访问期间，李鹏在李光耀总理举行的欢迎宴会上说："在两国业已存在的友好合作关系的基础上建立正式友好关系，既是中新两国人民的共同愿望，也是历史发展的必然。"李鹏同李光耀总理举行了会谈，就双边关系、柬埔寨问题及国际局势深入交换了意见。李鹏还拜会了黄金辉总统，会见了吴作栋第一副总理。13日，中新两国发表了联合新闻公报，双方同意尽快完成两国建交谈判。13日—14日，李鹏对泰国进行了工作访问。访泰期间，李鹏同泰国总理差猜·春哈旺举行了会谈。两国外长举行了会谈。双方就柬埔寨问题进行了深入讨论。17日，《人民日报》以《中国同东盟关系的新篇章》为题，发表社论，祝贺李鹏访问东盟三国圆满成功。

8月9日　原监察部副部长、党组副书记刘景范在北京逝世。刘景范，陕西志丹县人，1910年生。1928年秋投身革命，1930年加入中国共产党，历任红二十六军二团团长，陕甘边区军事委员会主席，陕甘省苏维埃政府主席兼军事部部长，中共陕甘宁省委书记，陕甘宁边区政府民政厅长、代主席等职。新中国成立后，刘景范曾任政务院人民监察委员会第一副主任、党组书记，中华人民共和国监察部副部长、党组副书记。1955年—1962年，刘景范任地质部副部长、党组成员。“文化大革命”期间，他受到康生、“四人帮”的迫害，被捕入狱达7年之久。1978年平反后，任民政部副部长、党组成员。他是中共第七、八届全国代表大会代表，第一届全国人大代表，第二届全国政协委员，第五届全国政协常委。

8月11日　《人民日报》报道：中纪委就湖南省财政厅厅长瞿宝元等人受贿黄金首饰案发出通报。中共湖南省委、省纪委和省政府查处的这起案件，涉及面广，有3名厅级干部、6名处级干部和4名科级干部分别受到党纪和政纪处分。中纪委的通报指出，瞿宝元等人所发生的问题，是一起带有明显行业特点的典型案件。办事先送礼，无礼不办事，你来我往，投桃报李等行业不正之风，是当前群众意见大、反映强烈的一种腐败现象，各行各业都要以此案为反面教材，对本单位的党员干部进行一次党的宗旨、职业道德和遵纪守法教育，认真纠正行业不正之风。

8月14日　解放军军事学院政治委员刘兴元中将在北京逝世。刘兴元，1908年生，山东莒南人。1931年在江西参加中国工农红军，同年9月加入中国共产主义共青团，12月转为中共党员。历任组织科长，师政治委员，军政治委员，广州军区副政治委员、第二政治委员，中共广东省委第一书记，成都军区第一政治委员，中共四川省委第一书记，成都军区司令员，解放军军政大学、军事学院政治委员等职，1955年被授予中将军衔。他是第三届国防委员会委员，第三、四届全国人大代表，中共八大代表，中共第九、十、十一届中央委员。在土地革命战争时期，刘兴元参加了中央根据地第三、四、五次反“围剿”斗争，1934年10月随中央红军长征。抗日战争时期，刘兴元先后参加了汾离公路“三战三捷”、破袭同蒲路的战役和创建鲁南根据地的斗争。解放战争时期，刘兴元参加了四平保卫战和三下江南、四保临江等战役，参加平津战役及解放四川的战役。

8月14日—30日　首届中国国际民间艺术节在北京举行。来自亚、欧、美11国300多位民间艺术家和我国民间艺术家参加了演出。

8月16日　《人民日报》报道：中国银行副行长雷祖华等人连续接受公款宴请，3次共耗资7 000多元，经国务院批准，监察部决定给予雷祖华以行政记大过处分，对其他有关人员也作了严肃处理。

8月22日　第十一届亚运会火炬点火仪式在北京举行。江泽民点燃了第十一届亚运会的第一支火炬，亚运会组委会执行主席伍绍祖从江泽民手中接过火炬，点燃了将运至海口、乌鲁木齐、拉萨和哈尔滨的4支主火炬。

8月23日—30日　中共中央政治局委员、国务委员兼国防部长秦基伟上将率中国军事友好代表团访问朝鲜。

8月27日—29日　塞浦路斯共和国总统瓦西利乌访问中国。访华期间，杨尚昆会见了瓦西利乌总统；李鹏同瓦西利乌总统举行了会谈，钱其琛外长会见了随同瓦西利乌总统来访的塞浦路斯外长雅克夫，双方就当前海湾局势和如何解决塞浦路斯问题深入交换了意见。29日，双方签署了中塞两国政府海运协定。

8月29日—9月5日　日本政治家金丸信访问中国。访华期间，江泽民、杨尚昆、李鹏、邓颖超分别会见了金丸信一行，双方就发展中日友好关系和台湾问题交换了意见，中国领导人希望金丸信发挥他在日本、台湾的威望和影响，促进中日友好和中国统一，金丸信表示愿在中国统一问题上发挥桥梁作用。

8月31日—9月2日　苏联外长谢瓦尔德纳泽访问中国。访华期间，钱其琛外长和谢瓦尔德纳泽外长在哈尔滨市举行会晤，双方讨论了海湾问题、柬埔寨问题、阿富汗问题和双边关系，并就中国在苏联的哈巴罗夫斯克、苏联在中国的沈阳尽快互设总领事馆问题达成协议。

9月1日　沈大高速公路正式通车。沈（阳）大（连）高速公路始建于1984年，是中国大陆兴建最早的一条高速公路，也是包括台湾在内的中国领土上目前最长的高速公路，全长375公里，共计投资人民币22亿元。

同　日　乌鲁木齐西—阿拉山口铁路通车。江泽民出席通车典礼。12日，中国兰新铁路与苏联土西铁路完成接轨，举世瞩目的第二座欧亚大陆桥全线贯通。这条大陆桥，东起中国连云港，通过中西部边境阿拉山口，与苏联的友谊站接轨，西至荷兰鹿特丹港。它横跨欧亚两大洲，连接太平洋和大西洋，穿越中国、苏联、波兰、民主德国、荷兰等国，全长约1万多公里，在中国境内铁路4 100多公里，横贯中国中部5省区。

9月3日　中国第二颗“风云一号”试验气象卫星在太原卫星发射中心由“长征四号”运载火箭发射成功。

9月7日—9日　美国前国务卿基辛格博士访问中国。访华期间，江泽民、杨尚昆、李鹏、李瑞环等会见基辛格博士，双方就中美关系等一系列重大问题坦诚交换了意见。中国领导人希望通过中美双方的共同努力，尽快恢复中美之间的正常关系，希望美方的步子更大些、更快些，采取切实的措施，加速两国关系恢复的进程。基辛格博士说，他这次来中国，就是为了推动中美关系的恢复和发展。

9月11日　原全国人大副委员长、全国妇联名誉主席蔡畅在北京逝世。蔡畅，湖南双峰县人，1900年生。1919年赴法勤工俭学。1922年在法国参加中国社会主义青年团旅欧支部，1923年转为中共正式党员。1924年，转入苏联莫斯科东方共产主义劳动大学学习。1925年回国，她担任中共两广区委妇委副书记，同时担任国民党中央妇女运动讲习所主任。大革命失败后，蔡畅先后在上海、香港任中共中央妇委委员，在中共广东省委妇女部工作，在白色恐怖下坚持地下斗争，当选为中共六届候补中央委员。1931年底，先后任中共江西省委组织部部长、白区工作部部长兼妇女部部长，江西省工农检查委员会主席。1934年1月，当选为中华苏维埃共和国中央执行委员。后随中央红军长征。到达陕北后，历任中共陕甘省委统战部部长、组织部部长、中共庆阳中心县委书记等职。抗日战争时期，蔡畅任中共中央妇委书记。当选为七届中共中央委员。解放战争时期，她兼任中共中央东北局妇委书记。1946年当选为国际民主妇女联合会理事。1947年她出席在布拉格召开的国际民主妇联理事会议。1948年，蔡畅率中国妇女代表团出席在布达佩斯召开的第二次国际妇女代表大会，在会上当选为国际民主妇女联合会副主席。1949年12月，她组织领导了在北京召开的亚洲妇女代表会议。新中国成立后，蔡畅长期担任党和国家的领导职务。她是中共第八、九、十、十一届中央委员，第一、二、三届全国人大常委会委员，第四、五届全国人大常委会副委员长。为社会主义革命和建设事业做出了巨大贡献。新中国成立后，她连续担任中华全国妇女联合会第一、二、三届主席，第四届名誉主席。1980年，蔡畅响应中共中央废除干部职务终身制的号召，主动辞去党内外一切职务。

9月12日—15日　中国政府代表团和新加坡政府代表团就两国建立外交关系问题在北京举行会谈，达成一致意见。双方商定建交公报将由两国外长签署。

9月17日　大庆30万吨乙烯工程通过国家验收，1991年元旦正式投产。这项工程是国家“七五”期间重点项目，从1978年开始建设。

同　日　清华大学5兆瓦低温核供热堆通过国家验收。这是世界上第一座投入运行的具有安全性的压力壳式低温核供热堆，是一项具有国际水平的重大科技成果。这座核供热堆是由清华大学核能技术研究所设计建造的。

9月19日　海峡两岸参加亚运会的体育运动员在北京饭店举行联欢会。中国代表团团长袁伟民说，这是两岸体育运动员互相了解和学习的机会，是为伟大的中华民族对世界体育做出更大贡献而共同努力的一次机会。中国台北代表团团长张丰绪说，中国只有一个，海峡两岸都是中国的一部分，在血浓于水的民族感情下，通过体育、文化的交流，能迈入融合的大道。

9月20日　十世班禅经师、塔尔寺第十三世嘉雅·洛桑丹白坚赞活佛在青海西宁逝世。嘉雅·洛桑丹白坚赞活佛，1916年生于青海海晏县，蒙古族人。5岁时被选为塔尔寺十二世嘉雅活佛的转世灵童，后被推举为十世班禅的副经师，为十世班禅传道授业，并协助十世班禅处理重大事务，是一位宗教学识渊博的知名爱国活佛。他生前是第七届全国政协委员、中国佛教协会副会长、青海省第六届政协副主席、青海省佛教协会副会长。

9月20日—23日　巴基斯坦总统伊沙克·汗访问中国。访华期间，杨尚昆欢宴伊沙克·汗总统；李鹏同伊沙克·汗总统举行会谈，双方就海湾问题等交换了意见；江泽民、李先念和万里分别会见伊沙克·汗总统。22日，伊沙克·汗总统出席第十一届亚运会开幕式。23日，中巴签署了两国政府文化协定1990—1991年执行计划、中国政府向在巴基斯坦境内的阿富汗难民赠送物资的换文等文件。

9月21日　原全国人大副委员长、国务院副总理、中央军委副主席徐向前元帅在北京逝世。徐向前，山西五台县人，1901年生。1924年考入黄埔军校第一期。1927年3月加入中国共产党。大革命失败后，参加广州起义，后转往海陆丰，先后任工农革命军第四师第十团党代表、师参谋长、师长等职，坚持东江地区的游击战争。1929年6月，受中共中央军委委派，赴鄂东北组织武装斗争，先后任工农红军第三十一师副师长，中共鄂豫边特委委员，鄂豫边革命委员会军委主席。他指挥红军先后粉碎国民党军队的三次“围剿”。1930年春，他任红军第一军副军长兼第一师师长。1931年初，任红军第四军参谋长。7月，任红军第四军军长。11月，当选为中华苏维埃共和国中央革命军事委员会委员，任红四方面军总指挥。1932年，在他的指挥下，红四方面军主力长驱3 000里，胜利突入四川，开辟了川陕革命根据地。接着，他指挥部队粉碎了国民党军的围攻，壮大了红军，巩固了根据地。1934年2月当选为中华苏维埃共和国中央执行委员。长征中，红一、四方面军会师后，徐向前任红军前敌总指挥部总指挥，为维护党和红军的团结做出了特殊贡献。会宁会师后，奉命率红四方面军一部西渡黄河。西路军组成后，任西路军军政委员会副主席兼西路军总指挥，率部血战河西走廊，有力地策应了河东红军的战略行动。抗日战争爆发后，先后任中共中央革命军事委员会委员，八路军第一二九师副师长，八路军第一纵队司令员，陕甘宁晋绥联防军副司令员兼参谋长，抗日军政大学校长。他与刘伯承、邓小平等一起领导开辟晋冀豫和冀南抗日根据地；统一指挥山东、苏北、皖北八路军，坚持和发展敌后游击战争；培养了一大批抗日军政人才。解放战争时期，徐向前先后任晋冀鲁豫军区副司令员，华北军区副司令员兼第一兵团（后改称第十八兵团）司令员兼政委，太原前线司令部司令员兼政委，中共太原前线总前委书记，指挥了运城、临汾、晋中、太原战役。新中国成立后，历任中国人民解放军总参谋长、中央人民政府人民革命军事委员会副主席、国防委员会副主席。1955年被授予中华人民共和国元帅军衔。1965年起，任第三、四届全国人大常委会副委员长。“文化大革命”期间，同林彪、江青反革命集团进行了坚决的斗争。1966年—1987年任中共中央军委副主席，长期主管空军、防空军和民兵工作。1978年—1980年，任国务院副总理兼国防部长。1983年6月—1988年4月，任中华人民共和国中央军委副主席。是中共第七至第十二届中央委员，在中共八届十一中全会上被补选为中共中央政治局委员，是第十一、十二届中共中央政治局委员。

同　日　全国人大常委会副秘书长孔原在北京病逝。孔原，江西萍乡人。1924年加入中国社会主义青年团，1925年转入中国共产党。大革命失败后，他参加南昌起义。曾任中共中央组织部干事、秘书、组织局组织部部长，中共中央驻北方代表，共产国际互济会主席团委员。抗日战争时期，先后任中共中央社会部副部长，中共西北工作委员会委员，中共中央职工运动委员会委员，中共西南工作委员会书记，中共中央南方局委员、组织部部长。解放战争时期，历任中共沈阳市委书记兼保安司令部政治委员，中共延边地委书记兼军分区政委，中共吉林和抚顺市委书记。新中国成立前后，曾任中共中央财经委员会委员，政务院财政委员会委员，海关总署署长。后任对外贸易部副部长，国务院外事办公室副主任。1975年，出任总参谋部某部政治委员、总参谋部顾问。1983年，他参与了国家安全部的组建工作。是中共第六、第八届候补中央委员，第十一届中央委员。在中共第十二大上当选为中顾委委员。还曾任第三届全国人大常委会委员，第五届全国人大常委会副秘书长，第三、第五届全国政协常委。

同　日　国务委员、国家专项粮食领导小组组长陈俊生在武汉召开的国家专项粮食储备工作会议上，宣布国务院决定建立专项粮食储备制度。这一决定是9月12日国务院常务会议作出的，其主要内容包括：按规定的保护价敞开收购农民手中的余粮，根本缓解“卖粮难”的问题；确保收购资金；多渠道解决仓储问题；成立国家专项粮食储备领导小组和由国务院直属的国家专项粮食储备局。

9月21日—22日　江泽民、杨尚昆、李鹏和万里等分别会见国际奥委会主席萨马兰奇和夫人及国际奥委会委员和亚奥理事会领导人。中国领导人希望在2000年举办奥运会，萨马兰奇表示支持。22日，萨马兰奇参加了第十一届亚洲运动会开幕式。

9月22日—10月7日　第十一届亚洲运动会在北京举行。这是中国举办的第一次综合性的国际体育大赛，也是亚运会诞生以来的40年间第一次由中国承办。来自亚奥理事会成员的37个国家和地区的体育代表团的6 578人参加了这届亚运会。代表团数和运动员数都超过前10届。应亚奥理事会代表的邀请，杨尚昆主席宣布亚运会开幕，第十一届亚运会组委会主席陈希同在开幕式上致辞。江泽民、李鹏、万里等和国际体育组织负责人出席亚运会的开幕式和闭幕式，一些国家的领导人也出席了开幕式和闭幕式。经过15天的激烈角逐，有25个国家和地区的选手夺得本届亚运会的奖牌，其中15个国家和地区的运动员夺得了金牌。中国获得金牌183枚，居金牌总数第一，南朝鲜和日本名列第二和第三，分别获得金牌54枚和38枚。7日，中共中央和国务院分别致信亚运会组委会和中国体育代表团，祝贺第十一届亚运会圆满成功和中国选手取得优异成绩，贺信中称：“亚运会的成功，是我国政治稳定、社会安定、经济发展的结果，是全国各地区、各部门社会主义大协作的产物。”贺信号召弘扬“无私奉献、艰苦奋斗、团结协作、争创一流”的亚运精神，为实现2000年国民生产总值翻两番的目标奋斗。

9月24日　杨尚昆主席会见台湾《中国时报》总编辑黄肇松一行，畅谈和平统一。杨尚昆指出，台湾的出路在于祖国统一，而实现祖国统一的最好的办法是“一国两制”，两岸生活水平的差异，并不能成为拖延国家统一的一个理由。杨尚昆说，我们是主张“三通”的，“三通”对两岸双方沟通很有益处，“三通”的目的是要逐步消除相互之间的对立情绪，增进彼此共识。谈到如何实现“一国两制”时，杨尚昆指出，应由国共两党平等地无条件地和平谈判，目前最重要的是需要沟通，建立能代表双方直接谈判的渠道。杨尚昆说，我们绝不能承认台湾与大陆是平等的两个政府，因为这就成了两个中国了。要统一，中国政府一定是在北京，是中华人民共和国。我们不承诺放弃使用武力，以武力阻止台湾的分裂，这主要是对外国讲的，是对某些想拿走台湾的国家讲的。他希望新闻界、舆论界多做沟通工作，增强两岸的互信和共识。对台湾，我们一是寄希望于台湾当局，一是寄希望于台湾民众。两方面都要多来往，多沟通。

同　日　李鹏会见来北京参加第十一届亚洲运动会开幕式的越南部长会议主席武元甲。这是中越关系处于不正常状态10多年来到中国的第一位越南领导人。9月19日，全国政协副主席谷牧会见武元甲，双方都表示希望中越关系正常化。22日，武元甲一行出席第11届亚洲运动会开幕式。

9月30日　李鹏在庆祝中华人民共和国成立41周年招待会上发表讲话。江泽民、杨尚昆、李鹏、万里、李先念、乔石、姚依林、宋平、李瑞环等与各界人士以及外宾1 100多人参加了招待会，李鹏在讲话中指出，社会主义中国前途光明，充满无限希望。他说，1年多来，各条战线、各项事业都获得了新的发展，现在，全国政治稳定，社会稳定，人民安居乐业。在今后的10年中，我们将坚定不移地贯彻执行国民经济长期持续、稳定、协调发展的方针，保证实现中国经济发展的第二个战略目标。为实现这一目标，在今后10年中经济将大体保持6%左右的增长速度，同时要深化改革，进一步扩大对外开放，逐步建立计划经济与市场调节相结合的运行机制，积极发展外向型经济。他在讲话中还谈到了“一国两制”和平统一祖国问题和国际形势与外交方面的新进展。

10月2日　厦门航空公司一架客机失事。在从厦门飞往广州途中厦门航空公司的一架客机被歹徒劫持，在广州白云机场着陆时失控偏离跑道，撞坏两架停机坪上的飞机后起火烧毁，造成死亡120人，伤53人。当天下午，李鹏飞抵广州，对善后处理作了重要指示。9日，中国民航局发言人就“10·2”劫机事件发表谈话，指出事件也暴露了机场和航空公司在管理上存在的问题，决定对有关机场和航空公司进行整顿，要严格执行安全第一的方针，在任何情况下首先要保证乘客的生命安全。民航局发言人还对台湾当局近日明确宣布今后不再向劫机犯提供政治庇护决定表示欢迎。

10月2日—8日　应邀前来参加第十一届亚洲运动会开幕式的马来西亚最高元首、亚洲曲棍球联合会主席沙阿陛下访问中国。他是自1974年中马建交以来访问中国的第一位马来西亚最高元首。

10月3日　钱其琛外长和新加坡外长黄根成在联合国分别代表两国政府签署联合公报，宣布从即日起建立外交关系。同日，钱其琛在纽约说，中新建交使中国与东盟国家的关系进入全面发展的阶段。

10月4日　中国代表团团长、外交部长钱其琛在参加第四十五届联合国大会期间谈中美关系。钱其琛在出席纽约对外关系委员会为他举行的午餐会时发表讲话，着重阐述了中国对改善中美关系的有关立场、观点和政策。他说，中国认为中美关系对当今世界具有非常重要的意义。中国和美国是太平洋两岸的两个大国，从地缘政治和地缘经济的角度看，中美之间的共同利益远远大于分歧。钱其琛说，中国方面认为，处理好中美关系的关键在于坚持中美3个联合公报的指导原则，特别是互相尊重主权和领土完整、互不干涉内政的原则。中国坚持社会主义制度和改革开放政策，任何将外国的社会制度、价值观念强加于中国的做法，都是天真的、绝对不会被接受的。中国需要稳定，世界需要一个稳定的中国，钱其琛指出，美国继续保持对中国的制裁等于限制了自己，对美国并不有利。他希望美国方面采取更加主动积极的措施，恢复和发展双边的正常关系。

同　日　台湾“内政部”境管局副局长刘蓬春谈“劫机到台”问题。刘蓬春表示，劫机行为严重危害航空安全，今后凡劫机到台者不论是否以“反共”为名，均将予以强制遣返。

10月5日　《人民日报》报道：国务院正式批复《1989—2000年全国造林绿化规划纲要》。纲要要求12年内我国森林覆盖率由现在的12.98%提高到17.1%。

同　日　酒泉卫星发射中心用“长征二号”运载火箭成功发射一颗科学探测卫星。这是中国成功发射的第30颗人造卫星。

10月6日　外交部西欧司负责人约见德国驻华大使，就德国总统魏茨泽克10月4日在柏林会见达赖喇嘛一事向德方提出严正交涉。西欧司负责人指出，西藏是中国领土不可分割的一部分，西藏问题纯属中国内政。德国总统出面会见达赖，这是对达赖鼓吹西藏独立、分裂祖国、破坏民族团结的政治活动的公开支持，是对中国内政的粗暴干涉。

10月11日—17日　李瑞环在陕西强调"扫黄"与"除六害"必须紧密结合。在考察中，李瑞环就全国"扫黄"工作发表意见。他指出，一年来全国"扫黄"工作取得了很大成绩，有了一个良好的开端，但要正视存在的问题。各级党政领导要有高度的责任感和紧迫感，充分认识"黄毒"是"六害"滋长的条件和基础，"六害"的肆虐又助长了"黄毒"的流传和泛滥，"黄毒"不扫，"六害"难除，"六害"不除，"黄毒"难禁。因此，必须采取有力措施，在实际工作中把"扫黄"和"除六害"有机地结合起来，将"扫黄"斗争引向深入。

10月12日—17日　全国检察机关第二次反贪污贿赂侦察工作会议在北京召开。据会议提供的材料，1990年1月—8月，全国检察机关共立案侦察贪污、贿赂案件4.5万多件，比上年同期增长70%，其中万元以上的贪污、贿赂大案1.3万多起，百万元以上的特大案件24起。17日，最高人民检察院检察长刘复之在会议上讲话，他要求各级检察机关突出抓大案要案，结合本地区的实际情况，发动群众，逐步形成反贪污贿赂的气候，把全国的反贪污贿赂斗争引向深入。最高人民检察院副检察长张思卿在会上讲话指出，反贪污贿赂斗争，必须牢固树立长期作战的思想，要把发案多、群众反应强烈的行业和基层执法部门作为重点，要继续坚持一要坚决，二要慎重，务必搞准的方针，要重视通过办案为经济建设服务的思想。

10月13日—17日　中国少年先锋队全国代表大会在北京举行。来自56个民族的495名少先队员、辅导员参加这次会议。江泽民、杨尚昆、万里、姚依林等到会祝贺。江泽民在会上作了题为《向赖宁学习，做社会主义事业接班人》的祝词。他在祝词中说：下个世纪推进我们的社会主义现代化建设，实现祖国繁荣富强和社会主义全面进步的历史重担，将落在你们这一代肩上，党和人民对你们寄予殷切的期望。他希望少先队举起赖宁这面旗帜，引导千千万万少年儿童像赖宁那样成长。共青团中央第一书记宋德福代表共青团中央、国家教委向会议表示祝贺。李先念、邓颖超分别致信全国少代会队员代表，希望他们发扬“人民的利益高于一切”的精神，做赖宁式的好少年。共青团中央书记、全国少工委主任李源潮14日在会上作了题为《为培养社会主义事业接班人加紧工作》的全国少代会工作报告。15日，大会通过了李源潮的工作报告及新的《中国少年先锋队章程》。16日，举行中国少先队全国委员会第一次会议，李源潮当选为全国少工委主任。曹东新、姬君式、温愉新为副主任。17日，江泽民和出席会议的部分少先队工作者座谈，江泽民在座淡中指出，我们的下一代能否承担起继往开来的历史使命，能否把社会主义的旗帜一代又一代地高举下去，直接关系到党和国家的前途和命运。他提出，要从小培养少年儿童爱祖国、爱社会主义的思想感情，要使他们了解中国的近代史、国情、民族的优秀传统和革命的光荣传统。他还强调，培养教育下一代，社会各方面都有义不容辞的责任，全社会要形成关心少年儿童的良好风尚。17日，大会闭幕。大会号召，全体少先队员要响应中共中央的号召，进一步向赖宁学习，从小做党和人民的好孩子，长大做社会主义事业的接班人；全体少先队工作者要有长远的眼光，坚韧的毅力，踏实的作风，为培养社会主义事业接班人加紧工作。

10月14日　新华社报道：国家体改委主任陈锦华答记者问时说，经济体制改革将向深层次推进。陈锦华说，当前国家体改委的工作，主要是集中力量研究和拟定经济体制改革“八五”规划和10年基本设想，其核心是研究如何建立与社会主义有计划商品经济相适应的计划经济与市场调节相结合的经济运行机制。坚持计划经济对于我们这样一个大国来讲，是体现社会主义制度优越性的方向性问题。对此，我们决不能动摇。计划经济与市场调节相结合，是改革的核心，是个大问题，符合社会主义方向，符合中国国情，是深化改革必须坚持的指导原则，无论生产、流通，还是分配、消费领域，都要贯彻和体现这一原则，当然结合的方式是灵活多样的。深化改革，要围绕这一个中心问题，经过综合配套改革，逐步建立起同计划经济与市场调节有机结合的运行机制相适应的企业经营制度、市场体系和宏观调节体系。陈锦华还就深化企业改革、发展市场体系、建立健全宏观调控体系、加强国家体改委机关建设问题发表了意见。

10月15日　新华社报道：中共中央、国务院作出决定，要求坚决制止乱收费、乱罚款和各种摊派。"决定"指出，近几年来，一些地区和部门出现的乱收费、乱罚款和各种摊派（简称"三乱"）屡禁不止，日趋严重，已成为一个尖锐的社会问题，群众对此反映十分强烈。因此必须下大决心对"三乱"进行综合治理，坚决加以制止。为此，中共中央和国务院作出如下决定：一、统一思想，提高认识，增强制止"三乱"的紧迫感。各级党政机关和有关部门，一定要把制止"三乱"提到端正党风、加强廉政建设、密切党群干群关系的高度来认识，把制止"三乱"与纠正行业不正之风、清除腐败现象结合起来，作为治理经济环境、整顿经济秩序的一项重要内容，认真加以解决。二、对现有的收费、罚款、集资项目和各种摊派进行全面的清理整顿。三、严格审核收费、罚款、集资项目的标准。四、坚决禁止各种形式的摊派。五、明确部门职责和管理权限，加强项目审批管理。六、建立健全收费、罚款和集资的财务、票证管理制度。七、精简机构，压缩人员，努力减少各种收费。八、切实加强监督检查。九、大力加强执法队伍的建设，努力提高执法人员的素质。十、切实加强对治理"三乱"工作的领导。党中央、国务院决定成立治理"三乱"领导小组，下设办公室。各省、自治区、直辖市党委、人民政府和国务院有关部门也要建立相应的领导机构。力争用1年左右的时间把这项工作基本搞完。

同　日　文学家俞平伯在北京逝世，终年91岁。俞平伯，浙江德清人。是浙东学派国学大师俞樾之后，家学渊源甚深。1919年毕业于北京大学，先后在浙江第一师范学校、上海大学、北京外国语学校、燕京大学、北平大学女子文理学院、北京大学、清华大学、中国大学等院校执教多年。新中国成立后，俞平伯曾任北京大学教授、校务委员，首届全国文联委员，民间文艺研究会理事，中国社会科学院文学研究所研究员。他还是第一、二、三届全国人大代表，全国政协委员，九三学社中央委员。

10月16日　新华社报道：中国第一座核反应堆在反应堆工程研究设计院建成并达到临界。这表明中国已成为继美国之后世界上第二个掌握这种新堆型设计与制造技术的国家。

10月16日—24日　新加坡总理李光耀访问中国。这是自10月3日中新建交以后新加坡总理的首次访华，也是李光耀总理第5次对中国进行友好访问。访华期间，李鹏欢宴李光耀总理并同他举行会谈，就海湾危机、柬埔寨问题及双边关系问题交换了意见，达成了广泛的一致。杨尚昆、江泽民先后会见李光耀总理。

10月18日　外交部发言人在新闻发布会上严正指出，钓鱼岛是中国固有领土。发言人指出，日本右翼团体在岛上设置航标灯是侵犯中国主权的行为，并要求日本政府立即采取有效措施，迅速制止日本右翼集团的上述活动，防止类似事件再度发生。22日，外交部发言人重申，钓鱼岛是中国固有领土，日本政府出动舰艇和飞机进入钓鱼岛海域并阻拦台湾省渔民是毫无道理的。中国政府强烈要求日本政府停止在钓鱼岛及其海域的一切侵犯中国主权的活动。25日，外交部发言人再次指出，最近钓鱼岛发生的事情完全是日方挑起的，责任应由日方承担。

10月18日—28日　瓦努阿图总统蒂马卡塔访问中国。

10月22日　中共中央政法委员会召开电话会议，部署继续深入开展“严打”斗争。中共中央政治局常委、中央政法委员会书记乔石在会上讲话，首先肯定了今年5月在全国开展的严厉打击严重刑事犯罪活动的斗争取得了显著成效，对维护大局的稳定，对保卫举世瞩目的第十一届亚运会和41周年国庆节的安全，起到了非常重要的作用。接着他指出，治安形势仍然相当严峻，从思想上到工作上都决不能有丝毫的松懈。他要求各地认真研究当地的治安情况，把“严打”斗争继续深入地开展下去。他还要求，在坚持“严打”的同时，必须十分重视社会治安综合治理，真正做到打防并举，标本兼治，从根本上争取社会治安进一步稳定和好转，中央政法委员会副书记、最高人民法院院长任建新在会上介绍了“严打”斗争所取得的成绩，并指出，在今后若干年内，“严打”决不能放松。

10月22日—26日　全国“扫黄”工作会议在北京举行。22日，中共中央宣传部副部长、全国整顿清理图书报刊和音像市场工作小组组长刘忠德在会上作了题为《提高认识加强领导，深入持久开展“扫黄”斗争》的报告。他在报告中回顾了一年来“扫黄”斗争的主要成绩和基本经验，同时还指出了“扫黄”工作中的问题，并对今后的“扫黄”作了部署。他明确表示，要采取坚决措施，继续深入开展“扫黄”斗争。他说，根据中央指示，今冬明春在全国范围内再组织一次“扫黄”的集中行动，狠狠打击制黄、贩黄和非法出版的犯罪活动和犯罪分子。刘忠德在报告中还强调，在坚决“扫黄”的同时，要下大力气把繁荣抓好。24日，李瑞环、丁关根和与会代表座谈如何巩固“扫黄”战果，持之以恒地把这一斗争引向深入。李瑞环在会上讲话。

10月22日—30日　中国派代表团赴平壤参加中国人民志愿军赴朝参战40周年纪念活动。由中共中央政治局委员李铁映率领的中国党政代表团、由中共宁夏回族自治区委书记黄璜率领的中国人民友好代表团、由中顾委委员、国防大学校长兼政委张震上将率领的前中国人民志愿军代表团、以二极模范一等功臣耀先为团长的前中国人民志愿军英模代表团和由胡贵友为团长的前中国人民志愿军军烈属代表团赴平壤参加中国人民志愿军赴朝参战40周年纪念活动，并进行友好访问。在朝期间，朝鲜劳动党中央总书记、国家主席金日成会见了上述5个代表团。24日，民政部、解放军总政治部联合召开座谈会，纪念中国人民志愿军赴朝参战40周年。25日，《人民日报》发表题为《鲜血凝成的伟大友谊》的社论。

10月25日—31日　江泽民在辽宁考察。考察期间，江泽民指出，20世纪最后10年，是中国经济和社会发展关键的10年，要抓紧时机，把经济搞上去。他强调说，要把经济搞上去，首先要有安定的政治局面。江泽民重点考察了一些大型骨干企业，他指出，要加速技术改造，充分发挥中央、地方、企业、职工的积极性，加快老工业基地的改造，使老基地焕发青春。在考察中，江泽民反复强调要加强党的建设，继续和发扬党的优良传统，密切党同人民群众的联系。在抚顺，江泽民还观看了雷锋事迹陈列馆，指出要在全国开展学习雷锋的活动。

10月27日　外交部副部长齐怀远紧急约见日本国驻华大使桥本恕，就钓鱼岛问题提出严正交涉。他强烈要求日本政府维护双方过去达成的谅解，立即停止在钓鱼岛及其海域采取任何单方面的行动。齐怀远还对日本政府拟向海外派兵问题表明了中国政府的立场。齐怀远说，中国政府认为日本政府的“联合国和平合作法”是日本政府在突破战后以来所奉行的军事政策方面采取的一个严重步骤，中国政府强烈希望日本政府谨慎行事。

10月30日　国家统计局发布第四次全国人口普查结果：中国总人口11.60017381亿人，其中祖国大陆人口截至1990年7月1日零时为11.33682501亿人。普查结果表明：中国人口猛增的势头已得到控制，但人口形势依然严峻；近年来文化教育事业有了较大发展，但还不能适应社会主义建设事业的要求。

10月31日　新华社报道：邓颖超由于年事已高，请求辞去中华护理学会名誉理事长、全国人大常委会副委员长职务。邓颖超历任中华护理学会第十七届至二十届理事会名誉理事长。

11月1日　新华社报道：全国大电网建设取得突出成就。目前已建成东北、华北、华中、华东、西北5个装机容量逾千万千瓦的大电网，除西北电网外，其他4个电网的装机容量都接近或超过2 000万千瓦。中国的发电量、输电量均居世界第4位。

11月2日—10日　密克罗尼西亚联邦总统哈格莱尔加姆访问中国。访问期间，两国政府签署了《经济技术合作原则协定》、《经济技术合作协定》和中国政府向密克罗尼西亚政府提供无偿援助的换文。

11月6日—12日　钱其琛外长访问埃及、沙特阿拉伯、约旦和伊拉克。访问埃及期间，钱其琛外长同正在埃及访问的美国国务卿贝克就海湾问题举行了会晤，探讨和解决海湾问题的可能性。访问4国期间，钱其琛外长同埃及总统穆巴拉克、沙特国王法赫德和外交大臣费萨尔亲王、科威特埃米尔贾比尔和王储兼首相萨阿德、约旦国王侯赛因、伊拉克总统萨达姆和外长阿齐兹、巴勒斯坦国总统阿拉法特等交换意见，力主和平解决海湾危机。

11月6日—13日　全国检察长工作会议在北京召开。来自各省、自治区、直辖市和计划单列市的检察长参加了会议。据会议介绍，1990年1—9月，全国检察机关已办结贪污贿赂案3.619万件，追缴赃款赃物折合人民币5.26亿元，比上年同期明显增多；检察机关本年侦破的大要案增多，100万元以上的贪污案件即达17件，被查出的要案中涉及县处级干部976人，厅局级干部53人，还有3人为省部级干部。最高人民检察院检察长刘复之在讲话中指出，既要充分肯定成绩，但也不要估计过高。今年立案侦察的7万多件贪污贿赂案，有一半左右是去年“两高”通告以后作案的，说明贪污贿赂的嚣张气焰还没有杀下去，因此，检察机关必须始终如一地把反贪污、反贿赂斗争作为工作重点来抓。刘复之强调指出，检察机关必须明确为经济建设服务的观点，“检察机关既是经济建设的保卫者，又是发展生产的服务员。反贪污反贿赂有利于促进经济的发展”。最高人民检察院副检察长张思卿还指出，检察机关处理案件要严格区分经济工作中必要的应酬与贪污、贿赂犯罪的界限，分清合法与不合法、罪与非罪的界限，为经济发展创造良好的环境，使办案工作取得积极的社会效果。

11月9日　鉴于尼加拉瓜政府11月6日宣布同台湾当局恢复所谓“外交关系”，中国政府决定自即日起中止同尼加拉瓜的外交关系。

11月10日—15日　全国粮食工作会议在北京召开。商业部部长胡平在会上宣布国务院决定，从本年秋粮收购开始，将合同改为国家定购，交售国家定购粮作为农民应尽的义务，必须保证完成。他强调，各级粮食部门一定要全力以赴抓好秋粮收购，在保证完成国家定购任务后要积极组织议价粮食收购，一是坚持敞开收购，二是坚持保护价，三是坚持把农民口粮、种子和饲料留足，决不准购过头粮。田纪云副总理在会上讲话指出，一些地方出现卖难、储难的问题，不是粮食太多了，而是粮食流通体制与财政、金融、价格等方面的关系没有理顺，国家粮食部门缺乏宏观调控能力造成的。他说，粮食流通体制不改革，粮食工作就没有出路。粮食流通积累的问题较多，粮食流通体制改革难度很大，十分敏感，应把握3条指导思想：一是贯彻立足国内、自力更生解决粮食问题的方针；二是必须坚持计划经济与市场调节相结合的原则；三是注意保护农民和粮食主产区利益。李鹏在与出席会议的代表座谈时强调，要动员社会力量，挖掘潜力，广开门路，解决粮食仓库不足的问题，保证把农民手中多余的粮食收起来，保管好。粮食购销要通过改革进一步调动农民生产积极性，减少国家财政补贴，理顺中央与地方、粮食调出省与调入省之间的关系，实现总量平衡。

11月11日—14日　国务院副总理吴学谦赴日本出席明仁天皇即位庆典并访问日本。在日期间，日本首相海部俊树等会见了吴学谦，就恢复和改善中日关系等问题举行了会谈。

11月12日　中国特大型化纤骨干企业仪征化纤公司全面建成投产。形成年产50万吨聚酯生产能力，占全国化纤产量的1/3，成为中国最大的化纤及其原料生产基地。

11月13日　唐山市人民政府以抗震救灾、重建唐山市、解决百万人居住问题的突出成绩，获得联合国人类住区（生境）中心颁发的“人居荣誉奖”。联合国人居中心的荣誉奖是为表彰对改善人类居住条件做出杰出贡献而设置的国际奖。唐山市是中国首次参加这一国际评奖活动并获奖的城市。

11月14日—15日　泰国总理差猜访问中国。访华期间，杨尚昆会见了差猜总理；李鹏同差猜总理举行会谈。

11月14日—16日　阿根廷总统梅内姆访问中国。访华期间，杨尚昆和江泽民先后会见了梅内姆总统；李鹏同梅内姆总统举行了会谈。15日，双方签署了3个文件：《关于促进建立合营企业的协议》、《领事条约》和《磋商制度议定书》。

11月14日—19日　印度尼西亚总统苏哈托访问中国。这是近30

年来印度尼西亚国家元首第一次访问中国。访华期间，杨尚昆欢迎并会见苏哈托总统；李鹏同苏哈托总统举行会谈，双方就柬埔寨问题、海湾局势及双边关系等问题交换了意见；江泽民会见了苏哈托总统。17日，双方签署了《关于成立经济、贸易、技术合作联委会的谅解备忘录》和《关于经济、贸易合作会谈的纪要》。

11月15日　原装甲兵副司令员程世才中将在北京逝世。程世才，湖北大悟县人。他于1930年参加中国工农红军，同年加入共青团，次年转入中国共产党。土地革命战争时期，他历任红军连政治指导员、团政委、师长兼政委、副军长、军长等职，参加了创建、巩固和发展鄂豫皖、川陕革命根据地的斗争和红四方面军的长征。1936年10月，率部参加西路军行动，血战河西走廊。抗日战争时期，他任冀热察挺进军参谋长兼十二支队司令员等职，参加了平西根据地的春季反“扫荡”和百团大战。解放战争时期，他任东北民主联军三纵司令员，南满军区司令员，安东军区、辽西军区司令员等职，为东北解放做出了重要贡献。新中国成立后，他历任公安军第一副司令员、沈阳军区副司令员、原装甲兵副司令员等职。1955年被授予中将军衔。他是中共七大、八大代表，第五届全国人大常委，在中共十二大、十三大上当选为中顾委委员。

11月15日—18日　马绍尔群岛共和国外长基吉纳访问中国，两国建立大使级外交关系。16日，钱其琛外长和基吉纳外长分别代表本国政府签署了两国建交联合公报，从即日起建立大使级外交关系。

11月18日　核物理学家戴传曾在北京逝世。戴传曾，浙江宁波人，1921年生。1942年毕业于西南联合大学。1947年赴英国留学，获博士学位。1951年回国。他曾任中国科学院物理所研究员、中国科学院学部委员，原子能研究所所长、中国原子能研究院院长、名誉院长，国务院学位委员会委员，国家核安全专家委员会副主任、核环境专家委员会副主任，核动力学会常务副理事长等职。他为新中国核事业的发展做出了重大贡献。

11月19日—25日　江泽民在广西考察。考察期间，江泽民反复强调搞好经济建设的重要意义，强调坚定不移地贯彻执行党的基本路线，他要求各级党委进一步认识经济工作的重要性，认真研究经济问题，更好地把干部和群众的力量动员和组织起来，把经济工作做得更好。考察途中，江泽民还一再强调稳定和完善以家庭联产承包为主的责任制的重要性，他说，这是农村经济持续稳定发展的根本保证。在稳定家庭联产承包责任制的基础上，要加强社会化服务，解决农民一家一户办不了或办不好的事情，把农民家庭经营的积极性和集体经济的优越性结合起来。在整个考察过程中，江泽民多次强调要搞好经济建设必须有一个安定团结的政治局面，必须加强党的领导和党的建设，必须下大工夫搞好精神文明建设。

11月23日　钱其琛外长和苏联外长谢瓦尔德纳泽在乌鲁木齐举行工作会晤。双方就当前海湾局势深入地交换了意见，相互通报了有关情况。双方主张在联合国安理会有关决议的基础上政治解决海湾危机，双方强烈呼吁并要求伊拉克军队立即无条件撤出科威特。

11月23日—28日　朝鲜政务院总理延亨默访问中国。访华期间，杨尚昆和江泽民先后会见延亨默总理；李鹏同延亨默总理举行会谈。27日，双方签署了中国政府向朝鲜政府提供经济援助的协定。

11月26日　国务院台湾事务办公室发言人就台湾成立“海峡两岸交流基金会”发表谈话。他说，对于台湾省的任何团体和个人，只要是真正推动两岸关系的发展，促进直接“三通”和双向交流，都愿意与之接触，进行讨论。谈话还强调，发展两岸关系的最终目的是实现祖国的和平统一。

同　日　深圳隆重庆祝特区建立10周年，江泽民出席招待会并讲话。江泽民在中共深圳市委和市政府举行的庆祝招待会上讲话时指出，经邓小平同志倡议，中共中央和国务院决定兴办深圳、珠海、汕头、厦门4个经济特区，是一项有远见卓识的创举。10年来，深圳和其他几个经济特区，在发展对外贸易，引进国外资金和技术，扩大对外经济合作交流中，发挥了重要的窗口和基地作用，在改革开放中发挥了排头兵作用。经济特区建设所取得的成就充分证明，创办经济特区的实践是成功的，实行改革开放的总方针是完全正确的。它从理论与实践的结合上，丰富了对建设有中国特色社会主义的认识。江泽民指出，90年代，要继续在自力更生的基础上坚持对外开放，积极发展与世界各国、各地区的经济技术合作和交流。这就要求必须把现有的5个经济特区进一步办好，把沿海开放地区发展外向型经济的事情进一步办好，把吸纳国外资金、引进先进技术、拓展对外贸易、发展国际经济合作的事情进一步办好。在新的形势和任务面前，经济特区要始终把握社会主义改革和对外开放的基本要求，不断总结经验，不停顿地将各方面的工作推向前进。总的来说，就是要求经济特区做到邓小平同志所期望的那样，充分发挥“技术的窗口、管理的窗口、知识的窗口和对外政策的窗口”的作用，与浦东的开发和开放相配合，为国家的经济振兴服务。中共深圳市委书记李灏在招待会上致词说，邓小平同志对深圳特区的建设无限关怀，并为此倾注了大量心血，在回顾经济特区10年历程的时候，深圳人民对他充满了由衷的敬意。他表示一定要按照小平同志指引的方向，把深圳经济特区建设得更加美好。

同　日　哲学家冯友兰在北京病逝。冯友兰，字芝生，河南唐河县人，1895年生。历任中州大学、广东大学、燕京大学、清华大学、西南联合大学教授。1946年赴美任宾夕法尼亚大学、夏威夷大学教授。1948年初回国后，膺选为中央研究院第一届院士及评议会委员，同年被推选为清华大学校务会议主席，主持日常工作，迎接解放。1949年被任命为清华大学校务委员会主任委员。1952年调任北京大学教授。他还在1947年获美国普林斯顿大学名誉博士，1952年获印度德里大学名誉文学博士，1982年获美国哥伦比亚大学名誉文学博士。1955年，他被选为中国科学院哲学社会科学部委员，后为常务委员，兼任中国科学院哲学研究所研究员。他是第二、三、四届全国政协委员，第五、六、七届全国政协常委，第四届全国人大代表及主席团成员，第二、三届民盟中央委员。他从事哲学研究、教育工作60多年，积极传播中国文化，教书育人，是著名的教育家和哲学家。

同　日　经国务院授权、由中国人民银行批准建立的上海证券交易所，正式宣布成立。这是建国以来祖国大陆出现的第一家证券交易所。交易所现阶段以国债、企业债券和金融债券交易为主，以后逐步过渡到债券和股票交易并举。

11月28日　原中央档案馆馆长曾三在北京逝世。曾三，湖南益阳县人，1906年生。1924年加入中国社会主义青年团，1925年加入中国共产党。1931年被派往中央革命根据地任报务员，从此，他开始参与创建中国工农红军的无线电通信事业，他先后任中共苏区中央局电台政委、台长，并兼任红军通信学校政委。他参加了中央苏区二、三、四、五次反“围剿”斗争和红军长征。西安事变后，他奔赴西安，任红军联络处电台台长。抗日战争初期，他担任与友军联络工作。1940年回延安，任中共中央直属机关党委副书记。新中国建立后，历任中共中央办公厅秘书处处长、秘书局局长、办公厅副主任，新中国第一任国家档案局局长、中央档案馆馆长。从1962年起，他先后任全国地方志小组组长，中国地方志指导小组组长，名誉会长等职，为新中国地方志事业做了大量工作。从1951年—1961年，他还任中共中央直属机关党委副书记、书记处书记。“文革”中他受到迫害。中共十一届三中全会后，他的冤案得以彻底平反，任中共中央办公厅副主任兼中央档案馆馆长，中央纪委委员。在中共十二大上他当选为中顾委委员。他还是中共七大、八大代表，十二大候补代表，十三大特邀代表和第一届全国人大代表。

同　日　文学家唐圭璋在南京病逝。唐圭璋，1928年毕业于中央大学，曾任国立编译馆编纂，先后在中央大学、金陵大学、南京大学、东北师范大学任教授。新中国成立后，曾任国务院古籍整理规划小组顾问，中华诗词协会名誉会长、中国韵文学会会长等职。他一生从事词学研究和教学工作，著述数百万言。他编纂的《全宋词》、《全金元词》、《词话丛编》、《宋词纪事》、《词学论丛》等书，在学术界有很大影响，为词学研究，特别是词学资料的搜集、整理、考证、鉴别做出了突出的贡献。

同　日　新华社报道：日前，中国科学院化学研究所在世界上首次直接观察到辫子般的三链状氧核糖核酸新结构。这是中国科学家对生命科学发展的又一重大贡献。

11月30日—12月1日　外交部长钱其琛访问美国。这是自“六四”以后中国高层官员第一次访美。访美期间，美国布什总统会见钱其琛外长；钱其琛外长同美国国务卿贝克就中美双边关系及海湾危机、柬埔寨问题等重大国际问题进行会谈。双方都表示要共同努力，推动中美关系的恢复和发展。

12月1日　中共中央和国务院就1991年农业和农村工作发出通知。通知指出，1991年是“八五”计划的第一年，努力争取农业丰收，确保农村经济稳定增长，十分重要。通知要求各级党委和政府要继续把农业和农村工作摆在首位，认真抓好以下几项工作：一、稳定完善家庭联产承包责任制，建立健全农业社会化服务体系。二、坚持不懈地抓好农田水利基本建设。三、扎扎实实地组织农业综合开发。四、千方百计解决农产品卖难问题。五、开展社会主义思想教育。从今冬开始，用两三年的时间，分期分批在农村普遍开展这项工作。六、抓好农村基层组织建设。

同　日　李鹏在国务院召开的全国计划会议上讲话，强调明年重点调整经济结构，提高效益。全国计划会议是11月25日开幕的。各省、自治区、直辖市和计划单列市政府主管经济和计划工作的主要负责人及计委（计经委）、经委主任，国务院有关部门的负责人参加了会议。国务委员兼国家计委主任邹家华在开幕时作了《继续推进治理整顿和深化改革，安排好1991年国民经济和社会发展计划》的报告。李鹏在讲话中讲了十个问题：一、如何看待当前的经济形势。指出，10多年来改革开放所取得的成就是巨大的，两年多的治理整顿，也取得了明显成效，但治理整顿的任务还相当繁重，当前经济中还存在一些问题，主要是市场销售和工业生产的回升不平衡，结构调整进展缓慢，企业经济效益普遍下降，亏损增加，财政困难。下一阶段，要在继续坚持和改进经济总量控制的前提下，把工作重点放在调整结构和提高经济效益，特别是放在提高企业经济效益上，努力促进国民经济走上持续、稳定、协调发展的轨道。二、明年经济工作的主要方针。李鹏说，正在制定的十年规划和“八五”计划的基本思路很重要的有3点：1.今后10年要在提高经济素质和经济效益、依靠科技进步的前提下，保持国民经济持续、稳定、协调发展。2.继续执行改革开放的方针政策，把计划经济与市场调节有效结合起来，充分发挥二者的优点和长处。3.坚持把科技和教育放在突出位置，把加强农业、基础工业和基础设施放在重要位置，增强国民经济发展的后劲。这3点也是安排明年经济计划的重要原则。明年的计划工作，要处理好治理整顿与“八五”计划的关系，以治理整顿为主，并开始执行“八五”计划。三、关于固定资产投资规模和加强重点建设。李鹏指出，要防止基建热，继续合理调整投资结构，切实加强重点建设和重点技术改造，对农业、能源、交通通信等方面的建设项目要适度倾斜。四、继续加强和发展农业。五、关于深化企业改革和提高企业经济效益。李鹏指出，明年企业改革，主要是坚持和完善经营承包责任制，增加企业的自我约束力；要继续维护企业的生产经营自主权，坚持和完善厂长负责制；要支持和提倡发展企业集团。六、关于物价水平和价格改革问题。要严格控制明年零售物价总指数上升幅度。七、关于财政问题。八、关于金融问题。九、关于扩大对外开放和外贸体制改革。李鹏指出，要继续贯彻沿海地区经济发展战略，努力发展外向型经济。十、进一步加强科技和教育。

12月2日　新华社报道：国务院新近决定1991年在全国范围内开展“质量、品种、效益年”活动。国务院认为，全面提高经济素质和效益，走投入少、产出多、效益高的路子，是克服当前经济困难和顺利实现今后发展战略目标的根本出路所在。根据国务院的精神，国家计委、国务院生产委对开展“质量、品种、效益年”活动作了具体部署。首先，强化企业管理，提高管理水平。其次，立足现有基础，加强技术改造。再次，充分挖掘潜力，切实抓好扭亏增盈工作。国务院要求，各地区、各部门都必须切实把全面提高经济素质和效益放在各项工作的首位，所有企业都必须千方百计地提高产品质量，降低能源、原材料消耗，加速资金周转，提高经济效益，使各项主要经济效益指标有比较明显的改善。

12月3日　新华社报道：世界上收录汉字最多的字典《汉语大字典》，经过四川、湖北两省出版部门15年的努力已全部出齐。这是新中国成立以来编写的第一部字典，全书共8册，收楷书单字5.4678万个，总字数超过2 500万。它是国家文化建设的重点项目之一，其编纂和出版是1975年经周恩来和邓小平批准后实施的。

12月4日　原中顾委常委李一氓在北京逝世。李一氓，四川彭县人，1903年生。早年在上海大同、沪江、东吴等大学求学。1925年加入中国共产党。1926年参加北伐，任国民革命军总政治部宣传科长、秘书。1927年投身“八一”南昌起义，任参谋团秘书长。起义失败后，受党派遣，秘赴上海，从事党的文化工作和保卫工作。1932年，调往中央革命根据地，任国家保卫局部长。参加了红军长征。到达陕北后，历任中共陕甘省委、陕甘宁省委、陕西省委宣传部长，积极宣传党的抗日民族统一战线政策；还以毛泽东主席代表的身份前往成都，开展统战工作。抗日战争爆发后，任新四军秘书长和中共中央东南分局秘书长。1942年以后，先后任中共淮海区委副书记、行署主任，中共苏北区委副书记、行署主任等职。抗战胜利后，又先后任中共苏北区委书记，华中分局宣传部长，苏皖边区政府主席。1947年后，他先后调任中共旅大区委副书记、财委会书记，大连大学校长等职。新中国成立后，李一氓长期从事外事工作，曾任保卫世界和平理事会常务理事、书记，中国驻缅甸大使，国务院外事办公室副主任。在“文革”期间，他被关押入狱达6年之久。1974—1982年，他担任中共中央对外联络部副部长、常务副部长，主持日常工作。1978年他率代表团到南斯拉夫考察，为中南两党关系正常化做了重要准备工作。1979年他作为邓小平特使赴缅甸，促进了中缅关系的发展。1982年他响应中共中央号召，主动退居二线。1982年后，他被选为中纪委副书记，还担任国务院古籍整理出版规划小组组长和中国国际交流协会会长。是第一届全国人大代表，中共八大、十二大、全国代表会议和十三大代表。

同　日　《人民日报》报道：中国生产的电冰箱、洗衣机、电风扇、缝纫机、自行车等10多种轻工产品的数量均居世界首位。

12月5日　国务院颁布《关于进一步加强环境保护工作的决定》。《决定》要求：一、严格执行环境保护法规；二、依法采取有效措施防治工业污染；三、积极开展城市环境综合整治工作；四、在资源开发中重视生态环境的保护；五、利用多种形式开展环境保护宣传教育；六、积极研究开发环境保护科学技术；七、积极参与解决全球环境问题的国际合作；八、实行环境保护目标责任制。

同　日　新华社报道，“七五”期间中国农民收入以4%的年平均速度增长，生活继续得到改善，消费水平进一步提高。1990年全国农民人均收入达到630元左右，比1985年增长了58.5%。

12月6日—12日　中共中央召开对台工作会议。会议由吴学谦主持，江泽民、杨尚昆、李鹏分别到会作重要讲话。会议认为，10多年来，海峡两岸关系发生了重大的变化，长期隔绝的局面已经打破，海峡两岸发展的总趋势有利于祖国的和平统一。会议重申，实现国家统一，寄希望于台湾当局，更寄希望于台湾人民。国共两党应当尽早接触谈判。谈判中可以吸收两岸其他政党、团体有代表性的人士参加。谈判可以在高层进行，也可以先从较低的层次开始。可以先谈统一问题，也可以先谈如何促进两岸双向交流，实现直接“三通”问题。会议认为，加强两岸联系，尽快实现双向的、直接的“三通”，是当务之急。希望台湾当局采取积极的、切实的步骤，多做有利于两岸交往的事情，取消种种不合情理的限制。会议指出，实现国家的统一，不是谁要吃掉谁，而是要使整个中华民族联合起来，团结起来，使国家得到很快发展。会议提出，90年代是推进祖国和平统一的重要时期，对台工作是全党的大事、全国的大事。应当动员全党、全国各方面的力量，团结一切可以团结的人，调动一切积极因素，多层次、多渠道、积极主动地开展工作，为实现祖国的和平统一和中华民族的振兴而努力奋斗。

12月10日—19日　李鹏访问马来西亚、菲律宾、老挝和斯里兰卡。访问4国期间，李鹏先后同马来西亚最高元首苏丹阿兹兰·沙阿、总理马哈蒂尔，菲律宾总统科·阿基诺、副总统劳雷尔，老挝代主席富米、部长会议主席凯山，斯里兰卡总统普雷马达萨举行会谈和会见，双方就共同关心的国际问题取得了广泛的共识。李鹏还会见了4国议会领导人。访问老挝期间，双方签署了中老两国政府经济技术合作协定等文件；访问斯里兰卡期间，李鹏宣布中国决定向斯里兰卡提供5 000万元人民币长期无息贷款，并签署了一项经济技术合作协定。

12月16日　《人民日报》报道：中国软磁盘生产能力可达3亿片。继美国、日本之后，中国已成为世界第三大软磁盘生产国。

12月21日　新华社报道：中共中央批转中纪委《关于加强党风和廉政建设的意见》并发出通知。中共中央在通知中要求各级党委和政府，一定要从党和国家的生死存亡、改革开放的兴衰成败的高度，充分认识党风和廉政建设的重要性和紧迫性，切实加强领导，采取有力措施，把这项工作持之以恒地抓下去，要努力克服形式主义，防止一阵风，务求落实，务求见效，以取信于民。中纪委在《关于加强党风和廉政建设的意见》中指出，党内一些不正之风和腐败现象还比较严重，当前，在继续落实《中共中央、国务院关于近期做几件群众关心的事的决定》的同时，还需要认真抓好两个问题：一是坚决纠正行业不正之风；二是认真清理党政干部违纪违法建私房和用公款超标准装修住房问题。《意见》强调要严肃党的纪律，认真查处违纪案件。《意见》指出，严肃党的纪律，首先要严肃党的政治纪律，坚决同否定党的纪律，否定社会主义制度和违背党的路线、方针、政策的错误倾向做斗争，保证党和国家的领导权永远掌握在真正的马克思主义者手里；严肃党的纪律，要集中力量查处党员干部在经济领域中的违法违纪案件，狠抓大案要案，重点是查处贪污受贿、敲诈勒索、搞权钱交易以及由于严重官僚主义、失职渎职给国家经济建设造成重大损失的案件；严肃党的纪律，要把支持、保护改革作为工作的出发点。《意见》指出，在党风和廉政建设中，领导机关和领导干部要从执政党的阶级意识、公仆意识和忧患意识的高度，认识党风和廉政建设的重大深远意义，带头继承和发扬党的优良传统和作风，以身作则，树立典范；各级党委和政府要真正把党风和廉政建设提到重要议事日程上。《意见》还指出，搞好党风和廉政建设，必须同经济建设、深化改革结合起来，必须同民主与法制建设结合起来，必须党风、政风、社会风气一起抓，必须充分发动和依靠广大人民群众，动员全党和全社会的力量，实行综合治理。

12月25日—30日　中共十三届七中全会在北京召开。会议审议并通过《中共中央关于制定国民经济和社会发展十年规划和“八五”计划的建议》。出席这次会议的中央委员171人，候补中央委员107人。列席会议的中顾委委员161人，中纪委委员67人，有关方面负责人78人。全会由中共中央政治局主持。江泽民作重要讲话，李鹏就《中共中央关于制定国民经济和社会发展十年规划和“八五”计划的建议》草案作了说明。全会审议并通过了《中共中央关于制定国民经济和社会发展十年规划和“八五”计划的建议》。《建议》提出了今后10年中国国民经济和社会发展的基本任务和方针政策，全文共分七个部分：一、主要奋斗目标和基本指导方针；二、经济发展的产业重点和地区布局；三、发展科技教育文化事业的任务和政策；四、改善人民生活和健全社会保障；五、深化经济体制改革的方向、任务和措施；六、进一步扩大对外开放；七、全党全国人民团结起来，为实现十年规划和“八五”计划而奋斗。全会高度评价了中共十一届三中全会以来中国改革开放和社会主义现代化建设所取得的巨大成就，充分肯定十三届四中全会以来各项工作所取得的显著成绩。全会指出，在中国社会主义现代化建设的历史进程中，本世纪最后10年是非常关键的时期。能否在90年代巩固和发展80年代取得的成就，大力促进经济振兴和社会进步，直接关系到中国社会主义制度的兴衰成败，关系到中华民族的前途命运。全会强调，要抓住历史机遇，迎接挑战，努力实现现代化建设的第二步战略目标，把国民经济的整体素质提高到一个新水平。其基本要求：一是在大力提高经济效益和优化经济结构的基础上，使国民生产总值按不变价格计算到本世纪末比1980年翻两番；二是人民生活从温饱达到小康；三是发展教育事业，推动科技进步，改善经济管理，调整经济结构，加强重点建设，为21世纪初叶中国社会和经济的持续发展奠定物质技术基础；四是初步建立适应社会主义有计划商品经济发展的、计划经济与市场调节相结合的经济体制和运行机制；五是社会主义精神文明建设达到新的水平，社会主义民主和法制建设进一步健全。全会认为，制定和实施十年规划和“八五”计划，必须遵循以下指导方针：第一，坚定不移地走建设有中国特色的社会主义道路。这是实现第二步战略目标的根本保证。全会对建设有中国特色社会主义的基本理论和基本实践概括为12条基本原则。第二，坚定不移地推进改革开放，同时坚持正确的方向。第三，坚定不移地贯彻执行国民经济持续、稳定、协调发展的方针。第四，坚定不移地贯彻执行自力更生、艰苦奋斗、勤俭建国的方针。第五，坚定不移地贯彻执行物质文明和精神文明建设一起抓的方针。第六，必须处理好集中与分散、治理整顿与经济发展的关系。全会提出，今后十年和“八五”时期经济建设的重点是：加强农业；加强基础工业和基础设施，改组、改造加工工业；加强教育和科技事业。要按照“统筹规划、合理分工、优势互补、协调发展”的原则，进一步改善地区经济布局。在发展经济的同时，要加强国防现代化建设。全会指出，90年代将按照“一国两制”的原则，实现香港、澳门回归祖国，积极发展海峡两岸的交往，促进祖国和平统一。按照和平共处五项原则处理国家之间的关系，扩大与世界各国的友好往来与真诚合作，积极促进建立国际政治和经济新秩序，促进世界的和平发展，促进人类进步事业。全会强调，为顺利实现十年规划和“八五”计划，关键要加强和改善党的领导。必须下大力量搞好党的自身建设，提高党员的素质，保持与人民群众的血肉联系，选拔和培养优秀的接班人，保证党和国家的领导权掌握在忠于马克思主义的人手里。

12月27日　原北京市政协副主席廖沫沙在北京逝世。廖沫沙，湖南长沙县人。1927年参加革命活动，1930年参加中国共产党。后在上海做地下工作。抗日战争和解放战争时期，他先后任沅陵《抗战日报》、桂林《救亡日报》、重庆《新华日报》、香港《华商报》总编、编辑主任、副总编辑、主笔，为宣传中共的抗日民族统一战线做出了重要贡献。新中国成立后，他历任中共北京市委委员、宣传部副部长、教育部部长、统战部部长等职。“文革”前他与邓拓、吴晗合作撰写了《三家村札记》和其他文章，受到读者好评。但在“文革”中却因此被诬为“三家村反党集团”的成员，受到残酷迫害。中共十一届三中全会后，“三家村”冤案得到了平反昭雪。他是第三、五、六、七届全国政协委员，第五、六届北京市政协副主席。

第四卷

改革开拓

(1977 年—1998 年)

(下)

1991年

1991年综述

1991年是我国沿着有中国特色的社会主义道路继续前进的一年，也是执行“八五”计划的第一年。

2月，国务院发出通知，决定1991年为“质量、品种、效益年”，目的是通过在全国广泛地开展这一活动，大力提高我国企业的经济素质和经济效益，使企业逐步走上投入少、产出多、质量好、消耗低、效益高的发展道路。

3月，全国七届人大四次会议召开，确定未来十年我国经济和社会发展的基本任务，要求国民生产总值到20世纪末比1980年翻两番，全国人民的生活从温饱达到小康水平。

5月，国务院发出关于进一步增强国营大中型企业活力的通知，提出了11项具体措施。是年，全国各单位在开展“质量、品种、效益年”活动和清理“三角债”的基础上，加强企业的内部管理。同月，江泽民在中国科学技术协会第四次全国代表大会上的讲话中，重申“科学技术是第一生产力”的观点，明确提出经济工作要向科技进步和提高劳动者素质方面转轨。

7月，华东地区发生特大洪灾，中央中央领导广大军民奋起抗洪救灾，全国各界人民踊跃捐献，将自然灾害的损失减至最低限度。中央制定在全国范围内治理大江大河的宏伟计划，全国人民掀起兴修水利热潮。同月，中央隆重纪念建党70周年，强调在执政、改革开放和发展商品经济以及反对和平演变的考验面前，全面加强党的建设，更好地担负起历史赋予的伟大使命。

9月，中共中央召开工作会议，提出进一步搞好国营大中型企业的20条措施，为搞好国营大中型企业创造良好的外部条件。会议指出，要进一步深化改革、加强管理和进行技术改造，使企业逐步成为自主经营、自负盈亏的社会主义商品生产者和经营者，具有自我改造和自我发展的能力。

11月，中共十三届八中全会进一步明确了90年代我国农业和农村工作的主要任务、方针政策。全会强调，要坚定不移地深化农村改革，促进农村经济全面发展。要继续稳定以家庭联产承包为主的责任制，不断完善统分结合的双层经营体制，积极发展农业社会化服务体系，逐步壮大集体经济的实力，引导农民走共同富裕的道路。

12月，我国第一座自行设计、自行建造的30万千瓦的秦山核电站并网发电。

是年，在全国范围内重点清理了固定资产投资项目拖欠款，同时狠抓了限产压库、调整结构。进一步搞好国营大中型企业，大力提高企业的经济素质和经济效益。各地区积极贯彻执行中央关于深化农村改革、促进农村经济全面发展的方针、政策。全国整体经济形势明显好转，国民经济稳定增长，通货膨胀得到有效的控制，治理整顿的主要任务已基本完成，社会安定，为实现“八五”计划创造了一个良好的开端。1991年国民生产总值43 803亿元，比上年增长7%。农业总产值8 157亿元，按不变价格计算比上年增长3%。粮食产量达4.3524亿吨，棉花产量达到566.3万吨，是在大灾情况下夺得的丰收年。工业总产值28 248亿元，比上年增长14.2%。主要工业产品产量继续增加，原煤达到10.9亿吨，石油达到1.39亿吨，钢产量突破7 000万吨，水泥和化肥（折纯）分别达到2.48亿吨和1 988万吨。国家经济实力进一步增强。

经济运行中的主要问题是：结构调整进展较慢，经济效益不高，财政困难较大。

是年，国际形势发生了剧烈变化。海湾战争和南斯拉夫内战，尤其是苏联的解体，引起全世界的关注。世界旧的格局已经终结，新的格局尚未形成，正朝着多极化方向发展。世界上各种力量分化组合，新旧矛盾交织，天下依然很不安宁。国际竞争日趋激烈，南北矛盾更加突出，民族矛盾引发了新的地区冲突。和平与发展仍然是当今世界面临的两大主题，还需要各国人民继续努力去加以维护和解决。霸权主义和强权政治的存在是造成国际局势动荡的主要根源。中国反对霸权主义强权政治，永不称霸，是维护世界和平的坚定力量。在动荡不定的国际形势下，本着邓小平提出的冷静观察、稳住阵脚、沉着应付、韬光养晦、善于守拙、决不当头的原则，集中力量把国内的事情办好，提高综合国力。我国政府坚持奉行独立自主的和平外交政策，在这一年里开拓了外交工作的新局面，为我国社会主义现代化建设创造了良好的外部环境，也为维护世界和平与稳定做出了贡献。

1月1日　塔里木原油正式外运。它开始为新疆维吾尔自治区和全国经济的发展做出贡献，它标志塔里木盆地在油气勘探连续取得重大突破的基础上，油田初期开发工作已取得实质性进展。

1月2日　新华社报道：民革中央副主席贾亦斌接受中新社记者专访。贾亦斌指出，祖国大陆政治稳定，经济上去，相关具体工作配合得当，统一就更有希望。两岸有许多共同的东西，有许多急于要做又易于取得共识的事情可以先做起来，歧异的难做的事情往后摆，待逐步取得共识后再做。他指出，中国共产党的和平统一方针是绝对有诚意的。

1月3日　新华社报道：1990年中国糖产量达525万吨，创历史最高水平，比上年增长4.8%。

同　日　《人民日报》报道：1990年黄金产量创历史最高纪录。"七五"期间中国黄金产量稳步增长，总产量比"六五"净增60%以上；1990年提前31天完成国家计划，比1989年增长19%。

同　日　《人民日报》报道："七五"期间，中国公路建设达到建国以来的最高水平。已建成干线公路29条，使我国公路总里程达到102万公里，比"六五"末期新增8万公里，全国除一个边境县（西藏墨脱县）未通公路外，其余2 300多个县（市）、95%的乡镇、75%的村庄都通了公路。高速公路从无到有，已建524公里，一级公路达到2 600公里，二级公路达到4.1万多公里。

同　日　《人民日报》报道："七五"期间地质勘察大面积丰收。"七五"其间，共有116种矿产新增加了储量。列入"七五"计划的24种矿产新增储量，除石油外，都已超额完成计划任务，其中锰、镍、钨、锑、汞、银、钾盐、石棉、石墨等矿种超额50%以上。油气勘查也取得了重大突破，证实了新疆塔里木盆地是我国很有远景的油气聚集区，将成为新的大型油气田后备接替区。在准噶尔盆地也发现了较大油田。东海油气勘查发现了一些重要油气聚集带。在大庆、辽河、胜利、华北等老油田周围，又找到了一批新油田。

同　日　《人民日报》报道：中国保险业提前一年完成"七五"计划的各项指标。5年来承保业务收入平均每年以40%的速度递增，

1990年达到175亿元。保险业务收入占国民生产总值的比重比1985年增长2.1倍，达到世界发展中国家的中等水平。

同　日　最高人民法院发出关于严格执行《全国人民代表大会常务委员会关于禁毒的决定》，严惩毒品犯罪分子的通知。要求全国各级人民法院深刻领会和理解《决定》的立法精神和具体条款的涵义，正确适用《决定》审理毒品案件，更加有力地打击毒品犯罪。通知要求：各级人民法院及时审判毒品案件，对走私、贩卖、运输、制造毒品和非法种植毒品原植物等犯罪分子，必须坚决贯彻依法从严惩处的方针；各级人民法院要结合办案，大力宣传禁毒决定。

1月3日—13日　中国选手林莉、钱红、庄泳、高敏、伏明霞、孙淑伟在第六届世界游泳锦标赛上共获4枚游泳金牌、4枚跳水金牌。

1月6日　新华社报道：我国运用核技术找水源，定井位在河南郏县试验、运用成功。此次共找到水源井位339个，准确率达100%。有关专家认为，运用核技术找水的成功，为合理开发地下水资源，搞好农田水利基本建设提供了新方法。

1月7日　李鹏同部分企业厂长经理就如何进一步搞活国营大中型企业进行座谈。在座谈会上，厂长（经理）们汇报了情况，交流了经验，并提出了一些好的建议。李鹏强调指出，1991年开展“质量、品种、效益年”活动，要特别注意搞活大中型企业。大中型企业是我国现代化建设的重要支柱，是国家财政收入的主要来源。搞活大中型企业，充分发挥它的骨干作用，对我国经济的发展和社会主义制度的巩固，都具有重要的意义。因此，各级政府和大中型企业都要努力做好这项工作。邹家华在会上说，一些大中型企业的好经验要在全国交流、推广。大中型企业要搞好，很重要的一条是要振奋精神，采取积极的态度，千方百计地去克服困难。另外，国家还要采取措施，改善企业的外部条件，特别是要扶持一批在各方面都比较好的企业。

1月8日　李瑞环同电视连续剧《渴望》剧组进行座谈。李瑞环提出文艺作品要寓教于乐，希望文艺工作者贴近群众，贴近生活，贴近实际。《渴望》在北京等地播放后，引起轰动。

1月9日　《人民日报》报道：1990年中国工业生产从低谷中逐步回升。全国完成工业总产值19 486亿元，比上年实际增长6%；如包括村及村以下工业，约增长7%，超过计划增长6%的目标。但是，产品严重积压，企业经济效益低，产业结构、企业结构调整迟缓，已成为困扰工业生产健康发展的突出问题。工业生产在回升中存在着不平衡状况。全民所有制工业产值仅增长2.9%，低于集体所有制工业4个百分点，而以“三资”企业为主的其他经济类型工业增速则高达40%以上。江苏、福建、山东、广东、海南等5个沿海省份工业生产累计增长在10%上下，而东北三省仅增长0.6%。工业内部结构不合理状况重新显露，加工工业回升过快，基础工业增长回落。

同　日　《人民日报》报道：中国民航系统运输总周转量达到25亿吨公里，比上年增长21.4%，比历史最高年份的1988年增长6.2%。全年旅客运送量达到1 655万多人次。

同　日　《人民日报》报道：全国近30个港口国际集装箱吞吐量达150多万标准箱，比吞吐量最高的1989年增长25%，再创历史新纪录。

1月10日　新华社报道：中国外贸出口持续稳定增长。1990年中国外贸出口突破500亿美元大关，远远超过1989年432.8亿美元的水平，比“六五”最后一年1985年的259亿美元翻了近一番。“七五”期间，中国外贸出口呈现出持续稳定增长的好势头，原定1990年出口380亿美元的目标提前两年完成。

同　日　中纪委召开的全国纪检案件审理工作会议举行。会议的主要议题是：总结、交流几年来各级纪检机关做好案件审理工作、提高办案质量的经验；交流各地学习贯彻中纪委颁布的有关党纪处分条例、规定的做法和体会等。会议强调今后的纪检工作仍以惩治腐败、加强党风建设为重点；要求各级纪检机关继续坚持和完善案件审理制度，认真贯彻执行党纪处分条规，进一步地提高案件办理水平。

1月11日　新华社报道：中国原煤产量保持世界首位。1990年中国生产原煤10.9亿吨，超额3 000万吨完成了国家计划，进一步巩固了中国作为世界第一产煤大国的地位。

1月11日—14日　李鹏到天津考察工作。考察中李鹏强调，各级领导，包括中央、地方和企业的领导，要真正地把提高企业效益作为1991年的工作乃至今后一个时期工作的重点，经济要有一定的发展速度，产值要增长，但这个速度必须建立在提高效益的基础上。如果我们只求速度而没有效益，那么企业就不可能进步。李鹏就如何提高企业的效益，讲了8点意见：1.要把提高企业效益作为今年企业工作的重点。1991年是执行“八五”计划的第一年，同时又是继续进行治理整顿和深化改革的一年。在这一年，企业的中心任务是要抓质量、品种、效益。2.运用计划经济和市场调节相结合的原则来推动企业的进步。通过计划经济，保持国民经济按比例协调发展和合理配置资源，避免重复建设；集中财力物力办好关系国计民生的重大项目。同时也要通过市场调节，发挥优胜劣汰竞争机制，激发企业和劳动者的积极性，按照市场需要从事生产经营，促进技术进步和经营管理水平的提高。3.搞好经济结构调整。经济结构包括产业结构、产品结构、企业组织结构、技术结构、地区经济结构等，都要不断地进一步调整。4.充分利用对外开放的条件搞好企业技术改造。通过各种不同形式的对外技术经济合作，通过国际市场信息的反馈，不断促进企业的技术进步。5.在增强企业的活力中处理好内因和外因的关系。国家要采取一系列的措施进一步为企业发展创造一个良好的外部条件，但更重要的是靠企业自己挖掘潜力。6.建立企业技术后方，搞好新产品开发。7.加强企业管理，向管理要效益。要充分调动广大职工的积极性和创造性，要引进现代化的管理机制。8.充分发挥企业的政治优势。企业要理顺党政之间的关系，充分依靠和发挥工人阶级主人翁的作用。

1月12日　历时24天的纪念徽班进京200周年活动在北京结束。这次规模盛大的纪念活动，旨在振兴京剧，弘扬民族文化。来自全国各地及港台以及美国等地的4 000多名艺术家，先后演出166场戏，首都17万以上人次的观众（其中海外观众达1 700余人次）观看了演出，数以千万计的观众通过电视转播，也欣赏到京剧“百年盛会”

的风采。党和国家领导人江泽民、李鹏、李瑞环等多次观看各地剧院剧团的演出。

同　日　新华社报道：87个企业晋升为国家一级企业。国务院企业管理指导委员会和国务院生产委员会正式公布，全国又有87个企业经过1989年、1990年连续两年考核，应考核主要产品质量全部达到国际先进水平，晋升为国家一级企业。至此，全国共有国家一级企业132个，国家二级企业4 210个。

1月13日　中国军事科学学会成立。该学会是在中央军委领导下从事军事科学研究的最高层次的学术团体。总的任务是，组织群众性的军事学术研究活动，交流和推广军事科研成果；开展国际军事学术交流，发展同国外有关学术团体和学者的学术联系；组织学术研究成果的评审和奖励工作等。刘华清任学会的名誉会长，蒋顺学任会长。

1月14日　《人民日报》报道：1990年物价升幅比上年下降15个百分点。国家物价局局长在全国物价工作会议上说，1990年全国零售物价总水平比上年上升2%左右，比1989年的上升幅度回落了15个百分点。1991年物价工作要贯彻“既要稳定物价，又要振兴经济”的指导思想，继续严格控制物价总水平的上涨幅度，积极稳妥推进价格改革。

1月16日　《人民日报》报道：中国气球采集到4粒宇宙尘。中国科学院地球化学研究所使用高空科学气球，在30多公里的高空收集到4粒宇宙尘。这是中国科学家第一次直接从空中获得这种来自宇宙空间的原始尘埃。

同　日　《人民日报》刊登国家统计局第一号统计报告。统计报告指出：1990年，各地区、各部门进一步贯彻执行治理整顿和深化改革的方针，积极落实国务院坚持总量控制、调整紧缩力度的一系列政策措施，取得了明显成效，总的形势继续朝好的方向发展。但结构失衡、效益低下，财政困难依然突出，潜在通货膨胀压力加大。一、浅层矛盾缓解，经济回升加快：1.社会总供求基本平衡；2.国民经济继续增长，社会供给明显改善；3.社会需求逐渐回升，给经济发展注入了一定活力；4.对外开放取得新进展，国际收支明显改善；5.社会稳定，经济环境继续改善。二、深层矛盾上升，面临困难仍大：1.产品积压严重；2.经济效益下降；3.财政困难加剧；4.潜在的通货膨胀压力加大。三、1991年经济发展趋势：1.市场销售将平中有旺；2.农业生产中经济作物将继续增产，但要尽力防止粮食减产；3.工业生产将进一步加速；4.投资需求将继续回升。四、对今后经济工作的几点建议：1.审时度势，坚定不移地控制总量，及时调整操作力度；2.统筹规划，积极稳妥地推进结构调整的步伐；3.谨慎决策，不失时机地推进宏观管好和微观搞活等各项配套改革措施，促进经济体制和运行机制有所改善；4.采取切实措施，进一步稳定农业生产。

同　日　新华社报道：中国水产业发展迅速。中国水产业在“七五”期间经历了一个黄金发展阶段，总产量以每年不低于11.2%的速度增长，1990年总产量超过1 200万吨。水产养殖业居世界首位。困扰多年的大中城市“吃鱼难”问题已初步解决。

1月22日　新华社报道：中国成为世界有色金属生产大国。1990年中国10种主要有色金属产量达230万吨，居世界第四位。

同　日　《人民日报》报道：120公里探空火箭首发成功。中国第一枚120公里高空低纬度探空运载火箭——“织女三号”首发试验成功。这标志着中国探空火箭研制跃上了一个新台阶。

1月23日　新华社报道：全国80%左右的国营企业在如期完成第一轮承包合同后，又加快了第二轮经营承包的步伐。据统计，从1987年开始的第一轮承包后，国家财政收入平均每年增加200多亿元，其中90%是靠实行承包的全民和集体企业提供的。稳定政策、稳定经营者、稳定承包基数，成为第二轮企业承包的基调。各地按照“大稳定、小调整”的原则确定承包基数，突破了上一轮承包以上年或前几年平均数为依据的做法，而采取灵活多样的方式。针对短期行为问题，新的合同明确了效益、企业后劲、企业管理3项指标；针对经营者和职工的矛盾，健全各种制度，形成了风险共担、利益共享、合力经营的利益共同体。

同　日　中国又有44个市、县对外国人开放。至此，中国已有

733个市县对外国人开放。根据《中华人民共和国外国人入境出境管理法》第二十条规定，外国人持有效的签证或居留证件，即可前往这些地区旅行，无须申办旅行证件。此次对外国人开放的市县是山东省的乐陵市、陵县、平原县、夏津县、武城县、齐河县、禹城县、宁津县、庆云县、临邑县、郯城县、苍山县、莒南县、莒县、沂水县、蒙阴县、平邑县、费县、沂南县、临沭县、滨州县、惠民县、阳信县、无棣县、沾化县、博兴县、邹平县、聊城市、临清市、阳谷县、莘县、东阿县、冠县、高唐县、茌平县、菏泽市、曹县、定陶县、成武县、单县、巨野县、郓城县、鄄城县、东明县。

同　日　中国外贸体制改革新方案出台。经贸部新闻发言人指出，新出台的改革方案，主要是在已经调整人民币汇率的基础上，建立外贸企业自负盈亏机制，使外贸逐步走上统一政策，平等竞争，自主经营，自负盈亏，工贸结合，推行代理制的轨道。这次改革体现了计划经济与市场调节相结合的原则，重视宏观手段的调控作用，扩大了市场调节的范围，使我国的贸易体制更加适应国际贸易的规范，更便于参与国际交换和分工。

1月24日—26日　1991年全国教育工作会议在北京举行。李铁映在会上作了《努力建设有中国特色的社会主义教育体系》报告。主要内容有：一、到20世纪末，教育工作总目标是：建立起适应社会主义现代化建设需要、面向21世纪、具有中国特色的社会主义教育体系的基本框架。二、中国教育事业取得的巨大成就。三、今后10年教育工作主要任务是，逐步形成符合我国国情，适应经济、社会发展实际需要的教育结构和教育体制；逐步完善培养社会主义事业建设者和接班人所需求的教育思想、教育内容和教学方法；不断提高教育质量和办学效益，使整个教育事业基本适应“两个文明”建设的需要。四、在今后10年内，教育工作应当遵循的基本原则：1.坚定不移地把教育放在优先发展的战略地位；2.坚持教育的社会主义方向，把培养社会主义事业的建设者和接班人作为学校的根本任务；3.坚持改革开放的方针，促进教育事业持续、稳定、协调发展，提高教育质量和办学效益；4.坚持多渠道筹措教育经费的方针；5.加强教师队伍建设，重视教育科学研究。会议指出，在新的一年中，各级教育行政部门和各级各类学校，要以党的十三届三中全会精神为指导，进一步端正办学思想，全面提高教育者和被教育者的思想政治水平和业务素质，巩固和发展教育战线的稳定局面。会议强调，要把提高教育质量和办学效益的工作放在突出位置。国家教委对基础教育、普通高等教育、职业技术教育、成人教育以及教育国际合作和留学生工作作了具体部署。

1月25日　第三次全国监察工作会议在北京举行。监察部部长尉健行在会上讲了话，李鹏接见全国监察系统先进集体、先进个人和参加工作会议的代表。1990年全国监察系统共受理监察对象违法违纪问题和案件线索22.1549万件，立案查处5.1261万件，已结案4.249万件，给予行政处分的有4.6811万人，其中省部级干部4人，厅局级干部129人，县处级干部1 782人，移送司法机关处理的有3 385人，为国家挽回经济损失3.5亿元。尉健行在讲话中提出，要着重查处各级领导机关、领导干部以及执法监督部门及其工作人员中的严重以权谋私、贪污受贿等违法违纪行为。要集中精力揭露和查处一批本地区、本部门发生的有重大影响的案件。李鹏在接见代表时说，越是扩大开放，越是要深入改革，越是要发展经济，越是要开展廉政建设和反腐败斗争，使党和政府同人民群众保持密切的联系。

1月27日　民革中央副主席郑洞国逝世。郑洞国，1903年生，湖南石门县人。1924年考入黄埔军校第一期。他是最早参加抗日战争的国民党将领之一。曾率部参加长城古北口战役、保定会战、徐州会战、武汉会战、昆仑关战役，屡建战功。以后多次击退日军进攻。被派赴印度担任新一军军长、中国远征军驻印军副总指挥，为收复缅北及支援缅甸战场做出了贡献。1946年，郑洞国被派往东北任国民党军东北保安副司令长官、代理司令长官。1948年，在辽沈决战的重要时刻脱离国民党阵营。建国以后，郑洞国历任水利部参事、国防委员会委员，第三、四届全国政协委员，第五、六、七届全国政协常委。同时，在民革第五、六、七次全国代表大会上均当选为中央委员会副主席。

1月30日　江泽民就如何保持宗教政策的稳定性和连续性问题同各宗教团体领导人谈心。江泽民邀请各宗教团体领导人赵朴初、丁光训、宗怀德、沈遐熙、黎遇航到中南海作客。宗教团体领导人结合各宗教的具体情况，提出了一些很有益的意见和建议。江泽民在听取意见后指出，一方面从我们党和政府来说，要坚定不移地贯彻执行尊重和保护公民宗教信仰自由的权利、保护正常的宗教活动、保护宗教界的合法权益的基本政策；另一方面从宗教界来说，要坚定不移地拥护中国共产党的领导和社会主义制度，坚持独立自主自办教会的原则，坚持在宪法、法律、法规和政策规定的范围内开展宗教活动。我们处理同宗教界朋友之间的关系的原则是政治上团结合作，思想信仰上互相尊重。我们党的宗教政策一定会保持稳定性和连续性，这是不会改变的。

2月1日—6日　印度外长访问中国。访华期间，钱其琛同舒克拉外长举行会谈。中方重申了对解决中印边界问题的一贯立场；印方表示遵守两国总理1988年12月就边界问题达成的谅解，并希望中印边界问题联合工作小组尽早就此召开会议；中方同意1991年不晚于6月份在北京举行中印边界联合工作小组第三次会议。双方还原则上同意中国在孟买、印度在上海恢复设立总领事馆。两国外长就国际形势特别是海湾战争交换了看法。印方重申不允许在印西藏人在印度领土上进行分裂中国的政治活动。李鹏、吴学谦分别会见了印度外长。

2月2日　《人民日报》报道：中国小麦总产居世界首位。1990年全国小麦总产已突破1 000亿公斤大关，单产达218公斤，与世界小麦平均单产相比高出40%。单产和总产分别比历史上最高的1984年增长14.1%和9.8%。

同　日　《人民日报》报道：新疆东部的吐鲁番——哈密盆地发现大型油田。这个大型油田近期内可望建成相当规模的原油生产基地。这是中国石油勘探继塔里木之后获得的又一重大突破。这一油田距南疆铁路近，油层埋藏浅，原油质量好，有利于开发建设。

2月2日—9日　第七届全国冬季运动会在哈尔滨举行。有1人1次打破1项世界纪录，3人2队7次创4项全国纪录。哈尔滨代表团金牌总数居各代表队之首。

2月3日　国务院就调整粮食购销政策有关问题发出通知。通知指出：一、1988年—1990年度粮食包干期即将结束，从1991年起近两年将主要通过稳购、压销、调价、包干，缩小国家粮食收支缺口，逐步解决粮食收支缺口，逐步解决粮食购销价格倒挂，使粮食流通走上健康发展的轨道。二、1991年—1992年度，对各省、自治区、直辖市的粮食包干指标，按1990年度计划略加调整，继续执行两年，国家粮食定购继续实行奖售平价化肥、柴油和发放预购定金“三挂钩”政策。三、通过压销，逐步做到国家定购与平价销售数量大体平衡，以改变现在平价粮食销售范围过宽、数量过大的情况。城镇食品、副食、酿造和饲料等项用粮逐步改为议价供应。城镇居民口粮定量标准和工种粮，有条件地区，可借鉴一些地区改革经验进行适当调整。四、从1991年开始，平价食油销售只保城镇居民定量用油和军供用油，其他各项用油改为议价供应或市场调节。

2月10日　国务院发出关于开展“质量、品种、效益年”活动的通知。通知的主要内容有：国务院决定1991年为“质量、品种、效益年”，目的就是通过在全国广泛深入地开展这一活动，大力提高我国企业的经济素质和经济效益，使企业逐步走上投入少、产出多、质量好、消耗低、效益高的发展道路。一、提高认识，统一思想，深刻领会开展“质量、品种、效益年”活动的重要意义。二、制定明确的奋斗目标，其目标要求是：1.眼睛向内，认真找差距、挖潜力；2.抓住社会需求，注重实际效果；3.紧紧抓住提高效益这个中心，迅速扭转企业利润下降的局面；4.搞好生产、经营、科研单位之间的配合协调工作；5.计划、财税、金融、物资、商贸、物价等部门要积极为企业创造良好的外部环境。三、把开展“质量、品种、效益年”活动与继续治理整顿、深化改革等项工作紧密结合起来，确保活动年目标的实现。1.把开展“质量、品种、效益年”活动同深化企业改革紧密结合起来；2.把开展“质量、品种、效益年”活动同强化企业管理结合起来；3.把开展“质量、品种、效益年”活动与调整产品结构，推进企业技术进步和技术改造结合起来；4.把开展“质量、品种、效益年”活动与开拓国际国内市场结合起来；5.把开展“质量、品种、效益年”活动与减轻企业负担、增强企业发展后劲工作结合起来；6.把开展“质量、品种、效益年”活动与一些地区和部门正在开展的有关活动结合起来；7.把开展“质量、品种、效益年”活动与精神文明建设结合起来。四、加强对“质量、品种、效益年”活动的组织领导。国务院决定成立以邹家华为组长，王丙乾、宋健，李贵鲜、刘仲藜、叶青为成员的领导小组，具体工作由国务院生产委员会牵头，有关部门参加，共同组织和推动这项活动的开展。

2月11日　《人民日报》报道：中国铯原子基准钟10万年差1秒。“七五”期间，中国在时间频率计量研究方面取得进展，中国计量科学研究院研制的铯原子基准钟，使中国的时间频率计量达到国际水平。

2月23日　台湾“总统府国统会”通过“国家统一纲领”。纲领强调“大陆与台湾均是中国的领土，促成国家的统一，乃是中国人共同的责任”。纲领提出统一分近程、中程、远程3个阶段“逐步达成”。纲领还强调，两岸统一应以“对等”为原则，“在互惠中不否定对方为政治实体”、“在国际间互相尊重，互不排斥”。

2月24日　《人民日报》报道：1990年来华旅游入境总人数为2 746万。其中有组织接待的外国旅游者为425万，旅游外汇收入22.2亿美元，后两项主要指标分别比计划超额21.5%和11%，已基本达到1988年的历史最高水平。国内旅游业也呈回升态势，全年旅游人数达2.8亿人次，回笼货币170亿元。

同　日　《经济参考》报道：23家国家二级企业被撤销称号。国务院企业管理指导委员会宣布，撤销23家企业的国家二级企业称号，并对178个国家二级企业提出警告，限期整改。这23家被撤销称号的主要原因是：出现经营性亏损、发生特大安全事故及严重违反财经纪律。被限期整改的178个企业，主要是由于单项考核指标或管理工作达不到标准。

2月25日—3月1日　全国经济体制改革工作会议在北京召开。这次会议的中心议题是讨论经济体制改革、“八五”纲要和十年规划以及今年经济体制改革的要点，重点围绕搞活全民所有制企业特别是大中型企业，研究深化改革的有关政策和配套措施。陈锦华在会上作题为《逐步建立社会主义有计划商品经济的体制》的报告。李鹏在与参加会议的代表座谈时提出：一、进一步加强对经济体制改革工作的领导。二、正确认识治理整顿和深化改革的关系。治理整顿为改革开放创造比较宽松的环境和比较好的条件；现在我们的改革可以进行得更加深入一些，更加完善一些，改革的步伐可以适当地加快一些。在治理整顿期间，我们出台了相当多的价格改革措施；克服了经济上的一些混乱现象，砍掉了大部分流通领域的不必要存在的过多过滥的公司。不要把治理整顿和深化改革对立起来，而要把两者有机地结合起来。三、下一步改革要处理好几个关系。1.要处理好改革与发展、稳定的关系。我们在一定的时候，把稳定放在第一位。现在，随着政治、经济、社会的稳定，思想一致，我们的改革力度可以加大一点。2.正确处理国家、集体和个人的关系。进行改革，有一条基本方针，即国家、企业、个人都要负担一些。3.改革要考虑到国家、企业和个人的能力。四、关于搞活大中型企业问题。从国家来讲，要尽可能为企业创造条件，从企业自身来看，也要经过自己的努力，把企业生产经营搞上去。现在国家为改善企业的外部条件，已经或正在采取11项措施。五、关于政府机构改革问题。总的方针是，在本届政府任期内，国务院各机构先基本稳定不动。从1991年下半年或1992年开始，要着手研究国务院新的机构设置方案。政府机构改革是按政企职责适当分开的原则进行的。总之，中国的经济体制改革是大有可为的。我们已经确定今后10年要初步建立起社会主义有计划商品经济的体制，有许多工作需要我们去做。

2月27日　新华社报道：中国经济体制改革12年获得突破性进展。中国的经济体制改革从1979年以来，主要在以下六方面取得了突破性的进展：一、在坚持全民所有制经济占主导地位的前提下，积极发展了城市集体经济和农村的乡镇企业，适当发展了个体、私营和其他非公有制经济成分，改变了原来那种与现实生产力水平不相适应的单一公有制结构。二、合理改革了公有制经济单位的组织形式和企业的经营形式。三、在坚持国家对国民经济进行有效宏观调控的前提下，改革了价格管理体制与形成机制，逐步发展了各类市场，初步发挥了市场调节和价值规律的作用。四、在坚持中央政府必要的集中统一的前提下，通过财政、金融、计划、投资等方面的改革，调动了地方的积极性。五、在坚持按劳分配主体地位的前提下，适当采用了其他分配形式。六、在坚持独立自主、自力更生原则的前提下，积极推进对外开放。12年的改革使中国国民经济建设和社会发展速度显著加快，从1978年—1990年，按可比价格计算，国民生产总值年递增8.8%，1990年的居民平均消费水平，扣除物价因素，比1978年提高了1.1倍。1990年的人均居住面积同1978年相比，城市从3.6平方米上升到7平方米，农村从8.1平方米上升到18.5平方米。同时，改革使中国不合理的经济结构有了一定的改变。但是，当前经济体制中还存在一些问题：一是企业特别是全民所有制企业的经营机制仍不合理；二是许多产品的价格依然不合理，市场机制仍不健全；三是适应有计划商品经济发展要求的宏观调控体系尚未形成。这些问题只有通过进一步深化改革，才能逐步得到解决。

3月5日—9日　全国公安厅局长会议在北京召开。公安部部长陶驷驹、副部长俞雷分别在会上讲话。据统计，1990年全国共发生刑事案件22.7万起，其中重大案件45.7万起；破案126.5万起，破案率为57.1%；破大案28.8万起，破案率为63.2%。1990年5月上旬以后，全国公安机关根据中央政法委的部署，深入开展“严打”斗争，同时继续深入开展除“六害”和“扫黄”斗争，有力地打击和震慑了犯罪分子，稳定了社会治安，保障了人民群众正常的生产、生活秩序。但是，公安机关打击刑事犯罪，加强治安管理的任务仍很艰巨。陶驷驹强调指出，公安机关今年要全面贯彻落实全国社会治安综合治理会议精神，一方面继续坚持依法从重从快的方针，严厉打击严重刑事犯罪活动。另一方面，要把防范工作摆到突出的位置上，从根本上预防和减少犯罪，更有效地维护社会治安的持续稳定。

3月7日　1990年全国十佳运动员评选揭晓。他们是：周玲美

(自行车)、邓亚萍（乒乓球)、高敏（跳水)、沈坚强（游泳)、林莉(游泳)、李敬（体操)、邢芬（举重)、谢军（国际象棋)、庄泳（游泳)、刘华金（田径)。

3月9日　《人民日报》报道：中国原煤产量居世界首位。10年间，全国直属直供项目建成投产矿井220处，新增生产能力1.7563亿吨。中国原煤产量提前一年达到年产10亿吨的目标，1990年生产原煤10.8亿吨，居世界首位。

同　日　第三届茅盾文学奖评选揭晓。这届评选范围为1985—1988年间发表的长篇小说，6位作家5部作品获奖：路遥的《平凡的世界》、凌力的《少年天子》、孙力、余小惠的《都市风流》、刘白羽的《第二个太阳》、霍达的《穆斯林的葬礼》。另有肖克将军的《浴血罗霄》和已去世的徐兴业教授的《金瓯缺》获荣誉奖。

3月10日　张学良偕夫人赵一荻赴美国探视儿女和亲戚。这是张学良40多年来首次离开台湾。

3月11日—16日　吉布提共和国总统古莱德访问中国。这是古莱德总统自1979年中吉两国建交以来第二次访问中国。杨尚昆、李鹏分别会见了古莱德总统。

3月11日—18日　江泽民在湖南考察。江泽民深入湖南农村、工厂、部队、学校考察工作。考察期间强调指出，集中精力把国民经济搞上去，这是我们党和国家的工作中心。要坚持这个中心，就必须从各方面采取各种有效的措施来加以保证；而加强各级党委和干部的理论、政治学习和研究，就是一项必不可少的至关重要的措施。

3月12日　中纪委转发中共河南省纪委关于洛阳市原市委书记武振国严重违法违纪被开除党籍的通报。通报要求各级党组织运用这一反面典型，对广大党员领导干部进行遵纪守法和反腐蚀的教育，从中吸取教训。

3月12日—14日　中英联合联络小组第十八次会议在北京举行并发表新闻公报。双方就香港防务与维持社会治安的实际安排、香港设立终审法院、香港与有关国家之间保护和促进投资等问题交换了意见。

3月13日　新华社报道：国家统计局公布“七五”计划国民经济

和社会发展的统计公报。国家统计局发布的公告主要内容是："七五"计划时期，经济实力增强，国内市场供应充足，对外经济活跃，财政增收，居民生活进一步改善，科技、教育、文化、卫生、体育事业有了新发展。国民生产总值平均每年增长7.8%，国民收入平均每年增长7.5%，工农业总产值平均每年增长11%，均超过"七五"计划的要求，提前实现了第一步战略目标。一、农业：1990年，农业总产值7 382亿元，比1985年增长25.3%，平均每年增长4.6%，超过4%的计划指标。二、工业：1990年工业总产值23 851亿元，比1985年增长85.1%，平均每年增长13.1%，超过计划增长7.5%的目标，是继"一五"、"六五"之后，第三个高速增长时期。三、固定资产投资和建筑业：全社会固定资产投资完成额达到19 746亿元，超过计划指标，比"六五"时期增加11 749亿元；全国基本建设新增加的主要生产能力有：煤炭开采1.2374亿吨，发电装机容量4 628万千瓦，石油开采7 752万吨，炼铁665万吨，炼钢512万吨，铁矿开采2 342万吨，化肥124万吨，塑料87万吨，水泥1 862万吨，机制纸28万吨，机制糖58万吨，新建铁路交付运营里程2 307公里，新建公路1.8092万公里，沿海港口吞吐能力1.3740亿吨。1990年全社会建筑施工队伍达到2 400多万人，比1985年增长16%；建筑业技术装备进一步加强，设计施工技术有新的突破。四、运输邮电：运输基础设施有所改善，运输能力增强，运输量全面增长，1990年末，铁路复线里程占营业总里程的比重，由1985年的19.2%提高到24.4%，其中主要干线复线率已达90%以上。新增电气化铁路里程2 790公里，铁路电气化里程占营业里程的比重达13%。沿海港口新增吞吐能力1.38亿吨。1990年完成邮电业务总量80亿元，比1985年增长1.7倍，平均每年增长22%。五、国内商业和物资供销：商品供应比较丰富，1990年社会商品零售总额达8 255亿元，比1985年增长92%，平均每年增长14%，扣除物价上涨因素，实际增长3.4%。随着物资体制的改革，主要物资国家统一分配的比重明显下降。钢材国家合同供货量占当年生产量的比重，由1985年的49.7%下降到1990年的30.8%。六、对外经济和旅游业："七五"时期进出口总额4 864亿美元，比"六五"时期增长92.7%。中国实际利用外资460.9亿美元，其中对外借款300亿美元，外商直接投资141.7亿美元。到1990年末，外商直接投资项目累计达2.9万项，投产开业的企业已超过1万家。“七五”时期，前来中国的国际游客达1.33亿人次，比“六五”时期增长1.4倍，旅游外汇收入97.2亿美元，增长96.3%。七、科学技术：共取得国家级科学技术成果1.4139万项，是“六五”时期的1.5倍。经国家批准的发明奖846项，自然科学奖237项，科学技术进步奖2 330项，星火奖261项。有44个国家重点实验室建成并通过验收。八、教育、文化、卫生、体育：“七五”时期大学本科、专科毕业生266.8万人，比“六五”时期增长73.8%。国内培养毕业研究生15.8万人，其中获得博士学位的6 927人，获得硕士学位的14.1万人。中等专业学校毕业生292.2万人，增长31%。培养农业、职业中学毕业生389.5万人，增长2.4倍。中国平均每万人拥有大专以上文化程度的人口由1982年的62人增加到1990年的142人，高中文化程度的人口由678人增加到804人，初中文化程度的人口由1 789人增加到2 334人。全国文盲半文盲率由20.37%下降到15.88%。卫生事业继续发展，卫生机构增加7 000个，医院病床增加39.5万张，专业卫生技术人员增加48.7万人，均达到计划目标。体育事业发展较快，体育健儿在世界锦标赛、杯赛中共夺得285个世界冠军，创造172项世界纪录。九、人民生活：1990年全国职工平均货币工资2 150元，比1985年增加1 002元，扣除价格上涨因素，年均实际增长2.5%。十、人口：1990年末，全国总人口为11.4333亿人，比1985年增加8 482万人，年均增长1.55%。

3月13日—21日　马绍尔群岛共和国总统卡布阿访问中国。这是卡布阿总统自1990年11月16日中马两国建交后首次来华访问。杨尚昆、李鹏分别会见了卡布阿总统。

3月18日　新华社报道：至1990年底中国基本解决温饱问题。温饱线以下的贫困人口已降到占全国人口总数的3%以下，东部沿海各省和大中城市郊区约占农村总人口1/3以上的农民已开始向小康目标前进。1990年上海农民人均收入达1 664元，居全国之首；北京农民为1 261元，位居第二；天津农民人均收入达1 069元，名列全国第三。

3月23日　《人民日报》报道：中央社会治安综合治理委员会成立。委员会的主要任务是：贯彻执行党的基本路线、方针、政策和国家法律，根据国民经济和社会发展的总体规划及社会治安形势，指导和协调全国社会治安综合治理工作。其主要职责是：根据全国社会治安状况，研究提出社会治安综合治理的方针、政策和重大措施，供党中央、国务院决策；对一个时期全国社会治安综合治理工作作出部署，并督促实施；指导、协调、推动各地区、各部门落实社会治安综合治理的各项重大措施；总结推广实践经验，表彰先进，组织有关部门加强社会治安综合治理的理论研究，探索和逐步完善具有中国特色的维护社会治安的新路子；办理党中央、国务院交办的有关事项。委员会由中央国家机关、人民团体和解放军共27个部门的有关负责同志组成。乔石任委员会主任，任建新、王芳任副主任。22日，中央社会治安综合治理委员会第一次全体会议在北京召开，乔石发表重要讲话。会议通过了该委员会的工作要点。

3月30日　原全国政协副主席程子华逝世。程子华，山西运城市解州镇人，1926年6月加入中国共产党。同年入黄埔军校武汉分校学习。1927年参加广州起义和保卫海陆丰苏维埃政权的斗争。1929年领导大冶兵暴。1931年他到中央苏区，曾任红五军团师长等职，参加了第二至第五次反“围剿”斗争。1934年到鄂豫皖革命根据地，任红二十五军军长、政委，参加领导红二十五军长征和鄂豫陕根据地的创建工作，到达陕北后，任十五军团政委，参与指挥劳山、榆林桥战斗。参加了直罗镇战役和东征、西征、山城堡等战役。抗日战争时期，任冀中军区政委、中共冀中区党委书记。后任中共晋察冀中央分局代理书记、晋察冀军区代司令员兼政委。解放战争时期，任中共冀察热辽中央分局书记、军区司令员兼政委，领导创建了冀察热辽根据地。任东北野战军第二兵团司令员。在辽沈战役中，指挥塔山阻击战。参加了平津战役，后任北平警备司令兼政委、第四野战军第十三兵团司令员。参加了渡江战役。建国后，历任中共山西省委书记、山西省人民政府主席、省军区司令员兼政委，全国供销合作总社主任，国务院财贸办公室副主任，商业部部长、党组书记，国家建委、计委副主任，中共中央西南局书记处书记兼西南三线建委常务副主任，民政部部长，第五、六届全国政协副主席，1982年、1987年当选为中顾委常委。他是中共七届中央候补委员，八届和十一届中央委员，第一届全国人大常委，第三、四、五届全国人大代表，第三届国防委员会委员。著有《冀中平原上的民兵斗争》。

4月3日—8日　英国外交大臣赫德访问中国。钱其琛同赫德举行两轮会谈，双方就双边关系、香港问题、国际问题等交换了意见。赫德表示，英方的目标是将英中两国关系全面恢复到1989年以前的水平。钱其琛指出，中国一向重视中英关系，不久前李鹏总理给梅杰首相复信时也表示了同样的愿望。保证香港平稳过渡，保持香港稳定、繁荣，是中英双方共同的利益所在。江泽民、李鹏分别会见了赫德。

4月7日　中共中央、国务院召开计划生育工作座谈会。江泽民、李鹏在会上讲话。江泽民指出，一、要充分认识严格控制我国人口增长的重要性和紧迫性：1.人口多，耕地少，底子薄，人均占有资源相对不足是我国的基本国情。人口多，增长快，始终是我们一个沉重的负担，它严重地制约着我国经济和社会发展的进程，影响着人民生活水平和全民族素质的提高；2.严格控制人口增长，是实现第二步战略目标的一个不可缺少的重要条件。二、贯彻落实基本国策，严格控制人口增长，是全党和全国各族人民的一件大事，也是一件难度相当大的工作。必须全党动手，全民动员，进一步增强广大干部、群众的人口意识和人均观念，使全国上下形成一个人人重视计划生育、人人为控制人口增长做贡献的新局面。李鹏在讲话中指出：一、我国的经济发展是比较快的，许多产品的产量都名列世界前列，但是由于人口基数大，按人口平均就排到世界的后面。每年新增加的财富，相当大的一部分就要被新增加的人口所抵消，人均水平上不去，这就不能不影响第二步战略目标的实现，人民生活也很难有较多的改善。各级党委和政府一定要进一步增强人口意识和人均观念，把计划生育工作真正放在基本国策的位置上，放在经济和社会发展全局的战略地位，要像抓发展国民经济那样的热情和坚韧不拔的精神去控制人口增长，而且要抓得更紧。今后10年争取年均人口自然增长率控制在12.5‰以内。二、实行人口目标管理责任制。中共中央、国务院决定，各省、自治区、直辖市党委和政府应当承担完成本地区人口计划的责任。各级党委、政府要把人口计划纳入本地区的国民经济和社会发展总体规划，把计划生育工作列入重要议事日程。三、现行的计划生育政策是正确的，要坚决稳定并严格执行。计划生育工作重点在农村，关键是领导，方法是走群众路线；同时，在这方面要建立和健全法制。计划生育要在各级党委和政府的统一领导下，各有关部门协调一致，齐抓共管，实行综合管理。

4月9日　七届全国人大四次会议批准《国民经济和社会发展十年规划和第八个五年计划纲要》。《纲要》的主要内容是：一、1991—2000年的主要目标和指导方针。1.总的目标是，实现我国社会主义现代化建设的第二步战略目标，把国民经济的整体素质提高到一个新的水平。在大力提高经济效益和优化经济结构的基础上，使国民生产总值按不变价格计算，到本世纪末比1980年翻两番。按这个目标要求，到2000年，以1990年价格计算的国民生产总值达到31 100亿元，10年平均每年增长6%。工农业总产值平均每年增长6.1%。其中，农业总产值平均每年增长3.5%；工业总产值平均每年增长6.8%。人民生活水平从温饱达到小康，生活资料更加丰裕，消费结构趋于合理，居住条件明显改善，文化生活进一步丰富，健康水平继续提高，社会服务设施不断完善。发展教育事业，推动科技进步，改善经济管理，调整经济结构，加强重点建设，为21世纪初叶我国经济和社会的持续发展奠定物质基础。初步建立适应以公有制为基础的社会主义有计划商品经济发展的、计划经济和市场调节相结合的经济体制和运行机制。社会主义精神文明建设达到新的水平，社会主义民主和法制进一步健全。2.基本指导方针：坚定不移地走建设有中国特色的社会主义道路，坚定不移地推进改革开放；坚定不移地保持国民经济持续、稳定、协调发展，始终把提高经济效益作为全部经济工作的中心；坚定不移地执行独立自主、自力更生、艰苦奋斗、勤俭建国的方针；坚定不移地贯彻物质文明建设和精神文明建设一起抓的方针。3.主要任务：①按照国民经济逐步现代化的要求和居民消费结构的变化，积极调整产业结构，重点是加强农业、基础工业和基础设施，改组改造和提高加工工业，把发展电子工业放在突出位置，积极发展建筑业和第三产业，促进产业结构合理化并逐步走向现代化。②根据统筹规划、合理分工、优势互补、协调发展、利益兼顾、共同富裕的原则，努力改善地区经济结构和生产力布局。③继续把发展科学技术和教育事业放在重要战略地位，使我国经济增长逐步转到主要依靠科技进步和提高劳动力素质的轨道。④在搞好经济建设的同时，相应提高人民生活水平和发展各项社会主义事业，促进经济与社会协调发展。⑤继续推进经济体制改革，不断完善和发展社会主义制度。⑥坚持对外开放的基本国策，进一步扩大对外经济技术交流与合作。⑦坚持“一国两制”的原则，继续推进祖国统一大业。二、“八五”计划的基本任务和综合经济指标。基本任务：1.努力保持社会总需求与社会总供给基本平衡，在控制通货膨胀的前提下，以提高经济效益为中心，促进经济的适度增长。2.突出抓好经济结构调整，使产品的品种、质量、数量同国内外市场需求的变化相适应；使农业与工业、基础工业和基础设施与加工工业比例失调的状况有所扭转；使企业组织结构不合理的现象逐步得到改善；使地区经济结构趋于同化的倾向得到抑制。3.立足现有基础，充分挖掘潜力，积极地、有重点地推进现有企业技术改造，集中必要的财力、物力，加强重点建设，增强国民经济发展的后续力量。4.在努力发展生产，全面厉行节约，大力提高经济效益的基础上，采取适当的办法和步骤，合理调整收入分配格局，增加国家财政收入特别是中央财政收入，并严格控制财政支出，减少财政补贴，逐步改善财政收支不平衡状况。同时，保持合理的信贷规模和结构，严格控制货币发行。5.进一步推动科技、教育事业发展，并使之更好地为调整结构、提高经济素质和效益服务。6.更有效地开展对外贸易，积极引进国外资金、技术和智力，巩固和发展对外开放的格局，把扩大对外开放同提高生产技术和经营管理水平更好地结合起来。7.以增强国营大中型企业活力，健全企业合理的经营机制为中心，协调配套地进行计划、投资、财政、税收、金融、价格、物资、商业、外贸和劳动工资等方面的体制改革，加强社会保障制度和住房制度的改革，促进社会主义有计划商品经济新体制的形成。同时，进一步完善政府行政管理体制。8.努力加强社会主义精神文明建设，促进社会的全面发展和进步。严格控制人口增长。妥善安排劳动就业。在生产发展的基础上，使人民生活进一步得到改善。继续发展文化、卫生、体育等事业。加强环境保护工作，防止环境污染和生态环境的恶化。加强国防建设，提高防御能力。经济增长的规模和速度按1990年价格计算，1995年国民生产总值达到23 250亿元，比1990年增长33.6%，平均每年增长6%。农业总产值达到8 780亿元，比1990年增长18.9%，平均每年增长3.5%。工业总产值达到32 700亿元，比1990年增长37.1%，平均每年增长6.5%。第三产业增加值，1995年比1990年增长53.9%，平均每年增长9%。三、“八五”期间主要经济部门发展的任务和政策。四、“八五”期间地区经济发展的布局和政策。五、“八五”期间科学技术、教育发展的任务和政策。六、“八五”期间对外贸易和经济技术交流。七、“八五”期间经济体制改革的主要任务和措施。八、“八五”期间人民生活和消费政策。九、“八五”期间社会主义精神文明建设和社会主义民主法制建设。

4月9日—11日　秘鲁总统藤森首次访问中国。杨尚昆主持欢迎仪式，江泽民会见藤森总统；李鹏与藤森总统举行会谈。双方就当前的国际和地区形势及重大国际问题深入地交换了意见，取得了广泛的一致。双方回顾了中秘两国建交20年来双边关系的发展状况，对两国在政治、经济、贸易、科技、文化等领域的合作感到满意。12日，中秘两国政府发表关于秘鲁总统藤森访华的新闻公报。

4月11日　北京2000年奥运会申办委员会成立。经国务院批准，陈希同任申办委主席，伍绍祖任执行主席。

4月15日—18日　全国个体劳动者第二次代表大会暨第二次全国先进个体劳动者表彰大会在北京召开。据统计，到1990年底，中国个体劳动者已有2 092.8万人。1990年个体经济工业生产值达642.4亿元，占全国工业总产值的2.69%；营业额达1 492亿元，其中商品零售额1 270亿元，占社会商品零售总额的15.3%。全国个体劳动者1990年向国家缴纳税金145亿元，“七五”期间共缴税482亿元，占全国工商税的5.36%。李鹏、薄一波在会上讲话。李鹏指出，对个体劳动者在我国经济建设中所起的积极作用，党和政府是给予充分肯定的。发展多种经济成分并存的所有制结构，是建设有中国特色的社会主义的主要内容之一，是一项长期的方针，不是权宜之计。

4月15日—19日　全国纪律检查工作会议在济南举行。据统计，1989年和1990年，全国纪检机关共立案检查党内违纪案40多万件，结案率在90%左右，处分党员32.8万多人，其中开除出党7.2万多人。中央纪委副书记陈作霖、李正亭在会上讲话。陈作霖指出，党的十三届四中全会以来，以江泽民为核心的党中央，重视加强党内的廉政建设，把反腐倡廉作为一项战略任务来抓，采取了一系列重要措施，取得了明显成效。但当前还存在两种思想障碍：一种是急于求成，以为抓一两次就能把所有问题统统解决；另一种是认为不正之风和腐败现象带有普遍性，担心谁先纠正谁吃亏，采取消极观望等待的态度。这两种思想都是片面的、有害的。对待党风和廉政建设，必须贯彻“一要坚决，二要持久”的方针，既要有紧迫感，又要树立长期作战的思想。李正亭指出，今后一段时间，各级纪检机关查处党内违纪案件的主要任务是，严肃查处违反党的政治纪律的案件，着重查处经济领域里党员干部的违纪案件，坚决查处严重官僚主义的失职、渎职的案件，继续查处以权谋私、侵犯群众利益的违纪案件，认真查处违反人事纪律的案件。各级纪委要认真抓好道德败坏、腐化堕落等各类党内违纪案件的查处工作。

4月17日—20日　澳门特别行政区基本法起草委员会第六次全会在北京举行。这次会议的主要议程是：重点讨论政治体制、居民的基本权利和义务两个专题小组草拟的基本法条文和附件，同时对其他3个专题小组草拟的条文和附件做进一步讨论。姬鹏飞在会上讲了话。会议通过了《中华人民共和国澳门特别行政区基本法起草委员会第六次全体会议公报》。

4月22日—29日　斐济共和国总统加尼劳访问中国。杨尚昆、李鹏分别宴请并会见加尼劳总统。

4月23日　李鹏听取税收财务物价大检查汇报。从1985年开始，已经在全国范围内连续开展了6次税收财务物价大检查，共查处违纪金额801亿元，其中上交财政508亿元。1990年大检查是几年来规模最大的一次检查。截至1991年3月底统计，全国有241.8万户企业、行政、事业单位和583.1万个个体工商户进行自查；并对99.8万户企业、行政、事业单位和207.2万个个体工商户进行了重点检查，共查出违纪金额134.3亿元，其中已上缴入库79.2亿元。这次税收财务物价大检查中出现的一个新情况是，查处的违纪金额由逐年上升到开始回落。违纪金额下降的原因主要是这几年国家采取的一些治理整顿措施开始见效；持续多年的税收财务物价大检查起了作用，违纪行为有所收敛；各级财政、税务、审计、物价等部门加强了日常监督检查工作，有些违纪问题在日常检查中已做了处理。李鹏听取汇报后指出，大检查成绩应充分肯定。根据当前的情况，每年开展一次税收财务物价大检查是必要的，这一点应当肯定下来，但要改进工作方法。今后要把经常性检查和大检查更好地结合起来，经过几年努力，逐步把大检查转为经常性检查。

4月24日　中国大洋矿产资源研究开发协会成立。自1984年中国开始加强大洋多金属结核资源调查开发工作以来，经过5年努力，至1989年底，已在西太平洋调查勘探了30.1万平方公里的远景矿区，金属结核冶炼工艺也已达到国际先进水平，具备了海底资源开发利用的能力。1990年，中国大洋矿产资源研究开发协会向联合国海底筹备会申请矿区登记，现已获准登记。为继印度、苏联、法国、日本之后第5个深海采矿先驱投资者。

4月25日—29日　突尼斯共和国总统阿里访问中国。杨尚昆、江泽民分别会见阿里总统，李鹏同阿里总统举行会谈，双方就双边关系、国际形势和共同关心的国际问题交换了意见。

4月27日　《人民日报》报道：《列宁全集》中文第二版60卷出版。新版《列宁全集》堪称一项马克思主义理论基本建设的宏大工程，中共中央马恩列斯著作编译局1975年开始筹划，历时15个春秋，到1990年底，由人民出版社全部出齐。

4月28日　《人民日报》报道：国务院决定从1991年5月1日起调整粮油统销价格。这次粮油统销价格的调整，对于解决粮油购销价格倒挂，搞活粮油流通，理顺工农、城乡关系，促进节约用粮都具有重要意义。这次提高城镇居民定量粮油销售价格，在充分考虑国家、企业和个人承受能力的情况下，按照国家、企业、个人共同分担的原则，国务院决定给城镇居民以适当补偿。对个别特殊困难户和从事繁重体力劳动、吃工种粮较多的职工，将分别由有关单位和企业按国家有关规定，给予适当照顾和补贴。

4月30日　台湾“总统”李登辉宣告“动员戡乱时期”从5月1日零时终止。“动员戡乱时期”在台湾实施了43年，李登辉在记者会上表示，“动员戡乱时期”终止后，台湾当局将视中共为控制祖国大陆地区的“政治实体”，称其为“大陆当局”或“中共当局”。

5月4日　原全国政协副秘书长孙晓村逝世。孙晓村，浙江余杭人，1929年毕业于北平中法大学。1933年任国民党政府行政院农村复兴委员会专员，并任《中国农村》月刊发行人。发表了一批论著，提出中国农村的复兴，根本出路在于废除封建土地所有制。他曾任南京救国会负责人，全国各界救国联合会中央常委。1936年因沈钧儒、邹韬奋等“七君子”案在南京被捕入狱，次年出狱。抗日战争期间，任第三战区购粮委员会副主任委员。1945年参加中国民主革命同盟，1949年加入中国民主建国会，同年出席中国人民政治协商会议第一届全体会议。建国后，历任政务院财经委员会委员、中央财经计划局副局长，第一、二、三届全国人大代表，全国政协第三、四、五、六届常委、副秘书长，北京农业大学校长，中国银行常务董事，中国国际信托投资公司董事，上海市工商联筹备委员会秘书长，全国工商联常委、顾问，中越友协副会长，中国和平统一促进会常务理事，中华职业教育社常务理事，海峡两岸法律研究会荣誉会长，中央社会主义学院院长，并长期主持全国政协文史资料委员会的工作。

5月7日　《人民日报》报道：108家工交企业获国家级企业技术进步奖。由国务院有关部委组成的评审委员会从各省、自治区、直辖市、计划单列市和国务院有关部、总公司推荐的291个企业中，经反复审议，对首都钢铁公司、华北制药厂、山西杏花村汾酒厂、鞍山钢铁公司、沈阳电缆厂、大连橡胶塑料机械厂、吉林化学工业公司、长春第一汽车制造厂等108家企业授予国家企业技术进步奖。这次荣获国家级企业技术进步奖的108家企业，一个共同的特点是在技术现代化、管理现代化、人才现代化方面做出了突出贡献。它们真正做到了投入少、产出多、周期短、效益好、产品质量提高，物资消耗降低，出口产品增加，使企业的生产技术和产品水平发生了深刻变化。

同　日　能源部通报山西三交河煤矿特大事故。4月21日下午，山西省临汾地区洪洞县三交河煤矿发生了一起特大瓦斯煤尘爆炸事故，当时在井下的147名职工全部遇难身亡，这是近30年来发生在煤矿的最大一起恶性的、重大的责任事故。事故发生后，能源部在京召开紧急电话会议，向全国煤炭系统通报了这一特大恶性事故，同时号召全国700万煤炭职工紧急行动起来，立即在全国煤矿开展一次安全生产大检查活动。李鹏也对事故的抢救和善后处理作了重要指示。能源部、中央有关部委及省、市有关领导赶赴现场，协助进行抢救和善后处理工作。

5月7日—14日　冈比亚总统贾瓦拉访问中国。杨尚昆、江泽民分别欢宴、会见了贾瓦拉总统，李鹏与贾瓦拉总统举行会谈。9日，中国政府向冈比亚政府提供贷款的协定在北京签字。

5月10日　中华炎黄文化研究会在北京成立。该会是由热心于祖国文化遗产的专家、学者、社会活动家、企业家等人士组成的全国性民间文化团体。它的宗旨是：弘扬中华民族优秀文化，振奋民族精神，为祖国的现代化建设和统一大业做贡献。薄一波、李政道任名誉会长，周谷城任会长，萧克任执行会长。李瑞环在成立大会上讲话，他强调弘扬民族优秀文化是义不容辞的历史责任。

5月12日　中共中央、国务院发出关于加强计划生育工作严格控

制人口增长的决定。决定的主要内容是：一、统一认识，切实加强对计划生育工作的领导。中国的人口形势依然十分严峻，控制人口增长的任务相当艰巨。要求各级党委和政府把人口计划纳入本地区国民经济和社会发展总体规划。党政第一把手必须亲自抓，并且要负总责。二、坚决贯彻落实现行政策，依法管理计划生育。中国现行的计划生育政策是：提倡晚婚晚育，少生优生；提倡一对夫妇只生育一个孩子。要严格依照国家法律和有关规定，加强对人口的计划管理。基层的人口出生计划要张榜公布，接受群众监督。各省、自治区、直辖市要注意制定与有关计划生育方面的地方性法规相配套的规章制度，进一步把计划生育纳入法制的轨道。三、抓住重点，扎实稳妥地做好计划生育工作。计划生育工作的重点、难点在农村，各级领导要用更多的精力扎扎实实地抓好农村的计划生育工作。要在基层建设一支思想好、作风正、懂业务、会管理的计划生育工作队伍，还要组织广大的计划生育积极分子队伍，依靠他们做好经常性的计划生育工作。四、齐抓共管，保证计划生育工作顺利开展。实行计划生育是一项庞大的社会工程，全社会各个方面都应重视和支持这项工作。各有关部门、群众团体要在党委、政府的统一领导和人大的监督下，根据各自承担的任务，制定切实可行的措施，齐抓共管，共同做好计划生育工作。

5月15日—19日　江泽民访问苏联。这是对戈尔巴乔夫总统1989年5月访华的回访。访苏期间，双方就中苏关系的各个方面和共同关心的迫切国际问题等进行了多次会谈。双方高度评价中苏关系正常化的重要意义，重申将继续遵循北京会晤所达成的协议和1989年5月18日《中苏联合公报》所阐明的各项原则。双方认为，经过共同努力，两国在政治、经贸、科技、文化、军事等领域的友好合作关系正在稳定地发展。江泽民重申了中国政府在台湾问题上的立场，苏联方面表示支持中国的这一原则的立场。江泽民分别会见了苏联最高苏维埃主席卢基扬诺夫、总理帕夫洛夫和苏中友协积极分子及苏联其他各界友好人士。16日，中苏边界协定在莫斯科签署。17日，江泽民在克里姆林宫同苏联公众代表会见并发表题为《走向21世纪的中国》的重要讲话。19日，《中苏联合公报》在莫斯科发表。

5月17日—20日　加蓬共和国总统邦戈访问中国。杨尚昆欢宴并会见邦戈总统；李鹏同邦戈总统举行会谈。20日，中国向加蓬提供贷款协定书在北京签署。

5月20日　《人民日报》报道：李鹏在西藏和平解放40周年前夕答新华社记者问。李鹏回答记者提问的主要内容有：一、40年前西藏和平解放的历史意义。二、40年来西藏发生的巨大变化。三、西藏发展的前景。从1952年到1990年，中央政府对西藏财政拨款和基建投资达177.7亿元，从未向西藏财政征收过一元钱。国务院决定用10年时间，投资10亿元，帮助西藏对“一江两河”流域进行综合开发。西藏的羊卓雍湖电站、机场和公路的改扩建等一批能源、交通建设项目已列为国家重点工程。四、中央政府对达赖喇嘛的政府和对国外藏胞的政策是一贯的。我们的根本原则是，西藏是中国不可分割的一部分。在这个根本问题上没有任何讨价还价的余地。中央政府对达赖喇嘛的政策没有变，但是达赖喇嘛必须停止从事分裂祖国的活动。中央政府对国外藏胞实行“爱国一家，爱国不分先后”的政策。政府希望他们做到心向祖国，欢迎和支持他们为维护祖国统一、民族团结做贡献。五、关于西藏的人权和人口问题。1959年民主改革后，西藏人民才真正享受到宪法和法律保障的民主、自由和人权。1990年西藏人口从解放前夕的约100万，增加到209万，藏族人口占西藏自治区总人口的94.5%。这些事实足以戳穿国外有些人捏造的种种谎言。

5月23日　1989—1990年度中国电影“政府奖”在江苏常州揭晓。“政府奖”由广播电影电视部、中宣部、国家教委、解放军总政治部以及全国总工会、团中央、全国妇联等联合组成评委会。《周恩来》等9部纪录片获本届政府奖。《开国大典》、《焦裕禄》、《百色起义》、《龙年警官》、《特区打工妹》等16部影片获故事片奖。获儿童故事片奖的4部影片是《我的九月》、《豆蔻年华》、《快乐岛奇遇》、《别哭，妈妈》。《魔窟寻谍》等2部译制片和5部美术片、16部科教片也获得本届政府奖。

5月28日　第十一届全国电视剧“飞天奖”在广州揭晓。《渴望》、《焦裕禄》、《少年毛泽东》、《一个真实的童话》、《原野上的马车》5部电视剧获一等奖。韩志君、韩志晨获优秀编剧奖；黄蜀芹、潘霞获优秀导演奖；陈道明、李羚、李雪健、张闽分别获优秀男、女主角和配角奖。雷蕾、徐沛东获优秀音乐奖。

5月30日　《人民日报》报道：国务院发出关于进一步增强国营大中型企业活力的通知。通知指出，党的十一届三中全会以来，国家实行了一系列改革开放的政策，国营大中型企业的活力比过去增强了，各方面都发生了深刻的变化，为国家做出突出的贡献。但由于多年积累的一些深层次的矛盾和近几年出现的一些新情况的影响，国营大中型企业仍面临着许多困难和问题。党中央、国务院十分重视增强国营大中型企业活力的问题，要求各地区、各部门和企业要从加强企业内部管理和改善外部环境两个方面采取有力措施，增强国营大中型企业的活力。自1990年底以来，国务院先后采取了一系列增强企业活力的政策措施，有重点地搞活国营大中型企业。这些政策措施共11项：一、适当增强企业技术改造的投入；二、酌情减少部分企业的指令性计划任务，扩大其产品自销权；三、适当提高部分企业的折旧率，逐步完善折旧制度；四、适当增加新产品开发基金；五、补充一些企业的自有流动资金；六、适当降低贷款利率；七、给予部分企业外贸自主权；八、进一步做好若干国营大中型企业的“双保”工作；九、继续清理“三角债”；十、选择100个左右大型企业集团分期分批进行试点；十一、切实减轻企业负担。通知要求各地区、各部门要根据通知精神，把增强国营大中型企业活力列入经济工作的重要议事日程，加强领导，切实解决国营大中型企业的实际困难。

6月4日　《人民日报》报道：塔里木盆地吉拉克地区发现一个大型油田。吉拉克油田是一个整装油田，油层分布稳定，属轻质原油，开发条件较好。6月28日，中国银行向中国石油天然气总公司提供12亿美元贷款。李鹏、邹家华、朱镕基、李贵鲜等出席了贷款签字仪式。塔里木盆地石油勘探与开发，是“八五”期间中国国民经济建设的一项重点工程。它对中国石油工业持续稳定发展具有重要的战略意义。

6月5日　《人民日报》报道：国务院设立新闻办公室。国务院任命朱穆之为该室主任，曾建徽、周觉为副主任。新闻办公室的设立，是为了加强对国外介绍中国，以增进世界对中国的了解，促进中国同各国的友好关系和经济、科技、文化等方面的交流与合作，从而有利于更好地深化改革和扩大对外开放。作为国务院的一个综合性的办事机构，新闻办公室的主要职责是组织、推动、协调政府有关部门对外介绍中国的工作。新闻办公室设立后，有关政府部门原有的对外新闻发布、对外文化交流等职能不变。

6月7日　中共中央台湾工作办公室负责人就海峡两岸关系与和平统一问题发表谈话。他重申了“和平统一、一国两制”的方针，并提出3条建议：一、由海峡两岸有关部门和授权团体或人士，尽快商谈实现直接“三通”和双向交流的问题。二、国共两党派代表进行接触，以便创造条件，就正式结束两岸敌对状态、逐步实现和平统一进行谈判。三、中共中央欢迎国民党中央负责人以及国民党中央授权的人士访问大陆。如国民党邀请中共代表，我们愿意应邀前往台湾，共商国是。

6月10日　《人民日报》报道：国务院发出关于继续积极稳妥地进行城镇住房制度改革的通知。通知指出，一、要合理调整现有公有住房的租金，有计划有步骤地提高成本租金。二、实行新房新租、先卖后租、优先出售或租给无房户和住房困难户等办法。三、要发展住房金融业务，开展个人购房、建房储蓄和贷款业务，实行低押信贷购房制度，从存贷利率和还款期限等方面鼓励职工个人购房和参加有组织的建房。四、要求各地人民政府切实加强对房地产市场的统一管理，搞好治理整顿，认真查处倒卖房地产、牟取暴利的各种非法活动。

同　日　江泽民会见香港总商会访京团时重申，实行“一国两制”是长期的。江泽民指出，一、关于香港的前途。如中英联合声明所确定的，1997年中国恢复对香港行使主权后将实行“一国两制”，香港将继续实行资本主义制度，实行“一国两制”是长期的。同时，一个继续坚持社会主义制度的中国大陆有助于香港的稳定和繁荣。二、关于香港的过渡问题。在香港过渡期间，中国政府无意干预港英政府的日常行政管理；但希望港英政府多从保持香港今后的长期稳定和繁荣方面考虑。1997年后香港实行高度自治，对于属于自治范围内的事，中央政府决不会干预。三、关于香港建设新机场的问题。中国政府对此一贯采取积极合作的态度。香港的确需要一个新机场，但机场建设不应让香港居民今后背上包袱。

6月11日—13日　中英联合联络小组第十九次会议在香港举行。会议取得的主要进展有：一、双方在专家工作的基础上，就香港与有关国家之间的鼓励和保护投资协定问题进一步交换了意见，并就协定范本在原则上达成了一致意见。二、双方就香港民航协定问题有益地交换了意见。三、双方进一步讨论了跨越1997年的主要专营权问题。四、就香港防务与维持社会治安的实际安排问题继续进行了讨论，等等。但也有些问题还没有达成协议。

6月14日　云南鲁布革水电站竣工。鲁布革水电站是中国第一个利用世界银行贷款、率先实行国际招标竞争的国家重点工程。水电站的第4台机组提前106天并网发电，这标志着整个电站工程经过中外建设者们的努力，全部胜利完工。

6月23日　《人民日报》报道：陕甘宁盆地发现大气田。这个大气田勘探开发进展快，投资少，成果大。气田均匀连片，工业开采价值很高，经济效益显著。

6月24日—26日　全国禁毒工作会议在北京召开。这是国家禁毒委员会召开的第一次全国性工作会议。会议总结了近几年打击毒品违法犯罪斗争的情况，分析了当前毒品犯罪的趋势，商讨了防止毒品问题发展蔓延的对策。据统计，1985年—1990年，全国公安机关共查获贩毒案件近3万起，仅1989年、1990年两年就缴获海洛因2 120公斤，海关也查获了一批走私贩毒案件。过去6年间，全国共逮捕毒品人犯2.08万人，判处刑罚的1.6万人。由于过境贩毒带来的毒品犯罪问题仍然屡禁不止，继续蔓延发展，出现了50年代禁毒运动之后从未有过的严峻形势。国家禁毒委员会主任王芳要求各有关部门全面深入地贯彻中共中央、国务院有关禁毒工作的指示，努力实现从根本上消除毒品祸害的要求，力争在两三年内把毒品泛滥的势头压下去，进而逐步做到堵住境外毒源，清除掉国内毒品消费。坚持实行禁贩、禁种、禁吸“三禁”并举，堵源截流，严格执法，标本兼治的方针，在各地党委、政府的领导下，动员全社会力量，打击、防治、宣传、教育多管齐下，有毒必肃，贩毒必惩，种毒必究，吸毒必戒，打一场禁毒的人民战争。

6月25日—29日　塞舌尔共和国总统勒内访华。杨尚昆欢宴并会见勒内总统，江泽民会见勒内总统，李鹏同勒内总统会谈。27日，中塞两国政府签署了经济技术合作协定。

6月26日　中国联合国教科文组织全国委员会和国家建设部举行泰山、黄山列入《世界遗产名录》证书颁发仪式。

7月1日　《毛泽东选集》1—4卷第二版出版。根据中共中央的决定，中共中央文献编辑委员会修订的《毛泽东选集》1—4卷第二版，由人民出版社出版，从7月1日起在全国新华书店发行。邓小平为《毛泽东选集》第二版题写了书名。《毛泽东选集》1—4卷第二版保持了第一版原有的篇目，只增加了《反对本本主义》一篇。这次修订，对文中少量有误的史实和错别字做了校订，对一些题解和大部分注释做了认真的修订。7月4日，中共中央发出关于学习《毛泽东选集》1—4卷第二版的通知。中央认为，《毛泽东选集》是今后长时期内对干部群众包括青年学生进行思想理论教育的基本教材，是深入开展马克思列宁主义、毛泽东思想教育的重要内容。各级干部特别是县以上领导干部应当把《毛泽东选集》作为常备必读的政治课本，经常地坚持不懈地进行学习。

7月2日—14日　李鹏出访埃及、约旦、伊朗、沙特阿拉伯、叙利亚和科威特6国。出访期间，李鹏总理同6国领导人就进一步加强双边关系、中东问题、军控问题及国际政治经济新秩序问题举行会谈，深入坦诚交换意见，达成了广泛的共识，并分别与6国发表了联合公报或新闻公报。陪同李鹏总理访问的钱其琛外长等先后同6国有关部门负责人就发展双边关系举行了会谈。7日，中国政府和约旦政府科学技术合作协定等文件在安曼签署。8日，中国同伊朗两国政府1991—1992年文化、艺术、教育交流计划在德黑兰签署。14日，中国石油工程建设公司同科威特国家石油公司就中国参加科威特油井灭火工程合同在科威特城正式签署。

7月3日　杨尚昆会见柬埔寨主席诺罗敦·西哈努克亲王和夫人。他表示中国欢迎西哈努克亲王7月中旬在北京召集和主持柬埔寨最高委员会预备会议的计划。希望柬埔寨各方在西哈努克亲王的领导下捐弃前嫌，实现民族和解，切实履行帕塔亚会议达成的协议，早日实现柬埔寨问题全面、公正、合理地政治解决，使柬埔寨成为一个独立、中立、和平和不结盟的国家。

7月4日　国务院选定辽宁试点清理“三角债”，并决定采取5项强硬措施，治本清源，寻根解结。一、基建、技改项目要坚持“先落实资金后开工建设”量力而行的原则，严禁背着资金缺口上项目、搞建设。二、千方百计筹集资金，解决财政的欠拨、欠退、欠补问题。三、狠抓产品结构调整，压库促销，认真贯彻国家产业、产品政策、坚持以销定产的原则，对边生产、边积压企业，关停并转。四、采取措施控制亏损。对一批长期经营管理不善，短期内无望扭转亏损的企业，勒令其停产整顿。对一些亏损企业重点帮扶，建立扭亏责任制；创造条件，支持扭亏有望企业搞好转化。7月31日，朱镕基在沈阳主持召开东北三省及哈尔滨、长春、沈阳、大连4市清理“三角债”试点工作会议。朱镕基指出：根据国务院领导的指示精神，经过一段时间的摸索，清欠思路进一步明确了，概括起来就是“三清”：即从“两头清”，要“两手清”，关键是“思想清”。所谓从“两头清”，是指以试点企业被基建、技改项目拖欠的债务为源头，一头清理债权，一头清理债务。所谓“两手清”，是指一手清理固定资产投资拖欠，这是要紧紧抓住的主要源头；另一手也要适当清理流动资金拖欠。所谓“思想清”，就是各级政府和企业都要在思想上高度重视清欠工作。

7月8日　中国中止同中非的外交关系。中国驻中非大使馆临时代办黎鹗7月18日向中非政府提出严正交涉。他郑重声明，由于中非共和国政府同台湾当局恢复所谓“外交关系”，违背了1964年9月29日中国同中非建交公报和1976年8月20日两国关系正常化联合公报的原则精神。中国政府向中非政府提出强烈抗议，并不得不决定中止同中非共和国的外交关系。

7月9日—13日　中国澳门特别行政区基本法起草委员会第七次全会在北京举行。会议修改并通过了《中华人民共和国澳门特别行政区基本法（草案）征求意见稿》，通过了《关于公布〈中华人民共和国澳门特别行政区基本法（草案）征求意见稿〉和开展征询工作的决定》，这标志着澳门基本法起草工作进入了一个新的阶段。

7月12日　《人民日报》报道：中国第一台载人式“水下机器人”——“QS2型单人常压潜水装置系统”研制成功。这台“水下机器人”载人和无人潜水作业时，海上船基平台指挥人员都可以通过显示系统了解其工作情况，并对它实施监控。海上实验表明，这台“水下机器人”性能全部达到了设计技术指标要求，具有80年代后期国际先进水平，填补了国内空白。

同　日　新华社报道：中国农村人口仍占总人口的80%。农村人口已高达9.1亿以上。随着每年1 300万以上的农村人口的增加，全国还有1亿多农村剩余劳动力需要向二、三产业转移，这已成为农村社会的一个重大难题。

7月14日　新华社报道：国家统计局从全国2 300多个县（市）中排出近五年农业总产值，粮、棉、油、肉总产量前100名大县。其中江苏省兴化市农业总产值居全国诸县和县级市之首；吉林省公主岭市、湖北省天门市、山东省平度市、四川省合川县分别夺取粮、棉、油、肉总产量评比桂冠。“七五”期间农业总产值，粮、棉、油、肉总产量百强县累计向国家出售原粮、棉花占国家粮棉收购总量的32.6%、58.5%，猪牛羊肉出售量占全国猪牛羊肉出售总量的32%，从而在中国农业和整个国民经济中发挥重要作用。

7月19日　国务院清理“三角债”领导小组召开动员会议。会议强调清理“三角债”要立足于治本清源，从清理固定资产投资项目这个源头入手，解开债务链，并下决心把清理旧债与堵住新欠紧密结合起来，尽快恢复工业生产和经济运行的正常秩序。朱镕基主持会议，并在会上作了动员讲话。会议传达了国务院关于清理“三角债”工作的指导思想和李鹏的指示精神：要下决心堵住固定资产投资缺口；采取有力措施解决亏损问题；抓好产品结构和产业结构的调整，控制积压产品的生产；集中力量进行重点地区、重点行业、重点建设项目的清欠；严格执行结算纪律；加强银行结算监督。各地区、各部门要把清理“三角债”作为搞活大中型企业、提高企业经济效益的突破口，切实抓紧抓好。会议对清理“三角债”工作作了部署。

7月21日—8月31日　福建两艘渔船同台湾渔轮在台湾海峡发生渔事纠纷，福建渔民被台湾当局扣押。8月3日农业部发言人发表谈话。他希望台湾有关方面保证祖国大陆渔民人身安全并促请妥善解决纠纷。国务院台湾事务办公室函告台湾海峡交流基金会，中国红十字会总会决定派3名人员赴台探望被扣押的18名福建渔民。20日，一度受阻滞留香港8天的红总代表曲折、庄仲希抵达台北。他们到台中看守所、观护所，看望了因“7·21”事件被扣押的7名渔民，通过影视电话间接看望了因“7·21”事件滞留金门的11名渔民，并同台湾“海基会”达成协议，由“海基会”负责尽快护送11名渔民返回祖国大陆。24日，被台湾扣压、滞留在台湾、金门35天的11名福建渔民和2艘渔船返回厦门。30日，遭台湾当局扣押的7名渔民中的5人，被台中“地方法院”分别判处6个月至1年2个月的有期徒刑。31日，农业部和红总分别就此“判决”发表谈话，希望台湾有关方面维护海峡两岸祥和气氛，让无辜渔民尽早返回家乡。

7月22日　国家统计局新闻发言人说，1991年上半年中国经济从复苏走向稳步发展。1991年上半年国民生产总值达8 207亿元，比1990年同期增长6.1%。1991年以来，固定资产投资、商品零售量和出口总额以两位数的速度回升，对增强经济活力起了积极作用。但经济效益低、财政困难的局面没有明显改变，产成品积压，企业“三角债”等矛盾突出。特别是严重的自然灾害，影响经济正常发展。

7月24日—8月1日　全国财政工作会议和全国税务工作会议在北京召开。会议的中心议题是：检查上半年财政税收计划执行情况，交流工作经验，拟定增收节支措施，部署下半年工作，动员全国财税战线广大干部，振奋精神，努力工作，千方百计完成预算任务。会议还对财税改革等问题进行了深入的研究。国务委员、财政部长王丙乾在会上指出，1991年1—6月，全国国内财政收入1 317.27亿元，完成年度预算的37.8%；收支相抵，收入大于支出29.83亿元。上半年的预算执行情况总的看稍好于1990年，但财政困难没有缓解，主要是：企业经济效益仍然较差、企业拖欠税利继续增长、集团购买支出增长。下半年要下功夫帮助企业广泛深入地开展"质量、品种、效益年"活动。从现在起，除了用于抗灾救灾的开支外，一律停止追加预算支出。王丙乾提出，为确保完成全年财政任务，下半年工作重点应当放在提高国营大中型企业的经济效益、扭亏增盈、增收节支方面。李鹏同与会代表座谈，他提出，要充分发挥财政税收对国民经济的宏观调控作用，加强对经济建设和社会事业的服务与监督，促进国民经济的健康发展，要狠抓开源节流、增收节支，为社会主义事业的发展筹集更多的资金。

7月25日　李鹏签署第八十七号中华人民共和国国务院令，发布《全民所有制企业招用农民合同制工人的规定》，自即日起施行。规定指出，企业招用农民工必须在国家下达的劳动工资计划之内，用于国务院劳动行政主管部门确定的需要从农村中招用劳动力的生产岗位和工种。矿山企业招用农民工须报经省、自治区、直辖市人民政府或其授权的设区的市或相当于设区的市一级人民政府批准，其他企业招用农民工须报经省、自治区、直辖市人民政府批准。《规定》对农民工的招收录用，劳动合同的签订、变更、终止和解除，工资、保险福利及其他待遇，组织管理做出了明确的规定。

同　日　联合国教科文组织颁发《世界遗产》证书仪式在北京举行。中国的长城、故宫、北京人遗址、秦始皇陵、莫高窟被列入《世界遗产》名录。

7月26日　《人民日报》报道：中国外汇总储备超过300亿美元。

今后收汇的增长除保证偿还外债外，将用于增加进口，特别是先进、适用技术和关键设备的进口。

本　月　淮河、长江流域军民抗洪抢险斗争进入高潮。1991年夏，淮河、长江支流滁河、洞庭湖的澧水和安徽的水阳江都发生了特大洪水。截至6月底，全国有18个省市区遭受洪涝灾害，受灾耕地面积1.3亿亩，倒塌房屋65万间，各项经济损失总和达160亿元。这次特大洪水的特点是：一、雨期提前，降雨量大而集中，洪水来势猛、持续时间长。淮河发生了建国以来仅次于1954年的大洪水，7月中旬，太湖水位比1954年最高水位还高0.14米，滁河接连两次发生有资料记载以来的最大洪水，松花江也出现了建国以来仅次于1957年的大洪水。二、水灾发生在夏粮收获和秋粮播种季节，造成两季作物减收。三、重灾区过分集中。安徽、江苏两省受灾人口占两省人口总数的70%；农作物受灾面积占播种面积的60%以上；工业，特别是乡镇企业损失严重。7月7—8日，江泽民、田纪云等赴安徽察看灾情，部署防汛工作。此后，江泽民一行又赴浙江、上海、江苏察看灾情，现场指挥防洪抗灾。8日，国务院在京召开防汛救灾紧急会议，要求各级政府和有关部门进一步行动起来，做好抗洪救灾工作。10日，乔石、任建新代表中央政法委致电慰问奋力抗灾的公安干警和武警官兵。11日，受国务院委托，中国国际减灾十年委员会举行新闻发布会，通报安徽、江苏灾情，紧急呼吁国际社会提供人道主义的救灾援助。7月16日，江泽民主持召开中共中央政治局会议，听取部分地区灾情汛情汇报，研究部署抗洪救灾工作。会议指出：面对严峻形势，各地区、各部门要进一步动员起来，战胜灾害。同日，李鹏打电话了解安徽、江苏灾情时，要求确保灾区人民生命安全，尽力安排好群众生活。20日，李鹏再次到安徽察看灾情，慰问受灾群众。同日，万里、彭冲、陈慕华听取田纪云关于抗洪救灾汇报。21日，李鹏考察江苏和浙江灾区。22日，李鹏在上海主持召开安徽、江苏、浙江和上海三省一市负责人会议，贯彻7月16日中央政治局会议精神，研究做好抗灾救灾工作和进一步治理淮河、太湖等问题。在党和国家的统一部署下，灾区军民开展了英勇的抗灾救灾斗争，得到了全国人民的积极支持。人民解放军自入夏以来，已出动50多万人次，组织民兵和预备役人员200多万人次、车船6 000多台（艘）参加抗洪救灾。到9日，抢救转移灾民50多万人，抢运物资15万吨，参加抢修京沪、津浦等铁路、公路200多公里。洪灾发生后，国务院先后拨款22亿元人民币和14亿公斤粮食用于救灾，并制定了对灾区人民的优惠政策。全国各地纷纷捐款捐物支援灾区。港澳各界也纷纷为内地捐款赈灾。至30日，民政部接收救灾捐赠办公室已收到大陆各界捐款1.9亿多元，收到港澳同胞捐款2.794亿港元、200万澳门元，台湾红十字会收到各界捐款已近4亿元新台币。外国政府、国际组织及一些友好团体和个人认捐900多万美元。

8月8日　《人民日报》报道：中国首座利用乏燃料元件的核反应堆在四川建成并投入运行。反应堆可将核燃料的平均燃料从40%提高到45%，每年能节省核燃料费用200万元。

同　日　《人民日报》报道：1990年全国500家最佳经济效益工业企业评选揭晓。首都钢铁公司、大庆石油管理局等500家工业企业在1990年中国较为严峻的经济形势下，销售额仍比上年增加了10个百分点，利税总额增加2个百分点，综合经济效益高于全国工业企业的平均水平，大中型企业仍然表现出了较强的经济优势。

8月10日—13日　日本首相海部俊树访问中国。访问期间，李鹏欢宴海部首相并与海部首相就双边关系和共同关心的国际问题举行正式会谈，双方希望推动中日关系进一步发展。会谈时，李鹏还宣布中国政府原则决定参加不扩散核武器条约，并表示中国一向不主张、不鼓励、不从事核扩散；中国拥有少量的核武器完全是为了自卫，而且第一个公开宣布了不首先使用核武器。江泽民和杨尚昆分别会见海部首相；海部首相在北京发表题为《新的世界和日中关系》的政策讲演并举行了招待会。双方签署了中华人民共和国政府和日本国政府关于文化无偿赠款的换文。

8月12日　《人民日报》报道："七五"期间全国乡镇财政收入总额已达1 751.9亿元，年平均递增速度为20%。乡镇财政建成后财政收支与乡镇的经济利益挂钩，充分调动了乡镇政府理财的积极性。

同时，也促进了农村经济和各项事业的发展，促进了基层政权建设。

8月13日　新华社报道：1991年由中国人民建设银行和中国工商银行共同发行100亿元国家投资债券。国务院决定，其中80亿元用于基本建设，20亿元用于技术改造。按国务院的规定，国家投资债券完全采取经济发行方式，由城乡居民、企事业单位、金融机构自愿认购。

8月15日—19日　第二次全国城市环境保护工作会议在长春举行。李鹏致信祝贺，邹家华到会作重要讲话。邹家华说，到1990年底全国城市已达467个，比1949年增加近6倍。城市的工业总产值、税利、文教、卫生、科技力量等占全国的比重都较大，城市已经成为我国政治、经济、文化的中心和改革开放的重点，在经济建设中起着主导作用。邹家华指出，经济建设只有与城乡建设、环境建设同步规划、同步实施、同步发展，才能实现经济、社会、环境三个效益的统一，要把城市环境综合治理纳入国民经济与社会发展计划，以治理废水、废气，垃圾、噪声污染“四害”为重点，长期作战，分步实施。国家环保局局长曲格平在会上作了题为《深入进行城市环境综合整治，促进经济与环境协调发展》的工作报告。报告总结了“七五”期间我国城市环境保护工作的进展情况。

8月17日　新华社报道：中国天然橡胶生产出现前所未有的好收成。1991年1—7月，全国已生产橡胶13.1万吨，比去年同期增长33.8%。据有关部门预计，到年底，全国可产胶28万吨，将超过历史最高水平。

8月21日　“七五”科技攻关成果展览会在北京开幕。江泽民、李鹏为展览会题词，聂荣臻给展览会写了贺信。“七五”期间，国家对4 696个重点科技攻关专题，5年共投入73.9945亿元，产出达到406.7511亿元，投入产出比为1:5.5。这个主要以增强“八五”经济实力为目的的中长期国家科技计划，在攻关计划实施期间就已经取得了令人瞩目的直接经济效益。这次展览，是我国科学技术水平的显示，也是科技成果转化为强大生产力的一次大检阅。26日，江泽民、李鹏、乔石、李瑞环等参观“七五”科技攻关成果展。李鹏指出，只要把生产搞上去，任何困难和压力都可以克服。要把生产搞上去，需要依靠科技第一生产力，需要科技的推广和应用。

8月28日　中国证券业协会成立。这是中国证券业发展史上第一个全国性的行业自律管理组织。中国证券业经过10多年的发展，有价证券发行量累计已超过2 000亿元，证券交易总额超过500亿元。证券的品种也从单一的国债，发展到国债、企业债、金融债、股票等多个品种。随着证券市场的发展，证券经营机构也相应发展起来。到协会成立为止，经中国人民银行批准的证券公司已有59家。另外，还有300多家证券营业部和证券代办点。

8月31日　李鹏接受香港电视记者采访。在英国首相约翰·梅杰访华前夕，李鹏在北京接受香港无线电视台记者的采访，就中英关系、香港问题、苏联形势、中美关系、中越关系等问题回答了记者的提问。李鹏指出，一、中英就香港新机场问题达成协议将会促进香港的经济发展与繁荣，有利于香港的稳定；二、未来6年中英的共同目标，一是继续保持香港繁荣稳定，二是做到平稳过渡，使政权能顺利交接；三、应公正评价中国40年来水利建设在这次抗洪救灾中发挥了重要作用，中国决心进一步加强水利建设；四、水灾期间香港同胞表现了极大的爱国热情，捐赠了大批款项和物资，我们深受感动；五、不管苏联发生什么事件，不管国际风云如何变幻，中国将继续坚定不移地走建设有中国特色的社会主义道路，坚持邓小平倡导的改革开放政策；六、最惠国待遇是一种互利关系，给予中国最惠国待遇对中国、美国和香港都有利；七、解决柬埔寨问题进程正在加快，这有利于中越关系正常化的实现。

8月31日—9月4日　国务院召开全国清理“三角债”工作会议。朱镕基主持了会议，李鹏出席会议并与代表座谈。会议的主要内容有：一、李鹏指出，“三角债”已成为国民经济正常运转的严重障碍，从根本上解决“三角债”问题已势在必行。国务院决定把清理“三角债”作为搞活国营大中型企业，治理经济秩序的突破口来抓。各地政府的主要领导要亲自过问清理工作，把它纳入议事日程；克服错误思想，抓紧时间，用3年的时间把这件事情办好。二、会议规定了这次清理“三角债”工作的指导思想、主要任务、主要做法、清理的重点对象，并规定这次纳入清理的“三角债”发生时间界限，截止到1991年6月30日。三、会议交流了东北地区清欠试点经验和防欠措施，结合各地区、各部门的实际情况，对清欠和防欠制定了更为具体和切实可行的方案措施，并对下一步的清欠工作提出了具体要求。

9月2日　“七五”科技攻关总结表彰大会在北京举行。国家“七五”科技攻关计划，通过13万科技人员的努力拼搏，取得了1.1万多项科技成果，其中453项重大成果和206名科技人员获奖。江泽民、李鹏为获奖者颁奖，李鹏在会上发表了题为《科技攻关是促进我国科技进步的重要形式》的讲话，宋健在会上讲话，回顾和展望了中国科技事业的发展。李鹏指出，“七五”国家重点项目攻关，是在“六五”的基础上，根据“七五”期间经济和社会发展的需要提出来的。科技攻关的规模、深度、成果的应用以及获得的经济社会效益，都有很大的进展。国家共安排重点科技项目76项，349个课题，分解为4 946个专题，组织了跨行业、跨地区的统筹和协作。5年间，共获得科技成果1.0462万项，经各专家委员会的验收，其中达到80年代国际水平的6 068项，占58%；填补国内空白的4 112项，占40%。有80%的研究成果，已经或正在转化为生产力，在全国重点建设和工农业生产中不同程度地得到推广和应用，为经济和社会发展解决了一大批重要课题，办成了一批大事。据统计，5年累计获得直接经济效益达407亿元。在全国范围内组织这种大规模的科技攻关，使我们进一步加深了对以下几个问题的理解和认识。第一，必须坚持科学技术是第一生产力的思想；第二，我国的科技队伍是一支具有高度觉悟和爱国热忱，富于献身精神，能够承担国家的重大科技任务，敢于闯难关、打硬仗的队伍，他们为国家为民族立下了伟大的功勋；第三，我国社会主义制度具有推动科技发展的巨大优势和潜力；第四，我们所取得的成就标志着我国科学技术的水平已经发生了很大的变化，但是同我们面临的为实现中国社会主义现代化艰巨任务相比，还是很不够的；第五，要继续推进和深化经济体制改革和科技体制改革，并且把这两方面的改革结合起来，逐步建立和完善互相促进的机制，特别是建立能促进科技成果向物质生产力转化的机制；第六，经济建设必须依靠科技进步和劳动者素质的提高，这是党中央的重大决策。

同　日　《人民日报》报道：黄河小浪底水利枢纽前期工程开工。小浪底水利枢纽是“八五”国家重点建设项目，是中国治黄史上又一项伟大工程。它的坝址位于河南洛阳市以北约40公里的黄河干流上。这项大型工程以防洪、防凌、减淤为主，兼顾供水、灌溉、发电，在综合治理开发黄河的总体布局中，具有重要的战略位置。小浪底工程主要由拦河大坝、泄洪排沙建筑物、引水发电建筑物三大部分组成。设计最大坝高154米，水库总库容量125.5亿立方米；长期有效库容51亿立方米；泄洪排沙和引水发电隧洞15条；水电站总装机容量156万千瓦，年平均发电量51亿千瓦小时。

同　日　国家外汇管理局公布1990年末全国外债情况。1990年全国外债余额为525.5亿美元。其中中长期债务余额为457.8亿美元，占外债总额的87.1%；短期债务余额为67.7亿美元，占外债总额的12.9%。1990年中国债务率为89.3%，偿债率8.5%。

9月2日—4日　英国首相梅杰访华。在访华期间，李鹏同梅杰举行了会谈，江泽民、杨尚昆分别会见梅杰。钱其琛同赫德外交大臣举行了对口会谈。3日，中英双方签署了《关于香港新机场建设及有关问题的谅解备忘录》。双方认为，这一谅解备忘录的签署生效，将使适应香港日益增长需要的新机场建设工作得以尽快进行，并使香港作为国际和地区航空中心的地位得到保持和提高。在会谈中，双方领导人表示了对香港在中英联合声明规定的基础上保持其国际经济、金融、贸易中心地位的信心。双方重申决心不折不扣地贯彻执行联合声明，强调两国政府在香港问题上合作的重要性，并重申，在今后的6年中，双方将按照联合声明密切磋商和合作，以实现香港1997年政权的顺利交换和保证香港的长期繁荣稳定。通过双方的共同努力，在以下议题上正在取得具体成果或重要进展：一、香港即将自行与某些主要贸易伙伴谈判签订投资促进和保护协定，以便提高其作为国际贸易和投资中心的作用；二、双方原则同意早日在香港设立终审法院；三、双方将争取尽早就目前在香港用于军事目的的土地的前途问题达成协议。

9月5日　北京至九龙铁路开始全面建设。邹家华到现场祝贺并为开工典礼剪彩。铁路全长2 300公里，穿越京、津、冀、鲁、豫、皖、鄂、赣、粤9省市。

9月6日　《人民日报》报道：中国科技成果出口700余项。改革开放以来，中国在大量引进国外先进技术的同时，努力将自己的成熟技术推向国际市场。到1991年6月，已向世界数十个国家和地区出口技术700余项，合同金额约24亿多美元。

9月7日　中国政府承认爱沙尼亚、拉脱维亚和立陶宛独立。钱其琛分别致电爱沙尼亚、拉脱维亚、立陶宛3个共和国外长。宣布中华人民共和国政府承认3国独立。钱其琛表示，中国政府愿意在和平共处五项原则基础上同3国发展友好合作关系。11日、12日和14日，田曾佩副外长代表中国政府分别与爱沙尼亚、拉脱维亚、立陶宛3国签署了建交公报，宣布自建交公报签署之日起正式建立外交关系。

9月9日　李鹏签署第88号中华人民共和国国务院令，发布《中华人民共和国城镇集体所有制企业条例》。条例指出，城镇集体所有制企业是财产属于劳动群众集体所有、实行共同劳动、在分配方式上以按劳分配为主体的社会主义经济组织。条例规定，集体企业应当遵循的原则是：自愿组合、自筹资金，独立核算、自负盈亏，自主经营、民主管理，集体积累、自主支配，按劳分配、入股分红。条例自1992年1月1日起施行。

同　日　第十一届电影“金鸡奖”、第十四届《大众电影》“百花奖”在北京揭晓。影片《焦裕禄》获双奖。

9月9日—14日　越南外长阮孟琴访华。李鹏会见了阮孟琴一行。钱其琛和阮孟琴外长就柬埔寨问题的全面解决、中越关系和双方共同关心的国际问题交换了意见。双方表示将继续为推动柬埔寨问题在联合国安理会五常任理事国框架文件基础上，在巴黎会议范围内最终获得全面政治解决做出积极努力。双方认为，中越之间应当恢复睦邻友好关系。这种关系必须建立在和平共处五项原则的基础上。双方认为这种关系不针对任何第三国，有利于本地区的和平、稳定与合作。双方表示将采取切实步骤，恢复两国在经贸、科技、交通、文化等领域的交往与合作，逐步实现中越关系正常化。

9月9日—16日　新加坡共和国总统黄金辉访华。杨尚昆欢宴并会见黄金辉；李鹏、江泽民先后会见黄金辉。双方就双边关系和共同关心的国际问题交换了意见。

9月10日　江泽民、杨尚昆、李鹏等观看北京军区军事训练成果汇报演练。江泽民在观看演练后强调，中国人民解放军的革命化、现代化、正规化建设，必须贯彻毛泽东军事思想和邓小平同志提出的新时期军队建设的一系列方针原则，坚持战斗力标准，加强部队建设。

9月10日—13日　中葡联合联络小组第十一次会议在北京举行。双方就澳门过渡期内主要问题交换了意见并进行了深入的磋商。一、双方就换发澳门居民身份证问题达成协议。二、双方分析并讨论了澳门加入亚太经社委员会及其他有关国际组织的问题。三、葡方已将澳门奥林匹克委员会加入国际奥林匹克委员会的申请提交联合联络小组研究。中方就此表示了欢迎和原则上同意的立场。四、双方研究了公务员本地化、中文的官方地位以及法律中译问题的进展情况。五、双方还就航空协定范本问题进行了磋商。

9月13日—20日　博茨瓦纳总统马西雷访华。李鹏欢宴马西雷总统并与他举行会谈。20日，杨尚昆为马西雷总统送行，并签署了中博两国政府经济技术合作协定和文化合作协定。

9月17日　原解放军军事科学院院长宋时轮上将逝世。宋时轮，1907年生，湖南醴陵市人，1926年春入广州黄埔军校学习，同年加入中国共产主义青年团，1927年转为中国共产党党员。1929年参加中国工农红军。曾任萍醴游击队队长、湘东南纵队政委、红军学校第四分校校长、第三十五军参谋长、独立三师师长，参加了中共革命根据地反“围剿”作战和长征。到陕北后，任第三十军、第二十八军军长。抗日战争时期，任八路军第一二〇师第三五八旅第七一六团团长，雁北支队支队长兼政治委员，八路军第四纵队司令员。解放战争时期，任华东野战军第十纵队司令员、第九兵团司令员，参加了莱芜、济南、淮海、渡江、上海等战役。1950年参加抗美援朝作战，任中国人民志愿军副司令员。1952年回国后，历任高级步兵学校校长兼政委，军事科学院副院长、院长。1982年、1987年先后当选为中顾委常委，是中共第八、第十届中央候补委员，第十一届中央委员和中央军委委员；第一、第二、第三届国防委员会委员。1955年被授予上将军衔。

9月17日—20日　国务院召开会议部署进一步治理淮河、太湖。李鹏、田纪云、邹家华在会上分别讲话，他们都重申了水利建设的重要性，指出：一、水利不仅是农业的命脉，也是国民经济和社会稳定发展的重要基础和保障，我们必须从人口、经济、环境协调发展的战略高度，加强水利这个国民经济和社会发展的基础产业的地位。二、搞好水利建设，要“统筹规划，条块结合、分级负责、联合治理”，调动中央、地方、群众3方面的积极性，中央投入主要用于7大江5大湖的综合治理。三、大灾之后要大治，要不失时机地动员广大干部和群众进行治理淮河、太湖的水利基本建设，在今冬明春掀起一个兴修水利的高潮。四、“八五”期间国家总计筹集90亿元用于淮河、太湖流域治理，其中，由中央筹集60亿元，地方筹集30亿元左右，分别在淮河、太湖流域上分别兴建18项、10项水利工程。

9月20日—28日　第二届全国城市运动会在唐山市举行。有12人12次打破4项亚洲纪录，2人2次平2项亚洲纪录。沈阳市获金牌24枚，居第一。

9月23日—27日　中共中央召开工作会议着重研究进一步搞好国营大中型企业问题。江泽民主持会议并作了总结讲话，李鹏受中央政治局委托作了题为《关于当前经济形势和进一步搞好国营大中型企业的问题》的讲话。会议认为，一、经过全党和全国人民3年来的共同努力，整个国民经济已经恢复到正常年份的增长速度，经济秩序也有明显的改善。但是，目前我国经济生活中也存在不少困难和问题，比较突出的是经济效益下降趋势尚未扭转，国家财政比较困难，一些主要经济关系没有理顺。二、搞好国营大中型企业有着重大的现实意义。建设有中国特色的社会主义，让社会主义制度的优越性充分发挥出来，从经济上讲，最重要的就是要体现在国营大中型企业活力的不断增强和效益的不断提高上。只有这样，才能巩固公有制经济的主体地位，坚定广大人民群众走社会主义道路的信心，使我们永远立于不败之地。三、分析了目前我国国营大中型企业的状况。部分国营大中型企业搞得还是好的，但是也有相当一部分企业活力不强，效益不高，发展后劲不足。四、要进一步深化改革，加强管理和进行技术改造，使企业逐步成为自主经营、自负盈亏的社会主义商品生产者和经营者，具有自我改造和自我发展的能力。五、决定采取12项措施，为搞好国营大中型企业创造良好外部条件。六、要求国营大中型企业把着眼点放在自身力量的基点上。七、要求全党同志要以贯彻这次会议精神为契机，雷厉风行、兢兢业业地做好工作。

9月24日—26日　中英联合联络小组第二十次会议在伦敦举行。联合联络小组确认双方专家对早日在香港设立终审法院问题所达成的原则协议，同意着手进行制定和修改法律以及其他的有关准备工作，并确认上次会议就“香港同有关国家”之间的投资保护协定范本草案所达成的原则协议。双方对目前在香港用于军事目的的土地的前途问题进一步交换了意见，并同意不久将举行专家会晤以继续此项工作。联合联络小组就船东责任法律本地化问题达成了协议。26日，中英就双方协议发表了新闻公报。

9月28日　中国国际减灾十年委员会举行新闻发布会。该会负责人说，中国政府已做出全面安排和部署，帮助灾区恢复生产，重建家园。到目前，政府已安排粮食75亿公斤，生活救济用款30多亿元，部门按系统投资3亿多元，低息贷款126亿元，还有大量的各种配套物资，均已下达灾区，其中一半多安排给安徽、江苏两省。经过政府和人民的辛勤努力，加上国际社会的关心和支援，今冬明春各地灾区不会发生饿、冻死人，不会出现大批灾民外流和疫病流行，而且将会出现规模巨大的恢复生产、重建家园的局面。该会负责人还说，1991年中国部分地区先后发生了水、旱、冰雹、台风、地震等多种自然灾害。据核查，有2 000多万人的住宅一度受到灾害严重威胁，死亡3 074人，伤6.1万多人，因灾减产粮食200—250亿公斤，各种灾害造成直接经济损失共达人民币800亿元以上。其中，水灾造成的损失严重，死亡2 628人，伤5.3万多人，造成经济损失人民币725亿元。在安徽、江苏两省直接经济损失共450亿元。罕见的洪涝灾害发生后，党和政府十分重视，调动一切财力物力，组织各行各业6 000多万人开展抗洪救灾。据不完全统计，各级民政部门已接收国内外所提供的捐款人民币12亿多元，物资价值2.4亿多元，这些款物已陆续发往灾区。

9月30日　中国和文莱建交，并发表中国文莱建交联合公报。

10月3日　《人民日报》报道：中国已建成电气化铁路7 000余公里。其中"六五"、"七五"期间建成的电气化铁路比前20年增加了4.3倍。到1991年8月底，全国16条铁路干线上建成电气化铁路达7 174公里，承担全国铁路运量的17.7%。

10月3日—13日　朝鲜劳动党中央委员会书记、朝鲜国家主席金日成访华。江泽民、杨尚昆、李鹏会见金日成；江泽民同金日成举行会谈，并专程赴南京陪同金日成在南京、扬州参观。

10月4日　《人民日报》报道：黄河41年岁岁安澜，造福人民。解放41年来，中共中央和国务院根据"兴利除害、综合利用"的方针，对黄河进行综合治理、开发和建设。国家用于黄河下游防洪的投资达45亿元，先后3次对1 400公里黄河大堤进行加高培厚，新建和改建8 000多道险工坝岸和河势控导工程。投资40亿元，在干流上已建成龙羊峡、刘家峡、青铜峡、三门峡等8座大中型水利水电枢纽工程，总装机容量362万千瓦，累计发电1 800亿千瓦时，产值达120亿元，是工程总投资的3倍。

10月7日　《人民日报》报道：国务院决定1992年4月1日起提高小麦定购价格。全国平均每50公斤提高6元。

同　日　第二届"中国十大杰出青年"评选揭晓。乌力吉、朱重庆、李志军、杨露、杨建秋、张奇、张喜武、林莉、周林、贺学禹当选。

10月7日、8日　江泽民与农业科学家座谈。江泽民与18位农业科学家在中南海座谈，共商依靠科学技术振兴我国农业的大计。乔石、姚依林、宋平、李瑞环、田纪云、温家宝、宋健、陈俊生等参加了座谈。

10月7日—11日　第2次全国住房制度改革工作会议在北京召开。来自中央有关部委、部队及各省、市、自治区的300余名代表，对房改政策措施及延期工作安排进行讨论。邹家华、王丙乾、罗干等出席了开幕式。自1980年邓小平提出住房制度改革的总体构想以来，我国房改已进行了12个年头。1988年1月第一次全国住房制度改革工作会议后，国务院《关于在全国城镇分期分批推行住房制度改革实施方案》确定了整体方案设计，房改进入了扩大试点的阶段。全国全面配套改革出台的有12个城市和13个县镇，有300多个城镇进行了单项改革。陈锦华向大会作了“认真总结经验，积极稳妥地推进城镇住房制度改革”的报告。他谈到了今后房改的分阶段目标，谈到了房改的4条原则：首先，基本原则是政府、单位、个人三者共同负担，通过发挥3个单位的积极性，在保持现有建房资金渠道的前提下，增加个人在住房建设投资上的比重；其次是租、售、建并举的原则，形成一个提高租金、促进买房、回收资金、促进建房的联带序列；第三是统一政策下的因地制宜、分散决策的原则，改革的步骤、办法、措施不能一刀切；第四是机制转换的原则。陈锦华就房改中的有关政策作了说明。8日，李鹏同与会同志座谈，他指出，城镇住房制度必须改革。房改工作贵在起步，坚持下去，必见成效。邹家华在会上要求各省市进行调查研究，制定方案，开始行动起来，形成全国房改大气候。

10月8日　新华社报道：福建省台办发言人就“闽连渔”事件发表谈话。10月4日，福建连江县两艘“闽连渔”号拖网渔船在台湾海峡作业时，因渔网被台湾渔轮拖破，双方发生过争执，但事后台湾军方出动军舰将渔船及29名渔民强行押往台湾，台有关方面将其中15名渔民交新竹“地查署”侦办。发言人希望台湾有关方面合情合理解决“闽连渔”事件。

10月10日　《人民日报》报道：中国有35个城市年生产总值超百亿元。上海、北京、广州、天津等35个城市1990年生产总值累计达6 187亿元，占全国的35%。其中上海以744.7亿元雄居榜首。

10月11日　第2届全国十佳少先队员评选揭晓。张琳、季洪波、熊俊峰、张潮、林涛、周婷婷、陈俊、武文梅、意娜、史琳当选。

10月12日　《人民日报》报道：中共中央发出关于党和国家高级干部逝世后丧事改革的通知。通知说，党和国家高级干部逝世后，不举行遗体告别仪式，不开追悼会。1989年1月21日，中顾委27位老同志曾给中央书记处写信，提出丧事简办，取消向遗体告别仪式的建议。

10月14日　国务院台湾事务办公室发言人就台湾省民进党建立“台湾共和国”列入该党党纲一事发表谈话。指出对于少数“台独”分子的分裂国土的活动，中国政府不会不重视。中国只有一个，台湾是中国神圣领土不可分割的一部分，这是国际社会早已公认的事实。台湾民进党中一部分顽固推行“台独”路线的人，13日操纵其五全大会公然通过将“建立独立自主的台湾共和国”列入党纲。台湾、香港、澳门舆论纷纷对此加以谴责。15日，台盟主席蔡子民发表谈话说，台湾民进党把“台独”纳入党纲是数典忘祖。17日，台湾“中国统一联盟”发表声明，谴责民进党“台独”党纲。同日，台湾警方逮捕从事暴力活动的“台独”分子“台湾建国运动组织”的总干事等6人，移送法办。20日，“台独联盟台湾本部”在台北成立并发表宣言，台湾警方当场逮捕一名潜回的海外“台独”头目。21日，全国政协祖国统一联谊会举行座谈会，呼吁台湾当局应彻底制止民进党“台独”行为。24日，民革中常委第13次全会严厉谴责“台独”分子背叛祖国。

10月16日　国务院、中央军委授予钱学森“国家杰出贡献科学家”荣誉称号和一级英雄模范奖章。表彰他全心全意为人民服务，为祖国科技事业的发展所做的卓越贡献。号召广大科技工作者向他学习，为繁荣我国科技事业做出新贡献。国防科工委、国家科委、航空航天部、中国科学院、中国科协在人民大会堂联合举行授奖仪式，表彰这位在国内外享有崇高声誉的杰出科学家为发展中国科学技术和国防科技事业做出的贡献和对祖国社会主义建设事业的献身精神。江泽民、杨尚昆等国家领导人出席了授奖仪式。江泽民在会上讲话。李鹏、聂荣臻、薄一波、邓颖超写信祝贺。

10月23日　国务院知识产权领导小组在北京成立。宋健任组长。成员由经贸部、国务院、外交部、国家科委、机电部、化工部、法制局、专利局、版权局、工商局、医药局的负责人组成。该组将负责统一领导和协调国务院及有关部门知识产权方面的立法和执法工作。

10月25日　中国国际减灾十年委员会和民政部公布救灾捐赠款物接收处理情况。发布的公告说，到8月31日止，这两个单位共收到国内外捐赠款7.60524亿元，已向8个重灾省拨救灾款7.42935亿元。共收到国内外捐赠物资按所报价值折合人民币2.40681亿元；另有13笔164吨未报价的国内外捐赠物资。除捐赠的疫苗交卫生部统筹安排分给灾区使用和捐赠字画尚未卖出外，其余已全部分配给8个重灾省。

10月25日—27日　全国民主评议党员工作座谈会在北京召开。会议是由中共中央组织部组织的。会议总结交流了党员民主评议的经验，深入讨论了如何按照从严治党的方针，使这项工作经常化、制度化的问题。自1988年底党中央批转中组部《关于建立民主评议党员制度的意见》以来，各地在试点的基础上，分期分批开展了这项工作。1989年，全国参加民主评议的党员4 076万名，占党员总数的82.3%；1990年为4 702万名，占党员总数的93.4%。

10月26日　云南省暨昆明市举行禁毒宣判大会。公开判处35名重大毒品犯罪分子死刑，当众销毁5吨毒品。1991年1月—9月，云南省破获贩毒案2 818起，抓获贩毒分子4 317人（其中外国籍594人）。

10月29日　中国女棋手谢军在马尼拉举行的女子国际象棋世界冠军争夺战的第15场比赛中，逼和对手齐布尔达尼泽，成为新的世界冠军。她的胜利结束了苏联棋手垄断这项桂冠41年的历史。

10月30日　《人民日报》报道：全国3万余名贫困地区失学少年重返校园。“希望工程”实施两年来，全国已有3万余名贫困地区失学少年得到“希望工程”的资助重返校园。全国22个省、自治区已有40多万户农村贫困教师脱贫，占22个省区农村贫困教师总数的一半左右。

11月1日　国务院新闻办公室发表题为《中国的人权状况》的白皮书。这份长约4.5万字的文件包括前言和十个部分：一、生存权是中国人民长期争取的首要人权。二、中国人民获得了广泛的政治权利。三、公民享有经济、文化和社会权利。四、中国司法中的人权保障。五、劳动权利的保障。六、公民享有宗教信仰自由。七、少数民族的权利保障。八、计划生育与人权保护。九、残废人的人权保障。十、积极参与国际人权活动。白皮书阐述了中国关于人权问题的基本立场和基本政策，以大量的事实介绍了新中国建立后中国人权状况发生的根本变化，以有助于国际社会正确地了解中国的人权状况。白皮书指出，旧中国长期处于帝国主义、封建主义、官僚资本主义压迫之下，广大人民群众没有人权可言，中华人民共和国成立后，中国的人权状况得到了根本的改变。白皮书指出，观察一个国家的人权状况，不能割断该国的历史，不能脱离该国的国情；衡量一个国家的人权状况，不能按一个模式或某个国家和区域的情况来套。中国的人权有3个显著特点：广泛性、公平性、真实性。中国虽然在维护和促进人权上已取得了巨大的成就，但是还存在许多有待完善的地方。继续促进人权的发展，努力达到中国社会主义所要求的实现充分人权的崇高目标，仍然是中国人民和政府的一项长期的历史任务。11月2日，朱穆之就发表《中国的人权状况》白皮书的有关问题，接受了记者的采访。同日，《人民日报》发表社论：《维护人权，捍卫主权》。

11月2日　《人民日报》报道：江泽民接见《华盛顿时报》原主编。江泽民在接受采访时强调：一、中国将始终不渝地坚持改革开放的方针；二、根据中国的国情，我们确定了走有中国特色的社会主义道路，我们对未来充满信心；三、试图用某种单一的模式来套住这个丰富多彩的世界是不现实的、有害的，甚至是危险的。国际新秩序应该建立在和平共处五项原则基础之上。处理国家关系，不要把意识形态放在首位；决定国家关系的好坏，不是社会制度和意识形态的异同，而是看双方是否有共同利益，是否遵循和平共处五项原则。江泽民就社会主义前途、民主、自由和人权，建立国际新秩序，台湾问题，中美关系等问题，详细地阐明了看法。

11月4日—11日　第十八次全国公安工作会议在北京举行。公安部部长陶驷驹在会上指出：一、90年代公安工作的基本任务是：以党的基本路线为指针，充分发挥公安机关的职能作用，同一切敌视、破坏社会主义的敌对势力和敌对分子进行坚决斗争，大力促进综合治理，更有效地打击严重刑事犯罪活动，粉碎国内外敌对势力的和平演变阴谋，巩固人民民主专政的国家政权，维护国家的持续稳定，保卫改革开放的不断深入。二、公安战线14年来取得的胜利与进步主要是：坚决打击敌对势力和敌对分子的破坏活动，防止和妥善处理他们蓄意挑起的动乱、暴乱事件，捍卫和维护了国家安全和政治稳定；持续不断地打击刑事犯罪活动，维护了社会治安的基本稳定。14年间，共破获刑事犯罪案件774.8万起，其中大案133.5万起，缴获赃款及赃物折款43亿元；逐步改革和加强治安管理，开创了新的工作局面；公安队伍逐步发展壮大，各项基础建设初具规模。三、公安工作面临的严峻斗争形势：在社会主义初级阶段，经济、政治、思想、文化等方面仍然存在着产生犯罪的土壤和条件。今后10年的对敌斗争和治安形势，将呈现国际帝国主义的和平演变与国内资产阶级自由化思想互相呼应，国内外敌对势力互相勾结，反革命破坏与刑事犯罪、经济犯罪互相交织，国际犯罪与国内犯罪互相渗透、互相影响的错综复杂的局面。中国完全能够依靠自己的政治优势并通过卓有成效的工作，维护国家和社会的稳定。会议期间，江泽民、杨尚昆、李鹏、万里、乔石、宋平、李瑞环等领导接见了出席会议的代表。江泽民、李鹏、乔石与部分代表就新时期如何进一步加强公安工作和公安队伍建设，维护社会安定，保卫社会主义现代化建设战略目标的顺利实现等问题，进行了座谈。

11月5日　《人民日报》报道：中共中央办公厅、国务院办公厅转发《公安部、国家文物局关于严厉打击盗掘古墓葬犯罪活动的意

见》。中央办公厅、国务院办公厅并为此发出通知，要求各级人民政府、各级党组织、各级军事机关、各人民团体认真执行这个意见，并要求各级党、政、军机关和有关部门要切实加强领导，采取有力措施，坚持打击盗掘古墓葬犯罪活动，保护国家文物。

11月10日—17日　第四届全国少数民族运动会在南宁举行。万里宣布运动会开幕，李铁映致开幕词，李鹏为运动会题词。这届运动会的宗旨是“平等、团结、进步、繁荣”。本届的竞赛和表演项目达129项，55个少数民族的1 500多名运动员参加了比赛和表演，广西、新疆、吉林获奖牌总数前3名。台湾同胞首次参加运动会。

11月12日　国家财政将实行复式预算。财政部新闻发言人就国务院发布《国家预算管理条例》的有关问题，向新华社记者发表谈话说，“条例”规定国家预算由单式预算改为复式预算，是我国预算管理制度的一项重要改革。建国以来，中国一直实行单式预算制，这种编制方法比较简单，可以一目了然地反映国家预算收支全貌，但不利于分清各项收支的性质，不宜反映出国家财政出现赤字的原因。新的复式预算的基本内容是：在预算年度内，将全部的财政收入与支出按不同的经济性质，分为经常性预算和建设性预算两部分。

11月14日　大秦铁路二期工程全线铺通。大秦铁路西起山西大同，东至秦皇岛，全长653公里，是中国第一条开行重载单元列车的铁路，它是中国铁路设计标准和现代化水平最高的电气化铁路。一期工程于1988年12月建成开通以来，现已运煤8 000多万吨，社会经济效益十分显著。大秦铁路二期工程计划于1992年年底建成开通后，运煤列车将直接抵达秦皇岛，这对保证山西煤炭外运及加速神木、东胜、准格尔煤田的开发，缓解能源供应紧张局面，促进国家经济发展具有重要意义。

11月15日—17日　美国国务卿贝克访华。访华期间，双方讨论了保护知识产权、关于中国加入《不扩散核武器条约》、朝鲜半岛局势等问题。双方就人权问题阐述了各自的观点和立场。外交部发言人说，贝克访华，总的看是成功的，有利于中美关系的恢复和发展；在一些问题上取得了重要进展，在一些有重大分歧的问题上增进了相互了解。江泽民、杨尚昆、李鹏分别会见了贝克。

11月16日　首届全国优秀外国文学图书奖评选揭晓。评奖活动由新闻出版署主办，得到中华文学基金会的大力支持。在全国范围内评选优秀外国文学图书奖，是新中国成立以来第一次。评奖范围是1980—1990年出版的新书，其中《外国文学名著丛书》等96种图书获奖。获奖图书反映了11年来外国文学图书出版的主要成果，体现了中国外国文学出版事业日趋繁荣的面貌。

同　日　中国队在法国举行的1992年冬季奥运会短道速滑热身赛中，打破女子3 000米接力世界纪录。

11月17日　中国赴科威特灭火队凯旋归来。根据中科两国7月签订的合同，中国石油天然气总公司向科威特派出了63人组成的灭火队。在不到两个月的时间内，中国灭火队共扑灭日喷油量万吨以上的10口油井大火。李鹏接见了灭火队的全体成员。18日，中国石油天然气总公司举行庆祝中国赴科威特灭火队凯旋大会，表彰他们为国争光，圆满完成赴科灭火任务。

11月18日　中国又有14个市县对外开放。公安部新闻发言人宣布，经国务院批准，中国又有14个市县列入对外国人开放地区。至此，中国已有747个市县对外国人开放。此次对外国人开放的市、县是：云南省：元江哈尼族彝族傣族自治县、墨江哈尼族自治县、景谷傣族彝族自治县、普洱哈尼族彝族自治县、陆良县、宣威县、罗平县、师宗县、富源县。湖北省：广水市、来凤县、鹤峰县、大悟县。吉林省：珲春市。

11月19日　南浦大桥建成。中国最大、世界第二大斜拉索桥——南浦大桥建成典礼在上海举行。邓小平题写的“南浦大桥”4个大字，镶嵌在109米高的桥塔横梁上，李鹏为大桥建成剪彩。上海市区第一座跨越黄浦江的南浦大桥全长8 346米，不到3年便建成通车。大桥每天可通行5万辆汽车，将对浦东开放产生重要作用。

同　日　原全国政协副主席、全国工商联主席胡子昂逝世。胡子昂是四川重庆人。1923年毕业于北京农业大学。解放前，先后担任重庆市教育局长，南昌江西农业学院技师兼总务长，重庆华西公司、自来水公司、中国兴业公司经理、总经理，四川省建设厅长，重庆川康兴业公司总经理、董事长，重庆华康银行董事长，重庆中华职教社辅导委员会主任委员。曾任“国大代表”，国民政府立法委员，重庆市参议会议长。解放后，胡子昂曾任重庆市政协副主席，重庆市副市长，西南行政委员会委员，西南财经委员会委员，重庆市工商联主任委员，民主建国会西南办事处主任委员，民建中央副主任委员、副主席，全国工商联副主任委员、主席，中国工商经济开发公司董事长。他是第一届全国政协代表，第二至四届全国政协委员，第五、六届全国政协副主席；第一届全国人大代表、第二至五届全国人大常委会委员。

11月23日　《人民日报》报道：中国博士后流动站已达200余个。中国实行博士后6年来，已经取得显著的成绩，博士后流动站由最初的102个发展到278个，累计招收博士后科研人员1 260人。

11月25日—29日　中共十三届八中全会召开。出席这次会议的中央委员171人，候补中央委员105人。中顾委委员、中纪委委员和有关方面负责人列席了会议。全会由中共中央政治局主持，江泽民作了重要讲话。全会审议并通过了《中共中央关于进一步加强农业和农村工作的决定》。《决定》共十个部分：一、80年代农业和农村工作的成就与90年代的主要任务；二、稳定和完善党在农村的基本政策，继续深化农村改革；三、继续调整农村产业结构，促进农村经济全面发展；四、抓紧实施科技、教育兴农的发展战略；五、加快大江大河大湖综合治理，广泛开展农田水利基本建设；六、较大幅度地增加农业投入，加快发展农用工业；七、做好扶贫和地区间协调发展工作，促进共同富裕；八、切实加强农村基层组织建设；九、继续深入开展社会主义思想教育，加强农村精神文明建设和民主法制建设；十、进一步加强党对农村工作的领导。对于中国农业的发展，全会强调了以下几个方面的问题：一、充分肯定了党的十一届三中全会以来党在农村的各项基本政策，高度评价80年代中国农村改革和建设所取得的巨大成就；二、农业是经济发展、社会安定、国家自立的基础，全党同志要充分认识农业在实现国民经济和社会发展第二步战略目标中的重要地位和作用；三、要坚定不移地深化农村改革，促进农村经济全面发展；四、进一步加强农业基础建设，这是推进农业现代化、增强农业发展后劲的重要物质技术前提；五、切实加强农村社会主义精神文明建设和民主法制建设，努力造就一代有理想、有道德、有文化、有纪律的新型农民；六、进一步加强和改进党对农村工作的领导。全会审议并通过于《关于召开中国共产党第十四次全国代表大会的决议》，确定党的十四大于1992年第4季度在北京举行。

11月26日　第五届中国图书奖揭晓。《马克思主义的立场观点方法》等6种图书获荣誉奖；《老一代革命家家书选》、《隋唐文化》、《神经外科学》等20种图书获一等奖；45种图书获二等奖，还有22种图书被提名表扬。中国图书奖是由中宣部、中国图书评论学会联合主办的一年一度的图书评奖活动。评选范围是全国各地出版社1990年出版的图书。获奖图书是从各出版社报送的400余种图书中，本着“质量第一，公平合理”的原则遴选出来的，涵盖了自然科学、社会科学各个领域。

11月27日　长江葛洲坝水利枢纽工程竣工。长江葛洲坝水利枢纽第二期工程在湖北宜昌通过国家正式验收。至此，长江葛洲坝水利枢纽工程已宣告全部竣工，全面发挥效益。

11月28日　中国城市经济体制改革取得实质性进展。在北京召开的“中国城市经济体制改革”新闻发布会提供的情况表明，中国城市经济体制改革全面推进12年来，已经取得了实质性进展。随着中央向地方和城市下放经济调控权，城市的经济管理功能增强，自主权扩大，城市在全国国民经济中的地位愈来愈重要。城市改革的不断深化，使中国的经济体制的格局和运行机制发生了重大变化。全国已有460多个大中城市分别在不同类型的经济区内发挥着重要的核心作用，并与数万个星罗棋布的县镇、乡镇、村镇结成城乡一体化的经济网络，推动着中国社会主义有计划商品经济的发展。城市已成为中国工业化、现代化的基地，对外开放的窗口。城市经济体制改革取得的进展主要表现在：一、初步形成了以公有制为主体，全民、集体、个体、私营和“三资”企业等多种经济形式并存的所有制结构；二、企业改革逐步深化；三、市场体系不断发育；四、价格改革稳步推进；五、综合运用经济、法律、行政手段的宏观调控体制正在建立；六、打开了对外开放的新局面。改革开放有力地促进了中国国民经济的发展。这12年是中国经济增长最快、综合国力显著增强、人民生活明显改善的12年。1978年—1990年，按可比价格计算，国民生产总值年递增8.7%；城乡居民消费水平平均每年增长6.3%，1980年—1990年，城镇居民人均生活费收入由406元提高到1 387元；人均居住面积由3.6平方米提高到7.1平方米。29日，国家体改委副主任高尚全在新闻发布会上介绍1992年改革的设想时指出，1992年的改革要与实施国务院批准的《经济体制改革十年规划和“八五”纲要》衔接起来，力争在建立新体制方面取得一些实质性的进展；要与以往的改革措施衔接配套，以保持各项重大改革措施的连续性和稳定性。1992年改革的主要任务是，增强大中型企业活力，重点是全面落实企业在干部管理、劳动用工、分配制度和机构设置4方面的自主权，转换企业机制，创造平等竞争条件。目前，全国约有36%的企业出现亏损现象。效益差、产品没市场的企业应实行关、停、并、转。

11月29日　《人民日报》报道：国务院作出进一步治理淮河和太湖的决定。国务院决定，从1991年冬起用10年和5年时间，分别完成治理淮河和太湖的任务。决定指出，在淮河治理中，1981年和1985年，国务院两次治淮会议确定的流域治理总体布局及建设方案，仍然是进一步治理淮河的基础。要坚持“蓄泄兼筹”的治理方针，近期以泄为主。太湖流域治理以防洪除洪为主，统筹考虑航运、供水、水资源保护和改善水环境等方面的需求。治理淮河和太湖的重点建设工程投资由中央和地方分担。为加强对治理淮河工作的领导，国务院决定成立治淮领导小组，由田纪云任组长，小组的成员有河南、山东、安徽、江苏4省和国家计委、财政部、水利部等有关部门的负责人。

12月2日—4日　中葡联合联络小组第12次会议在澳门举行。双方就澳门加入有关国际组织等问题的磋商取得进展，并发表了新闻公报。

12月3日—8日　全国检察长会议在北京举行。会上传达了江泽民对检察工作的指示。刘复之作了《检察工作要为社会主义经济建设服务的报告》，他指出，坚决贯彻检察工作为经济建设服务的指导思想，明确肯定查办贪污贿赂犯罪，是检察工作对经济建设最重要最直接的服务，这是反贪污贿赂斗争深入开展的主要标志之一。1991年以来，检察机关侦破大案要案工作保持了较高水平。1月—10月，立案侦破万元以上贪污贿赂大案9 800多件，占立案总数的24.1%；查处县处级以上干部贪污贿赂797名，其中厅局级以上干部30名。反贪污贿赂斗争深入开展的另一主要标志是，各检察机关普遍重视和运用发动“小高潮”的经验，对犯罪分子形成了威慑力量，保持了斗争的强大声势。会议还认真讨论修改了《1992年检察工作计划要点》。刘复之强调，继续深入开展反贪污贿赂斗争，要抓住大案要案不放松。

12月4日　中国正式申办2000年奥运会。北京2000年奥运会申办委员会常务副主席、北京市副市长张百发，在国际奥委会总部向萨马兰奇正式呈交了承办第27届奥运会的申请书。目前，世界已有8个城市表示愿意承办这届奥运会。

同　日　第二次全国农村改水工作会议在北京举行。全国8.8亿多农民中已有75.4%饮用清洁卫生水，其中饮用自来水的已占30.7%。

12月4日—6日　沿海城市开发区确定新目标。国务院特区办公室在上海召开的全国沿海开放城市经济技术开发区工作座谈会，确定了“八五”期间开发区的方向目标：以工业项目、吸收外商投资企业、举办产品出口型和先进技术型企业为主。沿海城市开发区自1984年底陆续投入建设以来，已由大量投入转向产出逐年增长的局面。1991年预计工业产值可达140亿元，出口创汇可望超过10亿美元。

12月7日　新华社报道：“八五”将建70多个重大工程实验室。“八五”期间，中国将增加基础研究投资，建设70多个重大工程科学实验室，逐步建立一支高水平的国家基础性研究队伍。目前，全国从事基础性研究的科技人员有10万人。

12月8日—15日　马耳他共和国总统塔博恩访华。江泽民、杨尚昆、李鹏分别会见塔博恩总统一行；钱其琛会见马耳他外长，并同他就朝鲜半岛、柬埔寨等问题交换了意见。

12月12日　1991年度国家科技奖励大会在北京举行。958项优秀科技成果和4 590位科技人员获国家级科技大奖，获奖项目所创经济效益累计已达136.6亿元。

12月15日　《人民日报》报道：1990年—1991年制糖期全国产糖达到633万吨，创历史最高纪录，居世界第五位。结束了我国长期以来大量依靠进口食糖的局面。国务院决定将40多年来一直由国家统一定价、统一收购、统一调拨、定量供应的食糖流通经营开放。

同　日　秦山核电站并网发电。它标志着中国自己建造的第一座核电站投入试运行。秦山核电站位于浙江省海盐县秦山北麓，满功率发电后，每年可向华东电网输送核电15亿千瓦时。这将在一定程度上缓解这一经济发达而能源短缺区域的用电紧张状况。它的并网发电成功，是中国和平利用核能的一项重大成就。

同　日　第11届亚运会财务决算结束。亚运会共筹资金22.1538亿元，总支出21.5404亿元，节省6 134万元。

12月16日　海峡两岸关系协会在北京成立。它是以促进海峡两岸交往，发展两岸关系，以实现祖国和平统一为宗旨的民间团体。协会理事会的65名成员来自社会各界，荣毅仁任名誉会长。汪道涵任会长，唐树备为常务副会长。吴学谦出席协会成立大会并作重要讲话，王兆国也在会上讲话，祝贺协会的成立。成立大会一致通过了《海峡两岸关系协会章程》。同日，荣毅仁、汪道涵、唐树备就海峡两岸关系协会有关事宜回答了记者的提问。

12月17日—18日　汕头、厦门分别举行经济特区建立10周年庆祝大会。汕头昔日的荒滩、沙丘、烂泥塘，已初步建成以工业为主、以外资为主、以出口为主的综合性外向型新城区，现有6个工业区和5个商业、住宅综合区。到1990年年底，特区投入与产出比为1:1.7。工业产值从1982年的40万元上升到1991年11月的30.2亿元。特区的直属国营企业和内联企业经济效益也普遍良好。江泽民、田纪云、温家宝出席汕头的庆祝大会。同日，江泽民为目前国内规模最大的跨海大桥——汕头海湾大桥的建设奠基，并为大桥题字。江泽民会见了前来参加汕头经济特区创建10周年庆典活动的香港长江实业集团董事局主席李嘉诚。18日，江泽民在厦门经济区建设10周年的庆祝大会上强调，经济特区建设卓有成效的实践充分证明，党的十一届三中全会以来形成的以经济建设为中心，坚持四项基本原则，坚持改革开放的墓本路线是完全正确的；邓小平倡导的举办经济特区、进一步开放沿海地区的决策，是正确的、成功的。19日，江泽民为厦门大桥通车剪彩。

12月26日　台湾当局成立“中华民国国家统一建设促进会”。李登辉被聘为名誉理事长，理事长为俞国华。李登辉宣称，鉴于复兴基地及台湾海峡两岸情势的演变，唯有强化“宪政”运作，加速民主的步伐，才是促进内部团结共识，主导未来国家统一的根本之图。

12月27日　中国承认原苏联各加盟国的独立。钱其琛外长宣布，中国政府承认俄罗斯联邦政府，并决定中国原驻苏大使王荩卿改任为驻俄罗斯大使。中国承认乌克兰等11国的独立，并准备分别进行谈判有关建交事宜。

12月29日　新华社报道：1991年中国钢产量已超过7 000万吨，成为目前世界上除原苏联、日本、美国外钢产量超过7 000万吨的国家。

12月30日　《人民日报》报道：中国1991年油气产量创历史最高纪录。1991年我国共生产石油1.396亿吨，天然气149亿立方米。

1992年

1992年综述

1992年是中国改革开放和建设社会主义市场经济体制进入新阶段的关键一年。

年初，中国改革开放和现代化建设的总设计师邓小平视察南方，就深入改革、扩大开放、加快经济发展发表了重要谈话，在中国兴起了改革开放和现代化建设新的热潮。3月，中共中央政治局全体会议完全赞同邓小平的重要谈话，认为谈话不仅对当前的改革和建设，对开好党的十四大，具有十分重要的指导作用，而且对整个社会主义现代化建设具有重大而深远的意义。接着，中共中央和国务院作出关于加快改革开放和经济发展的一系列决定。以邓小平的南巡谈话和3月中央政治局全体会议为标志，我国改革开放和现代化建设事业进入了一个新的阶段。

10月，中国共产党召开了具有重大历史意义的第十四次全国代表大会。会议系统阐述了邓小平关于建设有中国特色的社会主义的理论，确定建立社会主义市场经济体制，选举产生了以江泽民为核心的新的领导集体，全面安排了90年代的工作，为21世纪前期中国的历史发展做了重要的思想理论准备和组织准备。

在邓小平谈话和中共中央政治局全体会议精神鼓舞下，全党和全国人民进一步解放思想，把握有利时机，加快改革开放和现代化建设步伐。国有企业经营机制正在转换；政府机构改革、职能转变正在成为全民共识；各类市场的培育和发展进程加快，原有高度集中的经济体制已经发生多方面的深刻变化。社会主义制度的内在活力和人民群众中蕴藏的智慧和力量正在释放出来。我国从南到北，自东到西，从沿海到内地，多层次、多渠道、全方位地对外开放，一些处于封闭状态的沿边地区，迅速变成对外开放的前沿。

是年，我国经济社会发展发生八个变化：一是经济实力进一步增强。国民生产总值达23 938亿元，按可比价格计算，比上年增长12.8%。二是工业生产高速发展，完成工业增加值1.0116万亿元，比上年增长20.8%，是改革开放14年来增幅最大的一年。许多重要工业产品有了新突破，其中发电量达7 470亿千瓦时，钢产量突破8 000万吨。三是外商投资额达111.6亿美元，首次超过其他方式引进的外资。当年批准注册三资企业4.7万个，超过前十几年的总和。四是消费品供应琳琅满目，零售额首次突破1万亿元，达到1.0894万亿元，扣除价格因素，比上年实际增长9.8%。五是企业经营机制转换迈出可喜的一步。是年，全国进行劳动、人事、工资改革试点企业已达6万多家，涉及3 000多万职工。新批准建立近9 000家股份制企业，已有69家股票上市，一些扭亏无望企业已实行关停并转，预算内国有工业实现利税比上年增长18.7%。六是城乡居民收入增加。城镇居民人均生活费收入比上年实际增长8.8%，是近几年增幅最大的一年；农村居民人均收入实际增长5.9%，改变了前3年徘徊的状况。全国储蓄存款比上年增加2 437亿元。七是教育事业取得进展。普通高校在校学生达218.4万人，创历史最高纪录；各类职业高中招生人数首次超过普通高中。八是人口自然增长率由1987年的16.61‰降到11.6‰，是近几年最低的一年。一些地区，特别是大城市，人口再生产类型开始由高出生率、低死亡率、高增长率的过渡型，向低出生率、低死亡率、低增长率的现代型转化。在经济运行中也存在一些问题，主要是固定资产投资规模偏大，货币投放增长过猛，交通运输紧张，城市物价和部分生产资料价格涨幅偏高等。

是年，国内政治安定，社会稳定，人们一心一意搞建设。国防、外交、政治、文教等战线和党的建设都围绕经济建设这个中心，弹奏出和谐的乐章。

1月1日　《人民日报》发表社论：《在改革开放中稳步发展》。社论指出，在新的一年里，全党和全国人民的任务是，更加紧密地团结在以江泽民为核心的党中央周围，坚定不移地沿着党的十一届三中全会以来以邓小平为核心的第二代领导集体开创的道路前进，全面贯彻党的基本路线，深化改革，扩大开放，进一步推动我国政治、经济和社会的稳步发展。社论强调，对经济建设这个中心一定要紧抓不放。1992年要在巩固治理整顿的成果和保持经济总量基本平衡的基础上，把经济工作重点转移到调整结构和提高经济效益的轨道上来。要集中力量贯彻落实不久前先后召开的中央工作会议和十三届八中全会关于搞好国营大中型企业、关于加强农业和农村工作的决策、决定，争取农业丰收和在提高国营大中型企业效益方面取得比较明显的进展。社论指出，要完成今年经济建设的任务，并进而实现90年代的奋斗目标，关键在于深化改革，扩大开放。农村、企业及科技、教育、文化等各条战线，都应当把深化改革的工作做好；政治体制的改革，也要在党中央的领导下有计划、有步骤地进行；还要进一步扩大开放，继续办好经济特区、对外开放城市和开放地区，搞好浦东的开发和开放；同时要继续深入进行外贸体制的改革，开拓国际市场。社论强调，越是改革开放，越要坚持四项基本原则，越要加强思想政治工作，越要把爱国主义、集体主义和社会主义的思想教育和党的建设抓紧抓好。社论号召各级党组织和全体共产党员带领全国人民奋发图强，艰苦奋斗，以改革和建设的优异成绩迎接党的十四大的召开。

1月2日　中国和乌兹别克斯坦共和国建立大使级外交关系。

1月3日　中国和哈萨克斯坦共和国政府代表在阿拉木图签署两国建交联合公报，决定从即日起建立大使级外交关系。

1月4日　中国和乌克兰政府代表在基辅签署两国建交公报，决定从即日起建立大使级外交关系。

同　日　中国和塔吉克斯坦共和国建立大使级外交关系。

同　日　新华社报道：中国矿产资源储量居世界第三位，矿种齐全配套，有148种已探明储量。

1月5日　中国和吉尔吉斯斯坦建立大使级外交关系。

1月6日　中国和土库曼斯坦建立大使级外交关系。

1月7日　新华社报道：1991年，《毛泽东选集》1—4卷第二版全国发行总量超过1 000万套。同时，有关介绍毛泽东生平的书籍也空前畅销。

1月10日　原宁夏回族自治区烟草专卖局局长、党组书记兼自治区烟草公司经理杨杰，因贪污受贿9万余元、内外勾结倒烟牟利，被宁夏回族自治区高级人民法院终审判处无期徒刑。

1月10日—17日　中美就知识产权问题磋商达成一致意见并签署谅解备忘录。10日—16日，中美两国知识产权谈判团在华盛顿进行磋商。17日，双方签署中美关于保护知识产权的谅解备忘录。备忘录涉及著作权（版权）、专利、行政保护措施和防止不正当竞争等条款。根据备忘录，美国政府从即日起终止根据美国贸易法“特别301条款”对中国发起的调查，并取消把中国列为重点观察国家决定。

1月15日　原解放军炮兵司令员张达志中将在北京逝世。张达志，陕西佳县人。1927年加入中国共青团，1929年转入中国共产党。土地革命战争时期，他历任区委书记、县委书记、陕北特委委员、红军师政委兼团政委、西北革命军事委员会委员、前敌总指挥部党务书记、军团民运部长、陕北红军独立一师政委，参与并领导陕北苏区第一、二、三次反“围剿”斗争，参加直罗镇战役及东征。抗日时期，他历任地委书记、八路军团政委、支队政治部主任、塞北分区副政委、绥蒙军区副司令员兼副政委等职。解放战争时期，他先后任陕甘宁晋绥5省游击司令员，陕甘宁边区绥德分区司令员、旅长，陕北军区司令员、军长，率部参加绥包、集宁、晋中、太原、兰州等重大战役。新中国成立后，他历任西北军政委员会委员、西北公安部部长、西北公安部队司令员兼政委、兰州军区司令员、中共中央西北局书记处书记、解放军炮兵司令员等职。1955年被授予中将军衔。他是中共七大代表，中共第八届候补中央委员、中央委员，第九、十届中央委员，第十二、十三届中顾委委员；第四届全国人大常委；第五届全国政协常委；第一、二、三届国防委员会委员；

1969年—1978年，任中央军委委员。

1月18日　对外经济贸易部部长李岚清向中外记者阐述改革进口管理体制，使中国的外贸体制进一步符合国际贸易规范。李岚清说，中国将采取5项措施改革进口管理体制：一、逐步将关税总水平降到关贸总协定要求的发展中国家的水平，并根据产业政策和经济发展水平来确定各个进口商品的税率。年内取消进口调节税，并逐步使人民币汇率合理化，实行单一浮动汇率制。二、尽快制定外贸法、反倾销法等法规，依法管理进口，并采用国际通行做法对国内幼稚工业实行必要的保护。三、减少进口许可证管理商品范围，两三年内使进口许可证管理商品范围减少2/3。四、按照关贸总协定的规则，规范其他进口管理的技术措施。五、增强进口管理的透明度。

1月18日—2月21日　邓小平巡视武昌、深圳、珠海、上海等地，发表重要谈话。邓小平在南巡途中指出，革命是解放生产力，改革也是解放生产力。过去，只讲在社会主义条件下发展生产力，没有讲要通过改革解放生产力，不完全，应该把解放生产力和发展生产力两个讲全了。邓小平强调，要坚持党的十一届三中全会以来的路线、方针、政策，关键是坚持“一个中心，两个基本点”。基本路线要管一百年，动摇不得。谁要改变三中全会以来的路线、方针、政策，谁就会被打倒。不坚持社会主义，不改革开放，不发展经济，不改善人民生活，只能是死路一条。他说，如果没有改革开放的成果，“六四”这一关我们就闯不过，“六四”以后国家也难以保持稳定。所以，军队、国家政权，都要维护这条道路，这个制度，这些政策。改革开放以来，我们立的章程并不少，而且是全方位的，经济、政治、科技、文化、军事、外交等各个方面都有准确的表达语言，城乡改革的政策要长期保持稳定。有了这一条，中国就大有希望。邓小平指出，改革开放的胆子要大一些，敢于试验，看准了的，就大胆地试，大胆地闯。他说，没有一点闯的精神，没有一点“冒”的精神，没有一股气呀、劲呀，就走不出一条好路，一条新路，就干不出新的事业。恐怕再有30年的时间，我们才会在各方面形成一整套更加成熟、更加定型的制度，在这个制度下的方针、政策，也将更加定型化。他说，改革开放迈不开步子，不敢闯，说到底就是怕资本主义的东西多了，走了资本主义道路。要害是姓“资”还是姓“社”的问题。判断的标准，应该主要看是否有利于发展社会主义社会的生产力，是否有利于增强社会主义国家的综合国力，是否有利于提高人民的生活水平。他说，对办特区，从一开始就有不同意见，担心是不是搞资本主义，事实证明，特区姓“社”不姓“资”。多搞点“三资”企业，不要怕，只要头脑清醒，就不怕，我们有国营大中型企业，有乡镇企业，更重要的是政权在我们手里，优势在我们这边。他说，有的人认为，多一分外资，就多一分资本主义，“三资”企业多了，就是资本主义的东西多了，就是发展了资本主义。这些人连基本常识都没有。邓小平明确指出，计划多一点还是市场多一点，不是社会主义与资本主义的本质区别。计划经济不等于社会主义，资本主义也有计划；市场经济不等于资本主义，社会主义也有市场，计划和市场都是经济手段。像证券、股市这些东西，究竟好不好，有没有危险，是不是资本主义所独有的东西，社会主义能不能用？允许看，但要大胆地试。总之，社会主义要赢得与资本主义相比较的优势，就必须大胆吸收和借鉴人类社会创造的一切文明成果，吸收和借鉴当今世界各国，包括资本主义发达国家的一切反映现代社会化生产规律的先进经营方式、管理方法。关于逐步实现共同富裕，邓小平说，共同富裕的构想是这样提出的：一部分地区有条件先发展起来，一部分地区发展得慢点，先发展起来的地区带动后发展的地方，最终达到共同富裕。可以设想，到本世纪末达到小康水平的时候，就要突出地提出和解决这个问题。现在还不能削弱发达地区的活力，也不能鼓励吃大锅饭。谈到改革开放，邓小平说，一开始就有不同意见，这是正常的。我们的政策就是允许看。推行三中全会以来的政策，不搞强迫，不搞运动，也不搞争论。不搞争论，是我的一大发明，不争论是为了争取时间干。不争论，大胆地试，大胆地闯。农村改革如此，城市改革也如此。邓小平深刻指出，现在，有右的东西影响我们，也有“左”的东西影响我们，但根深蒂固的还是“左”的东西。有些理论家、政治家，拿大帽子吓唬人的，不是右，而是“左”。右可以葬送社会主义，“左”也可以葬送社会主义。中国要警惕右，但主要是防止“左”。把改革开放说成是引进和发展资本主义，认为和平演变的主要危险来自经济领域，这些就是“左”。邓小平反复强调，要抓住时机，发展自己，关键是发展经济。现在，周边一些国家和地区经济发展比我们快，如果我们不发展或发展太慢，老百姓一比较就有问题了，所以能发展就不要阻挡，有条件的地方要尽可能搞快点，只要讲效益，讲质量，搞外向型经济，就没什么可担心的，低速度就等于停步，甚至等于后退。邓小平还说，我国的经济发展，总要力争隔几年上一个台阶，当然不是鼓励不切实际的高速度，还是要扎扎实实，讲求效益，稳步协调地发展。比如广东，要上几个台阶，力争用20年的时间赶上亚洲“四小龙”。江苏、上海等地也可以发展更快一点。邓小平说，十一届三中全会以后，1984年到1988年经济发展比较快，整个国民经济上了一个新台阶。1989年开始治理整顿，对此，我是赞同的，而且确实需要。但那5年的加速发展，功劳不小。治理整顿有成绩，但评价功劳，只能算稳的功劳。没有那几年经济的上台阶，治理整顿不可能顺利进行。看来我们的发展，总是要在某一阶段，抓住时机，加速搞几年，发现问题及时加以治理，尔后继续前进。对于我们这种发展中的大国来说，经济发展得要快一点，不可能总是那么平平静静、稳稳当当，要注意经济稳定、协调发展，但稳定和协调也是相对的，不是绝对的，发展才是硬道理。这一点搞不清楚，就会变得谨小慎微，不敢解放思想，迈不开脚步，因而丧失时机。在今后的现代化建设过程中，出现若干个速度比较快、效益比较好的阶段，是必要的，也是能够办得到的。邓小平进而指出，经济发展得快一点，必须依靠科技和教育。科学技术是第一生产力。要提倡科学，靠科学才有希望。高科技领域，中国要占有一席之地。感谢科技工作者为国家做出的贡献和争得的荣誉。老科学家、中年科学家很重要，青年科学家也很重要。希望所有出国学习的人回来，不管他们过去的政治态度怎么样，都可以回来，回来后妥善安排。这个政策不能变。搞科技，越高越好，越新越好。邓小平说，要坚持两手抓，一手抓改革开放，一手抓打击各种犯罪活动，这两只手都要硬。广东20年赶上亚洲“四小龙”，不仅经济要上去，社会秩序、社会风气也要搞好，两个文明都要超过它们，这才是有中国特色的社会主义。对各种丑恶的东西，一定要坚决打击，决不能任其发展。在整个改革开放过程中都要反对腐败。对干部和党员来说，廉政建设要作为大事来抓，还是要靠法制，搞法制靠得住些。同时，在整个改革开放的整个过程中，必须始终注意坚持四项基本原则。资产阶级自由化泛滥，后果极其严重。在苗头出现时不注意，就会出事。要运用人民民主专政的力量，保卫和巩固人民的政权，这没有什么输理的事情。邓小平指出，中国的事情能否办好，社会主义和改革开放能否坚持，经济能否快一点发展起来，国家能不能长治久安，从一定意义上说，关键在人。帝国主义搞和平演变，把希望寄托在我们以后的几代人身上。所以，要把我们的军队教育好，把我们的专政机构教育好，把共产党员教育好，把人民和青年教育好。中国要出问题，还是在共产党内部。对这个问题要清醒，要注意培养人，要按照“四化”标准，选择德才兼备的人进班子。党的基本路线要管一百年，要长治久安，就靠这条。真正关系到大局的是这个事。这是眼前的一个问题，并不是已经顺利解决了，希望解决好。要进一步找年轻人进班子，现在中央这个班子年龄还是大了点。老年人要自觉让位，在旁边可以帮一下，但不要做障碍人的事。老年人有长处，但也有很大的弱点，老年人容易固执，因此老年人要有自觉性，越老越要谦虚一点，不要在老年的时候犯错误。现在还要继续选人，选更年轻的同志，人选好了，帮助培养，让更多的年轻人成长起来，我们就放心了。现在还不放心啊！邓小平还说，现在有一个问题，就是形式主义多，会议多，文章太长，讲话也太长，而且内容重复，没有新意。形式主义也是官僚主义。要腾出时间来多办实事，少说多做。学马列要精，要管用的。要求都读大本子，那是形式主义的，办不到。实事求是是马克思主义的精髓，要提倡这个，不要提倡本本。我们过去打仗靠实事求是，现在搞建设，搞改革也靠这个。马克思主义并不玄奥，而是很朴实的东西、很朴实的道理。邓小平在谈话中说，世界上赞成马克思主义的人会多起来，因为它是科学。社会主义代替资本主义是不可逆转的总趋势，但道路是曲折的，从一定意义上说出现某种暂时复辟也是难以完全避免的规律性现象。一些国家出现严重曲折，社会主义好像被削弱了，但人民经受锻炼，从中记取教训，将促使社会主义向着更加健康的方向发展，因此，不要惊慌失措，马克思主义消失不了。世界和平与发展两大问题，至今一个也没解决，中国要作反对霸权主义和维护世界和平的坚定力量。邓小平说，如果从建国起，用100年时间把我国建成中等水平的发达国家，那就很了不起。他谆谆告诫，从现在起到21世纪中叶，将是很要紧的时期，我们一定要埋头苦干，在建设有中国特色的社会主义道路上继续前进。

1月19日—24日　白俄罗斯部长会议主席克比奇访问中国，中国和白俄罗斯建交。克比奇是白俄罗斯共和国独立后来访的第一位政府首脑，也是独立国家联合体成立后访华的第一位成员国政府首脑。访华期间，李鹏和克比奇举行会谈；江泽民会见克比奇。20日，双方签署建交协议，自即日起建立大使级外交关系。

1月20日　吉林省人大常委会主任赵修在长春逝世。赵修，1921年生。河北井陉人，1938年初参加革命，同年加入中国共产党。抗日战争时期，他在山西寿阳、榆次地区任区委书记、县委书记等职。解放战争时期，先后在寿阳、郧西解放区担任领导工作。新中国成立后，他历任中共湖北襄阳地委书记，武汉市委书记处书记，孝感地委书记，湖北省副省长、省委书记，武钢党委第二书记等职。“文革”结束后，他先后任农业部副部长，中共吉林省委书记、省长，吉林省人大常委会主任。他是第四、六、七届全国人大代表，中共十三大代表。

1月22日—26日　以色列副总理兼外长利维访问中国，中国和以色列建交。这是以色列政府官员第一次正式访华。访华期间，李鹏会见利维；钱其琛外长同利维举行会谈，双方就发展双边关系和中东问题交换意见。24日，双方签署建交联合公报，宣布从即日起建立大使级外交关系。

1月30日　李鹏出席1992年世界经济论坛年会并发表题为《90年代的中国经济》的讲话。年会在瑞士山城达沃斯举行，李鹏是在出访瑞士期间前往参加的。李鹏在讲话中说，目前，世界正处在新旧格局交替时期，向多极化发展的趋势正在加速。和平与发展依然是当今世界的两大主题，但世界和平尚未得到根本保障。他介绍了中国80年代农村和城市改革及所取得的巨大成就。接着，他指出，中国决不会改变得到人民广泛支持的改革开放政策，而且还要进一步加快改革开放的步伐，要通过改革开放，促进科技进步和提高劳动者素质，努力完成调整经济结构和提高经济效益的艰巨任务，把整个国民经济提高到一个新水平。李鹏说，中国实现现代化的过程，离不开与世界各国的经济技术合作和交流。在90年代，中国在继续办好经济特区和沿海开放地区的同时，将努力利用国内外资金开发和建设上海市的浦东新区。90年代，中国在能源、交通、通讯、原材料等方面要建更多的项目，在加工工业方面要进行大规模的技术改造，中国的市场是对世界各国开放的，投资环境也将进一步改善，他欢迎各国各界人士来中国参观考察、投资与进行合作。李鹏在讲话中还说，早日恢复中国关贸总协定缔约国的合法地位，有利于中国与世界各国进一步发展平等互利的贸易关系，他表示中国作为主权国家恢复缔约国地位后，不反对台湾作为一个单独关税区加入关贸总协定。

同　日　中国和摩尔多瓦政府代表在莫斯科签署两国建交联合公报，决定两国自当天起建立大使级外交关系。

同　日　全国工商联名誉副主席罗叔章在北京逝世。罗叔章，女，1898年生。湖南岳阳人。“九一八”事变后，她投身抗日救亡运动，任上海妇女救国会组织部长。1934年11月加入中国共产党。“七七”事变后，她积极开展抗日活动。抗战胜利后，任“上海人民团体联合会”常务理事，反对国民党内战、独裁政策。1949年3月，她在第一届全国妇代会上当选全国妇联常委兼生产部副部长。新中国成立后，她历任中央财经委员会委员、中央人民政府办公厅副主任，劳动部、食品工业部、轻工业部副部长，全国政协副秘书长，全国工商联副主任委员，中国民主建国会中央常委。她是第一、二届全国人大代表，第三、四、五、六届全国人大常委，第五届全国政协委员。

1月31日　李鹏出席联合国安理会首脑会议并发表讲话。这是联合国成立以来首次举行的安理会成员国首脑会议，李鹏是在访问欧洲4国期间由瑞士飞抵纽约出席此次会议的。李鹏在会上发言，就国际形势、建立国际新秩序以及联合国在维护世界和平与安全方面的作用等问题阐明了中国政府的看法和主张。关于国际形势，他说，当今世界正处在重大的转折时期，旧的格局已经结束，新的格局尚未形成，世界正朝着多极化方向发展，作为当今世界的两大主题，即和平与发展，都没有得到解决。与欧洲动荡的形势不同，亚太地区相对比较稳定；在世界经济中，亚太地区已成为富有活力和发展前途的地区。中国的稳定和发展是亚太地区乃至世界和平与稳定的重要因素。中国要实现现代化，对外需要一个长期稳定的和平国际环境，对内要保持一个长期稳定的政治局面。李鹏表示，中国不谋求自己的势力范围，现在不称霸，将来国力发展了也不称霸。谈到建立国际新秩序，李鹏说，中国的基本看法是：国际新秩序应建立在和平共处五项原则基础之上，其核心是互不干涉内政，各国政府和人民都有权根据自己的国情选择自己的社会制度和意识形态；国家不分大小、强弱、贫富，都有权作为国际社会的平等成员参与国际事务；国际新秩序应包括经济新秩序；整个人类的人权和基本自由应得到普遍尊重，人权从本质上来说是一个国家主权范围内的问题，对于广大发展中国家来说，首要的是独立权、生存权和发展权；按照公平、合理、全面、均衡的原则，实现有效裁军和军备控制；联合国应主持公道，伸张正义。李鹏最后说，中国衷心希望并支持联合国及其安理会在国际事务中发挥更为积极的富有建设性的作用。出席会议期间，李鹏分别会见日本首相宫泽喜一、佛得角总理维加、俄罗斯总统叶利钦、法国总统密特朗、联合国秘书长加利、美国总统布什、奥地利总理弗拉尼茨基、津巴布韦外长沙穆亚里拉、英国首相梅杰、委内瑞拉总统佩雷斯、厄瓜多尔总统布尔哈、印度总理拉奥、美国美中关系全国委员会和对外委员会的知名人士。

同　日　外交部发言人对1月29日拉脱维亚与台湾当局签署所谓

“建立领事关系的联合声明”和拉方还与台湾进行一系列官方接触发表声明。重申，坚决反对任何旨在制造“两个中国”、“一中一台”、“一国两府”或“双重承认”的图谋和行径，希望拉脱维亚方面改变在台湾问题上的错误做法，使中拉关系得到正常发展。

2月1日　国务院清理“三角债”领导小组发出关于1991年全国清理“三角债”成果和1992年继续开展清理“三角债”工作的公告。公告说，按照国务院关于清理“三角债”工作的部署，1991年在全国范围内重点清理了固定资产投资项目拖欠款，同时狠抓了限产压库、调整结构。1991年全国共注入银行清欠贷款306亿元，地方和企业自筹24.5亿元，通过组织连环清欠，共清理拖欠款1 360亿元，效果显著。大部分清欠资金流入国营大中型企业，使这些企业资金紧张的状况得到明显改善，经济效益有所提高，增强了活力。公告要求，1992年要继续把清理固定资产投资项目拖欠款作为清理“三角债”的重点。对流动资金拖欠，主要依靠限产压库、扭亏增盈和推进技术进步、进行产业结构和产品结构调整等措施来解决。公告还要求，尽快研究解决财政欠拨、欠补、欠退问题，继续抓好防欠措施的落实，抓好商品交易秩序和结算纪律的整顿。

2月8日—23日　中国运动员在法国举行的第16届冬季奥运会上获3枚银牌，实现冬奥会奖牌零的突破。叶乔波在女子速滑500米、1 000米比赛中分别获得银牌，李琰在女子短道速滑500米的比赛中获得银牌。

2月10日　台湾“行政院‘二二八事件’研究小组”完成“‘二二八事件’调查报告”初稿定稿工作。报告指出“二二八事件”并非蓄意暴乱，亦非当时主事者所能控制。报告呼吁社会能前事不忘后事之师，不再发生豆萁相煎之事。李登辉表示尊重专案组意见。

2月11日　由《人民日报》、新华社、国家技术监督局、中央人民广播电台和中央电视台等单位联合举办的“中国质量万里行”新闻宣传报道活动开始举行。

2月25日　外交部发言人发表谈话。主要谈话内容为：鉴于拉脱维亚方面置中方的严正立场于不顾，竟允许台湾当局在里加开设所谓“总领事馆”，中国政府决定将中国大使馆暂时撤出拉脱维亚。

同　日　新华社报道：中国是世界上最大的稀土资源国，工业储量占世界探明储量的80%，且品种全，质量优。目前，中国稀土产量和生产能力居世界首位。

2月26日　法学家张友渔在北京逝世。张友渔，1898年生于山西灵石县，1927年毕业于国立北平法政大学，同年加入中国共产党，任中共北平市委委员兼秘书长。“九一八”事变后，他先后在中共北平市委特科、华北联络局工作。同时，他还担任《世界日报》主笔并在北平多所大学任教。抗战爆发后，他先后任中共山东联络局书记，豫鲁联络局书记，南方局统战委员会成员，香港文委成员，南方局文委委员兼秘书长，重庆工委候补委员兼政策研究室副主任。解放战争时期，他历任国共谈判中共代表团顾问，中共中央南方局统战委员会政治组负责人，《新华日报》代总编辑、社长，中共四川省委副书记兼宣传部长，中共中央后委城工部领导小组成员，晋冀鲁豫边区政府副主席兼秘书长、中共中央华北局秘书长。新中国成立后，张友渔先后任北京市常务副市长，中共北京市委常委、副书记、书记处书记，中国科学院哲学社会科学部副主任、党组成员，法学研究所所长，兼任中国政法学会副会长，中国社会科学院副院长、党组成员、顾问，兼任中国大百科全书总编委会副主任，国务院学位委员会委员，中国法学会会长、名誉会长，中国政治学会会长、名誉会长和国际宪法学协会执委。他还是第一、二、三、六届全国人大代表，六届全国人大常委，第一、二、三、四、五届全国政协常委。张友渔是新中国社会主义法制建设的积极推动者。他先后任全国人大常委会法制委员会副主任、宪法修改委员会副秘书长、全国人大法律委员会副主任委员、顾问、香港特别行政区基本法起草委员会委员。

2月29日—3月1日　中国选手林莉在西班牙举行的世界杯短池游泳系列赛中获得女子100米、200米和400米个人混合泳3枚金牌，并平了女子100米个人混合泳世界纪录。王晓红获女子200米蝶泳冠军。

3月1日　中国女子滑冰选手叶乔波在挪威举行的1992年世界短距离速度滑冰锦标赛上获得短距离速滑女子全能世界冠军。

3月1日—6日　中国道教协会第五届全国代表会议在北京举行。

会议选举产生了新一届理事会，傅元天被推选为中国道教协会会长。

3月2日—6日　全国对台工作会议在北京举行。杨尚昆、吴学谦到会讲话，中共中央台湾工作办公室、国务院台湾事务办公室主任王兆国主持会议并作工作报告。会议回顾总结了自1990年12月全国对台工作会议以来对台工作的发展情况，研究部署新一年的工作。会议认为，一年来的海峡两岸关系继续保持了发展的势头，并取得了一些突破，整个形势朝着有利于祖国和平统一的方向发展。会议希望台湾当局秉持“一个中国”的原则，以积极务实的态度，进一步消除各种人为的障碍，推动两岸经贸合作，尽早开放直接“三通”和双向交流，在发展两岸关系、促进国家统一方面迈出更大步子。

3月3日　外交部发言人发表谈话，欢迎和赞赏美国总统布什否决国会有条件延长对华最惠国待遇议案。3月11日，美国国会众议院推翻布什总统的否决。3月18日，美国国会参议院未能推翻布什总统关于有条件延长1992—1993年度中国贸易最惠国待遇决议案的否决，从而使布什政府关于无条件延长中国贸易最惠国待遇的立法程序暂告结束。

3月5日—9日　澳门特别行政区基本法起草委员会第八次会议在广州举行并发表公报。会议通过《中华人民共和国澳门特别行政区基本法（草案）》及有关文件，并决定提请全国人大常委会审议公布，进一步征求意见。

3月9日　《人民日报》报道：人事部部长赵东宛在全国人事厅局长会议上透露，中国推行公务员制度条件已基本成熟，人事部门将抓紧当前有利时机加快推行公务员制度的步伐。初步设想，1992年要进一步深化和扩大试点，积极做好全面推行的准备工作；从1993年开始，在中央和省两级政府以及计划单列市、大城市全面推行公务员制度，争取到1995年基本完成；在此基础上，再在地、县、乡逐步建立公务员制度。

3月9日—10日　中共中央政治局在北京召开全体会议，讨论中国改革和发展的若干重大问题。会议由江泽民主持。会议强调，必须坚定不移地贯彻执行党的“一个中心，两个基本点”的基本路线，抓住当前有利时机，加快改革开放的步伐，集中精力把经济建设搞上去，沿着有中国特色的社会主义道路继续前进。会议认为，解放和发展生产力，是党领导人民建设社会主义的根本任务。为此，必须始终不渝地坚持以经济建设为中心，坚持四项基本原则，坚持改革开放。这是党的十一届三中全会以来，在邓小平建设有中国特色社会主义思想的指导下，我们党带领亿万人民在实践中得出的最为宝贵的经验，是社会主义中国这十几年间发生巨大变化的根本原因。牢牢把握住党的基本路线一百年不动摇，国家就能长治久安，中国就大有希望。会议强调，必须进一步解放思想，坚持实事求是。改革开放胆子要大一些，勇于创新，敢于试验。我们不仅要在社会主义条件下发展生产力，而且要通过改革解放生产力。判断姓“社”姓“资”，应该主要看是否有利于发展社会主义社会的生产力，是否有利于增强社会主义国家的综合国力，是否有利于提高人民的生活水平。要加快改革开放的步伐。看准了的，就大胆地试，大胆地闯。计划和市场，都是经济手段，要善于运用这些手段，加快发展社会主义商品经济。要大胆吸收和借鉴人类社会创造的一切文明成果，吸收和借鉴当今世界各国包括西方发达国家的先进经营方式和管理方式。会议指出，从现在起到20世纪末，是一个关键时期。抓住当前有利时机，努力发展自己，特别是把经济建设搞上去，对巩固和发展社会主义，有着特殊重要的意义。我们要认清形势，把握机遇，真抓实干，讲求效益，加快经济发展速度，力争几年上一个台阶。科学技术是第一生产力，加快经济发展，必须依靠科技和教育。会议指出，坚持党的基本路线，加快改革和建设步伐，关键在于狠抓各项工作的落实。当前，要特别注意抓住改革和建设中牵动全局的重大问题，深入调查研究，确定今后一个时期的战略思想和政策主张，并认真组织实施。会议就此作了研究和部署。会议要求，全党同志特别是各级领导干部，要认真学习邓小平关于建设有中国特色的社会主义的一系列重要论述，进一步提高全面贯彻执行党的基本路线的自觉性。要警惕右，但主要是要防止“左”。坚持两手抓，加强社会主义精神文明建设和民主法制建设，巩固和发展安定团结的政治局面。力戒形式主义和官僚主义，腾出主要精力多办实事。会议号召，全党同志要紧密团结在以江泽民为核心的党中央周围，团结和带领各族人民，以改革和建设的优异成绩，迎接党的十四大的胜利召开。

3月9日—13日　国务院召开第三次全国清理三角债工作会议。 李鹏、姚依林、朱镕基等出席了13日的大会，李鹏、朱镕基讲了话。会议对1992年继续清理三角债、限产压库促销、扭亏增盈、清查仓库、遏制财政欠补、银行挂账等项工作作了部署。1992年清理三角债总的要求是：紧紧围绕搞活国营大中型企业，清防结合，以防为主，继续从清理固定资产投资缺口、产成品积压、企业亏损这3个源头入手，促进企业经营机制的转换，提高经济效益，使三角债进一步得到缓解。具体工作目标为“清理三角债800—1 000亿元，压缩产成品资金占用100亿元，发出商品、应收及预付货款1992年末比年初略有下降或不再增加；国营工业企业降低亏损面5个百分点，降低亏损额10%以上”。会议要求把限产、压库、促销工作结合起来。对滞销积压产品，要继续进一步限产压库，这是提高企业经济效益，真正加快经济发展的积极措施。要加快流通体制的改革，促进产品的销售。要认真解决企业亏损和财政欠补、银行挂账问题。会议要求各地区、各部门和企业认清形势，统一思想，坚定信心，真抓实干，逐步解决经济生活中的深层次矛盾，抓住有利时机，加快经济发展。

3月10日　上海市市长黄菊宣布，中央扩大上海审批权、筹资权。 黄菊说，中央为了进一步支持浦东新区的开发开放，年初又给上海扩大5类项目的审批权和增加5个方面的资金筹措权。这次增加的优惠政策的主要内容是：授权上海市自行审批在外高桥保税区内的中资和外资从事转口贸易的企业；授权上海市自行审批浦东新区内国营大中型企业产品进出口经营权；扩大上海市有关新区内非生产性项目的审批权；扩大上海市有关新区内生产性项目的审批权，总投资2亿元以下的项目，可以自行审批；授权上海市在中央核定的额度范围内自行发行股票和债券，允许全国各地发行的股票在上海上市交易。中央给予上海的5个方面的配套资金筹措权是：每年发行

5亿元浦东建设债券；在原来每年中央给上海1亿美元借款的基础上，从1992年起每年增加2亿美元优惠利率借款；允许上海在原定额度以外，再发行1亿元人民币股票，用于浦东开发；允许上海市每年发行1亿美元B种股票；在以前已拨款2亿元人民币的基础上，1992年再增加1亿元拨款给上海。以上5项新增加的资金筹措权，在1992年—1995年间有效。

3月11日　首批香港事务顾问聘书颁发仪式在北京举行。首批香港事务顾问共有44位。杨尚昆、李鹏等出席聘书颁发仪式，李鹏发表讲话。李鹏说，现在离中国政府恢复对香港行使主权还有5年多的时间，平稳过渡和政权的顺利交接，保持香港长期繁荣和稳定，是中英两国的共同目标，也是香港500万居民的共同利益所在。要做到这一点，是很不容易的，这一方面需要中英两国政府恪守双方已达成的协议和原则，加强信任和合作，有事多进行磋商。另一方面也要依靠香港各界人士的关心。12日，江泽民在会见首批应聘的香港事务顾问时说，一个繁荣昌盛的社会主义祖国大陆将保证香港的繁荣和稳定，而一个繁荣的资本主义的香港为祖国大陆与世界各国开展贸易架设了一个桥梁。他强调说，只有长期坚持“一国两制”的方针，才能保持香港回归后的繁荣和稳定。

同　日　外交部在北京公布中国参加《不扩散核武器条约》的加入书。此前，3月9日，正在英国访问的钱其琛外长向英国首相梅杰递交了该加入书；3月12日，中国驻俄罗斯和驻美大使分别在莫斯科和华盛顿向两国递交了该加入书。英、美和俄罗斯是该条约的3个保存国。

同　日　原宁夏回族自治区政府主席刘格平在北京逝世。刘格平，1903年生于河北孟村回族自治县，回族。他1923年加入社会主义青年团，1926年加入中国共产党。曾任中共顺直省委特派员，津南特委书记、组织部长兼军委委员，中共天津市工委书记，山东省回民协会筹委会主任，华东局民运部副部长，渤海区党委副书记、渤海军区副政委、渤海区南下干部支队党委第一书记兼政委，华东人民革命大学副校长、党委书记等职。1949年，他参加中国人民政治协商会议第一届全体会议，被选为中央人民政府委员、中央民族事务委员会副主任。1952年以后，他先后任中共中央统战部副部长，第一届全国人大常委、民族委员会主任委员，中央民族学院院长，宁夏回族自治区第一届人民政府主席、区党委书记处书记、代理第一书记，山西省副省长、山西省革委会主任、党的核心小组组长，山西省军区第一政委，北京军区政委等职。他是中共第八、九届中央委员，第六届全国政协委员。

3月13日　新华社报道：国务院批准海南省吸收外资开发洋浦经济开发区。开发区有30平方公里土地，是海南经济特区建立以来吸收外资规模最大的一个项目。洋浦经济开发区将建设成为外向型工业区，实行封闭式的隔离管理，在区内实施保税区的各项政策措施。

3月16日　原全国政协副主席、国务院副总理王任重在北京逝世。王任重，河北景县人，1917年生，1932年加入共青团，1933年加入中国共产党。先后任中共景县县委委员、泊镇区委委员、津南工委委员，从事党的地下工作。抗战爆发后，他曾去延安中央党校学习，1938年回冀鲁豫地区任区党委宣传部副部长，冀南区地委书记，冀南区党委组织部部长、宣传部长、区党委常委、行署副主任、党组书记。1945年以后，他历任冀南行署主任、区党委副书记、代理书记。1949年5月，他随军南下，历任湖北省委常委、省政府副主席，武汉市委第一书记、副市长、代理市长，湖北省委第一书记，武汉军区第一政委，湖北省政协主席，中南局第二书记、第一书记，中南局三线建设委员会主任、华中协作区主任。“文化大革命”期间，他受到迫害，被关押。1978年恢复工作后，历任陕西省委第二书记、省革委会第一副主任、省委第一书记、省革委会主任、陕北建设委员会主任，国务院副总理、国家农业委员会主任、党组书记，国务院财经委员会委员，中共中央宣传部部长、中央书记处书记，六届全国人大常委会副委员长兼财经委员会主任。1988年3月，他被选为政协七届全国委员会副主席、党组副书记。他是中共第八届中央候补委员，第十一、十二、十三届中央委员。

同　日　原广东省政协主席区梦觉在广州逝世。区梦觉，女，

1906年生，广东南海县人。1926年加入中国共产党，1927年赴汉口出席中国共产党第五次全国代表大会。12月参加广州起义，失败后潜往香港。1928年起任中共广东省委秘书处分配科科长、省委组织部干事。1930年到女子中学任教员，1931年“九一八”事变后组织学生开展抗日救国运动。参与组织成立香港反帝大同盟，任中共党团书记。1932年先后两次被捕，在狱中坚贞不屈，严守机密，坚持斗争。1937年抗日战争爆发后，经党组织营救获释出狱。1939年2月任中共广东省委委员兼妇女部部长。1940年底被选为中共七大代表，1941年任中共中央妇女运动委员会委员，入中共中央党校学习。1945年4—6月间出席中共七大，6月成立中国解放区妇女联合会筹备委员会，任常务委员兼秘书长。解放战争时期被分配到东北工作，历任中共辽源地委组织部部长，中心县委员会组织部部长，中共佳木斯市委书记、勃利地委委员、中共松江省委委员兼妇女部部长等职。全国解放后，历任中共广东省委常务书记、广东省政协主席、广东省五届人大常委副主任等职。她是中共五、七、八大代表，十三大特邀代表，中共八届候补中央委员，中顾委委员，第一、三届全国人大代表。

3月16日—17日　俄罗斯联邦外长科济列夫访问中国。访华期间，李鹏会见科济列夫外长；钱其琛外长同科济列夫外长举行会谈。16日，双方互换关于中苏国界东段的协定批准书，并签署了互换批准书的证书，协定从即日起生效。

3月18日　《人民日报》报道：中国已获准在太平洋规定海域开发多金属核。中国大洋协会成为继印度、法国、日本等国有关实体之后第五个已登记的深海采矿的先驱投资者。中国的申请是1991年3月5日获得批准的。

3月20日—4月3日　七届全国人大五次会议在北京召开。20日，大会开幕，万里主持开幕式，江泽民、杨尚昆、乔石、姚依林、宋平、李瑞环等出席。李鹏代表国务院作《政府工作报告》。李鹏的报告共分六个部分：一、1991年国内工作的回顾；二、抓紧有利时机，加快经济发展；三、加快改革步伐，扩大对外开放；四、为经济建设和改革开放创造更好的社会政治环境；五、积极推进祖国和平统一大业；六、关于国际形势和外交工作。21日，大会先后听取国务院副总理兼国家计委主任邹家华作的《关于1991年国民经济和社会发展计划执行情况与1992年计划草案的报告》、国务委员兼财政部部长王丙乾《关于1991年国家预算执行情况和1992年国家预算草案的报告》。李鹏向大会提交了国务院关于提请审议兴建长江三峡工程的议案，邹家华就此议案做了说明。27日，大会听取全国人大常委会工作报告和有关《代表法》、《工会法》、《妇女权益保障法》3个法律草案的说明。28日，大会分别听取最高人民法院院长任建新、最高人民检察院检察长刘复之作的《最高人民法院工作报告》和《最高人民检察院工作报告》。4月3日，万里主持闭幕会，江泽民、杨尚昆、李鹏、乔石、姚依林、宋平、李瑞环等出席。大会通过了关于政府工作报告的决议，决议强调，必须毫不动摇地坚持“一个中心，两个基本点”的基本路线，突出经济建设这个中心，抓住有利时机，调动一切积极因素，集中精力尽快把国民经济搞上去；要进一步解放思想，坚持从实际出发，加快改革开放的步伐。大会通过了关于1991年国民经济和社会发展计划执行情况与1992年国民经济和社会发展计划的决议、关于1991年国家预算执行情况和1992年国家预算的决议、关于兴建长江三峡工程的决议。关于兴建长江三峡工程的决议决定批准将兴建长江三峡工程列入国民经济和社会发展十年规划。大会还通过了《中华人民共和国全国人民代表大会和地方各级人民代表大会代表法》、《中华人民共和国工会法》及《中华人民共和国妇女权益保障法》，《代表法》和《工会法》从公布之日起施行，《妇女权益保障法》自1992年10月1日起施行。大会通过七届人大五次会议《关于第八届全国人民代表大会名额和选举问题的决定》、关于全国人大常委会工作报告的决议、关于最高人民法院工作报告的决议、关于最高人民检察院工作报告的决议。

3月22日　我国为澳大利亚发射的通讯卫星因运载火箭一级发动机推力不正常未能升空。卫星、运载火箭和发射装置均保持了安全状态。后查明是由控制点火线路故障造成。

3月23日　民革中央副主席裴昌会在重庆病逝。裴昌会，1896年生，山东潍坊人。保定陆军军官学校第八期、陆军大学特六期毕业。历任国民党第四师参谋长，四十七师团长、旅长、副师长、师长，第九军副军长、军长，第四集团军副总司令，第一战区副长官，西安“绥靖”公署副主任兼第五、第七兵团中将司令官。1949年12月在四川德阳率部起义。新中国成立后，他历任国防委员会委员、西南军政委员会委员、川北行署副主任兼工业厅厅长、西南纺织管理局局长、重庆市副市长，四川省第五、六届人大常委会副主任，历届重庆市政协副主席。曾任民革中央委员、民革中央副主席，民革四川省主任委员、名誉主任委员和重庆市委副主任委员等职。他是第一至七届全国人大代表，第五、六届全国人大常委。

3月27日　新华社报道：国务院批转《国家体改委关于1992年经济体制改革要点》。国务院在通知中指出，1992年是进一步深化改革的重要一年。各地区，各部门要切实加强对改革的领导，各级体改部门要做好改革的协调工作，以搞活全民所有制大中型企业、转换企业经营机制为重点，搞好配套改革，进一步探索计划经济和市场调节有机结合的具体途径和方式，促进经济结构调整，提高经济效益。《国家体改委关于1992年经济体制改革要点》指出，当前经济运行中存在的主要问题是：全民所有制企业经营机制与计划经济和市场调节相结合的运行机制还不健全，也互不适应，企业亏损面大，效益低；市场体系不健全，发育不完善；宏观调控体系不能适应有计划商品经济发展的需要，政府部门直接干预企业生产经营过多；经济结构和利益格局调整难度较大，财政平衡的压力和潜在的通货膨胀的压力还没有消除；国民收入分配过分向个人倾斜的倾向，还未能得到有效扭转。经济发展和经济体制中存在的深层次的问题，需要通过深化改革才能逐步得到解决。《要点》阐述了1992年经济体制改革的指导思想：一是贯彻落实中央工作会议和中共十三届八中全会精神，进一步处理好改革、稳定、发展的关系，促进国民经济持续、稳定、协调发展。二是坚持维护和壮大公有制经济，重点搞好全民所有制大中型企业，继续发展社会主义有计划商品经济，进一步探索计划经济与市场调节有机结合的途径和方式。三是各项经济体制工作的安排，要与《国民经济和社会发展十年规划和“八五”计划纲要》以及国务院批准实施的中长期经济体制改革规划确定的目标相衔接。四是针对经济生活中存在的主要问题，突出重点，加强协调配套，促进经济结构的调整和经济效益的提高。抓住有利时机，有重点地加大改革的分量，加快改革的步伐。《要点》指出，1992年经济体制改革的重点是搞好全民所有制大中型企业，认真贯彻《中华人民共和国全民所有制工业企业法》，全面落实企业自主权，转换企业经营机制，有步骤地把企业推向市场，使企业逐步成为自主经营、自负盈亏、自我发展、自我约束的社会主义商品生产者和经营者。要打破“铁饭碗”、“铁交椅”，建立能进能出的劳动用工制度、能上能下的干部管理制度和自主分配制度，进一步健全企业内部领导体制，扩大企业技术改造投资决策权。要加快企业组织结构调整的步伐，继续搞“税利分流”、股份制和国有资产管理的试点。围绕以上中心工作，积极进行各项配套改革：积极稳妥地进行价格改革，进一步发展商品市场体系，加大流通体制改革的力度；进一步改革和完善外贸体制；综合配套运用经济杠杆，强化间接调控；住房、社会保险和医疗制度改革要迈出较大步伐；搞好重大改革试点，为新体制和新机制的建立进行积极大胆的探索。要贯彻落实中共中央《关于进一步加强农业和农村工作的决定》，继续深化农村改革。

4月2日　中国和阿塞拜疆建交公报在巴库签署，两国政府决定从即日起建立大使级外交关系。

4月6日　中国和亚美尼亚建交公报在埃里温签署，两国政府决定自即日起建立大使级外交关系。

4月6日—10日　江泽民访问日本。这是江泽民就任总书记以来首次出访经济发达国家。访日期间，江泽民同日本首相宫泽喜一举行会谈；日本天皇明仁会见并宴请江泽民；日中邦交正常化20周年纪念活动民间组委会欢宴江泽民；江泽民会见金丸信、田边诚等日本各主要政党领导人，福田纠夫、铃木善幸、中曾根、竹下登、宇野宗佑和海部俊树等6位日本前首相，樱内义雄众议长、长田裕二参议长，二阶堂进、池田大作等日本朋友。7日，江泽民在东京发表题为《国际形势和中日关系》的演讲。8日，江泽民在东京举行记者招待会。11日，《人民日报》发表社论，说江泽民对日本的访问达到了预期目的，取得了圆满成功，对两国长期稳定的友好合作，具有重要的现实意义和深远的影响。

4月9日—11日　柬埔寨国家元首、柬埔寨全国最高委员会主席西哈努克亲王率柬全国最高委员会代表团访问中国。这是西哈努克亲王自1991年11月返回金边后以国家元首和全国最高委员会主席身份首次率团访华。访问期间，杨尚昆、江泽民先后会见西哈努克亲王一行；李鹏同西哈努克亲王举行会谈。11日，中柬联合公报在北京发表。

4月14日—17日　联合国秘书长加利访问中国。这是加利就任联合国秘书长以来首次访问中国。14日，加利出席在北京举行的联合国亚太经社会第四十八届会议的开幕式。李鹏和江泽民先后会见加利秘书长；钱其琛外长同加利秘书长举行了会谈。

4月15日　共青团中央中国青少年发展基金会公布自1990年9月以来邓小平、江泽民、李鹏为“希望工程”的题名和题词，并宣布从即日起在全国实施“希望工程—百万爱心行动”计划。旨在动员更多的人参与“希望工程”，尽快使我国因贫困而失学的儿童享有受教育的基本权利。

4月16日—24日　参加联合国维持柬埔寨和平行动的中国工程兵军事工程大队共400人，分批到达柬埔寨。这是中国首次派遣部队参加联合国维持和平行动。

4月20日　新华社报道：实行对外开放政策以来，中国实际利用外资800多亿美元。截至1991年6月底，中国外债余额为525.8亿美元，其中中长期外债占外债总额的90%；截至1991年底，中国外汇储备为426亿美元。

4月22日　原全国政协副主席、全国妇联主席康克清逝世。康克清，1911年生，江西万安县人。她于1925年在本乡从事妇女工作，1926年加入中国社会主义青年团，1927年任乡妇女协会常任秘书，

1928年参加工农红军，1931年转为中共党员。1932年在江西瑞金任红军总司令部直辖的女子义勇队队长，直属队政治指导员。1934年当选中华苏维埃共和国临时中央政府候补执委。1934年10月—1936年10月，参加长征，反对张国焘分裂主义，曾任红四方面军党校总支书记。1937年后，她历任八路军总司令部直属队组织股长、政治处主任、党总支书记，晋东南妇女救国会名誉主任，中共中央妇委会委员，解放区战时儿童保育会代主任。1949年出席第一次全国妇女代表大会和政协第一届全体会议。新中国成立后，康克清历任全国妇联第一至五届常委，第三届副主席，第四、五届主席，第六届名誉主席，中国人民保卫儿童全国委员会主席，中国福利会名誉主席，宋庆龄基金会主席，中国儿童少年基金会会长。1979年，她主持《婚姻法》的修改工作。她是中共第七、八、九、十、十三次代表大会代表，第十一、十二届中央委员，第一至六届全国人大代表，第四、五届全国人大常委，第二、三届全国政协委员，第四届常委，第五、六、七届副主席。

5月1日　新华社报道：陈云在上海听取中共上海市委、市政府负责人吴邦国、黄菊的工作汇报时说："上海大有希望。"他亲切鼓励上海同志要解放思想，大胆实践，善于总结，按照党的基本路线，狠抓振兴上海、开发浦东的各项工作的落实，为建设有中国特色的社会主义做出新贡献。他表示，非常赞成开发浦东，开放浦东。

5月5日—9日　美国副国务卿坎特访问中国。访华期间，钱其琛外长会见坎特；刘华秋副外长同坎特举行会谈。

5月6日—9日　全国文物工作会议在西安召开。8日，李瑞环专程赴会，同与会代表座谈。他强调，文物工作要以保护为主，把抢救放在首位。当前，文物盗窃、盗掘、走私等犯罪活动十分猖獗，对文物保护工作构成了严重威胁，各级领导和有关部门，对此必须高度重视，采取坚决措施，依法予以严厉打击。

5月8日—11日　玻利维亚总统萨莫拉访问中国。访华期间，杨尚昆同萨莫拉总统会谈；江泽民和李鹏分别会见萨莫拉总统；双方签署了两国经济技术合作协定等一系列文件。11日，中玻联合公报在北京发表。

5月12日　中国同斯洛文尼亚建交联合公报在卢布尔雅那签署，两国自即日起建立大使级外交关系。

5月13日　中国同克罗地亚建交联合公报在萨格勒布签署，两国从即日起建立大使级外交关系。

5月14日　原全国人大副委员长、国务院副总理、中央军委副主席聂荣臻元帅在北京病逝。聂荣臻，1899年12月生，四川江津县人。他于1919年底赴法国勤工俭学，1922年就读于比利时沙洛瓦劳动大学化学工程系，同年8月参加旅欧中国少年共产党（后称中国共青团旅欧支部），1923年转入中国共产党，曾任旅欧社会主义青年团执行委员、训练部副主任。第一次国共合作后，他任国民党驻巴黎通讯处处长。1924年，赴苏联莫斯科东方大学学习，1925年转入苏联红军学校中国班学习军事。同年9月回国，任黄埔军校政治部秘书兼政治教官，参与创建革命军队的政治工作。1926年7月，任中共广东区委军委特派员，参加北伐战争，后任中共湖北省委军委书记。1927年5月，湖北省委军委并入中共中央军事部后，他参与军事部的领导工作。1927年8月，他参与组织南昌起义，任起义军十一军党代表，潮汕起义失败后潜去香港。12月，参与领导广州起义。1928年初，任中共广东省委军委书记，1930年初，任中共顺直省委组织部长，不久调中央特科和中央军委工作，1931年初，任中央军委参谋长，先后在香港、天津、上海等地坚持秘密斗争。1931年底，进入中央苏区，任中国工农红军总政治部副主任。曾当选为中华苏维埃共和国中央执行委员。1932年3月任红一军团政治委员；同年4月，作为红军东路军政委，参与指挥漳州战役，取得重大胜利。后率部参加第四、五次反“围剿”斗争。1934年10月，率部长征。1935年1月，在遵义会议上坚决支持毛泽东的正确主张。过金沙江后，任中央红军先遣队政委，与刘伯承一道指挥部队通过大凉山彝族区，强渡大渡河，夺取泸定桥。一、四方面军会合后，他坚决反对张国焘的分裂活动。后率部攻占腊子口，为中央红军北上打开通道。到陕北后，率部参加直罗镇、东征、西征战役。1936年11月，参与指挥山城堡战役。同年底，被任命为中央革命军事委员会委员。红军改编后，任八路军一一五师副师长、政治委员。参与指挥平型关战斗。1937年11月，任晋察冀军区司令员兼政委，率领3000人的武装，创建华北敌后第一个抗日根据地晋察冀边区，受到中共中央的称赞。从1937年底到1943年秋的6年中，他领导晋察冀军民粉碎敌人1万兵力以上的10次大规模“围攻”和“扫荡”，挫败了5次“治安强化运动”，歼日伪军19万人。1943年秋，回延安参加整风运动，参加中共七大。1945年8月11日起，他部署晋察冀部队对日反攻作战，解放了察哈尔、热河省全部，河北省大部，山西、绥远、辽宁省部分地区，并派出大批部队和干部，开赴东北，参加创建东北根据地的斗争。抗战胜利后，他继续担任晋察冀军区司令员兼政委，中共晋察冀中央局书记。1947年4月，指挥正太战役，取得重大胜利，使晋察冀和晋冀鲁豫解放区连成一片。后又指挥清风店战役、石家庄战役。1948年5月，任华北军区司令员、中共中央华北局第三书记。1949年1月，他与林彪、罗荣桓组成平津前线总前委，负责指挥平津战役。他还参与领导了同傅作义的和平谈判。1949年2月，他兼任平津卫戍区司令。9月，兼任北平市市长、军事管制委员会主任。1949年6月，他任解放军副总参谋长，主持总参谋部日常工作；1950年初，任代总参谋长，协助中央军委领导人部署仍在进行的解放战争和抗美援朝战争。后主持解放军大规模精简整编和参与领导军事建设的各项工作。1954年，他任中央人民政府人民革命军事委员会副主席，主管军工生产和武器装备工作。1955年，被授予元帅军衔和一级八一勋章、一级独立自由勋章、一级解放勋章。1955年7月，被中共中央指定为领导原子能事业的3人小组成员。1956年4月，任国务院航空工业委员会主任，领导发展火箭和航空事业。同年11月，任国务院副总理，主管科技工作。1958年，兼任国防部国防科技委主任、国家科技委主任。1959年，任中共中央军委副主席，主管尖端武器的研制工作。他为国防科技事业做出了重大贡献。党的十一届三中全会以后，他历任中央政治局委员、中央军委副主席、全国人大常委会副委员长等职。1988年7月被授予解放军一级红星功勋荣誉章。聂荣臻是中共第七至十二届中央委员，第八届、第十一届、第十二届中央政治局委员，第四、五届全国人大常委会副委员长，第一、二、三届国防委员会副主席，1983年6月起为国家中央军委副主席。著有《抗日模范根据地晋察冀边区》（1939年）、《聂荣臻回忆录》（1983年）等。

5月15日　中国女子羽毛球队以3:2战胜南朝鲜队，实现“尤伯杯”赛“五连冠”。

5月17日　台湾物理学家吴大猷教授抵达北京参加学术活动。23日，北京大学授予吴大猷名誉教授称号。吴大猷邀请谈家桢等6位科学家去台湾“访问”。

5月18日　《人民日报》报道：国家环保局局长曲格平荣获联合国授予的“1992国际环境奖”。这是我国获得国际环境领域最高荣誉奖第一人。

5月18日—24日　印度总统文卡塔拉曼访问中国。这是印度总统首次访华。访华期间，杨尚昆、江泽民、李鹏先后会见文卡塔拉曼总统，双方在会谈中都主张通过谈判解决两国边界问题。文卡塔拉曼重申，西藏问题是中国内政，印度政府不支持达赖喇嘛在印度领土上进行任何反对中国政府的政治活动。24日，文卡塔拉曼总统在上海发表书面声明，强调要进一步加强印中合作。

5月20日　江泽民与首都应届高校毕业生座谈。江泽民向即将毕业的大学生们提出三条要求，一是深入实际、深入群众，坚持理论与实践相结合，坚持与工农群众相结合，把个人的前途同祖国的前途命运紧密结合起来；二要艰苦奋斗，自强不息；三是要在工作中加强学习，自觉克服弱点和缺点，使自己更快地成熟起来。江泽民希望大家走上工作岗位以后，一定要加强业务学习，不断用新的科学文化知识武装自己，同时要重视和加强马克思主义的理论学习，特别是要把邓小平同志建设有中国特色的社会主义理论学深学透，这是投身建设和改革的实践，做好本职工作的最重要的思想保证和行动指南。江泽民还说，帮助大学毕业生和毕业研究生健康成长，充分发挥他们的智慧和才干，是各级党委和政府及社会各界的光荣责任。一方面要满腔热忱地关怀他们，切实帮助他们解决实际困难，努力为他们提供必要的工作和生活条件，及时解决他们在思想上出现的问题；另一方面又要对他们严格要求，鼓励他们面向实际，在工作实践中经受锻炼，发挥才智，多做贡献。他希望广大青年在学习和借鉴的问题上，一定要准备“两手”，坚持“两点论”，学会掌握实际生活中的辩证法，使自己在思想上政治上逐步成熟起来。

5月23日　中国经营规模最大、销售额最高的上海市第一百货商店宣布改为股份制有限公司，并向社会公开发行股票。

5月25日—6月1日　万里委员长访问日本。访日期间，日本天皇明仁和首相宫泽喜一分别会见万里委员长；万里委员长分别会见长田裕二参议长和樱内义雄众议长；日中邦交正常化20周年纪念活动民间组委会欢宴万里委员长。

6月6日—16日　谈家桢等6名著名科学家首次组团“访问”台湾。谈家桢、张存浩、邹承鲁、吴阶平、卢良恕、华中一及6位科学家的夫人是应台湾著名物理学家吴大猷的邀请赴台的，这是1949年中华人民共和国成立以来大陆学者首次访问台湾。

6月7日—12日　香港总督卫奕信勋爵访问我国内地。访问期间，李鹏会见卫奕信勋爵。

同　日　中国同格鲁吉亚建交联合公报在第比利斯签署，两国自即日起建立大使级外交关系。

6月13日　原全国政协副主席、民革中央名誉主席屈武在北京病逝。屈武，1898年生，陕西渭南县人。“五四”运动时，他作为陕西学生联合会会长，被推为陕西学生代表赴北京请愿。1922年，他在北京大学文科加入共进社，并任常务主席。1923年春，他加入中国社会主义青年团，并任北京大学团支书、团北京地委候补委员，1925年初转为中共党员。1924年国民党改组后，屈武曾任国民党北京市特别市党部核心成员。同年，受李大钊指派，到胡景翼的国民二军任参议。1926年1月，在国民党二大上，他当选为中央候补执委。同年赴苏联，先后入中山大学、伏龙芝军事学院学习。他反对国民党反动派背叛革命，坚持孙中山的三大政策。1938年，屈武回国，历任国民党军事委员会顾问处处长、立法委员、少将参议、中苏文化协会秘书长、陕西省政府委员兼建设厅厅长等职，积极从事抗日民主活动。1945年10月，他作为国民党中央赴新疆和谈代表团成员，随同张治中团长赴新疆，后任新疆省政府委员兼迪化市（现乌鲁木齐市）市长。他营救了一批被盛世才关押的中共党员，并护送到延安。他还协助张治中稳定了新疆局势。1949年，他作为国民党和谈代表团顾问赴北京谈判，后赴新疆，全力投入促成新疆和平解放的工作。新中国建立以后，屈武历任西北军政委员会委员，新疆迪化市市长，政务院副秘书长兼参事室副主任，对外文化联络委员会副主任，一届全国人大常委会副秘书长，中苏友协会长，孙中山研究会名誉顾问，并当选为第一、二、五届全国人大代表，第三、四、五届全国政协常委，第六、七届全国政协副主席。1950年重新加入中国共产党。

6月15日　新华社报道：我国关于股份制企业组建和试点的一整套政策、法规已基本形成。全套政策、法规由15个文件组成，即将陆续向社会公布。这标志着我国股份制企业开始走上规范化道路。全套政策、法规由三个层次组成：第一个层次是由国家体改委等5个部门联合签署的《股份制企业试点办法》，规定了股份制企业试点的目的、原则、要求，确立了股份制企业组建和试点的指导思想；第二个层次是国家体改委会同有关部门制定的《股份有限公司规范意见》、《有限责任公司规范意见》；第三个层次是关于股份制企业12个方面的暂行规定，包括宏观管理、会计制度、劳动工资管理、税收问题、审计、财务管理、物资供销、国有资产管理、工商登记、统计、股票发行与交易、新建项目股份制企业试点。

同　日　济南军区原顾问刘贤权在济南逝世。刘贤权，1914年生，江西吉安人。1929年加入中国共产党，1930年参加工农红军。新中国成立后曾任海南军区第一副司令员、军长，沈阳军区副参谋长，兰州军区副司令员兼青海省军区司令员，铁道兵政委、司令员，济南军区副司令员等职。1955年被授予少将军衔。他是中共第九、十届中央委员，四届全国人大代表。终年77岁。

6月16日　中共中央、国务院作出关于加快发展第三产业的决定。决定指出，为抓住当前有利时机，加快改革开放步伐，集中精力把经济建设搞上去，必须使第三产业有一个全面、快速的发展。决定指出，第三产业水平是衡量现代社会经济发达程度的重要标志。我国第三产业发展缓慢，水平较低，不适应国民经济发展的需要。加快第三产业发展，具有重大战略意义。加快发展第三产业，可以促进市场充分发育，为改革开放在更广阔的领域向纵深发展创造更好的条件；只有加快发展第三产业，才能缓解日益严峻的就业压力，才能满足人民群众日益增长的物质和文化生活的需要。决定明确指出，加快发展第三产业的目标是：争取用10年左右或更长一些时间，逐步建立起适合我国国情的社会主义统一市场体系、城乡社会化综合服务体系和社会保障体系。第三产业增长速度要高于第一、二产业，第三产业增加值占国民生产总值的比重和就业人数占社会劳动者总人数的比重，力争达到或接近发展中国家的平均水平。加快发展第三产业的重点是：一是商业、物资业、对外贸易业、金融业、保险业、旅游业、房地产业、仓储业、居民服务业、饮食业和文化卫生业等。二是与科技进步相关的新兴行业，主要是咨询业、信息业和各类技术服务业等。三是农村的第三产业。四是对国民经济发展具有全局性、先导性影响的基础行业，主要是交通运输业、邮电通讯业、科研事业、教育事业和公用事业等。决定还提出了加快发展第三产业的13项主要政策和措施。要求党和各级政府高度重视第三产业。各级党的领导干部要统一思想，转变观念，开阔思路，发挥创造性，动员广大干部群众，努力实现加快发展第三产业这一重大战略任务。

6月17日　中组部、人事部发出关于加强干部退休工作意见的通知。通知重申要认真贯彻中共中央关于建立老干部退休制度的决定精神，严格执行干部退休制度，凡达到退休年龄的干部，除按国家规定延长退休年龄或留任者外，应按时办理退休手续，以促进干部队伍的正常交替。

6月21日　原中华人民共和国主席、全国政协主席、中共中央副主席李先念在北京逝世。李先念，1909年6月生，湖北黄安县（今红安县）人。1926年参加农民运动，任乡农民协会执委。1927年11月参加黄（安）麻(城）起义，12月加入中国共产党，曾任中共高桥区委书记、苏维埃政府主席，（黄）陂（黄）安南县委书记、苏维埃政府主席。1931年后，历任红四方面军的团、师、军政委。参加指挥了许多重要战役，为建立鄂豫皖和川陕革命根据地做出了贡献。1934年1月，当选为中华苏维埃共和国中央执行委员。1935年3月，参加川陕根据地红四方面军的长征，6月，他率领红四方面军的先头部队攻克四川省西部的懋功，并同红一方面军在这一地区会师。8月，与程世才指挥包座战斗，为红军北上打开通道。在红四方面军南下期间，同张国焘分裂主义进行了斗争。1936年10月三大主力红军会师后，率部参加西路军行动，任西路军军政委员会委员。1937年3月西路军失败后，任西路军工委委员，统率余部历尽艰险到达新疆，为党和红军保存了一支骨干力量。1937年底，到达延安，先后在抗大、马列学院学习。抗日战争时期，他在华中敌后领导军民开展游击战争，任中共河南省委军事部长。随后，任新四军豫鄂挺进纵队司令员、第五师师长兼政委和中共鄂豫边区委员会书记，建立了拥有1 000余万人口的鄂豫边区抗日根据地。1945年在中共七大上当选为中央委员。解放战争时期，先后任中原军区司令员，重组的中共中原局第二副书记、晋冀鲁豫野战军副司令员，重建的中原军区第二副司令员。1949年5月，任中共湖北省委书记、省人民政府主席、省军区司令员兼政委，主持党、政、军全面工作。1952年2月，兼任中共武汉市委书记和市长。1953年1月，任中南局副书记、中南行政委员会副主席。1954年9月，调任国务院副总理兼财政部长，协助周恩来、陈云领导经济建设。他还是第二至五届全国人大决定的国务院副总理。10月，兼任国务院财贸办主任。1957年，在中共八届一中全会上，当选为中央政治局委员，在五中全会上增选为书记处书记。他还是第九至十二届中央政治局委员。1962年4月，他任中央财经小组副组长。“文革”中，他被诬为“二月逆流”成员，多次受到批判，但他仍努力协助周恩来处理国务院的日常经济工作。1968年被下放劳动。“九一三”事件后，他继续担任国务院的领导工作，并任军委办公会议成员。1976年，在粉碎江青反革命集团的斗争中，他是主要决策者之一。1977年，在中共十一届一中全会上，他当选为中共中央政治局常委、副主席、中央军委常委，主持国务院的日常工作。在中共十一届三中全会前后，他积极协助邓小平领导全党实现历史性的伟大转折。1979年3月，他任国务院财政经济委员会副主任，参与领导调整国民经济的工作。1982年9月，在中共十二届一中全会上，当选为中央政治局常委。1983年6月，在六届人大一次会议上，当选为国家主席。从1981年到1988年，他主持中央外事工作领导小组的工作，参与调整对外政策。1988年4月，在七届全国政协一次会议上，当选为全国政协主席。

6月28日　原子能学家钱三强在北京逝世。钱三强，1913年生于浙江绍兴，祖籍湖州。1936年毕业于清华大学物理系，1937年赴法国留学，发现了铀核三分裂现象。1940年获法国博士学位，先后任法国国家科学研究中心研究员、研究导师。1948年夏，钱三强和夫人何泽慧教授毅然回国，曾任清华大学物理系教授，发起组建北平研究院原子学研究所并任所长。新中国成立后，他积极参加中国科学院和中国科学院学部及中国原子能科学研究基地的组建，历任中科院近代物理研究所（后改名为原子能研究所）所长，计划局副局长、局长，学术秘书处秘书长。1956年，他任国家主管原子能工作的工业部（先称三机部，后改称二机部）副部长，兼任中科院副秘书长，为中国第一颗原子弹的成功爆炸和中国原子能事业做出了卓越贡献。粉碎“四人帮”后，他回到中科院参加领导工作，先后任副秘书长、副院长，曾兼任浙江大学校长。他主持了恢复学部委员的活动和增选工作。1982年当选为中国物理学会理事长（后任名誉理事长），同年被任命为全国自然科学奖励委员会副主任和国务院学位委员会副主任。1985年被法国授予法兰西荣誉军官勋章。1986年，他当选中国科学技术协会副主席，兼任促进自然科学和社会科学联盟委员会主任。1988年他当选七届全国政协常委，并任全国政协科技委副主任。钱三强1954年加入中国共产党，曾先后任中共二机部党委委员、中科院党组成员。他还曾当选全国民主青年联合会副主席，全国人大代表。

7月3日　《人民日报》报道：国务院建立证券管理办公会议制度。根据国务院的决定，国务院证券管理办公会议代表国务院行使对证券工作的日常管理职权。办公会议由国务委员兼中国人民银行行长李贵鲜负责召集，由中国人民银行、国家体改委、国家计委、财政部、经贸办、经贸部、税务总局、外汇管理局、工商行政管理局、国有资产管理局等10个部委的负责同志组成，办事机构设在人民银行。办公会议日前由李贵鲜主持召开了第一次全体会议，讨论通过了中国证券监督管理委员会筹建方案。正在筹建中的中国证券监督管理委员会，是由政府主管部门的有关负责人及聘请全国著名的金融、法律、会计、资产评估、外汇管理、税务专家及有关专业人员组成的半官方的证券监管机构，以政治授权及专业水准，保证上市公司的质量及市场运作的公正，保护公众的利益，并对全国证券市场进行统一监管。为了确保证券市场及其管理的透明度，国务院证券管理办公会议决定，每次会议后将以公告的形式，发布会议的主要内容。中国证券监督管理委员会也要将其监督情况通过新闻媒介发布公告。

7月3日—6日　中英两国就香港新机场财务安排问题在北京举行高层会谈。这是中英双方关于香港新机场问题在签署谅解备忘录之后举行的首次高层会谈。中国方面参加会谈的有国务院港澳办公室副主任陈滋英等，英国方面参加会谈的有英国首相特使、英国外交部副次官科尔斯爵士等。香港政府于同年6月公布建设香港新机场的《现金流量表》和临时机场管理局的《业务计划摘要》两份文件，文件表明新机场的最新成本开支由同年4月30日港府公布的1 122亿港元上升至1 753亿港元。新机场成本不断攀升，引起了香港各界人士的严重关注。经中英两国政府商定，英国方面派遣科尔斯爵士作为首相特使前来北京与中国有关部门举行高层会谈。会谈进行了3次，英国方面没有提出新的方案。

7月4日　《人民日报》报道：世界首创色盲镜研制成功。北京大栅栏医院眼科专家赵文清经过10多年艰苦攻关，研制成功能使色盲患者看见色彩的镀膜色盲镜和隐形色盲镜，并相继获得国家专利。

同　日　新华社报道：我国固体火箭技术跻身世界先进行列。1962年7月1日，中国建立了第一个固体火箭发动机研究所。30年来，我国固体火箭技术发展经历了单纯预先研究、单型号研制、战略战术并举阶段，固体火箭技术在各种型号研制中取得了不断突破；已经生产出宇航、战略、战术等数十种型号、几十种固体火箭发动机；在固体火箭的壳体技术、喷管研制技术、推进剂的质量控制及燃速精度技术、无损探伤技术等方面均已达到国际先进水平；在已发射的32颗卫星中，有21颗卫星运用了固体火箭发动机；第一颗人造地球卫星所用的第三级发动机，6次成功发射的通讯卫星上采用的远地点发动机等，都将卫星准确推入同步轨道，其定点精度也达到世界先进水平。我国采用固体火箭技术生产的返回式遥感卫星所用的制动发动机，使卫星回收率达到100%，这一成就使中国成为继美国、原苏联之后，世界上第三个掌握卫星回收技术的国家。

同　日　新华社报道：国务院给予新疆对外开放优惠政策。为了进一步扩大对外开放，新疆维吾尔自治区党委、人民政府向中共中央、国务院呈送了扩大开放的报告。国务院专门致函批复，并给予了相应的类似沿海乃至特区的8条优惠政策与措施。

7月6日—10日　中葡联合联络小组第十四次会议在澳门举行。会议发表的新闻公报说，双方对公务员本地化、中文的官方地位和法律中译问题的进展情况做了详议。会议期间葡方通报了澳门国际机场建设的现况。双方继续就澳门加入有关国际组织问题进行了磋商。双方还分析了《公民及政治权利国际公约》、《经济、社会、文化权利国际公约》适用于澳门的问题。

7月7日　新闻出版署、国家语言文字工作委员会制定《出版物汉字使用管理规定》。规定指出：规范汉字主要是指1986年10月根据国务院批示由国家语言文字工作委员会重新发表的《简化字总表》所收录的简化字；1988年3月由国家语言文字工作委员会和新闻出版署发布的《现代汉语通用字表》中收录的汉字。不规范汉字是指在《简化字总表》中被简化的繁体字；1986年国家宣布废止的《第二次汉字简化方案（草案）》中的简化字；1955年淘汰的异体字（其中

1986年收入《简化字总表》中的11个类推简化字和1988年收入《现代汉语通用字表》中的15个字不作为淘汰的异体字)；1977年淘汰的计量单位旧译名用字；社会上出现的自选简体字及1965年淘汰的旧字形。规定强调，报纸、期刊、图书、音像制品等出版物的报头(名)、刊名、封皮（包括封面、封底、书脊等)、包装装饰物、广告宣传品等用字，必须使用规范汉字，禁止使用不规范汉字；出版物的内文（包括正文、内容提要、目录以及版权记录项目等辅文)，必须使用规范汉字，禁止使用不规范汉字。规定还对违反规定者制定了相应的处罚措施。规定共15条，自1992年8月1日起施行。7月22日《新闻出版报》全文刊发。

7月10日　中国正式加入《伯尔尼公约》。中国常驻联合国代表在日内瓦向世界知识产权组织总干事阿帕德·鲍格胥博士正式递交了中国加入《伯尔尼保护文学和艺术作品公约》的加入书。中国代表表示，中国将认真地执行公约，采取积极、稳妥的措施，使受公约保护的作品在中国得到充分有效的保护；中国愿意继续发展与产权组织的友好合作关系，同其他成员国一道，共同推动版权保护制度的完善，推动文学、艺术、科学界的国际合作。中国于1980年参加世界知识产权组织。《伯尔尼保护文学和艺术作品公约》是1986年9月在瑞士首都伯尔尼缔结的，现有90多个国家加入了该公约。

同　日　原全国政协主席、全国妇联名誉主席邓颖超在北京逝世。邓颖超，女，周恩来夫人。祖籍河南光山。1904年2月生于广西南宁市。1919年参加“五四”运动，在天津组织妇女、学生联合会，并与周恩来等人一起组织进步学生团体——觉悟社，参加和组织领导了天津学生爱国运动。1924年参与组织中国社会主义青年团。1925年3月由中国社会主义青年团团员转为中国共产党党员，任中共天津地委妇女部长。同年8月任中共广东区委委员兼妇女部长。1927年冬任中共中央妇委书记。1928年5月赴莫斯科列席中共六大，同年10月回国任中共中央直属支部书记。1932年5月赴江西中央苏区，曾任中共中央局秘书、中央政治局秘书、中华苏维埃共和国中央执行委员、中央机关总支书记。1934年10月参加长征。1935年10月到达陕北后任中央机要科科长、中央白区工作部秘书、中华苏维埃政府西北办事处内政司法部秘书。抗日战争爆发后被派往武汉、重庆，先后任中共中央长江局妇委委员、中共中央南方局委员兼妇委书记、中共驻重庆代表团成员、国民参政会中共方面参政员。1945年在中共七大上当选为候补中央委员，并任中共中央妇委副书记。1946年1月作为中共代表团代表出席政治协商会议，先后参加在重庆、南京、上海的中共代表团工作。1948年任中共中央妇委代理书记。1949年3月在妇女第一次全国代表大会上当选为全国妇联副主席、党组副书记。建国后，历任全国妇联副主席、党组副书记、名誉主席，中国人民保卫儿童全国委员会副主席，中国人民对外友好协会名誉会长，中国人口福利基金会名誉会长，第一、二、三届全国人大常委会委员，第四、五届全国人大常委会副委员长，第六届全国政协主席，中共第八、九、十、十一、十二届中央委员，中共第十一、十二届中央政治局委员，中纪委第二书记，中共中央对台工作领导小组组长。1988年退出领导岗位。

同　日　**《人民日报》报道：中国基础性研究持续稳定发展。**到目前为止，中国科学院系统以基础性研究为主的研究所有32个，高等学校内具有一定规模的研究机构近百个（其中多数以基础性研究为主），国家已建设了77个国家重点实验室，其装备达国际中等以上水平。工业、农业、卫生等部门和省市也充实或新建了一批从事基础性研究的机构，全国基础性研究的环境和条件得到显著改善。中国科学家在基础科学研究前沿领域的学术水平不断提高，国际地位逐渐上升；“七五”期间，中国共有238项成果获得国家自然科学奖，其中有一批获得爱因斯坦世界科学奖等国际高层次科学奖；中国科学家在国际重要学术刊物上发表的论文的数量逐年大幅度上升；基础性研究的成果应用于社会和生产的速度大大加快。中国已经形成了一支具有较高水平的研究队伍，有364位科学家在国际学术组织中任职，不少优秀科学家被聘为国外一些科学院的院士，在这支队伍中，投入基础性研究的约10万人，其中从事基础研究的约3万人。随着博士研究生制度的建立，博士后研究制度的试行，一个宽松、民主、有利于新思想产生和优秀人才脱颖而出的环境和条件在逐步完善；随着基础性研究稳步发展，一支以中青年学术带头人为主的精干的基础研究队伍正在壮大。

7月13日—21日　新华社报道：我国中学生在国际物理、数学、信息科学、化学奥林匹克竞赛中均获团体总分首位。13日，参加第二十三届国际物理奥林匹克竞赛的中国5名中学生全部获得金牌，金牌总数位居第一。15、16日，参加第三十三届国际数学奥林匹克竞赛的中国6名选手均获金牌，总分居第一。20日，参加第四届国际信息科学奥林匹克竞赛的中国4名选手获3枚金牌、1枚银牌，团体总分名列榜首。21日，参加第二十四届国际化学奥林匹克竞赛的中国4名选手获3枚金牌、1枚银牌，团体总分位居首位。

7月15日　国务院决定在全国范围内严厉打击假冒伪劣商品。国务院日前发出通知，要求在全国范围内，对生产和经销假冒伪劣商品的违法行为给予严厉打击。通知确定了这次打击假冒伪劣商品违法行为的重点：一是打击下列生产或经销假冒伪劣商品的违法行为：生产或经销假冒他人注册商标的商品，或擅自生产、经销他人注册商标标识；生产或经销使用虚假产地、假冒其他企业名称或代号商品；伪造或冒用优质产品、认证产品、许可证标志；违反国家有关规定，生产或经销危及人身安全、健康商品；生产或经销伪劣农药、种子、化肥、饲料等农业生产资料和其他伪劣商品。二是用“回扣”、“好处费”等手段经销假冒伪劣商品或收受“回扣”、“好处费”等采购假冒伪劣商品。三是国家工作人员支持、包庇、纵容生产或经销假冒伪劣商品。通知指出，对生产或经销假冒伪劣商品的单位和个人，有关部门要按各自的职责分工，依据国家的有关法律、法规和本通知的规定，处以罚款、没收其非法所得或查获的全部假冒伪劣商品；触犯刑律的，必须依法追究刑事责任。通知还制定了9条具体措施。通知要求，打击假冒伪劣商品的工作由国务院经济贸易办公室牵头，组织工商行政管理、技术监督、卫生、监察、公安、税务、物价、财政、银行及生产、流通等主管部门参加，在统一领导下，以工商行政管理、技术监督部门为主，各司其职，各负其责，协同做好这项工作。各地要在当地人民政府的领导下，组织各有关部门，针对当地存在的问题，制定相应的实施办法，采取切实可行的措施，有重点地打击违法行为。

7月17日　新华社报道：中国核反应控制技术取得突破。中国首创的获得国家专利金奖项目的水力驱动控制棒技术又有新的突破，这项技术能够在最大摇摆倾角达45度的条件下，将控制棒精确地保持在给定的位置上，完成对核反应堆的功率调节，并可以依靠重力使控制棒顺利下降，实现反应堆的紧急停堆。这项高科技成果是由清华大学核能技术设计研究院与有关部门合作完成的，它为水力驱动控制棒技术在其他核动力领域的推广开辟了良好的前景。

7月20日　国务院批准正式颁布使用中国地震烈度区划图。中国曾于1957年和1977年编制过两代地震烈度区划图。这次由国家地震局组织编制的《中国地震烈度区划图（1990年版）》是第三代地震烈度区划图件。它充分利用了近年积累的地震、地质、地球物理资料，吸收了我国地震预测的最新成果，针对中国地震活动性的特点，在处理地震区带划分、潜在震源区及其地震活动性参数的确定等方面，采用了一整套具有独创性的考虑地震活动时空不均匀特征的地震危险性概率分析方法。它采用的概率风险水平与我国建筑抗震设计规范的概率水平一致，与国际上发达国家的设防标准相当。本区划图可作为国家经济建设和国土规划的基础资料，作为一般工业与民用建筑的抗震设防标准及制定减轻和防御地震灾害对策的依据。

7月21日　中共中央、国务院台办发言人就台湾当局通过《台湾地区与大陆地区人民关系条例》发表谈话。7月16日台湾“立法院”正式通过了《台湾地区与大陆地区人民关系条例》。该《条例》共有6章、96条，内容涉及两岸民间的各种交往和交流，包括通讯、通航、投资、贸易、婚姻、继承等问题。《条例》采取了一些放宽两岸交往交流限制的措施，但是依然坚持“三不”政策，阻挠直接“三通”。当日，中共中央台湾工作办公室、国务院台湾事务办公室发言人就此发表谈话，指出，中华人民共和国政府是代表全中国的唯一合法政府，台湾是中国的一部分。台湾当局以“一国两地区”作为处理海峡两岸交往事务的政治基础，其实质仍是在推行“一国两府”，这是同国际公认的一个中国的原则相违背的，我们决不能接受。发言人指出，台湾当局在这个条例中采取了一些放宽两岸交往交流限制的措施。这是值得欢迎的。但是条例的许多规定，不仅远远落后于两岸交往的现实，而且用立法形式限制两岸关系的进一步发展。这完全违反两岸同胞的共同愿望，我们是反对的。我们一贯主张，根据两岸人民的意愿，早日实现直接“三通”和双向交流，扩大交往，密切联系，增进共识，繁荣民族经济，造福两岸人民；本着“一国两制”的原则，谁也不吃掉谁，双方共同努力，通过谈判逐步实现国家的和平统一。希望台湾当局顺乎民意，拆除人为障碍，为发展两岸关系、人民交往、经济合作多做实事。

7月25日　中国政府强烈抗议美国政府批准向台湾出租军舰。外交部发言人就美国总统乔治·布什批准向台湾出租军舰发表评论说，美国通过立法以出租方式向台湾当局提供军舰是公然违反中美“八一七”联合公报原则、变相提高售台武器数量和性能的行动，是中方完全不能接受的。中国政府已就此向美国政府提出强烈抗议，要求美方立即停止一切向台湾出租武器的活动。

7月25日—8月9日　中国体育代表团参加第二十五届奥林匹克运动会并取得优异成绩。第二十五届奥运会于7月25日—8月9日在西班牙巴塞罗那举行。中国体育代表团共383人，其中运动员251人，参加了20个大项中的150个小项的比赛，在游泳、射击、跳水、乒乓球、体操、田径、柔道、举重、击剑、羽毛球、帆船、射箭、篮球、摔跤、赛艇等项目中取得16枚金牌、22枚银牌、16枚铜牌，奖牌总数54枚，并打破女子200米个人混合泳、女子50米自由泳两项世界纪录，金牌总数和奖牌总数均列第四名。此外，同期赴巴塞罗那的还有北京2000年奥运会申办委员会代表团、体育界参观团、中国记者团等。

7月27日　国家体改委作出关于《全民所有制工业企业转换经营机制条例》的说明。该说明共分四个部分，即起草过程、指导思想、主要内容和其他需要说明的问题。关于指导思想，说明指出条例体现《企业法》的立法精神和基本原则；体现中央工作会议提出的搞好国营大中型企业的精神；体现加大改革分量，加快改革步伐的精神。关于条例的主要内容做了四个方面的说明：一、关于企业经营权问题。说明指出，条例有以下几方面突破：1.扩大企业生产经营决策权；2.扩大企业的投资决策权；3.扩大企业产品定价权；4.扩大企业进出口经营权；5.扩大企业劳动人事与工资、奖金分配权。二、关于企业自负盈亏问题。说明指出，条例针对一些国营企业经营管理不善，亏损严重，国有资产流失，分配向个人倾斜等问题，做出了相应的各项规定；1.强化厂长（经理）对企业盈亏的责任；2.增强企业上交利润欠收自补的责任；3.强化企业对欠亏应负的责任；4.强化企业的分配约束责任。三、关于企业的关停并转问题。说明指出，条例做出以下几个方面的规定：1.企业转产是调整产品结构的积极措施；2.企业停产整顿是扭亏增盈的重要手段；3.企业合并（含兼并）是调整组织结构的主要途径；4.企业关闭在法律上一般称为企业终止，包括政府决定的解散和依法破产。为了保证企业关停并转的顺利实施，条例对企业职工的安排做了相应规定。四、关于企业和政府的关系问题。说明指出，条例主要是从转换企业经营机制的角度，原则规定了政府与企业的关系：1.企业的财产属于全民所有，即国家所有，国务院代表国家行使企业财产的所有权，政府和政府有关部门在企业财产收益、处分等方面，分别行使8项职责；2.依照政企职责分开的原则，政府和政府有关部门应转变职能，改革管理企业的方式，要为企业转换经营机制创造条件，提供服务；3.为减少对企业的行政干预，政府和政府有关部门侵犯企业经营自主权应负法律责任。五、其他需要说明的问题。1.条例是依据《企业法》制定的，适用于单一的全民所有制工业企业，其原则也适用于其他行业的全民所有制企业，实行股份制的企业应通过有关股份制的法律和法规加以调整；2.要尽快制定与条例相适应的新的规章制度；3.各行业、各地区企业应结合实际情况，制定具体的实施办法。说明在《人民日报》上全文刊载。

7月30日　中国正式加入《世界版权公约》。中国常驻联合国教科文组织使团代表秦关林代表中国政府向教科文组织总干事马约尔的代表格雷雷递交了加入《世界版权公约》的官方文件。中国代表表示，中国加入《世界版权公约》后，将认真地执行公约，采取积极、稳妥的措施，使受公约保护的作品在中国得到充分有效的保护，也使中国的作品在公约其他成员国得到同样保护。《世界版权公约》于1952年在日内瓦签订，1971年在巴黎又签署了修正文本，扩大了受保护作品的范围，目前共有85个成员国。该公约保护的作品版权主要包括文学、艺术和学术3个方面。

同　日　中国宣布中止与尼日尔的外交关系。中国驻尼日尔大使武东和向尼日尔政府郑重声明：由于尼日尔共和国政府同台湾当局建立所谓“外交关系”，中国政府宣布中止同尼日尔共和国的外交关系。

8月3日　原中共中央副主席，林彪、江青反革命集团主犯王洪文病亡。王洪文，吉林长春市人。1934年生。1981年1月经最高人民法院特别法庭判处无期徒期，剥夺政治权利终身。1986年患肝病后即被送往医院治疗。

8月5日　上海原子核研究所首次发现新核素铂—202。这是中国核科学家在世界上首次发现新核素铂—202。获得这一发现的中国科学院上海原子核研究所宣布：这是一项难度极大的研究。放射性核素研究具有十分重要的学术意义和实际应用前景。迄今为止，人类已知的2 000多个核素中，天然的很少，绝大部分核素系科学家用科学手段“制造”生成。中国科学家首次发现的铂—202为迄今发现最重的铂核素，将为核结构理论预言的验证和新现象的发现提供重要依据。

同　日　国务院赋予首钢3项自主权。国务院批准了《关于进一步扩大首钢自主权改革试点的报告》，决定在进一步总结、完善首钢承包制的同时，实行更加扩大改革和开放的试点，赋予首钢投资立项权、外贸自主权和资金融通权，主要内容有：首钢以留用资金和自筹资金从事建设，能够自行解决建设和生产条件的，由首钢自主立项，在境外投资1 000万美元以下的项目、在国内总投资2亿元人民币以下的中外合资、合作经营项目，凡不需政府协调配套条件的，由首钢自主决定。同意首钢经营所需设备、零部件、原材料及自产产品的进出口业务，经营“三来一补”贸易和二手设备进口业务。经营对外工程承包和劳务合作等业务；给予首钢出国人员审批权及在境外设立办事机构、营销机构、派驻人员的审批权。同意首钢成立银行，办理人民币和外币存贷业务，办理国内和国际银行、金融机构之间的资金融通等业务。

8月6日　新华社报道：中华骨髓库正式建立。中国红十字会中华骨髓库已正式建立，这是中国继同年3月成立非血缘关系骨髓移植登记组以来又一个挽救白血病患者的人道主义行动。骨髓库将社会捐献的骨髓有组织地进行检查分型，并将它们的资料输入设在红十字总会的中华骨髓库电脑，以备检索，需时捐献。

同　日　鲍彤一案终审裁决。北京市高级人民法院对鲍彤泄露国家重要机密、进行反革命宣传煽动一案作出二审裁定，驳回了鲍彤的上诉，维持一审作出的决定，执行有期徒刑7年，剥夺政治权利2年的判决。鲍彤在1989年北京发生政治动乱期间，泄露国家重要机密，情节严重，并伙同他人煽动抗拒、破坏国家法律法令的实施，罪恶重大，其行为已分别构成泄露国家重要机密罪和反革命宣传煽动罪。二审认为：一审对鲍彤的判决，事实清楚，证据确实、充分，定罪准确，量刑适当，审判程序合法，应予维持。鲍彤的上诉理由不能成立，应予驳回。鲍彤的刑期自1989年5月28日起至1996年5月27日止。

8月7日　第六届全国优秀剧本创作奖在北京揭晓。这是中国戏剧家协会主办的奖项。荣获本届优秀剧本奖的共有17个：话剧剧本《大桥》（作者贺国甫）、《没毛的狗》（李钟勋、金雄杰合作）、《冰山情》（作者郑振环）、《李白》（作者郭启宏）、《旗长，塔赛努》（石峥嵘、傅强、朱长金合作）、《情结》（作者许雁）、《辛亥潮》（作者徐德）；戏曲剧本《高高的炼塔》（京剧，郝国忱、李学忠合作）、《柯老二入党》（黄梅戏，作者张亚）、《黑头儿与四大名蛋》（评剧，作者张宝申）、《丹青魂》（闽剧，吴永艺、陶闽榕合作）、《虎将军》（楚剧，宋西延、黄关鑫、楚乔勇、杨先春合作)、《阿！山花》（京剧，作者陈欣欣)、《法门众生相》（京剧，余笑予、李云彦合作)；歌剧剧本《党的女儿》（阎肃、王俭、贺东久、王受远合作)；儿童剧剧本《之伢子》（作者徐葆齐)；滑稽戏剧本《GDP不正常》（赵化南、严顺开合作)。获优秀剧本奖提名奖的有《抗天歌》、《兄弟君臣》、《女村长》等10个。全国优秀剧本创作奖两年评选一次，今年评选的范围是1990年—1991年在国内公开发行报刊上发表，或在舞台上首演的新创作和新改编的话剧、戏曲、歌剧、儿童剧剧本。

8月7日—10日　哈萨克斯坦外长苏列伊麦诺夫访问中国。李鹏总理会见苏列伊麦诺夫。国务委员兼外交部长钱其琛同苏列伊麦诺夫举行会谈，并分别代表本国政府签署了中国和哈萨克斯坦领事条约，中哈外交部磋商议定书，中哈两国政府教育合作协议，中哈两国政府文化合作协定，中哈两国政府关于开放边境口岸的协定，中哈两国政府关于鼓励和相互保护投资协定，中哈过境铁路协定。

8月8日　新闻出版署发出《关于调整部分选题管理规定的通知》。《通知》作出7项具体规定，主要内容是将部分文艺类书籍选题审批权下放。《通知》规定，古旧小说、新武侠小说、人体美术图书出版的专题审批权将不再由新闻出版署统一管理，今后将由各有关出版社按一般选题管理程序自行安排出版；取消对比基尼泳装、港台和外国影星、歌星挂历选题的限制；广告宣传挂历的审批权下放给各省级出版管理部门。8月12日《新闻出版报》全文刊发《通知》。

同　日　《人民日报》报道：中国汽车工业高速稳定增长。中国汽车工业在调整结构中正以较高速度稳定协调发展。1992年上半年国产汽车累计生产42.9万辆，已经完成了年计划的69%。销售42.6万辆，比1991年同期增加37.9%。到1992年6月末，库存只有2.6万辆，比1991年同期下降1万辆。在高速发展中，汽车企业经济效益也明显提高。1992年上半年全国平均月产汽车7.1万辆。最高月份为6月，达到8.3734万辆，创历史最高水平。这标志着国产汽车已具有年产100万辆的能力，实现了百万汽车职工长期奋斗的目标。到1992年年底，汽车工业有望提前3年完成“八五计划”的产量目标。

8月9日　中国第二代科学试验卫星在酒泉发射成功。中国研制的新型科学探测和技术试验卫星在酒泉卫星发射中心首次发射升空，卫星顺利进入预定轨道，各处仪器工作正常。这次发射的新研制的第二代科学探测和技术试验卫星是属于返回式遥感卫星，其技术性能比过去发射的返回式遥感卫星更为先进，获取的遥感资料也更为精确。用于发射卫星的“长征二号J”运载火箭，也是首次投入使用。它是二级液体运载火箭，全长（含卫星）38.3米，起飞重量232吨。卫星于25日安全返回四川中部预定地区。至此，中国已发射13颗返回式卫星，回收成功率达100%。

8月10日　新华社报道：国务院对海南省进一步放宽、放活政策。为了支持海南进一步扩大对外开放，加快经济发展速度，国务院针对海南当前工作中遇到的一些困难和问题，决定从进出口贸易、固定资产投资规模和建设项目审批权、借用外资、金融、财政和中央统一管理的事务等六个方面进一步放宽、放活对海南的政策。其主要内容有：一、在进出口贸易方面，对实行出口许可证的商品，由经贸部根据交际需要从宽切块给海南；对销往港澳地区配额许可证的商品，根据海南的生产、销售情况切一块给海南；对目前仍实行计划管理的二、三类出口商品在海南试行放开；对进口自用汽车等国家限制进口的机电产品，由国务院有关部门根据该省实际需要核定一个总额度，由海南自行组织进口；海南外贸出口收汇留成比例，国家酌情予以支持和照顾。二、在固定资产投资规模和建设项目审批权方面，海南仍由国家计委核定，但可放宽。总投资在2亿元人民币或3 000万美元以下的建设项目由省里自行审批。三、在借用外资方面，如海南有好的建设项目，自借自还国外商业贷款，可允许超过国家下达给海南的规模；对借用外国政府贷款和国际金融组织贷款，国务院各主管部门将尽可能优先给予照顾。四、在金融方面，同意对海南的国家银行贷款规模从1993年起实行切块管理。人民银行总行对海南的低息开发性贷款数额可适当增加。在1995年以前，中国银行每年给予海南5 000万美元外汇贷款，如有好的项目，外汇贷款还可增加。五、在财政方面，1993年中央财政继续支持海南3亿元开发建设资金。六、对中央统一管理的事务，如海南确有特殊需要，国务院主管部门可根据情况，制定具体的专项管理办法，由国务院核准实施。

8月11日　国务院新闻办公室发表《中国改造罪犯的状况》白皮书。这是继《中国的人权状况》白皮书之后，国务院新闻办公室再次以白皮书的形式介绍中国的情况。《中国改造罪犯的状况》白皮书共1.6万余字，内容包括前言和八个部分，即：一、中国改造罪犯的基本原则；二、依法保障罪犯的权利；三、对罪犯的劳动改造；四、对罪犯的法制、道德、文化和技术教育；五、对罪犯的感化；六、对罪犯的依法文明管理；七、对罪犯的刑罚执行；八、对刑满释放人员就业安置与教育保护。白皮书通过大量事实，系统地介绍了中国对罪犯从关押到刑满释放整个过程中对罪犯应享有的权利的具体法律规定，阐述了中国对罪犯改造的基本原则和基本实践。

8月12日　新华社报道：中国又有4个县对外开放。公安部发言人宣布，经国务院批准，中国又有4个县对外国人开放。这4个县是吉林省的镇赉县、通榆县、长岭县和乾安县。至此，中国已有829个市、县对外国人开放。根据《中华人民共和国外国人入境出境管理法》第四章第二十条的规定，外国人持有效签证或居留证件，即可前往对外国人开放地区旅行，无需申办旅行证件。

8月13日　《人民日报》报道：国务院决定沿江内陆一批省会城市实行沿海开放城市政策。国务院近日发出通知，决定进一步对外开放重庆、岳阳、武汉、九江、芜湖等5个长江沿岸城市，哈尔滨、长春、呼和浩特、石家庄等4个边境、沿海地区省会（首府）城市，太原、合肥、南昌、郑州、长沙、成都、贵阳、西安、兰州、西宁、银川等11个内陆地区省会（首府）城市，实行沿海开放城市的政策。这些沿江和内陆省会城市，涉及12个省、自治区和16个市，横跨我国中部、西部两大经济带，是我国重要的经济腹地。进一步加快沿江和内陆省区开发与开放的步伐，对于我国社会主义现代化建设的全局有着十分重要的战略意义。进一步开放沿边、沿江和内陆地区部分城市，就是要在80年代已形成的沿海开放基础上，将对外开放由南向北、由东向西推进，在更大的范围和更深的层次上前进一步，使广大内陆地区为我国经济发展发挥更大作用。至此，我国全方位对外开放的新格局已初步形成。沿江和内陆省会城市实行的沿海开放城市政策，主要有4个方面：一是扩大开放城市对外经济合作的权限；二是支持开放城市引进国外先进技术和管理经验改造老企业和开发现代农业；三是为鼓励吸引外资，对外商投资企业实行优惠政策；四是具备一定条件后，经国务院批准，可以兴办一个经济技术开发区。

8月14日　“长征二号E”捆绑式运载火箭成功发射澳大利亚卫星。中国自行研制的“长征二号E”捆绑式运载火箭在西昌卫星发射中心顺利升空，成功地把美国研制的澳大利亚第二代通信卫星“澳赛特B1”送入预定轨道。中共中央、国务院、中央军委联名致电国防科工委，表示热烈祝贺和亲切慰问。

8月15日　新华社报道：文化部提出十点改革意见。文化部向各地文化厅局和直属单位发出通知，提出贯彻邓小平南巡谈话与中共中央政治局全体会议精神、深化文艺体制改革、加快文化事业发展步伐的十点意见，其主要内容有：一、要在文化工作中创造一个支持、保护、推进和深化改革的气氛，凡是符合文艺“二为”方向和“双百”方针，有利于解放和发展文化艺术生产力，有利于社会主义精神文明建设，有利于满足广大人民群众日益增长的精神文化需求的改革和探索，“就大胆地试，大胆地闯”，要不断“总结经验，对的就坚持，不对的赶快改，新问题出来抓紧解决”。二、强化文化事业的行业管理，积极推进文化事业管理体制的改革。三、加快和深化艺术表演团体的体制改革，要在解决艺术人员“出得去，进得来”这一关键问题上力争有所突破；要逐步打破艺术表演团体按所属体制定级分类的等级终身制。四、以改革的精神繁荣文艺创作，推进各项文化事业的发展。五、扩大开放，积极推进对外文化交流的改革。六、大胆利用外资、侨资、台资发展文化事业。七、依靠社会力量，抓好贫困地区和少数民族地区的文化扶贫工作。八、完善文化经济政策，为文化事业建设提供必要的物质条件。九、积极推进机构改革，转变文化行政部门的职能。十、认真贯彻邓小平关于“要坚持两手抓”、“两手都要硬”的指示精神，为文化领域的改革开放保驾护航。

同　日　《人民日报》报道：中国白血病分化生物学研究取得国际一流理论成果。上海第二医科大学附属瑞金医院陈竺博士主持的“维甲酸诱导早幼粒白血病细胞分化的生物学研究”课题组，在白血病的基础理论研究方面，尤其是急性早幼粒白血病的发病机制和维甲酸诱导该型白血病细胞分化的作用原理研究方面，取得了国际一流的成果。

同　日　新华社报道：最高人民检察院发出通知：严禁检察机关越权办案。通知要求全国各级检察机关针对近来少数基层检察机关越权办案、插手经济纠纷、违法捕人问题进行一次认真检查处理，并采取有力措施，坚决禁止此类问题的发生。通知指出，检察机关越权办案、插手经济纠纷、违法捕人均属违法行为，它们既受地方保护主义影响，又助长了严重的地方保护主义，侵犯了公民和法人的合法权益，破坏了社会主义法制，损害了检察机关的声誉。最高人民检察院于1990年4月和1991年1月就禁止检察机关追款讨债和越权办案问题分别发出过通知和通报，此次重申：一、要进一步加强执法守法教育，严格执行检察人员的纪律。教育全体检察干警树立严格执法的观念，坚决摒弃地方保护主义的影响，坚决严格依法办案，文明办案。二、各级检察机关一律不得介入属于合同、债务等经济纠纷案件，更不允许超越案件管辖权限去直接受理诈骗、投机倒把等案件。三、检察机关不得以任何借口，采取任何形式为经济纠纷当事人追款讨债。更不允许滥用职权，采用限制甚至剥夺人身自由的强制措施扣押一方当事人或其家属作“人质”，为另一方当事人逼索债务。四、检察机关派人到外地执行办案任务包括拘捕人犯，必须按照有关规定办理完备的法律手续。

8月17日　新华社报道：我国清理三角债工作取得重大进展。报道说，截至7月末，除少部分不符合贷款条件及国家产业政策的项目外，全国基本建设和技术改造建设项目在1991年底以前形成的拖欠已基本清理完毕，比原计划提前一年。两年来国家共注入510亿元资金清理三角债，并采取从固定资产拖欠源头入手进行连环清理的科学方法，共解开企业债务链2 000多亿元，获得投入1元资金清欠4元拖欠的良好效果。这一进展为大中型企业缓解了债务链负担，从而为国民经济合理增长创造了良好条件。但是，仍有部分省市仍然带着资金缺口上项目，造成新的拖欠；还有些企业不看市场需要盲目生产，造成产品积压。国务院要求各地区、各部门新上项目时资金不能留缺口，防止新欠，并重申国家将不再组织清理1992年后发生的拖欠。

同　日　国家自然科学基金会从1992年起设立优秀中青年人才专项基金。这项基金专门用于45岁以下的优秀中青年科学研究人才，由优秀中青年科学家自行申请、自定课题进行基础研究。资助年限为2—3年，一般每年资助数万元至10万元，一次审批，分年度拨款。基金实行专款专用，单位和个人都不能克扣挪用。此外，国家自然科学基金委员会今年将新设立5项专项基金，另外4项基金是：新医药、新农药基础研究专项基金；留学人员短期回国工作讲学专项基金；优秀国家重点实验室研究项目专项基金；优秀成果专著出版基金。各项基金试行办法将陆续公布。

8月18日　《人民日报》报道：宝钢3期工程建设全面铺开。上海宝钢3期工程项目建议书，已经由国务院批准立项扩建，标志着宝钢在本世纪末将发展成中国最大的优质钢材生产基地，总规模达到年产钢1 000万吨。经国务院同意，宝钢3期工程所需的全部建设资金，由宝钢自行筹措。3期工程主体项目是：1座4 000立方米级高炉、1台450平方米烧结机、4座50孔焦炉、两座250吨复吹转炉、两台1 350毫米板坯连铸机、1套热连轧机和3套冷连轧机，以及相应的辅助配套项目和公用设施。这些装备均采用当今世界最新工艺技术，与1、2期装备构成完整的生产体系。按总体设计，宝钢3期主体工程1996年起陆续竣工投产，至1999年全部建成后，可使宝钢增产325万吨生铁、329万吨钢和291万吨钢材。增产的钢材绝大部分是国内外市场紧俏的产品，上市后可替代进口，为国家节约大量外汇。

8月19日　中国对外贸易运输集团正式组建。以中国对外贸易运输总公司为核心企业的中国对外贸易运输集团，是由国务院经贸办公室批准组建的。中国对外贸易运输总公司成立于1950年，以经营外贸储运业务为主。经过40多年的发展，外运总公司已形成一个实力雄厚的大型跨国企业集团。

8月20日　国务院办公厅发出通知，希望留学人员学成回国。通知说，党和政府热情关怀在外留学人员，祖国期望他们学成回国建功立业。所有在外学习的人员，不论他们过去的政治态度如何，都欢迎他们回来，包括短期回国进行学术交流合作，以及探亲、休假。对在国外说过一些错话、做过一些错事的，一律不予追究。即使参加了反对中国政府的组织、从事过危害国家安全、荣誉和利益的人员，只要他们退出这些组织，不再从事违反我国宪法和法律的反政府活动，也都一律欢迎回国工作。通知还就进一步做好出国留学工作、更好地为我国社会主义建设服务做了9个方面的具体规定。

8月22日　国家教委提出直属高校深化改革意见。国家教委在意见中指出：高等教育改革的重要方面是理顺政府与学校的关系，逐步确立高校的法人地位，进一步明确学校的权利、义务、利益和责任。扩大高校办学自主权的目的在于改革现行的办学体制，转换运行机制，加速高校的改革步伐，以增强学校的办学活力，使之能主动适应国家经济建设和社会发展的需要。国家教委提出扩大直属高校办学自主权的意见包括16个方面，主要内容有：学校可根据学科发展、国家经济建设和社会发展需求，适当调整专业方向，适当增加招收委托培养生和自费生，并根据实际需要和所在地经济发展与群众收入水平的情况，提出收费标准；根据学校所承担的科研任务，自行确定和调整校内科研机构和专职科研编制，创办科技产业实体；学校按照“包干使用，超支不补，结余留用，自求平衡”的原则，自主安排预算内预算外经费；学校在实行工资总额包干的前提下，有权确定校内分配办法和津贴标准；学校有权依据校内务方面所承担的任务和工作性质，选择不同的用人制度和管理体制，自主进行专业技术职务评聘工作，依据实际需要确定校内机构的设置及其人员的配备，学校有权任免副校级以下干部；学校根据有关规定由校长和党委书记代行审批出国留学人员、副校级以下人员出国进行科研、校际交流、参加会议及来华讲学的外籍人员手续，可直接录取来华留学生并规定其学费标准。国家教委的上述意见和措施已经下发到教委直属的36所高校，并开始实行。

8月23日—25日　韩国外务部长访华，中韩建交。应国务委员兼外交部长钱其琛的邀请，韩国外务部长李相玉对中国进行正式访问。访问期间，杨尚昆主席、李鹏总理分别会见李相玉外长；钱其琛同李相玉举行了会谈。24日，中韩两国建交联合公报在北京签署。公报指出，中华人民共和国政府和大韩民国政府根据两国人民的利益和愿望，决定自1992年8月24日起互相承认并建立大使级外交关系。

8月24日　新华社报道：北京市高校学生致信邓小平，拥护南巡谈话。北京大学等十几所首都高校学生在信中表示坚决拥护和支持邓小平倡导的改革开放事业，决心学好本领，积极投身社会主义现代化建设，为祖国的兴旺发达贡献青春年华。受邓小平的委托，中共中央办公厅于8月23日给学生们写了回信，邓小平对同学们的良好祝愿表示感谢，并向全国广大青年学生表示问候。回信说：“当前，我国正处在社会主义现代化建设的关键时期。抓住难得的历史机遇，加快改革开放步伐，集中力量把经济建设搞上去，事关中华民族的振兴，是每个中华儿女义不容辞的神圣职责。同学们是在改革开放中成长起来的一代，也是跨世纪的一代，实现我国第二步、第三步战略目标的光荣使命将历史地落在你们肩上，希望同学们树立远大理想，把个人前途同祖国命运紧紧地连在一起，脚踏实地，刻苦学习，掌握过硬本领，把自己培养成适应改革开放和社会主义现代化建设事业需要的合格人才。”

8月24日—30日　坦桑尼亚总统姆维尼访问中国。访问期间，杨尚昆主席欢宴并会见姆维尼总统；江泽民总书记会见姆维尼总统；李鹏总理同姆维尼总统举行会谈；钱其琛外长同迪里亚部长举行会谈。26日，中坦两国政府在北京签署两国政府间经济技术合作协定等文件。30日，姆维尼总统访华新闻公报在北京发表。访华期间，姆维尼总统及其随行人员还到上海、苏州、深圳等地参观访问。

8月25日　中共中央党校顾问杨献珍去世。杨献珍，1896年生。湖北郧县人。1919年在国立武昌商业专门学校参加了“五四”运动。1926年加入中国共产党，任武汉第三区区委委员。1930年9月去河南开封从事党的地下活动。1931年春受党派遣到华北开展政治情报等工作，同年7月在北平被捕，被关押在国民党东北军北平军人反省分院(即草岚子监狱)，在狱中同敌人展开了坚决的斗争。1936年9月在党的营救下出狱。同年10月，赴山西任中共山西工作委员会委员。1940年1月，调中共北方局任秘书长，并在中共北方局党校讲授《联共(布)党史简明教程》。不久，兼任北方局党校党委书记兼教务主任，从此开始他的党校教育生涯。1944年12月到延安，任中共中央党校教务处第一副处长。1948年马列学院成立后历任教育长、副院长。1955年8月，马列学院更名为中共中央直属高级党校，任党委书记兼校长。同年应聘为中国科学院哲学社会科学学部委员、科学奖金委员会委员。1956年8月在党的八大上当选候补中央委员，不久递补为中央委员。他对1958年的大跃进以及随之出现的浮夸风提出了尖锐的批评，庐山会议后受到公开批判，后被解除中央党校校长职务。1962年发表“合二而一”的提法，认为应当把“一分为二”和“合二而一”结合起来。这一学术问题被上纲为“反党”、“修正主义”的政治问题，再次受到不公正的对待。“文化大革命”中被开除党籍，逮捕入狱，被关押8年之久，后又被下放陕西3年多。中共十一届三中全会后得到彻底平反。1979年1月起被任命为中共中央党校顾问。1982年9月参加中共十二大，当选为中顾委委员。他还是第一、二届全国人大代表，第二、三届全国政协常委，第四届全国政协委员。其主要著作已编入《杨献珍文集》。

8月25日—31日　基里巴斯共和国总统蒂安纳吉对中国进行国事访问。杨尚昆主席欢宴并会见蒂安纳吉。李鹏总理同蒂安纳吉举行会谈，两国签署了《中国政府向基里巴斯政府无偿提供一批物资》的换文。访华期间，蒂安纳吉还在北京、上海、广州、海口等地参观访问。

8月27日　北京图书馆建馆80周年。北京图书馆的前身是京师图书馆，1912年8月27日开馆。北图拥有历代皇家藏书和著名私人藏书，80年间馆藏已从10万册增加到1 677万余册，现存古籍250万册（件），是当今世界最大的古籍、善本收藏馆。

8月28日　第十二届中国电影金鸡奖、第十五届《大众电影》百花奖在北京评出。八一电影制片厂的《大决战》获金鸡、百花双项“最佳故事片奖”，广西电影制片厂的《周恩来》名列本届百花奖3部最佳故事片榜首，北京电影制片公司的《过年》获百花奖“最佳故事片奖”；周恩来的扮演者王铁成夺得金鸡、百花双重“最佳男主角奖”；《大决战》获本届金鸡奖的“最佳美术”、“最佳导演”、“最佳剪辑”、“最佳道具”和“最佳烟火”等全部5个单项奖；《周恩来》获金鸡奖“特别奖”和“最佳化妆奖”；上海电影制片厂反映中国共产党建党史实的《开天辟地》获金鸡奖“特别奖”和“最佳编剧奖”；《过年》中母亲的扮演者赵丽蓉获百花奖“最佳女主角奖”；上海电影制片厂的《烛光里的微笑》获本届金鸡奖“最佳儿童片奖”，影片主人公王双玲的扮演者宋晓英获金鸡奖“最佳女主角奖”。

9月1日　《人民日报》报道：价格改革两项重大措施出台。这是国家物价局为贯彻落实《全民所有制工业企业转换经营机制条例》，把企业推向市场，为促进市场体系的发育完善所制定的措施。这二项措施是：一、通过修订和重新颁布生产资料和交通运输价格管理目录，放开一大批生产资料价格，进一步缩小国家管理价格的范围。在8月29日颁布的修订目录中，国家物价局和国家有关部门管理的生产资料和交通运输价格由1991年底的737种减少到89种。其中放给企业定价的有润滑油（脂）、原料油、石油沥青、中煤、煤泥、纯碱、铝、铅、部分钢材、石膏、绝大部分机电产品等571种，下放给省、自治区、直辖市物价部门管理的22种。二、经国务院批准。自9月1日起取消原油、成品油、钢材、生铁、铜、铝、锌、锡、镍、纯碱、烧碱等计划外生产资料全国统一最高出厂或销售限价。

9月3日—4日　中国政府强烈抗议美国政府决定向台湾地区出售

F—16战斗机。9月2日，美国总统布什在美国德克萨斯州沃斯堡发表竞选讲话时宣布，将授权向台湾出售150架F—16 A型和B型战斗机。这是自1982年以来美国向台湾出售的数量最大、武器性能最先进的一批武器。为此，中国政府向美国政府提出最强烈的抗议。中国政府指出，美国政府不顾中国政府多次严正交涉，作出向台湾出售F—16战斗机的决定，这是完全违背中美两国1982年8月17日发表的联合公报，粗暴干涉中国内政，严重损害中美关系，干扰和破坏中国和平统一大业的行为。中国政府强调，世界上只有一个中国，台湾是中国领土不可分割的一部分，这是海峡两岸全体中国人民的共识，也是国际社会包括美国政府在内所公认的，美国的上述决定是明目张胆地阻挠和破坏中国和平统一的大业，必将遭到全中国人民和主持正义的全世界人民的强烈反对。中国政府严正要求美国政府取消向台湾出售F—16战斗机的错误决定。在美国改变此项军售决定之前，中国将难以参加五大国军控会议。如果美方一意孤行，中国政府和人民将不得不作出强烈的反应，由此而产生的一切严重后果应完全由美国政府负责。

9月3日—14日　中国残疾人体育代表团参加第九届残疾人奥林匹克运动会。本届残奥会在西班牙巴塞罗那举行。中国残疾人体育代表团共有24名男女运动员，参加15个大项目中田径、游泳、乒乓球、射击和举重等5个项目的比赛，共夺得11枚金牌、7枚银牌和7枚铜牌，其中金牌总数并列第十一位，奖牌总数排在第十八位，有8人14次打破7项世界纪录。

9月5日—12日　祖国大陆记者首次正式组团赴台湾采访。这是海峡两岸分隔43年后，应台湾“海峡交流基金会”的邀请，祖国大陆记者首次正式组团赴台湾采访。祖国大陆记者赴台采访团由人民日报社、新华社、全国记者协会、中央人民广播电台、中央电视台、中国新闻社、瞭望周刊、中国青年报社、光明日报社、经济日报社、工人日报社、半月谈杂志、海峡之声广播电台、现代中国杂志社、团结报社、台声杂志社、福建日报社等17家新闻单位的18位记者组成。采访期间，祖国大陆记者在台北、高雄、台中、新竹、花莲等地采访了33个机构和个人，其中包括半个世纪以来首次接受祖国大陆记者采访的张学良先生、国民党元老陈立夫先生。此次行程上千公里。采访取得圆满成功。

9月6日—10日　纳米比亚总统努乔马访问中国。江泽民总书记、杨尚昆主席分别会见了努乔马总统。李鹏总理同努乔马总统就双边关系和共同关心的国际问题举行了会谈。8日，中纳两国政府经济技术合作协定在北京签字。访华期间，努乔马总统及其随行人员还在北京、深圳、上海等地参观访问。

9月9日—12日　伊朗共和国总统拉夫桑贾尼访华。江泽民总书记、杨尚昆主席分别会见了拉夫桑贾尼总统。李鹏总理同拉夫桑贾尼总统举行了会谈。李鹏在会谈中表示，鉴于伊朗能够接受国际原子能机构的有关核查、监督的规定，也接受中国核出口的有关原则，中国愿意同伊朗进行和平利用核能的合作，愿意向伊朗提供30万千瓦的核电站设备。10日，《中华人民共和国政府和伊朗伊斯兰共和国政府和平利用核能合作协定》在北京签字。协定强调，两国在核能利用方面的合作完全用于和平目的。访华期间，拉夫桑贾尼总统及其随行人员还在北京、新疆等地参观访问。

9月11日　新华社报道：中国低温核供热堆制冷实验成功。这是国家"八五"重点科技攻关项目，由清华大学核能技术设计研究院负责完成。它采用目前国际先进的溴化锂吸收式制冷技术，用核低温堆做制冷热源，代替电和燃油、燃煤，实现大面积空调制冷。在30℃以上的高温天气，可将室内温度维持在20℃左右，制冷技术安全、可靠、稳定，达到了国际领先水平。它的实验成功填补了我国核能制冷空调新技术的空白，实现了利用核能夏天制冷，冬天供暖，热电联供，一堆多用，为核能综合利用开辟了新的途径。这不但能解决我国城市冬季供暖、夏天空调制冷的能源运输问题，而且将大大降低污染，改善城市环境卫生，具有很高的推广和应用价值。

9月12日　国务院公布《人民警察警衔标志式样和佩带办法》。该办法由李鹏总理签署国务院第一〇四号令予以公布。《办法》规定：警衔标志分为总警监、警监、警督、警司、警员5等，其中警监、警督、警司、警员按不同的等级，在标志所缀的“星”数上有所区别。标志佩带在领章上。公安警察领章上不缀边线。国家安全部门、劳改、劳教部门和法院、检察院的警察，领章上的边线分别为蓝色、正红色和金黄色。该《办法》自发布之日起施行。

9月12日—24日　中俄联合勘界委员会第二次会议在北京举行，以中国政府边界谈判代表团团长、外交部副部长田增佩为首的中方代表团和以吉列耶夫特使为首的俄罗斯联邦政府边界谈判代表团出席了会议。会议期间，双方就中俄两国国界东段的有关勘界问题交换了意见，并签署了有关勘界文件。双方商定，中俄联合勘界委员会第三次会议1993年上半年在俄境内举行。

9月14日　《人民日报》报道：“中国质量万里行”组委会决定开展“打假特别行动”（打击制造、销售假冒产品）。

9月16日　中共中央、国务院批准环境与发展十大对策。经中共中央和国务院批准，中共中央办公厅、国务院办公厅转发了外交部、国家环保局《关于出席联合国环境与发展大会的情况及有关对策的报告》。报告指出，我国在联合国环发大会上，同世界各国一起，共同接受了会议通过的文件，并签署了两项公约。这不仅是我国在国际上承担了一定的义务和责任，也是做好我国环境保护工作、推动经济加速发展的实际需要。报告重申中国环境与发展的指导方针是：“经济建设、城乡建设、环境建设同步规划、同步实施、同步发展。”报告提出中国环境与发展领域应当采取的十条对策和措施是：一、实行持续发展战略；二、采取有效措施，防治工业污染；三、深入开展城市环境综合整治，认真治理城市“四害”；四、提高能源利用效率，改善能源结构；五、推广生态农业，坚持不懈地植树造林，切实加强生物多样性的保护；六、大力推进科技进步，加强环境科学研究，积极发展环保产业；七、运用经济手段保护环境；八、加强环境教育，不断提高全民族的环境意识；九、健全环境法制，强化环境管理；十、参照环境与发展大会精神，制定我国行动计划。

同　日　新华社报道：中国在世界上首次合成两种新核素。中国科学院近代物理研究所在世界上首次合成并鉴别了汞—208、铪—185

两种新核素。这是继中国科学院上海原子核研究所合成新核素锗之后，中国科学家在国际上远离稳定线核的合成和研究的激烈竞争中取得的重大成果。这两项重大成果，不仅在技术上有重大突破，而且具有十分重要的学术价值，为检验理论模型提供了重要实验依据，并显示出兰州重离子加速器在新核素合成和研究中的重要作用。

9月17日　中共中央政治局全体会议决定，10月12日召开中共十四大。中共十四大的筹备工作已基本就绪。中共十三届中央委员会向十四大的报告稿，已经在中央政治局全体会议通过，将提请中共十三届九中全会审议。在此之前，这个报告稿曾在3 000多人的范围内征求过意见。中共十三届中央委员会、中顾委、中纪委的成员，中共十四大代表，中央党政军各部门、各人民团体的党员负责干部，各省、自治区、直辖市党委和各大军区党委负责人，参加了讨论修改。9月上旬，中共中央在北京征求了各民主党派、工商联负责人和知名无党派爱国人士对报告稿的意见。在起草报告稿的过程中，还听取了有关专家、学者的意见。中共十四大将以邓小平关于建设有中国特色的社会主义的理论为指导，认真总结中共十一届三中全会以来14年的实践经验，确定今后一个时期的战略部署，动员全党同志和全国各族人民，进一步解放思想，把握有利时机，加快改革开放和现代化建设步伐，夺取有中国特色的社会主义事业的更大胜利。中共十四大将选举产生新的中央领导机构，一批德才兼备、年富力强的优秀中青年干部将进入新的中央委员会。

同　日　新华社报道：中国法院的审判法庭和人民法庭建设进展加快。中国法院的审判法庭和作为县级基层法院派出机构的人民法庭的建设，是国家城乡建设总体规划的组成部分，国务院明确要求各地要有计划地纳入基建计划。建设好“两庭”，使法院工作更好地服务于经济建设，得到了各地的重视。目前，审判法庭完成量占应建数80%以上的有湖南、湖北、江苏、浙江、贵州等14个省市区。人民法庭完成量占应建数80%以上的有湖北、山西、贵州、上海等8个省市。全国已建和正在建设审判法庭的法院共2 400多个，约占法院总数的75%，已建和正在建设的人民法庭有1.1万多个，约占应建人民法庭总数的60%。从现在的进展情况看，1985年即已开始的“两庭”建设，可望在今后二三年内基本完成。

同　日　《人民日报》报道：经国务院所属6个综合部门审核认定，截至1991年底，中国大型工业企业共有3 518家，其中特大型企业123家。这次企业类型划分工作是建国以来第一次系统地按照国务院经贸办、国家计委、财政部、人事部、劳动部、国家统计局等6个部门共同制定，全国统一标准分类进行的，主要依据是企业生产能力的大小或生产用固定资产原值的多少。工业企业划分为大中小3个类型、6个档次。这次认定的3 518家大型企业主要集中于在国民经济中具有重要地位的能源、交通、机械、钢铁、化工等行业，绝大多数为全民所有制企业。

9月20日　新华社报道：国务院发出通知，决定实施新国民经济核算体系方案。通知指出，自1984年1月《国务院关于加强统计工作的决定》提出建立统一的、科学的国民经济核算制度以来，经过长期努力，建立新国民经济核算体系的准备工作已基本就绪。国家统计局会同有关部门及高等院校和科研机构制定了《中国国民经济核算体系（试行方案）》，并已经国务院有关部门和各方面专家论证通过。新核算体系方案是以马克思主义的再生产理论为指导，从我国实际情况出发，吸收国际上科学的核算方法和有益经验而设计的，具有较强的实用性，并经各地试点试算证明是可行的，可以付诸实施。国务院决定，从1992年起在全国分两步实施新国民经济核算体系方案。第一步，在1992年和1993年两年建立起国家和省两级新核算体系基本框架，实现初步过渡。第二步，到1995年基本完成向新国民经济核算体系的全面过渡。第一步的主要目标是要把新核算体系的基本核算表建立起来，即通过1992年度的资料，编制国内生产总值及其使用表、投入产出表、资金流量表、国际收支表，从总体上系统地反映国民经济的运行情况。实现第二步目标是要能够比较准确完整地编制新核算体系的全部表式和账户体系，并建立起与之配套的统计指标体系、统计分类标准和数据库系统。

9月21日　国务院新闻办公室发表《西藏的主权归属与人权状

况》白皮书。白皮书共约3.7万字，分为前言和十二节：一、西藏的主权归属；二、所谓“西藏独立”的由来；三、达赖集团的分裂活动和中央政府的政策；四、旧西藏的封建农奴制；五、人民获得了人身自由；六、人民享有的政治权利；七、经济的发展和人民生活的改善；八、宗教信仰自由；九、教育和文化的发展；十、人民健康和人口发展状况；十一、生存环境的保护；十二、国家对西藏发展的特殊支持。白皮书用大量史料追溯了西藏地区成为统一的中国的一部分的久远历史，并用充分的史实说明，所谓“西藏独立”完全是帝国主义者在军事侵略西藏未能得逞后，出于攫取西藏的野心而策动的阴谋。达赖集团逃亡国外后，从事大量分裂祖国的活动，企图依靠外国势力达到“西藏独立”。白皮书阐述了中央政府对达赖喇嘛的一贯政策，希望他放弃分裂，回到爱国统一的立场上来，同时强调，“西藏独立”不容讨论。为了对历史负责，对中华民族负责，对包括西藏人民在内的11亿中国人民负责，中央政府在维护祖国统一这个基本问题上决不会有丝毫让步。白皮书通过大量事实揭露了旧西藏封建农奴制的黑暗和残酷，指出旧西藏是世界上侵犯人权最为严重的地区之一。白皮书阐述了1959年民主改革给西藏的人权状况带来的历史性变化，以系统的统计资料说明，无论从人权的哪个方面来说，现在的状况与封建农奴制的旧西藏相比，都已有了天壤之别。达赖集团和国际反华势力四处散布“西藏人权问题”，实质是他们企图攫取西藏，分裂中国。

9月24日　新华社报道：中国发现艾滋病毒感染者900多人。国家艾滋病防治中心宣布：到1992年9月中旬为止，中国累计发现艾滋病病毒感染者932人，其中艾滋病病人11例，9例已死亡。

9月25日　新华社报道：国务院批准成立上海浦东海关。为适应浦东开发开放形势的发展需要，上海浦东海关筹备处将从今年10月1日起，开始办理部分海关业务。其中包括对浦东新区（包括保税区）行政机构、企事业单位、外商投资企业进口自用物资的减免税审批；对新区内建立的保税仓库、保税工厂的初审及进口原材料、设备等的登记审批；以及办理保税区与非保税区企业（包括外省市的企业）

之间视同进出口货物的报关手续和委托加工业务的登记备案等。

同　日　《人民日报》报道：国家计委推出重大改革步骤。这些步骤主要有：一、减少指令性计划指标，建立国家订货制度。1993年，由国家计委直接管理的农业、工业、物资、商业、外贸出口产品计划指标，将减少1/3以上，其中指令性计划指标减少近一半；对部分生产资料将实行国家订货。农业方面：除粮、棉、油、烤烟等少数关系国计民生的农产品实行指导性计划管理以外，其他农产品一律取消生产计划指标。冶金、化工、机电、轻纺工业产品，有的取消计划指标，实行市场调节；保留的重要指标，有的只列全国总量指标，不分解下达。国家订货主要是为了满足某些特定需要和调控市场的需要，1993年拟对轮胎、橡胶、小轿车、铝材、铜材、生铁等实行国家订货。取消棉布、绵羊毛等商品的收购调拨指令性计划，食用植物油、生猪、食糖的收购调拨改为指导性计划。国家计委管理的出口供货商品目录和出口控制商品目录，拟由27种和11种减至19种和10种。二、取消种种限制性措施，把推进第三产业发展放到重要位置。重点抓好加快发展第三产业的规划、布局和政策的协调工作。国家计委成立了加快发展第三产业协调领导小组；提出了《关于贯彻中央5号文件，制定第三产业发展规划及相关政策的工作方案》；具体筹备由国务院确定年内召开的全国加快第三产业发展工作会议。三、扩大地方和企业基建投资决策权。凡是地方和企业能够自己实现资金等平衡的就放开；凡是需要国家拿钱和平衡外部条件的就管住。国家计委将按照这两项原则精神，进一步扩大地方和企业基本建设投资决策权，改进和加强投资宏观调控。

9月26日　新华社报道：中国私人外币存款逾85亿美元。据开办外币存款业务的中国银行、中国工商银行等10多家金融机构的不完全统计，到1992年8月底，全国私人外币存款折合美元已超过85亿美元，比1991年底增长了25%。1984年中国首次开办外币存款业务时，当年的外币存款还不到1亿美元。

同　日　《人民日报》报道："中国投资发展基金"设立。由英国佳宾银行发起的"中国投资发展基金"在北京宣告设立。该发展基金将从英、美、日、新加坡、韩国等国金融界筹集6 000万美元资金，期限12年，主要投资于中国尚未上市的中型企业，每家投资约为500万美元。佳宾银行是英国伦敦最大的商业银行之一。

9月27日　国务院宗教局批准伍金卓堆·赤列多杰为第17世噶玛巴活佛。藏传佛教噶玛噶举派第17世活佛噶玛巴坐床典礼在楚布寺隆重举行。国务院宗教局向16世噶玛巴的转世灵童伍金卓堆·赤列多杰颁发了国务院宗教局的《认定批准书》，正式批准他为第17世噶玛巴活佛。噶举教派创始于11世纪中期，它的支系噶玛噶举派是藏传佛教中的重要教派。噶玛巴曾先后得元、明两代中央政府的册封。距拉萨70多公里的楚布寺是藏传佛教噶玛噶举派的主寺。根据16世噶玛巴圆寂前立下的遗嘱，遵照宗教仪轨和传统做法，楚布寺民管会顺利寻访到了第16世噶玛巴·日欠多杰的转世灵童，经中国佛教协会西藏分会和各位活佛审核无误，报中国佛教协会认定。

9月27日—30日　韩国总统卢泰愚应邀访华。中韩两国于1992年8月正式建立了外交关系。卢泰愚是第一位来华访问的韩国总统。江泽民总书记、李鹏总理分别会见了卢泰愚。杨尚昆主席同卢泰愚举行了正式会谈。杨尚昆指出，中韩建交符合两国人民的根本利益，为两国在各个领域里的互利合作开辟了广阔的前景，并有利于东北亚和整个亚洲的和平、稳定与发展。卢泰愚请杨尚昆转达他对邓小平的问候，祝愿邓小平身体健康。中韩两国签订了《投资保护协定》、《关于设立经济、贸易、技术联合委员会的协定》、《贸易协定》和《科学技术合作协定》等4个合作协定。访华期间，卢泰愚总统还在北京、上海等地参观访问。

9月28日　《人民日报》报道：全国轻工企业排出200强。轻工业部经济科技信息中心以1991年销售额为主要指标，发布全国轻工企业200强排序。居前10位的企业依次是：上海自行车三厂、深圳中华自行车（集团）股份有限公司、上海自行车厂、健力宝饮料厂、上海上菱电冰箱总厂、青岛电冰箱总厂、常州金狮自行车工贸集团公司、天津自行车厂、中山市威力洗衣机厂、佳木斯造纸厂。200家企业中广东省占55家，居首位；上海市33家，位居第二。食品饮料行业有60家，居首位，其他行业依次为家电、日化、日用机械、制浆造纸等。

同　日　国家物价局进一步放开农产品价格。为进一步推进农产品价格改革，活跃农产品生产和流通，促进农村经济的发展，国家物价局对1986年制定的《国务院有关部门分工管理的农产品价格目录》进行了修订。1992年版新的《国家物价局及国家有关部门管理价格的农产品目录》正式颁布。新的目录遵循计划与市场相结合、更多地发挥市场调节作用，“管大、管少、管住、管好”和统一领导、分级管理3项原则。新的目录规定，国家物价局及国家有关部门管理价格的农产品还有9种：其中实行国家定价的有6种，即计划购销的粮食、棉花、烟叶、桑蚕茧、紧压茶、统配木材；实行国家指导价格的3种，即部分中药材、绵羊毛、松脂（松香）。此外，油脂油料和糖料价格形式和管理权限尚待进一步明确。除上述中央管理的品种及地方管理的个别品种外，绝大多数农产品购销价格坚决放开，实行市场调节。国家物价局指出，鉴于部分农产品季节性强，受自然因素影响，生产波动大，为了保持市场物价的基本稳定，防止价格暴涨暴落，各级物价部门和业务主管部门将在当地政府领导下，通过扶持生产、培育市场、疏导流通、建立健全重要商品储备制度和价格调节基金制度等措施，对市场调节进行指导与协调，做到放而不乱，活而有序。必要时报经国家物价局或省、自治区、直辖市物价部门批准，对少数放开价格的农产品可以制定临时限价、规定作价办法、差价率和利润率，以保护生产者、经营者和消费者的利益。

同　日　原中顾委副主任胡乔木逝世。胡乔木，江苏盐城县人。1912年生。1930年在清华大学加入中国共青团，曾任北平团市委委员、宣传部长。1932年在盐城加入中国共产党，从事宣传组织活动。1933年下半年至1934年底在浙江大学学习时，是学生运动的领导人之一。1935年—1937年在上海参加左翼文化运动和中共地下组织的领导工作。1937年7月到延安。1941年2月起任毛泽东的秘书、中共中央政治局秘书。1945年随同毛泽东参加重庆谈判。1947年4月中旬起随毛泽东转战陕北。1948年4月到河北省平山县西柏坡后，任新华社总编辑和社长、中宣部副部长。1949年3月参加中共七届二中全会，作关于新闻工作的发言。后参与《中国人民政治协商会议共同纲领》的起草，出席第一届中国人民政治协商会议。1950年—1954年任中宣部常务副部长。1954年起任中共中央副秘书长。1956年9月后任中共中央书记处候补书记。参加《毛泽东选集》第1—4卷的编辑工作；参加起草1954年的《中华人民共和国宪法》和1956年中共八大的主要文件；在中共中央政治局主持下撰写《再论无产阶级专政的历史经验》等文章。历任新华社社长、《人民日报》社社长、中央人民政府新闻总署署长等职。1978年12月列席中共十一届三中全会，负责全会的文件起草工作，为实现历史性转变做出了积极贡献，并重新当选中央委员会委员，任中共中央副秘书长。1980年2月在中共十一届五中全会上当选为中央书记处书记，继续负责中央重要文件的起草和对理论工作的指导。1980年—1981年在邓小平等主持下，负责《关于建国以来党的若干历史问题的决议》起草工作，接着又负责起草中共十二大的重要文件。中共十一届三中全会后，历任毛泽东著作编委会办公室主任、中共中央文献研究室主任、中共中央党史研究室主任，领导《毛泽东选集》第1—4卷第二版的修订工作。协助邓小平审定《邓小平文选》等著作。提议撰写和参与审定《中国共产党的七十年》。他是中国社会科学院首任院长，先后任中国大百科全书总编辑委员会主任，国务院学位委员会主任委员。中共第八届、十一届、十二届中央委员会委员，中共第十二届中央政治局委员，中共第十三届中顾委常务委员，中共中央党史工作领导小组副组长。第一至第五届全国人民代表大会代表，第二、三、五届全国人大常务委员会委员。第一届中国人民政治协商会议全国委员会常务委员。

9月29日　新华社报道：三军仪仗队国庆启用本军种军旗，换着新式礼宾服装。中央军委主席江泽民签署命令，公布中国人民解放军仪仗队使用的陆、海、空军军旗式样。自1992年10月1日起，陆、海、空军军种仪仗队单独执行司礼任务时，将分别使用本军种军旗。与此同时，三军仪仗队一律换着新式礼宾服装。这是为适应加快改革开放和扩大对外交往所采取的一项重要举措。陆、海、空军军旗，上半部均保持中国人民解放军军旗的基本式样，下半部以不同颜色图案加以区别：陆军军旗为草绿色，象征绿色的大地；海军军旗为蓝白条相间，象征大海与海浪；空军军旗为天蓝色，象征辽阔的蓝天。新式礼宾服陆军夏、冬服均为棕绿色；海军夏服为漂白色，冬服为藏青色；空军夏服为天空色，冬服为宝蓝色。除海军士兵仍着水兵服外，其余为小翻领上衣和马裤。衣服外口、袖口和裤中缝，均嵌有军种色牙线和黄色装饰带。三军官兵一律佩挂金黄色绶带，穿黑色高筒皮靴，扎白色武装带，右臂缀盾形臂章。执行队长和分队长佩用指挥刀。

9月29日—10月4日　第四届全国大学生运动会在武汉举行。来自30个省、市、自治区的近2 000名运动员参加了5个项目的正式比赛和一个表演项目。东道主湖北代表团获40枚金牌，总计88枚奖牌，名列第一位；北京代表团获金牌26枚、奖牌58枚，名列第二位；上海代表团获金牌15枚、奖牌37枚，名列第三位。

9月30日—10月4日　国际军体理事会第40届男子军事五项锦标赛在瑞士举行。中国队获团体冠军，夺得“戴布鲁斯”杯。中国人民解放军选手李忠获个人全能冠军。

10月4日　新华社报道：华东铁路南北第二通道开通。华东铁路南北第二通道自1987年10月以来，经过3万余名建设者5年的奋战，国庆期间全线开通。5年累计完成投资20余亿元，修建新线419公里，建成复线151公里，扩建铁路枢纽一座。其中包括开辟商丘—阜阳、阜阳—淮南、宣州—杭州等新线，增建淮南—合肥—芜湖复线，打通芜湖铁路枢纽以及改造火龙岗—宣州、长兴—杭州段既有铁路线，内有5个大中型项目列入国家计划。建成后的华东铁路南北第二通道北起河南商丘，经安徽合肥，南抵浙江杭州，纵贯豫、皖、浙3省，连通陇海、水蚌、津浦、皖赣、沪杭、浙赣等10余条铁路干支线，全长838公里。

10月5日　张弥曼当选为国际古生物协会第十四任主席。她是第一位任协会主席职务的中国学者，也是协会第一位女主席。张弥曼

1960年毕业于莫斯科大学地质系，1982年获瑞典斯德哥尔摩大学哲学博士学位。1960年起在中国科学院古脊椎动物与古人类研究所工作。是中国科学院学部委员、中国著名古生物学家。

10月5日—9日　中共十三届九中全会在北京举行。出席会议的有中央委员166人，候补中央委员105人。列席会议的有中顾委委员169人，中纪委委员65人，有关方面负责同志65人。中央政治局主持了会议，中央总书记江泽民作了重要讲话。全会决定，1992年10月12日在北京召开中国共产党第十四次全国代表大会。全会讨论并通过了中央委员会向党的第十四次全国代表大会的报告，讨论并通过了《中国共产党章程（修正案）》，一致决定将这两个文件提请党的第十四次全国代表大会审议。全会同意中央政治局关于对赵紫阳同志在1989年政治动乱中所犯错误继续审查情况的汇报，同意维持十三届四中全会对赵紫阳同志所犯错误所作的结论并结束审查。

10月6日　中国一枚火箭成功发射两颗卫星。中国在酒泉卫星发射中心用一枚运载火箭成功地发射了两颗卫星——中国的第十四颗返回式科学探测与技术试验卫星和瑞典的“弗利亚”科学试验卫星。

同　日　《人民日报》报道：国家语言文字工作委员会举行全体委员会议，审议并通过了《国家语言文字工作10年规划和八五计划纲要（草案）》。《纲要》指出今后10年语言文字工作的基本任务是，针对我国语言文字工作的现状及社会发展对语言文字规范化、标准化工作的新要求，达到以下五个目标：一、大力推广、积极普及普通话。到本世纪末使普通话成为乡中心小学以上各级各类学校的校园用语；县级以上机关团体、企事业单位等各行各业干部要会讲普通话，使普通话成为开会和接待外地人员的工作用语、不同方言区的人在公共场合的交际用语。县以上广播、话剧、影视制作要用标准的普通话。二、加强对汉字的整理研究，制定和完善汉字规范化的各项标准；继续加强社会用字管理，到本世纪末，做到全国县市以上城市各种面向社会公众的社会用字规范化，基本上消除社会用字混乱现象。三、继续推行《汉语拼音方案》，扩大使用范围，逐步纠正乱拼、乱写等不规范现象。四、加强现代汉语词语研究，做好现代汉语的规范化工作，参与审定科技名词术语。五、会同机电部、国家技术监督局等有关部门，加强对语言文字信息处理的宏观管理。建立大型现代汉语语料库。

同　日　新华社报道：京九铁路勘测设计全线展开。国家重点工程京（北京）九（深圳）铁路赣州至龙川段，近日交由铁道部第四勘测设计院开始勘测设计。至此，纵贯南北的大动脉京九铁路勘测设计全线展开。京九铁路是中国铁路建设史上规模最大、投资最多、线路最长的一级铁路干线，穿越京、津、冀、鲁、豫、皖、鄂、赣、粤9省市，全长2 364公里。赣龙段长259公里，由赣州经南康、信丰、龙南、定南至龙川。京九线目前已有商阜、商浔等既有铁路355公里；衡南、向吉等在建铁路764公里。京九铁路位于京广、京沪两大干线之间，途经中国经济发达的华北、华东和中南地区，以及大别山、井冈山老区，对改善投资环境，发展经济具有重大意义。

10月8日　中方对港督彭定康宪制方案发表谈话。7日，香港总督彭定康在香港立法局议会上宣读其上任以后的第一份施政报告。该报告由15个部分组成。彭定康称该报告是从现在到1997年，即“英国管治香港这一章节结束”时，为未来香港所做的“准备”。报告中仍然坚持提出因涉及香港的平稳过渡，而没有为中国方面所接受的增加1995年立法局直选议席，从而涉及香港现行政制改革的部分。8日，我港澳办公室和外交部发言人分别发表谈话，表明中方对港督宪制方案深感忧虑。中方发言人指出，港督施政报告中涉及香港现行政治体制重大改变的内容都是在没有同中方磋商的情况下做出的。这样做同中英联合声明有关中英两国政府要在以后过渡期加强合作，共同审议为平稳过渡所要采取的措施的规定是相违的，其后果只能是给香港的平稳过渡和政权的顺利交接造成障碍。发言人强调，中方一向主张，香港现行政制不应大变，政治体制的发展必须与基本法衔接。这是保证香港繁荣稳定和平稳过渡的重要前提。对此，中方严肃指出，如香港在过渡时期的任何政制发展不能同基本法衔接，其责任完全不在中方。届时，中华人民共和国香港特别行政区及其有关机构将按基本法和全国人大的有关规定加以设立。

同　日　《中国银行出口买方信贷试行办法》公布。试行办法的主要内容是：中国银行出口买方信贷对象是中国银行认可的进口方银行，贷款用于国外购买我国的成套设备、船舶及其他机电产品。使用中国银行出口买方信贷的贸易合同金额应不低于100万美元，出口商品在中国制造的部分不能低于规定的比例，贸易合同中的一部分贷款（一般不低于15%~20%）应以现汇支付，出口企业应向中国人民保险公司投保出口信用险。出口企业在签订贸易合同前应尽早与中国银行联系并提供项目的有关材料。拟采用中国银行出口买方信贷的进口方银行应在进出口双方商谈贸易合同时向中国银行提供贷款申请，并提供有关文件及资料。试行办法的公布，标志着中国银行正式开办出口买方信贷新业务，对促进中国成套设备、船舶和其他机电产品的出口，优化中国出口商品结构具有十分重要的意义。

同　日　中国轻工业装备集团在北京成立。这是轻工业部组建的第一个科工贸相结合的大型企业集团。该集团集我国轻工机械、衡器、轻工模具等大中型企业、研究设计部门于一体，共有90个成员单位，核心企业是中国轻工业机械总公司。

10月9日　中国首家计划生育药具重点实验室在上海建成并正式对外开放。该室自1990年初筹建以来，依托上海计划生育科学研究所，会同有关研究单位完成了多项人类生殖调节世界前沿性课题。其中，抗早孕药米非司酮、18甲基炔诺酮长效避孕皮下埋植剂、抗早孕药磺前列酮等研究成果，填补了国内空白，达到了世界先进水平。

10月10日　新华社报道：中国共产党已同百余国家的280多个政党建立了联系。中共的对外交往不断扩大，现已同全世界100多个国家的280多个政党建立了不同形式的联系，其中包括共产党、社会党、社会民主党、工党和其他友好政党。中共中央对外联络部有关负责人指出：政党之间的交往已成为国际关系中的一个重要方面。中共在对外交往中强调独立自主、完全平等、相互尊重和互不干涉内部事务的原则。实践证明，意识形态不同的政党，只要本着求同存异的精神，是能够保持并发展友好关系的。

10月10日—18日　第二届全国农民运动会在湖北孝感举行。1 400多名运动员参加了9个项目的正式比赛和1项表演赛，打破10项农运会纪录。湖北获12枚金牌，36枚奖牌，名列团体第一名；山东获11枚金牌，31枚奖牌，名列团体第二名；辽宁获8枚金牌，28枚奖牌，名列团体第三名。17个代表团获得了金牌，23个代表团获奖牌。第三届全国农民运动会1996年在上海举行。

10月11日　外交部就"美国—香港政策法"向美国政府提出抗议。外交部副部长刘华秋召见美国驻华大使芮效俭，就美国总统签署美国国会制定的"1992年美国—香港政策法"一事，奉命向美国政府提出抗议。刘华秋指出，自1991年9月美国国会提出"美国—香港政策法"后，中方曾多次向美方提出交涉，要求美国政府不要支持美国国会审议通过这项法案，并采取措施予以制止。但美国政府不顾中方的反对，最近由美国总统签署了所谓的"1992年美国—香港政策法"，中方对此不能不表示极大的遗憾，并提出抗议。刘华秋指出，香港问题在1997年7月1日以前是中国和英国之间的事情，由中英两国根据关于香港问题的联合声明处理；自1997年7月1日起，香港事务则纯属中国的内政。美方制定此项法案旨在通过美国国内立法从政治上插手香港事务，干涉中国内政，违背了公认的国际法原则，这是中方坚决不能接受的。美方此举无助于中英联合声明的实施，而有损香港的繁荣与稳定，美国在香港的经济利益也会因此而受到损害。美国这种干涉中国内政的行径必将对中美关系产生不利影响，美方应对此负完全的责任。

10月11日　中共十四大举行预备会议和主席团会议。预备会议由中共中央总书记江泽民主持。出席预备会议的代表1 962人。会议以举手表决方式，通过了由16人组成的代表资格审查委员会名单，通过了由198人组成的大会主席团名单，选举乔石为大会秘书长，通过于大会秘书处的工作任务和机构设置。会议还通过了十四大的议程：听取和审查中央委员会的报告，审查中顾委的报告（书面），审查中纪委的报告（书面），审议并通过《中国共产党章程》（修正案），选举中央委员会，选举中纪委。主席团会议由大会秘书长乔石主持。主席团会议以举手表决的方式，通过了由31人组成的主席团常务委员会名单，通过胡锦涛、丁关根、温家宝为大会副秘书长。会议听取了中国共产党第十四次全国代表大会代表资格审查委员会关于代表资格审查的报告。主席团会议还通过了大会列席和来宾的事项。中共中央决定，邀请党内有关负责同志和部分党外人士列席这次大会。列席这次大会的有：不是十四大代表的十三届中央委员会及中顾委、中纪委的成员，不是十四大代表或特邀代表的党内部分老同志，以及其他有关负责同志，共307人。还邀请了全国人大常委会党外副委员长、全国政协党外副主席、各民主党派、全国工商联负责人和无党派人士，以及全国人大、全国政协常委中在北京党外人士和部分少数民族、宗教界人士等，共139位，作为来宾列席大会开幕式和闭幕式。主席团会议还通过了十四大会议日程。

10月12日　中共第十四次全国代表大会在北京举行。出席大会的正式代表1 989人，特邀代表46人，代表着5 100万党员。江泽民代表十三届中央委员会作题为《加快改革开放和现代化建设步伐，夺取有中国特色社会主义事业的更大胜利》的报告。报告分四部分：一、14年伟大实践的基本总结；二、90年代改革和建设的主要任务；三、国际形势和我们的对外政策；四、加强党的建设和改善党的领导。报告在谈到“14年伟大实践的基本总结”时指出，14年来我们从事的事业，就是坚持党的基本路线，通过改革开放，解放和发展生产力，建设有中国特色的社会主义。就其引用起社会变革的广度和深度来说，是开始了一场新的革命。14年伟大实践的经验，集中到一点，就是要毫不动摇地坚持以建设有中国特色社会主义理论为指导的党的基本路线。这是我们事业能够经受风险考验，顺利达到目标的最可靠的保证。报告提出，我们要在90年代把有中国特色社会主义的伟大事业推向前进，最根本的是坚持党的基本路线，加快改革开放，集中精力把经济建设搞上去。报告指出，我国经济体制改革确定什么样的目标模式，这是关系整个社会主义现代化建设全局的一个重大问题，其核心是正确认识和处理计划与市场的关系。报告明确提出，我国经济体制改革的目标是建立社会主义市场经济体制。报告提出90年代改革和建设的10大任务是：围绕社会主义市场经济体制的建立，加快经济改革步伐；进一步扩大对外开放，更多更好地利用国外资金、资源、技术和管理经验；调整和优化产业结构，高度重视农业，加快发展基础工业、基础设施和第三产业；加速科技进步，大力发展教育，充分发挥知识分子的作用；充分发挥各地优势，加快地区经济发展，促进全国经济布局合理化；积极推进政治体制改革，使社会主义民主和法制建设有一个较大的发展；下决心进行行政管理体制和机构改革，切实做到转变职能、理顺关系、精兵简政、提高效率；坚持两手抓，两手都要硬，把社会主义精神文明建设提高到新水平；不断改善人民生活，严格控制人口增长，加强环境保护；加强军队建设，增强国防实力，保障改革开放和经济建设顺利进行。报告在论及国际形势和对外政策时指出，和平和发展仍然是当今世界两大主题。中国始终不渝地奉行独立自主的和平外交政策。维护我国的独立和主权，促进世界的和平与发展，是中国外交政策的基本目标。中国愿意在和平共处五项原则的基础上，同所有国家发展友好合作关系。在国际交往中，我们绝不把自己的社会制度和意识形态强加于人，也绝不允许别的国家将自己的社会制度和意识形态强加于中国。报告在谈到加强党的建设和改善党的领导时强调指出，党的基本路线要毫不动摇地长期坚持下去，社会主义的改革开放和现代化建设要搞得更好更快，国家要长治久安和繁荣富强，关键在我们党，在于坚持用邓小平建设有中国特色的社会主义的理论武装全党。要加强领导班子建设，培养社会主义事业接班人；密切党同群众的联系，坚决克服消极腐败现象；加强基层党组织的建设，充分发挥党员的先锋模范作用。

10月12日—13日　埃及总统穆巴拉克应邀访问中国。穆巴拉克总统原定10月12日—16日对中国进行国事访问，因埃及发生强烈地震于13日提前回国。访华期间，杨尚昆主席会见了穆巴拉克总统。李鹏总理同穆巴拉克总统就双边关系、中东地区形势和广泛的国际问题交换了意见。李鹏对穆巴拉克提前回国表示理解，对埃及遭受地震灾害表示同情和慰问，并表示中国政府将向埃及提供力所能及的人道主义援助。

10月18日　中共十四大胜利闭幕。到会的2 007位代表以无记名投票方式，选出中央委员189人，候补中央委员130人，组成第十四届中央委员会。大会还选举产生了108人的中央纪律检查委员会。大会决定不再设立中央顾问委员会，并向中顾委和老同志们表示衷心的感谢和崇高的敬意。大会通过了关于十三届中央委员会报告的决议、关于中顾委工作报告的决议、关于中纪委工作报告的决议、关于《中国共产党章程》（修正案）的决议。

10月19日　中共第十四届中央委员会第一次全体会议在北京举行。会议选举产生了中共中央领导机构：中央政治局委员丁关根、田纪云、朱镕基、乔石、刘华清、江泽民、李鹏、李岚清、李铁映、李瑞环、杨白冰、吴邦国、邹家华、陈希同、胡锦涛、姜春云、钱其琛、尉健行、谢非、谭绍文；中央政治局候补委员温家宝、王汉斌；中央政治局常委江泽民、李鹏、乔石、李瑞环、朱镕基、刘华清、胡锦涛；中央委员会总书记江泽民。全会根据中央政治局常务委员会的提名，选出中央书记处书记胡锦涛、丁关根、尉健行、温家宝、任建新。全会决定江泽民为中央军事委员会主席，刘华清、张震为副主席，迟浩田、张万年、于永波、傅全有为委员。全会批准尉健行为中纪委书记，侯宗宾、陈作霖、曹庆泽、王德瑛、徐青为副书记，王光、王德瑛、刘丽英、安启元、李五伦、何勇、陈作霖、侯宗宾、徐青、曹庆泽、尉健行、彭钢、傅杰为常务委员会委员。

同　日　邓小平同新当选的党中央领导同志一起，在人民大会堂与出席中共十四大的全体代表亲切见面，并合影留念。邓小平说："这次大会开得很好，希望大家继续努力。"江泽民代表新的中央领导继续表示：现在大政方针已经确定，我们要真抓实干，把大会的精神落到实处。

同　日　江泽民等7位中共中央政治局常委答中外记者问。中共第十四届中央政治局常委江泽民、李鹏、乔石、李瑞环、朱镕基、刘华清、胡锦涛，在人民大会堂东大厅会见了为报道中共十四大日夜忙碌的中外记者。江泽民总书记对记者们说："我衷心感谢你们对大会的采访，对我们工作的支持。”

10月20日　新华社报道：中国、希腊科学工作者联合植树防沙成功，中国专家首获“罗马之泉”环保奖。“罗马之泉”奖是于1976年由罗马市政府设立的国际性奖项，它颁发给世界上对支持贫穷地区有杰出贡献的、对环境保护有重大贡献的和反对黑水党有贡献的人物。

同　日　全国武术锦标赛散手个人赛在山东枣庄市举行。有17个省市近百名武林高手参加。山东队徐元总获48公斤级冠军，崔英获52公斤级冠军，张祖才获60公斤级冠军；河南队冯旷获65公斤级冠军，张成明获80公斤级冠军；四川队黄南获56公斤级冠军；武汉体育学院队刘瑞强获70公斤级冠军；武警队贾伟涛获75公斤级冠军；北京体育学院队陈超获85公斤级冠军。

10月23日　《人民日报》报道：第一汽车制造厂产、销、利破历史纪录。截至10月5日止，一汽产量今年累计已突破10万辆大关，比去年同期增长48.65%；销售收入71.4亿元，比去年同期增长82.64%；实现利润6.2亿元，比去年同期增长5.5倍，均创历史同期最高水平。李鹏总理、邹家华副总理表示热烈祝贺。

同　日　新华社报道：国务院正式批准建立11个国家旅游度假区，它们是：大连金石滩、青岛石老人、江苏太湖（分为苏州胥口度假中心和无锡马山度假中心）、上海横沙岛、杭州之江、福建武夷山、福建湄州岛、广州南湖、北海银滩、昆明滇池、三亚亚龙湾。

同　日　日本国明仁天皇和皇后应邀对我国进行正式访问。明仁天皇和皇后美智子于23日—28日对我国进行正式访问。杨尚昆主席在人民大会堂会见日本明仁天皇和皇后美智子。杨尚昆说，两位陛下来访是中日关系中的一件大事，也是两国友好交往史上的第一次，意义重大，标志着中日友好关系进入了一个新的发展阶段。历史证明，中日友好是两国和两国人民的共同利益所在，也有利于亚太地区和世界的和平、稳定与发展。

10月26日　《人民日报》报道：西煤东运第二铁路通道兴建。继大秦铁路之后，我国能源战略西移的又一重大建设项目——西煤东运新铁路通道（也称第二铁路通道），已由国务院批准兴建。新铁路通道西起神府东胜煤田，横穿山西、河北至位于渤海海滨的河北黄骅，全长820多公里，远期设计年运力为1亿吨，与大秦铁路大致相当。它的主要功能是运送神府东胜煤田的优质煤炭。现已组建一个集团公司，采取跨地区跨行业、矿路电港一体化、产供销一条龙的全新开发管理体制。

同　日　新华社报道：国务院证券委员会成立。该委员会是为统一协调股票、债券、国债政策，保护群众利益，使我国证券市场健康发展而成立的。朱镕基兼任主任，刘鸿儒、周道炯任副主任。为了建立健全证券监管工作制度，国务院决定成立中国证券监督委员会，受国务院证券委员会指导、监督检查和归口管理。刘鸿儒任中国证券监督委员会主席。

同　日　新华社报道：老挝授予邓小平国家最高金质勋章。7月14日，老挝政府主席凯山签署主席令，授予邓小平以老挝国家最高金质勋章，以此表达老挝政府和人民对邓小平的敬意，对中国人民的友好感情。10月26日，国务委员兼外交部长钱其琛受邓小平委托，在京接受勋章并表示感谢。

同　日　中国和乌克兰政府签署中乌两国联合公报。同时，还签署10个政府合作文件，加上30日签署的1个，共11个政府合作文件。杨尚昆主席和乌克兰总统列·马·克拉夫丘克出席了签字仪式，并在联合公报上签字。

10月31日　香港《快报》记者梁慧珉被限期离境。梁慧珉因窃取我国家机密而被北京市国家安全局依法拘留审查，由于她认罪态度较好，北京市国家安全机关本着宽大精神，决定对她免于刑事处分，限期离境，两年内不得再入境。

11月2日　台湾当局开放民众赴祖国大陆探亲。台湾红十字会开始发放赴祖国大陆探亲证件，据统计约有3 000人前往排队领表，到下午17时为止，约有1 100人已办妥探亲登记手续。探亲原则规定："除现役军人及现任公职人员外，凡在祖国大陆有血亲、姻亲、三亲等以内的亲属者，得登记探亲。"蒋经国主持召开的国民党中央常会宣称国民党开放探亲所坚持的基本原则是："一、反共'国策'与'光复'国土目标不变；二、确保国家安全，防制中共统战；三、基于传统伦理及人道立场的考虑，允许国人赴祖国大陆探亲"。

11月3日　著名文学家梁实秋在台北逝世。梁实秋，1902年生，祖籍浙江。30年代是《新月》杂志主要成员之一。1949年到台湾后任台湾师范学院教授、英语系主任、文学院院长。

12月1日　台湾当局宣布解除报禁。报禁是指台湾当局自1951年起逐渐通过的一些对报纸的"限证"、"限张"、"限印"等限制性措施。当天台湾"行政院"新闻局长邵五铭宣布，1993年1月1日起，接受新报的登记与开放增张，解除自1951年以来的报禁。

11月6日　《解放军报》发表评论员文章：《军队要听党的话》。文章指出，中国人民解放军是中国共产党领导下的一支新型的人民军队。军队的性质和宗旨，决定了解放军必须听党的话，坚持党的绝对领导。这是解放军建设的根本原则，也是解放军优良传统的核心问题。文章通过历史的回顾，说明新时期听党的话，坚持党的绝对领导，仍然是军队建设的一个极其重要的问题。军队要听党的话，是很高的政治要求，有着丰富的内涵。坚持党对军队的绝对领导，一靠制度，二靠纪律。全军要以党的意志为意志，一切以人民的利益为利益。

同　日　大学生实用科技发明大奖赛成果展暨技术交易会在北京中国科技馆揭幕。470项科技成果荟萃科技馆。全国政协副主席卢嘉锡出席了开幕式。全体参展的高校学生向全国高校同学发出了"把握机遇，迎接挑战，担负起时代的责任"的倡议。

11月6日—10日　全国加快第三产业发展工作会议在北京召开。会议主要议题是，贯彻中共十四大精神，落实中央关于加快发展第三产业的决定，讨论全国第三产业发展规划基本思路，交流发展第三产业的经验，部署近期加快第三产业发展的工作，以推动和引导第三产业的快速发展，促进社会主义市场经济体制的建立，使国民经济更好更快地迈上新台阶。李鹏总理主持会议并讲话。副总理兼国家计委主任邹家华在会上作了题为《认真贯彻党的十四大精神，加快第三产业的兴起和发展》的报告。报告分析我国第三产业发展的情况，阐述发展第三产业的意义，以及加快发展第三产业必须转变思想观念等问题。与此同时，《人民日报》发表评论员文章：《动员各方力量发展第三产业》。与会代表讨论了报告中提出的加快发展第三产业的意义、目标、重点、政策和制定规划的要求。同时，还讨论了国家计委提出的《全国第三产业发展规划基本思路》。李鹏总理在闭幕大会上作了重要讲话。他强调加快第三产业发展是关系全局的重大任务，必须依靠社会力量兴办第三产业，坚持和依靠深化改革推动第三产业的兴起和发展。要加强领导，搞好规划，引导第三产业健康发展。会议进一步明确了发展目标。国务院对此作出了全面安排和部署。

11月8日　第四届中国“国际科学与和平周”开幕。1988年12月6日，联合国第43届大会通过决议，确定每年11月11日所在周为“国际科学与和平周”，要求各会员国在此周举行活动。我国已连续3年举行纪念宣传活动。这次是第四届。此次共有45项专题，全国各地几百家科研、企业单位的代表、大学生将参加“中日医学大会及博览会”和各种类型的联谊会、学术讨论会、科学与和平图书城、电影周、报告会等。在开幕式上，有关领导向“中国大学生实用科技发明大奖赛”的获奖者和指导教师颁奖。

同　日　中国展团获四十一届世界发明博览会25项发明奖。中国展团在第四十一届布鲁塞尔尤里卡世界发明博览会上获14项金奖、7项银奖、4项铜奖和1项特别奖。参加本届博览会的共有20个国家，约有1 100个新发明项目参展。11日，世界发明博览会闭幕，在最后一项评奖活动中，中国展团荣获1枚“军官勋章”和5枚“骑士勋章”。

11月10日　《人民日报》发表题为《坚持党的基本路线不动摇》的社论。社论指出，江泽民在党的十四大报告中说：“14年伟大实践的经验，集中到一点，就是要毫不动摇地坚持以建设有中国特色社会主义理论为指导的党的基本路线。”这是对十一届三中全会以来改革开放和经济建设基本经验的高度概括，它对我们进一步统一思想，坚定方向，更好地建设有中国特色社会主义具有长远的重要意义。党的基本路线的正确性，在于它建立在对现阶段中国社会主要矛盾的深入考察和科学分析的基础之上，是总结建国40多年来的经验教训、经过14年改革和建设的实践检验而得出的科学结论。毫不动摇地坚持党的基本路线，关键是始终不渝地坚持以经济建设为中心；必须处理好坚持四项基本原则和坚持改革开放的关系，处理好物质文明建设和精神文明建设的关系，切实做到两手抓，两手都要硬；必须正确认识和处理社会政治稳定和经济发展的关系；要认真学习党的十四大文件，学习邓小平著作，从理论和实际的结合上弄清基本路线赖以形成的理论基础。社论最后指出，中共在十四大上庄严宣告：党的基本路线一百年不动摇。这是全党全民意志和决心的忠实表达。我们将自始至终高举这面伟大的旗帜，从胜利走向更大的胜利。

同　日　新华社报道：国家科委和国家体改委确定8个城市作为试点城市。为了在“八五”期间进行科技体制和经济体制综合配套改革的试点工作，探索在城市进一步深化改革和建设社会主义市场经济的路子，国家科委和国家体改委决定，选择沈阳、南京、哈尔滨、黄石、广州、大连、烟台、重庆8个城市作为试点城市。

同　日　《人民日报》报道：闽东南开放开发步伐加快。福建省以学习、贯彻中共十四大精神为巨大动力，在实行扩大对外开放的同时，突出重点，集中力量，加快对闽东南地区的开放开发步伐。闽东南地区地处广东、浦东开放地区的中间地带，包括厦门、福州、泉州、漳州、莆田等地，总面积为4.2万平方公里，有人口1 900多万。加快对闽东南地区的开放开发，不仅可带动福建省经济的全面振兴，而且对促进海峡两岸直接“三通”，实现祖国和平统一大业，都具有重要的作用和意义。

同　日　国务院学位委员会第十一次会议结束。会议讨论了加快我国学位工作改革和发展的问题，同时审议了有关增列博士生导师和审核增加部分单位授权点等事宜。据统计，到1991年，全国已有博士学位授予单位248个，硕士学位授予单位586个；博士学位授权学科、专业点2 100多个，博士生导师5 300多人，硕士学位授权学科、专业点7 400多个。在授予博士、硕士学位和培养研究生的11个学科门类、600多种学科专业中，已有约75%的专业可以培养博士生，95%的专业可以培养硕士生。与会者指出，为了适应改革开放和社会主义现代化建设的需要，必须加快学位工作改革和发展。在审核博士生导师时一批年轻教授将被优先考虑。

11月12日　《人民日报》报道：中南经济技术协作区召开会议。近日中南经济技术协作区在广州召开第七次联席会议。出席会议的有广东、湖南、湖北、河南、广西、海南、广州、深圳、武汉等9省（区）市。它们从1990年第六次联席会议后，以项目联合为纽带，实施了一大批工业、农业、资源、物资的联合项目，尤其是在联合发展外向型经济、加强行业与科技协作、促进物资协作与交流、加强毗邻地区协作和小区活动等方面，都迈出了新的步伐。

同　日　新华社报道：商业部、交通部提出培育市场新举措。商业部组织干部深入学习中共十四大文件，结合商业工作的实际提出了贯彻十四大精神，加快90年代商业改革和发展步伐的一系列意见。他们提出要建设大市场，参与大流通，发展大商业。国有商业（包括粮食部门）和供销合作社商业要适应社会主义市场经济要求，积极培育市场、建设市场，建立以市场为导向的价格体制。要打破地区封锁、部门分割，实现货畅其流，进一步促进商品统一大市场的形成和发展。发挥国有商业和供销合作社在市场竞争中的主导作用。大力发展第三产业。开辟一些为市场经济和商品流通服务的新产品、新的服务领域。要转变政府职能，改革商业行政管理等问题。交通部按照党的十四大精神，日前确定了培育和发展交通运输市场的目标：进一步减少计划运输，扩大市场运输，并建立健全市场组织、制度，逐步放开运价。

11月14日　全国普通高等教育工作会议在京召开。国务委员、国家教委主任李铁映主持会议。会议的议题是学习邓小平视察南方的重要谈话和中共十四大精神，总结高等教育改革与发展的经验，研究在新形势下高等教育如何进一步发展与深化改革，全面提高教育质量和办学效益。会议指出，高等教育要形成多形式办学新格局；会议还决定成立以何东昌为主任的全国高等学校设置评议委员会。凡新设置进行高等学历教育的高等学校，都必须先经该评议委员会评议，再由国家教委审批。

同　日　美、意、德、日等国家和中国大陆及台湾地区的近100名学者汇聚北京，举行纪念郭沫若诞辰一百周年的“郭沫若与中国现代文化的发展”国际学术讨论会。

11月16日　新华社报道：辽宁朝阳地区发现距今约1.35亿年鸟类化石。中国科学院古脊椎动物和古人类研究所周忠和等人在辽宁省朝阳地区发现近20件距今约1.35亿年的鸟类化石，其中有7具保存完好的鸟类骨架化石。国际科学家认为，这次发现填补了鸟类起源及其生命早期进化研究中的“重要缺环”。

11月17日　《人民日报》报道：《人民日报》名列世界十大报纸第六位。联合国教科文组织不久前按照影响大小，评定出当前世界十大报纸，依次是：《纽约时报》（美国），《苏黎世报》（瑞士），《世界报》（法国），《泰晤士报》（英国），《卫报》（英国），《人民日报》（中国），《世界报》（德国），《阿贝塞报》（西班牙），《华盛顿邮报》（美国），《真理报》（俄国）。该组织另一项统计指出，目前全球出版的报纸共达5.365万多种，其中日报8 250种，非日报约4.54万种。每期发行量为8.33亿多份。其中欧洲占47%，亚洲占30%，美洲占19%，澳洲、非洲合占4%。

同　日　新华社报道：国家统计局发布10月份经济形势报告。全国乡及乡以上工业生产比去年同月增长22.4%，增幅比前9个月平均水平高3.1%，是今年以来增长最快的一个月。1—10月累计，全国乡及乡以上工业生产比1991年同期增长19.7%；工业产品销售率为94.13%，比1991年同期提高0.59%。1—9月全国乡以上独立核算工业企业经济效益综合指数为87.74%，比1991年同期提高4.85%。预算内国营工业企业实现利税继续增长，1—10月达1 372亿元，比1991年同期增长19.1%。月末亏损企业亏损面为30.8%，比10月又下降0.5%；产成品资金占用为1 344亿元，比10月末又减少11亿元。10月份社会商品零售总额为943亿元，比1991年同月增长16.5%。10月份，海关进出口总额148.3亿美元，比1991年同月增长28.7%。1—10月累计，进出口总额1 248亿美元，比1991年同期增长19.7%。其中出口651亿美元，增长17%；进口597亿美元，增长22.9%。10月份，全民所有制单位固定资产投资458亿元，比1991年同月增长43%。1—10月累计完成投资2 872亿元，比1991年同期增长37%。10月份，工业产品销售率为96.73%，比上个月高0.67%。报告表明，国民经济继续高速运行。

同　日　新华社报道：我国防空导弹事业成绩辉煌。我国防空导弹事业创业35年获得举世瞩目的成就。担负防空导弹研制任务的航空航天部第二研究院，先后进行了数十种防空导弹型号的研制，为我军提供了一代代多型号、多空域的防空武器，以及其他地对地、潜对地等尖端防御武器。这个院遵循邓小平倡导的“军民结合”的方针，大力发展民用产品。全院已开发民品1 600多项。江泽民、李鹏、刘华清、邹家华、温家宝、宋健等题词，对我国防空导弹事业成就表示祝贺。

同　日　朱镕基副总理会见英国首相梅杰。朱镕基表示，中国重视同英国的关系。希望英国政府以维护香港繁荣、稳定大局和两国共同利益为重，重新回到中英联合声明轨道上来。

11月18日　全国农村综合实力百强县博览会在中国革命博物馆揭幕。参展县有江苏无锡县、广东省南海市、上海市上海县、浙江省鄞县、天津市武清县、山东省平度县、黑龙江省虎林县、辽宁省瓦房店市、湖北省仙桃市、河南省巩义市、河北省丰南县等。江泽民总书记为博览会题词：“总结经验，发扬成绩，加快建设社会主义现代化新农村”。此次全国百强县中的半数以上县（市）组团进京参展。博览会期间还将举行研讨会、洽谈会等一系列活动。

11月19日　银河10亿次巨型机研制成功，在长沙通过国家鉴定。国务院、中央军委发出贺电，江泽民、李鹏、朱镕基、刘华清等分别题词，并写信向全体研制人员表示祝贺，赞扬研制人员攻克巨型机技术，为中华民族争了光。银河—Ⅱ计算机是由国防科技大学计算机研究所研制的我国第一台通用10亿次并行巨型机。它的研制成功，填补了我国通用并行巨型机空白，表明我国巨型机技术有了新的重大进步。作为国际高技术开发的一个重要领域，高性能巨型计算机在经济发展、科技进步、国家安全等方面都具有特殊的重要性。目前世界上只有少数几个发达国家掌握了研制巨型计算机技术。银河—Ⅱ计算机的研制成功，再次缩小了我国与国外先进水平的差距。《人民日报》为此发表了《祝“银河”再奏凯歌》的评论员文章。

同　日　国务院三峡工程建设工作会议在武汉举行。李鹏总理主持会议。会议研究了成立三峡工程建设领导机构问题，讨论了当前三峡建设工程前期准备工作。李鹏在会上作了重要讲话。他说，全国人大已经通过了兴建三峡工程的建议。兴建三峡工程是一件功在当代、利在千秋的事业，全国都要积极支援三峡工程建设。三峡工程要用社会主义市场经济的办法进行建设，用现代化的经济管理办法进行管理。要采取多渠道、多形式的办法筹集建设资金。三峡工程建设应该按照国际惯例，采用招标的办法，引入竞争机制。三峡移民有100多万，移民工作工程巨大，任务艰巨，是三峡工程成败的关键之一。三峡移民要贯彻中央关于开发性移民的方针，与发展经济相结合，不断提高移民地区的生产与生活水平。国家要给予必要的支持，为移民地区创造一个较好的投资环境，更多地吸引国内外的投资。三峡移民要形成一种自我发展的良性循环机制。移民要重点与一般相结合。移民工作由中央统一领导，分省负责，以县为基础，主要是依靠地方人民政府和党组织，做好移民工作。移民与工程建设进度要协调配合。应该尽快成立精干、高效、职权分明的三峡工程建设领导机构。邹家华、陈俊生、钱正英等在会上分别就三峡工程建设的组织机构、开发性移民和三峡工程建设前期准备工作等问题讲了话。为了开好这次会议，李鹏总理于11月12日—18日到三峡地区实地视察，调查研究，并在船上召开了这次会议的预备会。自从七届全国人大五次会议通过兴建三峡工程之后，中共中央、国务院对三峡工程的准备工作十分重视，国务院成立了三峡建设委员会筹备小组，召开了三峡库区移民对口支援工作会议，具体布置了全国支援三峡库区移民工作。这次会议是根据中共十四大报告中关于“要抓紧三峡工程建设”的精神而召开的。

11月20日　第三届全国优生科学大会在北京召开。中国优生科学协会会长钱信忠在会上介绍了10余年来我国优生科学事业的丰硕成果。基因扩增技术、染色体诊断新技术和微机在优生科学中的应用等高科技，已达国际先进水平。江泽民总书记为这次大会题词：“发展优生科学事业，提高中华民族素质”。李鹏总理的题词是：“大力普及优生科学，提高我国人口素质”。正在外地的中国计划生育协会会长宋平写来贺信。王首道、宋健也为大会题词。国际计生组织、世界卫生组织驻华负责人和国家计生委主任彭珮云，都在会上阐述了优生科学对我国人口控制计划的深远意义。

同　日　《人民日报》社卫星版面数据传输系统工程通过国家鉴定及验收。该项目包括了版面数据制作、传输、还原、网络管理的全过程。鉴定委员会认为，通过卫星专用通讯网络向各印刷点广播式地发送页面描述语言形式的版面，这在世界上尚属首创，比国外当前的方法效率高、代价低；这一工程投入使用，标志着我国报业将进入全国联网和信息共享的新阶段，是新闻出版技术改造的一件大事。这项工程是由《人民日报》社会同北京大学（该校的计算机研究所和新技术公司）、中国电子工业总公司（中国通达电子网络系统公司、系统工程总体研究所）合作完成的。

11月22日　新华社报道：国务院发出通知严格制止乱占滥用耕地。通知指出，中共中央、国务院《关于加强土地管理制止乱占耕地的通知》和《中华人民共和国土地管理法》发布以后，我国耕地面积锐减的势头初步得到控制。但是，近两年来乱占、滥用耕地及违法用地、批地的现象又重新抬头。随着经济的发展不可避免要占用部分耕地，但要坚决制止乱占、滥用的行为。否则，势必影响农业的发展，从而制约国民经济的健康发展。

11月23日　新华社报道：国务院发出关于发展房地产业若干问题的通知。通知说，加快发展房地产业，对于提高土地既是资源又是资产的认识，促进土地的节约和合理利用，对政府筹集建设资金，加快城市建设和经济发展，都具有重要作用。

同　日　中国京剧艺术基金会成立。以振兴、发展京剧艺术，弘扬民族文化为宗旨的中国京剧艺术基金会在北京成立。中共中央政治局常委李瑞环到会祝贺。基金会名誉会长宋任穷、王光美等出席了成立会。基金会提供资助的主要事项有：对具有高度艺术价值、学术价值的表演艺术及其他重要艺术资料，进行抢救、保护、整理、出版和研究；根据振兴京剧的需要而举办各种有重要意义的活动和演出；对振兴京剧有重大贡献者予以奖励。会上，宣布了第一批向基金会提供捐赠者的名单，并向捐赠者颁发了荣誉证书和纪念牌。

11月24日　被誉为我国长途通信“高速公路”的国家“八五”重点工程——南沿海光缆干线正式开通。邮电部在上海隆重举行光缆干线开通典礼，并首次通过我国自行设计、制造的可视会议电视系统将广州、南京、杭州、福州分会场连接起来。邮电部部长杨泰芳及有关省市负责人出席了开通典礼。国务院贺电指出，这条我国迄今建设速度最快、距离最长、容量最大、技术先进的长途光缆通信干线的建成使用，将大大改善东南沿海地区和沿长江部分地区的通信条件，对进一步促进这些地区的对外开放和经济发展具有积极的作用。南沿海光缆干线全长2 896公里，途经我国东南沿海4省（江苏省、浙江省、福建省、广东省）1市（上海市），北起南京，连通上海、杭州、福州、广州等大小72座城市。光缆干线沿线有我国经济最发达的长江三角洲、珠江三角洲、闽东经济走廊和深圳、汕头、厦门经济特区以及上海浦东开发区。这条干线投入运营，将上述地区的长途通信能力提高了10倍以上。中国通信建设总公司与10多万建设者克服了种种困难，仅用13个月时间就高质量完成了建设任务，速度之快为国际通信建设史上所罕见。

同　日　新华社报道：中央军委作出《关于发扬优良传统，加强廉政建设的决定》。《决定》号召全军指战员认真贯彻中共十四大精神，始终保持老红军本色，在中共中央和中央军委的领导下，进一步开创军队建设的新局面。《决定》说，江泽民主席强调指出，全军要认真学习邓小平同志关于加强军队建设的一系列论述，发扬我军优良传统，保持老红军本色。这是新时期军队建设的重要指导思想。《决定》高度概括了我军优良传统：军队必须接受党的绝对领导，坚持"党指挥枪"的原则，成为贯彻执行党的路线、方针、政策的模范；坚决反对和克服危害军队团结统一的错误倾向；执行严格的组织纪律，一切行动听指挥，顾全大局，不允许破坏纪律和纪律松弛的现象存在；坚持艰苦奋斗的作风；坚持实事求是的作风；坚持发扬民主，走群众路线的作风；加强政治教育和政治机关的工作，不断提高广大干部战士的思想政治觉悟；加强军事训练，通过勤学苦练，不断增强干部的指挥能力和管理能力，提高部队的作战本领；坚持党管干部，遵循德才兼备、任人唯贤、公道正派、"五湖四海"、干部交流、能上能下的原则和标准，选拔使用干部；领导干部和老同志要带头继承和发扬我军的优良传统，发挥好传、帮、带的作用。《决定》强调，在新的历史条件下，继承和发扬我军优良传统，永远保持老红军本色，具有十分重要的意义。《决定》要求当前应着力解决以下问题：（一）坚决纠正选拔使用干部中的不正之风。（二）坚决刹住以权谋私、权钱交易的歪风。（三）坚决克服经济工作中的违法乱纪现象。（四）坚决制止讲排场、摆阔气、挥霍浪费等奢侈之风。（五）坚决纠正官僚主义、形式主义等不良倾向。《决定》强调要在贯彻落实上狠下功夫。《决定》指出，执行《决定》关键在于高级干部和领导机关的模范带头作用。

11月28日　新华社报道：我国2 000家企业获得国际安全认证。其中1 400家生产企业的产品获得美国UL安全标志使用权，600多家生产企业的产品获加拿大CSA使用权。

11月30日　江泽民会见美众议员访华团。中共中央总书记江泽民在中南海会见由美国众议院军委会军事设施与设备小组委员会主席帕特里夏·施罗德女士率领的美国众议员访华团时说，中国希望与美国增加信任，减少麻烦，发展合作，不搞对抗。他表示，中国愿在中美3个联合公报的基础上，同克林顿先生和美国新政府建立合作，为中美关系的改善和发展而共同做出努力。

12月1日—5日　联合国亚太经社会举办的残疾人10年会议在北京开幕。国务委员兼外交部长钱其琛代表中国政府出席会议并致辞祝贺。他说，中国十分重视保障残疾人权益。今后，中国将积极支持和参与“亚太残疾人10年”活动，加强与亚太经社会及各成员的合作，为残疾人平等地全面参与社会生活，为亚太地区政治稳定、经济繁荣与社会进步做出贡献，迎接更加美好的未来。中国残联主席邓朴方在讲话中宣布，中国决定向亚太经社会捐款5万美元，用于“亚太残疾人10年”活动。出席这次会议的有28个成员国、9个联合国机构和11个非政府组织的代表。会议通过了“亚太残疾人10年(1993—2002)行动计划”和“关于亚太残疾人平等和全面参与的宣言”。吴学谦副总理代表中国政府在宣言上签字。

12月2日　新华社报道：“希望工程”成效显著。1989年10月，中国青少年发展基金会发起了旨在救助贫困地区失学少年重返校园的“希望工程”，至今已收到海内外捐款5 000多万元，救助了全国23个省、区的23万多名失学儿童重返校园。邓小平、江泽民、杨尚昆、李鹏等党和国家领导人纷纷为“希望工程”题字、题词并捐款。邓小平以“一个老共产党员”的名义，两次为“希望工程”共捐款5 000元。受益的百色地区25名小学生得知后致信感谢。信里写道：“我们这些做梦也在呼喊着‘我要上学’的孩子又重新背上书包回到了学校。”“我们一定不辜负邓爷爷的亲切关怀和期望，珍惜学习机会，好好学习，长大把家乡建设得更新更美。”

12月6日　新华社报道：《中共中央文件选集》建国前的18册出齐。《中共中央文件选集》由中央档案馆编辑、中共中央文献研究室审定、中共中央党校出版社出版。全书近800万字。这套选集收入的2 816篇中央文件，绝大部分是第一次公开发表。

12月7日　新华社报道：中共中央决定中共中央政治局委员、书记处书记丁关根兼任中宣部部长，不再兼任中共中央统战部部长职务；王忍之不再担任中共中央宣传部部长职务，调中国社会科学院任党委书记；郁文不再担任中国社会科学院党委书记职务。

12月8日　新华社报道：我国已建立274个国家级商品粮基地。他们以占全国1/5的耕地面积，生产出全国1/4的粮食。10年累计生产粮食3 992亿公斤。

12月10日　中国选手在第五届巴黎国际舞蹈比赛中获奖。上海舞蹈学校16岁的独舞演员谭元之荣获古典芭蕾舞少年组女子第1；辽宁芭蕾舞团19岁的女演员陈姝和20岁的男演员杨蕾，获巴黎歌剧院表演艺术奖。本届比赛共有来自25个国家的125名选手参赛。

12月12日　国务院举行授予人民警察警衔仪式。仪式在北京人民大会堂小礼堂隆重举行。江泽民、李鹏等中央领导人接见高级警官。李鹏为总警监、副总警监和一级、二级警监代表颁发授予警衔命令证书。李鹏在讲话中指出，实行警衔制度是人民警察的性质、任务所决定的，是加强和完善人民警察队伍建设的一项重大措施。

同　日　中国影片《留守女士》获开罗国际电影节“金字塔最佳影片金奖”。

12月13日　新华社报道：国产全球卫星导航定位仪研制成功。全球卫星导航定位仪由中国运载火箭技术研究院七〇研究所研制成功，主要技术指标达到国际90年代水平。

12月14日　全国政法工作会议开幕。这次会议主要研究全国政法战线贯彻落实中共十四大精神的重大措施，部署1993年的全局性工作。1993年全国政法战线的主要任务是，认真贯彻落实中共十四大精神，进一步加强和改革政法工作，强化人民民主专政职能，坚决打击敌对势力和各种犯罪活动，落实综合治理，维护社会稳定，为建立社会主义市场经济体制提供多渠道、全方位的法律服务，保障加快改革开放和现代化建设的顺利进行。

12月14日—18日　全国计划会议在京举行。这是中共十四大之后国务院召开的全面部署1993年经济工作的一次重要会议。会议的中心议题是，认真贯彻落实中共十四大精神，研究确定1993年改革开放和经济建设的任务，安排好国民经济和社会发展计划，并就“八五”计划的必要调整交换意见。在闭幕会上，江泽民总书记、李鹏总理就当前的经济形势和1993年的经济工作发表了重要意见。强调在经济工作中要积极、全面、正确地贯彻中共十四大和邓小平视察南方的重要谈话精神，解放思想，实事求是，脚踏实地，真抓实干，在建立社会主义市场经济体制的过程中，实现有效益的、结构合理的、合乎市场需求的较快增长速度。会议期间，邹家华副总理作了题为《以党的十四大精神为指针安排好1993年经济计划工作》的报告。

12月15日　江泽民会见出席海峡两岸关系协会座谈会负责人。江泽民在北京中南海会见出席海峡两岸关系协会成立1周年座谈会的有关方面负责人时，表示坚决反对制造"台独"的企图和行动，重申主张用和平方式实现国家统一。强调如果出现"台湾独立"或外国势力分裂中国，我们必将采取断然措施，坚决维护国家主权和领土完整。他在讲话中对不久前中国国民党坚持一个中国，"绝不让'台独'和'一中一台'的企图得逞"的声明表示赞赏。

12月16日　我国对外关系取得新进展。国务委员兼外交部长钱其琛在外交部新闻司举行的新年招待会上说，同我国建交的国家已达154个，我国领导人出访48个国家，外国领导人及外长访华达60余次。1992年外国常驻北京记者增加到180余人，临时来访记者约3 000多人次。

12月17日　新华社报道：劳动部部长阮崇武在近日召开的全国劳动厅局长会议上宣布，从1993年起，劳动部对各地不再下达指令性的职工人数、工资总额和技工学校招生等计划指标，普遍实行动态调控的弹性工资计划。

12月17日—19日　俄罗斯联邦总统叶利钦应邀访华。他是中俄关系史上第一位访华的俄罗斯国家元首。杨尚昆主席举行隆重欢迎仪式。两位元首盛赞两国人民的传统友谊。18日上午，李鹏总理同叶利钦举行了长达近两个小时的会谈。在大组会谈开始之前，两国领导人举行了由双方外长参加的小范围会谈。李鹏说，总统的此次访问把两国关系推向更高水平。叶利钦说，发展俄中关系在俄对外关系中居优先地位。同日上午，江泽民总书记会见叶利钦，指出中俄关系取得良好进展，前景很好。下午，杨尚昆主席和叶利钦总统签署了中俄两国联合声明。叶利钦总统访华期间，中俄双方还签署了20多个经贸、科技、文化等领域的合作文件。叶利钦总统这次对中国的访问十分顺利、成功，在完成了访问的主要日程后，根据俄方通知，由于国内事务繁忙，叶利钦总统于19日上午提前结束访问离京回国。

12月19日　反映毛泽东光辉形象的大型画册《怀念》出版。该书由毛泽东的亲属李敏、孔令华主编，中央文献出版社出版。画册分为“革命的家庭”、“温馨的父爱”、“真挚的乡情”、“深切的怀念”4个部分，收入130余幅历史照片，其中有大量从未发表过的珍贵照片。

同　日　《人民日报》报道：我国控制人口增长取得了令人瞩目成绩。全国城市人口各项综合指标已达到发达国家水平，城市人口在全国已率先进入低出生、低死亡、低增长的现代人口再生产类型。人口自然增长率降到8.53‰。

同　日　中科院重奖北京联想集团。中国科学院以100万元人民币重奖新近获得国家科技进步一等奖的北京联想集团。北京联想集团是中国科学院下属的一个公司。为表彰联想集团在中科院科技成果商品化工作中做出的突出贡献，中科院决定以50万元人民币和一套四居室住房重奖联想产品的主要研制者、总工程师倪光南，再以50万元人民币奖励联想集团全体员工。

12月21日　我国“长征二号E”捆绑式运载火箭在西昌卫星发射中心顺利升空，再次将第二颗澳星成功地送入太空。至此，我国圆满完成了为澳大利亚发射两颗通信卫星的合同。这标志着我国对外承揽卫星发射任务胜利地迈出了第一步，表明我国的航天发射能力进入了一个新的发展阶段。中共中央、国务院、中央军委致电热烈祝贺。江泽民、杨尚昆、李鹏、刘华清、张震打电话亲切慰问全体人员。

12月21日—24日　全国经济工作会议在北京举行。会议的中心议题是：全面贯彻落实中共十四大精神，总结1992年的经济工作，研究部署1993年的经济工作。国务院领导会前专门听取了关于召开全国经济工作会议情况的汇报。朱镕基副总理在开幕和闭幕会议上都讲了话。李鹏在24日闭幕会上作了重要讲话。他说，1993年经济工作要在保持总量基本平衡的基础上取得较快发展，重视市场在国家宏观调控下对资源配置起的基础性作用，把经济工作的重点放在优化结构、提高质量、增进效益上，促进国民经济既快又好地持续发展。1992年国民生产总值增长预计可达到12%左右，我国经济建设和改革开放进入了一个新的发展阶段。对于我国的经济情况，国际舆论给予了积极评价。我们要求的速度，应该是结构合理、符合市场需求、讲求效益的速度。李鹏强调了建立社会主义市场经济体制问题。他说，当前和今后一个时期内，要把培育与发展市场体系作为加快经济发展的一项战略性任务来抓。当前要着重抓好几件事：一是切实转变政府职能。二是紧紧抓住转换企业经营机制这个环节，把企业推向市场。既要建立激励机制，又要有约束机制。三是要抓好市场建设，重点抓好生产资料市场的建设，促进相关市场的发育和形成。四是为了适应建立社会主义市场经济体制和加快经济发展的需要，要逐步建立符合经济规律的价格机制。要把物价总水平上升幅度控制在国家、企业、群众承受能力范围内，避免引起大的经济波动。五是按社会主义市场经济的要求，抓紧建立、健全有关法律、法规，逐步形成一套适合我国国情的市场经济管理法规体系和执行监督体系，促进市场经济运行的规范化和法制化。打破地区封锁、部门封锁和行业垄断，以及内外贸的分割，逐步实现国内国际两个市场的衔接。六是加强国家对经济的宏观调控。这就需要加强信息系统的建设，加强对市场运行情况的监测和市场供需预测，以保证国家调控的科学性、正确性。谈到明年的工作时，李鹏说，首先各级政府必须十分重视农业问题，加强对农业工作的领导，农业的基础地位不能动摇。其次，要真正把经济工作重点放在优化结构、推动技术进步、增进效益上，促进生产的健康发展。第三，深化企业改革，切实贯彻《条例》，搞好国有大中型企业，争取明年年底大部分企业按照《条例》规定的新机制运行起来。第四，全国性清理三角债工作虽告结束，但要防止发生新的拖欠。限产压库促销工作要坚持不懈地抓下去。要花大力气进一步扭亏增盈。第五，要开拓国内外市场，更多吸引外资，迎接国内外两个市场激烈竞争的严峻挑战。李鹏强调指出，要强化质量监督的力度，继续打击生产和销售假冒伪劣商品的行为。

12月22日—29日　全国财政工作会议在北京举行。会议认真分析了当前的经济和财政形势，对1993年的财政计划和财政工作做了安排和部署，并按照建立社会主义市场经济体制的要求，研究了财政部门职能转变、深化改革、加强宏观经济调控等问题。国务委员王丙乾在会议开始时作了重要讲话。李鹏总理、朱镕基副总理在闭幕会上讲话。李鹏说，党中央、国务院十分重视财政工作。在经济发展和改革中，财政工作是经济总量平衡、宏观调控的重要方面。财税改革是整个经济体制改革的重要环节，对于社会主义市场经济体制的建立至关重要。财税改革的核心是按照社会主义市场经济体制要求，处理好国家与企业、中央与地方的利益分配关系，为市场发育和企业之间的公平竞争创造良好的外部条件，改进和加强宏观调控。要加快财政改革，严格国家的财经法纪。朱镕基说，财税战线的领导和广大职工要牢固树立生产观点，坚持"发展经济、保障供给"，把发展经济和培育财源结合起来。出席会议的除有关领导人外，还有来自各省、自治区、直辖市及计划单列市的财政局长、税务局长和各部门主管财务工作的同志。

12月23日　国务院召开总结表彰会，宣告从1991年下半年开始的全国清理三角债工作结束。李鹏总理向17个清理三角债先进单位颁发了奖状。朱镕基在会上作了清理三角债工作的总结讲话。

同　日　航空航天部向10名有突出贡献的专家颁发航空金质奖章，并授予荣誉证书和颁发10万元奖金。这10名获奖专家是：顾诵芬、陆孝彭、陆颂善、程华明、朱克听、彭历生、颜鸣皋、关桥、周尧和、高歌。

12月28日　内蒙古自治区党委书记王群在自治区党委五届六次全会上宣布：内蒙古粮食突破百亿公斤，结束了40多年靠国家调粮的历史。

12月31日　《人民日报》发表题为《团结合作共创伟业——祝贺各民主党派全国代表大会胜利闭幕》的社论。社论指出，八个民主党派的全国代表大会的圆满成功，不仅是民主党派的大事，也是我国政治生活中的一件大事，我们对此表示热烈的祝贺。中共十四大提出的任务是十分光荣和艰巨的。只有团结一切可以团结的力量，调动一切积极因素，化消极因素为积极因素，才能完成历史赋予我们的伟大使命。邓小平建设有中国特色社会主义的理论，是指导我们完成新的历史任务的强大思想武器。各民主党派全国代表大会突出了这一主题，并确定为各自工作的指导思想和理论基础，号召广大成员学好用好这一理论。我们相信，通过学习和宣传，一定会取得丰硕的思想成果和新的工作成绩。团结就是力量。团结出凝聚力，出战斗力，出新的生产力。我们要搞好共产党同各民主党派的团结，各民主党派之间的团结，各民主党派内部的团结，并以此为基础团结带动更多的人，同心同德，共同奋斗。希望各民主党派发挥优良传统，不断加强自身建设，充分发挥人才荟萃、智力密集和海内外联系广泛等优势，为夺取有中国特色社会主义事业的更大胜利，为实现和平统一祖国大业，发挥更大的作用，做出新的贡献。

1993年

1993年综述

1993年，全党和全国各族人民继续坚定不移地贯彻邓小平视察南方重要谈话和中国共产党第十四次全国代表大会的精神，抓住机遇，深化改革，朝着建立社会主义市场经济体制的目标迈出重大的步伐。3月，中国共产党第十四届二中全会举行。全会审议通过《关于调整“八五”计划若干指标的建议》、《关于党政机构改革的方案》。全会科学分析了我国当前的经济形势，强调指出，在当前和整个20世纪90年代，抓住国内和国际的有利时机，加快改革开放和现代化建设步伐，这个指导思想要坚定不移。全会认为，“八五”计划若干指标的调整是必要的、符合实际的，调整后的指标经过全党和全国人民的共同努力是能够实现的。同月，第八届全国人民代表大会和全国政协会议第八届委员会召开。江泽民任国家主席，荣毅仁任国家副主席，乔石任八届全国人大常委会委员长，李鹏任国务院总理，李瑞环任全国政协第八届委员会主席。第八届全国人民代表大会第一次会议还通过了《中华人民共和国宪法修正案》。6月，为切实解决经济运行中的突出问题，促进国民经济持续、快速、健康发展，党中央、国务院联合发出《关于当前经济情况和加强宏观调控的意见》，文件以整顿金融秩序为重点，提出16条措施。经过各级政府和有关方面的共同努力，取得明显成效。8月，中共中央纪律检查委员会第二次全体会议举行。全会研究了在新形势下加强反腐败斗争、推进党风廉政建设的思路和对策，动员各级党组织和纪检监察机关落实党中央关于近期内反腐败的工作部署，保证和促进改革开放和经济建设的顺利发展，为全面贯彻党的基本路线服务。11月，中共中央正式出版发行《邓小平文选》第三卷，这是我国政治生活中的大事。同月，中国共产党第十四届三中全会召开。会议通过的《中共中央关于建立社会主义市场经济体制若干问题的决定》勾画出了社会主义市场经济体制的基本框架和总体规划，是今后推进经济体制改革由计划经济体制进入市场经济体制的行动纲领。12月，中共中央、全国人大常委会、国务院、中央军委、全国政协隆重纪念中国共产党、中国人民解放军、中华人民共和国的主要缔造者，中国各族人民的伟大领袖毛泽东诞辰100周年。

在这一年里，海峡两岸关系有所发展。4月，海协会会长汪道涵和台湾海基会董事长辜振甫在新加坡举行会谈。双方认为，这次会谈是两岸关系发展史上重要的一步，历史性的一步。

在这一年里，全年国内生产总值31 380亿元，比上年增长13.4%，其中第二产业增加值16 245亿元，增长20.4%；第三产业8 485亿元，增长9.3%。粮食达到45 644万吨，比上年增长3.1%。工业生产继续高速增长，全年完成工业增加值14 140亿元，比上午增长21.1%。全年全社会完成固定资产投资11 829亿元，比上年增长50.6%（扣除价格因素，实际工作量增长22%）。交通运输生产稳步发展，全年完成增加值1 661亿元，比上年增长7.5%。邮电通信业迅速发展，全年完成增加值240亿元，比上年增长55%。全年社会消费品零售总额12 237亿元，比上年增长26.1%（扣除价格因素，实际增长11.6%）。其中城市7 176亿元，增长31.2%；农村5 061亿元，增长19.5%。全年出口总额918亿美元，比上年增长8%；进口总额1 040亿美元，增长29%。全年国家银行各项存款余额为23 245亿元，比上年末增加4 339亿元，增长23%。国家外汇储备增加，1993年末国家现汇结存为212亿美元(不包括中国银行外汇存款)，比年初增加17.6亿美元。居民收入继续增加，城镇居民人均生活费收入为2 337元，比上年增长28%，扣除价格因素，实际增长10.2%。农村居民人均纯收入921元，比上年增长17.5%，扣除价格因素，实际增长3.2%。

在这一年里，外交工作成绩显著。7月，全国人大常委会委员长乔石应邀对印度尼西亚、马来西亚、新加坡、泰国、菲律宾5国进行正式友好访问。这是全国人大常委会委员长对东盟国家的首次访问。11月，国家主席江泽民应邀在美国西雅图出席亚太经济合作组织领导人非正式会议。美国总统克林顿同江泽民举行正式会晤。这是两国最高领导人自1989年2月以来的首次正式会晤。11月，全国政协主席李瑞环应邀对尼泊尔、印度和巴基斯坦进行正式友好访问。这是全国政协主席对南亚国家的首次访问，也是建国以来以政协主席名义第一次出国访问。

1月1日　全国政协举行新年茶话会。江泽民、李鹏、万里、乔石、李瑞环、朱镕基、刘华清、胡锦涛等出席。江泽民指出：今年将隆重召开第八届全国人民代表大会第一次会议和中国人民政治协商会议第八届全国委员会第一次会议，地方人大和政协换届工作也将陆续进行，这是我国政治生活中的大事。要继续抓紧做好准备工作，确保圆满完成换届任务。江泽民说，古人云："选贤与能，讲信修睦"，这是治国安邦的一条重要经验。只要我们任人唯贤，相互信赖，团结一致，群策群力，中国的事情就能够办得更好。政协副主席吴阶平代表各民主党派、无党派民主人士和全国工商联发表讲话。

同　日　国家主席杨尚昆发表新年讲话。杨尚昆指出：任何国家的经济发展都离不开和平的国际环境。一个更加开放的中国需要同世界各国在平等互利的基础上不断扩大合作。杨尚昆强调：促进中国的统一是大势所趋，不可阻挡。在过去的一年里，海峡两岸的民间往来更加频繁，这是人心所向的最好例证。希望台湾当局能够顺应民心，尽早以实际行动化解敌意，消除障碍，使两岸关系有一个新的发展。

同　日　《人民日报》发表《团结奋进——一九九三年新年献词》的元旦社论。社论提出：1993年，我们要把党的十四大精神的学习、宣传和落实继续作为第一件大事来抓，把思想统一到十四大精神上来，用邓小平同志建设有中国特色社会主义的理论武装全党，坚持党的基本路线，真正使十四大精神变为广大干部和群众的自觉行动，变为全面推进建设有中国特色社会主义事业的强大动力。1993年，我们将按照逐步建立社会主义市场经济体制的要求，更好地加快改革开放，并从严控制经济总量，加强宏观调控，积极推动经济朝着提高质量、优化结构、增进效益的方向较快发展。1993年，我们将有计划有步骤地进行行政管理体制和机构改革，将要召开第八届全国人民代表大会第一次会议和第八届全国政治协商会议第一次会议，地方也将要召开新一届人民代表大会和政协会议，进一步推进政治体制改革和社会主义民主政治建设。1993年，我们还要坚持两手抓，两手都要硬，按照"重在建设"的方针，继续推进社会主义精神文明各方面的建设工作，在全国人民特别是青少年中进一步加强党的基本路线教育和爱国主义、集体主义、社会主义教育，提倡树立正确的理想、信念、人生观、价值观，把精神文明建设进一步落实到城乡基层。

1月2日　上海超临界发电机组投入生产。新华社报道：上海石洞口第二电厂第二台60万千瓦超临界发电机组完成24小时满负荷试运行正式移交生产。这座我国首次应用超临界技术建造的大型火力发电厂总投资30亿元。

同　日　宋庆龄基金会举行《宋庆龄选集》出版座谈会。《宋庆龄选集》编录了作者1912年—1981年间的文章358篇。

1月5日—10日　国务院召开全国经济体制改革工作会议。会议的议题是认真贯彻落实党的十四大精神，围绕建立社会主义市场经济体制，讨论和安排1993年的经济体制改革工作，总结交流各地加快改革开放经验，并就今后经济体制改革的总体设想交换意见。国务院总理李鹏强调指出，今年的改革工作，一定要紧紧围绕建立社会主义市场经济体制的改革目标，进一步解决经济发展和经济体制中的深层次问题，既在体制转换的一些重要领域取得实质性进展，又能促进国民经济更好更快地发展。他说，在加速经济发展和改革开放的进程中，也出现了一些值得重视的问题。主要原因是还没有建立起一套科学的、行之有效的宏观调控体系，国家与企业、中央与地方之间的基本经济关系尚未完全理顺，国民经济还没有形成良性循环的运行机制。李鹏指出，各地区、各部门的同志要像重视加快经济发展和扩大对外开放一样，认真抓好各方面的改革，特别要积极探索如何建立适应社会主义市场经济发展的有效宏观调控手段，探索使企业既有激励又能约束的微观经济运行机制，进一步把改革推向前进。国务院副总理朱镕基主持闭幕会并讲话。

同　日　帕巴拉·格列朗杰当选为西藏自治区政协主席。

1月8日　中共中央总书记江泽民、中共中央政治局常委李瑞环会见香港中华总商会会长霍英东。江泽民说："我们是讲信用，重承诺，昭大信于天下的。我们对香港的平稳过渡和繁荣稳定抱有信心"。

同　日　邓颖超生前藏书转赠青年政治学院。邓颖超生前留下遗嘱，她的个人藏书交给共青团中央，酌分给青少年集中的单位用。共青团中央将她的5 638本个人藏书转赠给中国青年政治学院。

同　日　周文华当选为黑龙江省政协主席。

同　日　游德磐当选为福建省政协主席。

同　日　龙志毅当选为贵州省政协主席。

1月8日—12日　全国青年干部锻炼成长经验交流会召开。中共中央政治局常委胡锦涛听取青年干部的发言，并作重要讲话。胡锦涛指出，14年改革开放的伟大实践，不仅使我国经济建设、人民生活和综合国力都上了一个大台阶，而且培养造就了一代新人，大批青年干部茁壮成长。

1月8日—12日　应杨尚昆主席的邀请，白俄罗斯共和国最高苏维埃主席舒什克维奇对我国进行正式访问。江泽民、万里会见舒什克维奇。国务院总理李鹏与舒什克维奇主席举行会谈。中国和白俄罗斯两国政府分别签署中俄领事条约等涉及外交、经贸和司法等领域的6个文件。中华人民共和国和白俄罗斯共和国发表联合声明。

1月9日　韩应选当选为青海省政协主席。

1月10日　纪念延安双拥运动50周年大会在延安举行。56个市（区）县被命名为全国双拥模范城（县）。刘华清代表党中央、国务院和中央军委作重要讲话。他希望各地要坚持不懈地把双拥工作作为维护国家稳定与发展的战略任务，紧密围绕加快改革开放和现代化建设的任务和要求深入开展。

同　日　宦爵才郎当选为青海省人大常委会主任。

1月11日　中共中央召开在京老同志座谈会。江泽民、李鹏、乔石、李瑞环、朱镕基、胡锦涛等出席。江泽民在会上作了关于当前形势和今年工作的重要讲话，谈了七个方面的问题：一、关于经济工作；二、关于改革问题；三、关于社会政治稳定和精神文明建设；四、关于军队建设；五、关于党的建设问题；六、关于台湾、香港问题；七、关于对外工作。江泽民强调，今年关键是要抓好关系全局的三个方面的工作：一是加强农业的基础地位，切实把农业放在各项经济工作的首位；二是千方百计搞好国有大中型企业，提高经济效益；三是加强宏观调控，保持国民经济重大比例关系的基本平衡，特别是管好信贷和货币两个闸门，严格控制货币发行量和信贷规模，有效地防止和克服盲目攀比速度、低水平重复建设的现象。江泽民说今年要着重抓好四项工作：一、推进国有大中型企业的改革；二、加快价格改革，促进有利于市场体系培育的行业的发展，配套改革税收、财政、金融、外贸和计划体制，积极推进住房，土地使用制度和社会保障制度改革；三、研究和制定机构改革的总体方案，并着手组织实施；四、进一步扩大对外开放，积极利用外国资金、资源、技术和市场。

同　日　中国华北、东北、华东、华中、西北五大电力集团成立。李鹏总理出席成立大会并讲话。他说，企业集团是适应我国社会主义市场经济和社会化大生产的客观需要而出现的一种新型组织形式。五大电力集团的组建，既是电力管理体制的重要改革，也是经济体制改革的产物。实践证明，像电力这样关系到重大国计民生的行业，应当走集团化的路子。

同　日　北京2000年奥运会申办委代表团向国际奥委会呈交申办报告，成为第一个正式呈交申办报告的城市。

同　日　王茂林当选为山西省政协主席。

同　日　热地、江村罗布分别当选为西藏自治区人大常委会主任、自治区政府主席。

同　日　田成平当选为青海省省长。

1月11日—13日　全国省市区纪委书记、监察厅（局）长会议召开。根据中共中央、国务院的决定，中央纪委、监察部从今年开始合署办公，实行一套工作机构，履行党的纪律检查和行政监督两项职能的体制。

1月11日—16日　全国宣传部长座谈会召开。会议明确了1993年宣传思想战线的重点工作。要求着重做好9项工作：认真落实用邓小平同志建设有中国特色社会主义理论武装全党的任务；宣传思想工作要更好地为经济建设服务；切实加强党的基本路线教育和爱国主义、集体主义、社会主义教育，推动群众性的精神文明建设；加强舆情调研，充分发挥大众传媒特别是电视、报纸、电台的作用；进一步繁荣文化，继续抓好“扫黄”；大力加强对外宣传工作；积极推进宣传文化体制改革；建设一支政治强、业务精、作风正的宣传思想工作队伍；做好纪念毛泽东同志诞辰100周年的宣传工作。江泽民、李鹏等接见全体代表。江泽民在讲话中向宣传思想战线的同志提出了几点希望：一是要坚持抓好小平同志建设有中国特色社会主义理论和党的基本路线的宣传教育，这是我们在新时期的宣传思想工作的根本任务和中心环节。在这个基础上，当前还应加强以下几方面的宣传教育：（1）加强爱国主义的宣传教育。广泛开展中华民族的优秀传统文化教育和中国近代史、现代史教育，是进行爱国主义教育的重要一环。（2）加强正确的理想、信念、人生观、价值观的宣传教育。（3）加强马克思主义的唯物辩证法的宣传教育。（4）加强团结的宣传教育。二是宣传思想工作要保持鲜明性的特点。在大的原则面前、是非面前，切不可含含糊糊。三是宣传思想战线的同志要加强理论学习和业务学习。

1月11日—19日　印度人民院议长希夫拉吉·维什瓦纳特·帕蒂尔率领议会代表团访问中国。这是30多年来第一个正式访华的印度议会代表团。全国人大常委会委员长万里、国务院总理李鹏会见印度议会代表团。

1月12日　江泽民、李鹏、乔石、李瑞环、朱镕基、刘华清、胡锦涛等到永定河畔参加劳动。中央领导同志同1 300多位农民、解放军和武警官兵一起，参加综合治理开发工程劳动。

同　日　陈光毅、贾庆林分别当选为福建省人大常委会主任、省长。

同　日　陈辉光当选为广西壮族自治区政协主席。

1月12日—16日　全国银行分行行长、保险分公司总经理会议举行。李鹏、朱镕基出席闭幕会议并讲话。李鹏强调，去年是我国经济高速发展的一年，总供给和总需求仍保持基本平衡的总格局。但是在金融方面也出现了信贷规模较大、货币投放较多，生产资料价格上涨等新的情况。现在党中央明确提出，在大好形势下，要防止经济过热。李鹏特别强调银行要把住两个总闸门：一个是贷款发放的闸门，包括各种债券、各类股票和国外的贷款。另一个是货币投放的闸门，总量一定要从严控制，不能突破。朱镕基指出，要深化金融改革，建立银行风险机制。

同　日　卢功勋、胡富国分别当选为山西省人大常委会主任、省长。

同　日　刘枫当选为江西省政协主席。

同　日　塔里木盆地发现亿吨油田。《人民日报》报道：塔里木盆地腹地近日发现一个储量超过1亿吨的整装大型油田。这是迄今为止塔里木盆地油气勘探史上最重大的发现，是石油战线贯彻党中央、国务院确定的“稳定东部、发展西部”战略方针取得的又一重大成果。

1月13日—15日　中华人民共和国澳门特别行政区基本法起草委员会第九次会议举行。会议审议和通过报请全国人民代表大会审议的《中华人民共和国澳门特别行政区基本法（草案）》、中华人民共和国澳门特别行政区区旗区徽图案（草案）以及《关于提请全国人民代表大会审议<中华人民共和国澳门特别行政区基本法（草案）>的决定》。会议决定，把修改后的《中华人民共和国澳门特别行政区基本法（草案）》和澳门特别行政区区旗区徽图案（草案）一并提请全国人大常委会审议，并建议全国人大常委会将其提请八届人大一次会议审议。

同　日　刘正当选为湖南省政协主席。

同　日　申效曾当选为甘肃省政协主席。

同　日　李泽民、万学远分别当选为浙江省人大常委会主任、省长。

1月15日　中共中央政治局委员李瑞环等接见三届“心连心”艺术团演员。派“心连心”艺术团去少数民族地区进行慰问演出，是由江泽民倡导的。自1991年9月以来，艺术团先后赴新疆、内蒙古、广西3个少数民族地区慰问演出，总行程2万公里，为40多个少数民族群众演出67场，直接观众近40万，收看电视转播上千万人次，深受各族人民的欢迎。

同　日　刘夫生、陈邦柱分别当选为湖南省人大常委会主任、省长。

同　日　刘明祖、成克杰分别当选为广西壮族自治区人大常委会主任、区主席。

同　日　刘正威、陈士能分别当选为贵州省人大常委会主任、省长。

1月16日　党和国家领导人接见澳门基本法起草委员会全体委员。与会的领导同志祝贺澳门基本法草案顺利完成。江泽民说："'一国两制'是小平同志提出的非常好的构想，对统一祖国，实行一国两制，不仅香港、澳门如此，对台湾也是这样。"他说："这一点，实践之后我们现在都已经习惯，但在事前要突破这一点，很不容易。"参加接见的领导同志有：江泽民、李鹏、万里、乔石、李瑞环等。

同　日　《人民日报》发表国务院《关于进一步加强证券市场宏观管理的通知》。通知说，国务院已决定成立国务院证券委员会（简称证券委）和中国证券监督管理委员会（简称证监会）。这是深化改革，完善证券管理体制的一项重要决策，对于保障证券市场健康发展有着重要意义。通知就：一、理顺和完善证券市场管理体制；二、严格规范证券发行上市程序；三、关于1993年的证券发行问题；四、进一步开放证券市场；五、抓紧证券市场的法制建设；六、研究制定证券市场发展战略和规划，加强证券市场基础建设；七、加强证券市场管理，保障证券市场健康发展等7大问题作出了严格的规定。

同　日　1993年高校统考范围公布。《人民日报》报道：国家教育委员会公布了1993年全国普通高等学校招生统一考试范围。其中除化学、地理、历史、数学（理科）、英语、俄语、日语各科的考试范围仍按1986年国家教育委员会颁布的《全日制中学教学大纲》外，对其他各科均作了具体说明。

同　日　贾那布尔当选为新疆维吾尔自治区政协主席。

同　日　孙维本、邵奇惠分别当选为黑龙江省人大常委会主任、省长。

同　日　卢克俭、阎海旺分别当选为甘肃省人大常委会主任、省长。

同　日　《人民日报》发表《邓小平关于建设有中国特色社会主义的论述专题摘编》目录。《人民日报》在编者按中指出：《邓小平关于建设有中国特色社会主义的论述专题摘编》一书出版，对于全党同志特别是领导干部学习理论，贯彻党的十四大精神，提高坚持党的基本路线的自觉性，将起到重要的作用。《专题摘编》分为：一、关于社会主义的发展道路问题；二、关于社会主义的发展阶段问题；三、关于社会主义的根本任务问题；四、关于社会主义的发展动力问题；五、关于社会主义建设的外部条件问题；六、关于社会主义建设的政治保证问题；七、关于社会主义建设的战略步骤问题；八、关于社会主义的领导力量和依靠力量问题；九、关于实行“一国两制”，推进祖国和平统一问题。

1月18日　《人民日报》发表《邓小平关于建设有中国特色社会主义的论述》。《人民日报》在编者按中指出：为了配合广大党员和干部学习党的十四大文件和建设有中国特色社会主义的理论，中共中央文献研究室编辑出版了《邓小平关于建设有中国特色社会主义的论述专题摘编》，共20万字。

同　日　何竹康、高严分别当选为吉林省人大常委会主任、省长。

同　日　阿木冬·尼牙孜、铁木尔·达瓦买提分别当选为新疆维吾尔族自治区人大常委会主任、自治区主席。

1月19日　中央领志人会见在华外国老专家。中共中央总书记江泽民、国务院总理李鹏等会见爱泼斯坦、横川辰子等20多位在华外国老专家。这些平均年龄在70岁以上的老专家大多是三四十年代历尽艰辛来到中国，在解放区参加革命工作的老同志。他们分别来自美国、法国、英国、加拿大、德国、奥地利、日本、泰国和马来西亚等国家。

同　日　李瑞环邀请全国性宗教团体领导人做客中南海。中共中央政治局常委李瑞环邀请全国性宗教团体10位领导人到中南海做客，坦诚谈心，共迎新春。李瑞环指出：宗教问题是一个重大的问题，也是一个复杂的问题。它涉及到千百万群众的信仰，在许多地方与民族问题交织在一起，在一定条件下还受到某些国际因素的影响。处理好这个问题，对于维护广大人民群众的切身利益，对于保证国家的长治久安，对于巩固和提高我国的国际地位，都具有重要意义。各级党政组织，都必须重视宗教问题，把它提到重要议事日程上来，积极、慎重、细致、稳妥地把工作做好。

同　日　中共中央决定，阮崇武任中共海南省委书记。

1月20日　纪念已故国家名誉主席宋庆龄诞辰100周年大会举行。全国人大常委会委员长万里主持纪念大会。国务院总理李鹏，中共中央政治局常委李瑞环、胡锦涛出席大会。江泽民总书记在纪念大会上发表长篇讲话，盛赞宋庆龄同志是爱国主义、民主主义、国际主义和共产主义的伟大战士，是杰出的社会活动家，是保卫世界和平事业久经考验的前驱，是中国共产党的优秀党员。江泽民说，宋庆龄的名字不仅为海内外的华夏子孙所铭记，而且为众多的国际友人所景仰。她是我们中华民族的骄傲，是国之瑰宝。江泽民代表中国共产党、中国政府和全国各族人民，向宋庆龄同志表示深切的怀念。江泽民在讲话中，高度评价了宋庆龄同志光辉灿烂的一生，说她的一生是不断追求、不断认识新事物、接受新思想，紧随着时代脚步不断前进的一生。她为人类进步事业所做出的杰出贡献和所建立的丰功伟绩，在历史上永放光芒。

同　日　国务院总理李鹏等慰问从事信访工作的同志。李鹏指出，在改革开放的新形势下，信访工作要适应新形势的特点，进一步加强。“为人民服务”的宗旨和“实事求是”的态度，应成为我们开展信访工作的一个重要原则。

同　日　国务院总理李鹏签署第一〇八号国务院令。国务院令发布了《中华人民共和国国家货币出入境管理办法》。《办法》自1993年3月1日起施行。

1月21日　江泽民会见柬埔寨国家元首、全国最高委员会主席诺罗敦·西哈努克亲王。江泽民说，中国政府赞同并支持柬埔寨全民直接选举总统，期待并欢迎西哈努克亲王当选为柬埔寨总统。

1月22日　邓小平与上海各界人士共迎春节。邓小平说：“我向大家拜年，祝你们春节快乐，并通过你们向全体上海人民，首先是上海工人阶级拜年。上海工人阶级长期以来一直是中国工人阶级的带头羊。”邓小平说：“希望你们不要丧失机遇。对于中国来说，大发展的机遇并不多。中国与世界各国不同，有着自己独特的机遇。

比如，我们有几千万爱国同胞在海外，他们对祖国作出了很多贡献。”邓小平充分肯定了上海人民去年所做的工作。他说：“上海人民在1992年做出了别人不能做到的事情。当然，走一步，回头看一下是必要的。要注意稳妥，避免损失，特别要避免大的损失。有一点小的损失不要紧。回头总结经验，改正缺点就是了。你们上海去年努力了一年，今年再努力一年，乘风破浪，脚步扎实，克服困难更上一层楼。”邓小平说：“实践证明，以江泽民同志为核心的党中央领导集体工作做得是好的，是可以信任的。”

1月24日　全国人大常委会委员长万里会见蒙古大呼拉尔主席那楚克·巴嘎班迪。万里说，近年来两国友好关系发展顺利，发展中蒙友好关系符合两国人民的根本利益。中国执行独立自主的和平外交政策，发展同周边国家的睦邻友好关系是中国外交政策的一个重要方面。

1月24日—2月27日　国家主席杨尚昆在广东省休息和考察工作。

1月27日　中共中央决定，程维高任中共河北省委书记。

同　日　国务院举行第一二一次常务会议，审议并原则通过了《中华人民共和国农业基本法（草案）》。

同　日　国家土地估价委员会成立。《人民日报》报道：国家土地估价委员会经国务院批准正式成立。我国地价评估和管理有了权威的协调咨询机构。

2月3日　原中共中央政治局委员、中共天津市委书记谭绍文因病逝世。谭绍文，1929年7月4日出生于四川成都。1936年—1948年先后在四川新津、成都的小学和中学读书。1948年—1952年相继在成都铭贤学院纺织工程系、西北工学院纺织工程系学习。1952年9月大学毕业后，分配到天津国营第三棉纺织厂担任技术员。1953年—1958年，在天津纺织工业学校机织科任教师、副主任。1953年5月加入中国共产主义青年团。1955年5月加入中国共产党。1958年—1966年在河北纺织工学院任教务处副处长。“文化大革命”初期受冲击，下放劳动。恢复工作后，任天津纺织工学院教务处处长、党委常委。1978年—1981年任副院长、党委副书记、院长。1981年8月—1982年5月，先后任天津市文教委员会副主任、党组副书记、主任。1982年5

月任中共天津市委常委、秘书长。1983年3月—1989年9月任市委副书记。1988年5月任市政协主席。1989年9月任中共天津市委书记、天津警备区党委第一书记。党的十二大、十四大代表。在党的十四大和十四届一中全会上，当选为中共中央委员、中央政治局委员。

同　日　阮崇武、杜青林、姚文绪分别当选为海南省省长、省人大常委会主任、省政协主席。

同　日　渤海西部勘探发现我国海上最大油田，储量达1.9亿吨。

同　日　刘方仁当选为江西省政协主席。

同　日　中国相声艺术大师、语言大师、中国广播艺术团艺术指导侯宝林因病逝世。侯宝林，满族。1917年出生于天津。因家境贫寒，4岁时被舅舅从外地送到北京地安门外侯家。1929年刚11岁，就拜阎泽甫为师，学京戏，兼打杂、烧水、做饭、看孩子。后改学相声。先后拜常宝臣、朱阔泉为师，在北京天桥、鼓楼一带“摆地”演出，说单口相声，挣钱谋生，养家糊口。抗日战争期间，侯宝林与郭启儒合作，在京津一带演出，艺术日臻成熟，声名大震。1959年加入中央广播文工团说唱团。此后几十年间，为中央人民广播电台录制了大量的相声段子，同时在海内外舞台上大显身手，深受观众欢迎。历任中国文联常务委员、中国曲艺工作者协会副主席、北京大学、辽宁大学兼职教授等职。第三届全国政协委员，第四、五、六、七届全国人大代表。他被尊为相声界具有开创性的一代宗师、语言大师。在60年艺术生涯中，潜心研究并发展相声艺术，把欢笑带给观众。侯宝林与以他为代表的一批相声艺术家使这个艺术样式真正走进千家万户，达到一个令人瞩目的艺术高峰。除创作和表演了大量脍炙人口的相声名段而外，他还对相声和曲艺的源流、原理和技巧进行理论研究，撰写和与人合作写了《相声表演艺术》、《曲艺概论》、《相声溯源》等专著。侯宝林逝世后，江泽民总书记打电话给他的家属表示哀悼，并向家属致以亲切慰问。

同　日　国家货币出入境限额公告发布。中国人民银行发布关于国家货币出入境限额的公告，中国公民出入境，外国人入出境，每人每次携带的人民币限额为6 000元。

同　日　中纪委发出通报。新华社报道：中纪委就湖北省原宜昌市借地市合并之机突击提干、滥发钱物的严重问题发出通报。湖北省原宜昌市委和下属单位共提拔干部1 017人，原市直154个单位滥发钱物1 483万元；原宜昌地区少数单位提拔干部84人，滥发钱物679万元。中纪委在通报中指出，这一问题性质恶劣，影响很坏，严重损害了党和政府的形象，干扰了改革开放和经济建设的顺利进行，教训是十分深刻的。

同　日　李其炎、张健民、王大明分别当选北京市长、市人大常委会主任、市政协主席。

同　日　吴官正当选为江西省省长，毛致用当选为江西省人大常委会主任。

同　日　中华全国铁路总工会召开纪念“二七”大罢工70周年大会。中共中央总书记江泽民、国务院总理李鹏题词。江泽民的题词是：“弘扬二七革命传统，争做四化建设先行”。李鹏的题词是：“发扬二七革命光荣传统，做改革和建设的主力军”。

同　日　郭荣昌当选为广东省政协主席。

同　日　中央军委颁布立法规划。《人民日报》报道：中央军委正式颁布了“八五”期间立法规划，以进一步加强和完善我军的法制建设。由中央军委颁发专门的立法规划，在我军建设历史上是第一次。根据这个规划的要求，将起草制定一系列有关军队建设的法律、法规，其范围基本上包含了目前我国国防和武装力量建设的所有重要领域。这标志着我国的国防和武装力量建设开始全面进入法制的轨道。

同　日　朱森林当选为广东省省长，林若当选为省人大常委会主任。

同　日　史钧杰当选为安徽省政协主席。

同　日　杨析综、肖秧、聂荣贵分别当选为四川省人大常委会主任、省长、省政协主席。

同　日　孟富林当选为安徽省人大常委会主任。

2月10日　傅锡寿当选为安徽省省长。

2月13日　中共中央、国务院印发《中国教育改革和发展纲要》，

并发出通知要求各地、各部门贯彻执行。《中国教育改革和发展纲要》分为：一、教育面临的形势和任务；二、教育事业发展的目标、战略和指导方针；三、教育体制改革；四、全面贯彻教育方针，全面提高教育质量；五、教师队伍建设；六、教育经费。

同　日　贾志杰任湖北省代省长。

2月14日　中国共产党中央委员会向第七届全国人民代表大会常务委员会提出关于修改宪法部分内容的建议。建议说：根据我国改革开放和社会主义现代化建设事业进一步发展的实践，中国共产党中央委员会提出修改《中华人民共和国宪法》部分内容的建议：一、宪法序言第七自然段后两句："今后国家的根本任务是集中力量进行社会主义现代化建设。中国各族人民将继续在中国共产党领导下，在马克思列宁主义、毛泽东思想指引下，坚持人民民主专政，坚持社会主义道路，不断完善社会主义的各项制度，发展社会主义民主，健全社会主义法制，自力更生，艰苦奋斗，逐步实现工业、农业、国防和科学技术的现代化，把我国建设成为高度文明、高度民主的社会主义国家。"修改为："我国正处于社会主义初级阶段。国家的根本任务是，根据建设有中国特色社会主义的理论，集中力量进行社会主义现代化建设。中国各族人民将继续在中国共产党领导下，在马克思列宁主义、毛泽东思想指引下，坚持人民民主专政，坚持社会主义道路，坚持改革开放，不断完善社会主义的各项制度，发展社会主义民主，健全社会主义法制，自力更生，艰苦奋斗，逐步实现工业、农业、国防和科学技术的现代化，把我国建设成为富强、民主、文明的社会主义国家。"二、宪法第七条："国营经济是社会主义全民所有制经济，是国民经济中的主导力量。国家保障国营经济的巩固和发展。"修改为："国有经济，即社会主义全民所有制经济，是国民经济中的主导力量。国家保障国有经济的巩固和发展。"三、宪法第八条第一款："农村人民公社、农业生产合作社和其他生产、供销、信用、消费等各种形式的合作经济，是社会主义劳动群众集体所有制经济。参加农村集体经济组织的劳动者，有权在法律规定的范围内经营自留地、自留山、家庭副业和饲养自留畜。"修改为："农村中的家庭联产承包为主的责任制和生产、供销、信用、消费等各种形式的合作经济，是社会主义劳动群众集体所有制经济。参加农村集体经济组织的劳动者，有权在法律规定的范围内经营自留地、自留山、家庭副业和饲养自留畜。"四、宪法第十五条："国家在社会主义公有制基础上实行计划经济。国家通过经济计划的综合平衡和市场调节的辅助作用，保证国民经济按比例地协调发展。""禁止任何组织或者个人扰乱社会经济秩序，破坏国家经济计划。"修改为："国家实行社会主义市场经济。""国家加强经济立法，改善宏观调控，依法禁止任何组织或者个人扰乱社会经济秩序。"五、宪法第十六条："国营企业在服从国家的统一领导和全面完成国家计划的前提下，在法律规定的范围内，有经营管理的自主权。""国营企业依照法律规定，通过职工代表大会和其他形式，实行民主管理。"修改为："国有企业在法律规定的范围内有权自主经营。""国有企业依照法律规定，通过职工代表大会和其他形式，实行民主管理。"六、宪法第十七条："集体经济组织在接受国家计划指导和遵守有关法律的前提下，有独立进行经济活动的自主权。""集体经济组织依照法律规定实行民主管理，由它的全体劳动者选举和罢免管理人员，决定经营管理的重大问题。"修改为："集体经济组织在遵守有关法律的前提下，有独立进行经济活动的自主权。""集体经济组织依照法律规定实行民主管理。"七、宪法第四十二条第三款："劳动是一切有劳动能力的公民的光荣职责。国营企业和城乡集体经济组织的劳动者都应当以国家主人翁的态度对待自己的劳动。国家提倡社会主义劳动竞赛，奖励劳动模范和先进工作者。国家提倡公民从事义务劳动。"修改为："劳动是一切有劳动能力的公民的光荣职责。国有企业和城乡集体经济组织的劳动者都应当以国家主人翁的态度对待自己的劳动。国家提倡社会主义劳动竞赛，奖励劳动模范和先进工作者。国家提倡公民从事义务劳动。"八、宪法第九十八条："省、直辖市、设区的市的人民代表大会每届任期五年。县、不设区的市、市辖区、乡、民族乡、镇的人民代表大会每届任期三年。"修改为："省、直辖市、县、市、市辖区的人民代表大会每届任期五年。乡、民族乡、镇的人民代表大会每届任期三年。”

2月15日—22日　七届全国人大常委会第三十次会议举行。会议通过了将《中华人民共和国宪法修正案（草案）》提请八届全国人大一次会议审议的决定；通过了《中华人民共和国国家安全法》、《全国人大常委会关于修改〈中华人民共和国商标法〉的决定》、《全国人大常委会关于惩治假冒注册商标犯罪的补充规定》、《中华人民共和国产品质量法》，会议根据代表资格审查委员会提出的审查报告，确认第八届全国人大代表2 977名的代表资格全部有效并决定公布。

2月18日　国防科工委召开庆功会。中央军委副主席刘华清、中央军委副主席张震接见国防科技有功人员。1992年，国防科工委先后获得部级以上科技进步奖119项，在试验工程技术和测试技术方面取得了新的重大突破。“银河—Ⅱ”10亿次巨型计算机通过国家技术鉴定，填补了我国大型科学与工程计算及大规模数据处理并行计算机的空白。包括“澳星”和“瑞星”搭载的5颗卫星发射成功，以及对各类卫星的测控和在轨管理，实现了我国航天技术走向世界的辉煌跨越。

同　日　《人民日报》发表《进一步提高党的领导水平》的社论。社论说：提高党的领导水平，首先要用邓小平建设有中国特色社会主义的理论武装全党。一个处在执政地位的无产阶级政党，其政治上走向成熟的一个重要标志，就是要掌握和运用马克思主义理论，密切联系本国实际，制定和贯彻执行正确的路线、方针、政策。社论还说：提高党的领导水平的另一个重要内容，就是提高党对经济建设的领导能力。

同　日　国务院总理李鹏主持召开国务院第一二三次常务会议。会议审议并原则通过了《电网调度管理条例（草案）》、《中华人民共和国无线电管理条例（草案）》和《核电厂核事故应急管理条例（草案）》。这3个条例在做必要修改后，将由国务院发布施行。

同　日　新华社发表中国人民政治协商会议第八届全国委员会委员名单。名单包括中国共产党（91人）、中国国民党革命委员会（65人）、中国民主同盟（65人）、中国民主建国会（65人）、无党派民主人士（53人）、中国民主促进会（35人）、中国农工民主党（35人）、中国致公党

(20人)、九三学社（35人)、台盟（20人)、中国共产主义青年团（12人)、中华全国总工会（53人)、中华全国妇女联合会（72人)、中华全国青年联合会（16人)、中华全国工商业联合会（60人)、中国科学技术协会（44人)、中华全国台湾同胞联谊会（20人)、文化艺术界（145人)、科学技术界（186人)、社会科学界（45人)、经济界（82人)、农林界（69人)、教育界（116人)、体育界（21人)、新闻出版界（30人)、医药卫生界（95人)、对外友好团体（24人)、社会救济福利团体（21人)、少数民族（100人)、中华全国归国华侨联合会（25人)、香港同胞（79人)、澳门同胞（19人)、宗教界（58人)、特别邀请人士（217人)。

同　日　国务院"京九铁路建设领导小组"召开会议。会议研究"三年铺通，一年配套"的总体部署和加快建设的主要措施。京九铁路北起北京南至深圳，纵穿9省市，全长2 500多公里，投资200多亿元；1997年香港回归后直通九龙。

同　日　叶公琦、黄菊、陈铁迪分别当选为上海市人大常委会主任、市长、市政协主席。

同　日　北京2000年奥运会《申办报告》通过审查。新华社报道：国际奥委会最近审查通过了北京2000年奥运会《申办报告》，其中包括国家主席杨尚昆和国务院总理李鹏致国际奥委会的函件。

2月23日　中共中央总书记江泽民接受采访。中共中央总书记江泽民接受《美国新闻与世界报道》总编莫蒂默·朱克曼的采访，就中美关系、中国的内、外政策等问题回答了他们的提问。江泽民说，中美间的三个联合公报是中美关系的基础，三个公报也是得到美国两党一致支持的。中国一贯重视中美关系，我们愿在三个公报的基础上，同克林顿总统领导的美国新政府一起为改善和发展两国关系做出努力。在谈及中美关于人权问题上的分歧时，江泽民说，最关心中国人权状况的是我们自己。中国有11亿多人口，解决他们的衣食住行、教育、就业、社会活动等任务是很艰巨的。我们在不断努力改善中国人民的生活，这不仅促进了中国的稳定，也有利于亚洲乃至世界的稳定。我国的宪法从根本方面保障了人民的各种权利。在谈及美国有人主张对延长中国最惠国待遇附加条件时，江泽民说，中美之间相互给予最惠国待遇，这是一种平等互惠的安排，不仅对中国有利，也对美国有利。在谈及中英双方关于香港问题上的分歧时，江泽民说，这个问题的实质是恪守国际信义，促使香港平稳过渡，保持长期稳定和繁荣。中英之间关于香港问题有一系列协议和谅解，按照这些文件办是不会出现问题的。我们希望英方能够迅速回到中英联合声明、与基本法相衔接的原则以及中英双方已达成的有关协议和谅解的轨道上来，从而为恢复双方的合作创造条件。江泽民说，我们一直主张通过和谈实现中国统一，这符合全体中国人民的根本利益和共同意愿。为了早日结束海峡两岸分裂局面，两岸应尽早进行接触与谈判。只要坐下来谈，总能找到两岸都能接受的办法。我们对祖国统一大业的前景是乐观的。在回答中国的经济发展是否过热的问题时，江泽民说，前进中存在一些值得注意的问题。这些问题是，在计划经济体制向社会主义市场经济体制转换过程中由于新机制尚未完善所产生的一些现象，对于这些现象已经引起重视。我们认为只有坚持改革开放，才能解决前进中的问题，也只有不断解决这些问题，才能使我国经济更好更快地持续发展。关于邓小平的重大贡献，江泽民说，邓小平是中国社会主义改革开放和现代化建设的总设计师，为建设有中国特色社会主义理论的创立做出了历史性的重大贡献，他在全国人民中间享有崇高的威望。虽然他现在不再担任党和国家的领导职务了，但他倡导的这一伟大理论，是指导我们各项工作的根本指针。中国共产党的第十四次全国代表大会明确确立了用邓小平建设有中国特色社会主义的理论武装全党。

同　日　台湾“立法院”任命连战为“行政院长”。连战祖籍台湾省台南市，1936年出生于陕西省西安市，1946年返回台湾。1981年后，连战历任台湾“交通部长”、国民党中常委、“行政院副院长”、“外交部长”等职，1990年起任“台湾省政府主席”。连战是由台湾“总统”李登辉提名、接替郝柏村出任这一职务的。

同　日　台湾“邮政总局”决定自26日起开办邮寄大陆地区的水陆平常函件。台湾“邮政总局”说，岛内各地邮局收到的寄往大陆地区水陆函件，将汇总专袋，由基隆邮局交由轮船公司航运香港，再由香港邮政转往大陆。此前台湾寄往大陆地区的航空平常函件，已于1988年4月18日开办。截至上月底，“邮政总局”受理台湾民众航寄大陆的信件累计已达2 599万件。

2月23日—25日　国务院首次召开全国粮食产销政策发布及订货会。会议的主要内容有两项：一、通过组织粮食产区和销区直接订货，使产区在产前就能了解销区对粮食数量、品种、质量的需求，并与农民签订合同，使农民“一年早知道”，主动安排生产确保国家和销区粮食的需要；二、向全国各地发布1993年粮食的保护价、挂钩化肥和柴油的价外加价等各项粮食产销政策，以保护农民利益，调动农民生产积极性。国务院总理李鹏同出席全国粮食产销政策发布及订货会议代表座谈。

2月27日　全民教育国家级大会召开。会议的主要议题是：总结回顾中国基础教育和扫盲教育的理论与实践，研讨、论证在本世纪末中国实现“两基两全”的战略和措施，加强并扩大中国同世界各国和各友好国际组织的教育交流与合作。国务院总理李鹏在会上指出，发展教育事业是关系到国家富强、人类文明和社会进步的根本大计。中国政府和人民将把握当前有利时机，积极发展教育事业，并愿与国际组织和世界各国尤其是发展中国家一道，为实现世界全民教育的目标做出积极贡献。联合国儿童基金会执行主任格兰特在讲话中高度评价了中国政府把教育作为中国发展战略中一个高度优先的领域和中国教育取得的引人瞩目的成就。

3月3日　孙奇当选为辽宁省政协主席。

同　日　山东快书一代宗师、中国曲艺家协会副主席高元钧因病逝世。高元钧童年流落街头乞讨卖唱，在汲取民间曲艺精华的基础上刻意求新，使这一艺术从民间走向舞台，成为山东快书“高派”艺术的创始人。创作表演的有《武松打虎》、《武松赶会》、《鲁达除霸》等歌颂历代民间英雄人物的著名段子，还有《一车高粱米》、《侦察兵》、《长空激战》等一批反映现代生活的新段子。培育了200多名有一定成就的山东快书演员和作家，使50年代初才由其定名的山东快书迅速推向全国。高元钧还擅长相声、双簧等，曾与侯宝林、刘宝瑞等艺术大师同台献艺。高元钧1951年参加中国人民解放军，1956年加入中国共产党。先后在解放军总政文工团和北京军区战友文工团当演员和艺术指导，曾当选为中国文联委员，被中国艺术研究院聘为特邀研究员。与人合作编著《表演山东快书的经验》、《山东快书艺术浅论》、《快板快书研究》等传世之作，填补了山东快书理论上的空白。

3月3日—5日　以“中小企业走向2000年”为主题的世界中小企业大会举行。会议一致通过了《北京宣言》。《宣言》认为世界各国一直将中小企业视为发展经济的重要领域。特别是由于在近年来席卷世界众多国家和地区的经济衰退中，中小企业表现出了具有比大企业更强的应变和承受能力，各国更加重视鼓励和扶植中小企业的发展。因此，中小企业面临的一些问题正引起国际范围内的广泛关注，中小企业也在不断地全球化。国家主席杨尚昆向大会发来贺词。万里委员长、李鹏总理会见了会议代表。

3月4日　纪念毛泽东等老一辈革命家为雷锋题词30周年大会举行。江泽民、刘华清、胡锦涛等接见受表彰的学雷锋活动先进集体、先进个人的代表。

同　日　全树仁、岳岐峰分别当选为辽宁省人大常委会主任、省长。

3月5日　海峡两岸关系协会第一届理事会第二次会议举行。会议认为，海协会今年将更加积极、主动地开展两岸民间交往与交流；进一步加强与海基会及台湾有关社会团体和各界人士的联系与合作；妥善处理好两岸同胞交往中产生的具体问题；积极促进海峡两岸事务性商谈的开展；并努力实现汪道涵会长与海基会董事长辜振甫的会晤。

3月5日—7日　中国共产党第十四届二中全会举行。出席这次全会的中央委员184人，中央候补委员125人。有关负责同志49人列席了会议。中央政治局主持会议，中央委员会总书记江泽民作了重要讲话。全会审议通过了《关于调整“八五”计划若干指标的建议》；审议通过了《关于党政机构改革的方案》。全会科学分析了我国当前的经济形势，强调指出，在当前和整个90年代，抓住国内和国际的有利时机，加快改革开放和现代化建设步伐，这个指导思想要坚定不移。全会认为，“八五”计划若干指标的调整是必要的、符合实际的，调整后的指标经过全党和全国人民的共同努力是能够实现的。要继续保持经济发展的好势头，在提高质量、优化结构、增进效益的基础上求得较快的发展速度，促进社会全面进步。各地情况不同，在速度问题上不搞“一刀切”。在经济工作中，要更好地坚持解放思想、实事求是的思想路线，善于总结经验，及时发现和认真解决前进中的突出矛盾与问题，促进社会主义市场经济体制的建立，促进经济建设又快又好地发展。全会认为，党政机构改革，是政治体制改革和社会主义政治建设的重要内容，也是深化经济体制改革、加快社会主义现代化建设步伐的重要条件，必须抓紧进行。机构改革应以适应社会主义市场经济发展的要求为目标，转变职能，理顺关系，精兵简政，提高效率。这项改革，直接关系着经济发展和社会稳定，要切实加强领导，统筹规划，精心组织，分步实施。全会指出，为保证改革开放和经济建设的顺利进行，必须坚决维护安定团结的政治局面，加强新形势下的思想政治工作，加强廉政建设，大力改进领导方法和工作作风。全会审议通过了中央政治局提出，经过与党内外协商形成的，拟向八届全国人大一次会议推荐的国家机构领导人员人选名单和拟向全国政协八届一次会议推荐的全国政协领导人员人选名单。全会决定，将上述两个名单分别向八届全国人大一次会议主席团和全国政协八届一次会议主席团推荐。

3月6日　中共中央举行民主协商会。中共中央就八届全国人大、政协的人事安排等问题举行民主协商会，各民主党派中央、全国工商联负责人，少数民族、宗教界代表人士，部分人民团体负责人出席会议。

3月8日　政协第七届全国委员会第五十一次主席会议举行。会议审议通过了政协第八届全国委员会第一次会议日程（草案）；政协第八届全国委员会第一次会议主席团和秘书长名单（草案）；政协第八届全国委员会第一次会议提案委员会主任、副主任、委员名单

（草案）；政协第八届全国委员会第一次会议分组办法和小组召集人名单（草案）以及政协第八届全国委员会第一次会议列席名单（草案）。这些草案将提交政协第八届全国委员会第一次会议预备会议审议决定。

3月8日—10日　全国棉花工作会议召开。会议讨论抓好今年棉花生产的具体措施和政策；研究和部署了棉花流通体制改革。国务院副总理朱镕基指出，目前要注意三个问题，一是合同订购的棉花价格不能放开，国家下达的省间调出任务要认真执行。对多余的棉花可以放开经营，放开价格要真正起到促进生产、引导消费的作用。二是改革试点要在原有收购、加工场所的基础上，以供销社为主渠道进行，不是什么人都可以去经营棉花收购。棉花市场要向规范化、法制化、现代化方向发展，不能搞“骡马大会”式集市经营。三是要严格国家棉花收购标准，强化国家质量抽查监督工作。绝不能把棉花经营搞乱，使棉花质量失控，重复过去已经发生过的教训。

3月8日—11日　塔吉克斯坦共和国国家元首访问我国。应杨尚昆主席的邀请，塔吉克斯坦共和国国家元首、最高苏维埃主席埃莫马利·拉赫莫诺夫对我国进行正式访问。国家主席杨尚昆、中共中央总书记江泽民会见拉赫莫诺夫主席。国务院总理李鹏同拉赫莫诺夫主席举行会谈，就双边关系和共同关心的国际和地区问题交换了意见。杨尚昆主席和拉赫莫诺夫主席分别代表各自国家签署了《关于中华人民共和国和塔吉克斯坦共和国相互关系基本原则的联合声明》。两位领导人还出席了两国政府关于互免公务旅行签证的协定、两国外交部合作议定书、两国政府关于鼓励和相互保护投资协定、关于中国向塔吉克斯坦提供商品的政府贷款协定等4个双边合作文件的签字仪式。中塔双方还签署了两国政府科技合作协定、广播电视合作协定、航空运输的纪要、旅游合作协定、卫生与医学科学合作协定以及中国政府向塔吉克斯坦赠送一批食品和童装的换文等文件。

3月9日—10日　七届全国人大常委会第三十一次会议举行。万里委员长主持会议。会议审议通过了将八届全国人大一次会议议程草案提请八届全国人大一次会议预备会议审议等议案，会议还表决通过将八届全国人大一次会议主席团和秘书长名单草案提请八届全国人大一次会议预备会议选举；原则通过了全国人大常委会工作报告（草稿），同时授权全国人大常委会秘书长会后根据委员们的意见做必要的修改，报请委员长会议审定后，提请八届全国人大一次会议审议；通过了七届全国人大常委会代表资格审查委员会关于补选的八届全国人大代表的代表资格的审查报告；决定了列席八届全国人大一次会议人员名单；通过了批准任命名单。

3月10日　浙江省宁波北仑港发电厂一号机组锅炉局部发生重大爆炸事故，造成20人死亡和发电机组停机。

3月12日　原中华人民共和国副主席王震因病逝世。王震，1908年生，湖南浏阳人。1927年加入共青团，同年转入中国共产党。1929年参加中国工农红军。参加长沙暴动后，任中共湘鄂赣边区特区区委书记，游击支队队长、政委，红军湘东独立一师党委书记，湘赣苏区红军独立一师政委，第八军代理政委，湘赣军区代理司令员，红六军团政委。湘赣苏区创始人之一。在任弼时的领导下，和肖克率红六军团与红二军团会合后，建立了湘鄂川黔苏区。1934年底，作为二方面军的领导人之一，率部参加了举世闻名的二万五千里长征。在长征途中，和贺龙等一起，坚决抵制了张国焘分裂红军、另立中央的阴谋活动。抗日战争爆发后，任八路军一二〇师三五九旅旅长兼政委，延安地委书记、卫戍司令员，负责保卫党中央。在抗日战争极端困难的时刻，响应毛主席的号召，带领三五九旅全体指战员，在南泥湾开展大生产运动，为全军和抗日根据地树立了“自己动手、丰衣足食”的光辉旗帜。解放战争时期，任第一野战军第二纵队司令员兼政委。1947年初，奉命西渡黄河，保卫延安，在青化砭、羊马河、蟠龙镇的战斗中三战三捷。率部解放青海后，奉命进军新疆。为解放大西北做出了重大贡献。中华人民共和国成立后，历任中共中央新疆分局书记、新疆军区代司令员兼政委、中国人民解放军副总参谋长、铁道兵司令员兼政委、农垦部部长、国务院副总理、国家副主席。中共七届中央候补委员，第八、九、十、十一、十二届中央委员，第十二届中央政治局委员。曾任中央军委常委，中央顾问委员会副主任。1955年，被授予上将军衔。

3月14日—27日　中国人民政治协商会议第八届全国委员会第一次会议举行。会议审议通过了政协第七届全国委员会常务委员会工作报告。会议选举中共中央政治局常委李瑞环为政协第八届全国委员会主席。叶选平、吴学谦、杨汝岱、王兆国、阿沛·阿旺晋美、赛福鼎·艾则孜、洪学智、杨静仁、周培源、邓兆祥、赵朴初、巴金、刘靖基、钱学森、钱伟长、胡绳、钱正英、苏步青、侯镜如、丁光训、董寅初、孙孚凌、安子介、霍英东、马万祺为副主席。大会通过了政协八届一次会议政治决议；政协八届一次会议关于修改《中国人民政治协商会议章程》第四章第四十一条的决议；政协八届一次会议提案委员会关于提案审查情况的报告。政治决议说：中国人民政治协商会议第八届全国委员会第一次会议，赞同李鹏总理所作的政府工作报告，赞同对《中华人民共和国宪法》部分内容进行修改。关于修改《中国人民政治协商会议章程》第四章第四十一条的决议说：将《中国人民政治协商会议章程》第四章第四十一条："中国人民政治协商会议的省、自治区、直辖市、自治州、设区的市的地方委员会每届任期五年。县、自治县、不设区的市和市辖区的地方委员会每届任期三年。"修改为："中国人民政治协商会议的省、自治区、直辖市、自治州、设区的市、县、自治县、不设区的市和市辖区的地方委员会每届任期五年。"李瑞环主席致闭幕词。他说，中国人民政治协商会议是我国最广泛的爱国统一战线组织，是中国共产党领导中国人民长期革命斗争的胜利成果，是具有中国特色社会主义政治体制的重要组成部分。中国共产党和各民主党派、无党派民主人士共同开创的人民政协事业，是我们的传家宝，我们一定要百倍地珍惜，很好地继承和发展。

3月15日—30日　第八届全国人民代表大会第一次会议举行。会议审议和批准了国务院总理李鹏关于政府工作的报告；审议和批准了国务院副总理兼国家计划委员会主任邹家华关于1992年国民经济和社会发展计划执行情况与1993年计划草案的报告；审议和批准了财政部部长刘仲藜关于1992年国家预算执行情况和1993年国家预算草案的报告；审议和批准了《中华人民共和国宪法修正案（草案）》；审议和批准了《中华人民共和国澳门特别行政区基本法（草案）》；审议和批准了第七届全国人民代表大会常务委员会的工作报告；审议和批准了最高人民法院院长任建新关于最高人民法院的工作报告；审议和批准了最高人民检察院检察长刘复之关于最高人民检察院的工作报告。会议选举江泽民为中华人民共和国主席、荣毅仁为副主席，乔石为第八届全国人民代表大会常务委员会委员长，江泽民为中华人民共和国中央军事委员会主席。田纪云、王汉斌、倪志福、陈慕华、费孝通、孙起孟、雷洁琼、秦基伟、李锡铭、王丙乾、帕巴拉·格列朗杰、王光英、程思远、卢嘉锡、布赫、铁木尔·达瓦买提、甘苦、李沛瑶、吴阶平当选为八届全国人大常委会副委员长。会议决定李鹏为中华人民共和国国务院总理；刘华清、张震为中华人民共和国中央军事委员会副主席，迟浩田、张万年、于永波、傅全有为中华人民共和国中央军事委员会委员；任建新当选为最高人民法院院长；张思卿当选为最高人民检察院检察长。会议决定朱镕基、邹家华、钱其琛、李岚清为国务院副总理；李铁映、迟浩田、宋健、李贵鲜、陈俊生、司马义·艾买提、彭珮云、罗干为国务委员。任命罗干为国务院秘书长（兼）；钱其琛为外交部部长（兼）；迟浩田为国防部部长（兼）；陈锦华为国家计划委员会主任；王忠禹为国家经济贸易委员会主任；李铁映为国家经济体制改革委员会主任（兼）；朱开轩为国家教育委员会主任；宋健为国家科学技术委员会主任（兼）；丁衡高为国防科学技术工业委员会主任；司马义·艾买提（维吾尔族）为国家民族事务委员会主任（兼）；陶驷驹为公安部部长；贾春旺为国家安全部部长；曹庆泽为监察部部长；多吉才让（藏族）为民政部部长；肖扬为司法部部长；刘仲藜为财政部部长；宋德福为人事部部长；李伯勇为劳动部部长；朱训为地质矿产部部长；侯捷为建设部部长；史大桢为电力工业部部长；王森浩为煤炭工业部部长；何光远为机械工业部部长；胡启立为电子工业部部长；刘淇为冶金工业部部长；顾秀莲（女）为化学工业部部长；韩杼滨为铁道部部长；黄镇东为交通部部长；吴基传为邮电部部长；钮茂生（满族）为水利部部长；刘江为农业部部长；徐有芳为林业部部长；张皓若为国内贸易部部长；吴仪（女）为对外贸易经济合作部部长；刘忠德为文化部部长；艾知生为广播电影电视部部长；陈敏章为卫生部部长；伍绍祖为国家体育运动委员会主任；彭珮云（女）为国家计划生育委员会主任（兼）；李贵鲜为中国人民银行行长（兼）；吕培俭为审计署审计长。李鹏在报告中提出，今后五年是实现我国现代化建设第二步战略目标的关键性五年。经济建设方面的基本任务是：全面贯彻党的十四大精神，抓住机遇，加快改革开放和现代化建设步伐，依靠优化结构、技术进步和改善管理，提高经济效益，努力保持社会供求总量基本平衡，使国民经济再上一个新的台阶。根据新的形势，国务院对“八五”计划的国民经济和社会发展主要指标做了必要的调整，并将着手研究制定“九五”计划和到2010年的远景发展目标。按调整后的“八五”计划，国民经济增长速度由原定平均每年6%调高到8%~9%。会议通过《中华人民共和国宪法修正案》：第三条，宪法序言第七自然段后两句：“今后国家的根本任务是集中力量进行社会主义现代化建设。中国各族人民将继续在中国共产党领导下，在马克思列宁主义、毛泽东思想指引下，坚持人民民主专政，坚持社会主义道路，不断完善社会主义的各项制度，发展社会主义民主，健全社会主义法制，自力更生，艰苦奋斗，逐步实现工业、农业、国防和科学技术的现代化，把我国建设成为高度文明、高度民主的社会主义国家。”修改为：“我国正处于社会主义初级阶段。国家的根本任务是，根据建设有中国特色社会主义的理论，集中力量进行社会主义现代化建设。中国各族人民将继续在中国共产党领导下，在马克思列宁主义、毛泽东思想指引下，坚持人民民主专政，坚持社会主义道路，坚持改革开放，不断完善社会主义的各项制度，发展社会主义民主，健全社会主义法制，自力更生，艰苦奋斗，逐步实现工业、农业、国防和科学技术的现代化，把我国建设成为富强、民主、文明的社会主义国家。”第四条，宪法序言第十自然段末尾增加：“中国共产党领导的多党合作和政治协商制度将长期存在和发展。”第五条，宪法第七条：“国营经济是社会主义全民所有制经济，是国民经济中的主导力量。国家保障国营经济的巩固和发展。”修改为：

"国有经济，即社会主义全民所有制经济，是国民经济中的主导力量。国家保障国有经济的巩固和发展。"第六条，宪法第八条第一款："农村人民公社、农业生产合作社和其他生产、供销、信用、消费等各种形式的合作经济，是社会主义劳动群众集体所有制经济。参加农村集体经济组织的劳动者，有权在法律规定的范围内经营自留地、自留山、家庭副业和饲养自留畜。"修改为："农村中的家庭联产承包为主的责任制和生产、供销、信用、消费等各种形式的合作经济，是社会主义劳动群众集体所有制经济。参加农村集体经济组织的劳动者，有权在法律规定的范围内经营自留地、自留山、家庭副业和饲养自留畜。"第七条，宪法第十五条："国家在社会主义公有制基础上实行计划经济。国家通过经济计划的综合平衡和市场调节的辅助作用，保证国民经济按比例地协调发展。""禁止任何组织或者个人扰乱社会经济秩序，破坏国家经济计划。"修改为："国家实行社会主义市场经济。""国家加强经济立法，完善宏观调控。""国家依法禁止任何组织或者个人扰乱社会经济秩序。"第八条，宪法第十六条；"国营企业在服从国家的统一领导和全面完成国家计划的前提下，在法律规定的范围内，有经营管理的自主权。""国营企业依照法律规定，通过职工代表大会和其他形式，实行民主管理。"修改为："国有企业在法律规定的范围内有权自主经营。""国有企业依照法律规定，通过职工代表大会和其他形式，实行民主管理。"第九条，宪法第十七条："集体经济组织在接受国家计划指导和遵守有关法律的前提下，有独立进行经济活动的自主权。""集体经济组织依照法律规定实行民主管理，由它的全体劳动者选举和罢免管理人员，决定经营管理的重大问题。"修改为："集体经济组织在遵守有关法律的前提下，有独立进行经济活动的自主权。""集体经济组织实行民主管理，依照法律规定选举和罢免管理人员，决定经营管理的重大问题。"第十条，宪法第四十二条第三款："劳动是一切有劳动能力的公民的光荣职责。国营企业和城乡集体经济组织的劳动者都应当以国家主人翁的态度对待自己的劳动。国家提倡社会主义劳动竞赛，奖励劳动模范和先进工作者。国家提倡公民从事义务劳动。"修改为："劳动是一切有劳动能力的公民的光荣职责。国有企业和城乡集体经济组织的劳动者都应当以国家主人翁的态度对待自己的劳动。国家提倡社会主义劳动竞赛，奖励劳动模范和先进工作者。国家提倡公民从事义务劳动。”第十一条，宪法第九十八条：“省、直辖市、设区的市的人民代表大会每届任期五年。县、不设区的市、市辖区、乡、民族乡、镇的人民代表大会每届任期三年。”修改为：“省、直辖市、县、市、市辖区的人民代表大会每届任期五年。乡、民族乡、镇的人民代表大会每届任期三年。”会议审议并通过广东省代表团提出的建议成立香港特别行政区筹备委员会的预备工作委员会的议案，决定：授权第八届全国人民代表大会常务委员会设立香港特别行政区筹备委员会的准备工作机构，着手进行各项有关准备工作。会议根据《中华人民共和国宪法》第三十一条和第六十二条第十三项的规定，决定：一、自1999年12月20日起设立澳门特别行政区。二、澳门特别行政区的区域包括澳门半岛、仔岛和路环岛。澳门特别行政区的行政区域图由国务院另行公布。会议通过了《中华人民共和国澳门特别行政区基本法》，包括附件一：《澳门特别行政区行政长官的产生办法》，附件二：《澳门特别行政区立法会的产生办法》，附件三：《在澳门特别行政区实施的全国性法律》，以及澳门特别行政区区旗和区徽图案。

3月16日　中共中央政治局常委乔石会见德国联邦议院副议长赫尔穆特·贝克尔。

同　日　国务院向八届全国人大一次会议提出关于国务院机构改革的方案。国务院机构将做如下具体调整：一、拟撤销7个部：能源部、机械电子工业部、航空航天工业部、轻工业部、纺织工业部、商业部、物资部；二、拟新组建6个部、委：国家经济贸易委员会、电力工业部、煤炭工业部、机械工业部、电子工业部、国内贸易部；三、拟更名1个部：对外经济贸易部更名为对外贸易经济合作部；四、拟保留34个部、委、行、署；五、改革后国务院组成部委41个：国务院办公厅、外交部、国防部、国家计划委员会、国家经济贸易委员会、国家经济体制改革委员会、国家教育委员会、国家科学技术委员会、国防科学技术工业委员会、国家民族事务委员会、公安部、国家安全部、监察部、民政部、司法部、财政部、人事部、劳动部、地质矿产部、建设部、电力工业部、煤炭工业部、机械工业部、电子工业部、冶金工业部、化学工业部、铁道部、交通部、邮电部、水利部、农业部、林业部、国内贸易部、对外贸易经济合作部、文化部、广播电影电视部、卫生部、国家体育运动委员会、国家计划生育委员会、中国人民银行、审计署。经过改革和调整，国务院将设直属机构13个，办事机构5个，共设置18个，比现有44个减少26个。不再设置部委归口的国家局。第八届全国人民代表大会第一次会议审议了国务院机构改革方案和国务院秘书长罗干关于国务院机构改革方案的说明，决定原则批准国务院机构改革方案。

3月21日　中共中央、国务院召开计划生育工作座谈会。江泽民、李鹏、乔石、李瑞环、朱镕基、刘华清、胡锦涛参加了座谈会。江泽民在会上指出，在集中精力加快经济发展的时候必须严格控制人口增长。实行计划生育，是从我国基本国情出发所作出的正确决策，在确立社会主义市场经济体制以后，这一基本国策要长期坚持下去，不能有丝毫动摇。江泽民还说，必须清醒地看到，当前我国人口形势依然严峻。近两年虽然全国人口增长速度有所降低，但是人口基数很大，每年出生人口仍在2 000万以上，每年净增人口1 300多万—1 500万。这样高的人口增长量，对于我们这样一个发展中国家来说，仍然是一个沉重的负担。随着我国经济社会的发展以及从温饱向小康水平的转变，由人口增长因素产生的社会需求将继续扩大，与社会总供给之间的矛盾仍将继续存在。

3月23日　海协会负责人接受采访。《人民日报》报道：就台湾有关方面3月18日关于“汪辜会晤”发表背景说明一事，记者采访了海峡关系协会负责人。负责人说，我们已经注意到了这份说明，对其愿意早日举行海协会会长汪道涵与台湾海基会辜振甫董事长会晤的态度，表示由衷赞赏。我们十分重视“汪辜会晤”，殷切期望这次会晤能为海峡两岸经济合作、海协会与海基会的联系与合作、两岸各项交往与交流产生积极的推动作用。我会认为，“汪辜会晤”是民间的、经济的、事务性的会晤。实现“汪辜会晤”，不仅有利于我会与海基会的联系与交往、交流，而且对促进两岸关系的发展，对海峡两岸都有利。我们相信在双方共同努力下，这一备受两岸同胞瞩目与期待的会晤能够早日实现，并能取得积极成果。

同　日　张学良先生在台北会见祖国大陆画家。张学良先生说，我知道家乡的人都很怀念我。我知道我成了世人注目的人物。我很想回去看看，只是眼下行动不便，腿痛，眼睛也不好。待身体好些了，我一定回去看看。希望大家过太平日子，两岸早日统一。

3月29日　中共中央决定：高德占任中共天津市委书记。

3月31日　国家主席江泽民签署第三号主席令。主席令发布了《中华人民共和国澳门特别行政区基本法》，包括附件一：《澳门特别行政区行政长官的产生办法》，附件二：《澳门特别行政区立法会的产生办法》，附件三：《在澳门特别行政区实施的全国性法律》，以及澳门特别行政区区旗、区徽图案。《澳门特别行政区基本法》自1999年12月20日起实施。

4月1日　江泽民作关于当前的经济工作的重要谈话。江泽民指出：抓住机遇，加快发展，必须从中国当前的实际情况出发，坚持做到解放思想和实事求是相统一。我们要注意认真总结历史的经验教训，特别是要注意汲取历史上造成几次较大经济波折的经验教训，善于掌握带有规律性的东西。力求在经济建设上，既保持一个较快的增长速度，又争取有一个较为合理的经济结构、产业结构，实现速度和效益的同步增长；既坚持微观放开搞活，又加强宏观调控，实现总量的基本平衡；既抓好沿海地区和重点行业的发展，又考虑到中西部地区和其他行业的发展。中央提出防止经济过热，就是为了提醒大家注意稳妥，避免大的起伏，避免大的损失，把经济发展的好势头保持下去。这才是全面、正确、积极地贯彻小平几次重要谈话的应有态度。江泽民提出：再强调一下。第一，坚决认真地贯彻落实中央关于加强农业的政策措施，力争今年农业有个好收成。第二，加强宏观调控，实现经济总量基本平衡和结构趋向合理。第三，深化经济体制改革。就加强和改进对经济工作的领导的问题，江泽民强调，当前，在经济、社会、政治以及在处理国际关系中，有许多涉及全局的大问题。在局部利益和整体利益不一致时，要服从大局，做好工作。要注意把握经济运行的总体趋势，重在议大事、抓大事。要注重研究和解决经济运行中的突出矛盾和关系全局的重大问题。当前，应着重注意这样三个问题。一是在深化改革、扩大开放，在加快经济发展的同时，必须加强廉政建设。二是在允许一部分地区、一部分人先富起来的同时，如何解决东西部地区经济发展差距扩大和个人贫富悬殊的问题。我们的政策是，承认发展中的不平衡性，不能鼓励懒汉思想，允许一部分地区、一部分人先富起来，但要加强政策调节，通过自身努力，实现共同富裕。三是在保持经济较高增长速度的同时，如何对待潜在通货膨胀压力加大的问题。我们必须处理好价格、汇率和利率的问题，保持币值的稳定，为改革开放和经济建设创造一个良好的经济环境。

同　日　第八届全国人大常委会举行第一次会议。乔石委员长主持会议并就加快经济立法、健全监督机制、加强同代表和人民群众的联系、搞好自身建设等发表重要讲话。乔石指出：这次会后，要抓紧做好以下几件事：第一，制定本届常委会任期五年的工作要点，提交下次常委会会议讨论。第二，制定五年立法规划，以及今明两年具体实施的计划。第三，对人大各种会议的议事规则和工作制度，要在总结经验的基础上进行修改，进一步完善。第四，外事工作也是常委会工作的重要组成部分，要统一安排，提出具体方案。第五，还要制定常委会组成人员守则，以便更好地履行职责。

同　日　上海、天津自本月起全面放开粮油购销价格。

4月2日　国务院三峡工程建设委员会第一次会议举行。国务院总理李鹏主持会议，他强调指出，三峡工程是一项跨世纪的大工程，综合效益好，造福子孙后代。顺利建成这项工程，将向世界表明中国人民有志气、有能力搞好这一举世瞩目的建设项目。

4月5日　国务院转发有关内部职工股的处理意见。新华社报道：国务院办公厅转发国家体改委、国家经贸委、国务院证券委关于立即制止发行内部职工股不规范做法的意见。意见提出：内部职工持股的定向募集股份有限公司，要继续按规范要求进行试点。各省、自治区、直辖市人民政府和国务院有关部门要按照即将下发的《定向募集股份有限公司职工持股管理规定》的要求，对不规范的做法进行清理，在本地区和本部门清理工作结束以前，对新要求成立内部职工持股的定向募集股份有限公司要暂缓审批。同时，各地要严格执行《股份制企业试点办法》和《股份有限公司规范意见》的规定，定向募集股份有限公司内部职工持有的股份，采用记名股权证形式，不得印制股票。本公司内部职工持有的股权证要严格限定在本公司内部，不得向公司以外的任何个人发行和转让。公司内部职工的股份，在公司配售后3年内不得转让，3年后也只能在内部职工之间转让。定向募集股份有限公司经批准转为社会募集股份有限公司，原内部职工股份从配售之日起未满3年的，也不得上市交易。未经国务院主管部门批准，定向募集股份有限公司不得擅自转为社会募集股份有限公司。各地要立即采取措施，尽快将发放在个人手中的定向募集股份有限公司的内部职工股股权证，由公司委托国家认可的证券经营机构集中托管。未实行集中托管的定向募集股份有限公司，不得转为社会募集股份有限公司。

4月6日　原中顾委委员、中央军委顾问、第六届全国政协副主席陈再道因病逝世。陈再道，1909年生于湖北麻城。1926年4月参加麻城县农民自卫军。1927年9月参加大别山南麓的秋收暴动。1928年8月加入中国共产党。先后任红四军班长、排长、连长、营长。1932年12月后，任红四军第十一师团长、师长，1935年8月任军长。抗日战争爆发后，任八路军第一二九师三八六旅副旅长。1937年10月，任八路军东进纵队司令员。1940年8月任冀南军区司令员，解放战争时期，任晋冀鲁豫野战军第二纵队司令员、中原野战军第二纵队司令员等职，1949年2月任河南军区司令员。中华人民共和国成立后，历任中南军区副司令员兼河南军区司令员、中国人民解放军武装力量监察部副部长、武汉军区司令员兼湖北省军区司令员。1955年被授予上将军衔。曾当选为第一、二、三届国防委员会委员，中央军委委员，第五届全国人大常委会委员，中共第十一届中央委员会委员。

同　日　八个民主党派及全国工商联分别召开会议。新华社报道：中国八个民主党派及全国工商联最近分别召开中常会或其他会议，就学习贯彻刚刚结束的“两会”精神作出决议，号召全体同志认真学习贯彻“两会”精神，进一步解放思想，围绕经济建设这个中心，发挥自身的特点和优势，为实现“两会”提出的各项任务而奋斗。

同　日　中国班机被劫持。中国南方航空公司3157班机在深圳飞往北京途中被两名劫机犯劫持到台湾台北桃源机场。飞机和机上人员于当天安全返回广州，劫机犯被台湾警方扣留。

4月7日　中共中央决定，谢世杰任中共四川省委书记。

4月8日—14日　应中国政府邀请，美国前总统理查德·尼克松对中国进行访问。国务院总理李鹏、全国人大常委会委员长乔石、国务院副总理朱镕基会见尼克松。国家主席江泽民会见尼克松时表示，中美两国应超越意识形态等方面的分歧，按照中美三个联合公报的原则，不断改善和发展两国关系。

4月10日　新一届国务院组成人员举行第一次全体会议。会议经过讨论，通过了国务院直属机构、办事机构及其他机构设置，国务院总理、副总理、国务委员的工作分工，国务院工作规则和国务院组成人员内外事活动等有关制度。李鹏总理主持会议并讲了话。李鹏强调，我们这一届政府的首要任务是发展经济，促使国民经济更好更快地上一个新台阶。在本届政府任期内，要完成原定国民生产总值比1980年翻两番的宏伟目标。这里要强调的是，我们一定要有一个结构合理、质量高、效益好的发展速度。

4月12日—14日　中国农村奔小康经验研讨会举行。国务院总理李鹏接见出席研讨会代表。李鹏说，使有9亿人口的农村实现小康，是我们为之奋斗的重要战略目标之一。农业和农村工作是关系治国兴邦的大问题，农业上不去，整个国民经济就上不去；农村不安定，整个社会就不会安定；农村经济得不到发展，整个国民经济就不可能快速增长；农业和农村经济上不了新台阶，整个国民经济就不可能上新台阶；而没有9亿农民的小康，就谈不上全国的小康。李鹏说，政府对个体经济、私营经济是扶植的，目前它们在全国范围内占的比例不大，在国民经济的许多领域起着重要的作用。同时，我们也要看到，社会上已经出现了分配不公的现象。我们要通过执行国家的税收等政策来加以合理调节，鼓励合法致富、劳动致富，但对那些非法经营等现象要加强管理，并依法惩处。他说，我们是社会主义国家，还是要做到社会分配比较公平，最终实现共同富裕。

4月13日　海南庆祝海南建省办经济特区5周年。中共中央总书记江泽民出席庆祝大会并发表了重要讲话。江泽民说，经济特区作为对外开放的“窗口”，为全国的改革开放一直发挥着试验、探路和积极推动的作用，并以自己宝贵的经验为丰富建设有中国特色社会主义的理论做出了贡献。在我国现代化建设波澜壮阔的发展进程中，经济特区的“排头兵”作用将会不断地以其特有的光芒而闪耀史册。

同　日　湛江“湛游188”个体旅游船在海上沉没，30余人溺亡。

4月15日　国务院发出债券管理通知。新华社报道：国务院发出关于坚决制止乱集资和加强债券发行管理的通知。通知提出七条意见：一、任何地区、部门、企事业单位和个人，一律不得在国务院有关规定之外，以各种名义乱集资；对已搞的高利集资，要分别不同情况，予以妥善处理。二、加强债券发行管理，严格控制各项债券的年度发行规模；三、各地区和有关部门对债券的审批工作，必须按《国务院关于进一步加强证券市场宏观管理的通知》和有关规定执行。四、严格执行国家规定的有关利率政策。公司、企业债券及其他任何形式集资的利率都不得高于同期国库券的利率。五、要优先保证国库券和用于国家重点建设债券的发行。今年，在国库券发行任务完成之前，未经国务院批准，一律不得发行企业债券、股票等其他证券和进行各种形式的集资。六、各有关部门要积极配合，加强对债券发行和集资活动的宏观控制。七、对违反国家有关规定，擅自突破国家下达的债券发行计划、擅自设立或批准发行计划外券种、发行或变相发行地方政府债券和以高于国库券利率进行各种形式集资的，主管部门要予以通报批评；对情节严重者，要追究主要领导和直接责任者的责任，同时，核减该地方或部门当年或下一年度的证券发行规模。

同　日　天津市公安机关依法对静海县大邱庄农工商总公司董事长禹作敏执行刑事拘留。

4月19日　国务院决定，部分国家局改由部委管理。国家技术监督局，由国家经济贸易委员会管理；国家建筑材料工业局，由国家经济贸易委员会管理；国家医药管理局，由国家经济贸易委员会管理；国家海洋局，由国家科学技术委员会管理；国家地震局，由国家科学技术委员会管理；国家外国专家局，由人事部管理；国家语言文字工作委员会，由国家教育委员会管理；国家国有资产管理局，由财政部管理；国家烟草专卖局，由国家经济贸易委员会管理；国家中医药管理局，由卫生部管理；国家进出口商品检验局，由对外贸易经济合作部管理；国家文物局，由文化部管理；国家外汇管理局，由中国人民银行管理；国家粮食储备局，由国内贸易部管理；国家测绘局，由建设部管理。

4月20日　京九铁路重点工程吉安至定南路段举行开工典礼。中共中央政治局常委胡锦涛为工程开工剪彩。

同　日　张勃兴、白清才分别当选为陕西省人大常委会主任、省长。

同　日　周雅光当选为陕西省政协主席。

同　日　林英海当选为河南省政协主席。

4月22日　东北工学院恢复东北大学校名。著名爱国将领张学良先生受聘为东北大学名誉校长。受张学良将军委托，原东北大学秘书长、代理校长、93岁高龄的宁恩承教授作为张学良本人的代表，专程从美国赶来参加今天的复校庆典，并为张学良亲笔题写的“东北大学”校牌揭幕。

同　日　马忠臣、李长春分别当选为河南省省长、人大常委会主任。

同　日　陈焕友、沈达人、孙颔分别当选为江苏省省长、省人大常委会主任、省政协主席。

4月23日　陆懋曾当选为山东省政协主席。

4月24日　中共中央总书记江泽民，中央军委副主席刘华清、张震，分别为“南京路上好八连”题词。江泽民的题词是：艰苦奋斗代代传，一尘不染三十年。刘华清的题词是：艰苦奋斗葆本色，拒腐防变铸长城。张震的题词是：发扬老红军传统保持艰苦奋斗政治本色。南京军区与中共上海市委在沪隆重举行大会，纪念“南京路上好八连”命名30周年。中共中央政治局常委、中央军委副主席刘华清等出席大会。

同　日　赵志浩、李振分别当选为山东省省长、省人大常委会主任。

4月27日　国务院签署第一一三号国务院令。国务院总理李鹏、中央军委主席江泽民签署第一一三号国务院、中央军事委员会令，发布《国务院、中央军事委员会关于修改〈中国人民解放军现役士兵服役条例〉的决定》。《决定》自发布之日起施行。

4月27日—29日　海协会会长汪道涵和台湾海基会董事长辜振甫在新加坡举行会谈。双方认为，这次会谈是两岸关系发展史上重要的一步，历史性的一步。双方签署的有关两岸关系的四份协议是：《汪辜会谈共同协议》、《两岸公证书使用查证协议》、《两岸挂号函件查询补偿事宜协议》、《两会联系与会谈制度协议》。《汪辜会谈共同协议》主要内容包括五个方面：一、关于本年度协商议题，双方确定今年内就“违反有关规定进入对方地区人员之遣返及相关问题”、“有关共同打击海上走私、抢劫等犯罪活动问题”、“协商两岸海上渔事纠纷之处理”、“两岸知识产权保护”及“两岸有关法院之间的联系与协助（暂定）”等议题进行事务性协商。二、关于经济交流，双方均认为应加强两岸经济交流，互补互利。双方同意就台商在大陆投资权益及相关问题、两岸工商界人士互访等问题，择时择地继续进行商谈。三、关于能源资源开发与交流，双方同意就加强能源、资源的开发与交流进行磋商。四、关于文教科技交流，双方同意积极促进青少年互访交流、两岸新闻界交流以及科技交流。在年内举办青少年才艺竞赛及互访，促进青年交流、新闻媒体负责人及资深记者互访。促进科技人员互访、交换科技研究出版物以及探讨科技名词统一与产品规格标准化问题，共同促进电脑及其他产业科技的交流，相关事宜再行商谈。五、协议自双方签署之日起30

日后生效实施。汪道涵和辜振甫分别举行新闻发布会。汪道涵说，这次会谈是两岸关系发展中重要的、历史性的一步。近几年来，两会和两岸人民都有接触，但我和辜先生正式代表两会来会谈，这是第一次。它将为两会今后继续接触，推动两岸关系的发展产生重要作用。辜振甫说，近年来两岸交流一天比一天密切，在频繁的接触中所衍生的问题也多，两会应以务实的态度，透过磋商来有效地给以解决。他指出，这次会谈建立了两会联系与会谈制度，这是两会与两岸关系在未来发展中走向秩序化的里程碑。对于会谈中在经济交流方面存在的一些分歧，双方认为，通过会谈双方都了解了对方的立场，使日后的商谈有了基础，有些问题很难在短短两天内达成一致，暂时保留下来，留待今后继续磋商。

4月29日　何竹康当选为中共吉林省委书记。

同　日　黄璜当选为中共宁夏回族自治区常委书记。

同　日　北京市国家安全局破获一起间谍案。新华社报道：北京市国家安全局破获一起出卖国家秘密，参加间谍组织的大案，案犯关键被北京市中级人民法院判处有期徒刑20年，剥夺政治权利5年。

4月30日　中共中央总书记江泽民在军事科学院视察工作。江泽民强调，军事科学研究要与现代作战紧密结合，要与我军建设的现实紧密结合，要把主要力量投入到现实问题的“主战场”。同时，也要搞好基础性课题研究。现实问题研究与基础性研究的力量配置要适当。要用邓小平新时期的建军思想作指导，十分注意加强各级指挥员对现代条件下的作战知识的学习和研究。军事科学研究不仅要搞些启蒙式、普及式的知识研究；更要注重高层次、深层次知识的研究，切实提高我军干部的知识水平和全面素质。

同　日　全国人大各专门委员会会议召开。全国人大常委会委员长乔石召开全国人大各专门委员会主任委员、副主任委员会议，听取汇报，研究在新形势下加强人大的立法和监督工作，特别是加快建立社会主义市场经济法律体系的问题。乔石讲话说，这一届全国人大常委会和专门委员会的任务非常繁重。第一，要以改革精神加快立法步伐。现在我们国家正处在由传统的计划经济体制向社会主义市场经济体制转变的关键时期，立法工作必须跟上形势发展的需要。要在宪法指导下，在本届人大期间大体形成社会主义市场经济法律体系的框架。第二，要加强人大的监督工作。任何工作，没有监督必然会出问题。要使监督工作制度化、法律化。第三，要积极主动地开展与各国议会的友好交往。

同　日　刘树生（回族）当选为云南省政协主席。

5月3日　中纪委和监察部发出联合通知。新华社报道：中纪委和监察部联合发出《关于严明纪律保证机构改革顺利进行的通知》。《通知》要求做到：一、各级党政组织和党员、干部要坚决贯彻执行党中央、国务院关于机构改革的决策，切实搞好本地区、本部门、本单位的机构改革。二、严格遵守组织人事纪律。三、严格执行财经纪律。四、认真做好保密工作。五、各级纪检监察机关要加强对机构改革工作的监督检查。

5月3日—10日　中国共产主义青年团第十三次全国代表大会举行。江泽民、乔石、李瑞环、朱镕基、刘华清、胡锦涛等接见出席共青团十三大的全体代表和工作人员。胡锦涛在题为《肩负起历史的重任》的祝词中高度评价了改革开放15年来我国青年运动所取得的成就。大会审议通过《关于中国共产主义青年团第十三次全国代表大会报告的决议》、《关于中国共产主义青年团章程（修正案）的决议》。会议选举李克强为共青团十三届中央书记处第一书记。刘鹏、袁纯清、吉炳轩、赵实、巴音朝鲁、姜大明当选为书记处书记。乃依木·牙生（维吾尔族）等30名同志为团中央常务委员会委员。中共中央政治局常委胡锦涛代表党中央接见新当选的团十三届中央委员、候补委员。

5月4日　回良玉当选为湖北省政协主席。

5月5日　中央军委举行《彭德怀传》出版发行暨纪念彭德怀诞辰95周年座谈会。中共中央总书记江泽民在会上讲话。江泽民说，在我们党的历史上，在许多斗争的重要关头，彭德怀总是立场坚定，是非分明，以革命的利益为重，挺身而出，维护和支持以毛泽东为核心的党中央的正确领导和决策，排除“左”的或右的干扰，对推进党的事业的发展起了重要的作用。乔石、李瑞环、朱镕基、胡锦涛等出席了座谈会。中共中央政治局常委、中央军委副主席刘华清主持会议并讲话。刘华清说，彭德怀是伟大的无产阶级革命家、政治家，是名震中外的军事家，是中国人民解放军的缔造者之一，是党、国家和军队的卓越领导人。在革命战争时期，彭德怀长期担任我军高级领导职务，是毛泽东主席、朱德总司令指挥全军的重要助手。他打过许多大仗、硬仗、恶仗，战功赫赫，指挥艺术高超，为毛泽东军事思想的形成，做出了重要贡献。建国以后，他长期主持军委日常工作，在党中央、毛主席领导下，从国情和军情出发，提出和实施了一系列重大决策，为实现我军由单一陆军向合成军的转变，推进我军的现代化、正规化建设，做了大量开创性的工作。他把一生献给了中国人民的解放事业，献给了社会主义建设和国防建设事业，功勋卓著，名垂千秋；他关于作战指挥、教育训练、装备建设、部队管理、思想政治工作等方面的许多论述和著作，是我党、我军的宝贵财富。

同　日　关广富、贾志杰分别当选为湖北省人大常委会主任、省长。

同　日　中国社团研究会第二届会员代表大会举行。截至今年4月，我国社会团体总数已达18万多个，其中经民政部批准登记的全国性社会团体1 399个，全省性社会团体19 601万个，地（市）县性社会团体16万多个。

同　日　特大黑风暴席卷新疆、甘肃、宁夏和内蒙古部分地区。在黑风暴中死亡67人，失踪30多人，受重伤近100人。死亡和丢失羊只约3.2万只，家禽家畜10万头（只）。农村房屋倒塌约4 320间。

5月5日—9日　全军思想政治工作座谈会召开。这次会议是党的十四大之后总政召开的第一次全军性的会议。会议提出：（一）认清面临的新形势，进一步增强做好思想政治工作的信心；（二）充分发挥思想教育的优势，用强大的精神支柱凝聚军心；（三）注重正面引导，努力形成奋发向上的舆论环境；（四）着眼军队建设的特殊要求，保证部队战斗力的巩固和提高；（五）发挥各级政治机关的积极性，在为基层服务上有所作为。

5月7日　国务院举行第三次常务会议。会议审议并原则通过了

《村庄和集镇规划建设管理条例》。

同　日　中共中央办公厅、国务院办公厅发出通知，严禁党政机关及其工作人员在公务活动中接受和赠送礼金、有价证券。

5月8日　国务院批准建立一批经济技术开发区。《人民日报》报道：国务院最近批准一些内地省会和沿江开放城市设立经济技术开发区，实行沿海城市经济技术开发区的政策。这7个城市是：沈阳、杭州、武汉、哈尔滨、重庆、长春、芜湖。这些城市建立的经济技术开发区的规划面积都不超过10平方公里。至此，经国务院批准建立的经济技术开发区已有27个。

同　日　河南平顶山煤矿发生特大瓦斯爆炸，死亡39人。

同　日　特大龙卷风袭击赣南中部的南康县龙华、浮石等8个乡镇。因房屋倒塌造成8人丧生，5人重伤。龙卷风风力达到11—12级。

5月8日—11日　中共中央总书记江泽民在上海主持召开华东六省一市经济工作座谈会。江泽民要求各省市积极、全面、正确地领会和贯彻邓小平视察南方重要谈话和党的十四大精神。江泽民分析说，为了促进社会生产力的发展，必须继续从深层次上对传统的经济体制进行改革，建立和完善社会主义市场经济体制。这涉及到我国经济基础和上层建筑的许多领域，需要有一系列相应的体制改革和政策调整。今年，要继续抓好国有大中型企业转换经营机制的改革，继续推进投资体制、财税体制、金融体制等方面的改革。对当前经济中存在的问题，必须采取有力的措施，切实加以解决。解决这些问题，不能沿用过去的老办法，而应通过改革，主要运用经济手段、法律手段，辅之以必要的行政手段。加强宏观调控力度，对经济运行进行有效的驾驭，使经济生活中的矛盾得以缓解，努力保持和发展经济的好形势。江泽民在座谈会上要求各级领导同志都要注意处理好改革和发展的关系，认真研究和认识经济发展的规律，掌握工作节拍。改革促进经济的发展，经济的发展又要为改革创造良好的环境。当前，抓住时机，深化改革，尤其重要。不能贻误时机。只有这样，才能不断地推进经济的发展。

5月9日—18日　第一届东亚运动会举行。江泽民主席宣布运动会开幕，国际奥委会主席萨马兰奇等出席开幕式。9个国家与地区的1 200多名运动员共决出534枚奖牌，其中金牌170枚，中国选手夺得105枚金牌，名列第一，日本、韩国分别获得金牌25枚和23枚，名列第二、第三位。共有7个人14次破13项亚洲纪录。

5月10日　千奋勇当选为内蒙古自治区政协主席。

5月11日　中共中央总书记江泽民视察浦东新区。江泽民发表重要讲话。江泽民说："中央对于上海未来的发展寄予很大的希望。希望上海在深化改革，扩大开放，加快建立和完善社会主义市场经济体制，从而为经济发展上一个更大的台阶奠定坚实的基础诸方面，取得新的成就。中央开发和开放浦东的政策是坚定不移的，不会改变的。"

同　日　孙维本当选为中共黑龙江省委书记。

同　日　王群、乌力吉分别当选为内蒙古自治区人大常委会主任、自治区主席。

5月11日—23日　第四十二届世界乒乓球锦标赛举行。中国队共获得女子团体、男女双打和混合双打4座冠军杯，超过前两届的数目。

5月12日　国家主席江泽民会见出席"市场经济体制下计划与市场的作用"国际研讨会的中外代表。江泽民说，中国在建立社会主义市场经济体制的过程中，一方面要坚持从自己的国情出发；一方面也将注意吸取国外市场经济体制中一些成功有效的经验。

同　日　国务院发出《关于促进生产企业搞好自营进出口工作的通知》。《通知》规定：一、经批准获得进出口经营权的生产企业(以下简称自营企业)，在工商行政管理部门办理注册登记后，即获得对外法人资格。二、各地方人民政府、国务院有关部门对自营企业要从各方面给予支持。三、自营企业在国家有关进出口政策方面享有与外贸企业同等的待遇。四、自营企业在完成上缴国家外汇任务后，有权按规定使用自有留成外汇和进行外汇调剂，任何部门和单位不得平调和截留企业的留成外汇，不得截留企业有偿上缴外汇后应当返还的人民币，不得对企业按规定使用自有外汇附带任何条件。五、自营企业可在办理外汇结算业务的专业银行建立外汇和人民币流动资金账户。六、自营企业根据外经贸业务需要，可自行确定本企业经常出入境的业务人员名额及名单，报政府主管部门批准，实行一次性审批、一年内多次有效的办法。七、鼓励自营企业在境外设立维修服务网点，进一步简化有关审批手续。八、自营企业要在国内外市场上创立商标信誉。九、鼓励机电产品自营企业在提高经济效益的同时，努力增加出口创汇。十、自营企业要严格遵守国家对外经贸政策、法规，接受各级外经贸主管部门的指导和监督。

5月12日—14日　全国科技工作会议召开。国务院副总理朱镕基受李鹏总理的委托，在大会上发表重要讲话。朱镕基说，当前和今后一个时期，要继续面向经济建设主战场，在应用技术研究、发展高新技术及其产业和加强基础性研究这3个层次上，纵深部署科技工作，服务于国民经济近期和远期发展的需要。科学技术的开发与应用，要优先解决发展高产优质高效农业的技术难题；要重点抓好工业和第三产业发展中技术改造和产品质量的提高，节能降耗和合理利用资源等经济建设中的迫切问题；要继续采取各种措施，加速科技成果转化，提高先进科技应用的覆盖率和规模效益。第二，高新技术研究要在追踪世界先进水平的同时，抓好引进技术的消化、吸收和创新，要切实把国务院批准的技术开发区办好，加快产业化步伐和对传统产业的改造，使其尽快发展和发挥作用。第三，基础研究是科技和经济发展的先导、源泉与后盾，要始终不渝地给予特殊扶持，要集中力量重点抓好一批国家级的研究机构和实验室，为未来支柱性产业的建设和发展提供科技储备。李鹏总理给会议发来贺信。贺信说：希望全体科技人员，认真贯彻执行小平关于科学技术是第一生产力的指导思想，充分发挥科学技术在社会经济发展中的重要作用。

5月13日　高德占当选为中共天津市委书记。

5月13日—16日　国际行动理事会第十一次会议举行。来自20多个国家的前国家元首和政府首脑等来宾出席了会议。国务院副总理朱镕基在开幕式上介绍中国的改革开放和经济形势，阐述了我国的独立自主的和平外交政策。朱镕基副总理指出，目前中国经济正在进入一个高速发展的阶段，中国持续推行面向市场的改革，资源配置效率获得极大的改善；中国持续推行面向世界的开放政策，企业的素质获得很大的提高；多种形式、多样化的投资使产品结构演变很快，不断适应人民的消费需要。高水平的国民储蓄率，已成为支持经济增长的强劲动力。上述3个基本因素支持着10余年来经济的高速增长，这3个基本因素是中华民族历史性选择的结果。没有任何理由怀疑中国经济在今后较长一段时期内强劲的增长能力。

5月13日—25日　国务院三峡工程建设委员会办公室召开长江三峡水利枢纽工程初步设计专家审查会议。根据建设委员会的决定，三峡工程初步设计将分为枢纽工程、库区移民安置、输变电工程等三大部分，分别编制，分别审查。这次审查的是枢纽工程初步设计，是长江水利委员会在已经批准的可行性研究报告的基础上编制的，共分11篇，长达300多万字。会议期间，国务院总理李鹏给会议写来贺信。李鹏在信中说：当前，工程处于前期施工准备阶段，抓紧做好三峡工程初步设计审查是工程顺利建设的一个重要环节，希望参加会议的各位专家，本着对国家、对科学、对历史负责的精神，畅所欲言、献计献策，做好初步设计审查工作，并使初步设计修改、补充得更加完善。

5月15日　新华社报道国务院通知。新华社报道：国务院最近发出关于严格审批和认真清理各类开发区的通知，规定设立各类开发区实行国务院和省、自治区、直辖市人民政府两级审批制度，省、自治区、直辖市以下各级人民政府不得审批设立各类开发区。

同　日　李文珊当选为河北省政协主席。

5月16日　尹克升当选为中共青海省委书记。

5月16日—6月2日　朱镕基访问拉美国家。应加拿大、墨西哥、巴西政府邀请，国务院副总理朱镕基应邀访问3国。这是中国新一届政府组成后，中国副总理首次出访拉美国家。

同　日　吕传赞、叶连松分别当选为河北省人大常委会主任、省长。

同　日　张勃兴当选为中共陕西省委书记。

5月17日—21日　政协八届全国委员会常务委员会第二次会议举行。李瑞环主席主持会议。会议审议通过关于部分修改《中国人民政治协商会议章程》的决定；审议通过政协八届全国委员会各专门委员会主任、副主任、委员名单。李瑞环说："当前经济形势总的来说是好的，但也出现了一些值得高度重视的问题。对这些问题，中央十分重视，并相继采取了一系列措施。中央强调要统一对经济形势的认识，既要抓住机遇、加快发展，又要及时总结经验，切实解决前进中的突出问题，避免造成大的损失。"

5月18日—20日　军队转业干部安置工作会议召开。今年的转业干部安置数量比去年增加了1倍，安置工作任务相当艰巨。江泽民、刘华清、胡锦涛接见出席会议的代表。江泽民说，当前，从中央到地方都在进行机构改革，精简人员。所以，军转安置工作的任务很繁重。他强调，军队干部为保卫国防付出辛勤劳动，搞好这项工作对军队建设、社会安定、经济发展有很大好处。

5月20日　马思忠、白立忱分别当选为宁夏回族自治区人大常委会主任、自治区主席。

5月21日　国家主席江泽民接受记者采访。国家主席、中共中央总书记江泽民接受美国有线电视公司北京记者站首席记者齐迈可的采访，就中美关系、地区局势和中国的政治、经济形势回答了他的提问。江泽民说，中美作为两个大国保持良好、正常的关系，符合两国人民的愿望和切身利益，也有利于亚太地区及全世界的和平与稳定。希望与美国增加信任，减少麻烦，发展合作，不搞对抗。江泽民说，我们国内形势是好的，中国社会稳定、政治稳定，庞大的市场吸引着越来越多的海外投资者。在前进的道路上会有这样或那样的问题和困难。在全国人民共同努力下，我们有能力解决前进中的问题。江泽民主席强调说，中国是爱好和平的国家，中国历来奉行独立自主的和平外交政策，一贯在和平共处五项原则的基础上同各国发展友好合作关系。中国有限的国防力量完全是为了防御和自卫，以维护国家的安全。1985年，中国裁军100万，这在国际上是很少见的。至于说到中国军费，在世界上应该算是低的。今年中国的军费预算折合为73亿美元，仅占美国今年军费2 743亿美元的2.66%，按人均计算，中国人均6美元，美国则为1 100美元。中国在国外没有驻军，也没有任何军事基地。中国现在不称霸，将来经济发展了也绝不称霸，这是我们坚定不移的方针。对中国的担心是不必要的。

同　日　中共中央纪律检查委员会常委会议通过《中国共产党纪律检查机关控告申诉工作条例》。《中国共产党纪律检查机关控告申诉工作条例》分为：第一章总则；第二章处理检举、控告、申诉的程序和方法；第三章受理机关的职责和工作要求；第四章当事人的权利和义务；第五章附则。《中国共产党纪律检查机关控告申诉工作条例》自1993年9月1日起施行。

5月22日　万家寨引黄入晋工程奠基。万家寨引黄工程位于晋西北的偏关县与内蒙古自治区准格尔旗交界的黄河北干流上，由万家寨水利枢纽和引黄入晋两部分组成，是建国以来最大的引水工程，工程由山西、内蒙古和中央共同投资。预算总投资为96亿多元。

5月23日　刘国范当选为宁夏回族自治区政协主席。

5月24日　中华人民共和国和厄立特里亚建立大使级外交关系。

5月24日—25日　1992年度精神产品生产“五个一工程”表彰大会在北京举行。1992年度各地推荐“五个一工程”参评作品总数达284种，比1991年度增长22%。

5月27日　谢非当选为中共广东省委书记。

5月28日　国务院举行第四次常务会议。会议讨论并原则通过了《中华人民共和国反不正当竞争法（草案）》和《中华人民共和国经济合同法修正案（草案）》。

5月29日　外交部发表声明。外交部就美国总统克林顿宣布就延长1994—1995年度对华最惠国待遇提出附加条件发表声明指出：5月28日，美国总统克林顿宣布就延长1994—1995年度对华最惠国待遇提出附加条件。这是公然违反中美三个联合公报和两国贸易关系协定原则，严重干涉中国内政的行为。中国政府对此表示坚决反对，并向美国政府提出抗议。最惠国待遇是中美双方根据两国贸易关系协定作出的对等、互惠的安排，是中美进行正常贸易的基础，符合两国人民的根本利益。美方将贸易问题政治化，甚至就延长对华最惠国待遇提出附加条件，这是中方不能接受的。我们希望美国政府审时度势，改弦易辙，纠正自己在最惠国待遇问题上的错误做法。

6月3日　煤炭工业部成立。

6月4日　邓小平与万里接受颁奖。世界桥牌联合会主席鲍比·沃尔夫和北美桥联秘书长杨小燕向中国桥协荣誉主席邓小平和名誉主席万里颁发世界冠军金牌奖和主席最高荣誉奖，感谢他们为促进中国桥牌运动的开展做出的不可磨灭的贡献。

6月5日—9日　全国培养选拔少数民族干部座谈会举行。中共中央政治局常委胡锦涛与代表座谈。胡锦涛指出，我们在新时期的目标，是要把我们这个多民族的社会主义大国，建设成为富强、民主、文明的社会主义国家。中华民族的振兴，离不开少数民族的振兴，少数民族地区实现不了小康，全国就实现不了小康。

6月6日　中国航天工业总公司成立。

6月7日　中央军委举行晋升上将军官军衔仪式。中共中央总书记江泽民颁发命令状并作重要讲话。江泽民说，各级领导干部必须做到在政治上很强，任何时候都要坚决听党的话。要刻苦学习，躬行实践，不断提高领导艺术和指挥才能。特别是要认真学习和掌握邓小平建设有中国特色社会主义的理论和新时期军队建设的思想。

同　日　中国新文化运动的先驱者之一、文艺界卓越领导人阳翰笙因病逝世。阳翰笙，1902年生于四川省高县，原名欧阳本义，字继修。1924年在上海大学加入中国社会主义青年团，1925年转为中国共产党党员。1926年受党组织委派到黄埔军校担任政治部秘书、兼任政治教官，1927年参加南昌起义，1928年调往上海从事地下工作和党的文艺工作。“左联”的创始人之一，曾任“左联”党团书记，创作了包括“华汉三部曲”在内的20多部小说和电影剧本。抗日战争爆发后，从事国统区文化斗争和统一战线的工作，曾任国民政府军事委员会政治部设计委员兼三厅主任秘书、政治部文化工作委员会副主任。“皖南事变”后，在白色恐怖下的重庆，组织了“中华剧艺社”，完成了《前夜》、《塞上风云》、《李秀成之死》、《天国春秋》、《草莽英雄》、《两面人》、《槿花之歌》等7部大型话剧的创作。1946年后，拍摄了《八千里路云和月》、《一江春水向东流》、《万家灯火》、《希望在人间》、《三毛流浪记》等优秀影片。中华人民共和国成立前夕，与郭沫若、茅盾、周扬等一起筹备和召开了中华全国文学艺术工作者第一次代表大会，并当选为中国文联常委、第一届中华全国电影艺术工作者协会主席。1949年9月，当选为全国政协委员。建国后，担任政务院文教委员会委员兼副秘书长，周恩来办公室副主任，中国人民对外文化协会副会长、中国文联副主席、秘书长和党组书记等职。第一、二届全国人大代表，中共八大列席代表，中共十二大代表，第一、二、三届全国政协委员，第五、六届全国政协常委。从新中国成立到“文化大革命”前的17年中，创作了话剧《三人行》、电影《北国江南》等。阳翰笙住院和弥留期间，江泽民总书记、李鹏总理曾派人前往医院探望。

6月8日　中国纺织总会成立。

同　日　中国轻工总会成立。

同　日　电子工业部成立。

6月10日　国家税务局调整为国家税务总局，由财政部归口管理，改为国务院直属机构。

6月11日　国务院副总理朱镕基主持召开国务院第五次常务会议。会议审议通过或原则通过了《国务院关于提请全国人大常委会审议建立“科学技术节”的议案（代拟稿）》和《中华人民共和国红十字会法》等3个法规的草案。

6月15日　《人民日报》创刊45周年前夕，党和国家领导人发来题词和贺电。江泽民的题词是：“继承和发扬党报的优良传统和作风及时全面准确地宣传党的理论路线方针政策”；李鹏的题词是：“解放思想，实事求是，办好《人民日报》”；乔石的题词是：“解放思想，实事求是，积极稳妥地推进新闻改革”；李瑞环的题词是：“为建设有中国特色的社会主义服务”；刘华清的题词是：“同心同德群策群力把《人民日报》办得更好”。朱镕基、胡锦涛分别打电话，热烈祝贺《人民日报》创刊45周年。

6月16日　聂璧初、张立昌、刘晋峰分别当选为天津市人大常委会主任、市长、市政协主席。

同　日　著名声乐艺术家、音乐教育家张权教授因病逝世。张权，1919年生，江苏宜兴人。17岁入国立杭州艺术专科学校学习音乐。1942年毕业于国立音乐学院声乐系并留校任教，首演了我国第一部大型歌剧《秋子》。1944年—1947年在北京国立女子师范学院和国立北京师范大学音乐系任教。1947年赴美国罗城纳萨瑞斯学院、依斯特曼音乐学院研究院攻读硕士学位，1951年在该院获得音乐文学硕士学位和音乐会独唱家、歌剧演唱家证书。新中国成立后，回到祖国，在中央歌剧院工作。1956年参加我国首演世界著名歌剧《茶花女》。1981年，任中国音乐学院副院长。第二、五届全国政协委员，第六、七、八届全国政协常委。

6月19日　邱少云烈士塑像揭幕。伟大的国际主义战士、一级战斗英雄邱少云烈士塑像在他生前所在的兰州军区驻武威某师揭幕。中央军委主席江泽民，中央军委副主席刘华清、张震分别题词。江泽民的题词是“发扬邱少云精神，建设过硬部队”。刘华清的题词是“弘扬邱少云精神，建设纪律严明的模范集体”。张震的题词是“发扬邱少云精神，加强部队建设”。

同　日　《监管合作谅解备忘录》签署。为加强国内和香港证券监管机构之间的合作，中国证监会、香港证券及期货事务监督委员会、香港联合交易所、上海证券交易所、深圳证券交易所联合签署证券事务《监管合作谅解备忘录》。朱镕基副总理接见参加签字仪式的各机构代表。他说，这次9家企业股票将陆续在香港上市，对大陆企业同国际市场接轨将发挥积极的作用。

6月20日　国务院召开全国减轻农民负担工作电话会议。会议宣布第一批取消中央国家机关各有关部门涉及农民负担的37个集资、基金、收费项目，同时宣布要纠正的强制性、摊派性和“搭车”收费的有关政策和要求。中共中央、国务院要求各地区各部门的党政一把手，要亲自抓落实，对已公布取消的项目，必须不折不扣地贯彻执行，不允许留死角，不允许走过场，更不得以任何借口拖延不办或变相收费；各省、直辖市、自治区对省级涉及农民负担文件和项目的清理审核，最迟在7月10日以前完成；省级以下自行出台的农民负担文件和项目一律取消；今后国家机关任何部门、单位都无权向下发布涉及农民负担的文件，应该发的也只由农业部、国家计委、财政部联合发文，其余一律无效。

6月20日—24日　“菜篮子工程”工作会议举行。国务院副总理朱镕基指出，“菜篮子”关系到千家万户，关系到群众的生活和社会的稳定，各级政府要坚持不懈地加强对这项工作的领导。在当前大好形势下，还存在一些隐忧，主要农用生产资料价格上涨，生产成本上升，农副产品和“菜篮子工程”的经济效益下降，农民的积极性受到影响；开发区和城市发展占用菜田过多；基层服务体系建设还不适应生产、流通的要求等问题也都直接影响到农业和“菜篮子工程”建设的发展。朱镕基强调，国家扶持副食品生产和流通的各项优惠政策不能变，不仅中央的政策不变，各级地方政府制定的有关优惠政策也不要变。要稳定对农业、对“菜篮子工程”建设的投入。朱镕基要求，在副食品产销上要加强政府的宏观调控职能和手段。

6月21日　中国纺织总会成立。

同　日　国家计委和对外贸易经济合作部公布1993年—2000年中国重大技术引进项目。项目共210项，主要有农业24项，能源54项，交通45项，邮电7项，轻纺18项，化工17项，其他还有机械、电子、环保、教育、卫生、建材、林业、医药等，涉及23个行业，预计引进总规模近300亿美元。

6月22日—7月2日　第八届全国人民代表大会常务委员会第二次会议举行。会议通过《八届全国人大常委会工作要点》。《要点》共分为：一、立法工作；二、监督工作；三、同代表和人民群众及地方人大的联系；四、外事工作；五、组织制度建设；六、人民代表大会制度的研究和宣传工作。会议通过了科技进步法、农业技术推广法、农业法。会议通过《全国人大常委会关于惩治生产、销售伪劣商品犯罪的决定》。会议还通过了全国人大常委会关于设立全国人大常委会香港特别行政区筹备委员会预备工作委员会的决定及其预备工委组成人员名单。会议还通过了全国人大常委会关于《中华人民共和国澳门特别行政区基本法》葡萄牙文本的决定。关于设立全国人大常委会香港特别行政区筹备委员会预备工作委员会的决定说：

根据第八届全国人民代表大会第一次会议《关于授权全国人民代表大会常务委员会设立香港特别行政区筹备委员会准备工作机构的决定》，第八届全国人民代表大会常务委员会第二次会议决定，设立全国人民代表大会常务委员会香港特别行政区筹备委员会预备工作委员会。该委员会是全国人民代表大会常务委员会的工作机构，其职责是在香港特别行政区筹备委员会成立前，为1997年我国对香港恢复行使主权，实现平稳过渡，进行各项有关准备工作。香港特别行政区筹备委员会预备工作委员会由内地和香港的各方面人士和专家组成，其中香港委员不少于50%。香港特别行政区筹备委员会预备工作委员会在香港特别行政区筹备委员会成立后结束工作。香港特别行政区筹备委员会预备工作委员会主任：钱其琛，副主任：安子介、霍英东、鲁平、周南、姜恩柱、郑义、李福善。根据李鹏总理提出的议案，会议决定免去国务委员李贵鲜兼任的中国人民银行行长的职务，任命朱镕基副总理兼任中国人民银行行长。

6月24日　厦门航空有限公司2501号班机被劫往台湾。机上9名机组人员、63名乘客安全返回厦门。劫机歹徒被台湾警方扣留。

6月25日　纪念中国共产党成立72周年座谈会举行。中共中央总书记江泽民出席并发表重要讲话。座谈会由中共中央政治局常委胡锦涛主持。江泽民讲了3个问题。第一，在中国解放和发展生产力，实现社会主义现代化，必须加强共产党的领导。第二，按照十四大要求进一步把党建设好。江泽民说，概括地说，有三句话：一是我们的党建工作，要紧紧抓住一个主题，就是把党建设成领导社会主义现代化建设得更加坚强的领导核心；二是要努力提高党的执政水平和领导水平；三是要进一步增强党组织自身的凝聚力、对广大群众的吸引力、在改革和建设中的战斗力。第三，共产党员尤其是领导干部要增强党性锻炼。

同　日　中国灾害管理国际会议召开。国家主席江泽民为大会发来贺信说，减轻全球的自然灾害，是世界各国长期的共同任务。“国际减灾十年”活动的一个重要目标是减轻发展中国家的自然灾害。中国是个发展中国家，在今后的减灾工作中，我们将进一步加强国际交流与合作，并对世界减灾事业做出贡献。

同　日　国务院同意建设南京长江第二大桥。据《人民日报》报道：南京长江第二大桥桥位选择在南京市八卦洲。大桥为双向六车道汽车专用公路特殊大桥，桥面宽35米，两岸公路连接线长约16公里，预计总投资20多亿元。

同　日　中国美术馆事业的开创者刘开渠因病逝世。刘开渠，1904年出生于安徽萧县，1920年考入北京美术学校。1928年，刘开渠赴法国留学，入巴黎高等美术学校专攻雕塑。“九一八”事变后回国。在70年雕塑生涯中，创立了现代中国的写实风范，形成了朴素、洗练、沉稳和重于内在生命表现的艺术风格，成为中国现代雕塑的奠基人之一。代表作品《胜利渡江解放全中国》、《毛泽东主席像》等，在我国现代美术史上占有重要的位置。1952年，担任北京天安门广场人民英雄纪念碑设计处处长和雕塑组组长。1982年，相继担任全国城市雕塑规划组组长、城市雕塑建设指导委员会主任。1950年以来，先后当选为上海美术工作者协会主席、华东美术工作者协会主席、中国美术家协会副主席、中国文联委员。刘开渠是我国当代美术馆事业的奠基者和创业者。自1963年起一直担任中国美术馆馆长，收藏委员会和艺术委员会主任。曾当选第一、二、三届全国人大代表，历任第五、八届全国政协委员，第六、七届全国政协常委，民盟中央常委、文化委员会主任和参议委员会副主任等职。

6月28日　《人民日报》报道，国务院批准草案。《人民日报》报道：国务院最近批准了国家土地管理局组织编制的《全国土地利用总体规划纲要（草案）》。《纲要》提出到2000年，各项建设占用耕地控制在每年平均20万公顷（300万亩）。同时要求实行土地“开源”和“节流”并举，规定每年因各种原因减少的耕地与开发、复垦增加的耕地相抵，净减少耕地不超过20万公顷（300万亩）。

同　日　《人民日报》报道，30个省、自治区、直辖市的人大、政府、政协领导班子换届工作近日圆满结束。此次共选出省级人大正副主任271名，正副省长、主席、市长226名，政协正副主席342名。根据宪法、地方组织法和政协章程的规定，1993年从中央到乡，5级人大、政府和县以上政协领导班子均进行换届选举。五级同年换届，这在新中国成立以来还是第一次。报道说：选举结果表明，党委推荐的候选人和人大代表、政协委员的意愿实现了较好的统一。当选的省级人大、政府领导班子成员及检察院检察长、法院院长，党委推荐的占99%，当选的政协领导班子成员，都是中共同其他党派和人民团体协商提名的。选出的省级新班子在年轻化上有新的进展。政府领导班子新进了一大批优秀的年轻干部。新班子成员平均年龄为52岁，比换届前下降了4岁，50岁以下的占1/3，还有一部分45岁以下的干部，年龄结构基本合理。最年轻的省长48岁，副省长37岁。人大和政协领导班子成员的年龄结构也有明显改善，60岁以下的分别占56%和36%。新的政府班子成员中，大专文化程度的占96%，女干部16名，民主党派和无党派人士18名，均比换届前有所增加。

6月29日　中华见义勇为基金会成立。基金会是为表彰和奖励在与违法犯罪及灾害事故的斗争中涌现出的先进人物而建立的。乔石、李瑞环等对基金会的成立表示祝贺。

同　日　中共中央纪检委发布通报。中共中央纪律检查委员会就河南省原汝州市委副书记、市长徐中和，原平顶山市煤炭工业总公司副总经理、梨园矿务局局长范干朝和原平顶山市委常委、副市长王乃斌严重贪污受贿被开除党籍发出通报，要求各级党委、政府和纪检监察机关要继续把查处案件特别是涉及领导机关、领导干部的重大案件作为一项重要任务，并且在今年内集中力量突破几起重大案件，以取信于民。

同　日　由上海石化总厂改制的上海石油化工股份有限公司成立。这是目前我国最大的、规范化的与国际接轨的股份制企业。

7月2日　国家主席江泽民签署第四号主席令，发布《中华人民共和国科学技术进步法》。科学技术进步法分为：第一章总则；第二章科学技术与经济建设和社会发展；第三章高技术研究和高技术产业；第四章基础研究和应用基础研究；第五章研究开发机构；第六章科学技术工作者；第七章科学技术进步的保障措施；第八章科学技术奖励；第九章法律责任；第十章附则。科学技术进步法自1993年

10月1日起施行。

同　日　国家主席江泽民签署第五号主席令，发布《中华人民共和国农业技术推广法》。农业技术推广法分为第一章总则；第二章农业技术推广体系；第三章农业技术的推广与应用；第四章农业技术推广的保障措施；第五章附则。农业技术推广法自公布之日起施行。

同　日　国家主席江泽民签署第六号主席令，发布《中华人民共和国农业法》。农业法分为：第一章总则；第二章农业生产经营体制；第三章农业生产；第四章农产品流通；第五章农业投入；第六章农业科技与农业教育；第七章农业资源与农业环境保护；第八章法律责任；第九章附则。农业法自公布之日起施行。

同　日　国家主席江泽民签署第七号主席令，发布《全国人民代表大会常务委员会关于惩治生产、销售伪劣商品犯罪的决定》。该决定自1993年9月1日起施行。

7月2日—7日　中央政策研究室召开全国省区市党委政研室主任会议。中共中央总书记江泽民同全体代表进行座谈。江泽民强调，全党同志特别是各级领导干部必须在邓小平建设有中国特色社会主义理论和党的基本路线的指导下，深入各个领域的实际，大兴调查研究之风。江泽民从适应当前加快改革和发展的新形势的要求出发，提出领导干部要着重坚持学习马列主义毛泽东思想，特别是要努力学习和掌握邓小平建设有中国特色社会主义的理论；努力学习和掌握发展社会主义市场经济的基本知识；努力学习和掌握现代科学技术的基本知识；努力学习中国历史特别是中国近现代历史和党的历史，并通过这种学习努力发扬中华民族的优良传统和党的优良传统。他强调指出，努力学习和掌握邓小平建设有中国特色社会主义理论，坚持用这一理论指导我们的思想和各项工作，必须贯穿于社会主义现代化建设的全过程，这是关系我们党的前途和命运，关系我们国家的繁荣富强和长治久安的大事。

7月5日—7日　全国金融工作会议举行。国务院副总理兼中国人民银行行长朱镕基发表讲话。他指出，当前我国经济的高速发展从总体上讲是健康的，前进过程中发生的问题，通过加快和深化改革就可以解决，没有必要实行全面紧缩，今后也不会采取全面紧缩的政策。朱镕基强调整顿金融秩序，严肃金融纪律，把金融混乱的局面扭转过来，是当前强化宏观调控的关键。他要求金融系统的各级领导干部要带头执行“约法三章”，这就是：一、立即停止和认真清理一切违章拆借，已违章拆借的资金要限期收回。二、任何金融机构不得变相提高存贷款利率，不准用提高存款利率的办法搞“储蓄大战”，不得向贷款对象收取回扣。三、立即停止向银行自己兴办的各种经济实体注入信贷资金，银行要与自己兴办的各种经济实体彻底脱钩。

7月6日　国家计委批准10家企业集团实行国家计划单列。10家计划单列企业集团是：中国四联仪器仪表集团、宝钢集团、鞍钢集团、攀钢集团、仪征化纤集团、中国东北电力集团、东北内蒙古煤炭集团、中国远洋运输集团、耀华玻璃集团、中国洛阳浮法玻璃集团。

7月7日　江泽民主席会见墨西哥《至上报》社长雷希诺·迪亚斯·雷东多。江泽民说，中国是一个拥有11亿多人口的发展中国家，发展社会生产力，不断改善人民的物质文化生活，是我们现阶段优先考虑的问题。因此，我们始终坚持以经济建设为中心，其他一切工作都服从和服务于这个中心。党的基本路线决不会动摇。改革开放的政策决不会改变。在回答关于对毛泽东和毛泽东思想的评价问题时，江泽民指出，这个问题中国共产党第十一届六中全会已有专门的决定。这在全党认识上是一致的。在谈到香港问题时，江泽民说，中国政府在1997年7月1日恢复对香港行使主权后，根据“一国两制”的方针，将在香港设立特别行政区。除国防、外交由中央政府负责管理外，香港特别行政区实行高度自治；原有的资本主义社会经济制度不变，生活方式不变；保持香港的国际金融中心和自由港的地位等。这些方针政策已由全国人民代表大会以香港特别行政区基本法明确规定了下来。在回答如何评价中墨及中国和拉美关系时，江泽民指出，中墨两国关系很好，是令人满意的。在回答如何评价当前国际形势和世界前途时，江泽民说，两极格局结束后，世界向多极化方向发展。国际形势动荡多变，天下并不太平。冷战时期遗留下来的某些热点尚未解决，又爆发了一些新的热点。一些国家和地区政治、经济、社会危机深重，民族分裂，武装冲突，领土争端，宗教纷争愈演愈烈。一些国家之间的矛盾错综复杂。世界范围的经济竞争激烈。许多发展中国家更加贫困化。霸权主义和强权政治依然存在，以“民主”、“人权”等问题为借口，干涉别国内政、向别国施加压力、侵犯别国主权的事件时有发生。现实表明，和平与发展仍是当今世界的主题。在这种形势下，建立一个和平、稳定、公正、合理的国际政治经济新秩序，符合各国人民的共同愿望和根本利益，也有利于世界和平与发展的崇高事业。尽管世界形势中面临着很多错综复杂的问题，但我们坚信，人类有能力解决这些问题，历史总是向前发展的，世界的前途是光明的。

同　日　国务院证券委员会发布《证券交易所管理暂行办法》。《办法》分为：第一章总则；第二章证券交易所的设立和解散；第三章证券交易所的职能；第四章证券交易所的组织；第五章证券交易所对证券交易活动的监管；第六章对证券交易所的管理与监督；第七章法律责任及争议的解决；第八章附则。《办法》自发布之日起施行。

7月7日—13日　外交部在北京举行第八次驻外使节会议。中共中央总书记江泽民接见我国驻外使节并发表讲话。在谈到国内形势时，他说，我国政治稳定、社会安定、经济发展，总的形势是好的。在经济持续高速增长的过程中，也出现了一些新的矛盾和问题，解决这些问题的根本办法是深化改革，尽快建立和完善社会主义市场经济体制。他强调指出，坚持两手抓是社会主义现代化建设的必要保证。在发展社会主义市场经济体制时，必须加强社会主义精神文明的建设，打击各种经济犯罪活动。李鹏总理给会议写了信，要求外交工作更好地为我国的经济发展、改革开放和推进祖国统一大业服务。

7月10日　全国政协、全国妇联举行《邓颖超传》、《怀念邓颖超大姐》出版座谈会。《邓颖超传》、《怀念邓颖超大姐》两书分别由江泽民、邓小平题写书名。国务院政协主席李瑞环，中共中央政治局常委胡锦涛等出席座谈会。

同　日　北京开往成都的163次客车与前行列车发生撞车事故，40人死亡，48人受伤。

7月11日　中国人民银行提高存、贷款利率。经国务院批准，中国人民银行决定，从7月11日起，提高人民币存、贷款利率并对3年以上定期储蓄存款实行保值。具体内容有：提高存款利率。城乡居民和企事业单位活期存款年利率由2.16%提高到3.15%；定期存款（3个月、半年、1年、2年、3年、5年、8年期整存整取）年利率平均上调1.72个百分点，其中：1年期存款年利率由9.18%提高到10.98%；2年期存款年利率由9.90%提高到11.70%；3年期存款年利率由10.80%提高到12.24%；5年期存款年利率由12.06%提高到13.86%；8年期存款年利率由14.58%提高到17.10%。城乡居民储蓄存款中的零存整取、整存零取、存本取息、定活两便和华侨人民币储蓄存款利率也相应上调。利率调整日以后向单位和个人发行的大额可转让定期存单，按调整后的利率水平执行，不分段计息。提高贷款利率。各项贷款年利率在现行基础上平均上调1.38个百分点。其中，1年期流动资金贷款年利率由9.36%提高到10.98%，半年期流动资金贷款年利率由8.82%提高到9.00%，技术改造贷款年利率由9.18%提高到10.98%，基本建设贷款各档次利率也分别上调。在提高存贷款利率的同时，对城乡居民3年期以上的定期储蓄存款实行保值。

7月13日　薄一波新著座谈会举行。中共中央宣传部、中央组织部、中央党校、中央党史研究室举行薄一波新著《若干重大决策与事件的回顾》（下卷）座谈会。中共中央总书记江泽民对薄一波这部著作的出版十分关注。国务院总理李鹏致函表示祝贺。乔石、朱镕基、刘华清、胡锦涛等出席会议。《若干重大决策与事件的回顾》（下卷）记述了1957年—1966年上半年党中央关于政治、经济、文化等方面的一些重大决策与事件。

7月15日　阮崇武当选为中共海南省委书记。

同　日　《人民日报》发表《中华人民共和国发明奖励条例》。《条例》是1978年12月28日国务院发布，1984年4月25日国务院修订，1993年6月28日国务院第二次修订的。《条例》共14条，自发布之日起实行。

同　日　中国轻工总会成立。

7月16日—17日　香港特别行政区筹委会预备工作委员会第一次全会召开。江泽民、乔石、李瑞环、朱镕基等会见到会全体委员。全国人大常委会委员长乔石向各位委员颁发了任命书。会议由预备工作委员会主任钱其琛主持，讨论通过了预备工作委员会工作规则，并决定预备工作委员会下设政务、经济、法律、文化、社会及保安等五个专题小组。会议期间举行了分组讨论和专题小组会议。委员们就预备工作委员会的职责和任务进行了讨论，并就各专题小组的工作规划初步交换了意见。会议决定，预备工作委员会第二次全体会议将于12月在北京举行。

7月16日—19日　国务院副总理朱镕基在贵州考察工作。朱镕基说，今年上半年银行存款下降，大量资金拆出省外，拿到沿海去炒房地产，重点建设项目资金到不了位，企业的正常生产也影响一大片。因此只有整顿金融秩序，重点建设项目的资金才能有保证，生产才能搞上去。整顿金融秩序，只靠银行不行，但银行要发挥关键作用。银行系统的职工要时刻牢记金融工作的四项任务，即整顿金融秩序，严肃金融纪律，推进金融改革，强化宏观调控。每一个领导干部和职工都要严格执行全国金融工作会议规定的“约法三章”。我们在全国金融工作会议上已经宣布，前一段工作中发生的问题，凡不触犯刑律的一般违章违纪问题，改了就好，不再追究责任，但全国金融工作会议以后，有屡禁不止的，要严惩不贷。对目无法纪敢于以身试法的，要严肃处理。

7月20日　我国杰出的音乐教育家、作曲家贺绿汀90诞辰及从事音乐工作70周年庆祝会举行。江泽民题词祝贺：“谱写生活的强音，讴歌人民的事业”。

7月20日—23日　全国财政工作会议和税务工作会议举行。朱镕基在讲话中说，上半年财政收入的增长幅度远低于按现价计算的国民生产总值的增长，这除了体制和政策方面的原因外，主要是越权减免税、承包流转税和征管不严造成的。各地区、各部门要坚决维护国家税法的统一性和严肃性，不得违背或变通国家统一的税收法规。各地以前越权自定的减免税政策要立即停止执行，并进行认真清理；各地擅自批准承包流转税的也要立即纠正。朱镕基强调，目前的财税体制是计划经济向市场经济转换过程中的带有过渡性质的一种体制。各种"包干"、"总额分成"是一种不适应市场经济的落后体制。财税体制改革要按照建立社会主义市场经济体制的要求，遵循四个原则：一是要总结自己的实践经验，借鉴市场经济国家的成功做法，建立新的财税体制。要统一认识，制定方案，尽快全面推行；二是要实行中央和地方的分税制和两类税收分别征收管理；三是要在明确财政职能，进一步下放财政支出责权的基础上，划分税种、保证中央必要的支出；四是要按《企业会计准则》和《企业财务通则》来规范政府和企业的分配关系。朱镕基在讲话中严肃提出财税部门的"约法三章"，要求各级财税部门严格遵守。第一、要严格控制税收减免。今年内不再出台新的减免税政策，临时性、困难性减免税要一律停止。凡减免税期已满的应立即恢复征税。各地越权自定的减免税收政策，要坚决按中央要求立即停止执行，并进行清理。从现在起，如再发现擅自减免税收，要严肃追究当事人和有关负责人的责任。第二、要严格控制财政支出，停止向银行挂账。财政工作要坚持量力而行、收支平衡的原则，财政赤字要通过发行国债来解决，不能向银行透支。地方预算要严格按《国家预算管理条例》的要求，不能安排赤字。任何地方不得再到银行挂账。第三、今后财税部门及所属机构，未经人民银行批准，一律不准涉足商业性金融业务。要立即清理各种财政信用放贷，对用财政资金放高利贷的，要立即纠正。财税部门办的各种公司，特别是金融性公司，一律要限期与财税部门脱钩。

7月20日—23日　第十世班禅大师转世灵童寻访领导小组第二次会议举行。扎什伦布寺民主管理委员会主任恰扎·强巴赤列活佛主持了会议。会议认为扎什伦布寺为寻访灵童做了大量工作，各项佛事活动圆满、顺利。会议还讨论了扎什伦布寺关于开展下一步寻访事宜的意见。会议希望达赖喇嘛在寻访十世班禅转世灵童这件佛门盛事上，能够尊重藏传佛教的宗教仪轨和历史惯例，尊重藏传佛教界爱国人士和信教群众的选择，尊重中央政府的指导和批准权。恰扎活佛向会议报告说，扎什伦布寺已通过适当方式，向达赖喇嘛通报了班禅转世灵童寻访事宜的情况。

7月21日　全国机构改革工作会议举行。主要议题是贯彻落实中央《关于党政机构改革的方案》和《关于党政机构改革方案的实施意见》；具体部署各级机构改革的步骤和要求；研究机构改革中的政策性问题。中共中央总书记江泽民，国务院副总理朱镕基与部分代表进行座谈。座谈会由中共中央政治局常委、中央机构编制委员会副主任胡锦涛主持。江泽民指出，机构改革是一项事关社会主义现代化全局的战略举措，必须把全党特别是各级领导干部对机构改革重要性的认识，统一到中央的精神上来。李鹏总理给会议写信，要求各级党委、政府按照中央的部署，有秩序地推进机构改革。国务委员、中央机构编制委员会副主任罗干在会上作《适应社会主义市场经济的发展，全面推进地方机构改革》的报告。报告说，地方各级机构人员精简比例为25%左右。为了搞好精简，这次改革将根据各地的人口、面积和经济发展水平等因素，对市、县、乡进行分类，在分类的基础上确定机构设置限额，核定人员编制，并实行严格的定编定员。这次党中央、国务院确定的精简任务是硬指标，必须坚决执行，认真完成。

7月22日　中共中央办公厅、国务院办公厅发出《关于涉及农民负担项目审核处理意见的通知》。《通知》提出取消37项中央和国家机关有关文件涉及农民负担的项目；暂缓执行水资源费和河道工程修建维护管理费在农村收取的部分；明确需要修改的17项；需要纠正有强制、摊派和搭车收费行为的14项；可以继续执行的29项。《通知》要求在达标升级活动中，取消要求农民出钱、出物、出工的达标升级活动共43项。《通知》还例举了10种农民承担费用收取与管理中存在的问题并坚决要求纠正。

7月23日　西北航空公司银川至北京2119航班一架客机坠毁，死亡59人。

7月25日　新扩建的抗美援朝纪念馆开馆典礼举行。邓小平题写

“抗美援朝纪念塔”的塔名。中共中央总书记江泽民，国务院总理李鹏，中央军委副主席刘华清分别为纪念馆题词。江泽民的题词是：中国人民志愿军的爱国主义、国际主义和革命英雄主义精神永放光芒。李鹏的题词是：纪念抗美援朝保家卫国的伟大胜利！刘华清的题词是：在抗美援朝战争中光荣牺牲的烈士永垂不朽！胡锦涛为纪念馆开馆剪彩并讲话指出，现在国际形势发生了很大变化，两极格局终结，世界向多极化方向发展。我们需要一个长期稳定的国际国内环境，一心一意搞现代化建设。我们现在不称霸，即使将来富强了也永远不称霸，决不会对任何国家构成威胁。

同　日　第八届全国人民代表大会常务委员会副委员长甘苦逝世。甘苦，1924年1月出生于广西扶绥县。1947年6月参加武装斗争，7月加入中国共产党。历任广西左江游击区民兵大队教导员，广西凭祥县委工委书记，广西凭祥游击大队政委，滇、桂、黔边区纵队左江支队三团政委。1950年—1970年，甘苦先后任中共龙津县委副书记、书记，龙津县县长，桂西壮族自治区政府办公厅代科长，广西省手工业局副局长，中共龙州县委第一书记，中共崇左县委书记，河池地区行署专员。“文化大革命”期间，任柳江造纸厂革委会主任，河池地委副书记，地区革委会副主任。1976年—1979年，任广西水利电力局局长、党组书记。1979年—1985年，任广西壮族自治区副主席，1985年6月—1993年1月，甘苦任广西壮族自治区第六届、七届人大常委会主任、党组书记。党的十三大、十四大代表；第七届、八届全国人大代表。在第八届全国人民代表大会第一次会议上，当选为全国人大常委会副委员长。

同　日　《解放军报》发表《邓小平关于新时期军队建设论述选编》。选编的重要论述是：一、把我军建设成为一支强大的现代化、正规化的革命军队；二、我们这个军队是党指挥枪，不是枪指挥党；三、把军队搞精干，提高战斗力；四、加强科学研究，改善武器装备；五、要把教育训练提高到战略地位；六、贯彻条令，治军要严；七、必须做好后勤工作；八、加强和改善思想政治工作；九、实现干部队伍的革命化、年轻化、知识化、专业化；十、恢复和发扬我党我军的优良传统。

7月26日　国务院三峡工程建设委员会召开第二次会议。会议批准《长江三峡水利枢纽（枢纽工程）初步设计报告》，长江三峡工程建设进入正式施工准备阶段。

7月26日—29日　胡锦涛率团对朝鲜进行友好访问。应朝鲜劳动党和政府的邀请，中共中央政治局常委、中央书记处书记胡锦涛率领中国党政代表团对朝鲜进行友好访问。朝鲜劳动党中央总书记、国家主席金日成会见胡锦涛等，双方进行了亲切友好的谈话。

7月29日　我国著名的兽医学家程绍迥逝世。程绍迥，1901年6月生于四川黔江县。1921年从北京清华大学毕业后赴美留学，获衣阿华州农工学院兽医学博士学位和畜牧学学士学位，并获约翰斯·霍普金斯大学公共卫生学院科学博士学位。1930年回国后，历任东北大学农科教授，实业部上海商品检验局兽医技正兼上海兽医专科学校教授，兼任上海复旦大学、上海中法大学药学专科教授等职。新中国成立后，历任农业部畜牧兽医局局长、副局长，中国农业科学院副院长、学术委员会副主任委员等职。第二、三届全国人民代表大会代表，第五、六届全国政协委员，九三学社六届中央常委。1984年加入中国共产党。程绍迥是我国兽医事业的奠基人之一，同全国畜牧兽医技术人员共同努力，于1955年在全国范围内消灭了逞凶千百年的牛瘟。

7月30日　全军纪念毛泽东100周年诞辰理论研讨会举行。会议以坚持和发展毛泽东思想、用邓小平建设有中国特色社会主义理论指导部队建设和改革为主题进行研究和交流。

同　日　亚洲规模最大、总体水平属世界一流的北京仿真中心通过国家验收。党和国家领导人江泽民、李鹏等分别题词表示祝贺。江泽民总书记的题词是“发展我国仿真技术，勇攀世界科技高峰”。李鹏总理的题词是“发展系统仿真技术，为科技现代化做出新贡献”。

7月31日　国家授权国有资产试点经营工作。新华社报道：国家授权东风汽车集团、东方电气集团、中国重型汽车集团、第一汽车集团、中国五矿集团、天津渤海化工集团、贵州航空工业集团和中国纺织机械工业集团等8家企业集团进行国有资产试点经营工作。

8月2日　国务院副总理朱镕基在国家外汇管理局全国分局长会议上讲话。朱镕基指出，从去年下半年开始，外汇调剂市场人民币汇价出现了急剧下降的趋势，今年以来，跌势加剧，6月中由年初的1美元兑换7.4元跌至接近11元。6月底在国务院采取一系列强化宏观调控的措施后，从7月1日开始，人民币汇价迅即回升，目前基本稳定在1美元兑换8.8元人民币左右。这个价位基本上是市场供求关系平衡的结果，既有利于促进进出口贸易，也有利于按照国家产业政策保证重点项目用汇。

8月4日　全国打击走私工作会议举行。近几年走私的情况较过去发生了重大变化，参与走私并对国家造成严重危害的，主要的已不是个人和小团伙，而是包括一些政府机关、执法部门的下属公司在内的企事业单位，走私物品已从过去的洋杂货发展到成批的洋烟、电视机、录像机、汽车等高档的消费品，走私大案的案值高达百万、千万以至上亿元，在一些走私严重地区，运载私货的大型外轮甚至在有些执法人员的保护下直接驶入未设关的港口码头卸货。中共中央总书记江泽民，国务院副总理朱镕基接见出席会议的代表，并同大家进行座谈。江泽民指出，走私是一种逃避国家对国际贸易的管理、非法牟取暴利的严重经济犯罪活动。这种犯罪活动，近半年在我国一些地区特别是一些沿海地区日趋猖獗，对国家和人民的利益，对深化改革和加快发展，造成的危害极大。各级党委和政府必须统一思想，统一步调，加强领导，依靠执法部门和群众相结合，坚决、迅速地刹住这股歪风。

8月4日—13日　中央军委副主席刘华清在吉林省考察工作。刘华清说，军队领导干部一定要认清加强廉政建设的重要意义，真正树立起廉政的良好形象，完成好历史赋予的使命。

8月6日　江泽民接受采访。国家主席江泽民接受日本《朝日新闻》社长中江利忠等人的采访，就中日关系、国际和地区问题以及中国国内形势等回答了客人的提问。关于中日关系，江泽民说：“经过两国政府和人民的共同努力，目前两国关系正进入新的发展阶段。”

关于中美关系，江泽民说："我们抱着向前看的积极态度，希望与美方增加信任、减少麻烦、发展合作、不搞对抗，在中美三个联合公报原则的基础上，特别是在相互尊重和互不干涉内政原则的基础上，发展平等互利关系。我们也希望美国政府能够以中美两国人民的根本利益为重，为改善两国关系采取实际步骤，推动中美关系向前发展。"在回答"社会主义和市场经济的关系"问题时，江泽民说，社会主义市场经济，是一个完整的概念。简要地说，就是要把公有制的优越性与市场经济对资源的优化配置有效地结合起来，二者不能割裂，也不能偏废。他在谈到中国现在出现的贫富差距扩大的问题时说："共同富裕是我们追求的目标，实现这个目标要有个过程，必然有先有后。至于个人收入的差别，将通过税收政策予以适当调节，同时通过建立社会保障体系来保证低收入者的生活。"江泽民在回答中国进一步发展农业的问题时说，邓小平曾提醒过我们，90年代如果中国出问题，很可能出在农业上。这是他多年领导经济建设和治国安邦的经验之谈，对于我们正确驾驭经济形势，是非常有益的。

8月7日　国务院副总理朱镕基在全国转换企业经营机制工作会议上讲话。朱镕基指出，贯彻落实《全民所有制工业企业转换经营机制条例》的工作要继续抓紧，要使这项工作真正热起来。朱镕基说，去年在《条例》颁布实施之际，江泽民作了重要批示："通过多年来的实践说明，搞好国有大中型企业并非易事。但必须坚决把这件事办好。在当前全党学习、贯彻小平南巡重要谈话精神的大好形势下，国务院制定了这份《条例》。务望各级党政部门继续解放思想，转变政府职能，真正把企业的自主权落实好。"贯彻《条例》，当前要抓好三方面工作：首先是政府部门转变职能的步伐一定要加快，搞好机构改革，精减人员，把属于企业的权力坚决放下去，把该管的管起来。其次是引导企业眼睛向内，苦练内功，积极主动地走向市场，以实施《企业会计准则》、《企业财务通则》为契机，规范国家和企业的分配关系，加强和改善企业内部经营管理。第三是要加强对企业的监督和国有资产的监管。

8月8日　福建水口水电站投产发电。国家重点建设项目、华东地区最大的水电站——福建水口水电站，首台20万千瓦机组正式并网发电。水口水电站总装机容量为140万千瓦，由7台单机容量20万千瓦机组组成，年平均发电量49.5亿千瓦小时，总投资56亿多元，其中利用世界银行贷款2.4亿美元，预计1995年全部建成。

8月10日　中华人民共和国和利比里亚共和国恢复外交关系。利比里亚政府同时宣布从即日起断绝同台湾的所谓“外交关系”。

同　日　中国客机遭到劫持。中国国际航空公司一架波音767/2554号客机在执行CA973北京—厦门—雅加达的国际航班时，遭到歹徒劫持。飞机在台北桃园机场降落。除劫机犯一人被台湾警方扣留在台北外，其余136名旅客和15名机组成员均随飞机安全返回。

同　日　中纪委发布通报。中共中央纪律检查委员会就福建省南平地区水电局原局长邱阿旺等人的受贿案发出通报。经纪检监察机关审理，给予党纪处分的11人，其中开除党籍6人，留党察看3人，党内撤职1人，警告1人；受政纪处分13人，其中开除公职5人，撤职4人，降职2人，行政记大过2人。移交司法机关17人，邱阿旺已被开除党籍，依法逮捕。

8月14日　国务院总理李鹏签署第125号国务院令，发布《国家公务员暂行条例》。《暂行条例》共分为：第一章总则；第二章义务与权利；第三章职位分类；第四章录用；第五章考核；第六章奖励；第七章纪律；第八章职务升降；第九章职务任免；第十章培训；第十一章交流；第十二章回避；第十三章工资保险福利；第十四章辞职辞退；第十五章退休；第十六章申诉控告；第十七章管理与监督；第十八章附则。《暂行条例》自1993年10月1日起施行。

8月16日—22日　中国国民党第十四次代表大会在台湾举行。会议通过新党章，选举李登辉为国民党主席，4名副主席是：李元簇、郝柏村、林洋港、连战。会议还选出210名中央委员。会议结束时发表“宣言”说，今年是国民党建党99周年，召开第十四次代表大会意义重大。“宣言”声称国民党对于中国统一“无时或忘”，并认为这是中国前途的唯一出路。“宣言”还声称国民党将稳步推行所谓“国家统一纲领”，并以台湾地区人民的利益为优先，同时表示期望增进两岸的了解。

8月18日　中共中央举行向党外人士通报情况座谈会。座谈会由中共中央总书记江泽民主持。中共中央政治局常委李瑞环、胡锦涛等出席。江泽民指出，我们党对反腐败问题，一直是重视的。一手抓改革开放，一手抓反腐败斗争，是我们的重要方针。目前，拜金主义、享乐主义、极端个人主义在一部分党员干部中有所滋长，有些人甚至不择手段地以权谋私，甚至贪污受贿、敲诈勒索。最近，中共中央对深入开展反腐败斗争做了认真研究，准备采取更坚决的措施，进行新的部署。

8月19日　中共中央总书记江泽民致电李登辉。江泽民祝贺他在中国国民党第十四次代表大会上再次当选为国民党主席。

同　日　国务院总理李鹏签署第126号国务院令，发布《长江三峡工程建设移民条例》。《条例》分为：第一章总则；第二章移民安置；第三章淹没区、安置区的管理；第四章优惠措施；第五章奖励与处罚；第六章附则。《条例》自发布之日起施行。

8月20日　国务院召开第七次常务会议。审议并原则通过《九十年代农业发展纲要（草案)》和《卫星地面接收设施管理规定（草案)》。《九十年代中国农业发展纲要》分为：一、90年代农业发展的目标和指导思想。二、90年代农业发展的总体布局。三、依靠农业科技进步，提高土地和各种农业资源的单位产出率。四、加强农产品商品生产基地建设。五、加强农业综合开发。六、大力发展乡镇企业。七、加强农业发展支撑体系建设。八、广辟农业投资渠道，增加农业建设资金。九、加强农业社会化服务体系建设。十、加强领导，为农业发展创造良好的社会环境。

8月20日—25日　中共中央纪律检查委员会第二次全体会议举行。全会的主要议题是：以邓小平建设有中国特色社会主义理论和党的基本路线为指导，贯彻党的十四大精神，研究在新形势下加强反腐败斗争、推进党风廉政建设的思路和对策，动员各级党组织和纪检监察机关落实党中央关于近期内反腐败的工作部署，保证和促进改革开放和经济建设的顺利发展，为全面贯彻党的基本路线服务。中共中央总书记江泽民发表重要讲话。江泽民的讲话共分为：一、巩固和发展当前好的形势；二、实事求是地估计反腐败斗争的现状；三、反对腐败是贯彻执行党的基本路线的必然要求，是集中力量把经济建设搞上去的重要保证；四、全党要重新学习邓小平关于端正党风、加强廉政建设、反对腐败的论述；五、正确认识腐败现象产生的社会历史原因；六、近期内反对腐败要着重做好的工作；七、反腐败斗争必须把握好以下原则；八、要把反腐败斗争长期坚持下去；九、各级党委要加强领导等九部分。江泽民说，我国在社会主义条件下，仍然存在腐败现象，有种种复杂的原因。我国是一个封建社会历史很长的国家，封建主义和其他剥削阶级影响将长期存在，总要通过各种形式表现出来。我们实行对外开放，借鉴和利用世界各国包括发达资本主义国家的一切现代文明成果，资本主义腐朽的东西也会趁机钻进来。我们建立社会主义市场经济体制，要经历一个艰难的新旧体制转换过程。在这个过程中，由于制度和机制的不健全、不完善，工作中存在一些漏洞和薄弱环节，也会给腐败现象滋生以可乘之机。这些年来，我们有些地方、有些单位对党员和干部的思想政治教育抓得不紧，拜金主义、享乐主义和极端个人主义在一部分党员和干部中滋长，也是腐败现象得以蔓延的一个重要原因。江泽民说，一、各级党政领导干部要带头廉洁自律。二、集中力量查办一批大案要案。三、紧紧抓住本地区、本部门、本单位的突出问题，刹住群众最不满意的几股不正之风，年内要见到明显成效。江泽民要求以上三条，各级党委和政府必须坚决贯彻执行，做到令行禁止。对不听招呼、顶着不办的，要果断处理，绝不能姑息迁就。

8月22日—28日　江泽民主持召开经济工作座谈会。江泽民在大连考察工作并主持召开华北、东北八省（区、市）经济工作座谈会。江泽民强调，在肯定成绩的同时，还要大量深入、扎实、艰苦的工作。第一，要进一步统一全党、全社会的认识。这次中央采取的宏观调控措施，主要是运用符合市场经济规律的经济手段、法律手段和必要的行政手段，解决经济生活中的一些突出矛盾和问题，目的是深化改革，转换机制，优化结构，提高效益。第二，要注意研究经济运行中出现的新情况、新问题。要继续整顿金融秩序，严肃金融纪律。在实施中央加强宏观调控政策措施的过程中，特别要做好两项工作。一是必须加强农业的基础地位。二是要搞好国有大中型企业。江泽民说，搞好国有大中型企业的根本出路，在于深化改革。重点要抓好以下几个环节：第一，坚定不移地贯彻落实《条例》，转换企业经营机制。第二，加快配套改革，为企业创造良好的外部环境。第三，加强国有资产管理，逐步建立现代企业制度。江泽民指出，当前，特别要抓紧进行金融体制、投资体制和财税体制改革，逐步形成完善的国家宏观调控体系。要加强国有资产的管理，通过国有资产管理体制的改革和国有资产的立法工作，解决国有资产的流失问题，确保国有资产保值、增值。江泽民强调，在发展社会主义市场经济的过程中，一定要坚持“两手抓”，大力加强社会主义精神文明建设。反腐败，是坚持“两手抓”的重要内容。

8月24日　《人民日报》发表评论员评论《发展两岸关系，推进祖国统一——评国民党第十四次代表大会》。评论说：中国国民党第十四次代表大会重申国民党的一切努力“仍以促进祖国统一为最终目标”，明确指出“反对分裂国土”，“开展两岸关系，促进国家统一”。大会的“政务报告”把“追求国家统一”列为当前“行政”工作的第一重点。相当多的代表联署提案，要求国民党立即与中国共产党展开两党谈判。有识之士还提出，国民党的大陆政策有必要在这次大会加以检讨，以便开展未来的两岸关系等。对此，我们表示赞赏。评论指出：自国民党十三大以来，国民党当局在处理两岸关系方面采取了一些较为务实的、松动的措施，如终止了所谓“动员戡乱时期”，废除了“临时条款”，逐步放宽了对两岸经贸和其他交流交往的某些限制，同意举行“汪辜会谈”等。这些措施虽然远不能满足海峡两岸同胞的愿望，但有助于消除敌意，促进两岸关系的发展。考虑到台湾同胞对发展经济联系和其他对外交往的实际需要，我们对台湾对外的民间经济文化联系，是不持异议的。

8月25日—9月2日　八届全国人大常委会第三次会议举行。国务院副总理兼中国人民银行行长朱镕基向常务委员会作报告。会议通过了《全国人大常委会关于修改〈中华人民共和国经济合同法〉的决定》和《中华人民共和国反不正当竞争法》等两个法律草案和其他决议。

8月27日　青海海南藏族自治州共和县沟后水库大坝决口，死亡242人，伤336人。

同　日　禹作敏量刑。新华社报道：天津市静海县蔡公庄乡大邱庄企业集团总公司原董事长、党委书记禹作敏，因犯有窝藏罪、妨害公务罪、行贿罪、非法拘禁罪、非法管制罪，由天津市中级人民法院一审判处有期徒刑20年，剥夺政治权利2年。

8月27日—30日　全军纪律检查工作会议召开。中央军委副主席刘华清在会议上指出，军队的党风廉政建设，近期要着重抓好4个方面的工作：一是抓好学习教育，二是认真解决存在的问题，三是集中力量查办一批案件，四是清理整顿生产经营。刘华清特别对军队的高级干部提出了要求。他说，高级干部要不断加强党性锻炼，加强世界观的改造，真正懂得，任何以权谋私的行为，都是对我党我军宗旨的背叛。要自觉以老一辈革命家为楷模，廉政勤政，克己奉公。高级干部更要遵守纪律，凡是中央军委和总部定了的事情，就要坚决贯彻；凡是明令禁止的，就绝不能再办；凡有制度规定的，就要老老实实照着去做。

8月28日　李鹏接受采访。国务院总理李鹏接受墨西哥《太阳报》社长、国际奥委会委员巴斯克斯的采访，就中墨关系、北京申办奥运、国际和地区问题以及中国国内形势等问题回答客人的提问。李鹏说，按照经济实际运行状况，原定5年的目标可以提前2年，在今年就可以实现。以1992年邓小平的重要谈话和中国共产党第十四次全国代表大会为标志，我国的改革开放和经济建设进入了一个新的发展阶段。今年八届全国人大一次会议上，调整了十年规划和“八五”计划指标，国民经济年增长速度调到8%~9%，这是实事求是，恰如其分的。

8月30日—9月1日　海峡两岸关系协会与台湾海峡交流基金会进行汪辜会谈后的第一次工作商谈。这次工作商谈完成了预定议题的商谈。海协从应全面落实、认真执行汪辜会谈有关协议的积极态度出发，建议统筹安排《汪辜会谈共同协议》规定的5项事务性商谈、经济和科技交流的商谈，并提出《落实〈汪辜会谈共同协议〉规定的各项商谈时间表》。

8月31日　广东大亚湾核电站一号机组并网发电成功，并网功率为4.5万千瓦。国务院总理李鹏给大亚湾核电站发去贺电："欣闻大亚湾核电站一号机组并网发电，特向全体建设者表示热烈的祝贺。希望你们再接再厉，做好全部试运行工作。"

同　日　新华社发表《台湾问题与中国的统一》的重要文章。文章分为：前言；一、台湾是中国不可分割的一部分；二、台湾问题的由来；三、中国政府解决台湾问题的基本方针；四、台湾海峡两岸关系的发展及其阻力；五、国际事务中涉及台湾的几个问题；结束语。文章指出：中国近代史是一部被侵略、被宰割、被凌辱的历史，也是中国人民为争取民族独立，维护国家主权、领土完整和民族尊严而英勇奋斗的历史。台湾问题的产生与发展，都与这段历史有着紧密的联系。由于种种原因，台湾迄今尚处于与大陆分离的状态。这种状态一天不结束，中华民族所蒙受的创伤就一天不能愈合，中国人民为维护国家统一和领土完整的斗争也一天不会结束。文章强调：中国的统一是中华民族的根本利益所在。中国实现统一后，两岸可携手合作，互补互助，发展经济，共同振兴中华。原来一直困扰台湾的各种问题，都将在一个中国的架构下得到合理解决。台湾同胞将与祖国其他地区人民一道共享一个伟大国家的尊严和荣誉。

同　日　我国海上发现的最大油田——绥中36—1油田投产。绥中36—1油田位于辽东湾海域，西距辽宁省绥中县50公里处，是1987年由渤海石油公司自营勘探所发现的我国第一个储量超亿吨的海上大油田，含油面积达24平方公里。经勘探和评价，绥中36—1油田的基本探明储量为1.9亿吨，加上差油层，总储量达2.5亿吨。

9月1日—6日　中国妇女第七次全国代表大会举行。江泽民、李鹏、乔石、李瑞环、朱镕基、刘华清、胡锦涛等接见全体代表并出席大会。胡锦涛发表《高举有中国特色社会主义的伟大旗帜进一步开创妇女运动的新局面——在中国妇女第七次全国代表大会上的祝词》。胡锦涛说：全社会都要关心妇女事业，促进妇女进步，推动妇女运动继续健康发展。大会认真总结了改革开放15年来我国妇女运动和妇女工作的经验，明确了90年代我国妇女运动的光荣任务，修改了《中华全国妇女联合会章程》，选举产生了全国妇联新一届领导机构。会议选举陈慕华继续担任全国妇联主席。中共中央政治局常委胡锦涛与出席中国妇女“七大”的部分代表座谈。

9月2日　国家主席江泽民签署第九号主席令，发布《全国人民代表大会常务委员会关于修改〈中华人民共和国经济合同法〉的决定》。《中华人民共和国经济合同法》分为：第一章总则；第二章经济合同的订立和履行；第三章经济合同的变更和解除；第四章违反经济合同的责任；第五章经济合同纠纷的调解和仲裁；第六章经济合同的管理；第七章附则。经济合同法自公布之日起施行。

同　日　国家主席江泽民签署第十号主席令，发布《中华人民共和国反不正当竞争法》。反不正当竞争法分为：第一章总则；第二章不正当竞争行为；第三章监督检查；第四章法律责任；第五章附则。反不正当竞争法自1993年12月1日起施行。

9月3日　国务院发言人发表谈话。国务院台湾事务办公室新闻发言人谈话指出，《台湾问题与中国的统一》白皮书的发表，有重大的现实意义和深远的历史意义。发言人说，白皮书特别指出，台湾同胞要求当家做主管理台湾的愿望是合情合理的、正当的。为了维护国家的主权并考虑到台湾经济发展的需要和台湾同胞的实际利益，对台湾同外国的民间经济、文化往来，中国政府不持异议。在中国实现统一后台湾同胞将与全国其他地区人民一道，共享我们伟大祖国的尊严和荣誉。

9月4日　十世班禅大师灵塔祀殿落成开光典礼在历世班禅的驻锡地——日喀则扎什伦布寺举行。

9月4日—15日　中华人民共和国第七届运动会举行。全运会共设43个比赛项目，有45个代表团参加，是我国体坛规模最大的一次盛会。全运会在运动成绩上取得了大面积丰收。共有4个人4次创4项世界纪录，18个人4队43次打破21项世界纪录，4个人4次平3项世界纪录，54个人1队93次创34项亚洲纪录，61个人3队143次打破66项亚洲纪录，130个人14队273次创117项全国纪录。在女子3 000米决赛中，王军霞以8分06秒11的好成绩打破世界纪录。我国田径运动实现了历史性的突破。辽宁代表团夺得金牌和团体总分第1名，广东和上海分居第2、3位。

9月5日　台湾东吴大学校长章孝慈在桂林祭扫母墓。章孝慈的母亲章亚若是江西人。1939年，她与当时任赣南行政专员的蒋经国结合。1942年，章亚若在桂林生下双胞胎，即章孝严、章孝慈。

9月6日—9日　应国务院总理李鹏的邀请，印度共和国总理纳拉辛哈·拉奥对我国进行正式友好访问。国家主席、中共中央总书记江泽民、全国人大常委会委员长乔石、全国政协主席李瑞环、中共中央政治局常委胡锦涛会见拉奥总理。李鹏总理同拉奥总理举行会谈。会谈气氛融洽，双方就双边关系和国际形势等充分地交换了意见。关于边界问题，两位总理对两国边界问题联合工作小组会谈所取得的进展表示满意。双方认为，两国签署保持双方实际控制线地区和平与安宁的协定具有重要意义，协定中的有关规定和措施需要认真贯彻和落实。双方同意，联合工作小组应继续加紧工作，以便通过友好协商，争取早日公平合理地解决边界问题。李鹏总理重申了中国政府对西藏问题的立场。拉奥总理表示将信守在这个问题上的承诺。中国和印度两国政府签署了关于在中印边境实际控制线地区保持和平与安宁的协定等4项文件。国务院总理李鹏和印度总理拉奥出席了签字仪式。关于在中印边境实际控制线地区保持和平与安宁的协定中规定：中印边界问题应通过和平友好方式协商解决。双方互不使用武力或以武力相威胁。在两国边界问题最终解决之前，双方严格尊重和遵守双方之间的实际控制线。双方将把实际控制线地区各自的军事力量保持在与两国睦邻友好关系相适应的最低水平。其他3项文件是，中国广播电影电视部与印度新闻广播部广播电视合作协议、中印两国政府环境合作协定、中印两国政府关于在什布奇拉山口两侧扩大边境贸易的议定书。

9月10日　中共中央、国务院召开全国推行国家公务员制度和工资制度改革工作会议。李鹏、胡锦涛等接见出席会议的全体代表。李鹏指出，在国家公务员制度建立的同时，还要进行工资制度的改革。他说，今后，随着我国经济的发展和公务员制度的建立，将逐步地提高公职人员的工资水平。国务委员兼国务院秘书长罗干在会议上作题为《推行国家公务员制度，进行工资制度改革促进社会主义现代化建设事业的发展》的讲话，他说党中央、国务院决定，这两项改革从今年10月1日起同时实施，并就这两项改革的重要意义以及具体部署发表了意见。

9月11日　国务院总理李鹏、中央军委主席江泽民签署第128号国务院、中华人民共和国中央军事委员会令，发布《中华人民共和国无线电管理条例》。《无线电管理条例》分为：第一章总则；第二章管理机构及其职责；第三章无线电台（站）的设置和使用；第四章频率管理；第五章无线电发射设备的研制、生产、销售、进口；第六章非无线电设备的无线电波辐射；第七章涉外无线电管理；第八章无线电监测和监督检查；第九章罚则；第十章附则。《无线电管理条例》自发布之日起施行。

9月11日—14日　第二次全国政府法制工作会议召开。国务院总理李鹏强调，全国各级政府的领导同志要重视政府法制工作，把法制建设作为一件大事来抓，摆到政府工作的重要议事日程。要依法行政，促进我国经济、文化、教育、科技等各项事业的发展。

9月14日　首都机场高速公路举行通车典礼。李鹏总理为通车剪彩并接见工程总指挥及建设者代表。新建机场高速公路全长18.735公里，宽34.5米，双向6车道，全封闭，全立交。

同　日　魏京生被获准假释。新华社报道：魏京生因在服刑期间遵守监规，服从管理，已于今天经唐山市中级人民法院依法裁定假释，予以释放。魏京生因出卖军事情报和从事旨在颠覆中国政府的犯罪活动，触犯国家刑律，于1979年10月经北京市中级人民法院依法判处有期徒刑15年，剥夺政治权利3年。

9月17日　国务院召开第三次全体会议。会议原则通过了《国务院关于近期开展反腐败斗争的实施意见》；《关于治理乱收费的规定》和《关于对行政性收费、罚没收入实行预算管理（收支两条线）的规定》；《关于党政机关与所办经济实体脱钩的规定》征求意见稿；《关于严禁用公款变相出国（境）旅游的规定》征求意见稿。李鹏在会上发表重要讲话。他说，对反腐败斗争的成绩决不能估计过高。必须看到，在政府机关及其工作人员中，在一些领导干部中，依然存在着消极腐败现象，有的地方还相当严重。一些人贪赃枉法、行贿受贿、敲诈勒索、挥霍浪费、腐化堕落、失职渎职，有的甚至走上了犯罪道路。对于这些现象，我们必须给予高度重视，并采取坚决的措施加以纠正。

同　日　《我的父亲邓小平》（上卷）海外中文版出版发行。《我的父亲邓小平》一书（上卷）由邓小平的女儿毛毛（萧榕）所著，由三联书店（香港）有限公司授权，台湾地球出版社将于9月18日在台湾出版发行。在此之前，台湾《中国时报》获三联书店（香港）有限公司授权，自8月14日—31日摘要连载该书，引起台湾读者的广泛关注。

9月18日　国务院召开全国乡镇企业工作会议。去年以来，全国乡镇企业出现加速发展、加快提高的好形势，已成为我国农村经济的主体和国民经济的重要支柱。1992年全国社会总产值净增量的51.6%、税收净增量的68.2%、外贸出口商品收购总额净增量的47.2%、全国农民人均收入净增部分的61.7%来自乡镇企业。今年上半年，乡村企业总产值、利税总额和出口商品交货值均比去年同期增长75%以上。国务院总理李鹏对发展乡镇企业作了重要批示："乡镇企业对我国农村经济及整个国民经济的发展起着重要的作用，是农村实现小康的有力保证，是建设有中国特色社会主义的一项创举。乡镇企业发展总的势头是好的，要坚持以市场需要为导向，深化改革，扩大开放；要重视产品质量，提高劳动生产率，不断提高经济效益；要积极推动沿海地区乡镇企业上一个新台阶，大力扶持中西部地区乡镇企业，促进中西部农村经济的发展。"

9月22日—24日　应国家主席江泽民邀请，巴勒斯坦国总统亚西

尔·阿拉法特对我国进行正式友好访问。国务院总理李鹏、全国人大常委会委员长乔石会见阿拉法特总统。国家主席江泽民与阿拉法特总统举行会谈。两位领导人均表示，相信在双方的长期努力下，中巴两国关系定将得以进一步发展。两国政府代表签署中巴经济技术合作协定及中国向巴勒斯坦赠送一般物资和赠送一所学校的换文。

9月25日　国务院总理李鹏接见出席国务院学位委员会学科评议组第五次会议的部分代表。李鹏说，自从1981年颁布学位条例和建立学位制度以来，经过10多年的努力，我们逐步形成了适应我国经济和社会发展需要的学位体系和研究生教育体系，培养出了博士1万多名，硕士23万多名。他们已成为我国科技战线上的骨干力量。现在可以说，在我国立足国内培养高层次人才的能力，已经形成。

9月27日　最高人民法院向新闻界公布了4起特大贪污案件的审理情况及处理结果。这4起重大经济犯罪案件分别是：海南薛根和、陈贻全、熊道先、赵东方、杨绍琼等人贪污、挪用公款、偷越国境案，浙江冯阳贪污、偷越国境案，北京罗玉海贪污、挪用公款案和广东徐晓春贪污案。这4起案件的8名罪犯分别被海南、浙江、北京、广东等地人民法院判处死刑，剥夺政治权利终身，并已经由最高人民法院裁定核准。最高人民法院表示，从这四起特大贪污案件的情况看，比较突出地反映出这样几个特点：一是这些犯罪分子利欲熏心，胆大妄为，犯罪金额特别巨大，有的实属罕见，犯罪金额少则几百万元多则几千万元。二是这些犯罪分子作案时间长，次数多，危害大。这方面尤以金融系统内部人员犯罪最为突出。三是这些犯罪分子以金融部门的年轻业务人员居多，这是当前金融系统发生的严重经济犯罪案件中的又一突出特点。四是这些犯罪分子大都与金融系统外部人员相互勾结，联手共同犯罪，这在当前金融系统的严重经济犯罪案件中占有相当比重。五是这些犯罪分子一旦发觉罪行败露，即变本加厉，携带巨款潜逃，甚至逃往境外。这是重大经济犯罪案件中出现的一个引人注意的情况。

9月27日—29日　中共中央总书记江泽民在广州主持召开了中南、西南10省区经济工作座谈会。江泽民说，90年代是我国社会主义现代化建设的关键时期，我们必须以极大的历史责任感，努力使国民经济保持一个较高的增长速度。发展速度低了不行，那样经济就上不去，我们就会处于被动地位，就会受制于人。凡是有条件能快的就快一些发展，暂时不能快的，也应积极创造条件逐步加快发展。江泽民强调，解决当前和今后经济发展中的矛盾和问题，根本出路在于深化改革，加快建立社会主义市场经济体制。建立新的经济体制是一项宏大的社会系统工程，要抓紧制定总体框架，从解决当前发展中的突出矛盾和问题入手，重点突破，配套协调，分步实施，循序渐进。江泽民说，各地区的经济发展不可能没有差距。对于地区间存在的发展上的差别，要有一个全面认识和科学态度。

9月29日　中共中央决定：王茂林任中共湖南省委书记。

9月30日　中共中央决定：胡富国任中共山西省委书记，孙文盛任中共山西省委副书记；孙文盛任山西省副省长、代省长。

同　日　四川航空公司一架图154客机在执行济南—广州3U592航班任务时被劫。飞机安全降落在台湾桃园机场，人机均安全。

10月3日　浙江萧山发生观赏钱江潮的人群被大潮卷走的严重事故。事故中19人死亡，40人下落不明。

10月5日　中共中央、国务院作出关于反腐败斗争近期抓好几项工作的决定。决定说：在近期内着重抓好三项工作，并取得明显成效。一、党政机关领导干部要带头廉洁自律。为此，对党政机关县(处)级以上领导干部重申和提出以下要求：（1）不准经商办企业；不准从事有偿的中介活动；不准利用职权为配偶、子女和其他亲友经商办企业提供任何优惠条件。（2）不准在各类经济实体中兼职(包括名誉职务)；个别经批准兼职的，不得领取任何报酬；不准到下属单位和其他企业事业单位报销应由个人支付的各种费用。（3）不准买卖股票。（4）不准在公务活动中接受礼金和各种有价证券；不准接受下属单位和其他企业事业单位赠送的信用卡，也不准把本单位用公款办理的信用卡归个人使用。（5）不准用公款获取各种形式的俱乐部会员资格，也不准用公款参与高消费的娱乐活动。二、查办一批大案要案。重点查办党政领导机关领导干部和司法部门、行政执法部门、经济管理部门及其工作人员的违法违纪案件。三、狠刹几股群众反映强烈的不正之风。

同　日　中国政府就中国进行一次地下核试验发表关于核试验问题的声明。声明说：中国发展和拥有少量的核武器，完全是为了自卫。中国历来主张全面禁止和彻底销毁核武器，并主张在这个范畴内实现全面禁止核武器试验。从这一根本立场出发，中国历来对核试验采取十分克制的态度，进行核试验的次数极为有限。

10月6日—9日　中国残疾人联合会第二次全国代表大会举行。江泽民、李鹏、乔石、李瑞环、朱镕基、刘华清、胡锦涛等出席大会开幕式并接见大会代表。中国残联主席邓朴方向大会做了题为《为祖国的繁荣昌盛和残疾人事业的发展而奋斗》的报告。报告分为三部分，一、历史性的成就；二、今后的工作；三、加强自身建设。报告提出：今后5年乃至本世纪末，残疾人事业发展的总目标是：解决残疾人的温饱问题；残疾儿童少年义务教育入学率达到80%；80%左右的待业残疾人得到职业技能培训；城镇残疾人就业率、农村残疾人在业率达到80%左右；帮助多数残疾人在社区和家庭进行康复训练；实施一些急需的、效益好的康复项目，使200万左右的残疾人康复；残疾人文化生活日趋丰富；针对导致残疾的主要因素，开展预防。会议审议并通过了一届主席团的报告和中国残联章程（修正案），选举产生了中国残联第二届领导成员，聘请李瑞环同志为名誉主席。新当选的中国残联主席为邓朴方。

10月6日—9日　政协第八届全国委员会常务委员会第三次会议召开。国务院副总理朱镕基向会议作题为《当前国家经济形势和对策》的重要报告。全国政协主席李瑞环主持会议，李瑞环指出，人民政协通过提出各种意见和建议来参政议政，这是实现我国基本政治制度的一种体现，是推进我国社会主义民主政治建设的一大创造、一大特色、一大优势。

10月6日—10日　国家安全工作会议召开。江泽民、李鹏、乔石、刘华清等接见出席的代表。会议指出，保卫国家安全是全党全民的大事。实现国家的长治久安，最重要的是要把经济建设搞上去。

关起门搞建设不行，我国的对外开放政策是一项长期持久的政策，必须始终不渝地坚持下去。但改革开放和经济建设都必须有一个安定的环境，如果国家的安全和稳定得不到保证，那就什么都搞不成。当前，国际形势有所缓和，但世界并不太平。境外间谍情报机关和某些敌对势力仍然在继续从事危害我国国家安全的各种破坏活动。我国人民在专心致志地进行现代化建设的过程中，必须坚决维护国家安全和社会稳定。

10月8日　我国学术界巨著——《中国大百科全书》胜利完成。中共中央总书记江泽民和国务院总理李鹏接见参加编撰《中国大百科全书》的专家学者，祝贺《中国大百科全书》这一巨著的问世，并向参加编撰的两万多名专家学者和工作人员表示衷心的感谢。江泽民、李鹏等为《中国大百科全书》题词。江泽民的题词是："融古今中外知识，扬中华民族风采"。李鹏的题词是："百科全书，知识海洋"。

同　日　海南省海口市中级人民法院开庭审理原海南省计划厅厅长姜巍受贿案，判处其无期徒刑，剥夺政治权利终身。姜巍于1989年10月—1991年8月期间，利用其担任海南省计划厅厅长职务之便，收受贿赂人民币123 001元，美元1 000元。

10月12日　全国市长研究班庆祝创办10周年。李瑞环等出席庆祝会，并作了重要讲话。李瑞环说，城市的规划、建设和管理必须有一个长期的、总体的指导思想。不能只顾眼前不顾长远，只看局部不看全局。当前城市建设中存在着一些令人担忧的问题，比如房子盖得过高、过密，不适当地挤占绿地、水面和破坏风景、文物的事情时有发生。我们应当把为城市负责和为国家负责、为子孙后代负责统一起来，无论如何不能再干那种为今后的发展安钉子、添腻味的蠢事。

同　日　中华人民共和国与马其顿共和国建立大使级外交关系。

同　日　中共中央决定：顾金池任中共辽宁省委书记。

同　日　阎海旺任中共甘肃省委书记。

10月13日　《人民日报》发表《国务院部委及直属局安排党外人士实职的情况》的报道。报道说：八届全国人大后，国务院组成部委41个（含国务院办公厅）。除公安、安全、国防、外交不予安排外，在国务院部委任职的党外干部8人，平均年龄62岁，其中55岁以下的有两位；国务院13个直属局中已安排党外干部3人，平均年龄55岁。国务院部委及直属局累计安排党外领导干部11名，约占可以安排单位总数的22%。

10月13日—17日　中华全国工商业联合会第七届会员代表大会举行。李瑞环等领导在开幕前接见全体代表。会议选举产生了由326人组成的全国工商联第七届执行委员会，推选王光英为全国工商联名誉主席；选举经叔平为全国工商联主席。会议审议通过了中华全国工商业联合会第六届执行委员会的工作报告和中国工商业联合会章程。全国工商联现有县级以上地方组织2 299个，会员67万个，其中最近几年新吸收的会员达38.3万个，他们之中非公有制经济成分的会员占53.7%。

10月14日　"银河—Ⅱ"投入运行。我国首台"银河—Ⅱ"巨型计算机在中国气象局国家气象中心安装调试完毕，正式投入中期数值天气预报新业务系统中运行。从此，我国将成为世界上少数几个能发布5天—7天中期数值天气预报的国家之一。中央军委副主席刘华清发来贺信，热烈祝贺中期数值天气预报业务系统投入运行。

10月15日　天荒坪抽水蓄能电站主机设备引进合同签字。该项目是由中技国际招标公司负责采购的世界银行贷款项目。国务院总理李鹏等出席签字仪式并会见了参与合作的中外厂商代表。李鹏说，中国电力发展现在面临两个问题：一是电力不足，二是水火电的结构还不够合理，特别是经济发达的地区缺少水电的调节。抽水蓄能电站在中国还是大有发展前途的。位于浙江安吉县境内的天荒坪抽水蓄能电站是目前国内规模最大、水头最高的抽水蓄能电站。

同　日　世界上最长的光缆干线京汉广暨广邕、广琼光缆通信干线开通。该光缆通信干线北起北京，经河北、河南、湖北、湖南到广州，并向南向西延伸至海口、南宁，途经8个省市、22个地市，总长4 700公里。京汉广暨广邕、广琼光缆通信干线工程总投资5亿多元，可提供长途电路10.5万条。

10月18日—21日　中共中央召开中央农村工作会议。会议中心议题是研究在建立社会主义市场经济体制的进程中，如何全面加强农业的基础地位，促进我国农业和农村经济上一个新台阶的战略思想和具体措施。会议深入讨论了《关于当前农业和农村经济发展的若干政策措施》。中共中央政治局常委李鹏、李瑞环、刘华清、胡锦涛出席会议。会议由中共中央政治局常委朱镕基主持。江泽民总书记作重要讲话，着重阐述五个问题：一是全党要始终高度重视农业、农村和农民问题；二是当前深化农村改革的主要任务；三是千方百计加快农村经济发展和社会进步；四是大力抓好农村基层组织建设；五是切实加强和改进党对农村工作领导。江泽民说，近几年来我国工业高速增长，农业却明显滞后，工农业发展不协调的情况比较突出。农业已成为国民经济中最薄弱的环节。江泽民指出，如果这样发展下去，不但工业和整个经济的发展会失去支撑，而且经济和社会生活中的矛盾会更加突出，还可能引发出一些新的矛盾和问题，那就会严重影响政权的巩固和社会的安定。江泽民最后要求各省、自治区、直辖市党政领导干部每年至少抽出一个月时间，地（市）、县党政领导干部每年至少抽出3个月时间，深入农村调查研究。每次调查要有重点地研究和解决一批问题。国务院总理李鹏在会上强调，在建立社会主义市场经济新体制的新形势下，农业的基础地位丝毫不能动摇，农业只能加强，不能削弱。解决农业和农村经济存在的问题，要以农业生产是否发展、农产品市场是否繁荣、农民收入是否增加为目标。政府领导农业和农村经济的主要职能可以归纳为“引导、支持、保护、调控”8个字，就是加强对农村经济发展的引导，帮助农民顺利进入社会主义市场经济轨道；加强对农业和农村经济的支持，改善外部政策环境；加强对农业的保护，促进农业生产持续稳定发展；加强和改善宏观调控，确保农村市场经济的正常运行。

10月19日　《关于解决中华人民共和国和越南社会主义共和国边界领土问题的基本原则协议》签字。根据基本原则协议的规定，目前双方集中解决陆地边界和划分北部湾问题。与此同时，继续就海上的问题进行谈判，以便取得一项基本和长久的解决办法。在问题解决前，双方均不采取使争端复杂化的行动，不诉诸武力或以武力相威胁。

10月22日　中共中央总书记江泽民听取第一期省部级主要领导干部理论研讨班的学习汇报，并作了重要讲话。汇报会由胡锦涛主持，李瑞环、刘华清等参加。江泽民在讲话中强调，一定要把组织各级领导干部、特别是高级干部学习《邓小平文选》第三卷的工作做好。

同　日　李鹏发表谈话。国务院总理李鹏会见来华参加第5次中日经济讨论会的日方代表团团长、日本经济新闻社社长鹤田卓彦，就中国经济形势、中美关系和香港问题发表谈话。在谈到中国近期所采取的宏观调控措施时，李鹏说，这次宏观调控的主要特点是采取经济手段，并已取得了初步成效。宏观调控不是权宜之计，在建立社会主义市场经济体制的过程中，始终要注意宏观调控。我们认为，社会主义市场经济的主要特征是：以公有制为主体；市场机制对经济运行和资源配置发挥基础性作用，这种基础性作用的发挥要靠宏观调控，而不是自发的。

10月22日—31日　八届全国人大常委会第四次会议举行。会议通过了《中华人民共和国消费者权益保护法》、《中华人民共和国注册会计师法》、《中华人民共和国红十字会法》、《中华人民共和国教师法》和《全国人大常委会关于修改〈中华人民共和国个人所得税法〉的决定》。乔石委员长在讲话中说：八届全国人大一次会议通过的宪法修正案，已经把建设有中国特色社会主义的理论写进了宪法，确立了这一理论的指导地位。我们社会主义现代化建设的各项工作必须以这一理论为指导。同样，人大工作必须始终不渝、坚定不移地坚持建设有中国特色社会主义理论和在这一理论指导下形成的党的基本路线，这是我们做好人大工作的根本保证。

10月23日　世界上最大跨径的斜拉桥——上海杨浦大桥正式通车。国务院副总理朱镕基出席通车典礼。

同　日　新华社报道中共中央办公厅通知。新华社报道：中共中央办公厅、国务院办公厅近日发出关于转发国家经贸委《关于党政机关与所办经济实体脱钩的规定》的通知。

10月24日—30日　中国工会第十二次全国代表大会举行。江泽民、李鹏、乔石、李瑞环、刘华清、胡锦涛接见中国工会十二大代表。江泽民说，我们要在本世纪末初步建立起社会主义市场经济新体制，实现党的十四大确定的宏伟目标和任务。完成这一伟大任务，必须全心全意依靠工人阶级，充分发挥工人阶级的主力军作用。中共中央政治局常委胡锦涛代表党中央、国务院向大会致祝词，胡锦涛指出，工人阶级要肩负起伟大使命，就要努力为加快经济发展多做贡献，更加自觉地站在改革开放前列，在社会主义物质文明和精神文明建设中充分发挥带头作用，在实践中努力提高自身素质。大会通过了关于十一届执委会工作报告的决议、关于工会章程修正案的决议、关于财务工作报告的决议、关于经审工作报告的决议。会议选举产生了新的领导机构，尉健行当选为全国总工会主席。

10月29日　最高人民法院向新闻界公布了3起重大受贿案。这3起分别为：河南省汝州市原市长徐中和受贿、贪污案，广东省惠州市原公安局局长洪永林受贿、巨额财产来源不明案和广东省深圳市原房产管理局局长陈炳根受贿、贪污案。这3名罪犯均经最高人民法院裁定核准，分别在河南平顶山、广东惠州和深圳3市执行了死刑。

10月30日　中央军委副主席刘华清、张震与国防大学进修系学员座谈。刘华清说，毛泽东军事思想和邓小平新时期军队建设思想，是新时期军队建设的根本依据和理论指南。邓小平的新时期军队建设思想，是在新的历史条件下发展了的毛泽东思想。我们要把学习邓小平的新时期军队建设思想和学习毛主席的论著结合起来，学习其中的科学立场、观点和方法，提高我们解决新形势下的军队建设问题和指挥现代战争的能力。刘华清强调，军队的现代化建设千头万绪，但最主要的、更紧迫的是人的教育和训练问题。

10月31日　国家主席江泽民签署第十一号主席令，发布《中华人民共和国消费者权益保护法》。消费者权益保护法分为：第一章总则；第二章消费者的权利；第三章经营者的义务；第四章国家对消费者合法权益的保护；第五章消费者组织；第六章争议的解决；第七章法律责任；第八章附则。消费者权益保护法自1994年1月1日起施行。

同　日　国家主席江泽民签署第十二号主席令，发布《全国人民代表大会常务委员会关于修改〈中华人民共和国个人所得税法〉的决定》。决定自1994年1月1日起施行。

同　日　国家主席江泽民签署第十三号主席令，发布《中华人民共和国注册会计师法》。注册会计师法分为：第一章总则；第二章考试和注册；第三章业务范围和规则；第四章会计师事务所；第五章注册会计师协会；第六章法律责任；第七章附则。注册会计师法自1994年1月1日起施行。

同　日　国家主席江泽民签署第十四号主席令，发布《中华人民共和国红十字会法》。红十字会法分为：第一章总则；第二章组织；第三章职责；第四章标志；第五章经费与财产；第六章附则。红十字会法自公布之日起施行。

同　日　国家主席江泽民签署第十五号主席令，发布《中华人民共和国教师法》。教师法分为：第一章总则；第二章权利和义务；第三章资格和任用；第四章培养和培训；第五章考核；第六章待遇；第七章奖励；第八章法律责任；第九章附则。教师法自1994年1月1日起施行。

11月1日　中央军委举行《贺龙传》出版发行暨纪念贺龙诞辰97周年座谈会。中共中央总书记江泽民赞扬贺龙光辉的一生。江泽民说，贺龙对党和人民无限忠诚，社会主义、共产主义信念坚定不移；他长期担任一个战略区的主要领导职务和参与中央军委的领导工作，为我军的发展壮大做出了杰出的贡献；他具有坚强的党性和优良的工作作风；他具有刚直不阿、光明磊落、坦荡豁达的品格。贺龙德高望重，他半个多世纪的革命生涯，为我们树立了一个真正共产党人的榜样。中央军委副主席刘华清主持会议并讲话。他说，我们纪念贺龙诞辰97周年，缅怀他的丰功伟绩，宣扬他的革命精神和优秀品德，在当前坚持改革开放，以经济建设为中心，建立社会主义市场经济体制的新形势下，有着重要的现实意义。中共中央政治局常委胡锦涛出席了座谈会。

11月2日　中共中央作出关于学习《邓小平文选》第三卷的决定。

决定说：《邓小平文选》第三卷已经出版发行，这是党和国家政治生活中的一件大事。决定指出：我们学习邓小平的著作，要联系当前的形势和任务，紧紧抓住和深入领会解放思想、实事求是的思想路线；紧紧抓住和深入领会关于社会主义本质的科学论断和“一个中心，两个基本点”的基本路线；紧紧抓住和深入领会把握时机发展自己、“分三步走”基本实现现代化的战略任务；紧紧抓住和深入领会一手抓物质文明、一手抓精神文明，一手抓建设、一手抓法制，一手抓改革开放、一手抓惩治腐败等一系列“两手抓，两手都要硬”的基本方针；紧紧抓住和深入领会维护国家的独立和主权、发扬民族自尊心自信心、致力振兴中华的爱国主义精神。学习邓小平的战略思想、理论观点要同学习他的科学态度、创造精神结合起来，尊重实践，尊重群众，胸襟开阔，通观全局，勇于创新，开拓前进。

同　日　中共中央举行学习《邓小平文选》第三卷报告会。中共中央总书记江泽民发表重要讲话。中共中央政治局常委李鹏、乔石、李瑞环、朱镕基、刘华清、胡锦涛，国家副主席荣毅仁等出席报告会。报告会由李鹏主持。胡锦涛宣读了《中共中央关于学习〈邓小平文选〉第三卷的决定》。江泽民在讲话中强调，党的十四大提出了用邓小平建设有中国特色社会主义理论武装全党的战略任务。这是推进改革开放和社会主义现代化建设伟大实践的迫切需要，是新时期加强和改进党的建设的重大措施，也是坚持党的基本路线一百年不动摇的根本保证。江泽民强调，邓小平反复强调的“解放思想，实事求是”，是贯穿于建设有中国特色社会主义理论全部观点的精髓。江泽民说，在《邓小平文选》第三卷中，反复强调的一个主题，就是只有社会主义才能救中国，只有社会主义才能发展中国，我们坚持的社会主义是有中国特色的社会主义。

同　日　《邓小平文选》第三卷在全国发行。《邓小平文选》第三卷是邓小平1982年9月—1992年2月这段时间内的重要著作，共119篇。编辑工作在作者亲自指导下进行，全部文稿都经作者逐篇审定。

11月2日—7日　海峡两岸关系协会与台湾海峡交流基金会为全面落实“汪辜会谈”有关协议进行第二次工作性商谈。双方在部分问题上取得一致意见，商谈取得一定进展。双方一致认为，违反有关规定私自渡海去台湾的大陆居民和违反有关规定滞留大陆的台湾同胞都属遣返对象，遣返通道除了海上通道外，也可以建立空中通道；合作打击以营利为目的唆使、组织他人违反规定进入对方地区的非法分子，对解决私渡问题将起到积极作用。

11月3日　全国统战工作会议举行。江泽民、李鹏、乔石、李瑞环、朱镕基、刘华清、胡锦涛等同会议代表座谈。江泽民在阐述民族问题时强调了三句话：一是继续巩固和发展社会主义的民族关系，二是坚持和完善民族区域自治制度，三是加快民族地区的经济发展和社会进步。江泽民指出，民族问题是关系我们的国家统一、社会稳定、边防巩固、建设成功的大问题。他强调，民族、宗教无小事。对于民族、宗教方面出现的矛盾和问题，要及时地妥善解决，不可掉以轻心。李瑞环作重要讲话。李瑞环指出，新的历史时期主导着中国社会发展的根本性的问题归纳为六个方面：经济建设成为党和国家的中心任务；改革开放成为不可逆转的时代潮流；建立社会主义市场经济体制成为经济改革的总体目标；社会主义精神文明成为我国现代化建设的重要特征；“一国两制”成为解决祖国和平统一问题的基本政策；邓小平建设有中国特色社会主义理论成为一切工作的指导思想。李瑞环把新时期爱国统一战线的基本职能归纳为：第一，是实现广泛团结，凝聚人心，完成新时期总任务的基本保证；第二，是多党合作，参政议政，发挥社会主义民主的有效形式；第三，是协调关系，化解矛盾，维护社会稳定的积极力量；第四，是体察民情，反映民意，密切党同群众联系的重要渠道；第五，是安排人事，合作共事，加强国家政权建设的必要途径；第六，是联络友谊，沟通感情，促进实现“和平统一，一国两制”的桥梁纽带。

同　日　省部级主要领导干部学习《邓小平文选》第三卷理论研讨班第二期学员举行全体会议。中央政治局常委、中央党校校长胡锦涛到会讲话。他强调指出，各级党组织要认真落实中央关于学习《邓小平文选》第三卷的决定和江泽民在报告会上的重要讲话精神，把组织党员、干部特别是领导干部学习新一卷《邓小平文选》这件大事认真抓好，取得实效。

同　日　《人民日报》发表《光辉的旗帜，科学的指南——热烈祝贺〈邓小平文选〉第三卷出版发行》的社论。社论说：十一届三中全会以后的新的历史时期，邓小平总结我国社会主义建设成功和挫折的经验教训，借鉴其他国家社会主义兴衰成败的经验教训，在领导我国人民进行改革开放和社会主义现代化建设的实践中，继承和发展了毛泽东思想，创立了建设有中国特色社会主义的理论，实现了马克思主义和中国实际相结合的又一次历史性飞跃。社论指出：《邓小平文选》第三卷以及10年前出版的第二卷，展现了建设有中国特色社会主义理论体系逐步形成的历史全貌，集中体现了当代中国马克思主义的精华。这一理论，是中国共产党领导人民开创社会主义事业新局面的光辉旗帜，是指引我们胜利前进的科学指南。

11月5日　《人民日报》发表《邓小平文选》第三卷重要篇目介绍。文选以《中国共产党第十二次全国代表大会开幕词》为开卷篇。开幕词中提出的“建设有中国特色的社会主义”是全书的主题。1992年1月18日—2月21日《在武昌、深圳、珠海、上海等地的谈话要点》是全书的结束篇，是全书的纲领和总结。

同　日　厦门航空公司一架波音737客机被歹徒劫持到台湾。机上有128名乘客和11名机组人员。被劫持飞机除劫机者外，所有乘客和机组人员安全返回。

11月6日　《人民日报》发表邓小平《在武昌、深圳、珠海、上海等地的谈话要点》。

11月7日　第五届中国“国际科学与和平周”开幕。国家主席江泽民、联合国秘书长加利为和平周发来贺信贺电。江泽民在贺信中指出：科学技术是第一生产力，我们希望一切正直的科学家充分认识并承担起用科学技术造福人类和维护和平的神圣责任。通过开展国际科学与和平周的活动，会使人们更加广泛深入地了解科学技术对推动社会进步和经济发展的重要作用。

11月8日　浙江航空公司一架冲八飞机执行杭州—福州5903航班飞行任务，途中被歹徒劫持降落在台湾桃园机场。除劫机歹徒王志华被台湾警方扣留外，机上53名旅客和5名机组人员均随机安全返回。

11月9日　国务院总理李鹏接受德国电视一台驻京记者卢茨·马勒威的采访。李鹏说，中国和德国都是世界上有影响的重要国家。中国希望加强两国在政治和经济等各个领域的合作。李鹏说，中国人民对毛泽东主席一直怀有崇高的敬意。他是中国各族人民的伟大领袖。他的伟大历史功绩，从理论上讲，是把马克思主义的基本原理同中国革命的具体实践相结合，形成了毛泽东思想；从实践上说，他领导中国人民经过长期斗争，推翻了三座大山，建立了新中国，并进行了各方面的建设。但同历史上的许多伟人一样，他也有不足和局限的地方，特别是在晚年也犯过错误，但总的说是探索中的错误。李鹏说："邓小平同志继承、丰富和发展了毛泽东思想，提出了一整套建设有中国特色社会主义的理论。这是我国进行社会主义现代化建设的理论依据和指导方针。"

11月11日—14日　中国共产党第十四届中央委员会第三次全体会议举行。全会审议并通过了《中共中央关于建立社会主义市场经济体制若干问题的决定》。《决定》共50条，分10个部分：一、我国经济体制改革面临的新形势和新任务；二、转换国有企业经营机制，建立现代企业制度；三、培育和发展市场体系；四、转变政府职能，建立健全宏观经济调控体系；五、建立合理的个人收入分配和社会保障制度；六、深化农村经济体制改革；七、深化对外经济体制改革，进一步扩大对外开放；八、进一步改革科技体制和教育体制；九、加强法律制度建设；十、加强和改善党的领导，为本世纪末初步建立社会主义市场经济体制而奋斗。全会认为，《决定》把党的十四大确定的经济体制改革的目标和基本原则加以系统化、具体化，是我国建立社会主义市场经济体制的总体规划，是（20世纪）90年代进行经济体制改革的行动纲领，必将对我国的改革开放和社会主义现代化建设产生重大而深远的影响。全会指出，社会主义市场经济体制是同社会主义基本制度结合在一起的。建立社会主义市场经济体制，就是要使市场在国家宏观调控下对资源配置起基础性作用。为实现这个目标，必须坚持以公有制为主体、多种经济成分共同发展的方针，进一步转换国有企业经营机制，建立适应市场经济要求，产权清晰、权责明确、政企分开、管理科学的现代企业制度；建立全国统一开放的市场体系，实现城乡市场紧密结合，国内市场与国际市场相互衔接，促进资源的优化配置；转变政府管理经济的职能，建立以间接手段为主的完善的宏观调控体系，保证国民经济的健康运行；建立以按劳分配为主体，效率优先、兼顾公平的收入分配制度，鼓励一部分地区一部分人先富起来，走共同富裕的道路；建立多层次的社会保障制度，为城乡居民提供同我国国情相适应的社会保障，促进经济发展和社会稳定。这些主要环节相互联系又相互制约，构成社会主义市场经济体制的基本框架。全会强调，建立社会主义市场经济体制是一项开创性的伟大事业。要毫不动摇地坚持邓小平建设有中国特色社会主义的理论和党在社会主义初级阶段的基本路线，以是否有利于发展社会主义社会的生产力，是否有利于增强社会主义国家的综合国力，是否有利于提高人民的生活水平，作为决定各项改革措施取舍和检验其得失的根本标准。江泽民在全会上讲话。江泽民的讲话分为三部分：一、关于当前形势；二、关于贯彻《决定》的几个问题；三、关于加强党的建设和党的领导。江泽民要求在贯彻《决定》时应该注意处理好几个问题：(一) 正确处理改革和发展的关系。（二）正确处理加强宏观调控和发挥市场作用的关系。（三）坚持两手抓、两手都要硬的方针。(四) 充分调动一切积极因素，发挥各个方面的积极性。江泽民指出：总之，我们的方针，是充分发挥各个方面的积极性，调动一切积极因素，化消极因素为积极因素，把力量凝聚到社会主义现代化建设的伟大事业上来。这样，我们的改革开放和经济建设就会具有最广泛最深厚的群众基础，生气勃勃地向前发展。关于加强党的建设和党的领导，江泽民提出：（一）加强党的思想建设，用邓小平建设有中国特色社会主义的理论武装全党。（二）加强党的组织建设。（三）加强调查研究，改进工作作风和思想方法。

11月12日　经国务院批准，我国又有134个市、县列入对外国人开放地区。至此，我国已有1 053个市、县对外国人开放。

11月13日　中国北方航空公司客机在乌鲁木齐机场降落时失事，

造成乘客和机组人员12人死亡，7人伤势较重，飞机烧毁。

11月14日—15日　中共中央举行征求党外人士意见座谈会。中共中央就准备提交中共十四届三中全会讨论的《中共中央关于建立社会主义市场经济体制若干问题的决定》征求党外人士意见。中共中央总书记江泽民主持党外人士座谈会，李鹏、李瑞环等出席了会议。江泽民就这个决定的起草情况向党外人士作了说明。参加会议的党外人士提出许多很好的意见和建议。

11月15日—20日　应国务院总理李鹏的邀请，德国总理赫尔穆特·科尔访问中国。江泽民、乔石、朱镕基会见科尔总理。国务院总理李鹏与科尔总理会谈。两国总理一致认为，在当前急剧变化的国际形势下，中德两国有必要加强高层往来，经常深入地就共同关心的重大问题交换意见，加强在各个层次上的政治磋商，包括两国政府首脑的互访和磋商。会谈的气氛诚挚友好。李鹏与科尔参加两国20余项文件的签字和换文仪式。中德双方的合同金额达16.5亿美元，意向金额11.5亿美元。20余项文件包括：两国政府在环境与发展领域合作的联合声明，关于加强两国政府间科技合作的会谈纪要，建设广州地铁合作和贷款协议书，6架空中客车A-340飞机合同，两国政府1994年—1995年文化交流换文，两国邮电部邮电通讯领域合作备忘录，中国航天公司与德国宇航公司建立航天领域和平利用项目合作的备忘录，两国政府关于在华设立德意志学术交流中心办事处的换文等。

11月17日—30日　国家主席江泽民在美国西雅图出席亚太经济合作组织领导人非正式会议并对巴西以及古巴、葡萄牙进行访问。美国总统克林顿同江泽民举行正式会晤。这是两国最高领导人自1989年2月以来的首次正式会晤。双方都认为，中美关系非常重要，它不仅仅是双边关系的问题，而且应该把它放在世界范围内来看，应该着眼于未来，着眼于21世纪。江泽民在会议上，就该组织如何在促进区域经济合作中发挥作用提出了五点建议：第一，亚太经合组织各成员之间有许多差别，但共同的经济利益把我们联系在一起，我们应该继续坚持促进区域经济合作这一宗旨。第二，亚太经合组织的最显著特点是它经济上的多样性。第三，亚太经合组织推进机制化的进程应循序渐进，应同各成员的意愿相一致，并应适当照顾发展中成员的需求和利益。第四，亚太经合组织应继续坚持开放性的原则。第五，亚太经合组织不应该也不可能代替区域内其他经济合作组织或机构，它们之间应是一种相辅相成、相互促进的关系。江泽民在巴西访问时提出中国建立新型国际经济关系的四项主张，他说，建立国际经济新秩序是国际社会，特别是广大发展中国家的迫切要求。为了逐步建立新型的国际经济关系，我们认为：一、世界各国不分大小、贫富都应相互尊重，作为国际社会的平等成员参与处理国际经济事务，都应当根据平等互利的原则发展经贸关系。二、各国有权根据各自的国情独立自主地选择本国的社会制度、经济模式和发展道路；各国有权对本国资源及其开发实行有效控制。三、加强南北对话和合作，在商品、贸易、资金、质量、货币、金融等重要国际经济领域做出必要的调整和改革。四、促进南南合作，加强发展中国家之间的磋商和交流，相互学习，互通有无，谋求共同发展。

11月19日　深圳市葵涌镇致丽工艺玩具厂发生大火，死亡81人，伤36人。

11月24日　政治活动家、科学家周培源逝世，终年91岁。周培源早年留学美国、德国、瑞士，曾在爱因斯坦指导下，从事相对论、引力论、宇宙论研究。他对湍流理论的研究成果，被国际上誉为“现代湍流数值的奠基性工作”。回国后任清华大学、西南联大教授。新中国成立后，他历任北京大学教授、校长，中国科学院副院长，中科院学部委员，中国科协代主席、主席，九三学社中央副主席、主席、名誉主席，第五、六、七、八届全国政协副主席，中国人民争取和平与裁军协会会长，中国国际科技促进会会长等重要职务。

11月25日　国务院召开反腐败工作座谈会。李鹏提出几点要求：进一步统一思想，提高认识，增强抓好近期反腐败斗争的决心和信心；精心组织指导，集中力量抓落实，抓出成效；把反腐败斗争与廉政建设紧密结合起来；元旦、春节期间各级领导干部要特别注意廉洁自律，做好表率。

11月25日—12月9日　全国政协主席李瑞环对尼泊尔、印度和巴

基斯坦进行正式友好访问。这是全国政协主席对南亚国家的首次访问，也是建国以来政协主席第一次出国访问。全国政协主席李瑞环在尼泊尔强调，西藏是中国领土不可分割的一部分。中国中央政府同达赖喇嘛接触谈判的大门始终是敞开的，希望他放弃“西藏独立”的错误立场，停止分裂祖国、破坏民族团结的活动，欢迎他早日回归祖国，为维护祖国统一和民族团结，为西藏人民的幸福做些有益的事情。

11月26日　姜春云当选为中共山东省委书记。

同　日　中国东方航空公司一架福克100/2231号飞机执行航班任务，途中遭歹徒高光凯劫持。机组在确保旅客和飞机绝对安全的情况下，密切配合，机智、沉着、果断地挫败了歹徒劫机的图谋，保证了旅客和飞机的安全。

11月27日　国务院总理李鹏主持召开国务院第四次全体会议。会议讨论贯彻落实党的十四届三中全会《决定》，实施财税、金融、投资、外贸等各项改革方案，以及为保持国民经济持续、快速、健康发展的各项任务和措施。

同　日　广东大亚湾核电站一号核电机组首次满负荷运行，国务院总理李鹏致电祝贺。贺电说，欣闻广东大亚湾核电站一号机组带负荷试运行已达到满功率90万千瓦。这是中外核电建设者长期努力的成果，标志着中国的核电事业上了一个新的台阶。

同　日　最高人民法院核准4起死刑。新华社报道：最高人民法院最近先后核准了4起企业业务人员利用工作之便，贪污金额高达百万元以上的大案，5名主犯分别被当地法院执行死刑。

11月30日　第三次全国住房制度改革工作会议召开。会议主要议题是讨论《国务院关于加快城镇住房制度改革的决定（草案）》。《国务院关于加快城镇住房制度改革的决定（草案）》及有关配套文件，已经国务院常务会议原则通过，经大会讨论修改后，将由国务院正式发布实施。《决定（草案）》中提出了下一步房改的主要政策措施：一、合理确定售房价格；二、合理界定出售公房的产权，积极发展房产交易市场；三、继续推进租金改革；四、全面推行住房公积金制度；五、发展住房金融，建立政策性抵押贷款制度；六、发展住房管理、维修、装饰市场，加强售后服务和管理；七、大力发展经济适用房，努力完善社会保障性质的住房供应体系；八、加快企业房改步伐，促进企业经营机制转换；九、继续做好离退休职工、低收入职工的减免补工作。

同　日　中国性病艾滋病防治协会成立。我国性病艾滋病疫情增加和扩散的形势非常严峻，已发现性病患者约80余万人，艾滋病病人和感染者共1 159例，并继续有明显增长的趋势。

12月1日　台湾民进党主席换人，施明德担任主席。

12月1日—4日　国务院召开全国经济工作会议。中共中央总书记江泽民、国务院总理李鹏作重要讲话。乔石、朱镕基、刘华清、胡锦涛出席会议。江泽民说，明年工作总的要求是：在邓小平建设有中国特色社会主义的理论和党的基本路线指引下，全面贯彻党的十四大和十四届三中全会精神，继续推进改革开放和现代化建设。江泽民指出：我们要始终坚持以经济建设为中心，集中力量把经济搞上去。这一点绝不能动摇。江泽民强调，要坚持两手抓的方针，维护社会政治稳定，这是我们顺利进行改革开放和现代化建设，集中力量把经济建设搞上去的政治保证，也是建设有中国特色社会主义的一个重要内容。没有稳定的社会政治环境，改革和建设都搞不成。改革和发展是社会政治稳定的基础。在稳定中推进改革和建设，以改革和建设来实现社会的长期稳定，是我们必须遵循的重要原则。李鹏说，要较大幅度增加农业和农村经济的投入。李鹏说，要按照十四届三中全会《决定》关于转换国有企业经营机制，建立现代企业制度的要求，积极推进企业改革。李鹏说，首先保证在建基础设施和基础工业重点项目的需要，特别是开发中西部资源等方面国家迫切需要的项目，保证教育和科技的项目。李鹏说，明年财税方面的重大改革有三项：一是进行税制改革；二是实行分税制；三是改革国有企业利润分配制度。这三项改革，都是建立社会主义市场经济体制的重要内容，是关系整个经济体制改革的重大措施。李鹏说，金融体制的改革已是当务之急。要通过改革，建立强有力的中央银行宏观调控体系，使中国人民银行成为真正的中央银行，能够有效地制定和实施货币政策，具有调控货币供应量和保持币值稳定的能力。要组建若干政策性银行，专业银行转为商业性银行，以实现政策性金融和商业性金融的分离。李鹏指出，要继续办好现有经济特区、经济技术开发区、上海浦东新区。

12月5日　全国经济体制改革工作会议举行。会议提出明年经济体制改革的主要任务是，以建立现代企业制度和推进宏观调控体制改革为重点，配套进行以要素市场为主的市场体系建设，加快推进社会保障和住房制度改革，搞好其他方面的改革。这次会议研究讨论了《1994年经济体制改革实施要点》和《关于选择百家企业进行建立现代企业制度试点的意见》。

同　日　全国财政工作会议召开。财政部长刘仲藜说，明年的财税改革是建立社会主义市场经济体制的重要内容，是关系国家长治久安和今后经济发展、关系整个经济体制改革的重大措施，也是明年国家将要实施的五大改革的中心环节。刘仲藜强调，明年的经济环境并不宽松，预算安排仍然要坚持从紧的原则。

12月5日—7日　中国人民银行召开全国分行行长会议。会议研究部署深化金融体制改革的各项政策措施。国务院副总理兼中国人民银行行长朱镕基在会上作了重要讲话。会议指出：明年信贷资金体制的改革，一是要在坚持总量控制目标的前提下，探索运用货币供应量、信用总量、同业拆借利率和银行备付金率等中介操作目标；二是逐步改变中央银行通过对商业银行信用放款吞吐基础货币的传统方式，推广再贴现和开办国债、外汇为操作对象的公开市场业务；三是对商业银行与政策性银行的资金和业务分开管理，割断中央银行基础货币供应与政策性贷款的直接联系。

12月7日　外交部举行毛泽东外交思想研讨会。中共中央总书记江泽民为研讨会发来贺词，贺词说：举办毛泽东外交思想研讨会，旨在学习、继承和发扬毛泽东外交思想，进一步做好新时期的外交工作，为加快我国的四化建设争取一个有利的国际环境。国务院总理李鹏出席开幕式并发表讲话。李鹏说：毛泽东作为伟大的外交战略家，为我国外交战略的确立和外交方针政策的制定，进行了大量的开创性工作，做出了巨大的贡献。毛泽东外交思想是极为丰富的。比如，在建国初期提出站在和平、民主和社会主义阵营一边的方针；关于中国的事情应该由中国人民自己做主的主张；关于自力更生为主、争取外援为辅的主张；关于国际关系应遵循和平共处五项原则的主张；关于把国际主义和爱国主义正确结合起来的主张；关于中国反对霸权主义，自己也永远不称霸的方针；关于国家不分大小一律平等的思想，等等。回顾和研究毛泽东外交思想，目的是为了做好新时期的外交工作，从而为我国的现代化建设争取一个长期的和平国际环境。

同　日　新疆自治区人大常委会决定铁木尔·达瓦买提辞去自治区政府主席职务，自治区政府副主席阿不来提·阿不都热西提代理主席职务。

12月8日—9日　全国青联七届四次常委会议举行。团中央常务书记刘鹏当选为全国青联主席。

12月9日　海峡两岸关系协会复函台湾海峡交流基金会。文件同意海基会关于在台北就“劫机犯遣返问题”、“协商两岸海上渔事纠纷之处理”、“违反有关规定进入对方地区人员之遣返及相关问题”进行商谈，也可就其他议题交换意见的建议。

12月9日—11日　香港特别行政区筹委会预备工作委员会第二次全体会议举行，预委会57名委员全部出席。国务院总理李鹏讲话指出，英方单方面中止了谈判，由此产生的一切后果，理所当然地应由英国政府承担。无论发生什么情况，都不会影响中国政府恢复行使香港主权，维护香港稳定繁荣的决心和信心。预委会主任钱其琛致闭幕词，钱其琛指出，我们对香港的政策是以“一国两制”为基础，它主要包括以下四个方面：一是中国对香港恢复行使主权并同时设立特别行政区，直辖于中央人民政府，这是解决香港的法律地位问题；二是中央授权香港特别行政区实行高度自治，由香港当地人自己管理，这是解决管理权和由谁来掌权的问题；三是香港的原有社会、经济制度不变，生活方式不变，法律基本不变，这是解决香港的基本制度和政策问题；四是保持香港国际金融中心、自由港的地位，这也是从香港的实际需要出发，为保持香港的稳定繁荣所必须的。会议通过新闻公报，公报说：会议讨论了香港当前的形势，对英方在中英两国政府未达成协议的情况下，将部分“政改”方案提交港英立法局的严重步骤表示强烈不满。会议认为，这是英方蓄意破坏中英两国关于1994年、1995年香港选举安排的会谈。

12月10日　中央军委举行《朱德传》出版发行暨纪念朱德诞辰107周年座谈会。中共中央总书记江泽民发表讲话。他说，朱德是德高望重的老一辈无产阶级革命家、政治家、军事家，是我们人民共和国和人民军队的主要缔造者之一，是我们党和国家、军队的卓越领导人。他给我们留下了光辉的业绩和宝贵的精神财富。李鹏、朱镕基、刘华清、荣毅仁等出席了座谈会。中央军委副主席刘华清主持会议并讲话。刘华清说，朱德始终不渝地坚持党对军队的绝对领导，要求全军坚持全心全意为人民服务的宗旨。他有极其丰富的治军经验，对如何养兵、带兵、练兵、用兵、军事指挥、政治工作、瓦解敌军、军事装备、后勤保障等，都有系统而深刻的论述。这些论述丰富了毛泽东军事思想体系，对中国人民解放军优良传统的形成和我军的建设起了重要的作用。建国后，他为我军的革命化、现代化、正规化建设做出了重要贡献。

同　日　为纪念毛泽东诞生100周年，电视系列片《毛泽东军事思想》举行首映式。这是目前全军唯一系统阐述毛泽东军事思想的电视系列片，中央军委主席江泽民为该片题写了片名。

同　日　我国最大的在建水电建设工程——二滩水电站截流成功。四川省攀枝花市境内的二滩水电站总装机容量330万千瓦，超过葛洲坝水电站，位居全国第一。二滩水电站总投资为210亿元，其中利用世界银行贷款7.4亿美元，是世界银行建行40多年来在全世界一次性贷款规模最大的单项工程。

12月11日　大秦铁路二期工程通过国家验收。这条现代化程度最高、开行重载单元列车的双线电气化运煤通道全长653公里，西起山西省大同市，东至河北省秦皇岛市。

同　日　台湾“总统府资政”谷正纲在台北病逝，享年93岁。

谷正纲早年曾在德国和苏联留学，1927年回国后，历任国民党中央组织部副部长、“行政院”社会部长和“国民大会”主席等职务。

12月12日　国家重点建设项目——上海30万吨乙烯工程通过国家验收。上海30万吨乙烯工程是特大型石油化工原材料骨干项目。工程总投资90.65亿元，其中外资5.75亿美元。

12月13日　邓小平视察浦东和杨浦大桥。邓小平说：“喜看今日路，胜读百年书。”他说：“这是出自我内心的话。”在杨浦大桥上，邓小平握着大桥建设总指挥朱志豪的手，赞扬说：“这是上海工人阶级的胜利。我向上海工人阶级致敬！”

同　日　福州市马尾经济技术开发区内的台商独资企业——高福纺织有限公司发生一场特大火灾，烧死60人，烧伤8人。

12月13日—17日　中国伊斯兰教第六次全国代表会议暨中国伊斯兰教协会成立40周年大会举行。会议选举安士伟为中国伊斯兰教协会第六届委员会会长，阿不都拉大毛拉等15人为副会长。会议审议通过经过修订的《中国伊斯兰教协会章程》和《清真寺民主管理试行办法》等。全国政协主席李瑞环接见出席会议的代表，并同中国伊斯兰教协会新当选的领导班子成员进行了座谈。李瑞环指出，我们国家对宗教问题处理得是好的，其根本原因在于我们有一套符合我国实际的、正确的宗教政策。

12月14日—20日　国务院副总理朱镕基在安徽省考察工作。朱镕基指出，11月下旬以来粮价大幅上涨的情况是不正常的，是暂时的、心理的因素推动起来的。原因主要有3条：一是中央农村工作会议决定明年将提高粮食收购价格以后，一些农民产生了过高的心理预期和惜售的思想；二是一些领导干部特别是粮食部门的同志，对放开粮食市场和价格以后如何调控粮食的生产和购销，缺乏应变措施和必要的思想准备；三是少数群众对明年将要出台的改革方案存在某些误解，以为税制改革会加重企业的税负，因此可能会推动物价的上涨。朱镕基强调，国民经济中的一些突出的矛盾和问题并没有得到根本解决，主要是固定资产投资规模居高不下，货币投放过多的状况没有根本改变，通货膨胀的压力依然存在。这次粮食价格波动是个信号，应当引起高度重视。有些同志热衷于上项目、铺摊子，既不那么重视改革，也不那么关心群众生活。这种倾向必须加以纠正。

12月15日　我国第一条连接国际光缆网的重要线路——中日海底光缆通信系统投入运营。中日海底光缆系统将于年底与太平洋、亚洲、大洋洲等地区光缆系统相连接，构成连接世界各地区的纵横交错的数字通信网络，使我国国际电路增加7 560条，将使我国的国际通信能力提高60%以上。

12月16日　新华社受权报道了国务院最近发出国家公务员制度实施方案的通知。通知说，国家公务员制度的实施，要结合机构改革有计划、有步骤地进行。职位设置、人员选配、非领导职务的确定等，须在"三定"方案批准后进行。尚未进行机构改革的单位，要积极组织实施录用、考核、奖励、纪律、培训、回避、退休等项制度。在推行国家公务员制度过程中，严禁扩大实施范围，滥设职位，突击提职、转干；对违反规定的，要及时纠正并追究有关领导人员的责任。

12月16日—20日　全国检察长工作会议举行。全国各级人民检察机关1—11月共受理群众举报贪污贿赂等经济犯罪线索21.2万件，立案侦查5.2万件；共查处万元以上贪污贿赂大案1.3万件；查处县处级以上干部犯罪要案893人，其中厅局级干部46人，副部级干部1人，已为国家和集体挽回经济损失计人民币16.7亿元。

12月18日　长度仅次于沈大高速公路、质量居全国一流的济南—青岛高速公路，全线正式通车。中共中央总书记江泽民、国务院总理李鹏，分别为济青高速公路题词。江泽民的题词是："发展交通事业，振兴山东经济"。李鹏的题词是："横贯济青，振兴齐鲁"。

同　日　《中国统一战线全书》出版座谈会举行。江泽民总书记题写书名，李鹏总理题词"巩固和发展最广泛的爱国统一战线"。

12月18日—23日　海峡两岸关系协会与台湾海峡交流基金会举行工作商谈。这是海峡两岸有关方面分别授权的两个民间团体首次在台北进行工作性商谈。双方对涉及两岸的劫机犯遣返问题和违反有关规定进入对方地区人员遣返及相关问题进行了商谈，形成了许多共识。

12月19日　纪念毛泽东诞辰100周年大型展览《毛泽东光辉军事

业绩》开幕。军委副主席刘华清、军委副主席张震参观展览。

12月20日　中共湖南省委、湖南省政府主持毛泽东铜像揭幕仪式在韶山举行。中共中央总书记江泽民专程来到韶山出席揭幕仪式，为毛泽东铜像揭幕。毛泽东铜像耸立在韶山毛泽东纪念馆前的广场上，江泽民题写的“毛泽东同志”镌刻在褐红色的大理石基座上。揭幕仪式后，江泽民在韶山接见了毛泽东的亲属。

同　日　国防科工委举行毛泽东国防科技思想座谈会。中央军委副主席刘华清等出席座谈会。刘华清在讲话中说，毛泽东是新中国的缔造者和领导者，也是新中国国防科技事业的奠基人。毛泽东国防科技思想是毛泽东思想体系的组成部分，包含着极其丰富的内容。毛泽东关于发展国防科技事业的战略思想、决策和指示是指引我们胜利前进的强大思想武器。

12月20日—29日　八届全国人大常委会第五次会议举行。会议通过公司法，会议决定明年3月10日召开八届全国人大二次会议。乔石委员长作重要讲话，他说：1994年，人大常委会要继续把加快立法特别是经济立法放在首位。乔石指出：立法规划要以宪法为依据，既考虑改革开放和现代化建设的客观需要，也考虑现实可能；既突出重点，也兼顾其他。本届常委会要把抓紧制定规范市场主体、维护市场秩序、加强宏观调控、完善社会保障体系等方面的法律，作为首要任务。同时，也要安排关于加强社会主义民主政治建设、健全国家机构组织制度、惩治各种犯罪活动、维护社会治安、促进教育科学文化发展、保护环境和加强国防建设等方面的法律。还要适时修改或废止与建立社会主义市场经济体制不相适应的法律。

12月21日　为纪念毛泽东诞辰100周年，经中共中央批准编辑的《毛泽东文集》、《毛泽东军事文集》、《毛泽东读文史古籍批语集》和编撰的《毛泽东年谱（1893—1949）》出版发行。

12月21日—25日　全国政法工作会议召开。1月—11月以来严重影响治安秩序和群众生命财产安全的大案和恶性案件增长幅度较大，危害严重。全国重大刑事案件比去年同期上升17.5%，车匪路霸活动仍很严重，盗窃案件居高不下，特大诈骗案增多。团伙犯罪猖獗，有些带有明显的黑社会性质。中共中央总书记江泽民、国务院总理李鹏同会议代表座谈。江泽民说，第一，必须高度重视维护政治稳定和国家安全的工作；第二，坚持“严打”方针，严厉打击各种刑事犯罪；第三，正确处理新时期的人民内部矛盾，消除各种不安定因素；第四，深入开展反腐败斗争，切实抓出阶段性成果；第五，进一步加强法制建设。李鹏在讲话中说，要坚决打击犯罪团伙，特别是决不能允许“黑社会”在我们社会里存在，一旦发现就要坚决把它消灭在萌芽状态。

12月22日　北京市区、乡、镇人民代表大会换届选举开始，江泽民等和群众一起投票选举。

同　日　阎海旺当选为中共甘肃省委书记。

12月24日　李泽民当选为中共浙江省委书记。

同　日　台湾前“总统”严家淦在台北病逝，享年89岁。

12月25日　国务院召开全国平抑粮油价格工作会议。国务院副总理朱镕基说，从今年11月份以来，粮油价格大幅度上涨，从沿海到内地、从南方到北方，迅速波及全国许多地方。就局部地区来看，可能存在粮源不足、库存下降、调运不及时等因素，但从全局来看，主要是由心理因素、投机因素和暂时因素推动起来的。朱镕基说，这次平抑粮油价格、稳定市场的举措，是党中央、国务院作出的重大决策，必须坚决执行。全国要统一行动，迅速落实到位。第一步，在今年底以前，国有粮店把粮食销价降到相当于国家计划规定的1994年度粮食价格水平，没有达到这个水平的地区不要趁机涨价；第二步，在春节以前再适当降低，为明年预定的粮食调价留有余地。

12月25日—28日　八届全国政协常委会第四次会议举行。会议指出，建立社会主义市场经济体制是一项史无前例的开创性事业，是全国各族人民在（20世纪）90年代为迎接21世纪共同奋斗的一个重大目标。人民政协要围绕这一光荣而艰巨的任务，更好地履行政治协商、民主监督的职能，充分发挥作用。李瑞环发表讲话说：我们必须看到，建立社会主义市场经济体制是全新的事业。迄今为止，人类社会只有在资本主义制度下发展市场经济的经验，而把社会主义制度同市场经济有机地结合起来，无疑是没有先例可循的崭新探索。这种冲击涉及经济、政治、文化、社会生活的广阔领域，触及各地区、各部门、各单位工作的各个环节。它要求我们从经济基础到上层建筑实行一系列相应的转变，在改造客观世界的同时改造主观世界，切实有效地加强社会主义民主法制建设和社会主义精神文明建设，以同社会主义市场经济体制相协调、相融合，并为它的健康发展提供多方面的有力保证。

12月26日　中央举行大会纪念毛泽东诞辰。中共中央、全国人大常委会、国务院、中央军委、全国政协举行大会，纪念中国共产党、中国人民解放军、中华人民共和国的主要缔造者，中国各族人民的伟大领袖毛泽东诞辰100周年。江泽民、李鹏、乔石、李瑞环、朱镕基、刘华清、胡锦涛等出席了大会。大会由李鹏主持。江泽民发表重要讲话。江泽民说：毛泽东最伟大的历史功绩，是把马克思列宁主义基本原理同中国具体实际结合起来，领导我们党和人民，找到了一条新民主主义革命的正确道路，完成反帝反封建的任务，结束了中国半殖民地半封建社会的历史，建立了中华人民共和国，确立了社会主义制度。接着，他又从中国实际出发，开始探索社会主义建设的道路。江泽民指出：毛泽东思想是完整的科学思想体系。它在新民主主义革命，社会主义革命和社会主义建设，革命军队建设，军事战略和国防建设，政策和策略，思想政治工作和文化工作，党的建设等广泛的方面，以独创性的理论，丰富和发展了马克思列宁主义。毛泽东思想的活的灵魂，是贯穿所有这些方面的立场、观点和方法。它们有3个基本方面，这就是实事求是、群众路线、独立自主。江泽民说：我们党在70多年的奋斗历程中，在自己的旗帜上写着马克思列宁主义，写着马克思列宁主义与中国革命的实践之统一的思想——毛泽东思想，现在又写上了当代中国的马克思主义——邓小平建设有中国特色社会主义的理论。党在理论上的成熟和发展，有力地保证着我们的事业不断地从胜利走向新的胜利。

12月27日—29日　应国务院总理李鹏的邀请，巴基斯坦伊斯兰共和国政府总理贝娜齐尔·布托对我国进行正式友好访问。国家主席江泽民、全国政协主席李瑞环会见贝·布托总理。国务院总理李鹏与贝·布托总理举行会谈。两位总理一致认为中巴关系很好，并对两国的友好合作顺利发展表示满意。双方分别签署中巴两国政府经济技术合作协定、中巴两国政府关于边境贸易协定延期的换文、中巴两国政府汽车运输协定、国际泥沙研究培训中心与巴基斯坦水资源研究委员会科技合作谅解备忘录、中国江苏省与巴基斯坦旁遮普省建立友好省关系协议书。

12月27日—30日　全国高级人民法院院长会议召开。今年1月—11月，全国法院共审结的万元以上的大案占经济犯罪案件总数的近60%，比去年同期上升15个百分点。会议提出，严肃执法是人民法官的神圣职责。各级法院必须把严肃执法、提高司法水平作为一项十分重要的任务，坚持不懈地抓紧抓好。目前一些地方的人民法院在对少数案件的审理中，由于受到地方保护主义和部门保护主义的干扰，严肃执法受到影响，法院的审判职能作用得不到充分的发挥，损害了法律的尊严和统一。会议认为，各级法院要进一步研讨和试行建立错案追究制。对违法办案的责任人员，要追究其行政和法律责任。上级法院要加强对下级法院审判工作的监督。对裁判不公正的案件和执法中的错误行为要坚决依法予以纠正。

12月28日　关广富当选为中共湖北省委书记。

12月29日　中国人民银行发布关于进一步改革外汇管理体制的公告，对我国现行外汇管理体制做了重大改革。公告说，从明年元月一日起，实行汇率并轨。这次外汇体制改革的主要内容有：一、从1994年1月1日起，实现汇率并轨，实行以市场供求为基础、单一的、有管理的浮动汇率制。二、实行银行结汇、集汇制，取消外汇留成和上缴。三、建立银行间外汇交易市场，改进汇率形成机制。四、禁止外币在境内计价、结算和流通。五、取消外汇收支的指令性计划，国家主要运用经济、法律手段实现对外汇和国际收支的宏观调控。

同　日　国家主席江泽民签署第十六号主席令，公布《中华人民共和国公司法》。公司法分为：第一章总则；第二章有限责任公司的设立和组织机构；第三章股份有限公司的设立和组织机构；第四章股份有限公司的股份发行和转让；第五章公司债券；第六章公司财务、会计；第七章公司合并、分立；第八章公司破产、解散和清算；第九章外国公司的分支机构；第十章法律责任；第十一章附则。公司法自1994年7月1日起施行。

同　日　经国务院批准，我国又有15个市、县列入对外国人开放地区。至此，我国已有1 068个市、县对外国人开放。

12月30日　三门峡黄河公路大桥正式通车。大桥位于山西省平陆县和河南省三门峡市之间，三门峡黄河公路大桥的建成通车，结束了2 000多年来古渡口摆渡过河的历史。

12月31日　中共中央决定，贾庆林任中共福建省委书记。

1994年

1994年综述

1994年，在财税、金融、外汇、外贸、投资、价格等方面进行了重大改革，取得了突破性进展，加强和改善了国家宏观调控，为建立社会主义市场经济体制迈出了坚实的关键的一步。1月，江泽民总书记提出的宣传思想工作必须以邓小平建设有中国特色社会主义理论为指针，以科学的理论武装人，以正确的舆论引导人，以高尚的精神塑造人，以优秀的作品鼓舞人，已深入人心，并化为广大宣传思想工作者的自觉行动。2月，中国共产党中央纪律检查委员会召开第三次全体会议。全会的主要任务是按照中央关于深入开展反腐败斗争的要求，回顾总结中央纪委二次全会以来贯彻执行中央关于反腐败斗争近期抓好几项工作的决定的情况，研究部署今年反腐败斗争的任务。9月，中国共产党第十四届中央委员会第四次全体会议举行。全会集中讨论了党的建设问题，并作出了《中共中央关于加强党的建设几个重大问题的决定》。全会对社会主义市场经济条件下加强党的建设作了整体部署，这一新的伟大工程的实施，将为夺取改革开放和现代化建设的新胜利提供强有力的组织保证。

1994年，在“抓住机遇、深化改革、扩大开放、促进发展、保持稳定”的方针指导下，我国财税、金融、外汇、外贸、价格、流通等领域的改革迈出重大步伐，国民经济持续快速增长，人民生活继续改善，各项社会事业进一步发展。据初步统计，全年国内生产总值43 800亿元，比上年增长11.8%。其中第一产业增加值8 231亿元，增长3.5%；第二产业增加值21 259亿元，增长17.4%；第三产业增加值14 310亿元，增长8.7%。农业生产战胜严重自然灾害取得较好收成。主要农产品产量中，粮食有所减产，棉花生产扭转减产趋势呈恢复性增长，油料生产创历史新纪录，蔬菜、水果生产又获丰收，糖料、麻类和烤烟产量下降。粮食44 450万吨，比上年下降2.5%。工业生产继续高速增长。全年完成工业增加值18 359亿元，比上年增长18%。全年全社会完成固定资产投资15 926亿元，比上年增长27.8%（扣除价格因素，实际工作量增长15.8%），增幅比上年回落30.8%。交通运输生产持续增长。全年完成增加值2 247亿元，比上年增长6%。邮电通信业保持高速增长。全年完成邮电业务总量693亿元，增长50.2%。全年社会消费品零售总额16 053亿元，比上年增长31.2%，扣除价格因素，实际增长7.8%。其中城市9 555亿元，增长33.2%；农村6 498亿元，增长28.4%。对外贸易发展迅速。全年出口总额1 210亿美元，比上年增长31.9%；进口总额1 157亿美元，增长11.2%。年末国家银行各项存款余额为29 328亿元，比上年末增加7 940亿元，增长37.1%。国家外汇储备大幅度增加。年末国家现汇结存为516亿美元，比年初增加304亿美元。保险事业有较大的发展。全年全国承保总额111 735亿元，比上年增长30.1%。全年城镇居民人均生活费收入为3 179元，比上年增长36%，扣除价格因素，实际增长8.8%。农村居民人均纯收入1 220元，比上年增长32%，扣除价格因素，实际增长5%。但地区之间、城乡之间的收入差距扩大，一部分居民实际收入水平下降。

1994年，江泽民主席对俄罗斯、乌克兰、法国、新加坡、马来西亚、印度尼西亚和越南7国的访问，李鹏总理对中亚4国、蒙古、奥地利、德国、罗马尼亚、韩国、缅甸10国的访问，影响尤为重大。通过这些访问，广泛宣传了中国独立自主的和平外交政策，增进了各国对中国改革开放政策和国家建设成就的了解，扩大了中国同世界各国的友谊与互利合作。

1月1日　全国政协举行新年茶话会。江泽民、李鹏、乔石、李瑞环、朱镕基、刘华清、胡锦涛等与各界人士欢度新年。茶话会由全国政协主席李瑞环主持。江泽民发表讲话，江泽民强调，在新的一年，我们深化改革的核心内容，就是精心组织好建立社会主义市场经济体制的一系列重大改革措施的出台和实施工作。台盟中央主席蔡子民代表各民主党派、无党派爱国民主人士和全国工商联在会上讲话。

同　日　邓小平在上海登临新锦江大酒店顶层，俯瞰上海不夜城景色。他说："上海变了。"他还前往南京路、外滩等处视察。邓小平得知大亚湾核电站一号机组顺利投产的消息后很高兴，他请李鹏转达他的祝贺，并对大亚湾核电站的建设者们、科学技术人员表示感谢。

同　日　《人民日报》发表《艰苦奋斗，再创辉煌——元旦献词》的社论。社论强调：在改革进程中，必须认真抓好两件大事。一是加强农业的基础地位，保证农业和整个农村经济稳定发展。二是搞好国有大中型企业，增强活力，使其在经济发展中发挥主导和骨干作用。今年改革和发展的任务十分繁重。以改革促进发展，以发展支持改革，在新的更高的层次上实现二者的有机结合，对于实现本世纪末的奋斗目标具有重要的意义。

1月4日　全国公安厅局长会议召开。会议认为，目前的治安状况总的是正常的，但刑事案件仍呈上升趋势，特别是重大案件和恶性案件突出，一些地方治安状况不好，犯罪猖獗，群众缺乏安全感。会议提出，要继续坚持"严打"的方针，尽最大努力遏制刑事犯罪上升的势头。要以"破大案、打团伙、追逃犯"为重点，因地制宜，开展专项斗争和重点整治。在治安问题突出的地方，组织集中统一行动，重点打击杀人、抢劫、盗窃以及有组织犯罪。要高度重视对城乡流氓恶势力的打击工作。坚决打击经济诈骗犯罪活动。

1月4日—22日　中央党校举行民主党派、工商联、无党派领导干部理论研讨班。全国政协主席李瑞环出席研讨班结业式。李瑞环说，统一战线是同和异的统一体。当今中国人民中间，最大、最重要的同，就是建设有中国特色的社会主义。这个同也就是共识。只有承认和坚持这个共识，统一战线才有灵魂，才可能不断巩固和扩大。坚持这个共识可以“警惕右”，右是不讲社会主义，偏离社会主义方向；坚持这个共识也可以“防止‘左’”，“左”是否定中国特色，不看时代的发展，固守某些过了时乃至严重扭曲的观念。

1月5日　中共中央政治局常委胡锦涛与参加布达拉宫维修工程的先进工作者代表座谈。胡锦涛说，布达拉宫是我们藏民族优秀传统文化的杰作，也是我们中华民族的文化瑰宝。对这项工程的大规模的维修，充分说明了我们党和政府十分尊重各民族的优秀传统文化，是重视弘扬包括藏民族在内的各民族的优秀文化的，也充分体现了我们党的民族宗教政策。

同　日　全国农业工作会议召开。会议提出今年工作重点是抓农民收入、抓体制改革、抓经济发展。增加农民收入是当前乃至整个(20世纪）90年代农业和农村经济工作的核心，在关注农民收入增加的同时，仍要继续做好减轻农民负担工作，并加强扶贫开发。深化农村经济体制改革，就是要以培育市场为重点，健全市场体系，加强政府对农业的引导、支持、保护和调控，加快建立适应社会主义市场经济要求的农村经济运行机制和管理体制。抓农村经济发展，就是要稳定增加粮棉生产，特别是要千方百计地扭转棉花生产连续两年减产的局面，稳定面积，改善品质，同时继续调整地区布局和品种结构；增加“菜篮子”产品的产量，搞好农产品精深加工和综合利用，把乡镇企业发展转到以提高经济效益为中心的轨道上来。

1月6日　全国冶金工作会议召开。会上传达国务院总理李鹏对冶金工业的指示。李鹏指出，冶金工业是重要的原材料工业，毛主席等老一辈无产阶级革命家，党中央、国务院领导同志，一贯十分重视和关心冶金工业的发展。冶金工业要在已经达到了8 800多万吨钢的基础上继续前进，认真贯彻党的十四届三中全会和经济工作会议精神，着重抓好品种质量，不断满足国民经济发展对钢材的需求。要把发展重点放到现有企业的挖潜改造扩建上来，充分利用企业现有的土地、公用设施、技术人才，进行技术改造。技术改造要依靠科技进步。要提高连铸比例，积极跟踪世界上新的冶金工艺技术。要加快企业改革，搞好现代企业制度试点。总结冶金企业改制的经验，下决心办好社会主义国有大中型企业。从宝钢、鞍钢、首钢、武钢等办得好的冶金企业看，证明社会主义的国有大中型企业完全能够办成高效益有竞争力的企业。

1月11日　全国农业综合开发会议举行。会上传达国务院副总理朱镕基要求各地扎实工作，努力把中央关于农村工作的方针贯彻落实到农业综合开发中去的意见。国家立项投资的大规模农业综合开发，是新的历史条件下，国家对农业发展实行宏观调控，最终为实现农业现代化而采取的一项战略措施。

同　日　台湾当局作出判决。台湾报纸报道：台湾当局对去年发生的两起劫持大陆民航客机去台的劫机案犯作出判决，4日判处劫机犯张文龙有期徒刑9年；5日判处劫机犯杨明德有期徒刑9年，判处同案犯韩凤英有期徒刑6年。台湾报纸说，这些劫机犯在服刑期满后将被遣返大陆。

1月12日　中国政府与莱索托王国政府恢复两国大使级外交关系。

同　日　中华人民共和国政府和法兰西共和国政府发表联合公报。联合公报说：双方认为，中法两国应在建交原则的基础上，恢复传统的友好合作关系。考虑到中方的关切，法国政府承诺今后不批准法国企业参与武装台湾。中国政府和法国政府愿意加强政治磋商，举行定期会晤，发展两国间的经贸合作。双方商定，法国总理爱德华·巴拉迪尔先生将于近期对中国进行正式访问。

1月12日—16日　全国宗教局长会议召开。会议指出，宗教信仰自由政策是党和国家的一项基本政策，是建设有中国特色社会主义理论的组成部分，得到全国各族人民的拥护。尊重和保护宗教信仰自由，既要保护信仰宗教的自由，也要保护不信仰宗教的自由，两者不可偏废。同时，要积极引导宗教与社会主义社会相适应，通过党的宗教政策的全面贯彻，把广大信教群众和宗教界人士团结在党和政府周围，同心协力为社会主义经济建设做贡献。

1月12日—25日　全国金融工作会议召开。国务院副总理兼中国人民银行行长朱镕基讲话指出，国务院决定今年金融工作的方针是：继续整顿金融秩序，稳步推进金融改革，严格控制信用总量，切实加强金融监管。朱镕基指出，去年7月，全国金融工作会议上提出的“约法三章”，今年要继续贯彻执行。同时，对金融系统的广大干部职工提出3点新的要求：第一，要严格控制今年的信贷规模总量。控制信用总量的关键是控制各级银行的固定资产投资贷款。从今年开始，基础设施、基础工业重点项目的贷款规模均已划归新成立的国家开发银行统筹安排，其他银行不得挤占其他投资项目，特别是流动资金的贷款规模，来扩大基本建设。第二，在政策性业务分离出去以后，各专业银行向商业银行过渡，今年要大胆探索，跨出开拓性的一步。要配合《破产法》的实施，用好今年增加提取的呆账准备金。第三，各级人民银行分行要切实转变职能，在地区金融监管方面发挥主导作用。各级分、支行要真正把主要精力放在稳定货币和金融监管上。当前特别要防止乱集资活动的抬头，发现一个要制止一个。

1月15日　国家主席江泽民会见美国前总统乔治·布什。江泽民说，中美是世界上两个有影响的大国，在维护世界和平与稳定、争取共同发展和繁荣等方面有着广泛的共同利益，也都负有重大责任。

1月16日—23日　中国科学院院长周光召率团赴台湾参加“1994年两岸产业科技会议”。

1月16日—30日　乔石出国访问。应德国联邦议会主席团、瑞士联邦议会国民院议长格雷特·哈勒和奥地利国民议会议长海因茨·费舍尔的邀请，全国人大常委会委员长乔石对德国、瑞士、奥地利3国进行正式友好访问。这是中国全国人大常委会委员长对西欧国家的首次访问。乔石在访问期间强调，中国一贯重视发展同包括德国、瑞士、奥地利在内的西欧国家的友好合作关系，真诚希望这种关系在相互尊重、求同存异、互不干涉内政和平等互利的基础上，得到长期稳定的发展。

1月17日　中共中央总书记江泽民会见朝鲜劳动党中央书记黄长

烨。江泽民说：“我们党历来十分珍视中朝传统友谊，并为不断加强和发展中朝友好合作关系做出不懈的努力。今后，我们将一如既往，继续为巩固和发展传统的中朝友谊、为加强和发展两国在各个领域的交流与合作竭尽一切努力。”

同　日　《中国贸易报》报道了我国将在第三产业领域对外资实行开放。商业领域：将在上海、北京、天津、大连、青岛、广州和5个经济特区准许建立一二家合资超级市场，但只许经营零售，不准许批发；投资方式可合资合作，但不准许独资经营。外贸领域：外国企业的投资只限于保税区内。交通运输领域：鼓励外资在高速公路、铁路、汽车运输、码头建设等业种参加经营；准许在车辆（车身）制造、汽车站管理、汽车配套服务业等项目合资；准许独资建设货主专用码头和专用航线。航空领域：准许在机场建设、机体保养、机场服务楼及机内食品等业种的投资。金融领域：准许外国投资者在沿海开放城市开设银行业。旅游领域：准许在国家许可的11个游览胜地开发旅游设施，准许建立合资国际旅行社。不动产领域：改变过去的限制性规定，鼓励用外资规划和开发土地，适当开展旅游业，但对外资投入不动产项目时要予以必要的限制。文教领域：鼓励外国捐资建设学校或合资建立联合培训中心。

1月17日—21日　拉那烈和洪森访华。应国务院总理李鹏的邀请，柬埔寨王国政府第一首相诺罗敦·拉那烈和第二首相洪森率柬埔寨王国政府代表团对我国进行正式访问。国家主席江泽民会见拉那烈和洪森。李鹏和拉那烈、洪森举行会谈。双方就共同关心的地区和国际问题扼要地交换了看法。两国政府签署了中华人民共和国政府和柬埔寨王国政府经济技术合作协定。

1月21日　国务院决定中国科学院学部委员改称中国科学院院士。

同　日　中美联合经济委员会第八次会议举行。会议是在美方提议下恢复的，是联合委员会自1988年中断以来召开的首次会议。双方就中国恢复关贸总协定缔约国地位、最惠国待遇问题以及中美知识产权、劳改产品和市场准入的3个谅解备忘录执行情况及多边开发机构等问题交换了意见。会议的成功召开，对缩小两国经济合作关系中存在的分歧，开拓广阔的经济合作前景，改善和发展中美关系具有积极的意义。会议结束时发表联合声明。联合声明说：本特森财长代表克林顿总统表明，美国将支持一个稳定的、繁荣的和现代化的中国。此外，美国赞赏中国近来在货币和金融体制、税收体制和外汇体制方面建立市场机制的改革决策。美方愿意对这些改革和其他的改革提供和扩大技术援助，即提供美国政府有关部门的经验和专业知识。

1月22日　南京军区集会纪念国防部授予“硬骨头六连”荣誉称号30周年。中央军委主席江泽民和中央军委副主席刘华清为“硬骨头六连”题词。题词分别是：“弘扬硬骨头精神，全面建设部队”；“硬骨头精神代代相传”。同日，“硬骨头六连展览馆”正式开馆。中共中央总书记江泽民为“硬骨头六连展览馆”题写馆名。

1月23日　中共中央政治局常委、中央书记处书记胡锦涛在全国党员教育工作会议上发表重要讲话。他指出，用建设有中国特色社会主义理论武装广大党员，就是新时期党员教育工作最重要的改进；做好这项工作，就是党员教育工作最有效的加强；这项工作做好了，党的思想建设以至整个党的建设就会有新的进步，社会主义现代化建设事业的成功也就越有保证。

1月24日　热心于支持内地教育事业发展的香港知名人士邵逸夫再次捐出1.009亿元港币巨款，资助内地学校。

1月24日—29日　中共中央召开全国宣传思想工作会议。会议提出，要牢牢把握邓小平建设有中国特色社会主义理论这一根本指针，紧紧围绕经济建设这个中心，服从和服务于全党工作的大局，全面落实宣传思想战线的任务，为加快建立社会主义市场经济体制，促进国民经济持续、快速、健康发展，维护政治稳定，推动社会全面进步，提供有力的思想保证和良好的舆论环境。李瑞环、朱镕基、刘华清、胡锦涛等出席会议。江泽民总书记作重要讲话。江泽民的讲话分为三部分：一、新时期加强宣传思想工作的重要性；二、宣传思想工作的根本指针和主要任务；三、加强和改善党对宣传思想工作的领导。江泽民说，今年全党工作的基本方针是：以邓小平建设有中国特色社会主义的理论和党的基本路线为指导，全面贯彻党的十四大和十四届三中全会精神，加快建立社会主义市场经济体制，保持国民经济持续、快速、健康发展，维护政治稳定，促进社会全面进步。抓住机遇，深化改革，扩大开放，促进发展，保持稳定，是全党工作的大局。江泽民指出，宣传思想战线是一条十分重要的战线。几十年的历史表明，革命也好，建设也好，要取得伟大的胜利，都离不开宣传思想工作。这是我们党的一条基本经验。他说，当前和今后一个时期，要着重抓好四个方面的工作。第一，坚持用邓小平建设有中国特色社会主义理论武装全党，是宣传思想战线最重要的任务。第二，坚持贯彻党的基本路线，做好正确引导舆论的工作。第三，加强思想工作，培养“四有”新人。第四，坚持为人民服务、为社会主义服务的方向和百花齐放、百家争鸣的方针，弘扬主旋律，繁荣社会主义文艺。江泽民强调指出，我们的宣传思想工作，要以科学的理论武装人，以正确的舆论引导人，以高尚的精神塑造人，以优秀的作品鼓舞人，不断培养和造就一代又一代有理想、有道德、有文化、有纪律的社会主义新人，在建设有中国特色社会主义的伟大事业中发挥有力的思想保证和舆论支持作用。李鹏在会议上讲话。李鹏的讲话分为四个部分：一、关于国际形势和我国的外交工作；二、关于经济发展；三、关于经济体制改革；四、对宣传思想工作的几点希望。

1月25日—29日　中国科学院召开1994年度工作会议。中共中央总书记江泽民给会议发来贺信。贺信说，希望同志们在邓小平建设有中国特色社会主义理论和党的基本路线的指引下，认真贯彻党的十四大和十四届三中全会精神，深化改革，调整结构，充分利用已有的优势和积累，抓住那些能带动新产业革命的前沿科技项目，集中力量加以突破，发挥科学技术第一生产力的作用。国务院总理李鹏发来贺信。贺信说，我们的国家，要实现社会主义现代化，从根本上来说，要依靠科学技术的进步。

1月27日　国务院总理李鹏在全国“菜篮子”和粮棉油工作会议

上发表讲话。李鹏的讲话分为五个部分：一、各级政府都要十分关心和注意改善人民生活；二、掌握充裕的货源，建立大流通的格局；三、建设好农副产品市场，进一步管理好市场；四、掌握强有力的宏观调控手段；五、进一步落实市长负责制。李鹏强调：市场经济的成熟程度与宏理调控密切相关。成熟的市场经济制度，必须建立适应经济发展要求、运转有效的宏观调控机制。放开价格是完全正确的，但任何时候都不可放松宏观调控。这种宏观调控，主要用经济手段和法律手段，必要时也不排斥行政手段。当前，我国农产品的市场调控应主要抓好三件事：一是要建立粮、棉、油、肉、糖等主要农产品的储备制度。农产品产量受气候影响，往往时多时少，建立适当储备，旺吞淡吐，对平衡市场供求十分必要。二是要建立粮食和副食品风险基金。三是要建立农产品市场监控体系，强化农产品信息网络的建设。准确的信息可以为政府实施有效的宏观调控提供科学的决策依据。去年11月以来，一些地方出现粮油销售价格涨幅过大和消费者集中购买的现象，教训之一就是部门工作见事迟，行动慢。商业、粮食部门要把监控市场、平抑物价作为一种经常性的业务，在关键时刻要发挥国有商业主渠道作用。在新税制实施过程中，财税部门要研究制定对国有、集体粮油、副食品经营企业的扶持措施，积极支持他们去完成政府赋予的平抑物价、稳定市场的任务。

1月28日　中共中央纪律检查委员会常务委员会第六五次会议通过《中国共产党纪律检查机关案件检查工作条例》。《条例》分为：第一章总则；第二章受理和初步核实；第三章立案；第四章调查；第五章移送审理；第六章对办案人员的要求；第七章附则。《条例》自1994年5月1日起施行，《中国共产党纪律检查机关案件检查工作条例（试行）》同时废止。

同　日　王朝文（苗族）补选为贵州省人大常委会主任。

1月29日　全国政协主席李瑞环与全国宗教团体领导人进行座谈。李瑞环说，各级党政部门要深入学习、正确理解和切实贯彻党的宗教政策，帮助爱国宗教团体和人士解决各种实际困难和问题，搞好对宗教事务的依法管理。宗教界要积极协助党和政府贯彻宗教政策，团结引导信教群众参加改革开放和现代化建设，要加强自身建设，提高素质，研究如何找准位置，发挥特有的作用，以不断适应蓬勃发展的新形势。他希望宗教工作部门和宗教界共同努力，加强联系，增进了解，形成更加和谐融洽的关系，从而把宗教工作搞得更好。

同　日　国务院台办发言人发表谈话。国务院台办发言人就台湾开放官员以民间身份来大陆参加两岸交流活动发表谈话指出，对台湾当局的这一决定，我们表示欢迎。同时希望台湾方面的官员以民间身份来大陆进行交流和其他各项民间活动时，事先经由台湾海峡交流基金会与大陆海峡两岸关系协会联系，以便大陆有关方面给予必要的协助，使交流活动顺畅稳妥地进行，并取得好的成果。发言人表示，我们希望台湾当局也能采取同样的态度，为促进两岸交流，进一步放宽限制，开放大陆官员以个人或民间身份赴台湾参加交流活动。

2月1日　台湾海峡交流基金会董事长辜振甫表示，非常乐意接受海峡两岸关系协会会长汪道涵的邀请访问大陆。辜振甫表示，去年他在新加坡与汪道涵第一次会谈时，虽然没有两人定期会面的协议，但只要双方同意，都可以为了推动会务的需要，选择适当的时间、地点会面，两岸交流理应如此。辜振甫还说，他不但不排斥前往大陆与汪道涵第二次会面，如果汪道涵会长愿意来台湾，海基会也非常欢迎。辜振甫强调，增加接触和了解，就能增加互信，海基会对举行第二次“汪辜会谈”已有充分的准备。2月1日—5日，海协会与海基会举行两会工作性商谈。两会会谈取得了高度共识：一、双方认为，在两会事务性商谈中，应以务实的态度回避政治问题。二、双方商定《两会商定会务人员入出境往来便利办法》，并以交换函件方式生效实施。三、双方原则同意依据《两岸公证书使用查证协议》第二条规定，增加寄送公证书副本种类，具体项目另行商定。四、双方愿就两岸有关遗产继承问题相互提供协助。五、双方同意今年继续促成新闻媒体负责人及记者互访、青少年交流、科技人员互访等活动。双方将继续全面履行“汪辜会谈”各项协议，保持两会联系、会谈渠道畅通，并为第二次“汪辜会谈”创造有利条件。

2月2日　布基纳法索政府与台湾“恢复”所谓“外交关系”。中国政府向布基纳法索政府提出强烈抗议，并宣布中止中布外交关系。

2月3日　国务院总理李鹏签署第一四六号国务院令，发布《国务院关于职工工作时间的规定》。《规定》共9条，主要内容是：实行职工每日工作8小时、平均每周工作44小时的工时制度。国家机关、事业单位实行统一的工作时间，规定施行之日起，第一周星期六和星期日为休息日，第二周星期日为休息日，依此循环。《规定》自1994年3月1日起施行。

2月4日　中共中央举行党外人士迎春座谈会。中共中央总书记江泽民讲话指出，今年总的来说要做好七个方面的工作。一是保持国民经济持续、快速、健康发展，继续促进社会全面进步。经济建设要真正转移到依靠科技进步和提高劳动者素质的轨道上来，在调整结构、提高效益上狠下功夫。二是加快建立社会主义市场经济体制的改革步伐。三是进一步做好宣传思想工作。四是积极推进社会主义民主和法制建设。五是加强新时期的统一战线工作。六是努力争取有利于我国改革和发展的国际环境。七是进一步加强我们党的自身建设和廉政建设，加强各级领导机关和各条战线的班子建设、队伍建设和思想作风建设。江泽民强调，正确认识和处理好改革、发展和稳定的关系，对完成今年各项任务至关重要。

2月5日—7日　国务院副总理朱镕基在四川考察工作。朱镕基说，建立现代企业制度，首先就要政企分开，政府不能对企业瞎指挥，经营管理由企业自主决策；决策失误，厂长要负责任，这要形成一种制度，让职工监督。对那些已经资不抵债、扭亏无望的企业，应该进行破产试点，然后进行企业重组，使企业得到新生。他还指出，要顺利转换机制，又能保持社会安定，就必须进行社会保险制度的改革。

2月6日　国务院总理李鹏出席广东大亚湾核电站一号机组投入商业运行庆典并剪彩。李鹏会见了参加庆祝活动的大亚湾核电站合资方负责人、中外供应商和承包商、中外专家代表，以及法、英两国驻华使节。

2月8日　我国新型运载火箭“长征三号甲”首次发射成功，将“实践四号”卫星和模拟星送入预定轨道。

2月9日　邓小平与上海负责同志欢聚一堂。这是邓小平自1988年以来，第七年与上海人民共度春节。邓小平说：“祝以江泽民同志为核心的中央领导同志春节愉快，身体健康。祝全国人民春节愉快，家庭幸福，人民团结，在新的一年里取得更大的胜利。”邓小平说：“我一年来你们上海一次，祝上海人民春节愉快。你们上海的工作做得实在好。”邓小平说：“上海的工作做得很好，上海有特殊的素质、特殊的品格。上海完全有条件上得快一点。”

同　日　上海负责同志向陈云拜年。陈云强调，上海工作是做得好的，不是一般的好，而是很好。陈云说，从1978年党的十一届三中全会以来，全国经济发展很快，人民生活水平有了很大提高，这是有目共睹的事实。当然，目前还存在不少困难和问题。要解决这些困难和问题，首先要维护和加强以江泽民为核心的党中央的权威。如果没有中央的权威，就办不成大事，社会也无法稳定。陈云说，中央决定从今年起实行分税制，使中央逐步集中必要的财力。你们上海还有其他各地都表示赞成，说明大家是顾全大局的，我很高兴。陈云指出，从全国来看，当前经济工作要特别注意的一个问题，就是建设规模一定要与国力相适应，而且要留有余地。同时，要把注意力集中到提高经济效益上来。陈云强调，现在的中央领导班子是坚强的、有能力的，工作是做得不错的。全国上下都要同心同德，团结一致，不折不扣地贯彻落实党中央、国务院采取的一系列宏观调控的政策、措施，把中国经济搞上去是大有希望的，社会主义中国是大有前途的！

2月10日　中共中央、国务院举行春节团拜会。江泽民、李鹏、胡锦涛等出席，江泽民主持团拜会，李鹏发表讲话。他指出，今年改革的主要任务，一是组织好财税、金融、投资等重大改革措施的实施，建立和完善宏观调控体系；二是继续转换国有企业经营机制，探索建立适应社会主义市场经济要求的现代企业制度的有效途径；

三是在充分考虑各方面承受能力的前提下适当推进价格改革，发展和完善市场体系。李鹏强调，我们在国民经济快速增长中推进经济体制改革，又要在经济体制转换中保持国民经济持续增长，必须认真处理好改革、发展和稳定的关系。我们要坚持“两手抓，两手都要硬”的方针，在集中精力搞好经济改革和发展的同时，继续抓好中国共产党自身的建设，大力加强社会主义精神文明建设，发展社会主义民主，健全社会主义法制，深入开展反腐败斗争，搞好社会治安的综合治理，为改革和发展创造一个良好的环境。

2月15日　第三届全国人民代表大会常务委员会副委员长刘宁一因病逝世。刘宁一，1907年12月生于河北省满城县，1925年参加“五卅”运动。同年9月加入中国共产党。1927年7月任中共满城特别支部书记、县委书记。1929年任中共唐山煤矿林西区书记。1931年在顺直省委组织部工作。同年4月在天津被捕，1932年1月取保释放后赴唐山，任市委书记兼组织部部长。同年7月第二次被捕，1933年5月被释放。之后，任中共北平市委组织部部长。1933年8月第三次被捕，判刑12年。“七七”事变后，经我南京办事处交涉，于1937年8月释放。从南京出狱后，受党组织派遣赴上海任上海工人运动委员会书记，中共江苏省委委员、工运部部长、保卫部部长。1943年7月赴延安中央党校学习。1944年后任中共中央城市工作部秘书长。1946年后，任中共中央职工运动委员会书记，解放区工会联合会筹委会主任，1948年后任中共欧洲委员会书记，负责领导我党在欧洲的工、青、妇、学及华侨的工作。1948年8月在中国第六次劳动代表大会上当选为中华全国总工会副主席、书记处书记，兼国际联络部部长。全国解放后，刘宁一曾任国务院外办副主任，中联部副部长、代部长，全国总工会副主席、主席、党组副书记、书记。1964年当选为全国人大常委会副委员长兼秘书长。1966年在党的八届十一中全会上当选为中共中央书记处书记。1979年7月后，任全国政协常委、副秘书长，中共中央统战部副部长，国家进出口管理委员会、外资管理委员会顾问，中国国际信托投资公司党组书记、顾问，中共中央对外经济联络委员会纪律检查委员会书记。刘宁一曾被选举为第一、

五、六届全国政协常务委员，第一、二、三届全国人大常委会委员。中国共产党第七、八、十二次全国代表大会代表，中国共产党第八届中央委员会委员。

2月23日—3月3日　应日本国政府邀请，国务院副总理朱镕基对日本进行正式友好访问。日本明仁天皇会见朱镕基副总理。日本首相细川护熙、副首相兼外相羽田孜与朱镕基副总理在诚挚友好的气氛中就双边关系问题交换了意见，在许多重大问题上双方达成了共识。朱镕基副总理会见了日本前首相海部俊树、竹下登和宫泽喜一以及日本自民党总裁河野洋平。朱镕基还会见了日本大藏大臣藤井裕久、日本银行总裁三重野康。访问有利于推动中日友好和促进两国在经贸科技领域的合作。

2月25日　江泽民、李鹏分别为中国社会科学院题词。江泽民的题词是："加强学习，总结经验，坚持理论联系实际，把中国社会科学院建设成马克思主义的坚强阵地"。李鹏的题词是："以研究有中国特色社会主义理论为崇高使命"。朱镕基写信给中国社会科学院，对社会科学研究工作提出了希望。

2月25日—3月1日　中国共产党中央纪律检查委员会召开第三次全体会议。江泽民在全会上发表了重要讲话。李鹏、李瑞环、刘华清、胡锦涛等出席会议。江泽民的讲话分三个部分：一、实事求是地估计前一段的反腐败工作；二、搞好下一段反腐败工作的几点意见；三、进一步巩固和加强党同人民群众的血肉联系。江泽民说，反腐败不可能毕其功于一役，要一个问题一个问题地解决，一个案子一个案子去查处，一步一步地引向深入，一个阶段一个阶段地把工作推向前进。要树立持久作战的思想，决不能稍有松懈，决不能让腐败行为有"宽松的环境"，决不能让腐败分子为所欲为、逍遥法外。江泽民在讲话中，要求全党进一步巩固和加强党同人民群众的血肉联系。他说，如果不加强党同人民群众的联系，不注意克服脱离群众的现象，听任腐败现象蔓延，也会丧失人心。必须坚决批评和纠正各种脱离群众的错误。群众是我们力量的源泉，群众路线和群众观点是我们的传家宝。脱离劳动群众，对群众疾苦漠不关心、麻木不仁，思想上必然退化，行为上难免腐败。全会认为，中共中央、国务院去年作出的关于反腐败斗争的决定是完全正确的，决定中提出的指导思想和方针、政策、原则，保证了反腐败斗争健康有序地发展。经过前一段的实践，各级党委、政府对党中央关于开展反腐败斗争的思路和对策；在认识上更深刻了，并总结了一些有效的做法：（一）反腐败必须从改革、发展和稳定的全局来把握，抓住妨碍和影响改革、发展和稳定的突出问题，确定反腐败的阶段任务和目标，把反腐败同党中央、国务院的重大改革和建设的决策、措施的实施紧密结合起来。（二）反腐败是一项长期的任务，要在战略上总体规划，又必须有现实紧迫感，一个阶段一个阶段地进行，不断抓出阶段性成果。从治标入手，逐步解决深层次问题。（三）反腐败要从宏观着眼，坚持中央确定的三项工作的格局，既要坚决惩治腐败分子，又要坚决克服各种消极腐败现象，包括纠正行业不正之风，关键又在于领导干部廉洁自律。（四）反腐败不仅要提出明确具体的阶段性任务和目标，还必须加强自上而下、自下而上的监督检查和指导。（五）反腐败必须全党动员，党政一起抓，党政主要领导亲自抓。各行各业、各个方面都要按照党中央、国务院的统一部署，上下一起行动，打总体战。（六）反腐败要有强有力的舆论声势，形成大气候。这些有效做法应当继续坚持，并逐步充实和发展。全会指出，按照中央指示，今年反腐败三项工作的格局不变，根据形势特点赋予新的内容。第一，中央去年提出的党政机关县（处）级以上领导干部廉洁自律的五条规定，要继续狠抓落实，在此基础上提出和重申以下规定：（1）不准违反规定购买和更换进口豪华小汽车；不准利用职权向企业、下属单位换车、借车和摊派款项买车；不准用贷款、集资款和专项资金购买供领导干部使用的小汽车；县（市）党政领导机关和单位，凡拖欠职工工资的不准购买小汽车。（2）不准违反国务院关于住房制度改革的规定压价购买住房；不准利用职权为自己和子女、亲友购买住房提供优惠条件；不准用公款超标准为个人装修住房。（3）领导干部在国内公务活动中要轻车简从，食宿不准超过当地接待标准；不准为领导干部举办专场舞会。（4）不准利用本人及家庭成员婚丧嫁娶以及工作调动、过生日、迁新居等机会大操大办，挥霍浪费，更不准动用公款公物操办和借机敛财。（5）不准利用职权拖欠公款不还；不准借用公款为个人及其亲友买房、建私房和从事营利活动。第二，要继续抓好查办大案要案的工作。坚持以查办党政领导机关、领导干部和司法部门、行政执法部门、经济管理部门及其工作人员的违法违纪案件为重点，着重查处领导干部贪污受贿、以权谋私案件，执法执纪人员徇私舞弊、贪赃枉法、执法犯法、执纪违纪案件，以及法人违法违纪案件。各级党委、政府要加强对办案工作的领导，坚决排除各种阻力和干扰。下级查办有困难的重大案件，上级机关要派人协办或督办。要进一步加强纪检监察机关同司法机关、组织人事、宣传部门和行政执法监督部门之间的协调配合，形成办案的整体合力，加大突破大案要案的力度。第三，进一步加强纠正行业不正之风工作，刹风整纪，搞好专项治理，切实解决一两个突出问题。要继续狠刹国家机关及其所属部门乱收费的不正之风，要把贯彻落实中央关于行政性收费、罚没收入实行“收支两条线”管理的规定作为今年狠刹乱收费的重点工作来抓，务必抓出明显成效。要认真清理党政机关及其工作人员利用职权无偿占用企业的财物归机关或个人使用的问题，清理假借各种名义调用企业的资金充作本单位的小金库或乱发奖金的问题。还要坚决刹住以各种名义向企业索要赞助的歪风。要继续抓好减轻农民负担的工作。要采取有效措施狠抓党政机关与所办经济实体脱钩规定的落实。要继续纠正用公款出国（境）旅游的不正之风，从严审批公务出国（境）计划，坚决把过多过滥的公务出国（境）活动压下来，并制定相应的政策和管理办法，从源头上解决问题。

2月26日—27日　应国务院总理李鹏的邀请，新加坡总理吴作栋、资政李光耀对中国进行工作访问。国务院总理李鹏、全国人大常委会委员长乔石会见新加坡总理吴作栋、资政李光耀。李鹏总理和吴作栋总理出席两国政府签署的《关于支持中新合作开发建设苏州工业园区的协议》的签字仪式。

2月28日　朱治宏当选为江西省政协主席。

2月28日—3月3日　国务院召开全国扶贫开发工作会议，会议的主要任务是全面部署实施“国家八七扶贫攻坚计划”。国务院决定，从今年起实施“国家八七扶贫攻坚计划”，力争在本世纪末最后的7年内，基本解决目前全国8 000万贫困人口的温饱问题。“国家八七扶贫计划”作为今后7年全国扶贫工作的纲领性文件，其主要奋斗目标：一是到本世纪末，使绝大多数贫困户年人均纯收入按1990年不变价格计算达到500元以上，并形成稳定解决温饱、减少返贫的基础条件；二是加强基础设施建设，基本解决人畜饮水困难，使绝大多数贫困乡和有农贸市场、商品基地的地方通路、通电；三是改变文化、教育、卫生的落后状态，基本普及初等教育，积极扫除青壮年文盲，大力发展职业教育和技术教育，防治和减少地方病，把人口自然增长率控制在国家规定的范围内。中共中央总书记江泽民在会议上讲话指出，只要各级领导干部脑子里始终装着贫困地区，与群众同甘共苦，坚持邓小平建设有中国特色社会主义理论和党的基本路线，在国家的必要扶持和社会各界的帮助下，立足实际，开发扶贫，持续奋斗，讲求实效，“八七扶贫攻坚计划”就一定能实现。国务院总理李鹏在会上讲话。李鹏指出，要从现在起到本世纪末的7年里，解决农村8 000万人口的温饱问题，帮助他们脱贫致富，这是我们这一代共产党人和各级人民政府义不容辞的历史责任。李鹏在讲话中提出了八项措施，包括提倡和鼓励先富起来的沿海发达地区和大中城市带动和帮助贫困地区；国家从财政和金融上给贫困地区以足够的支持；国家重大项目要向贫困地区倾斜；通过改革逐步理顺原材料和初级产品的价格；提高贫困地区的人才素质和科学技术水平；要在坚持开发式扶贫的基础上，进行开放式扶贫的试点；动员社会力量支持贫困地区的开发建设；贫困地区要发扬自力更生、艰苦奋斗的精神。

3月1日　胡富国当选为中共山西省委书记。

3月1日—5日　全国政协八届常委会五次会议举行。会议决定：全国政协八届二次会议于3月8日—3月19日在北京举行。全国政协主席李瑞环就政协会议的指导方针发表了重要讲话。李瑞环说，即将召开的全国政协八届二次会议是一次非常重要的会议，会议讨论决定的问题都是事关我国改革、发展与稳定，具有全局意义的大问题。为开好这次会议，全国政协向中共中央专门写了报告，提出了开好会议的指导方针，这就是以邓小平建设有中国特色社会主义的理论为指导，以民主、求实、团结、鼓劲为方针。中共中央批准了这个报告，同时也批准了这个方针。我认为要开好这次会议，就必须深入理解、认真贯彻这个方针。

3月2日　阿不来提·阿不都热西提当选为新疆维吾尔族自治区主席。

3月2日—5日　八届全国人大常委会第六次会议举行。乔石委员长主持会议。会议通过《全国人大常委会关于严惩组织、运送他人偷越国（边）境犯罪的补充规定》和《中华人民共和国台湾同胞投资保护法》。会议还通过了《全国人大常委会关于我国加入〈统一船舶碰撞某些法律规定的国际公约〉的决定》、《全国人大常委会关于我国加入〈1974年海上旅客及其行李运输雅典公约〉和〈1974年海上旅客及其行李运输雅典公约的议定书〉的决定》、《全国人大常委会关于批准〈中华人民共和国和泰王国引渡条约〉的决定》、《全国人大常委会关于批准〈中华人民共和国和吉尔吉斯共和国领事条约〉的决定》。

3月3日　孙文盛当选为山西省省长。

3月4日—7日　国务院召开外资工作座谈会。中共中央总书记江泽民接见全体代表；国务院总理李鹏出席座谈会。江泽民指出，引进外资对我国国民经济发展起了积极的作用。他希望研究和解决新形势下出现的新情况、新问题，把利用外资工作做得更好。李鹏强调指出：在吸引外资上，我国具有劳动力价格便宜，技术人才数量多、比较优秀的优势，但最大的优势还是我们有一个广阔的市场。今后主要是依靠以上优势吸引外资，让外资在中国市场上能获得合法的利润。但我们不能牺牲社会主义精神文明去吸引外资，不能搞那些黄色、低级、庸俗的东西，因为这些东西是和社会主义精神文明不相容的。下一步要吸引更多的实力雄厚的财团、跨国公司来华投资，和他们进行经济合作。

3月4日—7日　全国党校工作会议举行。中共中央总书记江泽民同出席会议的同志座谈，江泽民指出，回顾历史，在我们党几十年积累的丰富经验中，最重要的一条，就是坚持马克思主义基本原理同中国具体实际相结合，坚定不移地走自己的路，根据各个时期党所面临的形势和任务的需要，刻苦学习，不断地进行新的创业。在谈到面对新的形势和任务，领导干部需要学什么时，江泽民说，当前，从领导工作的要求来说，最根本的是要学好建设有中国特色社会主义的理论，同时要努力学习社会主义市场经济的基本知识和有关的方针政策法律法规，学习现代科学技术的基本知识，还要学习中国历史特别是近现代史和世界社会主义历史的经验。

3月5日　国家主席江泽民签署第十九号主席令，发布《全国人民代表大会常务委员会关于严惩组织、运送他人偷越国（边）境犯罪的补充规定》，自公布之日起施行。

3月6日　中央领导人为徐洪刚题词。新华社报道：中共中央总书记江泽民，国务院总理李鹏，中央军委副主席刘华清为见义勇为的英雄战士徐洪刚题词。江泽民的题词：向徐洪刚学习。李鹏的题词：向见义勇为不畏强暴的英雄战士徐洪刚学习。刘华清的题词：以徐洪刚为榜样，做党和人民的好战士。

3月8日—19日　中国人民政治协商会议第八届全国委员会第二次会议举行。全国政协主席李瑞环主持大会。党和国家领导人江泽民、李鹏、乔石、朱镕基、刘华清、胡锦涛等出席，祝贺大会召开。会议通过了政协第八届全国委员会第二次会议政治决议，通过了政协第八届全国委员会第二次会议关于常务委员会工作报告的决议，通过了关于《中国人民政治协商会议章程》（修正案）的决议，通过了政协提案委员会关于政协八届二次会议提案审查情况的报告。全国政协八届二次会议政治决议说：与会委员对当前存在的一些突出矛盾和问题，如固定资产投资规模过大，物价上涨幅度较高，农业基础还比较脆弱，部分国有大中型企业生产经营困难，精神文明建设中许多值得重视的问题，各种腐败现象和一些地方的社会治安状况不好等表示关注，积极提出意见和建议，希望政府采取有力措施，切实加以解决。全国政协主席李瑞环讲话说，抓住机遇，深化改革，扩大开放，促进发展，保持稳定，是今年全国工作的大局。各个方面、各个领域的工作都要服务于这个大局。人民政协必须在这个大局中找准位置，发挥优势，做出更大的贡献。

3月10日　为推动我国工程科学技术的发展，国务院决定成立中国工程院。中国工程院是我国工程技术界的最高荣誉性、咨询性学术机构。

3月10日—22日　八届全国人大二次会议举行。会议通过了关于政府工作报告的决议，批准了这个报告。会议还通过了关于1993年国民经济和社会发展计划执行情况与1994年国民经济和社会发展计划的决议、关于1993年国家预算执行情况和1994年国家预算的决议。会议通过了《中华人民共和国预算法》。会议表决通过了关于授权厦门市人民代表大会及其常务委员会和厦门市人民政府分别制定法规和规章在厦门经济特区实施的决定。乔石委员长在会议上讲话。乔石说，现在，大家最关心的是这次会议后的落实问题。我们的各项工作，必须建立在人民群众利益的基础上，有利于解放和发展生产力，有利于增强我国的综合国力，有利于提高人民的生活水平。各级国家机关和国家工作人员要切实转变作风，深入实际，调查研究，倾听群众意见，关心群众疾苦，对关系群众切身利益的事情，绝不能掉以轻心，要一件一件地解决好。要坚决反对官僚主义，反对浮夸作风，力戒形式主义，不开不解决问题的会议，不发不解决问题的文件，不停留于一般号召，不说空话、套话，不要报喜不报忧，更不允许说假话。要廉洁奉公，勤政为民。要脚踏实地，埋头苦干，紧密依靠群众，创造性地开展工作。

3月13日　国家主席江泽民会见美国国务卿克里斯托弗。江泽民说，西方有些人关心的不是广大中国人民的权益和福祉，而只是关心那些少数企图颠覆中国政府、破坏中国稳定的人。这实质是政治问题、法律问题，不是人权问题。维护法律和秩序，保持国家的政治稳定，这是各国政府天经地义的职责，有些人对中国政府横加指责是毫无道理的。

3月17日　国务院批准《国家开发银行组建和运行方案》及《国家开发银行章程》，并要求各有关方面要认真贯彻执行。国家开发银行是直属国务院领导的政策性金融机构，对由其安排投资的国家重点建设项目，在资金总量和资金结构配置上负有宏观调控职责。

3月18日　李瑞环、胡锦涛举行民主协商会。新华社报道：中共中央政治局常委李瑞环、胡锦涛受中共中央委托，在中南海举行了民主协商会，就全国政协八届二次会议增选全国政协副主席、常务委员及补选全国政协秘书长的人选问题，与各民主党派中央、全国工商联主要领导人及无党派代表人士进行充分协商。全国政协副主席、中共中央统战部部长王兆国就增选和补选的人选问题作了说明。王兆国指出，经过增选，我国百万以上人口的少数民族在全国政协常务委员会中都将有自己的代表。

同　日　政协第八届全国委员会常务委员会第六次会议举行。会议由全国政协主席李瑞环主持。会议通过了政协八届二次会议政治决议（草案）；政协八届二次会议关于常务委员会工作报告的决议（草案）；关于《中国人民政治协商会议章程》（修正案）的决议（草案）；政协八届全国委员会增选副主席、常务委员，补选秘书长候选人名单；政协八届全国委员会提案委员会关于政协八届二次会议提案审查情况的报告（草案）。

3月19日—21日　应国务院总理李鹏的邀请，日本国内阁总理大臣细川护熙对我国进行正式访问。国家主席江泽民、国务院副总理朱镕基会见细川护熙首相。国务院总理李鹏和日本首相细川护熙举行小范围会谈。两国总理还出席了中日两国政府关于环境保护合作协定的签字仪式。

3月22日　中共中央、国务院召开全国计划生育工作座谈会。中共中央总书记江泽民强调，今年是推进改革开放和现代化建设的关键一年。希望各地在新的一年里，继续抓紧抓好计划生育工作，努力把计划生育工作提高到一个新的水平，为实现控制人口增长计划，促进经济和社会发展做出新的贡献。李鹏、乔石、李瑞环、朱镕基、刘华清、胡锦涛等出席座谈会。江泽民谈到，现在有一种观点认为，在市场经济条件下，人口控制也应当由市场调节。这种观点是不正确的。在建立社会主义市场经济体制的条件下，控制人口增长属于政府调控的职能。企图依靠市场调节来控制人口增长，是无法实现我国的人口计划的。这一点必须明确，不能含糊。江泽民强调指出，对计划生育工作，党政第一把手必须亲自抓，负总责，这是从多年的实践中总结出来的一条基本经验，应当长期坚持下去。再强调几点：第一，要学习理论，进一步提高自觉性。第二，要真抓实干，持之以恒。第三，要提倡摸实情、讲实话、报实数。国务院总理李鹏在座谈会上讲话。他说，计划生育工作必须常抓不懈，防止统计数字中的水分，防止工作中的麻痹、放松情绪。计划生育工作的重点和难点在农村。在当前，要十分重视并抓好流动人口的计划生育工作，各地、各部门要互相支持、积极配合。

同　日　国家主席江泽民签署第二十一号主席令，发布《中华人民共和国预算法》。预算法共计十一章：第一章总则；第二章预算管理职权；第三章预算收支范围；第四章预算编制；第五章预算审查和批准；第六章预算执行；第七章预算调整；第八章决算；第九章监督；第十章法律责任；第十一章附则。预算法自1995年1月1日施行。1991年10月21日国务院发布的《国家预算管理条例》同时废止。

3月23日　中共中央农村工作会议举行。中共中央全面部署今年农业和农村工作。会议明确提出，今年全国农业和农村工作的基本任务是：在邓小平建设有中国特色社会主义理论和党的基本路线指引下，认真贯彻党的十四届三中全会和去年10月召开的中央农村工作会议精神，稳定党在农村的基本政策，深化农村经济体制改革，提高农业综合生产能力，促进农村经济发展、农民收入增加、农村社会稳定，为各项重大改革措施顺利实施和国民经济持续、快速、健康发展，创造良好的经济环境和稳定的社会环境。江泽民、李鹏在会上作了重要讲话。乔石、李瑞环、刘华清、胡锦涛出席会议。朱镕基主持会议并作了讲话。江泽民提出今年农业和农村工作的基本任务：保证粮、棉、油和“菜篮子”的生产和供应；全面发展农村经济，增加农民收入；保持农村社会稳定；搞好农村基层组织建设。李鹏指出今年农村要抓好10个方面工作：确保粮食、棉花、蔬菜种植面积；提高粮棉收购价格，调动农民生产积极性；保证农业生产资料供应，控制价格上涨；积极推广农业适用科学技术，加强农业科技队伍建设；国家要掌握充足粮源；改革粮食购销体制，建立粮食风险基金；增加农业投入；促进乡镇企业持续健康发展；改善农业生产条件，提高农业综合生产能力；妥善解决农村热点问题，保持农村社会稳定。

3月26日—30日　应国家主席江泽民的邀请，大韩民国总统金泳三对我国进行正式访问。国务院总理李鹏、全国人大常委会委员长乔石会见金泳三总统。国家主席江泽民与金泳三总统举行会谈。两国领导人就共同关心的地区和国际问题交换了意见。双方签署了中韩两国政府文化合作协定和两国政府关于对所得避免双重征税和防止偷漏税的协定。

3月31日　浙江千岛湖发生抢劫、故意杀人案。案件造成32人遇害身亡，其中24人为前来大陆旅游的台胞。6月，杭州市中级人民法院宣布对千岛湖实施特大抢劫、故意杀人的吴黎宏、胡志瀚、余爱军3名严重刑事犯罪分子核准死刑的裁定。

4月1日　中共中央总书记江泽民和全军第一期军以上干部学习《邓小平文选》第三卷轮训班学员座谈。中央军委副主席刘华清、张震等出席座谈会。江泽民强调，今年在建立社会主义市场经济体制方面，出台了不少重大改革措施，这是一场“攻坚战”。这一仗打胜了，成功地建立起社会主义市场经济体制的基本框架，就会为我国的经济振兴奠定重要的基础。夺取这场“攻坚战”的胜利，特别需要全党、全军、全国各族人民亲密团结，同舟共济，步调一致，开拓奋进。

4月3日—6日　全国政协主席、黄帝陵基金会名誉会长李瑞环在陕西考察工作。李瑞环指出，在祖国现代化建设进程中，如何最大限度地把海内外同胞团结起来，把我们民族的巨大潜力挖掘出来，把人们的聪明才智发挥出来，始终是一篇必须下功夫研究的大文章。

黄帝是中华民族历史上最有代表意义的旗帜。而通过整修黄帝陵工程，可以使所有的中华儿女在共同的祖先面前，搁置一切歧见，找到共同的语言，达到最广泛的团结，从而振奋民族精神，实现中华民族的伟大复兴。考察期间，李瑞环与海内外同胞一起共祭中华始祖轩辕黄帝陵。

4月7日　江西省波阳县中部、北部地区16个乡镇突遭特大龙卷风和冰雹袭击，全县因灾死亡9人，受伤279人，损坏房屋5万间。

4月7日—10日　应国务院总理李鹏的邀请，法国总理爱德华·巴拉迪尔对我国进行正式访问。江泽民主席、国务院副总理朱镕基会见巴拉迪尔总理。李鹏与巴拉迪尔举行会谈。两位总理商定，双方将保持高层互访的势头，加强政治磋商，并确认钱其琛副总理今年1月正式访问法国时，双方达成的两国外长、副外长等举行定期会晤和磋商的谅解。两位总理还就广泛的、共同关心的国际问题，亚洲、欧洲地区问题深入地交换了意见，并注意到双方的立场存在众多的一致点。双方一致认为，在国际事务中，中法两国是具有重要影响的国家，两国保持良好关系符合两国的根本利益，也有利于世界的和平与稳定。会谈的气氛诚挚友好。巴拉迪尔总理访华，是一次重要的政治性访问，对两国关系包括经贸关系的进一步发展必将起重要的推动作用。

4月9日　甘肃省第八届人民代表大会第二次会议补选张吾乐为甘肃省省长。

4月11日　中国民主同盟中央委员会名誉主席、第六届全国人大常务委员会副委员长楚图南因病逝世。楚图南，1899年8月28日生于云南文山县。1922年参加社会主义青年团。1926年转为中国共产党党员。1930年底被捕入狱，1934年出狱。1942年参加中国民主政团同盟活动，次年正式加入该同盟，是云南省民盟组织的领导人之一，在1945年的民盟第一次全国代表大会上当选为民盟中央委员。1948年底进入河北平山县中共中央所在地，向毛泽东、刘少奇、周恩来、任弼时等报告有关情况。新中国成立后，楚图南担任西南军政委员会委员，文教委员会主任、文教部长，同时担任民盟中央西南特派员、民盟西南总支部主任。1953年调任中央人民政府扫除文盲工作委员会主任。1954年5月以后从事民间外交工作，先后任中国人民对外文化协会会长，国务院对外文化联络委员会副主任，中国人民对外友好协会副会长、党组副书记。历任中国民主同盟中央常务委员会委员、副主席、代主席、主席。楚图南是第一届至第六届全国人民代表大会代表，第一届全国政协委员，第二届至第五届全国政协常委，第五届全国人大常委会委员、外事委员会副主任委员。1986年被补选为六届全国人大常委会副委员长。

同　日　沈太福被依法处决。经最高人民法院核准，北京市长城机电科技产业公司总裁沈太福因犯有贪污罪和行贿罪被依法处决。原国家科委副主任李效时因犯受贿罪和贪污罪，被依法终审判处有期徒刑20年，剥夺政治权利4年。

4月15日　全国对台经济工作会议结束。江泽民、李鹏、乔石、胡锦涛等出席会议。江泽民、李鹏作重要讲话。江泽民指出，近几年来，两岸经济关系的发展非常活跃，非常迅速，已经有了相当的规模和良好的基础。江泽民强调，各部门要切实把对台经济工作这件大事抓紧抓好。李鹏谈到对台经济工作的特殊性说，国务院要做好有关方面的协调工作，及时解决出现的问题，促进对台经济工作的健康发展，让来大陆投资的台商企业既符合我们的产业政策，又使他们有利可图。

4月16日　贾庆林当选为福建省人大常委会主任，陈明义当选为福建省省长。

4月16日—4月29日　胡锦涛率团出访。应乌拉圭白党、阿根廷正义党和巴西政府的邀请，胡锦涛率领中国共产党代表团访问3国。中国共产党代表团分别会见了3国总统及政府和议会领导人，同阿根廷、乌拉圭的执政党进行了会谈并会晤了其他重要政党领导人，就本国形势和双方共同关心的问题进行了广泛的交流。

4月17日　中共中央决定，岳岐峰任黑龙江省委书记。

4月18日—29日　李鹏应邀出访。国务院总理李鹏应邀对乌兹别克斯坦、土库曼斯坦、吉尔吉斯斯坦、哈萨克斯坦和蒙古国进行正式访问。李鹏同5国领导人就双边关系、地区问题以及共同关心的国际问题广泛而深入地交换了意见。中乌双方签署了《中国政府向乌兹别克斯坦政府提供贷款协定》、《中国和乌兹别克斯坦民用航空运输协定》、《中国贸促会和乌兹别克斯坦外经部合作协议》和《中国政府向乌兹别克斯坦政府赠送物资的换文》。中土两国发表新闻公报说：双方同意进一步发展两国间，包括地方间和企业之间的经济贸易合作与直接联系，完善其法律基础和经济基础设施，努力为发展双方各种形式的经济贸易合作创造更良好的条件。双方对两国首都之间直接通航持积极态度。双方将为建设现代丝绸之路加强合作。双方商定将就双边关系问题和国际问题进行经常的各级别的磋商，包括在访问期间签署的两国外交部磋商议定书基础上的磋商。中吉两国签署了《中国向吉尔吉斯提供政府贷款》、《成立中吉政府间经贸混委会协定》、《中国向吉尔吉斯斯坦赠送物资换文》、《中吉两国文化合作协定》、《互换两国领事条约批准书证书》、《中国贸促会和吉尔吉斯斯坦工商会合作协议》。双方同意尽快开始有关制定中吉边界协定草案的工作，同时就尚未达成协议的地段继续谈判，以尽早取得圆满成果。双方同意，在边界问题解决前，双方采取措施维持边界现状，以保证边境地区的和平与稳定。双方同意进一步发展两国间，包括边境地区间、省州间和城市间的经济贸易合作与直接联系，完善其法律基础和经济基础设施，努力为发展双方各种形式的经济贸易合作创造更良好的条件。双方愿意为建设现代“丝绸之路”加强合作，并认为这一合作有利于扩大中亚各国与东西方的经济文化交流。中哈两国政府签署《中国和哈萨克斯坦边界协定》、《关于发展国际铁路客货联运问题会谈纪要》、《中国向哈萨克斯坦提供政府贷款协定》和《中国向哈萨克斯坦赠送物资换文》。中蒙两国签署《中华人民共和国和蒙古国友好合作关系条约》，还签署了两国政府文化合作协定、经济技术合作协定、保护和利用边界水协定、动物检疫和兽医工作合作协定及保证进出口商品质量和相互认证的合作协定。中蒙双方发表联合新闻公报说：在和平共处五项原则基础上进一步发展面向21世纪的中蒙睦邻友好合作关系，完全符合两国人民的根本利益，也有利于亚太地区的和平、稳定和发展。双方一致指出，1960年签订的中蒙友好互助条约曾为发展两国关系发挥了重要作用，在此基础上修订并签署的中华人民共和国和蒙古国友好合作关系条约为进一步开辟两国睦邻友好合作的未来提供了新的法律保证，确定了发展两国关系的基本原则。在访问中，李鹏总理就发展中国同中亚国家合作问题提出6点主张：一、坚持平等互利原则，按经济规律办事。二、合作形式要多样化。三、从实际出发，充分利用当地资源。四、改善交通运输条件，建设新的“丝绸之路”。五、中国向中亚国家提供少量经济援助是一种友谊的表示。六、发展多边合作，促进共同发展。

4月21日　中央领导人题词。新华社报道：“中国大陆助孤救孤社会福利计划”在全国展开后，引起社会各界的广泛关注。江泽民总书记、李鹏总理、乔石委员长为“救孤计划”题词。江泽民的题词是：“全社会都来关心孤儿的成长”。李鹏的题词是：“全社会都要关心孤儿的成长”。乔石的题词是：“发扬人道主义精神，全社会共同关心和帮助孤儿健康成长”。

同　日　张海被判刑。据台湾报纸报道，劫机犯张海被台湾省桃园地方法院判处有期徒刑10年。现年27岁的张海系河北省唐山市人，于去年劫持厦门航空公司一架班机去台。

4月21日—23日　应国家主席江泽民的邀请，阿拉伯埃及共和国总统穆罕默德·胡斯尼·穆巴拉克对我国进行国事访问。全国人大常委会委员长乔石、国务院代总理朱镕基会见穆巴拉克总统。国家主席江泽民同穆巴拉克总统在亲切友好的气氛中举行会谈。两位领导人表示希望进一步密切双边往来，推动两国友好关系不断发展。两国政府签署关于鼓励和相互保护投资协定以及两国政府司法协助协定。

4月23日　中共中央文献研究室举行座谈会。中共中央文献研究室举行《任弼时传》和《任弼时年谱》出版发行暨任弼时诞辰90周年纪念座谈会。江泽民、李瑞环、朱镕基等领导人出席。江泽民发表重要讲话。江泽民说，任弼时是我们党的卓越领导人之一，他有着坚强的党性，富有政治远见，善于在复杂的斗争中把握航向，善于正确解决复杂的重大问题。他坚韧不拔、甘于做出自我牺牲的精神，被同志们形象地誉为“骆驼精神”。江泽民指出，任弼时在我们党的历史上是立过很大功劳的。党和人民将永远怀念他。他去世的时候只有46岁，但他留给我们的宝贵精神财富，将永远激励我们奋发前进。座谈会由李瑞环主持。

同　日　国家主席江泽民和国务院总理李鹏电唁美国前总统理查德·尼克松逝世。

同　日　中国红十字会第六次全国会员代表大会举行。大会通过了以江泽民为名誉会长的新一届领导成员名单，讨论了1995年—1999年五年工作规划纲要，确立了“认真实施红十字会法，努力发展中国特色红十字事业”的工作方向。

同　日　赵雪芳接受表彰。卫生部和人事部隆重召开表彰大会，授予山西省长治市人民医院妇产科主任赵雪芳“白求恩奖章”。这是建国以来卫生系统向先进个人颁发的第一枚白求恩奖章。同时，全国妇联授予赵雪芳“巾帼建功标兵”称号。国务院总理李鹏为赵雪芳题词：“救死扶伤，无私奉献”。

同　日　海峡两岸关系协会致函台湾海峡交流基金会，就涉及大陆同胞、台湾同胞生命财产损害事件交换意见。海协认为交换意见的内容应包括：就两岸旅游交往问题，包括两岸同胞旅行中的安全问题交换意见。海协一贯主张全面落实《汪辜会谈共同协议》中规定的事务性和经济、科技议题商谈，多次向海基会建议及早开始“台商在大陆投资权益及相关问题”的商谈。海协一再要求两会应就近年来台湾军方打死打伤大陆沿海渔民、造成严重生命财产损失问题进行协商。函中明确指出，上述涉及两岸同胞交往交流中的权益包括人身安全诸问题，之所以迟迟未能开始商谈，责任不在我会。

4月26日—5月2日　国务院副总理朱镕基在浙江省考察工作。朱镕基强调：建立适应社会主义市场经济的粮食购销体制，核心是要有合理的粮食价格。这个价格既能够调动农民种粮积极性、缩小工农产品剪刀差、城市居民又可以承受。朱镕基强调，实行大户承包、发展适度的规模经营，符合家庭联产承包责任制的原则，符合邓小平关于中国社会主义农业的改革和发展两个飞跃的思想。实践证明，小平同志指引的道路是正确的、行之有效的，必须长期坚持，不能动摇。事实上发达国家发展农业也是基本上采取家庭农场的形式。耕地使用权向种粮大户集中，要建立在农民自愿的基础上，不能一哄而起。尤其要考虑农业机械化的条件。因此，要大力发展社会化农业生产服务体系，要在农业机械、化肥、种子、科技、流动资金贷款等方面给种粮大户以支持。

4月26日—5月6日　中共中央总书记江泽民在上海视察工作。江泽民说，党中央、国务院关于开发、开放浦东的决策坚定不移，政策坚持不变。开发、开放浦东不仅关系到上海的发展，并且是中国改革开放的重要标志。开发、开放浦东四年来，有力地推动了上海的经济建设，也带动了整个长江流域经济的发展。实践证明，中央关于开发、开放浦东的决策是完全正确的。我们一定要按照邓小平同志所说的“抓紧浦东开发，不要动摇，一直到建成”，把这项跨世纪的伟大工程搞好。

4月27日　中国银行宣布，中国银行将于今年5月正式参与港币发行。今年计划发行30亿港元，相当于香港港币现钞流通量的4%。

4月29日　国家计委下达1994年国家重点建设项目名单。1994年国家重点建设项目共151个，其中包括：煤炭项目（22项）：河北开滦矿区，山西大同、古交、阳泉、潞安、晋城矿区，内蒙古准格尔一期、平庄矿区元宝山露天矿，辽宁铁法矿区，黑龙江双鸭山、七台河矿区，安徽淮南、淮北矿区，山东兖州、枣滕矿区，河南平顶山、永夏矿区，云南小龙潭露天煤矿，华能精煤公司神府东胜矿区，陕西黄陵矿区，宁夏灵武矿区，郑州矿区超化矿井、郜城矿井。石油项目（6项）：黑龙江大庆油田开发，辽宁辽河油田开发，山东胜利油田开发，新疆塔里木地区开发、新疆油田开发，广东南海西部石油公司。电力项目（39项）：天津蓟县电厂，辽宁铁岭电厂，吉林双辽电厂，哈尔滨第三电厂二期，广州抽水蓄能电站一期工程，江苏常熟电厂，浙江北仑港电厂，北京十三陵抽水蓄能电站，福建水口水电站，湖北隔河岩水电站，湖南五强溪水电站，海南大广坝水电站，广西岩滩水电站，天生桥水电站二期工程，天生桥水电站一期工程，四川铜街子水电站、宝珠寺水电站、二滩水电站，贵州东风水电站，云南漫湾水电站，西藏羊卓雍湖抽水蓄能电站，青海李家峡水电站，辽宁绥中电厂，内蒙古元宝山电厂三期，河北西柏坡电厂，内蒙古达拉特旗电厂，安徽马鞍山第二电厂，浙江嘉兴电厂，河南偃师电厂二期，黑龙江鹤岗电厂，内蒙古伊敏煤电联营一期工程，上海外高桥电厂，陕西渭河电厂二期工程，甘肃靖远电厂二期工程。山东邹县电厂三期，湖南石门电厂，河北衡水电厂，山西阳泉二电厂，浙江天荒坪抽水蓄能电站。水利项目（3项）：太湖综合治理骨干工程（望虞河工程、太浦河工程、杭嘉湖南排工程），甘肃引大入秦工程（地方项目），河南小浪底水利枢纽工程。铁道项目（17项）：浙赣复线，陇海线徐连复线，徐州枢纽，焦柳复线，湘黔复线及电气化，京九线，南昆线，侯月线，宝中线，北京西客站，兰新复线，成达线，广大线，集通线（地方项目），京广线京郑段电气化，成昆铁路电气化，横南铁路。交通项目（15项）：秦皇岛煤码头四期工程，天津港（地方项目），大连港，上海港，烟台港，湛江港，广州港，西江航道整治，日照港，汕头港，宁沪杭甬高速公路（地方项目），海南环岛公路（东线）工程（地方项目），川藏公路，连云港港墟沟港区，营口港鲅鱼圈港区二期工程。邮电项目（4项）：西成光缆，京沈哈光缆，京汉广光缆，京太西兰乌光缆工程。民航项目（1项）：桂林两江机场。钢铁项目（5项）：山西娄烦太钢尖山铁矿，四川攀枝花钢铁公司，武汉钢铁公司三炼钢工程，鞍山齐大山铁矿，电站设备用钢材国产化专项（成都无缝钢管厂、舞阳钢铁公司、上海钢管厂、衡阳钢管厂、齐齐哈尔钢厂、武汉四七一厂）。有色项目（6项）：河津山西铝厂二期，江西铜业公司德兴铜矿三期，广西平果铝厂，甘肃金昌金川有色公司，云南大红山铜矿，广东韶关冶炼厂。黄金项目（1项）：山东莱州新城金矿。化工项目（8项）：河北矾山磷矿，湖北黄麦岭磷化工公司，湖北荆襄磷化学工业公司大峪口矿肥结合项目，云南磷肥工业公司，陕西渭河化肥厂（地方项目），北京乙烯工程（地方项目），吉化30万吨乙烯工程，贵州瓮福磷矿重钙项目。石化项目（2项）：安徽安庆石化总厂丙烯腈纶工程，江西九江石化总厂大化肥工程（地方项目）。建材项目（3项）：安徽铜陵水泥厂，北京水泥厂，黑龙江浩良河水泥厂。机电汽车项目（2项）：东风汽车公司（含神龙汽车有限公司轿车项目），一汽大众汽车有限公司轿车项目：轻纺项目（2项）：福建青州造纸厂，江苏仪征化纤联合公司三期工程。林业项目（1项）："三北"防护林二期工程。教育项目（1项）：教育工程（清华大学、北京大学、复旦大学、上海交通大学、西安交通大学）。卫生项目（3项）：北京医科大学，北京协和医院，卫生部疫苗工程（上海、兰州、昆明）。广播项目（2项）：中国国际广播中心工程，中央人民广播电台业务楼工程。环保项目（1项）：中日友好环境保护中心。

5月2日　聂荣臻元帅陈列馆奠基仪式在四川省江津市举行。中共中央总书记江泽民、国务院总理李鹏分别为聂荣臻元帅陈列馆题词。

5月2日—21日　李瑞环出国访问。应芬兰共和国、瑞典王国、挪威王国、丹麦王国等4国政府和比利时王国众议院的邀请，中国人民政治协商会议全国委员会主席李瑞环对5国进行正式友好访问。访问期间，李瑞环主席与5国领导人进行了会谈，与5国各界人士进行了广泛的接触，参观了一些工业、农业、交通、能源设施、企业和大学。李瑞环主席这次出访是我国政协主席首次出访西北欧国家。

5月5日—12日　八届全国人大常委会第七次会议举行。会议审议通过了新中国历史上第一部对外贸易法和国家赔偿法。会议还表决通过了全国人大常委会关于修改《中华人民共和国治安管理处罚条例》的决定，通过了关于修改《中国人民解放军现役军官服役条例》和《军官军衔条例》的决定。会议还通过了关于增补香港特别行政区筹委会预备工作委员会委员的决定。

5月10日　我国辞书出版史上的里程碑——《汉语大词典》出版。中共中央总书记江泽民、国务院总理李鹏等出席庆功会。江泽民说：中国有五千年灿烂文化，汉语又是世界上最重要的、使用人口最多的语言之一，这部大词典的编纂出版，无疑是我国文化发达的一个象征。江泽民、李鹏分别题词。江泽民题词是："弘扬中华民族优秀文化，建设社会主义精神文明"。李鹏题词是："继往开来，源远流长"。

同　日　国务院总理李鹏接见首届10名全国优秀发明企业家。10位由中国发明协会、中华全国总工会和中国专利局联合评选的优秀发明企业家是：台震林、伍尚魁、陈肇雄、周文志、赵国欣、张振英、梁克诚、葛亮明、詹庆富、李冬绮。

5月12日　国务院主持召开第十次民政会议。江泽民和李鹏、朱镕基、胡锦涛等领导同志接见与会全体代表。江泽民在讲话中指出，民政工作非常重要。陈毅曾经很贴切很形象地把民政工作概括为"上为中央分忧，下为百姓解愁"。几十年来，民政战线的同志们发扬全心全意、诚心诚意为人民服务的"孺子牛"精神，任劳任怨，团结奋斗，在关心群众疾苦、解决群众困难、缓解社会矛盾、处理社会问题方面，做了大量艰苦细致的工作，取得了很大成绩，为促进国家和社会的稳定，促进改革开放和国民经济的发展，促进两个文明建设和国防建设，做出了重要的贡献。

同　日　国家主席江泽民签署第二十二号主席令，发布《中华人民共和国对外贸易法》。对外贸易法共八章：第一章总则；第二章对外贸易经营者；第三章货物进出口与技术进出口；第四章国际服务贸易；第五章对外贸易秩序；第六章对外贸易促进；第七章法律责任；第八章附则。对外贸易法自1944年7月1日起施行。

同　日　国家主席江泽民签署第二十三号主席令，发布《中华人民共和国国家赔偿法》。国家赔偿法共六章：第一章总则；第二章行政赔偿；第三章刑事赔偿；第四章赔偿方式和计算标准；第五章其他规定；第六章附则。国家赔偿法自1995年1月1日起施行。

同　日　国家主席江泽民签署第二十六号主席令，发布《全国人民代表大会常务委员会关于修改〈中国人民解放军军官军衔条例〉的决定》。《决定》共八章：第一章总则；第二章现役军官军衔等级的设置；第三章现役军官职务等级编制军衔；第四章现役军官军衔的首次授予；第五章现役军官军衔的晋级；第六章现役军官军衔的降级、取消和剥夺；第七章现役军官军衔的标志和佩带；第八章附则。《决定》自公布之日起施行。

5月14日　焦裕禄纪念馆落成暨焦裕禄铜像揭幕仪式在河南兰考县焦裕禄烈士陵园举行。中共中央总书记江泽民为焦裕禄纪念馆题写了馆名。中共中央政治局常委胡锦涛等为纪念馆剪彩并为铜像揭幕。

同　日　这是台湾警方首次到南沙群岛活动。据台湾报纸报道，台湾警方两艘400吨级的巡务船对南沙群岛进行巡弋。台“内政部”官员表示，以后仍将不定期地对南海进行巡弋。

5月17日　汪道涵发表谈话。海峡两岸关系协会会长汪道涵说，在两岸关系进一步发展的有利形势下，3月底不幸发生千岛湖恶性抢劫纵火杀人刑事案，有32名两岸同胞蒙难。我对在这次事件中遇难的海峡两岸同胞表示沉痛哀悼，并向他们的家属表示深切慰问。汪道涵说，案件发生后，两岸同胞同悲同恨。台湾各界人士也提出了许多意见和建议。我们认为在两岸交往蓬勃发展、经济合作不可阻挡的洪流中，“千岛湖事件”只是意外不幸的惨案。这一事件不应使两岸关系的正常发展受到影响，更不能让少数别有用心的人利用来作为煽动反对大陆、阻挡两岸交流、鼓吹台湾独立的借口。两岸应以中华民族的整体利益为重，理性、冷静、客观地看待案件及处理过程中发生的各种问题，认真地从中吸取教训。大陆方面将继续加强治安管理，给台湾同胞来大陆以安全感。

5月21日　田凤山任黑龙江省副省长、代理省长。

5月23日—25日　国务院总理李鹏在上海考察工作。李鹏指出，开发开放浦东是邓小平的重大决策，是国家整体发展的需要。全国要支持浦东的开发开放，浦东要为全国的改革开放和经济发展服务。李鹏肯定了上海提出的“大力发展第三产业，调整提高第二产业，加强第一产业”的产业结构调整方针。他指出，上海要建成为国际经济中心，应该大力发展第三产业，特别是金融、贸易和航运，为整个长江流域乃至全国的经济发展服务。第二产业要提高结构层次，有重点地建设一些大型高新技术和外向型项目，形成新的支柱产业。

5月26日　中央领导人会见港事顾问。江泽民、李鹏、乔石、朱镕基等领导人会见第三批港事顾问和新增补的香港特别行政区筹备委员会预备工作委员会委员。国家主席江泽民讲话指出，香港有今天这样的经济稳定和繁荣，与香港人的勤奋创造是分不开的。过去是这样，今天是这样，香港人也一定能够创造香港美好的未来。当然，香港的经济稳定繁荣，与大陆经济发展也是密不可分的。同日，第三批港事顾问聘书颁发仪式举行。江泽民、李鹏、乔石、朱镕基等国家领导人出席了颁发仪式。

同　日　乔石颁发任命书。全国人大常委会委员长乔石向新增补的13位香港特别行政区筹备委员会预备工作委员会委员颁发了任命书。乔石在颁发任命书仪式上说，预委会的工作直接关系到1997年香港的政权交接和平稳过渡，关系到保持香港的长期稳定和繁荣，希望预委会继续广泛听取港人的意见，注重调查研究，并通过多种方式和途径，使广大港人共同关心和参与我国恢复对香港行使主权的准备工作。

5月26日—29日　应国务院总理李鹏的邀请，俄罗斯联邦政府主席维克托·斯捷潘诺维奇·切尔诺梅尔金对我国进行正式访问。国家主席江泽民会见切尔诺梅尔金主席。国务院总理李鹏同切尔诺梅尔金主席举行会谈。李鹏总理和切尔诺梅尔金主席签署了两国政府关于中俄国界管理制度协定和关于对所得避免双重征税和防止偷漏税的协定。双方代表还同时签署了政府间经贸和科技合作混委会第二次会议纪要，关于农工综合体经济与科技合作、海运合作、环境保护合作等协定，以及关于黑龙江、乌苏里江边境水域合作开展渔业资源保护、调整和增值的议定书。双方发表新闻公报指出：中俄经贸关系有着巨大的发展潜力，双方愿意充分利用两国作为邻国的地缘优势和经济的互补性，在平等互利的基础上大力发展和扩大这些领域中的合作，使之达到同中俄睦邻友好关系和两国经济潜力相适应的更高水平。为此，双方对发展合作的新领域、新形式的前景以及进一步提高合作效率，完善基础设施等问题进行了认真的探讨，达成了广泛共识。双方表示，愿意参加包括建设欧亚大陆桥在内的双边和多边的合作项目。双方重申，将在遵守两国国际义务的条件下，继续加强两国军技合作关系。双方认为，边境和地区间经济合作是中俄经贸关系的重要组成部分。双方表示，将进一步完善有关法律基础。促进边境和地区间的贸易往来、共同经营、投资合作和其他形式的联系。双方积极评价两国间正在举行的边界谈判和关于在边境地区相互裁减军事力量和加强军事领域信任的谈判，表示将恪守中俄国界东段协定的各项条款，愿意继续就遗留的边界问题进行谈判，并加快中俄国界西段协定的准备工作。双方认为，尽快达成关于在边境地区相互裁减军事力量和加强军事领域信任的协议具有重要意义。双方一致认为，进一步确立两国边境地区的和平、睦邻与合作气氛不仅有利于加强两国间的相互信任和相互了解，而且有助于维护亚太地区的安全与稳定。

5月27日　新的上海大学成立。经国家教委批准，由上海工业大学、上海科技大学、上海大学、上海科技高等专科学校合并组建的新的上海大学正式成立。江泽民主席为上海大学题写了校名；国务院总理李鹏为上海大学题词：发扬光荣传统，培育跨世纪人才。

同　日　上海人民英雄纪念塔揭幕。江泽民为上海人民英雄纪念塔题写塔名。

5月28日　上海市领导举行烈士陵园开工仪式。今天是上海解放纪念日，市党政军领导和部分参加过解放上海斗争的老同志以及烈士家属代表在龙华隆重举行"上海市龙华烈士陵园"开工奠基仪式。邓小平和陈云为"龙华烈士陵园"、"龙华烈士纪念馆"分别题写了园名和馆名；江泽民为烈士纪念碑题词："丹心碧血为人民"。

5月29日　山东省乳山市和广东省珠海市的两起重大走私案件由人民法院审判终结。经最高人民法院核准，在乳山商业局走私案中犯有走私罪、受贿罪、行贿罪的刘起山、范占武、刘宁，在珠海走私香烟案中犯有走私罪的杨明基，分别在威海和珠海被执行枪决。次日，《人民日报》发表《严厉打击走私犯罪活动》的社论说：走私犯罪既是重大的经济问题，也是重大的政治问题。许多事实表明，走私犯罪活动所以在一些地方屡禁不止，愈演愈烈，直至一些领导干部、执法人员也卷了进去，是同一些领导干部的错误认识相联系的，是同一些地方和部门保护小团体利益的不正当做法相联系的，是同一些政府机关和执法机关中滋长的腐败风气相联系的。

5月31日　中共中央总书记江泽民在省部级主要领导干部第四期理论研讨班结业会上发表重要讲话。江泽民说，中央提出抓住机遇、深化改革、扩大开放、促进发展、保持稳定是全党全国工作的大局，这是在认真分析国际国内形势，深刻研究现实生活中的各种矛盾，广泛听取各方面意见的基础上形成的。它体现了党的“一个中心，两个基本点”的基本路线的要求，反映了我们党十几年来在领导社会主义现代化建设中对客观规律认识上的深化。高级干部都是管大事、管全局的，要很好领会中央的精神，时刻胸怀大局，牢牢把握大局，善于从大局出发思考问题、分析问题和解决问题，不断提高总揽全局的能力，促进经济的持续、快速、健康发展。江泽民提出：第一，要用邓小平同志关于改革、发展、稳定的论述教育广大党员、干部和群众，统一大家的思想。第二，要实事求是地认识和判断当前总的形势。第三，要积极妥善地解决影响改革、发展、稳定中的突出问题。第四，要坚持党的群众路线，调动各方面的积极性。深化改革、促进发展、保持稳定，是人民群众的根本利益所在，也只有紧紧地依靠人民群众才能够实现。

6月2日—4日　应国家主席江泽民的邀请，柬埔寨王国诺罗敦·西哈努克国王陛下对中国进行正式友好访问。国家主席江泽民、国务院总理李鹏、全国人大常委会委员长乔石会见西哈努克国王。

6月3日　中国工程院成立大会和中国科学院第七次院士大会举行。江泽民、李鹏、乔石、李瑞环、朱镕基、刘华清、胡锦涛会见两院全体院士。中共中央总书记江泽民讲话。江泽民指出，中国工程院的成立，必将大大鼓舞和激励广大工程技术人员的创造精神，必将对推动工程技术发展，提高工程技术水平和研究、设计、建造、运行能力，发挥积极作用。国务院总理李鹏作了重要讲话。他说，在社会主义现代化建设进程中，我们要始终不渝地贯彻邓小平关于“科学技术是第一生产力”的指导思想，坚持“经济建设必须依靠科学技术，科学技术工作必须面向经济建设”的方针，努力形成面向经济建设主战场、发展高新技术及其产业、加强基础性研究3个层次的合理布局。科技体制改革的目标，是建立适应社会主义市场经济发展，符合科技自身发展规律，科技与经济密切结合的新型体制，促进科技进步，攀登科技高峰，以实现经济、科技和社会的综合协调发展。6月7日中国工程院选举朱光亚为中国工程院院长。

6月6日　中国西北航空公司2303号班机坠毁，146名乘客、14名机组人员共160人全部遇难。

6月6日—7月6日　中组部、中央统战部和中央党校联合举办新形势下民族宗教问题研讨班。全国政协主席李瑞环，中共中央政治局常委胡锦涛与参加研讨班的学员进行座谈讨论。在谈到加强民族团结问题时，李瑞环强调指出，在一定意义上可以说，中国领土的完整、人民的团结，是以各民族的团结为基础的。没有各民族的团结，就没有国家的统一；破坏各民族的团结，就是破坏国家的统一。任何人，如果他自认为是中华民族的一员，是爱国主义者，那么他就必须像爱护眼睛一样爱护各民族的团结。他说，民族、宗教领域发生的问题，主要属于人民内部矛盾。对于人民内部矛盾，只能用耐心说服、改进工作的办法来解决，绝不能简单地把非对抗性矛盾当做对抗性矛盾，人为树敌，不能把非对抗性矛盾激化成为对抗性矛盾，自讨苦吃。对少数人借口民族、宗教问题引发事端，制造动乱，我们也不能丧失警惕，必须依照国家法律，严肃对待，果断处理。事实证明，识别和处理这类问题必须高举维护人民利益、维护法律尊严这两面旗帜。任何人以任何理由损害人民利益、践踏法律尊严，都是不能允许的，都必须坚决制止。

6月7日—10日　应中华人民共和国政府的邀请，瓦努阿图总理马克西姆·卡洛特·科尔曼对上海进行工作访问。

6月8日　中央军委举行晋升上将军官军衔仪式。中共中央总书记江泽民向晋升上将军官军衔的同志颁发命令状并作重要讲话。江泽民强调，现在中央大政方针已定，军委工作指导也很明确，关键在落实，各级领导干部务必身体力行。高级干部要带头学好邓小平同志建设有中国特色社会主义理论和新时期军队建设的思想，增强党性观念，坚决听党的话，坚定不移地贯彻执行党的路线方针政策，坚决听从党中央、中央军委的指挥，以强烈的事业心和责任感，忠心耿耿地为党和人民勤奋工作，出色地履行历史赋予的重大使命。

6月8日—9日　广东省普降大到暴雨。受其影响，湛江、茂名、阳江、肇庆、佛山、广州等6市共23个县、市（区）受灾，受灾农田795万亩，受灾人口809万人，受伤684人，死亡58人，直接经济损失58亿元。

6月8日—11日　全国农村社会治安综合治理工作会议召开。会议传达了中共中央总书记江泽民、国务院总理李鹏、全国人大常委会委员长乔石对会议作的批示。江泽民的批示是：农村的社会治安状况对于农村的稳定与发展乃至全国的稳定与发展都有着极其重要影响。中央综治委召开这次会十分重要，各级党政领导要认真贯彻落实会议所提出的各项措施，狠抓农村社会治安综合治理，力争在较短时间内，使农村治安状况有明显改观。李鹏的批示是：搞好农村社会治安综合治理是各级政府不可推卸的责任，县、乡镇两级政府更负有直接的责任。对中央综治委部署的整顿农村治安的斗争，各级政府要加强领导，狠抓落实，经过不懈的努力，务求取得实效。政府各有关部门要积极参与，在人、财、物上给予必要的支持，为农村经济发展，人民安居乐业，创造必要的条件。乔石的批示是：搞好农村治安，必须坚持综合治理的方针，尤其要注意调动农村广大党员、干部和农民群众的积极性，加强农村的民主法制建设。希望综治委将这次会议开好，并狠抓各项措施的贯彻落实。会议决定要重点打击4个方面的严重刑事犯罪分子：一是各种流氓恶势力，特别是流氓、盗窃团伙和带有黑社会性质的犯罪集团；二是车匪、路霸、水匪和杀人、抢劫、爆炸、强奸等暴力犯罪分子；三是破坏铁路、通讯、电力和生产设施，盗窃、抢劫国家资财的严重刑事犯罪分子；四是贩运毒品、组织卖淫嫖娼活动、拐卖妇女儿童、制造传播淫秽物品等犯罪分子。

6月10日　中国进行一次地下核试验。

同　日　宝（鸡）中（卫）铁路提前43天全线铺通。宝中铁路是国家要求“八五”建成的重点建设项目，也是全国铁路大会战中第一个铺通的长大干线。

6月14日—17日　中共中央、国务院召开全国教育工作会议。江泽民、李鹏、李瑞环、朱镕基、胡锦涛等出席大会。江泽民在会议上发表重要讲话，李鹏代表党中央、国务院作了主题报告。这次全国教育工作会议，是改革开放以来党中央、国务院召开的第二次教育工作会议。会议的主要任务是，以邓小平建设有中国特色社会主义理论和党的基本路线为指导，贯彻党的十四大和十四届三中全会精神，进一步落实教育优先发展的战略，动员全党全社会认真实施《中国教育改革和发展纲要》，为实现（20世纪）90年代我国教育改革和发展的任务而奋斗。江泽民强调：依靠什么来实现社会主义现代化建设的宏伟目标呢？具有决定性意义的一条，就是把经济建设转到依靠科技进步和提高劳动者素质的轨道上来，真正把教育摆在优先发展的战略地位，努力提高全民族的思想道德和科学文化水平。这是实现我国现代化的根本大计。江泽民特别讲到教育与生产劳动相结合的问题。他说，这一条已经明确写入《纲要》，是我们教育方针的重要组成部分，教育与生产劳动相结合是坚持社会主义教育方向的一项基本措施。李鹏指出：为了实现《纲要》所确定的发展目标，必须重点做好3件工作：一、在本世纪末基本普及九年义务教育，基本扫除青壮年文盲。二、大力发展职业教育和成人教育。三、以提高教育质量和办学效益为重点发展高等教育。

6月14日—18日　第五次全国归侨侨眷代表大会举行。江泽民、李鹏、李瑞环、胡锦涛等接见会议代表。江泽民说，侨务工作是我们党和国家的一项长期的重要工作，也是一项政策性很强的工作。邓小平把发挥广大海外侨胞的积极作用，作为我国大发展的一个独特机遇，这对于指导我们在新形势下进一步做好工作，具有极其重要、深远的意义。大会审议通过了全国侨联第四届委员会工作报告和修改后的《中华全国归国华侨联合会章程》；经过民主选举，产生了中国侨联新一届领导机构；聘请了40位同志为五届中国侨联顾问。

6月16日　黄埔军校建校70周年暨黄埔同学会成立10周年纪念大

会举行。李鹏、胡锦涛等出席纪念会。全国政协主席李瑞环在纪念会上讲话，他指出，实现祖国和平统一是人心所向，民族所求，是包括台湾同胞在内的全中国各族人民的神圣使命。江泽民、刘华清为大会题词祝贺。江泽民的题词是："发扬爱国革命的黄埔精神，促进祖国和平统一"。刘华清的题词是："祝黄埔军校建校七十周年。发扬黄埔精神，促进祖国统一"。

6月17日　国务院新闻办公室发布《中国知识产权保护状况》。《中国知识产权保护状况》分为：前言；一、中国保护知识产权的基本立场和态度；二、中国具有高水平保护知识产权的法律制度；三、中国具有完备的保护知识产权的执法体系；结束语。《中国知识产权保护状况》指出：中国并不满足于已有的成就，中国作为一个发展中国家，在完善知识产权制度方面还有许多工作要做。中国将继续积极推进知识产权领域的国际合作。

6月21日　全国电力科技工作会议召开。国务院总理李鹏为会议题词："依靠科技进步，发展电力工作"。会议提出今后我国电力科技的发展目标是，为电力工业发展提供实用化的先进技术，争取到本世纪末，电力行业某些领域的技术水平达到或接近（20世纪）90年代国际水平，争取到2020年全行业的技术水平达到国际先进水平，高新技术的研究开发与工业发达国家同步。

同　日　珠海发生整座厂房塌陷事故。事故死亡40人，受伤141人。

6月21日—24日　全国金融机构监管工作会议举行。国务院副总理兼中国人民银行行长朱镕基到会作重要讲话。会议强调要从严监管金融机构，认真维护金融秩序。会议强调，金融宏观调控权必须集中在中央，这一点决不能动摇，但金融机构设立也要考虑地方经济发展需要。城乡信用合作社要坚持为城乡个体经济、私营经济和集体经济服务的方向，同时，可由城乡信用合作社入股组建合作银行，调剂信用合作社资金余缺，逐步扩大对地方国营中小企业的信贷服务。关于组建发展合作银行，要先立法后推广，先城市后农村，不搞试点，分批进行。城乡合作银行必须坚持自主经营、自负盈亏、自我约束、资金自求平衡、自我发展的原则。地方政府和部门不要干预他们的经营自主权。人民银行要加强对合作银行的管理。在农村，要扩大农村信用合作社经营自主权；要把农村合作基金会真正办成社区内资金互助组织，不得办理存贷款金融业务。

6月22日—27日　中共中央总书记江泽民在福建考察工作。江泽民对福建的发展提了4点要求和希望。一是要围绕建立社会主义市场经济体制的基本框架，加快深化各项改革的步伐。二是抓紧进行经济结构、产业结构的调整，加快福建一些重要产业和产品的升级换代，努力提高外向型经济的整体素质和水平。三是要继续发挥福建毗邻台湾、华侨多、有经济特区、海岸线长和港口多的优势，促进经济既快又好地持续发展。四是要坚持两手抓，两手都要硬。江泽民就当前形势和经济发展工作发表了重要意见。江泽民说，要切实抓好大事，特别要抓好农业和国有企业这两个经济工作的大头。他强调指出，我们是一个人口众多的大国，必须始终立足于粮食自给，而且还要自给有余，因为有一个补歉备荒的问题，以备不时之需。各个省区原则上都应各自做到粮食基本自给，都要采取有力措施，落实粮食的“三稳定”，即稳定粮田面积、稳定粮食产量、稳定粮食库存。在谈到如何搞好国有企业时，江泽民强调有五个问题要在思想上进一步提高和统一认识。第一，国有企业特别是大中型国有企业在我国经济的发展中，做出过重大贡献，是经济发展的主要增长点。第二，国有企业特别是大中型国有企业是我国国民经济的骨干，在发展社会主义市场经济中仍然起着主导作用。第三，我们允许和鼓励个体、私营和外资企业的发展，积极发挥它们对国民经济的补充作用，这一条要长期坚持，而决不可以动摇。第四，国有企业在深化改革，转换经营机制中，可以根据自己的实际情况选择合适的经营形式，不同类型、不同条件的国有企业的经营形式可以多种多样。第五，搞好国有企业的关键是加快转换经营机制，建立产权明晰、责任明确、政企分开、管理科学的现代企业制度。江泽民还要求福建加强同台湾的经济贸易联系。

6月27日　和平共处五项原则发表40周年纪念大会举行。国务院总理李鹏在纪念大会上强调，和平共处五项原则是国与国之间建立和发展关系的基础，这是颠扑不破的真理。李鹏说，邓小平同志总结国内和国际的实践，对和平共处五项原则做过许多精辟的阐述。他为解决香港、澳门和台湾问题，提出了“一个国家，两种制度”的伟大构想。他说，“我们提出‘一个国家，两种制度’的办法来解决中国的统一问题，这也是一种和平共处”。他还指出，“有些国际上的领土争端，可以先不谈主权，先进行共同开发。”中国正是在邓小平“搁置争议，共同开发”主张的指导下，同有关国家积极探讨在有争议的地区进行共同开发的途径，以维护本地区和平与稳定的大局，防止紧张局势的产生。

6月27日—7月1日　全国政协八届常委会第七次会议举行。会议的主要议题是讨论农业问题。全国政协主席李瑞环主持会议，并作了题为《关于农用土地的几个问题》的重要讲话。李瑞环说，我们想问题、办事情都不能离开人多地少这个基本国情，特别是研究以土地为先决条件的农业，更要时刻牢记这个基本国情。李瑞环说，开发大西北，不仅对当前推动我国农业的发展、解决我国地区间经济发展的不平衡、加强我国民族大家庭的团结具有极为重要的战略意义，而且对下个世纪增强我国发展的后劲、保持国家的长治久安也将产生极为深远的影响。研究中国的农业用地，研究中国的未来发展，不能不研究中国大西北的开发。

6月28日—7月5日　八届全国人大常委会第八次会议举行。会议通过《中华人民共和国劳动法》、《中华人民共和国城市房地产管理法》和《全国人大常委会关于惩治侵犯著作权的犯罪的决定》。会议还通过了《全国人大常委会关于批准〈中华人民共和国政府和老挝人民民主共和国政府边界制度条约〉的决定》和《全国人大常委会关于批准1993年国家决算的决议》。乔石委员长主持全体会议。

6月29日　中共中央政治局常委胡锦涛发表讲话。中共中央政治局常委胡锦涛在中组部召开的中央、国家机关部委领导班子思想作风建设经验交流会上强调指出，加强领导班子思想作风建设，要坚持以邓小平建设有中国特色社会主义理论和党的基本路线为指导，密切联系建立社会主义市场经济体制的改革实践，围绕正确把握全党全国工作的大局，从领导班子思想作风的实际出发，努力在深入学习理论、提高思想水平，贯彻民主集中制、增强团结，全心全意为人民服务、加强廉政勤政建设，深入实际、大兴调查研究等方面，取得新的明显的进步。

同　日　中华人民共和国政府和安道尔公国政府决定建立两国间大使级外交关系。

6月29日—7月12日　李鹏出国访问。应奥地利共和国总理弗朗茨·弗拉尼茨基，德意志联邦共和国总理赫尔穆特·科尔和罗马尼亚总统扬·伊利埃斯库、总理尼古拉·沃克罗尤的邀请，国务院总理李鹏对上述3国进行正式访问。这是中奥关系史上第一位中国政府首脑访问奥地利，中国总理首次访问重获统一的德国，也是中国领导人近年来第一次出访东欧。访问期间，李鹏同三国领导人在友好的气氛中就国际形势和共同关心的国际问题交换了意见，取得了广泛共识，并决定加强在国际事务和国际组织中的磋商和合作。访问达到了加深了解，加强信任，增进友谊，发展合作的目的。随同李鹏总理出访的30多位实力雄厚的中国大型企业负责人同德奥两国经济、企业界人士进行了广泛接触，并与德方、奥方分别签订了总额40多亿美元和约6亿美元的合同及意向性文件。中国企业家同罗企业界进行了广泛的接触和交流，达成了一些协议，为两国经贸合作注入了新的活力。李鹏在德国阐述了中国发展对德关系的4项原则："着眼未来，长期友好；相互尊重，增加信任；在平等互利的基础上进一步发展经济关系；加强相互磋商，扩大合作领域。"中罗两国签署了联合声明。声明说：双方将在相互尊重独立、主权和领土完整，互不干涉内政，平等互利，和平共处原则以及其他公认的国际法原则的基础上，发展双方在政治、经济、科技等领域的友好和互利合作关系。双方重申，各国人民自己决定自己命运和自由选择政治制度、经济制度、社会发展道路的权利以及人的基本权利和自由应当受到尊重，意识形态、经济模式和发展道路的差异不应妨碍国家关系的正常发展。双方重申，在国际关系中不应使用武力和以武力相威胁，主张用和平方式解决国家间的争端。双方同意在国际事务中加强合作，扩大磋商。为进一步发展和加强双边关系，双方同意保持和扩大各个级别的政治对话，包括高层对话。双方支持两国议会、政府、地方行政机关、民间组织和团体之间的相互接触与合作。双方认为经济技术合作和贸易往来是两国关系中的重要组成部分，愿意并将采取措施在平等互利原则基础上促进双方在该领域中的合作。双方将加强科技合作，特别是在基础和应用科学研究以及现代技术领域的合作，支持制订并完成共同研究纲要和计划，鼓励两国科研部门建立直接的联系，支持学者和研究人员之间的交往以及其他形式的合作。

7月3日　我国科学探测与技术试验卫星发射成功。在完成各项科学实验任务后，卫星于18日返回四川省中部预定地区。星上仪器完好，这是我国发射的第16颗返回式科学探测与技术试验卫星。

7月4日　最高人民法院公示4起中央国家机关及其直属单位处级以上干部经济犯罪案件的审判情况和处理结果。这4起案件是：中国煤炭销售运输总公司原总经理郭子文（正局级）受贿、投机倒把案；中国农村发展信托投资公司福建农业综合开发投资公司投资处原处长胡聪受贿案；中国农业银行教育部原主任谢本元（副局级）受贿案和财政部农财司原副司长郭静宁受贿案。被告郭子文犯受贿罪和投机倒把罪，判处死刑，剥夺政治权利终身，没收个人全部财产和赃款赃物；被告胡聪犯有受贿罪，判处死刑，剥夺政治权利终身，并没收全部个人财产和赃款赃物；被告谢本元犯有受贿罪，判处有期徒刑12年，剥夺政治权利2年，没收赃款赃物；被告郭静宁犯受贿罪，判处有期徒刑6年，剥夺政治权利1年，没收赃款赃物，并没收个人部分财产人民币2万元。

7月5日　国家主席江泽民签署第二十八号主席令，发布《中华人民共和国劳动法》。劳动法分为：第一章总则；第二章促进就业；第三章劳动合同和集体合同；第四章工作时间和休息休假；第五章工资；第六章劳动安全卫生；第七章女职工和未成年工特殊保护；第八章职业培训；第九章社会保险和福利；第十章劳动争议；第十一章监督检查；第十二章法律责任；第十三章附则。劳动法自1995年

1月1日起施行。

同　日　国家主席江泽民签署第二十九号主席令，发布《中华人民共和国城市房地产管理法》。城市房地产管理法分为：第一章总则；第二章房地产开发用地；第三章房地产开发；第四章房地产交易；第五章房地产权属登记管理；第六章法律责任；第七章附则。城市房地产管理法自1995年1月1日起施行。

同　日　国家主席江泽民签署第三十号主席令，发布《全国人民代表大会常务委员会关于惩治侵犯著作权的犯罪的决定》。《决定》自公布之日起施行。同日，国务院作出关于进一步加强知识产权保护工作的决定。决定要求：一、完善知识产权制度，切实加强知识产权保护工作，是当前深化科技、经济配套改革，扩大对外开放的重要内容，也是加快建立社会主义市场经济体制，实现与世界经济接轨的基本要求。二、保护知识产权是一项涉及立法、司法、执法和行政管理等多方面的综合性工作，各有关部门要互相支持，密切配合，以形成统一、协调的知识产权保护体系。三、要大力加强对知识产权法律实施的监督、检查工作，建立日常监督和重点检查相结合的机制。四、为了履行我国参加的《保护工业产权巴黎公约》和《伯尔尼保护文学和艺术作品公约》的有关规定，加强对外经济技术贸易中的知识产权保护，要强化海关在保护知识产权、制止侵权产品进出境方面的职能，采取必要的边境措施，有效地制止侵权产品的进出口。五、要加强新技术、新产品进出口中的知识产权保护工作。六、各行业要把加强知识产权工作作为推动行业科技进步和经济发展的一项重要措施。七、各项科技发展计划的主管部门要把知识产权工作作为计划管理的重要环节，要针对计划的实施和发展制定统一的知识产权战略，特别要加强与计划有关的领域中的知识产权调查、分析及相应的对策研究，使知识产权工作贯穿于计划项目的立项、成果的法律保护以及成果商品化、产业化和国际化的全过程。八、企事业单位要把保护知识产权作为建立现代企业制度和现代科研院所制度的一项重要内容，增强知识产权意识，遵守知识产权法律法规，把加强知识产权保护纳入本单位的研究开发、生产经营和内部管理工作并形成相应的制度。九、科技、经济、文化领域的各类行业协会以及专门的知识产权社会团体和社会化服务组织，是推动知识产权法律实施、加强知识产权保护工作的一支重要力量。十、当前，要大力加强培养知识产权专业人才和对广大领导干部以及人民群众宣传普及知识产权保护知识的工作。十一、国务院有关部门可以根据本决定制定加强企事业单位知识产权工作的具体办法。

7月7日—9日　香港特别行政区筹委会预备工作委员会第三次全体会议举行。国务院副总理、预委会主任钱其琛致辞。他说，对香港恢复行使主权，建立香港特别行政区，实现平稳过渡，要把依靠我们自己的力量作为基本的立足点。这包括两个方面，即祖国人民的支持和港人的参与。我们国家兴旺发达，香港的稳定就有了可靠保证，这就为实现政权交接和平稳过渡创造了良好的条件。中央的政策和中央的支持是香港长期稳定繁荣的根本保证。会议发表了新闻公报，新闻公报指出，在中英双方没有就香港1994、1995年选举安排达成协议的情况下，根据港督彭定康的“政改方案”所产生的香港最后一届立法局、两个市政局和区议会只能存在到1997年6月30日为止。1997年7月1日后，香港特别行政区的第一届立法会和区域组织将依据基本法和全国人大的有关决定组建。会议决定，预委会第四次全体会议于1994年12月8日—10日在北京举行。

7月9日　中央领导人对金日成逝世表示深切哀悼。中共中央总书记、中共中央军委主席、中华人民共和国主席江泽民，国务院总理李鹏和全国人大常委会委员长乔石联名致电朝鲜劳动党中央委员会、劳动党中央军事委员会和政务院，对朝鲜劳动党中央总书记、朝鲜民主主义人民共和国主席金日成不幸逝世表示最深切的哀悼和最诚挚的慰问。同日，邓小平致电朝鲜劳动党中央委员会，对朝鲜劳动党中央总书记、朝鲜民主主义人民共和国主席金日成不幸逝世表示最深切的哀悼。

7月12日　国务院台湾事务办公室发言人就台湾当局《台海两岸关系说明书》发表谈话。发言人说，台湾当局最近发表了《台海两岸关系说明书》。这份说明书表示坚持统一目标，并表示“坚决主张‘一个中国’，反对‘两个中国’与‘一中一台’”，这是值得肯定的。但说明书歪曲台湾问题的由来，是不符合历史事实的。文中鼓吹“两岸分裂分治”、“两个对等政治实体”、“两个国际法人”、“分裂国家共同参与国际社会有利于统一”等谬论，实质是制造“两个中国”、“一中一台”，危害中国主权和领土完整，危害和平统一大业，这是我们所坚决反对的。发言人强调，台湾当局如果像其说明书中所说的那样，主张统一和不放弃“一个中国”的原则，就应当响应我们的一再呼吁，创造条件，就正式结束敌对状态，逐步实现和平统一进行商谈；就应当取消为两岸关系发展设置的各种障碍，推动两岸经贸合作，鼓励两岸人员往来和各项交流，并争取事务性商谈取得积极成果。

7月13日　全国城市防洪工作会议召开。这是在南方防汛抗洪取得阶段性胜利，北方进入主汛期之际召开的一次重要会议。国务院副总理朱镕基对会议作了重要批示：越是改革开放，越要加强城市防洪工作，否则，经济建设取得的成就越大，洪水造成的损失也就越严重。对城市防洪建设要真正重视。宁肯少上几个基建项目，也要保证城市防洪资金投入的需要。

7月14日　在抗洪抢险中，中共锦州市委书记张鸣岐以身殉职。国务院副总理朱镕基给辽宁省领导打电话，对张鸣岐在抗洪抢险中以身殉职表示哀悼，对张鸣岐的家属表示慰问。

7月19日　国务院决定建立知识产权办公会议制度，负责研究、协调我国关于知识产权的有关问题。会议决定，国务院知识产权办公会议由国务委员宋健主持，办公会议办公室设在国家科委。国务院各有关部门按“三定”方案所确定的职能，对知识产权进行分工管理。

7月20日　联合通信有限公司成立。《人民日报》报道：经国务院批准，一个打破部门界限，调动社会各方面积极性，以经营基本电信业务为主的大型股份制企业——中国联合通信有限公司成立。江泽民总书记题词：“办好联通公司，发展电信事业，为现代化建设服务”。李鹏总理题词：“发展通讯，有益探索”。

同　日　中央领导人为甲午战争博物馆题词。甲午战争100周年前夕，中共中央总书记江泽民、国务院总理李鹏、全国人大常委会委员长乔石、中共中央政治局常委刘华清等领导为中国甲午战争博物馆和甲午战争100周年题词。江泽民为博物馆题写了馆名：中国甲午战争博物馆。李鹏的题词是：以史为鉴。乔石的题词是：铭记历史教训，加强四化建设，使祖国巍然屹立于东方，成为和平和稳定的坚实支柱。刘华清的题词是：甲午志士不朽，捍疆卫国光荣。

同　日　王兆国对邓小平新时期统战思想做阐述。《人民日报》报道：全国政协副主席、中央统战部部长王兆国在第三次全国统一战线理论工作会议暨中国统一战线理论研究会第二届理事会议上，对邓小平新时期统战思想从12个方面做了阐述。王兆国说，在统一战线的性质问题上，邓小平科学地阐明了我国社会阶级状况的根本变化，提出新时期统一战线已经发展成为全体社会主义劳动者、拥护社会主义的爱国者和拥护祖国统一的爱国者的联盟，是最广泛的爱国统一战线。在统一战线的地位问题上，邓小平早在建国初期就从战略高度阐明了统一战线的重要性、必要性和长期性，指出统一战线有其策略性，但更主要的是它的战略性。统一战线的本质就是团结大多数，孤立敌人。我国进入社会主义现代化建设的新时期后，邓小平进一步提出，统一战线仍然是一个重要法宝，不是可以削弱，而是应该加强，不是可以缩小，而是应该扩大。在统一战线的任务问题上，邓小平提出，随着党和国家工作重点转移到社会主义现代化建设上来，统一战线的任务就是调动一切积极因素，化消极因素为积极因素，团结一切可以团结的力量，维护和发展安定团结的政治局面，为把我国建设成为现代化的社会主义强国而共同奋斗，还要为促进台湾回归祖国，完成祖国统一大业而共同努力。在统一战线的对象和范围问题上，邓小平指出，新时期统一战线要把一切能够联合的力量都联合起来。统一战线的范围以宽为宜，宽有利，不是窄有利。统一战线就是社会主义劳动者和爱国者的联盟，这样范围就宽了。社会主义劳动者之间也有统一战线。王兆国概括说，邓小平新时期统一战线思想，体现了马克思主义的立场、观点和方法。其核心和实质有三个基本方面，即解放思想、实事求是，广泛的爱国主义大团结和充分发扬社会主义民主。

7月20日—23日　中共中央、国务院召开第三次西藏工作座谈会。江泽民、李鹏和李瑞环作重要讲话。乔石、朱镕基、刘华清、胡锦涛等出席会议。江泽民指出，加快西藏经济社会发展，关键是把中央的大政方针同西藏具体实际结合起来。无论经济社会发展，还是改革开放，都要从国家的大局和西藏的实际出发，实事求是。这是做好西藏工作的一条基本原则。当前和今后一个时期内，西藏发展的重点，要放在加强农牧业，搞好交通、能源、通讯等基础产业和基础设施上，以利于增强自我发展的活力和后劲。江泽民指出，西藏的稳定，是保证西藏各项事业持续发展和人民生活水平逐步提高的前提。没有稳定，一切都谈不上。西藏的稳定，对于全国的改革、发展和稳定，也具有重大的意义。我们与达赖集团的分歧，不是信教与不信教，自治与不自治的问题，而是维护祖国统一和反对分裂的问题。对达赖喇嘛，我们的态度是，只要他放弃西藏独立的主张、停止分裂祖国的活动，随时欢迎他回来。但搞独立不行，搞变相独立也不行。西藏人民有维护民族团结和祖国统一的光荣传统。西藏广大干部和群众，是维护团结和稳定的基本力量、基本保证。谁破坏民族团结、制造分裂，谁就必然遭到包括西藏人民在内的全国各族人民的坚决反对，谁就必然归于失败，成为千古罪人。李鹏指出，从西藏的实际出发，加快西藏社会经济发展，在大的方面要把握三点：第一，必须坚持以经济建设为中心，一手抓发展，一手抓稳定，两手都要硬。第二，加快改革开放步伐，逐步建立新体制，为经济发展提供强大动力。第三，发挥全国支援西藏和西藏自力更生两个积极性，下决心把基础设施建设搞上去，带动经济增长，增强发展后劲。根据这个思路，西藏从现在起到2000年的发展目标可以这样考虑：在优化经济结构、提高经济效益的前提下，力争国民经济平均增长10%左右，国民生产总值比1993年接近翻一番；继续增加农牧民收入，改善人民生活，基本完成脱贫任务，使多数群众生活达到小康水平；国民经济和社会发展的整体水平有较大幅度的提高，为下世纪的更大发展打好基础。李瑞环在会议总结讲话中强调，落实西藏自治区经济和社会发展急需的62个援藏建设项目是会议的一个主要任务。这些建设项目包括能源、交通、邮电、农牧林水粮油加工和社会发展等方面。项目建成后，对改善西藏能源、交通、通讯等基础设施，发挥优势产业，提高人民生活水平，加快自治区各项事业的全面发展，将发挥重要作用。62个建设项目投资总额预计23.8亿元，其中，中央和有关部门承担30个项目，18.02亿元，占75.7%，地方对口支援32个项目，5.78亿元，占24.3%。全国各省区市和6个计划单列市都承担了援藏建设任务。

7月21日　“亚太一号”进入预定轨道。“长征三号”运载火箭成功地把亚太通信卫星有限公司的第一颗通信卫星“亚太一号”准确送入预定轨道。卫星已进入近地点205.96公里、远地点42 261.2公里、倾角为26.8度的同步转移轨道。

7月21日—23日　国务院召开全国扭亏增盈工作会议。会议指出：年初发生的企业利润大幅度下降、亏损大幅度增加的局面，从4月份开始呈现好转的势头，国有企业的效益有所好转。今年二季度末，国有工业企业亏损面由一季度的49.6%下降到46.3%，亏损额增幅下降56.9个百分点。对下一步的扭亏增盈工作，会议提出七点意见：一、坚持深化改革，加快企业转换经营机制，加强内部管理，积极探索在亏损企业建立现代企业制度的途径和办法。二、继续实行扭亏增盈目标责任制，今年预算内国有工业企业亏损面要比上年减少5个百分点，亏损额减少20%。三、调整产品结构，提高产品市场竞争力。四、加强企业管理，挖掘内部潜力。五、充分利用现有政策，抓好扭亏增盈。对国务院及有关部门已制定出的解决企业债务等问题的政策措施，要抓紧落实。六、分类指导，帮助企业解决问题。七、加强亏损企业领导班子的整顿和建设。

7月22日　全国双拥模范城（县）命名大会举行。江泽民、李鹏、乔石、李瑞环、朱镕基、刘华清、胡锦涛等接见代表。江泽民指出，拥军优属、拥政爱民是我们国家和军队的优良传统，无论是在战争年代，还是在和平建设时期都起到了巨大的作用，特别是在关键时刻，广大解放军指战员为了群众的利益，冲锋在前，不怕困难，勇于牺牲，受到人民群众的赞扬。在新的历史时期，我们一定要把这一优良传统发扬光大。刘华清在大会上讲话。他说，拥军优属、拥政爱民是我党我军我国人民的优良传统，是我们特有的政治优势。我们要按照江泽民的要求，围绕大局，服务中心，坚持经常，注重落实，把双拥工作提高到一个新的水平，更好地为改革开放和社会主义现代化建设服务。

8月4日—7日　唐树备与焦仁和交换意见。海峡两岸关系协会常务副会长唐树备与财团法人海峡交流基金会驻会副董事长兼秘书长焦仁和在台北举行会谈，就两会会务和“汪辜会谈”所签署4项协议之执行成效等充分交换意见，达成共识。会谈解决了《协商两岸海上渔事纠纷之处理协议》、《两岸劫机犯遣返协议》和《违反有关规定进入对方地区人员之遣返及相关问题协议》等3项议题中的主要分歧，达成了具体共识，取得了突破性进展，为最后商定文本、签署协议创造了前提，奠定了基础。会谈发表了《海协与海基会台北会谈共同新闻稿》。共识包括：一、两会联系。二、事务协商。三、文书使用查证。四、增办两岸快递（捷）邮件业务。五、改善两岸通话品质。六、经济交流。两会同意促成民间团体或学术机构召开两岸经贸纠纷研讨会，以利两会商谈。七、文教科技交流。八、相互协助办理有关遗产继承事宜。在台北期间，唐树备还会见了台湾海基会董事长辜振甫、名誉董事长孙运璇等有关人士。

8月7日　美术教育家和艺术大师刘海粟病逝。刘海粟，1896年3月16日出生于江苏省常州市，是我国新美术运动的拓荒者、现代艺术教育的奠基人。1912年，与同学张聿光等创办上海图画美术院，1921年改名上海美术专门学校。这是中国教育史上第一所正式美术学院。刘海粟学贯中西，在中国画、油画、诗词、书法、美术史论等方面，无一不成就卓著。

8月15日　中国人民银行全国分行行长座谈会举行。国务院副总理兼中国人民银行行长朱镕基指出，下半年经济工作的重要任务，是集中力量整顿流通环节，稳定市场物价。银行工作要继续加强宏观调控，严肃整顿金融秩序，深化金融体制改革。他说，要进一步深化中央银行的改革。目前一要改善调控方式，从运用贷款规模的直接调控向运用利率、公开市场和存款准备金的间接调控转变；二要加强监管，依法对所有金融机构进行监督管理，维护健康的金融秩序。他重申，国家银行要与自办的经济实体彻底脱钩，为维护金融秩序起表率作用。要坚决制止银行信贷活动中拿回扣、收手续费、借故压单压票等变相提高利率，获取额外利益，腐蚀银行职工的非法行为。

8月17日　中共中央决定，刘明祖任中共内蒙古自治区党委书记。

8月18日—19日　国务院召开全国农业生产资料流通体制改革工作会议。国务院副总理朱镕基指出，经济发达国家的实践，都不是让市场放任自流，对物价完全放开不管。不能把政府对市场的规范整顿，对物价的监督管理，都看成是“恢复计划经济”。实践证明，流通秩序混乱，只能使消费者不堪负担，哄抬物价者获取暴利，而农民并未得到实际利益。

8月22日　由香港实业家查济民先生筹款建立的求是科技基金会举行颁奖仪式。国务院总理李鹏出席并向获奖的科学家表示祝贺。获奖科学家是：吴文俊（数学家)、邓稼先（理论物理学家、已故)、周光召（物理学家)、于敏（理论物理学家)、任新民（航天技术专家)、梁守槃（航天技术专家)、屠守锷（航天技术专家)、黄纬禄(航天技术专家)、钱人元（化学家)、陈中伟（医学专家)。

8月23日　中共中央向各地印发中央宣传部拟订的《爱国主义教育实施纲要》，要求各地认真贯彻执行。中共中央在通知中说，在新的历史条件下，加强爱国主义教育，继承和发扬爱国主义传统，对于振奋民族精神，增强民族凝聚力，团结全国各族人民自力更生，艰苦创业，为建设有中国特色社会主义的宏伟事业而奋斗，具有重要的现实意义和深远的历史意义。

8月24日　国务院发布通知。新华社报道：国务院发出关于今年下半年各级政府不再出台新的调价措施的通知。国务院决定：一、增加有效供给，增强平抑物价的手段。二、下半年国务院不再出台新的调价项目，上半年已经出台的，要严格控制其连锁反应。三、各地不得再以各种地方建设基金的形式，在电力、铁路等行业搞价外加价，凡未经国务院批准自行加收的各种建设基金要立即停止执行。四、各地区、各部门要下大力量整顿价格秩序，加强价格监督检查工作。五、各地要按照国务院的规定，切实加强对居民基本生活必需品和服务价格的监审，继续推行明码标价制度，以稳定市场、稳定物价。六、要继续实行各级政府的物价总水平控制目标责任制，把控制商品零售价格指数和居民消费价格指数作为考核各级政府政绩的主要指标，每月向社会公布。

8月24日—31日　八届全国人大常委会第九次会议举行。会议通过《中华人民共和国仲裁法》、《中华人民共和国审计法》和有关决定。乔石委员长主持会议。

8月26日　国务院总理李鹏主持召开国务院第七次全体（扩大）会议。会议主要议题是通报国内外形势，安排下半年的工作，重点是经济工作。李鹏说，我们对于形势的分析，要坚持两点论。特别是在形势比较好的时候，必须保持清醒的头脑，在肯定成绩的同时，也要看到前进中存在的困难和问题。当前主要是：物价涨幅高，通货膨胀压力仍然较大；农业基础脆弱，发展滞后，水旱灾害造成了比较严重的损失；基本建设战线过长，投资规模仍然偏大；相当一部分国有企业比较困难，部分效益差的企业职工实际收入有所下降；经济体制关系有待于进一步理顺，已经出台的一些重大改革措施，还需要在实践中进一步加以完善；一些地方社会治安状况不好，在新形势下出现的一些人民内部矛盾需要认真研究解决。李鹏指出，要千方百计抓好农业。要按照建立现代企业制度的方向深化改革，认真解决体制方面的问题。从明年起，要把改革的重点放到企业改革上来。李鹏强调，要把抑制通货膨胀作为下半年宏观调控的首要任务。十多年来改革和发展的实践经验，使人们在三个重要观点上达到了广泛的共识：一是发展社会主义市场经济必须有国家的宏观调控，二是国民经济持续、快速、健康发展必须抑制通货膨胀，三是要妥善处理改革、发展和稳定的关系。

8月27日　国务院发布《关于〈中国教育改革和发展纲要〉的实施意见》，要求各地组织实施。《实施意见》谈到2000年我国教育发展的目标是：到本世纪末，全民受教育水平有明显提高；城乡劳动者的职前、职后教育有较大发展；各类专门人才的拥有量基本满足现代化建设的需要；形成具有中国特色的、面向21世纪的社会主义教育体系的基本框架。到2000年全国基本普及九年义务教育。《实施意见》提出，大城市市区和有条件的沿海经济发展程度较高地区要在普及九年义务教育的基础上，积极普及高中阶段教育（包括普通高中和高中阶段的职业教育）。《实施意见》指出，教育体制改革要采取综合配套、分步推进的方针，初步建立起与社会主义市场经济体制和政治体制、科技体制改革相适应的教育新体制。《实施意见》指出，国家财政对教育的拨款，是教育经费的主渠道，必须予以保证。各级政府要树立教育投资是战略性投资的观念，合理调整投资结构，在安排财政预算时，优先保证教育的需求并切实做到《纲要》提出的“三个增长”。

8月28日　长征系列运载火箭第三十五次发射。我国“长二捆”大推力运载火箭成功地将美国休斯公司为澳大利亚制造的“澳普图斯B3”通信卫星送入预定轨道。。

8月29日—30日　中共中央召开党外人士座谈会。中共中央分别邀请各民主党派、全国工商联的负责同志、无党派人士和一些专家学者举行座谈会，就准备提交中共十四届四中全会讨论的《关于加强党的建设几个重大问题的决定（征求意见稿）》征求意见。中共中央总书记江泽民主持29日的党外人士座谈会，李鹏、李瑞环、胡锦涛等出席了会议。江泽民就这个决定的起草情况作了说明。他说，从党的建设的全盘情况来看，必须把思想建设放在首要地位，推动全党对邓小平建设有中国特色社会主义理论的学习不断深入发展；必须加强作风建设，把反腐败斗争深入持久地进行下去。在全面贯彻落实中央关于加强党的思想建设和作风建设部署的同时，当前特别需要突出抓好组织建设，就坚持和健全民主集中制、加强和改进基层党组织建设及培养和选拔领导干部这三个问题，集中进行研究，作出工作部署。这对于完成十四大确定的各项任务，关系十分重大。江泽民说，在当代世界风云变幻的条件下，在我国改革开放和现代化建设的伟大变革中，如何加强和改进中国共产党的建设，是一个新的历史性课题。我们的经验还不够，还要在实践中不断探索。

8月31日　江泽民主席接受俄罗斯和法国记者的采访，就中俄、中法关系，地区和国际问题回答了他们的提问。江泽民主席说，近三年来，特别是1992年底叶利钦总统访问中国以后，中俄两国在政治、经贸、科技、教育、文化等各个领域的关系都在顺利发展。两国保持着高级别的接触和往来；边界谈判取得了重要成果；边境地区裁军谈判有了明显的进展。贸易额连续两年超过了过去中苏贸易的最高水平，中俄已互相成为重要的贸易伙伴。在接受法国记者采访时，江泽民说："中法两国关系自今年恢复正常以来发展势头很好。巴拉迪尔总理4月访华，现在我又应密特朗总统的邀请对法国进行国事访问。两国贸易关系也得到了较快的恢复和发展。今年上半年，法国对华出口比去年同期增长42.2%。"当记者问及一个与中国保持外交关系的国家与台湾的接触可以达到何种程度时，江泽民强调，所有与中国建交的国家都表示承认中华人民共和国政府是代表全中国的唯一合法政府，台湾是中国不可分割的一部分，承诺不同台湾建立官方关系和进行具有官方性质的往来。他说，对法国同台湾进行纯属民间的经贸往来我们不持异议。

同　日　国家主席江泽民签署第三十一号主席令，发布《中华人民共和国仲裁法》。仲裁法分为：第一章总则；第二章仲裁委员会和仲裁协会；第三章仲裁协议；第五章申请撤销裁决；第六章执行；第七章涉外仲裁的特别规定；第八章附则。仲裁法自1995年9月1日起施行。

同　日　国家主席江泽民签署第三十二号主席令，发布《中华人民共和国审计法》。审计法分：第一章总则；第二章审计机关和审计人员；第三章审计机关职责；第四章审计机关权限；第五章审计程序；第六章法律责任；第七章附则。审计法自1995年1月1日起施行。1988年11月30日国务院发布的《中华人民共和国审计条例》同时废止。

同　日　国务院召开的全国棉花工作会议闭幕。国务院副总理朱镕基发表讲话指出，现在有的人宣扬放开不管就是市场经济，这是对市场经济的曲解。朱镕基历史地分析了从古典经济学理论到当代主要经济学流派的主张和经济发达国家的实践后指出，当今世界，没有哪个国家的市场经济是不受政府调控的。他强调，要想建立真正的社会主义市场，就要努力去创造必要的条件：一、要有立法规范的市场体系；二、要有完善的质量监督体系；三、要有健全的市场信息系统；四、要有必备素质的管理人才和相应的全民教育水平；五、要有适当的宏观调控手段。

同　日　中共中央发出《关于进一步加强和改进学校德育工作的若干意见》。《意见》提出：（1）以邓小平1992年年初重要谈话和党的第十四次代表大会为标志，我国改革开放和社会主义现代化建设事业进入了一个新的发展阶段。（2）十一届三中全会以来的15年，国家政治稳定，经济发展，民族团结，社会进步，人民生活水平不断提高，一派生机勃勃。（3）新形势对学校德育工作提出了更高的要求：在经济体制发生重大变化，以公有制和按劳分配为主体，其他多种经济成分和分配方式并存的条件下，如何坚持社会主义意识形态的主导地位，用马克思列宁主义、毛泽东思想和邓小平建设有中国特色社会主义理论教育青少年；在进一步扩大对外开放，学习国外先进科学技术和管理经验的条件下，如何教育青少年正确认识我国国情，继承和发扬中华民族优秀文化传统和中国共产党领导下的革命斗争传统，树立民族自尊、自信、自强、自立的精神；在新旧体制转换过程中还存在各种矛盾，社会生活中还有需要克服的消极现象的情况下，如何引导学生逐步树立正确的世界观、人生观和价值观，培养良好的道德品质；在人民生活水平有了较大改善和提高的情况下，如何培养学生具有自力更生、艰苦奋斗的精神和坚强的意志品质；在科学技术迅速发展，社会主义市场经济体制逐步建立的情况下，如何指导学生在观念、知识、能力、心理素质方面尽快适应新的要求。(4) 面对新的形势和要求，学校德育工作还很不适应。(5) 整体规划学校的德育体系。(6) 以邓小平建设有中国特色社会主义理论作为学校马克思主义理论教育的中心内容。(7) 深入持久地进行爱国主义、集体主义和社会主义思想教育。(8) 开展中华民族优良道德传统的教育。(9) 增强适应时代发展、社会进步，以及建立社会主义市场经济体制的新要求和迫切需要的素质教育。(10) 德育工作要与关心指导学生的学习、生活相结合，与加强管理相结合。(11) 进一步发挥全体教职工的育人作用。(12) 按照不同学科特点，促进各类学科与课程同德育的有机结合。(13) 重视校园文化建设。(14) 加强实践环节。教育与生产劳动相结合，是坚持社会主义教育方向的一项基本措施。(15) 学校教育、家庭教育、社会教育紧密配合。(16) 完善德育工作管理体制。(17) 推动思想政治教育的科研和学科建设。(18) 加强德育队伍建设。(19) 保证经费投入，改善物质条件。德育是教育事业的重要组成部分，教育行政部门和学校要合理确定德育方面的经费投入科目，列入预算，切实保证。(20) 充分发挥学校党组织和工会、共青团、少先队、学生会等组织的作用。(21) 德育工作是一项社会性的系统工程。宣传、理论、文艺、影视广播、出版、新闻界必须以爱国主义、集体主义和社会主义为主旋律，以科学的理论武装人，以正确的舆论引导人，以高尚的情操塑造人，以优秀的作品鼓舞人。(22) 运用法律武器保护青少年健康成长。(23) 地方各级政府要把优化社区育人环境列入社会主义精神文明建设的计划。(24) 学校德育工作要有法制保障。(25) 加强各地党委、政府对学校德育工作的领导。

9月1日　江泽民、李鹏接见参加全国土地使用制度改革工作会议的代表。江泽民强调：一是要坚持贯彻“十分珍惜和合理利用每寸土地，切实保护耕地”的基本国策，进一步加强对耕地资源的保护。二是要继续深化土地使用制度的改革，加强对土地市场的宏观调控。会议主要总结近几年来土地使用制度改革取得的经验，研究和解决在市场经济条件下，如何深化土地使用制度改革，加强土地管理，切实保护耕地资源，加快建立社会主义土地市场体系，以及优化土地资源配置，规范土地自发交易等突出问题。

同　日　江泽民和中央军委副主席刘华清等接见出席全国部分地区民兵、预备役工作会议代表。江泽民指出，民兵既是民又是兵，不仅是保卫国家安全、维护祖国统一的一支重要力量，也是保持社会稳定、促进两个文明建设的一支重要力量。要加强军政、军民团结，大力发扬我党我军的优良传统，真正做到与各族人民同呼吸、共命运、心连心。

9月2日—12日　江泽民主席应邀对俄罗斯、乌克兰和法兰西共和国进行国事访问。江泽民主席与3国领导人进行了富有成果的会谈，就进一步发展双方友好合作关系广泛地交换了意见。江泽民和叶利钦签署中俄联合声明说，双方决心采取积极和全面的步骤，在政治关系方面，以和平共处各项原则为基础，从社会制度和观点的不同不妨碍各个领域关系的发展这一共识出发，始终如一地维护和发展长期睦邻友好的相互关系，保持经常和多方面的对话，根据公认的国际法准则，本着坦诚、信任和考虑相互利益的精神解决出现的问题；严格遵守中俄国界协定，公正合理地解决遗留的边界问题，按期完成勘界立标工作，巩固两国边境地区友好、睦邻、相互信任与合作的局面；考虑到两国国内的特点和相互尊重各自自由选择其发展道路的权利，磋商和相互介绍其改革的理论与实践；完善和加强双边关系的条约法律基础。在经贸和科技关系方面，最大限度地利用地缘优势和经济的互补性的优势。坚持平等互利的原则，逐步实现向符合国际规范的经济关系形式的过渡，优先考虑发展法律、财政信贷、交通和信息方面的合作；积极探讨经贸合作有前景的新领域，制定并实施科技领域的长期合作规划；提高合作档次和质量，根据需要和可能，增加重大项目合作比重；完善对外经济立法，实现商业活动规范化；采取措施更积极地发展中俄两国地区之间的合作。在军事政治领域，始终遵循互不将战略核武器瞄准对方和互不使用武力，特别是互不首先使用核武器的义务；继续和扩大不针对第三国的交流与合作，这种交流与合作是根据各方的有关政策及其国际义务，以及地区和全球稳定与安全的利益进行的；努力加速制定边境地区相互裁减军事力量和加强军事领域信任的协定，在协定基础上，把边境地区的军事力量减少到同两国长期睦邻友好关系相适应的最低水平，使保留在边境地区的军队只具有防御性。在国际关系方面：互相视对方为在多极世界体系正在形成条件下维护和平与稳定的重要因素的大国，加强在国际事务中的相互合作，包括在解决全球性问题上的合作；相互进行磋商与合作，为建立稳定、公正与合理的国际政治经济新秩序做出贡献，认为该秩序应建立在相互尊重主权和领土完整、互不侵犯、互不干涉内政、平等互利和和平共处的原则基础上的规定；承认世界的多样性和各国之间的差异；平等合作，不受歧视地参与国际事务，不允许进行扩张，反对霸权主义和强权政治；反对建立对立的政治、军事、经济集团；根据国际法准则，本着互谅互让的精神，通过和平谈判、对话协商解决争议问题，不诉诸武力，不以武力相威胁；加强合作，以防止大规模杀伤性武器及其运载工具的扩散的威胁，积极推动全面禁止核试验的谈判，以尽快签订有关条约，支持《不扩散核武器条约》的延期和使尚未加入的所有国家加入这一条约；通过对话和磋商，促进加强亚太地区各国的相互信任与合作，以利于巩固和平、安全与稳定、经济持续发展；相互促进中国和俄罗斯积极参与多边经济合作，其中包括在亚太地区；中俄作为安理会常任理事国，将继续支持联合国，同其他国家一起促进增强其在维护世界和平和安全、促进发展、防止和调解冲突方面的作用。江泽民和叶利钦签署关于两国采取措施不将各自控制的战略核武器瞄准对方的联合声明，联合声明说：重申1992年12月18日中俄相互关系基础联合声明的原则，强调中俄从保持和巩固长期稳定的睦邻友好和互利合作关系和建立新的建设性国际关系的必要性出发，本着为加强国际和平、安全和稳定做出重要实际贡献的愿望，重申关于互不使用武力，特别是互不首先使用核武器的义务，声明双方采取措施不将各自控制的战略核武器瞄准对方。俄中双方还签署了俄中国界西段协定、海关合作协定、关于1994年俄中经贸合作的议定书和关于船只经哈巴罗夫斯克（伯力）往返航行的议定书。江泽民主席同库奇马总统签署了《中华人民共和国和乌克兰联合声明》。两国还签署了《中华人民共和国政府和乌克兰政府海运合作协议》、《中华人民共和国邮电部和乌克兰邮电部合作协议》、《中华人民共和国外交部和乌克兰外交部新闻领域合作议定书》及《中华人民共和国公安部和乌克兰内务部合作协议》。《中华人民共和国和乌克兰联合声明》说：中乌发展友好与合作关系不针对任何第三国。双方不参加任何针对对方的军事政治同盟；不同第三国缔结任何损害另一方国家主权和安全利益的条约或协定；不参加任何第三国损害对方国家主权和安全利益的行动。双方一致认为，经济合作和贸易关系是两国关系的重要组成部分，双方将在平等互利和共同发展的基础上大力加深两国间的经贸合作，提高其质量和水平并相互提供最惠国待遇。双方承认国际经济一体化的重要性，打算努力寻求积极发展欧亚经贸、科技和文化交流的新途径。为进一步发展双边关系、加强相互信任和理解，双方商定保持经常性的政治对话，包括最高级会晤，以及两国外交部之间继续进行磋商和保持密切合作。中国和法国签署4项经贸合同和意向书，涉及石油、小麦和电信设备采购，总金额为130多亿法郎。江泽民访问欧洲是中国同欧洲关系上的一次突破；是中国国家元首第一次访问俄罗斯联邦，第一次访问新独立的国家乌克兰，5年来第一次对法国进行国事访问。

9月3日　江苏省八届人大常委会第九次会议任命郑斯林为江苏省代理省长。

9月4日—10日　以“平等、参与、友谊、进步”为宗旨的第六届远东及南太平洋地区残疾人运动会举行。李鹏、乔石、李瑞环、朱镕基、刘华清、胡锦涛出席开幕式。在第六届远东及南太平洋地区残疾人运动会上，中国代表团共夺得684枚奖牌，其中金牌298枚、银牌238枚、铜牌148枚，26个人51次打破36项世界纪录，实现金牌总数第一、奖牌总数第一的目标。

9月6日　国务院召开全国进一步加强物价管理工作电视电话会议。李鹏讲话强调，国务院要求，各级政府、各个部门积极行动起来，坚决贯彻落实10项措施：各级政府要切实负起稳定物价的责任；抓好农业生产，增加有效供给；抓好“菜篮子”工程，保证副食品供应；建立粮食和副食品风险基金；推进流通体制改革，整顿流通秩序；继续严格控制固定资产投资规模；加强对消费基金的宏观管理，控制消费基金过快增长；加强物价管理和监督检查；加快价格立法工作，坚持依法治价；发挥群众监督和舆论监督的作用。朱镕基在讲话中说，当前稳定物价就是稳定全党全国工作的大局，全国各级党政干部要同心协力，扎实工作，把过高的物价涨势坚决地降下来。

9月7日　美国国务院高级官员发表声明。声明指出，近日克林顿总统已批准对美与台湾非官方关系的做法做某些程序性调整。为确保美在台的经济、商业和文化方面的利益，美国政府官员将与台湾当局进行较高层次的接触，允许美台之间建立次内阁级的对话，准许美台官员在除白宫、国务院以外的政府机构进行会晤；今后，美国政府经济、商务、技术部门的高级官员还将被批准访台；美国承认台湾在一些跨国问题上所发挥的作用，支持台湾加入关贸总协定组织，并认为，台湾参与更多的国际性组织的活动是有益的；美国还将允许台在美机构由“北美事务协调委员会”改名为“台北驻美经济文化代表处”。

9月9日　中央领导庆祝教师节。50位模范教师代表到中南海做客，李鹏、乔石、李瑞环等与“人类灵魂的工程师”们共庆教师节。李鹏说：“当前，教育事业的发展还不适应现代化建设的需要，教育改革还滞后于建立社会主义市场经济体制的要求。”

9月10日　外交部副部长刘华秋奉命就美国提高美台关系问题向美国政府提出强烈抗议。刘华秋强调，如果台湾当局搞台独，如果外国势力又插手支持，引起台湾局势动荡，我们是绝不会坐视不管的。一旦出现这种情况，对台湾海峡两岸没有好处，对美国没有好处，对亚太地区乃至世界的和平与稳定也没有好处。对中美两国来讲，台湾问题如处理不当，将会成为“爆炸性问题”，中美关系不仅要停滞，而且会倒退。

9月15日　中共中央总书记江泽民和军委副主席刘华清等接见出席全军管理工作会议全体人员。江泽民强调，在新形势下一定要坚持从严治军，强化官兵的纪律观念，坚决做到令行禁止，一切行动听指挥。要把条令条例贯彻落实到部队各项工作中去，建立正规的战备、训练、工作、生活秩序，不断提高正规化管理水平。刘华清强调，管理工作是军队建设的一项经常性、基础性工作，是巩固和提高战斗力的重要保证，加强部队管理，是加强我军质量建设的重大举措。各级党委和领导要把管理作为治军的基础，依靠严格的管理、铁的纪律，提高部队战斗力。

同　日　首都集会纪念我国人民代表大会成立40周年。全国人大常委会委员长乔石讲话强调，要进一步完善人民代表大会制度，第一，积极推进政治体制改革，努力建设有中国特色的社会主义民主政治。第二，高度重视社会主义法制建设，努力做到有法可依、有法必依、执法必严、违法必究。第三，健全监督机制，促进各项改革措施的落实。第四，进一步密切各级人大同人民群众的联系，加强国家权力机关的组织制度建设。第五，加强和改善党的领导，是坚持和完善人民代表大会制度的根本保证。江泽民、李鹏、乔石为纪念人民代表大会40周年华诞题词。江泽民的题词是："坚持和完善我国的根本政治制度人民代表大会制度"。李鹏的题词是："完善法律法规，促进改革开放"。乔石的题词是："发展社会主义民主，健全社会主义法制，把我国建设成为富强民主文明的社会主义现代化强国"。

9月19日—22日　国务院召开全国水利工作会议。会议总结近几年、特别是今年水旱灾害的经验教训，研究部署今后水利工作。朱镕基主持会议。李鹏强调指出，水利是国民经济的基础设施和基础产业，不仅是农业的命脉，也是社会发展的基础。我们要从战略的高度来认识水利的地位和作用，重视水利的建设发展。李鹏指出，根据洪水发生的周期性规律，我国大江大河发生大洪水的趋势严峻。我国七大江河的中下游，人口占全国的1/2，耕地占全国的1/3，经济发达，国民经济产值在全国举足轻重。搞好大江大河的防洪，对于国家经济和社会发展意义十分重大。长江三峡水利枢纽工程进入了施工准备阶段，黄河小浪底水利枢纽工程已正式开工建设，这是治理长江和黄河有决定意义的功在当代、利在千秋的伟大工程，必须集中全力把这两件大事办好。

9月20日　中央“心连心”艺术团赴宁夏慰问演出总结大会召开。李瑞环在与艺术团成员座谈时指出，艺术团的同志们不怕艰苦，克服各种困难，深入民族地区演出，体现出一种无私奉献的精神，与社会上出现的拜金主义、享乐主义和极端个人主义的现象形成了鲜明的对照。

9月21日　以培训高、中级国家公务员为主要任务的国家行政学院成立。江泽民、李鹏、乔石、刘华清等领导题词表示祝贺。江泽民的题词是：永做人民公仆。李鹏的题词是：培养以为人民服务为宗旨的、适应社会主义市场经济需要的、精干高效的国家公务员队伍。乔石的题词是：立足国情、面向实际、放眼世界、开放办学，把国家行政学院建成具有中国特色的国家公务员培训基地。刘华清的题词是：为社会主义现代化事业培养优秀管理人才。李鹏还为国家行政学院题写了校名。李鹏等出席国家行政学院成立大会。

同　日　全国政协举行座谈会庆祝中国人民政治协商会议成立45周年。全国政协主席李瑞环在讲话中说，人民政协是我国社会主义民主政治建设的一大创造、一大特色。它既不同于人民代表大会，也不同于政党和其他社会团体，更不同于国外的议会组织。我们要认真研究、努力保持人民政协的这些特点和优势，并使之发挥更大作用。

9月25日—28日　中国共产党第十四届中央委员会第四次全体会议举行。出席这次会议的中央委员182人，候补中央委员122人。中央纪律检查委员会委员、有关负责同志列席了会议。全会由中央政治局主持，中央委员会总书记江泽民作了重要讲话。全会集中讨论了党的建设问题，并作出了《中共中央关于加强党的建设几个重大问题的决定》。《决定》分四个部分：一、党的建设面临的形势和任务；二、坚持和健全民主集中制；三、加强和改进党的基层组织建设；四、培养和选拔德才兼备的领导干部。全会认为，《决定》是在新形势下加强党的建设的纲领性文件，必将对提高党的领导水平和执政水平，推进改革开放和社会主义现代化建设，产生重大而深远的影响。全会认为，十一届三中全会以来，我国在各方面取得了举世瞩目的伟大胜利，这同党在思想、理论、政治、组织和作风建设等方面取得的巨大成绩是分不开的。邓小平建设有中国特色社会主义理论，包含着内容丰富的党的建设理论，为新时期党的建设指明了方向。在当代世界风云变幻的条件下，在当代中国改革开放和现代化建设的伟大变革中，我们党肩负着历史的重任。必须认真研究和解决在自身建设中遇到的新矛盾新问题，努力把党建设成为用建设有中国特色社会主义理论武装起来、全心全意为人民服务、思想上政治上组织上完全巩固、能够经受住各种风险、始终走在时代前列的马克思主义政党。这是以邓小平为核心的第二代中央领导集体开创的、以江泽民为核心的第三代中央领导集体正在领导全党继续进行的伟大的工程。全会指出，两年来，全党在落实十四大提出的加强党的建设和改善党的领导的任务方面做出了巨大的努力。要按照已有部署，继续把党的思想建设放在首位，推动全党同志对建设有中国特色社会主义理论的学习不断向广度和深度发展。要围绕什么是社会主义、怎样建设社会主义这个基本问题，联系实际，把握理论的科学体系，统一全党思想，坚持党的基本路线一百年不动摇。要继续抓好党的作风建设，把反腐败斗争深入持久地进行下去。进一步发扬艰苦奋斗的优良传统，密切党同人民群众的联系。当前，特别要把组织建设作为突出环节，抓紧抓好。全会强调，民主集中制是我们党的根本组织制度和领导制度，是科学的合理的有效率的制度。我国正在进行的广泛而深刻的社会变革，要求我们党必须更好地坚持和健全民主集中制。建立社会主义市场经济体制，需要调动一切积极因素，发挥全党全国人民的主动性和创造力；需要统筹规划、协调配套、有秩序有步骤地进行；需要在实践中不断认识和运用客观规律；需要以完备的法制来规范和保障。这一切都离不开党和国家按照民主集中制实行的正确领导。当前要在全党特别是领导干部中切实加强民主集中制的教育，健全贯彻民主集中制的各项具体制度，完善党内政治生活的各项准则。要努力发展党内民主，疏通和拓宽党内民主渠道，充分发挥全党的积极性；要加强民主基础上的集中，维护中央权威，有力地执行党的路线方针政策；要坚持和完善集体领导和个人分工负责相结合的制度，重大问题必须由集体讨论决定；要加强和健全党内监督，严肃党的纪律，保证党的肌体的健康和各项任务的顺利完成。全会指出，党的基层组织是党的全部工作和战斗力的基础，担负着直接联系群众、宣传群众、组织群众、团结群众，把党的路线方针政策落实到基层的重要责任。必须适应新的形势和任务，下大功夫把党的基层组织建设好。党的基层组织建设，要紧紧围绕党的基本路线，为党的中心任务服务。基层党组织要不断改进活动内容和工作方式，严格党内生活，结合各自特点做好工作，努力成为团结带领群众进行改革和建设的战斗堡垒。要以提高素质、增强党性为目标，加强和改进党员教育和管理工作。要在全体党员中有计划有步骤地开展建设有中国特色社会主义理论和党章的学习活动。各级党委都要建立健全抓好基层组织建设的责任制。全会指出，培养和选拔德才兼备的领导干部是关系全局的重大问题。建设有中国特色社会主义的全新事业和错综复杂的国际环境，对各级领导干部提出了新的更高的要求。必须全面提高现有领导干部的素质，把各级领导班子建设成坚决贯彻党的基本路线、全心全意为人民服务、具有领导现代化建设能力的坚强领导集体。必须高度重视人才的发现和使用，抓紧培养和选拔优秀年轻干部，努力造就大批能够跨世纪担当重任的领导人才。要加快党政领导干部选拔任用等重要制度的改革，扩大民主，完善考核，推进交流，加强监督，逐步形成优秀人才能够脱颖而出、富有生机与活力的用人机制。全会增选黄菊为中央政治局委员；决定增补吴邦国、姜春云为中央书记处书记。

9月27日　全国政协主席李瑞环接见即将出征第十二届亚运会的中国体育代表团全体成员。李瑞环说，骄傲是包袱，急躁是包袱，气馁是包袱，想得太多、患得患失、不动脑筋、马虎大意也是包袱。

古人讲，自知者明，自胜者强，欲胜人者必先自胜。要取得好的成绩，首先要放下一切包袱。

同　日　全国政协主席李瑞环接见西藏十七世噶玛巴。李瑞环指出，党和政府对宗教问题的基本政策，是尊重和保护宗教信仰自由。只要在法律和政策的范围内开展的宗教活动，都是受到保护的。我们主张各教派一律平等，对各教派一视同仁。信教和不信教群众要团结，不同宗教、不同教派的群众也要团结。

9月29日　中国共产党中央纪律检查委员会第四次全体会议举行。全会的议题是：研究如何监督、保证党的十四届四中全会通过的《中共中央关于加强党的建设几个重大问题的决定》提出的各项任务的落实，并作出工作部署。全会一致认为，民主集中制是我们党和国家的根本组织制度和领导制度，是科学的合理的有效率的制度。我国正在进行广泛而深刻的社会变革，要求我们党必须更好地坚持和健全民主集中制。全会重申，维护民主集中制原则，是纪律检查机关十分重要的任务。在新形势下，纪律检查机关维护民主集中制的任务主要是：维护党中央的权威，保证党的路线、方针、政策的切实贯彻执行；维护党的团结，增强党的凝聚力，保证党的各级组织在建设有中国特色社会主义理论和党的基本路线基础上的统一；维护党内政治生活的各项准则，监督党的组织和党员正确处理个人与组织、上级组织与下级组织、多数与少数、中央与地方等关系；维护和保障各级党组织和党员的民主权利，发扬党内民主，保护和支持广大党员解放思想，实事求是，勇于探索，改革创新。全会强调指出，民主集中制要靠全党来维护。关键是全体党员特别是党员领导干部要增强党性，提高素质。民主集中制的“四个服从”中，最重要的是全党服从中央。党的组织和党员，都必须在党的基本路线和总方针、总政策、总目标以及关系全局的重大问题上与中央保持一致，对中央的决议、决定，必须结合实际创造性贯彻执行。严肃党的纪律，必须把维护政治纪律放在首位。对违反政治纪律的行为，纪律检查机关必须严肃查处。全会认为，注重制度建设，是十四届四中全会《决定》的一个重要指导思想。各级纪律检查机关要按照党章规定的任务，做好建章立制工作，规范党组织和党员在遵守民主集中制方面的行为，并对监督检查的程序、处理办法等作出规定，以强化党内监督约束机制。全会指出，加强和改进党的基层组织建设，培养和选拔德才兼备的领导干部是四中全会《决定》提出的重要任务，纪律检查机关要切实监督、促进两项任务的落实。

同　日　中共中央决定黄菊任中共上海市委书记。

9月29日—30日　国务院第二次全国民族团结进步表彰大会举行。江泽民、李鹏、乔石、李瑞环、朱镕基、刘华清、胡锦涛等领导出席大会。江泽民、李鹏在大会上作了重要讲话。江泽民指出，在我们祖国的大家庭里，各民族人民亲密无间、互助合作，共同建设伟大的社会主义事业，各个领域都取得了举世瞩目的成就。他强调，各级党委和政府要切实加强领导，把民族团结进步事业继续推向前进。每个共产党员和领导干部，都要做民族团结进步的模范。李鹏指出，现在我国的经济格局大体是：西部自然资源丰富，但生产力水平较低；东部生产力水平较高，但自然资源不够丰富，东西部地区之间经济互补性很强。积极促进地区间的经济合作和民族间的经济交往，是实现全国经济协调发展的一条重要方针。少数民族主要居住在西部地区，加强东西部地区之间的经济合作，对逐步消除东西部差距，对整个国家经济的持续、快速、健康发展，对各民族的共同富裕，对增强民族团结，具有重大意义。国家将通过正确的政策导向，积极推进地区之间的经济技术合作，以促进全国各个地区经济的协调发展。

9月30日　国务院总理李鹏举行盛大招待会，热烈庆祝中华人民共和国成立45周年。江泽民、乔石、李瑞环、朱镕基、刘华清、胡锦涛出席。李鹏总理发表重要讲话。李鹏指出，明年是我国全面完成国民经济和社会发展第八个五年计划的最后一年。我们要以企业改革为重点，继续巩固和完善宏观管理体系各项重大改革措施，向建立社会主义市场经济体制迈出新的步伐。

10月1日　首都各界群众40万人举行盛大游园联欢活动，热烈庆祝中华人民共和国成立45周年。党和国家领导人江泽民、李鹏、乔石、李瑞环、朱镕基、刘华清、胡锦涛等，分别来到劳动人民文化宫、中山公园、北海公园和天坛公园，与各界人士共度国庆。晚上，江泽民、李鹏、乔石、李瑞环、朱镕基、刘华清、胡锦涛等登上天安门城楼，与群众共度良宵。

10月2日—16日　第十二届亚运会举行。亚运会总共在游泳、射击、举重等项目上44次打破25项世界纪录，平1项世界纪录；此外，还133次刷新亚洲纪录，245次改写亚运会纪录。这些新纪录的诞生标志着亚洲体育四年来又有了长足进展。中国体育健儿不负祖国的重托，不负亚洲各国和地区的厚望，以勇夺137枚金牌、创造多项世界纪录和亚洲纪录的成绩，成为亚洲体坛攀登世界高峰的突击队和主力军，对亚洲和世界体育事业发展做出了应有的贡献。

10月5日　中共中央总书记江泽民为邓中夏铜像和邓中夏故居题名。邓中夏诞辰100周年纪念大会暨邓中夏铜像揭幕仪式在邓中夏家乡湖南宜章县隆重举行。

同　日　西藏养路工人雕像落成。青藏、川藏两路通车40周年之际，一座大型西藏养路工人雕像在拉萨市西郊青藏公路和拉（萨）贡（嘎）公路会合处落成。国务院总理李鹏为雕像题写“振兴经济，交通先行，为川青藏公路四十周年题”的题词。

同　日　孔子诞辰2 545周年纪念会与国际学术研讨会举行。全国政协主席李瑞环说，当代炎黄子孙有责任用科学的方法对儒学加以总结，赋予其时代的意义，为现实服务。

10月5日—6日　以“迎接二十一世纪——本世纪最后数年世界经济预测”为主题的第二届中信国际经济论坛举行。国家主席江泽民、国务院总理李鹏会见参加会议的中外代表。李鹏指出：第一，中国将坚定不移地贯彻邓小平倡导的改革开放政策，集中力量进行经济建设，以保证中国的经济持续、快速、健康地发展。第二，中国是在政治稳定的情况下进行经济建设和改革开放的。第三，中国改革的目标是建立社会主义市场经济体制。第四，中国始终注意正确处理改革、发展和稳定三者之间的关系。

10月6日—8日　政协第八届全国委员会常务委员会第八次会议

举行。会议认真学习讨论了中共十四届四中全会的《决定》和江泽民总书记在中共十四届四中全会上的讲话。全国政协主席李瑞环主持会议并讲了话。他说，中共十四届四中全会通过的《中共中央关于加强党的建设几个重大问题的决定》，是一个具有战略意义的文件。文件的贯彻落实不但关系到中国共产党的前途和命运，而且关系到我们国家与人民的前途和命运。在中国，共产党是执政党，肩负着领导全国人民的历史重任。只要共产党不出大的问题，我们的事业就不会出大的问题；只要共产党建设得好，我们的国家就能建设好；只要共产党坚强有力，实现振兴中华、统一祖国的伟大目标就大有希望。党的建设包括思想建设、组织建设和作风建设。《决定》中提出的3个问题，是当前党的建设特别是党的组织建设中亟待解决的重要问题。说它们重要，是因为这几个问题在党的建设中历来具有突出的地位，是因为目前这几个方面存在不容忽视的问题，也是因为这几个问题群众反映比较强烈。不切实解决好这几个问题，就不能解决好其他问题，就难以完成我们面临的各项任务，就不能从根本上把中国共产党建设好。

10月8日　新疆石河子市举行伟大的无产阶级革命家、政治家、军事家王震的铜像揭幕仪式。邓小平题写的“王震将军”四个大字镶嵌在铜像底座上。

10月9日　国务院就切实做好1994年度棉花购销工作发出通知。通知说，国务院决定，当前不放开棉花经营，不放开棉花市场，不放开棉花价格，继续实行国家统一定价，由供销社统一经营。

10月10日　中央社会治安综合治理委员会召开第十三次全体会议。会议根据党的十四届四中全会精神，围绕加强农村社会治安综合治理、铁路治安整顿和书刊市场的“扫黄”、“打非”工作3个议题，进行认真研究部署，以进一步推动社会治安综合治理。

10月10日—15日　国务院总理李鹏在辽宁省考察工作。他指出，在保持快速的、合理的速度的前提下，深化改革，大力调整经济结构，推动技术进步，提高经济效益，是我国国民经济持续、快速、健康发展的一个重要保证。李鹏说，对国有大中型企业要科学分析，作出符合实际的评价。明年要以国有企业改革为重点，集中力量搞好国有大中型企业。

10月12日—19日　中共中央总书记江泽民在四川、湖北两省考察工作。江泽民强调指出，现在，我们无论是促进改革、发展、稳定还是加强党的建设，大政方针都已确定，关键在于各地各部门要结合实际，努力落实、落实、再落实。而落实的关键又在于走好群众路线。领导干部要深入群众，坚决克服官僚主义、形式主义、做表面文章的不良作风，遇事多同群众商量，真正做到群策群力。群策之为则无不成，群力之举则无不胜。这是历史经验反复证明了的一个真理。

10月13日　湖南省各界在炎陵县隆重公祭炎帝陵。中共中央总书记江泽民题写了陵名，陈云为炎帝陵殿题写了“炎黄子孙，不忘始祖”的匾额。

同　日　外交部发言人发表谈话。谈话就海峡两岸的高层接触问题说，我们一贯主张两岸高层领导人尽早接触，为逐步实现祖国的和平统一创造有利条件。两岸领导人的接触和谈判纯属中国的内部事务，完全可以通过两岸之间业已存在的途径提出和安排，无需也不应该利用什么“国际场合”来实现。发言人说：“李登辉先生如果确有实现两岸高层领导人接触的诚意，就不应以国际场合作为会晤的前提条件。我们真诚希望台湾当局能以祖国统一大业为重，为和平统一多做些实事。”

10月13日—20日　全国政协主席李瑞环在贵州考察工作。李瑞环指出，当前不必要的会议太多，不必要的节日太多，不必要的应酬太多。各种各样的形式主义，严重肢解了领导者的时间，耗费了国家的财力，助长了奢侈之风。广大人民群众对此反映强烈。我们要像邓小平倡导的那样，“少讲空话，多干实事”，力戒形式主义，集中精力，深入实际，了解民情民意，塌下心来琢磨事，扑下身子干工作。

10月14日　全国建筑业工作会议召开。李鹏总理给会议写信祝贺，信中指出：“你们提出从行业内部抓起，重点解决建筑市场、工程质量、企业管理的问题，抓得准，我赞成。希望你们严格执行承包合同，进一步提高工程质量，努力降低成本。各部门和各省市都要重视和支持建筑业的发展。”建设部提出，建筑业发展的基点首先要放在行业内部，近期重点抓好“三治一求”，即：建筑市场治乱、企业管理治散、工程质量治差、建筑产品价格求合理。会议对今后一个时期建筑业的主要任务作出了部署。

10月15日—19日　中共中央政治局常委胡锦涛在上海考察工作。胡锦涛说，上海的改革和建设起点高、发展快、步子稳、势头好。这是因为邓小平建设有中国特色社会主义的理论和党的基本路线为上海发展指明了方向，改革开放的政策，包括中央关于开发开放浦东的决策，确实是振兴上海的关键一招。胡锦涛希望上海广大干部珍惜“天时、地利、人和”的有利条件，认清新形势，明确新任务，解决新矛盾，按照中央提出的把上海尽快建成“一个龙头、三个中心”的要求，再创上海工作新局面。

10月16日　全国检察机关第四次反贪污贿赂侦查工作会议举行。目前全国已有26个省级检察院、绝大部分地市级检察院和部分基层检察院成立了反贪污贿赂局。近两年来，全国检察机关共立案侦查贪污贿赂案件8.2915万件，其中大要案3.8041万件，占立案总数的45.9%；立案侦查挪用公款案件3.1558万件、假冒商标案件7 244件、偷税抗税骗税案件2.0118万件，为国家挽回经济损失约46.4亿元。

10月20日　北京发生汽车在无人看管的铁路道口与火车相撞事故，17人死亡，30余人受伤。

10月20日—23日　全国社会发展工作会议召开。这是建国以来国务院召开的第一次全国性社会发展工作会议。会议讨论了指导今后15年社会发展工作的《全国社会发展纲要》草案。会议提出：未来15年我国社会发展工作必须抓住以下重点：一是通过计划生育和发展教育，控制人口数量、提高人口素质；二是加强环境保护，使资源、环境与经济社会的发展相协调；三是建立并完善社会保障体系，扩大就业，促进改革、发展和社会稳定；四是消除贫困，促进区域之间、城乡之间和各民族之间经济社会的协调发展；五是加强民主与法制建设，保持社会政治稳定。会议强调，社会发展有很多问题需要解决，当前最突出的是认识问题，要进一步加深对社会发展的战略地位和重要意义的认识，正确理解和把握经济与社会发展的辩证关系，树立全局的观念和长远的眼光。江泽民、李鹏、朱镕基等接见会议代表。

10月21日—24日　第三次全国经济审判工作会议召开。1991年8月—1994年8月，各级人民法院共审结各类一审经济纠纷案件263.2万件，诉讼标的额达1 787.6亿元；共执行各类经济案件97.3万件，执行标的额436亿元。今年1—8月受理的经济纠纷案件近60万件，比上年同期上升19.37%。中共中央政治局常委朱镕基在会议上讲话，朱镕基说，建立社会主义市场经济体制，需要有健全的立法、健全的司法，需要通过一系列的法制工作来保证。各级人民法院通过自己的工作，为解决经济纠纷、调节经济关系、维护经济秩序、打击经济犯罪，为处理好改革、发展和稳定三者的关系做了大量的工作，促进了国民经济持续、协调、健康地发展。

10月21日—27日　八届全国人大常委会第十次会议举行。会议由乔石委员长主持。会议审议通过了《中华人民共和国母婴保健法》、《中华人民共和国广告法》，会议还通过了《全国人大常委会关于批准〈作业场所安全使用化学品公约〉的决定》，通过了全国人大内务司法委员会、财经委员会、教科文卫委员会、外事委员会关于八届全国人大二次会议主席团交付审议的代表提出议案审议结果的报告。会议还通过了关于最高人民检察院检察员的免职名单。

10月24日　中共中央台湾工作办公室负责人就李登辉所称愿与江泽民总书记在国际场合见面一事发表谈话。谈话说，李登辉先生最近有关海峡两岸领导人在国际场合见面的谈话，令人深感疑惑不解。台湾问题是中国的内政，中国人之间的事情理应在我们中国人自己的范围内寻找途径解决。而在国际场合进行海峡两岸领导人会晤的主张，是企图在国际场合造成“两个中国”、“一中一台”的印象，不符合海峡两岸同胞和港澳同胞、海外侨胞的长远利益和愿望，因而是不适宜的。我们再次重申，愿意在“一个中国”原则下，就双方领导人会晤的名义、地点及其他有关问题与台湾方面进行平等的协商，找到双方都能接受的解决办法。

10月24日—26日　应江泽民主席的邀请，乌兹别克斯坦共和国总统伊斯拉姆·卡里莫夫对中国进行国事访问。国务院总理李鹏会见卡里莫夫总统。国家主席江泽民同卡里莫夫总统举行正式会谈，江泽民主席和卡里莫夫总统分别签署中乌两国关于相互关系的基本原则和发展与加深互利合作的声明，两国还签署了领事条约。

10月25日　原中顾委常委、中国人民解放军原总参谋长杨得志因病逝世。杨得志，1911年1月出生，1928年参加工农革命军，同年加入中国共产党。土地革命战争时期，任中国工农红军第四军十一师班长、排长、连长，第四十五师管理科科长、九十三团团长，红一军团第一师一团团长、副师长，第二师师长等职，参加了举世闻名的二万五千里长征。抗日战争时期，任中国人民抗日军政大学队长，八路军一一五师三四三旅六八五团团长，三四四旅代旅长，冀鲁豫支队支队长，八路军第二纵队司令员，冀鲁豫军区司令员，陕甘宁晋绥联防军教导一旅旅长等职。解放战争时期，他任晋冀鲁豫军区第一纵队司令员，晋察冀军区第一、第二纵队司令员，晋察冀野战军司令员，华北军区第二兵团司令员，第十九兵团司令员等职。中华人民共和国成立后，先后任第十九兵团司令员兼陕西军区司令员，中国人民志愿军第十九兵团司令员，中国人民志愿军副司令员、司令员，中国人民解放军军事学院战役系主任，济南军区司令员，武汉军区司令员，昆明军区司令员，国防部副部长等职。1955年被授予上将军衔。第一、二、三届国防委员会委员，中国共产党第八届中央委员会候补委员、委员，第九届、十届、十一届、十二届中央委员，十一届五中全会当选为中央书记处书记，第十二届中央政治局委员，在党的第十三次全国代表大会上被选为中央顾问委员会常务委员。

同　日　第八届全国政协副主席、中国国民党革命委员会名誉主席、黄埔同学会会长、中国和平统一促进会会长侯镜如因病逝世。侯镜如，1902年生于河南永城，1924年黄埔军校第一期毕业后，参加北伐、上海第三次武装暴动和南昌起义。1932年后，历任国民党军旅长、师长、军长、兵团司令等职，1949年起义。新中国成立后，历任政务院参事、国防委员会委员、北京市政协副主席、市人大副主任，民革北京市主委、民革中央副主席。是全国政协第二、三、四届委员，第五、六届常务委员、第七届副主席。

10月26日—29日　全国农村基层组织建设工作会议举行。中共中央政治局常委胡锦涛在代表党中央作报告。报告讲了五个问题：一、从战略和全局的高度，充分认识加强农村以党组织为核心的基层组织建设的重要性、紧迫性；二、进一步明确加强农村基层组织建设的目标、重点和工作指导思想；三、切实加强农村基层党组织建设，更好地发挥党支部的领导核心作用和战斗堡垒作用；四、通过加强培训和在实践中锻炼提高，努力造就一支适应新形势要求、能够团结带领农民奔小康的基层干部队伍；五、各级党委首先是省、地、县委，要切实负起对农村基层组织建设的领导责任。会议主要是学习贯彻党的十四届四中全会的决定，交流农村基层组织建设的经验，对新形势下加强农村基层组织建设工作作出具体部署。中共中央总书记江泽民和中央政治局常委乔石、李瑞环、朱镕基、刘华清、胡锦涛接见出席会议的同志，江泽民发表讲话指出，农业、农村和农民问题，关系着改革开放和社会主义现代化事业的大局，关系着党的执政地位的巩固，关系着国家的长治久安。这不但是个重大的经济问题，同时是个重大的政治问题。农村安，天下定，农业发展了，农民富裕了，整个国家才能繁荣富强。他要求从中央到地方各级党委和政府，务必要把农业和农村工作摆在经济工作的首位，务必使农村经济发展和社会全面进步再上一个新台阶。

10月27日　国家主席江泽民签署第三十四号主席令，发布《中华人民共和国广告法》。广告法分为：第一章总则；第二章广告准则；第三章广告活动；第四章广告的审查；第五章法律责任；第六章附则。广告法自1995年2月1日起施行。

同　日　国家主席江泽民签署第三十五号主席令，发布《中华人民共和国母婴保健法》。母婴保健法分为：第一章总则；第二章婚前保健；第三章孕产期保健；第四章技术鉴定；第五章行政管理；第六章法律责任；第七章附则。母婴保健法自1995年6月1日起施行。

10月28日—31日　全国纪检监察案件审理工作会议召开。会上强调，当前纪检监察机关要认真学习贯彻党的十四届四中全会和中纪委四次全会精神，把贯彻民主集中制原则，维护政治纪律，维护中央的权威，增强党的凝聚力和战斗力放在工作的首位，全面履行纪检监察机关各项职能，保证党的路线、方针、政策和决议的切实贯彻执行以及政令的畅通。从1993年到今年上半年，各级纪检、监察机关共审理各类违纪案件14万多件，处分党员、干部14.3万多人。其中给予党纪、政纪双重处分的共有2万多人，移送司法机关处理1万多人。各级纪检、监察机关在审理案件中，突出重点，集中力量审理了一批涉及党政机关和领导干部的案件。在受处分的14万多人中，党政机关有3万多人，内有县处级以上领导干部4 251人。

10月30日　国务院决定，授予夏衍“国家有杰出贡献的电影艺术家”称号。95岁高龄的夏衍老人表示，为了理想，为了国家民族，为了人民，要贡献最后的力量。

10月31日—11月4日　应韩国总统金泳三的邀请，国务院总理李鹏对韩国进行正式访问。这是中韩建交以来我国总理首次对韩国进行的正式访问。李鹏总理同韩国总统金泳三就加强中韩睦邻友好关系、扩大双边经贸合作以及维护朝鲜半岛和平与稳定等问题进行了广泛、深入、坦诚、友好的会谈，并分别会见了韩国国会议长黄珞周、国务总理李荣德，还与韩国经济界和工商界人士进行了广泛接触。中韩两国政府签署了旨在加强两国经贸合作的两项合作协定和一项备忘录——《中韩两国政府民用航空临时协定》、《中韩两国政府和平利用核能协定》和《中韩两国政府合作开发民用客机备忘录》。

11月1日　中共中央决定：张全景任中共中央组织部部长；赵志浩任山东省委书记。

11月1日—29日　乔石出访4国。应新西兰议长塔普塞尔、澳大利亚政府和参众两院议长、阿根廷政府和议会、巴西政府和国会的邀请，全国人大常委会委员长乔石对4国进行正式友好访问，并在回国途中，应斐济议会参众两院领导人的邀请访问斐济。这是中国全国人大常委会委员长对大洋洲国家的首次访问。

11月2日　《邓小平文选（1938—1965年）》和《邓小平文选（1975—1982年）》修订出版。新华社报道：经邓小平同志同意，由中共中央文献编辑委员会修订，人民出版社出版第二版，改称《邓小平文选》第一卷、第二卷。第一卷增补了4篇文章，第二卷增补了14篇文章。第一卷增补文章是：《在西南局城市工作会议上的报告提纲》，写于1950年12月。《办教育一要普及二要提高》是1958年4月在中共中央书记处会议讨论教育工作时的讲话。《重要的是做好经常工作》是1961年12月接见全国省、市、自治区妇联主任会议全体同志时讲话的一部分。《立足现实，瞻望前途》是1963年8月在工业决定起草委员会会议上的发言要点。第二卷增补文章是：《科研工作要走在前面》是1975年9月在听取中国科学院负责同志汇报《关于科技工作的几个问题》（汇报提纲）时的插话。《实现四化，永不称霸》是1978年5月会见马达加斯加民主共和国政府经济贸易代表团时谈话的一部分。《用先进技术和管理方法改造企业》是1978年9月在听取中共鞍山市委负责同志汇报时讲话的一部分。《实行开放政策，学习世界先进科学技术》是1978年10月会见德意志联邦共和国新闻代表团时谈话的一部分。《解决台湾问题，完成祖国统一大业提上具体日程》是1979年元旦在全国政协举行的座谈讨论《全国人民代表大会常务委员会告台湾同胞书》的会议上的讲话。《民主和法制两手都不能削弱》是1979年6月会见以竹入义胜委员长为团长的日本公明党第8次访华团时的谈话摘录。《关于经济工作的几点意见》是1979年10月在中共省、市、自治区委员会第一书记座谈会上讲话的一部分。《各民主党派和工商联是为社会主义服务的政治力量》是1979年10月在全国政协、中共中央统战部宴请出席各民主党派和全国工商联代表大会代表时讲话的节录。《社会主义也可以搞市场经济》是1979年11月会见美国不列颠百科全书出版公司编委会副主席吉布尼和加拿大麦吉尔大学东亚研究所主任林达光等谈话的一部分。《中国本世纪的目标是实现小康》是1979年12月会见日本首相大平正芳时谈话的节录。《社会主义首先要发展生产力》是1980年4月—5月4次谈话节录的集纳。《发展中美关系的原则立场》是1981年1月会见美国参议院共和党副领袖史蒂文斯和美国总统出口委员会副主席陈香梅时谈话的一部分。《中国的对外政策》是1982年8月会见联合国秘书长德奎利亚尔时谈话的一部分。

同　日　中共中央办公厅转发中共中央宣传部、中共中央组织部关于学习《邓小平文选》第一、二卷的通知。通知要求各级党委切实加强对学习的领导，结合实际，抓好落实。通知说，《邓小平文选》第一卷增补了4篇文章，其中3篇是邓小平担任中共中央总书记期间的讲话。第二卷增补了14篇文章，绝大部分是第一次公开发表，对邓小平在70年代中至80年代初提出的一些重要观点作了比较充分的反映，包括：关于什么是社会主义、怎样建设社会主义这一基本理论问题的提出；关于社会主义首先要发展生产力；关于在本世纪末实现小康；关于社会主义也可以搞市场经济；关于利用外资是一个很大的政策，要充分利用和善于利用；关于要以世界先进的科学技术成果作为我们发展的起点；关于科研工作要走在前面；关于民主和法制两手都不能削弱；关于各民主党派和工商联是为社会主义服务的政治力量；关于中国永远不称霸，等等。

11月2日—4日　全国建立现代企业制度试点工作会议举行。国务院副总理朱镕基讲话指出，企业改革是明年经济体制改革的重点。建立现代企业制度，要认真贯彻十四届三中全会《决定》，全面理解和落实“产权清晰、权责明确、政企分开、管理科学”的要求。要把工作的重点放在搞好政企职责分开、加强企业内部经营管理、建立社会保障体系上。会议讨论了《深化企业改革，搞好国有大中型企业的规划和意见》、《关于选择一批国有企业进行现代企业制度试点的方案》，部署了《国有企业财产监督管理条例》的组织实施工作。

11月2日—6日　全国国有资产管理暨全国清产核资工作会议举行。会议提出，将在三五年内为初步建立起具有中国特色的、适应社会主义市场经济要求的国有资产管理和经营体制打好基础。李鹏总理发来贺信，要求加强国有资产管理，继续探索适应社会主义市场经济体制要求的国有资产管理与经营的形式和途径；抓好清产核资、资产评估等国有资产管理的各项基础工作，并采取有效措施制止国有资产流失，促进国有资产保值增值；围绕建立现代企业制度，理顺产权关系，促进企业转换经营机制，适应社会主义市场经济体制要求，努力提高经济效益；同时加快国有资产管理立法步伐，把国有资产管理与经营工作提高到一个新的水平。国务院副总理朱镕基强调，国有资产管理工作的首要任务，就是要坚决维护国家所有者权益，制止国有资产流失。朱镕基指出，党中央、国务院非常重视国有资产管理工作，多次提出，我们搞的是社会主义的市场经济，在经济运行上要按市场经济规律办事，在经济基础上要坚持公有制为主体。国有资产是我国社会主义制度赖以存在和发展的物质基础，是全国人民的共同财产，国家的命根子，如果我们的国有企业管不好，国有资产都流失了，就谈不上搞社会主义了。

11月5日—10日　应国务院总理李鹏的邀请，加拿大总理让·克雷蒂安对中国进行正式友好访问。国家主席江泽民会见克雷蒂安总理。国务院总理李鹏同克雷蒂安总理举行会谈。两国总理分别签署两国政府和平利用核能合作协定和两国政府关于中加发展合作项目意向书。300多位随同加拿大总理访华的企业家与中国的合作伙伴同时签署50多个总价值逾50亿加元的双边经贸合同和意向书。

11月8日—22日　江泽民出访。应新加坡共和国总统王鼎昌、马来西亚最高元首端姑·贾阿法尔、印度尼西亚共和国总统苏哈托的邀请，国家主席江泽民对新加坡、马来西亚、印度尼西亚进行国事访问，并出席在印度尼西亚举行的亚太经济合作组织领导人非正式会议。应越南共产党中央总书记杜梅和越南社会主义共和国主席黎德英的邀请，中共中央总书记、中华人民共和国主席江泽民对越南进行正式友好访问。在亚太经济合作组织领导人非正式会议期间，国家主席江泽民分别与美国、韩国、日本、澳大利亚、泰国、菲律宾、巴布亚新几内亚和智利等国的领导人会晤，就共同关心的地区及国际问题交换了意见。江泽民主席与美国总统克林顿举行了正式会晤。这是中美两国首脑最近一年来举行的第2次正式会晤。双方就两国关系及共同关心的国际及地区问题广泛地交换了意见。江泽民主席说，我们可在中美三个联合公报的基础上，共同确立以下主要原则：第一，双方都着眼于世界大局和21世纪，从更广泛的范围和长远的观点处理中美关系。第二，相互尊重各自的国情和选择，摆脱社会制度和意识形态差异对两国关系的影响，以友好的精神处理相互间的一切问题。第三，充分利用各自经济的优势和特点，在平等互利基础上推动两国经济合作全面发展。第四。加强两国在国际事务和国际组织中的磋商与合作，在解决世界热点、大规模毁灭性武器扩散及环保、缉毒、恐怖主义、走私等社会问题上开展协作。第五，增进相互间的来往和交流，特别是高层互访和接触。克林顿表示赞成江主席提出指导中美关系的原则。并表示美方也有类似的考虑。江泽民主席对亚太经济合作的未来提出五项原则建议：一、相互尊重、协商一致。处在不同经济发展阶段、实行不同社会制度的各成员之间应该相互尊重，和睦相处。二、循序渐进、稳步发展。由于各成员之间经济水平有很大差别，政治地位不同，发展的轻重缓急不相一致，合作要务实稳妥，逐步深入。三、相互开放、不搞排他。首先，各成员之间要实行相互开放，不搞歧视。四、广泛合作、互利互惠。合作的思路可以再放开一些，合作的领域可以进一步拓宽。五、缩小差距、共同繁荣。中国和越南发表《中越联合公报》。双方强调在平等互利的基础上加强两国经贸合作的重要性，为各自国家的发展和地区的繁荣做出贡献。双方签署了两国政府间的《关于成立中越经济贸易合作委员会的协定》、《汽车运输协定》、《关于保证进出口商品质量和相互认证的合作协定》。双方同意将采取有效措施，使这次签署的各项协定及此前签订的贸易和经济技术合作协定得到全面实施，以便促进两国经贸合作长期、稳定的发展。双方同意，根据双方签署的“关于解决两国边界领土问题的基本原则协议”，争取早日解决陆地边界和北部湾划分问题。与此同时，继续就海上的问题进行谈判，以便寻求双方都能接受的基本和长久的解决办法。在问题解决前，双方均不采取使争端复杂化或扩大化的行动，不诉诸武力或以武力相威胁。双方对产生的分歧应及时进行磋商，采取冷静和建设性态度，予以妥善处理；不因分歧而影响两国关系的正常发展。双方同意成立海上问题专家小组，进行对话和磋商。

10月9日　中共中央组织部发出《关于坚决防止和纠正选拔任用干部工作中不正之风的通知》。《通知》要求：一、坚持任人唯贤，反对任人唯亲。二、坚持干部职务安排由组织决定的原则，刹住拉关系、走后门、伸手要官的恶劣风气。三、选拔任用干部必须充分发扬民主，走群众路线，不准个人或少数人说了算。四、增强保密观念，严格保守人事机密。五、加强组织人事部门作风建设，坚决防止和抵制违反组织人事纪律的行为。六、深化干部人事制度改革，加强制度建设。

11月10日　国务院召开全国严格控制消费基金过快增长和加强现金管理电视电话会议。会上宣读了《关于严格控制消费基金过快增长和加强现金管理的通知》。《通知》要求，各地区、各部门要严格禁止行政企事业单位滥发钱物和年终前突击花钱，各单位增提的总工资和总额承包奖，必须按照国家的有关规定执行，并经财税、审计、劳动部门审核。元旦前一律不得提前发放工资、奖金、津贴以及兑现承包奖，欠税单位不得兑现承包奖。对违反规定的，银行有权拒付，并由当地政府追究单位主要负责人和直接责任人的责任，严肃惩处。会议由李鹏主持。他指出，当前经济生活中还存在着一些不容忽视的问题，消费基金增长过猛、现金投放过快就是其中的一个突出问题，如不及时采取措施扭转这一局面，就可能影响市场物价的稳定，扰乱正常的经济秩序，阻碍经济的正常发展。

11月15日　民政部、国务院扶贫办等部门召开全国募集衣被工作总结表彰暨灾区群众生活安排工作电话会议。党中央、国务院十分重视灾民生活安排，动员全国大中城市开展向贫困地区和灾区捐送衣被活动。据统计，不到两个月的时间，全国共有5 572万人捐献衣被1.0538亿件，总价值达16亿元，其中棉毛皮类衣被3 720万件，占衣被总数的35.3%。同时捐献现金1.0527亿元。有28个省、自治区、直辖市的913个县、市的1 923万户的贫困群众和灾民得到了衣被和现金帮助。

11月21日　中国人民银行发布公告，决定外汇兑换券停止流通和限期兑换。

11月21日—24日　全国党史研究室主任会议、中共党史学会第四届理事会议举行。中共中央政治局常委胡锦涛在讲话中说，我们学习邓小平建设有中国特色社会主义理论，要在把握其精神实质和科学体系的基础上，很好地理解他的历史观、方法论以及他对党的历史问题、历史经验的大量精辟论述，并把它运用到党史的研究、著述、编纂、宣传工作中去，努力把党史研究和学科建设提高到新的水平。中央党史领导小组副组长、中央党史研究室主任胡绳指出，应以党的十一届三中全会为标志，将社会主义时期分为三中全会以前、三中全会以后两大时期。

11月22日—27日　海峡两岸关系协会与台湾海峡交流基金会举行副秘书长级工作性商谈。商谈在今年8月两会负责人台北会谈达成的具体共识的基础上，已商定了"两岸劫机犯等遣返事宜协议"体例的框架，并就具体条文进行了细致的文字整理工作。双方已互换了协议草案文本。

11月23日—25日　共青团十三届三中全会在北京举行。中共中央政治局常委胡锦涛出席会议并讲话。他强调，共青团要紧密结合实际，认真学习领会和贯彻落实好党的十四届四中全会精神，把培养和造就一代"四有"新人，作为一项事关全局和未来的战略任务坚持不懈地抓紧抓好。全会还审议通过了《共青团中央关于加强团的建设若干问题的决定》。

11月24日　中共中央发出《关于加强农村基层组织建设的通知》。主要内容是：一、实现新时期党在农村的历史任务，必须大力加强农村基层组织建设。二、加强农村基层组织建设的主要目标和指导思想。三、村党支部和其他组织都要把贯彻执行党的基本路线、团结带领农民群众奔小康作为根本任务。四、加强农村基层党组织建设，增强凝聚力和战斗力。五、健全村民自治组织、集体经济组织和群团组织，促进村级各项工作的制度化、规范化。六、抓好农村基层干部队伍建设，全面提高基层干部素质。七、加强乡镇党委和乡镇政权建设，使其切实担负起加强村级组织建设的责任。八、各级党委要切实加强和改进对农村基层组织建设的领导。

11月28日　中国政府提出在1994年年底前结束中国复关实质性谈判的时限。为恢复中国在关贸总协定的缔约国地位，在经过8年谈判之后，中国政府提出在1994年年底前结束实质性谈判的具体含义是：一、超过这一时限后，中国在复关议定书和市场准入谈判中不再作新的实质性出价，但将就议定书、报告书的文字修改以及农产品、非农产品和服务贸易三个减让表的审定继续进行工作。二、超过这一时限后，中方不再主动要求同各缔约方举行双边磋商，也不再主动要求举行中国工作组会议，但中国代表团将应关贸秘书处和将来的世界贸易组织秘书处的要求，继续参加谈判，直至解决中国加入世界贸易组织的问题。

11月28日—12月1日　中共中央和国务院召开中央经济工作会议。会议总结了一年来的改革和发展工作，分析了当前形势，统一了思想认识，研究确定了1995年经济工作指导思想、主要任务和政策措施。中共中央总书记江泽民在会上作了题为《认清形势，统一思想，做好明年经济工作》的讲话。国务院总理李鹏作了题为《继续加强和改善宏观调控，确保明年国民经济持续、快速、健康发展》的讲话。国务院副总理朱镕基作了题为《统一认识，协调步伐》的总结讲话。乔石、李瑞环、刘华清、胡锦涛等出席了会议。会议提出明年经济工作总的指导思想是：坚持邓小平建设有中国特色社会主义的理论和党的基本路线，全面贯彻党的十四大和十四届三中全会、四中全会精神，继续把握“抓住机遇、深化改革、扩大开放、促进发展、保持稳定”的全党全国工作大局，进一步处理好改革、发展、稳定的关系，加快建立社会主义市场经济体制，实现国民经济持续、快速、健康发展和社会全面进步。根据这样的指导思想，中央经济工作会议提出明年经济工作的主要任务是：继续加强和改善宏观调控，抑制通货膨胀，保持国民经济发展的好势头；以深化国有企业改革为重点，推进各项配套改革，完善宏观管理体制；增加农业投入，确保农副产品供应，全面发展和繁荣农村经济；加大结构调整力度，强化管理和推动技术进步，提高经济的整体素质和效益。会议在正确估价今年取得成绩的基础上，分析了前进中存在的困难和问题。当前最突出的问题是，农业基础相对薄弱，部分国有企业生产经营困难，一些地方社会治安状况不好。会议指出，做好明年经济工作，必须正确认识和把握以下几个问题：（一）必须坚决抑制通货膨胀，把平抑市场物价、抑制通货膨胀，作为正确处理改革、发展、稳定三者关系的关键。（二）真正把加强农业放在经济工作的首位，下大决心增加对农业的投入，提高农业投资在总投资中的比重，争取在几年内把农业投资提高到合理水平。从中央到地方都要这样做。（三）以国有企业为重点深化经济体制改革，建立现代企业制度要通盘考虑，统筹规划，搞好试点，总结经验，逐步推广。（四）着力提高经济增长的质量和效益，克服盲目铺新摊子，片面追求产值、速度的倾向。（五）控制消费基金过快增长，坚决克服一些单位盲目增加个人收入和社会集团消费的倾向，同时必须十分关心贫困地区群众、低收入者和困难企业职工的生活，帮助他们解决困难。要在全社会范围内发扬艰苦奋斗、勤俭建国、勤俭办一切事业的精神。（六）进一步扩大对外开放，巩固和发展全方位对外开放的格局。（七）加强和改善宏观经济调控，不失时机地解决经济发展中的矛盾和问题。会议指出，国有企业改革是明年改革的重点。要继续贯彻《转换经营机制条例》，尽快落实《监管条例》；中央和省市分别选择一批企业，进行建立现代企业制度的试点，同时对现有股份制公司、特别是上市公司进行规范；围绕产业结构的调整，对一部分企业实行关、停、并、转，建立破产机制；结合产业结构调整，发展企业集团；积极解决企业的过度负债问题；妥善分流企业富余人员。要围绕企业改革，进行以养老和失业保险为主要内容的社会保障体制改革。

11月30日　我国新一代实用广播通信卫星“东方红三号”发射成功。

11月30日—12月3日　中共中央召开全国组织工作会议。中共中央政治局常委胡锦涛在报告中指出，抓紧培养和选拔德才兼备的领导干部，把各级领导班子建设成为贯彻党的路线的坚强领导集体，是加强党的建设这一新的伟大工程的关键性工程，各级党委要进一步统一思想，提高认识，明确要求，制定措施，保证这项事关全局、事关未来的工作，在今后几年中迈出新的步伐，取得重大进展。胡锦涛在报告中讲了六个问题：一、深刻认识培养选拔德才兼备的领导干部、搞好领导班子建设的重要性，增强做好工作的责任感和紧迫感；二、坚持理论学习和实践锻炼相结合、组织培养和个人努力相结合，全面提高县以上党政领导干部的素质；三、抓紧选拔优秀年轻干部的工作，努力造就一大批能够跨世纪担当重任的领导人才；四、坚持和健全民主集中制，保证决策正确和执行有效，发挥好领导班子的整体功能；五、加快干部制度改革步伐，逐步形成有利于优秀人才脱颖而出、富有生机与活力的用人机制；六、各级党委要加强领导，狠抓落实，把培养选拔领导干部和加强领导班子建设的工作进一步做好。中共中央总书记江泽民在会议上发表重要讲话时强调，当前和今后一个时期，干部队伍建设必须着重完成两项战略任务：一是全面提高现有领导干部的素质，把县以上各级领导班子建设好；二是抓紧培养选拔优秀年轻干部，努力造就大批能够跨世纪担当重任的领导人才。这是当务之重，当务之急，是全面推进党的建设这个新的伟大的工程的关键性工程。各地各部门要按照十四届四中全会决定的要求加紧工作，力争在三五年内使选拔优秀年轻干部工作有新的突破，培养教育干部工作有新的加强，深化干部制度改革有新的进展。会议指出，1995年的组织工作要着重抓好五件事：一、明确目标要求，突出工作重点，抓紧培养选拔优秀年轻干部；二、以教育培训、实践锻炼、加强管理为主要措施，全面提高现有领导干部的素质；三、改进思想作风，完善领导班子结构，加强各级领导班子建设；四、分类指导，加强和改进党的基层组织建设；五、适应新形势新任务的要求，加强组织部门的自身建设。

12月5日　全国开展消灭脊髓灰质炎第二次强化免疫日活动。国务院总理李鹏到北京医科大学第一临床学院妇儿医院接种点，为4岁以下的儿童喂服脊髓灰质炎疫苗。李鹏为这项免疫活动题词：全社会都来关心支持儿童计划免疫。他说，为了祖国花朵的茁壮成长，应该在全社会、全中国开展计划免疫活动，消灭脊髓灰质炎这种疾病。

同　日　由共青团中央等单位发起的中国青年志愿者协会成立大会举行。中共中央政治局常委胡锦涛向大会发了贺信。贺信指出，当前，我国正处在改革开放和社会主义现代化建设的关键时期。新形势、新任务，对各项工作都提出了更高的要求。希望你们适应这种新的要求，在已取得成绩的基础上，不断提高，不断发展，把青年志愿者行动更广泛、更深入、更有成效地开展下去。会议通过了《中国青年志愿者协会章程》，会议还选举了协会理事、常务理事。

同　日　中共中央、国务院作出《关于加强科学技术普及工作的若干意见》。《意见》指出：科学技术普及工作是普及科学知识、提高全民素质的关键措施，是社会主义物质文明和精神文明建设的重要内容，也是培养一代新人的必要措施。《意见》提出：一、科学技术是第一生产力，是推动经济、社会发展的第一位变革力量。二、建国45年来，在广大科技、教育、文化工作者，特别是科普工作者的辛勤努力下，我国的科普工作取得了令人瞩目的成就，科普事业有了长足的发展，科普组织网络日益健全。三、科学技术的普及程度，是国民科学文化素质的重要标志，事关经济振兴、科技进步和社会发展的全局。四、要把提高全民科技素质，保障国民经济持续、快速、健康发展，促进“两个文明”建设作为科普工作的中心任务。五、要进一步加强和改善党和政府对科普工作的领导。六、科普活动涉及全社会，有必要对政府、团体、公众对普及科学技术知识的行为、权利和义务进行法律规范。七、根据我国经济、社会发展的具体情况，当前科普工作的重点应放在以下几个方面。从科普工作的内容上讲，要从科学知识、科学方法和科学思想的教育普及三个方面推进科普工作。从科普工作的对象上讲，要把重点继续放在青少年、农村干部群众和各级领导干部身上。八、以改革促发展，努力开创科普工作的新局面。九、随着经济、社会的不断发展和财政收入的不断增加，国家将逐步增加对科普工作的投入，并给予长期、持续、稳定的支持。十、国家鼓励全社会兴办科普公益事业，并将制定有关公益事业的法规和政策。十一、要充分利用大众传播媒介，开展多种形式的科普宣传。要从提高全民素质和培育下一代的高度认识科普宣传的重要性，重视传媒的科学教育功能，把科普宣传作为整个宣传工作的重要内容。十二、要充分认识破除反科学、伪科学的长期性、复杂性和艰巨性，把这项工作始终不懈地坚持下去。十三、要充分利用现有资源，调动社会各方面的力量，广泛、深入地开展科普工作，使之逐步走上群众化、社会化、经常化的轨道。

12月6日—9日　全国地方政协工作经验座谈会举行。国务院政协主席李瑞环出席会议并作重要讲话。在谈到如何使人民政协工作切实有效地展开时，他指出，关键就是将中央早已明确了的精神加以落实，就是结合新情况、落实老精神。当然，政协工作同其他工作一样，也要随着改革开放事业的发展和社会主义市场经济体制的逐步建立，要有所创新、有所发展，要把中央的精神、原则规定与变化了的新情况相结合，这本身就是创新，就是发展。

12月8日　新疆克拉玛依市友谊馆发生大火。火灾造成正在馆内观看文艺演出的300多中小学生被烧死或窒息而死，100多人受伤。

12月8日—10日　香港特别行政区筹委会预备工作委员会第四次全体会议举行。会议提出，预委会主任会议决定各专题小组明年上半年需重点研究的问题是：政务专题小组需进一步研究设立临时立法会、筹组特别行政区筹备委员会、第一届政府推选委员会和第一届政府法定组织、咨询组织的问题，进一步研究因特别行政区第一届区域组织1997年7月1日后不能立即产生而形成的区域组织空缺的处理办法以及组建香港特别行政区司法机关和终审法院、公务员队伍和制度的稳定、行政与立法的关系等问题。经济专题小组应围绕经济的平稳过渡、政权交接过程中涉及的经济问题以及需要特别行政区承担责任和义务的较为紧迫的问题开展研究。法律专题小组需进一步研究关于香港原有法律的处理办法和对香港政权交接、平稳过渡有重大影响的法律问题。文化专题小组应继续组织落实基本法的宣传推广工作，研究过渡期香港文化领域出现的重大政策变化、1997年后香港体育组织及其他民间组织参加有关的国际组织和活动的问题，提出为香港特别行政区成立举办有关民间庆祝活动的方案和建议。社会及保安专题小组需研究香港居民的旅行证件、1997年后驻军在必要时协助维持社会治安和救助灾害的有关问题、内地与香港的执法部门在打击犯罪方面的合作问题。会议发表新闻公报，公报说：会议认为预委会的各项工作已全面铺开，讨论的问题涉及建立香港特别行政区政权和关系到香港经济、文化及与其他民生问题有关的许多方面，为明年工作打下了良好基础。会议决定，预委会第五次全体会议于1995年6月22日—24日在北京举行。

12月10日—13日　全国计划会议召开。会议的主要议题是，贯彻落实中央经济工作会议精神，讨论1995年国民经济和社会发展计划草案，研究以抑制通货膨胀为中心，妥善处理改革、发展和稳定的关系，加强和改善宏观经济调控。会议指出，影响当前和明年经济全局的突出矛盾是通货膨胀，要充分认识通货膨胀的危害性和抑制通货膨胀的紧迫性、重要性。会议分析了当前通货膨胀的原因，认为除了进行价格结构性调整属于改革不可避免要付出一定代价之外，主要是连续几年的固定资产投资和消费基金过快增长，导致货币过量发行，从需求拉动和成本推进两个方面推动了物价上涨。农业仍然是国民经济的最薄弱环节，一些重要农产品生产的增长还不能适应经济发展和人民生活提高的需要，特别是近年来有些地方忽视农业，对“菜篮子”工程有所放松，加上水旱灾害严重，导致食品价格涨幅过高。价格调控体系和市场监管工作不健全，流通秩序混乱，也是物价上涨过快的重要原因。这些问题是在经济快速发展和改革深化过程中出现的。但我们对此决不可掉以轻心，必须引起高度的重视。会议要求，1995年的计划部署要以抑制通货膨胀为中心，切实做好以下工作：（1）根据需要和可能，综合考虑各方面因素，特别是考虑抑制通货膨胀的要求，合理确定经济增长速度。(2) 大力加强农业，增加农业投入，切实落实并确保粮食、棉花等主要农作物的播种面积，千方百计增加主要农副产品的供给，保证市场供应。(3) 严格控制固定资产投资规模，加大调整投资结构的力度，集中力量，缩短战线，抓好建设项目的投产和收尾，提高投资效益。同时，要加强和改善消费基金管理，坚决控制消费基金的过快增长。(4) 工业生产要把调整结构、提高效益放到突出位置，坚持按国内外市场需求开展生产经营，加强产品开发和企业技术改造，提高企业的市场应变能力。(5) 以粮食、棉花、食油、肉类、蔬菜和化肥等商品为重点，进一步整顿流通秩序，深化流通体制改革，加强市场物价监督，规范价格行为。(6) 进一步扩大对外贸易，更有效地利用国外贷款，加强对外资投向的引导和管理，把利用外资同国内结构调整更好地结合起来。(7) 积极发展科技、教育和各项社会事业，继续改善人民生活，保持经济与社会的协调发展。

12月11日　**中共中央政治局十三届常委、国务院副总理姚依林因病逝世。**姚依林，安徽贵池人，1934年参加革命，1935年加入中国共产党。历任北京市学联党团书记，天津市委宣传部长、市委书记，河北省委秘书长、宣传部长，冀热察区党委宣传部长，晋察冀北方分局、中央局秘书长，华北人民政府工商部部长。建国后，先后担任贸易部副部长、党组副书记，商业部副部长、党组副书记，中央财贸工作部副部长，国务院财贸办公室副主任，商业部部长、党组书记，中央财贸政治部主任，国务院财贸党委副书记，中央副秘书长，中央办公厅主任，国务院财政经济委员会秘书长，国务院副总理，国家计划委员会主任、党组书记，中央财经领导小组副组长，中央引进智力领导小组组长。中共八大二次会议上被增补为中央候补委员。中共第十届中央候补委员，第十一届中央委员，第十二届中央委员、中央书记处书记、中央政治局候补委员、委员，第十三届中央委员、政治局委员、常委。第一届全国人民代表大会代表，第三届全国政协常委，第四届全国政协委员。

12月14日　长江三峡工程举行开工典礼。国务院总理李鹏出席并讲话，他说，三峡工程是目前世界上最大的水利水电工程。我们一定要把它建成世界第一流的工程。1997年实现大江截流，2003年首批机组发电，2009年工程将全部竣工。

同　日　学习邓小平文选和建设有中国特色社会主义理论研讨会举行。中共中央政治局常委胡锦涛指出，理论宣传和研究要加大力度，坚持面向实际，实事求是地回答实践提出的问题，回答得越清楚、越透彻、越有说服力，它的作用就越大，也越易于使人们认识到理论的正确和学习的必要。

12月16日—19日　全国人事厅局长会议和全国编办主任会议召开。会议提出，公务员制度要结合机构改革全面推行，企业、事业单位人事制度改革要在抓好试点、总结经验的基础上逐步推开。新工资制度要着重抓好补充完善工作。要积极稳妥地进行机关事业单位社会保险制度改革试点工作。加强以培养跨世纪人才为重点的专业技术队伍建设工作。全面完成地方机构改革任务。国务院总理李鹏接见会议代表时强调，明年各级政府的机构改革将进入攻坚阶段，要基本完成全国机构改革任务。各级党委和政府要把机构改革工作放在重要位置上，认真抓好。机构改革的目的主要是各级政府转变职能，政企分开，建立好的用人制度。

12月20日　中央军委举行《聂荣臻传》出版发行暨纪念聂荣臻诞辰95周年座谈会。江泽民出席座谈会并讲话说，聂荣臻在长达70年的革命生涯中，无论是战争年代还是和平建设时期，都建立了不朽的功勋，深受全党、全军、全国各族人民的爱戴和崇敬。聂荣臻具有坚定的共产主义信念和坚强的组织纪律观念，处处服从和维护革命的大局。在作战指挥中，聂荣臻一贯实事求是，结合实际情况，创造性地贯彻执行党中央和中央军委的战略方针。聂荣臻不仅是我军优秀的军事指挥家，也是我军优秀的政治工作领导人。新中国成立后，聂荣臻是我国国防科技事业的卓越领导者，为党和人民建立了新的不可磨灭的功绩。中央军委副主席刘华清主持会议并讲话。中央军委副主席张震在讲话中回顾和介绍了聂荣臻光辉的一生。

同　日　关贸总协定中国工作组第十九次会议结束。由于少数缔约方缺乏诚意、蓄意阻挠、漫天要价，这次会议未能达成中国复关的协议。

12月21日—29日　八届全国人大常委会第十一次会议举行。乔石委员长主持会议并讲话。乔石说，明年我们面临的任务依然很繁重，常委会要继续坚持以邓小平建设有中国特色的社会主义理论和党的基本路线为指导，遵照小平“为了保障民主，必须加强法制”的精神，把社会主义民主和法制建设作为根本任务，认真履行宪法赋予的各项职责。要继续加快立法步伐，抓紧出台一批有关社会主义市场经济方面的法律。要进一步改进和加强监督工作，保障宪法和法律的实施。为确保各项改革措施的落实，保持国民经济持续、快速、健康发展，维护国家稳定，促进社会全面进步，做出新的贡献。会议通过我国第一部监狱法。会议还通过了将教育法、中国人民银行法两个法律草案提请八届全国人大三次会议审议的决定；通过了关于召开第八届全国人大第三次会议的决定；通过了全国人大常委会关于批准《中国和泰王国关于民商事司法协助和仲裁合作的协定》、《中国和哈萨克斯坦共和国关于中哈国界的协定》、《中国和阿拉伯埃及共和国关于民事、商事和刑事司法协助的协定》、《中国和俄罗斯联邦关于中俄国界西段的协定》等4个决定；通过了全国人大民族委员会、法律委员会、华侨委员会、环境与资源保护委员会关于八届全国人大二次会议主席团交付审议的代表提出的议案审议结果的报告。

12月22日　中共中央组织部下发了《关于进一步整顿软弱涣散和瘫痪状态党支部的意见》。《人民日报》报道：《意见》在总结近几年实践经验的基础上，提出了整顿工作的基本做法：1.摸清情况，制订整顿规划和实施方案；2.针对不同情况，采取不同方法，讲究整顿实效；3.重点整顿好党支部领导班子，选配好党支部书记；4.认真解决存在的突出问题，改变村里的落后状况；5.帮助村党支部找准发展经济的路子，尽快改变贫困落后面貌；6.加强对党员的教育管理，全面提高党员素质。

12月22日—27日　全国检察长工作会议召开。会议的议题是，总结今年检察工作经验，部署明年检察工作任务，进一步动员全体检察人员严格执法，狠抓办案，充分履行法律监督职责，更好地为改革开放和现代化建设服务。今年1月—11月，全国检察机关共立案侦查贪污、贿赂等经济犯罪大案2.499万件，比去年同期增长35.4%；立案查办县处级以上干部1 833人，比去年同期增长86.3%，其中司局级干部80多人。会议提出，查办大案要案尤其是查办领导干部犯罪的要案，是检察机关反腐败斗争的重中之重。

12月23日　江泽民、李鹏、乔石、李瑞环、朱镕基、刘华清、胡锦涛等接见出席全国政法工作会议的代表。江泽民说，今年，从全党工作大局出发，中央全面加强了政法工作和社会治安综合治理工作，有力地维护了社会稳定。江泽民说，保障国家安全、维护社会稳定仍然是一个紧迫的现实问题。安居才能乐业，有效地打击和遏制犯罪，是人民群众对党和政府的迫切要求，也是对我们党执政能力的考验。中国共产党领导的社会主义国家，决不能容忍犯罪分子肆意横行。李鹏强调，稳定是全党工作大局的一部分，也是发展经济的前提和保证。我们要继续保持社会安定，为经济建设提供一个良好的社会环境。维护稳定和搞好治安的任务都相当繁重。各级党委、政府对此都负有重要的政治责任，必须当做大事来抓。政法部门在维护稳定中担负着十分重要的职责。

同　日　《胡乔木回忆毛泽东》、《胡乔木文集》第三卷出版。《人民日报》报道：中国社会科学院、中央文献研究室、中央党史研究室、当代中国研究所召开这两部著作出版的座谈会。中共中央政治局常委朱镕基出席座谈会并讲了话。

12月24日　中共中央总书记江泽民接见全国软科学工作会议的代表。江泽民说，我国社会主义现代化建设正处在一个重要的发展时期，科技工作者任重道远。在党和国家的大力倡导下，我国软科学研究已成为决策过程中的重要环节，面向国民经济和社会发展的重大问题，组织开展了一系列专题研究，为党和政府的决策及时提供了科学依据。

同　日　经中共中央批准，由外交部和中共中央文献研究室共同编辑的《毛泽东外交文选》出版。

同　日　回良玉任安徽省副省长、代理省长。

12月25日　陈焕友任中共江苏省委书记。

12月25日—27日　全国民政厅局长会议召开。会议确定明年民政工作的基本任务是："以各项社会保障工作为重点，加速推进民政工作管理体制和运行机制的改革，切实履行维护和保障人民群众基本生活权益这一基本职责，确保广大民政对象的基本生活，为国家改革、发展、稳定的大局服务。"会议指出，要抓好救灾救济管理体制改革，积极推进城市建立按最低生活保障线救济的制度；要积极推进农村社会养老保险工作，加强管理，健全机构，确保养老基金的安全运营和保值增值；要持续深入开展"双拥"活动，促进各项优抚安置政策的落实；要全面推进城市社区服务工作，不断提高城市福利、服务保障水平。

12月26日　刘明祖任中共内蒙古自治区党委书记。

同　日　全国离退休干部工作座谈会举行。会议指出，当前解决离退休干部生活待遇方面的问题，主要应是千方百计抓好党中央、国务院制定的有关政策规定的落实。截至去年底，全国离休干部已达200万人，退休干部已达590多万人。近几年来，每年有40万人到50万人从岗位上退下来，预计到本世纪末，离退休干部将有近1 000万人。

12月26日—28日　国务院总理李鹏对缅甸联邦进行正式友好访问。这是应缅甸联邦国家恢复法律和秩序委员会主席兼缅甸联邦总理丹瑞大将的邀请。李鹏总理与丹瑞总理举行会谈。中缅双方发表联合新闻公报，公报说：双方一致认为，两国在五项原则基础上进一步发展睦邻友好和互利合作关系符合两国的根本利益，并将为本地区的和平、稳定和发展做出积极的贡献。两国领导人满意地看到，双边关系近年来得到全面加强，重申愿进一步加强在经济、农业、环境、文化、旅游、林业、教育、科学及禁毒等领域的合作。

12月27日　中央领导人与戏曲艺术家进行座谈。在纪念京剧艺术大师梅兰芳、周信芳诞辰100周年之际，江泽民、李瑞环与部分京剧、戏曲艺术家和专家进行座谈。江泽民指出，为了实现振兴民族艺术的历史任务，首先需要有一个明确的指导思想。党中央制定了文艺工作的一整套方针政策。为人民服务、为社会主义服务的方向，百花齐放、百家争鸣的方针，古为今用、洋为中用、推陈出新的方针，弘扬主旋律、提倡多样化的方针，改革管理体制、繁荣创作演出的政策，这些都是我们发展和振兴包括京剧在内的民族艺术的指导思想。

12月28日　李鹏总理近日代表中国政府正式签署了《关于亚太地区残疾人全面参与和平等的宣言》。新华社报道：1992年4月，亚太经社会在北京召开的第四十八届会议通过决议，宣布1993—2002年为"亚太残疾人十年"。《宣言》的通过和签署是"亚太残疾人十年"最重要的活动之一。迄今为止，已有亚太地区的27个国家的国家元首和政府首脑在《宣言》的正式文本上签了字。

同　日　希望工程全国监察委员会成立。

同　日　程安东任陕西省副省长、代理省长。

12月29日　国家主席江泽民签署第三十五号主席令，发布《中华人民共和国监狱法》。监狱法分为：第一章总则；第二章监狱；第三章刑罚的执行；第四章狱政管理；第五章对罪犯的教育改造；第六章对未成年犯的教育改造；第七章附则。监狱法自公布之日起施行。

同　日　国务院总理李鹏接见全国审计工作会议代表。李鹏指出，制定和施行《中华人民共和国审计法》，是建立社会主义市场经济体制的客观需要。全国各级党委和政府应切实加强对审计工作的领导，关心和支持审计工作，使审计工作为改革、发展和稳定，为维护国家财经法纪和中央政令统一，为加强和完善宏观经济调控发挥积极作用。

1995年

1995年综述

1995年是全国各族人民在中国共产党领导下沿着建设有中国特色社会主义道路继续胜利前进的一年，又是我国社会主义现代化建设事业取得新成就的一年。1月，江泽民发表了《为促进祖国统一大业的完成而继续奋斗》的讲话，提出了和平统一祖国的八点主张，在海内外引起强烈反响。同月，中纪委第五次全体会议在北京召开，提出了1995年反腐败的总要求和需要做好的三项工作。4月，中组部、中宣部发出关于开展向孔繁森学习活动的通知，全党开展了学习孔繁森先进事迹的活动。4月10日，伟大的无产阶级革命家、政治家，杰出的马克思主义者，中国社会主义经济建设的开创者和奠基人之一，党和国家久经考验的卓越领导人陈云在北京逝世，举国沉痛哀悼。5月，《陈云文选》（1—3卷）和《陈云》画册出版。7月，中共中央决定对陈希同的问题进行审查，中纪委决定开除王宝森党籍，中央加大了反腐败的力度。8月，中国隆重举行纪念抗日战争和世界反法西斯战争胜利50周年的活动。9月，中国共产党第十四届中央委员会第五次全体会议在北京召开，会议通过了制定“九五”计划和2010年远景目标的建议，为我国进入21世纪绘制出宏伟蓝图。9月，西藏隆重集会庆祝自治区成立30周年。10月，新疆隆重庆祝自治区成立40周年。11月，第十世班禅转世灵童经金瓶掣签认定，国务院特准坚赞诺布继任十一世班禅，12月，十一世班禅在日喀则举行坐床典礼。

这一年，各族人民按照“抓住机遇、深化改革、扩大开放、促进发展、保持稳定”的基本方针，齐心协力，艰苦奋斗，全面完成“八五”计划提出的主要任务，提前完成原定在2000年实现的国民生产总值比1980年翻两番的目标，为制定“九五”计划和2010年远景目标，打下了坚实的基础。邓小平提出的我国现代化分三步走的战略目标，正在稳步实现，各方面取得新的成就。初步统计，全年国内生产总值57 733亿元，比上年增长10.2%，其中第一产业增加值11 365亿元，增长4.5%；第二产业增加值28 274亿元，增长13.6%；第三产业增加值18 094亿元，增长8%。存在的主要问题是：农业基础依然薄弱；物价总水平涨幅仍然偏高；部分企业生产经营困难，经济效益不好。农业主要产品均有增产，其中粮食比上年增长4.5%，肉类比上年增长11.6%，渔业比上年增长18.4%。工业生产在平稳回落中保持稳定增长。全年完成工业增加值24 718亿元，比上年增长14%。在全部工业中国有及国有控股企业增长9.5%，其中国有企业增长7.2%，集体企业增长15.8%，以中外合资合作经营和外资企业为主的其他经济类型工业增长19%。大中型企业增长10.2%。轻工业生产发展快于重工业。全年轻工业完成增加值11 181亿元，比上年增长12%。全年全社会完成固定资产投资19 445亿元，比上年增长18.8%(扣除价格因素，实际增长11%)，增幅比上年回落12.6个百分点。其中国有经济投资10 822亿元，增长16.1%；集体经济投资2 978亿元，增长11.8%；其他各种经济类型投资326千亿元，增长35.5%。交通邮电业全年完成增加值3 236亿元，比上年增长9.5%，通信能力增强，运输紧张状况有所改善。国内消费品市场繁荣活跃，全年社会消费品零售总额20 598亿元，比上年增长16.6%，扣除价格因素，实际增长10.3%。国内生产资料市场供求总量基本平衡，销售稳定增长。农业生产资料购销两旺，但价格水平上升幅度较高。对外贸易规模扩大。全年进出口总额达2 809亿美元，比上年增长18.6%；其中出口总额1 488亿美元，增长22.9%；进口总额1 321亿美元，增长14.2%。金融形势平稳。年末国家银行和农村信用社各项存款余额45 958亿元，比上年末增加1 080亿元，增长31%，其中企业存款余额为14 520亿元，增加3 004亿元，增长26.1%；各项贷款余额为44 628亿元，比上年末增加7 971亿元，增长21.7%，其中短期贷款余额为31 243亿元，增长5 321亿元；中长期贷款余额为10 532亿元，增加1 969亿元。年末市场现金流通量（MD）为7 885亿元，比上年末增加596.7亿元，增长8.2%；狭义货币（Ml）增长16.8%；广义货币（M2）增长29.5%。年末城乡居民储蓄存款余额达29 662亿元，比上年末增加8 126亿元，增长37.7%。国家外汇储备增加较多。年末国家外汇储备为736亿美元，比上年末增加220亿美元。保险事业继续发展。全年全国承保总额为139 679亿元，比上年增长25%。保险收入615.7亿元，增长23.6%。职工社会保险取得较大进展。年末全国有9 500万职工参加了失业保险；8 900万城镇职工参加了基本养老保险，2 100多万离退休人员参加了离退休社会统筹；500多万职工参加了大病医疗统筹，70余万离退休人员参加了医疗费用统筹。各地劳动部门为250多万失业职工提供了失业救济。科技队伍扩大。年末，国有企事业单位共有各类专业技术人员 2 785万人，比上年末增长4%。全国县级以上国有独立研究开发机构5 856个，高等院校办科研机构2 550个，大中型工业企业办科研机构14 400个，从事科技活动人员277万人，其中科学家和工程师163万人。全年全国科技机构、高等院校和大中型企业等单位用于科技活动的经费支出为833亿元，其中研究与发展经费支出286亿元，相当于国内生产总值的0.5%，与上年持平。全年全国共取得部级以上重大科技成果31万项，获国家奖励的成果795

项。各类教育事业继续发展，高等学校布局调整取得明显成效，年末普通高校为1 054所，成人高校为1 156所，均比上年有所减少。高等学校招生稳步发展，普通高校招生92.6万人，比上年增加2.6万人。在校生290.6万人，成人高校招生91.4万人，比上年减少10.3万人，在校生257万人（含电大普通专科班17.8万人）。全国招收研究生5.11万人，与上年基本持平，在学研究生14.5万人，增加1.7万人。各类中等职业技术学校在校生939.4万人（含技工学校学生188.6万人）。年末，全国共有文艺表演团体2 690个，文化馆2 890个，公共图书馆2 619个，博物馆1 165个，档案馆3 589个，广播电台1 204座，中、短波广播发射台和转播台746座。电视台835座，一千瓦以上电视发射台和转播台1 205座。电视人口覆盖率84.4%。各类电影放映系统9.4万个，全年生产电影故事片146部，全年出版全国性和省级报纸181亿份，各类杂志23.8亿册，图书62.6亿册（张）。年末，全国医院共有病床283.6万张，比上年增长0.2%。专业卫生技术人员425.7万人，增长1.4%；其中医生191.8万人（含中、西医师145.5万人），增长1.9%；护师、护士112.6万人，增长2.9%。在国内外重大比赛中，我国运动员在18个项目中获得102个世界冠军，14人2队24次创13项世界纪录，16人4队32次创20项亚洲纪录，56人32队137次创87项全国纪录。全年人口出生率为17.2%，死亡率为6.57%，自然增长率为10.5%。年末全国人口为12.1121亿人，比上年末增加1 271万人。居民收入稳定增长。全年城镇居民人均生活费收入为3 893元，比上年增长22.5%，扣除价格因素，实际增长5.3%。但地区之间、城乡之间的收入增长不平衡问题仍较突出，一部分居民实际收入水平有所下降，到年末，各类职业介绍机构发展到2.5万多家，全年城镇新就业人员72万人，年末全国城镇从业人员18 620万人，比上年增加460万人。职工工资水平继续提高，全年全国城镇职工工资总额8 100亿元，比上年增长21.7%；职工年平均工资5 500

元，增长21.2%，扣除物价因素，实际增长3.8%。城乡居住条件继续改善。全年城镇新建住宅3.3亿平方米，农村新建住宅6.5亿平方米。年末全国各类社会福利院床位达99.7万张，收养76.7万人；城乡各种社会救济对象得到国家救济的达4 028万人次。全国已有33.2%的乡镇建立了农村社会保障网络，城镇社会服务网络也有较大发展，已建立起各种社区服务设施10.4万个。年末全国环保系统共8.8万人，各级环境监测站2 184个，环境监测人员3.4万人。全国自然保护区达793个，其中国家级自然保护区98个，自然保护区总面积7 172万公顷，占国土总面积的7.2%。

这一年，我国的外交工作取得很大成绩。江泽民主席10月赴纽约出席联合国成立50周年特别纪念会议，并在会议期间与美国总统克林顿举行会晤，中美关系得到缓和。此间，江泽民还会见了其他一些国家元首。此外，江泽民、李鹏、乔石等领导人出访了亚洲、欧洲、非洲、拉丁美洲一些国家。

1月1日 《人民日报》发表江泽民的新年讲话《共同迎接新世纪》。讲话指出：刚刚过去的1994年，是中国改革和发展继续取得胜利的一年。在这一年里，中国顺利地进行了包括金融、财税、投资、外汇在内的一系列重大改革，建立社会主义市场经济体制迈出了决定性的一步，国民经济继续保持快速发展的势头。1995年，中国将继续处理好改革、发展、稳定的关系，在经济工作中，重点是加强农业、深化国有企业改革、抑制通货膨胀，继续保证国民经济持续、快速、健康发展，继续促进社会全面进步。在新的一年里，中国将在国际事务中为世界的和平与发展事业继续做出自己的努力。我们在香港问题上的基本立场和方针是坚定不移的。无论发生什么情况，中国都将按期恢复对香港行使主权，并且对保持香港的长期繁荣和稳定有充分的信心。中葡两国在澳门问题上的良好合作有利于澳门的前途。我们相信，中葡两国将继续本着友好合作的精神，最终完成澳门的顺利交接。世界上只有一个中国，台湾是中国的一部分。海峡两岸的和平统一是大势所趋，人心所向，符合整个中华民族的根本利益。任何势力要分裂祖国，搞台湾独立，是包括台湾人民在内的全体中国人民绝对不能接受的，这种图谋是注定要失败的。

同　日　全国政协举行新年茶话会。茶话会在人民大会堂召开，全国政协主席李瑞环主持，中共中央总书记江泽民讲话。

1月4日 《人民日报》发表通讯《雪域高原的奉献——记因公殉职的阿里地委书记孔繁森》。

同　日　我国生活活性材料研究开发取得重大进展。《人民日报》报道：一种用于人体骨质修补和牙根替换的新型材料——羟基磷灰石生物活性人工骨及其系列材料已由四川联合大学生物材料工程研究中心研制成功，并于最近通过了国家试生产鉴定。

同　日　新型植物生长调节剂投入生产。《人民日报》报道：一种可以有效地增强农作物抗逆性、大幅度提高农作物产量、改善农作物品质的新型植物生长调节剂BR—120，在云南大学南亚生物化工厂研制成功并开始投入批量生产。这标志着我国植物生长调节剂研制开发已进入国际领先水平。

1月5日　各大报纸报道韩素云事迹。《人民日报》发表通讯：《爱的礼赞——一位好军嫂和无数的好心人的故事》；《解放军报》发表通讯：《好军嫂韩素云》。两篇通讯记述了好军嫂韩素云爱亲人、爱家庭、爱军队、爱国家的事迹。同日，《人民日报》发表评论员文章：《向好军嫂韩素云学习》。《解放军报》报道了中宣部总政治部、全国妇联在京举行韩素云爱国拥军先进集体事迹报告会的消息，同时发表评论员文章：《爱国奉献的楷模》。

同　日　全国公安厅局长会议在上海举行。国务委员、国务院秘书长罗干在会上要求各级党委、政府要进一步加强对公安工作的领导，紧紧围绕全党全国工作大局，把维护社会稳定和良好的治安秩序作为保障改革开放和经济建设发展的一件大事抓紧抓好。

1月6日　中央军委作出《关于贯彻党的十四届四中全会精神进一步加强军队党的建设的决定》。决定要求全军各级党组织和广大党员认真按照四中全会的要求把军队党的建设提高到一个新的水平。

同　日　全国高级法院院长会议在海口市召开。《人民日报》报道：中央书记处书记中央政法委书记任建新出席会议并发表讲话。任建新提出，今年全国法院工作的主要任务是：坚持邓小平建设有中国特色社会主义理论和党的基本路线，继续围绕全党和全国工作的大局，全面加强审判工作，强化严打斗争，调节经济关系，坚持严肃执法，狠抓队伍建设，努力提高司法水平，为改革、发展、稳定提供更加有力的司法保障。

1月9日　国务院召开冬春水利建设电话会议。会议强调：要集中力量抓好骨干工程建设。同日，全国农业工作会议在北京开幕。全议确定：今年的农村经济工作要全面贯彻中央经济工作会议和两次中央农村工作会议精神，紧紧围绕确保农副产品有效供给、农民收入稳定增加两大目标，突出粮棉生产、“菜篮子”产品生产和乡镇企业三大重点，千方百计争取农业有一个好收成，全面发展农村经济。

1月16日—21日　全国宣传部长会议在京举行。中共中央政治局委员、中宣部部长丁关根在会上讲话指出，今年宣传思想工作的指导思想是：在以江泽民为核心的党中央领导下，坚持以邓小平建设有中国特色社会主义理论为根本指针，坚持党的基本路线，贯彻中央总的工作精神，贯彻全国宣传思想工作会议的要求，遵循宣传思想工作的基本思路，自觉地同中央保持一致，围绕“四项主要任务”，团结鼓劲，狠抓落实。1月19日，江泽民到会发表了重要讲话，他指出一年来，宣传思想工作在各级党委领导下，是很有成绩的，有比较明显的进展：在用邓小平建设有中国特色社会主义理论武装全党，维护党和国家工作大局促进改革开放和经济建设上做了大量工作，舆论引导是有力的；在弘扬爱国主义、集体主义、社会主义主旋律方面，形成了较强的声势；对宣传思想文化领域各方面的工作提出了明确要求，从实际出发制定了一些规章制度，使工作有了更为具体的遵循。中央提出用邓小平建设有中国特色社会主义理论武装全党，这是一项根本任务，是一件大事。学习要深化，研究要深化，宣传要深化。关键是要在认真学习邓小平原著的基础上，全面正确地掌握这一理论的科学体系，领会精神实质。要坚持理论联系实际，把学习这一理论同宣传党的路线方针政策结合起来，同回答和解决改革和发展中的新问题结合起来。

1月17日　纪念遵义会议60周年座谈会在京举行。江泽民、李鹏、李瑞环、朱镕基等出席。刘华清主持了座谈会，胡锦涛发表讲话指出：遵义会议最重要的历史贡献，就是开始在全党范围确立了马克思主义基本原理同中国革命具体实际结合起来，独立自主地解决中国革命重大问题的基本原则和方针；开始形成了以毛泽东为核心的第一代中央领导集体，保证了党的马克思主义路线的贯彻执行；开始从根本上改变党内生活不正常的状况，为按照民主集中制原则确立正确的领导制度和维护党的团结统一提供了宝贵的经验。遵义会议最重要的历史经验在于，我们党要成为一个思想上统一、政治上坚强、组织上巩固的无产阶级政党，领导中国革命取得成功，必须有一条马克思主义的正确路线，必须有一个在实践中形成的坚强的中央领导集体核心。全国政协副主席胡绳也在会上发言。

1月18日　国务院部署首次大规模农业普查。

同　日　中组部、中宣部发出有关党建的意见。《人民日报》报道：中组部中宣部联合发出《关于在党员中开展建设有中国特色社会主义理论和党章学习活动的意见》，《意见》指出，在全体党员中开展建设有中国特色社会主义理论和党章的学习活动，是加强党的建设的一项重大举措。邓小平建设有中国特色社会主义理论，是当代中国的马克思主义，是引导我们在新的历史时期开创全新事业的思想武器和行动指针。党的十四大通过的党章，是新时期党的建设的纲领，是规范党员言行的依据。组织全体党员认真学习建设有中国特色社会主义理论和党章，对于进一步加强党的建设，改善党的领导，提高党的战斗力，有着十分重要的意义。

同　日　京沈哈光缆工程全线开通。工程全长4 707公里，是世界上一次建成的陆路最长光纤通信线路。它的开通，对根本缓解东北地区同其他地区通信的紧张局面，起到了关键作用。

1月19日　西康铁路秦岭隧道开工。此铁路隧道全长18.4公里，为我国铁路建设之最。西康铁路设计全长246公里，越渭河、穿秦岭，北起陇海铁路窑村站，南抵安康东站，北连陇海、侯（马）、西（安）、延（安）经及规划中的神（本）延（安）、包（头）神（本）铁路，南接襄渝、川黔、黔桂、黎（塘）湛（江）、阳（平关）安（康）、宝成铁路，全线设计为国家新建单线一级平线电气化铁路，预留双线条件，设计年运输能力近期为1 500万吨。

1月20日　中共中央纪律检查委员会第五次全体会议在京举行。全会的主要任务是：以邓小平建设有中国特色社会主义理论和党的基本路线为指导，全面贯彻党的十四大和十四届三中、四中全会精神，按照党中央关于深入开展反腐败斗争的要求，回顾总结中央纪委三次全会以来反腐败斗争进行情况，研究部署1995年深入开展反腐败斗争的工作。

同　日　中纪委统战部举行通报会，尉健行向党外人士通报反腐败斗争情况。尉健行说，1994年反腐败斗争继续保持了健康发展的势头，中共中央部署的反腐败各项工作不同程度地取得了阶段性成果，有些地方和部门在一些方面的成果较为明显。但是，当前反腐败工作离党和人民的要求还有不少差距，部署的工作有些没有落实，有些消极腐败现象尚未得到遏制，广大群众还不满意，反腐败斗争的任务十分繁重。去年各级党委、政府特别是党政主要领导同志认真贯彻执行“两手抓，两手都要硬”的方针，领导干部以中央两个“五条规定”规范行为，廉洁自律的意识有所增强；案件查处工作有了较大进展；纠正部门和行业不正之风工作不同程度地取得了成效。去年群众举报保持了良好势头。1994年1月—11月，全国纪检监察机关收到的信访举报总数为116万余件次，全国检察机关收到20.9万多件；同时立案、结案的数量明显增加，查处大案要案工作有较大进展。去年明令取消了一批不合理的收费项目。经国务院批准，财政部和国家计委先后分三批公布取消收费项目192项；中央42个部委1993年公布取消或停止执行收费项目2 808项，1994年又取消、停止或降低收费标准110项，已落实1 220项。地方一级政府也公布取消了一大批不合理的收费项目，使乱收费有所遏制。1994年反腐败工作在取得成绩的同时仍然存在进展不平衡的问题：一部分领导同志没有按规定自查自纠；有些民主生活会没有认真开展批评与自我批评；一些单位办案不力，甚至压案不办，瞒案不报；地方、部门保护主义以及说情风干扰严重；有的不正之风如乱收费在有些方面纠而复生，甚至有所蔓延等。因此，提高领导干部对反腐败斗争重要性、紧迫性的认识，仍然是深入反腐败斗争的一个关键问题。

1月21日　外交部发言人指出南沙群岛自古以来就是中国的领土。越南与第三国在南沙海域进行考察活动是对中国领土主权和海洋权益的侵犯，是非法的。

1月23日　第四次世界妇女大会中国组委会第四次全会在京举行。国务委员、组委会主席彭珮云在会上说，联合国第四次世界妇女大会将于今年9月在北京举行，作为东道国，我们将与各方密切合作，共同努力，使妇女大会取得成功。彭珮云说这次大会对今后一个时期全球妇女地位的提高具有重要意义。会议在北京召开既是中国对促进全球妇女事业的贡献，也是推动我国妇女事业发展的好机会，对提高我国国际地位扩大我国影响有很大好处。妇女大会受到各国和整个国际社会的重视，已有100多个国家成立了国家筹备机构并在积极进行筹备工作。在当天的会上，第四次世界妇女大会中国组委会副主席、国务院副秘书长徐志坚向全体委员作了1994年组委会的工作总结。国内的准备工作按计划进行。为了加大对妇女大会的宣传力度，组委会开展了广泛的社会动员工作，大会的会标、宣传画征集工作已完成，会歌的征集工作正在加紧进行中；会场、会议厅的建设、会议设施的准备进展顺利；住宿、交通也已逐步落实；目前，已有33个单位和个人向中国组委会捐款，总金额（包括实物折价）达4 000万元人民币；安全保卫工作已制定出具体的工作计划和方案。非政府组织论坛的组织与培训工作有很大进展。目前，我国的非政府组织申请和筹备的专题研讨会已达42个；全国及各省已举办培训班5 000多期，培训人数逾百万。

1月24日　我国计量科学研究跻身世界先进行列。目前计量院已经建立了长度、热工、力学、电磁、光学、无线电、时间频率、电离辐射、声学及化学10个计量学科，设立了12个专业处所，68个实验室，建立了总计约4.5万平方米的实验、科研、量值传递基础设施。10年取得重大成果300项。

1月26日　蜜蜂新种培育成功，我国科学家在养蜂育种领域攻克一项世界性难题。《人民日报》报道：由叶达华、刘先蜀研究员带领的课题组率先培育成功世界上第一个王浆蜂蜜同时高产的蜜蜂新品种“广蜂一号”。这一成果标志着我国在蜂种选育领域已跃居世界领先地位，结束了世界养蜂业单产水平低、没有双高产优质蜂种的历史。

1月28日　中央领导人看望老同志。江泽民、李鹏、乔石、李瑞环、朱镕基、刘华清、胡锦涛分别看望邓小平、陈云、彭真、万里、宋平、薄一波、宋任穷。江泽民等代表党中央和全国各族人民向邓小平等老同志致以亲切的节日问候，并衷心祝福老同志们健康长寿。邓小平等老同志对全国人民在以江泽民为核心的党中央领导下，在改革开放和建设有中国特色社会主义事业中取得巨大成绩表示由衷的高兴，并请江泽民等转达他们对全国各族人民的节日祝贺。

1月30日　江泽民在新春茶话会提出推进祖国和平统一八项看法和主张。这些看法和主张是：（一）坚持一个中国的原则，是实现和平统一的基础和前提。中国的主权和领土决不容许分割。任何制造“台湾独立”的言论和行动，都应坚决反对；主张“分裂分治”、“阶段性两个中国”等等，违背一个中国的原则，也应坚决反对。（二）对于台湾同外国发展民间性经济文化关系，我们不持异议。在一个中国的原则下，并依据有关国际组织的章程，台湾已经以“中国台北”名义参加亚洲开发银行、亚太经济合作会议等经济性国际组织。但是，我们反对台湾以搞“两个中国”、“一中一台”为目的的所谓“扩大国际生存空间”的活动。一切爱国的台湾同胞和有识之士都会认识到，进行这类活动并不能解决问题，反而会使“台独”势力更加肆无忌惮地破坏和平统一的进程。只有实现和平统一后，台湾同胞才能与全国各族人民一道，真正充分地共享伟大祖国在国际上的尊严与荣誉。（三）进行海峡两岸和平统一谈判，是我们的一贯主张。在和平统一谈判的过程中，可以吸收两岸各党派、团体有代表性的人士参加。我在1992年10月中国共产党第十四次代表大会的报告中说：“在一个中国的前提下，什么问题都可以谈，包括就两岸正式谈判的方式同台湾方面进行讨论，找到双方都认为合适的办法。”我们所说的“在一个中国的前提下，什么问题都可以谈”，当然也包括台湾当局关心的各种问题。我们曾经多次建议双方就“正式结束两岸敌对状态、逐步实现和平统一”进行谈判。在此，我再次郑重建议举行这项谈判，并且提议，作为第一步，双方可先就“在一个中国的原则下，正式结束两岸敌对状态”进行谈判，并达成协议。在此基础上，共同承担义务，维护中国的主权和领土完整，并对今后两岸关系的发展进行规划。至于政治谈判的名义、地点、方式等问题，只要早日进行平等协商，总可找出双方都可以接受的解决办法。（四）努力实现和平统一，中国人不打中国人。我们不承诺放弃使用武力，决不是针对台湾同胞，而是针对外国势力干涉中国统一和搞“台湾独立”的图谋的。我们完全相信台湾同胞、港澳同胞和海外侨胞理解我们的这一原则立场。（五）面向21世纪世界经济的发展，要大力发展两岸经济交流与合作，以利于两岸经济共同繁荣，造福整个中华民族。我们主张不以政治分歧去影响、干扰两岸经济合作。我们将继续长期执行鼓励台商投资的政策，贯彻《中华人民共和国台湾同胞投资保护法》。不论在什么情况下，我们都将切实维护台商的一切正当权益。要继续加强两岸同胞的相互往来和交流，增进了解和互信。两岸直接通邮、通航、通商，是两岸经济发展和各方面交往的客观需要，也是两岸同胞利益之所在，完全应当采取实际步骤加速实现直接“三通”。要促进两岸事务性商谈，我们赞成在互惠互利的基础上，商谈并且签订保护台商投资权益的民间性协议。（六）中华各族儿女共同创造的五千年灿烂文化，始终是维系全体中国人的精神纽带，也是实现和平统一的一个重要基础。（七）各族一百万台湾同胞，不论是台湾省籍还是其他省籍，都是中国人，都是骨肉同胞、手足兄弟。要充分尊重台湾同胞的生活方式和当家做主的愿望，保护台湾同胞一切正当权益。我们党和政府各有关部门，包括驻外机构，要加强与台湾同胞的联系，倾听他们的意见和要求，关心、照顾他们的利益，尽可能帮助他们解决困难。我们希望台湾岛内社会安定、经济发展、生活富裕；也希望台湾各党派以理性、前瞻和建设性的态度推动两岸关系发展。我们欢迎台湾各党派、各界人士，同我们交换有关两岸关系与和平统一的意见，也欢迎他们前来参观、访问。凡是为中国统一做出贡献的各方面人士，历史将永远铭记他们的功绩。（八）我们欢迎台湾当局的领导人以适当身份前来访问；我们也愿意接受台湾方面的邀请，前往台湾。可以共商国是，也可以先就某些问题交换意见，就是相互走走看看，也是有益的。中国人的事我们自己办，不需要借助任何国际场合。海峡咫尺，殷殷相望，总要有来有往，不能“老死不相往来”。

2月1日　中央台办、国务院台办负责人发表谈话。谈话指出，江泽民总书记的重要讲话针对海峡两岸关系发展变化的现实情况及国际形势的基本特点，从两岸经济社会发展的共同要求和21世纪中华民族全面振兴的战略高度出发，就发展两岸关系、促进祖国统一大业提出了一系列重要的政策主张。讲话回顾了近年来两岸关系发展的基本情况，精辟地阐述了邓小平“和平统一、一国两制”思想的深刻内涵，总结了几年来两岸关系发展的状况，提出了在新形势下坚持一个中国的原则。就正式结束两岸敌对状态进行正式谈判的具体步骤和构想，同时就两岸“三通”与经济合作、文化、科技、教育等领域的交流，两岸高层接触互访及台湾同胞关心的若干问题提出了许多新的主张与建议。同日，《人民日报》发表社论：《实现国家统一大业的重要宣言》。

2月2日　外交部发言人答记者问时指出美国无权对中国内部事务指手画脚。中国的宪法和有关法律充分保障我国各族人民的各项民主权利。美国国务院1994年度的“人权报告”无视这一事实，对中国的人权状况妄加评论，完全是别有用心。

2月5日　我国第二台能跨越障碍的垂直壁行走的机器人在上海大学特种机器人技术应用研究室研制成功。

同　日　由天润国际医药研究所研制的抗感冒新药——“双贯冲剂”问世。

同　日　李登辉在台湾举行春节团拜时表示要重视江泽民的重要讲话，应该就这个问题与社会各界广泛交换意见。

2月6日　我国杰出的革命文艺家夏衍在北京逝世。夏衍，中国现代著名剧作家。1900年10月30日出生于浙江省杭县。1924年加入中国国民党。1925年进入日本福冈九州帝国大学，因在日本参加革命活动，1927年5月被驱逐回国。6月在上海加入中国共产党。从事工人运动。开始翻译外国文艺理论与作品，1929年翻译出版了高尔基的名著《母亲》。参与筹备中国左翼作家联盟。1930年“左联”成立，被选为执行委员。主编左翼戏剧刊物《艺术》和《沙仑》。1933年任共产党秘密电影小组组长。先后创作了《狂流》、《春蚕》、《上海二十四小时》等电影剧本。1937年任《救亡日报》总编辑，辗转于广州、桂林、香港、重庆等地从事新闻工作。建国初期在上海担任市委宣传部长、文化局长等职务。1954年调任文化部副部长，主管电影工作。

将文学名著《祝福》、《林家铺子》、《革命家庭》、《烈火中永生》等改编为电影剧本。“文革”中受到迫害。“文革”结束后，1978年被选为五届政协全国委员会常委。担任中国文联副主席、对外友协副会长、文化部顾问等职。

2月7日　我国低能核物理研究达到新高度。原子能院在HI—13串列加速器上建成了国内第一台加速器超灵敏质谱计。

同　日　我国标准1米集成电路产品由华晶电子集团研制成功。

同　日　我国汽车防撞电脑模糊器由北方工业大学模糊控制研究所所长田成芳教授领导的科研组研制成功。

2月8日　海协会长汪道涵发表谈话，希望第二次汪辜会晤尽早举行。

2月9日　选举事务研究小组举行会议。香港特别行政区筹委会政务小组属下的选举事务研究小组在香港举行会议就香港特区第一届立法会分区直选的投票制度、选举中的国籍限制事宜进行讨论。会议决定在预委会政务小组下月举行会议期间，向政务小组提交有关工作结论的报告。

2月12日　北京猿人活动年限被测定。《人民日报》报道：中国科技大学地球与空间科学系教授黄培华等人采用电子自施共振测年新技术，较准确地测定出北京猿人的活动的年限是距今60万—25万年，和县猿人的生存年代是约30万年前。

2月13日　中国选手孙彩云以4米13的成绩打破了她前两天创造的室内撑杆跳世界纪录。2月15日，孙彩云以4米15的成绩，又一次打破了女子室内撑杆跳高世界纪录。

2月14日　中日友好21世纪委员会第十次会议在北京开幕。中日两国总理致电祝贺。中日首席委员作基调发言。嗣后，会议移往青岛举行，于2月17日结束。

2月15日　国务院在京召开第三次反腐败工作会议。李鹏在会上着重讲了四个方面的问题：正确估计反腐败斗争的形势，进一步提高各级领导干部的思想认识；采取切实有效的措施，认真抓好反腐败各项工作的落实；要标本兼治，进行综合治理；切实加强领导，廉政勤政一起抓。

2月16日　国家安居工程正式启动。工程争取5年新增居民住宅1.5亿平方米，以成本价向中低收入者出售。

2月18日　中央对台宣传工作会议在京闭幕。会议以邓小平确立的"和平统一、一国两制"基本方针为指导，以学习贯彻江泽民总书记《为促进祖国统一大业的完成而继续奋斗》重要讲话为主题，认真总结了近年来对台宣传工作的经验，分析了当前对台宣传工作的新形势和新特点，进一步明确了在新形势下对台宣传工作的指导方针和任务。国务院副总理钱其琛出席会议并讲话。中共中央台办、国务院台办主任王兆国在会上作了工作报告。

2月21日—28日　八届全国人民代表大会常务委员会举行第十二次会议。会议听取了法律委员会副主任委员项淳一关于修改全国人大和地方各级人大选举法的决定草案、关于修改地方各级人大及地方各级人民政府组织法的决定草案审议结果的报告；听取了法律委员会主任委员薛驹关于法官法草案和检察官法草案修改意见的汇报；听取了法律委员会副主任委员王叔文关于人民警察法草案审议结果的报告；听取了法律委员会副主任委员厉以宁关于惩治违反公司法的犯罪的决定草案修改意见汇报。在会议进行的10天中，通过了7个法律及决定，其中主要有《全国人大常委会关于修改全国人大和地方各级人大选举法的决定》，经修改的《全国人大和地方各级人大选举法》（共10章52条）、《中华人民共和国税收征收管理法》（共6章62条）。

2月22日　全国培养选拔女干部、发展女党员工作座谈会提出，选拔优秀女干部要有新突破。到本世纪末，省、自治区、直辖市党政领导班子中，至少要有1名女干部；中央、国家机关部委领导班子，要尽可能配备女干部；地（市）县、乡（镇）党政领导班子，至少要有1名女干部，争取配备2名女干部；在女职工比较集中的行业和部门，应有适当数量的女干部担任领导职务。今后三五年内，女党员的发展比例要在目前的占年发展党员总数的19.2%的基础上，提高2到3个百分点。

同　日　中国十大女杰评出。她们是：岳喜翠、牛玉琴、叶淑华、罗铃、韩玉玲、桂桑、赵雪芳、朱莲香、游景玉等。

2月24日—28日　中共中央、国务院在京召开农村工作会议。江泽民、李鹏发表重要讲话。会议主要议题是，深入贯彻中央经济工作会议精神，落实中央加强农业的各项决策，部署1995年农业和农村工作。中共中央政治局委员姜春云在开幕式上作了题为《全国落实中央加强农业的决策，加快农业和农村经济发展步伐》的重要讲话。中共中央总书记江泽民、国务院总理李鹏、国务院副总理朱镕基在27日会议上，就如何搞好农业和农村工作等问题，发表了重要讲话。江泽民强调指出，在我国建立社会主义市场经济体制的历史过程中，农业和农村经济的发展，既面临良好的机遇，又面临新的矛盾。一方面，农业是国民经济最重要的基础产业。经济越发展，全社会对农产品的需求越大，对农业的依赖程度越高；另一方面，农业又是社会效益高而自身效益低的弱质产业。因此，经济越发展，工业化程度越高，越需要加强对农业的保护和扶持。这是历史已经证明的客观规律。江泽民在讲话中要求各级党委必须进一步加强和改进对农村工作的领导，务必实现以下几点要求：（一）在指导思想和工作布局上，真正把农业放在经济工作的首位。（二）党政主要领导同志要切实负起责任，实行严格的责任制。（三）在党委、政府统一领导下，各部门、各行业要同心协力，步调一致，支持农业和农村工作。（四）要把加强农业的各项政策措施真正落到实处。(五）各级领导同志，要深入基层，深入群众，切实解决实际问题。李鹏总理在会上作了题为《增加粮棉生产开创农村经济新局面》的讲话。

2月27日　我国第四届中国青年科技奖在北京颁奖，有100名优秀科研人员获得证书和奖杯。

2月28日　陈邦柱任国内贸易部部长。

3月3日　《人民日报》公布《中华人民共和国法官法》、《中华人民共和国检察官法》、《中华人民共和国警察法》。这3项法令是2月28日第八届全国人民代表大会常务委员会第十二次会议通过，并由中华人民共和国主席江泽民当天签署主席令颁布实施的。《中华人民共和国法官法》共17章49条。《中华人民共和国检察官法》共17章52条。《中华人民共和国人民警察法》共8章52条。

3月3日—14日　中国人民政治协商会议第八届全国委员会第三次会议在京举行。全国政协主席李瑞环主持会议，江泽民、李鹏、乔石、朱镕基、刘华清、胡锦涛、荣毅仁出席。大会审议通过了政协第八届全国委员会第三次会议议程。全国政协副主席叶选平在会上作了常委会工作报告。江泽民、李瑞环等先后到民盟、民建组，听取了大家的发言。江泽民说，政协工作是我们党和国家工作全局的重要组成部分。希望各级政协组织和政协委员认真履行政治协商、民主监督和参政议政的职能，多做团结群众的工作，多调动社会的积极因素，多反映各方面的意见和建议，多为改革开放和现代化建设献计献策。李瑞环在讲话中指出，中共中央对政协和民主党派的工作十分重视，如果说我们的工作有所进步，那是在中共中央的关心和支持下取得的。3月6日，出席会议的委员们在讨论李鹏总理作的政府工作报告时认为，报告实事求是地总结去年的工作，提出了今年的工作任务，将成绩和问题、困难与希望讲得非常透彻。只要坚定不移地贯彻全党全国工作的大局和坚持党的“一个中心，两个基本点”的基本路线，解放思想，实事求是，扎实工作，注意解决经济和社会发展中的突出矛盾和问题，就一定能使改革开放和经济建设不断取得新的成绩。3月14日下午，会议在人民大会堂闭幕。全国政协主席李瑞环在闭幕会上说，在过去的一年里，人民政协围绕中心，服务大局，选准角度，发挥优势，开展了多方面的工作，做出了新的贡献。今年，八届全国政协进入第三个年头，我们要在已有成绩的基础上，振奋精神，开拓创新，努力使各项工作取得实实在在的进展。

3月5日—18日　第八届全国人民代表大会第三次会议在京举行。江泽民、李鹏、李瑞环、朱镕基、刘华清、胡锦涛、荣毅仁等出席。李鹏总理代表国务院向大会作政府工作报告。报告分为七个部分：一、1994年国内工作的回顾；二、促进国民经济持续、快速、健康发展；三、以国有企业为重点深化经济体制改革；四、发展科技教育文化和卫生体育事业；五、为改革和发展创造良好的社会环境；六、积极促进祖国和平统一大业；七、关于外交工作。会议期间，国家计委主任陈锦华受国务院委托向大会作了关于1994年国民经济和社会发展计划执行情况与1995年国民经济和社会发展计划草案的报告。受中共中央委托，中共中央政治局常委胡锦涛到会就国务院人选的提出作了说明。会议听取了全国人大常务委员会的工作报告和《中华人民共和国教育法》、《中华人民共和国中国人民银行法》及两个法律草案的说明；听取了最高人民法院、最高人民检察院的工作报告。会议决定吴邦国、姜春云为国务院副总理。3月18日下午，会议在人民大会堂闭幕。会议号召：全国各族人民紧密团结起来，在以江泽民为核心的党中央领导下，万众一心，艰苦奋斗，励精图治，开拓进取，夺取改革开放和社会主义现代化建设事业的更大胜利。

3月7日　三门峡水电站汛期浑水发电试验成功。

3月10日—12日　国务院总理李鹏赴丹麦出席联合国社会发展问题世界首脑会议。3月11日李鹏在会议上发表讲话，阐述了中国对当前国际问题及社会发展问题的看法。在哥本哈根期间，李鹏先后会见了联合国秘书长加利和一些国家的元首和政府首脑。会议通过了宣言和《行动纲领》。

3月11日　政协第八届全国委员会常务委员会举行第十一次会议。会议由全国政协主席李瑞环主持。全国政协秘书长朱训在会上向与会者汇报了政协八届三次会议的进展情况和各组讨论情况。会议通过了政协八届全国委员会第三次会议政治决议草案、政协八届三次会议关于常务委员会工作报告的决议草案、政协八届全国委员会提案委员会关于政协八届三次会议提案审查情况的报告草案和增选常委候选人名单。

同　日　中国选手陈露在世界花样滑冰锦标赛上获冠军。

3月12日　国务院召开全国粮食棉花化肥工作会议，朱镕基、李岚清、吴邦国、姜春云、陈俊生在会上讲了话。

3月14日　李瑞环发表谈话。《人民日报》与《人民政协报》同时发表李瑞环同港澳政协委员座谈香港回归问题时的谈话。

3月15日　政协第八届全国委员会常务委员会举行第十二次会议。全国政协副主席叶选平作了关于调整专门委员会的说明。会议通过了政协第八届全国委员会常务委员会关于调整专门委员会的决定。调整后的8个专门委员会是：提案委员会、经济委员会、科教文卫体委员会、妇青和法制委员会、民族和宗教委员会、文史和学习委员会、台港澳侨联络委员会、外事委员会。会议还通过了各专门委员会主任名单：周绍铮为提案委员会主任，房维中为经济委员会主任，钱伟长为科教文卫体委员会主任，董寅初为台港澳侨联络委员会主任，钱李仁为外事委员会主任。钱正英为妇青和法制委员会主任。

3月17日　中国选手王春露在世界短道速滑赛中获女子500米冠军。

3月20日　国务院办公厅转发中国人民银行通报：严肃处理部分金融机构违反“约法三章”。通报指出，对于1993年7月全国金融工作会议提出的“约法三章”（金融机构要立即停止并认真清理收回违章拆借资金；不得擅自和变相提高存贷款利率；停止向银行自己兴办的经济实体注入资金并实行彻底脱钩），必须遵守，对违反者必须严肃查处。

同　日　我国设立北极科学考察研究基金。

同　日　亚欧光缆中国国内段全线贯通。

3月22日　《人民日报》公布《中华人民共和国中国人民银行法》。该法令是3月18日由八届人大三次会议通过的，共8章51条。

同　日　《人民日报》全文发表《中华人民共和国教育法》。该法令是3月18日由八届人大三次会议通过的，共10章84条。

同　日　全国优秀企业和企业家评选揭晓。此次评选评出10家优秀企业，20名优秀企业家。

3月25日　李鹏总理签署国务院令：从1995年5月起，职工实行每周5天工作制。

同　日　为保卫首都社会治安英勇献身的民警崔大庆被追认为革命烈士。公安部追授和授予崔大庆、甘雷一级英雄称号。

3月29日　京九铁路吉赣段两隧道贯通。

同　日　国内首家金融专业电台——上海东方广播电台（卫星）开播。

3月30日　第二届“希望工程建设奖”颁发，为希望工程做出突出贡献的34家机构和67名个人获得此项奖励。

4月5日　中国发布关于安全保证问题的国家声明。主要内容为：一、中国承诺在任何时候、任何情况下不首先使用核武器；二、中国承诺在任何时候、任何情况下不对无核武器国家或无核武器区使用或威胁使用核武器；三、中国一贯主张，在实现全面禁止和彻底销毁核武器之前，所有核武器国家应承诺在任何时候、任何情况下都不首先使用核武器；四、中国作为联合国安理会常任理事国，承诺在任何无核武器国家受到核武器攻击时，在安理会范围内采取行动；五、中国在第四段中提供的“积极安全保证”毫不改变中国在第三段中表述的立场，也不得被解释为中国赞成使用核武器。

4月7日　《人民日报》发表长篇通讯《领导干部的楷模——孔繁森》。《人民日报》还发表了社论：《向孔繁森同志学习》。社论说：孔繁森生前是西藏阿里地区地委书记。他两次赴藏，历经十载，为西藏的建设、发展和稳定做出了突出的贡献，同藏族人民建立了深厚的感情，去年11月不幸以身殉职，谱写了一曲感人至深的奉献之歌、奋斗之歌。人民群众热爱他、敬佩他、怀念他、学习他，称他为“新时期的雷锋”、“90年代的焦裕禄”。我们要学习孔繁森顾全大局、无私奉献的坚强党性。在他的身上体现了对家人的爱与对人民的爱的高度统一，体现了民族的传统美德与党的宗旨的高度统一。我们要学习孔繁森艰苦奋斗、廉洁奉公的高尚品德。我们要学习孔繁森开拓进取、求真务实的优良作风。在新的历史时期，邓小平一再教导我们，要有理想、有道德、有文化、有纪律。孔繁森是发扬四有精神的模范。江泽民号召发扬64字创业精神。孔繁森是发扬创业精神的模范。孔繁森之所以能做到这些，最根本的是因为他坚持学习马列主义、毛泽东思想和邓小平建设有中国特色社会主义理论，以科学的理论武装自己的头脑，确立了正确的理想、信念，树立了正确的人生观、世界观。这也正是最值得我们学习的。

4月10日　陈云逝世。伟大的无产阶级革命家、政治家，杰出的马克思主义者，中国社会主义经济建设的开创者和奠基人之一，党和国家久经考验的卓越领导人陈云，因病在北京逝世。1905年6月13日，陈云出生于江苏省青浦县练塘镇（今上海市青浦县练塘镇）一个贫苦农民家庭。1925年参加五卅运动，同年8月任商务印书馆发行所职工会委员长。1927年大革命失败后，任中共青浦县委委员、淞浦特委组织部部长等职。1929年春至1931年春，先后任中共江苏省委沪宁巡视员、省委军委委员、省委常委兼农委书记，中共闸外县工作委员会书记，中共江苏省委组织部部长、省委书记等职，参加领导江苏和上海的农民运动和工人运动。1930年9月在中共六届三中全会上被补选为中央候补委员。1931年1月在中共六届四中全会上被补选为中央委员，5月任中央特科（担负保卫党中央机关安全任务的组织）书记，9月被指定为中共临时中央成员。1932年3月任中共临时中央常委、全国总工会党团书记。1934年1月在中共六届五中全会上被选为中央政治局委员、常委，兼任白区工作部部长，2月当选为中华苏维埃共和国第二届中央执行委员会主席团成员。同年夏，负责领导中央革命根据地的军需生产。在1934年10月中旬开始的举世闻名的中国工农红军长征中，担任五军团（后卫军团）中央代表，后改任军委纵队政委。1935年1月，红军占领贵州省遵义县城时，陈云任遵义警备司令部政委。1935年6月，遵照中央的决定，作为中央代表，从四川省天全县灵关殿经雅安、重庆到达上海，恢复和开展党的秘密工作。同年9月又受命由上海抵达莫斯科，向共产国际报告中共中央和中央红军向西北战略转移及遵义会议的情况，并参加了中共驻共产国际代表团的工作。随后，进列宁学校学习，并在东方大学任教。1937年4月回国到达迪化（今乌鲁木齐），任中共中央驻新疆代表。1937年11月—1944年3月，在延安任中共中央组织部部长。1938年5月，兼任中央青年工作委员会书记。在延安整风期间，是以毛泽东为主任的中央总学习委员会成员之一。1944年3月，任中共中央西北局委员、西北财经办事处副主任兼政治部主任。1945年6月在中共七届一中全会上继续当选为中央政治局委员，8月任中央书记处候补书记。抗日战争胜利后，1945年9月到达沈阳，任中共中央东北局委员，参加领导建立东北根据地的斗争。11月初，任中共中央北满分局书记，后又兼任北满军区政委。1948年1月，回到哈尔滨，继续参加东北局的领导工作，同时兼任东北军区副政委，后又兼任东北财政经济委员会主任，主持东北解放区的经济工作，并参加组织指挥辽沈战役。沈阳解放后，兼任沈阳特别市军事管制委员会主任。1949年5月，奉命到北平（今北京）参加筹组并主持中央财政经济委员会工作。中华人民共和国成立后，任中央人民政府委员、政务院副总理兼财政经济委员会主任、重工业部部长。1950年10月任中共中央书记处书记。1954年9月在第一次全国人民代表大会上被任命为国务院副总理。在1956年中共八届一中全会上，被选为中央副主席。同年11月，兼任商业部部长。1957年1月，兼任中央经济工作五人小组（1958年6月改设财经小组）组长。1975年1月被选为第四届全国人民代表大会常务委员会副委员长。1978年12月，重新当选为中央政治局常委、中央委员会副主席，并被选为中央纪律检查委员会第一书记。从1979年3月—1980年3月兼任国务院财政经济委员会主任，1979年7月任国务院副总理。1987年，被选为中央顾问委员会主任。

4月10日—22日　乔石出访日、韩。全国人大委员长乔石应日本国会众议院议长土井多贺子、参议院议长原文兵卫，韩国国会议长黄珞周的邀请，分别对日本、韩国进行正式友好访问。4月11日，乔石拜会土井多贺子、原文兵卫，乔石说：我这次访问的目的，是要同日本国会和朝野各界人士广泛接触，增进理解，扩大合作，推动两国关系发展。当天下午，明仁天皇和皇后在皇宫会见了乔石。当天，乔石同日本首相村山富市会谈。4月13日—14日，乔石访问名古屋和大阪，参观了丰田汽车公司的工厂。4月17日，乔石结束访日，乘专机离开大阪前往汉城访问。4月17日在汉城的国会议事堂会见了韩国国会议长黄珞周。4月18日，韩国总统金泳三在总统府会见乔石一行，进行了友好交谈。当天，乔石在汉城会见了韩国总理李洪九，双方就两国关系和朝鲜半岛局势交换了意见。4月20日，乔石访问釜山和济州岛，4月22日结束访韩回国。

4月14日，中组部、中宣部发出关于开展向孔繁森学习活动的通知。4月15日，解放军总政治部发出通知，要求全军广泛开展向孔繁森学习的活动。

4月17日　中央军委主席江泽民批准《军队基层建设纲要》颁发执行。《纲要》共分四部分，第一部分明确提出基层建设的标准，第二部分是基层经常性的主要工作，第三部分是基层建设的检查、评比和表彰，第四部分对领导机关抓基层建设的主要职责和要求提出具体要求。同日，中央军委主席江泽民发布命令，颁发《中国人民解放军审计条例》。

4月20日　中央军委举行《叶剑英传》出版发行暨纪念叶剑英诞辰98周年座谈会。江泽民、李瑞环、朱镕基、刘华清等出席会议。邓小平为《叶剑英传》题写书名。江泽民在座谈会上发表重要讲话：号召全党同志学习叶剑英的革命精神和崇高风范。

4月21日　国务院原副总理康世恩逝世。康世恩，1915年出生于河北省怀安县，1935年在河北省立北平高中读书时，参加了著名的“一二·九”学生运动。1936年10月加入中国共产党。1937年抗日战争爆发后，先后担任一百二十师民运部工作员，山西朔县战地动员委员会主任，晋绥八分区专员。解放战争期间，他担任晋县绥雁门军区政治部主任、一野三军九师政治部主任等职。中华人民共和国成立后，历任玉门油矿军事总代表，西北石油管理局局长，燃料工业部石油管理总局局长，石油工业部部长助理、副部长兼大庆油田会战指挥部总指挥、华北石油勘探会战指挥部指挥，石油工业部主要负责人、党委书记，湖北省革命委员会副主任兼江汉石油会战指挥部副指挥，燃料化学工业部主要负责人，石油化学工业部部长、党的核心小组组长，国务院副总理兼国家经济委员会主任、党组书记，同时兼任国家计划委员会副主任、党组副书记，国务院财经委员会委员，国家能源委员会副主任、党组第二书记，国务委员兼石油工业部部长等职务。是中共十一届、十二届中央委员，中顾委常委。还担任中国石油学会名誉理事长，中国关心下一代工作委员会主任。

4月25日 《人民日报》公布中纪委发出的《关于党政机关县(处)级以上领导干部廉洁自律补充规定的实施和处理意见》。

4月27日 中共中央任命尉健行为中共北京市委书记，批准陈希同引咎辞职。

4月28日 国家主席江泽民会见第四批港事顾问，希望他们为建立香港特别行政区献策。

4月29日 庆祝“五一”国际劳动节暨表彰全国劳动模范和先进工作者大会在京举行。全国各条战线的全国劳模和先进工作者，包括人民解放军和武警部队英模代表在内的特邀代表及首都各界人士7 000多人出席大会。中共中央总书记江泽民在讲话中强调，工人阶级是我们党的阶级基础，是我们国家的领导阶级。我们党所领导的改革和社会主义现代化建设的全部活动与整个进程，都必须全心全意地依靠工人阶级，这在任何时候、任何情况下都不能动摇。国务院副总理邹家华宣读了《国务院关于表彰全国劳动模范和先进工作者的决定》。国务院决定，授予郭玉明等2 157名同志全国劳动模范荣誉称号，授予罗玲等716名同志全国先进工作者荣誉称号。党和国家领导人向32名劳模和先进工作者代表颁发了奖状和证书。上海劳模包起帆代表全国劳模和先进工作者宣读了题为《争做“改革发展稳定”的模范》的倡议书。倡议书中说：我们向全国各行各业、各条战线的劳动者提出如下倡议：一、坚定不移地贯彻执行党的路线、方针、政策，以主人翁精神处理好改革、发展和稳定的关系，为建立社会主义市场经济体制，保持国民经济持续、快速、健康发展和促进社会全面进步而努力奋斗。二、以改革为己任，更加自觉地站在深化改革的前列，在不断探索、实践过程中，坚持从国家整体利益和长远利益出发，自觉做到局部和个人利益服从整体利益，眼前利益服从长远利益，努力为国家分忧解难，推动改革顺利进行。三、以满腔热情投身于经济建设和社会发展的伟大实践，立足本职，艰苦奋斗，开拓进取。在各行各业、各条战线更加广泛深入地开展劳动竞赛和“双增双节”活动，充分发挥劳动者的聪明才智和建设社会主义的积极性、创造性，促进我国各项事业更快更好地发展，夺取更大的胜利。四、努力维护社会稳定，为改革和发展创造良好的条件。坚持与党和政府同心同德，保持一致；坚持顾全大局，维护国家统一、民族团结，加强各地区、部门、单位和劳动者之间的团结合作；搞好社会治安综合治理，坚决同各种违法犯罪行为做斗争，不断发展安定团结的政治局面。五、在社会主义精神文明建设中，自觉用邓小平建设有中国特色社会主义理论武装头脑，努力学习科学文化知识和社会主义市场经济知识；自觉树立正确的人生观和价值观，遵纪守法，讲究社会公德和职业道德；自觉抵制各种不正之风，努力做有理想、有道德、有文化、有纪律的社会主义劳动者，促进全社会的精神文明建设取得更大的成效。

5月1日　第四十三届世界乒乓球锦标赛在天津开幕。江泽民、李瑞环等出席开幕式。我国选手获得全部7项冠军。5月25日下午，江泽民、李鹏、李瑞环在人民大会堂接见了我国乒乓健儿，并同他们进行了座谈。

5月2日　流行性出血热疫苗问世。这个疫苗是由浙江省卫生防疫站科研人员经过10年努力研制成功的。

5月3日　中共中央邀请科技界、各民主党派、工商联负责人和无党派人士座谈共商加速我国科学技术进步。李鹏出席会议并讲话。国家科委主任宋健，受中共中央、国务院委托就即将发布的《中共中央、国务院关于加速科学技术进步的决定》（修改稿）征求科技界人士的意见。中科院院士、理论物理所研究员何祚庥，中科院院士、北京农业大学校长石元春，中科院院士、北大方正集团教授王选，联想集团总裁柳传志，冶金部自动化研究院院长于常友，清华大学教授吴澄，中科院计算机所研究员李国杰，中科院物理所所长杨国祯等参加了座谈会。他们就经济体制改革与科技体制改革的关系，现代农业科技推广应用，加快高技术产业发展，加强基础研究和中试基地建设，以及下个世纪初我国科技工作的战略目标等提出了积极的建议。

5月4日　外交部发言人表示，美国国会众议院允许李登辉访美，中国坚决反对此决议案。

5月5日　第八届全国人民代表大会常务委员会举行第十三次会

议。会议分别听取了法律委员会副主任委员厉以宁、蔡诚、项淳一关于商业银行法、中国人民解放军预备役军官法、票据法三草案审议结果的报告；听取了公安部部长陶驷驹关于禁毒工作情况的报告；听取了法制工作委员会主任顾昂然关于惩治破坏金融秩序的犯罪分子的决定草案的说明和国家计委主任陈锦华关于节约能源法草案的说明。会议还听取了外交部副部长唐家璇关于提请审议批准中华人民共和国和秘鲁共和国领事条约、中华人民共和国和阿塞拜疆共和国领事条约的说明。会议审议了全国人大代表团访问泰国、马来西亚两国情况的书面报告和全国人大代表团出席各国议会联盟第93届大会的书面工作报告。

同　日　外经贸部发言人发表谈话，反对美国单方面扣减中国纺织品配额。

5月6日　中国科学考察队胜利到达北极点。这次考察活动由中国科学技术协会主持，中国科学院组织。考察队到北极完成了野外观测和采样任务，共考察13天，于5月11日凯旋。

5月7日—9日　国家主席江泽民出访俄罗斯。中华人民共和国主席江泽民应俄罗斯总统叶利钦的邀请访问莫斯科并参加5月9日在莫斯科举行的纪念反法西斯战争胜利50周年庆典活动。陪同江主席出访的有国务院副总理钱其琛，中央军委副主席张震，特别助理曾庆红等。5月8日，江主席同叶利钦在克里姆林宫进行了会晤，双方进行了诚挚友好的谈话，一致同意为发展中俄两国之间长期稳定的睦邻友好、互利合作的新型关系而继续共同努力。当天下午，江泽民向克里姆林宫墙边的无名烈士墓敬献花圈。5月9日，莫斯科红场举行伟大卫国战争参加者和后方劳动者盛大检阅仪式，隆重纪念世界反法西斯战争胜利50周年。江主席同叶利钦及美、英、法等50多个国家的领导人一起参加了检阅。当天下午，莫斯科俯首山伟大卫国战争胜利纪念馆隆重揭幕。江泽民在揭幕式上发表重要讲话，他热情颂扬苏联人民在反法西斯战争中所表现的钢铁意志和大无畏精神。他指出，历史表明，和平来之不易，世界大战的悲剧不能重演。当晚，叶利钦在克里姆林宫举行晚宴，款待前来参加反法西斯战争胜利50周年庆典的各国元首和政府首脑。江泽民应邀出席，并致祝酒词。参加俄罗斯庆祝反法西斯战争胜利50周年庆典之后，5月9日江主席及其一行离开莫斯科回国。5月10日《人民日报》发表社论《维护世界和平，促进共同发展——祝贺江泽民主席莫斯科之行取得圆满成功》。

5月10日　0.8微米集成电路技术由我国自主开发成功。

5月11日—23日　江泽民考察江苏、浙江、上海。江泽民此次考察的重点是搞好企业特别是国有大中型企业的改革和发展问题。他连续走访了13家不同类型的企业，广泛接触职工群众，同他们交谈，详细了解企业特别是国有大中型企业改革、发展情况和遇到的各种问题，同时多次召开座谈会，听取企业领导干部和有关方面负责同志对进一步搞好国有企业的思路、办法和经验的汇报，并发表了重要意见。在江苏、浙江、上海期间，江泽民还考察了苏州工业园区、张家港永嘉码头、张家港保税区、外高桥保税区、金桥出口加工区、陆家嘴金融贸易区、上海地铁工程等，并看望了当地解放军、武警部队官兵和公安干警。随同江泽民考察的有上海市委书记黄菊、中央政治局候补委员温家宝，总后勤部部长傅全有等。

5月12日—15日　全国供销社第二次代表大会在北京召开。朱镕基代表党中央、国务院向大会表示热烈祝贺。在15日闭幕会上，中华全国供销合作社宣告成立，国务委员陈俊生当选为总社理事会主任。

5月15日　《人民日报》公布《中华人民共和国预备役军官法》。这项法令由1995年5月10日第八届全国人大常委会第十三次会议通过，由江泽民主席签署颁布执行。全文共10章56条。

5月16日　《人民日报》公布《中华人民共和国票据法》。该法令由1995年5月10日第八届全国人大常委会第十三次会议通过，由国家主席江泽民签署颁布执行。全文共7章111条。

同　日　外交部向菲律宾政府提出抗议。外交部发言人发表谈话指出，菲律宾军方组织南沙“采访”，是对中国主权的严重侵犯。中国政府向菲律宾政府提出强烈抗议。

同　日　中共中央发出通知要求各地各部门结合实际，认真执行

《党政领导干部选拔任用工作暂行条例》。这个条例是1995年2月9日由中共中央制定的，5月17日《人民日报》全文发表了该条例。该条例共11章54条。

5月19日　文化部举办“重走长征路”活动，纪念抗战胜利50周年。中央歌舞团、东方歌舞团、中央民族乐团的27名中青年优秀演员参加了这项活动。

同　日　首都宗教界人士在京举行座谈。与会代表一致认为达赖喇嘛在印度擅立西藏一名儿童为“班禅转世灵童”是达赖集团分裂祖国的活动。

5月20日　京九铁路北段全线铺通，吴邦国副总理代表党中央、国务院慰问职工，勉励大家再接再厉，尽快建成投产。

同　日　《中国利用外资基础知识》一书出版。这部书由江泽民倡议编写，中央党校出版社和中国对外经济贸易出版社联合出版。江泽民为该书作了题为《总结经验，开创利用外资工作的新局面》的序言。5月21日《人民日报》全文发表了江泽民的序言。

5月21日　中国羽毛球队在第四届苏迪曼杯世界羽毛球混合团体赛中，夺得苏迪曼杯。

5月22日　《人民日报》发表《中共中央、国务院关于加速科学技术进步的决定》。这个决定于1995年5月6日制定，共分11个部分。主要内容是：全面落实科学技术是第一生产力的思想；大力推进农业和农村科技进步；依靠科技进步提高工作增长的质量和效益；发展高技术及其产业；推动社会发展领域的科技进步；切实加速基础性研究；深化科技体制改革，建立适应社会主义市场经济体制和科技自身发展规律的新型科技体制；建设高水平的科技队伍，提高全民族科技文化素质；多渠道、多层次地增加科技投入；进一步扩大对外开放，广泛开展国际科技合作与交流；切实加强党和政府对科技工作的领导。

5月22日—24日　全军思想政治建设座谈会在京举行。中央军委主席江泽民接见了与会代表。座谈会中心议题是研究落实江泽民关于要把思想政治建设摆在全军各项建设首位的重要指示，统一认识，明确责任，制订措施，以推动部队思想政治建设发展进步。中央军委委员总政治部主任于永波在会上强调，加强思想政治建设最重要的是要保证党对军队的绝对领导，使全军在任何情况下都同以江泽民为核心的党中央、中央军委保持高度一致。

5月23日　外交部发表声明，就美国政府宣布允许李登辉赴美国进行所谓“私人访问”提出强烈抗议。5月24日，全国人大外事委员会就美国政府允许李登辉访美发表声明，对此提出强烈抗议。5月26日，国家台办发言人发表谈话，对美国政府允许李登辉访美提出强烈抗议；外交部发言人宣布，中国政府决定推迟迟浩田、李贵鲜、于振武等访美。

5月26日—30日　全国科学技术大会在京召开。党和国家领导人江泽民、李鹏、乔石、李瑞环、朱镕基、刘华清、胡锦涛、荣毅仁，各民主党派和工商联的负责人，党、政、群各部门和各省、自治区、直辖市的负责人，全国科学家和科技界的代表出席了开幕式。中共中央总书记江泽民发表讲话。讲话共四部分：一、全面落实科技是第一生产力的思想；二、加速科技进步需要把握的几个重要问题；三、培养和造就大批德才兼备的科技人才；四、加强党对科技工作的领导。他说，最近，党中央、国务院在科学分析经济、科技发展趋势和国内外形势的基础上，集中各地方、各部门和党内外许多同志的智慧，作出了关于加速科学技术进步的决定。这是确保实现我国现代化建设三步走战略目标的又一重大战略决策。召开这次大会的主要目的，就是为了动员全党、全国各族人民，全面落实邓小平的科学技术是第一生产力的思想，认真贯彻《决定》的精神，在全国形成实施科教兴国战略的热潮，进一步解放和发展科技生产力，积极促进经济建设转入依靠科技进步和提高劳动者素质的轨道。李鹏在会上作了题为《加速科技进步，实现国家富强》的讲话。讲话共分四部分：一、关于科技工作的形势和任务；二、加速科技成果转化，提高经济增长质量；三、深化科技体制改革；四、加强领导，为科技进步创造更好的条件。国务院副总理朱镕基向参加大会的代表作了关于国内经济形势的报告。报告指出，今年以来，党中央、国务院继续加强宏观调控，不断完善去年出台的各项重大改革措施，努力抑制通货膨胀，做了大量扎扎实实的工作。目前，国民经济运行良好，正继续朝着预定的宏观调控目标前进。郭廉高、吴澄、徐培福、邬江兴、王选等科学家和企业家代表在大会上发了言。5月26日，《人民日报》发表社论《开创科技发展的新里程》。

5月30日　新型的中央空调设备——“远大V型直燃机”通过国家科委组织的专家验收，主体技术在世界居于领先地位。

6月1日　中国少先队第三次全国代表大会开幕。全国56个民族550名优秀少先队员、辅导员、少先队工作者代表全国1.3亿少先队员和400万名辅导员、少先队工作者及社会各方面人士参加了大会。党和国家领导人江泽民、李鹏、乔石、李瑞环、朱镕基、刘华清、胡锦涛、荣毅仁等出席大会。胡锦涛代表中共中央、国务院作了题为《做跨世纪社会主义事业合格建设者和接班人》的祝词；团中央书记处第一书记李克强在会上发表了《肩负起为培养跨世纪人才打基础的神圣责任》的致词。全国少工委首次向“跨世纪中国少年雏鹰行动”中涌现出来的1 000名优秀少先队员颁发了一级“雏鹰奖章”。56个身着民族服装的少先队员代表以红领巾的名义宣读了《中国少年跨世纪宣言》。代表们还参加了天安门广场的升旗仪式，在人民英雄纪念碑前站少年先锋岗，在卢沟桥举行了“继革命传统、爱国立志成才”主题大队会，在长城开展了“21世纪相约在长城”的主题活动。

6月2日—5日　全国政协第八届常委会召开第十三次会议。李瑞环主持会议并作题为《关于人民政协履行职能的若干问题》的报告。会议通过了《中国人民政治协商会议全国委员会专门委员会通则》，于6月7日《人民日报》全文发表。通则共5章16条。

6月3日　中国与摩纳哥建立领事关系。

6月6日—9日　全国扶贫工作会议在京召开。国务院扶贫开发领导小组组长陈俊生在6日的会议上发表讲话说，目前全国贫困人口已从1992年底的8 000万减少到1994年底的7 000万，贫困人口占全国农村总人口的比重由原来的8.8%下降到7.8%。国务院要求，从1995年起，每年解决1 000万贫困人口的温饱问题。

6月8日　宝鸡至中卫电气化铁路通车。

同　日　最高人民法院决定为内蒙古自治区克什克腾旗人民法院等17个单位记集体一等功，授予朱生武等19人为全国法院模范法官光荣称号。

6月9日　国务院港澳办发言人发表谈话。对中英双方经过充分磋商取得在香港终审法院问题上达成协议表示高兴。协议主要内容是：英方同意以香港特别行政区筹委会预备工作委员会政务专题小组1995年5月16日发表的八点建议为基础修订《终审法院条例草案》。

同　日　全国妇联举行七届四次常委会。全国妇联主席陈慕华主持了会议，会议议题是：全力以赴协助政府做好世界妇女大会筹备工作，并以此为契机，推动国内妇女事业的发展。

6月12日—28日　李瑞环出访美洲4国。全国政协主席李瑞环应古巴全国人民政权代表大会、牙买加政府、巴西国会和智利政府的邀请，赴4国进行正式友好访问。陪同李瑞环出访的有全国政协常委秘书长朱训等。6月12日，李瑞环到达古巴首都哈瓦那，会见了古巴全国人民政权代表大会主席阿拉尔孔。当晚，李瑞环在哈瓦那会见了古巴国务委员会主席卡斯特罗。6月13日，李瑞环会见了古巴国务委员会副主席拉赫。访问期间，李瑞环一行还参观了哈瓦那大学、马坦萨斯省菲尔南德斯农业生产合作社。6月15日，李瑞环抵达牙买加首都金斯敦，分别会见牙买加副总理兼外长马林斯、牙买加众议院议长马歇，举行了会谈。6月16日，李瑞环会见了牙买加总督库克、牙买加总理帕特森。6月18日，李瑞环一行抵达巴西，先后会见了亚马孙州州长门德斯等。6月21日李瑞环乘专机到达巴西首都巴西利亚，先后会见了巴西国会主席萨尔内、巴西众议院代议长佩林、巴西总统卡多佐。6月25日李瑞环乘专机抵达智利首都圣地亚哥，先后会见了智利总统弗雷、智利参议院议长巴尔德斯、众院议长埃斯特韦斯。6月28日，李瑞环结束访问回国。

6月13日　《人民日报》公布《民兵武器装备管理条例》。该条例是1995年6月3日李鹏和江泽民联合签发国务院令、中华人民共和国中央军委令颁布执行的，全文共7章46条。

同　日　《陈云文选》一至三卷出版发行。《陈云文选》一至三卷收入陈云在新民主主义革命、社会主义革命和社会主义建设各个历史时期的主要著作190篇、70多万字。该书由人民出版社出版。为发行此书和《陈云》画册暨纪念陈云诞辰90周年，中共中央举行座谈会，江泽民出席了座谈会并发表了重要讲话。6月14日《人民日报》发表了《陈云文选》第一卷至第三卷增补文章介绍。

6月16日　国务院台办发言人发表谈话，指出李登辉及台湾当局破坏两岸关系发展，第二次汪辜会谈已不能按原计划进行。

6月16日—27日　江泽民走访东三省。中共中央总书记江泽民到辽宁、黑龙江、吉林三省，就如何进一步推进国有大中型企业改革和发展问题进行调查研究听取意见。他在三省连续走访了20多家国有企业，还察看了黑龙江、吉林的林区，详细了解企业特别是国有大中型企业改革、发展情况和遇到的各种问题。6月26日，江泽民在长春主持召开了东北三省国有大中型企业座谈会，听取12家企业的负责同志对进一步搞好企业的思路和经验的汇报，并发表了《坚定信心，明确任务，积极推进国有企业改革》的重要讲话。他在讲话中指出：搞好国有企业特别是大中型企业，既是关系到整个国民经济发展的重大经济问题，也是关系到社会主义事业命运的重大政治问题。全党同志特别是各级负责同志，一定要全面分析当前国有企业状况，既要坚定信心，又要正视困难，下苦功夫去增强国有企业活力。努力完成搞好国有企业的改革和发展这个历史赋予我们的重任。

6月18日　武汉长江二桥通车。

6月21日—28日　李鹏出国访问。国务院总理李鹏应白俄罗斯总统卢卡申科、乌克兰总统库奇马和俄罗斯政府的邀请对白俄罗斯、乌克兰、俄罗斯进行正式访问，陪同李鹏出访的有李鹏的夫人朱琳、国务院副总理吴邦国等。6月21日李鹏到达白俄罗斯首都明斯克。先后会见了白俄罗斯总统卢卡申科、总理奇吉里和白俄罗斯5位副总理及外交部长，与卢卡申科、奇吉里举行了会谈，双方就两国在电子、农业等领域加强合作交换了意见。吴邦国副总理和白俄罗斯副总理米亚尼科维奇签署了中白两国引渡条约，中国外经贸部副部长石广生和白俄罗斯外经贸部部长马里尼奇签署了中国政府向白俄罗斯政府提供无偿援助的换文。李鹏与奇吉里签署了联合公报。6月23日，李鹏到达乌克兰首都基辅，先后会见了乌克兰总理马尔丘克、乌克兰总统库奇马，着重就双边关系交换了意见。吴邦国与乌副总理什马罗夫在乌政府大厦举行了会谈。6月24日，李鹏同马尔丘克签署了联合公报。同日，李鹏前往莫斯科对俄罗斯进行访问，先后会见了俄罗斯总理切尔诺梅尔金、俄罗斯总统叶利钦，就双边关系和国际问题进行了广泛而深入的讨论，签署了中华人民共和国政府总理李鹏访问俄罗斯的联合公报。6月26日，李鹏向克里姆林宫墙下无名烈士墓献花圈。6月28日，李鹏结束访问回国。

6月22日　国务院副总理钱其琛代表国务院宣布中央人民政府确定的处理“九七”后香港涉台问题的7条基本原则和政策。主要内容是：一、港、台两地现有的各种民间交流交往关系，包括经济文化交流、人员往来等，基本不变。二、鼓励、欢迎台湾居民和台湾各类资本到香港从事投资、贸易和其他工商活动。其权益依法受到保护。三、根据一个中国的原则，香港特别行政区与台湾地区间的空中航线和海上运输线，按“地区特殊航线”管理。香港特别行政区与台湾地区间的海、空航运交通，依双向互惠原则进行。四、台湾居民可根据香港特别行政区法律进出香港地区，或在当地就学、就业、定居，为方便台湾居民出入香港，中央人民政府将就其所持证件等问题作出安排。五、香港特区的教育科学技术文化、艺术、体育、医疗卫生、劳工、社会福利、社会工作等方面的民间团体和宗教组织，在互不隶属、互不干涉和互相尊重的原则基础上，可与台湾地区的有关民间团体和组织保持和发展关系。六、香港特别行政区与台湾地区之间以各种名义进行的官方接触往来、商谈、签署协议和设立机构，须报请中央人民政府批准，或经中央人民政府具体授权，由特别行政区行政长官批准。七、台湾既有在香港的机构及人员可继续留存，他们在行动上要严格遵守《中华人民共和国香港特别行政区基本法》，不得违背“一个中国”的原则，不得从事损害香港的安定繁荣以及与其注册性质不符的活动。我们鼓励、欢迎他们为祖国统一和保持香港的繁荣稳定做出贡献。

6月23日—30日　第八届全国人民代表大会常务委员会举行第十四次会议。会议听取了法律委员会副主任委员项淳一、厉以宁、王叔文，法律委员会主任委员薛驹关于担保法、保险法、惩治破坏金融秩序的犯罪分子的决定、节约能源法四项法律草案的审议结果报告；听取了民航总局局长陈光毅、卫生部部长陈敏章、国家体委主任伍绍祖关于民用航空法、执行医师法、体育法和三项法律草案的说明；财政部部长刘仲藜作了1994年国家决算的报告。国家统计局局长张塞作了关于统计工作情况的报告，全国人大常委会副委员长李锡铭作了关于检查妇女权益保障法执行情况的报告。会议还审议了全国人大代表团访问毛里塔尼亚、科威特两国情况的书面报告，听取了彭清源、周觉、杨纪珂、张克辉四位委员关于谴责美国政府允许李登辉访美，表示坚决支持我国政府的严正立场的发言。在闭幕会议上通过了担保法、保险法等一系列法律及有关决定，任命原中国人民银行副行长戴相龙任行长。

6月25日　原中顾委委员、中央军委顾问李聚奎逝世。李聚奎，1904生，湖南省安化（今涟源）县人。1928年参加平江起义，同年加入中国共产党。土地革命战争时期，任中国工农红军第五军排长、中队长、大队长，红三军第三纵队支队长，第九师二十七团团长、师长，红一军团第一师师长，红四方面军第三十一军参谋长。参加了长征。抗日战争时期，任八路军第一二九师三八六旅参谋长，抗日先遣纵队司令员兼政治委员，决死第一纵队副司令员、旅长兼太岳军区第一军分区司令员。解放战争时期，任冀热辽军区参谋长，驻北平“军事调处执行部”中共代表团执行处副处长，西满军区参谋长，东北军区后勤部参谋长兼西线后勤司令员、政治委员，第四野战军后勤部第二部长。中华人民共和国成立后，任东北军区后勤部部长兼政治委员，中国人民解放军后勤学院院长，中华人民共和国石油工业部部长，中国人民解放军总后勤部政治委员，高等军事学院院长，后勤学院政治委员，中共中央军委顾问。1958年被授予上将军衔。是第二、三届国防委员会委员，第四、五届全国人民代表大会常务委员会委员。在中国共产党第十二次全国代表大会上被选为中央顾问委员会委员。

6月29日　《人民日报》全文发表《全民健身计划纲要》。这一纲要是经国务院批准下发全国的。纲要共5部分26项。同日《人民日报》发表社论：《提高全民素质的大计——写在〈全民健身计划纲要〉颁布实施之际》。

同　日　第三十五届南丁格尔奖章颁奖大会举行，江泽民为优秀护理工作者孙静霞、邹瑞芳颁奖。

6月30日　据《人民日报》报道，中共全国党员总数已达5 500万名，党的基层组织已有340万个。

6月30日—7月2日　中共中央组织部在京召开优秀县（市）委书记表彰会。大会由胡锦涛主持。江泽民在讲话中回顾了中国共产党不平凡的奋斗历程和取得的伟大成就。他号召全党在党中央领导下，在邓小平建设有中国特色社会主义理论和党的基本路线指引下，万众一心，励精图治，扎实工作，艰苦创业，为胜利实现我国现代化建设的第二步和第三步战略目标努力奋斗。胡锦涛在讲话中说，在建设有中国特色社会主义的历史进程中，大力表彰和宣传工人、农民、知识分子中和各行各业中的模范人物，弘扬正气，进一步形成有利于社会主义现代化建设的舆论力量、价值观念和社会环境，更好地激励全党、全国人民的劳动热情和创造精神，这是我们事业不断取得胜利的一个重要保证。中央组织部部长张全景在会上宣读了《中共中央组织部关于表彰优秀县（市）委书记的决定》。

7月1日　兰新铁路复线全线开通运营。

7月3日　《人民日报》全文公布《中华人民共和国担保法》。这项法规是1995年6月30日由第八届全国人大常委会第十四次会议通过，当日由江泽民签发国家主席令颁布的，全文共7章九96条。

7月4日　《人民日报》全文发表《中华人民共和国保险法》。这项法规是1995年6月30日第八届全国人大常委会第十四次会议通过，当天由江泽民签发国家主席令颁布施行的，全文共8章152条。

同　日　《人民日报》全文公布《全国人民代表大会常务委员会关于惩治破坏金融秩序犯罪的决定》。这项法规是1995年6月30日第八届全国人大常委会第十四次会议通过，当天由江泽民签发国家主席令颁布执行的。全文共24条。

7月5日　中共中央决定对陈希同的问题进行审查，中纪委决定开除王宝森党籍。中共中央纪律检查委员会及有关部门遵照中央指示，对原中共北京市委常委、北京市副市长王宝森的经济犯罪问题进行了深入调查。现已查明，王宝森在任职期间，滥用职权，大肆侵吞、挥霍、挪用公款，腐化堕落，是一个犯有严重经济罪行的腐败分子，经中共中央批准，中央纪律检查委员会决定，开除王宝森的党籍。王宝森违法犯罪的主要事实有：贪污公款25万多元人民币、2万美元；挪用公款1亿多元人民币、2 500多万美元，供其弟、姘妇及其他关系密切的人进行营利活动，造成1 300多万美元的损失；挥霍大量公款，营造豪华别墅，购买高级公寓，长期包租宾馆客房，作为享乐场所；违法批贷巨额资金，造成大量资金流失；道德败坏，生活糜烂。中纪委负责人指出，王宝森罪行严重，给党和国家造成极其恶劣的影响，死有余辜。王宝森问题的揭露和查处，是反腐败斗争深入发展的一个重要成果。它表明，在以江泽民为核心的党中央领导下，我们党有决心、有能力清除党内腐败分子，我们的社会主义制度能够清除自己肌体内出现的腐败现象。我们要继续按照中央关于反腐败斗争的整体部署，在紧紧把握经济建设这个中心的同时，扎扎实实抓好党风廉政建设，把反腐败斗争深入持久地进行下去，确保改革开放和经济建设的顺利发展。北京市人民代表大会常务委员会于7月4日举行第18次会议，审议了北京市人民政府关于撤销王宝森的北京市副市长、北京市计划委员会主任职务的议案和李其炎市长所作的说明。鉴于王宝森大肆侵吞、挥霍、挪用公款，腐化堕落，蜕变成一个犯有严重经济罪行的腐败分子，会议决定，依法撤销王宝森的北京市副市长、北京市计划委员会主任职务。

7月5日—15日　江泽民出国访问。国家主席江泽民应芬兰共和国总统阿赫蒂萨里、匈牙利共和国总统根茨·阿尔帕德、德意志联邦共和国总统赫尔佐克的邀请，对芬兰、匈牙利和德国进行国事访问。陪同江主席出访的有夫人王冶平、国务院副总理兼外交部长钱其琛等。7月5日江主席乘专机抵达赫尔辛基，在机场发表了书面讲话。7月6日上午，江主席同芬兰总统阿赫蒂萨里在友好的气氛中举行了会谈，对全面发展中芬两国关系达成共识，当天签署了《中芬两国互设领事机构换文》和《中芬环保合作谅解备忘录》。7月6日，江主席向芬兰英雄墓献了花圈。7月6日，中国外经贸部部长吴仪和芬兰欧洲事务部长诺尔贝克就进一步发展两国经贸关系交换了意见，并出席了6个经贸协议、合同和意向书的签字仪式。这6个项目总金额达9 296万美元。当天，江主席会见了芬兰总理利波宁，双方就进一步发展两国友好合作关系和其他共同感兴趣的问题交换了意见。7月8日，江主席一行乘专机抵匈牙利首都布达佩斯，在机场发表书面讲话。7月9日江主席参观了费斯戴迪奇庄园，并接受了匈电视台记者采访。7月10日，江主席到布达佩斯英雄广场，向匈无名烈士献了花圈。当天，江主席与匈牙利总统根茨举行会谈，会见了匈总理霍恩和匈国会主席加尔。7月11日下午，江主席抵达德国西南部重镇斯图加特，次日参观了德国奔驰汽车公司。7月13日，德国总统赫尔佐克举行隆重仪式，欢迎江主席访德。中国政府和德国政府在波恩签署了有关增设总领事和财政合作的两项协定以及有关信贷和经济技术合作的8项文件，涉及总金额达31亿美元。当天，江主席同德国总理科尔举行会谈，并在波恩发表题为《阔步前进中的中国与世界》的演讲。7月15日，江主席一行结束访问回国。

7月6日　《人民日报》全文公布《中华人民共和国知识产权保护条例》。这个条例是1995年7月5日由李鹏总理签署国务院令颁布的。全文共6章36条。

同　日　中央领导出席抗战展览开幕仪式。为纪念抗日战争和世界反法西斯战争胜利50周年，大型展览《中华民族的胜利》开幕，刘华清、张震等和部分参加过抗战的老将军出席。

同　日　国务院召开常务会议，原则通过《中国妇女发展纲要》

和《中华人民共和国出境入境边防检查条例（草案）》。

7月11日—14日　中国工程院第二次院士大会在京举行。在7月11日的开幕式上，李鹏总理在人民大会堂接见了中国工程院全体院士。中国工程院院长朱光亚在大会上作了报告。7月14日，国务委员宋健到会讲话。宋健说，今后15年，我国基建投资规模可达几十万亿元，大大超过规模的建设，要靠第一线的当代工程技术人员努力奋斗，还要培养更多、更大的工程技术队伍。7月14日，中国工程院第二次院士大会在北京闭幕，300多位院士出席了闭幕式。7月8日《科技日报》公布了中国工程院新当选的院士名单。

7月13日　泰山核电站通过国家验收。李鹏致信祝贺，吴邦国出席并讲话。

7月13日—14日　第三次全国律师代表大会在京举行。大会修改了《中华全国律师协会章程》，选举产生了全国律师协会新一届理事会。7月14日，中共中央书记处书记、中央政法委书记任建新到会讲话。国务委员、国务院秘书长罗干，最高人民检查院检查长张思卿也出席了会议。

7月18日—22日　全国青联八届一次会议和全国学联二十二大在北京召开。江泽民、李鹏、乔石、李瑞环、刘华清、胡锦涛、荣毅仁等党和国家领导人出席开幕式。胡锦涛代表党中央、国务院向两个大会作了题为《为开创中华民族全面振兴的新世纪贡献青春智慧和力量》的祝词。共青团中央第一书记李克强致词。大会通过了全国学联第二十一届委员会工作报告和全国学联章程修正案，选举产生了全国学联第二十二届委员会。

7月19日　西安大唐电信有限公司研制成功超级程控数字交换系统。

7月20日　《人民日报》全文发表《中华人民共和国地图编制出版管理条例》。这项条例是1995年7月10日由李鹏总理签署国务院令颁布的。全文共5章30条。

同　日　中央军委主席江泽民签署命令，颁发《中国人民解放军后勤条例》。

同　日　外交部发言人就少数国家向联合国提出所谓台湾在联合

国“代表权”问题发表谈话。指出这是一起恣意践踏《联合国宪章》宗旨和原则、粗暴干涉中国内政的严重事件，中国政府和人民对此表示极大的愤慨。若台湾当局继续一意孤行，与国际反华势力相勾结，进行分裂祖国的活动，我们对此绝不会坐视不理。

同　日　我国北方第一条跨海铁路——大连港大窑湾港区新建铁路至金窑铁路正式通车。

7月22日　原工程兵司令员陈士榘逝世。陈士榘，1909年生，湖北省荆门县人。1927年加入中国共产主义青年团，同年参加湘赣边界秋收起义并转入中国共产党。土地革命战争时期，任工农革命军第一军一师一团教导队区队长，中国工农红军第四军排长、副连长、副营长、副大队长，红十二军第三十四师参谋处处长、参谋长，红一军团司令部作战科科长、教导营营长，第四师参谋长，红十三军参谋长、代军长，红一军团随营学校校长。参加了长征。抗日战争时期，任八路军一一五师旅参谋长，晋西支队司令员，八路军一一五师参谋长，山东滨海军区司令员。解放战争时期，任新四军兼山东军区参谋长，华东野战军参谋长兼西线兵团司令员，第三野战军参谋长兼第八兵团司令员和南京警备司令员。中华人民共和国成立后，任华东军政大学副校长，中国人民解放军军事学院训练部部长、教育长，中国人民解放军工程兵司令员兼特种工程指挥部司令员、政治委员，中共中央军委顾问。1955年被授予上将军衔。第一、二、三届国防委员会委员，第一、二、三届全国人民代表大会代表，中国共产党第九、十届中央委员。

7月24日　《人民日报》公布《国家公务员辞职辞退暂行规定》。该规定共5章19条。

7月25日　民政部、解放军总政治部授予姚慈贤“爱国拥军模范”称号。

7月26日—28日　中国科协第二届青年学术年会在京举行。中共中央总书记江泽民接见了参加会议的1,000名代表。他勉励青年科技工作者要有伟大的理想，热爱社会主义祖国，珍惜青年时代，为实施科教兴国战略，为祖国灿烂的明天做出贡献。江泽民说，青年科技工作者是跨世纪的一代人。面向即将来临的新世纪，我们要牢记一条道理，这就是没有强大的科技实力，就没有社会主义现代化。在最近召开的全国科学技术大会上，我们确定在全国实施科教兴国的战略，就是要进一步全面落实邓小平关于科学技术是第一生产力的思想，坚持把科技和教育摆在经济和社会发展的重要位置，充分发挥它们在经济发展和社会进步中的巨大推动作用。广大青年科技工作者要义不容辞地担当科教兴国的历史重任。会议向全体海外华人青年科技工作者发出了题为《科教兴国，匹夫有责》的倡议书，号召全体海外学子时刻关注祖国科技发展的动态和需求，同国内有关学术组织保持经常的联系，做沟通国内同行和外国学术界朋友联系的热心人。

8月2日　外交部发言人就两名美国军官窃取我军事情报被驱逐出境发表谈话。谈话指出，美国驻香港总领事馆空军联络官约瑟夫·陈和助理空军联络官德韦纳·佛罗化兹非法窃取我军事情报违反了中国有关法律，国家安全机关依法宣布将他们驱逐出境。外交部领事司司长沙宏喜奉命召见美国驻华使馆临时代办郝扶东，就此事对美国政府提出严正交涉和强烈抗议。

8月4日　京津塘高速公路工程通过国家验收。公路全长142.69公里，总体达到国内领先和当代国际先进水平。

8月5日　江泽民、李鹏电话慰问辽宁、吉林两省遭受水灾的群众。7月下旬，辽宁、吉林两省局部地区连降暴雨，遭受了严重洪涝灾害。中共中央总书记江泽民、国务院总理李鹏分别打电话给中共辽宁省委书记顾金池、省长闻世震和中共吉林省委书记张德江、代省长王云坤，询问了汛情灾情和抗洪救灾情况，对两省受灾群众表示亲切慰问。李鹏总理详细询问了丰满水库的蓄水放流情况，对水库的放流和大坝的安全做了具体指示。两省主要负责同志代表全省人民感谢党中央、国务院的关怀，表示一定要全力以赴组织好抗洪救灾工作，夺取抗灾斗争的全胜。8月9日，姜春云受江泽民、李鹏委托到吉林检查抗洪救灾工作，现场研究解决确保丰满水库大坝和下游地区防洪安全问题，并代表党中央国务院看望受灾群众。

8月10日　万家寨引黄入晋工程全面开工。该工程的源头位于晋西北的偏关县与内蒙准格尔旗交界的黄河北干流上，由万空寨水利枢纽工程和引黄入晋两部分组成，每年可从黄河引水12亿立方米。1998年引水到太原。

8月11日　中国和菲律宾就南沙问题举行磋商，达成广泛共识并发表联合声明。中国外交部长助理王英凡和菲律宾副外长塞贝里诺磋商后发表的联合声明中重申中菲两国对双边关系的重视，在南沙争议问题解决前，双方同意为在该地区确立行为准则而遵守下列原则：一、双方领土争议不应影响两国关系的正常发展；二、双方对本地区国家为谋求适当时候在南海开展多边合作所提出的建设性主张和建议将持开放态度；三、争议应由直接有关国家解决，不影响南海的航行自由。

8月13日　淞沪抗战纪念馆奠基。上海市党政领导、抗战老战士和各界人士200多人出席了奠基仪式。宝山地区是淞沪抗战的主要战场。在中国共产党领导和倡导的抗日民族统一战线旗帜下，中国的爱国将士和上海市民不畏强暴，不怕牺牲，英勇抗击日本帝国主义的侵略，双方激战3个月之久，粉碎了日军“一个月占领上海、三个月灭亡中国”的梦想。“八一三”淞沪抗战是中国抗日战争的重要组成部分，也是上海历史上的重要一页。

8月15日　江泽民参观中国人民抗日战争纪念馆。他指出：波澜壮阔的抗日战争，是中国近代史上我国人民反对敌人入侵第一次取得完全胜利的民族解放战争，也是世界反法西斯战争的重要组成部分。抗日战争的胜利，不但粉碎了日本军国主义的称霸野心，而且洗雪了百余年来的民族耻辱，成为中华民族由危亡走向振兴的转折点，为国家的独立、民族的解放奠定了基础。中国人民在中国共产党的领导下，为赢得抗日战争和世界反法西斯战争的胜利，承受了最大的民族牺牲，做出了不可磨灭的伟大贡献。中国人民抗日战争的胜利是中国人民的光荣，也是世界爱好和平的国家和人民的光荣。

同　日　香港各界人士两千余人隆重集会，纪念抗战胜利50周年。当年参加港九大队的百余名游击战士也应邀莅会。出席当天晚会的新华社香港分社副社长张浚生讲话说，抗战胜利昭示人们，中华民族的团结和统一，是战胜一切敌人最伟大的力量；无论现在和将来，都绝不能让破坏祖国统一、民族团结的图谋得逞。

同　日　交通部发表通告：中国人民解放军将在东海海域和海域上空进行导弹、火炮实弹演习。通告说：中华人民共和国交通部通告：中国人民解放军将于1995年8月25日，在东海北纬27°16′、东经121°26′，北纬27°16′、东经122°30′，北纬26°30、′东经121°00′，东经122°05′、北纬26°30′四点连线内海域和海域上空，进行导弹、火炮实弹射击演习。为了安全，各国、各地区的船只和飞机，在此期间不要进入上述海域和海域上空。8月25日，交通部再次发表通知说：中国人民解放军在东海进行的导弹、火炮实弹射击演习已经结束，以北纬27°16′、东经121°26′，北纬27°16′、东经122°30′，北纬26°30′、东经122°05′，北纬26°30′、东经121°00′四点连线内海域和海域上空，从8月26日零时起恢复正常航行。

8月16日　八届全国人大常委会举行委员长会议，乔石主持了会议。会议首先听取了全国人大秘书长曹志关于八届全国人大常委会第十五次会议议程草案和日程安排意见的汇报。决定八届人大常委会第十五次会议于8月23日—29日在北京举行。会议还听取了法律委员会主任薛驹、教科文卫委员会主任赵东宛和全国人大法律委员会主任顾昂然的工作汇报。

8月16日—20日　全国高新技术产业化会议暨第四次全国火炬计划工作会议召开。会议由国家科委常务副主任朱丽兰主持，国家科委主任宋健讲话指出，1988年，党中央、国务院作出了发展我国自己的高新技术产业的重大决策，并先后批准成立了52个国家级高新技术开发区，使其成为我国国民经济发展的一个重要增长点。高新技术开发的作用主要是吸收国内科学家、企业家，为大院大所、大专院校提供舞台，发展自己的民族的高技术产业，生产具有自己的知识产权的高技术产品。

8月17日　中国进行地下核试验，外交部发言人发表谈话。谈话说，中国在核试验问题上一贯持十分克制的态度，试验次数极为有限。中国主张全面禁止和彻底销毁核武器。拥有少量核武器完全是为了自卫，不对任何国家构成威胁。中国积极参加全面禁核试条约的谈判，争取不晚于1996年达成该条约。条约一旦生效，中国将停止核试验。

8月22日　第六届全国人大常委会副委员长陈丕显逝世。陈丕显，1916年3月生于福建省上杭县，1929年加入共产主义青年团，1931年转为中国共产党党员，先后担任共青团福建省委儿童局书记，共青团中央儿童局书记。抗日战争爆发后，到中共中央东南局工作，任青委书记、青年部长，渡江北上，随军东进，创建了苏中敌后抗日根据地，历任苏中区党委副书记、书记，新四军苏中军区政委。解放战争时期，历任华中野战军七纵队政委，华中分局委员，华中分局驻苏中区代表，新四军华中指挥部、苏北兵团、苏北军区政委。1949年随军渡江南下，任苏南区党委书记，苏南军区政委，华东军政委员会委员。1952年后历任上海市委第四书记、第二书记、市委书记处书记，上海警备区第二政委、第一政委，华东局书记处书记，上海市政协主席，上海市委第一书记。1977年后，任云南省委书记、云南省革委会副主任，湖北省委第二书记、湖北省革委会第一副主任，湖北省委第一书记。在中共十二届一中全会上当选为中央书记处书记，历任中央政法委员会书记，中央保密委员会主任，第六届全国人大常委会副委员长。是中共第八届中央候补委员，第十一届、第十二届中央委员。

同　日　国务院新闻办公室发表《中国计划生育》白皮书。白皮书分7个部分：符合国情的战略决策、造福于民的社会事业、国家指导与群众自愿相结合、赢得人民的共识、满足育龄群众生殖保健的需要、在改革和发展中走向完善和保护人权的正确选择。全文约17 000字，对中国迎接人口问题的挑战、中国实行计划生育的政策和措施、中国实行计划生育的成效等方面的情况，作了全面、详尽、系统的介绍，还对国外有些人对中国计划生育政策的攻击进行了批驳。

8月23日—29日　第八届全国人民代表大会常务委员会举行第十五次会议。会议听取了法律委员会副主任委员项淳一所作的大气污染防治修改草案审议结果的报告，法律委员会副主任王叔文所作的体育法草案审议结果的报告，法制工作委员会主任顾昂然受委员长会议委托所作的关于惩治伪造、虚开代开增值税专用发票犯罪的决定草案的说明，国家环保局局长解振华所作的关于固体废物污染环境防治法草案的说明。会议还听取了国家统计局局长张塞所作的统计法修正草案的说明，外交部副部长姜恩柱所作的关于提请审议批准中华人民共和国和希腊共和国关于民事和刑事司法协助的协定、中华人民共和国和乌兹别克斯坦共和国领事条约的说明。

8月25日　中央军委隆重举行纪念抗日战争胜利50周年驻京部队老战士座谈会。国家主席江泽民等党和国家领导人接见了抗日英模代表。江泽民讲话强调，中华民族有着深厚的爱国主义传统，这是我国各族人民风雨同舟、自强不息的强大精神支柱。50年前，正是在爱国主义精神感召下，举国上下，万众一心，前赴后继，粉碎了日本帝国主义者妄图灭亡中国的迷梦。在进行改革开放和现代化建设的新时期，我们仍然需要大力弘扬爱国主义精神。有了这种精神，就能最大限度地凝聚和动员全民族的力量，为不断夺取社会主义现代化事业的胜利而团结奋斗。

9月1日　《求是》杂志发表陈慕华文章：《平等、发展与和平是全世界妇女的共同追求》。文章说：自从1971年联合国恢复中国的合法席位之后，中国就积极地参与了联合国系统妇女领域的活动，先后五次当选为联合国妇女地位委员会成员国，连续四次被选为联合国消除对妇女歧视委员会委员。全国妇联已同130多个国家和地区近480个政府和民间妇女、儿童组织建立了友好联系。与联合国儿童基金会、联合国妇女发展基金等机构合作，开展合作项目700余个，培训30多万人，合作项目遍及中国30个省、自治区和直辖市。内容涉及农村妇女扫盲和实用技术培训、城市待业女青年培训、学前教育师资培训、普及妇幼卫生和家庭教育知识等。其中“帮助青年就业项目”荣获联合国妇女发展基金特别奖。1980年以来，中国已向50个国家的妇女、儿童组织提供了101批实物援助，多次派出人员去发展中国家传授技术，帮助培训妇女，受到当地政府和人民的好评。最近，国务院颁布了《中国妇女发展纲要》（1995—2000年）。《纲要》确定了今后6年中国妇女事业发展的任务和主要目标，提出了相应措施，是指导和促进我国妇女进步与发展的行动纲领。

同　日　中共中央、全国人大常委会、国务院、全国政协、中央军委电贺西藏自治区成立30周年。《人民日报》发表社论：《维护祖国统一，实现宏伟目标——庆祝西藏自治区成立30周年》，还发表阿沛·阿旺晋美的文章：《为中国共产党的民族区域自治政策的伟大胜利欢呼——庆祝西藏自治区成立30周年》。

9月1日—4日　西藏隆重集会庆祝自治区成立30周年。国务院副总理、中央代表团团长吴邦国率中央代表团参加庆典并在庆祝会上讲话。吴邦国向西藏自治区赠送了江泽民总书记题写的“热烈庆祝西藏自治区成立30周年”大幅锦旗。西藏自治区主席江村罗布在大会上讲话说，西藏自治区成立以来的30年，是中国共产党领导西藏各族人民推动社会进步，人民当家做主的30年；是党的民族政策不断取得新的胜利，民族区域自治制度不断完善和加强的30年；是不断发展和解放生产力，促进经济繁荣，人民生活水平不断提高的30年。目前西藏政治稳定，经济发展，民族团结，边防巩固，人民安居乐业，全区各级党政组织率领各族各界人民，以中央第三次西藏工作座谈会精神总揽全局，确定发展路子，调整发展战略，狠抓各项措施落实，各项事业呈现出勃勃生机。他说，从现在起到本世纪末，是西藏经济和社会发展的关键时期。主要任务是：经济上稳定发展第一产业，有重点地发展第二产业，大力发展第三产业，大力加强并适度超前发展基础设施建设；国民生产总值年均增长10%左右，多数群众达到小康水平，国民经济和社会发展的整体水平有较大幅度提高；政治上针锋相对地开展对达赖分裂集团的斗争，团结西藏各族人民，彻底粉碎分裂主义势力的种种图谋，保持社会稳定，为维护祖国统一和边疆的安宁做出新的贡献。9月1日下午，吴邦国为团长的中央代表团慰问了驻藏部队和武警、公安政法战线的代表。9月2日上午，中央代表团在西藏大昭寺向西藏佛协和21座重点文物寺庙赠送贺幛、礼品并发放布施。贺幛上绣着中共中央总书记、国家主席江泽民的亲笔题词："爱国、爱教、团结、进步"。还向西藏佛协和21座重点寺庙赠送了由中国藏学出版社出版的"中华大藏经"各一套，并发放30万元的布施。9月3日上午，全国人大常委会副委员长、中央代表团副团长帕巴拉·格列朗杰，全国政协副主席、中央统战部部长、中央代表团副团长王兆国等同西藏民族、宗教界爱国人士座谈。吉普·平措次登、拉鲁·次旺多吉、拉玛次仁、珠康·土登珠等先后发言，表示要像爱护自己眼睛一样，维护西藏的稳定和民族团结，坚决反对境外达赖集团的分裂行为，坚决维护国家主权和中央的权威，为西藏经济建设做出贡献。

9月3日　首都各界隆重举行纪念抗日战争暨世界反法西斯战争胜利50周年大会。江泽民等党和国家领导人出席大会。江泽民在讲话中指出：中国抗日战争，是世界反法西斯战争的重要组成部分，是世界反法西斯战争的东方主战场。中国的持久抗战特别是中国共产党领导的敌后战场，抗击和牵制了日本陆军总兵力的2/3，迫使日军放弃北上计划，削弱了日军南进的实力，支援了太平洋战场美英盟军的作战。中国人民在与日本法西斯进行的殊死搏斗中，共歼灭日军150余万，约占日军在第二次世界大战中死伤人数的70%，对其彻底覆灭起到了决定性的作用。中华民族为世界反法西斯战争的胜利付出了巨大的民族牺牲，为人类文明进步事业做出了彪炳千古的历史贡献。中国抗日战争得到世界人民的支持。我这里要特别提到苏联、美国、英国等反法西斯盟国对中国抗战给予的人力、物力支持。苏联卫国战争给德国法西斯以毁灭性的打击，并同盟军一起夺得反法西斯战争欧洲战场的胜利；美英盟军在太平洋战场的反攻和苏联红军出兵东北，东南亚各国人民的抗日斗争；朝鲜、越南、美国、加拿大、印度、日本等国反法西斯战士的志愿援华行动，都是对中国抗日战争的巨大支持和宝贵援助。在世界反法西斯战争胜利的丰碑上，熔铸着中国人民的卓著功勋；在中国抗日战争胜利的红旗上，凝结着各国友人的血迹。中国抗日战争和世界反法西斯战争的胜利说明，不管侵略者如何猖狂一时，世界终究是世界人民的世界，中国终究是中国人民的中国。在热爱和平、追求进步、团结一致的人民面前，任何造成历史倒退的邪恶力量，最终都将被战胜！

老将军萧克代表抗战老战士，全国人大常委会副委员长、民革中央主席李沛瑶代表各民主党派中央、全国工商联和无党派人士，共青团中央第一书记李克强代表各人民团体先后讲话。同日，《人民日报》发表社论：《和平与正义是不可战胜的——纪念中国人民抗日战争胜利50周年》。

9月4日—15日　联合国第四次世界妇女大会在北京举行。来自197个国家、地区的领导人和代表共1.76万余人出席会议。中国国家主席江泽民出席大会欢迎仪式并讲话。他说，妇女是人类社会的“半边天”。妇女与男子共同创造了人类的物质财富和精神文明，都是社会发展和进步的推动者。妇女还为人类的繁衍做出了特殊的贡献。她们哺育了一代代的新生命，培育了千百万的英雄、学者和诗人。然而，在人类社会发展的进程中，妇女长期处于同男子不平等的地位。歧视偏见，像一条无形的绳索束缚着人们的心灵。这种陈腐观念，早就应当打破。联合国成立以来，国际形势发生巨大而深刻的变化，全球妇女事业走过了一条不寻常的道路。国际社会为促进男女平等，做法出过很大努力。取得了一定进展。但是，环顾世界，妇女受歧视、受压迫以至受摧残的现象并未绝迹，影响妇女地位的种种障碍远未消除。在和平与发展的时代主旋律日益鲜明的今天，要求尊重妇女，保护妇女，彻底改变妇女命运的呼声更加高涨。这次世界妇女大会确定“以行动谋求平等、发展与和平”的主题，无疑是给全球妇女事业的发展注入新的活力。我们高兴地看到，世界要和平，国家要稳定，经济要发展，社会要进步；妇女要解放，男女要平等，已成为各国妇女的普遍愿望，也是不可抗拒的历史潮流。联合国秘书长加利的特别代表、联合国副秘书长基塔尼出席开幕式并代表加利讲话。会议选举中国全国人大常委会副委员长、全国妇联主席、世妇会中国政府代表团团长陈慕华任联合国第四次世界妇女大会主席。9月5日，大会在北京国际会议中心举行两次全体会议，开始一般性辩论。来自世界各国的代表团团长、贵宾以及国际组织的代表在会上发言，代表各自的政府和组织，围绕“以行动谋求平等、发展、和平”主题，呼吁世界各国政府承担诺言，消除对妇女的一切歧视，尊重和保护妇女，进一步提高妇女的地位。中国政府代表团副团长、国务委员彭珮云在大会上发言，阐述了中国政府关于妇女发展问题的主张。9月15日，第四次世界妇女大会胜利闭幕。会议通过了加速执行《内罗毕战略》的《北京宣言》和《行动纲领》。9月16日，《人民日报》发表社论：《重在行动——热烈祝贺第四次世界妇女大会胜利闭幕》。

9月8日　国家主席江泽民会见美国前总统布什。江泽民在谈话时指出：希望美国政府能从中美关系的大局出发，不要再给两国关系制造新的麻烦和障碍，为双边关系的改善创造良好的气氛。布什表示，他理解台湾问题在美中关系中是一个敏感问题，应当谨慎地处理这一问题。9月11日，国务院总理李鹏也会见了布什。布什是作为美国国际矿业和化学品公司客人前来北京出席由这家美国公司和中国化工进出口总公司联合举办的第四十四届世界粮食生产会议的。

9月9日　国家劳动部、国家经贸委、全国总工会联合召开困难企业职工生活保障和分流安置工作座谈会。吴邦国副总理出席会议并发表讲话指出：根本出路在于深化改革，发展经济，开拓新的生产经营路子。

9月14日—17日　中国居住环境建设成就展览会举行。中共中央总书记江泽民等党和国家领导人参观了设展。9月14日晚，江泽民来到北京国际贸易展览中心，参观了各个展厅，询问了三大城市人均居住面积的提高情况，并了解了各地安居工程的建设情况。他对建设部负责同志说，党的十一届三中全会以来，我国的城乡建设取得了很大成绩，人民群众居住环境有了显著变化，城市居民住房困难得到了缓解。各级党政领导要多搞些“雪中送炭”，坚持把中低收入居民的住房问题作为重点首先解决好，要大力推动普通标准住宅建设，加快城市市政公用基础设施建设，改善居住环境和文明条件。国务院总理李鹏9月15日在参观中国居住环境建设成就展览会时指出，中国是一个发展中的国家，必须坚持勤俭建国、艰苦奋斗的方针。各级政府对那些属于高档的楼堂馆所建设项目要严格加以控制，多在为广大人民服务的安居工程方面下大功夫，为进一步改善城乡人民的居住条件做出新的贡献。全国政协主席李瑞环在参观中国居住环境建设成就展览会时指出，要从我国国情出发，把关系千百万群众切身利益的住房问题切实解决好。

9月20日　第五十届联合国大会总务委员会否决了尼加拉瓜等国提出的让台湾“重返联合国”恢复“代表权”的提案。9月21日，我外交部发言人在答记者问时指出，这一提案违反联合国宪章，必定失败。

9月20日—22日　第5届太平洋环境会议在北京举行。会议由中华环境保护基金会、日本环境协会和美国东西方中心联合组织，中华环保基金会主办。来自日本、美国、柬埔寨及香港等环太平洋地区12个国家和地区的120多名专家学者参加。会议主题是：环境管理、对策与公众参与。专家学者就污染物越境转移、水土保持、城市环境、物种多样性保护、环境管理与公众参与等5个议题展开了讨论，并达成共识：许多环境问题是具有全球性的，即不仅在贫穷国家存在，而且在富足国家也存在；不仅在发达国家存在，而且在经济发展中国家以及所有实行不同政治制度的国家也存在。因此寻求解决环境问题的方法将同样具有全球性意义。21日，会议发表联合公报，提出只有通过有效的环境教育，各行各业的广泛参与（包括政府和非政府组织的参与），以及相应的保护环境对策，才能真正实现可持续性发展的目标。

9月25日—28日　中国共产党第十四届中央委员会第五次全体会议在北京举行。出席这次会议的中央委员176人，候补中央委员125人。中央纪律检查委员会常务委员会委员和有关方面的负责同志列席会议。全会审议并通过了《中共中央关于制定国民经济和社会发展“九五”计划和2010年远景目标的建议》，全文共分六部分：一、我国国民经济和社会发展的重要时期；二、主要奋斗目标和指导方针；三、经济建设的主要任务和战略布局；四、改革开放的主要任务和部署；五、社会发展的主要任务和基本政策；六、全党全国各族人民团结起来，为实现“九五”计划和2010年远景目标而奋斗。李鹏就《建议》草案作了说明。全会提出，“九五”时期国民经济和社会发展的主要奋斗目标是：全面完成现代化建设的第二步战略部署，2000年，在我国人口将比1980年增长3亿左右的情况下，实现人均国民生产总值比1980年翻两番；基本消除贫困现象，人民生活达到小康水平；加快现代企业制度建设，初步建立社会主义市场经济体制。2010年的主要奋斗目标是：实现国民生产总值比2000年翻一番，使人民的小康生活更加宽裕，形成比较完善的社会主义市场经济体制。在经济和社会发展中，要认真贯彻以下重要方针：一、保持国民经济持续、快速、健康发展。二、积极推进经济增长方式转变，把提高经济效益作为经济工作的中心。三、实施科教兴国战略，促进科技、教育与经济紧密结合。四、把加强农业放在发展国民经济的首位。五、坚定不移地实行对外开放。六、实现市场机制和宏观调控的有机结合，把各方面的积极性引导好、保护好、发挥好。七、坚持区域经济协调发展，逐步缩小地区发展差距。八、坚持物质文明和精神文明共同进步，经济和社会协调发展。全会指出，今后15年，要下大力量切实转变经济增长方式，显著提高国民经济整体素质和效益，使社会生产力有一个大的发展。经济建设的主要任务是：优化产业结构，着力加强第一产业，调整和提高第二产业，积极发展第三产业；广泛采用先进技术装备。社会生产各部门，重点改造国有大中型企业，加快国民经济信息化进程；大力发展科技教育，普遍提高劳动者素质，培养各级各类人才，缩小我国科学技术同世界先进水平的差距；引导地区经济协调发展，形成若干各具特色的区域经济，促进全国经济布局合理化。在经济建设中，重点加强农业、水利、能源、交通、通信、科技、教育。同时，振兴支柱产业，培育高技术产业，促进和带动国民经济全面发展。加强国防现代化建设，增强国防实力。全会决定递补中央候补委员耿全礼、马启智为中央委员。全会决定增补张万年、迟浩田为中央军委副主席，王克、王瑞林为中央军委委员。全会审议并通过了中央纪律检查委员会关于陈希同问题的审查报告。陈希同在担任北京市委书记、市长期间，严重失职，对原北京市委常委、副市长王宝森的违法犯罪活动负有重大责任；腐化堕落，生活奢糜；利用职权，为其亲属谋取非法利益；利用职务和公务之便，收受贵重物品。其所犯错误是严重的。全会决定撤销他的中央政治局委员、中央委员的职务，并建议依照法律程序，罢免其全国人大代表职务。鉴于他在经济等方面的问题有些还没有完全查清，决定对他的问题继续进行审查。全会号召，全党同志和全国各族人民，在以江泽民为核心的党中央领导下，更加紧密地团结起来，高举建设有中国特色社会主义的伟大旗帜，为实现国民经济和社会发展“九五”计划和2010年远景目标，为把我国建设成富强、民主、文明的社会主义现代化国家而奋斗！

10月1日　《人民日报》发表社论：《走向新世纪的中国》。社论说：党的十四届五中全会通过了《中共中央关于制定国民经济和社会发展“九五”计划和2010年远景目标的建议》。“九五”期间，我们将全面完成现代化建设的第二步战略部署，到本世纪末，实现人均国民生产总值比1980年翻两番，人民生活水平达到小康水平，初步建立社会主义市场经济体制；到2010年，实现国民生产总值比2000年翻一番，使人民的小康生活达到比较宽裕的程度，形成比较完善的社会主义市场经济体制。美好壮丽的远景，给国庆佳节增添了喜气。今年是“八五”计划的最后一年。全党和全国人民在以江泽民为核心的党中央领导下，继续贯彻“抓住机遇、深化改革、扩大开放、促进发展、保持稳定”的方针，正确处理改革、发展、稳定的关系，统一思想，总揽全局，加强协调，扎实工作，取得了可喜的新成就。经济体制改革朝着建立社会主义市场经济体制的方向继续前进，国家宏观调控的目标进一步实现，农业生产战胜了比较严重的水旱灾害，可望获得较好收成，国有企业的改革稳步推进，工业生产结构有所调整，国内市场持续旺销，物价涨幅逐渐回落，对外贸易快速增长，货币投放和信贷规模控制较好，财政运行基本平稳，国民经济持续、快速、健康发展。原定在2000年实现国民生产总值比1980年翻两番的奋斗目标，将在今年提前实现。

10月1日—2日　新疆隆重举行庆祝自治区成立40周年大会。国务院副总理、中央代表团团长姜春云代表党中央、国务院，向新疆维吾尔自治区赠送了由江泽民总书记题写“庆祝新疆维吾尔自治区成立40周年”的大幅锦旗，并在会上发表讲话。庆祝大会由新疆维吾尔自治区党委代理书记王乐泉主持。大会宣读了中共中央、全国人大常委会、国务院、全国政协和中央军委发来的贺电。新疆维吾尔自治区主席阿不来提·阿不都热西提在大会讲话中指出，自治区成立以来的40年，是中国共产党领导新疆各族人民推动社会全面进步的40年，是党的民族政策和民族区域自治制度不断取得辉煌成果的40年，是新疆各族人民团结奋斗、艰苦创业、从胜利走向胜利的40年。在新的历史时期，我们一定要更加珍惜安定团结的局面，牢固树立汉族与少数民族谁也离不开谁的思想，各民族同呼吸、共命运、心连心，反对民族分裂，维护祖国统一，为国家的稳定和发展做出新的更大的贡献。此前，9月29日，新疆维吾尔自治区劳动模范、先进工作者暨民族团结进步模范单位及个人表彰大会在乌鲁木齐市人民会堂隆重举行，姜春云率领的中央代表团和自治区党、政、军和生产建设兵团主要领导同志出席会议，并向先进集体和个人颁奖。703名劳动模范和先进工作者、200多位民族团结先进个人和100个民族团结模范单位的代表身披彩带，在激昂的管乐声及全场热烈的掌声中，相继登上大会主席台领奖。9月30日，姜春云等在自治区党政领导王乐泉、阿不来提·阿不都热西提、贾那布尔、阿木冬·尼牙孜陪同下，为中国人民解放军进军新疆纪念碑揭幕。10月1日，中央代表团慰问了驻疆部队、武警官兵、公安政法战线代表和新疆生产建设兵团干部职工，高度赞扬了他们为保卫新疆、建设新疆做出的重大贡献和卓越功勋。10月2日，中央代表团副团长赛福鼎·艾则孜等在自治区领导贾那布尔等陪同下，参加新疆维吾尔自治区各族各界爱国人士座谈会，与50多位党外知名人士相聚一堂，亲切交谈。庆祝活动期间，德德玛、蒋大为、杨丽萍等70多位文艺工作者组成的中央代表团艺术团在新疆为各族群众举行了慰问演出。

10月3日—17日　李鹏总理应摩洛哥首相、墨西哥总统、秘鲁总统、加拿大总理、马耳他总理的邀请先后访问5国。随同李鹏总理出访的有夫人朱琳、国务委员兼国务院秘书长罗干、国家计委主任陈锦华等。10月3日李鹏一行抵达摩洛哥首都拉巴特，与摩洛哥首相菲拉利会谈。中摩两国签署了中国政府向摩洛哥王国赠款换文和中摩两国政府文化合作1996年—1998年的执行计划。10月4日，摩洛哥国王哈桑二世在拉巴特会见李鹏并进行了友好交谈，授与李鹏摩洛哥最高勋章——阿拉维勋章。当天，李鹏向穆罕默德五世墓献了花圈并在陵墓的纪念册上题词。当天，李鹏还会见了摩洛哥议长赛义德。10月5日，李鹏一行到达墨西哥城。10月6日，墨西哥总统塞迪略在总统府国民宫举行欢迎仪式，欢迎李鹏一行，李鹏和塞迪略举行会谈。两国政府签订了3项合作协议：中国国家民委和墨西哥社会发展部合作协议、中墨邮电电讯领域合作谅解备忘录、中国外交部和墨西哥外交部学术合作协议。10月7日，李鹏接受了《墨西哥太阳报》社长巴斯克斯和特来维萨电视台副董事长萨布洛杜夫斯基的采访。10月8日，李鹏到墨西哥东部城市坎昆访问。10月9日，李鹏一行到达秘鲁首都利马，秘鲁总统藤森前往机场迎接。10月10日，李鹏和藤森举行会谈，并出席了中国政府向秘鲁政府赠款和中国银行向秘鲁政府提供信贷的协议签字仪式。当天，李鹏向秘鲁独立先驱纪念碑敬献了花圈，并会见了秘鲁部长会议主席科尔多瓦。10月11日，李鹏会见秘鲁议会议长玛尔塔查韦斯。10月13日，李鹏一行抵达加拿大首都渥太华，加拿大总理克雷蒂安举行隆重仪式欢迎李鹏总理一行。10月13日，两国总理举行了会谈，两国政府签署了中国人事部和加拿大人力资源开发部加拿大西部经济多样部关于人力资源开发的谅解备忘录、两国政府核能合作谅解备忘录、核能合作项目协议和中加两国卫生部之间的合作备忘录。10月14日，中加两国企业界签署了11项经济合作协议和合同，协议总金额达5.38亿美元。10月14日，李鹏与加拿大总督勒布朗会见并会谈。10月16日上午，李鹏一行抵达马耳他首都瓦莱塔，马耳他总理阿达米到机场迎接，并举行隆重欢迎仪式。当天，李鹏同阿达米进行了会谈。10月17日，马耳他总统鲍尼其会见李鹏一行，双方进行了友好会谈。10月17日，李鹏一行结束访问回国。10月19日，《人民日报》发表社论《加强合作，共创未来——热烈祝贺李鹏总理访问五国圆满成功》。

10月5日—7日　全国政协八届常委会第十四次会议在京举行。全国政协主席李瑞环主持会议并讲话。国务院副总理朱镕基就《中共中央关于制定国民经济和社会发展“九五”计划和2010年远景目标的建议》起草情况作了报告。会议的主要议程是：传达学习中共十四届五中全会精神；审议通过政协第八届全国委员会各专门委员常务主任、副主任名单；审议李瑞环主席访问古巴、牙买加、巴西、智利4国情况的报告；审议政协老战士代表团关于出席莫斯科纪念世界反法西斯战争胜利50周年庆典情况的报告；审议全国政协委员赴云南、黑龙江、湖北、湖南、陕西等省和内蒙古自治区视察情况的报告和香港地区全国政协委员赴贵州省视察情况的报告；以及人事任命事项。

10月6日—10日　第七届国际反贪污大会在北京开幕。会议的主题是：反贪污与社会的稳定和发展。89个国家和地区的900多人参加了大会。国家主席江泽民和全国人大常委会副委员长王汉斌分别发表了讲话。

10月6日—10日　全军后勤科学技术大会在京举行，中央军委主席江泽民接见与会代表。中央军委副主席张万年、总参谋长傅全有出席大会并讲了话。会议是根据党中央、国务院关于加速科学技术进步的决定和全国科学技术大会要求，按照中央军委关于把科学强军作为我军建设长期发展战略的指示召开的。会议围绕实现后勤保障有力的总目标，对在全军贯彻落实《总后勤部关于实施科技兴后勤发展战略，加速后勤科学技术进步的决定》和“九五”后勤科研规划进行了动员和部署。江泽民等参观了全军后勤新装备新成果展览。展览展出了我军后勤战线“八五”期间在军需、卫生、车船维修、军交、油料、野营、仓库、后勤指挥管理自动化装备，以及海军、空军、二炮等专用后勤装备研制方面取得的丰硕成果。

10月7日　纪念胡厥文诞辰100周年座谈会在京举行。李瑞环出席了座谈会。王兆国在讲话中指出，作为中国民主建国会和中华职业教育社的卓越领导人之一，胡厥文先生同中国共产党精诚合作、并肩战斗四十余年，矢志不移地同中国共产党一道前进，经受了历史的考验。他对建设社会主义的事业满腔热忱，无私奉献；他为巩固和扩大最广泛的爱国统一战线、坚持和完善中国共产党领导的多党合作和政治协商制度，殚思极虑，忘我工作；他历来以对国家和人民高度负责的精神和实事求是的科学态度，注重调查研究，襟怀坦诚、知无不言、言无不尽地向中国共产党和人民政府提出自己的意见、建议；他广泛联系团结社会各界人士和广大群众，为共同搞好国家的建设和各项工作尽心竭力。

10月11日　中国银行总行新闻发言人宣布：中国银行发行澳门元钞票。

同　日　中国国际广播中心工程落成，李瑞环等出席落成仪式并参观了业务楼。

10月17日　江泽民发表谈话。国家主席江泽民会见美国《新闻周刊》和《美国新闻与世界报道》客人时发表谈话指出：目前中美关系所面临的困难，是美方允许李登辉访美一事造成的。要克服两国关系中的困难，理所当然需要美方采取措施，消除李登辉访美所造成的严重后果。关键是美方在实际行动中恪守中美三个联合公报的原则，切实履行所作出的严肃承诺，取信于中国人民，使中美关系逐步回到健康和稳定的轨道上来。台湾问题是中国的内政。我们还是主张“和平统一、一国两制”的方针。我们反对的就是“两个中国”、“一中一台”和台湾独立。我们不承诺放弃使用武力。我们下定了这个决心，万一出现分裂祖国的局面，不管是来自境外的国际敌对势力，还是台湾本身的分裂主义势力，我们可能不可避免地要用非和平方式。当然，我们绝对不希望有这样的一天。

10月18日—22日　全国精神文明建设经验交流会在张家港市召开。会议主题是总结推广江苏张家港市重视精神文明建设、促进两个文明协调发展的经验，交流全国各地精神文明建设的好做法、好经验，研究在社会主义市场经济条件下，如何进一步加强精神文明建设问题。中共中央政治局委员、中宣部部长丁关根在会上强调，党的十四届五中全会为今后15年我国经济和社会发展制定了振奋人心的宏伟纲领，对社会主义精神文明建设提出了新的要求。我们一定要认真贯彻五中全会精神进一步加强精神文明建设，激发全国各族人民建设祖国的巨大热情，振奋艰苦创业精神，为实现跨世纪的宏伟目标做出贡献。

10月21日—25日　江泽民主席应联合国秘书长加利的邀请，赴纽约出席联合国成立50周年特别纪念会议。国务院副总理兼外交部长钱其琛等随行。10月21日，江泽民一行到达纽约，当天下午，江主席和加利出席在纽约联合国总部举行的中国向联合国赠送“世纪宝鼎”揭幕仪式并先后致辞。10月23日，江主席在纽约会见了古巴国务委员会主席卡斯特罗、以色列总理拉宾、巴基斯坦总理布托等。10月24日，江主席和美国总统克林顿在林肯中心会晤。江主席指出：我们主张：一、两国领导人应当从战略高度看待中美关系，排除各种阻力和干扰，使中美关系的航程始终保持正确的方向。二、中美三个联合公报仍然是中美关系的基础。只要三个公报得到遵守，中美关系就发展；相反，就遭挫折。三、中美两国能走到一起，是因为我们有共同利益。为了发展和扩大双方的共同利益，我们需要尊重各自的国情和选择，超越社会制度和意识形态的差距，以一种平等、协商和合作的精神，处理相互间的一切问题。10月24日，江泽民主席在联合国成立50周年特别纪念会议上发表了题为《让我们共同缔造一个更美好的世界》的重要讲话。讲话指出：50年前，在本世纪上半叶，不到30年就爆发了两次世界大战，给人类带来空前的浩劫和惨痛的教训。联合国宪章的制定和联合国组织的创建，适应了时代进步的客观需要，体现了各国人民渴求消除战争劫难的强烈愿望，反映了人类要求建立一个和平、平等、合作和繁荣的新世界的美好理想。今天，联合国在世界上的地位和影响，是其他国际组织或国家集团所不能替代的。但是，联合国也遭受过不少挫折和失败。有的大国曾经利用联合国的旗号推行他们的政治意志，他们之间的争夺往往使联合国陷于无所作为的困境。广大发展中国家的意志和权益，在联合国长期未能得到充分尊重。这是人们不能满意的。任何国家，自恃强大，迷信武力，谋求霸权，推行扩张政策，注定要失败。制造借口侵犯他国主权，干涉他国内政，终将自食其果。不顾当代世界丰富多彩的客观实际，企图把自己的社会制度、发展模式和价值观念强加于人，动辄以孤立、制裁相威胁，这种霸道行为只能以损人开始，害己告终。凭借不公正、不合理的国际经济秩序，把自己的发展建立在他国贫困落后的基础上，是不得人心的。企图包揽世界事务，主宰别国人民命运的做法，越来越行不通了。总之，一切违背时代潮流，违反各国人民根本利益的行径，必然要受到抵制和反对。

10月23日—30日　第八届全国人民代表大会常务委员会举行第十六次会议。乔石委员长主持会议。会议听取了法律委员会副主任委员项淳一等分别作的关于民用航空法草案，惩治伪造、虚开代开增值税专用发票犯罪的决定草案，固体废物污染环境防治法草案和食品卫生法修订草案审议结果的报告；法制工作委员会主任顾昂然关于行政处罚草案的说明；环境与资源保护委员会副主任委员秦仲达关于水污染防治法修正案草案的说明；电力部部长史大桢、司法部部长肖扬受国务院委托作的关于电力法草案、律师法草案的说明。外交部副部长张德广作的关于提请审议批准中华人民共和国和塞浦路斯共和国关于民事、商事和刑事司法协助的条约、中华人民共和国和保加利亚共和国关于刑事司法协助的条约的说明；公安部部长陶驷驹受国务院委托所作的关于当前社会治安情况的报告；李沛瑶副委员长关于检查全国人大常委会关于禁毒的决定执行情况的报告。会议通过了新中国历史上第一部民用航空法。

10月24日　李鹏在联合国成立50周年纪念大会上作题为《维护联合国宪章的宗旨和原则、促进和平与发展的崇高事业》的讲话。李鹏在讲话中说：联合国宪章的制定和联合国组织的创建，反映了各国人民要求消除战争的坚定意志和建立公正合理国际秩序的崇高理想。这是世界反法西斯战争胜利的一个重大成果。中国是旧金山制宪会议的发起国之一，对联合国的产生起到了重要作用。中国共产党的代表董必武作为中国代表团的成员，参加了制宪会议并在《联合国宪章》上签了字。中华人民共和国成立后，曾被非法排斥在联合国之外达22年之久。在广大爱好和平、主持正义的国家和人民的共同努力下，终于在1971年第26届联大以压倒多数通过2758号决议，恢复了中华人民共和国在联合国的一切合法权利。这不仅在政治上、法律上和程序上彻底解决了中国在联合国的代表权问题，而且维护了联合国宪章的严肃性，提高了联合国的声望。中国作为安理会常任理事国，充分意识到自己肩负的重大国际责任。我们一贯恪守联合国宪章的宗旨和原则，同广大爱好和平、主持正义的国家一道，为维护世界的和平与稳定，促进各国的共同发展与合作，进行了坚持不懈的努力。我们坚决反对霸权主义和强权政治，主张大小国家一律平等，维护广大第三世界国家的权益，坚持通过谈判和协商和平解决国际争端，反对干涉他国内政，在处理国际事务中伸张正义，按照事情本身的是非曲直决定自己的态度。“路遥知马力，日久见人心”。中国在联合国所持的原则立场和合理主张，经得起时间的考验，受到了国际社会的赞誉。

同　日　首都各界300多人在人民大会堂举行纪念台湾光复50周年集会。国务院总理李鹏出席大会并发表讲话。他指出：台湾自古以来就是中国领土不可分割的一部分。一百年前，日本帝国主义发动侵略中国的“甲午战争”，迫使当时腐败的清政府签订丧权辱国的《马关条约》，强占了中国领土台湾及澎湖列岛，实行殖民统治长达半个世纪之久。在这50年的岁月里，日本殖民统治者掠夺台湾的资源，压迫和屠杀台湾同胞，推行奴化政策，使台湾同胞处于水深火热之中，这是所有中国人永远不会忘记的。在这50年的岁月里，具有光荣爱国传统的台湾同胞和全国人民一起，为推翻日本的殖民统治，进行了不屈不挠、可歌可泣的斗争，多达60余万台湾同胞为此作出牺牲，涌现出许多名垂青史的爱国英雄。抗日战争期间，一批批台湾同胞冒着生命危险，奔赴祖国大陆参加抗战。随着世界反法西斯战争和中国抗日战争的胜利，根据当时的中国政府参与签署的《开罗宣言》和《波茨坦公告》，台湾及澎湖列岛正式重归中国版图，重置于中国主权管辖之下。1949年中国人民推翻了国民党的反动统治，建立了中华人民共和国，开始了中国历史的新纪元。虽然台湾与祖国大陆迄今尚未统一，但是台湾作为中国领土一部分的地位从未改变，中国对台湾有无可争辩的主权。世界上只有一个中国，台湾是中国一部分，中华人民共和国政府是代表全中国的唯一合法政府。台湾已经回归祖国50年了，中国人民决不容许台湾再从中国领土中分裂出去。

10月25日　广东岭澳核电站11个合同和协议签字。李鹏接见参加签字仪式的中外代表。该核电站是继大亚湾核电站建设投产后，中国在广东地区建设的又一大型核电项目。

10月27日　中宣部、中央编译局、新闻出版署在北京联合召开新编马列著作出版座谈会。新编马列著作是由中共中央马克思恩格斯列宁斯大林著作编译局编译、人民出版社出版的，包括《马克思恩格斯全集》中文第二版首批第一、十一、三十卷和《马克思恩格斯选集》中文第二版、《列宁选集》中文第三版。与原有版本比较，这三个新版本具有3个共同特点：译文准确、流畅；编目更全面、合理；说明性、注释性资料更翔实。中宣部副部长刘云山、中央党校副校长苏星在座谈会上讲话。

11月1日　《人民日报》全文发表全国人民代表大会常务委员会《关于惩治虚开、伪造和非法出售增值税专用发票犯罪的决定》。这个决定是1995年10月30日第八届全国人民代表大会常务委员会第十六次会议通过的。国家主席江泽民于1995年10月3日签署国家主席令颁布施行。这个决定全文共13条。

同　日　《人民日报》全文发表《中华人民共和国食品卫生法》。这项法令是1995年10月30日第八届全国人民代表大会常务委员会第十六次会议通过，并于当日由江泽民主席签署国家主席令颁布实施的。全文共9章57条。

11月4日—20日　人大常委会委员长乔石应邀访问巴基斯坦、埃及和印度。乔石一行于11月4日抵达巴基斯坦首都伊斯兰堡，与巴议长吉拉尼进行了会谈，11月6日拜会了巴总统莱加利和总理布托。11月8日乔石一行抵达埃及首都开罗，与埃及议长苏鲁尔进行了会谈。11月9日乔石拜会了埃及总统穆巴拉克、埃及总理西德基。11月10日，乔石一行参观了著名的阿斯旺水坝。11月15日乔石一行抵达印度新德里。11月16日乔石拜会了印度总统夏尔马，会见了印度总理拉奥。当天，乔石向印度圣雄甘地墓献了花圈。11月17日，乔石对加罗尔和孟买市进行访问。20日，乔石结束访问回国。

11月6日—8日　江泽民在北京考察工作。11月6日，江泽民总书记在北京市委书记尉健行、市长李其炎和北京军区司令员李来柱陪同下，考察了京郊顺义县的沿河蔬菜基地、俸伯乡前疃村麦田、木林镇陈各庄养猪场、马坡乡北京阿奇工业电器有限公司和牛栏山中心小学，与农民和师生们亲切交谈。11月7日，江总书记考察了北京第一机床厂、北京吉普车有限公司、北京第四中学、西单商场、恩济里小区。11月8日上午，江总书记来到北京卫戍区，接见了卫戍区公安、武警干部。在听取尉健行、李其炎汇报后，江泽民讲话指出，改革开放17年来的实践充分说明，北京市各级党政领导机关是认真贯彻党的路线方针政策的，是能够驾驭全局形势的；北京市的广大干部和党员是好的，是同党中央在政治上保持一致的。陈希同的严重错误和王宝森的犯罪案件，给北京市的工作、给我们党的声誉造成了恶劣的影响。中央明确指出，决不能因为这个问题的发生，就看不到北京市的工作成绩，看不到北京市广大干部对改革和建设所做出的贡献，一定要把陈希同和王宝森同北京市的广大干部区别开来，要把他们的问题同北京市委市政府的工作主流、工作成绩区别开来。江泽民告诫北京市的同志，要从陈希同问题和王宝森案件中认真吸取教训，引以为诫，把坏事变成好事。

11月8日—11日　班禅转世灵童寻访领导小组第三次会议在京举行。班禅转世灵童寻访领导小组成员和宗教界代表人士出席了会议。会议一致同意扎什伦布寺按照宗教仪轨寻访提出的参加金瓶掣签的候选儿童，希望加快班禅转世灵童认定工作的进程。会议期间，国务院秘书长罗干、全国政协副主席王兆国作了讲话，灵童寻访总顾问赵朴初、帕巴拉·格列朗杰作了发言，西藏自治区负责人作了工作报告，扎什伦布寺民主管理委员会负责人对6年来的寻访工作做了总结。与会宗教界人士揭露了达赖对班禅转世灵童寻访认定工作的干扰和破坏，一致指出，达赖弄虚作假，擅立灵童，触犯了佛法的根本大戒，他认定的所谓灵童，不符合班禅转世灵童的基本条件，必须予以否定。11月10日，江泽民、李瑞环、朱镕基、刘华清、胡锦涛、荣毅仁等接见了出席会议的小组成员和宗教界代表人士。江泽民说，几年来，各位高僧和宗教界人士，在党和政府的领导下，为寻访班禅转世灵童做了大量工作，付出了辛勤的努力，我向大家表示衷心的感谢。当天，李瑞环受中央委托，同与会宗教界人士座谈。他说，班禅大师生前常讲，他的愿望是实现祖国统一、民族团结、人民幸福、西藏进步、佛法兴隆、世界和平，并多次发誓要为热爱中国共产党、热爱社会主义祖国、热爱自己的民族、热爱自己信仰的宗教奋斗不息，是世不成，转世再来。国务院于大师圆寂第三天作出了《关于第十世班禅大师治丧和转世问题的决定》。随后不久，经国务院批准成立了以嘉雅活佛为首，有扎什伦布寺主要活佛、堪布、高僧参加的寻访班子，组成了以中国佛教协会会长赵朴初和副会长、佛协西藏分会名誉会长帕巴拉·格列朗杰为总顾问的顾问班子着手进行灵童的寻访工作。中央还划拨专款，从各方面为寻访工作提供保障。到1995年初，灵童寻访工作取得了实质性进展。就在这时，达赖喇嘛非法宣布班禅转世灵童，扰乱了正常的寻访进程。我们及时揭露了达赖的图谋，使寻访工作重新走上正轨。围绕班禅转世的这场斗争不是偶然的，它再次暴露了达赖集团的反动本质。

同　日　《人民日报》全文发表《中华人民共和国固体废物污染环境防治法》。这项法令是1995年10月30日第八届全国人民代表大会常务委员会第十六次会议通过，并于当日由江泽民签署国家主席令颁布实施的。全文共6章187条。

11月11日　北京市委、市政府决定开展向李润五学习活动。市委、市政府的通知说，全市党员特别是各级领导，要着重学习李润五忠诚党和人民的事业，坚持党的基本理论、基本路线、基本方针，理论联系实际，全心全意为人民服务的坚强党性；学习他几十年如一日一丝不苟、兢兢业业、埋头苦干、勇挑重担、任劳任怨的强烈事业心和责任感；学习他顾大局、守纪律、甘于奉献、不图名利的高尚品德；学习他自觉保持人民公仆本色，严于律己、清正廉洁的一身正气；学习他坚持实事求是、不尚空谈、真抓实干、深入扎实的优良作风。李润五是中共北京市委委员、北京市副市长，在市政府研究工作时，因心脏病突发，经多方抢救无效，于1995年11月2日15时15分逝世，享年56岁。江泽民总书记在北京考察期间，高度赞扬说，李润五兢兢业业工作，诚心诚意为广大市民服务，是一个优秀党员、优秀干部。对于他的逝世，我们大家感到悲痛。

同　日　《人民日报》全文发表《中华人民共和国民用航空法》。这项法令是1995年10月30日由第八届全国人民代表大会常务委员会第十六次会议通过，并于当日由江泽民签署国家主席令颁布实施的。全文共16章187条。

11月12日—16日　德国总理科尔应李鹏总理的邀请访问中国。随同科尔来访的有德国联邦经济部长等几位内阁高级官员和联邦议员以及经贸界人士共200余人。科尔一行12日中午抵达北京，13日上午李鹏举行欢迎仪式并同科尔举行会谈。当天，两国总理出席了中德两国有关部门签署《关于成立中德高技术对话论坛的谅解备忘录》等合作文件的签字仪式。两国有关企业和机构还签署了12个经济合作文件。13日上午，江泽民主席会见了科尔，同他进行了友好交谈。14日科尔离京去天津参观访问，15日到青岛访问，又在青岛与李鹏会晤并会谈。11月16日科尔结束对我国的访问离开青岛启程赴越南河内。

11月13日—17日　国家主席江泽民应大韩民国总统金泳三的邀请访问韩国。这是中韩建交以来，中国国家元首首次出访韩国。陪同访问的有夫人王冶平，国务院副总理兼外交部长钱其琛和夫人周寒琼，中共中央政治局委员丁关根、国家主席特别助理曾庆红、国家经贸委主任王忠禹、化工部部长顾秀莲、外经贸部部长吴仪等。11月13日下午，江泽民主席抵达汉城，在机场发表书面讲话说，踏上韩国美丽富饶的国土时，我谨向韩国国民转达中国人民的诚挚问候。11月14日，韩国总统金泳三举行隆重仪式和宴会欢迎江泽民主席访问韩国。当日，江泽民出席韩国工商界为他举行的午宴。江泽民与金泳三在青瓦台总统府举行了会谈，就中韩关系以及国际形势等共同关心的问题交换了意见。关于中韩双边关系，江泽民说，中国对3年多来中韩关系的发展感到满意。目前中韩之间没有悬而未决的重大问题。当日，江泽民主席与韩国国务总理李洪九进行了交谈，会见了韩国国会议长黄珞周以及各党派领导人，在韩国国会发表了题为《加深相互了解，促进共同繁荣》的讲演。11月15日，江泽民主席参观了韩国三星电子仪器半导体厂后，经韩国第二大城市釜山前往庆尚北道庆州继续进行访问。11月16日，江泽民主席在庆州参观了韩国佛教名刹——佛国寺，佛国寺主持向江泽民主席赠送了韩国国宝之一《八万大藏经》影印本。11月17日下午，国家主席江泽民结束对韩国的国事访问，乘专机离开济州前往日本大阪参加亚太经济合作组织第三次领导人非正式会议。

11月15日　外交部公告：自1997年7月1日起，启用中华人民共和国香港特别行政区护照。

同　日　全国地方病防治工作暨1995年全国血防工作会议在京举行。会议提出，力争在本世纪末基本控制血吸虫病，将地方病危害降至最低限度。国务委员彭珮云讲话指出：党的十四届五中全会要求“必须把社会全面发展放在重要战略地位，实现经济与社会相互协调和可持续发展”，这是今后15年经济和社会发展必须贯彻的一条重要方针。做好地方病防治工作，正是为了保护和增进人民健康，提高人口素质，促进经济与社会相互协调和可持续发展。会议充分肯定了“八五”地方病防治工作的成绩和经验，同时也找出了存在的问题和不足。代表们一致认为，河北省大力推行碘盐供应分配制度、江苏省强化血防健康教育、江西和湖北等省抓试点带全面的做法，以及许多省、市、区制定有关政策保证防治经费等经验，值得各地学习借鉴。会议讨论修改了地方病防治“九五”规划，确定“九五”地方病防治的主要目标为：基本控制血吸虫病；实现全国消除碘缺乏病；力争控制人间鼠疫发生和流行；将地方性氟中毒发病率大大降低；遏制布氏杆菌病病情回升趋势；在大部分病区控制大骨节病；将急型和亚急型克山病发生和死亡人数控制到历史最低水平；查明地方性砷中毒病情分布，降低其危害。

11月16日　京九铁路全线铺通。江泽民、李鹏为京九铁路全线铺通题词。铺通庆典在九江市举行，李鹏到会讲话。在这次庆典上，有64个先进集体和612名先进个人受到表彰。京九铁路位于京沪、京广两大南北干线之间，北起北京，南至深圳，连接香港九龙、跨越九省市，全长2 381公里，另加天津至霸州和麻城至武汉联络线，总长2 536公里。京九铁路于1993年初全面施工以来，完成土石方2.6亿立方米，架设桥梁207公里，开凿隧道56公里。

11月17日　我国首台核电站仿真机问世，达到90年代国际先进水平。

11月17日—20日　国家主席江泽民在日本参加亚太经合组织第3次领导人非正式会议。11月17日，江泽民飞抵大阪，18日，日本首相村山富市举行宴会欢迎出席此次会议的各国领导人，江泽民应邀出席了宴会。11月18日，江泽民分别与有关成员国首脑举行会谈。11月19日，江泽民在会议上发表讲话，强调经济合作应处理好五个问题：一、要把世界和亚太经济的持续发展作为开展合作的根本目标；二、要为发展中成员国经济持续增长创造有利的外部条件；三、要坚持自主自愿原则；四、要尊重差别，恰当把握贸易投资自由化的合理速度；五、要实行贸易投资自由化与经济技术合作并重的方针。11月20日江泽民离开大阪回国。

11月20日　中国农业大学成立。国务院副总理姜春云出席成立大会并发表了讲话。

11月21日　北京第一机床厂制成应用CIMS计算机集成制造系统，居于国际领先地位，并在美国获得“工业领先奖”。

11月26日　南京军区陆海空军部队在闽南沿海地区成功地举行了一次三军联合作战演习。中央军委副主席张万年观看了演习。

11月26日—12月2日　越南共产党总书记杜梅应中共中央总书记江泽民的邀请对中国进行正式友好访问。11月26日，杜梅一行到达北京，江泽民举行仪式欢迎杜梅，同他进行了友好会谈。当晚江泽民设宴款待杜梅一行。11月28日，李鹏总理会见了杜梅一行。11月29日杜梅离开北京前往天津和上海继续访问。12月2日中越联合公报发表。当天下午，杜梅结束访问乘专机经上海回国。

11月28日　江泽民同国防大学学员座谈。中央军委副主席刘华清、张震、张万年、迟浩田，中央军委委员于永波、王克、王瑞林，中组部部长张全景出席了座谈会。参加座谈的学员有在国防大学学习的军队中高级干部和地方省部级干部。江泽民讲话指出，本世纪的最后几年，是我国经济和社会发展、我军现代化建设的关键时期。形势的发展，要求我们不断提高干部队伍的素质。首要的是要加强学习。一个人有所作为，必然要有较高的精神境界，而精神境界的高低又往往是与学识深浅联系着，思想政治水平、精神境界、领导能力不高，就无法做好工作。军队的同志尤其是中高级干部，要特别注意学习邓小平新时期军队建设思想和军事高科技知识。对军队而言，讲政治是最重要的一条，过去一直是做得好的。政治工作是我军的一大优势。军队要永远听党的话，保证党对军队的绝对领导，保证枪杆子永远掌握在忠于党的人的手里。

11月29日　第十世班禅转世灵童经金瓶掣签认定，国务院特准坚赞诺布继任十一世班禅。认定十世班禅大师转世灵童的金瓶掣签仪式在大昭寺释迦牟尼像前，严格按照藏传佛教仪式举行。西藏那曲地区嘉黎县六岁男童坚赞诺布中签，被认定为第十世班禅额尔德尼转世真身。国务院代表、国务委员罗干，国务院特派专员、西藏自治区政府主席江村罗布，国务院特派专员、国务院宗教事务局局长叶小文共同主持了这一盛典。班禅转世灵童寻访总顾问帕巴拉·格列朗杰、西藏自治区领导、班禅转世灵童寻访领导小组和顾问小组成员，以及来自西藏和其他藏族地区的高僧活佛、汉语系佛教和巴利语系佛教代表、信教群众代表数百人参加。下午4时，在拉萨班禅大师的行宫举行了册立第十一世班禅额尔德尼典礼。国务院代表、国务委员罗干宣布国务院的《关于特准经金瓶掣签认定的坚赞诺布继任为第十一世班禅额尔德尼的批复》："西藏自治区人民政府：你区1995年11月29日关于《请国务院批准经金瓶掣签认定的坚赞诺布继任为第十一世班禅额尔德尼的请示》悉。国务院特准经金瓶掣签认定的1990年2月13日（藏历第十七饶迴土蛇年十二月十九日）出生的西藏自治区嘉黎县坚赞诺布第十世班禅额尔德尼转世灵童，继任为第十一世班禅额尔德尼”。

同　日　最高人民法院召开新闻发布会。发布会公布对江苏省无锡市新兴实业公司非法集资案的6名主犯的判决结果。邓斌、姚静漪被判处死刑；黄桂芬被判处死刑，缓期二年执行；韩万隆被判处有期徒刑20年；金惠珍、戴宝珍分别被判处有期徒刑10年和4年。邓斌在1989年8月—1994年7月担任新兴公司总经理、深圳中光实业总公司总经理助理等职务期间，为牟取非法利益，在李明（已死亡）和被告人韩万隆等人的支持下，用上述企业名义，借合作经营“一次性注射器”、“医用乳胶手套”之名，以月息5%~10%的高利为诱饵，在无锡等地大肆进行非法集资活动，集资总额高达人民币32亿元，涉及到12个省、市的368个出资单位和31名个人，造成经济损失12亿余元。

同　日　《人民日报》发表中宣部、农业部《关于深入开展农村社会主义精神文明建设活动的若干意见》。这个意见分六个部分：一、加强社会主义精神文明建设是党在农村的一项十分重要的战略任务；二、坚持不懈地对农民进行思想教育；三、把农村道德建设提高到一个新水平；四、积极推动农村文化的发展和繁荣；五、扎实开展创建文明家庭、文明村镇和文明乡镇企业活动；六、加强对农村精神文明建设活动的领导。文件于11月29日下发全国各地。

11月29日—12月8日　古巴国务委员会主席卡斯特罗对我国进行国事访问。这是他首次访华。30日上午，江泽民在人民大会堂会见了卡斯特罗，同他进行了长达近3个小时诚挚友好的会谈。江泽民在会谈中希望中古两国加强各个领域合作，加强发展中国家的团结和相互支持。12月1日，李鹏总理也会见了卡斯特罗。

12月3日　三期工程全面建成。该工程有3个项目，工程概算总投资36.7亿元，年利税6.1亿元。

12月5日—7日　中央经济工作会议在京召开。江泽民、李鹏、乔石、朱镕基、胡锦涛出席了会议。江泽民在会上作了题为《统一思想，齐心协力，奋发进取，讲求实效，做好明年经济工作》的重要讲话。李鹏作了题为《做好明年经济工作，为“九五”创造良好开端》的重要讲话。朱镕基作了题为《再接再厉，做好明年经济工作》的总结讲话。会议认为，1995年国民经济保持了持续、快速、健康发展势头，同时指出经济生活中依然存在不少困难和问题。会议确定，1996年经济工作的总体要求是，坚持邓小平建设有中国特色社会主义理论和党的基本路线，贯彻“抓住机遇，深化改革，扩大开放，促进发展，保持稳定”的基本方针，正确处理改革、发展、稳定的关系，积极推进经济体制和经济增长方式的转变，认真实施科教兴国战略，继续加强农业基础地位，搞好国有企业改革和发展，加强和改善宏观调控，进一步降低物价上涨幅度，努力提高对外开放水平，为全面实现“九五”计划各项任务奠定良好的基础。会议强调，1996年是实施“九五”计划的第一年，经济工作开好头，起好步，对于顺利实施“九五”计划至关重要。为此，需要着重抓好以下几个方面的工作：一、继续加强农业基础地位，力争农业和农村经济有新的发展。二、切实加快国有企业改革步伐，务求取得明显进展。三、继续加强和改善宏观调控，创造良好的经济环境和经济秩序。四、努力提高对外开放水平，积极参与国际合作和竞争。1996年，在着重抓好以上几个问题的同时，要统筹做好各方面的工作。制定好“九五”计划和2010年远景目标纲要。实施科教兴国战略，认真抓好教育、科技、文化、卫生、体育等方面的改革和发展，加强计划生育、环境保护，促进经济与社会相互协调和可持续发展，为实施“九五”计划创造一个良好开端。

12月5日—27日　李瑞环出访5国。全国政协主席李瑞环应柬埔寨王国国会主席、缅甸联邦政府、马来西亚下议院议长、新加坡国会议长、泰国上议院议长的邀请访问5国。12月5日，李瑞环一行抵达金边机场，受到柬埔寨国会主席谢辛的迎接。当天，李瑞环到柬埔寨王宫拜会了西哈努克亲王。12月6日，李瑞环分别会见柬第一首相拉那烈和第二首相洪森。12月8日，李瑞环一行赴缅甸访问，与缅甸国家恢复法律和秩序委员会副主席貌埃会谈。12月9日—10日，李瑞环赴缅甸中部的蒲甘、曼德勒访问。12月11日，李瑞环会见缅甸国家恢复法律和秩序委员会主席丹瑞大将，进行会谈。当天下午，李瑞环前往国际商业中心，出席了缅各方面举行的情况介绍会，还参观了中缅合作建造的仰光—丁茵大桥。12日，李瑞环赴马来西亚访问抵达吉隆坡，与马来西亚下议院议长查希尔、马来西亚总理马哈蒂尔会谈。12月14日，李瑞环会见马来西亚最高元首瑞姑·贾阿法尔。当天上午，李瑞环参观了位于沙阿兰的英雄汽车厂。12月17日，李瑞环赴新加坡，12月17日，李瑞环一行抵达新加坡访问。18日，李瑞环与新加坡总理吴作栋会谈。20日，李瑞环与新加坡内阁咨政李光耀会谈，会见了新加坡国会议长陈树群。20日，李瑞环赴泰国访问。21日下午，泰国国王普密蓬·阿杜德在新王宫会见了李瑞环，进行了友好交谈。当晚，与米猜议长进行会谈。22日，李瑞环会见班汉总理，出席了泰华各界联合举办的盛大宴会，参观了普兰达珠宝（大众）有限公司。12月27日，李瑞环结束东西南亚与5国之行回国。

12月8日　第十一世班禅坐床典礼在日喀则扎什伦布寺隆重举行。坐床活动在扎什伦布寺最早的建筑之一"拉让"举行。国务院代表、国务委员李铁映宣读了《国务院对西藏自治区人民政府〈关于举行第十一世班禅额尔德尼坐床典礼的请示〉的批复》。在李铁映的照护下，在扎寺僧人高诵《坐床经》声中，继任为十一世班禅额尔德尼的6岁灵童坚赞诺布安稳地坐上了极为殊胜的檀香木根本法床。全国人大常委会副委员长帕巴拉·格列朗杰、西藏自治区委书记陈奎元，以及扎寺民管会名誉主任生钦·洛桑坚赞、第十一世班禅的经师波米·强巴洛珠和十一世班禅的父母分坐两侧。藏传佛教界高僧大德代表向坐在法床上的第十一世班禅行礼，敬献哈达。随后，在"拉让"的日光殿举行了第十一世班禅的坐床典礼。李铁映代表国务院向第十一世班禅颁授金册，宣读册文；向第十一世班禅颁授金印，金印上镌刻着汉、藏"班禅额尔德尼之印"两种文字。接着，李铁映宣读了中华人民共和国主席江泽民题赠第十一世班禅额尔德尼驻锡地扎寺的金字匾的匾文："护国利民——江泽民1995年12月8日"。在掌声和鼓乐声中，李铁映与第十一世班禅互献哈达。帕巴拉·格列朗杰、阿嘉、策墨林等活佛高僧向李铁映和第十一世班禅敬献哈达。

同　日　首都老同志和各界青年举行"一二·九"运动60周年暨

"一二·一"运动50周年纪念大会。胡锦涛、李岚清、尉健行、王汉斌、宋平、雷洁琼、吴阶平、彭珮云、朱光亚等出席纪念大会。中共中央政治局常委胡锦涛在会上发表了题为《为实现党的跨世纪宏伟目标艰苦奋斗建功成才》的讲话。他指出，"一二·九"运动不仅是中国革命史上值得纪念的重大事件，也是中国青年运动史上一个光辉的里程碑。"一二·一"运动发扬"一二·九"运动的爱国光荣传统，在中国青年运动史上又写下了光辉一页。

同　日　澳门国际机场启用庆典在澳门隆重举行。葡萄牙总统苏亚雷斯和中国国家副主席荣毅仁出席了庆典。

12月9日—10日　全国经贸工作会议在京召开。国家经贸委主任王忠禹在会上讲话指出：实现"九五"和2010年奋斗目标，关键是实行两个具有全局意义的根本性转变，一是经济体制从传统的计划经济体制向社会主义市场经济体制转变，二是经济增长方式从粗放型向集约型转变。要实现两个根本转变，必须建立起3个机制，即有利于节约资源、降低消耗、增加效益的企业经营机制，有利于自主创新的技术进步机制，有利于公平竞争和资源优化配置的经济运行机制。国务院副总理吴邦国在闭幕式上讲话指出，1996年的经贸工作，要充分看到1995年取得的重大成就和1996年的有利条件，增强改革开放和经济发展的信心。同时，要高度重视企业面临的新形势和经济生活中目前存在和可能出现的问题，审时度势，振奋精神，开拓进取，积极推进经济体制和经济增长方式的转变，加大企业改革力度，加强经济运行综合协调，解决前进中的矛盾和问题，促进国民经济持续、快速、健康发展。

12月10日—13日　全国计划会议在京召开。国务院副总理邹家华出席讲话。他指出，转变经济增长方式，一是要从只注重增加投资、铺新摊子、上新项目，转到着重利用现有基础、充分挖掘潜力上来；二是要从主要靠增加物质生产要素的投入，转到主要靠科技进步和提高劳动者素质上来；三是要从主要靠大量消耗资源、增加产品数量，转到主要靠提高管理水平、降低各类消耗、降低生产成本，着力提高产品质量和档次上来；四是要从投资项目低水平、低效益的重复建设，转到按高效益的经济规模和合理布局的要求，不断优化产业结构和企业组织结构上来；五是要从偏重追求经济总量和速度，转到注重提高经济整体素质和效益上来。国家计委主任陈锦华作了题为《积极推进两个转变，努力实现1996年国民经济和社会发展计划》的报告，对计划部门和物价部门1996年的工作作了部署。会议强调，必须真正把转变经济增长方式作为今后经济发展最重要的任务。

12月11日　全国档案工作暨表彰先进会议在北京举行。胡锦涛出席会议并讲话。他指出：档案是全党、全国人民各方面活动的真实纪录，是各项事业持续发展的重要依据，不仅对深化改革、发展经济、推动科技进步、提高国民素质有促进作用，而且对维护祖国统一、加强民族团结、保持社会稳定具有重要作用。长期以来，广大档案工作者在比较艰苦的条件下，不图名不图利，兢兢业业为党和国家积累基础资料，为改革开放和社会主义现代化建设事业提供服务，做出不平凡的贡献。档案工作者甘当无名英雄的无私奉献精神是十分可贵的，也是值得称赞的。在发展社会主义市场经济的条件下，尤其需要大力弘扬这种无私奉献的精神，需要更多的无名英雄。

同　日　邓小平外交思想研讨会在京举行。中共中央总书记江泽民、国务院总理李鹏、中共中央政治局常委胡锦涛出席开幕式。江泽民在开幕式上讲话指出，邓小平的外交思想是他建设有中国特色社会主义理论的重要组成部分，是我国外交工作的指导思想。要进一步深入研究和学好邓小平博大精深的外交思想，不断研究新情况，解决新问题，努力探索，锲而不舍，兢兢业业地做好我国的外交工作，为创造一个持久和平稳定的国际环境与平等互利合作的世界做出新的贡献。国务院副总理钱其琛在讲话中指出，新时期的外交实践证明，邓小平的外交思想是英明正确和富有远见的。他在新的历史条件下把继承、坚持和发展、创新辩证地统一起来，使毛泽东、周恩来等老一辈领导人的外交思想和风格焕发新的光辉。他的外交思想博大精深，他的外交实践丰富多彩，是我们学之不尽、用之不竭、常学常新、受益无穷的精神宝库。

12日13日　中纪委、监察部就倪志钦等人贪赃枉法案件发出通报。据《人民日报》报道：通报说，原福建省体委副主任、党组成员、曾经创造跳高世界纪录的倪志钦，1991年9月—12月在福建省体委发行体育彩票中，先后两次收受贿赂款5.7万元人民币。今年3月，福建省委、省政府分别作出决定，开除倪志钦党籍，撤销其职务。福州市中级人民法院判处倪有期徒刑8年。

12月13日—16日　全国税务工作会议在京举行。国务院副总理朱镕基出席并讲话。他强调指出，不管是国税还是地税，都要依法征税，把该收的税款收上来。近几年税务工作取得了很大成绩。1993年—1995年三年间工商税收每年增收900多亿元，充分说明税制改革是成功的，税务系统干部是积极努力的，是顾全大局的，是经得起考验的。税务部门要按照党的十四届五中全会和中央经济工作会议的精神，完善税制改革，加强税收征管，打击偷、漏、骗、逃税的犯罪行为。要严肃整顿税务工作纪律，严厉查处税务机关内部的违法乱纪、徇私舞弊的行为，认真纠正税务队伍里的不良工作作风，尤其要切实改进出口退税工作。要大力表彰那些廉洁奉公、执法如山、服务群众、舍己忘身的模范税务干部，树立和维护国家税务工作者的光荣形象。

12月14日—17日　全国总工会十二届三次执委会在京举行。尉健行在会上说，工会要在参与国有企业改革和建立现代企业制度试点中推动企业做到"六个必须"：必须牢固树立依靠职工群众办好企业的思想，建设一个全心全意依靠职工群众推进企业改革和发展的好领导班子，保障职工的企业主人翁地位；必须坚持和完善以职工代表大会为基本形式的职工民主管理和民主监督制度，不断探索新的实现途径，实现职工群众对企业的民主管理和对企业领导干部的有效监督；必须切实保障劳动法赋予劳动者的合法权益，通过平等协商和签订集体合同，建立稳定协调的劳动关系；必须在企业的董事会上和监事会中，有工会组织职工民主选举产生的职工代表，并逐步形成充分发挥职工代表作用的制度；必须尊重和支持工会依法独立自主地开展工作，履行工会的基本职责，保护和调动职工群众的积极性和创造精神，并将其引导到推进企业改革和发展上来；必须重视和加强职工队伍建设，不断提高职工的思想道德和科学文化技术素质。外商投资和私营企业，必须依法保障职工参加和组织工会的权利；落实劳动法等法律法规赋予职工的各项劳动权利；保障职工的国家主人翁地位和权利；关心职工生活，对侵犯职工合法权益行为作坚决斗争；保障工会依法开展工作。

12月16日　辽宁省丹东汽车走私案二审终结，原市长常义等13人被判刑。据《人民日报》报道：辽宁省丹东市原市长常义、市政府原秘书长姜善堂、丹东边防武警支队原支队长施成福等13人被分别判处14年至2年有期徒刑。

12月18日—21日　全国政法工作会议在京召开。国务委员、中央政法委副书记罗干主持会议。来自各省、自治区、直辖市党委主管政法工作的负责人和中央有关部门负责人出席会议。中央政法委书记任建新在会上作了题为《维护社会稳定，为“九五”计划和2010年远景目标的实现提供有力保障》的讲话。报告提出，今后15年政法工作必须认真贯彻的八条指导方针。这八条方针是：始终把维护稳定放在政法工作的首位，更好地为改革开放和经济建设服务；依法从重从快惩处严重危害社会治安的刑事犯罪分子；依法从重从快从严查处贪污、贿赂犯罪和各种严重破坏社会主义市场经济秩序的犯罪活动；坚持专门工作与群众路线相结合，动员全社会力量，运用多种手段，对社会治安实行综合治理；严肃执法，维护社会主义法制的尊严和统一；高度重视正确处理人民内部矛盾；从严治警，从优待警；坚持党对政法工作的统一领导。

12月19日　中央办公厅、国务院办公厅发出《关于千方百计解决部分群众生活困难问题的通知》。通知指出：当前，我国经济发展，政治稳定，总的形势是好的。但是，也要清醒地看到，在前进过程中还存在一些矛盾和问题，目前比较突出的是部分群众生活困难，主要是一部分停产半停产及亏损企业的职工和离退休人员，自然灾害严重地区和贫困地区的部分群众，农村中一些老复退军人、伤残复退军人和烈属，还有一些老年人、残疾人。党中央和国务院要求，各级党委和政府要把解决好部分群众的生活困难，作为贯彻落实党的十四届五中全会精神的一项重要工作抓紧抓好。一、要充分认识解决部分群众生活困难问题的重大意义。二、各级党委和政府要把解决好部分群众生活困难问题作为一项经常性工作列入日程，特别是作为1996年元旦、春节前后的一项重要任务全力抓好。三、各有关部门要团结协作，各尽所能地帮助群众解决生活困难问题。四、要充分动员各方力量，形成全社会扶贫帮困的局面。五、要突出重点，着力解决特别困难群众的问题。重点是解决困难企业职工和重灾区群众生活困难问题，也要兼顾其他方面。六、要积极开展生产自救活动。解决部分群众的生活困难问题，要立足于地区自救、单位自救、群众自救。七、发扬艰苦奋斗、勤俭节约的优良传统。

12月22日　新疆尼雅遗址考古发掘出8座古墓葬和大批殉葬品。

12月26日　湖南韶山毛泽东纪念园开园。同日，首都和全国各地有12万各界人士在毛主席纪念堂瞻仰了毛主席遗容。

12月28日　广梅汕铁路和海湾大桥通车。江泽民出席了通车庆典。广梅汕铁路是广东省和铁道部合资修建的路网性铁路干线，全长480公里。铁路的建成，结束了粤东地区不通火车的历史，标志着广东省铁路运输网络基本形成。

同　日　我国为美国成功发射了一颗通信卫星——“艾科斯达一号”。

同　日　全国人大常委会决定：任命张万年、迟浩田为中华人民共和国中央军事委员会副主席，王克、王瑞林为中华人民共和国中央军事委员会委员。

同　日　中国电影世纪奖在京颁奖。45名从影30年的电影艺术家获奖。

1996年

1996年综述

1996年，对中国人民来说，是不平凡的一年。3月，八届全国人大四次会议批准国民经济和社会发展“九五”计划和2010年远景目标纲要。全国人民齐心协力共绘世纪宏伟蓝图，国民经济进入适度快速和相对平稳的发展轨道。同月，中国人民解放军奉命在东海和南海四点边线内的海域进行了地对地导弹发射训练，南京战区在台湾海峡成功地组织了陆海空三军联合作战演习，表明我军完全有决心有办法有能力维护祖国统一、捍卫国家主权和领土完整。4月，中央政法公安部门根据党中央关于维护治安、社会稳定工作的重要指示，开展声势浩大的“严打”斗争，一大批作恶多端的犯罪分子落入法网，社会治安状况有所好转；反腐败斗争接连取得战果并向纵深发展，一批影响恶劣的大案要案得到查处。9月，中央召开扶贫开发工作会议，扶贫攻坚力度加大，呈现新局面。在会上，江泽民、李鹏等中央领导同志进一步强调，要在本世纪末基本解决我国农村贫困人口的温饱问题；国务院决定在全国范围内逐步实行城市最低生活保障制度，城乡并进以期最终消除贫困。12月，香港特别行政区的筹备工作进入关键阶段。根据香港特别行政区第一届政府推选委员会选举产生的人选，国务院任命董建华为香港特别行政区第一任行政长官，于1997年7月1日就职。

在这一年里，我国的改革开放和社会主义现代化建设取得了可喜成就。工业生产继续平稳增长，农业战胜了部分地区的严重自然灾害，获得较好收成，粮食产量创造历史最高水平。据初步统计，全年国内生产总值67 795亿元，比上年增长9.7%。其中第一产业增加值13 550亿元，增长5.1%，第二产业增加值33 148亿元，增长12.3%，第三产业增加值21 097亿元，增长8%。人均国内生产总值5 569元，全社会劳动生产率9 902元，扣除价格因素，分别比上年增长8.6%和8.3%。粮食达到4.9亿吨，比上年增长5%，工业生产保持稳定增长，全年完成工业增加值28 580亿元，比上年增长12.7%。全年社会完成固定资产投资23 660亿元，比上年增长18.2%，扣除价格因素，实际工作量增长12.7%。全年完成交通运输和邮电通信业增加值3 814亿元，比上年增长19.4%，扣除价格因素，实际增长12.5%。抑制通货膨胀取得显著成绩，市场价格涨幅持续回落。全年商品零售价格和居民消费品价格分别比上年上涨6.1%和8.3%，涨幅分别回落8.7%和8.8%，较好地完成了物价调控目标。全年进出口总额达2 899亿美元，比上年增长3.2%。年末金融机构各项存款金额68 596亿元，比上年增加14 792亿元，增长27.3%。保险事业得以较大发展，全年全国承保金额156 645亿元，比上年增长10.4%。保费收入756亿元，增长20.5%。科技队伍继续加大。年末国有企业单位共有各类专业技术人员2 759万人，比上年末增长2%。文化事业继续发展。年末全国共有艺术表演团体2 658个，文化馆2 864个，公共图书馆2 641个，博物馆1 205个，档案馆3 600个。体育事业成绩辉煌。在亚特兰大奥运会激烈的竞争中，我国运动员共获得16枚金牌，22枚银牌，12枚铜牌，金牌和奖牌总数均列第4位。控制人口增长取得新的成绩。全年人口出生率16.8‰，死亡率为6.56‰，自然增长率为10.42‰。年末全国人口12.2389亿人，比上年末增加1 268万人。

在这一年中，我国坚持奉行独立自主的和平外交政策，加强了同世界各国人民的友好往来，增进了同发达国家、发展中国家的经济、技术、文化的交流与合作。3月，李鹏出席在泰国曼谷举行的首届欧亚会议，就建立亚欧新型伙伴关系、加强两洲在经济等领域的合作阐述了中国的立场。4月，俄罗斯叶利钦总统访问我国，与江泽民主席进行了友好会谈，双方宣布建立平等信任的、面向21世纪的战略协作伙伴关系。12月下旬，李鹏访问俄罗斯，中俄总理定期会晤机制正式启动。作为两大邻国，中俄建立不结盟、不对抗、不针对第三国的战略协作伙伴关系，符合两国根本利益。中俄关系已进入全面、深入发展的新阶段。同年4月，中国、俄罗斯、哈萨克斯坦、吉尔吉斯斯坦、塔吉克斯坦5国元首在上海正式签署在边境地区加强军事领域的信任的协定，这对加强亚太地区乃至世界的和平与稳定具有积极、深远的影响。5月，江泽民访问了肯尼亚、埃塞俄比亚、埃及、马里、纳米比亚和津巴布韦6国，这对中国和非洲国家双方成为跨世纪的彼此可信赖的“全天候朋友”具有深远的历史意义。6月，江泽民主席访问了西班牙、挪威、罗马尼亚、乌兹别克斯坦、吉尔吉斯共和国和哈萨克斯坦6国，签署了近30个协定和文件，分别和罗马尼亚、乌兹别克斯坦、吉尔吉斯斯坦、哈萨克斯坦发表了联合声明，其中特别值得庆贺的是中吉两国签署了国界协定。11月，江泽民主席还出席在菲律宾召开的亚太经合组织领导人第4次非正式会议。在会议期间，江泽民主席同美国总统克林顿举行会晤。双方商定，中美两国元首在1997年—1998年间相互进行国事访问，这具有承前启后的重要意义。

1月1日　《人民日报》发表元旦社论：《满怀信心夺取新胜利》。社论说，五年看头年。1996年，是“九五”计划的开局之年，是实现15年奋斗目标的奠基之年。最近，中央经济工作会议对今年的经济工作做出了全面部署。把今年的经济工作和其他各项工作做好，对今后的发展具有十分重要的意义。我们一定要以更加昂扬的姿态开好头，起好步，务求初战告捷，旗开得胜。夺取新的胜利，就要统一思想，提高认识；就要知难而上，奋发进取；就要脚踏实地，讲究实效；就要团结群众，艰苦奋斗。在以江泽民为核心的党中央领导下，全党和全国各族人民更紧密地团结起来，坚持邓小平建设有中国特色社会主义理论和党的基本路线、基本方针，统一思想，齐心协力，奋发进取，讲究实效，满怀信心迎接新的挑战，夺取1996年的新胜利，夺取“九五”计划的新胜利，让五千年文明古国的社会主义现代化之花开得更加鲜艳夺目，迎接21世纪的春天。

1月5日　李鹏接见全国审计工作会议代表。他要求审计部门要进一步加强法制建设，抓紧制定与审计法相配套的行政法规、规章和制度，争取尽快实现审计工作的法制化、制度化、规范化。对审查严重违犯财经法纪的问题，一定要依法严肃处理，决不能不了了之。触犯党纪、政纪、国法的，追究有关领导和当事人的责任。只有这样，才能达到严肃财经纪律，整顿经济秩序的目的。同时，还要加强对内部审计机构和社会审计组织的指导和监督，促使他们在遵守财经纪律，改善经营管理，提高经济效益等方面发挥积极作用。

同　日　我国最大的现代化矿井神府大柳塔煤矿投产，年设计生产能力达600万吨。

1月7日　中国国民党革命委员会名誉主席、第五至七届全国人大副委员长朱学范逝世。朱学范，1905年生，上海金山人。第一次国内革命战争时期在上海参加工人武装起义，后历任上海邮务工会常务委员、上海总工会主席、全国邮务总工会常务委员。抗日战争时期，与解放区工会代表在汉口发起组织中国工人抗敌总会筹备委员会，任中国劳动协会理事长。1944年被选为国际劳工局理事。1945年9月出席世界工会大会，在世界工联执行局会议上被选为世界工联副主席。1948年到解放区参加第六次劳动大会，被选为中华全国总工会副主席。1949年9月，出席中国人民政治协商会议第一次全体会议。中华人民共和国建立后，历任邮电部部长，第七、八、九届全国总工会副主席，中国国民党革命委员会中央副主席、主席，第一、二、三届全国人民代表大会代表，第五、六、七届全国人大常务委员会副委员长，第二、三、四届全国政协常委，中国国际交流协会副会长等职。

1月8日　中央农村工作会议在京举行。江泽民、李鹏、李瑞环、朱镕基、刘华清、胡锦涛等接见了出席会议的代表。国务院副总理姜春云作了题为《为实现“九五”农业发展目标，争取今年农业有一个好收成而奋斗》的讲话，国务委员陈俊生进行了会议总结，中共中央政治局候补委员温家宝主持了会议。会议强调，实现农业和农村经济发展目标必须着重解决的8个重大问题是：一、坚决贯彻优先发展农业的方针，真正把农业放在首位。二、切实解决好农民关注的热点问题，保护和调动广大农民的积极性。三、努力改善生产条件，提高农业综合生产能力。四、实施科教兴国战略，大幅度增加农业科技含量。五、稳定和完善党在农村的基本政策，深化农村改革，逐步建立适应社会主义市场经济发展要求的农村经济体制。六、转变农业增长方式，走高产、优质、低耗、高效的发展路子。七、动员全社会的力量，打好“八七”扶贫攻坚战。八、严格控制人口、保护耕地和保护生态环境，实现农业可持续发展。

1月9日　外交部发言人宣布：中国政府决定自今日起终止同塞内加尔的外交关系，两国政府间的一切协议也随即停止执行。

1月10日　李鹏总理出席南海崖城13-1气田投产庆典。李鹏在典礼上发表讲话并会见美国前总统布什。李鹏说，中美两国企业界既然能在这样大型的项目上进行很好的合作，中美两国人民为什么就不能长期友好合作下去呢？只要两国政府都能从长远的观点出发，采取明智的态度，求同存异，扩大合作，中美关系就能够得到健康稳定的发展。布什在讲话中表示，他对改善和发展中美关系充满信心。崖城13-1项目充分说明美中两国进行合作的潜力，美中两国在经济领域的合作将为两国合作提供坚实的基础和保障。南海崖城13-1气田是中、美、科有关公司于三年前开始合作勘探开发的世界级大气田，天然气储量达1 000亿立方米，年产能力达34亿立方米，约相当于整个四川盆地一半的产量。

1月12日　国家主席江泽民在中南海接受第十一世班禅和扎什伦布寺致谢的拜见。他说，党和政府一贯实行宗教信仰自由政策，保护正常的宗教活动，也要求宗教界人士和信教群众爱国爱教，团结进步。党和政府希望第十一世班禅额尔德尼好好学习，健康成长，继承和发扬历世班禅的爱国主义精神，做一个拥护党的领导，热爱祖国，热爱人民，热爱社会主义，有渊博知识和佛教造诣，具有现代科学文化知识的新一代爱国爱教的宗教领袖，为维护祖国统一、民族团结，为西藏的繁荣发展，为人民的生活幸福做出贡献。第十一世班禅说，感谢党中央，感谢江主席，我一定好好学习，做一个爱国爱教的活佛。

同　日　中国首家主要由民营企业投资的全国性股份制商业银行——中国民生银行在京宣布成立。

1月15日　全国冶金工作会议开幕。中共中央总书记江泽民、国务院总理李鹏最近分别对我国冶金工业的发展作了重要批示。江泽民指出，在改革开放的新时期，全心全意依靠工人阶级，是基本的政治原则，任何时候都不能动摇。离开工人阶级的主人翁作用和积极性、创造性，企业和现代化工业是办不好的。李鹏指出，要加快企业改革、改组、改造的步伐，加强企业管理，进一步依靠科技进步，在增加品种、提高质量、降低成本和消耗以及搞好环境治理上做出新成绩。要着力搞好国有大中型冶金企业集团，促进国有经济状况的改善。

1月15日—18日　全国金融工作会议在京召开。中国人民银行行长戴相龙在会上提出，要继续坚持适度从紧的货币政策，促进物价涨幅明显回落，支持国民经济健康发展；加大金融监管力度，切实防范金融风险，维护金融的合法稳定运行；深化金融体制改革，按照利率市场化方向，逐步改革利率管理体制，加快农村信用社管理体制的改革，完善政策性银行经营管理机制，推进国有商业银行发展方式和经营方式的转变；进一步深化保险体制和外汇体制改革，扩大金融对外开放，提高开放水平；改进金融服务，支持国有企业的改革和发展；加强银行内部管理，提高银行资金的流动性、安全性和盈利性。

1月17日　国务院近日发出关于整顿矿业秩序维护国家对矿产资源所有权的通知。通知主要内容如下：无证擅自开采、滥采乱挖矿产资源，出卖矿产资源或者采矿权，非法经营甚至盗窃、抢夺、走私贩私矿产品等违法犯罪活动在一些地区还相当严重，破坏了矿产资源，严重影响了国有矿山企业生产，侵害了国家权益，扰乱了矿业秩序，危害了社会安定。矿业是国民经济的基础。矿业资源是经济建设和社会发展的重要物质基础。矿产资源属于国家所有，国务院代表国家行使所有权。为切实维护国家对矿产资源的权益，保障矿产资源勘察、开采活动依法进行，通知要求：（一）认真宣传贯彻有关法律、法规，牢固树立矿产资源属于国家所有的观念；（二）依法检查整顿矿业秩序；（三）认真纠正存在问题，坚决查处大案要案；（四）建立健全规章制度，切实加强矿业管理。

1月21日　北京西站开通运营。李鹏总理出席庆典并剪彩。吴邦国副总理讲话，希望铁路部门加强科学管理，确保运营安全，提高服务质量，努力使北京西站成为管理先进、服务一流、体现首都风貌、达到国际先进水平的现代化客运站。

1月21日—26日　全国宣传部长会议在京举行。会议总结了党的十四大以来宣传思想工作的基本经验，规划了“九五”期间的目标任务，布置了1996年的重点工作。江泽民总书记和李鹏总理作了讲话。江泽民在讲话中说，以科学的理论武装人，就是全党同志首先是各级领导干部，必须坚持不懈地学习马列主义、毛泽东思想，特别是邓小平建设有中国特色社会主义理论。要通过学习，努力掌握解放思想、实事求是这个精髓，提高运用马克思主义基本原理解决改革开放和现代化建设中各种实际问题的能力。讲政治，核心是坚持正确的政治方向、政治立场。各级领导干部一定要努力提高政治素质，在原则问题上一定要旗帜鲜明。要有坚实的理论基础，注意分清一些基本界限。有理论上的坚定，政治上才能坚定。要坚持正确的舆论导向首先要把握好报刊、通讯社、电台、电视台的宣传导向，要把这些阵地牢牢掌握在我们党的手里。要强调三点：一是激励人民。用正确的舆论引导人，最根本的，是动员全党同志和全国各族人民为实现党的基本路线而奋斗，为实现人民群众的根本利益而奋斗，坚定不移地推进建设有中国特色社会主义事业。我们的一切宣传，都要有利于党的团结和人民群众的团结，有利于人们奋发向上。二是服务大局。正确处理改革、发展、稳定三者关系，更好地为全党全国工作大局服务，是新闻舆论工作需要十分重视的问题。三是加强管理。按照为人民服务、为社会主义服务、为全党全国工作大局服务的要求，加强对舆论宣传的指导和管理。这几年大力宣传孔繁森、张鸣岐、李润五等先进人物，收到很好的效果。我们要继续宣传各条战线上涌现出来的优秀党员干部，同时也要加强舆论监督，对一些搞歪风邪气的典型，给他们曝光，有的还要绳之以法。李鹏在座谈会上讲话说，各级政府应该把支持宣传文化事业这项工作纳入社会发展的总体规划，切实从各方面尤其是物质方面支持，以促进宣传文化事业的健康发展。中宣部部长丁关根作了总结讲话，就努力提高宣传思想战线领导干部的工作水平提出8条意见。

同　日　中央军委在北京隆重举行晋升上将军官军衔仪式。中央军委主席江泽民向晋升上将军衔的军官颁发命令状。这次晋升上将的有中国人民解放军总政治部副主任兼中央军委纪律检查委员会书记周子玉，空军司令员于振武，空军政治委员丁文昌，第二炮兵政治委员隋永举。

1月24日　国务院发出通知，要求各地区部门结合实际学习和推广邯郸钢铁总厂管理经验。主要是：一、抓住“成本”这个“牛鼻子”不松手，抓住“成本否决”这个关键不留情，抓住“效益”这个中心不动摇，是邯钢管理经验的所在；二、有效推进了企业经营机制和增长方式的转变，大幅度提高了企业的经济效益，是邯钢管理经验的成效所在。邯钢的实践证明，国有企业适应建立社会主义市场经济体制要求，必须在转换经营机制的基础上转换经营方式，切实转变经济增长方式，这样才能充分挖掘企业的内部潜力，提高企业的整体素质和市场竞争力。邯郸的做法为国有企业实行从传统的计划经济体制向社会主义市场经济体制、从粗放经营向集约经营两个具有全局意义的根本性转变提供了借鉴经验。

1月24日—27日　中纪委六次全会在京召开。中央纪律检查委员98人出席了会议，各省、自治区、直辖市、中央和国务院各部门纪检监察机关的负责同志，以及出席解放军纪检工作会议的同志列席了会议。会议回顾总结了1995年反腐败斗争的情况，布置了1996年反腐败和党风廉政建设工作。中央纪律检查委员会书记尉健行作了工作报告。中共中央总书记江泽民在全会上发表讲话指出，实现我国的“九五”计划和跨世纪的宏伟目标，关键在于我们党在新的历史条件下、在新的国内外环境中，努力保持党的工人阶级先锋队性质，不断增强党的凝聚力，切实提高党的执政水平和领导水平，这是决定社会主义在中国巩固和发展的根本问题。各级党委务必从战略和全局的高度认识抓好党的建设的极端重要性，紧紧围绕经济建设这个中心任务，继续全面加强党的建设，并按照中央布置，加大工作力度，坚定不移地把反腐败斗争引向深入，务必使领导干部廉洁自律、查处违法违纪案件、纠正部门和行业不正之风，都取得更大更明显的实效。李鹏、乔石、李瑞环、刘华清、胡锦涛等出席了会议。1月28日，《人民日报》发表社论：《加强和健全党内监督，深入开展反腐败斗争》。

1月26日　全国人民代表大会香港特别行政区筹备委员会在北京宣告成立。党和国家领导人江泽民、李鹏、乔石、李瑞环、胡锦涛、荣毅仁在人民大会堂接见出席香港特别行政区筹委会成立大会的筹委会全体委员。江泽民在讲话中说，筹委会包括了香港各个阶层、各个方面的人士。有广泛的代表性。我们要广泛地团结广大港人，在爱国爱港的旗帜下，团结一切可以团结的力量，共同参与到筹建香港特别行政区的伟大事业中来，共同维护香港的平稳过渡和稳定繁荣。他说，筹委会的工作要贯彻落实基本法。凡是涉及香港的事情，都要按基本法办事。全国人民都要有这种守法意识。全国人大常委会委员长乔石在成立大会上向筹委会全体委员颁发了任命书。他指出，香港特别行政区筹备委员会是全国人民代表大会设立的机构。根据《全国人民代表大会关于香港特别行政区第一届政府和立法会产生办法的决定》，香港特别行政区筹备委员会负责筹备成立香港特别行政区的有关事宜，规定香港特别行政区第一届政府和立法会的具体产生办法。这是一项对中华民族具有划时代意义的任务。同日，香港特别行政区筹委会首次全体会议在京举行。筹委会主任钱其琛致辞说，今年是筹委会工作关键的一年，要组建全部由香港永久性居民组成的四百人的推选委员会。

同　日　全国纪检监察系统先进集体先进工作者表彰大会在北京举行。江泽民总书记、李鹏总理分别为大会题词。大会宣布了中央纪委、监察部、人事部《关于表彰全国纪检监察系统先进集体和先进工作者的决定》，授予北京市昌平纪委、监察局等95个单位“全国纪检监察系统先进集体”荣誉称号，授予周玉珍等192名同志“全国纪检监察系统先进工作者”荣誉称号。中央纪委决定，给予在查处无锡新兴实业总公司非法集资32亿多元大案中做出重要贡献的江苏省委副书记、省纪检书记曹克明记一等功；给予无锡新兴实业总公司非法集资案联合专案调查组、北京王宝森案联合专案调查组通报嘉奖；中纪委、监察部决定，对在纪检监察领导岗位上做出优异成绩的李振权等12位同志通报嘉奖。

1月28日　国务院、中央军委发布公告：驻港部队组建完成。公告说，驻香港部队由中国人民解放军陆军、海军和空军部队组成，隶属于中华人民共和国中央军事委员会领导。这支部队将于1997年7月1日零时正式进驻香港。中央人民政府派驻香港特别行政区负责防务的军队不干预香港特别行政区的地方事务。香港特别行政区政府在必要时，可向中央人民政府请求驻军协助维持社会治安和救助灾害。驻军人员除须遵守全国性的法律外，还须遵守香港特别行政区的法律。驻军费用由中央人民政府负担。《解放军报》为此发表社论：《肩负起神圣的使命》。

2月2日　全国人民代表大会第八届常务委员会副委员长、中国国民党革命委员会主席李沛瑶逝世。李沛瑶，广西苍梧人，1933年6月1日生于香港，1957年北京航空学院飞机制造专业毕业。1957年—1958年任南昌航空学院教师。1958年—1987年历任南昌飞机制造公司技术员、工程师、主任工程师、教授级高级工程师。1986年后，历任民革江西省委副主任委员，江西省政协常委、副主席，第六届全国政协委员，第七届全国政协常委，中华全国总工会副主席、书记处书记，劳动部副部长，全国安全生产委员会常务副主任，中国人民争取和平与裁军协会会长，中国和平统一促进会理事，中国国民党革命委员会中央委员会副主席、主席，第八届人大常委会副委员长。李沛瑶在住所发现一名歹徒盗窃财物与之搏斗，不幸遇害。党中央、国务院非常重视李沛瑶遇害案查处和善后工作，对负有直接领导责任的武警部队有关领导人给予撤职处分。

2月3日　云南省丽江纳西族自治县发生7级地震。5日凌晨零点58分，又发生了6级强烈地震。4日，国务院副总理吴邦国率领中央慰问团前往慰问灾区群众。

2月4日—11日　第三届亚洲冬季运动会在新建的哈尔滨冰球馆隆重开幕。国家主席江泽民出席了开幕式。这届亚冬会共有17个国家和地区的700多人参加，其中参赛运动员467人。国务委员李铁映，全国政协副主席霍英东及国际奥委会主席萨马兰奇的代表、国际奥委会第一副主席金云龙出席了开幕式。本届亚冬会有两队破1项世界纪录，54人次破13项亚洲纪录，118人次破18项亚冬会纪录。中国获得金牌15枚，名列金牌总数第1。

2月6日　国务院召开第四次反腐败工作会议。李鹏总理讲话说，加强勤政廉政建设，开展反腐败斗争，是关系我国现代化建设事业成败的一件大事，也是国家政权建设的一项基本任务。必须看到，我们正在从事的反腐败斗争，是一项长期而艰巨的任务。反腐败斗争中一些深层次的矛盾还没有得到根本解决，一些腐败现象仍在蔓延，有些领域还相当突出。对反腐败斗争的严重性和复杂性，各级领导务必引起高度重视，工作绝不能有丝毫松懈。李鹏强调，领导干部特别是高级干部要以身作则，廉洁自律。要集中力量查处大案要案，进一步加大办案力度。这是反腐败斗争深入发展的客观要求，也是反腐败斗争取得成效的重要标志之一。

同 日 王云坤当选为吉林省省长。

2月6日—9日 第十九次全国公安会议在北京举行。江泽民出席并讲话。他说，为了进一步加强和做好公安工作，要着重注意和抓好这样几个问题：第一，要切实增强政治敏锐性和政权意识，全力维护社会政治稳定；第二，要切实增强全局观念和群众观念，高度重视社会治安工作；第三，要切实讲理想、讲信念、讲宗旨、讲正气，真正带出一支能经得起任何风浪考验的过硬的公安队伍。李鹏在讲话中提出，中央和地方都要花大力气改善公安干警装备条件，使公安干警的装备能够应付各种复杂的社会环境。同时着手建立公安干警安全保障体系，使广大干警无后顾之忧。公安部部长陶驷驹提出了“九五”时期公安工作的总体目标：维护社会政治大局的稳定，保持社会治安秩序的平稳势态，降低重大案件的上升幅度，进一步增强人民群众的安全感，为“九五”国民经济和社会发展目标的顺利实现与人民群众安居乐业，创造更加安定的社会环境。

2月7日—9日 国家科委、中宣部和中国科协共同主办的首次全国科普工作会议在北京举行。国务委员兼国家科委主任宋健在讲话中提出了科普工作的3个原则，即从事科普创造和宣传的人要树立对国家、人民和社会的高度责任感，坚持党的基本路线和四项基本原则；在科学探索中，坚持“双百”方针，鼓励人们对科学中的未知领域和世界科学前沿问题进行探索和创新；科学界要和社会各界一道，坚定地捍卫马克思主义的科学原则，坚持科学真理，旗帜鲜明地反对迷信、愚昧和伪科学。2月9日，国家主席江泽民、国务院总理李鹏、中共中央政治局常委胡锦涛在人民大会堂接见了出席全国科普工作会议的代表。江泽民指出，科学技术普及工作对两个文明建设有着重要作用。我们不仅要靠科学技术提高物质文明的发展水平，而且要依靠科学技术的力量推动社会主义精神文明建设，积极引导人民群众建立科学、文明、健康的生活方式，努力形成学科学、用科学、爱科学、讲科学的社会风气和民族精神，创造与社会主义现代化进程相适应的社会精神风貌。

2月10日　王乐泉当选新疆维吾尔族自治区党委书记。

同　日　卢瑞华当选广东省省长。

2月12日　宋宝瑞当选四川省省长。

同　日　中国广西壮族自治区和越南谅山省相应口岸凭祥—同登的中越铁路恢复通车。

2月13日　国家科委、建设部批准启动首批"2000年小康型城乡住宅科技产业工程"。这项以科技为先导的住宅工程，计划在技术研究和产品开发的同时，投资200亿元建设1 000万平方米小康住宅示范小区。小区要体现功能完备、装修良好、设施配套、环境优美等特点。这批示范小区之一的广州红岭花园近日破土动工。

2月14日　《人民日报》发表评论员文章：《文化事业呼唤社会良知》。评论说，去年12月18日本报在头版头条刊出苏州一位普通女工的来信，控诉激光视盘中的黄色内容对她儿子的毒害，引起社会各界强烈反响。评论说，我国的文化事业正在打破单一的计划体制，实施市场取向的改革。解放文化生产力，文化体制改革势在必行，但中华民族的优秀文化传统不能丢，社会主义文化事业的价值观念和信念不能丢。用庸俗下流的东西来迎合某些不健康的社会心理绝不是繁荣文化事业的正道。

2月17日　江泽民、李鹏、乔石、李瑞环、朱镕基、刘华清、胡锦涛等分别看望邓小平、彭真、杨尚昆、万里、宋平、薄一波、宋任穷等同志。

2月18日　中共中央、国务院在人民大会堂举行春节团拜会。江泽民主持，李鹏代表党中央、国务院向大家祝贺新春。李鹏说，去年我国社会政治生活中的一件大事，是中国共产党第十四届五中全会通过《关于制定国民经济和社会发展"九五"计划和2010年远景目标的建议》，提出了全面实现第二步战略目标，并向第三步战略目标迈进的指导方针和主要任务，勾画了本世纪末、下世纪初我国现代化建设的前景。到本世纪末，我国在人口比1980年增加3亿左右的情况下，将实现人均国民生产总值比1980年翻两番，到2010年，国民生产总值比2000年再翻一番，人民的小康生活将更加宽裕，形成比较完善的社会主义市场经济体制。实现了上述目标，我国社会生产力、综合国力和人民生活都将再上一个大台阶。尽管前进道路上还有不少问题和困难，但是我们坚信，在中国共产党领导下，依靠全国各族人民团结奋斗，紧紧抓住经济建设这个中心，坚持四项基本原则，坚持改革开放，一定能够实现中华民族跨世纪的宏伟蓝图。

3月1日　中共中央文献研究室、最高人民法院在人民大会堂举行《董必武》画册出版暨董必武诞辰110周年纪念座谈会。江泽民出席并发表讲话。他说，董必武一生有相当多的时间从事政法和监察工作，对人民司法事业做出的奠基性贡献是不可磨灭的。他根据马克思主义关于国家和法的学说，提出过许多精辟见解。董必武的马克思主义法学思想，是留给我们的珍贵精神财富，对于我们今天加强社会主义法制建设，仍有指导意义。江泽民强调，董必武在党的统一战线工作方面所做出的贡献，同样是不可磨灭的。

同　日　包叙定出任机械工业部部长。

同　日　《中华人民共和国戒严法》由中华人民共和国第八届人民代表大会常务委员会第十八次会议通过，自公布之日起执行。

3月1日—2日　李鹏总理出席在泰国曼谷开幕的亚欧会议并讲话。中国、日本、韩国、东盟7国和欧盟15国的国家元首和政府首脑或代表以及欧盟委员会主席参加了开幕式。泰国总理班汉致词。李鹏总理在讲话中说，总结历史，展望未来，亚欧之间新型伙伴关系应具有以下几个特征：一、相互尊重，平等相待；二、求同存异，彼此借鉴；三、增进了解，建立信任；四、互利互惠，优势互补；五、面向未来，共同发展。建议优先考虑以下措施：一、共同反对贸易保护主义，取消贸易歧视，反对贸易制裁，促进贸易发展；二、进一步促进相互投资；三、加强技术交流与合作；四、重视人力资源开发，帮助贫穷地区的人民掌握生产开发技能，加强教育交流和职业培训方面的合作。

3月3日—13日　中国人民政治协商会议第八届全国委员会第四

次会议在北京举行。全国政协副主席叶选平在会上作了工作报告。全国政协主席李瑞环在闭幕会上讲话。会议增选何鲁丽为第八届全国政协副主席，增选艾知生、厉无畏、刘毅、刘诗白、成思危、何光远、宋汉良、胡平为常务委员会委员。政协还通过了第八届全国委员会第四次会议政治决议，通过了政协第八届全国委员会第四次会议关于常务委员会工作报告的决议，通过了政协提案委员会关于政协八届四次会议提案审查的报告。

3月5日　一个小行星被命名。《人民日报》报道：由中国科学院紫金山天文台发现并提名，经国际小行星命名委员会审议批准，国际永久编号为3556号小行星，在京被正式命名为“李晓华星”。

同　日　中国人民解放军公布导弹发射训练时间与地点。新华社受权公告：中国人民解放军将于1996年3月8日—15日，向北纬25°13分、东经120°20′，北纬25°13′、东经122°40′，北纬24°57′、东经122°40′，北纬24°57′、东经122°20′四点连线内的海域，以及北纬22°38′、东经119°45′，北纬22°22′、东经119°45′，北纬22°22′、东经119°25′，北纬22°38′、东京119°25′四点连线内的海域，进行地对地导弹发射训练。中国政府要求有关国家和地区的船只、飞机不要进入发射训练的海域空域。

3月5日—17日　八届全国人大四次会议在北京举行。李鹏总理代表国务院作了《关于国民经济和社会发展“九五”计划和2010年远景目标纲要的报告》。报告共分九个部分：一、“八五”时期国民经济和社会发展的回顾；二、今后15年的奋斗目标和指导方针；三、促进国民经济持续、快速、健康发展；四、以企业改革为中心积极推进经济体制改革；五、实施科教兴国战略和可持续发展战略；六、加强精神文明建设和法治建设；七、积极促进祖国和平统一大业；八、关于国际形势和外交工作；九、努力做好1996年的工作，为“九五”创造一个良好开端。报告提出，未来15年的主要奋斗目标是：“九五”时期，全面完成现代化建设的第二步战略部署，2000年人口将比1980年增长3亿左右的情况下，实现人均国民生产总值比1980年翻两番；基本消除贫困现象，人民生活达到小康水平；加快现代企业制度建设，初步建立社会主义市场经济体制。2010年，实现国民生产总值比2000年翻一番，使人民的小康生活更加富裕，形成比较完善的社会主义市场经济体制。国家计划委员会主任陈锦华、财政部部长刘仲藜分别向大会作了《关于1995年国民经济和社会发展执行情况与1996年国民经济和社会发展计划草案的报告》、《关于1995年中央和地方预算执行情况及1996年中央和地方预算草案的报告》。最高人民法院院长任建新作了关于最高人民法院工作的报告，最高人民检察院检察长张思卿作了关于最高人民检察院工作的报告。全体代表表决批准了《中华人民共和国国民经济和社会发展"九五"计划和2010年远景目标纲要》。会议通过决议，号召全国各族人民在邓小平建设有中国特色社会主义和党的基本路线指引下，紧密团结在以江泽民为核心的党中央周围，万众一心，励精图治，艰苦创业，开拓进取，为全面完成《纲要》确定的宏伟任务而努力奋斗。乔石委员长在总结讲话中说，我们的奋斗目标已经确定，指导方针和政策措施已经明确，最重要的是抓好落实。实现今后15年经济的较快发展和社会的全面进步，有许多有利条件，同时也存在一些矛盾和困难，在前进中还会出现许多新情况和新问题。解决这些矛盾和问题，根本的出路是实实在在地深化改革。3月18日，《人民日报》发表社论：《为实现跨世纪的宏伟纲领而奋斗》。

3月9日　中国人民解放军公布导弹试身范围。新华社受权公告：中国人民解放军将于1996年3月12日—3月20日，在北纬23°57′、东经118°06′，北纬23°25′、东经118°50′，北纬22°30′、东经117°30′和北纬23°01′、东经116°46′四点连线内的海域和空域，进行海、空实弹演习。中国政府要求有关国家和地区的船只、飞机不要进入演习海域和空域。

同　日　"12·22"杀人抢劫案主犯被处决。广东省高级人民法院在番禺市召开宣判执行大会，依法对建国以来涉及金额最大的番禺"12·22"持枪杀人抢劫银行钞票车10名案犯进行裁定，将6名主犯押赴刑场枪决。

3月15日　中国人民解放军公布演习时间。新华社受权公告：中国人民解放军于1996年3月18日—3月25日，在北纬25°50′、东经119°

50′，北纬25°32′、东经120°24′，北纬24°54′、东经119°56′和北纬25°12′、东经119°26′四点连线内的海域和空域，进行陆海空联合演习。为了安全，中国政府要求有关国家政府地区当局通知本国、本地区船只和飞机，在此期间不要进入上述海域和空域。

同　日　公安部新闻发言人宣布，我国又有26个县列入对外国人开放地区。至此，我国已有1 220个县（市）对外国人开放。这些县是：山西省灵丘县、广灵县、盂县、平顺县、黎城县、武乡县、襄垣县、五台县、代县、静乐县、偏关县、保德县、河曲县、太谷县、灵石县、左权县、榆社县、文水县、中阳县、吉县、襄汾县、翼城县、浮山县、安泽县、汾西县和万荣县。

3月16日　《人民日报》编辑部、《解放军报》编辑部发表文章：《捍卫祖国统一是人民军队的天职》。文章说，中国人民解放军近日在东南沿海进行的军事演习，展现了我军优良的军政素质和高昂的士气，表明了人民军队在现代条件下的作战能力有了新的提高，显示了我军维护祖国统一、捍卫国家主权和领土完整的决心和能力。文章指出，中国人民解放军是中国共产党绝对领导下的、执行政治任务的武装集团，维护国家统一，捍卫主权、领土完整，是宪法赋予我军的神圣使命和天职。养兵千日，用兵一时。至此两岸关系出现严重挫折和倒退之际，我军将士正以高昂的斗志，百倍的警惕，密切注视着海峡两岸的动向。我们绝不允许任何背叛民族利益、制造民族分裂、破坏祖国统一大业的倒行逆施得逞，绝不允许一寸领土从祖国版图上分裂出去。

3月18日　国家科技领导小组成立。李鹏任组长，温家宝、宋健任副组长，丁衡高、朱光亚、周光兆、何春霖、朱丽兰为小组成员。

3月19日　著名数学家、中国科学院院士、数学所研究员陈景润逝世，享年63岁。

3月21日　总参谋部、总政治部和国家体育运动委员会在京举行贺龙诞辰100周年大会。军委副主席刘华清出席并讲话。《贺龙文选》、《贺龙年谱》、《贺龙》画册和《新中国体育事业奠基人》四本书正式发行。

3月23日—24日　香港特别行政区筹委会在人民大会堂召开第二次会议。国务院副总理、筹委会主任委员钱其琛致开幕词。会议讨论通过了《全国人民代表大会香港特别行政区筹备委员会关于设立香港特别行政区临时立法会的决定》、《全国人民代表大会香港特别行政区筹备委员会关于1997年下半年和1998年香港假日安排的决定》、《全国人民代表大会香港特别行政区筹备委员会关于成立香港各界庆祝香港回归祖国活动委员会的决定》和《全国人民代表大会香港特别行政区筹备委员会关于〈中华人民共和国国籍法〉在香港特别行政区实施作出解释的建议》。

3月24日　国家环保局推出《中国跨世纪绿色工程计划》。这项计划将集中力量和资金，组织国家有关部门及地方、企业等，针对一些重点地区、重点流域和重大环境问题，实施一系列工程，打几个大战役。首先是向“三河”、“三湖”、“两区”宣战：“三河”指的是淮河、海河和辽河；“三湖”指的是太湖、巢湖、滇池；两区为“酸雨”区和“二氧化硫”区。对三大重点，已有具体措施进行全面治理。

3月24日—28日　联合国秘书长加利访问中国。26日下午，国家主席江泽民在中南海会见了加利。江泽民说，联合国是主权国家组成的最有代表性的政府间国际组织，在国际事务中发挥着不可代替的作用。其成员国中大多数是发展中国家，我们一向主张，国家不分大小，都有参与国际事务的平等权利。联合国事务也应由会员国协商处理。以更好地适应国际形势的发展变化，完成时代赋予的使命。作为联合国创始成员国和安理会常任理事国，中国重视并支持联合国的工作，并愿以积极务实的态度参与联合国各个领域的活动。李鹏总理会见了加利，向他介绍了在曼谷举行的亚欧会议情况。他说，亚洲和欧洲国家作为平等的合作伙伴在一起开会，这在历史上还是首次。这次会议有两个明显的特点：第一，大家求同存异，努力寻求和扩大共同点，避免挑起分歧和争论；第二，以经济、贸易、技术合作为主题，旨在推动两洲的互利合作。李鹏对加利在台湾问题上所持的立场表示感谢，并介绍了中国政府在台湾问题上的“一个中国”的原则立场以及“和平统一、一国两制”的方针。27日，联合国秘书长加利在中国联合国协会发表演说。

3月25日　贺龙铜像揭幕仪式在他的故乡湖南省桑植县洪家关镇举行。贺龙铜像耸立在1米多高的基台上，像高4.2米。张万年、廖汉生和贺龙夫人薛明等分别向铜像敬献了花篮。

4月1日　我国第一列高速旅客列车运行。这一列车由上海站直驶南京，速度达到140公里/小时。

4月1日—3日　国务院经济特区工作会议在广东省珠海市召开。国务院总理李鹏在讲话中指出，今后经济特区必须把自己的思想和工作重点真正从主要依靠优惠政策转到依靠两个根本性上来，以二次创业的精神，充分利用现有基础，增强优势，更上一层楼。他说，经济特区作为改革开放的“窗口”和经济改革的试验区，在建立社会主义市场经济体制方面需要先行一步。经济特区的作用，今后不仅不会削弱，还会继续得到加强。中央对经济特区的基本政策不变，保证了经济特区在全国改革开放和现代化建设中的历史地位和作用。至于具体政策和办法，随着改革的深化和经济的发展，有所调整和完善是正常的、是一种进步，表明特区在向前发展，有利于促进特区率先建立社会主义市场经济体制，与国际惯例相衔接，使我们的整个开放工作做得更好。

4月2日—5日　“863计划”10周年工作会议在北京召开，江泽民、李鹏等题词祝贺。江泽民总书记的题词是：“面向经济建设，勇攀科技高峰”。李鹏总理的题词是：“发展高新技术，增强综合国力”。会议期间，江泽民总书记、李鹏总理、中央军委副主席刘华清接见了与会代表。江泽民说，科学技术是经济发展的重要动力，是人类进步的重要标志。现代国际社会的竞争，说到底是综合国力的竞争，关键是科学技术的竞争，而高技术及其产业又是整个竞争的焦点。早在10年前，邓小平就敏锐地洞察这一趋势，明确指出，中国要在高科技领域占有一席之地。小平关于“科学技术是第一生产力”的著名论断和“发展高科技，实现产业化”基本方针，对于我们建设富强、民主、文明的社会主义现代化国家，具有重大而深远的指导意义。江泽民又说，发展高技术，要始终突出自主创新；发展高技术，要有所为，有所不为；发展高技术，是我国一项长期战略。《人民日报》为此次会议的召开于3日发表评论员文章：《更高地举起高科技产业化旗帜》。评论指出，自主创新是我国高科技研究发展的灵魂。最前沿的高科技成果是买不来的。没有自主创新，我们就不能后来居上，获得自己的知识产权，就会受制于人。我们不能跟在别人后面亦步亦趋，一步步爬行；我们也不能好高骛远单纯追求技术高水平。根据我国的国情，我们在有限目标内积极跟踪，主动了解外部世界高科技发展状况，把握其发展趋向，集中力量进行创造性劳动。在某些成熟的领域，可以奋力实现脚踏实地的大跨越。当然，根据科技发展全球化、科技一体化的趋势，我们发展民族高科技并不拒绝国际合作。博采众长正是“863计划”自主创新的一个基点。

4月3日　中华人民共和国国务院新闻办公室发布《中国的儿童状况》白皮书。白皮书中包括：一、儿童权益的保障；二、儿童的健康与保健；三、儿童的教育；四、残疾儿童的保护；五、儿童福利院。

同　日　全国矿产资源委员会成立。邹家华副总理兼主任。他在成立大会上说，国务院决定成立全国矿产资源委员会，取代原来的全国矿产储量委员会，这是国务院为了全面加强矿产资源管理的一项重要措施，是我国矿产资源管理体制的一项重要改革。

4月7日　我国建筑学家首次获得“建筑评论和建筑教育奖”。新华社报道：清华大学教授、中国科学院和中国工程学院院士吴良镛近日荣获国际建筑师协会1996年度“建筑评论和建筑教育奖”。

同　日　聂荣臻元帅的铜像在张家口市原“晋察冀军区司令部”旧址落成。

4月8日　我国最早创建的大学之一北京交通大学建校100周年。党和国家领导人江泽民、李鹏、乔石、李瑞环、刘华清、荣毅仁等为交大百年校庆题词。江泽民的题词是：继往开来，勇攀高峰，把交通大学建设成为世界一流大学；李鹏的题词是：面向二十一世纪，培养优秀人才；乔石的题词是：办一流大学，育一流人才，为二十一世纪中华腾飞作出应有贡献；李瑞环的题词是：创百年基业，育万代人才；刘华清的题词是：展望未来，再铸辉煌；荣毅仁的题词是：严谨治学，开拓创新。

同　日　国务院发出通知，批转国家经贸委《关于1996年国有企业改革工作的实施意见》。《通知》要求全国各地区、各部门结合实际认真贯彻执行。《实施意见》提出，1996年国有企业改革要做好以下几方面的工作：一、抓好各项企业改革试点工作；二、搞好大的，放活小的，加大结构调整力度；三、继续贯彻《全民所有制工业企业转换经营机制条例》，加快组织实施《国有企业财产管理监督条例》；四、切实加大技术改革的力度；五、学习推广邯郸钢铁总厂管理经验，进一步改进和加强企业管理；六、多渠道增加国有企业生产经营资金；七、促进优胜劣汰，探索处理银行不良资产的办法。

4月9日　国务院转发国家经贸委、国家工商局、国家技术监督局联合起草的《关于深入开展打击生产和经销假冒伪劣商品违法行为的意见》。《意见》明确了1996年及近期"打假"的六项重点工作，并要求各地政府切实负责，在办案所需经费方面给予支持和保证。《意见》提出的打假工作重点是：一、各商业企业要对库存、在销商品进行一次自查、自纠，在此基础上，各地打假办组织抽查，抽查面不少于30%，抽查结果要通过新闻单位公开发布；二、对经销假冒伪劣商品问题严重的商品市场进行限期重点整顿。对限期整顿不见成效的市场要坚决关闭，并追究有关责任者的责任；三、限期整顿的重点地区，如广东、浙江、河北、河南等省的部分地区，当地政府应制订切实可行的工作计划。全国打假办要组织力量采取明查暗访的形式进行抽查；四、对假冒伪劣药品、农资商品、棉花、食品、烟、酒、电器、建材等重点商品加强查处力度；五、要确定几个大案要案，一查到底，从重从快惩处；六、依法保护名优产品生产企业的合法权益。

4月9日—13日　应法兰西共和国总理朱佩的邀请，李鹏总理访问法国。李鹏9日下午抵达法国巴黎南部奥利机场并发表书面讲话。11日上午，李鹏总理和希拉克总统进行了会谈。李鹏说，世界现在正在向多样化发展，多极格局要比一个国家主宰世界安全得多。在多样化发展过程中，亚欧关系也有了新的进展，加强亚欧之间的合作有利于两大洲各国双边关系的发展，这是世界和平和稳定的重要因素。法国在国际事务中发挥着重要作用，从戴高乐将军开始，法国就奉行了独立自主的外交政策，中国也同样奉行着独立自主的和平外交政策。我们都希望两国发展一种长期友好合作的伙伴关系，这不仅有利于把中法双边关系带入21世纪，也有利于世界的和平与稳定。希拉克总统表示赞同李鹏总理关于世界多极化趋势的看法。他说，法中两国都是联合国安理会常任理事国，都有灿烂古老文化。我们希望在国际事务中加强同中国的协调与合作，在裁军、地区安全等重大国际问题上保持密切的定期磋商。希拉克还重申法国将始终遵守法中两国政府1994年1月发表的联合公报精神，法国政府的这一立场不会有任何变化。法国支持中国尽早加入世界贸易组织，他认为不应将这一问题政治化。李鹏对此表示感谢。10日，李鹏总理与朱佩总理举行会谈，并先后会见法国参议院议长莫若里、法民议会议长塞甘和各界知名人士。中国与法国签署了五项关于两国贸易合作的协定、项目合同书和意向书。这些协议、合同和意向书是：一、关于1996年到1998年购买小麦的换函；二、中法政府间海运协定；三、中国民航向法国空中客车工业公司订购30架A320-200型飞机总协议；四、中国民航向法国空中客车工业公司购买3架A340型飞机合同；五、法国兴业银行向神龙汽车项目提供出口信贷协议。12日，中法两国企业家在巴黎工商会签署了总金额为两亿多美元的7个经贸合作项目，从而使自中国总理李鹏9日访法以来，两国政府和企业界签署的经贸协议和合同总金额达24亿美元。同日，李鹏总理在法国工商界为他举行的欢迎午宴上发表演讲。他提出发展中法关系的4点建议：第一，增加信任，面向未来，建立长期稳定的政治关系；第二，优势互补，平等互利，充分发挥两国经济的优势和潜力，使合作成果不断扩大；第三，发展文化教育和科技领域的合作与交流，增进相互了解；第四，密切磋商，协调立场，担负起在国际事务中所负的责任，共同致力于维护世界和平。同日下午，李鹏总理就中法关系和中国内政、外交政策等问题接受法国记者的联合采访，14日李鹏总理回国，15日《人民日报》发表社论：《中法关系的新篇章》。

4月10日　中华全国总工会宣布：10名全国优秀工人进京参加“五一”庆祝活动。这10名优秀工人是：山西平朔煤炭工业公司安太堡露天矿采矿部钻机总工长徐秋元，大连造船厂电装车间工人崔殿镇，吉林化学工业有限公司化肥厂合成气车间钳工班长张贞泉，黑龙江国营农场总局宁安农场林业工人孙俊福，上海第一百货商店股份有限公司呢绒柜营业员马桂宁，河南洛阳白马企业集团布机挡车女工邓志芳，中国建筑工程第一工程局建筑工人余孝德，武汉钢铁(集团) 公司第一炼钢厂铸锭车间铸钢工人郧洪胜，天津电缆总厂油泵分厂电器维修工人李津来，青海电信传输局果洛线务站线务员黄益朝。

同　日　中共中央政治局常委胡锦涛参加中共中央组织部举办的第四次组织部门领导干部轮训班学员座谈会。他在座谈时指出，我国社会主义现代化建设正处在承前启后、继往开来的重要时期。我们党要领导人民胜利迈向21世纪，实现中华民族的伟大振兴，必须高度重视干部队伍建设。造就一支政治坚强、思想作风过硬、德才兼备的高素质干部队伍，为实现“九五”计划和跨世纪宏伟目标，提供坚强的组织保证。

4月12日　我国两系法杂交水稻技术取得根本性突破。继三系杂交稻之后为我国水稻生产再次做出巨大贡献的两系法杂交水稻在“九五”期间得到大面积推广。

同　日　中国作协四届主席团第十次会议在京举行。中宣部部长丁关根出席会议并讲话。他指出，我国社会主义文学事业是精神文明建设的重要方面，也是党领导的建设有中国特色社会主义事业的重要组成部分，对满足人们日益增长的精神文化需求，培养有理想、有道德、有文化、有纪律的社会主义新人，提高整个中华民族的思想道德素质和科学文化素质，具有重要作用。他还指出，繁荣社会主义文学是时代的呼唤，是人民的需要，是广大作家的共同愿望。

中国作协要认真贯彻党的文艺政策，始终坚持为人民服务、为社会主义服务的方向，坚持百花齐放、百家争鸣的方针，弘扬主旋律，提倡多样化，把促进文学的繁荣健康发展作为自己的重要任务。丁关根说，我们的文学，是人民大众的文学，必须紧跟时代步伐，与人民同呼吸、共命运。希望广大文学工作者积极深入生活，热情讴歌亿万群众建设美好新生活的英雄业绩和精神风貌，思想上积极进取，艺术上精益求精，努力创造无愧伟大时代的优秀作品，把最好的精神食粮贡献给人民。

4月15日　林伯渠诞辰110周年座谈会召开。中共中央党史研究室、中共中央文献研究室、中共中央党校在人民大会堂举行《林伯渠文集》出版暨林伯渠诞辰110周年纪念座谈会。中共中央政治局常委胡锦涛等出席座谈会，全国人大副委员长王汉斌代表中共中央讲话。

同　日　中共中央印发《中国共产党普通高等学校基层组织工作条例》。《条例》要求各省、自治区、直辖市党委，中央各部委，国家机关各部委党组（党委），军委各总部、各军兵种党委，各人民团体党组结合本地区、本系统高等学校的具体情况贯彻执行。《条例》共8章、31条，自下发之日起施行。《人民日报》为此发表评论员文章：《进一步加强高等学校党的建设》。

4月16日　《人民日报》发表评论员文章：《孔繁森精神与我们同在》。评论指出，要把向孔繁森学习的活动深入持久地开展下去，就要把学习孔繁森同学习邓小平建设有中国特色社会主义理论结合起来，同树立正确的世界观、人生观、价值观结合起来。同抵制拜金主义、享乐主义、极端个人主义等剥削阶级腐朽思想结合起来。就要把学习孔繁森同树立牢固的群众观点结合起来，同热爱群众、关心群众、全心全意为人民服务的实际行动结合起来。就要把学习孔繁森立足本职，扎实工作，锐意改革，多做奉献结合起来；同教育和善于解决工作中的热点难点问题，开创工作的新局面结合起来。

同　日　《大力提高领导干部的政治素质》一文发表。《求是》杂志第8期发表中共中央政治局常委胡锦涛的文章：《大力提高领导干部的政治素质》。文章说，当前要注意解决好以下几个方面的问题：一、要坚持正确的政治方向，坚定不移地走建设有中国特色社会主义道路；二、要坚持党的群众观点和路线，保持同人民群众的血肉联系；三、要严格遵守党的组织原则和政治纪律，坚决维护中央的权威；四、要带头廉洁自律，坚决同腐败现象作斗争。

4月17日　《人民日报》发表长篇通讯：《普通劳动者的榜样——徐虎》。《人民日报》评论员文章《一颗闪光的金子》指出，向徐虎学习，关键是要弄清新时期普通劳动者应当具备什么样的基本素质。评论说，首先应当具有江泽民总书记提出的“六十四字”创业精神。尤其提倡“干一行爱一行”的敬业精神。其次，应当具有吃苦耐劳的艰苦奋斗精神，尤其提倡在本职岗位上长期地、坚韧地坚持工作。再次，应当具有过硬的技术，尤其提倡干一行、爱一行、钻一行。

同　日　中共中央政治局常委胡锦涛出席全国党员学理论学党章座谈会。他要求广大共产党员，继续深入学习邓小平建设有中国特色社会主义理论和党章，提高思想政治素质，在实现“九五”计划和跨世纪宏伟目标的伟大实践中，更加自觉地发挥先锋模范作用。《人民日报》为此于20日发表评论员文章：《深入开展党员学理论学党章活动》。

4月17日—20日　全国模范军队转业干部、军转安置工作先进单位、先进军转工作者表彰大会暨1996年军转安置工作会议在北京召开。147名在社会主义现代化建设战线上做出突出贡献的模范军队转业干部、69个军转安置工作先进单位和83名先进军转工作者受到表彰。中央军委主席江泽民、国务院总理李鹏、中央军委副主席刘华清为大会题词。江泽民的题词是：“弘扬人民军队艰苦奋斗的革命精神，为祖国四化建设创建新的业绩”。李鹏的题词是：“发扬光荣传统为人民立新功”。刘华清的题词是：“艰苦奋斗，再创辉煌”。19日，江泽民、李鹏在北京接见了全国模范军队转业干部、转业安置工作先进单位、先进军转工作者表彰大会暨1996年军转安置工作会议代表。江泽民在接见时强调，抓军转工作也要落实讲政治的要求，其中很重要的一条就是各个方面都要顾全大局，真正把军转安置工作作为一项政治任务完成好。21日，《人民日报》发表评论员文章：《树立全局观念，做好军转工作》，号召为圆满完成今年军转安置工作任务而努力。

4月20日　中国马克思主义研究基金会成立，首届理事会在人民大会堂举行。中共中央党校副校长、《求是》杂志社总编邢贲思任会长。中央党校副校长刘海藩为第一副会长，汝信、侯树栋、王瑞璞、卢国英为副会长；聘请马文瑞、胡绳为名誉会长。

4月21日—27日　应国家主席江泽民邀请，斯里兰卡总统德里卡·班达奈克·库马拉通加夫人对中国进行国事访问。22日上午，江泽民在人民大会堂与库马拉通加总统举行会谈。江泽民说，自1957年2月中斯两国建交以来，两国关系一直很好。中斯两国人民的友谊经受了时间的考验，我们高兴地看到，斯政府在阁下领导下，继续奉行对华友好政策。中国政府重视发展与斯里兰卡的关系，真诚希望给中斯友好合作关系注入新的活力，双方努力探索多种合作形式，使双方的贸易合作和各个领域的合作能上一个新台阶。库马拉通加夫人说，斯中友好关系有着长久的历史，两国在国际领域也保持着密切联系。她希望在她任总统期间，两国在各个领域的合作能进一步得到加强。在经济合作方面，多年来，中国给予了斯里兰卡许多帮助，斯欢迎中国公司到斯进行投资、建立合资企业。希望双方的经济合作能不断得到推动和发展。23日下午，国务院总理李鹏在中南海西华厅会见库马拉通加夫人。27日，库马拉通加夫人结束对我国访问回国。

4月22日　中国湖南省中国杂交水稻工程技术研究中心主任袁隆平获得“日经亚洲技术开发奖”。因长期致力于水稻品种的改良和水稻种植技术的提高，为提高中国的稻米产量做出了突出的贡献，“日经亚洲奖”评选委员会决定授予他“日经亚洲技术开发奖”。颁奖仪式将于5月15日在东京举行。

4月23日　外交部发言人就中国在联合国人权委员会第五十二届会议上挫败西方反华提案发表谈话。《人民日报》为此在24日发表评论员文章：《借人权搞强权不得人心》。

4月24日—26日　应国家主席江泽民的邀请，俄罗斯联邦总统鲍里斯·尼古拉耶维奇·叶利钦对中国进行国事访问。25日上午，国家主席江泽民与俄罗斯总统叶利钦在人民大会堂举行会谈。中俄双方一致同意建立两国领导人之间的定期会晤机制。两位领导人说，这对发展两国关系具有重要意义，希望两国领导人保持经常性的接触。两位领导人还同意成立“中俄友好、和平与发展委员会”，以推动两国长期的睦邻友好合作关系。双方主张建立公正、合理的国际政治、经济新秩序，其核心是平等相待、互相尊重主权和领土完整、互不侵犯、互不干涉内政，各国人民有权根据本国国情选择自己的社会制度和发展道路。25日，江泽民主席和叶利钦总统在北京共同签署了《中俄联合声明》。中国国务院副总理兼外长钱其琛同俄罗斯外长普里马科夫签署了中俄两国政府关于建立直通保密电话通信线路的协定。其他协定还有：中俄两国政府关于在知识产权保护领域合作的协定，两国政府和平利用核能协定，两国政府关于共同开发能源领域合作协定，两国政府关于兴凯湖自然保护区协定，两国政府在外汇监管领域合作及互助协定，两国政府进出口商品合格评定合作协定，两国政府关于反不正当竞争与反垄断领域合作交流协定，两国政府关于禁止非法贩运和滥用麻醉药品和精神药物的合作协定，两国政府1996年经济贸易合作议定书，中国国家体育运动委员会与俄罗斯国家体育和旅游委员会体育合作原则协议，中国国家核安全局和俄罗斯核辐射安全局核安全合作议定书。同日下午，国务院总理李鹏和全国人大常委会委员长乔石分别会见了叶利钦总统。同日，江泽民、叶利钦在北京会见中外记者，江泽民阐述中俄友好关系四点基础：一、中俄毗邻而居，互为最大的邻国，增进信任，保持关系稳定发展，符合双方的根本利益；二、中俄都有国内巨大的市场，而且两国目前都在不断深化经济改革，这为两国合作提供了新的机遇；三、中俄都是世界大国，又都是联合国安理会常任理事国。两国共同致力于世界和平与发展，有助于世界更加繁荣和稳定；四、中俄两国人民有着传统的友谊，彼此都希望成为好朋友、好邻居、好伙伴，这都是决定中俄关系走向的主导因素。江泽民还说，这次中俄双方提出了“世代睦邻友好，相互尊重信任，平等互利合作，共同发展繁荣”的方针，并且商定成立中俄友好、和平与发展委员会，这反映双方都有着长期友好的真诚愿望。25日，双方在北京签署了中俄联合声明，主要内容是：一、关于双边关系；二、关于国际和平与发展；三、关于亚太安全与合作。26日下午，叶利钦总统在上海出席了中俄企业家见面会，并发表了热情洋溢的讲话。27日结束对中国的访问回国。

4月26日　江泽民主席签署边境协定。中华人民共和国主席江泽民与俄罗斯联邦总统叶利钦、哈萨克斯坦共和国总统纳扎尔巴耶夫、吉尔吉斯斯坦共和国总统阿卡耶夫、塔吉克斯坦共和国总统拉赫莫诺夫在上海共同签署《中华人民共和国和俄罗斯联邦、哈萨克斯坦共和国、吉尔吉斯共和国、塔吉克斯坦共和国关于在边境地区加强军事领域信任的协定》。根据协定，双方布置在边境地区军事力量互不进攻；双方不进行针对对方的军事演习；限制军事演习的规模、范围和次数；相互通报边境100公里纵深地区的重要军事活动情况；彼此邀请观察实兵演习；预防军事危险活动；加强双方边境地区军事力量和边防部队之间的友好交往等。签字仪式结束后，五国元首发表了热情洋溢的讲话。中、俄、哈、吉、塔五国元首一致认为，这项协定是一份具有重大历史意义的政治、军事文件，它说明五国人民希望与自己邻国相互信任、友好相处。这一文件对保持和进一步加强亚太地区乃至世界的和平稳定必将产生积极、深远的影响，也为五国双边和多边关系的持续和卓有成效的发展奠定了坚实的法律基础。江泽民主席说，协定的签署是“我们决心成为好邻居、好朋友、好伙伴这一共同愿望的生动体现”。当天下午，江泽民主席分别会见并欢宴哈萨克斯坦、吉尔吉斯斯坦、塔吉克斯坦和俄罗斯四国总统。27日，《人民日报》为此发表社论：《举世瞩目的协定》。

4月27日—5月4日　中共中央总书记江泽民在上海就国有企业改革和发展问题再次进行考察。5月3日—4日，他在上海主持召开了有四川、河北、辽宁、山东、上海的八家企业负责人参加的座谈会，听取了上海、江苏、浙江、山东四省市领导同志关于搞好国有企业工作的情况汇报，并发表讲话说，当前搞好国有企业改革的有利条件很多，只要我们加强领导，扎实工作，调动各方面的积极性，就一定能够走出一条具有中国特色的国有企业改革和发展的路子。他强调指出，搞好国有企业，要着眼于搞好整个国有经济，必须进行国有经济的结构调整和国有企业的战略性改组。这是一篇大有可为的文章。江泽民在讲话中提出，深化国有企业改革，建立现代企业制度，必须以邓小平提出的“三个有利于”作为判断是非得失的标准。只有坚持“三个有利于”的标准，改革才有正确的方向，才能不断深化。他还强调，在积极推动国有企业改革的过程中，要鼓励探索，允许试验，坚持解放思想，实事求是，大胆去试，大胆去闯。等是等不来的。回避问题，退缩不前，只能是无所作为。要尊重实践，在实践中认真总结经验。实践证明是正确的，有效的，就要坚持下去，逐步推广；发现问题，就要及时纠正，避免造成损失。江泽民在讲话中说，改革是代表工人阶级的根本利益和长远利益的，是让人民群众特别是广大工人、农民、知识分子得到最大的利益。但是，由于种种原因，有些国有企业不能适应社会主义市场经济的要求，生产经营困难，影响到部分职工的工作和生活。对此，各级领导都要密切关心群众生活，采取积极措施，尽职尽责帮助困难企业职工解决生活中的困难。江泽民强调，在改革开放和发展社会主义市场经济的新形势下，必须加强党的建设和思想政治工作，全心全意依靠工人阶级，充分发挥我们党的优良传统和政治优势。

4月29日　《人民日报》发表社论：《严厉打击严重刑事犯罪活动》。社论说，近日，中央政法公安部门根据党中央最近关于维护社会治安、社会稳定工作的重要指示，决定集中力量开展严厉打击刑事犯罪活动的斗争。这是落实党中央重要决策的具体措施，是顺应人民群众呼声所办的一件大事，也是解决当前社会治安问题的客观需要。毫无疑问，这场斗争的开展，对于有效地保护人民群众的生命财产安全，为实施“九五”计划和2010年远景目标纲要开好局、起好步、创造良好的治安环境，具有极其重要的政治意义。

4月30日　第三届全国职工运动会开幕。江泽民、李鹏、乔石、李瑞环、荣毅仁等题词。江泽民的题词是：大力开展职工体育运动，促进经济发展和社会进步。李鹏的题词是：大力开展职工体育运动，为经济发展和社会进步服务。乔石的题词是：发展职工体育运动，实施全民健身计划，培养爱国主义、集体主义精神。李瑞环的题词是：职工健康、企业兴旺、国家富强。荣毅仁的题词是：大力发展职工体育，促进改革和建设事业腾飞。李铁映的题词是：全民健身、锻炼身体、提高素质、建设祖国。

4月30日—5月4日　国务院总理李鹏在安徽省考察。在考察中他指出，要加大治淮力度，抓紧发展农业。他说，水利是农业的命脉。他要求淮河流域四省齐心协力，团结治水，将淮河的防洪标准提高到百年一遇，完成1991年中央确定的治理目标。同时，还要加强淮河污染的治理。除水利以外，他还重点考察了农业。他说，安徽是农业大省，有发展农业的较好条件和前景，要在发展农业方面为国家做出更大的贡献。要通过艰苦努力，依靠科学技术，把中低产田改造成为稳产、高产田。

5月3日　《人民日报》发表社论：《精神文明建设要上新台阶》。社论说，近几年在社会主义精神文明建设中所取得的多方面的进展和成功实践，为进一步加强社会主义精神文明建设积累了宝贵的经验：一、必须把物质文明建设和精神文明建设作为统一的奋斗目标，坚持两手抓，两手都要硬。二、重在建设，狠抓落实。三、吸引更多的群众参写精神文明建设，是精神文明建设取得成效的关键所在；而群众参与必须有舞台，有途径，有载体。四、注意发现、善于总结、及时推广群众在精神文明建设中创造的新鲜经验，是一个重要的工作方法，也是党的“从群众中来，到群众中去”的群众路线的体现。五、借鉴和吸收古今中外精神文明的有益成果，不断丰富新时期精神文明建设的内容，对于我们有很大的帮助。

同　日　国务院批转《中国残疾人事业“九五”计划纲要》(1996—2000年)。《人民日报》为此发表评论员文章：《推进残疾人事业的纲领》。

同　日　全国总工会作出决定，号召全国广大职工向徐虎等12

名优秀工人学习。他们是：徐虎、余孝德、马桂宁、李津来、徐秋元、孙俊福、张贞泉、崔殿镇、叶中央、邓志芳、邬洪胜、黄益朝。

5月3日—6日　应国家主席江泽民的邀请，亚美尼亚共和国总统列翁·捷尔–彼德罗相对中国进行国事访问。5月5日下午，国家主席江泽民在人民大会堂与彼德罗相总统举行会谈。江泽民在会谈中说，中国重视同亚美尼亚的关系，并在两国关系中遵循以下原则：一、坚持在和平共处五项原则基础上发展长期、稳定的友好关系；二、尊重亚美尼亚人民的选择，支持亚美尼亚政府维护独立和主权、发展经济所做的努力；三、愿意看到亚美尼亚同周边邻国友好相处，通过谈判和平解决争端；四、不断丰富和充实两国关系的实质内容，扩大经贸、科技、文化等领域的互利合作；五、在国际事务中包括在联合国范围内加强相互协调与合作。会谈后，江泽民主席与彼德罗相总统共同出席签字仪式并在《两国友好关系基础的联合公报》上签字。在签字仪式上，两国政府有关部门还签署了《中亚两国政府关于所得和财产避免双重征税和防止偷漏税的协定》、《两国政府民用航空运输协定》、《两国中央银行合作协议》、《中国文化部和亚美尼亚文化青年教育部1997年—1998年文化合作计划》等合作文件。6日，李鹏总理、乔石委员长分别会见彼德罗相总统。

5月5日　中日友好环境保护中心在京落成。中日友好环保中心是竹下登1988年访华时与李鹏总理确定的由日方赠款、中国配套投资合作建设的大型项目。

5月6日　中央发布通知。新华社报道：中共中央办公厅、国务院办公厅转发《农业部、监察部、财政部、国家计委、国务院法规局关于当前减轻农民负担的情况和今后工作的意见》的通知。通知要求各地认真贯彻执行。通知强调，农业、农村和农民问题始终是我国革命和建设的根本问题，是正确处理改革、发展、稳定三者关系的关键。减轻农民负担决不只是单纯的经济问题，而是关系农村改革、发展，关系农村大局稳定，关系正确对待农民、密切党和政府同农民联系的重大政治问题。通知说，党中央、国务院重申，各地区、各部门必须不折不扣地贯彻执行减轻农民负担的“约法三章”：一、坚决把不合理的项目压下来，停止一切不符合规定和不切合实际的集资、摊派项目；二、暂停审批一切新的收费项目，禁止一切需要农民出钱、出物、出工的达标升级活动；三、《中共中央办公厅、国务院办公厅关于涉及农民负担项目审核处理意见的通知》已明确取消的项目，任何地方和部门都无权恢复，国务院规定的提留统筹费不超过上年农民人均纯收入5%的比例限额不得突破。处理涉及农民负担的各种问题，一定要讲究工作方法，绝不允许动用专政工具，动用公安、武警、保安人员，动用枪支、警棍等，绝不允许非法抓人、铐人、关押人和收取农民家中的财物，如有违反，严惩不贷。

同　日　江泽民主席为解放军题词。新华社报道：中央军委主席江泽民，近日为中国人民解放军题写“政治合格，军事过硬，作风优良，纪律严明，保障有力”。这五句话是江泽民1990年12月提出的新时期军队建设的总要求。

5月7日　“国家贫困地区义务教育工程”项目责任书签订。由国家教委和财政部在北京分别同河北、山西、福建、海南、湖北、湖南、河南、安徽、陕西、江西、黑龙江、四川等12个省主管教育的副省长签订。这标志着党和国家旨在改变贫困地区教育落后面貌的宏大的教育扶贫工程进入正式落实阶段。这项“工程”受到了党中央、国务院的高度重视。江泽民总书记、李鹏总理分别为工程题词。江泽民总书记的题词是：认真实施教育扶贫工程，大力提高中华民族素质。李鹏总理的题词是：实施教育扶贫工程，大力提高民族素质。1995年—2000年，这项“工程”投入超过100亿元。

同　日　全国政协举行第三十八次主席会议，李瑞环主持会议。会议听取了朱训秘书长关于全国政协八届常委会第十七次会议议程(草案)和日程的说明，并建议此次常委会议的主要议程为，研讨政协如何围绕贯彻实施“九五”计划和2010年远景目标纲要更好地履行政治协商、民主监督、参政议政职能，进一步提高政协工作水平的问题。会议还听取了朱作霖副秘书长关于政协全国委员会常务委员会工作规划“修正案草案”的说明，原则同意提交第十七次常委会审议；听取王巨禄副秘书长关于政协第八届全国委员会部分专门委员会增补副主任名单（草案）和委员名单的说明，会议审议通过了这个草案和委员名单，并决定将这个草案和全国政协代表团访问阿曼、叙利亚情况的报告（书面），一并提交第十七次常委会议审议。

5月7日—15日　全国人大常委会举行第十九次会议。会议期间，常委听取了法律委员会副主任委员王叔文、主任委员薛驹、副主任委员蔡诚、项淳一、厉以宁分别作的关于统计法修正草案、水污染防治法修正草案、律师法草案、促进科技成果转化法草案、职业教育法草案等五项法律草案审议结果的报告。会议还听取了法制工作委员会副主任委员乔晓阳关于国籍法在香港特别行政区实施的几个问题的解释草案的说明。司法部长肖扬向会议作了关于普及法制教育的决议草案的说明和第二个五年法制宣传教育规划实施情况和“三五”普法工作安排意见的报告。会议表决通过了上述内容，于15日闭幕。

5月8日　中国工程院新增20名院士，涵盖医药卫生等32个学科，最年轻的院士仅45岁。

5月8日—22日　国家主席江泽民出访6国。应肯尼亚共和国总统、埃塞俄比亚联邦共和国总统、埃及共和国总统、马里共和国总统、纳米比亚共和国总统和津巴布韦共和国总统的邀请，国家主席江泽民对6国进行国事访问。8日江泽民抵达肯尼亚，9日上午在总统府与肯尼亚总统莫伊举行会谈。两国政府签署了中国政府和肯尼亚政府经济技术合作协定、中国政府向肯尼亚提供贴息优惠贷款的谅解协议。10日上午，江泽民参观设在内罗毕的联合国环境署和联合国居住中心。11日，江泽民结束了对肯尼亚的国事访问前往埃塞俄比亚访问，在亚的斯亚贝巴与埃塞俄比亚总统内加索·吉达达举行正式会谈。12日上午，江泽民主席与梅莱斯·译纳维总理举行会谈，就双边关系和国际形势交换了意见。同日，江泽民先后会见达维特议长和非洲统一组织秘书长萨利姆。13日，中国和埃塞俄比亚两国政府签署了《贸易、经济和技术合作协定》和《经济技术协定》。13日下午到达埃及，14日上午在开罗总统府与埃及总统穆巴拉克举行会谈，就双边关系、中东和平进程及其他共同关心的问题深入地交换了意见。14日上午，中国对外贸易经济合作部部长吴仪和埃及经济、外贸和国际合作部长塔塔维分别代表本国政府在《中华人民共和国政府和阿拉伯埃及共和国劳工和移民部技术合作议定书》上签字。中国外长钱其琛和埃及外长穆萨代表各自政府在《中埃文化协定1996—1999年执行计划》上签字。当日上午，江泽民分别会见苏鲁尔议长、希勒米主席和阿盟秘书长马吉德。17日，江泽民前往马里访问，在马里议会大厦同科纳雷举行了正式会谈，并签署两国政府经济技术协定、中国政府向马里政府提供贷款协定、中马两国政府关于中国在马里建立投资开发贸易中心合作备忘录，以及马里凯塔公园项目交接证书。同日，江泽民会见马里总理凯塔和马里议长迪亚洛，双方进行了亲切友好的交谈。18日在巴马科发表了公报。同日，江泽民前往纳米比亚访问。当日晚，纳米比亚总统努乔马举行盛大欢迎宴会。19日上午，江泽民同纳米比亚总统努乔马举行正式会谈，签订了经济技术合作协定。同日，江泽民会见纳米比亚总理根哥布。20日下午，江泽民前往津巴布韦访问。21日上午，江泽民与穆加贝总统举行正式会谈。签署《中华人民共和国政府与津巴布韦共和国政府贸易、经济、技术合作协定》、《中华人民共和国政府和津巴布韦共和国政府关于鼓励和相互保护投资协定》、《中华人民共和国政府和津巴布韦共和国政府经济技术合作协定》、《中津第四次经济、技术和贸易合作混合委员会会议纪要》、《中国政府向津巴布韦派遣体育教练和体育器材的换文》、《中津航空协定》和《中国银行向津巴布韦提供买方信贷协定》。22日下午，江泽民离开哈拉雷回国。在这期间，江泽民应非洲统一组织的邀请，在非洲大厦发表题为《为中非友好创立新的历史丰碑》的演讲，提出全面发展中非关系的五点建议和意见：一、真诚友好，彼此成为可以信赖的“全天候朋友”。二、平等相待，相互尊重主权，互不干涉内政。三、互利互惠，谋求共同发展。四、加强磋商，在国际事务中密切合作。五、面向未来，创造一个更加美好的世界。21日，钱其琛副总理兼外长在津巴布韦举行中外记者招待会，阐述中国国家主席江泽民访问非洲的意义。他说，这次访问非洲取得了重要成果：一、双方都认为进一步巩固和加强中非友好合作符合双方的利益；二、双方都希望在建设各自国家的过程中相互学习和借鉴，谋求共同发展。在新的形势下，双方的合作要改变过去仅是政府间合作，而把双方的企业、公司转为合作主体；三、双方都认为，在新的形势下，加强中国和非洲在国际事务中的合作和团结是非常重要的。中国支持非洲国家在国际关系中反对外来干涉，维护国家主权和利益的斗争。江泽民访问的6国都积极支持中国统一大业，在台湾问题上都支持中国的立场；四、在如何看待人权、如何维护人权、如何发展民主等一系列重大问题上，双方的看法也达成了广泛的共识。双方都认为，发展中国家首先是要有一个和平与稳定的环境，才能发展经济，发展民主。24日，《人民日报》发表社论：《中非携手迈向未来》。

5月9日　国家科委表彰“北大方正电子出版系统”等10项代表我国1995年科技发展水平的成就。国务院副总理邹家华、国务委员兼国家科委主任宋健出席了表彰大会，并向有关单位颁奖。

同　日　全国政协原副主席、国务院原副总理陆定一在京逝世。陆定一，1906年6月生于江苏无锡。1925年秋加入中国共产主义青年团，同年冬转为中国共产党党员。1926年任共青团南洋大学支部书记及上海法南区团委书记。同年秋调中央宣传部工作，编辑《中国青年》，任团中央宣传部部长。1928年秋在共青团第五次全国代表大会上，陆定一被选为团中央委员。1928年底，赴苏联莫斯科，任中国共产主义青年团驻少共国际代表、少共国际执委、中共驻共产国际代表团成员。1930年回国。1934年10月参加长征。遵义会议后，他任中国工农红军总政治部部长，主编《红星》报。红军到达陕北后，任红一方面军政治部宣传部部长、红军前敌总指挥部政治部宣传部部长。1937年抗日战争爆发后，历任八路军总政治部宣传部部长、八路军前方总部野战政治部副主任、《解放日报》总编辑。1945年，任中共中央宣传部部长。在第七次全国代表大会上当选为中央委员。中华人民共和国成立后任中共中央宣传部部长、中央人民政府文教委员会副主任。1954年9月当选为全国人大常务委员会委员。在党的八大当选为中共中央委员、政治局候补委员。1959年任国务院副总理。1962年任中共中央书记处书记。1965年兼任文化部部长。“文化大革命”中，陆定一遭受林彪、“四人帮”的严重迫害，被关押13年之久。1979年被增选为全国政协副主席。同年9月被补选为中共中央委员。1980年任中共中央宣传部顾问。1983年被选为全国政协副主席。在党的十二、十三大上当选为中央顾问委员会常委。

5月10日—15日　第四届全国残运会在大连举行。来自33个残疾人体育代表团的1 103名运动员参赛。江泽民、李鹏、乔石等党和国家领导人为运动会题词，李瑞环、李铁映等出席。江泽民的题词是：平等参与自强进步。李鹏的题词是：团结奉献拼搏进取。乔石的题词是：发展残疾人体育事业增加平等参与社会的机会。本届运动会有75人105次打破41项世界纪录。

5月11日—15日　八届全国人大常委会第十九次会议在北京举行。国务院提请审议档案法修正草案和枪支管理法草案。国务院档案局局长王刚就档案法修正案作说明；公安部副部长牟新生就枪支管理法草案作说明。国务院和中央军委向全国人大常委会提交关于提请审议国防法草案的议案，中央军委副主席兼国防部长迟浩田就这个草案作说明。会议还听取了外交部副部长李肇星关于联合国《海洋法公约》的说明；审议了乔石委员长访问乌克兰、俄罗斯、希腊、古巴、加拿大5国情况的书面报告，全国人大代表团访问爱尔兰、比利时、冰岛3国情况的书面报告以及全国人大代表团出访各国议会联盟95届大会的书面报告。会议通过了关于修改统计法的决定和关于修改污染防治法的决定，还通过了律师法、促进科技成果转化法、职业教育法等。

5月12日　《叶剑英选集》出版发行。该书收入叶剑英在1937年—1983年间的重要文章、报告、讲话和书信85篇43万余字。

5月15日　《人民日报》发表长篇通讯：《基层干部的榜样——吴天祥》。同时，《人民日报》发表社论：《人生在世奉献二字》，号召大家向基层党员干部吴天祥学习。社论说，学习吴天祥，就要学习他高度清醒的责任意识、岗位意识、角色意识，在自己的岗位上，有声有色地为人民服务；就是要学习他彻底地卓有成效地为人民服务的精神和实践。

同　日　中央发布通知。新华社报道：中共中央和国务院发出关于转发中央宣传部、司法部《关于在公民中开展法制宣传教育的第三个五年规划》的通知。《规划》分五个部分：一、指导思想；二、目标、任务、对象与要求；三、方法与步骤；四、保障措施；五、组织领导。《人民日报》为此发表评论员文章：《提高全民族法律素质的重要措施》。

同　日　江泽民发布《全国人民代表大会常务委员会关于修改〈中华人民共和国统计法〉的决定》。统计法共6章，34条。《人民日报》于17日发表评论员文章《依法统计保障真实》说，制止弄虚作假、虚报浮夸，保障统计数字的真实可靠，是这次修改统计法的宗旨。

同　日　江泽民主席发布《全国人民代表大会常务委员会关于修改〈中华人民共和国水污染防治法〉的决定》。水污染防治法共7章，62条。

同　日　江泽民主席发布《中华人民共和国律师法》。自1997年1月1日起施行。

同　日　江泽民主席发布《中华人民共和国促进科技成果转化法》。自1996年10月1日起施行。

同　日　江泽民主席发布《中华人民共和国职业教育法》。自1996年9月1日起施行。

同　日　中华人民共和国就中华人民共和国大陆领海的部分基线和西沙群岛的领海基线发表声明。

5月16日　《人民日报》发表社论：《乘胜追击扩大战果》。社论说，在全国范围内开展打击严重刑事犯罪活动的斗争，半个多月来，已经取得了初步战果。社论指出，这场“严打”斗争初战告捷，对于维护社会稳定和社会治安，震慑犯罪、打击犯罪分子的嚣张气焰，保护人民群众生命和财产，增强老百姓的安全感，起到了很好的作用，真是大得人心，大快人心。但必须看到，我们所做的工作和所取得的成绩与党和人民的要求还有距离，随着斗争的深入，艰巨的任务还在后面。我们要保持清醒的头脑，充分认识这场斗争的艰巨性和复杂性，要以高昂的战斗姿态投入下一步的斗争。社论说，这场“严打”斗争要突出两个“严”：一个打击的重点是严重犯罪活动，要破大案，追逃犯，打击犯罪团伙；再一个对严重犯罪活动的打击要严厉，要坚决贯彻依法从严从快的方针，稳、准、狠地打击犯罪分子。

5月16日—20日　中央军委副主席刘华清到海军东海舰队考察。在考察中他强调，各级领导干部治军要严，标准要高，要为部队做表率；只有领导和机关自身要求严格得好，才能抓好部队的战斗力建设，才能带领广大指战员做蓝色国土的坚强守卫者。

5月17日　国务院召开物价工作电话会议。会议强调要进一步加强对物价的调控管理。李岚清副总理代表国务院提出六点要求：一、坚定不移地把抑制通货膨胀、稳定物价作为今年宏观调控的首要任务，加强和改善宏观调控。二、切实落实地方首长负责制，严格按照国务院提出的要求确定各地价格调控目标，并动员各个方面力量，齐抓共管，综合治理，确保实现。三、进一步加强农业生产，继续贯彻“米袋子”省长负责制和“菜篮子”市长负责制。四、严格控制出台提价项目，切实防止集中涨价、过猛涨价，以确保市场稳定，人心安定。五、进一步加大价格监管的力度。六、继续加强对物价工作的领导，稳定物价队伍，特别是稳定县级物价机构，确保国务院提出的各项政策落实到实处。

同　日　中联煤层气公司在京成立。该公司由煤炭部、地矿部、中国石油天然气总公司，联合组建，共同开发煤层气资源。邹家华副总理在成立大会上讲话强调，要优势互补，形成强有力联合。

5月20日—23日　应李鹏总理的邀请，保加利亚共和国总理然·维德诺夫对中国进行正式访问。20日下午，李鹏在人民大会堂同然·维德诺夫总理进行会谈。21日，乔石委员长、国家副主席荣毅仁在人民大会堂会见维德诺夫总理。23日，中国政府和保加利亚政府在北京发表联合公报。

5月22日　国务院总理李鹏接见全国农村水电暨初级电气化县建设工作会议代表。他说，农村能源工作要把开发、利用和节约几个方面有机地结合起来，走可持续发展的路子。农村小水电事业已经有10个年头了，10年共增加装机容量达1 000万千瓦，使1亿人用上了电，300多个县达到初级电气化标准。尽管这项工作刚开始时困难很多，但由于党中央、国务院制定了自建、自管、自用的正确方针，小水电有了自己的供电区，并和大电网合作。一些地区依靠群众的自力更生，加上地方和中央的投入，以及银行的贷款支持，滚动发展了起来。他强调，开发小水电资源的作用是非常明显的，对山区的经济发展，对贫困地区的脱贫致富，以及对农村的精神文明建设都起到了很好作用。

5月24日—25日　香港特区筹委会第三次全体会议在珠海召开。当天，江泽民主席会见香港筹委会委员，勉励大家齐心协力做好筹组特别行政工作。钱其琛副总理在致开幕词中说，确保香港平稳过渡是筹委会工作的首要目标。

5月26日　国务院发出通知，强调进一步加强对城市规划管理。

同　日　《中国儿童报》创刊50周年，江泽民总书记、李鹏总理最近分别题词。江泽民主席的题词是：热爱儿童，办报育人。李鹏总理的题词是：热爱儿童，了解儿童，服务儿童。

同　日　我国最大的海上油田——创七项世界第一、开发生产技术居国际领先水平的流花11-1油田投产庆典在京举行。李鹏总理、邹家华副总理分别会见参加庆祝的美国客人。

5月27日—31日　中国科协第五次全国代表大会在京举行。江泽民、李鹏、乔石、李瑞环等党和国家领导人出席会议。江泽民在开幕式讲话中希望：一、继续高举爱国主义旗帜，坚持建设有中国特色社会主义的政治方向；二、围绕两个根本性转变，大力加速科技进步；三、加强基础研究，勇攀科技高峰；四、坚持普及科学知识和弘扬科学精神，促进社会主义精神文明建设；五、实施科教兴国战略，关键是人才。各级党委和政府一定要不断促进和积极扶持各类优秀科技人才的脱颖而出，并十分珍惜和用好人才。与会代表共

1100名。中国科协副主席林兰英致开幕词，科协主席朱光亚在会上作了题为《团结拼搏为实现科教兴国的战略实现“九五”计划和2010年远景目标而奋斗》的工作报告。28日，中共中央政治局候补委员温家宝在讨论中指出，发展科学技术，必须做好三件事：一、要有正确的科技政策；二、要有好的规划；三、要有坚强的组织领导。30日，钱其琛副总理作了形势报告。31日，大会通过了朱光亚所作的工作报告，修改了《中国科学技术协会章程》，选举产生了中国科协新一届领导机构。周光召当选第五届全国科协主席，朱光亚、卢嘉锡、吴阶平被授予名誉主席，张玉台任科协书记处第一书记。大会对367位中国科协系统先进工作者予以表彰，并向“金桥工程”优秀项目、优秀组织单位、优秀组织者发了奖。大会全体代表向全国科技工作者发出倡议书。《人民日报》当天发表社论：《当好科教兴国的先锋》。

5月31日　中央军委在京举行大会，纪念中国人民抗日军事政治大学建校60周年。刘华清副主席主持大会。中央军委主席江泽民讲话说，我们学习抗大的经验，应着重在以下这些方面更多下功夫：一、发扬抗大精神，努力造就大批能够担当国家改革和发展重任的优秀干部。二、发扬抗大精神，坚持把坚定正确的政治方向放在首位。三、发扬抗大精神，在工作中始终坚持实事求是、理论联系实际这个马克思主义的基本原则。四、发扬抗大精神，始终注意保持艰苦奋斗的政治本色。

6月1日　中共中央政治局常委胡锦涛出席“手拉手”互助活动汇报座谈会。在座谈会上，他希望广大少年儿童坚持德、智、体等方面全面发展，努力把自己锻炼成为有理想、有道德、有文化、有纪律的社会主义事业合格建设者和接班人。

同　日　云南广（通）大（理）铁路广楚段正式开通营运，并与全国联网，一票直通运输。

6月2日　秦山核电站二期主体工程开工。李鹏总理致信祝贺，吴邦国副总理出席开工典礼。

同　日　全国政协和中央统战部在北京举行座谈会，纪念李维汉

诞辰100周年。中共中央政治局常委李瑞环发表讲话强调，我们纪念李维汉，就是要学习他对党无限忠诚，对统一战线工作极端负责的崇高精神；学习他坚持实事求是，理论联系实际，注重调查研究的科学态度；学习他坚持真理，修正错误，严于律己，勇于自我批评的高尚品质；学习他密切联系群众，广交、深交党外朋友的优良作风。

6月2日—11日　国务院批准的全国企业调查队在北京成立。调查队主要任务有五项：一、负责对遍布全国城乡的各种所有制企业进行抽样调查；二、开展与建立现代企业制度和发展市场体系密切相关的快速专项调查和跟踪监测调查；三、进行企事业单位的统计登记工作，建立和管理企事业单位名录库；四、开展分析研究，特别是与企业和市场密切相关的宏观经济决策及微观经济管理问题的分析和研究；五、承接社会各界委托的与企业和市场有关的调查、咨询和研究项目。

同　日　国家环保局发布《1995年中国环境状况公报》。《公报》表明，去年我国的环境状况从总体上看，由于人口基数较大，经济增长较快，加之技术与管理水平较低，资源浪费、环境污染和生态破坏相当严重。与上年相比，以城市为中心的环境污染仍在发展，并向农村蔓延；生态破坏的范围仍在扩大。环境问题已成为制约经济发展和影响人体的重要因素。

同　日　扎伦布寺举行第十一世班禅额尔德尼受戒庆典。西藏自治区党委、人大、政府、政协部分领导等出席庆典，表示热烈祝贺。

6月3日—7日　中国科学院第八次院士大会和中国工程院第三次院士大会在北京举行。国务院总理李鹏、中央军委副主席刘华清出席大会。李鹏在开幕式上讲话，对两院院士历年来为祖国现代化建设做出的重大贡献表示衷心的感谢和亲切的慰问。3日下午，国务院副总理朱镕基作了关于当前国家经济形势、国有企业改革与促进科技进步的报告。中国科学院学部在"八五"期间共完成政府有关部门委托的34项重大科技决策咨询任务，提交了45项主动咨询报告和建议，增选了59名新院士；中国工程院学部在去年7月第二次院士大会之后，共审议通过了9个主动咨询项目的立项，选举产生了外籍院士7名；中国科学院选举产生了外籍院士10名。

6月5日　国务院新闻办公室公布《中国的环境保护》白皮书。白皮书共七个部分：一、实施可持续发展战略的选择；二、逐步完善的法律体系与管理体制；三、工业污染防治和城市环境综合整治；四、国土整治与农村环境保护；五、生态环境与生物多样性的保护；六、环境科学技术和环境宣传教育；七、积极推动环境保护领域的国际合作。

同　日　李维汉铜像在长沙揭幕，江泽民总书记为铜像题名。

6月6日　中共中央总书记江泽民在河南考察农业和农村工作。他强调指出，12亿中国人的吃饭问题只能靠自己来解决，也完全能够自力更生地解决。在实现现代化的整个过程中、在经济发展的任何阶段，农业尤其粮食生产绝不能削弱，要始终抓得很紧很紧。农业的持续发展也要依靠两个转变，农村经济和社会应当协调发展。

6月7日　首届中国工程技术奖和第六届陈嘉庚奖在京颁发。获得首届中国工程科技奖的12位工程技术专家是：李依依、吴炅、吴祖垲、严恺、沈鸿、张维、张光斗、徐志磊、钱宝钧、章文才、蒋新松、黎鳌。获得第六届陈嘉庚奖的8位科技专家是：黄昆、梁树权、汤佩松、张福绥、姜泗长、叶笃正、杨嘉墀、李国豪。

6月8日　外交部发表声明，宣布即日进行一次核试验。声明还说，在今年9月份之前，中国还将为核武器的安全性再进行一次核试验；在此后，中国暂停核试验。

6月9日　民政部介绍，我国今年在全国范围内逐步推进城市最低生活保障制度，保障城市居民最基本的生活。现在有100多个城市已经实施或正在实施。

同　日　国务院转发治理中小学乱收费的意见。国务院转发国家教委、国家计委、财政部、国务院纠正行业不正之风办公室《关于1996年全国开展治理中小学乱收费工作的实施意见》。

6月10日　中央军委主席江泽民视察八一电影制片厂。他在视察中勉励广大电影工作者以饱满的热情，努力创作出更多思想精深、艺术精湛、制作精致，具有强烈吸引力、感染力的优秀作品，促进我国电影事业进一步繁荣，推动社会主义精神文明建设的发展。

同　日　走私伪造人民币2 460万元的陈正德、石益，分别被判处死刑，在广东省汕头市伏法。

6月10日—14日　全国政协八届常委会第十七次会议在京举行。李瑞环主持会议并讲话。会议主题是讨论围绕“九五”计划和2010年远景发展目标纲要的实施，更好地履行政治协商、民主监督、参政议政的职能，进一步提高政协工作水平的问题。会议通过了《中国人民政治协商会议全国委员会常务委员会工作规则》（修正案）和政协第八届全国委员会专门委员会副主任增补名单；审议通过了关于撤销恰扎·强巴赤列中国人民政治协商会议全国委员会委员、常务委员资格的决定。

6月10日—14日　应国家主席江泽民的邀请，卢旺达共和国总统巴斯德·比齐蒙古对我国进行正式访问。江泽民主席与巴斯德·比齐蒙古总统举行了会谈，出席了《两国政府经济技术合作协定》签字仪式。乔石委员长和李鹏总理先后会见了巴斯德·比齐蒙古总统。随后比齐蒙古总统离开北京赴贵州省、浙江省和上海市参观访问。

6月13日　《人民日报》头版发表长篇通讯：《唐古拉山上的风云赤子——记敬业创业的气象人陈金水》。《人民日报》为此发表评论员文章：《不言崇高自崇高》。

6月13日—16日　应国务院总理李鹏的邀请，黎巴嫩总理拉菲克·哈里里对中国进行正式访问。李鹏与拉菲克·哈里里举行会谈，双方签订了《中黎两国政府民用航空运输协定》、《中黎两国政府鼓励和相互保护投资协定》、《中黎两国政府经济贸易和技术合作协定》和《中黎两国政府经济技术合作协定》。江泽民主席会见了哈里里总理。

6月14日　中央军委主席江泽民签署命令，颁布施行《中国人民解放军物资条例》。这是我军第一部系统规范军队物资工作的基本法规。

6月14日—18日　中央领导人视察三峡工程。乔石委员长、倪志福、李锡铭、王丙乾、王光英、布赫、铁木尔·达买提副委员长和曹志秘书长，在四川和湖北先后视察了万县市云阳新县城等移民点，访问了已经搬迁的部分移民户，实地察看了三峡工程建设工地荆江大堤，并听取了国务院三峡工程建设委员会和四川、湖北两省的汇报。

6月17日　中美就知识产权有关问题达成一致。美方代表团团长巴尔舍夫斯基在谈判结束后宣布，美国将取消对华采取的贸易报复措施，并承诺将中国从特殊301重点国家名单中去掉。当晚，国家主席江泽民在中南海会见巴尔舍夫斯基。江泽民说，对于两国之间存在的分歧，中国历来主张以建设性的态度，通过平等协商加以解决。中美关系的发展历史一再表明，对话比对抗好，互利合作比制裁好。

同　日　国务院总理李鹏在人民大会堂接见出席全国职业教育工作会议的代表。李鹏指出，随着社会主义市场经济体制的建立，经济的发展对各类实用型人才的需求将越来越大。各级党委、政府要十分重视职业教育，认真贯彻执行中央大力发展、大家办的方针，不断总结经验，根据社会需求，培养出一批既有一技之长，又在德、智、体等方面全面发展的社会主义劳动者。《人民日报》为此发表评论员文章：《开创职业教育的新局面》。

6月17日—19日　应江泽民主席的邀请，巴勒斯坦国总统阿拉法特访问我国。国家主席江泽民在人民大会堂与阿拉法特总统举行会谈。双方就两国关系和共同关心的地区和国际问题交换了看法。两位领导人出席了两国《经济技术合作协定》和两国经济技术合作协定的银行协议的签字仪式。乔石委员长和李鹏总理会见了阿拉法特总统。

6月17日—21日　应江泽民主席的邀请，几内亚共和国总统兰萨纳·孔戴对我国进行正式访问。国家主席江泽民在人民大会堂与孔戴总统举行会谈。共同出席了《两国政府经济技术合作协定》、《关于在几内亚成立中国投资开发贸易中心的议定书》和《关于中国向几内亚提供并安装中波发射机、播音设备以及技术合作的换文》等合作文件的签字仪式。李鹏总理和中央军委副主席刘华清分别会见了孔戴总统。

6月18日　中共中央在中南海怀仁堂与考察京九铁路及沿线部分省市的各民主党派和全国工商联领导人和无党派人士举行座谈。中共中央总书记江泽民讲话说，中国共产党和国务院将责成有关部门，认真研究大家提出的意见和建议，并努力抓好落实。李鹏、朱镕基参加了座谈会。座谈会由全国政协主席李瑞环主持。

同　日　《人民日报》报道：近日，国务院总理李鹏发布中华人民共和国第一九九号国务院令，公布《中华人民共和国涉外海洋科学研究管理规定》。该规定共15条，自1996年10月1日起施行。

同　日　天门汉江大桥建成通车。该大桥主桥长1 329米，宽14米。

同　日　移动通话系统调试成功。《人民日报》报道：我国首套具有国际一流水准的移动通话系统由西安大唐公司与美国摩托罗拉公司联合调试成功，并实现通话。

6月19日　第四次全国法制宣传教育工作会议召开，表彰在“二五”法制宣传教育中做出突出贡献的575个先进集体和100名先进个人。

6月20日　戴相龙发表谈话。中国人民银行行长戴相龙在召开的国家外汇管理局全国分局长会议上宣布，从7月1日起，我国将对外商投资企业实行银行结售汇，并在年底以前实现人民币经常项目可兑换。

同　日　中共中央总书记江泽民在中南海怀仁堂接见首届专业技术重大贡献奖获奖人员。他说，希望广大专业技术干部进一步增强责任感和使命感，求实创新、拼搏奉献，在推动科技进步的道路上努力创造新的业绩，为军队和国家的现代化建设做出更大的贡献。

6月21日　中共中央举行座谈会，纪念中国共产党成立75周年。江泽民讲话说，建设高素质干部队伍的基本要求：一、要有远大的共产主义理想，坚持正确的政治方向，坚定走建设有中国特色社会主义道路，坚定贯彻党的基本理论、基本路线和各项方针政策；二、努力实践党的全心全意为人民服务的宗旨，密切联系群众，特别是工农群众，坚决维护人民群众的利益；三、解放思想，实事求是，一切从实际出发；四、模范遵纪守法，保持清政廉洁，发扬艰苦奋斗精神，自觉拒腐防变，坚决反对消极腐败现象；五、刻苦学习，勤奋敬业，不断加强知识积累和经验积累，具备做好本职工作的专业知识和能力。

同　日　中国人民银行发布《结汇、售汇及付汇管理规定》，共5章43条，从7月1日起施行。

同　日　中德之间又开辟一条“空中走廊”——上海—北京—慕尼黑，航线全长9 600公里，飞行时间12小时。

同　日　全国人大教科文卫委员会主任赵东宛被授予俄罗斯自然科学院院士称号。

6月23日—7月6日　江泽民主席访问6国。这是应西班牙国王胡安·卡洛斯一世和王后索菲娅、挪威国王哈拉尔五世、罗马尼亚总统扬·伊利埃斯库、乌兹别克斯坦共和国总统伊斯拉姆·卡里莫夫、吉尔吉斯共和国总统阿斯卡尔·阿卡耶夫、哈萨克斯坦共和国总统努尔苏丹·纳扎尔巴耶夫的邀请。6月23日江泽民抵达西班牙伯尔马市参观访问，24日抵达马德里，西班牙国王胡安·卡洛斯一世和索菲娅王后在国宾馆伯尔多宫举行隆重仪式，热烈欢迎中国国家主席江泽民。25日下午，江泽民在西班牙首相府和阿斯纳尔首相举行会谈，就两国关系和经济来往交换了意见。当天，西班牙参议院和众议院联合举行仪式，热烈欢迎江泽民访问西班牙。当天下午，江泽民会见了西班牙企业家代表。26日，江泽民访问西班牙第二大城市巴塞罗那。27日，江泽民前往挪威访问，在机场发表书面讲话。28日晚，挪威首相布伦特夫人同江泽民举行会谈。签署了挪威向中方提供化肥的合同、海事合作协议和电信方面的议定书、关于两国相互设立总领事馆的协定。27日下午，江泽民会见了挪威议长格伦达尔夫人；28日上午，会见了挪威20多位经济界人士，希望挪威企业家以长远的战略眼光不断开拓中挪新的合作领域。29日，江泽民飞往挪威第二大城市卑尔根参观访问。当天前往罗马尼亚抵达布加勒斯特，在机场江泽民发表书面讲话。罗马尼亚共和国总统伊利埃斯库举行隆重欢迎仪式。晚上在总统府统一厅举行宴会，并举行会谈，中罗签署了《中华人民共和国政府向罗马尼亚政府提供赠款的换文》、《中华人民共和国政府和罗马尼亚政府科学协定》、《中华人民共和国政府和罗马尼亚引渡条约》。会谈后，两国元首签署了中华人民共和国和罗马尼亚联合声明。7月1日上午，江泽民会见了罗马尼亚总理沃克罗尤、参议院议长盖尔曼和众议院议长纳斯塔塞。7月2日，江泽民前往乌兹别克斯坦访问抵达塔什干，在机场江泽民发表书面讲话。7月3日，江泽民同乌兹别克斯坦总统卡里莫夫总统举行会谈。会谈结束后，江泽民和卡里莫夫总统签署了中华人民共和国政府和乌兹别克斯坦联合声明。双方还签署了：一、中华人民共和国政府向乌兹别克斯坦共和国政府赠送300万元人民币物资的换文；二、互换中华人民共和国和乌兹别克斯坦共和国领事条约批准书的证书；三、中华人民共和国政府和乌兹别克斯坦共和国政府铁路合作协定；四、中华人民共和国政府和乌兹别克斯坦共和国政府对所得避免双重征税和防止偷漏税的协定。当天上午，江泽民会见乌兹别克斯坦最高议会主席（议长）哈利洛夫。当天下午，江泽民结束了对乌兹别克斯坦的访问前往吉尔吉斯斯坦访问。3日下午，江泽民抵达比舍凯克，在机场发表书面讲话。4日上午，江泽民与吉尔吉斯斯坦总统阿卡耶夫举行正式会谈。双方表示要发展面向21世纪的睦邻友好合作关系并高度评价当天签署的中吉边界协定。当天还签署的文件有：《中吉两国联合声明》、《中华人民共和国和吉尔吉斯斯坦共和国关于民事和刑事司法协助条约》、《中华人民共和国政府和吉尔吉斯斯坦共和国政府民用航空运输协定》、《中华人民共和国海关总署和吉尔吉斯斯坦共和国海关检查总署互助与合作协议》、《中华人民共和国国家气象局和吉尔吉斯斯坦共和国国家气象局科技合作协议》、《中国人民银行和吉尔吉斯斯坦国家银行合作协议》、《关于中华人民共和国政府向吉尔吉斯斯坦共和国政府提供300万元人民币无偿物资的换文》。当天江泽民会见了立法议会主席乔尔蓬巴耶夫和人民代表会议主席马图布拉伊莫夫。7月4日下午，江泽民结束了对吉尔吉斯斯坦的访问前往哈萨克斯坦共和国访问。5日上午，江泽民与哈萨克斯坦总统纳扎尔巴耶夫举行会谈。会谈结束后两国签署了《中华人民共和国和哈萨克斯坦共和国引渡条约》、《中华人民共和国政府和哈萨克斯坦共和国政府关于保证进出口商品质量和相互认证的合作协定》、《关于中华人民共和国政府向哈萨克斯坦共和国政府提供300万元人民币无偿物资换文》、《中国人民银行和哈萨克斯坦国民银行合作协议》。还签署了两国联合声明。7月5日，陪同江泽民访问6国的国务院副总理兼外交部部长钱其琛在阿拉木图举行记者招待会。在招待会上他说，在整个访问期间中国与6国签署了近30个重要文件，其中同中亚3国签署了18个文件。这些文件进一步确定了发展双边关系的各项原则和目标，也为经贸、司法、交通等许多具体领域的合作开辟了新的前景。他在讲话中还特别指出，继中俄、中哈签署国界协定和中、俄、哈、吉、塔5国签署边境地区加强军事领域信任协定之后，中吉此次又签署了国界协定。中吉边界长达10 130多公里，协定的签署具有重要的历史意义。《人民日报》为祝贺江泽民主席访问欧亚6国圆满成功，于18日发表社论：《构筑长期稳定的友好合作大厦》。

6月25日　《人民日报》为纪念第六个土地日发表社论：《为了明天的发展》。李鹏总理在第六个全国"土地日"发表电视讲话，他的讲话题目是：《保护耕地，就是保护我们的生命线》。

同　日　太旧高速公路全线通车。太旧高速公路即指山西省太原市至平定县旧关村，是青岛至银川307国道组成部分，全长144公里。

6月27日—7月2日　国务院总理李鹏率领中共代表团出席越共"八大"。在大会上李鹏发表重要讲话。他说，中越两国山水相连，两国人民之间的历史交往悠久，源远流长。在争取国家独立和民族解放的斗争中，中越两党、两国人民互相支持，紧密合作，谱写了友谊的篇章。我们高兴地看到中越关系正常化以来，两国在政治、经济、科技、文化等各个领域的友好合作不断加强。两党、两国领导人增加了交往和接触，互相交流和共同探讨推进本国社会主义建设事业的经验。这里要特别指出的是，中共中央总书记江泽民1994年11月访问越南和越共总书记杜梅1995年11月访问中国，对进一步巩固和发展两党、两国友好合作，推动中越关系进入一个新的发展阶段，做出了重大的贡献。这无疑对亚洲地区的和平、稳定与发展产生深远的影响。28日下午李鹏离开河内回国，中共中央政治局候补委员温家宝代理团长继续参加越共“八大”有关活动。

6月28日　纪念中国共产党成立75周年大型文艺晚会《壮丽航程》在人民大会堂隆重举行。李鹏、乔石、李瑞环、朱镕基、刘华清、胡锦涛、荣毅仁等党和国家领导人出席了万人晚会。

同　日　中央组织部召开表彰大会。中共中央政治局常委胡锦涛在会上发表讲话。他在讲话中指出，为了建设一支高素质的干部队伍，以保证我们党领导全国人民把社会主义现代化事业不断推向前进，必须在广大干部特别是领导干部中切实加强思想政治教育，大力倡导坚持和发扬理论联系实际、密切联系群众、批评与自我批评三大作风。在会上，中共中央组织部作出《关于授予李国安等12名同志“优秀共产党员”称号的决定》。这12名优秀共产党员是：北京军区给水工程团团长李国安；湖北省武汉市武昌区信访办公室副主任吴天祥；浙江省进藏干部、西藏自治区昌都地区气象台原党委书记、台长陈金水；上海市普陀区中山北路房管所水电工徐虎；太原钢铁公司冶渣顾问李双良；河南省新乡县七里营乡刘庄村党支部书记、全国人大常务委员会委员史来贺；陕西省靖边县东坑乡金鸡沙村农民牛玉琴；新疆维吾尔自治区疏勒县罕南力克镇博亚克其格力村党支部书记米吉提·艾力；中国工程院院士、中国乐凯胶片公司高级工程师邹竞；山东省沂水县泉庄乡小学教研室主任张在军；黑龙江省东宁县公安局局长刘平；福建省清流县国税局城关分局专管员袁庭钰。

6月28日—7月5日　第八届全国人民代表大会常务委员会举行第二十次会议。会议28日开幕，首先听取了法律委员会主任委员薛驹、法律委员会副主任委员厉以宁、王叔文、蔡诚分别作的关于节约能源法、拍卖法、档案法修正案、枪支管理法4项法律草案审议结果的报告。会议还听取了内务司法委员会主任委员孟连琨、地质矿产部部长宋瑞祥、煤炭部部长王森浩分别作的关于老年人权益保障法、矿产资源法修正案、煤炭法3项法律的说明。7月3日再次举行全体大会，首先听取财政部部长刘仲黎关于1995年中央决算的报告和审计署审计长郭振乾关于1995年中央执行情况的审计工作报告。全国人大常委会秘书长曹志向会议作了关于各国座谈会联盟第九十六届大会中国组委会筹备工作情况的报告，全国人大常委会副委员长王丙乾还向会议作了关于检查环保法执行情况的报告。7月4日下午在人民大会堂再次举行全体会议，听取有关法律草案或草案修改稿修改意见的报告和全国人大财经委员会关于1995年中央决算的审查报告，并进行大会讨论。会议7月5日结束。会议通过了关于修改档案法的决定。国家主席签署第七十一号主席令，公布这项决定，自公布之日起施行。档案法是1987年9月5日六届人大常委会第二十二次会议通过、1988年1月1日起施行的。修改后的这部法律共6章27条，包括总则、档案机构及其职责、档案的管理、档案的利用和公布、法律责任、附则。会上通过了《中华人民共和国枪支管理法》。江泽民主席签署主席令公布这部法律，自1996年10月1日起施行。会议还通过了拍卖法等。

6月30日　《人民日报》发表社论：《迎香港回归创美好未来》。

7月1日　江泽民总书记致电祝贺杜梅当选越共中央总书记。

同　日　我国西煤东运第二条铁路大通道——神（木）黄（骅）铁路正在加紧建设，一期工程从陕西神木到山西朔州段开通运煤。

7月2日　从国家环保局获悉：河南、安徽、山东、江苏4省沿淮河流域的999家5 000吨以下小造纸厂已全部关闭。至此，整治淮河污染取得阶段性成果。

同　日　国务院办公厅发布通知。新华社报道：国务院办公厅近日发出关于治理开发农村“四荒”资源，进一步加强水土保持工作的通知。通知要求各地坚持治理开发“四荒”的基本原则，遵循有关政策，实行规范化管理，加强领导，把治理开发“四荒”和水土保持搞得更好更有成效，改善生态环境，促进农业可持续发展。通知具体规定了治理开发“四荒”的七项政策：一、实行谁治理、谁管护、谁受益。二、农村集体经济组织内的农民都有治理开发“四荒”的权利，本村村民享有优先权。三、治理开发“四荒”，应做到公开、公平、自愿、公证。四、治理者对“四荒”享有开发自主权。五、遵守有关法律、法规和政策。六、承包、租赁、拍卖“四荒”使用权，最长不超过50年。七、要发挥县以及乡（镇）基层水利、水土保持、土地、农业、林业和供销社等部门的指导、服务作用。

7月3日　我国西昌卫星发射中心用“长征三号”运载火箭成功地将“亚太IA”通信卫星送入太空。

7月4日　《人民日报》发表江泽民1996年5月4日关于《坚定信心加强领导狠抓落实加快国有企业改革和发展步伐》的讲话。《人民日报》评论员发表文章：《坚定不移地把国有企业改革推向前进》，要求认真学习贯彻江泽民的重要讲话。

同　日　江泽民主席、李鹏总理致电祝贺叶利钦再次当选国家总统。

同　日　首都文化界在人民大会堂聚会，纪念我国伟大的革命文学家茅盾诞辰100周年。李瑞环、丁关根等领导同志出席纪念大会，国务委员李铁映在大会上讲话。

7月5日　江泽民主席发布中华人民共和国第七十号主席令，公布《中华人民共和国拍卖法》。拍卖法共6章69条，自1997年1月1日起施行。

同　日　原广东省人大常委会副主任欧阳德受贿，被判处有期徒刑15年。

同　日　《人民日报》发表评论员文章：《进一步贯彻实施劳动法》。评论说，我们相信劳动法的全面贯彻实施，必将对我国社会主义市场经济体制的建立，对经济发展和社会稳定，产生积极的促进作用。

7月6日　《公务员培训暂行规定》近日由人事部发布。规定共6章27条，从发布之日起施行。

同　日　李鹏总理发布中华人民共和国第二〇一号国务院令，公布《中华人民共和国民用航空安全保卫条例》，自发布之日起施行。

同　日　华中第一高楼——武汉国际贸易中心大厦主体工程于7月6日竣工。这座楼高221米、建筑面积达13万平方米。

7月7日　《中华人民共和国国史稿》序卷，近日由当代中国出版社出版。

7月7日—13日　应国务院总理李鹏的邀请，科特迪瓦共和国总理达尼埃尔·卡布兰·敦坎对我国进行正式友好访问。8日上午，国务院总理李鹏在人民大会堂与达尼埃尔·卡布兰·敦坎总理举行会谈。两位总理就进一步加强中科关系及地区和国际形势广泛地交换了意见，还分别通报了各自国内情况。会谈后，两位总理出席了两国4个文件的签字仪式。这4个文件是：《中国政府向科特迪瓦政府赠送一般物资的换文》、《中国政府和科特迪瓦政府关于延长援科第一笔贷款使用期的换文》、《中国地矿部与科特迪瓦矿业和石油资源部物探合作意向书》、《中国地矿部与科特迪瓦矿业和石油资源部关于开展地矿合作意向书》。9日上午，江泽民主席在人民大会堂亲切会见来访的科特迪瓦总理达尼埃尔·卡布兰·敦坎。两位领导人就进一步加强两国关系深入地交换了意见。10日，敦坎总理及其一行离开北京赴苏州、上海、深圳等地参观访问，13日结束对我国的访问回国。

7月8日　李鹏总理致电非洲统一组织第32届首脑会议，对在喀麦隆首都雅温德举行的这一盛会表示热烈的祝贺。

7月9日　《人民日报》头版发表长篇通讯：《一分钱算出高效益》。通讯介绍吉林省白城麻纺厂推行精细管理走出困境的事迹。《人民日报》为此发表评论员文章：《赞“一分钱精神”》。

同　日　江泽民主席、李鹏总理分别会见了美国总统国家安全事务助理莱克一行。双方就两国关系和关心的问题交换了看法。

同　日　《习仲勋文选》由中共陕西省委牵头，陕西省委党史研究室组织征集和编辑出版。该书收入重要文章及讲话77篇。

同　日　国家科委为解决6 500万人口的温饱问题，提出十条扶贫意见。这十条意见是：一、坚决贯彻依靠科技振兴贫困地区经济的指导思想；二、大力促进贫困地区农业和农村科技进步；三、振兴贫困地区传统支柱产业和培育新兴产业；四、保障贫困地区社会可持续发展；五、发展社会化科技服务体系；六、加强科学技术的宣传普及工作，提高贫困地区人民科技文化素质；七、激励科技人员投入扶贫攻坚战役；八、组织区际间科技协作和对口支持；九、加大科技扶贫资金的投入；十、广泛开展国际间的科技交流与合作。

7月10日　国务院召开第四十七次常务会议。李鹏总理主持，讨论并原则通过《国务院关于环境保护若干问题的决定》。

同　日　全国税收征管改革工作会议在重庆召开。朱镕基副总理对会议表示祝贺，强调要建立一支廉洁高效而又拥有现代管理知识和先进技术手段的税收队伍。

同　日　国家主席江泽民在中南海亲切会见正在中国访问的朝鲜政务院副总理金润赫。在会见时他说，中国政府十分重视巩固和发展中朝友谊。

同　日　中央决定从7月10日起，大连旅顺地区实行局部开放。在开放区域内，将与大连市区一样享受国家对外开放城市、开放地区的各项优惠政策。

7月11日　《人民日报》发表评论员文章：《深刻认识“刻不容缓”》。评论要求认真学习贯彻江泽民《努力建设高素质的干部队伍》重要讲话精神。

同　日　西安至拉萨航线开通。这条航线空中距离1 900多公里，由西南航空公司营运。

7月12日　《人民日报》发表评论员文章：《为进一步稳定物价而努力》。评论指出，今年上半年虽然价格形势较好，但抑制通货膨胀的工作绝对不能有丝毫放松。各地必须继续努力工作，战胜自然灾害等各种困难，夺取全年农业生产好收成；切实搞好国有企业的改革与发展，努力扭转企业经济效益下滑的情况，缓解推动价格上涨的成本压力；继续贯彻适度从紧的货币财政政策，保持社会供求总量的大体平衡。一定要克服物价工作上的松动情绪，继续加强市场价格的监督与管理，确保圆满实现全年的价格调控目标，并尽力使价格涨幅更低一些，为明年以及整个“九五”进一步有效地抑制通货膨胀创造更加有利的条件。

同　日　李惠民被执行枪决。山东省泰安市原市委书记胡建学、原市委副书记孙庆祥、原市委秘书长卢胶青、原副市长孔利民、原公安局长李惠民、原泰山石化公司总经理徐洪波等6人受贿案，已经由山东省最高人民法院审理终结，胡建学、卢胶青、孔利民被分别判处死刑，缓期二年执行；孙庆祥、徐洪波被分别判处无期徒刑；李惠民被判处死刑。经最高人民法院核准，李惠民今天被执行枪决。

7月13日　《人民日报》发表评论员文章：《展示出版成果总结基本经验》，祝贺中国出版成就展开幕。

同　日　李鹏总理发布中华人民共和国第二〇二号国务院令，公布《特殊标志管理条例》。《条例》共4章22条，自发布之日起施行。

7月14日　《人民日报》发表评论员文章：《切实加强农村物价工作》。评论指出，当前，农村经济运行中重要农产品价格波动幅度过大，农业生产资料价格既高且乱，涉农收费名目繁多等诸多问题依然存在，有些地方还相当严重，挫伤了农民的积极性。评论说，加强农村物价工作，是实现宏观调控目标，保障全国价格总水平基本稳定的重要基础；是合理配置农村资源，促进农村经济、社会全面繁荣的重要保证。

同　日　陈士能辞去贵州省省长职务。新华社报道：近日，贵州省第八届人大常委会第二十二次会议决定：接受陈士能辞去贵州省省长职务的请求，任命和决定吴亦侠为贵州省副省长、代省长。

7月15日　《人民日报》刊登6月4日江泽民总书记在河南考察农业和农村工作时的讲话。讲话题目为《加强农业基础，深化农村改革，推进农村经济和社会全面发展》。这个讲话分三部分：一、对农业尤其是粮食生产要始终抓得很紧；二、农业发展也要靠两个转变；三、农村经济和社会要协调发展。《人民日报》为此发表评论员文章：《继续坚定不移地抓好农业》。评论说，江泽民总书记考察河南农业和农村工作时发表的重要讲话，具有很强的现时针对性，是指导当前和今后一个时期农业和农村工作的重要文件。认真学习江泽民的重要讲话，对于进一步统一全党和全国认识，对于做好农业和农村工作，具有十分重要的指导意义。

同　日　朱镕基发表讲话。新华社报道：朱镕基副总理在召开的全国农村金融体制改革会议上强调，农村金融体制改革对于加强农业的基础地位，促进农村经济发展，保持社会和经济的稳定，以及实现“九五”和2010年经济和社会发展宏伟目标，都具有十分重要的意义。各地政府和金融部门都要按照国务院统一部署，加强领导，精心组织，积极稳妥地推进这项改革。

同　日　中共中央总书记江泽民，全国人大常委会委员长乔石，中央军委副主席刘华清到北京展览馆观看中国出版成就展。

7月15日—17日　第四次全国环境保护会议在京举行。江泽民、李鹏在会上发表重要讲话。在开幕式上，李鹏总理代表党中央、国务院，向全国辛勤从事环境保护工作的同志们表示亲切的问候。他说，从第一次全国环境保护会议以来，经过20多年的不懈努力，我们环境保护工作取得了一定成绩。李鹏指出，我们清醒地看到，我国环境保护的形势相当严峻。从全国总的情况看，以城市为中心的环境污染仍在加剧，并且在向农村蔓延，生态破坏的范围仍在扩大。一些地区环境污染和生态破坏已经阻碍了经济的健康发展，甚至对人民的健康构成直接威胁。因此，在环境保护问题上，我们应该警钟长鸣。他强调，为了实现“九五”和2010年环境保护工作的目标，首先要解决认识问题，特别是各级领导干部的认识问题；必须严格环境管理；必须积极推进经济增长方式的转变；环境保护必须有一定投入；要切实加强对环境工作的领导。16日下午，第四次环境保护会议在中南海怀仁堂举行座谈会。中共中央总书记江泽民发表重要讲话。他指出，在社会主义现代化建设中，必须把贯彻实施可持续发展战略始终作为一件大事来抓。经济的发展，必须与人口、环境、资源统筹考虑，不仅要安排好当前的发展，还要为子孙着想，为未来的发展创造更好的条件。17日的闭幕式上，国家环保局局长解振华宣读了授予江苏省张家港市“环境保护模范城市”称号的决定和授予天津市等10个城市“1992年—1994年全国城市综合整治十佳城市”称号的决定。《人民日报》于18日为此发表社论：《保护环境持续发展》，祝贺第四次全国环境保护会议胜利闭幕。

7月15日—18日　全国高等学校科技工作会议在北京举行。国务院副总理李岚清在会上讲话。他指出，要进一步推动高校科技工作的发展，使之在“科教兴国”中做出更大贡献。各级政府和有关部门要进一步关心支持高校科技工作，积极为广大科技工作者创造必要的条件与环境。18日，中共中央政治局候补委员温家宝在讲话中指出，高校是国家整个科技队伍的一支重要方面军，承担了大量的科学研究和技术开发任务，成为发展我国科技事业不可缺少的力量。广大教学、科研人员辛勤耕耘，刻苦钻研，取得了大量的科技成果。今后，高校科技工作的任务，就是按照国家关于教育、科技发展的总体部署，为国民经济和社会发展培养大批德智体全面发展的合格人才，在广泛的领域和学科组织基础性研究和高科技研究，面向经济建设的主战场推进科技开发和成果转化，开展各种科技服务，在实现经济体制和经济增长方式的根本性转变中发挥积极作用。

7月16日　建设部副部长发表讲话。建设部副部长叶如堂在“唐山恢复重建成就暨抗震防灾技术国际会议”新闻发布会上说，目前我国抗震防灾工作已经逐步进入综合抗御、全面发展阶段，走出一条符合国情的抗御地震灾害的新路子。

同　日　重庆市合川涪江二桥建成通车。涪江二桥总长2 770.5米，宽26米，桥面6车道。

7月18日　第22届万国邮政联盟大会中国组织委员会和中国1999年世界集邮展览组织委员会在北京正式成立。国家主席江泽民担任本届大会和邮展组委会名誉主席，国务院副总理吴邦国任组委会主席。江泽民主席为本届万国邮联大会题词：“发展现代化邮政，满足社会需要”。

同　日　国务院发出通报。新华社报道：国务院办公厅近日就安徽省安庆市望江县华阳镇擅自停课组织小学生参加迎送活动发出通报。要求各地区、各部门以及各级领导干部重视这一问题并从中吸取深刻教训，切实增强群众观念，杜绝此类事情再度发生。

7月18日—20日　应中国政府的邀请，柬埔寨王国政府第二首相洪森对我国进行工作访问。19日，国家主席江泽民在中南海会见洪森第二首相，当天下午，国务院总理李鹏在人民大会堂会见第二首相洪森，宾主就双边关系及共同关心的问题交换了意见。会见后，两位领导人出席了《两国政府关于促进和保护投资协定》、《两国政府贸易协定》等合作文件的签字仪式。

7月19日　中共中央、国务院召开会议，听取国家防汛抗旱总指挥部关于当前汛情的汇报，研究部署防汛工作。中共中央总书记江泽民主持会议并作讲话。国务院总理李鹏、副总理朱镕基出席了会议。江泽民在讲话中指出，当前，我国大部分地区已进入汛期，一些地区防汛形势严峻，任务繁重。沿长江、黄河、珠江、淮河、海河、松花江、辽河等大江河及其流域地区，要作为防汛的重点。这些地区要高度警惕，严阵以待，采取有力措施，确保大江大河万无一失。

同　日　中央领导人会见越南访问团。中央军委主席江泽民和中央军委副主席刘华清分别会见越南共产党中央政治局委员、越南人民军总参谋长范文茶中将和由他率领的越南高级军事代表团。江泽民说，中越关系正常化以来，两国、两军关系都有了很大的发展。两军关系是两国关系的重要组成部分，我们希望中越两国两军进一步加强交往，发展友好合作。中越睦邻友好合作关系的发展不仅对两国的建设和发展有利，而且有益于本地区和整个亚洲的和平与稳定。

7月20日　全面执行国家公务员制度，中央国家机关录用考试举行。在北京地区有7 160人参加考试，竞争737个职位。

7月20日—21日　李鹏考察灾情。国务院总理李鹏专程前往遭受严重洪涝灾害的湖南、湖北两省，实地考察灾情情况，看望受灾群众，检查并部署抗洪救灾工作。他代表党中央、国务院，代表江泽民总书记向奋战在抗洪抢险第一线的广大干部群众特别是解放军指战员、武警官兵和公安干警表示亲切的慰问，勉励大家在取得抗洪救灾初步胜利的基础上，再接再厉，争取抗洪救灾的全面胜利。

7月20日—8月4日　中国体育代表团在第二十六届奥运会上获得16枚金牌、22枚银牌和12枚铜牌，金牌和奖牌总数均列第四。我国组成的代表团共有495人，其中参赛运动员为310名（男子110名、女子200名）参加26个大项目中的22个大项目的比赛。代表团团长为伍绍祖，副团长为袁伟民、徐寅生、魏纪中、李富荣。8月8日，江泽民、李鹏、乔石、李瑞环、朱镕基、刘华清、胡锦涛等党和国家领导人接见中国体育代表团，江泽民在座谈中说，现在全国人民正在为实现“九五”计划和2010年远景目标而奋斗。各条战线都要向在奥运会为国争光的体育健儿学习，发扬爱国奉献、艰苦创业精神，把我们国家建设得更好。8月6日，《人民日报》发表社论：《祖国至上——热烈欢迎中国体育代表团载誉凯旋》。

7月22日　《人民日报》报道谭彦的先进事迹。《人民日报》头版发表长篇通讯：《钢铁之躯托起神圣的天平》，记大连经济技术开发区人民法院审判委员会委员、刑事审判庭副庭长谭彦的先进事迹。《人民日报》为此发表评论员文章：《认真学习“铁法官”的精神》。

同　日　由西藏高原大气环境科学研究所与挪威贝尔根大学合作建设的多功能紫外线辐射观测站在拉萨建成。

同　日　中国人民保险（集团）公司成立。该公司下设财产保险、人寿保险、再保险三个子公司。中保集团是我国第一家保险集团公司，是国内最大的国有保险公司。中保集团直接对国务院负责，受中国人民银行领导、监督和管理，其财务管理由财政部负责。

同　日　人事部召开电话会议。会议作出部署，今后，凡担任领导职务的公务员在同一职位上任职5年以上者，原则上要实行轮岗。根据实际需要也可以适当延长或缩短轮岗年限。

同　日　政府为农民减负推进新制度。农业部、监察部落实党中央、国务院指示，为减轻农民负担特向全国推出农民负担预决算制度、农民负担监督卡制度和农民负担专项审计等3项制度。

同　日　中国农业银行和越南农业银行在北京签署《边境贸易合作协议》。这是两国在该业务领域的第一次合作。

7月23日　国家主席江泽民在人民大会堂接见参加“21世纪中国与新一代留学生”研讨会的代表。江泽民说，党和人民对广大留学生寄予厚望，希望海外的留学人员关心祖国的改革和建设事业，继续通过各种方式和途径，为祖国的发展和繁荣做出贡献。

7月24日　中国西安人才市场隆重开业。李鹏总理为中国西安人才市场题词：“建设西安人才市场，为振兴西北经济服务”。中国西安人才市场是继中国沈阳、中国北方（天津）、中国上海、中国南方(广州)、中国武汉、中国成都人才市场之后开业的第七个人才市场，是最后一个国家级区域性人才市场。至此，国家人事部提出的建立国家区域性人才市场的布局计划圆满完成。

同　日　《邓小平文选》、《陈云文选》繁体字版在香港出版发行。

同　日　外交部发言人崔天凯就少数国家向联合国提出所谓台湾在联合国“代表权”问题发表谈话。他重申中国坚决反对任何国家违背联合国宪章的精神，干涉中国内政。

7月25日　预备役军官首次授衔仪式在北京卫戍区举行。北京市委书记、北京卫戍区第一政委尉健行等参加了授衔仪式。

7月26日　中共中央总书记江泽民到唐山考察工作。他在听取汇报时指出，唐山抗震救灾的可歌可泣的事迹，新唐山的快速崛起和唐山人民在改革开放与建设中取得的显著成绩，再一次向人民昭示着一个深刻的历史真理，这就是在中国共产党的领导下，各族人民团结一心，艰苦奋斗，充分发挥社会主义制度的优越性，什么样的困难和风险都可以克服。什么样的人间奇迹都可以创造出来。

7月28日　唐山集会纪念抗震救灾20周年。李鹏总理代表中共中央、国务院向英雄的唐山人民致以崇高的敬意。他在纪念大会讲话指出，在纪念唐山抗震救灾胜利20周年的时候，我们要大力宏扬自力更生、艰苦奋斗的精神，不断把改革开放和社会主义现代化建设推向前进；我们要大力弘扬同甘苦、患难与共的精神，进一步密切党和政府同人民群众的关系；我们要以马列主义、毛泽东思想和邓小平建设有中国特色社会主义的理论为指导，加强爱国主义、集体主义和社会主义思想道德教育。只要这样做，我们就能取得物质文明和精神文明的全面胜利，实现社会全面进步。

7月29日　总政治部统一制作的党的三代领导核心关于加强军队建设的题词和六位著名英雄画像，“八一”前夕印发全军，在连以上单位悬挂、张贴。这是加强我军思想政治工作的一项重要措施。毛泽东题词是：“坚定正确的政治方向，艰苦朴素的工作作风，灵活机动的战略战术”。邓小平的题词是：“为把我军建设成为一支强大的现代化正规化革命军队而奋斗”。江泽民的题词是：“政治合格，军事过硬，作风优良，纪律严明，保障有力”。六位著名的英雄是：全心全意为人民服务的典范张思德，为建立新中国而英勇捐躯的董存瑞，赴汤蹈火无所畏惧的黄继光，视纪律重于生命的邱少云，伟大的共产主义战士雷锋，献身国防现代化建设的苏宁。

同　日　中华人民共和国政府发表声明，宣布从1996年7月30日起中国暂停核试验。

7月30日　国务院办公厅发出通知。新华社报道：国务院办公厅发出关于在全国城镇集体企业、单位开展清产核资工作的通知。通知说，城镇集体企业、单位清产核资的范围是：所有在工商行政管理登记注册的集体所有制企业（包括联合经营组织），以及以各种形式占用集体资产的单位。这次城镇集体企业、单位清产核资工作的目的是：解决集体企业、单位的资产状况不清，账实不符、资产闲置浪费及被侵占流失的问题。进一步明晰产权关系，为集体企业、单位建立规范的资产（资金）管理创造条件，为促进集体企业的改革与发展以及建立现代化企业制度打好基础。城镇集体企业、单位清产核资的主要内容是：全面清查企业资产；清理债权债务；重估集体企业、单位的主要固定资产价值；对企业有关产权进行界定，并组织产权登记；核定集体企业、单位的法人财产占用量；进行资产管理的建章建制工作等。

7月31日　甘肃省第八届人大二十二次会议决定孙英为甘肃省副省长、代理省长。

同　日　淮南矿务局特大型现代化矿井谢桥煤矿建成并投入试验生产。该矿设计生产能力为400万吨，可采量5亿多吨，服务年限105年。

8月1日　经中央军委批准，全军从今年开始为被评选的优秀士兵颁发证章。中央军委主席江泽民为“优秀士兵”证章题名。

同　日　国家“八五”重点建设工程——准（格尔）大(同）铁路全线贯通。由国家能源投资公司修建的这条铁路，全长264公里，是内蒙古自治区境内的第一条电气化铁路。

8月2日　中央纪委、监察部就原浙江萧山市委副书记、市长莫妙荣特大受贿案转发浙江省纪委、监察厅通报。通报要求各级党组织和广大共产党员从莫妙荣一案中认真吸取教训，切实加强党内监督，尤其是必须加强对领导干部的监督，努力提高党内监督的质量和效果，进一步把反腐败斗争引向深入。通报说，现已查明，莫妙荣自1992年—1995年间，利用职务之便为他人谋取利益，收受贿赂11次，受贿人民币1.5万元、港币7.5万元、美元700元及价值人民币9.9万元的贵重物品，共计折合人民币24.1万余元；1989年—1995年期间，他利用职务之便，伙同其妻朱金宝大肆收受下属单位、人员和外商的大量钱财、礼金和贵重物品等，共计折合人民币100万余元。司法部门已依法判处莫妙荣无期徒刑，剥夺政治权利终身。

8月4日—14日　来自世界120多个国家和地区的约7 000名地质学工作者，在人民大会堂参加第三十届国际地质大会。中国国务院总理、第三十届国际地质大会荣誉主席李鹏致开幕词，并会见国际地质大会中外代表，希望中外科学家进行广泛的科技交流。8月7日，国家主席江泽民在北戴河会见出席第30届国际地质大会的中外地质学界知名人士。他希望中外地质学家加强合作研究。8月15日，《人民日报》为祝贺第三十届国际地质大会胜利闭幕发表社论：《共建美好家园》。

8月5日　高等教育管理体制改革工作座谈会在北戴河闭幕。国务院总理李鹏在会议闭幕前接见了与会代表。他要求各级领导从全国经济、政治体制改革的全局出发，从培养适应21世纪要求的高素质人才、提高高等教育总体办学效益和教育质量的重要性和紧迫性出发。在已有成绩和经验的基础上，加大改革力度，要在改革的重点和难点上有所突破，培养高素质的社会主义建设人才。

同　日　国务院作出关于加强预算外资金管理的决定。决定中要求各地区、各部门和各单位严格执行《中华人民共和国预算法》，禁止将预算资金转移到预算外。各级人民政府要切实加强对财政预算资金和预算外资金的管理，对财政资金的监督检查。任何地区、部门和单位都不得隐瞒财政收入，将财政预算资金转为预算外资金。各部门、各单位未经财政部门批准，不得擅自将财政拨款转为有偿使用，更不得设置账外账和“小金库”。财政部门尤其不能设置“小金库”。决定还说，从1996年起将13项数额较大的政府性基金（收费）纳入财政预算管理。基金（收费）收入要按现行体制及时上缴中央金库或地区金库。使用由主管部门提出计划，财政部门按规定拨付；属于基本建设用途的，由财政部门按计划部门批准的项目计划安排支出。实行收支两条线管理，加强财政、审计监督。基金（收费）收支在预算上单独编制反映，按规定专款专用，不得挪做他用，也不能平衡预算。地方财政部门按国家规定收取的各项税费附加，财政的固定收入，不得作为预算外资金管理。《人民日报》为此发表评论员文章：《加强预算外资金管理》。评论说，加强预算外资金的管理，是国民经济和社会发展的需要；加强预算外资金的管理，是规范政府分配秩序，推进市场经济有序发展的重要内容。

同　日　中国人与生物圈国家委员会获得“国际公园成就奖”。这项奖励由世界自然保护联盟国家公园与保护区委员会授予。

8月6日　在具有重要意义的超铀区缺中子核的合成和研究中，我国科学家率先取得了重要进展。中科院近代物理研究所在世界上首次合成并鉴别了新核素镅-235，这标志着我国新合成与研究进入了又一个重要核区——超铀缺中子区。

8月8日　我国建国以来出版的规模最大的线装书——《毛泽东评点二十四史》影印线装本，由线装书局出版，向国内外编号限量发行。

同　日　国家公务员制度建设的又一配套法规——《国家公务员职位轮换（轮岗）暂行办法》由人事部颁布。该办法共13条，自发布之日起施行。

8月9日　西陵长江大桥建成通车。桥长1 118.66米，宽18.5米。

同　日　中越铁路凭祥—同登口岸恢复办理国际铁路运输业务。

8月9日—10日　香港特别行政区筹委会第四次全体会议在京举行。国务院副总理、筹委会主任委员钱其琛参加会议并在闭幕式上讲话。会议审议了推选委员会小组、法律小组、庆祝活动小组分别提出的《香港特别行政区第一届政府推选委员会的具体产生办法（建议稿）》、关于实施《中华人民共和国香港特别行政区基本法》第二十四条第二款的意见、关于香港特别行政区区旗、区徽使用暂行办法的建议等。会议通过了《中华人民共和国香港特别行政区第一届政府推选委员会的具体产生办法》等文件。这标志着以组建推选委员会为龙头的香港特别行政区全面组建工作已拉开序幕。

8月12日　《人民日报》头版发表长篇通讯：《"青春宝"：合资更促资产增值》，介绍杭州中药二厂与泰国"正大"合资的事迹。《人民日报》同时发表评论员文章：《坚定不移用好外资》。评论说，利用外商直接投资，兴办合资、合作、独资企业，是我国对外开放的重要内容。评论还说，毋庸讳言，我们在利用外资中，也存在着种种问题，比如，一些地方引资心切，擅自给予外商过度优惠；有的地方不注意保护中方的有形资产和无形资产，造成中方资产流失；对外资企业监督管理不够，一些外资企业转移利润，逃避税收，损害职工合法利益。对这些问题，决不能掉以轻心，必须认真解决。党中央、国务院提出提高对外开放水平，积极、合理、有效地利用外资，这是实事求是的方针。贯彻这一方针，一是要继续坚定不移地扩大利用外资，积极改善投资环境；二是提高利用外资的质量，认真解决存在的问题，只要坚持这一条，利用外资工作就会更有成效，就能更大地发挥外资对国民经济发展的促进作用。

8月13日　《人民日报》头版发表长篇通讯：《好支书王廷江》，介绍山东省临沂市罗庄镇沈泉庄党支部书记王廷江的模范事迹。《人民日报》同时发表评论员文章：《一个支书一杆旗》。评论说，农村党支部书记王廷江，心里装着的是共同富裕目标，脚下走的是共同富裕的大道，手中举的是共同富裕的旗帜。他是新时期共产党员的优秀代表，是农村干部学习的榜样。评论指出，学习王廷江，就要自觉以实现全体人民的共同富裕为己任；学习王廷江，就要甘愿为党的事业奉献一切；学习王廷江，就要发扬艰苦创业精神。

同　日　国务院总理李鹏主持召开国务院第四十九次常务会议。会议讨论并原则通过《中华人民共和国建筑法（草案）》和《中华人民共和国人民防空法（草案）》。会议讨论确定，这两个法律草案经进一步修改后，将由国务院提请全国人大常委会审议。

同　日　中纪委、监察部进行专项检查。新华社报道：根据党中央、国务院今年反腐败斗争的工作部署，中纪委、监察部决定派出

10个专项检查组，于8月中旬到9月上旬，分别到10个省、自治区、直辖市和15个部委，对领导干部廉洁自律工作的落实情况进行一次专项检查。这次专项检查总的要求是，根据中央对领导干部严格要求、严格管理、严格监督的精神，按照中纪委六次全会的部署，对各级领导干部尤其是省部级干部在遵守政治纪律和廉洁自律方面的情况进行检查。这次检查的重点，是领导干部在住房方面存在的以权谋私问题。检查的内容还包括贯彻制止用公款“吃喝玩乐”的有关规定，清理违反规定乘坐小汽车以及领导干部礼品登记、收入申报、国有企业业务招待费向职代会汇报等“三项制度”的执行情况。

8月15日　国务院办公厅发出通知。《人民日报》报道：国务院办公厅发出通知，转发经国务院同意的国家计委《关于加强价格监督检查工作的若干意见》（以下简称《若干意见》）。通知要求各地区、各部门结合实际情况，认真贯彻落实。《若干意见》中明确了当前和今后一个时期价格监督检查工作的基本要求：强化国家监督，扩大社会监督，重视舆论监督，健全内部监督，通过建立法规体系，完善监督网络，强化执法手段，加大工作力度，为维护改革、发展、稳定的大局服务。《若干意见》还要求各地以人民生活必需品、垄断性行业价格和各种收费为重点，开展经常性的监督检查，并逐步扩大农村市场价格监督检查的覆盖面。《若干意见》特别指出，稳定机构、理顺关系、充实力量是做好价格监督检查工作的重要保证。各地要采取有效措施保持物价机构特别是县级物价机构的稳定，切实做到“不撤不并，不降格、不分散职能”，使各级物价检查所真正做到继续单设。各地应根据实际需要配备和充实价格监督检查力量，使其与承担的工作相适应。

同　日　国务院作出关于环境保护若干问题的决定。决定的内容是：一、明确目标，实行环境质量行政领导负责制；二、突出重点，认真解决区域环境问题；三、严格把关，坚决控制新污染；四、限期达标，加快治理老污染；五、采取有效措施，禁止转嫁废物污染；六、维护生态平衡，保护和合理开发自然资源；七、完善环境经济政策，切实增加环境保护投入；八、严格环境执法，强化环境管理；

九、积极开展环境科学研究，大力发展环境保护产业；十、加强宣传教育，提高全民环境意识。

8月15日—25日　中国代表团在第十届残疾人奥运会上夺得16枚金牌、13枚银牌、10枚铜牌，居奖牌榜第九位，并打破11项世界纪录。这次运动会我国派出37名参赛选手，参加17个项目的6项比赛。中共中央政治局常委、中国残联名誉主席李瑞环于8月29日下午，在人民大会堂亲切接见了从亚特兰大凯旋的中国残疾人体育代表团全体成员。《人民日报》于30日发表评论员文章：《热爱祖国、自强不息的凯歌》，祝贺中国运动员在第十届残奥会上取得双丰收。

8月16日　《人民日报》发表评论员文章：《日本反动的历史观必须清算》。评论指出，近些年来，随着日本国力增强，某些人更加放肆地散布谣言，模糊侵略战争的性质，掩盖侵略罪行，美化侵略历史。把侵略篡改为“进出”的历史教科书事件，否认南京大屠杀的种种鼓噪，宣称日本侵略是“为了解放亚洲”的胡言乱语，就是典型的例证。他们还打着消除“战败国后遗症”的旗号，宣传日本承认侵略、反省战争，就是大和民族“虐待自我”。更有一些人怀着不可告人的目的，借广岛、长崎遭受原子弹之害大做文章，抹杀加害与受害的界限，在日本人民当中造成思想混乱。结果，“侵略有功”、“翻案有理”、“谢罪有害”的种种荒谬论调纷纷冒出，大行其道。日本至今还有人妄图有朝一日重温“大东亚共荣圈”旧梦。日本右翼政客参拜靖国神社，只是冰山一角。评论指出，彻底清算和抛弃反动观，走和平与发展之路，这才是日本的根本利益和前途所在。

同　日　邓子恢诞辰100周年。首都各界在人民大会堂集会纪念邓子恢诞辰100周年，《邓子恢文集》、《邓子恢传》、《回忆邓子恢》同时出版发行。国务院副总理朱镕基出席纪念座谈会，国务院副总理姜春云发表讲话指出，邓子恢一生忠于党，矢志不渝地为党的事业而奋斗。他从新民主主义革命到社会主义革命和建设时期，经历了武装斗争和经济建设的长期考验。在不同的时期，不同的领导岗位上，他都始终把党的利益放在第一位，表现出共产党人坚定的信念和坚强的党性。他受到不公正对待的时候，始终顾全大局，严守党的纪律，维护党的团结，始终对党的事业充满必胜信念，充分体现出光明磊落的可贵品格，表现出一个优秀共产党员对党的事业的无限忠诚。

同　日　国务院总理李鹏视察了国家重点建设项目秦皇岛港煤码头四期工程。在考察中他听取了河北省抗洪抢险救灾工作的汇报，要求大力弘扬当年唐山抗震精神，自力更生、艰苦奋斗，努力争取抗洪救灾斗争的全面胜利。

8月17日　国务院办公厅发出通知，要求立即停止利用发行会员证进行非法集资等活动。通知中说，最近，一些地方和企业违反国家金融管理的有关规定，利用发行会员证（包括席位证、优惠卡等）进行非法集资，并从事炒买炒卖活动，个别地区还设立了会员证交易所，模仿国内证券交易所的管理办法，为会员证提供上市交易服务。通知强调，会员证不是资本市场上的有价证券，利用发行会员证进行非法集资、炒买炒卖以至上市交易的行为，严重背离了发行会员证的本来目的，干扰了正常的金融秩序，妨碍了证券市场的健康发展。为此，经国务院批准，通知要求在国务院有关部门公布会员证管理办法之前，一律暂停各种形式会员证的发行和交易活动。禁止设立会员证交易所，已设立的会员证交易所必须立即停止业务活动。

8月18日　烟台社会服务承诺制经验报告会在北京人民大会堂举行。中宣部和国务院纠风办选定建设部、电力部、铁道部、邮电部、内贸部、供销合作总社、民航总局、卫生部等八部门和部分城市试点推广。《人民日报》为此发表评论员文章：《有信必诺有诺必践》，推广烟台经验。

8月19日　中共中央印发通知。新华社报道：中共中央发出关于印发《1996年—2000年全国干部教育培训计划》的通知，要求各地区、各部门结合本地区、本部门的实际情况，认真贯彻执行。主要内容是：一、指导思想和基本原则；二、任务和要求；三、主要措施；四、建立有中国特色的干部教育体系。《人民日报》为此发表评论员文章：《全面提高干部队伍素质的一项战略措施》。

同　日　中华人民共和国政府和尼日尔共和国政府代表在北戴河签署恢复外交关系的联合公报，决定自即日起恢复大使级外交关系。

8月20日　交通部颁布《台湾海峡两岸间航运管理办法》，自今日起实施。交通部部长黄镇东在新闻发布会上表示，两岸直接"三通"是两岸人民的迫切愿望，根据"一个中国、双向直航、互惠互利"的原则，交通部制定了《管理办法》，目的是为了加快两岸直接通航的进程，促进两岸间已发展起来的间接通航尽快转变成直接通航。《台湾海峡两岸间航运管理办法》共15条，适用于海峡两岸港口之间的海上直达客货运输。

8月21日　国务院发出通知。新华社报道：国务院同意并向各省、自治区、直辖市及国务院各部委、各直属机构批转国家经贸委、财政部、中国人民银行，国家统计局《关于建立企业扭亏增盈工作目标责任制的意见》，要求各地区、各部门认真贯彻执行。《意见》内容：一、制定企业扭亏增盈工作目标，实行行政领导负责制；二、确定考核范围和考核指标，定期公布考核指标完成情况；三、建立考核制度，促进企业扭亏增盈工作；四、本意见原则上适用于国有非工业企业。

同　日　国家经贸委在京召开通报会。会上宣布正式启动技术创新工程。要求把研究开发、生产、销售和获得商业利益作为一个系统工程整体推进，全面增强我国企业的竞争能力，加速形成有利于自主创新的技术进步机制，推动经济体制和经济增长方式的转变，使国民经济持续、快速、健康地发展。

同　日　对外贸易合作部发布《关于台湾海峡两岸间货物运输代理业管理办法》。《办法》要求各地遵照执行，共14条，自公布之日起实施。

8月23日　中央军委主席江泽民、国务院总理李鹏、中央军委副主席刘华清在北京接见出席全国征兵工作会议的代表。江泽民在讲话时强调，各级领导一定要从国防和军队长远建设的高度，从国家稳定发展和长治久安的高度，充分认识做好新形势下征兵工作的重要性，把优秀青年送到部队。他说，我军是执行革命政治任务的武装集团，是人民民主专政的坚强柱石，是共产党绝对领导下的全心全意为人民服务的人民军队，在政治上必须绝对可靠。对新兵政治质量的把关要严而又严、细而又细。新兵的身体、年龄、文化素质也不可忽视，也要严格把关。

8月23日—29日　全国人大常委会第二十一次会议在北京举行。会议分别听取了全国人大法律委员会副主任委员王叔文、厉以宁、项淳一所作的关于老年人权益保障法草案、矿产资源法修正案草案、煤炭法草案的审议结果的报告，全国人大财经委员会主任委员柳随年、环境与资源保护委员会副主任委员林宗棠、建设部侯捷所作的关于乡镇企业法草案、环境噪声污染防治草案、建筑法草案的说明，中央军委委员傅全有、于永波所作关于人民防空法草案、全国人民代表大会和地方各级人民代表大会的人民解放军代表选举办法修改草案的说明。还听取了外交部副部长王英凡所作关于中华人民共和国和哈萨克斯坦共和国、吉尔吉斯共和国、俄罗斯联邦、塔吉克斯坦共和国关于在边界地区加强军事领域信任的协定说明，国家计委主任陈锦华所作的关于今年以来国民经济和社会发展计划执行情况的报告，全国人大法律委员会主任委员薛驹向全体会议作关于老年人权益保障法草案修改稿、修改矿产资源法的决定草案和煤炭法草案修改稿修改意见的报告。会议表决通过了老年人权益保障法、关于修改矿产资源法的决定、煤炭法3个法律。至此，党的十一届三中全会以来，全国人大及其常委会审议通过的法律和有关法律问题的决定，已整整300个。乔石委员长在闭幕会讲话说，我们要继续把立法工作放在首位，完成八届全国人大常委会立法规划；同时努力和加强监督工作，有计划、有重点地开展对法律实施的监督。会议还通过了《全国人民代表大会常务委员会关于批准〈中华人民共和国和哈萨克斯坦共和国、吉尔吉斯共和国、俄罗斯联邦、塔吉克斯坦共和国关于边境地区加强军事领域信任的协定〉的决定》。

8月23日—30日　应国家主席江泽民的邀请，尼泊尔国王比兰德拉和王后抵达拉萨，开始对中国进行为期一周的非正式访问。28日，国家主席江泽民在钓鱼台国宾馆会见尼泊尔国王比兰德拉，强调世界上的重大事务应由各国在相互尊重的基础上协商解决。29日，国务院总理李鹏会见比兰德拉国王，宾主就两国关系和相互支持等进行了亲切友好的交谈。30日，比兰德拉国王离开北京。

8月24日—27日　应国务院总理李鹏的邀请，马来西亚总理达图·斯里·马哈蒂尔·宾·穆罕默德对我国进行工作访问。26日下午，国家主席江泽民在人民大会堂会见马哈蒂尔总理。江泽民说，要在21世纪建立起公正合理的国际政治新秩序，国与国之间就需要合作，而不是对抗；需要接触，而不是遏制；需要对话，而不是诉诸武力。只有这样，才能在21世纪建立起公正、合理的国际政治新秩序，才能有利于人类社会的和平与发展。当天上午，国务院总理李鹏在人民大会堂会见马哈蒂尔总理。双方就广泛的问题深入交换了意见，取得许多重要共识。双方一致认为，当今世界总的趋势是和平与发展，但也有这样那样的矛盾和问题，国与国之间也会有一些分歧和争议，对此应通过对话和友好协商谋求妥善解决。26日上午，中国和马来西亚共同举办的“中马合作——北京研讨会”开幕。马哈蒂尔总理和朱镕基副总理在开幕式上作了演讲，中马两国企业界签署了一系列合作协议。

8月26日　《人民日报》头版发表长篇通讯：《人民警察的神圣天职》，介绍福建省漳州110报警服务台的先进事迹。《人民日报》为此发表评论员文章：《警风礼赞》。

同　日　首都举行《王稼祥》画册出版暨王稼祥诞辰90周年纪念座谈会。中央军委副主席刘华清，中共中央政治局常委胡锦涛出席座谈会。刘华清在纪念座谈会上发表讲话说，中共中央党史研究室、中共中央对外联络部和解放军总政治部在这里举行集会，座谈《王稼祥》画册出版，纪念王稼祥诞辰90周年，这是很有意义的。大家怀着对王稼祥的深切怀念与敬仰之情，追思他的光辉业绩，学习他的崇高风范，这对于继承和发扬党的优良传统，促进跨世纪宏伟纲领的实现，必将产生积极的影响。

同　日　新华社评论员发表文章：《台湾当局阻挠“三通”徒劳

无益》。评论指出，可以说，两岸实现“三通”，加强经济交流与合作的必要性和紧迫性，在海峡两岸已深入人心。至于所谓台湾“安全问题”、“被吞掉”的借口，连台湾当局都难以自圆其说，要用它们来骗过台湾民众、管住台湾企业的动向，那完全是徒劳的。

8月26日—30日　第六十二届国际图联大会在北京国际会议中心开幕。来自94个国家和地区的近3 000名代表出席了闭幕式。国务委员、本届大会组委会主席罗干宣布大会开幕。国务院总理李鹏讲话，代表中国政府和人民对大会的召开表示祝贺。国际图联主席罗伯特·韦奇沃斯致词。全国人大常委会副委员长费孝通在大会上作了题为《面向多元一体化世界新格局的图书馆》的主题演讲，他认为，在世界经济一体化的大趋势下，世界各国文化的发展仍将保持其固有的多元化特征，这就为对文化信息的传播和交流起着桥梁作用的图书馆事业的蓬勃发展提供了良好的机遇。28日上午，第23次国家图书馆馆长会议在北京图书馆举行，就国家图书馆面临的问题进行了交流、研讨。26日，《人民日报》发表社论：《迎接图书馆事业的新时代》，祝贺第62届国际图联大会召开。

8月26日—30日　应国家主席江泽民的邀请，加蓬共和国总统哈吉·奥马尔·邦戈对我国进行正式友好访问。26日下午，国家主席江泽民在人民大会堂同邦戈总统举行会谈。两位领导人一致认为，中加建交20多年来，尽管国际形势和两国各自情况都发生了很大变化，但两国关系始终健康稳步地向前发展，双方在政治、经济、军事、文化等各个领域进行了富有成效的合作，建立了相互信赖、真诚相待的深厚友谊。江泽民指出，国际形势仍处于深刻而复杂的变化之中，作为当今时代的两大主题，世界的和平与发展仍面临着严峻的挑战。26日晚，国务院总理李鹏在钓鱼台国宾馆会见邦戈总统。27日上午，全国人大常委会委员长乔石在人民大会堂会见加蓬总统。27日下午，邦戈总统离开北京前往西安、上海参观访问，30日结束对我国的访问。

8月27日—8月28日　国务院总理李鹏专程前往遭受灾害严重洪水袭击的河北省视察灾情，慰问灾民。他代表党中央、国务院，代表江泽民总书记向河北省的党政军民表示亲切慰问；勉励大家继承发扬抗洪抢险中凝聚的自强自立、艰苦奋斗的精神，恢复生产，重建家园。

8月29日　江泽民、李鹏、乔石、李瑞环等中央领导为第五届全国大学生运动会题词。江泽民的题词是："发展学校体育运动，促进社会主义精神文明建设"。李鹏的题词是："发展学校体育运动，提高学生健康水平"。乔石的题词是："发展高校群众体育运动，增强师生体质"。李瑞环的题词是："健身励志，成才报国"。

同　日　国家主席江泽民在人民大会堂会见前来参加"京台经济合作研讨会"的高清愿先生等一批台湾工商界知名人士和专家、学者。江泽民对高清愿等人前来参加"京台经济合作研讨会"表示欢迎，并对研讨会代表积极主张加强两岸经济合作、尽快实现直接"三通"等看法表示赞赏。他说，海峡两岸同胞血脉相连、休戚与共。两岸经济上各具优势，进一步加强经济交流与合作，优势互补，对于台湾的经济发展有重大意义，对祖国大陆也是有益的。面向21世纪世界经济的发展，要大力发展两岸经济交流与合作，以利于两岸经济共同繁荣，造福整个中华民族。

8月30日　《人民日报》发表评论员文章：《日本别干蠢事》。评论指出，日本在钓鱼岛问题向中国主权挑战，决非偶然，而是日本国内政治右倾对外炫耀实力的必然表现。近年来，日本不断有人歪曲侵略历史，美化侵略战争，向国民灌输军国主义意识；大肆渲染所谓"中国威胁论"，竭力挑拨与邻国的关系，为向外扩展势力制造借口；强化日美安全体系，扩大防卫范围，甚至在防卫白皮书中侈谈什么"要关注中国军队的动向"；不断增加军费，扩充军备，想方设法向海外派兵。如此等等，不一而足。长期以来，亚洲国家一直担心日本走军国主义老路。这并非杞人忧天。日本这一系列所作所为，像是在把这种担心变成现实。

同　日　国务院正式批准芜湖长江大桥开工建设报告。该桥工程量相当于南京长江大桥和武汉长江大桥的总和。

同　日　《世纪伟人邓小平》画册出版。画册精选邓小平在各个

时期珍贵历史照片305幅。中央党校校长胡锦涛出席座谈会。

8月31日　《人民日报》头版发表长篇通讯：《上海构建再就业良性循环新机制》，介绍上海新组建的“再就业服务中心”的情况。为此，《人民日报》发表新华社评论员文章：《领导干部要敢于破解难题》。评论中说，上海“再就业服务中心”的诞生，再次启示人们，对于影响全局、关系国家和人民根本利益的突出问题，领导干部特别是党的一把手必须亲自进行调查研究，提出解决问题的思路、对策，而不能满足于一般号召。评论最后指出，实现经济体制和经济增长方式的两个转变，是讲求实效的转变，是我们党领导经济和社会发展日趋成熟的表现。它对各级领导干部提出了更高的要求。

8月31日—9月7日　应江泽民主席的邀请，赤道几内亚共和国总统奥比昂·恩圭马·姆巴索戈对我国进行国事访问。9月2日上午，江泽民在人民大会堂同奥比昂总统举行会谈。江泽民说，作为发展中国家，中国和赤道几内亚始终相互支持、相互同情、相互理解。中国将以两国的传统友谊与和平共处五项原则为基础，同赤道几内亚发展面向21世纪的相互信赖、长期稳定、全面合作的友好关系。9月3日，国务院总理李鹏在中南海会见奥比昂总统。9月2日下午，全国人大常委会委员长乔石在人民大会堂会见奥比昂总统。

9月1日　京九铁路全线开通运营。国务院发来电报祝贺。这条铁路北起北京西站，跨越京、津、冀、鲁、豫、皖、鄂、赣、粤九省市的98个县，南至深圳，联接香港九龙，包括同期建成的天津至霸州、麻城至武汉的两条联络线在内，全长2 553公里。

同　日　中共中央宣传部、国家科委、中国科协发出《关于加强科普宣传工作的通知》。《通知》提出加强科普宣传工作的若干意见：一、要高度重视新时期的科普宣传工作；二、加强科技是第一生产力思想和科教兴国战略思想的宣传；三、大力宣传可持续发展战略；四、大力传播科技知识，宣传科学思想和科学方法，培养公众用科学的思想观察问题，用科学的方法处理问题的能力；五、大力宣传科技事业的伟大成就，宣传广大科技工作者的杰出贡献和先进事迹；六、科普宣传要立足实际，注重实效；七、针对不同对象做好宣传工作；八、科普宣传要讲科学，讲纪律；九、各种宣传媒体要协同配合，加大科普宣传的声势和力度；十、加强科普宣传队伍建设。为此《人民日报》于9月2日发表评论员文章：《提高劳动者素质的重要一环》。评论指出，当今，生产劳动和社会生活中的科技含量越来越高。劳动者单靠体能和常识已无法适应现代的工作条件，也无法从事高质量的工作，产生高效益。我们要把经济建设转移到依靠科技进步和提高劳动者素质的轨道，要实现经济增长方式由粗放型到集约型转变，首先就要提高广大劳动者的素质。科普是全方位的，是涉及每一个人的，是我们日常生活中不可缺少的一部分。坚持广泛、深入的全民科普活动，努力提高我国劳动者的科技文化水平，我们实现“科技兴国”的伟大战略就有了坚实的基础。

9月2日　第七届“中国十大杰出青年”评出。他们是（以姓氏笔画为序）：山东省长岛县南隍城村党支部书记王成强，上海市正广和总公司总经理、党委书记吕永杰，黑龙江省宁安农场长丰林场工人孙俊福，陕西省金花企业集团总裁吴一坚，湖北省五峰土家族自治县五峰镇三坪小学校长宋芳蓉（女，土家族），云南省保山地区行署公安局缉毒大队长陈新民，广东省珠海市拱北海关行李物品监管处调查科科长周鑫全，新疆维吾尔自治区维吾尔医学研究所所长、教授哈木拉提·吾甫尔（维吾尔族），海军南沙守备部队参谋长龚允冲，西藏自治区气象台高级工程师假拉（藏族）。本届“中国十大杰出青年”评选活动，由中华全国青年联合会、中国青少年发展基金会及首都十大新闻单位联合主办。

9月2日—7日　第十三届国际档案大会在北京举行。来自130个国家和地区的2 600多名代表出席了这一盛会。国务院总理李鹏在开幕式上发表讲话说，档案作为人类活动的真实记录，是人类文明进步的阶梯，也是世界文化遗产的重要组成部分。保护和开发档案，是各国政府的共同职责，也是档案工作者的神圣使命。各个国家和地区的档案专家定期集会，总结和交流档案保护、开发工作的经验，探讨档案有关的问题，是促进档案工作和档案学发展的极好机会。国际档案理事会主席瓦洛在开幕式上代表国际档案理事会，向中国国务委员、国务院秘书长、大会中国组委会主席罗干和国际图联主席韦奇沃斯颁发国际档案理事会奖章，以表彰他们对国际档案事业做出的杰出贡献。在第13届国际档案大会第二次会员代表大会上，中国国家档案局局长、中央档案馆馆长王刚被推举为国际档案理事会主席。这是发展中国家档案部门负责人首次担任这一职务。9月7日，《人民日报》为祝贺第十三届国际档案大会在北京召开发表社论：《开创新世纪的档案事业》。

9月3日　国家主席江泽民在中南海接受了法国《费加报》社论委员会主席佩雷菲特的采访。在谈到中国经济发展问题时，他说，我国经济发展总的形势是好的。我们对解决经济迅速发展中出现的问题，始终保持实事求是的态度。我们十分注意正确把握和处理改革、发展、稳定三者的关系，使它们相互协调、相互促进。在谈到中国农村与城市的发展差距时，江泽民指出，一些国外舆论，主要是一些西方舆论，出于各种不同的动机，不时提出中国能不能保持稳定、中国农村会不会发生骚乱这样的问题，我可以明确的告诉一切关注中国的人们，中国现在是稳定的，将来也一定能够保持长期稳定。我们始终高度重视和正确处理农业、农村、农民问题，这也是我国革命、建设和改革不断取得成功和胜利的一条基本经验。在谈到如何解决内地与沿海发展差距的问题时，江泽民说，“九五”期间，我们将实施一系列有利于缓解东部沿海地区与中西部地区差距扩大趋势的政策和措施，并逐步加大工作的力度。这些政策和措施主要是：优先在中西部地区安排资源和基础设施建设项目；引导资源加工型和劳动密集型产业向中西部地区转移；进一步理顺资源性产品的价格，加大中西部地区资源勘探力度；逐步增加对中西部地区的财政支持；国外优惠贷款的使用向中西部地区倾斜，并引导外资更多地投向中西部地区；同时，国家要求沿海经济发达地区也要通过多种形式帮助中西部地区发展经济。关于台湾问题，江泽民说：“我于去年1月30日发表的关于发展两岸关系、推进祖国和平统一进程的八项主张，是出于对整个民族利益与前途的考虑，本着尊重历史、尊重现时、照顾各方利益的原则提出的，完全是合情合理、切实可行的。中国政府将坚决贯彻这八项主张，推动两岸关系发展，为和平统一创造更为有利的条件。”在谈到香港问题时，江泽民说，现在港英立法局的产生，违反了中英联合声明，违反了与基本法相衔接的原则，违反了中英已达成的协议和谅解。所以，中国政府原来设想的港英最后一届立法局议员过渡成为香港特别行政区首届立法会议员的“直通车”安排已无法实现，责任完全在英方。港英立法局的任期只能于1997年6月30日随英国结束对香港的管制而终止。香港特别行政区筹委会根据全国人大的有关决定将设立临时立法会。“九七”之后，香港特别行政区第一届立法会将根据全国人大有关决定和基本法的有关规定予以组建。采取上述措施非但不会损害香港的繁荣和稳定，正是为了香港的平稳过渡和特别行政区政府的有效运作。香港“九七”后保持长期的繁荣稳定是有充分准备的。谈到新闻自由时，江泽民指出，世界上任何新闻自由，都要受到法律约束，不可能有超越法律规定的新闻自由。“九七”以后，香港居民享有的各项权利和自由，包括新闻自由，将得到充分的法律保障。关于中美关系，江泽民指出，中美在对等的基础上相互给予最惠国待遇是一种互惠的安排，是两国进行正常经贸交往的基础。保持这一互惠安排符合两国的实际利益。把贸易与人权挂钩的做法，本来就是不应该的。现在，克林顿总统已认识到，这样做也不符合美国的利益，决定无条件延长对华最惠国待遇，对此我们表示赞赏。我希望美国领导人以明智的态度永久性地解决对华最惠国待遇问题，以利于两国建立长期稳定的互利经贸合作关系。在谈到中日关系时，江泽民表示，中日关系目前总体上是稳定的，当然也存在一些问题和分歧，主要是日本政界一些人不能正确对待历史问题。关于中法关系，江泽民说，中法两国都是联合国安理会常任理事国，在联合国事务中处于重要地位，对维护国际和平与安全负有重要责任，我们欢迎并支持法国在国际事务中发挥积极的、建设性的作用。在谈到亚欧会议时，最近亚欧关系取得了新的、可喜的发展，首届亚欧会议取得成功，体现了亚欧国家加强合作的共同愿望。

9月4日　为加强举报工作，使其进一步制度化规范化，《人民

检察院举报工作规定》公布。《规定》自公布之日施行。

9月4日—6日　全国政协主办的“展望21世纪论坛”首次会议在北京开幕。中外500多人出席了开幕式。会议的主要议题是：“展望21世纪世界的亚洲与中国”。国务院总理李鹏出席开幕式并发表题为《中国的发展和亚洲的崛起对世界未来的影响》的讲话。他提出几点建议：一、充分尊重亚洲国家的多样性；二、建立和保持长期稳定的睦邻友好关系；三、积极开展平等互利的经济合作；四、推动建立符合亚洲情况的地区安全合作；五、充分重视亚洲优秀文化传统在促进和平与发展中的重要作用。会议期间，国家主席江泽民、国务院总理李鹏、人大常委会委员长乔石、政协主席李瑞环、国家副主席荣毅仁接见了出席“展望21世纪论坛”首次会议的一些国家知名人士。

9月5日　国家主席江泽民在中南海会见美国前总统乔治·布什。江泽民说，近一个时期以来，在中美双方的共同努力下，两国关系出现了一些积极的进展，发展两国关系的有利因素和条件增多了。我们与美方一道，继续采取积极的、建设性的态度，加强对话，增进共识，减少麻烦，发展合作，确保中美关系向着健康稳定的方向发展。关于台湾问题，江泽民说，这个问题仍然是影响中美关系稳定发展的关键。我们希望美方严格按照中美三个联合公报的原则，谨慎处理台湾问题，以免给两国关系的改善和发展造成干扰。

9月5日—26日　李瑞环出访欧洲。全国政协主席李瑞环应波兰参议院议长斯特鲁齐克、荷兰政府、奥地利联邦议会、瑞士联邦委员兼外长科蒂和俄罗斯国家杜马的邀请，对5国进行友好访问。6日，波兰总统瓦希涅夫斯基、波兰总理齐莫谢维奇会见了李瑞环主席。李瑞环主席分别会见了波兰参议院议长斯特鲁齐克和众议院副议长博罗夫斯基。在会见中李瑞环指出，尽管中国人民政协同波兰参议院的情况不同，但自双方建立联系以来交往日益增多，对于促进两国和两国人民之间的友谊，推动各个领域的交流和合作，起到了重要作用。8日，李瑞环离开波兰前往荷兰访问。9月9日，李瑞环会见荷兰议会一院议长威林克、二院议长德特曼和荷兰经社理事会主席德弗里斯。11日下午，李瑞环在海牙会见荷兰首相科克。李瑞环在会见中说，世界各国之间既存在着相同，也存在着差异。我们要在这方面多下功夫，首先集中精力把已经共识、于大家发展有利的事办好。11日晚，李瑞环结束了对荷兰的访问前往奥地利访问。12日上午，李瑞环主席会见了奥地利总理弗拉尼茨基、联邦议会议长普法伊费尔。在会见时李瑞环说，中国政协同奥联邦议会建立关系，是在当时的第六届全国政协主席邓颖超亲自推动下实现的，是全国政协最早建立的对外关系之一。13日上午，李瑞环会见了国民议会议长菲舍尔。16日，李瑞环结束对奥地利的访问前往瑞士访问。17日，李瑞环会见了瑞士联邦总统德拉姆拉、国民院议长勒巴和联邦院议长肖赫。在会见时李瑞环说，两国在各个领域的友好合作正在深化。20日，李瑞环结束对瑞士的访问前往俄罗斯访问。21日，李瑞环会见联邦委员会主席斯特罗耶夫、杜马主席谢列兹尼奥夫。李瑞环指出，发展中俄关系不仅有利于我们两国人民，也有利于世界的和平与发展。两国领导人所签署的各项协议，已经并将继续在世界上产生广泛的积极的影响。当天下午，李瑞环主席会见切尔诺梅尔金总理，希望进一步发展两国间互相信任、互相谅解、互相支持的关系，最大限度地为两国人民谋取利益。26日李瑞环结束对俄罗斯的访问回国。

9月6日　南疆铁路西段建设开工。李鹏总理出席开工典礼并讲话说，加快南疆铁路建设是党中央、国务院加快新疆经济和社会发展，缩小东西部差距的一项重大决策。

9月8日　中共中央批准编辑的《毛泽东文集》第三至五卷出版发行。《毛泽东诗词集》、《毛泽东传》及《毛泽东致韶山亲友书信集》同时出版。

9月9日　应国家主席江泽民的邀请，马里共和国总统科纳雷对我国进行国事访问。9日下午，国家主席江泽民与科纳雷总统在人民大会堂举行会谈。他说，中马关系过了36年的历程，在这期间，国际形势风云变幻。我们各自国内也都发生了很大变化，但中马友谊始终健康、稳定地向前发展。这表明建立在和平共处五项原则基础上的国家关系具有强大的生命力。会谈后，两位国家元首出席了《中马两国政府经济技术合作协定》签字仪式。10日下午，乔石委员长会见科纳雷总统。13日上午，国务院总理李鹏会见了科纳雷总统。在会见时李鹏说，马里是最早同中国建交的非洲国家之一。我们希望两国的友好合作关系长期稳定地发展下去。11日，科纳雷总统离开北京赴南京、镇江参观访问。

9月10日　叶挺诞辰100周年。中央军委在北京举行座谈会，纪念中国人民解放军创建人之一，伟大的无产阶级革命家、军事家叶挺诞辰100周年。中央军委主席江泽民出席会议并讲话。

同　日　中共中央总书记江泽民在人民大会堂接见全国师范教育工作者会议代表和出席教师节庆祝活动的代表。江泽民总书记说，现在我国有大、中、小学教师近1 000万人，这是办好我国教育的基础力量。教师队伍的补充、更新和提高，要求首先把师范教育办好。改革开放以来，我国师范教育事业已经有了长足的进步，但还不能满足和适应形势发展的需要。现在全国接受基础教育的人数已超过两亿，没有一支数量充足、思想业务素质良好的教师队伍是不行的。要继续坚持优先办好师范教育，大力提高办学质量和效益，从根本上扭转师范教育仍然滞后的局面，加快师范教育的改革和发展步伐。

同　日　外交部举行记者招待会。外交部发言人沈国放在记者招待会上说，中国对日本右翼分子再次登上中国领土钓鱼岛，再次向日本政府提出交涉，表示强烈抗议。

同　日　第5届世界历史都市会议在古城西安举行。来自世界42个国家58个都市的市长或代表，参加了这次盛会。国务院副总理兼外交部长钱其琛出席了开幕式并讲话。

同　日　经中央军委批准，驻西藏自治区部队的官兵将享受“西藏驻军特殊津贴”。特殊津贴将于今年10月1日前发到驻藏官兵手中。

9月11日　徐敦信阐明中国政府立场。中国驻日本大使徐敦信就日本右翼团体再次登上我钓鱼岛修建灯塔一事，向日本外务省次官提出严正交涉并阐明中国政府的严正立场。

同　日　全国总工会对10名科技优秀工作者给予表彰。他们是：上海港龙吴港务公司高级工程师包起帆，中国第一汽车集团公司铸造厂高级工程师于永来，胜利石油管理局钻井工艺研究院总工程师顾心怿，东北大学软件研究中心研究员刘积仁，河南地矿厅勘察施工处高级工程师石昆山，北京大学计算机研究所研究员王选，国家杂交水稻工程技术研究中心研究员袁隆平，中国林业科学研究院研究员王涛，中国科学院金属研究所研究员卢珂，中国科学院成都生物研究所研究员李伯刚。

9月11日—24日　刘华清出访。应法国国防部长夏尔·米永和意大利国防部长贝尼亚米诺·安德烈亚塔的邀请，中央军委副主席刘华清对上述两国进行正式友好访问。

9月12日—16日　应国务院总理李鹏的邀请，孟加拉人民共和国总理谢赫·哈西娜对我国进行访问。当天下午，李鹏总理在人民大会堂同哈西娜总理举行会谈。会谈后，两位总理出席了《关于中国向孟加拉国提供政府贴息优惠贷款的框架协议》、《中孟经济技术合作协定》、《中孟鼓励和保护投资协定》和《中孟避免双重征税和防止偷漏税协定》签字仪式。13日，国家主席江泽民在钓鱼台国宾馆会见哈西娜总理。江泽民主席回顾20多年来两国的交往之后说，我相信在哈西娜任期之间，通过双方共同努力，两国的友好关系，特别是经贸合作会越来越好。14日，哈西娜总理离开北京赴桂林、海南等地访问，16日结束对我国的访问，经香港回国。

9月13日　中共中央邀请各民主党派中央、全国工商联的负责同志和无党派知名人士在中南海座谈。座谈内容是就准备提交中共十四届六中全会讨论的《中共中央关于加强社会主义精神文明建设若干重要问题的决议（征求意见稿）》征求意见。江泽民总书记主持会议，李鹏、乔石、朱镕基、胡锦涛等出席了会议。

同　日　第五届全国政协副主席，原中顾委常委王首道在北京逝世。王首道，1906年4月生于湖南省浏阳县。1925年加入毛泽东主办的第六届广州农民运动讲习所。1926年春转为中国共产党党员。到湖南从事农运工作，先后任祁阳县省农运特派员，浏阳县特支书记、县委书记，湘鄂赣特区委书记，任湖南省委常委、省委书记。1934年任江西瑞金中央组织局秘书长，参加长征，任军委第二纵队政治部主任、国家保卫局执行部长、红军保卫局局长、红十五军团政治部主任。1937年抗日战争爆发后，任中共中央秘书处处长、中央直属机关生产节约运动委员会主任、三五九旅组成南下支队政治委员，率部从延安出发，向敌后开辟新的抗日根据地。先后任湘鄂赣军区政治委员、湘鄂赣边区党委书记，中原军区政治委员兼政治部主任。1945年在中共七大上当选为中央候补委员。抗日战争胜利后，任东北行政委员会财经委员会主任、经济委员会主任、工业部部长、长沙市军管会副主任、湖南省委第一副书记。中华人民共和国成立后，任湖南省人民政府主席，交通部副部长、党组书记，国务院第六办公室主任，交通部部长，中南局书记处书记，广东省委书记，省革委会副主任，省政协主席。1978年当选为第五届全国政协副主席。是中共七至十一届中央委员；在党的十二大、十三大上当选为中顾委常委。

9月14日　国务院决定适当扩大有关部门审批权限。新华社报道：国务院决定适当扩大内地省、自治区和计划单列市，国务院有关部委、直属机构以及中国科学院、船舶工业总公司、兵器工业总公司、航空工业总公司、航天工业总公司、核工业总公司、石油化工总公司、有色金属工业总公司和解放军总后勤部吸收外商直接投资项目的审批权限。由现行项目总投资款1 000万美元以下提高到3 000万美元以下；项目批准后，须根据项目建设性质分别报国家计委、国家经贸委备案，企业合同、章程报外经贸部备案。

9月16日　国务院作出进一步深化农村金融体制改革的决定。决定的内容是：一、改革农村信用社管理体制；二、办好国有商业银行，建立农村合作银行；三、增设中国农业发展银行的分支机构，加强农产品收购资金管理；四、逐步建立各类农业保险机构；五、清理整顿农村合作基金会。

9月16日—20日　应国家主席江泽民的邀请，塔吉克斯坦共和国总统拉赫莫诺夫对我国进行国事访问。16日下午，江泽民主席在人民大会堂与拉赫莫诺夫总统举行会谈。双方签定了《中华人民共和国政府和塔吉克斯坦共和国政府经济贸易关系协定》、《关于中华人民共和国政府向塔吉克斯坦共和国政府提供无偿援助的换文》、《两国关于民事和刑事司法协助条约》、《两国政府通信合作议定书》、

《两国政府环境保护合作协定》、《中国国家教委和塔吉克斯坦教育部合作协议》等。17日，李鹏总理、乔石委员长会见了拉赫莫诺夫总统。18日，拉赫莫诺夫总统赴海南参观访问，20日回国。

9月16日—20日　各国议会联盟第九十六届大会在北京举行。国家主席江泽民、全国人大常委会委员长乔石与来自124个国家的1 400多名各国代表和来宾一起出席了开幕式。江泽民主席在大会开幕式上致辞。19日下午，李鹏总理在各国议会第九十六届大会上发表了题为《共同努力缔造一个和平与发展的新世界》的演讲，20日下午大会闭幕。会议通过了关于“进一步促进尊重和保护普遍人权，特别是妇女和儿童的权利”的决议；关于“在经济全球化和贸易自由化的今天确保人类享有食物的权利的政策和策略”的决议。会议还通过了补充议题。15日，各国议会联盟第九十六届大会女议员会议举行。各国议会联盟理事会主席苏鲁尔、各国议会联盟秘书长科尔尼永以及100多位女议员出席会议。会议选举全国人大常务委员会副委员长陈慕华为会议主席。

9月16日—21日　中共中央总书记江泽民考察京九铁路沿线的贫困地区和革命老区。江泽民在考察中指出，扶贫工作的发展还很不平衡，扶贫攻坚的任务仍然艰巨，必须坚持不懈地抓紧抓好。解决农村人口的温饱问题，关系到“九五”计划目标的全面实现，关系到整个国家经济社会的协调发展和长期稳定，关系到有中国特色社会主义的优越性和党在人民群众中的威信，这不仅是个经济问题，也是一个政治问题。江泽民强调，我们要求领导干部讲政治，对贫困地区来说，最大的政治莫过于首先保证让老百姓吃饱穿暖。在革命战争年代，老区人民跟着党艰苦卓绝、前仆后继，为了中国革命的胜利，付出了具大牺牲，做出了重大贡献，形成了光荣的革命传统。希望广大干部群众继续发扬革命老区艰苦奋斗的光荣传统，继续保持革命战争年代那么一股劲头、那么一种精神，并把这股劲头、这种精神同发展社会主义市场经济结合起来，加快脱贫致富的步伐，搞好两个文明建设。

9月17日　国务院召开第十次会议。李鹏总理主持会议并讲话。

他提出了十个方面的工作：一、要努力夺取全年农业好收成，认真做好粮、棉、油等农副产品的收购；二、今冬明春开展大规模农田水利建设；三、防止物价反弹；四、在继续实行财政货币适度从紧政策的情况下，大力调整投资结构，加强重点建设；五、在搞好国有大中型企业方面要迈出大的步伐；六、把对外贸易工作转到以效益为中心的轨道上来；七、理顺分配关系，加强个人收入调节；八、加强社会主义精神文明建设；九、切实做好香港回归的准备工作；十、继续搞好外交工作。

9月18日　《人民日报》发表评论员文章：《日本面临严重抉择》。评论说，今天是"九一八事变"65周年。纪念这个日子，重温由此开始的日本帝国主义长达14年的侵华战争，回顾和总结历史经验，对维护和发展中日关系，有着重要的现实意义。评论指出，日本政府正处在十字路口，日本面临严重抉择。在纪念"九一八事变"65周年的时候，日本当政者应当好好想一想，究竟该怎样对待历史，正视现实，走向未来。日本政府应当切实负起责任来。对右翼势力不能再听之任之，姑息纵容，不要再干对不起中国、有愧于中国的事。

同　日　"九五"期间国家财政每年拨款6 000万元，设立"国家基础人才培养基金"。

9月19日　中央军委举行座谈会。会议纪念罗瑞卿大将诞辰90周年暨《罗瑞卿传》、《罗瑞卿》画册出版发行。中央军委副主席张万年、迟浩田出席会议，张万年发表讲话。

9月20日　第三届"中国青年科学家奖"在京揭晓。获奖的科学家是：清华大学工程力学系教授郑泉水、中科院计算数学与科学工程计算研究所研究员袁亚湘、中科院化工冶金研究所研究员李静海、第四军医大学西京医学院教授樊代明、浙江省农业科学院研究员陈剑平、中科院昆明动物研究所研究员张亚平、中科院地球物理研究所研究员朱日祥、中科院金属研究所研究员卢柯、西安交通大学教授郑南宁、华南理工大学工业装备与控制工程系教授瞿金平、西安交通大学管理学院教授席西民等11位。

9月23日—25日　中央扶贫开发工作会议在京召开。中共中央总书记江泽民、国务院总理李鹏分别发表讲话。江泽民就五个方面发表了讲话：一、进一步统一思想，下定决心，坚决如期实现“八七”扶贫攻坚计划；二、坚持开发式扶贫方针，增强贫困地区自我发展能力；三、更广泛更深入地动员全社会力量参与扶贫；四、依靠贫困地区干部群众，坚持不懈地苦干实干；五、进一步加强对扶贫工作的领导，层层实行责任制。李鹏就加大扶贫攻坚力度，尽快解决群众温饱问题，发表了四点意见：一、下决心，如期实现扶贫目标；二、要把解决群众温饱问题作为贫困地区经济的中心；三、中央和地方都要增加扶贫投入，提高扶贫基金使用效益；四、因地制宜，分类指导，不同的地区要有不同的扶贫办法。朱镕基、姜春云也分别作了讲话。27日《人民日报》发表社论：《打好扶贫攻坚战》。社论指出，要像江泽民总书记要求的那样，“要有一股子干劲，领导班子苦干，干部队伍苦干，广大群众苦干，一年接着一年干，一届接着一届干，干出一个新天地”。

9月24日　国务院总理李鹏接见中央文史研究馆馆员和参加全国文史研究馆成果展的代表。在接见时他说，希望各位老先生多多保重身体，量力而行，更好地把精神财富广泛地传授给广大青少年，为加强社会主义精神文明建设做出更大的贡献。

同　日　联合国举行全面禁止核试验条约签署仪式。钱其琛副总理代表中国签字。中国政府发表五点声明：呼吁核大国放弃核威慑政策；撤回在外国的核武器；尊重无核区的地位；不发展、不部署外空武器；谈判全面禁止和彻底销毁核武器。

9月26日　中共中央总书记江泽民视察《人民日报》。在视察中他指出，党的新闻事业与党休戚与共，是党的生命的一部分。舆论导向正确，是党和人民之福；舆论导向错误，是党和人民之祸。要把新闻舆论的领导权牢牢掌握在忠于马克思主义、忠于党、忠于人民的人手里；新闻舆论单位一定要把坚定正确的政治方向放在一切工作的首位，坚持正确的舆论导向；新闻舆论工作要紧紧围绕经济建设这个中心，服从、服务于全党全国工作的大局；宣传思想工作要把最好的东西奉献给人民，用最好的东西去武装人、引导人、塑造人、鼓舞人。江泽民总书记还强调，报社的同志要有大局意识，全局观念，坚持政治家办报。要旗帜鲜明地坚持党性原则，坚持以邓小平建设有中国特色社会主义理论和党的基本路线为指导，在思想上政治上高度同党中央保持高度一致。要宏扬主旋律，热情歌颂人民群众在改革开放和建设中的奋斗业绩，鼓舞人民群众为振兴中华而艰苦奋斗。同时对消极腐败现象要进行批评和揭露，发挥舆论监督作用。要讲究宣传艺术，提高引导水平，努力使自己的宣传报道更加贴近生活、贴近读者，使广大读者喜闻乐见。

9月27日　中共中央总书记江泽民和国务院总理李鹏在人民大会堂接见出席全国星火计划工作会议的代表。江泽民在讲话中指出，星火计划是我国科技界的一个创举，是引导广大农民依靠科学、战胜迷信、摆脱贫困、走向富裕的一次伟大实践。实施这一计划，不仅为农村人民创造了物质财富，也把科学的思想和方法送到农村，为农村的精神文明建设做出了贡献。李鹏在讲话中说，星火计划实施10周年来成绩光辉，对改变农村面貌，带领广大农民奔小康起了决定性的作用，既推动了农业生产，又促进了乡镇企业的发展。全世界都在关注中国人是否能够养活自己，我们要用事实给予肯定的回答。我们实施科教兴国的战略，科教兴农是一个重要方面。中国有许多中低产田，依靠技术提高粮食产量的潜力很大。

9月30日　国务院总理李鹏在中南海接受了第十一世班禅额尔德尼·确吉杰布的拜见，欢迎他到京参加国庆47周年庆祝活动。

10月1日　桂林两江国际机场通航。国务院总理李鹏出席通航庆典。

10月3日　国务院作出《关于“九五”期间深化科学技术改革的决定》。决定共包括五部分内容：一、主要目标；二、主要任务；三、主要措施；四、资金保障；五、深化国防科技体制改革。

10月4日　《人民日报》头版发表长篇通讯：《岗位做奉献真情为他人》。通讯介绍北京21路公共汽车售票员李素丽的先进事迹。《人民日报》为此发表评论员文章：《真心的微笑最动人》。

10月4日—5日　全国人民代表大会香港特别行政区筹备委员会第五次会议在北京举行。霍英东副主任主持会议。钱其琛主任致开幕词和闭幕词。会议听取并审议了第一任行政长官小组和临时立法会小组工作报告，审议并通过了《中华人民共和国香港特别行政区第一任行政长官人选的产生办法》和《中华人民共和国香港特别行政区临时立法会的产生办法》。会议期间举行的主任委员会议还通过了《关于1997年下半年香港劳工有薪假日安排的建议》。

10月5日　在全国建设工程质量工作会议上，建设部通报对22个劣质工程及其责任单位的处罚结果。包括江西省安义县城镇建设综合开发公司、广西藤县建筑设计室、湖南省祁阳市兴隆建筑工程公司、河北省唐县灌城建筑公司、重庆市沙坪坝区上桥建筑工程公司、德阳市凌云建筑勘探设计所、德阳市建筑工程公司等8家单位被吊销资质证书；武汉市第一工程有限责任公司等19家单位将降低资质等级一级；武汉市建筑设计院等15家单位被通报批评。

10月7日—10日　中共十四届六中全会在北京举行。出席这次会议的中央委员181人，候补中央委员124人。中央纪律检察委员会委员和有关方面的负责同志列席会议。全会由中共中央政治局主持。中共中央总书记江泽民作了重要讲话。全会根据全面实现我国国民经济和社会发展“九五”计划和2010年远景目标的要求，分析了社会主义精神文明建设面临的形势，总结了经验和教训。鉴于教育与科学的发展中央已有全面部署，这次会议主要讨论思想道德和文化建设方面的问题，审议并通过了《中共中央关于加强社会主义精神文明建设若干重要问题的决议》。《决议》分七个部分：一、加强社会主义精神文明建设是一项重大战略任务；二、社会主义精神文明建设的指导思想和奋斗目标；三、努力提高全民族思想道德素质；四、积极发展社会主义文化事业；五、深入持久开展群众性精神文明创建活动；六、切实增加精神文明建设的投入；七、加强和改善党对精神文明建设的领导。会议明确指出，社会主义精神文明建设的指导思想是：以马克思列宁主义、毛泽东思想和邓小平建设有中国特色社会主义理论为指导，坚持党的基本路线和基本方针，加强思想道德建设，发展教育科学文化，以科学的理论武装人，以正确的舆论引导人，以高尚的精神塑造人，以优秀的作品鼓舞人，培育有理想、有道德、有文化、有纪律的社会主义公民，提高全民族的思想道德素质和科学文化素质，团结和动员各族人民把我国建设成为富强、民主、文明的社会主义现代化国家。会议强调，建设物质文明关键在党，建设精神文明关键也在党。各级党委要正确认识和处理物质文明和精神文明的关系，始终坚持两手抓、两手都要硬，把两个文明作为统一的奋斗目标，一起部署，一起落实，一起检查。任何时候都不能以牺牲精神文明为代价换取经济一时的发展。全会决定，中央成立精神文明建设指导委员会。各省、自治区、直辖市可建立相应的机构。全会号召，全党同志和全国各族人民紧密团结在以江泽民为核心的党中央周围，高举建设有中国特色社会主义的伟大旗帜，万众一心，开拓进取，扎实工作，以两个文明建设的优异成绩迎接党的第十五次全国代表大会的召开！全会决定递补中央候补委员孙文盛同志为中央委员。11日，《人民日报》发表社论：《开创精神文明建设的新局面——祝贺中共十四届六中全会闭幕》。

10月7日—11日　国际宇航联合会第四十七届大会在北京举行。来自世界54个国家和地区的1 099名代表参加了会议，会上宣读论文670余篇。国家主席江泽民出席大会开幕式并发表讲话。他说，航天技术的飞速进步及其广泛应用，对解决信息、生态、资源将继续发挥积极作用。我们完全有理由说，以和平开发与利用空间资源为宗旨的航天事业，是造福于人类的伟大壮举。可以预见，航天技术和空间资源开发利用的进一步发展，必将使人们对地球的认识和对宇宙的认识，升华到一个崭新的阶段。航天事业的前景十分广泛，即将到来的21世纪将是航天事业蓬勃发展的崭新世纪。8日，李鹏总理会见与会的各国航天局负责人。李鹏说，中国是一个发展中国家，经济实力还不雄厚，但中国的航天事业仍然取得了巨大的成就。主要有3个原因：一、中国实行社会主义制度，这样我们就有条件集中力量办成几件大事。这是我们的优势所在，航天事业所取得的成就就是例证之一。二、我们有一支具有奉献精神的航天科技队伍。三、中国的航天事业得到了党和政府的高度重视和关心，以及有关部门的大力支持与合作。11日，《人民日报》发表社论：《和平开发利用空间资源——祝贺国际宇航联第47届大会召开》。

10月8日—11日　第三届国际行政科学大会在北京举行。国家副主席荣毅仁出席大会并发表讲话。他说，在行政科学领域，中国既要从国情出发，建立适应社会主义市场经济体制的行政管理体制，同时，也要学习各国行政管理的先进经验和做法，学习科学的管理方式和方法，吸收和利用人类创造的文明成果。我们愿意在行政科学领域与世界各国进行广泛的交流和合作，共同努力，推动行政科学研究和实践取得新突破，为把一个和平、发展、繁荣的世界带入21世纪做出应有的贡献。9日，国务院总理李鹏在钓鱼台国宾馆会见第三届国际行政科学大会部分代表。他在讲话中说，中国将按照建立社会主义市场经济体制的要求，继续把行政管理体制和机构改革进行下去。国务委员、国家行政学院院长李贵鲜在闭幕大会上讲话强调，应在相互尊重、平等互利的基础上开展行政领域的交流与合作。

10月9日—11日　应国家主席江泽民的邀请，瑞士联邦主席兼联邦公共经济部长让·帕斯卡尔·德拉米拉对中国进行正式访问。9日晚上，国家主席江泽民同德拉米拉主席举行会谈。江泽民说，中瑞两国人民有着传统的友谊。新中国成立后，瑞士是最早与中华人民共和国建交的国家之一。中国政府和人民一向给予高度评价。阁下此次作为中瑞关系史上第一位瑞士国家元首访华，这本身就表明中瑞关系已经发展到了一个新的水平。江泽民说，中瑞两国经贸关系发展顺利。早在1980年，瑞士迅达公司就在中国创建了我国第一家工业合资企业。近年来，经过双方的共同努力，中瑞经贸合作发展迅速，合作领域不断扩大，瑞士已成为中国在西欧的重要贸易和技术合作伙伴。我们对两国关系的良好发展感到满意。10日下午，国务院总理李鹏、全国政协主席李瑞环会见了德拉米拉主席。11日，德拉米拉主席结束对中国的访问回国。

10月9日—11日　应国务院总理李鹏的邀请，奥地利共和国总理弗朗茨·弗拉尼茨基对中国进行工作访问。9日下午，国务院总理李鹏在钓鱼台国宾馆同弗拉尼茨基总理举行会谈。李鹏说，中奥经贸关系发展顺利，合作领域不断扩大，两国企业界建立了广泛的联系，奥企业家对在华投资表现了浓厚的兴趣。今天谈到的合作项目，其中有些已有很好的基础，有些双方可以积极探讨，合作前景很好。这次，奥企业家组成大型代表团随总理阁下访华，这有利于两国企业家的直接接触，增进了解，开展更为有效的合作。10日下午，国家主席江泽民在人民大会堂会见了弗拉尼茨基总理。江泽民说，中奥建交25年来，两国关系稳步发展，经贸、文化等各个领域的友好合作关系不断扩大。两国领导人保持经常接触加深了相互了解和信任，也从政治上保证了两国关系的健康发展。11日，弗拉尼茨基总理结束对中国的访问回国。

10月10日　《人民日报》发表江泽民1996年8月12日为《社会主义法制建设基本知识》一书作的序言。《人民日报》为此发表评论员文章：《努力提高干部法律素质》。

同　日　中央军委决定，从今年冬季起，调整义务兵退伍补助费标准。调整后的补助费标准，比原标准提高了25%，每人平均比过去增加110多元。调整后最高每人可达1 000元。

10月11日　中央社会主义学院举行建院40周年纪念大会。江泽民、李鹏、乔石、李瑞环、荣毅仁等党和国家领导人分别题词。江泽民的题词是："坚持正确的政治方向，办好中央社会主义学院"。李鹏的题词是："多党合作谱新篇，风雨同舟创伟业"。乔石的题词是："培养民主党派和无党派的优秀人才，为巩固和发展爱国统一战线工作服务"。李瑞环的题词是："研究理论培养人才，促进团结服务四化"。荣毅仁的题词是："亲密合作，风雨同舟"。

同　日　中国共产党纪律检查委员会第七次全体会议在北京举行。出席这次全会的中央纪律检查委员会委员101人，列席全会的12人。中纪委委员列席了中共十四届六中全会。全会要求，各级党委要组织广大党员干部首先是领导干部，认真学习和深刻领会全会精神，始终不渝地贯彻"两手抓，两手都要硬"的根本方针，使物质文明和精神文明建设相互促进，协调发展。党的各级纪律检查委员会必须对全会《决议》的贯彻执行情况进行监督检查，促进《决议》部署的任务落到实处，保证社会主义精神文明建设沿着正确的方向健康发展。对那些违反全会《决议》，有令不行、有禁不止以及损害和破坏社会主义精神文明建设的行为，都必须严格执行党的纪律。

10月12日　国务院决定，今年继续开展税收财务大检查。《人民日报》为此发表评论员文章：《整顿财经秩序的有效举措》。

同　日　第五届中国金鸡百花电影节颁奖。《红樱桃》、《七七事变》、《混在北京》获最佳故事片奖。

10月12日—17日　第三十一届国际军事医学大会在北京举行。来自100多个国家的1 000多位医学专家出席，中央军委委员、总后勤部部长王克上将致开幕词。会上，中国军事医学代表团团长、军事医学科学院院长吴祖泽作了题为《中国军队卫生工作中的传统医学》的主旨报告。14日上午，国家主席江泽民在人民大会堂会见了出席第三十一届国际军事医学大会的国际军事医学委员会执行局负责人德施将军、库尔斯博士及各国代表团团长。

10月12日—18日　第三届全国农民运动会在上海举行。本届农民运动会由农业部、国家体委、中国农民协会主办，上海市人民政府承办，是历届农运会中参加人数最多、规模最大、影响最广的一届。全国30个省市自治区组团参赛，中国台北奥委会、澳门体育界、日本农协组成了观摩团前来。本届农民运动会各代表团成员总数2 694名，其中官员300名，运动队教练、领队279名，男运动员1 188名，女运动员676名，这其中有140名来自14个少数民族。本届农运会共决出118块金牌。上海队和河北队分获男、女团体赛第一名。

10月14日　劳动部、农业部和国务院发展研究中心在北京联合召开全国农村劳动力开发就业工作经验交流会。

同　日　中共中央宣传部发出认真贯彻党的十四届六中全会精神的通知。通知要求各级党委宣传部门把贯彻六中全会精神作为重点，抓住机遇，精心组织，认真做好，促进两个文明协调发展。要在党委统一领导下，认真学习全会精神，在抓好广大党员干部学习的同时，重点抓好县级以上领导干部的学习。要认真组织好六中全会的宣传，在全社会进一步形成精神文明建设的良好氛围。

10月14日—19日　应国家主席江泽民的邀请，斯洛文尼亚共和

国总统米兰·库昌对中国进行国事访问。14日下午，国家主席江泽民在人民大会堂同库昌总统举行会谈。江泽民主席和库昌总统签署了《中华人民共和国和斯洛文尼亚共和国联合公报》，出席了《中华人民共和国政府和斯洛文尼亚政府卫生和医学合作协定》和《中国卫生部和斯洛文尼亚卫生部1996—1998年度卫生及医学领域合作计划》签字仪式。15日下午，乔石委员长和朱镕基副总理分别会见了库昌总统。16日，库昌总统赴上海、广州等地参观访问，19日离京回国。

10月15日　第八十届广交会开幕。本届广交会规模空前，有3 000多家参展企业组成45个交易团，在六大行业馆33个展区的近6 000个摊位上，展出了10万多种出口商品。李鹏总理在开幕式上讲话说，广交会是中国历史最悠久、交易额最大、在国内外享有盛名的交易会。40年来，它为中国对外贸易的发展，对中国与世界各国和地区的贸易合作，对中国改革开放事业和经济的发展都发挥了重要作用。

同　日　为纪念红军长征60周年，江泽民等军委领导题词。江泽民的题词是："长征丰碑永存"。刘华清的题词是："长征精神千秋永存"。张震的题词是："红军浴血长征路铸就中华民族魂"。张万年的题词是："继承红军传统发扬长征精神"。迟浩田的题词是："壮举垂青史精神照千秋"。

10月17日　为纪念红军长征60周年，中央军委举行红军战士座谈会。江泽民出席并讲话，刘华清等同300多名红军老战士出席。江泽民在讲话中指出，长征胜利的实践充分说明，坚持党对军队的绝对领导，是我军建设的根本原则，也是我军优良传统的核心和灵魂。全军同志要牢记这一根本原则，任何时候、任何情况下都不能有丝毫的动摇。要坚决听从党中央、中央军委的指挥，坚持不懈地用马列主义、毛泽东思想和邓小平建设有中国特色社会主义理论武装头脑，模范地执行党的路线、方针、政策，永远忠于党、忠于社会主义、忠于祖国、忠于人民。

10月17日—21日　应国家主席江泽民的邀请，阿尔及利亚人民民主共和国总统拉明·泽鲁阿勒对中国进行国事访问。当天下午，国家主席江泽民与泽鲁阿勒总统举行会谈。会谈后，两位领导人出席了《中—阿两国政府相互鼓励和保护投资协定》等6个文件的签字仪式。18日，乔石委员长和朱镕基副总理会见了泽鲁阿勒总统，双方就两国的友谊经贸往来进行了交谈。19日赴上海参观，21日泽鲁阿勒总统结束对中国的访问。

10月18日　《人民日报》发表钟严的文章：《论钓鱼岛主权归属》。文章分三部分：一、钓鱼岛自古以来是中国的领土；二、日本非法窃取钓鱼岛的始末；三、从国际法看钓鱼岛归属。

同　日　《邓小平论社会主义精神文明建设》出版发行。

10月20日　我国成功发射一颗科学探测技术试验卫星。卫星顺利进入预定轨道，各种仪器工作正常。

10月20日—23日　应国家主席江泽民的邀请，哥伦比亚共和国总统埃内斯托·桑佩尔·皮萨诺对中国进行国事访问。21日，国家主席江泽民在人民大会堂同桑佩尔总统举行会谈。会谈结束后，江泽民主席和桑佩尔总统出席了中哥两国关于哥伦比亚在香港保留特别行政区总领事馆的换文、关于修改两国政府科技合作协定条款的换文和两国政府1997—1999年文化教育合作协定文件的签字仪式。22日，乔石委员长和李鹏总理分别会见桑佩尔总统。宾主就两国关系和国际问题以及共同关心的问题深入交换了看法。22日，桑佩尔总统赴上海参观访问，23日结束了对中国的访问。

10月21日—27日　应国家主席江泽民的邀请，纳米比亚共和国总统萨姆·努乔马对中国进行国事访问。21日，努乔马抵达江西了解江西农村发展，特别是粮食生产、畜牧生产等方面的情况。23日，国家主席江泽民在人民大会堂同努乔马总统举行会谈。两国领导人就双边关系、经贸关系、国际形势和地区问题交换了看法。24日，国务院总理李鹏在中南海会见努乔马总统，双方就两国的友谊、合作和国与国的关系等问题进行了交谈。国务院副总理兼外交部长钱其琛、国防部长迟浩田分别在24日、25日会见了努乔马总统。27日，努乔马总统结束对中国的访问离境赴东京。

10月22日　中共中央、中央军委隆重举行大会，纪念红军长征胜利60周年。江泽民总书记发表讲话，李鹏、乔石、李瑞环、朱镕基、胡锦涛等党和国家领导人出席大会，中央军委副主席刘华清主持大会。江泽民在讲话中强调，要把长征精神一代一代传下去，激励和鼓舞全国人民奋发图强，开拓进取，在建设有中国特色社会主义的新长征道路上不断夺取新的胜利。同日，《人民日报》发表社论：《长征精神万古长青——纪念红军长征胜利60周年》。

10月23日　首届中国十大杰出青年农民评出。他们是：北京市昌平县崔村乡真顺村农民王永海、山东省济阳县新市乡新市村农民王玉梅（女）、天津市西青区王稳庄乡小孙庄村农民王振宏、内蒙古自治区阵巴尔虎旗呼和淖尔苏木巴音布日德嘎查牧民巴雅尔图（蒙族）、浙江省余航市余航镇上湖村农民兰兆祥、安徽省颍上县三十里铺乡李海村农民朱永祥、广西壮族自治区容县松山乡大水村农民刘倍全、山西省柳林县薛村乡王庄村农民刘笑、辽宁省北宁市青堆子镇后陆村农民金令久（满族）、湖北省黄陂县祁家湾镇大曹村农民赵发所。这项评选活动是由共青团中央、农业部、林业部、水利部、财政部和全国青联共同举办的。

10月23日—29日　人大常委会第二十二次会议在北京举行。乔石委员长主持会议。会议分别听取了法律委员会副主任委员项淳一、厉以宁、蔡诚、王叔文关于乡镇企业法、环境噪声污染法、防空法、全国人大和地方各级人大的解放军代表选举办法修改草案等4个法律草案的审议结果的报告，全国财经委员会副主任委员黄毅诚、中央军委委员傅全有、外交部副部长唐家璇关于合伙企业法草案，香港特别行政区驻军法草案，中国和格鲁吉亚、中国和亚美尼亚领事条约的说明。全国人大内务司法委员会、财经委员会、教科文卫委员会和华侨委员会向全体会议报告了主席团交付审议的代表提出的议案审议结果，还听取了国务院关于减轻农民负担问题等报告。法律委员会主任委员薛驹向会议作了关于乡镇企业法草案等四个法律草案修改稿修改意见的汇报，并通过了这四个法律和有关决定，会议听取和审议了姜春云副总理关于减轻农民负担问题的报告、倪志福副委员长关于检查劳动法执行情况的报告、费孝通副委员长关于检查教育法执行情况的报告。《人民日报》为此发表评论员文章：《促进乡镇企业发展的重要法律——祝贺〈中华人民共和国乡镇企业法〉诞生》。

10月24日　海洋石油工业劳模表彰大会在京举行。江泽民总书记、李鹏总理等题词。江泽民的题词是："开发蓝色国土，发展海洋石油"；李鹏的题词是："建立现代企业制度，发展海洋石油工业"；邹家华的题词是："多产油气，为国奉献，争当一流，再创辉煌"。邹家华在表彰大会上说，我国海洋石油工业的突出特点是高速高效发展了民族工业。

同　日　《邓小平文选》壮文版在南宁首发。

10月24日—28日　中国记协五届理事会一次会议在京举行。江泽民、李鹏、胡锦涛等中央领导接见会议代表。中共中央政治局委员丁关根代表党中央向会议致祝辞强调，新闻战线一定要认真学习贯彻党的十四届六中全会精神，牢牢把握正确的舆论导向，努力把新闻工作提高到新水平。《人民日报》社社长邵华泽当选为新一届中国记协主席。

10月25日　国务院新闻办公室发表：《中国的粮食问题》。文章分七部分：一、新中国解决了人民的吃饭问题；二、未来中国的粮食消费需求；三、中国能够依靠自己的力量实现粮食基本自给；四、努力改善生产条件，千方百计提高粮食综合生产能力；五、推进科教兴农，转变粮食增长方式；六、综合开发利用和保护国土资源，实现农业可持续发展；七、深化体制改革，创造粮食生产、流通的良好政策环境。

10月25日—27日　国务院在京召开全国水利工作会议。李鹏出席会议并发表重要讲话。他在讲话中指出，水利建设已成为关系经济社会发展和人民生活全局的重大问题。加强水利建设，既是当前经济社会发展的一项紧迫任务，也是关系未来发展的一项重大战略措施。江泽民说，这次会议是落实党的十四届五中全会和八届人大四次会议精神的一次重要会议。召开这次会议的目的是总结近年来防洪抗灾的经验和教训，进一步提高和统一认识，研究对策，落实措施，实行社会动员，把水利建设搞上去。姜春云副总理在会上也作了水利工作报告。27日，国务委员陈俊生就贯彻落实会议精神提出四点要求：一、认真学习领会会议精神，统一思想认识；二、因地制宜，做好规划，全面部署，突出重点；三、水利投入一定要落实；四、加强领导，立即行动起来，打好今冬明春水利建设第一仗。28日，《人民日报》发表评论员文章：《大力加强水利建设》。

10月25日—28日　全国农村基层组织工作座谈会在京举行。中共中央政治局常委胡锦涛出席并讲话。胡锦涛在讲话中强调，农村基层组织建设，必须根据新形势新任务的需要，全面落实“五个好”的任务，丰富“五个好”内容，提高“五个好”的水平。当前的工作重点，仍然是要集中力量抓好后进村的整顿和建设。首先要在解决“有人办事、有钱办事”的问题上取得实效，进而带动其他问题的解决。在重点整顿后进村的同时，要加强对面上工作的具体指导，坚持推进农村的改革、发展、稳定同加强基层组织建设统筹安排，同步进行。要在着重抓好村级组织的同时，还要抓好乡镇党组织的建设和整顿。每个县都要从实际出发，确定具体的年度工作规划和方案，务求每年都有新的进展。《人民日报》于29日为这次会议发表社论：《全面深入扎实持久地推进农村基层组织建设》。

10月28日　国家行政学院落成开学。江泽民、李鹏、乔石、李瑞环、朱镕基、刘华清、胡锦涛等党和国家领导人题词或发贺信。江泽民的题词是：“永远做人民公仆”；李鹏的题词是：“培养以为人民服务为宗旨，适应社会主义市场经济需要的精干高效的国家公务员队伍”；乔石的题词是：“立足国情，面向实际，放眼世界，开放办学，把国家行政学院建设成具有中国特色的国家公务员训练基地”；李瑞环的题词是：“培养人民公仆，造就管理人才”；刘华清的题词是：“为社会主义现代化事业培养优秀管理人才”。朱镕基、胡锦涛为学院开学发了贺信。李鹏为学院落成剪彩并讲授第一课。

10月29日　李其炎辞去北京市长职务。新华社报道：北京市十届人大常委会第三十二次会议决定：同意李其炎辞去北京市市长职务，贾庆林任副市长、代市长。

同　日　福建省八届人大常委会第二十六次会议决定，同意陈明义辞去福建省省长职务，贺国强任副省长、代省长。

同　日　国家留学基金管理委员会，经中央编制委员会批准正式成立，并在京举行第一次全体委员会议。

11月1日—2日　香港特别行政区筹委会在北京举行第六次全会。149位委员出席了会议。会议由王汉斌副主任主持，钱其琛主任致开幕词和闭幕词。会议以无记名和差额选举的方式选举产生了340名香港特别行政区第一届政府推选委员会委员。其中，工商、金融界100人，专业界100人，劳工、基层、宗教等界100人，原政界40人。同时，香港地区政协委员以协商方式产生了34名推选委员会委员。根据全国人民代表大会的有关决定，26名具有香港永久性居民身份的香港地区全国人大代表，都是推选委员会委员。至此，香港特别行政区第一届政府推选委员会委员的400名委员已全部产生。会议还审议通过了《中华人民共和国香港特别行政区第一届政府推选委员会委员守则》。

11月2日　第六、七届全国人大常委会副委员长，九三学社中央名誉主席严济慈在北京逝世。严济慈，1901年生。浙江东阳人。1923年毕业于南京高等师范，后去法国巴黎留学，获硕士和国家科学博士学位。1927年回国后，任上海大同大学、中国公学、暨南大学和南京第四中山大学教授，并参加中央研究院筹备工作。1928年再赴法国从事研究工作。1931年后，任北平研究院物理研究所所长兼镭学研究所所长，被选为法国物理学会理事，中央研究院院士。1949年后，任中国科联秘书长，中国科学院办公厅主任兼应用物理所所长，中科院东北分院院长，中科院数理化学部委员、技术科学部主任，中国科技大学副校长、校长、研究生院院长，中科院副院长，中科院主席团执行主席，中国科协书记处书记，中国科协副主席、名誉主席。1948年加入九三学社，曾出席中国人民政治协商会议第一届全体会议。是九三学社第五、六、七届中央副主席，第一、二届全国人大代表，第三、四、五届全国人大常委，第六、七届全国人大常委会副委员长，中国科学院名誉院长，九三学社中央名誉主席。

11月2日—7日　应李鹏总理的邀请，瑞典王国首相约兰·佩尔松

对中国进行正式访问。李鹏总理在人民大会堂和佩尔松首相举行会谈。两国有关部门签署了《中国交通部和瑞典运输通讯部关于交通科技领域合作的谅解备忘录》和《中瑞两国政府关于瑞典保留在香港特别行政区总领事馆的协定》等合作文件。4日，江泽民主席在中南海会见了佩尔松首相，宾主就双边关系、国际问题和国内情况等交换了看法。6日，佩尔松首相赴上海访问，7日回国。

11月4日—23日　乔石出访5国。应土耳其大国民议会议长卡莱姆利、约旦众议院议长苏鲁尔、伊朗伊斯兰议会议长努里、越南国会主席农德孟和老挝国会主席沙曼·维亚吉的邀请，乔石委员长对5国进行正式友好访问。11月4日，乔石抵达土耳其，在机场发表书面讲话。7日，乔石与土耳其议会议长卡莱姆利举行会谈。8日晚，乔石分别会见了德米雷尔总统和埃尔巴坎总理。9日上午，乔石离开土耳其前往约旦访问。当天下午，约旦国王侯赛因在王宫会见了乔石。乔石还与约旦众议院议长苏鲁尔举行了会谈。10日上午，乔石会见卡巴里提首相，宾主就两国政治、经济和文化等领域的友好合作关系进行了交谈。同日，乔石在约旦国民议会大厦会见了约旦参议长卢齐。11日上午，乔石在约旦王宫会见了约旦王储哈桑。12日，乔石结束了对约旦的访问赴伊朗访问。11月13日上午，乔石同伊朗总统阿克巴尔·哈什米·拉夫桑贾尼会见。宾主就双方友好关系及政治、经济等各方面领域的合作关系进行了交谈。同日，乔石还会见了伊朗第一副总统哈桑·哈比比。12日下午，乔石同伊朗议会议长努里进行了会谈。15日乔石结束了对伊朗的访问前往越南访问。途中经过阿联酋，16日中午，阿联酋第一副议长哈卜图尔设宴款待乔石等中国客人，17日离开阿联酋抵达河内。18日，乔石分别同武文杰总理和农德孟国会主席会谈。双方就两国关系及共同关心的地区、国际问题深入地交换了看法。当晚，农德孟国会主席欢宴乔石，乔石看望了越共中央顾问范文同。19日下午，乔石同越共总书记杜梅会见。当天，乔石会见越共中央顾问阮文灵。11月21日，乔石结束了对越南的访问前往老挝访问。当天下午，乔石同老挝国会主席沙曼·维亚吉举行会谈。23日下午，乔石会见了老挝国家主席诺哈·冯沙万和老挝人民革命党中央委员会主席、政府总理坎代·西潘敦。双方就两国、两党的关系进行了交谈。23日下午，乔石结束对老挝访问乘专机回国。

11月5日　中国国际航空航天博览会开幕。中共中央总书记江泽民、国务院总理李鹏、中央军委副主席刘华清题词，李鹏剪彩。江泽民的题词是："祝中国国际航空航天博览会圆满成功！"李鹏的题词是："依靠技术进步，发展航空事业。加强国际交流合作，大力发展航天事业"。刘华清的题词是："发展航空航天事业，为人类和平而奋斗"。

11月6日—17日　李鹏总理访问智利、巴西和委内瑞拉，并赴罗马出席世界粮食首脑会议，会后访问意大利。6日下午，李鹏总理与智利总统弗雷举行会谈。两国政府签署了《中华人民共和国政府和智利共和国政府农牧业科技合作协定》、《中华人民共和国政府和智利共和国政府关于空间合作协定》以及《中华人民共和国政府和智利共和国政府关于保留智利共和国驻香港特别行政区总领事的换文》。当天下午，李鹏会见了智利参议院议长塞尔希奥·迭斯。7日上午，李鹏会见了智利最高法院院长霍尔丹。当天下午，李鹏结束对智利的访问，前往巴西访问。11月8日上午，李鹏同卡多佐总统举行会谈，出席了中巴两国政府间3个关于加强航天、环保、领事等领域合作文件的签字仪式。当天，李鹏会见了巴西国民议会主席萨尔内。12日下午，李鹏结束了对巴西的友好访问，前往委内瑞拉。11月13日，李鹏同卡尔德拉总统举行会谈，两国政府签署了关于委内瑞拉在香港保留总领事馆的协定、两国共同开展石油领域合作的协定、合作开发乳化油项目以及中国出口乳化油的两项协议。14日李鹏会见了委内瑞拉国会主席费尔南德斯、第一副主席梅迪纳和拉美经济体系常任秘书莫内塔。当天下午，李鹏结束了对委内瑞拉访问前往意大利访问。11月15日晚，李鹏与意大利普罗迪举行了会谈。16日中午，意大利总统斯卡尔法罗会见了李鹏，双方就两国各个领域的友好合作交换了看法。17日，李鹏结束了对意大利的访问回国。在访问期间，李鹏在拉美经济体系总部发表了重要演讲，题为：《共同谱写中拉友好合作的新篇章》。11月19日，《人民日报》发表社论：《加强互利合作，促进共同发展——祝贺李鹏总理拉美和罗马之行圆满成功》。

11月7日　《中国人民解放军司令部条例》颁布。新华社报道：中央军委主席江泽民签署命令，颁布《中国人民解放军司令部条例》。同时颁布的还有《中国人民解放军军区司令部工作条例》、《中国人民解放军合成集团军师旅团司令部工作条例》、《中国人民解放军省军区军分区和预备役师团司令部工作条例》。

11月10日　第六、七届全国人大常委会副委员长，农工民主党中央名誉主席周谷城在上海逝世。周谷城，1898年生于湖南益阳。1917年考入北京高等师范学院英文系，1921年任湖南长沙第一师范学校英语教员，与该校国文教员毛泽东建立了友谊。大革命时期参加农民运动，任湖南省农民协会顾问、省农民运动讲习所讲师、全国农民协会筹备会秘书。1927年大革命失败后到上海商务印书馆《东方杂志》、《教育杂志》等刊物撰稿、译书，并在暨南大学及其他私立大学兼课。1930年加入中国国民党临时行动委员会，在广东中山大学任教授兼社会系主任。1931年秋在暨南大学任教授兼历史社会系主任。1942年秋开始任复旦大学教授，长达半个多世纪，其间曾兼任历史系主任、教务长。1949年9月出席中国人民政治协商会议第一届全体会议。中华人民共和国成立后，历任上海市人民政府委员，上海市人大常委会副主任兼文教委员会主任，上海市政协副主席；第一、二、三、五届全国人民代表大会代表，第六、七届全国人大常委会副委员长兼教育科学文化卫生委员会主任委员；第五届全国政协常委。中国农工民主党上海市委员会主任、中央委员、中央委员会主席团委员，中央委员会副主席、主席、名誉主席。

11月12日　首都隆重纪念孙中山诞辰130周年。国家主席江泽民在纪念大会上发表讲话，号召学习继承和发扬孙中山先生的爱国思想、革命意志和进取精神。《人民日报》为此发表社论：《更高举起振兴中华的伟大旗帜》。

11月13日　中共中央办公厅印发经中共中央批准的《中国共产党党旗党徽制作和使用的若干规定》。

同　日　首都集会纪念无产阶级革命家王若飞诞辰100周年。全国政协主席李瑞环出席，中共中央政治局常委胡锦涛发表讲话。

同　日　国务院副总理朱镕基出席1996年中国国际经济论坛年会。在会上他说，从今年中国的经济发展势态来看，情况良好。宏观经济环境进一步好转，经济的结构性调整加强了，通货膨胀得到有效抑制，比预料的要好。预计今年全年GNP增长速度在10%左右，物价增长控制在6.5%左右，年底外汇储备将超过1 000亿美元左右，未来的15年，是中国走向现代化、建立和完善社会主义市场经济体制的关键时期。这一时期，中国的经济将持续、快速、健康发展，GNP的年增长速度将保持在8%~9%的水平。

同　日　国务院发出《关于进一步完善文化经济政策的若干规定》。《规定》分四部分：一、开征文化事业建设费；二、鼓励对文化事业的捐赠；三、继续实行财税优惠政策；四、建立健全专项资金制度。

11月14日　北京八达岭高速公路马甸桥—昌平段正式通车。

同　日　最高人民法院公布6起受贿案审判结果，首钢原总经理助理周北方等受到法律制裁。

同　日　两家银行对违规行为做出处理。新华社报道：最近中国工商银行和中信实业银行分别对所属两家分行为证券经营机构申购股票拆借巨额资金的违规行为作出严肃处理。《人民日报》于15日为此发表社论：《坚决惩处违规行为，自觉维护金融秩序》。

11月15日　中国代表团团长、国务院总理李鹏在世界粮食会议上发表题为《中国是维护世界粮食安全的重要力量》的讲话。李鹏全面阐述了中国政府在确保世界安全、消除饥饿和营养不良现象问题上的立场，并强调指出，中国是维护世界粮食安全的重要力量，中国有能力解决好自己的吃饭问题。

同　日　香港特别行政区推委会举行首次会议。在会议上钱其琛主任发表讲话说，筹组特区是香港真正民主的开始。由香港人自己选举产生香港的最高行政长官，这在香港的历史上是前所未有的事，只有在香港回归祖国之际，香港人才获得了这种在殖民统治下不可能想象的民主权利。

11月18日—25日　应国家主席江泽民的邀请，德意志联邦共和国总统罗曼·赫尔佐克对中国进行国事访问。19日下午，江泽民与赫尔佐克总统进行友好会谈。江泽民说，中国与联邦德国建交24年来，两国关系发展迅速，联邦德国现在是中国在欧洲最大的贸易伙伴，我们对两国友好合作关系的迅速发展感到高兴。两国领导人出席签字仪式，中德两国有关部门签署了《中德两国政府发展援助合作协定》等合作文件。20日，李鹏总理、全国政协李瑞环主席、朱镕基副总理分别会见赫尔佐克总统。21日上午，赫尔佐克总统前往上海、杭州、西安等地访问，25日结束访问离开中国。

11月21日—24日　应国家主席江泽民的邀请，墨西哥合众国总统埃内斯托·塞迪略·庞塞·德莱昂对中国进行国事访问。22日上午，国家主席江泽民与塞迪略总统举行会谈。双方就双边关系和共同关心的重大国际问题广泛、深入地交换了意见。双方签署了中墨两国政府关于禁止非法贩运、滥用麻醉药品和精神药物及控制化学前体合作协议，中墨经济贸易混委会第九次会议纪要和中墨两国政府1997—1999年度文化教育交流执行计划。当天，李鹏总理和李瑞环主席分别会见了塞迪略总统，双方就中墨关系和国际问题等交换了意见。23日赴上海访问，上海市委书记黄菊会见了塞迪略总统。24日上午，在企业家座谈会上，正式签署了上海在墨西哥投资发展纺织业的协议。当天，塞迪略总统前往马尼拉。

11月21日—24日　中央经济工作会议在京召开。党和国家领导人江泽民、李鹏等出席会议并发表讲话，朱镕基作总结讲话。会议确定了1997年经济工作的任务和总的要求。这些要求是：坚持以邓小平建设有中国特色社会主义理论为指导，全面贯彻党的基本路线，落实十四届五中、六中全会精神，切实推进两个根本性转变，继续实行适度从紧的财政货币政策，降低物价上涨幅度，加强农业基础地位，加快改革特别是国有企业改革步伐，加大结构调整力度，培育新的经济增长点，积极开拓市场，提高对外开放水平，促进国民经济持续、快速、健康发展和社会全面进步。《人民日报》为此发表社论：《把握大局，继续前进》。

11月23日—25日　亚太经合组织领导人第四次非正式会议在菲律宾举行。中国国家主席江泽民出席会议。在会上，江泽民就如何推进亚太经合组织成员间的经济技术合作问题发表讲话。他说，有一种意见只强调贸易投资自由化的重要性，认为经济技术合作要为贸易投资自由化服务。这种看法恐怕是不全面的。实际上，没有卓有成效的经济技术合作，贸易投资自由化也不会有什么大的进展。对发达国家成员来说，经济要继续发展，重要的是要解决市场问题，要寻找资本和商品的新出路。而发展中成员国家的经济如得不到发展，发达成员国家资本和商品的市场就很有限。经济技术合作有助于加快发展中成员国家的经济发展，把潜在市场转化为现实市场，因而也将为发达成员国家的发展提供广阔的空间。在这方面，江泽民提出了四点意见：一、经济技术合作的根本目的是，将全体成员经济发展的多样性转化为互补性，实现共同发展；二、亚太经合组织开展经济技术合作的原则和做法不同于传统上的发展援助，它是一种建立在平等互利、优势互补基础上的双向合作；三、为了有效开展经济技术合作，要突出重点，确定一些优先领域；四、亚太经合组织成立以来，在实践中积累了一些经验，初步形成独具特色的合作方式，也就是人们所说的“亚太经合组织方式”。会议期间，江泽民分别会晤了美国总统克林顿、加拿大总理克雷蒂安、韩国总统金泳三、日本首相桥本龙太郎、澳大利亚总理霍华德、新加坡总理吴作栋。《人民日报》为这次会议的召开发表了社论：《进一步加强亚太经济合作》。

11月24日　国务院近日发出通报，严禁非法金融活动，维护经济秩序稳定。

11月25日　国务院批转国家经贸委、财政部、国家税务总局《关于进一步开展资源综合利用的意见》。

同　日　中国现代文学馆新馆奠基。江泽民为新馆题写馆名。

11月26日　卫生部近日公布了10个文明服务示范医院，并提出了“以病人为中心，优质服务，树医疗行业新风”的10条具体要求。

同　日　加中贸易理事会年会在上海举行。李鹏总理发表演讲。他说，中国政府十分重视发展与加拿大的友好合作关系。我们希望中加关系的良好发展势头能长期保持下去，并取得新的进展。同日，中宏人寿保险公司经中国人民银行批准在上海成立。该公司由加拿大最具规模的人寿保险集团“宏利保险”与中国化工进出口总公司经营，是国内第一家中外合资的人寿保险公司。李鹏总理和加拿大总理克雷蒂安出席了开幕式并剪彩。

同　日　作为我国技术工人最高荣誉的“中华技能大奖”和“全国技术能手”1996年度揭晓。劳动部在人民大会堂举行表彰大会。这次评选出的十名“中华技能大奖”获得者分别是：内蒙古第二机械制造厂维修电工、高级技师李文玉，宁夏电力工业局石嘴山发电厂电气实验工技师彭发荣，本溪重型汽车制造厂镗工高级技师李连才，江西新余钢铁有限责任公司高级技师吴太白，济南成通纺织有限责任公司技师王静侠，武汉市品芳照相馆摄影高级技师王福成，山西平朔煤炭工业公司钻机司机技师徐秋元，广东省数据通讯局电报机务高级工梁绍权，上海沪东造船厂电焊高级技师张翼飞，西安安庆集团有限公司镗工高级技师王旺民。《人民日报》为此发表评论员文章：《培养大批高素质的技术能手》。

11月26日—12月5日　江泽民出访4国。国家主席江泽民应菲律宾共和国总统菲德尔·拉莫斯、印度共和国总统尚卡尔·达亚尔·夏尔马、巴基斯坦伊斯兰共和国总统法鲁克·艾哈迈德·汗·莱加里、尼泊尔国王比兰德拉·比尔·比克拉姆·沙阿·德瓦的邀请，对4国进行国事访问。26日下午，江泽民和菲律宾总统举行会谈。江泽民建议，中菲两国应在以下几个方面继续作出努力：一、保持两国高层互访和接触，促进相互了解与信任；二、推进两国经贸合作的进一步发展；三、加强两国在国际和地区事务中的合作；四、拓宽两国民间交流领域，推动双边关系全面发展。中国和菲律宾的政府与工商界代表签署了《中华人民共和国政府和菲律宾共和国政府关于增设总领事馆的协定》、《中华人民共和国政府与菲律宾共和国政府关于菲律宾保留在中华人民共和国香港特别行政区总领事馆的协定》、《中华人民共和国政府向菲律宾共和国政府提供一般物资的换文》、《菲律宾皮纳穆肯发电站卖方出口信贷协议》和《菲律宾棉兰老岛200兆瓦BOT（建造—营运—移交）燃煤电站项目协议》。27日，江泽民分别会见菲律宾众议长德贝内西亚和参议院主席马塞达。28日，江泽民主席结束对菲律宾的访问赴印度访问。11月28日，印度总统夏尔马举行盛大宴会，热烈欢迎江泽民主席。29日上午，江泽民同高达总理举行会谈，宾主就两国友好关系、合作和边界问题、南亚合作等交换了看法。双方签署了《关于在中印边境实际控制线地区军事领域建立信任措施的协定》、《中印海运协定》、《关于印度在香港特别行政区保留总领事馆的协定》和《关于打击非法贩运毒品、精神药物和麻醉药品及其他犯罪活动的协定》。28日晚，江泽民分别会见了印度总统夏尔马、副总统兼联邦院议长纳拉亚南和人民院议长桑格马等。29日晚，江泽民在印度工商界人士举行的招待会上发表讲话，并提出中印两国开展经济合作的四个有利条件：一、当前国际形势趋向缓和，亚太地区经济持续快速增长，为中印加强合作提供了有利的外部环境；二、两国都把发展经济作为当前的首要任务，两国经济势力、技术发展水平相近，又各有特点，为相互借鉴和开展互利合作提供了条件；三、两国互为近邻，国土辽阔，资源丰富，人口众多，市场广阔，有着开展合作得天独厚的自然和地缘优势；四、两国有着悠久的友好交往历史和传统友谊，彼此都希望世代友好相处，这是两国进行长期合作的可靠保障。12月1日，江泽民结束对印度的访问前往巴基斯坦访问。1日下午，巴基斯坦总统莱加里举行欢迎宴会并首先致辞，江泽民主席致答辞。当天江泽民与莱加里总统举行正式会谈。双方就双边关系、经贸合作和共同关心的地区和国际问题交换了意见。双方签署了明年7月1日以后巴基斯坦保留在香港特别行政区总领事馆的换文、中巴互设领事馆的协议、两国环保合作协定、两国禁毒合作协议、两国经济技术合作协定、两国民间商会合作备忘录和中国东方电气集团承建巴基斯坦嘎兹—巴罗塔水电工程的协议等。12月2日，江泽民还会见了巴基斯坦看守政府总理哈立德和参议院主席萨贾德等。12月4日上午，江泽民主席结束对巴基斯坦的国事访问前往尼泊尔访问。4日中午，尼泊尔比兰德拉国王欢宴江泽民主席。当晚江泽民与比兰德拉国王举行会晤。双方签订经济技术合作协定。这天下午，江泽民会见了尼泊尔首相德乌帕。宾主就两国关系和今后进一步合作等问题交换了意见。4日下午，江泽民还会见了前首相、尼共（联合马列）主席阿迪卡里。12月5日，江泽民结束了对尼泊尔的国事访问回国。在访问期间，江泽民在巴基斯坦国民议会大厦向巴参议院全体议员及社会各界知名人士发表了题为《世代睦邻友好，共创美好未来》的演讲，提出中国与南亚各国共同构筑面向21世纪睦邻友好关系的五点主张：一、扩大交往，加深传统友谊；二、相互尊重，世代睦邻友好；三、互利互惠，促进共同发展；四、求同存异，妥善处理分歧；五、团结合作，共创美好未来。12月6日，《人民日报》发表社论：《发展长期稳定的睦邻友好互利合作关系》，祝贺江泽民主席访问菲律宾和南亚三国。

11月27日　江泽民给“中国十大杰出青年农民”及获提名奖的20名青年农民复信。复信中说，“国以民为本，民以食为天”。农业对于中华民族生存和发展从来都是至关重要的。农业、农村和农民问题，始终是关系我国革命、建设和改革的全局，关系经济繁荣、社会安定、国家富强和人民幸福的大问题。任何时候都不能忽视和放松农业。农村富了，全国才能富；农民生活达到小康，全国才能实现小康。全党同志和各级干部要时刻把农业放在心上，下决心，真抓实干，到本世纪末使我国农业再上一个新台阶。

同　日　我国电子工业“九五”期间重大建设项目——集成电路909专项工程上海华虹项目在浦东奠基。国务院总理李鹏、国务院副总理吴邦国出席奠基仪式。

12月1日　中共中央总书记江泽民、国务院总理李鹏分别为中国国际广播电台题词。江泽民的题词是：声音传五洲，朋友遍天下。李鹏的题词是：发展对外广播，促进友谊与合作。

同　日　国务院台湾办公室公布《关于台湾记者来大陆采访的规定》。《规定》共12条，从1997年1月1日起实行。

12月3日　国家工商局公布施行《关于禁止商业贿赂行为的暂行规定》。按照该规定，凡经营者为销售或购买商品，不论直接给付现金和实物，还是假借促销费、宣传费、赞助费、科研费、劳务费、咨询费等名义给付财物；不论采取给付财物手段，还是采取提供国内外各种名义的旅游、考察等其他手段，都构成商业贿赂。

同　日　财政部颁布《事业单位财务规则》。规则从明年1月1日起实施。新制度改革了事业单位预算管理形式，取消了原制度将事业单位划分为全额预算管理、差额预算管理和自收自支管理三种预算管理形式的规定，明确了事业单位统一实行“核定收支、定额或定项补助、超支不补、结余留用”的预算管理办法，规定事业单位在财政拨款以外获得的各项收入都要纳入单位预算，与财政拨款统一核算，统一管理，形成一个全面反映单位各项资金活动和财务收支状况的新型单位预算管理体系；此外，新制度还进一步规范了事业单位支出管理。

12月4日—8日　白俄罗斯代总理谢尔盖·斯捷潘诺维奇·林格对中国进行工作访问。4日下午，国务院总理李鹏在人民大会堂与林格举行会谈。双方签署《两国政府关于进出口商品质量保证协定》和《中国国家教委和白俄罗斯教育科学部合作协议》。5日上午，荣毅仁副主席会见林格代总理。8日，林格代总理结束对中国的访问回国。

12月5日—8日　全国计划工作会议在北京召开。会议认为，1996年，在党中央、国务院领导下，经过全党、全国人民的努力，比较好地实现了宏观调控目标，完成了国民经济和社会发展的主要任务，达到了中央提出的为“九五”计划开好头、起好步的要求。会议指出，做好1997年的计划工作，具有非常重要的意义。必须坚决按照中央经济工作会议对1997年经济工作的总体要求，坚持把握大局，稳中求进，搞好总量平衡，抓好结构调整，提高对外开放水平，促进经济和社会协调发展的原则和目标。根据上述原则和宏观调控目标，明确国民经济和社会发展计划要突出以下几个方面：进一步加强农业基础地位，全面发展农村经济；推进各项配套改革，为搞好国有企业改革和发展创造必要的宏观经济环境；继续保持工业适度增长，努力提高工业经济效益；合理控制投资规模，着力优化投资结构；努力发展科技教育，推动各项社会事业全面进步；转变外贸增长方式，提高利用外资质量。8日，邹家华副总理在会议结束时讲话，强调要认真贯彻中央经济工作会议精神，解放思想，实事求是，把握大局，统筹协调，促进国民经济持续快速健康发展。

12月5日—18日　中央军委副主席、国防部长迟浩田上将访问美国。9日上午，迟浩田与佩里国防部长举行会谈。双方就中美两国和两军关系及共同关心的国际和亚太地区问题深入地交换了看法，当天，美国总统克林顿在白宫会见了迟浩田。10日下午，迟浩田应邀在美国国防大学就当前的国际形势、中美关系、中国的国防政策等问题发表演讲。

12月6日　《人民日报》发表评论员文章：《了不起的“软着陆”》。评论说，中国经济确实实现了“软着陆”。其最显著的标志是“一高一低”，即物价水平较低，经济增长速度较高。今年全国零售物价涨幅预计回落到6.5%左右，比上年涨幅低8个多百分点；国内生产总值预计比上年增长10%左右。经过三年多的宏观调控，基本上达到了预期目标，社会总供给与总需求趋于平衡，宏观经济环境进一步改善，整个经济进入适度快速和相对平衡的发展阶段。

同　日　国务院总理李鹏主持召开国务院第五十二次常务会议。会议讨论并原则通过了《中华人民共和国专属经济区和大陆架法(草案)》、《中华人民共和国献血法（草案)》和《血液制品管理条例（草案)》。

同　日　10名检察官在北京被授予第二届“中国十大杰出检察官”称号，21名检察官获提名奖。这10名杰出检察官是：山东济南市历成区人民检察院检察长傅光仁、西藏自治区人民检察院阿里分院检察长倪惠康、河南商丘县人民检察院法纪检察科科长杨振岭、内蒙古自治区莫力达瓦达斡尔族自治旗人民检察院检察长郭风琴、广州军区空军军事检察院检察长高建一、广东清远市人民检察院副检察长兼反贪局局长莫远航、福建泉州市人民检察院主检法医师刘锡杰、黑龙江牡丹江市人民检察院副检察长兼反贪局局长马先兰、辽宁沈阳市铁西区人民检察院反贪局局长周伟、山西临汾市人民检察院检察长卢金城。

12月6日—8日　全国经贸工作会议在沈阳召开。国家经贸委主任王忠禹在会上提出，今年国有企业改革与发展在一些重要方面取得了实质性进展。根据中央经济工作会议精神，明年要把国有企业改革与发展放在更加突出的位置，在做好各项工作的基础上，集中精力打好“现代制度试点、企业兼并破产、结构调整、扭亏增盈、治理三乱”五个攻坚战。国务院副总理吴邦国在全国经贸工作会议上发表讲话。在讲话中他强调，要认真落实中央经济工作会议精神，辩证地分析国有企业形势，在看到不利因素的同时，更要看到有利因素，增强搞好国有企业的信心，加快国有企业改革和发展。7日，《人民日报》发表评论员文章：《把搞好国有企业放在更加突出的地位》。

同　日　中共中央政治局常委胡锦涛在全国总工会12届4次执委会上讲话。他强调，全心全意依靠工人阶级是我们党和国家一贯坚持的根本方针。这是由我们党和国家的性质、工人阶级的历史地位和作用决定的。在改革开放和发展社会主义市场经济的条件下，工人阶级的历史地位和作用没有变，也不能变。各级党委和政府要针对执行这一方针过程中出现的新情况、新问题，认真研究，逐个解决，使全心全意依靠工人阶级方针在国家的政治、经济和社会生活中，在企事业的各项工作中得到充分体现。

同　日　国务院办公厅发出通知要求各地在农业丰收后防止加重农民负担。通知说：一、要正确估价农民的实际收入水平；二、严禁新开加重农民负担的口子；三、切实做好受灾和贫困农户的税费减免工作；四、严格按照国家规定收取税费；五、坚决查处加重农民负担的违法违纪行为。

同　日　江泽民、李鹏、李岚清题词祝贺中国卫星电视教育开办10周年暨教育电视台建立10周年。江泽民的题词是：“发展卫星电视教育，为提高全民族文化素质服务”；李鹏的题词是：“大力发展卫星电视教育，培养更多的建国人才”；李岚清的题词是：“积极采用先进技术，促进我国教育的改革和发展”。报道说，我国已经基本形成了具有中国特色的世界上最大的卫星电视教育网络。卫星电视教育每天累计播出47小时，覆盖全国大多数地区、近2亿人口。

12月9日—12日　全国对外文化工作会议在京举行。李鹏总理致信大会祝贺，国务委员李铁映出席会议并作讲话。他说，在国内和国际新的形势面前，我国对外文化工作要切实做到把握方向，服从大局，以我为主，择精取优，扩大影响，促进友谊。对外文化交流和对外文化宣传作为我国对外文化的两大基础工作，必须进一步加强和改进。要统筹安排，进一步坚持归口管理、依法管理与必要的行政审批相结合的方法，开创对外文化工作的新局面。

12月9日—12日　全国卫生工作会议在京召开。这是建国以来由党中央、国务院召开的第一次全国卫生工作会议。会议的任务是：总结建国以来特别是改革开放以来卫生工作的成绩和经验，明确新时期卫生工作的奋斗目标和工作方针，讨论《中共中央、国务院关于卫生改革与发展的决定》，全面落实《国民经济和社会发展“九五”计划和2010年远景目标纲要》，提出的新的卫生工作任务。江泽民在会上讲话说，新中国成立以后，在党和政府领导下，卫生工作在十分落后的基础上起步，同各项工作相配合，仅用了较短的时间，就改变了“东亚病夫”的耻辱形象。改革开放以来，我国卫生工作又有了很大发展，为经济发展和社会进步做出了重要的贡献，人民群众的健康水平进一步提高。这些成就的取得，是同广大卫生工作人员的辛勤劳动分不开的。李鹏在讲话中肯定了建国47年来我国卫生事业取得的巨大成绩。他指出，今后15年，是我国实现社会主义现代化建设战略目标的关键时期，卫生事业是实现这一目标的重要组成部分，必须与国民经济和社会发展相协调，人民健康水平要与经济发展水平相适应。必须从提高卫生部门服务的水平、保障人民群众的健康、加强政府对卫生事业的领导这3个方面进行不懈的努力。卫生部长陈敏章向大会作了题为《深化改革，加快发展，开创卫生工作新局面》的工作报告。报告指出，中国人健康水平的提高举世瞩目，平均期望寿命从解放前的35岁提高到如今的70岁，位居发展中国家的前列；全国基本形成了遍布城乡的医疗保健网，使城乡居民多层次的卫生需求得到不同的满足。陈敏章说，现在，我国有一支537万专业卫生人员和133万乡村医生、卫生员的卫生队伍，他们服务于19万个卫生机构组成的城乡医疗预防保健网。此外，126所医学高等院校和551所中等医药学校，每年还把5.6万大专毕业生和

9.2万中专毕业生输送给社会。许多重大科研成果，如中药青蒿素的研制和发展；使耐药性恶性疟疾的防治取得突破性进展；大面积深度烧伤治疗、手再造等显微外科技术、晚期转移性绒癌的根治、小肝癌早期发现与治疗，食道癌病因研究和综合防治、用维甲酸诱导分化治疗白血病等，都达到国际先进水平。11日，李鹏在中南海召开座谈会，听取参加全国卫生工作会议的各省、市、自治区和有关部门负责人对《中共中央、国务院关于卫生改革与发展的决定》(讨论稿）的意见。13日，《人民日报》发表社论：《建设有中国特色社会主义卫生事业——祝贺全国卫生工作会议闭幕》。

12月9日—19日　应国务院总理李鹏的邀请，阿拉伯叙利亚共和国总理马哈茂德·祖阿比对我国进行正式访问。9日下午，李鹏总理和祖阿比总理举行会谈。双方就两国友好关系和中东和平问题等进行了友好交谈。会谈后，两国总理出席了签字仪式。两国有关部门分别签署了两国经贸合作《会谈纪要》、《两国政府经济技术协定》、《两国政府相互鼓励和保护投资协定》和《两国政府科学技术协定》等4个文件。10日，江泽民主席和乔石委员长分别会见了祖阿比总统。双方就友好关系和友谊进行了交谈。10日祖阿比总统离开北京赴深圳访问，14日回国。

12月10日　纪念朱德诞辰110周年座谈会在京举行。江泽民讲话。李鹏、乔石、刘华清等党政领导人出席，中央书记处书记胡锦涛主持座谈会。当天，《朱德军事文选》、《朱德》画册、《朱德手迹选》出版发行。

同　日　中宣部、中央政法委、全国“扫黄”工作小组、公安部、文化部、广播电影电视部、新闻出版署召开第八次全国“扫黄”、“打非”工作电视电话会议。会议部署1996年冬季“扫黄”、“打非”集中行动。会议要求在日常管理和专项整治的基础上，通过集中行动解决出版物市场存在的突出问题，特别是要遏制住反动、淫秽、走私光盘泛滥，盗版盗印活动蔓延的势头，使报刊、音像和电子出版物市场的面貌进一步改观。11日，《人民日报》发表评论员文章：《坚持不懈地开展“扫黄”、“打非”斗争》。

12月11日　中共中央总书记江泽民亲切看望著名科学家钱学森。他向全国广大科技工作者表示问候，希望广大中青年科技工作者发扬前辈优良传统作风。

同　日　香港特区第一届政府推委会举行第三次会议。董建华在会上当选为香港特区第一行政长官人选。筹委会主任钱其琛说，由香港人自己来选择最高行政首长，在香港历史上是第一次，它标志着香港回归祖国后即将开始一个全新的时代。12日，新华社发表评论：《迎香港回归创，民主新篇》。

12月12日　首都集会纪念西安事变60周年。国家主席江泽民出席大会并发表讲话。他指出，我们要永远发扬中华民族伟大的团结精神，发展最广泛的爱国统一战线，把一切可以团结的力量都团结起来，把全民族的意志、智慧和力量集中到实现四化、振兴中华和完成祖国统一的总目标上来。这样，我们就会获得取之不尽的力量源泉，我们事业就会无往而不胜。

同　日　香港特区筹委会第三次会议在深圳举行。筹委会主任钱其琛在闭幕会上发表讲话。会议听取了筹委会副主任兼秘书长鲁平所作的关于香港特别行政区第一任行政长官人选产生过程的报告。会议认为第一任行政长官人选的产生过程体现了公开、公平、公正的原则。推选委员会选举产生的第一任行政长官人选得到了香港社会的普遍欢迎。会议通过了《全国人民代表大会香港特别行政区筹委会关于报请国务院任命香港特别行政区第一任行政长官的报告》、《全国人民代表大会香港特别行政区筹委会关于基本法第二十三条立法问题的决定》。

同　日　中共中央总书记江泽民在全国保密工作座谈会上讲话。他强调，要充分认识新形势下保密工作的重要性。他说，革命战争年代，保密就是保生存，保胜利。和平建设时期，保密就是保安全，保发展。在新的历史时期，保密工作好不好，也直接影响着改革开放和现代化建设的进展。

12月13日　乔石委员长接受美国记者采访。他就全国人民代表大会及其常委会在中国社会中起什么作用、全国人大与中国共产党的关系是什么样的、全国人大和它的常委会在80年代是否更加活跃、今后在治理国家方面将会起更大的作用、中国在经济立法和刑事立法方面正进行哪些改革等问题回答了美国记者的提问。

12月16日　国务院召开第十一次全体会议。会议决定，任命董建华为香港特别行政区第一任行政长官。李鹏总理签署中华人民共和国国务院令第207号：任命董建华为中华人民共和国香港特别行政区第一任行政长官，于1997年7月1日就职。

12月16日—20日　中国文联第六次全国代表大会和中国作协第五次全国代表大会在京举行。中共中央总书记江泽民发表讲话。他说，为人民服务、为社会主义服务，决定着我国文艺的性质和方向，为我国文艺的发展和繁荣开辟了广阔的前景，在社会主义现代化建设的整个过程中，始终是我们必须坚持的根本原则。植根中国社会主义现代化建设的实践，反映中国人民创造自己新生活的进程和中华民族自强不息的精神，是中国社会主义文艺的立身之本。"百花齐放、百家争鸣"，是符合社会主义文艺规律、促进社会主义文艺繁荣的方针。国务院副总理兼外交部长钱其琛在大会上作关于国际形势报告。大会分别审议并通过全国文联和全国作协工作报告，审议《中国文联章程(修改草案)》与《中国作家协会章程（修改草案)》，选举全国文联和全国作协新一届领导成员。曾任文化部长的著名作曲家周巍峙当选为新一届文联主席。才旦卓玛等22人当选为副主席。德高望重的老作家巴金，再次当选为中国作家协会主席。马烽等14人当选为副主席。

12月16日—22日　应国家主席江泽民的邀请，科摩罗伊斯兰联邦共和国总统穆罕默德·塔基·阿卜杜勒·卡里姆对我国进行国事访问。国家主席江泽民在人民大会堂与科摩罗总统塔基举行会谈。双方签署《中科两国政府经济技术合作协定》。国务院总理李鹏在中南海会见了塔基总统。塔基总统19日—22日对我国湖北、海南两省进行了参观访问，22日结束对中国的访问回国。

12月17日　广东大亚湾核电站正式通过国家验收，国务院总理李鹏发去贺信。

12月17日—19日　全国第三次邓小平建设有中国特色社会主义

理论研讨会在北京举行。中央军委副主席刘华清出席会议。中共中央政治局常委胡锦涛出席会议并讲话。这次会议的主题是，坚持以马克思列宁主义、毛泽东思想和邓小平建设有中国特色社会主义理论为指导，认真贯彻十四届五中全会和六中全会精神，紧密联系实际，重点研讨邓小平关于跨世纪发展战略和社会主义精神文明建设理论，更好地为党和政府的决策服务。中宣部部长丁关根在总结会上讲话。

12月17日—20日　全国政法工作会议在京举行。会议决定，1997年政法工作总的任务是认真贯彻党的十四届五中全会、六中全会和中央经济工作会议精神，维护社会持续稳定，严厉打击刑事犯罪和经济犯罪，坚决查禁社会丑恶现象，进一步落实社会治安综合治理措施，建设高素质的政法队伍，为改革开放和经济建设创造良好的社会环境，保障、促进物质文明建设和精神文明建设的协调发展。18日，江泽民总书记、李鹏总理在人民大会堂与部分出席政法工作会议的代表进行座谈。江泽民指出，政法工作的首要任务就是维护国家的政治和社会稳定。没有稳定环境，什么都搞不成，已经取得的成果也会失掉。政法战线的同志们，要注意研究社会中出现的新情况、新问题，把握好政治工作的主动权。对各种原因引起的人民内部矛盾，要区别不同情况，做细致深入的工作，及时化解矛盾，避免矛盾激化和转化，防止敌对势力制造事端，破坏稳定。李鹏总理在讲话中指出，一、要严惩经济犯罪。二、要反对地方和部门保护主义。决不能为保护局部和暂时的利益甚至是非法所得的利益，损害全局和长远利益。各地政法部门要抓住典型案件，坚决依法查处。各级党政领导一定要支持政法部门严格执法，不得姑息养奸。三、要刹住部分地方盗窃、哄抢国有企业财产的行为，大力整治企业周边的治安秩序，为国有企业改革和发展创造良好的环境。四、要加强法律服务工作，积极为改革开放、经济发展提供优质高效的法律服务和法律保障。

12月18日　江泽民主席接见董建华，祝贺他被任命为香港特别行政区第一任行政长官。江泽民指出，这是“港人治港”、高度自治的真正体现，也意味着香港即将进入一个新纪元。当天，李鹏总理接见了董建华，代表国务院向他颁发任命令。

同　日　李鹏总理、朱镕基副总理致信全国体改工作会议。李鹏在贺信中说，今年以来，全国各地区、各部门按照党的十四届五中全会、六中全会和八届人大四次会议精神，努力做好各方面工作，使国民经济和各项社会事业有了新的发展。经济体制改革继续稳步推进，国有企业改革步伐加快，金融体制改革不断深化，涉外经济领域的改革进展顺利，交通体制改革和社会保险制度改革也有新的进展。1997年，各地区、各部门要抓住宏观环境比较有利的时期，把经济工作的重点切实放到经济体制改革和转变经济增长方式上来。多年来，工作在经济体制改革工作战线的同志们，进行了大量的调查研究和实践探索工作，发挥了积极作用。朱镕基在贺信中说，1997年，改革的经济环境将好于前几年。希望体改战线的同志们把握大局，扎实工作，根据党中央国务院确定的经济工作总体要求，加快国有企业改革，配套推进其他各项改革，为经济结构的优化和经济增长方式的转变创造良好的体制改革环境而不懈努力。

12月24日　中央军委主席江泽民接见海军第八次党代会全体代表。他指出，要坚决贯彻邓小平新时期军队建设思想和新时期军事战略方针，以改革创新的精神，进一步加强海军的全面建设，提高海军的综合作战能力。

同　日　历时4年的全国国有企业清产核资圆满结束。国有资产的“家底”基本摸清，截止1995年12月31日，全国国有资产总量已达到57 106.4亿元，1990年以来平均每年递增17.9%。

12月24日—30日　第八届全国人民代表大会常务委员会在北京举行第二十三次会议。乔石委员长主持会议。会议听取了法律委员会副主任蔡诚、王叔文关于行政监察法、香港特别行政区驻军法两个审议结果的报告，王汉斌副委员长关于刑法修订草案的说明，法律委员会副主任项淳一关于国防法草案修改意见的报告，全国人大秘书长曹志关于香港特别行政区选举第九届全国人民代表大会代表的办法的说明，全国人大财经委员会副主任张绪武、外交部副部长李肇星、卫生部部长陈敏章分别作的信托法、专属经济区和大陆架法、献血法三个草案的说明，李肇星关于批准《联合国关于在发生严重干旱或荒漠化的国家特别是在非洲防治荒漠化的公约》、《中华人民共和国和吉尔吉斯共和国关于中吉国界的协定》、《关于禁止发展、生产、储存和使用化学武器和销毁此种武器的公约》的说明。当天，国家主席江泽民签署第八十号主席令，公布香港特别行政区驻军法。这部法律共6章30条，于1997年7月1日起施行。会议还通过了将国防法（草案）、第八届全国人大五次会议关于第九届全国人大代表名额和选举问题的决定（草案）、香港特别行政区选举第九届全国人大代表的办法（草案）提请八届全国人大五次会议审议的决定，以及关于召开第八届全国人大五次会议的决定。会议批准《联合国关于在发生严重干旱或荒漠化的国家特别是在非洲防治荒漠化的公约》、《中华人民共和国和吉尔吉斯共和国关于中吉国界的协定》、《关于禁止发展、生产、储存和使用化学武器及销毁此种武器的公约》。

12月25日　国家主席江泽民接见先进离退休干部和安置工作先进代表。他说，军队离退休干部在革命战争年代，为了人民的解放和新中国的建立，立下了不朽的功勋；在和平建设时期，为巩固国防、加强军队建设和促进社会经济发展，做出了重大贡献；回到地方后，大家继续保持和发扬我党我军的优良传统和作风，在社会主义两个文明建设又作出了新的成绩。老同志们以自己的亲身经历对青少年进行的革命传统教育，作用很大。希望老同志们在新的形势下要继续弘扬革命精神，在社会主义两个文明建设中再立新功。

12月26日—28日　李鹏总理应俄罗斯联邦政府总理切尔诺梅尔金的邀请，对俄罗斯进行工作访问。27日，李鹏总理前往克里姆林宫同俄罗斯总统叶利钦进行了亲切友好的会见和内容丰富的谈话。当天下午，李鹏与切尔诺梅尔金总理举行了两轮会谈。两国签署了《建设连云港核电站框架合同原则协议》、《中国人民银行与俄罗斯联邦中央银行合作协议》。27日，中俄联合公报在莫斯科发表。28日，李鹏结束了对俄罗斯的工作访问回国。29日，《人民日报》发表新华社评论员文章：《短暂的访问，丰硕的成果》。

12月27日　国务院决定取消14种商品出口关税。自1997年1月1日起，取消栗、生漆、甲苯、二甲苯、缫丝蚕茧、生丝、废丝、丝纱线、绢纺纱线、丝或绢丝机织物、山羊绒、未锻轧铅、铅废碎料、锌废料等14种商品的出口关税，继续保留鳗鱼苗等35种商品出口关税，其中对铅、锌、锡三种矿砂及精矿和未锻轧锌等4种商品实行年度暂定生产率。

12月30日　中共中央、国务院《关于切实做好减轻农民负担工作的决定》。《决定》包括十三个部分：一、国家的农业税收政策稳定不变；二、村提留乡统筹费不超过上年农民人均纯收入5%的政策稳定不变；三、农民承担义务工和劳动积累工制度稳定不变；四、严禁一切要农民出钱出物出工的达标升级活动；五、严禁在农村搞法律规定外的任何形式的集资活动；六、严禁对农民的一切乱收费、乱涨价、乱罚款；七、严禁各种摊派行为；八、严禁运用专政工具和手段向农民收购钱物；九、减免贫困户的税费负担；十、减轻乡镇企业的负担；十一、减少乡镇机构和人员的开支；十二、加强领导，实行减轻农民负担党政一把手负责制；十三、加强监督检查，严肃查处加重农民负担的违法违纪行为。

12月30日　江泽民主席发布中华人民共和国第八十号主席令，公布《中华人民共和国香港特别行政区驻军法》。本法自1997年7月1日起施行。《人民日报》为此发表评论员文章：《体现“一国两制”方针的重要法律》。

同　日　曹刚川任国防科学技术委员会主任，免去丁衡高的主任职务。

12月31日　江泽民主席对中国国际广播电台、中央电视台海外听众和观众发表新年贺词，题为《为创造美好的未来而共同努力》。

同　日　冶金部部长刘淇宣布：1996年我国钢产量突破1亿吨，跃居世界第一位。这是我国钢铁工业发展进程中一个新的里程碑。

1997年

1997年综述

1997年，是中国发展历史上难忘的一年。2月，中国社会主义改革开放和现代化建设的总设计师邓小平逝世，举世哀悼。12亿中国人民决心继承邓小平的遗志，继续把建设有中国特色社会主义事业推向前进。7月，中华人民共和国香港特别行政区正式成立。香港回归祖国，洗雪了中华民族百年耻辱，是中华民族永载史册的盛事。中国对香港实行“一国两制”、“港人治港”高度自治的方针，受到世界各国的高度赞扬。9月，中国共产党成功地召开了第十五次全国代表大会，江泽民再次当选为党的总书记。大会号召全党高举邓小平理论伟大旗帜，把建设有中国特色社会主义事业全面推向21世纪。

在这一年中，中国的改革开放和现代化建设继续向前迈进。国民经济保持了“高增长、低通货”的良好发展态势。初步统计，全年国内生产总值74 772亿元，比上年增长8.8%。其中，第一产业增长值13 674亿元，增长3.5%，比重下降19%；第二产业增加值36 770亿元，增长10.8%，比重上升0.2%；第三产业增加值24 328亿元，增长8.2%，比重上升1.7%。1997年虽然北方地区遭受严重旱灾，但由于各级政府加大农业投入，大力推广应用农业科学技术，全国粮食总产量仍达49 250万吨，比上年减少200万吨，是历史上第2个高产年。工业生产在改革调整中得到平衡增长。全年完成工业增加值31 752亿元，比上年增长11.1%。建筑业稳步发展，经济效益有所回升。全国国有建筑业企业完成建筑业增加值1 334亿元，比上年增长2.6%。固定资产总值平衡增长。全年全社会固定资产投资为25 300亿元，比上年增长10.1%，扣除价格因素，实际增长8.3%。交通运输和邮电通讯业继续平衡增长，网络结构调整进一步朝着适应市场需求方向发展，运输和通讯的服务质量有所提高。全年交通运输和邮电通讯业增加值为4 525亿元，比上年增长10.7%。商品市场在买方市场格局下继续保持平衡。全年社会消费品零售总额26 843亿元，比上年增长11.1%，扣除价格因素，实际增长10.2%。对外贸易持续快速发展。全年进出口总额3 251亿美元，比上年增长12.1%。金融体制改革继续深化，货币调控方式不断改进，金融风险防范工作进一步加强。1997年末全部金融机构各项存款余额82 390亿元，比上年末增加12 940亿元，增长18.6%。保险事业得到较大发展。全年保费收入1 080亿元，增加39.3%。科技队伍继续扩大。1997年末国有企事业单位共有各类专业技术人员2 914万人，比上年末增长0.4%。各级各类教育事业稳步发展，学校布局进一步调整，普及九年制义务教育工作取得新成绩。文化事业进一步发展。1997年末全国共有艺术表演团体2 563个，文化馆3 097个，公共图书馆2 690个，博物馆1 218个。环境保护事业加快发展。年末全国环境保护系统共有9.9万人，各级环境监测站2 170个，环境监测人员3.7万人。计划生育成绩显著，人口继续低速增长。全年出生人口2 038万人，出生率为16.57‰；死亡人口801万人，死亡率6.51‰；全年净增人口1 237万人，自然增长率10.06‰。年末全国总人口为12.3626亿人，全年全社会劳动生产率5 637元，比上年提高7.5%。市场价格涨幅持续走低，呈现涨幅低、波动小的特征。全年商品零售价格比上年上涨0.8%，居民消费价格上涨2.8%。涨幅分别比上年回落5.3%和5.5%。这主要得益于宏观调控和农业连续丰收；买方市场形成，市场机制作用增强也在一定程度上抵制了物价的上涨。劳动就业工作有所加强。年末全国就业人员69 600万人，比上年末增加750万人。其中城镇职工14 760万人，比上年末减少85万人；城镇私营个体就业人员2 669万人，增加340万人。实施再就业工程取得进展，480万下岗职工通过多种途径实现再就业。年末全国城镇登记失业率为3.1%，比上年末上升0.1个百分点。国际收支状况良好。经常项目和资本项目继续保持“双顺差”的格局。外汇储备增加，年末达到1 399亿元，比上年底增加349亿美元。人民币汇率稳中略升，由年初的1美元兑8.2984元人民币上升到年末的1美元兑8.2796元人民币，升值188个基本点。在这一年里，世界水利史上的最大工程——长江三峡工程和我国治黄史上的最大工程——黄河小浪底水利枢纽工程先后截流成功，这是我国水利史上的伟大创举。国有企业兼并联合、资产重组呈现新的势头。齐鲁化工公司兼并淄博化纤总厂和淄博石化厂，金陵石化公司、扬子石化公司、仪征集团有限公司、南化集团及江苏省石油公司组建中国东联石化集团有限公司，分别是建国以来最大的一起企业兼并、企业联合。经八届全国人大五次会议批准，重庆成为继北京、上海、天津之后的我国第4个直辖市。年终，中央经济工作会议在北京召开。会议认真贯彻落实十五大提出的经济工作的各项任务，对1998年经济工作的总体要求、工作重点和主要任务作出了部署。

在这一年中，中国的外交工作取得了重要成果。通过高层互访，中国与美国、俄罗斯、法国、日本等大国确定了双边关系未来发展的目标和指导方针。10月，江泽民主席对美国进行国事访问，这是近二十年来中国国家元首第一次正式访问美国。在访问期间，发表了中美联合公报，决定两国通过加强合作，共同致力于建立面向21世纪的建设性战略伙伴关系。这标志着中美关系发展进入新阶段。中国与周边国家和广大发展中国家的友好合作也进一步加强。12月，我国积极参与亚太经合组织的活动；是月，还参加了东盟—中日韩和中国—东盟首脑非正式会晤。这是东盟12国领导人首次聚会，也是中国同东盟9国领导人首次共同会晤。中国—东盟首脑非正式会晤上一致同意建立面向21世纪的睦邻互信伙伴关系，并发表了《中华人民共和国与东盟国家首脑会晤联合声明》，中国和东盟国家的关系进入新的发展阶段。这一系列活动，符合我国的外交方针，顺应世界走向多极化的趋势，对于促进国际社会的友好合作和共同发展做出了积极贡献。

1月1日 《人民日报》发表元旦社论：《把握大局再接再厉，同心同德开拓前进》。社论说，在新的一年里，全党同志特别是各级领导干部要牢牢把握大局，再接再厉，同心同德，开拓前进，这是做好1997年各项工作的根本要求和重要保证。把握大局就是以坚持邓小平建设有中国特色社会主义理论和党的基本路线为指导，全面贯彻抓住机遇、深化改革、扩大开放、促进发展、保持稳定的基本方针，进一步把总量控制和结构调整，宏观调控和微观搞活，深化改革和促进发展，经济发展和社会发展结合起来，把建设有中国特色社会主义事业推向前进。再接再厉，就是在"九五"第一年开好头、起好步的基础上继续前进。要根据新形势、新任务的要求，大力推进两个根本性转变，采取新的有力措施，为经济注入新的活力，切实提高经济增长质量和效益，保持经济适度快速发展的好势头。要进一步转变作风，狠抓落实，讲求实效。同心同德，就是全党同志首先是高级领导干部在政治上、思想上同中央保持一致，自觉维护中央的权威，坚决贯彻中央的决策和方针政策，做到言行一致、令行禁止。只有这样，党才能增强战斗力、凝聚力，团结和带领全国各族人民朝着新的目标胜利前进。开拓前进，就是增强改革意识和创新精神，知难而进，锐意进取，积极解决改革和建设中的难点和重点问题。

同　日 《求是》杂志发表社论：《迎接辉煌的1997年》。社论说，1997年在我国历史上将是一个重要的年份。我国将恢复对香港行使主权，将召开党的第十五次全国代表大会，这是举世瞩目的两件大事。我们要牢牢把握抓住机遇、深化改革、扩大开放、促进发展、保持稳定的大局，在1996年工作的基础上，再接再厉，同心同德，开拓前进，夺取建设有中国特色社会主义伟大事业的新胜利。

同　日 全国政协举行新年茶话会。江泽民总书记讲话说，1997年，将是我们党我们国家发展史上不寻常的一年。我们党将召开第十五次全国代表大会，进一步就我国未来的改革、发展和稳定作出战略部署，继续带领全国人民把建设有中国特色社会主义的伟大事业推向新世纪。我国政府将恢复对香港行使主权，迈出完成祖国统一的重要一步。这是两件举世瞩目的大事。可以这样说，一个要把有中国特色社会主义建设成功，一个要完成祖国统一大业，这是实现中华民族伟大复兴的两个主要标志。

同 日 中共中央总书记江泽民接见民革、民盟、民建中央新主席何鲁丽、丁石孙、成思危。江泽民说，中共中央主要领导人同各民主党派领导人，一直保持着亲密的团结和友谊，这已经成为一个优良传统。在过去几十年的革命和建设中，各民主党派与中国共产党并肩战斗，风雨同舟，为我国新民主主义革命的胜利和社会主义事业的发展，做出了重大贡献。改革开放以来，各民主党派紧紧围绕国家的中心工作，积极参政议政，提出了许多很有价值的意见和建议，做了很多实事好事，为促进国家的改革、发展和稳定发挥了重要的作用。实现建设四化、振兴中华和完成祖国统一的伟大目标，始终需要全国各族人民包括各民主党派团结一心，群策群力，共同奋斗。

1月2日 国家计委、财政部发出《关于取消部分建设项目收费，进一步加强建设项目收费管理的通知》。通知取消48项未按规定程序批准、明显不合理的住宅建设收费，并就进一步整顿建设项目收费、加强收费管理作出部署。

同 日 李鹏总理发布中华人民共和国第二〇九号国务院令，公布《中华人民共和国海关稽查条例》。《条例》共6章33条，自公布之日起施行。

同 日 李鹏总理发布中华人民共和国第二一〇号国务院令，公布《出版管理条例》。《条例》共7章57条，自2月1日起施行。

同 日 《质量振兴纲要》颁布。国务院颁布实施我国本世纪末、下世纪初的质量工作指导性文件——《质量振兴纲要》。国家经贸委主任王忠禹说，实施《质量振兴纲要》是党和政府为加强质量工作而采取的重要举措，是落实《产品质量法》的重要行政保证措施，是推动今后5年和15年质量工作上台阶的一个行动纲领。

同 日 中宣部召开十大城市开展文化科技卫生“三下乡”座谈会。开展“三下乡”活动，是为了满足人民迫切需要学习文化、掌握科技、提高健康水平的要求，是农民盼望的事，是农民得到实惠的事，是为农民服务的事。《人民日报》为此于4日发表评论员文章：《催生文明健康富裕的春潮》。

1月6日 《人民日报》发表社论：《贵在行动重在落实》。社论说，中宣部和国务院纠风办公室组织开展的以“为人民服务，树行业新风”为主题，以加强职业道德建设为基础，以完善承诺制和其他制度为首的精神文明创建行动，受到了铁路、邮电、卫生、民航、公安、金融、内贸、电力、交通、建设等十大“窗口行业”和部门的高度重视。各部门精心选择了300多个基层先进单位作为本行业的示范“窗口”，同时公布了具体的标准和措施。这些行动表明，他们落实十四届六中全会精神迈出了实实在在的步子，受到了社会各界的好评。示范“窗口”公布后，下一步的工作任务将更加艰巨。贵在行动，重在落实。人民群众是最讲实际的。“窗口行业”职业道德建设搞得好不好，群众不仅要听其言，更重要的是观其行，看他们究竟为老百姓办了多少实实在在的事和办得如何。因此，示范“窗口”单位，要完完全全按照各行各业和部门公布的标准，不打折扣地为老百姓提供服务，决不能搞形式主义、走过场，决不能自食其言，失信于民。

同　日　胡锦涛强调统战问题的重要性。中共中央政治局常委胡锦涛在统一战线和多党合作专题研究班开学时强调，进一步巩固和发展共产党领导的统一战线和多党合作，是一个关系我国现代化建设全局的重大政治问题，也是一个关系民族振兴和社会长治久安的长远战略问题。在认真总结经验的基础上进一步做好这方面的工作，有利于巩固和发展安定团结的政治局面，有利于推动建设有中国特色社会主义事业的全面发展，有利于按照“一国两制”的方针完成祖国统一的历史大业。

同　日　中共中央纪律检查委员会处理海南省人大常委会党组副书记、副主任韦泽芳收受贿赂问题。中央纪委决定，经中央批准，给予韦泽芳开除党籍处分。经查，韦泽芳在担任海南省委常委、政法委书记期间，利用职务之便，于1992年底和1993年初先后两次收受贿赂人民币6万元。根据韦泽芳违法违纪事实，海南省人大常委会依法撤销了韦泽芳人大常委会副主任职务。鉴于韦泽芳已触犯刑律，此案已移送司法机关追究其刑事责任。

1月6日—9日　国务院在京召开全国国有企业职工就业工作会议。国务院副总理朱镕基在会上强调，今年要把搞好国有企业放在更加突出的地位，要对国有企业领导班子进行一次普遍的、认真的考核，加强企业管理和实施再就业工程，要靠减员增效、下岗分流、规范破产、鼓励兼并来推动国有企业机制的转换，促进国民经济的结构调整，解决国有企业的困难。朱镕基说，要对当前国有企业面临的困难进行实事求是的分析。国有工业企业利润大幅度下降有客观因素：国家两次提高农副产品价格，工业利润向农业转移；国家调整了交通运输能源等基础产业价格，加大了工业企业成本；新的会计制度提高了企业折旧率，项目贷款利息也打入了企业成本；国民收入分配过多向个人倾斜；地方建设向企业摊派增加了企业负担。但是，更重要的原因还有以下三点：一是重复建设造成低水平竞争，而且是“优难胜”、“劣难汰”；二是许多产业受到“水货”走私的严重冲击，市场秩序混乱；三是国有企业富余人员太多，企业管理工作跟不上形势的需要。朱镕基指出，要重点抓好三方面工作：第一，要认真贯彻江泽民总书记关于搞好国有企业改革的讲话精神，坚持“三改一加强”。今年重点是要整顿国有企业的领导班子。第二，要大力推行再就业工程，对国有企业富余职工实行减员增效、下岗分流，解决国有企业人员过多的问题。这方面要推广上海、青岛等地搞好再就业工作的经验。第三，要规范破产，鼓励兼并。

1月8日　全国老干部工作座谈会在京举行。中共中央政治局常委胡锦涛接见座谈会代表时指出，老干部工作是我们党的干部工作的一个重要方面。各级党委、政府都应该高度重视老干部工作，加强领导，扎扎实实地把这方面工作做好。

1月9日　1996年税收报告公布。《人民日报》报道：1996年全国工商税收入累计完成6 446亿元，税收增收额首次突破1 000亿元大关。至此，全国税务系统年超额完成各项税收工作，并取得了连续4

年平均超收960亿元的可喜成绩。1月3日，国务院副总理朱镕基对国家税务总局的报告作出批示："1996年税收工作成绩巨大，有力地支持了改革开放和发展，请向全体税务工作同志（包括国税局、地税局）表达我的衷心感谢、敬意和慰问。务请再接再厉、坚持不懈、总结各地区超收、短收的经验教训，加强征管和催缴欠税，把税务工作做得更好。"

同　日　国家主席江泽民在人民大会堂会见以曾宪梓为团长的香港中华总商会访京团。江泽民与他们进行了交淡。他说，在香港实行"一国两制"、"港人治港"、高度自治是国家的一项长期国策。这些方针政策既有利于600万香港同胞，也是国家总体利益之所在。他还说，香港是一个繁荣的国际贸易、金融、航运和旅游中心，我们非常重视香港的独特作用。"九七"之后，我们绝不会去干预香港特别行政区根据基本法自行管理的事务。

1月10日—13日　中央农村工作会议在京举行。会议指出，要再接再厉，乘胜前进，确保今年农业增产、农民丰收、农村稳定，实现农村经济全面发展和社会全面进步。会议期间，江泽民、李鹏、朱镕基等领导同志在人民大会堂与出席会议的代表们进行座谈，并发表讲话。会议强调，完成今年农业和农村工作的目标任务要着力做好以下八个方面的工作：一、坚定不移地把农业放在首位，继续加大抓农业的力度；二、切实做好粮食收购工作，解决为农产品流通的畅通问题；三、加快科教兴农步伐，积极推广农业先进实用技术；四、调整优化农村产业结构，全面实现增产增收；五、狠抓农田水利建设，增强防灾抗灾能力；六、继续深化农村改革，增强农业和农村经济活力；七、下决心减轻农民负担，保护农民的合法权益；八、加强农村精神文明建设，促进社会主义事业全面发展。江泽民在座谈中指出，今年要重点抓好以下几项工作：一、保证粮食等主要农产品持续稳定增长，防止出现滑坡；二、保证农民收入持续增长；三、大力加强水利建设，保证大江大河安全度汛；四、保持农村社会的稳定。各级党委一定要坚持以下几点：一、坚持把农业放在经济工作的首位不动摇；二、继续努力增加农业投入；三、坚持农村工作两手抓，关键是加强农村基层组织建设；四、坚持发扬党的优良传统和作风。李鹏在讲话中指出，贸工农一体化经营是农村经济新的增长点，走贸工农一体化的路子，逐步建立一个比较完整的农业生产体系，主要是将生产、加工、流通等环节紧密地连接起来。农民不仅能从农产品生产中得到收益，而且还能享有农产品加工、流通的利益，逐步使农业成为有较高效益的产业。各地党委和政府要把推进贸工农一体化，作为今后农村经济工作中的一件大事来抓，从各方面给予支持，扎扎实实地抓出成效来。要增强乡镇企业的活力，继续完善乡镇企业机制；乡镇企业继续坚持以集体为主、多轮驱动的发展政策；发展乡镇企业要坚持以市场为向导，发挥资源优势，把建立贸工农一体化的产业体系作为主攻方向；加强乡镇企业的科技进步和科学管理，要在依靠科技进步和提高劳动者素质上下功夫；要按照优势互补、互利互惠的原则，进一步加强东中西部地区企业的联合与协作；加强企业管理人才队伍的建设，要逐步建立一套适应社会主义市场经济和乡镇企业特点的人才选拔、培训、使用、激励和监督管理机制，促进乡镇企业管理人才健康成长。15日，《人民日报》发表社论：《新年伊始先话农桑——祝贺中央农村工作会议胜利闭幕》。

1月11日　中共中央作出关于进一步做好文艺工作的若干意见。意见内容包括：一、文艺工作的形势和任务；二、文艺工作的指导思想和方针原则；三、大力繁荣文艺工作；四、深化文艺体制改革；五、加强文艺事业的管理；六、建设高素质的文艺队伍；七、加强和改善党对文艺工作的领导。

1月12日　《人民日报》头版发表长篇通讯：《智牵油龙建奇勋》，介绍大庆石油勘探开发研究院院长王启民的先进事迹。《人民日报》为此发表评论员文章：《新时期铁人赞》。

1月12日—24日　中共中央政治局常委胡锦涛应古巴共产党、墨西哥革命制度党和哥伦比亚政府的邀请，对3国进行访问。13日上午，胡锦涛分别会见了古巴国务委员会副主席马查多和拉赫，并同他们进行了会谈。14日晚，古巴国务委员会主席菲德尔·卡斯特罗会见了胡锦涛。双方就中古两党、两国和国际关系中共同感兴趣的问题广泛、深入地交换了意见。15日，胡锦涛结束了对古巴的正式友好访问前往墨西哥。16日晚，胡锦涛会见了革命制度党主席罗克并同他进行了会谈。17日上午，胡锦涛在墨西哥参议院会见了参议长奥尔蒂斯，双方进行了亲切友好的谈话。当天上午，墨西哥总统塞迪略在总统官邸松林别墅会见了胡锦涛。20日，胡锦涛在坎昆接受了墨西哥《太阳报》社长巴斯克斯的书面采访。胡锦涛指出，进一步加强和扩大中墨友好合作关系，已成为两国的共识，中墨将共同携手缔造面向21世纪的长期、稳定的友好合作关系。当天，胡锦涛结束了对墨西哥的访问前往哥伦比亚。21日胡锦涛会见了隆多尼奥参议长、兰沃格利亚众议长等哥伦比亚自由党领导委员会成员。当天，哥伦比亚总统桑佩尔会见了胡锦涛，授予胡锦涛“国家功勋特别大十字勋章”。23日，卡塔赫纳市市长帕尼萨授予胡锦涛“卡塔赫纳市荣誉市民”称号，并向胡锦涛赠送卡塔赫纳市金钥匙。24日，胡锦涛结束了对拉美三国的访问回国。

1月14日　国家主席江泽民在中南海会见美国参议院财政委员会主席威廉·罗思。在会见时他说，发展中美经贸合作有利于建立一个开放的和健康的国际经济环境，有利于促进地区和全球的繁荣。江泽民指出，台湾问题关系中国主权、领土完整和统一大业，牵动12亿中国人民的感情，始终是中美关系中最重要、最敏感的问题，能否妥善处理台湾问题是中美关系能否保持稳定的关键。中方愿意与美方共同努力，增强共识，发展合作，在三个联合公报的基础上，将一个健康、稳定的中美关系带入21世纪。当天，江泽民主席在中南海会见由美国共和党众议员吉姆·科尔比率领的美国国会众议员代表团。

同　日　全国双拥模范城（县）命名大会在京举行。国家主席江泽民、国务院总理李鹏、国务院副总理朱镕基、中央军委副主席刘华清在人民大会堂接见了出席大会的代表。江泽民指出，拥军优属、拥政爱民，是我们党、人民解放军和全国各族人民的优良传统和特有的政治优势，无论是在革命战争年代，还是在新中国成立后的和平建设时期，军民团结都显示了强大的力量。“军民团结如一人，试看天下谁能敌”，永远是一个颠扑不破的真理。刘华清指出，做好新时期的双拥工作，就是在党的领导下，用建设有中国特色社会主义的共同信念，把全国军民凝聚起来，为实现国家的富强和人民富裕而共同奋斗；就是大力弘扬爱国主义精神，引导广大军民以高昂的政治热情投身建设和保卫社会主义祖国的伟大事业；就是在全社会倡导爱国拥军、无私奉献、团结向上、共同进步的良好风尚。国务委员、全国双拥工作领导小组组长罗干在会上作了题为《进一步做好双拥工作，加强军政军民团结，为改革开放和社会主义现代化建设创造更好的社会政治环境》的报告。民政部部长多吉才让在会上宣读了全国双拥工作领导小组授予北京市西城区等197个市（区、县）双拥模范城（县）荣誉称号的决定。

同　日　国家主席江泽民在北京考察国有企业。他看望慰问了职工，并同企业负责人座谈。江泽民说，国有企业为国民经济发展和国防建设做出了重大贡献，我们要正确对待国有企业面临的新情况，坚持国有企业的改革方向，加快企业改革步伐，加大国有经济的结构调整力度，实现国有企业的战略性改组。牢固树立市场观念，立足市场发展企业。他指出，要搞好再就业工程，加快社会保障体系建设。在企业改革和结构调整的过程中，要高度重视并解决好困难企业职工生活和下岗待业职工的安置问题，这不仅关系改革、发展、稳定的大局，也是我们党全心全意为人民服务的宗旨所要求的。

同　日　中共中央、国务院公布关于卫生改革与发展的决定。决定分八部分：一、卫生工作的奋斗目标和指导思想；二、积极推进卫生改革；三、加强农村卫生工作，实现初级卫生保健规划目标；四、切实做好预防保健工作，深入开展爱国卫生运动；五、中西医并重、发展中医药；六、推动科技进步，加强队伍建设；七、加强药品管理，促进医、药协调发展；八、完善卫生经济政策，增加卫生投入；九、切实加强党和政府对卫生工作的领导。

1月14日—15日　国务院召开全国乡镇企业工作会议。国务院副总理姜春云在会议上指出，要积极推进乡镇企业的两个根本性转变，努力提高乡镇企业的整体素质，把企业的经营、管理、技术、产品、销售、服务提高到一个新的水平，以适应市场的需求，确保乡镇企业持续、快速、健康发展。今后一个时期，乡镇企业改革和发展的指导思想是：以邓小平建设有中国特色社会主义理论和党的基本路线为指导，认真贯彻党的五中、六中全会精神，实施《国民经济和社会“九五”计划和2010年远景目标纲要》和《中华人民共和国城乡企业法》，坚持两个文明一起抓，积极推进两个根本性转变。以市场需求为导向，以改革开放为动力，以质量效益为中心，发挥优势，优化结构、合理布局，不断完善机制，依靠科技进步，强化企业管理，全面提高素质，推动乡镇企业再上新台阶。国务委员陈俊生主持会议并讲话。中共中央政治局候补委员温家宝，国务委员宋健出席了会议。《人民日报》为召开这次会议于16日发表社论：《坚定不移地发展乡镇企业》。

1月14日—18日　全国宣传部长会议在北京召开。会议分析了当前思想工作的形势，部署了1997年的工作。会议认为，宣传思想工作的形势是好的。1996年是精神文明建设全面部署、广泛动员、总体推进的一年，是宣传思想战线巩固成果、再接再厉、奋发进取的一年，保持了积极、健康、向上的工作态势，迈出了新的步伐。会议确定，今年宣传思想工作的指导思想是：坚持邓小平建设有中国特色社会主义理论为指导，坚持党的基本路线和基本方针，紧紧围绕两件举世瞩目的大事，认真贯彻党的十四届五中、六中全会精神，遵循新形势下宣传思想工作的基本思路。以科学的理论武装人，以正确的舆论引导人，以高尚的精神塑造人，以优秀的作品鼓舞人，把握大局，再接再厉，同心同德，开拓前进，更好地为人民服务，为社会主义服务，为全党全国工作大局服务。会议提出，今年宣传思想工作的总体目标是：牢牢坚持经济建设这个中心，努力宣传贯彻中央经济工作会议精神，促进“两个根本转变”，为改革开放和现代化建设提供有力的思想保证；牢牢抓住全党全社会加强精神文明建设的极好时机，认真落实六中全会确定的各项任务，力求精神文明建设取得新进展、出现新气象；牢牢把握正确导向，促进政治、经济稳定，为两件大事创造良好的舆论环境。17日，中共中央总书记江泽民在人民大会堂接见出席会议的全体代表并讲话。他指出，今年是我们党和国家历史发展上的重要一年。宣传思想战线要高举邓小平建设有中国特色社会主义理论旗帜，紧紧围绕恢复对香港行使主权和党的十五大召开这两件关系全局的大事，扎扎实实地做好工作。他说，希望同志们按照中央总的工作精神和这次会议的部署，坚持以经济建设为中心，开创精神文明建设新局面，为促进改革开放和现代化建设提供更加有力的思想保证，为两件大事创造安定团结的舆论环境。

1月16日　全国商品流通工作会议在福州举行。会议提出，今年商品流通工作的主要任务是深化改革，在“两个转变”上下功夫，把开拓市场、扩大销售特别是开拓农村市场作为突破口，继续坚定不移地实施“五三一”工程，并根据新的形势赋予新的内涵，努力提高企业效益，打好扭亏增盈的翻身仗。李鹏总理写信表示祝贺。他指出，要继续抓好“五三一”工程，整顿流通秩序，大力推进流通体制改革，特别是粮食购销体制改革，发展连锁经营、代理与配送制等新的流通方式，向建立贸工农一体化目标前进；积极开拓市场，特别是农村市场，继续完善和规范以批发市场为重点的各类商品市场和生产要素市场；深化现代企业制度改革，千方百计扭亏增盈，进一步发挥公有制流通企业在调控市场中的主渠道作用，为促进国民经济持续、快速、健康发展做出新的贡献。

同　日　国务院副总理朱镕基在北京召开的全国金融工作会议上讲话。他说，经过3年多的努力，以抑制通货膨胀为主要任务的宏观调控基本上达到预期目标，经济保持快速增长，物价涨幅明显回落，这充分证明，以江泽民为核心的党中央确定的宏观经济方针、政策是正确的。

1月18日　国家电力公司成立。江泽民题词：“发展电力工业，为国民经济持续、快速、健康发展和社会进步作出新贡献”。李鹏出席座谈会并发表讲话。他指出，组建国家电力公司是为了进一步推动电力企业建立现代企业制度，建立新的企业机制，注入新的经济活力，也有利于调动各方面办电的积极性，更好地执行多家办电、多渠道筹资办电的方针，加快电力工业的发展，更好地发挥电力工业在国民经济中的先行作用。

1月19日—24日　应李鹏总理的邀请，瓦努阿图共和国总理亚吕特·塞奇·沃毫对中国进行正式访问。20日下午，李鹏总理在人民大会堂与沃毫总理举行会谈。两国总理签署了《中华人民共和国政府和瓦努阿图共和国政府贸易协定》。两国有关方面还签署了《关于中国政府向瓦努阿图政府提供一笔无偿援助的换文》。21日下午，江泽民主席在人民大会堂会见了瓦努阿图共和国总理沃毫。24日，沃毫总理结束对中国的访问回国。

1月20日　陕北红军创始人谢子长100周年诞辰纪念座谈会在北京举行。李鹏总理题词："继承先烈革命精神为四化伟业而奋斗"。中央军委副主席刘华清在座谈会上发表了讲话。

1月21日　国家主席江泽民接见中国法学会会员代表大会代表。他指出，依法治国，是社会文明和社会进步的重要标志，也是国家长治久安的重要保障。党的十一届三中全会以来，邓小平一贯倡导要发扬社会主义民主，加强社会主义法制，这是我们必须长期坚持的基本方针。没有社会主义民主与法制，就没有社会主义现代化。

同　日　《毛泽东、周恩来、刘少奇、朱德、邓小平、陈云格言》出版发行。全书约21万字。

同　日　新疆伽师阿图什发生6.4级、6.3级地震。

1月24日　中共中央发出《关于进一步加强和改进国有企业党的建设工作的通知》。《通知》的内容有：一、认清形势和任务，增强搞好国有企业党建工作的责任心和紧迫感；二、坚持党对国有企业的政治领导，充分发挥国有企业党组织的政治核心作用；三、认真贯彻国有企业党建工作的指导思想和方针原则；四、明确国有企业党组织参与重大问题决策的内容、途径和方法；五、突出抓好国有企业领导班子建设，大力提高领导人员素质；六、切实加强国有企业社会主义精神文明建设和思想政治工作；七、全心全意依靠职工群众办好国有企业；八、改进国有企业党组织的工作方法和活动方式，增强凝聚力和战斗力；九、各级地方党委和有关部门党组织要加强对国有企业党建工作的领导和指导。《人民日报》于3月11日发出通知，并发表评论员文章：《把国有企业党建工作提高到新水平》。

同　日　中共中央宣传部、广播电影电视部、新闻出版署、中国记协在京召开全国新闻系统电视电话会议。会议号召全国新闻界认真贯彻党的十四届六中全会精神，加强职业道德建设，禁止有偿新闻，开展创建文明单位、树立行业新风的活动。中宣部等四单位联合作出10项规定，严格禁止有偿新闻。《人民日报》为此发表评论员文章：《新闻界要站在精神文明建设前列》。

同　日　南昆铁路线上的我国首座铁路弯梁桥竣工。这座大桥长217.58米，最大桥墩高53米，主跨72米，桥面弯曲半径为450米，在世界铁路弯梁桥中弯曲半径最小、跨度最大、桥墩最高。

1月24日—25日　全国住房改革工作会议在成都召开。国务院副总理朱镕基在会上强调，必须坚决推行完善住房公积金制度。

1月24日—27日　朱镕基副总理在重庆市考察工作。他在考察时说，国有企业当前的困难，主要是长期的计划经济体制和多年来重复建设造成的。因此，必须加大经济结构调整的力度，加快企业转变机制的步伐，积极推行国有企业兼并、破产和职工再就业工程。

1月25日　云南省会泽县假酒中毒案由云南省高级人民法院终审。经最高人民法院核准，李荣平、蒋红梅、尹广才、彭传云、陈建武等5犯分别被判处死刑，剥夺政治权利终身。《人民日报》为此发表评论员文章：《制假贩假者的警钟》。

同　日　山西万家寨引黄工程施工难度最大的南干线及联接段工程，经国务院批准正式立项。此举标志着这项世界级工程全部完成国家立项程序。

同　日　全国人大副委员长、中国科学院院士、中国工程院院士吴阶平教授被英国爱丁堡皇家外科医师学院授予名誉院士称号。

1月27日—29日　中共中央纪律检查委员会第八次全体会议在北京举行。出席这次会议的有中纪委委员100人。中共中央总书记江泽民在会上发表讲话，李鹏、乔石、李瑞环、刘华清、胡锦涛等出席了会议。江泽民在讲话中指出，1996年，从中央到地方加大了反腐倡廉力度，全党共同努力，纪检监察机关和有关部门做了大量艰苦的工作，人民群众积极支持、参与，反腐败和党风廉政建设都取得了新的进展，有些方面成效更明显一些。但是，应当看到，这方面工作贯穿到改革开放和现代化建设全过程中，是一项长期而艰巨的任务。当前，反腐败斗争的形势依然严峻，端正党风任务依然繁重，工作发展也不平衡。各级党委和政府，务必从战略和全局上深化对搞好反腐倡廉严重性、紧迫性的认识，务必提高坚持"两手抓、两手都要硬"方针的自觉性，务必切实加强反腐败斗争和党风廉政建设的领导，决不能掉以轻心，决不能畏难止步，决不能松懈斗志。各地各部门结合推进改革开放和现代化建设，以更大的决心、更大的力度和扎实的工作，积极推进领导干部廉洁自律、查处违法违纪案件、纠正部门和行业不正之风。尤其要坚决查办党政领导机关、执法和司法机关、经济管理部门和县以上领导干部中发生的违法违纪案件，并且使查案、纠风和思想教育、制度防范、加强监督结合起来。关键是要加强领导，严肃法纪，同心协力，狠抓落实，使反腐倡廉取得新的更明显的成效。中共中央政治局常委尉健行代表中央纪委常委会向全会作了题为《把握大局，再接再厉，努力取得反腐败斗争新成效》的工作报告。

1月28日　我国哈尔滨和俄罗斯远东城市哈巴罗夫斯克陆地光缆开通。这是我国首条国际陆地光缆。

同　日　中山舰在湖北省武昌金口镇附近长江水域打捞出水。中山舰原名永丰舰，1925年4月3日，为纪念孙中山先生，正式被命名为中山舰。1938年10月24日，中山舰在武汉参加抗日战争，不幸被日本飞机炸沉。

1月29日　新闻出版署、中国出版工作者协会作出《关于严格禁止买卖书号、刊号、版号等问题的若干规定》，还公布了《中国出版工作职业道德准则》。

同　日　刘明祖补选为内蒙古自治区人大常委会主任。

同　日　吴亦侠当选为贵州省省长。

1月30日　《人民日报》发表评论员文章：《全面深入贯彻江主席八项主张》。评论说，今天是中共中央总书记江泽民《为促进祖国统一大业的完成而继续奋斗》重要讲话发表两周年的日子。江主席这一重要讲话精辟阐述了邓小平“和平统一”、“一国两制”思想的精髓，提出了发展两岸关系、推进祖国现阶段统一进程的八项主张，是对台工作的纲领性文件。两年来的事实证明，江主席这一重要讲话对推进两岸关系的发展和祖国统一的进程，具有重大的现实意义和深远的历史意义。江主席重要讲话的核心是“坚持一个中国的原则”。台湾是中国不可分割的一部分。坚持一个中国原则，是维护两岸关系与和平统一的政治基础。台湾当局主张“两岸分裂分治”、“两个对等政治实体”、“两个平行的国际法人”，其实质是要分裂中国的主权和领土，制造“两个中国”、“一中一台”。这是中国人民决不答应、并要与之进行坚决斗争的。1995年6月以来的反分裂、反“台独”斗争，表明了我们维护国家主权和领土完整的坚强决心和能力，沉重地打击了台湾岛内的分裂活动和“台独”势力，对发展两岸关系、促进和平统一进程产生了深远影响。

同　日　全国矿产资源委员会第四次会议在京召开。江泽民、李鹏、刘华清、荣毅仁分别为全国资源委题词。邹家华副总理在会上讲话。江泽民题词是：“合理开发利用资源，促进经济持续发展”；李鹏题词是：“开发保护矿产，合理利用资源”；刘华清题词是：“维护矿产资源国家所有，促进地质勘察和矿业健康发展”；荣毅仁题词是：“全面加强矿产资源管理促进矿产资源的开发和保护”。邹家华在讲话中指出，全国资源委是由计划经济向社会主义市场经济转变时期成立的，标志着我国矿产资源管理进入了一个新的阶段。

同　日　孙英补选为甘肃省省长。

1月31日　国务院举行第五次反腐败会议。会议总结了去年工作，对今年的工作提出新的要求。李鹏总理在会上讲话说，1997年是我国历史发展上的重要一年，新的形势对反腐败斗争和勤政廉政建设提出了更高的要求，也提供了有利的条件。我们要在以江泽民为核心的党中央领导下，把握大局，再接再厉，同心同德，开拓前进，使反腐败斗争和勤政廉政建设更加深入人心、更加扎实、更有成效地开展下去，绝不能辜负人民群众的希望。国务院副总理邹家华、钱其琛、李岚清、姜春云，国务委员李铁映、迟浩田、陈俊生、罗干，中共中央政治局委员尉健行出席了会议。

1月31日—2月1日　香港特别行政区筹委会第八次全体会议在京举行。会议通过了《关于香港特别行政区第一任行政长官、临时立法会在1997年6月30日前开展工作的决定》和《关于设立香港特别行政区临时性的区域组织的决定》及附件，通过了将提交全国人大常委会审议的《关于处理香港原有法律问题的建议》及三个附件。

2月2日　第八届全国人大常委会副委员长秦基伟在北京逝世。秦基伟，1914年生于湖北省黄安（今红安）县。1927年加入赤卫队，参加黄麻起义。1929年8月参加中国工农红军。1930年4月加入中国共产党。历任红四方面军经理处监护连排长、总部手枪营连长、少共国际团连长，中共四川红江县县委委员和军事指挥长。1935年5月参加长征，曾任红四方面军补充师师长、后方梯队梯队长，红四方面军总部第四局参谋。抗日战争爆发后，被八路军一二九师派到山西太谷组织游击武装，合编为“秦赖支队”，任司令员。1938年4月起，历任晋冀豫军区第一分区司令员、新编十一旅副旅长，太行军区第一分区司令员兼中共地委书记。解放战争初期，任太行军区司令员，晋冀鲁豫野战军第九纵队司令员，第二野战军四兵团十五军军长。1951年率部参加抗美援朝战争，历任中国人民志愿军第十五军军长。1953年后，任云南军区副司令员、昆明军区副司令员、昆明军区司令员、中共云南省委常委兼书记处书记、成都军区司令员、北京军区第一政治委员、司令员。1988年后，任中华人民共和国国务委员、中央军委委员、国防部部长。1993年当选为第八届全国人大常委会副委员长。中共第十二届中央政治局候补委员，第十三届中央政治局委员。1955年被授予中将军衔。

同　日　国务院办公厅向各地区、各部门转发国家税务总局《关

于深化税收征管改革的方案》。国家税务总局《方案》提出，税收征管改革的任务是：建立以申报纳税和优化服务为基础，以计算机网络为依托，集中征收、重点稽查的新的征管模式。到本世纪末，先在全国的城市和县城实施，并逐步向农村推进，力争在2010年基本完成这项改革。税收征管改革的原则是：依法治税；规模统一；整体协调；实用易行；监督制约。深化税收征管改革的内容包括：一、建立纳税人自行申报纳税制度，主要是确立科学简便的申报纳税办法；二、建立税务机关和社会中介组织相结合的服务体系；三、建立以计算机网络为依托的管理监控体系；四、建立人工与计算机结合的稽查体系；五、建立以征管功能为主的机构设置体系。

2月4日　中纪委、中组部印发《关于提高县以上领导干部民主生活会质量的意见》。《意见》分六部分：一、进一步提高对开好领导干部民主生活会重要性的认识；二、明确民主生活会的目的要求，充分做好会前的准备工作；三、严格认真地开展批评和自我批评；四、党委（党组）主要负责同志要切实负起开好民主生活会的责任；五、抓好整改措施的制定和落实；六、加大对民主生活会指导和监督的力度。

2月6日　中共中央、国务院在人民大会堂举行春节团拜会。党和国家领导人江泽民、李鹏、乔石、李瑞环、朱镕基、刘华清、胡锦涛出席。江泽民主持团拜会。李鹏发表讲话说，1996年是“九五”计划取得良好开端的一年，改革开放和现代化建设取得新的成就。国民经济保持快速健康发展的良好势头，通货膨胀得到有效抑制。农业喜获丰收，工交生产稳定增长，重点建设进展顺利。国有企业改革力度加大，一批大型企业和企业集团正在形成竞争优势，一批小企业放活后焕发了生机。国际收支保持基本平衡，国家外汇储备有较多增加。市场购销两旺，城乡人民生活进一步改善。社会主义精神文明建设取得显著成绩，学先进、讲奉献、树正气的社会风尚正在发扬。教育、科技和各项社会事业蓬勃发展。社会主义民主和法制建设得到加强。反腐败斗争和“严打”斗争收到新的成效。全国政治稳定，民主团结，社会进步，人民安居乐业。在新的一年里，我们要切实推进经济体制和经济增长方式的转变，加快国有企业改革步伐，提高对外开放工作水平，促进国民经济持续快速健康发展。要坚持两手抓、两手都要硬的方针，提高全民族思想道德素质，把各方面的工作做得更好，巩固团结稳定的政治局面，促进社会全面进步。

2月7日　中共中央制定《中国共产党纪律处分条例（试行）》。该《条例》共2.4万字，包括第一编总则、第二编分则、第三编附则，共13章、172条，自发布之日起施行。《条例》由中共中央纪律检查委员会负责解释。

2月15日　第八届全国政协副主席、中华工商联合会名誉副主席刘靖基在上海逝世。刘靖基，1902年生于江苏常州。早年就读于江苏省工业专科学校。1930年与他人合作接办常州大成纱厂，并任经理。1938年他在上海公共租界创设安达纱厂，任董事兼总经理。1942年任上海棉纱同业工会收花处常务理事、总经理。抗日战争胜利后，任南京江南水泥厂副董事长、董事长，全国纺织业联合会常务理事。1950年代表上海工商界到北京参加劳资会议。1952年，作为中国代表团成员出席了在维也纳召开的世界和平大会。社会主义改造开始后，积极响应党的号召，在棉纺同业中率先申请公私合营。以后担任上海棉纺工业公司经理，上海市工商联常委、主委，民建上海市副主委、主委，中国促进贸易会上海分会主席，上海市政协常委，副主席等职务。中共十一届三中全会以后，担任上海市工商界爱国建设公司董事长、总经理，全国工商联第四、五届副主席、第六、七届名誉副主席，民建中央常委、顾问，上海市人大常委会副主任，上海市政协副主席，中国贸易促进会上海分会顾问，中国国际信托公司董事长，中国和平统一促进会顾问等职。第五、六届全国人大常委，第二届至第八届全国政协委员，第六届至第八届政协常委，1984年被增选为全国政协副主席。

2月18日　国家统计局、第三次全国工业普查办公室公布普查报告。1995年末，全国工商企业和工业生产单位总计为734.2万个，从业人员14 735.5万人。工业经济总量规模不断扩大，发展速度明显加快。

2月19日　邓小平逝世。伟大的马克思列宁主义者，伟大的无产阶级革命家、政治家、军事家、外交家，久经考验的共产主义战士，中国社会主义改革开放和现代化建设的总设计师，建设有中国特色社会主义理论的创立者邓小平在北京逝世。邓小平，1904年8月22日出生于四川省广安县乡牌坊村。五岁进私塾，后转入新式小学。高小毕业后，考入广安县中学。1919年秋考入重庆勤工俭学留法预备学校。1920年夏，赴法国勤工俭学。1922年参加中国旅欧中国少年共产党（后改为中国社会主义青年团旅欧支部），1924年转为中国共产党党员。从此，他走上无产阶级革命家的道路，成为一名共产主义战士。担任青年团旅欧支部的领导成员和中共党组织里昂区的特派员。他还做过青年团机关刊物《赤光》杂志的编辑。1926年初，邓小平离法赴苏，先后在莫斯科东方大学、中山大学学习。1927年春，邓小平受党的派遣回国，到西安冯玉祥国民军联军担任中山军事学校政治处处长兼政治教官，并任该校中共组织的书记。蒋介石在上海发动“四一二”反革命政变后，邓小平于六七月间转赴汉口，在中共中央机关工作。1928年—1929年，任中共中央秘书长。1929年夏，邓小平作为中共中央代表前往广西领导起义。化名邓斌，任中共广西前敌委员会书记。次年2月，又发动龙州起义，建立了红军第八军和左江根据地。出任红七军、红八军政治委员和前敌委员会书记。1931年夏，邓小平到达江西中央革命根据地，先后担任瑞金县委书记、江西省委宣传部长。1934年10月，邓小平随中央红军长征，年底任中央秘书长。1935年1月，参加了在中国共产党历史上具有伟大转折意义的遵义会议。红一、四方面军会合后，担任红一军团政治部宣传部长。后任红一军团政治部副主任、主任。1937年8月，邓小平任八路军政治部副主任，奔赴华北抗日前线。1938年1月，任八路军一二九师政治委员。1942年9月，邓小平兼任中共中央太行分局书记。彭德怀、刘伯承回延安参加整风后，于1943年10月代理中共中央北方局书记，并主持八路军总部的工作。1945年6月，邓小平在党的第七次全国代表大会上当选为中央委员。1947年5月，邓小平任中共中央中原局书记。1948年5月，邓小平任辖区扩大了的中共中央中原局第一书记及中原军区和中原野战军政治委员。1948年11月，淮海战役开始。中共中央和中央军委决定，由刘伯承、陈毅、邓小平、粟裕、谭震林组成前委，邓小平任书记。1949年9月，中华人民共和国成立前夕，邓小平在中国人民政治协商会议第一届全体会议上，被选为中央政府委员。参加了开国大典。10月，任中国人民革命军事委员会委员。随后和刘伯承率部进军大西南。1952年7月，邓小平调到中央，被任命为政务院副总理兼财政经济委员会副主任，后又任政务院交通办公室主任和财政部部长。1955年4月任中共中央秘书长、组织部部长、国务院副总理，国防委员会副主席。1955年，在中共七届五中全会上，被增选为政治局委员。1956年9月，邓小平在中共八届一次会上，当选为中央政治局常委、中央委员会总书记。1959年，又担任中央军委常委。1966年，毛泽东领导和发动"文化大革命"。邓小平在这场长达10年之久的动乱中两次受到错误的批判和斗争，并被撤销一切职务。1969年10月，被送到江西省新建县拖拉机修造厂劳动。林彪反革命政变阴谋被粉碎后，毛泽东有意让邓小平出来工作，在周恩来支持下，邓小平于1973年恢复了国务院副总理职务。1975年1月，担任中共中央副主席、国务院副总理、中央军委副主席、中国人民解放军总参谋长。1976年4月5日，天安门广场发生悼念周总理，反对"四人帮"，拥护邓小平的群众运动，"四人帮"乘机诬陷邓小平，使其再一次被错误地撤销党内外一切职务。在叶剑英、陈云等的积极推动下，1977年7月，中共十届三中全会决定恢复邓小平的中共中央副主席、国务院副总理、中央军委副主席、人民解放军总参谋长的职务。在1977年8月召开的中国共产党第十一次全国代表大会上，当选为中共中央副主席。1978年3月，当选为第五届全国政协主席。在1981年6月中共十届六中全会上，被选为中央军委主席。1982年9月，在十二届一中全会上，邓小平被选为中央政治局常委，决定其任中央军委主席。十二大选举产生了中央顾问委员会。在顾问委员会第一次全体会议上，当选为主任。1987年11月，中共召开十三大，邓小平不再参加中央委员会和中央顾问委员会的工作。1989年11月，在中共十三届五中全会上，又辞去中央军委主席的职务，实现了从领导岗位上完全退下来的夙愿。

同　日　李鹏接见董建华。国务院总理李鹏在中南海接见香港特别行政区第一任行政长官董建华，听取了董建华关于提名香港特别行政区第一届政府主要官员的情况报告，并和他就香港目前的形势交换了意见。

2月19日—23日　第八届全国人大常委会第二十四次会议在北京举行。会议由乔石委员长主持。会议经过五天的讨论、审议，通过了以下几个文件：一、合伙企业法。这部法共9章78条。国家主席江泽民当天签署第八十二号主席令，公布了这部法律，于1997年8月1日起施行。二、全国人大常委会关于根据香港特别行政区基本法第160条处理香港原有法律的决定。三、决定将刑法修正草案和国务院关于提请审议设立重庆直辖市的议案，提请第八届全国人大第五次会议审议。四、全国人大常委会关于批准中国和保加利亚、哈萨克斯坦、罗马尼亚3个国家引渡条约的决定。五、全国人大常委会关于中国和摩洛哥关于民事和商事司法协助协定的决定。六、中国和吉尔吉斯共和国关于民事和商事司法协助条约的决定。七、决定将八届人大第五次会议议程草案提请八届全国人大五次会议预备会议审议。八、决定将第八届全国人大五次会议主席团和秘书长名单草案提请八届全国人大五次会议预备会议选举。九、全国人大常委会工作报告，并决定会后根据委员们提出的意见进行修改，由委员长会议审定后，提请八届全国人大五次会议审议。十、决定将全国人大常委会关于检查农业法实施情况的报告和全国人大香港特别行政区筹备委员会工作报告，提请八届全国人大五次会议审议。十一、决定了八届全国人大五次会议列席人员名单等。

2月20日　国务院任命香港特别行政区第一届政府的23名主要官员。他们是：政务司司长陈方安生，财务司司长曾荫权，律政司司长梁爱诗，公务员事务局局长林焕光，保安局局长黎庆宁，教育统筹局局长王永平，卫生福利局局长霍罗兆贞，规划环境地政局局长梁宝荣，文康广播局局长周德熙，运输局局长萧炯柱，民政事务局局长孙明扬，政制事务局局长吴荣奎，经济局局长叶澍，库务局局长邝其志，财经事务局局长许仕仁，工商局局长俞宗怡，工务局局长邝汉生，房屋局局长黄星华，廉政专员任关佩英，审计署署长陈彦达，警务处处长许淇安，入境事务处处长叶刘淑仪，海关关长李树辉。以上官员将于1997年7月1日就职。

同　日　海军舰艇编队出访美洲4国。应美国、墨西哥、秘鲁、智利等国海军邀请，中国人民解放军广州军区副司令员兼海军南海舰队司令员王永国中将率领海军112号和166号导弹驱逐舰以及南运953综合补给船组成的舰艇编队，离开湛江前往上述4国友好访问。这次出访规模之大，访问国家之多，航行时间之长，在我海军对外交往史上都是没有过的。人民解放军副总参谋长熊光楷中将代表中央军委和三总部专程赴湛江为编队送行。

同　日　全国工业普查结果公布。新华社报道：第三次全国工业普查结果表明，我国工业经济类型结构目前仍呈现出公有制工业为主体，纯国有工业为主导，多种经济成工业竞相发展的局面。普查结果显示，在全部工业总产值中，虽然国有工业的比例逐年有所下降，从1985年的64.9%降至1995年的34%，但由国有企业与集体工业共同构成的公有制工业占主体地位的格局没有改变。1995年公有制工业占全部工业的份额按工业总产值计算为70.6%，按资产总额计算为77.5%。

2月21日　国务院发出通知。《人民日报》报道：国务院向各省、自治区、直辖市人民政府以及中央有关部委发出批转农业部《关于进一步加快渔业发展的意见》的通知。通知指出，水产品在我国人民的食物结构中已占有重要地位。我国可用于发展渔业的海洋、滩涂、江河、湖泊、水库和宜渔低洼荒地等非耕地资源的开发潜力很大，外海、远洋渔业也有进一步发展的潜力。加快对渔业资源的治理和开发利用，积极发展渔业生产，对促进农村经济全面发展，增加食物生产总量，提高城乡人民的营养水平，增加农民、渔民收入，扩大出口创汇，维护国家海洋权益，都具有重要的意义。国务院在通知中要求各级人民政府和有关部门要牢固树立大农业、大粮食观念，把渔业作为农业中的一个大产业，摆上重要位置，采取有利措施，切实抓好。要像重视耕地一样重视水域的治理和开发利用，在决不放松粮食生产的同时，积极发展淡水和近海养殖。有计划地扩大远洋渔业，加强对近海渔业资源的保护和合理利用。要切实加强对渔业工作的领导，在政策以及技术资金等方面继续给予积极扶持，推动我国渔业和渔区经济持续、快速、健康发展。

2月22日　贾庆林当选为北京市市长。

2月23日—3月2日　应江泽民主席的邀请，葡萄牙共和国总统若热·桑帕约对中国进行国事访问。23日下午，桑帕约总统抵京。24日下午，江泽民主席在人民大会堂与桑帕约总统举行会谈。桑帕约总统首先对邓小平逝世表示深切哀悼。江泽民感谢桑帕约总统表达的悼念之情。此次随访的有一大批葡萄牙企业家，希望他们此次访华能够进一步加强两国的贸易合作。两位领导人出席了《中华人民共和国政府和葡萄牙共和国政府1997、1998、1999年度文化交流计划》的签字仪式。25日，李鹏总理、乔石委员长在人民大会堂会见了桑帕约总统。26日，桑帕约总统离开北京赴辽宁、陕西和上海参观访问，3月2日结束访问。

2月24—25日　应钱其琛副总理兼外长的邀请，美国国务卿玛德琳·奥尔布赖特对中国进行访问。24日，钱其琛副总理兼外长在钓鱼台国宾馆与奥尔布赖特举行会谈。当晚，国家主席江泽民和国务院总理李鹏在中南海分别会见了奥尔布赖特及其一行。宾主就双边关系等问题进行了交谈。

2月26日　中国—东盟联合委员会在北京成立并举行首次会议。国务院副总理兼外交部长钱其琛和东盟秘书长阿吉特·辛格出席并致词。

2月27日—3月12日　全国政协八届五次会议在北京举行。出席会议委员有1 846人。党和国家领导人江泽民、李鹏、乔石、朱镕基、刘华清、胡锦涛、荣毅仁出席开幕式。全国政协副主席叶选平作常务委员会工作报告。报告分二部分：第一部分，回顾1996年的政协工作；第二部分，安排1997年的政协工作。3月1日，会议听取了国务院总理李鹏代表国务院作的《政府工作报告》。3月5日、6日、8日先后举行全体会议，听取了36位委员的发言；多次列席了人大五次全体会议，听取了计划、财政和最高人民法院、最高人民检察院的工作报告。全国政协主席李瑞环在会上讲话说，我国的改革开放和现代化建设，是一个伟大的开创性事业，有邓小平创立的科学理论，有以江泽民为核心的中共中央的坚强领导，有亿万人民的团结奋斗，一定能克服各种艰难险阻，沿着建设有中国特色社会主义的道路胜利前进。我们的事业充满希望，我们的前途无限光明。会议通过了政协第八届全国委员会第五次会议政治决议、关于常务委员会工作报告的决议、关于政协八届五次会议提案审查情况的报告。《人民日报》发表社论：《发展大团结实现大目标——祝贺全国政协八届五次会议开幕》。

3月1日—14日　第八届全国人大五次会议在北京举行。2 808名代表出席会议。会议由大会执行主席乔石主持。党和国家领导人江泽民、李鹏、李瑞环、朱镕基、刘华清、胡锦涛、荣毅仁参加开幕式。国务院总理李鹏代表国务院向大会作《政府工作报告》。报告共分七个部分：一、1996年国内工作的回顾；二、保持国民经济发展的良好势头；三、在国有企业改革方面迈出更大的步伐；四、积极发展科技教育文化和各项社会事业；五、巩固和发展团结稳定的社会政治局面；六、确保香港政权的顺利交接与平稳过渡，推进祖国统一大业；七、关于外交工作。国家计划委员会主任陈锦华作了《关于1996年国民经济和社会发展执行情况与1997年国民经济和社会发展计划草案的报告》。财政部部长刘仲黎作了《关于1996年中央和地方预算执行情况及1997年中央和地方预算草案的报告》。最高人民法院院长任建新作了《最高人民法院工作报告》。最高人民检察院检察长张思卿作了《关于最高人民检察院工作报告》。根据代表和委员们的意见，国务院对报告进行了修改。李鹏总理向大会主席团提交了关于政府工作报告修改情况的说明。会议表决通过了关于政府工作报告的决议。决议说，报告对过去一年的工作总结是符合实际的，指出的当前存在的矛盾和问题是实事求是的，提出的新的一年的任务是可行的。会议还通过了关于1996年国民经济和社会发展计划执行情况与1997年国民经济和社会发展的决议，决定批准国务院提出的1997年国民经济和社会发展计划，批准陈锦华受国务院委托所作的报告；通过了1996年中央和地方预算执行情况和1997年中央和地方预算的决议，决定批准国务院提出的1997年中央预算，同意刘仲黎受国务院委托所作的报告。会议通过了修订的《中华人民共和国刑法》和《中华人民共和国国防法》。修订后的刑法，由1979年制定时的192条增加到现在的452条，自1997年10月1日起施行。国防法共有12章、70条，包括：总则，国家机构的国防职权、武装力量，边防、海防和空防，国防科研生产和军事订货，国防经费和国防资产，国防教育，国防动员和战争状态，公民、组织的国防义务和权利，军人的义务和权益，对外军事关系，附则。国家主席江泽民签署第83号、84号令，公布了这两部法律。会议还通过了《第八届全国人民代表大会第五次会议关于第九届全国人民代表大会代表名额和选举问题的决定》、《中华人民共和国香港特别行政区选举第九届全国人民代表大会代表的办法》。大会决定批准设立重庆直辖市，由国务院依据宪法和有关法律的规定，对其管辖的行政区域的建制和划分作相应的调整。这样，重庆市成为我国继北京、上海、天津之后的第四个直辖市。3月15日《人民日报》发表社论：《同心同德，共创伟业——祝贺八届全国人大五次会议、全国政协八届五次会议胜利闭幕》。

3月6日　中共中央印发《中国共产党纪律处分条例(试行)》。该条例共3编13章172条。内容包括条例的指导思想、任务和适用范围，实施党纪处分的原则，违犯纪律与纪律处分的种类，纪律处分运用规则，对违法犯罪党员的党纪处分等。

3月7日　首都各界纪念“三八”国际劳动妇女节大会举行。中共中央政治局常委胡锦涛等中央领导人接见了“巾帼系列行动”报告团成员和全国妇联系统先进集体、优秀妇女干部代表。胡锦涛在讲话中充分肯定了各级妇联组织和广大妇女在建设有中国特色社会主义伟大事业中的重要作用。《人民日报》于8日发表社论：《坚定不移地贯彻男女平等的基本国策——纪念“三八”国际劳动妇女节》。

3月8日　中央计划生育和环境保护工作座谈会在中南海怀仁堂

召开。党和国家领导人江泽民、李鹏、乔石、李瑞环、刘华清、胡锦涛出席了座谈会。国家主席江泽民主持座谈会并讲话。他强调，计划生育和环境保护都是必须长期坚持的基本国策。我们进行社会主义现代化建设，必须毫不动摇地坚持以经济建设为中心，集中力量把国民经济搞上去。必须把经济发展与人口、资源、环境结合起来全盘考虑，统筹安排，努力控制人口增长，合理利用资源，切实保护好环境，确保经济持续、快速、健康发展和社会全面进步。国务院总理李鹏在座谈会上讲话说，各级政府必须充分认识控制人口的长期性和艰巨性，坚定不移地执行计划生育的基本国策，计划生育工作年年都要抓紧不放松，确保到本世纪末全国人口控制在13亿以内。国务委员兼国家计划生育委员会主任彭珮云在座谈会上说，虽然“八五”期间和1996年全国都完成了人口计划，计划生育工作取得了很大成绩，但是，我国人口基数大，绝对增长数量仍然很大。各地计划生育工作的发展还很不平衡，中西部地区和贫困地区计划生育工作还有很大难度。由于各种因素的影响，人口统计水分还比较大；应落实而未落实避孕节育措施的人数还不少；城市计划生育工作也出现了许多新情况新问题，特别是对流动人口的计划生育管理还相当困难。我们必须继续贯彻落实党中央、国务院对计划生育工作的一系列指示，坚持不懈地抓好计划生育工作，确保实现既定的人口控制目标。国务委员兼国务院环委会主任宋健在汇报中说，我国正处在工业化和城镇快速发展时期，对自然资源的开发强度加大，污染物排放量急剧增长，对环境的压力不断增长，环境形势仍然很严峻。要建立和完善环境与发展综合决策机制，实施可持续发展战略；实施总量控制和绿色工程规划，抓紧重点流域和区域污染防治；加强环境法制、投入、宣教、科技四项重要措施；履行国际环境条约，扩大国际合作与交流，努力实现”九五”环保工作目标。

同　日　**全国援藏62项工程交付使用56项，到位资金35.3亿元。**这些工程极大改善了西藏交通、能源、通讯等基本设施落后状况，有百万群众直接受益。

3月9日　**中组部、国家经贸委、人事部、全国总工会发出关于**

做好国有企业领导班子考核建设工作的通知。通知说，按照党中央、国务院的部署，今年要对国有企业领导班子进行一次普遍地、认真的考核，切实加强国有企业领导班子建设。做好这项工作的有关事项是：一、做好国有企业领导班子考核、建设工作的指导思想；二、考核、建设工作的重点和目标要求；三、考核的对象、内容和方法；四、加强领导班子的措施；五、加强对国有企业领导班子的考核、建设工作的组织领导。

3月9日—12日　全国计划生育工作会议在北京举行。国务委员、国家计生委主任彭珮云主持开幕式。会上披露的国家统计局和国家计生委的有关资料报告称，1996年我国人口的出生状况与1995年基本持平，全国都完成了人口计划，人口出生率为16.98‰，自然增长为10.42‰，1996年末，总人口为12.24亿。1990年—1996年，各地的计划生育工作都有不同程度的进步。其中，北京、天津、上海、辽宁、吉林、黑龙江、山东、江苏、浙江、四川10个省、市的人口出生率持续下降，生育水平已接近当地生育政策的要求。12日，彭珮云在会议上讲话说，计划工作稍一松懈就有滑坡的可能，对人口问题一定要有忧患意识，要充分估计计划生育工作中的困难，对计划生育工作要常抓不懈。彭珮云说，多年来，我们已经摸索出了一条有中国特色的综合治理人口问题的道路。这些经验就是坚持“三不变”，落实“三为主”，推行“三结合”，努力实现工作思路和工作方法的“两个转变”。所谓“三为主”是：对计划生育工作要以宣传教育为主、避孕为主、经常性工作为主。“三结合”是：把计划生育工作与发展经济、帮助农民勤劳致富奔小康、建设文明幸福家庭结合起来。“两个转变”是：由孤立地就计划生育抓计划生育向与经济社会发展紧密结合，采取综合措施解决人口问题转变；由以社会制约为主向逐步建立利益导向和社会制约相结合，宣传教育、综合服务、科学管理相结合统一的机制转变。

3月12日　国务院批转农业部《关于进一步加强加快渔业发展的意见》。《意见》指出，改革开放以来，我国渔业进入了快速发展的时期，水产品产量年均增长率达到13.6%，大大高于同期世界增长

1.5%的水平。人均占有量从（20世纪）80年代初的4.6公斤提高到1995年的20.7公斤，达到了世界水平。1985年党中央、国务院提出用三五年时间分期分批解决大中城市“吃鱼难”的奋斗目标已经如期实现。当前，渔业发展面临的新情况、新问题主要是：一些地区扶持渔业发展的政策落实不够；一些地方开发宜渔荒芜水面、荒滩和低洼荒地(以下简称“三荒”）进展不快；一些养殖品种病害严重；水产技术推广体系和渔业基础设施薄弱；近海渔业资源衰退和环境恶化的状况严重；渔业行政执法机构不健全，管理难度大；由于世界海洋管理制度的变革，远洋、外海渔业发展的制约因素增多等。为了进一步促进渔业持续、快速、健康发展，“九五”期间要继续深化改革，扩大开放，实行加速发展养殖，养护合理利用近海资源，积极扩大远洋渔业，狠抓加工流通，强化管理的方针，积极推进经济体制和经济增长方式两个根本性转变，调整产业和养殖品种结构，加快科技成果转化，使我国渔业的整体素质和发展水平有显著的提高。到本世纪末，力争使我国水产品达到3 500万吨，养殖产量占水产品总产量的比重由目前的不足55%提高到60%以上，产品质量和名特优新产品比重有较大提高，渔业产值占农业总产值的份额和渔民的收入有明显增加。今后的任务是：一、加大开发力度，推动水产养殖业向深度和广度发展；二、控制近海和内陆水域捕捞，养护和合理利用渔业资源；三、深化渔业体制改革，提高渔工贸一体化的产业化管理水平；四、积极发展远洋渔业，全面开展国际渔业经贸、技术合作；五、大力发展水产品鲜加工，促进食物结构的优化；六、发挥产销一体化的优势，加快水产品市场体系建设；七、加强基础设施建设，增强渔业发展后劲；八、树立科教兴渔观念，依靠科技进步提高渔业整体水平；九、健全渔业法规，加强渔业执法工作。

3月13日　江泽民主席在中南海接受法国《国际政治》杂志的采访。江泽民主席就中国的政治体制、海峡两岸关系、西藏问题、中法关系等问题回答了记者的提问。关于如何评价中国的政体，江泽民说，实践证明，我国的政治制度是符合自己国情的，保障了广大人民的基本政治权利，保障了国家统一、民族团结和社会稳定。关于海峡两岸关系，江泽民说，结束海峡两岸的分离局面，实现台湾和祖国大陆的统一，是海内外中国人的共同愿望，也是中华民族的根本利益所在。在这个涉及中国主权的问题上，中国政府没有任何妥协的余地。关于西藏问题，江泽民说，这几十年，西藏经济发展，社会进步，民族团结，人民安居乐业，生活水平不断提高，宗教信仰得到保障。关于中法关系，江泽民说，中法两国加强磋商与合作，建立面向21世纪的长期、稳定的友好合作关系，符合我们两国的利益，也有利于亚欧建立新型伙伴关系，有利于世界的和平、稳定与发展。

3月14日　《人民日报》发表国务院新闻办公室文章。文章题目为：《利用人权制造对抗的又一表现——评美国国务院1996年〈人权报告〉中国部分》。文章分四部分：一、冷饭重炒故伎重演；二、罗织罪名不择手段；三、曲解自由，丑化中国；四、冷战思维违背潮流。

3月17日　《人民日报》头版发表江泽民为《邓小平经济理论学习纲要》写的序言。序言题目为《坚持把邓小平建设有中国特色社会主义理论的学习引向深入》。

3月18日　南昆铁路全线铺通。庆祝大会在革命老区广西百色市火车站隆重举行。国务院总理李鹏出席庆祝大会并发表讲话说，建设南昆铁路是中央为加快西南地区经济发展，促进社会进步、民族团结，缩小东西部差距作出的一项重大战略决策。西南地区地域辽阔，资源丰富，潜力巨大，在经济发展和对外开放方面具有广阔的发展前景。南昆铁路是沟通西南与中南沿海的重要通道，是沿线人民脱贫致富之路，是一项造福西南人民的千秋功业。《人民日报》发表评论员文章：《圆“世纪之梦”还看今朝——祝贺南昆铁路胜利铺通》。

同　日　中央军委主席江泽民签署命令，批准颁发《中国人民解放军团级以上领导干部职务任免暂行条例》。该《条例》共9章43条。

3月20日　中央军委主席江泽民签署命令，颁布施行《中国人民解放军军事运输条例》。该《条例》共9章50条。

同　日　国务院总理李鹏发布中华人民共和国国务院令第二一三

号：《植物新品种保护条例》。该《条例》共8章46条。

同　日　国务院总理李鹏在人民大会堂接见出席全国煤炭工业扭亏增盈工作会议的代表。李鹏总理说，煤炭战线这几年实行的“以煤为本、多种经营、综合发展”的方针是正确的。一方面通过转变观念、深化改革、以产定人、减人增效、转产分流；另一方面，依靠科技进步和提高机械化综采水平、加强管理、注重安全，有力地推动了煤炭工业体制和增长方式的转变，促进了经济效益的提高。他还说，煤炭生产要适应建立社会主义市场经济体制的要求，坚持以销定产，市场需要多少煤，就生产多少煤。要提倡煤矿和煤炭大用户直接挂钩，减少中间环节。同时要提高煤炭质量，增加洗煤，变输煤为输电，提高经济效益。

3月21日　中央军委举行《伟大的军事家周恩来》出版发行座谈会。中央军委副主席刘华清出席并讲话。该书由江泽民总书记题写书名并作序。

同　日　《人民日报》发表国务院新闻办公室《关于中美贸易平衡问题》白皮书。该书阐述了中国政府在中美贸易平衡问题上的立场和观点，共分五个部分：一、迅速发展的中美贸易；二、关于中美贸易的平衡统计问题；三、按原产地统计难以真实反映中美贸易平衡状况；四、美国对中国出口管制是双边贸易平衡的主要障碍；五、中美经济贸易合作有着广阔前景。

同　日　国有企业领导班子考核建设工作座谈会在北京召开。全国加强国有企业领导班子建设协调小组组长、中组部部长张全景在会上讲话说，各地各部门要按照两个《通知》的精神，大力加强企业党的工作切实把国有企业领导班子考核建设工作抓紧、抓实、抓出成效；要加强调查研究，摸清企业领导班子的基本情况；要重点抓好国有大中型企业，首先是严重经营性亏损，职工意见比较大、内部矛盾和问题比较多的企业领导班子。要在对国有企业领导班子进行考核的基础上，通过思想教育和整顿、组织整顿、加强培训、完善制度等措施，提高国有企业领导班子的整体素质。对需要进行组织调整的领导班子，要果断调整。对领导班子成员，经考核确不胜任、不称职的，要降职、免职，不能“易地做官”；对相形见绌的，要作适当调整；对因独断专行导致决策失误，造成重大损失的，要严肃处理；对滥用权力，以权谋私，肆意挥霍和侵吞国家财产的，要坚决查处，决不姑息。铁道部、冶金部、兵器工业总公司、石油天然气总公司、民航总局、电力部、邮电部等单位的领导先后在会上作了重点发言，交流了国有企业领导班子考核建设的情况。

3月24日　中央办公厅和国务院办公厅印发《关于领导干部报告个人重大事项的规定》。该《规定》共12条，自发布之日起施行。《人民日报》为此发表评论员文章：《从严治党的新举措》。

同　日　中宣部召开全国电话会议，公布创建文明城市村镇示范点。会议要求抓好示范点工作，主题要突出，目标要明确，计划要周全，措施要有力，责任要明确，工作要扎实。这次公布的示范点，都是各省、区、市推荐上来的，从公布上看，每个省、区、市都有。从结构上看，分为不同层次。文明城市示范点有55个小区、44条街道和3个城区。文明村镇示范点包括50个县、50个乡和100个村。连同已经公布的300个文明行业示范点，创建文明城市、文明村镇、文明行业三大创建活动已形成示范点网络，示范点工作也全面铺开。《人民日报》为此发表评论员文章：《以点带面开创文明》。

同　日　中美环境与发展讨论会在北京举行。李鹏总理与戈尔副总统主持会议并讲话。讨论会旨在交换两国在环境与发展问题上的看法，进一步探讨两国在科技、环境、能源和商业方面的合作。李鹏总理在讲话中说，中美两国在环发领域的合作早已开始，并取得了一定的成效。为了进一步加强中美在环发领域的合作，他提出4项原则主张：一、相互尊重，求同存异；二、平等互利，优势互补；三、借鉴经验，拓展合作；四、立足当前，着眼未来。

3月24日—28日　应国务院总理李鹏的邀请，美国副总统艾尔·戈尔对我国进行正式访问。25日上午，李鹏总理在人民大会堂同戈尔副总统举行会谈。双方认为保持并发展健康稳定的双边关系符合两国和两国人民的根本利益，有利于世界和亚太地区的稳定与繁荣，并将对下世纪产生重大影响。双方签署了中美两国政府关于在香港特别行政区保留美国总领事馆的协定、上海汽车工业集团总公司与美国通用汽车公司合资建设轿车项目和汽车工业技术中心项目合同、中国国际航空公司订购波音777飞机协议。26日，国家主席江泽民会见戈尔副总统。他提出，为把一个健康、稳定的中美关系带入21世纪，中美双方应把握三个原则：始终把握两国间共同利益；处理中美关系要站得高些，看得远些；切实遵守中美三个联合公报，妥善处理台湾问题。25日晚，朱镕基副总理在人民大会堂会见戈尔副总统，介绍了中国改革开放的情况和经济发展成就。当天，国家副主席荣毅仁会见戈尔副总统。26日上午，戈尔在清华大学发表讲演。27日，戈尔副总统赴西安、上海参观访问，28日结束访问离境。

3月25日—4月15日　乔石出访。应法国国民议会议长菲利普·塞甘和参议院议长勒内·莫诺里、挪威议长基尔斯蒂·科伦·格伦达尔、意大利参议长尼古拉·曼奇诺和蒙古大呼拉尔主席拉德那苏木贝尔勒·贡其格道尔吉的邀请，全国人大常委会委员长乔石对四国进行正式友好访问。3月26日下午，乔石委员长会见法国总理阿兰·朱佩。27日，法国总统希拉克会见乔石委员长，就双边关系、人权问题交换了意见。同日，乔石委员长会见法国国民议会议长塞甘。30日下午，乔石委员长接受法国《费加罗报》社论委员会主席阿兰·佩雷菲特的采访，回答了有关中法关系、中国的民主制度建设、中国的人民代表大会制度以及香港回归后的前途等问题。31日乔石委员长前往挪威访问。4月2日下午，乔石委员长会见了挪威议长格伦达尔夫人。4月3日上午，挪威国王哈拉尔五世会见了乔石委员长，宾主进行了亲切交谈。当天，乔石委员长会见挪威首相雅格朗、挪威贸工大臣克努森夫人。乔石委员长回顾了中挪建交40多年来两国的友好关系，并介绍了中国全国人大立法等方面的工作情况。4月5日下午，乔石委员长前往意大利进行访问。6日上午，乔石委员长会见意大利参议院议长曼奇诺，应对方的要求，就中国国有企业改革、农业问题、中西部地区的发展、小城镇建设等问题介绍了情况。7日，意大利总统斯卡尔法罗会见了乔石委员长。宾主就双边关系进行了交谈。会见中，斯卡尔法罗总统还关切地询问了中国修改刑法、刑事诉讼法和司法制度方面的有关情况。乔石委员长向他们作了详细的介绍。当晚，乔石委员长还会见了意大利总理普罗迪。4月8日上午，乔石委员长会见意大利众议院议长维奥兰特。11日，乔石委员长在米兰会见意大利伦巴第大区工商界人士。当天，乔石委员长结束了对意大利的访问回到中国新疆乌鲁木齐，并作短暂停留，13日下午前往蒙古国访问。4月13日下午，乔石委员长会见蒙古国大呼拉尔主席贡其格道尔吉。14日上午，蒙古国总统奥其尔巴特会见乔石委员长。14日上午，乔石委员长会见了恩赫赛汗总理。4月15日，乔石委员长结束对蒙古的访问回国。

3月26日—30日　应国家主席江泽民的邀请，玻利维亚共和国总统贡萨洛·桑切斯·德洛萨达对中国进行访问。27日下午，江泽民主席在人民大会堂与桑切斯总统进行了广泛、深入、富有成果的会谈。双方签署了《中玻经济技术协定》、《中国向玻利维亚提供政府贴息优惠贷款的框架协议》、《中玻高原牧业领域科学技术合作补充协议》、《中国水利部和玻利维亚经济发展部关于沙棘种植合作备忘录》。28日，李鹏总理，李瑞环主席分别会见了桑切斯总统。当天，桑切斯总统赴上海参观访问，30日回国。

3月27日　国家经济体制改革委员会出台1997年经济体制改革实施要点。要点包括：一、加强国有企业改革步伐，加大结构调整力度；二、加大投资体制改革力度，改善投资结构；三、配合国有企业改革改组，加快社会保障制度改革；四、搞好住房制度改革，努力开拓住房市场；五、以粮棉为重点，积极推进流通体制改革；六、进一步完善财税金融体制，增强宏观调控能力。

3月28日—4月2日　应国务院总理李鹏的邀请，澳大利亚总理约翰·霍华德对中国进行访问。31日下午，李鹏总理在人民大会堂与霍华德总理举行会谈，宾主就经济贸易、金融保险、社会保障和国际形势等交换了意见。4月1日，江泽民主席、朱镕基副总理先后会见了霍华德总理。江泽民在会见中说，中国经济的发展对亚太地区和世界的和平与繁荣是一个重要贡献。中国越发展，对亚太地区和世界越有利。霍华德总理说，澳大利亚支持中国的现代化建设，澳中两国在经济上有较强的互补性，两国应该在相互尊重主权和互利的基础上发展澳中在各个领域的合作。澳大利亚认为，中国不对任何国家构成威胁，中国的改革开放为世界各国提供了开展经贸合作的机会，澳大利亚愿在这方面更有作为。朱镕基副总理在会见中表示，近几年来，发展非常迅速，其中贸易额以平均20%以上的速度递增。澳大利亚政府面向亚洲的政策和中国实行的改革开放政策已经使中澳两国成为主要的贸易和投资伙伴。4月2日，霍华德结束对中国的访问回国。

3月29日　国务院发出关于1996年价格调控目标计划完成情况及1997年价格调整调控计划的通报。

4月1日　《人民日报》发表国务院新闻办公室关于《1996年中国人权事业的进展》一文。内容包括七部分：一、人民的生存权和发展权；二、公民的民主权利；三、人权的司法保障；四、劳动者权利的保障；五、公民的受教育权；六、妇女、儿童的合法权益；七、少数民族的权利保障。

4月2日　据海关统计，从1997年中国服装服饰博览会获悉，我国服装出口占世界第一。1996年我国服装出口达到250亿美元，再创历史最高水平，成为我国最大的出口商品，出口额占全国商品出口总额的17%以上。我国服装自1994年出口金额跃居世界第一以来，已连续三年保持冠军地位。

同　日　中共中央决定：田成平任中共青海省委书记；白恩培任中共青海省委副书记。4月1日，青海省八届人大常委会第二十九次会议选举白恩培为青海省副省长、代省长。

同　日　国家环境保护局、农业部、国家计委、国家经贸委联合制定并公布了《关于加强乡镇企业环境保护工作的规定》。

4月2日—5日　应国务院总理李鹏的邀请，泰国总理差瓦立·永猜裕上将对中国进行正式访问。2日，差瓦立总理抵达北京。当天下午，李鹏总理在人民大会堂与他会谈。双方签署了两国政府关于互免外交、公务（官员）护照者签证的协定，两国政府关于在香港特别行政区保留泰国总领事馆的协定，两国政府关于贸易、经济和技术合作的谅解备忘录，中国水利部与泰国农业与合作部科技合作谅解备忘录，中国农业部与泰国农业与合作部农业合作谅解备忘录，中国交通部与泰国运输和交通部关于发展和促进商业海运合作意向书。3日下午，江泽民主席会见差瓦立总理，宾主就两国的友好关系和良好的合作等进行了交谈。当天，朱镕基副总理、中央军委副主席刘华清会见了差瓦立总理一行。4日，差瓦立总理赴上海参观访问，5日回国。

4月7日　国家主席江泽民会见法国国防部长夏尔·米永和法国驻华大使毛磊。在会见时他说，中国准备在今年年底之前签署联合国《经济、社会与文化权利国际公约》。

4月8日　中国服装研究设计中心（集团）暨国家服装工程中心、国家服装行业生产力促进中心正式挂牌。这标志着我国服装研究设计工作进入一个新阶段。

4月9日—10日　国际商会第三十二届世界大会在上海举行。李鹏总理和李岚清副总理先后在会上发表演讲。李鹏的演讲题目为《加快亚洲经济发展促进各国经贸合作》。李岚清副总理的演讲题目为《为了更好的明天》。

4月11日—13日　国家体改委在杭州主持召开现代企业制度试点暨原有股份公司规范工作会议。会议提出要加大现代企业制度试点力度，推进国有企业股份制改造，扎扎实实地搞好国有企业改革，搞活整个国有经济。会议指出，股份制是我国国有企业建立现代企业制度的主要财产组织形式。经过多年试点，股份制在转换企业经营机制、落实企业经营自主权、提高企业经济效益等方面，显示出明显的优势。1996年，各地依照《中华人民共和国公司法》，基本完成了对原有股份公司的规范工作。1996年底，我国以国有企业为主改建或新建的股份有限公司达9 200多家，股本总额达6 000亿元。

4月14日　国务院决定延长外商投资原材料的免税限期。《人民日报》报道：国务院决定将3 000万美元以下外商投资项目，在其投资总额内进口设备和原材料的免税限期，一律延长到1997年12月31日。

4月14日—19日　应国务院总理李鹏的邀请，毛里求斯共和国总

理纳文·拉姆古兰对中国进行正式访问。14日，李鹏总理同拉姆古兰总理会谈。两国有关部门签署了《中国政府和毛里求斯政府关于毛里求斯共和国政府在中华人民共和国香港特别行政区保留名誉领事馆的协定》、《中毛两国政府关于中华人民共和国香港特别行政区与毛里求斯共和国互免签证的协定》、《中华人民共和国政府与毛里求斯共和国政府关于经济合作的换文》、《中国国际贸易促进委员会与毛里求斯工商会的合作协议》等文件。15日，江泽民主席会见了拉姆古兰总理，宾主就两国友好关系和外交政策等进行了交谈。16日，拉姆古兰总理赴西安、上海、杭州、广州等地参观访问，19日回国。

4月15日　浙江省人大常委会第三十五次会议决定：同意万学远辞去浙江省省长职务，柴松岳任浙江省代省长。

同　日　李鹏总理发布中华人民共和国第二一五号国务院令，公布《中国人民银行货币政策委员会条例》。该《条例》共5章26条，自发布之日起施行。

4月15日　联合国人权委员会第五十三届会议决定不对所谓中国人权问题的提案进行审议。《人民日报》发表评论员文章：《时代不可抗拒》。评论指出，自1990年以来，美国等西方国家在人权会议上7次反华，7次失败。这个结果表明借人权问题干涉别国内政，遭到发展中国家越来越强烈的抵制和反对；借人权问题搞对抗即使在西方也越来越不得人心；还有少数国家顽固地在人权领域继续与广大发展中国家作对。

4月16日　中共中央印发《中国共产党党员领导干部廉洁从政若干准则（试行）》，要求全党认真贯彻执行。这个《准则》共3章14条。《人民日报》为此发表评论员文章：《严格执行〈廉政准则〉》。

同　日　中央纪委、监察部发布通知。新华社报道：中央纪委、监察部发出通知，要求纪检监察机关对《中共中央、国务院关于切实做好减轻农民负担工作的决定》的贯彻落实情况加强监督检查。《通知》强调，各级纪检监察机关要认真学习领会《决定》精神，明确当前和今后一个时期减轻农民负担工作的指导思想和主要任务，采取有力措施，切实抓好落实。中央纪委、监察部将适时对各地工作情况进行抽查。

4月17日　应国务院总理李鹏的邀请，阿拉伯埃及共和国总理兼计划部长卡迈勒·艾哈迈德·詹祖里对中国进行访问。18日上午，李鹏总理在人民大会堂同詹祖里总理举行会谈。双方签署了两国政府贸易谅解备忘录、两国有关部门关于电力领域技术合作备忘录和两国有关部门"星火计划"与"曙光计划"合作协议。当天，江泽民主席会见了詹祖里总理，双方一致认为，中埃两国是全天候的朋友。李瑞环主席也会见了詹祖里总理。20日，詹祖里总理赴上海、深圳参观访问，22日回国。

4月20日　国务院发出关于在若干城市试行国有企业兼并破产和职工再就业有关问题的补充通知。通知明确国家经贸委负责全国国有企业（以下简称企业）兼并破产和职工再就业的组织协调工作，成立全国企业兼并破产和职工再就业工作领导小组（以下简称全国领导小组），由国家经贸委（组长）、国家体改委、财政部、劳动部、中国人民银行、国家土地局、国家国有资产管理局等部门组成，并邀请全国人大常委会法工委、最高人民法院参加。全国领导小组的日常工作由国家经贸委负责，重大问题提交国务院国有企业改革工作联席会议讨论决定。通知要求，各试点城市协调小组要在深入调查研究、充分听取主要债权银行意见的基础上，提出兼并、破产和解困企业名单（中央、省属企业要由主管部门与国家经贸委及地方经贸委协商后提出），制定本市《企业兼并破产和职工再就业工作计划》。各债权银行总行派人或总行受权当地分行参加计划编制，财政部门、银行要对企业兼并破产和职工再就业拟核销的银行呆、坏账准备金进行审核。全国领导小组在审核省、区、市《企业破产和职工再就业工作计划》的基础上，统筹研究制定当年《全国企业破产和职工再就业工作计划》。由全国领导小组会同有关部门和省、区、市人民政府，对各试点城市计划的执行情况负责检查落实。《人民日报》于21日发表评论员文章：《规范破产鼓励兼并大力实施再就业工程》。

同　日　援助西藏发展基金会在京举行座谈会，庆祝基金会成立

10周年。全国政协副主席、援助西藏发展基金会理事长阿沛·阿旺晋美在座谈会上说，10年中，共筹集落实援藏资金近8 000万元，建立援助项目350多个，圆满地完成了预定的各项援助发展任务。

4月20日—24日　应国家主席江泽民的邀请，乌拉圭东岸共和国总统胡利奥·玛丽亚·桑吉内蒂对中国进行访问。21日，江泽民主席在人民大会堂同桑吉内蒂总统举行会谈。双方签署了3个合作协议。当天下午，李鹏总理会见桑吉内蒂总统。22日，桑吉内蒂总统抵上海参观访问。24日离境。

4月21日　中国人民解放军驻香港部队首批40名先遣人员进入香港。这是根据中英联合联络小组达成的协议，中华人民共和国成立以来，人民解放军部队首次踏上祖国这片神圣领土。

同　日　中华全国总工会组织全国十大杰出工人评选结果揭晓。这十名杰出工人是：谱写新时期石油工人壮丽篇章的天津大港油田钻井工程公司45111钻井队队长牛星壮；安徽铜陵有色金属公司凤凰山铜矿“出矿状元”胡绍水；岗位做贡献、真情为他人的北京公用局液化石油气公司工人范进卯；驾驭当代新技术、争做时代新工人的上海液压泵厂数控工段副段长李斌；以厂为家、默默奉献的鞍山市运输机械厂冲压钳工聋哑工人李少言；将青春无悔地献给三峡大坝的湖北葛洲坝集团公司第一工程公司女司机蒋再英；开好时代列车、献身边疆建设的呼和浩特铁路局临河机务段司机长邵玉镇；争做一流的新时代矿工的山西西山矿务局曲矿综采一队采煤工亢龙田；兢兢业业、努力拼搏的山东济南成通纺织有限公司纺织女工王静侠；努力攀登技术革新高峰的甘肃兰州通用机器厂采机一厂车工卢巨才。

同　日　国家禁毒委在全国禁毒工作会议上决定4月—9月在全国开展一场大规模禁毒专项斗争。《人民日报》为此发表评论员文章：《打一场禁毒的人民战争》。

4月21日—23日　太平洋亚洲旅行协会（简称PATA）第四十六届年会在北京举行。国务院总理李鹏致开幕词，向与会的代表和来宾表示热烈欢迎。国务委员兼国务院秘书长罗干作了《大力发展旅游事业，共创美好的新世纪》的主题发言。他说，中国作为发展中国家，在发展旅游业的过程中，存在一些不尽如人意的地方，我们正在采取措施，逐步加以解决。中国同意密切与国际旅游组织及各国旅游界的交流与合作，提高旅游业对外开放的水平。

4月22日—26日　应俄罗斯联邦总统鲍里斯·尼古拉耶维奇·叶利钦的邀请，国家主席江泽民对俄罗斯进行国事访问。23日上午，叶利钦总统举行欢迎仪式，欢迎江泽民主席。当天，江泽民主席和俄罗斯总统叶利钦在克里姆林宫举行会谈。江泽民说，中俄关系已经摆脱历史的风风雨雨，踏上了一条面向21世纪的、全面发展的广阔道路。两国领导人在会谈中高度评价即将签署的《关于世界多极化和建立国际新秩序的联合声明》。叶利钦总统说，迄今为止，俄罗斯未同任何其他国家签署过类似的文件。江泽民主席说，中俄高层定期会晤机制已经建立，双方领导人经常会晤，交换意见，这对推动两国关系的发展和加强在国际事务中的合作十分重要。叶利钦总统谈到两国勘界问题说，鉴于俄中两国已是平等伙伴关系，这个问题应该不难解决。在双方的共同努力下，3 000多公里的勘界工作业已完成，遗留下来的几个问题应由我们最高层领导人来推动解决。俄方准备在友好磋商、互谅互让的基础上，按双方达成的协议，于今年内结束勘界工作。江泽民主席说，不久前，双方共同确定了本世纪使中俄贸易额达到200亿美元的目标。他表示相信，只要不断发挥两国合作的巨大潜力，这一目标是完全可以实现的。江泽民主席和叶利钦总统就中俄两国之间成立跨世纪的友好组织——中俄友好、和平与发展委员会达成一致意见，并宣布该委员会当天起正式成立。双方商定，中俄友好、和平与发展委员会第一次全体会议今年下半年在北京举行。江泽民主席还会见了俄国家杜马主席谢列兹尼奥夫及国家杜马主要党派领导人，以及俄联邦委员会主席特罗耶夫、切尔诺梅尔金总理。双方在诚挚友好的气氛中，就双边关系，特别是进一步发展两国经贸合作问题，深入地交换了意见。25日上午，江泽民主席和叶利钦总统在克里姆林宫签署了《中华人民共和国和俄罗斯联邦关于世界多极化和建立国际新秩序的联合声明》。当天下午，江泽民主席在俄罗斯国家杜马发表了题为《为建立公正合理的国际新秩序而共同努力》的演讲。24日上午，江泽民主席在克里姆林宫同俄罗斯总统叶利钦、哈萨克斯坦总统纳扎尔巴耶夫、吉尔吉斯斯坦总统阿卡耶夫、塔吉克斯坦总统拉赫莫诺夫签署了关于在边境地区相互裁减军事力量的协定。协定签字后，江泽民主席等5国领导人分别发表了讲话。26日，江泽民主席圆满结束对俄罗斯的国事访问回国。27日，《人民日报》为这次成功的访问发表社论：《一次意义重大影响深远的访问——祝贺江泽民主席访问俄罗斯圆满成功》。

4月23日　中共中央、国务院就转发农业部《关于我国乡镇企业情况和今后改革与发展意见的报告》发出通知。《通知》要求各地结合实际认真贯彻执行。农业部《关于我国乡镇企业和今后改革与发展意见的报告》包括四个部分：一、改革开放以来乡镇企业发展的基本情况；二、今后15年乡镇企业发展的目标任务和主要措施；三、继续创造有利于乡镇企业发展的政策环境；四、切实加强对乡镇企业的领导。

4月24日　李鹏会见来访客人。国务院总理李鹏在中南海会见加拿大前总理布赖恩·马尔罗尼、美国前国务卿乔治·舒尔茨以及来自北美、西欧和亚太地区的政界和商界知名人士。他说，我们坚定地进行了宏观调控，有效地实行从紧的货币政策，较好地实现经济供需总量平衡，这是中国近几年来经济发展的成功经验。中国政府欢迎外商积极来华投资。

4月24日—5月5日　中国队在英国曼彻斯特举行的第四十四届世界乒乓球锦标赛中获得男女团体、混双、女双、男双、女单6项冠军。

4月26日　伟大的无产阶级革命家、政治家、杰出的国务活动家，坚定的马克思列宁主义者，我国社会主义法制的主要奠基人，六届全国人大常委会委员长彭真在北京逝世。彭真，1902年10月12日出生于山西省曲沃县，本名傅懋恭，1937年改名彭真。1923年加入中国社会主义青年团，同年加入中国共产党，山西省共产党组织的创始人之一。1924年—1929年，先后在太原、石家庄、天津、唐山等地从事革命活动，曾任太原支部书记，中国共产主义青年团太原地委书记，正太铁路总工会秘书，中共天津地委组织部长，中共天津市委书记，中共顺直省委组织部部长、代理书记，是中国共产党在北方地区的主要领导人之一，领导了北方地区的工人运动、学生运动。1929年由于叛徒出卖，在天津市被捕，在狱中秘密组织党的支部，坚持狱中斗争，1935年刑满出狱后，任中共北方局代表、组织部部长。1938年，任中共中央晋察冀分局书记。1941年在延安任中央党校教育长、副校长，中共中央组织部部长、城工部部长。1945年在党的七大和七届一中全会上当选为中央委员和中央政治局委员，同年8月被增补为中央书记处候补书记。抗日战争胜利后，任中共中央东北局书记、东北民主联军政治委员。1947年回到中央，任中共中央工作委员会常委、组织部部长、政策研究室主任。新中国成立后，他任中央人民政府委员、政务院政治法律委员会副主任、中央政法小组组长。从1954年起，任第一届、第二届、第三届全国人大常委会副委员长和第二届、第三届、第四届全国政协副主席。1956年，在党的八大和八届一中全会上，当选为中央委员、中央政治局委员、中央书记处书记。在北京和平解放前夕即兼任中共北京市委书记。从1951年起任北京市市长，直至1966年5月。“文化大革命”中，彭真受到错误的批判，遭受林彪、江青一伙的残酷迫害，失去党内外一切职务和人身自由。恢复工作后，1979年9月在党的十一届四中全会上被补选为中央委员、中央政治局委员，之后连任党的十二届中央委员、中央政治局委员。1980年，任中央政法委员会书记。1979年6月在五届全国人大二次会议上被补选为全国人大常委会副委员长，并兼任全国人大常委会法制委员会主任。1983年6月在六届全国人大一次会议上当选为全国人大常委会委员长。1980年任宪法修改委员会副主任委员，直接主持宪法修改工作。1988年从领导岗位上退下来之后，仍然关心着我国的改革开放和社会主义现代化建设事业，坚决支持以江泽民为核心的中央领导集体。

4月27日　中共中央政治局常委胡锦涛在全国机关党建工作座谈会上讲话。他强调，讲学习、讲政治、讲正气，是把建设有中国特色社会主义事业全面推向新世纪的需要，是加强、改进党的建设和政权建设的需要，也是时代和人民对党的干部的要求。各级党委要提高认识，增强责任感和紧迫感，把开展“三讲”教育作为加强机关建设的突出任务，切实抓出成效。领导机关、领导干部应当做得更好，真正起表率作用。

4月27日—5月3日　应李鹏总理的邀请，新加坡总理吴作栋对中国进行国事访问。27日抵京。28日，李鹏总理与吴作栋总理举行会谈。宾主就两国关系和共同关心的问题交换了意见。会谈后，两位总理出席了中新两国关于民事和商务司法协助的条约以及中国远洋运输（集团）公司和新加坡港务局集装箱码头服务协议的签字仪式。29日，江泽民主席和李瑞环主席分别会见了吴作栋总理，双方强调要着眼未来，建立中新之间长期稳定的多方面的合作。当天，吴作栋总理抵大连、南京、苏州、上海等地参观访问。5月3日回国。

4月28日　中共中央在人民大会堂举行叶剑英诞辰100周年座谈会。江泽民出席座谈会并讲话。李鹏、乔石、李瑞环、朱镕基、刘华清、荣毅仁等党和国家领导人出席了座谈会。会议由胡锦涛主持。

同　日　温家宝在《人民日报》发表文章：《关于稳定和完善土地承包关系问题》。他说，这几年，农村的土地承包关系总的讲是稳定的，但在执行中也确实存在着一些值得注意的问题：一是政策落实得还不够理想；二是随意改变承包关系。党中央之所以反复强调要稳定土地承包关系，第一，为了稳定农村基本制度；第二，为了调动农民增加投入、发展生产的积极性；第三，为了保持农村的稳定。土地作为生产要素，流动是不可避免的。但流转一定要建立在农民自愿的基础上，不要用行政手段强行收回农民的承包地。土地使用权的流动最终会形成土地适度规模经营，这符合我国农业的发展方向，这是一个长期的发展过程。

4月29日　京广线岳阳县境内的荣家湾车站发生旅客列车交通事故。事故中58人死亡，90多人受重伤。

4月29日—30日　应国家主席江泽民的邀请，巴基斯坦伊斯兰共和国总统法鲁克·艾哈迈德·汗·莱加里对中国进行工作访问。29日，江泽民主席同莱加里总统举行会谈。江泽民指出，中巴是亲密友好邻邦，两国人民之间有深厚的传统友谊。两国建交几十年来，关系一直健康顺利地发展。莱加里总统说，进一步加强巴中关系对两国都具有重要的战略意义。多年来，中国向巴基斯坦提供了宝贵的援助，巴基斯坦对此铭记在心。30日上午，李鹏总理在钓鱼台国宾馆会见莱加里总统。当天，莱加里总统结束对中国的访问回国。

4月30日　中国人民银行发布通知。《金融时报》报道：中国人民银行下发《关于严禁将公款转为储蓄存款的通知》。《通知》内容：一、发挥储蓄岗位的监督作用，督促企业将销货款通过转账及时结算，及时存入企业存款账户；二、各金融机构必须严格遵守中国人民银行《制止存款业务中不正当竞争行为的若干规则》，坚决废止存款单项考核指标和奖励办法，不得对非存款部门下达存款考核指标，不得将存款考核指标分解下达到职工个人。三、严格对私营企业的生产经营性资金单列账户统计。四、中国人民银行各级行要加强对储蓄存款真实性的经常性监督。

同　日　为促进两岸直航，祖国大陆的福州、厦门港与台湾高雄港之间的试点直航开始起动。经双方核准，两岸各6家船运公司共12艘挂方便旗的船舶将陆续投入试运营。

5月1日　长江三峡水利枢纽导流明渠破堰进水。这标志着三峡导流明渠工程胜利完成。

同　日　桂林—柳州高速公路通车，该公路全长138.5公里。

同　日　江西于都长征大桥建成。

同　日　重庆市涪陵长江大桥建成通车，该桥全长631米，宽18米。

5月3日—5日　李鹏总理对塞舌尔共和国进行工作访问。4日塞舌尔副总统詹姆斯·阿里克斯·米歇尔到李鹏总理下榻的宾馆拜会李鹏总理。宾主进行了亲切友好的谈话。双方签署了《关于中华人民共和国政府向塞舌尔共和国提供无偿援助的换文》。5日上午，李鹏总理结束对塞舌尔的访问前往赞比亚进行正式友好访问。

5月4日　国家主席江泽民、中共中央政治局常委胡锦涛在中南海接见“中国青年五四奖章”获得者和优秀青年代表。江泽民希望共青团员和广大青年，在党中央的领导下，高举邓小平建设有中国特色社会主义的伟大旗帜，坚持党的基本路线，继承和发扬“五四”

的优良传统，努力学习，严于律己，扎根基层，艰苦奋斗，创造无愧于时代、无愧于党和人民要求的辉煌业绩。胡锦涛与“中国青年五四奖章”获得者和优秀青年代表座谈并发表讲话。共青团中央书记处第一书记李克强主持座谈会。首次获得“中国青年五四奖章”的青海石油管理局高级工程师秦文贵、上海液压泵厂工人李斌、山西省柳林县薛村乡农民刘笑、南京军区上海警备区某团班长公举东、湖北省五峰土家族自治县三坪小学教师宋芳荣先后在座谈会中发言。

5月4日—10日　应国家主席江泽民的邀请，科特迪瓦共和国总统亨利·科南·贝迪埃对中国进行国事访问。4日，江泽民主席在人民大会堂同他进行会谈，双方就双边关系和共同关心的国际问题交换了意见。双方签署关于中国向科特迪瓦政府贴息优惠贷款的框架协议、中国政府和科特迪瓦政府经济技术合作协定、两国有关部门关于科特迪瓦沿海盆地地震资料采集和处理合同。6日上午，乔石委员长、朱镕基副总理、中共中央政治局常委胡锦涛会见了科特迪瓦总统。7日，贝迪埃总统结束对中国的访问离境。

5月5日—14日　李鹏出访非洲6国。李鹏总理应赞比亚、莫桑比克、加蓬、喀麦隆、尼日利亚、坦桑尼亚等非洲6国政府的邀请，对上述国家进行正式友好访问。5日，李鹏总理抵赞比亚，当天下午同赞比亚总统弗里德里克·奇卢巴举行会谈。双方签署了《中华人民共和国政府和赞比亚共和国政府经济技术合作协定》和《中华人民共和国政府和赞比亚共和国政府、坦桑尼亚联合共和国政府关于中国政府向坦赞铁路提供专项贷款的协定》。6日，李鹏总理出席了中赞合资的穆隆古希纺织有限公司的开工典礼。7日，李鹏总理结束对赞比亚共和国的正式友好访问前往莫桑比克进行访问。当天，李鹏总理抵达莫桑比克，下午同希萨诺总统举行会谈。双方签署了《中华人民共和国政府和莫桑比克共和国政府经济技术合作协定》、关于中华人民共和国政府向莫桑比克共和国政府提供无偿援助的换文和中莫两国政府关于打井并供水维修项目的换文。8日，李鹏总理分别会见莫桑比克总理和穆伦布韦议长，结束对莫桑比克的正式友好访问前往加蓬访问。9日上午，李鹏总理与哈吉·奥马尔·邦戈总统举行会谈。交换了双方已经签署的《中华人民共和国政府和加蓬共和国政府投资保护协定》、《中华人民共和国政府和加蓬共和国政府关于中国向加蓬提供政府贴息优惠贷款的框架协议》、关于中国政府向加蓬政府提供无偿援助的换文等5个协议的文本。9日下午，李鹏总理还同保兰·奥巴姆—恩圭马总理举行了会谈。10日，李鹏总理结束对加蓬的正式友好访问赴喀麦隆访问。当天，李鹏总理同喀麦隆总统保罗·比亚举行了亲切友好的会谈。当天下午，比亚总统授予李鹏总理“喀麦隆国家一级勋章”。双方签署了《中华人民共和国政府和喀麦隆共和国政府投资保护协定》和《中华人民共和国政府和喀麦隆共和国政府经济技术合作协定》。11日上午，李鹏总理结束对喀麦隆的正式友好访问前往尼日利亚。11日，李鹏总理抵尼日利亚，当天下午同国家元首、临时执政委员会主席萨尼·阿巴查举行会谈。当天晚上，阿巴查主席举行盛大宴会，隆重欢迎李鹏总理。两位领导人在宴会上发表讲话。双方签署《中华人民共和国政府和尼日利亚联邦共和国政府投资保护协定》、《中华人民共和国和尼日利亚联邦共和国政府开展钢铁项目合作议定书》、《中华人民共和国政府和尼日利亚联邦共和国政府关于电力工程建设合作议定书》和中尼石油工业合作协议。当天，李鹏总理结束了对尼日利亚的正式友好访问前往坦桑尼亚访问。12日下午，李鹏总理抵达坦桑尼亚。13日上午，李鹏总理同坦桑尼亚总统姆卡帕举行会谈。双方签署《中华人民共和国政府和坦桑尼亚联合共和国政府经济技术协定》、《中华人民共和国政府和坦桑尼亚联合共和国政府、赞比亚共和国政府关于中国政府向坦赞铁路提供专项贷款的协定》和《关于中华人民共和国政府向桑给巴尔政府提供无偿援助的换文》。这一天，李鹏总理还会见了前总统尼雷尔和姆维尼。双方进行了亲切地交谈。14日，李鹏总理结束了对坦桑尼亚的访问回国。《人民日报》为李鹏总理非洲6国访问发表了社论：《发展传统友谊扩大互利合作》，祝贺李鹏总理访问圆满成功。

5月6日—9日　八届人大常委会在北京举行第二十五次会议。会议表决通过了《中华人民共和国行政监察法》和第九届全国人民代表大会少数民族代表名额分配方案。根据有关规定，我国55个少数民族，应选代表360人左右。按照会议通过的方案，对民族比较多、人口比较少的辽宁、广西、贵州、云南、新疆等省、自治区共增加35个代表名额；对人口特少的35个少数民族各分配一个代表名额，保证了全国每个少数民族至少有一名代表。会议通过了台湾省出席第九届全国人民代表大会代表协商选举方案和全国人大常委会关于省、自治区、直辖市人民代表大会代表名额的决定。全会还通过了全国人大常委会关于成立重庆市第一届人民代表大会筹备组的决定，关于批准《就业政策公约》、《国际电信联盟组织法》和《国际电信联盟公约》、《万国邮政联盟组织法第五附加议定书》的决定，关于我国加入《维也纳条约法公约》的决定，关于批准中国和克罗地亚领事条约、中国政府和印度政府关于在中印边境实际控制线地区军事领域建立信任措施的协定的决定。

5月7日　朱镕基副总理受李鹏总理委托主持召开国务院第五十六次常务会议。会议通过了《中华人民共和国可持续发展国家报告》，决定将这个报告提交给今年6月在纽约召开的环境与发展事务特别联大会议。会议原则通过了《中华人民共和国价格法（草案）》。

5月7日—11日　应中国政府的邀请，联合国秘书长安南对中国进行访问。江泽民主席会见了安南秘书长。在会见时他表示，希望联合国认真总结过去的经验教训，严格按照宪章的宗旨和原则行事，更多地关心经济和社会发展问题，为把一个更加美好的世界带入21世纪，做出自己的积极贡献。双方就联合国的特殊作用进行了交谈。当天，朱镕基副总理会见了安南秘书长。他说，冷战结束后，国际形势发生了巨大变化，给联合国提供了机遇，也使它面临更大的挑战。任何贬低、削弱或撇开联合国的倾向或做法都是无益的。联合国进行的任何改革都应当反映时代的变化，适合时代的要求。安南表示，联合国面临着改革的重任，正在确定今后20年的任务和使命。联合国感谢过去的支持和贡献，并期待着中国今后在联合国事务中发挥更加充分和积极的作用。当天，副总理兼外长钱其琛与安南秘书长进行了会谈，双方就国际形势、联合国的作用和改革等问题交换了看法。9日，安南秘书长赴西安、上海参观访问。10日，安南在上海作了题为《联合国：发展方面的新挑战》的演讲。11日结束对中国的访问赴东京访问。

5月8日　商务印书馆建馆百年，党和国家领导人江泽民、李鹏、乔石、李瑞环分别为商务印书馆题词。江泽民的题词是："承前启后，继往开来"；李鹏的题词："辞源开新宇，名著集大成"；乔石的题词是："继承发扬我国出版事业的优良传统，为社会主义现代化建设再立新功"；李瑞环的题词是："传播知识，推进文明，造福大众"。朱镕基副总理接见参加座谈会的代表。朱镕基说，我们党和国家历来非常重视出版事业，许多领导人都曾主持编辑出版工作，陈云就曾在商务印书馆工作和领导过革命斗争。商务印书馆对几代人的成长起了很大作用，是我国现代出版业的先锋。

同　日　李鹏总理发布中华人民共和国第二一六号国务院令，公布《关于农药管理条例》。该《条例》共8章48条，自1997年5月8日起施行。

5月9日　江泽民主席发布中华人民共和国第八十五号主席令，公布《中华人民共和国行政监察法》。该法共7章47条，自公布之日起施行。

5月11日　朱镕基副总理在全国安全生产电视电话会议上传达江泽民总书记对安全生产工作的重要指示。江泽民指出，要坚决树立安全生产第一的思想，坚决贯彻执行安全生产的规章制度，坚决改变那种纪律松弛、管理不严、有章不循的情况，确保安全生产。

5月12日　我国研制的新一代卫星"东方红三号"，由新型的"长征三号甲"运载火箭在西昌卫星发射中心发射升空。卫星运行状况良好，首次变轨成功。

5月13日　第二次全国自强模范暨扶残助残先进集体和个人表彰大会在京举行。江泽民为汇集了本次表彰的"自强与助残"先进事迹的《自强之歌》一书作序言。中国残疾人联合会主席邓朴方在会上介绍了全国开展"自强与助残"活动的情况。当天下午，江泽民、李鹏、乔石、李瑞环、朱镕基、刘华清、胡锦涛等党和国家领导人在人民大会堂接见了出席第二次全国自强模范暨扶残助残先进集体和个人表彰大会的全体代表。江泽民说，人总是要有点精神的。一个民族更要有自己的精神。自尊、自信、自强，是中华民族几千年来赖以生存和发展的伟大精神。正是依靠这种精神及其产生的巨大创造力，中华民族在人类历史上很早就兴旺发达起来，一直屹立于世界民族之林，为人类文明做出了不可磨灭的贡献。残疾人自强模范所坚持的顽强奋斗精神，正是中华民族精神的生动而具体的体现。《人民日报》为祝贺这次表彰大会的召开发表了社论，题为《携手同行，共创未来》。

5月15日—18日　应江泽民主席的邀请，法兰西共和国总统雅克·希拉克对中国进行国事访问。15日，江泽民主席在人民大会堂与希拉克总统举行正式会谈。双方就当今世界面临的重大问题和中法双边关系等问题，友好、坦诚、深入地交换了意见，双方一致同意建立全面伙伴关系。双方签署了在环保、和平利用核能、卫生、农畜业、利用外层空间等方面的政府间合作，以及法国保留驻香港总领事馆的协议、协定、合同和换文。双方还签署了中国预订30架空中客机框架协议，中国采购10架ATR飞机合同，以及100座机民用喷气客机合作项目的框架协议。16日上午，江泽民主席在中南海会晤希拉克总统。双方一致认为，亚洲将崛起，欧洲将继续发展；加强亚欧合作，有利于世界向多极化发展。16日下午，李鹏总理在中南海紫光阁会见了法国总统希拉克，乔石委员长在人民大会堂会见了希拉克总统。这天，希拉克总统在国家行政学院就中法关系和两国在法律方面的交流与合作发表演讲。江泽民主席和希拉克总统签署了《中法联合声明》。声明包括：建立全面伙伴关系；加强多极化；推动联合国改革；促进裁军；环境保护；反对毒品、犯罪和恐怖主义；加强发展援助；支持多边贸易；建立交往和磋商机制；加强经贸合作；加强文化、教育、科技交流。17日，希拉克总统赴上海参观访问，18日在上海浦东发表演讲。当天，希拉克总统结束访问出境。

5月16日　国务院批转国家计委、国家经贸委、国家体改委关于

深化大型企业集团试点工作意见的通知。通知对深化大型企业集团试点工作提出了新的要求，试点企业集团由57家扩大到120家。

5月18日　中共中央、国务院发出关于进一步加强土地管理切实保护耕地的通知。通知内容为：一、加强土地的宏观管理；二、进一步严格建设用地的审批管理；三、严格控制城市建设用地规模；四、加强农村集体土地的管理；五、加强对国有土地资产的管理；六、加强土地管理的执法监督检查；七、加强对土地管理工作的组织领导。《人民日报》为此发表社论：《保护耕地，刻不容缓》。

同　日　北京至九龙铁路直通车开行，吴邦国副总理出席开行典礼。

同　日　第二届亚太综合组织国际贸易博览会在山东烟台举行。江泽民主席为博览会题词。他的题词是："平等互利，彼此开放，共同繁荣"。

5月19日　《人民日报》报道：第二届东亚运动会在韩国釜山九德体育场结束。中国队夺得了62枚金牌、59枚银牌、64枚铜牌，金牌总数和奖牌总数都居各队之首。

5月20日　我国成功发射运载火箭。我国成功发射"长征三号甲"运载火箭将"东方红三号"中容量通信卫星送入预定轨道，并定点于东经125°赤道上空。国务院、中央军委致电祝贺。

同　日　民建中央在人民大会堂召开纪念民族工商业者的杰出代表胡子昂先生诞辰100周年座谈会。全国政协主席李瑞环出席座谈会。

同　日　李鹏总理发布中华人民共和国第二一七号国务院令，公布《传统工艺美术保护条例》，该条例自1997年5月20日起施行。还发布了二一八号《国务院关于修改〈中华人民共和国计算机信息网络国际联网管理暂行规定〉的决定》，自发布之日起施行。

5月21日　国务院证券委、中国人民银行、国家经贸委作出规定，严禁国有企业和上市公司炒作股票。《人民日报》为此发表短评：《促进股票市场规范发展的良策》。

5月22日　中央军委主席江泽民接见出席北京军区党代会代表。他强调，党中央、中央军委对北京军区部队的建设历来十分关心。

希望你们坚持把思想政治建设摆在首位，加强各级党组织建设，加强对高中级干部的管理，加强“四个教育”，保证党对军队的绝对领导，保持人民军队艰苦奋斗的政治本色，保持部队的高度稳定和集中统一，提高军事训练和高科技知识学习，努力掌握打赢现代技术特别是高技术条件下局部战争的本领，圆满完成党中央、中央军委赋予的各项任务。

5月22日—23日　全国人民代表大会香港特区筹备委员会举行第九次全会。会议通过了《中华人民共和国香港特别行政区第一届立法会的具体产生办法》、《全国人民代表大会香港特区筹备委员会关于对〈中华人民共和国香港特别行政区基本法〉附件三所列全国性法律作出增减的建议》和《全国人民代表大会香港特别行政区筹备委员会关于香港特别行政区有关人员就职宣誓事宜的决定》。

5月23日　香港回归庆祝活动安排确定。6月30日午夜，中英政府在香港举行交接仪式，解放军驻港部队7月1日零时起担负香港防务任务，7月1日，首都各界隆重举行庆祝香港回归祖国大会。

同　日　中华人民共和国和巴哈马国发表关于建立外交关系的联合公报。《人民日报》为此发表社论：《祝贺中国与巴哈马国建交》。

5月24日　首都举行“迎回归，爱祖国”万人歌咏大会。江泽民发表讲话，李瑞环、刘华清、胡锦涛等党和国家领导人出席。

同　日　中华海外联谊会成立并召开第一届理事会。全国政协主席李瑞环，中共中央政治局常委胡锦涛等出席了会议。

5月25日　江泽民主席同部分电影工作者座谈。江泽民指出，一部优秀电影，给人的教育、鼓舞和启迪是巨大的，常常能够影响一代甚至几代人的成长。在历史的长河中，文艺作品浩如烟海，其中许多东西只是昙花一现，但那些文学名著、优秀歌曲，至今在人们中发生广泛影响。始终面向中国人民，充分反映中华民族创造的历史性功业，歌颂中华民族为祖国的发展进步和繁荣昌盛不断艰苦奋斗、自强不息的伟大精神，应当是中国电影的立身之本。中国电影只有从中国人民的需要出发，首先赢得中国广大观众的喜爱，具有中国特色、中国风格、中国气派，才能堂堂正正地走向世界。一个民族既努力实现自己的经济腾飞，又努力繁荣自己的民族文化，才能真正立于世界民族之林。江泽民还强调，我国的工人、农民、知识分子是社会主义现代化建设的主体力量，他们的劳动实践是社会生活的主流。要多拍一些表现他们的高尚品质和丰富的精神世界，反映他们从事改革和建设的生动实践，赞美他们创造美好生活的聪明才智和精神风貌的优秀影片，为他们提供更多更好的精神食粮。要坚持“为人民服务、为社会主义服务”的方向，贯彻“百花齐放、百家争鸣”的方针，鼓励电影工作者在正确思想指导下自由选择电影的题材和主题，自由探索电影的风格和样式。历史与现实，雄伟与细腻，严肃与诙谐，抒情与哲理，喜剧与悲剧，只要是能够使人们得到教育和启发，得到娱乐和美的享受，都应受到欢迎。

同　日　中共中央、国务院发出关于党政机关厉行节约制止奢侈浪费行为的若干规定。规定内容包括：一、严格控制新建和装修办公楼。二、严格控制各种会议。三、严格控制各种庆典活动。四、严禁用公款大吃大喝、挥霍浪费。五、严格控制用公款安装住宅电话或购买移动电话。六、严格控制各种检查、禁止形式主义的评比和达标活动。七、严格按规定配备和更换小汽车。八、严格管理公费出国（境）。九、各级党委、政府要认真贯彻执行本规定。十、本规定所称党政机关，是指党的机关、人大机关、行政机关、政协机关、审判机关、检察机关。工会、共青团、妇联等人民团体适用规定。国有企业事业单位参照执行本规定。

5月25日—30日　应国家主席江泽民的邀请，尼日尔共和国总统易卜拉辛·迈纳萨拉·巴雷对中国进行国事访问。26日，迈纳萨拉总统同江泽民主席举行会谈。双方签署了《中尼两国政府经济技术合作协定》和《中尼两国政府关于尼日尔共和国与中华人民共和国香港特别行政区互免签证的协定》。27日下午，李鹏总理在中南海会见了迈纳萨拉总统。当晚，迈纳萨拉总统赴南宁、上海参观访问，30日结束对中国的访问回国。

5月26日　中共中央总书记江泽民在中央精神文明建设指导委员

会第一次全体会议上发表讲话。他指出，精神文明建设的战略地位和重大意义，要经常讲，反复讲。社会主义社会是全面发展、全面进步的社会。人类社会发展的历史证明，一个民族，物质上不能贫困，精神上也不能贫困，只有物质和精神都富有，才能成为一个有强大生命力和凝聚力的民族。精神文明建设搞好了，人心凝聚，精神振奋，经济建设和其他事业就会全面兴旺。精神文明建设搞不好，人心涣散，精神颓废，经济建设和其他事业也难以搞好。发展社会主义精神文明，关系党和国家的前途命运，关系中华民族自尊、自信、自强地屹立于世界民族之林。全党必须从这样的高度来认识精神文明建设的重大意义。江泽民强调指出，精神文明建设工作必须服务于经济建设，服务于现代化建设。社会主义的根本任务是解放和发展生产力。经济建设是我们一切社会事业发展的基础，在我国现代化建设中始终处于中心地位。只有牢牢把握经济建设这个中心，把精神文明建设改革开放和现代化建设紧密结合起来，做到相互促进，才符合社会全面进步的要求，才能得到人民群众的广泛支持。必须坚持用党的基本理论、基本路线教育干部和群众，在全体人民中牢固树立建设有中国特色社会主义的共同理想，深入开展爱国主义、集体主义、社会主义和艰苦创业精神的教育，加强以为人民服务为核心的社会公德、职业道德和家庭美德建设，大力培育“四有”新人，提高全民族的思想道德和科学文化素质，努力为改革开放和现代化建设提供强大的精神动力和智力支持，创造良好的社会环境。江泽民要求，精神文明建设工作着眼点一定要放在紧贴群众利益、为群众所欢迎的事情上，这样才能动员广大人民群众积极参与，也才会有利于密切党和政府同人民群众的关系。要深入群众，深入实际，每年办几件作用大、影响大的实事。办实事，务必求实效，实事要办得更好，好事要办得更实，切忌“一阵风”，严禁搞形式主义。搞好精神文明建设关键在党，必须全党重视，全党动手，各级党委特别是党政主要领导必须亲自抓。要及时研究新情况、新问题，努力把握新形势下精神文明建设的特点和规律，增强工作的指导性、主动性，不断提高精神文明建设工作的水平。

5月26日—6月11日　李瑞环出访欧洲。全国政协主席李瑞环应葡萄牙共和国议长阿尔梅达·桑托斯、希腊共和国议长阿波斯托洛斯·卡克拉马尼斯和德意志联邦共和国政府的邀请，对3国进行友好访问。26日，李瑞环主席抵达葡萄牙，同安东尼奥·古特雷斯总理会见，宾主就双边关系进行了交淡。27日中午，李瑞环主席会见桑托斯议长。28日晚，李瑞环主席前往总统府同桑帕约总统会见，宾主着重就澳门问题交换了看法，一致认为共同努力解决好澳门问题具有多重意义。31日，李瑞环主席结束了对葡萄牙的正式友好访问前往希腊访问。6月2日晚，李瑞环主席会见希腊议会议长卡克拉马尼斯。3日中午，李瑞环主席前往希腊总统府与康斯坦丁·斯托凡诺普洛斯总统会见，就人类文明发展问题深入地交换了意见，取得了广泛的共识，一致认为在处理不同文明之间的关系问题上，要相互尊重，相互学习，又要保持特色，不能把某一国的做法作为惟一模式强加于人。6月5日，李瑞环主席结束对希腊的访问前往德国访问。6日上午，李瑞环主席前往奥托布隆参观奔驰航天航空公司。10日上午，李瑞环主席与科尔总理会见。双方一致认为，中德关系走上了健康发展的轨道。在这个过程中，两国领导人发挥了极为重要的作用。11日上午，李瑞环主席前往德国总统府，同赫尔佐克总统会见，宾主进行了亲切友好的交谈。双方就国内发展、两国关系、国际形势问题交换了看法。当天中午，李瑞环主席会见了德国联邦议院议长聚斯穆特、联邦议院副议长安特耶·福尔默、基社盟议会小组主席鲁斯和前副总理兼外长根舍，并同他们进行了交谈。6月10日下午，李瑞环主席在波恩接受了德国《世界报》记者施玛尔茨的采访，回答了他提出的中德关系、人权问题以及香港回归等问题。11日下午，李瑞环主席结束访问回国。

5月28日　中日大型高科技合资项目合同在人民大会堂签署。李鹏总理、邹家华副总理出席签字仪式并会见日本客人。

同　日　贵阳新机场正式通航，李鹏总理致电祝贺。

5月29日　江泽民总书记在中央党校省部级干部进修班毕业典礼上发表重要讲话。他在讲话中阐述了4个问题：关于邓小平建设有中国特色社会主义理论；关于社会主义初级阶段；关于经济发展和经济体制改革；关于党的建设。江泽民指出：旗帜问题至关紧要。旗帜就是方向，旗帜就是形象。我们说坚持十一届三中全会以来的路线不动摇，就是高举邓小平建设有中国特色社会主义理论旗帜不动摇。在邓小平逝世后，我们全党，特别是高级领导干部，在这个问题上尤其要有高度的自觉性和坚定性。无论遇到什么困难，什么风险，都不动摇。把我们的事业全面推向21世纪，就是要在世纪之交的历史时刻，抓住机遇而不可丧失机遇，开拓进取而不可因循守旧，经济体制改革要有新的突破，政治体制改革要继续推进，精神文明建设要切实加强，这三个方面围绕现代化经济建设这个中心，相互配合，相互促进。江泽民指出，邓小平建设有中国特色社会主义理论作为马克思主义同当代中国实践和时代特征相结合的产物，是毛泽东思想在新的历史条件下的继承和发展，是当代中国的马克思主义，是马克思主义在中国发展的新阶段。在当代中国，只有这样理论而没有别的理论能解决社会主义的前途和命运问题。在当代中国，坚持邓小平建设有中国特色社会主义理论，就是真正坚持马克思列宁主义、毛泽东思想；高举邓小平建设有中国特色社会主义理论的旗帜，就是真正高举马克思列宁主义、毛泽东思想的旗帜。在谈到社会主义初级阶段问题时，江泽民说，十一届三中全会以来，党正确地分析国情，作出了我国还处于社会主义初级阶段的科学论断。这是邓小平建设有中国特色社会主义理论的重要基础，是我们制定路线、方针、政策的根本出发点。今天所以有必要强调这个问题，是因为：面对前所未有的机遇和挑战，面对改革攻坚和开创新局面的艰巨任务，我们解决种种矛盾，澄清种种疑惑，认识为什么必须实行现在这样的路线和政策而不实行别样的路线和政策，关键还是在于对所处社会主义初级阶段的基本国情要有统一认识和准确把握。我们讲一切从实际出发，最大的实际就中国现在处于并将长期处于社会主义初级阶段。在社会主义初级阶段，社会的主要矛盾是人民日益增长的物质文化需要同落后的社会生产之间的矛盾。这个主要矛盾，贯穿我国社会主义初级阶段的整个过程和社会生活的各个方面，决定了我们的根本任务是集中力量发展社会生产力。只有牢牢抓住这个主要矛盾，才能清醒地观察和把握社会矛盾的全局，有效地促进各种社会矛盾的解决。社会生活的全面进步，归根到底取决于主要矛盾的解决，取决于社会生产力的发展。全党要保持清醒头脑，排除各种干扰，毫不动摇地坚持党在社会主义初级阶段的基本路线，把以经济建设为中心，同坚持四项基本原则，坚持改革开放，统一于建设有中国特色社会主义的全过程。在谈到经济发展和经济体制改革时，江泽民指出：社会主义的基本任务是解放和发展生产力，中国解决所有问题的关键在于依靠自己的发展，改革开放是发展的强大动力。从现在起到下世纪前十年，是我国向第三步战略目标迈进的关键时期。在这个时期，能不能成功地建立起比较完善的社会主义市场经济体制，能不能保持国民经济持续、快速、健康发展，是我们必须解决好的两个关键性问题。为此，必须在转换经济体制、优化经济结构、发展科学技术以及提高对外开放水平等方面，取得突破性进展。在谈到党的建设时，江泽民强调：我们党肩负着带领全国各族人民把有中国特色社会主义事业全面推向21世纪，建设富强、民主、文明的社会主义现代化国家的历史重任。加强和改善党的领导，进一步把我们党建设好，是完成这项使命的根本保证。党和国家领导人李鹏、刘华清、胡锦涛、丁关根、田纪云、李岚清、李铁映、杨白冰、吴邦国、邹家华、姜春云、钱其琛、黄菊、尉健行、谢非、温家宝、王汉斌、张震、张万年、迟浩田出席了毕业典礼。

6月1日　中共重庆市委第一次党代会选举张德邻为重庆市委书记。

6月2日　中共中央总书记江泽民在人民大会堂会见以社长胡进毅为团长的越南通讯社代表团。江泽民在会见中说，在新的形势下进一步巩固和发展两国业已存在的友好合作关系符合两国的根本利益，也有助于亚太地区，特别是东南亚地区的和平、稳定和发展。他希望中越双方继续共同努力，把两党、两国关系推向新的高度。

6月3日　“三北”地区65%农田实现林网化。《人民日报》报道：“三北”地区已营造农田防护林3 600万亩，有3.23亿亩农田得到了林网的庇护，65%的农田实现了林网化。有50多个县（旗）基本完成了以农田防护林为主体的县级防护林体系，出现了林茂粮丰、花果飘香、人民安居乐业的繁荣景象。

6月5日—6日 应国务院总理李鹏邀请，意大利总理罗马诺·普罗迪对中国进行正式访问。5日，普罗迪总理与李鹏总理举行会谈。两国有关部门签署了《1997年7月1日后中华人民共和国香港特别行政区保留意大利总领事馆协议的照会换文》、《中国国家经贸委中小企业对外合作协调办公室与意大利工业企业联合会备忘录》、《中国石油天然气总公司与意大利阿吉普公司共同组建海外联营公司的协议》、《组建天津21世纪国际展览中心协议》等文件。6日上午，江泽民主席、乔石委员长、朱镕基副总理分别会见了普罗迪总理。宾主就两国关系、经济、贸易、科技、文化等领域的合作交换了意见。当天下午，普罗迪总理结束对中国的访问回国。

6月6日 李鹏总理发布中华人民共和国第二一九号国务院令，公布《国务院关于在香港特别行政区同时升挂使用国旗的规定》。该规定自1997年7月1日起施行。

同 日 中共中央总书记江泽民接见武警党代会代表和解放军第二炮兵党代会代表。

6月9日 广东虎门大桥正式通车。江泽民总书记题写桥名。这座桥是我国自行设计、自行施工建造的，也是我国境内目前主跨最大的悬索桥，全长4 688米，主跨达888米，通航高度60米。

同 日 《企业人员培训纲要》发布。《人民日报》报道：中共中央组织部和国家经贸委联合发出关于《"九五"期间全国企业管理人员培训纲要》。《培训纲要》提出，"九五"期间对企业管理人员普遍进行一次工商管理培训，国有大中型企业领导人员及后备人员，"九五"期间都应参加不少于3个月的工商管理培训。《人民日报》为此发表评论员文章：《造就高素质经营管理者》。

6月9日—13日 应国家主席江泽民的邀请，马其顿共和国总统基罗·格利戈罗夫对中国进行国事访问。9日，江泽民主席同格利戈罗夫总统在人民大会堂举行会谈。双方签署了《中华人民共和国和马其顿共和国联合公报》，中马两国有关部门签署了《两国政府关系关于鼓励和相互保护投资协定》、《两国政府关于对所得和财产避免双重征税和防止偷漏税的协定》《两国文化部1997—1999年文化合作协定执行计划》、《中国贸促会、国际商会和马其顿经济联合会的合作协议》等合作文件。10日，李鹏总理、乔石委员长会见了格利戈罗夫总统，进行了友好交谈。当天，格利戈罗夫总统在中国社科院发表了题为《马其顿共和国及其对外政策》的演讲。当晚格利戈罗夫总统赴西安、上海参观访问，13日结束访问出境。

6月10日　我国在西昌卫星发射中心用“长征三号”运载火箭，成功地将第二代气象应用卫星“风云二号”发射升空。中央军委副主席刘华清到发射场区检查了各项准备工作。

6月11日　国家主席江泽民接见高校党建和中小学德育工作会议代表。他指出，要切实搞好思想政治工作和德育工作。首先要把教师的思想道德建设摆在突出地位，努力建设一支政治坚定、思想过硬、知识渊博、品格高尚、精于教书、勤于育人的教师队伍。在广大学生中，要大力加强爱国主义、集体主义、社会主义教育，引导学生树立正确的世界观、人生观和价值观，把他们培养成有理想、有道德、有文化、有纪律的社会主义新人。6月15日　全国高校党建和中小学德育工作会议闭幕，《人民日报》发表评论员文章：《抓好社会主义精神文明建设的基础工程》。

同　日　中央军委主席江泽民接见出席空军党代会代表。他强调，要大力加强思想政治建设，始终坚持党对军队的绝对领导，坚决听从党中央、中央军委的指挥，牢牢把握部队建设的正确方向。

6月12日　《周恩来年谱（1949—1976）》出版发行。

6月13日　国务院办公厅发出紧急通知。通知要求加强外商投资勘查开采矿资源的管理。

6月17日　国务院批转国家经贸委《关于1997年国有企业改革与发展工作的意见》。内容包括：一、认真总结建立现代企业制度试点经验，抓好各级企业改革试点工作；二、抓好大的，放活小的，促进结构调整；三、切实加大技术改造的力度；四、进一步加强企业经营管理；五、多渠道增资减债，切实减轻企业负担，抓好扭亏增盈和解困工作；六、抓好点面结合，推动面上企业的改革与发展；

七、推进配套改革，为深化国有企业改革创造条件；八、全心全意依靠工人阶级，加强企业领导班子建设。

6月18日　重庆直辖市领导机构挂牌，李鹏总理出席挂牌揭幕式。

6月19日　由国防科技大学计算机研究所研制的“银河—Ⅲ”百亿次计算机系统，在北京通过国家技术鉴定。这个系统综合技术达到了当代国际先进水平，并突破和掌握了更高量级计算机的关键技术，具备了研制更高性能巨型机的能力，它标志着我国高性能巨型机研制技术取得新的突破。

6月20日　纪念中国共产党成立76周年座谈会在中南海怀仁堂举行。中共中央政治局常委胡锦涛在座谈会上发表讲话说，在实现跨世纪宏伟目标伟大征程中，继续全面推进党的建设这一伟大工程，充分发挥党组织的核心领导作用和党的先锋模范作用，是进一步凝聚全国各族人民的力量共创美好未来的迫切要求，是完成伟大使命的根本保证。丁关根、吴邦国、尉健行、温家宝、罗干等出席了座谈会。

同　日　中共中央组织部授予18位同志“全国优秀共产党员”称号。他们是：大庆石油开发研究院院长、教授级高级工程师王启民，北京市公交总公司公汽一公司第一运营分公司21路公共汽车售票员李素丽，江西省南昌市西湖分局筷子巷派出所户籍民警、一级警督邱娥国，上海市委委员、上海港龙吴港务公司经理、高级工程师包起帆，河南省卫辉市委副书记、唐庄镇党委书记吴金印，辽宁省大连市经济技术开发区人民法院审判委员会委员、刑事审判庭副庭长谭彦，山西省长治市人民医院副院长、妇产科主任兼党支部书记、主任医师赵雪芳，福建省永春县一都镇党委副书记、美岭村党总支书记苏新添，山东省沂源县荣军所特等伤残军人、原沂源县张家泉村党支部书记朱彦夫，解放军第四军医大学第一附属医院消化内科主任、教授、主任医师樊代明，江苏小天鹅集团董事长、总经理、高级经济师朱德坤，湖北省京山县石龙乡党委书记胡忠诚，广东省深圳市布吉镇南岭村党支部书记兼村委会主任张伟基，呼和浩特铁路局临河机务段司机长邵玉镇，河北省丰宁县窟窿山乡计划生育助理员姜淑琴，武警四川部队绵阳市支队平武县中队中队长刘昌建，四川省甘孜公路养护总段甘牧段雀儿山五班班长陈德华，中国人民银行山东省聊城地区分行保卫科副科长邹宪光。

同　日　国务院发出《关于进一步加强在境外发行股票和上市管理的通知》。通知共5条，自发布之日起施行。

同　日　李鹏总理发布中华人民共和国国务院令第二二〇号，公布《公安机关督察条例》。该条例共15条，自发布之日起施行。

6月21日　李先念纪念馆在他的家乡红安县开馆，江泽民、李鹏、乔石、李瑞环等党政领导题词。江泽民的题词是："光辉业绩留芳千古，革命精神激励后人"。李鹏的题词是："李先念同志光辉业绩永垂青史，革命精神激励后人"。乔石的题词是："赤胆忠心功冠千秋，光明磊落德昭后世"。李瑞环的题词是："伟业长存"。陈云生前为纪念馆题写了馆名。全国政协副主席洪学智在开馆仪式上致词。

6月23日　中英联合联络小组达成协议，中国人民解放军驻港部队先头部队6月30日晚9时进入香港。解放军驻港部队先头部队总共509名军事人员和39台车辆，于6月30日晚9时进入香港，分别进驻石岗军营（146人）、昂船洲军营（183人）、威尔斯亲王军营（78人）和赤柱军营（102人）。另外，进驻威尔斯亲王军营的人员于6月30日午夜前后，参加一个简单、得体的交接仪式。中英联合联络小组中方代表处表示，此协议的目的是为了确保中国人民解放军能够自7月1日零时起，在香港履行防务责任。相信中英驻军能够实现香港防务责任的顺利交接。

同　日　中央军委主席江泽民签署命令。颁布施行《中国人民解放军后勤司令部工作条例》、《中国人民解放军国防科工委司令部工作条例》、《中国人民解放军海军司令部工作条例》、《中国人民解放军空军司令部工作条例》、《中国人民解放军第二炮兵司令部工作条例》、《中国人民武装警察部队司令部工作条例》。上述6部司令部工作条例是我军新一代司令部法规体系的重要组成部分，是对《中国人民解放军司令部条例》的具体化。这些条例有的是在原条例的基础上修改的，有的是新编制的。各条例主要规范了各系统、各军种领率机关及其各业务部门的职责，组织战备、军事训练、行政管理、装备工作、动员准备和国防后备力量建设、军事科学研究等军事建设和组织指挥作战、其他军事行动的具体工作内容和方法。

同　日　我国第一座由地方政府自筹资金兴建的大型现代化国际机场——福州长乐国际机场正式通航。江泽民总书记为机场题名，邹家华副总理出席通航庆典。

6月25日　国务院学位委员会和国家教育委员会正式颁布实施修改后的《授予博士、硕士学位和培养研究生的学科、专业目录》。

6月26日—28日　应国务院总理李鹏的邀请，俄罗斯联邦总理维克托·斯捷潘诺维奇·切尔诺梅尔金对中国进行正式访问。27日，李鹏总理与切尔诺梅尔金总理举行了两轮会谈。双方签署了《中华人民共和国政府和俄罗斯联邦政府关于建立中俄总理定期会晤机制及其组织原则的协定》，还签署了以下合作文件：两国政府1997年—2000年贸易协定、两国政府1997年经济贸易合作议定书、两国政府关于保留俄罗斯联邦在中华人民共和国香港特别行政区总领事馆的协定、两国政府1997年—1998年文化合作计划、两国政府合作协定、两国关于组织实施石油天然气领域合作项目的协议等。中俄两国有关部门还签署了关于中俄边境和地区合作协调委员会的谅解备忘录、关于在俄建立经济技术开发区问题的谅解备忘录、关于成立中俄机械制造企业工商联合会的合作协议等。27日下午，江泽民主席会见了切尔诺梅尔金总理。江泽民愉快地回忆起两个月前对俄罗斯的访问。他说，近几年来在双方的共同努力下，我们两国关系有了很大发展，双方共签署了4个联合声明，确定了中俄面向21世纪长期合作关系的原则和道路。可以说，无论是在深化双边关系还是在加强各个领域的合作方面，我们都有了一套可遵循的原则。切尔诺梅尔金说，坚定不移地发展俄中关系是俄对外关系中的优先领域。中国正在进行改革开放，俄罗斯正在发展经济；两国间有很多共同合作的可能性，这种合作有利于双方的利益。目前两国在经贸领域正在进行有效的合作，希望两国的合作项目更多更好。切尔诺梅尔金对香港即将回归祖国表示热烈祝贺。他说，这是20世纪的一件重大事件，俄罗斯相信香港的未来会更好。江泽民对此表示感谢，并说，香港还有4天就回归了，所有中国人都为之振奋，全世界也为之瞩目。它是我们按照邓小平“一国两制”的构想，在完成祖国统一大业道路上迈出的重要一步，具有极其深远的历史意义。28日，切尔诺梅尔金结束对中国的访问回国。

6月27日—7月3日　第八届全国人大常委会举行第二十六次会议。27日，乔石委员长主持会议。法律委员会主任委员薛驹作了关于公路法和动物防疫法两个草案修改稿修改意见的汇报，财经委员会副主任李灏作了关于1996年中央决算的审查报告，潘季和滕藤作了关于高等教育和高等教育法草案、杨振环作了关于防洪工作和防洪法草案的发言。会议通过了香港特别行政区基本法委员会名单、《全国人大常委会关于批准全国人大香港特别行政区筹委会结束工作的建议的决定》、《全国人大常委会关于县级人大代表选举时间的决定》、《中华人民共和国公路法》、《中华人民共和国动物防疫法》、《全国人大常委会关于我国加入〈关于从国外调取民事或商事证据的公约〉第一号议定书、第二号议定书的决定》、《全国人大常委会关于批准1996年中央决算的决议》等。

6月28日　国务院第五十九次常务会议通过《中华人民共和国国务院关于授予香港特别行政区接收原香港政府的资产决定》。《决定》授权中华人民共和国香港特别行政区政府自1997年7月1日起接收和负责审核原香港的全部资产和债务，并根据香港特别行政区有关法律自主地进行管理。

6月29日　党和国家领导人为国家主席江泽民率领中国政府代表团赴香港出席香港政权交接仪式送行。江泽民在送行仪式上说，香港回归祖国，是永载中华史册的民族盛事。中央决定组成具有广泛性的代表团赴港参加庆典活动。这一重大行动，显示了全国各族人民和一切爱国人士的紧密团结，体现了举国上下欢庆香港回归的喜悦心情，表达了中央人民政府和全国人民对香港特别行政区政府和香港同胞的巨大支持，表明了我们对保持香港长期繁荣稳定具有坚强的信心。为代表团送行的党和国家领导人有李鹏、乔石、李瑞环、朱镕基、刘华清、胡锦涛、荣毅仁。

6月30日　中央军委主席江泽民发布《中国人民解放军驻香港部队进驻香港特别行政区的命令》。在深圳举行的驻港部队进驻香港欢送大会上，总参谋长傅全有宣读了江泽民主席命令，刘华清副主席代表中共中央、中央军委热烈欢送并讲话。他说，中国人民解放军进驻香港，是中国政府对香港恢复行使主权的重要标志，是维护国家主权和安全、保持香港繁荣稳定的重要保证。他勉励驻香港部队要坚定不移地贯彻邓小平“一国两制”的伟大构想，增强维护香港繁荣稳定的使命感和责任感；牢记我军全心全意为人民服务的宗旨，忠于党、忠于祖国、忠于人民、忠于社会主义；坚持从严治军，依法履行职责，严守纪律、秋毫无犯；加强精神文明建设，引导官兵树立高尚的道德情操；大力加强军事训练，强化官兵全面素质。刘华清表示相信，驻香港部队一定能够按照邓小平新时期军队建设思想和江泽民主席关于军队建设的一系列论述，继承和发扬人民军队的优良传统，始终保持我军威武之师、文明之师的良好形象，不负重托，不辱使命，圆满完成各项任务，让党中央、中央军委放心，让全国人民放心。欢送大会由广州军区政委史玉孝上将主持。广东省委书记谢非出席。

7月1日　中英香港政权交接仪式在香港隆重举行。6月30日午夜23时42分，中英两国政府香港政权交接仪式正式开始。中英仪仗队入场后，双方礼号手吹响礼号。23时46分，中华人民共和国主席江泽民、国务院总理李鹏、国务院副总理兼外交部长钱其琛、中央军委副主席张万年和香港特别行政区首任行政长官董建华步入会场，登上主席台主礼台。英国方面同时入场并登上主席台主礼台的有查尔斯王子、首相布莱尔、外交大臣库克、离任港督彭定康、国防参谋长查尔斯·格思里。在仪仗队举行枪礼之后，查尔斯王子讲话。他说，这一重要而特殊的仪式标志着香港在150年英国统治之后，交还给中华人民共和国。他向那些把“一国两制”构想变为《中英联合声明》的人致敬，并对那些为谈判《联合声明》的实施细节而辛勤工作的人们表示敬意。查尔斯说，香港向世界表明，生机勃勃和稳定可以成为成功社会的明显特征。他说，香港将从此交还给中国，在“一国两制”的框架下，香港将继续拥有其明显的特征，继续成为世界上许多国家的重要国际伙伴。1984年的《联合声明》对全世界作出庄严承诺，保证香港继续她的生活方式。对英国来说，她将继续坚定不移地支持《联合声明》。23时56分，中英双方护旗手入场，象征两国政府香港政权交接的降旗、升旗仪式开始。出席仪式的中外来宾全体起立。全场的目光都集中到竖立在主席台主礼台前东西两侧的旗杆上。23时59分，英国国旗和香港旗在英国国歌乐曲中缓缓降落。随着“米字旗”的降下，英国在香港一个半世纪的殖民统治宣告结束。7月1日零点整，激动人心的神圣时刻到来了：中国人民解放军军乐队奏起雄壮的中华人民共和国国歌，中国国旗和香港特别行政区区旗一起徐徐升起。接着江泽民主席走到镶嵌着中华人民共和国国徽的讲台前发表讲话。他说，中华人民共和国香港特别行政区正式成立。这是中华民族的盛事，也是世界和平与正义事业的胜利。1997年7月1日这一天，将作为人们永远值得纪念的日子载入史册。江泽民说，香港回归后，中国政府将继续坚定不移地执行“一国两制”、“港人治港”、高度自治的基本方针，保持香港原有的社会、经济制度和生活方式不变，法律基本不变。香港回归后，中央人民政府负责管理香港的外交事务和防务。香港特别行政区依据基本法享有管理权、立法权、独立的司法权和终审权。香港居民依法享有各项权利和自由。香港特别行政区将循序渐进地发展适合香港实际情况的民主制度。江泽民说，香港回归后，将继续保持自由港的地位，继续发挥国际金融、贸易、航运中心的作用，继续同各国各地区及有关国际组织发展经济文化关系。所有国家和地区在香港的正当经济利益将受到法律保护。他希望世界上一切在香港有投资与贸易利益的国家和地区，继续为促进香港的繁荣稳定作出努力。江泽民指出，香港今日的繁荣归根到底是香港同胞创造的，也是同祖国内地的发展和支持分不开的。他表示相信，有全国人民做坚强后盾，香港特别行政区政府和香港同胞一定能够管理和建设好香港，保持香港长期繁荣稳定，创造香港美好的未来。

同　日　中华人民共和国香港特别行政区政府在香港成立。江泽民、李鹏、钱其琛、王汉斌、张万年、费孝通、雷洁琼、程思远、吴阶平、罗干、吴学谦、董寅初、安子介、霍英东、马万祺、何鲁丽、卓琳等中央代表团成员在主席台就座。国务院副总理、全国人大香港特别行政区筹委会主任钱其琛主持仪式。1时30分，雄壮、激越的中华人民共和国国歌在大厅里响起。随后江泽民主席宣布：中华人民共和国香港特别行政区政府现在成立。这时，整个大厅响起长时间的雷鸣般掌声。1时35分，全部由香港人组成的香港特别行政区政府开始宣誓就职。香港特区首任行政长官董建华健步走到主席台前第一个宣誓就职，国务院总理李鹏监誓。面对中华人民共和国国旗和香港特别行政区区旗，董建华举起右手宣誓：本人就任中华人民共和国香港特别行政区行政长官，定当拥护中华人民共和国香港特别行政区基本法，效忠中华人民共和国香港特别行政区，尽忠职守，遵守法律，廉洁奉公，为香港特别行政区服务，对中华人民共和国中央人民政府和香港特别行政区负责。1时38分，在李鹏总理监誓下，由董建华提名、中央人民政府任命的香港特别行政区第一届政府23名主要官员，走上主席台宣誓就职。政务司司长陈方安生领誓。接着，香港特区第一届行政会议14名成员，香港特区临时立法会59名议员，香港特区终审法院常设法官、高等法院法官36人，分批走上主席台宣誓就职。行政会议召集人钟士元、临立会主席范徐丽泰、终审法院首席法官李国能分别领誓。在香港特区行政长官董建华的监誓下，他们依次作出庄严承诺：定当拥护中华人民共和国香港特别行政区基本法，效忠中华人民共和国香港特别行政区，尽忠职守，遵守法律，廉洁奉公，为香港特别行政区服务。终审法院常设法官、高等法院法官宣誓：尽忠职守，奉公守法，公正廉洁，以无惧、无偏、无私、无欺之精神，维护法制，主持正义，为香港特别行政区服务。随后，李鹏总理发表了讲话。他代表中央人民政府对香港特别行政区政府的成立表示热烈祝贺。李鹏说，从今天起，《中华人民共和国香港特别行政区基本法》开始实施。他希望香港特别行政区第一任行政长官、特别行政区政府主要官员、行政会议成员、临时立法会议员、终审法院和高等法院法官，本着爱国爱港的精神，认真贯彻执行基本法，恪尽职守，不负重望。香港特别行政区第一任行政长官董建华也发表讲话。应邀出席这次成立大会的有40多个国家和地区代表，30多个国际和地区组织的负责人，以及各国知名政界人士。在随后举行的土地基金移交仪式上，国务院副总理钱其琛代表中央人民政府向特区行政长官董建华移交了土地基金的有关文件。为庆祝香港特别行政区的成立，中央人民政府和31个省、直辖市、自治区向香港特区赠送各具特色的纪念品。《人民日报》为香港回归发表社论：《中华民族的百年盛事——热烈庆祝香港回归祖国》。

同　日　国务院在人民大会堂举行香港回归盛大招待会。党政领导人李鹏、乔石、李瑞环、朱镕基、刘华清、胡锦涛、荣毅仁等出席。李鹏总理在招待会上发表讲话。当天晚上，中共中央、全国人大常委会、国务院、全国政协、中央军委举行"首都各界隆重庆祝香港回归祖国大会"。党和国家领导人江泽民、李鹏、乔石、李瑞环、朱镕基、刘华清、胡锦涛、荣毅仁等出席大会，江泽民在会上发表了重要讲话。北京市贾庆林主持大会，中共中央政治局委员、中共北京市委书记尉健行在讲话中代表市委、市政府和首都人民，对香港回归祖国和香港特别行政区成立表示热烈祝贺，对回到祖国怀抱的600多万香港同胞表示亲切的问候。

同　日　李鹏发布中华人民共和国国务院第二二一号令，公布《中华人民共和国香港特别行政区行政区域图》。

7月3日　江泽民主席发表中华人民共和国第八十六号主席令，公布《中华人民共和国公路法》。该法共9章90条，自1998年1月1日起施行。

同　日　江泽民主席发布中华人民共和国第八十七号主席令，公布《中华人民共和国动物防疫法》，自1998年1月1日起施行。

同　日　李鹏总理发布中华人民共和国国务院第二二三号令，公

布《中华人民共和国烟草专卖法实施条例》。该《条例》共11章70条，自发布之日起施行。

7月7日　首都各界在卢沟桥畔的中国人民抗日战争纪念馆隆重集会，纪念“七七事变”60周年。中共中央总书记江泽民为抗战馆题词：“高举爱国主义旗帜以史育人，弘扬中华民族精神振兴祖国”。中央军委副主席刘华清、中宣部部长丁关根、中共北京市委书记尉健行、全国政协副主席何鲁丽等参加了纪念活动。刘华清、丁关根、尉健行为抗战馆二期工程落成剪彩。

同　日　中共中央、国务院作出《关于治理向企业乱收费和各种反摊派等问题的决定》。决定包括：一、坚决取消不符合规定的向企业的行政事业性收费、罚款、集资、基金项目和各种摊派。二、全面清理按规定未被取消的向企业的行政事业性收费、罚款、集资、基金项目。三、建立健全向企业的行政事业性收费、罚款、集资、基金项目的审批管理制度。四、加强对行政事业性收费、罚款、集资、基金的收缴和使用管理的监督，防止截留、挤占和挪作他用。五、严格执行国家规定，坚决做到令行禁止。六、加强监督检查，加大执法力度。七、充分发挥新闻舆论的监督作用。八、加强领导，建立责任制。本规定自发布之日起施行。

同　日　李鹏总理发布中华人民共和国国务院令第二二四号，公布《中华人民共和国契税暂行条例》。该条例共15条，自1997年10月1日起施行。

7月8日　我国激光器功率达到国际领先水平。《人民日报》报道：国内首台316.4NM紫外氦氖激光器由北京大学李新章教授、赵绥堂研制成功。激光器是研究人员根据晶体在强光下的非线性光学效应，将晶体置于常规的632.8NM氦氖激光器谐振腔内，进行腔内倍频而获得的。这项成果将氦氖激光输出波段扩展到了紫外区，其功率指标达到国际领先水平。

同　日　内蒙古第一条高速公路——呼（呼和浩特）包（包头）线建成通车，全长150公里。

7月8日—15日　应国家主席江泽民的邀请，马来西亚最高元首

端古·贾阿法陛下对中国进行国事访问。8日，江泽民主席在人民大会堂会见贾阿法最高元首。贾阿法表示，他从年轻时就期望访问伟大的中国，今天这一愿望终于得到实现，特别是时隔三年之后再次见到江主席，感到非常高兴。江泽民感谢马来西亚对中国恢复对香港行使主权的支持。他说，这次香港回归仪式进行得非常顺利，可谓盛况空前。中方欢迎马来西亚继续保持和发展同香港特别行政区的交往与合作。两位领导人还就两国友好关系的发展和东盟的合作进行了交谈。9日下午，李鹏总理在钓鱼台国宾馆会见端古·贾阿法最高元首。11日，端古·贾阿法赴西安、上海、苏州参观访问。15日结束对中国的访问回国。

7月9日—11日　国务院在京召开全国粮食购销工作会议。国务院副总理朱镕基在总结讲话中要求，对于党中央、国务院作出的按保护价敞开收购议价粮的重要决策，各地区、各部门要统一思想，明确政策，统一行动，贯彻落实，为保持农业发展的良好势头和国民经济持续、快速、健康的发展，打下稳固的基础。

7月10日　中共中央决定，徐有芳任中共黑龙江省委书记。

同　日　建国以来我国政府批准成立的第一家中外合资外贸公司——东菱贸易有限公司成立。该公司由上海东方国际集团与日本三菱商事株式会社、美国大陆谷物及上海外贸公司四方合建，标志着我国外贸体制改革有了新的突破。东菱贸易有限公司注册资金为1 250万美元，其中中方出资比例为51%，日本三菱和美国大陆谷物公司分别占27%和22%。

同　日　我国器官移植手术取得进步。《人民日报》报道：第四军医大学西京医院成功地将一位父亲的300克肝脏移植给10岁的女儿。该手术由19个学科协作、50多名专家教授及医护人员联手完成，属国内首创，标志着我国器官移植手术在这一领域内已达到国际先进水平。

7月11日　李鹏总理主持召开国务院第六十次常务会议，讨论并原则通过《中华人民共和国殡葬管理条例（草案）》。

7月14日　中共中央办公厅发出关于印发《关于违反〈党政领导

干部选拔任用工作暂行条例〉行为的处理规定》的通知。该《规定》共20条，自发布之日起施行。《人民日报》为此发表评论员文章：《惩治用人不正之风的有力武器》。

7月14日—18日　应中共中央总书记江泽民的邀请，越南共产党中央委员会总书记杜梅对中国进行友好访问。14日下午，中共中央总书记江泽民在人民大会堂同杜梅总书记举行会谈。两位领导人在亲切、友好和诚挚的气氛中就双边关系和共同关心的问题深入地交换了意见，取得了广泛的共识。江泽民愉快地回顾了1995年11月在北京同杜梅会晤以来的中越两党、两国关系。他说，一年多来，两党、两国友好合作关系又有了新的发展，两党、两国领导人保持了密切的接触和往来，两国在各个领域的人员交往频繁，相互合作加强，经贸关系发展较快，合作领域不断拓宽。双方关于改革开放和治国理政经验的交流更为广泛深入，这一切给两国和两国人民带来了重要的切身利益，也有利于地区和世界的和平、稳定与发展，有利于人类的进步事业。关于历史遗留下来的一些问题，江泽民表示，中越两党、两国友好合作关系的深入发展为解决问题提供了良好的条件，双方只要站得高、看得远，以大局为重，互谅互让，公平合理，友好协商，两党、两国领导人大力加以推动，问题是可以尽早得到妥善解决的。杜梅总书记说，越南始终把发展同中国的睦邻友好关系作为自己对外政策的重要部分。自1991年11月两党高级会晤以来，越中双方派出各种不同层次的代表互访，加强了了解，增进了合作，交流了宝贵经验。越方十分重视越中两党、两国间经常举行的高级会晤，越南愿意通过和平协商加快解决两国间的遗留问题。两国领导人还就台湾问题、各自党内、国内情况和共同关心的国际和地区问题进行了交谈。15日，李鹏总理、乔石委员长和全国政协主席李瑞环分别会见了杜梅总书记。16日，杜梅总书记赴云南参观访问。18日，杜梅总书记结束对中国访问回国。

7月15日　国务院副总理李岚清在中央召开的沿海地区打击走私工作会议上讲话。他要求把强化行业主管部门反走私斗争的责任作为当前反走私标本兼治、综合治理的新重点，力争年内在打击法人走私方面取得明显成效。据全国打击走私领导小组办公室统计，去年1月—6月，全国共查获走私贩私案件20 908起，案值人民币155.2亿元。

同　日　中共中央决定曹伯纯任广西壮族自治区委书记。

7月16日　国务院办公厅发出关于禁止非法买卖流通人民币的通知。通知共五条，主要内容是：一、禁止非法买卖流通人民币（包括纪念币，下同）；经营已退出的人民币，必须经中国人民银行批准。二、未经中国人民银行批准，任何单位和个人不得装帧和经营装帧的流通人民币。三、违反以上规定的，视情节轻重，由工商行政管理部门没收实物及非法所得，并按有关规定予以处罚。四、各金融机构及其从业人员不得利用职务之便支持、参与人民币的非法买卖活动，对违反规定的要从严惩处。五、对在中国境内非法买卖外国货币的，按照上述规定办理。

同　日　第三次全国“打假”工作电话会议在北京召开。会议由国家经贸委、国家工商局和国家技术监督局联合召开。国务院副总理吴邦国向会议致电，要求战斗在“打假”工作第一线的同志，再接再厉，把“打假”工作深入开展下去。

7月18日—24日　国务院副总理朱镕基在辽宁考察国有企业工作。在考察中他指出，推进国有企业的改革和发展大政方针已定，现在的主要工作是要从以下三个方面入手：一是继续加强国有企业领导班子建设，尤其是要选好企业的厂长、经理。二是必须坚决走“鼓励兼并、规范破产、下岗分流、减员增效，实施再就业工程”的路子。三是要利用多种方式，包括直接融资的办法，帮助国有企业增资减债。朱镕基说，用3年左右的时间使大多数国有大中型企业走出困境是一项十分艰巨的任务，需要中央、地方、政府、企业坚定信心，齐心协力，扎扎实实地工作，一个一个企业地抓，这个目标是一定能够实现的。随同考察的有周正庆、曾培炎、王森浩、刘淇、朱育理等中央和国务院有关部门负责同志。

7月19日、20日　内蒙古自治区党委、自治区人民政府分别隆重举行庆祝自治区成立50周年大会。由国务院副总理邹家华任团长，全国人大常委会副委员长布赫、国务委员兼国务院秘书长罗干、全国政协副主席万国权、总后勤部部长王克任副团长的中央代表团出席了大会。邹家华在大会上发表讲话说，50年来，在党的民族政策的光辉照耀下，自治区历届党委、政府带领全区各族人民，团结奋进，艰苦创业，取得了社会主义革命和社会主义建设的伟大成就，特别是党的十一届三中全会以来，内蒙古各族人民在邓小平建设有中国特色社会主义理论和党的基本路线指引下，解放思想，抓住机遇，开拓进取，使改革开放和现代化建设迈出了新的步伐，到处呈现出欣欣向荣的景象。内蒙古自治区党委书记刘明祖在大会上回顾了内蒙古在过去的50年中取得的伟大成就，表示要以崭新的风貌跨入21世纪。当日，《人民日报》发表社论：《步入辉煌的半个世纪——热烈祝贺内蒙古自治区成立50周年》。20日，内蒙古党委政府又召开各族各界近五万人参加的群众大会。中共中央、全国人大常委会、国务院、中央军委致电祝贺，邹家华代表党中央、国务院向内蒙古自治区政府赠送江泽民亲笔题词的大幅锦旗，并发表讲话。内蒙古自治区政府主席乌力吉在大会上讲话说，在新的历史时期，内蒙古人民一定要珍惜安定团结的政治局面，反对民族分裂，维护祖国统一，为祖国的稳定和发展做出新的更大的贡献。

7月21日　《中国军事百科全书》在京首发。中央军委副主席张震在讲话中要求全军官兵用好这本书。这本书是我国第一部大型专业性军事百科全书。

同　日　李鹏总理发布中华人民共和国第二二五号国务院令，公布《殡葬管理条例》。该《条例》共六章24条，自发布之日起施行。

7月22日　赞比亚中国银行在卢萨卡开业。这是中国银行在非洲开设的第一家分支机构，也是中国在非洲建立的第一家营业性机构。截止1996年末，中国银行已在19个国家和地区设立了533家分支机构，海外员工近2万人，海外资产总值已超过千亿美元，存款余额达904亿美元。

同　日　中国西部创业中心协作网成立。这是西部地区为加强高新技术发展，推进高新技术成果商品化、产业化、国际化进程而采取的一个重大步骤。参加这一协作网的有陕西、甘肃、宁夏、青海、新疆、四川、贵州、云南、西藏、广西、重庆等11个省、自治区、直辖市。

7月23日　天津战役纪念馆建成开馆仪式在天津举行。中央军委主席江泽民、国务院总理李鹏、中央军委副主席刘华清，及中央军委副主席张震、张万年、迟浩田，分别为纪念馆题词，张万年出席开馆仪式并为纪念馆剪彩。江泽民的题词是：平津战役中英勇牺牲的烈士永垂不朽。李鹏的题词是：加强革命传统教育，激发爱国爱党热情。刘华清的题词是：平津战役的胜利是人民战争的伟大胜利。

同　日　《中国人民解放军七十年图集》和《军史辉煌》丛书等军事题材图书出版座谈会在京举行。中央军委主席江泽民为《图集》题词："弘扬光荣传统，为建设革命化、现代化、正规化的军队而努力"。中央军委副主席刘华清为《军史辉煌》丛书作序。中央军委副主席张震在座谈会上讲话。

7月25日　中国人民解放军新时期建设成就展在京开幕。江泽民、刘华清等领导人为展览题词。江泽民主席题词是："加强军队的革命化现代化正规化建设，走有中国特色的精兵之路"。刘华清副主席题词是："加强质量建设，走有中国特色的精兵之路"。

7月26日　中国同库克群岛建交，决定自1997年7月25日起建立大使级外交关系。《人民日报》发表社论：《祝贺我国同库克群岛建交》。

7月27日　著名经济学家、教育家，北京大学教授陈岱孙因病在北京逝世，享年97岁。

7月29日—30日　国务院在京召开全国统一企业职工基本养老保险制度工作会议。会议的主要任务是学习贯彻《国务院关于建立统一的企业职工基本养老保险制度的决定》，部署企业职工养老保险制度改革工作。国务委员李铁映在开幕式上发表讲话。30日，国务院总理李鹏接见了出席全国统一企业职工基本养老制度工作会议的代表。他指出，当前我国正处在由计划经济向社会主义市场经济转轨的重要时期，建立健全社会保障体系意义重大。各地要认真贯彻

《国务院关于建立统一的企业职工基本养老保险制度的决定》及其部署，逐步建立起适应社会主义市场经济和中国国情的社会保障制度。《人民日报》为此发表社论：《齐心协力推进养老保险改革》。

7月30日　国务院在京召开全国小城镇及农村户籍改革工作电话会议。国务委员罗干在会上讲话强调，各地要从全局和战略的高度，充分认识改革、完善小城镇和农村户籍管理制度的重要意义，积极稳妥地做好这项工作。公安部部长陶驷驹在会上提出，为配合户籍工作的进行，各地公安机关要按照“一乡（镇）一所”的原则，在今后几年把乡镇公安派出所逐步建立起来，同时配足相应警力。

7月31日　中共中央、国务院、中央军委在京举行隆重庆祝中国人民解放军建军70周年大会。党和国家领导人江泽民、李鹏、乔石、李瑞环、朱镕基、刘华清、胡锦涛、荣毅仁等出席大会。中央军委副主席刘华清主持大会。江泽民在讲话中指出，21世纪即将来临，我国正处在全面推进改革开放和现代化建设的重要历史时期。要实现我们的宏图大业，要维护我们国家的统一和安全，要促进世界的和平与稳定，我们必须有一支强大的军队，有一个巩固的国防。全军同志一定要高举邓小平建设有中国特色社会主义理论的伟大旗帜不动摇，进一步认清国际国内形势，居安思威，增强责任感和使命感，全面加强军队建设，按照“政治合格、军事过硬、作风优良、纪律严明、保障有力”的总要求，努力开创我军革命化、现代化、正规化的新局面。当天晚上，国防部举行盛大招待会，热烈庆祝中国人民解放军建军70周年，江泽民、李鹏等党和国家领导人同1 700余名中外来宾出席，迟浩田主持招待会并致祝酒辞。《人民日报》为此发表社论：《走有中国特色的精兵之路——庆祝中国人民解放军建军70周年》。8月1日晚，江泽民、李鹏、乔石、李瑞环、朱镕基、刘华清、胡锦涛等党和国家领导人出席观看了庆祝中国人民解放军建军70周年大型文艺晚会。

同　日　农村户口城市化管理工作全面开展。新华社报道：国务院批转公安部关于完善农村户籍管理制度意见的通知。通知要求统一城乡户籍登记制度，理顺农村户籍管理体制，逐步实现农村户籍管理的制度化、规范化和现代化。这标志着我国农村户口城市化管理工作的全面推开。

同　日　李鹏总理发布中华人民共和国第二二六号国务院令，公布《社会力量办学条例》。该条例共8章60条，自1997年10月1日起施行。

8月1日　国务院召开第六十一次常务会议。会议审议并原则通过了《中华人民共和国核出口管理条例（草案）》、《广播电视管理条例（草案）》和《营业性演出管理条例（草案）》。

同　日　南昌"八一"起义纪念馆举行纪念建军暨南昌起义70周年大会。江泽民总书记为纪念馆题词："军旗升起的地方"。中央军委副主席刘华清、国务委员兼国防部长迟浩田出席纪念大会并讲话。

同　日　国务院任命中国人民银行货币政策委员会的组成人员。中国人民银行行长戴相龙任货币政策委员会主席，中国人民银行副行长陈元任副主席。

8月3日　李鹏总理发布中华人民共和国第二二七号国务院令，公布《国务院行政机构设置和编制管理条例》。该条例共5章25条，自发布之日起施行。

8月4日　经中央军委批准，跻身世界先进行列的我军新一代轻武器首先装备驻香港部队。以自动步枪和班用机枪为主的我军新一代轻武器，与目前国内外同类产品相比，具有体积小、重量最轻、直射距离最远和威力最大等特点，将陆续装备全军。这标志着我国国防现代化又向前迈进了一步。

8月5日　汕头公安查获最大假币案。《人民日报》报道：广东省汕头市公安机关在汕头附近海域查获一起建国以来最大的假人民币案。抓获的犯罪嫌疑人4名均系台湾人，缴获面额100元的假人民币7 400万元。

8月6日　国务院推动股份合作制的意见。新华社报道：国务院批准国家体改委印发《关于发展城市股份合作制企业的指导意见》。《意见》内容包括：一、股份合作制适应社会主义市场经济的要求，促进了生产力的发展。二、股份合作制是采取了股份制一些做法的合作经济，是社会主义市场经济中集体经济的一种新的组织形式。三、股份合作制是在改革中群众大胆探索、勇于实践的重大成果。四、股份合作制企业是独立法人，以企业全部资产承担民事责任，主要由本企业职工个人出资，出资人以出资额为限对企业的债务承担责任。五、职工投资入股。六、职工个人股和职工集体股应在总股中占大多数。七、坚持职工民主管理，职工享有平等权利。八、董事会是职工股东大会的常设机构，对职工股东大会负责。九、企业实行按劳分配与按股分红相结合的分配方式。十、企业改制应取得职工代表大会、出资人和主管部门的同意，由企业提出申请，经政府指定的部门审批。十一、企业清产核资按国家有关规定进行，同时应有企业出资人和职工代表参加。十二、原有企业非经营性资产可以进行剥离，独立运作或委托改制后的企业代管，减轻企业的负担。十三、按照谁投资谁享有产权的原则，搞好原有企业产权的界定工作。十四、切实保障国有和集体利益，防止公有财产流失。十五、完成改制或新设立的企业，应到工商管理部门办理登记。十六、各地要加强发展股份合作制企业工作的领导，解放思想，大胆探索。十七、切实搞好教育和引导工作。十八、企业改制后，要围绕市场需要制定企业发展规划，抓紧进行改组和技术改造工作，搞好劳动、人事、工资、社会保险等制度改革，加强企业内部管理，制定正确的营销策略，提高市场竞争能力和经济效益。十九、股份合作制是小企业改革的一种有效形式，但不是惟一形式，搞活小企业可以采取多种形式。二十、城市及县属国有小企业和集体企业可以按照本《意见》的精神实行股份合作制。《人民日报》为此发表评论员文章：《推动股份合作制健康发展》。

8月7日—10日　应乔石委员长的邀请，美国参议院临时议长瑟蒙德一行访问中国。8日，乔石委员长会见美国参议院临时议长斯特罗姆·瑟蒙德。在会见时乔石说，中美之间存在一些分歧，但与两国的共同利益相比，这些分歧毕竟是局部的。中美两国应从维护两国人民的根本利益和促进亚太地区与世界的和平、稳定和繁荣出发，严格遵守中美三个联合公报确认的原则，使中美关系保持长期稳定并不断发展，从而为新世纪做出贡献。10日，江泽民主席在北戴河会见了瑟蒙德一行。他说，改善和发展中美关系符合中美两国人民的利益，有利于维护世界和地区的和平、稳定与发展，也有利于我们共同缔造一个繁荣的21世纪。

8月8日　我国第一条内地和香港合资建设的地方铁路——金（华）温（州）铁路提前5个月通车。这条铁路全长255.51公里，动态总投资30亿元左右。国务院致电祝贺。

8月10日　国务院总理李鹏接见出席全国转变经济增长方式经验交流会的代表。他说，要切实按照市场导向，合理配置资源，降低生产消耗，加强技术改造，对资产进行优化组合，积极开拓市场，努力实现经济增长方式的转变。

同　日　李鹏总理发布中华人民共和国第二二八号国务院令，公布《广播电视管理条例》。该《条例》共6章55条，自1997年9月1日起施行。

8月10日—13日　江泽民主席、李鹏总理分别会见美国国家安全事务助理伯杰一行。12日下午，江泽民主席在北戴河会见了塞缪尔·伯杰一行，双方就中美关系进行了回顾。当天下午，李鹏总理在北戴河也会见了伯杰。在会见中，李鹏说，包括美国的一些人在内，国际上仍然有人在散布“中国威胁”，这种论调是毫无根据的。中国经济虽然发展很快，但中国毕竟是一个有12亿人口的发展中国家，要达到中等发达国家的水平至少还需要30年的时间。发展经济是我国一切工作的中心，中国实行独立自主的外交政策，坚持睦邻友好，不威胁任何人。

8月11日　李鹏总理发布中华人民共和国第二二九号国务院令，公布《营业性演出管理条例》。该条例共5章55条，自1997年10月1日起施行。

8月12日　国务院印发通知。新华社报道：国务院办公厅发出关于印发《国家扶贫资金管理办法》的通知。《国家扶贫资金管理办法》是根据《中共中央、国务院关于尽快解决农村贫困人口温饱问题的决定》和《国务院关于印发国家“八七”扶贫攻坚计划的通知》

精神，为了切实加强对国家扶贫资金的管理，由国务院扶贫开发领导小组拟定的。自1997年8月1日起施行。

8月13日　李鹏总理会见由代理国家元首谢辛亲王率领来华觐见的诺罗敦·西哈努克国王的柬埔寨高级代表团。在会见中李鹏总理指出，柬埔寨内部问题，应由柬埔寨人民自主解决。

8月15日　乍得政府违背中乍建交公报原则与台“复交”，中国中止同乍得的外交关系。

8月16日　李大钊纪念馆落成开馆仪式在河北省乐亭县举行。中共中央政治局常委胡锦涛出席开馆仪式。江泽民总书记题写馆名。

8月18日　中国海运集团在上海成立。这是航运部门实施两个根本转变、实施大集团战略的重要举措，也是我国调整航运企业组织机构、提高规模效应的重大改革。该集团由上海海运集团公司、广州海运集团公司、大连海运集团公司等5家国有企业组成，总资产250亿元，拥有大型船舶413艘。

同　日　全国国有资产统计工作会议宣布，截至1996年底我国国有资产总值达65 894.6亿元，比上年增长15.4%，继续实现稳步增长。

8月21日—26日　应马来西亚总理马哈蒂尔、新加坡总理吴作栋的邀请，李鹏总理对两国进行正式访问。21日，李鹏总理抵达马来西亚。22日，李鹏总理与马哈蒂尔总理举行会谈。双方就两国关系、经贸合作、中国与东盟关系等问题交换了意见。当天，李鹏总理在马来西亚外交和国际关系学院举行的欢迎会上发表了题为《发展面向21世纪的睦邻友好关系》的演讲。内容包括：一、要相互尊重，平等相待；二、要加强对话，密切磋商；三、要互利互惠，共同发展；四、要相互支持，扩大合作；五、要着眼大局，求同存异。23日，李鹏总理赴马来西亚新兴工业城市槟城进行参观访问。24日李鹏总理结束了对马来西亚的访问前往新加坡。25日，新加坡总统王鼎昌会见了李鹏总理。当晚，中国和新加坡两国政府签署了双边民航谅解备忘录。26日中午，李鹏总理与新加坡内阁资政李光耀进行了亲切友好的会晤。当天，李鹏总理在新加坡贸易发展局和中国驻新加坡大使馆联合举办的演讲会上发表了题为《加强互利合作促进共同繁荣》的演讲。内容包括：一、中国经济长期保持良好的发展势头；二、中国将坚定不移地实行对外开放政策；三、中国和东盟国家要拓宽合作领域，做到优势互补；四、中国和东盟国家要加强金融领域的协调与合作；五、中国和东盟国家的合作要着眼于21世纪。26日下午，李鹏总理结束访问回国。《人民日报》于27日发表新华社文章：《加强睦邻友好促进共同发展——祝贺李鹏总理访问马来西亚、新加坡圆满成功》。

8月24日　世界烟草或健康大会在京举行。103个国家和地区的1 800多名代表参加，江泽民主席出席会议并讲话说，中国政府从实际情况出发，在控烟方面做出了很大的努力。在广泛、深入地进行宣传的同时，颁布了有利于保障健康、推动控烟工作的法规，并加强了控烟的科学研究和国际学术交流。我们对成年人积极进行正面教育和引导，提倡文明、健康的生活方式。对中小学生、未成年人吸烟采取了严格限制的措施。中国将继续与世界各国一道，为提高人民的健康水平进行不懈的努力。钱其琛、彭珮云、钱正英、何鲁丽等出席了大会。

8月25日　江泽民作出批示。新华社报道：中共中央总书记江泽民对《国家科技领导小组第三次会议纪要》作出批示。批示指出，建国以后特别是改革开放以来，我国基础科学研究取得了举世瞩目的重大成就。但是，由于国家财力毕竟有限，我们不可能一时在各个领域都投入更多的力量。必须从社会和经济的长远发展需要出发，统观全局，突出重点，实行“有所为有所不为”的方针，继续加强基础科学研究。同时，我们必须改革科技体制，从政策上支持和鼓励企业从事科研、开发技术改造(即提高R&D的比重)，加强应用技术的开发和推广，促进科技成果更好地向现时生产力转化，不断解决经济建设中的重大和关键技术问题，推动经济体制和增长方式的根本转变。

同　日　中共中央决定：贾庆林任北京市委书记。

同　日　中共中央决定：李建国任陕西省委书记。

8月25日—29日　第八届全国人大常委会在北京举行。会议通过了《中华人民共和国防洪法》，该法共计8章66条，于1998年1月1日起施行；通过了《全国人民代表大会常务委员会关于批准〈中华人民共和国和哈萨克斯坦共和国关于在边境地区相互裁减军事力量的协定〉的决定》、《全国人民代表大会常务委员会关于批准〈中华人民共和国和塔吉克斯坦共和国关于民事和刑事司法协助的条约〉的决定》、《全国人民代表大会环境与资源保护委员会关于第八届全国人民代表大会第五次会议主席团交付审议的代表提出的议案审议结果的报告》、《第八届全国人民代表大会常务委员会代表资格审查委员会关于补选代表的代表资格的审查报告》。会议决定免去徐有芳的林业部部长职务，任命陈耀邦为林业部部长。

8月26日　中共中央决定：闻世震任辽宁省委书记。

同　日　中共中央决定：毛如伯任宁夏回族自治区党委书记。

同　日　国务院发布消息。《人民日报》报道：国务院新闻办公室发布消息：全国所有县以上城市，电话交换全部实现程控化。我国国家公众电信网电话交换机总容量已突破1亿门，成为仅次于美国的世界第二大电话网。

同　日　由中华全国青年联合会、中国青少年发展基金会与《人民日报》等首都10家新闻单位联合主办的第八届“中国十大杰出青年”评出。他们是（以姓氏笔划为序）：乌兰（内蒙古自治区中蒙医院蒙医五疗科主任）、叶龙（福建省实达电脑集团股份有限公司总裁）、冯巩（中国广播艺术团演员）、李永波（国家体委训练局中国羽毛球队总教练）、李建保（清华大学材料科学与工程系教授）、吴国迪（浙江省中国中轻工业集团公司董事长）、沈方泉（第二炮兵某部副营长）、赵满堂（甘肃省天水市北道区科委技术开发中心主任）、战连传（武警山东总队济南市支队三大队副大队长）、简纯林（海南省国营西联农场场长）。当选的“十杰青年”具有较为广泛的代表性、先进性和鲜明的时代特征。

8月27日　中共中央组织部制定下发了《组织人事干部行为若干规范》。全文分6章，自公布之日起施行。《人民日报》为此发表评论员文章：《学好〈规范〉提高素质》。

同　日　粟裕指挥艺术与战争理论研讨会在北京举行。中央军委主席江泽民为研讨会题词："出奇制胜的军事指挥艺术，创造性地运用毛泽东军事思想"。

8月28日　全国总工会在河北省邯郸钢铁公司召开全心全意依靠职工办好企业经验交流会。中共中央政治局常委胡锦涛对会议批示指出，当前，我们正处在把建设有中国特色社会主义的伟大事业推向21世纪的重要历史时期。要更好地推进改革开放和社会主义现代化建设事业，顺利实现跨世纪的宏伟目标，必须毫不动摇地坚持全心全意依靠工人阶级的方针。尤其是在深化国有企业改革的进程中，更应该坚定不移地贯彻这一方针。无论是转机建制、资产重组、加强管理、技术改造，还是下岗分流、减员增效、实施再就业工程，都是为了实现工人阶级的根本利益和长远利益，都必须相信和依靠广大职工群众。

同　日　"奔向新世纪"火炬传递点火起跑仪式在京举行。国家主席江泽民点燃八运会主火炬。中共中央政治局常委胡锦涛和2 000多位各界人士出席了仪式。

同　日　河南省郑州新郑机场正式通航。国务院副总理邹家华出席开航仪式。这个机场的建立，结束了辽阔中原没有专用民用机场、没有现代化空港的历史。

8月29日　中共中央决定：令狐安任云南省委书记。

同　日　江泽民主席发布中华人民共和国第八十八号主席令：《中华人民共和国防洪法》。该法分8章66条，自1998年1月1日起施行。《人民日报》发表评论员文章：《依法防洪造福人民》。

8月30日　中国国民党第十次全体代表大会在台湾闭幕。李登辉当选国民党主席，连战、李元簇、俞国华、邱剑焕为副主席，大会选出了230名中央委员和389名中央评议委员。

9月1日　中华人民共和国和圣卢西亚签署两国建立外交关系的联合公报。两国决定自1997年9月1日起相互承认并建立大使级外交关系。至此，我国已与160个国家建立了外交关系。《人民日报》为此发表社论：《祝贺我国同圣卢西亚建交》。

同　日　我国运载火箭将两颗“铱星”模拟送入轨道。我国制造的“长征二号丙”改进型运载火箭在太原卫星发射中心首次发射升空，成功地将美国摩托罗拉公司制造的两颗“铱星”模拟卫星送入预定轨道。

9月2日　我国5位护理人士荣获国际护理界最高荣誉奖——南丁格尔奖章。他们是安徽省护理学会荣誉理事长汪赛进、上海市第六人民医院护理部主任陆冰、河南省护理学会副理事长孔芙蓉、天津市护理学会理事长关小英、解放军兰州军区总医院专家组成员黎秀芳。南丁格尔奖是红十字国际委员会设立的，每两年颁发一次，每次不超过50人。这次已是第三十六届。

9月3日　《人民日报》发表社论：《再造壮丽秀美新山河》。社论说，在21世纪将要到来的历史时刻，在党的十五大胜利召开前夕，江泽民总书记、李鹏总理等党和国家领导人就大抓植树造林、治理我国水土流失、建设生态农业问题作出重要指示，要求“再造一个山川秀美的西北地区”。这是党的第三代领导集体高瞻远瞩作出的又一重大战略部署，它关系到我们民族的兴旺发达，关系到我国经济社会的可持续发展，关系到我国社会主义现代化建设目标的全面实现；是我国发展战略整体推进的一个重要方面，是保护我们中华民族生存空间的一场伟大斗争。

同　日　国务院召开电视电话会议，部署在全国建立城市居民最低生活保障制度工作。国务院委员李贵鲜在会上讲话说，在全国建立城市居民最低生活保障制度，是我国“九五”计划和2010年远景发展目标纲要提出的一项重要任务，对促进我国经济发展和社会稳定具有重要意义。近几年来，全国已有206个城市建立了城市居民最低生活保障制度，为在全国建立这项制度提供了经验。他要求各地政府根据国务院通知精神，结合当地实际情况，以高度的政治责任感和对人民群众的深厚感情，尽快把城市居民最低生活保障制度建立起来。

同　日　中宣部、国家经贸委、国务院纠风办、全国总工会在京联合举行全国职工职业道德先进事迹报告会。会上宣布了第三届全国职工职业道德“双十佳”名单。他们是：上海西部企业（集团）有限公司水电工徐虎，北京公交总公司21路车队售票员李素丽，山西西山矿务局西曲矿综采一队副队长亢龙田，太原铁路分局太原站客运值班员史改梅，沈阳市大东市政公司汽车司机梁鸿义，河南许昌市环卫处清洁工冀秉祥，重庆万县市精神病卫生中心护士王凡，天津市百货大楼股份有限公司营业员邱洳舜，福建华安县新圩邮电支局乡邮电员甲乙，广东湛江市惠珍联合医院院长梁惠珍。

9月4日　国务院副总理李岚清在全国中小学素质教育经验交流会上讲话强调要大力推进素质教育，创基础教育新局面。他说，推进素质教育是一项艰巨的任务，要抓住关键环节，采取有力措施。第一，要加快薄弱学校的建设，缩小中小学间办学水平的差距。第二，改革课程、教材、教学方法，这是推进素质教育的核心。第三，要加快升学考试制度改革。第四，要建立符合素质教育要求的科学的评估机制。第五，要充分发挥中小学校长和教师在推进素质教育中的主力军作用。第六，要进一步强调教育结构，积极发展高等和中等职业教育，拓宽升学就业渠道，为中小学实施素质教育创造有利条件。

9月4日—7日　应李鹏总理邀请，日本国内阁总理大臣桥本龙太郎对我国进行正式访问。4日下午，国务院总理李鹏在人民大会堂同桥本龙太郎举行会谈。两国签署了《中华人民共和国政府和日本国政府关于修改航空运输协定的换文》和《中华人民共和国政府和日本国政府关于日本向中国提供1997年度日元贷款的换文》。5日下午，国家主席江泽民在中南海会见桥本龙太郎首相。江泽民指出，以史为鉴，可以知兴替；以铜为镜，可以正衣冠。中日两国应严格遵循《中日联合声明》和《中日和平友好条约》的原则，面向21世纪，发展世代友好的中日关系。同日，乔石委员长和朱镕基副总理分别会见桥本首相，双方就两国关系交换了意见。7日，桥本首相结束访问回国。

9月6日　“辉煌的五年”展览开幕。中央宣传部、国家计委、国家经贸委、国家体改委和国家统计局联合主办的“辉煌的五年——十四大以来经济建设和精神文明建设成就展”开幕。胡锦涛出席开幕式并讲话。江泽民、李鹏、乔石、李瑞环、刘华清、荣毅仁为展览会题词。江泽民的题词是：“为建设有中国特色社会主义事业而奋斗”。李鹏题词是：“辉煌的五年，光明的未来”。乔石的题词是：“抓住历史机遇，加快改革步伐；开拓新局面，创造新成就”。李瑞环的题词是：“抓两个文明，促社会进步”。刘华清的题词是：“展示新成就，开创新局面”。荣毅仁的题词是：“加快发展，振兴中华”。

同　日　国务院发出通知。新华社报道：国务院发出关于改革和加强医药储备管理工作的通知。通知的主要内容是：一、建立中央与地方两级医药储备制度；二、认真落实储备资金，确保及时有效供应。储备药品和医疗器械的具体管理办法，由国家经贸委、国家医药管理局会同财政部、中国人民银行、卫生部联合制定。

9月8日—9日　中共十四届七中全会在京举行。会议由中央政治局主持，江泽民总书记讲话。会议决定，中国共产党第十五次全国代表大会于9月12日在北京举行。全会讨论并通过了中央委员会向党的第十五次全国代表大会的报告和《中国共产党章程修正案》，一致决定将这两个文件提请党的第十五次全国代表大会审议。全会决定递补中央候补委员克尤木·巴吾东为中央委员。全会审议通过了中央纪律检查委员会关于陈希同问题的审查报告。

9月8日—9日　中央纪律检查委员会第九次会议在北京举行，审议通过了工作报告，并提请党的十五大审议。

9月8日—12日　应国家主席江泽民的邀请，罗马尼亚总统埃米尔·康斯坦丁内斯库对我国进行国事访问。8日，江泽民主席与康斯坦丁内斯库总统举行会谈。两国签署了《中华人民共和国政府与罗马尼亚政府1997—2000年文化合作计划》、《中华人民共和国政府与罗马尼亚政府兽医、卫生、动物检疫和动物卫生合作协定》、《中华人民共和国国家环境保护局和罗马尼亚水利、森林和环境保护部环境保护合作协定》和《中国国际贸易促进会（中国国际商会）和罗马尼亚工商会合作协定》等文件。9日，李鹏总理和乔石委员长分别会见康斯坦丁内斯库总统，就两国关系的发展交换了意见。12日，康斯坦丁内斯库总统结束访问回国。

9月10日　李鹏总理发布中华人民共和国第二三〇号国务院令，公布《中华人民共和国核出口管理条例》。该条例共20条，自发布之日起施行。

9月12日—18日　中国共产党第十五次全国代表大会在北京举行。出席大会的代表共2 048人，特约代表60人。大会议程为：听取和审查十四届中央委员会的工作报告，审查中央纪律检查委员会的工作报告，审议通过《中国共产党章程修正案》，选举中央委员会，选举中央纪律检查委员会。江泽民代表十四届中央委员会向大会作题为《高举邓小平理论伟大旗帜，把建设有中国特色社会主义事业全面推向21世纪》的报告。主要内容是：一、世纪之交的回顾和展望；二、过去五年的工作；三、邓小平理论的重要地位和指导意义；四、社会主义初级阶段的基本路线和纲领；五、经济体制改革和经济发展战略；六、政治体制改革和民主法制建设；七、有中国特色社会主义的文化建设；八、推进祖国和平统一；九、国际形势和对外政策；十、面向新世纪的中国共产党。报告指出，中国共产党第十五次全国代表大会是一次极为重要的大会，是在世纪之交，承前启后，继往开来，保证全党继承邓小平遗志，坚定不移地沿着十一届三中全会以来正确路线胜利前进的大会。旗帜问题至关紧要。旗帜就是方向，旗帜就是形象。坚持十一届三中全会以来的路线不动摇，就是高举邓小平理论的旗帜不动摇。邓小平逝世后，全党在这个问题上尤其要有高度的自觉性和坚定性。把我们的事业全面推向21世纪，就是要抓住机遇而不可丧失机遇，开拓进取而不可因循守旧，围绕经济建设这个中心，经济体制改革要有新的突破，政治体制改革要继续深入，精神文明建设要切实加强，各个方面相互配合，实现经济发展和社会全面进步。实践证明，作为毛泽东思想的继承和发展的邓小平理论，是指导中国人民在改革开放中胜利实现社会主义现代化的正确理论。在当代中国，只有把马克思主义同当代中国实践和时代特征结合起来的邓小平理论，而没有别的理论能够解决社会主义的前途和命运问题。邓小平理论是当代中国的马克思主义，是马克思主义在中国发展的新阶段。报告最后强调指出，我们这次大会的灵魂，就是高举邓小平理论的伟大旗帜。十五大无疑将以这一点为标志载入史册。我们已经走出了一条光明大道，但前面的路并不都是平坦的，还会有各种困难和风险，包括可以预料的和难以预料的，来自国内的和来自国外的，经济生活中的和社会政治生活中的。无论什么困难和风险，都不能动摇我们对邓小平理论的坚定信念，而只会使我们更加自觉地运用这个理论去克服困难，战胜风险，胜利前进。坚持邓小平理论，在实践中继续丰富和创造性地发展这个理论，这是党中央领导集体和全党同志的庄严历史责任。大会通过了《中国共产党章程修正案》。大会认为，在党章中把邓小平理论确立为党的指导思想，明确规定中国共产党以马克思列宁主义、毛泽东思想、邓小平理论作为自己的行动指南，这对于保证我们党领导人民坚定地走有中国特色社会主义道路，把我国建设成为富强民主文明的社会主义现代化国家，具有重大而深远的意义。大会最后选出中国共产党第十届中央委员会委员共193人；选出候补委员151人。中共中央纪律检查委员会的全体代表参加了中国共产党第十五次全国代表大会，并向大会作了工作报告。报告的主要内容是：一、党的十四大以来党的廉政建设和反腐败工作的基本情况；二、反腐败面临的形势和今后工作的建议。会议选举产生了115名委员组成中央纪律检查委员会。

9月19日　中国共产党第十五届一中全会在北京召开。出席会议的有中央委员191人，候补中央委员151人。江泽民主持会议并作了讲话。会议选举了中央政治局委员、候补委员，中央政治局常务委员会委员，中央委员会总书记；根据中央政治局常务委员会的提名，通过了中央书记处成员；决定了中央军事委员会组成人员；批准了中央纪律检查委员会第一次全体会议选举产生的书记、副书记和常务委员会委员人选。他们是：一、中央政治局委员：丁关根、田纪云、朱镕基、江泽民、李鹏、李长春、李岚清、李铁映、李瑞环、吴邦国、吴官正、迟浩田、张万年、罗干、胡锦涛、姜春云、贾庆林、钱其琛、黄菊、尉健行、温家宝、谢非。中央政治局候补委员：曾庆红、吴仪（女）。二、中央政治局常务委员会委员：江泽民、李鹏、朱镕基、李瑞环、胡锦涛、尉健行、李岚清。三、中央委员会总书记：江泽民。四、中央书记处书记：胡锦涛、尉健行、丁关根、张万年、罗干、温家宝、曾庆红。五、中央军事委员会主席、副主席、委员：主席江泽民；副主席张万年、迟浩田；委员傅全有、于永波、王克、王瑞林。六、中央纪律检查委员会书记、副书记、常务委员会委员：书记尉健行；副书记韩杼滨、曹庆泽、何勇、周子玉、夏赞忠、刘丽英；常务委员会委员马驭、刘丽英、祁培文、李至伦、李登柱、何勇、周子玉、赵洪祝、袁纯清、夏赞忠、曹庆泽、尉健行、彭纲、韩杼滨、傅杰。

9月23日—25日　世界银行和国际货币基金组织理事会1997年度年会在香港会议展览中心召开。李鹏总理在开幕式上讲话说，创造有利条件，帮助广大发展中国家实现持续发展，这是国际社会的共同责任，也是国际金融机构的重要任务。他提出了6项主张：要充分重视发展中国家的紧迫发展问题；在平等互利的基础上广泛开展合作；要尊重各国自主选择社会制度、发展模式和生活方式的权利；要相互借鉴、优势互补；要选择适合本国国情的发展道路；要加强金融领域的国际合作。

9月24日　第八届全国政协常委会第二十二次会议召开。全国政协主席李瑞环出席会议，全国政协副主席叶选平主持会议。会议审议通过了政协第八届全国委员会常务委员会第二十二次会议《关于学习贯彻中国共产党第十五次全国代表大会精神的决议》。

9月24日—25日　应哈萨克斯坦共和国总统纳扎尔巴耶夫的邀请，国务院总理李鹏对哈萨克斯坦共和国进行工作访问。24日，两国领导人进行了内容丰富的会谈。双方签署了中哈国界补充协定、中哈石油天然气协定等文件。李鹏总理对记者说，发展同哈的长期稳定的睦邻友好与互利合作关系，在中国的对外政策中占重要位置，中国愿与哈方共同努力，构筑两国面向21世纪的全面合作伙伴关系。25日，李鹏总理结束对哈萨克斯坦的访问回国。

9月25日　国务院决定，自1997年10月1日起，我国再次较大幅

度降低出口关税率。海关总署介绍，这次降税涉及4 874个税号（现行税则共6 633个税号）的商品，降幅26%，关税算术平均率从23%降至17%。

9月25日—30日　应国务院总理李鹏的邀请，巴哈马国总理休伯特·英格拉哈姆对我国进行正式访问。26日，两国总理进行会谈。双方签署了关于经济技术合作的协定。26日，江泽民主席在中南海会见英格拉哈姆总理。他说，今年5月阁下果断作出与台湾“断交”、与中华人民共和国建交的决策，我们对此表示赞赏。当天下午，全国人大常委会委员长乔石在人民大会堂会见英格拉哈姆总理。双方表示，愿为促进两国友谊和合作关系进一步发展做出贡献。27日，英格拉哈姆总理赴上海、广州参观访问。10月1日结束对中国的访问回国。

9月28日　李鹏总理在中南海接见108位中国工艺美术大师。他向这些为我国工艺美术事业的发展做出卓越成就和突出贡献的工艺美术大师们表示热烈的祝贺和亲切的问候，勉励他们在继承、发扬优秀传统技艺和民族风格的基础上，推陈出新，努力开发有时代特点的工艺品，为促进我国工艺美术事业的繁荣做出积极贡献。

同　日　北京市通县撤县设区暨挂牌仪式在古城通州举行。通州始建于西汉初年，迄今已有2 000多年的历史。改革开放为古城通州注入了生机和活力，城乡基础设施建设令人瞩目，区域内路网纵横，四通八达，综合经济实力已跻身于全国百强县行列。

同　日　国务院总理李鹏考察故宫博物院，就文物保护和管理以及故宫周边环境整治等有关问题进行了考察。他指出，要继续贯彻有效保护、合理利用、加强管理的原则，建立与社会主义市场经济体制相适应的文物保护体制，使我国丰富的文化遗产在两个文明建设中发挥积极的作用。

9月29日　中央召开党外人士座谈会。江泽民、李鹏、朱镕基、李瑞环、胡锦涛、尉健行、李岚清等党和国家领导人参加座谈会。国家主席江泽民在讲话中强调指出，建设有中国特色社会主义，是一项前无古人的伟大事业，需要凝聚全国人民的智慧和力量，共同努力奋斗。当前，面对改革攻坚和开创现代化建设新局面的艰巨任务，需要加强全国各族人民的团结，加强中国共产党和民主党派和无党派人士的团结，加强同一切爱国力量的团结，最大限度地调动一切积极因素，克服前进道路上的一切困难，把我们的事业全面推向新世纪。

9月30日　国务院总理李鹏在人民大会堂举行盛大招待会，庆祝中华人民共和国成立48周年。江泽民、乔石、朱镕基、李瑞环、刘华清、胡锦涛、尉健行、李岚清、荣毅仁等党政领导人出席，李鹏发表讲话。他说，1997年是我国人民政治生活中极不平凡的一年。不久前刚刚闭幕的中国共产党第十五次全国代表大会，是一次承前启后、继往开来的历史性会议。这次会议是我们党和国家历史上新的伟大的里程碑，必将对今后中国的发展产生重大而深远的影响。今年7月1日，我国政府顺利地恢复了对香港行使主权。香港回归后，“一国两制”、“港人治港”、高度自治的方针得到贯彻执行，特别行政区政府运作正常。澳门回归的各项准备工作正在顺利进行。按照“和平统一、一国两制”的方针解决台湾问题是我们的原则立场，希望台湾当局以民族大义为重，在一个中国的原则下，及早同我们进行政治谈判。无论前进道路上有多少困难，祖国完全统一的目标最终是能够实现的。李鹏总理在讲话中还就经济形势和今后的发展提出了具体要求。

10月1日　《人民日报》发表社论：《满怀信心，开拓前进》。社论说，建设有中国特色社会主义事业是12亿中国人民的伟大事业。没有广大群众的热情支持和积极参与，我们的事业就不能成功。现在摆在我们面前的首要任务，就是学习、宣传和贯彻落实党的十大精神，把广大干部群众的思想统一到十五大精神上来，把全国人民的力量凝聚到实现十五大确定的各项工作任务上来。要使人们都了解，党的十五大对中国的未来意味着什么，对中国老百姓的前途又意味着什么。人民群众知道了真理，就会自觉地、齐心地去为真理而奋斗。党的各级组织和广大党员要时刻牢记，我们的事业一刻也离不开群众。要把党的路线、方针、政策化为群众的实际行动，必须相信群众、依靠群众，尊重群众的首创精神，同时要注意倾听群众的呼声，关心群众的疾苦，帮助群众排忧解难，把群众中日益高涨的热情引导好、保护好、发挥好。社论最后说，让我们高举邓小平理论伟大旗帜，更加紧密地团结在以江泽民为核心的党中央周围，不屈不挠，艰苦奋斗，开拓前进，不断夺取建设有中国特色社会主义伟大事业的新胜利！

同　日　李鹏总理电贺国际原子能机构成立40周年。贺电说，40年来，机构在促进原子能的和平利用和防止核武器扩散方面做了大量的工作，赢得了广大成员国的赞誉。我们相信在未来的年代里，机构一定能够在《规约》所确定的宗旨和原则的指导下，为促进和平利用原子能事业的发展发挥更加积极的作用。

同　日　四川省内江市至自贡市高速公路全面竣工通车运营。该公路是四川内（江）、宜（宾）高速公路的一期工程，也是交通部规划的国道主干线北京至昆明的其中一段，全长40公里，设计车速为每小时100公里，路基宽25.5米，路面为沥青混凝土，全封闭、全立交、四车道，与成渝高速公路连接。

10月2日　西藏博物馆主体工程竣工。江泽民总书记题写馆名。

10月5日　《人民日报》发表社论：《光辉的旗帜，胜利的旗帜》。社论说，党的十五大修改通过的《中国共产党章程》明确规定："中国共产党以马克思列宁主义、毛泽东思想邓小平理论作为自己的行动指南。"江泽民在十五大报告中强调指出："在社会主义改革开放和现代化建设的新时期，在跨越世纪的新征途上，一定要高举邓小平理论的伟大旗帜，用邓小平理论指导我们整个事业的各项工作。这是党从历史的现实中得出的不可动摇的结论。"十五大的这一历史性决策具有重大的现实意义和深远的历史意义。社论说，贯彻十五大精神，首先是高举邓小平理论伟大旗帜，在全党和全国兴起一个学习马列主义、毛泽东思想特别是邓小平理论的新高潮。社论还说，要高举旗帜，就要正确地认识旗帜，牢牢掌握旗帜。

同　日　国务院总理李鹏会见第二届中国环境与发展国际合作委员会第1次会议的外方委员和部分中方委员。在会见时他强调，中国的目标是在实现现代化的同时，要使环境保护也能符合现代化的要求。李鹏说，在资源利用方面，我们注意开发与节约并重，这几年节能工作取得了较大的进展。我们重视环保方面的立法工作，特别是针对四大公害都制定了相应的法律和法规，在农村，集中对污染严重的乡镇企业进行了整治。在城市，在提高气化比例、集中供热、汽油无铅化、垃圾分类袋装、污水处理等方面，都有了不同程度的进展。此外，我们还采取措施在一些边远地区防止荒漠化。在经济发展过程中，我们十分注意提高森林覆盖面积，目前全国已建立800个自然保护区。

10月6日　全国十佳少先队员评选揭晓。《人民日报》报道：由共青团中央、中央电视台联合举办的第五届全国十佳少先队员评选目前揭晓。这十名少先队员是：临危不惧，勇斗歹徒的黑龙江省安达铁路小学少先队员王海涛；身残志坚，自强不息的天津市二十中少先队员刘涛；热心助残，坚持不辍的山东省济南市历城区唐王镇北殷小学少先队员张受禄；关心他人，发起创建“手拉手小学”的广东省深圳市蛇口育才二小少先队员杜明书；钻研农业，勤于实践的浙江省衢县金旺镇中心小学少先队员汪翠萍；热爱科学，刻苦钻研的重庆市人民小学少先队员李默涵；潜心发明，富于成果的河南省安阳市人民大道小学少先队员周林；战胜逆境，自强自立的辽宁省沈阳市东陵小学少先队员姚欢；勤劳俭朴，全面发展的西藏自治区拉萨市师范附小少先队员索娜卓嘎；意志坚强，奋发向上的吉林省九台市第三中学少先队员董文娟。

10月6日—12日　应国务院总理李鹏的邀请，莫桑比克共和国总理帕斯库亚尔·曼努埃尔·莫昆比对中国进行私人访问。7日下午，国务院总理李鹏、国务院副总理朱镕基在钓鱼台国宾馆会见了莫昆比总理，双方回忆了建交以来，在政治、经济、文化等领域进行友好合作的情况，并表示要进一步促进两国关系的发展。8日，莫昆比总理前往合肥市和上海市参观访问，12日结束对我国的访问离境。

10月7日　中国扶贫基金会、《半月谈》杂志社公布第四届“吉利杯”全国十大“扶贫状元”评选结果。他们是：辽宁省辽阳市市委书记傅克诚、中科院和水利部水土保持研究所研究员卢宗凡、湖南省吉首军分区司令员彭楚政、香港协诚行主席和锦华置业有限公司主席方润华、青岛面粉机械厂原厂长王义锡、湖北省潜江市张金镇幸福村党委书记周作亮、四川希望集团董事长刘永好、国务院地矿部扶贫办主任兼赣南老区开发中心主任朱耀琪、深圳冠丰华贸易有限公司董事长陈毅锋、安徽安庆石油化工总厂副厂长汪锦荣。孔令玉等25人荣获"扶贫贡献奖"。本届评委会由中宣部、国务院扶贫开发领导小组、解放军总政治部等16个部委负责扶贫工作的领导同志组成，全国政协副主席、中国扶贫基金会会长杨汝岱任主任。

10月8日　江泽民总书记致电祝贺金正日出任朝鲜劳动党总书记。贺电说，中朝两国是山水相连的友好邻邦。中朝两党、两国人民之间有着我们两国老一辈领导人亲手培育和发展起来的、经受住历史考验的传统友谊。维护和巩固中朝传统友谊，加强和发展中朝友好合作关系，不仅符合我们两党、两国和两国人民的根本利益，而且对促进朝鲜半岛和东北亚地区乃至世界的和平、稳定与发展都具有重要意义。我们将一如既往地为不断加强和发展中朝友好合作关系做出不懈的努力。相信在我们双方的共同努力下，中朝传统友谊和睦邻友好必将不断发展，世代相传，以造福于我们两国人民，并为亚洲和世界的和平、稳定与发展做出贡献。

10月9日　江泽民签署命令。新华社报道：中央军委主席江泽民签署命令，颁发重新修订的中国人民解放军《内务条令》、《纪律条令》、《队列条令》（统称共同条令）和《警备条令》。这些条令自颁布之日起在全军部队施行。

同　日　经国务院批准，中国人民银行决定从本年10月15日起，逐步允许中资企业保留一定限额的外汇收入。这是我国为进一步加快国有企业改革、完善企业经营机制实行的中外资企业同等待遇，为企业创造更为宽松的经营环境而采取的一项重要措施。根据人民银行的规定，中国人民银行受权国家外汇管理局核定中资企业可保留外汇的最高金额，每个企业可保留外汇的最高金额不得超过其上年进出口总额的15%，超过部分必须结汇。符合条件的中资企业从本年10月15日起，可以向当地国家外汇管理局申请，经批准后可以到中资外汇指定银行开立外汇结算账户。

同　日　中央社会治安综合治理委员会发出《关于进一步开展基层安全创建活动的意见》。《意见》决定在全国基层单位进一步开展以解决治安问题为主的群众性安全创建活动，推动社会治安综合治理基层基础建设措施的进一步落实。

10月10日　《人民日报》发表社论：《从社会主义初级阶段的实际出发》。社论说，社会主义初级阶段理论，是邓小平理论的一个重要组成部分。要高举邓小平理论旗帜不动摇。所谓社会主义初级阶段，包括两层含义：第一，就社会性质而言，我国已进入社会主义社会；第二，就发展程度而言，我国还处在初级阶段。这就要求我们：第一，必须坚持社会主义而不能离开社会主义；第二，必须从初级阶段出发而不能超越初级阶段。这个理论，坚持了唯物辩证法，既同否定社会主义的右的思潮划清了界限，也同超越阶段的"左"的思潮划清了界限。

10月11日　党和国家领导人为第八届全国运动会题词。江泽民的题词是："发展我国体育事业，促进社会主义物质文明和精神文明建设"。李鹏的题词是："提高体育竞技水平，推进全民健身运动"。乔石的题词是："发展体育运动，促进两个文明建设"。李瑞环的题词是："全民健身、增强体魄、攀登高峰、光耀祖国"。

10月12日—16日　第15届世界石油大会在北京举行。李鹏总理会见与会的主要贵宾，国家主席江泽民出席开幕式并致词说，中国是世界上最早发现和利用石油和天然气的国家之一。有文献记载的历史，迄今已有2 000多年。中华人民共和国成立以来，特别是近20年来，中国石油工业的发展，取得了巨大的成就。随着经济持续快速健康发展，社会消费水平不断提高，我国对石油天然气资源和产品的需求将会日益扩大。中国政府和人民有信心保持国内石油天然气生产的稳定增长。我们将继续坚持立足国内，扩大开放，走向世界，在平等相待、互利互惠的基础上，积极推动中国与世界各国石油界的交流与合作，实现共同发展。《人民日报》于11日发表社论：

《共创石油工业的美好明天》，热烈祝贺第十五届世界石油大会开幕。本届石油大会有来自91个国家和地区的4 600多名代表参加，包括各国和地区石油界的高级官员，知名能源专家、学者、企业家，还包括68家跨国石油公司、国家石油公司的总裁，26个国家的石油或能源部长，以及世界石油大会的高级官员和世界能源理事会、国际天然气联盟等国际能源组织代表。

10月12日—17日　第二十三届国际人口科学大会在北京举行。80多个国家和地区的1 300多名专家学者及一些国际组织代表参加。大会开幕前，李鹏总理会见了国际人口科学联盟理事会成员和部分国际知名学者。在12日的开幕式上，李鹏总理讲话说，由于中国坚持不懈地实行计划生育政策，1996年中国人口自然增长率已降到10.42‰。从70年代到现在，大约少生育3亿人。这不但缓解了对中国经济和社会发展的压力，而且对世界人口控制也是一个贡献。世界上越来越多的人对中国的计划生育政策表示理解、同情和支持，我们对此表示感谢。他还说，尽管中国计划生育政策取得了如此重大的成就，但由于我们国家人口基数大，这几年的均净增人口仍在1 300万左右。这相当于一个中等国家人口的总和。中国政府需要为新出生的人口提供生活必需品以及受教育和就业的机会，这仍然是一个沉重的负担。

10月12日—24日　第八届全国运动会在上海举行。来自全国各省、自治区、直辖市、香港特别行政区和解放军以及13个行业体协的共46个代表团、7 647名运动员参加这次运动会。国家主席江泽民出席在上海体育场举行的开幕式。中共中央总书记、国务院总理李鹏在上海接见了优秀运动员代表，向他们表示祝贺和感谢。本届运动会还邀请了国际奥委会主席萨马兰奇观摩。会议期间召开了表彰会，江泽民主席接见了先进代表。本届运动会共有179人、659次打破41项世界纪录。其中16人19次打破奥运项目世界纪录、4人4次平了3项世界纪录，100人3队367次打破55项亚洲纪录，88人6队142次创66项全国纪录。《人民日报》于12日发表社论：《创造新的辉煌——热烈祝贺第8届全国运动会开幕》；25日又发表评论员文章《中华儿女的出色答卷——祝贺第八届全国运动会胜利闭幕》。

10月13日　国务院人事部发布《关于授予王韶华等十名同志“人民满意的公务员”荣誉称号和给予王秀兰等十五名同志记一等功奖励的决定》。“人民满意的公务员”是：河北省平山县西柏坡乡乡长王韶华、海南省琼海市温泉镇镇长陈列雄、福建省宁德市石后乡乡长蓝秀珍、云南省西盟佤族自治县县长魏红、天津市和平区劝业场街道办事处主任王行安、湖南省资兴市市长黄诚、山西省阳泉市郊区区长王敬瑞、安徽省宁国市市长吴瑞荣、青海省玉树县县长罗松仁青、新疆维吾尔自治区和田县布扎克乡乡长买买提依明·卡德尔。记一等功的是：北京市朝阳区高碑店乡乡长王秀兰、上海市杨浦区延吉新村街道办事处主任陈丽龄、重庆市黔江土家族苗族自治县水市乡乡长曾宪良、辽宁省桓仁满族自治县县长史会云、吉林省德惠市市长钟振明、黑龙江省海林市柴河镇镇长郭德发、浙江省绍兴县夏履镇镇长徐国娣、江西省崇仁县郭圩乡乡长龙雪荣、山东省胶州市副市长李益新、河南省舞钢市枣林乡乡长张荣海、广东省信宜市市长陈自昌、广西壮族自治区合浦县星岛湖乡乡长陈松、贵州省织金县金龙苗族彝族布依族乡乡长杨雄、西藏自治区日喀则市市长边巴次仁。为此《人民日报》发表评论员文章：《“人民满意”是最高荣誉》。

10月13日—18日　应李鹏总理的邀请，安提瓜和巴布达总理莱斯特·伯德对中国进行正式访问。13日下午，李鹏总理在人民大会堂与伯德总理举行会谈，共同签署了有关两国经济技术合作的协议。14日，全国政协主席李瑞环和全国人大常委会委员长乔石先后会见伯德总理，双方就两国关系等交换了意见。14日，伯德总理前往沈阳、深圳和香港地区参观访问，18日结束对中国的访问离境。

10月14日　李鹏总理主持召开国务院第六十三次常务会议。国务院三峡工程建设委员会副主任郭树言汇报了三峡工程大江截流前验收情况。会议批准于1997年11月8日实现长江大江截流。

10月15日　上海浦东国际机场开工。江泽民总书记出席奠基仪式并挥锹奠基。浦东国际机场位于长江入海口南岸，地处浦东新区的最东南缘，占地32平方公里，1999年底前建成一期工程并投入试运营。

同　日　全国人事系统为经济建设服务工作会议结束。会议指出，人事工作要实现三个突破：一是要突破人事工作陈旧观念的局限，把服务领域由国有经济延伸到整个国民经济，由城市延伸到农村，由国有单位延伸到非国有单位；二是要突破人事工作对象的局限，把服务对象由传统的国家干部延伸到各级各类人才，包括乡土人才；三是突破人事工作老套方式的局限，把服务方式由单纯调配延伸到人才资源的开发。

10月16日　中纪委制定违反制止浪费办法的处理。新华社报道：中共中央纪律检查委员会制定对违反《关于党政机关厉行节约制止奢侈浪费行为的若干规定》行为的党纪处理办法，全文13条，自颁布之日起施行。

同　日　国务院新闻办公室发表《中国的宗教信仰自由状况》白皮书。书中列举大量事实表明新中国成立以来，特别是改革开放以来，中国人民的宗教信仰自由的权利得到了充分的尊重和保护。

10月17日　《人民日报》发表社论：《大力推进依法治国进程》。社论指出，大力推进依法治国的进程，首先要学习邓小平理论中关于民主法制的重要论述，深入学习江泽民十五大报告的有关论述，全面准确地掌握政治体制改革和民主法制建设的基本观点，从理论上搞清依法治国的基本含义、基本要求；要进一步健全民主制度；要坚决维护宪法和法律的尊严，做到有法必依，执法必严，违法必究，法律面前人人平等，任何人、任何组织都没有超越法律的特权；要在全社会继续深入开展普法教育，增强全民的法律意识，形成人人知法、懂法、守法、护法的良好风尚，为依法治国奠定广泛而坚实的群众基础。

同　日　第七届全国政协副主席、国务院原副总理方毅逝世。方毅，又名方青吉、方静吉。1916年2月26日出生于福建厦门市。1930年1月加入中国共青团，1931年转为中共党员。曾任厦门、漳州共青团区委书记，共青团厦门中心区委书记、市委宣传部部长、市委书记。1934年底去上海时被捕。1937年8月经中共中央营救出狱，赴湖北工作，先后担任中共湖北省委常委、民运部长，鄂东特委书记。1939年后任津浦路东临时前敌委员会书记、新四军五支队政治部主任、皖东津浦路东省委书记、津浦路东联防办事处主任、淮南苏皖边区行政公署主任。1945年后，任苏皖边区政府副主席、华东财政经济办事处副主任、山东省人民政府副主席、福建省人民政府副主席、省委第二副书记、上海市人民政府副市长、党组副书记、书记等。1953年任财政部副部长。1954年到越南帮助工作，任中国驻越南经济代表处代表。1961年回国，任国家计划委员会副主任。1964年后担任对外经济联络委员会主任、党组书记，对外经济联络部部长、党组书记，中国科学院副院长、院长、党组书记，国家科委主任、党组书记、国务院副总理、国务委员。1988年起任七届全国政协副主席、全国政协党组副书记。是中共第八、九届中央候补委员，第十、十一、十二届中央委员，第十一届政治局委员、中央书记处书记，第十二届中央政治局委员。

同　日　**我国成功利用“长征三号”飞行运载火箭再次将“亚太二号R”通信卫星成功地送入运行轨道。**

10月17日—22日　**中国民主同盟第八次全国代表大会在北京举行。**中共中央政治局委员姜春云代表中共中央致贺词，大会常务主席丁石孙代表民盟第七届中央委员会向大会作了题为《高举爱国主义旗帜，为实现我国跨世纪的宏伟目标而奋斗》的工作报告。会议通过了中国民主同盟章程，推举费孝通、钱伟长、谈家桢、苏步青为名誉主席，选举丁石孙为主席。

10月20日　**首届“十杰百优”青年卫士评出。**他们是：置生死于度外，只身斗歹徒，勇救人质的青年女民警王玉荣；身患重症却仍以忘我精神勤奋工作，取得突出业绩的法官谭彦；以大无畏精神克服重重困难，查处多起贪污贿赂大案要案的检察官莫远航；在重大越狱案中英勇不屈，身受重伤仍浴血奋战的青年干警邓昌贵；坚持原则，忠于职守，查处有问题及违纪金额1亿多元的青年财政监察干部张庆增；为保卫银行财产不惜流血牺牲，与歹徒进行殊死搏斗的青年金融干部毛亚社；秉公执法，敢于同抗税分子、偷逃税分子作坚决斗争的青年税务工作者谭振亮；练就一身真本领，查获多起走私案的青年工商干部李建强；守卫国门立大功，缉私多次遇险负伤的青年海关干部吴锡昆；舍身忘死，在打击犯罪、保护人民生命财产安全斗争中屡建战功的武警警官张志刚。《人民日报》为此发表短评：《做忠诚卫士，为时代争辉》。

10月21日—26日　应国务院总理李鹏的邀请，佛得角共和国总理卡洛斯·韦加对我国进行正式访问。22日，李鹏总理和韦加总理举行会谈。会谈后，两位总理出席了两国政府间经济技术合作协定和中国政府向佛得角政府无偿援助大米的换文签字仪式。23日，国家主席江泽民会见了韦加总理，双方就友好关系的发展进行了交谈。当天，中共中央政治局常委胡锦涛会见了韦加总理。

10月22日—31日　应国家主席江泽民的邀请，挪威国王哈拉尔五世对中国进行国事访问。23日上午，江泽民主席会见了哈拉尔五世国王。双方签署了《中国国家科委和挪威开发合作署关于中挪清洁生产项目第二期合作协议》、《中国国家科委和挪威开发合作署关于西安回民聚居传统街区规划设计研究项目协议》、《中国农业部和挪威开发合作署关于"北斗"渔业研究和管理项目的协议》、《挪威开发合作署与中国博物馆学会关于中国贵州省梭嘎生态博物馆的协议》。23日，朱镕基副总理会见了哈拉尔五世国王。25日，哈拉尔五世国王赴上海、云南参观访问，29日赴香港，31日结束对我国的访问。

10月25日　国家主席江泽民在北京宣布，中国政府决定签署《经济、社会及文化权利国际公约》。江泽民在人民大会堂会见了所有美国驻北京新闻机构负责人并回答了提问。他说，签署《经济、社会及文化权利国际公约》再次表明了中国政府促进中国和世界人权事业发展的坚定决心。当前，中美关系面临着改善和发展的良好机遇。中美两国存在着广泛的共同利益。在世纪之交的重要历史时刻，能否把一个健康、稳定的中美关系带入21世纪，关系下个世纪世界的和平、稳定和繁荣。对于这个重大问题，中美两国负有重要的责任；相信他即将进行的访美会达到增进了解，扩大共识、发展合作、共创未来的目的。

10月25日—11月5日　第五届中国艺术节在成都举行。全国政协主席、第五届中国艺术节名誉主席李瑞环出席开幕式并讲话说，举办艺术节对举办好全国性的文化活动，对全面推进文化事业，加强精神文明建设都有重大的借鉴意义。国务委员、第五届中国艺术节主席李铁映也在开幕式上讲话。《人民日报》于25日发表社论：《书写新篇章迎接新世纪——祝贺第5届中国艺术节开幕》。

10月26日—11月2日　应美利坚合众国总统威廉·克林顿的邀请，江泽民主席对美国进行国事访问。江泽民主席26日抵达美国夏威夷州首府檀香山，27日晚抵达威廉斯堡，28日下午前往华盛顿访问。29日，江泽民主席和克林顿总统先后进行小范围和大范围的会谈。当天发表《中美联合声明》。主要内容有：高层对话和磋商；能源和环境合作；经贸关系；和平核合作；防扩散；人权；法律合作；两军关系；科技、教育和文化交流。双方决定：为了促进世界和平与发展的崇高事业，中美两国应该加强合作，努力建立面向21世纪的、建设性的战略伙伴关系。双方同意建立两国元首定期会晤制度。江泽民主席在访问期间，先后访问了费城、纽约、波士顿、洛杉矶等城市。31日，江泽民主席在中美贸易全国委员会和美国中国商会举行的欢迎晚宴上发表演讲。11月1日，他在美国哈佛大学发表演讲。在访问期间，中国民航总局局长陈光毅和美国商务部长威廉·戴利代表双方签署了购买议定书，中国购买价值30亿美元的50架波音客机。《人民日报》于11月5日发表社论：《中美关系发展的新阶段——热烈祝贺江泽民主席对美国的国事访问圆满成功》。

10月27日—11月1日　第八届全国人大常委会第二十八次会议在京举行。会议表决通过了节约能源法和建筑法。国家主席江泽民分别签署第90、91号主席令，公布了这两部法律。会议通过了中华人民共和国香港特别行政区第九届全国人民代表大会代表选举会议成员名单，人民解放军选举委员会主任、副主任、委员名单和全国人大财经委员会、教科文卫委员会、华侨委员会关于八届全国人大五次会议主席团交付审议的代表提出的议案审议结果的报告。

10月27日—11月1日　中国农工民主党第十二次全国代表大会在北京举行。中共中央发来贺词。会议学习了中国共产党第十五次全国代表大会精神，审议通过了第十一届中央委员会的报告，总结了农工民主党十一大以来的实践经验，讨论通过了修改后的中国农工民主党章程，选举产生了第十二届中央委员会。大会推举卢嘉锡为名誉主席，选举蒋正华为主席。

10月28日　黄河小浪底工程截流成功。李鹏总理代表党中央、国务院对截流成功表示祝贺。他说，希望你们再接再厉，顽强拼搏，努力创造一流的设计，一流的质量，一流的管理，一流的效益，为小浪底工程1997年发电，为夺取工程建设的全面胜利，为我国社会主义现代化建设做出新的贡献。

10月31日　达万铁路开工典礼在重庆万县市举行。国务院总理李鹏出席开工典礼。达万铁路西起襄渝铁路四川达县，东至重庆万县市，正线全长158.3公里，总投资25.5亿元人民币，建设工期3年。

11月1日　中国人民大学庆祝建校60周年。江泽民、李鹏、乔石、李瑞环、李岚清等党政领导人分别题词。江泽民的题词是："高举邓小平理论伟大旗帜，培养跨世纪优秀建设人才"。李鹏的题词是："认真贯彻党的教育方针，培养现代化事业合格人才"。乔石的题词是："培养跨世纪优秀人才，为建设有中国特色社会主义作出更大贡献"。李瑞环的题词是："坚持解放思想，勿忘实事求是"。李岚清的题词是："继续深化教育改革，努力提高教育质量和办学效益，为培养更多的跨世纪人才作贡献"。

11月1日—6日　中国致公党第十一次全国代表大会在北京举行。大会常务主席董寅初致开幕词。国务委员李铁映致贺词。大会常务主席杨纪珂在会上作题为《继往开来，团结进取，为民族振兴和祖国统一大业作出新贡献》的报告。大会审议并通过了中国致公党新的章程。推举董寅初为名誉主席，选举罗豪才为新一届主席。

11月3日—7日　中华全国工商联合会第八届会员代表大会在京举行。中共中央政治局委员、全国人大副委员长田纪云代表中共中央、国务院致贺词。大会常务主席经叔平作了题为《高举邓小平理论伟大旗帜，肩负起工商联跨世纪历史使命》的工作报告。会议学习了中国共产党第十五次全国代表大会精神，审议通过了第七届执委会的工作报告，总结了工商联七大以来的实践经验，通过了修改后的《中国工商联合会章程》，选举产生了第八届执行委员会。推举王光英为名誉主席，选举经叔平为主席。

11月4日　国家环境保护模范城市表彰大会在人民大会堂举行。张家港、大连、深圳、厦门、威海、珠海被评为“环境模范城市”。

11月5日　10名全国第二届杰出青年农民评出。他们是：江苏省吴江市平望镇复兴村农民王平，陕西省延川黑龙关乡王家坪农民王炜，福建省福清市港头镇梓园村农民王妹弟，四川省汉市兴隆镇竹林村农民刘光基，黑龙江省桦南县梨树乡和平村农民孙斌，上海市青浦县白鹤镇五联村农民孙林欣，山东省青州市黄楼镇芦李村农民李天庆，新疆维吾尔自治区和田县罕艾日克乡尤卡空村农民克然木依明，安徽省蒙城县双涧镇贾井村农民赵兴业，河南省内乡县马山口镇河西村农民秦英林。

11月7日　国务院总理李鹏在湖北省宜昌市召开的三峡移民暨对口支援工作会议上发表讲话。他说，三峡工程关键在移民，移民的关键在领导。必须明确党政一把手为移民工作的第一责任人，调动一班人的积极性，切实加强对移民工作的领导。要正确处理国家、地方和移民群众的利益关系，充分依靠群众，发挥他们的巨大创造力，变被动移民为主动移民，共同搞好移民工作。他还说，要继续处理好移民搬迁与发展的关系。在新城镇建设上，一定要实事求是，量力而行，急于求成是违反经济规律的。要清醒地认识到，发展有一个过程。

11月8日　长江三峡工程大江截流成功。国家主席江泽民、国务院总理李鹏出席截流仪式。上午9时，李鹏总理在龙口附近的工地上正式下达合龙令。现场副总指挥发射3颗信号弹。葛洲坝集团一公司车一队司机朱显清驾驶着自卸车向龙口抛投下第一车石料。下午15时整，大江截流仪式开始。15时30分，上游围堰截流成功，左右两道戗堤完全连接在一起。李鹏总理宣布截流成功。江泽民和李鹏从会场主席台来到截流围堰堤坝，向施工人员表示热烈祝贺和亲切慰问。江泽民讲话说，大江截流胜利实现，是我国现代化建设的一件大事，也是人类改造和利用自然史上的一个壮举。这必将给正在满怀信心地进行改革开放和现代化建设的全国各族人民以巨大的鼓舞。改革开放以来，我国经济快速发展，综合国力大大增强，多少代中国人开发和利用三峡资源的梦想，今日正在变为现实。这再次生动说明，社会主义具有能够集中力量办大事的优越性。他要求参加三峡建设的各个单位，切实加强管理，保证工程质量，继续搞好科技攻关和试验，确保2003年实现首批机组发电。他还要求保护好流域的生态环境。三峡工程的大江截流与其他水电工程相比，综合难度最大，通过在长江主河床上构筑两道围堰，继而修建三峡大坝和电站厂房。

同　日　西藏自治区那曲地区玛尼附近发生7.5级地震。

11月8日—13日　九三学社第七次全国代表大会在京举行。国务院副总理吴邦国代表中共中央致贺词。大会常务主席徐采栋作了题为《在邓小平理论伟大旗帜指引下向着新世纪的宏伟目标阔步前进》的报告。大会通过了《关于第九届中央委员会报告的决议》和《九三学社章程》，大会推举王淦昌为名誉主席，吴阶平再次当选为主席。

11月9日　原中顾委常委伍修权在北京逝世。伍修权，1908年生，湖北武汉人。1923年加入中国青年团。1925年赴苏联学习。1931年回国，转为中共党员。在中央苏区，先后担任瑞金红军学校第三期军事团教育主任、军委模范团政委、红一军团第三师政委、福建军区汀(州）连（城）分区司令员等职，参加了第三、第四次反“围剿”。1933年10月，任共产国际派驻中共中央军事顾问的翻译，参加了第五次反“围剿”。1935年1月，列席遵义会议。遵义会议后，先后任红三军团副参谋长、红三军第十团参谋长、红十五军第七十三师参谋长等职。抗日战争爆发后，任陕甘宁边区政府秘书长、八路军驻兰州办事处处长、中央军委一局局长。1945年后，任总参谋部作战部副部长、东北军区司令部参谋长、东北民主联军第二参谋长、东北军区参谋长兼军工部政委、东北军区军政学校校长。中华人民共和国成立后，任外交部苏联东欧司司长、副部长，中国驻南斯拉夫首任大使，中共中央对外联络部副部长。1975年任解放军副总参谋长。1980年任审判林彪、江青反革命集团的审判工作指导委员会成员和特别法庭副庭长、第二审判庭审判长，参与领导和直接担负了对林彪、江青反革命集团的审判工作。是中共中央顾问委员会常委。

11月9日—11日　应国家主席江泽民的邀请，俄罗斯联邦总统鲍里斯·拉耶维奇·叶利钦对中国进行国事访问。10日上午，国家主席江泽民在人民大会堂同叶利钦总统举行了会谈。江泽民说，中俄关系已有了明确的发展方向，这就是我们已经建立起平等、信任、面向21世纪的战略协作伙伴关系；已经有了坚实的政治基础，这就是通过各项联合声明和其他文件，双方承认在相互关系中严格遵循相互尊重、平等信任、互利合作、共同发展的原则；已经有了有效的机制保证，这就是两国元首、总理、外长建立了定期会晤制度。随着中俄友好、和平与发展委员会的成立和运作，两国各界人民之间的友谊与相互了解将会加强，中俄友好合作关系的社会基础将会更加深厚。叶利钦总统表示完全同意江泽民主席的看法。两国国家元首正式宣布，中俄东段国界勘界工作已经全部完成。10日，双方发表《中俄联合声明》，签署了中俄关于铺设天然气输气管道、开发凝析气田项目基础原则的谅解备忘录；中俄关于地方政府之间合作原则的协定；中俄关于经济、技术合作基本方向的谅解备忘录；中俄关于对界河中个别岛屿及附近水域进行共同利用的指导原则的协定；中俄关于保护虎的议定书以及两国银行关于金融机构业务监管的合作协议。李鹏总理和乔石委员长也分别会见了叶利钦总统。11日，叶利钦总统访问哈尔滨市，当天结束对中国的访问回国。

11月11日—16日　应日本政府的邀请，国务院总理李鹏对日本进行正式友好访问。11日下午，李鹏总理与日本内阁总理大臣桥本龙太郎在日本首相官邸举行会谈。双方认为，中日邦交正常化25年来，中日关系发展总的来说是好的。双方在各个领域里的交流与合作都取得了长足发展。世界即将迎来21世纪，中日关系处于新的历史时期，两国应进一步发展友好关系，扩大和深化各个领域里的合作。当天，两国领导人出席了《中日渔业协定》、《中日发展资金合作项目换文》的签字仪式。当天还发表了关于中国加入世界贸易组织问题的联合声明。13日，正式达成了中日环保合作协议，日本将协助中国完成100个城市的环保信息网络。在访问期间，李鹏总理拜会了日本天皇和皇后并会见日本各界政要，发表讲话提出指导中日关系的五项基本原则：一、相互尊重，互不干涉内政：二、求同存异，妥善处理分歧；三、加强对话，增进相互了解；四、互利互惠，发展经济合作；五、面向未来，实现世代友好。14日，李鹏总理访问了名古屋、大阪和奈良等地，16日下午，结束了对日本的访问从大阪回国。《人民日报》于17日发表社论：《增进友谊加强合作实现世代友好——祝贺李鹏总理访问日本圆满成功》。

11月12日—17日　台湾民主自治同盟成立五十周年纪念会暨第六次全盟代表大会在京举行。国务院副总理钱其琛代表中共中央致贺词，大会常务主席张克辉代表台盟第五届中央委员会作题为《在邓小平理论指引下，高举爱国主义和社会主义旗帜，为振兴中华统一祖国而奋斗》的报告。会议通过了《台湾民主自治同盟第六次代表大会决议》和台湾民主自治同盟新盟章程，推举蔡子民为名誉主席，选举张克辉为新一届主席。

11月13日　国家教委推进义务教育实施步伐。《人民日报》报道：国家教委、财政部最近决定设立“国家贫困地区义务教育助学金”。这是党和国家实施“国家贫困地区义务教育工程”之后，为加强贫困地区实施义务教育步伐的又一个重大举措。

同　日　我国电气化铁路长度位居世界第八位。《人民日报》报道：我国已建成电气化铁路23条（段），总里程达10 514公里，其中双线电气化铁路3 867.5公里；全国铁路总电气化率已达18%。就电气化铁路长度而言，我国已由1979年时的世界第25位上升到第8位。

11月13日—16日　应国家主席江泽民的邀请，南斯拉夫联盟共和国总统斯洛博丹·米洛舍维奇对中国进行国事访问。13日下午，国家主席江泽民在人民大会堂与米洛舍维奇总统举行会谈。两国领导人就双边关系和地区及国际形势等共同关心的问题广泛交换了意见。14日，举行了中国—南斯拉夫企业合作签字仪式。当天，乔石委员长和朱镕基副总理分别会见了米洛舍维奇总统，对两国关系和经济来往等问题进行了友好交谈。13日，两国发表了关于友好合作关系的联合声明。16日，米洛舍维奇总统结束了对中国的访问回国。

11月13日—18日　中国民主建国会第七次全国代表大会在京举行。中共中央政治局委员温家宝代表中共中央向大会致贺词。大会主席团常务主席成思危代表民建第六届中央委员会作题为《在邓小平理论指导下，继承和发扬民建优良传统，为实现跨世纪的历史任务而努力奋斗》的报告。大会作出了《关于第六届中央委员会报告的决议》，通过了经过修改的中国民主建国会章程，推举孙起孟为名誉主席，选举成思危为主席。

11月16日—21日　应国家主席江泽民的邀请，波兰总统亚历山大·克瓦希涅夫斯基对中国进行国事访问。16日，中波双方签署了4项合作文件：《关于购买波兰采煤、选煤设备的意向书》、《关于中国蓝星化学清洗总公司年产3万吨双酚A项目合作意向书》、《黑龙江省肇东华欣化工有限公司年产1万吨三羟甲基丙烷项目合作意向书》。17日，国家主席江泽民在人民大会堂同克瓦希涅夫斯基总统举行会谈，就进一步发展中波友好合作关系以及共同关心的国际问题交换了意见，达成了共识。18日，李鹏总理和乔石委员长分别会见了克瓦希涅夫斯基总统。当天，克瓦希涅夫斯基总统发表了题为《波兰对外政策的几个问题——亚洲的地位与作用》的演讲。21日，克瓦希涅夫斯基总统结束对中国的访问回国。

11月17日—19日　全国金融工作会议在京召开。中共中央总书记江泽民、国务院总理李鹏、国务院副总理朱镕基在会上作了讲话。中共中央政治局常委胡锦涛、李岚清出席了会议。会议由中共中央、国务院召开，目的是正确估量当前经济、金融形势，充分认识进一步深化金融改革和整顿金融秩序、防范和化解金融风险的重要性和迫切性，明确做好这项工作的总体要求、指导原则、主要任务和重要措施。做到统一思想认识，统一行动步伐，坚定决心，增强信心，加强领导，狠抓落实，加速建立现代金融体系和金融制度，依法规范和维护金融秩序，保证金融安全、高效、稳健运行，开创金融改革和发展的新局面。《人民日报》于21日发表社论：《努力开创金融改革和发展新局面》。

11月17日—12月2日　古共中央第二书记劳尔访问中国。应中国政府邀请，古巴共和国国务委员会第一副主席兼部长会议第一副主席、古共中央第二书记劳尔·卡斯特罗·鲁斯对中国进行正式访问。17日抵达北京，18日李鹏总理在人民大会堂会见劳尔副主席，双方签署了中国政府帮助古巴政府防治农作物虫害“棕黄蓟马”的换文。19日，江泽民总书记、中共中央政治局常委胡锦涛分别会见了劳尔副主席，宾主进行了亲切友好的交谈。12月1日，国务院副总理朱镕基会见了劳尔副主席。12月2日，劳尔副主席结束对中国的访问回国。

11月18日—21日　中国首次举办的高层次大型国际环境会议——“97中国环境论坛”在北京举行。江泽民主席向大会致贺词说，中国政府历来重视在发展经济的同时保护环境，重视动员社会公众参与环境保护事业，为世界环境保护事业作出了积极的贡献。会议期间，李鹏总理和朱镕基副总理分别会见了与会的外方高级代表。

11月23日　国家主席江泽民出席加拿大温哥华市市长欧文举办的“97温哥华晚宴”。他在讲话中说，人类即将进入21世纪，国际形势发生了深刻变化。和平与发展的主旋律日益高扬。各国之间的交往和经济联系日益密切。但并不意味着世界上只有一种文化传统、一种价值观念、一种发展模式，世界是多样化的，是丰富多彩的。在我们的时代，在今日的世界上，每个国家都是国际社会独立平等的一员。彼此之间只有承认差别，求同存异，相互尊重，互利合作，才能维护世界和地区的和平与稳定，谋求共同的发展与繁荣。

11月24日—30日　中国国民党革命委员会纪念成立50周年暨第九次全国代表大会在京举行。国务院副总理吴邦国代表中共中央宣读贺词。大会常务主席彭清源作了题为《在邓小平理论指引下，开创跨世纪民革工作新局面，为祖国统一、振兴中华而努力奋斗》的报告。大会通过了《中国国民党革命委员会第九次全国代表大会决议》和修订的《中国国民党革命委员会章程》。大会选举何鲁丽为主席。

11月24日—25日　江泽民在亚太经济组织第五次领导人非正式会议上发表讲话。他提出四点意见：一、充分开放技术贸易市场，促进各成员之间的技术合作与技术转让，消除人为的障碍，取消歧视性政策与做法。二、采取必要的措施，鼓励和加快高新技术向所有成员特别是发展中国家成员转移，以利推动发展中国家成员的经济技术进步。三、所有成员都要注重保护知识产权，并促进知识产权制度更加合理化。对技术专利保护的时间要适度，转让条件要公平。四、建议亚太经合组织制定一项《走向二十一世纪的科技产业合作章程》。

11月25日　黄骅港暨朔黄铁路建设正式开工。国家主席江泽民、国务院总理李鹏分别为这一工程建设题词。江泽民的题词是："搞好朔黄铁路和黄骅港建设，促进中西部地区经济发展"。李鹏的题词是："加快朔黄铁路和黄骅港建设，开发东煤西运的第二大通道"。这是一个集煤炭、铁路、港口和电厂于一身的综合开发项目。最终规模为生产神木优质煤1亿吨，及建成铁路第二运煤大通道包头—神木—朔州—肃宁—黄骅。黄骅港分3期建设。

同　日　中央对"三下乡"活动作出部署。新华社报道：中共中央宣传部、国家科委、农业部、文化部、广电部、卫生部、国家计生委、新闻出版署、团中央、中国科协等10部委联合发出《关于深入开展文化科技卫生"三下乡"活动的通知》，对"三下乡"活动进一步作出部署。《人民日报》为此发表评论员文章：《提高"三下乡"活动的水平》。

11月26日—12月2日　中国民主促进会第八次全国代表大会在京举行。中共中央政治局委员丁关根代表中共中央致贺词。大会常务主席团常务主席陈舜礼作了题为《继往开来，团结奋进，为建设有中国特色社会主义作出新贡献》的报告。大会通过了《中国民主促进会第八次全国代表大会关于第七届中央委员会报告的决议》和修订后的《中国民主促进会章程》。大会推举雷洁琼、谢冰心、赵朴初为名誉主席，选举许嘉璐为主席。

11月26日—12月3日　江泽民主席应加拿大总督罗密欧·勒布朗和墨西哥总统塞迪略的邀请，对两国进行国事访问。26日，江泽民主席抵达加拿大艾伯塔省著名的石油之城卡尔加里。27日抵达加拿大首都渥太华，勒布朗总督宴请了江主席。28日上午，江主席与克雷蒂安总理进行小范围会谈。双方签署了《中华人民共和国政府和加拿大政府领事协定》和《中华人民共和国政府和加拿大政府关于相互增设（总）领事馆的换文》；《中华人民共和国旅游局和加拿大旅游局旅游合作谅解备忘录》；中华人民共和国政府和加拿大政府关于"中国环境与发展国际合作委员会二期项目"、"江苏中小企业环境和应用管理项目"以及"塔里木盆地自然资源保护与可持续利用项目"的谅解备忘录。中加两国的金融企业界还签署了一系列投资、贸易、融资协议，总金额超过17亿美元。当天上午，江泽民主席会见了加拿大参议院议长莫尔加特和众议院议长伯伦特。28日晚，江泽民主席在多伦多出席了贸易理事会举行的盛大晚宴并发表演讲，提出了继续发展两国经济技术合作的三点建议：一、着眼于21世纪，从战略的高度审视处理两国关系，牢牢把握双方利益的共同点，以积极务实的态度推动双方的友好互利合作。二、中国和加拿大经济各具特色，有较强的互补性，可以在能源、交通、通讯、电力、石化、环保、农业和原材料工业等领域中加强平等互惠的合作，谋求共同发展。三、拓宽合作领域，开拓更多的合作渠道。两国的合作，既可以在中国沿海地区进行，也可以向资源丰富的中国中西部地区发展；既可以分别在两国进行，也可以探讨在第三地区开展合作的可能性。29日，江泽民主席前往墨西哥访问，30日晚抵达首都墨西哥城。12月1日上午，江泽民主席与墨西哥总统塞迪略进行了小范围会谈，两国领导人达成四点共识：一、双方应加强高层往来，促进政治合作；二、坚持平等互利，推动经贸合作；三、开展全面合作，深化友好内涵；四、在国际事务中密切合作，相互支持，重点是加强两国在联合国和亚太经济组织内的协调与合作。双方签署了四项双边合作协议：《中华人民共和国政府和墨西哥合众政府关于互免持外交、公务（官员）护照签证的协议》、《中国国家体委与墨西哥体委关于体育合作协议》、《中国社科院与墨西哥国家科学与技术委员会关于学术交流与合作协议》、《中国新疆新天公司与墨西哥银行农业信托基金会关于在墨西哥实施现代农业综合开发的协议》、中国长发集团南京公司与墨西哥佩尔公司合资在墨西哥建设纺织城的协议。当天，江泽民主席被授予“墨西哥城贵宾”称号。12月2日，中国中央电视台和墨西哥特雷萨电视集团所属的新视点公司签署了关于通过该集团“天空”直播卫星系统、在拉美地区转播中央电视台国际频道中文节目的合作备忘录。当天，江泽民主席在墨西哥参议院举行的全会上发表了题为《增进友好合作　共创美好未来》的长篇演讲。12月3日，江泽民主席结束了对墨西哥的访问回国。

11月27日—29日　应国务院总理李鹏的邀请，新西兰总理詹姆斯·布伦丹·博尔格对中国进行正式访问。27日抵达北京，28日上午，国务院总理李鹏在人民大会堂与博尔格总理举行会谈，双方就进一步发展中新友好合作关系，以及共同关心的国际和地区问题深入地交换了意见，达成了广泛的共识。29日上午，国务院副总理朱镕基在钓鱼台国宾馆会见了博尔格总理，宾主进行了亲切友好的谈话。当天下午，博尔格总理结束访问回国。

11月29日　国务院办公厅发出关于切实抓好清理欠税工作的紧急通知。通知内容是：一、圆满完成1997年财政预算，为1998年各项改革和建设事业的顺利进行创造一个较为宽松的环境，对贯彻十五大精神，推进社会主义市场经济的发展具有十分重要的意义。二、为了确保中央财政预算的完成，在清缴欠税工作中，一定要首先保证中央税收任务的完成，做到先中央，后地方。三、各级税务部门必须严格执行《中华人民共和国税收征收管理办法》的有关规定，对企业欠税一律加征滞金。四、各商业银行要协助税务部门做好税款的扣缴工作，对企业回笼货款要严格执行“税、货、贷、利”的还款顺序；要积极配合税务部门依法征税，依法清欠，对各地国家税务局、海关在清理“两税”欠税工作中的困难和问题，要及时采取措施帮助解决。

同　日　贵遵高等级公路正式通车。国务院副总理邹家华出席通车剪彩仪式。这条公路南起贵阳、北至遵义，全长155.3公里，是国家规划的“重庆—贵阳—南宁—湛江”西南出海通道的重要组成部分。

12月2日　南昆铁路全线开通运营。副总理邹家华出席庆祝大会并讲话。国务院总理李鹏、副总理朱镕基作出批示，李鹏批示是：“南昆线是西南大动脉，现已正式投入运营，应该在保证安全正点前提下，做好服务，实行文明行车”；朱镕基的批示是：“欣悉南昆铁路全面开通，深表祝贺和感谢”。南昆铁路是我国继成昆铁路之后，在崇山峻岭之间修筑的又一条钢铁大动脉。东起南宁，南至昆明，北接红果，全长899.7公里。

12月2日—6日　全国农业工作会议在合肥举行。国务院总理李鹏对会议批示强调，今年农业丰收，为我们党和国家完成两件大事创造了有利的经验和社会环境，为保持国民经济持续、快速、健康发展做出了贡献。明年是全面贯彻十五大精神的第一年，实现农业和农村经济稳定发展具有重要意义。希望认真总结经验，进一步抓好稳定农村基本政策、深化农村改革、推进科教兴农、发展农业产业化经营、改善农业生产条件、减轻农民负担等工作，再夺农业丰收，促进农村经济全面发展。

12月3日　宁夏回族自治区人大常委会决定：马启智为宁夏回族自治区主席。

12月4日　中央军委转批国务院规定。新华社报道：中央军委批转三总部《军队贯彻执行党中央、国务院〈关于党政机关厉行节约制止奢侈浪费行为的若干规定〉的实施办法》，要求全军各单位结合实际认真贯彻执行。

同　日　中国科学院、中国工程院院士增选评审揭晓，共增选科学院士58名，工程院士116名。至此，中国科学院和中国工程院的院士分别达到610人和439人。

12月6日　中港集团正式成立。李鹏总理题词祝贺：“发挥中港集团优势，拓展国际工程合作”。该集团由中国港湾集团建设（集团）总公司及第一、二、三、四航务工程局，天津、上海、广州航道局，上海港口机械制造厂，上海航标厂，广州港机械实业总公司等10个子公司组建而成。

12月7日—10日　李瑞环对越南访问。应越南共产党中央委员会和越南祖国阵线中央委员会的邀请，全国政协主席李瑞环对越南社会主义共和国进行正式友好访问。7日，李瑞环主席抵达越南，与越共中央政治局常委黎可漂举行会谈。宾主就两党两国的友好合作关系和共同关心的问题广泛交换了意见。8日，越南共产党中央总书记杜梅亲切会见李瑞环主席，双方回顾了两国关系的友好发展，愿进一步推动两国友好合作关系健康、稳定地发展。当天，李瑞环主席同越南国家主席陈德良会见，双方表示将为21世纪中越友好合作关系做出努力。当天，李瑞环主席还会见了越政府总理潘文凯和越南祖国战线中央主席团主席黎光道。9日，李瑞环主席访问胡志明市，10日结束对越南访问离境。

12月9日—11日　中共中央、国务院召开经济工作会议。中共中央总书记江泽民就当前国际国内形势，认真贯彻落实十五大提出的经济工作的各项任务，明年经济工作的总体要求、工作重点和主要任务作了讲话。国务院总理李鹏、国务院副总理朱镕基分别就今年经济工作情况、明年经济工作的部署和经济改革、发展的几个问题作了讲话。乔石、刘华清、胡锦涛、尉健行、李岚清出席了会议。会议确定，明年经济工作的总体要求是：高举邓小平理论伟大旗帜，全面贯彻落实党的十五大精神，继续推进经济体制和经济增长方式的根本转变，进一步加强农业基础地位，加快国有企业改革步伐，加大经济结构调整力度，加强和改善宏观调控，提高对外开放水平，安排好群众生活，实现国民经济持续、快速、健康发展和社会全面进步。明年经济工作的主要任务是：一、加强农业基础地位，全面发展农村经济。二、打好国有企业改革攻坚战，改善国有企业经营状况。三、积极调整和优化经济结构，加速实现国民经济合理化布局，提高国民经济整体素质和效益。四、继续加强和改善宏观调控，为改革和发展提供更为有利的宏观经济环境。五、进一步扩大对外开放，不断提高对外开放水平。六、切实安排好群众生活，维护城乡社会稳定。《人民日报》为这次会议的召开于12日发表社论：《开创改革开放和经济建设新局面》。

12月10日　国务院总理李鹏在中南海紫光阁听取了香港行政区行政长官董建华的述职报告。李鹏总理赞扬特区政府工作富有成效，指出中央政府充分相信港人能够管理好香港。

12月11日—20日　应新西兰和澳大利亚两国政府的邀请，全国政协主席李瑞环对两国进行正式友好访问。11日抵达新西兰，李瑞环主席会见了新西兰总理希普利。宾主回顾了两国关系并交换了可持续发展问题的看法。12日上午，新西兰总督博伊斯会见李瑞环主席，宾主回顾两国建交以来两国的友谊和国内经济发展情况。14日，李瑞环主席结束了对新西兰的访问前往澳大利亚访问。16日，李瑞环主席抵达澳大利亚首都堪培拉。当天，李瑞环主席同澳大利亚总督威廉·迪恩举行会见。宾主对两国建交25年来的进展表示满意，并就汲取历史经验、创造美好未来的问题广泛交换了看法。17日，李瑞环主席会见澳总理霍华德。20日，李瑞环主席结束了对澳大利亚的正式友好访问回国。

12月14日—20日　应国家主席江泽民的邀请，刚果民主共和国总统洛朗·德西雷·卡比拉对中国进行国事访问。卡比拉总统14日抵达北京后赴山西太原参观访问，15日赴江苏省南京访问，18日卡比拉总统回到北京，国家主席江泽民在人民大会堂与卡比拉总统举行会谈。两国政府有关部门签署了《中华人民共和国政府关于向刚果（民）提供政府贷款的框架协议》、《中国政府和刚果（民）政府经济技术合作协定》、《中国政府向刚果（民）政府提供小额赠送的换文》和《中国政府和刚果（民）政府关于鼓励和相互保护投资协定》等合作文件。20日，卡比拉总统结束访问回国。

12月16日　中国—东盟首脑非正式会晤举行。江泽民主席发表了题为《建立面向21世纪的睦邻互信伙伴关系》的讲话。他首先强调，这次来是抱着积极参与、扩大共识、增进互信、加强合作的目的，与东盟各国领导人共同探讨双方未来关系发展目标和指导方针的。中国与东盟建立面向21世纪睦邻互信伙伴关系是双方维护和平、促进发展、加强团结、扩大合作的共同需要。为了实现中国和东盟建立面向21世纪睦邻伙伴关系这个目标，江泽民主席提出了几条原则意见：充分运用自己已经确立的全面对话合作机制，拓展双方在各个领域、各个层次、各个渠道的交流与合作，加强双方领导人和各界人士的交往，增进信任，扩大共识，加强友谊。本着优势互补、互利互惠的原则，把双方经贸、科技合作摆到重要位置，加强在资源、技术、市场、金融、信息、人力资源开发及投资等领域的合作，以利于相互促进，共同发展。在一些重大的地区和国际问题上，在联合国、亚太经合组织、亚欧会议及东盟地区论坛中，加强双方的相互对话、相互协调、相互支持，共同维护发展中国家的正当权益，促进发展中国家公正平等、不受歧视地参与国际经济决策和运行。继续通过和平友好协商，处理彼此间存在的一些分歧和争议。寻求问题的逐步解决。有的分歧一时解决不了，可以暂时搁置。求同存异，而不要因此影响双方睦邻伙伴关系的建立和发展。

12月17日　贾庆林当选为北京市委书记。

同　日　国务院总理李鹏在中南海接见出席全国物价系统先进集体和先进工作者表彰大会的代表。在接见时他说，物价问题是人民群众关心的问题，通货膨胀也是前几年经济发展中棘手的问题，曾给经济和社会带来了一定的影响。中央为此制定了加强和改善宏观调控的一系列措施，其中最重要的一项任务就是把过高的物价降下来。由于中央政策的正确，在广大物价工作者的积极努力和全国人民的关心、监督下，经过几年不懈地努力，我们终于取得了举世瞩目的高经济增长、低通货膨胀的好局面。

12月18日　国务院总理李鹏、副总理朱镕基在人民大会堂接见全国财税工作代表。李鹏说，财政和税收工作都很重要。“八五”期间，财税制度进行的重大改革，被事实证明是成功的。财政收入占国内生产总值的比重和中央财政占全国财政收入的比重均有提高。国家和地方财政的不断增加，支持了改革、开放事业和经济、社会的发展，支持了我国的社会主义现代化建设。在充分肯定成绩的同时，也要看到财税工作存在一些困难和问题。明年要进一步增收节支，压缩赤字，必须继续坚持和完善适度从紧的财政、货币政策。目前偷漏税和欠税的问题还比较严重，要依法加强税收征管，增强税收工作的责任心，把该收的税款收上来。

同　日　国务院总理李鹏、副总理朱镕基在人民大会堂接见出席全国人事厅局长会议的代表。李鹏在接见时表示，为适应建立社会主义市场经济体制的需要，我国人事制度进行了深刻改革，发生了很大变化。推行国家公务员制度，有利于吸引各类人才，形成竞争激励机制，并使公务员队伍不断更新，我们要进一步完善这一制度，使人才能够脱颖而出，要教育广大公务员牢记全心全意为人民服务的宗旨，使他们具有良好的作风和思想道德情操，热爱并熟悉本职工作。李鹏还说，博士后制度是培训更高层次人才的一种有效形式，要继续做好这项工作，使更多的专家为现代化建设贡献自己的力量。对有突出贡献的知识分子给予政府特殊津贴，对广大知识分子也是一种激励，这一制度要很好地坚持下去。

12月21日　国家重点工程、亚洲最大的跨声速风洞在中国空气动力研究与发展中心建成。它标志着我国拥有了世界级高速风洞，跨声速空气动力研究试验能力跨入了世界先进行列。

12月21日—25日　应国务院总理李鹏的邀请，乌克兰总理瓦列里·帕夫洛维奇·普斯托沃伊坚科对中国进行正式访问。22日下午，国务院总理李鹏在人民大会堂与普斯托沃伊坚科总理举行会谈。两国签署了《中华人民共和国政府与乌克兰政府关于进一步加强经贸、科技领域合作的声明》、《中华人民共和国政府和乌克兰政府海关互助协定》、《中国证券监督管理委员会和乌克兰国家有价证券和证券市场委员会关于监管合作的谅解备忘录》。23日下午，江泽民主席和乔石委员长分别会见了普斯托沃伊坚科总理，就两国友好关系交换了意见。当晚，普斯托沃伊坚科总理赴上海、深圳参观访问，25日下午结束访问回国。

12月22日　中共中央总书记江泽民在全国组织工作会议上发表讲话。他强调，21世纪将是充满机遇和挑战的世纪，要巩固和发展好的形势，解决前进道路上面临的问题，完成我国跨世纪发展的各项任务，一靠正确的理论和路线的指导，二靠广大人民群众的团结奋斗，三靠党的各级组织坚强有力。这三条中，干部是一个重要的决定因素。面对新世纪，全党干部首先是几千名高级干部、几万名中级干部要负起重大的历史责任。江泽民还强调，领导干部特别是高级干部在群众中树立什么形象，有重要的导向作用。我们的领导干部，不但要严于律己，而且要管好自己的配偶、子女和身边工作人员，同时还要管好下属。

同　日　首次"全国优秀科技工作者"评选揭晓。于全、王启民、陈竺、姜德明等291名科技人员当选。

12月23日　中共中央举办《科技进步与法制建设》讲座。江泽民、李鹏、乔石、朱镕基、李瑞环、胡锦涛、李岚清等党政领导人听取北京大学罗玉中教授讲课，中共中央总书记江泽民作题为《大力加强科技法制建设》的讲话。他说，历史和现实都表明，一个国家法制工作的好坏，直接影响着它的科技、经济发展和社会进步。因此，在我国加强科技法制建设，就是要按照依法治国，建设社会主义法制国家的要求，努力建设有中国特色的科技法制，保证党和国家的科技工作方针得到全面贯彻落实，推动建立适应社会主义市场经济体制和科技自身发展规律的新的科技体制，促进科技生产力的解放和发展，充分发挥科学技术对经济社会发展的巨大推动作用。同时，在全社会要大力倡导和树立尊重科学精神、学习科学知识、运用科学技术的良好风气，鼓励各种创造发明。这样，才能保证我们的经济建设真正沿着依靠科技进步和提高劳动者素质的轨道上前进。《人民日报》为此于24日发表评论员文章：《进一步加强科技法制建设》。

同　日　中共中央总书记江泽民同各民主党派中央、全国工商联新老领导人座谈。在座谈中，江泽民讲话说，各民主党派、工商联已基本完成了组织上跨世纪新老交替的历史任务。进一步做好政治交接，是民主党派、工商联各级组织当前和今后一个时期自身建设的首要任务。政治交接的核心，是把民主党派、工商联的老一辈在长期革命和建设实践中形成的优良传统和高尚风范一代一代传下去，保证中国共产党领导的多党合作和政治协商制度得到坚持和发展。

12月24日　江泽民总书记、李鹏总理、朱镕基和李岚清副总理接见全国外资工作会议的代表。在接见中，江泽民讲话说，现在世界各国的经济、科技和综合国力的竞争日趋激烈。我国利用外资工作既面临新的机遇，也遇到新的挑战。我们要更加努力地完善全方位、多层次、宽领域的对外开放格局，把利用外资提高到新的水平。要着眼于提高国民经济的素质和效益，增强综合国力和竞争力，坚持贯彻积极、合理、有效利用外资的方针。要坚持在优化结构、注重质量和效益的基础上，保持外资的稳定增长。要积极引导外资投向农业、高新技术产业、基础设施建设，兴办产品出口型项目。要加强对外商投资企业的引导和依法监管，不断改善投资环境。同时，要正确处理对外开放与独立自主、自力更生的关系，注重维护国家经济安全。《人民日报》为这次会议发表了社论：《把利用外资工作推向新阶段》。

同　日　1997年全国工商税收任务提前完成。截止1997年12月20日累计入库7 071.59亿元，比上年同期增长17.8%，增收额达到1 070.8亿元，完成年度计划的101.7%，提前11天超额完成。

12月24日—29日　第八届全国人民代表大会常务委员会举行第二十九次会议。乔石委员长主持会议。会议分别听取了法律委员会副主任项淳一、蔡诚、厉以宁关于《价格法草案审议结果的报告》、《献血法草案修改意见的汇报》、《防御与减轻地震灾害法草案审议结果的报告》和《高等教育法草案修改意见的汇报》。会议还听取审议了关于国家高新技术产业开发区法草案说明，关于召开第九届全国人民代表大会第一次会议的决定草案，关于金融工作情况和关于检查农业法、水法实施情况等的报告，通过了全国人大民族委员会、法律委员会、内务司法委员会、外事委员会关于八届全国人大五次会议主席团交付审议的代表提出的议案的审议结果的报告。

12月25日　国务院授予公安战线7个单位荣誉称号。黑龙江省哈尔滨市公安局东莱派出所、北京市公安局牛街派出所、广东省广州市公安局华乐街派出所被授予“人民满意的派出所”称号；上海市公安局南京东路警署被授予“南京路上好警署”称号；山东省济南市公安局交通警察支队被授予“严格执法，热情服务交警支队”称号；福建省漳州市公安局巡警支队直属大队被授予“人民的110”称号；山西省曲沃县公安局看守所被授予“模范看守所”称号。李鹏总理接见了参加命名大会的代表，勉励他们再接再厉，为社会主义现代化建设和国家的长治久安作出贡献。

同　日　中国人民银行近日作出决定。《决定》从1998年元月1日起，取消对国有商业银行贷款限额的控制。在推行资产负债比例管理和风险管理的基础上，实行“计划指导，自求平衡，比例管理，间接调控”的新的管理体制。《人民日报》为此发表评论员文章：《金融宏观调控的重大改革》。

同　日　国家主席江泽民、国务院总理李鹏出席全国政法工作会议并讲话。江泽民在讲话中强调，各级党委、政府和各级政法部门要坚持以十五大精神为主导。进一步增强为全党全国工作大局服务的自觉性和坚定性，加强研究政法工作的新情况，总结新经验，解决新问题，努力把政法工作提高到一个新的水平。他指出，搞好各项工作最根本的因素是人的因素。政法工作要不断开创新局面，必须进一步提高政法干警的思想、作风、纪律和业务素质。李鹏总理在讲话中分析了当前我国的经济形势。他指出，依法治国是人治到法治的伟大变革，是一个渐进的历史进程；政法部门要把严肃执法作为自己的生命线；要完善和维护社会主义市场经济法律秩序，下大决心清除经济活动和执法中的地方和部门保护主义，摒弃狭隘的地方和部门利益，从大局出发，从我做起；必须依法治警。各级党委和政府必须高度重视队伍建设，配强领导班子，把好进人关，加强思想教育，促进政法队伍的政治素质和业务素质不断提高。

同　日　四川省达县至成都的达成铁路通车。全长350公里。

12月26日　中央军委主席江泽民接见出席国防科工委党委扩大会议代表、基层建设会议代表和国防科工委的两院士、英模代表。在接见时，江泽民强调指出，党的十五大对国防和军队建设提出了明确要求，希望国防科技战线的同志们大胆开拓进取，加紧研究解决国防科技和武器装备发展中存在的矛盾与问题，加快武器装备的研制工作，在科技强军中当好开路先锋。同时，要围绕科研、试验和生产这个中心任务，大力加强思想政治建设，不断提高部队的教育和管理水平，把各级党组织建设得更加坚强，把基层建设得更扎实，更有战斗力。要继续抓好人才培养，努力为国防和军队现代化建设培养跨世纪的高素质人才。

同　日　**国家领导人接见科学精英。**国家主席江泽民，国务院总理李鹏，国务院副总理朱镕基、李岚清在人民大会堂接见1997年度国家自然科学奖、技术发明奖和科技进步奖的获奖代表以及全国普通高校国家教学成果奖获奖代表。在接见中，江泽民讲话指出，实施科教兴国战略，是关系我们改革成功、国家强盛和民族兴旺的重大决策。国家的发展需要人才。教育是人才培养之基和立国之本。科学技术是第一生产力。当代教育的发展和科技的飞速进步，越来越成为推动经济发展和社会进步的强大力量。这就是我们实行科教兴国的基本依据。我们要始终把教育和科技摆在经济、社会发展的重要位置，大力提高全民族的科学文化素质，加快推进经济建设依靠科技进步和提高劳动者素质的轨道上来。江泽民希望大家把荣誉当做新的动力，同全国广大科技、教育工作者一道，发扬爱国敬业、团结协作的精神，为实现祖国的现代化和中华民族的全面振兴不断做出新的贡献。

同　日　**毛泽东文学院、毛泽东诗词广场在长沙落成。**中共中央总书记江泽民为毛泽东文学院题写院名。国务委员李铁映发来贺电。

同　日　**全国环保工作会议提出本世纪末工业污染源都要达标排放的目标。**国务院总理李鹏给会议发来贺信指出，保护环境是我国长期坚持的一项基本国策，它关系着可持续发展战略的实施，关系着人民健康和生活质量的提高。我国人口众多，资源相对不足，环境保护工作任重道远。希望全国环保系统广大干部职工认真贯彻落实党的十五大精神，进一步加强两个文明建设，发扬成绩，勇于拼搏，积极进取，使我国的环境保护工作不断取得新的进展。

同　日　由中国人民银行、各政策性银行、各商业银行等20个单位共同发起组建的金融清算总中心在北京成立。这一中心的建立，有利于银行间进行方便、快捷、安全、经济的支付结算并共享准确、及时的金融信息，有利于防范和化解金融风险。

12月29日　中共中央总书记江泽民在中央委员、候补中央委员学习邓小平理论和十五大精神研讨班结业式上发表讲话。他说，十五大的主题是高举邓小平理论伟大旗帜，把建设有中国特色社会主义事业全面推向21世纪。十五大高度重视理论指导的问题，把理论旗帜当做统领全局、贯穿各项工作的灵魂，这是十一届三中全会以来近20年成功经验的最高总结，又是跨世纪发展取得成功的最根本保证。如果没有解放思想、实事求是，如果没有围绕"搞清什么是社会主义，怎样建设社会主义"的理论创新，如果没有建设有中国特色社会主义的一系列新的理论观点的形成和发展，能有我们事业今天的成功吗？面对跨世纪发展的复杂形势，如果没有邓小平理论科学体系的深刻而全面的把握，如果没有对邓小平理论的创造性运用、丰富和发展，如果只是就事论事、临时应付，能保证我们事业的成功吗？所以，坚持邓小平理论，在实践中继续丰富和创造性地发展这个理论，这是党中央领导集体和全党同志的庄严历史责任，是我们党的中央委员会全体同志的庄严历史责任。

12月30日　中国和南非签署建立外交关系的联合公报，决定自1998年1月1日起相互承认并建立大使级外交关系。《人民日报》于31日发表社论：《祝贺中国和南非建交》。

同　日　统计局宣布初步测算结果。国家统计局在新闻发布会上宣布，1997年我国国民经济运行实现高增长、低通胀。据初步测算，1997年国内生产总值将达74 772亿元，按可比价格计算比上年增长8.8%，其中，第一产业增长3.5%，第二产业增长10.8%，第三产业增长8.2%。

12月31日　中共中央总书记江泽民发表1998年新年讲话：《迈向充满希望的新世纪》。

同　日　原中顾委常委刘澜涛在北京逝世。刘澜涛，1910年出生于陕西省米脂县。1926年加入中国共青团，任米脂县团委委员、宣传部长等职。1928年9月转为中共党员，任陕北特委秘书长、宣传部长等职。1930年8月在绥德被敌人逮捕入狱，后经组织营救出狱。1931年2月调往河北省委工作，不久再次被捕，于1936年9月营救出狱，当年10月调任中共天津市委副书记。1937年到延安后，任中共陕甘宁边区党委常委兼宣传部长，绥德特委书记、部长、秘书长，晋察冀边区北岳区党委书记，晋察冀分局副书记、副政委。1945年被选为中央候补委员。1945年后任晋察冀中央局副书记、军区副政委，张家口市委书记，华北局常委兼组织部长、党校校长、副书记、第三书记、副政委，华北人民革命大学校长。中华人民共和国成立后，历任华北局第三书记、行政委员会主席、副政委、政务院华北事务部部长、国家计划委员会委员、中共中央副秘书长、中共中央监察委员会副书记。1956年被选为中央委员，历任中共中央书记处候补书记，西北局第一书记、兰州军区第一政委、西北三线建设委员会主任。1965年任第四届全国政协副主席、1979年以后，任中央统战部第一副部长、顾问、政协副主席等职。在党的十二、十三大当选为中顾委常委。

1998年

1998年综述

1998年是全国和全国人民全面贯彻落实党的十五大精神，经历国内外形势的严峻考验并取得重大胜利的一年，也是我国的国际地位明显提高的一年。3月，九届全国人大一次会议和全国政协九届一次会议在北京召开，会议选出新的国家领导人，江泽民再次当选为国家主席、中央军委主席，李鹏当选为全国人大常委会委员长，朱镕基当选为国务院总理，李瑞环当选为全国政协主席。在这次人大会议上，审议通过了国家机构改革方案。5月，中共中央、国务院召开国有企业下岗职工基本生活保障和再就业工作会议。江泽民在会上作了重要讲话，提出各级党委和政府一定要把搞好国企减员增效、下岗职工基本生活保障和再就业工作作为一件头等大事抓紧抓好。6月—9月，我国长江流域，嫩江、松花江流域发生历史罕见的特大洪水。在以江泽民为核心的党中央领导下，全党全军和全国人民团结奋战，取得了抗洪抢险斗争的全面胜利。7月，全国打击走私工作会议召开，江泽民接见会议代表并作重要讲话，提出雷厉风行地在全国深入开展反走私斗争，是当前我们面临的一项重要而紧迫的任务。10月，中共中央、国务院、中央军委在北京召开军队、武警部队政治机关不再从事经商活动工作会议，要求军队、武警部队、政法机关必须停止一切经商活动，立即同所属单位办的一切经营性公司彻底脱钩。同月，中国共产党第十五届三中全会召开，研究农业、农村和农民问题，通过了《中共中央关于农业和农村工作若干重大问题的决定》。12月，中共中央举行纪念党的十一届三中全会20周年大会，江泽民总书记发表重要讲话，指出党的十一届三中全会是建国以来我党历史上具有深远意义的伟大转折，表明中国进入了社会主义事业发展的新时期。十一届三中全会的伟大意义和深远影响，已经随着实践的发展越来越充分地显示出来，并将贯穿于建设有中国特色社会主义事业的全部进程。今年，面对亚洲金融危机的影响，中央及时果断地作出扩大内需、实行积极的财政政策，加强基础设施建设，推动经济发展和人民币汇率稳定。

1998年，面对复杂严峻的国内外经济环境，全国人民在党中央、国务院的正确领导下，认真贯彻落实增加投入、扩大内需为主的一系列方针政策，努力克服亚洲金融危机和特大洪涝灾害造成的重重困难，深化各项改革，促进经济增长，取得了举世瞩目的成绩。国民经济扭转了上半年增幅回落的状况，保持了较快增长的态势。全年国内生产总值79 553亿元，比上年增长7.8%。其中，第一产业增加值14 299亿元，增长3.5%；第二产业增加值39 150亿元，增长9.2%；第三产业增加值26 104亿元，增长7.6%。全年社会劳动生产率比上年增长6.9%。市场价格总水平下降。全年居民消费价格总水平比上年下降0.8%，其中服务项目价格上升10.1%；商品零售价格总水平比上年下降2.6%。劳动就业工作有所加强。年末全国从业人员69 957万人，比上年末增加357万人。其中城镇从业人员20 678万人，比上年末增加471万人；城镇私营个体从业人员3 232万人，比上年末增加563万人。再就业工程有了重大进展，通过多种途径使609万名下岗职工实现了再就业。年末城镇登记失业率为3.1%，与上年末持平。国际收支平衡，人民币汇率稳定，外汇储备继续增加。年末国家外汇储备达到1 450亿美元，比上年末增加51亿美元。年末1美元兑

8.2789元人民币，比上年末略升9个基本点。其中农业的粮食总产量达到4.9亿吨以上；全部工业增加值33 541亿元，比上年增长8.9%；全社会建筑业完成增加值5 609亿元，比上年增长12.0%；全社会固定资产投资28 457亿元，比上年增长14.1%；全年各种运输方式完成货物周转量37 706亿吨公里，比上年下降1.3%；邮电部门全年完成邮电业务总量2 413亿元，比上年增长35.7%；全年社会消费品零售总额29 513亿元，比上年增长6.8%，考虑价格因素，实际增长9.7%；全年进出口总额3 240亿美元，比上年下降0.4%；货币供应量适度增长，年末广义货币（M2）为104 499亿元，比上年末增长15.3%；狭义货币（M1）为38 954亿元，比上年末增长11.9%；市场现金流通量（M0）为11 204亿元，比上年末增长10.1%；全部金融机构各项存款余额95 698亿元，比上年末增加13 402亿元，增长16.1%；全年保险费收入1 247亿元(含外资机构)，比上年末增长14.0%；年末国有事业单位共有各类专业技术人员2 918万人，比上年末增长2.0%；年末全国普通高校1 022所，招生108万人，在校生341万人；研究生培养单位736个，招生7.3万人，在学研究生19.9万人；成人高校962所，招生100万人，在校生282万人；年末全国共有艺术表演团体2 635个，文化馆2 915个，公共图书馆2 721个，博物馆1 289个；中、短波广播发射台和转播台743座，广播人口覆盖率88.2%，1千瓦以上电视发射台和转播台1 283座，电视覆盖率89.0%；年末全国共有卫生机构（含诊所）31万个，床位314万张，卫生技术人员442万人；年末全国环境保护系统共有11万人，各级环境监测站2 144个，环境监测人员5.7万人；全年出生人口1 991万人，出生率为16.3‰，全年净增人口1 184万人，比上年下降0.53‰，年末总人口为12.4810亿人；全年全国城镇居民人均可支配收入5 425元，考虑价格因素，实际增长5.8%；农村居民人均纯收入2 160元，实际增长4.3%。

这一年，国际形势总体上继续保持缓和，世界多极化趋势进一步发展，大国关系加快调整，发展中国家的整体力量继续增强，但地区冲突时有发生，一些热点问题有所升温。亚洲金融危机的影响波及全球。加强国际合作，改革和完善国际金融经济体制成为国际社会的共同呼声。在以江泽民为核心的党中央的领导下，中国外交坚持邓小平外交思想，坚定不移地奉行独立自主的和平外交政策，抓住机遇，迎接挑战，趋利避害，开拓进取，取得了引人瞩目的成就。从1月1日起，中华人民共和国与南非共和国相互承认并建立大使级外交关系。同月底，中国和中非共和国恢复外交关系。2月，李鹏总理对卢森堡、荷兰和俄罗斯进行了正式友好访问，并出席了中俄总理第三次定期会晤。访问期间，双方就双边关系和重大国际问题广泛、深入地交换了意见，并签署了一系列经贸技术合作协定。这次访问达到了加强对话、增进了解、扩大共识、发展合作的目的，取得了圆满成功。4月，朱镕基总理出席亚欧会议并访问英国和法国。在亚欧会议上，朱镕基总理发表了关于建立中国和欧盟面向21世纪长期稳定的建设性伙伴关系的联合声明。5月，政协全国委员会主席李瑞环对罗马尼亚、意大利、西班牙和法国进行正式友好访问。通过访问达到了加强了解、扩大共识、增进友谊、推动合作的目的，促进中国同4国友好关系进一步向前发展。6月底至7月初，应国家主席江泽民的邀请，美国总统克林顿对中国进行为期9天的国事访问。这是美国在任总统9年来第一次访华，也是克林顿任总统以来第一次专程访问一个国家，表明美国政府对于发展对华关系的重视。克林顿此次访华，是对江泽民主席去年10月访美的回访。江主席访美时与克林顿达成协议，启动了中美两国致力于建立面向21世纪的建设性战略伙伴关系的进程，将中美关系带入了一个新的发展阶段。克林顿此次访华使这一进程继续向前发展。7月，国家主席江泽民前往阿拉木图，出席在那里举行的中国、哈萨克斯坦、吉尔吉斯斯坦、俄罗斯和塔吉克斯坦的5国会晤，就维护地区和平与稳定、促进繁荣发展进行讨论并达成共识。会晤后，5国发表了联合声明。10月，中国与汤加王国建立大使级外交关系。11月，国家主席江泽民出席亚太经合组织领导人非正式会议。江泽民在会议上就如何克服金融危机，恢复经济增长，加强国际金融体制等重要议题作了重要发言，阐述了中国的立场和主张，并与其他成员国领导人深入交换了意见和看法。中国作为本地区最大的发展中国家，积极参加地区经济合作，参与有关问题的讨论，不仅有利于中国改革开放的持续深化，还将促进中国同本地区所有国家和经济体的经贸合作，为克服金融危机所造成的困难，实现共同发展与繁荣做出贡献。同月，江泽民主席还对俄罗斯进行了访问。两国元首成功地举行了双方之间的首次非正式会晤，这也是第六次最高级会晤。双方在共同发表联合声明中强调指出，双方此次会晤就世纪之交国际社会发展的基本趋势协调了立场，并就进一步加强双边合作的长期战略前景达成共识。在这一月之内，江泽民主席对日本进行了国事访问，这是中国国家元首有史以来首次访问日本。两国政府将以此为契机，共同构筑21世纪的睦邻合作框架，开辟中日友好关系的新阶段。12月，胡锦涛副主席参加了在越南河内举行的第2次中国—东盟领导人非正式会晤和东盟—中日韩三国领导人非正式会晤，并发表了重要讲话。他说，巩固和发展与东盟国家的睦邻互信伙伴关系，是中国外交政策的重要组成部分，是中国政府的既定国策。东盟各国领导人积极评价中国保持稳定、帮助东盟国家克服经济危机的行动。这一年，韩国、巴基斯坦、蒙古、越南、苏里南、贝宁、坦桑尼亚、莫桑比克、英国、法国、意大利、芬兰、比利时等亚洲、非洲、美洲和欧洲的许多国家领导人纷纷访华。中国与世界各国友好合作关系得到进一步改善和发展。

1月1日　《人民日报》发表社论：《在十五大精神指引下胜利前进——元旦献词》。社论指出，1998年，是全面贯彻落实党的十五大提出的任务的第一年，各条战线改革和发展的任务都十分繁重，有许多深层次的矛盾和问题有待克服和解决，特别是国有企业改革已经进入攻坚阶段。我们必须深入学习和掌握党的十五大精神，统揽全局，精心部署，狠抓落实，团结一致，艰苦奋斗，开拓前进，为夺取今年改革开放和社会主义现代化建设的新胜利而奋斗。社论还说，今年是党的十一届三中全会召开20周年，是我们党和国家实现历史转折、进入改革开放历史新时期的20周年。在新的一年里，大力发扬十一届三中全会以来我们党所恢复的优良传统和在新的历史条件下形成的优良作风，对于完成好今年的各项任务具有十分重要的意义。

同　日　全国政协举行新年茶话会。江泽民、李鹏、乔石、朱镕基、李瑞环、刘华清、尉健行、李岚清、荣毅仁等党和国家领导人同各界代表欢聚一堂，共度佳节。中共中央总书记江泽民讲话说，1998年，是全面贯彻落实党的十五大提出的各项任务的第一年，也是完成“九五”计划的关键一年。我们要高举邓小平理论伟大旗帜，以党的十五大精神为指导，统揽全局，精心部署，狠抓落实，团结一致，艰苦奋斗，开拓前进。1998年，将召开第九届全国人民代表大会第一次会议和中国人民政治协商会议第九届全国委员会第一次会议，地方人大和政协也要换届。这是我国政治生活中的大事。我们要继续坚持“和平统一、一国两制”的基本方针和发展两岸关系、推进祖国和平统一进程的八项主张，大力发展两岸经济、科技、文化领域的交流与合作，推动实现两岸直接“三通”。我们希望台湾当局以民族大义为重，尽早回应我们提出的在一个中国的原则下两岸进行谈判的郑重呼吁。

1月4日　我国铁路营业里程居亚洲第一位。全国铁路领导干部会议披露：到1997年底，我国铁路营业里程已达6.6万公里，居亚洲第一位；电气化铁路达到1.1999万公里，成为世界上第九个拥有电气化铁路总长达1万公里以上的国家。

1月5日　中央军委主席江泽民签署命令，颁发实施《中国人民解放军后方仓库条例》。《条例》共分总则、职责、物资收发、物资储存、仓库建设、仓库安全、奖励与处分、附则等8章46条。

1月7日　全国文化科技卫生“三下乡”活动先进集体、先进个人表彰会在京举行。100家单位和100名个人分别荣获“三下乡”先进集体、先进个人称号。

1月7日—9日　中央农村工作会议在京举行。江泽民、李鹏、朱镕基、李瑞环等党政领导人接见了会议代表，江泽民总书记讲话说，当前一个突出的问题是，一部分农业产品经销不畅，价格下跌，农民收入增长减缓。如不能及时有效地解决这些问题，有可能导致农业徘徊甚至滑坡。因此，中央一而再、再而三地打招呼，提醒全党同志和各级领导干部要比以往任何时候都要更加自觉地重视农业。做好今年的农业和农村工作，关键是稳定党在农村的各项政策，特别是进一步稳定和落实土地承包政策、减轻农民负担政策和粮食收购政策。这些政策，中央都有明确规定，要不折不扣地落到实处，不能走样，同时，要使农村改革有新突破，调整和优化农村经济结构有新进展，农民收入有新增长，农业基础设施建设和生态环境建设有新举措。国务院副总理姜春云作了题为“坚决贯彻稳定和加强农业的方针，确保农业增产、农民增收、农村稳定”的报告，中共中央政治局委员温家宝在会上讲了话，国务委员陈俊生作了会议总结。会议强调，完成今年农业和农村工作的目标任务，需要着力做好以下六个方面的工作：一、进一步稳定和加强农业的基础地位，确保农业持续稳定增长；二、坚决稳定和落实党在农村的基本政策，切实调动和保护农民的积极性；三、抓紧调整优化农村产业产品结构，提高农业的整体素质和效益；四、大力强化农业增产增效要素，提高农业综合生产能力；五、积极稳妥地深化农村改革，为农业和农村经济发展注入新的活力；六、加强农村基层的基础建设，实现经济和社会协调发展。《人民日报》为此于10日发表社论：《稳定和加强农业》。

1月9日　国务院总理李鹏主持召开国务院第六十五次常务会议，

讨论并原则通过《中华人民共和国土地管理法（修订草案）》。修订草案共6章71条，对土地管理基本原则、土地的所有权和使用权、土地的利用和保护、建设用地、法律责任等作了明确规定。

1月10日　四川省委选举谢世杰为省委书记。

同　日　河北省张家口西北张北—尚义地区发生里氏6.2级地震。

1月11日　创海关税收历史最高纪录。1997年，全国海关征收关税和进口环节税940亿元，比上一年同期增加88.4亿元，增长10.4%。

同　日　林业部部长陈耀邦宣布：从1998年起，国家将实施以减少木材产量、保护资源、分流人员、提高效益为主要内容的国有林区天然林保护工程。

1月12日　国务院三峡建设委员会第七次会议召开。会议回顾总结了三峡工程一期建设情况，对工程二期建设的任务作出总体部署。李鹏总理作了讲话。二期施工目标是：确保2003年水库蓄水至135米，首批机组发电，永久船闸通航。

1月12日—15日　全国宣传部长会议在京举行。江泽民总书记作了讲话，充分肯定了宣传工作取得的成绩，提出了新的要求和希望。今年是全面贯彻落实党的十五大提出的各项任务的第一年。宣传思想战线要紧密围绕高举邓小平理论伟大旗帜，把建设有中国特色社会主义事业全面推向21世纪这个十五大的主题，扎扎实实而又生动活泼地做好各项宣传思想工作。中共中央政治局委员丁关根主持会议并讲话指出，做好工作必须有一个良好的精神状态。第一，高举旗帜，坚定信念；第二，奋发向上，积极进取；第三，淡泊名利，甘于奉献。

1月14日　福建省人大会议选举袁启彤为人大常委会主任，贺国强为省长。

1月15日　《罗荣桓军事文选》出版座谈会在京举行。中央军委主席江泽民出席座谈会并讲话。他说，罗荣桓是中国人民的忠诚战士，久经考验的无产阶级革命家、军事家，我们党、国家和军队的卓越领导人，人民解放军的创建人之一。罗荣桓在我们党内和军内享有很高的威望，受到广大干部和群众的爱戴与崇敬。他是对党忠诚、敢于坚持原则的典范；是实事求是、善于创造性地开展工作的典范；是艰苦奋斗、密切联系群众的典范。中央军委副主席张万年主持座谈会。

1月16日 贵州省人大会议选举刘方仁为人大常委会主任、吴亦侠为省长。

同 日 河北省人大会议选举程维高为人大常委会主任、叶连松为省长。

同 日 陕西省人大会议选举李建国为人大常委会主任、程安东为省长。

同 日 广西壮族自治区人大会议选举赵富林为自治区人大常委会主任、李兆焯为自治区主席。

同 日 青海省人大选举田成平为人大常委会主任、白恩培为省长。

1月18日 江苏省人大会议选举舒惠国为人大常委会主任、舒圣佑为省长。

同 日 湖南省人大会议选举王茂林为人大常委会主任、杨正午为省长。

同 日 云南省人大会议选举尹俊为人大常委会主任、李嘉廷为省长。

同 日 甘肃省人大会议选举卢克俭为人大常委会主任、孙英为省长。

同 日 广东省人大会议选举朱森林为人大常委会主任、卢瑞华为省长。

同 日 新疆维吾尔自治区人大会议选举阿木冬·尼牙孜为自治区人大常委会主任、阿不来提·阿不都热西提为自治区主席。

同 日 湖北省人大会议选举关广富为人大常委会主任、蒋祝平为省长。

1月19日 **最高人民法院等联合作出规定。**最高人民法院、最高人民检察院、公安部、国家安全部、司法部、全国人大常委会法制工作委员会联合作出《关于刑事诉讼法实施中若干问题的规定》。内容包括：一、管辖；二、立案；三、回避；四、律师参加刑事诉讼；五、证据；六、取保候审、监视居住；七、拘留、逮捕；八、期间和办案期限；九、侦察总结；十、移送起诉；十一、开庭审判；十二、二审；十三、死刑复核；十四、赃款赃物。该规定自公布之日起实行。

同　日　河南省人大会议选举任克礼为人大常委会主任、马忠臣为省长。

同　日　山西省人大会议选举卢功勋为人大常委会主任、孙文盛为省长。

同　日　吉林省人大会议选举张德江为人大常委会主任、王云坤为省长。

同　日　四川省人大会议选举谢世杰为人大常委会主任、宋宝瑞为省长。

1月18日—24日　应国家主席江泽民邀请，贝宁共和国总统纪蒂厄·克雷库对中国进行国事访问。20日下午，江泽民主席与克雷库总统举行会谈。外经部副部长刘山在和贝宁外交和合作部长奥绍签署了中贝两国政府贸易、经济和技术合作协定和中国政府向贝宁政府提供无息贷款的协定等合作文件。21日上午，乔石委员长在人民大会堂会见了克雷库总统。21日下午，克雷库总统离京赴海南省和杭州市参观访问。24日结束访问回国。

1月18日—24日　第八届全国政协常委会第二十三次会议在北京举行。全国政协主席李瑞环主持会议。会议主要内容是为召开政协九届一次会议做准备，讨论常委会工作报告（草案），协商通过九届政协委员名单。根据决定，政协第九届全国委员会第一次会议于3月3日在北京召开。新一届政协委员会包括34个界别，共2 196人，人数比政协八届一次会议时增加100多人，平均年龄下降近2岁。这届政协吸纳了各民主党派和工商联的新一代领导人，集中了各个领域成就卓著的专家学者，新增了一批经验丰富的党政领导干部，香港特别行政区同胞、澳门同胞和台湾同胞的委员人数是历届最多的。李瑞环在会议结束时讲了话。

1月20日 **浙江省人大会议选举李泽民为人大常委会主任、柴松岳为省长。**

1月20日—22日 **中纪委第二次全体会议在北京举行。**中纪委书记尉健行作了题为《以党的十五大精神为指导，加大工作力度，深入开展反腐败斗争》的工作报告。报告指出，1998年要围绕贯彻江泽民关于艰苦奋斗的重要讲话精神，着力落实《关于党政机关厉行节约制止奢侈浪费行为的若干规定》，推进《中国共产党党员领导干部廉洁从政若干准则（试行）》的进一步贯彻执行，以良好的党风和政风带动社会风气的好转，推动反腐败各项工作的开展。1月22日，中共中央总书记江泽民发表讲话，要求各级领导干部在拒腐防变、反腐倡廉中一定要起表率作用。第一，继续发扬艰苦奋斗、勤俭节约的优良传统，坚决反对挥霍公款、奢侈浪费的歪风。第二，管住、管好自己的配偶子女，带头树立好的家风。第三，对自己管辖范围内的党风廉政建设要切实负起领导责任。江泽民最后指出，加强党风廉政建设和反腐败斗争，必须建设一支政治上靠得住、工作上、作风上过得硬、特别能战斗的高素质的执法队伍。

1月21日 **北京市人大会议选举张健民为人大常委会主任、贾庆林为市长。**

1月22日 **据世界贸易组织（WTO）发布的世界贸易排名结果，1997年我国以3 250亿美元的进出口总值排位第十。**

1月23日 **安徽省人大会议选举孟富林为人大常委会主任、回良玉为省长。**

1月25日 **《周恩来行政管理思想与政府建设》一书出版。**国务院总理李鹏题词：“学习周恩来行政管理思想，发扬奉献精神，建设廉洁高效政府”。

同　日 **辽宁省人大会议选举王怀远为人大常委会主任、张国光为省长。**

同　日 **云南省委决定开除云南省红塔集团原董事长褚时健党籍。**经查，褚时健利用职权和职务之便，主谋贪污私分公款335万美元，其中他个人贪污170多万美元；利用职权为他人批烟谋利，其亲属从中大肆索要、收取钱物，其女儿共索要和接收3 630万元人民币、100万元港币、30万美元，妻子及其他亲属共收受1 455万元人民币、8万美元、3万元港币及大量贵重物品。

1月26日　首都各界人士纪念江泽民重要讲话座谈会举行。首都各界人士在人民大会堂举行座谈会，纪念江泽民主席《为促进祖国统一大业的完成而继续奋斗》重要讲话发表3周年。中共中央政治局常委李岚清，中共中央政治局委员迟浩田、罗干、贾庆林、钱其琛出席了会议。会议由国务委员罗干主持，国务委员钱其琛在讲话中指出，促进两岸政治谈判是现阶段全面推进两岸关系的关键，希望台湾当局在政治谈判问题上做出认真的、积极的、明确的回应。《人民日报》为此发表社论：《政治谈判是推动两岸关系发展的关键》。

1月27日　中共中央、国务院在人民大会堂举行春节团拜会。党和国家领导人江泽民、李鹏、朱镕基、李瑞环、胡锦涛、尉健行、李岚清等出席会议。李鹏总理代表中共中央和国务院讲话说，1998年是全面贯彻落实党的十五大精神的第一年，也是实现了伟大历史转折的十一届三中全会召开的20周年。我们要坚持解放思想、实事求是的思想路线，继续推进经济体制和经济增长方式的根本转变，加强农业基础地位，加快以国有企业为重点的各项改革，加大经济结构调整力度，提高对外开放水平，促进国民经济持续快速健康发展。继续加强社会主义法制建设和精神文明建设，积极发展教育、科技、文化等各项事业，坚持不懈地进行反腐败斗争，巩固团结稳定的政治局面，促进社会全面进步。

1月29日　中国和中非复交，两国政府签署了《中华人民共和国和中非共和国关于恢复外交关系的联合声明》。

2月5日　国务院在中南海召开第六次反腐败工作会议。李鹏总理讲话。国务院副总理朱镕基、钱其琛、吴邦国、姜春云，国务委员李铁映、宋健、李贵鲜、陈俊生、罗干，中纪委书记尉健行出席会议。会议由国务委员李贵鲜主持。李鹏总理在讲话中指出，我们必须清醒地看到，当前的反腐败工作中还存在一些不容忽视的问题，领导干部廉洁自律的规定还不够落实，违法违纪案件特别是大案要案，在一些领域呈上升趋势，纠风工作的成果还不够巩固。现实说明，反腐败仍然是一项长期艰巨的任务。各级政府要按照中央的要求，进一步统一思想，加大工作力度，使反腐败斗争取得更大的成效。今年纠风专项治理要重点抓好减轻农民负担、减轻企业负担和清理预算外资金这三项工作。还要继续抓好治理“三乱”、中小学乱收费等工作，防止反弹，切实解决好群众反映强烈的一些突出问题。

2月6日　**中华技能大奖获得者、全国技术能手表彰大会在中南海隆重举行。**江泽民总书记题词：“全国技术能手”。国务院总理李鹏接见了获奖者代表并发表讲话指出，评选“中华技能大奖”和“全国技术能手”这项活动，对于提高劳动者素质，提高企业的生产技术水平和经济效益都具有重要的促进作用。要把这项工作坚持下去，使全社会都能够重视提高职工素质这项工作。

同　日　山西假酒案侦破取得进展。新华社报道：山西省朔州、大同等市发生群众饮用散装白酒恶性中毒案件侦破已取得进展。已抓获犯罪嫌疑人35人，其中两名主要犯罪嫌疑人被逮捕。截至2月5日，朔州市平鲁区、朔城区、大同市灵丘县饮用有毒白酒住院治疗病人222人，其中27人死亡，171人治愈出院。

2月7日　国家工商局发出紧急通知，要求严厉打击制造假酒违法行为。通知说，立即对食用酒生产企业进行一次全面清理整顿，凡不具备生产条件，特别是没有质量监测机构和制度的，一律停业整顿；逾期达不到要求的，依法吊销其营业执照。坚决取缔无照无证生产酒类产品的行为。通知强调，对山西省朔州市发生的假酒案件要一查到底，不留隐患。

2月8日　国家技术监督局发出紧急通知，坚决打击制售假酒违法行为。通知要求各地要采取措施加强监督管理并公布举报电话。

2月8日—10日　全国对外经济贸易工作会议在北京举行。朱镕基副总理发表讲话。李鹏总理接见了出席会议和全国外经贸系统先进集体、劳动模范、先进工作者表彰大会的代表。他指出，在充分肯定外经贸工作取得成绩的同时，应该清醒地认识到，当前外经贸工作所面临的困难。但是，我们更应该看到有利的条件，这就是改革开放以来国力的增强，生产能力的提高。我们将继续实行外贸多元化战略，进一步利用好“两种资源”和“两个市场”，调整产品结构，加速产品的升级换代，以适应世界市场的需求。

2月8日　原中顾委常委、中国人民解放军总后勤部原政委王平在北京逝世。王平，原名王惟允，1907年生于湖北阳新县。1930年参加红军第五军五纵队，加入中国共产党。历任连副政委、团部书记兼政治处干事，红三师教导大队政委、红九团教导员，十六团政治处主任、红十一团政委。参加了长征。1936年后，任红一军团第四师政治部副主任兼组织部部长，红二十七军政委。抗日战争爆发后，任八路军政治部组织部科长、中共晋察冀临时省委军事部部长，晋察冀军区第三军分区政委兼政治部主任和中共地委书记，冀中军区政委、副政委，冀晋军区政委兼政治部主任和区党委书记。抗日战争胜利后，任晋察冀军区第四纵队政委。1947年任晋察冀野战军第一纵队政委兼北岳军区第二政委，北岳军区司令员、察哈尔军区司令员。中华人民共和国成立后，任察哈尔省人民政府副主席和公安厅厅长，华北军区副参谋长兼干部部部长，志愿军第二十兵团政委，解放军总参谋部动员部部长。被授予上将军衔。1975年起任炮兵政委，武汉军区政委、第一政委，总后勤部政委。被选为中共第十一届中央委员，第五届全国人大常委。1982年、1987年被选为中顾委常委。是第二、第三届国防委员会委员。

2月11日—17日　应国务院总理李鹏的邀请，巴基斯坦伊斯兰共和国总理穆罕默德·纳瓦兹·谢里夫对中国进行正式友好访问。11日下午，国务院总理李鹏同谢里夫总理在人民大会堂举行正式会谈。两国有关方面负责人签署了《中巴两国政府经济技术合作协定》和《中巴两国政府关于植物检验的协定》。12日上午，国务院副总理朱镕基在钓鱼台国宾馆会见了谢里夫总理。12日下午，国家主席江泽民在中南海会见了谢里夫总理。双方就中巴友谊、国际形势等问题交换了看法。当天，中巴投资研讨会在北京举行，谢里夫总理主持了研讨会并发表讲话。13日谢里夫总理赴珠海、桂林和香港参观访问，17日结束访问回国。

2月12日—17日　应卢森堡大公国首相容克、荷兰王国首相科克的邀请，国务院总理李鹏对两国进行正式友好访问。13日，李鹏总理会见了卢森堡大公储亨利亲王，双方进行了友好的谈话。当天，李鹏总理与容克首相举行会谈。双方签署了《中华人民共和国和卢森堡大公国定期货运航班协议附件》。14日，李鹏总理结束了对卢森堡的正式友好访问，前往荷兰进行访问。当天，李鹏总理出席了荷兰财政大臣扎尔姆主持的荷兰金融界欢迎李鹏的午宴并发表了讲话。李鹏说，不久前发生的亚洲金融危机波及世界许多地区，其影响至今尚未过去。在这场金融危机的过程中，香港受到冲击。但香港特别行政区政府成功地捍卫了港元的联系汇率制度，保持了香港金融的稳定。现在世界金融和经济界人士非常关心人民币是否会贬值。在此我可以负责的告诉大家，中国政府的政策是保持人民币汇率的稳定。16日，李鹏总理在海牙会见了荷兰议会二院议长布克曼和一院副议长波斯特马。当天中午，李鹏总理出席了荷兰经济大臣威伊尔斯举行的大型午宴，李鹏总理与荷兰首相科克举行会谈。双方签署了有关筹备设立中外合资经营公司框架协议。17日，李鹏结束了对荷兰的正式友好访问离境。

2月13日　中共中央总书记江泽民接见全国统战部长会议代表。江泽民在讲话中说，统一战线历来是我们党团结最广大人民群众发展事业、战胜困难的重要法宝。在实现社会主义现代化、实现中华民族振兴、实现祖国统一的伟大事业中，党的统一战线工作是大有作为的。希望统战系统的同志们坚持以邓小平理论和党的基本路线为指导，努力开创学习、研究、工作的新局面。

2月14日　国务院副总理朱镕基在天津考察。他指出，解决下岗待业职工的生活和再就业问题，是深化国有企业改革的基础条件。能不能在3年内力争取得大多数国有大中型亏损企业实现摆脱困境的目标，关键在于下岗人员能否得到妥善安置，这项工作直接关系到国有企业改革的成败，各级党政领导干部要给予高度重视，加大工作力度，切实建成有中国特色社会主义的社会保障体系。去年党中央、国务院提出了“鼓励兼并、规范破产、下岗分流、减人增效，实施再就业工程”等一系列政策，这是在我国社会保障制度不完备的情况下，解决这一问题的唯一正确途径。

2月14日—19日　应国家主席江泽民的邀请，也门共和国总统阿里·阿卜杜拉·萨利赫阁下对中国进行国事访问。16日上午，国家主席江泽民在人民大会堂与萨利赫总统举行正式会谈。两国政府有关部门负责人签署了以下合作文件：《中也两国政府经济技术合作协定》、《中也两国政府关于鼓励和相互保护投资协定》、《中也两国政府1998—2000年教育合作协定》、《两国卫生部关于派遣中国医疗队赴也门共和国的双边合作协定》、《两国政府文化合作协定》、《两国政府文化合作协定1998—2000年执行计划》、《互换两国领事条约批准书的证书》等。当天下午，全国政协主席李瑞环和全国人大常委会委员长乔石分别会见了萨利赫总统。17日，萨利赫总统前往安徽省和上海市参观访问，19日结束访问回国。

2月17日　上海市人大会议选举陈铁迪为人大常委会主任、徐匡迪为市长。

2月17日—18日　应俄罗斯政府总理维·斯·切尔诺梅尔金的邀请，国务院总理李鹏对俄罗斯进行正式友好访问。17日上午，叶利钦总统会见李鹏总理，就当前世界形势和国际关系、伊拉克武器核查危机等问题交换了意见。同日，李鹏总理与切尔诺梅尔金总理举行了会晤。中国外经贸部副部长陈新华和俄经济部和财政部主管副部长签署了三项文件：中国政府和俄罗斯政府关于在高速船建造领域进行合作的协议；中国政府和俄罗斯政府关于解决政府贷款债务的协定；中国政府和俄罗斯政府1998年经贸合作议定书。中国外交部副部长张德广和俄外交部副部长卡拉辛签署了中国政府和俄罗斯政府关于简化俄罗斯公民进入中俄边境互贸区中方一侧手续的换文，以及中国政府和俄罗斯政府关于开设中俄边界珲春（中国）—马哈林诺（俄罗斯）的国际铁路货物运输口岸的换文。18日上午，李鹏总理在莫斯科接受了俄罗斯电视台、《独立报》和国际文传电讯社的联合采访。当天晚上，李鹏总理离开莫斯科回国。

2月18日　江泽民发表纪念邓小平的文章。新华社报道：中共中央总书记江泽民在《求是》杂志第4期发表纪念邓小平逝世一周年的文章：《深入学习邓小平理论》。文章指出，学习邓小平理论，既要坚持它的基本观点，又要通过实践使它不断丰富和发展。这是马克思主义的科学态度。

同　日　中纪委发出通报。新华社报道：中央纪委、监察部就甘肃省张斌昌、魏光前两起重大经济违纪违法案件发出通报。经查，张斌昌在酒泉钢铁集团公司任副经理、兰州钢铁集团公司任总经理期间，贪污、受贿人民币共120多万元。魏光前在任连城铝厂厂长期间，收受贿赂共计人民币52万余元、港币13.5万元、美金1.1万元。决定开除张斌昌、魏光前的党籍，撤销其职务，立案侦查。

同　日　中宣部、国家教委、民政部、文化部、国家文物局、共青团中央发出关于加强革命文物工作的意见。意见内容为：一、革命文物是中华民族的精神财富；二、革命文物工作的形势；三、革命文物工作的指导思想和方针原则；四、充分发挥革命文物的社会教育作用；五、重视革命文物的基础性建设；六、加强革命文物的保护工作；七、努力提高革命文物工作队伍的素质；八、加强对革命文物工作的领导。

2月22日　江苏省人大会议选举陈焕友为人大常委会主任、郑斯林为省长。

2月23日　中共中央在人民大会堂举行纪念周恩来诞辰100周年大会。党和国家领导人江泽民、李鹏、乔石、朱镕基、李瑞环、刘华清、胡锦涛、尉健行、李岚清、荣毅仁等出席。中共中央总书记江泽民发表讲话，回顾了周恩来为中国人民解放事业和社会主义事业建立的卓著功勋。他指出，周恩来的精神，就是共产主义远大理想同脚踏实地的工作作风的结合，就是对上负责同对下负责的结合，就是高度的原则性同高度的灵活性的结合。江泽民在讲话中号召全党和全国各族人民，特别是各级领导干部，都要努力学习周恩来的崇高精神，并努力贯彻到自己的思想行动中去，把各项工作做得更好。《人民日报》于24日发表评论员文章：《伟大的公仆——纪念周恩来100年诞辰》。经中共中央批准，由邓小平生前题写书名、中共中央文献研究室编写、金冲及主编的《周恩来传》，由中央文献出版社出版发行。

同　日　中国国务院新闻办公室发表题为《西藏自治区人权事业的新进展》白皮书。白皮书以大量事实充分说明，西藏的人权事业在不断进步，中央政府和西藏地方各级政府为保障和促进西藏地区人权事业的发展做出了巨大的努力。该白皮书约1.3万字，共分四个部分，分别是：一、民族区域自治制度与人民的政治权利；二、经济的发展与人民的生存权和发展权；三、人民享有的受教育权利、文化权利和健康保障权利；四、宗教信仰自由的权利。

2月25日—26日　中国共产党第十五届二中全会在北京召开。出席会议的有中共中央委员192人，候补中央委员149人。中共中央总书记江泽民作了讲话。全会审议通过了中央政治局提出、经与党内外协商形成的，拟向九届全国人大一次会议推荐的国家机构领导人员人选名单和拟向全国政协九届一次会议推荐的全国政协领导人员人选名单，决定将上述两个名单分别向九届全国人大一次会议主席团和全国政协九届一次会议主席团推荐。全会审议通过了《国务院机构改革方案》，建议国务院将这个方案提交九届全国人大一次会议审议。会议指出，人民代表大会制度，是我国的根本政治制度。中国共产党领导的多党合作和政治协商制度，是我国的一项基本政治制度。必须坚持和完善这些制度。要加强党对立法工作的领导，积极推进依法治国，建设社会主义法制国家。继续发挥人民政协作为党领导的统一战线组织在团结社会各界群众中的重要作用。全会强调，机构改革，是深化经济体制改革、发展社会主义市场经济的客观要求，是密切党和政府与人民群众联系的迫切需要，是党和国家领导制度改革的一项重要任务，也是政治体制改革的重要内容。必须坚定不移、积极稳妥地搞好政府机构改革。通过改革建立办事高效、运转协调、行动规范的行政管理体系，完善国家公务员制度，建设高素质的专业化国家行政管理干部队伍，建立适应社会主义市场经济体制的有中国特色的行政管理体制。全会号召，全党全国各族人民更加紧密地团结起来，高举邓小平理论伟大旗帜，在以江泽民为核心的党中央领导下，齐心协力，开拓进取，在建设有中国特色社会主义的伟大事业中不断创造新的业绩。

2月26日　中共中央在中南海怀仁堂举行民主协商会。会上向党外人士通报国务院机构改革方案、中共中央拟向九届全国人大一次会议推荐的国家机构领导人员人选名单和向九届政协一次会议推荐的全国政协领导人员人选名单。中共中央总书记江泽民主持了民主协商会并作讲话。他说，国务院机构改革方案，是根据十五大确定的机构改革目标和方针政策，按照机构改革“既要积极，又要稳妥”的指导思想，在通盘考虑和反复征求各部门意见的基础上逐步形成的。他说，搞好国家机构改革和全国政协人事安排，特别是高层次人事安排是开好“两会”最重要的一个方面，是关系全局的大事。实践证明，重大问题及时向各民主党派、工商联负责人和无党派人士通报，听取意见，集思广益，对维护国家长治久安、把社会主义现代化建设事业不断推向前进具有重要意义。

2月27日　国务院批复太湖水污染防治“九五”计划及2010年规划。规划要求：1998年底全流域工业企业等单位排放的废水达到国家规定的标准；2000年实现太湖水变清；2010年基本解决太湖营养化问题，湖区生态系统转向良性循环。

2月27日—28日　八届全国人大常委会第三十次会议在京举行。乔石委员长主持会议，会议表决通过了八届全国人大常委会代表资格审查委员会关于九届全国人大代表的代表资格审查报告，并决定将九届全国人大一次会议议程（草案）提请九届全国人大一次会议预备会议审议，决定将九届全国人大一次会议主席团和秘书长名单（草案）提请九届全国人大一次会议预备会议选举。会议还表决通过了全国人大常委会工作报告，决定提请九届人大一次会议审议。会议决定了九届全国人大一次会议列席人员名单，通过了全国人大常委会关于批准国务院提出的由财政部发行特别国债补充国有独资商业银行资本金的决议，全国人大常委会关于批准《中华人民共和国和哈萨克斯坦共和国关于中哈国界的补充协议》的决定。会议还通过了任命名单。

2月28日　国务院决定，李铁映兼任中国社会科学院院长，胡绳不再担任中国社会科学院院长职务。

同　日　天津举行纪念周恩来百年诞辰暨周恩来邓颖超纪念馆落成开馆仪式。江泽民、李鹏、李瑞环、李岚清分别为纪念馆题词。宋平和天津市委书记张立昌为纪念馆落成揭幕。

3月2日　中华人民共和国统计局、第一次全国基本单位普查办公室联合发布《关于全国第一次基本单位普查结果的公报》。公报分三个部分：一、我国单位的总体情况；二、我国基本单位的结构情况；三、普查的数据质量。

3月3日—14日　第九届全国政协第一次会议在京举行。李瑞环主持开幕大会，叶选平向大会做了工作报告。13日下午，大会选举产生新一届全国政协领导人。李瑞环再次当选为全国政协主席。新选出31位政协九届全国委员会副主席是：叶选平、杨汝岱、王兆国、阿沛·阿旺晋美、赵朴初、巴金、钱伟长、卢嘉锡、任建新、宋健、李贵鲜、陈俊生、张思卿、钱正英、丁光训、孙孚凌、安子介、霍英东、马万祺、朱光亚、万国权、胡启立、陈锦华、赵南起、毛致用、白立忱、经叔平、罗豪才、张克辉、周铁农、王文元。3月14日上午，大会闭幕。江泽民、李鹏、乔石、朱镕基、刘华清、胡锦涛、尉健行、李岚清、荣毅仁等出席。闭幕会上，通过了全国政协九届一次会议关于全国政协八届常委会工作报告的决议，全国政协九届一次会议提案审查委员会关于提案审查情况的报告。李瑞环主席致闭幕词。他的闭幕词分三部分：第一，九届全国政协的五年，是全面落实中共十五大精神的五年，也是世纪之交的五年。结好本世纪的尾、开好下世纪的头，意义重大。第二，人民政协是我国最广泛的爱国统一战线组织。第三，九届全国政协委员包括了各党派、各团体、各民族、各界别的优秀人物，其中有经验丰富的领导干部、德高望重的活动家、享誉中外的专家学者、成就卓著的实业巨子、受人喜爱的作家艺术家和为国争光的体育健儿，等等。这种构成体现了人民政协政治上最大限度的包容性和组织上最广泛的代表性，标志着爱国统一战线的新发展，显示了人民政协事业蒸蒸日上的新气象，为搞好世纪之交的政协工作奠定了组织基础。会议期间，委员们列席了九届全国人大一次会议，听取并讨论了李鹏总理的政府工作报告。《人民日报》于3月15日发表了社论，题为《扬团结之主题，创民族之伟业——祝贺全国政协九届一次会议闭幕》。

3月5日—19日　第九届全国人民代表大会第一次会议在京举行。2 944名代表出席大会。江泽民、乔石、朱镕基、李瑞环、刘华清、尉健行、李岚清、荣毅仁等党和国家领导人出席。田纪云主持大会，李鹏代表国务院向大会作政府工作报告。报告共分三个部分：一、关于过去五年的政府工作；二、关于1998年政府工作的建议；三、关于国际形势和外交工作。报告回顾了过去五年里社会主义现代化建设取得的伟大成就，总结了五年来政府工作的体会，提出了对今年各项工作的总体要求。还就积极推进政府机构改革，推进祖国和平统一大业，坚持独立自主的外交政策等问题进行了阐述。3月6日上午，在人民大会堂举行第二次全体会议，听取了国务院关于1997年国民经济和社会发展计划执行情况与1998年国民经济和社会发展计划草案的报告，关于1997年中央和地方预算执行情况及1998年中央和地方预算草案的报告，关于国务院机构改革的说明。3月10日下午，在人民大会堂举行第三次全体会议，听取第八届全国人大常委会、最高人民法院、最高人民检察院的工作报告，并表决通过了国务院机构改革方案的决定，九届全国人大一次会议选举和任命办法。

3月16日　九届人大一次会议举行第四次全体会议。会议经过投票，选举江泽民为中华人民共和国主席、中华人民共和国中央军委主席，李鹏为第九届全国人民代表大会常委会委员长，胡锦涛为中华人民共和国副主席。田纪云、谢非、姜春云、邹家华、帕巴拉·格列朗杰、王光英、程思远、布赫、铁木尔·达瓦买提、吴阶平、彭珮云、何鲁丽、周光召、成克杰、曹志、丁石孙、成思危、许嘉璐、蒋正华当选为第九届全国人民代表大会常务委员会副委员长，何椿霖当选为第九届全国人民代表大会常务委员会秘书长，134人当选为第九届全国人民代表大会常务委员会委员。3月17日，在人民大会堂举行第五次全体会议。会议经过投票表决，决定朱镕基为中华人民共和国国务院总理。张万年、迟浩田为中华人民共和国中央军委副主席，傅全有、于永波、王克、王瑞林为中华人民共和国中央军委委员。肖扬当选为最高人民法院院长；韩杼滨当选为最高人民检察院检察长。3月18日下午在人民大会堂举行第六次全体会议。会议根据国务院总理朱镕基的提名，决定了新一届国务院组成人员，李岚清、钱其琛、吴邦国、温家宝为国务院副总理。会议同时通过了九届全国人大8个专门委员会组成人员名单。根据表决结果，迟浩田、罗干、吴仪、司马义·艾买提、王忠禹为国务委员。按照本次会议批准的国务院机构改革方案，本届政府设立的29个部、委、行、署的部长、主任、行长、审计长和国务院秘书长的人选，当天也全部获得通过。王忠禹为国务院秘书长（兼）；曾培炎为国家发展计划委员会主任；盛华仁为国家经济贸易委员会主任；陈至立（女）为教育部部长；朱丽兰（女）为科学技术部部长；刘积斌为国防科学技术工业委员会主任；李德洙（朝鲜族）为国家民族事务委员会主任；贾春旺为公安部部长；许永跃为国家安全部部长；何勇为监察部部长；多吉才让（藏族）为民政部部长；高昌礼为司法部部长；项怀诚为财政部部长；宋德福为人事部部长；张左己为劳动和社会保障部部长；周永康为国土资源部部长；俞正声为建设部部长；傅志寰为铁道部部长；黄镇东为交通部部长；吴基传为信息产业部部长；钮茂生（满族）为水利部部长；陈耀邦为农业部部长；石广生为对外经济合作部部长；孙家正为文化部部长；张文康为卫生部部长；张维庆为计划生育委员会主任；戴相龙为中国人民银行行长；李金华为审计署署长。第九届全国人民代表大会第一次会议关于专门委员会主任委员为：财经委员会主任委员陈光毅；民族委员会主任委员王朝文；法律委员会主任委员王维澄；内务司法委员会主任委员侯宗宾；教育科学文化卫生委员会主任委员朱开轩；外事委员会主任委员曾建徽；华侨委员会主任委员甘子玉；环境与资源委员会主任委员曲格平；农业与农村委员会主任委员高德占。

3月19日　九届人大一次会议在人民大会堂闭幕。大会号召全国各族人民在以江泽民为核心的党中央领导下，高举邓小平理论伟大旗帜，团结一致，艰苦奋斗，开拓前进，把我国的现代化建设事业推向21世纪。国家主席江泽民在闭幕会上发表讲话。他说，我们的奋斗目标是：到建国一百年时，基本实现现代化，把祖国建设成为富强民主文明的社会主义国家。到那时，中国将进入世界中等发达国家的行列，中国人民将达到现代化基础上的共同富裕，中华民族将实现伟大的复兴。这个雄心壮志不仅一定要实现，也一定能够实现。我们必将胜利地达到光辉彼岸。李鹏委员长随后发表了讲话。《人民日报》为这次大会于3月5日发表了社论，题为《放眼未来 再普新篇——热烈祝贺九届全国人大一次会议开幕》；3月20日又发表社论，题为《高举伟大旗帜，创跨世纪辉煌——热烈祝贺九届全国人大一次会议胜利闭幕》。

3月9日　山西假酒案作出一审判决。山西省吕梁地区、朔州市、大同市3个中级人民法院经过公开审理，分别对4起生产、销售有毒假酒案作出一审判决，王清华等6名犯罪分子被判处死刑。

3月15日　中央计划生育和环境保护工作座谈会在京召开。国家主席江泽民主持会议并发表讲话，党和国家领导人李鹏、朱镕基、李瑞环、胡锦涛、尉健行、李岚清等出席了座谈会。江泽民在讲话中指出，计划生育和环境保护工作关系到社会的可持续发展，关系子孙后代的生存和繁衍，是必须长期坚持的基本国策。不仅本世纪最后这几年要抓得很紧，下个世纪也要抓得很紧，整个社会主义初级阶段都要抓得很紧。各级党委和政府，一定要一年接一年、一届接一届地把计划生育和环境保护工作抓紧抓好。提高人口素质是我国人口政策的重要内容。为了家庭的幸福、民族的昌盛、国家的富强，各地都要下大力气抓好优生工作。各有关部门要认真贯彻执行《母婴保健法》等法律法规，因地制宜，分类指导，以广大农村为重点，大力帮助边远贫困地区和少数民族地区提高出生人口素质。江泽民在讲话中还说，建设和保护良好的生态环境，是功在当代、惠及子孙的伟大事业。要认真实施国家制定的《污染物排放总量控制计划》和《跨世纪绿色工程规划》。进一步采取有力措施，尽快改变一些地方环境污染和生态破坏加剧的状况。各地在发展经济的过程中，都必须正确处理环境与发展的关系，绝不能以牺牲环境为代价来换取短期的经济增长。防治污染要抓住重点，集中力量先行解决危害群众健康的突出问题。国务院总理李鹏在会上发表讲话，针对计划生育和环境保护工作都提出了具体要求。国家计划生育委员会主任彭珮云、国务委员、国务院环委会主任宋健也分别在会上发言。

3月15日—16日　全国政协九届常委会举行第一次会议。会议由全国政协主席李瑞环主持。他说，本次常委会的主要任务是根据政协章程，决定九届专门委员会的设置和主任、副主任人选名单，通过九届全国政协秘书长的任命。此外，与会常委还将对全年工作和将要召开的几次常委会议的议题提出意见和建议。会议决定，政协九届全国委员会设立9个专门委员会，何光远为提案委员会主任，房维中为经济委员会主任，侯捷为人口资源环境委员会主任，刘德忠为科教文卫体委员会主任，王森浩为社会和法制委员会主任，乌力吉（蒙古族）为民族和宗教委员会主任，朱作霖为文史资料委员会主任，朱训为港澳台侨委员会主任，田增佩为外事委员会主任。会议还审议通过了政协九届全国委员会副秘书长任命名单。全国政协秘书长郑万通就会议审议通过的《政协第九届全国委员会常务委员会关于设置专门委员会的决定》、政协第九届全国委员会专门委员会主任、副主任名单和政协第九届全国委员会任命名单作了说明。

3月21日　第九届全国人大常委会举行第一次会议。李鹏委员长主持会议并发表了《为加强社会主义民主法制，维护依法治国而努力工作》的重要讲话。其内容分为五部分：一、加强法制工作，提高立法质量，努力建设有中国特色社会主义法律体系；二、改进监督工作，保障宪法和法律有效实施；三、密切同代表和人民群众的联系，代表人民的利益；四、开发与外国议会的交往，促进国家间友好合作关系的发展；五、加强常委会自身建设，提高工作水平。他在讲话中指出，我们任期的五年，将是我国全面完成“九五”计划，为实现2010年远景目标奠定基础的五年；将是在依法治国、建设社会主义法治国家的进程中，取得重大进展的五年。田纪云等副委员长和秘书长出席了会议。国务院、最高人民法院、最高人民检察院负责同志列席了会议。

3月24日　新一届国务院举行第一次全体会议。会议通报了国务院领导同志工作分工，讨论通过了《国务院机构设置和调整国务院议事协调机构方案》和修订后的《国务院工作规划》。国务院总理朱镕基在讲话中说，做好本届政府的工作，要着重抓好以下几项工作：第一，坚决执行中央确定的方针，确保今年经济增长速度达到8%，物价涨幅低于3%，人民币汇率稳定。第二，抓住当前有利时机，加大经济体制改革力度。要全面推进国有企业改革、金融体制改革和政府机构改革。第三，保障下岗职工基本生活，切实抓好再就业工程。第四，把政府机构改革工作做细、做实、做好。政府工作人员特别是国务院组成人员，必须做到5项要求：第一，要牢记自己是人民的公仆，全心全意为人民服务；第二，要恪尽职守，敢于说真话；第三，要从严治政，敢于得罪人；第四，要清政廉洁，惩治腐败；第五，要勤奋学习，刻苦工作。朱镕基还与大家约法三章：第一，在国内考察工作要轻车简从，减少随行人员，简化接待仪式，不陪餐、不迎送；第二，精简会议，压缩会议时间，减少会议人员，不在高级宾馆和风景名胜区开会；第三，除党中央、国务院统一组织安排的活动外，国务院领导同志一般不出席各部门、各地方、各单位召开的会议，不参加接见、照相、颁奖、剪彩及首发首映式等事务性活动，不为各部门工作会议发贺信、贺电，不题词、题名，把精力集中到研究处理重大问题上来。国务院副总理李岚清、钱其琛、吴邦国、温家宝，国务委员迟浩田、罗干、吴仪、司马义·艾买提、王忠禹，以及国务院全体会议其他组成人员出席了会议。

同　日　中国人民银行决定自3月25日起降低金融机构存、贷款利率。自3月21日起对存款准备金制度实行改革，并降低中央银行对金融机构的存、贷款利率。这是中央银行调节货币供应量，促进经济发展的重要举措。这次存款利率实行步幅下调，贷款利率降幅大于存款利率降幅。存款利率平均下调0.16个百分点。活期存款和三个月、半年、五个月定期存款利率不变；一年、二年定期存款利率小幅下调后仍高于同期个人外汇存款利率。贷款利率平均下调0.6个百分点，短期贷款利率下调幅度大于中长期贷款利率下调幅度。

3月24日—26日　国务院总理朱镕基在长春召开辽宁、吉林、黑龙江和内蒙古四省区党政主要负责人座谈会。朱镕基在会上强调了四个问题：一是国有企业三年困难，减人是关键。当前国有企业的一个突出问题是富余人员过多，企业负担沉重，不仅人浮于事，而且相互扯皮，影响职工积极性的发挥和企业效益的提高。三年摆脱困难，除了制止重复建设和盲目建设外，减员是一个主要途径。二是下岗职工分流是一个方向，是一项大的政策，是振兴国有企业的一项根本措施。把一部分富余人员分流出去，企业有了效益，不但企业能得到发展，而且还可拿出钱来安置下岗人员和帮助他们再就业。三是对于符合政策的下岗职工一定要保证基本生活费。就我们现有的财力，完全可以做到这一点。职工下岗要考虑社会各方面的承受力，考虑社会的稳定，不能向社会一推了之。企业要建立再就业服务中心，按地方政府的规定领取基本生活费。资金由财政、企业、社会三方共同筹集，还要为他们缴纳养老和医疗保险金。四是千方百计实施再就业工程。这是解决职工下岗分流的最终出路。国务院副总理吴邦国在座谈会上就国务院关于下岗职工分流安置和实施再就业的文件作了说明和总结讲话。他要求与会者，要以高度负责的精神做好下岗职工的安置和再就业工作，明确目标，突出重点，把握力度，切实搞好下岗职工再就业。

3月25日　中央纪委、监察部发出通知。通知规定：一、不准借机构变动、人事调整之机，用公款宴请，接风送行。二、不准用公款赠送礼品和纪念品。通知强调，各级领导干部特别是省（部）级领导干部必须严格遵守上述规定，带头厉行节约、反对奢侈浪费。对违反规定的，必须严肃查处。

3月26日　长征系列运载火箭第五十次成功发射。太原卫星发射中心用我国研制生产的“长二丙”改进火箭将美国摩托罗拉公司设计制造的两颗“铱星”送入预定轨道。

3月27日　中央军委举行晋升上将军衔警衔仪式。中央军委主席江泽民向晋升上将军衔的同志颁发命令状。这次晋升上将军衔的10

位高级军官警官是：国防科工委主任曹刚川，第二炮兵司令员杨国良，军事科学院政委张工，国防大学校长邢世忠，政委王茂润，北京军区司令员李新良，南京军区政委方祖岐，广州军区司令员陶伯钧，成都军区政委张志坚，武警部队司令员杨国屏。晋衔仪式由中央军委副主席迟浩田主持，中央军委副主席张万年宣读了3月4日中央军委主席江泽民签署的晋升上将军官军衔的命令和国务院总理李鹏、中央军委主席江泽民签署的晋升上将警衔的命令。

3月28日　国务院发出通知，要求各地区、各部门必须加强依法治税，严格执行国家税法和税收管理权限的有关规定。通知强调指出，减免税收必须依照税法规定执行，任何超越税法和税收管理权限规定的减免税必须立即纠正。对地方税的减免，也要在中央授权的范围内办理，不得自立章程，自行其事。凡未经批准擅自减免税收的，一经查出，除纳税人补缴税收罚款外，还要追究当事人和主管领导的责任。

同　日　新任铁道部部长傅志寰在召开的加快铁路建设动员大会上，提出了今后5年铁路建设总体部署和目标。他说，今后5年加快铁路建设的总体部署和目标是：决战西南，强攻煤运，建设高速，扩展路网，突破7万。就是要靠集中力量建设一批对国民经济全局有重要影响，在路网中起骨干作用的大能力干线和对完善路网布局、加快区域发展有重要影响的工程项目。重点抓好西安安康、朔州黄华线、南疆线（库尔勒至喀什）、内昆线（安边至梅花山）、宝成复线（阳平关至成都）、株州至六盘水复线、西安至南京线、武昌至广州电气化、秦皇岛至沈阳客运专线、洛阳至湛江通道以及东北至长江三角洲陆海通道等重大工程建设，力争在2000年开工建设京沪高速铁路。

3月28日—4月3日　应国家主席江泽民的邀请，莫桑比克共和国总统若阿金·希萨诺对中国进行国事访问。30日上午，国家主席江泽民在人民大会堂与希萨诺总统举行会谈，双方签署了有关经贸技术合作方面的文件。当天下午，全国人大常委会委员长李鹏在人民大会堂会见希萨诺总统，宾主就两国友好关系进行了交谈。当天，国务院总理朱镕基在中南海紫光阁会见了希萨诺总统，双方就两国友好关系和进一步拓宽经贸合作交换了意见。31日，希萨诺总统前往合肥市和上海市参观访问，4月3日结束访问前往澳门。

3月31日—4月2日　联合国秘书长安南访问中国。31日下午，国务院副总理钱其琛在钓鱼台国宾馆同安南会谈，双方就联合国的工作和中东和平等问题进行了会谈。会谈结束后，钱其琛副总理和安南秘书长共同会见了记者，并回答了他们提出的问题。4月1日，安南在全国政协会议厅举行的演讲会上发表题为《冷战后联合国在维护世界和平与安全方面的作用》的演讲。4月2日上午，国家主席江泽民在中南海会见安南。当天，安南秘书长结束对中国的访问，从北京出境。

3月31日—4月7日　国务院总理朱镕基应大不列颠及北爱尔兰联合王国首相布莱尔、法兰西共和国总理若斯潘的邀请，对两国进行正式访问。3月31日下午，英国女王伊丽莎白二世在温莎宫会见了朱镕基总理，宾主进行了友好的谈话。4月1日上午，朱镕基总理到英格兰银行与英国40余名工商界、金融界负责人，就中国经济和亚洲金融危机问题交换了看法。4月2日，朱镕基总理与英国首相布莱尔在唐宁街10号首相官府举行会谈，就双边关系和共同感兴趣的问题交换了意见。当天下午，朱镕基总理在伦敦同欧盟委员轮值主席国英国首相布莱尔和欧盟委员会主席桑特举行了中国—欧盟领导人之间的首次会晤，并发表了联合声明。4月3日和4日，朱镕基总理在伦敦出席第二届亚欧会议，并在会上发表了讲话。4月5日，朱镕基总理结束对英国的访问前往法国访问。当天下午，朱镕基总理分别会见了法国前总统德斯坦和前总理巴尔。6日上午，法国总统希拉克在爱丽舍宫会见朱镕基总理，双方进行了友好的谈话。当天下午，朱镕基总理与法国总理若斯潘在法国总理府举行会谈，就双边关系和国际问题交换了看法，达成了广泛的共识。4月6日和7日，朱镕基总理在巴黎分别会见了法国国民议会议长比尤斯和参议院议长莫诺里。7日晚，朱镕基总理结束对法国的访问回国。

4月2日　中纪委发布对《中国共产党党员领导干部廉洁从政若

干准则》（试行）的补充规定。规定指出：省（部）级以上领导干部的配偶、子女及其配偶，不准在领导干部管辖的地区及管辖的业务范围的中外合资企业中接受外方委派或者推荐出任董事长、副董事长、董事及总经理、副总经理等高级职位。

4月3日　中央军委决定，组建中国人民解放军总装备部。这对进一步加强中央军委对全军武器装备建设的集中统一领导，促进国防和军队现代化建设，具有重大意义。中国人民解放军总装备部于4月5日开始办公。

同　日　中共中央决定，孙英任甘肃省委书记。

4月7日　北京召开纪念世界卫生组织成立50周年暨1998年世界卫生日大会。国务院副总理李岚清出席大会并讲话。他指出，改革开放以来，我国卫生工作有了长足发展，人民的健康水平显著提高，平均期望寿命由建国初期的35岁提高到70岁，婴儿死亡率由200‰下降到31.4‰，已经接近发达国家的健康水平。

4月8日　我国食品工业总产值已在全国各工业部门比重中上升为第一位，其中肉类、味精等总产量居世界第一。我国食品工业企业超过6万家。肉类总产量达5 900万吨，均居世界之首。

4月8日—13日　应国家主席江泽民的邀请，坦桑尼亚联合共和国总统本杰明·威廉·姆卡帕对中国进行国事访问。4月8日下午，国家主席江泽民在人民大会堂与姆卡帕总统举行会谈。两国有关部门负责人签署了中国和坦桑尼亚两国政府经济技术合作协定和关于坦桑尼亚在中国香港特别行政区设立名誉领事馆的协定。9日晚，全国人大常委会委员长李鹏在人民大会堂会见了姆卡帕总统。当天下午，国务院总理朱镕基在中南海紫光阁会见姆卡帕总统。10日，姆卡帕总统前往湖南省和上海市参观访问，13日结束访问回国。

4月11日—15日　全国人大常委会委员长李鹏在江苏考察法律执行情况和进行立法调研。他邀请在南京的部分人大代表举行座谈会，征求对《高等教育法》草案的修改意见。李鹏说，《高等教育法》应该是建国近50年，特别是改革开放以来高等教育工作经验的总结，并可追溯到百年来我国兴办高等教育的经验。《高等教育法》的制定，要以《宪法》为依据，以《教育法》为基础。

4月12日　中央号召向蒋新松学习。新华社报道：中组部、中宣部、科技部党组、中科院党组、中国工程院党组近日作出决定，号召全国科技工作者向蒋新松学习。蒋新松是中国共产党党员、中国科学院沈阳自动化研究所原所长，因突发心脏病，经全力抢救无效，于1997年3月30日逝世。

4月13日　海南省委、省政府在海口体育馆举行建省办经济特区10周年庆祝大会。国务院副总理李岚清出席大会并发表讲话。他指出，面对世纪之交的新形势和新任务，经济特区要在全国发挥重要的示范、辐射和带动作用。中央对发展经济特区的决心不变，中央对经济特区的基本政策不变，经济特区在全国改革开放和现代化建设中的历史地位和作用不变。全国人大常委会副委员长田纪云、全国政协副主席陈锦华出席庆祝大会。

4月13日—17日　中共中央总书记江泽民在重庆考察工作。在考察中他指出，当前的中心任务是按照党的十五届二中全会精神，中央经济工作会议部署，做好今年的经济工作，确保今年内生产总值增长8%，要扩大内需，开拓国内市场，适度增加投资和消费需求，调整经济结构，提高经济效益。要加强农业、水利以及交通、通信、环保等基础设施建设，加强农业技术改造，发展高新技术产业。要加快实施市场多元化战略，努力保持和扩大原有国际市场，大力开拓新的国际市场，争取出口的稳定增长，保持人民币值稳定。我国经济持续增长，外汇储备充足，国内市场广阔，劳动力成本较低，社会政治稳定，只要我们认真做好工作，就一定能保持金融和经济稳定。

4月15日　山东省人大会议选举赵志浩为人大常委会主任、李春亭为省长。

4月19日—23日　应中国政府的邀请，葡萄牙共和国政府总理安东尼奥·曼努埃尔·德·奥利维拉·古特雷斯对中国进行正式访问。4月19日，古特雷斯总理抵达重庆，20日下午到达上海访问。21日下午，国务院总理朱镕基在人民大会堂与古特雷斯总理举行会谈。两国有关部门负责人签署了中葡两国政府关于对所得避免双重征税和防止偷漏税的协定；中国公安部和葡萄牙内政部合作协议；中葡两国科技部关于建立中葡两国科学史中心的议定书；以及中葡两国国家行政学院技术合作议定书。4月22日下午，国家主席江泽民在中南海会见古特雷斯总理。在会见时江泽民说，澳门明年将回归中国，总理先生此时来访具有重要意义，相信这次访问将进一步推动中葡友好关系，并加强双方在澳门过渡期最后阶段的合作。当天下午，全国人大常委会委员长李鹏在人民大会堂会见古特雷斯总理。双方表示相信，1999年后，中葡关系将会得到进一步的巩固和发展。23日，古特雷斯总理结束对中国的访问回国。

4月21日　国务院邀请部分在京人大常委和专门委员会委员就国有企业下岗职工再就业和粮食流通体制改革工作进行座谈。国务院总理朱镕基主持座谈会并讲话。他说，国有企业下岗职工再就业和粮食流通体制改革的初步方案已经形成，由于这两个问题关系重大，因此集思广益，多听取各方面意见，采取切实可行的措施，把这两个问题解决好。李岚清、吴邦国副总理出席了座谈会。

同　日　国务院发出关于禁止传销经营活动的通知。通知要求，自通知发布之日起，禁止任何形式的传销经营活动。此前已经批准登记从事传销经营的企业应一律停止传销经营活动。

同　日　甘肃省人大会议决定，任命宋照肃为甘肃省代省长。

4月21日—30日　应日本国、大韩民国政府的邀请，国家副主席胡锦涛对两国进行正式友好访问。21日下午，日本首相乔本龙太郎在首相官邸会见并宴请胡锦涛。胡锦涛强调发展中日关系要以史为鉴，面向未来。4月22日，胡锦涛分别会见了日本众议院议长伊藤宗一郎、参议院议长斋藤十郎以及自民党干事长加藤绂一、社民党党首井多贺子、先驱新党干事长园田博之、自由党党首小泽一郎、新民主党代表管直人、和平新党代表神崎武法、公民党代表滨四津敏子和民主党干事长鸠山由纪夫等党政领导人。当日下午，胡锦涛会见了日本外相小渊惠三。4月23日，胡锦涛会见了日本经济团体联合会现任会长、丰田汽车公司董事长丰田章一郎和新任会长、新日本制铁公司董事长今井敬等30多位经团联成员。当天上午，日本明仁天皇会见胡锦涛，双方进行了亲切友好的交谈。当天，胡锦涛应邀出席日中友好七团体联合举行的欢迎宴会，并发表了题为《共同努力加强面向新世纪的中日睦邻友好合作关系》的主旨讲话。24日，胡锦涛在东京分别会见日本前首相中曾根康弘、竹下登和宫泽喜一。26日下午，胡锦涛结束对日本的访问前往韩国。4月27日上午，胡锦涛在韩国政府办公楼与金钟泌代总理进行了友好会见。胡锦涛说，中韩建交5年多来，两国关系发展顺利。双方相互理解不断加深，经济上互利合作，科技、文化上广泛交流。中韩两国高层领导人经常互访，有力地促进了两国关系深入全面发展。4月28日，韩国总统金大中在青瓦台总统官邸会见胡锦涛。双方就两国关系和共同关心的问题深入交换了意见。4月29日，胡锦涛前往蔚山、济州道访问。4月30日，胡锦涛在下榻的饭店举行记者招待会，回答了记者的提问。当天下午，胡锦涛离开济州道回国。

4月22日　中央军委主席江泽民接见全国军转干部安置工作会议代表。他强调，要充分认识，做好裁减军队员额和军转安置工作的重要意义，切实保证安置政策和任务的落实，把军队转业干部接收好、安置好、培训好。江泽民指出，军队转业干部的安置办法，需要适应社会主义市场经济发展的要求，逐步进行改革。军队和地方有关部门要组织力量，共同进行调查研究，提出改革的意见和建议。在研究军转安置工作的改革时，要以邓小平理论为指导，遵循为经济建设和军队建设服务的指导思想，从我国的实际情况出发，既要积极，又要稳妥，争取尽早建立起有中国特色的军队干部转业安置制度。朱镕基总理等参加了接见。

同　日　国务院邀请部分全国政协委员就国有企业下岗职工再就业工作进行座谈。他在座谈会上说，当前，我们面临的国有企业职工下岗问题，是国家产业结构调整和建立社会主义市场经济体制过程中不可避免的现象；而且，随着经济结构优化、科技发展，企业会不断有人下岗，再就业是一种正常的、长期的工作。党和政府是有信心、有能力解决好这一问题的，也一定能够建立起有中国特色的社会保障体系。现在关于当前国有企业职工下岗基本生活保障和再就业工作初步方案已经形成，希望听取各方面的意见，把方案修改得更加完善。吴邦国副总理等出席座谈会。

同　日　全国教育工会在北京召开第五次代表大会。会议表彰了10位师德标兵。他们是：贵州省松桃苗族自治县格老村完小学校长田沛发（苗族），青海省互助土族自治县东山乡什巴小学校长刘让贤，上海市尚文中学教师黄静华（女），辽宁省盘锦市实验中学校长魏书生，西藏自治区拉萨市第二中学校长韩晓悟，吉林省前郭尔罗斯蒙古族自治县库里村蒙古族小学教师李红（女，维吾尔族），北京市第二十二中学教师孙维刚，哈尔滨工业大学机电学院院长王树国，安徽省铜陵市聋哑学校教师王舫（女）。

4月23日　全国十大杰出工人评选揭晓。他们是：东风汽车公司总装配厂调整车间调整工王涛，陕西省铜川矿务局东坡煤矿采煤工张彦生，湖南湘潭钢铁公司建安公司安装二队焊工艾爱国，贵州航空工业集团西南工具总厂工人林菊凤（女），重庆铁路分局重庆客运段列车员钟声，南京江海集团江苏627轮13船队队长杨小虎，广州市南洋电器厂运输班班长刘铁儿，江西省萍乡市邮电局邮递员曹罗生，辽宁省鞍山市第三建筑工程公司工人张维东，拉萨市市政养护管理处施工队队长德吉卓嘎（女）。

同　日　中华人民共和国和几内亚比绍共和国决定恢复两国外交关系，并签署了复交联合公报。

4月24日　国务院决定，解散中国有色金属工业总公司，组建国家有色金属工业局。

同　日　中共吉林省委会议选举张德江为省委书记。

4月25日　中共青海省委会议选举田成平为省委书记。

4月26日—29日　第九届全国人大常委会举行第二次会议。会议听取和审议通过了关于修改森林法的决定和《中华人民共和国消防法》，全国人大常委会关于批准《中华人民共和国和乌兹别克斯坦共和国关于民事和刑事司法协助的条约》的决定，全国人大澳门特别行政区筹委会组成人员名单，九届全国人大常委会代表资格审查委员会主任委员、副主任委员、委员名单。

4月26日—30日　应国家主席江泽民的邀请，吉尔吉斯共和国总统阿斯卡尔·阿卡耶夫对中国进行国事访问。4月27日下午，江泽民主席在人民大会堂同阿卡耶夫总统举行会谈，双方签署了《中华人民共和国和吉尔吉斯共和国关于进一步发展和加深两国友好合作关系的联合声明》、两国政府经济贸易合作协定、两国政府关于中国向吉尔吉斯共和国提供政府贴息贷款的框架协定；互换了《中华人民共和国和吉尔吉斯共和国关于中吉国界协定》批准书和《中华人民共和国和吉尔吉斯共和国引渡条约》。4月28日，李鹏委员长在人民大会堂会见了阿卡耶夫总统，朱镕基总理在中南海紫光阁会见了阿卡耶夫总统。当天下午，阿卡耶夫总统前往威海市和烟台市参观访问，30日回国。

4月27日　6名青年荣获“中国青年五四奖章”。他们是：南京大学数学研究所教授陈永川、山东省济阳县新市乡新市村农民王玉梅(女)、上海市庄妈妈净菜服务有限公司董事长庄红卫（女)、广西第六地质梧州基地医务所所长谭学智、广东省军区通讯站有线电连话务班班长邱玲（女)、福建省漳州市公安局巡警支队直属大队大队长李铁军。

4月28日　中共宁夏回族自治区党委会议选举毛如柏为自治区党委书记。

同　日　海南省人大会议选举杜青林为人大常委会主任、汪啸风为省长。

同　日　联合国粮食及农业组织在人民大会堂向国家主席江泽民颁发农民奖章。在颁奖仪式上，江泽民主席说，中国在发展粮食和农业生产中积累了一些成功的经验：坚持以农业为基础，把农业放在国民经济的首位；绝不放松粮食生产，积极发展多种经营，深化农村改革，调动农民的积极性和创造性；实施兴国战略，大力推进农业科技进步；增加农业投入，不断改善农业生产条件；扩大对外开放，加强国际农业合作与交流等。

4月29日　庆祝“五一”国际劳动节大会在北京人民大会堂举行。国务院总工会主席尉健行在大会上作了《肩负起工人阶级的伟大历史使命，为实现我国跨世纪宏伟目标而努力奋斗》的重要讲话。他说，随着国有企业改革深入、技术进步和经济结构调整，部分企业生产经营困难，经济效益不好，下岗人员增多，就业压力增大，部分低收入职工和离退休职工生活困难。能否解决好下岗职工的生活和再就业问题，不仅关系到国有企业改革的成败，而且关系到社会稳定和社会主义政权的巩固。各级党委和政府要站在讲政治的高度，按照中央确定的目标、思路、原则和方针政策，正确处理改革、发展、稳定的关系，满腔热情、认真负责地做好企业下岗职工分流安置和再就业工作，帮助职工解决好生活和工作中的各种实际问题。大会宣读了《全国总工会关于颁发1998年“五一劳动奖状”、“五一劳动奖章”的决定》和《全国总工会关于向1998年全国十大杰出工人学习的决定》。全国十大杰出工人代表王涛、张维东、曹罗生在会上发言。

同　日　中共黑龙江省委会议选举徐有芳为省委书记。

同　日　三峡工程重庆库区二期移民工作启动。二期移民的第一年，计划安置移民6.6965万人，其中，农村移民生产安置1.9235万人，迁建工矿企业181个建房总面积198万平方米，初步计划投资28.5亿元。

5月1日　《人民日报》发表社论：《肩负起神圣的历史使命——庆祝“五一”国际劳动节》。社论强调，国有企业改革有许多“难点”，但也有许多“亮点”。那就是国有企业职工本身。他们既是国家的主人，又是企业的主人，对自己的企业有着很深的感情。他们有很高的觉悟，识大体，顾大局，听安排，为了国家和人民的根本利益和长远利益，甘愿自己付出代价。这是国有企业的一个无与伦比的政治优势。

同　日　武汉江汉四桥通车。江汉四桥主桥为独塔空间双索面预应力混凝土斜拉桥，全长1052米，设双向四车道及人行道。

同　日　三峡工程临时船闸正式通航。三峡临时船闸是三峡工程的辅助通航设施。它与1997年10月6日投入使用的导流明渠一道，在此后6年里迎送过往三峡工地水域的船只。

同　日　中共天津市委会议选举张立昌为市委书记。

5月2日　我国完成为铱星组网发射卫星的任务。我国自行研制生产的“长征二号丙”改进型运载火箭在太原卫星发射中心第三次以“一箭双星”的方式将两颗铱星送入预定轨道。至此，我国圆满完成了为铱星系统组网发射6颗卫星的任务。

同　日　大学校长论坛在北京举行。中外近百所著名大学校长聚集一堂，举行“面向21世纪的高等教育——大学校长论坛”。国务院副总理李岚清发表讲话指出，中国现有普通高等学校1 000多所，成人高等学校1 000多所，在校生规模在600万人以上，可谓一个高等教育大国，但不等于是一个高等教育强国，高等教育的质量还有待于进一步提高。在下一个世纪，我们要力争有一批大学跻身于世界一流大学的行列。

同　日　团中央表彰优秀团员和干部。共青团中央“五四”前夕作出决定，授予齐震等71名共青团员“全国优秀共青团员”称号；授予李国霞等65名共青团干部“全国优秀共青团干部”称号。团员队伍作为共青团组织的主体和党员队伍的重要后备力量，近年来稳步发展壮大，截至1997年底，全国团员总数已达6 850万名，比1993年增加1 050万名，增长了18.1%。团员占青年比例达到23.7%，比1993年增加3.7%。

5月4日　北京大学喜庆百年华诞。党和国家领导人江泽民、李鹏、朱镕基、李瑞环、李岚清等参加庆典。国家主席江泽民在庆祝大会上讲话说，北大长期发展和斗争历程中形成的爱国、进步、民主、科学的光荣传统，显示的不断钻研、求实、创新、向上的优良学风，生动地体现了中国人民自强不息、开拓进取的民族精神，也是北大永葆生机的重要动力，要永远发扬光大。他说，为了实现现代化，我国要有若干所具有世界先进水平的一流大学。这样的大学，应该是培养和造就高素质的创造性人才的摇篮，应该是认识未知世界、探求客观真理、为人类解决面临的重大课题提供科学依据的前沿，应该是知识创新、推动科学技术成果向现实生产力转化的重要力量，应该是民族优秀文化与世界先进文明成果交流借鉴的桥梁。

5月5日　中共中央发出通知纪念十一届三中全会召开20周年通

知。纪念活动的主题是，通过回顾和总结党的十一届三中全会以来我国社会主义改革开放和现代化建设事业的巨大成就与实践经验，使全党全国人民进一步加深对邓小平理论和党的基本路线的理解，自觉用党的十五大精神统一思想和行动，高举邓小平理论伟大旗帜，更加紧密地团结在以江泽民为核心的党中央周围，全面推进建设有中国特色社会主义伟大事业。

同　日　澳门特区筹委会在北京成立。李鹏委员长向筹委会全体委员颁发任命书并发表重要讲话。他说，筹委会的成立，标志着澳门回归祖国的工作进入了实质性的阶段。按照“一国两制”方针，实现澳门的顺利回归，是继香港回归祖国后，中华民族的又一盛事，是实现祖国统一大业的又一个重要里程碑，全国人民乃至国际社会对此非常关注，大家所肩负的责任是十分重要和光荣的。做好澳门回归祖国的各项工作，是本届人大的一项重要任务。全国人大及其常委会将全力支持筹委会的工作。希望筹委会委员按照澳门基本法的规定，认真履行自己的职责，同心协力，抓紧工作。《人民日报》于5月6日发表社论：《履行神圣职责创造美好明天——祝贺澳门特别行政区筹委会成立》。

同　日　外交部发言人宣布：中华人民共和国主席江泽民和俄罗斯联邦总统叶利钦直通保密电话通信线路已正式开通。这是中国领导人同外国领导人之间建立的首条热线电话。

5月5日—6日　澳门特区筹委会首次会议在北京召开。会议通过了筹委会工作规则、第一次全体会议新闻公报，决定设立政务、法律、经济、社会文化4个工作小组，并就下一步的工作进行了认真的讨论。国务院副总理、筹委会主任钱其琛就筹委会的工作谈了3点意见：第一，筹委会的历史使命是筹建澳门特别行政区，把邓小平创造性提出的“一国两制”伟大构想在澳门成功付诸实践。第二，筹建澳门特别行政区的工作是全国人民，尤其是澳门同胞普遍关注的大事。筹委会的工作要以开放姿态面向澳人，依靠澳人，广泛调动各行各业人士参与的积极性。第三，为确保筹委会有效地运行，大家要自觉遵守筹委会的各项制度，自觉维护筹委会的权威和形象。5

日下午，国家主席江泽民在人民大会堂接见了参加会议的全体委员。他说，澳门回归祖国，也是实行“一国两制”、高度自治的方针，由澳门居民当家做主，依照澳门基本法的规定自行管理特别行政区内部事务，这一方针将长期保持不变。我们相信澳门人能够管理好澳门。参加接见的还有李鹏、朱镕基、李瑞环、胡锦涛、尉健行、李岚清等党和国家领导人。

5月7日　国家教委扶贫工程转向西部地区。教育部、财政部的负责同志在人民大会堂分别同新疆、内蒙、青海、宁夏、甘肃、西藏、云南、广西、贵州9省、区政府以及新疆建设兵团的负责同志签订了项目责任书。此后3年，中央和地方投入54.9亿元，在上述地区的469个贫困县修建1.4942万所中小学。

5月7日—12日　应国务院总理朱镕基的邀请，哈萨克斯坦共和国总理努·乌·巴尔金巴耶夫对中国进行正式访问。5月7日下午，国务院总理朱镕基在人民大会堂与巴尔金巴耶夫总理举行会谈。两国有关部门的负责人签署了中国政府向哈萨克斯坦政府提供无偿援助的换文以及两国在航天、旅游、体育和文化方面合作的协议。5月8日，国家主席江泽民、全国人大常委会委员长李鹏分别会见了巴尔金巴耶夫总理。5月9日，巴尔金巴耶夫总理离开北京前往常州、上海和乌鲁木齐参观访问，12日结束访问回国。

5月8日　纪念真理标准讨论20周年座谈会在人民大会堂召开。中共中央政治局常委胡锦涛出席座谈会并发表讲话。他强调指出，20年前开展的关于实践是检验真理唯一标准问题的大讨论，是在我们党和国家处于重大历史转折的背景下，在邓小平等老一辈无产阶级革命家的领导和支持下开展起来的。这场讨论冲破了“两个凡是”的严重束缚，推动了全国性的马克思主义思想解放运动，是十一届三中全会实现建国以来我党历史上具有深远意义的伟大转折的思想先导，是20年开放历程的思想先导，为我们党重新确立马克思主义的思想路线、政治路线和组织路线奠定了理论基础，在党和国家的历史进程中产生了重大而深远的影响。他说，20年思想解放和社会主义建设的历程，积累了丰富的经验，在如何坚持马克思主义的路线方面，也给了我们很深刻的启示。这主要是，坚持解放思想、实事求是的思想路线，就必须以科学的态度对待马克思主义；就必须尊重亿万人民群众的实践，不断用实践来检验理论、路线和各项方针政策；就必须不断加深对中国国情的认识，坚持一切从社会主义初级阶段的实际出发；就必须有世界眼光，重视对当代世界经济、政治、科技、文化的研究，善于把握历史发展的潮流，走在时代前列；就必须大力加强社会主义民主政治建设。中宣部部长丁关根主持了座谈会。

5月10日—15日　应国家主席江泽民的邀请，保加利亚共和国总统彼德·斯托扬诺夫对中国进行国事访问。5月11日，国家主席江泽民在人民大会堂与斯托扬诺夫总统举行会谈。双方签署了中保两国政府邮电合作协议、两国政府兽医协定、两国政府1998年—2000年文化、科学和教育合作计划、中国国家知识产权局和保加利亚专利局1998年—1999年合作的工作计划。12日，李鹏委员长和朱镕基总理分别会见了斯托扬诺夫，双方进行了友好交谈。5月13日，斯托扬诺夫总统前往上海、珠海、香港访问，15日结束对中国的访问离境。

5月11日—13日　中共中央对台工作会议在北京举行。中共中央总书记江泽民在会上讲话。李鹏、朱镕基、李瑞环、胡锦涛、尉健行、李岚清出席会议。会议认为，我们“坚持统一、一国两制”方针和江泽民总书记的八项主张，与台湾分裂势力和国际反华势力进行了尖锐复杂的斗争，有力地维护了一个中国的原则。经过两岸人民的共同努力，两岸民间往来取得很大进展，间接经贸逐年大幅度增长，台商来祖国大陆投资持续递增，两岸人员往来累计超过1 200万人次，文化、体育、科技、新闻等领域的交流蓬勃发展，两岸通邮、通航也取得局部进展。两岸民间贸易、文化联系空前密切，大大增进了两岸人民的相互了解和民族感情。会议要求，要继续推动海峡两岸的经济合作有较大的发展，争取在两岸直接“三通”方面有新的进展，进一步加强两岸各个领域的交流和两岸人员往来。要采取积极步骤，推动在一个中国原则下进行政治谈判，早日正式结束两岸敌对状态，当前首先是进行政治谈判的程序性商谈，以解决正式谈判的议题、名义、地点等问题。希望台湾当局，从中华民族的整体利益和台湾同胞的长远利益出发，放弃分裂主张，取消限制两岸关系发展的政策，尽早与我们进行政治谈判。

5月12日　江泽民总书记主持中央第七次政法讲座。讲座题目是《金融安全与法制建设》。江泽民总书记在讲话中强调，希望各级党政领导干部提高对金融工作重要性的认识，继续抓好中央有关文件精神的落实。要努力学习金融知识和金融法律，懂得不能做什么和必须做什么。要支持银行严格履行职责，依法经营。支持司法部门严格金融执法，保证金融安全、高效稳健运行，促进国民经济持续快速健康发展和社会稳定。李鹏、朱镕基、胡锦涛、尉健行、李岚清参加了当天的法制讲座。法制讲座的主讲人是华东政法学院院长曹建明教授。《人民日报》为此发表评论员文章：《加强金融法制，提高风险意识》。

同　日　柴达木发现厚生油层。在柴达木盆地西北部的冷湖地区钻完的一口科学探索井——冷科一井，探明了这一区域有着1 727米厚的优质生油烃原岩，是我国石油勘探获得的一项重大突破。

5月14日—16日　中共中央、国务院召开下岗职工生活保障和再就业工作会议。中共中央总书记江泽民发表讲话，国务院总理朱镕基作总结发言。李鹏、胡锦涛、尉健行、李岚清出席了会议。江泽民说，我们的国有企业改革已进入了攻坚阶段。中央提出，用三年左右的时间，通过改革、改组、改造和加强管理，使大多数国有大中型亏损企业摆脱困境，力争到本世纪末使大多数国有大中型骨干企业初步建立现代企业制度。要确保国有企业这一改革和发展目标的顺利实现，必须努力解决企业富余人员过多的问题。造成许多国有企业陷入困境、富余人员过多的状况，因素是多方面的。有历史的原因，也有现实的原因；有客观方面的原因，也有主观认识和工作方面的原因。还有一个很重要的原因，就是相当的时期我们在就业制度、就业模式上，对劳动力统统实行由国家，主要是国有企业包下来的办法，实践已证明这种办法是行不通的。所以必须进行改革，必须实行减员增效、下岗分流，使国有企业尽快适应社会主义市场经济的要求。朱镕基总理在闭幕会上作了总结讲话。《人民日报》为这次会议于18日发表社论：《全局的大事，重要的任务》。

5月14日—30日　李瑞环出访欧洲4国。全国政协主席李瑞环应罗马尼亚参议院议长彼德·罗曼、意大利众议院议长卢卡诺·维奥兰特、西班牙参议院议长胡安·伊格纳西奥·巴雷罗和法国参议院议长勒内·莫诺里的邀请，对四国进行正式友好访问。5月15日，李瑞环主席在罗马尼亚总统府同康斯坦丁内斯库总统亲切会见。当天，李瑞环在罗马尼亚参议院同议长罗曼亲切会谈，李瑞环还会见了众议院议长迪亚科内斯库、总理瓦西里等。5月17日，李瑞环结束对罗马尼亚的正式访问前往意大利访问。5月18日，意大利总统斯卡尔法罗在罗马会见了李瑞环主席。当天晚上，李瑞环在意大利众议院同议长维奥兰特举行了会谈，还会见了总理普罗迪和参议院议长曼奇诺。5月21日，李瑞环结束对意大利的访问前往西班牙访问，先后与西班牙首相阿斯纳尔、参议院议长巴雷罗、国王安·卡洛斯一世会见，双方就两国的友谊和经贸的发展交换了意见。5月24日，李瑞环主席结束对西班牙的访问前往法国访问。5月26日，李瑞环主席在法国总理府同若斯潘会见。当天，李瑞环主席还分别会见了法国参议院议长莫诺里、国民议会议长法比龙斯等。27日，法国总统希拉克在爱丽舍宫会见李瑞环主席。双方就国际形势、两国关系以及经贸合作交换了意见。5月30日，李瑞环主席结束对法国的访问回国。

5月18日　西藏自治区人大会议选举热地为人大常委会主任、列确为自治区政府主席。

同　日　宁夏回族自治区人大会议选举毛如柏为人大常委会主任、马启智为自治区政府主席。

5月18日—22日　应国家主席江泽民的邀请，苏里南共和国总统尤勒斯·韦登博斯对我国进行国事访问。5月18日下午，国家主席江泽民在人民大会堂与他进行会谈。两国有关部门负责人签署了《中苏两国政府贸易协定》和《中苏两国政府经济技术合作协定》等文件。5月19日，朱镕基总理在中南海会见韦登博斯总统，双方就两国关系和经贸往来交换了意见。5月21日，韦登博斯总统前往深圳、上海参观访问，22日结束访问离境。

5月21日　全国人大常委会委员长李鹏在人民大会堂会见了美国社会活动家、美籍华人陈香梅女士。陈香梅女士向李鹏委员长通报了她与中国教育部商谈建立陈香梅教育奖项，奖励中、小学教师的事宜。李鹏对此表示赞赏与感谢。

5月21日—25日　朱镕基总理在安徽考察工作。他在考察粮食工作时指出，粮食流通体制改革的方针政策已经明确，现在的关键是各级党委和政府要认真学习贯彻国务院《关于进一步深化粮食流通体制改革的决定》和6个配套文件，统一行动，把粮食流通体制改革进行到底。他强调，当前的重点是坚决贯彻保护价敞开收购余粮、实行顺价销售、收购资金封闭运行三项政策，加快粮食企业自身改革，转换经营机制，提高市场竞争能力。

5月25日　中共陕西省委会议选举李建国为省委书记。

5月25日—28日　应国务院总理朱镕基的邀请，以色列国政府总理本雅明·内塔尼亚胡对中国进行正式访问。5月26日，国务院总理朱镕基在人民大会堂与他进行会谈。双方就建交以来，两国合作和进一步推动双方关系进行了交谈。26日下午，国家主席江泽民在中南海会见了内塔尼亚胡总理。5月28日，内塔尼亚胡总理离开北京前往上海参观访问，当天结束访问回国。

5月26日　日本外务省官员称日美防卫合作指针涉及台湾。中国政府提出严正交涉。

5月27日　中共广东省委会议选举李长春为省委书记。

同　日　著名书法大师舒同在北京逝世，终年93岁。

同　日　国务院扶贫开发领导小组举行首次会议。国务院副总理、国务院扶贫开发领导小组组长温家宝指出，充分发挥我们党的政治优势，利用各种有利条件，采取切实有效措施，争取今年解决1 000万以上农村贫困人口温饱问题。

5月28日　神（木）延（安）铁路开始建设。铁路北接包神、神朔铁路，南连西延、西康铁路，经襄（阳）渝线直达重庆，经阳（平关）安（康）线进入四川，构成我国又一条北南向铁路大干线。

同　日　安全机关破获台湾间谍案。新华社报道：今年3月，国家安全机关经过缜密侦查，破获一起台湾间谍案件，依法逮捕了台湾“国防部”军事情报局间谍寇健明、韩岳廷、陈绍瑜、周昌明。

5月29日　全国禁毒展览在北京开幕。中共中央总书记江泽民为我国禁毒事业题词：“禁绝毒品，功在当代，利在千秋”。

5月30日　天津市人大会议选举张立昌为人大常委会主任，李盛霖为市长。

同　日　我国研制生产的“长征三号乙”大推力捆绑式运载火箭在西昌卫星发射中心成功地将2 984公斤重的“中卫一号”通讯卫星送入预定轨道。

同　日　中美首脑通话。新华社报道：国家主席江泽民应约与美国总统克林顿通过中美首脑直通电话，就中美关系和南亚局势交换了意见。这是中美首脑直通电话开通以来，中美两国首脑首次进行通话。

6月1日　国务院第四次常务会议在北京召开。朱镕基总理主持，讨论并原则通过了《粮食收购条例》、《中华人民共和国核两用品及相关技术出口管制条例》和《中华人民共和国村民委员会组织法(修订草案)》。

6月1日—5日　中国科学院第九次院士大会、中国工程院第九次院士大会在北京举行。江泽民、朱镕基、李岚清、迟浩田、温家宝等党和国家领导人接见了与会代表。江泽民讲话说，人类已进入信息时代，世界科学技术的发展日新月异，知识经济已初见端倪。知识经济的基本特征，就是知识不断创新，加快高新技术产业化，关键在人才，必须有一批又一批的优秀年轻人脱颖而出。希望两院院士和广大科技工作者，大力弘扬中华民族的伟大创新精神，加快建立当代中国的科技创新体系，全面增强我国的科技创新能力。国务院总理朱镕基在会上作了报告。出席两会的院士共有近千名。还有12位两院的外籍院士出席开幕式。中国科学院第九次院士大会听取了路甬祥院长的工作报告；进行各学部常委会的换届选举；修订并通过《中国科学院院士章程》；选举第三批中国科学院外籍院士以及颁发陈嘉庚奖。中国工程院第四次院士大会听取了朱光亚院长的工作报告；修订并通过《中国工程院章程》；进行院领导、主席团成员和学部常委会的换届选举；选举第二批中国工程院外籍院士以及颁发中国工程院科技奖。

6月2日　江泽民总书记在第二期中央委员和候补中央委员学习邓小平理论和十五大精神研讨班结业式上讲话。他说，学习马克思主义，一定要以我国改革开放和现代化建设的实际问题、以我们正在做的事情为中心，着眼于马克思主义理论的运用，着眼于对实际问题的理论思考，着眼于新的实践和新的发展。这“一个中心，三个着眼于”，是我们党总结过去、面向未来得出的正确结论，是党的理论联系实际学风在新的历史条件下的体现。在我们党的队伍中，在我们干部队伍包括一些领导干部中，照本宣科的不良风气，断章取义、各取所需的不良风气，搞形式主义、做表面文章的不良风气，说一套做一套的不良风气，仍然严重存在。这些不良风气，阻碍党的路线方针政策和十五大精神的贯彻落实，败坏党的形象和声誉，窒息党的生机和活力，也影响干部的健康成长。各级领导干部首先是高级领导干部，要坚决反对这些不良风气，带头形成认真学习的风气，民主讨论的风气，积极探索的风气，求真务实的风气，把这些好风气在广大干部和党员中大大弘扬起来，长期坚持下去。

同　日　中国和美国等国家共同研制的一个重达3吨的宇宙探测器“阿尔法磁谱仪”，通过美国肯尼迪航天中心“发现号”航天飞机送入太空。

6月3日　朱镕基总理在国务院全国粮食购销工作电视电话会议上讲话。他强调说，推进粮食流通体制改革、做好当前粮食购销工作，要抓住重点。当前的重中之重是“贯彻三项政策，加快自身改革”，坚决贯彻按保护价敞开收购农民余粮、粮食收储企业实行顺价销售、农业发展银行收购资金封闭运行三项政策，加快国有粮食企业自身改革。朱镕基指出，按保护价敞开收购农民余粮，是保护农民积极性，实行粮食顺价销售的基础；实行顺价销售，是粮食收储企业不发生新的亏损、并逐步消化过去亏损挂账的关键；收购资金封闭运行，是防止发生新的亏损和挤占挪用，及时足额供应粮食收购资金的保证；加快粮食企业自身改革，是更好地执行三项政策的条件。

6月4日　《人民日报》头版发表评论员文章：《观念一变天地宽》。评论说，观念一变天地宽。观念转变，处处是机会，没有机会也能创造机会；因循守旧，不思转变，死守旧的岗位，迎面而来的机会也会错过，也会被人夺走。我国的就业形势虽然严峻，但是，只要观念转变，下岗工人还大有用武之地。据有关部门调查，仅仅在7个城市中，各种社区服务就可为社会提供2 000万个就业机会，而目前尚空缺的临时就业机会则有1 100万个以上。诸如许多家庭需要家庭教师、看护病人、陪伴老人、送餐上门、洗衣上门、接送孩子等服务。在这方面，还远远没有得到满足。这些用传统观念看来根本不叫工作的“工作”，是改革开放以来，我们的生活方式发生变化后出现的新需求，蕴藏着极大的就业机会，甚至是创业机会。那种“一进企业门，终身企业人”的就业方式，一去不复返了。谁在这个问题上转变得早，谁就先跨出一步，谁就争得主动。

同　日　我国“菜篮子”年总产值达2 500亿元。我国人均年蔬菜占有量253公斤，而12年前仅有119公斤。全国蔬菜种植业年总产值已达到2 500亿元，在农业中高于林业和渔业，仅次于粮食。

6月6日　国家主席江泽民参观全国禁毒展。在参观中他说，禁毒斗争是全民族的一件大事，关系到中华民族的兴亡。举办全国禁毒展览是很得民心之举，我们要在全国范围内广泛开展禁毒教育和禁毒斗争。青少年是我们的未来，要十分重视对青少年的禁毒教育，保护他们的身心健康。

6月8日　中国国务院总理朱镕基致电第三十四届非洲统一组织国家元首和政府首脑会议，祝贺大会取得圆满成功。

6月8日—10日　中国共产党与日本共产党实现关系正常化。中共中央对外联络部部长戴秉国与日共中央书记处书记、国际部部长西口光在北京就实现两党关系正常化问题举行了会谈。中共中央对外联络部副部长李成仁等和日共中央政治局委员、书记处书记山口富男及国际部顾问平井润一等参加了会谈。双方在会谈中回顾了两党关系的历史，从中日友好的大局出发，本着结束过去、开辟未来的精神，抱着真诚的、实事求是的态度，就实现两党关系正常化问题认真地交换了意见，并达成了共识。中方对于两党关系中由于受60年代国际环境和中国“文化大革命”等因素的影响而出现的不符合党际关系四项原则，特别是互不干涉内部事务原则的做法，已经做了认真的总结和纠正。日方对中方的真诚态度表示赞赏。双方确认，通过这次会谈，两党之间存在的历史问题已经得到基本解决。双方一致同意中国共产党与日本共产党实现关系正常化。双方将在中方主张的独立自主、完全平等、互相尊重、互不干涉内部事务的党际关系四项原则基础上和日方主张的自主独立、对等平等、互不干涉内部事务的三项原则的基础上，开展两党之间的友好往来。双方认为，两党关系的发展将对增进中日两国人民之间的相互了解和友谊，促进中日睦邻友好合作关系长期、稳定、健康发展做出积极贡献。

6月8日—13日　应国家主席江泽民的邀请，意大利共和国总统奥斯卡·路易吉·斯卡尔法罗对我国进行国事访问。6月9日上午，国家主席江泽民在人民大会堂同斯卡尔法罗总统举行会谈。江泽民介绍了中国国内的情况，双方还就共同关心的国际问题交换了意见。江泽民和斯卡尔法罗出席了中意联合声明和两国政府新的合作协定的签字仪式，并共同会见了中意记者。

6月9日　国家科技教育领导小组举行首次会议。国务院总理、国家科技领导小组组长朱镕基主持会议。会议讨论并通过了国家科技教育领导小组职责、会议制度和办公设置等事项，审议并原则通过了中国科学院关于开展“知识创新工程”试点的汇报题纲，讨论了今年科教兴国战略的工作要点和安排。在听取中国科学院院长路甬祥关于中国科学院开展知识创新工程试点的汇报后，朱镕基总理指出，知识创新非常重要，要结合国民经济发展的需要和已经具备的条件进行整体规划，集中力量，突破重点。国家要在财力上支持知识创新工程的试点，要加大对科技和教育的投入。会议决定，在适当的时候，国务院将召开全国知识创新工程工作会议，总结中科院试点经验，全面推动我国知识创新工程工作，并在适当的时候召开第三次全国教育工作会议。会议还决定，进一步采取措施缓解科学家和高校教师住房困难问题。

6月10日　中共中央办公厅、国务院办公厅发出关于在农村普遍实行村务公开和民主管理制度的通知。通知内容是：一、重要意义和指导思想；二、村务公开的内容和方法；三、民主管理的基本要求；四、建立健全规章制度；五、加强领导和督促检查。

同　日　国务院发出通知，要求在国有中小企业和集体企业改制过程中加强金融债权管理。通知说，各地区、各部门要从大局出发，认真贯彻落实国家关于企业改制的有关政策、措施，切实加强对国有中小企业和集体企业改制工作的指导和监督，规范企业改制行为，坚决制止各种逃避金融债务行为。各地人民政府要高度重视本地区企业改制中金融债权保全工作，积极支持金融机构做好金融债权管理工作，严禁包庇和纵容改制企业的逃避金融债务。通知要求，改制企业要依法落实金融债务。金融债权债务未落实的企业不得进行改制，有关部门不得为其办理有关改制审批和登记手续，也不得颁发新的营业执照。

同　日　国务院总工会主席尉健行在全总十二届十九次主席团会议讲话。他指出，做好国有企业下岗职工基本生活保障和再就业工作，是目前的头等大事，是必须全力做好的第一位的工作。今年5月，党中央、国务院召开了国有企业下岗职工基本生活保障和再就业工作会议。各级工会要认真贯彻会议精神，同党政和社会各方面一起，努力推动中央有关方针政策和措施的落实。要深入到职工群众特别是下岗职工中去，关心他们的疾苦，倾听他们的呼声，反映他们的意见和要求，开展深入细致的思想工作，努力帮助他们排忧解难，做下岗职工的贴心人。

同　日　中央发布通知。新华社报道：财政部、国家经贸委、国家发展计划委员会、审计署、监察部、国务院纠风办联合发布《关于公布第二批取消的各种基金（附加、收费）项目的通知》。《通知》要求取消147个基金项目。其他地区和部门已经出台的项目与通知公布取消的各种基金项目相类似的，亦一律照本通知规定予以取消。第二批取消的基金项目，主要是国务院有关部门和各省、自治区、直辖市人民政府及其所属部门，未按国家规定报经国务院或财政部批准越权设立或不合理而应予取消的各种基金，包括资金、附加和专项费用。这次按照中共中央、国务院《决定》的有关精神将其取消后，预计一年可减轻企业负担约120亿元。

同　日　中外合资旅行社成立。《人民日报》报道：由中国国旅总社、云南旅游集团股份有限公司和瑞士力天集团有限公司合资在昆明滇池国家旅游度假区设立的“云南力天旅游有限责任公司”成立。这是经国家批准在我国境内开设的第一家中外合资旅行社。

6月12日　全国总工会、教育部、科学技术部、人事部和劳动社会保障部五部委召开的表彰百名自学成才者会议。会上10人被树为1998年度全国职工自学成才标兵。他们是：刘庆海、孙盛桐、崔林、杨杰、冯怡栋、田华咏、陈林（女）、黄惠英（女）、杨景华、陈金源。会上同时受到表彰的还有106位全国职工读书活动积极分子、92个先进集体和83位优秀组织者。

同　日　全国有1.4190万余人通过了第九次全国律师资格考试。司法部在京举行隆重仪式，为115名考生颁发资格证书。我国从1986年开始组织律师资格统一考试，至今已举办了9次。已有11.4万人通过考试取得了律师资格。我国已有律师事务所8 300多家，从业律师10万多人。

同　日　国务院办公厅发出关于切实做好扶贫开发工作的通知。通知指出，要在今后3年完成扶贫攻坚任务，必须争取今年解决1 000万以上农村贫困人口温饱问题。通知提出七点要求：一、加强扶贫攻坚工作力度。各级地方政府，特别是贫困地区的政府，务必把扶贫开发工作摆上重要议事日程，切实加强领导，认真研究部署，确保完成1998年本地区扶贫攻坚任务。二、千方百计增加扶贫开发投入。国务院决定，1998年新增加扶贫资金30亿元，全年中央扶贫资金总量达183亿元，是历史最高水平。三、加快1998年各项扶贫资金的拨付进度。原有资金务必在6月底以前全部下达到县，并尽快落实到贫困乡、村、户；新增扶贫资金务必在7月份下达到县，并抓紧落实到乡、村、户。四、狠抓扶贫到户。在目前贫困人口的分布和结构发生很大变化的情况下，要有效地解决贫困人口的温饱问题，就必须集中力量，集中资金，逐村逐户地采取有针对性的措施。五、做好各级党政机关定点扶贫工作。党政机关联系帮助贫困地区的工作，必须按照党中央、国务院确定的“不脱贫不脱钩”的原则，继续坚持下去，不能松懈。六、进一步做好东部13个发达省、市对口帮扶西部10个省、区的扶贫协作工作。七、稳定扶贫开发工作机构。在这次政府机构改革中，根据国家扶贫开发工作的需要，国务院继续保留了国务院扶贫开发领导小组及其办事机构。各级地方政府的扶贫开发工作机构应保持稳定。

6月15日　广东集中销毁走私盗版光盘280万张（件）。

6月15日—17日　全国城镇住房制度改革与住宅建设工作会议在北京举行。国务院副总理温家宝出席会议并讲话。温家宝指出，深化城镇住房制度改革的指导思想是：稳步推进住房商品化、社会化，逐步建立适应社会主义市场经济体制和我国国情的城镇住房新制度；加快住房建设，促使住宅业成为新的经济增长点，不断满足城镇居民日益增长的住房要求。他强调，推进城镇住房制度改革，必须坚持积极稳妥的方针，做到人民安心、中央放心、有利稳定、促进发展。

6月16日　纪念张太雷诞辰100周年座谈会在北京举行。中共中央政治局常委胡锦涛出席了会议。

同　日　全国人大常委会举办首次法制讲座。中国人民大学教授许崇德作了题为《我国宪法与宪法的实施》讲座。讲座分为3个部分：一、什么是宪法；二、我国宪法的指导思想和基本精神；三、我国宪法的实施。李鹏委员长在讲座开始时讲话说，党的十五大，把依法治国、建设社会主义法制国家，确定为党领导人民治理国家的基本方略。实行和坚持依法治国，有一个重要的前提，就是要学好宪法和法律。党中央非常重视法律知识的学习，几年来已经举办了7次法制讲座。

同　日　海南省人大常委会原副主任辛业江因受贿被海南省高级

人民法院判处有期徒刑5年。

6月16日—19日　全国政协九届常委会二次会议在京举行。全国政协主席李瑞环出席会议，国务院副总理李岚清在会上作了题为《实施科教兴国战略，迎接21世纪的机遇与挑战》的报告。报告分四个部分：抓住机遇，迎接挑战，全面实施科教兴国战略；落实科学技术是第一生产力科学论断，关键在科技创新和成果转化；进一步办好各类教育，提高国民整体素质，大力培养跨世纪的优秀人才；实施科教兴国战略，关键在领导，既要增加有效投入，又要深化改革。

6月18日　全国职工职业道德"双十佳"受表彰。获得"全国职工职业道德十佳标兵"荣誉称号的有：王涛、许光萍（女）、申公元、朱崇跃、梁政辉（女）、李子明、唐清英（女）、左成玉、张耿耿、丁晓莲（女）。获得"十佳"荣誉称号的有：大连天百集团、吉林石油集团有限责任公司、中国农业银行石家庄分行第二工农业营业部、山西省太原煤炭气化（集团）有限责任公司、山东省淄博市公安局、江苏省连云港市汽车总站、河南省巩义市邮电局、重庆港口管理局、安徽省合肥市荣事达集团有限公司、广东省惠州电力工业局。

6月19日　中国国际减灾十年委员会发布《中华人民共和国减灾规划》（1998年—2010年）。《规划》主要内容是：一、自然灾害及减灾工作基本情况；二、减灾工作的指导方针、主要目标、任务和措施；三、减灾工作的重要行动。

6月19日—25日　中国共产主义青年团第十四届全国代表大会在北京举行。中共中央政治局常委胡锦涛代表中共中央发表了题为《迈向新世纪，创造新业绩》的祝词。大会主席团常务主席周强作了题为《在邓小平理论指引下团结带领各族青年为实现党的跨世纪宏伟目标而奋斗》的报告。报告共分四部分：中国青年的时代风貌和共青团工作的新发展；面向新世纪的中国青年的历史使命；跨世纪新征途中共青团的光荣任务；新形势下共青团的自身建设。24日，江泽民总书记与团中央新一届领导成员和十四大部分代表在中南海勤政殿座谈。江泽民说，我们党历来高度重视青年，始终把青年看做是祖国的未来和民族的希望。在革命、建设和改革的各个时期，我们党和老一辈革命家对青年既热情关怀、高度信任，又严格要求、积极引导，使广大青年不断地茁壮成长，也从而使党的事业始终充满蓬勃的生机和活力。25日，大会闭幕。会议通过了中国共产主义青年团第十四届全国代表大会关于十三届中央委员会报告的决议、关于《中国共产主义青年团章程》（修正案）的决议。

6月20日　首都纪念田汉诞辰100周年。国务院副总理李岚清出席座谈会，中宣部部长丁关根在座谈会上发表讲话。

6月21日　国务院举行第二次全体会议。朱镕基总理主持会议。会议总结了前阶段各部门“三定”（定职能，定机构，定编制）的制定工作，对下一步实施“三定”工作做出部署。朱镕基指出，十五届二中全会和九届人大一次会议审议批准《国务院机构改革方案》以后，按照国务院第一次全体会议的部署，各部门抓紧研究制定“三定”方案，现已全部经总理办公会议讨论批准并陆续下达。这标志着国务院机构改革迈出了成功的重要一步。国务院各部门转交给企业、社会中介组织和地方的职能有200多项；在部门之间调整转移的职能有100多项；部门内设的司局级机构减少200多个，精简了1/4；人员编制总数减少了47.5%。如果减去新设的国防科工委、纺织、轻工、有色金属工业局和知识产权局这五个单位新增的编制数则人员编制基本达到了减少一半的预期目标。在短短两个多月时间里，完成这样大量而复杂的工作，同时又要保证繁重的日常业务工作井然有序，这是很不容易的。

6月22日　中共中央、国务院发出关于切实做好国有企业下岗职工基本生活保障和再就业工作的通知。通知的主要内容是：一、统一思想认识，增强紧迫感和责任感；二、明确目标任务，加强宏观调控；三、普遍建立再就业服务中心，保障国有企业下岗职工基本生活；四、加大政策扶持力度，拓宽分流安置和再就业渠道；五、加快社会保障制度改革，完善社会保障体系；六、加强劳力市场建设，强化再就业培训；七、切实加强思想政治工作，搞好宣传教育；八、切实加强领导，确保国有企业下岗职工基本生活保障和再就业工作顺利进行。

同　日　中共中央金融工作委员会正式成立。近日召开了各金融机构在京单位领导干部大会。国务院副总理、中央金融工委书记温家宝到会讲话。他指出，中央决定成立中央金融工委和金融系统党委，是我国金融系统的一件大事，是为了保证金融机构建立垂直领导的体制，保证金融安全、高效、稳健运行。

6月22日—26日　第九届全国人大常委会第三次会议在北京举行。会议通过了执业医师法、专属经济区和大陆架法、关于批准《中华人民共和国和蒙古国引渡条约》的决定和关于批准1997年中央预算的决议。会议还通过了有关任免名单。李鹏委员长发表讲话说，这次会议通过了专属经济区和大陆架法。这部法律的制定，对于依法划定我国的专属经济区和大陆架，保障这些区域的主权权利及管辖权的有效行使，保护、开发和利用我国海洋资源，维护国家海洋权益，具有重要的意义。会议审议通过的执业医师法，对于加强医师队伍建设，提高医师的业务素质和职业道德，切实保障医师的合法权益，保护人民健康，将起到重要作用。

6月24日　中共中央发出关于在全党深入学习邓小平理论的通知。通知的主要内容是：一、深入学习邓小平理论是一项重大而紧迫的任务；二、把全党的理论学习提高到新水平；三、坚持以领导干部为重点带动全党的学习；四、进一步加强对邓小平理论的研究和宣传；五、全党必须在学风上有一个明显进步；六、切实加强对理论学习的领导。

同　日　中央发出通知。中共中央办公厅、国务院办公厅转发《财政部、国家发展计划委员会、监察部、公安部、最高人民检察院、最高人民法院和国家工商行政管理局关于加强公安、检察院、法院和工商行政管理部门行政收费和罚没收入收支两条管理工作的规定》的通知。通知说，公安、检察院、法院和工商行政管理部门依据国家法律、法规和具有法律效力的规章而收取的行政性收费和罚没收入都是国家财政性资金。加强行政性收费和罚没收入管理工作，有利于依法行政和公正执法；有利于从源头上预防和治理腐败，加强勤政和廉政建设；有利于建设高素质的执纪执法队伍；有利于整顿财政分配秩序，振兴国家财政，提高财政资金使用效益。

6月25日—7月4日　应国家主席江泽民的邀请，美国总统克林顿访问中国。27日上午，江泽民主席和克林顿总统在人民大会堂举行会谈。双方就中美关系和重大的国际和地区问题深入地交换了意见，达成了广泛而重要的共识。双方同意中美两国进一步加强在重大国际问题上的对话和合作，为把一个和平、安全、稳定有利于经济发展的世界带入21世纪而共同努力。双方同意继续共同努力，向建立中美建设性战略伙伴关系的目标加速迈进，本着这一精神，双方决定互不将各自控制下的核武器瞄准对方。双方认为两国领导人保持密切接触，并就双方关系和重大国际问题直接、深入地交换意见，是必要的，也是有益的。双方就亚洲金融危机以及促进本地区和全球的经济稳定增长等问题交换了意见。关于中美就中国加入世界贸易组织的双边磋商，中方最近提出了积极的建议，美方对此作出了积极的反映。双方意见有所接近，差距有所缩小，均表示愿意以灵活务实的态度继续进行磋商，以期使这一问题早日得到解决。双方高兴地看到，双方有关部门经过平等协商，决定签署总额约31.2亿美元的商贸合同。双方同意在金融、住房、社会保障、医疗改革等领域开展合作，双方有关部门将就具体合作事宜进行协商。双方认为中美两国在能源和环境领域有着广泛的共同利益，合作潜力巨大。为落实《中美联合声明》和《中美能源和环境合作倡议书》的有关内容，双方达成以下一致：签署《中美和平利用核技术合作协定》、《中美城市空气质量监测项目合作意向书》；中美能源融资研讨会和中美石油天然气论坛将分别于1998年9月和11月在北京举行；加强在清洁能源、提高能效和资源回收再利用方面的技术合作，并就有关项目达成协议；召开中美水资源研讨会，在中美环境和发展讨论会下设立水资源管理工作组，加强水资源管理合作。双方商定，在华盛顿举行中美环境和发展讨论会第二次会议。双方主管部门签署了《中美关于国家公园及其他自然文化遗产保护地的管理与保护备忘录》。双方同意加强保护珍稀和濒危物种的合作。双方认为促进中美法律交流和执法合作符合两国的利益和需要。双方将继续努力，进一步落实《中美联合声明》关于加强中美法律合作的共识。双方认为，中美两军关系是中美两国关系的重要组成部分，愿进一步加强两军交往与合作。两国军方已就人道主义救援和减灾、军事环境保护以及互派人员观摩对方联合训练演习方面开展合作达成协议。双方同意在平等和相互尊重的基础上，继续进行关于全球安全和防止核扩散问题的对话，以促进地区和世界的和平、安全和稳定。双方就核不扩散领域共同和各自关切的问题交换了意见，取得了积极成果。双方发表了"中美关于《生物武器公约》议定书的联合声明"和"中美关于杀伤人员地雷问题的联合声明"。双方特别就南亚核扩散问题和当前南亚局势进行了深入讨论，并发表了"中美关于南亚问题的联合声明"。中方重申了对美国向台湾出售武器问题的原则立场，希望美方严格遵守中美"八一七"公报原则，为中美在防止核扩散问题上的对话与合作创造有利条件。双方同意加强各自化学品出口的控制。双方就《导弹及技术控制制度》问题交换了意见，同意今后继续进行讨论；双方同意按照《中美联合声明》中达成的共识，本着平等和相互尊重的精神，在政府和非政府级别进行人权对话。双方商定将举办中美政府间人权对话并设立中美非政府人权论坛。双方同意进一步加强两国在文化、卫生等领域的合作和人民与人民的交流。双方有关部门将于近期续签《中美教育交流合作议定书》和《中美卫生科技议定书》。双方同意加强中美学术交流，以增进相互了解。双方同意加强"美中友好志愿者"在华项目上的合作。29日，签订了7个项目合同或协议，其中包括：中国民航总局与美国波音公司签订的关于购买价值12亿美元的27架波音飞机的合同及议向协议，其中17架为正式合同，金额为8亿美元；中国华能集团与美国通用电气公司签订了关于引进价值1.617亿美元的山东德州电厂三期汽轮机组合同；中国化工进出口总公司与美国磷协及嘉吉、海德鲁公司签订的进口价值4亿美元的200万吨磷肥合同；国家环保总局与美国环保署签订的城市空气监测协议；国家环保总局采购美国大西比公司空气质量自动监测设备合同，金额为500万美元，用于中国

11个城市空气自动监测；中联煤层气有限责任公司与美国阿科公司、菲利普公司分别签订的山西河东煤田煤层气勘探开发合作合同，勘探投资额3 000万美元；中国长城计算机集团与美国国际商用机器公司签订的深圳海量存储器合资企业增资合同，增资金额为7 685万美元。29日晚，克林顿总统先后前往上海、桂林、香港参观访问，4日晚结束对中国的访问回国。

6月28日—29日　全国农村基层组织建设经验交流暨表彰会在北京举行。中共中央政治局常委胡锦涛在会上发表了题为《适应跨世纪发展需要，把农村党组织建设得更加坚强有力》的重要讲话。他指出，各级党委务必从全局战略上充分认识进一步搞好农村基层组织建设的重要性，紧紧围绕十五大提出的农村改革、发展、稳定的各项任务，着眼于提高农村基层组织建设的整体水平，坚持不懈地把这项工作继续抓紧抓好。尉健行、丁关根、张万年、罗干、温家宝、曾庆红以及中央有关部门负责人出席了大会。

7月1日　香港特别行政区政府举行盛大集会，热烈庆祝香港回归祖国1周年。国家主席江泽民出席大会并讲话。他说，香港回归一年来的事实充分说明，坚持“一国两制”、“港人治港”、高度自治的方针，严格按照香港特别行政区基本法办事，是香港长期繁荣稳定的根本保障。实践将不断证明，“一国两制”的方针，不仅有利于维护香港各阶层的利益，也有利于保持香港作为国际金融、贸易、航运中心的地位。他强调，只要坚持这一正确方针，在祖国内地的支持下，香港一定能够创造更美好的未来。也完全有理由相信，“一国两制”在香港的成功实践，对澳门顺利回归祖国和台湾问题的最终解决，一定会起到示范作用。江泽民说，一年来，以董建华先生为首的特区政府施政有方，积极致力于解决香港居民普遍关注的民生问题，稳健地处理内外事务，沉着地应付各种挑战，特别是为抵御亚洲金融风波对香港的冲击进行了卓有成效的工作，显示出香港特别行政区政府有管理香港社会、驾驭复杂局势的智慧和能力。中央政府对特区政府取得的显著政绩表示满意和赞赏。事实有力地证明了邓小平关于“香港人是能治理好香港”的英明论断是完全正确的。江泽民指出，一年来，香港同胞发扬爱国爱港的光荣传统，履行当家做主的神圣权利和职责，积极维护祖国尊严，拥护“一国两制”的方针和基本法，在特区政府的领导下，为维护香港的民主法治，促进香港的繁荣稳定，做出了新的贡献。7月2日，中央军委主席江泽民视察了驻港部队，勉励官兵们继续依法履行职责，从严治军，把驻港的任务完成得更好。当天，他出席了香港新机场开幕典礼，并为香港新机场建成和启用揭幕。

7月2日　香港特区立法会议员宣誓就职，范徐丽泰当选立法会主席。

同　日　全国高级法院院长座谈会在北京召开。中共中央政治局常委尉健行接见全体代表并发表讲话。他指出，抓队伍建设，需要进行长期坚持不懈的努力，不是搞一次集中教育就能解决的。要用邓小平理论武装法院干警的头脑，不断加强思想政治建设，又要从组织上做好纯洁队伍的工作，严把进人关。既要坚决遏制和查处实际存在的司法腐败现象，又要注意从改革入手，标本兼治，健全体制、机制、制度建设，从源头上清除滋生消极腐败现象的土壤和条件。罗干、肖扬、罗豪才等参加了接见。

7月3日　江泽民发表讲话。中国、哈萨克斯坦、吉尔吉斯斯坦、俄罗斯和塔吉克斯坦5国在哈萨克斯坦阿拉木图市举行会晤，商谈促进地区和平与稳定，加强5国及地区经济合作等问题。中国国家主席江泽民在会晤时发表讲话指出，五国在维护地区和平与安全、促进相互关系不断发展方面取得的成就，是5国顺应时代潮流，坚持相互尊重主权和领土完整、互不干涉内政、平等互利等原则的结果。他说，“我们的共同经验表明：只有相互尊重，只有和睦相处，只有平等互利，只有发展合作，只有坚持以和平方式解决国家间的分歧与争端，只有找到公平合理的解决问题的有效途径。”江泽民强调，为了维护和发展5国间的友好合作，5国必须继续坚决反对民族分裂主义、宗教极端主义、恐怖主义、武器偷运、走私贩毒等威胁本地区各国稳定与安全的公害。关于南亚局势，江泽民说，中国对南亚地区出现的紧张局势深表关切。江泽民重申：中国主张全面禁止和彻底销毁核武器，中国无条件地不对任何国家和地区首先使用核武器，在任何情况下都不对无核国家和无核地区使用或威胁使用核武器，中国无意恢复核试验。关于地区经济合作，江泽民指出，中国愿本着互利互惠、讲究实效的原则，积极发展5国间的经济合作。

同　日　国家主席江泽民应哈萨克斯坦共和国总统纳扎尔巴耶夫的邀请，对哈萨克斯坦进行工作访问。7月4日，两国元首进行了会谈。双方就两国关系和国际问题交换了意见，取得了广泛的共识。会谈后，两国签署了国界第二补充协定，这标志着全面彻底地解决了历史遗留的两国边界问题。《人民日报》于7月5日发表社论：《加强睦邻友好　促进和平发展——热烈祝贺江泽民主席阿拉木图之行圆满成功》。

7月5日　全国文明风景旅游区示范点确定。10个示范点景区是：安徽黄山风景区、江西庐山风景区、四川峨嵋山风景区、山东泰山风景区、广西桂林漓江（叠彩山至阳朔）风景游览线、广东肇庆星湖风景区、浙江杭州西湖风景区环湖景区、北京颐和园、河北承德避暑山庄、江苏苏州园林虎丘山风景区。

7月6日　香港新机场正式启用。原启德机场关闭。至此，香港航空史揭开新的一页。

同　日　长江中下游干流近期持续处于超过警戒线的高水位。两岸的湖北、湖南、江西、安徽、江苏180万军民登上干堤昼夜巡逻，及时抢护了240多处中小险情，目前重大险情尚未发现。

7月6日—9日　国务院总理朱镕基视察湖北、湖南两省防汛抗洪工作。他充分肯定长江中下游地区和全国其他地区的广大干部群众、人民解放军和武警部队官兵、公安干警，在各级党委、政府的领导下，抗洪救灾取得的阶段性胜利。同时，他强调，当前主汛期刚刚开始，防汛工作到了关键阶段。全国各地必须动员起来，做好迎战更大洪水的准备，确保长江、黄河等大河安全度汛，努力夺取抗洪救灾的全面胜利。随同视察的还有刘江、桂世镛、段应碧、范宝俊、周文智、马凯、高铁生等有关部门负责同志。

7月8日　上海市公安机关破获一个从外地来沪的特大贩毒集团。

缴获海洛因83.58公斤，抓获贩毒嫌疑人29名，缴获运毒货车一辆，毒资133万余元。这是新中国成立以来上海警方侦破的最大一起团伙贩毒案件。

同　日　中纪委转发黑龙江省纪委《关于哈尔滨市原市委常委、副市长朱胜文因严重经济犯罪被开除党籍的报告》。要求各级领导干部要从朱胜文一案中认真吸取教训，为党和人民掌好权用好权。

同　日　解放军总参谋部、总政治部、总后勤部、总装备部联合发出通知，印发《军人保险制度实施方案》。至此，我国军人保险制度正式启动。

7月9日　中共中央大型企业工委正式成立。本日召开在京大型企业领导同志参加的工作会议。国务院副总理、中央大型企业工委书记吴邦国到会讲话。他指出，中央决定成立中央大型企业工委，是贯彻落实党的十五大精神，深化国有企业改革，加强国有大型企业领导班子建设，建立适应社会主义市场经济体制的企业领导干部管理制度的重大决策。

同　日　国际中学物理奥赛结束，我国选手获团体总分第1。据中国科协提供的消息：第二十九届国际中学物理奥林匹克竞赛于7月2日—7月9日在冰岛首都雷克雅未克举行，共有56个国家和地区代表队的266名选手参赛，最后评出金牌奖11名、银牌奖15名、铜牌奖43名。中国队5名竞赛选手全部获得金牌，并且荣获团体总分第一，个人总分第一，个人理论竞赛第一、实验竞赛第一，团体理论竞赛第一、实验竞赛第一以及最佳女选手奖等单项奖。我国自1986年正式组队参加国际物理学奥林匹克竞赛以来，今年是第六次荣获团体总分第一名。

7月10日　国家经贸委发出《关于制止出售国有小企业成风有关问题的通知》。《通知》指出：最近一段时间，在国有小企业改制中，出现了一股出售小企业成风的错误倾向。一些地方政府的领导同志片面理解中央关于放开搞活小企业的方针，把严肃、复杂的国有小企业改革简单化为“卖企业”，乱提口号，制造舆论，甚至采用搞运动的方式，开大会进行动员，定进度，压指标，引出许多问题，造成思想混乱，人心涣散，直接干扰了当前国有企业下岗职工再就业工作，严重影响到这些地方的经济发展和社会稳定。根据国务院领导同志的指示精神，特通知如下：一、要全面准确理解和贯彻党的十五大精神，采取多种形式进行国有小企业改制。二、充分认识国有小企业改革的复杂性和艰巨性，不能采取搞运动的方式进行改革。三、国有小企业改制要着眼于企业的长远发展，不能甩“包袱”，一卖了之。四、要规范出售国有小企业的行为，防止国有资产流失和损害职工的合法权益。五、切实加强对国有小企业改制工作的组织领导。

同　日　纪念屈武100周年诞辰座谈会在北京举行。全国政协主席李瑞环出席座谈会。屈武是我国著名的爱国人士、杰出的政治活动家，第六、七届全国政协副主席，民革中央前主席。

7月10日—12日　澳门特别行政区筹委会第二次全体会议在京举行。会议就澳门公务员本地化进程、澳门社会治安问题、澳门2000年度财政预算草案编制等问题，进行了讨论。会议通过了筹委会《关于加快澳门公务员本地化的意见》、《关于2000年度澳门财政预算草案编制问题的意见》、《关于澳门社会治安问题的意见》、《关于澳门邮票过渡性安排的意见》以及《关于1999年12月20日—31日澳门公众假日安排的决定》。

同　日　1997年我国耕地总量又减少200多万亩。国土资源部消息说，我国确定的耕地总量动态平衡目标去年没有实现。据统计，1997年全国因建设占用、农业内部结构调整以及灾毁共减少耕地693.5万亩，而开发复垦和土地整理新增的耕地只有489.7万亩。增减相抵，一年当中的耕地损失达到203.8万亩。

7月13日　中纪委、河北省纪委严肃查处河北省人大常委会原副主任姜殿武违纪违法案件。中纪委决定开除姜殿武党籍。此前，中共河北省委已免去其省人大常委会党组成员职务，有关部门已依法罢免其人大代表资格并撤销其省人大常委会副主任职务。

7月13日—15日　应国家主席江泽民的邀请，巴勒斯坦总统、巴勒斯坦民族权力机构主席亚西尔·阿拉法特对中国进行正式访问。7月13日下午，国家主席江泽民在人民大会堂与阿拉法特总统举行会谈。江泽民表示，中方欢迎巴商来华参加各种交易会，寻求更多的贸易机会。我们也鼓励中国有实力的公司参与巴自治区工业区的建设。阿拉法特介绍了巴以谈判及中东和平进程的最新发展情况。中巴双方签署两国政府经济技术合作协定。7月14日，朱镕基总理、李瑞环主席分别会见了阿拉法特总统。7月15日，阿拉法特总统结束对我国的访问离境。

7月13日—15日　全国打击走私工作会议在北京举行。7月13日，国家主席江泽民接见了会议代表并讲话。他说，近几年来，我们打击走私的工作取得了明显成绩，但是，反走私斗争形势依然十分严峻。走私活动范围之广、规模之大、危害之烈，达到前所未有的程度。当前走私活动的一个突出特点，是法人走私泛滥，内外勾结走私、护私盛行。尤其值得注意的是，一些地方的党政军机关和执法、司法部门的有些机构和人员也参与其中，使问题变得更为严重和复杂。因此，雷厉风行地在全国深入开展反走私斗争，是当前我们面临的一项重要而紧迫任务。要集中力量查处大案要案。不论案件涉及什么单位、什么人，都要排除干扰，一查到底，依法从快从重制裁。任何单位和个人都不能做走私的后台，都不能支持纵容和参与走私。党中央、国务院决定组建国家缉私警察队伍，实行海关与公安双重垂直领导、以海关领导为主的体制，专司打击走私犯罪活动。实行这样的反走私管理体制，有利于及时有效地打击走私活动。朱镕基总理在闭幕会上作了讲话。《人民日报》于7月16日发表社论：《开展声势浩大的打击走私斗争》。

7月14日　应朱镕基总理的邀请，俄罗斯联邦总理谢·弗·基里延科对我国进行5个小时的工作访问。当天下午，江泽民主席和朱镕基总理分别同基里延科总理举行会见和会谈。

同　日　朱镕基总理会见澳门总督韦奇立。他对韦奇立再次访问北京表示欢迎，希望澳门总督这次来访顺利，继续对加强中葡两国在澳门问题上的合作做出努力。

同　日　中共中央办公厅、国务院办公厅发出关于党政机关领导干部不兼任社会团体领导职务的通知。通知的主要内容有：一、县及县以上各级党的机关、人大机关、行政机关、政府机关、审判机关、检察机关及所属部门在职县（处）级以上领导干部，不得兼任社会团体（包括境外社会团体）领导职务（含社会团体分支机构负责人）。二、因特殊情况需要兼任社会团体领导职务的，必须按干部管理权限进行审批，并按照所在社团的章程履行规定程序后，再到相应的社会团体登记管理机关办理有关手续。未经批准已经担任社会团体领导职务的，应从本通知下发之日起半年内辞去所兼任的社会团体领导职务；已经批准兼任社会团体领导职务并确需继续兼任的，应按上述规定重新办理审批手续。三、社会团体领导职务是指社会团体的会长（理事长、主席）、副会长（副理事长、副主席）、秘书长、分会会长（主任委员）、副会长（副主任委员），不包括名誉职务、常务理事、理事。四、各省、自治区、直辖市应按照本通知精神制定本地区的实施办法；军队领导干部兼任社会团体领导职务问题，由中国人民解放军总政治部按照本通知精神制定相应规定。具有行政管理职能的事业单位及人民团体参照本通知执行。

同　日　国务院办公厅转发民政部关于进一步加强公墓管理意见的通知。通知指出，殡葬改革是一项移风易俗的社会改革，是社会主义精神文明建设的组成部分。公墓管理是殡葬改革的重要内容。建国40多年来，我国的殡葬改革取得了可喜的成绩，但在公墓建设和管理中也存在着一些不容忽视的问题，如：一些地方乱批乱建公墓、浪费土地资源、破坏生态环境和借办丧事之机大搞封建迷信活动；有的公墓（塔陵园）单位利用墓穴和骨灰存放格位进行传销和炒买炒卖等不正当营销活动，损害了群众的利益，引发出一些不安定因素。这些问题严重地影响了殡葬改革和社会主义两个文明建设。通知要求各地认真贯彻执行民政部《关于进一步加强公墓管理的意见》。

7月15日　四川盆地发现一大型气田。中国石油天然气总公司勘探局新区勘探事业部和四川石油管理局联合勘探，在四川开江一带发现一个新的大型天然气田，已获得各级天然气储量近900亿立方米，测出资源总量逾2 600亿立方米。该气田位于四川盆地东部，东西长约110公里，南北宽约45公里，总勘探面积达4 500平方公里。

同　日　中国协和医科大学医学博士刘勇、周猗被医科大学授予

理学博士学位，成为我国双博士学位制首批毕业生。

7月16日　中央纪委、中组部、中宣部联合在京召开学习姜云胜先进事迹座谈会。中共中央政治局常委尉健行在座谈会上强调，姜云胜以廉洁奉公、勤政为民的实际行动，实践了一个共产党员对人生价值的追求，在党员干部中树了一面“勤政廉政为人民”的旗帜。姜云胜是辽宁省瓦房店市炮台镇党委书记，任职14年来，始终扎根基层、勇于开拓、艰苦奋斗、无私奉献、勤政为民，被授予“优秀乡镇党委书记”的称号。

7月17日　中组部、中宣部联合发出关于组织广大党员、干部学习《邓小平党的建设理论学习纲要》的通知。通知指出，邓小平党的建设理论是邓小平理论的重要组成部分，是推进新时期党的建设新的伟大工程的根本指针。面对进入新世纪的新形势、新任务，面对党的建设中遇到的大量新情况、新问题，必须认真学习和实践邓小平党的建设理论，自觉地运用这一理论指导党的思想、组织、作风建设和各项工作。这样，才能把我们党建设得更加坚强，更好地发挥党在社会主义改革开放和现代化建设事业中的领导核心作用。通知要求，在深入学习邓小平理论、兴起理论学习新高潮中，各级党组织要组织广大党员、干部认真学习邓小平党的建设理论，研读邓小平的原著，同时要把《邓小平党的建设理论学习纲要》列入理论学习计划，作为干部理论培训、党员“双学”活动的重要内容。各级党委要重点组织好县（处）级以上领导干部的学习，采取党委中心组学习、组织研讨班、举办报告会等多种形式，把集中学习与个人自学、通读纲要与专题研讨结合起来，不断把学习引向深入。

7月17日—19日　学习邓小平理论工作会议在北京召开。江泽民总书记发表讲话。他强调指出，高举邓小平理论伟大旗帜，把建设有中国特色社会主义事业全面推向21世纪，这是十五大的主题，也是兴起理论学习新高潮的主题。要深入学习邓小平理论，要同学习和贯彻党的十五大精神结合起来，紧紧围绕十五大的主题，在全面、正确地理解和掌握邓小平理论科学体系和精神实质上下工夫，在全面、正确地理解和掌握十五大精神上下工夫，把全党的思想和行动进一步统一到十五大精神上来，把全国各族人民的智慧和力量进一步凝聚到实现十五大确定的任务上来。兴起理论学习新高潮，“新”就“新”在这里；抓理论武装工作要鼓劲，“劲”就要使在这里；衡量理论学习的成效，着眼点也要放在这里。这次会议是中央决定由中央组织部、中央宣传部联合召开的。会议的主要任务是，以邓小平理论和党的十五大精神为指导，学习贯彻《中共中央关于在全党深入学习邓小平理论的通知》，进一步动员全党兴起学习邓小平理论的新高潮。

7月18日　我运载火箭发射成功。我国研制的“长征三号乙”运载火箭在西昌卫星发射中心成功地将法国宇航公司为主承制的“鑫诺1号”通信卫星送入预定轨道。这是中国长征系列运载火箭发射的第一颗由欧洲国家制造的通信卫星。

同　日　防讯抗旱总指挥部发出通知。国家防汛抗旱总指挥部向湖北、湖南、江西、安徽、江苏省防汛抗旱指挥部，长江防汛总指挥部，长江水利委员会发出紧急通知。通知说，今年入汛以来长江上游最大洪峰正在向中游推进。7月15日20时，寸滩站洪峰流量54 800立方米每秒，17日5时，洪峰通过万县水文站，预计沙市将出现44.00米的高水位。受上游洪峰影响，中下游干流水位仍居高不下，沿江堤防长时间受洪水浸泡，极易发生重大险情，防汛形势更为严峻。特紧急通知如下：一、长江各级党政领导要提高警惕，坚守岗位，切实担起长江防汛指挥的重任。二、严防死守，确保安全。要进一步组织力量，加强巡堤查险和工程防守，严格堤段防守责任制，组织专家组进行巡回指导，发现险情，及时处理。三、加强气象和水情监测预报，密切注视汛情发展变化，保证通信畅通。及时研究对策措施，正确指挥，科学调度。四、要及时补充抢险车辆和物料，薄弱堤段要抢备土方和沙石料，以应急需。

同　日　国务院办公厅就一些地区和单位严重违反国家粮食政策的情况发出通报。通报指出，一些地区和单位执行粮食收购、销售政策和收购资金封闭运行政策方面仍然存在比较严重的问题。通报重申：一、坚持敞开收购和户交户结的政策，严禁各种名目的代扣代缴，依法维护农民利益。二、继续加强对粮食收购市场的管理，积极培育县以上粮食交易市场，进一步搞活粮食流通。三、严禁虚报粮食收购、库存数量骗取财政补贴和收购资金，严禁在粮食收购价格上低收高报骗取差价款。四、严格执行粮食顺价销售的政策，决不允许发生新的亏损挂账。五、严禁采取各种方式截留粮食调销款，确保收购资金封闭运行。六、各级政府要切实负起责任，加大监督检查的力度。

7月20日　全国财政工作会议在京召开。国务院副总理李岚清在会上发表讲话。他说，实现今年的经济增长目标，既是当前经济和财政工作的首要任务，又是改善财政状况的根本保证。财政工作要自觉服从和服务于经济发展的大局，迅速把中央确定的扩大内需、拉动经济增长的财政政策和措施落到实处。同时，要狠抓增收节支工作。今年改革与发展的许多重大措施，都是建立在国家预算的基础之上，完成今年的财政收支任务，意义非常重大。要加大征管力度，在收入方面，要堵塞漏洞，清理欠税，严惩腐败，今年税收要确保增收800亿元，力争超过1 000亿元。支出要调整结构，要加大对基础设施建设的投入，要保证粮食贴息、国有企业下岗职工基本生活保障和再就业工程、科技、教育等重点支出，坚决压缩一般性开支，严格执行“八不准”，即不准安排超编人员经费；不准违反规定购买小汽车；不准安排各种节庆活动经费；不准用公款旅游，严格审批党政干部出国，出国费用要有较大幅度压缩；不准安排无实际内容、无明确任务的会议经费；不准乱发津贴、补贴；不准新建楼堂馆所和对办公用房进行超标准装修；不准支付超过包干的公务住宅和移动电话费用。要杜绝一切铺张浪费现象，对违纪违法者要认真查处。

同　日　三家粮食企业被国家审计署查处。上海浦东粮油总公司、昆明国家粮食储备中转站和北京顺义牛栏山粮库等三家粮食企业违反国家规定，挤占挪用粮油收购贷款3亿多元，用于建楼、购买住宅、炒期货等其他用途，严重干扰了国家粮食流通体制改革。

7月21日　国务院召开表彰先进电视台电话会议。朱镕基总理出席，李岚清副总理发表讲话。他指出，今年上半年我们集中力量抓了以下四个方面的工作：第一，扩大国内需求，增加资金投入，加快基础设施建设；第二，努力扩大出口，积极利用外资；第三，进一步调整结构，促进工农业生产稳步增长；第四，积极稳步推进改革，出台了几项重大改革措施。下半年我们要努力做好10个方面的工作：第一，实施更加积极的财政政策，进一步扩大国内需求；第二，加大基础设施建设项目的实施力度；第三，认真做好国有企业下岗职工基本生活保障和再就业工作；第四，深化粮食流通体制改革，促进农业持续稳定增长；第五，积极推进企业改革和发展，努力提高经济效益，促进工业生产稳定增长；第六，加强税收征管，改进金融服务；第七，努力扩大进出口贸易，加强引进外资工作；第八，严厉打击走私犯罪活动；第九，大力拓展消费领域，扩大国内消费需求；第十，切实抓好防汛救灾工作。会议由国务院副总理吴邦国主持。国务院表彰的14个先进企业和单位名单是：邯郸钢铁集团有限责任公司；镇海炼油化工股份有限公司；兖州矿业（集团）有限责任公司；大庆石油管理局；海尔集团公司；中设江苏机械设备进出口集团公司；铁道部第五工程局；湖南省公路桥梁建设总公司；上海建工（集团）总公司；中国工商银行浙江省分行；中国银行总行信贷管理部；合肥市财政局；青岛市国家税务局；深圳地方税务局。

同　日　江泽民总书记要求沿长江各省市做好迎战洪峰准备，确保大堤安全。近日武汉市突降特大暴雨，造成内涝，长江第二次洪峰7月23日将到达武汉。江泽民打电话给国家防汛抗旱总指挥部总指挥温家宝，要求沿长江各省市特别是武汉市要做好迎战洪峰的准备，抓紧加固堤防，排除内涝，严防死守，确保长江大堤安全，确保武汉等重要城市安全，确保人民生命安全。江总书记向战斗在抗洪抢险第一线的广大干部群众、解放军指战员、公安干警和武警官兵表示慰问，并要求各地党委、政府妥善安排好受灾群众的生活。国家防总立即向沿长江各省市发出紧急通知，要求各省市紧急行动起来，加强巡堤除险，死保死守，确保长江大堤万无一失。

同　日　江泽民总书记会见日本共产党中央政治局委员长不破哲三率领的日本共产党代表团。在会见中江泽民说，今年是中日和平友好条约缔结20周年，两国关系正处在承前启后、继往开来的重要历史时期。中日两个邻国作为亚洲及世界的重要国家，面向新世纪发展睦邻友好关系，深化互利合作，实现世代友好，不仅符合两国人民的根本利益，也有利于亚太地区乃至世界的和平、稳定与发展。谈到两党关系时，江泽民指出，日本共产党为实现日中邦交正常化和发展两国人民的友好事业发挥了积极作用。两党关系史上虽然出现过波折，但重要的是我们通过共同努力实现了关系正常化。今后，中国共产党愿与日本共产党在双方确认的原则基础上，发展新型的党际关系，加强两党的交流，为增进两国人民的相互了解和友谊，推动中日睦邻友好关系长期、稳定健康发展做出贡献。江泽民还向客人介绍了中国改革开放和对外关系的一些情况。

同　日　国务院发出关于进一步深化城镇住房制度改革和加快住房建设的通知。通知指出，深化城镇住房制度改革的指导思想是：稳步推进住房商品化、社会化，逐步建立适应社会主义市场经济体制和我国国情的城镇住房新制度；加快住房建设，促使住宅业成为新的经济增长点，不断满足城镇居民日益增长的住房要求。目标是：停止住房实物分配，逐步实行住房分配货币化；建立和完善以经济适用住房为主的多层次城镇住房供应体系；发展住房金融，培育和规范住房交易市场。基本原则是：坚持在国家统一政策目标指导下，地方分别决策，因地制宜，量力而行；坚持国家、单位和个人合理负担；坚持“新房新制度、老房老办法”，平稳过渡，综合配套。通知要求，1998年下半年开始停止住房实物分配，逐步实行住房分配货币化，具体时间、步骤由各省、自治区、直辖市人民政府根据本地区实际确定。停止住房实物分配后，新建经济适用住房原则上只售不租。通知指出，对不同收入家庭实行不同的住房供应政策。最低收入家庭租赁由政府或单位提供的廉租住房；中低收入家庭购买经济适用住房；其他收入高的家庭购买、租赁市场价商品住房。住房供应具体政策、办法，由市(县) 人民政府制定。

同　日　中共中央办公厅、国务院办公厅发出关于切实做好当前减轻农民负担工作的通知。通知要求：一、严格控制提留统筹费。二、坚决把向农民的乱收费、乱集资、乱罚款和各种摊派全部停下来。三、加强对农民义务工的管理。四、严格执行国家的农业税收政策。五、严禁在粮食收购时代扣代缴各种款项。六、严禁强迫农民借款、贷款缴纳各种税费。七、切实减少乡（镇）、村非生产性支出。八、严肃查处增加农民负担的违法违纪行为。九、进一步加强对减轻农民负担工作的领导。

7月21日—22日　人民解放军总部在京联合召开会议。会议传达了全国打击走私工作会议精神，对全军落实中央打击走私重大决策作出了部署。中央军委主席江泽民出席会议并讲话。他指出，党中央、国务院决定在全国范围内开展一次大规模的反走私联合行动和专项斗争，是为了更好地保障经济健康发展、维护社会稳定和国家安全利益而做出的一项重要决策。目前，走私犯罪活动在一些地方和部门仍很猖獗。对于这种严重的经济犯罪，如不坚决打击，任其泛滥，就会造成极大的社会危害。江泽民说，中央决定，军队和武警部队对所属单位办的各种经营性公司要认真进行清理，今后一律不再从事经商活动。中央同时决定，地方各政法部门对所属单位办的各种经营性公司也要认真进行清理，今后一律不再从事经商活动。军队和武警部队要认真贯彻中央的决策，尽快落实其所属单位不再从事经商活动的要求。人民解放军历来讲铁的纪律，素有雷厉风行的作风。军委副主席张万年也在会议上讲了话。他强调，全军要坚决贯彻中央关于军队和武警部队的所属单位今后一律不再从事经商活动的决策，抓紧制定实施方案和相关的政策措施，把中央的决策落到实处。

7月23日　国家防总召开紧急会议部署长江防汛工作。国务院副总理、国家防汛抗旱总指挥部总指挥温家宝强调，当前长江防汛形势十分严峻，沿江各地党委和政府要认真贯彻江泽民总书记和朱镕基总理的重要指示，把防汛抗洪作为当前头等大事来抓，紧急动员干部群众投入抗洪抢险，坚决守住长江大堤。

同　日　中国首届“武警十大忠诚卫士”在北京受奖。他们是：四川总队特警队一区队队长雷敏，湖南省总队衡阳市支队副支队长吴宏权，新疆总队伊犁支队政治处保卫股长热依木江，云南省总队二支队五中队中队长方红霄，吉林省总队副参谋长张锁明，北京市一总队十四支队五中队班长严晓新，福建省总队宁德地区支队福安市中队指导员刘文斌，山西省总队朔州市支队一中队班长吕章宏，上海市总队司令部作战勤务处参谋宁远俊，黑龙江省总队七台河市支队二中队指导员张殿友。

7月23日—24日　全国粮食流通体制改革学习班在北京举行。朱镕基总理在讲话中指出，第一，要把住收购关，切实做到按保护价敞开收购农民余粮，真正掌握粮源。这是最关键的环节，是保护农民利益的需要，也是国有粮食收储企业实现粮食顺价销售的前提。第二，国有粮食收储企业必须坚持顺价销售政策，绝不能出现新的亏损。顺价销售是指国有粮食收储企业不得以任何方式，向任何单位和个人低价或变相低价亏本销售粮食，特别是不能低价卖给私商加工厂。第三，确保粮食收购资金封闭运行。农业发展银行要加强对粮食收购资金的监管，认真审核粮食购销合同，严禁任何单位和个人采取任何方式截留粮食调销款，确保及时足额收回粮食调销后相应的贷款本息。他要求，各级地方政府和有关部门要加大监督检查的力度，严肃查处各种违反粮食政策和法规的行为，不管涉及到谁，都要一查到底，绝对不能留情面，绝不能心慈手软。该处分的坚决处分，该撤职的坚决撤职，构成犯罪的要依法追究刑事责任。通过查处和通报一批典型案例，以儆效尤。国务院副总理温家宝在学习班结束时作了总结讲话。

7月24日　国家防汛抗旱指挥部发出通知。国家防汛抗旱总指挥部给湖北、湖南、江西、安徽、江苏、上海、重庆、四川省（市）防汛抗旱指挥部和长江防汛总指挥部发出紧急通知。通知要求沿江各地全力迎战长江大洪水，确保长江防洪安全。

7月25日　河南省人大常委会会议任命李克强为副省长、代省长。

7月27日　国务院办公厅发出要求通力合作解决灾区防汛物资的通知。通知说，目前，长江已发生了自1954年以来的全流域性大洪水，长江干流中下游全线超警戒水位，部分河段和洞庭湖、鄱阳湖水位超过了历史最高水位，且仍在上涨，防汛抗洪已到了关键时刻。朱镕基总理指示，各部门要认真贯彻落实江泽民总书记关于防汛工作的指示，采取有力措施，进一步做好有关防汛工作。通知强调，各部门要通力合作，密切配合。要想灾区之所想，急灾区之所急，急事急办，特事特办。对各地提出需要解决的资金、物资、技术等问题，要有专人负责，尽快研究，尽力帮助解决。要讲政治，讲纪律，讲大局，讲奉献。要及时派出工作组，深入灾区解决实际问题。

同　日　中华人民共和国国务院新闻办公室发表《中国的国防》。主要内容是：前言；一、国际安全形势；二、国防政策；三、国防建设：国防体制、军事法制建设、国防费、裁减军队员额、驻军香港；四、国际安全合作：对外军事交往、建立信任措施、地区安全合作、参与联合国维持和平行动；五、军控与裁军：核武器问题、化学和生物武器问题、外空非武器化问题、杀伤人员地雷问题、敏感物质和军事装备出口控制。

同　日　中国石油、石化两集团公司在北京成立。吴邦国副总理出席成立大会并讲话。两大集团公司都由国家经贸委负责联系。国家授予两大集团公司原油、成品油外贸经营权，批准两大集团公司进行国家授权投资的机构和国家控股公司的试点，两大集团公司分别作为一个整体列入国务院确定的试点企业集团名单。

7月28日　中共中央纪律检查委员会、中央政法委员会召开贯彻中央关于军队武警部队政法机关不再从事经商活动决定的电视电话会议。中共中央政治局常委胡锦涛在会上讲话，中央纪律检查委员会书记尉健行对政法机关贯彻中央决定作了全面部署。胡锦涛指出，中央最近决定，军队、武警部队和政法机关一律不再从事经商活动。这是在新形势下加强党的建设、政权建设和军队建设，深入开展反腐败斗争的一项重大举措，对于维护社会主义市场经济秩序，保证改革开放和社会主义现代化建设的顺利发展，保证国家的长治久安，具有十分重要的意义。

同　日　国务院转发教育部意见。《人民日报》报道：国务院办公厅转发教育部《关于义务教育阶段办学体制改革试验工作若干意见》。《意见》指出，在办学体制改革过程中，出现一些值得注意的问题，主要表现在将好的或比较好的学校转为“民办公助”，在义务教育阶段高收费；依托办学水平较高的公办学校办“校中校”、“校中民办班”或“一校两制”；一些学校乱收费、乱集资，有的甚至比较严重；各地仍存在不少薄弱学校，群众很不满意，也助长了择校行为。《意见》要求，进行“公办民助”等办学体制改革试验，是对义务教育阶段政府办学的补充，目前仍处在探索试验阶段，须经省级教育行政部门批准并严格控制进行办学体制改革试验的学校数量。

7月29日　江泽民总书记打电话给中国气象局局长温克刚，询问长江中下游地区的天气变化情况。要求气象部门严密监视天气变化，准确作出天气预报，为抗洪救灾做好服务工作。

同　日　全国工会“梨树工会工作经验”理论研讨会在吉林省四平市举行。中共中央政治局常委胡锦涛，国务院总工会主席尉健行对会议作了指示。胡锦涛指出，做好县（市、区）工会工作，对于加强工会基层建设，进一步调动广大职工的积极性和创造性，促进中小企业的改革和发展，具有重要意义。尉健行在批示中说，梨树县工会工作的经验很好，富有时代特色，回答了当前工会工作面临的许多新问题。他们在实践中创造的经验和做法，具有普遍指导意义。工会干部那种心系职工、热爱工运事业、知难而进、大胆创新的精神，更值得学习和提倡。

7月31日　财政部发出通报。《人民日报》报道：财政部对4家证券经营机构严重违反财经纪律问题做出严肃处理，并向全国通报。通报指出，海南港澳国际信托投资有限公司1994年10月以来，授意所属深圳证券业务部将经营收入存放于法定会计账册之外，金额达6 468万元，并从中提取现金1 640万元分发给公司员工。四川省证券公司深圳业务部、海南证券公司深圳营业部、联合证券公司上海通州路营业部也有不同程度的类似问题。

同　日　北京市高级人民法院对陈希同贪污、玩忽职守案进行公开宣判。宣判以贪污罪判处陈希同有期徒刑13年；以玩忽职守罪判处陈希同有期徒刑4年；两罪并罚，决定执行有期徒刑16年。赃物没收上缴国库。陈希同因涉嫌贪污和玩忽职守，于1998年2月27日经检察机关决定逮捕。6月5日北京市人民检察院以上述两罪对陈希同提起公诉。因陈希同玩忽职守罪中涉及个人隐私，北京市高级人民法院依照刑事诉讼法第一百五十二条第一款的规定，于7月20日不公开审理了此案。北京市人民检察院派员出庭支持公诉。陈希同委托北京市逢时律师事务所律师王耀庭为其辩护。法庭经过大量的证人证言、书证、物证等质证核实，充分听取公诉人意见、辩护人意见以及陈希同本人的辩护和陈述后，合议庭进行了合议，认定：陈希同在担任北京市市长、市委书记期间，自1991年7月至1994年11月，在对外交往中接受贵重礼物22件（其中金银制品8件，贵重手表6只，名贵自来水笔4支，照相机3架，摄像机1台），共计价值人民币55.5万余元，没有按照国家有关规定交公，而是由个人非法占有。陈希同为追求奢糜生活，还指使、纵容王宝森擅自动用财政资金，在北京市八大处公园和怀柔县违规建造了两座豪华别墅，供陈希同、王宝森个人享用，自1993年1月至1995年2月，陈希同经常到上述两座别墅吃住享乐。违规建造的别墅和购制设备共动用财政资金人民币3 521万元，耗用服务管理费人民币242万元，吃喝挥霍公款人民币105万元。

8月1日　由部分军队老同志倡议，国家和地方投资援建的革命老区70所“八一希望学校”已大部分竣工。中央军委主席江泽民为“八一希望学校”题写了校名。这次援建的“八一希望学校”，主要选址在曾发生过重要革命历史事件的江西瑞金、湖南桑植、湖北黄岗、安徽金寨、广西百色、贵州遵义、河北平山、陕西安塞等老区。新建的32所“八一希望学校”已基本落成，其余援建学校的改扩建工程也将陆续竣工。

同　日　李鹏作出批示。李鹏委员长在中国气象局局长温克刚呈送的一份报告上批示说：你们每次送来的气象分析，我都看过，希望继续努力，做出高质量预报，为防汛和经济发展做出应有的贡献。

8月2日　全国大部分地区换届工作结束。新华社报道：除新直辖市重庆市外，全国30个省、自治区、直辖市的人大、政府、政协换届工作已全部结束。共选举产生省级干部945名。主席团提名的人大、政府、政协及法院、检察院正职候选人全部当选，副职候选人当选率为98.2%；代表联合提名的人大和政府副职候选人分别当选6

名和5名。新一届领导班子的结构进一步改善，成员素质提高，整体功能增强，主要表现在：一是领导核心得到充实加强。新提名人大主任15名，政府正职10人，政协主席13人，法院院长16人，检察院检察长13人。结合换届，去年以来对15个省区市的党委书记做了调整。二是大力选拔优秀年轻干部，班子年龄结构更加合理。人大班子成员平均59.2岁，比换届前下降5.7岁，57岁以下的由15人增至77人；政协班子成员平均60.1岁，下降7.1岁，57岁以下的由20人增至99人。政府班子成员平均年龄52.3岁，下降2.4岁；50岁以下的由27人增至61人，其中45岁左右的由17人增至39人。三是一批有真才实学的高知识层领导人才被选拔进领导班子。人大、政府、政协班子成员大专以上文化程度的各占82.2%、95.2%、86.8%，分别提高15.5%、1%、13.2%；三个班子成员中研究生学历的由79人增至103人。人大、政府、政法副职还安排高校领导干部41人，较换届前增加15人；其中从高校党委书记、校长中提拔22人。四是选拔妇女干部、党外干部有新进展。人大、政府、政协班子共配备女干部81人，增加3人；政府班子配备党外干部22人，增加5人。人大、政府、政协班子共配备少数民族干部166人，其中新提拔52人。还结合换届，对一些不胜任现职或相形见绌的干部做了调整。换届后的人大、政府、政协班子领导职数较换前减少15人。

8月4日　国家防总召开第三次全体会议，进一步部署防汛抗洪救灾工作。国务院副总理、国家防汛抗旱总指挥部总指挥温家宝主持会议，对当前长江抗洪、北方防汛、沿海地区防御台风工作提出了明确要求。要求各级党委、政府要认清当前的严峻形势，充分估计困难，思想丝毫不能麻痹，工作丝毫不能松懈，认真贯彻落实江泽民总书记和朱镕基总理关于防汛抗洪工作的指示，进一步加强领导，动员广大军民，团结奋战，夺取今年防汛抗洪斗争的全面胜利。

8月6日　党中央、国务院、中央军委发布致全国抗洪军民的慰问电。慰问电号召在以江泽民为核心的党中央领导下，各级党委和政府要进一步组织和动员广大军民继续发扬不怕疲劳、连续作战精神，再接再厉，团结战斗，夺取抗洪救灾斗争的全面胜利。

同　日　国务院新闻办公室举行中外记者招待会，介绍我国抗洪救灾情况。介绍说，今年6月中旬以来，我国江南、华南大部分地区暴雨频繁，北方局部地区也降了大到暴雨。长江干流及鄱阳湖、洞庭湖水系、珠江流域的江西闽江和松花江上游嫩江等江河相继发生了大洪水。长江发生了继1954年以来第二次全流域性大洪水，长江干流湖北宜昌以下河段全线超过警戒水位，其中部分河段和洞庭湖、鄱阳湖超过历史最高水位。至8月5日，长江干流湖北监利以下河段和洞庭湖、鄱阳湖超过历史最高水位时间8—15天。8月1日武汉水位达到29.20米，比1954年最高水位低0.53米。入汛以来，长江流域山洪暴发。山体滑坡、泥石流频发，许多省区重复受灾。截止到8月3日的统计，全国有2.4亿人（次）不同程度遭受水灾，紧急转移安置1 380万人；倒塌房屋558万间，损坏房屋1 205万间；农作物受灾3 153万公顷，成灾1 304万公顷，绝收478万公顷。其中江西、湖南、福建、湖北四省受灾最为严重。今年6月入汛以来，因洪涝灾害死亡2 000多人，其中由于山洪暴发、山体滑坡、泥石流等猝不及防的原因造成死亡的约占90%。

同　日　第六、七、八届全国政协副主席，海军原副司令员邓兆祥在北京逝世。邓兆祥，1903年出生于广东省高要县。11岁即考入黄埔海军学校第十六期学习。1930年1月赴英国格林威治皇家海军学院、英国海军鱼雷学校学习。1934年回国后，先后担任副舰长、水鱼雷营营长、舰长。1949年2月，率全舰官兵举行了震惊中外的“重庆”舰起义，同年3月被任命为中国人民解放军海军“重庆”舰舰长。新中国成立后，历任第一海军学校副校长、海军青岛基地副司令员、北海舰队副司令员等职。是第一、二、三届国防委员会委员，全国政协第一届委员，第五届全国人大常委。1955年被授予海军少将军衔。

8月7日　国家“九五”重点工程——兰州—西宁—拉萨光缆干线全线开通。国家主席江泽民题词：“军民共建兰州西宁拉萨光缆通信干线工程竣工纪念”。纪念雕塑揭幕仪式在西藏自治区安多县境内的唐古拉山口隆重举行。国务院副总理吴邦国电话祝贺光缆干线正式开通，并向参加光缆建设的部队指战员和邮电干部职工以及沿线各级地方党委、政府和人民群众表示亲切慰问。

8月8日　北京至郑州电气化铁路正式运营。铁路全长695公里。至此，全国铁路电气化通车里程已达11 695公里。

8月8日—10日　朱镕基总理再次赴湖北长江抗洪抢险第一线。他转达了党中央和江泽民总书记最近关于长江抗洪抢险工作的指示，强调当前长江防汛形势十分严峻，沿江各地要把长江抗洪抢险作为当前头等大事，全力以赴抓好。要坚决严防死守，确保长江大堤安全，不能有丝毫松懈和动摇。

8月9日　中国十大杰出青年评选揭晓。他们是：德艺双馨、一心致力弘扬民族艺术的青年豫剧表演艺术家小香玉；再穷不改胸中志、位卑未敢忘忧国的优秀民营企业家、宁夏金龙集团总裁刘金虎；学成归国、在熊猫生态学领域取得惊人成绩的北京大学生物科学院副教授吕植；运用科技带领盐湖走向世界的青海盐湖工业集团有限公司总工程师李小松；闻名全国的济南交警领头人、济南市公安局交警支队支队长孟富强；带领村民艰苦创业，缔造江海第一村的江苏通州兴东镇黄金村党支部书记昝圣达；上天能驾机、下海能操舰的复合型现代军人，海军某部参谋长柏耀平；挽救停产倒闭国企、创造豪门辉煌的唐山豪门集团公司总裁贺业军；献身科研、硕果累累的青年科学家，中科院计算数学与科学工程计算研究所所长袁亚湘；带领库区移民建设新家园的致富带头人，重庆云阳县故陵村党支部书记谭和平。

8月11日　《人民日报》报道：国务院发出紧急通知。通知主要内容是：一、要把保护和培育森林资源作为改善生态环境的重要任务来抓。二、立即停止一切毁林开垦行为。三、对已经发生的毁林开垦行为进行全面清查。四、切实做好退耕还林工作。五、依法严厉打击毁林开垦的违法犯罪行为。六、严格实施林地用途管制。七、加强对林地保护工作的组织领导。

8月12日　各民主党派致信慰问抗洪军民。中国国民党革命委员会、中国民主同盟中央委员会、中国民主建国会中央委员会、中国民主促进会中央委员会、中国农工民主党中央委员会、中国致公党中央委员会、九三学社中央委员会、台湾民主自治同盟中央委员会、中华全国工商联合会致信慰问抗洪抢险第一线军民。

8月13日—16日　江泽民、李鹏、温家宝赴湖北抗洪抢险第一线指导抗洪斗争。8月14日，江泽民在武汉讲话指出，全党全军全国要继续支持抗洪抢险第一线军民的斗争，直到取得最后的胜利。当前，我们要坚定不移地贯彻落实党的十五大精神，发扬抗洪抢险第一线广大军民团结奋斗、顽强拼搏的伟大精神，扎扎实实地完成好改革开放和现代化建设的各项任务。确保实现中央确定的今年经济发展的目标。这是对奋战在抗洪抢险第一线广大军民最大和最好的支持。8月15日，李鹏委员长专程前往黑龙江抗洪第一线。他代表党中央、全国人大常委会，代表江泽民总书记，向黑龙江抗洪抢险的广大干部群众、解放军指战员、武警官兵、公安干警表示亲切的慰问，致以崇高的敬意。同时，他还向内蒙古、吉林的抗洪大军表示慰问。8月16日，温家宝副总理再次赶赴长江抗洪第一线。

8月16日　长江第六次洪峰由上游向荆江河段逼近。下午18时沙市水位已达44.95米的历史最高水位，并呈上涨趋势。下午18时30分，江泽民向参加抗洪的解放军发布命令，沿线部队全部上堤，军民团结，死守决战，夺取全胜。同时要求地方各级党政干部率领群众，严防死守，确保长江干堤安全。晚上22时30分，温家宝一行抵达荆州。他听取了当地和有关部门关于防汛情况的汇报，又详细询问了气象、水利等方面专家的意见，综合各方面的资料，进行科学分析判断，作出了迎战第六次洪峰的紧急部署：第一，长江大堤目前正面临最严峻的考验。军民要上堤，坚决严防死守，特别要加强薄弱地段的防守。第二，加强巡堤查险，昼夜不间断。发现险情，及时处理。第三，备足抢险物料。第四，加强技术指导，科学查险排险。第五，对重大险情特别是溃决性险情，要做好抢险预案和各项准备。第六，要确保人民生命安全，按照计划和部署，及时转移危险地区的群众，安置好他们的生活。

8月16日—18日　应国家主席江泽民的邀请，吉布提总统古莱德对中国进行私人访问。18日，江泽民主席会见了古莱德总统，双方回顾了建交20年来的友好关系。江泽民还向古莱德总统介绍了我国当前政治经济形势及抗洪救灾的情况。

8月18日　我国电信业走向成熟。《人民日报》报道：本日中国移动电话用户超过2 000万户，已占全球GSM用户的1/7。这标志着中国电信移动电话已经由起步走向成熟。

8月20日　最高人民法院作出终审裁定，驳回陈希同上诉，维持原判。《人民日报》于21日发表评论员文章：《任何犯了法的人都不能逍遥法外》。

8月21日　江泽民代表党中央、国务院向科学家和教师们致以亲切问候。江泽民、李鹏、朱镕基、李瑞环、胡锦涛、尉健行、李岚清等党和国家领导人在人民大会堂接见20位杰出科学家和34位优秀教师。

同　日　外交部宣布，国家主席江泽民因国内抗洪救灾工作需要，决定推迟原定9月初对俄罗斯和日本的访问。

8月23日　民政部及各地民政部门共接收捐赠款物折合人民币17亿多元。同日，国务院办公厅发出《关于加强救灾捐赠管理工作的通知》。通知要求：一、救灾捐赠工作要有领导、有组织地规范进行；二、要切实管好用好救灾捐赠款物；三、加强对救灾捐赠工作的监督、检查。

8月24日　中共贵州省委会议选举刘方仁为省委书记。

8月24日—29日　人大常委会第四次会议在北京召开。会议通过了《高等教育法》和《土地管理法》。国家主席江泽民分别签署第七、八号主席令，公布这两部法律。《高等教育法》共8章69条，包括总则、高等教育基本制度、高等学校的设立、高等学校的组织和活动、高等学校教师和其他教育工作者、高等学校的学生、高等教育投入和条件保障、附则。《土地管理法》共8章86条，包括总则、土地的所有权和使用权、土地的利用总体规划、耕地保护、建设用地、监督检查、法律责任、附则。这两部法律自1999年1月1日起施行。会议通过了人大常委会关于批准国务院增发今年国债和调整中央财政预算方案的决议，批准1998年中央财政预算调整方案。

8月25日　中央军委主席江泽民就迎战长江第七次洪峰指示抗洪

部队以洪湖地区为重点，严防死守，坚决夺取长江抗洪决战全面胜利。中央军委副主席张万年要求迅速将江泽民主席的指示传达给长江中下游抗洪抢险部队，坚决贯彻执行。鄂湘长江一线抗洪部队各级领导要靠前指挥，一线部队今晚20时要全部上堤，严防死守。尤其要精心组织好洪湖地区等重点堤段的防守会战，坚决夺取全胜。

8月25日—26日　中共中央政治局常委胡锦涛到黑龙江、吉林察看汛情灾情。

8月26日　温家宝副总理在第九届人大常委第四次会议上报告当前全国抗洪抢险情况。报告分四个部分：一、今年我国发生了历史上罕见的洪水灾害；二、抗洪抢险斗争取得重大胜利；三、当前防汛抗洪形势依然严峻，必须再接再厉，夺取抗洪抢险斗争的全面胜利；四、加强水利建设，实行综合治理，提高防御洪涝灾害能力。温家宝副总理在报告中说，今年入汛以来，我国一些地方遭受严重洪水灾害。特别是长江发生了自1954年以来的又一次全流域性大洪水，松花江、嫩江出现超历史记录的特大洪水，引起举国上下的高度关注。造成今年洪水灾害的原因是多方面的，但直接的原因是气候异常，雨水量过大。自6月份起，长江流域出现3次持续大范围强降雨过程。第一次，是6月12日—27日。江南大部分地区暴雨频繁，江西、湖南、安徽等地区降雨量比常年同期多1倍以上，江西北部多2倍以上。第二次，是7月4日—25日。长江三峡地区、江西中北部、湖南西北部和其他沿长江地区，降雨量比常年同期偏多5成至2倍。第三次，是7月末至现在。长江上游，汉水流域，四川东部、重庆、湖北西部、湖南西北部降雨量较常年偏多2—3倍。受降雨影响，长江发生了继1954年以来第二次全流域性大洪水。7月份长江中下游主要站的洪量超过1954年，其中宜昌站1 215亿立方米，比1954年多45亿立方米，汉口站1 648亿立方米，比1954年多120亿立方米。今年长江流域洪水主要有4个特点：一是全流域发生大洪水。除上游多次发生大洪水外，鄱阳湖水系的信江、修河、饶河和抚河均超过历史最高水位，洞庭湖水系的湘江、资水、沅江、澧水多次发生大洪水，汉江、清江等支流也多次发生较大洪水。二是干支流洪水遭遇，洪峰叠加。在两湖先期发生特大洪水、水位居高不下的情况下，长江上游又多次发生洪水，与中下游洪水不断遭遇。三是水位高。长江干流宜昌以下河段全线超过警戒水位。沙市至螺山、武穴至九江360公里江段和洞庭湖、鄱阳湖的水位超过历史最高水位，特别是沙市江段水位曾高达45.22米。四是洪峰接连出现，高水位持续时间长。长江上游已连续发生七次洪峰，8月上旬到中旬，10天时间内出现三次洪峰。长江中游大部分江段超警戒水位两个多月，超历史最高水位的时间也持续一个多月。入夏以来，东北地区也连降大雨暴雨。松花江、嫩江发生三次大洪水，来势之猛，持续时间之长，洪峰之高，流量之大，都超过历史最高纪录。珠江流域的西江和福建闽江等江河，在6月下旬也相继发生了百年一遇的特大洪水。由于洪水量级大、涉及范围广、持续时间长，洪涝灾害非常严重。截至8月22日初步统计，全国共有29个省（区、市）遭受了不同程度的洪涝灾害，受灾面积3.18亿亩，成灾面积1.96亿亩，受灾人口2.23亿人，死亡3 004人（其中长江流域1 320人），倒塌房屋497万间，各地估报直接经济损失1 666亿元。江西、湖南、湖北、黑龙江、内蒙古和吉林等省（区）受灾最重。

8月27日　国务院批转公安部关于解决当前户口管理工作中几个突出问题的意见。意见指出，要重点解决以下四个户口管理方面的问题：一是实行婴儿落户随父随母自愿的原则。今后，新出生的婴儿可以在父亲或者母亲常住户口所在地的户口登记机关申报常住户口。对以往出生并要求在城市随父落户的未成年人，可以逐步解决其在城市落户的问题，学龄前儿童应当优先予以解决。二是放宽解决夫妻分居问题的户口政策。对已在投靠的配偶所在城市居住一定年限的公民，应当根据自愿的原则准予在该城市落户。三是男性超过60周岁、女性超过55周岁，身边无子女需要到城市投靠子女的公民，可以在其子女所在城市落户。对因工作调动等原因在其他城市离休、退休人员，需要返回原工作单位所在地或者原籍投靠配偶、子女的，应当优先予以解决。四是在城市投资、兴办实业、购买商品房的公民及随其共同居住的直系亲属，凡在城市有合法固定的住所、合法稳定的职业或者生活来源，已居住一定年限并符合当地政府有关规定的，可准予在该城市落户，但要由公安部先行组织试点，在总结经验的基础上逐步推开。

8月30日　粤海铁路通道破土动工。这条铁路通道由铁道部、广东省、海南省共同出资45亿元修建，力争2001年建成投产。是我国第一条跨海铁路。

8月30日—9月4日　应国家主席江泽民的邀请，土库曼斯坦总统亚佐夫对我国进行国事访问。8月31日上午，国家主席江泽民在人民大会堂与亚佐夫总统举行正式会谈。双方签署了《中土两国关于进一步发展和加强两国友好合作关系的联合声明》、《中日两国政府关于建立中土政府间贸易合作委员会的协定》、《中土两国政府关于中华人民共和国向土库曼斯坦提供优惠贷款的框架协议》、《中土两国政府科学技术合作协定》和《中土两国政府民用航空运输协定》等。当天下午，李鹏委员长、李岚清副总理分别会见和拜见亚佐夫总统。9月1日，亚佐夫总统前往深圳、西安参观访问，4日结束访问回国。

8月31日—9月5日　第八次全国妇女代表大会在北京召开。31日，党和国家领导人江泽民、李鹏、李瑞环、胡锦涛、尉健行、李岚清等到会祝贺。中共中央政治局常委胡锦涛代表中共中央致贺词，题为《在实现我国跨世纪发展的历史进程中充分发挥妇女的半边天作用》。大会主席团常务主席顾秀莲代表中华全国妇女联合会第七届执委会向大会作了题为《高举邓小平理论伟大旗帜，团结动员各族各界妇女为实现我国跨世纪的宏伟目标努力奋斗》的工作报告。9月3日，大会产生了新一届全国妇联执委会，由219人组成，比上届增加了20人。推举陈慕华为全国妇联名誉主席，彭珮云当选全国妇联主席。《人民日报》发表社论：《继往开来，再创新业》，祝贺大会开幕。

9月2日　国家主席江泽民在钓鱼台国宾馆会见由美国前国务卿基辛格和万斯率领的美中协会代表团。在会见中他说，我们目前面临的共同任务是把一个健康、稳定的中美关系带入21世纪，中方愿与美方一起为实现这一目标而继续努力。江泽民强调："对于近一时期中美关系的改善和发展，我们两国人民是欢迎的，世界各国也普遍予以评价。"他还说："在过去的一年，中美关系出现了良好的发展势头，进入了一个崭新的发展阶段。我去年秋天访美期间，与克林顿总统决定共同致力于建立面向21世纪的建设性战略伙伴关系。这为今后中美关系的发展确定了方向和框架。此后，克林顿总统应我的邀请回访，我们达成共识要加速这一进程，并加强两国在广泛领域的交流与合作。”

9月3日　中央军委授予高建成“抗洪英雄”荣誉称号。中央军委副主席张万年、总政治部主任于永波出席了表彰大会。

9月3日—5日　江泽民总书记到湖南、江西、黑龙江察看灾情，慰问军民，指导抗洪救灾。9月3日清晨，江泽民总书记在国家防汛抗旱总指挥部总指挥温家宝、中央办公厅主任曾庆红、总参谋长傅全有的陪同下飞赴湖南常德。听取省委、省政府抗洪救灾的工作汇报后，江泽民讲话说，目前长江中下游和洞庭湖的水位已经有所回落，但必须清醒地看到，长江流域的汛期还没有结束，不少江段的水位仍处于警戒水位以上，洪水的威胁依然存在，当前防汛抗洪的任务还十分艰巨。历史的教训告诉我们，经过长期高水位浸泡之后，退水期的大堤往往容易出现险情。因此，在整个退水阶段，一定要采取更加坚决有力的措施，严防出现退水垮堤，决不能因稍有不慎而功亏一篑。在谈到当前救灾问题时，江泽民强调，要切实安排好灾区群众的生活，保证受灾群众的基本生活需要。一定要做到使群众有饭吃、有开水喝、有衣服穿、有地方住、有病能及时治疗，并做好灾区群众的过冬准备工作。一定要保持灾区社会秩序的稳定，严厉打击各种犯罪活动。要千方百计克服一切困难，保证灾区学生上课。大专院校要保证灾区新生报到入学和他们在校的基本生活。要尽快恢复灾区的生产。洪水退后要抓紧排除农田内涝，受淹的庄稼，能救的要救，不能救的要及时补种其他作物。在安排好群众口粮的同时，要组织群众广泛开展多种经营，以增加收入。在开展农民增收门路的同时，要特别注意减轻农民负担。要加强灾区的卫生防疫工作。要按照国务院的部署，多方组织，调运药品，派出医疗队伍到灾区送医送药，保证灾区群众的健康。9月4日，江泽民到江西考察指导工作，并就抗洪救灾工作讲话说，经过两个多月的顽强拼搏，广大军民战胜了一次又一次洪峰，成功地保住了大江大河大湖干堤的安全，保住了重要城市的安全，保住了重要铁路干线的安全，保护了人民生命的安全。从全局上看，全国抗洪抢险斗争已经取得了决定性的伟大胜利。江泽民指出，随着汛期的逐渐过去和洪水的逐渐下退，在继续做好抗洪抢险最后阶段工作的同时，全国受灾地区的工作重点将逐渐转到恢复生产、重建家园上来。他号召灾区广大干部群众，要继续发扬在抗洪抢险中表现出来的那种不怕困难、顽强拼搏的精神，艰苦奋斗，互助互济，做好灾区工作，早日把生产恢复和发展搞上去，早日重建美好的家园。9月5日，江泽民到黑龙江考察抗洪救灾工作。他在哈尔滨听取内蒙古、吉林、黑龙江三省区和沈阳军区的负责同志关于抗洪抢险救灾工作汇报时指出，在这场伟大的抗洪抢险斗争中，我们形成了万众一心、众志成城，不怕困难、顽强拼搏，坚韧不拔、敢于胜利的伟大抗洪精神，这是无比珍贵的精神财富。全党全军和全国各族人民都要大力弘扬这种精神，全力做好救灾工作，帮助受灾群众恢复生产、重建家园，同时积极落实党的十五大提出的各项任务，全面推进改革开放和社会主义现代化事业。

9月7日　国有重点煤矿已全部下放地方管理。94个国有重点煤矿及其所属174个企事业单位、2 379亿元资产、320万职工和133万离退休人员以及近千亿元的债权债务全部划规地方管理。国有重点煤矿下放工作从1998年7月24日正式开始，到交接完成，只花了36天，提前了一个月。

9月7日—12日　朱镕基总理到湖北、江西、湖南、重庆和四川考察灾后重建、治理水患、发展经济情况。中央军委副主席兼国防部长迟浩田陪同考察。考察前，国务院向这五个省市派出了由分管部长参加的四个调查组，同有关省市进行了对口商谈。朱镕基分别听取了这五省市负责人的汇报后，充分肯定了各地抗洪抢险工作取得的历史性巨大胜利，高度赞扬人民解放军和武警部队指战员在抗洪抢险的关键时刻，起到了重要的、决定性的、不可替代的作用。他强调，受灾地区在继续严防退水期间出现重大险情，在做好抗洪抢险最后阶段工作的同时，要把工作重点及时转移到灾后重建上来，当前刻不容缓的任务是把灾区群众的基本生活安排好。首先要通过多种途径，抓紧优先解决水毁校舍、卫生院所和灾民住房问题，并把口粮保证、衣被筹集、防病治病等一系列与安全过冬有关的工作做细、做实，保证受灾群众有饭吃、有衣穿、有住处，能防病治病，学生能安心读书。各级党政领导干部要以对灾区群众深厚的感情和极端负责的态度认真做好这项工作，把党和政府的关心落实到每一户、落实到每个人。他要求，从现在起，长江、黄河中上游地区就要全面停止天然林采伐，恢复生态植被，减少水土流失，防治地质灾害；要大干几年，全面加固长江、黄河干堤，清除河障，疏浚河道，提高防洪泄洪能力；要加大治理洞庭湖、鄱阳湖的力度，切实禁止新的围湖造田，对过度围垦的田地，要根据条件和可能，逐步退田还湖。我们要下大决心，坚韧不拔地致力于整治山河这个利在当代、泽及子孙的千秋伟业。

9月8日　教育部在京举行庆祝第三十三届“国际扫盲日”暨第三届“中华扫盲奖”颁奖大会。1990年以来，我国已扫除文盲3 793万人，全国有16个省（市）青壮年文盲率降到5%以下，达到了现阶段国家规定的基本扫除青壮年文盲的目标。

9月11日　江苏省人大常委会会议决定季允石为江苏省代理省长。

同　日　中共中央决定：回良玉任中共安徽省委书记。

同　日　中共中央办公厅、国务院办公厅发出关于做好卫生防病防疫工作的通知。通知主要内容有：一、提高认识，加强领导，确保灾后无大疫；二、加强疫情监测、分析与预报工作；三、突出重点，加强指导，以防为主，防治结合；四、大搞爱国卫生运动，彻底清理环境；五、加大卫生宣传教育力度，提高全民卫生意识；六、保证必要的经费投入，落实各项卫生防病防疫措施。

同　日　第五十三届联大拒绝少数国家提案，台湾“重返”联合国的图谋再遭失败。在当天举行的联大总务委员会会议上，巴基斯坦、哈萨克斯坦、斯里兰卡、埃及、巴西、俄罗斯、德国、意大利等近40个国家的代表发言，反对把所谓台湾“重返”联合国提案列入大会议程。这是联大总务委员会自1993年以来，连续6年粉碎台湾当局妄想挤进联合国的图谋。中国常驻联合国代表秦华孙在会上发言时指出，这一提案的实质是利用联合国从事分裂一个主权国家的活动，企图制造“两个中国”、“一中一台”。这一非法行径不仅是对中国主权的严重侵犯和对中国内政的粗暴干涉，也是对《联合国宪章》、联大第2758号决议和国际法准则的恣意践踏。

9月14日　中华人民共和国原主席、中央军委原常务副主席杨尚昆在北京逝世。杨尚昆，1907年7月5日出生于四川省潼南县双江镇(今属重庆市)。1926年由共青团员转为中国共产党党员。1926年11月，到莫斯科中山大学学习。1931年初，从苏联回国后，相继担任中华全国总工会宣传部长和中共中央宣传部长等职。1933年初，到中央革命根据地，先后任中央苏区中央宣传干事和马克思共产主义大学副校长、红军第一方面军政治部主任、红三军团政治委员，当选为中央候补委员。1934年率领红三军团长征。1935年1月参加了遵义会议，调任总政治部副主任。到达陕北后，先后在西北革命军事委员会和红军前敌指挥部领导机构中负责政治工作。1937年后任中共中央北方局副书记、书记。1941年初，回到延安，留在中共中央机关工作，在这期间参加了整风运动。1945年4月，出席党的第七次全国代表大会。抗日战争胜利后，任中共中央军委秘书长兼中央外事工作组副组长、中共中央办公厅主任、中央后方委员会副书记、中共中央副秘书长等职，积极协助周恩来处理党中央和中央军委日常工作。中华人民共和国成立后，继续担任中共中央副秘书长、中央办公厅主任，兼任中央军委秘书长、中直机关党委书记。1956年当选为中央委员、中央书记处候补书记。在“文化大革命”的动乱岁月里，受到林彪、江青两个反革命集团的长期迫害，被监禁达12年之久。中共十一届三中全会后，获得彻底平反，恢复名誉。1978年12月—1980年底，相继担任中共广东省委第二书记、副省长、中共广州市委第一书记、革命委员会主任，兼广州军区第一政委、党委第一书记。1979年9月被补选为中共中央委员。1980年9月，被补选为全国人大常委会副委员长兼秘书长。1981年7月任中央军委常委兼秘书长，次年

9月任中央军委常务副主席兼秘书长。在1982年和1987年中共召开的第十二次、第十三次全国代表大会上，当选为中央政治局委员，继任中央军委常务副主席兼秘书长。1989年11月担任中央军委第一副主席，协助中央军委主席江泽民，主持中央军委日常工作。1988年4月，在第七次全国人大一次会议上，当选为中华人民共和国主席。

9月14日—18日　应国务院总理朱镕基的邀请，爱尔兰总理伯蒂·埃亨对中国进行正式访问。9月14日下午，朱镕基总理同埃亨总理在人民大会堂举行会谈。两国政府有关方面负责人签署了中爱两国政府民用航空运输协定。9月15日，江泽民主席会见埃亨总理。9月16日，埃亨总理前往上海和香港参观访问，18日结束对中国的访问回国。

9月15日　新浙江大学成立。经国务院批准，浙江大学、杭州大学、浙江农业大学、浙江医科大学4校合并组建新的浙江大学。江泽民总书记、李鹏委员长为新成立的浙江大学题词。江泽民的题词是："办好浙江大学，为科教兴国作出更大贡献"。李鹏的题词是："发扬优良校风，培养建国人才"。国务院副总理李岚清参加了成立大会并发表了讲话。新的浙江大学为教育部直属高校，由教育部和浙江省共建共管。现有11个学科门类，是我国目前学科门类最齐全、规模最大的综合性大学，共有145个本科专业、13个专科专业，有博士后流动站12个，一级二级学科博士点124个，二级学科硕士点192个，在校学生3万多人，其中硕士研究生3 500名、博士研究生1 500名，另有外国留学生300多名，有教授800余名，其中有中国科学院院士7名、中国工程院院士6名。

9月16日　中共中央决定：张德江任浙江省委书记、王云坤任吉林省委书记。

同　日　第四十六届军事五项世锦赛在京闭幕。我军健儿夺得5枚金牌、2枚银牌和3枚铜牌，并打破4项世界纪录。

同　日　第三届范长江新闻奖揭晓。徐文良、格桑理增、蔡赴朝、宋超、保平、何加正、高丽萍、杜嗣琨、范春歌、徐克星10名德才兼备的记者荣获这项最高荣誉奖。

9月17日　最高人民法院公布《人民法院审判纪律处分办法（试

行)》和《最高人民法院督导员工作条例》。这是最高人民法院进一步强化人民法院内部监督机制，推动教育整顿工作深入发展和加强法院队伍建设的重大举措。

9月18日　我国首条高架铁路在沪兴建。这条名为“明珠线”的高架铁道，南起闵行、北至宝山钢铁总厂，全长25公里，途经徐汇、长宁、普陀、闸北、虹口和宝山6个区，贯通上海南北城区，为上海轨道交通规划网络中的主要干线。

同　日　国家环保总局在京公布1997年度全国46个重点城市环境综合整治定量考核结果。桂林、汕头、海口、成都、宁波、天津、石家庄、苏州、烟台、北京分获综合得分前10名。由于珠海、深圳、厦门、大连已被命名为国家环境保护模范城市，所以不参加排序。其他各项分类得分的前10名分别为：汕头、成都、湛江、温州、桂林、连云港、烟台、宁波、北海、南昌居环境质量前10名；长沙、上海、汕头、海口、苏州、天津、武汉、南京、杭州、北京居污染控制前10名；桂林、南京、天津、昆明、杭州、青岛、海口、石家庄、北京、南宁居环境建设前10名；汕头、海口、上海、北京、苏州、桂林、宁波、烟台、福州、银川居环境管理前10名。

同　日　国务院办公厅发布通知，限期停止生产销售使用车用含铅汽油。通知要求，自2000年1月1日起全国所有汽油生产企业一律停止生产车用含铅汽油，改产无铅汽油；自2000年7月1日起，全国所有汽车一律停止使用含铅汽油，改用无铅汽油。

9月18日—19日　澳门特别行政区筹委会第三次全体会议在京举行。会议对澳门社会治安又趋恶化深表关注，促请葡方进一步采取措施，尽快扭转治安不靖的局面。对澳门政府打击恶势力的行动，中方将继续予以有力的支持和配合。会议听取了政务小组、法律小组、经济小组和文化小组的工作报告。会议认为，政务小组9月3日—6日就澳门行政区第一届政府推选委员会产生办法在澳门开展的咨询活动，贯彻了“面向澳人，依靠澳人”的方针，广泛征询了澳门各界人士对推选委员会产生办法的意见，咨询是成功的。会议根据澳门基本法的规定，决定在澳门特别行政区成立时，设立澳门特别行政区廉政公署、审计署和海关。会议指出，澳门公务员退休金问题关系到公务员队伍的稳定和澳门的平稳过渡，为有关方面所关注。筹委会建议尽快在中葡联合联络小组内进行公退金问题的磋商，以妥善解决这一问题。会议根据我国政府对澳门恢复行使主权、“一国两制”原有生活方式不变的原则对公元2000年澳门公众假日的安排作出了决定。

9月19日　联合国人居中心宣布，我国成都市府南河综合整治项目和沈阳市市长慕绥新荣获1998年联合国人居奖。今年人居奖的另外5块奖牌分别为巴西、欧洲城市安全论坛、尼日利亚、俄罗斯和突尼斯获得。此外，珠海市还荣获联合国改善居住环境最佳范例奖。

同　日　西藏羊卓雍湖抽水蓄能电站竣工。在武警水电部队移交到西藏人民手中的移交仪式上，西藏自治区党委常务副书记热地和武警水电部队政委刘源为江泽民总书记题词“建设羊湖电站，造福西藏人民”纪念碑揭幕。该电站是由原电力部成都勘测设计院设计、武警第三部队施工的国家“八五”重点工程。

9月20日　第三届韬奋新闻奖揭晓。获奖者是：李炳彦（《解放军报》）、范蓉（辽宁人民广播电台）、孙言兵（山西《临汾日报》）、张克眉（《羊城晚报》）、江绍高（《人民日报》）、李树田（中国国际广播电台）、顾志武（《工人日报》）、马胜荣（新华社）、张晓爱（北京电视台）。

9月22日　我国海上发现的最大油田之一——秦皇岛32—6油田将采用中外合作方式共同开发。中国海洋石油总公司与美国德士古公司及阿科公司签订秦皇岛32—6合同区石油合同，将按中方51%、外方49%的比例进行该油田的开发、生产，并对合同区进行勘探开发和生产。秦皇岛32—6油田位于渤海中部，合同区面积250平方公里。这个油田是中国海洋石油总公司于1995年6月发现的，探明储量达1.7亿吨以上。

9月24日—26日　应国务院总理朱镕基的邀请，法兰西共和国总理利昂内尔·若斯潘对中国进行正式访问。9月24日，两国总理举行友好而坦率的会谈，双方就中法关系和共同关心的国际地区问题广泛深入地交换了意见。会谈结束后，两国政府发表了《中法关于加强金融合作的联合声明》和《中法两国政府关于成立中法农业及农业食品合作委员会的声明》。两国政府有关方面负责人还签署了《中华人民共和国政府和法兰西共和国政府财政议定书》、《中法关于信息技术的行动纲领》、《中华人民共和国政府和法兰西共和国政府关于知识产权的合作协定》以及《中华人民共和国科技部与法国国家电力公司合作协议》。当天，中法两国总理在人民大会堂签署了14项商务协议，总金额为19亿法郎。这些协议的内容涉及水处理设备、银行卡工程和环保技术等方面。9月25日，江泽民主席在合肥会见若斯潘总理。9月26日，若斯潘总理结束对中国的访问回国。

9月25日　国务院召开第八次常务会议。朱镕基总理主持会议，讨论并原则通过了《中华人民共和国行政复议法（草案）》。审议通过了《社会团体登记管理条例》、《民办非企业单位登记管理暂行条例》和《事业单位管理暂行条例》。会议决定，《中华人民共和国行政复议法(草案)》经进一步修改后提交全国人大常委会审议。《社会团体登记管理条例》、《民办非企业单位登记管理条例》和《事业单位登记管理条例》。

同　日　吉林省人大常委会会议推选桑逢文代理吉林省人大常委会主任，任命洪虎为副省长、代省长。

同　日　中纪委追授陈守义“全国优秀纪检干部”荣誉称号。陈守义是中共内蒙古自治区呼伦贝尔盟阿荣旗兴安乡纪委书记。在今年的抗洪斗争中，陈守义组织带领群众与肆虐的洪水连续搏斗，昼夜奋战，因劳累过度，于8月12日英勇牺牲在抗洪抢险第一线，终年45岁。

同　日　江泽民总书记在安徽省党政领导干部会上发表关于农村改革的讲话。江泽民指出，深化农村改革，首先必须长期稳定以家庭承包经营为基础的双层经营体制。家庭经营再加上社会化服务，能够容纳不同水平的农业生产力，既适应传统农业，也适应现代农业，不存在生产力水平提高以后就要改变家庭经营的问题。一条是不改变家庭承包经营，一条是不搞土地私有，这就是有中国特色社会主义的农业。江泽民强调说，稳定家庭承包经营，核心是要稳定土地承包关系。这既是发展农业生产力的客观要求，也是稳定农村社会的一项带根本性的措施。中央的土地承包政策是非常明确的，就是承包期再延长30年不变。而且30年以后也没有必要再变。江泽民指出，深化农村经济体制改革，总的目标是建立以家庭承包经营为基础，以农业社会化服务为体系、农产品市场体系和国家对农业的支持保护体系为支撑，适应发展社会主义市场经济要求的农村经济体制。

9月27日　国务院发出进一步加强外汇外债管理，开展全国外汇外债检查的通知。通知要求各地及有关部门严厉打击逃套汇行为和外汇黑市，加强反骗汇工作。首先要加强对金融机构外汇业务的监管。第二要规范外贸代理业务，严格加工贸易管理，加强出口收汇工作。第三，加强对报关单和进出口核销工作的管理。第四，清理"三无"企业，严防逃套外汇行为。第五，严肃查处制假行为，打击犯罪活动。第六，坚持取缔外汇黑市，对专门从事外汇黑市交易的不法分子严肃查处。

9月28日　中共中央和国务院召开抗洪抢险总结表彰大会。党和国家领导人江泽民、李鹏、朱镕基、李瑞环、胡锦涛、李岚清等出席。会议由朱镕基总理主持，江泽民总书记发表重要讲话。他说，中国人民解放军和武警部队坚决响应党和人民的召唤，出动30万官兵投入抗洪抢险斗争。他们发扬一不怕苦、二不怕死的革命精神和不怕疲劳、连续作战的作风，起到了中流砥柱的作用。公安干警积极投入抗洪抢险，不畏艰苦，维护了灾区社会的稳定。人民解放军和武警官兵为党和人民建立了新的历史功勋。我们的党员和干部以自己的实际行动说明，他们无愧于共产党员的光荣称号，无愧于人民公仆的光荣称号。我们的军队以自己的实际行动说明，他们是党和人民完全可以信赖的革命队伍，是保卫国家安全和人民利益的钢铁长城，是保卫改革开放和现代化建设事业的坚强柱石，是新时期最可爱的人。我们的群众以自己的实际行动说明，中国人民具有团结一致、顽强拼搏的光荣传统，中华民族有着巨大的凝聚力，是任何困难、任何风险都压不垮的。来自湖北、湖南、江西、安徽、江苏、黑龙江、吉林、内蒙古等省、自治区的240名代表以及参加抗洪抢险的解放军、武警部队代表

260人和首都各界代表近万人出席了总结表彰大会。《人民日报》于29日发表社论：《学习抗洪英雄　弘扬抗洪精神》。

9月29日　抗洪英雄报告会在京举行。中组部、中宣部、中直机关工委、中央国家机关工委、解放军总政治部、北京市委在人民大会堂隆重举行抗洪抢险英雄模范事迹报告会。报告团成员是：沈阳军区某步兵师政委张景荣、济南军区某步兵师政委方文生、南京军区司令部军训部副部长王平、广州军区某舟桥旅政委张建国、某空军空降兵师师长姚恒斌、武警湖北总队荆州支队政委朱建明、武警黑龙江总队副参谋长于铁民、湖南省岳阳市委书记张昌平、中南石化武汉公司离休干部王占成、湖北省洪湖市副市长戴刚年、江西省九江市新港镇江矶村党支部书记兼村委会主任陈申桃、安徽省长江河道管理局局长董光琳、江苏省南京市栖霞区八卦州乡党委书记毕金生、湖北省公安消防总队总队长李金文、黑龙江省哈尔滨市副市长张松岭、吉林省镇赉县县委书记苗长凤、内蒙古兴安盟扎赉特旗阿来坦花苏木（乡）乡长包石头。

同　日　歌唱演员毛阿敏偷税案水落石出，偷税达27.11万元，税务机关对其处以3倍的罚款。

同　日　国家统计局与国家工商行政管理局联合制定《关于划分企业登记注册类型的规定》。《规定》以下几种：一是内资企业。其具体注册类型分为：国有企业、集体企业、股份合作企业、联营企业、有限责任公司、股份有限公司、私营企业和其他企业。二是港澳、台商投资企业。其具体注册类型包括：合资经营企业（港或澳、台资)、港、澳、台商独资经营企业和港、澳、台商投资股份有限公司。三是外商投资企业。其具体注册类型包括：中外合资经营企业、中外合作经营企业、外资企业和外商投资股份有限公司。

10月1日　《人民日报》发表社论：《发扬抗洪精神，促进各项工作》，为国庆49周年献礼。

10月3日—9日　李鹏委员长考察三峡库区和建设工作。在考察中他强调指出，三峡工程施工已进入第二阶段，目标是到2003年水库蓄水至135米高，首批机组发电，永久船闸通航。目前工程建设处于关键时期，必须始终把保证质量放在首位。百年大计、千年大计，要坚持质量第一。一流的工程要有好的机制、一流的现代化管理，还要充分发挥人的积极因素。他指出，二期移民将达到55万，任务是十分艰巨的，但经过努力是可以完成的，应该树立这样的信心。三峡农村淹没区山高坡陡，耕地有限，要走出一条既保证生态，又保证农村经济发展的路子，努力实现移民“搬得出稳得住，逐步能致富”的目标。

10月4日　山西省原平至太原段高速公路通车，全长94公里。

10月5日　中共中央决定，杨振午任中共湖南省委书记。

同　日　中国常驻联合国代表秦华孙在联合国总部代表中国政府签署《公民权利和政权国际公约》。签字仪式结束后，秦华孙向记者发表了谈话。他说，实现人权是全人类的共同理想，也是中国政府长期为之努力的目标。我们认为，人权的普遍性原则应当得到尊重；而普遍性原则一旦与各国具体情况相结合，就能得到更好的体现。作为一个有12亿人口的发展中国家，中国深知生存权和发展权至关重要。我们要依靠自己的力量，基本解决12亿人口的温饱问题，人民生活水平得到大幅度提高，极大地促进了经济、社会和文化权利的实现。作为一个社会主义法制国家，我们也同样重视个人人权，尊重和保护公民权利和政治权利，反对一切侵犯公民合法权利的行为。自1978年以来，中国立法机关制定了300多项法律和有关法律的决议，初步形成了比较完整的保障人权的法律体系。中国在这些方面所取得的巨大进展，为中国签署和加入更多的国际人权文书奠定了坚实的基础。

同　日　中国消除碘缺乏病战略国际研讨会在北京召开。国务院副总理李岚清致信，希望这次会议认真总结几年来消除碘缺乏病工作的经验，结合我国的实际，进一步确立和完善消除碘缺乏病的防治策略，为消除碘缺乏病工作的可持续发展打下坚实的基础。

10月6日—10日　应国务院总理朱镕基的邀请，大不列颠及北爱尔兰联合王国首相托尼·布莱尔对中国进行正式访问。国务院总理朱镕基10月6日在人民大会堂同来访的英国首相布莱尔举行了会谈。双方商定，应伊丽莎白二世女王的邀请，江泽民主席将于明年下半年对英国进行国事访问。会谈后，双方发表了《中英联合声明》。10月7日下午，国家主席江泽民在钓鱼台国宾馆会见了布莱尔首相，双方进行了友好的交谈。10月8日，布莱尔首相抵达上海、香港参观访问，10月10日结束对中国的访问回国。

10月7日　朱镕基总理视察中央电视台。他在中央电视台先后视察了节目播出控制中心、《新闻联播》和《焦点访谈》等节目的制作、播出机房和演播厅。朱总理仔细询问了节目的采编、制作和播出的有关情况。在《焦点访谈》节目演播厅里，朱总理对编辑、记者们说："《焦点访谈》节目越办越好，受到了全国人民的欢迎"。他赠给编辑、记者们4句话："舆论监督，群众喉舌，政府镜鉴，改革尖兵。"

10月7日—12日　应朱镕基总理的邀请，牙买加总理珀西瓦尔·帕特森对中国进行正式访问。10月8日下午，国务院总理朱镕基在人民大会堂同帕特森总理举行会谈。双方就两国关系和友好发展进行了回顾，表示要进一步加强合作，为增进友谊做出重要贡献。会谈后，两国总理出席签字仪式，两国有关方面负责人签署了关于中国向牙买加提供优惠贷款的框架协议。10月9日上午，国家主席江泽民在钓鱼台国宾馆会见帕特森总理。双方就发展双边关系等问题交换了意见。10月12日，帕特森总理结束对中国的访问出国。

10月8日　中央军委在人民大会堂隆重举行全军抗洪抢险庆功表彰大会。党和国家领导人江泽民、李瑞环、胡锦涛、尉健行、李岚清出席庆功大会。江泽民发表重要讲话。他说，在这场伟大斗争中，我军充分展示出听从党的指挥，视人民利益重于一切的高度政治觉悟；在这场伟大斗争中，我军充分展示出指挥果断、反应迅速、战无不胜的过硬素质；在这场伟大斗争中，我军充分展示出英勇顽强、连续作战、不怕牺牲的战斗作风；在这场伟大斗争中，我军充分展示出令行禁止、秋毫无犯的严明组织纪律性；在这场伟大的斗争中，我军充分展示出全面、快速、高效的保障能力。他在讲话中强调，要继续加强思想政治建设，确保党绝对领导下的人民军队的性质永远不变；要继续贯彻注重质量建设的方针，推动我军现代化建设的更大发展；要继续坚持从严治军，建设全面过硬的部队；要继续密切军政军民关系，巩固和发展军政军民关系的大好局面；要继续推进国防动员工作，努力提高国防动员能力。中央军委发布命令，给参加抗洪抢险部队先进单位及个人授予荣誉称号和记功。一、给下列12个单位和1名个人授予荣誉称号：授予广州军区某舟桥旅“抗洪抢险模范旅”荣誉称号；授予沈阳军区某步兵团“抗洪抢险模范团”荣誉称号；授予南京军区某步兵团“抗洪抢险模范团”荣誉称号；授予湖北省天门陆军预备役舟桥团“抗洪抢险模范预备团”荣誉称号；授予北京军区某工兵团道桥一营“抗洪抢险英雄营”荣誉称号；授予南京军区某步兵团二营“抗洪抢险英雄营”荣誉称号；授予海军工程学院潜水分队“抗洪抢险英雄潜水分队”荣誉称号；授予空军某空降兵团三营“抗洪抢险英雄营”荣誉称号；授予长沙工程兵学院教练营“抗洪抢险英雄营”荣誉称号；授予沈阳军区某步兵团一连“抗洪抢险英雄连”荣誉称号；授予济南军区某步兵团二连“抗洪抢险英雄连”荣誉称号；授予广州军区某步兵团四连“抗洪抢险英雄连”荣誉称号；授予广州军区某舟桥团专业军士李长志“抗洪抢险勇士”荣誉称号；二、给下列3个单位记一等功：53504部队，59257部队，国防科技大学勤务站。三、给下列8个单位记二等功：81145部队，54650部队，83021部队，53203部队，39435部队，53062部队，38901部队，80407部队。四、给下列9个单位记三等功：81101部队，81200部队，54676部队，32360部队，39287部队，江西省九江军分区，湖北省荆州军分区，长沙炮兵学院，59190部队。五、给1名个人记一等功：39155部队部队长马殿圣。六、给1名个人记二等功：81021部队副部队长吴长富。七、给3名个人记三等功：安徽省军区司令员沈善文，54631部队副部队长杨风海，湖北省军区政治部主任戴应忠。国务院、中央军委发布命令，给武警总部抗洪抢险先进单位及个人授予荣誉称号和记功。他们是：授予武警部队某团“抗洪抢险模范团”荣誉称号；授予武警部队湖北省总队武汉船艇大队“抗洪抢险英雄船艇大队”荣誉称号；授予武警部队黑龙江省总队第五支队一大队大队长宋波“抗洪抢险勇士”荣誉称号；给武警部队湖南省总队第三支队记一等功一次；给武警部队江西省总队第三支队记一等功一次；给武警部队8730部队记二等功一次；给武警部队湖北省总队记三等功一次；给武警部队湖北省总队总队长司久义记三等功一次。

同　日　中共中央决定：叶连松任中共河北省委书记。

10月9日　民政部公布捐款清单。新华社报道：到目前，民政部共计接收捐款7.5亿元，接收物资折款6.68亿元，款物合计14.18亿元。其中内地捐款4.82亿元，捐物折款6.34亿元；香港捐款2.16亿元，捐物折款540万元；澳门捐款543万元，捐物折款210万元；台湾捐款50万元；外国政府捐款3 702万元，捐物折款2 409万元；海外各界捐款896万元，捐物折款270万元。

同　日　广东省人大常委会原副主任于飞被开除党籍。中纪委发出通报说，1991年底到1992年10月，由于飞长女牵头，伙同其小女儿、大女婿等人组成的香港德成公司，为了牟取暴利，由于飞以为广东省经济技术协作办公室要地的名义，多次出面找惠州市及大亚湾开发区管委会有关领导，为德成公司要地3 300亩，并施加影响，将地价由出让方要求的每平方米最低不得低于200元压到每平方米180元。德成公司要到土地之后以每平方米380元的价格将土地使用权迅速转让，于飞子女个人从中获利2 800多万元。

10月12日　安徽省人大常委会会议决定，任命王太华为副省长、代理省长。

10月12日—14日　中共十五届三中全会在北京举行。中央政治局主持会议，中央委员会总书记江泽民作了讲话。会议审议通过了《中共中央关于农业和农村工作若干重大问题的决定》。全会高度评价农村改革20年所取得的巨大成就和创造的丰富经验。一致认为，实行家庭联产承包责任制，废除人民公社，突破计划经济模式，极大地调动了亿万农民的积极性，解放和发展了生产力，带来了农村经济和社会发展历史性巨大变化。这场伟大变革，带动和促进了国家的全面改革，进而探索出一条适合国情的建设有中国特色社会主义道路，并为国民经济持续快速增长和保持社会稳定做出了重要贡献。全会强调，以公有制为主体、多种所有制经济共同发展的基本经济制度，以家庭承包经营为基础、统分结合的经营制度，以劳动所得为主和按生产要素相结合的分配制度，必须长期坚持。家庭承包经营，不仅适应以手工劳动为主的传统农业，也能适应采用先进技术和生产手段的现代农业，具有广泛的适应性和旺盛的生命力。要坚定不移地贯彻土地承包期再延长30年的政策，同时抓紧制定确保农村土地承包关系长期稳定的法律法规，赋予农民长期而有保障的土地使用权。要积极探索实现农业现代化的具体途径，大力发展产业化经营。继续完善所有制结构，在积极发展公有制经济的同时，采取灵活有效的政策措施，鼓励和引导农村个体、私营等非公有制经济有更大的发展。要深化农产品流通体制改革，在国家宏观调控下充分发挥市场对资源配置的基础性作用。加强市场设施建设，健全市场法规，维护市场秩序。全会指出，发展农村生产力，推进农业现代化，是一项长期任务。必须着力解决制约我国农业长期稳定发展的突出问题，全面提高农业综合生产能力。要加快以水利为重点的农业基本建设，改善农业生态环境，切实保护耕地、森林植被和水土资源，为农业和农村经济的可持续发展奠定更多坚实的基础。水利建设要坚持全面规划，统筹兼顾，标本兼治，综合治理的原则，实行兴利除害结合，开源节流并重，防洪抗旱并举。当务之急要加大投入，加快长江、黄河等大江大河大湖的综合治理，提高防洪能力。要把推广节水灌溉作为一项革命性措施来抓，大幅度提高水的利用率。农业的根本出路在科技、在教育。由传统农业向现代农业转变，由粗放经营向集约经营转变，必然要求农业科技有一个大的发展，进行一次新农业科技革命。要加强农业科学研究和技术推广，调整和优化农村经济结构，确保粮食等主要农产品的产量稳定增长，品种质量得到改善，经济效益不断提高。加快乡镇企业的结构调整和体制创新。制定和完善促进小城镇健康发展的政策措施，增强农村经济的活力。要推进农村小康建设，加大扶贫攻坚力度，努力增加农民收入，切实减轻农民负担。全会认为，实现农村经济和社会的协调发展，保持农村社会稳定，必须切实加强农村基层民主法制建设、社会主义精神文明建设、基层党组织和干部队伍建设。实行村民自治，是党领导亿万农民建设有中国特色社会主义民主政治的伟大创造。这项工作要在党的统一领导下有步骤、有秩序地进行，建立健全各项制度，并同健全法制紧密结合。要加强农村的思想道德教育和法制教育，广泛开展创建“文明户”、“文明村镇”活动，大力发展农村教育事业，全面提高农民的思想道德素质和科学文化素质。建设富裕民主文明的社会主义新农村，关键在于加强和改善党的领导。要充分发挥乡镇党委和党支部的领导核心作用，造就一支高素质的农村基层干部队伍。从中央到地方各级党委和政府，都要把农业和农村工作摆在重要地位，各行各业都要大力支持农业。

10月12日—16日　应国家主席江泽民的邀请，安哥拉共和国总统若泽·爱德华多·多斯桑托斯对中国进行国事访问。12日下午，国家主席江泽民在人民大会堂与多斯桑托斯总统举行会谈。两国政府有关部门负责人签署了《中安两国政府经济技术合作协定》、《中国政府向安哥拉政府提供无偿援助的换文》、《中安两国外交部合作议定书》和《安哥拉工商会与中国国际贸易促进委员会合作协议》等。10月13日上午，李鹏委员长在人民大会堂会见多斯桑托斯总统。14日，他前往贵州、深圳参观访问，16日结束对中国的访问回国。

10月13日　人事部授予10名同志荣誉称号。新华社报道：人事部决定授予十名同志“人民满意的公务员”和十个集体“人民满意的公务员集体”荣誉称号，给予河南省濮阳市区孟轲乡司法所所长程玉田等二十五名同志记一等功奖励。十名“人民满意的公务员”是：湖北省阳新县民政局局长王贤田、重庆市奉节县朱衣区副区长冉绍之、吉林省公安厅刑警总队副队长刘兴远、山东省齐河县司法局副局长李开运、北京市西城区劳动局局长陈国粹、云南省广南县公安局缉毒队队长黄仲权（壮族）、黄埔海关下属太平海关海上缉私队队长吴锡坤、陕西省咸阳市环境监理处处长刘新民、江苏省丹阳地方税务局稽查分局局长丁万万、贵州省丹寨县工商行政管理局局长唐秀坤（苗族）。10个“人民满意的公务员集体”是：上海市长宁区华阳路街道办事处、北京市公安局石景山分局八角派出所、天津市公安局河北分局墙子派出所、福建省南安市地方税务局、浙江省绍兴市环境保护局、河南省济源市公安交警五大队、河北省武安市劳动人事局、山西省忻州地区地方税务局、广西壮族自治区桂平市工商行政管理局、辽宁省大连市中山区桂林街道办事处。

10月15日　海峡两岸关系协会会长汪道涵和台湾海峡交流基金会董事长辜振甫及有关人员在上海达成4点共识。这4点共识是：一、两会决定包括政治、经济等各方面内容的对话，由两会负责人具体协商作出安排。二、进一步加强两会间多层次的交流与互访。三、对涉及两岸同胞生命财产安全的事件，两会加强个案协助。四、汪道涵会长对辜振甫先生邀请他访问台湾表示感谢，并表示愿意在适当的时候访问台湾，加深了解。

10月16日—19日　中国残疾人联合会第3次全国代表大会在京举行。国务院副总理李岚清发表了题为《进一步发展我国残疾人事业，与残疾人携手迈向新世纪》的祝词。大会主席团主席邓朴方在会上作了题为《为实现我国跨世纪的宏伟目标和残疾人事业的持续发展而奋斗》的工作报告。邓朴方再次当选为中国残联主席，名誉主席由李瑞环担任。党和国家领导人江泽民、朱镕基、李瑞环、胡锦涛、尉健行、李岚清等出席了会议。

10月17日　国家主席江泽民在钓鱼台国宾馆会见来北京向中央政府述职的香港特别行政区行政长官董建华。他在会见中指出，香港特别行政区成立一年多来的实践证明，香港人是完全能够管好香港的。中央政府坚定不移地贯彻执行“一国两制”方针，不干预香港特别行政区自治范围内的事务，并将一如既往地支持董建华先生领导的特区政府的工作。

10月18日　中共中央总书记江泽民在钓鱼台国宾馆会见了台湾海峡交流基金会董事长辜振甫及其夫人严倬云。江泽民总书记对辜振甫先生前来参观访问表示欢迎，就涉及两岸关系的重大问题发表看法，听取了辜先生的意见，对汪辜达成的四项共识表示赞赏。

同　日　经国务院批准，同意将雅鲁藏布江大拐弯峡谷命名为雅鲁藏布大峡谷。

10月19日—23日　应朱镕基总理的邀请，越南总理潘文凯对中

国进行正式访问。10月19日下午，国务院总理朱镕基在人民大会堂与潘文凯总理举行会谈。在会谈中，朱镕基强调，中国政府愿同越南政府一道，共同把两国更为稳定、健康的睦邻友好与互利合作关系带入21世纪。会谈后，两国总理出席了签字仪式。两国政府有关部门负责人签署了中越两国民事和刑事司法协助条约、两国政府边贸协定和两国领事条约等3个文件。10月20日，国家主席江泽民、全国人大常委会委员长李鹏、国家副主席胡锦涛分别会见了潘文凯总理。10月21日，潘文凯总理前往苏州、杭州和南宁参观访问，23日结束对中国的访问回国。

10月19日—24日　中国工会第十三次全国代表大会在京举行。党和国家领导人江泽民、李鹏、朱镕基、李瑞环、胡锦涛、尉健行、李岚清等出席大会。中共中央政治局常委胡锦涛代表党中央发表了题为《工人阶级要为我国实现跨世纪发展的宏伟目标不懈奋斗》的祝词。全国工会副主席张丁华代表中华全国总工会第十二届执行委员会作题为《高举邓小平理论伟大旗帜，团结动员各族职工为实现我国跨世纪宏伟目标而奋斗》的工作报告。10月23日，尉健行再次当选为全国总工会主席。10月24日，全国总工会授予北京开关厂工会等650个单位“全国模范职工之家”称号；授予首都钢铁公司炼厂三高炉车间分工会等992个单位“全国模范职工之家”称号；授予北京汽车工业集团总公司工会副主席刘晓茂等792名同志“全国优秀工会工作者”称号；授予北京第一机床厂加工二分厂工会主席王振江等549名同志“全国优秀工会积极分子”称号；授予北京红星酿酒集团公司经理张庆水等260名同志“全国荣誉工会积极分子”称号；授予北京市大兴县总工会等31个县（市、区）工会“全国模范县（市、区）工会”称号；授予北京顺义县总工会等28个县（市、区）工会“全国先进县（市、区）”称号。

10月20日　财政部、国家计委通知，取消20个行政事业性收费项目。这批取消的收费项目涉及文化、公安、建设、旅游、广播电视、林业、口岸7个部门。公布取消的收费项目自1998年11月1日起停止征收。这批收费被取消后，一年可减轻企业负担40多亿元。

同　日　湖南省湘潭市举行纪念彭德怀诞辰100周年大会和彭德

怀铜像揭幕仪式。中央军委主席江泽民分别为铜像和纪念馆题写了像名和馆名。总装备部部长曹刚川上将出席了纪念大会。曹刚川和全国人大常委会原副委员长廖汉生为彭德怀像揭幕，曹刚川、廖汉生和湖南省委书记杨正午为彭德怀纪念馆开馆剪彩。彭德怀铜像耸立在彭德怀故居对面约200米远的卧虎山上，铜像为身着元帅服的彭德怀全身立像，高5.1米，基座高3米，为花岗岩巨石造型，总高8.1米。

同　日　第四届"中国青年科学家奖"揭晓。获得第四届"中国青年科学家奖"的是：中科院物理所研究员张杰、北京大学数学所教授张继平、中科院大连化学物理所研究员李灿、华中农业大学生命科学技术学院教授张启发、第二军医大学教授郭亚军、北京医科大学三院血管医学所研究员王宪、中国科学技术大学地球和空间科学系教授郑永飞、西北工业大学应用物理系教授魏炳波、哈尔滨工业大学材料学院教授周玉、北京邮电大学信息工程系教授杨义先、电子科技大学管理学院教授唐小我。获得提名奖的是：清华大学工程力学系教授符松、北京大学化学系教授赵新生、军事医学科学院研究员贺福初、中科院地球物理所研究员杨长春、中国矿业大学教授孙恒虎、中国农业科学院家经所研究员黄季焜。获奖和获得提名奖的青年科学家，分别得到了"中国青年科学家奖'金花'基金"提供的3万元和5 000元的奖金。

10月23日　中央军委在人民大会堂举行座谈会，隆重纪念彭德怀诞辰100周年。中央军委主席江泽民出席座谈会并讲话。江泽民强调，我们党和国家老一辈领导人的革命精神和实践经验，是我们的宝贵精神财富，全党、全军和全国人民要始终坚持学习、继承和发扬，使之成为推进我们改革开放和现代化建设的强大精神力量。江泽民说，彭德怀是德高望重的老一辈无产阶级革命家、政治家和军事家，是我们党、国家和军队的杰出领导人，他把毕生的精力献给了中国人民的解放事业和社会主义事业，建立了不朽的历史功勋，一直受到全党、全军和全国人民的怀念和爱戴。

10月24日　全国十大"扶贫状元"表彰大会在京举行。姜春云、杨汝岱等领导人出席。这十大"扶贫状元"的事迹是：西藏达孜光彩示范农场董事长张少华自带资金进藏兴办扶贫开发农场；云南思茅地区妇联主席田昕明（女）在封闭落后的边疆扶贫一年，被拉古族群众称为“播撒金葫芦的天神”；香港嘉浩集团董事局主席许智明先生捐款1.5亿多元兴办公益事业，创建移民村，异地安置了石灰山区200多户1 400多位农民；湖南省安化县坪口镇新坪村党支部书记孟石源带领群众艰苦奋斗，把一个水库移民小村建设成为全县第一个小康村；原农业银行处长沈为备恰似一江春水向扶贫15年，帮助数万群众摆脱了贫困；广州市常务副市长陈开枝一年多时间8次赴百色老区，对口帮扶工作卓有成效；沈阳军区给水工程团政委赵晓东与全团官兵一起，为内蒙古氟害地区打深井270多眼，解决了20多万人的生活用水；华中农业大学夏仁学教授十几年深入山区推广板栗栽培高产技术；新疆乌什县委书记孙振达围绕“大农业”做文章，被各族群众誉为“农民式的好书记”；海南椰风集团董事长刘扬武先生创造出“双向受益，长效扶贫”模式。

10月25日　宁夏隆重庆祝自治区成立40周年。中共中央、全国人大常委会、国务院、全国政协、中央军委致电祝贺。江泽民总书记题写“庆祝宁夏回族自治区成立40周年”铜匾。中央代表团团长温家宝出席大会并发表讲话。

10月26日　中国和汤加王国建立外交关系。决定两国自1998年11月2日起相互承认并建立大使级外交关系。

10月26日—30日　应朱镕基总理的邀请，芬兰共和国总理帕沃·利波宁对中国进行正式访问。10月26日下午，国务院总理朱镕基在人民大会堂同利波宁总理举行正式会谈。双方就两国关系、与欧盟关系进行了讨论。朱镕基还介绍了国内经济形势和抗洪抢险救灾等情况。会谈后，两国总理接见了芬兰企业家。10月27日，江泽民主席会见了利波宁总理。当天下午，利波宁总理前往上海、昆山市、昆明、丽江参观访问，30日结束对中国的访问回国。

10月27日　公安部决定，进一步简化入出境手续，放宽台商在祖国大陆居留期限。

10月27日—11月4日　第九届全国人民代表大会常务委员会举行

第五次会议。会议通过了村民委员会组织法。国家主席江泽民签署第九号主席令，公布这部法律。会议通过了全国人大常委会关于修改收养法的决定。国家主席江泽民签署第10号主席令，公布这个决定，这一决定自1999年4月1日起施行。会议通过了人大常委会关于增加《中华人民共和国香港特别行政区基本法》附件三所列全国性法律的决定，全国人大常委会关于批准《中华人民共和国和吉尔吉斯共和国关于引渡条约》的决定，全国人大常委会关于批准1998年《中华人民共和国和哈萨克斯坦共和国关于国界的补充协定》的决定，全国人大常委会关于批准《制止在用于国际民用航空的机场发生的非法暴力行为以补充1971年9月23日订于蒙特利尔的制止危害民用航空安全的非法行为的公约的议定书》的决定，通过了全国人大财经委员会、华侨委员会、环境与资源保护委员会关于九届人大第一次会议主席团交付审议的代表提出的议案审议结果的报告。通过了全国人大常委会代表资格审查委员会关于补选代表的代表资格的审查报告。任命汪恕诚为水利部部长。

10月28日　中共中央政治局常委尉健行接见第三届中国十大杰出检察官。新选出的十大杰出检察官是：山东省聊城市东昌府区检察院副检察长白云、中国人民武装警察部队沈阳军事检察院检察长李勇忠、广东省深圳市南山区检察院检察长侯黎明、江苏省江宁县检察院检察长邵长生、河南省淮阳县检察院检察长张明山、安徽省马鞍山市检察院检察长刘恩、湖北省汉川市检察院副检察长王丽黎(女)、北京市东城区检察院反贪科科长严承秀、江西省寻乌县检察院检察长严能礼、青海省班马县检察院副检察长阿泽·斯特（藏)。

10月31日—11月8日　应国务院总理朱镕基的邀请，比利时王国首相让—吕克·德阿纳对中国进行正式访问。11月2日，朱镕基总理在人民大会堂与德阿纳首相举行会谈。双方就两国合作关系、中比文化、教育、科技交流等进行了友好的回顾。11月3日上午，国家主席江泽民在钓鱼台国宾馆会见了德阿纳首相。当天下午，德阿纳一行前往西安访问。当晚，陕西省省长程安东与德阿纳首相一同出席了中比两国关于比利时无偿援助陕西省综合扶贫项目的签字仪式。

11月4日下午，德阿纳一行结束在西安的访问前往上海和桂林参观访问，8日结束对中国的访问回国。

11月3日　贾志杰当选为湖北省委书记。

11月4日　金华县虚开发票案结果公布。《人民日报》报道：新中国成立以来全国第一大税案——浙江省金华县巨额虚开增值税专用发票案受到严肃查处。自1994年5月—1997年4月，金华县共有218户企业参与虚开增值税专用发票，开出发票65 536份，价税合计63.1亿元，涉及30个省、自治区、直辖市。目前已抓获涉嫌嫌疑人89名，追缴税款和罚款12.34亿元。涉及此案的金华市原市委常委、宣传部长叶国梁，金华县原县委书记王新根，金华县原县委常委宣传部长周建平，县财税局原局长王金余，县财税局党组成员国税局原局长虞新法，副局长吴樟贤，县检察院税检室原副主任戴利明，县财税局稽查大队原大队长杨尚荣等分别受到开除党籍、开除公职的处分。原副县长朱日辉受到开除党籍、行政撤职的处分。

11月6日　河北省人大常委会会议决定，钮茂生任河北省副省长、代省长。

同　日　徐州纪念淮海战役胜利50周年，江泽民总书记为纪念淮海战役胜利50周年题词。

11月6日—7日　澳门特区筹委会第四次全体会议在珠海举行。会议通过了《中华人民共和国澳门特别行政区第一届政府推选委员会具体产生办法》、《中华人民共和国澳门特别行政区第一届政府推选委员会委员守则》、《关于提请全国人民代表大会常务委员会对中国国籍在澳门特别行政区实施的一些具体问题作出解释的建议》和《全国人民代表大会澳门特别行政区筹备委员会关于成立澳门各界庆祝澳门回归祖国活动委员会的决定》。

11月9日　中共中央总书记江泽民在人民大会堂接见中华炎黄文化研究会会长、《中华文化通志》编委会主任肖克。在接见时他说，衷心祝贺《中华文化通志》这套书的出版。中华文明源远流长，博大精深，不仅是中华民族的巨大宝库，也是人类社会的宝贵财富。

11月10日　我国自行开发的第一艘飞翼船研制成功。这是我国研制新一代运输工具的重大成果。

11月11日　中国向美国政府提出抗议。新华社报道：中国就美国政府近日派遣能源部长理查森访问台湾，及允许达赖喇嘛访美并安排其会见美国领导人，向美国政府提出抗议。

11月11日—15日　应江泽民主席的邀请，大韩民国总统金大中对中国进行国事访问。11月12日上午，国家主席江泽民在人民大会堂同前来我国访问的大韩民国总统金大中举行会谈。两国元首商定，以《联合国宪章》原则和中韩建交联合公报的精神及两国睦邻友好合作关系为基础，着眼未来，建立面向21世纪的中韩合作伙伴关系。两国外长和主管部门负责人分别签署了《中韩关于刑事司法协助的条约》、《中韩关于简化签证手续和颁发多次签证的协定》、《中韩两国政府关于青年交流的谅解备忘录》和《中韩两国铁道部门铁路交流与合作协议》。11月13日，李鹏委员长在人民大会堂会见金大中总统。当天下午，朱镕基总理在钓鱼台国宾馆会见了金大中总统。当天，中韩双方发表联合公报。11月15日，金大中总统结束对中国的访问前往吉隆坡。

11月15日　中共中央、国务院决定对中国人民银行管理体制进行改革，撤销省级分行，跨省区设立9家分行。这9家分行是：天津分行（管辖天津、河北、山西、内蒙古）；沈阳分行（管辖辽宁、吉林、黑龙江）；上海分行（管辖上海、浙江、福建）；南京分行（管辖江苏、安徽）；济南分行（管辖山东、河南）；武汉分行（管辖江西、湖北、湖南）；广东分行（管辖广东、广西、海南）；成都分行（管辖四川、贵州、云南、西藏）；西安分行（管辖陕西、甘肃、青海、宁夏、新疆）。撤销北京分行和重庆分行，由总行营业管理部履行所在地中央银行职责。

同　日　党中央和国务院决定，进一步简化党和国家领导人出访送迎安排。从今日起，党和国家主要领导人出访的送迎均在人民大会堂进行，参加送迎的领导同志相应减少，其他党和国家领导人出访，一般只安排部门负责同志送迎；领导人出访送迎的新闻报道也作了简化。

同　日　中国国际航展在珠海隆重开幕。李鹏委员长出席开幕式，吴邦国副总理发表讲话。

同　日　第十八届中国电视剧“飞天奖”评出。《水浒》荣获特别奖；《人间正道》、《难忘岁月——红旗渠的故事》、《驱逐舰舰长》、《马寅初》、《情感的守望》、《17岁不哭》、《妈妈今晚去远航》、昆剧《司马相如》等8部作品获一等奖；《红十字方队》、《黑脸》、《英雄孟良崮》、《有这么一群兵》、《达列什草原》、黄梅戏《秋》、《高一新生》等21部作品获二等奖；《周恩来在上海》、《潘汉年》等36部作品获三等奖；《一曲难忘》等6部作品获得优秀译制片奖；《香港的故事》获得合拍片奖；11个剧目的创作人员分获9个单项奖，其中魏启明（《马寅初》中饰马寅初）、姜华（《人间正道》中饰陈忠阳）、萨日娜（《情感的守望》中饰瑛子）、王玉梅（《儿女情长》中饰母亲）分获男、女演员奖。此外，还有11部作品、6名创作人员分获提名奖。

11月16日—22日　应朱镕基总理的邀请，库克群岛总理杰弗里·亨利对中国进行正式访问。16日下午，国务院总理朱镕基同亨利总理会谈。会谈中，两国政府首脑就双边关系和共同关心的国际问题深入交换了意见。会谈后，两国总理共同出席了中库政府间贸易协定和经济技术合作协定的签字仪式。亨利总理还先后访问了西安、上海、香港，并于22日结束对中国的访问回国。

11月17日—18日　亚太经合组织第六次领导人非正式会议在吉隆坡举行。中国国家主席江泽民同其他成员国领导人一道出席了会议。会议的主要议题是：加强国际合作，制止危机蔓延，改革和完善国际金融体制，恢复经济增长，进一步推进地区贸易自由化和加强经济技术合作。17日晚上，江泽民主席就金融危机产生的背景、克服危机的根本出路以及促进成员国之间的经济技术合作等问题发表了重要讲话。江主席在会议上郑重宣布：中国政府决定设立1 000万美元的中国亚太经济组织科技产业合作基金，并成立了亚太经济组织中国企业联席会议。会议通过了《走向21世纪的科技产业合作议程》，这个文件是根据江主席在去年温哥华会议上提出的建议而制定的；会议还通过了《技能开发行动计划》以及《吉隆坡宣言》。本次会议于18日下午闭幕。在会议期间，江泽民主席先后会见了美国副总统戈尔、秘鲁总统藤森、泰国总理川·立派、智利总统弗雷、澳大利亚总理霍华德、新加坡总理吴作栋、印度尼西亚总统哈比比、菲律宾总统埃斯特拉达、新西兰总理希普利、俄罗斯总理普里马科夫、马来西亚总理马哈蒂尔等。

11月18日　第三届中国杰出青年农民评选揭晓。他们是龙华阶、朱新华、刘爱平、安晨明、杜德建、祝荣、高慧娟、程立力、穆里甫·霍加亚孜。

11月19日—21日　应朱镕基总理的邀请，加拿大总理让·克雷蒂安对中国进行正式访问。19日下午，国务院总理朱镕基在人民大会堂与加拿大总理克雷蒂安举行正式会谈。两国政府有关方面负责人签署了《中华人民共和国政府和加拿大政府面向21世纪环境合作框架声明》、《中华人民共和国林业局和加拿大自然资源部关于林业合作的谅解备忘录》，以及关于城市综合发展、农业、立法和文物保护等领域的合作协议。20日，李鹏委员长、国家主席江泽民先后会见了克雷蒂安总理。当天，中国和加拿大的企业代表在北京举行的中国—加拿大贸易理事会第二十届年会上签署了总值7.2亿加元的47个商业合同、谅解备忘录和意向书。这些协议涉及两国农业、水利、交通、电子、信息、医疗和机械制造等各个领域。21日上午，克雷蒂安总理前往兰州访问，当天下午结束了对中国的访问回国。

同　日　刘少奇诞辰100周年大会在京举行。中共中央总书记江泽民发表讲话。他强调，刘少奇为中国人民的解放事业和新中国的建设，在政治、经济、军事、外交、文化教育和党的建设等领域，都建树了卓著的功勋。我们今天纪念他，就要学习他对共产主义信仰坚定不移，对党和人民的事业赤胆忠心的精神；学习他一切从实际出发，坚持实事求是的精神；学习他为了党和人民利益，勇于坚持真理、修正错误的精神；学习他刻苦学习、善于进行理论思考和理论创造的精神。全国人大常委会委员长李鹏主持大会。朱镕基、李瑞环、胡锦涛、尉健行、李岚清等党和国家领导人及首都各界6 000多人出席大会。

11月22日—25日　应俄罗斯联邦总统叶利钦的邀请，江泽民主席对俄罗斯进行友好访问。23日，江泽民主席同叶利钦总统会晤。两国领导人发表了《关于中俄边界问题的联合声明》和《关于世纪之交中俄关系的联合声明》。当天下午，江泽民主席会见了俄罗斯总理普里马科夫。双方在亲切友好的气氛中就双边关系及共同关心的国际和地区问题坦诚地交换了意见。24日，江泽民主席前往新西伯利亚访问。当天，在新西伯利亚科学城会见科技界人士，并发表演讲。这一天，江泽民主席与叶利钦总统发表关于他们首次非正式会晤的联合新闻公报。25日，江泽民主席结束对俄罗斯的访问前往日本访问。

11月26日—27日　城镇职工医疗保险制度改革会议在京召开。国务院副总理李岚清在大会总结时指出，各地要高度重视城镇职工医疗保险制度改革工作，下大力气抓好，同时要加快医疗卫生体制改革步伐，以促进城镇职工基本医疗保险制度的建立。国务院副总理吴邦国在大会开幕时作了工作报告。《人民日报》于30日发表社论：《加快城镇职工医疗保险制度的改革步伐》。

11月26日—12月1日　应日本政府的邀请，江泽民主席对日本进行正式访问。26日下午，国家主席江泽民同日本首相小渊惠三举行会谈。中日双方签署了《中日关于进一步发展青少年交流的框架合作计划》、《中日面向21世纪的环境合作的联合公报》和《中日关于在科学与产业技术领域开展交流与合作的协定》。当天，中日双方发表了《关于建立致力于和平与发展的友好合作伙伴关系的联合宣言》和《中日两国发表联合新闻公报》。同日，明仁天皇举行仪式隆重欢迎江泽民主席。11月27日，江泽民主席出席中日友好七团体欢迎招待会。在招待会上他指出，中日两国只有和睦相处，才符合两国人民的共同愿望和根本利益。当天，江泽民主席还分别会见了日本各政党领导人。11月28日，江泽民主席在早稻田大学发表重要演讲。当天，江泽民主席前往仙台市访问，29日前往北海道访问。11月30日，江泽民主席结束对日本的访问回国。《人民日报》于12月1日发表社论：《高瞻远瞩面向未来》，热烈祝贺江泽民主席访问俄罗斯和日本圆满成功。

11月28日　国家“九五”重点建设项目——山西万家寨引黄工

程枢纽首台机组并网发电试运行一次成功。工程首台机组提前33天并网发电，创造了我国水利水电建设史上建设速度、工程质量和投资控制的新纪录。

11月30日　中共甘肃省委会议选举孙英任省委书记。

12月1日　党中央、国务院作出决定，改革工商行政管理体制，省级以下机关实行垂直管理。国务委员吴仪在全国工商行政管理体制改革工作会议上讲话说，工商行政管理系统通过体制改革努力抓好四方面工作。一是从监管集贸市场和小商小贩转变到监管社会主义大市场上来，拓宽监管领域，提高管理层次和水平，在监管社会主义大市场中充分发挥职能作用。二是坚决彻底与所办市场脱钩，彻底转变职能，实行监管到位。三是认真贯彻执行收支两条线管理规定，促进公正执法，加强廉政建设。四是以管理体制改革为契机，把好“入口”，坚持条件，严格公务员考录，建立公开、竞争、择优的进入机制，确保新进人员的质量；加强对干部的教育、培训、管理和各级领导班子建设，确保工商行政管理队伍的精干和高素质，适应强化监管执法工作的需要。

同　日　二滩水电站投产。《人民日报》报道：我国本世纪建成投产的最大型水电工程二滩水电站头两台机组暨送变电工程正式投产。总投资285亿元的二滩水电站规模仅次于三峡工程，整个电站共安装6台55万千瓦发电机组，年发电量170亿千瓦时。邹家华、杨汝岱出席了庆祝大会。

同　日　海南省高级法院驳回原东方市委书记、市人大主任戚火贵上诉，维持死刑原判。符荣英（原中国银行东方支行行长）也维持有期徒刑16年的原判。戚火贵在担任海南省乐东县委书记、东方市委书记期间，自1992年到1998年春节，共收受14人贿赂，共计人民币187.6万元。符荣英因发放贷款收受贿赂20万元。检察机关依法扣押戚火贵、符荣英非法巨额财产，约人民币1014.78万元等钱物。

12月3日—7日　应国务院总理朱镕基的邀请，摩洛哥王国首相阿卜杜勒—拉赫曼·尤素福对中国进行正式访问。3日下午，朱镕基总理与尤素福首相在人民大会堂举行会谈。两国政府有关方面负责人签署了《中摩两国政府经济技术合作协定》、《两国政府关于动物检疫合作协定》、《两国政府关于植物检疫合作协定》、《两国政府民用航空运输协定》、《中国国土资源部与摩洛哥能源矿产部关于开展地质、矿产和能源合作的谅解备忘录》、《两国政府1999、2000、2001年文化合作执行计划》和《中国贸易促进会与摩洛哥工商服务联合会合作协议》等合作文件。12月4日，江泽民主席、李鹏委员长分别会见尤素福首相，双方就两国关系等问题进行了友好交谈。12月5日，尤素福首相赴青岛访问，12月6日前往上海参观访问，12月7日赴香港访问后回国。

12月5日　中共中央召开电视电话会议。会议部署在县以上领导班子、领导干部中深入开展以“讲学习、讲政治、讲正气”为主要内容的党性党风教育。中共中央政治局常委胡锦涛在会上发表重要讲话，要求各级党委特别是主要领导同志，要充分认识深入开展“三讲”教育的必要性和重要性，以高度的政治责任心、足够的领导精力和良好的精神状态，把这项事关大局的重要任务切实抓紧抓好。中共中央政治局常委尉健行主持了今天的会议。参加会议的还有中共中央政治局候补委员曾庆红，最高人民检察院检察长韩杼滨。

12月6日—20日　第十三届亚运会在曼谷举行。李岚清副总理出席开幕式。在本届亚运会上，中国代表团取得了129枚金牌、77枚银牌、68枚铜牌，总计274枚奖牌的好成绩，再次蝉联亚运会金牌总数第一，中国遥遥领先地保持着亚洲第一体育强国的地位。中国选手取得了精神文明和运动成绩的双丰收。

12月7日—9日　中央经济工作会议在北京召开。江泽民、李鹏、朱镕基、李瑞环、胡锦涛、尉健行、李岚清等党和国家领导人出席了会议。江泽民在会上发表讲话，讲话回顾了1998年的经济工作，分析了当前经济形势，提出了1999年经济工作的总体要求、重点工作和需要把握的重大问题。国务院总理朱镕基就明年经济工作部署作了讲话。会议指出，今年我们遇到两大挑战，一是亚洲金融危机蔓延并继续加深，国际金融市场持续动荡，世界经济受到严重影响，我国经济也受到不小冲击；二是国内发生了严重的自然灾害，给灾区群众生命财产造成重大损失，对国民经济发展带来直接影响。这些新的问题再加上社会经济生活中长期积累的种种矛盾，使今年的经济工作面临严峻复杂的局面。在以江泽民为核心的党中央坚强领导下，全党和全国人民团结一致，艰苦奋斗，在困难的条件下，仍然保持了国民经济的持续增长，人民币汇率稳定，各项改革稳步推进，社会安定，城乡居民生活水平继续提高。国内经济形势从总体上说是好的。在经济发展保持良好态势的同时，经济体制改革迈出重大步伐。多项改革按照原定的部署有序推进，并在一些难点上取得了重大进展。深化粮食流通体制改革、国有企业改革和金融体制改革做了大量工作，取得了新的成效。住房制度改革、医疗保险制度改革已经出台。金融投资体制改革、完善财税制度改革正在抓紧制定方案。军队、武警部队、政法机关和党政机关同所办经营性公司脱钩的工作全面展开。国务院机构改革顺利进行，取得了重大成果。会议认为，我们能够在巨大困难面前经受住考验，并取得突出成绩的主要原因：一是20年来的改革开放积极稳步推进，国民经济迅速发展，综合国力显著增强，为承受和抗御风险奠定了比较雄厚的物质技术基础。二是面对亚洲金融危机的影响，中央及时果断地提出，“坚定信心，心中有数，未雨绸缪，沉着应付，埋头苦干，趋利避害”的指导思想，作出了扩大内需，实行积极的财政政策，加强基础设施建设，推动经济发展和保持人民币汇率稳定等重大决策。三是各地区、各部门认真贯彻中央的方针政策，执行中央的部署，积极主动工作，充分发挥了我们的政治优势。会议指出，必须清醒地看到在前进道路上出现的新情况新问题。当前经济工作比较突出的问题是：受国际市场需求萎缩等因素影响，出口大幅度下降；城镇居民的收支预期尚未出现明显好转，农民收入增长放慢，最终消费需求不旺；相当一部分企业经营困难，国有企业职工下岗和再就业压力增加；金融机构多年积累的问题日益显露，财政收支矛盾突出；经济结构调整进展迟缓，经济增长质量不高。对此，我们要有针对性地采取措施，积极加以解决。

12月9日　国务院台办发言人发表谈话。中共中央台办、国务院台办发言人就台湾极少数“台独”分子企图用“公民投票”的方式从事祖国的分裂活动一事发表谈话。谈话说，我们注意到，台湾当局的个别人近期发表言论，用所谓公民投票方式将台湾从祖国分裂出去对我进行威胁。我们也注意到，个别极端的“台独”分子运用手中掌握的权力，在台湾省台南市就包括涉及统一问题在内的议题进行所谓公民投票。台湾当局对此并未采取有力措施加以制止。凡此种种，都是企图用公民投票方式来阻挠统一和制造“台湾独立”的危险的玩火行为。对此，我们表示坚决反对，并向各种分裂势力提出严重警告。

12月10日　著名核物理学家王淦昌因病医治无效在北京逝世。

12月10日—15日　应国家主席江泽民的邀请，蒙古国总统那楚克·巴嘎班迪对中国进行国事访问。11日，国家主席江泽民在人民大会堂与蒙古国总统那楚克·巴嘎班迪举行会谈。两国有关部门负责人签署了《两国政府经济技术合作协定》等5个合作文件。11日，中华人民共和国和蒙古国发表联合声明。11日，李鹏委员长、朱镕基总理分别会见蒙古国总统那楚克·巴嘎班迪。15日，巴嘎班迪结束对中国的访问回国。

12月11日　广西隆重庆祝自治区成立40周年。中共中央、全国人大常委会、国务院、全国政协、中央军委致电祝贺，江泽民题写“庆贺广西壮族自治区成立40周年”铜匾，中央代表团团长吴邦国副总理出席大会并发表讲话。他指出，广西壮族自治区40年来的实践充分证明：实现广西的经济发展、社会进步和各民族的共同繁荣，必须坚持中国共产党的领导，坚持以马克思列宁主义、毛泽东思想和邓小平理论为指导，坚定不移地走建设有中国特色社会主义道路；必须坚持和完善民族区域自治制度，全面贯彻党的民族政策，不断巩固和发展平等、团结、互助的社会主义的新型民族关系；必须始终坚持以经济建设为中心，抓住机遇，发挥优势，大力发展生产力，不断满足各族人民日益增长的物质文化需要；必须坚持解放思想、实事求是的思想路线，深化改革，扩大开放，把中央的政策同当地的实际情况紧密结合起来，创造性地开展工作；必须坚持不懈地加强社会主义精神文明建设，努力提高各民族群众的科学文化水平和思想道德素质，使两个文明建设相互促进、协调发展；必须坚持党的群众路线，充分依靠和调动各民族干部群众的积极性、创造性，为实现共同的目标而奋斗。

同　日　我国中止与马绍尔的外交关系。中国驻马绍尔大使赵连义在马朱罗就马绍尔群岛政府同台湾当局建立所谓“外交关系”一事向马方提出严正交涉，并决定自即日起中止中国同马绍尔的外交关系。两国政府间的一切协议也随即停止执行。

12月12日　第六届全国政协副主席汪锋在北京逝世。

12月15日　全国军队、武警部队所办的经营性企业，今日起与军队、武警部队彻底脱钩，由全国交接工作办公室和各省、自治区、直辖市交接工作办公室接收。

12月15日—19日　应朱镕基总理的邀请，巴布亚新几内亚独立国总理比尔·斯卡特对中国进行正式访问。15日下午，国务院总理朱镕基与巴布亚新几内亚独立国总理比尔·斯卡特会谈。两国政府有关部门负责人签署了两国政府经济技术合作协定。16日上午，国家主席江泽民在人民大会堂会见斯卡特总理。斯卡特总理随后继续参观访问，19日结束对中国的访问回国。

12月16日　贵州省人大会议决定，钱运录任贵州省副省长、代省长。

12月16日—19日　东盟—中日韩、东盟—中国领导人非正式会晤在越南河内举行。国家副主席胡锦涛出席非正式会晤并访问越南。16日胡锦涛副主席在会上就中国和东亚东盟关系发表重要讲话。他在讲话中强调，要进一步增强对东亚发展前景的信心；开展东亚各国互利合作应符合本地区各国的共同利益，尤其是发展中国家的利益；要进一步积极参与国际金融体制的改革与调整，加强国际流动资本的调控和监管。17日，越南国家主席陈德良会见胡锦涛副主席。当天，胡锦涛副主席同越共中央政治局常委范世阅、国家副主席阮氏萍举行了会谈。双方在十分友好的气氛中，就中越两党、两国关系的发展及双方共同关心的问题深入交换了意见。18日，越共中央总书记黎可漂会见胡锦涛副主席。当天，胡锦涛还会见了越南总理潘文凯。19日，胡锦涛副主席从越南回到北京。

12月18日　中共中央在人民大会堂举行隆重纪念大会，庆祝中国共产党十一届三中全会召开20周年。纪念大会由中共中央政治局常委李鹏主持。中共中央政治局常委朱镕基、李瑞环、胡锦涛、尉健行、李岚清出席大会，江泽民总书记发表《20年来我们党的主要历史经验》重要讲话。他强调指出，在思想、政治、组织等领域的全面拨乱反正，是从这次全会开始的。伟大的社会主义改革开放，是由这次全会揭开序幕的。建设有中国特色社会主义的新道路，是以这次全会为起点开辟的。当代中国的马克思主义——邓小平理论，是在这次全会前后开始逐步形成和发展起来的。江泽民指出，20年来，我们探索和开辟了建设有中国特色社会主义事业的新道路；确立了公有制为主体、多种所有制经济共同发展为社会主义初级阶段的基本经济制度，实行按劳分配为主体、多种分配方式并存的分配制度；实行对外开放的领域和规模不断扩大，形成了全方位、多层次、宽领域的对外开放格局；国民经济保持持续快速健康发展，社会生产力、综合国力和人民生活水平上了一个大台阶；发展社会主义民主政治取得重要进展；社会主义精神文明建设取得新的成果；顺利恢复对香港行使主权；贯彻积极防御的军事战略方针，人民解放军革命化、正规化建设全面展开，国防总体实力和防卫作战能力进一步增强；坚持奉行独立自主的和平外交政策，开创了外交工作新局面；党提高了领导改革开放和现代化建设的能力，积累了驾驭各种复杂局势的重要经验。江泽民在讲话中从十一个方面对这些历史经验进行了精辟的阐述：一、必须坚持党的马克思主义的思想路线，这就是一切从实际出发，理论联系实际，实事求是，在实践中检验真理和发展真理。二、必须全面、正确、积极地贯彻执行党的社会主义初级阶段的基本路线，这条基本路线是，领导和团结各族人民，以经济建设为中心，坚持四项基本原则，坚持改革开放，自力更生，艰苦创业，为把我国建设成为富强、民主、文明的社会主义现代化国家而奋斗。三、必须把集中力量发展社会生产力摆在首要地位。四、必须坚定不移地推进改革开放。五、必须建立和完善适应生产力发展要求的经济制度和经济体制。六、必须坚持建设有中国特色社会主义民主政治。七、必须坚持物质文明与精神文明的共同进步。八、必须维护和保持安定团结的社会政治局面。九、必须为我国改革开放和社会主义现代化建设争取一个长期的和平国际环境。十、必须把实现和维护最广大人民群众的利益作为改革和建设的根本出发点。十一、必须坚持、加强和完善党的领导。这是我们事业胜利前进的根本保证。江泽民说，20年的历史经验归结到一点，就是把马克思主义的基本原理同中国的具体实际相结合，走自己的路，建设有中国特色社会主义。20年的历史经验，是极为宝贵的财富，全党同志一定要十分珍惜。

12月19日　我国在太原卫星发射中心成功地将美国摩托罗拉公司“铱星”系统的两颗卫星送入太空预定轨道。这是我国第五次成功发射铱星。

同　日　著名学者、作家钱钟书先生逝世，享年88岁。

12月25日　中共浙江省委会议选举张德江为省委书记。

12月27日　国家发展计划委员会对云南昆禄公路建设质量问题作出处理，并要求全国以此为戒，切实抓好在建工程质量。《人民日报》于28日发表评论员文章：《质量责任重如泰山》。

12月28日　我国又有56个县（市）对外国人开放。至此，我国对外国人开放的地区已达1 392个。这次开放的县（市）是：河北省隆化县、丰宁满族自治县、承德县、武邑县、鹿泉市，四川省岳池县、邻水县、华蓥市、宣汉县、开江县、石棉县、荥经县、汉源县、会东县、喜德县、甘洛县、越西县、道孚县、炉霍县、甘孜县、石渠县、德格县、白玉县、巴唐县、雅江县、得荣县、乡城县、稻城县、理唐县、新龙县、九龙县、丹巴县、色达县，内蒙古自治区托克托县、土默特左旗、清水河县、土默特右旗、固阳县、兴和县、丰镇市、凉城县、卓资县、察哈尔右翼前旗、杭锦旗、鄂托克前旗、乌审旗、阿拉善左旗、宁城县、喀喇沁旗、阿鲁科尔沁旗、突泉县、扎赉特旗、科尔沁右翼前旗、科尔沁右翼中旗、霍林郭勒市、扎鲁特旗。

12月28日—30日　中央农村工作会议在北京召开。国务院副总理温家宝在会上讲话。他说，党的十五届三中全会通过的《关于农业和农村工作若干重大问题的决定》是指导我们建设社会主义新农村的行动纲领。各级领导干部要认真学习并深刻领会精神实质，全面贯彻落实。《决定》以邓小平理论和党的十五大精神为指导，对农业和农村的若干重大问题在理论和方针政策上作出了新概括，提出了新要求，有新的发展：（一）总结了20年农村改革的基本经验，并鲜明地指出，坚持以邓小平理论为指导，解放思想，实事求是，是最根本的经验，它深刻揭示了农村改革的内在规律，具有长远的指导意义；（二）确定了从现在起到2010年我国农村经济、政治、文化建设的目标和任务，比较完整地提出建设有中国特色社会主义新农村的纲领，展示了农村经济社会发展的光明前景；（三）阐述了社会主义初级阶段农村尤其不发达的主要特征，提出必须始终把发展农村经济、提高农业生产力水平作为整个农村工作的中心，一切政策都要有利于增强农村经济活力，这将进一步增强广大干部群众坚持党的基本路线的自觉性；（四）对我国农村基本经营制度作了更科学、更准确的新概括，突出强调了家庭承包经营的基础地位，指出以家庭承包经营为基础的双层经营体制是农村集体经济的有效实现形式，这是对农村经营制度认识上的新发展；（五）提出以坚持公有制为主体、多种所有制经济共同发展的基本经济制度，在发展壮大公有制经济的同时，采取更灵活有效的政策措施，鼓励和引导农村个体、私营等非公有制经济有更大的发展；（六）提出坚持以市场为取向的改革，基本建立以家庭承包经营为基础，以农业社会化服务体系、农产品市场体系和国家对农业的支持保护体系为支撑，适应发展社会主义市场经济要求的农村经济体制，进一步明确了深化农村改革的方向和目标；（七）把水利建设和科教兴农提到了突出位置，系统地提出了水利建设的原则、方针和任务，号召进行一次新的农业科技革命，对于我国农业生产力长远发展具有重要意义；（八）指出增加农业收入，减轻农民负担是农村实现小康的基本条件，提出大力发展乡镇企业、多渠道转移农业富余劳动力是一个基本方针，发展小城镇带动农村经济和社会发展的大战略，为加快农村小康进程指明了方向；（九）充分肯定村民自治是党领导下我国亿万农民的伟大创造，系统地提出了农村基层民主建设的具体任务和指导原则，对于促进农村长治久安和社会进步具有重要指导意义；（十）指出党管农村工作是我们党的一个传统，也是一个重大原则，把党对农村工作的领导提到了一个新高度。会议期间，中共中央总书记江泽民会见代表并作讲话。他指出，前不久召开的十五届三中全会，在我国农村21年改革发展取得巨大成就的基础上，就农业和农村的跨世纪发展作出了全面部署。全面贯彻落实党的十五届三中全会精神，对我国农业和农村的发展，对整个现代化建设，都具有十分重要的意义。全党同志要按照十五届三中全会的部署，统一思想，坚定信心，扎实工作，努力开创农业和农村工作的新局面。

12月28日—30日　中纪委同最高人民检察院等有关部门查处湖北省原副省长孟庆平严重违纪违法案件。中纪委决定并报经中央批准，开除孟庆平党籍。检察机关依法将其逮捕。

12月31日　朱镕基总理在国家科技教育领导小组第三次会议上发表讲话。他强调，当前重要工作是大力推进科技和教育体制改革，加快国家创新体系建设。要切实发挥企业在促进科技产业化方面的主力军作用，促使企业逐步成为技术创新的主体，大中型企业要把依靠科技进步和提高劳动者素质放在关键地位，瞄准市场潜力大的高新技术和产品，加大技术开发力度和科技成果转化速度，要采取切实有效的政策措施，促使应用型科研院所转制为科技型企业，鼓励科研机构和高等院校的科技力量进入企业，或与企业联合、合作、共建，增强企业的创新能力和实力，从根本上改变我国大部分科技力量游离于企业和市场之外的局面。科研院所要优化资源配置，深化内部管理体制改革，多余的人员也要进行下岗分流。要通过课题招标等办法促进科研院所的改革。总之，要用社会主义市场经济的办法促进科技成果转化，形成科技与经济结合、产学研结合的有效新机制。

第五卷

巨龙腾飞

(1999年—2009年)

(上)

编委会

目 录

1999年

1999年综述

1999年，面对复杂的国际国内政治经济环境，全国各族人民在党中央、国务院的正确领导下，认真贯彻落实以扩大内需为主的一系列方针政策，克服各种困难，集中精力抓好经济建设，努力加强精神文明建设，取得了社会发展的新成就，实现了发展和改革的各项预期目标。

一、综合 1999年国内生产总值为82 054亿元，比上年增长7.1%。其中，第一产业增加值14 212亿元，增长2.8%；第二产业增加值40 806亿元，增长8.1%；第三产业增加值27 036亿元，增长7.5%。全年社会劳动生产总值11 677元，比上年提高6.3%。市场价格总水平继续下降。全年居民消费价格总水平比上年下降1.4%，多数商品价格低于上年水平。其中食品价格下降4.2%，衣着价格下降2.7%，家庭设备及用品价格下降2.3%，交通和通讯工具价格下降5.5%，服务项目价格则上升10.6%。全年社会商品零售价格总水平比上年下降3%。劳动就业工作进一步加强。年末全国从业人员7.0586亿人，比上年末增加629万人。其中城镇从业人员2.1014亿人，增加336万人（城镇私营个体从业人员3 940万人，增加708万人）。再就业工程取得新进展。1999年全年国有企业下岗职工新增564万人，通过多种途径使492万人实现了再就业，退休及自然死亡等减少32万人。年末全国国有企业下岗职工为650万人，比上年末增加40万人。年末城镇登记失业率为3.1%，与上年持平。人民币汇率保持稳定，外汇储备继续增加。年末国家外汇储备达到1 547亿美元，比上年末增加97亿美元。年末汇率8.2793元人民币兑1美元，比上年末低4个基本点。国民经济和社会发展中存在的主要问题是：社会有效需求不足，经济结构不合理的矛盾仍很突出，社会就业压力增大，农民收入增长减缓。

二、农业　1999年，农业生产继续全面发展，农作物种植业结构有所调整。粮食产量基本稳定。全年粮食总产量达5.08亿吨，比上年减产397万吨，比上年减产0.8%。其中，夏粮和早稻合计增产570万吨，秋粮由于入秋以后北方地区旱情较重，减产较多。在主要经济作物中，棉、糖、黄红麻减产，其他均增产。受播种面积调减因素的影响，全年棉花产量为383万吨，比上年减产14.9%；糖料产量为8 400万吨，比上年减产14.2%。油料、水果和茶叶等作物产量继续增长。全年油料产量为2 600万吨，比上年增长12.4%；水果产量为6 100万吨，比上年增长11.9%；茶叶产量为68万吨，比上年增长2.3%。蔬菜种植面积持续增加，全年实际种植面积为1 311万公顷，比上年增长7%。畜牧业和渔业继续增长。全年肉类总产量5 953万吨，比上年增长4%；水产品产量4 100万吨，比上年增长5%。植树造林取得新进展。全年完成造林面积480万公顷，同时，退耕还林（草）工作进一步得到重视。农田水利建设进一步加强，大江大河治理工程进展顺利，农业防洪抗旱能力增强。

三、工业和建筑业　1999年，各方面认真贯彻落实中央关于国有企业改革和发展的一系列政策措施，国有企业改革和调整迈出较大的步伐，工业生产运行质量有所提高。国有企业战略性改组取得了初步成效。重点行业组建了一批大企业集团，军工成立了包括核工业、航天、航空、船舶、兵器等10大集团，有色金属工业组建了铝、铜铅锌和稀有金属3大集团，第四大集团信息产业正在组建之中；纺织、煤炭、冶金、军工等行业结构调整和重组的步伐加快；一部分符合条件的企业开始实行债权转股权，资产负债结构得到改善。工业生产持续平稳增长，全年全部工业增加值35 357亿元，比上年增长8.5%。其中，国有工业企业及年产品销售收入500万元以上的非国有工业企业（简称规模以上工业企业，下同）增加值20 307亿元，比上年增长8.9%。在规模以上工业中，国有及国有控股企业11 603亿元，比上年增长7.4%；集体企业3 462亿元，比上年增长7%；股份制企业2 986亿元，比上年增长11.2%；外商及港澳台投资企业4 201亿元，比上年增长12.9%；其他经济类型企业775亿元，比上年增长13.3%。分轻重工业看，全年轻工业增加值8 690亿元，比上年增长8.3%；重工业增加值11 617亿元，比上年增长9.3%。工业结构调整取得积极进展。煤炭行业关井压产取得成效，全年关闭非法和不合理小煤矿3.1万处，压缩乡镇煤炭产量2.5亿吨，完成了年初提出的关井压产目标。纺织行业累计压缩906万棉纺锭，提前一年基本达到压锭目标。冶金、建材、有色、石化等行业关闭了一批设备陈旧、技术落后、产品质量低劣和污染严重、高耗能的小企业。市场供大于求的一般消费品、部分机电产品生产增长有所减缓。同时，发展和增产了一批国内紧缺的产品，特别是高科技产业发展明显加快。微型电子计算机、移动通信设备、程控交换机等生产比上年增长12%~43.6%。产销衔接状况有所改善。全年规模以上工业产品销售率为97.16%，比上年提高0.56个百分点。工业新产品产值比上年增长12.1%。工业经济效益明显改善。在价格持续下降的情况下，全年规模以上工业企业实现销售收入67 535亿元，比上年增长10.2%；企业盈亏相抵实现利润2 202亿元，比上年增长52%；亏损企业亏损额1 300亿元，比上年下降15.2%。工业企业经济效益综合指数为99.3%，比上年提高8.4个百分点。国有工业企业扭亏增盈工作出现了转折性变化，一批国有大中型亏损企业摆脱了困境。纺织、建材、有色、铁路、民航等行业实现了扭亏为盈，东北三省等一些老工业基地的国有大中型工业企业摆脱了持续多年的亏损状态。1999年，全国国有及国有控股企业盈亏相抵实现利润967亿元，比上年增长77.7%，是近5年来的最好水平；亏损企业亏损额为851亿元，比上年下降15.9%；年末产成品库存为3 441亿元，比上年末增长2.2%。但是，1999年工业企业经济效益的改善带有一定的恢复性，一部分企业的效益还不理想，亏损企业的亏损额仍然比较大。建筑业生产平稳增长，经济效益进一步好转。全社会建筑业完成增加值5 450亿元，比上年增长4.6%。全国4级及4级以上建筑业企业实现利润121亿元，比上年增长3.4%；税金总额322亿元，比上年增长6.7%。施工房屋面积达14.1亿平方米，比上年增加3 877万平方米；竣工房屋面积6.7亿平方米，比上年增加1 501万平方米。建筑业亏损企业个数为9 221个，比上年减少391个。地质勘查工作取得较好成绩。全年完成万区域地质调查11.3万平方公里。新发现矿产185处。有41种矿产新增探明储量，其中石油6.6亿吨，天然气927亿立方米，原煤4亿吨。地质勘查完成机械岩心钻探工作量335万米。

四、固定资产投资 1999年，在国家继续实施积极财政政策、增发长期国债、增加投入的推动下，固定资产投资总体上继续保持增长趋势。全年全社会固定资产投资29 876亿元，比上年增长5.2%。分经济类型看，国有及其他经济类型投资21 719亿元，比上年增长6.1%；集体经济投资4 190亿元，与上年持平；居民个人投资3 967亿元，比上年增长6%。分投资管理渠道看，基本建设投资12 619亿元，比上年增长5.9%；更新改造投资4 419亿元，比上年下降2.2%；房地产开发投资4 010亿元，比上年增长11%。城市基础设施和居民住宅建设均有新的进展，农村电网改造取得积极成效。投资结构继续改善。在国有及其他经济类型投资中，第一产业（含水利业）完成投资804亿元，比上年增长22.6%；第二产业完成投资7 167亿元，比上年下降0.9%；第三产业完成投资13 748亿元，比上年增长9.3%。全国基本建设投资新增主要生产能力有：原煤开采2 070万吨/年，大中型发电机组容量1 703万千瓦，11万伏以上变电设备能力（含11万伏）6 646万千伏安，其中城乡电网改造3 234万千伏安，原油开采1 618万吨/年，天然气开采24亿立方米/年，新建铁路主线正线交付运营里程1 040公里，增建铁路复线交付运营里程1 293公里，电气化铁路607公里，新建高速公路2 672公里，新（扩）建万吨级港口码头年吞吐能力1 869万吨，全国2 002个县（市）进行了农村电网的改造，投产线路35.7万公里。

五、教育和科学技术 1999年，各级各类教育获得较大发展。高等教育招生人数大幅增长，高校管理体制改革取得重大进展；高等职业教育迈出发展步伐，普通高中招生人数增长较多。同时，素质教育、义务教育和扫盲教育稳步推进，学前教育、特殊教育受到重视；各级各类职业技术教育发展良好；社会力量办学继续发展。全年普通高等学校招生160万人，比上年增招51万人，在校生413万人；成人高等学校招生116万人，在校生306万人。全国研究生培养单位招生9万人，比上年增招2万人，在校生23万人。全国普通高中招生396万人，比上年增招37万人，在校生1 050万人；各类中等职业技术教育学校招生481万人，在校生1 443万人。全国初中学校招生2 183万人，在校生5 812万人，初中入学率达88.5%。小学招生2 030万人，在校生1.3548亿人，小学学龄儿童入学率达99.1%。特殊教育学校招生5万人，在校生37万人。幼儿园在园幼儿2 326万人。全国各类成人技术培训学校培训学员1.0157亿人次。全国扫除文盲299万人。1999年，国家进一步加大科教兴国战略的实施力度，推进技术创新，发展高科技，加快了科技产业化步伐。科学研究和技术创新取得新进展。

年末全国从事科技活动人员271万人，其中科学家和工程师合计150万人。全国科技活动经费支出总额为1 250亿元，比上年增长10.8%。全年国家组织了663项重点技术创新项目和1 329项重点新产品试产，完成了26项重大技术装备的研制及鉴定验收。全年共取得省部级以上重大科技成果2.95万项，获国家奖励的成果602项。全年4次成功发射卫星。特别是成功发射了第一艘自行研制的“神舟”号宇宙飞船，标志着我国发展载人航天事业迈出了重要一步。全年受理国内外专利申请134 240件，授权专利100 154件，分别比上年增长10%和47.5%。质量、标准化、计量建设和天气预报等项服务进一步加强。全国共有产品质量检验机构5 500个，其中国家检测中心229个；共有法定计量技术机构4 393个，全年强制检定计量器具2 168万台件；制定、修订国家标准900项，其中强制性国家标准172项，新制定477项；全国共有城乡天气预报警报服务网发射站点1 118个，卫星云图接收站点277个；共有地震台站1 285个，遥测台网28个；共有672个海洋观测、监测站点，共获得2 086万组海洋数据。测绘部门公开出版地图1 344种，图书310种。

六、交通和邮电业 1999年，交通运输和邮电通信业完成增加值4 460亿元，比上年增长9.3%。交通运输和邮电通信量继续稳定增长。全年各种运输方式完成货物运输周转量41 170亿吨公里，比上年增长8.2%。其中，铁路12 841亿吨公里，增长2.6%；公路5 793亿吨公里，增长5.6%；水运21 857亿吨公里，增长12.6%；民航42.3亿吨公里，增长26.5%。完成旅客运输周转量11 250亿人公里，比上年增长5.7%。其中，铁路4 131亿人公里，增长9.3%；公路6 145亿人公里，增长3.4%；水运117.2亿人公里，下降2.5%；民航857亿人公里，增长7.1%。沿海主要港口完成货物吞吐量10.4亿吨，比上年增长13%。其中，外贸货物吞吐量3.8亿吨，比上年增长11.8%。邮电业务总量完成3 311亿元，比上年增长32.1%。全年新增局用交换机2 300万门，总容量已达到1.6亿门。全国电话普及率达到13部/百人，比上年增加2.5部，其中城市电话普及率达到28.4部/百人，农村79.8%的行政村通了电话。移动电话用户达到3.5部/百人。全国计算机互联网络用户达到890万户。

七、国内贸易 1999年，在国家增加城镇中低收入居民收入、扩大消费信贷、取消一些限制消费的政策和银行连续下调利率等多种因素作用下，国内市场商品销售稳中趋活。全年社会消费品零售总额31 135亿元，比上年增长6.8%（如果考虑价格下降因素，实际增长10.1%）。分城乡看，城市消费品零售额19 092亿元，比上年增长7.1%；县及县以下消费品零售额12 043亿元，比上年增长6.3%。分行业看，批发零售贸易业比上年增长7.1%，餐饮业比上年增长13.6%，其他行业比上年增长3.3%。生产资料市场交易有所回升，全国限额以上批发零售贸易业生产资料销售总额9 392亿元，比上年增长7.8%。各类商品交易市场成交活跃。重点批发零售贸易企业经济效益仍然下降。全国1 300家重点批发零售贸易企业商品销售收入净额3 356亿元，比上年增长1%；全年实现利润总额12亿元，比上年下降40%。

八、对外经济 1999年，由于国家采取了包括提高出口退税率在内的一系列鼓励出口的政策，加上亚洲金融危机国家和地区经济的逐步复苏，我国外贸出口转降为升。全年进出口总额3 607亿美元，比上年增长11.3%。出口总额1 949亿美元，比上年增长6.1%，其中一般贸易出口增长6.6%，加工贸易出口增长6.1%。进口总额1 658亿美元，比上年增长18.2%。进出口相抵，贸易顺差291亿美元。出口产品结构有所调整，机电产品出口增长14.7%，占出口总额的比重由上年的36.5%上升到39.5%。分地区看，对非洲和亚洲的出口分别增长1.3%和4.5%，对欧洲、北美洲和大洋洲的出口分别增长6.1%、10.8%和16%，对拉丁美洲的出口下降1%。外商直接投资下降。全年批准外商直接投资项目17 100个，比上年下降13.8%；外商直接投资实际到位资金404亿美元，比上年下降11.4%。对外承包工程、劳务合作和设计咨询业务继续保持增长。全年签约130亿美元，比上年增长10.4%；完成营业额112亿美元，比上年增长10.9%；年末在外劳务人员38万人，比上年末增加3万人。国际旅游发展较快。全年入境游客人数7 280万人次，比上年增长14.7%，其中过夜旅游者2 704万人次，比上年增长8%。入境游客中，外国游客843万人次，比上年增长18.6%；港、澳、台胞6 426万人次，比上年增长14.2%。国际旅游外汇收入141亿美元，比上年增长11.9%。

九、金融、证券和保险业 1999年，中国人民银行努力发挥货币政策的作用，采取降低利率和下调存款准备金率等措施，适当增加货币供应量，实现了年初确定的金融调控目标，积极支持了国民经济的发展。货币供应量适度增长，货币流动性有所增强。根据国内金融机构人民币口径统计，年末广义货币（M2）为119 898亿元，比上年末增长14.7%；狭义货币（M1）为45 837亿元，比上年增长17.7%；市场现金流通量（M0）为13 456亿元，比上年增加2 251亿元，增长20.1%。存贷款稳定增加。全部金融机构各项存款余额108 779亿元，比上年末增加13 162亿元，增长13.7%。其中，企业存款余额37 182亿元，增长14.5%；城乡居民储蓄存款余额59 622亿元，增长11.6%，储蓄分流有所加快。各项贷款余额93 734亿元，按可比口径计算，比上年增长12.5%。其中，中长期贷款余额23 968亿元，增长15.7%。证券市场进一步规范、发展。全年在上海、深圳证券交易所发行A股98只，配股117只，共筹资877亿元，比上年增加103亿元；发行B股、H股共吸引外资6.1亿美元；发行A股可转换债券15亿元。全年通过发行、配售股票共筹集资金941亿元，比上年增长12%。年末境内上市公司（A、B、H股）数量由上年末的876家增加到976家，市价总值达到26 471亿元，比上年末增长36%。全年共发行国债3 715亿元，比上年增加404亿元。保险事业不断发展壮大。全年保费收入1 393亿元（含外资机构），比上年增长10.2%。其中，财产险保费收入521亿元，寿险保费收入768亿元，健康险和意外伤害险保费收入104亿元。支付各类赔款及给付510亿元，其中财产险和短期人身险赔款318亿元，寿险给付192亿元。

十、文化、卫生和体育文化事业 1999年末全国共有艺术表演团体2 614个，文化馆2 899个，公共图书馆2 765个，博物馆1 371个。广播综合人口覆盖率90.4%，电视综合人口覆盖率91.6%。全国有线电视用户7 700万户。全年出版全国性和省级报纸201亿份，各类杂志29亿册，图书73亿册（张）。年末全国共有档案馆3 733个，已开放各类档案4 009万卷（件）。卫生事业不断进步。年末全国共有卫生机构（含诊所）31万个，床位316万张，卫生技术人员446万人。全国共有卫生防疫、防治机构5 900个，卫生技术人员22万人。妇幼保健机构2 630个，卫生技术人员7.3万人。农村有医疗点的村数占总村数的90%，乡村医生和卫生员133万人。体育事业稳步推进。在国内外的各项比赛中，我国运动健儿获得了92个世界冠军；16人50次创24项世界纪录；10人16次创7项亚洲纪录；43人3队68次创52项全国纪录。全民健身活动进一步开展。

十一、环境保护 1999年，环境保护工作进一步加强，环保事业加快发展。年末全国环境保护系统共有11.6万人，各级环境监测站2 111个，环境监测人员3.6万人。自然保护工作取得了新的成就，生态示范区建设试点单位总数已达154个；全国自然保护区达到1 146个，其中国家级自然保护区达到137个；自然保护区总面积8 813万公顷，占国土总面积的8.8%。环境法制建设取得新进展，执法力度进一步加大。到年末，已制定各类环境保护标准426项。年内设立的建设项目环境影响评价制度执行率达

90.5%，当年投产的建设项目中，建有防治污染设施的占95%。全年完成环境污染限期治理项目12 010个，总投资71亿元。全国536个城市建成了2 364个烟尘控制区，面积达1.6万平方公里；431个城市中建成了2 040个环境噪声达标区，面积达8 975平方公里。重点流域和区域污染防治工作继续推进。对滇池流域日排废水100吨以上的144家排污企业进行了限期治理，全流域共投入治理资金近3亿元。对巢湖流域日排废水100吨以上的109家排污企业进行了限期治理，全流域共投入治理资金2.23亿元。滇池和巢湖已基本实现全流域工业污染源达标排放的目标，水质有所好转。污染物总量控制计划与跨世纪绿色工程规划的实施工作有序进行。至1999年11月底，已竣工项目525个，累计完成投资额680.4亿元。但是，全国环境形势依然严峻，突出表现在生活和农业污染仍较严重，生态破坏的范围继续扩大，局部地区的破坏程度还在加剧。

十二、人口与人民生活 1999年，人口自然增长率继续下降，全国出生人口1 909万人，出生率为15.23‰；死亡人口810万人，死亡率为6.46‰；全年净增人口1 099万人，自然增长率为8.77‰，比上年下降0.76个千分点。年末全国总人口为12.5909亿人。其中，城镇人口3.8892亿人，占30.9%；乡村人口8.7017亿人，占69.1%。0岁—14岁人口比重为25.4%，15岁—64岁人口比重为67.7%，65岁以上老年人口比重为6.9%，老年人口达到8 687万人。平均每户家庭人口为3.58人。城乡居民生活水平继续提高。由于国家提高了国有企业下岗职工基本生活保障制度、失业保险制度和城镇居民最低生活保障制度“三条保障线”水平，适当增加了行政、事业人员的工资，使城镇居民收入水平明显提高。全年全国城镇居民人均可支配收入5 854元，考虑价格下降因素，比上年实际增长9.3%。农村扶贫攻坚工作取得新成绩，全年又有800万贫困人口脱贫。由于供求关系变化，农产品卖难，价格持续下跌，加上乡镇企业效益下降，农民收入增长减缓。全年农村居民人均纯收入2 210元（其中，现金收入1 538元），考虑价格下降因素，实际增长3.8%，增幅比上年低0.5个百分点。居民住房条件继续改善。全年城镇竣工住宅面积5亿平方米，农村竣工住宅面积8.7亿平方米。旅游成为居民新的消费时尚，全年全国出游7.19亿人次，比上年增长3.6%；人均旅游消费支出为227元。社会保障事业巩固提高。年末93%的国有企业下岗职工进入再就业服务中心，其中90%领到了基本生活费；全国有9 433万职工和2 900多万离退休人员参加了基本养老保险；有9 912万人参加了失业保险；有2 100万职工和离退休人员参加了大病医疗费用统筹和离退休人员医疗费用统筹，部分地区已进行了基本医疗保险制度改革。社会福利事业有新的发展。年末全国各类社会福利院床位达108万张，收养81万人。城镇建立起各种社区服务设施18万个，其中社区服务中心6 572个。全国667个城市、1 682个县已全部建立最低生活保障制度，共有525.7万人得到最低生活保障救济。全年销售社会福利彩票91亿元，筹集社会福利资金20亿元，接收社会捐赠6亿元。

是年 1. 实施西部大开发战略。以江泽民为核心的中央领导集体按照邓小平关于“两个大局”的战略构想，作出了实施西部大开发战略的重大决策。1999年11月召开的中央经济工作会议，将西部大开发列为今后几年经济工作的重点之一，并提出了实施西部大开发的基本思路和战略重点。2000年3月，朱镕基总理在九届全国人大三次会议上的政府工作报告中，就实施西部大开发战略，加快中西部地区发展作了进一步论述。会议决定，2000年，把国债投资和国家拨款的70%投向中西部地区，把国际上各政府提供的优惠贷款和国际金融组织提供贷款的70%投入中西部地区建设。在西北地区将建设包括铁路、公路、机场、天然气输气管道、水利枢纽工程、退耕还林（草）和生态建设、高校基础设施等10个大的项目建设。这是一项带有全局性的大战略、大思路，是一项规模宏大的系统工程。也是一项长期而艰巨的历史任务。要使广大西部地区呈现出经济繁荣、社会进步、安定团结、山川秀美的新面貌，需要通过几代人甚至更长时间的不懈努力。经过多年的连续奋斗，这一战略举措已初见成效。据国家统计局发布的《2007中国统计摘要》显示，2006年，内蒙古、广西、重庆、四川、贵州、云南、西藏、陕西、甘肃、青海、宁夏、新疆等我国西部地区12个省、区、市的生产总值、地方财政收入等主要经济指标继续保持较快增长。其中，实现地区生产总值39 000多亿元，实现地方财政收入3 06l亿元。青藏铁路、西电东送、西气东输等一批西部开发标志性重大项目陆续建成；投资数百亿元实施的农村电网改造工程使99%的西部乡镇实现通电；数千万人的饮水困难和饮水安全问题得到解决；民族地区新型农村合作医疗已覆盖近6 000万人。2. 应对美国袭击中国驻南斯拉夫大使馆。1999年5月8日，北京时间5时45分左右，以美国为首的北约飞机用导弹袭击中国驻南斯拉夫大使馆，造成馆舍严重毁坏，20多名使馆工作人员受伤，邵云环、许杏虎和朱颖3名记者身亡。8日上午，中国政府立即发表严正声明，严厉谴责这一野蛮暴行，要求以美国为首的北约必须对此承担全部责任，郑重表示保留采取进一步措施的权利。中国政府同时决定约见美国驻中国大使、要求安理会主席召开紧急会议。中国各党派、团体和人士采取多种形式对美国的暴行表示极大的愤慨和最强烈的抗议。大陆各地学生进行了声势浩大的游行。世界许多国家的领导人、政府、政党、社会团体和知名人士纷纷发表声明或谈话对这一事件表示震惊和谴责，对遇难者家属表示慰问和哀悼。9日，国家副主席胡锦涛发表电视讲话，强烈谴责以美国为首的北约袭击我驻南使馆的暴行，表示中国政府的立场。10日，外交部长唐家璇向美国驻华大使提出4项严正要求：公开、正式向中国政府、中国人民和受害者家属道歉；对北约导弹袭击中国驻南使馆事件进行全面彻底的调查；迅速公布调查的详细结果；严惩肇事者。6月，美国总统和美国政府向中国政府和人民作道歉。随后的调查宣称，这是一系列“失误”导致的“悲剧性误炸”事件。7月和12月，美国分别对中国受难及死难家属、中方财产损失作出赔偿。3. 实行“两个确保”，建立“三条社会保障线”。在由计划经济体制向市场经济体制转变的过程中，中国遇到两个突出的问题。一是如何确保数以千万计的国企下岗职工的基本生活，二是如何确保数千万退休职工按时足额领到养老金。因此，实行“两个确保”和建立“三条社会保障线”（即国企下岗职工基本生活保障制度、失业保险制度、城市居民最低生活保障制度）就成为中国政府在社会保障方面的首要任务。为此，1998年，中共中央和国务院召开国有企业下岗职工基本生活保障制度和再就业工作会议，作出了实行“两个确保”和建立“三条社会保障线”的重大决策，1999年开始在全国实施。通过确保国有企业下岗职工基本生活和企业离退休人员基本养老金按时足额发放，建立相互衔接的国有企业下岗职工基本生活保障、失业保险和城市居民最低生活保障制度，并与下岗职工再就业相结合，较好地解决了数以千万计国有企业富余人员分流安置这一难题。“两个确保”和建立“三条社会保障线”的实施，有效地保证了下岗人员和低收入居民的基本生活，有力地促进了国企改革和结构调整的进行，对促进发展，深化改革，保持稳定都起到积极作用，从而为国民经济的持续快速健康发展创造了良好的社会环境。4. 明确非公有制经济是社会主义市场经济的重要组成部分。1999年3月5日—15日，九届全国人大二次会议在北京举行。会议通过了中华人民共和国宪法修正案，明确非公有制经济是我国社会主义市场经济的重要组成部分，大大促进了社会生产力的发展。改革开放30年来，国家对非公有制经济的认识及相关政策的制定经历了一个从探索到完善的过程。1982年，五届全国人大五次会议通过了经过全面修改的宪法，确认了个体经济的合法地位，提出个体经济是社会主义公有制经济的补充。1988年，七届全国人大一次会议通过的宪法修正案，增加了国家允许私营经济在法律规定的范围内存在和发展的内容。党的十四大决定实行“社会主义市场经济”。1993年，八届全国人大一次会议通过宪法修正案，明确了非公有制经济的地位和作用。1997年，党的十五大将非公有制经济纳入到社会主义初级阶段的基本经济制度框架内，非公有制经济在国民经济中的地位得到了前所未有的重视和肯定。5.第一艘载人航天实验飞船发射升空。11月20日，我国第一艘载人航天实验飞船在酒泉卫星发射中心发射升空。完成预定的空间科学实验后，于21日在内蒙古自治区中部地区成功着陆。江泽民为飞船题名为“神舟”。中共中央、国务院、中央军委致电热烈祝贺“神舟一号”发射成功。6.澳门回归祖国。12月20日，中葡两国政府澳门政权交接仪式隆重举行。江泽民主席郑重宣告中国政府对澳门恢复行使主权，中华人民共和国澳门特别行政区成立。澳门行政区政府第一任行政长官何厚铧宣誓就职。中共中央、全国人大、国务院、全国政协、中央军委在京举行“首都各界庆祝澳门回归祖国大会”。7.中美签署中国加入世贸双边协议。11月15日，中国外经贸部部长石广生和美国贸易代表巴尔舍夫斯基在华盛顿签署了中美关于中国加入世界贸易组织的双边协议。这标志着中美之间关于中国加入全球最大贸易组织的双边谈判正式结束，从而为中国加入世贸扫清了最大障碍。8.“依法治国”被写入宪法。1999年3月5日至15日，第九届全国人民代表大会第二次会议在北京举行，会议通过了《中华人民共和国宪法修正案》，这也是我国1982年宪法的第二个修正案。这一修正案明确提出我国将长期处于社会主义初级阶段，同时把邓小平理论的指导思想地位、依法治国的基本方略、国家现阶段的基本经济制度和分配制度等写进宪法。这次宪法修正案明确了非公有制经济是我国社会主义市场经济的重要组成部分，大大促进了社会生产力的发展。9. 证券法实施。7月1日，《中华人民共和国证券法》实施，这是中国第一部证券法律。这一集中统一的监管体制的建立，标志我国证券市场法制化建设步入新阶段，证券市场进一步规范。这一年，“投资基金法”被列入九届全国人大常委的立法规划之一，并确定由全国人大财经委负责组织起草。2004年8月28日第一次修订的该法正式施行。2006年1月1日第二次修订的该法正式施行。10. 大规模联合军事演习。9月上旬，中国人民解放军南京、广州战区在浙东、粤南沿海举行了大规模的诸军兵种联合渡海登陆作战实兵演习。中央军委副主席张万年在演习结束后指出，最近李登辉公然背离“一个中国”的根本原则，大肆鼓吹所谓的“两国论”，这是对祖国和平统一的蓄意破坏。这次演习充分显示了我军捍卫国家主权和领土完整的坚定立场和坚强决心，展示了我军维护祖国统一的强大实力。11. 中国国防科技工业10大集团公司在北京成立。这10大集团是：中国核工业集团公司、中国核工业建设集团公司、中国航天科技集团公司、中国航天机电集团公司、中国航空工业第一集团公司、中国航空工业第二集团公司、中国船舶工业集团公司、中国船舶重工集团公司、中国兵器工业集团公司、中国兵器装备集团公司。

1月1日　国务院办公厅转发财政部《整顿财政周转金方案》的通知。《通知》指出，财政周转金是指由财政部门管理，按照有偿原则周转使用的财政资金。从1998年12月1日起，中央及地方各级财政周转金一律只收不贷。同时各级财政部门对已到期的周转金借款要积极清收。回收的财政周转金一律由财政部门统一安排使用，重点用于弥补历年财政赤字、解决财政挂账、增补预算周转金、安排国有企业下岗职工基本生活保障和再就业以及扶贫、教育等方面。整顿财政周转金工作具体分为两个阶段：第一阶段从1998年12月1日起，各级财政部门用1年左右的时间，完成财政周转金只收不贷的主要工作，其中中央财政从1998年1月1日起已经实行只收不贷；第二阶段从1999年12月1日起，各级财政部门用1年左右的时间，彻底解决第一阶段整顿工作的遗留问题。2000年年底以前，整顿财政周转金工作结束。整顿财政周转金工作由财政部负责统一组织实施。国务院要求，各地人民政府要切实负起责任，采取有效措施，妥善处理机构撤并和债务清偿等问题，维护社会稳定，财政、银行等有关部门要密切配合，尽量减轻整顿工作对经济增长、社会稳定的负面影响。各级财政部门要做好借款清收工作和会计核算工作，避免财政周转金的流失。

1月4日　国内首批20家私营生产企业获得自营进出口权。标志着非公有制经济在全国范围内首次合法获得直接从事对外贸易的权利。

同　日　国务院以国发［1999］2号文，下发《批转国家经贸委关于加快农村电力体制改革加强农村电力管理意见的通知》。1月22日，国家经贸委和国家电力公司召开电话会议，部署农村电力体制改革工作。同年4月13日，国家经贸委印发《关于加快乡（镇）电管站改革若干问题的指导意见》的通知。

1月5日—11日　中共中央在中央党校举办省部级主要领导干部金融研究班。胡锦涛在开班式上指出：金融在现代经济中的地位和作用十分重要，亚洲金融危机给我们敲响了警钟，防范和化解金融风险，已成为当前经济生活中的突出问题。因此，学习金融知识，研究金融问题，是各级领导干部提高经济工作领导水平和自身素质的迫切需要。江泽民在结业式上发表讲话指出，加强学习是实现党的十五大确定的跨世纪发展目标的必然要求。我党历来是一个重视学习、善于学习的党，每次的学习热潮都会推动我们事业的大变化、大发展，这是我党的一条重要历史经验。形势、任务和干部队伍的状况，要求全党同志必须进一步加强学习，这是我们党永葆生机与活力的一个重要保证。

1月6日　财政部部长项怀诚在国务院新闻办举行的中外记者招待会上接受记者提问。他指出：1999年继续实行的积极财政政策，对当前形势来说，不会造成新的通货膨胀。1998年实施的积极财政政策，对启动经济增长、调整投资结构产生了良好的效果。如果1999年中央财政支出规模减下来，将影响1998年实施积极财政政策的效果。中国政府决定加大实施积极财政政策的力度，主要是通过增发国债来增加财政支出，这不仅能够增加社会需求，而且能带来工资和利润的增加，刺激个人消费和企业投资，拉动相关产业，间接增加社会需求，由此带来的总需求扩张往往数倍于财政支出本身的扩张。同时，增发的国债除了可以增加直接投资、刺激国内需求外，还能通过补充和增加建设项目资本金，为银行扩大贷款创造条件。关于费改税问题，项怀诚指出：财政部从1998年开始，今后5年的财政改革重点放在费改税上。第一步是车辆和道路的费改税，拟用燃油税、车辆购置税来代替其他各费用。财政部初步计划设计燃油税，汽油每公斤1.15元，柴油每公斤0.95元，这个税率所定的税额与世界各国相比是比较低的。当然，这两个税何时出台，税率是多少，要经过全国人大批准后才能生效。

1月7日　财政部部长项怀诚在钓鱼台国宾馆会见了卢森堡首相兼国务、财政、劳动和就业大臣让·克洛德·容克及其一行。

1月8日　第二期国务院稽察特派员及助理学习培训班结业式举行。培训班从1998年11月10日—1999年1月8日在清华大学经济管理学院举办。培训期间，朱镕基总理等与学员们进行了座谈，并就稽察特派员制度及队伍建设作了重要指示。朱镕基总理强调指出：第一期稽察特派员对国有重点大型企业的稽察取得了阶段性成果，试点的实践证明，稽察特派员制度是科学的、合理的、行之有效的、先进的制度；是符合国际惯例，符合社会主义市场经济规律的；是具有中国特色的国有企业监管制度。

同　日　财政部发出《关于1999年到期国债还本付息及附息国债按年付息有关事宜公告》。公告如下：一、1999年到期国债品种及还本付息条件：1. 1996年向社会发行的无记名（1期）国债，期限3年，于3月10日到期还本付息，年利率14.5%。2. 1996年向社会发行的无记名（2期）国债，期限3年，于8月6日到期还本付息，年利率10.96%。3. 1997年向社会发行的2年期凭证式国债，从3月1日起陆续到期还本付息，截止到1999年10月20日（含10月20日）以前，持满半年不满1年的按利率5.40%计付利息；满1年不满2年的按利率7.74%计付利息；满2年的按利率8.64%计付利息。4. 1997年通过交易场所发行的记账式（1期）国债，期限2年，于1月22日到期，以面值金额兑付。5. 1994年向社会养老保险基金、失业保险基金发行的特种定向债券，期限5年，从4月1日起陆续到期还本付息，年利率15.86%。以上各类到期国债均按单利计算利息，逾期兑付均不加计利息。二、无记名国债的现券兑付，由银行、邮政系统储蓄网点、财政国债服务部及证券经营机构办理；无记名国债的托管券面，实行交易场所场内兑付。凭证式国债的兑付，由原售出机构网点办理。记账式国债，实行交易场所场内兑付。三、对1999年需要办理付息手续的附息国债，按照各附息国债发行规定的条件，记账式国债付息事宜，直接由交易场所办理；特种定向债券的付息，由当地财政部门办理；在银行间债券市场交易的附息国债付息事宜，通过中央国债登记结算有限责任公司办理。财政部将在各附息国债付息日之前另行向各经办部门下达付息通知，由经办部门通知投资者并办理付息手续。各品种附息国债付息日如遇节、假日均顺延。四、以前年度到期应兑未兑国债，1999年仍可继续办理兑付，计息办法按原规定办理，逾期不加计利息。

1月12日—13日　国务院在京召开国有企业下岗职工基本生活保障和再就业工作会议。会议的主要任务是，全面总结1998年5月党中央、国务院召开国有企业下岗职工基本生活保障和再就业工作会议以来的成绩和经验，分析新的形势，研究和部署1999年的工作。中共中央政治局常委、国务院总理朱镕基在13日的闭幕会上同与会同志进行座谈并作了重要讲话。他强调，国有企业下岗职工基本生活保障和再就业工作，直接关系到广大职工的切身利益，关系到保证改革开放和现代化建设稳定发展的大局，各级党委、政府和有关部门要高度重视，坚定信心，扎实工作，继续狠抓落实，确保国有企业下岗职工基本生活，确保企业离退休人员养老金按时足额发放。中共中央政治局委员、国务院副总理吴邦国在12日的开幕会上作了《发扬成绩，再接再厉，为改革发展稳定大局做出新的贡献》的工作报告。

1月13日—15日　中纪委第三次全体会议在北京举行。出席会议的有中央纪委委员112人。会议回顾总结1998年党风廉政建设和反腐败斗争的情况，按照中央的要求，研究部署1999年党风廉政建设和反腐败工作。会议审议通过了中央纪律检查委员会书记尉健行代表中央纪律检查委员会常务委员会所作的《加大力度，标本兼治，推动反腐败斗争深入开展》的工作报告。尉健行对1998年的党风廉政建设和反腐败工作进行了回顾：领导干部廉洁自律工作有了新进展，特别是制止奢侈浪费工作效果明显，其中3项重点工作有声势、有力度，基本达到预期目标。清理通信工具工作已在9月底基本完成。全国县以上党政机关和直属事业单位共清理用公款安装的住宅电话145.6万部，其中有56.9万部不符合规定；清理用公款购置的移动电话79.2万部，其中不符合规定的38.3万部。对符合规定的电话实行了通话费定额包干制度，对不符合规定的进行了处理。据测算，实行新的管理办法，1年可减少用公款开支的通话费约25亿元。在严格控制会议方面，许多地区和部门实行会议审批制度、会议费预算包干等办法，各类会议的数量、规模等得到控制。尤其是评比会、联谊会等明显减少。党政机关召开会议赠送礼品和纪念品的风气基本刹住。在执行公务接待标准方面，普遍制定了公务活动接待标准，建立了接待费审批、核算制度，实行定点接待。截至1998年10月底，全国已有10.2万多个县以上党政机关，按规定建立了接待费在财务上单独列项的制度。公务活动接待费用普遍下降，县以上党政机关接待费比上年同期减少10.3亿元。制止奢侈浪费的其他几项工作也有不同程度的进展。截至1998年10月底，全国共制止新建、改建、扩建、装修和购买办公楼1.1万多项，取消庆典活动2.2万多个，各种检查、评比、达标活动有所减少，取消出国（境）团组约7 400批3万多人。查办案件工作继续深入，突破了一批大案要案。截至1998年11月底，全国纪检监察机关共受理群众来信来访、举报电话161.2万多件（次），立案14.2万多件，结案12万多件，处分12.4万多人。在受处分的人员中，县（处）级干部3 970人，地（厅）级及以上干部304人。原中央政治局委员、北京市委书记陈希同被依法判处有期徒刑16年。1998年查处的大案要案主要有：广西壮族自治区人民政府原副主席徐炳松受贿案、广东省人大常委会原副主任于飞严重以权谋私案、河北省人大常委会原副主任姜殿武违纪违法案、湖北省原副省长孟庆平违纪违法案、云南省红塔集团原董事长褚时健贪污公款和巨额财产来源不明案、浙江省金华县特大虚开增值税发票案等。通过查办案件，全国纪检监察机关挽回经济损失46.6亿元。纠正部门和行业不正之风工作持续开展，解决了群众反映强烈的一些问题。继续开展了减轻农民负担工作。截至1998年10月底，全国共取消涉及农民不合理负担的收费项目近9 000个，减轻农民负担68亿元；有26个省（区、市）农民负担监督卡入户率达到80%以上；严肃查处了因加重农民负担而引发严重事故的案件。多数地方加重农民负担的势头有所遏制。进一步开展了减轻企业负担工作。截至1998年10月底，全国共取消向企业的不合理收费、基金2.1万多项，涉及金额800亿元。一些涉及企业的不符合规定的行政事业性收费、罚款、集资、基金项目被取消。许多地区和部门加强了预算外资金足额上缴财政专户的管理制度；一些地方制止了公路“三乱”和中小学乱收费的反弹现象；许多地方开展民主评议行业作风活动，积极试点和推行社会服务承诺制，对执法监督部门和公共服务行业窗口单位的行业作风进行了新一轮的整顿。尉健行指出，从源头上遏制腐败的几项重点工作，取得良好效果。军队、武警部队和政法机关不再从事经商活动工作进展顺利，与所办经营性企业脱钩的目标已经达到。据初步统计，军队、武警部队和政法机关共撤销企业19 241户，移交6 491户，解除挂靠关系5 557户。中央党政机关与所办经济实体和管理的直属企业必须在1998年底前脱钩的重大举措顺利实现。行政性收费和罚没收入实行“收支两条线”管理的工作有了进展。中央一级、省一级和省会城市、其他副省级城市的公安、检察、法院和工商行政管理部门基本做到了“收支两条线”管理。建立有形建筑市场工作逐步推开。全国已有80%的地（市）级以上城市建立了有形建筑市场。村务公开制度在大部分农村初步建立，对群众关注的重要问题定期公开，接受村民监督。一些国有企业进行了厂务公开的试点工作。

1月13日　国务院批转教育部《面向21世纪教育振兴行动计划》。 它是在贯彻落实《教育法》及《中国教育改革和发展纲要》的基础上提出的跨世纪教育改革和发展的施工蓝图，明确提出了到2000年和2010年我国教育发展的目标。

同　日　财政部颁布《保险公司财务制度》。《制度》要求保险公司核算应遵循权责发生制原则，实行“一级法、分级管理、逐级核算”的财务管理体制。保险公司的投资各方必须按合同、章程和国家有关规定及时足额地缴付资本；保险公司的负债均按实际发生额计算。保险公司要定期或不定期地对固定资产进行盘、清查，年度终了前必须进行一次全面的盘点清，对盘盈、盘亏、报废、毁损的固定资产，应查明原因，及时处理。保险公司的资金运用符合国家产业政策的要求，接受保险监督管理部门和主管财政机关监督管理。

1月14日　中央财经大学与中央财政管理干部学院正式合并，成立新的中央财经大学。 财政部副部长高强出席合并仪式并讲话。他指出：两校合并符合党中央、国务院对高校体制改革的原则和方向，目的在于能够更好地集中物力、财力、人力，提高教学质量，培养合格的人才。他指出，目前财政肩负的任务很重，随着财政政策的调整及财政改革的深化，会给财经教育带来许多新的课题。高等教育必须跟上经济发展的步伐，研究探索这些课题。希望两校同志要加速“融合”，缩短磨合期，真正成为一家人，形成水乳关系而不是水油关系。要加强教学管理，提高教学质量，把合并后新中央财经大学办成更好、更出色的第一流大学。

1月15日　中共中央总书记江泽民在中央纪委第三次全体会议上发表重要讲话。他指出，十一届三中全会以来，我们党总结历史上特别是“文化大革命”的经验教训，结合改革开放和现代化建设的实际，为加强纪律采取了一系列重要措施，党的纪律建设在新形势下得到改进和加强。在遵守党的纪律方面，绝大多数党组织和党员是做得好的和比较好的。但也应看到，在新的环境和条件下，党的纪律观念在一部分党员、干部包括有些领导干部中淡漠了，纪律松弛的现象在一些党组织中相当突出，从而影响党的思想统一、组织巩固和战斗力的提高。江泽民指出，对于党内存在的各种违反纪律和纪律松弛的问题，各级党委和纪检监察机关必须充分认识其危害性，认真分析其产生的原因，提出治理和防范措施，切实加以纠正。江泽民强调，从严治党，严肃党纪，最根本的就是全党各级组织和全体党员、干部，都要做到严格按党章办事，按党内生活准则和党的各项规章办事。这个总要求，应落实到加强党的纪律建设的各个方面。江泽民着重从四个方面提出了当前加强纪律的基本要求。第一，必须严肃党的政治纪律。第二，必须严肃党的组织纪律。第三，必须严肃党的经济工作纪律。第四，必须严肃党的群众工作纪律。

1月16日　江泽民就安全生产作重要指示。江泽民总书记看到中央电视台《晚间新闻》关于宁夏回族自治区银川市一家属院发生燃油锅炉爆炸事故的报道后，立即给国家经贸委主任盛华仁打电话，对锅炉质量检验和安全生产作了重要指示。江泽民说：“我刚才从电视上看到宁夏自治区发生锅炉爆炸事故的消息，心里很是不安。像锅炉这类压力容器，它的质量好坏，直接关系到国家财产和群众生命的安全，切不可稍有疏忽。国家经贸委是管安全生产的。对锅炉这种产品，从制造到安装，每一环节都必须进行严格的质量检验，不合格的绝不允许出厂和使用。运行中的锅炉，也必须定期严格检查，及时发现和消除隐患，防患于未然。几十年前我们就是这么做的，现在有些制度松弛了，不那么严格了，这是非常危险的。人命关天的事，一定要慎之又慎，确保万无一失。希望你们对安全生产问题认真进行检查和总结，从发生的事故中吸取深刻的教训，切实加强和改进这方面的工作。”

1月17日　全国农业税收工作会议在湖北省鄂州市召开。国家税务总局总经济师李永贵在会上指出：今后农村税费制度改革的原则是，一要扩大税基，保持农民总体负担不增加；二要简化和优化税制，体现效率与公平的原则，防止税增而费不废或出台新费；三是兼顾国家和农民的利益，既考虑农民的承受能力，又不影响地方事业的正常发展；四要使费改税同精兵简政和规范政府行为相结合，以减轻费改税工作的阻力；五要费改税与改革农业税制度和相关立法相结合，同规范预算管理相结合；六要本着科学、审慎的原则进行改革，切忌一刀切。他还强调，今后农业税收工作除了要进行农村税费制度改革外，还要大力强化依法治税，推进农业税收的征管改革，提高农业税收管理工作水平，加强农税干部队伍建设，狠抓和强化各项基础工作，加大税收宣传力度，营造良好的纳税环境，搞好农税征管的综合治理。

1月18日　财政部长项怀诚在第二届亚欧财长会议上说：“经济全球化的进程必须以国际经济秩序的合理调整为基础。”他呼吁健全国际金融体系，建立全球金融监管合作体制。项怀诚指出：亚洲金融危机深刻说明了健全金融体系和加强金融监管的重要性，建立全球金融监管合作体制十分必要。项怀诚表示，中国将支持国际社会在制定金融监管、促进国际金融体系稳定方面所做的努力，并努力结合本国的实际情况推动实行这些国际监管准则。同时希望欧盟国家在金融监管领域为亚洲国家提供切实可行的技术援助。项怀诚还介绍了中国在整顿金融秩序、加强金融监管方面所采取的一系列措施。他说，1999年中国将继续实行积极的财政政策，经济工作的重点为：稳定和加强农业；深化国有企业改革；搞好金融工作。关于亚洲经济，项怀诚对其复苏持乐观态度，并表示始终充满信心。

同　日　财政部长项怀诚在香港与香港联合交易所签署协议。财政部发行的10亿美元全球债券在香港联合交易所上市。项怀诚表示，中国1999年仍会扩大财政赤字以拉动经济，人民币不会受巴西金融危机影响而贬值。

1月22日　全国预算会计研究会在北京召开座谈会。邀请部分中央部委主管财务会计工作的同志，探讨《事业单位会计准则（试行)》、《事业单位会计制度》和《行政单位会计制度》执行一年来的成效、经验以及存在的问题。座谈会由常务副会长李慧中主持。财政部会计司司长冯淑萍、预算司副司长张通参加了座谈并讲了话。

1月24日　新华社报道：江泽民主席签署命令。颁布施行《中国人民解放军联合战役纲要》，陆军、海军、空军、第二炮兵战役纲要和后勤保障纲要以及合同战斗条令等13部作战条令。

1月25日　中国科学院“知识创新工程”试点工作在全国展开。经中国科学院党组决定，科学院已初步确定了9个重点发展领域，即：农业高新技术、人口与健康、信息与自动化、能源、生态与环境、空间科学与技术、新材料、地球科学、重大交叉领域。

1月28日　首都各界集会纪念江泽民主席“八项主张”发表4周年和全国人大常委会《告台湾同胞书》发表20周年。钱其琛在会上强调，两岸之间的分歧不是社会制度、民主之争，而是分裂与反分裂、背叛与维护国家民族利益之争。希望台湾当局与我们进行政治谈判，早日实现两岸直接“三通”，在“一个中国”的原则下正式结束两岸敌对状态，台湾问题不能再无限期地拖延下去了。

同　日　财政部、民政部联合发出《关于提高部分优抚对象抚恤补助标准的通知》。《通知》决定提高部分优抚对象抚恤补助标准，其中包括革命伤残人员伤残抚恤金，烈属定期抚恤金以及在乡退伍红军老战士生活补助。新标准自1999年1月1日起执行。《通知》规定，在乡革命伤残人员的伤残抚恤金，在1998年标准的基础上，特等每人每年提高1 800元，一等每人每年提高1 240元，其他等级依次递减。在职特等、一等革命伤残人员的伤残保健金，在1996年标准的基础上，每人每年分别提高400元、300元。烈属、因公牺牲军人家属和病故军人家属定期抚恤金，在1998年标准的基础上，每人每月提高27元。在乡退伍红军战士、在乡八路军红军老战士、红军失散人员，在1998年标准的基础上，每人每月分别提高110元、100元、10元。《通知》要求：各级人民政府及民政部门要抓紧落实，及时把体现党中央、国务院关怀的抚恤救济金发放到优抚对象手中。

1月29日—1月30日　九届全国人大常委会第七次会议在北京举行。李鹏委员长主持了会议开幕式和闭幕式，并在闭幕时发表重要讲话。会议决定，将全国人大常委会关于《中华人民共和国宪法修正案(草案)》提请九届全国人大二次会议审议。会议同时决定，九届全国人大二次会议于3月5日在北京召开。此次会议讨论了中共中央关于修改宪法部分内容的建议，提出了宪法修正案草案。在前3次常委会会议审议的基础上，这次会议再次审议了合同法草案；还审议了澳门特别行政区九届全国人大代表产生办法草案，并决定将这2个草案提请九届全国人大二次会议审议。本次会议听取和审议了“两高”关于开展集中教育整顿工作情况的汇报；审议通过了关于召开九届全国人大二次会议的决定；通过了关于香港特别行政区九届全国人大代表辞去代表职务的办法的决定。田纪云、姜春云、邹家华、布赫、铁木尔·达瓦买提、彭珮云、周光召、成克杰、曹志、丁石孙、成思危、蒋正华副委员长和何椿霖秘书长出席了会议开幕式，国务委员迟浩田列席。田纪云、姜春云、邹家华、布赫、铁木尔·达瓦买提、彭珮云、何鲁丽、周光召、成克杰、曹志、丁石孙、成思危、蒋正华副委员长和何椿霖秘书长出席了会议闭幕式。国务院副总理钱其琛、最高人民法院院长肖扬、最高人民检察院检察长韩杼滨列席。

1月29日　中共中央隆重召开纪念瞿秋白诞辰100周年座谈会。中共中央政治局常委、书记处书记尉健行出席大会并发表了重要讲话。尉健行说，瞿秋白是中国共产党早期的主要领导人之一，伟大的马克思主义者，卓越的无产阶级革命家、理论家和宣传家，中国革命文学事业的重要奠基者之一。瞿秋白的一生，是为中国人民解放事业英勇奋斗的一生。他说，瞿秋白为传播马克思主义，在中国共产党早期从事理论建设，做出过巨大贡献。他非常重视提高全党的理论水平，运用马克思主义基本原理，对中国革命的基本问题进行广泛而深入的钻研，提出了许多精辟的见解，为党的思想理论建设作了大量奠基性的工作。尉健行特别指出，瞿秋白是中国先进知识分子的优秀代表，是开风气之先的早期共产党人之一。他以全部生命和心血，向人们展示了共产党人这个称号的深刻内涵。他一生追求真理，忠于共产主义理想，以党的事业为第一生命，即便在生死关头也毫不动摇，体现了共产党人为真理献身的崇高思想境界和大无畏气概。他在对敌斗争和党内斗争中是非分明，立场坚定，不畏权势，敢于斗争，体现了共产党人的高度党性原则。他在领导岗位上勇于负责，不谋私利，作风民主，光明磊落，体现了共产党人的公仆意识和工作作风。他在生活中严于律己，宽以待人，言行一致，谦虚谨慎，体现了共产党人的高贵品格。他在身处逆境时不沉沦，不消沉，鞠躬尽瘁，一以贯之，体现了共产党人的坦荡胸怀和严格组织观念。所有这些，连同他总计500万字的著述，是他给后人留下的一份珍贵遗产。

1月31日　新华社报道：中共中央近日召开党外人士座谈会。征求各民主党派、全国工商联负责人和无党派代表人士对修改宪法部分内容的意见。中共中央总书记、国家主席江泽民主持座谈会并发表重要讲话。江泽民首先介绍了修改宪法工作的有关情况。他说，中共十五大以后，中国的改革开放和现代化建设出现了新的局面。社会各界的许多人士建议，根据这次会议的精神和实践的发展，对宪法作必要的修改。中共中央对宪法修改非常重视，经过认真研究、慎重考虑，准备向全国人大常委会提出修改宪法部分内容的建议，请全国人大常委会依照法定程序提请九届全国人大二次会议审议。他说，这次修宪总的指导思想，是根据中国共产党的十五大精神和实践的发展，只对需要修改的并已成熟的问题作出修改，可改可不改的问题不作修改。在听取了大家的发言后，江泽民总书记发表了重要讲话。他说，宪法是国家的根本大法，在国家生活中具有极其重要的作用。1982年制定的我国现行宪法，规定了我们国家的根本制度和根本任务，确定了四项基本原则和改革开放的基本方针，是新时期治国安邦的总章程。宪法具有最大的权威性和最高的法律效力。全国各族人民、一切国家机关和武装力量、各政党和社会团体、各企业事业组织，都必须以宪法为根本的活动准则，并且负有维护宪法尊严、保证宪法实施的职责。宪法是法律体系的核心和基础，是依法治国的根本依据。江泽民指出，我们要在全社会进一步树立宪法的权威，建立健全保障宪法实施的强有力的监督机制。最重要的，是依法规范和制约国家机关的权力，确保国家权力严格按照宪法的规定去行使。一切国家机关及其工作人员，都必须按照宪法和法律的规定进行活动，都不能滥用权力。一定要十分明确，任何国家机关、组织和个人，都没有超越宪法和法律的特权。违宪是最严重的违法。一切违反宪法和法律的行为，都必须予以追究。在这方面，我们要采取更加有力的措施，加强宪法实施的有效保障，包括健全宪法实施的具体制度，开展对宪法实施的经常性检查监督，及时地纠正违反宪法的现象，切实把宪法的各项规定落到实处。江泽民指出，1993年修改宪法，增加了“中国共产党领导的多党合作和政治协商制度将长期存在和发展”的内容。多党合作、政治协商的基础，是作为国家根本大法的宪法。各民主党派和团体肩负着维护宪法尊严、保证宪法实施的重要职责，对宪法和法律的实施有重要的监督作用。他希望大家继续本着“长期共存、互相监督、肝胆相照、荣辱与共”的方针，更好地发挥这方面的作用，为维护宪法尊严、保证宪法实施做出更大的努力，为推动我国建设社会主义法治国家的进程，推进我国社会主义现代化事业的发展，做出新的贡献。

本　月　我国全面实行国际通行的首席科学家制。科技部已基本确定匡廷云（女，植物生理学家）、卢强（自动控制专家）、顾钧（计算机专家）、高小山（数学家）、张国民（地震学家）、陈凯先（药物学家）、严纯华（稀土科学专家）、闵乃本（晶体物理学家）、翁宇庆（金属材料专家）、陈竺（人类基因学家）、强伯勤（分子生物学家）等11位成就卓著的学者为首席科学家。

本　月　14个家电企业在武汉联合发表《自律宣言》。《宣言》抵制近年来家电市场上出现的乱搞“排行榜”、“市场占有率”等变相评比行为，呼吁有序竞争。7月，“1999家用电器电子技术应用研讨会”在上海召开，这是中国家电业首次召开该领域的研讨会。同月，国家环境护总局与联合国开发计划署联合签订了《全球环境基金中国节能氟利昂替代广泛商业化障碍消除项目》（GEF项目）。9月，“1999中国家用制冷工业CFC/HCFC替代及节能技术国际研讨会”在南京召开，这是家电行业第七次也是最后一次召开该专题的研讨，标志着中国冰箱、冷柜、冰箱压缩机行业的替代工作已经进入尾声。10月1日起，国家轻工业局禁止生产浴用直排式热水器。年底，“第五次维也纳公约缔约国保护臭氧层会议”以及“第十一届破坏臭氧层物质蒙特利尔公约缔约国会议”在北京召开，就保护臭氧层问题签署了《北京宣言》。1999年，信息家电成为媒体关注的焦点，与彩电业密切相关的“机顶盒”产品，可上网的冰箱、微波炉等新产品话题不时出现。国务院发展研究中心、信息产业部、国家信息中心和中国家用电器协会联合开展了农村家电市场调查，农村家电市场备受关注。

2月4日　世界银行信贷部主任安德森在北京举办讲座。应中国注册会计师协会秘书长李勇的邀请，安德森在京举办了题为“会计行业在国家财务会计责任框架中的作用”讲座。中国注册会计师协会的全体工作人员以及100多家会计师（审计）事务所的负责人出席。

2月5日　财政部部长项怀诚在湖北、江西省了解灾民生活和灾后重建等工作。他分别看望了湖北省和江西省财政厅、专员办、国资局以及九江市财政局的财政干部，向他们并通过他们向广大财政干部致以新春慰问。他说：“春节将至，财政部党组组织了3个工作组，分赴东北、西北和鄂赣灾区，转达党中央、国务院领导对基层同志的关心和慰问。我们这个工作组从湖北到江西，一路上所见所闻，印象深刻。灾区人民生活有着落，过节的吃、穿、用都得到妥善的安排，移民建镇工作比较顺利，恢复生产、重建家园的工作已全面展开。目前灾区社会稳定，人心安定，老百姓非常感谢党和政府的关怀。这是在党中央、国务院的关怀下，在各级党委、政府的领导下，全体人民共同努力所取得的来之不易的成绩。这其中，每个财政干部做了很多的工作，尤其是在救灾资金的保障和使用方面做了许多工作，我代表部党组和财政部的干部职工向你们表示感谢，并向广大财政干部拜个年。”项怀诚指出：1999年是改革开放以来非常重要的一年。这不仅是我们将迎来新中国成立50周年，澳门回归祖国，更重要的是我们正处在整个经济体制转轨、经济结构调整的关键时期，处在国企改革进入决战、亚洲金融风波影响加深的关键时期。财政工作要找到自己的位置。当前最紧迫的任务是一定要确保国企下岗职工基本生活保障和再就业资金及时足额到位，这是保证国企改革成功的重要“一头”；一定要把国家投入基础设施的项目资金管好用好，并保证质量，决不能让这部分资金发生截留、挪用现象。更不能胡花乱用。希望广大财政干部继续努力，把1999年的财政工作做得更好。

2月8日　全国财政系统外国政府贷款管理工作会议在北京召开。财政部副部长金立群出席会议并做重要讲话。此次会议主要任务是贯彻落实国务院关于外国政府贷款划归财政管理的重大决策，研究改进和加强外国政府贷款管理工作的政策措施，全面部署外国政府贷款管理工作。金立群副部长指出：为促进国民经济稳定增长，必须进一步积极利用外资，加大利用外国政府贷款的工作力度，切实加强外国政府贷款的管理，使利用外资的工作为经济增长贡献一份力量。他还指出，政府外债的筹集与运用属于财政再分配的职能，从其借入、使用到偿还，均与国家财政密切相关，并对国家的国际信誉产生重要影响。由财政部统一管理外国政府贷款，标志着由财政部集中统一管理政府外债的体制已基本确立。这既有利于在宏观上控制外债规模，对借款及其使用过程进行严格的审查和监督，保证对外债务的按时偿还，也有利于协调宏观经济政策与外债政策的相互关系。各地财政部门要进一步健全外国政府贷款业务的管理机构，以崭新的精神面貌和高昂的热情，努力把外国政府贷款管理工作抓紧抓好。

2月9日　财政部和世界银行为长江水灾紧急恢复项目提供8 000万等值美元的贷款达成协议并获世界银行执董会正式批准。长江水灾紧急恢复项目旨在帮助湖北、湖南、江西3个遭受水灾严重破坏的省进行灾后重建，包括公路、供水等基础设施以及学校、医院的恢复重建等。项目总投资约10.8亿元人民币，其中利用世界银行4 000万等值美元的软贷款和4 000万美元单一货币硬贷款，折合人民币6.64亿元；国内配套资金约4.16亿元人民币，分别由3个省自行负担，为保证项目的尽快实施，财政部将直接把8 000万等值美元的贷款分别转贷给3个省。3省财政厅作为各自人民政府的债权、债务代表，负责以美元现汇按时向财政部偿还贷款本息费。该项目的实施既有利于受灾项目地区经济和社会基础设施的恢复，还有力地配合了我国正在开展灾后重建、兴修水利和整治江湖的活动。

2月10日　江泽民总书记在北京锦绣大地农业股份有限公司考察了现代农业的情况。江泽民在考察中强调指出，要继续解放思想、实事求是、开拓进取、扎实工作，把首都北京建设得更美好。

2月12日　财政部党组书记项怀诚主持召开部党组会议，研究1999年会议计划和财政部房改方案等问题。关于1999年会议计划。会议研究决定：1. 原则上各单位1年召开1个全国性会议，各司局的业务工作布置，要在1个会上解决，防止各处室分头召开全国性会议。2. 对个别因业务差别确实不能合并在一起召开的会议，及承担重大专项改革任务必须召开全国性会议的司，允许最多召开2个会议。3. 严格控制会议人员和会期。全国性会议会期应控制在3天以内，会议人员不得超过100人。专业性会议时间要相应缩短，人数要相应减少。4. 本着精简、实效、节约的原则，能够合并的会议要合并。5. 要认真贯彻执行中央、国务院的各有关规定，不得在庐山等12个名胜风景区和其他旅游热点地区召开会议，不得发送纪念品、礼品。6. 财政部要在节约支出上起表率作用，1999年的会议安排不得超过1998年度，会议总数不得超过35个，经费总额控制在175万元以内。

2月13日　财政部党组书记项怀诚主持召开部党组会议，研究1999年立法计划、外事计划和《中央机关政府采购条例（送审稿草案）》等问题。一、关于1999年立法计划。经过讨论，决定如下：1. 1999年立法计划要兼顾2条原则，即紧迫性原则和可行性原则。2. 要对财政立法有一个中期（3—5年）的通盘考虑，提出一个指导性的规划。3. 1999年的立法工作，重点放在《会计法》、《注册会计师法》、《财产评估法》、《遗产法》及《燃油税条例》、《车辆购置税条例》上。4. 税收方面的立法要先商请国家税务总局提出意见。二、关于1999年外事计划。经过讨论，决定如下：1. 认真执行中央、国务院的规定，严格控制公务出国团组和出国人员数量，在保证财政部对外工作需要的基础上，努力节约外事经费开支。2. 按照财政部党风廉政建设责任制的规定，国际司对外事计划的执行负有监督责任，出国团组的人数、天数必须按计划执行，不得突破。加强外事纪律的学习教育。3. 考察的项目、地区要注意协调，慎重选择。避免项目雷同和地区过于集中。4. 世行技援项目要注意平衡司与司之间的安排，要与所负责的业务工作紧密结合起来。5. 出国培训班要尽可能利用技援项目和国外赠款。其组成人员要照顾地方财政厅局，为地方财政干部多创造一些培训学习的机会。学习班选题要好，要做到学有所获。6. 积极配合《会计法》的制定，要注重借鉴国外的经验和与国际接轨。在外事安排上，国际司要重点保证会计方面的对外交流。三、关于《中央机关政府采购条例（送审稿草案）》会上，预算司副司长张通就有关问题向部党组作了汇报和说明。会议认为，拟订和执行政府采购政策，积极推进政府采购工作是国务院赋予财政工作的职责，也是财政工作面临的新任务。政府采购是公共财政框架的一个重要内容。当前财政收支矛盾比较突出，而各项改革到了攻坚阶段，迫切需要财力的支持。就财政自身而言，在收入增长趋缓的情况下，必须研究运用市场经济的新机制、新手段、新方法，大力加强支出管理，积极推进政府采购工作十分必要、十分迫切。会议研究决定，政府采购工作当前最紧迫的是要制订有关制度，规范其内容、范围、原则和方法。这个制度有一个逐步完善的过程：第一步，以财政部的名义下发政府采购实施办法，推动地方和中央机关政府采购工作的开展。第二步，在比较成熟的基础上将实施办法上升为政府采购条例，报请国务院或国务院办公厅批转下发。第三步，在时机成熟后报请全国人大立法。

2月22日—25日　中俄总理定期会晤。委员会中方主席吴仪访俄。吴仪于23日与委员会俄方主席马斯柳科夫共同主持召开了委员会第三次会议。会议为中俄总理第四次定期会晤进行了最后准备。双方就进一步推动两国经贸合作问题详细交换了意见。会后签署了《莫斯科中国商场购房合同》、《TCL集团与俄两家电视机厂关于彩电散件组装的协议》以及《春兰集团与俄合资意向书》等共5个文件。

2月24日—27日　朱镕基总理正式访问俄罗斯。与普里马科夫总理举行了中俄总理第四次定期会晤，会见了叶利钦总统和联邦委员会主席斯特罗耶夫，并向俄工商界人士发表了演讲。访问期间共签署了16项涉及经贸、科技、能源、地方合作的文件。双方就双边关系和共同关心的国际问题深入地交换了意见，达成了许多重要共识和协议。

2月25日　江泽民与来我国进行正式友好访问的越南共产党中央委员会总书记黎可漂举行了会谈。两位领导人为两国关系面向21世纪的发展确定了框架和发展方向，一致商定要共同努力，建立和发展长期稳定、面向未来的中越睦邻友好与全面合作关系。双方表示要尽早谈判解决两国边界领土问题，并一致同意在1999年内签署两国陆地边界条约，在2000年内解决北部湾划界问题。双方确认要按照“平等互利、注重效益、讲求质量、形式多样、共同发展”的原则，进一步扩大两国的经贸和科技合作，以利两国的共同繁荣和发展。关于历史遗留问题，江泽民指出，尽快解决两国边界领土问题符合两国人民的共同愿望和根本利益。中越睦邻友好与全面合作关系的深入发展和两国领导人达成的共识，为两国谈判解决历史遗留问题创造了良好的条件。相信只要双方都从战略高度和两国友好大局出发，本着“友好协商、公平合理、互谅互让”的精神，加快谈判进程，就一定能顺利完成这一艰巨而光荣的历史使命。这是黎可漂1997年12月就任越共中央总书记后首次访华。

同　日　财政部在北京举行了1999年记账式（1期）国债承购合同签字仪式。中国人民银行、中央国债登记结算有限责任公司和有关金融机构的80余名代表出席。本期国债发行对象为全国银行国债券市场国内法人机构成员，发行总额180亿元，期限7年，年利率4.88%，利息按年支付。1999年2月26日开始发行和计息。

2月27日—28日　九届全国人大常委会第八次会议在北京举行。李鹏委员长主持了会议开幕式和闭幕式，并在闭幕时发表重要讲话。会议表决通过了九届全国人大二次会议议程草案，决定提请九届全国人大二次会议预备会议审议；表决通过了九届全国人大二次会议主席团和秘书长名单草案，决定提请九届全国人大二次会议预备会议选举。会议原则通过了全国人大常委会工作报告（稿）。该报告会后将根据委员们提出的意见进行修改，由委员长会议审定后，提请九届全国人大二次会议审议。委员长会议建议，请姜春云副委员长向九届全国人大二次会议作常委会工作报告。会议还表决通过了九届全国人大二次会议列席人员名单，全国人大常委会代表资格审查委员会关于选举、补选代表的代表资格的审查报告，批准了最高人民检察院任命名单：批准任命李春林为云南省人民检察院检察长。会议审议了全国人大代表团访问坦桑尼亚、乌干达、津巴布韦、博茨瓦纳、纳米比亚5国情况的书面报告。在各项议程进行完毕后，李鹏委员长发表了重要讲话。田纪云、姜春云、王光英、布赫、铁木尔·达瓦买提、吴阶平、彭珮云、何鲁丽、周光召、成克杰、曹志、丁石孙、成思危、许嘉璐、蒋正华副委员长和何椿霖秘书长出席了会议开幕式。国务委员司马义·艾买提、最高人民法院院长肖扬、最高人民检察院检察长韩杼滨列席。田纪云、姜春云、王光英、布赫、铁木尔·达瓦买提、吴阶平、彭珮云、何鲁丽、周光召、成克杰、曹志、丁石孙、成思危、许嘉璐、蒋正华副委员长和何椿霖秘书长出席了会议闭幕式。国务委员罗干、最高人民法院院长肖扬、最高人民检察院检察长韩杼滨列席。

2月28日　九届全国人大常委会举行第七次法制讲座。听取了中国社会科学院法学所研究员刘瀚关于法学理论的几个基本问题的讲座。李鹏委员长主持并作了讲话。他说法律是一门科学，法律有它内在的规律性，法律本身有自己的发展历史和体系。法学理论是研究法律这一特定社会现象及其发展规律的科学。马克思主义的法学理论是社会主义民主法制建设的理论依据。人大及其常委会是从事民主法制建设的重要机关，人大的工作离不开法学理论的支持和指导。就立法工作而言，在各立法项目之间有一些共同的法学理论问题，在每个立法项目上也涉及一些特殊的法学理论问题。在起草和审议法律草案的过程中，经常遇到一些问题，特别是一些争议比较大的问题，需要法学理论予以解释。在实际工作中，我们切身地感到，立法需要法的基本理论、部门法的理论和具体法律的理论指导。可以说，熟悉和掌握法学理论的基本知识，是做好人大工作的基本功，是从事人大工作必备的条件。希望大家结合人大的工作，注意比较系统地学习和掌握法学理论，以便更好地指导实践，努力开创人大工作新局面。法学同经济学、政治学一样，是社会科学的一个组成部分。法学属于上层建筑，它是经济基础的反映，反过来它又为经济基础服务。在现阶段也就是为建设有中国特色的社会主义，为现代化建设服务。我国民主法制建设的实践，是我国法学理论进一步发展的动力和源泉。党的十五大将“依法治国、建设社会主义法治国家”确定为治理国家的基本方略，提出到2010年形成有中国特色的社会主义法律体系。我希望我国的法学理论工作者和人大常委会组成人员、各专门委员会以及人大机关各工作部门，都要运用马克思主义的基本理论，结合我国民主法制建设的实际，特别是当前立法、执法和司法中提出的重大问题，加强对法学基本理论和部门法学理论的学习与研究，更好地为我国的民主法制建设服务，为建设社会主义法治国家做出应有的贡献。

3月1日　财政部发出《关于发行1999年凭证式（1期）国债（以下简称“本期国债”）的有关事宜公告》。公告如下：一、本期国债发行总额为500亿元，分为3年期和5年期2种，其中3年期350亿元，年利率为4.72%；5年期150亿元，年利率为5.13%。二、本期国债从1999年3月10日开始发行，4月30日结束。发行期内如遇银行存款利率调整，尚未发行的本期国债的票面利率，在利率调整日按3年、5年期银行存款利率调整的百分点作同幅调整。提前兑取分档利率的调整情况另行通知。三、本期国债从购买之日开始计息，到期1次还本付息，不计复利，逾期不加计利息。本期国债为记名国债，不得更名，可以挂失，可以在银行质押贷款，质押贷款办法另行制定。四、本期国债不可上市流通。投资者购买后如需变现，可随时到原购买网点提前兑取，并按实际持有时间及相应的利率档次计付利息。3年期凭证式国债：持有时间不满半年的，不计息；满半年不满1年的，年利率为1.44%；满1年不满2年的，年利率为3.78%；满2年不满3年的，年利率为3.96%。5年期凭证式国债：除按上述分档利率执行外，持有时间满3年不满4年的，年利率为4.77%；满4年不满5年的，年利率为5.04%。五、本期国债全部面向城乡居民个人发行，投资者可到中国工商银行、中国农业银行、中国银行、中国建设银行、交通银行及部分其他商业银行的营业网点购买。

3月4日　中国注册会计师协会理事会第三次会议在北京召开。财政部部长项怀诚、财政部副部长张佑才、中国注册会计师协会会长崔建民、中国注册会计师协会秘书长李勇和来自各地的100多名理事出席。项怀诚指出：对国有大型企业，国家实行稽察特派员制度，注册会计师一定要积极配合。打假非常重要，注册会计师要发挥“经济警察”作用，不但自己不能造假，还要打假、治假。一定要提高这方面的觉悟。项怀诚提出，搞好注册会计师工作要突出三个重点：第一，注册会计师必须以履行经济工作的监督职责为己任。第二，注册会计师协会要在“三个统一”上下功夫。即统一法律规范、统一执业标准、统一监督管理，这是协会工作的指导方针，是搞好行业建设的基础。第三，注册会计师、会计师事务所要逐步走向规范化、规范执业。财政部副部长张佑才要求注册会计师行业管理要实现“4个”突破：（1）要在解决“造假、贩假”问题上有所突破；（2）要在注册会计师人才的培养和后续培训思路上有所突破；（3）要在建立有效监督机制上有所突破；（4）要在行业管理模式的改革上有所突破。中国注册会计师协会会长崔建民在会上作了题为《中国注册会计师行业发展形势与任务的报告》。他指出，注册会计师行业进入全面建设的攻坚阶段，我们要按照国家经济体制改革的总体要求和国务院领导关于行业建设的指示精神，全面完成事务所体制改革；加大行业监管力度；全面提高行业队伍整体素质；加强各级协会建设。中国注册会计师协会秘书长李勇代表中注协秘书处作了工作报告，阐述了1998年的工作情况和1999年的工作设想。

同 日 财政部基本建设司与国信证券公司、中国财经报和中国证券报在北京联合召开首次“国债资金重大建设项目效益研究课题”研讨会。首都部分经济专家、中央有关部门的代表和全国部分省市财政部门的代表出席了会议。财政部基建司司长丁先觉在会上指出：通过这个课题的研讨，要达到三个目的。一是要对国债资金投资的重大建设项目的实施情况、项目财务效益及宏观经济效益进行及时跟踪分析，及时研究其中可能出现的各种问题，及时制定相关政策和措施，以保证积极财政政策的顺利贯彻落实；二是对国债项目的融资方式和还款机制进行研究，探讨多渠道利用资本市场加快国债投资项目回收的渠道和方式，以确保国债资金按期还本付息；三是积极推进基础设施建设的投融资改革，改变过去基础设施建设仅靠国家投资的状况，探讨政府投资与鼓励企业、个人和民营资本进行基础设施建设的结合机制和运作方式，并为建立相应的法律和制度框架打下扎实的理论基础，以便进一步扩大我国基础设施建设的投融资渠道，加快我国基础设施建设的步伐。

3月5日—15日 第九届全国人民代表大会第二次会议举行（这是自改革开放以来，全国人民代表大会会期最短的1次）。会议共有代表2 869名。第九届全国人大二次会议共收到议案759件，其中代表团提出的议案19件，30名以上代表联名提出的议案740件。会议听取了朱镕基总理代表国务院向大会作的政府工作报告。朱镕基的报告共分10个部分：1998年工作回顾和1999年工作的总体要求；继续扩大内需和实施积极的财政政策；促进农业和农村经济全面发展；大力推进国有企业改革；认真做好金融工作，防范和化解金融风险；千方百计扩大出口和有效利用外资；实施科教兴国战略和可持续发展战略；贯彻依法治国方略，建设廉洁、勤政、务实、高效政府；努力促进祖国和平统一大业；关于国际形势和外交工作。会议分别听取了国家发展计划委员会主任曾培炎、财政部部长项怀诚向大会作的《关于1998年国民经济和社会发展计划执行情况与1999年国民经济和社会发展计划草案的报告》、《关于1998年中央和地方预算执行情况及1999年中央和地方预算草案的报告》。会议还听取了人大常委会副委员长姜春云作的人大常委会工作报告；听取了最高人民法院院长肖扬作的最高人民法院工作报告和最高人民检察院检察长韩杼滨作的最高人民检察院工作报告。会议通过了《中华人民共和国宪法修正案》。根据这一修正案，邓小平理论的指导思想地位、依法治国的基本方略、国家现阶段的基本经济制度和分配制度以及非公有制经济的重要作用等被写进中华人民共和国宪法。明确非公有制经济是我国社会主义市场经济的重要组成部分，大大促进了社会生产力的发展。改革开放30年来，国家对非公有制经济的认识及相关政策的制定经历了一个从探索到完善的过程。1982年，五届全国人大五次会议通过了经过全面修改的宪法，确认了个体经济的合法地位，提出它是社会主义公有制经济的补充。1988年，七届全国人大一次会议通过的宪法修正案，增加了国家允许私营经济在法律规定的范围内存在和发展的内容。党的十四大决定实行“社会主义市场经济”后，1993年，八届全国人大一次会议通过宪法修正案，明确了非公有制经济的地位和作用。1997年，党的十五大将非公有制经济纳入到社会主义初级阶段的基本经济制度框架内，非公有制经济在国民经济中的地位得到了前所未有的重视和肯定。会议还通过了《关于政府工作报告的决议》，《关于1998年国民经济和社会发展计划执行情况与1999年国民经济和社会发展计划的决议》，决定批准国务院提出的1999年国民经济和社会发展计划，批准曾培炎受国务院委托所作的报告；通过了《关于1998年中央和地方预算执行情况及1999年中央和地方预算的决议》，决定批准国务院提出的1999年中央预算，同意项怀诚受国务院委托所作的报告；通过了《中华人民共和国合同法》、《中华人民共和国澳门特别行政区第九届全国人民代表大会代表的产生办法》、《关于全国人民代表大会常务委员会工作报告的决议》、《关于最高人民法院工作报告的决议》、《关于最高人民检察院工作报告的决议》。

3月5日　第九届全国人民代表大会第二次会议在北京召开。朱镕基总理在会上代表国务院作了政府工作报告。他指出：过去一年，面对复杂严峻的国内外经济环境，全国各族人民团结奋斗，克服重重困难，取得了改革开放和社会主义现代化建设的巨大成就。1999年初确定的改革和发展的各项目标基本实现。1999年，还要继续扩大内需，实施积极的财政政策。朱镕基强调，实施积极的财政政策，决不是可以敞开口子花钱，要强化预算管理，努力增收节支。继续加强税收征管，堵塞漏洞，清缴欠税，做到依法治税、应收尽收。大力提倡艰苦奋斗、勤俭建国，反对铺张浪费，坚决压缩一切不必要的行政开支，保证重点支出。严格财经纪律，规范和加强预算外资金管理。要进一步完善财税体制，重点是全面清理和规范收费，逐步实行“费改税”。朱镕基还说，实施积极的财政政策是特定条件下采取的特定政策。从中、长期来说，仍然要坚持财政收支基本平衡的原则，实行适度从紧的财政政策，严格控制并逐步缩小财政赤字。

3月6日　财政部部长项怀诚在第九届全国人民代表大会第二次会议上作《关于1998年中央和地方预算执行情况及1999年中央和地方预算草案的报告》。他指出：1998年，中央财政总收入5 483亿元，完成预算的103.3%。中央财政总支出6 443亿元，完成预算的111.7%。中央财政收支相抵，赤字960亿元，与九届全国人大常委会第四次会议审议批准的调整预算数额持平。1998年中央财政共发行国债3 891亿元。地方财政总收入8 291亿元，完成预算的103.8%。地方财政总支出8 249亿元，完成预算的103.3%。地方财政收支相抵，结余42亿元。以上中央和地方预算执行情况汇总，1998年全国财政收入9 853亿元，完成预算的101.8%，比上年增长13.9%；全国财政支出10 771亿元，完成预算的106.2%，比上年增长16.7%。全国财政收支相抵，支出大于收入918亿元，其中，中央财政赤字960亿元，地方财政结余42亿元。项怀诚说，1998年财政收入的增长继续高于当年经济增长，财政收入占国内生产总值的比重也由上年的11.6%提高到12.4%。这个比重近几年来逐步上升，这是规范税制、加强征管、依法理财、堵塞漏洞的结果，是一个可喜的成绩。1998年中央财政着力于优化支出结构，重点保证了事关改革、发展和稳定大局的支出项目。一是增加了基础设施建设投入，中央财政基本建设支出比1997年增长90.7%。其中农林水利基建支出增长1.5倍。二是为确保国有企业下岗职工基本生活费和离退休人员养老金的及时、足额发放，中央财政通过增列支出和亏损补贴等方式共拨补助资金和借款168亿元。三是为大力推进粮食流通体制改革，中央财政用于粮食政策性补贴的支出比1997年增加102亿元。四是为落实科教兴国战略，加大了科教投入。五是大力支持抗洪救灾，拨付抗洪等各种救灾经费130多亿元。他说，1999年中央财政总收入安排5 886亿元，比1998年执行数增加403亿元，增长7.3%。中央财政总支出7 389亿元，比1998年执行数增加946亿元，增长14.7%。中央财政收支相抵，赤字1 503亿元，比1998年执行数增加543亿元。1999年中央财政到期需归还的国内外债务本息为1 912亿元，加上弥补当年财政赤字1 503亿元，国内外债券发行额为3 415亿元，比1998年实际发行的国债减少476亿元。1999年地方财政总收入8 799亿元，比1998年执行数增长6.1%。地方财政总支出8 799亿元，比1998年执行数增长6.7%。1999年中央与地方预算汇总的情况是：全国财政收入安排10 809亿元，比1998年执行数增加956亿元，增长9.7%；全国财政支出安排12 312亿元，比1998年执行数增加1 541亿元，增长14.3%。

3月10日　我国首条500千伏紧凑型输电线路建成投运。该线路自北京昌平500千伏变电站至房山500千伏变电站，全长82.5千米。1994年12月，首条220千伏紧凑型输电线路（北京安定门—河北廊坊）建成投产。

3月13日　中共中央在北京举行中央人口、资源、环境工作座谈会。中共中央总书记、国家主席江泽民主持座谈会并发表重要讲话。他指出：促进我国经济和社会的可持续发展，必须在保持经济增长的同时，控制人口增长，保护自然资源，保持良好的生态环境。这是根据我国国情和长远发展的战略目标而确定的基本国策。江泽民在讲话中强调，人口、资源、环境这3方面的工作，是一个具有内在联系的系统工程。各级党委和政府要加强领导，协调各有关部门，动员全社会的力量，搞好这项系统工程。中央多次强调，对这3项工作，各级党政一把手要负总责、亲自抓。这3项工作搞得如何，成效怎样，要拿一把手是问，任期内要逐年考核，离任时要作出交代，工作失职的要追究责任。领导干部抓工作，不能停留在文件和口头上，要亲自调查研究，亲自安排部署，亲自督促检查。检查也不能停留于听汇报，而要多深入基层、深入群众，了解真实情况，总结推广先进经验，发现问题及时帮助解决。要通过艰苦细致的工作，真正做到责任、措施和投入“三到位”。要通过各方面的共同努力，切实把人口、资源、环境这3方面的工作抓紧抓好，取得更大的成效。

3月17日　新华社全文播发《中共中央关于在县级以上党政领导班子、领导干部中深入开展以“讲学习、讲政治、讲正气”为主要内容的党性党风教育的意见》。

同　日　民政部、财政部联合发出《关于进一步加强救灾款使用管理工作的通知》。《通知》规定，当地方遭受特大自然灾害、地方政府通过自身努力确实难以解决时，中央可予以适当补助。救灾款的使用必须遵循专款专用、重点作用的原则，不得平均分配，不得截留、挪用、不得有偿使用，不得提取周转金、不得用于扶贫支出。使用范围是：1.解决灾民无力克服的衣、食、住、医等生活困难；2.紧急抢救、转移和安置灾民；3.灾民倒房恢复重建；4.加工及储运救灾物资。救灾款的发放要坚持公平原则，发放重点是重灾区和重灾户，特别是保障自救能力较差灾民的基本生活。《通知》要求，各级民政、财政部门要切实加强对救灾款使用管理工作的督促和检查，保证专款专用、专账管理。各地要严格执行救灾款的使用报告制度。在收到民政部、财政部拨款通知后1个月仍不上报分配使用情况者，将被视为资金没有安排使用。如再发生特大自然灾害要求中央补助时，中央将不予补助或在考虑应补助数额时扣除已下拨未安排部分。

3月18日　中共中央总书记、国家主席、中央军委主席江泽民为“新时期英雄战士”李向群题词：“努力培养和造就更多李向群式的英雄战士。”4月1日，新华社报道，中央军委颁布命令，授予广州军区某部战士李向群“新时期英雄战士”荣誉称号。李向群在1998年参加长江流域的抗洪抢险时，献出了年仅20岁的年轻生命。他牺牲8天前在抗洪前线火线入党。4月2日，新华社报道，共青团中央、全国青联近日决定，追授新时期英雄战士李向群“中国青年五四奖章”，号召全国各族青年向李向群学习，学习他热爱党、热爱祖国、热爱人民、热爱军队的崇高思想；刻苦学习科学文化，争做“四有”新人的进取精神；坚持党和人民利益高于一切，不顾个人得失的高尚情操；舍己为人，不畏牺牲的英雄气概。

3月19日　中共中央召开全国“三讲”教育工作电视电话会议，总结和交流“三讲”教育试点的情况和经验，研究部署下一步的工作。胡锦涛在会上讲话指出：“三讲”试点基本上达到了中央要求，使领导干部受到一次深刻的马克思主义理论教育和生动的群众路线、群众观点的再教育，增强了贯彻党的基本理论、基本路线的自觉性和坚定性，增强了保持廉洁、接受群众监督的意识；查找分析了领导班子和领导干部党性党风方面存在的突出问题，明确了努力方向；在恢复和发扬批评与自我批评的优良传统方面有了明显进步，健全活跃了党内生活，增强了领导班子的团结。中央要求继续自上而下、分期分批地有计划进行，精心组织和指导，确保工作质量，防止走过场。

3月19日—21日　中共中央召开的全国“三讲”教育工作会议在北京举行。中共中央政治局常委、书记处书记胡锦涛出席会议并发表重要讲话。他指出，“三讲”教育试点取得的成效说明：中央关于以整风精神在领导班子、领导干部中深入开展“三讲”教育的决策，是完全正确、十分必要的，得到了党内外广大干部群众的拥护；中央提出的关于开展“三讲”教育的指导原则、基本要求和方法步骤，是符合实际的。各级党委要进一步把思想统一到中央精神上来，坚定信心，增强责任感，切实加强领导，有计划有步骤地做好下一步“三讲”教育工作，确保高质量地完成任务。胡锦涛指出，下一步“三讲”教育总的部署，要根据中央的要求，继续按照自上而下、分级分批的原则有计划地进行，必须加强领导，精心组织，精心指导，确保工作质量，防止走过场。胡锦涛要求各级党委：第一，要把“三讲”教育作为一件大事，纳入重要日程，统筹安排。在深入调查研究的基础上，制定出具体实在、针对性和可操作性强的“三讲”教育工作方案。第二，要抓紧组织好工作班子。省区市和地市党委要成立“三讲”教育领导小组和精干高效的办事机构，尽快投入工作。第三，要严格工作标准，时间和进度服从质量。前一阶段工作未达到标准的，不转入下一阶段。尚未集中开展“三讲”教育的地方和部门，领导干部在学习、工作和党内生活中，要自觉体现“三讲”要求，克服和纠正“三不讲”的现象。第四，要认真掌握政策，坚持“团结—批评—团结”这个解决党内矛盾的公式。第五，要搞好舆论引导，及时发现好的典型，总结推广成功经验，营造“三讲”教育健康发展的良好氛围。第六，要切实加强工作进程中的督促检查，发现问题，及时解决。主要领导同志要自始至终认真履行第一责任人的职责，推动每个阶段的安排部署落到实处。会议部署“三讲”教育按照自上而下、分级分批的原则，分两批开展。第一批有15个省区和66个中央、国家机关单位。

3月20日—30日　江泽民主席访问意大利、瑞士、奥地利3国。在访问期间江泽民提出了建立国际政治经济新秩序的五点主张：一、应坚持相互尊重主权和领土完整、互不侵犯、互不干涉内政的原则。二、应坚持用和平方式处理国际争端的原则。彻底摈弃冷战思维和由此而产生的各种强权行为。三、应坚持各国主权平等的原则。国家不分大小、贫富、强弱，都是国际社会平等的一员，都有平等参与国际事务的权利。四、应坚持尊重各国国情、求同存异的原则。五、应坚持互利合作、共同发展的原则。

3月22日　中央提出西部大开发战略。《国务院关于进一步推进西部大开发的若干意见》提出了进一步推进西部大开发的10条意见。西部大开发战略的提出和实施，有利于培育全国统一市场，完善社会主义市场经济体制；有利于推动经济结构的战略性调整，促进地区经济协调发展；有利于扩大国内需求，为国民经济增长提供广阔的发展空间和持久的推动力量；有利于改善全国的生态状况，为中华民族的生存和发展创造更好的环境；有利于进一步扩大对外开放，用好国内外两个市场、两种资源，具有重大的经济、社会和政治意义。

3月23日　监察部、国家计委、财政部、审计署、国家工商行政

管理局、国家粮食储备局和中国农业发展银行7部门联合召开电视电话会议，要求对粮食流通体制改革情况进行执法监察。财政部副部长高强要求各级财政部门要认真贯彻国务院关于深化粮食流通体制改革的决定精神，认真落实粮食风险基金补贴；积极消化老挂账，认真清理新增挂账；大力支持粮食出口，缓解国内粮食仓储压力；支持粮食仓储设施建设，逐步建立中央储备粮垂直管理体系；及时拨付各项粮食补贴资金，为粮食流通体制改革创造了良好环境，提供了有效的财力支持。各级财政部门必须继续做出努力，积极落实好各项配套政策。针对目前粮改政策执行中存在的虚报库存骗取国家财政补贴，降价售粮增加新的亏损，随意调节当期盈亏人为增加新增挂账，违反财经纪律私设“小金库”等问题，进行重点监督。一是要认真审核粮食企业库存情况，严肃处理虚报库存套取国家财政补贴的行为；二是认真审核1998年6月1日以来粮食企业销售情况，严肃处理降价销售的行为；三要认真审核粮食企业新增挂账情况，严肃处理虚增新增粮食财务挂账的行为；四要认真审核粮食企业各项资金运转情况，严肃处理私设“小金库”的行为；五要认真审核财政、粮食主管部门有无截留挪用上级拨付粮食政策性补贴的行为，发现问题及时纠正；六要检查地方应配套的粮食风险基金是否按规定足额到位，使用范围是否符合国务院规定。

3月24日　项怀诚会见世界五大国际会计公司负责人。财政部部长项怀诚在会见世界五大国际会计公司（普华永道、安达信、安永、毕马威国际会计公司和德勤会计师行，简称“五大”）负责人时，表达了中国财政部与“五大”建立联系和合作的良好愿望，希望“五大”对中国目前正在进行的注册会计师行业清理整顿工作给予理解和帮助。项怀诚谈到，中国恢复注册会计师制度以来，目前已发展到10万多人，在大规模获得从业资格的背后是“泥沙俱下”，所以要对注册会计师队伍进行清理整顿。希望“五大”能够提供培训以提高中国注册会计师的执业水平，使其达到或接近国际水准。中国正分别在北京和上海设立国家会计学院，将使之成为中国培训注册会计师的基地，希望邀请“五大”的注册会计师来执教。项怀诚还谈到，在中国加入世界贸易组织的谈判中，涉及到会计和管理咨询等专业服务方面，中国基本能够满足世界贸易组织提出的要求。

3月26日　云南第二次扫雷基本结束。新华社报道，云南省军区日前宣布，从1997年12月开始的云南边境第二次大扫雷已基本结束。至此，云南边境全线已基本成为安全边防线。此次扫雷共扫除地雷55多万枚、爆炸物20多万发（件）、开通边境公路27公里，开放通道两条，开辟边境集市两个。

同　日　中共中央、国务院对质监管理体制进行改革。《人民日报》报道：为促进执法监督的独立性和有效性，进一步加大质量技术监督力度，党中央、国务院决定质量技术监督管理体制实施重大改革，在全国省以下质量技术监督系统实行垂直管理。国务院副总理吴邦国出席会议并讲了话。他说，党中央、国务院历来十分重视质量问题，改革开放20年来，我国的质量工作取得了可喜的成绩，质量总体水平有了一定提高，为经济的发展和人民生活的改善做出了贡献。但从总的方面看，我国的产品质量和工程质量、服务质量状况还不能适应经济建设发展的需要，已经成为制约我国经济发展的一个重要因素。党中央、国务院决定改革现行质量技术监督管理体制，就是下决心要加大质量工作力度，加强质量技术监督工作，逐步营造一个健全有效的社会主义市场经济的监督体系，促进国民经济持续、快速、健康发展和社会全面进步。谈到改革质量技术监督管理体制问题，吴邦国指出，这次改革最核心的一条，就是省级以下质量技术监督系统实行垂直管理。这是党中央、国务院加强质量技术监督管理的一项重大措施。

同　日　原财政部党组书记、代部长，第五、六届全国政协常委戎子和同志的遗体在北京火化。原人大常委会副委员长王丙乾、财政部部长项怀诚、国家税务总局局长金人庆、财政部纪检组组长金莲淑等领导同志去北京医院为戎老送别。戎子和同志于1999年3月20日因病医治无效在北京医院逝世，遵照戎子和同志丧事从简的遗愿，仅在北京医院告别室举行了简单的告别仪式。戎子和同志病重期间及逝世后，朱镕基、胡锦涛、李岚清、田纪云、曾庆红、万里、宋平、刘华清、荣毅仁、薄一波、宋任穷、孙孚凌、张劲夫和习仲勋、王丙乾等，以不同方式表示慰问和哀悼。戎子和同志1906年生于山西省平鲁县一个农民家庭，1936年9月参加革命工作，同年12月加入中国共产党，参加发起成立“山西牺牲救国同盟会”，任执委、常委。1937年，他参与了抗日武装山西新军的组织创建工作，任山西新军决死三纵队政治委员，同年6月兼任山西长治五专署专员、牺盟中心区党团书记，年底兼任专署保安司令，后任决死三纵队司令员。1941年7月任晋冀鲁豫边区政府副主席、党组副书记。1948年9月任华北人民政府财政部部长。1948年北平解放前夕，他作为中共三人代表之一，参加了北平的和平谈判，并在同年12月任北平军事接管委员会委员，兼物资接管委员会副主任，协助叶剑英同志主持了北平的财政经济部门的接管和恢复。新中国成立后，戎子和历任财政部副部长，党组副书记、书记，政务院财经委员会委员。1952年10月—1953年8月任财政部代部长。后任中共中央西北局委员、财贸办公室主任，1978年5月任财政部顾问，同年7月兼任中央财政金融学院院长、党委书记，1979年1月任财政部党组纪检组组长。戎子和是第五、六届全国政协常委，曾任中国财政学会会长、名誉会长。1988年离休。

3月26日—27日　由日本民艺馆主办的“第三届中国民间版画国际研讨会”在日本东京赤坂国际会场举行。

3月29日　新华社全文播发了《中国共产党农村基层组织工作条例》。该《条例》包括总则、组织设置、职责任务。经济建设、精神文明建设、干部队伍和领导班子建设、党员队伍建设及附则8章内容。条例共8章34条，自发布之日起施行。

3月30日　财政部发出《关于加强基础设施建设资金管理与监督的通知》。《通知》强调，要加强资金源头管理，确保建设资金及时、足额到位。各地区、各部门要在建设项目的前期工作阶段就将资金来源管理放在突出位置，确保项目建设资金不留缺口，防止形成“胡子工程”。《通知》重申，要严格执行国债专项资金管理的各项制度和法规，切实加强执法监督检查。各地区、各部门要认真贯彻落实有关规定，切实保证基础设施建设资金的专款专用，防止挪用和变相挪用；要严格控制项目建设资金的各项开支标准，防止铺张浪费、随意扩大工程规模、变相搞概算外。《通知》明确，要进一步加强基础设施项目概算、预算和竣工财务决算管理，努力降低工程建设成本。凡有国债资金投入或其他财政性资金投入的建设项目，都要认真搞好工程概算审查，并将审定的工程概算，作为安排财政预算资金的依据。《通知》最后强调，各地区、各部门要统筹规划，确保按期归还国债专项资金。要深入分析本地区财力状况和基础设施投资规模，严格按照与中央财政签订的转贷协议所确定的转贷资金数额、期限和利率，落实各项还款来源，制定出切合实际的分年度还款计划，确保按时、足额向中央财政归还借用的国债专项资金。

本　月　中俄双方完成了中俄东、西两段国界叙述议定书及其附件的制定工作。该项工作标志着中俄国界已协商一致地段的勘界工作圆满结束，中俄国界在两国关系史上首次在实地得到了准确标示。目前，中俄国界东段还剩下黑瞎子岛和阿巴该图洲渚两块地区的边界线走向尚未确定，双方正在继续谈判解决。中俄边界全长4 370多公里，其中东段边界长约4 320公里，西段长约54公里。两国之间存在着历史遗留下来的边界问题。双方以有关目前两国边界的条约为基础，根据公认的国际法准则，本着平等协商、互谅互让的精神，经过多年谈判，确定了约97%的边界线走向，并分别于1991年5月16日和1994年9月3日签署了《中苏国界东段协定》和《中俄国界西段协定》。

4月2日　"新形势下会计软件市场管理暨会计信息化研讨会"在深圳市召开。来自财政部会计司，地方省、市财政局会计处的有关人员及全国知名会计专家、学者共计200人出席了会议。从1978年我国开展会计电算化工作至今，会计电算化事业在我国已发展了20年。在财政部门、会计电算化理论工作者、会计软件用户及会计软件厂商的共同努力下，我国企业会计电算化的普及率大大提高，企业的会计电算化管理水平也大大提高。但随着会计软件市场竞争的日益加剧，会计软件市场运行不规范、不正当竞争等问题越来越突出地表现出来，如何防止会计软件市场的无序竞争，改革现有的会计电算化管理制度、管理手段和管理方法，以适应当前和今后会计电算化实践的发展，是本次会议讨论的焦点。与会的会计专家、学者认为：随着计算机技术和因特网的日益普及，传统的将计算机仅仅当做处理会计信息手段的认识显然是远远不够的。计算机技术和因特网的使用，将更大程度地使会计人员参与到企业的整体信息系统管理、企业行为的分析决策中去，从而也必将带来对信息技术在会计学中地位的重新认识，会计信息化将成为下个世纪会计电算化事业的发展方向。

4月5日　新华社报道：中央军委近日颁布记功通令。决定分别给航天远洋测量船基地远望三号船记一等功；太原卫星发射中心发射站记二等功；国防科技大学计算机系主任卢锡城记一等功；装甲兵工程学院电子工程系电气自动化教研室教授臧克茂记一等功；第三军医大学第三附属医院、野战外科研究所研究员王正国记一等功，第一军医大学第一附属医院传染科主任医师骆抗生记二等功；南京军区前线歌舞团编导室创作员黄素嘉记三等功。

同　日　国务院、中央军委发布命令，给武警西藏总队那曲地区支队记一等功。武警西藏部队那曲地区支队在1997年9月—1998年2月西藏那曲地区特大雪灾的紧急救灾中，为夺取抗雪救灾斗争的胜利和加强民族团结做出了突出贡献。

4月7日　财政部预算司和中国人民银行国库司在厦门市联合召开“国库单一账户国际研讨会”。参加会议的有：世界银行、国际货币基金组织和澳大利亚财政部的专家、高级经济学家，部分省市财政厅（局）和国库部门的同志，国家税务总局计统司，财政部国际司、计算中心以及全国预算会计研究会等单位的代表。外国专家围绕国库单一账户这个主题，就国库单一账户的概念、特点、执行、运作以及信息系统的设计与实施分别做了演讲。财政部预算司、国家税务总局计统司、中国人民银行国库司和浙江省人民银行国库处等单位分别介绍了我国现行中央预算资金拨付管理程序，税收征收入库程序，国库对中央和地方库款的收纳与支付程序。通过会上会下中外专家的介绍、讲解与研讨，增进了与会者对国库单一账户制度的了解，起到了中外国库业务相互交流的作用，特别是外国专家介绍的经验，对推动我国国库实行单一账户改革有现实的借鉴意义。

4月16日　中共中央组织部、中共中央宣传部、中央直属机关工委、中央国家机关工委、中央金融工委联合召开“三讲”教育报告会。中共中央政治局常委、中央书记处书记胡锦涛在报告会上强调指出，全面深刻地阐述了“三讲”教育的重要意义。他说，中央决定在县级以上党政领导班子、领导干部中深入开展“三讲”教育，是在认真总结新时期党的建设的基本经验，全面分析我国跨世纪发展面临的新形势新任务和领导班子、领导干部的现状后做出的一项重大决策。这是我们党为迎接新世纪、完成新的历史任务所作的重要思想准备和组织准备；是从实际出发加强领导班子建设、提高领导干部队伍思想政治素质的重要任务；是推动全党兴起学习邓小平理论新高潮，从根本上加强全党的思想政治教育的重要举措；也是对在改革开放和发展社会主义市场经济条件下，如何有效解决党内尤其是领导干部中党性党风方面存在问题的一次创造性探索。各级领导班子和领导干部要把思想进一步统一到中央精神上来，从事关党和国家前途命运的高度来认识和对待这件大事，积极投身“三讲”，认真抓好“三讲”。

4月17日　财政部发出《关于政府采购管理暂行办法的通知》。《通知》对政府采购方式做了明确规定，即“政府采购采用公开招标、邀请招标、竞争性谈判、询价、单一来源等采购方式”。公开招标采购，是指采购机关或其委托的政府采购业务代理机构（统称招标人）以招标公告的方式邀请不特定的供应商（统称投标人）投标的采购方式。邀请招标采购，是指以投标邀请的方式邀请5家以上特定的供应商投标的采购方式。竞争性谈判采购，是指采购机关直接邀请3家以上的供应商就采购事宜进行谈判的采购方式。询价采购，是指对3家以上的供应商提供的报价进行比较，以确保价格具有竞争性的采购方式。单一来源采购，是指采购机关向供应商直接购买的采购方式。

4月17日—23日　江泽民在四川对国有企业的改革与发展进行调

研。4月22日，他在成都指出：国企改革是一个非闯不可、也绕不过去的关口。打好这一场攻坚战，不仅关系到国企改革的成效，也关系到整个经济体制改革的成效。必须坚持建立社会主义市场经济体制的改革目标，适应国内外经济、科技和市场的发展变化，进一步深化改革，扩大开放，不断增强企业的市场竞争能力、科技创新能力和抗御风险能力。积极探索在发展社会主义市场经济条件下发展国企的新路子，大胆探索能极大促进生产力发展的公有制实现形式。各级党委、政府和党政主要负责同志，要充分认识搞好国有企业改革和发展的重大经济意义和重大政治意义，切实担起应负的责任，进一步加强领导，团结和带领广大干部职工，坚定不移地按照中央的要求做好工作。江泽民说，搞好国有企业的改革和发展，是1999年经济工作的重中之重。中央作出这个工作部署，是从当前我国经济体制改革和经济发展的要求出发的，也是从全面实现十五大提出的跨世纪发展目标的要求出发的。我国的国有企业经历了半个世纪的发展历程。经过长期的艰苦奋斗，我们建立起独立的、比较完整的工业体系和国民经济体系，有力地推进了国家工业化和现代化的进程。国有企业的广大干部职工为此做出了巨大的贡献。江泽民对于当前国有企业改革和发展形势指出，正确认识和把握当前国有企业改革和发展的形势，对于统一认识，增强信心，做好工作至关重要。当前，国有企业面临的困难和问题，产生的原因是多方面的。总的看，这些问题都是前进和发展中的问题。过去我们实行的是计划经济，现在发展社会主义市场经济，在体制转轨和结构调整中必然会遇到一些新情况新问题。不少国家在经济结构大调整的时期，都曾出现过类似的情况和问题。我国人口多、底子薄，生产力水平还比较低，有些问题的解决难度会更大一些。我们要充分估计到工作的艰巨性和复杂性，同时要充分看到并积极运用各种有利条件，坚定信心，扎扎实实地抓紧做好工作。面对推进国有企业改革和发展的艰巨任务，我们要坚定不移地贯彻执行党的群众路线，进一步转变领导作风，大兴调查研究之风。各级领导干部特别是主要领导同志要带头下基层，进行认真的而不是敷衍的、深入的而不是肤浅的调查研究，同企业广大干部职工一起总结经验，制定有力措施。要认真总结企业干部职工创造的成功经验，特别是那些能够有效解决当前的突出矛盾和问题，推动企业面向市场发展壮大的新鲜经验。要坚持具体问题具体分析，既要认识和把握矛盾的普遍性，也要注意分析和掌握矛盾的特殊性，不断认识新情况，解决新问题。要勇于站在企业改革的前列，解放思想，实事求是，积极探索，勇于开拓。全党必须锐意进取、迎难而上，而不能因循守旧、无所作为。越是改革进入攻坚阶段，我们越要发扬这种积极进取的精神。要把勇于改革的精神同科学求实的态度紧密结合起来，不作表面文章，不要刮风，不要简单化、绝对化。

4月18日　新华社报道：人民解放军总参谋部发布命令，授予短短4年创造了中国陆军航空兵“八个第一”的中士李洪涛“科技练兵好战士”称号。这是新中国成立以来第一位因军事训练成就卓著而被最高军事领率机关授予荣誉称号的士兵。

同　日　中央军委主席江泽民、中央军委副主席张万年、迟浩田分别为中国人民解放军海军成立50周年题词。江泽民的题词是：“为建设具有强大综合作战能力的现代化海军而奋斗”。张万年的题词是：“建设强大海军，不辱历史使命”。迟浩田的题词是：“强我海军，振兴中华”。

4月21日　“新时期英雄战士”李向群的铜像，被中国军事博物馆收藏。李向群铜像是继雷锋铜像后第二个被中国军事博物馆收藏的全军英雄模范人物铜像。

4月22日　新华社发表了江泽民主席1998年6月26日为全军青年的题词：“努力学习、艰苦奋斗，做无愧于新时代的高素质青年军人”。

4月23日　九届全国人大常委会举行第八次法制讲座。听取了全国人大法律委员会主任委员王维澄关于有中国特色社会主义法律体系的几个问题的讲座。九届全国人大二次会议通过的宪法修正案，将“依法治国、建设社会主义法治国家”这一党领导人民治理国家的基本方略载入宪法。依法治国的首要条件和基本前提，是建立有中国特色社会主义法律体系。党的十五大提出，到2010年形成有中国特色社会主义法律体系。实现这一目标，对于从制度和法律上保证党的基本路线和基本方针的贯彻实施，建设有中国特色社会主义经济、政治和文化，保证国家的兴旺发达、长治久安，具有十分重要的意义。加强对有中国特色社会主义法律体系的研究，从理论和实践的结合上搞清它的基本内涵和基本特征，以及明确建立这个体系的立法任务和主要措施，将有利于增强立法工作的主动性和自觉性，有利于有计划、有步骤、有重点地做好立法工作。因此，全国人大常委会专门组织力量对有中国特色社会主义法律体系进行了研究和论证，并已有了一个大体思路。随着实践的发展，对这一法律体系的认识还会不断深化。九届全国人大常委会提出，在本届任期内初步形成有中国特色社会主义法律体系。实现这个任务，将为到2010年形成有中国特色社会主义法律体系奠定坚实的基础。现在，全国人大常委会已经制定了5年立法规划，要在此基础上，根据有中国特色社会主义法律体系的研究成果，着手制定到2010年的立法纲要，以便更好地指导今后的立法工作，形成有中国特色的社会主义法律体系，是一项前无古人的伟大工程，应当从我国社会主义初级阶段的实际出发，并研究借鉴外国有益的立法经验。要形成这样的体系，还需要制定相当数量的法律，其中不少立法项目的难度很大，立法任务仍然是十分繁重的。当前要集中力量，抓紧制定立法法、监督法、物权法、社会保险法、劳动合同法，以及规范行政行为方面的重要法律，在建设有中国特色社会主义法律体系方面迈出坚实的步伐。在立法中要特别注意各法律部门、各法律之间的相互衔接与协调。要努力提高立法技术，法律的规定要尽可能明确、具体、便于操作，以使法律在国家的经济、政治和社会生活中发挥应有的作用。

同　日　中国注册会计师协会秘书长李勇率团出席在印度新德里举行的第五十二次亚太会计师联合理事会会议。会上，李勇介绍了中国注册会计师行业的清理整顿和脱钩改制情况，阐述了中国会计市场的对外开放政策，与会各国对此表现出极大的兴趣。这次会议除完成理事会例行议程外，还研究和确定了一些重要事项。为充分发挥亚太会计师联合会在国际和地区事务中的作用，会议决定开展二项研究：一是责成澳大利亚会计师组织调查各会员国执行国际会计与审计准则的情况；二是责成加拿大会计师组织了解各成员国的后续教育情况，以便理事会明确亚太会计师联合会的新目标和策略。

4月24日　财政部副部长张佑才在吉林省延吉市召开的全国农业综合开发计划财务处长工作会议上发表讲话。他指出：当前农业和农村经济发展进入一个阶段性变化的新时期，有四大不适应的状况亟待解决。一是农业经济基础依然脆弱，农业科技水平依然很低，不能适应农业持续快速、健康发展的要求；二是增产不增收，农业在规模上、结构上不适应农民致富、奔小康的要求；三是农民整体素质、知识水平不适应新型农业发展的需要；四是农村市场经济体系不健全、宏观调控能力差，不适应农村经济结构调整的需要。解决上述矛盾的根本出路在于实现两个根本转变，即传统农业向现代化农业的转变、粗放型经营和增长向集约型经营和增长的转变。农业综合经营开发要跳出就财政论财政的框框，站在全局高度把握财政工作与社会经济发展的关系、积极财政政策与财政职能的关系、公共财政支出与财政支农支出的关系、国有经济和多种所有制经济发展的关系，明确职责，找准位置，及时转变观念、工作方式和方法，探索新思路，创造新模式。他强调说，1999年要采取一些针对性措施，解决农业综合开发工作存在的问题。如实行项目和资金的统一管理，以解决项目和资金“两驾马车”各干各事的矛盾；强调地方配套资金落实到位，将从1999年开始将各地上年配套资金落实情况作为安排1999年新增中央财政资金的一个重要因素；完善规章制度，加大对人员的培训，提高资金管理水平。

同　日　财政部部长项怀诚在北京钓鱼台国宾馆会见了来华访问的日本海外经济协会基金总裁筱泽恭助及其一行。

同　日　外交部发言人发表谈话。就联合国人权委员会第五十五届会议对美国等少数国家提出的所谓“中国人权状况”决议草案不予审议和表决一事指出，利用人权干涉他国内政不得人心。

同　日　江泽民写信给北京师范大学教授白寿彝。祝贺他主持编写的《中国通史》全部出版。江泽民在信中强调，中华民族的历史，是全民族的共同财富，全党全社会都应该重视对中国历史的学习。

4月27日　财政部部长项怀诚在北京京广新世纪酒店举行的外国银行协会午餐会上发表演讲。他说，1998年中国实施的包括增发1 000亿元国债在内的积极财政政策，发挥了很大的作用。据有关部门统计，1998年积极财政政策及其引导的各方面的投资，大约拉动国民经济增长1.5个百分点。财政赤字和国债规模是控制在国民经济可以承受的范围之内的。据测算，1999年财政赤字和累计国债余额占国内生产总值的比重分别为1.7%和10%左右，低于国际公认的3%和60%的警戒线。他介绍说，当前中国财税改革的重点是推进税费改革。税费改革基于以下几项原则：一是取消政府实施公共管理和提供普遍性公共服务收取的管理费；二是将体现市场经营行为的服务性收费，转为经营收费，其所得收入依法进行征税；三是将政府为支持某些重点产业和重要事业发展设立的、具有税收性质的政府性基金或专项性收费改为相应的税收；四是保留政府向社会实施特定管理或提供特殊服务以及对国有资源有偿使用收取的必要费用，并实行规范化的管理。

4月28日　国务院第十六次常务会议通过《国家科学技术奖励条例》。为了奖励在科学技术进步活动中做出突出贡献的公民、组织，调动科学技术工作者的积极性和创造性，加速科学技术事业的发展，提高综合国力，制定本条例。国务院设立下列国家科学技术奖：（一）国家最高科学技术奖；（二）国家自然科学奖；（三）国家技术发明奖；（四）国家科学技术进步奖；（五）中华人民共和国国际科学技术合作奖。

同　日　财政部在北京举行1999年记账式（2期）国债承销合同签字仪式。中国人民银行、中央国债登记结算有限责任公司和有关金融机构的80余名代表出席。本期国债的发行对象为经中国人民银行批准的全国银行间债券市场国内法人机构成员，发行总额为160亿元，期限10年，年利率为4.72%，利息按年支付，4月29日开始发行和计息，发行结束后在全国银行间债券市场上市交易。本期国债通过中央国债登记结算有限责任公司托管注册。1999年记账式（2期）

国债采取由全国银行间债券市场国内法人机构成员承购包销，并可以向中资商业银行、中资商业保险公司和农村信用社联社分销的方式发行。中国人寿保险公司、中国工商银行、中国平安保险股份有限公司、中国再保险有限公司、上海银行等36家承销机构积极承销了本期国债。

4月29日　第九届全国人大常委会第九次会议通过了《中华人民共和国行政复议法》。这标志着我国行政复议制度经过10多年的探索、发展开始走向全面完善，国家行政机关对依法行政的认识达到了一个新的高度。

同　日　“中国人民解放军海军诞生地纪念馆”在江苏省泰州市白马乡落成开馆。中共中央总书记、国家主席、中央军委主席江泽民为纪念馆题写了馆名。4月30日，中国第一个军事后勤博物馆——中国人民解放军军事后勤馆正式开馆。军事后勤馆座落于中国人民解放军后勤指挥学院，建筑面积7 000多平方米，分为军事后勤历史和军事后勤装备2个分馆。

本　月　朱镕基总理访问美国、加拿大，分别同克林顿和克雷蒂安会晤。

5月1日　经国务院、中央军委批准，中国人民防空标志正式启用。

5月4日　五四运动80周年纪念大会在北京举行。党和国家领导人江泽民、李鹏、朱镕基、李瑞环、胡锦涛、李岚清出席大会。中共中央政治局常委、国家副主席胡锦涛在大会上发表了重要讲话。他强调指出：今天我们继承和发扬“五四”传统，就要坚持以马克思列宁主义、毛泽东思想和邓小平理论为指导，坚持党的基本路线，发扬民族自尊、自信、自强的精神，汲取一切有益的新思想、新经验，努力建设有中国特色社会主义的经济、政治、文化，把改革开放和现代化事业不断推向前进。胡锦涛回顾了五四运动以后中国共产党领导中国人民争取社会进步和推动历史前进的奋斗历程。他说，五四运动以来80年的历史证明：中国共产党是“五四精神”最忠诚的继承者；中国人民选择中国共产党作为领导自己事业的核心力量，选择经过新民主主义过渡到社会主义社会的革命道路，选择并成功地开辟具有中国特色的社会主义发展道路，是完全正确的；青年始终是我们社会中最积极、最活跃、最有生气的一部分力量，青年运动的发展始终同中国共产党领导人民不懈奋斗的历史进程紧密相连，我们的事业取得的全部成就始终与一代又一代青年的英勇奋斗分不开。胡锦涛要求广大青年一定要响应江泽民同志的号召，坚持学习科学文化与加强思想修养的统一，坚持学习书本知识与投身社会实践的统一，坚持实现自身价值与服务祖国人民的统一，坚持树立远大理想与进行艰苦奋斗的统一，努力把自己锻炼成为党和人民所需要的、符合时代要求的社会主义建设者和接班人。他希望大家：第一，要坚定理想，服务人民；第二，要深入群众，投身实践；第三，要勤奋学习，勇于创造；第四，要脚踏实地，艰苦奋斗，积极创造无愧于前辈、无愧于后人的业绩。胡锦涛指出，青年是祖国和民族的未来与希望。各级党委和政府，要从社会主义事业长远发展的战略高度，热情关怀青年，正确引导青年，严格要求青年，努力把青年一代培养成为有理想、有道德、有文化、有纪律的社会主义新人。共青团是党领导的先进青年的群众组织，要发挥好作为党的助手和后备军的作用，发挥好作为国家政权的重要社会支柱的作用，发挥好作为党和政府联系青年群众的桥梁与纽带的作用。社会各方面都要热情关心青年一代的成长和发展。

5月5日　建设部、财政部、中国人民银行在北京联合召开全国住房公积金管理工作会议。会上，财政部副部长楼继伟指出：必须强化对住房公积金的财政监督机制。按照国务院4月3日颁布的《住房公积金管理条例》的规定，住房委员会和住房公积金管理中心分别作为住房公积金管理的决策机构和执行机构，应对归集和使用住房公积金分别进行统一管理和具体运作；财政部门作为公积金管理决策和执行情况的监督机构，应对归集、使用和管理住房公积金进行全方位监督，做到财政监督不越位也不缺位。他指出，目前公积金管理中心职责不清，财政监督不到位的问题比较普遍。一些地方房委会和公积金中心除管理和运作住房公积金外，还管理和运作城市、单位住房基金等其他住房资金，财政监督难度较大，导致挤占、截留、挪用住房公积金、城市和单位住房基金等其他住房资金的问题时有发生；同时，公积金中心运作资金的风险加大，管理运作资金的成本也相应加大，直接影响着住房公积金的安全和完整。他还指出，要建立规范化的住房公积金财务管理和会计核算体系，一要理顺财政部门与公积金中心的财务管理关系，公积金中心财务管理的主管部门是同级财政部门；二要规范公积金中心管理费用的管理办法，由本级财政对公积金中心管理费用实行收支两条线管理，严格按预算管理规定拨付管理费用；三要加强住房公积金增值收益的管理，单独设户，单独核算；四要对公积金中心管理费用开支情况进行清理。

5月8日　中华人民共和国驻南斯拉夫联盟共和国大使馆遭导弹袭击。北京时间上午5时45分左右（贝尔格莱德时间7日午夜），以美国为首的北约飞机悍然使用3枚导弹，从不同角度袭击了中华人民共和国驻南斯拉夫联盟共和国大使馆，造成馆舍严重毁坏，新华社和《光明日报》社驻南记者邵云环、许杏虎、朱颖3人死亡，20余人受伤。事件发生后，中国政府立即发表紧急声明表示强烈抗议。当天，全国人大外委会、全国政协外委会分别发表声明，各民主党派、全国工商联、中国人民对外友好协会、中国人权发展基金会、中国新闻工作者协会、新华社、光明日报社，以及各宗教团体、社会其他各界和全国各地群众纷纷以集会、游行、座谈、发抗议信或抗议电等各种方式严厉谴责以美国为首的北约集团的暴行。中国政府发表严正声明，对这一野蛮暴行表示极大愤慨和严厉谴责，并提出最强烈抗议。以美国为首的北约必须对此承担全部责任。中国政府保留采取进一步措施的权利。

5月9日　中共中央政治局常委、国家副主席胡锦涛代表中共中央、中国政府就美国为首的北约袭击我驻南使馆事件发表电视讲话。胡锦涛强烈谴责以美国为首的北约袭击我驻南使馆的暴行，表示中国政府将坚定不移地奉行独立、自主、和平的外交政策，坚定不移地维护国家主权和民族尊严，坚决反对霸权主义和强权政治。胡锦涛指出，中国人民对以美国为首的北约袭击我驻南使馆的暴行表现出极大愤慨和强烈的爱国热情。8日开始，全国各地的广大群众，纷纷举行座谈、集会、发抗议信或抗议电等各种活动，拥护我国政府的严正声明，强烈谴责以美国为首的北约的野蛮行径。北京、上海、广州、成都、沈阳等一些城市的学生和群众，还在美国驻华外交机构附近举行了示威游行。胡锦涛强调，中国政府坚决支持、依法保护一切符合法律规定的抗议活动。我们相信，广大人民群众一定会从国家的根本利益出发，自觉维护大局，使这些活动依法有序地进行。要防止出现过激行为，警惕有人借机扰乱正常的社会秩序，坚决确保社会稳定。

5月10日　江泽民主席与叶利钦总统通电话时指出，北约的野蛮行为是对中国主权的严重侵犯，在外交史上是罕见的。以美国为首的北约必须对这一事件承担全部责任，否则中国人民不会答应。同日，中国外交部发言人宣布，中国决定：推迟中美两军高层交往；推迟中美防扩散、军控和国际安全问题磋商；中止中美在人权领域的对话。

同　日　外交部长唐家璇代表中国政府向美国驻华大使提出严正要求。一、公开、正式向中国政府、中国人民和受害者家属道歉。二、对北约导弹袭击中国驻南使馆事件进行全面彻底的调查。三、迅速公布调查的详细结果。四、严惩肇事者。外交部发言人朱邦造宣布，中方决定推迟中美之间的两军高层交往和防止核扩散、军控和国际安全问题磋商以及人权对话。

同　日　我国第一代业务气象卫星“风云一号C星”发射成功。经过4个多月全面、严格的在轨测试，各项指标和性能都相当稳定，并于8月22日正式交付使用。截止到1999年7月1日，我国研制成功40多颗各类卫星，长征系列运载火箭共完成57次发射，成功率为89.5%，达到世界先进水平。

5月12日　江泽民等党和国家领导人前往新华社和光明日报社慰问。沉痛悼念在以美国为首的北约袭击我驻南联盟使馆中光荣牺牲的邵云环、许杏虎、朱颖3位烈士，亲切看望并慰问烈士的亲属。江泽民等称赞3位烈士是中华民族的英雄和骄傲，勉励烈士的亲属化悲痛为力量，继承遗志，好好学习，努力工作。

5月13日　中共中央、国务院在北京召开欢迎、表彰大会。热烈欢迎我国驻南斯拉夫联盟共和国工作人员，对我国驻南斯拉夫大使馆工作人员和驻南新闻工作者进行表彰。中共中央总书记、国家主席、中央军委主席江泽民在会上发表重要讲话。指出：我们要继续坚定不移地坚持以经济建设为中心，推进改革开放，保持社会稳定，贯彻执行独立自主的和平外交政策。人类正处在维护世界和平、促进共同发展的关键时刻。世界潮流，浩浩荡荡，顺之则昌，逆之则亡。一切爱好和平、维护正义的国家和人民，应该团结起来，为反对霸权主义和强权政治，推动建立公正合理的国际新秩序而共同奋斗。江泽民强调，中国人民将始终不渝地坚持邓小平理论和党的基本路线，按照党的十五大提出的跨世纪发展的战略目标，把建设有中国特色社会主义的伟大事业全面推向21世纪。中共中央政治局常委、国务院总理朱镕基代表党中央、国务院宣读《中共中央、国务院关于对我国驻南斯拉夫联盟共和国大使馆工作人员和驻南新闻工作者给予表彰的决定》。宣读完党中央、国务院的《决定》后，朱镕基郑重宣布：根据《革命烈士褒扬条例》的规定，国务院有关部门已追认新华社记者邵云环、光明日报记者许杏虎、朱颖同志为革命烈士。中国驻南斯拉夫使馆代表在会上发言，介绍了在以美国为首的北约空袭南斯拉夫联盟共和国期间我驻南使馆工作人员和新闻工作者的工作情况和感人事迹。同日，江泽民等党和国家领导人到北京医院，亲切看望在以美国为首的北约袭击我驻南使馆中身负重伤的6名工作人员。他们是：大使馆武官任宝凯，参赞刘鑫泉，一秘曹荣飞、刘锦荣，三秘郑海峰，职员杨永丰。江泽民等向他们表示亲切的慰问，希望他们安心养病，早日康复。同时，再次叮嘱卫生部和医院领导，一定要全力以赴，治好这些同志的伤。

同　日　西藏各界爱国人士举行纪念西藏民主改革40周年座谈会。18日，中国藏学研究中心举办学术研讨会纪念西藏民主改革40周年。

5月18日　财政部条法司和中注协在北京召开《注册会计师法》

修订工作征求意见研讨会。会议围绕我国会计师事务所的业务范围和执业领域，事务所的性质、组织形式、事务所和注册会计师的法律责任、会计市场的开放方式及程度等内容展开了充分讨论，为修订《注册会计师法》提供了有益的意见和建议。

5月20日　国务院总理朱镕基签署国务院第二六四号令。任命何厚铧为中华人民共和国澳门特别行政区第一任行政长官，于1999年12月20日就职。

5月23日　财政部部长项怀诚就财政部的计算机网络与信息安全工作作出重要指示。他说，网络信息安全问题十分重要，望部里各级领导特别是部司级领导给予重视。中心要把好出入口，建好防火墙，内外网严格分开，部内局域网严防黑客侵入，要有措施，并确保万无一失。特别要注意，今后国际政治、军事斗争，很大程度上是从网络和信息上展开的，请同志们无论如何要提高警惕。

同　日　中华人民共和国国务院发布关于《国家科学技术奖励条例》的第二六五号国务院令。

同　日　劳动和社会保障部、财政部在北京联合召开了"巩固两个确保工作会议"（确保基本养老金按时足额发放，确保国有企业下岗职工基本生活保障费按时足额发放）。会议总结了1999年头4个月的"两个确保"工作，研究了进一步巩固"两个确保"的主要措施和下一步的工作。会上，国务院副秘书长石秀诗传达了吴邦国副总理关于开好这次会议的重要指示：中央、国务院的方针政策已经十分明确，关键在于抓落实。"六四"前后是敏感时期，要以对国家对人民高度负责的精神，做好两个确保工作，决不能因我们工作不到位而影响稳定大局。劳动和社会保障部部长张左已和财政部副部长高强作了重要讲话。各省、自治区、直辖市和计划单列市政府的副秘书长、财政和劳动保障厅（局）长等参加了会议。

5月26日　中共"一大"会址纪念馆扩建工程竣工开放仪式在上海隆重举行。中共中央总书记江泽民为纪念馆扩建竣工题词："没有共产党就没有新中国"。中共"一大"会址纪念馆1952年建馆以来，累计已接待了全国各地观众800多万人次，1997年被中宣部命名为“全国爱国主义教育示范基地”。纪念馆扩建工程在1998年6月开工，广大党团员和普通市民纷纷自愿捐款，并踊跃参加义务劳动，其中，各项捐款总额达2 000多万元。扩建工程的新建筑位于中共“一大”会址纪念馆的西侧，占地面积715平方米，建筑面积2 316平方米，建筑高度12米，与纪念馆的建筑风格相同，保持了20年代上海典型的石库门民居的建筑风貌。扩建后的纪念馆展览厅的面积比原来扩大3倍。扩展后的“一大”会址纪念馆，主题更加鲜明，内容更加丰富，形式更加新颖，更具有直观性和历史的感染力。在陈列展品中，文物原件有117件，占陈列展品总数的79%，其中国家一级文物24件，有不少过去长期保存在库房中，这次首次与观众见面。新的陈列厅还专门开辟了一个蜡像室，生动地再现了这一开天辟地的历史事件。

同　日　财政部发出《关于住房公积金财务管理办法的通知》。《通知》规定了住房公积金财务管理的基本原则是：执行国家有关法律、法规、规章和财政、财务制度；建立健全内部财务制度，做好财务管理基础工作；降低运作风险，保证住房公积金保值增值，确保住房公积金所有者的合法权益不受侵犯；厉行节约，制止奢侈浪费。《通知》还规定了住房公积金财务管理的主要任务是：编制住房公积金和公积金中心管理费用年度预决算；建立职工住房公积金明细账，记载职工个人住房公积金的缴存、提取等情况；依法办理住房公积金委托贷款业务，防范风险；严格执行住房委员会批准的住房公积金归集、使用计划；核算住房公积金的增值收益；严格执行财政部门批准的管理费用预算，控制管理费用支出，努力降低住房公积金运作成本。

5月27日　民政部在北京颁发了经国务院5月12日批准的《中国公民收养子女登记办法》和《外国人在中华人民共和国收养子女登记办法》。

5月29日　中央和中央国家机关第一批“三讲”教育单位负责人和巡视组长会议在北京举行。胡锦涛在会议上强调指出：面向新世纪、推进建设有中国特色社会主义事业，要求我们用好批评和自我批评这个武器，推进党的建设这一新的伟大工程，要求我们用好批评和自我批评这个武器；要保证这次“三讲”教育取得预期的效果，也一定要用好批评和自我批评的武器。胡锦涛在充分肯定了第一批开展“三讲”教育单位前一段的工作的同时指出，有些领导班子、领导干部在自我剖析中还存在一些不足和问题，要在下一步工作中进一步加以解决。尤其是要解决好群众意见比较集中、反映最强烈的问题。要抓住问题的实质进行深入剖析，从思想上政治上划清是非界限。既要防止“空对空”，也要防止就事论事。要把坚持边整边改作为一个重要的指导思想贯穿到“三讲”教育的全过程。无论在学习提高阶段、自我剖析阶段还是开展批评和自我批评阶段，都要随时注意发现和解决问题，能改的一定要马上改，使每个阶段都真正成为领导班子和领导干部不断解决问题、弥补不足、完善提高的过程，成为边整边改的过程，让干部、群众实实在在地感到“三讲”教育带来的变化和进步。

5月30日　江泽民在武汉主持召开6省区国有企业改革和发展座谈会。他强调指出：国有企业改革是整个经济体制改革的中心环节。国有企业必须形成适应发展社会主义市场经济要求的充满活力的机制，在市场的风浪搏击中发展壮大。全党和全国上下要高度重视国有企业的改革和发展，认真总结实践经验，分析和解决存在的问题，以利更好地前进。江泽民说，从现在起到下世纪的前10年，是我国改革和发展的关键时期。不失时机地推进国有企业改革和发展，并取得突破性进展，是摆在全党面前的一项紧迫任务。首先要努力实现使大多数国有大中型亏损企业摆脱困境，大多数国有大中型骨干企业初步建立现代企业制度的3年目标。再用较长的时间，基本完成对国有经济的战略性调整和对国有企业的战略性改组，形成更为合理的布局和结构，建立比较完善的现代企业制度。只有坚定不移地完成这项任务，我们才能使国有经济在下一世纪取得更大的发展，进一步发挥主导作用，我们也才能更好地实现十五大提出的跨世纪发展的宏伟目标。江泽民指出“发展是硬道理”。坚持贯彻这一重要思想，对提高我国的社会生产力、综合国力和人民生活水平，解决我们面临的诸多矛盾和困难，更好地维护国家安全，具有十分重要的意义。国有企业不大力开拓市场空间，要解决存在的突出问题，实现新的更大发展将是很困难的。我们讲的发展，决不是盲目铺摊子，简单扩大生产能力，搞新的不合理重复建设，而是要把工作的着力点和重点放在调整结构、提高经济运行的质量和效益上，适应市场需求，通过技术进步培育新的经济增长点，通过技术改造提高产品质量，实现规模与结构、数量与质量、速度与效益相统一，走内涵式和可持续发展的道路。要适应我国生产力发展和市场变化的新情况，进一步开拓市场。开拓农村市场，进口替代，扩大出口，都是大文章。国有企业完全可以找到广阔的用武之地，关键是要面向市场，适应市场，开拓市场，提高企业的整体素质，增强市场竞争能力。江泽民强调，要完成我们肩负的繁重的改革和建设任务，做好各个方面的工作，必须始终正确处理好改革、发展、稳定的关系。在当前的国际国内形势下，我们更要善于统观全局，精心谋划，从整体上把握改革、发展、稳定之间的内在关系，做到相互协调，相互促进。我们需要做的工作很多，一些改革任务也很紧迫，但应该把握一条总的原则，就是要把改革的力度、发展的速度和社会可承受的程度协调统一起来。我国人口多、底子薄，各地和各行各业的发展不平衡，国家的财力、物力还不充裕，我们做任何工作都必须充分考虑这个基本国情和重要现实。各项改革和发展，都要分清轻重缓急，统筹安排。对各种人民内部矛盾和社会矛盾，要及时妥善地加以处理，防止矛盾激化而影响社会稳定和人民团结。各地区、各部门都要有针对性地加强工作，保证改革和建设的顺利进行。5月，中共中央、国务院发出通知，要求严禁擅自修建已故领导同志纪念设施。

同　日　全国人大外委会就美国众参两院先后通过所谓“六四”10周年反华决议发表谈话。指出：美国肆意歪曲历史时事，攻击中国的人权状况，煽动反华浪潮，妄图破坏中国的稳定，干绕中美关系的发展。对此，我们坚决反对。

6月6日—8日　中国美术家协会第二届版画艺术委员会成立大会

在昆明召开。版艺会由19人组成，主任宋源文。

6月9日　中央扶贫开发工作会议在北京闭幕。江泽民在会上发表重要讲话时指出：在我们党和政府的领导下，广泛动员全社会的力量，按照统一的部署，筹集巨额资金，有组织、有计划、大规模地长期开展扶贫开发，这在世界上是独一无二的。我国绝大多数贫困地区解决了几千年没有解决的温饱问题，这无可辩驳地说明，我国的社会主义制度具有巨大的优越性，是彻底消除贫困的根本制度保障。江泽民说，我们进行的规模空前的扶贫开发，有力地促进了国民经济的协调发展和社会的安定团结。如果不能逐步消除贫困，一个国家就难以长期保持社会稳定；没有稳定，根本谈不上经济和社会发展。我国的贫困县，大多分布在我国的民族地区和边疆地区。民族地区、边疆地区的稳定发展，对加强民族团结、巩固边防、维护国家统一十分紧要。经过多年的扶贫开发，民族地区、边疆地区的经济建设已有了长足的发展，人民生活有了明显改善，社会面貌发生了重大变化，是我们加强全国各民族大团结、维护边疆安定的重要基础。江泽民在讲到确保实现“八七”扶贫攻坚的战略目标时说，到2000年基本解决农村贫困人口的温饱问题，是我们党和政府向全国人民作出的庄严承诺。这个战略目标必须实现，也完全有条件实现。实现这个战略目标，标志着中国人民将在新的发展起点上进入新世纪。我们也应清醒地看到，目前尚未解决温饱问题的农村贫困人口还有4 200万。现有的贫困人口大多数分布在地域偏远、交通闭塞、资源匮乏、生态环境极其恶劣的地方。解决这部分贫困人口的温饱问题，是扶贫工作中最难啃的硬骨头。今后两年，每年要力争解决1 000万左右贫困人口的温饱问题，难度是很大的。扶贫开发已进入最艰难的攻坚阶段。不论今后两年的扶贫攻坚任务有多么艰巨，全党全国都要同心协力啃下这块硬骨头。我们党的根本宗旨是全心全意为人民服务。各级领导干部必须始终想人民之所想，急人民之所急。当前，农村贫困人口最盼望最着急的就是吃饱穿暖，进而过上比较富裕的日子。帮助贫困人口实现这个愿望，是党的为人民服务宗旨的最实际的体现。全党同志都要从坚持党的宗旨的高度来认识这个问题，都要把解决最后这部分贫困人口的温饱问题作为一项重大的政治任务，义不容辞地完成好。

同　日　监察部、国家计委、财政部、审计署、国家工商行政管理局、国家粮食储备局和中国农业发展银行7部门在长沙市联合召开全国粮食流通体制改革情况执法监察工作汇报会。会议要求，组织联合检查组对县乡两级自查自纠的情况进行全面检查和重点抽查。对违反粮改政策措施的问题，要及时纠正处理；对有令不行、有禁不止，拒不执行党中央、国务院粮改政策的单位和个人，要严肃查处。

6月11日　中共中央举办1999年第一次法制讲座，题目是《依法保障和促进农村的改革、发展与稳定》。中共中央总书记江泽民主持讲座并作重要讲话。他指出：在进行社会主义现代化建设的全过程中，我们必须始终重视保障和促进农村的改革、发展与稳定，必须紧密结合农村改革和发展的实际，按照依法治国方略，继续积极推进农村的法制建设。法制讲座的主讲人是西南政法大学教授李昌麒。他主要讲了三个问题：一、加强法治，是建设有中国特色社会主义新农村的迫切需要；二、我国农业、农村方面法制建设面临的几个主要问题；三、思考与建议。讲座结束后，江泽民总书记发表了题为《大力加强农村法制建设》的重要讲话。他说，我国12亿人口有9亿在农村。农业又是国民经济的基础。我们伟大的改革事业首先是从农村开始的。因此，农村的改革、发展、稳定的情况如何，直接关系到我们整个国家改革、发展、稳定的大局。没有农业改革的示范作用，就没有城市改革和其他各项改革的顺利推进；没有农村经济的发展，就没有整个国民经济的发展；没有农村的稳定，就没有整个社会的稳定。在进行社会主义现代化建设的全过程中，我们必须始终重视保障和促进农村的改革、发展和稳定。江泽民在讲话中就继续推进农村的法制建设提了四点要求：第一，要进一步提高对农村法制建设重要性的认识。第二，要进一步加强农业立法工作。第三，要进一步在广大农民和农村干部中开展法制宣传教育。第四，要进一步加大农村的执法力度。

同　日　第一届中国会计与财务研究国际研讨会在香港举行。全国人大常委会副委员长蒋正华、财政部副部长张佑才、国务院发展研究中心副主任陈清泰、审计署副审计长刘家义、国家税务总局副局长程法光、财政部会计司司长冯淑萍、中注协秘书长李勇、国内外知名大学的教授、国际“五大”会计公司的合伙人和国内审计职业界代表共300多人出席会议。会议就“中国经济发展和会计改革”、“金融市场与财务会计”、“中国证券业的发展”、“中国会计师事务所的改制及其对行业发展的影响”、“审计风险的理论与实践”等专题进行了广泛的探讨。

6月13日　中共中央、国务院颁布《关于深化教育改革全面推进素质教育的决定》。

6月15日　外交部发言人回答西方媒体关于西藏的问题。外交部发言人在答记者问时对西方媒体和西藏流亡分裂组织攻击中国世行贷款项目存在“同化藏民”和“项目涉及劳改农场”等问题并反对世行对该项目提供贷款一事进行严正驳斥。

6月15日—18日　中共中央、国务院在北京召开改革开放以来第三次全国教育工作会议，颁布《关于深化教育改革全面推进素质教育的决定》。会议的主题是：动员全党同志和全国人民，以提高民族素质和创新能力为重点，深化教育体制和结构改革，全面推进素质教育，振兴教育事业，实施科教兴国战略，为实现党的十五大确定的社会主义现代化建设的宏伟目标而奋斗。江泽民和朱镕基、李岚清等党和国家领导人出席会议并讲话。这次全教会和《决定》赋予素质教育以时代的特征和新的内涵，并紧紧围绕全面推进素质教育，培养适应21世纪现代化建设的社会主义新人提出了一系列教育改革和发展的重大决策。会后教育部根据会议精神，进一步扩大了1999年全国高校的招生规模。

6月16日　中国国债协会第二届会员代表大会在重庆市召开。参加本届大会的有来自财政、银行、信托、保险及证券公司的会员代表共155名。财政部、中国人民银行、中国证券监督管理委员会、中国保险监督管理委员会的有关领导也出席了会议。王丙乾等领导同志分别为大会题词，财政部部长项怀诚、中国人民银行、中国证券监督管理委员会主席周正庆、中国保险监督管理委员会为大会发来贺信。会上，财政部副部长金立群作了书面讲话。他说，中国国债协会成立8年来，做了大量的工作，取得了显著的成绩，有力地促进了国债市场持续、稳定、健康的发展。他要求，国债协会在新形势下，要进一步发挥行业组织自律管理的作用，配合政府主管部门加强对会员市场行为的监管，充分发挥协会作为中介组织的作用，沟通政府和市场之间的联系，努力配合政府部门做好各项工作。他还希望广大会员单位为配合财政部做好国债发行工作，促进国债市场健康发展，继续做出应有的贡献。代表大会修改并通过了协会章程。

6月17日　财政部在云南省昆明市举行了1999年记账式（3期）国债承销合同签字仪式。中国人民银行、云南省有关部门、中央国债登记结算有限责任公司和部分金融机构的80余名代表出席。本期国债的发行对象为全国银行间债券市场国内法人机构成员，发行总额为94亿元人民币，期限7年，年利率为3.20%，利息按年支付，6月18日开始发行和计息，发行结束后在银行间债券市场上市交易。

同　日　江泽民主持召开西北5省区国有企业改革和发展座谈会。他在讲话中强调指出：当前，国有企业正处在体制改革和结构调整的关键时期，一些长期积累的深层次矛盾集中表现出来，同时，国际国内市场的变化也对国有企业提出了新的挑战。要实现国有企业改革和脱困的3年目标，进而继续向前发展，必须集中力量解决国有企业面临的突出困难和问题。国有企业改革攻坚，首先要攻这个坚。我们既要充分认识抓紧解决这些困难和问题的重要性和紧迫性，又要清醒地看到这项工作的艰巨性和长期性，坚定不移、锲而不舍地努力，力争不断取得新的突破。在谈到国有企业面临的困难和问题时，江泽民指出，全面正确地分析和认识问题，是解决问题的前提。国有企业面临的困难和问题，是由多种原因造成的。具体分析起来，主要有：一些部门和企业没有摆脱旧的计划体制的影响，管理体制、经营机制和思想观念不适应发展社会主义市场经济的要求，企业生产经营、劳动人事、收入分配、技术进步等没有形成有效机制，缺乏活力；国有经济战线过长、布局分散、整体素质不高以及资源配置不尽合理的矛盾日益突出，随着市场需求的变化，一些传统产业的生产能力需要压缩，一批技术设备落后、浪费资源、污染环境的企业需要淘汰，而布局的调整需要有个过程；由于工作中的盲目性而导致的重复建设，致使一批企业陷入困境，有的企业和项目，虽然不是重复建设，但由于资本金严重不足，高负债经营，也难以生存；由于历史原因，国有企业一直承担着安置社会就业、离退休职工养老和举办社会福利事业等责任，企业背上如此沉重的包袱，很难与其他企业在市场上平等竞争；由于国内外市场的变化，企业开拓市场和生产经营的难度明显加大，产品结构不合理和改革滞后的问题更加突出，致使企业经济效益下滑。江泽民指出，要解决国有企业面临的困难和问题，就必须进行具体分析，有针对性地采取措施。第一，根本出路在于深化改革，要坚持建立现代企业制度的改革方向。第二，根据我国生产力布局和产业结构的实际状况，考虑到世界科技进步与产业结构调整的趋势，必须从战略上调整国有经济布局和结构，改组国有企业。第三，根据宏观经济环境和国家财力的可能，采取积极措施，区别不同情况，逐步解决企业资本金不足、负债率过高和社会负担沉重等问题。第四，切实把企业在兼并破产、下岗分流、减员增效过程中分离出来的人员安置好。

同　日　江泽民在西北5省区国有企业改革和发展座谈会上就加快中西部地区发展发表重要讲话。他说，现在我们正处在世纪之交，应该向全党和全国人民明确提出，必须不失时机地加快中西部地区的发展，特别是抓紧研究西部地区大开发。江泽民强调，加快开发西部地区，对于推进全国的改革和建设，对于保持党和国家的长治久安，是一个全局性的发展战略，不仅具有重大的经济意义，而且具有重大的政治和社会意义。加快中西部地区发展的条件已经基本具备，时机已经成熟。从现在起，就要把它作为党和国家一项重大的战略任务，摆到更加突出的位置。江泽民指出，加快开发西部地区，是全国发展的一个大战略、大思路。改革开放以来，沿海发达地区运用自身较好的经济基础、优越的地理位置和国家支持的政策，经济和社会发展已经积累了相当的实力。现在，加快中西部地区开发的时机已经到来。中西部地区范围很大，如何加快开发，要有通盘的考虑。加快西部地区的经济发展，是保持国民经济持续快速健康发展的必然要求，也是实现我国现代化建设第三步战略目标的必然要求。西部地域广大，自然资源丰富，有巨大的发展潜力，也是一个巨大的潜在市场，加快发展西部地区可以促进各种资源的合理配置和流动，为国民经济的发展提供广阔的空间和巨大的推动力量。

6月18日　第十一世班禅额尔德尼·确吉杰布专程前往拉萨大昭寺，朝拜释迦牟尼佛像。21日，十一世班禅朝拜扎什伦布寺经堂。24日、28日，十一世班禅额尔德尼·确吉杰布分别在扎什伦布寺和日喀则举行首次灌顶仪式和大型摸顶活动。

6月21日　新华社报道：中央军委发布命令，调整改革全军院校体制编制。这次全军院校体制编制调整改革，坚持面向现代化、面向世界、面向未来，完善干部培训体制，构建新型院校体系，调整院校内部体制编制，走规模化办校、现代化教学、正规化管理、社会化保障的路子，逐步建立起适应世界军事发展和打赢高技术条件下局部战争需要、具有我军特色、可持续发展的军队院校教育体制。

同　日　九届全国人大常委会举办第九次法制讲座。听取了关于刑法和刑事诉讼法的法制讲座。讲座的主讲人是中国人民大学教授高铭暄，他以《我国刑法和刑事诉讼制度》为题，讲了三方面的内容：刑法和刑事诉讼法的概念以及二者的相互关系、刑法的基本范畴、刑事诉讼证据及其种类。李鹏委员长主持讲座并讲话，他强调，各级人民政府、各级司法机关要运用刑法、刑事诉讼法这一有力的法律武器，依法严厉打击各种犯罪活动，各级人大要给予支持和监督，共同搞好社会治安的综合治理，为改革开放和现代化建设创造良好的社会环境。李鹏首先回顾了2部法律的制定历史。他说，1979年7月1日，五届全国人大第二次会议制定了选举法、地方各级人民代表大会和地方各级人民政府组织法、人民法院组织法、人民检察院组织法、刑法、刑事诉讼法和中外合资经营企业法7部法律。这7部法律连同在此前制定的森林法（试行）、逮捕拘留条例，是自党的十一届三中全会以后，我国首批制定的法律。这些法律的制定，标志着我国立法工作排除了各种干扰，又重新得到恢复并取得重大突破，在我国社会主义民主法制建设史上具有重要的意义。这次会议制定的刑法、刑事诉讼法，结束了我国司法机关长期以来存在的惩罚犯罪无法可依的局面。我们举办这次法制讲座，也是对这7部法律制定20年的一个纪念。李鹏指出，刑法是规定犯罪、刑事责任和刑事处罚的法律规范的总和，刑事诉讼法是关于刑事诉讼程序的法律。它们都是国家的基本法律，是我国社会主义法律体系的重要组成部分。刑法、刑事诉讼法担负着保卫国家安全，保卫人民民主专政的政权和社会主义制度，保护国有财产和劳动群众集体所有的财产，保护公民私人所有的财产，保护公民的人身权利、民主权利和其他权利，维护社会秩序、经济秩序，保障社会主义建设事业顺利进行的重要任务。1979年刑法、刑事诉讼法制定以后，随着形势的发展，全国人大常委会陆续对刑法作出了22个修改补充规定和决定，在此基础上，八届全国人大第四次会议和第五次会议分别对这两部法律进行了全面修改，从而形成了比较完备的刑法典和刑事诉讼制度。李鹏强调，社会是不断发展的，法律本身也需要适时进行修改。今后，随着社会的发展，根据新的情况和问题，总结同犯罪作斗争的新经验，借鉴国外刑事立法的有益的成果，我们还要对刑法、刑事诉讼法进行必要的修改和补充，使之更加完备，更加符合实际需要。全国人大常委会副委员长田纪云、姜春云、邹家华、王光英、程思远、布赫、铁木尔·达瓦买提、彭珮云、周光召、成克杰、曹志、丁石孙、成思危、蒋正华，秘书长何椿霖，以及全国人大各专门委员会组成人员，各省、自治区、直辖市人大常委会负责人，全国人大机关各部门负责人听取讲座。

6月22日—28日　九届全国人大常委会第十次会议在京举行。会议通过了《预防未成年人犯罪法》、《澳门特别行政区驻军法》和《公益事业捐赠法》。江泽民分别签署主席令，公布了这3部法律。

6月26日　财政部部长项怀诚受国务院委托，在第九届全国人大常委会第十次会议举行的全体会议上向大会作了《关于1998年中央决算的报告》。他说，1998年中央财政总收入5 489.13亿元，比预算增加179.94亿元，完成预算的103.4%，比上年增长13.6%。其中，中央本级收入4 892亿元，完成预算的103.8%；地方上缴中央收入597.13亿元，完成预算的99.8%。中央财政总支出6 447.14亿元，比预算增加677.95亿元，完成预算的111.8%，比上年增长19.6%。其中中央财政本级支出3 125.6亿元，完成预算的110.1%。中央财政支出超过预算较多，主要是增加了基础设施建设投入、国有企业下岗职工基本生活费补助支出、粮食风险基金和抗洪救灾经费支出。中央财政收支相抵，赤字958.01亿元，比九届全国人大常委会第四次会议审议批准的调整预算赤字数额减少1.99亿元。当前，国际国内形势发生了一些新的重大变化，我国经济发展面临着更为复杂的环境。1999年下半年，各级财政部门要下大力气贯彻中央一系列重大决策，促进国民经济持续健康发展，确保预算任务的完成。重点做好以下几项工作：一是认真贯彻落实党中央、国务院一系列重大决策，更好地实施积极的财政政策。二是积极推进税费改革，完善和规范财税体制。三是继续强化收入征管，逐步提高财政收入占国内生产总值的比重和中央财政收入占全国财政收入的比重。四是转变财政职能，优化支出结构，逐步建立公共财政的基本框架。五是整顿财经秩序，严肃财经法纪，实现依法理财。

6月25日—26日　江泽民在青岛主持召开华东7省市国有企业改革和发展座谈会。他在讲话中强调：建立现代企业制度，不仅是一个关系国有企业改革和发展的大课题，也是一个关系整个经济体制改革成败和国民经济持续健康发展的大课题。全党同志必须坚定不移地沿着建立现代企业制度的方向，进一步推进国有企业的改革和发展。江泽民要求东部地区继续加快改革和发展的步伐，努力率先实现国有大中型骨干企业初步建立现代企业制度，率先实现国有企业脱困的3年目标，率先实现经济结构的调整和产业的升级优化，为国民经济发展做出更大的贡献。必须坚持建立现代企业制度的改革方向。多年来的实践证明，国有企业要提高市场竞争能力、科技创新能力和抗御风险的能力，必须建立起充满生机的管理制度和组织形式。现代企业制度，是发展社会主义市场经济条件下企业的基本制度。没有企业在管理和市场经营方面的有效机制的建立，社会主义市场经济体制最终是建立不起来的，公有制同市场经济的有机结合最终也难以实现。在谈到进一步推进现代企业制度建设问题时，江泽民从八个方面作了阐述：一、明确国家和企业的权责。二、进一步转换政府职能，实现政企分开。三、对国有大中型企业实行规范的公司制改革，用多种形式放开搞活国有小企业。四、加强企业领导班子建设，培养和造就高素质的经营管理者队伍。五、搞好科学管理，提高企业管理水平。六、完善企业分配机制，调动职工和经营者的积极性。七、全心全意依靠职工群众办好企业。八、加强和改善党的领导，充分发挥企业党组织的政治核心作用。东部地区应该抓住机遇，继续积极深化改革、健全经济和社会发展的有效制度和良性机制，继续积极发展高新技术产业、培育新的经济增长点，继续积极采用先进科学技术改造传统产业，继续积极扩大对外开放、努力开拓国外市场。同时，东部地区应更加重视支持中西部地区的发展，本着互惠互利，优势互补，联合发展原则，通过产业转移、技术转让和联合、联营及合作形式发展生产，加强地区之间经济与技术合作。西部地区的开发搞上去了，资源优势充分发挥了，潜在的市场变为现实的市场，也会有力地促进东部地区经济和社会发展。只有谋求中华民族共同发展的大局，才能实现各地经济的快速和协调发展。

同　日　九届全国人大常委会第十次会议举行第二次全体会议。会议表决通过了《全国人民代表大会常务委员会关于〈中华人民共和国香港特别行政区基本法〉第二十二条第四款和第二十四条第二款第(三)项的解释》。这次表决无1张反对票。《解释》要求“本解释公布之后，香港特别行政区法院在引用《中华人民共和国香港特别行政区基本法》有关条款时，应以本解释为准。”李鹏委员长主持了会议。在会议上，委员们听取了全国人大常委会副委员长邹家华作关于检查《中华人民共和国大气污染防治法》实施情况的报告。受国务院委托，财政部部长项怀诚、审计署审计长李金华、国家环境保护总局局长解振华在会上分别作了关于1998年中央决算的报告、关于1998年中央预算执行和其他财政收支的审计工作报告和关于防治北京大气污染的工作报告。会议还印发了全国人大代表团访问哥伦比亚、委内瑞拉、古巴和牙买加4国情况的书面报告和出席各国议会联盟第一〇一届大会的书面工作报告，请各位委员审议。全国人大常委会副委员长田纪云、姜春云、邹家华、王光英、程思远、布赫、铁木尔·达瓦买提、吴阶平、彭珮云、何鲁丽、周光召、成克杰、曹志、丁石孙、成思危、许嘉璐、蒋正华，秘书长何椿霖出席了当天上午的会议。列席当天上午会议的有国务委员王忠禹、最高人民法院院长肖扬、最高人民检察院检察长韩杼滨。

6月27日　《人民日报》报道：截至1998年底，全国中共党员总数已达6 100万名，党员约占全国人口总数的5.1%。其中，女党员1 029万名，占党员总数的16.6%；少数民族党员379万名，占党员总数的6.1%；35岁以下的党员1 428万名，占党员总数的23.1%；25岁以下的党员286万名，占党员总数的4.6%。党员队伍中具有高中以上学历的2 919万名，占党员总数的47.2%。其中，大学本、专科学历的党员1 102万名，占党员总数的17.8%；研究生学历的31万名，占党员总数的0.5%。党员队伍中有工人、农牧渔民3 017万名，占党员总数的48.8%；各类专业技术人员788万名，占党员总数的12.7%；机关干部557万名，占党员总数的9%；事业、企业单位管理人员638万名，占党员总数的10.3%。全国共有党的基层组织350万个。其中，基层党委16万个，总支部18万个，党支部316万个。全国共有561万个党小组。

6月28日　纪念中国共产党成立78周年座谈会在北京举行。江泽民在会上强调：在全国县级以上党政领导班子和领导干部中，集中一段时间，以整风的精神深入开展“三讲”教育，是当前党的建设的重中之重。前一段时间，开展“三讲”教育的绝大多数地方和单位指导思想明确，工作认真扎实，收到了比较明显的成效，也积累了一些好的经验。现在，“三讲”教育发展的形势是好的。各级党委，首先是主要领导干部，要进一步坚定信心，再接再厉，认真贯彻中央的部署，始终以高度的责任感、严肃的态度和饱满的热情，把“三讲”教育继续引向深入。江泽民指出，经济工作和其他各项业务工作中都有政治。领导干部，特别是高级干部，必须善于从政治上观察和处理问题，自觉从政治的高度来认识和把握自己从事的工作，绝不能单纯地就经济论经济，就业务谈业务。提高干部队伍素质，关键是要提高马克思主义政治素质。没有这个政治的灵魂，就会迷失方向，就不可能成为一个清醒的、合格的党的领导干部，不可能成为一个清醒的、合格的有中国特色社会主义事业的建设者和领导者。高级干部，一定要按照中央的要求，努力加强学习和实践，努力使自己成为党所要求的善于治党治国的政治家。其他领导干部也要用这样的要求来锻炼和提高自己。我们党有一大批在新的历史时期、在改革开放和发展社会主义市场经济社会环境中、在复杂的国际斗争形势下会治党治国的政治家，由这样的政治家来办经济、办文化、办军事、办外交、办现代化建设的各项工作，建设有中国特色社会主义的伟大事业就一定能够不断地从胜利走向新的胜利。

同　日　西藏自治区党委、政府在拉萨举行纪念民主改革40周年座谈会，盛赞民主改革巨大成就。

同　日　江泽民发布主席令，公布《中华人民共和国澳门特别行政区驻军法》（九届全国人大常委会第十次会议通过），自1999年12月20日起施行。

6月28日—29日　中共中央召开的全国第二次“三讲”教育工作会议在北京召开。会议强调，各地各部门党委（党组）要认真学习贯彻江泽民在纪念党成立78周年座谈会上的讲话，紧密结合实际，坚持高标准、严要求，再接再厉、深入扎实地开展好“三讲”教育。会议期间，党和国家领导人江泽民等亲切会见了出席会议的中央“三讲”教育巡视组组长并同大家合影。

6月29日　香港回归祖国纪念碑揭幕仪式在香港举行。国家副主席胡锦涛出席了揭幕仪式。1997年，中共中央总书记、国家主席、中央军委主席江泽民率领中国政府代表团赴港出席香港政权交接仪式，宣告香港特别行政区政府成立；1998年，江泽民主席再次赴港出席香港回归祖国周年庆典；这次国家副主席胡锦涛又专程前来出席香港回归祖国纪念碑揭幕仪式。这一切，充分体现了中央政府对香港特区政府和香港同胞的关心和支持，充分表明了中国对保持香港长期繁荣稳定的坚定信心。

6月30日　《毛泽东文集》全部出齐。新华社报道，毛泽东的重要著作集《毛泽东文集》第六、第七、第八卷，已由人民出版社出版，陆续在全国各地发行。至此，经中共中央批准由中央文献研究室编辑的8卷本《毛泽东文集》全部出齐。《毛泽东文集》是继《毛泽东选集》之后编辑出版的又一部综合性的多卷本毛泽东著作集。文集编入《毛泽东选集》第一至第四卷以外的重要著作803篇，合计230万字，是从毛泽东1921年至1976年的大量文稿和讲话、谈话记录中精选出来的。《毛泽东文集》是《毛泽东选集》的重要补充，是学习和研究毛泽东思想的重要文献集。《毛泽东文集》第一、二卷，于1993年12月出版；第三、四、五卷，于1996年9月出版。这5卷编入的是毛泽东民主革命时期的著作。这次出版的《毛泽东文集》第六、七、八卷，编入的是建国后毛泽东的重要著作，近300篇，其中不少是第一次公开发表。这3卷文集，对于了解、学习和研究毛泽东关于社会主义革命和社会主义建设的重要思想，特别是他对中国社会主义建设道路的探索，对于了解和研究新中国前27年的历史，具有重要的理论价值和文献价值。文集中的一些重要思想，对于社会主义现代化建设，具有现实指导意义。文集第六卷，编入了毛泽东1949年10月—1955年12月的著作137篇，合计33万字。这1卷涵盖的时段，前3年是新中国的经济恢复时期，收入的著作主要内容包括：宣告中华人民共和国成立；部署消灭国民党残余军队，和平解放西藏，继续完成祖国统一大业。提出“用3年左右时间争取国家财政经济状况基本好转的总任务”和“不要四面出击”的策略方针。指导继续完成土地改革和开展镇压反革命。作出“抗美援朝”的重大决策。为反对腐蚀决定在国家工作人员中开展“三反”斗争，为打击不法资本家决定开展“五反”斗争。后3年是对生产资料私有制的社会主义改造和第一个五年计划建设时期，收入的著作主要内容包括：提出和阐述党在过渡时期的总路线。主持制定第一部中华人民共和国宪法。为实现社会主义工业化和对农业、手工业、资本主义工商业进行社会主义改造规定一系列方针政策。编入本卷的著作中，还反映了毛泽东对新中国的外交工作、财政经济工作、政权建设工作、文化工作、人民军队和国防现代化建设、统一战线和民族工作等方面提出的一些重要的指导性意见。文集第七卷，编入毛泽东1956年—1958年的著作72篇，合计29万字。1956年，我国基本上完成了对生产资料私有制的社会主义改造，并开始全面建设社会主义。收入的著作主要内容包括：提出社会主义革命的目的是解放生产力，要努力改变我国在经济上和科学文化上的落后状况，尽快达到世界先进水平。在对适合中国情况的社会主义建设道路的探索中，围绕调动一切积极因素为社会主义服务的基本方针，阐述社会主义建设的10大关系；强调区分人民内部矛盾和敌我矛盾，把正确处理人民内部矛盾作为国家政治生活的主题；提出艺术上"百花齐放"、科学上"百家争鸣"的繁荣社会主义文化的方针；提出共产党同各民主党派"长期共存、互相监督"的方针。强调继承党的优良传统，加强党的建设。倡导破除迷信，解放思想，尊重科学。总结无产阶级专政的历史经验，正确评价斯大林。反对美帝国主义侵略台湾，维护祖国的主权和统一。提出帝国主义是"真老虎"又是"纸老虎"的论断。1958年毛泽东轻率发动"大跃进"和人民公社化运动，"共产风"等"左"倾错误泛滥开来。这1卷文集节选了他初步纠正这些错误的一些讲话，强调要利用商品生产和价值法则为社会主义服务，反对弄虚作假虚报成绩等。文集第8卷，编入毛泽东1959年—1975年的著作90篇，合计29万字。在前7年，党和国家经历了曲折的发展过程，毛泽东一方面继续纠正实际工作中的"左"倾错误，总结经验教训，一方面又犯下了在庐山会议错误批判彭德怀和在八届十中全会重提阶级斗争等错误。收入的著作主要内容包括：批评把社会主义误认为共产主义、把按劳分配误认为按需分配、把集体所有制误认为全民所有制的错误，强调不能剥夺农民，坚决纠正"共产风"。指出价值法则是一个伟大的学校，只有利用它才能建设社会主义和共产主义。指出社会主义的第一阶段是不发达的社会主义。第一次提出"四个现代化"。重申实事求是的思想原则，大兴调查研究之风。系统阐述民主集中制，要求党内党外都要有充分的民主生活。强调要把马克思列宁主义的普遍真理同中国社会主义建设的具体实际相结合，认识和掌握社会主义建设的客观规律。论述人的正确思想是从生产斗争、阶级斗争和科学实验这3项社会实践中来的。提出大力提倡学习和掌握马克思主义的认识论和辩证法。后10年是“文化大革命”时期，毛泽东发动“文化大革命”是全局性的严重错误。文集只选了他在这一时期关于改革对外宣传工作、三个世界的划分、打开外交工作新局面和调整文艺政策等方面的一些重要论述。

同　日　经中央军委批准组建的中国人民解放军陆军航空兵学院成立大会在北京举行。

同日　国务院、中央军委发布《国务院、中央军事委员会关于修改〈中国人民解放军现役士兵服役条例〉的决定》，自发布之日起施行。

7月1日　《中华人民共和国证券法》实施，这是中国第一部证券法律。新华社报道，中国政府已决定从1998年到2000年底的3年内投资50亿元建设国家创新体系，为下世纪实现可持续发展提供技术支持。

7月2日　新华社报道：中央军委主席江泽民签署命令，组建中国人民解放军石家庄陆军指挥学院、信息工程大学、理工大学、炮兵学院。这4所院校成立暨授军旗大会分别在其驻地举行。

7月5日—9日　全军政治工作会议在北京举行。江泽民主席出席了会议并发表了重要讲话。会议形成了《关于改革开放和发展社会主义市场经济条件下军队思想政治建设若干问题的决定》。《决定》提出了在新的历史条件下军队思想政治建设的历史使命：为打赢未来高技术战争提供强大的精神动力，为保持人民军队的性质、本色和作风提供可靠的政治保证。

7月6日　中央部门机构改革工作会议在北京举行。中共中央决定进行党中央部门机构改革。这是继1998年国务院机构改革和正在进行的地方政府机构改革之后的又一项重大改革举措。这次机构改革，主要是根据形势的变化和党的中心工作的需要，进一步理顺职能关系，精简、调整内设机构和人员编制，优化人员结构，增强机关活力。

7月11日　中共中央台湾工作办公室、国务院台湾事务办公室发言人发表谈话。就7月9日李登辉接受“德国之声”电台采访时称两岸关系是“国家与国家，至少是特殊的国与国的关系”的分裂言论提出警告。要求台湾分裂势力立即悬崖勒马，放弃玩火。12日，大陆海协会会长汪道涵就台湾海基会董事长辜振甫所说两岸是“两个独立的政治实体”，两岸会谈是“国与国会谈”的言论指出，这种说法使两岸接触、交流、对话的基础不复存在。全国总工会、全国妇联、全国青联、各宗教团体和少数民族代表举行座谈会，全国政协港澳台侨委员会发表声明，批驳“两国论”。

7月12日　财政部在北京举行了1999年记账式（4期）国债承销合同签字仪式。中国人民银行、中央国债登记结算有限责任公司和有关金融机构的80余名代表出席。本期国债的发行对象为经中国人民银行批准的全国银行间债券市场国内法人机构成员，发行总额为200亿元，期限3年，年利率为2.72%，利息按年支付，7月13日开始发行和计息，发行结束后在全国银行间债券市场上市交易。

7月14日　农业部、监察部、财政部、国家计委、国务院法制办发出《关于做好当前减轻农民负担工作意见的通知》。《通知》指出：减轻农民负担是事关农民增收，农村稳定的大事。党中央、国务院一直非常重视，多次进行工作部署。但从一些地方看，中央关于减轻农民负担的方针政策并没有完全落到实处。特别是1999年以来，由于农副产品购销不旺，价格下跌，农民增收面临许多新困难。在这种情况下，做好减轻农民负担的工作，意义更为重大。《通知》要求：1. 严格执行农业税收法规政策；严格控制提留统筹费提取数额。1999年提留统筹费的提取数额不仅控制在农民1998年人均纯收入的5%以内，而且不得超过1997年的预算额。凡超过的要重新审批，坚决进行调减。2. 禁止一切乱收费、乱集资、乱罚款和各种摊派；禁止一切要农民出钱、出物、出工的达标升级活动。停止在农村搞计划生育达标、修路达标、医疗卫生保健达标、通电视广播达标、小康建设及小城镇建设达标等检查验收和评比活动。3. 坚决精简机构、人员，压缩不合理开支。4. 切实落实领导责任制，坚决查处加重农民负担的行为。

7月15日　党中央、国务院在京召开省部长经济工作座谈会。会议的主要议题是，贯彻落实中央关于经济工作的部署，进一步统一思想，做好当前经济工作。中共中央政治局常委、国务院总理朱镕基在会议上作了重要讲话。他说，4月份以来，在江泽民同志主持下，党中央、国务院多次研究了我国当前经济形势，并对做好下半年经济工作制订了对策，作出了部署。他强调，各级领导干部，特别是省部级领导干部必须全面地、正确地认识当前经济形势，坚决地贯彻落实中央关于经济工作的部署，把握大局，振奋精神，坚定信心，齐心协力，扎实工作，努力把经济工作做得更好。朱镕基在谈到中央关于经济工作的部署时指出，当前要着力抓好以下五个方面的工作：一是采取有力措施，促进投资需求较快增长。增加投资，要继续搞好基础设施建设，主要用于在建的项目，使这些项目在确保工程质量的基础上，尽快建成投入使用，及早发挥效益；同时，要较大幅度增加企业技术改造投入，大力促进企业技术进步，增强企业竞争力。企业技术改造要以市场为导向，紧紧围绕增加品种、改进质量、降低成本、提高效益进行，特别要抓好重点行业、重点企业的技术改造。增加投资要注意向老工业基地和中西部地区倾斜。二是增加城乡居民收入，着力开拓消费市场。要采取多种措施，增加城镇中低收入居民的收入，特别是低收入家庭的收入。努力使农民收入有稳定的增加。要进一步拓宽消费领域，积极开展和扩大消费信贷。继续推进城镇住房制度改革，扩大居民住房消费。大力改善农村消费环境，整顿消费市场秩序，引导城乡居民增加即期消费。三是千方百计扩大出口，积极有效利用外资。要加大出口商品结构调整力度，提高出口商品竞争力。支持优质名牌和高新技术产品扩大出口。要优化贸易方式，大力推动和扶持一般贸易出口。继续推进市场多元化。要适当放宽外商投资领域，调整不利于吸引外资的有关规定，改善对外商投资企业的管理和服务。四是继续推进国有企业改革。这既有利于扩大社会需求，又有利于改善有效供给。要认真贯彻落实中央已经确定的各项方针政策和江泽民总书记最近关于搞好国有企业改革与发展的重要讲话精神。当前，要着力抓好建立现代企业制度、加大企业技术改造力度、改善企业资产负债结构和减轻企业社会负担等项工作，为实现大中型国有企业3年脱困和改革的目标而努力。五是大力发展教育事业。按照科教兴国战略要求，要在切实保证义务教育健康发展的同时，大力发展高中阶段、职业和大学教育等非义务教育。从近期看，这可以增加居民消费，带动与教育相关产业的发展；从长远看，能够提高全民的整体素质。

7月16日　新华社发表中国人权研究会的《西藏人权保障的历史性进展——纪念西藏民主改革40周年》一文。

7月18日　1999世界管理大会在北京人民大会堂隆重举行。来自世界各国的400多名管理学家、企业家参加了会议。大会主席由全国人大副委员长成思危和国际管理学者协会联盟执行主席、加拿大行政管理科学协会主席皮提特教授共同担任，财政部副部长张佑才作了题为“中国财政状况与会计管理制度改革”的发言。他指出：积极的财政改革，主要是增发国债，增加对基础建设的投入和调整部分税收政策对拉动经济增长起到了关键性作用，下半年中国还得继续实行积极的财政政策，鼓励投资，吸引外资，支持出口。会计工作作为一项重要的经济工作一直受到中国政府和社会各方面的广泛重视，中国将不断推进包括会计准则、注册会计师、会计人员培训和会计市场监管等在内的各项事业发展。

7月19日　中共中央发出关于共产党员不准修炼“法轮大法”的通知。《通知》指出，要充分认识“法轮功”组织的政治本质和严重危害，要求共产党员不准修炼“法轮大法”。《通知》要求针对“法轮功”问题在党内集中开展一次学习教育活动。对经反复教育仍坚持不改的，应劝其退党，劝而不退的，予以除名。对极少数有政治意图、存心作乱的幕后人物和策划者、组织者，要坚决清除出党。7月22日民政部发布《关于取缔法轮大法研究会的决定》。决定指出：该组织没有依法登记，宣扬迷信邪说，蒙骗群众，挑动制造事端，破坏社会稳定，是非法组织，应依法予以取缔。近日，中直机关、中央国家机关、全军和武警部队、首都宗教界、社科界、科技界、医学界、新闻界、金融界人士，高校师生、全国各地干部群众纷纷举行座谈会，揭发批判“法轮功”。

7月20日　财政部部长项怀诚在全国部分省份落实“收支两条线”工作情况汇报会上对各级财政部门提出要求。指出：财政部门作为业务主管部门，一定要紧紧围绕中央提出的任务和要求，克服“差不多”的思想，进一步完善制度措施，扎扎实实地抓好落实“收支两条线”的工作。对行政事业性收费和罚没收入实行“收支两条线”管理，是党中央、国务院作出的重要决策，也是党风廉政建设和反腐败斗争标本兼治、综合治理的重要途径。他对1999年财政部门落实中央提出的有关任务和要求提出具体意见。他说，首先要做好“收支两条线”各项规定在本地区的全面贯彻落实工作。对行政事业性收费和罚没收入实行“收支两条线”管理并不是一个空洞的口号，而是在其所涉及的各个环节、各个领域有全面的体现，当前特别要抓好账户开设、票款分离和单位财务收支计划的编制工作；其次要进一步深化改革，完善制度和管理方式，强化约束机制。其中包括改革完善预算管理制度，改革行政事业单位预算编制办法，逐步推行部门预算制度，逐步推行国库集中支付办法和推广政府采购制度，改进行政事业单位财务监督制度；第三要充分发挥财政监督职能，日常监督和专项检查要“双管齐下”，起到及时纠正和规范的作用。

7月21日　全国财政工作会议在北京召开。中共中央政治局常委、国务院副总理李岚清作书面讲话。他指出：党中央、国务院决定进一步加大实施积极财政政策的力度，实施一系列重大政策措施。各地区、各部门要从全局角度、战略高度和讲政治的要求出发，认真学习领会中央决策的重要意义。财政部部长项怀诚在分析当前形势，总结上半年财政工作的基础上，部署下半年及今后一个时期的财政工作。他肯定了上半年财政工作的成绩：财政收入增长较快，收支情况良好；通过实施增加投入、调整税收、减轻企业和农民负担等积极的财政政策，有力地拉动了经济增长；积极筹措资金，加大了对农业、国家粮食流通体制，国企下岗职工基本生活保障和再就业工作等各项改革的支持力度；加快支出改革步伐，压缩行政事业性经费支出，保证了军队、武警、公检法、社会保障、粮食流通体制改革等方面的重点支出需要；加大了对科技、天然林保护、生态环境保护、大江大河治理及扶贫攻坚的投入；加大了财政法制建设和财政监督的力度。他同时指出，财政工作中存在的财经秩序混乱，收入流失严重，国有资产管理工作薄弱，调整支出力度不够等问题和一些地区潜在的债务风险，必须有清醒认识，必须高度重视，要尽快研究强有力措施解决。

同　日　新华社报道：江泽民主席日前签署命令，批准颁发施行《中国人民解放军文职干部条例》。该《条例》是对1988年中央军委颁发的《中国人民解放军文职干部暂行条例》进行修改、补充和完善后制定的。《条例》共9章34条，主要是重新明确了文职干部的性质、管理办法等，补充了选拔任用的方针原则、着装、级别和主管机构等内容。

7月27日　财政部发出《关于切实做好支持防汛工作的紧急通知》。《通知》要求：各级财政部门要从讲政治、顾全局的高度认识1999年防汛工作的重要性，切实做好财政支持防汛抗洪工作。《通知》指出：各级财政部门要做好防大汛、抗大洪、抢大险的准备，务必把支持防汛工作当做头等大事来抓。继续发扬自力更生精神，多渠道、多层次、多形式筹集防汛抗洪资金，切实增加资金投入，保证防汛抢险的需要。《通知》特别强调，要加大对防汛抗洪资金监管的力度，要及时检查资金的拨付、使用等情况，发现问题要及时解决。如有克扣、挤占、挪用、浪费防汛资金和水利建设基金的，要及时查处，并依法追究有关责任人的责任。《通知》还要求在汛期结束后，各级财政部门要对防汛抗洪资金的筹集、安排、落实和使用管理情况进行专项检查和认真总结，专题上报财政部。对信息反馈不及时、总结不认真的地区，中央财政将对其进行通报批评。

8月2日　国务院办公厅转发劳动和社会保障部、财政部等部委发布《关于决定将国有企业下岗职工基本生活保障、失业保险金、

城镇居民最低生活保障线（简称“三条保障线”）标准提高30%，企业离退休人员基本养老金提高15%的通知》。《通知》规定：企业再就业服务中心为下岗职工代缴社会保险费的缴费标准也要做相应调整；对合同期满未续订或提前解除劳动合同的农民合同制工人所支付的一次性生活补助，由各地根据实际情况进行调整；尚未实施城镇居民最低生活保障制度的地区，要在1999年下半年组织实施。《通知》强调，各地要在1999年第三季度内一次性补发1999年6月底前拖欠的企业离退休人员统筹项目内的养老金。统筹项目外的拖欠，由企业视情况补发，不得从基金中支付。《通知》还要求，企业与机关事业单位职工工资增长要脱钩，企业职工工资由企业根据自身经济效益状况在国家政策允许的范围内自主决定，企业最低工资标准可视“三条保障线”调整后的标准进行适当调整。各地政府和有关部门要加强资金筹措，确保9月中旬把各项政策落实到位。中央财政将给予困难地区适当补助，核定后于9月初下拨。

同　日　中国在本国境内成功地进行了一次新型远程地地导弹发射试验。20世纪90年代以来，我国新一代地地战术，战略导弹研制又取得新的进展。1995年7月在东海海域举行的导弹发射训练中，最新研制的地地导弹发射全部准确命中目标；1996年3月举行的东南沿海军事演习中，发射新型地地导弹均准确命中预期目标。1999年8月2日，我国在本国境内成功进行了一次新型远程地地导弹发射试验，这标志着中国导弹技术登上了一个新的发展高度。意味深长的是，在反击台湾领导人“两国论”，捍卫中国领土主权完整的过程中，1999年8月2日，中国在本国境内成功地进行了一次新型远程地地导弹实验。它表明中国武器装备上的又一个“杀手锏”公开于世。

8月9日　新华社报道：中央军委主席江泽民签署命令，颁布施行新的《中国人民解放军工程建设管理条例》。

8月11日—12日　江泽民在辽宁省大连市主持召开东北和华北地区8省区市国有企业改革和发展座谈会。他在会上发表了题为《坚定信心，深化改革，开创国有企业发展的新局面》的重要讲话。江泽民在讲话中强调指出：搞好国有企业，既是关系国民经济健康运行和长远发展的重大经济问题，也是关系社会主义制度前途命运的重大政治问题。讲话指出：必须不失时机地推进国有企业的改革和发展，使国有企业改革取得突破性进展。东北和华北地区，在国民经济中有重要的地位。在建设社会主义市场经济的新形势下，东北和华北地区广大干部群众，认真贯彻中央的决策和部署，艰苦奋斗，开拓进取，推进国有企业的改革和发展，取得了新的成绩。江泽民着重就进一步推进国有企业的改革和发展发表了重要讲话，讲话分为三个部分：一、坚定不移地推进国有企业的改革和发展；二、进一步加快国有企业改革和发展的步伐；三、加强党对国有企业改革和发展工作的领导。在谈到进一步加快国有企业改革和发展步伐时，江泽民说，在推进国有企业改革和发展的实践中，我们已形成了一系列重要的指导方针，要继续全面贯彻落实。第一，从战略上调整国有经济布局和改组国有企业。第二，坚持建立现代企业制度的改革方向。第三，大力加强和改善企业管理。第四，切实解决国有企业的突出问题和困难。第五，加快推进技术进步和产业升级。第六，建设高素质的经营管理者队伍。江泽民在讲话中还强调了加强党对国有企业改革和发展工作的领导问题。他说，坚持党的领导，是一项基本政治原则，也是我们搞好各项事业的根本政治保证。越是国际风云变幻，越是改革和发展的任务艰巨繁重，越是要加强党的领导。各级党委要站在国有企业改革和发展的前列，切实加强领导，保证中央重大决策和部署的贯彻落实。讲话指出，一、从战略上调整国有经济布局和改组国有企业。国有经济在关系国民经济命脉的重要行业和关键领域必须占支配地位。其他行业和领域可以通过资产重组和结构调整，提高国有企业的整体素质。国有企业对经济发展的主导作用，既要通过国有独资企业来实现，更要积极发展股份制，探索通过国有控股和参股企业来实现。二、坚持建立现代企业制度的改革方向。国有企业建立现代企业制度，是实现公有制与市场经济相结合的有效途径，是整个经济体制改革的关键环节。三、大力加强和改善企业管理。从严治理企业是企业振兴的必由之路。四、切实解决国有企业的突出问题和困难。从今年起，国家准备结合国有银行集中处理不良资产的改革，成立金融资产管理公司，将债务沉重又符合条件的部分重点国有企业的银行债权转为股权，降低企业负债。五、加快技术进步和产业升级。当今国际经济竞争的核心，是知识创新、技术创新和高技术产业化，必须坚持“科学技术是第一生产力”的重要思想，抓住技术进步和产业升级这个关键环节。六、建设高素质的经营管理者队伍。

8月11日　上午10时，中国中越边境的最后一枚地雷在广西靖西县庭毫山地区被排除，宣告历时7年的中国中越边境大排雷行动胜利结束。在1993年—1994年和1997年11月—1999年8月的中国中越边境2次大排雷行动中，共清除了400多平方公里的雷区、排除地雷220多万枚，销毁其他爆炸物400多吨，解除了永久性封围雷场数十平方公里。

8月18日　财政部发出《关于决定发行1999年记账式（5期）国债(以下简称“本期国债”）公告》。公告如下：一、本期国债发行总额160亿元，期限8年，年利率3.28%，从1999年8月20日开始发行，8月29日结束。发行期结束后可上市流通。二、本期国债为附息国债，从1999年8月20日开始计息，利息按年支付，利息支付日为每年的8月20日（节假日顺延，下同)，2000年8月20日支付第一次利息，2007年8月20日支付最后一次利息并偿还本金。三、本期国债采取承购包销的方式，在全国银行间债券市场和上海证券交易所、深圳证券交易所同时发行。承购机构为全国银行间债券市场国内法人机构成员和经批准的证券公司、信托投资公司、保险公司。证券投资基金为本期国债的特别承购机构。四、在发行期内，本期国债由承销机构通过上海证券交易所和深圳证券交易所，按面值向社会公开销售。个人等社会各类投资者可凭证券账户、基金账户委托证券公司、信托投资公司的营业网点申请购买。

同　日　财政部发出《关于社会保障基金财政专户管理暂行办法的通知》。《通知》规定：各级财政部门要按照国家有关规定，根据工作需要在与同级劳动保障等主管部门共同认定的国有商业银行开设财政专户；要逐步创造条件，对多头开户的进行清理，将在多家国有商业银行开设的多个财政专户、社会保险经办机构的社会保险基金收入户和支出户，归并成只在同一家国有商业银行开设的1个财政专户、收入户和支出户。纳入社会保障基金财政专户的有：企业职工基本养老保险基金、失业保险基金、城镇职工基本医疗保险基金等各项社会保险基金，以及国有企业下岗职工基本生活保障和再就业资金等。《通知》还规定，财政专户的主要用途包括：接受缴存或划入的各项社会保障资金；接受社会保障资金形成的利息收入及购买国债兑付的本息收入；接受财政补贴收入；根据经办机构的用款计划，拨付社会保险基金；根据企业再就业服务中心的用款计划，拨付国有企业下岗职工基本生活保障和再就业资金；支付购买国家特种定向债券或其他种类国家债券的资金，并加强债券管理；接受上级财政专户划拨或下级财政专户划拨资金；办理与财政专户有关的其他业务。

8月20日　中共中央、国务院作出《关于加强技术创新，发展高科技、实现产业化的决定》。主要内容有：一、加强技术创新，发展高科技，实现产业化，推动社会生产力跨越发展。二、深化体制改革，促进技术创新和高科技成果商品化、产业化。三、采取有效措施，营造有利于技术创新和发展高科技、实现产业化的政策环境。四、加强党和政府的领导，全面推进技术创新，发展高科技，实现产业化。《决定》提出：要对发展高科技产业实行财税扶持政策和金融扶持政策，要培育有利于高新技术产业发展的资本市场，逐步建立风险投资机制，发展风险投资公司和风险投资基金，建立风险投资撤出机制，加大对成长中的高新技术企业的支持力度。优先支持有条件的高新技术企业进入国内和国际资本市场。在做好准备的基础上，适当时候在现有的上海、深圳证券交易所专门设立高新技术企业板块。《决定》强调，各级财政部门要加大对科技投入的力度。财政对科技的投入方式，由对科研机构、科技人员的一般支持，改变为以项目为主的重点支持。对高新技术产品实行税收扶持政策。要对技术转让、技术开发和与之相关的技术咨询、技术服务的收入，免征营业税。对开发生产软件产品的企业，其软件产品可按6%的征收率计算缴纳增值税。制定对软件开发销售企业的扶持政策，软件开发生产企业的工资支出可按实际发生额在企业所得税税前扣除。对高新技术产品的出口，实行增值税零税率政策。对国内没有的先进技术和设备的进口实行税收扶持政策。

8月23日　全国技术创新大会在京开幕。中共中央总书记、国家主席、中央军委主席江泽民在大会上发表重要讲话，强调全党同志和全国各族人民都要牢记，全面实施科教兴国战略，大力推动科技进步，加强科技创新，是事关祖国富强和民族振兴的大事。努力在科技进步与创新上取得突破性的进展，赋予全面推进建设有中国特色社会主义事业以更大的动力，是全国广大科技工作者和各条战线上的同志的一个伟大战略性任务。我们要切实担负起这个历史责任，在党和政府的领导下，团结一致地向新科技革命进军，向社会主义现代化建设的广度和深度进军。这次全国技术创新大会，是党中央、国务院召开的一次重要会议。会议的主要任务是：部署贯彻落实《中共中央、国务院关于加强技术创新，发展高科技，实现产业化的决定》，进一步实施科教兴国战略，建设国家知识创新体系，加速科技成果向现实生产力转化，提高我国经济的整体素质和综合国力，保证社会主义现代化建设第三步战略目标的顺利实现。中共中央政治局常委、全国人大常委会委员长李鹏，中共中央政治局常委、国务院总理朱镕基，中共中央政治局常委、全国政协主席李瑞环，中共中央政治局常委、国家副主席胡锦涛，中共中央政治局常委、书记处书记尉健行，中共中央政治局常委、国务院副总理李岚清出席大会。大会由朱镕基主持。江泽民指出，20世纪，是知识不断创新、科技突飞猛进、世界深刻变化的世纪。江泽民指出，全面实施科教兴国战略，加速全社会的科技进步，关键是要加强和不断推进知识创新、技术创新。对这个问题，不仅各级领导干部要有很强的政治意识，而且要使全社会都树立这样的意识。我们必须把以科技创新为先导促进生产力发展的质的飞跃，摆在经济建设的首要地位。这要成为一个重要的战略指导思想。江泽民说，科技创新包括很多方面，其中重要的一个方面是技术创新。进一步加强技术创新，发展高科技，实现产业化，这是一项系统工程，需要把握的问题很多。加强技术创新，不仅对我们搞好国有企业具有重大意义，而且对我们提高整个国民经济的质量和效益，提高全社会的劳动生产率，提高我国的国际竞争力也具有决定性的意义。加强技术创新，最根本的是要在全社会真正形成推动技术创新工作的有效机制。在这个过程中，要着重把握好以下几个方面。第一，充分发挥社会主义制度的政治优势，走出一条具有中国特色的技术创新路子；第二，坚持面向经济建设，加速科技成果向现实生产力转化；第三，增强自主创新能力，实现技术发展的跨越；第四，加强全社会的大力协同，尽快建立和完善技术创新和科技成果向现实生产力转化的配套体系；第五，积极推进国家知识创新体系建设，为技术创新和科技成果向现实生产力转化提供有效的保障与激励机制；第六，努力建设一支宏大的富有创新能力的高素质人才队伍。江泽民指出，我们应该继续坚持并充分运用社会主义制度能够集中力量办大事这个政治优势。我们要选准一些对推动经济和社会发展、维护国家安全、提高生产力和综合国力有重大带动作用的领域，集中力量，大力协同，重点攻关，力求突破。特别要加强基础性、关键性的高新技术领域的创新，加速高技术产业尤其是具有战略意义的新兴产业的发展，同时不断提升传统产业。要把社会主义制度的优势同市场经济的优势结合起来，充分发挥市场在配置资源方面的基础性作用，通过竞争实现资金、人才、技术和经营管理等要素的最佳组合，最大限度地调动全社会一切有利于促进技术创新的积极力量。我国12亿多人口拥有的创造活力和巨大市场潜力，不仅对技术创新提出了广泛的要求，而且也为技术创新提供了强大的动力和广阔的舞台。江泽民强调，加强和改善党的领导，是实施科教兴国战略的政治保证。各级党委和政府要从战略的高度，充分认识推进科技创新的重要性和紧迫性，把加强技术创新，发展高科技，实现产业化摆上重要议事日程。江泽民指出，我们要坚持用科学思想、科学精神武装全党同志和全国人民，努力提高全社会的科学文化水平。江泽民最后说，中华民族历来是勤劳智慧、富有创新精神的民族。创新精神，是我们民族几千年来生生不息、发展壮大的重要动力。我们要继续发扬这个光荣的传统，瞄准世界科技发展的先进水平，结合我国现代化建设的实际，奋起直追，锐意创新，把我国的科技事业和现代化建设不断推向前进。

8月25日　江泽民主席在比什凯克出席中、俄、哈、吉、塔5国元首会晤期间同俄罗斯总统叶利钦进行了单独会见。双方表示要进一步深化中俄战略协作伙伴关系，并就优先发展战略合作的领域进行了讨论。重申坚决反对一切形式的霸权主义和强权政治，并将继续为维护地区及世界的和平与稳定作出努力。商定1999年秋天在北京举行中俄元首第二次非正式会晤。

8月30日　第九届全国人民代表大会常务委员会第十一次会议通过了国务院关于提请审议增发国债用于增加固定资产投入和1999年中央财政预算调整方案（草案）的议案。财政部部长项怀诚受国务院委托在向大会作报告时说：1998年以来，为了抵御亚洲金融危机的冲击，党中央、国务院决定加强宏观调控，实施积极的财政政策，以扩大国内需求，拉动经济增长，一年来，这项措施已对国民经济产生了积极作用。他强调，1999年新增国债资金的具体使用安排必须坚持以下原则：一是优先安排弥补1998年国债专项投资中重点项目的资金缺口，确保这批项目早日竣工，发挥效益。二是用于支持国有大中型企业技术改造和高新技术项目的贷款贴息，支持国有企业技术改造和技术创新，增强国有企业的竞争力。三是转贷资金安排与地方政府财力相适应。凡是地方政府财力不足，1998年国债项目原定配套资金无法落实到位和今后偿贷无法得到保证的，1999年安排增发的国债资金，不要用于弥补原项目资金缺口，一般不再安排新的项目。四是资金安排适当向中西部地区倾斜。中央拨款项目优先安排中西部地区，同时在转贷条件方面，将实行差别政策，支持中西部地区发展。五是明确还贷责任。各地对所借国债资金和银行贷款一定要明确责任，采取切实有效措施，建立行之有效的还贷机制，确保按时返还。项怀诚最后强调，各地政府一定要以对国家、对人民高度负责的态度，采取有力措施，管好用好这笔资金，提高资金使用效益。同时，为了缓解财政压力，在加大实施积极财政政策力度的同时，要依法加强税收征管，严厉打击偷、骗税，清理欠税，减少税收流失，确保继续实现财政收入的较快增长，另外，还要调整财政支出结构，大力压缩一般性支出，确保完成全年预算任务，力争缩小财政赤字数额。会议同意国务院提请审议的议案，决定批准增发国债和1999年中央财政预算调整方案。

8月31日　九届全国人大常委会在人民大会堂举办第十次法制讲座。讲座由中国社会科学院法学研究所研究员梁慧星主讲。他以《关于我国民事法律制度的几个问题》为题，详细阐述了什么是民法、民法的基本原则、民法的基本内容以及我国现行民事立法等问题。李鹏委员长主持讲座并发表重要讲话。他强调，完善我国的民事法律制度，把经济生活中的各种民事关系通过法律形式加以规范，对于保障有中国特色的社会主义市场经济的健康发展，具有重要的作用。李鹏说，民法是规范社会活动的基础性法律，调整平等主体的自然人之间、法人之间、自然人和法人之间的财产关系以及人身关系，一般包括民事主体及其物权、债权、婚姻家庭和继承等内容。民法与人们的生活息息相关。加强民事立法，大力宣传和严格执行民事法律，有利于保障公民、法人的合法民事权益，有利于提高人们的法律意识，为依法治国创造良好的法治氛围。民法还担负维护社会公平正义和公共道德的任务，在社会生活中发挥着调节各种利益关系的作用。他说，我国重视民事立法工作。早在建国初期就颁布了婚姻法。特别是党的十一届三中全会以来，全国人大及其常委会进一步加强了民事立法工作，一方面，陆续颁布了一批社会急需的、条件比较成熟的单行民事法律；另一方面，制定了民法通则，对民事法律中的若干基本原则和制度作出了规定。民法通则是我国第一部调整民事关系的基本法律。它的颁布实施，对保障改革开放的顺利进行、促进社会主义市场经济的健康发展、保护公民和法人的合法权益等，都发挥了重要的作用。九届全国人大二次会议通过了在原有的经济合同法、涉外经济合同法和技术合同法等3部合同法基础上的统一的合同法。这对于规范市场交易行为、维护社会主义市场经济秩序，将起到积极的作用。现在，除了民法通则、合同法以外，我们还制定了继承法、收养法、担保法、著作权法、商标法、专利法等民事方面的法律，基本确立了反映我国现阶段生产力水平的财产权制度和适合我国国情的人身权制度，为建立完备的民事法律制度奠定了重要基础。李鹏最后强调，为适应改革开放和社会主义市场经济发展的需要，要继续加强民事立法工作。按照立法规划，要抓紧起草物权法和修改婚姻法，还要研究完善侵害人身权、财产权方面的民事侵权损害赔偿的法律。在条件成熟时，要着手研究编纂一部中国的民法典。制定物权法一定要从我国的实际出发，对各类企业的所有权问题进行深入的调查研究，使制定的物权法符合我国国情，促进我国社会主义市场经济的发展。修改婚姻法，要从我国的社会主义社会性质出发，充分体现我国各族人民优良的伦理道德传统，促进我国的社会主义精神文明建设。全国人大常委会副委员长田纪云、姜春云、邹家华、王光英、布赫、铁木尔·达瓦买提、彭珮云、何鲁丽、周光召、曹志、许嘉璐、蒋正华，秘书长何椿霖听取了法制讲座。全国人大常委会委员、全国人大各专门委员会组成人员、全国人大机关各部门负责人也听取了法制讲座。

同　日　新华社报道：中共中央最近发出通知，转发《关于改革开放和发展社会主义市场经济条件下军队思想政治建设若干问题的决定》。指出其精神不仅对加强军队思想政治建设具有重要的指导作用，也适用于全党的思想政治建设。

9月1日—3日　中俄两国银行合作工作小组在北京召开了第二次会议。主要达成了如下共识：将工作小组以中俄两国总理定期会晤委员会银行合作分委会的形式纳入中俄两国总理定期会晤机制；继续对本币结算的可能性进行探讨；加强两国在打击金融领域犯罪方面的合作。

9月5日　财政部发出紧急通知，要求各地认真落实调整收入分配政策的各项措施。《通知》强调：调整收入分配政策，是党中央、国务院的一项重大决策，充分体现了党和政府对广大人民群众的关心。各级财政部门要进一步认识到做好这项工作的重大政治意义，采取一切必要措施抓紧抓好。《通知》要求：各地务必在9月15日之前将有关社会保障补助、离退休金、职工工资按提高后的标准发放到有关人员手中。其中，要尽可能优先发放国有企业下岗职工、失业人员、城镇居民最低生活保障对象和企业离退休人员等应增加的收入。中央和省财政为落实调整收入分配政策给下级财政转移支付的资金，各有关地区要实行专项管理、专款专用、严禁挤占和挪作他用。经发现违反规定者，不仅要如数扣回，而且要追究有关责任人和领导的责任。

9月6日　一汽大众公司引进开发的奥迪A6高级轿车开始生产。

9月7日　我国北极科学考察队首次北极考察圆满结束。下午16时，雪龙船停靠在上海新华码头。国家海洋局局长张登义和上海市副市长周禹鹏等有关领导以及队员家属、各界群众代表共500多人，为考察队举行了热烈而隆重的欢迎仪式。作为我国第一次由政府部门直接组织的北极科学考察活动，由124人组成的中国首次北极科学考察队7月1日从上海出发，途经东海、黄海、日本海、鄂霍次克海、白令海，先后在楚科奇海、白令海、加拿大海盆和北冰洋浮冰区、多年海冰区进行了大洋综合调查和冰区综合考察。考察队两进北极圈、三入海冰区、四次穿越白令海峡，总行程13 210海里（近2.5万公里）。考察队领队、首席科学家陈立奇代表全体队员向出席欢迎会的各界人士表示感谢。他说，围绕3个科学目标，科考队完成了110个综合海洋站位、5个浮冰区综合考察站、1个多年海冰区连续联合冰站作业。加上6个直升机架次支持下的雪冰、地球物理站位的科学工作，本次考察队的工作区域达40万平方公里。科学家获得了一大批珍贵的样品、数据和资料，上至3.1万米高空的大气探测数据，下至3 900米深海沉积物和观测数据，以及大量的冰芯、浮游生物、海水样品等。这些样品、数据和资料进行分析后，将为中国乃至世界了解北极做出巨大的贡献。

同　日　广东沙角B电厂在深圳举行移交典礼。这是我国内地第一个成功移交的BOT（建设—经营—转让）项目。沙角B电厂1985年7月1日开工，两台35万千瓦机组分别于1987年4月和7月并网发电。由深能集团有限公司与香港合和电力（中国）有限公司合作兴建，合同期为10年。1999年8月1日正式移交。

同　日　教育部启动国家助学贷款工作，并与中国工商银行制定《国家助学代款管理操作规程（试行）》。国家助学贷款的目的是通过银行贷款帮助高等学校中经济确实困难的学生支付在校期间的学费和日常生活费。国家助学贷款利由国家财政予以补贴。

9月8日　第二届“中国武警十大忠诚卫士”颁奖大会在北京举行。会上宣读了江泽民为武警部队“争做党和人民忠诚卫士”活动的题词：“永远做党和人民的忠诚卫士”。

同　日　完全由我国自行设计、研制的新一代超音速歼击轰炸机枭“中国飞豹”FBC-1飞机，通过了国家科技进步奖特等奖。

9月10日　新华社报道：9月上旬，中国人民解放军南京、广州战区陆海空三军、第二炮兵和民兵预备役部队，在浙东、粤南沿海举行了大规模的诸军兵种联合渡海登陆作战实兵演习。演习的成功表明，我军现代化建设水平和联合作战能力又有新的提高。三军将士正严阵以待，时刻准备捍卫国家主权和领土完整，坚决粉碎任何分裂祖国的图谋。

9月18日　中共中央、国务院、中央军委作出《关于表彰为研制“两弹一星”做出突出贡献的科技专家并授予“两弹一星功勋奖章”的决定》。同日，在人民大会堂举行表彰大会。下午，中共中央、国务院、中央军委在人民大会堂隆重举行表彰为研制“两弹一星”做出突出贡献的科技专家大会。中共中央总书记、国家主席江泽民发表重要讲话并为获奖人员颁发奖章和证书。中共中央政治局常委、国务院朱总理宣读了《中共中央、国务院、中央军委关于表彰为研制“两弹一星”做出突出贡献的科技专家并授予“两弹一星功勋奖章”的决定》。在庆祝中华人民共和国成立50周年之际，党中央、国务院、中央军委决定，对当年为研制“两弹一星”做出突出贡献的23位科技专家予以表彰，并授予于敏、王大珩、王希季、朱光亚、孙家栋、任新民、吴自良、陈芳允、陈能宽、杨嘉墀、周光召、钱学森、屠守锷、黄纬禄、程开甲、彭桓武“两弹一星功勋奖章”，追授王淦昌、邓稼先、赵九章、姚桐斌、钱骥、钱三强、郭永怀“两弹一星功勋奖章”（以上排名按姓氏笔画为序）。这23位科技专家是人民共和国的功臣，是老一辈科技工作者的杰出代表，是新一代科技工作者的光辉榜样。党中央、国务院、中央军委号召，全党、全军和全国各族人民向为研制“两弹一星”做出突出贡献的科技专家学习，大力弘扬研制“两弹一星”的伟大精神，在以江泽民同志为核心的党中央领导下，高举邓小平理论伟大旗帜，万众一心，艰苦奋斗，顽强拼搏，开拓创新，为夺取我国改革开放和社会主义现代化建设新的伟大胜利而努力奋斗。

9月19日—22日　中国共产党第十五届中央委员会第四次全体会议在北京举行。出席这次会议的中央委员189人，中央候补委员147人。中央纪律检查委员会常务委员会委员和有关方面的负责同志列席会议。全会由中央政治局主持。中央委员会总书记江泽民同志作了重要讲话。全会审议通过了《中共中央关于国有企业改革和发展若干重大问题的决定》。全会认为，推进国有企业改革和发展是一项重要而紧迫的任务。国有企业是国民经济的支柱。完成十五大确定的我国跨世纪发展的宏伟任务，建立和完善社会主义市场经济体制，保持国民经济持续快速健康发展，必须大力促进国有企业的体制改革、机制转换、结构调整和技术进步。目前，国有企业改革和发展正处于关键时期，一些深层次矛盾和问题必须加以解决。这次全会集中研究国有企业的问题是适时和必要的。全会确定了从现在起到2010年国有企业改革和发展的主要目标和必须坚持的指导方针。全会强调，完成这一历史任务，首先要尽最大努力实现国有企业改革和脱困的3年目标。要从不同行业和地区的实际出发，根据不平衡发展的客观进程，着力抓好重点行业、重点企业和老工业基地，把解决当前突出问题与长远发展结合起来，为国有企业跨世纪发展创造有利条件。从战略上调整国有经济布局，把产业结构的优化升级与所有制结构的调整完善结合起来；提高国有经济的控制力和整体素质。以市场为导向，用先进技术改造传统产业；在新兴技术和高技术产业，国有企业要占据重要地位，掌握核心技术，发挥先导作用。全会决定增补胡锦涛同志为中央军事委员会副主席，郭伯雄、徐才厚同志为中央军事委员会委员。全会审议并通过了《中共中央纪律检查委员会关于许运鸿问题的审查报告》。全会决定，撤销许运鸿中央委员会候补委员职务，开除其党籍。鉴于许运鸿的有些问题涉嫌触犯刑律，由司法机关对其依法处理。

9月21日　财政部发出《关于发行1999年记账式（8期）国债（以下简称“本期国债”）的公告》。公告如下：一、本期国债发行总额200亿元，期限10年，年利率3.30%，从1999年9月23日开始发行，9月29日结束。发行期结束后可上市流通。二、本期国债为附息国债，从1999年9月23日开始计息，利息按年支付，利息支付日为每年的9月23日（节假日顺延，下同），2000年9月23日支付第一次利息，2009年9月23日支付最后一次利息并偿还本金。三、本期国债采取承购包销的方式，通过上海证券交易所、深圳证券交易所发行。承销机构为经批准的证券公司、信托投资公司、保险公司。证券投资基金为本期国债的特别承销机构。四、在发行期内，本期国债由承销机构通过上海证券交易所和深圳证券交易所，按面值向社会公开销售。个人等社会各类投资者可凭证券账户委托证券公司、信托投资公司的营业网点申请购买。

9月22日　庆祝中国人民政治协商会议成立50周年大会在北京举行。江泽民出席大会并发表重要讲话。他首先代表中共中央向人民政协表示衷心的祝贺；向共同致力于建设有中国特色社会主义事业的各民主党派、人民团体和各族各界人士，致以崇高的敬意；向拥护祖国统一和民族振兴的香港特别行政区同胞和澳门同胞、台湾同胞以及海外侨胞，表示诚挚的问候。他说，此时此刻，我们更加深切缅怀毛泽东同志、周恩来同志、邓小平同志、邓颖超同志、李先念同志等老一辈人民政协事业的伟大开拓者和卓越领导人。我们将永远铭记所有为人民共和国的建设和政协事业的发展做出贡献的人们。江泽民在讲话中对50年来人民政协在中国共产党领导下所取得的光辉业绩给予高度评价。他在总结半个世纪以来人民政协工作的基本经验时指出，在我国社会阶级关系和主要矛盾发生根本变化的历史条件下，在建设社会主义的历史进程中，统一战线仍然是中国共产党的总路线、总政策的重要组成部分，仍然是我们排除万难、夺取胜利的一大法宝。中国共产党领导的多党合作，是适合中国国情、具有中国特色的社会主义新型政党制度。人民政协是我国社会主义民主政治的重要形式，它人才集聚，联系广泛，具有广泛的代表性和包容性，实行以协商讨论和批评建议为主要形式的民主监督，具有自己独特的优势和作用。人民政协始终与人民共和国的成长，与全体人民的奋斗紧密联系在一起，风雨同舟、荣辱与共。他指出，坚持中国共产党的领导，是巩固和发展爱国统一战线的根本保证，是我国多党合作成功进行的首要政治前提。统一战线工作是全党的工作，人民政协事业是建设有中国特色社会主义事业的重要组成部分。改革开放越深入，经济建设越发展，越需要加强统一战线和人民政协的工作。坚持和发展最广泛的爱国统一战线是一项关系国家和社会主义事业兴旺发达的战略任务。江泽民对人民政协提出了四点希望：第一，希望人民政协继续围绕党和国家的中心任务开展工作，更好地为社会主义现代化建设服务。第二，希望人民政协坚持发扬民主，在推进有中国特色社会主义民主政治建设中发挥积极作用。第三，希望人民政协积极协助党和政府进一步做好协调关系、化解矛盾的工作，维护社会政治稳定。第四，希望人民政协广泛团结海内外一切热爱祖国的中华儿女，为实现祖国的完全统一和振兴中华共同奋斗。

9月23日　新华社报道：中共中央日前举行党外人士座谈会。邀请各民主党派中央、全国工商联负责人和无党派人士座谈，征求大家对《中共中央关于国有企业改革和发展若干重大问题的决定（征求意见稿)》的意见和建议。中共中央总书记、国家主席江泽民主持座谈会并讲话。江泽民指出：四中全会选定这一主题主要是基于以下几方面的考虑。一是国有企业在我国国民经济和社会发展中具有重要地位。新中国成立50年来，国有企业为推进国家的工业化和现代化，做出了不可磨灭的巨大贡献。面对世纪之交激烈的国际竞争，我们要增强国家的经济实力、国防实力和民族凝聚力，就必须不断促进国有经济的发展壮大。二是经过20年的改革，国有企业朝着建立社会主义市场经济体制的改革目标迈出了前所未有的重大步伐。

管理体制发生了深刻变化，一批企业在市场竞争中成长壮大，多样化的公有制的有效实现形式增强了公有制经济的活力。这些都为我们从总体上搞好国有企业积累了宝贵的经验，创造了良好的条件。三是国有企业的改革正处在攻坚阶段，一些深层次的矛盾集中暴露出来，迫切需要研究制定切合实际的政策措施，逐步加以解决。因此，中共十五届四中全会集中研究国有企业改革和发展问题，是适时和必要的。江泽民强调，这次文件起草工作以邓小平理论和十五大精神为指导，解放思想，实事求是，尊重实践，集思广益，力求在国有企业改革攻坚上有新的突破。在介绍了征求意见稿的基本思路和主要内容后，江泽民说，各民主党派、工商联和无党派人士对国有企业的改革和发展一直非常关心，也曾提出过一些很好的建议。即将召开的中共十五届四中全会讨论的文件是指导国有企业跨世纪改革和发展的一个纲领性文件。希望大家畅所欲言，多提修改意见。江泽民指出，中国共产党领导的多党合作和政治协商制度，是我国的一项基本政治制度，是我国社会主义民主政治的重要形式。坚持“长期共存、互相监督、肝胆相照、荣辱与共”的方针，加强同民主党派协商议事，对于提高我们党的决策和执政水平，更好地带领全国各族人民朝着既定目标前进，有着重要意义。

9月28日　国务院发布《城市居民最低生活保障条例》。《条例》共17条。10月1日，《城市居民最低生活保障条例》（以下简称《条例》）开始施行。这个《条例》的出台，充分体现了党和政府对城市贫困居民的关心和爱护。这个《条例》的颁布实施，标志着全国城市居民最低生活保障制度建设步入法制化管理轨道。城市居民最低生活保障制度，是政府对城市贫困人口按最低生活保障标准进行差额救助的新型社会救济制度，是现代社会保障制度的一项重要内容，也是对传统社会救济制度的重大改革。我国传统的社会救济制度是在五六十年代在计划经济体制下形成的，主要是对无劳动能力、无生活来源、无法定赡养人和抚养人的城镇“三无”孤老、社会困难户、60年代精减退职职工以及国家规定的一些特殊救助对象，给予定期定量救济或临时救济。几十年来，社会救济工作已形成一定的体系，为保障社会弱者的基本生活权益、促进社会的稳定和发展发挥了积极作用。但由于救济范围窄、标准低、程序不够规范，不能适应社会主义市场经济新形势的需要。随着改革开放的深入和社会主义市场经济体制的建立，城市贫困人口的构成和规模都发生了很大的变化，在职、下岗、失业和退休人员中的贫困人口有所增加，帮助他们解决生活上的困难，成为城市社会救济工作的新课题。建立城市居民最低生活保障制度，是《中华人民共和国国民经济和社会发展"九五"计划和2010年远景目标纲要》提出的一项重要任务，是改革和完善传统社会救济制度、建立健全社会保障体系的重大举措，也是为保证经济体制改革，特别是国有企业改革顺利进行的一项配套措施。党的十五届四中全会通过的《中共中央关于国有企业改革和发展若干重大问题的决定》也提出了这个问题。如今，《条例》的出台，将促进城市居民最低生活保障工作规范化、制度化、科学化管理。

9月29日　中央民族工作会议暨国务院第三次全国民族团结进步表彰大会在北京举行。中共中央总书记、国家主席、中央军委主席江泽民出席大会并讲话。他指出：加强民族团结，维护祖国统一和社会稳定，是全国各族人民的共同愿望和根本利益所在。要努力发扬各族人民同呼吸、共命运、心连心的光荣传统，齐心协力地把建设有中国特色社会主义事业不断推向前进。大会由中共中央政治局常委、国务院总理朱镕基主持。这次民族工作会议的任务是：在邓小平理论和党的基本路线指引下，通过回顾50年来我国民族工作的伟大成就，进一步认识和把握社会主义初级阶段民族问题的规律，深入研究民族工作面临的新形势，全面部署跨世纪的民族工作，以便更好地团结全国各族人民努力实现党的十五大确定的宏伟目标。国务委员、国务院秘书长王忠禹在会上宣读了国务院关于授予包头钢铁（集团）有限责任公司等集体为全国民族团结进步模范集体、吴登云等同志为全国民族团结进步模范个人称号的决定。这次受表彰的民族团结进步模范共1 254个，其中模范集体626个，模范个人628个。

同　日　中央军委在京隆重举行晋升上将军衔仪式。中共中央总书记、国家主席、中央军委主席江泽民向晋升上将军衔的同志颁发命令状。这次晋升上将军衔的高级军官是：中央军委委员郭伯雄、徐才厚。

本　月　时速180公里的新型内燃动车组综合性能试验在北京东郊铁道部科学研究院环行铁道试验基地试验成功。这列名为“新曙光”的动车组将于1999年10月1日投入运营。

10月1日　首都各界庆祝中华人民共和国成立50周年大会在北京天安门广场隆重举行。中共中央总书记、国家主席、中央军委主席江泽民检阅了人民解放军陆海空三军和人民武装警察部队、民兵预备役部队组成的42个地面方队。50万军民参加了盛大的阅兵式和群众游行。上午10时，中共中央政治局委员、中共北京市委书记贾庆林宣布庆典开始。在50响的隆隆礼炮声中，200名国旗护卫队官兵组成的方队，以铿锵的脚步从人民英雄纪念碑前沿红色地毯向广场北端的旗杆行进。随后，由1 000多人组成的中国人民解放军联合军乐团奏响中华人民共和国国歌的旋律，全场肃立高唱国歌，鲜艳的五星红旗冉冉升起，高高飘扬在广场上空。身着中山装的江泽民主席乘国产红旗牌检阅车，在雄壮的军乐声中，穿过天安门城楼、跨过金水桥、驶上长安街。10时36分，阅兵分列式开始。由中国人民解放军仪仗大队组成的仪仗方队护卫着中国人民解放军军旗走在最前面。随后，来自陆军、海军、空军、武装警察部队、民兵预备役的1万多名官兵和400多台战车、火炮、各种导弹等，分别组成16个徒步方队和25个车辆方队，浩浩荡荡通过天安门广场，接受祖国和人民的检阅。11时5分，广场上空响起巨大的轰鸣声，以空军航空兵为主体，陆军、海军航空兵联合组成的10个空中梯队低空飞过天安门广场。战略导弹方队最后通过广场。检阅部队后，江泽民登上天安门城楼发表了重要讲话。江泽民向世界宣布：从本世纪中叶到下世纪中叶，中国人民经过100年的艰苦创业，将基本实现社会主义现代化。中华民族将以更加强劲的英姿屹立于世界民族之林。中国的未来是无限光明的。让我们高举马克思列宁主义、毛泽东思想、邓小平理论的伟大旗帜，朝着辉煌的目标奋勇前进。一个富强民主文明的社会主义现代化中国必将出现在世界的东方。江泽民说，经过50年，特别是改革开放20年来艰苦卓绝的奋斗，昔日积贫积弱的中国发生了翻天覆地的历史巨变。勤劳、勇敢、智慧的中国人民在党的领导下，在古老的华夏大地上创造了举世惊叹的人间奇迹。实践已经充分证明，只有社会主义才能救中国，只有社会主义才能发展中国。实践也充分证明，建设有中国特色的社会主义，是实现中国经济繁荣和社会全面进步的康庄大道。江泽民强调，我们将继续坚持党的基本理论、基本路线、基本纲领，依靠全国各族人民的力量，在新的世纪里不断谱写建设有中国特色社会主义的新篇章；继续坚持"和平统一、一国两制"的方针，在实现香港和澳门顺利回归以后，最终完成台湾与祖国大陆的统一；继续坚持独立自主的和平外交政策，在和平共处五项原则的基础上发展同所有国家的友好合作关系。同日，中央军委主席江泽民发布嘉奖令，通令嘉奖参加国庆受阅的陆、海、空三军，武装警察部队和民兵、预备役部队全体指战员。

10月9日　财政部中国资产评估协会主办的"1999北京国际评估论坛"在北京昆仑饭店开幕。国务院副总理李岚清致信祝贺，他在信中代表中国政府向参加论坛的各国评估界代表表示热烈欢迎。财政部部长项怀诚出席开幕式并致辞。他说，10年来，中国的资产评估业积极服从、服务于改革开放和现代化建设，有效地维护了各类产权主体的合法权益，保障了经济的运行秩序，已经成为社会主义市场经济建设中一个不可或缺的重要中介力量。资产评估行业要适应经济发展的要求，必须不断地进行改革，以使其尽快成为真正独立、客观、公正、规范执业的中介服务行业。中国政府将一如既往地关注和支持资产评估行业的发展，注意发挥其重要作用，为推动资产评估行业发展，保障经济稳定运行做出应有的贡献。参加这次论坛的有国际评估准则委员会的现任主席、欧洲评估师联合会代表、东南亚评估师协会联合会的代表以及美国、英国、澳大利亚、马来西亚、俄罗斯等国家的外方代表近70人；中方150多名代表参加了会议。

同　日　财政部发出《关于发行1999年凭证式（3期）国债（以下简称"本期国债"）的公告》。公告如下：一、本期国债发行总额为550亿元，分为3年期和5年期两种，其中3年期385亿元，票面年利率为2.78%；5年期165亿元，票面年利率为2.97%。二、本期国债从1999年10月10日开始发行，1999年12月10日结束。本期国债从购买之日开始计息，到期一次还本付息，不计复利，逾期不加计利息。三、本期国债为记名国债，以填制“凭证式国债收款凭证”的方式按票值发行，可以挂失，可以质押贷款，但不能更名，不能流通转让。四、在购买本期国债后，投资者如需变现，可随时到原购买网点均按兑取本金的2‰收取手续费，并按实际持有时间及相应的分档利率计付利息。3年期凭证式国债：持有时间不满半年的，不计息；满半年不满1年的，年利率为0.81%；满1年不满2年的，年利率为1.80%；满2年不满3年的，年利率为1.98%。5年期凭证式国债：除按上述分档利率执行外，持有时间满3年不满4年的，年利率为2.79%；满4年不满5年的年利率为2.88%。五、发行期内如遇银行存款利率调整，尚未发行的本期国债的票面利率，在利率调整日按3年期、5年期银行储蓄存款利率调整的相同百分点作同幅调整；尚未发行的本期国债提前兑取时的分档利率，另行通知。发行期内如遇对个人存款利息开征所得税，本期国债的利率不再调整。六、本期国债面向社会公开发行，投资者可到中国工商银行、中国农业银行、中国银行、中国建设银行、交通银行、部分其他商业银行以及部分省、市邮政储蓄的营业网点购买。

10月11日　中央军委发布嘉奖命令。授予南京军区某部五连“基层安全保卫工作模范连”荣誉称号；授予青海省玉树军分区独立骑兵连“高原民族团结模范连”荣誉称号。中央军委同时发出通令，给空军某飞行学院一团记一等功1次；给在军队科研和教学工作中做出突出贡献的8位同志分别记功：给姚世贵、赵煦、王汉功、张斌记一等功；给周殿元、张宝仁、刘传绩、蔡锦芳记二等功。

10月12日　1999北京国际评估准则委员会年会在北京开幕。财政部部长项怀诚致信祝贺。他在贺信中说，中国资产评估事业在改革开放中不断成长和发展，已经成为社会主义市场经济中一个不可或缺的重要中介力量。我们将积极借鉴国际评估经验，建立适应中国国情的资产评估管理体制和运行机制，健全法制，规范评估行业，提高执业水平，为中国的改革开放和社会主义建设事业发挥更大作用。国际评估准则委员会成立于1981年，旨在制定并推广国际评估准则，逐步统一各国的评估准则，是世界性评估专业组织，共有50多个成员国。本次年会的主要内容是讨论国际评估业及国际评估准则委员会在21世纪的发展方向和规则，调整和修改国际准则以及委员会领导换届等。中国资产评估协会代表中国在本次会议上当选为常务理事。

10月20日　江泽民主席和叶利钦总统就中俄间目前最大的经济合作项目——田湾核电站开工事相互致函祝贺。吴邦国副总理出席了开工典礼。

10月25日　中美联合经济委员会第十二次会议在北京举行。会议由中国财长项怀诚与美国财长萨默斯共同主持。会议议程包括两国财长分别介绍国内宏观经济形势，以及围绕国际经济体制改革等议题交换意见。项怀诚在会上说，这次会议是在新的国际经济形势背景下召开的。当前整个世界经济发展出现好的迹象，亚洲遭受金融危机国家的复苏速度快于一年前的估计。在此背景下世界各国都在积极探讨国与国、地区与地区之间的合作，探讨如何防范类似于亚洲金融危机的事件再次发生，探讨如何建立健全国际金融体系。而中国是最大的发展中国家，美国是最大的发达国家，中美双方就两国和世界各国共同关注的问题充分交换意见，达到共识，这对世界经济发展都是有利的。

同　日　中澳政府公共支出预算和公共支出管理国际研讨会在广西壮族自治区桂林市召开。财政部纪检组长金莲淑、财政部公共支出司司长冯秀华等中方代表，与澳大利亚财政部第一部长助理菲利普·普瑞尔、澳大利亚财政部前副部长雷蒙德·舒尔等6名澳方专家就公共支出预算的编制、执行、管理等问题进行了广泛的研讨。

10月25日—28日　外经贸部部长助理安民在莫斯科与俄贸易部副部长米特罗法诺夫举行建立磋商机制以来的首轮磋商。双方就两国经贸关系、林业合作、向俄出口船舶、两国债务、总理定期会晤及经贸合作分委会等问题广泛交换了意见。

10月28日　《人民日报》发表特约评论员文章《“法轮功”就是

邪教》。

10月29日　中共中央宣传部、中共中央文献研究室、中共中央党史研究室举行《李大钊文集》出版暨纪念李大钊同志诞辰110周年座谈会。中共中央政治局常委、国家副主席胡锦涛在座谈会讲话中指出：我们党所处的环境和条件已经发生了很大变化，但我们仍要大力弘扬革命先辈的崇高精神。全党同志，特别是党的各级领导干部，一定要按照讲学习、讲政治、讲正气的要求，加强思想政治修养，自觉抵御各种腐朽思想的侵蚀，真正养成共产党人的高风亮节。不久前，我们刚刚欢庆过中华人民共和国成立50周年。回顾神州大地发生的翻天覆地的历史性变化，我们更加怀念李大钊等为祖国的独立、统一、民主、富强建立了不朽功勋的革命先烈们。他说，为了缅怀中国共产主义运动的先驱、伟大的马克思主义者、杰出的无产阶级革命家、中国共产党的主要创始人之一李大钊同志，我们在他诞辰110周年的时候，出版新编的《李大钊文集》，并在这里举行座谈会，以表达我们的怀念和敬仰之情。胡锦涛强调，这次新编出版的5卷本《李大钊文集》，比较全面地收集了李大钊同志的著作，以丰富的文献展现了李大钊同志光辉一生的伟大实践和思想贡献。他的思想理论遗产，是我们党和全国各族人民宝贵的精神财富。我们纪念李大钊同志，学习和研究他的著作，必须像他那样弘扬爱国主义精神，为中华民族的振兴不懈奋斗；必须像他那样始终不渝地坚持马克思主义的科学信念；必须像他那样坚持把马克思主义应用于中国实际的探索精神；必须像他那样保持无产阶级先进分子的革命气节和高尚情操。新编5卷本《李大钊文集》，是3年前经党中央批准，并责成中国李大钊研究会负责组织，于近期完成的。由人民出版社出版发行。文集收录了李大钊同志从1912年6月—1927年4月的遗文，包括文章、书信、诗词、译文、演讲录等500余篇，160余万字。为了方便广大读者，特别是青年读者阅读，文集加注释3 000余条，约35万字，介绍了李大钊遗文所涉及到的中外重要历史事件、遗文的时代和文化背景资料等。

10月30日　最高人民法院、最高人民检察院作出《关于办理组

织和利用邪教组织犯罪案件具体应用法律若干问题的解释》。

同　日　新华社报道：中央军委主席江泽民签署命令，向全军发布实施《中国人民解放军联勤条例》。实行三军联勤在中国人民解放军军史上是第一次，也是新中国成立以来军队后勤保障制度的一次重大变革。这标志着军队沿袭了近半个世纪的现行三军分供体制已告结束，并被以军区为基础、区域保障与建制保障相结合、通用保障与专用保障相结合的新型保障体制所取代，从而使军队后勤向现代化方向迈出了重要一步。三军联勤体制将于2000年1月1日正式启动。

10月31日　九届全国人大常委会第十二次会议举行第二次全体会议，通过了《全国人民代表大会常务委员会关于取缔邪教组织、防范和惩治邪教活动的决定》。会议根据中华人民共和国中央军事委员会主席江泽民的提名，任命胡锦涛为中华人民共和国中央军事委员会副主席。会议审议通过了修订的《会计法》，自2000年7月1日起施行。财政部对宣传贯彻《会计法》工作做了初步安排。一、会同国务院法制办公室等部门联合发布《关于认真做好〈中华人民共和国会计法〉宣传工作的通知》，同时附发《中华人民共和国会计法宣传提纲》，对学习宣传工作的组织形式、宣传对象、宣传口径等作出统一部署。二、印发《关于认真贯彻实施〈中华人民共和国会计法〉的通知》，对贯彻实施工作作出部署。三、组织《会计法》培训。拟于1999年11月底举办全国财政系统和中央各部门《会计法》师资培训班，推动各地区、各部门培训工作的顺利进行。拟在1999年12月底与国务院有关部门共同举办大型企业负责人培训班，深入学习《会计法》。为配合学习和培训工作，财政部会计司会同有关部门编写的《会计法讲话》同时出版。四、拟在2000年上半年举办《会计法》知识竞赛，广泛传播会计法规知识。五、拟在2000年6月《会计法》实施前召开贯彻实施《会计法》电视电话会议，部署《会计法》贯彻实施工作。六、研究制订与《会计法》相配套的会计法规制度。主要包括：《企业财务会计报告管理暂行条例》、《会计从业资格管理办法》、《加强内部控制制度建设的意见》等。

同　日　第九届全国人大常委会决定，任命胡锦涛为中央军委副

主席，任命郭伯雄、徐才厚为中央军委委员。

同　日　九届全国人大常委会举办第十一次法制讲座。讲座的主讲人为清华大学法学院教授王保树。他从三个方面阐述了中国的商事法律制度：中国商事法律制度的几个基础性问题；中国现行商事法律制度的基本内容；中国商事法律制度的完善。李鹏委员长主持讲座并发表讲话。他说，加强商事立法，对于保障和促进国有企业的改革和发展，对于鼓励和引导个体、私营等非公有制经济的发展，对于建立和健全社会主义市场经济体制，都具有重要的意义。李鹏说，不久前，中共中央召开了十五届四中全会，这是贯彻党的十五大精神的一次重要会议。这次全会集中讨论了国有企业改革和发展问题，通过了《中共中央关于国有企业改革和发展若干重大问题的决定》。全会提出，要建立健全社会主义市场经济的法律制度，抓紧制定和完善有关维护市场秩序、实施宏观调控、规范市场主体、健全社会保障等方面的法律法规。这对人大的工作提出了明确的要求。我们要认真学习贯彻党的十五届四中全会精神，加快经济立法的步伐，为国有企业的发展和改革创造良好的法制环境。在谈到商法时，李鹏说，商法是社会主义市场经济法律制度的重要组成部分，是在民法的基础上，适应现代商事交易的需要发展起来的。它调整平等商事主体之间的商事关系。企业是最重要的市场主体，有关企业的法律，如公司法、合伙企业法、个人独资企业法、商业银行法、破产法等，都是商法的重要组成部分。他指出，在党的十一届三中全会以来的20年，我国的商事立法已经取得了很大进展。1993年制定的公司法，对有限责任公司和股份有限公司的设立和组织机构，公司的财务和会计制度，公司的合并、分立和破产等，都做出了规定。公司法的实施，对于推动国有企业的改革和发展，现代企业制度的建立，发挥了积极的作用。全国人大常委会还制定了合伙企业法、个人独资企业法、商业银行法、票据法、保险法、证券法、海商法、企业破产法（试行）等，这些法律的制定，标志着我国商事法律制度已经初步形成。随着社会主义市场经济不断发展，经济生活中也出现许多新情况、新问题，这些法律的某些条文也需要及时修订和完善。李鹏最后强调，为适应建立社会主义市场经济体制和现代化建设的需要，我们要继续把经济立法工作放在重要位置。当前，要以四中全会精神为指导，进一步做好商事立法工作。重点抓好对公司法和全民所有制工业企业法等的修改补充工作。还要根据立法规划的安排，在做好信托法草案审议修改工作的同时，抓紧起草合作经济组织法、统一的破产法、商事登记法、商业秘密保护法等，争取这些法律早日出台，从而使我国的商事法律制度更加完备。全国人大常委会副委员长田纪云、姜春云、邹家华、王光英、布赫、铁木尔·达瓦买提、吴阶平、彭珮云、何鲁丽、周光召、曹志、成思危、许嘉璐、蒋正华，秘书长何椿霖，全国人大常委会委员，以及全国人大各专门委员会组成人员，全国人大机关各部门负责人，各省（区、市）人大常委会负责人听取了的讲座。

11月8日　新华社报道：中共中央日前发出《关于加强和改进思想政治工作的若干意见》。指出：高度重视思想政治工作，是我党的优良传统和政治优势。在改革开放和发展社会主义市场经济的进程中，紧密结合新的历史条件，充分发挥党的这一政治优势，具有重要的现实意义和长远意义。

同　日　新华社报道：中央军委主席江泽民、中央军委副主席张万年、迟浩田，分别为中国人民解放军空军成立50周年题词。江泽民的题词是："为建设一支强大的现代化的攻防兼备的人民空军而奋斗。"张万年的题词是："走科技强军之路，筑蓝天坚固长城。"迟浩田的题词是："练过硬本领，振蓝天雄风"。

11月10日　中央军事委员会发布公告，中华人民共和国中央人民政府派驻澳门特别行政区的部队，现已组建完成。中国人民解放军驻澳门部队隶属中华人民共和国中央军事委员会领导，将于1999年12月20日起正式担负澳门特别行政区防务。中国人民解放军驻澳门部队不干预澳门特别行政区的地方事务。澳门特别行政区政府在必要时，可以向中央人民政府请求驻澳门部队协助维持社会治安和救助灾害。驻军人员除须遵守全国性的法律外，还须遵守澳门特别行政区的法律。驻军费用由中央人民政府担负。

同　日　中央军事委员会发布公告，中华人民共和国中央人民政府派驻澳门特别行政区的部队，现已组建完成。中国人民解放军驻澳门部队隶属中华人民共和国中央军事委员会领导，将于1999年12月20日起正式担负澳门特别行政区防务。中国人民解放军驻澳门部队不干预澳门特别行政区的地方事务。澳门特别行政区政府在必要时，可以向中央人民政府请求驻澳门部队协助维持社会治安和救助灾害。驻军人员除须遵守全国性的法律外，还须遵守澳门特别行政区的法律。驻军费用由中央人民政府担负。

11月12日　全军参谋长会议在北京举行。江泽民在会议上发表重要讲话，他强调，维护国家安全和统一，历来是治国的头等大事。无论什么时候，没有强大的国防和军事实力作后盾，国家安全就得不到保障。战争有正义的战争和非正义的战争之分。对于非正义的战争，我们当然要坚决反对。而对于涉及维护祖国的安全和统一的正义战争，我们一定要振奋精神，英勇作战，直到取得最后的胜利。新时期军事战略方针提出，要把军事斗争准备的基点放在打赢可能发生的现代技术特别是高技术条件下的局部战争上。能不能打赢这样的战争，关系到国家安危和社会主义现代化建设事业的成败。全军同志，首先是高级干部必须保持清醒的认识，进一步增强忧患意识和防范意识。必须进一步强化“打赢”意识，用“打赢”的要求指导和推动各项建设，衡量和检验各项工作，扎扎实实、卓有成效地做好军事斗争准备。江泽民强调，当前，世界军事领域正在发生深刻变革，特别是作战指挥领域变化之大前所未有，信息处理时间大大缩短，战略、战役、战术指挥融为一体，司令机关的工作效率和质量对战争胜负有着决定性的影响。各级都要把司令机关建设摆在战略位置，努力建设机构精干、关系顺畅，素质良好、手段先进，善于指导军队现代化建设和组织指挥高技术局部战争的高效能军事领率机关。江泽民指出，要努力发展具有我军特色的作战思想。要努力解决好诸军兵种联合作战问题。要大力培养高素质的参谋人才，努力造就一支高素质的参谋队伍。

11月15日　中美两国政府在京签署关于中国加入世界贸易组织

的双边协议。并发表新闻公报，从而为中国“入世”迈出重要一步。

11月15日—17日　中共中央、国务院在北京召开1999年中央经济工作会议。江泽民、李鹏、朱镕基、李瑞环、胡锦涛、尉健行、李岚清出席了会议。中共中央总书记江泽民在会上发表了重要讲话。讲话分析了国际国内政治、经济形势，全面总结了1999年的工作，提出了2000年经济工作的指导思想和主要任务。中共中央政治局常委、国务院总理朱镕基就2000年经济工作部署作了重要讲话。会议指出，当前，世界多极化的趋势在继续发展，国际形势总体上仍然趋向缓和，和平与发展依然是时代的主题。尽管天下仍很不太平，但在较长时期内避免新的世界大战是可能的；多极化格局的最终形成将是一个充满复杂斗争的长期过程，但这一历史方向不可逆转。这是党中央在科学分析当代世界矛盾，全面审视和平力量和战争因素消长的基础上作出的重要判断。我们完全有可能争取一个良好的国际和平环境和周边环境，继续推进我国的现代化建设。展望世界经济的发展变化，有三个动向值得我们高度关注：一是世界范围内正在进行经济结构调整，二是科技进步突飞猛进，三是跨国公司的影响力日益增大。全面分析国际经济形势，我们可以得出一个结论：经济全球化趋势已经和正在给各国经济发展带来深刻的影响，我们既面临着新的发展机遇，也面临着严峻挑战，一定要增强紧迫感，努力使自己发展得更快、更好。会议指出，1999年的经济工作，是在比较复杂的国际国内环境中进行的。我们克服了各种困难，集中精力抓好经济建设。农业获得较好收成，工业生产增长较快，外贸出口转降为升，财政收入稳定增长，金融运行比较平稳，人民生活继续改善，社会保持稳定。总的看，经济形势继续沿着好的方向发展，年初预期的经济增长目标能够实现。这说明中央关于经济工作的各项方针政策是完全正确的，国务院各部门和各地方的工作是有成绩的。当前经济生活中存在的问题主要是，有效需求不足，就业压力增大，农民收入增长缓慢，结构不合理的矛盾更加突出。为保持经济的平稳增长，我们坚持扩大内需的方针，实施积极的财政政策，并努力发挥货币政策的作用，综合运用多种手段调控经济运行。既加大基础设施投入，又支持企业技术改造；既注重投资启动，又增加居民收入，引导和鼓励消费；既扩大国内需求，又坚持对外开放，千方百计开拓国际市场；既不失时机地深化改革，又切实保证社会稳定。回顾这两年来的实践，有三条经验值得记取：第一，坚持用发展的办法解决前进中的问题；第二，适应形势变化适时调整宏观经济政策；第三，重点抓好关系国民经济发展全局的大事。会议指出，2000年是世纪之交的一年，也是完成“九五”计划和本世纪末重要奋斗目标的最后一年。做好2000年的经济工作，对于实现我国现代化建设第二步战略目标，并向第三步战略目标迈进，具有重要意义。明年经济工作的指导思想和总体要求是：以邓小平理论和党的基本路线为指导，认真贯彻党的十五大和十五届三中全会、四中全会精神，继续实行中央关于推动改革和发展的一系列政策措施，突出抓好国有企业改革和发展、经济结构调整、科技进步和扩大内需。进一步稳定农业的基础地位，着力调整农业和农村经济结构，千方百计增加农民收入。把国有企业改革作为中心环节，积极促进扭亏增盈和建立现代企业制度。继续实行积极的财政政策，进一步发挥货币政策的作用，综合运用税收、价格等宏观调控手段，加强基础设施建设，抓紧技术改造，加快科技创新，努力扩大消费。扩大对外开放，积极增加进出口，提高利用外资水平。完善社会保障体系，重视和加强扶贫工作，进一步改善人民生活。正确处理改革、发展、稳定的关系，保证国民经济持续快速健康发展，促进社会全面进步，以优异成绩迎接新世纪。会议对2000年的经济工作作了全面部署，提出五项主要任务：一、继续实施促进经济发展的一系列政策措施，扩大国内需求。“发展”是解决我们面临所有问题的关键。坚持扩大内需的方针，实施积极的财政政策的实质，就是坚持发展。无论是克服当前经济生活中的实际困难，还是为了下世纪的长远发展，我们都必须实行以扩大内需为主的发展方针。2000年要继续实施积极的财政政策，增发建设国债。在投资方向上，要继续以基础设施建设和企业技术改造为重点，同时更加注意使其与结构调整紧密配合，并带动社会投资和启动消费。要进一步发挥货币政策的作用，综合运用各种货币政策工具，适度增加货币供应，加大金融对经济增长的支持力度。金融要进一步支持基础设施建设和技术改造，保障有市场、有效益的企业生产流动资金的需要。做好债转股工作，帮助符合条件的大型国有企业减轻债务负担。制定促进不同所有制中小企业加快发展的信贷政策。增加直接融资比重，规范和发展资本市场。要高度重视防范和化解金融风险，货币、信贷管理任何时候都不能放松。要在促进经济发展中实现金融安全。必须高度重视增加消费对拉动经济增长的巨大作用。大力开拓城乡消费市场，开辟更多的消费渠道，当前的重点是启动住房、教育等方面的消费。积极引导居民的收支预期。二、大力调整经济结构，促进产业优化升级。调整和优化经济结构，是促进经济发展，提高经济增长质量和效益的根本性措施。要把调整经济结构作为2000年和今后一个时期经济工作的主要着力点。当前面临的经济结构调整不是暂时性、局部性的调整，而是战略性的调整。要继续调整产业结构。加强第一产业，提高第二产业，发展第三产业，是今后一个时期调整产业结构的基本思路。我国农业进入了一个新的发展阶段，要按照高产优质高效的要求，引导农民根据市场需求调整结构。继续加强农田水利基本建设和生态环境建设，保护和提高农业综合生产能力。乡镇企业要注重发展农产品加工，促进农业产业化经营。必须加快对老工业基地和传统产业的技术改造，淘汰落后的设备和工艺，压缩过剩的生产能力，积极发展新兴产业和高技术产业，推进国民经济信息化，努力培育新的经济增长点。必须采取有力的政策和扶持措施，加快信息、文化、教育、旅游、社区服务和中介服务的发展。调整地区经济结构，促进区域经济、城乡经济协调发展。不失时机地实施西部大开发战略，直接关系到扩大内需、促进经济增长，关系到民族团结、社会稳定和边防巩固，关系到东西部协调发展和最终实现共同富裕。现在研究实施西部大开发战略，条件基本具备，时机已经成熟。实施这个战略是党中央总揽全局、面向新世纪作出的重大决策。西部大开发是一项宏大的工程，必须统筹规划，突出重点，有步骤、分阶段地实施。必须紧紧依靠西部地区干部、群众的积极性，自强不息，艰苦奋斗。同时，国家要逐步加大对西部地区的投入，并通过政策引导，吸引更多的国内外资金、技术和人才。西部开发要重点抓好基础设施建设，大力植树种草，有计划、有步骤地退耕还林，调整产业结构，优先发展科技教育。发展小城镇是一个大战略。小城镇建设要合理布局，抓紧规划，规模适度，注重实效。要注意运用市场机制，更多地发挥民间投资的作用，走出一条在政府引导下，主要通过市场机制建设小城镇的路子。三、加快科技进步，提高技术创新能力。科技进步与创新是发展生产力的决定因素，是经济和社会发展的主导力量。从我国的实际出发，加快科技进步，一是要用现代技术改造传统产业，这是实现工业化必然要经历的过程。二是要发展高科技，实现产业化，努力占领科技制高点。要鼓励企业跟踪行业技术发展的前沿，引进、消化、吸收国外先进技术，进行自主开发和技术创新，实现技术跨越。贯彻经济建设要依靠科学技术、要面向经济建设的方针，继续推进科技体制改革，形成科技与生产紧密结合的机制。要继续增加科技投入，引导社会资金参与科技开发，建立和完善发展高新技术产业的风险投资机制，逐步形成多元化的科技投资体制。要特别重视培养青年科技人才，为他们的成长和发挥才干创造条件。当前工作重点是要落实好国家支持技术改造的政策措施，做好选项、论证和实施工作。四、深化以国有企业改革为中心环节的经济体制改革。贯彻落实四中全会精神，实现国有企业改革和发展的3年目标，是2000年经济工作中的重中之重。要处理好改善企业外部条件与转变企业经营机制的关系。近年来，国家在减轻企业债务负担，分流富余人员，分离办社会职能等方面采取了不少措施，今后仍要继续认真落实。从企业来说，更需要眼睛向内，着力建立现代企业制度，形成适应市场经济要求的经营机制。把握好长远目标和阶段攻坚的关系。国有企业改革是一项长期任务，要有步骤、分阶段地进行。中央提出的国有企业改革和发展3年目标，是阶段性的攻坚战，非常关键，一定要打好。做好2000年经济工作，归根结底，必须深化改革。要用改革统揽全局，抓住国有企业改革这个中心环节，继续推进财政、金融、流通、科技、教育、住房和社会保障等各项改革。五、进一步改善人民生活。不断改善人民生活，是扩大有效需求、拉动经济增长的内在要求，是处理好改革、发展、稳定关系的结合点。要在保持经济增长的同时，逐步提高城乡居民特别是中低收入者的实际收入。千方百计增加农民收入，是当前农业和农村工作的一项重要任务。要从调整优化结构、增加农业投入、扩大以工代赈、促进农产品流通等方面采取综合措施，开辟农民增收的新途径和新领域。要关心城镇低收入居民生活。要建立和完善社会保障体系，继续加强以失业、养老和医疗为重点的社会保障体系建设，逐步扩大覆盖面，提高社会保障程度。会议从八个方面具体部署了2000年的经济工作：一、确定2000年宏观调控的预期目标；二、坚持实行扩大内需、促进发展的宏观经济政策；三、推进国有企业改革和发展；四、加大农业结构调整力度，努力增加农民收入；五、抓住时机，着手实施西部地区大开发战略；六、积极扩大出口和利用外资；七、加快实施科教兴国的战略；八、切实搞好社会保障体系建设。2000年还要制定我国国民经济与社会发展第十个五年计划。会议强调，要切实加强党的领导，确保完成2000年各项任务。2000年，改革、发展和稳定的任务十分繁重。全党同志特别是各级领导干部，必须全面准确地理解中央的方针政策，用中央的精神指导本地区本部门的工作。做到认清形势，明确任务；抓住机遇，开拓进取；坚定信心，团结奋斗。2000年要切实做好以下工作：一、妥善处理各种利益关系，进一步做好稳定工作。抓好稳定工作，是2000年全党的一件大事。处理好改革、发展、稳定的关系，关键是要始终注意维护人民群众的利益。人民群众是改革发展的主体和动力，也是稳定的力量源泉和深厚基础。要充分重视并正确处理新形势下的人民内部矛盾。着重解决好改革中群众关心的突出问题。二、加大精神文明建设力度，推动经济社会全面进步。在整个改革开放和现代化建设的过程中，要始终坚持“两手抓、两手都要硬”的方针。要认真贯彻落实中央前不久下发的关于加强和改进思想政治工作的意见，切实加强宣传工作和思想教育工作，多做解疑释惑、提高认识的工作，多做宣传引导、耐心说服的工作，多做统一思想、凝聚力量的工作。继续推进各项社会事业的发展，努力促进经济、社会、环境协调发展。三、加强党组织自身建设，提高各级干部思想政治素质和领导水平。要按照中央的要求，进一步巩固“三讲”教育已经取得的成果，并要把县（市）一级“三讲”教育扎扎实实搞好。领导干部必须坚持学习、学习、再学习。要勇于在改革开放的现实斗争中经风雨，见世面，不断提高思想理论水平和驾驭全局的能力。要真抓实干，扎实工作。要旗帜鲜明地反对和制止任何形式的弄虚作假，严肃查处弄虚作假的问题。要坚持不懈地开展党风廉政建设和反腐败斗争，领导干部尤其是“一把手”要做好表率。各级领导干部，特别是主要领导干部，要带头遵守民主集中制的各项规定。各级党委要按照中央的部署，把培养选拔年轻干部列入重要议事日程。会议指出，2000年经济工作的任务是十分繁重和艰巨的，做好各项工作的有利条件也很多。我们要高举邓小平理论的伟大旗帜，坚持党的基本路线，认真贯彻党的十五大和十五届三中全会、四中全会精神，紧密地团结在以江泽民同志为核心的党中央周围，同心同德，励精图治，锐意进取，埋头苦干，以优异成绩迎接新世纪的到来。

11月18日　全国第一次政府采购工作会议在江苏省泰州市召开。全国36个省、市、自治区、计划单列市的财政部门和中央有关部、委的130多人参加了会议。财政部副部长楼继伟到会并作重要讲话。他指出：1998年，国务院明确授予财政部“拟定和执行政府采购政策”的职责，财政部对抓好这项工作非常重视，把它作为建立公共财政框架的基本内容和反腐倡廉的重要措施来抓。一年来各级财政部门为履行这一职责作了大量卓有成效的工作。2000年工作的重点首先是进一步扩大政府采购规模，逐步建立和完善政府采购的监督管理机制，要继续做好立法工作，做好相关的配套改革工作。

同　日　财政部部长项怀诚在北京钓鱼台国宾馆亲切会见了菲律宾财政部长埃德加多·B·埃斯比里社一行。

11月20日　北京时间6时30分，我国第一艘载人航天试验飞船“神舟”号，在中国酒泉卫星发射中心新建成的航天发射场发射升空。

在完成预定的空间科学试验之后，11月21日凌晨3时41分，飞船在内蒙古自治区中部地区成功着陆。这是我国载人航天工程的第一次飞行试验，标志着我国载人航天技术有了新的重大突破。这次发射的试验飞船和新型火箭，是我国独立自主研制的。这次飞行试验，飞船上没有载人。在地面准备阶段，发射中心采用了与国际先进水平接轨的"三垂"模式，即在技术厂房完成对飞船、火箭联合体进行垂直总装、测试，然后将其垂直运输至发射场。飞船、火箭的最后测试和发射，都是通过远距离控制的。据介绍，这些技术创新，是我国航天测试发射技术的一个新突破。此间航天界专家评价，这次发射对突破载人航天技术具有重要意义，是我国航天史上的又一个里程碑。江泽民为飞船题名"神舟"。中共中央、国务院、中央军委致电热烈祝贺。

11月26日　中共中央举办1999年第二次法制讲座，内容是依法保障和促进国有企业改革与发展。中共中央总书记江泽民主持讲座并作重要讲话。他指出：依法保障和促进国有企业的改革与发展，是落实十五届四中全会精神的一个重要内容，也是推进国有企业跨世纪发展需要进一步解决好的一个重大课题。国有企业是我国国民经济的支柱。不断从整体上增强国有企业的活力和国有经济的控制力，对于建立社会主义市场经济体制和巩固社会主义制度，具有极为重要的意义。要积极推进国有企业扭亏增盈和建立现代企业制度，实现国有企业改革和发展的近期与长远目标，必须通过进一步加强法制建设来依法保障、依法促进。法制讲座的主讲人是中国政法大学的王卫国教授。他主要讲了三个问题：一、依法保障和促进国有企业改革的必要性；二、现阶段国有企业改革若干问题的法律思考；三、依法保障和促进国有企业改革需要注意的几个问题。讲座结束后，江泽民总书记在讲话中指出，这些年来我们制定了不少规范市场主体、维护市场秩序、加强宏观调控、健全社会保障等方面的法律法规，有力地促进了国有企业的发展，也使政府能够有效地综合运用经济、法律和必要的行政手段进行管理。司法机关在打击经济犯罪、维护企业合法权益方面做了大量工作。企业依法经营管理的水平正在提高。江泽民说，我们也要看到，同国有企业改革和发展的要求相比，法制建设方面还存在一些不适应的情况。有些与企业改革密切相关的法律法规还需进一步完善，有关企业兼并重组、企业关闭、社会保障等方面的法律法规还不健全。有法不依、执法不严、违法不究和徇私枉法的现象，政企不分、随意干预企业生产经营自主权的现象，乱收费、乱罚款、乱摊派的现象，在一些地方和部门仍然存在。不少企业还不善于运用法律手段维护自身的合法权益，影响了企业的正常生产经营。少数企业的经营者违规经营、以权谋私，造成国有资产流失。这些情况都说明，我们必须把依法保障和促进国有企业的改革与发展，摆到更加突出的位置继续努力抓好。江泽民强调，国有企业能否依法经营管理，关键在企业领导班子。要采取切实有效的措施，加强对企业经营者的法律培训，增加他们的法律知识和依法经营管理能力。企业领导人要自觉增强法制观念，坚持依法经营管理，不断提高企业的效益。所有企业都要严格执行国家的法律规定，及时、准确编制资产负债表、损益表和现金流量表，真实反映企业经营状况。要加强企业内部规章制度建设，对重大经营决策、合同管理、担保审核、对外投资、经济纠纷处理等，都要建立健全相应的规章制度；严格按照质量标准、环境保护标准和安全生产标准从事生产经营。要加强对企业生产经营活动的审计监督。特别要注意培养懂法律、善经营的企业管理人才，进一步健全企业法律顾问制度，以利提高企业依法经营管理的水平。

12月1日　全军和武警部队士兵新式军（警）衔标志即日起启用。到12月底，1988年设置的士兵军衔等级和专业军士、军士长的称谓将自动取消。

12月4日　四川二滩水电站最后一台机组正式投产，成为20世纪我国建成的最大水电站。该电站位于雅砻江上，抛物线双曲拱坝坝高240米，装机6台，总容量330万千瓦。1991年9月14日，二滩水电站工程正式开工。该工程利用世界银行贷款12亿美元，工程建设体制与国际全面接轨，促进了我国水电管理体制改革。

12月8日　中共中央总书记、国家主席、中央军委主席江泽民到钱学森家中，亲切看望这位为新中国科技事业建立了卓著功勋的著

名科学家。曾担任全国政协副主席的钱学森是我国杰出的科学家、航天科学的奠基人之一。1955年，他毅然放弃国外优厚待遇，冲破重重阻碍回到祖国。几十年来，这位享誉世界的航空火箭专家、空气动力学家、应用力学和系统工程学家，为新中国的科技事业、航天事业和国防建设呕心沥血，做出了开创性的贡献，被党中央、国务院、中央军委授予“两弹一星”功勋奖章和“国家杰出贡献科学家”荣誉称号。近年来，他虽年事已高，仍壮心不已，勤奋学习和工作，担任中国科协名誉主席等职务。他还指导多位学者从事系统工程和系统科学的研究与发展工作，始终关注着科学前沿领域。江泽民在与钱学森谈话中指出，科学技术是第一生产力，进行社会主义现代化建设，实现中华民族的全面振兴，离不开科技进步和科技创新。我们提出并大力实施了科教兴国战略。只要我们发扬“两弹一星”精神，齐心协力，奋勇攀登，我国科技事业就一定能够取得更大更多的成果。中国要在世界高科技领域占有一席之地。中国人民有这个志气，也有这个能力。

同　日　全国财政工作会议在北京召开。会议的主题是贯彻落实党的十五届四中全会和中央经济工作会议精神，总结1999年的财政工作，研究部署2000年的财政收支计划和财政工作。中共中央政治局常委、国务院副总理李岚清在书面讲话中对财政工作作了重要指示。财政部部长项怀诚在总结财政工作时指出：1999年，在党中央国务院的正确决策和领导下，国民经济运行态势良好。1999年的财政收支也保持了较快增长，预计全年中央财政赤字可以控制在全国人大常委会批准的调整预算数额以内。各级财政部门以高度负责的态度，完成了增发600亿元国债、落实调整收入分配政策、调整部分税收政策等重大任务，把积极的财政政策落到了实处；突出重点，积极支持了国有企业改革和发展；以深化财政支出管理改革为突破口，确保重点支出需要，积极推动建立公共财政框架；精心策划，为税费改革作了必要准备；建章立制与监督检查双管齐下，加大了依法行政、依法理财的力度。2000年全国财政增收面临较多的困难，财政支出压力和各项资金需求数额之大，要确保的重点支出范围之广是历年所没有的。为此，各级财政部门一定要认清形势，坚定信心，做好应付困难局面的思想准备，充分利用各种有利条件，千方百计完成收支任务。要坚决贯彻执行中央经济工作会议精神，继续加大实施积极财政政策的力度，促进经济较快增长；加大财政收入的征管力度，严格执行税收法规，依法治税，做到应收尽收；积极推进预算管理制度的改革；加大财政支出结构调整力度，逐步建立公共财政体制框架；加快建立适应社会主义市场经济发展的社会保障体系，为推动国有企业改革和社会安定提供重要的财力保证；积极稳步推进税费改革，规范收入分配秩序，减轻社会负担，推进依法行政，遏制腐败现象，增强政府宏观调控能力；全面推进依法行政、依法理财。

12月9日—10日　俄罗斯总统叶利钦访华，与江泽民主席举行了两国元首第二次非正式会晤。江主席同叶利钦举行了两次会谈，李鹏委员长和朱镕基总理分别会见了叶利钦。两国领导人就双边及共同关心的国际问题广泛交换了意见，并达成新的共识。双方发表了联合声明和联合新闻公报。两国外长签署了3个政府间协定。

12月14日　财政部、国家税务总局和建设部发出《关于对城市居民出售个人住房应如何缴纳个人所得税的问题通知》。《通知》规定：个人出售自有住房取得的所得应按照个人所得税法的“财产转让所得”项目征收个人所得税，应纳税所得额按下列原则确定：1.个人出售除已购公有住房以外的其他自有住房，应按照个人所得税法的有关规定确定应纳税所得额；2.个人出售已购公房，其应纳税所得额为个人出售已购公有住房的销售价，减除住房面积标准的经济适用房价款、支付超过住房面积标准的房价款、向财政或原产权单位缴纳的所得收益以及税法规定的合理费用后的余额。3.职工以成本价（或标准价）出资的集资合作建房、安居工程住房、经济适用住房以及拆迁安置住房，比照已购公房确定应纳税所得额。《通知》对重新购房者如何免税作了具体规定：1.个人出售现住房所应缴纳的个人所得税税款，应在办理产权过户手续前，以纳税保证金形式向当地主管税务机关缴纳。2.个人出售住房后1年内重新购房的，按照购房金额大小相应退还纳税保证金。3.个人出售现住房后一年内未重新购房的，所缴纳的保证金全部作为个人所得税缴入国库。4.个人在申请退还纳税保证金时，应向主管税务机关提供合法、有效的售房、购房合同和主管税务机关要求提供的其他有关证明材料，经主管税务机关审核确认后方可办理纳税保证金退还手续。5.跨行政区域售、购住房又符合退还纳税保证金条件的个人，应向纳税保证金缴纳地主管税务机关申请退还纳税保证金。

12月16日　新华社报道：中央军委主席江泽民签署命令，发布《中国人民解放军边防执勤条令》。这是中国人民解放军第一部边防执勤工作法规。该《条例》对边防执勤的基本任务、各级职责和工作制度、边防执勤的组织程序、实施方法、基本要求以及边防情况处置、边防执勤保障等问题作出了明确规定。

同　日　中华人民共和国政府和美利坚合众国政府就美国轰炸中国驻南斯拉夫联盟共和国大使馆的赔偿问题达成协议。根据协议，美国政府将向中国政府支付2 800万美元，作为对1999年5月美国轰炸中国驻南联盟大使馆所造成的中方财产损失的赔偿。此前，双方已于7月30日就美国轰炸中国驻南使馆所造成的中方人员伤亡的赔偿问题达成协议。

12月17日　新华社报道：中共中央总书记、国家主席、中央军委主席江泽民，中央军委副主席张万年、迟浩田，分别为中国人民解放军驻澳门部队题词。江泽民的题词是：“发扬我军优良传统，建设威武文明之师”。

12月19日　19日午夜至20日凌晨，中葡两国政府举行澳门政权交接仪式。同日，中央军委主席江泽民发布《中国人民解放军驻澳门部队进驻澳门特别行政区的命令》，命令驻澳部队于1999年12月20日开始履行防务职责。

12月20日　中华人民共和国澳门特别行政区成立庆祝大会在澳门举行。中华人民共和国主席江泽民在会上发表重要讲话。他指出，今天是澳门同胞和全国各族人民举国同庆的日子。在这个庄严的历史时刻，我们深切怀念邓小平同志。他以伟大的政治气魄和非凡智慧提出的“一国两制”方针，为解决香港、澳门和台湾问题指明了正确的道路。澳门的胜利回归，是继香港回归后中国人民在完成祖国统一大业的道路上树立的又一个历史丰碑。江泽民说，中葡两国政府通过谈判解决澳门问题，这一政治决断是符合时代要求的明智之举。澳门问题的成功解决，为中葡两国人民的友谊在21世纪的发展提供了新的历史起点。江泽民对今天宣誓就职的澳门特别行政区首任行政长官何厚铧先生表示衷心的祝贺。他说，伟大的祖国永远是澳门的坚强后盾。中央政府将坚决支持特别行政区政府为保持澳门社会稳定而采取的一切必要措施。他坚信，有中央政府和祖国12亿人民的支持，在澳门特别行政区政府的领导下，澳门人民一定会更加奋发开拓，自强不息，创造澳门美好的未来。江泽民强调，中国政府和人民将继续按照“和平统一、一国两制”的方针，完成祖国统一大业。“一国两制”在香港和澳门的成功实践，一定会对早日解决台湾问题起到积极的推动作用。澳门特别行政区行政长官何厚铧发表演辞。他说，澳门特别行政区的成立，标志着进入澳门人当家作主的新纪元，我们为此感到万分激动和光荣，同时也焕发起崇高的使命感和神圣的责任感。何厚铧表示：作为首任行政长官，决心并务必努力不懈，在任期内建立起一套高效率、廉洁、负责的公共行政系统，真正体现出“澳人治澳”、高度自治的精神。何厚铧说，在实践“澳人治澳”、高度自治的过程中，我们有责任将国家的利益与澳门的利益相互结合起来。我们追求的目标，是利国利澳，国家和澳门共同繁荣发展。

同　日　12时整，由500名官兵组成的驻澳部队，驶入澳门特别行政区，开始担负澳门特别行政区的防务。这是100多年来中国政府派遣的第一支军队正式进入澳门。驻澳部队于1999年开始组建，11月10日组建完成，11月19日首次公开亮相。

12月21日　第九届全国人大常委会第十三次会议审议了“关于加强中央预算审查监督的决定草案”。这是九届全国人大常委会第二次对这一决定草案进行审议。出席会议的人员认为，关于加强中央预算审查监督的决定草案基本上吸收了上次审议的意见，内容更具体，更便于操作。委员们还就加强预算资金使用方向的管理、细化预算科目等问题提出了具体的修改意见。

12月22日　全国税务工作会议在北京召开。会议的主要任务是认真贯彻党的十五大和十五届三中、四中全会及中央经济工作会议精神，总结1999年税收工作，部署2000年税收任务。中共中央政治局常委、国务院副总理李岚清在写给全国税务工作会议信中强调：依法治税，从严治队，努力完成各项税收工作任务。国家税务总局局长金人庆在会上作了重要报告。他说，1999年税收工作取得了突破性进展，1月—11月份，全国税收收入已经超过1998年全年收入规模，完成9 172亿元，比上年同期增长15.4%，增收1 225亿元，完成年初奋斗目标的95.5%。他还指出，今后一段时期，税务部门要不折不扣地落实好中央陆续出台的一系列税收政策，从讲政治的高度，建立责任制，保证各项税收政策调整措施的落实到位。要加强居民储蓄存款利息所得税、个人所得税的征收管理工作；要认真贯彻落实投资抵免企业所得税政策，对企业以自有资金或银行贷款，用于国家鼓励的、符合国家产业政策的技术改造项目的国产设备投资，实行按40%的比例抵免企业所得税；要加强出口货物退（免）税管理，加快退税进度，为拉动出口需求多作贡献；要积极贯彻落实进一步鼓励外商投资的外商投资企业进出口税收、技术改造投资抵免、技术开发费加成税前扣除、中西部地区税收优惠、采购国产设备退税以及技术转让和服务免征营业税等一系列税收政策；要认真落实好调整固定资产投资方向调节税政策，做好固定资产投资方向调节税停征后的清理工作；要做好实施燃油税和车辆购置税的准备工作和农村税费改革试点工作。根据2000年国民经济主要经济指标的安排情况和财政预算的总要求，结合税收政策调整变动情况，2000年全国税收收入计划比1999年预计增长8%，比上年增加811亿元。

12月24日　全国人大常委会副委员长彭珮云在九届全国人大常委会第十三次会议上作了关于检查义务教育法实施情况的报告。指出实施义务教育法，有力地推动了义务教育的发展。我国普及义务教育的速度超过了一些发达国家，我们用13年的时间走完了一些发达国家几十年才走完的路程。同时，“普九”工作存在的问题不容忽视。

同　日　曾宪梓教育基金会1999年度高等师范院校优秀教师奖颁奖大会在北京举行。999名优秀教师获奖，彭佩云、王兆国、陈至立、朱开轩、韦钰等领导同志出席颁奖大会。

12月27日　九届全国人大常委会举办第十二次法制讲座。该法制讲座由全国人大内司委委员、国家行政学院教授应松年主讲我国的行政法律制度。他指出：行政法是关于行政权的法，是关于行政权的授予、行政权的行使和运作以及对行政权的授予、运作和行使进行监督的法律规范的总和。行政法大致由3部分组成：关于行政权的授予和组织行政机关的法律；关于行政权的行使和运作的法律；对行政机关的组织、行政权的行使和运作进行监督的法律。李鹏委员长主持讲座并发表讲话。依法治国、建设社会主义法治国家，是党领导人民治理国家的基本方略。依法行政是依法治国的重要环节，是行政机关正确行使权力的根本保障，对于维护法律的权威和尊严，对于依法治国基本方略的实行，对于有中国特色社会主义事业的顺利发展，具有极其重要的意义。依法行政，首先必须有完备的行政法律制度。行政法律制度是调整国家行政管理活动的法律规范的总和，是有中国特色社会主义法律体系的重要组成部分。党的十一届三中全会以来，全国人大及其常委会十分重视行政立法工作，先后制定了国务院组织法、地方组织法、行政诉讼法、国家赔偿法、行政处罚法、行政监察法、行政复议法以及一大批具体的行政管理方面的法律。这些法律的制定，标志着我国行政法律制度的框架已初步形成，为各级行政机关及其工作人员依法行政，提供了坚实的法律依据。为了适应依法治国、依法行政的要求，在今后一个时期内，行政立法仍然是全国人大及其常委会立法工作的一个重点。根据九届全国人大常委会立法规划和现实需要，要抓紧制定国家公务员法、行政许可法、行政收费法、行政强制措施法等行政法律，切实保障各级行政机关依法行使职权。李鹏最后强调，党的十五大提出，一切政府机关都必须依法行政。地方组织法规定，地方各级人民政府必须依法行使行政职权。各级行政机关及其工作人员都要从根本上转变那些已经不适应依法行政要求的传统观念、工作习惯和工作方法，要努力学习和掌握宪法和法律、法规，不断增强法律意识和法制观念，不断提高依法行政的自觉性和依法行政的能力、水平，善于运用法律手段管理国家和地方事务，管理经济、文化和社会事务。各级人大及其常委会要认真履行宪法赋予的各项职责，加强对行政机关的监督工作，支持和促进各级行政机关依法行政。全国人大常委会副委员长田纪云、姜春云、邹家华、王光英、布赫、铁木尔·达瓦买提、彭珮云、何鲁丽、周光召、曹志、丁石孙、成思危、许嘉璐、蒋正华，秘书长何椿霖，全国人大常委会委员、全国人大各专门委员会组成人员、全国人大常委会有关部门负责人等听取了讲座。

同　日　教育部在北京举行中小学信息技术课程建设座谈会。邀请信息技术教育方面的院士、教授和专家，就我国中小学信息技术课程建设和加快中小学信息技术教育发展等进行座谈。教育部副部长吕福源出席座谈会并讲话。

同　日　中国工程院宣布1999年增选的113位院士名单，其中来自高教系统的有40人。

同　日　财政部部长项怀诚在北京钓鱼台国宾馆会见了韩国财政经济部长康奉均一行。双方就共同关心的问题进行了亲切友好的会谈。

12月28日　全国妇联、教育部、科技部印发《关于实施“女性素质工程”的意见》。

12月29日　国务院总理、国家科技教育领导小组组长朱镕基在中南海主持召开国家科技教育领导小组第五次会议。听取科技部关于全国技术创新大会贯彻落实情况和科技体制改革有关情况的汇报、国家自然科学基金委员会关于科学基金工作的汇报。会议强调要加大国务院各部门和单位所属科研机构与学校管理体制改革力度。

同　日　《中国教育报》报道：1999年全国普通高等学校本专科计划招生130万人，比1998年增加22万人，增长近20%。在1999年计划招生总数中，专门安排10万人在江苏、山东、北京等14个省市，试行按新的管理模式和运行机制举办高等职业技术教育。

12月30日　教育部党组发出《关于高等学校学习贯彻〈中共中央关于加强和改进思想政治工作的若干意见〉的通知》。

同　日　教育部部长陈至立签署教育部第八号令，发布《中小学校长培训规定》，自发布之日起施行。

同　日　教育部发出《关于做好1999年普通高等学校毕业生就业工作的通知》。

是　年　据国家统计局统计，面对复杂的国际国内政治经济环境，全国各族人民在党中央、国务院的正确领导下，认真贯彻落实以扩大内需为主的一系列方针政策，克服各种困难，集中精力抓好经济建设，努力加强精神文明建设，取得了经济和社会发展的新成就，实现了发展和改革的各项预期目标。国民经济保持稳定增长。1999年国内生产总值为82 054亿元，比上年增长7.1%。其中，第一产业增加值14 212亿元，增长2.8%；第二产业增加值40 806亿元，增长8.1%；第三产业增加值27 036亿元，增长7.5%。全年社会劳动生产率11 677元，比上年提高6.3%。市场价格总水平继续下降。全年居民消费价格总水平比上年下降1.4%，多数商品价格低于上年水平。其中食品价格下降4.2%，衣着价格下降2.7%，家庭设备及用品价格下降2.3%，交通和通讯工具价格下降5.5%，服务项目价格则上升10.6%。全年社会商品零售价格总水平比上年下降3%。劳动就业工作进一步加强。年末全国从业人员7.0586亿人，比上年末增加629万人。其中城镇从业人员2.1014亿人，增加336万人（城镇私营个体从业人员3 940万人，增加708万人）。再就业工程取得新进展。1999年全年国有企业下岗职工新增564万人，通过多种途径使492万人实现了再就业，退休及自然死亡等减少32万人。年末全国国有企业下岗职工为650万人，比上年末增加40万人。年末城镇登记失业率为3.1%，与上年持平。人民币汇率保持稳定，外汇储备继续增加。年末国家外汇储备达到1 547亿美元，比上年末增加97亿美元。年末汇率8.2793元人民币兑1美元，比上年末低4个基本点。国民经济和社会发展中存在的主要问题是：社会有效需求不足，经济结构不合理的矛盾仍很突出，社会就业压力增大，农民收入增长减缓。

2000年

2000综述

2000年，在党中央、国务院的正确领导下，各地区、各部门认真贯彻落实扩大内需、实施积极的财政政策和稳健的货币政策等一系列方针政策，努力加强社会主义精神文明建设，在全国各族人民的共同努力下，取得了国民经济和社会发展的新成就，实现了发展和改革的各项预期目标，全面完成了“九五”计划的主要任务。

一、综合 经济增长加快，综合实力增强。初步统计，全年国内生产总值为89 404亿元，按可比价格计算，比上年增长8.0%，增速加快0.9个百分点。其中第一产业增长2.4%，第二产业增长9.6%，第三产业增长7.8%。按现行汇率计算，国内生产总值突破10 000亿美元。市场物价止降转稳。全年居民消费价格总水平比上年上涨0.4%，改变了1998年以来连续2年下降的局面。分项目看，服务项目上涨14.1%，居住上涨4.8%，食品中除水产品、蔬菜价格上涨外，其他继续下降。另外，受国际石油价格上涨的影响，工业品出厂价格上涨2.8%，能源、原材料、动力购进价格上涨5.1%。劳动就业工作进一步加强。年末全国从业人员7.115亿人，比上年末增加564万人。其中城镇从业人员2.1274亿人，增加260万人。再就业工程取得新进展。2000年末国有企业下岗职工为657万人，比上年末增加4.7万人。全年通过多种途径使361万人实现了再就业。年末城镇登记失业率为3.1%。国际收支形势良好，外汇储备继续增加。利用外资规模较为稳定，全年实际利用外商直接投资407亿美元，比上年增加4亿美元。外贸顺差有所缩小，全年进出口顺差241亿美元，比上年减少51亿美元。国家外汇储备继续增加，年末国家外汇储备1 656亿美元，比年初增加109亿美元。人民币汇率保持稳定，年末1美元兑8.2781元人民币，人民币比上年末升值12个基本点。经济效益明显改善，运行质量进一步提高。税收在连续几年较高增长的基础上继续保持较快增长，全年完成税收总额12 660亿元，比上年增收2 348亿元，增长22.8%。工业企业利润大幅度增长，全年规模以上工业企业实现利润4 262亿元，达到20世纪90年代以来的最高水平，比上年增长86.2%，特别是国有及国有控股企业利润增长更快，实现利润2 392亿元，增加1.4倍。国有及国有控股亏损企业亏损额比上年下降26.7%。全年工业企业经济效益综合指数为117.8，比上年提高16.1点，是1992年以来的最高值。国民经济和社会发展中存在的主要问题是：经济回升的基础尚不稳固，社会需求持续增长机制还没有完全形成，结构性矛盾比较突出；农民收入增长缓慢；就业压力增大，部分群众生活仍比较困难；企业技术创新能力及适应市场能力还不高，部分企业经营困难，国有企业转换经营机制任务仍相当艰巨；重大安全事故频繁发生，制售假冒伪劣商品等问题尚未得到根本解决，社会经济秩序有待进一步整治。

二、农业 农业生产结构调整力度加大。针对“九五”前4年粮食生产连年丰收、总量供求基本平衡、丰年有余的现状，各地区根据市场需求对农作物种植结构进行了较大力度的调整。经济作物种植面积扩大，占农作物总播种面积的比重首次上升到30%以上。粮食产量较大幅度减产，品种结构进一步优化。受严重旱灾和种植面积调减的影响，全年粮食产量4.6251亿吨，比上年减产9%。其中夏粮产量1.075亿吨，减产9.3%；早稻产量3 747万吨，减产8.5%；秋粮产量3.1754亿吨，减产9%。主要经济作物中，棉花、油料增产，糖料减产。由于国内纺织业生产明显好转，棉花需求增加，市场棉花价格回升，农民种棉积极性提高，棉花种植面积比上年增加30万公顷，增长8.1%；全年产量435万吨，比上年增长13.6%。油料产量2 950万吨，比上年增长13.4%。糖料种植面积减少，全年产量7 450万吨，比上年下降10.6%。蔬菜生产在结构调整中增长较快。全年种植面积达1 470万公顷，比上年增长10.1%。蔬菜生产的品种结构进一步优化，名优、新特、精细品种增加。畜牧业生产稳步发展。由于饲料价格较大幅度下降，而生猪价格自1999年下半年回升后，相对保持平稳，波动较小，农民养猪效益提高，生猪生产稳定发展。牛、羊和家禽生产继续保持快速发展。全年肉类总产量达6 270万吨，比上年增长5.4%。渔业生产平稳发展，全年水产品产量达到4 290万吨，比上年增长4.1%。林业在国家启动天然林资源保护工程和加大中西部地区退耕还林（草）力度的情况下呈现较快的发展势头。全年完成造林面积516万公顷，其中退耕还林71万公顷，分别比上年增长5.3%和9.2%。农田水利建设进一步加强，全年新增有效灌溉面积80多万公顷。

三、工业和建筑业 工业生产呈现快速增长。全年全部工业增加值39 570亿元，比上年增长9.9%。其中，国有及国有控股工业企业及年产品销售收入500万元以上的非国有工业企业（以下简称规模以上工业企业）增加值23 685亿元，增长11.4%。在规模以上工业企业中，国有及国有控股企业增加值14 032亿元，增长10.1%，是1994年以来增长最快的一年；集体企业3 301亿元，增长7.4%；股份制企业4 954亿元，增长14.5%；外商及港澳台投资企业5 333亿元，增长14.6%。分轻重工业看，全年轻工业增加值9 506亿元，增长9.5%；重工业增加值14 179亿元，增长13%。

产销衔接状况继续改善，全年规模以上工业企业产品销售率97.71%，比上年提高0.46个百分点。工业结构调整取得积极进展。技术含量高、附加值大的高新技术产品快速发展，工业新产品生产比上年增长26.3%，电子及通信设备制造业已成为工业经济的第一支柱。装备工业生产能力有所提高，新建城市轨道交通项目约70%的装备在国内采购，环保设施陆续采用国产装备，金属切削机床比上年增长34.3%，电动工具增长37.1%，冶炼设备增长9.2%，化工设备增长4.4%，大气污染防治设备增长6.2%。煤炭行业关井压产成果进一步显现，价格出现稳中有升的趋势，煤炭行业全年大幅度减亏。冶金行业总量控制取得积极进展，全年钢产量低速增长，价格回升，行业利润显著提高。连续4年亏损的制糖行业通过优化种植区域结构，调整和压缩落后制糖生产能力，共关闭糖厂150家，淘汰生产能力273万吨，实现了扭亏为盈。纺织行业经过前3年的调整，在上年整体扭亏的基础上，2000年实现盈利大幅度增加。国有企业改革与脱困3年目标基本实现。大多数国有大中型企业初步建立了现代企业制度，特别是一批大型企业和企业集团按照国际惯例进行了兼并重组，在国际资本市场上成功上市。通过改组、联合、兼并等多种形式，促进了国有小企业经营机制的转换和经营状况的改善。全国31个省(自治区、直辖市）国有工业都实现了整体扭亏或盈利增加，国家重点监测的14个主要行业，到2000年底已有12个行业实现了整体扭亏或继续增盈。1997年底亏损的6 599户国有大中型工业企业到2000年底已减少了70%以上。建筑业生产稳定增长，企业经济效益进一步好转。全社会建筑业完成增加值5 918亿元，比上年增长6.2%。全国四级及四级以上建筑业企业实现利润166亿元，增长7.0%；税金总额358亿元，增长5.4%。施工工程个数为68.0716万个，其中投标承包工程31.1924万个，占全部施工工程个数的45.8%；施工面积15.5175亿平方米，比上年增加7 913万平方米；房屋竣工面积7.3835亿平方米，减少89.8万平方米。亏损企业个数9 553个，比上年减少134个，亏损面为19.2%，比上年减少了1.3个百分点。国土资源调查及地质勘查新发现大中型矿产地249处，有38种矿产新增探明（预测）储量。其中，石油7.62亿吨，天然气4 931亿立方米，原煤14.59亿吨。全国地质环境监测站31个，成功预报地质灾害83起。

四、固定资产投资 固定资产投资保持了较快增长在国家继续实行积极的财政政策和其他扩大内需政策的推动下，固定资产投资扭转了上年增速回落较多的局面，呈现较快增长的态势。全年全社会完成固定资产投资32 619亿元，比上年增长9.3%。按经济类型划分，国有及其他经济类型投资23 284亿元，增长9.2%；集体经济投资4 739亿元，增长9.2%；城乡居民个人投资4 596亿元，增长9.5%。按投资管理渠道划分，基本建设投资13 215亿元，比上年增长6.1%；更新改造投资5 077亿元，增长13.2%；房地产开发投资4 902亿元，增长19.5%；其他投资9 425亿元，增长7%。投资结构有所调整。基础产业、基础设施投资中的农林牧渔水利业投资893亿元，比上年增长8.0%；交通运输邮电通信业投资5 392亿元，增长7.2%；工业投资增速加快，全年完成投资7 699亿元，增长9.3%；信息技术、生物技术和新材料等领域安排了6项高技术产业化重大专项工程，总投资达到131亿元。在国家实施西部大开发战略政策的积极推动下，西部地区投资增速加快。全年东部和中部地区投资分别为14 015亿元和5 432亿元，比上年增长8.3%和13.8%；西部地区投资3 943亿元，增长14.4%，分别高于东部和中部6.1个百分点和0.6个百分点。财政贴息等优惠政策促进了企业更新改造投资增长加快和结构优化。全年更新改造投资占全社会投资的比重由上年的15.0%提高到15.6%。更新改造投资中，用于节约能源、原材料等的投资比重由4.4%上升到4.9%，用于提高产品质量的投资比重由5.8%上升到7.0%。全国基本建设投资新增主要生产能力：原煤开采1 595万吨，天然原油开采1 961万吨，天然气开采33亿立方米；大中型发电机组容量1 884万千瓦，11万伏及以上变电设备能力6 931万千伏安；新建铁路主线正线交付运营里程153公里，增建铁路复线交付运营里程662公里，新建公路3.2115万公里，其中高速公路4 562公里，新扩建万吨级港口码头年吞吐量2 946万吨；新增局用交换机容量2 566万门，新增光缆线路长度30万公里，新增数字蜂窝移动电话交换机容量5 099万户。

五、教育和科学技术 2000年教育事业在改革调整中加快发展。高等教育快速发展，管理体制改革取得突破性进展。全国普通高等学校1 041所，本专科招生221万人，在校生556万人；成人高等学校772所，本专科招生156万人，在校生354万人。全国研究生培养单位738个，招生12.9万人，在校生30.1万人。高中阶段教育规模进一步扩大。全国普通高中1.46万所，招生473万人，在校生1 201万人。各类中等职业技术教育学校招生425万人，在校生1 295万人。基本普及九年义务教育和基本扫除青壮年文盲的目标初步实现。普及九年义务教育人口覆盖率达到85%，青壮年文盲率下降到5%以下。全国初中学校招生2 296万人，在校生6 256万人，初中毛入学率达88.6%。普通小学招生1 946万人，在校生1.3013亿人，小学学龄儿童入学率达99.1%。普通初中和小学辍学率分别为3.21%和0.55%。特殊教育学校招生5.3万人，在校生37.8万人。幼儿园在园幼儿2 244万人。全国成人技术培训学校培训学员9 642万人次。全国共扫除文盲258万人。科技队伍稳步发展。2000年末国有企事业单位共有各类专业技术人员2 926万人，比上年末增长0.75%。从事科技活动人员281万人，其中科学家和工程师156万人。技术创新工作取得新进展。2000年国家组织了280项重点技术创新项目和1 329项重点新产品试产，完成了101项重大技术装备的研制及鉴定验收。企业、高校、研究机构之间的合作进一步加强，全年参加产学研合作的单位40万个（次），参加人数460万人，达成合作项目14万项。科学研究和技术开发取得新的成果。全年共取得省部级以上重大科技成果3.026万项。其中：基础理论成果2 420项，应用技术成果2.602万项，软科学成果820项，获国家奖励的成果近300项。全年受理国内外专利申请17.069万件，授权专利10.5344万件，分别比上年增长27.2%和5.2%。技术市场更加活跃。全国共签订技术合同26.5万项，技术合同成交金额630亿元，比上年增长20%。空间技术取得新成果。全年6次成功发射卫星。质量、标准化、计量建设和天气预报等项服务进一步加强。全国共有产品质量检验机构5 500个，其中国家检测中心230个。国家监督抽查了8 142家企业235类9 705种产品。全国有质量认证机构59个，其中产品认证机构23个，已完成对全国1.3194万个企业的产品认证。全国共有法定计量技术机构4 505个，全年强制检定计量器具4 069万台件。制定、修订国家标准1 087项，其中强制性国家标准196项，新制定国家标准605项。全国共有城乡天气预报警报服务网发射站点951个，卫星云图接收站点315个。全国共有地震台站1 234个，遥测台网27个。全国共有927个海洋观测、监测站点，共获得2 070万组海洋数据。测绘部门公开出版地图1 150种，图书364种。

六、交通、邮电和旅游 交通客货运输需求平稳增长，邮电通信业持续快速发展。全年交通运输和邮电通信业完成增加值4 919亿元，比上年增长9.4%。全年各种运输方式完成货物运输周转量43 359亿吨公里，比上年增长7.1%。其中，铁路13 624亿吨公里，增长6.1%；公路5 973亿吨公里，增长4.4%；水运23 061亿吨公里，增长8.5%；民航48.5亿吨公里，增长14.6%。完成旅客运输周转量12 188亿人公里，比上年增长7.9%。其中，铁路4 488亿人公里，增长8.5%；公路6 600亿人公里，增长6.5%；水运104亿人公里，下降3.1%；民航996亿人公里，增长16.2%。

沿海主要港口完成货物吞吐量12.8亿吨，比上年增长21.7%。其中外贸货物吞吐量达5.2亿吨，比上年增长33.9%。邮电通信业完成邮电业务总量4 725亿元，比上年增长41.9%。年末局用交换机总容量已达到1.79亿门。移动电话户数达到8 526万户，比上年增加4 197万户。全国电话普及率达到20.1部/百人，其中城市电话普及率达到39部/百人。互联网用户达到900万户（不含科技和教育网）。国内旅游保持较快增长，春节、五一和十一3个长假期的拉动作用突出。全年全国出游7.4445亿人次，比上年增长3.5%；国内旅游收入3 176亿元，增长12.1%。国际旅游稳步发展。全年海外入境游客人数8 344万人次，比上年增长14.6%。其中，外国游客1 016万人次，增长20.5%；港、澳、台胞7 321万人次，增长13.9%。国际旅游外汇收入162亿美元，增长15.1%。全年出境人数1 047万人次，比上年增长13.4%。其中因私出境人数563万人次，增长32%。

七、国内贸易 随着国民经济增长的加快和国家扩大内需政策的拉动，消费者信心进一步增强，国内市场商品销售稳定增长。全年社会消费品零售总额34 153亿元，比上年增长9.7%，考虑价格因素，实际增长11.4%。其中，城市消费品零售额21 110亿元，县及县以下消费品零售额13 043亿元，分别增长10.6%和8.3%。分行业看，批发零售贸易业增长12.1%，餐饮业增长17.3%，其他行业下降0.3%。生产资料市场交易继续趋向活跃，全国限额以上批发零售贸易企业生产资料销售总额15 808亿元，比上年增长23.7%。限额以上批发零售贸易企业经济效益状况有所改观。1月–11月份实现商品销售收入净额23 982亿元，比上年同期增长17.3%，其中批发业增长18.5%，零售业增长11.6%；实现利润总额248亿元，比上年同期增加1.2倍，其中批发业增长加1.3倍，零售业增长25.6%。但由于企业销售成本上升，毛利率仅7.93%，比上年下降0.4个百分点，企业主营业务利润仅增长14.2%。

八、对外经济 由于国内外经济快速增长以及鼓励出口等一系列政策的推动，对外贸易持续高速增长。全年进出口总额达4 743亿美元，比上年增长31.5%。其中，出口总额2 492亿美元，增长27.8%；进口总额2 251亿美元，增长35.8%。进出口相抵，顺差241亿美元。在出口中，国有企业出口1 165亿美元，增长18.2%，外商投资企业出口1 194亿美元，增长34.8%；一般贸易出口1 052亿美元，增长32.9%，进料加工贸易出口965亿美元，增长28.5%；机电产品出口1 053亿美元，增长36.9%，高新技术产品出口370亿美元，增长50%。在进口中，资源型产品快速增长，机电产品和高新技术产品进口增长也明显加快，分别增长32.6%和39.7%。利用外资形势好转。全年新批外商投资项目2.2347万个，比上年增长32.1%；合同投资额624亿美元，增长51.3%；实际利用外商直接投资额407亿美元，增长1.0%。对外承包工程、劳务合作和设计咨询业务继续保持增长势头。全年对外签约149亿美元，比上年增长15%；完成营业额113亿美元，增长1.0%；带动出口9亿美元，增长35%。

九、金融、证券和保险业 货币供应量适度增长，货币流动性有所增强。中央银行继续实行稳健的货币政策，综合运用多种货币政策工具，适当增加货币供应量。年末广义货币供应量（M2）余额为13.5万亿元，比上年末增长12.3%；狭义货币供应量（M1）余额为5.3万亿元，增长16%；流通中现金（M0）余额为1.47万亿元，增长8.9%。存贷款稳定增加。全部金融机构各项存款余额12.38万亿元，增长13.8%，增幅比上年末略有提高。其中，企业存款余额4.4万亿元，增长18.6%；城乡居民储蓄存款余额6.43万亿元，增长7.9%。全部金融机构各项贷款余额9.94万亿元，按可比口径计算，增长13.4%。其中，中长期贷款增加3 793亿元，比上年多增加303亿元。金融监管工作进一步加强，中小金融机构风险化解取得初步成效。证券市场在规范中发展。全年在上海、深圳证券交易所发行A股（包括增发）154只，配股162只，共筹资1 499亿元，比上年增加625亿元；发行B股、H股和红筹股共18只，筹资208亿美元；发行A股可转换债券28.5亿元。全年通过发行、配售股票共筹集资金3 249亿元。年末境内上市公司(A、B股）数量由上年末的949家增加到1 088家，市价总值达到48 091亿元，比上年末增长82%。全年共发行内债4 657亿元，比上年增加642亿元。保险事业不断发展壮大。全年保费收入1 596亿元（含外资机构)，比上年增长14.5%。其中，财产险保费收入598亿元，寿险保费收入851亿元，健康险和意外伤害险保费收入146亿元。支付各类赔款及给付527亿元，其中财产险和短期人身险赔款351亿元，寿险给付176亿元。

十、文化、卫生和体育 文化事业较快发展。年末全国共有艺术表演团体2 622个，文化馆2 911个，公共图书馆2 769个，博物馆1 373个。中、短波广播发射台和转播台732座，广播综合人口覆盖率92.1%，一千瓦以上电视发射台和转播台1 313座，电视综合人口覆盖率93.4%。全国有线电视用户7 920万户。全年出版全国性和省级报纸203亿份，各类杂志28.5亿册，图书63.5亿册(张)。年末全国共有档案馆3 816个，已开放各类档案4 430万卷(件)。卫生事业不断进步。年末全国共有卫生机构（含诊所）32.5万个，床位318万张，其中医院、卫生院221万张。卫生技术人员449万人，其中医生208万人，护师、护士127万人。全国共有卫生防疫、防治机构5 441个，卫生技术人员21.1万人。妇幼保健机构（不包括妇幼保健院）2 598个，卫生技术人员7.5万人。农村乡（镇）共有卫生院4.9万个，床位73.5万张，卫生技术人员103万人。农村有医疗点的村数占总村数的89.8%，乡村医生和卫生员132万人。体育事业蓬勃发展，全民健身活动进一步开展。在第二十七届奥运会上，我国运动员取得了重大突破，夺得28枚金牌、16枚银牌和15枚铜牌，列居第3位。全年在国内外的各项比赛中，我国运动健儿共获得了110个世界冠军；14人2队30次创22项世界纪录；19人37次创22项亚洲纪录；49人11队73次创60项全国纪录。

十一、环境保护 环境保护意识增强，环保事业加快发展。年末全国环境保护系统共有12.8万人，各级环境监测站2 204个，环境监测人员4万人。自然保护工作取得了新的成就，生态示范区建设试点单位总数已达213个；全国自然保护区达到1 227个，其中国家级自然保护区达到155个；自然保护区总面积9 821万公顷，占国土总面积的9.9%。环境法制建设取得新进展，执法力度进一步加大。到年末，已制定各类环境保护标准438项。年内设立的建设项目环境影响评价制度执行率达91.5%，当年投产的建设项目同时建设防治污染设施的占98%。全年完成环境污染限期治理项目3.8101万个，总投资208亿元。全国537个城市建成了2 718个烟尘控制区，面积达1.8万平方公里；476个城市中建成了2 288个环境噪声达标区，面积达1.3万平方公里。环境污染加剧的趋势得到初步控制。全国主要污染物排放总量继续减少，12项主要污染物2000年排放总量比1995年下降了10%~15%。截至2000年10月底，全国23.8万家有污染的工业企业中，90%以上实现了达标排放。46个环境保护重点城市中，33个城市地面水环境质量和22个城市空气环境质量实现了按功能区达标，其中有18个城市的空气和地面水环境质量均实现按功能区达标，其他城市已接近达标。重点环境保护项目取得积极进展。“三河三湖”（淮河、辽河、海河、太湖、滇池、巢湖）流域5 188家重点污染企业中，95%实现了污染物达标排放；流域内建成了55座城市污水处理厂，111座正在建设，已建和在建的城市污水处理厂占计划建设总数的67%。“两控区”（酸雨控制区和二氧化硫控制区）大气污染防治取得初步成效。“两控区”内175个城市中，空气二氧化硫浓度达到二级标准的已达102个。截止2000年11月底，“两控区”内排放二氧化硫的4 678家重点污染企业，已有3 944家实现达标排放，达标率为84.3%。

十二、人民生活 城乡居民生活水平继续提高，总体上达到小康水平。随着经济增长加快，国家提高国有企业下岗职工基本生活保障、失业保险和城镇居民最低生活保障“三条保障线”水平和适当增加行政、事业单位人员的工资等政策措施的逐步落实，城镇居民收入水平明显提高。全年全国城镇居民人均可支配收入6 280元，比上年实际增长6.4%。由于粮食减产，多数农产品价格仍在低位运行，农民收入增长持续减缓。全年农民人均纯收入2 253元，比上年实际增长2.1%。其中，农民人均现金纯收入1 640元，实际增长4%。居民住房条件继续改善。全年城镇竣工住宅面积5.1亿平方米，农村竣工住宅面积8.5亿平方米。国家“八七”扶贫攻坚计划基本完成。社会保障事业进一步巩固提高。年末全国参加失业保险职工人数为1.0408亿人，月平均领取失业保险金人数为137万人；有1.0367亿职工和3 173万离退休人员参加了基本养老保险；有4 332万职工参加了基本医疗保险。社会福利事业继续发展。年末全国各类社会福利院床位达112万张，收养84.3万人。城镇建立起各种社区服务设施20.1万处，其中社区服务中心8 101个。全国城镇已全部建立了最低生活保障制度。共有701万城乡居民得到最低生活保障救济。全年销售社会福利彩票68.9亿元，筹集社会福利资金14.3亿元，接收社会捐赠32.7亿元。

1月4日　江泽民在宣传思想工作的一份报告上作重要批示。《批示》指出，全党同志务必始终坚持“两手抓、两手都要硬”的方针，在做好经济工作的同时，切实加强宣传思想工作和精神文明建设。加强和改进新形势下党的思想政治工作，是全党的一件大事，也是宣传思想工作的重中之重。总书记强调指出，宣传思想工作和精神文明建设，事关建设有中国特色社会主义事业的大局。越是深化改革、扩大开放，越是发展社会主义市场经济，越要重视和加强这方面的工作。这一点，要在全党特别是领导干部中经常讲、反复讲。要深入进行邓小平理论和党的基本路线教育，深入进行马克思主义的唯物论、无神论教育和科学精神教育，树立正确的理想信念，树立正确的世界观、人生观、价值观，在全党形成讲学习、讲政治、讲正气的良好氛围，在全社会形成反对迷信愚昧、抵制各种歪理邪说的健康气氛。希望宣传思想战线的同志们，牢牢把握正确舆论导向，适应形势发展的要求，深入研究人们思想活动的新情况新特点，探索新形势下做好思想政治工作的规律和办法，把工作做得更好。

1月5日　全国第三次“三讲”教育工作会议在北京召开。这次会议是中央决定召开的。会议的主要任务是，回顾一年来开展“讲学习、讲政治、讲正气”教育的情况，总结交流经验，研究巩固和扩大成果的工作，着重对县（市）“三讲”教育做出部署。中共中央政治局常委、书记处书记胡锦涛在会上强调指出，全国几十万领导干部和几百万干部群众参与的这次“三讲”教育，是新形势下加强党的建设，特别是领导班子、领导干部思想政治建设的一次创造性探索和成功实践，是延安整风精神和党的“三大作风”在新时期的丰富和发扬。2000年，各级党委仍然要按照中央的部署和要求，把搞好领导班子、领导干部的“三讲”教育作为加强党的建设工作的重中之重，切实抓紧抓好。

1月7日　教育部在北京召开减轻中小学生过重负担工作电视会议。教育部部长陈至立在会上要求各级教育行政部门和学校要切实转变教育观念，树立全面实施素质教育的思想；有关部门要在政府的统一领导下，密切配合，齐抓共管，从实际出发，分阶段、有重点地推进减轻中小学生过重负担的工作，并首先以减轻小学生过重负担为突破口；各地要不断完善“减负”管理工作，加强领导和监督，严肃查处加重学生负担的违法违纪行为。

1月10日—11日　教育部直属高校工作咨询委员会第十次全体会议在北京举行。会议围绕落实第三次全教会精神和《中共中央国务院关于深化教育改革全面推进素质教育的决定》以及《面向21世纪教育振兴行动计划》，就直属高校的改革与发展问题进行了探讨。教育部部长陈至立就教育改革、发展、稳定的任务以及直属高校的工作发表讲话。教育部副部长吕福源、韦钰、周远清等出席会议。

1月10日　全国人大澳门特别行政区筹备委员会在北京举行最后一次全体会议。江泽民等党和国家领导人亲切会见了参加会议的筹委会全体委员，并与他们合影留念。中共中央总书记、国家主席江泽民在会见时发表了重要讲话。江泽民首先向澳门特别行政区筹委会委员们表示祝贺和感谢。他说，经过一年多的辛勤工作，你们圆满完成了筹建澳门特别行政区的任务。澳门回归祖国，是一件彪炳中华民族史册的大事。香港、澳门回到祖国怀抱，从一个侧面生动地反映出了中华民族一百多年来经历的沧桑巨变。自新中国成立之日起，中国人被外国列强欺侮的历史就一去不复返了。新中国成立特别是改革开放以来，我国的综合国力不断增强，国际地位日益提高，这是香港、澳门顺利回归祖国的根本保证。江泽民说，筹委会各位委员是澳门回归的历史见证者，也是澳门回归大业的直接参与者。尤其是筹委会中的澳门委员在当地生活、工作，对澳门的情况和各界人士非常熟悉，又经过筹委会一年多的实践，充分发挥了自己的聪明才干，也积累了重要的经验。希望大家积极支持以何厚铧先生为首的澳门特别行政区政府的工作，同心协力，继续努力，为澳门的长期稳定和发展作出新的贡献。

1月12日—19日　中共中央在北京中央党校举办省部级主要领导干部财税专题研讨班。中共中央总书记、国家主席、中央军委主席江泽民在研讨班结业式上发表重要讲话时强调，新的世纪即将到来，我们要建立比较完善的社会主义市场经济体制，保持国民经济持续快速健康发展，必须始终注意全面分析国际国内形势的变化，深入研究和准确把握我国改革和建设中带全局性、战略性、前瞻性的重大问题，并及时制定正确的政策措施，扎实工作，奋发进取，全面落实跨世纪发展的宏伟任务。

1月12日　双拥模范城（县）命名大会在北京人民大会堂召开。全国双拥工作领导小组、民政部、总政治部在北京人民大会堂召开全国双拥模范城（县）命名大会，授予北京市西城区等245个市（区）县全国双拥模范城（县）荣誉称号。中共中央总书记、国家主席、中央军委主席江泽民专门为大会发来贺信，热烈祝贺会议的召开。中共中央政治局常委、国家副主席、中央军委副主席胡锦涛在会上作了重要讲话。胡锦涛、丁关根、曾庆红、何鲁丽、司马义·艾买提、杨汝岱等同志会见了出席会议的代表。

1月13日　新华社报道：民政部发布《社会福利机构管理暂行办法》，对社会力量参与社会福利事业作出了规定。《办法》对社会福利机构享受的优惠政策作了原则性规定，详细规定了申办社会福利机构的程序，对申办儿童福利机构作了特别规定。

1月14日　江泽民在纪委第四次全体会议上就从严治党问题发表了重要讲话。他强调指出，中国共产党是领导建设有中国特色社会主义伟大事业的核心力量。工农兵学商，党是领导一切的。当今中国的事情办得怎么样，关键取决于我们党，取决于党的思想、作风、纪律、组织状况和战斗能力、领导水平。党的性质、党在国家和社会生活中所处的地位、党肩负的历史使命，要求我们治国必先治党，治党务必从严。治党始终坚强有力，治国必会正确有效。江泽民特别强调了以下四个方面。第一，对领导干部一定要严格要求、严格教育。一旦发现干部中有了不良苗头要及时提醒，认真帮助，出了问题一定要果断、严肃处理。还要针对领导干部中可能出现的问题，早打招呼，把哪些能做、哪些不能做，什么必须坚持、什么必须反对等要求，明白无误地讲清楚，并严加督促。领导干部一定要正确理解和执行党的富民政策，千方百计地帮助群众特别是贫困地区的群众富裕起来，自己则应该带头吃苦，甘于奉献，要有“先天下之忧而忧，后天下之乐而乐”的精神；一定要管住管好自己的配偶和子女，绝不能把人民赋予的权力当作自己和家庭成员谋取私利的手段。第二，对领导干部的选拔任用一定要严格把关。第三，对领导干部一定要严格监督。要纠正干部工作中重选拔任用，轻任后监督的现象。不管是谁，有了问题都要严肃对待，加大监督力度，特别要加强主动监督，把监督的关口往前移，加强事前防范。要下功夫改进和加强监督工作，努力做到领导干部的权力行使到哪里，领导活动延伸到哪里，党组织的监督就实行到哪里。对领导干部工作时间内的表现要监督，工作时间以外的活动也要注意。各级党委都应根据形势发展的要求，从不同层次、不同岗位领导活动的特点出发，积极探索对领导干部实施有效监督的途径和办法，努力提高监督水平。第四，对领导干部中发生的违纪违法行为一定要严肃查处。要坚决改变失之于宽、失之于软的现象。越是高级干部，越是名人，他们中发生的违纪违法事件越要严格查处。对敢于无视法纪、违法犯罪的人，必须用重典。不论是谁，不论职务多高，该受什么处分就给什么处分，该重判的坚决重判，决不手软。对查处干部违法违纪案件，不准说情，更不准袒护和包庇。对瞒案不报、压案不办，或设置障碍、阻挠查处的，纪检机关要严肃处理。要加大查处违反政治纪律行为的工作力度，对于经教育不改、仍继续公开反对党的政治主张、坚持错误立场的党员干部，要给予应有的党纪处分。

1月16日　中共中央、国务院发布《关于做好2000年农业和农村工作的意见》。

1月17日　教育部印发《关于加强高职高专教育人才培养工作的意见》。

1月24日　由国务院西部地区开发领导小组组织召开的西部地区开发会议在京举行。党中央、国务院有关部门和各省、自治区、直辖市以及新疆生产建设兵团的负责人参加了会议。国务院总理朱镕基在会上阐述了实施西部大开发战略，加快中西部地区发展的重大意义。强调要站在我国现代化建设全局和战略高度，把思想和行动统一到党中央这一重大决策上来。会议认为，实施西部大开发是一项规模宏大的系统工程，也是一项艰巨的历史任务。当前和今后一个时期，要集中力量抓好几件关系西部地区开发全局的重点工作：第一，加快基础设施建设；第二，切实加强生态环境保护和建设；第三，积极调整产业结构；第四，发展科技和教育，加快人才培养；第五，加大改革开放力度。中西部地区各省市自制区和各地区立即行动起来，成立开发工作领导小组，研究和策划大开发战略的政策方案，组织调研、论证，召开国内国际和地区等各类开发研讨会、情况介绍会、招商会等等。全国各地也纷纷响应党中央的号召，开展各种形式的活动，支援西部大开发战略。5月18日，国家计委在中外记者招待会上公布，2000年将在西部地区新开工10大工程，这10大工程是西部大开发的序幕工程。

1月26日–31日　中共中央政治局常委、全国人大常委会委员长李鹏在广东考察调研。李鹏先后赴珠海、中山、东莞、佛山和南海市等地，深入企业、家庭，看望广大干部群众，向大家致以问候，并围绕企业的改革与发展、基层的民主法制建设和地方人大工作等问题进行调查研究。他要求经济发展较快的广东省大力推进民主法制建设，依法治省工作要走在全国前列。

1月26日　24时45分，我国研制的运载火箭“长征三号甲”在西昌卫星发射中心将“中星—22号”卫星发射升空，卫星已进入预定轨道。这次发射是长征系列运载火箭的第六十次飞行，也是自1996年10月以来连续第十八次成功发射。“长三甲”运载火箭是由中国航天科技集团所属运载火箭技术研究院研制，起飞质量为243吨，起飞推力为300吨，可将2.6吨的有效载荷送入地球同步转移轨道。这次发射是“长三甲”火箭自1994年首飞以来的第四次发射，此前曾分别将2颗“东方红三号”通信卫星和1颗“实践四号”科学实验卫星成功地送入预定轨道。“中星—22号”由中国航天科技集团所属空间技术研究院研制，为实用型地球同步通信卫星，是“东方红三号”的后续星。卫星重量为2.3吨，设计使用寿命8年，主要用于地面通信业务，由中国通信广播卫星公司经营。

同　日　教育部发出《关于实施“新世纪高等教育教学改革工程”的通知》。

1月27日　云南省发生5.5级地震。据国家地震台网测定，北京时间4时55分，在云南省丘北县与弥勒县之间（震中位于北纬24.2°，东经103.6°）发生里氏5.5级地震。

1月30日　西藏自治区发生5.0级地震。北京时间14时35分，在西藏自治区拉萨市墨竹工卡县(震中位于北纬29.6°，东经92.2°）发生里氏5.0级地震。

2月1日　国务院总理朱镕基主持召开国务院第二十六次常务会议。会议审议并原则通过了《国有企业监事会暂行条例（草案)》、《违反行政事业性收费和罚没收入收支两条线管理规定行政处分暂行规定（草案)》。会议确定，《国有企业监事会暂行条例（草案)》、《违反行政事业性收费和罚没收入收支两条线管理规定行政处分暂行规定（草案)》根据会议提出的意见，经进一步修改后，由国务院发布施行。

同　日　江泽民发表《关于教育问题的谈话》。谈话从国运兴衰、民族复兴的高度，对事关我国教育发展方向，教育方针和教育思想的一系列重大问题作了论述，指出：抓好教育和青少年学生的思想工作，直接关系到我们实施科教兴国战略能否取得成功，关系到我国社会主义现代化建设能否取得成功，大家都要从这样的高度来认识问题，开展工作。

2月3日-6日　中国人民解放军军乐团第一次参加了在德国不来梅市举行的“2000不来梅国际音乐节”。不来梅国际音乐节是以弘扬“和平、友谊和理解”为宗旨的国际性军乐盛会，始于1965年，每年举行一次，本次是第三十六届。中国军乐团是中国第一个赴德的大型戎装团体。

2月6日　中国广播民族乐团首次亮相维也纳金色大厅。这也是中国的民族乐团第三次登上金色大厅。

2月10日　姬鹏飞同志因病逝世。我国外交战线的杰出领导人，第五届全国人民代表大会常务委员会副委员长，国务院原副总理，原中共中央顾问委员会常委姬鹏飞因病在北京逝世，享年91岁。姬鹏飞，山西临猗人。1931年参加宁都暴动后加入红军。1933年加入中国共产党。参加过长征。长期担任军队卫生工作和军队政治工作。中华人民共和国成立后，调外交部工作。历任中国驻德意志民主共和国外交使团大使衔团长(1950—1953)、驻德意志民主共和国首任大使（1953—1955)、外交部副部长（1955—1972)、外交部部长(1972—1974)。1979年后任中共中央对外联络部部长、国务院副总理兼秘书长。1982年后任国务委员、中央外事工作领导小组副组组长、国务院港澳办公室主任。1982年、1987年分别在中共第十二、十三次全国代表大会上当选为中央顾问委员会委员，第十二、十三届中顾委常委。第四届全国人大常委兼秘书长，第五届全国人大常委会副委员长兼秘书长。长期协助周恩来、邓小平同志处理外交事务。参与的重要外交活动有：1973年1月率中国代表团赴巴黎参加关于越南问题的和平谈判。同年6月应邀出访英国、法国、伊朗和巴基斯坦。曾先后出访苏联、日本、朝鲜、蒙古、越南、缅甸、泰国、埃及、阿尔及利亚、罗马尼亚、南斯拉夫、委内瑞拉、加拿大、叙利亚、塞拉利昂、肯尼亚、布隆迪、马达加斯加、毛里求斯、塞舌尔、吉布提、约旦、科威特、阿拉伯也门和阿曼等国家。在兼任国务院港澳办公室主任和中华人民共和国香港特别行政区基本法起草委员会主任委员、澳门特别行政区基本法起草委员会主任委员期间，积极贯彻执行中国政府根据“一国两制”的构想制订的和平解决香港和澳门问题的方针政策，参与接待英国首相撒切尔夫人访华，并出席中英关于香港问题的联合声明的签字仪式。

2月12日　朱镕基总理发布第二八一号国务院令。宣布《违反行政事业性收费和罚没收入收支两条线管理规定行政处分暂行规定》已经2000年2月1日国务院第二十六次常务会议讨论通过，现予发布施行。强调为了严肃财经纪律，加强廉政建设，落实行政事业性收费和罚没收入“收支两条线”管理，促进依法行政，根据法律、行政法规和国家有关规定，制定本规定。国家公务员和法律、行政法规授权行使行政事业性收费或者罚没职能的事业单位的工作人员有违反“收支两条线”管理规定行为的，依照本规定给予行政处分。

2月15日　江西省南昌市中级人民法院对江西省人民政府原副省长胡长清受贿、行贿、巨额财产来源不明案作出一审判决，胡长清因大肆收受、索取巨额贿赂被判处死刑，剥夺政治权利终身。根据检察机关起诉指控，法庭经审理查明，自1995年5月—1999年8月，胡长清在担任国务院宗教事务局副局长、江西省人民政府省长助理、副省长期间，先后90次收受、索取江西奥特汽车租赁有限公司总裁周雪华（另案处理）、江西金阳光企业集团有限公司董事长李卫东（另案处理）等18人及江西省商业储运公司的钱物，折合人民币共计544万余元。其中人民币280万余元，美元8万元，港币94万元以及价值97万余元人民币的贵重物品。胡长清还利用职务之便，多次为有关行贿人谋取利益，造成国家巨额财产损失。法庭审理还查明，胡长清为了自己职务提升及工作调动拉关系，从1997年初—1999年6月，先后5次向他人行贿共计人民币8万元。此外，胡长清还对明显超过其合法收入的价值人民币161万余元的财产，不能说明合法来源。江西省南昌市中级人民法院依照《中华人民共和国刑法》有关条款的规定，以受贿罪判处胡长清死刑，剥夺政治权利终身，并处没收全部财产；以行贿罪判处有期徒刑2年；以巨额财产来源不明罪，判处有期徒刑4年，非法所得予以没收。数罪并罚，决定执行死刑，剥夺政治权利终身，并处没收全部财产。3月8日，最高人民法院已核准江西省高级人民法院对江西省人民政府原副省长胡长清受贿、行贿、巨额财产来源不明一案的终审裁定。胡长清在南昌被执行死刑。

2月16日　教育部和人民日报、光明日报联合在北京举行“加强和改进教育工作切实抓好青少年学生思想教育”座谈会。教育部部长陈至立主持座谈会，并在讲话中强调近期要抓好六方面工作：一是狠抓树立正确的教育思想、教育观念，认真全面贯彻党的教育方针；二是狠抓德育工作；三是深化改革，全面推进素质教育；四是狠抓教师队伍建设，特别是狠抓师德建设；五是狠抓全面减轻学生过重课业负担工作；六是狠抓治理教育战线不正之风。教育部副部长吕福源等也在座谈会上讲话。

2月17日　国务院第二次廉政工作会议在京召开。这次会议主要是贯彻中央纪委第四次全体会议和江泽民同志重要讲话精神，总结去年政府机关廉政建设和反腐败工作，对2000年政府系统的廉政建设和反腐败工作作出具体部署。国务院总理朱镕基强调指出，我们的政府是人民政府，廉洁从政是最起码的要求。他说，一年来各级政府把廉政建设和反腐败工作放在十分重要的位置，做了大量的工作，取得了比较明显的进展。但是，政府机关的廉政建设和反腐败工作与中央的要求和人民群众的期望仍有比较大的差距，还存在一些比较突出的问题。有些地方和部门领导干部廉洁从政的各项规定还没有得到很好落实，奢侈浪费现象比较严重；有的行政执法机关和人员有法不依、执法不公的问题仍然存在；群众反映强烈的有些不正之风问题还没有得到根本性治理；有些领导干部弄虚作假，虚报浮夸；有的基层干部作风粗暴，甚至横行乡里。这说明党风廉政建设和反腐败斗争的任务还相当艰巨。我们要保持清醒头脑，正视存在的问题，并且坚定信心，持之以恒地抓下去，不断取得阶段性成果，把工作一步一步地向前推进。朱镕基指出，2000年政府机关的廉政建设和反腐败工作要突出重点，着重抓好以下几个方面的工作。第一，全面贯彻《廉政准则》，进一步加强领导干部廉洁自律工作，加大监督检查的力度。廉政首先要靠自律。第二，大力查办各类违纪违法案件，集中力量突破一批大案要案。对重大案件要一查到底。不管涉及哪个部门、哪个人，都要一个一个地揭露出来，一个一个严肃查处，绝不徇情，绝不手软。第三，继续大力纠正部门和行业不正之风，认真解决群众关心和反映强烈的突出问题。第四，厉行勤俭节约，反对奢侈浪费。第五，深化改革，加强监督制约机制，从源头上预防和治理腐败。朱镕基强调，各级政府要切实把廉政建设和反腐败工作作为政府工作的一项重大任务，认真按照中央的统一部署和要求，以高度的政治责任感，自觉坚持“两手抓，两手都要硬”的方针，依法行政，从严治政，标本兼治，综合治理，切实加强。

同　日　国务院新闻办公室发表题为《中国人权发展50年》的白皮书，对中国50年人权发展状况进行了全面的回顾和展望。白皮书共分中国人权发展的历史性转折，生存权、发展权和经济、社会、文化权利的巨大改善，公民、政治权利得到有效保障，妇女、儿童权利的保护，少数民族的平等权利和特殊保护，中国人权的跨世纪发展前景等6个部分，全文共约1.5万字。

2月20日-25日　江泽民在广东考察工作期间提出了"三个代表"的重要思想。他强调，要把中国的事情办好，关键取决于我们的党，取决于党的思想、作风、组织、纪律状况和战斗力、领导水平。只要我们党始终成为中国先进社会生产力的发展要求、中国先进文化的前进方向、中国最广大人民的根本利益的忠实代表，我们党就能永远立于不败之地，永远得到全国各族人民的衷心拥护并带领人民不断前进。5月8日—15日，他在江苏、浙江、上海考察工作时进一步阐述了"三个代表"的有关重要思想。指出："三个代表"，是我们党的立党之本，执政之基，力量之源；推进党的思想建设、政治建设、组织建设和作风建设，都应贯彻"三个代表"的要求。

2月21日　国务院台湾事务办公室、国务院新闻办公室发表《一个中国的原则与台湾问题》白皮书。书中以政府文告的方式，详细、系统、全面地向国际社会阐述了中国政府有关一个中国原则的基本立场和政策，和对在两岸关系、国际社会中坚持一个中国原则若干问题的态度主张。《一个中国的原则与台湾问题》白皮书全文约1.1万字，除前言、结束语外，共分五个部分：第一部分，一个中国的事实和法理基础，包括台湾是中国不可分割的一部分；一个中国原则的产生和基本涵义。第二部分，一个中国原则是实现和平统一的基础和前提，包括一个中国原则是中国政府对台政策的基石；只有坚持一个中国原则才能实现和平统一；中国政府积极地真诚地努力争取实现和平统一。第三部分，中国政府坚决捍卫一个中国原则，包括台湾分裂势力蓄意破坏一个中国原则；中国政府坚决捍卫一个中国原则。第四部分，两岸关系中涉及一个中国原则的若干问题，包括中国领土和主权没有分裂，海峡两岸并非两个国家；坚决反对以公民投票方式改变台湾是中国一部分的地位；“两德模式”不能用于解决台湾问题；所谓“民主和制度之争”是阻挠中国统一的借口。第五部分，在国际社会中坚持一个中国原则的若干问题，包括台湾无权参加联合国及其他只有主权国家参加的国际组织；与中国建交的国家不能向台湾出售武器，或进行任何形式的军事结盟；中国政府以一个中国原则对待台湾的对外交往活动；中国政府保障台湾同胞在国外的一切正当、合法权益。《一个中国的原则与台湾问题》是中国政府第二次就台湾问题发表政府白皮书。1993年8月曾发表了《台湾问题与中国的统一》白皮书。

2月23日　中央军委颁布施行《中国人民解放军司令部建设纲要》。新华社报道，中央军委主席江泽民日前签署命令，颁布施行《中国人民解放军司令部建设纲要》。这是我军历史上第一部专门规范、指导司令部建设的法规。《纲要》自发布之日起施行。

同　日　党中央、国务院调整部分金融机构主要领导干部。新华社报道，党中央、国务院最近作出决定，对中国证监会、4家国有商业银行、中国农业发展银行等部分金融机构主要领导干部和中国人民银行领导班子成员进行交流、调整，同时，还对中央金融工委领导班子进行了充实，这是多年来金融系统主要领导干部交流人数最多的一次。

2月27日　中央企业工委工作会议在北京召开。中共中央政治局常委、国务院总理朱镕基对会议的召开作出重要批语指出，根据党中央的决定，中央企业工委的工作范围，在原中央大型企业工委的基础上，作了新的调整，任务更加艰巨，责任更为重大。要坚决贯彻落实以江泽民同志为核心的党中央制定的各项方针政策，按照十五大和十五届四中全会精神的要求，进一步研究在市场经济条件下企业领导班子建设、党的建设、思想政治工作和国有资产监管工作中出现的新情况、新问题，逐步建立起符合市场经济要求、具有中国特色的国有企业党的工作和监督工作的有效运行机制，努力开创国有企业改革和发展的新局面。党中央对企业工委的工作寄予厚望。

希望你们认真履行职责，坚持原则，健全工作制度，廉洁自律，以高度的政治责任感和使命感，努力完成党中央赋予的光荣任务。

2月28日　新华社报道：国务院近日召开会议，听取国家计委和中国石油天然气集团公司关于“西气东输”工程方案的论证汇报。会议从资源、市场及技术经济可行性等方面进行了研究。“西气东输”工程将建设4 200公里左右管道，将塔里木盆地的天然气东送，经甘肃、宁夏、陕西、山西、河南、安徽、江苏到上海，供应长江三角洲地区和沿线各省（区）的工业和居民用气。初期年供气120亿立方米左右，以后将随着资源勘探的深入和下游用气市场的开拓，逐步增加供气量。“西气东输”工程包括油气资源勘探开发、输气管道以及城市管网、工业利用等相关项目建设，初步预测第一期投资将达到1 200亿元左右。

同　日　新华社报道：中央军委主席江泽民日前签署命令，发布施行《中国人民解放军院校教育条例》。《条例》自发布之日起施行。

3月1日　九届全国人大常委会第十四次会议在人民大会堂闭幕，会议表决通过了加强经济工作监督等决定。会议根据国务院的提名，任命田凤山为国土资源部部长，免去周永康国土资源部部长职务。国家主席江泽民签署第三十号主席令，公布了这一任免事项。李鹏委员长主持会议并发表讲话。会议通过九届全国人大三次会议议程草案，决定提请九届全国人大三次会议预备会议审议；通过九届全国人大三次会议主席团和秘书长名单草案，决定提请九届全国人大三次会议预备会议选举。会议原则通过了全国人大常委会工作报告稿，会后由委员长会议根据委员们提出的意见进行修改后，提请九届全国人大三次会议审议。根据委员长会议建议，李鹏委员长将向九届全国人大三次会议作全国人大常委会工作报告。会议还通过了九届全国人大三次会议列席人员名单，全国人大常委会代表资格审查委员会关于选举、补选代表的代表资格的审查报告，全国人大常委会关于批准中国和柬埔寨引渡条约、中国和突尼斯关于民事和商事司法协助的条约、中国和塔吉克斯坦关于中塔国界的协定的决定。

全国人大常委会委员何厚铧在担任澳门特别行政区行政长官后，请求辞去全国人大常委会委员职务。会议通过决定，接受了他的请求。各项议程进行完毕后，李鹏委员长发表讲话。他说，本次常委会会议再次审议并通过了全国人大常委会关于加强经济工作监督的决定。这个决定总结了多年来全国人大常委会对经济工作进行监督的基本经验，吸收了初审中大家提出的意见，提出了加强这方面工作的可行办法。这个决定对于全国人大常委会更好地履行宪法和法律赋予的职责，加强和规范对政府经济工作的监督，促进国民经济持续快速健康发展，具有十分重要的意义。李鹏指出，改革开放以来，我国文化市场有了很大发展，也暴露出一些亟待解决的问题。我们必须高度重视加强文化市场管理的工作，坚持文化市场的正确发展方向，妥善处理文化市场发展同社会进步的关系，处理社会效益和经济效益的关系，处理文化市场繁荣与管理的关系。国务院及其有关部门应当进一步总结经验，加强法制建设，加强综合治理，强化各种监管措施，保证文化市场健康有序发展，为建设社会主义精神文明、提高中华民族的文化素质，做出不懈的努力。李鹏说，这次会议的另一项重要任务，是为召开九届全国人大三次会议做准备。即将召开的九届全国人大三次会议，是在世纪交替之年的一次重要的会议。常委会全体组成人员要与其他代表一道，认真贯彻大会的指导思想，充分发扬民主，严格依照法律规定办事，认真审议各项议案，保证会议通过的报告及其决议和法律，能够反映和体现国家和人民的根本利益和意志。根据宪法的规定，全国人大常委会要对全国人大负责并报告工作。常委会要自觉接受代表大会的监督，常委会组成人员要虚心听取代表们的意见，以便今后把常委会的工作做得更好，切实担负起宪法和法律赋予的职责。全国人大常委会副委员长田纪云、姜春云、邹家华、王光英、布赫、铁木尔·达瓦买提、吴阶平、彭珮云、何鲁丽、周光召、曹志、丁石孙、成思危、许嘉璐、蒋正华，秘书长何椿霖出席会议，国务院副总理吴邦国、最高人民法院院长肖扬、最高人民检察院检察长韩杼滨列席会议。

同　日　全国人大常委会举行了第十三次法制讲座。法制讲座的主讲人为吉林大学教授王惠岩，他主讲的题目是《马克思主义国家政权理论的几个基本问题》。他说，马克思主义国家政权理论是马克思主义政治学说的基础与核心。只有弄清马克思主义关于国家政权的基本理论，才能搞清楚其他的政治学说，才能对我国的人民代表大会制度理论和依法治国理论有更深入的理解和把握。李鹏委员长主持并发表讲话。他指出，马克思主义国家政权理论是马克思主义政治学的重要内容。我国的人民代表大会制度就是马克思主义国家政权理论同中国革命具体实践相结合的产物。当前，经济体制改革的深入和社会主义现代化建设的发展，要求我们在坚持四项基本原则的前提下，继续加强社会主义民主政治建设，积极推进依法治国、建设社会主义法治国家的进程，进一步完善人民代表大会制度，这需要马克思主义的政治学理论作指导。讲座开始前，李鹏发表讲话。他说，九届全国人大常委会组成2年来，已经举行了12次法制讲座，比较系统地学习了民主法制建设的基本理论以及宪法和其他主要部门法律知识。法制讲座对全国人大常委会组成人员工作水平的提高起了一定的作用。2000年常委会仍将每两个月举行一次法制讲座，根据实际情况和工作需要，主要讲授马克思主义国家政权理论、社会保障法律制度、金融法律制度、国际法与国际条约、我国加入世贸组织的法律问题等。我们要把每两个月举行一次法制讲座形成为一项制度，坚持下去，这对于我们做好常委会的工作有重要意义。他说，马克思主义认为，经济基础决定上层建筑，上层建筑对经济基础具有反作用。政治属于上层建筑，国家、政权、民主、法治、权利、义务、平等、自由等都属于政治的范畴，而政治学则是研究政治现象及其规律的科学。李鹏强调，高级干部要努力成为忠诚于马克思主义、坚持走有中国特色社会主义道路、会治党治国的政治家。要做到这一点，就需要加强学习，不但要学习政治、经济，还要学习法律、科技、历史、文化等方面的知识，特别是要学习马克思主义的政治学。只有这样，才能有正确的政治立场和观点，增强政治敏锐性和鉴别力，才能在前进道路上始终保持清醒的头脑、科学的认识、坚定的信念。我们党领导的建设有中国特色社会主义的事业，是一项前所未有的伟大事业。在推进这项事业的进程中，必然会遇到许多新情况、新问题和新矛盾。我们要善于从政治的高度，从全局和战略的高度正确认识和妥善处理这些问题，必须加强学习，善于学习，坚持学习。全国人大常委会副委员长田纪云、姜春云、邹家华、王光英、布赫、铁木尔·达瓦买提、吴阶平、彭珮云、何鲁丽、周光召、曹志、丁石孙、成思危、许嘉璐、蒋正华，秘书长何椿霖，全国人大常委会列席人员，全国人大有关部门负责人等听取了讲座。

3月2日　中共中央、国务院发布《关于加强人口与计划生育工作稳定低生育水平的决定》。其中指出，随着21世纪的到来，我国人口与计划生育事业将进入一个新的重要发展时期。未来几十年，在实现稳定低生育水平的前提下，我国人口将由低增长逐步过渡到零增长，人口总量达到峰值后（接近16亿）开始缓慢下降，人口素质不断提高，为基本实现现代化和可持续发展创造良好的人口环境。人口过多仍是我国首要的问题。未来十几年，我国人口数量还将持续增长，预计年均净增1 000万人以上，人口素质不高的状况短期内难以根本改变，劳动就业压力进一步加大，人口老龄化问题更加突出，人口与经济、社会、资源、环境之间的矛盾依然尖锐。因此，今后10年人口与计划生育工作的目标是：到2010年末，全国人口总数（不含香港、澳门特别行政区和台湾省）控制在14亿以内，年均人口出生率不超过15‰；出生人口素质明显提高；出生婴儿性别比趋向正常；育龄群众享有基本的生殖保健服务，普遍开展避孕节育措施的“知情选择”；初步形成新的婚育观念和生育文化；逐步建立调控有力、管理有效、政策法规完备的计划生育保障体系和工作机制。

3月5日—15日　九届全国人大三次会议在北京举行。国务院总理朱镕基向大会作政府工作报告。会议通过了关于政府工作报告的决议、关于1999年国民经济和社会发展计划执行情况与2000年国民经济和社会发展计划的决议、关于1999年中央和地方预算执行情况及2000年中央和地方预算的决议、关于全国人民代表大会常务委员会工作报告的决议、关于最高人民法院工作报告的决议、关于最高人民检察院工作报告的决议。会议通过了《中华人民共和国立法法》。国家主席江泽民发布第三十一号主席令，公布《中华人民共和国立法法》。该法令自2000年7月7日起施行。会议还通过了关于确认全国人大常委会接受何厚铧辞去全国人大常委会委员职务的请求的决定。

3月9日　江泽民参加九届人大三次会议解放军代表团全体会议。中共中央总书记、国家主席、中央军委主席江泽民在参加九届全国人大三次会议解放军代表团全体会议时宣布，到1999年底，党的十五大提出的裁军50万的重大任务已经完成。

3月11日　全国政协九届三次会议在北京闭幕。闭幕会通过的全国政协九届三次会议政治决议，号召人民政协的各级组织、各参加单位和全体委员“牢牢把握团结和民主两大主题，切实履行政治协商、民主监督、参政议政职能，进一步开创人民政协工作的新局面”。令人瞩目的是，本次政协大会将过去一年的提案工作情况报告恢复至开幕大会；近8成委员在大会头4天提交了提案；提案委员会在2天前邀请各相关国务院部委有关负责人就一份关于“西电东送”的提案召开协商办理座谈会。中共领导人江泽民、李鹏、朱镕基、李瑞环、胡锦涛、尉健行、李岚清出席闭幕会。中共中央政治局常委、全国政协主席李瑞环在闭幕会上发表了重要讲话，并评价此次会议“民主、求实、团结、鼓劲”。李瑞环说，委员们对中国一年来在错综复杂的情况下各方面工作取得的新成绩给予高度评价，就推动中国的改革开放和现代化建设提出了许多意见和建议。会议开得圆满成功。李瑞环强调，人民政协作为最广泛的爱国统一战线组织，应当高举大团结的旗帜，通过求同存异、体谅包容、协调关系、化解矛盾，把不同党派、不同阶层、不同民族、不同信仰的人凝聚起来，在实现祖国统一和振兴中华的大目标下，努力增进全体中华儿女的大团结、大联合。人民政协作为共产党领导的多党合作和政治协商机构，应当发挥社会主义民主，营造知无不言、言无不尽、融洽和谐、生动活泼的氛围，尊重和保障各界代表人士充分发表意见的权利，搞好以协商讨论和批评建议为主要形式的民主监督，积极促进中国的社会主义民主政治建设。李瑞环最后说，本届政协是跨千年、跨世纪的一届。人的一生能际会两个千年、两个世纪，实属机遇难得；在此重要时刻能聚首政协大家庭，共同肩负起参政议政的重任，更是难能可贵。一种庄严的历史责任感在激励着我们：切莫辜负人民的重托，切莫错过大好的时光！李瑞环号召广大政协委员："振奋起来、团结起来，在以江泽民为核心的中共中央领导下，高举邓小平理论的伟大旗帜，抓紧时间，加倍努力，总结过去，谋划未来，为人民政协事业的进一步发展，为国家的现代化建设和统一大业，为中华民族的伟大复兴，作出新的更大贡献！"在全国政协副主席叶选平的主持下，出席闭幕会的1 907名政协委员表决通过了全国政协九届三次会议政治决议、全国政协九届三次会议关于常务委员会工作报告的决议、全国政协九届三次会议关于中国人民政治协商会议章程修正案的决议、全国政协九届三次会议关于九届二次会议以来提案工作情况报告的决议、全国政协第九届全国委员会提案委员会关于政协九届三次会议提案审查情况的报告。全国政协副主席杨汝岱、王兆国、阿沛·阿旺晋美、卢嘉锡、任建新、宋健、李贵鲜、陈俊生、张思卿、钱正英、丁光训、孙孚凌、霍英东、马万祺、朱光亚、万国权、胡启立、陈锦华、赵南起、毛致用、白立忱、经叔平、罗豪才、张克辉、王文元，秘书长郑万通出席了闭幕会。

3月12日　中央人口资源环境工作座谈会在北京举行，江泽民主持座谈会并发表重要讲话。他强调，切实做好计划生育、资源管理和环境保护的工作，对于实现我国跨世纪发展的宏伟目标具有全局性的重大意义。在改革开放和社会主义现代化建设的过程中，我们必须始终把经济发展与人口资源环境工作紧密结合起来，统筹安排，协调推进。根据我国经济和社会发展的远景目标，到2010年，全国人口要控制在14亿以内；基本改变环境恶化的状况，使城乡环境有比较明显的改善；对加强国土资源的保护和合理开发利用也确定了具体目标。这是摆在全党同志和全国人民面前的一项艰巨而重要的任务。坚持做好人口资源环境工作，关系到我国经济和社会的安全，关系到我国人民生活的质量，关系到中华民族生存和发展的长远大计。各级党委、政府，人口资源环境部门和其他有关部门，都要充分认识这方面工作的极端重要性和艰巨性，牢固树立“打持久战”的思想，坚持不懈地抓下去。

3月15日　九届全国人大三次会议通过中华人民共和国立法法。全年先后颁布修订了立法法、大气污染防治法、产品质量法、种子法、海关法、国家通用语言文字法、归侨侨眷权益保护法、专利法、渔业法、中外合作经营企业法、外资企业法、引渡法、现役军官法等法律和有关法律问题的决定。

3月19日　杰出的人民音乐家、前中国音协主席李焕之逝世，享年81岁。李焕之，原籍福建晋江，1919年出生于香港，少年时代在厦门度过。1936年春入上海国立音乐专科学校，从师萧友梅，学习和声学。1938年8月到延安，进鲁迅艺术学院音乐系学习，结业后又继续在高级班从师冼星海，学习作曲指挥。毕业后留校任教员。抗日战争胜利后，从延安到张家口，担任华北联合大学文艺学院音乐系主任。新中国成立以来，一直活跃在音乐战线上，历任中央音乐学院音乐工作团团长、中央歌舞团艺术指导、中央民族乐团团长等职。自1954年起，历任中国音乐家协会常务理事、书记处书记、副主席，音协创作委员会主任，《音乐创作》主编等职务。1985年当选中国音乐家协会主席。李焕之自幼爱好民间音乐，热心参加学校的音乐活动。1935年后，即开始创作歌曲，作有《牧羊哀歌》（郭沫若词）、《黄花曲》（蒋光慈词）等。抗日战争爆发后，积极投入抗日救亡歌咏运动，与蒲风等诗人合作抗日歌曲，作有《厦门自唱》（燕风词）、《保卫祖国》（克锋词）等。四五十年代，他共创作了300余首声乐作品。其中较突出的有《青年颂》、《民主建国进行曲》、《社会主义好》等。他还为电影《暴风骤雨》、《在长征的道路上》、《鲁迅生平》等配乐，为第二、第四两届全国运动会的大型团体操配乐，写作主题歌合唱曲《新长征颂》、《红旗颂》。为演出冼星海的大合唱《黄河》，他对其总谱进行过多次整理，并为《国歌》等作品编配合唱、钢琴伴奏与管弦乐总谱等。此外，他还与别人合作了一些作品。

3月21日—23日　2000年基础教育工作会议在天津举行。会议以江泽民同志《关于教育问题的谈话》为指导思想，贯彻落实《中共中央国务院关于深化教育改革全面推进素质教育的决定》和《面向21世纪教育振兴行动计划》，部署2000年基础教育工作。重点研讨了加强与改进青少年思想教育、减轻中小学生过重负担、基础教育课程改革、农村初中义务教育、在农村初中试行“绿色证书”教育，大力加强中小学信息技术教育等问题。

3月25日—4月2日　李鹏在浙江考察工作。中共中央政治局常委、全国人大常委会委员长李鹏在浙江考察工作，就人大的立法和监督工作、基层人大工作，以及建立社会主义市场经济体系等问题进行了调查研究。他在考察时强调，要切实发挥好人大代表的作用，加强同人民群众的联系，开拓性地开展地方人大工作。

3月31日　国务院总理朱镕基今天主持召开国务院第二十七次常务会议，审议并原则通过了《中华人民共和国专利法修正案（草案）》。会议认为，《中华人民共和国专利法》自1985年4月1日实施以来，对鼓励发明创造、引进外国先进技术、促进我国科技进步和经济发展，发挥了重要作用。1992年9月4日，七届全国人大常委会对现行专利法部分条款作了修改，主要是扩大了专利保护范围，延长了专利保护期限，提高了我国专利的保护水平。随着体制改革不断深化、对外开放逐步扩大，现行专利法在实施中又出现了一些新的情况。为了进一步发挥专利制度在技术创新和经济发展中的积极作用，对现行专利法进一步作适当修改是必要的。会议决定，《中华人民共和国专利法修正案（草案）》，由国务院提请全国人大常委会审议。

同　日　新华社报道：国务院办公厅转发关于社会福利的意见。国务院办公厅转发了民政部、国家计委、国家经贸委、教育部、财政部、劳动保障部、国土资源部、建设部、外经贸部、卫生部、税务总局11个部门《关于加快实现社会福利社会化的意见》，明确了今后一个时期中国社会福利事业发展的指导思想、总体思路和目标任务，确定了鼓励社会力量投资兴办社会福利机构的优惠政策。

4月1日　为了保护个人存款账户的真实性，维护存款人的合法权益，国务院发布了《个人存款账户实名制规定》。根据规定，从即日起，个人在金融机构新开立存款账户办理储蓄存款时，必须出示本人身份证件，使用实名。在该账户再次存取款时，只需持存单或存折，不需持本人身份证件就可办理（提前支取、存单挂失等特殊情况除外）。《规定》所称个人存款账户，是指公民个人在中华人民共和国境内依法设立的经营个人存款业务的金融机构开立的人民币、外币存款账户，包括活期存款账户、定期存款账户、定活两便存款账户、通知存款账户以及其他形式的个人存款账户。《规定》所称实名是指符合法律、行政法规和国家有关规定的身份证件上使用的姓名。实名证件包括：境内中国公民的居民身份证或临时身份证；境内16周岁以下中国公民的户口簿；中国人民解放军军人身份证件，中国人民武装警察身份证件；港、澳居民往来内地通行证；台湾居民来往大陆通行证或者其他有效旅行证件；外国公民的护照，等等。

4月3日　新华社报道：全军支援驻藏部队人才建设工程正式启动。由解放军总政治部组织的全军首批50名专业技术骨干、专家、教授已分赴驻藏部队，开始为期1年的代职锻炼。

同　日　《中国青年报》报道：我军确定抗洪抢险专业应急部队。沈阳军区某集团军工兵团等18支工程兵部队被总部确定为抗洪抢险专业应急部队，担负全国7大流域、9条江河和2大湖泊的抗洪抢险任务。确定抗洪抢险专业应急部队，这在我军历史上尚属首次。

同　日　北京大学和北京医科大学合并，组建新北京大学。两校合并大会在北京大学举行。中共中央总书记、国家主席江泽民致信祝贺。国务院副总理李岚清、教育部部长陈至立出席合并大会并发表讲话。

同　日　教育部部长陈至立、副部长韦钰会见应邀来访的由芬兰教育科学部长玛娅·拉斯克率领的芬兰教育代表团一行。陈至立和拉斯克共同签署了《中华人民共和国教育部长与芬兰共和国教育科学部长关于教育、培训和研究合作的谅解备忘录》。

4月6日—8日　全国纠风工作会议在昆明召开。这次会议的主要任务是：以党的十五大和十五届三中、四中全会精神为指导，认真贯彻江泽民总书记关于从严治党的重要讲话精神和朱镕基总理关于依法行政、从严治政的要求，落实中央纪委第四次全会和国务院第二次廉政工作会议精神，分析当前纠风工作的形势，交流做法和经验，部署2000年纠风工作的任务，研究如何适应新的形势，把纠风工作进一步引向深入。中共中央政治局常委、国务院总理朱镕基致信会议，充分肯定了10年来纠风工作取得的成绩，指出了当前的工作重点，对今后的纠风工作提出了希望和要求。

4月6日　亚太经合组织第二次教育部长会议在新加坡举行。以“为了21世纪学习化社会的教育”为主题的亚太经济合作组织(APEC)第二次教育部长会议在新加坡举行，来自APEC的21个经济体的教育部长出席大会。会议围绕现代技术教育、改进教学体系、改进教育管理、加强国际合作4个专题进行了大会发言。中国教育部部长陈至立率中国代表团出席大会，在会上就改进教学体系问题作了题为《面向21世纪教育的改革创新》的发言。并发表了《面向21世纪的中国教育》的声明。

4月8日　美国政府向中国政府通报了美方对1999年5月8日美国轰炸中国驻南斯拉夫联盟共和国大使馆事件的责任调查结果。美方只承认使用了不合适的目标定位方法，而且每一级审查都未能发现其中的错误。美方已对美国中央情报局8名人员进行惩处，其中1名已被解雇。外交部发言人朱邦造在通报这一情况时说，必须指出，中国驻南联盟大使馆有明显标志，美国的地图也明确标出其确切位置，美方所谓不了解中国驻南联盟大使馆的确切位置的说法是站不住脚的。南联盟军需供应采购局并非秘密机构，该局大楼距中国使馆有半公里之遥，两者外观区别明显，美方不可能将两者混淆。美方解释，由于几个人的失误，美方整套审查程序的每个环节都在同一个问题上出现“失误”，是令人难以置信的。

4月11日　国家主席江泽民在中南海会见了新加坡总理吴作栋。江泽民阐述了中方在台湾问题上的原则立场。他强调，解决台湾问题的基本方针是“和平统一、一国两制”，这一点没有改变。一个中国的原则是中国实现和平统一的前提和基础，在一个中国的原则下，什么都可以谈。“但我们不能承诺放弃使用武力，我们绝不允许任何形式的‘台独’”。

4月12日—19日　中共中央政治局常委、国务院总理朱镕基在江苏考察工作。他在考察时强调，继续推进金融改革与整顿、有效化解金融风险，仍然是当前一项重要而紧迫的任务。他指出，进一步完善粮食流通体制改革，切实减轻农民负担，积极调整农业结构，对于促进农业发展，增加农民收入和维护农村稳定，具有极为重要的意义。

4月14日　我军信息作战研究成果在京通过鉴定。由总参谋部通信指挥学院完成的我军信息作战理论研究最新成果《信息作战导论》、《数字化部队建设理论研究》在京通过鉴定。其中，《数字化部队建设理论研究》是国内第一部全面系统论述数字化部队的学术专著，其研究的深度和广度达到了国际水平。

4月19日—27日　中共中央政治局常委、国务院总理朱镕基在辽宁考察工作，就国有企业改革和社会保障体系建设问题进行调查研究。他在考察时强调，一个独立于企业事业单位之外的社会保障体系，是社会主义市场经济体制的重要支柱。加快建设这个体系，是深化改革、稳定社会、治国安邦的根本大计，一定要把这件关系全局的大事办好。

4月20日　中纪委公布了成克杰严重违纪违法案件的查处情况。自1999年8月以来，中央纪委在党中央的直接领导下，严肃查处了全国人民代表大会常务委员会副委员长成克杰严重违纪违法案件。中央纪委决定并经中共中央批准，给予成克杰开除党籍处分。建议广西壮族自治区人民代表大会常务委员会依法罢免成克杰全国人民代表大会代表职务；建议全国人民代表大会常务委员会撤销其全国人民代表大会常务委员会副委员长职务。鉴于成克杰涉嫌触犯刑律，建议移送司法机关依法处理。经中央纪委查明，自1992年下半年以来，成克杰与有夫之妇李平长期通奸，并共谋在各自离婚并“赚钱”

后再结婚。为聚敛钱财，成克杰于1992年下半年—1998年期间，利用其担任广西壮族自治区政府主席职务的权力，伙同李平不择手段，谋取非法利益，数额特别巨大。其主要违纪违法事实：一、1994年—1997年，经李平牵线，成克杰利用职权，拍板将南宁市一块85亩土地低价出让给广西银兴实业发展公司总经理周坤（另案处理）建造停车场购物城；将本已批给自治区民委的广西民族宫项目转批给周坤开发，并为该公司解决贷款1.88亿元。为此，成克杰和李平收受周坤贿赂共计人民币1 730万元、港币804万元。成克杰还采取指定一个单位承揽建设工程项目、为另一个单位解决贷款的手段，伙同李平收受这2个单位的贿赂，共计人民币220万元。二、1994年—1998年，成克杰应广西壮族自治区政府副秘书长甘某等13名党政机关及企业领导干部（涉案人员另案处理）的要求，为解决他们的提拔、调动等问题，向有关人员打招呼，并多次接受甘某等人的钱物，共计人民币59.5万元、美元3.5万元、港币2万元。三、1992年—1997年，成克杰应李平的要求，滥用职权，向广西壮族自治区政府有关部门及有关地、市、县领导打招呼，为李平等不法商人获得土地批件、低价白糖、化肥指标和植物油指标，经转手倒卖后，从中获利人民币903万元。7月31日，北京市第一中级人民法院对成克杰受贿案作出一审公开宣判，以受贿罪判处成克杰死刑，剥夺政治权利终身，并处没收个人全部财产。根据最高人民法院指定管辖的决定，北京市第一中级人民法院于6月26日受理了北京市人民检察院第一分院对成克杰受贿案的起诉，并于7月13日、14日依法对此案进行了公开审理。9月14日，经最高人民法院核准，北京市第一中级人民法院对成克杰执行了死刑。

4月24日　国务院副总理李岚清在北京会见以越南教育与培训部部长阮明显为团长的越南教育代表团一行。同日，教育部部长陈至立会见阮明显，双方就两国进一步开展教育交流与合作事宜交换了意见，并签署了《中华人民共和国教育部与越南社会主义共和国教育与培训部2001—2004年教育交流与合作协议》。

4月25日—29日　九届全国人大常委会第十五次会议在北京召

开。会议通过了修订后的大气污染防治法、全国人大常委会关于刑法第九十三条第二款的解释；分别通过了全国人大常委会关于批准中国和越南陆地边界条约，中国和越南领事条约，中国、吉尔吉斯斯坦和哈萨克斯坦关于3国国界交界点的协定，中国和吉尔吉斯斯坦关于中吉国界的补充协定的决定。

4月27日—28日　全国培养选拔青年干部工作座谈会在北京举行。由中共中央组织部召开的全国培养选拔年轻干部工作座谈会在北京举行。会议的主要任务是，以邓小平理论和党的十五大精神为指导，认真贯彻落实江泽民总书记关于培养选拔年轻干部的一系列重要指示精神和中央的战略部署，统一思想，交流经验，研究部署今后一个时期培养选拔年轻干部的工作。胡锦涛在会议上发表重要讲话。胡锦涛在座谈会上指出，抓紧培养选拔年轻干部，造就一大批能够跨世纪担当重任、始终坚持“三个代表”要求的领导人才，是我们党适应新形势，迎接新挑战，全面推进社会主义现代化建设事业的必然要求；是关系老一代无产阶级革命家开创的社会主义事业代代相传、党和国家长治久安的战略大计；一定要充分认识这项任务的重要性和紧迫性，抓紧做好新形势下培养选拔年轻干部的工作。胡锦涛强调，选拔年轻干部要坚持中央确定的目标要求，加大工作力度，务求取得新的突破。为此，首先要进一步解放思想，更新用人观念，拓宽用人渠道，不拘一格选人才。要坚决抛弃妨碍识别、起用优秀年轻干部的各种陈旧落后思想和私心杂念，真正确立符合新形势新任务要求和党的干部路线的用人观念，像老一辈无产阶级革命家那样，从战略和全局的高度出发来看待培养选拔接班人问题，以马克思主义政治家的思想境界和宽阔胸襟来对待人事更替，既尊重人才成长的一般规律，又把握优秀人才脱颖而出的特殊规律，及时起用、大胆提拔群众公认的优秀年轻干部。

4月29日　九届全国人大常委会第十五次会议在首都人民大会堂闭幕，李鹏委员长主持并讲话。会议首先表决通过大气污染防治法修订案，国家主席江泽民签署第三十二号主席令，公布了修订后的大气污染防治法。会议表决通过全国人大常委会关于刑法第九十三条第二款的解释。会议分别表决通过：国务院关于提请审议批准中国和越南陆地边界条约，中国和越南领事条约，中国、吉尔吉斯和哈萨克斯坦3国国界交界点的协定，中国和吉尔吉斯关于中吉国界的补充协定等4个决定；任免名单等。会议听取和审议了国务院关于我国加入世界贸易组织进展情况的报告。会议还通过了关于撤消成克杰全国人大常委会副委员长职务的公告。李鹏在讲话中说，这次常委会会议是九届全国人大三次会议召开之后的第一次常委会会议。从会议审议的6个法律草案来看，有4个是对原有法律的修改，有1个是法律解释；从列入常委会2000年立法计划的32个项目看，有11个是对原有法律的修改，有1个是法律解释。免去罗豪才的最高人民法院副院长、审判委员会委员职务。任命万鄂湘为最高人民法院副院长、审判委员会委员。

同　日　全国劳动模范和先进工作者表彰大会在北京召开。中共中央总书记、国家主席、中央军委主席江泽民在会上发表重要讲话强调，我们肩负的改革开放和现代化建设的任务光荣而艰巨。伟大的事业需要伟大的精神力量。全社会都要学习和弘扬先进模范人物的崇高精神，以坚定的信心和旺盛的热情投身到建设有中国特色社会主义事业中去。江泽民指出，我们搞改革开放和现代化建设，是为了人民群众的利益，也唯有紧紧依靠人民群众才能成功。一切工作都必须有利于把人民群众的利益实现好、维护好、发展好，有利于把人民群众的积极性引导好、保护好、发挥好。这是我们党和国家工作的根本基点。各级党委和政府要始终不渝地坚持全心全意为人民服务的宗旨，坚持全心全意依靠工人阶级的方针，坚持群众路线的工作方法。中共中央政治局常委、国务院总理朱镕基主持大会。国务委员兼国务院秘书长王忠禹宣读《国务院关于表彰全国劳动模范和先进工作者的决定》。《决定》指出，1995年召开全国劳动模范和先进工作者表彰大会以来，各行各业、各条战线又涌现出一大批先进模范人物。国务院决定授予1 931人全国劳动模范荣誉称号、授予1 015人全国先进工作者荣誉称号。这次表彰大会是继1995年后由国务院召开的又一次全国劳动模范和先进工作者表彰大会。

同　日　全国人大常委会举行了第十四次法制讲座。主讲人为外交学院副教授江国青，他主讲的题目是《国际法与国际条约的几个问题》。他说，根据马克思主义的法学理论，法律是随着国家的产生而产生的。国际法也不例外，国家是国际法产生的前提。有了国家，国家之间就必然有来往关系，也就必然在不同程度上形成一些有法律拘束力的行为规范，从而产生了国际法。确切地说，国际法是国际关系发展的产物。而且，国家之间的交往越多，国际关系越发达，国际法也就越发达。又由于在当代的国际交往与合作过程中，各国越来越多地直接利用条约的法律形式来确定彼此间的权利义务关系，因此国际条约实际上已成为当代国际法的最主要渊源。江国青从国际法的概念—当今的发展，国际条约是当代国际法的最主要渊源，条约的缔结程序，条约的遵守与适用4个方面进行了详细讲解。李鹏委员长主持并发表讲话。他指出，国际法是国家之间的法律，是各国进行国际交往的行为准则。和平与发展是当今时代的主题。随着世界经济、科技的迅速发展，各国之间的联系日益紧密，国际交往越来越广泛，国际法在国际事务中的作用不断加强。我国是发展中的社会主义国家，奉行独立自主的和平外交政策，坚持对外开放，要善于运用国际法来处理国家关系和国际事务，开展对外交流与合作。他说，全国人大常委会组成人员学习、掌握国际法知识，对于我们做好人大工作有着重要的意义。决定同外国缔结的条约和重要协定的批准和废除，是宪法赋予全国人大常委会的一项重要权力，也是我国缔约权的重要组成部分。要行使好这项职权，就要了解条约的种类、缔约权、缔约等程序、条约的保留等有关国际条约的知识，并从维护国家利益、民族尊严和促进国家之间关系的发展出发，对提请常委会审议批准的国际条约和重要协定，围绕主要问题，进行深入审议，作出决定，为我国的改革开放和现代化建设创造良好的国际环境。李鹏强调，中国是信守自己的承诺的国家。我们遵守由我国缔结和参加的国际条约。在全国人大及其常委会的立法中，我们通过将国际条约的有关内容制定成国内法等方式，在国内适用我们缔结和参加的国际条约。今后，我们要进一步加强对国际法的研究，在制定有关法律时，坚持从我国具体国情出发，处理好国内法与国际法的关系。全国人大常委会副委员长姜春云、邹家华、王光英、布赫、彭珮云、何鲁丽、丁石孙、成思危、许嘉璐和秘书长何椿霖，全国人大常委会列席人员，全国人大有关部门负责人等听取了讲座。

5月1日—7日　中共中央政治局常委、全国人大常委会委员长李鹏在陕西考察工作。他在考察时强调，抓紧治理好黄河，实施西部大开发，是长期的战略任务，需要几代人的艰苦努力。面对西部大开发的历史机遇，各级领导要抓住重点，发挥优势，分类指导，循序前进。

5月1日　人民解放军启用99式长、短袖制式衬衣和贝雷帽。经中央军委批准，人民解放军陆海空三军开始启用99式长、短袖制式衬衣和贝雷帽，同时取消已装备部队多年的87式长、短袖制式衬衣。

5月12日—14日　中共中央政治局常委、国务院总理朱镕基在河北、内蒙古就加快防沙治沙、改善生态环境问题进行实地考察。他在考察防沙治沙工作时指出，我国土地沙化形势十分严峻，必须把防沙治沙、加强生态环境建设，作为一项重大而紧迫的任务。要认真总结经验教训，进一步明确工作思路、政策措施，充分调动各方面的积极性，构筑绿色屏障，遏制土地沙漠化趋势，促进可持续发展目标的实现。

5月16日—18日　21世纪初中国扶贫战略国际研讨会在北京举行。国务院副总理、国务院扶贫开发领导小组组长温家宝在16日的研讨会上发表讲话说，新中国成立后，特别是改革开放以来，我们主要依靠自己的力量，通过全国各族人民的团结奋斗，使农村没有解决温饱的贫困人口从1978年的2.5亿减少到1999年的3 400万，没有解决温饱的农村贫困人口占农村人口的比重从1978年的30.7%下降到1999年的3.7%。到2000年底，全国农村贫困人口的温饱问题可以基本解决，我国政府确定的到本世纪末的扶贫攻坚目标将如期完成。

5月17日　江泽民在北京接受美国《科学》杂志主编埃利斯·鲁宾斯坦独家专访。江泽民在专访中回答了《科学》杂志的提问。其中在谈到吸引人才回国服务时，江泽民说，科技竞争是人才竞争。中国政府坚持“支持留学、鼓励回国、来去自由”的留学方针。1978年—1999年，中国各类出国留学人员近32万人。这一时期出国留学人员总和是1872年—1978年100多年间出国留学人员总数（约13万多人）的2倍多。改革开放20多年来，中国还接受了来自160多个国家和地区的留学生34万多人次。1978年以来，中国出国留学人员中已有11万人学成回国，而且发挥了很好的作用。当然，由于各种原因，目前还有相当一部分出国人员不能或暂时不能回国工作，这是可以理解的。对此，中国政府各部门正采取各种措施，为他们创造更加便利的工作和生活条件，实施更加开放的政策，建立灵活的机制。此外，各地方政府建立的各类留学人员创业园区，也为他们在园内进行科技开发和成果转化发挥了“孵化器”作用。随着中国经济的发展和科研条件的进一步改善，学成回国的人员将会越来越多。

5月18日　国务院新闻办公室举行记者招待会。国家发展计划委员会新闻发言人在会上宣布，为落实西部大开发战略，加快西部地区人才培养，提高西部地区人才素质，在扶持中西部基础教育的基础上，国家决定2000年利用国债资金支持西部高校教学、实验基础设施建设和推进高校后勤社会化改革进程。

5月19日　中国与欧盟在北京就中国加入世界贸易组织达成双边协议。外经贸部部长石广生和欧盟委员会贸易委员帕斯卡尔·拉米分别代表中欧双方签署了协议。中欧双边协议的签署，标志着中国加入世贸组织的进程又向前迈出了一步，并将有力地促进中欧双边经贸关系的发展。在签字仪式上，石广生说，中欧双方代表团经过5天的平等、友好协商和谈判，19日达成了中欧关于中国加入世贸组织的双边协议。协议的达成，体现了平等、友好和互利的原则，体现了中欧友好关系。协议的执行，将为中欧友好关系的发展注入新的活力，同时为中欧经贸关系的发展带来巨大的机遇。拉米说，欧中贸易关系可追溯到2 000多年前，但双方的贸易和投资从来没有达到今天这样的规模。欧盟一直支持中国加入世贸组织，它对中国有利，对欧洲公司和欧中双边关系都是有益的。毫无疑问，欧盟希望中国的改革开放进一步深化，中国经济进一步发展，并尽早建立市场经济体制。欧盟相信，中国加入世贸组织，将为中国的改革提供新的动力，因此双方达成的这个协议，具有特别重要的意义。协议对双方都是有利的。

5月20日　江泽民会见中日文化观光团主要成员。国家主席江泽民在会见由日本运输大臣二阶俊博为特别顾问、日中友好协会会长平山郁夫为团长的“2000中日文化观光交流大会”使节团主要成员时说，从地理上说，中日两国是一衣带水的近邻，从历史上看，两国人民有着两千多年的友好交往。从文化传统上说，两国文化源远流长。尽管两国关系也经历了一段不幸时期，但是两国人民之间的睦邻友好是主流。新中国成立以来，毛泽东主席、周恩来总理、邓小平同志和现在的中国领导人始终高度重视维护和发展中日友好合作关系，不断推动中日的民间交往。江泽民指出，在当前的国际形势下，增进两国人民的相互理解，推动两国友好合作不断发展，不仅符合两国人民及子孙后代的根本利益，也有利于地区和世界的和平与发展。展望未来，21世纪的中日友好寄希望于两国人民，更寄希望于两国青年。

同　日　中共中央台湾工作办公室、国务院台湾事务办公室受权就当前两岸关系问题发表声明。声明指出，台湾当局新领导人发表讲话，其中宣布了对两岸关系的有关政策。这篇讲话提到了不会宣布“台独”，不会推动“两国论入宪”，不会推动“统独公投”，没有废除“国统纲领”与“国统会”的问题；但在接受一个中国原则这个关键问题上采取了回避、模糊的态度。显然，他的“善意和解”是缺乏诚意的。一个中国原则是两岸关系和平稳定发展的基础。台湾当局新领导人既然表示不搞“台独”，就不应当附加任何条件；就更不应当否认一个中国、台湾是中国一部分的现实，把一个中国说成是“未来”的。是否接受一个中国原则，是检验台湾当局领导人是维护国家主权与领土完整，还是继续顽固推行“台独”分裂政策的试金石。一个中国原则，见之于台湾当局多年来的有关规定和政策文件，不是我们单方面强加给台湾的。长期以来，坚持一个中国原则，是海峡两岸共同的立场，合作的基础。同时我们早已向台湾方面明确提出：在统一之前，在处理两岸关系事务中，特别是在两岸谈判中，坚持一个中国原则，就是坚持世界上只有一个中国，台湾是中国的一部分，中国的主权和领土完整不容分割。在此基础上，平等协商，共议统一。我们注意到，台湾当局还有人顽固坚持所谓“台湾是主权独立国家”的分裂立场，企图把台湾从中国分割出去。这是分裂国家、危害人民的严重罪行，将不可避免地破坏台湾的社会安定、经济发展，在两岸同胞之间和台湾同胞内部挑起冲突，将危及台湾海峡及亚太地区的和平，损害包括台湾同胞在内的全中国人民的根本利益。台湾问题是中国内战遗留的问题，迄今两岸敌对状态并未结束。如果有人胆敢把台湾从中国分割出去，重新挑起中国的内战，他们必须对此承担历史的罪责。我们重申，在一个中国原则基础上进行对话与谈判，实现双方高层互访。在一个中国原则下，什么问题都可以谈。江泽民主席提出的“八项主张”早就指出，作为第一步，双方可先就“在一个中国原则下正式结束两岸敌对状态”进行谈判，并达成协议。当前，只要台湾当局明确承诺不搞“两国论”，明确承诺坚持海协与台湾海基会1992年达成的各自以口头方式表述“海峡两岸均坚持一个中国原则”的共识，我们愿意授权海协与台湾方面授权的团体或人士接触对话。

5月21日　赵朴初因病逝世。著名的社会活动家、杰出的爱国宗教领袖、中国共产党的亲密朋友、第九届全国政协副主席、民进中央名誉主席、中国佛教协会会长赵朴初同志因病在北京逝世，享年93岁。

5月22日　中共中央举行纪念李富春、蔡畅同志诞辰100周年座谈会。中共中央政治局常委、国务院总理朱镕基出席座谈会并发表讲话。朱镕基说，2000年5月22日和5月14日，分别是李富春、蔡畅同志诞辰100周年。这一对同年同月诞生的终生革命伴侣，是久经考验的忠诚的共产主义战士、杰出的无产阶级革命家，为中国革命和建设事业作出了不可磨灭的重要贡献。今天，中共中央在这里举行纪念座谈会，回顾他们的生平，追思他们的业绩，以表达对他们的缅怀和敬仰之情。朱镕基指出，追思他们的业绩，我们应当学习他们爱国主义的伟大精神，为民族振兴、祖国富强而贡献力量；学习他们对党和人民的无限忠诚，坚定对马克思主义的信仰、对社会主义的信念，增强对改革开放和现代化建设的信心、对党和政府的信任；学习他们实事求是、求真务实、勤勤恳恳的思想作风和工作作风，脚踏实地做好各项工作；学习他们谦虚谨慎、严于律己、艰苦奋斗、大公无私的崇高情操，保持共产党人的革命气节和高尚品格。

5月23日　国务院总理朱镕基主持召开国务院第二十八次常务会议。会议审议并原则通过了《蓄滞洪区运用补偿暂行办法（草案）》，讨论并原则通过了《中华人民共和国渔业法修正案（草案）》。会议认为，为了保障蓄滞洪区的正常运用，确保受洪水威胁的重点地区的防洪安全，合理补偿蓄滞洪区内居民因蓄滞洪遭受的损失，根据《中华人民共和国防洪法》，制定《蓄滞洪区运用补偿暂行办法》很有必要。《中华人民共和国渔业法》自1986年7月1日实施以来，对于保护渔业资源，促进渔业发展，满足城乡居民生活需求，维护国家渔业权益，发挥了重要作用。但是，随着改革的深化、开放的扩大和社会主义市场经济的发展，渔业管理也出现了许多新情况、新问题。《中华人民共和国渔业法修正案（草案）》在重要养殖水面的保护、捕捞限额制度、捕捞许可证制度、水产种质资源保护和法律责任等方面作了补充、修改和完善。会议确定，《蓄滞洪区运用补偿暂行办法》经修改后，由国务院颁布施行。《中华人民共和国渔业法修正案（草案）》经修改后，由国务院提请全国人大常委会审议。

5月25日　中共中央、国务院、中央军委在北京召开军队武警部队政法机关不再从事经商活动工作总结电视电话会议。中共中央政治局常委、国家副主席、中央军委副主席胡锦涛在会上作了重要讲话，对军队、武警部队和政法机关不再从事经商活动工作进行了全面总结。会议由中共中央政治局常委、书记处书记、中央纪律检查委员会书记尉健行主持。胡锦涛在讲话中说，1998年7月，经江泽民同志提议，党中央作出了军队、武警部队和政法机关一律不再从事经商活动的重大决策。这一决策公布后，在国内外引起了强烈反响，得到了全党、全军和全国人民的衷心拥护。近两年来，在党中央、国务院、中央军委的正确领导下，经过军地有关方面的共同努力，这项工作进展顺利，发展健康，取得了明显成效。1998年底，军队、武警部队和各级政法机关已经与所办经营性企业彻底脱钩；2000年3月，整个不再从事经商活动的工作基本结束，实现了既定目标。这是党的建设、政权建设和军队建设的一件大事，是加强党风廉政建设的一项重要成果，对于进一步树立军队、武警部队和政法机关的良好形象，保持其性质、宗旨和政治本色，进一步密切党和政府同人民群众的血肉联系，推动改革开放和社会主义现代化建设的健康发展，保证国家的长治久安，都具有重大的意义，必将产生深远的影响。实践证明，中央的这项重大战略决策深得党心、军心、民心，是完全正确的。胡锦涛指出，在肯定成绩、总结经验的同时，也要看到，工作中还存在一些不足之处。这项工作从面上讲虽然已经基本结束，但尚有一些遗留问题需要妥善解决，要在党委、政府的统一领导下，按照“谁主管，谁负责”的原则，继续抓好落实。

同　日　中纪委、监察部在重庆市委、市纪委的配合下，最近严肃查处了重庆市人大常委会副主任秦昌典、市政协副主席王式惠严重失职渎职案件。中央纪委决定并报中央批准，给予秦昌典、王式惠开除党籍处分；建议重庆市人大依法罢免秦昌典市人大常委会副主任、市人大代表职务；建议重庆市政协依法撤销王式惠重庆市政协副主席、常委、委员职务；并将此案移送检察机关处理。1990年12月—1994年3月，时任重庆市副市长的秦昌典和市经委主任的王式惠，在负责重庆华蜀光电集团引进有源矩阵液晶显示屏和半导体电耦合件生产设备的过程中，严重失职渎职，恣意否定有关部门和专家的意见，未报市委、市政府办公会议讨论，便决定同意与一外国公司合作并引进设备；他们出国考察敷衍塞责，在没有进行论证、更没有看到启动设备生产及产品的情况下，就同意签订引进设备的合同；袒护外商利益，支付给外商的设备款和合同定金均是在秦昌典多次干预下借贷的，其中一笔主要款项是在外商提供不出符合信用证支付条款限定的付款凭证情况下由秦昌典指令有关方面修改信用证支付条款，逃避银行约束而支付的。秦昌典和王式惠还在设备引进过程中，分别接受外方公司3 000美元和2 500美元及金首饰等物品。据悉，秦昌典和王式惠所决定引进设备的外国公司，是一个已被其往来银行申请破产的企业。花费626万美元购买的有源矩阵液晶显示屏生产设备，是一条不具备生产能力的不完整的试验线，据有关专家评估，价值仅为50万—80万美元，因无法投入生产，至今仍封存在境外，其残值不足4万美元。向外商支付的购买半导体电耦合件生产设备的110万美元合同定金，至今未购进任何设备。截止到1999年，引进上述项目所付资金加上欠银行利息，实际损失达1 019万美元。

5月28日　新华社报道：中央军委日前颁发《指挥自动化建设纲要》。该纲要是我军第一部专门规范、指导指挥自动化建设的法规性文件。标志着我军指挥自动化建设迈出了重要的一步。

5月29日—31日　应中共中央总书记、国家主席江泽民邀请，朝鲜劳动党总书记、国防委员会委员长金正日于对中国进行了非正式访问。两国领导人一致认为，在国际形势复杂多变的世纪之交，巩固和发展中朝友好关系，不仅符合两国人民的共同愿望和根本利益，也有利于本地区乃至世界的和平与稳定。双方表示，两党两国将共同努力，继承传统，面向未来，睦邻友好，加强合作，不断充实中朝友好合作关系的内涵，把两国友好关系带入新世纪，推进到一个新的发展水平。谈到朝鲜半岛局势时，江泽民指出，中国是朝鲜半岛的近邻，致力于维护半岛的和平与稳定是中国处理半岛事务的根本原则。中国支持北南双方实现自主和平统一，希望北南双方改善关系，欢迎和支持北南首脑会晤。

6月1日—3日　中国少年先锋队第四次全国代表大会在北京举行。党和国家领导人江泽民、李鹏、朱镕基、李瑞环、胡锦涛、尉健行、李岚清在大会开幕前接见了出席会议的全体代表。胡锦涛代表党中央、国务院在开幕式上致祝词。会议审议通过了《关于中国少年先锋队第四次全国代表大会报告》决议和《中国少年先锋队章程(修正案）的决议》，选举产生了新一届全国少工委。

6月1日　中共中央总书记、国家主席江泽民致电张学良先生并赠送花篮，祝贺张先生百年华诞。江泽民在亲笔签名的贺电中说：欣逢先生百年华诞，特致电深表贺忱！先生当年之殊勋早已彪炳史册，为海内外华夏子孙所景仰铭记。先生之爱国精神，更将发扬光大。遥祝先生善自珍重，颐养天年。贺电和花篮已于当日由中国驻洛杉矶代总领事许士国在夏威夷向张学良先生转交。张学良先生对许代总领事说，收到江泽民主席的贺电和花篮，非常高兴，请向江主席表示衷心的谢意。

同　日　科技创新工作站在西安成立。全军第一家科技创新工作站在西安总参谋部某测绘研究所成立，首批进站工作的80名专家全部到位，将对首批26项重大科研课题展开攻关。

6月2日　中组部、人事部、教育部印发《关于深化高等学校人事制度改革的实施意见》。

6月5日　中共中央发布《关于面向21世纪加强和改进党校工作的决定》。《决定》指出，进一步加强和改进党校工作是党的事业全局和党的自身建设的迫切需要；要加大各级领导干部特别是跨世纪中青年领导干部的培训轮训力度，适度扩大党校办学规模；要以全面培养领导干部政治家素质为目标，建立和完善党校教学新布局，深化教学改革，提高教学质量；切实加强和改善各级党委对党校工作的领导。

6月7日　全国党校工作会议在北京召开。胡锦涛出席会议并发表讲话指出，江泽民同志关于“三个代表”的重要思想，是新时期党的建设的指导方针，也是新时期党校工作的指导方针。

6月9日　中共中央总书记、国家主席、中央军委主席江泽民在全国党校工作会议上就加紧培养适应新世纪要求的中青年领导干部问题发表重要讲话。他强调，历史和现实都表明，一个政党，一个国家，能不能不断培养出优秀的领导人才，在很大程度上决定着这个政党、这个国家的兴衰存亡。中国的社会主义事业能不能巩固和发展下去，中国能不能在未来激烈的国际竞争中始终强盛不衰，关键就要看我们党能不能不断培养造就一大批高素质的领导人才。全党同志都要从这样的政治高度来认识培养优秀中青年领导干部的重大意义，紧迫地而不是松懈地、认真地而不是敷衍地按照中央的要求把这项工作抓紧抓好。

同　日　新华社报道：国务院发出关于离退休养老金的通知。国务院近日发出《关于切实做好企业离退休人员基本养老金按时足额发放和国有企业下岗职工基本生活保障工作的通知》，要求各地、各部门切实加强领导，积极筹措资金，确保不发生新的拖欠。

6月12日　新吉林大学、长春工程学院合并大会在长春举行。吉林大学、吉林工业大学、白求恩医科大学、长春科技大学、长春邮电学院5所高校合并组建新吉林大学，长春建筑高等专科学校、长春工业高等专科学校、长春水利电力高等专科学校正式合并组建长春工程学院的合并大会分别在长春举行。教育部副部长吕福源等出席大会并讲话。

6月13日　陈至立、韦钰会见英国教育代表团。教育部部长陈至立、副部长韦钰在北京会见来访的以教育与就业大臣大卫·布朗基特为团长的大不列颠与北爱尔兰联合王国教育代表团全体成员，双方就如何推动中英两国教育交流关系的进一步发展等问题交换了意见，并签署了《中华人民共和国政府和大不列颠与北爱尔兰联合王国政府教育合作框架协议》。

6月21日　中央军委在北京举行晋升上将军衔警衔仪式。中共中央总书记、国家主席、中央军委主席江泽民向晋升上将军衔警衔的同志颁发命令状。中央军委副主席张万年主持晋升上将军衔警衔仪式。这次晋升上将军衔警衔的16位高级军官警官是：副总参谋长隗福临、吴铨叙、钱树根、熊光楷，总政治部副主任唐天标、袁守芳、张树田，总后勤部政委周坤仁，总装备部政委李继耐，海军司令员石云生、政委杨怀庆，空军司令员刘顺尧，军事科学院院长王祖训，北京军区政委杜铁环，成都军区司令员廖锡龙，武装警察部队政委徐永清。至此，人民解放军自1988年恢复军衔制以来，中央军委共授予74位高级将领上将军衔、警衔。

6月22日　国务院新闻办公室发表《西藏文化的发展》白皮书。

针对达赖集团在国际社会到处散布和大肆鼓噪“西藏的文化遭到了灭绝”的谬论，国务院新闻办公室发表了长达1.2万字的《西藏文化的发展》白皮书，全面介绍了西藏和平解放以来，特别是改革开放20多年来，西藏文化在继承传统优秀文化和保持藏民族文化特色基础上取得的巨大发展，深刻揭露了达赖集团的政治本质。

同　日　新华社报道：国务院、中央军委日前下发了《关于建立依托普通高等教育培养军队干部制度的决定》。这是80年代初，中央军委决定实行经军队院校培训提拔干部制度以来，我军干部培养制度的又一次重大改革。

6月23日　耿飚同志因病逝世。中国共产党的优秀党员，久经考验的忠诚的共产主义战士，无产阶级革命家、军事家、外交家，中国共产党第十一届中央政治局委员，国务院原副总理，中央军委原常委、秘书长，原中共中央顾问委员会常务委员，第六届全国人大常委会副委员长耿飚因病在北京逝世，享年91岁。耿飚同志1909年8月26日出生于醴陵县黄獭嘴镇一贫苦人家。7岁随父母逃荒到湘南常宁县水口山。13岁到铅锌矿当童工。在水口山党组织的教育和引导下，积极参加工人罢工斗争。1925年5月加入中国共产主义青年团。1926年组建并率领农民赤卫队参加醴陵暴动和十万农军攻长沙。1928年4月回到浏阳，任浏（阳）、醴（陵）游击队队长。1928年8月转为中国共产党党员。1930年9月，率领游击队参加红军，历任红一军团第三军九师参谋、师干部教导队队长、作战教育科科长。1933年春，任红一军团第二师四团团长。先后参加中央苏区历次反“围剿”和漳州战役等重大作战。红军长征中，率部担任第二师前卫，掩护了中央纵队和主力红军突破敌4道封锁线。红军进入贵州境内后，率部在江界渡口强渡乌江，首夺天险娄山关，为中央纵队和大部队开辟前进通道。1935年1月“遵义会议”后，任红一军团第一师参谋长，率部参加四渡赤水、再克遵义、南渡乌江，从云南省境内巧渡金沙江等重要战役战斗，为中央红军摆脱国民党军队的围追堵截，赢得战略转移的主动权作出了贡献。继又率部通过彝族地区，抢渡大渡河，配合兄弟部队夺占泸定桥，使中央红军再次摆脱险境。红军长征抵达陕北后，率部参加直罗镇战役和东征战役。1936年6月入抗日红军大学学习，同年12月任红四方面军第四军参谋长。抗日战争爆发后，任八路军第一二九师三八五旅参谋长、副旅长兼副政治委员。1941年7月入延安中共中央党校学习。1944年9月任晋察冀军区副参谋长兼联络部部长。1945年8月，指挥部队进攻张家口，一举收复被日军占领多年的塞外重镇。抗战胜利后，1946年1月任北平军事调处执行部中共代表团副参谋长兼交通处处长。解放战争时期，任晋察冀野战军参谋长。先后参与组织正太战役、青沧战役、保北战役。在战略进攻阶段，参与指挥了著名的清风店战役、石家庄战役。1948年5月任华北军区第二兵团(杨罗耿兵团）副司令员兼参谋长，率部参加平津战役、太原战役、宁夏战役，为全国解放战争的胜利作出了重要贡献。1950年初，到外交部工作，先后任中国驻瑞典王国大使兼驻丹麦、芬兰公使，驻巴基斯坦大使，外交部党委委员、副部长，驻缅甸、阿尔巴尼亚大使等职。“文化大革命”中，遭受林彪、“四人帮”残酷迫害。1971年1月起，任中共中央对外联络部部长。1978年3月，任国务院副总理，负责处理外交事务，并分管民航总局、旅游总局和军工部门的工作。1979年1月，任中央军事委员会常务委员、秘书长，协助军委主席、副主席处理中央军委日常工作。1981年3月任国防部长。1982年5月任国务委员。1983年6月，当选为六届全国人大常委会副委员长，兼任全国人大外事委员会主任委员。是中共九、十、十一届中央委员，十一届中央政治局委员。在中共十二大、十三大上，分别当选为中央顾问委员会委员、常委。1988年7月被授予中国人民解放军一级红星功勋荣誉。1997年，成为中共第十五大特邀代表。

同　日　新华社报道：中华人民共和国中央军事委员会最近发布命令。命令授予八一男子篮球队“团结拼搏的体坛劲旅”荣誉称号。

同　日　新华社报道：中华人民共和国中央军事委员会最近发布命令。命令授予驻香港部队步兵旅一营二连“香港驻军模范红二连”荣誉称号。该连的前身是饮誉全军的英雄“大渡河连”。7月5日，命名大会在驻香港部队隆重举行。

6月25日　我国自行研制生产的“长征三号”运载火箭成功地将中国第二颗“风云二号”气象卫星送入太空。卫星准确进入近地点高度约204公里、远地点高度约3.6041万公里、倾角27.3°的地球同步转移轨道。这是担任此次运载任务的“长征三号”火箭的第十三次太空飞行，也是长征系列火箭的第五十九次飞行。据介绍，“风云二号”采用双向自旋稳定方式，发射质量1 372公斤，设计寿命3年。该星主要用于获取东经45°—165°、南北纬60°范围内的气象要素资料、广播卫星云图和天气图，对填补我国西部、西亚和印度洋区域范围的云图空白，监测来自青藏高原、孟加拉湾和阿拉伯海及对中国产生主要影响的天气系统具有重要作用。同时，“风云二号”卫星在海洋、水文、航空、航海、农林牧渔和空间环境监测等领域也具有广泛的应用潜力和巨大的经济效益。我国曾于1997年6月10日首次将第一颗“风云二号”卫星送入预定轨道，并成功完成了为期3年的气象观测使命，这次发射的第二颗“风云二号”卫星与前一颗相比，性能更为先进。

6月26日　国务院新闻办公室发表《中国的禁毒》白皮书。为纪念“世界禁毒日”，国务院新闻办公室发表《中国的禁毒》白皮书，全面介绍中国在禁毒问题上的原则立场以及多年来为此付出的巨大努力。白皮书约1.2万字，分7个部分：坚持严厉禁毒的立场；不断加强禁毒立法；坚决惩治毒品犯罪；严格管制易制毒化学品；矫治挽救吸毒人员；提高全民禁毒意识；开展国际禁毒合作。

6月28日—29日　中央思想政治工作会议在北京召开。江泽民在会上发表讲话时充分阐述了思想政治工作的重要地位和作用。他说，党的思想政治工作是经济工作和其他一切工作的生命线，是团结全党和全国各族人民实现党和国家各项任务的中心环节，是我们党和社会主义国家的重要政治优势。他提出并阐述了如何认识社会主义发展的历史进程、如何认识资本主义发展的历史进程、如何认识我国社会主义改革实践过程对人们思想的影响、如何认识当今的国际环境和国际政治斗争带来的影响等当前直接影响干部群众思想活动的重大问题，希望全党同志共同深入研究，从思想上政治上进一步取得科学认识。江泽民强调，党的思想政治工作决不是可有可无、无所作为，而是必不可少、大有可为的。面对新形势新情况，思想政治工作在继承和发扬优良传统的基础上，必须在内容、形式、方法、手段、机制等方面努力进行创新和改进，特别要在增强时代感，加强针对性、实效性、主动性上下功夫。这要成为今后加强和改进思想政治工作的重点。党的思想政治工作是经济工作和其他一切工作的生命线，是团结全党和全国各族人民实现党和国家各项任务的中心环节，是我们党和社会主义国家的重要政治优势。新形势新任务以及思想政治工作的现实状况，要求我们必须大力加强和改进党的思想政治工作。这是保证我们党始终做到代表中国先进生产力的发展要求、中国先进文化的前进方向、中国最广大人民的根本利益的必然要求。加强和改进党的思想政治工作，必须全面贯彻落实“三个代表”的要求，这是党团结和带领人民建设有中国特色社会主义的长期战略方针。

6月28日　江泽民在中央思想政治工作会议上说，人类基因组计划是人类科学史上的伟大科学工程，它对于人类认识自身，推动生命科学、医学以及制药产业等的发展，具有极其重大的意义。经过全球科学界的共同努力，人类基因组序列的“工作框架图”已经绘就，这是该计划实施进程中的一个重要里程碑。人类基因组序列是全人类的共同财富，应该用来为全人类造福。在美国、英国、日本、德国、法国和中国政府共同支持的国际公共领域人类基因组测序工作中，中国承担了该计划的一些工作。我向我国参与这一工作并作出杰出贡献的科学家和技术人员表示衷心的感谢，向国际上参与这一研究的科学家和技术人员表示热烈的祝贺。希望我国科学家再接再厉，为人类基因组最终序列图的完成，为我国在功能基因组学中的创新研究，作出更大的贡献。人类基因组蕴涵有人类生、老、病、死的绝大多数遗传信息，破译它将为疾病的诊断、新药物的研制和新疗法的探索带来一场革命。1990年，被誉为生命科学“登月计划”的国际人类基因组计划启动，主要由美、日、德、法、英等国的科学家共同参与。1999年9月，中国积极加入这一研究计划，负责测定人类基因组全部序列的1%，中国因此成为参与这一研究计划的唯一发展中国家。一些科学家认为，破译人类遗传密码的重要性不亚于人类登上月球的“阿波罗计划”。美国塞莱拉公司1998年开始人类基因组测序工作，6月26日也公布了人类基因组草图。它开展这一工作的商业目的曾引起世界范围的争论。

同　日　空军评出首届“空军十大杰出青年”。崔文戈、席吉虎、刘宝生、王亚林等10人获此殊荣。

6月30日　新华社报道：人民日报社等社的主要领导进行调整。最近，党中央、国务院根据工作需要和干部交流的精神及任职年龄的规定，对人民日报社、国家广播电影电视总局、新华通讯社、光明日报社的主要领导进行了调整。决定：白克明同志任人民日报社社长，徐光春同志任国家广播电影电视总局局长、党组书记，田聪明同志任新华通讯社社长、党组书记，南振中同志任新华通讯社总编辑，王晨同志任中央宣传部副部长，袁志发同志任光明日报社总编辑。

同　日　新华社报道：中央军委批转下发《关于军队参加和支援西部大开发的意见》。中央军委最近批转下发了总参谋部、总政治部、总后勤部、总装备部《关于军队参加和支援西部大开发的意见》，要求全军和武警部队认真贯彻党中央、江主席的决策指示，积极做好参加和支援西部大开发工作。

本　月　党中央、国务院下发了《关于鼓励海外高层次留学人才回国工作的意见》。《意见》在对高层次留学人才回国任职条件、工资津贴水平、科研经费资助以及住房、保险、探亲、家属就业、子女入学等方面，较过去都有大的突破。《意见》明确了高层次留学人才的范围，强调国家鼓励银行、保险、证券业和国有大型企业自主引进海外高层次留学人才；高等院校、科研院所引进海外高层次留学人才，所需资金国家帮助解决。《意见》规定，海外高层次留学人才可担任银行、保险、证券等单位领导职务，及国有大型企业、高等院校、科研院所技术领导职务或高级行政管理职务，可以担任司局级职务。回国工作的海外高层次留学人才，可保留国外长期或永久居留权（如绿卡）。根据工作需要，符合任职条件者，经一定时间任职并放弃长期或永久居留权，可担任单位法定代表人。《意见》明确了海外高层次留学人才的报酬应与其本人能力水平、对国家的贡献和所创造的经济社会效益挂钩，并建立竞争激励机制，根据其职务、岗位变化和贡献大小，进行调整。可以专利、发明、专有技术、管理等要素参与分配。回国工作的高层次留学人才家庭生活基础在国外的，其合法收入纳税后可兑换成外汇汇出境外。在聘用或任职期间，享受与用人单位其他工作人员相同的医疗、保险待遇。家庭生活基础在国外的，可享受出国探亲假。随同海外高层次留学人才回国的家属（含外国籍配偶）在国内就业，用人单位有接收条件的，应为其安排工作。确有困难的，当地人事部门积极帮助推荐就业。子女在国内上初中、小学的，由工作单位所在地的教育行政部门就近安排到条件较好的学校或“双语学校”、“双语班级”，报考高中、大学的，可酌情给予适当照顾。《意见》出台后在社会上影响很大，人事部正在抓紧制定实施细则，将《意见》更好的贯彻、落实。

7月3日—8日　九届全国人大常委会第十六次会议在北京举行。会议通过了全国人大常委会关于修改产品质量法的决定、种子法、全国人大常委会关于修改海关法的决定。国家主席江泽民分别签署第三十三号、第三十四号、第三十五号主席令予以公布。会议分别通过了全国人大常委会关于批准中国和乌兹别克斯坦引渡条约的决定、关于批准中国和哥伦比亚关于刑事司法协助的条约的决定、关于批准中国和突尼斯关于刑事司法协助的条约的决定、关于批准中国和澳大利亚领事协定的决定。会议还通过了全国人大常委会关于批准1999年中央决算的决议，通过了全国人大常委会代表资格审查委员会关于补选代表的代表资格的审查报告。会议还通过了其他任免名单。

7月3日　江泽民访问塔吉克斯坦。应塔吉克斯坦共和国总统拉赫莫诺夫的邀请，中国国家主席江泽民乘专机抵达杜尚别，对塔吉克斯坦进行了国事访问。这是中国国家元首首次访问塔吉克斯坦。

访问期间，江泽民主席同拉赫莫诺夫总统就进一步发展中塔关系深入交换了意见，并签署了中塔联合声明。江泽民主席还在塔吉克斯坦参加了第五次“上海五国”——中国、塔吉克斯坦、俄罗斯、哈萨克斯坦和吉尔吉斯斯坦元首会晤。在这次会晤中，江泽民同塔、俄、哈、吉四国首脑就面向21世纪的地区安全与合作广泛地交换了意见。

7月4日　新华社报道：中共中央、国务院近日出台《关于促进小城镇健康发展的若干意见》。《意见》指出，当前，加快城镇化进程的时机和条件已经成熟。抓住机遇，适时引导小城镇健康发展，应当作为当前和今后较长时期农村改革与发展的一项重要任务。《意见》指出，要改革小城镇户籍管理制度。从2000年起，凡在县级市市区、县人民政府驻地镇及县以下小城镇有合法固定住所、稳定职业或生活来源的农民，均可根据本人意愿转为城镇户口，并在子女入学、参军、就业等方面享受与城镇居民同等待遇，不得实行歧视性政策。对在小城镇落户的农民，各地区、各部门不得收取城镇增容费或其他类似费用。对进镇落户的农民，可根据本人意愿，保留其承包土地的经营权，也允许依法有偿转让。

同　日　全国行政单位实行财政统一发放工资的管理办法。财政部、人事部、中央机构编制委员会办公室联合发出通知，要求从2000年7月1日起，在全国行政单位实行财政统一发放工资管理办法。具体办法是：编制管理部门核准编制，人事部门核定人员工资，财政部门向委托代发工资银行核拨经费，银行统一发放工资到个人。此次实行财政统一发放工资的人员范围为：各级党政机关、人大机关、政协机关、人民检察院、人民法院及有关人民团体的所有由财政供养的编制限额内的正式职工。通知同时要求，能够从7月1日起实行教师工资统一发放的，应与公务员工资统一发放同步实行。

7月5日—9月7日　中国海军舰艇编队出访亚非3国。由中国自行研制的“深圳”号导弹驱逐舰、“南仓”号综合补给舰组成的海军舰艇编队，在南海舰队参谋长黄江少将的率领下，从湛江启程，前往马来西亚、坦桑尼亚和南非3国进行访问。这次出访亚非3国，是中国人民海军友好交往史上舰艇编队首次穿行3大洋（太平洋、大西洋、印度洋）、首次横渡印度洋，首次通过好望角，首次访问非洲大陆。往返航程达1.6万多海里。

7月5日　国家主席江泽民出席中国、俄罗斯、哈萨克斯坦、吉尔吉斯斯坦和塔吉克斯坦5国元首第五次会晤。自1996年以来，中、俄、哈、吉、塔5国元首先后举行了4次会晤，5国在各个领域进行了富有成效的合作，对地区乃至整个世界的和平与发展作出了重要贡献。世纪之交的“上海五国”元首杜尚别会晤将总结“上海五国”会晤机制几年来的发展历程，规划5国在新世纪的合作蓝图，具有承前启后、继往开来的重要意义。

同　日　江泽民访问土库曼斯坦。应尼亚佐夫总统的邀请，中国国家主席江泽民乘专机抵达土库曼斯坦首都阿什哈巴德，对土库曼斯坦进行了为期3天的国事访问。访问期间，江泽民主席与尼亚佐夫总统共同畅叙了两国人民的友情，总结建交8年多来中土友好合作成果，探讨两国今后深化合作的前景，共绘21世纪两国关系发展的美好蓝图。

7月8日　九届全国人大常委会第十六次会议在人民大会堂闭会。会议听取了关于1999年中央决算的审查报告等，表决通过了全国人大常委会关于修改《中华人民共和国产品质量法》的决定，国家主席江泽民签署第三十三号主席令予以公布，并于2000年9月1日起施行。会议表决通过了《中华人民共和国种子法》，国家主席江泽民签署第三十四号主席令予以公布，并于2000年12月1日起施行。会议表决通过了全国人大常委会关于修改《中华人民共和国海关法》的决定，国家主席江泽民签署第三十五号主席令予以公布，并于2001年1月1日起施行。李鹏委员长发表重要讲话。他强调指出，我们要根据建设有中国特色社会主义需要，以“三个代表”思想为指导，进一步加强立法工作，加大监督力度，适时制定保护和促进中国先进社会生产力和先进文化发展的法律，努力把党的主张通过法定程序转变为国家意志，使我们制定的法律真正反映最广大人民的根本利益。会议由程思远副委员长主持。全国人大常委会副委员长田纪云、姜春云、邹家华、王光英、布赫、铁木尔·达瓦买提、吴阶平、彭珮云、何鲁丽、周光召、丁石孙、许嘉璐、蒋正华和秘书长何椿霖出席会议，国务委员司马义·艾买提、最高人民法院院长肖扬、最高人民检察院检察长韩杼滨列席会议。

同　日　九届全国人大常委会举办第十五次法制讲座。常委会法制工作委员会副主任胡康生以《我国的婚姻家庭法律制度》为题，讲述了婚姻法的基本原则，法律关于结婚、离婚、夫妻财产关系、父母子女关系的规定以及修改完善婚姻法需要研究的主要问题：重婚，家庭暴力，夫妻财产制，离婚，离异家庭的子女教育，保障老年人权益等。据了解，婚姻法的修改已列入2000年全国人大常委会审议法律草案的计划。李鹏委员长主持了法制讲座并发表讲话。指出，婚姻家庭是一种特定的社会关系，担负着重要的社会功能。婚姻家庭法律制度，是调整婚姻以及由此产生的家庭成员之间人身关系和财产关系的法律规范，涉及每个公民和千家万户，是一个国家民事法律制度的重要组成部分，对社会的稳定和经济的发展具有十分重要的意义。李鹏说，随着改革开放和现代化建设的不断深入，社会主义市场经济体制的逐步建立，人们的思想观念和生活方式发生了较大的变化，在婚姻家庭关系方面也出现了一些新情况和新问题，适时对现行的婚姻法作出相应的修改是十分必要的。婚姻法的修改，已列入2000年全国人大常委会审议法律草案计划。修改婚姻法要坚持社会主义婚姻家庭法律制度的基本原则，以宪法为依据，并注意衔接好与民法以及其他相关法律的关系，使婚姻家庭的稳定成为维护社会稳定的一个重要因素，促进社会的文明与进步。承担起草婚姻法修改草案任务的有关部门要深入实际，多作调查研究，充分听取各方面的意见，也可以考虑，在适当的时候向社会公布婚姻法修改草案，广泛征求意见，以便把这部法律修改好。全国人大常委会副委员长田纪云、姜春云、邹家华、王光英、程思远、布赫、铁木尔·达瓦买提、吴阶平、彭珮云、何鲁丽、周光召、许嘉璐、蒋正华和秘书长何椿霖，以及全国人大常委会委员听取了法制讲座。

7月10日　党和国家领导人会见青年代表。江泽民、李鹏、李瑞环、胡锦涛、尉健行、李岚清等党和国家领导人会见出席中华全国青年联合会第九届委员会第一次全体会议和中华全国学生联合会第二十三次代表大会的委员、代表，勉励他们团结全国各族各界青年为实现中华民族的伟大复兴而努力奋斗。

7月12日　“中国与世界：未来的对话”论坛在北京举行。教育部部长陈至立、科技部部长朱丽兰等与参加全国学联“二十三大”的代表及高新技术产业的企业家一起，就新世纪中国发展战略和当代青年学生肩负的历史使命进行了讨论。

7月13日　江泽民在中南海会见了美国国防部长科恩一行。在谈到台湾问题时，江泽民指出，台湾问题是中国的内政问题。一个中国原则是和平解决台湾问题的基础和前提。是否坚持一个中国原则是有无诚意开展对话的试金石。只要台湾地区新领导人接受一个中国的原则，两岸对话和谈判就可以恢复，而且什么都可以谈。江泽民强调，中美关系最重要、最敏感的核心问题是台湾问题。美国政府和有远见的美国政治家应从中美关系的大局出发，严格遵守中美3个联合公报和美方有关承诺，作出明智的抉择。

7月14日　江泽民在北京参观国防展示会。中共中央总书记、国家主席、中央军委主席江泽民在北京参观国防军工协作配套成果展示会时强调，寓军于民大力协同自主创新，实现国防科技建设技术跨越。

7月16日　第三届“中国武警十大忠诚卫士”评选在京揭晓。获得“中国武警十大忠诚卫士”荣誉的有：马卫华、李勇、赵秀玲(女)、陈攀峰、李玉明、李明康、李效武、杨洪福、龚时荣、蒋顺林。

7月22日　新山东大学正式组建。山东大学、山东医科大学、山东工业大学正式合并，组建成立新的山东大学。新的山东大学为教育部直属的全国重点大学，实行部、省共建。教育部部长陈至立在合并大会上讲话。

7月24日　中华人民共和国国务院、中华人民共和国中央军事委员会发布命令。命令公布《中华人民共和国飞行基本规则》。该规则自2001年8月1日零时起施行。

7月26日　国务院总理朱镕基主持召开国务院第二十九次常务会议。会议讨论并原则通过了《中华人民共和国税收征收管理法修正案(草案)》和《中华人民共和国药品管理法修正案（草案)》。会议确定，《中华人民共和国税收征收管理法修正案（草案)》和《中华人民共和国药品管理法修正案（草案)》经修改后，由国务院提请全国人大常委会审议。

7月28日　新华社报道：经党中央、国务院批准，人事部印发了《关于鼓励海外高层次留学人才回国工作的意见》。《意见》在吸引高层次留学人才回国工作的政策上作了新的规定，在高层次留学人才回国任职条件、工资津贴水平、科研经费资助以及住房、保险、探亲、家属就业、子女入学等方面，较过去都有较大突破。

7月31日　《人民日报》报道：中经委等3部联合发出关于警示教育的意见。中纪委、中组部、中宣部近日联合发出《关于利用胡长清等重大典型案件对党员干部进行警示教育的意见》，决定2000年第三季度集中一段时间，主要在县级以上党政领导班子和领导干部中开展以胡长清等重大典型案件为反面教材的警示教育。

本　月　国家电力公司首次入选美国《财富》杂志公布的2000年度全球企业500强。国电公司在500强中列83位，在我国入选的10家企业中列第二位，在入选的全球电力企业中列第三位。在2000年营业收入和利润总额最大的10家国有大型企业中，国电公司营业收入排名第一位，利润总额排名第四位。

8月8日　中经委、监察部严肃查处了周文吉一案。中纪委、监察部在宁夏回族自治区党委、纪委的配合下，严肃查处了宁夏回族自治区政协副主席、统战部长、自治区人事劳动厅原厅长周文吉严重违反组织人事纪律、以权谋私案件。经党中央批准，中央纪委决定给予周文吉开除党籍处分；建议撤销周文吉全国政协委员，宁夏回族自治区政协委员、政协副主席职务。据查，1993年8月—1998年3月，周文吉在任宁夏回族自治区人事劳动厅厅长期间，在没有编制和增干指标的情况下，不经集体研究，也未经考试、考核，直接签批或授意他人办理，将其15名亲属先后吸收录用为干部。这些人中包括周的儿子、女儿、儿媳、弟弟、侄子、妻妹、外甥，甚至还有周文吉亲家的子女。不仅如此，他们录用为干部后大多被安排在政法、财税、社会保险、水利等重要或待遇比较好的部门。周文吉还应其家乡同心县及其工作过的地方的老同事、老部下以及他们介绍的人员的要求，违反规定，亲自签批、写条子或打招呼，使117人未经考试、考核直接被吸收录用为干部。他们中的大多数根本不符合干部录用条件。

8月13日　新华社报道：中共中央组织部、国家人事部近日联合发出《关于加快推进事业单位人事制度改革的意见》。事业单位人事制度改革的指导思想和目标任务是：坚持以邓小平理论为指导，认真贯彻党管干部原则、干部队伍“四化”方针和德才兼备的用人标准，适应事业单位体制改革的要求，建立政事职责分开、单位自主用人、人员自主择业、政府依法管理、配套措施完善的分类管理体制；建立一套适合科、教、文、卫等各类事业单位特点，符合专业技术人员、管理人员和工勤人员各自岗位要求的具体管理制度；形成一个人员能进能出，职务能上能下，待遇能升能降，优秀人才能够脱颖而出，充满生机与活力的用人机制，实现事业单位人事管理的法制化、科学化。

8月15日　国家主席江泽民在北戴河接受了美国哥伦比亚广播公司“60分钟”节目主持人麦克·华莱士的专访，就中美关系、中国国内问题等回答了他的提问，阐述了中国在这些问题上的原则立场和方针政策。其中对于中美关系，江泽民说：中美关系总的来讲是好的。当然，这里面也有风风雨雨，有时多云，有时甚至乌云密布，有时也多云转晴。美国有的人不希望中美两国友好，总是有些噪音。美国由于经济力量、科技力量比较发达，往往把自己估计得太高。美国的政治家往往有霸权主义、强权政治的色彩。中国是一个有五千年历史文化的国家，有12亿多人民，中国通过20多年的改革开放已经有了相当的国力基础，美国不太敢小看中国。现在快到下一个世纪了，应该努力使得中美关系朝着建设性战略伙伴关系前进。美国两党任何一个候选人当选下届总统以后，从全世界的战略利益考虑，都应该进一步促进中美的友好关系。关于美国发展国家导弹防御系统和战区导弹防御系统，江泽民说，美国一定要搞国家导弹防御系统和战区导弹防御系统，这对整个世界和平是很不利的，因为这在世界造成了一种气氛，使人们感觉到不是大家都在从事和平与发展的共同事业。这非常自然地会使一切爱好和平的人们感到是一种威胁。我们是有核武器的国家，但是，我们把核武器始终维持在最低数量，同时我们宣布绝对不首先使用核武器。我们反对美国搞国家导弹防御系统和战区导弹防御系统。这个态度是很鲜明的。我们绝不会使我国的安全利益受到损害。中国增加国防力量是很正常的。

8月20日—10月11日　中国海军舰艇编队应邀对美国和加拿大进行访问。由中国自行设计制造的113导弹驱逐舰(青岛号）和575综合补给舰（太仓号）组成的中国海军舰艇编队，在北海舰队参谋长吕芳秋少将的率领下，从青岛港启航，应邀前往美国夏威夷、西雅图和加拿大温哥华进行友好访问。这是中国海军战舰编队首次抵达美国西雅图，首次出访加拿大。航程1.4万海里，历时53天。

8月20日　新华社报道：中共中央办公厅近日印发了已经中央批准的《深化干部人事制度改革纲要》。并在通知中要求各省、自治区、直辖市党委，中央各部委，国家机关各部委党组（党委），军委总政治部，各人民团体党组结合本地区、本部门实际情况，认真贯彻执行。《纲要》指出，我们即将跨入新世纪。国际形势已经和正在发生广泛而深刻的变化，世界多极化趋势不可逆转，经济全球化进程加快，科技进步日新月异，综合国力竞争和人才竞争日趋激烈。在今后10年中，为实现我们党和国家确定的经济、政治、文化发展目标，抵御前进道路上的各种风险，战胜各种困难，把建设有中国特色社会主义事业不断推向前进，关键在于我们党要按照代表中国先进社会生产力的发展要求、代表中国先进文化的前进方向、代表中国最广大人民的根本利益的要求，努力建设一支包括党政干部、企业经营管理干部、科学技术干部和其他战线上的干部在内的高素质的干部队伍，以提供坚强的组织保证。深化干部人事制度改革，是建设高素质的干部队伍，培养造就大批优秀人才的治本之策。改革开放以来，在邓小平理论和党的基本路线指引下，干部人事制度改革逐步展开，并取得了重大进展：提出和实行干部队伍革命化、年轻化、知识化、专业化的方针；废除领导职务终身制；下放干部管理权限；建立公务员制度；颁布《党政领导干部选拔任用工作暂行条例》；推进以“扩大民主、完善考核、推进交流、加强监督”为主要内容的党政干部制度改革，有力地推进了新时期各级领导班子和干部队伍建设。为了适应新的形势和任务的要求，进一步加快干部人事制度改革步伐，特制定2001年—2010年深化干部人事制度改革纲要。《纲要》共5个部分26条。5个部分为：1. 基本目标和方针原则；2. 党政干部制度改革；3. 国有企业人事制度改革；4. 事业单位人事制度改革；5. 加强对干部人事制度改革的领导。

8月21日—25日　九届全国人大常委会第十七次会议在北京举行。会议分别通过了全国人大常委会关于修改专利法的决定（自2001年7月1日起施行）、关于批准国务院增发长期建设国债和2000年中央财政预算调整方案的决议、全国人大常委会关于批准中国和立陶宛关于民事和刑事司法协助的条约的决定、全国人大常委会代表资格审查委员会关于补选代表的代表资格的审查报告。会议还通过了任免名单。8月25日，九届全国人大常委会第十七次会议在人民大会堂闭幕。李鹏委员长主持会议并发表讲话。会议表决通过了关于批准国务院增发长期建设国债和2000年中央财政预算调整方案的决议、关于批准中华人民共和国和立陶宛共和国关于民事和刑事司法协助的条约的决定、全国人大常委会代表资格审查委员会关于补选代表的代表资格的审查报告。会议通过了修改专利法的决定。国家主席江泽民签署主席令公布了该决定。为适应市场经济发展的需要，此次修改主要是对专利管理体制和机构，专利申请和审查，专利权的保护和侵权纠纷的处理等问题，确定了新的规范，为进一步发挥专利制度的作用提供了法律依据。会议再审了国家通用语言文字法和渔业法修正案草案。会议还初审了引渡法等4部法律草案。会议审议批准了国务院关于增发500亿元长期建设国债用于增加固定资产投入和调整2000年中央财政预算的议案。全国人大常委会要加强对国债使用的监督，年内听取一次国务院的专题汇报。会议听取和审议了国务院副总理李岚清同志关于实施科教兴国战略情况的报告。委员们通过认真审议，对这个报告表示赞同。实施科教兴国战略，要突出做好两方面的工作：一是促进科技成果的转化和推广，发挥科学技术是第一生产力的作用；二是大力发展教育事业，特别要狠抓基础义务教育，培养大批的高素质人才。会议听取了执法检查组关于土地管理法实施情况的报告。我国的土地资源形势仍很严峻，要达到耕地总量平衡的目标还有很大差距，执法工作仍需进一步加强。根据常委会通过的关于加强经济工作监督的决定，会议听取和审议了国务院关于2000年以来国民经济和社会发展计划执行情况的报告，提出了许多意见和建议。委员们认为，经济回升的基础还不稳固，经济发展中有些结构性的深层次的问题还没有得到解决，有效需求不足的状况还未得到根本好转。国务院还要作坚持不懈的努力，以保持经济发展的良好势头。要大力推进农业和农村经济结构调整，进一步巩固农业的基础地位。要防止忽视农业生产特别是粮食生产的倾向。近年来，农民收入增幅减缓是一个带全局性的问题，国务院和地方各级人民政府必须认真落实增收减负的各项政策，切实减轻农民负担，努力扭转农民收入增长缓慢的局面，逐步提高农民的收入。要不断深化国有企业改革和加大产业结构调整的力度。为深化改革、保持社会稳定，要加快建立完善的社会保障体系。

8月22日　新华社报道：中央军委最近发出通知，转发总政治部《关于新形势下加强军队院校思想政治建设的意见》。

8月25日　九届全国人大常委会今天举行第十六次法制讲座，讲座的主题是完善我国的社会保障法制制度。中国人民大学教授龙翼飞的讲座分为3个方面：社会保障法律制度与我国的社会发展、当代世界各国社会保障法律制度的发展，建设具有中国特色的社会保障法律制度。他重点阐述了社会保障与社会保障法律制度、社会保障法律制度的作用、当代世界各国社会保障法律制度的主要类型、国外社会保障法律制度的改革与调查、完善我国社会保障法律制度的建议等内容。李鹏委员长主持讲座并发表讲话。他说社会保障立法要体现改革的精神，要与我国改革、发展的实际紧密结合，认真总结我国多年来在社会保障方面改革的经验，把一些经过实践证明行之有效、成熟的政策和规定上升为法律。李鹏说，建立和完善社会保障制度，关系改革、发展、稳定的全局。无论是推进国有企业改革，建立社会主义市场经济体制，还是调整经济结构，促进经济发展，保持社会稳定，都迫切需要建立比较完善的社会保障制度。因此，中央提出，要把这项工作作为当前一项重点任务抓紧抓好。李鹏强调适应建立和完善社会保障制度的需要，当前还必须加强社会保障的法制建设，将社会保障的各项工作逐步纳入法制化、规范化的轨道。目前，我国的社会保障立法还比较滞后，还没有制定出一部有关社会保障的专门法律。随着改革的深入，运用法律手段来调整、规范社会保障方面出现的矛盾和问题，将越来越突出，抓紧制定社会保障方面的法律已势在必行。李鹏指出，社会保障立法一方面要立足于我国国情，从我国国民经济的实际情况出发，坚持法律与社会经济发展水平相适应的原则；另一方面要借鉴其他国家在社会保障方面有益的立法经验，加以吸收和改造，为我所用。现在，首先是要制定出社会保险法，以解决社会各方面的迫切需要。制定社会保险法已经列入本届常委会立法规划，有关部门要抓紧工作，如期提交常委会会议审议。社会保障方面的其他法律也要抓紧调研、论证和起草。同时要注意与其他法律的配套和衔接。社会保障立法涉及每个公民的切身利益，要坚持走群众路线，广泛征求社会各方面的意见，使社会保障方面的立法符合最广大人民群众的根本利益。全国人大常委会副委员长田纪云、姜春云、邹家华、王光英、程思远、布赫、铁木尔·达瓦买提、吴阶平、彭珮云、何鲁丽、周光召、成思危、许嘉璐、蒋正华和秘书长何椿霖，以及全国人大常委会组成人员和全国人大各部门委员会负责人等听取了讲座。

8月27日　江泽民在长春主持召开东北三省党的建设和“十五”期间经济、社会发展座谈会。江泽民强调，经济建设是中心，社会主义的根本任务是发展社会生产力，这一点我们不能有丝毫动摇。

全面加强党的建设，保持党的生机和活力，是推进现代化建设的根本保证。全党同志要认清形势，扎实工作，为实现党在新世纪的伟大任务而努力奋斗。江泽民强调，全面加强党的建设，保持党的生机和活力，是推进现代化建设的根本保证。江泽民同时提出，要按照“三个代表”的要求全面加强党的建设，重在实践和落实。狠抓落实，要作为当前全党的一项重要任务。实现经济和社会发展的目标，集聚全国的力量参与激烈的国际竞争，都需要全党保持高度的思想一致、行动一致。江泽民说，整个党和国家工作最坚实的基础就在基层。把党的路线方针政策和工作部署落实到基层，落实到工人、农民、知识分子和其他劳动群众身上，这是对我们工作成效的最终检验。越是在发展社会主义市场经济的条件下，共产党员越要牢固树立党的意识，不能忘记自己作为共产党员的职责，不能忘记党员先进性的时代要求。要积极推进经济结构的战略性调整，推动两个根本性转变，保持国民经济持续快速健康发展，是新世纪之初我国经济发展的主线。要坚持通过改革进行体制创新，完善社会主义市场经济体制，使生产关系和上层建筑适应生产力与经济基础不断发展的要求。要坚定不移地实施科教兴国战略，大力推进科技创新和进步，切实抓好人才队伍建设，为经济发展和社会进步提供强大动力。满足人们日益增长的物质文化生活需要，提高人民生活水平，是党和国家各项工作的根本出发点。把人民群众的利益实现好、维护好、发展好，这是正确处理改革、发展、稳定关系的结合点。

8月29日　新华社报道：中国第一部大型综合性军事工具书《军事辞海》已由浙江教育出版社出版。《军事辞海》是由军事科学院组织全军300多位专家、学者，经过几年的辛勤努力编纂的一部大型综合性军事辞书。全书共分4卷，收录近5万条词目，约800余万字。此书内容丰富，资料可靠，收词全面，分类科学，释文准确，语言简洁，实用性强，很适合广大读者学习工作的需要。从古至今，中外出版有关军事方面的书籍数以万计，但是像《军事辞海》这样全面系统地、多层次多角度地介绍古今中外军事领域各个方面知识的大型综合性工具书并不多见。

8月30日　中共中央举行纪念张闻天同志诞辰100周年座谈会。 中共中央总书记、国家主席、中央军委主席江泽民出席座谈会并发表重要讲话。他在讲话中回顾了张闻天同志光辉的一生，高度评价了他的历史功绩。江泽民指出，张闻天同志具有深厚的马克思主义理论修养、高度的党性原则和敏锐的政治眼光，他一生光明磊落，无私无畏。我们缅怀张闻天同志，要学习他对党和人民事业的坚定信念，不论环境多么恶劣，道路多么崎岖，都一往无前，矢志不移。学习他敢于坚持真理、修正错误的崇高品德，当实践证明自己犯了错误的时候，勇于改正错误，同时也敢于坚持正确意见。学习他孜孜不倦、刻苦学习的精神，善于运用马克思主义的立场、观点、方法研究和解决实践中出现的新情况新问题。学习他实事求是、谦虚谨慎、艰苦朴素的优良作风，坚持深入实际，调查研究，密切联系群众，全心全意为人民服务，自觉当好人民的公仆。

9月1日　上午11时25分，我国自行研制的"长征四号乙"型运载火箭在太原卫星发射中心点火升空，成功地将"中国资源二号"卫星送入预定轨道。 "长征四号乙"型运载火箭箭长约45米，起飞质量250吨，是在"长征四号甲"型火箭的基础上改进的。这次发射为这种型号火箭第三次成功发射，是长征系列运载火箭的第六十二次飞行，也是长征系列运载火箭连续第二十次发射。"中国资源二号"卫星是我国继去年成功发射的"中巴资源一号"卫星后又一颗传输型遥感卫星。卫星主要用于国土普查、城市规划、作物估产、灾害监测和空间科学试验。

9月4日—10日　朱镕基在新疆考察工作。 中共中央政治局常委、国务院总理朱镕基在新疆考察工作时强调，西部大开发是一项艰巨的历史任务，既要有强烈的紧迫感，又要有长期奋斗的思想准备。根据江泽民总书记的指示，西部地区一定要集中力量加强基础设施和生态环境建设，务求西部大开发有一个良好开局。

9月6日—8日　国家主席江泽民出席联合国千年首脑会议。联合国千年首脑会议在纽约联合国总部举行。 会议主题是："21世纪联合国的作用"。江泽民在会上发表讲话，阐述了中国关于促进人类和平与发展的崇高事业、关于国际关系民主化、加强联合国的作用、维护《联合国宪章》的宗旨和原则的立场，并呼吁在经济全球化进程中应实现各国共同发展和繁荣。江主席出席千年首脑会议取得重要成果：一、积极倡导建立公正合理的国际政治经济新秩序。江主席以“建立新秩序、开创新世纪”为主线，全面系统地阐述了中国关于建立公正合理的国际政治经济新秩序的主张，倡导国际政治多极化、国际关系民主化。江主席还深刻分析了经济全球化给人类社会带来的影响，呼吁国际社会采取切实有效的行动，向发展中国家开放市场，转让技术，减免债务，增加官方发展援助，以缩小南北差距。江主席所阐述的立场和原则，对联合国发挥作用和新世纪国际关系的走向具有指导意义，将会产生深远影响。二、积极推动加强南南合作。加强同发展中国家的合作是中国外交政策的重要组成部分。会议期间，江主席在为发展中国家集团主席国领导人和其他一些发展中国家领导人举行的早餐会上，就进一步加强中国与发展中国家的团结与合作提出了4点主张，即真诚友好，平等相待；加强协调，密切配合；挖掘潜力，取长补短；团结一致，共创未来。许多发展中国家的代表表示，江主席的讲话既高屋建瓴，又富有针对性，道出了他们的心声。三、促进了安理会五常任理事国的协作。安理会是国际集体安全的核心，五常任理事国在维护国际和平与安全方面负有特殊责任。为应对新的形势，在中方倡议下，安理会五常任理事国在千年首脑会议期间举行了历史上的首次会晤。会上，江主席提出了五常任理事国之间应遵循的四项原则，即相互尊重、平等相待；扩大共识、求同存异；加强沟通、密切协调；顾全大局、促进合作。五常任理事国领导人密切磋商与配合，有助于维护安理会的权威和加强联合国的作用。这对联合国及其安理会在国际事务中发挥作用具有历史和现实意义。四、体现了活跃的中国首脑外交。在当今国际舞台上，首脑外交举足轻重。江主席在会议期间分别会见了20余个国家的领导人，就共同关心的重大国际问题和双边关系等与他们广泛、深入地交换了看法，在许多问题上达成了共识，取得了成果。五、推动了中美关系向前发展。9月8日，江泽民主席与克林顿总统举行正式会晤，就中美关系以及共同关心的重大国际和地区问题深入、坦诚地交换了意见。会谈是积极的、有建设性的。双方一致同意努力推动中美关系在新的世纪沿着健康、稳定的轨道向前发展。在会晤中，江主席就台湾问题阐述了中国政府的原则立场。克林顿总统重申，美国将坚定地继续奉行一个中国的政策。这次会晤将对中美关系的跨世纪发展产生重要影响。

9月8日　由中国教育报刊社和上海宝钢（集团）公司共同举办的第四届“全国十杰中小学中青年教师”评选揭晓。颁奖大会在北京举行。杨瑞清、孙晓青、王胜春、毛桂芬、曾海平、安振平、马峰、史振荣、鄢素芬、桑国有10人当选。许嘉璐、张天保等出席颁奖大会。

9月12日　展望计划西部人才工程在上海正式启动。首期西部人才培训班在浦东新区党校举行开班典礼，展望计划上海培训基地也同时挂牌成立。

9月15日—10月1日　第二十七届奥运会在澳大利亚悉尼举行。中国体育代表团获28枚金牌、16枚银牌和15枚铜牌名列金牌榜和奖牌榜第三名，美国和俄罗斯名列前2名。

9月15日　中共中央在中南海召开座谈会，听取各民主党派中央、全国工商联负责人和无党派人士关于实施西部大开发战略的意见和建议。中共中央总书记、国家主席江泽民主持座谈会并发表重要讲话。他强调指出，实施西部大开发，将为21世纪我国经济的发展开拓新的空间，将有力地增强对我国经济增长的拉动，有利于我们更好地调动全国力量参与国际竞争和拓展国际市场。同时，把这个战略决策实施好，对维护民族团结、国家统一和社会稳定，对逐步达到社会主义的共同富裕和实现中华民族的伟大复兴，都将起到极大的推动作用。实施西部大开发，不仅是一个重大的经济决策，也是一个重大的政治决策，是关系中华民族长远发展的战略之举。江泽民说，我国有50个少数民族聚居在西部地区，占我国少数民族总人口的80%。加快少数民族和民族地区的发展，促进各民族的共同繁荣、共同富裕，是加强民族团结、维护边疆稳定的根本保证。江泽民指出，各民主党派、工商联和无党派人士中，蕴藏着丰厚的人力、物力、智力资源，大家在支持和参与西部开发中是可以大有作为的。这些年来，各民主党派中央、全国工商联领导人和无党派人士，先后就三峡工程建设、苏南和浦东开发、京九铁路及沿线地区发展、促进两岸“三通”、实施西部大开发战略等问题进行考察，并提出了很多好的意见和建议，对我们做好工作起了很大的推动作用。这些活动，不仅为各民主党派和无党派人士知情出力创造了条件，对促进决策的民主化、科学化也有着重要的作用。实践证明，有计划有重点地对国家经济和社会发展的重大课题进行调查研究，是发挥各民主党派、工商联和无党派人士参政议政、民主监督作用的一种好形式，也是在新的历史条件下开展统一战线工作的一种好方法。只要我们不断加强中国共产党同各民主党派和无党派人士的亲密合作关系，充分发挥中国共产党领导的多党合作群策群力的政治优势，我们的事业就能更好地发展。今后，要进一步创造条件，充分发挥统一战线为经济建设中心服务的重要作用，以利把社会主义现代化建设不断推向前进。由中共中央统战部协助组织，各民主党派中央、全国工商联负责人和无党派人士200多人，从5月上旬开始—7月底历时2个多月，分7路赴新疆、西藏、内蒙古、陕西、甘肃、宁夏、青海、四川、贵州、云南、重庆、鄂西北等12个省、自治区、直辖市近70个地区市县，就加快基础设施建设、加强生态环境保护、调整产业结构、发展科技教育、加大改革开放力度等关系西部地区开发全局的重点工作，进行了深入的考察和调查研究。通过这次考察活动，各民主党派、工商联和无党派人士进一步加深了对党中央、国务院实施西部大开发战略决策重大意义的认识，增强了积极投身西部大开发的信心和决心，同时也进一步认识到实施西部大开发战略的长期性和艰巨性。这次考察活动是党外人士参与西部大开发的一次重要实践，开辟了参政议政的新领域，使党外人士进一步了解国情，增进了共识，加强了同中国共产党的亲密合作关系，推进了多党合作事业的巩固和发展。

9月20日　国务院总理朱镕基主持召开国务院第三十一次常务会

议。会议审议并通过了《中华人民共和国电信条例（草案）》、《互联网内容服务管理办法（草案）》、《建设工程勘察设计管理条例（草案）》。会议认为，为了规范电信市场秩序，维护电信用户和电信业务经营者的合法权益，保障电信网络和信息的安全，促进电信事业的健康发展，迫切需要制定电信条例。会议认为，为了加强对互联网内容服务的监督管理，防止有害信息危害社会，尤其是危害国家安全、社会稳定和公共秩序，有必要制定《互联网内容服务管理办法》。会议认为，建设工程的勘查、设计是工程建设的关键环节，直接影响到建设工程的质量和效益，关系到人民的生命和财产安全。为了对工程勘察、设计的管理更加具体，有必要制定建设工程勘察设计管理条例。会议决定，《中华人民共和国电信条例（草案）》、《互联网内容服务管理办法（草案）》和《建设工程勘察设计管理条例（草案）》经修改后，由国务院发布施行。

9月21日—25日　我国海军远航训练舰在俄罗斯进行友好访问。由海军大连舰艇学院院长郑宝华少将率领的我海军第一艘远航训练舰"郑和"号在俄罗斯符拉迪沃斯托克（海参葳）进行友好访问。

9月21日　"长江学者奖励计划"特聘教授暨领奖典礼在北京举行。教育部、香港李嘉诚基金会在北京举行"长江学者奖励计划"第三批特聘教授、讲座教授受聘暨第二届"长江学者成就奖"颁奖典礼。国务院副总理李岚清会见了"长江学者奖励计划"特聘教授、讲座教授，强调必须坚定不移地实施科教兴国战略，将培养和造就高层次创造性人才作为一项重要战略任务来抓。

9月22日　中共中央在中南海怀仁堂举办法制讲座，内容是西部开发与加快中西部发展的法治保障。中共中央总书记江泽民主持讲座并作重要讲话。他指出，加强西部大开发的法治保障，是社会主义市场经济发展的内在要求，也是依法治国的重要实践。加快西部经济和社会发展、维护民族团结、保持社会稳定，调节西部大开发中各方面的关系以及扩大对外开放，都需要强有力的法治保障。充分发挥法治的规范、引导、促进和保障作用，把各方面的积极性最大限度地调动起来，西部大开发的各项建设就能真正健康、有序、优质地进行。法制讲座的主讲人是中国社会科学院法学研究所夏勇研究员。他主要讲了三个问题：一、法治保障在西部开发与加快中西部发展中的地位和作用；二、国外运用法律手段促进区域开发的经验教训；三、依法保障西部开发与加快中西部发展的几个重大问题。

9月24日—29日　第十二届国际信息学奥林匹克竞赛在北京举行。江泽民主席致信祝贺。参赛的中国代表队获得2枚金牌、1枚银牌、1枚铜牌和最佳女选手奖。

9月25日　新华社报道：国务院决定建立"全国社会保障基金"并设立理事会。为筹集和积累社会保障资金，进一步完善社会保障体系，经党中央批准，国务院决定建立"全国社会保障基金"，并设立"全国社会保障基金理事会"。10月6日，新华社报道，中国最低生活保障工作正步入规范化、法制化轨道，有别于城市的农村居民最低生活保障制度工作也在全国得到开展，有14个省、自治区、直辖市已普遍建立了农村居民最低生活保障制度，316万农村居民得到最低生活保障，发放保障金9.3亿元。目前全国已有617万城乡居民领到了最低生活保障金。

9月28日　浙江北仑发电厂二期工程最后一台机组投产，装机容量达到300万千瓦，成为20世纪中国最大的火力发电厂。北仑发电厂一期工程2台60万千瓦于1994年9月建成，二期工程3台60万千瓦1996年6月开工。两期工程动态总投资177.5亿元，其中利用世行及联合融资银团贷款8.48亿元。

10月9日—11日　中国共产党第十五届中央委员会第五次全体会议在北京举行。出席这次会议的中央委员183人，中央候补委员144人。中央纪律检查委员会常务委员会委员和有关方面的负责同志列席会议。会议由中央政治局主持。中央委员会总书记江泽民作了重要讲话。全会审议并通过了《中共中央关于制定国民经济和社会发展第十个五年计划的建议》。朱镕基就《建议》草案作了说明。《建议》提出西部大开发，强调："西部大开发是一项艰巨的历史任务，既要有紧迫感，又要有长期奋斗的思想准备。要坚持从实际出发、积极进取、量力而行，统筹规划、科学论证，突出重点、分步实施。力争用5年—10年时间，使西部地区基础设施和生态环境建设有突破性进展，西部大开发有一个良好的开局”。《建议》进一步论述了西部开发的基本思路：1.要加快基础设施建设，抓好一批交通、水利、通信电网及城市基础设施等重大工程，实施“西气东输”、“西电东送”。2.加强生态建设和环境保护，改善西部地区生产条件和生态环境。3.积极调整产业结构，加强农业，发展特色产业，推进优势资源的合理开发和深度加工，加快培育旅游业，努力形成经济优势。4.发展科技教育，要做好人才培养、使用和引进的工作，实行干部交流，推广高新技术和先进适用技术。5.依托亚欧大陆桥、长江水道、西南出海通道等交通干线，发近中心城市作用，以线串点，以点带面，有重点地推进开发。6.国家实行重点支持西部大开发的政策措施，增加建设资金的投入。加大对西部地区特别是少数民族地区财政转移支付力度。7.加快西部地区改革和对外开放步伐，发挥多种所有制经济活力。《建议》指出：电力建设要立足当前，着眼长远，调整电源结构，加强电网建设，推进全国联网。充分利用现有发电能力，发展水电、坑口大机组火电，压缩小火电，适当发展核电。深化电力体制改革，逐步实行厂网分开、竞价上网，健全合理的电价形成机制。发展新能源和可再生能源。推广能源节约和综合利用技术。全会指出，我们已经胜利实现了现代化建设的前两步战略目标，经济和社会全面发展，人民生活总体上达到了小康水平。全会决定递补中央候补委员岳海岩、黄智权、王正福同志为中央委员。全会审议并通过《中共中央纪律检查委员会关于徐鹏航同志问题的审查报告》。

10月12日　中共中央在中南海怀仁堂举行座谈会，征求各民主党派、工商联和无党派人士对《中共中央关于制定国民经济和社会发展第十个五年计划的建议（征求意见稿）》的意见。中共中央总书记、国家主席江泽民主持座谈会并发表重要讲话。座谈会上，江泽民介绍了文件起草的有关情况并作了重要讲话。他强调，中国共产党领导的多党合作和政治协商制度，是我国的一项基本政治制度，是我国社会主义民主制度的重要形式。我们党有一个好传统，就是在作出重大决策时，充分听取各民主党派、工商联和无党派人士的意见和建议。充分发扬民主，提高决策的科学性，这是保证决策正确的一条经验。江泽民强调，“十五”计划是我国全面进入小康社会并加快推进现代化步伐的第一个五年计划，也是初步建立社会主义市场经济体制后改革开放进入新阶段的第一个五年计划。如何认识新世纪之初我国发展的任务，制定符合我国实际、具有时代特征、顺应世界潮流的规划，指导全党全国人民明确方向，团结奋斗，对于在新世纪继续推进建设有中国特色社会主义的伟大事业具有特别重大的意义。江泽民说，制定好这个文件，需要集中各个方面的智慧。我们真诚欢迎各民主党派、工商联和无党派人士提出宝贵意见，知无不言，言无不尽，肝胆相照，坦诚相见，帮助修改好这个文件。

10月15日　中共中央政治局常委、国务院总理朱镕基在中南海主持召开会议，听取国务院有关部门领导和各方面专家对南水北调工程的意见。朱镕基指出，南水北调工程是解决我国北方水资源严重短缺问题的特大型基础设施项目。根据党的十五届五中全会通过的关于制定“十五”计划《建议》，要“加紧南水北调工程的前期工作，尽早开工建设”。朱镕基强调，必须正确认识和处理实施南水北调工程同节水、治理水污染和保护生态环境的关系，务必做到先节水后调水、先治污后通水、先环保后用水，南水北调工程的规划和实施要建立在节水、治污和生态环境保护的基础上。座谈会上，水利部部长汪恕诚、中国国际工程咨询公司董事长屠由瑞、国家计委副主任刘江就南水北调中的有关问题进行了汇报。他们全面汇报了近年来有关部门和专家对南水北调工程的调研论证和工程实施意见。据汇报，南水北调工程包括西线、中线、东线3个调水方案，汇报对这3个调水方案进行了分析比较。他们一致认为，南水北调工程势在必行，应尽快开工建设，并对南水北调工程的总体布局、建设原则、实施步骤，以及需要注意解决的一些重要问题，发表了许多很好的意见。

同　日　中国人民大学命名组建50周年纪念大会举行。李鹏委员长出席大会并发表讲话。李岚清副总理致信祝贺。教育部部长陈至立、北京市市长刘淇也在会上发表讲话。50年来，中国人民大学已为各条战线输送了16万名专业人才。

10月16日　国务院新闻办发表《2000年中国的国防》白皮书。白皮书包括前言、安全形势、国防政策、国防建设、军队建设、国际安全合作、军控与裁军7个部分，约2.5万字，以在世纪之交的重要历史时刻，表达中国人民热爱和平的真诚愿望，使世人对中国的国防政策和国防现代化建设情况有更加全面的认识和了解。

同　日　经中宣部批准，由中国文联、中国音协共同举办的国家级音乐艺术综合奖"金钟奖"宣布设立。该奖项每年评选1次，其标志采用我国古编钟造型进行设计。第一届金钟奖评选结果于2001年5月下旬揭晓。

10月17日　国务院办公厅发出《关于电力体制改革有关问题的通知》。明确了电力体制改革协调领导小组的单位组成和牵头单位，对电力体制改革试点内容做了调整，对政企分开、竞价上网及省为实体试点范围等问题做了明确规定。12月12日，朱镕基总理在浙江考察"厂网分开、竞价上网"改革试点情况。

10月20日　中国深圳18岁选手李云迪在第十四届波兰肖邦钢琴大赛上获得第一名。这是中国人首次在世界最高级钢琴比赛中夺冠，轰动国内外。12月25日，李云迪与中国国家交响乐团联袂举行汇报音乐会。

10月23日—31日　九届全国人大常委会第十八次会议在北京举行。会议通过了国家通用语言文字法和全国人大常委会关于修改渔业法、归侨侨眷权益保护法、中外合作经营企业法、外资企业法的决定。会议还分别表决通过了全国人大内务司法委员会、财政经济委员会、农业与农村委员会关于九届全国人大三次会议主席团交付审议的代表提出的议案审议结果的报告。会议通过了有关任免名单。李鹏委员长出席并主持会议开幕式和闭幕式，31日在闭幕式上发表重要讲话。会议表决通过的国家通用语言文字法，经中华人民共和国主席令第三十七号公布，自2001年1月1日起施行。关于修改渔业法的决定，经中华人民共和国主席令第三十八号公布，自2000年12月1日起施行。关于修改归侨侨眷权益保护法的决定、关于修改中外合作经营企业法的决定、关于修改外资企业法的决定，经中华人民共和国主席令第三十九号、四十号、四十一号予以公布，自公布之日起施行。通过将中外合资经营企业法修正案草案提请九届全国人大四次会议审议。本次会议还审议了引渡法草案、税收征收管理法修正案草案、婚姻法修正案草案、民族区域自治法修正案草案、关于完善人民陪审员制度的决定草案和国务院提请本次会议审议的关于维护网络安全和信息安全的决定草案。会议还审议了国务院关于提请全国人大常委会审议批准的经济、社会及文化权利国际公约的议案。会后有关部门将根据会议提出的审议意见，抓紧研究和修改，为进一步的审议做好准备。会议还听取和审议了国务院关于实施西部大开发战略工作情况的报告、国务院关于大江大河流域治理情况的报告，听取和审议了全国人大常委会执法检查组关于检查城市居民委员会组织法实施情况的报告。审议李鹏委员长出席各国议会联盟千年议长大会情况的书面报告、李鹏委员长访问冰岛、立陶宛、白俄罗斯、爱沙尼亚、拉脱维亚和俄罗斯6国情况的书面报告。会议还通过人事任免事项：任命蒋志培为最高人民法院审判委员会委员；黄尔梅（女）、宫鸣为最高人民法院审判监督庭副庭长；刘京香(女)、党建军、韩维中、杨万明、韩玫(女)、冯晓光、张进先、黄金龙为最高人民法院审判员；免去董佩兰（女)、李东、任振平、郭彦祯、丁振东、李世敏（女)、范建邦、李淑琴（女)、翁廉（女）的最高人民法院审判员职务。在会议的各项议程完成后，李鹏委员长发表重要讲话。副委员长田纪云、姜春云、邹家华、王光英、程思远、布赫、吴阶平、何鲁丽、周光召、曹志、丁石孙、成思危、蒋正华和何椿霖秘书长出席会议开幕式，国务委员司马义·艾买提、最高人民检察院检察长韩杼滨列席。

10月25日　首都各界纪念中国人民志愿军抗美援朝出国作战50周年大会在人民大会堂隆重举行。中共中央总书记、国家主席、中央军委主席江泽民出席大会并发表重要讲话。他说，抗美援朝战争的胜利，是世界爱好和平人民的伟大胜利，是维护正义、反对强权的英勇壮举，是爱国主义和革命英雄主义的壮丽史诗，是中国人民为维护世界和平和人类进步事业建立的巍峨丰碑。江泽民说，英雄的朝鲜人民，在金日成同志和朝鲜劳动党的领导下，与强大的敌人进行了不屈不挠的斗争，赢得了中国人民和全世界人民的尊敬。朝鲜政府和人民关心、爱护并积极支援志愿军，两国人民和军队休戚与共，生死相依，用鲜血凝成了伟大的战斗友谊。江泽民说，我们纪念抗美援朝战争的胜利，就是要以历史和现实的眼光对这场战争加以观察与总结，以利更好地促进人类和平与发展的崇高事业。人类即将进入新的世纪，我国各族人民正在党的领导下，满怀信心地把建设有中国特色社会主义的伟大事业全面推向前进。这一伟大事业的前景是无限光明的，但前进的道路不会一帆风顺。我们要继续解放思想，实事求是，万众一心，开拓前进，勇于克服一切艰难险阻，勇于战胜各种新的挑战，不断提高我国的经济实力、国防实力和民族凝聚力，不断夺取改革开放和现代化建设的新胜利。

10月31日　九届全国人大常委会在人民大会堂举行第十七次法制讲座。法制讲座的主讲人是中国人民大学教授郭寿康。他以《加入世界贸易组织与我国立法的有关问题》为题，围绕世界贸易组织规则及“入世”后我国的立法工作，就世贸组织规则的调整范围和约束力、世贸组织规则的实施保障机制、“入世”与我国的立法工作等问题作了发言。全国人大常委会委员长李鹏主持讲座并发表讲话。他强调，加入世界贸易组织，对我国的立法工作提出了新的要求。我们要按照社会主义市场经济的运作要求和世贸组织的规则，对现行的法律法规进行必要的清理、修改，抓紧制定一些新的法律法规，以适应改革开放和加入世贸组织的需要。李鹏指出，加入世贸组织对我国来说有利有弊，机遇与挑战并存。一方面，有利于我们引进资金、技术和管理经验，推进我国经济结构调整和产业升级，完善我国社会主义市场经济体制；另一方面，也会使我国一些产业和企业面临较大的市场竞争压力，甚至受到不同程度的冲击。但从总体来看，是利大于弊，符合我国的长远与根本的利益。李鹏说，在刚刚结束的九届全国人大常委会第十八次会议上，我们审议了国务院提请审议的中外合资经营企业法、中外合作经营企业法和外资企业法的修正案草案。中国还是一个发展中国家，因此还要根据世贸组织规则中适合发展中国家国情的条款，制定相应的法律法规，以体现权利与义务的平衡，提高竞争能力和对外开放水平。李鹏强调，世贸组织规则涉及的面很广，有许多是我们不熟悉、不了解的，加强这方面的学习，了解这方面的情况，对于我们做好各方面的工作是很有意义的。全国人大常委会副委员长姜春云、邹家华、王光英、布赫、何鲁丽、周光召、丁石孙、成思危、许嘉璐、蒋正华和秘书长何椿霖，以及全国人大常委会组成人员、全国人大各专门委员会负责人等听取了法制讲座。

同　日　我国将拥有第一代卫星导航定位卫星。24时02分，我国自行研制的第一颗导航定位卫星——“北斗导航试验卫星”在西昌卫星发射中心发射升空，并准确进入预定轨道。“北斗导航试验卫星”由中国航天科技集团空间技术研究院研制。“北斗导航系统”是全天候、全天时提供卫星导航信息的区域导航系统。这个系统建成后，主要为公路交通、铁路运输、海上作业等领域提供导航服务，对我国国民经济建设将起到积极推动作用。“北斗导航试验卫星”的首次发射成功，为“北斗导航系统”的建设奠定了基础。发射“北斗导航试验卫星”采用的是“长征三号甲”运载火箭。这次发射是我国长征系列运载火箭第六十三次飞行。自1996年10月以来，我国航天发射已连续21次获得成功，表明我国航天技术日趋成熟。12月21日，第二颗北斗导航试验卫星发射升空。这2颗星一起构成了北斗导航系统，标志着中国将拥有第一代卫星导航定位系统。

11月1日　国务院总理朱镕基主持召开国务院第三十二次常务会议，审议并原则通过了《金融资产管理公司条例（草案）》和《煤矿安全监察条例（草案）》。会议认为，为了规范金融资产管理公司的活动，依法处理国有银行不良贷款，促进国有银行和国有企业的改革和发展，制定金融资产管理公司条例是必要的。会议认为，为了适应煤矿安全监察的需要，确保新组建的煤矿安全监察机构实施安全监察有法可依，保护煤矿职工人身安全和身体健康，制定专门的煤矿安全监察条例是迫切需要的。会议决定，《金融资产管理公司条例(草案)》和《煤矿安全监察条例（草案)》经修改后，由国务院公布施行。

同　日　第五次全国人口普查登记工作在31个省、自治区、直辖市同时展开。江泽民等党和国家领导人在中南海以普通公民的身份分别参加了普查登记。我国这次人口普查是在社会主义市场经济条件下进行的，准确地查清我国人口数量和结构，将为制定21世纪我国社会经济发展的战略与规划，全面提高人民的生活水平，促进可持续发展战略的实施提供可靠的基础依据。从即日零时起，500万普查员和100万普查指导员，在10天时间里，将胸戴普查人员证章，走遍全国每个城镇和乡村，深入到3.5亿个家庭，进行人口普查的登记。这次跨世纪的人口普查将历时5年，从1998年—2000年10月，准备阶段的工作已经按计划全部结束；第二阶段从11月1日—11月15日，为普查的登记和复查阶段；第三阶段从11月15日—2002年，将对普查资料进行汇总和发布。

11月5日　胡绳同志因病逝世。中国共产党的优秀党员，久经考验的忠诚的共产主义战士，无产阶级革命家，著名的马克思主义理论家、历史学家，中国人民政治协商会议第七、八届全国委员会副主席胡绳同志，因病在上海逝世，享年82岁。胡绳同志1918生于江苏苏州。北京大学肄业，笔名滞韧。1935年9月参加工作。1938年1月加入中国共产党。1935—1937年在上海从事革命文化活动，参加上海世界语者协会工作，并为《读书生活》、《生活知识》、《新知识》、《自修大学》等刊物撰稿，参加《新知识》的编辑工作。1937年—1941年初在武汉、襄樊、重庆从事文化工作和统一战线工作，先后任武汉《全民周刊》、《全民抗战》、《救中国》等刊物编辑，第五战区文化工作委员会委员，《鄂北日报》主编，南方局文委委员，生活书店编辑，《读书月报》主编。1941年任香港《大众生活》编委。1942年—1946年在重庆任南方局文委委员，《新华日报》社编委。1946年—1948年任上海工委候补委员、文委委员，上海、香港生活书店总编辑。1949年—1955年任中央宣传部教材编写组组长，华北人民政府教科书编审委员会副主任，政务院出版总署党组书记、办公厅主任，中央宣传部副秘书长、秘书长，中央党校一部主任。1955年后任中共中央政治研究室副主任，《红旗》杂志副总编辑。1975年—1982年先在国务院政治研究室及《毛泽东选集》工作小组工作，后任毛泽东著作编辑委员会办公室副主任，中共中央文献研究室副主任。1982年起任中共中央党史研究室主任。1985年—1992年2月任中国社会科学院院长，1985年兼任《中华人民共和国香港特别行政区基本法》起草委员会副主委。1988年当选为第七届全国政协副主席，并任澳门特别行政区基本法起草委员会副主委，国务院学位委员会副主委。1993年3月当选为第八届全国政协副主席。还曾任中国历史学会会长，中共党史研究会第二届会长，孙中山研究会会长，欧洲科学院通讯院士。1995年8月任全国政协“展望21世纪论坛”组委会副主席。1997年捐献文集的全部稿酬，设立“胡绳青年学术奖基金”。胡绳是中共八、十、十一、十三、十四、十五大代表，第十二届中央委员，第一、二、三届全国人大代表，第四、五届全国人大常委。

11月6日　新华社报道：国务院近日发出《关于开展严厉打击制售假冒伪劣商品违法犯罪活动联合行动的通知》。

11月6日—8日　第四次全国人民防空会议在北京举行。会议总结了中国开展人防工作50周年特别是改革开放以来人民防空事业取得的巨大成就，表彰全国人民防空先进单位和个人，研究部署中国人民防空跨世纪发展面临的形势和任务。

11月8日　全国瞩目的西电东送首批工程——贵州洪家渡水电站、引子渡等7项发输电工程全面开工。朱镕基总理对此批示：西电东送工程的开工标志着西部地区大开发拉开序幕，我代表国务院表示祝贺。2001年11月23日，西电东送第二批9个项目同时开工。2002年8月20日，西电东送北通道7个项目正式开工。

同　日　中纪委、监察部通报了厦门特大走私案首批案件中25名涉案党员的党纪、政纪处理情况。据通报，厦门特大走私案是我国建国以来发生的涉案金额特别巨大、案情极为复杂、危害极其严重的走私犯罪案件。根据党中央、国务院的部署，1999年8月中旬，中央纪委会同监察部、海关总署、公安部、最高人民检察院、最高人民法院、国家税务总局、中央金融工委等部门组成中央专案组，对厦门特大走私案展开全面调查。在福建省委的领导下，在厦门市委、市政府及厦门市广大干部群众的支持配合下，经过专案组1年多的艰苦工作，该案的首批案件已于2000年9月中旬在厦门、福州等地法院开庭审理，共25起案件、84名被告人。福建省、厦门市纪检监察机关和金融系统有关纪检监察部门作出决定，对其中涉案的25名党员给予开除党籍、开除公职处分，并追缴其违纪所得。其中厅级干部8人，即厦门市委原副书记刘丰，厦门市原副市长蓝甫，厦门海关原关长杨前线，福建省公安厅原副厅长、福州市公安局原局长庄如顺，厦门海关原副关长接培勇，中国银行福建省分行原行长陈国荣、原副行长陈建銮，中国工商银行厦门市分行原行长叶季谌。

11月9日　《夏商周年表》正式公布。经过200多位专家学者历时5年的努力，“夏商周断代工程”正式公布《夏商周年表》，把我国的历史纪年由西周晚期的共和元年，即公元前841年向前延伸了1 200多年。

11月12日　胡锦涛在中共中央党校举办的学习江泽民同志关于“四个如何认识”研究班结束时发表讲话。讲话指出，江泽民同志提出的“四个如何认识”，即如何认识社会主义发展的历史进程、如何认识资本主义发展的历史进程、如何认识我国社会主义改革实践过程对人们思想的影响、如何认识当今的国际环境和国际政治斗争带来的影响，是涉及当代中国和世界发展大势的重大理论和战略问题，是科学社会主义理论研究必须作出正确回答的基本问题，也是广大党员干部关心的深层次的思想认识问题。对这些问题进行深入研究，努力作出有理论深度、有说服力的科学分析，从思想上政治上进一步取得正确认识，是党的思想理论建设的一项重要而紧迫的任务。

11月14日　深圳经济特区建立20周年庆祝大会在深圳举行。中共中央总书记、国家主席、中央军委主席江泽民出席庆祝大会并发表重要讲话。他指出，深圳和其他经济特区、浦东新区的发展，是改革开放以来我国实现历史性变革和取得伟大成就的一个精彩缩影与生动反映，也是对党的正确领导和社会主义制度优越性的一个有力印证。发展经济特区，是建设有中国特色社会主义事业的重要组成部分，将贯穿我国改革开放和现代化建设的全过程。经济特区要继续当好改革开放和现代化建设的排头兵，继续争当建设有中国特色社会主义的示范地区，继续充分发挥技术的窗口、管理的窗口、知识的窗口和对外政策的窗口的作用，努力形成和发展经济特区的中国特色、中国风格、中国气派。江泽民对经济特区未来的发展提出了要求。他说，在新的历史条件下，经济特区要认真总结成功经验，抓紧解决存在的问题，继续“增创新优势，更上一层楼”，努力创造新的业绩，率先基本实现现代化。江泽民指出，经济特区要带头加快体制创新，率先为全国建立比较完善的社会主义市场经济体制积极探索和实践；要带头大力推进科技创新，在加快结构调整和产业优化升级、实现经济增长方式的根本转变上创造新鲜经验；要带头增强服务全国的大局意识，加强与内地的经济技术交流与合作，积极支持实施西部大开发战略；要带头始终不渝地坚持“两手抓，两手都要硬”的方针，大力加强社会主义精神文明建设，交好物质文明建设和精神文明建设2份答卷，要坚持进行“致富思源、富而思进”的教育；要带头按照“三个代表”的要求全面加强党的建设，不断提高党组织的战斗力和凝聚力，增强拒腐防变的能力。

11月16日　亚太经合组织第八次领导人非正式会议闭幕。会议通过的《领导人宣言》强调，通过自由开放的贸易和投资以及广泛的合作，共同应对新世纪的挑战，以谋求在全球经济中的共同发展，给人民带来更多的益处。中国国家主席江泽民和亚太经合组织其他19个成员的领导人或代表出席了会议。会议主要讨论了经济全球化、“新经济”、次区域合作、经济技术合作、人力资源开发和石油价格等问题。与会领导人在宣言中指出，亚太经合组织应照顾发达和发展中成员的利益，努力提供更加安全、稳定的金融环境，加强人力资源的开发和建设，以应对经济全球化的挑战。宣言充分肯定了经济全球化在促进经济增长和提高人们生活水平方面所起的积极作用，同时也指出不应忽视全球化对社会经济生活带来的挑战。宣言说，领导人注意到目前仍有许多人，特别是乡村和边远地区的人们，没有从经济增长中得到实惠。他们决心逐步缩小在财富和知识占有上的差距，使所有人都能从全球化中受益。领导人责成各成员的部长和官员将现有的合作计划进一步具体化，以求取得实效。宣言指出，要从全球化中获益，关键在于各经济体的应变能力。亚洲金融危机提醒人们，必须开放市场，不断进行结构调整。领导人指示部长们制定更加有效的结构调整战略，继续建立社会保障系统，优化政府管理，为金融界和工商企业创造良好的环境。宣言认为，应尽早于2001年制定并完成一个平衡、全面和体现所有世贸组织成员意愿的议程，以便在2001年内开始新一轮世贸组织谈判。他们对中国加入世贸组织谈判所取得的实质进展表示欢迎，并敦促世贸组织成员尽快完成中国入世谈判。宣言指出，次区域和双边贸易协定应有助于在世贸组织框架内实现多边贸易自由化，并符合世贸组织的条款和规则。各成员领导人指出，信息通讯技术的革命是经济全球化的最大动力。它给人们带来了前所未有的机遇。工商界、个人和传统产业都能从“新经济”中受益。领导人承诺采取措施，使大部分人都能在2010年前享受因特网的信息和服务。第一步目标是到2005年使本地区的上网人数增加两倍，使更多的人从“新经济”中受益。会议还通过了一个《新经济行动议程》。议程对亚太经合组织在推动“新经济”发展方面采取的措施给予了肯定。这些措施包括电子商务、无纸交易以及与电子商务相关的人力资源建设等。领导人强调，应该通过完善市场结构和机制，促进新老企业在新的经济环境下发展壮大；营造适合基础设施投资和技术发展的政策环境；加强人才培养和培训，为创新人才和企业家的成长营造良好的社会环境。亚太经合组织现有21个成员，包括澳大利亚、文莱、加拿大、智利、中国、中国香港、日本、韩国、印度尼西亚、马来西亚、墨西哥、新西兰、巴布亚新几内亚、秘鲁、菲律宾、俄罗斯、新加坡、中国台北、泰国、美国和越南。巴布亚新几内亚没有出席2000年的领导人非正式会议。

11月17日　中国国家主席江泽民在文莱王宫与文莱达鲁萨兰国苏丹和国家元首苏丹·哈吉·哈桑纳尔·博尔基亚举行会谈。双方在友好的气氛中就加强两国在新世纪的双边关系等问题交换了意见和看法，并取得一致。江泽民对文莱一贯坚持一个中国政策、支持中国和平统一大业表示感谢。江泽民说，中国一贯主张国家不论大小，都是国际社会的平等一员。在和平共处五项原则基础上与文莱发展长期稳定的睦邻友好合作关系是中国的既定政策。他说：2001年将是中文建交10周年。经过近10年的发展，中文关系的政治基础更加牢固，互利合作开始步入全面发展的新时期。我们愿在以下几个方面继续努力，以使新时期的中文关系不断登上新台阶：一、保持两国高层交往，进一步增进我们彼此之间的了解和友谊。我们期待着陛下2001年赴中国出席2001年亚太经合组织人才能力建设高级别会议，欢迎陛下届时到中国再走一走，看一看。我们也欢迎穆罕默德亲王殿下和玛斯娜公主殿下2001年访华。二、积极拓展各领域的互利合作。可以考虑将拓展石油化工、旅游和农业领域的合作作为两国合作的重点。今天，双方将签署投资保护协定和旅游合作等协议，这对促进我们的互利合作无疑是有力的推动。三、鼓励多种形式的民间交流，包括两国青年、文化、教育等各个领域的交流。四、加强在国际和地区事务中的合作。文莱在东盟组织、东盟地区论坛、东亚合作、亚太经合组织和亚欧会议中注重求同存异，协商一致，加强对话，受到各国的尊重。我们希望也相信，文莱作为东盟的一员，将继续为促进本地区和平与发展发挥自己独特的作用。中方也愿一如既往与文莱保持良好的协调与配合。博尔基亚对此表示赞同。他强调，文莱坚定地支持一个中国的政策。会见中，博尔基亚苏丹向江主席授予了“最珍贵的王室勋章”。参加会谈和会见的有：国务院副总理钱其琛、中央书记处书记曾庆红、外交部部长唐家璇和文莱外交大臣穆罕默德亲王等。

同　日　《人民日报》报道：国务院近日在京召开全国打击骗取出口退税工作会议。中共中央政治局常委、国务院总理朱镕基出席会议并作重要讲话。朱镕基指出，当前在一些地区不法分子骗取出口退税问题相当严重，不仅直接干扰正常的出口退税，造成国家财政收入大量流失，而且严重扰乱正常的经济秩序，滋生腐败，毒化社会风气，危害极大。要像打击走私和骗汇一样，再出重拳，严厉打击骗取出口退税的违法犯罪活动。各级党委、政府和有关部门必须统一思想，加强领导，周密部署，通力合作，全面深入地开展打击骗取出口退税的专项斗争，为我国改革开放和社会主义现代化建设事业创造良好的环境。我国自1985年实行出口退税政策，尤其是1998年以来，为了克服亚洲金融危机带来的负面影响和应对通货紧缩趋势，国家连续3次提高了出口退税率，有力地促进了外贸出口，为我国国民经济的持续快速健康发展做出了重要贡献。2000年1月—10月，我国外贸出口总值达2 051亿美元，比1999年同期增长32.2%。实践证明，提高出口退税率对外贸出口快速增长功不可没。同时，由于利益驱使，骗取出口退税违法犯罪活动也趋于猖獗。在一些地区，不法分子与一些执法部门的工作人员内外勾结，采取伪造和虚开增值税专用发票等手法，大肆骗取出口退税，并在全国范围内开始蔓延，成为继走私、骗汇之后，我国社会经济生活中的又一突出问题。对此，党中央、国务院高度重视，决定在全国深入开展打击骗取出口退税的专项斗争。

11月22日　国务院总理朱镕基主持召开国务院第三十三次常务会议。会议审议并原则通过了《中华人民共和国著作权法修正案(草案)》和《中华人民共和国商标法修正案（草案)》。会议决定，上述2个法律草案，经进一步修改后，由国务院提请全国人大常委会审议。

同　日　国务院新闻办公室发表题为《中国的航天》的白皮书。白皮书对中国发展航天事业的宗旨原则、发展现状、未来发展和国际合作等作简要的介绍。白皮书全文约1.2万字，对中国发展航天事业的宗旨、原则、发展现状、未来发展和国际合作等作了简要介绍。白皮书指出，1949年中华人民共和国成立后，中国依靠自己的力量，独立自主地开展航天活动，于1970年成功地研制并发射了第一颗人造地球卫星。迄今，中国在航天技术的一些重要领域已跻身世界先进行列，取得了举世瞩目的成就。21世纪，中国将从本国国情出发，继续推进航天事业的发展，为和平利用外层空间，为人类的文明和进步做出应有的贡献。

同　日　新华社报道："11·24"特大海难事故调查处理近日终结，有关责任人员受到严肃处理。烟大汽车轮渡股份有限公司总经理高峰、副总经理于传龙等4名责任人员被开除党籍、开除公职，并依法追究刑事责任；山东省省长李春亭、交通部部长黄镇东等13名领导干部和有关人员受到相应的纪律处分。1999年11月24日，山东航运集团有限公司控股企业——烟大汽车轮渡股份有限公司所属客滚船"大舜"轮，从烟台驶往大连途中在烟台附近海域倾覆，282人遇难，直接经济损失约9 000万元。事故调查认定，"11·24"特大海难事故是一起在恶劣的气象和海况条件下，船长决策和指挥失误，船舶操纵和操作不当，船载车辆超载、系固不良而导致的重大责任事故。

11月24日　中国国务院总理朱镕基出席了在新加坡举行的东盟—中日韩领导人会晤（"10+3"），发表了重要讲话。朱镕基总理在会上阐述了中国对当前东亚形势和东亚合作前景的看法，并提出了加强合作的具体建议。朱镕基首先表示，2000年以来，东亚经济保持了稳步回升的势头，不少国家的增长速度超过预期。政治形势也出现了积极进展。在朝鲜半岛南北双方的共同努力下，半岛和平进程取得历史性的突破。我们对此表示真诚的欢迎和支持。同时，地区不稳定因素仍然存在。东亚发展中国家在经济、科技方面与发达国家的差距进一步扩大。国际石油价格居高不下，给不少国家恢复经济增长带来新的压力。东亚各国在今后相当时期内都将继续面临维护国家安全、加快经济发展的艰巨任务。朱镕基说，上届"10+3"领导人非正式会议发表的《东亚合作联合声明》是东亚合作进程中一个重要文件，为东亚合作的发展指明了方向和重点。一年来，在《东亚合作联合声明》的指导下，"10+3"合作在金融、人力资源开发和经贸合作等方面取得积极进展。财政部长、经济部长和外交部长会晤机制已经建立起来。此外，东亚国家还在工商、企业、年轻领导人交流等领域开展合作，并提出诸多设想和建议。非官方渠道的交流与合作也在蓬勃开展。他说，“10+3”合作所取得的成果充分反映了东亚区域合作符合各国的需要和利益，也显示了东亚国家加强合作、共同发展的信心和意愿。在经济全球化和区域经济集团化日益发展的形势下，东亚国家需要进一步拓展区域内合作。他指出，东亚有自身的历史和现实特点。东亚国家多是发展中国家，多样性突出，发展水平差距明显。东亚的合作应以发展为目标，尊重多样性，循序渐进。现阶段，应继续落实《东亚合作联合声明》，在推动金融合作的同时，探讨促进贸易和投资的措施，加强产业界的沟通与交流，推动区域内信息、商品和投资的全面畅通。东亚国家还可以就共同关心的地区和国际问题交换意见，以加强协调，增进相互了解和信任。朱镕基说，为推动东亚合作不断取得进展，东盟和中、日、韩当前可以着重做以下五方面的工作：（一）加强对湄公河流域开发的投入。湄公河流域的开发有利于缩小本地区国家的发展差距。中方支持重点加强湄公河地区交通、通信、能源等基础设施建设和人力资源开发。中方也希望日、韩发挥在资金和技术等方面的优势，为推动湄公河流域开发和利用作出贡献。（二）高度重视信息产业的发展与合作。中方充分肯定并积极支持东盟发表的《电子东盟框架协议》。这是东盟为适应高新技术产业发展而采取的重要举措。中国愿参与“电子东盟”的建设，加速建设东亚新一代高速互联网络，大力发展电子商务。中方还将就此加强与日、韩的协调。（三）加大人力资源开发合作的力度。人力资源开发应作为东亚合作的基础和重点。中国与东盟进行的一系列人员交流和培训等项目取得了良好的效果。中方将继续向中国—东盟合作基金增资，重点支持人力资源开发项目。中国科技部将从2001年开始启动“10+3”实用技术培训。（四）切实落实《清迈倡议》。经中方倡议，“10+3”副财长和央行副手会议开始机制化并提升至财长级。2000年5月，各方达成《清迈倡议》。中方愿继续与日、韩和东盟国家充分协商，争取达成具体落实的共识，以逐步建立起东亚双边货币互换网络。对于下一步金融合作的设想，中方也持开放态度，可以在

“10+3”框架内逐步探讨。当然，东亚所作的努力是国际努力的一部分。东亚金融安排也是对国际货币基金组织等国际金融组织和机构作用的补充。（五）开发农业和旅游合作的潜力。东亚国家在农业领域互补性突出。中方希望尽快启动“10+3”农林部长会议。中国愿主办一个农业技术与合作论坛，以推动东亚农业合作迈开步伐。旅游合作是增进东亚各国相互了解的有效途径。中国已将日、韩以及所有东盟国家列为旅游合作对象国，希望各国相互提供便利，促进东亚各国人员广泛交流。这也有利于增进相互了解和信任。

同　日　朱镕基总理在加坡会见了泰国总理川·立派。朱镕基对泰国部分地区遭受水灾表示亲切慰问。川·立派对此表示感谢。朱镕基说，中泰关系发展良好，正进入一个更加成熟的新阶段。不久前，贵国诗丽吉王后访华取得圆满成功。两国经贸合作也保持了旺盛的发展势头，2000年两国贸易额有较大增长。在禁毒领域，中泰一直保持良好的合作。朱镕基说，在“10+3”框架内，中国与泰国、东盟开展互利合作，大有作为。中方愿与泰方一起，为东盟和东亚的建设和发展作出努力。川·立派说，诗丽吉王后访华很成功，受到中方热情友好的接待，充分体现了中国人民对泰国人民的深情厚意，将对两国关系的发展产生重要积极影响。川·立派完全同意朱镕基对两国关系的评价，他相信，在双方共同努力下，泰中两国友好一定会得到进一步发展。

同　日　朱镕基总理在新加坡会见了印尼总统瓦希德。朱镕基说，中国政府重视东亚合作，在经贸、金融、科技、交通运输以及人力资源开发等领域有大量工作可做，中方愿加强与东盟在这些方面的合作。朱镕基说，印尼是东亚的重要国家，我们希望印尼政局稳定、社会和谐、经济发展。我们支持瓦希德总统以及印尼政府为此做出的努力。

同　日　朱镕基总理会见了马来西亚总理马哈蒂尔。朱镕基说，1999年我与总理阁下进行了互访。不久前，江泽民主席与阁下在文莱举行了会晤。今天我们再次见面，感到很高兴。朱镕基说，总理阁下一直支持开展东亚合作，对东盟与中日韩领导人会晤的召开发挥了重要作用。我们高兴地看到，经过各方的共同努力，在短短3年里，东盟和中日韩（“10+3”）的合作取得可喜进展。在刚刚结束的“10+3”会议上，阁下发表了重要的看法和主张，我对此表示赞赏。朱镕基说，中国政府十分重视与东盟的合作。愿根据《东亚合作联合声明》确定的方向向前推进。我们可以积极致力于湄公河流域开发、泛亚公路、铁路的建设以及为预防金融危机再度发生加强对话与协调。马哈蒂尔对朱镕基关于加强中国与东盟合作的建议表示赞赏，介绍了东南亚的经济形势。他说，东盟国家经受了亚洲金融危机的冲击，应对金融风险继续保持警惕。为防范、消除金融风险，对现行国际金融结构进行改革很有必要。朱镕基说，目前，中马两国各个领域的合作得到了全面深化，两国贸易快速增长。中国公司将参与作为泛亚铁路一部分的马来西亚国内铁路建设，双方还在协商其他一些合作项目。中马两国经贸合作前景广阔。马哈蒂尔对此表示赞成，他表示，马中两国经济合作规模已超过以往，但仍有很大潜力。他介绍了关于泛亚铁路的设想，欢迎中国利用自己的优势，积极参与建设。他重申，马来西亚反对台湾独立，将继续坚持一个中国的政策。

同　日　我国首批“国家大学生教学实习与社会实践基地”正式设立。中国长江三峡工程开发总公司和中国第一汽车集团公司两家国有大型企业为首批基地建设单位。25日，首个“国家大学生教学实习与社会实践基地”在三峡挂牌，教育部副部长周远清出席揭牌仪式并讲话。

11月25日　中国国务院总理朱镕基会见了新加坡内阁资政李光耀，双方进行了亲切友好的交谈。朱镕基对中新建交10年来两国关系迅速发展表示满意，对李光耀资政长期以来为推动中新互利友好合作关系所作的努力表示感谢，并应询介绍了2000年以来中国经济发展出现的良好形势。关于台湾问题，李光耀表示，台湾应回到1992年有关一个中国的共识基础上。朱镕基阐述了中国对台湾问题的原则立场。

同　日　中国国务院总理朱镕基会见了越南总理潘文凯。朱镕基说，中越两国关系发展顺利。12月中旬，陈德良主席将来华进行访问，中方对此高度重视，正在做积极准备。江泽民主席期待着与陈德良主席就进一步加强新世纪中越两国关系和其他共同关心的问题交换意见。我也高兴地注意到，两国经贸合作取得新的进展，年内双边贸易额可望实现20亿美元的目标。双方达成协议的重点合作项目进展顺利。我们愿与越方共同努力，为巩固和加强两国关系多做实事。潘文凯说，越中关系发展良好。越方对此感到满意。江泽民总书记和黎可漂总书记就越中两国面向21世纪的长期友好关系达成了重要共识。在这一共识的基础上，相信陈德良主席的访华将进一步推动越中两国关系的发展。潘文凯还介绍了越方关于进一步深化两国经贸合作的具体设想。朱镕基说，目前，需要双方共同努力完成的一项重要任务就是尽快结束北部湾划界和渔业安排问题的全部实质性谈判，以争取在年内实现签署划界协定和渔业协定的既定目标。潘文凯说，越南方面同意加快谈判进程，年内完成北部湾划界任务，包括同中方签署渔业协定。他表示相信，随着越中解决北部湾划界问题，两国关系在新世纪将会得到更大更快的发展。两国总理一致认为，这次东盟—中日韩领导人会晤（“10+3”）和东盟—中国领导人会晤（“10+1”）体现了务实和合作的精神。东亚合作有着巨大潜力和广阔前景。朱镕基说，中方愿意与包括越南在内的东盟各国共同努力，切实推动这一进程的发展。

11月26日　河北省九届人大常委会第十八次会议作出决定，依法罢免丛福奎和张二辰第九届全国人大代表职务。丛福奎是原河北省委常委、河北省政府常务副省长，涉嫌索取、收受巨额贿赂，情节特别严重；张二辰是原石家庄市市长，涉嫌重大经济违法犯罪。

同　日　新华社报道：劳动和社会保障部部长张左己日前签署部令，发布了《工资集体协商试行办法》。今后，凡在中国境内的企业依法开展工资集体协商，签订工资协议，都适用这个办法。

11月28日—30日　中共中央、国务院在北京召开中央经济工作会议。江泽民、李鹏、朱镕基、李瑞环、胡锦涛、尉健行、李岚清出席了会议。中共中央总书记江泽民在会上发表了重要讲话。讲话全面总结了2000年的工作，分析了当前形势，提出了2001年经济工作的总体要求和主要任务。中共中央政治局常委、国务院总理朱镕基就2001年经济工作部署作了重要讲话。会议指出，2000年是我国经济工作取得显著成绩的一年。根据经济发展的要求，我们坚持扩大内需的方针，继续实行积极的财政政策和稳健的货币政策，大力推进经济结构调整，加强农业基础，加大国有企业改革和脱困的力度，实施西部大开发战略，采取多种措施扩大出口。这些重大措施取得了明显成效，国民经济保持了较快的发展势头，呈现出积极的变化。投资、消费和出口增长加快，社会需求进一步回升；结构调整稳步推进，基础设施建设得到加强；经济体制改革取得新的进展，国有大中型企业改革和脱困3年目标基本实现；企业效益和财政收入大幅增加，经济运行质量进一步提高。这些明显的变化，标志着我们已经克服了亚洲金融危机带来的困难，扭转了近两年增长速度下滑的局面，国民经济发展出现了重要转机。科技教育改革与发展取得重要进展，人口、资源、环境和文化、卫生、体育等各项事业全面推进。按照“三个代表”的要求，全党从理论和实践的结合上认真研究党建问题，全面加强党的建设特别是干部队伍建设。“三讲”教育深入开展。反腐败斗争力度进一步加大。精神文明建设和民主法制建设取得了新的进展。几年来的实践充分证明，中央作出的扩大内需、调整结构和深化改革、扩大开放等一系列重大举措，是正确的、有效的；各地区、各部门贯彻落实党的路线方针政策，是坚决的、得力的。总结这几年的经验，最基本的就是坚持用发展的办法解决前进中的问题，根据形势的发展和变化，适时调整宏观经济政策，并在实践中不断完善。全党要认真总结和深化对经济工作规律的认识，在发展社会主义市场经济和扩大对外开放的条件下，不断提高领导经济工作的水平和驾驭经济全局的能力。会议认为，2001年的经济工作，总体上面临着比较有利的国内外形势。从国际形势看，进入新世纪，和平与发展仍然是时代的主题，我们争取一个较长时期的国际和平环境是可能的。只要把握得当，发挥比较优势，趋利避害，在经济全球化进程中争取一个有利的发展地位是可能的。我国经济运行势头良好，在世界经济发展的大格局中继续保持较快增长是可能的。经过20多年的改革开放和快速发展，我国生产力水平迈上了一个大台阶，社会主义市场经济体制已经初步建立，国民经济正在朝着良性循环的方向发展。在成功地治理通货膨胀和有效地抑制通货紧缩趋势的过程中，我们积累了丰富的宏观调控经验。尤其重要的是，党的十五届五中全会集中全党智慧，通过了《中共中央关于制定国民经济和社会发展第十个五年计划的建议》，提出了今后5年—10年经济社会发展的指导思想、奋斗目标和重大措施，统一了全党意志，明确了前进方向。会议指出，2001年是进入新世纪、实施"十五"计划的第一年，是保持经济增长良好势头、乘势前进的关键一年，也是深化体制改革、扩大对外开放的重要一年。经济工作的总体要求是：以邓小平理论为指导，按照"三个代表"的要求，贯彻落实党的十五大和十五届五中全会精神，抓住机遇，加快发展。坚持扩大国内需求的方针，继续实施积极的财政政策和稳健的货币政策，综合运用各种宏观调控手段，巩固和发展经济增长的好形势。依靠体制创新和科技创新，以信息化带动工业化，大力推进经济结构的战略性调整。强化农业的基础地位，加大对农业的支持和保护力度，努力增加农民收入。加快转变企业经营机制，加强企业管理，巩固和扩大国有企业改革和脱困成果。做好加入世界贸易组织的各项准备工作，提高对外开放水平，积极发展开放型经济。多渠道扩大就业，加快建立和完善社会保障体系，进一步改善人民生活。正确处理改革发展稳定的关系，促进国民经济持续快速健康发展和社会全面进步，努力实现"十五"计划的良好开局。会议提出了2001年经济工作需要把握的几个问题：一、坚持扩大内需的战略方针，加强和改善宏观调控。坚持扩大内需，是我国经济发展的一项长期战略方针。国内市场广阔，这是我国最大的优势。面对国际市场日趋激烈的竞争和世界经济的复杂变化，立足国内需求，可以使我国经济有较大的回旋余地，增强抗御国际经济风险的能力。坚持扩大内需的方针，实质上就是坚持发展是硬道理的重要思想，把发展作为主题。实施积极的财政政策，是当前扩大内需所采取的重大措施。

目前，有效需求不足的问题仍然存在。扩大社会投资，鼓励居民消费，使之成为经济增长的主要动力，需要一个过程，通过政府投入拉动经济增长仍然是十分必要的。加强国民经济的薄弱环节特别是农业，也需要继续增加投入。要灵活运用多种方式，促进企业和社会投资增长，引导更多的社会资金参加更多领域的开发和建设。要继续实行稳健的货币政策，努力发挥金融对经济增长的促进作用。金融系统要切实加强监督，严格法纪，确保金融安全、高效、稳健运行。全面落实扩大内需、调整结构、促进消费的各项金融信贷措施。进一步加强货币政策与财政政策的协调配合，灵活运用货币政策手段，调控经济运行。二、把加强农业和增加农民收入放在经济工作的突出位置。“九五”以来我国农业综合生产能力明显提高，粮食等主要农产品实现由长期短缺到总量平衡、丰年有余的历史性转折。现在突出的问题是农民收入增长缓慢。各级党委和政府必须高度重视这个问题，把千方百计增加农民收入作为2001年经济工作的一件大事来抓。继续推进农业和农村经济结构的战略性调整。紧紧依靠科技，优化农产品品种结构，发挥区域比较优势，大幅度提高农业的整体素质和效益。要积极稳妥地实施城镇化战略，加快乡镇企业结构调整和体制创新。农业产业化是在家庭承包经营基础上实现农业规模经营、引导农民进入市场的有效途径和农业结构调整的重要带动力量，应当大力推进和扶持。要正确处理调整农业结构与稳定粮食生产的关系。任何时候都不能忽视农业，不能放松粮食生产。继续贯彻落实按保护价敞开收购农民余粮的政策，保护农民的利益和种粮积极性。粮食播种面积要保持相对稳定。要进一步增加对农业和农村的投入，支持农田水利建设、农业生态建设和农业科技推广。注意安排一些有利于农民直接增收，有利于提高农业抗灾能力和改善农村市场条件，有利于提高农业竞争力的建设项目。要加快农村税费改革和农村金融改革，高度重视减轻农民负担，让农民休养生息。认真搞好乡镇机构改革，下决心精减财政供养人员。健全农村金融体系，改善农村金融服务，加强对农业和农村经济的支持。三、加快体制改革和科技进步，推进经济结构的战略性调整。

要把经济结构调整作为主线，2001年要迈出大的步伐，有新的起色。结构调整必须紧紧依靠深化改革和体制创新，以企业为主体。要努力扩大改革和脱困成果，坚韧不拔地推进国有企业改革和发展。国有经济布局的战略性调整要与经济结构的战略性调整结合起来。根据企业的不同情况，实行优胜劣汰、有进有退的调整，做到进而有为，退而有序，抓大要强，放小要活。发展一批主业突出、管理水平高、竞争能力强的大型企业集团。加快垄断性行业的改革步伐，引入竞争，增强活力。国有大中型企业要按照建立现代企业制度的方向，加快推进规范的公司制改革，推动股份制改造，完善法人治理结构。要加强国有资产管理，建立规范的监督机制，落实保值增值责任。抓紧一批重点骨干企业的技术改造，提升技术结构和产品结构，继续淘汰落后生产能力，防止盲目上项目，搞低水平重复建设。各级政府部门要切实转变职能，加强服务，为企业改革和公平竞争创造良好环境。科技进步是提高国民经济整体素质的决定性因素。要以科技创新为动力，促进结构升级。大力发展我国具有比较优势和市场潜力的高新技术产业，以信息化带动工业化，积极推动信息技术在各行业的广泛运用，大力开发支持结构调整和产业升级的共性技术和关键技术。加快科技体制改革步伐，进一步完善国家科技创新体系。结构调整要立足于基本国情。因地制宜，发挥比较优势，注意处理好三个关系。一是高新技术产业与传统产业的关系。二是技术资金密集型产业与劳动密集型产业的关系。三是东部、中部发展与西部开发的关系。“十五”期间要办几件大事，抓好有战略意义的重大项目建设。从长远来看，我国经济发展在水资源、能源、交通等方面存在不少制约因素。西气东输、西电东送、交通网络干线等基础设施，要抓紧建设。加强生态建设和环境保护，实现可持续发展，也要高度重视。四、做好加入世界贸易组织的各项准备工作，迎接对外开放新阶段。加入世贸组织，标志着我国对外开放进入了一个新阶段，我们将在更大范围内和更深程度上参与经济全球化进程，总体上符合我国的根本利益和长远利益。这既是机遇，也是挑战。政府管理经济的方式、企业经营机制、经济运行规则和环境等，都需要进行深刻的变革。要扎扎实实做好加入世贸组织的准备工作。各类企业特别是国有企业，要加快机制转换和结构升级，努力提高竞争能力。要抓紧清理、修订和完善相关经济法律法规。抓紧培养一大批熟悉世贸组织规则、适应竞争需要的高素质专业人才。对外开放首先要对内开放，必须打破部门垄断和地区封锁，消除对各种所有制经济市场准入的不合理限制。要努力扩大出口，积极有效利用外资。五、注意关心和解决好人民生活问题。不断改善人民生活，是我们党全心全意为人民服务宗旨和“三个代表”要求的最终体现，是处理好改革发展稳定关系的结合点。多渠道扩大就业，是增加城乡居民收入的重要途径。各级党委和政府要把扩大就业作为重要的工作目标。要大力发展多种所有制经济，努力扩大就业门路。完善的社会保障体系是社会主义市场经济体制的重要支柱。2001年要在试点的基础上，进一步推进城镇职工基本养老保险、失业保险、基本医疗保险制度及医药卫生体制改革，建立和完善城市居民最低生活保障制度。要继续搞好扶贫开发，关心城市低收入群体。各级党委和政府必须始终坚持“一要吃饭，二要建设”的原则，把人民生活放在优先位置，绝不能为了追求所谓的“政绩”，不顾条件，盲目攀比，搞这样那样的“形象”工程。六、加强精神文明建设，促进社会全面进步。要坚持“两手抓、两手都要硬”，把加强精神文明建设摆到重要位置。要加快人才队伍建设和提高国民素质。制定和实施人才战略，加快培养和吸引现代化建设急需的各类人才，特别是高层次人才；进一步深化干部人事制度改革，营造尊重人才、鼓励创业的社会环境。要大力加强文化建设，把握时代精神，坚持正确方向，充分利用多种形式特别是广播影视、互联网等现代传媒手段，努力巩固和拓展社会主义文化阵地，形成健康向上的舆论环境、文明和谐的社会氛围和丰富多彩的文化生活。要积极建立适应社会主义市场经济发展的思想道德体系。实行继承优良传统与弘扬时代精神相结合，尊重个人合法权益与承担社会责任相统一，注重效率与维护社会公平相协调，把先进性要求与广泛性要求结合起来，努力形成与经济和社会发展相适应的健康和谐、积极向上的思想道德规范。要在全社会强化信用意识，加强公民诚实守信的道德教育。依法严厉打击制假售假、偷税骗税、经济欺诈、恶意逃废债务等行为，创造良好的市场秩序。会议从十个方面具体部署了2001年的经济工作：一、加强农业基础地位，努力增加农民收入；二、大力调整和优化产业结构；三、进一步深化国有企业改革；四、加快完善社会保障体系，努力扩大就业；五、继续实施积极的财政政策；六、继续实施稳健的货币政策，切实加强金融监管；七、扎扎实实推进西部大开发，促进地区协调发展；八、把对外开放提高到新水平；九、推进科技进步和加强人才培养；十、切实加强管理，整顿和规范市场经济秩序。会议强调，2001年，我们将按照五中全会规划的蓝图，开启现代化建设的新征程。中央要求，必须认清形势、坚定信心，统揽全局、把握重点，狠抓落实、乘势前进。实现这些要求，必须加强和改善党对经济工作的领导。——努力提高经济工作的领导水平。一是要努力把握新形势下经济发展的规律性。努力掌握做好领导工作所必需的市场经济知识和科学技术知识，增强按国际通行规则办事和依法行政的能力。二是要加强对经济工作重大关系的研究，掌握工作的主动权。——始终注意保持社会稳定。完成2001年和“十五”期间的各项任务，稳定是前提。深化体制改革和推进经济结构调整，不可避免地要引起各种利益关系的调整。各级领导干部要深入群众，体察民情，与群众同甘共苦。要深入基层，主动排查各种矛盾和隐患。要切实加强社会治安综合治理，确保一方平安，保证人民群众安居乐业。——牢固树立脚踏实地的工作作风。今后5年的大政方针已经确定，2001年的各项任务也已经明确，现在的关键是各级领导干部都要真抓实干，加强具体指导，着力解决实际问题，切实把中央的要求落到实处，取得成效。现在官僚主义和形式主义的东西不少，对党和国家的事业危害很大。各地各部门都要认真检查一下这方面的突出问题，下决心使作风有一个大的转变，工作有一个新的气象。当前特别要重视用党的十五大和十五届五中全会精神统一全党全国人民的思想，把党心民心进一步凝聚起来，为完成我们的各项任务而团结奋斗。

本　月　朱镕基总理访问日、韩并参加亚欧会议。朱镕基总理这次对日本、韩国的正式访问，是我国在世纪之交，对2个东亚近邻采取的一次重要外交行动。访问期间，朱镕基总理同日本首相森喜朗、韩国总统金大中举行了正式会谈，广泛接触了两国朝野各界人士，就进一步发展中日、中韩友好合作关系坦诚深入地交换了意见，达成了广泛共识。其间，朱镕基总理出席了在汉城举行的第三次亚欧会议，面向世界，提出了中国关于深化亚欧合作的主张和倡议。整个访问进行得务实、顺利、成功，达到了预期目的。一、这次访日的主要目的是在江泽民主席1998年对日本进行历史性访问的基础上，进一步增信释疑，深化合作，推动两国关系沿着致力于和平与发展的友好合作伙伴关系前进。访日取得的成果是多方面的，概括起来主要有：（一）巩固了两国关系的政治基础。朱镕基总理利用各种场合全面阐述了我重视发展对日关系的方针政策。针对当前两国关系的状况以及地区和国际形势的新变化，朱镕基总理强调中日双方应继续坚持中日联合声明、中日和平友好条约、中日联合宣言这3个指导中日关系的政治文件确定的原则，坚持睦邻友好合作的大局，坚持友好合作伙伴关系的大方向。森喜朗和日本各主要政党领导人对此作出积极呼应，强调中国是日本最重要的近邻，日中友好是根本，是大局。朱镕基总理指出，维护中日关系政治基础的关键是处理好历史和台湾的问题。在历史问题上，中方的态度始终是以史为鉴，面向未来。任何企图回避、淡化甚至篡改历史的言行都是错误的。希望日本能切实正确对待历史，从中汲取有益教训，继续坚持和平发展的正确道路。日本朝野各界赞同本着以史为鉴、面向未来的精神致力于发展中日友好。双方就此取得重要共识，这有助于今后妥善处理两国间的历史问题，巩固了中日关系的政治基础。（二）增进了相互理解。访问中，朱镕基总理多次表明中日关系的主流是好的，但也确实存在一些问题。他反复强调了进一步加强相互了解、增强彼此信任的重要性和迫切性，并为此提出了一系列措施。双方一致同意开通两国政府热线，加强和扩大双边安全对话机制以及开展军舰互访等，针对日本国内对中国发展的疑虑，朱镕基总理通过列举各种事实数据强调中国不可能也不会对日本构成威胁，中日友好符合两国人民的根本利益。日本外相表示，这次访日使日本人民更加了解了中日关系的重要性，坚定了致力于中日友好的信念。(三) 推动了互利合作。朱镕基总理向日本政府和经济界介绍了我新的发展战略和当前中国经济出现的重要转机指明了加强中日经济合作新的重点领域。针对日方对中国改善投资环境问题的关切，朱镕基总理耐心细致地做了解释，并推动有关方面解决了一些实际问题，增强了日企业界扩大对华合作的信心。双方一致认为两国经贸合作面临着新的发展机遇，应积极开拓新领域和新途径，使之登上新的台阶。日方表示继续支持中国的改革开放和现代化建设，并将在中国西部开发以及环保、生态平衡、电子等新科技等领域拓展和深化双方的合作。二、朱镕基总理对韩国的访问是在朝鲜半岛形势发生转折性变化的情况下进行的。访问期间，着重在二个方面做了工作。(一) 表明我支持南北和解、自主和平统一的坚定姿态。(二) 推动中韩合作伙伴关系进入全面合作的新阶段。会议期间，朱镕基总理还分别会见了印度尼西亚、德国、爱尔兰等国领导人，进一步加强了我与这些国家的友好合作关系。

12月3日　全国农村“三个代表”重要思想学习教育工作会议在成都召开。胡锦涛在会上讲话强调，在全国农村开展“三个代表”重要思想学习教育活动，是深入贯彻落实党的十五大和十五届三中、五中全会精神，深入贯彻落实江泽民同志关于“三个代表”的重要思想，切实提高农村基层干部素质，增强农村基层党组织凝聚力和战斗力的一项重大决策；是加强和改进党对农村工作的领导，推动农业和农村经济结构的战略性调整，促进农村经济发展和社会全面进步的一项重大举措；各级党委和领导干部一定要以高度的政治责任感和历史使命感来对待这次学习教育活动，按照中央的要求和部署，下大气力把这次学习教育活动抓紧、抓实，抓出明显的成效。

12月4日—6日　全国统战工作会议在北京举行。中共中央总书记、国家主席、中央军委主席江泽民发表重要讲话。他指出：统一战线工作的根本任务就是争取人心、凝聚力量，为实现党和国家的宏伟目标而团结奋斗。进入新世纪，党对统一战线的基本要求是：高举爱国主义、社会主义旗帜，团结一切可以团结的力量，调动一切积极因素，化消极因素为积极因素，为建设有中国特色社会主义的经济、政治、文化服务，为维护安定团结的政治局面服务，为实现祖国完全统一服务，为维护世界和平与促进共同发展服务。江泽民指出，确立和实行适合国情的政治制度和政党制度，对一个国家的发展和稳定具有极为重要的意义。中国共产党领导的多党合作和政治协商制度是我国的一项基本政治制度。我们必须充分认识这项基本政治制度的优越性，把它坚持好、完善好、落实好。这项制度，是中国人民长期奋斗的成果，也是中国人民政治经验和智慧的结晶。我国政党制度的显著特征在于：共产党领导、多党派合作，共产党执政、多党派参政，各民主党派不是在野党和反对党，而是同共产党亲密合作的友党和参政党，共产党和各民主党派在国家重大问题上进行民主协商、科学决策，集中力量办大事，共产党与各民主党派互相监督，促进共产党领导的改善和参政党建设的加强。江泽民说，要鼓励各民主党派当我们的诤友，能够说心里话，敢于讲不同意见。各级党委和领导干部要主动接受民主党派的监督，闻过则喜，从善如流，特别要听得进逆耳之言，容得下尖锐批评，有则改之，无则加勉。广纳群言，以收众益，这应成为我们党的各级领导干部的座右铭。中共中央政治局常委、全国政协主席李瑞环在闭幕那天讲话。他指出，大团结大联合是一个不断发展的过程。20多年的改革开放，使我们国家发生了巨大的变化。市场经济、利益原则、竞争机制，推动了社会生产力的迅速发展，促进了人民生活的普遍改善，也产生了许多错综复杂的现象。利益的作用激发了人们的进取意识和创造热情，给社会注入了发展活力；利益的驱动也使一些人的私欲膨胀，带来诸多消极负面的东西。随着所有制结构和分配方式的调整，各社会阶层不断分化重组，利益关系日益复杂。不同所有制、不同行业、不同地域之间的人员流动日趋频繁，人们的职业、身份和地位不再固定不变。按照马克思主义的观点，社会存在决定社会意识。由于经济地位的区别，人们的思维方式和价值取向常常有所不同；由于具体利益的差异，人们的愿望和要求往往不尽一致。一项措施出台很难使所有人同等受益，总会有人赞成有人不赞成；一个人在改革中不可能始终受益，难免有时满意有时不满意。现在，我国经济成份和经济利益的多样化、社会生活方式的多样化、社会组织形式的多样化，都是过去难以想象的，也是不可避免的，而且还在不断发展之中。如此复杂多变的社会状况，对我们政权的社会基础，对统一战线的社会构成，势必产生深刻的影响。对此，我们必须高度重视，深入研究，心中有数，并使我们的方针政策和各项工作适应不断变化的情况。否则，就不可能把一切可以团结的力量真正团结起来。李瑞环指出，统一战线由提出到现在，经历了若干历史阶段，就总体上讲它的法宝地位没有改变，就具体政策上说有不少问题需要进行系统、深入的研究。希望统战部门的同志多花一点时间读书，多花一点时间调查，多花一点时间琢磨问题，多花一点时间研究政策，多提出一些有价值的意见、建议。要按照“三个代表”的要求，把统战工作提高到一个新的水平。

12月5日　李岚清与马特维延科共同主持了中俄两国关于合作领域的会议。正在俄罗斯进行正式访问的国务院副总理李岚清在莫斯科与俄罗斯副总理马特维延科共同主持了中俄两国教育、文化、卫生、体育领域合作委员会第一次会议，就如何加强两国上述领域的合作关系广泛、深入地交换了意见。李岚清和马特维延科签署了《中俄教育、文化、卫生、体育合作委员会第一次会议纪要》。教育部副部长吕福源与俄罗斯教育部副部长孔达科夫签署了《中华人民共和国教育部部长和俄罗斯联邦教育部部长北京会谈备忘录》。

12月6日　国务院总理朱镕基主持召开国务院第三十四次常务会议。会议讨论并原则通过了《中华人民共和国国防教育法（草案）》和《中国人民解放军现役军官服役条例修正案（草案）》。会议认为，国防教育是建设和巩固国防的基础，是增强全民国防观念和民族凝聚力的重要途径。为了普及和加强国防教育，促进国防建设和社会主义精神文明建设，根据国防法和教育法的有关规定，制定《中华人民共和国国防教育法（草案）》是必要的。会议认为，现行的《中国人民解放军现役军官服役条例》自1988年施行以来，对于加强人民解放军和人民武装警察部队军官队伍的革命化、年轻化、知识化、专业化建设，调动广大军官的积极性、创造性，保障广大军官依法履行军事职责，发挥了重要作用。在社会主义市场经济条件下，随着国家政治、经济体制改革的逐步深化和军队建设的深入发展，现行的军官服役条例有些方面已经不能适应新的形势和任务的需要。因此，对现行条例进行适当充实和修改是必要的。会议确定《中华人民共和国国防教育法（草案）》和《中国人民解放军现役军官服役条例修正案（草案）》经修改后，按照规定程序由国务院、中央军委提请全国人大常委会审议。

同　日　中共中央办公厅、国务院办公厅发出关于在全国乡镇政权机关全面推行政务公开制度的通知。党中央、国务院对推行政务公开十分重视。党的十五大、十六大都明确提出要推行政务公开。通知对乡（镇）政务公开作出部署，对县（市）级以上政务公开提出了要求。2004年3月，国务院印发《全面推进依法行政实施纲要》（国发〔2004〕10号），把行政决策、行政管理和政府信息的公开作为推进依法行政的重要内容。2005年1月，党中央印发《建立健全教育、制度、监督并重的惩治和预防腐败体系实施纲要》（中发〔2005〕3号），明确提出“健全政务公开、厂务公开、村务公开制度”。各地区各部门按照中央的要求，结合实际，狠抓落实，积极探索，不断创新，政务公开稳步推行，发展势头良好。政务公开的推行，拓宽了群众参政议政的渠道，加强了对政府行政行为的监督，推进了依法行政，密切了党群干群关系，促进了勤政廉政建设，得到人民群众的拥护和支持。

12月7日　霍英东教育基金会第七届青年教师基金暨青年教师奖颁奖大会在北京举行。共有290名在教学和科研工作中取得优异成绩的青年教师获得资助和奖励，总金额为161万多美元。全国人大常委会副委员长丁石孙、全国政协副主席王兆国、霍英东出席颁奖仪式，教育部部长陈至立在会上致辞。

12月8日　尉健行通报了反腐败斗争的情况。中共中央政治局常委、中央书记处书记、中央纪委书记尉健行在北京人民大会堂向各民主党派中央、全国工商联负责人、无党派人士通报了反腐败斗争的情况。报告会由全国政协副主席、中共中央统战部部长王兆国主持。

同　日　何长工同志纪念座谈会在京举行。全国政协在京举行座谈会，纪念中国共产党久经考验的忠诚的共产主义战士、老一辈无产阶级革命家、卓越的军事家、军事教育家何长工同志诞辰100周年。中共中央政治局常委、全国政协主席李瑞环出席了座谈会。何长工同志1900年12月8日出生于湖南省华容县一个农民家庭。1919年，他在北京参加了伟大的五四爱国运动，年底赴法国勤工俭学，1922年在法国加入中国共产党，1924年回国开展革命活动。

同　日　劳动和社会保障部部长张左己签署10号部令。命令发布《劳动力市场管理规定》，该《规定》自发布之日起施行。这是中国第一部全面规范劳动力市场管理的部门规章。规定劳动者年满16周岁，有劳动能力且有就业愿望，符合法律规定条件，可凭本人身份证件和接受教育、培训的相关证明，通过职业介绍机构介绍或直接联系用人单位等渠道求职。劳动者就业前，应当接受必要的职业教育或职业培训。城镇初高中毕业生就业前应参加劳动预备制培训。在法定劳动年龄内，有劳动能力且有就业要求的城镇失业人员，应当进行失业登记。进行失业登记时，没有就业经历的失业人员，须持本人身份证件和证明原身份的有关证明；有就业经历的失业人员，还须持原单位出具的终止或者解除劳动关系的证明。失业人员凭失业登记证明享受公共就业服务、就业扶持政策或按规定申领失业保险金。失业登记的具体程序和失业登记证明的样式，由省级劳动保障行政部门统一规定。

12月9日　我军博士后科研工作站在西安挂牌成立。经国家人事部、全国博士后管委会批准，全军首家博士后科研工作站在西安解放军总参谋部某测绘研究所挂牌。此后，我军作战部队首家博士后科研工作站在南京军区某集团军正式挂牌成立。

12月11日　全国经贸工作会议透露：党中央确定的国有企业改

革与脱困3年目标已基本实现。国家经贸委主任盛华仁说，2000年以来，国有及国有控股工业实现利润大幅度提高，大多数国有大中型亏损企业摆脱困境。2000年前10个月，国有及国有控股工业实现利润1 839亿元，比1999年同期增长1.6倍；纺织行业作为突破口，率先实现整体扭亏，起到了示范作用，重点监测的14个行业有12个整体扭亏和持续增盈，煤炭、军工2个行业的亏损额也大幅度减少；以东北老工业基地脱困为重点，带动了全国各地扭亏增盈，31个省区市中有30个整体扭亏和持续增盈；6 599户大中型亏损企业已减少4 098户，占总数的62.1%。预计到年底，国有及国有控股工业实现利润可达2 300亿元左右，比1999年增长1.3倍，比1997年增长1.8倍；14个行业除个别行业外都能够全行业盈利；31个省区市有望全部做到继续增盈或整体扭亏；6 599户大中型亏损企业可减少65%左右。上述成效说明，3年脱困目标基本实现。3年来，国有企业改革进一步深化，大多数国有大中型骨干企业初步建立现代企业制度。国务院确定的建立现代企业制度百户试点和各地选择的试点企业共2 700多户，绝大部分实行了公司制改革。列入520户国家重点企业的514户国有及国有控股企业，作为国有大中型骨干企业，已有430户进行了公司制改革，占83.7%，其中282户整体或部分改为有限责任公司或股份有限公司，实现了投资主体多元化。改制企业基本构造了公司法人治理结构，在实现政企分开、转换经营机制、加强企业管理、分离办社会职能和分流富余人员等方面，迈出了重要步伐。3年改革目标也已基本实现。

12月12日　新华社报道："四个教育"的实施取得显著成效。由江泽民同志亲自倡导和推动的"四个教育"实施6年来取得显著成效，为人民军队现代化建设提供了可靠的思想政治保证。1994年底，江泽民同志提出，要在引导和组织官兵深入学习马列主义、毛泽东思想特别是邓小平理论的基础上，着重抓好"爱国奉献、革命人生观、尊干爱兵和艰苦奋斗"教育。此后又强调"四个教育"要一年比一年搞得更深入、更有成效。

同　日　中央综治委向河南省综治委、河北省综治委下发《重大

问题领导责任查究通知书》。经中央综治委、中央纪委、中组部、监察部、人事部研究，中央综治委就河南省禹州市民警刘德周枪杀无辜群众案件和河北省霸州市民警杜书贵枪杀无辜群众案件分别向河南省综治委、河北省综治委下发了《重大问题领导责任查究通知书》。两省综治部门严肃认真地对案件有关领导责任进行了查究，并将查究情况向中央综治委、中央纪委、中组部、监察部、人事部作了报告。

12月13日　科技部公布1999年我国科技人员在国内外发表论文数量和论文被引用情况统计结果。统计结果表明，发表论文数量最多和论文被引用最多的仍是北京大学、清华大学、南京大学、浙江大学等著名高校。发表论文最多或所著论文被引用最多的个人也多是高校教师。

12月16日　全国“三讲”教育工作总结会议在北京召开。这次会议的主要任务是，以江泽民同志“三个代表”重要思想为指导，对2年来的“三讲”集中教育工作作出实事求是的总结，结合贯彻党的十五届五中全会精神，研究如何巩固和扩大“三讲”教育成果，运用成功经验推进新世纪党的建设，努力开创党建工作的新局面。胡锦涛在会议上发表讲话。他总结了“三讲”教育的基本经验。他指出，这次“三讲”教育在总结和继承以往成功经验的基础上，在探索一条不搞政治运动、妥善解决党内问题、提高干部素质的新路子上迈出了新的重要步伐，创造和积累了一些和平时期加强党的建设特别是领导干部队伍思想政治建设的重要经验。主要是：（一）科学认识党所面临的新形势新任务和所处的客观环境，实事求是地分析领导干部队伍的现状，从实际出发采取正确的方针、原则和政策，是解决党内存在的突出问题的重要前提和保证。（二）推动领导干部用科学理论武装头脑，必须大力弘扬理论联系实际的马克思主义学风，在改造客观世界的同时改造主观世界。（三）加强对领导干部的思想教育，必须着眼于启发自觉性，并把内因与外因有机结合起来，坚定地相信和依靠群众。（四）促进领导干部党性党风方面存在问题的解决，必须坚决克服党内政治生活中的庸俗习气，开展积极健康的思想斗争。（五）搞好领导干部队伍思想政治建设，必须紧紧围绕贯彻党的基本路线和全党全国工作大局来进行，用思想教育推动各项工作不断发展。（六）认真贯彻党要管党的原则和从严治党的方针，必须实行严格的领导责任制，逐级建立运转有效的工作机制。胡锦涛强调，“三讲”教育取得的经验十分宝贵，一定要很好地运用到今后党的建设的各方面工作中去，把我们党建设得更好。

12月19日　国务院新闻办发表系统阐述我国人口与发展的目标与原则的《中国21世纪人口与发展》白皮书。据介绍，我国实行计划生育政策以来，全国累计少出生了3亿多人。1992年以来，特别是“九五”期间，我国妇女总和生育率保持在更替水平以下，1998年人口自然增长率下降到10‰以下，人口再生产类型实现了从高出生、低死亡、高增长到低出生、低死亡、低增长的历史性转变，我国已进入了世界低生育水平国家的行列。目前，我国已逐步探索出一条符合国情的解决人口问题的正确道路。

12月20日　2001年度教育工作会议在武汉举行。教育部部长陈至立在会上发表讲话。会议回顾总结了“九五”以来教育改革和发展的成就与经验，分析了新世纪之初教育面临的形势。明确“十五”期间教育改革和发展的基本思路及主要任务，部署安排2001年的教育工作。这次会议的主要任务是：深入学习贯彻党的十五届五中全会和第三次全国教育工作会议精神，回顾总结“九五”以来教育改革和发展的成就与经验，分析认识新世纪之初教育面临的形势，明确“十五”期间教育改革和发展的基本思路及主要任务，部署安排2001年的教育工作。出席会议的代表有：各省、自治区、直辖市教育厅(教委)、各计划单列市以及新疆建设兵团教委的主要负责同志，教育部领导、部机关各司局和有关直属单位的主要负责同志。会议由教育部副部长、党组副书记吕福源主持。教育部部长、党组书记陈至立在会上作了讲话。讲话分3个部分：“九五”期间教育工作取得历史性成就，为新世纪教育发展奠定坚实基础；认真贯彻党的十五届全会精神，努力开创“十五”和2001年教育工作新局面；关于做好2001年教育工作需要把握的几个问题。陈至立在讲话中就如何做好2001年的教育工作重点强调了以下几个方面的问题：切实把普及义务教育工作放在重中之重的地位；大力发展各种形式的职业教育；高度重视高等教育发展带来的深层次问题和矛盾；进一步巩固高等教育管理体制改革的成果；千方百计地解决好教育投入问题；进一步提高教育的国际竞争力；继续加强新时期高校思想政治工作；坚决纠正行业不正之风。

12月21日　澳门特别行政区政府举行盛大集会，热烈庆祝中华人民共和国澳门特别行政区成立1周年。江泽民出席大会并发表重要讲话。他首先代表中央人民政府和全国各族人民，向澳门特别行政区政府和全体居民，表示热烈的祝贺和良好的祝愿。江泽民说，澳门在历经沧桑之后回到祖国怀抱，这是中国人民长期艰苦斗争和奋发图强的结果，是邓小平同志提出的“和平统一、一国两制”伟大思想的胜利。回归祖国一年来，以何厚铧先生为首的特区政府务实进取，带领广大居民克服种种困难，澳门呈现出许多令人鼓舞的新气象。事实有力地证明，“一国两制”、“澳人治澳”、高度自治的方针是完全正确的，澳门人是完全有能力管理好澳门的。江泽民在讲话中提出了四点希望：第一，要继续把“一国两制”作为处理澳门事务的基本方针。“一国两制”是一个完整的概念。讲“一国”，有两层意思，一是澳门是祖国的一部分。澳门特别行政区直辖于中央人民政府，根据宪法和基本法实行高度自治。二是祖国内地始终是澳门特别行政区的坚强后盾。不论是过去、现在还是将来，澳门都离不开祖国内地的有力支持。讲“两制”，就是国家的主体坚持实行社会主义制度，澳门继续实行原有的资本主义制度、生活方式不变。中央政府不干预澳门特别行政区自治范围内的事务，这个原则要始终坚持；澳门特别行政区则要切实维护中央的权威和国家的利益，决不允许极少数人在澳门进行针对中央政府和分裂国家的活动，这个原则也要始终坚持。第二，要坚持依法治澳。中央政府各部门、各地方以及全国各族人民都要维护基本法，遵守基本法。第三，要维护行政长官的权威，支持行政长官的工作。第四，要努力为澳门的长期繁荣稳定和发展创造有利的社会环境。

12月22日—28日　第九届全国人民代表大会常务委员会第十九次会议在北京召开。本次常委会历时7天，共有25项议程。审议《中华人民共和国引渡法（草案）》。审议《中华人民共和国税收征收管理法修正案（草案）》。审议《关于维护网络安全和信息安全的决定(草案)》。审议《全国人民代表大会常务委员会关于召开第九届全国人民代表大会第四次会议的决定（草案）》。审议《中华人民共和国药品管理法修正案（草案）》。审议《中华人民共和国婚姻法修正案(草案)》。审议《中华人民共和国民族区域自治法修正案（草案）》。审议国务院、中央军委关于提请审议《中华人民共和国国防教育法(草案)》的议案。审议国务院、中央军委关于提请审议《中国人民解放军现役军官服役条例修正案（草案）》的议案。审议全国人大环境与资源保护委员会关于提请审议《中华人民共和国环境影响评价法（草案）》的议案。审议国务院关于提请审议《中华人民共和国著作权法修正案（草案）》的提议。审议国务院关于提请审议《中华人民共和国商标法修正案（草案）》的提议。审议国务院关于提请审议批准《中华人民共和国政府和美立坚合众国政府关于刑事司法协助的协定》的议案。听取和审议国务院关于国有企业改革与脱困情况的报告。听取和审议国务院关于长期建设国债投资使用情况的报告。听取全国人大常委会执法检查组关于检查《中华人民共和国刑事诉讼法》实施情况的报告。审议全国人大民族委员会关于九届全国人大三次会议主席团交付审议的代表提出的议案审议结果的报告。审议全国人大法律委员会关于九届全国人大三次会议主席团交付审议的代表提出的议案审议结果的报告。审议全国人大教育科学文化卫生委员会关于九届全国人大三次会议主席团交付审议的代表提出的议案审议结果的报告。审议全国人大华侨委员会关于九届全国人大三次会议主席团交付审议的代表提出的议案审议结果的报告。审议全国人大环境与资源保护委员会关于九届全国人大三次会议主席团交付审议的代表提出的议案审议结果的报告。审议《全国人民代表大会常务委员会代表资格审查委员会关于补选代表资格的审查报告》。

审议全国人大代表团访问摩洛哥、马耳他、突尼斯、莫桑比克和南非5国情况的书面报告。审议全国人大代表团出席各国议会联盟第一〇四届大会的书面工作报告。全国人民代表大会常务委员会决定：中华人民共和国第九届全国人民代表大会第四次会议于2001年3月5日在北京召开。建议会议的主要议题是：听取和审议国务院关于国民经济和社会发展第十个五年计划纲要的报告，审查和批准国民经济和社会发展第十个五年计划纲要；审查和批准2000年国民经济和社会发展计划执行情况的报告及2001年国民经济和社会发展计划；审查2000年中央和地方预算执行情况的报告及2001年中央和地方预算草案，批准2000年中央预算执行情况的报告及2001年中央预算；审议《中华人民共和国中外合资经营企业法修正案（草案）》；听取和审议全国人民代表大会常务委员会工作报告、最高人民法院工作报告、最高人民检察院工作报告等。会议通过了《中华人民共和国引渡法》，关于修改《中国人民解放军现役军官服役条例》的决定，关于召开九届全国人大四次会议的决定，关于批准《中华人民共和国政府和美利坚合众国政府关于刑事司法协助的协定》的决定，关于维护互联网安全的决定。决定任免名单，免去高昌礼的司法部部长职务，任命张福森为司法部部长；免去宋德福的人事部部长职务，任命张学忠为人事部部长。会议公告第九届全国人民代表大会实有代表2 983人。

12月25日　洛阳发生特大火灾事故，已有280位死难者身份得到了确认。事件发生后，党中央、国务院高度重视。江泽民总书记对此事非常关心，指示要全力救治受伤群众，认真做好善后工作。朱镕基、胡锦涛等领导同志作了批示，要求妥善处理事故，迅速查清原因，严惩责任人。

同　日　新华社报道：2001年起组织实施第二期再就业培训计划。劳动和社会保障部日前决定，在认真总结实施第一期“三年千万”再就业培训计划的基础上，从2001年起组织实施第二期“三年千万”再就业培训计划。根据这一计划，从2001年—2003年，有关部门将通过职业指导和再就业培训，帮助1 000万以上的下岗失业人员实现再就业。

12月25日—27日　中纪委第五次全体会议在北京举行。出席会议的中央纪委委员112人。省、自治区、直辖市及副省级市纪检监察机关的负责同志，中央、国家机关和部分国有大型企业纪检监察部门的负责同志，以及出席解放军纪检工作会议的同志列席了会议。会议的主要任务是：坚持以邓小平理论为指导，按照江泽民同志提出的“三个代表”的要求，深入贯彻党的十五大和十五届五中全会精神，总结2000年党风廉政建设和反腐败工作，分析当前反腐败斗争形势，研究部署2001年党风廉政建设和反腐败工作，进一步加大反腐败斗争力度，更好地为全党工作大局服务。会议审议通过了中央纪律检查委员会书记尉健行代表中央纪律检查委员会常务委员会所作的《加大治本力度，狠抓工作落实，取得反腐败斗争的新成效》的工作报告。中国共产党中央委员会总书记江泽民在全会上作了重要讲话。

12月26日　天生桥至广东北郊的天广正负500千伏直流输电工程单极投运，2001年6月26日双极投运。该工程全长980公里，双极输送容量180万千瓦，是20世纪我国投产的最大的直流输电项目。双极投运后使南网西电东送能力由120万千瓦增加到300万千瓦。

12月27日　《国务院关于实施西部大开发若干政策措施》正式出台，标志着我国实施西部大开发战略迈出实质性的步伐。

12月28日　中央军委颁布实施《中国人民解放军装备条例》。中央军委主席江泽民日前签署命令，颁布实施《中国人民解放军装备条例》。该条例是规范我军装备工作的第一部基本法规。

同　日　九届全国人大常委会在人民大会堂举行第十八次法制讲座。李鹏主持讲座并讲话，他强调，要继续加强金融法制建设，进一步完善我国的金融法律制度，为确保金融安全、高效、稳健运行，有效发挥促进经济增长的作用，提供良好的法制环境。法制讲座的题目是：我国的金融法律制度。由北京大学法学院吴志攀教授主讲。吴志攀介绍了金融法的概念、特点及其主要内容，并就加入世贸组织后如何修订现有金融法、国家金融系统安全立法、金融机构管理体制改革、金融机构自主权、金融资产市场化等问题提出了建议。

讲座结束后，李鹏发表讲话。他指出，金融是现代经济的核心。随着我国市场经济体制的建立和完善，金融在经济中的作用越来越大。党和国家十分重视金融工作。这些年来，对深化金融体制改革、整顿金融秩序、防范金融风险、保持金融稳定等提出了明确的要求，采取了有力的措施，在实践中取得了明显成效。李鹏强调，加强金融法制建设，对规范金融主体及其行为，强化金融监管，防范金融风险，促进国民经济持续、快速、健康发展，具有很重要的意义。党的十一届三中全会以来，特别是党的十四大以来，适应建立社会主义市场经济体制的需要，总结国外金融业发展的经验教训，根据我国金融工作的实际，全国人大及其常委会先后制定了中国人民银行法、商业银行法、担保法、票据法、保险法、证券法等法律，对我国金融业的组织、活动、管理，以及金融市场的运行等，作出了明确规范，为加强宏观调控，调整经济结构，提高经济效益，发挥了积极的作用。李鹏强调，前不久召开的中央经济工作会议，根据形势的发展，对做好金融工作提出新的要求。我们要抓紧制定有关金融方面的法律，如信托法、投资基金法等，并对现行有关法律中不适应的内容加以修改。还要严肃法纪，加强金融执法，提高全社会金融法律意识。副委员长田纪云、姜春云、邹家华、王光英、布赫、吴阶平、彭珮云、何鲁丽、周光召、丁石孙、成思危、许嘉璐、蒋正华和秘书长何椿霖出席了法制讲座。

同　日　第九届全国人民代表大会常务委员会第十九次会议审议《关于维护网络安全和信息安全的决定（草案）》。决定指出，我国的互联网，在国家大力倡导和积极推动下，在经济建设和各项事业中得到日益广泛的应用，使人们的生产、工作、学习和生活方式已经开始并将继续发生深刻的变化，对于加快我国国民经济、科学技术的发展和社会服务信息化进程具有重要作用。同时，如何保障互联网的运行安全和信息安全问题已经引起全社会的普遍关注。为了兴利除弊，促进我国互联网的健康发展，维护国家安全和社会公共利益，保护个人、法人和其他组织的合法权益，特作如下决定：一、为了保障互联网的运行安全，对有下列行为之一，构成犯罪的，依照刑法有关规定追究刑事责任：（一）侵入国家事务、国防建设、尖端科学技术领域的计算机信息系统；（二）故意制作、传播计算机病毒等破坏性程序，攻击计算机系统及通信网络，致使计算机系统及通信网络遭受损害；（三）违反国家规定，擅自中断计算机网络或者通信服务，造成计算机网络或者通信系统不能正常运行。二、为了维护国家安全和社会稳定，对有下列行为之一，构成犯罪的，依照刑法有关规定追究刑事责任：（一）利用互联网造谣、诽谤或者发表、传播其他有害信息，煽动颠覆国家政权、推翻社会主义制度，或者煽动分裂国家、破坏国家统一；（二）通过互联网窃取、泄露国家秘密、情报或者军事秘密；（三）利用互联网煽动民族仇恨、民族歧视，破坏民族团结；（四）利用互联网组织邪教组织、联络邪教组织成员，破坏国家法律、行政法规实施。三、为了维护社会主义市场经济秩序和社会管理秩序，对有下列行为之一，构成犯罪的，依照刑法有关规定追究刑事责任：（一）利用互联网销售伪劣产品或者对商品、服务作虚假宣传；（二）利用互联网损害他人商业信誉和商品声誉；（三）利用互联网侵犯他人知识产权；（四）利用互联网编造并传播影响证券、期货交易或者其他扰乱金融秩序的虚假信息；（五）在互联网上建立淫秽网站、网页，提供淫秽站点链接服务，或者传播淫秽书刊、影片、音像、图片。四、为了保护个人、法人和其他组织的人身、财产等合法权利，对有下列行为之一，构成犯罪的，依照刑法有关规定追究刑事责任：（一）利用互联网侮辱他人或者捏造事实诽谤他人；（二）非法截获、篡改、删除他人电子邮件或者其他数据资料，侵犯公民通信自由和通信秘密；（三）利用互联网进行盗窃、诈骗、敲诈勒索。五、利用互联网实施本决定第一条、第二条、第三条、第四条所列行为以外的其他行为，构成犯罪的，依照刑法有关规定追究刑事责任。六、利用互联网实施违法行为，违反社会治安管理，尚不构成犯罪的，由公安机关依照《治安管理处罚条例》予以处罚；违反其他法律、行政法规，尚不构成犯罪的，由有关行政管理部门依法给予行政处罚；对直接负责的主管人员和其他直接责任人员，依法给予行政处分或者纪律处分。利用互联网侵犯他人合法权益，构成民事侵权的，依法承担民事责任。

同　日　国家主席江泽民签署第四十三号主席令。公布《全国人民代表大会常务委员会关于修改<中国人民解放军现役军官服役条例>的决定》（2000年12月28日第九届全国人民代表大会常务委员会第十九次会议通过）。该决定自公布之日起施行。

12月28日—30日　全国组织部长会议在北京举行。会议对进入新世纪后一个时期党的建设和组织工作进行了研究和部署。胡锦涛代表党中央在会上讲话提出：要深刻认识“三个代表”重要思想对加强和改进党的建设的重大指导意义，认真扎实地做好党建工作，进一步增强做好党建工作的信心。我们党的干部队伍正处在整体性新老交替的重要时期，要适应新形势新任务的要求，进一步加强领导班子和干部队伍建设，不失时机地抓紧做好培养选拔优秀年轻干部的工作。

12月29日　中国人民广播事业暨中央人民广播电台创建60周年纪念大会在北京隆重举行。江泽民为此作出重要批示：广播事业是党的新闻事业的重要组成部分。60年来，中央人民广播电台为宣传党的路线方针政策，弘扬中华民族精神，弘扬爱国主义、集体主义、社会主义思想，激励广大干部群众奋勇前进作出了贡献。希望中央人民广播电台和全国广播系统继续办好广播，让党和国家的声音传入千家万户，让中国的声音传向世界各地。

12月31日　中共中央发出《关于加强统一战线工作的决定》。决定强调指出：统一战线是我们党的重要法宝，在21世纪实现民族振兴和祖国统一事业中，具有不可替代的重要作用。要适应新的历史条件下统一战线内部构成发生的深刻变化，以建设有中国特色社会主义为基础，实现大陆人民的团结；以促进香港澳门长期稳定繁荣发展和拥护祖国完全统一为基础，实现大陆同胞与港澳台同胞的团结；以促进中华民族伟大复兴为基础，实现海内外全体中华儿女的团结。要坚持党对统一战线的领导权，坚持大团结、大联合的主题，为党和国家的中心任务服务。

2001年

2001年综述

2001年，全国各族人民在党中央、国务院的正确领导下，认真贯彻“三个代表”重要思想，努力克服复杂多变的国际政治经济环境的不利影响，坚持扩大内需的方针，继续实施积极的财政政策和稳健的货币政策，加快经济结构调整，积极稳妥地推进各项改革，不断扩大对外开放，大力整顿和规范市场经济秩序，经济运行总体质量和效益不断改善，国民经济继续保持持续健康发展，教育、科技和各项社会事业全面进步，城乡人民生活水平继续提高，实现了“十五”计划和现代化建设第三步战略部署的良好开局。

一、综合 2001年，国民经济持续较快增长。初步统计，全年国内生产总值为95 933亿元，按可比价格计算，比上年增长7.3%。其中第一产业增加值14 610亿元，增长2.8%；第二产业增加值49 069亿元，增长8.7%；第三产业增加值32 254亿元，增长7.4%。市场价格保持稳定。全年居民消费价格总水平比上年上涨0.7%。其中，城市上涨0.7%，农村上涨0.8%；食品价格持平（其中，粮食下降0.7%，肉禽及制品、鲜菜分别上涨1.6%和1.4%，蛋上涨6.0%）；烟酒、衣着价格分别下降0.3%和1.9%；家庭设备、交通通信价格分别下降2.3%和1.0%；娱乐教育文化价格上涨6.6%；居住价格上涨1.2%；工业品出厂价格下降1.3%；原材料、燃料、动力购进价格下降0.2%；固定资产投资价格上涨0.4%。就业规模继续扩大。年末全国就业人员7.3025亿人，比上年末增加940万人。其中城镇就业人员2.394亿人，增加789万人。年末国有企业下岗职工为515万人，比上年末减少142万人。全年通过多种途径使227万人实现了再就业，年末城镇登记失业率为3.6%。国际收支状况良好。全年对外贸易顺差225亿美元，比上年减少16亿美元。实际使用外商直接投资468亿美元，比上年增长14.9%。年末国家外汇储备达到2 122亿美元，比上年末增加466亿美元。人民币汇率保持稳定，2001年年末汇率1美元兑8.2766元人民币，人民币比上年末升值15个基本点。经济结构调整取得了新进展，经济运行总体质量和效益不断改善。农业以市场需求为导向，大力推进品种、品质和布局的优化，主要农作物逐步向优势产区集中。高新技术产业保持较快增长，传统工业技术改造力度加大，一些行业淘汰落后和压缩过剩生产能力取得新的成效。西部地区投资力度有所加大。全年全部国有及年产品销售收入500万元以上的非国有工业经济效益综合指数为122.1，比上年提高3.4，实现利润4 657亿元，增长8.1%。国民经济和社会发展中存在的主要问题是：经济结构性矛盾和经济体制深层次问题依然比较突出；就业压力增大，农民收入增长仍比较缓慢，部分群众生活还比较困难；企业自主创新能力和市场适应能力不强，部分企业生产经营还相当困难；重大安全事故时有发生，地方保护主义造成的国内市场分割局面尚未完全改变，市场经济秩序仍比较混乱。

二、农业 2001年，种植业结构继续调整。全年粮食播种面积比上年减少，棉花面积扩大76万公顷，糖料面积扩大约17万公顷，蔬菜面积扩大约115万公顷，油料面积减少约70万公顷，优质专用小麦面积扩大130多万公顷，优质稻种植面积的比重达50%以上，优质油菜籽面积扩大较多。粮食有所减产。受调减播种面积和严重干旱的影响，全年粮食产量4.5262亿吨，比上年减产2.1%。其中夏粮产量1.0188亿吨，减产4.6%；早稻产量3 396万吨，减产9.5%；秋粮产量3.1678亿吨，减产0.3%。棉花、糖料增产，油料减产。全年棉花产量532万吨，比上年增长20.4%；糖料产量8 790万吨，增长15.1%；油料产量2 872万吨，减少2.8%。蔬菜生产在精细品种增加的基础上继续保持较快增长。畜牧业、渔业生产稳步发展。全年肉类总产量达6 340万吨，比上年增长3.5%；全年水产品产量达4 375万吨，增长2.3%。林业水利建设取得新进展。全年完成造林面积530万公顷，比上年增长3.8%。其中退耕还林工程完成退耕还林40万公顷。长江干堤断面达标已占设计的80%，黄河下游大堤加高累计完成544公里。全年新增有效灌溉面积100多万公顷，新增节水灌溉面积130多万公顷，综合治理水土流失面积500多万公顷。

三、工业和建筑业 2001年，工业生产增长较快。全年全部工业增加值42 607亿元，比上年增长8.9%。全部国有及年产品销售收入500万元以上的非国有工业企业增加值26 950亿元，增长9.9%。其中，国有及国有控股企业增加值15 198亿元，增长8.1%；集体企业3 141亿元，增长7.2%；股份制企业8 086亿元，增长10.4%；外商及港澳台投资企业6 622亿元，增长11.9%；重工业增加值16 301亿元，增长11.1%；轻工业增加值10 649亿元，增长8.6%。全年工业企业产品销售率为97.7%，比上年略有提高。高新技术产品产量保持较快增长，一些行业淘汰落后和压缩过剩生产能力取得新的进展。全年工业新产品产值比上年增长15.7%。微波通信设备、光通信设备、移动电话机、电子计算机等电子及通信设备产品产量增长28.9%~87.5%；轿车、数控机床等技术含量和附加值高的产品也保持了快速增长；原煤产量增长10.9%，原油增长1.3%，发电量增长9.0%；钢材增长19.8%，10种有色金属增长10.5%。全年关闭各类小煤矿10 944处，关停小钢厂12户，淘汰落后小水泥生产能力1 520万吨、小玻璃生产能力263万重量箱，关停小火电机组230万千瓦。建筑业生产增长较快。全年全社会建筑业完成增加值6 462亿元，比上年增长7.4%。全国四级及四级以上建筑企业实现利润226亿元，增长17.6%；税金总额441亿元，增长13.9%。施工工程个数83万个，其中投标承包工程35万个，占全部施工工程个数的42.2%；施工面积17.8758亿平方米，比上年增加1.8616亿平方米；房屋竣工面积8.2542亿平方米，增加1 828万平方米。国有企业改革继续深化。现代企业制度建设加快，股份制企业的规范工作取得新的进展，着重培养了一批市场竞争力较强、拥有自主知识产权和一定国际竞争优势的大公司和企业集团。小型企业改制工作取得明显成效，一批资源枯竭的矿山和严重资不抵债、扭亏无望的企业，通过关闭破产退出市场。国有工业企业效益仍然保持较高水平，全年实现利润总额2 330亿元。煤炭行业扭转了多年整体亏损的局面，冶金、汽车等行业实现利润快速增长。

四、固定资产投资　2001年，固定资产投资较快增长。全年全社会固定资产投资36 898亿元，比上年增长12.1%。其中，国有及其他经济类型投资26 401亿元，增长12.8%；城乡集体经济投资5 189亿元，增长8.1%；城乡居民个人投资5 308亿元，增长12.7%；基本建设投资14 567亿元，增长8.5%；更新改造投资5 889亿元，增长15.3%；房地产开发投资6 245亿元，增长25.3%；其他投资10 197亿元，增长8.5%。投资结构继续改善。全年第一产业投资888亿元，与上年基本持平；第二产业投资8 633亿元，增长7.8%，其中，原材料工业投资增长17.0%，机械电子工业投资增长21.7%，轻纺工业投资增长23.9%；第三产业投资18 306亿元，增长17.6%，其中，运输邮电通信业投资增长13.7%，房地产公用服务咨询业投资增长24.1%。农村电网改造、公路国道主干线、重大水利工程等在建重点基础设施工程的建设继续加快。西部地区投资保持较快增长。全年东部地区投资

15 883亿元，比上年增长13.3%；中部地区投资6 316亿元，增长16.3%；西部地区投资4 704亿元，增长19.3%，明显高于东、中部地区投资增长。青藏铁路、西电东送等一批重大建设工程相继开工。全国基本建设投资新增主要生产能力有：原煤开采1 081万吨，天然原油开采1 898万吨，天然气开采21亿立方米；大中型发电机组容量1 498万千瓦，11万伏及以上变电设备5 347万千伏安；新建铁路主线正线交付运营里程1 210公里，增建铁路复线交付运营里程1 443公里，新建公路29 278公里，其中高速公路3 017公里，新扩建万吨级港口泊位年吞吐能力5 790万吨；新增局用交换机容量3 100万门，新增光缆线路长度25万公里，新增数字蜂窝移动电话交换机容量8 000万户。

五、国内贸易 2001年，消费品市场销售稳定增长。全年社会消费品零售总额37 595亿元，比上年增长10.1%。其中，城市消费品零售额23 543亿元，增长11.5%，县及县以下消费品零售额14 052亿元，增长7.7%；批发零售贸易业零售额25 511亿元，增长10.7%；餐饮业零售额4 369亿元，增长16.4%；其他行业零售额7 716亿元，增长4.9%。生产资料市场销售平稳增长。全国限额以上批发零售贸易业生产资料销售总额16 449亿元，比上年增长4.0%。限额以上批发零售贸易企业销售保持增长，但经济效益下降。1月—11月份实现商品销售收入净额24 601亿元，比上年同期增长4.5%，其中批发业增长3.0%，零售业增长12.0%；毛利率7.8%，其中批发业6.7%，零售业12.8%；费用率8.0%，其中批发业6.7%，零售业14.0%；实现利润总额245亿元，比上年同期下降9.1%，其中批发业下降12.0%，零售业增长11.6%。

六、对外经济 2001年，进出口保持增长。全年进出口总额达5 098亿美元，比上年增长7.5%。其中出口总额2 662亿美元，增长6.8%；进口总额2 436亿美元，增长8.2%。在出口额中，一般贸易出口1 119亿美元，增长6.4%；加工贸易出口1 475亿美元，增长7.1%。机电产品和高新技术产品出口增长较快，其中机电产品出口1 188亿美元，增长12.8%，占出口总额的比重为44.6%，比上年提高2.3个百分点；高新技术产品出口465亿美元，增长25.4%，占出口总额的比重为17.5%，提高2.6个百分点。全年对美国出口543亿美元，比上年增长4.2%；对香港特别行政区出口465亿美元，增长4.6%；对日本出口450亿美元，增长7.9%；对欧盟出口409亿美元，增长7.1%；对东盟出口184亿美元，增长6.0%；对韩国出口125亿美元，增长10.9%；对俄罗斯出口27亿美元，增长21.4%；对拉丁美洲出口82亿美元，增长14.6%；对非洲出口60亿美元，增长19.1%。外商直接投资增长较快。全年批准设立外商投资企业26 139个，比上年增长16.0%；合同外资金额692亿美元，增长10.4%；实际使用外商直接投资468亿美元，增长14.9%。国外经济合作业务继续保持增长。全年完成营业额121亿美元，比上年增长7.2%；新签合同额165亿美元，增长10.1%。

七、交通、邮电和旅游 2001年，交通运输和邮电通信业保持稳定增长。全年完成增加值5 222亿元，比上年增长6.5%。全年各种运输方式完成货物运输周转量46 304亿吨公里，比上年增长4.8%。其中，铁路14 575亿吨公里，增长6.7%；公路6 180亿吨公里，增长0.8%；水运24 860亿吨公里，增长4.7%；民航44亿吨公里，增长3.8%。全年各种运输方式完成旅客运输周转量13 000亿人公里，比上年增长6.0%。其中，铁路4 767亿人公里，增长5.2%；公路7 047亿人公里，增长5.8%；水运95亿人公里，下降5.6%；民航1 091亿人公里，增长12.5%。全国港口完成货物吞吐量24亿吨，比上年增长8.8%，其中外贸货物吞吐量达6亿吨，增长13.6%。邮电通信业全年完成邮电业务总量4 370亿元，比上年增长24.0%。年末局用交换机总容量为2亿门；固定电话用户达到1.79亿户，其中城市电话用户1.11亿户，乡村电话用户6 800万户；移动电话用户达到1.448亿户，已成为全球移动电话用户规模最大的国家；电话普及率为26部/百人；年末互联网用户超过3 000万户。国内国际旅游持续发展。全年国内出游7.8366亿人次，比上年增长5.3%；国内旅游收入3 522亿元，增长10.9%。全年境外入境人数8 901万人次，比上年增长6.7%。其中外国人1 123万人次，增长10.5%；香港、澳门特别行政区和台湾同胞7 778万人次，增长6.2%。在入境旅游者中，过夜人数3 316万人次，增长6.2%。国际旅游外汇收入178亿美元，增长9.7%。全年大陆出境人数1 213万人次，比上年增长15.9%，其中因私出境人数695万人次，增长23.4%。

八、金融、证券和保险 2001年，货币供应量适度增长。年末广义货币供应量（M2）余额为158 302亿元，比上年末增长14.4%；狭义货币供应量（M1）余额为59 872亿元，增长12.7%；流通中现金（M0）余额为15 689亿元，增长7.1%。金融机构存贷款稳定增加。全部金融机构各项存款余额143 617亿元，增长16.0%。其中，企业存款余额51 547亿元，增长16.9%；城乡居民储蓄存款余额73 762亿元，增长14.7%。全部金融机构各项贷款余额112 314亿元，按可比口径计算，增长11.6%。其中，短期贷款余额67 327亿元，增长7.7%；中长期贷款余额34 273亿元，增长15.2%。贷款结构继续改善。全国农村信用社贷款余额11 971亿元，增加1 395亿元。消费贷款余额6 990亿元，增加2 755亿元，其中个人住房贷款余额5 598亿元，增加2 282亿元。与国债资金相配套的基础建设贷款得到及时安排。证券市场继续发展。全年在上海、深圳证券交易所发行A股（包括增发）84只，配股126只，共筹资1 098亿元，比上年减少401亿元；发行B股、H股共9只，筹资70亿元，减少507亿元；全年通过发行、配售股票共筹集资金1 168亿元，减少935亿元。年末境内上市公司（A、B股）数量由上年末的1 088家增加到1 160家，市价总值43 522亿元，比上年末下降9.5%。全年国家共发行内债4 884亿元，比上年增加227亿元。保险事业快速发展。全年内外资保险机构保费收入2 109亿元，比上年增长32.2%。其中财产险保费收入685亿元，寿险保费收入1 288亿元，健康险和意外伤害险保费收入136亿元。支付各类赔款及给付598亿元，其中财产险和短期人身险赔款395亿元，寿险给付203亿元。

九、教育和科学技术 2001年，各级各类教育全面发展。全国普通高等学校招生268万人，比上年增招48万人，在校生719万人。成人高等学校招生196万人，在校生456万人。全国研究生培养单位招生17万人，增招4万人，在学研究生39万人。全国普通高中招生558万人，在校生1 405万人。各类中等职业技术教育学校招生398万人，在校生1 164万人。全国初中学校招生2 288万人，在校生6 514万人。普通小学招生1 944万人，在校生1.2543亿人。特殊教育学校招生6万人，在校生39万人。幼儿园在园幼儿2 022万人。全国成人技术培训学校培训学员9 270万人次。科技研究开发及产业化取得较大进展。年末国有企事业单位共有各类专业技术人员2 887万人。从事研究与发展活动人员93万人年，其中科学家和工程师70万人年。全年全国研究与发展（R&D）经费支出960亿元，比上年增长7.1%。其中基础研究经费47亿元。全年国家组织了647项重点技术创新项目和1 329项国家级重点新产品试产计划项目，完成了80项重大技术装备的研制及鉴定验收。新安排高技术产业化重大专项和示范工程220多项。全年共取得省部级以上科技成果28 376项，其中基础理论成果1 854项，应用技术成果24 966项，软科学成果1 556项。全年受理国内外专利申请203 582件，授权专利114 252件，分别比上年增长19.3%和8.5%。全国共签订技术合同24万项，技术合同成交金额800亿元，比上年增长23.0%。综合技术服务进一步完善提高。全国共有产品质量检验机构5 500个，其中国家检测中心233个。国家监督抽查8 166家企业211类9 858种产品和商品。全国现有质量认证机构

79个，其中产品认证机构29个，已完成对近2万个企业的产品认证。全国共有法定计量技术机构4 939个，全年强制检定计量器具3 234万台件。制定、修订国家标准1 045项，其中新制定497项。全国共有城乡天气预报警报服务网发射站点841个，卫星云图接收站点319个。全国共有地震台站1 245个，地震遥测台网28个。全国共有917个海洋观测、监测站点。测绘部门公开出版地图1 187种，图书327种。国土资源调查及地质勘查新发现大中型矿产地176处，有42种矿产新增查明资源储量。其中石油7亿吨，天然气4 302亿立方米，原煤16亿吨。全国地质环境监测站31个，成功预报地质灾害195起。

十、文化、卫生和体育 2001年，文化艺术、广播影视、新闻出版等各项事业较快发展。年末全国共有艺术表演团体2 621个，文化馆2 899个，公共图书馆2 689个，博物馆1 394个。广播电台311座，中、短波广播发射台和转播台770座，广播综合人口覆盖率92.9%。电视台358座，电视综合人口覆盖率94.1%。全国有线电视用户8 803万户。生产故事影片88部，科教、纪录、美术片66部。出版全国性和省级报纸216亿份，各类杂志29亿册，图书63亿册（张）。年末全国共有档案馆3 885个，已开放各类档案4 817万卷（件）。卫生事业稳步发展。年末全国共有卫生机构33万个，其中医院、卫生院7万个；病床床位319万张，其中医院、卫生院297万张；卫生技术人员449万人，其中医生209万人，护师、护士128万人。全国共有卫生防疫、防治机构6 025个，卫生技术人员22万人；妇幼保健所、站2 539个，卫生技术人员8万人。农村乡（镇）共有卫生院5万个，床位74万张，卫生技术人员102万人。农村有医疗点的村数占总村数的89.7%，乡村医生和卫生员128万人。体育事业蓬勃发展。全年在国内外的各项比赛中，我国运动健儿共获得了89个世界冠军；8人2队12次创10项世界纪录；15人3队20次创15项亚洲纪录。第九届全国运动会获得圆满成功。全民健身活动进一步开展。顺利完成在全国31个省、自治区、直辖市进行的国民体质监测工作。全年在通过销售中国体育彩票筹集的资金中，有26亿元用于奥运争光计划和全民健身计划。

十一、环境保护 2001年，监测的340个城市中，有117个城市空气质量达到二级标准，占监测城市数的比重为34.4%，比上年回落1.2个百分点；有114个城市达到三级标准，比重为33.5%，提高3.6个百分点；有109个城市未达到三级标准，比重为32.1%，回落2.3个百分点。颗粒物仍是我国城市空气中的主要污染物。在47个环境保护重点城市中，部分城市的二氧化硫污染程度有所加重，超标城市比重有所提高。对道路噪声监测的273个城市中噪声污染严重的占9.5%，对区域环境噪声监测的210个城市中50.5%的区域环境噪声优于城市居住区声环境质量标准。全国建成了3 314个烟尘控制区，面积达2万平方公里；建成了3 121个环境噪声达标区，面积超过1万平方公里。重要水系的污染形势依然严峻。7大流域干流地表水水质有51.7%的断面满足国家地表水三类水质标准要求，比上年回落6个百分点；26.1%的断面为四类水质，上升4.5个百分点；12.8%的断面为五类水质，与上年持平；超过五类水质标准断面的比例为9.4%，上升1.5个百分点。近岸海域海水水质基本稳定。357个近岸海水水质监测点中，达到国家一类海水水质标准的监测点比重为12.2%，二类为27.8%，三类为18.6%，四类为12.5%，劣四类为28.9%。生态环境保护力度加大。全国已批准国家级生态示范区82个，生态示范区建设试点地区和单位215个；全国自然保护区达到1 551个，其中国家级自然保护区171个；自然保护区面积1.4472亿公顷，占国土总面积的14.4%。

十二、人口、人民生活和社会保障 2001年，人口自然增长率继续下降。年末全国总人口为12.7627亿人。其中，城镇人口

4.8064亿人，占37.7%；乡村人口7.9563亿人，占62.3%。全国男性人口为6.5672亿人，女性为6.1955亿人。0岁—14岁人口比重为22.5%，15岁—64岁人口比重为70.4%，65岁及以上老年人口比重为7.1%，老年人口达到9 062万人。全年全国出生人口1 702万人，出生率为13.38‰；死亡人口818万人，死亡率为6.43‰；全年净增人口884万人，自然增长率为6.95‰。城乡居民生活水平进一步提高。全年全国城镇居民人均可支配收入6 860元，比上年实际增长8.5%。农村居民人均纯收入2 366元，实际增长4.2%。其中，农村居民人均现金纯收入1 748元，实际增长5.7%。居民住房条件继续改善。全年城镇竣工住宅面积5.4亿平方米，农村竣工住宅面积7.4亿平方米。城乡居民家庭恩格尔系数分别为37.9%和47.8%，均比上年降低1.3个百分点。社会保障进一步加强。年末全国参加失业保险职工人数为1.0355亿人，领取失业保险金人数为312万人；有1.0630亿职工和3 346万离退休人员参加了基本养老保险；有7 629万职工和退休人员参加了基本医疗保险。"两个确保"继续得到落实。90%以上国有企业下岗职工的基本生活得到保障，绝大多数企业离退休人员按时足额领到基本养老金，社会化发放率达到97.8%。全国城镇最低收入标准以下的居民中有1 123万人得到最低生活保障救济。社会福利事业继续发展。年末全国各类可提供食宿的收养性社会福利单位床位116万张，收养各类人员83万人。城镇建立各种社区服务设施21万个，其中综合性社区服务中心9 924个。全年通过销售社会福利彩票筹集社会福利资金41亿元，接收社会捐赠款超过7亿元。2001年，全国各族人民在中国共产党的领导下，按照第九届全国人民代表大会第四次会议关于国民经济和社会发展的各项决议，积极推进改革开放和现代化建设事业，国民经济保持了快增长、高效益、低通胀的发展格局。国内生产总值完成95 933亿元，比上年增长7.3%。全社会固定资产投资36 898亿元，增长12.1%。市场物价稳定，居民消费价格总水平上升0.7%。外贸进出口总额5 098亿美元，增长7.5%。财政收入增长较快，财政赤字控制在预算目标之内。金融运行平稳，现金净投放1 036亿元。国际收支状况良好，年末国家外汇储备2 122亿美元。城镇登记失业率3.6%，人口自然增长率6.95‰。

是年 亚太经合组织第九次领导人非正式会议等重要国际会议在我国成功举行，我国正式成为世界贸易组织成员，北京市获得2008年奥运会主办权，标志着我国国际地位的进一步提高，在国际事务中的影响不断扩大。总的看来，2001年国民经济和社会发展的预期目标基本实现，“十五”计划开局良好。在世界经济和国际贸易增长明显减速的情况下，我国经济发展和各项社会事业取得这样的成绩，确实来之不易。这是以江泽民同志为核心的党中央统揽全局、审时度势、科学决策、正确领导的结果，是各地区、各部门按照“三个代表”要求，尽职尽责、扎实工作的结果，也是全国上下共同努力、团结奋斗的结果。（一）坚持实施积极的财政政策和稳健的货币政策，充分发挥国债资金对促进经济社会发展的重要作用。经九届全国人大四次会议批准，2001年发行长期建设国债1 500亿元，加上1998年—2000年批准发行的，累计5 100亿元，有效地带动了地方、部门、企业配套资金和银行贷款以及其他各方面投资的增加，国债项目投资总规模近3万亿元。这对拉动经济增长、优化经济结构、增加就业岗位、改善人民生活、提高银行资产质量，起到了至关重要的作用。特别是集中力量办成了许多事关经济社会发展全局和对长远发展具有重大意义的大事。主要是：加固了大江大河大湖堤防3万公里，长江沿岸移民建镇200多万人，增加行蓄洪面积近3 000平方公里。加快了“五纵七横”国道主干线和西部开发8条通道建设，累计建成公路通车里程25 500公里，其中高速公路8 000公里，使全国高速公路达到19 000公里，跃居世界第二位。建成铁路新线4 000

公里，复线1 988公里，电气化铁路1 063公里。新建、扩建机场37个。建成国家储备粮库仓容700多亿斤。对1 895个县进行了农网建设与改造。安排建设高技术产业化、重大装备制造本地化和企业技术改造项目近2 000个，城市供水、道路、垃圾和污水处理项目约1 000个，各类学校的教学、实验和学生生活设施项目9 300多个。各地区、各部门本着对国家、对人民高度负责的态度，加强对国债资金和工程质量的管理，正确把握资金投向，认真选好建设项目，严格履行基建程序，切实做好前期工作，加强重大项目稽查，搞好社会舆论监督，有力地保证了国债资金的合理使用和工程质量。（二）积极推进产业结构调整，促进了经济增长质量和效益的提高。农业布局不断优化，主要农作物生产逐步向优势产区集中。优质专用小麦和优质早稻面积占总面积的比重，分别达到25%和50%。粮食总产量4.5262亿吨。积极推进农业产业化经营。畜牧水产业稳定增长。工业结构调整取得新的进展，高技术产业快速发展，电子信息产品制造业的增长速度达到28%。企业技术改造力度加大，更新改造投资增长15.3%，高于整个投资增速3.2个百分点。冶金、纺织、轻工等行业的高附加值产品比重提高。城市轨道交通设备、500千伏直流输电、环保设备等重大装备的自主开发和制造能力增强。淘汰落后、压缩过剩生产能力取得成效，煤炭行业实现整体扭亏为盈。第三产业发展态势良好，新兴服务业蓬勃发展，移动电话用户总数达1.448亿户，已居世界首位。企业经济效益继续改善。规模以上工业企业实现利润4 657亿元，增长8.1%。工业企业经济效益综合指数122.1，提高3.4点。（三）以国有企业改革为中心的各项改革继续推进，经济和社会发展的体制环境进一步改善。国有企业股份制改革逐步规范，特困企业改革和调整力度加大。垄断行业管理体制改革取得进展，电信、电力、民航改革方案已经完成，并开始组织实施。中小企业为主体的社会化信用制度和担保体系开始建立。社会保障体系建设步伐加快。90%以上国有企业下岗职工的基本生活得到保障，绝大多数国有企业离退休人员按时足额领到基本养老金，社会化发放率达97.8%。辽宁等地完善社会保障体系试点工作进展顺利。东南沿海等粮食主销区放开粮食收购市场和价格，取得了明显成效。中央储备粮垂直管理体系初步建立。棉花放开收购，重点转到规范市场秩序和加强质量监管上来。进一步放开了一批商品和服务价格，积极探索价格决策听证制度等新的价格管理办法。石油价格按国内外市场供求形成的机制不断完善，供水价格和公有住房租金的改革取得新进展。(四)标本兼治、突出重点，整顿和规范市场经济秩序取得阶段性成果。坚持加强教育与严肃法纪相结合、全面治理与专项整治相结合，努力从源头上整顿和规范市场经济秩序。集中力量开展了打击走私犯罪、制售假冒伪劣商品、骗取出口退税和逃汇骗汇等专项斗争。整治商品市场、金融市场、建筑市场和文化市场，开展药品及医疗服务价格、农村电价和农网改造收费等专项检查，进行重大项目招标投标专项稽查，促进了市场环境的净化。(五)积极发展开放型经济，经济增长空间不断拓宽。在国际贸易环境不利的情况下，出口总额增长6.8%，进口总额增长8.2%。商品结构继续改善，机电产品出口增长12.8%，高新技术产品出口增长25.4%。国内急需的先进技术、关键设备和短缺原材料进口保持较快增长。吸收外资规模扩大，质量提高。全年实际吸收外商直接投资创历史最高水平，达到468亿美元，增长14.9%。外商投向集成电路、计算机、通信产品等高技术项目增加，跨国公司来华投资的大型项目增多。积极参与国际经济合作，又有一批企业走出去在境外投资创业，对带动技术和设备出口、促进对外劳务合作，起到了积极作用。（六）加强规划、完善政策，西部大开发迈出新的步伐。制定了西部开发“十五”总体规划和人才开发10年规划，颁布了支持西部大开发政策措施的实施意见。全年用于中西部地区的财政性建设资金超过2000年，西部和中部地区固定资产投资分别增长19.3%和16.3%，高于东部地区6个和3个百分点。2000年开工的10个重大项目进展顺利。2001年又相继开工建设了一批重点工程，包括：青藏铁路、“西电东送”、龙滩水电站、公伯峡水电站、百色和尼尔基水利枢纽、“五纵七横”国道主干线中西部地区重要路段、兰州经成都至重庆输油管道、淮河临淮岗洪水控制工程、万家寨引黄一期工程。中西部地区退耕还林3年累计完成124万公顷，宜林荒山荒地造林109万公顷。设立和实施西部高技术产业化专项，扶持一批优势资源转化项目。对西部每个省（自治区、直辖市）重点支持一所高校建设，实施中小学危房改造、贫困县职业教育中心、贫困县医院、血站、基层文化设施和广播电视覆盖等工程建设，取得了积极成效。（七）坚定不移地实施科教兴国战略和可持续发展战略，各项社会事业全面发展。基础研究取得重要成果，高技术研究在一些领域获得新的突破。我国科学家提前高质量完成人类基因组计划“中国卷”的绘制工作，独立完成杂交水稻基因组“工作框架图”和数据库，使我国在基因组测序研究领域进入世界先进行列。研制成功超级服务器曙光3000，整体功能达到国际先进水平，机群操作系统达到国际领先水平。又有134个开发类科研院所完成企业化转制。教育事业加快发展，素质教育取得进展，通过“两基”验收的区域进一步扩大，教育投入继续增加。从1999年实行扩招政策以来，普通高校在校生规模翻了一番以上。高校办学条件不断改善，后勤社会化改革迈出实质性步伐。生态建设和环境保护力度加大。天然林资源保护、重点防护林体系建设、环京津风沙源治理、天然草原恢复与建设等重点生态建设工程进展顺利。三峡库区水污染防治工程全面启动。治理水土流失面积新增530万公顷。工业污染防治成果得到巩固，城市环境综合治理不断加强，农村和矿区环境保护工作积极展开。文化艺术、新闻出版、广播影视、社会科学、计划生育、卫生、体育和文物保护等各项事业发展加快。广播、电视人口综合覆盖率分别达到92.9%和94.1%，有线电视用户8 803万户，增长11%。计划生育工作继续加强。城镇职工基本医疗保险制度、医疗卫生体制和药品生产流通体制改革取得明显进展。社会主义精神文明和民主法制建设进一步加强。体育事业蓬勃发展，在国内外许多重大比赛中取得优异成绩，全民健身活动深入开展。（八）城乡居民收入继续增加，人民群众生活不断改善。消费需求持续增长，社会消费品零售总额37 595亿元，增长10.1%。旅游基础设施建设得到加强，旅游收入达到4 995亿元，增长10.5%。个人购房、购车明显增加。城镇居民人均可支配收入和农民人均纯收入的实际增长率分别达到8.5%和4.2%。农村贫困人口减少400万。城镇居民最低生活保障制度的覆盖面明显扩大。在看到成绩的同时，我们也清醒地认识到，经济和社会生活中还存在着一些不容忽视的矛盾和问题。一是农民收入虽出现恢复性增长，但基础仍不牢固，影响农民增收的一些根本性因素尚未消除，农民增收的难度加大。二是相当一部分国有企业在自身改革、转换机制、技术进步和现代化管理等方面，还存在较大差距。三是就业和社会保障的压力增大。截止2000年年底，国有企业下岗职工仍有500多万人没有实现再就业，全国城镇登记失业人员还有681万。四是通货紧缩的趋势仍未完全消除，2000年经济增长速度逐季放慢。五是国有企业增加固定资产投资的内在机制还不健全，民间投资的政策环境仍需改善。六是科技教育投入和人才结构还不能适应经济发展的需要，生态环境问题依然相当突出，可持续发展能力有待增强。七是出口增长不确定因素较多。八是市场经济秩序仍较混乱。对这些问题，我们正在积极采取措施，认真加以解决。2001年，我国经济发展的外部环境急剧变化，美国、日本和欧洲3大经济体同时陷入低潮，世界经济出现1993年以来最缓慢的增长，世界贸易增长趋于停滞，我国经济发展面临着比亚洲金融危机更为严峻的挑战。面对复杂多变的国际形势，以江泽民同志为核心的党中央从全局和战略的高度，准确把握国际政治经济格局的变化趋势，及时采取有力对策，妥善处理错综复杂的国际关系，坚持集中精力推进现代化建设。各地区、各部门按照中央的部署，坚持扩大国内需求的方针，继续实施积极的财政政策和稳健的货币政策，加快经济结构的战略性调整，稳步推进各项改革，不断提高对外开放水平，大力整顿和规范市场经济秩序，国民经济和社会发展取得显著成绩。全年完成国内生产总值95 933亿元，比上年增长7.3%，超过7%的预期增长目标。其中，第一产业增长2.8%；第二产业增长8.7%；第三产业增长7.4%。经济运行质量和效益继续改善，工业企业实现利润4 657亿元，比上年增长8.1%；全国财政收入比上年增收近3 000亿元。国内需求对经济增长的拉动作用明显增强，全社会固定资产投资增长12.1%，增幅比上年提高1.8个百分点，西电东送、青藏铁路、三峡工程等重点工程建设进展顺利。市场物价保持稳定，居民消费价格总水平上涨0.7%，社会消费品零售总额增长10.1%。对外贸易规模继续扩大，进出口总值达到5 098亿美元，增长7.5%，其中出口增长6.8%，进口增长8.2%。利用外资大幅度回升，实际利用外商直接投资468亿美元，达到历史新水平，比上年增长14.9%。金融运行平稳，国际收支状况良好，年末国家外汇储备达到2 122亿美元，比上年末增加466亿美元。人民生活水平继续提高，城镇居民人均可支配收入实际增长8.5%；特别是农民收入出现恢复性增长，人均纯收入实际增长4.2%。就业和社会保障工作进一步加强，城镇登记失业率3.6%。西部大开发积极推进，科技教育和各项社会事业蓬勃发展。2001年在国际经济环境十分不利的情况下，我国经济发展和各项社会事业不断取得新成就，确实来之不易，实现了“十五”计划的良好开局，为经济的持续稳定增长奠定了坚实的基础。

1月1日　江泽民发表《共同创造美好的新世纪》新年贺词。指出：中国人民进入新世纪的主要任务，就是继续推进现代化建设，完成祖国统一，维护世界和平与促进共同发展。

同　日　朱镕基就2000年全国税收收入完成情况作出批示。中共中央政治局常委、国务院总理朱镕基在国家税务总局“2000年全国税收收入完成情况简报”上批示：“成绩可喜，谨表祝贺。克服困难，再上台阶。”中共中央政治局常委、国务院副总理李岚清批示：“2001年的税收取得好的成绩是与广大税务工作者的努力分不开的。在新的一年里，要继续加强征管，堵塞漏洞，打击骗税，惩治腐败，清缴欠税，特别要加速‘金税工程’建设，取得更好的税收工作业绩，为‘十五’计划的良好开局做贡献”。

同　日　根据《中华人民共和国车辆购置税暂行条例》，从2001年1月1日起开征车辆购置税，取代车辆购置附加费。车辆购置税实行从价定率的办法计算应纳税额。应纳税额计算公式为：应纳税额=计税价格×税率。

同　日　国务院关税税则委员会调整部分进出口商品的税目、税率。经国务院批准，从2001年1月1日起，我国将再次自主降低关税总水平。经过这次降税，我国的关税总水平将从目前的16.4%下降为15.3%，平均降幅为6.6%。据《证券时报》报道，此次降税共涉及3 462个税目，占我国税则税目总数的49%。降税后，各大类商品的平均关税税率为：矿产品3.0%、金属材料7.4%、化工品10.6%、林产品12.3%、机电仪14.3%、轻工杂项产品14.8%、建材产品17.8%、农产品19.0%、纺织品21.1%、交通工具24.0%。同时，此次还对暂定关税税率和税则税目进行了调整，调整后的税则税目由7 062个增加至7 111个。

同　日　经国务院批准，财政部、国家税务总局、海关总署对2000年底执行到期的43项优惠政策进行调整，其中基本不作调整继续执行的有21项，调整后保留的有12项。经国务院批准，船舶吨税即日起作为中央预算收入，全部上缴中央国库。经国务院批准，即日起停止对香皂、翻新轮胎征收消费税，子午线轮胎免征消费税。

1月3日—5日　中央农村工作会议在北京举行。会议传达了中共中央总书记江泽民近日就做好农业和农村工作所作的重要指示。江泽民指出，2000年在遇到严重干旱的情况下，我国农业和农村经济取得了新的成绩，是很不容易的。进入新世纪，巩固和加强农业基础的工作仍要坚持不懈地抓下去，一刻都不能放松。这是全面建设小康社会、加快推进社会主义现代化的必然要求。关键要通过改革开放和科技进步，依靠亿万农民的创造精神，大力推进农业和农村经济结构调整，努力增加农民收入，确保国家粮食安全，保持农村社会稳定。农业、农村、农民工作事关党和国家工作的全局，大家一定要发扬兢兢业业、扎扎实实的精神，切实把工作做好。这次中央农村工作会议的主要任务是，贯彻落实党的十五届五中全会和中央经济工作会议精神，总结2000年农业和农村工作，分析当前农业和农村工作面临的形势，对2001年的工作作出部署。会议讨论了《中共中央、国务院关于做好2001年农业和农村工作的意见（讨论稿）》。

1月5日　经国务院批准，从2001年1月1日起，国务院关税税则委员会调整了入境旅客行李物品和个人邮递物品进口税（简称行邮税）税率。

1月10日　我国自行研制的“神舟二号”无人飞船在酒泉卫星发射中心发射。“神舟二号”1时整升空，10分钟后成功进入预定轨道。这是我国载人航天工程第二次飞行试验，它标志着我国载人航天事业取得了新进展，向实现载人飞行迈出了重要的一步。我国曾于1999年11月20日首次成功发射“神舟一号”试验飞船。按照研制计划，将发射多艘无人飞船，然后实施载人飞行。这次发射的“神舟二号”飞船是第一艘正样无人飞船。飞船由轨道舱、返回舱和推进舱3个舱段组成。与“神舟一号”试验飞船相比，“神舟二号”飞船的系统结构有了新的扩展，技术性能有了新的提高，飞船技术状态与载人飞船基本一致。飞船将在太空飞行若干天后返回地面。飞行期间，将进行空间生命科学、空间材料、空间天文和物理、微重力科学等领域的实验。发射“神舟二号”飞船的“长征二号F”运载火箭，是我国为载人航天工程而研制的新型捆绑式大推力运载火箭。为适应载人航天的需求，“长征二号F”火箭除对箭体结构、动力装置系统、控制系统、遥测系统等进一步提高可靠性外，还增加了故障检测系统等，以提高载人航天的安全性。这次发射是长征系列运载火箭第六十五次飞行，也是1996年10月以来我国航天发射连续第二十三次获得成功。“神舟二号”飞船由中国航天科技集团所属的中国空间技术研究院和上海航天技术研究院为主研制；“长征二号F”运载火箭由集团所属的中国运载火箭技术研究院研制。中国科学院、信息产业部等部门的有关研究单位，研制了用于空间科学实验与应用研究的船载仪器和设备。飞船在轨运行期间，在北京航天指挥控制中心的统一调度和指挥下，西安卫星测控中心有关测控站和“远望号”远洋航天测量船队，将对“神舟二号”飞船进行持续跟踪、测量与控制。

同　日　朱镕基总理在全国旅游发展工作会议上指出，旅游业已成为国民经济新的增长点，各地要从实际情况出发，做好规划，大力开发旅游资源，加强旅游基础设施建设，加强行业管理，整顿和规范旅游市场秩序，努力开创我国旅游业发展的新局面。

1月11日　中共中央、国务院发出《关于做好2001年农业和农村工作的意见》。《意见》提出，必须坚定不移地加强农业的基础地位，切实解决农村面临的突出问题，确保农业发展、农民增收和农村稳定。要继续推进农业结构的战略性调整，全面提高农业的素质和效益。坚持抓好粮食生产，提高粮食生产效益。逐步转移农村富余劳动力，多渠道增加农民收入。加快农村税费改革，从根本上减轻农民负担。

同　日　国家经贸委发文支持工业节水。工业企业节水技改国产设备投资的40%可抵减当年新增所得税，以废水为原料生产的产品可5年减免所得税。

1月13日　中国银行业协会报经中国人民银行批准，下调美元、港币小额外币存款利率。调整后，1年期美元，港币存款利率上限分别提高0.5和0.25个百分点。

1月16日　全国农业科技大会在京召开。这次会议的主题是，大力推进新的农业科技革命，加速农业由主要追求数量向注重质量效益的根本转变，为新阶段农业和农村经济发展提供科技支撑。围绕这一主题，会议将讨论《农业科技发展纲要》，安排部署“十五”期间的农业科技工作。会议还授予袁隆平等217人“全国农业科技先进工作者”称号。李岚清代表国务院在大会上讲话。会议由温家宝主持。李岚清指出，今后10年—15年，我们要力争初步解决优化农业结构、提高农业效益、改善农村生态环境、增强国际竞争力等方面的科技问题，促进农业由主要追求数量向注重质量效益的根本转变。然后再用10年—15年的时间，建立与我国农业大国地位相适应、具有国际先进水平的新型农业科技创新体系，使我国农业科技跃居世界先进水平。为了实现这个目标，必须对我国农业科技发展的方向与重点进行战略性调整，从注重农产品数量增长，转向注重农产品质量和农业整体效益的提高；从为农业生产服务为主，转向为生产、加工与生态协调发展服务；从以资源开发技术为主，转向资源开发技术与市场开拓技术并重；从面向国内市场提供技术保障，转为面向国内国际两个市场提供技术服务。为此，在农业科技工作的管理上，既要注意统一规划，加大政府的支持力度，又要充分发挥市场机制的作用；在农业科技发展的导向上，既要注重科研学术水平的提高，更要注重面向市场，解决农业发展的实际问题。要把不断满足广大农民对农业科技的迫切要求，作为农业科技工作的根本出发点和落脚点。要建立健全一批具有国际先进水平的农业科技基地，造就一支高素质的农业科技队伍。李岚清强调，“十五”时期农业科技工作要着力抓好五个方面的工作：一是继续为保障国家粮食安全提供科技支撑。依靠农业科技进步，确保粮食等主要农产品的有效供给。二是为调整农业结构、增加农民收入提供科技支撑。通过推进科技进步，发展优质农产品生产，加快发展农产品加工业，促进农业产业化经营，优化农业和农村经济结构，提高广大农民的科学文化素质，拓宽农民增收渠道。三是为开发资源、保护环境，促进农业可持续发展提供科技支撑。着重解决水土流失、土地荒漠化防治和减灾防灾方面的技术问题，提高资源利用率，切实做好生态环境保护工作。四是为开拓农产品市场提供科技支撑。重点解决农产品市场信息网络和农产品质量标准体系建设方面的技术问题，促进农产品流通。五是农业科研要取得重大进展。按照有所为、有所不为的原则，集中力量，在部分领域率先突破，努力缩小我国农业科技与世界先进水平的差距。李岚清指出，深化农业科技体制改革，是推进我国农业科技进步的动力和保证。要针对农业科技领域存在的突出问题，下决心对农业科技体制进行改革，加快建设和完善新型的农业科技创新体系。第一，建立机构布局科学、学科结构合理、队伍精干高效的农业科研开发体系，增强农业科技创新能力。对具有面向市场能力的农业类科研机构，要逐步转制为科技企业或进入企业；科技服务类机构，可转为企业、进入企业或转为实行企业化管理的中介服务机构；基础类、公益性农业科研机构，按非营利性机构管理和运行，政府继续给予支持。第二，改革和完善农业科技推广体系，切实加强以科技和信息服务为重点的农业社会化服务。充分调动科技人员、农民和企业推广农业科技的积极性和创造性，实行专业队伍与农民组织相结合、政府主导与市场引导相结合、无偿服务与有偿服务相结合的方式，走出一条符合我国国情的农业科技推广道路。第三，改革农业科技管理体制，建立开放、流动、竞争、协作的农业科技运行机制，逐步形成适应社会主义市场经济发展要求的新型管理体制。第四，建立强有力的农业科技投入机制。在增加各级政府对农业科技投入的同时，鼓励企业等社会力量增加农业科技投入，形成政府主导、全社会广泛参与的投入机制，从根本上改变农业科技投入不足的状况。李岚清指出，我们要充分认识加快我国农业科技发展的重要意义和有利条件，增强搞好农业科技工作的紧迫感和责任感，抓紧抓好《农业科技发展纲要》的实施工作，采取切实有效的措施，大力推进新的农业科技革命，提高农业科技整体水平，为我国农业和农村经济的发展做出更大贡献。各省、自治区、直辖市分管科技工作的负责人，中央、国务院有关部门负责人，各地区科技、农业、林业、水利部门的主要负责人，以及受到表彰的先进人物和部分特邀的两院院士参加了会议。5月24日，国务院发布《农业科技发展纲要（2001—2010年）》

1月18日　中国人民银行行长戴相龙表示，2001年，中国人民银行将继续实行稳健的货币政策，保持货币政策的稳定性、连续性和

前瞻性，支持巩固目前经济回升的良好势头。同时，要密切关注经济运行特别是物价走势，适时运用多种货币政策工具，调节货币和信贷供给，保持人民币币值和汇率稳定。

1月19日　朱镕基总理主持召开国务院第六次全体会议，讨论即将提请九届全国人大四次会议审议的《关于国民经济和社会发展第十个五年计划纲要的报告（征求意见稿）》和《国民经济和社会发展第十个五年计划纲要（草案）》。会议决定，将《报告（征求意见稿）》发到各省、自治区、直辖市和有关部门、单位广泛征求意见。朱镕基在会上指出，过去5年，全国各族人民在以江泽民同志为核心的党中央领导下，面对错综复杂的国际国内形势，团结奋进，各个方面都取得重大成就，如期完成了“九五”计划，胜利实现了现代化建设第二步战略目标。这是我国发展史上的一个新的里程碑。进入21世纪，我们跨进了向现代化建设第三步战略目标进军的新征程。未来5年，是我国经济和社会发展十分重要的时期。我们要抓住机遇，再接再厉，开拓创新，乘势前进，继续保持国民经济和社会的较快发展与全面进步。朱镕基说，“十五”计划是进入新世纪的第一个五年计划。按照《中共中央关于制定国民经济和社会发展第十个五年计划的建议》的精神，国务院认真听取各方面意见，制定了《国民经济和社会发展第十个五年计划纲要（草案）》。这个《纲要（草案）》，从我国面临的国内外形势出发，把发展作为主题，把结构调整作为主线，把改革开放和科技进步作为动力，把提高人民生活水平作为根本出发点，规划了未来5年我国经济和社会发展的宏伟蓝图。关于“十五”计划纲要的报告，集中反映了《纲要（草案）》的主要思想和基本内容，在提请九届全国人大四次会议审议通过之前，还要采取多种形式听取各个方面的意见和建议，以更充分地体现全党和全国各族人民的智慧和意愿。朱镕基强调，2001年是“十五”计划的第一年。做好2001年的经济工作，对于实施“十五”计划起好步、开好局，十分重要。要坚持扩大内需方针，大力加强农业和增加农民收入，巩固和扩大国有企业改革成果，加快建立和完善社会保障体系，进一步改善人民生活，做好加入世界贸易组织的各项准备工作。要把整顿和规范市场经济秩序，作为一项重要任务切实抓紧抓好。要继续处理好改革、发展和稳定的关系，实施科教兴国和可持续发展的战略方针，加强社会主义精神文明建设，搞好社会治安综合治理，巩固和保持经济与社会发展的良好势头。朱镕基最后指出，九届全国人大四次会议和全国政协九届四次会议即将召开。国务院组成人员要按照大会和法律程序的要求，集中精力参加会议，虚心听取意见，认真回答问题，诚恳接受监督。

1月21日　中国人民银行货币政策委员会2001年第一季度例会在北京召开。会议提出2001年要按照中央经济工作会议精神，继续实行稳健的货币政策，保持货币供应量的适度增长，巩固和发展国民经济运行的良好态势，在抑制通货紧缩趋势的同时，密切观察，切实防止重复建设，警惕通货膨胀。

1月31日　国务院、中央军委发布《中华人民共和国军事设施保护实施办法》，自公布之日起施行规定，设有军事设施的地方，县级以上地方人民政府和驻地有关军事机关共同成立军事设施保护委员会，负责协调、指导本行政区域内的军事设施保护工作。军事设施保护委员会的办事机构设在省军区（卫戍区、警备区）、军分区（警备区）、县（自治县、市、市辖区）人民武装部，具体办理军事设施保护委员会的日常工作。第三条军事设施保护委员会履行下列职责：（一）依照军事设施保护法律、法规和国家的方针、政策，制定军事设施保护措施；（二）组织指导本行政区域内的军事设施保护工作，协调解决军事设施保护工作的有关事宜；（三）组织开展军事设施保护的宣传教育工作；（四）组织开展军事设施保护法律、法规执行情况的监督检查。第4条中国人民解放军总参谋部在国务院和中央军事委员会的领导下，主管全国的军事设施保护工作，指导各级军事设施保护委员会的工作。军区司令机关主管辖区内的军事设施保护工作，指导辖区内各级军事设施保护委员会的工作。上级军事设施保护委员会指导下级军事设施保护委员会的工作等。

2月2日　全国市县乡机构改革工作会议在京召开。这次会议的主要任务是，以党的“十五大”、十五届五中全会和中央经济工作会议精神为指导，学习贯彻江泽民同志关于“三个代表”的重要思想，按照中央关于地方机构改革的要求，具体研究和部署市县乡机构改革工作。中共中央政治局常委、国务院总理朱镕基，中共中央政治局常委、国家副主席胡锦涛出席会议并作了重要讲话。胡锦涛说，这次市县乡机构改革总的指导思想是，适应社会主义市场经济发展的需要，有利于加强党的领导和促进政府职能转变，有利于理顺各级政府、各部门之间的关系，有利于加强基层政权建设和各项基础工作，有利于精干公务员队伍、降低行政成本、减轻财政负担、提高工作效率。通过改革和精简，逐步建立廉洁高效、运转协调、行为规范的行政管理体制。他要求各地一定要按照中央确定的这一指导思想，着力抓好五个方面的工作：一是要坚决完成人员编制的精简任务，做到态度积极、措施有力、工作到位，确保全国市县乡机关行政编制总的精简20%，同时把市县乡机构改革与深化干部人事制度改革结合起来，与完善公务员制度结合起来，努力建设一支精干的、高素质的干部队伍。二是要积极推进行政审批制度改革，按照政企分开的原则和转变政府职能的要求，清理现有行政性审批事项，简化和规范行政审批程序，彻底改变计划经济体制下政府主要依靠行政手段进行管理的做法。三是要清理整顿行政执法队伍，鼓励和支持市县乡政府根据本地实际情况，建立精干统一的执法队伍，实行集中综合执法。四是要认真搞好乡镇机构改革，进一步规范乡镇机构设置，减少机构和行政编制，坚决清退超编人员和各类临时聘用人员，同时归并乡镇事业单位，合理调整农村学校布局，压缩财政供养人员。五是要切实做好人员分流工作，通过多种途径，想方设法把分流人员安置好，并鼓励和支持分流人员自谋职业、自主创业，还要有针对性地做好分流人员的思想政治工作，引导他们识大体，顾大局，正确认识机构改革，正确对待个人工作岗位的变化，正确处理国家、集体和个人三者利益关系，自觉服从组织决定。会议提出要积极稳妥地推进市县乡机构改革，确保全国市县乡机关行政编制总的精简20%；积极推进行政审批制度改革；清理整顿行政执法队伍，实行集中综合执法；坚决清退超编人员和各类临时聘用人员，压缩财政供养人员；想方设法把分流人员安置好。

2月5日　国务院总理朱镕基在中南海主持座谈会，征求各民主党派中央、全国工商联负责人和无党派人士对即将提请九届全国人大四次会议审议的《关于国民经济和社会发展第十个五年计划纲要的报告（征求意见稿）》的意见。大家普遍认为，《报告（征求意见稿）》全面体现了中共十五届五中全会精神和中央经济工作会议精神，实事求是地总结了“九五”时期国民经济和社会发展的重大成就和经验，分析了当前存在的问题，阐明了“十五”计划纲要的指导思想、奋斗目标和主要内容，为“十五”时期国家的发展和建设，勾勒出了一个指导性、针对性和可操作性都很强的政策框架。《报告（征求意见稿）》简明扼要，内容实在，文风朴实。大家对《报告（征求意见稿）》的基本框架和主要内容表示赞同。同时，还就加强农业的基础地位和增加农民收入、调整经济结构、深化国有企业改革、完善社会保障制度、实施西部大开发战略、实施科教兴国和人才发展战略、加强社会主义精神文明和民主法制建设等问题，提出了修改意见。听取大家发言后，朱镕基总理讲了话。他感谢大家提出了许多很好的意见，感谢各民主党派中央、全国工商联负责人和无党派人士对政府工作的关心和支持。他说，大家对《报告（征求意见稿）》提出的修改建议，我们将在认真研究之后加以采纳。我们希望经过反复征求各方面意见，认真加以修改，使之更加完善。朱镕基还就产业结构调整、社会保障体系建设、实施西部大开发战略、加强精神文明建设等问题，与大家坦诚交换了意见。

2月6日　经党中央、国务院批准，国家人事部出台《关于鼓励海外高层次留学人才回国工作的意见》。

2月6日—8日　全国人大财经委会同其他8个专门委员会，对国家计委汇报的《关于2000年国民经济和社会发展计划执行情况与2001年国民经济和社会发展计划草案》、《国民经济和社会发展第十个五年计划纲要草案》，对财政部汇报的《关于2000年中央和地方预算执行情况及2001年中央和地方预算草案》进行了审议。

2月8日　国务院总理办公会议听取了国家计委关于建设青藏铁

路有关情况的汇报，对青藏铁路建设方案进行了研究。会议认为，修建青藏铁路对加快西部地区特别是西藏地区的经济社会发展，造福沿线各族人民具有重要意义，这一项目将成为西部大开发的又一项标志性工程。西藏自治区面积120多万平方公里，地处青藏高原，平均海拔4 000米以上，进出西藏主要依靠公路和航空运输，至今不通铁路。交通基础设施建设落后，是制约这一地区经济社会发展的重要原因。让铁路延伸到西藏，是新中国老一辈领导人和几代建设者的夙愿。从上世纪50年代开始，国家有关部门就开展了建设铁路的研究论证和前期工作。江泽民总书记十分关心西藏的铁路建设问题，2000年11月，对建设青藏铁路作了重要批示，指出：修建青藏铁路是十分必要的，对发展交通、旅游、促进西藏地区与内地的经济文化交流是非常有利的。我们应该下决心尽快开工修建。这是我们进入新世纪应该作出的一个大决策，必将对包括西藏广大干部群众在内的全国各族人民带来很大的鼓舞。他要求国家有关部门要抓紧研究，对多个方案进行分析比较，以便党中央、国务院作出正确决策。据此，国务院责成有关部门进一步进行了紧张的调查、论证工作。青藏铁路东起青海格尔木，西至西藏拉萨，全长1 118公里，其中多年冻土地段约600公里，海拔高于4 000米的地段960多公里，青藏铁路将成为世界上海拔最高和最长的高原铁路。长期以来，铁路设计部门和科研部门合作，开展了复杂地质条件下修建铁路的技术研究和试验，为青藏铁路建设做了充分的准备。近年来国家有关部门又加快了项目前期工作，对包括青藏、滇藏、川藏、甘藏等多个选线方案进行了比选，对建设青藏铁路的经济可行性进行了全面深入的研究。根据国务院的指示，2000年12月，国家计委在京召开了青藏铁路汇报论证会，然后正式向国务院上报了青藏铁路项目建议书。国务院总理办公会审议青藏铁路建设方案时，朱镕基总理指出，经过20多年的改革开放，我国综合国力显著增强，已具有修建青藏铁路的经济实力。通过多年不间断的科学研究和工程试验，对高原冻土地区筑路技术问题也提出了比较可行的解决方案。在几个建设方案综合比选中，青藏铁路方案比较有利，投资少，工期短，地形较为平坦。修建青藏铁路，时机已经成熟，条件也已经基本具备，可以批准立项。朱镕基强调，修建青藏铁路，是党中央、国务院作出的一项重大决策，对于加快西藏经济社会发展，促进西藏自治区同全国其他地区的经济文化交流，增强民族团结具有重要意义。有关部门要进一步完善建设方案，抓紧做好项目可行性研究论证工作，力争早日开工建设。

2月12日—14日　中共中央在北京召开中央工作会议。会议分析了当前的国际国内形势，研究和部署了新世纪初全党必须做好的重要工作。中共中央总书记江泽民主持会议并作了重要讲话。这次会议，是我们党在进入新世纪后为迎接新挑战、夺取新胜利召开的一次十分重要的会议，对于推动全党同志面对新世纪的新形势新任务，进一步解放思想、锐意进取，切实做好各项工作，开创党和国家事业的新局面，具有重要意义。会议要求全党同志更加紧密地团结在以江泽民同志为核心的党中央周围，坚持以邓小平理论和党的基本路线为指导，按照“三个代表”的要求，认清形势，把握大局，齐心协力，真抓实干，为加快改革开放和社会主义现代化建设，实现“十五”计划的宏伟目标而努力奋斗。

2月12日　继2000年6月26日科学家公布人类基因组“工作框架图”之后，中、美、日、德、法、英等6国科学家和美国塞莱拉公司12日联合公布人类基因组图谱及初步分析结果。这次公布的人类基因组图谱是在原“工作框架图”的基础上，经过整理、分类和排列后得到的，它更加准确、清晰、完整。对它的初步分析表明，人类基因组由31.647亿个碱基对组成，共有3万—3.5万个基因，比线虫仅多1万个，比果蝇多2万个，远小于原来10万个基因的估计。另外，科学家还发现与蛋白质合成有关的基因只占整个基因组的2%。

同　日　中国长江三峡工程开发总公司在2001年工作会议上透露，国家2001年计划投资131亿元进行三峡工程建设。这是三峡工程自1993年开工以来，固定资产投资数额最高的一年。三峡工程开工8年来，已累计完成固定资产投资591亿元，完成土石方开挖和填筑1.4亿立方米，混凝土浇筑完成1 474万立方米。工程进度符合总进度计划要求，投资控制在概算范围之内。

2月15日　中共中央、国务院、中央军委作出决定，颁布《军队转业干部安置暂行办法》。

2月17日—19日　全国农村税费改革试点工作会议在安徽举行。主要任务是贯彻党中央、国务院关于加快推进农村税费改革的精神，总结交流安徽等地的试点经验，研究完善有关政策，部署2001年试点工作。温家宝发表讲话指出，推进农村税费改革，是党和国家在农业发展新阶段为解决好农业、农村、农民问题采取的一项重大举措，事关农村改革、发展、稳定的大局，各级党委和政府要从全局和战略的高度充分认识这项改革重大而深远的意义。

2月19日　中共中央、国务院举行国家科学技术奖励大会。中共中央总书记、国家主席、中央军委主席江泽民出席大会并为获奖代表颁奖。中共中央政治局常委、国务院总理朱镕基代表党中央、国务院在大会上讲话。中共中央政治局常委、国务院副总理李岚清宣读了《国务院关于2000年度国家科学技术奖励的决定》。这次会议是我国科学技术发展史上的一次盛会，是对我国科学技术水平的一次检阅。从2000年起设立国家最高科学技术奖，以国家名义对为科学技术发展作出杰出贡献的科学家给予最高荣誉奖励，是党中央、国务院作出的重要决定。江泽民向获得2000年度国家最高科学技术奖的中国科学院系统科学研究所研究员、中国科学院院士吴文俊和湖南杂交水稻研究中心研究员、中国工程院院士袁隆平颁发由他亲笔签发的奖励证书和奖金。获得国家最高科学技术奖这一崇高荣誉的吴文俊、袁隆平2位院士，是我国科技工作者的杰出代表。吴文俊院士在代数拓扑学领域的奠基性工作，半个世纪以来对国际数学领域的发展一直产生着广泛而积极的影响。他运用计算机进行数学定理证明和非线性方程组求解，彻底改变了数学机械化领域的面貌，为信息时代数学发展开辟了新途径。袁隆平院士突破经典遗传理论的禁区，提出水稻杂交新理论，实现了水稻育种的历史性突破。2001年我国杂交水稻的优良品种已占全国水稻种植面积的50%，平均增产20%。从推广种植杂交水稻以来，已累计增产稻谷3 500亿公斤，产生了巨大的经济和社会效益。

2月20日　国家经贸委宣布，国家经贸委及委管局机构进行重大改革。这次改革撤销了国家经贸委管9个局，有关行政管理职能并入国家经贸委。与此同时，组建国家安全生产监督管理局，与国家煤矿安全监察局1个机构2块牌子；保留国家烟草专卖局。经国务院批准，中国证监会决定，允许境内居民以合法持有的外汇开立B股账户，交易B股股票。

2月21日　国家主席江泽民在北京会见了由国际奥委会委员、国际自行车联合会主席海因·维尔布鲁根率领的国际奥委会评估团一行。江泽民指出，北京是中国的首都，是一座具有3 000多年历史的文化名城，也是当代中国与世界各国交往、合作的窗口。中国政府和人民真诚地希望进一步增进与世界的相互了解和友好交往，继续为壮大世界和平与发展的潮流做出自己的贡献。北京代表中国第二次申办奥运会，就是我们这种愿望和努力的具体体现。如果北京取得2008年奥运会举办权，中国政府将认真履行在申办报告中做出的各项承诺。我相信，北京市完全有能力在全体人民的支持下，举办一届时代特点鲜明的、展现奥林匹克魅力的奥运会。

2月26日　中央和国家机关7个部、委、办在北京举行大会，表彰全国在同“法轮功”邪教组织斗争中表现突出、成绩显著的110个先进集体和271位先进个人。李岚清在大会上发表讲话，要求同“法轮功”邪教组织进行坚决斗争，为我国的改革和发展创造良好的社会环境。2月27日，国务院防范和处理邪教办公室负责人在国务院新闻办公室举行的新闻发布会上指出，邪教是当今世界一大公害。依法打击邪教是任何负责任之政府的职责。他指出，据不完全统计，目前被“法轮功”害死的练习者和无辜人员达1 660人，“法轮功”的邪教本质暴露无遗。

同　日　国家安全生产监督管理局宣告成立。标志着我国安全生产管理正式按新体制、新机构运行。管理局的主要职责和任务，一是着力研究如何加强安全生产法制建设，完善安全生产法律法规和规章标准，坚持有法必依、执法必严、违法必究，依法严厉打击各种非法违法行为，建立正常的安全生产法制秩序。二是着力研究如何建立安全生产隐患排查治理长效机制，在认真总结经验教训的基础上，进一步健全完善重大隐患辨识评估、申报备案、分级管理、挂牌督办、举报奖励、整改治理、监督检查等制度，以及重大危险源监控制度，实现隐患排查治理制度化、规范化和经常化。三是着力研究如何“靠加大投入和科技进步保安全，靠加强管理和落实责任保安全，靠强化职工培训和提高素质保安全”。紧紧抓住安全投入、安全管理和安全培训3项基础性工作，在科技进步、落实责任和提高素质3个关键环节上狠下功夫，把综合治理方针和“标本兼治、重在治本”的要求真正落实到企业。四是着力研究如何健全完善“政府统一领导，部门依法监督，企业全面负责，群众监督参与，社会广泛支持”的安全生产工作格局，及“国家监察、地方监管、企业负责”的煤矿安全生产责任体系；建立健全安全生产支撑保障体系；探索建立安全生产激励约束机制、部门联合执法机制和企业安全诚信机制。五是着力研究如何深化煤矿瓦斯治理和整顿关闭，进一步巩固发展煤矿两个攻坚战成果；深入开展重点行业领域的安全专项整治，推动实现全国安全生产状况的明显好转。六是着力研究如何进一步加强安全监管监察队伍思想政治建设、作风建设和业务建设，更好地履行党和人民赋予的神圣职责；加强党风廉政建设，严防以权谋私和失职渎职等行为。

2月27日　中纪委、监察部通报了对公安部原副部长、全国打击走私领导小组原副组长李纪周和厦门特大走私案其他涉案党员、国家工作人员党纪、政纪处理的情况。据通报，在查处厦门特大走私案过程中，中央纪委会同最高人民检察院、监察部、公安部在对李纪周有关问题的调查已取得重要进展的基础上，又发现并查实了他收受走私犯罪分子赖昌星巨额贿赂、滥用职权、徇私枉法的重要事实，使该案取得了新的突破。经查，1994年12月—1997年上半年，李纪周多次收受赖昌星的巨额贿赂，应赖昌星要求，干预公安边防机关对涉嫌走私油轮的查处；利用职权为赖昌星的公司提供便利。1994年11月底—1995年8月，李纪周伙同情妇收受走私犯罪分子梁耀华的巨额贿赂，帮助梁耀华注册成立广州新英豪发展有限公司，促成了新英豪公司保税仓的设立，并多次干预公安机关对该公司走私犯罪问题的查处。此外，李纪周还收受其他人的贿赂及巨额礼金。据通报，继厦门特大走私案第一批案件二审宣判之后，第二批94起案件也于近日一审宣判，涉及党员和国家工作人员91人。

同　日　“博鳌亚洲论坛”举行成立大会。江泽民主席出席并致辞，指出中国政府一贯重视和支持多层次、多渠道、多领域的对话与合作。

2月28日　国家统计局发布《中华人民共和国2000年国民经济和社会发展统计公报》。

3月1日　召开国务院总理办公会议，听取水利部和新疆维吾尔自治区关于塔里木河流域水资源开发管理和生态系统建设的汇报，批准了塔里木河流域综合治理方案。会议认为，加快塔里木河流域治理对于实现新疆经济和社会可持续发展，恢复南疆绿色走廊的生机，造福各族人民，具有十分重要的意义，功在当代，利在千秋，是西部大开发的又一重点工程。塔里木河是我国最大的内陆河，流域覆盖新疆南部地区，面积102万平方公里，人口825.7万人，分别占新疆自治区的61%和47%，是我国重要的棉花生产基地、石油化工基地。但流域内干旱少雨，生态环境极其脆弱。长期以来，由于气候变化和对水土资源的不合理开发利用，导致河道断流、湖泊干涸、林木死亡、土地沙化，下游塔克拉玛干沙漠和库姆塔格沙漠逐步合拢，生态系统加剧恶化，严重制约了流域经济社会的可持续发展，并威胁到我国西北地区生态系统。党中央、国务院十分重视塔里木河流域的治理问题。朱镕基总理在2000年9月考察新疆时提出，要下定决心治理塔里木河，力争用5年—10年时间使塔里木河流域生态环境建设有一个突破性进展。据此，新疆自治区政府和水利部共同进行了塔里木河流域水资源和生态环境问题及其对策的研究，在广泛征求各方意见和组织中国科学院、中国工程院部分院士等专家论证的基础上，提出了塔里木河流域综合治理方案。2000年5月—2001年2月，从博斯腾湖2次通过大西海子水库向塔里木河下游输水3.27亿立方米，水流通过断流河道长达215公里，距塔里木河尾闾台特玛湖100多公里，延缓了生态系统的急剧蜕变，增强了搞好塔里木河治理的信心。在国务院总理办公会议审议塔里木河治理方案时，朱镕基指出，党中央、国务院对实施西部大开发极为重视，近年来已经采取了一系列重大举措，包括连续启动"西气东输"、"西电东送"、青藏铁路建设等重点工程。

同　日　国务院办公厅转发科技部、财政部、中编办、税务总局联合制定的《关于非营利性科研机构管理的若干意见（试行）》。

3月2日　据国家林业局透露，国务院批准2001年继续进行退耕还林还草试点。试点任务分别为退耕造林种草500万亩，宜林荒山荒地造林种草740万亩。第九届全国人民代表大会常务委员会第二十次会议通过《关于修改〈中华人民共和国民族区域自治法〉的决定》，江泽民主席签署第四十六号主席令，公布了这个决定，并自公布之日起施行。

3月3日—12日　中国人民政治协商会议第九届全国委员会第四次会议在北京举行。政协九届四次会议应出席委员2 266人。截至3月7日下午5时，大会共收到委员提案3 585件，经初审立案3 442件，占总数的96.01%。在立案的提案中，经济建设方面的1 633件，科教文卫体方面的931件，政法、统战、人事等方面的878件。没有立案的143件，作为委员来信转交有关部门研究处理。会议听取审议了全国政协副主席叶选平向大会作的全国政协九届常委会工作报告、全国政协副主席万国权向大会作的全国政协九届常委会关于政协九届三次会议以来提案工作情况的报告。委员们列席了九届全国人大四次会议，听取并讨论了朱镕基总理作的《关于国民经济和社会发展第十个五年计划纲要的报告》以及其他报告。会议通过了政协九届全国委员会第四次会议政治决议、关于常委会工作报告的决议、关于政协九届三次会议以来提案工作情况报告的决议，以及政协九届全国委员会提案委员会关于政协九届四次会议提案审查情况的报告。会议增选叶少兰、却西、张榕明、陈抗甫、邵华泽、郝建秀、桂世镛、梁从诚、舒圣佑为政协第九届全国委员会常务委员。

3月4日　科技部发布《关于加强与科技有关的知识产权保护和管理工作的若干意见》。《意见》指出，知识产权是促进技术创新，加速高科技成果产业化，提高经济竞争力的一项重要法律制度。随着当代高新技术及其产业迅猛发展，科技经济一体化趋势日渐加快，知识产权制度在国家经济、社会发展和科技进步中的战略地位进一步增强，成为国家技术创新体系的重要组成部分。《意见》认为，科技成果的知识产权归属政策是调整科研开发和成果转化中活动各方当事人技术、经济利益关系的重要杠杆。今后要采取有利措施，逐步调整科技成果的知识产权归属政策，除以保证重大国家利益、国家安全和社会公共利益为目的外，执行国家科技计划项目所形成科技成果的知识产权，可以由承担单位享有。《意见》要求，各级科技行政管理部门要不断强化与科技有关的知识产权保护和管理工作，引导科研机构和高新技术企业提高知识产权保护意识、管理水平和保护能力。要通过制定正确的知识产权政策，指导高新技术产业及产品结构调整，形成具有原创性的自主知识产权群，提高高新技术产业竞争的控制能力。要根据科技计划项目的具体情况，单列资金用于补助承担单位取得相关知识产权的申请费用和维持费用。《意见》强调，科研机构和高新技术企业应当增强知识产权保护和管理的自觉性、主动性和紧迫性，把知识产权的形成、使用和管理纳入本单位研究开发、成果转化等各项工作之中。科研机构要进一步完善科研管理制度，改变由课题组和项目完成人提出知识产权申请并承担相关费用的简单做法，主动对其内部科研组织提出知识产权方面的任务和要求，并承担相关申请和维持费用。《意见》还对科技人员流动中技术秘密的保护、鼓励知识和技术作为生产要素参与分配以及知识产权中介服务机构和行业联盟的建设等问题提出了明确要求。

3月5日—15日　第九届全国人民代表大会第四次会议在北京举行。会议审议和批准了国务院提出的《中华人民共和国国民经济和社会发展第十个五年计划纲要》和朱镕基总理代表国务院所作的《关于国民经济和社会发展第十个五年计划纲要的报告》，审议和批准了国务院提出的《2001年国民经济和社会发展计划》和国家发展计划委员会主任曾培炎受国务院委托所作的《关于2000年国民经济和社会发展计划执行情况与2001年国民经济和社会发展计划草案的报告》，审议和批准了国务院提出的2001年中央预算和财政部部长项怀诚受国务院委托所作的《关于2000年中央和地方预算执行情况及2001年中央和地方预算草案的报告》。会议通过了关于全国人大常委会工作报告的决议、关于最高人民法院工作报告的决议和关于最高人民检察院工作报告的决议。

3月11日　中央人口资源环境工作座谈会在北京举行。中共中央总书记、国家主席江泽民主持座谈会并发表重要讲话。他强调，全党全国要增强紧迫感、责任感，提高新世纪人口资源环境工作水平。人口资源环境工作，是强国富民安天下的大事。在新的世纪，这项工作只能加强，不能削弱。新世纪的人口资源环境工作充满机遇和挑战，需要全党全社会的高度重视和积极参与，各地、各部门要密切配合，团结一致，充分发挥社会主义制度集中力量办大事的优势，把人口资源环境工作提高到一个新的水平。江泽民在讲话中说，十五届五中全会通过的“十五”计划建议，把加强人口和资源管理、重视生态建设和环境保护列为必须着重研究和解决的一个重大战略性问题，明确提出要继续严格控制人口数量，努力提高人口素质，合理使用、节约和保护资源，提高资源利用率，加强生态建设，遏制生态恶化，加大环境保护和治理力度。全党和全国上下都要深刻认识和坚决贯彻中央关于人口资源环境工作的大政方针，努力抓好落实。《中华人民共和国药品管理法》已由第九届全国人民代表大会常务委员会第二十次会议修订通过。江泽民主席签署第四十五号主席令公布，自2001年12月1日起施行。

3月15日　第九届全国人民代表大会第四次会议闭幕。会议通过了关于国民经济和社会发展第十个五年计划纲要及关于纲要报告的决议；通过了关于2000年国民经济和社会发展计划执行情况与2001年国民经济和社会发展计划的决议，决定批准国务院提出的2001年国民经济和社会发展计划，批准国家发展计划委员会主任曾培炎受国务院委托所作的关于2000年国民经济和社会发展计划执行情况与2001年国民经济和社会发展计划草案的报告；表决通过了关于2000年中央和地方预算执行情况及2001年中央和地方预算的决议，决定批准国务院提出的2001年中央预算，同意财政部部长项怀诚受国务院委托所作的关于2000年中央和地方预算执行情况及2001年中央和地方预算草案的报告。会议还通过了全国人大常委会工作报告的决议；通过了关于修改中外合资经营企业法的决定以及通过了关于最高人民法院工作报告的决议、关于最高人民检察院工作报告的决议。

同　日　第九届全国人民代表大会第四次会议通过了《关于修改中外合资经营企业法的决定》。江泽民主席签署第四十八号主席令。3月22日，修订后的《中华人民共和国中外合资经营企业法》公布，自公布之日起施行。

3月17日　中国证监会发布《公开发行证券的公司信息披露内容与格式准则第一号——招股说明书》和《公开发行证券的公司信息披露内容与格式准则第七号——股票上市公告书》。

3月18日　经第九届全国人民代表大会第四次全体会议批准，《中华人民共和国国民经济和社会发展第十个五年计划纲要》正式公布。

3月19日　经国务院批准，教育部、国家计委、财政部发出关于坚决治理农村中小学乱收费问题的通知，要求各地认真贯彻执行。

同　日　新华社报道：民政部、财政部发出通知，从2001年1月1日起，提高部分优抚对象的抚恤补助标准。

3月20日　根据《全国生态环境建设规划》和“全国水土保持生态环境建设‘十五’计划”，“十五”期间，长江上中游年治理水土流失区域面积1.6万平方公里，5年累计治理水土流失区域面积8万平方公里，其中“长治”工程应当在其中发挥骨干和主体作用。

3月21日　中国电信集团开始调整IP电话资费，调整的重点是下调国际及港澳台电话资费。

3月22日　经中央军委主席江泽民批准，中央军委日前向全军和武警部队批转了总后勤部制定的《军队预算编制改革实施方案》。要求各级按照《方案》的总体要求，积极稳妥地组织实施，确保军队预算编制改革顺利进行。中央军委副主席张万年、迟浩田对这项改革非常重视，并分别提出要求。中央军委委员、总后勤部部长王克在全军预算编制改革工作会议上，对这项改革作了部署。据悉，我军现行的预算办法，每年按各单位上年的基数编制预算，通常只能增不能减，虽操作简便，但不便于根据军队建设任务的变化，适时调整军费的投向投量，已难以适应新形势下军队建设的实际需求。这次改革坚持与国家新的预算制度相衔接，借鉴国际上通行的预算方法，全面改革军队预算编制形式、方法和内容，重点推行零基预算等方法，以充分发挥预算的宏观调控作用，逐步建立起财权财力集中、军费分配科学、项目具体透明、监督制约严密的军队预算新体系。实行改革后，预算单位编制预算时，不再以上年安排的经费为基数，而是依据军队建设中长期规划、年度工作计划和保障任务，按照统一的预算政策和经费标准，对每一年或每一项目的预算支出，从“零”开始，重新进行测算、审查，区分轻重缓急安排经费。王克在讲话中强调，这次预算改革是江主席和中央军委在后勤改革方面作出的一项重要决策，是牵动军队建设全局的一件大事。全军各大单位和总部各有关部门，一定要统一思想，精心组织，密切配合，过细工作，确保改革方案落实见效。

3月23日　国家主席江泽民在中南海会见了《华盛顿邮报》执行总编辑史蒂夫·科尔一行。江主席就中美关系、祖国统一以及改革开放等方面的问题，回答了他们的提问。美方记者提出“您认为美国是合作者还是竞争者”这一问题时，江主席说，现在国外有一种说法，认为中美必然走向冲突。这种看法没有依据。中国是最大的发展中国家，美国是最大的发达国家，都是安理会常任理事国。两国虽然存在一些分歧，但在事关世界和平与发展的重大问题上，有着共同的利益，并都肩负着重要的责任。在经济全球化加快发展的条件下，国与国之间在经济、科技、贸易、人才等方面存在竞争，这是世界发展的一个特点，中美之间也不例外。这是正常的。但中美之间也有许多重要的合作，而且我认为合作的前景是广阔的。中美发展友好合作关系符合两国人民的根本利益，对促进世界和平与发展事业的意义也是重大的。中美关系走过的道路虽不平坦，但总的看是向前发展的。现在，两国在经贸等领域的交流合作不断扩大，在克服亚洲金融危机、维护朝鲜半岛和平与稳定等重大问题上的合作富有成效。总之，中美发展健康稳定的合作关系，有利于亚太和世界的和平与发展。江主席在回答关于台湾的问题时强调指出，台湾问题迟迟未能解决，美国负有很大责任。你们知道，从上个世纪50年代美国将第七舰队开进台湾海峡，在长达20多年的时间里，美国政府一直庇护台湾当局。中美建交后，美国国会不顾中国人民的反对，又通过了《与台湾关系法》。多年来，美不断出售先进武器给台湾。美国一方面承认一个中国原则，并向中国政府和人民作出了承诺，另一方面却售台大量先进武器，事实上助长了“台独”势力的分裂活动。我们希望美国政府切实恪守中美3个联合公报和有关承诺，从战略的高度和长远的角度妥善处理台湾问题，这对台湾海峡局势的稳定和中美关系的健康发展至关重要。我们一贯主张，在一个中国原则基础上，通过平等谈判用和平方式解决台湾问题。我们多次重申，只要台湾当局明确承认一个中国原则，两岸即可恢复对话和谈判，而且什么问题都可以谈。我们以极大的耐心通过各种形式与台湾各个阶层交换意见，并且积极加强两岸经济和文化的交流，积极促进两岸早日实现“三通”等等。这些都显示了我们和平统一台湾的诚意和努力。我们早就说过，我们不承诺放弃使用武力，这决不是针对台湾同胞，而是针对外国势力干涉中国统一和搞“台湾独立”图谋的。我们将尽最大的努力实现和平统一，我们也完全有信心、有能力坚决制止任何搞“台湾独立”的活动，维护中国的主权和领土完整。

3月24日　中央军委颁布施行《中国人民解放军军事科学研究条例》。中央军委主席江泽民日前签署命令，颁布施行《中国人民解放军军事科学研究条例》。这是我军第一部规范军事科学研究工作的基本法规。军事科学研究是确保军队履行职能、夺取军事斗争胜利的重要基础性工作，也是军队建设的一项经常性工作。几十年来，我军军事科学研究工作和军事理论建设取得了重大成就，积累了丰富的经验，形成了一系列行之有效的管理办法。将这些成功经验和办法总结上升为法规，使我军军事科学研究事业有法可依，是军队正规化建设发展的必然要求。中央军委把制定《条例》列入“八五”、“九五”期间立法规划项目，自1994年开始，在总部和全军有关单位的大力支持下，军事科学院开展了深入、系统的研究，完成了起草工作。《条例》共设10章42条，涵盖了军事科学研究的主要方面和主要环节，具有很强的规范性。《条例》明确规定了全军军事科学研究的领导体制和各级部门在军事科学研究方面的基本职责，规范了军事科学研究管理的基本内容和基本制度，以及开展军事科学研究的基本程序和保障条件。《条例》以马克思列宁主义、毛泽东思想、邓小平理论和江泽民同志一系列重要论述为指导，贯彻新时期军事战略方针，适应“打得赢”、“不变质”的要求，面向现代化、面向世界、面向未来，客观地反映了军事科学研究工作的特点和规律，对于推动军事实践的发展，更好地为国防建设、军队建设和军事斗争服务，具有重要意义。《条例》着眼于新世纪军事科学研究发展的需要，总结和汲取我军军事科学研究工作的成功经验，强调军事科学研究要以新形势下国防建设、军队建设、军事斗争准备为重心，对打赢现代技术特别是高技术条件下的局部战争问题进行前瞻性研究，为我军现代化建设提供强有力的理论支持。《条例》颁布全军施行，充分体现了以江泽民同志为核心的党中央、中央军委对军事科学研究工作的关怀和重视，是对发展我军军事科学理论而采取的一项重要举措，填补了我国军事法规方面的空白，对全面推动我军军事科学事业的健康发展，更好地发挥军事理论在我国国防和军队现代化建设中的先导作用，具有重要的意义。同时也为加强军事理论建设，建立具有我军特色的军事科学研究法规体系奠定了基础。

3月28日　朱镕基总理主持召开国务院第三十六次常务会议，讨论并原则通过了《中华人民共和国人口与计划生育法（草案）》，审议并原则通过了《集成电路布图设计保护条例（草案）》。会议认为，我国人口与计划生育工作取得了举世瞩目的成就，成功地摸索出一条具有中国特色综合控制人口数量、提高人口素质的道路，但稳定低生育水平的任务仍然重大而艰巨，计划生育工作中也还存在着一些问题和困难。为了稳定低生育水平，进一步做好计划生育工作，迫切需要在总结地方立法和实践经验的基础上，根据当前实际情况制定统一的人口与计划生育法。会议认为，集成电路技术是信息产业的核心和国民经济信息化的基础。为了完善我国知识产权保护制度，加强对布图设计专有权的保护，鼓励集成电路技术的创新，需要制定《集成电路布图设计保护条例》。会议决定，《中华人民共和国人口与计划生育法（草案）》经修改后，由国务院提请全国人大常委会审议；《集成电路布图设计保护条例（草案）》，经修改后由国务院发布施行。

同　日　国家统计局发布2000年第五次全国人口普查主要数据公报（第1号）说，全国总人口为12.9533亿人。其中，祖国大陆31个省、自治区、直辖市（不包括福建省的金门、马祖等岛屿，下同）和现役军人的人口共12.6583亿人。香港特别行政区人口为678万人。澳门特别行政区人口为44万人。台湾省和福建省的金门、马祖等岛屿人口为2 228万人。祖国大陆31个省、自治区、直辖市和现役军人的人口，同第4次全国人口普查1990年7月1日0时的11.3368亿人相比，10年零4个月共增加了1.3215亿人，增长11.66%。平均每年增加1 279万人，年平均增长率为1.07%。祖国大陆31个省、自治区、直辖市共有家庭户3.4837亿户，家庭户人口为11.9839亿人，平均每个家庭户的人口为3.44人，比1990年第四次全国人口普查的3.96人减少了0.52人。祖国大陆31个省、自治区、直辖市和现役军人的人口中，男性为6.5355亿人，占总人口的51.63%；女性为6.1228亿人，占总人口的48.37%。性别比（以女性为100，男性对女性的比例）为106.74。

同　日　国务院第三十六次常务会议通过了《集成电路布图设计保护条例》，国务院总理朱镕基签署了国务院第三〇〇号令，公布了这个《条例》。《条例》自2001年10月1日起施行。《条例》共有6章，分别是总则、布图设计专有权、布图设计的登记、布图设计专有权的行使、法律责任和附则，共36条。《条例》规定，中国自然人、法人或者其他组织创作的布图设计，依照条例享有布图设计专有权；外国人创作的布图设计首先在中国境内投入商业利用的，依照本条例享有布图设计专有权；外国人创作的布图设计，其创作者所属国同中国签订有关布图设计保护协议或者与中国共同参加有关布图设计保护国际条约的，依照本条例享有布图设计专有权。《条例》规定，受保护的布图设计应当具有独创性，即该布图设计是创作者自己的智力劳动成果，并且在其创作时该布图设计在布图设计创作者和集成电路制造者中不是公认的常规设计。

3月30日　国务院召开全国粮食清仓查库工作动员电视电话会议。

同　日　经国务院同意、中国证监会批准，中国证券登记结算有限责任公司正式成立。这标志着我国证券市场向规范化建设方面迈出了重要一步。

3月31日　国家经贸委提出2001年将加快重点行业、重点企业、重点产品的技术改造，尽快提高重点企业的国际竞争力，巩固国企改革与脱困的成果，并确定了下一阶段技术改造工作的5个重点。

本　月　双价转基因抗虫棉SGK321通过河北省品审委员会审定。标志着我国在双基因抗虫棉研究领域居国际领先地位。

4月1日　美国EP-3型军用侦察机违反飞行规则在我国海南岛东南上空撞毁我军用飞机，导致中方飞行员王伟牺牲，又未经许可擅自闯入中国领空，降落在陵水机场。当日我外交部就此事向美方提出严正交涉和抗议，指出美方应对美军侦察机撞毁中方飞机这一严重事件承担全部责任。4月3日，江泽民发表谈话强调：美国应停止在中国沿海空域的侦察飞行，这样才能防止类似事件再次发生，才有利于中美关系的发展。4月16日，新华社报道，中央军委主席江泽民签署命令，授予王伟同志“海空卫士”荣誉称号。

4月2日　新华社报道：中国证监会发布《证券公司从事股票发行主承销业务有关问题的指导意见》，并自2001年4月1日起施行。

4月2日—4日　国务院在北京召开全国整顿和规范市场经济秩序工作会议。中共中央政治局常委、国务院总理朱镕基出席会议并作了重要讲话。中共中央政治局常委、国务院副总理李岚清作了《大力整顿和规范市场经济秩序，为加快推进现代化建设创造良好环境》的报告。会议明确了今后5年整顿和规范市场经济秩序的主要任务和2001年的工作重点，对如何开展这项工作作了具体部署。会议讨论了《国务院关于整顿和规范市场经济秩序的决定》、《国务院关于禁止在市场经济活动中实行地区封锁的规定》和《国务院关于特大安全事故行政责任追究的规定》。会议确定，2001年要紧紧抓住直接危害人民切身利益、社会反映强烈、群众可参与程度高的问题，进行集中整治。第一，以食品、药品、农资、棉花、拼装汽车等为重点，进一步打击制售假冒伪劣商品的行为；第二，以查处规避招标、假招标和转包为重点，整顿和规范建筑市场；第三，以查处骗税、偷税、非法减免税为重点，强化税收征管；第四，以查处地区封锁和部门行业垄断为重点，打击地方保护主义；第五，以清理压缩音像集中经营场所，查处非法经营的“网吧”、“游戏机房”和非法出版物为重点，整顿文化市场。对未列入2001年整顿和规范重点的，有关主管部门也要按照职能分工，认真抓好主管领域市场经济秩序的整顿和规范工作；各地区也要根据自己的具体情况，确定其它重点。会议提出，要用1年左右时间，在上述五个方面取得阶段性成果，使严重破坏市场经济秩序、违法犯罪活动蔓延的势头得到明显遏制，群众反映强烈、后果严重、影响恶劣的大案要案得到揭露和处理，触犯刑律的犯罪分子得到严厉惩处，人民群众对整治结果感到基本满意。在此基础上，将整顿和规范市场经济秩序工作纳入制度化轨道，长期不懈地开展下去。

4月2日—3日　全国社会治安工作会议在北京举行。会议要求，全党和全国上下要共同努力，下大气力解决当前社会治安中的突出问题，坚决实现2年内社会治安明显进步的目标，切实保证广大人民群众安居乐业，切实维护和促进改革发展稳定的大局，为社会主义改革开放和现代化建设提供有力的保证。江泽民在会上发表了重要讲话。他强调，各级党委和政府必须坚持“两手抓，两手都要硬”，把治安工作经常摆上议事日程，常抓不懈，持之以恒。必须不断健全社会治安工作方面的法律、法规、体制和机制。对发生的各类案件特别是典型案件，对治安工作面临的突出问题，必须注意分析，善于举一反三，以取得规律性的认识，更好地实现标本兼治。江泽民希望领导干部特别是高级干部，必须增强忧患意识，坚定不移地贯彻落实党的基本路线，兢兢业业、夙兴夜寐地做好各项工作。这次会议是新世纪初中央召开的又一次十分重要的会议。会议分析了当前社会治安形势，对进一步加强全国社会治安工作做出了部署。会议在分析当前社会治安形势时认为，多年来，党中央、国务院先后采取了一系列重大措施，各级党委、政府和政法部门等各个方面做了大量工作，确保了我国社会政治大局稳定。但必须看到，现在，刑事案件总量上升，危害增大。爆炸、杀人、抢劫、绑架、投毒、拐卖妇女儿童等严重犯罪活动猖獗，特别是一些地方黑社会性质的犯罪团伙横行霸道。乡霸、市霸、路霸等一些流氓恶势力为害一方。入室盗窃、扒窃、盗窃机动车等多发性案件居高不下，经济领域的犯罪活动也很突出。黄赌毒等丑恶现象屡禁不止，污染社会风气。各种治安灾害事故不断发生，人身伤害和财产损失严重。会议强调，社会治安不仅是个重大的社会问题，也是一个重大的政治问题。切实保障人民群众的生命和财产安全，是党和政府肩负的重大责任。当前，要在全国范围内开展一场“严打”整治斗争，坚决打掉犯罪分子的嚣张气焰，尽快改变治安面貌，这是广大人民群众的强烈愿望。“严打”是打击严重刑事犯罪活动的长期方针，要坚持贯彻执行。各级党委和政府要立即行动起来，按照中央的要求，精心组织，全力推动，一抓到底，务求实效。会议指出，要重点打击3类犯罪：有组织犯罪、带黑社会性质的团伙犯罪和流氓恶势力犯罪；爆炸、杀人、抢劫、绑架等严重暴力犯罪；盗窃等严重影响群众安全的多发性犯罪。

4月3日　国家主席江泽民在北京会见卡塔尔国首相阿卜杜拉时，就美侦察机撞毁我军用飞机事件发表了谈话。江泽民说，最近在中国海南岛沿海空域发生的中美军用飞机碰撞事件，责任完全在美方，我们有充分的证据。是美国的飞机违反飞行规则，做出危险的动作，撞毁我飞机，致使我飞行员下落不明。人是最宝贵的。我对这名飞行员的人身安全十分关心，已多次指示要不惜一切代价，全力进行搜救。江泽民说，我们无法理解，美国为什么要在离中国这么近的地方经常进行侦察飞行，这次又在碰撞我飞机后，违反国际法和国际惯例，侵犯我领空，降落在我机场。美国应停止在中国沿海空域的此类飞行，这样才能防止类似事件的再次发生，才有利于中美关系的发展。

4月5日　朱镕基总理在国务院召开的整顿和规范市场经济秩序工作会议。会议提出，各地方、各部门一定要按照中央和这次会议的布置，下最大的决心，用最大的力气，迅速在全国范围内大张旗鼓地开展整顿和规范市场经济秩序的工作，严厉打击各种破坏市场经济秩序的违法犯罪活动，要抓住要害，突出重点，标本兼治，综合治理，深化改革，强化法制，尽快从根本上扭转市场经济秩序比较混乱的局面，努力开创我国改革开放和现代化建设的新局面。

4月7日　经国务院批准，我国将对烟酒消费税和部分营业税政策进行调整。卷烟消费税政策调整，主要是将从价定税的计税方法改为从量定额与从价定率相结合的复合定税方法，同时对税率进行适当调整。酒类消费税政策调整，主要是对征税办法和税率水平进行调整。部分营业税政策调整包括：取消对新设立的外商投资和外国金融企业来源于经济特区的营业收入、自登记之日起5年免征营业税的优惠政策。

4月8日　国家粮食局发出通知，自2001年5月1日起，取消《市镇居民粮食供应转移证明》。届时城镇居民户口在全国范围内迁移以及农业户口转为非农业户口，不再办理《市转证》。此前关于《市转证》的文件和规定以及印制发放的《市转证》同时废止。《市转证》是粮食统购统销管理体制的产物，是计划经济条件下管理粮食销售的方式之一。在过去粮食短缺的情况下，《市转证》制度对于保证城镇居民的粮食供应和价格稳定、安定人民生活发挥了重要作用。改革开放以来，粮食购销体制不断调整，国家逐步放开了粮食销售市场和销售价格，各地改变或取消了城镇居民口粮凭证定量供应的办法。随着粮食供求由过去长期短缺转变为供求基本平衡、丰年有余以及粮食流通体制改革的不断深化，粮食销售市场进一步放开搞活，目前取消《市转证》的条件已经成熟。《市转证》取消后，根据粮食省长负责制的要求，各地粮食部门要在加强和改善粮食流通管理工作的同时，积极探索社会主义市场经济条件下的粮食市场调控方法，搞好粮食销售工作，保证粮食市场供应和价格基本稳定。

4月9日　国务院新闻办公室发表题为《2000年中国人权事业的进展》的白皮书，阐述了在过去一年中国人权事业在各个方面所取得的成就。白皮书全文约1.4万字，分七个部分：一、人民生存权和发展权的改善；二、公民政治权利的保障；三、人权的司法保障；四、公民的经济、社会和文化权利；五、妇女、儿童权利的保护；六、少数民族的平等权利和特殊保护；七、积极开展人权领域的对外交流与合作。白皮书指出，人权的发展是各国社会发展的一个重要方面，是一个不断前进的历史进程。中国政府将根据自己的国情和人民的意愿，以建设民主、文明的现代化法治国家为目标，积极吸收世界各国的有益经验和文化成果，在保持社会稳定的前提下，加快发展，加强民主法制建设和精神文明建设，不断推动中国人权事业向前发展。

4月10日　海关总署公布，2000年我国外贸进出口额在世界排名继续上升，其中出口额由2000年的第九位升至第七位，进口额由2000年的第十位升至第八位。世贸组织公布：2000年我国对外贸易额在世界的排名首次超过意大利和荷兰，由原来第九位上升至第七位，中国已跻身于世界贸易大国行列。

4月11日　外交部部长唐家璇在接受美国政府处理美军用侦察机撞毁中国军用飞机事件的全权代表、美国驻华大使普理赫代表美国政府递交的致歉信时指出，美方对此事件必须承担全部责任，向中国人民作出交待，停止在中国沿海进行侦察活动，防止类似事件再次发生。普理赫在信中说，布什总统和鲍威尔国务卿对中方飞行员失踪和飞机坠毁都表示了真诚的遗憾。他谨代表美国政府向中国人民和王伟的家属深表歉意，并就美方飞机未经许可而进入中国领空和降落中方机场向中方深表歉意。美方还感谢中方为妥善安置美方机组人员所做的努力。

4月12日　中国共产党的优秀党员，久经考验的、忠诚的共产主义战士，无产阶级革命家，党和军队卓越的政治工作领导者，中国人民政治协商会议第六、七届全国委员会副主席王恩茂同志因病在北京逝世，享年88岁。王恩茂，1930年加入中国共产主义青年团，同年转入中国共产党。土地革命战争时期，任中共永新县委技术书记，县苏维埃政府文化部部长、县委秘书长，中共湘赣省委宣传部干事、秘书，中国工农红军第六军团政治部宣传干事，中共湘鄂川黔、川滇黔省委秘书长，红二方面军政治部总务处处长。参加了长征。抗日战争时期，任八路军一二〇师三五九旅政治部宣传部教育科科长、旅政治部副主任、旅副政治委员，八路军南下第一支队副政治委员，湘鄂赣军区副政治委员。解放战争时期，任中原军区三五九旅政治委员，吕梁军区政治部主任，晋绥野战军第二纵队政治部主任、副政治委员，第一野战军第二军政治委员。中华人民共和国成立后，任南疆军区政治委员，新疆军区司令员兼政治委员、兼新疆生产建设兵团第一政治委员，中共中央新疆分局第一书记、新疆维吾尔自治区委员会第一书记，南京军区副政治委员，中共吉林省委第一书记兼沈阳军区副政治委员，中共新疆维吾尔自治区委员会第一书记兼乌鲁木齐军区第一政治委员兼新疆军区第一政治委员。1955年被授予中将军衔，第九届候补中央委员，第十一届、十二届中央委员。

4月13日　涨工资政策4月开始全面执行。财政部部长项怀诚在国务院新闻办公室举行的记者招待会上介绍了2001年一季度国家预算执行情况，并宣布：机关事业单位4月开始执行涨工资政策，时间从2001年1月1日算起。项怀诚说，一季度财政收入3 682.01亿元，与2000年同期比增长27.9%；财政支出2 832.99亿元，与2000年同期比增长19.2%。财政收入有这样的增幅，从历史上看，属于好年景。当有记者问到2001年给机关事业单位职工涨工资问题时，项怀诚说，2001年涨工资，国务院已经发了文件，希望在4月份各个地方都能够开始执行涨工资的政策。他还特别指出，这次涨工资不是从4月份开始涨，而是从1月1日开始算起。项怀诚说，2001年给机关事业单位工作人员调整工资的政策，包括三个内容。第一，提高机关事业单位职工的工资，平均每人每个月提高人民币100元。第二，从2001年开始，给全国13个省区市634个县的职工实行艰苦和边远地区津贴。第三，将从2001年开始，实行考核称职干部的制度。只要是称职的干部，在年终将发相当于本人1个月的工资作为奖励。项怀诚说，这次调整工资涉及4 500多万人，大概要花800亿元。艰苦和边远地区津贴100%由中央财政负担。中央机关职工提高工资由中央财政负担，广东、福建、浙江、江苏、上海、山东、北京7个省市职工提高工资由地方自己负担。其他24个省区市，中央财政对他们实行不同比例的转移支付，最低30%，最高80%。中央对这24个省区市涨工资平均负担64%。

同　日　中国共产党早期的杰出的无产阶级革命家，著名的工人运动领袖赵世炎诞辰100周年纪念座谈会在北京举行。中共中央政治局常委、全国人大常委会委员长李鹏出席座谈会并发表讲话。

4月16日　中央军委主席江泽民签署命令，授予王伟同志“海空卫士”荣誉称号。中央军委的命令说，海军航空兵某团飞行二大队中队长王伟，浙江省湖州市人，1968年出生，1986年入伍，1988年入党，大学文化程度，海军少校军衔。2001年4月1日上午，一架美国EP—3军用电子侦察机抵近我国海南岛东南海域上空进行侦察活动，担负战备值班任务的王伟奉命驾机升空实施跟踪监视。美机违反飞行规则，将王伟驾驶的飞机撞毁。王伟按照机长的命令跳伞，经军地全力搜救未果，已壮烈牺牲。中央军委的命令指出，王伟同志从小立志报国，高中毕业后自愿应招入伍；在军校刻苦钻研飞行技术，学习成绩优异；在部队苦练精飞，成为四种气象飞行员，经常担负重大任务，多次立功受奖。这次在执行对美军电子侦察机跟踪监视飞行任务时，他坚毅果敢，沉着冷静，英勇顽强，用生命谱写了一曲爱国主义和革命英雄主义的壮丽凯歌。王伟同志具有远大革命理想和崇高献身精神，他模范实践我军根本宗旨，忠实履行我军根本职能，是新一代革命军人的杰出代表。中央军委的命令号召全军广大官兵要向王伟同志学习。

同　日　教育部宣布，从2001年起普通高校招生取消年龄和婚姻状况的限制，中等职业学校毕业生当年可参加高考。

4月19日　中国共产党代表团团长、中共中央政治局常委、国家副主席胡锦涛在越南共产党第九次全国代表大会全体会议上发表重要讲话，代表中国共产党向越共“九大”的召开表示热烈祝贺。

同　日　经国务院批准，国家计委、财政部下发了《关于全面整

顿住房建设收费取消部分收费项目的通知》。整顿住房建设收费的范围，包括住房建设项目规划、立项、征地、建设、销售及使用全过程的各种收费。整顿的重点是，取消所有未按规定权限和程序设置的收费项目；取消虽按规定权限和程序设置，但与现行产业政策、行政管理体制变化情况不相符合已失去合理性的收费项目及重复设置的收费项目。取消一批不合法、不合理的收费项目。各地执行的行政事业性收费项目，凡与本通知公布取消的收费项目性质、内容相类似的，不论冠以何种名称，一律取消。同时，1999年财政部、国家计委在批复地方涉及企业负担的行政事业性收费项目时，已明确规定到2000年底取消的收费项目，必须取消。凡在《国家计委、财政部关于取消部分建设项目收费进一步加强建设项目收费管理的通知》(计价费〔1996〕2922号）颁布前，已按规定的审批权限批准征收城市基础设施配套费及其他专项配套费的，由省级财政、价格主管部门对各类专项配套费进行整顿，将其统一归并为城市基础设施配套费；取消与城市基础设施配套费重复收取的水、电、气、热、道路以及其他各种名目的专项配套费。统一归并后的城市基础设施配套费，由省级价格、财政部门根据近年来公用事业价格改革和调整情况，按照从严控制、逐步核减的原则重新核定收费标准。凡是未按规定审批权限批准征收的城市基础设施配套费或其他各类专项配套费，以及计价费〔1996〕2922号文件颁布后，地方各级人民政府或有关部门出台的城市基础设施配套费或其他专项配套费，一律取消。

4月20日　中共中央总书记、国家主席、中央军委主席江泽民在北京会见了“海空卫士”王伟同志亲属及其生前所在部队代表。江主席说：“我在国外访问期间，每天都挂记着王伟同志的搜救情况，也很惦念你们全家。我昨天下午刚出访回来，今天与在京的政治局常委、几位政治局委员和军委的同志一起来看望你们。”江泽民指出，王伟同志为了保卫国家主权和安全，献出了年轻的生命。他的牺牲是很英勇的，他平时的事迹也很突出，值得全军官兵学习。中央军委授予王伟同志“海空卫士”荣誉称号，这是祖国和人民对王伟同志的最高褒奖，是全军指战员的光荣，也是你们全家的光荣。

王伟同志的精神是永存的，人民会永远记住他。江泽民对王伟父母说，我要感谢你们为党和国家培养了一个好儿子。希望你们全家继承烈士遗志，养育好烈士的后代。江泽民说，中国有12亿多人口，我们对每一个人的生命都非常珍惜。人的生命只有一次，我非常理解你们失去亲人的悲痛。撞机事件发生后，党中央、国务院、中央军委对王伟同志的安危极为关切，要求不惜一切代价，动用一切手段组织搜救。在10多天的时间里，全国各族人民都牵挂着王伟同志。这充分说明，中华民族是有强大凝聚力的。

4月21日　朱镕基总理签署国务院第三〇三号令。公布《国务院关于禁止在市场经济活动中实行地区封锁的规定》。规定自公布之日起施行。《规定》共28条。颁布这个规定，是为了建立和完善全国统一、公平竞争、规范有序的市场体系，禁止市场经济活动中的地区封锁行为，破除地方保护，维护社会主义市场经济秩序。《规定》指出，禁止任何单位或个人违反法律、行政法规和国务院的规定，以任何方式阻挠干预外地产品或工程建设类服务进入本地市场，或者对阻挠、干预外地产品或服务进入本地市场的行为纵容、包庇，限制公平竞争。《规定》列举了以下几种地区封锁行为：以任何方式限定、变相限定单位或个人只能经营、购买、使用本地生产的产品或者只能接受本地企业、指定企业、其他经济组织或者个人提供的服务；在道路、车站、港口、航空港或本行政区域边界设置关卡，阻碍外地产品进入或本地产品运出；对外地产品或服务设定歧视性收费项目、规定歧视性价格，或实行歧视性收费标准；对外地产品或服务采取与本地同类产品或服务不同的技术要求、检验标准，或者对外地产品或服务采取重复检验、重复认证等歧视性技术措施，限制外地产品或服务进入本地市场；采取专门针对外地产品或服务的专营、专卖、审批、许可等手段，实行歧视性待遇，限制外地产品或服务进入本地市场；通过设定歧视性资质要求、评审标准或不依法发布信息等方式限制或排斥外地企业、其他经济组织或个人参加本地的招投标活动；以采取同本地企业、其他经济组织或个人不平等的待遇等方式，限制或排斥外地企业、其他经济组织或个人在本地投资或设立分支机构，或对外地企业、其他经济组织或个人在本地的投资或设立的分支机构实行歧视性待遇，侵害其合法权益；实行地区封锁的其他行为。《规定》强调，出现以上地区封锁行为的，有关部门要依法予以查处。地方各级人民政府及其所属部门不得以任何名义、方式阻挠、干预依照本规定对地区封锁行为进行的查处工作。如出现上述行为，将给予通报批评，有关责任人要给予降级或撤职的行政处分。构成犯罪的，依法追究刑事责任。《规定》还指出，任何地方不得制定实行地区封锁或含有地区封锁内容的规定，妨碍建立和完善全国统一、公平竞争、规范有序的市场体系，损害公平竞争环境。已制定的，要予以改变或撤销。

同　日　国家工商行政管理总局要求严厉打击非法拼装汽车行为。在5月31日前，集中清查、坚决取缔辖区内各类非法拆解拼装汽车的市场。

4月23日　中国人民银行货币政策委员会2001年第二季度例会在京召开。会议认为，当前货币信贷总量适度，稳健的货币政策继续发挥重要作用。要继续保持货币政策的稳定性、连续性和前瞻性；货币供应量平稳增长，人民币存贷款利率稳定和人民币汇率基本稳定；改进对中小企业的金融服务；继续采取措施促进货币市场与资本市场的协调发展，进一步加强信贷监督。

4月24日　朱镕基总理签署国务院第三〇一号令。公布《国务院关于修改<中华人民共和国外资企业法实施细则>的决定》，决定自公布之日起施行。

4月27日　第八十九届广交会圆满闭幕。中国出口商品交易会秘书长胡楚生在闭幕新闻发布会上宣布，截止到26日，出口成交158亿美元，比2000年春交会增长15.6%，比上届增长5.4%。本届大会到会客商首次突破了11万人。本届广交会日用消费品和家用电器产品仍是成交大户，成交近112亿美元，占总成交的71%，五金工具和机械设备成交情况也较好，成交额近24亿美元，比上届增长6%。从商品交易情况看，品牌产品具有明显竞争优势，适销对路的新产品成交势头看好，布展新颖的企业产品获得了外商的青睐。虽然出口成交情况和客商人数均有所增长，但广交会有关部门认为，国际市场需求增长减缓对出口的影响已经显现，这主要体现在：对美国、欧盟2大市场成交增长停滞，原材料、设备等投资类货物的出口成交下降，机电产品出口成交增幅减弱，纺织品、电池以及部分通迅产品价格下降。有关方面指出，要实现2001年外贸出口的发展目标，仍需付出更大努力。但与大会总体对美国、欧盟2大市场成交增长停滞的状况不同，广东省交易团与欧盟、美国的成交占了相当大的比重，占了广东省总成交额的39.42%。其中，与欧盟成交额占广东总成交额的25.44%；与美国成交额占13.98%。成交排列第三的是海湾8国。东南亚、港澳、日本的成交额则有升有降。广东交易团有关人士认为，远洋客商的大幅增长以及部分传统市场成交情况的变化，充分说明广货在向海外市场多元化方向发展方面已取得了成效。

4月28日　全国劳动模范座谈会在北京举行。中共中央总书记、国家主席、中央军委主席江泽民出席会议并发表重要讲话。他说，全心全意依靠工人阶级，是我们党和国家的政治优势，也是我们从胜利走向胜利的重要保证。我们的工人阶级要始终以主人翁精神和饱满的热情投身到这一伟大实践中去。江泽民指出，保障工人阶级和广大劳动群众的经济、政治和文化权益，是党和国家一切工作的根本基点，也是发挥工人阶级和广大劳动群众积极性、创造性的根本途径。各级领导机关和领导干部，切实加强同广大职工群众的联系，关心他们的疾苦，倾听他们的呼声，实实在在地为他们说话办事，尤其要千方百计地为遇到困难的职工排忧解难，努力把工人阶级和广大劳动群众的物质文化利益实现好、维护好、发展好，把他们的积极性和创造性引导好、保护好、发挥好。江泽民指出，各级领导机关和领导干部必须懂得，保证工人阶级和广大劳动群众行使管理国家、管理经济和社会事务的权利，是社会主义民主的根本要求。首先必须保证他们在基层的经济、政治、文化和其他社会事务中当好家作好主，这是实现工人阶级和广大劳动群众在整个国家的经济、政治、文化和社会生活中当家作主的基础。要坚持发挥职工代表大会的作用，建立和完善平等协商、集体合同制度，进一步完善村民自治制度，进一步加强社区的民主建设，通过政务公开、厂务公开、村务公开等多种形式，不断扩大基层民主，确保广大职工和劳动群众依法进行民主选举、民主决策、民主管理、民主监督。工会是党领导的工人阶级群众组织，是党联系职工群众的桥梁和纽带，肩负着维护职工群众合法权益的基本职责。要切实维护职工群众的具体利益，真心诚意地为职工群众服务。各级党委和政府要高度重视工会组织的工作，为它们履行职能创造条件，通过它们把广大职工群众更加紧密地团结在党的周围，更好地完成党和政府提出的各项任务。

同　日　九届全国人大常委会第二十一次会议闭幕，会议表决通过了全国人大常委会关于中华人民共和国税收管理法修订案、信托法、全国人大常委会关于修改中华人民共和国婚姻法的决定、国防教育法。会议表决通过了全国人大常委会关于进一步开展法制宣传教育的决议等。国家主席江泽民签署第四十九号、第五十号、第五十一号、第五十二号主席令分别予以公布。会议表决通过了全国人大常委会关于批准中华人民共和国和老挝人民民主共和国关于民事和刑事司法协助的条约的决定、关于批准中华人民共和国和菲律宾共和国关于刑事司法协助的条约的决定、关于批准中华人民共和国、塔吉克斯坦共和国和吉尔吉斯共和国关于3国国界交界点的协定的决定。会议表决通过了全国人大常委会关于进一步开展法制宣传教育的决议。会议还表决通过了任免名单。全国人大常委会还发布公告，张桂溪、王李广的全国人民代表大会代表资格终止。各项议程结束后，全国人大常委会委员长李鹏发表讲话。李鹏说，税收征收管理法修正案经常委会4次审议，增加了不少新的条款，对许多原有条款也作了修改，从而进一步完善了我国税收征管的法律制度。这是一部很重要的法律，对于保障国家税收收入，促进经济和社会的发展，调节收入分配的差距，都有重大意义。各级税务机关要认真学习这部法律，严格执行这部法律的规定，做到依法征税、文明征税。广大纳税人也要认真学习这部法律，树立依法纳税的意识，自觉履行纳税义务。李鹏说，本次会议还通过了婚姻法修正案。这部法律的修改涉及千家万户，常委会在修改过程中充分发扬民主，广泛听取各方面意见。特别是婚姻法修正案草案向社会全文公布后，人民群众参与修改婚姻法的热情很高，常委会工作机构先后收到群众来信来电3 800多件。可以说，这次修改婚姻法的过程，也是广大人民群众参与立法和普及婚姻法的过程，是人民当家作主的具体体现。当前，为了更好地贯彻实施婚姻法，必须学习婚姻法、宣传婚姻法，使婚姻法中规定的婚姻自由、一夫一妻、男女平等、保护妇女儿童和老人的合法权益、实行计划生育等基本原则，做到家喻户晓，以维护家庭幸福、社会稳定，促进两个文明建设。李鹏说，改革开放20多年来，我国的综合国力不断增强，国际地位日益提高。但是，世界霸权主义和强权政治依然存在，我们必须保持清醒的头脑，居安思危，树立忧患意识，维护国家主权和领土完整。本次会议通过了国防教育法，规定设立全民国防教育日。根据这部法律，要大力普及和加强国防教育，增强广大公民的国防观念，发扬爱国主义精神，自觉履行国防义务。李鹏最后强调，社会主义法制建设是一项系统工程，立法是前提，执法是关键，普法是基础，三者缺一不可。本次会议审议了国务院关于“三五”法制宣传教育基本情况的报告，通过了全国人大常委会关于进一步开展法制宣传教育的决议，这对于继续推进我国的社会主义民主法制建设，提高全体公民特别是各级干部的法律素质和全社会的法制化管理水平，维护社会稳定，保障“十五”计划的顺利完成，具有十分重要的意义。前不久，中央召开了全国社会治安工作会议，根据这次会议的精神，要把加强社会治安方面的法制宣传教育，作为当前普法工作的重要内容，大力宣传刑事法律和治安管理方面的法律法规，增强广大干部群众的法制观念和与违法犯罪行为作斗争的自觉性，为改革开放、现代化建设营造良好的法制环境作出努力。全国人大常委会副委员长田纪云、姜春云、邹家华、王光英、程思远、布赫、铁木尔·达瓦买提、吴阶平、彭珮云、何鲁丽、周光召、曹志、丁石孙、成思危、许嘉璐、蒋正华和秘书长何椿霖出席了会议。国务委员迟浩田、最高人民法院院长肖扬、最高人民检察院检察长韩杼滨列席会议。

同　日　国务院发布的《农业科技发展纲要（2001—2010年）》。《纲要》共分五个部分：一、推进新的农业科技革命，实现传统农业向现代农业的跨越；二、农业科技发展的方针、原则、目标与任务；三、“十五”期间农业科技工作的重点；四、建立农业科技创新体系；五、建立强有力的农业科技保障体系。为明确新阶段农业科技发展的方向与任务，确定农业科技工作“十五”重点和2010年目标，切实推进新的农业科技革命，加速实现农业现代化，国务院制订了这个《纲要》。

同　日　江泽民主席签署中华人民共和国第四十九号主席令。公布《中华人民共和国税收征收管理法》，自2001年5月1日起实施。

同　日　江泽民主席签署中华人民共和国第五十号主席令。公布《中华人民共和国信托法》，自2001年10月1日起实施。为切实加强对法人和自然人从事信托活动的管理，12月29日国务院发出通知，指出：一、根据《信托法》第四条的规定，由国务院法制办牵头，组织有关部门拟定《信托机构管理条例》，对信托机构从事信托活动的事项做出具体规定。二、在国务院制定《信托机构管理条例》之前，按人民银行、证监会依据《信托法》制定的有关管理办法执行。人民银行、证监会分别负责对信托投资公司、证券投资基金管理公司等机构从事营业性信托活动的监督管理。未经人民银行、证监会批准，任何法人机构一律不得以各种形式从事营业性信托活动，任何自然人一律不得以任何名义从事各种形式的营业性信托活动。人民银行、证监会要切实履行职责，加强监督管理，促进信托业规范发展。

同　日　江泽民主席签署中华人民共和国第五十一号主席令。公布《中华人民共和国婚姻法》，自5月1日起实施。《中华人民共和国婚姻法》对配偶权给予了法律上的认定，这是我国婚姻家庭法制建设的又一个里程碑，它对于维护平等、和睦、文明的婚姻家庭关系将发挥巨大的作用。但新《婚姻法》对配偶权的规定过于原则，仍有待完善。而完善配偶权制度，最关键的就是应进一步充实、健全配偶权的具体内容。

同　日　江泽民主席签署中华人民共和国第五十二号主席令。公布《中华人民共和国国防教育法》。

4月29日　朱镕基总理签署了国务院第三〇二号令。公布《国务院关于特大安全事故行政责任追究的规定》，自公布之日起施行。《国务院关于特大安全事故行政责任追究的规定》共24条。颁布这个规定，是为了有效防范特大安全事故的发生，严肃追究特大安全事故的行政责任，保障人民群众生命、财产安全。

5月1日　中共中央纪律检查委员会、中共中央组织部近日发出《关于坚决防止和查处干部选拔任用工作中的不正之风和违纪违法行为的通知》。通知要求严明组织人事纪律，按照规定的原则、标准和程序选拔任用干部；加强对干部选拔任用工作的监督检查，及时发现和纠正存在的问题；加大查处力度，严厉惩处干部选拔任用工作中的违纪违法行为；教育干部和党员加强党性修养，提高遵守组织人事工作纪律的自觉性；深化干部人事制度改革，从源头上防止和克服用人上的不正之风和违纪违法行为。

5月8日　以“亚洲新一代”为主题的“2001《财富》全球论坛香港年会”隆重开幕。江泽民出席开幕晚宴并发表重要讲话。在港期间，江泽民主席会见了泰国总理他信、美国前总统克林顿、美国在线时代华纳集团董事会成员、世界知名企业家和香港工商界人士。

同　日　新华社报道：国务院发布《关于整顿和规范市场经济秩序的决定》。

5月10日　中共中央发布《关于印发<2001年—2005年全国干部教育培训规划>的通知》。通知要求各地按照中共中央《2001年—2005年全国干部教育培训规划》（中发［2001］4号）精神，现将《2001年—2005年全国环保干部教育培训规划》印发给你们。请参照本规划的原则和要求，研究制定本地区的“十五”环保干部教育培训规划或具体实施计划。要积极争取各级党委、政府领导的支持，建立相应的工作协调机制，抓好落实，使培训工作取得实效。

同　日　建设部印发《建设事业“十五”计划纲要》。提出“十五”期间住宅市场建设的奋斗目标和任务为：基本建立符合社会主义市场经济要求的城镇住房新体制，提高城乡居民的居住水平。全国城乡住宅累计竣工面积57亿平方米。

5月14日 国家计委发出通知，69种化学药品价格从5月20日起执行。按2000年药品市场销售量计算，这批药品零售价格水平平均降低约20%，年降价总额20亿元。

5月19日 国务院残疾人工作委员会制定的《残疾人事业“十五”计划纲要》，经国务院同意并转发各地区、各部门执行。

5月21日 国家计委宣布，自2001年5月10日起放开国产轿车价格，由生产经营企业根据市场供求情况自主确定价格。以促进国产轿车市场竞争和国产轿车消费。过去由于垄断生产及集团消费等原因，国产轿车价格一直实行政府定价或政府指导价。

5月22日 中国证监会制定《客户交易结算资金管理办法》。10月10日，中国证监会发布了执行《客户交易结算资金管理办法》若干意见的通知，就商业银行客户交易结算资金存管业务资格、专用存款账户的报备与管理、证券公司挪用客户交易结算资金的判断公式等有关事宜做出具体规定，这意味着证券公司的退出机制开始真正发挥作用。中国证监会有关负责人在回答新华社记者提问时表示，将于2002年开始实施的《客户交易结算资金管理办法》对我国证券市场的影响意义深远。他说，投资者的投资行为必须通过证券公司才能完成，如果证券公司挪用保证金，有时会造成投资者没有足够的资金买卖股票，造成投资人对证券市场的信心受损；如果证券公司出现经营亏损甚至破产，就会造成投资者的资金损失，严重时出现挤兑风潮，引发金融危机甚至社会动荡。《客户交易结算资金管理办法》实施后，证券公司的经营亏损或破产就不会对证券市场造成直接的冲击。再者，在原来的保证金存管体制下，保证金与证券公司的经营是捆绑在一起的，即使一家证券公司严重违规或者是严重亏损，也很难将其驱逐出证券市场，因为这样做很可能造成投资者的挤兑，引发市场危机。其结果是证券市场的退出机制很难真正地发挥作用。只有生没有死，有些人就敢乱来了，产生很大的道德风险。依据这个规定，对证券公司的许多行政监管手段可以逐步向市场化的监管手段过渡，可以说《客户交易结算资金管理办法》是对证券公司监管政策的一个分水岭。该《办法》实施后，可以将害群之马驱逐出去，这样证券公司的退出机制开始真正发挥作用。这位负责人同时还指出，《客户交易结算资金管理办法》只是建立一个系统对保证金进行管理，不让券商挪作它用，保住了市场的资金供应量，而不是市场资金的流失。从对证券市场的建设性作用的意义上看，无论是短期还是长期，该《办法》对证券市场都是利好。

5月23日　朱镕基总理签署第三〇四号国务院令。公布《农业转基因生物安全管理条例》，并自公布之日起施行。

5月24日—25日　中央扶贫开发工作会议在北京举行。这次扶贫开发工作会议是进入新世纪后，党中央、国务院召开的一次具有重要现实意义和深远历史意义的会议。会议的主要任务是贯彻党的"十五大"和十五届五中全会精神，总结《国家"八七"扶贫攻坚计划》实施以来的成就和经验，讨论《中国农村扶贫开发纲要（2001—2010年）》，部署今后10年的扶贫开发工作。江泽民在闭幕会议上发表重要讲话。江泽民指出，国家"八七"扶贫攻坚计划已基本完成，党中央、国务院确定的在上个世纪末基本解决农村贫困人口温饱问题的战略目标已基本实现。在这样短的时间内，这么多的贫困人口解决了温饱问题，这是世界历史上前所未有的，是一个了不起的成就。这充分说明，只要我们坚持解放思想、实事求是的思想路线，坚持贯彻党的基本路线和方针政策，坚持全心全意为人民服务的宗旨，坚持发挥社会主义制度的优越性，紧紧依靠全国各族人民的共同努力，就能够不断地创造出新的人间奇迹。江泽民指出，我们已经确定今后10年我国扶贫开发的奋斗目标。全党和全国上下要齐心协力，确保这个目标如期实现。帮助贫困地区发展经济文化，帮助贫困地区群众与全国人民一起逐步走上共同富裕的道路，是贯穿社会主义初级阶段全过程的历史任务，全党和全国上下必须锲而不舍地长期奋斗。"八七"扶贫攻坚计划是我国历史上第一个有明确目标、明确对象、明确措施和明确期限的扶贫开发行动纲领。7年来，全党动手，全社会动员，各方支持、合力攻坚，扶贫开发取得了显著成效，贫困地区的面貌发生了很大变化。经过7年的扶贫攻坚，全国农村没有解决温饱的贫困人口减少到3 000万人，占农村人口的比重下降到3%左右。除了少数社会保障对象和生活在自然条件恶劣地区的特困人口以及部分残疾人以外，全国农村贫困人口的温饱问题已经基本解决，中央确定的扶贫攻坚目标基本实现。

5月27日　新华社报道：中共中央、国务院4月21日发出关于转发《中央宣传部、司法部关于在公民中开展法制宣传教育的第四个五年规划》的通知。第四个五年法制宣传教育工作的指导思想是：高举邓小平理论伟大旗帜，深入贯彻党的“十五大”精神，以江泽民同志关于“三个代表”的重要思想为指导，立足于国民经济和社会发展第十个五年计划确定的宏伟目标，立足于建立和完善社会主义市场经济体制的客观需要，立足于依法治国、建设社会主义法治国家基本方略的总体要求，紧紧围绕党和国家的工作大局，继续深入开展法制宣传教育，进一步提高广大公民的法律素质；继续坚持法制教育与法制实践相结合，积极推进依法治理，使全社会的管理工作逐步走上法治化轨道，保障和促进经济建设和社会各项事业健康发展。目标与任务：（一）目标　根据我国宪法原则和新时期社会主义民主法制建设的发展进程，深入开展法制宣传教育，全面提高全体公民特别是各级领导干部的法律素质；扎实推进地方、行业、基层依法治理，全面提高社会法治化管理水平。通过“四五”普法规划的实施，努力实现由提高全民法律意识向提高全民法律素质的转变，实现由注重依靠行政手段管理向注重运用法律手段管理的转变，全方位推进各项事业的依法治理，为依法治国、建设社会主义法治国家奠定坚实的基础。（二）任务　1.继续深入学习宣传邓小平民主法制理论和党的依法治国、建设社会主义法治国家的基本方略，学习宣传宪法和国家基本法律，学习宣传与公民工作、生产、生活密切相关的法律法规知识，努力提高广大公民的法律素质。注重培养公民的权利义务对等的现代法制观念，增强公民遵纪守法、维护自身合法权益和民主参与、民主监督的意识。注重提高广大干部特别是领导干部的社会主义法制理论水平，提高依法决策、依法行政和依法管理的能力。2.紧紧围绕党和国家的中心工作，积极开展法制宣传教育。要宣传社会主义市场经济特别是与整顿规范市场经济秩序相关的法律法规，宣传涉及保障和促进国家西部大开发的法律法规，宣传与加入世界贸易组织相关的法律知识，宣传与维护社会稳定相关的法律法规，宣传社会发展迫切要求普及的各项法律法规，为改革发展稳定创造更加良好的法治环境。3. 坚持法制教育与法制实践相结合，继续推进依法治理工作。依法治理是法制宣传教育的内在要求。要妥善处理学法与用法的关系，以法制宣传教育为基础，以依法行政、公正司法为重点，以法治化管理为目标，进一步加大依法治理力度，积极推进依法治国进程。4. 要把法制教育和思想道德教育紧密结合起来，把依法治国与以德治国紧密结合起来，促进民主法制建设和精神文明建设。

5月30日　国务院发布《中国妇女发展纲要（2001—2010年）》和《中国儿童发展纲要（2001—2010年）》。《妇女发展纲要》根据《中华人民共和国国民经济和社会发展第十个五年计划纲要》的总体要求，从我国基本国情和妇女现状出发，兼顾妇女发展的阶段性目标和长远目标，确定了2001年—2010年妇女发展的总目标和主要目标。同时，充分考虑第四次世界妇女大会《行动纲领》提出的妇女发展12个重要领域，借鉴世界上其他国家制定妇女发展规划的做法，以1995年《纲要》的实施成效为基础，根据我国妇女发展迫切需要解决的实际问题和2001年—2010年的可持续发展，《纲要》确定了6个优先发展领域，即：妇女与经济、妇女参与决策和管理、妇女与教育、妇女与健康、妇女与法律、妇女与环境，并把促进妇女发展的主题贯穿始终。《纲要》的制定和实施，目的是强化政府的有关职能，动员全社会的力量，为妇女的进步与发展创造更好的社会环境。同时，鼓励妇女在参与经济和社会发展的过程中争取自身的进步与发展。总目标是贯彻男女平等的基本国策，推动妇女充分参与经济和社会发展，使男女平等在政治、经济、文化、社会和家庭生活等领域进一步得到实现。保障妇女获得平等的就业机会和分享经济资源的权利，提高妇女的经济地位；保障妇女的各项政治权利，提高妇女参与国家和社会事务管理及决策的水平；保障妇女获得平等的受教育机会，普遍提高妇女受教育程度和终身教育水平；保障妇女享有基本的卫生保健服务，提高妇女的健康水平和预期寿命；保障妇女获得平等的法律保护，维护妇女的合法权益；优化妇女发展的社会环境和生态环境，提高妇女生活质量，促进妇女事业的持续发展。《中国儿童发展纲要》按照《中华人民共和国国民经济和社会发展第十个五年计划纲要》的总体要求，根据我国儿童发展的实际情况，以促进儿童发展为主题，以提高儿童身心素质为重点，以培养和造就21世纪社会主义现代化建设人才为目标，从儿童与健康、儿童与教育、儿童与法律保护、儿童与环境4个领域，提出了2001年—2010年的目标和策略措施。《纲要》的发布和实施，必将进一步促进我国儿童的健康成长和儿童事业的持续发展。《纲要》确定了总目标，即坚持“儿童优先”原则，保障儿童生存、发展、受保护和参与的权利，提高儿童整体素质，促进儿童身心健康发展。儿童健康的主要指标达到发展中国家的先进水平；儿童教育在基本普及九年义务教育的基础上，大中城市和经济发达地区有步骤地普及高中阶段教育；逐步完善保护儿童的法律法规体系，依法保障儿童权益；优化儿童成长环境，使困境儿童受到特殊保护。

同　日　朱镕基总理主持召开国务院第三十九次常务会议，讨论并原则通过了《中华人民共和国职业病防治法（草案）》和《中华人民共和国海域使用管理法（草案）》。会议认为，职业病是严重危害劳动者健康的疾病。近几年来，各种形式的职业危害日趋严重，职业病发病率呈上升趋势。许多职业病除损害劳动者的劳动能力外，其治疗和康复费用昂贵，给劳动者、用人单位和国家造成严重经济负担。因此，制定职业病防治法是十分必要的。会议认为，海域作为重要的自然资源，是海洋经济发展的载体。我国海域辽阔，海洋经济发展迅速。但是，随着海洋开发密度、强度的加大，海域使用中也出现一些新的情况和问题，影响了海域资源的合理开发和可持续利用。为了加强海域使用管理，维护国家海域所有权和海域使用权人的合法权益，促进海域合理开发和可持续利用，解决海域使用管理中存在的突出问题，制定海域管理法是迫切需要的。会议决定，《中华人民共和国职业病防治法（草案）》和《中华人民共和国海域使用管理法（草案）》经修改后，由国务院提请全国人大常委会审议。

5月31日　国务院发出《关于加强国有土地资产管理的通知》。《通知》对建设用地供应总量、土地有偿使用制度、国有土地使用权招标、拍卖、土地使用权转让管理、地价管理等问题作了规定。强调：一、严格控制建设用地供应总量严格控制土地供应总量是规范土地市场的基本前提。只有在严格控制土地供应总量的前提下，才能有效发挥市场配置土地资源的基础性作用，充分实现土地资产价值，提高土地资源利用效率。各级政府必须严格执行土地利用总体规划、城市规划和土地利用年度计划，严格控制新增建设用地供应总量。要抓住经济结构调整的有利时机，把土地利用引导到对存量建设用地的调整和改造上来，优化土地利用结构。各地要加大对闲置土地的处置力度，积极稳妥地解决历史遗留问题，最大限度地减少国有资产的损失。对依法应无偿收回的闲置土地，要坚决收回。坚持土地集中统一管理，确保城市政府对建设用地的集中统一供应。各地不得违反国家有关规定擅自设立工业园、科技园、开发区等各类园、区，经批准设立的市辖区工业园、科技园、开发区等各类园、区的土地必须纳入所在城市用地统一督理、统一供应。对已经列入城市建设用地范围的村镇建设和乡镇企业用地也要按城镇化要求，统一规划、开发。为增强政府对土地市场的调控能力，有条件的地方政府要对建设用地试行收购储备制度。市、县人民政府可划出部分土地收益用于收购土地，金融机构要依法提供信贷支持。二、严格实行国有土地有偿使用制度、严格执行《中华人民共和国土地管理法》、《中华人民共和国城市房地产管理法》关于划拨用地范围的规定，任何单位和个人均不得突破。除法律规定可以采用划拨方式提供用地外，其他建设需要使用国有土地的，必须依法实行有偿使用。国土资源部要依据法律规定，抓紧制订具体的划拨用地目录。土地使用者需要改变原批准的土地用途、容积率等，必须依法报经市、县人民政府批准。对原划拨用地，因发生土地转让、出租或改变用途后不再符合划拨用地范围的，应依法实行出让等有偿使用方式；对出让土地，凡改变土地用途、容积率的，应按规定补交不同用途和容积率的土地差价。各地要加强对经济适用住房建设用地的管理。经济适用住房建设用地必须符合土地利用总体规划、城市规划和土地利用年度计划，严格控制占用耕地，严禁开发商以开发经济适用住房名义牟取暴利。要对经济适用住房的建设标准和销售对象作出严格规定，具体办法由建设部制定。要进一步加强国有土地收益的征收和管理，任何单位和个人均不得减免和挤占挪用土地出让金、租金等土地收益。对于低价出让、租赁土地，随意减免地价，挤占挪用土地收益，造成国有土地资产流失的，要依法追究责任。三、大力推行国有土地使用权招标、拍卖。为体现市场经济原则，确保土地使用权交易的公开、公平和公正，各地要大力推行土地使用权招标、拍卖。国有建设用地供应，除涉及国家安全和保密要求外，都必须向社会公开。商业性房地产开发用地和其他土地供应计划公布后同一地块有2个以上意向用地者的，都必须由市、县人民政府土地行政主管部门依法以招标、拍卖方式提供，国有土地使用权招标、拍卖必须公开进行。要严格限制协议用地范围。确实不能采用招标、拍卖方式的，方可采用协议方式。采用协议方式供地的，必须做到在地价评估基础上，集体审核确定协议价格，协议结果向社会公开。

同　日　为期2天的第五次全国法制宣传教育工作会议在北京人民大会堂闭幕。会议总结交流了“三五”普法成绩和工作经验，表彰了全国“三五”法制宣传教育先进集体和先进个人，研究部署了“四五”普法工作任务。中共中央政治局常委、书记处书记尉健行接见了与会的全体代表。

本　月　人事部与科技部、教育部、公安部、财政部等，共同拟定、下发了《关于鼓励海外留学人员以多种形式为国服务的若干意见》。《意见》规定海外留学人员可以兼职、合作研究、委托研究、创办企业、人才培养、从事中介服务等多种适当方式，为国内各类企事业单位服务，为祖国发展服务。国家为海外留学人员开展为国服务活动在经费投入、给付报酬、保护知识产权、创造良好工作和生活条件、提供出入境便利、人事代理服务、宣传表彰等方面，提供政策支持。

6月1日　温家宝副总理主持召开国家防总2001年第一次全体会议，强调各地区、各部门要以对党和人民高度负责的精神，加强领导，落实责任，努力做好防汛抗旱各项工作。会议强调2001年是新世纪的第一年，也是我国实施第十个五年计划和现代化建设第三步战略部署的起步之年，做好2001年的防汛抗旱工作意义重大。据新华社电，各地区、各部门要以对党和人民高度负责的精神，加强领导落实责任，努力做好各项工作，夺取2001年防汛抗旱工作的新胜利。会议提出2001年防汛抗旱的总的任务是坚持防汛抗旱两手抓，确保城市的供水安全，努力解决农村人畜饮水困难，争取农业有个较好的收成；确保大江大河、大型水库、大中城市的安全，强化中小河流、中小型水库防洪抗洪措施，力保安全度汛；遇超标准洪水要全力抢险，尽量减少灾害损失。

6月5日　国家环保总局发布的《2000年中国环境状况公报》显示，全国环境污染恶化的趋势得到基本控制，部分城市和地区环境质量有所改善。

6月6日　朱镕基总理主持召开国务院第四十次常务会议，审议并原则通过了《城市房屋拆迁管理条例（修订草案)》。会议认为，《城市房屋拆迁管理条例》自1991年6月1日起实施以来，对于规范房屋拆迁行为，加强对城市房屋拆迁的管理，维护拆迁当事人的合法权益，保障建设项目的顺利进行，发挥了积极的作用。但是，随着改革的深化和社会主义市场经济的发展，《条例》的不少规定已经明显不适应城市房屋拆迁工作的需要，有必要加以修改。会议决定，《城市房屋拆迁管理条例（修订草案)》根据会议提出的意见修改后，由国务院公布施行。6月21日，朱镕基总理签署第三〇五号国务院令。公布《城市房屋拆迁管理条例》，自2001年11月1日起施行。

同　日　海关发布半年关税和进口环节税。据海关统计，截至6日，全国海关征收关税和进口环节税达到1 020.6亿元，突破1 000亿元大关，比2000年同期增长24%，再创历史新高。其中，征收关税

351.59亿元，征收进口环节税669.01亿元。国内经济良好的发展势头，市场环境和执法环境的不断改善是海关税收增加的重要原因。2001年以来，国家经济继续保持稳定增长，国内需求继续扩大，为国家外贸的稳步发展和进口增长打下了良好的基础，增加了税源。国家继续保持打击走私的高压态势，深入整顿国内市场秩序，使执法环境明显好转。同时，海关采取有力措施实行通关制度改革，通关效率进一步提高，税收征管更加严格规范，确保了国家税款应收尽收。

6月8日　全国农村"三个代表"重要思想学习教育活动联系会议办公室在北京召开农村"三个代表"重要思想学习教育活动村级试点工作座谈会。14个试点县（市）的有关负责同志汇报交流了试点工作取得的主要成绩和经验，并就搞好2001年冬、2002年春村级学习教育活动进行了专题研究讨论。

6月9日　外经贸部开始征收反倾销税。1999年12月10日开始对原产于日本、美国的进口丙烯酸酯进行反倾销调查，决定自2000年11月23日起开始征收反倾销税。

6月9日—15日　第二届APEC投资博览会在中国烟台市举办。本次博览会，在亚太经合组织和中国政府的高度重视下，在APEC各成员及海内外各界的积极参与和大力支持下，经过主办、承办单位的精心筹备、共同努力，获得了圆满成功。国务委员吴仪，新西兰前总理詹妮·希普利夫妇，外经贸部部长石广生，山东省省长李春亭，韩国产业资源部长官张在植，越南贸易部部长武宽，中国香港工商局局长周德熙，外经贸部副部长龙永图，山东省副省长林书香，国家科技部副部长马颂德，国家海关总署副署长赵光华，国家质量监督检验检疫总局副局长葛志荣，烟台市委书记任海深，市长杨金镜等国家、部、省、市领导及其他APEC成员贵宾，海外专家学者，企业界代表，友好城市代表团代表等出席了大会的开幕仪式。外经贸部部长石广生，山东省省长李春亭，新西兰前总理詹妮·希普利先后致辞。石广生在致辞中说，作为中国政府主办的亚太经合组织的一次重要活动，本届投资博览会将为亚太经合组织成员提供加强合作，增进了解，扩大商机的重要场所，对于推动亚太地区的投资合作和经济技术交流将产生积极的影响。他强调，中国愿意与亚太经合组织各成员一道，为促进亚太地区的经济发展和社会繁荣做出不懈的努力。李春亭在致辞中说，本届APEC投资博览会的成功举办，必将进一步促进山东与亚太地区的贸易投资合作与经济技术交流，必将进一步促进亚太地区的经济发展和共同繁荣。詹妮·希普利在开幕式上发表了热情洋溢的讲话。她说，APEC最有实力之处就在于其成员之间的公开沟通与合作。她预祝参加此次投资博览会的每个人都能在APEC成员未来发展的过程中取得成功。本届投资博览会特点：一是突出了“投资于亚太、投资于未来”的主题，顺应了当今世界经济一体化的发展趋势。本届APEC投资博览会，围绕“投资于亚太、投资于未来”这一主题，向世界昭示了亚太地区，特别是APEC成员在世界整个投资领域和贸易中的地位。同时，对促进世界对亚太地区特别是APEC地区的投资贸易产生了深刻影响，对于APEC成员在新世纪经济全球化形势下，寻求共同发展，有着深远意义，为扩大成员间相互投资和贸易奠定了良好基础。二是搭起了APEC经贸大舞台，架通了APEC投资合作的新桥梁。大会不仅为各成员间投资与合作、密切相互间的经济联系提供了难得的历史机遇，同时也为中国实现产业结构调整，增强国际竞争能力提供了无限商机。三是实现了APEC成员的大团聚，创办了一届大规模、高档次的APEC投资盛会。本次大会是APEC中国活动年的重要组成部分，也是我国担任APEC东道主以来举办的第一次重大的商务活动，大会规模之大、层次之高、内容之广，在APEC经贸活动史上是不多见的，实现了APEC成员的大团聚、大交流、大合作。四是充分展示了烟台新兴亚太经贸城形象，进一步扩大了中国在亚太地区乃至世界的影响。本届大会是中国烟台继1997年承办第二届APEC国际贸易博览会、1998年承办第二届APEC中小企业技术交流暨展览会之后，代表国家承办的又一次APEC经贸盛会。在这个大舞台上，中国及烟台不仅进一步向世人展示了投资政策、投资环境、经济实力及发展前景，而且也扩大了中国及烟台在国际上的知名度和影响力。五是大会的策划组织运作体现了APEC精神，符合国际惯例，达到了国际水平。APEC 21个成员及中国

28个省、市、自治区参会参展，展位总数达966个，参会参展人数达10万多人次。截至2001年6月15日，大会共签订利用外资项目合同、协议396个，外资额26.4亿美元；进出口贸易成交总额5.8亿美元，其中，出口3.8亿美元，进口2亿美元。

6月11日　国务院在京召开全国基础教育工作会议，研究部署进一步加快基础教育的改革与发展。中共中央政治局常委、国务院副总理、国家科教领导小组副组长李岚清在全体会议上发表讲话强调，教育，首先是基础教育，是关系国家、民族前途命运的千秋大业。各级党委和政府要高度重视基础教育，切实采取有效措施，深化基础教育改革，加快实施素质教育步伐，为现代化建设提供人才储备和智力支持。15日，国务院发布《关于基础教育改革与发展的决定》。

同　日　国家经贸委、国家计委联合公布《关于加快发展环保产业的意见》。《意见》指出，国家将实行优惠政策，鼓励和扶持环保产业的快速发展。随着我国经济的快速发展，生态环境面临着巨大压力，环境保护任务非常艰巨。要从根本上改善环境状况，实现经济与社会可持续发展，必须加快发展环保产业，一方面为污染防治提供先进的技术、装备、产品和服务；另一方面带动相关产业的发展，促进经济的快速增长。环保产业是环境保护的技术保障和物质基础，是新的经济增长点，加快发展环保产业是实施可持续发展战略的重要措施。为此，国家经贸委、国家计委联合公布《关于加快发展环保产业的意见》，请结合本地区、本部门的实际，认真贯彻执行。

6月12日　国务院发布《减持国有股筹集社会保障资金管理暂行办法》。《减持国有股筹集社会保障资金管理暂行办法》中的关键词有：1. IPO和增发以存量发行为主；2. 协议转让收入按比例交社保；3. 配售和回购选试点；4. 市场化定价。

6月13日　国务院召开第四十一次常务会议，审议并原则通过了《报废汽车回收管理办法（草案）》。会议认为，为了规范报废汽车回收活动，加强对报废汽车回收的管理，保障道路交通秩序和人民生命财产安全，保护环境，制定报废汽车回收管理办法是迫切需要的。《报废汽车回收管理办法（草案）》共31条，对报废汽车回收企业的资格、报废汽车回收管理的内容、政府及有关部门的监督管理职责和对违法行为的制裁等作了明确规定。会议决定，根据会议提出的意见对办法草案作进一步修改后，由国务院公布施行。6月26日，朱镕基总理签署第三〇七号国务院令。公布《报废汽车回收管理办法》，自公布之日起施行。

6月14日　江泽民与“上海合作组织”成员国元首非正式会晤。中国国家主席江泽民与俄罗斯联邦总统普京、哈萨克斯坦共和国总统纳扎尔巴耶夫、吉尔吉斯共和国总统阿卡耶夫、塔吉克斯坦共和国总统拉赫莫诺夫、乌兹别克斯坦共和国总统卡里莫夫在上海西郊宾馆举行“上海合作组织”成员国元首非正式会晤。江泽民表示很高兴在新世纪初年和“上海五国”诞生5周年之际与各位元首欢聚上海。作为这次峰会的东道主，他对各位元首的到来表示欢迎，同时对乌兹别克斯坦正式加入“上海五国”机制向卡里莫夫总统表示衷心的祝贺。6国元首在热情、友好的气氛中就有关议题交换了意见并达成共识。

同　日　国家主席江泽民在上海会见了俄罗斯总统普京。双方在诚挚、友好的气氛中就中俄关系以及共同关心的重大问题深入交换了意见。江泽民欢迎普京到上海来。他说，15日，我们就要同哈、吉、塔、乌4国元首一起，将“上海五国”机制提升为“上海合作组织”。这对发展我们两国的双边关系，对于维护地区的安全稳定，推动世界多极化进程都有重要的意义。

同　日　国务院发出紧急通知，决定立即关闭国有煤矿矿办小井，所有乡镇煤矿一律停产整顿。

6月15日　哈萨克斯坦、中国、吉尔吉斯斯坦、俄罗斯、塔吉克斯坦和乌兹别克斯坦共同成立“上海合作组织”，“上海合作组织”成员国元首会议在上海隆重举行。中国国家主席江泽民、俄罗斯总统普京、哈萨克斯坦总统纳扎尔巴耶夫、吉尔吉斯斯坦总统阿卡耶夫、塔吉克斯坦总统拉赫莫诺夫、乌兹别克斯坦总统卡里莫夫出席会议并发表讲话。他们在讲话中回顾并高度评价了“上海五国”元首会晤机制5年来的丰硕成果，对“上海合作组织”的未来合作，共同打击恐怖主义、极端主义和分裂主义“三股势力”达成了广泛共识。国家主席江泽民主持了元首会议。上午9时许，江泽民主席宣布“上海合作组织”成员国元首会议开幕。他说：“今天，公元2001年6月15日，将载入史册。我们在这里隆重聚会，将宣告欧亚大陆一个新的区域性多边合作组织——‘上海合作组织’的诞生。这是我们6国在深化合作的道路上迈出的历史性步伐。”江泽民说，5年前，从这里开始的“上海五国”进程，翻开了中国、俄罗斯、哈萨克斯坦、吉尔吉斯斯坦和塔吉克斯坦5国关系史上崭新的一页。今天，“上海合作组织”的成立，必将为中国、俄罗斯、哈萨克斯坦、吉尔吉斯斯坦、塔吉克斯坦和乌兹别克斯坦6国在新世纪的长期睦邻友好合作，奠定更加坚实的基础。江泽民主席在元首会议上发表了题为《深化团结协作，共创美好世纪》的讲话。他说，中、俄、哈、吉、塔毗邻而居，地域广袤，实现睦邻互信和友好合作，不仅有利于增进我们5国人民的福祉，也有利于维护地区乃至世界的和平与安宁。我们5国领导人登高望远，审时度势，从建立边境地区军事互信入手，把相互合作逐步扩大到维护地区安全和稳定等广泛领域，从而使“上海五国”进程取得了令人瞩目的成功。

6月25日　新华社报道：国务院总理朱镕基近日签署第306号国务院令。公布《中华人民共和国专利法实施细则》，自2001年7月1日起施行。专利法实施细则共11章122条，包括总则、专利的申请、专利申请的审查和批准、专利申请的复审与专利权的无效宣告、专利实施的强制许可、对职务发明创造的发明人或者设计人的奖励和报酬、专利权的保护、专利登记和专利公报、费用、关于国际申请的特别规定、附则。新的专利法实施细则施行后，1992年12月12日国务院批准修订、1992年12月21日中国专利局发布的专利法实施细则同时废止。

6月26日　中国人民银行发布《关于规范住房金融业务的通知》。《通知》要求各商业银行严格审查住房开发贷款发放条件。住房开发贷款对象应为具备房地产开发资质、信用等级较高的房地产开发企业，贷款应主要投向适销对路的住宅开发项目，企业自有资金应不低于开发项目总投资的30%，开发项目必须具备“四证”（《国有土地使用证》、《建设用地规划许可证》、《建设工程规划许可证》和《建设工程施工许可证》)。商业银行应对住房开发贷款实行统一科目管理，防止住房开发企业将流动资金贷款用于住房开发项目；要按照开发项目工程进度合理掌握贷款的发放，并通过账户管理等多种手段严格控制住房开发企业销售款项，及时收回住房开发贷款本息；严格审查住房开发企业售房合同及有关业务凭证，坚决制止骗取银行信贷资金的行为。对有欺诈经营行为的住房开发企业，商业银行不得对其发放贷款，其销售住房办理个人住房贷款也应予以严格控制。《通知》说，商业银行发放个人住房抵押贷款，要严格评估抵押物的实际价值，落实抵押登记手续，贷款额与抵押物实际价值的比例（抵借比）最高不得超过80%，严禁对借款人发放“零首付”个人住房贷款。借款人申请个人住房贷款购买期房的，所购期房必须是多层住宅主体结构封顶、高层住宅完成总投资的三分之二。商业银行应认真分析开发项目及住房开发企业的有关情况，注意防范与期房相关的特定风险。商业银行办理新的个人住房贷款业务品种必须报经中国人民银行批准。借款人申请个人商业用房抵押贷款的抵借比不得超过60%，贷款期限最长不得超过10年，所购商业用房应为现房。《通知》还要求商业银行进一步改进住房金融服务，在防范信贷风险的前提下，应完善贷款审批程序，提高工作效率，拓展信贷业务品种，在规定的业务范围内提供多种形式的服务。

6月29日　国家环保总局、国家经贸委、公安部和国家工商管理总局联合发出《关于限期停止生产销售化油器类轿车及5座客车的通知》。

7月1日　庆祝中国共产党成立80周年大会在人民大会堂隆重召开。中共中央总书记江泽民在大会上发表重要讲话。江泽民总书记在讲话中，特别强调了坚持党的解放思想、实事求是思想路线的重要性和必要性，强调要勇于和善于根据实践要求进行创新。江泽民总书记“三个代表”的重要思想，深刻回答了当前在我国带有根本性和全局性的重大的理论和实践问题。是近年党的理论创新的集中体现，在坚持解放思想、实事求是思想路线的基础上，以创造性的精神和勇气回答了新世纪党的建设面临的重大问题。这是我们党在革命、建设和改革实践中形成的、党建思想的一次伟大飞跃。80年来，我们党每一次理论上的创新，每一个理论成果的产生，都大大推进了我们事业的发展，给党和国家带来了新的面貌。江泽民总书记的重要讲话进一步对“三个代表”进行了系统科学的阐述，在理论和实践上都有非常深刻的意义和深远的影响，对于指导建设有中国特色社会主义事业的实践具有重大意义。会上，还对近年来在工作中取得优异成绩的全国先进基层党组织、优秀共产党员、优秀党务工作者予以表彰。

同　日　龙滩水电站开工。下午16时58分，随着左岸坝肩首次爆破的“轰隆隆”炮响，位于广西天峨县境内红水河上游的龙滩水电站，正式开工。龙滩水电站工程是国家实施西部大开发和“西电东送”的重要标志性工程。龙滩水电站位于红水河上游，规划总装机容量540万千瓦，安装9台60万千瓦水轮发电机组，年均发电量187亿千瓦时，分2期建设。本期建设装机容量420万千瓦，安装7台60万千瓦水轮发电机组，年均发电156亿千瓦时。

同　日　经国务院批准，财政部、信息产业部联合发出通知，从7月1日起我国将取消市话初装费、移动电话入网费等专项用于邮电事业建设的政府性基金。地方出台的农村电话初装费以及附加在电话上征收的其他政府性基金项目，也一律取消。

7月4日　国务院办公厅发出通知，要求各地区各有关部门从2001年6月—11月，对全国农村中小学乱收费、农村电网改造和农村用电乱收费、报刊摊派、达标升级活动等问题开展一次农民负担专项检查。

同　日　朱镕基总理主持召开国务院第四十二次常务会议，审议并原则通过了《行政执法机关移送涉嫌犯罪案件的规定（草案）》。会议认为，针对当前制售假冒伪劣商品违法活动猖獗，但不少涉嫌犯罪案件未移送司法机关，不能有效地遏制制售假冒伪劣商品违法活动，制定行政执法机关向司法机关移送涉嫌犯罪案件的程序性规定，统一涉嫌犯罪案件移送的标准和程序，并规定严格的责任，要求所有行政执法机关都必须执行，是非常必要的。会议确定《行政执法机关移送涉嫌犯罪案件的规定（草案）》经修改后，由国务院公布施行。

7月5日　朱镕基总理在全国外资工作会议上指出，在新形势下，要把利用外资同调整经济结构、促进产业优化升级、提高企业经济效益相结合；同建立和完善社会主义市场经济体制，增强企业的国际竞争力相结合；同扩大企业出口，发展外向型经济相结合。当前应当把利用外资工作的重点从单纯吸引国外资金为主转移到引进先进技术、引进现代化管理、引进专门人才方面来。

同　日　国务院公布《中华人民共和国母婴保健法实施办法》，自公布之日起施行。

同　日　中国人民银行发布实施《商业银行中间业务暂行规定》，以促进商业银行业务创新，完善银行业务功能，提高竞争能力，有效防范金融风险。

7月7日　国务院公布《计划生育技术服务管理条例》，自2001年10月1日起施行。

7月11日　农业部经第五次常务会议通过，发布第八号、第九号和第十号令。分别公布《农业转基因生物安全评价管理办法》、《农业转基因生物进口安全管理办法》和《农业转基因生物标识管理办法》。上述办法将于2002年3月20日起施行。

同　日　中国人民银行宣布，从2001年7月起，将证券公司客户保证金计入广义货币供应量（M2）。

7月12日　经国务院批准，国家计委公布《国家计委和国务院有关部门定价目录》，将国务院价格主管部门及有关部门定价的商品和服务项目由1992年的141种（类）减少为13种（类）。

7月13日　在莫斯科举行的国际奥委会第一一二次全会上，北京获得2008年夏季奥运会主办权。北京时间12日23时许（莫斯科夏时制时间与北京时差4小时，北京比莫斯科早4小时），在俄罗斯的国歌与《奥林匹克颂歌》声中，国际奥委会第一一二次会议在莫斯科国家大剧院开幕。北京时间13日，莫斯科市风和日丽，室外温度摄氏28度，决定2008年夏季奥运会举办城市的会议在莫斯科市中心著名的国际贸易中心内召开。中午12时，5个申办城市代表相继进入会场，13时，会议正式开始。22时，国际奥委会委员开始正式投票选举2008年夏季奥运会主办城市。在这次投票中，第一轮（获得主办权需要52票）北京得44票，多伦多得20票，伊斯坦布尔得17票，巴黎得15票，大阪得6票（被淘汰）。第二轮（获得主办权需要52票）北京得56票，多伦多得22票，巴黎得18票，伊斯坦布尔得9票。

7月15日　中华人民共和国主席江泽民访问俄罗斯。应俄罗斯联邦总统普京的邀请，中华人民共和国主席江泽民乘专机抵达莫斯科，开始对俄罗斯进行国事访问。江泽民主席的这次访问，是对2000年7月普京总统访华的回访，也是新世纪和普京就任总统后中国国家元首首次访俄。江泽民说："中俄两国山水相连，互为最大邻国，两国人民之间的传统友谊源远流长。1996年中俄建立战略协作伙伴关系，有力地推动了双方各领域的互利合作。进入新世纪，中俄关系继续保持健康积极的发展势头，不断取得新成果。我对此感到满意。中俄巩固和加强长期睦邻友好、平等信任、互利合作、共同发展的新型国家关系，不仅符合两国和两国人民的根本利益，也有利于地区及世界的和平、稳定与发展。"

同　日　新华社报道：中共中央政治局常委、国务院总理朱镕基日前考察了国家质量监督检验检疫总局，并与副司级以上干部进行了座谈。他指出，行政执法部门要忠于职守、勇于负责、严格把关、造福人民。

7月16日　中国国家主席江泽民和俄罗斯总统普京在莫斯科签署了《中华人民共和国和俄罗斯联邦睦邻友好合作条约》。《中俄睦邻友好合作条约》共25条，有效期为20年。条约总结了发展中俄关系最主要的方针和原则，将两国"世代友好、永不为敌"的和平思想和永做好邻居、好朋友、好伙伴的坚定意愿以法律形式加以确定。条约规定了两国今后在政治、经济、贸易、科技、文化和国际事务中合作的原则和方向。江泽民主席和普京总统还签署了《中俄元首莫斯科联合声明》。

7月17日　国务院召开全国棉花工作会议。温家宝副总理指出，要积极稳妥地推进棉花流通体制市场化改革，通过深化改革，打破经营垄断，鼓励公平竞争，规范市场秩序，提高调控效率，建立适应社会主义市场经济要求的棉花企业经营机制和管理体系，促进棉花生产和纺织工业健康发展。

7月18日—21日　中共中央政治局常委、国务院总理朱镕基在安徽考察工作。朱镕基指出，进行农村税费改革是党中央、国务院的一项重大决策，要从全局和战略的高度充分认识搞好这项改革的重大意义；同时又要清醒地看到，农村税费改革是一项十分艰巨和复杂的任务，必须积极而稳妥地推进。当前，要着重研究试点工作出现的新情况，及时解决新问题，不断完善政策，扎扎实实搞好改革试点，为在全国进行农村税费改革探索和积累经验。

7月19日　庆祝西藏和平解放50周年。拉萨各族各界干部群众2万多人隆重集会，热烈庆祝西藏和平解放50周年。中共中央政治局常委、国家副主席、中央军委副主席、中央代表团团长胡锦涛出席庆祝大会并发表重要讲话。在庆祝西藏和平解放50周年大会上，中央代表团副团长王忠禹宣读了中共中央、全国人大常委会、国务院、全国政协、中央军委关于庆祝西藏和平解放50周年的贺电。贺电指出，50年来，西藏各项事业取得了巨大成就，经济社会面貌发生了翻天覆地的变化。西藏各族干部群众在中国共产党的领导下，彻底废除封建农奴制度，建立人民民主政权，实行民族区域自治制度，推进社会主义建设，社会生产力获得空前的解放和发展，人民的物质文化生活不断得到改善。改革开放以来，特别是第三次西藏工作座谈会以来，中央对西藏采取了一系列特殊政策和优惠措施，各兄弟省区市和社会各界大力支援西藏的改革和发展，西藏经济发展和社会稳定进入历史上最好的时期之一。全区经济发展速度加快，人民生活水平明显提高，社会主义精神文明建设成效显著，各项社会事业蓬勃发展。今日的西藏，经济发展、社会进步、民族团结、人民安居乐业，呈现出一派政通人和、百业俱兴的欣欣向荣景象。历史和现实证明，没有中国共产党，就没有社会主义新西藏，就没有西藏的发展繁荣。进入新世纪，我国改革开放和社会主义现代化建设进入了一个新的发展阶段。西藏地域辽阔，资源丰富，潜力很大。在中央和全国上下的大力支持下，西藏广大干部群众继续自力更生、艰苦奋斗，西藏的建设和发展必将迎来更加美好的未来。西藏各族干部群众，要进一步解放思想，以创新的思路解决西藏经济社会发展中的突出问题；要根据发展社会主义市场经济的要求，不断提高经济增长的质量和效益；要加大改革开放的力度，实施科教兴国和可持续发展战略；要继承和发展各民族的优秀传统文化，增进各民族的大团结；要继续发扬“老西藏精神”，为西藏的发展繁荣和社会稳定再立新功。巩固和发展西藏安定团结的政治局面，是包括西藏人民在内的全国各族人民的共同任务。要坚持和完善民族区域自治制度，全面、正确地贯彻党的民族政策和宗教政策，团结一切可以团结的力量，坚决挫败少数分裂主义分子和国际敌对势力的分裂、破坏活动，实现西藏的长治久安。人民解放军驻藏部队和武警部队是保卫祖国的忠诚卫士，要继续加强军政军民团结，共同筑起祖国西南边防的钢铁长城。

同　日　应摩尔多瓦总统沃罗宁的邀请，中国国家主席江泽民乘专机抵达摩尔多瓦首都基希讷乌，开始对有“花园之国”之称的摩尔多瓦进行国事访问。

7月20日　应乌克兰总统库奇马的邀请，中国国家主席江泽民开始对乌克兰进行为期3天的国事访问。

同　日　海关总署、外经贸部发出《关于支持高新技术产业发展若干问题的通知》。在便捷通关方面，对高新技术企业提供通关便利。出台10项措施支持高新技术产业发展。

7月21日　正在进行国事访问的中国国家主席江泽民和乌克兰总统库奇马共同签署了《中华人民共和国和乌克兰关于在21世纪加强全面友好合作关系的联合声明》。

7月23日　应马耳他总统德马尔科的邀请，中国国家主席江泽民乘专机抵达马耳他首都瓦莱塔，开始对马耳他进行为期3天的国事访问。

7月26日　朱镕基总理主持召开国务院第四十三次常务会议，讨

论并原则通过了《石油天然气管道保护条例（修订草案）》、《印刷业管理条例（修订草案）》和《棉花质量监督管理条例（草案）》。会议认为，《石油天然气管道保护条例》自1989年颁布施行以来，对保障石油、天然气管道设施的正常运行和维护公共安全起了重要作用。但是，随着经济建设的发展，管道设施保护遇到了一些新情况、新问题。为适应管道设施保护的实际需要，有必要对现行条例进行修改和完善。会议认为，《印刷业管理条例》自1997年施行以来，对于规范印刷业管理，保障印刷业健康发展，促进社会主义精神文明和物质文明建设，起了重要作用。但是，随着我国改革的深化和开放的扩大，印刷业在发展中出现了一些新情况、新问题，迫切需要对现行条例进行适当修订。会议认为，近年来棉花生产、流通中的质量问题突出，棉花掺杂掺假、标识与质量不符、使用国家明令禁止的加工设备加工棉花问题严重。因此，专门制定一个棉花质量监督管理条例，是必要的。会议决定，上述3个条例将根据会议提出的意见修改后，由国务院公布施行。

同　日　朱镕基总理近日签发《印刷业管理条例》。新修订的《印刷业管理条例》共7章48条，包括总则、印刷企业的设立、出版物的印刷、包装装潢印刷品的印刷、其他印刷品的印刷、罚则和附则。条例明确规定印刷业经营者必须遵守有关法律、法规和规章，讲求社会效益，禁止印刷含有反动、淫秽、迷信内容和国家明令禁止印刷的其他内容的出版物、包装装潢印刷品和其他印刷品。新修订的条例明确了注册商标标识印刷的管理措施，严格学位证书、学历证书或者其他学业证书等专用证件的印刷管理制度；适度扩大印刷业的对外开放，允许设立从事包装装潢印刷品印刷经营活动的外资企业；简化行政许可手续，减少不必要的审批事项，完善印刷业行政管理制度；充实和完善法律责任，强化对印刷业经营者违法犯罪行为的处罚。条例还规定，本条例施行前已经依法设立的印刷企业，应当自本条例施行之日起180日内，到出版行政部门换领《印刷经营许可证》。依据本条例发放许可证，除按照法定标准收取成本费外，不得收取其他任何费用。据悉，《印刷业管理条例》公布施行后，1997年3月8日国务院发布的《印刷业管理条例》同时废止。

7月27日　外经贸部部长石广生与墨西哥经济部长德贝斯在京就中墨双边经贸关系和WTO谈判中的遗留问题举行了会谈。石广生在会谈中表示，中国高度重视与墨西哥的双边经贸关系，愿意与墨方尽快就遗留问题达成协议。德贝斯重申了墨西哥支持中国尽早加入WTO的立场，并相信中墨目前的遗留问题不会影响到中国加入WTO的进程。双方在会谈中都表达了结束谈判的强烈意愿，并愿意作出进一步努力，尽快达成协议。

同　日　中国人民银行货币政策委员会2001年第三季度例会在京召开。会议认为，当前我国经济增长平稳，稳健的货币政策继续发挥重要作用。要进一步规范和协调货币市场与资本市场的发展，完善有关管理办法，增强工商企业、商业银行和证券公司的自我约束能力。

8月1日　外经贸部发布《关于进出口经营资格管理的有关》，结束了实行50余年的外贸进出口经营权审批制，在全国开始实行外贸经营权登记制和核准制。规定强调，为加快外贸经营体制改革，促进和规范各类企业从事进出口业务，现对企业进出口经营资格管理的有关问题规定如下：一、进出口经营资格实行登记和核准制，遵循自主申请、公开透明、统一规范、依法监督的原则，各类所有制企业（外商投资企业、商业物资、供销社企业、边境小额贸易企业，经济特区、浦东新区企业除外，下同）进出口经营资格实行统一的标准和管理办法。外经贸部授权各省、自治区、直辖市、计划单列市及哈尔滨、长春、沈阳、西安、成都、南京、武汉、广州、珠海、汕头市外经贸委（厅、局），新疆建设兵团外经贸局（以下统称受权发证机关）负责办理进出口经营资格登记并核发《中华人民共和国进出口企业资格证书》。二、对企业的进出口经营资格，按登记或核准的经营范围实行如下分类管理：（一）外贸流通经营权（经营各类商品和技术的进出口，但国家限定公司经营或禁止进出口的商品及技术除外）。（二）生产企业自营进出口权（经营本企业自产产品的出口业务和本企业所需的机械设备、零配件、原辅材料的进口业务，但国家限定公司经营或禁止进出口的商品及技术除外）。外经贸部和受权发证机关在核准或登记企业进出口经营范围时，不再单列贸易方式，企业可以按国家规定以各种贸易方式从事进出口业务。

8月2日　朱镕基总理签署第三一一号国务院令。公布《石油天然气管道保护条例》，自公布之日起施行。

8月4日　由中科院和国际肥料科学中心联合主办的第十二届世界肥料大会在此间召开。中共中央政治局委员、国务院副总理温家宝向大会发来贺信，代表中国政府对大会的召开表示祝贺，对来自世界52个国家和地区的与会代表表示欢迎。

同　日　外经贸部发布第九号和第十号公告，决定自即日起对原产于韩国的进口聚酯切片和涤纶短纤维正式进行反倾销立案调查。

8月5日　新华社报道：民政部、中央机构编制委员会办公室、国务院经济体制改革办公室、建设部、财政部、国土资源部、农业部等7部门近日发出《关于乡镇行政区划调整工作的指导意见》。

8月7日　"首届全国双拥工作成果展"在北京军事博物馆隆重开幕。为纪念建军74周年，全国双拥工作领导小组办公室与中国社会报社联合举办的"首届全国双拥工作成果展"在北京军事博物馆隆重开幕。中共中央政治局委员、中央书记处书记、中央军委副主席张万年为展览题词："巩固成果、再创辉煌"，中共中央政治局委员、中央军委副主席、国务委员兼国防部长迟浩田题词："弘扬双拥传统、共创四化大业"。

8月8日　中国人民银行、财政部、教育部和国家税务总局联合发出通知，要求进一步落实国务院关于助学贷款有关政策措施，推进国家助学贷款业务发展。取消"一校一行"规定，允许一校多行开办业务。

8月10日　中国外交部长唐家璇就联合国反对种族主义大会分别致函南非外交部长恩科萨扎纳·德拉米尼·祖马和联合国人权事务高级专员玛丽·鲁滨逊，表示中国政府十分重视此次大会，中国将发挥建设性作用，并与各方共同努力，推动会议取得成功。

8月11日　朱镕基总理签署第三一四号国务院令。公布《棉花质量监督管理条例》，自公布之日起施行。制定本条例是为了加强棉花的监督管理，维护棉花市场秩序，保护棉花交易各方的合法权益。条例共5章39条，包括总则、棉花质量义务、棉花质量监督、罚则、附则。制定本条例是为了加强棉花质量的监督管理，维护棉花市场秩序，保护棉花交易各方的合法权益。条例强调，严禁棉花经营者在收购、加工、销售、承储等棉花经营活动中掺杂掺假、以次充好、以假充真。如违反此规定，构成犯罪的，依法追究刑事责任；尚不构成犯罪的，由棉花质量监督机构没收掺杂掺假、以次充好、以假充真的棉花和违法所得，并处违法货值金额2倍以上5倍以下的罚款；同时移送工商行政管理机关依法吊销营业执照。条例还规定，国家实行棉花质量公证检验制度。由专业纤维检验机构按照国家标准和技术规范，对棉花质量、数量进行检验并出具公证检验证书，公证检验不得收取任何费用，所需费用按国家有关规定列支。

8月13日—17日　中共中央政治局常委、国务院总理朱镕基在贵州考察工作时指出，在当前世界经济增长明显放慢的情况下，要保持我国经济发展的良好势头，必须采取新的对策。要进一步从投资、消费2个方面扩大需求，千方百计增加外贸出口；同时，要加大整顿和规范市场经济秩序力度，继续巩固和发展国有企业改革与脱困成果，加快完善社会保障体系，促进国民经济持续快速健康发展。

8月14日　国务院印发《中国老龄事业发展“十五”计划纲要》。确定了老龄事业发展的总体目标、基本原则。总体目标是“十一五”期间，继续增加财政对社会保障的投入，多渠道筹措老年社会保障基金，合理确定保障标准和方式，逐步建立广泛覆盖、持续发展，与经济社会相适应，与其他保障制度相衔接的老年社会保障体系。基本建立相对完善的老龄政策法规体系。健全与人口老龄化相适应、协调高效的老龄工作体制。积极推进方便老年人生活的基础设施建设，建立健全适应家庭养老和社会养老相结合的为老服务网络和满足老年人特殊需求的老年用品市场，进一步营造敬老、养老、助老和代际和谐的良好社会氛围，为实现“老有所养、老有所医、老有所教、老有所为、老有所学、老有所乐”的目标创造更为有利的社会条件。基本原则是：1、坚持科学发展观，按照“五个统筹”的要求，兼顾当前与长远，把解决当前老龄问题和应对人口老龄化挑战结合起来，促进老龄事业与经济社会协调发展。2、坚持以满足老年人的物质文化生活需求为出发点，完善养老、医疗等社会保障制度，提高老年人生活质量。3、坚持国家、社会、家庭和个人相结合，大力发展为老服务体系，走中国特色的为老服务之路。4、坚持统筹规划，充分考虑不同地区经济社会发展的差异，统筹兼顾，制定相应的政策措施，分类指导，发挥地区优势，稳步推进城市老龄工作，切实加强农村老龄工作，推动老龄事业协调发展。

8月19日　人事部、教育部、科技部、公安部和财政部共同下发《关于鼓励海外留学人员以多种形式为国服务的若干意见》。

8月20日　中国人民银行发布实施《商业银行境外机构监管指引》，对商业银行、商业银行境外机构的监管以及与国外监管当局的信息交流与合作等方面提出明确要求和规定。

8月21日　朱镕基总理签署第三一五号国务院令。公布《印刷业管理条例》，自公布之日起施行。

同　日　国家经贸委、财政部、国家税务总局、国家环境保护总局联合发出通知，对生产销售达到低污染排放限值的小轿车、越野车和小客车减征30%的消费税。

8月21日—23日　联合国教科文组织第四次9个人口大国全民教育部长级会议在北京举行。这次会议是我国自1971年恢复在联合国教科文组织合法席位以来，首次承办的部长级会议。孟加拉国、巴西、埃及、印度、印度尼西亚、墨西哥、尼日利亚、巴基斯坦和中国派出的政府代表团、联合国教科文组织的官员及有关专家将出席会议。中国政府将派出以教育部部长陈至立为团长的中国政府代表团与会。会议将回顾9国全民教育进展情况，讨论利用远距离教育和新的信息与传播技术促进全民教育发展、9国全民教育计划的实施成就和未来活动等问题。

8月22日　第二十一届世界大学生运动会开幕。以“青春、友谊、和平”为宗旨的第二十一届世界大学生运动会，在古都北京拉开帷幕。开幕式上，大运会组委会主席、北京市市长刘淇致欢迎词。刘淇说："本届大运会是21世纪第一个世界体育盛会，也是北京获得2008年奥运会举办权后迎来的第一次国际体育盛会。北京青年和市民怀着无比喜悦的心情，以申奥成功为动力，周到细致地做好各项准备工作。我们希望，本届大运会以隆重、热烈、精彩载入史册，成为最出色的一届大运会。"国际大学生体育联合会主席乔治·基里安先生在开幕词中，对北京为举办本届大运会所做的杰出工作表示衷心感谢。他说："本届大运会将是国际大学生体育联合会历史上规模最为宏大的一届夏季大运会。"

同　日　伊朗驻华大使穆罕默德·侯赛因·马拉埃克在使馆举行招待会，庆祝伊朗和中国建交30周年。中国外交部部长唐家璇出席了招待会。唐家璇说，中伊两国建交30年来，在双方的共同努力下，中伊传统友谊焕发出新的活力。近年来，在两国领导人的共同推动下，中伊在政治、经济、文化等领域的友好合作关系得到了长足发展，两国在地区和国际事务中的合作也日趋密切。目前中伊政治关系稳固，经贸关系也发展迅速。新世纪里，中方愿在和平共处五项原则基础上，继续推动双边关系健康、顺利地向前发展，为世界和平与发展作出贡献。

8月23日　亚太经合组织（APEC）第十三届部长级会议第三次高官会在大连开幕。会议由我国外交部副部长、APEC高官会主席王光亚主持。来自亚太经合组织21个成员的高官将在为期2天的会议中，继续围绕"新世纪，新挑战：合作、参与，促进共同繁荣"的主题，就一系列政策性问题进行讨论。

8月24日　全国社会治安综合治理工作会议在人民大会堂召开。中共中央政治局常委、国家副主席胡锦涛出席会议并发表重要讲话。他强调，做好社会治安综合治理工作，是关系改革发展稳定全局的一件大事。各级党委、政府一定要以江泽民同志"七一"重要讲话和关于社会治安工作的重要指示精神为指导，始终坚持"两手抓、两手都要硬"的方针，切实承担起维护社会稳定的政治责任，努力开创社会治安综合治理工作的新局面。

8月28日　中国、老挝、缅甸、泰国4国禁毒合作部长会议举行。会议讨论并通过了指导4国今后禁毒合作的《北京宣言》。国务委员罗干出席了会议开幕式并致辞，中国国家禁毒委员会主任、公安部部长贾春旺主持了会议。老挝主席府部长、国家禁毒委员会主席苏班·西蒂拉，缅甸内务部长、中央肃毒委主席丁莱和泰国国务部长塔玛拉·伊沙兰恭出席了会议。罗干在致辞中说，此次会议作为4国部长的首次专门会议，是4国政府谋求以高层次禁毒会晤和磋商方式来解决地区毒品问题的有益实践。他指出，由于国际政治、经济等各方面因素的影响，尤其是受国际毒品消费市场规模不断扩大的刺激及东南亚经济危机形成的巨大压力，本地区毒品犯罪正在迅速向集团化、国际化、专业化趋势发展。同时，毒品种类也日趋多元化，鸦片、海洛因、大麻等传统毒品在继续对各国构成严重威胁的同时，甲基苯丙胺、摇头丸等兴奋型毒品的非法生产、贩运和消费也日益向网络化、规模化方向发展，使本地区毒品形势更是雪上加霜。因此，高度重视本地区的毒品问题，切实加强区域内的国际禁毒合作，对于推动世界范围内的禁毒斗争和从根本上解决本国的毒品问题，都是十分重要的。

8月29日　经国务院批准，中国国家认证认可监督管理委员会正式成立。

同　日　第八届亚太经合组织中小企业部长会议在上海开幕。本次会议的主题是："新世纪、新挑战：创新与发展环境"，会议集中讨论了"推动技术创新"、"便利融资"和"改善中小企业发展"等问题。

同　日　经国务院批准，中国人民银行决定自2001年8月30日起，下调境内中资商业银行美元、英镑、欧元等小额存款利率，其中1年期美元存款利率下调0.1875个百分点，调整后为2.3125%。

9月1日　国务院办公厅发出《关于认真做好第二次全国基本单位普查的通知》。

9月2日　江泽民主席签署第五十五号主席令。公布《中华人民共和国防沙治沙法》，自2002年1月1日起施行。

同　日　**应爱尔兰总理埃亨的邀请，中国国务院总理朱镕基乘专机抵达都柏林，开始对爱尔兰进行为期3天的正式访问。**

9月3日　**中共中央总书记、国家主席江泽民同朝鲜劳动党总书记、国防委员会委员长金正日在平壤百花园国宾馆举行会谈。**双方在亲切、友好、诚挚的气氛中，就中朝关系在新世纪的进一步发展以及共同关心的重大国际和地区问题深入交换了意见，取得了广泛的共识。江泽民说，我上次访问朝鲜是在1990年，当时与金日成主席会面的情景至今难忘。这10多年来，无论国际形势还是中朝两国的国内情况都发生了很大变化，但两国老一辈领导人缔造和培育的中朝传统友谊没有变，并在新的形势下得到进一步的继承和发展。2000年5月和2001年1月金正日总书记两度访问中国，进一步增进了中朝两党、两国和两国人民之间的相互了解、信任与友谊，加强了双方在各个领域的交往与合作，推动了两党、两国友好合作关系的巩固和发展。相信我这次访问将为中朝友谊在新世纪的发展做出新的贡献。

9月4日　**国家外汇管理局和公安部联合发布《关于严厉打击非法买卖外汇违法犯罪活动的通知》。**

9月5日　**中国国务院总理朱镕基在埃格蒙宫与欧盟轮值主席国比利时首相费尔霍夫施塔特和欧盟委员会主席普罗迪举行了第四次中欧领导人会晤。**双方在坦诚友好的气氛中就中欧关系及共同关心的国际和地区问题广泛交换了意见，并就一系列问题达成了重要共识。双方一致认为，自1998年中欧领导人首次在伦敦会晤以来，中欧关系取得了重大进展，双方在政治、经济、科技、文化等各个领域的合作都在顺利发展。

9月7日　**温家宝副总理考察南水北调工程时强调，加紧南水北调工程的前期工作，全面规划，统筹兼顾，依靠科技，深化改革，切实解决好节约用水、治理污染、生态建设的问题，确保南水北调工程建立在牢固的科学基础上。**

9月8日　**正在俄罗斯进行正式访问的中国国务院总理朱镕基与俄罗斯总理卡西亚诺夫在这里举行了中俄总理第六次定期会晤。**双方就两国在政治、经贸、科技和人文等各个领域开展广泛的合作深入交换了意见，并达成广泛共识。

同　日　第八届亚太经合组织财长会议在苏州开幕。与会代表将就全球和地区的宏观经济形势、经济全球化等问题展开广泛对话，并向10月份在上海举行的领导人非正式会议提交会议成果。本届财长会主席、中国财政部部长项怀诚主持会议。本届财长会议是在全球经济增速放缓这一国际经济环境下召开的，因此在各自经济体宏观经济政策制定方面发挥重要作用的财长们对本次聚会格外关注。这次财长会议是中国承办的2001年亚太经合组织系列会议的重要组成部分。会议的主题是“经济增长、结构调整、共享繁荣”。主题下设3个议题：在宏观经济政策方面开展政策对话，促进经济可持续增长；强化结构调整改革，为经济可持续增长构筑稳定坚实的基础；在公正、公平的基础上促进经济增长，确保更多人受益于全球化。据悉，此次财长会会期2天，第一天与会代表将讨论全球和区域经济形势，并就共同关心的问题进行小范围会谈。会议第二天，财长们将与亚太经合组织金融家小组、亚太经合组织工商咨询理事会、太平洋经济合作组织和亚太经合组织经济委员会等私营部门代表进行对话，讨论财长会战略目标。会议最后将通过《第八届亚太经合组织财长会联合声明》、《财长会向领导人汇报要点》和《国际金融框架改革进展报告》。来自亚太经合组织21个经济体的财政部长或代表，以及国际货币基金组织总裁克勒、亚洲开发银行行长千野忠男、世界银行常务副行长桑德斯特伦，以及亚太经合组织工商咨询理事会、亚太经合组织金融家小组、太平洋经济合作理事会、亚太经合组织经济委员会等国际和地区组织的代表等280多人出席了会议。

9月11日　中美联合经济委员会第十四次会议在北京举行。应中国财政部部长项怀诚的邀请，美国财政部部长奥尼尔率领美国代表团参加会议。项怀诚与奥尼尔共同主持了会议，会后双方发表了《联合声明》。《声明》说，两位部长一致认为，中美经济联系的进一步加强符合双方的共同利益。两位部长注意到，联委会有利于这一进程，也有利于双边和多边论坛上的双边经济合作。会上，双方的讨论重点为宏观经济政策。双方注意到全球经济增速减缓。鉴于许多经济体已经采取了适当的经济政策，经济基本面稳固，双方对近期经济发展前景仍充满信心。双方一致认为，继续实施促进中国和美国经济最大增长的政策是两国对全球经济得以复苏的最强有力的支持。中国的经济虽然受到外部经济增长减缓的影响，但由于采取了积极的财政政策和稳健的货币政策，仍然保持稳定增长。结构调整和改革在继续推进，经济增长的效益和质量得到进一步提高。中国的国际收支状况保持良好。中国将继续实施健全的宏观经济政策，推行结构改革，以保证经济的可持续增长。美国经济在2000年中期开始下滑。为保持经济长期增长，政府采取了适当的货币和财政政策，减轻税负，为美国经济注入了近400亿美元，并降低了边际税率。结合最近几次降息，这些措施为2002年经济较快增长奠定了基础。双方一致认为，多边开发银行（MDB）应致力于提高生产力，将其视为提高生活水平的最关键因素。MDB应当通过其资金转移，在利用市场机制、更多更有效地使用国内和国际资本方面起到积极作用。为了更好地实现这一目标，MDB应审议贷款工具，寻求资金来源，促进改革，包括更多地利用赠款资金；应促进借款国进行有效的公共部门管理及其金融部门改革；应该促进在国家和机构层面上的协调，并加强其内部监管的透明性和可靠性。双方认为，多边和双边经济贸易关系的稳定发展符合中美两国的长远利益。双方对中国在现有承诺的基础上加入世贸组织（WTO）表示欢迎。双方呼吁其他世贸组织成员支持2001年11月份将在多哈举行的新一轮多边贸易谈判，以便进一步促进全球经济的长期增长和繁荣。双方强调了双边经济和贸易关系的重要性。针对打击金融犯罪，双方对机构设置、法律框架和中央银行和其他金融机构的职责等问题进行了讨论。双方期待着在这方面通过双边和多边机构加强合作。双方讨论了如何按照国际公认的资金管理标准进入对方金融市场。双方一致认为，应当进一步扩大在金融领域的合作，强调应当尽量减少对金融市场的政治干预。双方讨论了在现有的关于监狱劳动产品贸易协议下加强合作的途径。双方还注意到预算数据透明度和改进经济统计的重要性。与会者同意在今后的1年中继续就提出的问题进行合作，以期将进展情况报告下届中美联委会。两位财长商定下届中美经济联合委员会会议在美国召开。参加会议的中方代表有财政部、中国人民银行、外交部、国家发展计划委员会、国家经贸委、公安部、司法部、对外经济贸易合作部、海关总署、中国证监会和中国保监会，美方代表有财政部、联邦储备局和国务院。

9月12日　国务院办公厅印发《棉花收购加工与市场管理办法》。对棉花市场准入条件和棉花市场的主体行为进行严格的规范。

9月13日　中国完成了与所有世贸组织成员的双边市场准入谈判。日内瓦时间13日，在新落成的中国驻日内瓦代表团经贸处办公楼，中国驻日内瓦代表团大使沙祖康与墨西哥驻世贸组织大使佩雷斯·墨塔签署了双边协议。至此，中国完成了与所有世贸组织成员的双边市场准入谈判。

9月14日　“上海合作组织”成员国——中国、哈萨克斯坦、俄罗斯、吉尔吉斯斯坦、塔吉克斯坦和乌兹别克斯坦6国总理在阿拉木图举行首次会晤。朱镕基在会晤中讲话指出，“上海合作组织”的成立正在对当今国际和地区的局势产生重要而深远的影响。首次总理会晤的任务就是要具体落实上海峰会的决议和精神。6国已在政治、安全和外交等领域开展了卓有成效的合作，建立了会晤和磋商机制。就健全“上海合作组织”的运行机制而言，当!应重点抓好两项工作，一是尽快着手制定《上海合作组织宪章》，以做到有章可循，有法可依；二是抓紧建立比什凯克反恐怖中心，以使我们在联合打击恐怖主义、分裂主义和极端主义的行动中，既有法律基础，更有操作手段。

9月17日　以“华商携手新世纪，和平发展共繁荣”为主题的第六届世界华商大会，在南京国际展览中心隆重开幕。国家主席江泽民向大会发来贺信，全国政协主席、第六届世界华商大会组委会名誉主席李瑞环出席大会并致词。中共中央政治局常委、全国政协主席李瑞环与参加大会的4 000多位嘉宾一道观看了精采演出。中共中央政治局委员、国务院副总理钱其琛出席庆典晚会。这场主题为

《南京之夜》的庆典晚会由南京市人民政府主办。晚会共分“火树银花”、“沧海桑田”、“钟灵毓秀”、“虎跃龙腾”4个部分，来自中国内地、中国香港、中国台湾、新加坡的艺术家和演员同台表演，节目内容丰富多彩。整个晚会节目充满浓郁的民族特色，体现出华夏文化的博大精深，处处洋溢着亲人团聚的喜悦之情。出席庆典晚会的还有王光英、王兆国、钱伟长、孙孚凌、霍英东、经叔平，著名科学家杨振宁先生也应邀出席。

同　日　中国加入世界贸易组织的所有法律文件在日内瓦获得通过，中国长达15年的马拉松式入世谈判宣告完成。日内瓦当地时间17日下午15时30分—17时20分，世贸组织中国工作组第十八次会议在世贸组织总部举行正式会议，通过了中国加入世贸组织的所有法律文件。1987年3月4日成立的中国工作组也随之结束了历时14年零6个月的历史使命。按照入世申请程序，中国入世的法律文件将提交世贸组织第四次部长级会议上审议通过。在完成必要的法律程序后，中国将正式成为世贸组织的成员。世贸组织新闻发言人凯斯·罗克威尔在会后说：“对年轻的世贸组织来说，今天是个历史性的日子。”中国代表团团长、外经贸部首席谈判代表龙永图在会议发言中说：“今天是一个值得纪念的重要日子。它标志着中国入世谈判的最后结束。”当天的会议在中国工作组主席、瑞士贸易代表吉拉德的主持下，逐项通过了中国工作组报告书、中国入世议定书、货物贸易减让表和服务贸易减让表，并决定将这些文件提交世贸组织总理事会审议。自中国工作组成立起就一直担任主席的吉拉德随即宣布，工作组完成了各项工作，结束了历史使命。世贸组织成员在通过法律文件后纷纷发言，对中国入世谈判的完成表示热烈祝贺。他们表示，中国入世有利于中国，也有利于世贸组织成员。他们期待着与中国在世贸组织中进行合作。他们希望中国在成为世贸组织成员后，为加强多边贸易体制做出自己的贡献。本次会议原定在13日举行，因为美国遭受恐怖袭击而推迟了4天。一直跟踪本次会议的世界各大媒体的50多名记者，在会议开始前一个多小时就来到会议大厅外守侯。出席会议的各国代表都表情轻松，一改往日拒记者于千里之外的严肃面孔。会议结束后，世贸组织总干事穆尔、中国工作组主席吉拉德和龙永图在记者招待会上回答了记者的提问。中国是1986年7月10日提出复关申请的。1987年10月22日—1994年10月20日，关贸总协定中国工作组共举行了19次会议，中国驻日内瓦代表团大使钱嘉东和外经贸部副部长沈觉人、佟志广、谷永江、龙永图先后担任中国代表团团长。关贸总协定被世贸组织取代后，其中国工作组也转换为世贸组织中国工作组。1996年3月22日—2001年9月，工作组共举行了18次会议，中国代表团团长一直是龙永图。历次中国工作组会议都在关贸总协定及后来的世贸组织总部所在地瑞士日内瓦举行。来日内瓦50多次的龙永图戏称，代表团从航空公司得到的长期乘客奖励机票，折合里程足以飞到月球了。

9月19日　民政部召开全国城市居民最低生活保障会议。国务院要求2001年、2002年2年全力解决城市居民最低生活保障“应保未保”问题，将所有符合条件的城市困难人口全部纳入最低生活保障。

9月22日　国务院办公厅发出《关于进一步做好关闭整顿小煤矿和煤矿安全生产工作的通知》。中国人民银行决定，自2001年9月22日起，下调境内外中资商业银行美元、英镑、欧元、港币、加拿大元和瑞士法郎的小额存款利率。

9月24日—26日　中国共产党第十五届中央委员会第六次全体会议在北京举行。全会审议并通过了《关于召开党的第十六次全国代表大会的决议》，确定党的“十六大”于2002年下半年在北京召开。这次大会，是新世纪我国进入全面建设小康社会、加快推进社会主义现代化的新的发展阶段召开的极为重要的会议，是全党、全国各族人民政治生活中的一件大事。全会审议并通过了《中共中央纪律检查委员会关于石兆彬问题的审查报告》、《中共中央纪律检查委员会关于李嘉廷问题的审查报告》。全会决定，撤销石兆彬、李嘉廷中央委员会候补委员职务，给予其开除党籍处分。

9月27日—29日　第五次全国信访工作会议在北京举行。这是新中国成立以来规模最大、与会人数最多的一次信访工作会议。会议期间，中共中央政治局常委、国务院总理朱镕基接见了全体与会代表。

9月28日　国务院总理朱镕基近日主持召开国务院第四十四次常务会议，讨论并原则通过了《中华人民共和国道路交通安全法（草案)》、《中华人民共和国文物保护法（修订草案)》。会议认为，切实维护道路交通秩序，对于促进经济发展、保障人民生命财产安全至关重要。为了加强道路交通安全管理，预防和减少道路交通事故，严格规范公安交通管理部门及其交通警察的执法行为，制定道路交通安全法十分必要。会议认为，《中华人民共和国文物保护法》自1982年颁布施行以来，对于提高全民族的文物保护意识，加强文物保护工作，起了重要作用。随着改革的深化、对外开放的扩大和社会主义市场经济的发展，文物保护工作出现了一些新情况、新问题，现行文物保护法一些规定已不能完全适应形势发展的要求。针对文物保护不力、文物利用不规范、文物违法犯罪活动猖獗等突出问题，有必要对现行文物保护法进行修改和完善。会议决定，以上2个法律草案经进一步修改后，由国务院提请全国人大常委会审议。

同　日　财政部、国家税务总局联合发出通知，从2001年10月1日起，对个人因与用人单位解除劳动关系而取得的一次性补偿收入免征个人所得税的有关问题作出具体规定。

9月30日　最高人民法院公布《关于冻结、拍卖上市公司国有股和社会法人股若干问题的规定》。《规定》于9月30日起施行。

10月8日　国家主席江泽民在中南海会见了前来中国进行工作访问的日本首相小泉纯一郎。小泉再次就侵略历史表示道歉并感谢江泽民主席的会见。他说，我此次作为日本首相第一次访华，也是第一次前往卢沟桥参观“中国人民抗日战争纪念馆”。看到纪念馆里的展览后，深刻感受到战争的悲惨，我谨对在那场侵略战争中牺牲的中国人民深表道歉和哀悼。江泽民说，如何对待历史，是中日关系的政治基础，也是面向未来的出发点。我一直强调要“以史为鉴、面向未来”，中日关系的发展历程不断有起伏。关系好时，各方面的交往很密切，关系遇到困难时，总是与教科书和靖国神社这类历史问题有关。靖国神社里供奉着日本军国主义战犯的牌位，如果日本领导人去参拜，就会构成严重问题。亚洲人民对日本是否重蹈覆辙是十分警惕的。在教科书问题上，关键是要把历史事实如实地告诉下一代，这样才能使两国人民世世代代友好下去。2002年是中日邦交正常化30周年，我们愿与日方一道，举行各种纪念活动，进一步增进两国人民的相互理解和友好感情。

同　日　中国证监会发布《关于规范上市公司非流通股协议转让活动的通知》。《通知》重申《公司法》关于“股东转让其股份，必须在依法设立的证券交易场所进行”的规定；指出经国务院批准设立的证券交易所，是上市公司股份转让的唯一合法场所；强调上市公司非流通股的协议转让，必须在证券交易所的管理下有序进行。

10月10日　朱镕基总理主持召开国务院第四十五次常务会议。审议并原则通过了《长江河道采砂管理条例（草案）》。会议认为，长江河道采砂，关系长江河势稳定，也直接关系到长江防洪和通航安全。

10月12日　国家经贸委制定并公布工业节水、能源节约与资源综合利用、节约与替代燃料油、新能源和可再生能源产业发展、墙体材料革新、散装水泥发展和环保产业发展7项可持续发展相关规划。

10月13日　国家煤矿安全监察局颁布新修订的《煤矿安全规程》，自2001年11月1日起施行。

10月15日　中国证监会发布《关于规范面向公众开展的证券投资咨询业务行为若干问题的通知》。

10月16日　国务院新闻办发表《中国的农村扶贫开发白皮书》。公布了农村贫困人口已减至“3 000万人”、“占农村总人口的比例3%左右”这样2个鼓舞人心的数字。

10月17日　首届中国消除贫困奖评选揭晓暨颁奖仪式在北京人民大会堂隆重举行。受中共中央政治局常委、国务院副总理温家宝委托，中共中央政治局委员、国务院副总理回良玉出席仪式并发表讲话。回良玉指出，贫困是人类面临的最严峻的挑战之一。1992年第四十七届联合国大会确定每年10月17日为“国际消除贫困日”，2000年联合国千年首脑会议明确提出以消除贫困为核心内容的人类发展目标。10多年来，在联合国等国际组织的积极倡导和协调下，各国政府和相关组织加强了扶贫领域的合作，取得了积极的进展，但实现全球减贫和发展的目标任重而道远。回良玉说，中国是国际反贫困事业的积极实践者，新中国成立后特别是改革开放以来，扶贫开发取得了举世瞩目的伟大成就。我国目前仍是人均收入水平较低的发展中国家，城乡之间、地区之间发展不平衡的问题还相当突出，提高低收入人口的生活水平，从根本上改变贫困地区的落后面貌，需要进行长期艰苦努力。我们必须坚持以人为本，树立和落实科学发展观，统筹城乡经济社会发展，下更大决心，花更大力气，采取更有力的政策措施，加大工作力度，强化扶贫责任，确保如期实现《中国农村扶贫开发纲要》确定的战略目标，促进贫困地区经济社会的全面发展和贫困人口生活质量的全面提高。回良玉强调，消除贫困是全社会的共同责任。我国把2001年“国际消除贫困日”的主题确定为“动员全社会参与扶贫”，其目的就是要在更大范围内动员社会各界的力量参与扶贫开发。要不断创新扶贫开发机制，努力强化扶贫开发举措，丰富发展扶贫开发手段，在坚持政府主导的同时，进一步动员社会各界参与扶贫开发。要继续加强各级机关单位定点扶贫和东西协作扶贫工作，引导、鼓励、支持各类社会组织和各界人士参与扶贫开发，继续加强与国际社会在扶贫领域的合作。9月20日，新华社发表《中国农村扶贫开发纲要》。

同　日　经国务院批准，国家计委下发通知，决定进一步完善石油价格接轨办法，据此调整成品油价格。

10月18日　亚太经合组织（APEC）第十三次部长会议在上海举行。中国国家主席江泽民在APEC领导人峰会上发表了题为《加强合作，共同迎接新世纪的新挑战》的讲话。他说，纵观全局，机遇和挑战并存，我们应共同努力，采取措施，抓住机遇，迎接挑战，推动本地区经济在新世纪更好地发展，这是我们作为本地区领导人肩负的主要责任。加强合作，使各成员从经济全球化和科技进步中受益，是亚太经合组织应为之努力的目标。采取切实有效的措施，增强信心，恢复和保持增长，是本次会议亟需考虑的问题。他强调，从长远看，亚太地区依然是世界经济发展最具活力的地区。只要各国、各地区同舟共济，携手合作，克服困难，亚太地区必将迎来一个新的发展阶段。从亚太经合组织的共同利益出发，各成员应加强宏观政策协调，深化经济结构改革，稳定金融市场，为经济的恢复和持续发展创造良好的宏观环境。发达成员是经济全球化的主要受益者和世界经济增长的重要力量，应尽快采取进一步的措施，重建市场信心，扩大需求，促进世界和本地区经济早日恢复和发展。发达成员有责任帮助发展中成员尽快走出困境。这样也有助于发达成员实现持续发展。亚太经合组织要坚定地支持多边贸易体制，加强经济技术合作，努力实现发达成员和发展中成员分别于2010年和2020年前实现贸易投资自由化和茂物目标。只有使国际社会的广大成员都受益，经济全球化才能顺利地推进，世界经济才能持续稳定地发展。只有各成员和社会各界广泛参与，新经济才能充分发挥潜能。要实现这一目标，加强以人力资源能力建设为核心的经济技术合作，使之与贸易投资自由化平衡发展，是一条有效途径。人力资源是最宝贵的资源。加强人力资源能力建设，既是长远的考虑，又是现实的需要。人力资源开发已成为亚太地区经合组织合作的核心内容之一，是各成员间共识最广泛、合作基础最好的领域。我们应把这个战略选择变成具体的战略行动，稳定推进，务求实效。各成员政府要承担应有的责任，同时要调动工商界和教育学术界的力量，发挥他们的积极性和创造力。江泽民指出，中国将以更加积极的姿态参与区域及全球范围的经济技术合作。加入世界贸易组织以后，中国将严格遵循国际通行的市场规则，实行公开、透明、平等的贸易和投资政策，进一步推动全方位、多层次、宽领域的对外开放。一个稳定、发展、进步的中国，将为促进世界和地区的和平与发展作出更大的贡献。

同　日　新华社报道：外贸出口工作座谈会15日在广州召开。朱镕基总理指示，一是坚持实施出口多元化战略；二是加强相关部门的配合和协调；三是认真落实国家已采取的出口政策和措施。各地区、各部门要坚定信心，迎难而上，转变作风，扎实工作，千方百计促进外贸出口，为保持国民经济的良好发展势头而努力。

10月19日　国家主席江泽民在上海与美国总统布什举行了会谈。他们就中美关系和反对恐怖主义、维护世界和平与稳定等重大问题深入交换了意见。会谈是建设性的、富有成果的。会谈结束后，两国领导人共同会见了中外记者。会见时，江泽民说，中美作为世界上有重要影响的2个国家，在维护亚太和世界的和平与安全，推动地区和全球经济的发展与繁荣，以及同国际社会一道打击恐怖主义等方面，都拥有共同责任和利益。中国重视与美国的关系，愿与美方共同努力，发展建设性合作关系。他指出："我们生活在一个多样化的世界里。中美国情不同，存在一些分歧并不奇怪。我主张，各种文明和社会制度应长期共存，在求同存异中共同发展。"江泽民强调，中美关系正面临重要的发展机遇。我们将开展高层战略对话，推进经贸、能源等领域的交流与合作，加强在重大国际及地区问题上的磋商与协调。他说："我相信，只要双方牢牢把握两国的共同利益，按照中美3个联合公报妥善处理两国关系，特别是台湾问题，中美关系就能不断向前发展。"江泽民在回答记者关于中美关系发展展望的提问时说，国际形势的发展一再表明，中美两国在事关世界和平与发展的许多重大问题上有着广泛共同利益。我高兴地看到近一个时期以来，中美关系取得了改善，双方在反对恐怖主义问题上进行合作，在经贸关系上取得了新进展。中美两国国情不同，存在分歧是正常的。只要双方相互尊重，经常交换意见，中美关系就能稳定向前发展。布什表示，他与江主席的会谈是非常成功的，他来上海是因为中国及亚太地区其他国家是美国反恐怖主义的重要合作伙伴，也是因为美国经济发展的未来和亚洲经济发展的未来是息息相关的。美国和亚洲国家面临共同的威胁，也有着共同的希望。我们都希望生活在一个更繁荣、更和平的时代。布什感谢江泽民主席的接待并与他举行会谈。他说，上海是一个了不起的城市，他上次来此是25年前，当时根本未想到2001年上海会是现在的面貌，上海真是一个令人印象非常深刻的城市。他说，美中认识到，国际恐怖主义是我们面临的共同威胁。美中应共同携手合作，来打击共同的威胁。他说，中国是一个伟大的国家，美国愿意同中国一起发展建设性合作关系。他表示欢迎中国早日加入世界贸易组织。布什说，他确信美中两国面临着许多共同利益，两国可以在一起做更多的事情。两个伟大的国家不可能在所有问题上都完全一致，这是可以理解的，但在处理分歧时，双方会相互尊重，以礼相待。美中关系是开诚布公的建设性的关系。两国领导人还分别阐述了在反对恐怖主义问题上的原则立场。

10月20日　国家主席江泽民在上海会见了俄罗斯总统普京，双方就中俄关系在新世纪的进一步发展以及反对恐怖主义、维护世界和地区和平与稳定等重大问题深入交换了意见，取得了广泛的一致。

10月21日　亚太经合组织（APEC）第九次领导人非正式会议在上海科技馆举行，中国国家主席江泽民主持了会议。澳大利亚总理霍华德、文莱苏丹博尔基亚、加拿大总理克雷蒂安、智利总统拉戈斯、中国香港特别行政区行政长官董建华、印度尼西亚总统梅加瓦蒂、日本首相小泉纯一郎、韩国总统金大中、马来西亚总理马哈蒂尔、墨西哥总统福克斯、新西兰总理克拉克、巴布亚新几内亚总理莫劳塔、秘鲁总统托莱多、菲律宾总统阿罗约、俄罗斯总统普京、新加坡总理吴作栋、泰国总理他信、美国总统布什和越南总理潘文凯出席会议。江泽民在会上发表题为《加强合作，共同迎接新世纪的新挑战》的重要讲话，全面阐述了中国对当前世界和地区经济形势的看法，以及对推进APEC合作进程的主张。

10月22日　亚太经合组织第九次领导人非正式会议在沪举行。江泽民主席在会上全面阐述了我国对当前世界和地区经济形势的看法，以及对推进亚太经合组织合作进程的主张。江主席与其他领导人就全球及地区宏观经济形势、人力资源能力建设以及APEC的未来发展方向等议题进行了务实友好、坦诚热烈的讨论，通过并发表了《领导人宣言》。

10月23日　中国证监会宣布，经国务院批准，决定在具体操作办法出台前，停止执行《减持国有股筹集社会保障资金管理暂行办法》第五条关于“国家拥有股份的股份有限公司向公共投资者首次发行和增发股票时，均应按融资额的10%出售国有股”的规定。

10月24日　中国人民银行货币政策委员会2001年第四季度例会

在京召开。会议认为，当前我国经济增长平稳，稳健的货币政策继续发挥重要作用。要进一步落实各项信贷政策，促进经济结构调整。要普遍推行农户小额信用贷款和农户联保贷款，增加农业贷款的投入；要引导商业银行增强贷款营销观念，主动发现、培养、选择客户，加大对中小企业的信贷支持力度；要清理影响外汇贷款合理增长的有关规定，改进服务，扩大外汇贷款。

10月25日　国务院召开行政审批制度改革工作电话会议，就加快推进行政审批制度改革工作进行部署。

10月29日　正在英国进行正式访问的中国国家副主席胡锦涛与英国首相布莱尔在首相府举行会谈，双方就中英关系及共同关心的国际问题广泛深入地交换了看法。

同　日　朱镕基总理主持召开国务院西部地区开发领导小组第二次全体会议时强调，2002年要进一步加强西部地区的基础设施建设，切实加大退耕还林工作力度，扎扎实实搞好西部大开发。

10月31日　应阿尔及利亚全国人民议会议长阿卜杜勒·卡迪尔·本·萨利赫的邀请，全国人大常委会委员长李鹏抵达阿尔及利亚首都阿尔及尔，开始对阿尔及利亚进行为期3天的正式友好访问。

11月1日　应法国总统希拉克的邀请，中国国家副主席胡锦涛抵达里昂，开始对法国进行为期5天的正式访问。胡锦涛说，近年来，中法关系发展势头很好。两国领导人保持了密切的联系和往来，各个领域的人员交流频繁，双方在经贸、科技、文化、教育、军事等各个领域的合作成果显著，在国际事务中的协调与合作日益加强。我们对此感到高兴。

11月2日　国务院召开电视电话会议，李岚清副总理强调要集中力量开展严厉打击传销活动、整顿和规范建筑市场、强化税收征管的专项斗争，把整顿和规范市场经济秩序工作坚持不懈地开展下去。

11月5日　第五次东盟与中国、日本和韩国（“10+3”）领导人会议举行。东道主文莱苏丹哈桑纳尔·博尔基亚主持了会议，与会各国领导人讨论了《东亚展望小组报告》，重点就加强东亚在各个领域的合作与交流广泛交换了意见。中国国务院总理朱镕基出席会议并发表了讲话。各国领导人一致认为东亚合作潜力巨大，前景广阔。在当前形势下，东亚各国更应该进一步促进在经济、金融、信息技术、环境保护、湄公河流域开发以及非传统安全等领域的交流与合作，以应对面临的各种挑战。各国领导人一致认为，要共同努力维护东亚的稳定、发展与繁荣，以造福于东亚各国人民。

同　日　出席东盟与中日韩（“10+3”）领导人会议的中国国务院总理朱镕基、日本首相小泉纯一郎和韩国总统金大中在文莱首都斯里巴加湾市共进早餐，举行第三次3国领导人非正式会晤，就进一步促进3国经贸合作等问题交换了意见，取得了广泛共识。

同　日　新华社报道：财政部近日发布《企业会计准则——中期财务报告》，将于2002年1月1日起在所有上市公司中施行。

11月6日　中国国务院总理朱镕基出席了第五次东盟与中国领导人会议。会议由文莱苏丹博尔基亚主持，朱镕基与出席会议的东盟各国领导人在友好务实的气氛中重点就在新世纪进一步加强睦邻互信伙伴关系深入交换了意见，明确了新世纪初5个主要合作领域并确定了建立中国—东盟自由贸易区目标，在所有问题上都达成了共识。朱镕基在会议发言中积极评价过去一年中国与东盟国家合作取得的显著进展，重申进一步深化与东盟国家的睦邻友好合作是中国政府的既定政策，中国支持东盟一体化进程，支持东盟在地区和国际事务中发挥更大作用。

11月7日　新华社报道：中国行政审批制度改革已经进入了整体推进、统一协调的新阶段。中国行政审批制度改革的总体要求是，不符合政企分开和政事分开原则、妨碍市场开放和公平竞争以及实际上难以发挥有效作用的行政审批，予以取消；可以用市场机制代替的行政审批，通过市场机制运作；对于需要保留的行政审批，建立健全监督约束机制，做到审批程序严密、审批程序减少、审批效率明显提高，审批责任追究制得到严格执行。

同　日　新华社报道：国家计委宣布，取消第一批5大类投资项目审批。对其他不应继续审批的事项，将抓紧与有关部门协调，尽快取消。这是国务院召开行政审批制度改革工作电视电话会议后，第一个宣布取消部分行政审批的国家部委。

11月8日　国家计委召开全国计划物价系统电视会议，宣布取消第一批5大类行政审批事项，一是城市基础设施建设项目；二是不需要中央投资的农林水利项目；三是地方和企业自筹资金建设的社会事业项目；四是房地产开发建设项目；五是商贸设施项目。

11月10日　世界贸易组织第四届部长级会议在卡塔尔首都多哈以全体协商一致的方式，审议并通过了中国加入世贸组织的决定。在中国政府代表签署中国加入世贸组织议定书，并向世贸组织秘书处递交中国加入世贸组织批准书30天后，中国将正式成为世贸组织成员。

同　日　国家计委根据我国入世对外承诺，向社会公布《农产品进口关税配额管理暂行办法（草案）》，以广泛征求意见。

11月12日　国务院办公厅发出《关于进一步加强城市居民最低生活保障工作的通知》。《通知》针对城市低保发展过程中存在的问题提出了明确的要求。

同　日　中国人民银行决定，即日起下调境内中资商业银行美元、英镑、欧元、港币、加拿大元和瑞士法郎的小额存款利率，这是2001年第九次下调利率。

同　日　新华社报道：根据国务院第三三〇号令，《中华人民共和国保障措施条例》已经2001年10月31日国务院第四十六次常务会议通过并予以公布，自2002年1月1日起施行。《中华人民共和国保障措施条例》旨在促进对外贸易健康发展，凡进口产品数量增加，并对生产同类产品或者直接竞争产品的国内产业造成严重损害或者严重威胁的，有关部门依照条例规定进行调查，采取保障措施。条例共分5章35条，包括总则、调查、保障措施、保障措施的期限与复审、附则等内容。

11月13日　农业部和国家质检总局联合发布公告，从即日起恢复从韩国进口偶蹄动物及其产品。

11月15日　经批准，财政部决定从2001年11月16日起，调整证券（股票）交易印花税税率。对买卖、继承、赠与所书立的A股、B股股权转让书据，由立据双方当事人分别按2‰的税率缴纳证券（股票）交易印花税。

11月19日　国务院办公厅转发农业部《关于加快畜牧业发展的意见》。一、充分认识加快畜牧业发展的重要性和紧迫性。（一）加快发展畜牧业是农业发展新阶段的战略任务。（二）不失时机地加快畜牧业发展。（三）尽快把畜牧业发展成一个大产业。二、大力调整、优化畜牧业结构和布局。（四）明确畜牧业结构调整重点。（五）优化畜牧业区域布局。三、加强良种繁育、饲料生产和疫病防治体系建设。（六）加大畜禽良种体系建设力度。（七）建设高效安全的饲料生产和监管体系。（八）强化动物疫病防治体系建设。（九）加强对转基因畜禽产品生产、安全的监管。四、保护和合理利用草地资源。（十）合理使用草地资源。（十一）强化草原建设、保护和监管。五、大力推进畜牧业科技进步。（十二）加强畜牧业科学技术研究。（十三）加大畜牧业技术培训和推广力度。六、促进畜产品加工转化增值。（十四）重点培育一批规模大、起点高、带动力强的畜产品加工企业。（十五）发展畜牧业产业化经营。（十六）促进畜产品出口。七、加强畜产品市场体系建设。（十七）建立开放统一、竞争有序的畜产品市场体系。（十八）培育畜牧业合作经济组织和中介组织。（十九）加强对畜产品的质量监管和信息服务。八、加大对发展畜牧业的领导和支持力度。（二十）加强对畜牧业发展的组织领导。（二十一）多渠道增加对畜牧业的投入。（二十二）完善畜牧业法规，加大执法力度。

11月20日　由人民日报和日本经济新闻共同主办的第九次中日经济讨论会在天津经济技术开发区举行。中国国务院总理朱镕基、日本首相小泉纯一郎分别为会议发来贺词。这次会议的主题是“中国加入WTO与21世纪中日经济合作”。朱镕基总理在贺词中说，在全球经济面临新挑战的形势下，两国经济界和新闻界人士聚集一堂，就中国加入世界贸易组织及21世纪的中日经济合作等问题，坦诚地交换意见，这对增进相互了解、推动两国经贸关系向前发展是很有意义的。中日两国经济具有很强的互补性，双方的经济合作有着巨大的潜力。中国加入世界贸易组织将为中国同包括日本在内的世界各国的经济合作开辟更加广阔的前景。小泉纯一郎首相在贺词中说，我高兴地看到，中国入世将变成现实。我期待着，以中国入世为契机，日中经济关系得到更加深入的发展，进而为全世界经济的发展做出贡献。日中两国面临着新的挑战，在这样的背景下举办题为“中国加入WTO与21世纪日中经济合作”的讨论会，可以说是正逢时宜。我相信，在讨论会上大家将展开热烈讨论，为日中经济和世界经济的发展献计献策。

同　日　国家经贸委发布《“十五”工业结构调整规划纲要》。提出“十五”期间，我国将根据“有进有退、有所为有所不为”的原则，逐步收缩国有经济战线，加强重点，提高国有资本利用率，解决工业领域中国有资本战线过长、运营效率不高的问题，实现国有资本的优化配置，发挥国有经济在国民经济中的主导作用。

11月21日　新华社报道：国务院总理朱镕基近日主持召开国务院第四十七次、四十八次常务会议。会议审议并原则通过了《金融机构撤销条例（草案）》，讨论并原则通过了《中华人民共和国水法（修订草案）》和《中华人民共和国安全生产法（修订草案）》。会议决定，《金融机构撤销条例（草案）》经国务院公布施行。《中华人民共和国水法（修订草案）》和《中华人民共和国安全生产法（草案）》根据会议提出的意见进一步修改后，由国务院提请全国人大常委会审议。

11月22日　国家计委发布《禁止价格欺诈行为的规定》，对一系列价格欺诈行为作出了界定，并明确了相应的处罚措施。

11月25日　国家工商总局发出《关于进一步加强市场监督管理加大打击假冒伪劣违法行为的若干措施》的通知。

11月27日—29日　中共中央、国务院在北京召开中央经济工作会议。江泽民、李鹏、朱镕基、李瑞环、胡锦涛、尉健行、李岚清出席会议。中共中央总书记江泽民在会上作了重要讲话，总结了2001年的工作，分析了当前国际国内形势，提出了2002年经济工作的总体要求，部署了改革发展稳定的主要任务，提出了工作重点和措施，动员全党和全国人民统一思想、坚定信心，沉着应对、趋利避害，转变作风、扎实工作，努力促进经济持续、快速、健康发展和社会全面进步，以优异成绩迎接党的“十六大”召开。中共中央政治局常委、国务院总理朱镕基就2002年经济工作具体部署作了重要讲话。会议指出，2001年是“十五”计划的起始之年。在世界经济增长明显减缓的情况下，我国经济仍然保持较好的发展势头。国民经济持续、快速、健康发展，结构调整力度加大，固定资产投资增速加快，消费需求平稳增长，对外贸易保持增长，利用外资继续增加，西部大开发取得重要进展，财政收入增加，金融运行平稳，各项改革不断深化，经济增长质量和效益继续提高。我国经济发展取得这样的成绩，确实来之不易。这是以江泽民同志为核心的党中央统揽全局，审时度势，及时采取有力对策的结果，也是各地各部门认真贯彻中央部署，努力工作的结果。2001年，北京申办2008年奥运会获得成功，极大地激发了全国人民的爱国热情。亚太经合组织第九次领导人非正式会议等重要国际会议在我国成功举行，我国的国际地位和影响进一步提高。全国科技、教育、文化、卫生、体育等各项事业不断推进，精神文明建设和民主法制建设取得新的进展，社会治安综合治理和反腐败斗争持续深入，社会保持稳定。会议指出，从新世纪开始，我国进入全面建设小康社会，加快推进社会主义现代化建设的新阶段。加入世界贸易组织，我国将在更大范围和更深程度上参与经济全球化，对外开放进入新阶段。我们隆重庆祝了建党80周年，初步系统阐述了“三个代表”重要思想的科学内涵，召开了十五届六中全会，作出了加强和改进党的作风建设的重要决定，党的作风建设进入了新阶段。当前，国际形势跌宕起伏，复杂多变。但从目前情况看，仍然可以得出三个基本判断：一是和平与发展作为时代的主题不会改变。二是世界多极化的发展趋势不会改变。三是我们面临的国际环境依然是机遇大于挑战。我们要密切关注和正确分析形势的发展变化，把困难估计得严重一点，把影响时间预想得长一点，把应对预案准备得充分一点，使2002年经济发展建立在扎实可靠的基础上。会议指出，纵观当前国内外形势，我们面临的任务十分艰巨，做好以经济建设为中心的各项工作十分重要。2002年经济工作的总体要求是：以邓小平理论和党的“十五大”精神为指导，进一步贯彻落实“七一”重要讲话和党的十五届五中、六中全会的精神，按照“三个代表”要求，正确把握复杂多变的国际政治经济形势，沉着应对，趋利避害，抵御和克服前进道路上的各种风险和困难，以保持经济和社会的稳定。坚持实施扩大国内需求的方针，继续深化改革，扩大开放，加快结构调整，整顿和规范市场经济秩序，提高经济增长质量和效益，促进国民经济持续快速健康发展和社会全面进步。切实加强党的作风建设，转变政府职能，坚定信心，扎实工作，团结奋斗，勤俭建国，以改革开放和现代化建设的新成就迎接党的“十六大”召开。会议提出，实现这个总体要求，2002年必须着重抓好以下几个方面的工作：一、坚持扩大内需的方针，继续实施积极的财政政策和稳健的货币政策。扩大内需是我们要长期坚持的一项战略方针，这是由我国的基本国情决定的。做好2002年的经济工作，必须进一步深化对扩大内需方针的认识，充实扩大内需政策的内容，提高政策实施的效果。扩大内需要同经济结构的战略性调整、深化经济体制改革、增加就业、改善人民生活和可持续发展结合起来。要进一步培育内需，努力增加城乡居民特别是低收入者的收入。继续实施积极的财政政策，继续发行长期建设国债，保持必要的投资拉动力度，实现国民经济持续较快增长。扩大就业和维护社会稳定。要选准投资项目，讲求投资效益，避免无效投资和不合理重复建设。要建立公共财政框架，优化财政支出结构，确保社会保障和农村税费改革的支出。要完善和稳定税制，强化税收征管。继续实行稳健的货币政策，进一步加大金融对经济发展的支持力度，增加对企业技术改造、中小企业特别是民营科技企业和农业结构调整的信贷支持。要加强信贷管理，降低不良贷款比例，防范和化解金融风险。二、调整农业结构，深化农村改革，努力增加农民收入。大力调整农业结构，千方百计增加农民收入，是新阶段农村经济工作的中心任务。继续推进农业和农村经济结构调整，是提高农业效益、增加农民收入的重要途径。

要大力开发优质专用农产品，尽快把畜牧业发展成一个大产业。要把食品质量、卫生和安全工作放到十分突出的位置，加快建设农产品质量标准和检验检测体系，加强农产品市场建设和管理，大力发展绿色食品、有机食品和无公害食品。农业产业化经营，是促进农业结构战略性调整的重要途径，要作为农业和农村经济工作中一件大事来抓。扶持产业化就是扶持农业，扶持龙头企业就是扶持农民。进一步扩大退耕规模，认真落实各项政策，加快宜林荒山荒地造林步伐。要继续抓好水利、公路、农村电网等基础设施建设，改善农村生产生活条件。农村基础设施建设要同增加农民收入结合起来，多搞一些小型基础设施。2001年出台的粮棉流通体制改革，对于健全农产品市场，促进农业结构的战略性调整，提高农业的竞争力，具有重大意义。各地和各有关部门要切实加强对这项工作的领导，扎扎实实向前推进。农村税费改革试点取得了重要的阶段性成果。2002年要在总结经验，完善政策，加强指导的基础上，进一步扩大试点范围。中央和省级财政要加大转移支付力度，重点向粮棉主产区和贫困地区倾斜，保证农村教育和基层政权运转的必要开支。稳定完善农村土地承包关系，是党的农村政策的基石，是保障农民权益、促进农业发展的制度基础。在具备条件的地区，土地流转必须坚持“自愿、有偿、依法、规范”的原则，不能刮风，不能下指标，不能强制推行。继续抓好农村“三个代表”学习教育活动。三、进一步推进经济结构的战略性调整，着力抓好企业技术改造。继续抓住结构调整这条主线，力争取得更大的成效。加快现有企业的技术改造，提高生产技术水平，是增强我国国际竞争力的重要基础，也是进一步扩大投资需求、改善供给能力的重要举措。要积极采用高新技术和先进适用技术，改造一批重点产业和骨干企业。要下大气力培育新的经济增长点。有选择、有重点地加快高新技术产业的发展，尽快形成具有中国特色的和竞争优势的高新技术产业群。大力发展教育，积极发展住房、旅游、社区服务业和现代流通方式，为国民经济的发展提供高效率的服务体系，满足和扩大城乡居民的消费需求。要认真落实中央关于西部大开发的一系列战略部署和政策措施，进一步促进区域经济协调发展。四、不断深化经济体制改革，为加快发展和扩大开放创造良好的体制环境。今后一段时间，国有企业改革仍是整个经济体制改革的中心环节。要按照“产权清晰、权责明确、政企分开、管理科学”的要求，继续深化国有企业改革，健全责权统一、运转协调、有效制衡的公司法人治理结构。符合条件的国有大中型企业要加快实行股份制改造。继续推动国有企业的战略性改组。培育和发展一批拥有自主知识产权、核心能力强的大公司和企业集团，是应对入世后国际竞争的重大举措，要抓紧推进。采取多种形式放开搞活国有中小企业。继续推进社会保障体系建设。进一步整顿和规范市场经济秩序。加强法制建设，按照标本兼治、重在治本的原则，加大工作力度。要在全社会营造讲求商业道德、诚实守信、公平竞争的氛围。转变政府职能，推进行政审批制度改革。五、以加入世界贸易组织为契机，进一步扩大对外开放。我国已履行完加入世界贸易组织的所有法律程序，将正式成为世贸组织成员。这是我国改革开放进程中具有历史意义的一件大事，也是进一步推进全方位、多层次、宽领域对外开放的重要契机，对经济发展具有深远的影响。对入世带来的挑战要有足够的估计。能否把有利条件用足，把不利影响减少到最低限度，关键在于我们自己的努力。各级干部特别是领导干部，首先要认真学习并熟悉世贸组织的基本原则和有关规则。转变政府管理经济的方式，增强政策的统一性和透明度，提高按国际通行规则办事的能力。抓紧培养和造就一支精通国际经济和法律的人才队伍。各类企业都要增强紧迫感和竞争意识，抓住过渡期的有限时间，加快技术创新和产品开发，提高质量，改善服务，扩大市场占有率。要充分利用入世的有利条件，实施多元化战略，千方百计扩大出口。抓住入世的新机遇，提高利用外资水平。六、积极扩大就业，努力改善人民生活。必须从改革发展稳定大局的政治高度，把扩大就业、改善人民生活的工作抓紧抓好。各级党委和政府要充分认识就业问题的重要性，把创造更多的就业岗位摆在突出位置。要积极支持和引导劳动密集型产业发展。在努力增强国有经济竞争力的同时，大力发展多种所有制经济，充分发挥中小企业和非公有制经济在吸纳劳动力就业方面的重要作用。要积极稳步发展小城镇，把小城镇的发展同乡镇企业的改造提高结合起来，以城镇化促进农村剩余劳动力的转移，实现城乡劳动力资源的合理配置。调整分配格局，增加城乡居民收入，是培育和扩大国内需求、改善人民生活的重要手段。收入分配关系国计民生，关系改革发展稳定的大局。妥善处理社会各阶层、各种利益群体的分配关系，防止出现两极分化，有利于避免和化解社会矛盾，为改革开放和社会发展创造良好的环境。解决收入分配中的突出问题，要从基本国情出发，坚持实行按劳分配和按生产要素分配相结合的制度，贯彻效率优先、兼顾公平的原则。会议还从八个方面具体部署了2002年的经济工作：一、增加城乡居民收入，培育国内消费需求；二、促进农业发展，扩大农村市场需求；三、继续实施积极的财政政策和稳健的货币政策；四、继续推进国有企业改革和其他各项改革；五、标本兼治，整顿和规范市场经济秩序；六、努力促进出口，扩大利用外资，做好入世应对工作；七、坚持实施科教兴国战略；八、转变政府职能，反对奢侈浪费。会议指出，2002年是我们党和国家历史上具有重大意义的一年。做好以经济建设为中心的各项工作，对于巩固和发展“十五”开局的良好势头，维护改革发展稳定的良好局面，继续推进建设有中国特色社会主义伟大事业，至关重要。全党同志特别是党的各级领导干部，必须统一思想、坚定信心，沉着应对、趋利避害，转变作风、扎实工作。必须切实加强和改进党对经济工作的领导，以奋发有为的精神状态，坚持与时俱进，统筹做好各项工作，努力提高领导经济工作的水平。要切实负起领导责任，确保社会稳定。会议强调，我们要紧密团结在以江泽民同志为核心的党中央周围，高举邓小平理论伟大旗帜，按照“三个代表”重要思想要求，统一认识，齐心协力，深入实际，调查研究，关心群众疾苦，注意工作方法，坚持真抓实干，认真贯彻落实中央确定的方针政策和部署，全面完成2002年经济工作和社会发展的各项任务，以优异成绩迎接党的“十六大”召开。

11月27日　财政部发布《金融企业会计制度》的通知。通知称，为了贯彻执行《中华人民共和国会计法》和《企业财务会计报告条例》，规范金融企业的会计核算工作，提高会计信息质量，我部制定了《金融企业会计制度》，现予印发。《金融企业会计制度》自2002年1月1日起暂在上市的金融企业范围内实施。同时，也鼓励其他股份制金融企业实施《金融企业会计制度》。执行中有何问题，请及时函告我部。

12月3日—5日　全国计划工作会议提出，2002年国民经济和社会发展计划的八项主要任务。一是用好管好长期建设国债，保持固定资产投资较快增长。二是认真解决“三农”问题，着力改善农村生产生活条件。三是加快“三化两改”步伐，提高工业整体素质。四是千方百计增加就业岗位，积极扩大消费需求。五是搞好西部地区基础设施建设，扎扎实实推进西部开发。六是适应加入世界贸易组织的新形势，深入研究入世后可能出现的新情况和新问题，进一步提高对外开放水平。七是积极发展各项事业，增强可持续发展能力。八是加强和改善宏观调控，整顿和规范市场经济秩序。国务院副总理温家宝在全国计划工作会议上发表讲话，强调计划部门作为政府宏观调控部门，要认真贯彻落实中央经济工作会议精神，正确分析和把握形势，加强对事关全局的重大问题的研究，增强宏观调控的预见性、科学性、有效性。

12月5日　国务院公布《金融机构撤销条例》，自12月15日起施行。其中规定，被撤销的金融机构所在地的地方人民政府应当成立撤销工作领导小组，组长由地方人民政府负责人担任。撤销工作领导小组应当支持、配合清算组催收债权和办理其他清算事务，并组织有关部门依法维护社会治安秩序，处理突发事件，查处违法行为，依法追究有关责任人员的法律责任。

同　日　国务院总理朱镕基主持召开国务院第四十九次常务会议。会议讨论并原则通过了《国务院关于修改〈旅行社管理条例〉的决定（草案）》、《外商投资电信企业管理规定（草案）》、《中华人民共和国国际海运条例（草案）》、《中华人民共和国外资保险公司管理条例（草案）》。会议认为，为了落实我国加入世界贸易组织的承诺，规范对外商投资旅行社的管理，修改原有《旅行社管理条例》，是促进我国旅游业的发展，适应进一步对外开放的需要。会议认为，为了适应电信业对外开放的需要，促进电信业的发展，履行我国加入世界贸易组织的承诺，制定《外商投资电信企业管理规定(草案)》是非常必要的。会议认为，为了加强对我国国际海运业的规范和监管，解决国际海运市场存在的突出问题，履行我国加入世界贸易组织有关承诺，有必要制定《中华人民共和国国际海运条例(草案)》。会议认为，为适应我国加入世界贸易组织后保险业进一步对外开放的新形势，加强和完善对外资保险公司的监管，促进我国保险市场的稳定、健康发展，制定一部较为完善的管理外资保险公司的行政法规，是迫切需要的。会议决定，以上4个条例和规定经进一步修改后，由国务院公布施行。

12月9日　国务院总理朱镕基在省部级干部WTO规则及吸收外资政策法规研究班座谈会上强调，各级领导干部必须正确认识加入世贸组织的重要意义，把思想统一到中央的决策上来，抓紧时间认真学习，准确掌握世贸组织规则，认清当前形势，坚定信心，把挑战变为机遇，压力变为动力，切实做好加入世贸组织后的各项应对工作，确保国民经济持续快速健康发展和社会稳定。

12月10日—12日　中共中央、国务院在北京召开全国宗教工作会议。中共中央总书记、国家主席、中央军委主席江泽民在会上发表重要讲话。他强调，宗教工作是党和国家工作中的重要组成部分，在党和国家事业发展的大局中有着重要的地位。新世纪初宗教工作的基本任务是：全面贯彻党的宗教信仰自由政策，依法管理宗教事务，积极引导宗教与社会主义社会相适应，坚持独立自主自办的原则，巩固和发展党同宗教界的爱国统一战线，维护稳定，增进团结，为推进社会主义现代化建设、实现祖国完全统一、维护世界和平与促进共同发展而努力奋斗。

12月11日　中国正式加入世界贸易组织（WTO)，成为该组织的第一四三个成员。11月20日，世贸组织总干事迈克尔·穆尔致函世贸组织成员，宣布我国政府已于2001年11月11日接受《中国加入世贸组织议定书》，这个议定书将于12月11日生效，我国也将于同日正式成为世贸组织成员。外经贸部有关负责人表示，正式成为世贸组织成员后，我国将全面参与世贸组织的各项工作。不久，我国将向世贸组织总部所在地——瑞士日内瓦派出中华人民共和国常驻世界贸易组织代表团，并派出大使。我国将全面享受世贸组织赋予其成员的各项权利，并将遵守世贸组织规则，认真履行义务。“多哈发展议程”已经启动，作为世贸组织成员，我国将认真积极参加世贸组织新一轮多边贸易谈判，并在其中与其他成员一道发挥积极和建设性的作用。

12月12日　国务院总理朱镕基主持召开国务院第五十次常务会议。会议审议并原则通过了《中国公民出国旅游管理办法（修订草案）》、《出版管理条例（修订草案）》、《音像制品管理条例（修订草案）》、《电影管理条例（修订草案）》、《中华人民共和国外资金融机构管理条例（修订草案）》。会议认为，修订《中华人民共和国外资金融机构管理条例》，是适应我国加入世贸组织后金融业面临进一步对外开放的新形势的需要，它将进一步促进我国金融业对外开放和经济发展，加强和完善对外资金融机构的管理。会议决定，5个办法、条例经进一步修改后，由国务院公布施行。

12月13日　国务院公布《中华人民共和国反补贴条例》，自2002年1月1日起执行。根据国务院第三二九号令，《中华人民共和国反补贴条例》已经2001年10月31日国务院第四十六次常务会议通过。《中华人民共和国反补贴条例》旨在维护对外贸易秩序和公平竞争，凡进口产品存在补贴，并对已经建立的国内产业造成实质损害或者产生实质损害威胁，或者对建立国内产业造成实质阻碍的，有关部门将依照条例规定进行调查，采取反补贴措施。条例共分6章58条，包括总则、补贴与损害、反补贴调查、反补贴措施、反补贴和承诺的期限与复审、附则等内容，并附有出口补贴清单。

12月15日　中日友好21世纪委员会第十五次会议在日本广岛市举行。中国国务院总理朱镕基和日本首相小泉纯一郎分别向会议发来了贺电和贺词。双方委员就今后如何发展两国在政治、经济、文化等领域的合作深入交换了意见。朱总理在贺电中说，面向21世纪，中日关系既有广阔的发展前景，也面临不少新的课题。双方应以2002年中日邦交正常化30周年为契机，本着“以史为鉴、面向未来”的精神，拓展和深化两国在各领域的互利合作，增进两国人民的相互理解和友谊，推动两国关系健康稳定发展。小泉首相在贺词中表示，通过2001年10月访华和出席上海APEC领导人非正式会议，他同江泽民主席和朱镕基总理就两国关系深入交换了意见。2002年是日中邦交正常化30周年，希望双方通过举办“日本年”和“中国年”等纪念活动，进一步增进相互理解和信任。两国总理还表示希望委员会作为两国政府的咨询机构，为新世纪中日关系的进一步发展提出积极有益的建议。

12月18日　财政部部长项怀诚在召开的全国财政工作会议上指出，2002年财政工作要继续实施积极的财政政策，扩大内需，鼓励出口；完善和稳定税制，加强征管，积极组织财政收入；继续调整支出结构，保障重点支出需要，努力节约开支；稳步推进财政改革，强化财政管理，加快公共财政体制建设，以扎实的工作促进实现国民经济宏观调控预期目标和社会全面进步。

12月19日　朱镕基总理主持召开国务院第五十一次常务会议，审议并原则通过了《外国律师事务所驻华代表机构管理条例（草案）》。会议认为，为了履行我国加入世界贸易组织有关承诺，适应我国法律服务业对外开放的需要，同时对外国律师事务所驻华代表机构及其代表从事法律服务活动加以规范，借鉴国际通行做法，制订这个条例草案是必要的。会议确定，《外国律师事务所驻华代表机构管理条例（草案）》经修改后，由国务院公布施行。

12月20日　国家统计局宣布第二次全国基本单位普查将于12月31日正式开始。

同　日　新华社报道：国务院总理朱镕基近日签署国务院令。公布《国务院关于修改〈旅行社管理条例〉的决定》和《外商投资电信企业管理规定》。此决定和规定自2002年1月1日起施行。

12月21日　国家计委发布了《政府制定价格行为规则》。

12月22日　国务院总理朱镕基签署第三四〇号国务院令。公布《中华人民共和国外资金融机构管理条例》，条例自2002年2月1日起施行。

12月23日　国务院总理朱镕基签署国务院令。公布《中华人民共和国外资保险公司管理条例》。此条例自2002年2月1日起施行。

12月24日　国家计委首次公开邀请消费者代表参加和旁听"铁路部分旅客列车实行政府指导价"方案听证会。

12月27日　国务院总理、国家信息化领导小组组长朱镕基主持召开了国家信息化领导小组第一次会议。他指出，要高度重视，加强统筹协调，坚持面向市场，防止重复建设，扎扎实实推进我国信息化建设。

同　日　转基因抗虫棉项目的核心技术专利"编码杀虫蛋白质融合基因和表达载体及其应用"（专利号：95119563.8）经中国专利奖评审委员会评审，获得国家知识产权局和世界知识产权组织授予的"中国专利金奖"证书。

12月28日　新华社授权全文播发《计算机软件保护条例》。该条例共5章33条，包括总则、软件著作权、软件著作权的许可使用和转让、法律责任及附则。

12月29日　我国在国际上首次提出的利用反义PEP基因提高油菜种子含油量的技术路线培育的反义PEP超油油菜新品系通过了浙江省科技厅组织的技术鉴定。该转基因油菜含油量最高达52.82%，成为目前国际上含油量最高的甘蓝型油菜。

12月30日　全国人大常委会办公厅宣布：根据《中华人民共和国缔结条约程序法》的规定，中国加入世界贸易组织法律文件中文本，即将由全国人民代表大会常务委员会公报公布。该法律文件包括：关于中华人民共和国加入的决定、中华人民共和国加入议定书及9个附件和中国加入工作组报告书。

本　月　"中国农作物基因资源与基因改良工程"项目获得国家计委批准开始实施。该项目是农业领域的第一个国家重大科学工程，项目总投资为1.496亿元。项目建设依托单位为中国农业科学院，建设期2年。该工程项目的总体目标是建设具有国际先进水平、大规模、高效率进行农作物基因资源和基因改良的现代化设施平台，为农作物基因资源研究和基因改良提供一个先进的设施与技术平台。

2002年

2002年综述

2002年，全国各族人民在党中央、国务院的正确领导下，高举邓小平理论伟大旗帜，全面贯彻“三个代表”重要思想，团结奋斗，开拓创新，努力克服前进道路上的困难，顺利实现了国民经济和社会发展的主要预期目标。国民经济保持良好发展势头，经济总量迈上新的台阶；积极财政政策和稳健货币政策取得明显效果，国内需求持续增长；经济结构战略性调整初见成效，产业结构优化升级取得进展；各项改革不断深化，对外开放水平进一步提高；社会主义民主法制和精神文明建设取得新成果，科技、教育、文化、卫生、体育等各项社会事业全面进步；城乡居民收入稳步增长，人民生活继续改善。

一、综合 2002年，国民经济持续较快增长。全年国内生产总值跃上10万亿元的新台阶，达到102 398亿元，按可比价格计算，比上年增长8%（见图1）。其中，第一产业增加值14 883亿元，增长2.9%；第二产业增加值52 982亿元，增长9.9%；第三产业增加值34 533亿元，增长7.3%。价格总水平小幅下降。全国居民消费价格总水平比上年下降0.8%。其中，城市下降1%；农村下降0.4%（见表1）。商品零售价格下降1.3%。工业品出厂价格下降2.2%。原材料、燃料、动力购进价格下降2.3%。固定资产投资价格上涨0.2%。居民消费价格中，服务价格上涨1.8%。就业规模继续扩大。年末全国就业人员7.374亿人，比上年末增加715万人，其中城镇就业人员2.478亿人，增加840万人。年末国有企业下岗未实现再就业职工人数为410万人，比上年末减少105万人。年末城镇登记失业率为4%，比上年末增加0.4个百分点。国际收支状况良好。全年对外贸易顺差304亿美元。实际使用外商直接投资527亿美元，比上年增长12.5%。年末国家外汇储备达到2 864亿美元，比上年末增加742亿美元。人民币汇率保持稳定，年末1美元兑8.2773元人民币。经济体制改革和结构调整稳步推进。电信、民航、电力等垄断性行业改革不断深入，市场竞争格局逐步形成，军工企业改革和脱困工作稳步推进；财税、金融、社会保障、粮棉流通体制等改革继续深化；行政审批制度改革加快；农村税费改革试点逐步扩大，取得明显成效。西部大开发积极推进，基础设施和生态环境建设明显加快；农业生产加快向区域化、优质化、产业化方向发展；工业结构调整步伐加快，以信息技术为代表的高新技术产业比重提高；商业流通手段不断创新，现代流通方式发展较快。国民经济中存在的主要问题是：经济增

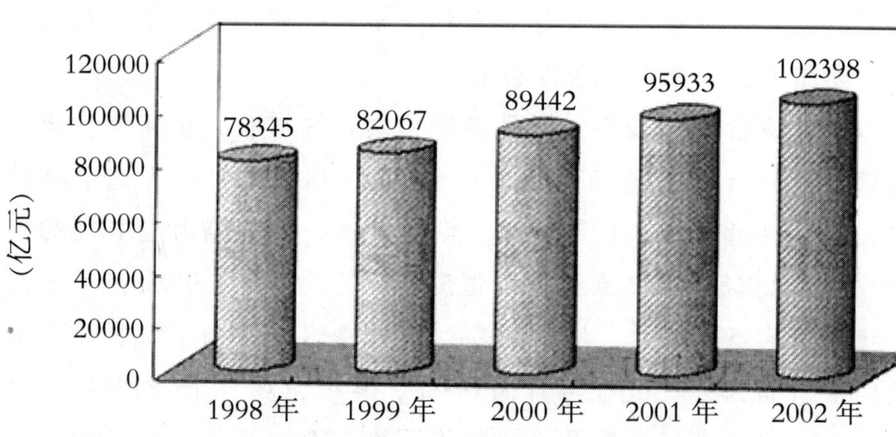

图 1:国内生产总值突破 10 万亿元

指　标	全　国		
		城　市	农　村
全国居民消费价格总水平	–0.8	–1.0	–0.4
食　品	–0.6	–0.5	–0.7
其中:粮食	–1.7	–1.7	–1.6
烟酒及用品	–0.1	–0.1	持平
衣　着	–2.4	–2.7	–1.6
家庭设备用品及服务	–2.5	–2.7	–2.2
医疗保健及个用品	–1.2	–2.0	0.1
交通和通信	–1.9	–2.0	–1.8
娱乐教育文化用品及服务	0.6	0.2	1.2
居住	–0.1	–0.2	0.1

表一　2002年全国居民消费价格比上年涨(%)

长仍然受到有效需求不足和供给结构不合理的制约；就业压力仍然较大；农民增收困难，部分城乡居民生活比较困难；市场经济秩序混乱的问题还亟待解决；重大安全生产事故时有发生。

二、农业　2002年，种植业结构继续调整。适应市场需求变化，全年粮食种植面积1.0399亿公顷，棉花种植面积418万公顷，分别比上年减少209万公顷和63万公顷；油料面积1 487万公顷，增加24万公顷；糖料面积180万公顷，增加15万公顷；蔬菜面积1 728万公顷，增加88万公顷。粮食、油料、糖料等主要农产品增产，蔬菜生产在提高品质的基础上继续保持较快增长，棉花因种植面积下降较多而减产。全年粮食产量4.5711亿吨，比上年增长1%。畜牧业、渔业生产稳步发展。全年肉类总产量达6 590万吨，比上年增长4%；全年水产品产量达4 513万吨，增长3%。林业、水利建设取得新进展。全年完成造林面积747万公顷，比上年增长51%，其中退耕还林工程完成退耕地造林和宜林荒山荒地造林共540万公顷。长江中下游干流3 576公里堤防加固工程基本达标；黄河下游堤防加固完成断面达标982公里。全年新增有效灌溉面积90多万公顷；新增节水灌溉面积140多万公顷；综合治理水土流失面积4万多平方公里。

三、工业和建筑业 2002年，工业生产快速增长，产销衔接进一步改善。全年工业增加值45 935亿元，比上年增长10.2%。其中，规模以上工业企业（即国有工业企业及年产品销售收入500万元以上的非国有工业企业）增加值31 482亿元，增长12.6%；产品销售率达到98%，比上年提高0.3个百分点。工业产品结构调整取得新进展。出口导向型产品、高技术产品、适应消费结构升级的消费产品产量快速增长。全年工业新产品产值比上年增长24%；工业品出口交货值增长23.4%。微型电子计算机、移动电话机、半导体集成电路、彩色电视机等电子通信产品产量比上年增长25.9%以上；纱、布、丝织品、服装增长8.5%~19.9%；汽车增长38.8%，其中轿车增长55.2%；钢和钢材分别增长19.7%和19.6%。能源工业生产形势良好。全年发电量16 540亿千瓦小时，比上年增长11.7%；生产原煤13.8亿吨，增长18.9%；生产原油1.67亿吨，增长1.8%。工业企业实现利润在连续几年较大幅度增加的基础上继续快速增长。全年实现利润5 620亿元，按可比口径计算，比上年增长20.6%，其中国有及国有控股企业实现利润2 636亿元，增长15.3%。规模以上工业企业实现利润创历史新高。建筑业生产和利润持续增长。全社会建筑业实现增加值7 047亿元，比上年增长8%。全国四级及四级以上建筑业企业实现利润336亿元，增长14%；税金总额532亿元，增长6.6%。

四、固定资产投资 2002年，固定资产投资快速增长。全年全社会固定资产投资43 202亿元，首次突破4万亿元，比上年增长16.1%，增速为1996年以来最高水平东中西部地区投资全面增长。全年国有及其他经济类型投资中，东部地区投资18 456亿元，比上年增长16.2%，增速提高2.9个百分点；中部地区投资7 580亿元，增长20%，提高3.7个百分点；西部地区投资5 672亿元，增长20.6%，提高1.3个百分点。投资结构继续改善。全年第一产业投资1 106亿元，比上年增长23.5%，呈恢复性快速增长态势；第二产业投资10 703亿元，增长22.9%，呈加速增长态势；第三产业投资继续保持较快增长，全年完成投资21 132亿元，增长14.4%。重点工程建设进展顺利。长江三峡工程导流明渠截流成功，左岸大坝主体工程基本完成；青藏铁路工程进展顺利；西电东送工程南部通道建设全面展开，中部通道抓紧推进，北部通

指　标	单　位	1998	1999	2000
大中型发电机组容量	万千瓦	1839	1891	1934
11 万伏及以上变电设备	万千伏安	3836	3935	4285
新建铁路投产里程	公　里	1105	1242	655
增建铁路复线投产里程	公　里	590	1311	698
电气化铁路投产里程	公　里	988	616	554
新建公路	公　里	45677	41978	48069
其中:高速公路	公　里	1663	2639	4467
港口万吨级码头泊位新增吞吐能力	万　吨	1277	2160	3633
新增局用交换机容量	万　门	2554	1523	2480
新增光缆线路长度	万公里	16	11	43
新增数字蜂窝移动电话交换机容量	万　户	1969	3426	6033

表二(1)　五年来全国基本建设投资新增主要生产能力

道建设步伐加快；西气东输工程和南水北调工程已正式开工建设。企业更新改造取得新进展，在结构调整中发挥了重要作用。

指 标	单 位	2001	2002	1998—2002
大中型发电机组容量	万千瓦	1516	1165	8345
11万伏及以上变电设备	万千伏安	5319	4722	22097
新建铁路投产里程	公 里	1246	1696	5944
增建铁路复线投产里程	公 里	1504	500	4603
电气化铁路投产里程	公 里	2680	866	5704
新建公路	公 里	35855	30796	202375
其中:高速公路	公 里	3149	5545	17463
港口万吨级码头泊位新增吞吐能力	万 吨	5813	1547	14430
新增局用交换机容量	万 门	4997	2792	14346
新增光缆线路长度	万公里	61	63	194
新增数字蜂窝移动电话交换机容量	万 户	9097	5205	25730

表二(2) 五年来全国基本建设投资新增主要生产能力

五、国内贸易 2002年，消费品市场销售平稳增长。全年社会消费品零售总额突破4万亿元，达到40 911亿元，比上年增长8.8%。其中，城市消费品零售额25 898亿元，增长10%；县及县以下消费品零售额15 013亿元，增长6.8%。分行业看，批发零售贸易业零售额27 860亿元，增长9.2%；餐饮业零售额5 092亿元，增长16.6%；其他行业零售额7 959亿元，增长3.2%。考虑物价下降因素，社会消费品零售总额比上年实际增长10.2%。通信、汽车及其相关商品消费热点初步形成，家用电器继续保持旺销势头。限额以上批发零售贸易企业销售的通信器材类零售额比上年增长69.2%；汽车类增长73%；家用电器类增长14.6%。

六、对外经济 2002年，对外贸易高速增长。全年进出口总额达6 208亿美元，比上年增长21.8%。其中，出口总额3 256亿美元，增长22.3%；进口总额2 952亿美元，增长21.2%。外贸进出口规模显著扩大对主要贸易伙伴的出口均有不同程度的增长。全年对美国出口700亿美元，比上年增长28.9%；对香港特别行政区出口585亿美元，增长25.6%；对日本出口484亿美元，增长7.8%；对欧盟出口482亿美元，增长17.9%；对东盟出口236亿美元，增长28.3%；对韩国出口155亿美元，增长23.8%；对台湾省出口66亿美元，增长31.7%；对俄罗斯出口35亿美元，增长29.9%。外商直接投资稳步扩大。全年外商直接投资合同金额828亿美元，比上年增长19.6%；实际使用金额527亿美元，增长12.5%。对外经济技术合作保持良好发展势头。全年对外承包工程和劳务合作完成营业额144亿美元，比上年增长18.2%；新签合同额179亿美元，增长8.7%。

七、交通、邮电和旅游 2002年，交通运输和邮电通信业继续保持稳步增长。全年实现增加值5 518亿元，比上年增长7.7%。邮电通信业全年完成邮电业务总量5 547亿元，比上年增长21.7%。其中，邮政业务总量495亿元，增长8.2%；电信业务总量5 052亿元，增长23.2%。全年新增局用交换机2 792万门，总容量达到2.8358亿门。新增固定电话用户3 405万户，达到2.1442亿户，其中城市电话用户1.3595亿户，乡村电话用户7 847万户。年末全国固定及移动电话用户总数达到4.2104亿户，比上年末增加9 545万户，电话普及率达到33.7部/百人。旅游业持续发展。全年国内旅游人数8.7782亿人次，比上年增长12%；国内旅游收入3 878亿元，增长10.1%。全年境外入境人数9 791万人次，比上年增长10%。其中，外国人1 344万人次，增长19.7%；香港、澳门和台湾同胞8 447万人次，增长8.6%。在入境旅游者中，过夜人数3 680万人次，增长11%。国际旅游外汇收入204亿美元，比上年增长14.6%。全年国内出境人数达1 660万人次，比上年增长36.8%，其中因私出境1 006万人次，增长44.9%，占出境人数的60.6%。

八、金融、证券和保险 2002年，货币供应量增长加快。年末广义货币供应量（M2）余额为185 007亿元，比上年末增长16.8%；狭义货币供应量(M1）余额为70 882亿元，增长16.8%；流通中现金（M0）余额为17 278亿元，增长10.1%。金融机构存贷款增加较多。全部金融机构本外币各项存款余额183 388亿元，比上年末增长18.1%。全部金融机构本外币各项贷款余额139 803亿元，按可比口径计算，增长15.4%。贷款结构继续改善。全国农村信用社贷款余额13 940亿元，增加1 953亿元。消费贷款余额10 669亿元，增加3 694亿元，其中个人住房贷款余额8 258亿元，增加2 671亿元。城乡居民人民币储蓄存款余额大幅度增加全年在上海、深圳证券交易所通过发行、配售股票共筹集资金962亿元，比上年减少290亿元。其中，发行A股（包括增发及可转债）102只，配股22只，筹集资金780亿元，减少402亿元；发行B股、H股共16只，筹集资金182亿元，增加112亿元。年末境内上市公司（A、B股）数量由上年末的1 160家增加到1 224家，市价总值38 329亿元，比上年末下降11.9%。全年内外资保险公司保费收入3 053亿元，比上年增长44.3%。其中，寿险保费收入1 957亿元；健康险和意外伤害险保费收入318亿元；财产险保费收入778亿元。支付各类赔款及给付707亿元。其中，寿险业务给付225亿元；健康险业务赔款给付50亿元；财产险和意外伤害险业务赔款432亿元。

九、教育和科学技术 2002年，各级各类教育进一步发展。

全国普通高等教育招生321万人，在校生903万人。成人高等教育招生222万人，在校生559万人。全国研究生教育招生20万人，在学研究生50万人。全国普通高中招生677万人，在校生1 684万人。各类中等职业教育招生470万人，在校生1 197万人。全国初中招生2 281万人，在校生6 687万人，毕业生1 904万人。普通小学招生1 953万人，在校生1.2157亿人，毕业生2 352万人。特殊教育招生5.3万人，在校生37.1万人。幼儿园在园幼儿2 036万人。科技研究开发及产业化取得较大进展。全年全国科学研究与试验发展（R&D）经费支出1 161亿元，比上年增长11.3%，占国内生产总值的1.1%，其中基础研究经费74亿元。年末国有企事业单位共有各类专业技术人员2 848万人。全年国家安排了219项科技攻关计划项目和1 812项“863”计划项目，组织了1 318项重点技术创新项目和1 288项重点新产品试产计划项目，完成了105项重大技术装备的研制及鉴定验收。新安排高技术产业化示范工程项目347项。全年共取得省部级以上科技成果2.9万项。其中，基础理论成果2 000项，应用技术成果2.57万项，软科学成果1 300项。全年受理国内外专利申请25.2632万件，授权专利13.2401万件，分别比上年增长24%和16%。全年共签订技术合同23万项，技术合同成交金额880亿元，比上年增长12.5%。通用CPU芯片“龙芯一号”研制成功，水稻基因组研究成果显著，“神舟”三号、四号飞船成功发射并返回，这些成果标志着我国在信息技术、生物技术和载人航天技术方面取得重大突破。综合技术服务进一步完善提高。全国共有产品质量检验机构5 500个，其中国家检测中心240个。全国现有产品质量、体系认证机构122个，已累计完成对4.6万个企业的产品认证。全国共有法定计量技术机构4 770个，全年强制检定计量器具3 105万台件。制定、修订国家标准1 049项，其中新制定514项。全国共有气象雷达观测站点256个，卫星云图接收站点356个。全国共有地震台站1 305个，地震遥测台网

35个。全国共有1 505个海洋观测、监测站点。测绘部门公开出版地图1 552种，图书340种。国土资源调查及地质勘查新发现大中型矿产地156处，有43种矿产新增查明资源储量。其中，石油10.5亿吨；天然气4 411亿立方米；原煤7.6亿吨。全国省级地质环境监测站31个，成功预报地质灾害703起。

十、文化、卫生和体育 2002年，文化艺术、广播影视、新闻出版等各项事业继续较快发展。年末全国共有艺术表演团体2 592个，文化馆2 847个，公共图书馆2 689个，博物馆1 451个。广播电台306座，中、短波广播发射台和转播台770座，电视台360座。全国有线电视用户9 638万户。生产故事影片100部，科教、纪录、美术片69部。出版全国性和省级报纸230亿份，各类杂志30亿册，图书68亿册（张）。年末全国共有档案馆3 902个，已开放各类档案4 908万卷（件）。卫生事业稳步发展。年末全国共有卫生机构29万个，其中医院、卫生院6.5万个；病床床位321万张，其中医院、卫生院220万张；卫生技术人员444万人，其中医生211万人，护师、护士130万人。全国共有卫生防疫、防治机构5 687个，卫生技术人员22万人；妇幼保健院、所、站3 047个，卫生技术人员14万人。农村乡（镇）共有卫生院4.8万个，床位75万张，卫生技术人员103万人，已有89.8%的村拥有医疗点，乡村医生和卫生员129万人。体育事业蓬勃发展。全年在国内外的各项比赛中，我国运动健儿共获得了110个世界冠军；17人5队33次创29项世界纪录；14人11队25次创24项亚洲纪录。在第十四届亚运会上，我国体育代表团共获得150枚金牌、84枚银牌和74枚铜牌，金牌总数和奖牌总数蝉联第一。

十一、环境保护 2002年，城市空气质量逐步提高。监测的339个城市中，城市空气质量状况有所好转，有117个城市空气质量达到二级标准，占监测城市数的34.5%，比上年提高1.1个百分点；有114个城市达到三级标准，占33.6%，与上年基本持平；有

108个城市未达到三级标准，占31.9%，减少1.3个百分点。对道路噪声监测的322个城市中噪声污染严重的占5%，对区域环境噪声监测的315个城市中52.1%的区域环境噪声优于城市居住区声环境质量标准。全国建成了3 369个烟尘控制区，面积达2.3万平方公里；建成了3 128个环境噪声达标区，面积达1.5万平方公里。地表水水质有所改善。7大水系干流地表水水质有52.9%的断面满足国家地表水三类水质标准要求，比上年上升1.2个百分点；19.0%的断面为四类水质，下降7.1个百分点；7.8%的断面为五类水质，下降5个百分点；超过五类水质标准断面的比例为20.3%，上升10.9个百分点。近岸海域海水水质呈改善趋势。381个近岸海域海水水质监测点中，达到国家一类海水水质标准的监测点占21.3%，比上年增加7.9个百分点；二类占28.3%，三类占14.4%，四类占8.9%，劣四类占27.1%。生态环境保护力度加大。全国已批准国家级生态示范区82个，生态示范区建设试点地区和单位314个；全国自然保护区达到1 757个，其中国家级自然保护区188个；自然保护区面积13 295万公顷，占国土总面积的13.2%。

十二、人口、人民生活和社会保障 2002年，人口自然增长率继续下降。年末全国总人口为12.8453亿人。全年全国出生人口1 647万人，出生率为12.86‰；死亡人口821万人，死亡率为6.41‰；全年净增人口826万人，自然增长率为6.45‰。城乡居民生活继续得到改善。全国城镇居民人均可支配收入7 703元，考虑物价下降因素，比上年实际增长13.4%；农村居民人均纯收入2 476元，实际增长4.8%。居民家庭恩格尔系数（即居民家庭食品消费支出占家庭消费总支出的比重），城镇为37.7%，比上年降低0.2个百分点；农村为46.2%，降低1.5个百分点。2002年末农村贫困人口为2 820万人，比上年末减少107万人。社会保障工作进一步加强。年末全国参加基本养老保险人数为1.4731亿人。其中，职工1.1128亿人，离退休人员3 603万人。离退休人员实行社会化管理人数达到1 434万人。全国参加失业保险人数为1.0182亿人，领取失业保险金人数为440万人，比上年增加127万人。全国参加基本医疗保险人数为9 400万人，增加1 770万人。全国共有2 054万城镇居民得到政府最低生活保障救济。社会福利事业持续发展。年末全国各类收养性社会福利单位床位119万张，收养各类人员89万人。城镇建立各种社区服务设施19万个，其中综合性社区服务中心8 820个。全年销售社会福利彩票170亿元，筹集社会福利资金近60亿元，直接接收社会捐赠款12亿元。

1月4日　教育部公布《第八批基本普及九年义务教育、基本扫除青壮年文盲县（市、区）名单》和《第五批基本普及初等义务教育县名单》。

1月7日　中央农村工作会议在北京闭幕。会议提出，当前和今后一个时期，要坚定不移地推进农业和农村经济结构的战略性调整，提高农业整体素质和效益，促进农民收入持续稳定增长。这次中央农村工作会议的主要任务是，以江泽民同志“七一”重要讲话和党的十五届五中、六中全会精神为指导，贯彻落实中央经济工作会议精神，分析当前农村形势，研究部署2002年农业和农村工作。党中央、国务院对这次会议十分重视，政治局常委会和国务院分别对会议文件进行了讨论，制定了增加农民收入的政策措施。会议讨论了《中共中央、国务院关于做好2002年农业和农村工作的意见(讨论稿)》。中共中央政治局委员、书记处书记、国务院副总理温家宝在会议上作了题为《以增加农民收入为基本目标，大力推进农业和农村经济结构战略性调整》的报告，对当前农村形势、调整农业结构和增加农民收入的主要任务与政策措施作了全面的阐述。报告共四个部分：一、继续推进农业和农村经济结构调整，努力增加农民收入。二、当前调整农业和农村经济结构、增加农民收入的主要任务。三、调整农业和农村经济结构、增加农民收入要重点抓好的几项工作。四、用“三个代表”重要思想统揽全局，加强党对农村工作的领导。

同　日　国家主席江泽民会见5国外长。国家主席江泽民在中南海会见了前来北京参加上海合作组织成员国外长非例行会议的俄罗斯外长伊万诺夫、哈萨克斯坦外长伊德里索夫、吉尔吉斯斯坦外长伊马纳利耶夫、塔吉克斯坦外长纳扎罗夫和乌兹别克斯坦外长卡米洛夫。江泽民重申了中国政府在反恐和阿富汗问题上的原则立场。江泽民指出，上海合作组织能否有更大作为，关键在于搞好自身建设，加强团结和协作，加快制定组织宪章，完善组织的合作和运作机制。江泽民表示，对上海合作组织的发展前景充满信心。

同　日　国务院办公厅近日发出关于向地方乡镇人民政府及城

市街道办事处免费发送国务院公报的通知。经国务院领导同志批准，自2002年元月份开始，国务院办公厅向地方乡镇人民政府及城市街道办事处免费发送《国务院公报》。同时，继续向各省、自治区、直辖市县以上党委、人大、政府、政协（新增加）、法院、检察院及各民主党派中央赠（发）送《国务院公报》。

1月9日　江泽民主席批准，中央军委日前向全军和武警部队批转了总后勤部制定的《深化军队物资、工程、服务采购改革总体方案》。军队采购改革总体方案提出，这项改革要以江主席“三个代表”重要思想为指导，适应社会主义市场经济发展和打赢高技术局部战争的要求，在“十五”期间逐步建立起统一管理、分工负责、有效监督、集约高效，具有我军特色的现代采购制度。改革的主要任务是，改革采购模式，把目前分散在各部门的采购项目，尽可能地集中起来，由专门的采购机构统一组织，逐步实现以集中采购为主的采购模式。改革采购方式，扩大招标采购的范围。改革采购程序，实行分段管理，从编制采购预算、统一采购计划、组织实施采购、严格质量验收到集中支付资金，分工协作，相互制约。要求各级积极稳妥地组织实施，确保军队采购制度改革顺利进行。

同　日　国务院第五十二次常务会议在北京召开，审议并原则通过了《危险化学品安全管理条例（修订草案）》。会议确定，这一草案经进一步修改后，由国务院公布实施。

1月11日—16日　中共中央政治局常委、全国人大常委会委员长李鹏在海南考察工作时指出，监督工作和立法工作一样，是人大及其常委会的重要工作。地方各级人大及其常委会要根据宪法、法律的规定和各地的实际情况，勇于探索、大胆实践，积极而稳妥地推进监督工作。

1月13日　朱镕基总理对印度进行访问。应印度共和国总理阿塔尔·比哈里·瓦杰帕伊的邀请，国务院总理朱镕基乘专机抵达印度首都新德里，开始对印度共和国进行为期5天的正式访问。

1月14日　中央军委主席江泽民签署命令，批准颁发《中国人民解放军现役军官职务任免条例》。《中国人民解放军现役军官职务任免条例》是我军历史上正式颁发的第一部军官职务任免条例，适用于排级—大军区级军事、政治、后勤、装备现役军官职务的任免。

1月15日　中台办、国台办新闻发言人就台湾当局“渐进式台独”发表谈话。谈话中指出，台湾领导人上台之初，曾作出“四不一没有”的承诺，但事态的发展表明，他并未放弃“台独”立场，而且不断以蚕食手法推行“渐进式台独”和“台湾正名”活动，在思想、文化、历史、教育、传播等领域全面推行“脱中国化”政策，企图将台湾与中国分割开来，改变台湾是中国一部分的地位，为最终实现“台独”创造条件。台湾当局如果误判形势一意孤行，继续推行“渐进式台独”的分裂步骤，只会加剧两岸关系紧张。任何形式的“台独”，都是绝对不允许的。

1月16日　全国民委主任会议在京开幕。中央统战部副部长、国家民委主任李德洙在会上作的工作报告中提出，2002年民委工作的总体要求是：坚持以邓小平理论和“三个代表”重要思想为指导，进一步贯彻落实江泽民总书记“七一”重要讲话和党的十五届六中全会的精神，抓住实施第十个五年计划和西部大开发的有利时机，深入贯彻落实中央民族工作会议精神，加快少数民族和民族地区经济社会发展，巩固和加强民族团结，维护社会稳定，促进各民族共同繁荣，以民族工作的新成绩迎接党的十六大召开。

1月17日　亚欧环境部长会议在京召开。朱镕基在给大会的贺信中指出，中国是一个发展中国家，也是一个环境大国，愿与世界各国携手并进，加强合作，共创世界美好未来。国务院总理朱镕基强调，中国政府高度重视环境保护，将环境保护作为一项基本国策，实施可持续发展战略，制定了一系列保护环境的法律法规和措施，为改善环境质量进行了不懈努力。中国是一个发展中国家，也是一个环境大国，解决中国环境问题是对世界环境保护的重大贡献。我们愿与世界各国携手并进，加强合作，共创世界美好未来。

同　日　江泽民主席颁布任命令。中华人民共和国主席江泽民根据全国人民代表大会常务委员会的决定，任命孙振宇为中华人民共和国常驻世界贸易组织代表、特命全权大使，兼任中华人民共和国常驻联合国日内瓦办事处和瑞士其他国际组织副代表。

1月22日　香港立法会通过在香港推广普通话的动议，促请港府解决中小学普通话教师短缺问题，并要求政府多举办推广普通话的活动。

1月23日—25日　中国共产党中央纪律检查委员会第七次全体会议，在北京举行。出席会议的中央纪委委员108人。省、自治区、直辖市及副省级城市纪检监察机关的负责同志，中央、国家机关和部分国有大型企业纪检监察部门的负责同志，以及出席解放军纪检工作会议的同志列席了会议，出席全国纪检监察系统先进集体先进工作者表彰大会的代表也参加了会议。中央纪律检查委员会常务委员会主持了会议。会议的主要任务是：高举邓小平理论伟大旗帜，坚持以江泽民同志在庆祝中国共产党成立80周年大会上的重要讲话和“三个代表”重要思想为指导，深入学习贯彻党的十五大、十五届六中全会精神以及中央经济工作会议精神，总结2001年党风廉政建设和反腐败工作，研究部署2002年党风廉政建设和反腐败任务，把反腐倡廉工作提高到一个新的水平。会议审议通过了中央纪律检查委员会书记尉健行代表中央纪律检查委员会常务委员会所作的《以“三个代表”重要思想为指导，贯彻党的十五届六中全会精神，取得党风廉政建设和反腐败斗争的新成果》的工作报告。

1月28日　中国常驻世界贸易组织代表团28日在日内瓦湖畔威尔逊总统酒店举行了隆重的揭牌开馆仪式。中国常驻联合国日内瓦代表团大使沙祖康在仪式上向来宾介绍了中国新任常驻世贸组织代表、特命全权大使孙振宇，以及3位中国前任复关谈判代表团团长沈觉人、佟志广和谷永江。孙振宇在致辞中说：“经过长达15年的艰苦谈判，中国正式成为世贸组织成员。中国将在权利与义务平衡的基础上，严格遵守世贸组织规则，切实履行各项承诺，为多边贸易体制的发展作出积极的贡献。”

1月30日　国务院第五十四次常务会议在北京召开。审议并原则通过了《奥林匹克标志保护条例（草案）》、《排污费征收使用管理条例（草案）》。会议决定，这2个草案经进一步修改后，由国务院公布施行。

2月1日　中共中央、国务院在京举行国家科学技术奖励大会。江泽民出席大会并向获得2001年度国家最高科学技术奖的王选、黄昆颁发奖励证书和奖金。党和国家领导人还向获得国家自然科学奖、国家技术发明奖和国家科技进步奖的代表颁奖。

2月5日—7日　中共中央、国务院召开的全国金融工作会议在北京举行。中共中央总书记江泽民，中共中央政治局常委李鹏、朱镕基、李瑞环、胡锦涛、尉健行、李岚清出席了会议。这次全国金融工作会议的主要任务是，以邓小平理论和“三个代表”重要思想为指导，以加强金融监管、深化金融改革、防范金融风险、整顿金融秩序、改善金融服务为主题，全面总结1997年全国金融工作会议以来的金融工作，对今后一个时期的工作作出部署。

2月11日—12日　朱镕基总理在重庆与人民群众欢度春节。中共中央政治局常委、国务院总理朱镕基在农历除夕和春节之时到地处祖国大西南的重庆市，代表党中央、国务院和江泽民总书记看望、慰问重庆人民，同山城3 000万干部群众和三峡库区移民一起辞旧迎新，欢度马年春节。

2月16日—17日　共中央政治局常委、全国人大常委会委员长李鹏对澳门进行考察访问。

2月20日　国务院第四次廉政工作会议在北京召开。中共中央政治局常委、国务院总理朱镕基在会议中强调，各级政府要认真贯彻党的十五届六中全会、中纪委第七次全会和江泽民总书记重要讲话精神，坚持深化改革，加大治本力度，扎扎实实工作，务求廉政建设和反腐败斗争取得新的进展。朱镕基围绕坚持清正廉洁、反对以权谋私、规范权力运行的问题，就如何深化改革，加大治本力度，从源头上预防和治理腐败，提出2002年的廉政建设要抓好以下三个重点：第一，切实实行“收支两条线”。第二，加快行政审批制度改革。第三，严格规范和执行招投标制度。

2月21日　国务院第四次廉政工作会议日前在北京召开。中共中央政治局常委、中央纪委书记尉健行应邀出席会议。中共中央政治局常委、国务院副总理李岚清，国务院副总理钱其琛、吴邦国、温家宝，国务委员罗干、吴仪、司马义·艾买提、王忠禹出席会议。朱镕基指出，2001年国务院各部门和地方各级政府，按照党中央的部署，在加强廉政建设和反腐败斗争方面做了大量工作，取得了明显成绩。各级政府加强了对公务员廉洁从政的管理和监督。加大了查办案件力度，严肃查处了一批大案要案。全面开展了整顿和规范市场经济秩序工作，取得了阶段性成果，有力地推动了廉政建设和反腐败工作。大力纠正部门和行业不正之风，治理公路“三乱”和整顿垄断性行业不正之风等工作进一步加强。朱镕基说，我们也要清醒地看到，廉政建设和反腐败工作还存在不少问题。领导干部和机关工作人员以权谋私、权钱交易、贪污受贿等违纪违法案件时有发生；一些政府和执法机关工作人员中有法不依、执法不公、贪赃枉法的问题仍然存在；一些政府机关和工作人员弄虚作假、虚报浮夸、欺上瞒下、奢侈浪费还相当突出。我们必须按照党中央的部署和要求，坚持不懈地抓好廉政建设和反腐败工作。为了做好2002年廉政建设和反腐败的各项工作，朱镕基明确提出了三项要求：一是继续转变政府职能。坚持从严治政、依法行政，建设“廉洁、勤政、务实、高效”政府。要按照发展社会主义市场经济的要求，把不应该由政府管的事坚决放给企业和市场，而应该由政府管理的事要真正管好。二是进一步加强法制建设。解决廉政建设和反腐败问题，从根本上说要靠法制。要针对容易滋生腐败问题的漏洞和薄弱环节，进一步健全法规，还要完善行政处罚和刑事追究相衔接的规定，加重对违法犯罪的惩治。三是充分发挥监督部门的作用。监察、审计等政府监督部门在廉政建设和反腐败斗争中发挥了重要作用，今后要继续认真履行监督职能，切实发挥监督作用。政府其它各部门也都要认真行使对行业的监督职能。朱镕基提出2002年的廉政建设要抓好以下三个重点：第一，切实实行“收支两条线”。必须下更大决心、采取更有力的措施，把深化“收支两条线”的改革真正推向前进。要加快推进综合财政预算和部门预算管理改革，从制度上、源头上治理腐败，加强党风政风建设。为此，一是将各部门的预算外收入全部纳入财政专户管理，有条件的纳入预算管理。任何部门不能“坐收”、“坐支”。二是部门预算要全面反映部门及所属单位预算内外资金收支状况。三是要根据新的情况，修订、完善有关法规和规章制度，使“收支两条线”管理工作法制化、制度化、规范化。2002年，首先要对行政执法部门真正实行“收支两条线”。预算外收入要全部上缴国库，财政部门要确保这些部门所需的经费。暂时保留预算外收入的其他部门，也要实行“收支脱钩”和收缴分离管理，建立专户记账，做到收支透明。加快推进财政国库管理制度改革，对各项财政资金逐步实行国库集中收付。继续清理整顿行政事业单位银行账户，对设立“小金库”、账外账、违规开设银行账户的，必须坚决予以查处。审计部门2002年要把“收支两条线”管理作为审计工作重点。第二，加快行政审批制度改革。这是进一步转变政府职能的重要突破口，也是加强廉政建设和反腐败斗争的一项根本性措施。各级政府、各部门要进一步全面清理行政审批事项，不做表面文章。对不符合政企分开和政事分开原则、妨碍公平竞争，以及实际上难以发挥有效作用的行政审批，坚决予以取消；可以用市场机制代替的行政审批，通过市场机制运作。对确需保留的行政审批项目，要规范操作、简化程序、公开透明、明确责任，制定严密的内部监督制约措施，建立规范的运行机制。要建立行政审批责任追究制度，明确审批者应负的责任。这项改革要从国务院各部门抓起。各省、自治区、直辖市也要按照国务院的部署，认真抓好本地区行政审批制度改革。要认真检查前一阶段的工作情况，查找存在问题和不足，针对薄弱环节，切实采取改进措施。要加强对行政审批制度改革工作的监督检查，决不能走过场。要加快投融资体制改革的步伐。第三，严格规范和执行招投标制度。大量事实证明，经营性土地使用权出让、工程项目建设、政府采购和产权交易这几个方面，容易滋生腐败行为，也是发生恶性腐败案件较多的领域。2002年，各地区、各部门都要实行经营性土地使用权出让招标拍卖、建设工程项目公开招标投标、政府采购、产权交易进入市场等4项制度。有形建筑市场必须与政府管理部门彻底脱钩，实现人员、职能分离。政府采购管理机构必须与执行机构分开设立，形成制约机制。要坚决制止规避招标和招标投标中弄虚作假、权钱交易等行为，严肃查处领导干部干预和插手招标投标等违纪违法行为。会议由国务委员兼国务院秘书长王忠禹主持。国务院各部委、各直属机构、办事机构、直属事业单位，以及其他有关单位的主要负责同志出席了会议。会上，监察部、财政部、交通部、卫生部和审计署的负责同志分别作了发言。中共中央有关部门、中央纪委、全国人大常委会办公厅、全国政协办公厅、中央军委办公厅和武警总部、最高人民法院、最高人民检察院的负责人，各人民团体、各民主党派中央、全国工商联的负责人和无党派人士应邀出席了会议。

同　日　新中国第一部《国家公务员行为规范》近日由人事部印发。《国家公务员行为规范》是公务员履行基本义务和重要责任的根本要求，”人事部部长张学忠在接受记者采访时说，“它从政治要求、思想品德、廉政勤政、秉公执法等方面对公务员的行为作出规定，明确规定了公务员应该做什么，不应该做什么。”《国家公务员行为规范》以公务员履行职责、执行公务中应遵守的行为规范为主，兼顾公务员作为社会人应遵守的行为规范，对近年来群众反映的公务员队伍建设中存在的问题和容易滋生腐败的行为也作了约束性规定，主要有八个方面的内容：政治坚定、忠于国家、勤政为民、依法行政、务实创新、清正廉洁、团结协作、品行端正。行为规范从普遍适应的角度出发，对公务员最基本的行为作出明确规定，有利于各地区、部门根据自身特点和需要制定相应的实施办法和细则。行为规范注重自律与他律的统一，既强调引导公务员加强自身道德修养，严于律己，从自己做起，从现在做起；又强调依靠法制等多种手段，监督规范的实施。据介绍，随着行为规范的出台，人事部将通过开展行为规范教育活动，从宣传教育入手，以多种形式的活动为手段，以制度为保障，全面推进公务员队伍作风建设。

同　日　国务院第五十五次常务会议在北京召开。会议审议并原则通过了《医疗事故处理条例（草案)》。会议确定，这一草案经进一步修改后，由国务院公布实施。

2月21日—22日　美国总统布什对我国进行为期2天的工作访问。21日上午11时，国家主席江泽民在人民大会堂北大厅举行仪式，欢迎来华进行工作访问的美国总统乔治·沃克·布什一行。江泽民说，30年中美关系正反两方面的经验给人们的启示是：发展中美关系时，双方应着眼大局，立足长远；增进了解，发展互信；承认和尊重差异，寻求和扩大共同点；恪守中美3个联合公报。站在新世纪的起点，中美双方应以史为鉴，面向未来，共同推动两国关系在今后的岁月里取得更大的发展。布什表示，美国政府期望在各个领域扩大和加强与中国的合作，这不仅对美中两国有利，对维护世界和平与促进合作都是十分重要的。布什重申，美方坚持一个中国的政策，遵守美中3个联合公报。这是美国政府的一贯立场。21日，国家主席江泽民在人民大会堂与布什总统举行会谈。江泽民就维护、发展和充实两国建设性合作关系提出四点意见：一、进一步加强战略高层对话以及各级别、各部门之间的接触，增进了解和信任。二、加深在各领域的交流与合作，以造福于两国人民。三、在相互尊重、求同存异的基础上妥善处理彼此间的分歧，特别是台湾问题。四、把中美关系放在世界范围内考虑，在共同维护世界和平、促进人类文明进步方面经常沟通，加强合作。布什赞同中方对发展双边关系的意见，希望在各个领域扩大和加强与中国的合作。22日，国务院总理朱镕基在钓鱼台国宾馆会见布什总统时强调，台湾问题是中美关系中最敏感的核心问题。布什重申，美国政府奉行一个中国的政策，希望台湾问题和平解决，这一立场是一贯的，不会改变。当天，布什还到清华大学发表演讲。

2月21日—25日　中共中央在中央党校举办省部级主要领导干部“国际形势与世贸组织”专题研究班。胡锦涛在开班式上发表讲话指出，中央决定举办这次研究班，是为适应我国对外开放进入新阶段的新形势所采取的又一重要举措。25日，江泽民与研究班学员座谈时指出，加入世贸组织，标志着我国对外开放进入了一个新阶段。我们要更加积极地走向世界，适应经济全球化发展的新形势，继续推进全方位、多层次、宽领域的对外开放，为我国经济发展提供新的强大动力。在新的条件下扩大对外开放，关键是必须形成一个有效的机制，创造一个有利的经济和社会环境，消除影响生产力发展的体制性障碍。必须实施“引进来”和“走出去”相结合的开放战略，努力在“走出去”方面取得明显进展，这是把对外开放推向新阶段的重大举措。

2月27日—28日　九届全国人大常委会第二十六次会议在北京举行。会议决定将九届全国人大五次会议议程草案提请九届全国人大五次会议预备会议审议，决定将九届全国人大五次会议主席团和秘书长名单草案提请九届全国人大五次会议预备会议选举；会议原则通过了全国人大常委会工作报告稿；会议通过了全国人大常委会代表资格审查委员会关于选举、补选代表的代表资格的审查报告；会议还分别通过了九届全国人大五次会议列席人员名单和其他任免名单。

2月27日—29日　江泽民访问越南。中共中央总书记、国家主席江泽民乘专机离开北京，前往越南社会主义共和国进行为期3天的正式友好访问。陪同江泽民总书记出访的有：江泽民总书记夫人王冶坪，中共中央政治局委员、国务院副总理钱其琛和夫人周寒琼，中共中央政治局候补委员、书记处书记曾庆红，中央办公厅主任王刚，中联部部长戴秉国，中央外办主任刘华秋，中央政策研究室主任滕文生，中央办公厅副主任、中央警卫局局长由喜贵，外交部副部长王毅，外经贸部副部长安民等。27日下午，中共中央总书记、国家主席江泽民同越共中央总书记农德孟、越南国家主席陈德良在主席府举行会谈。双方在亲切、友好、诚挚的气氛中，就中越关系在新世纪的进一步发展以及共同关心的重大国际和地区问题深入交换了意见，取得了广泛共识。双方一致认为，两国和两国人民要做好邻居、好朋友、好同志、好伙伴，互相信任，互帮互助，互谅互让，共同发展。农德孟总书记说，江泽民同志是越南人民的伟大朋友。相信江泽民总书记的成功访问必将带来新春的活力，推动越中关系在16字方针指引下更上一层楼。江泽民说，中越两国人民刚刚欢度完新春佳节，我就来到美丽的河内，一踏上贵国的土地，就被越南人民的深情厚谊所感染。我代表中国共产党、中国政府和中国人民向越南人民拜个晚年，并表示最诚挚的祝福。江泽民说，近十几年来，中越关系呈现出全面发展的良好势头。特别是自1999年双方共同确定“长期稳定、面向未来、睦邻友好、全面合作”的16字指导方针以来，中越关系进入了新的发展阶段。两国相继签署了陆地边界条约、北部湾划界协定和渔业合作协定。在加强经贸合作、治党治国经验交流以及青少年交往等方面也取得了一系列显著成果。两党、两国的相互了解、信任、友谊与合作达到了一个新的水平。江泽民就继续推动中越关系全面发展提出了五点建议：一是要继续发扬两党、两国高层交往的良好传统，保持双方领导人的经常接触和会晤，随时就共同关心的问题坦诚、深入地交换意见。二是要不断扩大和加深中越经贸合作，增强两国友好关系的物质基础，不断提高合作的效益和质量，扎扎实实地将两国经贸合作提升到一个新的水平。三是要以长期友好的精神教育两国人民，特别是青少年。进一步加强青少年之间形式多样的交流，培养造就千百万中越友好事业的接班人。四是要继续加强两国在边界问题上的合作，加快陆地边界和北部湾划界各项后续工作进程，把中越边界建设成为一条长期和平、稳定和友好的边界。五是要深化中越两党、两国在治党治国经验方面的交流，加强两国在国际问题上的磋商、合作与配合，以利各自国家的建设和发展。江泽民表示相信，在双方的精心培育下，中越友谊之花必将在新世纪里绽放得更加绚丽。农德孟强调，越中两党、两国有许多共同点。越南党、政府和人民将始终如一地珍惜越中“同志加兄弟”的关系，视发展越中睦邻友好合作关系为优先方向和长久政策，教育人民继承和发扬胡志明主席和毛泽东主席等革命前辈精心培育的越中传统友谊，并使之一代一代传下去。为此，农德孟建议双方保持高层会晤的传统，加强各领域的交流，促进互利合作，深化理论和经验交流。江泽民与农德孟和陈德良还就其他共同关心的国内、国际和地区问题深入交换了意见。会谈结束后，双方领导人共同出席了《中华人民共和国政府和越南社会主义共和国政府关于中国向越南提供优惠贷款的框架协议》和《中华人民共和国政府和越南社会主义共和国政府经济技术合作协定》的签字仪式。中共中央总书记、国家主席江泽民27日下午还在河内巴亭会堂亲切会见了越南国会主席阮文安。28日，江泽民在河内国家大学发表了题为《共创中越关系的美好未来》的演讲。28日上午，中共中央总书记、国家主席江泽民向胡志明主席陵墓献了花圈，并瞻仰了胡志明主席的遗容。江泽民还向巴亭广场东侧的越南英雄烈士纪念碑献了花圈。花圈的缎带上写着："为越南人民解放事业献身的革命烈士永垂不朽"。

2月28日　香港特别行政区第二任行政长官选举圆满结束。竞选连任的现任行政长官董建华成为唯一获得有效提名的候选人而自动当选为香港特区第二任行政长官候任人，所获选举委员会委员的支持率达到90%。董建华随即发表了简短的讲话。他说："我期待中央政府的任命，继续用我的忠诚，用我的智慧，以及坚定的信念，服务香港，服务市民。"

同　日　九届全国人大常委会在北京人民大会堂举办第二十五次法制讲座。李鹏委员长主持讲座并发表讲话指出，依法治国、建设社会主义法治国家，就是要按照宪法和法律的规定来治理国家，管理社会事务。依法行政作为依法治国的重要方面，要求各级国家行政机关根据"公开、公平、公正"的原则，依照法定的权限和程序履行职责。这也是我国建立和完善社会主义市场经济体制，加入世界贸易组织，进一步转变政府职能、继续推进行政体制改革的迫切需要。今天的讲座由全国人大内务司法委员会委员、国家行政学院教授应松年讲授《行政许可和行政强制法律制度》。他说，行政许可与行政强制是任何国家都需要的极为重要的两项行政法律制度。改革开放以来，我国这两项制度迅速发展，在实践中既有成效，也有问题，亟需立法加以规范。应松年介绍了行政许可与行政强制法律制度，并就相关立法应注意的问题提出了建议。讲座开始前，李鹏委员长发表讲话。他说，建立和形成较完备的行政法律制度是依法行政的前提和条件。10多年来，我们在行政法制建设方面取得了一定的进展，全国人大常委会先后制定了行政诉讼法、国家赔偿法、行政处罚法、行政复议法等法律。行政许可法和行政强制法已列入2002年的立法计划，正在加紧制定。科学完备的行政许可法和行政强制法，对于规范政府部门行政许可和行政强制行为，保护行政相对人的合法权益，确保行政行为的公正与效率，具有重要作用。有关部门要开展深入、细致的调查研究，对实践中存在的矛盾和问题进行科学论证；要充分发扬民主，认真听取法律专家和广大人民群众的意见；要借鉴和吸收国外相关立法的有益经验，制定出符合实际、切实可行的具有中国特色的行政许可法和行政强制法。全国人大常委会副委员长田纪云、姜春云、邹家华、王光英、布赫、铁木尔·达瓦买提、吴阶平、彭珮云、何鲁丽、周光召、曹志、丁石孙、成思危、许嘉璐、蒋正华和秘书长何椿霖，以及九届全国人大常委会其他组成人员等参加了讲座。

3月3日—13日　中国人民政治协商会议第九届全国委员会第五次全体会议在北京举行。政协九届五次会议应出席委员2 267人。截至3月8日下午5时，大会共收到委员提案3 583件，经初审共立案3 368件，占总数的94%。在立案的提案中，经济建设方面的1 460件，占43.35%；科教文卫体方面的889件，占26.40%；政法、人事、统战等方面的1 019件，占30.25%。没有立案的215件，作为委员来信转有关部门研究和参考。会议期间，委员们听取并审议了全国政协副主席叶选平向大会作的全国政协九届常委会工作报告、全国政协副主席罗豪才向大会作的全国政协九届常委会关于政协九届四次会议以来提案工作情况的报告。委员们列席了九届全国人大五次会议，听取和讨论了朱镕基总理所作的政府工作报告，以及计划和预算报告，高法、高检的工作报告。会议通过了政协第九届全国委员会第五次会议政治决议、政协九届五次会议关于常委会工作报告的决议、政协九届五次会议关于政协九届四次会议以来提案工作情况报告的决议，以及政协第九届全国委员会提案委员会关于政协九届五次会议提案审查情况的报告。

3月5日—15日　第九届全国人民代表大会第五次会议在北京举行。本次会议应出席代表2 987人。到3月10日18时，第九届全国人大五次会议共收到议案1 194件，其中：代表团提出的议案27件，30名以上代表联名提出的议案1 167件。会议听取了朱镕基总理代表国务院向大会作的政府工作报告。朱镕基的报告分八个部分：一、扩大和培育内需，促进经济较快增长；二、加快农业和农村经济发展，努力增加农民收入；三、积极推进经济结构调整和经济体制改革；四、适应加入世贸组织新形势，全面提高对外开放水平；五、继续大力整顿和规范市场经济秩序；六、实施科教兴国战略和可持续发展战略，加强精神文明建设；七、进一步转变政府职能，加强政风建设；八、进一步做好外交工作。会议分别听取了国家发展计划委员会主任曾培炎作的2001年国民经济和社会发展计划执行情况与2002年国民经济和社会发展计划草案的报告、财政部部长项怀诚作的2001年中央和地方预算执行情况及2002年中央和地方预算草案的报告、全国人大常委会委员长李鹏作的全国人大常委会工作报告、全国人大常委会秘书长何椿霖作的关于香港特别行政区选举第十届全国人大代表的办法草案和澳门特别行政区选举第十届全国人大代表的办法草案的说明、最高人民法院院长肖扬作的最高人民法院工作报告、最高人民检察院检察长韩杼滨作的最高人民检察院工作报告。会议通过了关于政府工作报告的决议、关于2001年国民经济和社会发展计划执行情况与2002年国民经济和社会发展计划的决议、关于2001年中央和地方预算执行情况及2002年中央和地方预算的决议、关于全国人大常委会工作报告的决议、关于最高人民法院工作报告的决议、关于最高人民检察院工作报告的决议。会议通过了关于第十届全国人民代表大会代表名额和选举问题的决定，通过了《中华人民共和国香港特别行政区选举第十届全国人民代表大会代表的办法》和《中华人民共和国澳门特别行政区选举第十届全国人民代表大会代表的办法》。

3月7日　《人民日报》报道：农民收入增幅回升。据国家统计局对全国31个省（区、市）6.8万个农户的抽样调查，2001年农民人均纯收入为2 366.4元，同比增加113元，增长5%，扣除价格因素，实际增长4.2%。

3月13日　国务院第五十六次常务会议在北京召开。审议并原则通过了《人工影响天气管理条例（草案）》。会议确定，该条例草案经修改后，由国务院公布施行。

3月15日　关于2001年国民经济和社会发展计划执行情况与2002年国民经济和社会发展计划的决议。第九届全国人民代表大会第五次会议经过审查并根据全国人民代表大会财政经济委员会的审查报告，决定批准国务院提出的2002年国民经济和社会发展计划，批准国家发展计划委员会主任曾培炎受国务院委托所作的《关于2001年国民经济和社会发展计划执行情况与2002年国民经济和社会发展计划草案的报告》。会议同意全国人民代表大会财政经济委员会在审查报告中为完成2002年国民经济和社会发展计划提出的各项建议。会议要求国务院和地方各级人民政府落实党中央关于2002年经济工作的总体要求和部署，坚持扩大国内需求的方针，继续实施积极的财政政策和稳健的货币政策，保持经济发展良好势头。要加快农业和农村经济结构调整。把增加农民收入作为农业和农村工作的重点任务，放在整个经济工作的突出位置。努力推进国民经济现代化和社会信息化，运用高新技术和先进适用技术改造传统产业。继续深化国有企业改革，推进国有企业的战略性改组，加快现代企业制度建设。采取多种形式放开搞活国有中小企业。鼓励、支持和引导私营、个体经济健康发展。扩大城镇就业，增加居民收入，加快社会保障体系建设。抓紧投融资体制改革，管好用好长期建设国债，加强资金使用和工程质量的管理，讲求实效，促进全社会固定资产投资的较快增长。加大金融对经济发展的支持力度，稳定和发展资本市场。完善金融监管体制，防范和化解金融风险。继续大力整顿和规范市场经济秩序，打破地方保护和部门、行业垄断。坚决扭转安全生产形势依然严峻的局面。做好应对加入世界贸易组织的各项工作，积极地有步骤地扩大对外开放领域。深化外贸体制改革，千方百计扩大出口，努力提高利用外资水平。坚持实施科教兴国和可持续发展战略，全面发展各项社会事业。为更好地完成2002年国民经济和社会发展计划而努力。

同　日　外交部发言人孔泉就美国国务院发表的所谓2001年度国别人权报告发表评论。孔泉说：美国国务院发表的所谓2001年度国别人权报告，捏造事实，颠倒是非，攻击中国的司法制度、民族政策和人权状况。这是美方利用所谓人权问题干涉中国内政的又一表现。中国政府和人民对此表示强烈不满和坚决反对。他说，中国政府致力于促进和保护人权和基本自由。中国的人权状况正处于不断改善的最好时期。这是有目共睹的事实。

同　日　第十届全国人大一次会议选举产生第十届全国人大常委会。委员长吴邦国，副委员长王兆国、李铁映、司马义·艾买提（维吾尔族）、何鲁丽（女）、丁石孙、成思危、许嘉璐、蒋正华、顾秀莲（女）、热地（藏族）、盛华仁、路甬祥、乌云其木格（女，蒙古族）、韩启德、傅铁山，秘书长盛华仁（兼），委员（160人，按姓氏笔划排列）刀美兰（女，傣族）、万学文、王云龙、王太岚、王以铭（回族）、王东江、王立平（满族）、王宁生、王永炎、王佐书、王怀远、王宋大、王茂林、王茂润、王英凡、王学萍（黎族）、王祖训、王涛（女）、王梦奎、王梅祥、王维城、韦家能（壮族）、扎汗·俄马尔（哈萨克族）、尤仁（蒙古族）、毛如柏、乌日图(蒙古族）、方新（女）、厉无畏、石广生、卢邦正（彝族）、卢瑞华、叶如棠、田玉科（女，土家族）、丛斌、冯之浚（回族）、邢世忠、邢军（女）、吉佩定、朱丽兰（女）、朱相远、乔晓阳、伍增荣（女）、任克礼、任茂东、华福周（女，2003年8月辞去全国人大常委会委员职务，调任劳动和社会保障部副部长）、多吉才让（藏族）、庄公惠、刘大响、刘应明、刘明祖、刘珩、刘振伟、刘积斌、刘鹤章、汤洪高、许志琴（女）、许智宏、孙英、孙金龙、孙晓群、买买提明·阿不都热依木（维吾尔族）、严义埙、杜宜瑾、杜铁环、李元正、李从军、李连宁、李明豫（女）、李春亭、李树文、李重庵、李新良、李慎明、杨长槐（侗族）、杨兴富、杨国庆、杨国梁、杨柏龄、杨景宇、吴基传、吴德馨（女）、何晔晖（女）、何椿霖、谷建芬（女）、冷溶、沈辛荪、沈春耀、张龙俊（朝鲜族）、张志坚、张肖（女）、张佑才、张学东、张美兰（女，哈尼族）、张耕(2003年10

月辞去全国人大常委会委员职务，调任高检副检察长）、张继禹、张毓茂、陈士能、陈佳贵、陈宜瑜、陈建生、陈难先、陈章良、奉恒高（瑶族）、武连元（回族）、林文漪（女）、林兆枢、林强、图道多吉（藏族）、金炳华、金烈、周玉清、周正庆、周坤仁、庞丽娟（女）、郑功成、郑荃、赵地（女）、胡光宝、胡贤生（苗族）、胡康生、胡德平、南振中、柳斌、信春鹰（女）、侯义斌、姜恩柱、姜颖（女）、祝铭山、姚湘成、贺一诚、贺铿、袁汉民、袁行霈、袁驷、贾志杰、夏赞忠、倪岳峰、徐永清、徐志纯、高洪（白族）、郭凤莲（女）、郭树言、陶伯钧、陶驷驹、桑国卫、黄康生（布依族）、隗福临（满族）、蒋树声、蒋祝平、程贻举、傅志寰、舒惠国、童傅、曾宪梓、谢佑卿、路明、嘉木样·洛桑久美·图丹却吉尼玛（藏族）、戴证良、魏复盛。2005年3月13日，十届全国人大三次会议补选宋照肃、陈秀榕、闻世震为第十届全国人大常委会委员。全国人大专门委员会工作委员会法制工作委员会主任李适时（2008年2月任命），预算工作委员会主任朱志刚（2008年2月任命），香港基本法委员会主任乔晓阳，澳门基本法委员会主任乔晓阳，代表资格审查委员会主任何椿霖。

3月18日　迟浩田一行应邀对德国、希腊、克罗地亚及挪威进行友好访问。应德国国防部长鲁道夫·沙尔平、希腊国防部长扬诺斯·帕潘托尼乌、克罗地亚国防部长约若·拉多什、挪威国防大臣克丽斯廷·克龙·德沃尔的邀请，中央军委副主席、国务委员兼国防部长迟浩田上将一行离开北京，前往上述4国进行正式友好访问。

3月19日　劳动和社会保障部日前颁布第三批国家职业标准。这次颁布的国家职业标准共包括52个职业，主要分为3类：技术复杂，要求高，如车工、钳工、铣工等；涉及公共利益，特别是消费者利益，如中药调剂员、营养配餐员、养老护理员等；涉及到一些行业的标准，如采油工、井下作业工、化学检验工等。《国家职业标准》对这52个职业的活动范围、工作内容、技能要求和知识水平做了明确规定。到目前为止，中国已颁布了102个职业的标准，其中涉及国家就业准入的为70多个。

3月24日　以“作为WTO成员的中国”为主题，“中国发展高层论坛”2002年年会在北京钓鱼台国宾馆开幕。论坛由国务院发展研究中心举办，中共中央政治局委员、国务院副总理温家宝出席开幕式并致辞。温家宝指出：“加入世界贸易组织，是中国进一步适应经济全球化趋势，加快现代化建设步伐的战略决策。这标志着中国对外开放进入新的阶段，也标志着中国经济体制改革进入新的阶段。我们面临着难得的发展机遇，同时面临着严峻的挑战。中国将把加入世界贸易组织作为新的起点，用好新机遇，迎接新挑战，以更加积极的姿态参与国际经济合作与竞争，加快经济改革和发展的步伐。”

3月25日　我国研制的“神舟三号”飞船在酒泉卫星发射中心升空并成功进入预定轨道。22时15分，我国研制的“神舟三号”飞船在酒泉卫星发射中心发射升空并成功进入预定轨道。中共中央总书记、国家主席、中央军委主席江泽民来到载人航天发射场观看飞船发射，并发表了重要讲话。指出，实施载人航天工程是党中央根据世界科技发展大形势、着眼我国科技事业和现代化建设的发展大局作出的重大战略决策。他指出，“神舟三号”飞船的发射成功，是我国航天事业发展史上一座新的里程碑，充分体现了中华民族自强不息的精神，充分反映了社会主义制度集中力量办大事的优越性，充分证明了中国人民有志气、有能力屹立于世界民族之林。“神舟三号”飞船发射成功，必将极大地激发全国各族人民的自豪感和凝聚力，进一步坚定我们把建设有中国特色社会主义的伟大事业继续推向前进的信心。10年来，我国攻克了载人航天工程的一系列关键技术，研制成功“神舟”号飞船和运载火箭，建立了体现尖端和前沿科技集成的飞船应用系统，建成了现代化的航天发射场、航天测控网和飞船着陆场系统，组建训练了航天员队伍，成功发射了“神舟”一、二、三号飞船，具有中国特色的载人航天体系初步形成。4月1日，“神舟三号”飞船在完成空间科学和技术试验任务后，于北京时间16时51分，在内蒙古中部预定区域准确降落，我国载人航天工程第三次飞行试验获得圆满成功。江泽民致电祝贺。

同　日　新华社报道：国防科技大学招收首批108名公共管理硕士（MPA）研究生。这是解放军院校首次招收MPA。

3月26日　新华社报道：首批52个被全军环保绿化委员会评定为“绿色营区”的单位日前正式挂牌。此项集绿化、美化、环境保护为一体的综合性评定将取代解放军实行了十几年的“园林式营院”、“环境保护先进单位”、“绿化先进单位”等环保绿化评比。

3月29日　新华社报道：中央军委主席江泽民日前签署命令，发布施行新的《中国人民解放军内务条令》、《中国人民解放军纪律条令》。

4月1日　解放军总部发出通报，表彰先进单位和先进个人。新华社报道，解放军总参谋部、总政治部、总后勤部和总装备部日前发出通报，表彰在开展“做遵章守纪模范，树军车良好形象”活动中涌现出的15个先进单位和32名先进个人，要求全军部队以这些单位、个人为榜样，做好军交运输管理工作，为促进部队全面建设做出更大贡献。

4月2日　应日本国会众议院议长绵贯民辅和参议院议长井上裕的邀请，中国全国人大常委会委员长李鹏和夫人朱琳抵达东京，开始对日本进行为期8天的正式友好访问。李鹏还说，2002年是中日邦交正常化30周年，是两国关系承前启后、继往开来的重要年份。中日关系的发展前景，不仅关乎两国和两国人民的根本利益，而且对本地区乃至世界的和平、稳定与繁荣也具有重要影响。

同　日　由外交部和联合国共同主办的国际裁军研讨会在北京开幕。本次会议的主题为“21世纪裁军议程”，中国外交部长唐家璇及联合国副秘书长达纳帕拉出席了开幕式并发表讲话。唐家璇外长在发言中指出，当前国际社会面临的安全威胁日益多元化，传统与非传统安全因素交织，全球安全的不可预测性上升，各国在安全上的相互依存不断加深。因此，各国应树立以合作求安全，以对话求安全，以互信求安全，以发展求安全的观念。在新形势下，维护现有军控条约体系，继续推进军控与裁军进程至关重要。来自20多个国家的40多位高级政府官员和知名学者应邀参加了这次为期3天的国际裁军研讨会。

同　日　朱镕基谈增加农民收入和加强农业的极端重要性。中共中央政治局常委、国务院总理朱镕基在山西考察时指出，在中国经济发展进入新阶段和加入世贸组织的新形势下，必须充分认识增加农民收入和加强农业的极端重要性，当前特别要加快退耕还林步伐，加大产业结构调整力度，积极稳妥地推进农村税费改革，千方百计增加农民收入，切实减轻农民负担。

4月8日　历时3年的第一期全国农村电网建设与改造已经完成，农村电力体制改革和城乡用电同网同价工作已取得阶段性成果。由于农民用电质量明显提高、电价明显下降，农村（县及县以下）用电量增长超过10%，首次超过城市，而且不少地方农村用电量的增长率达到了20%以上。

同　日　应德意志联邦共和国总统约翰内斯·劳的邀请，国家主席江泽民乘专机抵达德国首都柏林，开始对德国进行为期6天的国事访问。这是江泽民主席第二次访问德国，也是此次欧、非、亚5国之行的第一站。江泽民说，访问期间，我将同劳总统、施罗德总理以及德国各界人士进行会谈和会见，就双边关系和共同关心的问题深入和广泛地交换意见。当前，国际形势正在发生重大而深刻的变化，中德两国是各自地区和世界上有重要影响的国家，全面加强两国在各领域的合作，不仅符合两国和两国人民的根本利益，也有利于世界的和平、稳定与发展。他表示希望通过这次访问进一步增进双方的了解和信任，促进两国的互利合作，推动中德关系的发展进入一个新的阶段。

4月10日　经人事部批准，总装备部所属某国防科研试验部队的博士后科研工作站正式挂牌成立。这是国防科研试验部队设立的第一个博士后科研工作站。

4月12日　为期3天的中美海上军事安全磋商机制2002年年度会晤在上海结束。会上，双方本着相互尊重、求同存异的精神，以坦诚、合作的态度就中美海上军事安全有关问题交换了意见，并同意继续就共同关心的问题进行磋商，为妥善解决中美海上军事安全问题作出努力。这是中美1998年建立海上军事安全磋商机制以来举行的第三次年度会晤。中国人民解放军海军副参谋长周伯荣和美军太平洋总部战略计划与政策局局长威廉·沙利文分别率中华人民共和国国防部代表团和美利坚合众国国防部代表团参加了会晤。

4月13日　《上海公报》发表30周年纪念活动在人民大会堂举行。国务院副总理李岚清和美国前国务卿基辛格在人民大会堂共同出席了由中国人民对外友好协会举行的尼克松总统访华暨中美《上海公报》发表30周年纪念活动。

4月16日　亚洲议会和平协会第三届年会在北京隆重开幕后，与会各国代表今天移师重庆市继续举行会议。中国全国人大常委会委员长李鹏当选亚洲议会和平协会新任主席。李鹏当选后表示，随着世界多极化和经济全球化的不断发展，国与国之间加强交流与合作已是大势所趋。亚洲各国议会在集思广益、求同存异、友好协商、扩大共识的基础上进行交流与对话，不仅有利于促进议会间的关系，也有利于国家关系的发展，进而有利于世界和地区的和平与稳定。

4月28日　江泽民到人民大学考察工作，看望学校师生员工。江泽民说，对于哲学社会科学在治党治国和建设有中国特色社会主义事业中的巨大作用，以及学术研究、人才培养、重大课题攻关和做出杰出贡献的学者的成就和作用，对于高等教育领域的改革和发展，我们始终高度重视。他要求各级党委和政府以及全社会共同努力，大力促进我国哲学社会科学事业的发展繁荣。江泽民2001年8月在北戴河与国防科技和社会科学专家座谈时指出，哲学社会科学与自然科学，培养高水平的哲学社会科学家与自然科学家，提高全民族的哲学社会科学素质与自然科学素质，任用好哲学社会科学人才与自然科学人才并充分发挥他们的作用，都同样重要。江泽民对广大哲学社会科学工作者提出5点希望：增强创新意识；深入改革开放和现代化建设的实践，努力对全局性、战略性、前瞻性的重大课题作出科学的理论回答；既立足中国又面向世界，努力继承和弘扬中华民族的优秀文化，积极学习各国人民创造的有益文化成果；坚持严谨治学、实事求是、民主求实的学风；坚持用马克思主义的立场、观点和方法来指导哲学社会科学的发展。

同　日　九届全国人大常委会在人民大会堂举行第二十六次法制讲座。全国人大常委会委员长李鹏主持讲座并强调，为适应新的形势和任务的要求，必须进一步完善我国的农业法律制度。法制讲座的题目是关于我国农业法制建设的几个问题，主讲人为国务院法制办副主任曹康泰。他首先介绍了我国农业法制建设的基本情况，并阐述了对加强农业法制建设的几点认识和体会，以及为适应加入世贸组织的新形势、新任务，为进一步加强农业法制建设需要研究处理好的几个问题。在讲座开始前，李鹏发表讲话指出，我国是农业大国，农业是国民经济的基础，农业、农村和农民问题是关系我国改革开放和现代化建设的带有战略性全局性的根本问题。十一届三中全会以来，党和国家制定了一系列有关农业的方针、政策和措施，逐步完善了以家庭联产承包为基础、统分结合的双层经营体制，深化了农村经济体制改革，保障和促进了我国农业和农村经济的健康发展。根据形势发展的要求，党中央于1998年召开十五届三中全会，专门研究了我国的农业、农村和农民问题，通过了关于农业和农村工作若干重大问题的决定。李鹏说，在出台一系列有关农业的方针、政策和措施的同时，党和国家还高度重视依法保障和促进农业与农村经济的发展。在立法方面，全国人大常委会先后制定和修改了农业法、农业技术推广法、土地管理法、种子法、水法、水土保持法、防洪法、水污染防治法、防沙治沙法、气象法、村民委员会组织法、乡镇企业法等专门法律，还在其他相关法律中对有关农业问题作了规定，基本形成了保护农民利益、促进我国农业发展的法律体系框架。在执法监督方面，全国人大及其常委会连续多年对农业法的实施情况进行了检查。李鹏说，应该看到，农业仍然是我国的弱势产业，农民收入增长缓慢仍然是关系国计民生的难点。加入世界贸易组织后，我国农业的发展又面临新的更大的挑战。适应新的形势和任务的要求，必须进一步完善我国的农业法律制度。全国人大常委会将抓紧有关农业、农村和农民问题的重要法律的制定和修改。全国人大常委会副委员长田纪云、姜春云、布赫、铁木尔·达瓦买提、彭珮云、何鲁丽、周光召、丁石孙、成思危、蒋正华和秘书长何椿霖等听取了讲座。

4月29日　中国国家副主席胡锦涛在纽约联合国总部会见了联合国秘书长安南。胡锦涛说，联合国成立以来，为解决地区冲突，促进世界和平、合作与发展，做了许多有益的工作，发挥着不可替代的作用。在当前复杂多变的国际形势下，联合国肩负的任务更加艰巨，其作用只能加强，不能削弱；其权威只能维护，不能损害。他强调，中国作为安理会常任理事国，将继续积极参与联合国事务，支持和配合秘书长的工作。

同　日　国务院新闻办公室发表题为《中国的劳动和社会保障状况》白皮书。文中回顾了自20世纪70年代末以来，中国在建立和完善社会主义市场经济体制过程中为保障公民的劳动和社会保障权利方面所做的巨大努力和取得的成就。白皮书全文约1.5万字，分4个部分：就业形势总体保持稳定；新型劳动关系基本形成；社会保障体系初步建成；21世纪初期的发展。

5月1日　美国总统布什在白宫椭圆形办公室会见了中国国家副主席胡锦涛。布什对胡锦涛访美表示欢迎。胡锦涛向布什转达了江泽民主席对他的问候。布什对此表示感谢，并请胡锦涛转达他对江泽民主席的问候。布什说，美国政府和我本人高度重视美中关系。美中两国都是大国，双方开展合作对两国和世界极其重要。我2001年以来2次访问中国，同江泽民主席进行了成功的会晤。我期待着2002秋在美国接待江主席来访。胡锦涛说，我这次访美，目的是为了与美方共同落实江泽民主席和布什总统北京会晤达成的共识，进一步推动中美关系健康、稳定地向前发展。中国政府和中国领导人一贯重视发展中美关系，认为中美拥有的广泛共同利益和合作基础远大于彼此间的分歧，一个良好的中美关系符合两国人民的愿望，也有利于世界的和平、稳定与发展。

同　日　新华社报道：中央军委主席江泽民日前签署命令，颁布施行《中国人民解放军边防会谈会晤条例》。这是我军第一次颁布施行这样的条例，标志着军队边防会谈会晤工作开始走上规范化、法制化轨道。

5月2日　“2002东北亚经济论坛”在山东省威海市开幕。中共中央政治局常委、国务院副总理李岚清在开幕式上致辞。他希望与会朋友围绕“中国加入世贸组织与21世纪的东北亚经济”这个主题，深入探讨，广泛交流，通过论坛增进了解，促进合作，共同建设一个繁荣稳定的东北亚。

5月5日　国务委员吴仪率中国政府代表团离开北京，赴纽约出席关于儿童问题的联合国大会特别会议。吴仪国务委员将在会议一般性辩论和圆桌会议上发言，并会晤有关国际组织负责人。

5月6日—13日　中国人民解放军海军舰艇编队出访韩国。由中国自行设计制造的“嘉兴”号、“连云港”号导弹护卫舰组成的中国人民解放军海军舰艇编队，在编队指挥员、海军副参谋长周伯荣少将的率领下，从上海出发，应邀前往韩国仁川进行友好访问。此次中国海军舰艇编队出访韩国，是对2001年10月韩国海军巡航编队访问上海吴淞的回访，也是中国海军舰艇编队首次访问韩国。5月8日，舰队抵达韩国仁川港，438名官兵作为中国人民和军队的和平使者首次踏上韩国土地，开始对韩国进行为期4天的友好访问。5月11日，舰队圆满结束了对韩国的友好访问，启航回国。5月13日回到上海吴淞军港。访问总航程1 010海里，历时8天。

5月7日　据新华社消息中国残疾人事业取得巨大成就。近5年来，有433万残疾人得到不同程度康复，251万残疾人得到了职业教育和培训，829万人解决了温饱，残疾人状况明显改善。

5月8日　国务院第五十八次常务扩大会议在北京举行。中共中央政治局常委、国务院总理朱镕基在会上强调，当前交通、生产安全形势相当严峻，各地区、各部门、各企业都要切实树立安全第一的观念，高度重视和集中精力抓安全生产，坚决采取有力措施，防止各类重大安全事故发生。最近，除民航发生2起重大事故外，公路运输、煤矿生产等安全事故也比较多。

5月10日　亚洲开发银行理事会第三十五届年会在上海国际会

议中心开幕。中国国家主席江泽民出席开幕式，并发表了题为《加强亚洲团结合作，促进世界和平发展》的讲话。开幕式由亚行本届理事会主席、中国财政部部长项怀诚主持。亚行各成员的政府要员、主要国际金融组织和中外商业金融机构的高层管理人员以及学术界知名人士等约3 000人出席了开幕式。

同　日　第五届东盟中日韩（“10+3”）财政部长会议在上海举行，来自东盟10个成员以及中国、日本、韩国的财长们参加了会议。作为正在此间举行的亚洲开发银行理事会第三十五届年会一系列重要活动之一，本次会议就全球和地区宏观经济形势和加强东亚地区财金合作等议题进行了讨论，会后发表了《部长联合声明》。

5月12日　铁道部和云、贵、川3省在贵州省六盘水南编组站举行内昆（内江—昆明）铁路全线开通仪式。上午9时45分，28016次列车缓缓驶出车站，标志着这条大干线全线开通运营。中共中央政治局常委、国务院总理朱镕基对内昆铁路开通作出重要批示。朱镕基的批示是：“内昆铁路建设，条件困难，工程艰巨，4年完成，实属不易，铁路职工居功至伟，尤其对促进云南经济、社会发展，帮助民族地区脱贫致富，作用巨大。敬表祝贺。”

5月15日　纪念中国共产主义青年团成立80周年大会在人民大会堂隆重举行。中共中央总书记、国家主席、中央军委主席江泽民在大会上发表重要讲话。他指出，到本世纪中叶，基本实现现代化，把我国建设成为富强民主文明的社会主义国家，实现中华民族的伟大复兴，这是全国各族人民的奋斗目标，也是当代青年的历史使命和当代青年运动的主题。希望青年们树立远大理想，坚持发奋学习，注重锤炼品德，不断开拓视野，勇于进取创新，始终艰苦奋斗，努力为我国先进生产力和先进文化的发展作出自己的贡献，努力为最广大人民谋利益。江泽民强调，马克思主义的政党只有赢得青年，才能赢得未来。党的事业离不开青年，青年的成长更离不开党。我们党要赢得青年，就必须用先进的理论引导青年，用光辉的事业凝聚青年，用良好的作风吸引青年。各级党委和政府都要从党和国家事业兴旺发达的战略高度，认真实施科教兴国战略，加强对青少年的教育培养，相信和重视青年，关心和爱护青年，推动大批青年人才不断脱颖而出。各级领导干部要学会用新观念、新视角去看待青年，善于发现青年人才，大力培养青年人才，放手使用青年人才，使他们各显其能、竞展才华。江泽民在大会上发表讲话指出，中国青年运动80年的实践告诉我们，一切有理想有抱负的青年，只有在中国共产党的领导下，同人民紧密结合，为祖国奉献青春，才能大有作为。在全面建设小康社会，加快推进社会主义现代化的新的发展阶段，全国各族人民正在为实现现代化建设的第三步战略目标而努力奋斗。青年一代要承担起这个历史责任，就要坚持学习科学文化与加强思想修养，学习书本知识与投身社会实践，实现自身价值与服务祖国人民，树立远大理想与进行艰苦奋斗的4个统一，努力成长为有理想、有道德、有文化、有纪律的人，成长为对党和国家、对人民有所建树的人。中共中央政治局常委、全国人大常委会委员长李鹏，中共中央政治局常委、国务院总理朱镕基，中共中央政治局常委、全国政协主席李瑞环，中共中央政治局常委、书记处书记尉健行，中共中央政治局常委、国务院副总理李岚清出席纪念大会。大会由中共中央政治局常委、国家副主席胡锦涛主持。

同　日　北京时间9时50分，我国自行研制的“长征四号乙”运载火箭在太原卫星发射中心顺利升空，将气象卫星“风云一号D”和我国第一颗海洋探测卫星“海洋一号”一同送入太空预定轨道。“风云一号D”卫星是一颗太阳同步轨道应用气象卫星，主要用于天气预报、气候预测、自然灾害和生态环境监测服务等。另外，我国还有2颗地球同步轨道气象卫星“风云二号”在天上运行。我国已成为世界上第三个有2种气象卫星同时在太空运行的国家。“海洋一号”卫星是我国第一颗用于海洋水色探测的试验型业务卫星，卫星轨道为太阳同步近圆轨道。发射这颗卫星的主要目的是通过观测海水光学特征、叶绿素浓度、海表温度等要素，掌握海洋初级生产力分布、海洋渔业及养殖业资源状况和环境质量，了解重点河口港湾的悬浮泥沙分布规律，为海洋生物资源合理开发利用等提供科学依据和基础数据。“海洋一号”卫星的发射成功，结束了我国没有海洋探测卫星的历史，标志着我国在海洋卫星遥感领域迈入了世界先进国家的行列。

5月15日—9月23日　由我国自行设计制造的舰艇组成的海军编队进行首次环球航行。由中国自行设计制造的“青岛”号导弹驱逐舰和“太仓”号综合补给舰组成的中国海军舰艇编队由舰艇编队总指挥、海军北海舰队司令员丁一平率领，从青岛起航，首次进行环球航行。5月23日—26日舰艇编队对新加坡进行友好访问，这是中国海军舰艇首次访问新加坡。6月12日舰艇编队由南向北通过苏伊士运河，进入地中海。6月14日—18日舰艇编队对埃及进行友好访问，这是中国舰队首次访问埃及。6月20日—23日舰艇编队对土耳其进行友好访问，这是中国舰队首次访问土耳其。6月25日—28日舰艇编队对乌克兰进行友好访问，这是中国舰队首次访问乌克兰。7月1日—4日舰艇编队对希腊进行友好访问，这是中国舰队首次访问希腊。7月10日—14日舰艇编队对葡萄牙进行友好访问，这是中国舰队首次访问葡萄牙。7月23日—26日舰艇编队对巴西进行友好访问，这是中国舰队首次访问巴西。8月3日舰队驶进巴拿马运河大西洋一端的加通湖船闸，4日凌晨通过米拉弗洛雷斯船闸，进入太平洋，这是中国海军舰只首次通过巴拿马运河这条著名的国际战略水道。8月7日—10日舰艇编队对厄瓜多尔进行友好访问，这是中国舰队首次访问厄瓜多尔。8月13日—17日舰艇编队对秘鲁进行友好访问，这是中国舰队第二次访问秘鲁。9月2日—3日舰艇编队对法属波利尼西亚进行友好访问。人民海军舰艇编队这次环球航行访问，横跨印度洋、太平洋、大西洋，远涉亚洲、非洲、欧洲、南美洲和大洋洲，先后对10个国家和港口进行了友好访问，总航程3.3万多海里，途经14个主要海峡和苏伊士、巴拿马运河，横跨68个纬度，6次穿越赤道，7次经历大风浪和强低压气旋的考验，创造了人民海军舰艇编队出访时间最长、航程最远、航经海域最广、访问国家最多等纪录。

5月16日　第四届世界贸促机构大会开幕晚宴暨中国贸促会成

立50周年纪念会在北京举行。国务委员吴仪出席并致辞。吴仪首先代表中国政府对参加第四届世界贸促机构大会开幕暨中国贸促会成立50周年纪念会的海外来宾表示热烈的欢迎，对中国贸促会成立50周年表示诚挚的祝贺。吴仪表示，联合国国际贸易中心和各国代表相聚北京，讨论世界贸易发展的未来趋势，共商国际贸易发展大计，顺应了当前世界经济形势的需要。她说，加强国际间的经济技术交流与合作是各国共同的迫切愿望，贸促机构曾为增进各国之间的经贸交往，促进世界经济的发展，发挥了积极的重要作用。她希望今后进一步密切关系，加强合作，为推动各国以及世界经济的发展与繁荣，做出更大的贡献。

5月20日　中国与东帝汶民主共和国建立外交关系。应邀前来出席东帝汶独立庆典的中国外交部长唐家璇与东帝汶民主共和国外交部长奥尔塔共同签署了《中华人民共和国与东帝汶民主共和国关于建立外交关系的联合公报》。中国成为第一个与东帝汶建交的国家。至此，中国已与163个国家建立了外交关系。

5月24日　为期3天的亚洲监察专员协会第七次会议顺利完成预定议程，在北京闭幕。与会代表围绕“实施有效监督，促进廉政勤政”这一主题和4个专题进行了发言，广泛交流了经验和做法，深入探讨了进一步加强对政府机关及其公务员实施有效监督的思路与对策，对行政监察在政府廉政勤政建设中的地位和作用、加强公民监督、改善公共行政、加强国际交流与合作等重要问题达成了共识，取得了积极成果。

5月28日　国家主席江泽民在中南海会见了世界银行行长沃尔芬森一行。江泽民说：很高兴与沃尔芬森行长再次会晤。我们上次见面是1995年。7年过去了，中国发生了很大变化，世界发生了很大变化，但世界人民追求和平与发展的愿望没有变。江泽民说，20多年来，中国与世行的合作，成绩显著，中国不仅从世行获得了大量建设资金，而且获得了不少先进技术和发展经验，培养了大批人才。中国与世行合作的成功经验表明，发展援助作为对发展中国家自主发展努力的支持和补充，能够取得显著的发展效益。

同 日 尉健行分别会见了4国驻华大使。中共中央政治局常委、书记处书记尉健行在人民大会堂分别会见了科特迪瓦驻华大使科南·克拉莫、加蓬驻华大使约瑟夫·奥比昂—恩图图姆、博茨瓦纳驻华大使艾尔弗雷德·杜贝和津巴布韦驻华代办依曼努欧·津牛凯。尉健行对即将应科特迪瓦人民阵线、加蓬民主党、博茨瓦纳民主党和津巴布韦非洲民族联盟（爱国阵线）的邀请，前往非洲国家访问表示高兴。他说，中国与科特迪瓦、加蓬、博茨瓦纳和津巴布韦虽相距遥远，但友好情谊深厚，合作前景十分广阔。他表示相信，这次访问必将进一步增进中国与非洲国家的相互了解和友谊，推动中国与非洲国家友好合作关系在新世纪健康、稳定、全面、持久地向前发展。

5月29日 亚太经合组织（APEC）第五次电信信息部长会议在上海召开。中共中央政治局委员、国务院副总理吴邦国出席开幕式并讲话。他希望这次会议在亚太区域经济合作的总体框架下，加强信息通信领域的沟通、交流与磋商，并以此为新的起点，抓住数字机遇，推动更深层次、更广范围、更富有成效的合作，实现共同发展。

5月31日 中央党校省部级干部进修班毕业典礼在中央党校举行，江泽民出席并发表重要讲话。他指出，开创建设有中国特色社会主义事业新局面，必须高举邓小平理论伟大旗帜，全面贯彻“三个代表”要求。“三个代表”要求同马克思列宁主义、毛泽东思想、邓小平理论一脉相承，反映了当代世界和中国的发展变化对党和国家工作的新要求。贯彻“三个代表”要求，关键在坚持与时俱进，核心在保持党的先进性，本质在坚持执政为民。全党同志要牢牢把握这个根本要求，不断增强贯彻“三个代表”要求的自觉性和坚定性。他强调，坚持解放思想、实事求是的思想路线，弘扬与时俱进的精神，是党在长期执政条件下保持先进性和创造力的决定性因素。我们党能否始终做到这一点，决定着中国的发展前途和命运。要使党和国家的事业不停顿，首先理论上不能停顿。否认马克思主义的科学性，丢掉老祖宗，或教条式地对待马克思主义，都是错误的、有害的。我们一定要以实践来检验一切，用发展着的马克思主义指导新的实践。马克思主义政党必须高度重视解放和发展生产力。我们党要承担起推动中国社会生产力发展的历史使命，必须始终紧紧抓住发展这个执政兴国的第一要务，把保持党的先进性和发挥社会主义制度的优越性，落实到发展先进生产力、先进文化、维护和实现最广大人民的根本利益上来。把握住这一点，就从根本上把握了人民的愿望，把握了社会主义现代化建设的本质。21世纪头一二十年，对我国来说，是必须紧紧抓住并且可以大有作为的重要战略机遇期。全党和全国上下要抓住机遇、深化改革、扩大开放、促进发展、保持稳定，坚定不移地实现我们的奋斗目标。他强调，公有制为主体，多种所有制经济共同发展，是我国社会主义初级阶段的一项基本经济制度。发展社会主义民主政治，建设社会主义政治文明，是社会主义现代化建设的重要目标。必须适应经济发展和社会全面进步的要求，在坚持四项基本原则的前提下，继续积极稳妥地推进政治体制改革，发展有中国特色社会主义民主政治，巩固生动活泼、安定和谐的政治局面。我们必须在发展社会主义经济、政治的同时，加强社会主义精神文明建设。要坚持和巩固马克思列宁主义、毛泽东思想、邓小平理论在意识形态领域的指导地位，用"三个代表"要求统领社会主义文化建设。他强调，加强和改进党的建设，一定要高举邓小平理论伟大旗帜，认真贯彻"三个代表"要求，保证党的路线方针政策全面反映人民的利益和时代发展的要求，通过锲而不舍的努力，保证我们党始终是中国工人阶级的先锋队，同时是中国人民和中华民族的先锋队，始终是建设有中国特色社会主义事业的领导核心。他指出，加强和改进新形势下党的群众工作，对于巩固党的执政基础具有决定性意义。他号召全党同志坚持讲大局、讲团结、讲稳定，紧密团结在党中央周围，切实做好改革发展稳定各方面的工作，以优异成绩迎接党的十六大召开。

同　日　中国加入全球发展门户基金会谅解备忘录签字仪式暨中国发展门户网开通新闻发布会，在国务院新闻办公室新闻发布厅

举行。世界银行行长詹姆斯·沃尔芬森、中国财政部部长项怀诚、国务院新闻办公室主任赵启正等出席签字仪式和新闻发布会并讲话。全球发展门户基金会是由世界银行于2001年底发起建立的，旨在通过运用信息网络技术消除贫困，促进持续发展。沃尔芬森和项怀诚共同签署了《中国加入全球发展门户基金会谅解备忘录》，中国从此成为该基金会董事会创始成员。

6月1日　中国科学院第十一次院士大会、中国工程院第六次院士大会在北京闭幕。作为新世纪我国科技界最高学术团体的首次盛会，本次院士大会内容丰富，日程紧凑，卓有成效。约1 200位中国科学院和中国工程院院士出席了“两院”院士大会。大会期间，中国科学院和中国工程院分别听取了各自院长和各学部的工作报告，并向去年新当选的院士颁发院士证书，选举产生了各学部领导机构。中国工程院选举产生了新一届主席团成员、院长和副院长，颁发了光华工程科技奖，中国科学院选举产生了7名外籍院士。中国科学院和中国工程院分别以“科学与中国”和“面向21世纪的工程技术”为主题，举行了面向社会的大型学术活动。

6月2日　中央军委在中南海举行晋升上将军衔仪式。中共中央总书记、国家主席、中央军委主席江泽民向晋升上将军衔的7位高级军官颁发命令状。此次晋升上将军衔的高级军官是：乔清晨、温宗仁、钱国梁、姜福堂、陈炳德、梁光烈、刘书田。

同　日　新华社消息：目前，全国城乡各类福利院共收养儿童4.7万多名；已经建成和正在建设的SOS儿童村9所，收养健全孤儿900多名。此外，全国各地还兴办了各类康复中心、站、班近万个，已形成以国家办社会福利机构为骨干，分散供养为基础，城乡结合、社会参与的对孤残儿童的救助、保护格局。监护养育人员都努力创造良好的成长环境，因人施教，养、治、教有机结合，促进孤残儿童身心健康发展。

6月3日　中国总理朱镕基在人民大会堂与来访的希腊总理西米蒂斯举行会谈。双方在热情友好的气氛中，就双边关系和共同关心的国际及地区问题坦诚深入地交换了意见，达成广泛共识。朱镕基首先欢迎西米蒂斯访华。他说，阁下是近16年来访华的第一位希腊总理，此访问又正值中希建交30周年，相信阁下的访问必将加深两国和两国人民之间的相互了解和友谊，推进中希关系在新世纪进一步发展。朱镕基说，中希建交30年来，两国关系发展顺利，不存在任何悬而未决的问题。两国领导人保持着经常性的接触，为促进双方的相互了解和互利合作发挥了不可替代的作用。朱镕基对希腊政府一贯坚持一个中国的政策，在人权等问题上尊重和理解中国的立场，主张对话，反对对抗表示赞赏。朱镕基说，在世界多极化和经济全球化都在加速发展的今天，中希两国都处于重要发展的阶段，中方愿同希方共同努力，推动两国关系不断向前发展。为此，朱镕基建议：一、两国继续保持双边交往的良好势头，进一步增进相互了解。二、加强合作，促进双边经贸关系平衡、健康发展。三、官民并举，扩大两国旅游、科技和文体交流，加强双方在可再生资源、生物技术和信息通讯等高新技术领域的合作。四、加强两国在举办奥运会方面的合作，将奥运会办成一个文化的奥运。西米蒂斯总理对在希中建交30周年之际访华感到非常高兴。他说，希中两国都拥有悠久的文化传统，这是两国相互沟通和理解的桥梁。目前，两国都面临发展经济的共同任务，致力于各自国家的经济建设，这为两国关系的发展提供了机遇。他对两国经贸关系的发展表示满意，认为双边贸易额增长很快，在航运、科技等许多领域内的合作进展顺利，两国在经贸领域的合作潜力巨大，前景广阔。希腊政府愿与中方在文化、旅游、农业，特别是举办奥运会方面加强合作，使双边合作内容更加充实和丰富。西米蒂斯说，2003年上半年希腊将成为欧盟轮值主席国，希腊愿以此身份继续推动欧盟发展与中国的关系。西米蒂斯重申，希腊政府坚持一个中国的政策，支持中国的统一大业。会谈结束后，两国总理共同出席了《中华人民共和国政府和希腊共和国政府关于避免所得双重征税和防止偷漏税的协定》等3个文件的签字仪式。

6月4日　国家主席江泽民出席了“亚洲相互协作与信任措施会议”（“亚信”）领导人会议并在会上发表了题为《加强对话与合

作，促进和平与安全》的重要讲话。江泽民强调，中国将一如既往地积极遵循“亚信”关于加强信任协作、增进地区安全的宗旨和原则，与“亚信”成员国开展建设性的友好合作。来自阿富汗、阿塞拜疆、中国、埃及、印度、伊朗、以色列、哈萨克斯坦、蒙古、俄罗斯、吉尔吉斯斯坦、巴基斯坦、巴勒斯坦、塔吉克斯坦、土耳其、乌兹别克斯坦等16个“亚信”成员国的国家元首、政府首脑或代表出席了这次领导人会议。部分“亚信”观察员也出席了会议。

6月4日—13日　中共中央政治局常委、国务院总理朱镕基考察了湖北、湖南、江西、安徽4省的防汛准备工作和堤防建设情况。他指出，长江即将进入主汛期，沿江各地要认真贯彻落实党中央、国务院关于防汛工作的指示精神，坚决克服麻痹思想和侥幸心理，立足于防大汛、抗大洪，全力以赴做好各项准备工作，确保2002年长江安全度汛。朱镕基冒着高温酷暑，驱车数千公里，实地考察了长江防洪工程。在考察沿途，朱镕基反复强调，长江安危，事关全局，做好长江防汛工作，对于迎接党的十六大的召开，保障经济发展和社会稳定，具有十分重要的意义。朱镕基反复叮嘱当地干部：“大堤安危，事关重大，务必提高警惕……就做好2002年长江防汛抗洪工作，朱镕基提出五个方面的要求。第一，抓紧进行长江干堤工程建设。要采取有力措施，加快工程进度，能在汛前完工的要抓紧时间抢建。堤防工程质量事关人民生命财产安全，责任重于泰山。要选择技术装备先进的专业化施工队伍承建，严把质量关，绝不能出现“豆腐渣”工程。第二，切实做好防汛的各项准备工作。要按防大汛要求，抓紧完善防洪预案。尽快补充备足抢险物料，尤其是险工险段附近更要有足够的储备，有关方面对所需资金要予以保证。组织和落实防汛抢险队伍。加强气象预报和洪水预报。第三，加强检查，排除隐患。沿江各地要立即对防洪工程和防汛准备工作再进行全面检查，对存在的问题尽快加以解决。汛期要昼夜巡堤查险，及时消除险情。依法加强河道管理，坚决惩处在河道内违规设障、违法建筑、非法采砂等行为。第四，认真搞好病险水库的除险加固，落实各项措施，确保水库安全度汛。第五，进一步落实防汛工作行政首长负责制。各级地方政府要以对国家和人民高度负责的精神，切实担负起抗洪救灾的全面责任。各有关部门要各司其职，密切协作，急事急办，特事特办，绝不能推诿扯皮，贻误时机。凡发生重大责任事故、造成重大损失的，要严肃追究有关领导和当事人的责任。朱镕基强调，要继续搞好平垸行洪、退田还湖、移民建镇。自1998年这项工作开展以来，已取得初步成效。洞庭湖、鄱阳湖水面扩大，行洪蓄洪能力明显提高，湖区生态环境得到改善，搬迁出的群众摆脱了没顶之忧。今后要全面落实中央的有关政策措施，努力完成平垸行洪、移民建镇任务。尚未完工的移民建镇工程，要抓紧施工，搞好配套设施建设。加强监督检查，杜绝挪用、截留、克扣移民款现象。要把平垸行洪、退田还湖、移民建镇与调整农业结构、加强生态建设结合起来，发挥当地资源优势，开辟多种致富门路。在移民已迁出的圩垸内，要大力进行植树造林。在考察期间，朱镕基还听取了湖北、湖南、江西、安徽省委、省政府的工作汇报，对4省取得的成绩予以充分肯定。他指出，当前我国经济形势总体上是好的，突出的问题是财政收入增幅减缓，就业压力加大。朱镕基强调，做好下岗职工再就业工作，是维护社会稳定，促进国民经济持续快速健康发展的重要保证。各地要按照江泽民总书记关于“三个代表”重要思想的要求，从维护改革发展稳定大局出发，切实把这项工作抓紧抓好。中央确定的“鼓励兼并、规范破产、下岗分流、减员增效、实施再就业工程”和建立国有企业下岗职工基本生活保障制度、失业保险制度、城镇居民最低生活保障制度3条社会保障线等政策措施，是一个完整的体系，实践证明是完全正确的，必须继续全面贯彻执行。当前要更加重视做好再就业工作，结合经济发展和结构调整，千方百计扩大就业。要积极发展就业容量大的劳动密集型产业、服务业、中小企业，发展社区服务业，努力拓宽就业渠道，增加就业岗位。要完善就业服务体系，强化再就业服务工作，积极扶持再就业中介服务机构，大力开展就业培训，搞好职业介绍和咨询。对为吸收下岗职工新办的服务型企业，要给予优惠政策；对下岗失业人员从事个体商业、服务性经营，在一定时期内减免有关税费。要引导下岗职工和失业人员更新择业观念，鼓励自谋职业。朱镕基强调，要继续完善城镇社会保障体系，切实落实“两个确保”，任何地方不得发生新的拖欠。完善失业保险制度。强化城市居民最低生活保障制度建设，使所有符合条件的城市贫困居民都能得到最低生活保障，做到应保尽保。

6月5日　中国国家主席江泽民和希腊共和国总统科斯蒂斯·斯特凡诺普洛斯互致贺电，庆祝两国建交30周年。

6月6日　应邀出席上海合作组织峰会的中国国家主席江泽民与俄罗斯总统普京在圣彼得堡举行了双边会晤。江泽民首先表示很高兴在普京总统的家乡与他再次见面。江泽民说，在普京总统的领导下，俄罗斯2年来发生了很大的积极变化，社会稳定，经济持续发展，人民生活水平不断提高，我们对此感到由衷的喜悦。关于双边关系，江泽民说，中俄战略协作伙伴关系建立以来，经受住了国际风云变幻的考验，一直稳固向前发展。双方高层交往日益频繁。2002年下半年两国元首还有2次会面。两国最高领导人的密切接触始终是推动两国关系不断向前发展的动力。中俄发展和深化睦邻友好与互利合作符合两国共同利益，顺应历史潮流。中俄两国当前的首要任务是落实《中俄睦邻友好合作条约》，在进一步加强政治互信的同时，积极开展经贸等各领域的合作。普京对能在其家乡圣彼得堡同江泽民主席会晤感到非常高兴。他说，同江主席的这次会晤有利于进一步加强俄中战略协作伙伴关系，也有利于维护世界和平。俄中两国有诸多共同之处，相互非常了解彼此的文化和历史，又是最大邻国，完全有条件、有理由睦邻相处，开展互利合作。

6月7日　中国国家主席江泽民在上海合作组织成员国元首第二次峰会上发表了题为《弘扬“上海精神”促进世界和平》的重要讲话。

6月9日　中国国家主席江泽民和格鲁吉亚总统谢瓦尔德纳泽互致贺电，热烈祝贺两国建交10周年。江泽民在贺电中说：值此中华人民共和国和格鲁吉亚建交10周年之际，谨代表中国政府和中国人民并以我个人的名义，向阁下并通过阁下向格鲁吉亚政府和格鲁吉亚人民致以热烈的祝贺和良好祝愿。江泽民主席说：中格两国和两国人民的友谊源远流长。建交10年来，根据和平共处五项原则及其它公认的国际关系准则，两国建立起相互尊重、平等相待、友好合作的良好国家间关系，在经贸、科技、文化、教育等各领域以及国际事务中不断加强交流与互利合作，取得了积极成果。中方高度赞赏贵国政府一贯明确支持中国政府在台湾问题上的原则立场，尊重并继续支持贵国为维护国家独立、主权和领土完整所做的努力。

同　日　国务院副总理温家宝率中国政府代表团离开北京，赴意大利首都罗马出席世界粮食首脑会议5年回顾会议。

6月10日　亚欧水资源管理研讨会在长沙开幕。研讨会围绕全球水资源趋势和发展战略、亚欧国家水资源管理的关键问题、在相关地区提高水资源管理的技术和手段、关于在相关地区加强优先领域项目合作的建议等议题进行了讨论，通过了《长沙宣言》。这是亚欧会议成员国在水资源方面的第一次联合行动。6月12日在湖南长沙举行的亚欧水资源管理研讨会发表了成员间就联合解决水的管理、保护和高效使用的《长沙宣言》。会议由亚欧会议26个成员的部长级代表、驻华使馆代表和专家代表近200人出席。

6月11日　新华社报道：随着驻守长江上游某地的又一支工程兵部队2002年5月被解放军总参谋部确定为抗洪抢险专业应急部队，至此，我军已确定19支部队为抗洪抢险专业应急部队。抗洪抢险专业应急部队主要由工兵和舟桥专业部队构成，19支部队承担着长江、黄河、淮河、海河、松花江辽河、珠江、闽江等7大江河流域的抗洪抢险应急任务。参加抗洪抢险时，他们将统一佩戴由“钩镐与船桨”和“KHYJ”字母组成的红色臂章。

同　日　经党中央、国务院同意，中共中央办公厅、国务院办公厅日前印发《2002—2005年全国人才队伍建设规划纲要》。《纲要》要求各地区、各部门从战略和全局的高度，深刻认识实施“人才强国”战略，做好人才工作的极端重要性和紧迫性，结合本地区、本部门实际，研究制定具体政策措施，把这项工作切实抓紧抓好，抓出成效。6月12日，中共中央组织部、人事部近日发出通知，要求各级组织、人事部门按照党委、政府的统一部署，以改革的精神，抓好《2002—2005年全国人才队伍建设规划纲要》的学习宣传和贯彻落实。

同　日　民政部近日通报“最低生活保障”制度实施进展情况。据统计，截至2002年4月底，全国应享受最低生活保障对象1 938万人，已领取低保金人数1 393万人，尚有545万人未享受“低保”待遇。民政部近日发出通知，要求增强紧迫感和责任感，尽快将未保对象纳入保障范围。

6月12日　新华社报道：武警部队确定2002年接收1 600名地方高等学校毕业生。这些地方高校应届毕业生和毕业研究生进入警营后，近700名将走上军政指挥工作岗位，其余的将从事医疗、教学、工程技术等工作。他们将先培训，后上岗。补充到专业技术岗位的毕业生将集训3个月，补充到基层指挥岗位的将集训12个月。

同　日　第二届“空军十大杰出青年”颁奖晚会在北京空军礼堂举行。获得第二届“空军十大杰出青年”称号的有：王少华、邓友明、姚华圣、王永良、肖茜蓉（女）、刘涛（女）、丰培奎、朱建军、杨继峰、赵升红。

同　日　新华社消息：陕西、四川洪涝灾害发生后，党中央、国务院和灾区各级党委、政府非常重视抗灾救灾工作，朱镕基总理和司马义·艾买提国务委员分别对抗洪救灾工作作了重要批示。据中央电视台消息，中国民政部、财政部12日向陕西下拨800万元中央救灾应急款，向陕西、四川灾区紧急调拨1 100顶救灾专用帐篷。6月份以来，中国部分地区发生了大范围明显降雨过程，截止12日初步统计，洪涝灾害造成陕西、四川、湖北、重庆、贵州5省（市）3 683万多人受灾；农作物受灾面积356万多公顷。民政部已会同财政部、水利部、卫生部等部门共同协调救灾工作，并已向陕西、四川派出工作组，查看灾情，慰问灾民，指导地方开展抗灾救灾工作。

6月15日　中央国家机关工委、文化部、中国社会科学院在国家图书馆文津街分馆联合举办第六期中央国家机关部级领导干部历史文化讲座。中国社会科学院历史研究所研究员、中国社会科学院古代文明研究中心主任李学勤，作题为“追寻中华文明的起源”的报告。中共中央政治局委员、中国社会科学院院长李铁映出席讲座。

6月17日　国务院副总理李岚清在中南海紫光阁亲切会见了前来参加清华大学“前沿科学国际研讨会”的世界著名科学家。李岚清首先对各位科学家来华参加关于前沿科学的国际研讨会表示欢迎。李岚清说，在座的客人，有许多是学术界最高奖诺贝尔奖和费尔兹奖的获得者、重大科学成果的发现者、新的学术领域的开拓者，为世界的科学发展作出了重要贡献。交流与研讨是科学思想、科学发现的重要源泉，这么多科学家云集北京是中国科学与世界科学交流的一件盛事，对中国基础科学研究水平的提高将起到重要的推动作用。

同　日　新华社报道：在空军现代化建设中做出突出贡献的65个先进单位和个人日前受到空军表彰。这次被授予荣誉称号的有：某雷达团乌拉盖雷达站——“乌拉盖模范雷达站”，航空兵某团机务二中队——“模范机务中队”，某试飞团飞行一大队——“英雄试飞大队”，某指挥所通信一连连长姚华圣——“爱兵模范连长”，空降兵某师侦察连连长项广强——“精武模范连长”。他们分别荣获二级英模奖章和证书。20个受表彰的“基层建设标兵”单位中，有一心谋“打赢”的飞行大队，有驻守高山之巅的雷达站，有大漠深处的科研试验大队，也有被誉为“闪光螺丝钉”的机务中队。20名飞行、政工和后勤干部被树为“优秀基层主官标兵”。15个基层建设成绩显著的师旅团也受到表彰。

6月18日　九届全国人大常委会在人民大会堂举行第五十九次委员长会议。会议决定，九届全国人大常委会第二十八次会议6月24日—29日在北京举行。李鹏委员长主持会议。委员长会议建议本次常委会会议审议的法律草案有：政府采购法草案、中小企业促进法草案、安全生产法草案、水法修订草案、科学技术普及法草案、清洁生产促进法草案、农村土地承包法草案、民办教育促进法草案、农业法修订草案、测绘法修订草案、保险法修正案草案等。建议本次常委会会议审议的还有关于第一任全国人大常委会香港基本法委员会成员继续履行职责的决定草案，关于香港十届全国人大代表选举会议组成的补充规定草案，关于澳门十届全国人大代表选举会议组成的补充规定草案等。建议本次常委会会议议程还有听取和审议国务院关于2001年中央决算的报告、审查和批准2001年中央决算，听取和审议国务院关于2001年中央预算执行和其他财政收支的审计工作报告，听取全国人大常委会执法检查组关于检查消防法实施情况的报告，审议九届全国人大常委会代表资格审查委员会关于个别代表的代表资格终止的报告等。在委员长会议上，秘书长何椿霖作了关于九届全国人大常委会第二十八次会议议程草案和日程安排意见的汇报，关于第一任香港基本法委员会成员继续履行职责的决定草案和关于香港、澳门十届全国人大代表选举会议组成的补充规定草案的汇报。法律委员会主任委员王维澄汇报了政府采购法草案等7个法律草案主要问题修改意见等。

6月19日　朱镕基总理主持召开国务院第六十次常务会议，讨论并原则通过了《中华人民共和国行政许可法（草案）》，审议并原则通过了《中华人民共和国内河交通安全管理条例（修订草案）》。会议认为，行政许可是行政机关依法对社会、经济事务实行事前监督管理的一种重要手段。制定行政许可法，对于巩固行政审批制度改革成果，履行我国对外承诺，进一步推进行政管理体制改革，从源头上预防和治理腐败，都有重要意义。会议认为，国务院1986年发布施行的《中华人民共和国内河交通安全管理条例》，对于保障我国内河交通安全，减少水上交通事故，维护人民群众的生命、财产安全，促进经济建设的健康发展，发挥了积极作用。近几年来，随着内河交通运输事业的快速发展，水上交通安全管理出现了一些新的情况和问题，有必要对现行条例进行修订，形成《中华人民共和国内河交通安全管理条例（修订草案）》。会议决定，《中华人民共和国行政许可法（草案）》经进一步修改后，由国务院提请全国人大常委会审议；《中华人民共和国内河交通安全管理条例（修订草案）》，经修改后由国务院公布实施。

同　日　全国编办主任会议暨全国机构编制系统先进集体和先进工作者表彰大会在北京举行。在这次会议上，有20个先进集体和32名先进工作者受到人事部和中央编办的表彰；有12个先进集体受到中央编办的表彰。从1998年开始的跨世纪机构改革进展顺利，成效明显。到目前为止，就全国而言，除部分市县乡机构改革尚在实施外，这次历时4年半的机构改革已接近尾声。经过4年半的机构改革，全国各级党政群机关共精简行政编制115万名。今后一个时期全国机构编制系统的重点工作之一是加强机构编制的控制和管理。今后，除党中央、国务院和中央编委有明确要求外，一律不再增加新的机构和行政编制。

6月22日　“中国儿童慈善活动日”公益活动总结表彰大会在北京人民大会堂举行。由中国儿童少年基金会和中华慈善总会联合主办的这一大型公益活动已于当日圆满完成。活动开展半年来，共募集1.3亿多元善款、价值4 000多万元的物资，为救助更多的贫困儿童提供了有力保障。

6月23日　中华全国总工会副主席徐锡澄近日在第九十届国际劳工大会上，当选国际劳工组织理事会工人组副理事，中国工会12年后重返国际劳工组织理事会。徐锡澄今天率中国工会代表团凯旋。中国工会自1983年恢复在国际劳工组织的活动以来，积极参与这一组织的各项工作，并于1984年当选决策执行机构——国际劳工组织理事会工人组副理事，1987年连选连任。1990年后，中国代表被排斥在理事会之外。全国总工会副主席、书记处第一书记张俊九说，重返国际劳工组织理事会，为中国工会提供了更广阔的活动舞台，能够更好地参与国际劳工事务。中国工会将进一步认真履行维护职工合法权益的基本职责，加强工会组织的自身建设，继续奉行“独立自主、广泛联系”的对外活动方针，为我国改革开放和现代化建设、国家的总体外交和工会工作全局服务，为推动国际工会运动的健康发展作出贡献。

6月24日—29日　九届全国人大常委会第二十八次会议在北京举行，李鹏委员长出席并主持会议开幕式和闭幕式，在闭幕式上发

表重要讲话。会议首先表决通过了《中华人民共和国政府采购法》，江泽民主席签署第六十八号令予以公布；通过了《中华人民共和国中小企业促进法》，江泽民主席签署第六十九号令予以公布；通过了《中华人民共和国清洁生产促进法》，江泽民主席签署第七十二号令予以公布；以上3部法律将于2003年1月1日起施行。会议表决通过了《中华人民共和国安全生产法》，江泽民主席签署第七十号主席令予以公布，并于2002年11月1日起施行。会议表决通过了《中华人民共和国科学技术普及法》，江泽民主席签署第七十一号主席令予以公布，并于公布之日起施行。会议表决通过了关于第一任全国人大常委会香港基本法委员会成员继续履行职责的决定、关于香港第十届全国人大代表选举会议组成的补充规定、关于澳门第十届全国人大代表选举会议组成的补充规定。会议表决通过了全国人大常委会关于批准禁止和立即行动消除最恶劣形式的童工劳动公约的决定。会议表决通过了全国人大常委会关于批准2001年中央决算的决议。会议表决通过了全国人大常委会代表资格审查委员会关于个别代表的代表资格终止的报告：贵州省原全国人大代表卢万里最近被贵州省人大常委会依法罢免代表职务，其代表资格终止。会议通过了以下人事任免名单：任命钱锋、杜万华为最高人民法院审判员；免去刘长春、柴庆生的最高人民检察院检察员职务。本次会议还继续审议了水法(修订草案)、农村土地承包法（草案)；听取了民办教育法草案、农业法（修订草案)、测绘法（修订草案)、保险法修正案（草案）等法律草案的说明。会议听取和审议了国务院关于2001年中央决算的报告、审查和批准了2001年中央决算；听取和审议了国务院关于2001年中央预算执行和其他财政收支的审计工作报告；听取了全国人大常委会执法检查组关于检查中华人民共和国消防法实施情况的报告；全国人大代表团访问阿尔巴尼亚、亚美尼亚、格鲁吉亚和阿塞拜疆4国情况的书面报告等。在各项议程进行完毕后，李鹏委员长发表重要讲话。

6月24日　中共中央政治局常委、国务院总理朱镕基在中南海主持经济工作座谈会，邀请部分经济界专家学者座谈当前经济工

作。座谈会上，与会专家学者就2002年以来我国经济运行情况和下半年经济走势发表了意见，重点就三农、财税、金融、进出口、国有企业改革、就业和社会保障以及收入分配等问题发表了看法，提出了政策建议。参加座谈会的专家学者有：王洛林、吴敬琏、吴树青、黄达、谢平、胡鞍钢、林毅夫、樊纲、陈东琪、吕政、贾康、马晓河。国务委员兼国务院秘书长王忠禹，国务院有关部门负责同志参加了座谈会。还邀请了中共中央办公厅、全国人大常委会办公厅、全国政协办公厅的负责同志参加了座谈会。

同　日　南宁市中级人民法院依法对原中共广西壮族自治区党委常委、自治区人民政府副主席刘知炳受贿案作出一审判决。被告刘知炳犯受贿罪，判处有期徒刑15年，剥夺政治权利3年；并处没收个人财产人民币25万元；刘知炳违法所得的人民币86.6322万元，依法没收，上缴国库。

6月25日　中央军委主席江泽民日前签署命令，颁布实施《中国人民解放军装备维修工作条例》。《中国人民解放军装备维修工作条例》是我军装备管理体制调整后，中央军委制定和颁布的规范我军装备维修工作的第一部基本法规，是我军装备维修工作的基本依据。条例以新时期军事战略方针为依据，以提高部队战斗力为标准，按照装备全系统、全寿命管理的要求，坚持以可靠性为中心，贯彻预防为主、科学维修、质量第一、注重效益的方针，遵循统一领导、整体筹划、突出重点、依法管理、平战结合、军民结合的原则，加强装备维修保障现代化建设，提高现代技术特别是高技术条件下局部战争装备维修综合保障能力和总体水平。

同　日　陈云林会见台湾“三通参访团”。中共中央台湾工作办公室、国务院台湾事务办公室主任陈云林先后会见了何智辉率领的国民党“海峡两岸联合经贸协会三通参访团”、傅昆萁率领的台湾“海峡两岸政经交流联谊会三通参访团”和章孝严率领的台湾“中国台商发展促进协会三通参访团”。陈云林在会见中重申了祖国大陆在“三通”问题上的一贯主张。他说，“三通”并不像有的人所说的那样危言耸听，也不像有些人所说的那么复杂、不可操作。当前，只要把“三通”看作是一个国家内部的事务，就可以通过民间对民间、行业对行业、公司对公司进行协商的办法，尽快通起来。

6月27日　由中国国际公共关系协会主办的“2002年中国国际公共关系大会”在北京举行。全国人大常委会副委员长蒋正华、全国政协副主席经叔平、中国国际公关协会名誉会长柴泽民和会长李道豫、外经贸部副部长龙永图、第二十九届世界奥运会组委会常务副主席刘敬民、国际公关协会2002年主席雅克·迪南等出席了会议。本次会议的主题是“中国公关业走进WTO”。来自国内外的300多位公关专业人员就中国公关咨询业的发展趋势、企业公关战略与策划、公关市场的管理和规范等问题进行了探讨与交流。

同　日　新华社报道：中央军委主席江泽民最近发布通令，给一批在军事科研和军队医疗科研领域做出突出贡献的单位和个人记功。给空军某研究室记一等功；分别给马伟明、王景全记一等功；给陈海平记二等功；分别给赖仪一、陈萍、黄世林记三等功。

6月29日　九届全国人大常委会在人民大会堂举行第二十七次法制讲座。全国人大常委会委员长李鹏主持法制讲座并讲话。法制讲座的题目是反垄断法律制度，主讲人王晓晔为中国社会科学院法学研究所研究员、博士生导师。她首先从3个方面阐述了反垄断法对社会主义市场经济的建立和完善的必要性，并介绍了世界各国反垄断立法的情况以及反垄断法的任务，并就完善我国反垄断立法提出了具体的建议。在听取讲座后，李鹏发表讲话指出，市场经济是一种竞争性的经济。社会主义市场经济的特点是在国家宏观调控条件下通过市场实现资源优化配置。促进和维护有序、有效的市场竞争，遏止各种限制市场竞争的行为，是市场经济国家立法的重要内容。而垄断作为一种限制、阻碍、破坏和排除市场有效竞争的行为，成为法律规范的重要对象。反垄断法作为反对垄断和保护竞争的法律制度，在市场经济国家法律体系中占有重要的地位，是我国有中国特色社会主义法律体系的重要组成部分。制定反垄断法对于消除垄断，建立和完善社会主义市场经济体制，具有十分重要的作用。李鹏说，改革开放以来，虽然我们通过转变政府职能、实行政企分开、整顿和规范市场经济秩序等措施，通过制定反不当竞争法和价格法等法律，在排除垄断、促进和保护市场竞争方面取得了一定的进展，但行业、地方保护为特征的垄断仍然存在。随着国内企业的进一步发展和跨国公司的进入，在国内市场，以滥用市场优势地位为特征的垄断也会增多。这些垄断行为，阻碍市场竞争的有效开展，影响经济的健康发展，也损害消费者的利益。因此，要从根本上实现市场的有序、有效竞争，建立适应社会主义市场经济要求的市场竞争秩序，必须抓紧制定包括反垄断法在内的各种规范市场竞争秩序的法律。需要指出，我国坚持公有制为主体、多种所有制经济共同发展的基本经济制度，国有经济必须控制国民经济命脉，使国家具有宏观调控的手段。这与反垄断法所规范的垄断是不同的。当然，国有经济本身也要参与竞争。李鹏强调，反垄断法的制定已经列入九届全国人大常委会的立法规划，有关部门正在进行调研和起草工作。要在借鉴国外立法有益经验和广泛征求各方面意见的基础上，争取制定出一部既符合国惯例，特别是世贸规则，又适合我国社会主义市场经济发展需要的反垄断法。副委员长田纪云、姜春云、邹家华、帕巴拉·格列朗杰、王光英、布赫、铁木尔·达瓦买提、彭珮云、何鲁丽、曹志、成思危、蒋正华，秘书长何椿霖听取了讲座。

7月4日　国家实施西部大开发战略的标志性工程——西气东输工程举行开工典礼，西气东输工程进入建设期。经国务院批准，西气东输工程开工典礼在京隆重举行。中共中央总书记、国家主席江泽民专门发来贺信。江泽民在贺信中指出，西气东输是一项举世瞩目的宏大工程，是实施西部大开发战略的重要举措。希望沿线各省区市党委和政府、参与工程建设的全体员工，精心组织，加强协作，群策群力，科学施工，把西气东输工程建成一流工程。中共中央政治局常委、国务院总理朱镕基亲切会见参加开工典礼的外国企业家。中共中央政治局委员、国务院副总理吴邦国出席开工典礼、宣布开工并讲话。西气东输工程西起新疆塔里木盆地，东至上海白鹤镇，设计年输气量120亿立方米。2004年12月，西气东输工程全线商业运营。

同　日　由人民日报社和日本新兴高新技术企业协会共同主办的“21世纪中日政企学合作发展北京论坛”在北京人民大会堂举行。全国人大常委会副委员长王光英、日本前首相森喜朗到会表示祝贺。王光英说，2002年是中日邦交正常化30周年，日本已成为中国最大的贸易伙伴，中日合作潜力巨大，我们应该珍惜来之不易的中日友好合作关系。森喜朗说，我作为日本的政治家，要以日中邦交正常化30周年为契机，为日中两国进一步友好和相互理解而发挥作用。

7月8日　进入7月份以来，又有北京、呼和浩特、杭州和成都4个主要城市提高了城市居民最低生活保障标准。除这4个城市以外，2002年以来已有南京、武汉、重庆、昆明、深圳等城市不同程度地提高了城市居民最低生活保障标准。

7月9日　中共中央印发《党政领导干部选拔任用工作条例》。22日，胡锦涛在全国学习贯彻《条例》电视电话会议上强调，该条例是我党关于党政领导干部选拔任用工作的基本规章，也是从源头上预防和治理用人上不正之风的有力武器。

7月10日　国务院副总理李岚清对葡萄牙、俄罗斯进行正式访问。应葡萄牙共和国政府、俄罗斯联邦政府副总理马特维延科的邀请，国务院副总理李岚清离京开始对上述2国进行正式访问，并将在俄罗斯与马特维延科副总理共同主持中俄教文卫体合作委员会第三次会议。

同　日　国务院办公厅近日转发《关于为外国籍高层次人才和投资者提供入境及居留便利的规定》。为吸引外国籍高层次人才和投资者来中国服务和投资，进一步明确和规范有关政策，国务院办公厅近日转发了公安部、外交部、教育部、科技部、人事部、劳动和社会保障部、外经贸部、国务院侨办、国家外国专家局联合制定的《关于为外国籍高层次人才和投资者提供入境及居留便利的规定》。

7月11日　国家计生委负责人宣布中国开始进入世界低生育水

平国家。在首都各界群众纪念第十三个世界人口日大会上，国家计生委负责人说，近30年来，由于坚持计划生育基本国策，实行了严格的人口控制政策，我国人口过快增长的势头得到有效控制，已转入低出生、低死亡、低增长的发展类型，开始进入世界低生育水平国家行列。贫困人口也由1979年的2.5亿减少到2000年的3 000万，贫困人口占农村总人口的比重从1979年的30.7%下降到2000年的3%。

7月15日　新华社报道：全军规模最大、机械化程度最高的总后勤部嫩江基地近日顺利完成整体移交工作，它的新主管单位是中国储备粮管理总公司。中储总公司接管后，经国家工商行政管理总局注册，将嫩江基地更名为中储粮北方农业开发有限公司，公司已于7月6日正式揭牌成立。

7月16日　江泽民考察中国社会科学院。他强调，建设有中国特色社会主义，需要在实践和理论上不懈探索，不断在实践的基础上提出创新的理论，用发展着的理论指导实践。他对加强哲学社会科学建设提出五点要求：第一，坚持以马克思主义为指导；第二，坚持解放思想、实事求是；第三，坚持“二为”方向和“双百”方针；第四，坚持优良的学风；第五，坚持和改善党对哲学社会科学事业的领导。

7月19日　民政部宣布，截至2002年7月10日，全国有1 930.8万名城市困难居民领到了最低生活保障金，至此，中国初步实现了“应保尽保”目标。1 930.8万名享受低保待遇的人员中绝大部分是特困职工、失业人员及其家属。其中特困职工981万人，占50.8%；失业人员299.3万人，占15.5%；特困职工和失业人员家属等其他人员554万，占28.7%。2002年到目前为止，全国用于低保的财政预算资金已达到105.3亿元，其中中央财政46亿元，地方各级财政预算安排59.3亿元，地方财政比2001年多安排28.3亿元，有效地缓解了低保资金的供需矛盾。

7月21日　中国与瑙鲁共和国建立大使级外交关系。中华人民共和国外交部部长助理周文重与瑙鲁共和国总统勒内·哈里斯在香港分别代表各自政府在中、瑙两国建立外交关系的联合公报上签字，决定两国自2002年7月21日起相互承认并建立大使级外交关系。联合公报说，中国政府支持瑙鲁共和国政府为维护国家独立、主权和领土完整以及发展民族经济所作的努力。瑙鲁共和国政府承认世界上只有一个中国，中华人民共和国政府是代表全中国的唯一合法政府，台湾是中国领土不可分割的一部分。瑙鲁共和国政府决定于2002年7月21日起断绝同台湾的“外交关系”。中国和瑙鲁两国政府商定，将根据有关规定和国际惯例并在对等基础上在各自首都为对方使馆的建立和履行职务提供一切必要的协助。中华人民共和国外交部发言人孔泉发表谈话，对中、瑙建交表示祝贺。他表示，中、瑙同属发展中国家，在许多领域有着共同点。中、瑙实现关系正常化符合两国人民的根本利益，将为双方进一步开展友好互利合作开辟广阔前景。中方愿与瑙方共同努力，建立和发展长期稳定、真诚友好的全面合作关系。

7月22日　中共中央政治局常委、国务院总理朱镕基近日在甘肃、陕西、河南、山东考察黄河防汛工作，并在郑州主持召开黄河中下游4省防汛工作座谈会。朱镕基指出，黄河安澜事关全局，防汛责任重于泰山。目前黄河已进入主汛期，沿黄各省和有关部门要按照江泽民总书记“三个代表”重要思想的要求，进一步动员和组织广大干部群众，立足于防大汛、抢大险，积极准备，严阵以待，确保2002年黄河安全度汛。朱镕基强调，治理黄河历来是安民兴邦的大事，必须站在战略和全局的高度，大力实施可持续发展战略，加强黄河上中游水土保持，改善生态环境，统筹规划，标本兼治，进一步把黄河的事情办好。

7月23日　武警部队隆重举行晋升少将警衔仪式。这次晋升少将警衔的13名警官是：武警部队后勤部副部长姬延芳、辽宁总队总队长刘洪凯、浙江总队总队长王平安、安徽总队总队长夏鹤、湖南总队政委赵龙、广东总队政委朱凤云、森林指挥部副主任孙吉山、水电指挥部副主任张志瑞、水电指挥部总工程师梅锦煜、水电指挥部政治部主任段映东、指挥学院副院长兼训练部部长刘晓健、指挥学院副政委丁春元、工程学院训练部部长楼文伟。

7月25日　中央军委主席江泽民签署命令，颁布施行《中国人民解放军后勤装备条例》。后勤装备条例强调，后勤装备工作要以新时期军事战略方针为依据，以提高后勤保障能力为标准，坚持质量第一、注重效益、量力而行、协调发展、平战结合、军民结合的方针，努力适应军事斗争准备对后勤装备工作的需求。后勤装备工作的基本任务是，建立系统配套、精干高效的后勤装备体系，合理调配后勤装备，保持后勤装备经常处于良好的技术状态，保障军队执行作战、训练和其他任务的需要。

同　日　新华社报道：据解放军总部有关部门提供的数字，全军目前已拥有博士、硕士2.6万多名，其中100多名获得军事学博士、硕士学位的干部走上了师、团领导岗位。适应新军事技术革命的挑战，过去5年，全军调整改革了院校教育体制，新组建了国防科学技术大学、信息工程大学、理工大学、海军工程大学和空军工程大学等5所综合大学，院校教育由过去的以中专、大专为主发展为以本科、大专为主；走开了军队干部由自己培养和依托国民教育培养并举的路子，在地方29所重点普通高校设立25个后备军官选拔培训工作办公室；实行军地领导干部交叉培训，选送1 600余名军师职领导干部到中央党校和各省、自治区、直辖市党委党校学习深造，并于2001年全面实施了陆、海、空军和第二炮兵师、旅、团指挥干部交叉培训。

同　日　劳动和社会保障部的调查显示，各类技术工人供不应求。劳动和社会保障部2002年第二季度对全国81个城市劳动力市场的调查显示，在中国劳动力总量持续供大于求的情况下，各类技术工人却明显供不应求，具有中、高级技术职称的技术工人尤其供不应求。中级专业技术人员的市场需求最高，目前已超出供给额的31%。初、高级专业技术人员的市场需求也分别超出各自供给量的7%和5%。

7月26日　新华社报道：据中央军委法制局介绍，中国新时期的军事立法工作取得了辉煌成绩。“九五”以来共制定军事法律、法规、规章2 170多件，初步建立起了具有中国特色的军事法体系。

中国从1982年开始在国家立法体制中逐步健全了军事立法体制，确定由全国人大及其常委会制定国防和军队建设的法律；由中央军委制定军事法规，或者与国务院联合制定军事行政法规；各总部、军兵种、大军区制定军事规章，或者各总部与国务院有关部门联合制定军事行政规章，从而实现了军事立法的规范化和制度化。

7月27日　新华社报道：不论是担负急难险重任务，还是发挥人力、物力和科技优势支援国家经济建设，人民解放军和武警部队广大官兵把促进地方经济发展和社会进步，作为义不容辞的责任。最近10年间，人民解放军共参加抢险救灾6万多次，出动官兵1 300多万人次，抢救遇险群众1 000多万人。近10年来，全军和武警部队共以1.4亿个劳动日、8 000多万台（次）机械车辆，参加和支援地方5 000多项工程建设。为了支持国家和驻地的开发，经中央军委批准，空军开放了一批机场、航线；海军腾让了一批港口码头，帮助沿海地区开辟了数十条海运航线；有关部队转让和移交了一批营房、农场，重新规划了军事禁区。全军院校、国防科研机构和工程技术部队，发挥科技和人才优势，开展科技助民活动，转让科技成果3.6万项，帮助地方培训各类科技人员100多万人。

同　日　中共中央政治局常委、国务院总理朱镕基开始在吉林、黑龙江2省考察防汛工作。他对1998年曾经遭受特大洪涝灾害的嫩江、松花江流域，实地考察防汛准备工作和堤防建设情况。考察期间他强调，有备无患，充分做好防汛工作；着眼长远，切实加强生态建设。

同　日　劳动和社会保障部等国家7部委近日联合下发《关于加强社会保障基金监督管理工作的通知》。通知要求各有关部门进一步加强社会保障基金管理，确保基金安全。社会保障基金是一项特殊的公共基金，是保证社会保障制度正常运行的前提条件，也是参保职工的“活命钱”。党中央、国务院对社保基金监管工作高度重视，要求建立健全监管机制，推动社保基金征缴、支付和管理的规范化、制度化，保证社保基金专款专用，严禁挤占挪用。

7月28日　中国社区建设呈现出由点到面发展，由大城市向中

小城市延伸，由东部发达地区向中、西部地区推进的良好态势，社区建设进入了整体推进、全面拓展的新阶段。民政部的最新统计表明，全国共有10万个社区居委会、50万名社区居委会干部；全国城镇社区服务设施达18万个，社区便民利民服务网点45万个；社区专职服务人员36万人，另有兼职人员57万人；全国各地建立的社区服务组织9万个，志愿者人数发展到540万人；29个省、自治区和直辖市都成立了社区建设领导小组。

7月30日　科技部宣布启动实施12个重大科技专项，以集中科技资源，调动各方面的积极性，在3年—5年内使我国在若干科技领域取得重大突破并实现产业化。去年科技部经过调查研究论证并经国家科教领导小组批准同意，确定了在“十五”期间组织实施超大规模集成电路和软件、电动汽车、创新药物与中药现代化、奶业发展、节水农业等12个重大科技专项。这12个重大科技专项与我国加入世贸组织面临的竞争以及国民经济结构战略性调整所要解决的问题关系密切，是“十五”科技工作的重中之重。

同　日　国务院台湾事务办公室发言人就台湾当局有关负责人日前关于“三通”的言论发表谈话。这位发言人指出，早在1979年我们就提出尽快实现两岸通航、通邮，发展贸易，进行经济交流。为早日实现两岸全面、直接“三通”，我们进行了长期不懈的努力。多年来，我们为两岸“三通”做好了各方面的准备，可以说是万事俱备。如果台湾当局认识到两岸“三通”已是台湾民众的“共识”，就理应尽早就两岸“三通”进行民间性质的协商。我们希望台湾当局不要再寻找什么借口，继续阻挠和干扰两岸“三通”。

同　日　新华社报道：1997年以来，中国人民解放军全军先后捐资3.97亿元，援建各类“希望学校”2 179所，建立助学对子20余万个，帮助50多万名少年儿童重返校园和完成学业。

同　日　人事部、国家工商行政管理总局追授在与暴力抗法分子作坚决斗争时英勇牺牲的基层工商干部胡学勤同志为“模范公务员”。6月25日，宁夏灵武市工商局磁窑堡工商所所长胡学勤带领工商所市管员杨军等3人，查处一涉嫌非法贩运土炼油案件。不法分子多次要求罚款放行，被胡学勤严辞拒绝。当不法分子强行驾车准备逃跑时，胡学勤、杨军奋不顾身冲上去挡在车前。不法分子非但不停车，反而加速向胡学勤和杨军撞去，杨军被撞到路边，胡学勤同志不幸牺牲，年仅33岁。

7月31日　中共中央政治局常委、国务院总理朱镕基在中南海紫光阁亲切会见了第十一世班禅额尔德尼·确吉杰布。朱镕基总理对第十一世班禅在西藏圆满完成13岁寿典的佛事活动表示热烈的祝贺，同时为他6年来在佛学和文化知识方面所取得的成绩和进步表示祝贺。第十一世班禅向朱镕基总理敬献了哈达。

8月1日　总投资规模达718亿元的重点地区丰产用材林基地建设工程启动。这标志着中国历史上规模最大、范围最广、时间最长的速生丰产林基地建设工程正式拉开帷幕，也标志着经国务院批准的新时期6大林业重点工程全面驶入快车道。

8月3日　陈水扁向在日本东京举行的“世界台湾同乡联合会第29届年会”发表讲话，公然声称“台湾跟对岸中国一边一国”，鼓吹要用“公民投票”方式决定“台湾的前途、命运和现状”。8月5日，中共中央台湾工作办公室、国务院台湾事务办公室新闻发言人就此发表谈话。全文如下：近日来，陈水扁多次发表谈话，公然声称“要走台湾自己的路”，两岸是“一边一国”，准备用“公民投票”方式“在有需要的时候”决定“台湾的前途、命运和现状”。这些言论与李登辉“两国论”如出一辙，充分暴露了他顽固坚持“台独”立场的真面目，是对包括台湾同胞在内的全体中国人民的公然挑衅，也是对国际社会公认的一个中国原则的公然挑衅，必将对两岸关系造成严重的破坏，影响亚太地区的稳定与和平。陈水扁鼓吹两岸“一边一国”，充分证明他所表白的“四不一没有”，只不过是欺骗台湾民众、蒙骗国际舆论的权宜之计。求和平、求发展、求安定，希望改善和发展两岸关系，是台湾的主流民意。陈水扁罔顾民意，鼓吹“台独”，把极少数顽固“台独”分子的图谋强加给广大台湾人民，受到影响的是台湾经济，受到损害的是台湾同胞的切身利益，是将台湾引向灾难。世界上只有一个中国，大陆和台湾同属一个中国，中国的主权和领土完整不容分割。反对“台独”分裂，实现国家统一，是我们坚定不移的立场，决不允许任何人以任何方式把台湾从中国分裂出去。

8月5日　中共中央台湾工作办公室、国务院台湾事务办公室新闻发言人就陈水扁“一边一国”的言论发表声明：“我们严正警告台湾分裂势力，不要错判形势，立即悬崖勒马，停止一切分裂活动。

8月6日　全国军事硕士专业学位教育指导委员会在北京成立。国防大学等14所军队院校成为首批军事硕士专业学位教育试点院校。与强调理论性、研究性的学术型学位不同，军事硕士专业学位强调职业性、综合性、创新性和实践性，注重培养学员的组织训练、管理部队、指挥作战等应用能力，直接面向军队中高级指挥岗位。目前，全军拥有213个博士点，693个硕士点，培养了2.6万名博士、硕士，其中有100多名博士、硕士走上师团领导岗位。

同　日　来自中央国家机关43个部门的500多名新录用公务员在北京举行了庄严的宣誓。这是1993年国家公务员暂行条例颁布实施以来，人事部首次统一组织的国家公务员宣誓活动。此前，部分地方已举行过新录用公务员宣誓活动。据人事部公务员司负责人说，人事部准备通过尝试和探索，建立新录用公务员宣誓制度。

8月10日　为贯彻《人才规划纲要》，推进人才强国战略实施，“首届中国科学家、教育家、企业家论坛——中国实施人才强国战略峰会”在人民大会堂举行。与会代表认为，目前我国实施人才强国战略必须树立全面的人才观：既要重视培养自然科学人才，又要重视培养哲学社会科学人才；既要重视国内人才，又要积极吸纳海外人才；既要重点培养造就优秀企业家队伍，又要努力培养高素质、职业化的企业经营管理者；既要重视人才队伍科学文化素质的培养，又要重视思想道德素质的提高；既要为人才队伍提供良好的物质工作环境，又要营造人尽其才、人才辈出、不拘一格使用人才的社会环境。

8月12日　应智利社会党、秘鲁“可行的秘鲁”党和哥伦比亚

自由党邀请，中联部副部长王家瑞率中共友好代表团离京赴上述3国进行友好访问。

8月13日　海峡两岸关系研究中心主任唐树备就“台独”问题与学者展开讨论。唐树备指出，陈水扁的“台独”立场和言论根本违反了包括台湾同胞在内的所有中国人的愿望，违背了两岸同胞的根本利益，对亚太及整个国际社会的稳定与和平构成了威胁；海内外所有中国人及整个国际社会都不可能接受“台独”势力把台湾从中国分割出去的图谋，“台独”将永远是一条走不通的死胡同。海峡两岸关系研究中心在京召开研讨会，近20位学者参加。与会者批判了陈水扁近期的“台独”言论。唐树备在会上发言强调，反对“台独”，实现国家统一，是祖国大陆方面坚定不移的立场，我们绝不坐视与姑息任何“台独”挑衅。我们将继续贯彻“和平统一、一国两制”的基本方针和江泽民主席的“八项主张”，尽最大努力争取实现和平统一，但绝不承诺放弃使用武力。

8月16日　应中非人民解放运动、埃塞俄比亚人民革命民主阵线和尼日尔全国社会发展运动——纳萨拉的邀请，中共中央对外联络部副部长马文普率中共友好代表团离京赴上述3国访问。

8月20日　中亚区域海关合作委员会在新疆乌鲁木齐市召开第一次会议，这标志着中亚区域海关合作委员会正式成立。中亚区域海关合作委员会是2002年3月在马尼拉举行的中亚部长级会议上批准设立的。中亚区域海关合作委员会的成员有：中国、蒙古国、哈萨克斯坦、吉尔吉斯斯坦、塔吉克斯坦、乌兹别克斯坦、土库曼斯坦、阿塞拜疆、世界海关组织和亚洲开发银行。

8月22日　国务院总理朱镕基在上海与俄罗斯联邦政府总理卡西亚诺夫举行了中俄总理第七次定期会晤。双方在政治、经贸、科技和人文等各领域的全面互利合作问题上深入交换了意见，并达成一系列重要共识。朱镕基总理首先欢迎卡西亚诺夫总理再次来华进行正式访问并举行第七次总理定期会晤。双方高度评价中俄战略协作伙伴关系。朱镕基说，江泽民主席和普京总统签署《中俄睦邻友好合作条约》一年以来，两国关系出现了大好的发展局面。双方高层交往日益密切，政治互信进一步加深，务实合作不断扩大，在国际事务中的磋商与协作富有成效。中方愿与俄方共同努力，积极落实条约的各项条款，不断扩大和深化中俄战略协作伙伴关系，造福于两国人民。双方签署了《中俄总理第七次定期会晤联合公报》、《中俄总理定期会晤委员会第六次会议纪要》等合作文件。

8月25日　应阿尔及利亚民主人民共和国总理阿里·本·弗利斯的邀请，中国国务院总理朱镕基乘专机抵达这里，开始对阿尔及利亚进行为期3天的正式访问。

8月29日　九届全国人大常委会在人民大会堂举行第二十八次法制讲座。为纪念1982年宪法颁布实施20周年，九届全国人大常委会在人民大会堂举行有关宪法的法制讲座。李鹏主持并讲话，他强调，宪法是具有最高法律效力的国家根本大法，是治国安邦的总章程。要按照宪法的要求，把坚持党的领导、人民当家作主和依法治国有机结合起来，从国情出发，积极稳妥地推进政治体制改革，努力把我国建设成为富强、民主、文明的社会主义国家。法制讲座的主讲人是全国人大法律委员会副主任委员、全国人大常委会法工委主任顾昂然。他以《宪法是治国安邦的总章程》为题，讲了三方面内容：宪法是国家的根本大法，宪法关于国家根本制度和根本任务的规定，依法治国、保证宪法的贯彻实施。李鹏在讲话中说，宪法规定国家的根本制度、根本任务和国家生活中最重要的原则，确立公民的基本权利和义务，规定国家权力之间的关系，是一切组织和公民最根本的活动准则。李鹏指出，党的十一届三中全会以后，我国进入了改革开放和社会主义现代化建设的新的历史时期。1982年宪法在1954年宪法的基础上，深入总结建国以来的历史经验，很好地体现了党的十一届三中全会所确立的路线、方针、政策，从我国的实际出发，提出要坚持四项基本原则，坚持和完善人民代表大会制度，坚持物质文明和精神文明建设，扩大和充分保障公民的基本权利，逐步健全国家机构。这部宪法是中国共产党正确主张和全国人民共同意志的统一，反映了最广大人民群众的根本利益，适应了改革开放和现代化建设发展的需要，是一部适合我国国情的好宪法。1982年宪法实施以来，根据国家经济和社会的发展、改革开放过程中一些新的经验和做法，我们采取宪法修正案的形式，先后对宪法作了3次修改，在宪法中规定了社会主义初级阶段的基本路线，国家实行社会主义市场经济，中国共产党领导的多党合作和政治协商制度将长期存在和发展。党的十五大后，宪法又将邓小平理论确立为国家的指导思想，并将依法治国的基本方略规定为社会主义现代化建设的重要目标。这些都是我国宪法的重要发展，充分体现了解放思想、实事求是的思想路线，以及“与时俱进”的时代要求，对维护改革、发展、稳定的大局，促进我国的社会主义现代化建设，具有重要意义。李鹏强调，宪法的贯彻实施，对于建设有中国特色的社会主义民主政治，具有至关重要的作用。我们要继续深入持久地在全社会、特别是在各级干部中开展学习宪法、贯彻宪法的宣传教育活动，让宪法观念家喻户晓，深入人心。要加强对宪法实施的监督力度，逐步形成一个以宪法为根本活动准则，自觉维护宪法尊严、保证宪法实施的良好社会环境。全国人大常委会副委员长田纪云、姜春云、邹家华、王光英、布赫、铁木尔·达瓦买提、吴阶平、彭珮云、周光召、曹志、丁石孙、成思危、许嘉璐、蒋正华和秘书长何椿霖等听取了法制讲座。

8月31日　应南非共和国政府的邀请，国务院总理朱镕基乘专机抵达开普敦，开始对南非进行工作访问并准备出席可持续发展世界首脑会议。朱镕基在机场发表了书面讲话。他说，我十分高兴地对美丽富饶的南非共和国进行访问，并率中国政府代表团出席在约翰内斯堡举行的可持续发展世界首脑会议。我愿借此机会向热情友好的南非人民转达中国人民的亲切问候和良好祝愿。

9月2日　胡锦涛在中央党校秋季开学典礼上作《以扎实的工作迎接十六大召开》的讲话。他指出，“三个代表”重要思想丰富和发展了马列主义、毛泽东思想和邓小平理论，是我们党理论创新的最新成果，是加强和改进党的建设、推进我国社会主义制度自我完善和发展的强大思想武器。

同　日　新华社报道：我军近日首次举行预备役部队配属现役

部队实兵对抗演练。由北京军区组织的这次演练，是围绕战时快速动员、摩托化远程机动、实兵对抗演练展开的。演练结果表明，我军预备役部队训练实现了重大突破，参演预备役部队快速动员、摩托化远程机动和配合现役部队作战的能力得到了全面提高。

9月3日　应泰王国国会主席乌泰·屏猜春的邀请，全国人大常委会委员长李鹏乘专机抵达曼谷，开始对泰王国进行正式友好访问。李鹏说，他怀着喜悦的心情，再次来到美丽的友好邻邦泰国进行正式友好访问，他带来了中国人民对泰国人民的诚挚问候和良好祝愿。中泰友谊源远流长，两国人民间有亲戚般的传统友谊。建交27年来，在双方的共同努力下，中泰关系发展顺利，两国高层互访频繁，双方的友好互利合作涵盖政治、经贸、科技、文化、军事等各个领域，在国际和地区事务中的协调与配合日益密切，中泰睦邻互信的全方位合作关系正扎实向前迈进。

9月7日　中央军委主席江泽民签署命令，发布实施修订了的《中国人民解放军军事训练条例》。新条例全面规范全军各个领域、各个方面、各个层次的军事训练活动，将“打得赢”、“不变质”列入军事训练的总目标、总要求。

同　日　湖北省汉江中级人民法院对天门市原市委书记张二江受贿、贪污一案进行了一审宣判。以受贿罪判处张二江有期徒刑14年，并处没收财产5万元；以贪污罪判处有期徒刑6年，并处没收财产5万元，数罪并罚决定执行有期徒刑18年，并处没收财产10万元；并依法追缴其非法所得。

9月8日　在中共十六大召开前夕，中共中央党史研究室编写的《中国共产党历史》第一卷出版发行。本书是在1991年出版的《中国共产党历史》上卷的基础上修订而成。

9月10日　新华社报道：经中央军委批准，人民解放军从2002年起建立优秀专业技术人才岗位津贴制度。总政治部、总后勤部日前联合发出通知，对优秀专业技术人才岗位津贴遴选数量、范围、条件、程序以及津贴标准、发放办法等作了明确规定。通知指出，建立优秀专业技术人才岗位津贴制度，是我军继设立全军专业技术重大贡献奖、作战部队优秀人才奖、院校育才奖等激励制度后，出台的又一激励优秀拔尖人才的新举措。

9月11日　中央军委主席江泽民日前签署命令，发布施行新的《中国人民解放军军事训练条例》。这个条例的施行，对我军适应现实军事斗争需要，进一步规范和促进军事训练，全面提高部队战斗力具有重要意义。修改后的《军事训练条例》共9章100条，全面规范了全军各个领域、各个方面、各个层次的军事训练活动。新的条例将“打得赢”、“不变质”列入军事训练的总目标、总要求，把科技兴训、依法治训纳入军事训练总方针，把科学练兵、注重效益纳入军事训练的总原则，明确了军人的训练义务，增加了有关联合训练、总部机关训练、非战争行动训练等方面的内容和开展基地训练、模拟训练、网络训练和电化教学等要求，并规定了合同战术训练基地组织和保障军事训练方面的职责等条款。

9月12日—13日　中共中央、国务院召开全国再就业工作会议。会议在深入分析就业和再就业形势的基础上，阐明再就业工作在改革发展稳定大局中的重要地位和作用，明确再就业工作的指导思想、目标任务和政策措施。

9月14日　正在菲律宾访问的全国人大常委会委员长李鹏在总统府会见了菲律宾总统阿罗约。此后，阿罗约为李鹏委员长和夫人访菲举行宴会。宾主在亲切、友好、诚挚的气氛中，就双边关系及其他共同关心的问题交换了意见，并取得广泛共识。李鹏委员长的夫人朱琳参加了会见和宴会。

9月15日　李鹏应邀对澳大利亚进行正式友好访问。应澳大利亚联邦议会众议长尼尔·安德鲁和参议长保罗·卡尔弗特的邀请，中国全国人大常委会委员长李鹏今天抵达堪培拉，开始对澳大利亚进行为期1周的正式友好访问。在机场，李鹏委员长和夫人朱琳受到安德鲁议长和澳大利亚驻华大使艾大伟等高级官员的热烈欢迎。李鹏说，澳大利亚是亚太地区的重要国家，幅员辽阔，具有多元文化的历史。多年来，澳大利亚人民在国家建设中取得了令人钦佩的成就。过去20多年来，澳大利亚奉行融入亚洲政策，重视发展同亚洲各国的关系，致力于促进亚太地区的和平与发展，在国际和地区事务中发挥着重要作用。

同　日　出席第五十七届联大的中国外交部长唐家璇会见了俄罗斯外长伊万诺夫。唐家璇积极评价了中俄双边关系。他说，一年多来，在江泽民主席和普京总统签署的《中俄睦邻友好合作条约》指引下，中俄两国关系保持着健康、快速、良好的发展势头。双方政治互信不断增强，经贸、人文等具体领域务实合作深入发展，战略协作的范围越来越广。不久前，朱镕基总理与俄罗斯总理卡西亚诺夫在上海举行了两国总理第七次定期会晤，谈得非常好，有力地推动了两国经贸等各领域合作的发展。唐家璇表示，12月1日—3日，普京总统将对华进行国事访问、江泽民主席与普京总统将在北京举行正式会晤，这是2002年两国关系中的最重要事件，同时也是两国元首一次继往开来的会晤，对促进双边关系持续稳定发展意义重大，中方对此十分重视，并将与俄方一道，全力做好访问的有关准备工作，确保两国元首此次会晤取得新的重要成果。伊万诺夫说，俄方对卡西亚诺夫访华获得很大成果感到非常满意，2002年12月普京总统访华、两国元首会晤是2002年双边关系中的大事。俄方将抓紧做好准备工作。

同　日　扶残助学"春雨行动"正式启动。为了让广大残疾儿童、尤其是贫困地区的残疾儿童获得受教育的机会，为他们的未来打下一个良好的基础，中国残疾人联合会日前决定正式启动扶残助学"春雨行动"，为广大因为贫困失去上学机会的残疾儿童送去福音。

9月16日　中央纪委、监察部近日就辽宁省高级人民法院原院长田凤岐严重违纪违法案件发出通报。经党中央批准，中央纪委决定给予田凤岐开除党籍处分，辽宁省高级人民法院决定给予田凤岐开除公职处分。鉴于田凤岐的行为已涉嫌犯罪，建议此案移送司法机关处理。

同　日　首届国际水稻大会在北京中国国际科技会展中心隆重召开，中国国家主席江泽民出席开幕式并作重要讲话。江泽民说，水稻是世界上食用人口最多、历史最悠久的农作物。各国科学家、企业家、政府官员和国际机构的代表共聚一堂，讨论水稻的研发、推广、生产、贸易、管理和国际合作等问题，具有十分重要的意义。

9月17日　中国和平统一促进会与纽约中国和平统一促进会访问团在京举行了"推动中国和平统一座谈会"。全国政协副主席、中国和平统一促进会会长万国权在座谈会上发表讲话时表示，要推动全球反独促统运动不断深入发展。万国权说，早日解决台湾问题、实现祖国的完全统一，是包括台湾同胞在内的所有中华儿女的共同心愿，也是中国历史发展的必然趋势，是任何势力都不能阻挡的。万国权表示，中国和平统一促进会作为一个民间团体，愿与纽约中国和平统一促进会及全球多个国家和地区的中国和平统一促进会加强联系与沟通，为推动全球反独促统运动不断深入发展，为在新世纪早日实现祖国的完全统一而共同奋斗。

同　日　海军大连舰艇学院获得国际海道测量师A级培训资格。新华社报道，海军大连舰艇学院测绘工程学士学位教学课程日前正式通过国际测量师联合会、国际海道测量组织和国际制图协会的联合授权认证，获得了国际海道测量师A级培训资格，成为国内唯一一家获得这种认证的单位。海道测量师培训资格证书分为A、B两级，其中A级为最高，目前世界上只有少数几个国家拥有这种培训资格。在东亚地区，日本和韩国已取得了B级认证。

9月18日　朱镕基总理主持召开国务院第六十三次常务会议，审议并原则通过了《禁止使用童工规定（修订草案）》。会议认为，1991年国务院制定发布的《禁止使用童工规定》，对于打击使用童工行为，保护不满16周岁未成年人的合法权益，起了重要作用。随着10多年来我国经济和社会情况的变化，现行规定显现出对使用童工的主体界定不清，对使用童工行为的处罚手段不足、力度不够等一些亟待解决的问题。为此，有必要对现行规定进行修改和完善。

同　日　世界贸易组织与法律服务国际研讨会在人民大会堂开幕，国家主席江泽民发来贺信，代表中国政府和中国人民，向各位

来宾表示热烈欢迎。江泽民在贺信中说，加入世界贸易组织，是中国政府的重大战略决策，是中国改革开放和现代化建设进程中具有重要意义的一件大事，对新世纪中国的经济改革和发展，对中国的立法、司法和法律服务等方面，将产生积极的推动作用。这次研讨会邀请有关国家政府、国际组织、中外律师事务所的代表和专家学者，共同讨论世界贸易组织框架下法律服务领域的国际合作问题，有利于加深各国的相互了解和友谊，促进中外法律服务界的合作与交流。

9月19日　应奥地利总理沃尔夫冈·许塞尔的邀请，中国国务院总理朱镕基抵达维也纳，开始对奥地利进行为期4天的正式访问。朱镕基总理在机场发表了书面讲话。他说，中奥两国虽相距万里，但两国之间的友好往来源远流长。中奥作为两个文明古国，都曾为人类文明的发展做出了卓越贡献。两国建交30多年来，在双方共同努力下，两国关系取得了长足发展，双方交流与合作成果显著。

9月22日　纪念中日邦交正常化30周年友好交流大会在人民大会堂举行。国家主席江泽民在大会上就中日关系发表重要讲话，强调指出总结中日交往的历史，展望中日友好的前景，最重要的就是要坚持“以史为鉴、面向未来”。在充满希望的21世纪里，中日两国应该更好地和睦相处。中日两国世世代代和平友好，符合双方的根本利益。

同　日　中国国务院总理朱镕基作为第四届亚欧首脑会议亚洲国家协调员出席并主持了亚洲领导人会议。会议核准了《亚欧会议反对恐怖主义政治宣言》和《朝鲜半岛和平政治宣言》，还原则核准了《第四届亚欧会议主席声明》。朱镕基在主持会议时指出，当前世界政治、经济形势中的不确定因素增加，这使推动亚欧合作向纵深发展愈显迫切。他说：我相信，在此次会议上，亚洲国家能够继续本着团结、协作精神，坚持历届首脑会议确立的原则，扩大与欧洲伙伴之间的共识，密切亚欧关系，深化亚欧合作，尤其是经贸领域的合作，为世界的稳定与繁荣作出贡献。

9月23日　中国国务院总理朱镕基在此间召开的第四届亚欧首

脑会议上发表题为“携手共创亚欧合作新局面”的讲话，就进一步加强亚欧合作提出六点主张。朱镕基说，1996年第一届亚欧会议以来，亚欧各个方面的合作成果显著。政治对话逐渐深入，经贸关系进一步密切，科技、文化、教育等领域的互利合作不断拓展。当前，国际形势正在发生复杂而深刻的变化，世界多极化和经济全球化在曲折中发展。“9·11”事件对国际局势造成冲击，传统和非传统安全问题相互交织，恐怖主义威胁着安全，世界经济发展出现诸多不确定因素。和平问题没有解决，发展问题更加突出。在这种形势下，进一步加强亚欧对话与合作，符合亚欧各国的共同利益，也有利于维护世界和平，促进共同发展。我们要采取更实质性的步骤，携手共创亚欧合作新局面。朱镕基就此提出以下六点主张：(一) 加强政治对话和磋商，促进世界和平与发展。(二) 深化和提升经贸关系，夯实亚欧合作基础。(三) 增加环境与农业领域合作，促进可持续发展。(四) 促进人才培养与交流。(五) 拓宽亚欧文明交流，推动共同进步。(六) 扩大国际事务协调与合作，发挥亚欧会议重要影响。朱镕基最后强调，中国将坚定不移地扩大对外开放，不断完善法制，创造更加公平、透明、有序的市场环境。中国将会为包括亚欧会议成员在内的世界各国和地区，提供更好的投资环境和更多的商业机会。中国愿意继续为加强亚欧各方面合作、促进共同繁荣，作出新的贡献。

9月24日　中国国务院总理朱镕基在丹麦首都哥本哈根与欧盟轮值主席国丹麦首相拉斯穆森和欧盟委员会主席普罗迪举行了第五次中欧领导人会晤。朱镕基说，我们高兴地看到，2001年双方会晤时达成的共识正在得到积极落实，中欧全面伙伴关系不断充实。中欧政治对话与磋商十分活跃，双方在联合国、亚欧会议进程等国际和地区事务中进行了良好的协调与合作。双方对重大国际和地区问题的共识在增多，不断深化中欧关系是双方共同利益的需要，也是适应形势变化的必然选择。中方将继续为深化双方合作作出努力。

9月25日　中国—多哥建交30周年招待会在北京举行，中国人民对外友好协会会长陈昊苏和多哥驻华大使诺拉纳·塔·阿马等出席

招待会。陈昊苏在会上致辞说，30年来，尽管国际风云变幻，两国友好合作关系仍稳步发展。中国和多哥都是发展中国家，在国际事务中始终相互支持，相互配合。多哥政府一贯坚持一个中国的立场，并在联合国人权会议上多次给予中国宝贵的支持，我们对此表示十分赞赏和感谢。

同　日　新华社报道：解放军总参谋部、总政治部日前发出通知。《通知》要求各级军事机关认真贯彻中共中央、国务院、中央军委《关于加强和改进城市民兵工作的意见》，切实加强城市民兵建设。《通知》强调，要准确把握政策规定，积极稳妥推进城市民兵工作改革；要积极适应城市管理体制改革和党建工作的新情况，进一步明确党管武装工作职责；要努力提高民兵队伍的科技素质，突出城市民兵建设，调整兵员布局，优化城市民兵组织结构，逐步实现城市民兵建设由以陆地战场为主向以对空防卫作战和海战场为主转变、由保障单一军种作战向保障诸军兵种联合作战转变，推进由数量规模型向质量效能型、人力密集型向科技密集型的跨越；要下大力提高民兵教育训练质量，深入搞好科技练兵，提高民兵遂行任务的能力；要配齐配强街道专武干部，研究制定基层武装部建设规划，全面提高基层武装部建设水平；要制定落实装备、经费保障具体办法。

9月26日　刚刚抵达法国进行正式访问的中国国务院总理朱镕基在巴黎法国总统府会见希拉克总统，双方就双边关系和共同关心的国际和地区问题交换了意见。朱镕基说，在江主席和希拉克总统的关怀下，近年来中法关系不断深入发展，双方在经贸、文化等各个领域的交流与合作成果显著。中法在许多国际和地区问题上有共同点，中方愿继续加强与法方在各个领域的磋商与合作，共同为世界的和平、稳定与发展作出贡献。朱镕基强调，中方重视加强中法文化交流，双方即将互相举办文化年活动，并在各自首都互设文化中心，这将为中法关系增添新的活力。他指出，东西方文化各有不同，正因为如此，双方更需要增加相互交流，以促进世界文化的多样性。希拉克赞同朱镕基对双边关系的评价，并希望法中加强战略对话和国际问题磋商。他对中国文化年活动正在积极筹备表示满意，相信在双方共同努力下，法中互办文化年活动将会取得成功。他还希望法中继续加强在能源、交通、航空等领域的合作，法方愿向中方转让技术。

9月26日—27日　全国人大确立召开立法论证会立法制度。全国人大法律委员会、全国人大常委会法制工作委员会邀请部分博物馆、文物商店负责人、文物专家、文物收藏家以及地方文物、工商管理负责人，在北京召开立法论证会，集中研讨馆藏文物和民间文物的管理问题。之前，文物保护法修订草案已经九届全国人大常委会会议3次审议，在许多问题上都取得了共识。但是，围绕馆藏文物如何管理和利用、民间收藏文物是否可以依法流通，常委会组成人员仍存在不同意见。论证会上，专家学者畅所欲言，不同观点针锋相对。会后，全国人大有关部门综合各方面意见，在求同存异的基础上达成了共识，对修订草案作了进一步修改后，提请九届全国人大常委会第三十次会议第四次审议并获得通过。举办立法论证会，成为九届全国人大常委会依据立法法的规定，在立法工作上的一大创新。

9月27日　劳动和社会保障部部长张左己指出，中国解决就业问题取得了历史性的成就。1900年—2001年，中国从业人员规模从6.5亿人扩大到7.3亿人，增加8 300万人。中共十三届四中全会以来的13年间，中国的就业结构进一步改善，第三产业从业人员所占比重稳步增长，由1990年的18.5%提高到2001年的27.7%。第一产业从业人员13年共减少了2 400万人，第一产业从业人员所占比例由1990年的60%下降到1997年的50%，这是一个标志性意义的变化，表明中国经济结构的进一步优化。多种所有制经济的发展正在成为扩大就业的主要领域，城镇化进程不断加快。中共中央、国务院高度重视再就业工作，作出了一系列重大部署，制定了一系列政策措施。1998年—2002年6月，全国累计有国有企业下岗职工2 600多万人，其中1 700多万人通过多种渠道和方式实现再就业。

9月28日　“中德建交30年——德国之窗”大型庆典活动在北

京中华世纪坛拉开帷幕。100多家德国企业和机构在此设立展台，举办各类经贸和文化活动以及报告会等。此次庆典活动长达半个月，是德国在华举办的规模最大、历时最长的文化交流活动。

同 日 社会保障政策落实情况大检查日前结束。按照《国务院办公厅关于开展社会保障政策落实情况大检查的通知》要求，由劳动保障部、民政部、财政部、国家经贸委、全国总工会和新闻媒体有关人员组成的8个联合检查组，从9月9日开始，分赴全国16个省区，对社会保障政策落实情况进行了一次全面检查。邀请新闻媒体作为检查组成员参与检查是这次社会保障政策落实情况大检查的一大特色。8个检查组中，每个组都有2名记者进行问卷调查和暗访。

9月29日 新华社报道：国务院、中央军委日前发出《国务院、中央军委关于推进军队后勤保障社会化有关问题的通知》。要求各级人民政府站在战略全局的高度，把推进军队后勤保障社会化纳入本地区国民经济和社会发展计划，提供社会服务，给予政策扶持，搞好这项利国利民利军的重大改革。10月9日，新华社报道，全军后勤保障社会化改革取得阶段性成果，全军驻大中城市军以上领导机关和非作战部队推行生活保障社会化，在饮食保障、商业服务、营房保障、职工管理制度等方面的改革取得阶段性成果。通过改革，不仅减少了大量用兵、用工，而且使广大官兵享受到了优质服务。

10月1日 朱镕基总理签署第三六四号国务院令，公布施行《禁止使用童工规定》（2002年9月18日国务院第六十三次常务会议通过）。2002年10月16日新华社受权全文播发这一规定。该规定自2002年12月1日起施行。根据规定，包括国家机关、社会团体、企业事业单位、民办非企业单位、个体工商户在内的用人单位，均不得招用不满16周岁的未成年人，也就是童工；同时禁止任何单位或个人为不满16周岁的未成年人介绍就业，禁止不满16周岁的未成年人开业从事个体经营活动。

10月2日 由国家计委和卫生部联合主办的国债西部疾病控制

建设项目启动会在兰州召开。在此项目实施过程中，国家将投入8亿元国债资金支持西部地区疾病预防控制机构建设。该项目覆盖全国200个县，是新中国成立以来疾病预防控制机构基本建设投资最多、力度最大的项目，将集中解决列入建设规划的疾病预防控制机构的业务用房和基本装备问题，以完善和提高西部地区各级疾病预防控制机构的服务能力。其中，甘肃省将获得6 000多万元投资，用于建设16个疾病控制机构。

10月3日　国内海拔最高的引水隧洞——冷龙岭隧洞全线贯通。 这标志着历时8年、投资2.5亿元的甘肃省重大建设项目——“引硫济金”工程竣工。甘肃金昌市是中国镍都，但是因为缺水，工农业生产和城市生活受到很大制约。“引硫济金”工程是从青海省门源县将黄河支流——硫磺沟的水穿越祁连山冷龙岭引至金昌。冷龙岭引水隧洞全长8 866米，设计流量为7.5立方米/秒，每年引水量为4 000万立方米。

10月7日　中央军委主席江泽民签署中央军委文件，批转《总后勤部关于实行军队后勤保障社会化若干问题的意见》。中央军委文件指出，军队后勤保障社会化，是江主席和中央军委从国家和军队建设战略全局作出的重大决策，是解决军队办社会问题、加强质量建设的有效途径，也是减轻国家负担、促进地方经济发展的重要举措。全军各部队要以与时俱进的精神，切实加强领导，注重研究解决存在的问题，确保改革健康发展，确保改革目标如期实现。中央军委批转的《意见》，是解放军总后勤部为了确保“十五”期间实现军队生活保障社会化的改革目标而下发的。《意见》对军队后勤保障社会化中，生活保障社会化改革单位的界定、改革的主要内容及其实现标志、职工分流、经费保障、加强组织领导等5大类、20个方面的问题，明确了范围、作出了规定、提出了要求。

10月8日　中国和平统一促进会与来访的台湾“中国全民民主统一会”举行座谈会，就加强两会交流、共同推动两岸关系发展交换意见。全国政协副主席、中国统促会会长张克辉对台湾“全统会”访问团的到来表示欢迎。他说，早日解决台湾问题，实现祖国完全统一，是包括台湾人民在内的全体中华儿女的共同心愿，也是中国历史发展的必然趋势，是任何分裂势力所不能阻挡的。

同　日　2002年，全国有16个省、自治区和直辖市陆续开展了村委会换届选举工作，涉及村委会30余万个，有近4亿农民参加选举。截至目前，全国已有安徽、山东、湖南、广东、贵州、甘肃和新疆7个省、自治区完成了村委会换届选举工作，河南、重庆、青海、浙江和宁夏5省、自治区和直辖市的换届选举工作也已基本结束，陕西、黑龙江、湖北和江西4省正在部署换届选举工作。记者日前从民政部获悉，从目前已完成换届选举的地方来看，99%以上的村庄选出了群众满意的村委会领导班子。民政部最新统计表明，全国新当选的村委会干部中，党员比例约占7成，文化程度大都在初中以上，平均年龄在40岁左右。

10月9日　国防部外事办公室在北京为外国武官举行介绍会，首次向驻华武官介绍中国人民解放军新时期政治工作情况。中国人民解放军总政治部办公厅研究员张磊从中国军队政治工作的历史、体制、主要内容和解放军总政治部的职能等方面系统、全面地向驻华武官进行了介绍，并回答了武官们提出的问题。50多个国家的58位武官、副武官参加了介绍会。

10月10日—11日　中华人民共和国与吉尔吉斯共和国联合反恐军事演习在两国边境地区成功举行。这是上海合作组织框架内的中吉两国首次举行的双边联合军事演习，也是中国军队第一次与外国军队联合举行实兵演习。

10月11日　中国国家主席江泽民和德意志联邦共和国总统约翰内斯·劳互致贺电，庆祝两国建交30周年。

同　日　全国水利工程管理体制工作会议在京举行。会议旨在贯彻落实国务院日前批准发布实施的《水利工程管理体制改革实施意见》（以下简称《实施意见》），对水利工程管理体制改革进行动员和部署。江泽民主席说，中德两国虽相距遥远，但中德友谊源远流长，人民之间相互怀有友好感情。建交以来，中德关系无论在深度上还是在广度上都取得长足发展。两国高层互访频繁，相互了解和信任不断加深。两国在政治、经济、文教、科技、环保、法律等领域的交流与合作不断扩大，成果显著。在当前复杂多变的国际形势下，中德两国在维护世界和平，促进共同发展等重大问题上的共识和共同利益不断增加。两国之间建立和巩固长期稳定的全面友好合作关系，符合两国和两国人民的根本利益，也有利于世界稳定、和平与发展。我愿与阁下一道，继续推动两国在各个领域的友好合作不断向前发展。

10月14日　国家主席江泽民在人民大会堂会见了来华访问的联合国秘书长科菲·安南。江泽民欢迎安南秘书长第五次访华，高度赞赏联合国在国际事务中发挥的重要作用。江泽民说，世界正处在大变革时期，国际形势发生了深刻和复杂的变化，世界多极化和经济全球化趋势在曲折中发展。当前，国际关系中不稳定的因素有所增加，但和平与发展仍是时代主题，是各国人民的利益和愿望所在。总体和平、缓和、稳定，局部战争、紧张、动荡是当前和今后一个时期国际形势的基本态势。江泽民表示，振兴发展中国家的经济是不可阻挡的历史趋势，也是21世纪新国际格局的一个重要特征。他强调，世界经济的健康发展不可能长时期建立在少数国家富裕、多数国家贫困的基础上。一个发展不平衡的世界难以带来持久的和平与安定。国际社会要从战略的高度重视发展问题。江泽民说，在过去的50年中，联合国在维护世界和平、促进合作发展方面作出了贡献，希望联合国在新世纪在国际事务中继续发挥重要作用。江泽民表示，中国将继续全力支持联合国及秘书长的工作。

同　日　为期2天的国际商会（ICC）亚洲地区会议在北京开幕。本次会议由国际商会、国际商会中国国家委员会共同举办，国际商会主席迈考密克、秘书长卡托伊和中国贸促会会长、国际商会中国国家委员会主席俞晓松在开幕式上致辞。此次会议是在中国加入世贸组织近一年之际，中国商界与国际商界进行的重要对话和交流，也是国际商会于1997年在上海成功召开第三十二届大会之后，再次来到中国举行会议。会议由2部分内容构成：金融服务及全球化论坛、仲裁及全球化研讨会，将全面深入地探析目前经济全球化进程中国际商界特别是中国商界面临的金融及仲裁方面的新形势、新问题。来自中国银行业、保险业、风险投资业、电子商务业、贸易仲裁机构的高层负责人与来自美国、日本、法国、瑞士等国的相关高层人士在会上发言。国内外各大企业、金融机构及律师事务所的近150名代表参加了会议。

10月15日　国务院总理朱镕基、中央军委主席江泽民签署第三六六号中华人民共和国国务院、中华人民共和国中央军事委员会令。公布《国务院、中央军事委员会关于修改〈中华人民共和国军品出口管理条例〉的决定》。该决定自2002年11月15日起施行。

10月16日　国务院第六十四次常务会议在北京召开。审议并原则通过了《中华人民共和国海关关衔条例（草案）》。会议认为，为加强海关队伍正规化建设，维护海关执法的严肃性，有利于海关工作人员依法履行职责，同时也便于人民群众对海关工作人员进行监督，促进海关廉政建设，有必要参照国际通行做法，实行海关关衔制度。会议确定，《中华人民共和国海关关衔条例（草案）》经修改后由国务院提请全国人大常委会审议。

同　日　全球环境基金第二届成员国大会在北京国际会议中心开幕。中国国家主席江泽民出席开幕式，并发表了题为《采取积极行动共创美好家园》的重要讲话。开幕式由中国财政部部长项怀诚主持。来自全球环境基金各成员国的政府代表、主要国际环保组织及金融机构、非政府组织和中外有关各界人士共1 300多人出席了开幕式。江泽民在讲话中向大会的召开表示热烈的祝贺，对各位来宾表示诚挚的欢迎。他说，保护全球环境，实现可持续发展，创造美好家园，是世界各国人民的共同心愿，也是世界各国面临的紧迫任务。

同　日　“三个机制”工作座谈会在沈阳市召开。中组部、财政部、劳动和社会保障部在辽宁省沈阳市召开全国建立和完善离休干部离休费保障机制、医药费保障机制和财政支持机制的“三个机制”工作座谈会，要求各地以江泽民同志“三个代表”重要思想为指导，从维护改革发展稳定的大局出发，进一步贯彻落实中央有关文件精神，抓紧做好“三个机制”的建立和完善工作，切实保证离休干部离休费、医药费的落实。

同　日　据民政部消息，党和政府高度重视优抚对象的生活保障。从1994年—2002年，8年间党和政府先后7次提高部分抚恤标准，并投入大量专项资金，使全国优抚对象生活水平显著提高，基本达到或高于当地平均生活水平。到目前，全国已有17个省、区、市建立了优抚对象抚恤标准与人民群众生活水平同步提高的自然增长机制，在中西部经济欠发达地区也形成了建立自然增长机制的基本框架，使优抚对象的生活水平达到或略高于当地群众平均生活水平。

10月18日　中国国家主席江泽民和乌干达共和国总统约韦里·卡古塔·穆塞韦尼互致贺电，热烈庆祝两国建交40周年。江泽民主席在贺电中说，中乌两国有着深厚的传统友谊。建交40年来，两国友好合作关系取得了长足进展。在新的世纪里，中方愿与乌方携手努力，推动两国在各领域的友好合作不断向前发展，以造福于我们两国和两国人民。穆塞韦尼总统在贺电中说，在过去40年里，两国间各领域的互利互惠合作关系取得了显著发展。我们十分感谢贵国多年来在政治、经济和社会各领域向乌干达提供的帮助和支持，对两国在国际事务中保持密切磋商与合作亦感到十分满意。我相信，在未来40年，我们的双边合作关系将更加紧密。

同　日　随着中国人才评价制度逐渐与国际接轨，中国职业准入制度已初步确立，职业资格证书成为人们择业的“通行证”。到目前为止，中国人事部门已在23个行业建立专业技术人员职业资格证书制度，劳动部门也明确规定了90个必须持职业资格证书就业的工种。

同　日　在新一届的换届选举中，已有7亿多中国选民进行投票。在中国绝大多数省市已经完成或正在进行的新一届村委会选举和县乡人大代表换届选举中，7亿多的中国选民以选票行使了宪法和法律赋予的民主权利。此举意味着在这个12亿多人口的东方古国，绝大多数的选民都已参与了直接选举。

10月20日　第七次全国台湾同胞代表会议在北京开幕。各省、自治区、直辖市（不含西藏）以及中央有关部门共35个选举单位的241名代表出席大会。代表们将审议中华全国台湾同胞联谊会第六届理事会工作报告，选举产生全国台联第七届理事会。中共中央政治局委员、国务院副总理钱其琛出席了开幕式并发表讲话。钱其琛首先代表党中央、国务院对会议的召开表示祝贺，对全国台联在联系和团结台湾同胞，为台湾同胞服务，积极开展两岸民间交流交往活动等方面所做的卓有成效的工作表示赞赏和感谢。

10月21日　新华社报道：中央军委主席江泽民日前签署命令，颁布施行《中国人民解放军战役装备保障纲要》。这是我军装备管理体制调整后，中央军委制定和颁布的规范我军诸军种战役军团战时装备保障行动的第一部基本法规，是我军战役装备保障的基本依据，是我军新一代作战条令体系的重要组成部分。

10月22日—25日　江泽民访问美国：与布什总统会晤。应美国总统布什的邀请，中国国家主席江泽民乘专机抵达美国重要的工商金融中心——芝加哥，开始对美国进行为期4天的访问。江泽民在机场发表书面讲话说："在这次访美期间，我将同布什总统举行会晤，就双边关系和其他共同关心的问题深入交换看法。"他说："我相信，通过双方的共同努力，这次访问将会加深双方的互相了解和信任，扩大两国的交流与合作，推动中美建设性合作关系进一步发展。"在与布什总统会晤时，江泽民指出，中美两个伟大国家拥有广泛而重要的共同利益，双方应扩大在各个领域的交流与合作，加强在重大国际和地区问题上的对话与协调，推动中美建设性合作关系不断向前发展。两国元首认为，保持两国高层战略对话和交往十分重要，并同意加强这种交往。访美结束后，江泽民将前往墨西哥，出席于26日—27日在洛斯卡沃斯举行的亚太经合组织第十次领导人非正式会议。

10月22日　第十三届太平洋地区核能大会在深圳开幕。国务院总理朱镕基在致大会的贺电中表示，中国愿与太平洋地区和世界各国在核能核技术应用方面加强交流合作，共同推进核事业的发展。朱镕基在贺电中指出，中国政府历来重视和支持核能和核技术的和平利用。中国核电建设从上世纪80年代起步，已有了长足发展。核技术应用已遍及医学、农业、工业、环保、高新技术等多个领域，产业化规模正在不断扩大。核能和核技术在中国有着广阔的发展前景。

10月25日—28日　九届全国人大常委会第三十次会议在北京举行。李鹏委员长出席并主持会议开幕式和闭幕式，在闭幕式上发表重要讲话。会议首先表决通过了《中华人民共和国文物保护法（修订)》，江泽民主席签署第七十六号令予以公布，自公布之日起开始施行；通过了《中华人民共和国环境影响评价法》，江泽民主席签署第七十七号令予以公布，于2003年9月1日起开始施行；通过了《中华人民共和国保险法（修订)》，江泽民主席签署第七十八号主席令予以公布，并于2003年1月1日起开始施行。会议通过了全国人大常委会关于批准中国和突尼斯引渡条约的决定。通过了全国人大常委会关于批准中国和秘鲁引渡条约的决定。会议表决通过了全国人大常委会代表资格审查委员会关于个别代表的代表资格终止的报告。全国人大常委会公告指出，根据代表法的有关规定，桑粤春(满族)、李经纬的九届全国人大代表资格终止。会议通过了以下人事任免名单：一、全国人大常委会批准任免的名单：免去黄镇东的交通部部长职务。任命张春贤为交通部部长。二、全国人大常委会任免名单：任命王云龙为全国人民代表大会常务委员会副秘书长。三、全国人大常委会任免名单：任命张相军、王守安、霍亚鹏(女)、张振海、孙忠诚、王景琦（女)、赵扬（女)、鲜铁可、吕洪涛、王光辉、曾洪强、肖亚军、王利民、周常志、李庆发为最高人民检察院检察员；免去那书元（女）的最高人民检察院检察员职务。本次会议还继续审议了民办教育促进法（草案)，农业法（修订草案)，草原法（修订草案)。初步审议了国务院提请审议的公民身份证法（草案)。会议听取和审议了国务院关于林业工作情况的报告、关于就业和再就业工作情况的报告；听取了全国人大常委会执法检查组关于检查《中华人民共和国矿产资源法》实施情况的报告；听取和审议全国人大财政经济委员会、全国人大环境与资源保护委员会、全国人大农业与农村委员会关于第九届全国人大第五次会议主席团交付审议的代表提出的议案审议结果的报告；李鹏委员长访问泰国、印度尼西亚、菲律宾和澳大利亚4国情况的书面报告、全国人大代表团访问芬兰、挪威两国情况的书面报告等。在各项议程进行完毕后，李鹏委员长发表重要讲话。全国人大常委会副委员长田纪云、姜春云、邹家华、王光英、布赫、铁木尔·达瓦买提、吴阶平、彭珮云、何鲁丽、周光召、曹志、丁石孙、成思危、许嘉璐、蒋正华和秘书长何椿霖出席开幕式，国务委员罗干、最高人民法院院长肖扬、最高人民检察院检察长韩杼滨列席会议。

10月26日　国家主席江泽民会见墨西哥总统福克斯。正在墨西哥洛斯卡沃斯市出席亚太经合组织第十次领导人非正式会议的中国国家主席江泽民会见了本次会议东道国墨西哥总统福克斯，双方在亲切友好的气氛中就双边关系及共同关心的国际问题交换了意见。福克斯总统代表墨政府和人民对江泽民主席来墨出席亚太经合组织领导人非正式会议表示热烈欢迎。他说，中国是有重要影响的大国，在国际事务中发挥着积极的作用，江泽民主席的出席是对办好2002年亚太经合组织领导人非正式会议的极大支持，墨对此表示衷心感谢。江泽民说，墨西哥为举办2002年亚太经合组织领导人非正式会议发挥了重要的领导作用，我们对此表示祝贺。中方将积极支持墨方有关工作，相信2002年的领导人会议一定会取得圆满成功。

10月28日　九届全国人大常委会举行第二十九次法制讲座，李鹏委员长主持并发表讲话。他说，全国人大以及有关方面应加强对产业投资基金、风险投资基金等方面的研究，进一步健全和完善我国的投资基金法律制度，以实现和加强统一监管，促进我国投资基金业健康规范地发展。李鹏说，投资基金是市场经济发展的产物，是现代金融制度的重要组成部分，也是一种新型的投资理财工具。具有专家理财、财产独立、组合投资、分散风险和监督严格的特点。投资基金的建立，不仅能够为国民经济和资本市场的发展提供资金，也为广大群众参与市场经济活动、进行投资提供了一条重要渠道，可以使投资者分享国民经济及证券市场稳定发展所带来的效益。因此，建立和完善投资基金法律制度，对于发展机构投资，促进资本市场的发展和完善；对于发展新型投资工具，引导民间投资；对于履行加入世贸的承诺，吸引外国机构投资者参与我国证券基金投资，具有十分重要的意义。李鹏指出，投资基金作为国际上通行的一种投资方式，通常包括证券投资基金、产业投资基金和风险投资基金3种形式。其中证券投资基金在我国发展很快，目前已经具备了一定的规模。九届全国人大常委会第二十九次会议审议的证券投资基金法，是在总结近年来我国证券投资基金业发展经验和问题的基础上，借鉴国外一些国家的有益做法起草的。这部法律的制定，对于明确和调整证券投资基金当事人之间的权利义务关系，规范证券投资基金活动，保护投资者，特别是广大中小投资者以及相关当事人的合法权益，促进证券投资基金业和证券市场的健康发展，将起到积极的作用。法制讲座的主讲人为全国人大财经委副主任委员、北京大学光华管理学院院长厉以宁教授。他从投资基金的基本知识、国外有关投资基金的立法、我国证券投资基金业现状及其立法、关于实业投资基金的立法问题等几方面，讲述了投资基金法律制度。他说，目前我国正在制定的是证券投资基金法草案，有关实业投资基金法律的制定尚处于研究阶段。对实业投资基金的立法问题进行研究，适应我国今后经济发展的需要，从法律的角度来看，对实业投资基金的立法也是必要的。全国人大常委会副委员长田纪云、姜春云、邹家华、王光英、布赫、铁木尔·达瓦买提、吴阶平、彭珮云、何鲁丽、周光召、曹志、丁石孙、许嘉璐、蒋正华，秘书长何椿霖听取讲座。

同　日　中共中央政治局常委、国务院总理朱镕基在国家统计局考察时指出，统计工作非常重要，党中央、国务院一贯重视和支持统计工作。统计部门要以“三个代表”重要思想为指导，大力推进统计改革和建设，建立科学、可靠、高效的现代统计体系，不断提高统计数据的真实性和准确性，不出假数，努力把统计工作提高到一个新水平。

10月30日　“金保工程”日前全面启动。该工程是利用先进的信息技术手段，以部、省、市三级网络为依托，支持劳动和社会保障业务经办、公共服务、基金监管和决策支持等核心应用，覆盖全国的统一的劳动和社会保障电子政务工程。

10月31日　上海合作组织成员国总检察长会议在上海开幕。这是上海合作组织框架内的首次检察机关高层会议，也是我国检察机关探索加强国际司法合作的一种新尝试。中共中央政治局委员、中央书记处书记、国务委员罗干向会议发来贺信。罗干在贺信中指出，上海合作组织成立一年多来，在加强成员国间的相互信任和睦邻友好，维护地区和平、安全与稳定，促进不同领域的互利合作，推动成员国的经济、社会和文化发展等方面都发挥了重要作用。打击恐怖主义、分裂主义和极端主义是上海合作组织的主要宗旨和合作方向之一。上海合作组织成员国的检察机关在维护法制，打击以“三股势力”为重点的跨国犯罪，维护本地区的安全和稳定方面担负着重要的职责。近年来，中、哈、吉、俄、塔、乌检察机关交往频繁，建立了密切的联系，开展了良好的合作，积累了一定经验，为推动本地区的安全和稳定发挥了积极的作用。这次会议对于推动和深化在上海合作组织框架内的司法交流与合作，维护本地区的安全和稳定，必将起到重要的作用。

同　日　新华社报道：全国部分地区在2002年冬征兵体检中将进行心理检测试点。这是中国首次对应征青年进行心理检测。2002年冬征兵心理检测试点在北京、陕西、湖南、内蒙古、广东、宁夏、云南、江苏、河南、黑龙江等省、直辖市、自治区的部分地区展开。对应征青年进行心理检测，是为了从源头上控制精神和心理不健康的青年进入部队，保证兵员质量，增强部队的战斗力。

11月1日　新华社报道：中央军委主席江泽民日前签署命令，颁布实施《中国人民解放军装备采购条例》。这是我军装备管理体制调整后，中央军委制定和颁布的规范我军武器装备采购工作的第一部基本法规。

同　日　联合国开发计划署与中华人民共和国监察部“中国廉政建设”合作项目签字仪式在北京举行。“中国廉政建设”是由联合国开发计划署援助、中国监察部具体组织实施的合作项目，旨在总结中国廉政建设的经验，借鉴国外开展反腐倡廉的有益做法，探讨推进政府廉政勤政的有效对策。

11月3日—5日　十五届七中全会在京举行。会议决定，中国共产党第十六届全国代表大会于2002年11月8日在京召开。全会讨论并通过十五届中央委员会向党的第十六次全国代表大会所作的报告，讨论并通过《中国共产党章程（修正案）》，决定将这2个文件提请党的第十六次全国代表大会审议。会议还通过《中共中央纪律检查委员会关于王雪冰问题的审查报告》。

11月3日　中国国务院总理朱镕基出席了在柬埔寨首都金边举行的大湄公河次区域经济合作领导人会议并发表讲话。朱镕基说，大湄公河次区域各国同属发展中国家。加强区域经济合作，有利于发挥各自优势，加快经济发展步伐；有利于各国参与全球经济合作与竞争，提升本国和本地区在世界政治、经济格局中的地位。朱镕基说，大湄公河次区域国家加强经济合作，符合经济全球化和区域一体化的时代潮流，天时、地利、人和，机遇很好。第一，本地区近10年来呈现稳定和平的局面。第二，本地区幅员辽阔，人口众多，市场潜力巨大，人文和自然资源丰富，经济互补性强，有着广阔的合作前景。第三，本地区各国山水相连，传统友谊源远流长，人员往来和经贸关系密切。只要充分发挥这些有利因素和条件，不断加强区域经济合作，就会有力地推动各国经济发展，并为深化“10+3”、“10+1”进程创造有利条件。

同　日　国务院近日做出决定，取消789项行政审批项目。这标志着国务院各部门行政审批制度改革迈出了实质性的一步，取得了阶段性重要成果。这次决定取消的789项行政审批项目，涉及国务院56个部门和单位。其中，涉及经济管理事务的560项，涉及社会管理事务的167项，涉及行政管理事务及其他方面事务的62项；依据行政法规设定的81项，依据国务院文件设定的88项，依据部门规章设定的279项，依据部门文件设定的303项，依据部门内设机构文件设定的38项。

11月4日　第六次东盟与中国领导人会议在柬埔寨首都金边举行。中国国务院总理朱镕基出席会议并在讲话中提出启动中国与东盟自由贸易区进程的建议。朱镕基总理和东盟10国领导人签署了《中国与东盟全面经济合作框架协议》，决定到2010年建成中国—东盟自由贸易区。中国与东盟领导人发表了《中国—东盟关于非传统安全领域合作联合宣言》。此外，中国和东盟秘书处签署了《农业合作谅解备忘录》。中国与东盟各国外长及外长代表还签署了《南海各方行为宣言》。宣言确认中国与东盟致力于加强睦邻互信伙伴关系，共同维护南海地区的和平与稳定。宣言强调通过友好协商和谈判，以和平方式解决南海有关争议。朱镕基指出，过去的一年，在江泽民主席与东盟领导人共同发表的《联合声明》指导下，双方政治互信进一步提高，合作领域继续扩大。中国与东盟关系处于历史上最好的时期。朱镕基表示：我们应巩固成果，深化合作，推动双方关系进入全面发展的新阶段。为此，提出以下建议：第一，启动中国和东盟自由贸易区进程，推进双方全面经济合作。第二，启动湄公河流域全面开发合作，促进东盟一体化进程。第三，启动中国与东盟非传统安全领域全面合作，维护地区和平与安全。

同　日　中日韩领导人会晤在金边举行。中国国务院总理朱镕基、日本首相小泉纯一郎和韩国总理金硕洙在金边举行了中日韩领导人会晤，3国领导人侧重就3国经贸合作和3国与东盟的合作交换了意见。

同　日　中国常驻联合国代理代表张义山大使在联合国总部举行记者招待会，以安理会主席的身份介绍了本月安理会的工作。在当前的形势下，中国出任本月安理会主席，受到了各方关注。张义山说，今天安理会成员国就安理会本月的工作进行了磋商。根据各成员国一致同意的工作计划，本月安理会将审议关于格鲁吉亚、科索沃、索马里、安哥拉、伊拉克、东帝汶、布干维尔、儿童与武装冲突等问题的秘书长报告和秘书处通报，审议有关利比里亚和安哥拉的制裁机制，并例行审议阿富汗和中东问题。

同　日　新华社报道：近日，海军3名潜水员成功从模拟的153

米深的"模拟海底"快速上浮脱险成功，创造了新的亚洲记录。这一深度改写了由我国自己保持的100米深的亚洲纪录，并使中国成为继英美等国之后，世界上少数几个能进行超大深度“快漂”试验的国家之一，这标志着人民海军援潜救生能力和潜水医学保障水平有了新的突破。

11月8日—14日　中国共产党第十六次全国代表大会在京举行。江泽民代表第十五届中央委员会在大会中作《全面建设小康社会，开创中国特色社会主义事业新局面》的报告。大会通过该报告的决议和关于中央纪律检查委员会工作报告的决议。选出新一届中央委员会和中央纪律检查委员会。通过关于《中国共产党章程（修正案）》的决议，决定修正案自通过之日起生效。一致同意在党章中明确规定，中国共产党是中国工人阶级的先锋队，同时是中国人民和中华民族的先锋队，是中国特色社会主义事业的领导核心，代表中国先进生产力的发展要求，代表中国先进文化的前进方向，代表中国最广大人民的根本利益；党的最高理想和最终目标是实现共产主义；中国共产党以马克思列宁主义、毛泽东思想、邓小平理论和“三个代表”重要思想作为行动指南，“三个代表”重要思想是党必须长期坚持的指导思想。8日，中国共产党第十六次全国代表大会在人民大会堂开幕。江泽民同志在报告中指出，这次大会的主题是：高举邓小平理论伟大旗帜，全面贯彻“三个代表”重要思想，继往开来，与时俱进，全面建设小康社会，加快推进社会主义现代化，为开创中国特色社会主义事业新局面而奋斗。江泽民代表第十五届中央委员会向大会作了题为《全面建设小康社会，开创中国特色社会主义事业新局面》的报告。他说，中国共产党第十六次全国代表大会，是我们党在新世纪召开的第一次代表大会，也是我们党在开始实施社会主义现代化建设第三步战略部署的新形势下召开的一次十分重要的代表大会。大会主席团常务委员会成员有江泽民、李鹏、朱镕基、李瑞环、胡锦涛、尉健行、李岚清、丁关根、田纪云、李长春、李铁映、吴邦国、吴官正、迟浩田、张万年、罗干、姜春云、贾庆林、钱其琛、黄菊、温家宝、曾庆红、吴仪、万里、乔石、宋平、刘华清、薄一波、叶选平、宋健、曹庆泽。大会由李鹏同志主持。李鹏宣布，十六大应到代表和特邀代表共2 154人，实到代表和特邀代表共2 134人。江泽民向大会作报告。江泽民的报告共分十个部分：一、过去5年的工作和13年的基本经验；二、全面贯彻“三个代表”重要思想；三、全面建设小康社会的奋斗目标；四、经济建设和经济体制改革；五、政治建设和政治体制改革；六、文化建设和文化体制改革；七、国防和军队建设；八、“一国两制”和实现祖国的完全统一；九、国际形势和对外工作；十、加强和改进党的建设。

11月8日　劳动和社会保障部日前颁布第四批国家职业标准。这批标准中包括计算机网络管理员、计算机程序设计员、多媒体作品制作员、企业培训师、项目管理师、企业信息管理师、室内装饰设计员、服装模特、茶艺师、插花员、洗衣师共11个职业。到目前为止，中国已颁布职业标准113个。

11月10日　“兰州—成都—重庆”管道正式投入运行。中国石油天然气股份有限公司在成都宣布：我国目前线路最长、口径最大、压力最大的成品油管道——“兰州—成都—重庆”管道正式竣工，投入运行。

11月14日　党的十六大在人民大会堂胜利闭幕。大会通过了关于十五届中央委员会报告的决议。大会批准江泽民同志代表十五届中央委员会所作的报告。大会认为，报告深刻阐明了我们党在新世纪坚持举什么旗、走什么路、实现什么目标等重大问题，对我国改革开放和社会主义现代化建设作出了全面部署，是我们党团结和带领全国各族人民在新世纪新阶段继续奋勇前进的政治宣言和行动纲领。大会认为，报告确定的主题顺应时代潮流，符合党心民心。大会强调，我们党必须坚定地站在时代潮流的前头，团结和带领全国各族人民，实现推进现代化建设、完成祖国统一、维护世界和平与促进共同发展这三大历史任务，在中国特色社会主义道路上实现中华民族的伟大复兴。大会高度评价十五届中央委员会的工作。大会同意十五届中央委员会对十三届四中全会以来13年伟大实践的总结，一致赞同党领导人民建设中国特色社会主义的基本经验。大会一致同意把“三个代表”重要思想和马克思列宁主义、毛泽东思想、邓小平理论一道确立为我们党的指导思想。大会指出，21世纪头20年，对我国来说，是一个必须紧紧抓住并且可以大有作为的重要战略机遇期。大会同意报告提出的全面建设小康社会的奋斗目标，认为提出这个奋斗目标，对于凝聚全党和全国各族人民的力量，加快推进社会主义现代化，具有十分重要的意义。大会同意报告关于我国经济、政治、文化建设和改革的部署；同意报告关于国防和军队建设的部署。大会强调，要坚持“和平统一、一国两制”的基本方针和现阶段发展两岸关系、推进祖国和平统一进程的八项主张，最终实现祖国的完全统一。大会同意报告对国际形势的分析和提出的对外工作的各项方针。大会强调，全面建设小康社会，加快推进社会主义现代化，必须毫不放松地加强和改善党的领导，全面推进党的建设新的伟大工程。要旗帜鲜明、毫不动摇地把反腐败斗争深入进行下去。大会通过了关于中央纪律检查委员会工作报告的决议。大会充分肯定了中央纪律检查委员会的工作。大会通过了关于《中国共产党章程（修正案)》的决议，决定这一修正案自通过之日起生效。大会一致同意在党章中明确规定，中国共产党是中国工人阶级的先锋队，同时是中国人民和中华民族的先锋队，是中国特色社会主义事业的领导核心，代表中国先进生产力的发展要求，代表中国先进文化的前进方向，代表中国最广大人民的根本利益。党的最高理想和最终目标是实现共产主义。大会一致同意在党章中明确规定，中国共产党以马克思列宁主义、毛泽东思想、邓小平理论和“三个代表”重要思想作为自己的行动指南，“三个代表”重要思想是党必须长期坚持的指导思想。大会认为，把十六大确定的全面建设小康社会的奋斗目标写入党章，对于动员全党紧紧抓住21世纪头20年的重要战略机遇期，集中力量，推进改革开放和社会主义现代化事业，推动社会主义市场经济、社会主义民主政治和社会主义先进文化的全面发展，具有重要的作用。大会认为，坚持和完善公有制为主体、多种所有制经济共同发展的基本经济制度，坚持和完善按劳分配为主体、多种分配方式并存的分配制度，坚持和完善社会主义市场经济体制，实施科教兴国和可持续发展战略，推动社会主义物质文明、政治文明和精神文明的协调发展，实行依法治国、建设社会主义法治国家，实行依法治国和以德治国相结合，是我们党在建设中国特色社会主义实践中取得的重大成果。把这些内容写入党章，有利于全党同志更加自觉和坚定地贯彻党的路线方针政策，更好地带领群众开创中国特色社会主义事业新局面。大会认为，在党章中明确规定，年满18岁的中国工人、农民、军人、知识分子和其他社会阶层的先进分子，承认党的纲领和章程，愿意参加党的一个组织并在其中积极工作、执行党的决议和按期交纳党费的，可以申请加入中国共产党，这有利于增强党的阶级基础和扩大党的群众基础，提高党在全社会的凝聚力和影响力。大会认为，适应新形势新任务的要求，吸取这些年我们党自身建设取得的新经验，在党章中对党的建设和党的领导、党员必须履行的义务、党委内部议事和决策的基本制度、党的基层组织建设、党的各级领导干部必须具备的基本条件、党的纪律检查机关的主要任务、党组的地位和任务等提出更加明确的要求，对于全面推进党的建设新的伟大工程，具有十分重大的作用。大会完成各项议程后，江泽民同志在热烈的掌声中发表了讲话。他说，中国共产党第十六次全国代表大会的各项议程已经胜利完成。在全体代表的共同努力下，这次大会开得很成功，是一次团结的大会、胜利的大会、奋进的大会。江泽民指出，这次大会，在我们党和国家的发展进程上具有重大的历史意义。大会通过的十五届中央委员会的报告，坚持以党的基本理论和基本路线为指导，总结了党领导人民建设中国特色社会主义的基本经验，提出了全面贯彻“三个代表”重要思想的根本要求，明确了新世纪新阶段全党的奋斗目标，对改革开放和现代化建设、推进党的建设新的伟大工程作出了全面部署。大会的报告是集体智慧的结晶，是我们党在新世纪新阶段的政治宣言和行动纲领。大会通过的党章修正案，把“三个代表”重要思想和马克思列宁主义、毛泽东思想、邓小平理论一道确立为党的指导思想，进一步明确了新形势下加强和改进党的建设的根本要求，充分反映了新形势新任务对党的工作和党的建设提出的新要求，集中体现了这些年来我们党自身建设积累的新经验，必将有力地推进党的建设新的伟大工程。大会选举产生了新一届中央委员会，党的中央领导集体顺利实现了新老交替。大会还选举产生了新一届中央纪律检查委员会。这一切，都是具有重大历史意义的，必将极大地鼓舞全党和全国各族人民，与时俱进、开拓创新，信心百倍地把中国特色社会主义伟大事业继续推向前进。江泽民说，大会期间，许多国家的政党和组织来电来函对大会表示祝贺，国内各民主党派、全国工商联和各界人士也向大会表示祝贺，广大人民群众通过各种方式向大会表示祝贺，大会主席团谨向他们表示衷心的感谢！

同　日　中国共产党第十六次全国代表大会关于中央纪律检查委员会工作报告的决议。中国共产党第十六次全国代表大会审查、批准中央纪律检查委员会的工作报告。大会充分肯定了中央纪律检查委员会的工作。大会要求，中央和地方各级纪律检查委员会，要高举邓小平理论伟大旗帜，全面贯彻“三个代表”重要思想，认真学习贯彻党的十六大精神，坚持从严治党的方针，切实执行党章规定的各项任务，与时俱进，开拓创新，进一步做好纪律检查工作，保证党的路线、方针、政策顺利贯彻执行；深入开展党风廉政建设和反腐败斗争，为改革发展稳定的大局服务。各级党委要以“三个代表”重要思想为指导，继续加强对纪律检查工作的领导，切实加强党的建设，坚定不移地落实党中央关于反腐倡廉的各项任务，不断把党风廉政建设和反腐败斗争引向深入，为实现党的第十六次全国代表大会作出的战略部署和重大决策提供政治保证。

11月15日　十六届一中全会在京举行。中央纪律检查委员会委员列席会议。胡锦涛主持会议并讲话。全会选举中央政治局委员、候补委员，中央政治局常务委员，中央委员会总书记；根据政治局常委提名，通过了中央书记处成员；决定中央军事委员会组成人员；批准中央纪律检查委员会第一次全体会议选举产生的书记、副书记和常务委员会人员。选举胡锦涛、吴邦国、温家宝、贾庆林、曾庆红、黄菊、吴官正、李长春、罗干为政治局常委；胡锦涛为中央委员会总书记；通过曾庆红、刘云山、周永康、贺国强、王刚、徐才厚、何勇为中央书记处书记；决定江泽民为中央军事委员会主席，胡锦涛、郭伯雄、曹刚川为副主席；批准吴官正为中央纪律检查委员会书记，何勇、夏赞忠、李至伦、张树田、刘锡荣、张惠新、刘峰岩为副书记。

同　日　中国共产党中央纪律检查委员会第一次全体会议公报。中国共产党第十六次全国代表大会选举产生的中央纪律检查委员会，于2002年11月15日在北京举行第一次全体会议。中央纪律检查委员会委员121人出席了这次会议。吴官正同志主持了会议。全会选举了中央纪律检查委员会书记、副书记和常务委员会委员，报中央委员会批准。与会同志列席了中国共产党第十六届中央委员会第一次全体会议。书记吴官正，副书记何勇、夏赞忠、李至伦、张树田刘锡荣、张惠新、刘峰岩，常务委员会委员（按姓氏笔画为序）干以胜、马驭（女）、马志鹏、王振川、刘峰岩、刘家义、刘锡荣、李至伦、吴官正、吴毓萍（女）、何勇、沈德咏、张树田、张惠新　赵洪祝、夏赞忠、黄树贤、解厚铨。吴官正，男，汉族，1938年8月生，江西余干人，1962年3月入党，1968年4月参加工作，清华大学动力系热工测量及自动控制专业毕业，研究生学历，工程师。时任中央政治局常委，中央纪律检查委员会书记，山东省委书记。1959年—1965年清华大学动力系热工测量及自动控制专业学习、团支部书记，1965年—1968年清华大学动力系热工测量及自动控制专业研究生、党支部副书记，1968年—1975年湖北省武汉市葛店化工厂技术员、厂技术科副科长、车间主任、厂党委委员、厂革委会副主任，1975年—1982年湖北省武汉市科委副主任、党组成员、市科协副主席、党组成员，市革新改造挖潜指挥部副指挥长兼办公室主任、市工程科技中心主任、党委书记，1982年—1983年湖北省武汉市委常委，1983年—1986年湖北省武汉市委书记（当时设有第一书记）、市长，1986年—1995年江西省委副书记、副省长、代省长、省长，1995年—1997年江西省委书记，1997年—2002年中央政治局委员、山东省委书记、省委党校校长，2002—中央政治局常委，中央纪律检查委员会书记，山东省委书记、省委党校校长第十二届中央候补委员，十三届、十四届、十五届、十六届中央委员，十五届、十六届中央政治局委员，十六届中央政治局常委。十六大当选为中央纪委委员、常委、书记。

同　日　中国共产党第十六届中央委员会第一次全体会议公报。中国共产党第十六届中央委员会第一次全体会议，于2002年11月15日在北京举行。出席会议的有中央委员198人，候补中央委员158人。中央纪律检查委员会委员列席会议。胡锦涛同志主持会议并作了重要讲话。全会选举了中央政治局委员、候补委员，中央政治局常务委员会委员，中央委员会总书记；根据中央政治局常务委员会的提名，通过了中央书记处成员；决定了中央军事委员会组成人员；批准了中央纪律检查委员会第一次全体会议选举产生的书记、副书记和常务委员会委员人选。名单如下：一、中央政治局委员、候补委员，中央政治局委员（按姓氏笔画为序）王乐泉、王兆国、回良玉（回族）、刘淇、刘云山、李长春、吴仪（女）、吴邦国、吴官正、张立昌、张德江、陈良宇、罗干、周永康、胡锦涛、俞正声、贺国强、贾庆林、郭伯雄、黄菊、曹刚川、曾庆红、曾培炎、温家宝，中央政治局候补委员王刚。二、中央政治局常务委员会委员胡锦涛、吴邦国、温家宝、贾庆林、曾庆红、黄菊、吴官正、李长春、罗干。三、中央委员会总书记胡锦涛。四、中央书记处书记曾庆红、刘云山、周永康、贺国强、王刚、徐才厚、何勇。五、中央军事委员会主席、副主席、委员，主席江泽民，副主席胡锦涛、郭伯雄、曹刚川，委员徐才厚、梁光烈、廖锡龙、李继耐。六、中央纪律检查委员会书记、副书记、常务委员会委员，书记吴官正，副书记何勇、夏赞忠、李至伦、张树田、刘锡荣、张惠新、刘峰岩，常务委员会委员（按姓氏笔画为序）干以胜、马驭（女）、马志鹏、王振川、刘峰岩、刘家义、刘锡荣、李至伦、吴官正、吴毓萍（女）、何勇、沈德咏、张树田、张惠新、赵洪祝、夏赞忠、黄树贤、解厚铨。

11月16日　十六届中央政治局今天召开第一次全体会议，专门

对学习贯彻党的十六大精神进行研究部署。中共中央总书记胡锦涛主持了会议。会议强调，党的十六大是我们党在新世纪召开的第一次代表大会，也是我们党在开始实施社会主义现代化建设第三步战略部署的新形势下召开的一次十分重要的代表大会。深入学习贯彻党的十六大精神，把全党和全国各族人民的思想统一到十六大精神上来，同心同德地完成十六大确定的各项任务，确保党和国家在新世纪新阶段奋斗目标的胜利实现，是全党当前和今后一个时期的首要政治任务。会议指出，江泽民同志的报告从历史和时代的高度，深刻阐明了我们党在新世纪举什么旗、走什么路、实现什么奋斗目标等重大问题，对我国改革开放和社会主义现代化建设作出了全面部署，是我们党团结和带领全国各族人民在新世纪新阶段继续奋勇前进的政治宣言和行动纲领。学习贯彻十六大精神，重点是学习贯彻江泽民同志的报告。会议认为，“三个代表”重要思想是十六大的灵魂。把“三个代表”重要思想同马克思列宁主义、毛泽东思想和邓小平理论一道确立为我们党必须长期坚持的指导思想，是十六大的一个历史性贡献。学习贯彻十六大精神，首先要抓住学习贯彻“三个代表”重要思想这个中心环节，全面深入地领会“三个代表”重要思想的科学内涵和精神实质，牢牢把握贯彻“三个代表”重要思想的根本要求，进一步增强贯彻落实“三个代表”重要思想的自觉性和坚定性。会议指出，高举邓小平理论伟大旗帜，全面贯彻“三个代表”重要思想，继往开来，与时俱进，全面建设小康社会，加快推进社会主义现代化，为开创中国特色社会主义事业新局面而奋斗，是十六大的主题。学习贯彻十六大精神，要紧紧围绕这个主题，深刻理解历史和时代赋予我们党的庄严使命，深刻理解党领导人民建设中国特色社会主义必须坚持的基本经验，深刻理解全面建设小康社会的奋斗目标，深刻理解大会对中国特色社会主义经济、政治、文化、国防、祖国统一、外交和党的建设作出的战略部署。会议强调，坚持解放思想、实事求是、与时俱进，是我们党始终保持先进性和增强创造力的决定性因素，也是十六大报告的精髓。学习贯彻十六大精神，要紧紧把握这个精髓，引导党员干部自觉地把思想认识从那些不合时宜的观念、做法和体制的束缚中解放出来，从对马克思主义的错误的和教条式的理解中解放出来，从主观主义和形而上学的桎梏中解放出来，善于在解放思想中统一思想，用发展着的马克思主义指导新的实践。会议强调，学习贯彻十六大精神，要坚持以县以上领导干部为重点。广大干部特别是高中级干部要带头学习好、领会好、掌握好、贯彻好十六大精神，努力成为勤奋学习、善于思考的模范，解放思想、与时俱进的模范，勇于实践、锐意创新的模范。通过学习，不断深化对共产党执政规律、社会主义建设规律和人类社会发展规律的认识，不断提高科学判断形势的能力、驾驭市场经济的能力、应对复杂局面的能力、依法执政的能力和总揽全局的能力，更好地担负起领导开创中国特色社会主义事业新局面的历史重任。会议要求，各级党委要增强政治意识、大局意识、责任意识，围绕主题，把握灵魂，狠抓落实，切实抓好学习贯彻十六大精神的工作。要大力发扬理论联系实际的学风，紧密联系改革开放和现代化建设实际，联系本地区、本部门的工作实际，联系党员干部的思想实际，着眼于促进改革发展、维护社会稳定，着眼于推进党的建设新的伟大工程，把运用十六大精神指导实践、推动工作作为学习的出发点和落脚点，作为衡量学习成效的重要标准。会上，政治局全体同志一致表示，一定要牢记江泽民同志的嘱托，切实担负起党和人民赋予的历史使命。要高举旗帜，与时俱进；发扬民主，团结统一；艰苦奋斗，求真务实；清正廉洁，一心为民。要自觉接受党和人民的监督，真正做到鞠躬尽瘁、竭尽全力，努力把新一届政治局建设成为团结带领全党和全国各族人民继往开来、开拓奋进的坚强领导集体。会议审议了《中共中央关于学习贯彻党的十六大精神的通知》，决定下发全党。会议还研究了政治局工作分工和加强政治局自身建设的有关问题。

11月17日　中国人民对外友好协会举行招待会，庆祝中国和卢森堡建交30周年。

11月18日—20日　国务院总理朱镕基赴香港，出席第十六届世界会计师大会并发表演讲。在港期间，分别会见了董建华、何厚铧、香港特区主要官员和行政会议成员、香港特别行政区行政长官特设国际顾问委员会委员、香港主要商会领袖及工商金融界知名人士、中央驻港机构和中资企业主要负责人，还视察了葵涌码头、青马大桥、竹篙湾迪斯尼乐园建筑工地以及香港国际机场。

11月19日　新华社报道：可立体展现流域环境、水底地形、湖底沉积物分布及湖泊受污染程度的“数字洱海”信息管理系统目前已经投入使用。由海军南海舰队某勘测队采用全球卫星定位系统测量、并利用自主开发的软件建立的这个系统，开创了国内湖泊数字化测量的先例，成为“全国湖泊综合治理样板工程”。

11月21日　我国完成第四号染色体精确测序任务。科技部、中国科学院、上海市人民政府于当日联合宣布：我国科学家完成了所承担的国际水稻基因组计划第四号染色体精确测序任务，使我国对国际水稻基因组计划测序工作的贡献率达10%。这是迄今为止我国独立完成的最大的基因组单条染色体精确测序。

11月23日　中华全国工商业联合会第九次会员代表大会11月23日在北京开幕。这次大会的主要议程是：学习邓小平理论、“三个代表”重要思想，学习贯彻中共十六大精神；听取和审议中华全国工商业联合会第八届执行委员会工作报告；审议通过《中国工商业联合会章程》（修正案）；选举中华全国工商业联合会第九届执行委员会。

11月24日　中国农村基层民主法制建设取得丰硕成果。到目前为止，全国31个省、自治区和直辖市已经全部制定了关于村委会选举的地方法规，国家和省市两级有关村委会选举的立法工作顺利完成。

11月27日　国务院第六十五次常务会议讨论并原则通过了《中华人民共和国港口法（草案）》、《中华人民共和国放射性污染防治法（草案）》。会议决定，两法草案经进一步修改后，由国务院提请全国人大常委会审议。

11月28日—30日　全国人大常委会委员长李鹏在天津、河北考察工作，并就民办教育促进法草案进行立法调研。

11月29日　劳动和社会保障部、国家计委等11个部门近日联合下发意见。意见规定，具有劳动能力、并有就业愿望的4类人员可享受再就业扶持政策。这4类人员是：国有企业的下岗职工，国有企业的失业人员，国有企业关闭破产需要安置的人员，享受最低生活保障并且失业1年以上的城镇其他失业人员。

同　日　根据国家最新规定，中国国企下岗失业人员再就业可享受一系列新的扶持政策。凡下岗失业人员从事个体经营的，除建筑业、娱乐业、广告业、桑拿、按摩、网吧、氧吧等限制行业外，3年内可免征营业税、城市维护建设税、教育费附加和所得税，免交有关登记类、证照类和管理类的各项行政事业性收费。下岗失业人员自谋职业、自主创业，经当地担保机构担保，可申请小额贷款。

12月2日　中共中央政治局召开会议，分析当前经济形势，研究2003年经济工作。中共中央总书记胡锦涛主持了会议。会议指出，2002年以来，全党和全国人民以邓小平理论和“三个代表”重要思想为指导，认真贯彻落实中央关于经济工作的部署，扎实做好各项工作，使国民经济继续保持良好的发展势头。实践证明，党中央、国务院采取的一系列政策措施是完全正确的。会议强调，2003年是全面贯彻落实党的十六大精神，开创中国特色社会主义事业新局面的重要一年。做好2003年的经济工作，对于党和国家事业的发展具有特别重要的意义。要坚持把发展作为党执政兴国的第一要务，按照全面建设小康社会的要求，努力促进国民经济持续快速健康发展。要坚持实施扩大内需的方针和积极的财政政策、稳健的货币政策，保持宏观经济政策的连续性和稳定性。要加快农业和农村经济结构调整，大力推进新型工业化，积极推进西部大开发。要进一步深化各项改革，为经济发展创造更有利的体制环境。要继续抓住加入世贸组织带来的机遇，进一步扩大对外开放。要大力开展增收节支，严格财政收支管理。要正确处理改革发展稳定的关系，切实做好就业和再就业工作，完善社会保障体系，提高城乡居民生活水平，保持社会稳定。会议强调，面对复杂多变的国际形势，面对国内改革发展稳定的艰巨任务，面对前进道路上的困难和挑战，全党同志一定要高举邓小平理论伟大旗帜，全面贯彻“三个代表”重要思想，按照党的十六大提出的要求，进一步增强忧患意识和紧迫感，倍加顾全大局，倍加珍视团结，倍加维护稳定，更好地带领广大人民群众，艰苦奋斗，开拓进取，努力夺取改革开放和现代化建设的新胜利。会议决定近期召开中央经济工作会议。会议还通过了十六届中央政治局工作规则和其他事项。

同　日　国家主席江泽民与来访的俄罗斯联邦总统弗拉基米尔·普京举行会谈时一致认为，中俄战略协作伙伴关系在政治、经贸、科技、文化等各个领域都取得了可喜的成果。双方对中俄关系的美好未来充满信心。江泽民对普京来访表示热烈欢迎并回顾了10年来中俄关系的发展历程。他说，我们两国关系从相互视为友好国家，发展建设性伙伴关系，直至确立战略协作伙伴关系，连续上了3个大台阶，所有这些成果集中体现在我们2001年签署的《中俄睦邻友好合作条约》中。现在我们之间的高层交往十分活跃并已定期化、机制化。经贸合作快速发展，规模日增。在国际事务中的磋商与协作非常密切。江泽民说，我认为，10年来我们两国关系迅速发展的成功经验可归纳为：第一，高度的政治互信是基石。《中俄睦邻友好合作条约》中确立了两国世代友好、永不为敌的和平思想，有了高度的政治互信，才有两国关系今天的大好局面。第二，登高望远，着眼未来，从战略高度和长远眼光看待和规划中俄关系。第三，保持密切高层交往并机制化，及时处理和解决新情况、新问题。第四，相互尊重、互谅互让，相互考虑和照顾对方合理利益，通过谈判寻求彼此可接受的解决问题的办法，使双边关系保持良好发展。第五，树立互信、互利、平等、协作为核心的新安全观，实现了两国边境地区的军事信任与相互裁军，共同倡导成立了上海合作组织，使我们各自的国内经济建设有了和平的周边环境。

12月3日　在摩纳哥蒙特卡洛举行的国际展览局第一三二次成员国大会上，上海获得2010年世界博览会的举办权。当地时间15时

40分，国际展览局主席诺盖斯郑重宣布，在摩纳哥举行的国展局第一三二次大会举行了4轮投票，中国上海在第四轮投票中赢得54票，以88%的得票率胜出，成为2010年世博会的主办城市。

12月4日　首都各界纪念中华人民共和国宪法公布施行20周年大会举行。胡锦涛在会上讲话，指出：我国现行宪法是在1954年宪法的基础上，总结新中国成立以来我们建设社会主义的长期实践经验，于1982年由五届全国人大五次会议通过的。20年来的实践证明，我国宪法是一部符合国情的好宪法。我们必须在全社会进一步树立宪法意识，维护宪法的权威，使宪法在全社会得到一体遵行。

12月5日—6日　胡锦涛带领中共中央书记处成员到河北省平山县西柏坡学习考察。回顾党带领人民进行伟大革命斗争的光辉历史，重温毛泽东在党的七届二中全会上的重要讲话，重温毛泽东关于“两个务必”的重要论述，号召全党同志特别是领导干部大力发扬艰苦奋斗的作风，牢记全心全意为人民服务的宗旨，做到权为民所用，情为民所系，利为民所谋。为深入贯彻“三个代表”重要思想、全面落实党的十六大确定的目标和任务，开拓进取、团结奋斗。

12月6日　国务院第六十六次常务会议在北京召开，审议并原则通过了《退耕还林条例（草案）》。会议决定，《退耕还林条例（草案）》经进一步修改后，由国务院公布实施。

同　日　新华社报道：据解放军总后勤部消息，伴随着人民解放军官兵“走”过50多年历程的解放鞋即将告别“军旅”。我军使用解放鞋是从20世纪50年代初开始的，由于解放鞋物美价廉、方便实用，它一直是军队的主力鞋。但由于解放鞋的鞋面、鞋里采用纯棉材料制成，强度不够，加之透气、透湿性差，容易滋生细菌，常常散发出难闻的气味。一种凝集了6项国家专利和1项军队科技进步成果一等奖的新型作训鞋较好地解决了解放鞋存在的问题。这种新型作训鞋已全面装备部队。

12月9日—10日　中共中央、国务院在北京召开中央经济工作会议。胡锦涛、朱镕基、李岚清、吴邦国、温家宝、贾庆林、曾庆红、黄菊、吴官正、李长春、罗干出席会议。中共中央总书记胡锦涛就当前国际国内形势，认真贯彻落实党的十六大提出的经济工作的各项任务，2003年经济工作的总体要求和主要任务作了重要讲话。国务院总理朱镕基就2003年经济工作作了全面部署。中共中央政治局常委、国务院副总理温家宝主持会议并在会议结束时作总结讲话。会议确定，2003年经济工作的总体要求是：以邓小平理论和“三个代表”重要思想为指导，认真贯彻党的十六大精神，积极应对国内外环境变化带来的困难和挑战，坚持扩大内需的方针，继续实施积极的财政政策和稳健的货币政策，进一步深化改革，全面提高对外开放水平，加快经济结构的战略性调整，积极发展农业和农村经济，大力推进新型工业化，促进国民经济持续快速健康发展，实现速度和结构、质量、效益相统一。正确处理改革发展稳定的关系，切实做好就业和再就业工作，完善社会保障体系，提高城乡居民生活水平，保持社会稳定。会议指出，实现这一总体要求，必须坚持以发展为主题，以结构调整为主线，以改革开放和科技进步为动力，以提高人民生活水平为根本目的。要围绕保持经济稳定增长和完善社会主义市场经济体制两大任务，着重把握好以下四个方面：一、坚持扩大内需的方针，继续实施积极的财政政策和稳健的货币政策。坚持把发展作为党执政兴国的第一要务，是经济工作的重要指导原则。我国国内市场潜力大，经济发展的回旋余地大，这是我们的优势。在全面建设小康社会乃至整个现代化建设进程中，我们要始终发挥好这个优势，坚持并不断完善扩大内需的方针。2003年继续实施积极的财政政策，发行一定规模的建设国债。要进一步用好国债资金。调整和优化国债资金的使用方向和结构，着力提高使用效益。一要集中力量办大事，确保重大项目的投入和建设。二要向农村倾斜，改善农村生产生活条件，增加农民收入。三要向结构调整倾斜，促进技术进步和企业技术改造，增强经济发展的后劲。四要向中西部特别是西部地区倾斜，继续为加快西部地区经济发展创造条件。五要向生态环境建设倾斜，加快实施退耕还林，促进可持续发展。国债项目建设必须保证质量，严格资金管理。扩大投资需求要同扩大就业、改善人民生活、促进消费结合起来，实现投资和消费双拉动。要继续鼓励和引导社会资金投入国家鼓励的产业和建设项目，防止低水平的重复建设。必须把财政增收节支作为一项重点任务来抓。该收的钱一定要收上来，不该花的钱一个也不能花。要继续实施稳健的货币政策。充分发挥金融支持经济增长的重要作用，保持货币供应量的适度增长，规范和引导银行、证券、保险业健康发展。二、加快结构调整，提高经济增长的质量和效益。经济结构调整是一项长期的战略任务。要密切跟踪世界经济科技发展的新趋势，从我国经济发展的实际出发，把握调整的方向和重点。调整经济结构，必须紧紧依靠科技进步，切实遵循经济规律。各级政府应将注意力转到引导、规范、监管、服务上来，尽快形成适应市场经济发展要求的结构调整新机制。在产业结构调整中，农业基础地位不能动摇。围绕发展优势农产品，调整区域布局，切实保证农产品质量安全。加快城镇化进程，广开农民就业门路，拓宽增收渠道。推进产业结构优化升级，必须走新型工业化道路。积极发展高新技术产业，改造提升传统产业，重视发展有利于扩大就业的劳动密集型产业。支持老工业基地加快调整和改造。加快发展服务业，提高第三产业在国民经济中的比重。培育和发展新的经济增长点。合理调整地区经济布局，继续推进西部大开发。三、进一步推进改革开放，为发展提供强大动力。必须坚定不移地推进经济体制改革和其他各项改革，坚持和完善公有制为主体、多种所有制经济共同发展的基本经济制度。必须毫不动摇地巩固和发展公有制经济，必须毫不动摇地鼓励、支持和引导非公有制经济发展。深化改革要坚持从实际出发，整体推进，重点突破，循序渐进，注重制度建设和创新。2003年要着重抓好四项改革。一是深化国有企业和国有资产管理体制改革。二是深化农村经济体制改革。三是稳步实施金融体制改革。四是深化行政管理体制改革。要把集中整治与制度建设结合起来，严厉打击各种破坏市场经济秩序的违法犯罪行为，加强法制建设和信用体系建设，创造良好市场环境。要继续重视和积极做好对外经济工作。大力推进外贸主体和出口市场多元化，优化出口结构，鼓励和支持扩大出口，提高利用外资质量。四、加强就业和社会保障工作，努力提高人民生活水平。在经济发展的基础上，不断增加城乡居民收入，提高人民生活水平和质量，是全面建设小康社会的根本目的，也是实践“三个代表”重要思想的具体体现。各级党委和政府要继续认真贯彻全国再就业工作会议精神，认真落实各项政策措施。要立足于发展经济扩大就业。引导人们转变就业观念，鼓励和提倡自谋职业、自主创业，以多种形式和灵活方式实现就业。要加快社会保障体系建设，做好“两个确保”和“三条保障线”的衔接工作。继续大力推进扶贫开发，增加扶贫投入，提高扶贫开发的成效。会议认为，在2003年经济工作中，需要注意把握好以下几点：第一，各方面安排要积极稳妥，留有余地。第二，着力提高经济增长的质量和效益。第三，保持宏观经济政策连续性和稳定性。第四，积极解决社会经济生活中的突出问题。会议从进一步培育和扩大国内需求，促进农业和农村经济全面发展，继续推进产业结构调整和西部开发，深化经济体制改革，继续整顿和规范市场经济秩序，努力提高对外开放水平，切实做好扩大就业和社会保障工作，积极实施科教兴国战略和可持续发展战略，大力做好增收节支等方面，部署了2003年经济工作。出席这次会议的中央领导同志还有：王乐泉、王兆国、回良玉、刘淇、刘云山、吴仪、张立昌、张德江、陈良宇、周永康、俞正声、贺国强、郭伯雄、曹刚川、曾培炎、王刚、迟浩田、钱其琛、徐才厚、何勇、彭珮云、周光召、司马义·艾买提、王忠禹、肖扬、叶选平、宋健、白立忱和中央军委委员梁光烈、廖锡龙、李继耐。各省、自治区、直辖市和计划单列市、新疆生产建设兵团的党政主要负责人，党中央有关部门、国务院各部委和有关单位的主要负责人，解放军各总部和武警部队负责人出席了会议。

12月9日　国务院新闻办公室发表《2002年中国的国防》白皮书。文中介绍了中国的国防政策和近两年国防建设情况，再次用大量事实和数据说明，中国始终不渝地走和平发展的道路，奉行独立自主的和平外交政策，实行防御性的国防政策。这是中国政府自

1995年发表《中国的军备控制与裁军》白皮书以来，第四次发表有关国防的白皮书。白皮书分为前言、安全形势、国防政策、武装力量、国防建设、军队建设、国际安全合作、军备控制与裁军等部分，全文约3万字。

12月11日　香港警方进行反恐演习。香港警方为测试警队处理恐怖事件及应变能力，10日深夜至今日清晨，联同入境处、海关、消防处、民航处、机管局及各大航空公司进行代号“奔雷”的大规模反恐演习。

12月11日—17日　全国人大常委会委员长李鹏在福建考察，就全国人大常委会的工作听取意见并进行立法调研。

12月12日　中共中央政治局常务委员会召开会议，专门听取有关部门关于解决困难群众生产生活问题的情况汇报，并对进一步做好这项工作进行了研究部署。中共中央总书记胡锦涛主持了会议。中共中央政治局常委吴邦国、温家宝、贾庆林、曾庆红、黄菊、吴官正、李长春、罗干出席了会议。会议指出，党中央、国务院一贯高度重视困难群众的生产生活问题，近年来为解决这方面问题采取了一系列重大措施。各地、各部门按照中央的要求，做了大量工作，取得了明显成效。同时也要看到，目前群众生产生活中还有不少实际问题需要解决，有的问题还比较突出。各级党委和政府一定要从贯彻党的十六大精神、实践“三个代表”重要思想的高度，从密切党和人民群众血肉联系、维护改革发展稳定大局的高度，充分认识关心群众生活、解决好困难群众生产生活问题的极端重要性，把它作为一项重大的政治任务切实抓紧抓好。会议强调，各级领导干部一定要牢记党的全心全意为人民服务的宗旨，进一步转变作风，深入基层，深入群众，特别是深入到困难多、问题多、矛盾多的地方，倾听群众呼声，体察群众情绪，关心群众疾苦，检查扶贫帮困各项措施的落实情况，并进一步采取有效措施，切实帮助困难群众解决突出问题。要着力解决好老红军、老复员军人、伤残军人、烈属等重点优抚对象和劳动模范、先进工作者以及农村五保户的实际困难，认真落实对义务兵家属的优待政策，继续做好转业复员退伍军人安置工作。要确保企业离退休人员基本养老金和国有企业下岗职工基本生活费按时足额发放，继续做好失业保险和城市居民最低生活保障工作，将长期亏损、停产、半停产困难企业符合条件的在岗职工全部纳入低保范围，做到应保尽保。要进一步落实扶持再就业的各项政策措施，帮助更多的下岗失业人员实现再就业。要切实安排好灾区、贫困地区群众的生产生活，保证他们吃饱穿暖、安全过冬，国家安排的冬令救济款、农业税灾歉减免资金必须在春节前落实到村到户。要依法严厉查处恶意拖欠、克扣农民工工资等违法行为，保障农民工的合法权益。要进一步调整中央和地方财政支出结构，增加用于解决人民生活问题的资金投入，并加快资金调度，及时将这些资金拨付到位。会议指出，帮助困难群众解决实际问题，是党和政府义不容辞的重要职责，也是全社会的共同责任。要在全社会大力弘扬中华民族扶贫济困的传统美德，广泛动员各方面力量，积极开展面向城乡困难群众的形式多样的捐赠活动和送温暖、献爱心活动，使他们切身感受到社会主义大家庭的温暖。新闻宣传部门要搞好有关宣传报道，努力营造人人关心和帮助困难群众的良好社会氛围。会议要求，各级领导机关和领导干部要大力倡导勤俭节约、艰苦奋斗的优良传统和作风，严格执行中央有关规定和纪律，坚决禁止各种奢侈浪费行为。各级纪检监察机关要加强监督检查，严肃法纪，对违反规定的要进行严厉查处，对情节严重、造成恶劣影响的要坚决追究有关领导责任。会议决定，由中共中央办公厅、国务院办公厅就切实安排好2003年元旦、春节期间的群众生活专门下发通知，并在近期内派出检查组到有关地方和部门对中央精神的落实情况进行重点督促检查。中共中央政治局委员周永康、曾培炎，中共中央政治局候补委员王刚，国务委员王忠禹等列席了会议。20日，中共中央、国务院转发《国务院办公厅关于当前解决困难群众生产生活问题的情况汇报》。

同　日　第六届中华技能大奖和全国技术能手评选活动近日揭晓。获得本届中华技能大奖荣誉称号的10名优秀技术工人分别是：中国航空工业第一集团公司中国空空导弹研究院铣工鲁宏勋、中国航天科技集团公司五院复合材料胶接成型工赵启明、水利部黄河水利委员会河南黄河河务局河道修防工刘孟会、北京五洲大酒店中式面点师黎长新、山西焦煤集团公司采煤机维修工栗俊平、中国船舶重工集团公司大连新船重工有限公司焊工崔涛、内蒙古第一机械制造(集团)公司车工宋殿琛、上海航天局加工中心操作工唐建平、中国第一汽车集团公司模具钳工李凯军、江西江铃汽车集团股份有限公司模具钳工袁政海。此外，全国还有101名优秀技术工人获得全国技术能手称号。

12月15日　“2002国际人力资本论坛”在北京开幕。来自联合国和国际人力资源机构、跨国集团的约300名官员和人力资本专家汇聚北京，就经济全球化背景下的人力资本开发与管理及人力资本领域的国际交流与合作进行3天的对话和讨论。联合国秘书长安南给“2002国际人力资本论坛”发来贺信。全国人大常委会副委员长蒋正华和联合国副秘书长莫里斯·斯特朗在开幕式上讲了话。

12月16日　由中国国际贸易促进委员会、云南省人民政府与东盟工商会联合主办的第二届中国—东盟商务理事会会议暨中国—东盟商务合作论坛，今日举行。朱镕基总理致信祝贺。会议期间，中国与东盟各国商会会长以及企业、商会和协会代表约400人将就商界在中国—东盟自由贸易区建设中所应起的积极作用及加强中国—东盟经贸合作展开研讨。朱镕基在贺信中说：近年来，在双方共同努力下，中国与东盟关系发展迅速，双方政治互信明显提高，经贸往来日益频繁，合作领域不断扩大，出现了各层次、各领域合作相互促进、共同发展的新局面。在不久前结束的中国与东盟领导人会议上，我与东盟各国领导人共同签署了《中国与东盟全面经济合作框架协议》，确定于2010年建成自由贸易区，展示了双方经济合作的广阔前景，在国际和本地区产生了广泛的影响。本次商务理事会会议和商务合作论坛，将以“迈向中国—东盟自由贸易区”为主题，由工商界人士共同探讨推进中国—东盟自由贸易区建设，深化双方经贸合作，这是很有意义的事情。

12月16日—17日　中美第十三次人权对话于在京举行，外交部

副部长李肇星会见了美方代表团。对话由中国外交部国际司司长李保东和美国负责民主、人权和劳工事务的助理国务卿洛恩·克拉纳共同主持。双方介绍了各自人权状况，并就司法改革、宗教信仰自由及双方在人权领域的交流等共同关心的问题广泛、深入地交换了意见，增进了相互了解，缩小了分歧，扩大了共识。双方均认为对话气氛友好、坦诚，富有建设性并取得积极成果。双方商定将继续在平等和相互尊重的基础上开展人权对话与交流。

12月18日　受朱镕基总理委托，李岚清副总理主持召开国务院第六十七次常务会议。会议审议并原则通过了《无照经营查处取缔办法（草案）》。会议认为，无照经营的违法行为，破坏市场经济秩序，损害公平竞争，侵害消费者利益，甚至危害人身安全与健康，影响社会安定，有的已成为假冒伪劣产品的生产、销售窝点或者各类重大事故的隐患，是规范和整顿市场经济秩序需要解决的突出问题。为了进一步明确规定无照经营行为的查处机关及其职责，强化取缔无照经营的法律手段，制定《无照经营查处取缔办法》是必要的。会议决定，《无照经营查处取缔办法（草案）》经修改后，由国务院公布实施。

12月19日　全国人大常委会委员长李鹏在人民大会堂出席了中国与澳大利亚、中国与新西兰建交30周年庆祝招待会并在招待会前亲切会见了澳大利亚驻华大使艾大伟及夫人和新西兰驻华大使麦康年。李鹏首先对中澳、中新建交30周年表示热烈祝贺，对30年来所有致力于中澳、中新友好关系的3国各界人士表示衷心感谢。他说，2002年9月，他对澳大利亚进行了正式友好访问，受到了热情接待。在过去10多年中，他对新西兰也进行了2次访问。今天参加这个庆祝招待会感到十分高兴。中国与澳大利亚、新西兰同处亚太地区，中澳、中新关系，特别在经贸领域，在过去30年取得了长足发展，希望通过2002年一系列纪念活动，把这种关系进一步向前推进。

12月19日—20日　全国政法工作会议在北京召开。中共中央政治局常委、中央政法委书记罗干出席会议并讲话。他强调，2003年和今后一个时期的政法工作，要以邓小平理论和“三个代表”重要思想为指导，认真学习贯彻党的十六大精神，依法严厉打击各种严重犯罪活动，加强社会治安综合治理，积极稳妥地推进政法工作改革，继续狠抓政法队伍建设，全力维护国家安全和社会稳定，为全面建设小康社会提供有力的法治保障，创造良好的社会环境。在总结13年政法工作积累的宝贵经验时，罗干指出，13年来，政法工作的主要经验是：必须以邓小平理论和“三个代表”重要思想为指导，服从服务于经济建设这个中心和改革开放的大局。必须公正司法，严格执法。必须坚持“严打”方针不动摇，保持对犯罪分子的高压态势。必须实行专门机关工作与群众路线相结合。必须打防结合、预防为主，对社会治安实行综合治理。必须与时俱进，积极稳妥地推进政法工作的改革。必须从严治警，持之以恒地推进政法队伍建设。必须加强党对政法工作的绝对领导，在思想上、行动上同党中央保持高度一致。

12月21日　中国民主促进会第九次全国代表大会于在北京闭幕。许嘉璐再次当选民进新一届中央委员会主席。大会通过了《中国民主促进会第九次全国代表大会决议》。决议指出，中共十六大是中国共产党在开始实施社会主义现代化建设第三步战略部署的新形势下召开的一次十分重要的代表大会，对于实现中华民族的伟大复兴具有重大而深远的意义。认真学习贯彻中共十六大精神是民进当前和今后一个时期首要的政治任务，全会要把思想和行动统一到中共十六大精神上来，把力量凝聚到全面建设小康社会的奋斗目标上来。

12月23日　九届全国人大常委会第三十一次会议举行全体会议，李鹏委员长主持。本次常委会会议安排的议程有29项，新中国第一部民法草案首次提请审议。

12月24日　元旦、春节即将来临，农业部日前向各地农、牧、渔业主管部门发出通知，要求保证上市农产品数量充足、品种丰富，并强调以质量安全为重点，确保广大城乡居民吃上放心食品。加强源头控制、净化“菜园子”是农产品安全的前提。通知为此要求各地加大对农产品的产地环境、农业投入品和生产过程等关键环节的监管，推广动植物病虫害综合防治技术，引导农民合理使用农业投入品，规范生产技术规程，强化环境监测治理，推动“菜篮子”产品无公害标准化生产和加工。同时，通知要求加大农资市场整治力度，严格管理“菜篮子”产品主产区和大中城市郊区基地农药、兽药、饲料、饲料添加剂的生产、销售和使用。把好农产品“入市关”，是确保百姓吃上“放心菜”的关键。通知指出，要按照企业自检与主管部门抽检相结合、快速检测与定量检测相结合的办法，重点加强对生产加工企业、批发市场和零售市场等关键环节的检验检测工作，完善检验检测制度。要积极推行市场准入制度和产品质量安全责任追溯制度，对经检测不合格的产品一律不得上市销售，消除质量安全隐患。通知还提出要加强对无公害食品、绿色食品、有机食品的管理，确保使用这些标识的产品的质量安全卫生，并进一步完善市场供求、价格行情和质量安全等方面的信息收集和发布工作，积极做好产销衔接，保持市场供应和价格的平稳运行。

同　日　首都各界在北京人民大会堂集会，隆重纪念中华人民共和国宪法公布施行20周年。中共中央总书记、国家副主席胡锦涛在大会上发表重要讲话。大会由全国人大常委会委员长李鹏主持。中共中央政治局常委吴邦国、温家宝、贾庆林、曾庆红、罗干出席大会。

12月25日　国家主席江泽民在中南海会见了孟加拉国总理卡莉达·齐亚。江泽民欢迎齐亚总理再次访华。他说，由中孟领导人共同缔结的中孟友谊必将在新世纪得到发扬光大。中孟两国是亲密友好的近邻。我们的友谊具有深厚的历史基础。两国建交时间虽不长，但在和平共处五项原则基础上，两国关系一直顺利向前发展。可以说，我们之间只有友谊，没有突出的问题。我对两国关系的现状表示满意。

同　日　中国造血干细胞捐献者资料库网络系统正式建立运行。目前，该资料库共有志愿者资料5万余份，其中6 000余份已输入网络系统，初步形成了为临床服务的能力。2002年，北京、上海、辽宁、山东等13个省市初步建立了分库，这些分库负责当地捐献造血干细胞志愿者的动员、组织、征募、登记、采集血样等工作。为了保证志愿者数据检测的数量和质量，中国造血干细胞捐献者资料库管理中心组织专家相继对13个省市的17个实验室进行了评审，大部分实验室通过验收。到2002年底，中国造血干细胞捐献者资料库共成功配型60余例，并为31名患者成功进行了造血干细胞移植手术。

12月26日　中共中央政治局召开会议，听取有关方面关于农业和农村工作的汇报。会议分析和研究了2003年农业和农村工作。中共中央总书记胡锦涛主持了会议。会议指出，我国农业和农村经济发展进入新阶段以来，党中央、国务院根据农产品供大于求的新情况和加入世贸组织以后的新形势，紧紧围绕增加农民收入这一基本目标，采取了一系列重大政策措施，巩固和发展了农村的好形势。农业结构调整取得明显进展，农业综合生产能力有新的提高，农村改革进一步深化，农民生活继续改善，农村社会保持稳定。农产品供给充裕，农村经济稳定发展，有力地支撑了国民经济的发展和社会的稳定。实践证明，中央关于新阶段农业和农村工作的决策和部署，符合农村实际，符合农民利益，符合农村生产力发展要求，是完全正确的。会议强调，全面建设小康社会，加快推进社会主义现代化，必须统筹城乡经济社会发展，更多地关注农村，关心农民，支持农业，把农业、农村、农民问题作为全党工作的重中之重，放在更加突出的位置，努力开创农业和农村工作的新局面。会议要求，各地各部门要认真贯彻党的十六大精神，高举邓小平理论伟大旗帜，全面贯彻"三个代表"重要思想，继续落实党在农村的各项方针、政策和措施，努力做好各方面的工作，积极发展农业和农村经济，力争农民收入有较快增长。要继续推进农业结构调整，优化区域布局，提高农产品质量安全水平，发展农业产业化经营。加快乡镇企业的调整和改革，有重点地发展小城镇，加强对进城农民工的服务和管理，促进农村劳动力转移。提高农业的国际竞争力，努力扩大优势农产品的出口。加大对农业和农村的投入力度，加强生态环境建设和农村中小型基础设施建设，切实做好扶贫工作。要稳定农村政策，深化农村改革，调动和保护农民的积极性。要高度重视和加强农村教育、科技、卫生、文化等社会事业建设，逐步缩小城乡社会事业发展差距。各级党委要切实加强对农村工作的领导，加强农村基层组织建设、精神文明建设和民主法制建设，促进农村社会全面进步。会议决定，近期召开中央农村工作会议。

同　日　中共中央政治局第一次集体学习宪法，内容是《认真贯彻实施宪法和全面建设小康社会》。中共中央总书记胡锦涛主持并发表重要讲话。他强调指出，我们党要团结带领全国各族人民抓住机遇、迎接挑战，与时俱进、开拓创新，实现全面建设小康社会的宏伟目标，不断开创中国特色社会主义事业新局面，必须坚持把学习作为全党一项十分重要的任务，不断加强，不断推进，努力使全党的马克思主义理论水平和科学文化水平不断有新的提高。中共中央政治局这次集体学习安排学习宪法。中国人民大学许崇德教授、武汉大学周叶中教授以“认真贯彻实施宪法和全面建设小康社会”为题，就宪法是国家的根本法、新中国宪法的发展历程、现行宪法的主要内容和特点等问题作了讲解，并就贯彻实施宪法提出了有关建议。中央政治局各同志边听两位教授的讲解，边认真地作着笔记，并就有关问题进行了深入的讨论。胡锦涛在主持学习时发表了讲话。他指出，实现十六大提出的宏伟目标和各项任务，要求我们更好地把坚持党的领导、人民当家作主和依法治国有机统一起来，进一步发展社会主义民主，健全社会主义法制，建设社会主义政治文明，以充分调动全国各族人民的积极性、主动性、创造性，同心同德地推进改革开放和社会主义现代化建设。要做到这一点，必须坚持实施依法治国的基本方略，在全社会进一步树立宪法意识和宪法权威，切实保证宪法的贯彻实施，充分发挥宪法对我国社会主义物质文明、政治文明、精神文明协调发展的促进和保障作用。在谈到贯彻实施宪法时，胡锦涛指出，第一，要深入学习宣传宪法，不断提高全党全国人民对宪法的重要地位和重要作用、宪法的基本知识和基本内容、贯彻落实宪法的重大意义的认识，在全社会形成崇尚宪法、遵守宪法、维护宪法的良好氛围。要把学习贯彻十六大精神和学习宣传宪法紧密结合起来，把贯彻实施宪法落实到全面实现十六大提出的宏伟目标和各项任务上来。第二，要切实加强法律监督，保证宪法和其他法律得到贯彻实施。这是我们实施依法治国的基本方略、建设社会主义法治国家的根本要求。要加强立法监督和执法监督，坚决纠正各种违宪现象，坚决维护国家法制的统一和尊严。第三，要坚持依法执政，不断加强和改善党的领导。我们党是执政党，应该在贯彻实施宪法上为全社会作出表率。十六大提出党要坚持依法执政，这是我们为加强党的执政能力建设，提高党的领导水平和执政水平，改革和完善党的领导方式和执政方式而提出的一个具有重大政治意义的要求。党的各级组织和全体党员都要做遵守宪法的模范，严格依法办事，带动全社会严格贯彻实施宪法。胡锦涛说，中央政治局经过讨论认为，为了适应党和国家事业发展的需要，为了更好地承担起党和人民所赋予的重任，我们必须进一步加强学习。除了自学以外，中央政治局还要进行集体学习。今天这次学习活动，是新一届中央政治局集体学习的第一次，开了个头。这要作为一项制度长期坚持。胡锦涛强调，我们党历来高度重视学习问题，始终把学习作为一项关系党的事业兴旺发达的战略任务来抓。毛泽东同志、邓小平同志、江泽民同志都反复强调全党同志特别是领导干部要坚持和加强学习。领导干部加强学习，首先要学习马克思列宁主义、毛泽东思想和邓小平理论，学习“三个代表”重要思想。学习马克思主义理论，关键是要掌握马克思主义的基本原理，领会马克思主义的精髓和本质，学会运用马克思主义的立场、观点、方法来分析和解决改革开放和现代化建设中的实际问题。同时，要学习经济、政治、文化、法律、科技、管理、历史、军事等方面的知识，并把这方面的学习同加深领会和灵活运用马克思主义理论紧密结合起来。各级领导干部必须明白，现在社会各个方面的发展日新月异，人民群众的实践创造丰富多彩，不学习、不坚持学习、不刻苦学习，势必会落伍，势必难以胜任我们所肩负的重大职责，要做合格的领导者和管理者，必须大力加强学习，努力用人类社会创造的丰富知识来充实自己。胡锦涛强调，领导干部加强学习，必须坚持理论联系实际的优良学风。中央要求领导干部加强学习，根本目的是要提高我们党执政兴国的本领，提高为人民服务的本领，提高不断开创中国特色社会主义事业新局面的本领。加强学习，一定要紧密联系党和国家事业的发展要求来进行，一定要紧密联系认识和解决改革和发展中出现的新情况新问题来进行，一定要紧密联系自身世界观和人生观的改造来进行，一定要紧密联系更好地为最广大人民谋利益来进行。这样才能学得生动、学得深入、学得有效。各级党组织一定要把加强学习作为一项重大而又紧迫的任务来抓，切实抓出成效。只要全党坚持加强学习、加强实践，我们的领导水平和执政水平就能不断提高起来，我们的事业就能不断向前发展。中央和国家机关有关部门负责人也参加了学习。

同　日　中央集体学习成为一项制度。胡锦涛总书记在第一次中央集体《学习宪法》的讲话中明确指出，加强学习，“除了自学以外，中央政治局还要进行集体学习。这要作为一项制度长期坚持。”各级领导干部必须明白，现在社会各个方面的发展日新月异，人民群众的实践创造丰富多彩，不学习、不坚持学习、不刻苦学习，势必会落伍，势必难以胜任我们所肩负的重大职责，要做合格的领导者和管理者，必须大力加强学习，努力用人类社会创造的丰富知识来充实自己。从2002年12月26日第一次中央集体学习成为一项制度，到2007年1月23日第三十八次学习，4年多，差不多40天就有1次课，频率之高历来罕见，引发了国内外的高度关注。从中央集体学习制度化到2007年1月23日第三十八次《世界网络技术发展和我国网络文化建设与管理》的学习，4年多共学习三十八次，平均1年9次，2006年甚至达到了10次，不到40天就有1次课，频率之高历来罕见，足见中央对此重视程度。截至2007年9月，中央政治局集体学习共进行了44次。

12月27日　江泽民在中央军委扩大会议上讲话，阐述迎接世界新军事变革的挑战、加速推进军事斗争准备和军队现代化建设的问题。指出：这个问题关系国防和军队建设的全局，也关系维护国家的安全、统一和实现党的十六大提出的全面建设小康社会奋斗目标的全局。

同　日　举世瞩目的南水北调工程开工典礼在北京人民大会堂和江苏省、山东省施工现场同时举行。

12月28日　九届全国人大常委会在人民大会堂举行第三十次法制讲座。这也是本届全国人大常委会举行的最后一次法制讲座。李鹏委员长在主持讲座时强调，全国人大常委会要进一步加强科技立法工作，以及对科技法律实施的监督工作，推动建立适应社会主义市场经济体制和科技自身发展规律的新的科技体制，充分发挥科学技术进步对经济社会发展的巨大推动作用，为我国科技法制建设，做出新的贡献。法制讲座的主讲人是北京大学法学院教授、华中科技大学法学院院长罗玉中。他以《科技法律制度》为题，主要讲了3方面问题：科技法的概念；我国的科技法律制度建设；完善我国科技法律制度的几点思考。李鹏在讲话中指出，科学技术是第一生产力，是经济和社会发展的决定性因素。世界各国综合国力的竞争，首先表现在科技实力的竞争上。我国要在新世纪新的历史阶段，全面建设小康社会、加快推进社会主义现代化，实现中华民族的伟大复兴，就必须始终把大力发展科学技术、加速全社会科技进步放在经济社会发展的突出位置，进一步实施“科教兴国”战略，大大提高全民族的科学文化素质。李鹏说，历史和现实都表明，一个国家科技法制状况如何，直接影响着它的科技进步和国家创新体系的建设，也进而影响它的经济增长质量和效益。改革开放以来，我国科技法制建设取得了显著成绩。目前，我国科技发展的各个领域，包括推进科学技术进步、研究开发、科技成果保护和科技奖励、技术市场管理与技术贸易、促进高技术产业、科技物质保障与环境保护、加强国际科技交流与合作等方面，基本上做到了有法可依，科技法律制度初步形成。李鹏指出，我们正处于科学技术飞速发展、科技成果日新月异的时代，科技创新越来越成为经济和社会发展的主导力量。适应这一要求，我们迫切需要将现代科技发展的客观规律、成功经验，以及科技创新政策和措施，用立法的形式确定下来，并不断完善。李鹏指出，九届全国人大常委会十分重视法律知识的学习。本届以来，共安排了30次法制讲座。这些讲座内容广泛丰富，既有宪法和人民代表大会制度的基本理论，也有各个方面的法律和人大各项工作的基本知识；讲座大都是邀请有关方面的专家和学者主讲。5年来的实践表明，举办常委会法制讲座，对增进全国人大常委会组成人员的法律知识，提高常委会审议法律草案的质量，推动人大系统开展法律知识的学习活动，发挥了重要作用。李鹏希望下一届人大常委会继续把法制讲座办下去。讲座应更加密切结合立法工作的需要，同时为了加深对课程的理解，可以相应组织一些讨论。全国人大常委会组成人员，全国人大各专门委员会负责人，全国人大常委会办公厅、法制工作委员会、预算工作委员会负责人听取讲座。

12月29日　国务院总理朱镕基在人民大会堂与来访的德国总理施罗德举行了会谈。双方在亲切友好的气氛中就双边关系和国际形势交换了意见。朱镕基首先对施罗德出任总理以来第四次访华表示欢迎，强调近年来中德关系在各个领域都取得显著发展，无论在广度和深度上都处于历史最好水平。他说，德国长期以来是中国在欧洲最大的贸易和技术合作伙伴。预计2002年两国贸易将再创新高。德国对华投资也逐年增加，其中很多是大项目。上海磁浮列车的建设成功是中德经贸关系史上值得祝贺的一件大事。两国还加强了在文化、科技、教育、法律等领域的交流与合作，双边关系的内涵不断充实。朱镕基说，中德在维护世界和平、促进共同发展等重大国际问题上有着一致或相近的看法和越来越多的共同利益。两国在联合国和其他国际组织中保持了良好的合作。我们对中德合作日益密切和广泛表示满意，对两国合作前景充满期待。施罗德表示，德中两国在各领域的关系很好，两国关系有着牢固的基础，保持了稳定性和连续性。上海磁浮列车项目是两国富有成效的经济技术合作的重要标志。德国希望德中关系继续在高水平上向前发展，德方希望进一步加强与中方在旅游、文化、人员交流等领域的合作，也期待着与中方加强在联合国安理会内的磋商与合作。

12月30日　中国人民对外友好协会举行招待会，纪念中国与贝宁共和国复交30周年。

同　日　新华社报道：中国人民解放军经过了骡马化、摩托化、半机械化后，开始完成机械化和信息化的双重历史任务。这是中共十六大为国防和军队建设提出的奋斗目标，它标志着中国军队在新世纪的现代化进程又将产生新的飞跃。

12月31日　中国首次援外指导扫雷的14名专家圆满完成在厄立特里亚的人道主义扫雷培训任务后回到北京。该批专家是2002年9月赴厄立特里亚执行扫雷援助任务的。

2003年

2003年综述

2003年，全国各族人民在中国共产党的领导下，按照十届全国人大一次会议关于国民经济和社会发展的决议，积极推进改革开放和现代化建设，夺取了抗击非典的重大胜利，战胜了自然灾害等各种困难，国民经济呈现出增长比较快、效益比较好、活力比较强的良好态势，经济和社会发展主要预期目标顺利实现。

（一）经济较快增长，效益大幅提高。国内生产总值116 694亿元，比上年增长9.1%。人均国内生产总值9 030元，按现行汇价计算，首次超过1 000美元，跨上了一个重要台阶。国内需求增长加快，全社会固定资产投资55 118亿元，增长26.7%，社会消费品零售总额45 842亿元，增长9.1%，居民消费价格总水平上涨1.2%。经济效益同步增长。全国财政收入21 700亿元，增长14.7%。工业经济效益创历史新高。规模以上工业企业实现利润8 152亿元，增长42.7%，提高22个百分点。国有及国有控股企业实现利润3 784亿元，增长45.2%。工业产品销售率98.1%。（二）结构调整积极推进，经济活力不断增强。优质农产品面积增加，优质专用小麦已占小麦播种总面积的38%，提高7个百分点。大宗农产品进一步向优势产区集中。畜牧业、渔业继续发展，奶类产量增长25%。农林水利重大工程进展顺利。技术含量较高的制造业成为工业增长的主导力量。电子信息产品制造业增长34%。国债投资对促进结构调整继续发挥重大作用，一批对经济社会长远发展有重大促进作用的项目相继建成投产、发挥效益。三峡水库蓄水成功，永久船闸通航，首批发电机组投产。南水北调东、中线工程相继开工。公路新增通车里程4.6万公里。新建铁路投产里程1 164公里。电力建设步伐加快，发电量达1.9万亿千瓦小时，增长15.5%，新开工和新投产发电装机均超过3 000万千瓦。第三产业继续发展，一些新兴服务业大幅增长，电话用户达到5.32亿户，新增1.12亿户。经济自主增长能力增强。企业用于更新改造的自有资金增长30.2%。非国有经济投资活跃，集体和个体投资增长22.9%，比上年加快6.1个百分点。集体私营企业的产品出口增长83.1%，成为出口快速增长的重要因素。（三）西部大开发迈出新步伐，东北地区等老工业基地振兴战略开始实施。西部地区生态建设和环境保护进一步加强。退耕还林337万公顷，荒山荒地造林377万公顷，治理严重退化草原666万公顷。基础设施建设力度加大。青藏铁路累计完成新线铺轨317公里。西气东输东段全部完工，实现向华东地区供气。西电东送新增送电能力超过800万千瓦。新建和改造县际公路4 200公里，又有860万农村人口的饮水问题得到解决，30多万农户用上农村沼气。东北地区等老工业基地振兴战略开始启动。东部地区和中部地区继续加快发展，新的经济增长点不断生成。（四）科技、教育和各项社会事业全面发展，生态建设和环境保护取得新进展。基础研究和高技术研究得到加强。国家创新体系建设继续推进。“神舟五号”首次载人飞行圆满成功，成为我国高技术发展的又一里程碑。教育事业继续发展，义务教育取得新进展。全国普通高校招生382.2万人，比上年增加61.7万人。公共卫生基础设施建设得到加强，先后安排国债资金约60亿元，用于防治非典医疗基础设施、省地县三级疾病预防控制网络和突发公共卫生事件医疗救治体系建设。人口自然增长率6.01‰。重点文化工程建设进展顺利，广播影视、新闻出版、体育等各项事业不断发展。生态建设和环境保护力度加大，资源节约与综合利用得到加强。营造生态公益林和防护林205万公顷。实行禁牧、休牧，使860万公顷草原得到有效保护和合理利用。“三河三湖”、三峡库区等重点流域和区域的污染治理步伐加快。城市污水集中处理率、生活垃圾无害化处理率和工业固体废物综合利用率有所提高。（五）各项改革有序推进，对外开放不断扩大。国务院机构改革顺利完成，省级政府机构改革稳步推进。农村税费改革试点在全国范围内展开。国有资产管理体制和国有企业改革迈出重要步伐。电力、电信、民航等行业的改革继续推进。出口退税机制不断完善。国有商业银行改革进程加快。中国人民保险公司和中国人寿保险公司完成股份制改革重组，并在境外成功上市。8省市农村信用社改革试点进展顺利。文化体制改革试点启动。整顿和规范市场经济秩序，查处了一批大案要案，市场环境逐步好转。对外贸易快速增长。进出口总额达到8 512亿美元，增长37.1%。外商投资领域继续扩大，利用外资质量不断提高，实际利用外商直接投资535亿美元。实施“走出去”战略取得新进展，境外投资领域进一步拓宽，投资方式日益多样化。（六）就业岗位继续增加，人民生活进一步改善。新增城镇就业859万人，下岗失业人员再就业440万人，均超过预期目标。年末城镇登记失业率4.3%。城镇居民人均可支配收入8 472元，实际增长9%；农村居民人均纯收入2 622元，实际增长4.3%。下岗职工基本生活费和离退休人员养老金基本做到按时足额发放。养老、医疗、失业、工伤等社会保险的覆盖面进一步扩大。有2 235万城镇居民得到了“低保”救助，增加170万人。国家安排专项资金，帮助灾区群众恢复生产和改善生活。以工代赈规模继续扩大，贫困地区的道路、用电、饮水等生产生活条件不断改善。易地扶贫搬迁试点稳步推进。在国际形势复杂多变、非典疫情突如其来、自然灾害频繁发生的情况下，我国经济社会发展取得这样的成绩，来之不易。这是以胡锦涛同志为总书记的党中央统揽全局、从容应对、果断决策、正确领导的结果，是各地区、各部门自觉实践“三个代表”重要思想，团结广大干部群众，奋力拼搏，扎实工作的结果，也是全国人大加强监督指导、全国政协积极参政议政的结果。在肯定成绩的同时，我们也清醒地看到，我国经济社会发展中还存在许多不容忽视的困难和问题。不但多年积累的一些深层次矛盾还没有解决，影响经济社会发展的体制性障碍依然存在，而且经济运行中又出现了一些新情况、新问题。一是农民增收困难，粮食减产较多。农民人均纯收入增幅比上年低0.5个百分点。滥占耕地现象比较严重，粮食总产量比上年减少264亿公斤。二是就业矛盾突出。目前城镇下岗和失业人员仍有1 400万人左右，预计2003年新增城镇劳动力1 000万人左右，还有大量农村富余劳动力需要转移。三是部分社会成员收入差距过大，城乡不少低收入居民生活还比较困难。四是经济结构不合理和增长方式粗放的问题依然存在。部分行业和地区盲目投资、低水平重复建设有所加剧，消耗高、浪费资源、污染环境的状况比较严重，煤、电、油、运供求关系紧张，资源约束的矛盾日益突出。五是经济与社会发展仍不协调。公共卫生服务体系不健全，农村教育整体薄弱的状况还没有得到根本改变。六是市场经济秩序仍较混乱，社会信用体系建设急需加强，重大安全生产事故时有发生。对以上问题，我们要立足当前，着眼长远，坚持用发展和改革的办法认真加以解决。

2003年着重解决几件大事：

确定政府机构改革。2003年依据十届人大一次会议通过的《关于批准国务院机构改革方案的决定草案》，中国进行了改革开放以来的第五次政府机构改革。与前几次的大规模机构改革相比，这次改革主要是着眼于职能转变和机构设置的调整。其中，除国务院办公厅外，国务院29个组成部门经过改革调整为28个，不再保留国家经贸委和外经贸部，其职能并入新组建的商务部。这一次的机构改革方案涉及5个重点。根据改革方案，新设立国务院国有资产监督管理委员会（国资委），以解决国有资产缺位的难题，深化国有资产管理体制改革；新设立中国银行业监督管理委员会（银监会），健全金融监管体制。银监会将根据授权，统一监督管理银行、资产管理公司、信托投资公司及其他存款类金融机构；将国家发展计划委员会改组为国家发展和改革委员会（发改委），以完善宏观调控体系；继续推进流通管理体制改革，组建商务部，主管国内外贸易和国际经济合作；加强食品安全和安全生产监管体制建设，在国家药品监督管理局基础上组建国家食品药品监督管理局；将国家计划生育委员会更名为国家人口和计划生育委员会。2003年的机构改革，加强了政府对有关行业的监管力度，减少了经济管理的计划色彩。

抗击非典。非典即严重呼吸道综合征（SARS），是一种病原不清，极易被集体传染的病症。2003年年初，广东省发现此类症状的患者。2月，这种具有高度传染性的非典疫情在深圳、广州等地突然加剧。2月11日，广东宣布，非典已感染了300多人，5人死亡，此病仍未完全遏制。4月10日，全球有19个国家和地区发现此病例，4月底，全中国有疫情报告的省份达26个。2003年3月初，疫情扩散到北京，北京很快成为重灾区。面对非典，中共中央和国务院多次召开专门会议研究部署防治措施，包括设立防治基金；支持非典防治科技攻关；建设各地预防控制中心；免费治疗患者等。党和国家主要领导人亲临抗击非典一线，指导工作。4月20日，国务院明确提出及时发现、报告和公布疫情，卫生部决定疫情每天公布一次，调整卫生部和北京市主要领导人职务，将非典列入中国法定传染病。4月20日后，国务院决定调整“五一”长假，向各省市派出督察组，公布《突发公共卫生事件应急条例》。北京市也采取有力措施防治非典，包括先后确定16家非典定点医院，对非典疫情重点区域采取隔离控制措施，颁布多项规章，等等。5月1日，经过8天的紧急筹建，北京市第一家专门治疗非典的临时性传染病医院小汤山医院开始接收病人。军队支援北京的医护人员1 200余人陆续到位。6月2日，北京疫情统计首次出现新收治直接确诊病例、疑似转确诊病例、死亡人数均为零。6月24日世界卫生组织解除对北京的旅行警告，同时将北京从非典疫区名单中排除。至此，中国人民抗击非典的工作取得胜利。

2003年10月14日，中共十六届三中全会通过了《中共中央关于完善社会主义市场经济体制若干问题的决定》。《决定》深刻分析了新世纪新阶段中国经济体制改革面临的形势和任务，明确了完善社会主义市场经济体制的目标和任务以及深化经济体制改革的指导思想和原则。《决定》提出，完善社会主义市场经济体制要贯彻“五个统筹”，做到“五个坚持”，即要按照统筹城乡发展、统筹区域发展、统筹经济社会发展、统筹人与自然和谐发展、统筹国内发展和对外开放的要求，更大程度地发挥市场在资源配置中的基础性作用，增强企业活力和竞争力，健全国家宏观调控，完善政府社会管理和公共服务职能，为全面建设小康社会提供强有力的体制保障；要坚持社会主义市场经济的改革方向，注重制度建设和体制创新，坚持尊重群众的首创精神，充分发挥中央和地方两个积极性，坚持正确处理改革发展稳定的关系，有重点、有步骤地推进改革，坚持统筹兼顾，协调好改革进程中的各种利益关系，坚持以人为本，树立全面、协调、可持续的发展观，促进经济社会和人的全面发展。《决定》总结了20多年来改革开放的经验，在理论和实践的结合上有重大突破和创新，是指导中国经济体制改革的纲领性文件，对推进改革开放和现代化建设具有重大而深远的意义。

提出了科学发展观。2003年10月，中国共产党十六届三中全会在北京举行。全会听取和讨论了胡锦涛受中央政治局委托作的工作报告，审议通过了《中共中央关于完善社会主义市场经济体制若干问题的决定》。在这次全会上，中共中央总书记胡锦涛发表了关于树立科学发展观的讲话，这个讲话和中共中央《关于完善社会主义市场经济体制若干问题的决定》，树立和落实了全面发展、协调发展和可持续发展的科学发展观。这对于我们更好地坚持发展才是硬道理的战略思想具有重大意义。树立和落实科学发展观，这是20多年改革开放实践的经验总结，是战胜非典疫情给我们的重要启示，也是推进全面建设小康社会的迫切要求。中共十六届三中全会明确提出“坚持以人为本，树立全面、协调、可持续的发展观，促进经济社会和人的全面发展”；强调“按照统筹城乡发展、统筹区域发展、统筹经济社会发展、统筹人与自然和谐发展、统筹国内发展和对外开放的要求”推进改革和发展。这标志着中国共产党郑重地提出了科学发展观，是中国共产党对社会主义现代化建设指导思想的新发展。标志着中国共产党正式提出了科学发展观。中共“十七大”报告完整阐述了科学发展观的科学内涵：“科学发展观，第一要义是发展，核心是以人为本，基本要求是全面协调可持续，根本方法是统筹兼顾”。

建设天津滨海新区。自1984年中共中央和国务院作出了开放天津、上海等14个沿海港口城市的决定后，天津的开发开放开始启动。1986年8月，邓小平在视察天津开发区时曾指示，天津要利用优势，胆子大点，加快发展，并题词“开发区大有希望”。中共中央、国务院对滨海新区开发开放一直十分重视。天津市党委、政府积极落实党中央、国务院改革开放的战略部署，1994年，作出了开发建设滨海新区的战略决策。天津滨海新区位于天津东部临海地区，包括塘沽区、汉沽区、大港区3个行政区和天津经济技术开发区、天津港保税区、天津港，以及东丽区、津南区的部分区域。规划面积2 270平方公里，海岸线153公里，常住人口140万人。根据国家发改委指导下的滨海新区“十一五”规划方案，滨海新区定位是：依托京津冀、服务环渤海、辐射“三北”、面向东北亚的北方对外开放门户、高水平的现代制造业和研发转化基地、北方国际航运中心和国际物流中心。经过10多年的开发建设，滨海新区的生产总值、财政收入和外贸出口分别增长17.5倍、16.1倍和45倍，世界500强中70多家跨国公司在新区投资了152家企业，滨海新区已成为外商在中国投资的热土。2006年5月26日，国家发布了《国务院推进天津滨海新区开发开放有关问题的意见》，正式批复天津滨海新区为全国综合配套改革试验区。天津市委也随即对推进滨海新区开发开放做出全面部署，标志着天津滨海新区作为国家级经济新区正式进入了实施阶段。推进天津滨海新区开发开放，对于提升京津冀乃至环渤海地区的国际竞争力，促进东部地区率先发展，形成东中西互动、优势互补、相互促进、共同发展的区域协调发展格局具有重要意义。

振兴东北老工业基地战略。2003年9月10日，召开国务院常务会议，研究实施东北地区等老工业基地振兴战略问题，确定了振兴东北地区等老工业基地的指导思想和原则、主要任务及政策措施。这个国家级重大战略范围包括：辽宁、吉林、和黑龙江3省及内蒙古自治区呼伦贝尔市、兴安盟、通辽市、赤峰市和锡林郭勒盟，涉及145万平方公里土地和1.2亿人口。10月，中共中央和国务院发布了《关于实施东北地区等老工业基地振兴战略的若干意见》。12月8日，成立了由国务院总理温家宝任组长、副总理黄菊、曾培炎任副组长，由26个部委为成员的振兴东北地区等老工业基地领导小组。下设办公室，按照国务院的统一部署，协调有关部门采取积极措施，支持东北老工业基地振兴。2003年以来，振兴东北老工业基地工作迈出了坚实的步伐，取得了七个方面的重大进展：一是振兴老工业基地政策效应显现，经济发展明显加快；二是体制机制创新取得重大进展；三是对外开放开创了新局面，外向型经济比重提高；四是工业结构调整步伐加快，具有传统优势的装备制造业，新兴的农副产品深加工产业发展迅速；五是资源型城市经济转型试点工作取得初步成效，采煤沉陷区治理和棚户区改造稳步推进；六是基础设施建设得到加强，生态建设和环境保护取得积极成效；七是社会保障覆盖面扩大，就业再就业工作稳步推进。实践证明，这一重大决策效果良好，对统筹全国协调发展是十分必要的。

1月4日　外交部副部长王毅召见日本驻华大使阿南惟茂，就钓鱼岛问题向日方提出严正交涉。王毅指出，钓鱼岛及其附属岛屿自古以来就是中国领土不可分割的一部分。日方对这些岛屿采取的任何单方面行动都是非法和无效的，中方决不能接受。中国政府和人民维护国家领土主权的决心和意志是坚定不移的，任何试图窃取中国领土的图谋都是不可能得逞的。王毅要求日方纠正错误做法，杜绝任何损害中国领土主权和中日关系的事端。日本政府对钓鱼岛采取所谓“租借”措施曝光后，外交部发言人发表了谈话，表明中方的严正立场，亚洲司负责人随即向日驻华使馆提出交涉，并要求日方作出澄清和说明。

1月5日　北京时间19时16分，“神舟四号”飞船在完成预定空间科学和技术试验任务后，在内蒙古中部地区准确着陆。至此，我国载人航天工程第四次飞行试验获得圆满成功。

1月7日　承载第一列货运列车的火车渡轮“粤海铁1号”缓缓离开广东湛江北港码头，驶向海南南港码头，这标志着我国第一条跨海铁路粤海铁路正式开通，海南从此结束与大陆不通火车的历史。

1月8日　为期2天的中央农村工作会议在北京闭幕。会议指出，全面建设小康社会，必须统筹城乡经济社会发展，更多地关注农村，关心农民，支持农业，把解决好农业、农村和农民问题作为全党工作的重中之重，放在更加突出的位置，努力开创农业和农村工作的新局面。中共中央总书记胡锦涛就贯彻党的“十六大”精神，解决好农业、农村和农民问题，实现全面建设小康社会的宏伟目标作了重要讲话。中共中央政治局常委、国务院副总理温家宝就当前和今后一个时期的农业和农村工作作了部署。中共中央政治局常委曾庆红、黄菊、李长春出席会议。

1月11日　应马来西亚副总理巴达维的邀请，中国国务院副总理李岚清抵达吉隆坡，开始对马来西亚进行正式访问。李岚清在机场发表书面讲话说，马来西亚是中国的友好邻邦，也是东盟重要成员国。中国重视同马来西亚的关系，愿进一步拓展中马互利合作，造福于两国人民，并为促进发展中国家之间合作以及本地区的稳定与繁荣作出贡献。

1月13日　中华人民共和国中央军事委员会主席江泽民、国务院总理朱镕基签署命令，发布《通用航空飞行管制条例》。这是我国首次颁发这样的条例，也是我国航空管理依法施治的重要举措，对于合理开发和充分利用国家空域资源，保证飞行安全，保障通用航空事业的发展将产生积极作用。

1月20日　外交部副部长王光亚与美国副国务卿约翰·博尔顿在北京举行首轮中美副外长级战略安全、多边军控和防扩散问题磋商。双方就当前战略安全形势、国际军控、防扩散、伊拉克和朝鲜核问题等深入交换了意见。双方认为，磋商有助于增进相互了解，并同意继续就上述问题保持对话。

1月28日　中共中央政治局召开会议，听取中央纪律检查委员会关于2003年工作的汇报，分析党风廉政建设和反腐败斗争面临的形势，研究和部署当前和今后一个时期的党风廉政建设和反腐败工作。中共中央总书记胡锦涛主持会议。会议指出，当前全党和全国各族人民正在深入学习贯彻“十六大”精神，为全面建设小康社会、开创中国特色社会主义事业新局面而团结奋斗，开局良好。十三届四中全会以来，我们党在坚持以经济建设为中心的同时，坚定不移地开展党风廉政建设和反腐败斗争，作出了一系列重大决策和部署，取得了明显成效，保证了改革开放和现代化建设的顺利进行。但我们要清醒地看到，反腐败斗争的形势依然严峻，反腐倡廉仍然是广大党员、干部和人民群众十分关注的问题。坚决反对和防止腐败，是全党的一项重大政治任务。全党同志特别是各级领导干部，务必深刻认识反腐败斗争的艰巨性、长期性和紧迫性，务必以更大的决心、更有力的措施、更扎实的工作，旗帜鲜明、毫不动摇地把党风廉政建设和反腐败斗争深入进行下去。会议确定了当前及今后一个时期党风廉政建设和反腐败斗争的总体要求和思路。会议强调，开展党风廉政建设和反腐败斗争，要以邓小平理论和“三个代表”重要思想为指导，紧紧围绕发展这个党执政兴国的第一要务来展开，坚决贯彻党要管党、从严治党的方针，坚持标本兼治、综合治理，逐步加大治本力度。要依纪依法坚决惩治各种腐败行为，认真纠正人民群众反映强烈的不正之风，注重制度建设和创新，加强从源头上预防和解决腐败问题的工作。各级党委要高度重视党风廉政建设和反腐败工作，严格执行党风廉政建设责任制，切实加强领导。各级纪委要全面履行职责，确保反腐倡廉各项工作落到实处。会议强调，各级领导干部首先是我们中央政治局的同志，一定要坚持党的性质和宗旨，正确行使人民赋予的权力，自觉接受广大党员和人民群众的监督，高举旗帜、与时俱进，发扬民主、团结统一，艰苦奋斗、求真务实，清正廉洁、一心为民，始终保持共产党人的政治本色和革命气节，为党和人民的事业尽职尽责、无私奉献。会议同意2003年2月召开中共中央纪律检查委员会第二次全体会议。会议还研究了其他事项。

同　日　中共中央政治局进行第二次集体学习，中共中央总书记胡锦涛主持并发表讲话。他强调，要注重学习世界经济知识和分析世界经济形势，不断提高在对外开放条件下推动我国经济发展的规律性认识。全面认识世界经济发展变化带来的有利条件和不利因素，善于趋利避害，继续推动我国经济持续快速健康发展。中共中央政治局这次集体学习安排的内容是世界经济形势和我国经济发展。中国社会科学院余永定研究员、江小涓研究员就当前世界经济形势、世界经济发展中的若干新趋势和新特点以及我国经济的发展做了讲解，并提出了有关建议。中央政治局各同志认真听取了2位研究员的讲解，并就有关问题进行了深入的讨论。胡锦涛在主持学习时发表了讲话。他指出，“十六大”提出，综观全局，本世纪头20年，对我国来说，是一个必须紧紧抓住并且可以大有作为的重要战略机遇期。在这个时期内，我们要抓好发展这个党执政兴国的第一要务，实现“十六大”提出的全面建设小康社会的奋斗目标，不仅需要十分关注国内经济的发展情况，也需要十分关注世界经济的形势。这是因为，随着改革开放和社会主义市场经济的发展，我国经济与世界经济之间的联系越来越紧密，世界经济对我国经济发展的影响越来越大。准确把握世界经济发展的趋势和国际市场变化的走势，对更好地促进我国经济发展具有十分重要的意义。各地区各部门的领导干部特别是从事经济工作的领导干部，都要多学一些世界经济的基本知识，多了解一些国际市场的基本情况。这是我们在对外开放和国际竞争日趋激烈的条件下做好经济领导工作的必然要求，也是领导干部增强世界眼光、提高自身素质的重要途径。胡锦涛指出，总的看，经济全球化趋势的发展，既给我们带来了重要的机遇，也使我们面临着严峻的挑战。在不断发展变化的国际政治经济环境中，我们必须善于趋利避害，抓住机遇，因应挑战，加快发展。对有利条件，我们要准确把握、充分利用，发挥我国的比较优势，更好地把“引进来”和“走出去”结合起来，努力扩大出口，积极引进技术、资金、人才和先进的管理经验，不断开拓国际市场和利用国际资源，加快我国发展的步伐。对困难和风险，我们要清醒认识，妥善应对，采取有效措施，努力克服困难、防范风险，把不利影响减少到最低程度，确保我国经济的稳定发展和安全。凡事预则立，不预则废。我们要密切关注世界经济的走势，尤其要未雨绸缪，对世界经济可能发生的重大变化及对我国经济发展的影响进行预见性、战略性研究，以便主动应对。胡锦涛强调，我们要始终坚持对外开放的基本国策，促进世界各国共同发展繁荣。中国的发展离不开世界，世界的发展也需要中国。这几年来，在遇到亚洲金融危机冲击和世界经济波动的情况下，我国坚持扩大内需的方针，保持人民币币值稳定和合理的汇率，积极推动我国经济发展，同时也对促进亚洲经济的恢复和增长发挥了积极作用，对世界经济发展和稳定作出了重要贡献。随着我国经济社会的不断发展和人民生活水平的提高，我国对资本密集型、技术密集型和知识密集型的产品需求不断增长，给外国产品、技术和服务进入我国市场提供了大量机会，我国已成为国际社会公认的大市场之一。另一方面，我国的劳动密集型产品在国际上有着自己的比较优势，我国出口的价廉物美的产品给世界各国广大消费者带来了实惠。实践证明，中国经济的快速发展，有利于全球经济的发展，也有利于周边地区经济的发展。我国将进一步发展多层次、全方位、宽领域的对外开放，在更大范围、更广领域和更高层次上参与国际经济技术合作和竞争，坚持在平等、互利、互惠的基础上同世界各国发展经贸关系，为维护世界和平、促进共同发展继续作出贡献。一个发展繁荣的中国，必将为世界和地区的和平与发展发挥积极的建设性作用。中央和国家机关有关方面负责人也参加了学习。

2月6日　应国务院副总理温家宝的邀请，12位基层代表走进国务院第1会议室，出席《政府工作报告（征求意见稿）》征求意见座谈会。下午，中南海迎来了一批特殊的客人：建筑工人、乡村医生、出租车司机、派出所民警、农民、下岗再就业人员、农技推广员……温家宝说，“直接听取人民群众对政府工作的意见，这是第一次。《政府工作报告》在起草过程中，邀请普通老百姓直接参与提意见，这一做法十分重要。”来自辽宁省鞍山市的下岗再就业职工肖岩首先发言，“设立下岗失业人员‘创业超市’、扩大小额贷款规模、加强下岗就业人员的技能培训……”肖岩快人快语，操着一口东北方言，提出了有关下岗职工再就业方面的意见和建议。“你谈得很好，一共讲了11条意见。”温家宝认真记下她的意见后说，“有不少意见很切合实际。”15点50分许，温家宝把目光投向了身着蓝色工作服的李凯军：“请工人代表李凯军同志发言。”“我认为，一个称职的工人，为国家贡献力量，不仅仅是挥洒汗水，关键是要用技能为国家创造更大的效益。总理，我提三个建议。”这位来自一汽集团公司的模具钳工开门见山：“一是设立高级技工政府特殊津贴，进一步提高技工的地位；二是加大技工的培训力度；三是大力宣传工人伟大、劳动光荣。”“是的，你谈到一个很重要的问题。”温家宝赞许地对李凯军说，“劳动者应该受到全社会的尊重，我们要广泛宣传普通劳动者的优秀事迹。同样，高技能人才同科学家、文学艺术家一样理应受到全社会的尊重。”北京住总集团第六公司砌筑工樊书生接着发言，“我觉得我们农民工的工资还是比较低的，又没有养老、工伤保险，孩子上学也困难，建议政府在这些方面给予关注。”“你讲到了点子上。现在农民工的队伍越来越庞大。你们的养老、工伤保险问题已引起党和政府的高度重视，我们也正在抓紧研究。”温家宝说。“我觉得一些地方对社区工作重视不够。”吉林省长春市二道区东站街道十委社区党委书记姚珺建议各级政府更加关心社区工作，加强社区队伍建设。“社区是社会的细胞，社区工作责任重大，离不开你们这些‘小巷总理’。”座谈会持续了3个半小时。

2月17日　中共中央政治局常委、中央纪律检查委员会书记吴官正代表中央纪律检查委员会常务委员会，作了题为《全面贯彻党的“十六大”精神，努力开创党风廉政建设和反腐败工作新局面》的工作报告。吴官正指出，党的第十六次全国代表大会，是一次继往开来、与时俱进的大会。这次大会确立了“三个代表”重要思想在全党的指导地位，制定了全面建设小康社会的奋斗目标和行动纲领，对党风廉政建设和反腐败斗争提出了新的更高的要求，为进一步开展反腐倡廉工作指明了方向。各级党委和纪委要把深入学习贯彻党的“十六大”精神作为当前和今后一个时期的首要政治任务，按照围绕主题、把握灵魂、狠抓落实的要求，深刻领会和认真贯彻党的“十六大”关于加强党风廉政建设和反腐败工作的重要思想和基本观点，统一认识、坚定信心，旗帜鲜明、毫不动摇地把党风廉政建设和反腐败斗争推向深入。吴官正指出，党的十三届四中全会以来，以江泽民同志为核心的党的第三代领导集体，坚持以经济建设为中心，始终把党风廉政建设和反腐败斗争放在重要位置，作出了一系列重大决策和部署，取得了明显成效，积累了宝贵经验，保证了改革开放和经济建设的顺利进行，初步探索出一条适合我国现阶段基本国情的有效开展反腐倡廉的路子。吴官正强调，“三个代表”重要思想是我们党必须长期坚持的指导思想，是深入开展党风廉政建设和反腐败斗争的强大思想武器。吴官正指出，2003年是全面贯彻落实党的“十六大”精神的第一年。各级党委、政府要从政治和大局的高度，认真执行党风廉政建设责任制，加强对党风廉政建设和反腐败工作的领导，以艰苦奋斗的精神和真抓实干的作风开展工作，保证各项任务落到实处。吴官正要求，各级纪律检查机关要全面履行党章赋予的职责和任务，充分发挥纪律检查委员会作为党的监督机关的职能作用；要以与时俱进、改革创新的精神，努力加强自身建设。广大纪检监察干部要切实提高政治素质和业务素质，完成好党和人民交给的光荣而艰巨的任务。

2月18日—19日　根据中美两国元首达成的建立两国中长期反恐交流与合作机制的共识，中美第三次反恐磋商和中美金融反恐工作组第二次磋商分别在北京举行。外交部有关方面20日在答记者问时表示，双方跨部门代表团就当前国际和地区反恐形势、中美在金融等领域的反恐合作等问题深入交换了看法，并达成广泛共识。双方一致强调，两国在反恐领域加强合作，有助于推动国际反恐活动和双边关系的发展。此次磋商积极务实，富有成效，有助于进一步深化两国反恐合作。

2月17日—19日　中国共产党中央纪律检查委员会第二次全体会议在北京举行。中央纪委委员120人出席了会议。省、自治区、直辖市及副省级城市纪检监察机关的负责同志，中央、国家机关和部分国有大型企业纪检监察部门的负责同志，以及出席解放军纪检工作会议的同志列席了会议。中国共产党中央委员会总书记胡锦涛出席全会第二次大会并发表了重要讲话。吴邦国、温家宝、贾庆林、曾庆红、黄菊、吴官正、李长春、罗干和王兆国、回良玉、刘淇、刘云山、吴仪、周永康、贺国强、郭伯雄、曹刚川、王刚、姜春云、徐才厚、何勇、王忠禹、肖扬、韩杼滨、张思卿等党和国家领导人出席了会议。参加会议的还有中央、国家机关和有关方面的负责同志，解放军驻京各大单位及武警部队的负责同志。全会提出，2003年党风廉政建设和反腐败工作，要坚持党中央确定的反腐败指导思想、基本原则、领导体制和工作格局，根据发展变化的新形势和新情况，探索新的途径和对策，着重在抓巩固、抓落实、抓深入、抓提高上下功夫，扎实有效地推进反腐倡廉工作，努力取得新的阶段性成效。第一，抓好廉洁自律规定的落实，进一步规范领导干部从政行为。针对当前存在的突出问题，重点抓好以下工作：（1）领导干部不准利用职权违反规定干预和插手建设工程招标投标、经营性土地使用权出让、房地产开发与经营等市场经济活动，为个人和亲友谋取私利。（2）严格执行领导干部不准收受与其行使职权有关系的单位、个人的现金、有价证券和支付凭证的规定。（3）继续落实领导干部配偶、子女从业的有关规定。领导干部要加强对自己的配偶、子女以及身边工作人员的教育和管理。对放任、纵容他们违纪违法的，要追究领导干部的责任。要坚决防止和克服形式主义、官僚主义。不准弄虚作假、虚报浮夸；不准搞脱离实际、沽名钓誉的各种“形象工程”、“政绩工程”；严格控制各种名目的节庆、达标评比活动。坚决反对和制止各种奢侈浪费行为。大力精简会议和严格控制出国（境）团组。禁止以开会、考察、培训等名义变相公费旅游，禁止超编制超标准配备使用小汽车和在住房问题上以权谋私。禁止以各种名义用公款互相宴请、大吃大喝和安排私人旅游、高消费娱乐。要继续贯彻中央关于国有企业领导人员廉洁自律的各项规定，同时提出新的要求：（1）不准利用职权在企业物资购销、项目开发等经营活动中谋取私利。（2）不准个人及其亲属违反规定投资入股与其所在国有企业有关联交易、有依托关系的私营、民营企业和外资企业。（3）不准将国有资产私自委托、租赁、承包给自己的配偶、子女及其他亲属经营。（4）不准违反国有资产监管程序和企业规章制度，擅自决定对外投资、借贷、融资、担保等重大事项。（5）不准利用企业的商业秘密、业务渠道从事个人谋利活动，或将其提供、泄露给他人及其他企业。第二，继续加大查办违纪违法案件的力度，严厉惩处腐败分子。针对近年来新经济领域、资金高密集领域、垄断性行业中的案件以及侵吞国有资产案件频发多发，跨地区、跨行业、跨国（境）案件和“窝案”、“串案”增多，违纪违法人员作案手段趋向隐蔽化和高智能化等新情况，研究新的对策，采取更加有力的措施，下大力气突破一批有影响的大案要案。在继续重点查办贪污、受贿、挪用公款案件和县（处）级以上领导干部违纪违法案件的同时，要着重查办建设工程招标投标、经营性土地使用权出让、金融、物资采购等领域和环节发生的案件，国有企业改革过程中国有资产严重流失案件，违反政治纪律和组织人事纪律案件，司法领域中的贪赃枉法、徇私舞弊案件，领导干部和执法人员为黑恶势力充当“保护伞”的案件以及参与和庇护走私、骗取出口退税、虚开增值税发票、制售假劣商品等破坏社会主义市场经济秩序的案件。重视查办基层干部以权谋私、侵害群众利益的案件。第三，深化纠正部门和行业不正之风工作，着力解决发生在老百姓身边的、严重损害群众切身利益的问题：(1) 深入治理教育乱收费。在国家扶贫开发工作重点县农村中小学实行义务教育“一费制”。坚决禁止和纠正中小学校擅自设立收费项目、提高收费标准和扩大收费范围的乱收费行为；严格执行公办高中招收择校生“限分数、限人数、限钱数”的政策；进一步规范高等学校的收费。实行教育收费公示制度。(2) 继续纠正医药购销中的不正之风。严肃查处药品和医疗器械购销中给予和收受回扣等商业贿赂行为。全国县级以上人民政府、国有企业等所办的非营利性医疗机构都要对国家规定列入招标采购范围的药品实行集中招标采购。加强医德医风建设，认真解决医疗服务中索要和收受“红包”的问题。(3) 认真做好减轻农民负担工作。严格执行减轻农民负担和农村税费改革的各项政策规定，不准出台新的收费项目和提高原有的收费标准，不准违规搞突击清欠。全面实行农村订阅报刊费用“限额制”等制度。第四，创新体制机制制度，推进从源头上预防和治理腐败的工作：(1) 加快推进行政审批制度改革。坚决取消不符合政企分开、政事分开原则，不符合我国加入世界贸易组织所作的承诺和世贸组织规则，妨碍市场开放和公平竞争以及实际上难以有效发挥作用的行政审批。对取消的审批事项要加强后续监管。逐步建立科学的管理机制、规范的运行机制和严密的监督机制。(2) 继续推进财政管理体制改革。进一步落实“收支两条线”规定，所有行政事业性收费都要实行收支脱钩管理，并逐步纳入预算。加快推进预算管理改革，编制综合财政预算。扩大国库集中支付和预算外资金收缴管理制度改革的试点范围。继续整顿和规范行政事业单位的银行账户管理，认真清理和规范政策外补贴，严禁设立“小金库”。(3) 深化干部人事制度改革。认真贯彻《党政领导干部选拔任用工作条例》，制定干部选拔任用工作的监督制度和用人失察失误责任追究制。建立由组织、纪检监察、审计等部门参加的干部监督工作联席会议制度。全面推行县级以下党政领导干部、国有企业领导人员经济责任审计，扩大县级以上党政领导干部经济责任审计试点范围，把经济责任审计结果运用到干部任用和奖惩中。（4）认真贯彻公开、公平、公正的原则，完善并严格执行建设工程招标投标、经营性土地使用权出让、产权交易和政府采购4项制度。第五，健全制约监督机制，强化对党员领导干部的监督。坚持把维护党的政治纪律放在首位，要特别强调党员干部必须坚决执行党的“十六大”决议，把思想和行动统一到党的“十六大”精神上来，统一到“三个代表”重要思想上来，与党中央保持高度一致。积极探索党的代表大会闭会期间发挥代表监督作用以及党的委员会全体会议发挥监督作用的途径和形式。进一步建立健全党的民主集中制的各项具体制度，并加强对执行情况的监督检查。完善领导干部民主生活会制度。认真执行领导干部报告个人重大事项制度。实行领导干部述职述廉制度和纪委负责人同下级党政主要负责人谈话制度。建立和完善党内情况通报制度、情况反映制度和重大决策征求意见制度。建立和完善巡视制度，加大巡视工作的力度。积极稳妥地开展对派出纪检监察机构实行统一管理的试点工作，切实加强对驻在部门领导班子及其成员的监督。要继续深化政务公开、厂务公开、村务公开工作。

2月21日　中共中央政治局召开会议，决定2月24日—26日在北京召开中国共产党第十六届中央委员会第二次全体会议。中共中央总书记胡锦涛主持会议。会议讨论了《关于深化行政管理体制和机构改革的意见》。会议认为，深化行政管理体制和机构改革，是推进政治体制改革的重要内容，是完善社会主义市场经济体制的客观需要，也是贯彻落实“十六大”精神的重要举措。要适应社会主义市场经济发展和我国加入世贸组织的新形势，继续推进行政管理体制和机构改革，抓住重点，解决行政管理体制中的一些突出矛盾和问题，为促进改革开放和现代化建设提供组织保障。会议讨论了向第十届全国人民代表大会第一次会议推荐的国家机构领导人员建议人选和向政协第十届全国委员会第一次会议推荐的全国政协领导人员建议人选。会议确定将以上2个方面的内容作为十六届二中全会的议题。会议还讨论了国务院拟提请第十届全国人民代表大会第一次会议审议的《政府工作报告》稿。会议指出，第九届全国人民代表大会第一次会议召开以来的5年，全国各族人民在中国共产党领导下，高举邓小平理论伟大旗帜，全面贯彻“三个代表”重要思想，团结奋进，顽强拼搏，推动改革开放和社会主义现代化建设取得了伟大成就。5年来，各级政府认真履行职责，做了大量卓有成效的工作。2003年是贯彻落实“十六大”精神的第一年。各级政府要继续按照中央的要求做好工作。会议同意国务院将《政府工作报告》提请第十届全国人民代表大会第一次会议审议。

2月24日　国家主席江泽民在人民大会堂会见美国国务卿鲍威尔时说，自2002年我和布什总统在克劳福德会晤以来，中美关系在各个领域都有了新的进展。两国共同利益增多了，合作领域拓宽了。江泽民说，10多年来，中美关系在跌宕起伏中保持发展，有几条经验很重要。首先，中美双方应从国际形势的全局、用长远的战略观点看待两国关系。第二，我们之间应不断增进了解，发展互信。第三，要承认和尊重差异，寻求和扩大利益汇合点。第四，要恪守中美3个联合公报，妥善处理台湾问题。这样中美关系就能克服种种困难，不断向前发展。

2月24日—26日　中国共产党第十六届中央委员会第二次全体会议在北京举行。出席这次全会的有，中央委员191人，候补中央委员151人。有关负责同志列席了会议。中央政治局主持会议。中央委员会总书记胡锦涛同志作了重要讲话。全会审议通过了中央政治局在广泛征求党内外意见、反复酝酿协商的基础上提出的拟向十届全国人大一次会议推荐的国家机构领导人员人选建议名单和拟向全国政协十届一次会议推荐的全国政协领导人员人选建议名单，决定将这2个建议名单分别向十届全国人大一次会议主席团和全国政协十届一次会议主席团推荐。全会审议通过了《关于深化行政管理体制和机构改革的意见》，建议国务院根据这个意见形成《国务院机构改革方案》提交十届全国人大一次会议审议。全会指出，人民代表大会制度是我国的根本政治制度，中国共产党领导的多党合作和政治协商制度是我国的基本政治制度。始终坚持和完善人民代表大会制度、中国共产党领导的多党合作和政治协商制度，对于发展社会主义民主政治、建设社会主义政治文明，对于巩固我们党的执政地位和我国社会主义制度，对于充分调动各方面的积极因素共同建设中国特色社会主义，极为重要。“十六大”提出的关于建设社会主义政治文明的任务，适应我国改革开放和社会主义现代化建设的发展要求，是我们党领导人民坚持和发展人民民主长期实践的必然结论。全会强调，行政管理体制和机构改革是推进政治体制改革的重要内容，是推动我国上层建筑更好地适应经济基础的一项重要的制度建设和创新，也是建立和完善社会主义市场经济体制的客观需要。要充分认识行政管理体制和机构改革的重要性和必要性，按照“十六大”提出的要求深化改革，进一步转变政府职能，改进管理方式，改进工作作风，提高行政效率，努力形成行为规范、运转协调、公正透明、廉洁高效的行政管理体制，更好地为改革开放和社会主义现代化建设服务。

3月3日—14日　全国政协十届一次会议在北京召开。贾庆林主持开幕会，并致闭幕词。与会全体委员列席了十届全国人大一次会议，听取和讨论了朱镕基总理所作的政府工作报告和其他报告，对以上报告表示赞同。李贵鲜代表政协第九届全国委员会常务委员会作工作报告。会议通过了《中国人民政治协商会议第十届全国委员会第一次会议政治决议》；表决通过了政协十届一次会议关于政协第九届全国委员会常务委员会工作报告的决议、关于政协第九届全国委员会常务委员会提案工作情况报告的决议和政协十届一次会议提案审查委员会关于政协十届一次会议提案审查情况的报告。会议认为，九届政协紧紧围绕国家中心任务，始终把握团结和民主2大主题，认真履行政治协商、民主监督、参政议政职能，各项工作扎实深入、活跃有序，取得了重大进展，为巩固和发展爱国统一战线、坚持和完善共产党领导的多党合作和政治协商制度、推动改革开放和现代化建设、促进祖国统一大业发挥了重要作用。会议希望常务委员会与时俱进，开拓创新，在建设中国特色社会主义伟大事业中开创政协工作的新局面。会议选举贾庆林为政协第十届全国委员会主席；选举王忠禹等24人为政协第十届全国委员会副主席；选举郑万通为政协第十届全国委员会秘书长；选举一诚等299人为政协第十届全国委员会常务委员。

3月5日—18日　十届全国人大一次会议在北京举行。出席这次大会的代表有2 953人。朱镕基作政府工作报告，曾培炎、项怀诚、李鹏、肖扬、韩杼滨分别就年度国民经济和社会发展计划、年度预算、全国人大常委会、最高人民法院、最高人民检察院作报告。大会审议上述各个报告并通过了相应的决议。政府工作报告总结了过去5年的工作成就，指出2003年政府工作的总体要求是：继续扩大国内需求，实现经济稳定较快增长；促进农业和农村经济全面发展；积极推进产业结构调整和西部大开发；深化经济体制改革和扩大对外开放；进一步做好扩大就业和社会保障工作；认真实施科教兴国战略和可持续发展战略；加强社会主义民主法制和精神文明建设；切实加强政府自身建设。大会选举和决定了新一届国家机构领导人。胡锦涛当选为国家主席，曾庆红当选为国家副主席，江泽民当选为中央军委主席，决定温家宝为国务院总理，吴邦国当选为十届全国人大常委会委员长，肖扬当选为最高人民法院院长，贾春旺当选为最高人民检察院检察长。会议根据国务院总理温家宝的提名，决定了新一届国务院组成人员。会议还通过了十届全国人大8个专门委员会组成人员名单。

3月7日　欢迎西班牙王后访华暨庆祝中国与西班牙建交30周年招待会在京举行。中国人民对外友好协会会长陈昊苏在致辞时说，中西建交30周年来，两国关系平稳发展，高层互访频繁，两国在经济、文化、科技等领域建立了合作关系。他说，索菲娅王后专程访华，为进入21世纪的两国友好合作关系注入了新的活力。他表示希望在双方共同努力下，两国友好合作关系能得到进一步发展。西班牙国务秘书科尔特斯致辞说，中国自改革开放以来取得了举世瞩目的成就。西中自1973年建交以来在经济、文化等领域的交流与合作成果丰硕。他说，两国有着广阔的合作前景，西班牙愿进一步密切与中国的关系。招待会由中国人民对外友好协会举办。九届全国人大常委会副委员长何鲁丽、外交部领导成员乔宗淮、西班牙驻华大使布雷戈拉特等出席了招待会。

3月15日　政协第十届全国委员会常务委员会第一次会议在北京闭幕，中共中央政治局常委、全国政协主席贾庆林出席会议并讲话。这次常委会议是14日下午—15日在北京举行的。会议期间，常委会组成人员讨论研究了新一届政协常委会的工作思路，通过了政协十届常委会关于设置专门委员会的决定和专门委员会主任、副主任名单。根据决定，政协十届全国委员会设9个专门委员会，傅杰为提案委员会主任，刘仲藜为经济委员会主任，陈邦柱为人口资源环境委员会主任，刘忠德为教科文卫体委员会主任，李其炎为社会和法制委员会主任，钮茂生为民族和宗教委员会主任，郭东坡为港澳台侨委员会主任，刘剑锋为外事委员会主任，桂世镛为文史资料委员会主任。会议还通过了政协十届全国委员会副秘书长名单。贾庆林在会议结束时发表讲话。他说，在刚刚闭幕的全国政协十届一次会议上，委员们选举我们组成常务委员会，这是对我们的信任，也是赋予我们的责任。常务委员会在政协组织中处于重要位置。作为常委会成员，我们必须增强责任感和使命感，保持良好的精神状态，团结合作，积极进取，切实履行常委会的职责，努力把各项工作做好。谈到把握人民政协的地位和作用问题时，贾庆林指出，我们要全面理解和领会胡锦涛总书记在中共十六届二中全会上重要讲话精神的深刻内涵，真正从战略的高度、全局的高度，充分认识人民政协在我国政治生活中的地位和作用，充分认识政协工作的重要性，努力提高做好政协工作的积极性和主动性，切实把自己的工作与实现全面建设小康社会的宏伟目标联系起来，把个人的价值与人民政协事业的发展联系起来。谈到学习问题时，贾庆林强调，十届政协要不断适应形势的发展和工作需要，大力倡导学习之风。各级政协组织和广大政协委员要认真学习邓小平理论和“三个代表”重要思想，学习中共“十六大”精神和“两会”文件，学习党和国家的现行方针政策和法律法规，学习经济、科技、文化、历史等方面的知识，不断提高参政议政的能力与水平。谈到履行政协主要职能问题时，贾庆林说，常委会议要围绕全面建设小康社会的战略部署，选择一些事关全局、影响长远和人民群众普遍关心的重大问题进行协商讨论。政协的参加单位、各专门委员会和各位常委，都应当始终保持同人民群众的密切联系，了解他们的意愿和要求，及时准确地反映情况和提出建议。各专门委员会要结合自身特点，围绕全面建设小康社会目标和常委会议的议题进行调研。要充分重视政协各界别的意见和建议，积极探索和不断丰富有界别特点的活动。政协工作要着重在求实、求真、求精上下功夫，在突出重点、保证质量、提高水平上做文章，力戒形式主义、做表面文章。谈到政协自身建设问题时，贾庆林指出，要依据宪法和政协章程的规定，进一步完善各项工作制度，使政协的会议、视察、调研、提案、专门委员会活动等各方面的制度更加规范健全；要很好地研究地方政协在履行职能中的成功做法，加以提炼加工、概括深化，上升为经验、上升为制度；要坚持与时俱进，努力使我们的工作适应新形势、新任务的需要，不断研究探索开展政协工作的新形式、新方法，不断根据新的实践有所创造，有所前进。闭幕会由全国政协副主席王忠禹主持。全国政协副主席廖晖、刘延东、阿沛·阿旺晋美、帕巴拉·格列朗杰、李贵鲜、张思卿、霍英东、马万祺、白立忱、罗豪才、张克辉、周铁农、郝建秀、陈奎元、阿不来提·阿不都热西提、徐匡迪、李兆焯、黄孟复、张怀西、李蒙和秘书长郑万通出席会议。

同　日　十届全国人大代表履行宪法赋予的职责，15日上午以无记名投票方式，选举胡锦涛为中华人民共和国主席，选举江泽民为中华人民共和国中央军事委员会主席，选举吴邦国为第十届全国人民代表大会常务委员会委员长，选举曾庆红为中华人民共和国副主席。会议还选举王兆国、李铁映、司马义·艾买提、何鲁丽、丁石孙、成思危、许嘉璐、蒋正华、顾秀莲、热地、盛华仁、路甬祥、乌云其木格、韩启德、傅铁山为第十届全国人民代表大会常务委员会副委员长；盛华仁同时当选为第十届全国人民代表大会常务委员会秘书长。

3月16日　十届全国人大一次会议在人民大会堂举行第六次全体会议。会议经过投票表决，决定温家宝为中华人民共和国国务院总理，决定胡锦涛等为中华人民共和国中央军事委员会副主席。

3月17日　十届全国人大一次会议在人民大会堂举行第七次全体会议。会议根据国务院总理温家宝的提名，决定了新一届国务院组成人员，黄菊、吴仪、曾培炎、回良玉为国务院副总理，周永康、曹刚川、唐家璇、华建敏、陈至立为国务委员。会议通过了十届全国人大8个专门委员会组成人员名单。

3月19日　十届全国人大常委会第一次会议在人民大会堂举行。吴邦国委员长主持会议。他指出，要以"三个代表"重要思想为指导，坚持和完善人民代表大会制度，努力开创人大工作新局面，争取在十届全国人大及其常委会的5年任期内，基本形成中国特色社会主义法律体系。根据会议通过的议程，会议表决通过，任命王云龙、乔晓阳、姜云宝、刘镇、周成奎、林文漪为全国人大常委会副秘书长；免去顾昂然的全国人大常委会法制工作委员会主任职务，任命胡康生为全国人大常委会法制工作委员会主任；免去卞耀武、乔晓阳、张春生的全国人大常委会法制工作委员会副主任职务，任命李飞、王胜明为全国人大常委会法制工作委员会副主任；免去郭振乾的全国人大常委会预算工作委员会主任职务，任命刘积斌为全国人大常委会预算工作委员会主任；免去张光瑞的全国人大常委会预算工作委员会副主任职务，任命王大成为全国人大常委会预算工作委员会副主任。会议还任命了全国人大常委会香港特别行政区基本法委员会主任、副主任、委员，乔晓阳为主任，黄保欣为副主任。吴邦国委员长在会上发表重要讲话。他说，十届全国人大常委会已经开始履行宪法和法律赋予的庄严职责。发展社会主义民主政治，建设社会主义政治文明，做好人大及其常委会的工作，极为重要的是，必须坚持社会主义方向。关键是要把握好三点：一是要把坚持党的领导、人民当家作主和依法治国有机统一起来，这是最根本的。最重要的是经过法定程序，使党的主张成为国家意志，使党组织推荐的人选成为国家政权机关的领导人员，并对他们进行监督。二是要坚持走中国特色的政治发展道路。三是要坚持和发展我国社会主义政治制度的特点和优势。吴邦国说，在基本形成中国特色社会主义法律体系的目标下，要切实加强立法工作，重在提高立法质量。立法工作要坚持以“三个代表”重要思想为指导；坚持从国情和实际出发；坚持突出重点，为民所用，把重点放在基本的、比较成熟的、改革发展稳定迫切需要的立法项目上；坚持服从服务于党和国家的工作大局，紧紧围绕全面建设小康社会这个奋斗目标，体现、推动和保障发展这个第一要务，为发展创造更加良好的法制环境、提供更加有力的法制保障。吴邦国说，立法和监督应当摆在同样重要的位置。立法是为了做到有法可依，宪法和法律是监督的依据；监督是为了更好地做到有法必依、执法必严、违法必究，为了保证宪法和法律得到切实执行。同时通过监督还可以发现法律本身不够完善的地方，从而促进立法工作，提高立法质量。要继续加强和不断改进监督工作，在增强监督实效上下功夫，克服形式主义。要坚决纠正有法不依、执法不严、违法不究的行为，切实维护宪法和法律的权威，促进依法行政和公正司法。要把主要精力花在抓重大问题和人民群众普遍关心、关系人民群众切身利益的热点难点问题上。在谈到当前全国人大常委会需要抓紧做的几件事时，吴邦国说，新人多是本届全国人大常委会的一个特点，要尽快转换角色、转变工作方式。要加强学习。首先要深入学习贯彻“三个代表”重要思想和党的“十六大”精神，确保在工作中把握正确的政治方向。同时要抓紧学习宪法和法律，熟悉议事规则和议事程序，以便尽快适应工作的需要，更好地开展人大工作。根据党的“十六大”精神对现行宪法做适当修改，是必要的。在修改宪法过程中，要加强党的领导，充分发扬民主，广泛听取各方面意见，依法办事。要在党中央的领导下，按照要求加紧工作，确保圆满完成任务。新一届专门委员会要保持工作的连续性，尽快开展工作。吴邦国最后说，全国人大常委会全体组成人员，要按照胡锦涛主席对新一届国家机构工作人员的4条要求，身体力行。他强调，全国人大常委会作风建设的核心，是保持同人民群众的血肉联系。人大工作的最大优势是密切联系群众，最大危险是脱离群众，在任何时候任何情况下，我们都必须走群众路线，坚持全心全意为人民服务的宗旨，把实现人民群众的利益作为一切工作的出发点和归宿。始终保持谦虚谨慎、艰苦奋斗的作风，防止和克服形式主义和官僚主义，扎扎实实、尽心尽力地履行好自己的职责，做联系群众的模范、团结群众的模范、廉洁自律的模范、遵守宪法和法律的模范。副委员长王兆国、李铁映、司马义·艾买提、何鲁丽、丁石孙、成思危、许嘉璐、蒋正华、顾秀莲、热地、盛华仁、路甬祥、乌云其木格、韩启德、傅铁山出席了会议。

同　日　国务院总理温家宝主持召开国务院常务会议。新一届国务院已正式开始运作，全面履行职责。会议按照既分工负责又团结协作的精神，对本届国务院领导同志的工作作了分工。会议根据十届全国人大一次会议通过的国务院机构改革方案，讨论并通过了国务院直属特设机构、直属机构、办事机构、直属事业单位、部委管理的国家局以及国务院议事协调机构和临时机构等的设置。会议决定，设立国务院国有资产监督管理委员会、中国银行业监督管理委员会，组建国家食品药品监督管理局，将国家安全生产监督管理局由原来部委管理的国家局改为国务院直属机构。会议讨论并原则通过了《国务院工作规则（草案)》，决定将《国务院工作规则（草案)》提交将要召开的国务院第一次全体会议讨论通过。会议研究部署了当前需要抓紧做好的工作。总的要求是深入贯彻党的“十六大”精神和刚刚结束的十届全国人大一次会议精神，联系实际，抓好落实。近期要重点抓好七件事：（一）抓紧国务院机构改革的实施。按照人大会议通过的方案，认真做好“三定”工作。关键要体现改革的精神，切实转变政府职能。（二）紧紧抓住经济工作不放松。要认真分析一季度经济形势，及时发现和抓住关键问题，提出推进改革和加强宏观调控的政策措施。（三）抓好几项改革工作。一是农村税费改革。2003年在全国推行税费改革试点，要抓紧做好准备工作。二是国有资产管理体制改革。抓紧研究国有资产管理的法规，积极探索国有资产管理的有效办法。三是金融改革。完善金融监管体制，加强金融监管。继续推进国有商业银行改革。加快农村信用社改革。（四）整顿和规范市场经济秩序。抓住重点，进一步开展打击走私、逃税骗税漏税、制售假冒伪劣商品等违法犯罪活动。（五）维护社会稳定。加强生产安全、交通安全等工作。（六）加强廉政建设。按照中央的统一部署，贯彻中纪委二次会议精神，提出政府系统廉政建设和反腐败工作的具体要求。（七）解决困难群众生产生活问题。重点抓好下岗职工再就业、落实社会保障各项措施、加强农村扶贫工作。会议强调，国务院各部门和全体工作人员，要在以胡锦涛同志为总书记的党中央领导下，以邓小平理论和“三个代表”重要思想为指导，同心同德，扎实工作，努力开创政府工作新局面。

3月21日　国务院总理温家宝主持召开新一届国务院第一次全体会议，并发表了重要讲话。会议通报了国务院领导同志分工，宣布了国务院机构设置，讨论通过了《国务院工作规则》。温家宝说，做好未来5年的政府工作，最重要的是把握好两条：一是抓住和用好机遇，积极推进改革和发展；二是培养和用好人才，充分调动各方面的积极性和创造性。温家宝指出，本届政府总的任务是：以邓小平理论和“三个代表”重要思想为指导，认真落实党的“十六大”精神，全面建设小康社会，加快推进社会主义现代化；坚持把发展作为第一要务，以经济建设为中心，继续深化改革，扩大对外开放，逐步完善社会主义市场经济体制，加快经济结构战略性调整，大力实施科教兴国战略和可持续发展战略，走新型工业化道路，促进国民经济持续快速健康发展，不断提高人民生活水平；正确处理改革发展稳定的关系，全力维护社会稳定；切实加强民主法制建设、精神文明建设和政府自身建设，促进社会主义物质文明、政治文明和精神文明协调发展，把中国特色社会主义伟大事业全面推向前进。温家宝指出，本届政府履行职责，要严格执行《中华人民共和国宪法》和《中华人民共和国国务院组织法》。按照深化行政管理体制改革，建设行为规范、运转协调、公正透明、廉洁高效的政府。第一，实行科学民主决策。正确决策是各项工作成功的前提。中央政府的决策关系国民经济和社会发展全局，必须实行科学民主决策，从而保证决策的正确性和有效性。发扬民主是科学决策的途径和基础。国务院和各部门要建立一套在发扬民主基础上的科学决策机制。各项重大决策，都要经过深入调查研究，充分论证，广泛听取各方面意见，由集体讨论决定。涉及国民经济和社会发展的重大问题，要组织跨学科、跨部门和跨行业的专家研究论证。要完善重大决策的规则和程序，建立健全领导、专家和群众相结合的民主决策机制。充分发挥专家和研究咨询机构的作用，对涉及面广和专业性强的决策事项，通过举行论证会、座谈会，以及多种形式的咨询活动，进行科学论证。要建立决策责任制度，对不依照法定权限、违反法定程序、损害国家和人民利益的决策行为，将严肃追究决策者的法律责任。第二，坚持依法行政。在政府工作中，必须切实做到依法行政，这是贯彻依法治国基本方略的重要内容和必然要求，是政府正确行使行政权力的基本准则。各部门和所有工作人员都必须依法行使权力、履行职责。各部门制定规章、发布决定，必须符合宪法、法律，符合国务院的行政法规、决定。要强化执法监督，严格行政责任，确保政令畅通。第三，加强行政监督。一是自觉接受人大及其常委会的监督，接受政协的民主监督，接受司法监督。二是诚恳接受舆论和群众的监督。高度重视和解决新闻媒体反映的问题。三是经常发布政务信息，增加政府工作的透明度。四是高度重视人民群众通过行政复议、行政诉讼等法定渠道，对行政机关及其工作人员的监督。五是高度重视人民群众来信来访工作，确保信访渠道的畅通。六是加强行政专项监督和政府系统内部监督。监察、审计部门要依法独立地履行监督职责。国务院和各部门还要认真听取地方政府提出的批评、意见和建议。温家宝强调，政府工作人员特别是国务院组成人员，务必保持谦虚谨慎、不骄不躁的作风，务必保持艰苦奋斗的作风。要切实做到：第一，加强学习，与时俱进；第二，牢记宗旨，执政为民；第三，恪尽职守，敢于负责；第四，求真务实，注重实效；第五，廉洁自律，艰苦奋斗；第六，顾全大局，团结协作。他特别强调，领导干部要严于律己，严格要求亲属和身边工作人员，坚决执行中央廉政规定，不搞特殊化；政府工作人员要正确行使手中的权力，在公务活动中，严禁收受礼品和有价证券，严禁插手工程承包，严禁参加用公款支付的高消费娱乐活动；国务院组成人员到基层考察、调研，要简化接待，轻车简从；国务院及各部门工作人员不准用公款相互送礼和宴请，不准接受地方的送礼和宴请；国务院领导同志不为部门和地方的会议活动等发贺信、贺电，不题词。国务院副总理黄菊、吴仪、曾培炎、回良玉，国务委员周永康、曹刚川、唐家璇、华建敏、陈至立，以及国务院全体会议其他组成人员出席了会议。国务院其他部门、单位的负责人列席了会议。

3月26日　国务院总理温家宝主持召开国务院常务会议，讨论国家发展和改革委员会、商务部、国务院国有资产监督管理委员会的“三定”（定职能、定机构、定编制）规定，研究部署解决困难群众生产生活问题和加强安全生产工作。会议讨论并原则通过了国家发展和改革委员会、商务部、国务院国有资产监督管理委员会的“三定”规定。改组后的国家发展和改革委员会，将作为综合研究拟订经济和社会发展政策，进行总量平衡，指导总体经济体制改革的宏观调控部门；新组建的商务部，将更好地适应内外贸业务融合的发展趋势和加入世界贸易组织的需要，有利于建立和健全统一、开放、竞争、有序的现代市场体系；新设立的国务院国有资产监督管理委员会，将由国务院授权代表国家履行出资人职责，监管国有资产，确保国有资产保值增值，进一步搞好国有企业。会议认为，这3个部门的“三定”规定，符合党的“十六大”精神，符合党的十六届二中全会审议通过并经十届全国人大一次会议审议批准的《国务院机构改革方案》的要求。这些部门的职责配置抓住转变政府职能这一关键，注重发挥市场机制对经济活动的调节作用，重视解决经济社会发展的重大问题。国家发展和改革委员会增设能源局和国民经济运行局，有利于加强能源工作，保证国民经济正常运行；商务部增设市场运行调节司、商业改革发展司，有利于加强内贸工作，进一步深化流通体制改革。按照发展市场经济的要求，国家发展和改革委员会、商务部的职能减少了行政审批和微观管理事务，减少了部门职能的交叉。“三定”规定坚持精简、统一、效能的原则，整合内设机构职能，内设机构、人员编制和领导职数均有所减少。会议要求，各有关部门务必加强领导，精心组织，抓紧实施“三定”工作，确保机构改革顺利进行，确保各项工作正常运转。会议研究了进一步解决困难群众生产生活问题的措施。会议指出，解决困难群众生产生活问题取得了明显成效，但目前群众生产生活中还有不少实际困难，有的问题还比较突出。国务院有关部门要针对亟需解决的突出问题，抓紧研究落实具体措施。要进一步做好再就业和社会保障工作。各级财政要加大投入力度，确保国有企业下岗职工基本生活费、企业离退休人员基本养老金、失业保险金按时足额发放。认真做好城市居民最低生活保障工作，努力做到应保尽保。扎实做好救灾工作，保证受灾群众的基本生活。加大扶贫开发投入力度，加强贫困地区的基础设施建设，千方百计改善贫困农户的生产生活条件。会议认为，2003年以来，安全生产形势比较严峻，特别是最近一段时间，煤矿、交通等领域重特大事故接连发生，给国家和人民群众的生命财产造成了很大损失，必须采取切实措施，坚决扭转重大事故接连发生的状况。各地区、各部门和各单位要立即组织开展一次全面的安全生产大检查，彻底排查各类事故隐患，并制定有效措施进行整改。要进一步健全和完善安全生产责任制。对已经发生的安全事故，要一查到底，严肃追究有关人员的责任。会议决定，由国务院办公厅就进一步加强安全生产工作下发紧急通知，提出具体要求。

3月27日　国务院在京召开廉政工作会议。中共中央政治局常委、国务院总理温家宝在会上强调，各级政府要以邓小平理论和“三个代表”重要思想为指导，认真贯彻党的“十六大”精神和胡锦涛总书记在中央纪委第二次全会上的重要讲话精神，以更大的决心、更高的自觉性、更扎实的工作，旗帜鲜明、坚定不移地加强廉政建设和反腐败工作，为实现全面建设小康社会的奋斗目标服务。国务院副总理黄菊、吴仪、曾培炎、回良玉，国务委员周永康、曹刚川、唐家璇、华建敏、陈至立出席会议。中共中央政治局常委、中央纪委书记吴官正，中共中央书记处书记何勇应邀出席会议。温家宝指出，党风廉政建设和反腐败工作关系到党和国家的前途命运，党中央、国务院坚持把它作为一项重大的政治任务。上届政府在廉政建设和反腐败工作方面，取得了明显成效。党的“十六大”在提出新世纪新阶段全面建设小康社会奋斗目标和战略部署的同时，对加强党风廉政建设和反腐败工作也提出了新的要求。我们要坚决按照党中央的决策和部署，采取切实有效的措施，努力实现党中央提出的今后5年党风廉政建设和反腐败工作的目标。温家宝说，2003年政府系统廉政建设和反腐败工作总的要求是，以邓小平理论和“三个代表”重要思想为指导，全面贯彻党的“十六大”精神，坚持从严治政、依法行政的方针，标本兼治、综合治理，在严厉惩处腐败的同时，着力推进制度创新，强化对行政权力的制约和监督，努力建设行为规范、运转协调、公正透明、廉洁高效的政府。在讲到2003年政府系统廉政建设和反腐败工作的部署时，温家宝强调要抓好以下五个方面。第一，进一步落实廉洁自律规定，规范从政行为。各级政府工作人员特别是领导干部在公务活动和社交活动中，都要不折不扣地遵守中央关于廉洁自律的各项规定。根据当前存在的突出问题，要特别做到“四个不准”：不准在行使行政审批权和分配使用财政资金过程中搞权钱交易，为个人和小团体谋取利益；不准利用职权违反规定干预和插手建设工程招标投标、经营性土地使用权出让、房地产开发与经营等市场经济活动；不准收受与其行使职权有关系的单位、个人的现金、有价证券和支付凭证；不准默许或授意配偶、子女及身边工作人员打着自己的旗号以权谋私。国有企业领导人也要认真执行中央关于廉洁自律的各项规定。要加强政风建设，坚决防止和克服形式主义、官僚主义，坚决反对各种奢侈浪费行为。特别要做到“五个严禁”、“四个严格控制”和“四个坚决制止”：严禁搞沽名钓誉、劳民伤财的各种“形象工程”、“政绩工程”；严禁超编制、超标准配备使用小汽车；严禁以开会、考察、招商、研讨、培训等名义变相公费旅游；严禁在各类会议中赠送礼品和纪念品；严禁向企业事业单位摊派会议经费。继续严格控制新建和装修机关办公楼；严格控制各种名目的庆典和达标评比活动；严格控制出国(境)团组；严格控制会议和文件，切实解决“文山会海”问题。坚决制止以各种名义用公款互相宴请和送礼；坚决制止参加用公款支付的高消费娱乐活动；坚决制止在公务活动中超标准接待；坚决制止私自借用下级机关或企业事业单位的车辆。必须下大决心狠刹用公款大吃大喝之风。第二，深化改革，创新体制，加大从源头上预防和解决腐败问题的力度。2003年要着重抓好四项工作：一是深化行政审批制度改革。以转变政府职能、促进依法行政为重要目标，加快推进这项改革。下决心取消不符合政企分开、政事分开原则，不符合我国加入世贸组织所作的承诺和世贸规则的行政审批事项。二是深化财政管理体制改革。继续落实“收支两条线”的规定。加快推进部门预算改革，强化预算管理。三是深化国有资产管理体制改革。加强和改进对国有资产和国有企业的监督管理，防止国有资产流失。四是深化干部人事制度改革。建立健全科学的干部选拔任用和管理监督机制。同时，还要进一步完善并严格执行建设工程招标投标、经营性土地使用权出让、产权交易和政府采购制度。通过逐步加大治本力度，将社会经济生活的各个方面、各个环节，逐步纳入制度化、规范化、法治化的轨道。第三，纠正部门和行业不正之风，解决人民群众反映强烈的突出问题。一是有效治理教育乱收费。要严格规范各类学校的收费行为，坚决制止通过学校进行各种形式的摊派和搭车收费。二是切实解决群众就医收费过高问题。要加快推进医疗保险制度、医疗卫生体制和药品生产流通体制改革。加强医德医风建设，认真解决拿“回扣”、收“红包”等问题。三是进一步做好减轻农民负担工作。要落实好减轻农民负担的各项政策措施，认真做好农村税费改革试点在全国范围推开的工作。四是继续治理向机动车辆乱收费的问题，整顿道路收费站点。所有经济管理部门、行政执法部门和公用事业单位，都要认真整治群众反映强烈的不正之风，务求取得新的成效。第四，加大查办案件力度，严厉惩处腐败分子。要按照中央的统一部署，集中力量查办影响恶劣、后果严重的大案要案，特别要坚决查办官商内外勾结作案、执法人员执法犯法，以及领导干部贪赃枉法、腐化堕落等违法犯罪行为。对所有违纪违法案件都要一查到底；对任何腐败分子都必须彻底查处、严惩不贷。第五，严格依法行政，强化对行政权力的制约和监督。要按照建立结构合理、配置科学、程序严密、制约有效的权力运行机制的要求，对施政行为的全过程进行有效制约和监督。要实行多种形式的述职述廉制度，健全重大事项报告制度、质询制度和民主评议制度，重点加强对各级领导干部特别是主要领导干部的监督。要切实加强行政系统内部监督。要自觉接受人民群众的监督，充分发挥舆论监督的作用。温家宝要求，各级政府要切实加强对廉政建设和反腐败工作的领导，从严治政。要认真执行党风廉政建设责任制，各级政府及其各部门的主要领导干部作为第一责任人，要切实负起责任；领导班子成员中要明确分工，各负其责。要积极支持纪检、监察、审计部门的工作。要经常开展廉洁从政教育，做到防范在前、警钟长鸣。领导机关和领导干部要带头廉洁从政、以身作则，坚决反对和防止腐败。他强调，在新的形势下，继续加强廉政建设和反腐败工作意义重大。我们要振奋精神，扎实工作，深入推进廉政建设和反腐败工作，为全面实现党的“十六大”提出的各项任务而努力奋斗。会议由国务委员兼国务院秘书长华建敏主持。国务院各部委、各直属机构及有关单位主要负责同志在主会场出席会议。会上，监察部、教育部、财政部、农业部和卫生部的负责同志分别作了发言。中共中央纪委、中共中央有关部门、全国人大常委会办公厅、全国政协办公厅、中央军委办公厅、最高人民法院、最高人民检察院的负责人，各人民团体、各民主党派中央、全国工商联的负责人和无党派人士应邀出席了会议。各省、自治区、直辖市以及部分市(地)、县（市）负责人在分会场收听收看了会议实况。

3月28日　中共中央政治局召开会议，研究进一步改进会议和领导同志活动新闻报道等工作。中共中央总书记胡锦涛主持会议。会议讨论了《关于进一步改进会议和领导同志活动新闻报道的意见》。

会议指出，进一步改进会议和领导同志活动的新闻报道，对全面贯彻“三个代表”重要思想和“十六大”精神，促进和带动全党同志特别是各级领导干部进一步改进思想作风、工作作风和领导作风，密切党同人民群众的联系，具有十分重要的意义。各级党委要高度重视这项工作，并把它作为一件大事抓实抓好。中央和国家机关要带头，各级领导机关和领导干部要严格自律，自觉支持新闻媒体改进报道工作。新闻单位要坚持正确的舆论导向，大力宣传党的理论路线方针政策，多报道对工作有指导意义、群众关心的内容，力求准确、鲜明、生动，努力使新闻报道贴近实际、贴近群众、贴近生活，更好地为人民服务、为社会主义服务、为党和国家工作大局服务。会议讨论了《关于中央政治局同志出国访问的规定》。会议认为，中央政治局同志出国访问应根据对外工作需要，本着务实、精干、节约的原则安排，并对减少代表团出访人员、节约使用交通工具和简化出访送迎仪式等作了具体规定。《关于进一步改进会议和领导同志活动新闻报道的意见》和《关于中央政治局同志出国访问的规定》将于近日实施。会议还研究了其他事项。

同　日　中共中央政治局进行第三次集体学习，中共中央总书记胡锦涛主持。他强调，做好就业和再就业工作，关系到人民群众的切身利益，关系到改革发展稳定的大局，关系到实现全面建设小康社会的宏伟目标，关系到实现全体人民的共同富裕。各级党委和政府要坚持以“三个代表”重要思想和“十六大”精神为指导，从我国的基本国情出发，认真贯彻中央的有关方针政策，把新形势下的就业和再就业工作做得更好。中共中央政治局这次集体学习安排的内容是世界就业发展趋势和我国就业政策研究。中国人民大学曾湘泉教授、中国社会科学院蔡昉研究员就这个题目进行了讲解，并提出了他们的研究建议。中央政治局各同志认真听取了他们的讲解，并就有关问题进行了深入的讨论。胡锦涛在主持学习时发表了讲话。他指出，就业是民生之本，是人民群众改善生活的基本前提和基本途径。我们必须坚持把促进就业作为关系改革发展稳定全局的重大战略任务，实行促进就业的长期战略和政策。“十六大”明确提出要千方百计扩大就业，强调各级党委和政府必须把改善创业环境和增加就业岗位作为重要职责。我们一定要从实践全心全意为人民服务宗旨的高度，把促进就业和再就业工作摆上重要议事日程，作为一件大事来抓。要把这项工作纳入经济社会发展的总体部署来考虑，结合改革发展稳定的各项工作来安排，作为关心群众生产生活的重点任务来落实。要经常分析本地区本部门的就业形势，研究新情况，制定新对策，解决新问题，切实做到领导到位、责任到位、政策到位、资金到位。要加强统筹协调，动员全社会共同参与，齐心协力做好就业和再就业工作。胡锦涛指出，要根据经济社会发展规律，从实际出发制定科学的就业战略和对策，不断完善就业机制。当前尤其要帮助国有企业下岗失业人员实现再就业，特别是要对那些面临就业困难的下岗失业人员实行就业援助。各级党委和政府要设身处地地为下岗失业人员着想，满腔热情地为他们排忧解难，尽可能多创造一些适合他们从事的工作岗位，尽可能为他们多提供一些有效的服务，全力帮助他们实现再就业或自主创业。要积极做好2003年毕业的大学生就业工作。各级党委、政府以及教育、人事等有关部门都要把促进他们实现就业和创业作为一项十分重要的工作，全力以赴地抓好。胡锦涛指出，大力推进人力资源能力建设，提高国民的整体素质，充分开发和合理利用我国巨大的人力资源，不仅对推进改革开放和现代化建设具有重大作用，而且对促进就业和创业也具有重大作用。我们必须把加强人力资源能力建设、增强劳动者就业和创业能力作为一项战略任务来部署、来落实。政府有关部门、群团组织、学校、企业、社区、就业服务部门以及其他有关部门，都要根据自己的特点和条件，积极开展以提高就业和创业能力为目标的教育和培训，努力培养适应改革开放和现代化建设发展要求的人才，努力提高劳动者的就业和创业能力。要重点做好对下岗失业人员的职业培训，抓好农村的基础教育和技能培训。切实搞好人力资源能力建设，把我国特有的人力资源优势充分发挥出来，我们就能更好地实现全面建设小康社会的宏伟目标，不断开创中国特色社会主义事业新局面。中央和国家机关有关方面负责人也参加了学习。

3月31日　我国首例成人胰岛细胞移植治疗Ⅰ型糖尿病在南京军区福州总医院获得成功。3月31日，接受手术的患者彻底摆脱了使用长达9年的胰岛素。这一重大课题是由南京军区福州总医院副院长谭建明领衔的课题组，在世界成人胰岛细胞专家、美国迈阿密大学教授里柯迪的指导下，与上海市第一人民医院合作完成的。经国际成人胰岛细胞移植网络中心检索，这一手术也是亚洲第一例成功的成人胰岛细胞移植手术。严重危害人类健康的糖尿病在临床上分I型和Ⅱ型。其中I型糖尿病属胰岛素依赖型，这类患者由于胰腺中分泌胰岛素的细胞受到破坏，必须每天人工注射胰岛素，以保持糖代谢稳定，维持生命。临床上通常采用的内科治疗方法无法逆转其发病过程，唯一的根治手段是进行成人胰岛细胞移植。这一世界性医学难题目前正成为全球医学专家学者研究的热点。

4月2日　国务院总理温家宝主持召开国务院常务会议，研究非典型肺炎防治工作，讨论《国务院2003年工作要点》和中国银行业监督管理委员会“三定”（定职责、定机构、定编制）规定，审议《中华人民共和国中医药条例（草案）》。会议听取了卫生部关于非典型肺炎防治工作的汇报。会议认为，广东等少数地区发生非典型肺炎后，党中央、国务院高度重视，有关部门、有关地区做了大量工作，目前疫情已得到有效控制。全国绝大多数地区没有发现疫情，社会安定，各项工作秩序正常。为从根本上消除少数地区疫情，会议强调：（一）要把控制疫情作为当前卫生工作的重中之重。以卫生部部长为组长的非典型肺炎防治工作领导小组，负责指导非典型肺炎防治工作；由国务院副秘书长牵头的部际联席会议，协调解决有关问题。（二）及时向世界卫生组织通报疫情。近日由卫生部举行中外记者招待会，向社会公布疫情和预防控制措施。（三）进一步与世界卫生组织开展有效合作。（四）抓紧建立国家应对突发公共卫生事件的应急处理机制。会议要求各有关部门要密切协作，进一步加强监测，全面掌握疫情动态，千方百计控制疫情扩散蔓延，切实维护人民群众的健康。

同　日　由中国人权研究会创办的《人权》杂志近日发表题为《13年中国人权事业的发展》的文章，以大量数字与事实表明，最近13年中国的人权事业发展取得了巨大成就。文章说，中国国民经济持续快速发展，人民生存权、发展权的保障产生了质的飞跃。1989年以来，中国国内生产总值以平均9.3%的速度增长，2002年突破了10万亿元大关，比1989年增加了5倍。经济发展的良好势头和日趋完善的投资环境对外商来华投资产生了极大的吸引力。2002年中国的外商直接投资达到510亿美元，排名世界首位。

4月4日　中央军委主席江泽民签署命令，发布施行《军事法规军事规章条例》。这是中央军委根据《中华人民共和国立法法》制定的一部重要军事法规，是加强军事立法、推进依法治军的重大举措。

4月14日　国务院总理温家宝主持召开国务院常务会议。会议听取并原则同意卫生部关于建设完善国家突发公共卫生事件应急反应机制问题的汇报。会议认为，为应对突发性公共卫生事件，切实保障人民群众的健康与生命安全，尽快建设和完善国家突发公共卫生事件应急反应机制是完全必要的。建设这一机制应遵循的原则是：中央统一指挥，地方分级负责；依法规范管理，保证快速反应；完善监测体系，提高预警能力；改善基础条件，保障持续运行。会议确定了当前要抓紧的几项工作：一是制定相关行政法规，从法律上保障突发公共卫生事件应急反应机制的运行；二是建立应急指挥系统，对突发公共卫生事件实行统一指挥，统一部署，统一行动；三是完善信息网络，及时、准确地对突发公共卫生事件作出预测、预报和预警；四是加快各级防治机构建设，完善疾病预防控制体系；五是加强人才培训和技术队伍建设，改善参加疫病防治工作专家和医务人员的健康防护条件。会议要求，各地区也要从实际出发，抓紧建立本地区突发公共卫生事件的应急处理机制，充分利用现有基础设施，加强疾病预防控制机构的建设，保障国家应对突发公共卫生事件应急反应机制的正常有效运转。会议还分析研究了当前经济形势和需要采取的对策。4月9日、10日，国务院领导同志还与部分经济专家学者进行了座谈，听取了他们对当前经济运行情况的意见和建议。

4月15日　中华人民共和国科学技术部、中国科学院、国家自然科学基金委员会在科技部联合召开新闻发布会，宣布了温家宝总理与美国、英国、日本、法国、德国等国政府首脑联名发表的《六国政府首脑关于完成人类基因组序列图的联合声明》。

4月16日　国务院总理温家宝主持召开国务院常务会议，讨论国务院2003年立法工作计划和国家食品药品监督管理局的“三定”规定，审议《工伤保险条例（草案）》。会议讨论并原则通过了《国务院2003年立法工作计划》和《关于做好国务院2003年立法工作的几点意见》。会议指出，做好2003年政府立法工作，对于贯彻落实党的“十六大”精神和依法治国方略，全面推进依法行政，促进经济和社会全面发展都具有重要意义。根据形势和任务的需要，国务院将把有关建立完善突发公共卫生事件应急处置机制，整顿和规范市场经济秩序，深化金融体制改革、国有企业改革和国有资产管理体制改革，完善社会保障体系，以及适应教育科技文化卫生事业发展需要制定、修订的法律、行政法规项目，作为2003年立法工作的重点。会议要求国务院各部门要高度重视政府立法工作，起草、审查法律和行政法规草案，要适应改革发展稳定的需要，把提高人民的物质文化生活水平作为出发点和归宿。要进一步提高社会公众对政府立法工作的参与程度，增强立法工作的计划性和可预见性，确保立法质量。会议讨论并原则通过了国家食品药品监督管理局的“三定”规定。新组建的国家食品药品监督管理局作为国务院直属机构，将负责食品、保健品、化妆品安全管理的综合监督、组织协调和组织开展对重大事故的查处，以及药品研究、生产、流通、使用等环节的行政、技术监督等工作。会议认为，为进一步规范工伤保险制度，保障职工在工作中遭受事故伤害或者患职业病职工及时获得医疗救治和经济补偿，促进工伤预防和职业康复，分散用人单位的工伤风险，制定《工伤保险条例》是十分必要的。会议决定，《工伤保险条例（草案）》经进一步修改后，由国务院公布施行。

4月17日　中共中央政治局常务委员会召开会议，专门听取有关部门关于非典型肺炎防治工作的汇报，并对进一步做好这项工作进

行了研究和部署。中共中央总书记胡锦涛主持会议。会议指出：做好非典型肺炎的防治工作，关系到广大人民群众的身体健康和生命安全，关系到我国改革发展稳定的大局。党中央、国务院对此十分关心、高度重视，多次召开会议研究，采取了一系列重大措施。各地区、各部门按照中央要求做了大量工作，防治工作取得了明显的成效。同时也要看到，由于非典型肺炎是一种新发现的疾病，其防治工作具有相当的艰巨性、复杂性。当前，要继续毫不松懈地加强防治工作，巩固取得的成果，解决存在的问题。各级党委和政府一定要从实践“三个代表”重要思想和贯彻“十六大”精神的高度，进一步认识做好非典型肺炎防治工作的极端重要性，把它作为当前的一项重大任务抓紧抓好。会议指出，要本着沉着应对、措施果断，依靠科学、有效防治，加强合作、完善机制的总体要求，切实做好非典型肺炎防治工作。当务之急是采取果断措施，控制疫病蔓延。关键是要做到早发现、早报告、早隔离、早治疗，切断传播途径。要坚持分类指导，全面加强预防。防治工作取得明显成效的地方，要总结经验，巩固成果，防止反复；新出现疫病的地方，要坚决防止疫病的扩散和传播；没有发生疫病的地方，要保持高度警惕，制订切实可行的预案。要强化救治工作，组织力量攻关，尽快研究有效的治疗方法，增强治疗效果，切实提高治愈率。对攻关所需的人力、物力、财力，有关部门要给予积极支持。要抓紧建立公共卫生应急处理机制。要加强国际和地区合作，交流预防治疗经验，提高防治效果。会议强调，要切实加强对防治工作的领导，建立严格的责任制，把各项工作落到实处。各级领导干部一定要切实把广大人民群众的身体健康和生命安全放在第一位，党政主要领导要亲自抓、负总责，建立工作机构和协调机制，保证防治工作所需的资金。要广泛发动群众，动员社会力量，加强疫病的跟踪监测，建立和完善防疫网。特别要注意做好机关、学校、企事业单位的防疫工作。各地党委和政府要对该地区的防治工作实行统一领导，统一指挥，统筹医疗卫生资源。对生活困难的患者，要实行医疗救助，保证他们及时得到有效治疗。要关心医务人员的健康，配备必要的防护设备。

要准确掌握疫情，如实报告并定期对社会公布，不得缓报、瞒报。要向广大群众宣传科学的防护知识，增强群众的防病意识。

同　日　教育部分别召集有关部门负责人和在京直属高校主要负责人，就高等院校进一步做好防治非典工作作出部署。教育部部长周济要求各高校要按照党中央、国务院的要求，立即动员起来，做好防大疫的准备。当前特别要克服忽视、麻痹、侥幸的思想，充分认识到非典防控工作的复杂性、艰巨性和反复性，把这场人命关天、责任重大的硬仗打好。周济指出，各校要结合实际，建立更严密的机制，特别是快速反应机制，提出更为严格的要求并落到实处；要保证组织落实，成立学校非典防控工作领导小组，由一把手负责，还要建立健全工作小组，保证各项措施的落实。周济强调，根据已发生非典疫情学校的经验，早发现、早隔离是防止疫情蔓延的重要手段。一些学校在发现疫情后，坚决实行隔离措施，还有一些学校为了防止疾病传播，保证师生健康安全，采取改变教学方式和学习方式的方法，这些好的做法，各学校都可以借鉴。周济还要求，各高校要迅速建立非典防控工作信息通报制度，要主动、公开、透明，绝不允许瞒报、迟报、漏报。同时，在防治非典工作中，各校要加大思想政治工作力度，充分发挥学校、院系、班级党团组织的作用，疏导情绪、凝聚人心，确保学校稳定。一些地区发生非典型肺炎疫情以来，特别是全国非典型肺炎防治工作会议以后，教育部高度重视教育系统内的非典防控工作，已迅速做出部署，明确要求各地教育行政部门、学校采取切实措施做好非典防控工作。教育部指出，做好非典防控工作，事关广大师生员工的身体健康和生命安全，事关学校和社会的稳定，要充分认识做好非典防控工作的重要性和紧迫性，把这项工作作为当前学校各项工作的重中之重，积极主动地抓好非典防控中各个工作环节的落实。连日来，周济和教育部副部长张保庆、袁贵仁、赵沁平还分别到部分在京直属高校听取汇报，与这些高校的负责人一起研究非典防控工作。

4月23日　国务院总理温家宝主持召开国务院常务会议。会议决定，为进一步加强非典型肺炎防治工作，成立国务院防治非典型肺炎指挥部，统一指挥、协调全国非典型肺炎的防治工作。国务院副总理吴仪任总指挥，国务委员兼国务院秘书长华建敏任副总指挥。会议决定，中央财政设立非典型肺炎防治基金，基金总额20亿元，从预算总预备费中安排。主要用于：农民和城镇困难群众中非典型肺炎患者的救治工作；中西部困难地区县级医院的应急改造和购置治疗非典型肺炎的医疗设备；支持非典型肺炎防治的科技攻关等。国务院为支持中西部地区疾病控制机构的建设，在已安排20亿元国债资金的基础上，再安排9亿元；为支持中国疾病预防控制中心一期工程建设，安排专项资金6亿元。会议指出，当前做好北京等地区和广大农村的非典型肺炎防治工作至关重要，各地区、各部门务必采取有力措施，切实做到早发现、早报告、早隔离、早治疗，千方百计控制疫情扩散蔓延。有关方面要精心组织好非典型肺炎防治药品、物资的生产、调运、供应等工作，确保市场供应和物价稳定。

4月25日　十届全国人大常委会在人民大会堂举行第一次法制讲座。中共中央政治局常委、全国人大常委会委员长吴邦国主持讲座并发表重要讲话。他强调，要把学习放在突出的位置，努力提高自身素质和工作水平，更好地履行宪法和法律赋予的职责。吴邦国指出，为了切实加强全国人大常委会的学习，九届全国人大常委会在李鹏同志的主持下，建立了法制讲座的学习制度。讲座的举办，对于常委会组成人员熟悉法律和人大工作，提高素质，特别是提高审议法律的质量，起到了积极的作用。十届全国人大常委会将发扬这一传统，承前启后，继续把法制讲座办好。吴邦国说，以毛泽东、邓小平、江泽民同志为核心的三代领导集体都高度重视学习，始终把学习作为一项关系党的事业兴旺发达的战略任务来抓。全国人大及其常委会代表人民行使国家权力。做好人大的各项工作，迫切需要我们把学习放在突出的位置。吴邦国强调，加强学习是提高素质、更好地依法履行职责的需要，是适应人大工作特点、提高人大工作质量和水平的需要，是形势发展和知识更新的需要。他指出，全国人大常委会的工作，关系党和国家工作的大局，关系人民群众的根本利益。我们要真正担负起职责，必须具备较高的思想理论水平，具有良好的法律素质和多方面的知识。要加强学习，努力提高工作质量和水平。要把加强学习作为应对各种机遇和挑战的重要措施，准确全面地把握新形势，研究解决新问题。总之，人大工作要跟上时代发展的步伐，必须不断学习，不断更新知识，增强学习的自觉性。在谈到当前的学习重点时，吴邦国强调，首先要学习马列主义、毛泽东思想和邓小平理论，学习"三个代表"重要思想，当前我们突出强调的是，学习党的"十六大"精神。这是人大工作的指导思想，是人大工作坚持社会主义方向的重要保证。第二，必须学好宪法。只有学好宪法，才能实施好宪法，才能保证人大立法、监督等各项工作符合宪法和法律的要求。同时，要注重学习规范人大依法履行职责的相关法律，熟悉和掌握人大的议事规则和工作程序，这是做好人大工作的一项"基本功"。第三，要学习经济、政治、文化、科技、管理、历史、军事等方面的知识。特别要看到，当今世界科学技术日新月异，新的技术、新的管理理念、新的知识不断涌现，需要我们去学习、去熟悉。吴邦国还对做好全国人大的干部培训工作提出了要求。他说，要围绕培养造就一支政治坚定、业务精通、务实高效、作风过硬、团结协作、勤政廉洁的人大干部队伍的目标，加强领导，把干部培训工作作为一项重要的基础性工作，抓紧抓好，切实提高人大干部的整体素质。讲座的主讲人是全国人大法律委员会主任委员杨景宇。他讲授的题目是《我国的立法体制、法律体系和立法原则》。全国人大常委会副委员长王兆国、李铁映、司马义·艾买提、丁石孙、成思危、许嘉璐、顾秀莲、盛华仁、乌云其木格、韩启德以及全国人大常委会委员、全国人大各专门委员会组成人员、部分省级人大常委会的负责同志、部分全国人大代表听取了讲座。

同　日　经中共中央批准，中央纪律检查委员会对贵州省委原书记、省人大常委会原主任刘方仁严重违纪问题进行了审查。现已查明，刘方仁在担任省委书记期间，先后帮助贵州某集团公司总经理和一企业主贷款、开发房地产、承揽工程，事后共收受贿赂161万元人民币、1.99万美元；收受某外商所送名贵手表1对；长期与一有夫之妇保持不正当两性关系。刘方仁身为高级领导干部，利用职权为他人谋利，收受贿赂和贵重物品，道德败坏，其行为已构成严重违纪。根据《中国共产党纪律处分条例（试行）》有关规定，经中共中央批准，中央纪委常委会决定，给予刘方仁开除党籍处分；鉴于其收受贿赂行为已涉嫌犯罪，将其移送司法机关依法处理。

4月26日　十届全国人大常委会第二次会议在人民大会堂闭幕。吴邦国委员长主持会议。十届全国人大常委会第二次会议表决通过了关于卫生部部长决定任免的名单，国家主席胡锦涛签署第三号主席令，根据全国人大常委会的这一决定，免去张文康的卫生部部长职务，任命吴仪为卫生部部长（兼）。会议经过表决，通过全国人大常委会关于中国银行业监督管理委员会履行原由中国人民银行履行的监督管理职责的决定。会议分别表决通过了全国人大常委会关于批准中国和吉尔吉斯共和国睦邻友好合作条约，中国和哈萨克斯坦共和国睦邻友好合作条约，中国和哈萨克斯坦共和国关于打击恐怖主义、分裂主义和极端主义的合作协定的决定。会议表决通过了十届全国人大常委会代表资格审查委员会主任委员、副主任委员、委员名单，通过了其他任免名单。完成各项议程后，吴邦国就人大立法、监督工作的指导思想和原则等问题发表了讲话。吴邦国说，做好立法工作是全国人大及其常委会的首要任务。针对争取在本届人大任期内基本形成中国特色社会主义法律体系的立法任务，他指出，中国特色社会主义法律体系是以宪法为统帅，法律为主干，包括行政法规、地方性法规、自治条例和单行条例等规范性文件在内的由7个法律部门、3个层次的法律规范组成的统一整体。这个法律体系是动态的、开放的、发展的，而不是静止的、封闭的、一成不变的。我们的法律体系要体现与时俱进的精神，处理好稳定性与变动性、前瞻性与阶段性的关系。即使到2010年中国特色社会主义法律体系形成之后，也还要根据我国经济、政治、社会发展的需要不断进行调整和完善。吴邦国指出，为了在本届人大任期内基本形成中国特色社会主义法律体系，要制定好5年的立法规划，同时还要制定2003年的立法计划。制定5年立法规划和年度立法计划的指导思想，一是突出重点，把基本的、急需的、条件成熟的立法项目作为立法规划的主要内容。二是5年立法规划应当是预期的、滚动的、指导性的，而不是指令性的。三是有些法律虽然是基本形成中国特色社会主义法律体系所不可缺少的，但近期的立法条件还不成熟，可以由国务院根据立法法的规定，先用行政法规的形式规定行政管理措施，等将来条件成熟了再制定法律。至于一些区域性的问题，可以由地方人大根据立法法的规定，通过制定地方性法规去加以规范。吴邦国说，全国人大常委会的监督工作，主要是法律监督和工作监督。做好人大的监督工作，总的指导思想是少而精、讲实效。无论是执法检查还是听取专题工作报告，都要着重抓两头：一头是抓关系改革发展稳定全局的重大问题。另一头是抓同老百姓切身利益密切相关的热点、难点问题。比如传染病防治问题、再就业问题、学校乱收费问题、看病难问题、农民负担重问题等。全国人大常委会副委员长王兆国、李铁映、司马义·艾买提、丁石孙、成思危、许嘉璐、蒋正华、顾秀莲、盛华仁、路甬祥、乌云其木格、韩启德、傅铁山出席会议。国务院副总理回良玉、最高人民法院院长肖扬、最高人民检察院检察长贾春旺列席会议。

4月28日　中共中央政治局召开会议，研究在全党兴起学习贯彻“三个代表”重要思想新高潮等工作。中共中央总书记胡锦涛主持会议。会议研究了即将在全党开展的兴起学习贯彻“三个代表”重要思想新高潮的工作。会议指出，“十六大”把“三个代表”重要思想同马克思列宁主义、毛泽东思想、邓小平理论一道确立为党必须长期坚持的指导思想，实现了我们党指导思想上的又一次与时俱进。始终做到“三个代表”，是我们党的立党之本、执政之基、力量之源。全面贯彻“三个代表”重要思想，是坚持和发展社会主义的必然要求，是我们党艰辛探索和伟大实践的必然结论。会议强调，“十六大”提出在全党兴起学习贯彻“三个代表”重要思想的新高潮，是推动党的事业继往开来、与时俱进的重大战略举措，关系党和国家工作的全局，关系中国特色社会主义事业的长远发展，关系中华民族的伟大复兴。兴起学习贯彻“三个代表”重要思想的新高潮，就是要使全党在对“三个代表”重要思想的时代背景、实践基础、科学内涵、精神实质和历史地位的认识上达到新的高度，在认真贯彻“三个代表”重要思想的根本要求、始终做到“三个代表”上取得新的成效，不断增强贯彻“三个代表”重要思想的自觉性和坚定性。各地区、各部门要按照中央的统一部署，结合实际，周密安排，精心组织，扎实开展，引导广大党员特别是领导干部深入学习贯彻“三个代表”重要思想，进一步解放思想、实事求是、与时俱进，为全面建设小康社会、开创中国特色社会主义事业新局面而奋斗。会议听取了当前我国经济发展情况的汇报。会议指出，2003年以来，我国经济发展开局良好，增长速度明显加快，效益大幅提高，结构调整稳步推进，自主增长能力增强，国民经济初步呈现了速度和结构、质量、效益相统一的良好发展势头。这种好形势来之不易，要倍加珍惜。同时也要清醒地看到，在经济快速增长的过程中，我们也面临着一些亟待解决的问题，特别是非典型肺炎疫情的突发，使我国经济发展环境的不确定因素增加。对这些问题，我们要高度重视，深入研究，并有针对性地采取措施加以解决。会议强调，各地区、各部门要站在全局的高度，处理好非典型肺炎防治工作和经济工作的关系，一手抓防治非典型肺炎这件大事，一手抓经济建设这个中心不动摇。要按照党中央、国务院的要求和部署，全力以赴地做好非典型肺炎防治工作，切实保护人民群众的身体健康和生命安全。要坚持扩大内需的方针，继续实施积极的财政政策和稳健的货币政策，用发展的办法解决好经济生活中出现的突出矛盾和问题，把各方面加快发展的积极性引导好、保护好、发挥好。要把各种困难和不利影响估计得严重一些，把解决的措施准备得更充分一些，全面扎实地做好改革发展稳定的各项工作，维护社会生产、学习和生活的正常秩序，坚定不移地完成2003年经济和社会发展的预期目标，保持国民经济持续快速健康发展。

同　日　中共中央政治局进行第四次集体学习，中共中央总书记胡锦涛主持。这次集体学习安排的内容是当代科技发展趋势和我国的科技发展，以及运用科学技术加强非典型肺炎防治工作。中国科学院王恩哥研究员、清华大学薛澜教授、中国疾病预防控制中心曾光研究员分别就这几个题目进行了讲解，并提出了他们的研究建议。中央政治局各同志认真听取了他们的讲解，并就有关问题进行了讨论。胡锦涛在主持学习时发表了讲话。他强调，要大力弘扬中华民族精神，充分运用科学技术力量，为防治非典型肺炎斗争提供强大精神动力和强大科技支持，坚决打赢防治非典型肺炎的攻坚战。他指出，中华民族是具有伟大民族精神的民族。千百年来，中华民族之所以能够历经磨难而不衰，饱尝艰辛而不屈，千锤百炼而愈加坚强，靠的就是这种威力无比的民族精神，靠的就是各族人民的团结奋斗。越是困难的时候，越是要大力弘扬民族精神，越是要大力增强中华民族的民族凝聚力。在当前这场防治非典型肺炎的斗争中，我们要大力弘扬万众一心、众志成城，团结互助、和衷共济，迎难而上、敢于胜利的精神。万众一心、众志成城，就是全党全国要把思想和行动统一到中央的部署上来，同心同德、齐心协力，心往一处想，劲往一处使，全党全国拧成一股绳，形成抗击疫病的强大合力；团结互助、和衷共济，就是全社会要广泛动员起来，团结一致、共同行动，互相帮助、互相关心，一方有难、八方支援，给患病群众以无微不至的关爱，给医护人员以满腔热情的支持，给发病地区以切实有力的帮助，做到同呼吸、共命运、心连心，共同应对疫病的挑战；迎难而上、敢于胜利，就是要坚定战胜困难的昂扬斗志和必胜信念，实事求是地分析形势，沉着冷静地面对挑战，坚忍不拔地克服困难，在困难和挑战面前不惊慌、不退缩、不悲观，坚定信心，顽强拼搏，坚决同病魔斗争到底。广大共产党员和各级领导干部要牢记全心全意为人民服务的宗旨，把做好非典型肺炎防治工作作为贯彻“三个代表”重要思想的自觉实践，团结带领广大人民群众积极投身到防治非典型肺炎的斗争中去。胡锦涛强调，夺取防治非典型肺炎斗争的胜利，关键要发挥科学技术的重要作用。各级党委和政府都必须尊重科学规律，采用科学方法，依靠科学手段，切实做好治疗、预防和控制的各项工作。医学科研战线要进一步集中力量进行防治非典型肺炎的科学攻关，并尽快把成功的研究成果应用到非典型肺炎防治工作中去。要在广大群众中进行防治疾病科学知识的宣传，使广大群众都能以科学的态度对待疾病，以科学的方法提高自我保护能力。要认真贯彻《中华人民共和国传染病防治法》，切实落实各项措施。胡锦涛强调，能不能取得非典型肺炎防治工作的胜利，是对我们党和政府驾驭复杂局势能力的考验，也是对全党同志和全国人民战胜困难、继续前进的意志和勇气的考验。有党中央、国务院的坚强领导，有全党和全国人民的共同努力，坚持依靠群众、依靠科学，万众一心、众志成城，我们一定能够打赢防治非典型肺炎的攻坚战。胡锦涛指出，抓好发展这个执政兴国的第一要务，实现全面建设小康社会的宏伟目标，要求我们坚持实施科教兴国战略，大力推进科技进步和创新。各级党委和政府要加强对科技工作的领导，切实把加速科技进步放在经济社会发展的关键地位，促进科技同经济的结合，加速科技成果向现实生产力转化。各级领导干部都要努力增强自身的科技素质，不断提高领导现代化建设的水平和能力。要在全社会大力普及科技知识，弘扬科学精神，不断提高全民族的科学文化素质，为实现全面建设小康社会的宏伟目标提供强大的科技支持和保证。中央和国家机关有关方面负责人也参加了学习。

4月29日　中国——东盟领导人关于非典型肺炎特别会议在泰国首都曼谷举行，会议主要讨论了如何加强地区合作，采取切实措施防治非典和消除其威胁的问题。中国国务院总理温家宝出席会议并发表重要讲话。温家宝指出，非典型肺炎是对人类健康和生命安全的严重威胁，但是只要中国和东盟同心携手，共赴时艰，就一定能战胜非典型肺炎，转危为安，迎来亚洲更大的繁荣和发展。这次会议是在本地区遭受非典这一严重灾害的时刻召开的。这是中国和东盟领导人首次举行特别会议，共商抗击非典的战略。会议受到国际社会的广泛关注。

5月7日　国务院总理温家宝主持召开国务院常务会议，研究应对非典型肺炎影响，做好当前经济工作的措施，审议《突发公共卫生事件应急条例（草案）》。会议听取了国家发展和改革委员会关于应对非典型肺炎影响，做好当前经济工作的情况汇报。会议认为，当前防治非典型肺炎形势依然严峻，疫情对经济的影响日益显露，经济建设工作任务十分繁重，必须正确把握和处理好防治非典型肺炎和推动经济发展的关系，坚持一手抓防治非典型肺炎这件大事，一手抓经济建设这个中心不动摇，努力保持经济的稳定发展，把损失减少到最低限度。会议提出，当前要在全力做好非典型肺炎防治工作的同时，切实做好以下工作：一、抓好春耕夏收，稳定农业生产。加快农村经济结构调整，千方百计增加农民收入。二、加大投资力度，调整投资结构。已经确定的重大工程项目，要加快建设进度。国债和预算内建设资金要优先安排非典防治工作急需的项目，加强公共卫生基础设施建设，加大对老工业基地调整改造的支持力度。三、培育新的消费热点和经济增长点。抓紧出台汽车产业和消费政策，进一步扩大普通住房和经济适用房的供给。规范和改善电信、互联网业务的消费环境，推动扩大电子商务、电子政务、网络教育、网上文化娱乐及全民健身等方面的消费。四、努力促进外贸出口和利用外资。加强国内出口商品的检验检疫工作。大力组织机电产品、高新技术产品和纺织品的出口。五、对民航、旅游、餐饮、商贸、出租车等受影响较大的行业，采取减免行政事业性收费和适当财税优惠政策等措施给予必要的扶持。六、大力增收节支，合理调整财政支出结构。除抗击非典型肺炎应急等各项必需保障的重点支出外，严格控制其他支出。七、进一步做好就业和社会保障工作。发生疫情地区的企业不得随意解雇员工，尽可能稳定就业状况。对疫情导致部分企业职工和个体经营者收入低于当地最低生活保障线的，各级政府要及时纳入“低保”。八、维护正常的生产和生活秩序。各地区和各部门要采取有力措施，确保重点物资和生活必需品的运输畅通，电信、电力、交通枢纽、城市煤气、自来水，以及银行清算、证券交易等重要部门或企业要确保正常运转。会议要求，各地区各部门要加强对经济的预期分析和跟踪监测，及时处理和解决疫病防治和经济建设中出现的问题，努力保持国民经济持续较快增长，实现全年经济社会发展预期目标。会议认为，为有效预防、及时控制和消除突发公共卫生事件的危害，保证公众身体健康与生命安全，维护正常的社会秩序，制定《突发公共卫生事件应急条例》是十分必要的。会议决定，《突发公共卫生事件应急条例（草案）》经进一步修改后，由国务院公布施行。

5月12日　新华社报道：国务院总理温家宝5月9日签署国务院第三七六号令，公布施行《突发公共卫生事件应急条例》。为了有效预防、及时控制和消除突发公共卫生事件的危害，保障公众身体健康与生命安全，维护正常的社会秩序，国务院依照《中华人民共和国传染病防治法》和其他有关法律的相关规定，在总结前阶段防治非典型肺炎工作实践经验的基础上，制定了《突发公共卫生事件应急条例》，以在我国建立起“信息畅通、反应快捷、指挥有力、责任明确”的处理突发公共卫生事件的应急法律制度。

5月13日　国务院总理温家宝主持召开国务院常务会议。会议审议并原则通过了《企业国有资产监督管理暂行条例（草案）》、《中华人民共和国文物保护法实施条例（草案）》。会议认为，为实现党的“十六大”提出的深化国有资产管理体制改革目标，建立适应社会主义市场经济需要的国有资产监督管理体制，进一步搞好国有企业，推动国有经济布局和结构的战略性调整，发展和壮大国有经济，实现国有资产保值增值，制定《企业国有资产监督管理暂行条例》是十分必要的。《企业国有资产监督管理暂行条例（草案）》明确了国有资产管理体制的基本框架和企业国有资产监督管理的基本制度，规定了国有资产监督管理机构的出资人职责，提出切实保障企业经营自主权、不得干预企业生产经营活动的要求；同时还对企业负责人管理、企业重大事项管理、企业国有资产管理等作了明确规定。会议决定，《企业国有资产监督管理暂行条例（草案）》经修改后，由国务院公布施行。会议认为，为切实贯彻落实《中华人民共和国文物保护法》，推进文物保护事业健康发展，制定《文物保护法实施条例》是必要的。《文物保护法实施条例（草案）》，主要规定了不可移动文物、考古发掘、馆藏文物的日常管理制度，明确了文物修缮、文物经营及考古发掘等相关单位的资质条件和审批程序等。会议决定，《文物保护法实施条例（草案）》经修改后，由国务院公布施行。

5月16日　人事部、卫生部、解放军总政治部作出决定，追授在抗击非典斗争中以身殉职的医务工作者邓练贤、叶欣、梁世奎、陈洪光、李晓红“白求恩奖章”。决定指出，在全国人民万众一心、众志成城抗击非典的斗争中，广大医护卫生人员日夜战斗在第一线，把自己的生命与人民群众的命运紧紧地联系在一起，无私无畏、竭诚奉献，甚至献出宝贵的生命。邓练贤、叶欣、梁世奎、陈洪光、李晓红5位同志就是其中的杰出代表，他们的英雄行为感人肺腑，事迹催人奋进，不愧为人民英雄。

5月19日　第五十六届世界卫生大会以主席裁决方式作出决定，拒绝了马绍尔群岛等提出的所谓“邀请台湾以观察员身份参与世界卫生大会”提案。这是世界卫生大会第七次拒绝涉台提案。5月19日，外交部发言人章启月就世界卫生大会拒绝涉台提案发表讲话指出，任何在国际上制造“两个中国”、“一中一台”的图谋都是不能得逞的。

5月21日　国务院在北京召开第二次全体会议。中共中央政治局常委、国务院总理温家宝主持会议并发表重要讲话。他强调，要进一步贯彻中央关于坚持“两手抓”的方针，一手抓非典防治工作，一手抓经济发展和其他工作，建立防治非典特殊时期良好的工作秩序，努力减少非典造成的损失。温家宝全面分析了当前非典防治形势和经济形势。他指出，目前防治工作的形势依然严峻，任务十分艰巨。一些地区每天还有新发病例出现，在医院治疗的确诊患者和疑似患者数量较大。北京等重点地区新增病例下降的时间还很短，防治工作还存在一些薄弱环节和漏洞，农村存在疫情扩散的隐患。对疫病尚缺乏有效的诊治和防疫手段。目前防治工作正处在关键时期。坚持不懈，再接再厉，就能够不断巩固和扩大成果。如果掉以轻心，工作松懈，稍有不慎，就会出现反复，甚至功亏一篑。温家宝说，2003年以来，我国经济形势总体是好的。国民经济快速增长，经济效益明显提高。但一些行业受到了非典的较大冲击，对疫情给经济造成的影响必须有足够的估计。温家宝指出，国务院各项工作必须坚持以党的“十六大”精神统揽全局，一手抓防治非典型肺炎这件大事不松劲，一手抓经济建设这个中心不动摇。当前，必须坚持把非典防治作为政府工作的一项重大任务，全面贯彻中央关于防治工作的决策和部署，坚持分类指导、科学防治、依法防治，始终紧紧把握非典防治工作主动权。广东等疫情早发地区，要充分认识非典疫情的复杂性和反复性，进一步巩固防治成果，防止疫情反弹。北京及华北地区仍然是全国防治工作重点，要狠抓薄弱环节，实施积极防御方针，继续降低发病率，提高治愈率。随着疫情的逐步缓解，要抓紧研究人口流动增加、农民工返城、学生返校等新情况、新问题，提出新对策，防止疫情出现反复。疫情较轻地区和无疫情地区，要继续重视做好防治工作，力争不发生新的病例。广大农村要落实各项政策措施，实行群防群控，坚决防止疫病在农村蔓延。温家宝强调，为减少非典造成的损失，实现2003年经济和社会发展目标，要立足当前、谋划长远，着力抓好六项工作：一是坚持扩大内需的方针和积极的财政政策。要充分发挥我国市场广阔、经济增长空间和回旋余地大的优势，扬长避短，实现投资和消费对经济增长的双拉动。各级财政要加大对公共卫生事业的投入力度，保证非典防治的必需支出。二是落实对受非典冲击较大行业的扶持政策，研究非典过后相关行业的振兴计划。三是做好对外贸易和利用外资工作。落实鼓励出口的政策，切实帮助境外投资者解决生产经营中的实际困难和问题。四是关心困难群众生产生活。进一步做好就业和社会保障工作，推动下岗失业人员再就业，做好高校毕业生就业工作，注意解决特殊困难家庭的基本生活保障问题。支持农村“六小”工程建设，使更多的农民工获得就业机会。五是维护正常的生产和生活秩序。确保交通畅通无阻和人员正常流动，整顿和规范市场经济秩序，加强安全生产管理。六是筹划好长远改革和发展的工作。温家宝要求，第一，树立全局观念，提高执行中央决策和部署的自觉性。第二，增强责任意识，努力提高社会管理和应对突发事件的能力。要总结防治非典的经验教训，更加重视经济社会协调发展、城乡协调发展，更加重视政府对公共事务的管理，更加重视增强全社会抗御各种灾害的能力。第三，改进工作作风，积极主动地为地方服务、为基层服务、为企业服务。第四，发扬奉献精神，始终把人民利益放在第一位。国务院全体会议组成人员出席会议，有关部门、单位负责人列席了会议。

5月23日　中共中央政治局召开会议，研究和部署进一步加强人才工作等问题。中共中央总书记胡锦涛主持会议。会议认为，人才问题是关系党和国家事业发展的关键问题。近年来，根据国际国内形势的发展变化，中央站在推进改革开放和社会主义现代化的战略高度，作出了人才资源是第一资源的科学判断，提出了人才强国战略和党管人才原则，制定并实施了加强和改进人才工作的一系列重大方针政策，逐步确立了人才工作的基本思路和宏观布局，推动人才工作取得了重要成绩。会议强调，现在，我国人才工作既面临良好的机遇，也面临严峻的挑战。我们要紧紧抓住机遇，正确应对挑战，努力使我国的人才工作迈上一个新的台阶。我们党在新世纪新阶段人才工作的紧迫任务是：适应全面建设小康社会的需要，抓住培养、吸引、使用人才3个环节，着力建设党政人才、企业经营管理人才和专业技术人才3支队伍，重点培养一批适应社会主义现代化建设和改革开放要求的高层次人才，创新人才工作机制，努力创造人才辈出、人尽其才的良好局面，把各类优秀人才聚集到党和国家的各项事业中来。会议提出，新时期我国人才工作和人才队伍建设要坚持以邓小平理论和“三个代表”重要思想为指导，认真贯彻“十六大”精神，坚持党管人才原则，大力实施人才强国战略，全面推进人才工作和人才队伍建设，为全面建设小康社会提供坚强的人才保证。会议要求，各级党委和政府要认真贯彻“十六大”提出的尊重劳动、尊重知识、尊重人才、尊重创造的重大方针，进一步加强党对人才工作的领导，按照党管人才的要求，形成党委统一领导，组织部门牵头抓总，有关部门各司其职、密切配合的人才工作格局。会议还研究部署了编写出版《“三个代表”重要思想学习纲要》等其他事项。

同　日　由中国政府决定派出的1支由中国地震局副局长带队、30名富有经验的救援队员组成的地震紧急救援队，携带搜索犬以及设备、物品等，启程赶赴阿尔及利亚地震灾区，协助开展搜索救援。

同　日　中共中央政治局进行第五次集体学习，中共中央总书记胡锦涛主持。这次集体学习安排的内容是世界新军事变革的发展态势。军事科学院科研指导部钱海皓研究员和外国军事研究部傅立群研究员就世界新军事变革的基本内容和世界主要国家推进新军事变革的基本情况进行了讲解，并谈了他们对我国如何应对世界新军事变革的意见。中央政治局各同志认真听取了他们的讲解，并就有关问题进行了讨论。胡锦涛在主持学习时发表了讲话。他强调，要坚持以毛泽东军事思想、邓小平新时期军队建设思想为指导，全面贯彻"三个代表"重要思想，认真落实"十六大"提出的国防和军队建设的各项任务，从我国国情出发，借鉴世界新军事变革的经验，抓住机遇，在国家经济发展、科技进步的基础上，实现国防和军队现代化的跨越式发展。他指出，抓住本世纪头20年的重要战略机遇期，聚精会神搞建设，一心一意谋发展，为实现全面建设小康社会的宏伟目标而奋斗，这是我们的中心任务。在任何情况下，这一点都不能动摇。同时，在复杂多变的国际局势下，推进改革开放和现代化建设，实现我们的宏伟目标，必须有巩固的国防作保障。胡锦涛强调，当今世界，以信息技术为核心的高新技术的发展，深刻影响着人们的生产生活方式和国际政治、经济、文化关系，同时也有力地促进了世界新军事变革。我们要加强对世界新军事变革的研究，把握趋势、揭示规律，采取措施、积极应对，不断加强国防和军队现代化建设，为全面建设小康社会、加快推进社会主义现代化提供可靠的安全保障。胡锦涛强调，各级党委和政府要充分认识加强国防和军队现代化建设的重大意义，把关心支持国防和军队现代化建设作为义不容辞的职责。要正确把握和处理国防建设与经济建设的关系，充分利用国家教育、科技、人才等资源，积极支持国防和军队现代化建设，形成国防建设和经济建设相互促进、协调发展的机制。要加强国防教育，增强全民国防观念，进一步重视搞好国防后备力量建设，建立和完善快速高效的国防动员体制。要广泛深入地开展双拥共建活动，加强军政军民团结，认真抓好拥军优属各项政策法规的落实，积极主动地为部队和复转军人、军队离退休干部、军烈属排忧解难。

5月27日　中国国家主席胡锦涛在克里姆林宫与俄罗斯总统普京举行会谈。两国元首在亲切友好的气氛中重点就双边关系和重大国际问题深入交换意见，达成广泛共识。普京对胡锦涛说，您就任中国国家主席后，选择俄罗斯作为第一个出访的国家，使俄罗斯人民深感荣幸。通过这次访问，我们既可以认真总结近年来双边关系的发展历程和取得的成果，也有机会对今后两国友好关系的发展制定中长期规划。俄罗斯领导人都高度重视发展两国友好合作关系。我深信，这次访问必将成为一个重要的里程碑，载入俄中人民友好交往的史册。胡锦涛表示，为推动中俄关系不断向更高水平发展，我们建议保持并巩固两国现有的元首、议会和政府间高层交往机制和部门间的合作机制，同时拓宽两国其他各级别、各领域的交流和磋商渠道；本着平等互利的原则，结合各自国家经济发展的需要，扩大和深化双方经贸科技合作；重点开展大项目合作，提高双边经贸合作的层次和规模；加强中俄教文卫体合作委员会的指导协调功能；进一步发挥以中俄友好、和平与发展委员会为主渠道的民间组织的作用，广泛开展形式多样、生动活泼的民间外交活动，使双方社会各界越来越多的人士投身到中俄世代友好的事业中来。

5月28日　国务院总理温家宝主持召开国务院常务会议，研究部署2003年普通高等学校毕业生就业的有关工作，审议并原则通过了《物业管理条例（草案）》。会议听取了教育部关于做好2003年普通高等学校毕业生就业工作有关情况的汇报。会议指出，2003年是高校扩招本科学生毕业的第一年，做好2003年高校毕业生就业工作，关系到200多万毕业生的切身利益，关系到高等教育的发展改革和科教兴国战略的实施，关系到社会稳定。各级政府必须充分认识做好这项工作的重要性和紧迫性，继续坚持“市场导向、政府调控、学校推荐、学生与用人单位双向选择”的改革方向，动员组织社会各方面力量共同做好高校毕业生就业工作。会议强调，要努力为高校毕业生创造更多的就业机会，并切实做好高校毕业生的思想政治工作，引导他们树立正确的择业观和创业观，积极到基层和艰苦地区锻炼成长、建功立业。会议要求，各地区要进一步加强对高校毕业生就业工作的领导，加强政策指导和工作协调；有关部门要密切配合，通力协作，千方百计拓宽就业渠道，为促进高校毕业生自主创业和灵活就业提供便利条件和相应服务。会议决定，由国务院办公厅就做好2003年普通高等学校毕业生就业工作下发通知，提出具体要求。会议认为，为规范物业管理，维护业主和物业管理企业的合法权益，改善人民群众的生活和工作环境，制定《物业管理条例》是十分必要的。鉴于物业管理立法涉及广大人民群众的切身利益，经国务院领导批准，该草案曾于2002年10月分别在《人民日报》和《法制日报》上全文公布，公开征求意见。在认真研究、充分吸收社会各界意见的基础上，又对草案进行了修改和完善。会议决定，《物业管理条例(草案)》经进一步修改后，由国务院公布施行。

同　日　中国中东问题特使王世杰向中外媒体通报了中方对当前中东问题的五点主张。一、中方对“四方”正式公布中东和平“路线图”计划表示欢迎和支持，认为“路线图”内容积极，为以巴恢复和谈提供了良好基础。二、以、巴双方应尽快正式宣布接受并执行“路线图”计划。当务之急是双方立即停止以暴易暴和冤冤相报，为恢复和谈及达成协议创造条件。三、为确保“路线图”计划得到落实，应当及早建立公正、权威、有效的国际监督机制。四、以联合国有关决议、马德里和会确立的“土地换和平”原则及各方已达成的协议与共识为基础，尽快恢复以色列同叙利亚和黎巴嫩的谈判，以达成各方均可接受的最终解决方案，最终实现中东地区全面、持久和平。五、推动中东地区实现和平与稳定是国际社会的共同责任和义务。

5月29日　上海合作组织6个成员国元首在莫斯科举行会晤，讨论了该组织在当前形势下如何抓住机遇、应对挑战，加强协调、扩大合作，促进地区和平与发展等重大问题，并达成广泛共识。会晤结束时发表了《上海合作组织成员国元首宣言》。哈萨克斯坦、中国、吉尔吉斯斯坦、塔吉克斯坦和乌兹别克斯坦国家元首陆续抵达设在克里姆林宫的会场。俄罗斯总统普京在会场迎候。中国国家主席胡锦涛抵达时受到普京总统的热情欢迎。胡锦涛强调，中国主张国际关系民主化，各国平等参与国际事务，通过协商解决共同关注的国际问题。中国主张尊重公认的国际法和国际关系基本准则，维护联合国的权威和处理重大国际问题的主导地位。公正合理的国际政治经济新秩序，应该以相互安全为前提，以均衡发展为基础，以公认法理为保障，以对话合作为手段，以共同繁荣为目标。

6月1日　中国国家主席胡锦涛出席了南北领导人非正式对话会议，并发表题为《推动全面合作促进共同发展》的重要讲话。他强调，经济全球化趋势加速发展已成为当今世界经济一个最显著的特征。经济全球化趋势的发展既带来了难得的机遇，又带来了严峻的挑战。在这机遇和挑战并存的时刻，我们应该抓住机遇、应对挑战，求同存异、扩大合作，促进经济全球化朝着实现共同发展繁荣的方向演进。这次南北领导人对话会议是在8国集团首脑会议前一天召开的。会议以发展为主题，南北有关国家和一些国际组织的领导人就加强南北合作和促进全球经济增长等重大问题交换了意见和看法。

6月4日　国务院总理温家宝主持召开国务院常务会议，研究部署当前防治非典和经济工作。会议强调，当前防治非典的主要任务是巩固成果，防止反复；经济工作要抓住时机，迎难而上，努力减少损失，力争完成全年任务。会议认为，在党中央、国务院的领导下，经过全国上下共同努力，防治非典工作取得了显著成绩，新增病例明显减少，全国疫情进一步平缓，正常的经济社会秩序正在逐步恢复。会议提出，各地区、各部门要继续坚持“两手抓”的方针，一手抓防治非典这件大事不松劲，一手抓发展经济这个中心不动摇。防治非典要坚持分类指导，依法防治，科学防治，完善行之有效的办法，形成有力的防治机制，把防治工作引向依法、科学、规范、有序的轨道。当前重点抓好四项工作：一要加快建立突发公共卫生事件应急机制，抓紧完善信息网络体系、疾病预防控制体系和治疗救治体系，做到常备不懈，有备无患。二要继续加强疫情防控，绝不能出现反复，特别要防止出现大的反复。机场、车站、码头等人员流动集中的场所，要继续做好监测工作，防止疫情传播。三要集中力量进行科研攻关，抓住重点，在关键项目、关键手段上取得突破性进展。四要积极开展爱国卫生运动和全民健身活动，改变陈规陋习，养成良好的卫生习惯，增强全民体质。同时要认真做好夏季其他传染病的防治工作。会议提出，要有针对性地采取措施，努力保持经济增长势头。一是逐步恢复正常的生产秩序、生活秩序和社会秩序，在坚持必要监测措施的同时，保证道路畅通和人员、物资的正常流动。二是扶持困难行业、扶持小企业、扶持困难群众，把国务院确定的各项扶持政策落到实处。要尽快制定受冲击大的行业特别是服务业的振兴计划，抓住时机改善饮食消费环境和商品流通方式，提高服务质量和水平。三是积极贯彻落实扩大内需的方针，从投资和消费2个方面促进经济增长。在建项目要加快进度，已经批准的项目要尽早开工，同时要制定促进消费的政策，积极培育新的消费增长点。四是下大力气抓好对外开放。抓紧启动因非典停缓的投资合同和出口定单，尽快完善出口退税办法，千方百计扩大出口，努力改善投资环境。五是抓紧研究西部大开发、东北老工业基地调整改造、粮食主产区农民增收、国有企业改革、非公有制经济发展等政策措施，适时作出部署。会议还要求切实做好维护社会稳定的工作，努力化解各类社会矛盾。会议强调，各地区、各部门要切实转变工作作风，创新工作方法，把防治非典工作中形成的讲大局、讲责任、讲配合、讲效率的风气保持和发扬下去。各级领导要坚持分工负责，分类指导，适时调控，统筹兼顾，积极主动地开展工作。会议还讨论并原则同意《深化农村信用社改革试点方案》，审议并原则通过《医疗废物管理条例(草案)》。会议提出，从2003年下半年开始进行深化农村信用社改革试点。通过改革，把信用社逐步办成为农民、农业和农村经济发展服务的地方金融机构，更好地支持农村经济结构调整，帮助农民增加收入。会议认为，制定《医疗废物管理条例》，对加强医疗废物的安全管理，防止疾病传播，保护环境，保障公众的身体健康是必要和及时的，对当前非典防治工作具有重要的现实意义。会议决定，《医疗废物管理条例（草案）》经进一步修改后，由国务院公布施行。

6月5日　在中国国家主席胡锦涛结束对蒙古国的国事访问之际，中国和蒙古在乌兰巴托发表联合声明。双方一致同意并宣布，中蒙作为友好邻邦，根据1994年友好合作关系条约、1998年联合声明和2002年联合公报的精神，以及和平共处五项原则，建立和发展中蒙睦邻互信伙伴关系，全面发展两国友好和互利合作，永远做好邻居、好伙伴、好朋友。

6月10日　共青团中央、教育部在京联合启动大学生志愿服务西部计划，号召广大高校毕业生到西部、到祖国和人民最需要的地方建功立业。这项计划是根据国务院有关要求组织实施的，目的是促进西部贫困地区社会事业的发展，拓宽大学生就业、创业渠道，培养造就一大批既有现代科学文化知识、又有基层工作经验和强烈社会责任感的优秀人才。计划从2003年开始，按照公开招募、自愿报名、组织选拔、集中派遣的方式，每年招募一定数量的普通高等院校应届毕业生，以志愿服务的方式到西部贫困县的乡镇从事为期1—2年的教育、卫生、农技、扶贫以及青年中心建设和管理等方面的工作。志愿服务期满后，鼓励其扎根西部就业，也可以自主择业或流动就业。财政部、人事部等部门对志愿者给予一系列政策、资金支持。

6月11日　国务院总理温家宝主持召开国务院常务会议，审议并原则通过了《中华人民共和国渔业船舶检验条例（草案）》。会议认为，对渔业船舶实施强制检验是国际通行的做法，目的在于保证渔业船舶具备安全航行、安全作业和防止污染的条件，保障渔业生产和渔民生命财产的安全。为此，依照《中华人民共和国渔业法》，制定《中华人民共和国渔业船舶检验条例》是十分必要的。会议决定，《中华人民共和国渔业船舶检验条例（草案）》经进一步修改后，由国务院公布施行。会议还研究了其他事项。

6月15日　国家林业局发布了《2002年6大林业重点工程统计公报》。公报显示：2002年，6大林业重点工程共完成造林面积677.74万公顷，占全国造林总面积的87.15%，造林面积比2001年增长113.58%。其中，人工造林596.79万公顷、飞播造林80.95万公顷，分别比2001年增长151.17%和1.54%。到2002年底，实有封山育林面积1 035.88万公顷，比上年增长25.57%。其中，当年新封山育林137.66万公顷。全年完成各类投资255.80亿元，其中国家投资229.52亿元，分别比2001年增长53.69%和70.63%。

6月18日　国务院总理温家宝主持召开国务院常务会议，审议并原则通过了《城市生活无着的流浪乞讨人员救助管理办法（草案）》，研究部署全国煤矿安全生产工作。会议认为，20多年来，我国经济社会发展和人口流动状况发生了很大变化，1982年5月国务院发布施行的《城市流浪乞讨人员收容遣送办法》，已经不适应新形势的需要。为从根本上解决城市生活无着的流浪乞讨人员的问题，完善社会救助制度和相关法规，会议审议并原则通过了《城市生活无着的流浪乞讨人员救助管理办法（草案）》。会议决定，该办法草案经进一步修改后，由国务院公布施行，同时废止1982年5月国务院发布的《城市流浪乞讨人员收容遣送办法》。会议听取了国家安全监管局关于全国煤矿安全生产情况的汇报。会议决定，为遏制煤矿事故连续发生的势头，促进安全生产状况根本好转，当前重点抓好以下工作：一是落实安全生产责任，逐级抓好落实。二是深化煤矿安全专项整治，严格执行各项规章制度。三是严厉查处违反安全生产法律法规的责任人员。对已经发生的特大安全事故，要抓紧调查处理，并严肃追究有关人员的责任。四是加强煤矿安全生产的监督与监察，加大事故隐患的整改力度。五是加大安全生产资金的投入，对安排用于国有重点煤矿的“一通三防”（通风、防瓦斯、防煤尘、防火）资金，要尽快落实到位，改善煤矿安全生产条件，增强矿井防御灾害的能力。会议还审议并原则通过了《公共文化体育设施条例（草案）》。会议决定，《公共文化体育设施条例（草案）》经进一步修改后，由国务院公布施行。

同　日　中国政府和泰国政府签署协议，双方将从2003年10月1日起，实现蔬菜和水果产品贸易的零关税。中国商务部部长吕福源和泰国商务部长阿蒂赛分别代表两国政府在钓鱼台国宾馆签署了《中华人民共和国政府与泰王国政府关于在〈中国—东盟全面经济合作框架协议〉“早期收获”方案下加速取消关税的协议》。这个协议涉及的蔬菜和水果共188项产品。其中，蔬菜产品为食用蔬菜、根及块茎(如萝卜、甜菜根等)，共计108项；水果产品为食用水果及坚果等，共计80项。

6月20日　国务院总理温家宝签署国务院第三八一号令，公布施行《城市生活无着的流浪乞讨人员救助管理办法》。《办法》共18条，包括对在城市生活无着的流浪乞讨人员救助的原则、救助站设立和管理、为求助人员提供的救助内容、救助站工作人员的行为，以及违反者责任追究等，标志着我国对在城市流浪乞讨人员的救助工作机制进一步完善。

6月23日　十届全国人大常委会第三次会议在人民大会堂举行，会议期间将审议居民身份证法、港口法、放射性污染防治法、道路交通安全法、行政许可法、证券投资基金法等6部法律草案。吴邦国委员长主持会议。按照会议通过的议程，会议首先听取了全国人大法律委员会副主任委员胡光宝、蒋黔贵、王茂林关于居民身份证法草案、港口法草案、放射性污染防治法草案审议结果的报告。法律委员会认为，这3部法律草案已经常委会2次或3次审议、修改，基本可行，建议本次常委会议审议通过。会议分别听取全国人大法律委员会副主任委员胡光宝、乔晓阳、王以铭关于道路交通安全法草案、行政许可法草案、证券投资基金法草案修改情况的汇报。会议还分别听取和审议了国务院关于提请审议批准《〈禁止或限制使用某些可被认为具有过分伤害力或滥杀滥伤作用的常规武器公约〉第一条修正案》的议案、关于提请审议批准《万国邮政联盟组织法第六附加议定书》的议案、关于提请审议加入《东南亚友好合作条约》及其2个修改议定书的议案。外交部副部长张业遂、信息产业部副部长奚国华分别就议案作了说明。会议还审议了各项任免案。全国人大常委会副委员长王兆国、李铁映、司马义·艾买提、何鲁丽、丁石孙、成思危、许嘉璐、蒋正华、顾秀莲、热地、盛华仁、路甬祥、乌云其木格、韩启德出席会议。国务委员周永康、最高人民法院院长肖扬、最高人民检察院检察长贾春旺列席会议。

同　日　中国国务院总理温家宝与印度总理瓦杰帕伊在人民大会堂签署了《中华人民共和国和印度共和国关系原则和全面合作的宣言》。

6月24日　在我国卫生部和世界卫生组织联合在京举行的新闻发布会上，世界卫生组织官员郑重宣布：从即日起解除对北京的旅行警告，并将北京从“近期有当地传播”的非典疫区名单中删除。中国抗击非典斗争获得阶段性胜利。

6月27日—28日　全国文化体制改革试点工作会议在北京召开。会议按照党的“十六大”关于深化文化体制改革的要求，研究部署文化体制改革试点工作。中共中央政治局常委李长春在会议上强调指出，要用“十六大”精神统一思想，以“三个代表”重要思想为指导，进一步解放思想，勇于实践，积极进行体制机制创新，逐步建立有利于调动文化工作者积极性、推动文化事业和文化产业繁荣发展、多出精品、多出人才的管理体制和运行机制。

6月28日　十届全国人大常委会在人民大会堂举行第二次法制讲座。吴邦国委员长主持讲座。吴邦国说，举办法制讲座已经成为具有人大特点的有效学习形式，十届全国人大常委会将继续把法制讲座办好，不断提高讲座的质量。法制讲座将围绕人大常委会的工作重点，选择关系到改革发展稳定大局、与广大人民群众密切相关的问题，为全国人大常委会组成人员更好地依法履行职责，提高立法质量，增强监督实效，发挥积极的作用。这次法制讲座安排2讲，分别由全国人大常委会副秘书长刘镇讲授《全国人大常委会的监督工作》，全国人大法律委员会委员张春生讲授《关于全国人大常委会的组织制度和议事制度》。监督权是宪法和法律赋予全国人大及其常委会的一项重要职权。全国人大常委会的监督主要包括法律监督和工作监督。法律监督的基本形式一是检查监督法律的实施情况，二是法规备案审查。工作监督的基本形式是听取和审议“一府两院”的工作报告。刘镇介绍了全国人大常委会以往开展监督工作的基本情况和主要做法，并对如何进一步改进监督工作、增强监督实效等问题提出了自己的看法。程序是民主的运作形式，也是民主的保障。全国人大常委会的组织制度和议事制度，规定在现行宪法和全国人大组织法、全国人大常委会议事规则等有关法律中。常委会的议事程序，从启动到作出决定，始终贯穿着按照民主集中制，集体行使权力的原则。张春生介绍了全国人大常委会的组织构成、会议制度、议事程序，并就法律案审议环节的2个主要问题："三审制"、分别审议和统一审议作了说明。全国人大常委会副委员长王兆国、李铁映、司马义·艾买提、何鲁丽、丁石孙、成思危、许嘉璐、蒋正华、顾秀莲、盛华仁、路甬祥、乌云其木格、韩启德等听取了讲座。

7月7日　中国—西班牙论坛成立推介会在人民大会堂举行。正在中国访问的西班牙外交大臣安娜·帕拉西奥到会表示祝贺，中国人民对外友好协会会长陈昊苏主持会议。中西论坛是两国政府首脑在2000年共同商定的合作项目。前全国政协副主席胡启立和前国际奥委会主席萨马兰奇分别担任中西论坛全国委员会中方和西方主席。

同　日　古共中央第一书记、国务委员会主席兼部长会议主席卡斯特罗在哈瓦那革命宫会见了正在古巴访问的中共中央政治局常委李长春。双方在亲切友好的气氛中就中古两党两国关系和共同关心的国际和地区问题深入交换了意见。

同　日　国务院总理温家宝主持召开国务院常务会议，分析当前经济形势，研究下半年经济工作。会议听取了国家发展和改革委员会关于当前经济运行情况和下半年工作建议的汇报，并进行了讨论。6月份以来，国务院及有关部门着手进行经济形势分析，研究做好下一步工作的措施。国务院领导同志于6月17日和24日2次召开专家座谈会听取意见。各有关部门结合实际，从各个方面进行了分析研究。在此基础上，国家发展和改革委员会汇总提出了当前经济运行情况和下半年工作建议。

7月8日　国务院总理温家宝主持召开国务院常务会议，研究部署增加农民收入和妥善处理因防治非典引发的矛盾和纠纷等工作。

会议听取了农业部关于克服非典影响、努力增加农民收入的汇报。会议认为，非典疫情尽管没有改变农业和农村经济稳步发展的基本态势，但对农民收入影响较大。为克服非典影响，增加农民收入，会议决定，下半年着重抓好以下工作：一是推进农业和农村经济结构调整，扩大优质农产品的生产，增加安全无公害绿色农副产品的供应，扶持畜牧业和水产养殖业的发展。二是加大对农村基础设施的投入，在年初安排257亿元国债投资的基础上，下半年再增加32.5亿元用于人畜饮水、乡村道路、贫困地区电力建设、病险水库除险加固和中小学危房改造等基础设施建设。建设施工要尽可能多用农民工。三是做好农民外出务工的组织和信息指导、技能培训等服务工作，简化手续，降低收费。进一步清除对农民进城务工的不合理限制和歧视性做法，督促用工单位及时足额兑现农民工工资。四是做好农产品促销工作，抓紧建立农产品流通营销体系，努力扩大农产品出口。五是全面落实扶持发展乡镇企业的各项政策措施，大力推进农业产业化，支持重点龙头企业实施现代农业高技术产业化示范工程。六是积极推进农村医疗卫生体制改革，提高农民健康水平。七是进一步加强动物防疫工作，尽快建立国家重大动物疫病紧急反应机制。八是进一步做好防汛救灾工作，确保人民群众的生命财产安全，落实各项救灾补偿措施，最大限度地减少农民损失。九是全面推进农村税费改革试点，认真落实党在农村的各项政策，清理和整顿涉农收费，继续减免灾区和贫困户的税费，切实减轻农民负担。会议研究了妥善处理因防治非典引发的矛盾和纠纷的原则意见。会议要求，各地区、各部门要从实践“三个代表”重要思想的高度，妥善处理因防治非典引发的矛盾和纠纷。要鼓励和支持医患双方在互谅互让、相互信任的基础上通过协商或者依法调解解决医患纠纷。各有关部门和单位要做好非典患者及死者亲属的抚慰工作，帮助他们解决实际困难。切实加强劳动监察执法工作，督促用人单位落实国家各项劳动用工和福利政策，及时处理劳动纠纷，保持劳动关系的稳定。认真对待民事合同纠纷，鼓励和引导当事人尽量通过平等协商的方式妥善解决。会议还审议并原则通过了《海关关衔标志式样和佩带办法(草案)》，由国务院公布施行。

7月11日　政协十届全国委员会常务委员会第二次会议圆满完成各项议程后闭幕。中共中央政治局常委、全国政协主席贾庆林出席闭幕会并讲话。他强调，各级政协组织和广大政协委员学习贯彻“三个代表”重要思想，必须始终坚持围绕中心、服务大局，把发展作为人民政协履行职能的第一要务，积极参政议政、建言献策，为实现全面建设小康社会的宏伟目标作出应有的贡献。会议期间，常委会组成人员认真学习了胡锦涛总书记“七一”重要讲话，听取了中共中央政治局常委、国务院副总理黄菊所作的报告，围绕促进国民经济持续快速健康发展和完善社会主义市场经济体制2大任务，提出了许多很好的意见和建议。这次会议主题鲜明、重点突出，开得生动活跃、富有成效。会议产生的一批成果将分别报送党中央、国务院有关部门。贾庆林在讲话中指出，认真学习胡锦涛总书记“七一”重要讲话，兴起学习贯彻“三个代表”重要思想新高潮，是当前摆在全党和全国人民面前的一项重大政治任务。各级政协组织和广大政协委员要坚持用马克思主义态度学习贯彻好“三个代表”重要思想，用“三个代表”重要思想指导新的实践，按照团结和民主2大主题的要求，履行好政治协商、民主监督、参政议政的职能，推动人民政协事业实现新发展，开创新局面。贾庆林说，在抗击非典的斗争中，各级政协组织和广大政协委员积极响应党中央、国务院和全国政协的号召，全面投入抗击非典和促进发展的工作中，经受了一场重大考验，展示了自己的崭新风貌。实践再一次说明，人民政协只有紧紧围绕中心、服务大局，始终关心党和国家的命运，始终关心群众的疾苦，才能保持不竭的生机与活力，为祖国和人民作出较大的贡献。贾庆林强调，修改政协章程是坚持和完善社会主义民主制度的要求，也是人民政协与时俱进的需要，关系到人民政协事业在新世纪的蓬勃发展，意义重大，影响深远。我们必须以高度的政治责任感和历史使命感，深入细致、认真负责地做好这项工作。会议期间，吴敬琏、周可仁、陈耀先、夏日、刘家琛、刘枫、汪纪戎、吴明熹、叶青、王建伦、傅杰、韦钰、翟泰丰、张梅颖、陈广元

15位常委和委员先后作了大会发言，就解决当前我国经济和社会发展中的一些突出问题提出了意见和建议。闭幕会还通过了《关于部分修改〈中国人民政治协商会议章程〉的决定》。全国政协副主席王忠禹主持闭幕会。全国政协副主席廖晖、刘延东、李贵鲜、丁光训、马万祺、白立忱、罗豪才、张克辉、周铁农、郝建秀、陈奎元、阿不来提·阿不都热西提、徐匡迪、李兆焯、黄孟复、王选、张怀西、李蒙，秘书长郑万通出席闭幕会。中共中央和国务院有关部门负责人应邀列席闭幕会。

同　日　朝鲜驻华大使崔镇洙在京举行招待会，庆祝《中朝友好合作互助条约》签订42周年。中国全国人大常委会副委员长顾秀莲出席了招待会，双方发表了热情洋溢的讲话。

7月13日　国务院总理温家宝日前签署第三八二号国务院令，公布《公共文化体育设施条例》。经国务院第十二次常务会议通过的《公共文化体育设施条例》，分总则、规划和建设、使用和服务、管理和保护、法律责任、附则，共6章34条。出台这个条例的目的，是为了促进公共文化体育设施的建设，加强对公共文化体育设施的管理和保护，充分发挥公共文化体育设施的功能，繁荣文化体育事业，满足人民群众开展文化体育活动的基本需求。条例规定，国家有计划地建设公共文化体育设施。各级人民政府举办的公共文化体育设施的建设、维修、管理资金，应当列入本级人民政府基本建设投资计划和财政预算。

7月16日　国务院总理温家宝主持召开国务院常务会议，研究打击走私和加强公共卫生建设等工作。会议听取了海关总署关于打击走私工作的汇报。会议指出，1998年以来，全国打击走私工作取得了很大成绩，有效地维护了正常的经济秩序，保证了经济建设的健康发展和改革开放顺利进行。打击走私是一项长期任务，必须坚定不移地进行下去。会议决定，针对新形势下走私活动出现的新情况，继续在全国范围内深入开展打击走私专项斗争，并抓紧召开全国性会议进行部署。会议要求，各地区、各部门要充分认识打击走私工作的长期性、艰巨性和复杂性，认真贯彻“打防结合、综合治理、突出重点、坚持不懈”的工作方针，密切配合，协同作战，严防狠打。要不断完善法律制度，建立健全反走私有效机制，维护国家利益和社会主义市场经济秩序。会议听取了卫生部关于非典防治工作和加强公共卫生建设的汇报。还审议并原则通过了《法律援助条例(草案)》，由国务院公布施行。

7月21日　中共中央政治局召开会议，研究部署进一步做好经济工作和公共卫生建设工作等问题。中共中央总书记胡锦涛主持会议。会议指出，2003年我国经济社会发展开局良好。但伊拉克战争的爆发、特别是我国大部分省、区、市发生的非典疫情，给我国经济社会发展带来了不利影响。面对严峻形势，党中央、国务院果断决策，坚持把人民群众的身体健康和生命安全放在第一位，作出了一手抓防治非典这件大事不放松、一手抓经济建设这个中心不动摇的重大战略部署。全党和全国各族人民认真贯彻中央的决策部署，万众一心，众志成城，艰苦努力，夺取了防治非典工作的阶段性重大胜利，保持了国民经济较快增长的良好势头。成绩来之不易。会议强调，越是上半年形势比预料的好，越是要保持清醒的头脑，越是要高度重视研究和解决经济社会发展中存在的突出问题，不仅要保持经济较快增长的良好势头，更要努力提高经济增长的质量和效益。当前，非典疫情对经济发展还存在滞后影响，就业压力加大，农民增收面临新的困难，某些行业不合理的重复建设问题比较突出。会议指出，各地区各部门要切实落实年初中央确定的各项政策和措施，坚持扩大内需的方针，保持政策的连续性和稳定性。要按照扩大内需、调整结构，深化改革、推进开放，统筹兼顾、协调发展，促进就业、改善生活的思路，安排好各项工作，把各方面加快发展的积极性引导好、保护好、发挥好，切实把着力点放在调整经济结构、提高经济增长的质量和效益上来。要把就业和再就业工作摆在更加突出的位置，千方百计增加农民收入，积极促进居民消费，优化投资结构，制止盲目投资和不合理重复建设，扩大对外经贸合作和技术交流，加强财政和金融工作，深化各项改革，整顿市场经济秩序。当前，有关部门和地区要切实做好防汛救灾工作，妥善安排好受灾群众的生产生活。会议指出，防治非典的斗争，使我们更加深刻地认识到了我国公共卫生工作和公共卫生事业发展中存在的不足和问题，必须采取有力的政策措施，抓紧加以解决。当前，要继续做好经常性防治工作，严防非典疫情再次发生。各级党委和政府要从实现全面建设小康社会宏伟目标的高度，充分认识做好公共卫生工作和加强公共卫生建设的重要性，坚持统筹经济社会发展，深化医疗卫生体制改革，加大政府卫生经费投入，加大公共卫生设施建设力度。要认真贯彻预防为主和以农村为重点的卫生工作方针，进一步加强疾病预防控制体系建设、卫生执法监督体系建设和医疗救助体系建设，加快农村卫生事业发展，全面提高应对突发公共卫生事件的能力，为人民群众提供更好的医疗卫生服务。会议强调，下半年推进改革、促进发展、维护稳定的任务很繁重。各地区各部门要坚持以"三个代表"重要思想和"十六大"精神为指导，发扬谦虚谨慎、艰苦奋斗的作风，开拓进取，扎实工作，认真做好关心群众生产生活的各项工作，确保实现2003年经济社会发展的目标。会议还研究了其他事项。

同　日　中共中央政治局进行第六次集体学习，中共中央总书记胡锦涛主持。他强调，我们党80多年的奋斗历史，是我们党不断推进马克思主义中国化、坚定不移地走自己的路的历史，是我们党坚持和发展马克思主义一部生动而重要的教科书。在全党兴起学习贯彻"三个代表"重要思想新高潮的重要时刻，重温党的思想理论与时俱进的历史进程，对于我们进一步认识学习贯彻"三个代表"重要思想的重大意义，具有十分重要的作用。中共中央政治局这次集体学习安排的内容是党的思想理论与时俱进的历史考察。中央党史研究室张启华研究员、张树军研究员结合党的历史发展，重点介绍了新民主主义革命时期到改革开放前我们党在理论探索和创新方面进行的艰辛努力和取得的宝贵成果，并谈了他们对这个问题的研究体会。胡锦涛在主持学习时发表了讲话。胡锦涛强调，回顾我们党的奋斗历程，可以清楚地看出，党的发展史就是坚持把马克思主义基本原理同中国具体实际相结合、不断坚持和发展马克思主义的历史，就是不断实现马克思主义的中国化、在发展着的马克思主义指导下带领人民开创事业新局面的历史。我们学习毛泽东思想、邓小平理论和“三个代表”重要思想，既要深刻领会和牢牢把握党的思想理论与时俱进的重要成果，更要深刻领会和牢牢把握贯穿其中的与时俱进的精神。全党同志都要坚持理论联系实际，坚持尊重实践、尊重群众，坚持在科学理论指导下观察世界、观察中国、观察党，不断总结广大干部群众在实践中创造的新经验、新观念、新办法，从理论上不断作出新概括，在实践中不断创造新业绩。胡锦涛指出，加强理论学习，加强党的思想理论建设，根本目的是要指导实践。检验学习贯彻“三个代表”重要思想的成效，关键要看我们在抓发展这个党执政兴国的第一要务上有没有取得新的成效，在深化改革和扩大开放上有没有取得新的进展，在推进理论创新、制度创新、科技创新、文化创新以及其他各方面创新上有没有取得新的突破，在维护好、实现好、发展好人民群众的根本利益上有没有取得新的实绩，在加强和改进党的建设上有没有取得新的成果。各级党组织和领导干部都要按照中央的要求，通过兴起学习贯彻“三个代表”重要思想新高潮，提高运用党的基本理论、基本路线、基本纲领和基本经验指导实践的能力，扎扎实实地做好改革发展稳定的各项工作。

7月22日　中国共产主义青年团第十五次全国代表大会在北京人民大会堂隆重开幕。开幕式前，胡锦涛、吴邦国、温家宝、贾庆林、曾庆红、黄菊、吴官正、李长春、罗干等党和国家领导人在人民大会堂2楼宴会厅会见出席共青团“十五大”的全体代表，并同大家合影留念。

7月23日　中央军委主席江泽民日前签署命令，批准施行《中国人民解放军计量条例》。《中国人民解放军计量条例》是中央军委制定和颁布的第一部规范全军计量工作的基本法规，是我军计量工作科学化、法制化、规范化管理的重要法律保障。条例的颁布施行，对于建立与国家军事订货制度相适应的计量监督管理体系，科学规范军事计量工作，提高装备保障能力和部队战斗力，具有十分重要的意义。

7月24日　我国抗击非典取得阶段性重大胜利后主办的第一个高层次、大规模国际会议——第五届亚欧经济部长会议在大连香格里拉大饭店隆重举行，国务院副总理吴仪出席开幕式并致欢迎辞。亚欧25国及欧盟委员会均派出代表团参会，会议代表约计250人。会议由本次大会主席、中国商务部部长吕福源主持。

7月28日　中国外交部部长助理沈国放与澳大利亚外交贸易部副秘书长芮捷锐在北京共同主持中澳第七次人权对话。双方相互介绍了本国人权状况。沈国放表示，中国政府以最广大人民的根本利益为根本出发点和落脚点，集中精力发展经济，同时加强民主法制建设，在人权领域取得了巨大成就。中国愿继续与各国在平等和相互尊重基础上开展人权对话与交流，以相互借鉴，共同进步。芮捷锐介绍了澳为促进人权所做的工作，积极评价中国的人权成就，高度赞赏中国在司法改革、依法治国方面取得的进展。双方还就妇女儿童权利、少数民族权利及国际人权合作等问题深入交换了意见。对在人权问题上存在的某些分歧，双方阐述了各自立场，认为在平等和相互尊重基础上开展对话有助于增进相互了解。双方还一致核定了2003年—2004年度中澳人权技术合作项目方案，将在扶贫、打击拐卖妇女儿童、人权的司法保障、人权教育等领域开展合作。

7月30日　国务院总理温家宝主持召开国务院常务会议，研究促进房地产市场健康发展和推进就业再就业工作，审议并原则通过《婚姻登记管理条例（草案）》、《乡村医生从业管理条例（草案）》。会议听取了建设部关于房地产市场发展情况的汇报。会议认为，促进房地产市场持续健康发展，有利于扩大内需，促进消费，改善居民居住质量，提高人民群众生活水平。会议指出，要深化改革，加强宏观调控，切实解决房地产市场快速发展过程中出现的问题。重点做好以下工作：一是完善供应政策，调整供应结构。要加强经济适用住房的建设和管理，增加普通商品住房供应，控制高档商品住房建设。二是改革住房制度，健全市场体系。继续推进现有公房出售，完善住房补贴制度。三是发展住房信贷，强化管理服务。切实加强房地产贷款监管，完善个人住房贷款担保机制。四是改进规划管理，调控土地供应。充分发挥城乡规划的调控作用，合理确定各类住房用地的布局和比例。五是加强市场监管，整顿市场秩序。建立健全房地产市场信息系统和预警预报体系，完善市场监管制度，提高市场监管水平。会议听取了劳动和社会保障部关于就业工作有关情况的汇报，分析了就业再就业工作面临的形势，并研究了推进就业再就业工作的措施。会议审议并原则通过了《婚姻登记管理条例(草案)》、《乡村医生从业管理条例（草案)》。会议决定，这2个条例草案经进一步修改后，由国务院公布施行。

7月31日　国务院总理温家宝日前签署第三八五号国务院令，公布《法律援助条例》。经国务院第十五次常务会议通过的《法律援助条例》，分总则、法律援助范围、法律援助申请和审查、法律援助实施、法律责任和附则，共6章31条，自2003年9月1日起施行。这是我国第一部关于法律援助的全国性立法。制定这个条例的目的在于保障经济困难的公民获得必要的法律服务，促进和规范法律援助工作。

8月4日—5日　国务院在京召开全国打击走私工作会议。中共中央政治局常委、国务院总理温家宝在会上强调，要以“三个代表”重要思想为指导，充分认识打击走私工作的艰巨性、长期性和复杂性，全面贯彻“打防结合、综合治理、突出重点、坚持不懈”的工作方针，统一思想，加强领导，坚定信心和决心，克服松劲和畏难情绪，继续毫不动摇、毫不手软地把打击走私工作深入开展下去。温家宝指出，党中央、国务院历来高度重视打击走私工作。改革开放以来，特别是1998年全国打击走私工作会议后，声势浩大的反走私斗争取得了显著成果，大规模走私被有效遏制，进出口秩序明显好转，海关税收连年大幅度增长。同时要清醒地看到，走私活动仍然存在，在有些地区还很严重，并出现了一些新情况、新特点。继续打击走私违法犯罪活动，仍然是一项重要而紧迫的任务。

8月5日—7日　在京召开全国文化厅局长座谈会。文化部党组书记、部长孙家正说，学习贯彻“三个代表”重要思想，就要紧密联系当前文化系统的思想实际和工作实际，加强有针对性的思想政治引导。要把“三个代表”重要思想的学习落实在文化实践过程中，落实到文化系统研究制定和实施的政策中去。只有在文化工作中真正解决为谁写、给谁看、由谁来评价这样一系列关于文艺方向的重大问题，才能在全局上把握住贯彻落实“三个代表”重要思想的根本出发点和落脚点。要紧密联系文化事业发展的实际，结合文化工作的一些热点难点问题，结合文化体制改革，深入研究，深入思考，重在解决文化建设和文化体制改革中的实际问题，努力开创文化建设的新体制、新机制和新业绩。

8月6日　国务院总理温家宝主持召开国务院常务会议。会议讨论并原则通过《中华人民共和国中国人民银行法修正案（草案）》、《中华人民共和国商业银行法修正案（草案）》和《中华人民共和国银行业监督管理法（草案）》；审议并原则通过《中央储备粮管理条例（草案）》；研究加强城市快速轨道交通建设管理等工作。会议认为，中国银行业监督管理委员会设立后，为明确人民银行和银监会各自的监管职责，强化人民银行执行货币政策的职能，需要对《中华人民共和国中国人民银行法》和《中华人民共和国商业银行法》进行修改。同时有必要制定《中华人民共和国银行业监督管理法》，赋予银监会对银行业金融机构的监管职责。上述法律的修改和制定有利于进一步加强对金融机构的监管，推进金融改革和发展。会议决定，《中华人民共和国中国人民银行法修正案（草案）》、《中华人民共和国商业银行法修正案（草案）》和《中华人民共和国银行业监督管理法（草案）》经进一步修改后，由国务院提请全国人大常委会审议。会议认为，为了加强对中央储备粮的管理，保证中央储备粮数量真实、质量良好和储存安全，保护种粮农民的利益，维护粮食市场稳定，有效发挥中央储备粮在国家宏观调控中的作用，制定《中央储备粮管理条例》是十分必要的。会议决定，《中央储备粮管理条例（草案）》经进一步修改后，由国务院公布施行。会议听取了关于城市快速轨道交通建设管理工作的情况汇报。会议提出，为促进城市快速轨道交通建设的健康发展，要合理把握城市快速轨道交通建设的规模和速度，使之与国家财力和城市经济社会发展水平相适应，防止盲目建设；要加强城市快速轨道交通建设规划的编制、审批工作，严格控制城市快速轨道交通建设标准，提高项目设备的国产化水平；要改革城市快速轨道交通建设经营管理体制，加强城市快速轨道交通设计、建设、运营中的安全管理工作。

8月9日　中日友好协会和中国人民对外友好协会在人民大会堂举办纪念《中日和平友好条约》缔结25周年招待会。全国人大常委会委员长吴邦国出席招待会，并在招待会前会见专程来华参加纪念活动的日本前首相桥本龙太郎、村山富市，内阁官房长官福田康夫以及日中友好团体负责人等各界代表。

8月11日　中共中央政治局召开会议，决定2003年10月在北京召开中国共产党第十六届中央委员会第三次全体会议，主要议程是，中共中央政治局向中央委员会报告工作，讨论研究完善社会主义市场经济体制问题和修改宪法部分内容的建议。中共中央总书记胡锦涛主持了会议。会议认为，要实现“十六大”提出的建成完善的社会主义市场经济体制和更具活力、更加开放的经济体系的任务，必须进一步推进经济体制改革，促进经济社会全面发展。十一届三中全会以来特别是“十四大”提出建立社会主义市场经济体制的改革目标以来，我国改革开放不断迈出重大步伐，社会主义市场经济体制初步建立，公有制为主体、多种所有制经济共同发展的基本经济制度已经确立，全方位、宽领域、多层次的对外开放格局基本形成，极大地促进了社会生产力、综合国力和人民生活水平的提高。为适应经济全球化和科技进步加快的国际环境，适应全面建设小康社会、开创中国特色社会主义事业新局面的新要求，必须加快推进改革，进一步解放和发展生产力，为经济社会发展继续提供强大动力。会议指出，深化经济体制改革，要以邓小平理论和“三个代表”重要思想为指导，全面贯彻“十六大”精神，解放思想、实事求是、与时俱进。坚持社会主义市场经济的改革方向，注重制度建设和体制创新。坚持尊重群众的首创精神，充分发挥中央和地方两个积极性。坚持正确处理改革发展稳定的关系，有重点、有步骤地推进改革。坚持统筹兼顾，协调好改革进程中的各种利益关系。会议认为，宪法的稳定是国家稳定的基础。我国现行宪法是一部好宪法，总体上适应我国改革开放和现代化建设的需要，应该保持稳定。同时，根据国家经济社会发展的客观需要，依照法定程序对宪法作适当的修改和补充也是必要的。会议指出，开展修改宪法工作，要坚持以邓小平理论和“三个代表”重要思想为指导，全面贯彻“十六大”精神，体现我们党和人民在改革开放和社会主义现代化建设实践中取得的成熟经验，为在新形势下继续推进中国特色社会主义事业、维护和发展最广大人民的根本利益更好地提供法律保障。修宪工作要坚持正确的政治方向，切实加强党的领导，充分发扬民主，广泛听取各方面的意见，严格依法办事。会议决定，就完善社会主义市场经济体制问题和修改宪法部分内容的建议进一步深入征求意见。关于修改宪法部分内容的建议经十六届三中全会审议后，依照法定程序提请全国人民代表大会常务委员会审议。会议还研究了其他事项。

8月12日　中共中央政治局进行第七次集体学习，中共中央总书记胡锦涛主持。他强调，大力发展社会主义文化，建设社会主义精神文明，是贯彻落实“三个代表”重要思想的必然要求，是全面建设小康社会的必然要求，也是促进经济社会协调发展和人的全面发展的必然要求。我们必须从全面建设小康社会的全局和实现中华民族伟大复兴的高度，深刻认识加强文化建设的战略意义，在推进社会主义物质文明和政治文明建设的同时，更加自觉地推进社会主义文化建设。中共中央政治局这次集体学习安排的内容是世界文化产业发展状况和我国文化产业发展战略。中国社会科学院新闻研究所张西明研究员、清华大学新闻与传播学院熊澄宇教授就这个题目进行了讲解，并介绍了他们对这个问题的一些思考。中央政治局各同志认真听取了他们的讲解，并就有关问题进行了讨论。胡锦涛在主持学习时发表了讲话。他指出，进入新世纪新阶段，面对改革发展稳定的繁重任务，面对世界各种思想文化的相互激荡，我们要更好地把全国各族人民的意志和力量凝聚起来，万众一心地为实现全面建设小康社会的宏伟目标而奋斗，就必须大力加强中国特色社会主义文化建设，不断为改革开放和现代化建设提供有力的思想保证、精神动力和智力支持。胡锦涛强调，建设中国特色社会主义文化，必须牢牢把握先进文化的前进方向，最根本的是要坚持马克思列宁主义、毛泽东思想和邓小平理论在意识形态领域的指导地位，坚持用“三个代表”重要思想统领社会主义文化建设。发展文化事业和文化产业，是社会主义文化建设的重要组成部分。发展各类文化事业和文化产业，都要坚持正确导向，把社会效益放在首位，做到社会效益和经济效益的统一，努力宣传科学真理、传播先进文化、塑造美好心灵、弘扬社会正气、倡导科学精神。要坚持解放思想、实事求是、与时俱进，根据新形势下社会主义文化建设的特点和规律，按照文化事业和文化产业的发展要求，不断推进文化体制和机制创新，支持和保障文化公益事业，增强文化产业的整体实力和竞争力。胡锦涛指出，当今世界，文化赖以发展的物质基础、社会环境、传播条件发生了深刻变化。我们要深入研究新形势下我国文化建设面临的新情况新问题，善于在更加开放的环境中建设中国特色社会主义文化。我们要发扬与时俱进的时代精神，坚持古为今用、推陈出新，大力发扬中华文化的优秀传统，大力弘扬中华民族的伟大精神，使中华民族的优秀文化成为新的历史条件下鼓舞我国各族人民不断前进的精神力量。同时，我们要坚持从我国国情出发，坚持以我为主、为我所用，辩证取舍、择善而从，积极吸收借鉴国外文化发展的有益成果，更好地推动我国文化的发展繁荣。一切有利于加强我国社会主义文化建设的有益经验，一切有利于提高我国人民精神境界的文化成果，一切有利于发展我国社会主义文化事业和文化产业的管理方式，都要积极研究借鉴。要始终高举社会主义文化旗帜，在文化观念上决不照抄照搬，在发展模式上决不简单模仿，坚决防范和抵御各种腐朽落后的文化观念侵蚀干部群众的思想，确保国家的文化安全和社会稳定。胡锦涛强调，各级党委要加强和改进对文化工作的领导，充分发挥全体文化工作者的积极性、创造性，支持和鼓励他们紧密结合亿万人民全面建设小康社会的伟大实践，创造出更多体现时代精神、符合人民要求的具有中国特色、中国风格、中国气派的文化成果，更好地为人民服务、为社会主义服务、为全党全国工作大局服务。

8月18日　中国政府代表、外交部副部长周文重与第三十四届太平洋岛国论坛代表举行了会后对话会。这是中国与太平洋岛国论坛举行的第十五次对话会。参加与中国对话的论坛代表有：新西兰外交、贸易和司法部部长戈夫，巴布亚新几内亚外交部长纳马柳，纽埃农业部长摩图富乌和太平洋岛国论坛秘书长诺埃尔·莱维。

同　日　第九次中国—东盟高官磋商在福建省武夷山市举行。中国外交部副部长王毅和东盟10国外交部高官参加了本次磋商，东盟秘书长王景荣也出席磋商。王毅在磋商开始时表示，高官磋商是中国与东盟沟通的重要渠道，迄今为止为双方关系的发展发挥了重要作用。自上次磋商以来，无论中国还是东盟的情况都发生了新的变化，现在需要双方进一步加强沟通和交流。

8月20日　国务院总理温家宝主持召开国务院常务会议。会议审议并原则通过《中华人民共和国认证认可条例（草案）》。会议认为，为适应加入世界贸易组织的需要，规范认证认可活动，进一步提高我国产品竞争力、服务质量和管理水平，促进经济和社会的发展，制定《中华人民共和国认证认可条例》十分必要。《中华人民共和国认证认可条例（草案）》主要确立了适应认证认可发展需要的基本制度，明确了认证认可活动的行为规范及应承担的法律责任，规定了政府主管部门对认证认可机构的监管制度等。会议决定，《中华人民共和国认证认可条例（草案）》经进一步修改后，由国务院公布施行。

8月22日　我国第一条沙漠高速公路——陕西省榆靖高速公路正式建成通车。榆靖高速公路是我国在沙漠地区修建的第一条高速公路，也是国家规划“四纵四横”西部大通道包头至北海线的重要组成部分。它东起榆林市榆阳区孙家湾，西至靖边县石家湾，主线全长116公里，工程总投资18.17亿元，建设总里程134公里，正线设计标准为全封闭、全立交、双向四车道。公路主要沿古长城铺设，大部分路段穿越毛乌素沙漠。

同　日　中国妇女第九次全国代表大会在人民大会堂开幕。

1 300多名来自祖国各地、各条战线的妇女代表相聚北京，出席新世纪召开的第一次全国妇女代表大会。胡锦涛、吴邦国、温家宝、贾庆林、曾庆红、黄菊、吴官正、李长春、罗干等党和国家领导人到会祝贺。李长春指出，要实现全面建设小康社会的宏伟目标，必须紧紧依靠我国广大妇女。广大妇女要不断实现自身进步，我国妇女事业要不断发展，也必须同全面建设小康社会的伟大实践相结合。他希望广大妇女在全面建设小康社会的伟大进程中创造新业绩、树立新风尚、争做时代新女性。

8月27日　十届全国人大常委会举行三次法制讲座，题目是：我国的卫生法律制度。全国人大常委会委员长吴邦国主持讲座，他指出，要进一步加强卫生法制建设，为卫生事业的发展，为广大人民群众的生命健康提供良好的法制保障。讲座的主讲人是国务院法制办公室主任曹康泰。他首先介绍了我国卫生法律制度建设的基本情况和卫生法律制度建设的特点。在总结防治非典工作的经验教训的基础上，结合经济、社会发展的新形势，他对进一步加强我国卫生法律制度建设提出了6点思考和建议：卫生法律制度建设应当体现经济社会协调发展的方针；其出发点和立足点应当是保障公民的健康权益；要高度重视和切实加强公共卫生领域的法制建设；应当把农村卫生法制建设放在更加突出的位置；进一步完善突发公共卫生事件应急法律制度；加强卫生执法监督体系建设，切实保证卫生法律、法规的有效实施。讲座开始前，吴邦国发表讲话。他说，从这次讲座开始，将主要围绕全国人大常委会的立法和监督工作，选择关系改革发展稳定大局、与广大人民群众密切相关的法制问题进行安排，以利于全国人大常委会组成人员更好地开展工作。吴邦国说，前几个月我国部分地区发生了非典疫情，对广大人民群众的身体健康和生命安全构成了严重威胁，给我们党和人民带来了严峻考验。中央及时把非典防治工作作为重中之重，坚持一手抓防治非典这件大事不放松，一手抓经济建设这个中心不动摇。在以胡锦涛同志为总书记的党中央坚强领导下，经过全党全国人民共同努力，我们取得了非典防治和经济发展双胜利。这当中也给我们许多启示，其中一个重要方面就是，加强法制建设，坚持依法办事依法行政显得越来越重要。吴邦国指出，党的“十六大”确定了全面建设小康社会的奋斗目标。全面小康需要物质文明、政治文明和精神文明的协调发展，需要在经济发展基础上实现社会全面进步，促进人、经济、资源、环境的和谐统一。不断满足人民日益增长的物质文化需要，促进全民族的健康素质提高，保障人民群众的生命安全和身体健康，是全面建设小康社会题中应有之意。这也是贯彻“三个代表”重要思想的必然要求。改革开放以来，我国医疗卫生事业得到了长足的发展，卫生体制改革不断深化，卫生法律制度也逐步完善。全国人大常委会先后制定颁布了药品管理法、国境卫生检疫法、传染病防治法、执业医师法、食品卫生法、职业病防治法等9部卫生方面的法律，并对有关法律进行了修改。国务院也通过了30多部卫生行政法规。我国卫生领域基本上做到了有法可依，卫生事业走上了法制化管理轨道，为保障公民健康和卫生事业的发展提供了有效的法律保障。吴邦国最后强调，通过这次抗击非典斗争，我们也清楚地看到，当前我们的卫生法律制度还不够完善，加强卫生法制建设还有大量的工作要做。我们要从实践“三个代表”重要思想、全面建设小康社会的高度，充分认识搞好卫生法制建设的重大意义，进一步加强卫生法制建设。全国人大常委会副委员长李铁映、司马义·艾买提、何鲁丽、丁石孙、成思危、许嘉璐、蒋正华、盛华仁、路甬祥、乌云其木格、韩启德、傅铁山等听取了讲座。

同　日　国务院总理温家宝主持召开国务院常务会议，研究加强煤矿安全生产工作，讨论了2008年奥运会体育基础设施建设的有关问题。会议研究了加强煤矿安全生产工作有关问题。国家安全生产监督管理局汇报了全国煤炭行业安全生产形势、近期重特大事故多发的原因及拟采取的措施。山西省省长刘振华汇报了最近该省连续发生3起煤矿特大瓦斯爆炸事故的情况，并代表省政府作了严肃认真的检查；同时汇报了省政府采取严厉措施，对煤矿进行全面整顿的进展情况。会议要求山西省政府在查清事故责任的基础上，对责任人作出严肃的处理，同时认真吸取教训，加强煤矿安全生产管理。

会议指出，安全生产事关广大人民群众的生命财产安全，必须采取坚决措施促进煤矿安全生产形势的根本好转。一要加大煤矿安全生产工作力度，各级政府、有关部门和企业负责同志都要深入一线，下大力气，落实安全生产的各项措施。二要加快安全生产技术改造进度，认真做好以瓦斯治理为重点的煤矿安全生产技术改造，国家在2002年、2003年投入40亿元国债资金的基础上，2004年再安排22亿元资金用于煤矿安全生产，同时要建立确保煤矿安全生产投入的机制。三要加大安全生产工作专项检查和整治强度，切实消除事故隐患，遏制重特大事故发生。四要强化各级政府部门安全生产的监督管理职责和责任制度，督促各企业切实做到安全生产。为加强对安全生产工作的领导，会议决定成立国务院安全生产委员会。会议讨论并原则同意国家发展改革委员会对2008年奥运会体育基础设施有关项目的审核意见。会议提出，奥运会体育基础设施项目建设任务十分紧迫，必须加快前期准备工作。要坚决贯彻勤俭办奥运的精神，有关项目的确定和建设，要充分利用现有资源，不搞重复建设，综合考虑经济效益、社会效益和环境效益；要力戒奢华浪费，厉行勤俭节约，保证项目的经济、实用和质量；既要满足奥运会需要，又要兼顾赛后利用，统筹考虑项目建设、管理和后续运营；严格控制投资规模，防止建设中超概算；依法加强对资金使用和工程建设的监管，确保所有项目保质保量地按期完成。

同　日　十届全国人大常委会第四次会议经过表决，以151票赞成，0票反对，1票弃权，通过了《中华人民共和国行政许可法》。国家主席胡锦涛签署第七号主席令，公布这部法律。吴邦国委员长主持会议。会议经过表决，通过了全国人大常委会关于批准中国和南非关于刑事司法协助的条约的决定，关于批准中国和吉尔吉斯共和国关于打击恐怖主义、分裂主义和极端主义的合作协定的决定，关于批准联合国打击跨国有组织犯罪公约的决定。会议经过表决，通过了全国人大常委会关于接受华福周辞去全国人大常委会委员、全国人大农业与农村委员会委员职务的请求的决定。会议表决通过，任命宋照肃为十届全国人大环境与资源保护委员会副主任委员；任命曹卫洲、王庆喜为全国人大常委会副秘书长；任命安建为全国人大常委会法制工作委员会副主任。香港特别行政区基本法委员会是全国人大常委会下设的工作委员会，由内地人士和香港人士各6人组成，任期5年。会议上，由副委员长李铁映主持，吴邦国向第二任全国人大常委会香港特别行政区基本法委员会组成人员颁发了任命书。圆满完成各项议程后，吴邦国发表讲话。他指出，立法工作要紧紧围绕党和国家的中心工作，把党中央的决策及时转变为国家意志，保障、促进改革开放和现代化建设事业的顺利进行。这次会议对《银行业监督管理法（草案)》、《中国人民银行法修正案（草案)》、《商业银行法修正案（草案)》进行了初步审议。希望法律委员会认真研究和吸收大家的意见和建议，把这3个草案修改得更好。会后同志们要继续开展调查研究，对法律草案细细推敲，为尽快出台法律，完善金融监管制度，确保金融机构安全、稳健、高效运行，做好基础性工作。

同　日　全国人民代表大会常务委员会任命名单。第十届全国人民代表大会常务委员会第四次会议通过。一、任命曹卫洲、王庆喜为全国人民代表大会常务委员会副秘书长。二、任命安建为全国人民代表大会常务委员会法制工作委员会副主任。任命宋照肃为第十届全国人民代表大会环境与资源保护委员会副主任委员。

同　日　全国人民代表大会常务委员会第四次会议通过关于接受华福周辞去全国人大常委会委员、全国人大农业与农村委员会委员职务的请求的决定。根据《中华人民共和国全国人民代表大会组织法》第二十三条第三款“常务委员会的组成人员不得担任国家行政机关、审判机关和检察机关的职务；如果担任上述职务，必须向常务委员会辞去常务委员会的职务”的规定，第十届全国人民代表大会常务委员会第四次会议决定：接受华福周辞去第十届全国人民代表大会常务委员会委员、全国人民代表大会农业与农村委员会委员职务的请求，报请第十届全国人民代表大会第二次会议确认。

同　日　为期5天的十届全国人大常委会第四次会议在北京闭幕，会议通过了《中华人民共和国行政许可法》。中国国家主席胡锦涛签署第七号主席令。决定对《中华人民共和国行政许可法》予以公布，自2004年7月1日起施行。《行政许可法》共8章83条，旨在推动中国的行政审批制度改革和政府职能转变。据悉，这部法律草案自制定以来，已经过全国人大常委会四次审议。全国人大常委会委员长吴邦国在《行政许可法》获得通过后强调，这是一部“非常重要的法律”，为建立行为规范、运转协调、公正透明、廉洁高效的行政管理体制，进一步扩大对外开放，促进社会主义市场经济体制的建立和完善，提供了有力的法律保障。会议还批准了3个国际条约和协定，分别是《中华人民共和国和南非共和国关于刑事司法协助的条约》、《中华人民共和国和吉尔吉斯共和国关于打击恐怖主义、分裂主义和极端主义的合作协定》以及《联合国打击跨国有组织犯罪公约》。本次会议还初次审议了《中华人民共和国银行业监督管理法》、《中华人民共和国中国人民银行法修正案》、《中华人民共和国商业银行法修正案》3部法律草案，并听取审议了国务院《关于2003年以来国民经济和社会发展计划执行情况的报告》和《关于重大传染病防治工作情况的报告》以及全国人大常委会对《未成年人保护法》实施情况的执法检查的报告。吴邦国委员长主持了闭幕会，并在会上向第二任全国人大常委会香港特别行政区基本法委员会组成人员颁发了任命书。

同　日　全国人民代表大会常务委员会关于批准《联合国打击跨国有组织犯罪公约》的决定。第十届全国人民代表大会常务委员会第四次会议决定：批准2000年11月15日第五十五届联合国大会通过的、同年12月12日中国政府签署的《联合国打击跨国有组织犯罪公约》；同时声明：一、中华人民共和国对本公约第三十五条第二款予以保留，不受该款约束。二、在中华人民共和国政府另行通知前，本公约暂不适用于中华人民共和国香港特别行政区。

同　日　全国人民代表大会常务委员会关于批准《中华人民共和国和吉尔吉斯共和国关于打击恐怖主义、分裂主义和极端主义的合作协定》的决定。第十届全国人民代表大会常务委员会第四次会议决定：批准外交部部长唐家璇代表中华人民共和国于2002年12月11日在北京签署的《中华人民共和国和吉尔吉斯共和国关于打击恐怖主义、分裂主义和极端主义的合作协定》。

同　日　北京六方会谈在钓鱼台国宾馆开幕。中国外交部副部长王毅、朝鲜外务省副相金永日、美国助理国务卿凯利、俄罗斯副外长洛修科夫、韩国外交通商部次官补李秀赫和日本外务省亚大局局长薮中三十二分别率团出席了会谈。各方认真、全面地阐述了各自对解决朝鲜半岛核问题的原则立场和方案设想。本次会谈东道主中国代表团团长王毅在开幕词中对各方代表团的到来表示欢迎。他说，北京六方会谈既是中朝美3方会谈的延续和扩大，更是一个新的开端。目标是通过对话和平解决核问题。他说，作为东道方，中方将为会议的顺利进行竭尽全力。朝、美、韩、俄、日再次感谢中方促成六方会谈，并为会谈提供良好设施和条件。各方都期待通过对话，减少疑虑，建立信任，以和平解决朝鲜半岛核问题，认为六方会谈为东北亚和平提供了难得机会。各方表示将为会谈的推进做出自己的贡献。

8月30日　中国全国人大常委会委员长吴邦国在菲律宾总统府会见了菲律宾总统阿罗约，宾主进行了热情友好的谈话。吴邦国积极评价中菲关系取得的进展，对阿罗约为此做出的贡献表示赞赏。他强调，中国新一届中央领导集体非常重视发展同菲律宾的睦邻友好关系，愿与菲方一道，推动两国在各领域的合作取得更多成果。吴邦国指出，两国在经贸领域的合作保持良好势头，进一步合作的潜力很大，应进一步拓展合作领域；农业方面的合作成效显著，基础设施和资源开发领域的合作也有了良好开端，金融合作取得了新的进展。上述成果为两国关系的发展奠定了重要的物质基础，注入了新的活力。

9月1日—4日　由外交部部长助理沈国放率领的中国代表团8月31日离开北京，前往泰国曼谷参加召开的联合国亚太经社会第五十九届年会。据介绍，本届会议的主题是“应对本区域需要，解决经济社会关切问题，尤其是艾滋病问题”。与会各成员将重点讨论艾滋病防治、区域经济合作、扶贫、环境、应对全球化及新出现的社会问题等议题。会议期间还将举行部长圆桌会议，专门就防治艾滋病及落实联合国千年发展目标交换意见。

9月1日　亚洲议会和平协会第四届年会在菲律宾首都马尼拉隆重开幕。亚洲议会和平协会时任主席、中国全国人大常委会委员长吴邦国出席开幕式并发表主旨讲话。来自协会26个成员国的议会代表团出席了开幕式。吴邦国发表题为《缔造亚洲百年和平，共创亚洲持续发展》的主旨讲话。他说，这次会议的主题是“亚洲百年和平”。在当前国际和地区形势发生深刻变化的背景下，亚洲各国议会的领导人和代表汇聚一堂，探讨如何实现亚洲的持久和平与发展，具有十分重要的现实意义和深远的历史意义。

9月2日　中国全国人大常委会委员长吴邦国与韩国国会议长朴宽用在韩国国会大厦举行了正式会谈。朴宽用首先代表韩国国会和人民对吴邦国访韩表示热烈欢迎。他说，吴邦国委员长的访问是韩中关系发展进程中的重要事件，韩方期待已久，相信此访必将有力推动韩中关系进一步发展。吴邦国对首次访韩表示非常高兴。他说，中国新一届中央领导集体十分重视中韩关系，对双方友好合作取得的成果表示满意。10年前人们很难想到中韩贸易2002年达到440多亿美元，中国成为韩国最大的海外投资对象国；很难想到两国人员交流2002年高达270多万人次；很难想到双方已建立70多对友好省市关系。

同　日　国务院总理温家宝主持召开国务院常务会议，讨论《国务院关于进一步加强农村教育工作的决定》，审议《突发公共卫生事件医疗救治体系建设规划（草案）》，研究部署加强道路交通安全工作。会议讨论通过了《国务院关于进一步加强农村教育工作的决定》。会议分析了当前我国农村教育面临的形势，强调指出必须充分认识农村教育在全面建设小康社会中的基础性、先导性、全局性的作用，将其作为教育工作的重中之重，一手抓发展、一手抓改革，促进农村各级各类教育协调发展。要认真落实“在国务院领导下，由地方政府负责、分级管理、以县为主”的农村义务教育管理体制，完善经费保障机制；坚持为“三农”服务的方向，大力发展职业教育和成人教育，推进“三教统筹”和“农科教”结合；建立资助贫困学生就学制度，保障农村家庭经济困难学生接受义务教育的权利；要深化农村教育教学改革，增强办学的针对性和实用性，为在全国全面普及九年义务教育和全面提高义务教育质量而不懈努力。会议决定，要用5年时间，即到2007年，西部地区“普九”人口覆盖率达到85%以上，青壮年文盲率降到5%以下。会议审议并原则通过了《突发公共卫生事件医疗救治体系建设规划（草案)》。《规划（草案)》提出：用3年左右的时间，基本建成一个适合国情、覆盖城乡、功能齐全、反应灵敏、运转协调、持续发展的医疗救治体系。会议提出了2003年、2004年关于分级建设紧急救援中心、传染病医院(病区）或后备医院、医疗救治信息网络的原则和目标。会议强调，要坚持从国情出发、充分利用现有资源、合理布局的原则，坚持以加快提高医疗救治机构能力为目标，坚持基础设施建设与完善运行机制相结合，通过中央和地方政府的共同努力，有计划、有重点、分步骤地实现建设任务。会议听取了公安部关于进一步加强道路交通安全的情况汇报。会议指出，当前我国道路交通安全形势严峻，事故持续上升，给人民群众生命财产造成了严重损失，必须引起各级政府高度重视，采取有力措施坚决遏制重特大交通事故多发的势头。会议决定，针对道路交通安全工作存在的突出问题，当前要重点抓好以下工作：一是切实加强组织领导，建立道路交通安全工作部际联席会议制度，形成各司其职、齐抓共管、综合治理、标本兼治的工作格局；二是在全国范围内组织开展道路交通安全专项整治，重点整治交通秩序混乱、严重超载、驾驶员违章，以及事故多发路段和安全隐患路段；三是加快交通安全法律法规建设，加强交通安全宣传工作；四是加大投入，改善危险路段的安全状况。会议还审议并原则通过了《民用运力国防动员条例（草案)》，由国务院公布施行。

9月4日　由中铁十八局集团担负施工的国家“十五”期间重点建设项目（北）京福（州）高速公路美菰林隧道右线提前3个月贯通，这是我国目前贯通的最长的高速公路隧道。美菰林隧道位于福建省闽清县与尤溪县的交界处，双洞总长11.2公里，其中左线长5 563.37米，右线长5 580米，工程总投资3.7亿元人民币。施工中，中铁十八局集团全面采用湿喷混凝土和混合通风技术，大大降低了粉尘污染，改善了施工作业环境，同时广泛采用新型防水材料等综合止水技术，有效防止了地下水的流失，保护了原始林区的生态环境。工程质量优良率达95%以上。

9月7日　应冰岛政府、芬兰政府、亚美尼亚总理兼亚美尼亚共和党主席马尔加良、摩尔多瓦共和国总统兼摩尔多瓦共产党人党主席沃罗宁的邀请，中共中央政治局常委罗干离开北京前往上述4国进行友好访问。

9月8日　中国残疾人联合会第四次全国代表大会在人民大会堂开幕。胡锦涛、温家宝、曾庆红、黄菊、吴官正、李长春等党和国家领导人到会祝贺。黄菊说，党和政府高度重视和关心残疾人，把发展残疾人事业作为中国特色社会主义事业的重要组成部分，不断完善有关政策法规，切实维护残疾人的合法权益，在全社会大力倡导扶残助残的良好风尚，充分发挥广大残疾人的积极性、主动性和创造性。全国各级残疾人组织和广大残疾人工作者积极发挥桥梁纽带和协调组织作用，为推动残疾人事业的发展做了大量卓有成效的工作。广大残疾人身残志坚、迎难而上，大力发扬自尊、自信、自强、自立精神，在改革开放和现代化建设的火热实践中辛勤劳动、顽强拼搏，不仅为经济社会发展作出了积极贡献，而且实现了自己壮丽的人生理想和人生价值。我国广大残疾人所表现出来的顽强精神和美好情操，是我们伟大民族精神的真实写照。

9月10日　国务院总理温家宝主持召开国务院常务会议，研究实施东北地区等老工业基地振兴战略问题，提出了振兴东北地区等老工业基地的指导思想和原则、主要任务及政策措施。会议指出，支持东北地区等老工业基地加快调整改造，是党的“十六大”提出的一项重大战略决策。目前，实施这项战略条件具备、时机成熟。要抓住机遇，积极推进东北地区等老工业基地的振兴，努力将东北地区等老工业基地调整、改造、发展成为结构合理、功能完善、特色明显、竞争力强的新型产业基地，逐步成为国民经济新的重要增长区域。会议指出，振兴老工业基地，要以“三个代表”重要思想为指导，解放思想，转变观念，重点把握和坚持以下几项原则：一是坚持深化改革、扩大开放，以改革开放促调整改造；二是坚持主要依靠市场机制，正确发挥政府作用；三是坚持走新型工业化道路，促进产业结构优化升级；四是坚持统筹兼顾，注重协调发展；五是坚持自力更生为主，国家给予必要扶持；六是坚持从实际出发，讲求实效。会议还研究了振兴老工业基地的任务、政策和措施。会议指出，振兴老工业基地是一项长期的战略任务。国务院有关部门和地方政府要高度重视，精心安排，加强协调，从思想上、组织上和工作部署上确保振兴战略的顺利实施。会议强调，要全面贯彻统筹区域经济社会协调发展的战略布局，坚定不移地实施西部大开发战略，振兴东北地区等老工业基地，继续鼓励东部地区加快发展、有条件的地方率先实现现代化，实行东西互动，带动中部，促进区域经济协调发展。

9月16日　全国政协主席贾庆林在钓鱼台国宾馆会见了由参议长蓬斯莱率领的法国参议院代表团。贾庆林说，中法建交40多年来，两国关系发展日益密切，各领域的交流与合作成果显著，全面战略伙伴关系深入人心。近年来，双方高层互访频繁，政治互信不断加深。2002年，胡锦涛主席与希拉克总统成功互访，有力地推动了中法关系的发展。中方一贯重视同法国开展经贸合作，愿同法方进一步加强在能源、航空、交通、农业、环保、高科技等领域的交流与合作，推动中法经贸合作全面、快速发展。贾庆林赞赏法方坚持一个中国原则，支持中国统一大业。贾庆林说，中国全国政协与法国参议院自1991年建立联系以来，双方的友好交往与合作不断深入，为发展两国友好合作关系做出了贡献。我们希望以参议长此访为契机，进一步加强两组织间的友好交往与合作，为增进两国人民之间的了解和友谊而不懈努力。贾庆林积极评价中法互办文化年活动，并祝贺此次法国文化年取得圆满成功。他说，中法互办文化年活动是中法关系史上的盛事，不仅加深了两国人民的相互了解和友谊，也极大丰富了两国友好关系的内涵，对进一步推动世界和平与文明的发展进步具有重大意义。蓬斯莱说，近年来，法中两国关系保持了良好的发展势头，双方在政治、经贸、文化等领域合作不断加强。法中都是世界上有影响的国家。法国参议院希望加强与中国全国政协的交流与合作，进一步推动两国关系向前发展。台湾问题是中国内政，法国政府坚持一个中国原则。全国政协副主席张思卿、秘书长郑万通、教科文卫体委员会主任刘忠德及法国驻华大使高毅等会见时在座。

同　日　中国农业大学百年校庆系列活动之一的"世界著名大学校长论坛"在北京举行，国务委员陈至立出席并致辞。陈至立在致辞中说，中国现代化建设已经进入新的发展阶段。中国政府坚持科学发展观，提出了统筹城乡经济社会发展的战略思想，把解决农业、农村、农民问题作为现代化建设的重中之重，充分发挥工业对农业的支持和反哺作用，发挥城市对农村的辐射带动作用，促进城乡良性互动、共同发展。她说，中国人口众多，人均自然资源拥有量远低于世界平均水平。现代农业的发展将为中国的可持续发展提供新的支撑。保障粮食安全，提高人民生活水平和健康水平，改善生态环境，缓解能源压力，保障生物安全，都迫切需要发展现代农业。时代对中国农业高等教育提出了前所未有的挑战，也提供了极好的发展机遇。陈至立表示，中国农业高等教育已经有了良好的基础。一是全面推进素质教育，深化教育教学改革，为农业现代化培养了大批专门人才；二是坚持产学研结合，促进农科教结合，为农村现代化建设服务；三是充分发挥了现代信息技术在农业教育与技术推广方面的作用；四是重点建设了农业高等院校，引领中国农业高等教育发展。她希望中国农业高等院校在改革与发展的过程中，学习和借鉴世界各国高校的先进经验，开展更深更广的国际合作与交流。有关国际组织、中国政府有关部门和中外大学校长代表出席了论坛。

9月17日　国务院总理温家宝主持召开国务院常务会议，研究部署2003年"十一"旅游黄金周有关工作。会议听取了国家旅游局关于2003年"十一"黄金周旅游工作准备情况的汇报。会议指出，办好"十一"旅游黄金周，保证"健康、安全、秩序、质量"，是实践"三个代表”重要思想的具体体现。要重点抓好以下工作：一是切实把旅游安全放在突出位置。各地区各有关部门要强化安全责任，对容易发生安全事故的旅游交通工具、旅游项目设施、大众娱乐场所和餐馆摊点，要进行一次安全检查，排除各种安全隐患，确保游客安全；二是做好健康卫生保障工作。加强对重点旅游城市和旅游景区传染病情的监测、防治，做好食品卫生监督管理和检疫工作；三是加强旅游工作的组织协调和管理。及时发布旅游信息，搞好运力调配，建立健全紧急救援网络，增强涉及旅游安全重大突发事件应急处理能力，全面提高管理和服务水平；四是统筹安排好值班工作。黄金周期间，各级假日办要坚持24小时值班，保持通讯网络畅通，确保旅游中出现的各种问题能够及时有效地得到解决。会议强调，各地区、各有关部门务必高度重视，精心组织，周密安排，落实责任，加强检查，以优质服务和良好市场秩序组织好“十一”旅游黄金周。会议还研究了其他事项。

9月22日　中国工会第十四次全国代表大会在人民大会堂隆重开幕。1 600多名来自全国各地、各条战线的工会代表相聚北京，出席中国工会在新世纪召开的第一次全国代表大会。胡锦涛、吴邦国、温家宝、贾庆林、曾庆红、黄菊、吴官正、李长春、罗干等党和国家领导人到会祝贺。

9月23日　中国国务院总理温家宝、哈萨克斯坦总理艾哈迈托夫、吉尔吉斯斯坦总理塔纳耶夫、俄罗斯总理卡西亚诺夫、塔吉克斯坦总理阿基洛夫和乌兹别克斯坦总理苏丹诺夫在北京举行了上海合作组织成员国总理会晤。6国总理着重讨论了上海合作组织经贸合作问题，还就该组织内部建设等问题交换了意见。他们对会晤所取得的成果感到满意。温家宝主持了会议，并代表中国政府在会上作了发言。他说，上海合作组织成立2年多来，在完善机制、推进务实合作及对外交往等方面都取得了积极进展。2003年5月举行的莫斯科峰会，标志着上海合作组织进入了全面发展的新时期。这次总理会晤的主要目的，是研究如何有效落实莫斯科峰会精神，推动上海合作组织在各领域的合作。

同　日　国家主席胡锦涛在人民大会堂会见了来京出席上海合作组织总理会晤的哈萨克斯坦总理艾哈迈托夫、吉尔吉斯斯坦总理塔纳耶夫、俄罗斯总理卡西亚诺夫、塔吉克斯坦总理阿基洛夫和乌兹别克斯坦总理苏丹诺夫。胡锦涛首先对上海合作组织总理会晤的成功举行并取得重要成果表示祝贺。胡锦涛说，这次会晤签署及批准的《上海合作组织成员国多边经贸合作纲要》等文件，为6国经济合作奠定了重要法律基础，必将进一步推动区域经济合作，并为组织的2个常设机构如期启动创造有利条件。希望各方继续做好相关工作，使会晤提出的各项任务尽快得以实施。

9月26日　国务院总理温家宝主持召开国务院常务会议，研究贯彻实施《中华人民共和国行政许可法》、城市生活无着流浪乞讨人员救助管理、继续给予民航旅游企业相关扶持政策等工作。会议研究了关于贯彻实施《中华人民共和国行政许可法》的有关问题。会议认为，行政许可法的公布施行，是我国社会主义民主与法制建设的一件大事。它对于保护公民、法人和其他组织的合法权益，深化行政审批制度改革，进一步推进行政管理体制改革，从源头上预防和治理腐败，保障和监督行政机关有效实施行政管理，都具有重要意义。会议要求，各地区、各部门要从贯彻“三个代表”重要思想、全面推进依法行政的高度，认真学习、严格执行行政许可法，促进各级政府及部门严格依法行政。要抓紧清理现行有关行政许可的规定和行政许可的实施机关，并向社会公布，保证行政许可法按期全面正确实施。会议听取了民政部关于《城市生活无着的流浪乞讨人员救助管理办法》实施情况的汇报。会议认为，救助管理办法公布施行后，在各地党委、政府直接领导和各有关部门的密切配合下，救助机构基本到位，管理制度初步建立，运转机制正在形成，工作起步较为顺利，但也遇到了一些新的情况和问题。会议指出，把强制性的收容遣送改为救助管理，建立新型的社会救助制度，是我国社会救助制度的重大改革。实施这项改革，对受助人员、救助管理机构及有关单位，都有一个逐步适应的过程。各地区、各有关部门要认真研究、妥善解决出现的新问题，不断总结经验，逐步完善有关法规政策和配套措施，切实把城市生活无着的流浪乞讨人员救助管理工作做好。会议听取了财政部关于继续给予民航、旅游企业相关扶持政策的汇报。鉴于民航、旅游企业受非典影响较大，生产经营还面临许多困难，会议决定，将现行对民航、旅游企业实施的扶持政策延长到年底，以利于民航、旅游企业生产经营的全面恢复和发展。

9月29日　中共中央政治局召开会议，讨论十六届一中全会以来中央政治局的工作，研究完善社会主义市场经济体制、修改宪法部分内容的建议和实施东北地区等老工业基地振兴战略等问题。中共中央总书记胡锦涛主持了会议。中国共产党第十六届中央委员会第三次全体会议将于10月11日—14日在北京召开。中共中央政治局会议讨论了在广泛征求意见基础上进一步修改的《中共中央关于完善社会主义市场经济体制若干问题的决定》稿和《中共中央关于修改宪法部分内容的建议》稿，决定根据会议讨论的意见进行修改后将这2份文件提请十六届三中全会审议。会议指出，支持东北地区等老工业基地振兴，是“十六大”从全面建设小康社会全局着眼提出的一项重大战略任务。各地区、各部门都要从新世纪新阶段我国改革开放和社会主义现代化事业长远发展的高度，深刻认识实施东北地区等老工业基地振兴战略的重大意义。要进一步解放思想、深化改革、扩大开放，着力推进体制创新和机制创新，促进经济结构战略性调整，加快企业技术改造，走出一条老工业基地调整改造和振兴的新路子。要充分认识振兴东北地区等老工业基地的长期性和艰巨性，大力发扬艰苦奋斗精神，统筹规划，从长计议，量力而行，分步实施，确保这一振兴战略的顺利实施。会议强调，要继续坚定不移地实施西部大开发战略，支持中部地区发挥自身优势更好地发展，支持东部沿海地区加快发展并鼓励有条件的地方率先基本实现现代化，实行东中西互动，促进区域经济社会协调发展。会议要求，各有关地区和部门要统一思想，加强领导，精心组织，始终把实现好、维护好、发展好最广大人民的根本利益放在突出位置，正确处理改革发展稳定的关系，切实把各项工作落到实处。会议还研究了其他事项。

9月30日　中共中央政治局进行第八次集体学习，中共中央总书记胡锦涛主持。这次集体学习安排的内容是坚持依法治国、建设社会主义政治文明。复旦大学国际关系与公共事务学院林尚立教授、中国社会科学院法学研究所李林研究员就这个题目进行了讲解，谈了他们对这个问题的一些思考。中央政治局各同志认真听取了他们的讲解，并就有关问题进行了讨论。胡锦涛在主持学习时发表了讲话。他强调，必须从全面建设小康社会的战略全局出发，充分认识社会主义政治文明建设的重要性，深刻把握社会主义政治文明建设的规律，继续积极稳妥地推进政治体制改革，扩大社会主义民主，健全社会主义法制，依法治国，建设社会主义法治国家，实现社会主义民主政治的制度化、规范化和程序化，巩固和发展民主团结、生动活泼、安定和谐的政治局面。他指出，高度重视并不断推进社会主义政治文明，是我们党领导人民坚持和发展人民民主长期实践的必然结论，是全面建设小康社会的重要目标，是保持经济社会持续发展和国家长治久安的重要保证。社会主义社会应是物质文明、政治文明和精神文明全面、协调发展的社会。物质文明是社会发展的物质基础和决定力量，精神文明是社会发展的精神动力和智力支持，政治文明是社会发展的制度保障和重要条件。实现全面建设小康社会的宏伟目标，要求我们坚定不移地发展社会主义市场经济、社会主义民主政治和社会主义先进文化，不断促进社会主义物质文明、政治文明和精神文明的协调发展。胡锦涛强调，坚持政治文明建设的正确方向，最根本的是要坚持党的领导、人民当家作主和依法治国的有机统一。这是我们推进社会主义政治文明建设必须遵循的基本方针，也是我国社会主义政治文明区别于资本主义政治文明的本质特征。我们要紧密联系全面建设小康社会的实践，紧密联系社会主义民主法制建设的实践，不断研究新情况、解决新问题、积累新经验，努力探索和发展实现这种有机统一的新形式、新机制、新途径。胡锦涛指出，推进社会主义政治文明建设，是一个内容广泛的系统工程，需要我们进行长期努力。按照“十六大”提出的要求，要坚持和完善社会主义民主制度，丰富民主形式，健全民主程序，扩大公民有序的政治参与，保证人民群众依法进行民主选举、民主决策、民主管理和民主监督。要推进决策科学化、民主化，保证党和政府的各项决策符合人民利益，适应经济社会发展的实际。要根据改革开放和发展社会主义市场经济的需要，加快立法步伐，提高立法质量，坚持依法行政、公正司法，促进依法治国方略的落实，为全面建设小康社会提供有力的法律保障。要按照公正司法和严格执法的要求，积极稳妥地推进司法体制改革，保障在全社会实现公平和正义。要进一步转变政府职能，减少行政审批，改进管理方式，提高行政效率，努力形成运转协调、廉洁高效的行政管理体制。要以领导干部特别是主要领导干部为重点，以人、财、物的管理和使用为重点，以关键岗位和薄弱环节为重点，改革和完善监督机制，切实做到用制度管权、用制度管事、用制度管人，保证把人民赋予的权力切实用来为人民谋利益。

10月7日　国务院总理温家宝出席了在印度尼西亚巴厘岛举行的第七次东盟与中日韩（“10+3”）领导人会议。印度尼西亚总统梅加瓦蒂等东盟10国领导人、日本首相小泉纯一郎和韩国总统卢武铉也出席了会议。会议由东道主印尼总统梅加瓦蒂主持。与会领导人在友好、坦诚的气氛中讨论了“10+3”的发展方向及扩大各领域合作等问题。在会上，温家宝总理发表了以“共同谱写东亚合作新篇章”为主题的讲话。他说，“10+3”的建立与发展，是东亚国家顺应经济全球化发展潮流、寻求共同发展的重要创举。6年来，“10+3”从无到有、从虚到实，由东亚国家间的对话会议成长为内容丰富的合作体系，建立起了较为完善的运作机制，合作内容从金融、经贸向政治、社会和安全领域不断扩展。

10月8日　中国国务院总理温家宝出席了在印度尼西亚巴厘岛举行的第七次中国与东盟（“10+1”）领导人会议。温家宝在会上发表了以“全面深入合作、促进和平繁荣”为主题的讲话。他说，过去6年间，中国和东盟形成了政治上相互尊重、经济上相互促进、安全上相互信任的良好态势。中国加入《东南亚友好合作条约》，表明双方政治互信加深，合作水平进一步提高。中国与东盟宣布建立面向和平与繁荣的战略伙伴关系是对双方关系成果的总结，将为中国与东盟关系未来发展提供重要指导，也标志着中国与东盟关系进入了一个新的阶段，是双方关系史上的重要里程碑。

10月11日—14日　中共十六届三中全会在北京召开。全会由中央政治局主持。中央委员会总书记胡锦涛作了重要讲话。全会听取和讨论了胡锦涛受中央政治局委托作的工作报告，审议通过了《中共中央关于完善社会主义市场经济体制若干问题的决定》，审议通过了《中共中央关于修改宪法部分内容的建议》，并决定提交第十届全国人民代表大会常务委员会审议。吴邦国、温家宝分别就《建议（讨论稿）》和《决定（讨论稿）》向全会作了说明。全会认为，必须按照“十六大”提出的建成完善的社会主义市场经济体制和更具活力、更加开放的经济体系的战略部署，加快推进改革，进一步解放和发展生产力，为经济发展和社会全面进步注入强大动力。要按照统筹城乡发展、统筹区域发展、统筹经济社会发展、统筹人与自然和谐发展、统筹国内发展和对外开放的要求，更大程度地发挥市场在资源配置中的基础性作用，为全面建设小康社会提供强有力的体制保障。全会强调，完善社会主义市场经济体制的主要任务是：完善公有制为主体、多种所有制经济共同发展的基本经济制度，建立有利于逐步改变城乡二元经济结构的体制，形成促进区域经济协调发展的机制，建设统一开放竞争有序的现代市场体系，完善宏观调控体系、行政管理体制和经济法律制度，健全就业、收入分配和社会保障制度，建立促进经济社会可持续发展的机制。全会认为，要坚持公有制的主体地位，发挥国有经济的主导作用，积极推行公有制的多种有效实现形式，加快调整国有经济布局和结构。要适应经济市场化不断发展的趋势，进一步增强公有制经济的活力，大力发展国有资本、集体资本和非公有资本等参股的混合所有制经济，实现投资主体多元化，使股份制成为公有制的主要实现形式。需要由国有资本控股的企业，应区别不同情况实行绝对控股或相对控股。要建立健全国有资产管理和监督体制，深化国有企业改革，完善公司法人治理结构，加快推进和完善垄断行业改革。要大力发展和积极引导非公有制经济，允许非公有资本进入法律法规未禁入的基础设施、公用事业及其他行业和领域。非公有制企业在投融资、税收、土地使用和对外贸易等方面，与其他企业享受同等待遇。要改进对非公有制企业的服务和监管。全会认为，产权是所有制的核心和主要内容。建立归属清晰、权责明确、保护严格、流转顺畅的现代产权制度，有利于维护公有财产权，巩固公有制经济的主体地位；有利于保护私有财产权，促进非公有制经济发展；有利于各类资本的流动和重组，推动混合所有制经济发展；有利于增强企业和公众创业创新的动力，形成良好的信用基础和市场秩序。这是完善基本经济制度的内在要求，是构建现代企业制度的重要基础。要依法保护各类产权，健全产权交易规则和监管制度，推动产权有序流转。全会认为，土地家庭承包经营是农村基本经营制度的核心，要长期稳定并不断完善以家庭承包经营为基础、统分结合的双层经营体制，依法保障农民对土地承包经营的各项权利。农户在承包期内可依法、自愿、有偿流转土地承包经营权，完善流转办法，逐步发展适度规模经营。要实行最严格的耕地保护制度，保证国家粮食安全。按照保障农民权益、控制征地规模的原则，改革征地制度，完善征地程序。要完善农产品市场体系，把通过流通环节的间接补贴改为对农民的直接补贴，切实保护种粮农民的利益。要加大国家对农业的支持保护，深化农村税费改革，切实减轻农民负担。要大力发展县域经济，加快城镇化进程，逐步统一城乡劳动力市场，形成城乡劳动者平等就业的制度，为农民创造更多的就业机会。全会认为，要加快建设全国统一市场，大力推进市场对内对外开放，大力发展资本和其他要素市场，促进商品和各种要素在全国范围自由流动和充分竞争。要增强全社会的信用意识，形成以道德为支撑、产权为基础、法律为保障的社会信用制度。要继续完善国家宏观调控体系，加快转变政府职能，深化行政审批制度改革，切实把政府经济管理职能转到主要为市场主体服务和创造良好发展环境上来。要加强对区域发展的协调和指导，积极推进西部大开发，有效发挥中部地区综合优势，支持中西部地区加快改革发展，振兴东北地区等老工业基地，鼓励东部有条件地区率先基本实现现代化。要深化投资体制改革，分步实施税收制度改革，推进财政管理体制改革，深化金融企业改革，健全金融调控机制，完善金融监管体制。要深化涉外经济体制改革，完善对外开放的制度保障，更好地发挥外资的作用，增强参与国际合作和竞争的能力。全会认为，要把扩大就业放在经济社会发展更加突出的位置，坚持劳动者自主择业、市场调节就业和政府促进就业的方针，实施积极的就业政策，努力改善创业和就业环境，鼓励企业创造更多的就业岗位。要完善按劳分配为主体、多种分配方式并存的分配制度，加大收入分配调节力度，重视解决部分社会成员收入差距过分扩大问题。要加快建设与经济发展水平相适应的社会保障体系，完善企业职工基本养老保险制度，健全失业保险制度，继续改革城镇职工基本医疗保险制度，完善城市居民最低生活保障制度。全会认为，要深化科技教育文化卫生体制改革，创新工作机制，营造实施人才强国战略的体制环境，加快国家创新体系建设，构建现代国民教育体系和终身教育体系，促进文化事业和文化产业协调发展，提高公共卫生服务水平和突发性公共卫生事件应急能力。要深化行政管理体制改革，合理划分中央和地方经济社会事务的管理责权，加快形成行为规范、运转协调、公正透明、廉洁高效的行政管理体制。全面推进经济法制建设，加强执法和监督，确保法律法规的有效实施。全会认为，建成完善的社会主义市场经济体制，是我们党在新世纪新阶段作出的具有重大现实意义和深远历史意义的决策，是对全党新的重大考验。全会强调，中华人民共和国宪法是国家的根本大法，是治国安邦的总章程，是保持国家统一、民族团结、经济发展、社会进步和长治久安的法制基础。全会指出，修改宪法必须坚持四项基本原则，立足我国国情，充分发扬民主，广泛听取各方面的意见，严格依法办事，做到有利于加强和改善党的领导，有利于发挥社会主义制度的优越性，有利于调动广大人民群众的积极性，有利于维护国家统一、民族团结和社会稳定，有利于促进经济发展和社会全面进步。

10月12日　“中国—葡语国家经贸合作论坛”在澳门特区开幕。

来自中国、安哥拉、巴西、佛得角、几内亚比绍、莫桑比克、葡萄牙和东帝汶等8个国家的部长级经贸官员与会。国务院副总理吴仪12日在澳门会见了7个葡语国家的部长级官员，随后她出席了论坛的晚宴并致辞。吴仪说，葡语系国家历来是中国十分重视的合作伙伴，希望通过这次论坛，建立一种合作机制，不仅成为中国和葡语国家参与经济全球化的重要工作平台，而且成为推动中国和葡语国家全面合作的“推进器”。

10月13日　外交部西欧司负责人表示，希望通过首份中国对欧盟政策文件，加强中国同欧盟的全面合作，推动中欧关系长期稳定发展。中国政府13日发表《中国对欧盟政策文件》，阐述了中国对欧盟的政策目标和今后5年的合作措施。这位负责人说，中国与欧盟建交近30年来，双边关系总体发展良好，已步入全面健康发展的轨道。中欧高层互访频繁，对话机制日益完善，各领域合作良好。中国政府希望通过制订对欧盟政策文件，昭示中国对欧盟的政策目标和今后5年的合作措施，以推动中欧关系长期稳定发展。同时，这份文件也是中方对近8年来欧盟发表5份对华政策文件的回应。

10月14日　国务院总理温家宝主持召开国务院常务会议。会议研究了关于抓紧淮河流域灾后重建和加快治淮工程建设的有关问题。会议指出，2003年夏季淮河流域遭受了历史上罕见的特大洪涝灾害，沿淮地区的一些城市和广大农村损失较为严重。会议强调，要把治理淮河作为水利建设的重点，按照全面规划、统筹兼顾、标本兼治、综合治理、先急后缓、远近结合的原则，合理安排各项建设任务。当前要抓紧做好以下工作：一是抓紧做好行蓄洪区灾民迁建工作。要统筹考虑群众安全、经济发展和流域防洪问题，认真做好规划，真正让群众安居乐业。二是搞好灾后重建工程建设。要在2004年汛前完成2003年启用行洪区的堵口复堤，对出现险情的重要堤防、病险水库和涵闸要抓紧进行除险加固。三是做好行蓄洪区运用补偿工作，补偿资金争取在年底前发放到受灾群众手中。四是加快治淮工程建设进度，力争在2007年前基本完成原定2010年前完成的加固干支流堤防、扩大和整治泄洪通道、行蓄洪区安全建设、兴建防洪排涝设施和防汛指挥系统等19项治淮骨干工程项目。五是加强对治淮工程的稽查、审计和质量监督，管好用好治淮资金，确保工程质量。会议要求，各有关地区和部门要以对人民高度负责的态度，切实加强领导，周密部署，科学规划，精心组织，密切协作，确保各项建设的顺利实施。会议还研究了其他事项。

10月15日　9时整，我国自主研制的“神舟五号”载人飞船在酒泉卫星发射中心用“长征二号F型”运载火箭发射升空。9时9分50秒，飞船准确进入预定轨道，将中国第一名航天员杨利伟成功送上太空。中共中央总书记、国家主席、中央军委副主席胡锦涛在现场观看飞船发射时强调，“神舟五号”载人飞船的发射成功，是我们伟大祖国的荣耀，标志着我国首次载人航天飞行初战告捷，也标志着中国人民在攀登世界科技高峰的征程上又迈出了具有重大历史意义的一步。航天战线的同志们为祖国、为人民、为民族建立的卓越功勋，党和人民永远不会忘记。

10月17日　中国国家主席胡锦涛在曼谷大王宫会见了泰王国国王普密蓬·阿杜德和王后诗丽吉，双方对中泰关系发展的良好势头表示满意。胡锦涛主席说，中国和泰国是亲密的近邻、彼此信赖的伙伴。长期以来，两国相互尊重、真诚相待、互帮互助，建立了兄弟般的传统友谊。这种友谊经受了时间和国际风云变幻的考验，愈益深厚，历久弥坚，并随着时代的发展不断焕发出新的勃勃生机。

10月19日　政协十届常委会第三次会议举行全体大会。中共中央政治局常委、全国政协主席贾庆林出席会议。14位常委和委员分别代表8个民主党派中央、全国工商联、全国政协部分专门委员会等，围绕完善社会主义市场经济体制问题作了大会发言。他们在发言中认为，中共十六届三中全会通过的关于完善社会主义市场经济体制若干问题的决定，是进一步深化经济体制改革，促进经济和社会全面发展的纲领性文件，是实现全面建设小康社会奋斗目标强有力的体制保证。参加人民政协的各党派、各团体和广大政协委员要认真学习、深入领会，充分发挥自身优势，为完善社会主义市场经济体制积极建言献策。朱培康常委代表民革中央作了《贯彻落实中共十六届三中全会精神，振兴我国重大装备制造业》的发言；梁荣欣常委代表民盟中央作了《关于改造和振兴东北老工业基地的建议》的发言；陈昌智常委代表民建中央作了《深化经济体制改革，切实转变政府职能》的发言；潘贵玉常委代表民进中央作了《贯彻中共十六届三中全会精神，树立新的发展观》的发言；张大宁常委代表农工民主党中央作了《完善社会主义市场经济体制必须坚持全面、协调、可持续发展的重大指导方针》的发言；许克敏常委代表致公党中央作了《致力为公，参政兴国，为完善社会主义市场经济体制献智出力》的发言；洪绂曾常委代表九三学社中央作了《认真贯彻落实中共十六届三中全会精神，进一步深化农村土地制度改革》的发言；李敏宽常委代表台盟中央作了《保护好国土资源刻不容缓》的发言；张宏伟常委代表全国工商联作了《完善社会主义市场经济体制，全面促进非公有制经济发展》的发言；刘仲藜常委代表全国政协经济委员会作了《强化市场导向，突出企业主体——关于深化投融资体制改革的若干建议》的发言；朱治宏委员代表全国政协社会和法制委员会作了《灵活就业形式和灵活就业人员的社会保障问题必须引起关注》的发言；桂世镛常委和张卓元委员联合作了《我国市场取向改革的实践与理论创新》的发言；肖万钧委员作了《完善农村市场经济，促进农业的新发展》的发言；林毅夫委员作了《推动社会信用体系建设，完善社会主义市场经济体制》的发言。全国政协副主席周铁农主持会议。全国政协副主席王忠禹、刘延东、帕巴拉·格列朗杰、李贵鲜、张思卿、丁光训、白立忱、罗豪才、张克辉、郝建秀、陈奎元、阿不来提·阿不都热西提、李兆焯、黄孟复、王选、李蒙，秘书长郑万通出席会议。中共中央和国务院有关部门负责人应邀列席会议。

10月20日　国家主席胡锦涛出席了在此间召开的亚太经合组织第十一次领导人非正式会议第一部分会议并发表重要讲话，随后参加了亚太经合组织成员领导人同亚太经合组织工商咨询理事会代表的对话会。胡锦涛说，当前，国际形势继续发生着深刻的变化。和平与发展仍是当今时代的主题，是各国人民的共同期盼。一年来，世界经济虽然有所复苏，但受周期性和结构性问题的影响，复苏步伐比较缓慢。值得欣慰的是，我们所在的亚太地区经济发展保持了良好的势头，前景看好。胡锦涛说，我们在回顾过去的同时，更应展望未来，共同为促进亚太地区和全球经济的发展，为加强成员间的合作提出新思路，探索新途径。他就此提出以下主张：第一，要加强相互信任，保持亚太地区稳定。我们要特别珍惜亚太地区来之不易的和平稳定局面，坚持相互尊重、增加互信、求同存异，以对话和协商的方式解决存在的问题，共同维护地区的和平稳定。对于亚太地区的恐怖活动，我们应加强合作、标本兼治，坚决反对恐怖主义，为共同发展繁荣创造更有利的环境。第二，要采取有效措施，促进经济社会协调发展。亚太地区各国应结合自身特点，采取适当的宏观政策措施，促进本地区的经济发展，促进全球经济的复苏。在推动科技进步和创新方面，中国提出科技创新倡议，希望就促进亚太地区科技创新制定指导原则。作为启动项目，我们将于2004年2月在北京举办有关科技中介机构发展问题的高级研讨会。第三，要推动相互开放市场，健全多边贸易体制。亚太经合组织各成员在加紧推进茂物目标的同时，应共同反对贸易保护主义，消除贸易壁垒，推动通过对话和协商解决彼此在贸易上的分歧。希望各方能拿出政治意愿，采取灵活务实的态度，推动新一轮谈判早日完成。

同　日　全国政协十届常委会举办第一次学习讲座。中共中央政治局常委、全国政协主席贾庆林主持学习讲座并发表讲话。他指出，要把人民政协的学习活动搞得更加深入持久、更加生动活泼、更加富有成效，不断推进人民政协事业向前发展，为实现全面建设小康社会的宏伟目标作出新的更大贡献。在政协十届常委会第一次学习讲座上，国务委员唐家璇应邀作了题为《当前国际形势和我国外交工作》的报告。唐家璇就当前国际形势和我国外交工作作了深入阐述，指出：和平与发展仍是当今时代主题。总体上看，国际环境对我们有利。在党中央新一届领导集体的领导和直接参与下，我国外交工作着眼于把握和用好重要战略机遇期，大力推进对大国、周边和发展中国家的工作，妥善应对国际热点问题，积极开展多边对话与合作，努力在纷繁复杂的国际形势中掌握主动权，为国内改革开放和现代化建设营造了良好的外部环境。在唐家璇报告结束后，贾庆林强调，这次学习活动是全国政协十届常委会学习讲座的第一次，这是一件很有意义的事情，今后要作为一项制度长期坚持下去。他对全国政协常委会搞好学习活动提出三点要求：第一，加强学习是关系新世纪新阶段人民政协事业发展的战略任务。各级政协组织和广大政协委员都要从关系党和国家事业兴旺发达、关系人民政协事业长远发展的高度，把加强学习作为一项重要而紧迫的战略任务，切实抓紧抓好，努力把人民政协建设成为适应时代需要的学习型组织，更好地履行政治协商、民主监督、参政议政的职能，在全面建设小康社会、开创中国特色社会主义事业新局面的伟大进程中发挥应有的作用。第二，要把深入学习"三个代表"重要思想摆在首要位置，全面系统地加强学习。坚持用"三个代表"重要思想统领政协工作，不断增强服务于全面建设小康社会、开创中国特色社会主义事业新局面的自觉性和坚定性。全国政协每年起草工作要点时，要围绕政协更好履行职能安排学习活动，以达到提高认识、了解国情、开阔视野的目的。第三，努力造成一种勤奋学习、民主讨论、求真务实的风气。要提高认识，端正学风。一要积极主动、勤于学习；二要结合实际、善于学习；三要发扬民主、加强交流；四要学以致用、用有所成。全国政协副主席王忠禹、刘延东、帕巴拉·格列朗杰、李贵鲜、张思卿、丁光训、马万祺、白立忱、罗豪才、周铁农、郝建秀、陈奎元、阿不来提·阿不都热西提、李兆焯、黄孟复、李蒙，秘书长郑万通，以及参加政协十届三次常委会议的常委共300多人参加了学习讲座。

10月21日　国务院总理温家宝主持召开国务院常务会议。会议根据十六届三中全会决定的精神，认真分析了当前农民收入和粮食生产的形势，研究了关于增加农民收入、保护和提高粮食生产能力的有关问题，确定2004年将采取更直接、更有力、更明确的综合性政策措施：一是实行最严格的耕地保护制度，切实加强对土地开发利用的管理。按照保护农民权益、控制征地规模的原则，改革征地制度，完善征地程序。加强对基本农田的保护和建设，在基本农田里不准挖鱼塘、种树。绝不允许乱占滥用耕地，对违反规定的要严肃处理。二是加强对粮食主产区和种粮农民的扶持，调动发展粮食生产的积极性。要敞开收购农民余粮并适当提高保护价，同时，要进一步深化粮食流通体制改革，把通过流通环节的间接补贴改为对农民的直接补贴，切实保护种粮农民的利益。要在巩固农村税费改革成果的基础上，从2004年开始降低农业税税率。要取消农业特产税，进一步减轻农民负担。三是全面正确贯彻农业结构调整方针，不能把农业结构调整简单化为压缩粮食种植面积。粮食主产区要加强粮食生产能力建设，主销区也要保护基本农田和一定的粮食生产能力。四是加强农业科研和技术推广，进一步发挥科技进步在粮食生产中的作用，努力提高单产和质量。要集中人力、物力、财力，抓紧进行农业重大科研项目的攻关，增强农业科技储备能力。加强农业科技推广体系建设，已有成果要抓紧进行中试和大面积示范推广。五是增加各级财政对农业和农村的投入，进一步加强农业基础设施建设。继续加强农村“六小工程”建设，不断改善农业生产条件和农民生活条件。同时要增加投入，切实加强粮食综合生产能力建设，尤其要保护和提高主产区的粮食生产能力，确保国家粮食安全。

同　日　亚太经合组织第十一次领导人非正式会议第二部分会议在泰国曼谷举行。国家主席胡锦涛出席会议并就信息通讯技术和反恐等问题作了专题发言。

10月24日　国家主席胡锦涛在澳大利亚联邦议会发表重要演讲。胡锦涛指出，中澳两国完全能够建立高度互信、长期友好、互利双赢的全面合作关系，造福两国人民。

同　日　亚欧年轻议员会议第五届年会在广西桂林开幕，来自近20个亚欧国家的议会和欧洲议会近百名代表出席会议。中国全国人大常委会委员长吴邦国致信对大会表示祝贺。

10月26日　正在新西兰进行国事访问的国家主席胡锦涛在奥克兰同新西兰总理海伦·伊丽莎白·克拉克举行会谈，双方重点就进一步发展中新友好合作关系和共同关心的地区及国际问题坦诚、友好

地交换了意见并达成许多共识。

10月28日　十届全国人大常委会第五次会议在北京闭幕，会议表决通过了《中华人民共和国道路交通安全法》和《中华人民共和国证券投资基金法》，决定免去田凤山的国土资源部部长职务，任命孙文盛为新的国土资源部部长。国家主席胡锦涛当日签署第八号、第九号主席令，公布了《中华人民共和国道路交通安全法》和《中华人民共和国证券投资基金法》。2部法律将分别于2004年5月1日和6月1日施行。这2部法律草案已分别经全国人大常委会三次和四次会议上审议。会议表决通过了关于批准国务院关于规范处理1995年以前中央财政向人民银行借款问题的报告的决议。会议还通过了全国人大内务司法委员会、财政经济委员会、教育科技委员会和农业与农村委员会关于十届全国人大第一次会议主席团交付审议的代表提出的议案审议结果的报告。在本次会议期间，全国人大常委会组成人员还分组审议了《中国人民银行法修正案（草案）》、《商业银行法修正案（草案）》和《银行业监督管理法（草案）》。全国人大常委会委员长吴邦国主持了闭幕会议。会后，全国人大法律委员会主任委员杨景宇作了关于《宪法和宪法的修改》的法制讲座。

同　日　中共中央政治局常委、全国人大常委会委员长吴邦国在主持全国人大常委会法制讲座时指出，宪法是国家的根本大法，修改宪法是国家政治生活中的一件大事。修改宪法的工作即将进入人大的法定程序。全国人大常委会组成人员要进一步了解宪法和宪法修改的有关问题，更好地做好宪法部分内容的修改工作。吴邦国指出，十届全国人大常委会将讨论党的十六届三中全会通过的《中共中央关于修改宪法部分内容的建议》，并依照法定的程序，根据中共中央的建议，形成宪法修正案草案，提请2004年的十届全国人大二次会议审议。十届全国人大常委会当日下午在人民大会堂举行法制讲座。全国人大法律委员会主任委员杨景宇以《宪法和宪法的修改》为题，讲四方面内容：宪法的稳定和与时俱进在社会实践中的统一；现行宪法作为新的历史时期治国安邦的总章程，全面体现了党的基本路线和方针政策；现行宪法始终贯穿一切权力属于人民的根本准则，以维护最广大人民的根本利益为出发点和落脚点；以宪法为根本的活动准则，切实推进依法治国、建设社会主义法治国家进程。杨景宇说，研究宪法和宪法的修改问题，必须准确把握、妥善处理宪法的稳定和与时俱进的关系。党的“十五大”以来，经过全党全国人民团结奋斗，我国改革开放和社会主义现代化建设取得历史性进展，积累了十分宝贵的经验。党的十六届三中全会以马克思列宁主义、毛泽东思想、邓小平理论和“三个代表”重要思想为指导，贯彻党的“十六大”精神，体现党的十三届四中全会以来的基本经验，再次提出修改宪法部分内容的建议，是非常及时、十分必要的，反映了全党全国人民的共同意愿，具有重要意义。全国人大常委会副委员长王兆国、李铁映、司马义·艾买提、何鲁丽、丁石孙、成思危、许嘉璐、蒋正华、顾秀莲、热地、盛华仁、路甬祥、乌云其木格、韩启德、傅铁山听取了法制讲座。

10月30日　国务院总理温家宝与欧洲理事会主席意大利总理贝卢斯科尼、欧盟委员会主席普罗迪和欧盟共同外交与安全政策高级代表索拉纳在人民大会堂举行第六次中欧领导人会晤。温家宝说，近年来中欧双方通过对话与合作，使双方关系步入了稳定、务实、全面发展的健康轨道。欧盟是世界上一支重要的政治力量和经济实体，在国际事务中发挥着日益重要的作用。中方一贯支持欧盟一体化建设，希望看到一个强大繁荣的欧盟，并愿加强与它在各领域的合作，造福于双方人民。

同　日　国家主席胡锦涛在人民大会堂会见了来华出席中欧领导人第六次会晤的欧洲理事会主席意大利总理贝卢斯科尼、欧盟委员会主席普罗迪、欧盟共同外交与安全政策高级代表索拉纳。胡锦涛说，中欧关系走过了近30年的历程，经受了时间和国际风云变幻的考验。近年来，双方政治上对话和磋商频繁，相互了解和信任不断加深，经贸合作不断扩大，各个领域的合作全面发展。不久前，双方就中欧关系发表了各自的政策文件，指明了中欧关系的发展方向，表达了进一步深化相互关系的共同意愿，在国际社会引起了良好反响。胡锦涛表示，我们始终从战略高度和长远角度看待和发展中欧关系，赞同欧方提出的发展中欧全面战略伙伴关系的建议。愿意本着互尊互信、求同存异的原则，促进双方政治关系健康稳定向前发展；愿意按照平等协商、互利双赢的精神推动双方各领域的全方位合作；愿意在相互借鉴、取长补短的基础上，扩大交流，增进中欧人民之间的相互了解和友谊。我相信，在双方共同努力下，中欧关系一定能不断发展和深化。

同　日　中国与欧盟在人民大会堂草签了中欧旅游目的地国地位谅解备忘录。此次涵盖的12个国家是德国、法国、西班牙、葡萄牙、奥地利、荷兰、比利时、卢森堡、希腊、意大利、瑞典和芬兰。中国国家旅游局有关人士指出，这份谅解备忘录将有助于开辟中国旅游团组赴欧旅游的道路。

11月2日　博鳌亚洲论坛2003年年会在海南省博鳌开幕。国务院总理温家宝出席年会并发表题为“把握机遇，迎接挑战，实现共赢”的演讲。温家宝表示，亚洲各国面对新的机遇和挑战，要实现发展和共赢，应当作出符合亚洲实际和时代潮流的战略抉择。维护和平与稳定是实现亚洲共赢的根本前提；促进发展与繁荣是实现亚洲共赢的重要基础；加强区域合作与交流，是实现亚洲共赢的有效途径；坚持面向世界开放与合作，是实现亚洲共赢的必然要求。

11月3日　中华人民共和国主席胡锦涛和巴基斯坦伊斯兰共和国总统佩尔韦兹·穆沙拉夫在北京签署了《中华人民共和国和巴基斯坦伊斯兰共和国关于双边合作发展方向的联合宣言》。

11月5日　国务院总理温家宝主持召开国务院常务会议，听取国家发展和改革委员会“关于2004年经济工作基本思路的汇报”，分析2003年经济形势，研究2004年经济工作。会议强调，各地区、各部门要认真贯彻党的“十六大”和十六届三中全会精神，以“三个代表”重要思想为指导，统一认识，加强领导，再接再厉，抓好落实，全面完成2003年经济工作任务，筹划好2004年经济工作。会议对做好2003年后2个月的经济工作提出十项要求：（一）努力完成2003年既定的各项任务，特别要加强薄弱环节，注意解决经济运行中的突出矛盾和问题，继续做好促进农民增收和就业再就业工作；（二）按照十六届三中全会《决定》的要求，继续推进各项改革，特别要加快政府职能转变；（三）认真落实国务院农业和粮食工作会议精神，抓紧搞好冬季农业生产；（四）整顿市场经济秩序，重点打击制售假冒伪劣产品、偷逃骗税和走私违法犯罪活动；（五）大力增收节支，继续加强税收征管，严格控制一般性支出，防止年终突击花钱；(六）加强信贷管理，优化贷款结构，提高资金使用效益；（七）高度重视解决困难群众生活问题。认真落实灾区恢复生产、住房重建、农业税减免等工作。切实做好城市低保和社会救济工作，帮助特殊困难群众解决冬季取暖、看病就医等问题；（八）积极有序地开展非典预防工作，同时加快公共卫生基础设施建设；（九）进一步加强安全生产监督管理，坚决遏制重大事故发生。加强社会治安综合治理，严厉打击各种刑事犯罪活动。同时认真解决群众反映强烈的问题，及时化解矛盾，维护社会稳定；（十）认真总结2003年经济工作，全面分析形势，研究和部署2004年经济工作，并提早做好准备。

11月12日　国务院总理温家宝主持召开国务院常务会议，研究部署全国经济普查和海洋管理工作，审议并原则通过《建设工程安全生产管理条例（草案)》。会议听取了国家统计局关于开展第一次全国经济普查和改进我国GDP核算与数据发布制度意见的汇报。会议认为，开展经济普查，对于研究制定国民经济和社会发展规划，优化经济结构，改进宏观调控，完善国民经济核算制度，是十分必要的。会议决定，在2004年开展第一次全国经济普查。会议要求，各地区、各部门要按照“全国统一领导、部门分工协作、地方分级负责、各方共同参与”的原则，认真做好宣传动员和组织实施工作，保证普查数据的真实性。会议原则同意进一步改进我国GDP核算和数据发布制度，并授权国家统计局具体组织实施。会议强调，GDP核算和数据要提高透明度和可信度，并逐步采用国际通用办法，确保数据的权威性。会议研究了关于进一步加强海洋管理工作的有关问题。会议强调，为保障海洋资源与环境的可持续利用，促进海洋经济健康发展，逐步实现海洋管理工作统一、有序、有力的目标，当前要重点做好以下工作：一要严格规范海洋开发利用秩序，从严控制围填海和海砂开采，加强近海捕捞和海水养殖管理；二要切实保护海洋环境，严格控制陆源污染物排海，加大渔业、港口海域环境污染监督和海洋环境监测力度；三要强化海上执法管理工作，努力提高执法水平；四要进一步强化部门责任，形成各司其职、密切配合、共同推动海洋事业发展的局面。会议认为，为了加强建设工程安全生产监督管理，保障人民群众生命和财产安全，根据《中华人民共和国建筑法》和《中华人民共和国安全生产法》，制定《建设工程安全生产管理条例》是十分必要的。会议决定，《建设工程安全生产管理条例（草案）》经进一步修改后，由国务院公布施行。

11月19日　国务院总理温家宝主持召开国务院常务会议，审议并原则通过《地质灾害防治条例（草案）》。会议认为，为了防治地质灾害，避免和减轻地质灾害造成的损失，维护人民生命和财产安全，促进经济和社会的可持续发展，制定《地质灾害防治条例》是十分必要的。会议决定，《地质灾害防治条例（草案）》经进一步修改后，由国务院公布施行。会议还研究了其他事项。

11月20日　全国政协信访工作座谈会在京举行。会议研究探讨了如何在新形势下深入贯彻"三个代表"重要思想，进一步做好人民政协信访工作。这是人民政协专题研究信访工作的第一次会议。全国政协副主席王忠禹出席会议并讲话。王忠禹指出，人民政协的信访工作是政协组织和政协机关为委员和统战人士服务的重要方式，是了解和反映社情民意的重要渠道。他要求各级政协要高度重视信访工作，加强对信访工作的领导；结合政协特点开展信访工作，增强工作的针对性和有效性；进一步提高信访工作队伍素质，不断提高信访工作水平。

11月23日　经过6个多月的努力，我国SARS疫苗研究获重大突破，已基本完成SARS病毒灭活疫苗的临床前研究，预计2003年12月底前可进入临床试验。目前科研人员共制备出SARS病毒灭活疫苗1 400多支，并完成了产品质量标准的制定和质量检定，另有2万多份的半成品疫苗待分装检定。这表明中国SARS疫苗研究已处于国际领先水平。

11月24日　中共中央政治局召开会议，分析当前经济形势，研究2004年经济工作；讨论进一步加强人才工作、实施人才强国战略问题。中共中央总书记胡锦涛主持会议。会议指出，2003年以来，面对复杂多变的国际形势，面对突如其来的非典疫情，面对频繁发生的多种自然灾害，全党全国各族人民在“三个代表”重要思想和“十六大”精神指引下，坚决贯彻中央的方针政策和各项工作部署，万众一心，团结奋斗，紧紧抓住发展这个第一要务，全力推进改革开放和社会主义现代化建设，克服重重困难，取得了抗击非典斗争的阶段性重大胜利，保持了经济较快增长和社会事业全面发展的良好势头。成绩来之不易，为2004年我国经济社会发展奠定了良好基础。会议要求各地区各部门继续统一思想，团结奋进，扎实工作，确保完成2003年经济社会发展的各项任务。会议强调，谋划好2004年我国经济社会发展，对于保持国民经济持续、快速、协调、健康发展，保证“十五”计划全面实现，具有十分重要的意义。2004年我国仍然具备较快发展的良好条件。要坚持以邓小平理论和“三个代表”重要思想为指导，全面贯彻“十六大”和十六届三中全会精神，树立和落实全面、协调、可持续的科学发展观，按照稳定政策、适度调整，深化改革、扩大开放，把握全局、解决矛盾，统筹兼顾、协调发展的思路安排好2004年经济工作。要继续坚持扩大内需的方针，实施积极的财政政策和稳健的货币政策，适时适度调整政策的力度和重点，保持经济平稳增长。要努力增加农民收入，稳定和提高粮食综合生产能力；深化各项改革，整顿市场秩序，提高对外开放水平；推进产业结构调整，促进区域经济协调发展，加快发展科教文卫事业；实施积极的就业政策，进一步扩大居民消费，不断改善群众生活，切实维护社会稳定。会议指出，形势越好，越要保持清醒头脑。我国经济发展中还存在农业基础薄弱，农民收入增长缓慢，就业压力加大，部分行业盲目投资、低水平重复建设比较明显，信贷投放偏快，经济社会发展不够协调等困难和问题。对此要高度重视，加强引导，积极调控，抓紧解决。会议指出，新世纪新阶段人才工作的根本任务是以邓小平理论和“三个代表”重要思想为指导，大力实施人才强国战略。在建设中国特色社会主义的伟大事业中，要把做好人才工作作为推进事业发展的一项重大任务，努力造就数以亿计的高素质劳动者、数以千万计的专门人才和一大批拔尖创新人才，建设规模宏大、结构合理、素质较高的人才队伍，开创人才辈出、人尽其才的新局面。会议强调，实施人才强国战略，要坚持党管人才原则，把促进经济社会发展作为人才工作的根本出发点，树立科学的人才观，加强人才资源能力建设，推进人才结构调整，创新人才工作机制，优化人才成长环境，为全面建设小康社会提供坚强的人才保证。会议决定近期召开中央经济工作会议和全国人才工作会议，就相关工作进行研究部署。

11月25日　中共中央政治局进行第九次集体学习，中共中央总书记胡锦涛主持。他强调，在全面建设小康社会、加快推进社会主义现代化的新形势下，在深刻变化的国际环境中，我们要更加重视学习历史知识，善于从中外历史上的成功失败、经验教训中进一步认识和把握历史发展和社会进步的规律，认识和把握时代发展大势，提高治国理政的才干，不断开创中国特色社会主义事业的新局面。中共中央政治局这次集体学习安排的内容是15世纪以来世界主要国家发展历史考察。首都师范大学齐世荣教授、南京大学钱乘旦教授就这个题目进行了讲解，谈了他们对这个问题的体会。中央政治局各位同志认真听取了他们的讲解，并就有关问题进行了讨论。胡锦涛在主持学习时发表了讲话。他指出，浩瀚而宝贵的历史知识既是人类总结昨天的记录，又是人类把握今天、创造明天的向导。一部人类文明史就是人类不断在以往历史的基础上有所发现、有所发明、有所创造、有所前进的历史。中华民族历来就有治史、学史、用史的传统。我们党在领导革命、建设和改革的过程中，一贯重视对历史经验的借鉴和运用。在新形势下，我们要更加重视学习历史知识，更加注重用中国历史特别是中国革命史来教育党员干部和人民。不仅要学习中国历史、还要学习世界历史；不仅要有深远的历史眼光、而且要有宽广的世界眼光。胡锦涛强调，领导干部在着力加强马克思主义理论学习、研究现实问题的同时，加强对历史知识的学习，既是提高领导水平和领导能力的现实要求，也是培养科学文化素质和综合能力的重要途径。领导干部学习历史知识，必须把深入理解国情、切实解决中国的问题作为立足点。要坚持以辩证唯物主义和历史唯物主义为指导，认真学习我们党的历史、中国历史、世界历史，深入思考，科学分析，不断提高对共产党执政规律、社会主义建设规律和人类社会发展规律的认识水平，不断提高自觉运用这3个规律的能力，更好地促进社会主义物质文明、政治文明和精神文明的协调发展。要通过学习历史知识，深入了解党的基本理论、基本路线、基本纲领和基本经验产生的历史背景和实践基础，进一步增强贯彻党和国家大政方针的主动性和自觉性，更加积极主动地在实践中把它们坚持好、贯彻好、运用好。要十分珍惜我国在革命、建设和改革的长期实践中积累的宝贵经验，也要认真研究和借鉴其他国家历史发展提供的经验教训，站在世界文明发展的历史高度，进一步认清当今世界风云变幻的规律性趋势，进一步认清我国的基本国情和发展大势，更好地掌握加快我国发展的主动权。胡锦涛指出，无论是从中国社会的发展历程看，还是从世界上其他国家的发展历程看，能不能抓住机遇、加快发展，是一个国家能不能赢得主动、赢得优势、赢得胜利的关键所在。历史一再表明，机遇极为宝贵，稍纵即逝。在历史发展的关键时期，把握住了机遇，落后的国家和民族就有可能实现跨越式发展，成为时代发展的弄潮儿；而丧失了机遇，原本强盛的国家和民族也会不进则退，成为时代发展的落伍者。本世纪头20年，对我国来说，是一个必须紧紧抓住并且可以大有作为的重要战略机遇期。我们一定要坚持以邓小平理论和“三个代表”重要思想为指导，牢固树立全面、协调、可持续的发展观，贯彻统筹城乡发展、统筹区域发展、统筹经济社会发展、统筹人与自然和谐发展、统筹国内发展和对外开放的要求，坚定不移地抓好发展这个党执政兴国的第一要务，进一步做好改革发展稳定的各项工作，不断开创党和国家事业发展的新局面。

11月26日　国务院总理温家宝主持召开国务院常务会议，审议并原则通过《中华人民共和国对外贸易法（修订草案）》、《中华人

民共和国知识产权海关保护条例（修订草案）》，讨论《收费公路管理条例（草案）》。会议认为，为适应我国加入世贸组织的形势和需要，履行我国加入世贸组织的有关承诺，发展对外贸易，维护对外贸易秩序，促进社会主义市场经济发展，对1994年公布施行的《中华人民共和国对外贸易法》进行修改是十分必要的。会议决定，《中华人民共和国对外贸易法（修订草案）》经进一步修改后，由国务院提请全国人大常委会审议。会议认为，1995年国务院发布施行的《中华人民共和国知识产权海关保护条例》，对于在进出口环节保护知识产权上发挥了积极的作用，但也存在一些问题。为此，有必要根据世贸知识产权协定和海关法对现行规定进行修改和完善，使该条例与世贸知识产权协定相一致，进一步提高知识产权保护总体水平。会议决定，《中华人民共和国知识产权海关保护条例（修订草案）》经进一步修改后，由国务院公布施行。会议认为，为了加强对收费公路的管理，规范公路收费行为，维护收费公路经营管理者和使用者的合法权益，促进公路事业的发展，根据《中华人民共和国公路法》，制定《收费公路管理条例》是十分必要的。会议决定，将《收费公路管理条例（草案）》在报纸和网站公布，广泛征求意见，经国务院审议后公布施行。

11月27日—29日　中共中央、国务院在北京召开中央经济工作会议。胡锦涛、吴邦国、温家宝、曾庆红、黄菊、吴官正、李长春、罗干出席会议。中共中央总书记、国家主席胡锦涛在会上发表了重要讲话，从全局和战略的高度，全面分析了当前国际国内形势，明确提出了2004年经济工作的总体要求，着重强调了做好2004年经济工作需要把握的重要原则和重大问题，并对加强和改善党对经济工作的领导提出了明确要求。中共中央政治局常委、国务院总理温家宝在讲话中系统总结了2003年的经济工作，并就做好2004年经济工作作了具体部署。会议指出，2003年以来，国际形势复杂多变，国内遭遇突如其来的非典疫情和地震、洪涝、干旱等多种自然灾害。十六届三中全会胜利召开，对深化改革、完善社会主义市场经济体制作出全面部署。首次载人航天飞行圆满成功，标志着我国的综合国力和科技实力进一步增强。我国经济发展、民族团结、社会稳定，全面建设小康社会开局良好。会议指出2004年经济工作的总体要求是：以邓小平理论和“三个代表”重要思想为指导，全面贯彻“十六大”和十六届三中全会精神，坚持以人为本，树立全面、协调、可持续的发展观，按照稳定政策、适度调整，深化改革、扩大开放，把握全局、解决矛盾，统筹兼顾、协调发展的思路，做好各项工作。坚持扩大内需的方针，继续实施积极的财政政策和稳健的货币政策，保护好、引导好、发挥好各方面加快发展的积极性，切实把工作重点转到调整经济结构、转变增长方式、提高增长质量和效益上来，实现国民经济持续、快速、协调、健康发展和社会全面进步。会议强调，贯彻这个总体要求，重要的是牢固确立和认真落实全面、协调、可持续的发展观。2004年的经济工作，要从发展全局的高度，着重把握好以下几点：一、保持宏观经济政策的连续性和稳定性。一定要更加重视总量调控和结构优化，正确把握调控的时机和力度，引导经济平稳运行。要继续坚持扩大内需的方针，实施积极的财政政策和稳健的货币政策，同时要密切关注宏观经济形势的变化，针对苗头性问题，适时适度地进行调控，增强调控的科学性、预见性和有效性。实施积极的财政政策，要在强化税收征管、增加收入的同时，按照建立公共财政的要求，加大调整财政支出结构的力度，保证各项重点支出。国债和新增财政资金的使用，要重点向“三农”倾斜，向社会发展倾斜，向西部大开发和东北地区等老工业基地倾斜，向生态建设和环境保护倾斜，向扩大就业、完善社会保障体系和改善困难群众生活倾斜，同时还要保证国家重点建设项目的资金需要，支持重大改革举措的出台。实施稳健的货币政策，必须把握好货币供应量的调节力度，综合运用各种货币政策工具，发挥货币政策和财政政策、产业政策协调配合的综合效应，适当控制货币信贷的投放，调整货币信贷结构，保持货币供应量的适度增长。二、把解决好“三农”问题作为全党工作的重中之重。我们必须始终重视农业的基础地位，始终重视严格保护耕地和保护、提高粮食综合生产能力，始终重视维护粮食主产区和种粮农民的利益，始终重视增加农民特别是种粮农民的收入。要坚决遏制乱占耕地的现象，继续调整农业结构，巩固退耕还林成果，推进优势农产品合理布局。要加大政府投入，加强农村基础设施建设，特别是加大对粮食主产区的扶持力度，改善农民的生产生活条件。要加强农业科技储备和技术推广，提高农产品的产量和质量，增强市场竞争力。要深化粮食流通体制改革和农村税费改革，切实减轻农民负担。要完善扶贫开发机制，做好农村扶贫工作。三、紧紧抓住结构调整这条主线。我国经济发展正处于一个关键时期，抓紧推进结构调整，事关经济社会发展的全局。要提升制造业水平，加快发展以信息技术为主要代表的高新技术产业，运用先进适用技术改造传统产业，全面提高制造业的竞争力。要努力缓解经济发展中的瓶颈制约。进一步安排好电源和电网建设，加强大型煤炭基地的建设，加快重要交通干线和枢纽的建设。突出抓好节约能源、节约原材料和节约用水工作，搞好重要资源的综合利用。要加快发展第三产业。把加快发展服务业作为扩大就业、优化产业结构、提高国民经济整体效益和促进经济社会协调发展的重大举措，积极创造有利于服务业加快发展的政策和体制环境，使服务业的比重不断上升，服务质量明显改善。要促进区域经济协调发展。要积极推进西部大开发，有效发挥中部地区的综合优势，支持中西部地区加快改革发展，振兴东北地区等老工业基地，鼓励有条件的东部地区率先基本实现现代化，逐步形成东、中、西部经济互联互动、优势互补、协调发展的新格局。要逐步理顺分配关系，扩大居民消费能力。在结构调整中，一定要认真解决和切实防止盲目重复建设，要综合运用各种手段，对盲目扩大投资低水平重复建设倾向严重的行业，加强引导和调控，促进其健康发展。四、不失时机地深化经济体制改革。加快国有经济布局的战略性调整，加强国有资产的监督管理，巩固壮大公有制经济。大力发展和积极引导非公有制经济，放宽市场准入，加强服务和监管，充分发挥个体私营等非公有制经济在发展经济、繁荣市场、扩大就业、增加税收等方面的重要作用。进一步转变政府职能，加快投资体制改革，深化金融体制改革，稳步推进财税和价格改革。维护和健全市场秩序，严厉打击各种经济犯罪活动。要妥善处理改革发展稳定的关系，把改革的力度、发展的速度和社会可承受的程度有机结合起来，把实现好、维护好、发展好人民群众的根本利益，作为处理改革发展稳定关系的结合点。五、充分利用国际国内两个市场、两种资源。在国际生产要素重组和产业转移加快的新形势下，我们必须善于用全球战略眼光，从更大范围和更宽视野想问题、办事情，提高应变能力，增强风险意识，统筹国内发展和对外开放。要进一步扩大开放，坚持利用国际有利条件和充分发挥我国优势相结合，坚持扩大引进技术和全面增强自主创新能力相结合，坚持利用外资和大力促进国内产业结构优化升级相结合，增强我国经济的整体竞争力，开创对外开放的新局面。坚持以质取胜和市场多元化战略，提高出口商品的技术含量，优化进口商品结构，积极参与区域经济合作。要提高利用外资的质量和水平，既要进一步改善投资的硬环境，更要重视加强软环境建设，提高服务水平，完善相关法律法规，合理引导外资投向。继续实施“走出去”战略。六、认真解决好关系人民群众切身利益的问题。坚持以人为本，把人民利益放在首位，是实践“三个代表”重要思想，做到立党为公、执政为民的根本要求。重视和关心群众利益，对于巩固党的执政地位、维护社会稳定、全面建设小康社会至关重要。会议还从八个方面具体部署了2004年的经济工作：一、巩固和加强农业基础地位，千方百计增加农民收入；二、调整和优化产业结构，促进区域经济协调发展；三、大力促进就业和再就业，完善社会保障体系；四、努力扩大消费需求，提高城乡居民生活水平；五、继续实施积极的财政政策和稳健的货币政策，做好财政金融工作；六、加快推进经济体制改革，继续整顿和规范市场秩序；七、进一步扩大对外开放，努力做好外贸外资工作；八、统筹兼顾，加快推进社会事业发展。会议指出，要坚持立党为公、执政为民，树立正确的政绩观，忠实实践党的宗旨，真正做到权为民所用、情为民所系、利为民所谋，坚持讲真话、办实事、求实效。一切工作都要经得起实践、群众和历史的检验。要把树立正确的政绩观作为新时期党的建设新的伟大工程的重要内容，通过制度保证，使勤政为民、求真务实的干部得到褒奖，使好大喜功、弄虚作假的干部受到惩戒，在全党特别是领导干部中形成勤政为民、踏实苦干的浓厚风气。各级领导干部要严格遵守宪法和法律，严格依法行政，牢固树立科学决策意识，充分发扬民主、集思广益，建立健全科学决策机制。出席这次会议的中央领导同志还有：王乐泉、王兆国、回良玉、刘淇、刘云山、吴仪、张立昌、张德江、陈良宇、周永康、俞正声、贺国强、郭伯雄、曹刚川、曾培炎、王刚、徐才厚、何勇、顾秀莲、盛华仁、路甬祥、唐家璇、华建敏、陈至立、肖扬、贾春旺、王忠禹、刘延东、白立忱、陈奎元、徐匡迪和中央军委委员梁光烈、廖锡龙、李继耐。广东、陕西、辽宁和湖北省的负责人在大会上发了言。各省、自治区、直辖市和计划单列市、新疆生产建设兵团的党政主要负责人，党中央有关部门、国务院各部委和有关单位的主要负责人，解放军各总部和武警部队负责人出席了 会议。

11月29日 中国驻基里巴斯大使马书学在塔拉瓦就基里巴斯同台湾当局的所谓“建交”再次向基方提出严正交涉。他指出，基政府置中基友好合作关系不顾，无视基国内各方的反对，一意孤行，制造“两个中国”，这是对中基建交公报原则和联合国宪章精神的公然违背、对中国内政的粗暴干涉，严重损害了中基关系和两国人民的友谊。中国政府向基政府提出强烈抗议，并决定自即日起中止中国同基的外交关系，两国政府间的一切协议也随即停止执行。

12月3日 国务院总理温家宝主持召开国务院常务会议，研究促进农民增加收入的有关问题。会议认真分析了农村形势，认为当前农村经济中的突出问题仍然是农民增收困难，特别是种粮农民收入增长缓慢。会议强调，各地区、各部门要认真贯彻十六届三中全会和中央经济工作会议精神，从维护广大农民群众根本利益、实践“三个代表”重要思想的高度，进一步增强做好农民增收工作的紧迫感和主动性，按照统筹城乡经济社会发展的要求，坚持“多予、少取、放活”的方针，加大对农业的支持保护力度，力争实现农民收入较快增长。重点要抓好以下工作：一是加强主产区粮食生产能力建设，支持主产区发展粮食转化和加工，增加对粮食主产区的投入，促进种粮农民增加收入。二是继续推进农业结构调整，搞好优势农产品产业带建设，加快发展农业产业化经营，加强农业科研和技术推广，挖掘农业内部增收潜力。三是大力发展农村二、三产业，推进乡镇企业改革和调整，繁荣小城镇经济，拓宽农民增收渠道。四是改善农民进城就业环境，保障进城就业农民的合法权益，增加农民外出务工收入。五是发挥市场机制作用，积极开拓农产品市场，培养农产品营销主体，搞活农产品流通，扩大优势农产品出口。六是加大对农业和农村的投入力度，加强农村中小型基础设施建设，加快改善农民的生产生活条件。七是加快土地征用制度改革，深化粮食流通体制改革，继续推进农村税费改革和农村金融体制改革，为农民增收减负提供体制保障。八是继续做好扶贫开发工作，切实解决好农村贫困人口和受灾群众的生产生活困难。会议还研究了其他事项。

12月7日　应美国总统布什、加拿大总理克雷蒂安、墨西哥政府和埃塞俄比亚总理梅莱斯的邀请，国务院总理温家宝离京前往上述4国进行正式访问，并出席在埃塞俄比亚首都亚的斯亚贝巴举行的中非合作论坛第二届部长级会议开幕式。

同　日　刚刚抵达美国进行正式访问的中国国务院总理温家宝在纽约联合国总部会见了联合国秘书长安南。双方就当前国际形势和联合国作用等问题进行了友好交谈。温家宝表示，当前国际形势正发生深刻变化，传统与非传统安全问题相互交织，恐怖主义、艾滋病、毒品及跨国犯罪等问题层出不穷，全球贫富差距继续扩大。在此形势下，各国需要携手合作，共同应对人类所面临的严峻挑战。

12月9日　正在美国进行正式访问的中国国务院总理温家宝在白宫与美国总统布什举行会谈。双方就中美关系和一些重大国际问题深入交换了看法。在两国领导人随后举行的会谈中，温家宝表示：2001年10月江泽民主席和布什总统在上海确定了中美发展建设性合作关系的目标。我这次访美就是本着坦诚、合作和建设性的态度，期望与美方共同推进中美关系健康稳定向前发展。布什说，美中加强合作极为重要，希望两国建设性合作关系不断发展。

12月15日　中非合作论坛第二届部长级会议在埃塞俄比亚首都亚的斯亚贝巴开幕。会议将探讨今后中非双方在人力资源开发、农业、基础设施建设、投资和贸易等重点领域深化合作的新思路和新举措。中国国务院总理温家宝、10余位非洲国家领导人、中国和非洲国家主管外交和国际贸易的部长以及部分国际和地区组织的负责人出席了开幕式。这是中非合作论坛首次在非洲举行会议，是中国2003年对非外交中又一重大活动，体现了中国政府对中非关系的一贯重视，受到非洲国家的普遍关注。44个非洲国家的政府代表团出席了会议。

同　日　中国人民对外友好协会和中国非洲人民友好协会在北京举行招待会，热烈庆祝中国和肯尼亚建立外交关系40周年。中国外交部、肯尼亚驻华使馆等有关单位负责人和非洲驻华外交官员等应邀出席招待会。

12月22日　庆祝中国和阿拉伯国家联盟建立关系10周年招待会举行。外交部部长李肇星在招待会上发表讲话。阿盟驻华代表处主任穆罕默德·福阿德·塞瑞宣读了阿盟秘书长穆萨的致辞，转达穆萨对阿盟与中国建立关系10周年的祝贺。

12月23日　中共中央政治局召开会议，听取中央纪律检查委员会关于“十六大”以来反腐倡廉工作的汇报，分析党风廉政建设和反腐败工作面临的形势，研究部署2004年的党风廉政建设和反腐败工作，讨论《中国共产党党内监督条例（试行）》稿和《中国共产党纪律处分条例》修订稿。中共中央总书记胡锦涛主持会议。会议认为，“十六大”以来，全党认真贯彻“三个代表”重要思想和“十六大”精神，在全面建设小康社会的伟大进程中深入推进党风廉政建设和反腐败工作，取得了新的明显成效。但也要看到，消极腐败现象及其产生的土壤和条件在一些领域依然存在，反腐倡廉的任务还十分繁重。全党务必保持清醒头脑，坚定不移地把反腐倡廉这项重大政治任务抓紧抓好。会议强调，2004年是深化改革、扩大开放、促进发展的重要一年，也是实现“十五”计划的关键一年。切实做好反腐倡廉工作，对保证党和国家各项任务的顺利完成十分重要。要坚持以邓小平理论和“三个代表”重要思想为指导，全面落实“十六大”和十六届三中全会精神，认真贯彻为民、务实、清廉的要求，把解决群众反映的突出问题作为反腐倡廉工作的重点，既要从严治标、惩治腐败，又要着力治本、预防腐败；既要坚决查办违纪违法案件，又要认真纠正损害群众利益的不正之风，继续保持党风廉政建设和反腐败工作的良好发展势头。要坚持与时俱进、开拓创新，建立健全与社会主义市场经济体制相适应的教育、制度、监督并重的惩治和预防腐败体系，进一步从源头上防治腐败，为促进改革发展稳定提供重要保证。会议指出，《中国共产党党内监督条例（试行)》和《中国共产党纪律处分条例》是十分重要的党内法规，要求各级党组织和广大党员干部认真贯彻执行，进一步发扬党内民主，加强党内监督，严守党的纪律，维护党的团结和统一，不断增强党的创造力、凝聚力和战斗力。会议同意2004年1月召开中央纪律检查委员会第三次全体会议。

12月24日　国务院总理温家宝主持召开国务院常务会议，分析当前经济运行情况，研究进一步贯彻落实中央经济工作会议精神的措施。会议认为，当前经济形势总体上是好的。经济较快增长，效益继续提高，改革开放有序推进，就业和社会保障工作得到加强，人民生活不断改善，社会保持稳定，2003年年初确定的经济和社会发展预期目标可以实现。同时，经济运行中存在一些突出矛盾和问题，主要是投资规模偏大，部分行业盲目扩张、低水平重复建设未得到有效遏制，一些地区煤电油运供求矛盾突出等。对这些问题必须高度重视，并采取切实措施加以解决。会议强调，各地区、各部门要认真贯彻落实中央经济工作会议精神，真正把思想统一到中央对经济形势的分析判断、工作部署和政策措施上来。要树立和落实科学的发展观，切实把工作的着力点放到深化改革、调整结构、提高经济增长质量和效益上来，促进经济社会全面、协调、可持续发展。坚持从实际出发，按经济规律和科学规律办事，不要片面追求和盲目攀比增长速度，及时解决经济运行中的突出矛盾和问题，防止经济大起大落。会议指出，为了保持经济发展的良好势头，当前必须抓好以下几项工作：（一）控制固定资产投资规模，加大对某些盲目投资、低水平扩张行业的调控力度。采取经济、法律手段为主的综合措施，严格市场准入、严格控制用地、严格项目审贷。（二）加强经济运行调节，努力缓解煤电油运的瓶颈制约。在保证安全生产前提下，增加煤炭、电力供应，加强科学调度，切实保证居民生活和重点行业、重点企业的需要。石油企业要合理安排生产。交通部门要搞好粮食和煤炭、化肥、成品油等重要物资运输。要建立健全煤电油运和大宗农产品监测预警和协调机制，并根据市场供求变化适时进行调控。保障供给，保持物价的合理水平。（三）加强农业特别是搞好粮食生产和流通。努力增加粮食播种面积，扩大良种补贴范围和规模，实施降低农业税率并向粮食主产区倾斜的政策，调动农民种粮积极性。加强越冬作物田间管理，搞好春季备耕生产，组织好农业生产资料供应并控制价格上涨。完善粮食市场调控机制。（四）确保元旦、春节期间市场供应。积极组织商品货源，开通蔬菜等鲜活农产品“绿色通道”，丰富城乡市场。加强市场价格监管，近期各地一律不得提高政府定价的公用事业、公益服务等价格。（五）安排好困难群众生活。切实做好对城市困难群众、农村五保户和受灾群众的救济救灾工作，组织开展送温暖活动。继续抓好安全生产，防止重大事故发生。会议要求，各地区、各部门要从经济社会发展的全局出发，认真履行职责，加强协调配合，抓好各项政策措施的贯彻落实。要组织力量，深入实际，了解真实情况，及时发现和解决问题。

12月25日　中央农村工作会议在北京闭幕。会议以邓小平理论和“三个代表”重要思想为指导，认真学习了胡锦涛同志关于解决好“三农”问题的重要指示精神，系统总结了2003年农业和农村工作，正确分析了当前形势，全面部署了2004年农业和农村工作，着重研究了促进农民增收、提高粮食综合生产能力、深化农村改革等问题。

12月27日　十届全国人大常委会第六次会议经过表决，以全票通过，将全国人大常委会关于提请审议宪法修正案草案的议案提请十届全国人大二次会议审议。会议表决通过了银行业监督管理法，全国人大常委会关于修改中国人民银行法的决定、关于修改商业银行法的决定。国家主席胡锦涛分别签署第十一号、十二号、十三号主席令，予以公布。这3部法律和决定自2004年2月1日起施行。十届全国人大常委会第六次会议在圆满完成各项议程后，27日在人民大会堂闭会。吴邦国委员长主持会议并发表讲话。会议经过表决，通过了全国人大常委会关于召开十届全国人大二次会议的决定，决定十届全国人大二次会议于2004年3月5日在北京召开。会议还表决通过了全国人大常委会关于批准中国和俄罗斯关于移管被判刑人的条约的决定、关于批准中国和泰国关于刑事司法协助的条约的决定。会议表决通过了全国人大常委会代表资格审查委员会关于补选代表的代表资格的审查报告。全国人大常委会发布公告，确认何锦龙、刘和平的代表资格有效。根据代表法的有关规定，陈满生、鄢良钟的代表资格终止。现在十届全国人大实有代表2 977人。会议通过了全国人大民族委员会、法律委员会、外事委员会、华侨委员会、环境与资源保护委员会关于十届全国人大一次会议主席团交付审议的代表提出的议案审议结果的报告。鉴于苏宁同志已另有任用，会议表决通过，免去苏宁的全国人大常委会预算工作委员会副主任职务。会议还通过了其他任免名单。全国人大常委会副委员长王兆国、李铁映、司马义·艾买提、何鲁丽、丁石孙、成思危、许嘉璐、蒋正华、顾秀莲、盛华仁、路甬祥、乌云其木格、韩启德、傅铁山出席会议。国务院副总理曾培炎、最高人民法院院长肖扬、最高人民检察院检察长贾春旺列席会议。

12月30日　南水北调中线京石段应急供水工程北京永定河倒虹吸工程动工，这标志着南水北调中线工程正式启动，南水北调工程东、中线从此进入同步建设阶段。

12月31日　国务院总理温家宝主持召开国务院常务会议，部署安全检查工作，讨论并原则通过投资体制改革方案，审议通过《反兴奋剂条例（草案）》。会议指出，当前生产安全及交通安全形势依然严峻，特别重大事故连续发生，给人民群众生命财产造成重大损失，必须引起各级政府高度重视。对重庆开县川东北气矿“12·23”

特大井喷事故要抓紧调查，追究责任，严肃处理，认真吸取教训。会议决定，为坚决遏制重特大事故多发的势头，国务院立即组织安全督查组，由有关部门负责同志带队，到各地对安全生产责任制和安全措施的落实情况进行督促检查。各地区和各部门也要组织督查组，对本地区、本系统的安全工作认真进行检查，层层抓好落实。要切实加强煤炭、化工、烟花爆竹等生产企业，供电、供水和公路、铁路、水路、航空运输等行业，以及旅游地、公共场所的安全防范工作，建立生产和公共管理领域应对突发事件的预案，严防重特大安全事故的发生，确保人民群众生命安全。会议审议并原则通过了《投资体制改革方案》。会议认为，投资体制改革是贯彻党的“十六大”和十六届三中全会精神，完善社会主义市场经济体制的重要举措，对在国家宏观调控下充分发挥市场配置资源的基础性作用，确立企业在投资活动中的主体地位，营造有利于各类投资主体公平、有序竞争的市场环境，促进生产要素的合理流动和有效配置，推动经济协调发展和社会全面进步，具有重要意义。会议要求，在组织实施中，一要进一步明确政府、企业和金融机构的责任，落实企业的投资自主权；二要培育有信用的中介机构，建立健全有关法规，促进公平竞争；三要加强和改进宏观调控，综合运用经济的、法律的和必要的行政手段进行有效调控，防止某些行业投资的盲目扩张和低水平重复建设；四要加强和改进投资的监督管理，维护投资和建设的市场秩序，为经济和社会的全面、协调、持续发展创造良好的体制环境。会议认为，为了防止在体育运动中使用兴奋剂，保护体育运动参加者的身心健康，维护体育竞赛公平竞争，根据《中华人民共和国体育法》和其他有关法律，制定《反兴奋剂条例》是十分必要的。会议决定，《反兴奋剂条例（草案)》经进一步修改后由国务院公布施行。

2004年

2004年综述

2004年，全国各族人民在中国共产党的领导下，认真实施十届全国人大二次会议批准的国民经济和社会发展计划，树立和落实科学发展观，加强和改善宏观调控，同心同德，奋发图强，促进国民经济持续快速协调健康发展和社会全面进步。一方面，经济生活中的突出矛盾得到缓解，不健康不稳定因素得到抑制；另一方面，国民经济保持了增长比较快、效益比较好、活力比较强的良好势头。计划执行情况总的是好的。全年国内生产总值达到136 515亿元，增长9.5%，高于年初的预期目标，主要是由于投资增幅较高和出口增长强劲的带动。城镇新增就业980万人，比预期目标多增加80万人；城镇登记失业率4.2%，比预期目标降低0.5个百分点。受粮价上涨和国际市场石油价格大幅度上涨等因素的影响，居民消费价格总水平上涨3.9%，略高于3%左右的预期目标。随着世界经济持续复苏和国内经济增长加快，外贸进出口总额增长35.7%。

（一）经济平稳较快增长，效益明显提高。针对一季度固定资产投资增长过快等突出问题，中央果断决策，及时采取一系列加强和改善宏观调控的措施，遏制了投资过快增长的势头，固定资产投资增幅逐季回落，消费需求有所回升。全社会固定资产投资总额70 073亿元，增长25.8%，增幅比2003年回落1.9个百分点，其中四季度增幅为22.6%，比一季度回落20.4个百分点。全社会消费品零售总额53 950亿元，增长13.3%，扣除价格因素，实际增长10.2%，比2003年提高1个百分点。全国财政收入达到26 356亿元，增长21.4%。规模以上工业企业实现利润11 342亿元，增长38.1%。

（二）产业结构调整积极推进，薄弱环节得到加强。国内生产总值中，第一产业完成增加值20 744亿元，增长6.3%；第二产业72 387亿元，增长11.1%；第三产业43 384亿元，增长8.3%。

粮食生产出现重要转机，农业结构调整继续推进。粮食播种面积扭转了连续5年下滑的趋势，恢复到1.0161亿公顷，比上年增长2%左右。粮食总产量达到4 695亿公斤，增产388亿公斤。优势农产品产业带建设得到加强，优质粮食和蔬菜水果品种比重上升，棉花获得较大丰收，畜牧业、水产业发展加快。

能源建设得到加强，交通基础设施进一步完善。陕京2线输气管道、广东液化天然气项目1期、国家石油储备基地、煤矿安全改造、大型煤炭基地、农网改造等一批重大能源项目建设进展顺利。新增煤炭生产能力1.2亿吨。新增发电装机容量5 055万千瓦。铁路新线投产1 433公里。新增公路通车里程4.6万公里，其中高速公路4 476公里。新增港口吞吐能力1.2亿吨。广州、重庆、青岛机场新改建工程相继竣工，一批支线机场建成投入使用。

传统产业升级加快，高技术产业快速增长。纺织行业差别化纤维用量比重达到28%，比上年提高3个百分点。新型干法水泥产量比重达到32.5%，提高7.5个百分点。钢材板带比达到33.7%，提高1.6个百分点。规模以上高技术企业完成增加值增长23.1%，高出规模以上工业增幅6.4个百分点，生物、集成电路、软件等一批对经济发展有重大带动作用的高技术产业正在形成。

（三）西部大开发取得新进展，东北地区等老工业基地振兴开局良好。西部地区基础设施建设成效明显。2004年，安排新开工重点工程10项，总投资约800亿元。西气东输管道工程如期实现全线商业运营。西电东送全年新开工装机容量800万千瓦，形成2 000万千瓦以上的总供给能力。青藏铁路新铺轨396公里。兴义、拉萨、和田、延安等新建和扩建机场投入使用。生态环境继续改善。完成退耕还林66.7万公顷、荒山荒地造林325.5万公顷，治理严重退化草原560万公顷。东北地区等老工业基地调整改造步伐加快，提升企业技术创新能力的高技术项目实施顺利，采煤沉陷区的治理全面展开。东、中部地区在宏观调控中继续推进特色经济发展，结构调整步伐加快。

（四）经济体制改革进一步深化，对外开放不断扩大。粮食收购市场全面放开。大型国有企业股份制改革步伐加快，国有资产监督管理体制框架初步建立。中国银行和中国建设银行股份制改革试点顺利推进，农村信用社改革试点范围进一步扩大，利率市场化改革取得重要进展。投资体制改革方案开始实施。取消了除烟叶以外的农业特产税，减免了农业税。启动了东北老工业基地增值税转型改革试点。出口退税机制改革全面实施。行政审批制度改革继续深化，再次取消和调整行政审批项目495项。新型农村合作医疗试点和城市医疗服务体制改革工作继续推进。文化体制改革进展顺利。

对外贸易跃上新台阶。全年外贸进出口总额11 548亿美元。其中，出口5 934亿美元，增长35.4%；进口5 614亿美元，增长36%；进出口贸易顺差320亿美元。出口商品结构继续改善，机电产品、高新技术产品出口快速增长。年末外汇储备达到6 099亿美元。利用外资规模扩大、质量提高。全年实际利用外商直接投资606亿美元，增长13.3%。服务领域投资继续增长，跨国公司在华设立研发中心和地区总部数量明显增加。实施“走出去”战略取得新进展。内地与香港、澳门建立更紧密经贸关系安排顺利推进。

（五）科技、教育、文化、卫生等各项事业加快发展，生态建设和环境保护迈出新步伐。基础研究和战略高技术研究又取得一批重大成果。国家创新体系、科技基础设施和产业创新能力建设得到加强。组织实施下一代互联网、第三代移动通信、生物技术、现代农业、新材料等高技术产业化专项，生物、软件等领域建成了一批国家高技术产业基地，重大技术装备和重大产业技术研发工作稳步推进，自主研制和国际合作生产支线飞机取得重要进展。教育事业加快发展。“两基”人口覆盖率不断提高，高中阶段教育规模扩大，中等职业技术教育招生规模继续回升，各类高等教育在学人数超过2 000万人。

公共卫生体系建设和人口、计划生育工作得到加强。9个省级、241个地市级和1 410个县级疾病预防控制中心基本建成，290所紧急救援中心和2 074所传染病治疗机构建设项目陆续开工，部分项目建成使用。中西部地区艾滋病、血吸虫病重点防治县和合作医疗试点县的3 787个乡镇卫生院设施条件得到改善。人口自然增长率5.87‰。

城乡文化设施建设取得新进展。县级图书馆、文化馆和农村广播电影电视设施建设继续加强。国家重大文化项目建设和自然文化遗产保护力度加大。全民健身活动广泛开展，竞技体育成绩显著。奥运会场馆设施建设稳步推进。

环境保护和生态建设力度加大。“三河三湖”、渤海等重点流域、海域水污染防治工程加紧实施，部分水域水质有所改善。三峡库区地质灾害，库区及影响区的城镇生活污水、工业废水、危险废物以及火电厂二氧化硫污染治理进一步加强。南水北调东线治污步伐加快。城市污水处理率和工业固体废物综合利用率又有提高。天然林资源保护、“三北”和长江中下游重点防护林、野生动植物保护和自然保护区等工程建设成效明显。

（六）就业和社会保障工作取得新成绩，人民生活继续改善。城镇下岗失业人员再就业510万人。企业退休人员基本养老金标准和部分地区城镇居民最低生活保障标准得到提高。城镇基本养老、基本医疗、失业、工伤保险参保人数分别达到1.63亿人、1.24亿人、1.06亿人和6 823万人。城镇居民人均可支配收入9 422元，实际增长7.7%；农民人均纯收入2 936元，实际增长6.8%。年末，农村绝对贫困人口和低收入人口分别比上年末减少290万人和640万人。

在充分肯定成绩的同时，要清醒地看到，加强和改善宏观调控的成效还是阶段性的，经济运行中的突出矛盾和问题虽有所缓解，但还没有根本解决，保持经济平稳较快发展良好态势面临诸多挑战。一是农业基础设施仍很薄弱，继续扩大粮食播种面积和提高单位面积产量受到很大制约，气候条件存在不确定性，保持粮食增产和农民增收好势头的难度加大。二是固定资产投资在建规模依然偏大，新开工项目较多，投资扩张的冲动较强，投资需求膨胀还有可能反弹。三是资源环境约束矛盾突出，煤电油运仍相当紧张，价格上涨的压力较大。一些地方环境污染还相当严重。四是农村教育、卫生、文化等社会事业远不能适应农村发展和人民生活水平提高的需要。五是就业形势不容乐观，部分社会成员之间收入差距过大，一些低收入群众生活比较困难。六是经济社会发展中的深层次矛盾尚未根本消除。经济体制不完善，经济结构不合理，经济增长方式粗放。对这些问题，要积极采取措施，努力加以解决。

1月1日　经国务院批准，《中华人民共和国进出口税则》的税目、税率自当日起进行调整，调整后关税总水平由11%下降至10.4%。

1月2日　国家发展改革委、农业部、商务部、铁道部、国家工商行政管理总局、中华全国供销合作总社等6部门联合发出《关于做好化肥生产供应工作稳定化肥价格的紧急通知》（发改电［2004］1号）。《通知》要求各地采取有力措施，切实组织好化肥生产、进口和调运，保证化肥供应，加强化肥价格和市场管理，规范价格行为，并明确恢复对尿素产品增值税先征后返50%的政策。2月27日，国家发展改革委下发《关于对化肥等农业生产资料价格过快上涨实行干预的紧急通知》（发改电字［2004］24号），要求各地适时对未列入定价目录的国产化肥出厂价格、进口化肥港口交货价格和化肥批发、零售价格采取干预措施，保持价格稳定。同日，国家发展改革委办公厅发出《关于进口化肥价格管理有关问题的通知》（发改办价格［2004］325号），规定在春耕期间对中央进口化肥的综合经营差率由1.7%下调到1.2%，对磷酸二铵、复合肥等品种价格允许上浮的幅度由3%改为0%，并要求各地相应从严控制地方进口化肥价格。

1月5日　中共中央发出《关于进一步繁荣发展哲学社会科学的意见》。

1月6日　国务院决定中国银行和中国建设银行实施股份制改造试点。同时，针对这2家银行目前的财务状况，决定动用450亿美元外汇储备等为其补充资本金。温家宝总理在全国贯彻实施行政许可法工作会议上强调，要全面推进依法行政，加快政府职能转变。

1月7日　国务院总理温家宝主持召开国务院常务会议，讨论并原则通过《中长期铁路网规划》和《国务院关于进一步加强安全生产工作的决定》，审议并原则通过《安全生产许可证条例（草案）》。会议认为，铁路具有大运力、低成本优势，在运输中占有重要地位。制定中长期铁路网规划，加快铁路发展，对于促进国民经济持续快速增长，全面建设小康社会，是十分必要的。规划提出，到2020年，全国铁路营业里程要达到10万公里。实施铁路网规划，要根据国民经济和社会发展规划，按照全面、协调、可持续发展的指导思想，统筹考虑铁路、公路、民航、水运、管道等整个运输体系的建设和资源的合理配置，充分发挥综合运输优势，区分轻重缓急，突出重点，加强薄弱环节。要加快铁路现代化建设，立足国产化，引进和吸收国外先进经验和技术，增强自主创新能力，带动相关产业的发展。要推进铁路建设、管理和运营体制的改革，积极推行投资主体多元化，提高资源使用效率和运输效益。会议讨论通过了《国务院关于进一步加强安全生产工作的决定》。会议指出，搞好安全生产工作，对于切实保障人民生命财产安全，实现经济社会协调发展目标，保持社会稳定，具有重要意义。会议强调，各地区、各部门要高度重视安全生产工作，把安全生产作为一项长期艰巨的任务常抓不懈。要加大安全生产投入，加强安全生产专项整治，健全完善有关法律法规，建立生产安全应急救援体系，搞好安全技术培训，提高安全防范和管理水平。地方各级安全生产监管机构要切实加强生产监督管理，严格安全生产行政许可制度，加大监管监察行政执法力度。要认真落实各级领导安全生产责任制和企业安全生产主体责任，强化社会监督、群众监督和新闻舆论监督，形成齐抓共管的合力，严防重特大事故发生。会议还审议并原则通过了《安全生产许可证条例（草案）》。会议决定，该草案经进一步修改后，由国务院公布施行。

同　日　新华社报道：据正在哈尔滨召开的预防职务犯罪法制化建设座谈会消息，截至2003年底，全国内地有关省份和城市已经制定13部预防职务犯罪的地方性法规。这些法规不仅有效地预防了腐败的滋生，更在司法实践的层面上为全国性预防腐败立法提供了有益的直接经验和借鉴。

1月11日—13日　中国共产党中央纪律检查委员会第三次全体会议在北京举行。中央纪律检查委员会常务委员会主持了会议。会议总结十六大以来反腐倡廉工作，研究和部署2004年的任务。会议审议通过了中央纪律检查委员会书记吴官正代表中央纪律检查委员会常务委员会所作的《坚持用“三个代表”重要思想指导党风廉政建设和反腐败工作，为全面建设小康社会提供政治保证》的工作报告。

胡锦涛出席全会第二次大会并发表了重要讲话。讲话强调要建立健全与社会主义市场经济体制相适应的教育、制度、监督并重的惩治和预防腐败体系。全会认为，腐败现象易发多发的土壤和条件在一些领域依然存在，反腐败斗争的形势还比较严峻。对此，我们务必保持清醒的头脑。全会提出，2004年党风廉政建设和反腐败工作，要认真贯彻“为民、务实、清廉”的要求，坚持标本兼治、综合治理的方针，惩防并举，注重预防，大力弘扬求真务实的精神，通过扎实有效的工作，推进党风廉政建设和反腐败斗争。第一，加强思想道德和纪律教育，严格执行四大纪律八项要求，促进领导干部廉洁自律。领导干部要严格遵守党的政治纪律、组织纪律、经济工作纪律和群众工作纪律，在党风廉政建设方面遵循以下要求：(1) 要同党中央保持高度一致，不阳奉阴违、自行其是；(2) 要遵守民主集中制，不独断专行、软弱放任；(3) 要依法行使权力，不滥用职权、玩忽职守；(4) 要廉洁奉公，不接受任何影响公正执行公务的利益；(5) 要管好配偶、子女和身边工作人员，不允许他们利用本人的影响谋取私利；(6) 要公道正派用人，不任人唯亲、营私舞弊；(7) 要艰苦奋斗，不奢侈浪费、贪图享受；(8) 要务实为民，不弄虚作假、与民争利。第二，加大查办案件工作的力度，坚决惩处腐败分子。继续重点查办县（处）级以上领导干部违纪违法案件，特别是违反政治纪律的案件和贪污、受贿、挪用公款的案件。着重查办建设工程、土地使用权出让、金融、物资采购领域的案件；企业重组改制和破产中国有资产严重流失的案件；领导干部伙同或支持其亲友非法敛财的案件，严重腐化堕落的案件；司法人员贪赃枉法、徇私舞弊的案件，领导干部和执法人员为黑恶势力充当“保护伞”的案件；严重违反组织人事纪律的案件和严重失职渎职的案件。严肃查办基层干部以权谋私、侵害群众利益的案件。第三，加强党风政风建设，切实纠正损害群众利益的不正之风。(1) 坚决纠正征用土地中侵害农民利益的问题，严肃查处违反规定乱批乱占耕地，以及拖欠、截留、挪用土地补偿费用等问题。(2) 坚决纠正城镇拆迁中侵害居民利益的问题，严肃查处拆迁中不依法办事、滥用强制手段等行为。(3) 坚决纠正企业重组改制和破产中不落实中央有关政策规定，造成职工合法权益受到侵害的问题。(4) 坚决纠正拖欠和克扣农民工工资问题，保护农民工的合法权益。深入推进纠风专项治理工作。继续治理教育乱收费，严肃查处义务教育阶段与招生挂钩的各种乱收费问题；继续纠正医药购销和医疗服务中的不正之风，解决医药购销中给予、收受回扣和医疗服务中“开单提成”、收受“红包”等问题；继续做好减轻农民负担工作，不准在规定之外进行任何形式的摊派和收费；继续治理党政部门报刊散滥和利用职权发行的问题。加大从源头上治理公路“三乱”的力度。加强农村和城市基层党风廉政建设，切实解决基层干部中存在的执法不公、乱收费乱罚款、吃拿卡要和刁难群众等问题。第四，拓宽从源头上防治腐败的领域。要认真贯彻行政许可法，深入推进行政审批制度改革。要继续推进财政管理体制改革，严格执行“收支两条线”规定。要推进投资体制改革，建立与社会主义市场经济相适应的新型投资体制，加强和改进对投资活动的管理和监督。要深化干部人事制度改革，逐步推行党委常委会讨论重要人事任免无记名投票表决制，逐步推行党政领导职务任期制，实行领导干部辞职制度。要完善建设工程招标投标、经营性土地使用权出让、产权交易和政府采购等四项制度。深化政务公开、厂务公开和村务公开。深化金融企业改革，强化内控机制，加强金融监管，严肃查处金融违纪违法行为。积极稳妥地推进司法体制改革，解决执法人员违法、司法不公等问题。进一步规范行业组织和社会中介机构。第五，认真贯彻党内监督条例，切实加强对领导干部的监督。颁布实施《中国共产党党内监督条例（试行）》和《中国共产党纪律处分条例》，对于发展党内民主、加强党内监督、严明党的纪律和维护党的团结统一具有重大意义。各级党组织和广大党员干部要认真学习和贯彻。要重点加强对各级领导机关、领导班子特别是主要领导干部的监督。中央纪委和中央组织部要加强对巡视工作的领导，各省、自治区、直辖市要建立健全巡视组织机构。中央纪委监察部全面实行对派驻机构的统一管理。第六，大力支持国有企业改革，充分发挥职工群众民主监督的作用，加强国有企业反腐倡廉工作。国有企业领导人员要认真执行廉洁自律各项规定，尤其要做到不得在企业重组改制和破产、资本运营、产权交易过程中擅自决策或为个人和亲友谋取私利；不得在招标采购中收受回扣；不得在企业重组改制和破产中损害国家利益和职工合法权益。全会补选马驭同志为中央纪委副书记，吴玉良同志为中央纪委常务委员会委员。

1月15日　新华社报道：近日，中央纪委作出决定，授予重庆市开县正坝镇纪委书记张建国同志“全国优秀纪检干部”荣誉称号。张建国在2003年12月23日重庆市开县的中石油川东北气矿“罗家16H”气井突发井喷特大事故中，临危不惧，挺身而出，舍身忘死疏散群众，使得距离井喷地点最近的正坝镇三喜村村民无一死亡，但张建国却因长时间受毒气侵害而昏迷，后经抢救脱离危险。

1月18日　总理温家宝在中南海主持召开国务院第三次全体会议，讨论即将提请十届全国人大二次会议审议的《政府工作报告(征求意见稿)》。会议决定，将此稿发往各省、自治区、直辖市和有关部门、单位广泛征求意见。温家宝在会上发表讲话时说，过去的一年，是我国发展进程中重要而非同寻常的一年。是中国人民经受严峻考验、取得显著成就的一年，很值得认真回顾总结。在党中央、国务院领导下，全国人民认真贯彻“三个代表”重要思想和党的十六大精神，团结一致，顽强拼搏，抗击非典取得重大胜利，改革开放和现代化建设取得显著成就。温家宝指出，我们既要看到已经取得的成绩，又要看到还存在不少困难和问题，一些多年积累的深层次矛盾和问题从根本上解决还需要相当长的时间。要认真总结经验，探求规律，注意将丰富的实践上升到理性高度来认识，把握规律性，减少盲目性，增强自觉性，掌握工作主动权。在过去一年政府工作中，我们对现代化建设的规律有了更加深刻的认识，有几点尤为重要，一是树立全面、协调、可持续的科学发展观；二是坚持以人为本，把政府工作的出发点和落脚点放在提高人民群众的物质文化生活水平和健康水平上；三是统筹兼顾宏观经济各项目标，全面考虑经济增长、社会就业、物价稳定和国际收支平衡；四是全面履行政府的四项职能，特别要强化政府的公共管理和社会服务职能；五是坚持依法行政，建设法治政府。这些经验和体会是我们继续做好工作的宝贵财富。温家宝指出，2004年是我国改革发展中十分关键的一年。我国经济发展正处在一个重要关口，改革、发展、稳定的任务十分繁重，关系人民群众切身利益的不少问题亟待解决。我们必须保持清醒头脑，增强忧患意识，居安思危，把困难估计得充分一点，把应对工作准备得更扎实一些，争取工作的主动，巩固和发展当前好的形势。温家宝说，《政府工作报告》要广泛征求意见，不仅要征求地方、部门的意见，也要征求社会各界的意见。近期，国务院将分别召开民主党派、企业界、经济界、科教文卫体等各方面人士座谈会，直接听取他们的意见，要使《报告》稿的形成过程成为集民智、聚民意、凝民心的过程。温家宝说，十届全国人大二次会议和全国政协十届二次会议即将召开。“两会”是政府向人民代表报告工作、接受监督的主要形式，是我国社会主义民主政治的重要体现。国务院组成人员和各部门、各单位要高度重视，确保开好2004年“两会”。温家宝最后说，我们坚信，只要坚持以邓小平理论和“三个代表”重要思想为指导，在以胡锦涛同志为总书记的党中央领导下，紧紧依靠全国人民，一定能够抓住机遇，克服各种困难，把改革开放和现代化建设继续推向前进。国务院全体会议组成人员出席了会议，有关部门、单位负责人列席了会议。

1月19日　国务院颁布施行《安全生产许可证条例》（第三九七号）。《安全生产许可证条例》经1月7日国务院第三十四次常务会议通过，总理温家宝2004年1月13日签发，予以公布，自公布之日起施行。

1月20日—21日　胡锦涛主席到张家口市考察工作。在春节即将到来之际，中共中央总书记、国家主席胡锦涛到河北省张家口市考察工作，看望干部群众，了解群众生产生活情况。他强调，要增强全心全意为人民服务的宗旨意识，切实做好关心群众生产生活的工作。

1月20日　国家税务总局公布5项涉农税收优惠政策，进一步促进农民增加收入。

1月26日—2月4日　胡锦涛对法国、埃及、加蓬、阿尔及利亚进

行国事访问。1月27日，胡锦涛在法国国民议会发表演讲，提出深入发展中法全面战略伙伴关系的3点建议，加强政治互信，深化战略合作；加强经贸合作，实现互利互补；加强文化交流，丰富交往内涵。

1月29日　国务院总理温家宝主持召开国务院第三十七次常务会议，研究部署高致病性禽流感防治工作。会议指出，各地和有关部门要以“三个代表”重要思想为指导，按照《中华人民共和国动物防疫法》，加强领导、密切配合，依靠科学、依法防治，群防群控、果断处置，以对人民群众高度负责的精神，认真落实各项防治措施。会议决定，高致病性禽流感防治工作要重点落实好八项措施。（一）已发现疫情的地区，要按照规定的程序及时、准确公布疫情，按照防疫工作要求，坚决扑杀，彻底消毒，严格隔离，强制免疫，坚决防止疫情扩散。（二）未发现疫情的地区，要抓紧做好防疫的各项工作，同时完善疫情应急预案。要突出抓好重点地区、大型养殖场和养殖专业大户的防疫工作，加强疫情监测，采取有效措施，防止发生疫情。（三）落实防疫经费，明确补偿政策。对发生高致病性禽流感地区扑杀家禽的损失，要给予合理的补偿，对家禽强制免疫的实行免费，使群众无后顾之忧。对按规定扑杀和强制免疫所需经费，由中央和地方财政分担。（四）加强科学研究。要组织对高致病性禽流感病毒及其防治进行科技攻关，合理安排高致病性禽流感疫苗的生产和储备，积极开展高致病性禽流感防治的国际交流与合作。（五）加强对进出口禽类及其产品的检疫工作，防止疫情传入传出。严厉打击禽类产品走私活动。加强禽类市场的管理和疫病检测工作。（六）认真做好高致病性禽流感防治科普知识的宣传工作，使广大群众了解高致病性禽流感传播的特点和预防知识。（七）坚决防止高致病性禽流感对人的感染。当前要把重点放在对疫区和高危人群的医学监测和预防工作。（八）建立处理突发重大动物疫情的机制。加紧建立和完善疫情监测、检疫网络，加强动物防疫基础设施建设和基层防疫队伍建设。

1月30日　国家发改委发出《关于在全国开展农业生产资料价格和涉农收费专项检查的通知》，决定于2月15日—4月15日在全国范围开展相关大检查。

1月31日　国务院发布《关于推进资本市场改革开放和稳定发展的若干意见》。提出如下意见：一、充分认识大力发展资本市场的重要意义。大力发展资本市场是一项重要的战略任务，对我国实现本世纪前20年国民经济翻两番的战略目标具有重要意义。一是有利于完善社会主义市场经济体制，更大程度地发挥资本市场优化资源配置的功能，将社会资金有效转化为长期投资。二是有利于国有经济的结构调整和战略性改组，加快非国有经济发展。三是有利于提高直接融资比例，完善金融市场结构，提高金融市场效率，维护金融安全。二、推进资本市场改革开放和稳定发展的指导思想和任务。遵循“公开、公平、公正”原则和“法制、监管、自律、规范”的方针，坚持服务于国民经济全局，实现与国民经济协调发展；坚持依法治市，保护投资者特别是社会公众投资者的合法权益；坚持资本市场改革的市场化取向，充分发挥市场机制的作用；坚持改革的力度、发展的速度与市场可承受程度的统一，处理好改革、发展、稳定的关系；坚持用发展的办法解决前进中的问题，处理好加快资本市场发展与防范市场风险的关系；坚持循序渐进，不断提高对外开放水平。推进资本市场改革开放和稳定发展的任务是，以扩大直接融资、完善现代市场体系、更大程度地发挥市场在资源配置中的基础性作用为目标，建设透明高效、结构合理、机制健全、功能完善、运行安全的资本市场。要围绕这一目标，建立有利于各类企业筹集资金、满足多种投资需求和富有效率的资本市场体系；完善以市场为主导的产品创新机制，形成价格发现和风险管理并举、股票融资与债券融资相协调的资本市场产品结构；培育诚实守信、运作规范、治理机制健全的上市公司和市场中介群体，强化市场主体约束和优胜劣汰机制；健全职责定位明确、风险控制有效、协调配合到位的市场监管体制，切实保护投资者合法权益。三、进一步完善相关政策，促进资本市场稳定发展。资本市场的稳定发展需要相应的政策引导和支持。各部门要进一步完善相关政策，为资本市场稳定发展营造良好环境。完善证券发行上市核准制度。健全有利于各类优质企业平等利用资本市场的机制，提高资源配置效率。重视资本市场的投资回报。要采取切实措施，改变部分上市公司重上市、轻转制、重筹资、轻回报的状况，提高上市公司的整体质量，为投资者提供分享经济增长成果、增加财富的机会。鼓励合规资金入市。继续大力发展证券投资基金。支持保险资金以多种方式直接投资资本市场，逐步提高社会保障基金、企业补充养老基金、商业保险资金等投入资本市场的资金比例。四、健全资本市场体系，丰富证券投资品种建立多层次股票市场体系。在统筹考虑资本市场合理布局和功能定位的基础上，逐步建立满足不同类型企业融资需求的多层次资本市场体系，研究提出相应的证券发行上市条件并建立配套的公司选择机制。积极稳妥发展债券市场。在严格控制风险的基础上，鼓励符合条件的企业通过发行公司债券筹集资金，改变债券融资发展相对滞后的状况，丰富债券市场品种，促进资本市场协调发展。制定和完善公司债券发行、交易、信息披露、信用评级等规章制度，建立健全资产抵押、信用担保等偿债保障机制。逐步建立集中监管、统一互联的债券市场。稳步发展期货市场。在严格控制风险的前提下，逐步推出为大宗商品生产者和消费者提供发现价格和套期保值功能的商品期货品种。建立以市场为主导的品种创新机制。研究开发与股票和债券相关的新品种及其衍生产品。加大风险较低的固定收益类证券产品的开发力度，为投资者提供储蓄替代型证券投资品种。积极探索并开发资产证券化品种。还规定了进一步提高上市公司质量，推进上市公司规范动作，加强协调配合，防范和化解市场风险，认真总结经验，积极稳妥地推进对外开放等项内容。

2月1日　商务部决定自当日起，对原产于日本、韩国、美国和台湾地区的进口苯酚征收3%~144%不等的反倾销税，期限为5年。

2月2日　建设部、财政部、民政部、国土资源部、国家税务总局发布《城镇最低收入家庭廉租住房管理办法》。

2月4日　国务院总理温家宝主持召开国务院常务会议，听取国资

委工作汇报。会议认为，组建国务院国有资产监督管理委员会是国有资产管理体制的一项重要改革，也是国务院机构改革的重要任务。一年来，国务院国有资产监督管理委员会按照党中央、国务院的部署，认真进行机构组建，积极开展国有资产管理体制改革的基础工作，推进国有企业改革和发展，进一步加强中央企业党的建设，各方面工作取得了明显成绩。会议原则同意国有资产监督管理委员会提出的国有资产管理体制改革目标设想、总体思路和2004年的主要任务。会议指出，国有资产管理体制改革是一项探索性的工作。国务院国有资产监督管理委员会要以邓小平理论和“三个代表”重要思想为指导，认真贯彻党的十六大和十六届二中全会、三中全会精神，解放思想，实事求是，大胆探索，积极推进，加快国有资产管理体制改革步伐，用3年左右时间建立起新的国有资产监管体制的基本框架，为实现国有资产保值增值提供体制和制度保证。会议要求，国资委2004年要重点做好几项工作，一是加强对地方组建国有资产监管机构的指导；二是抓紧制定相关的法规规章；三是推进国有企业股份制改革；四是建立健全适应现代企业制度要求的公司法人治理结构；五是完善国有企业经营业绩考核体系；六是稳步推进国有经济布局结构的调整；七是认真做好主辅分离、辅业改制、分流安置富余人员的工作；八是做好企业破产关闭工作，切实维护企业和社会的稳定；九是加强和改进企业党的建设。会议强调，要处理好加强监管和落实企业经营自主权的关系，增强企业自主发展的能力，促进国有资产的保值增值。

同　日　国务院召开控制部分行业过度投资工作电视电话会议时强调，要加强和改善宏观调控，严格控制钢铁、电解铝、水泥等行业过度投资。2月中下旬，国土资源部、国家发改委、监察部等部委要求各地用1个月的时间集中清理整顿现有各类开发区；建设部、国家发改委、国土资源部、财政部发出通知，明确提出暂停城市宽马路、大广场建设。

2月5日　国务院常务会议听取国资委工作汇报，决定用3年左右时间建立起新的国有资产监管体制的基本框架。

2月8日　《中共中央国务院关于促进农民增加收入若干政策的

意见》（中共中央2004年1号文件）公开发表。2月19日，出台《2004年国家鼓励农民发展粮食生产的政策措施》。

2月10日　全国银行、证券、保险工作会议召开，温家宝总理在会上强调，要努力开创金融改革和发展新局面。

2月11日　国务院总理温家宝主持召开国务院常务会议，研究部署当前防治禽流感工作，批准扶持家禽业发展的若干措施，讨论并原则通过《关于改进和加强国内突发事件新闻发布工作的实施意见》。会议听取了全国防治高致病性禽流感指挥部、国家发展和改革委员会关于高致病性禽流感防治工作情况的汇报，批准了《关于应对禽流感疫情扶持家禽业发展的若干政策》。会议认为，高致病性禽流感疫情发生后，各地区、各部门按照党中央、国务院的部署，做了大量工作，防治工作正在积极有序地进行。但是，许多地方的禽流感疫情还未得到有效控制，新的疫点还在出现，局部地区还有扩散的可能，禽流感疫情的形势依然严峻。我们必须充分认识防治禽流感工作的艰巨性，进一步动员起来，坚定信心，迎难而上，坚决打好防治禽流感的阻击战。会议提出，当前要重点做好以下工作：（一）切实加强领导，坚持依靠科学，依法防治，群防群控，及时处理和解决防治工作中出现的问题，维护正常的生产生活秩序和社会稳定。（二）把防治工作重点放在严防疫情扩散和阻断禽流感向人的传播上。坚决按规定执行对疫区的扑杀、消毒、免疫等措施，加强对疫区有关人员的防护和医学监测。（三）坚持一手抓防治禽流感，一手抓农业增产和农民增收。当前要不误农时，抓好春耕生产，千方百计增加农民收入，弥补疫情造成的损失。（四）组织好防治禽流感疫苗等应急物资的生产、调运和储备。（五）认真落实对家禽扑杀和免疫实行合理补偿补助的政策，尽快把补偿补助资金足额发到养殖户和企业手中。（六）抓紧制定和实施动物防疫体系和防疫队伍建设规划，推进兽医管理体制改革，提高动物疫病预防和应急反应能力。（七）对重点家禽养殖、加工企业、种禽场等受影响较大的企业和养殖大户，政府采取财政贴息、税收优惠、减免部分政府性基金和行政性收费等措施给予扶持，银行在流动资金贷款方面给予支持。会议讨论并原则通过根据中央有关规定制定的《关于改进和加强国内突发事件新闻发布工作的实施意见》。会议指出，改进和加强国内突发事件新闻发布工作，有利于党和国家工作大局，有利于维护人民群众切身利益，有利于社会稳定和人心安定。各有关部门要高度重视，依照有关法律和规定，建立和完善新闻发布制度，配合新闻宣传部门，及时、准确地做好新闻发布工作。会议还审议并原则通过了《基金会管理条例（草案)》，国务院对其公布实行。

2月12日　经最高人民法院核准，安徽省原副省长王怀忠在济南被执行死刑。2003年12月29日，山东省济南市中级人民法院以受贿罪一审判处王怀忠死刑。2004年1月15日，山东省高级人民法院作出二审裁定，维持一审对王怀忠的死刑判决。

2月13日　国务院在京召开第二次廉政工作会议。温家宝总理在讲话中强调，各级政府要以邓小平理论和“三个代表”重要思想为指导，认真贯彻十六大和十六届三中全会精神，贯彻胡锦涛同志在中央纪委三次全会上的重要讲话精神，按照“为民、务实、清廉”的要求，坚持标本兼治、惩防并举，着力解决损害群众利益的突出问题，全面推进政府系统反腐倡廉工作，让老百姓实实在在地感受到廉政建设和反腐败工作的成效，感受到改革开放和现代化建设带来的实惠。国务院副总理黄菊、吴仪、曾培炎、回良玉，国务委员周永康、曹刚川、唐家璇、陈至立出席会议。会议由国务委员兼国务院秘书长华建敏主持。监察部、教育部、建设部、国资委、农业部、国土资源部的负责同志在会上分别发言。中共中央政治局常委、中央纪委书记吴官正，中共中央书记处书记何勇应邀出席会议。温家宝指出，国务院高度重视廉政建设和反腐败工作。本届政府修订的《国务院工作规则》，突出强调实行科学民主决策，坚持依法行政，加强行政监督3项基本准则。国务院第一次全体会议对加强政风建设提出了“六点要求”。国务院第一次廉政工作会议，全面部署了政府系统反腐倡廉工作。一年来，各地方、各部门按照中央的部署和要求做了大量工作，廉政建设和反腐败工作取得了明显成效。2004年政府系统反腐倡廉工作，要继续落实领导干部廉洁自律的各项规定，进一步规范从政行为；继续加大违纪违法案件查办力度，坚决惩处腐败分子；继续做好纠风专项治理工作，切实加强政风建设；继续推进体制创新和制度建设，从源头上预防和治理腐败，为维护改革发展稳定大局和完善社会主义市场经济体制提供保证。温家宝说，2004年要把解决损害群众利益的突出问题作为政府廉政工作的重要内容，务必取得明显进展，重点抓好五项工作。第一，深入开展专项治理。集中力量围绕解决损害群众利益的8个方面突出问题进行专项治理，做到“四个坚决纠正”，加大“四项工作”力度。要坚决纠正土地征用中侵害农民利益的问题；坚决纠正城镇拆迁中侵害居民利益的问题；坚决纠正企业重组改制和破产中侵害职工合法权益的问题；坚决纠正拖欠和克扣农民工工资问题。要加大治理教育乱收费力度；加大纠正医药购销和医疗服务中的不正之风力度；加大减轻农民负担工作力度；加大安全生产管理和事故责任追究力度。第二，严格规范行政执法行为。各级政府要严格按照法定权限和程序行使权力、履行职责，所有政府工作人员都要学会并善于依法处理经济社会事务。要认真执行劳动法、土地管理法、企业破产法和城市房屋拆迁条例等法律法规，做到依法办事。坚决落实国务院关于解决拖欠农民工工资、禁止教育乱收费、加强安全生产管理等方面的规定，决不能打折扣。要实行行政执法责任制、过错追究制和评议考核制，严格执行行政赔偿制度，做到有权必有责、用权受监督、侵权要赔偿。第三，加快行政审批制度改革。要以贯彻实施《中华人民共和国行政许可法》为契机，切实转变政府职能，大幅度减少行政审批事项，并简化审批程序，提高办事效率，方便基层和群众办事。任何地方和部门都不得擅自设立行政许可项目，不得违反规定在审批环节中乱收费。第四，推行政务公开。深入推行乡镇和县级政务公开，加快制度化、规范化。在试点的基础上，全面推行市（地）级政务公开，凡是与老百姓利益密切相关的部门和单位，如学校、医院以及水、电、气、公交等公用事业单位，都要实行办事公开制度。要有计划、分步骤地推行电子政务建设，为人民群众提供公开、透明、高效的公共服务，方便人民群众监督。要重视人民群众通过行政复议、行政诉讼等法定渠道，维护自己的合法权益。第五，严肃查办严重损害群众利益问题的案件。对连续发生严重损害群众利益导致恶性事件的部门和地区，不仅要追究直接责任人，而且要追究领导者的责任。各级监察部门要依法履行职责，把纠正和查处严重损害群众利益的不正之风作为2004年工作的重点。温家宝强调，大兴求真务实之风，是做好2004年政府系统反腐倡廉工作，特别是解决损害群众利益突出问题的关键所在。各级领导干部一定要树立科学的发展观和正确的政绩观，端正经济工作的指导思想，坚持一切从实际出发，一切从人民利益出发，一切按科学规律办事，一切按勤俭节约原则办事，坚决不搞不切实际的高指标、盲目攀比速度，坚决不搞劳民伤财的"政绩工程"、"形象工程"，坚决不搞虚报浮夸、报喜不报忧，坚决不搞文山会海、形式主义。要把更多的时间和精力用在帮助基层和群众解决实际问题上，把更多的财力和物力用在经济社会协调发展和提高人民生活水平上。温家宝还就认真落实反腐倡廉工作责任制；从严治政，加强对公务员队伍的教育和管理；进一步加强制度建设，从源头上预防和治理腐败等问题提出了要求。温家宝代表国务院全体组成人员表示，要自觉接受地方、部门、社会各方面和广大群众的监督。国务院各部委、各直属机构和办事机构主要负责人在主会场出席会议。中共中央有关部门、全国人大常委会办公厅、全国政协办公厅、中央军委办公厅，最高人民法院、最高人民检察院负责人，各人民团体、各民主党派中央、全国工商联和无党派人士应邀出席了会议。各省、自治区、直辖市政府主要负责人和分管廉政工作的负责人在分会场参加会议。

2月16日　国务院总理温家宝主持召开国务院常务会议，研究进一步加强安全工作的有关问题。会议指出，最近一些地方接连发生重特大安全事故，特别是火灾、公众聚集场所安全事故和道路交通事故呈上升势头，给人民群众生命财产造成重大损失，教训极为深刻。重特大事故多发的主要原因是，一些地方以及企业、单位的领导安全意识淡薄，安全责任不落实，防范措施不到位，事故应急预案不完善。会议要求，各级领导一定要高度重视安全工作，把确保人民群众生命财产安全的各项防范工作，作为实践“三个代表”重要思想的实际行动，放在经济和社会发展的重要位置，列入各级领导工作的重要议程，常抓不懈，防患于未然。会议指出，要深化安全专项整治，坚决消除重大安全隐患。对矿山、交通、公众聚集场所等事故高发领域，要加大整治力度，狠抓各项防范和整改措施的落实。春季是火灾高发季节，特别要重视森林草场和公众聚集场所防火。不具备消防安全条件的公众聚集场所，一律停业整顿。会议决定，立即在全国范围开展一次安全大检查。检查的重点是安全工作制度和责任是否落实，措施是否到位，应急预案是否建立。要查到企业、机关、学校等每一个基层单位，查到易发安全事故的每一个环节。通过检查，坚决整改不安全隐患，完善安全防范规章制度和应急机制，落实责任，并明确到人。会议强调，对已经发生的重大事故，要按照“事故原因不查清不放过，事故责任者得不到处理不放过，整改措施不落实不放过，教训不吸取不放过”的原则，查明原因，严肃处理，追究有关人员的责任，以维护法制和纪律的严肃性，对国家和人民负责。

2月16日—21日　中共中央举办省部级主要领导干部树立和落实科学发展观专题研究班。曾庆红、温家宝先后在开班式和结业式上讲话。温家宝指出，科学发展观进一步明确了新世纪新阶段我国要发展、为什么发展和怎样发展的重大问题，是我们党对社会主义现代化建设规律认识的进一步深化，是全面建设小康社会和实现现代化的根本指针。

2月17日　新华社报道：中共中央近日颁布关于党纪的2项条例。中共中央近日颁布《中国共产党党内监督条例（试行）》和《中国共产党纪律处分条例》，并发出通知，要求党的各级组织和党员干部严格遵照执行。新华社受权于当日全文播发《中国共产党党内监督条例（试行）》，18日全文播发《中国共产党纪律处分条例》。

2月19日　国家发改委发布《电力建设项目公告》。《公告》指出，2004年国家将批准新开工电站项目规模4 000万千瓦，预计投产电站项目规模超过3 700万千瓦。

本　月　**中央纪委印发《关于领导干部利用职权违反规定干预和插手建设工程招投标、经营性土地使用权出让、房地产开发与经营等市场经济活动，为个人和亲友牟取私利的处理办法》。**

2月23日　**中共中央政治局召开会议，讨论《政府工作报告》稿和修改《中国人民政治协商会议章程》的部分内容。**中共中央总书记胡锦涛主持会议。会议指出，过去的一年，面对复杂多变的国际形势，面对频繁发生的多种自然灾害，在党中央的坚强领导下，全党和全国各族人民坚持以邓小平理论和“三个代表”重要思想为指导，认真贯彻落实十六大和十六届三中全会精神，迎难而上，顽强拼搏，开拓创新，夺取了抗击非典斗争的重大胜利，取得了改革开放和社会主义现代化建设的显著成就。国务院和地方各级政府认真履行职责，做了大量卓有成效的工作。会议强调，2004年是我国改革发展十分关键的一年，推动经济社会发展的任务十分繁重。各级党委和政府要继续按照中央的要求，坚持以邓小平理论和“三个代表”重要思想为指导，紧紧抓住发展这个第一要务，坚持全面、协调、可持续的科学发展观，更加注重搞好宏观调控，更加注重统筹兼顾，更加注重以人为本，更加注重改革创新，着力解决经济社会发展中的突出矛盾，着力解决关系人民群众切身利益的突出问题，正确处理改革发展稳定的关系，推动社会主义物质文明、政治文明和精神文明协调发展。同时，要进一步加强政府自身建设，不断提高行政能力和管理水平。会议认为，现行的政协章程是一部好章程，总体上适应我国改革开放和社会主义现代化建设的需要，应当保持稳定。同时，为贯彻落实十六大精神，适应新形势新任务对人民政协工作的新要求，对政协章程的部分内容进行修改是必要的。修改政协章程是关系坚持和完善中国共产党领导的多党合作和政治协商制度的一件大事。在章程修改过程中，要充分发扬民主，广泛听取各方面意见，严格按程序办事。切实做好修改政协章程部分内容的工作，将对人民政协事业的发展产生重大影响。会议还研究了其他事项。

同　日　**中共中央政治局进行第十次集体学习，中共中央总书记**

胡锦涛主持。中共中央政治局这次集体学习安排的内容是世界格局和我国的安全环境。外交学院秦亚青教授和中国社会科学院张宇燕研究员就这个题目进行了讲解，谈了他们对这个问题的研究体会。中央政治局各位同志认真听取了他们的讲解，并就有关问题进行了讨论。胡锦涛在主持学习时发表了讲话。他指出，正确认识和科学判断形势，始终是我们党制定和贯彻正确的路线方针政策的重要依据。面对深刻变化的国际形势，我们要抓住和用好战略机遇期，做好改革发展稳定的各项工作，不断把我国的现代化建设推向前进，就必须科学判断国际形势的发展变化，正确应对世界多极化和经济全球化以及科技进步的发展趋势，妥善处理影响世界和平与发展的各种复杂问题和不确定因素。这是我们在实现全面建设小康社会宏伟目标的征程上将长期面对的重大课题，也是在新的历史条件下加强党的执政能力建设、提高党的领导水平和执政水平的必然要求。各级领导干部特别是高中级干部要坚持以马克思列宁主义、毛泽东思想、邓小平理论和“三个代表”重要思想为指导，多掌握一些国际问题的基本知识，多了解一些国际社会的基本情况，坚持以宽广的眼界观察世界，善于进行战略思维。要切实提高科学判断国际形势的能力，正确把握时代发展的趋势，努力从国际国内形势的相互联系中把握发展方向，从国际国内条件的相互转化中用好发展机遇，从国际国内资源的优势互补中创造发展条件，从国际国内因素的综合作用中掌握发展全局。胡锦涛指出，要坚持和平崛起的发展道路和独立自主的和平外交政策，坚持维护世界和平、促进共同发展的宗旨，坚持在和平共处五项原则的基础上同各国友好相处，在平等互利的基础上积极开展同各国的交流和合作，在国际舞台上高举和平、发展、合作的旗帜，为人类和平与发展的崇高事业作出贡献。胡锦涛强调，统筹国内发展和对外开放，这是中央从国内外发展大局出发，针对我国发展的新形势新任务向全党提出的一个重要要求。在我国的发展进程中，国际环境中的有利因素和不利因素将长期并存，我们要充分利用有利因素，积极化解不利因素，努力变挑战为机遇。要适应经济全球化趋势不断发展和我国加入世贸组织后的新形势，加快熟悉和善于运用国际规则和国际惯例，在更大范围、更广领域和更高层次上参与国际经济技术合作和竞争，优化资源配置，以开放促改革促发展。要密切关注来自国际经济领域的各种风险，积极采取防范和应对措施。要妥善应对国际社会的有关关切，加强和改进对外宣传，增进国际社会对我国的了解。要始终把国家的主权和安全放在第一位，坚决维护国家的主权和领土完整，坚决维护国家的安全和根本利益。中央和国家机关有关方面负责人参加了学习。

2月24日—25日　全国国有资产监督管理工作会议举行。黄菊在会上讲话时指出，用3年左右时间，建立起新的国有资产监管体制基本框架，为实现国有资产保值增值提供体制和制度保障。

2月24日　新华社报道：最近，中央纪委、监察部严肃查处了湖北省原省委副书记、省长张国光严重违纪违法问题。经中共中央批准，中央纪委决定，给予张国光开除党籍处分。鉴于张国光的问题已涉嫌犯罪，此案已移交司法机关依法处理。

2月25日　国务院总理温家宝主持召开国务院常务会议，研究部署进一步深化粮食流通体制改革工作，审议并原则通过《中华人民共和国民办教育促进法实施条例（草案）》。会议原则通过了关于进一步深化粮食流通体制改革和实行对种粮农民直接补贴的实施意见。会议指出，进一步深化粮食流通体制改革，放开收购市场，直接补贴粮农，转换粮食企业机制，加强宏观调控，是落实十六届三中全会精神，保护种粮农民利益，调动农民种粮积极性，发展粮食生产，保证粮食安全的重大举措。各地区、各有关部门要充分认识改革的艰巨性和复杂性，按照有利于粮食生产、有利于种粮农民增收、有利于粮食市场稳定、有利于国家粮食安全的改革方向，全面规划，分步实施，因地制宜，分别决策，加强领导，落实责任。在推进改革过程中，一要处理好放开收购市场与加强和改善宏观调控的关系，确保粮食供应和价格的基本稳定；二要处理好放开收购市场与加强市场监管的关系，严格市场准入和质量检验，维护正常的粮食流通秩序；三要处理好放开收购市场与推进国有粮食购销企业改革的关系，继续发挥国有粮食购销企业的主渠道作用；四要处理好放开收购市场与保证国家粮食安全的关系，切实保护好耕地，不断提高粮食综合生产能力。会议强调，对这项重大改革要精心组织，周密部署，完善配套方案，把握工作节奏，密切关注市场变化，及时总结经验，适时加以调控，切实把改革的各项政策措施落实到位，确保改革的顺利实施。会议认为，为了促进民办教育的发展，保证民办教育促进法的贯彻实施，制定《中华人民共和国民办教育促进法实施条例》是十分必要的。会议决定，《中华人民共和国民办教育促进法实施条例（草案）》经进一步修改后，由国务院公布施行。

2月26日　国务院副总理曾培炎召开会议，部署土地市场秩序清理整顿工作。

同　日　中共中央、国务院下达《关于进一步加强和改进未成年人思想道德建设的若干意见》。《意见》强调，各有关部门和社会各有关方面，都要根据各自担负的职责和任务，采取有效措施，狠抓落实，勇于开拓创新，注重工作实效，切实把加强和改进未成年人思想道德建设的各项工作落到实处。

2月29日　为期3天的政协第十届全国委员会常务委员会第四次会议圆满完成各项议程，于当日在京闭幕。中共中央政治局常委、全国政协主席贾庆林出席闭幕会。全国政协副主席王忠禹主持闭幕会。他说，2004年是全面落实中共十六大和十六届三中全会精神的重要一年，也是实现“十五”计划目标的关键一年。做好2004年的各项工作，意义十分重大。即将召开的政协十届二次会议，是我国人民政治生活中的一件大事，委员们将围绕国家的中心工作议政建言，努力为深化改革、扩大开放，保持国民经济持续快速协调健康发展，推进全面建设小康社会的进程，开创中国特色社会主义事业新局面贡献力量。我们要精心组织好这次会议，振奋精神，团结合作，尽职尽责，把会议开得生动活跃，严谨有序，开成一个民主、求实、团结、鼓劲的大会。会议听取了全国政协秘书长郑万通关于小组讨论情况的综合汇报。他说，常委会组成人员对新一届全国政协开局之年的工作给予充分肯定，对政协常委会工作报告草案和政协章程修正案草案等表示赞同，并就加强和改进政协工作以及修改完善有关草案，提出了意见和建议。会议经过逐项表决，通过了政协十届二次会议议程草案和日程、政协十届常委会工作报告、政协十届常委会关于政协十届一次会议以来提案工作情况的报告、中国人民政治协商会议章程修正案草案，决定将上述报告和草案提请政协十届二次会议审议。全国政协副主席刘延东、李贵鲜、张思卿、马万祺、白立忱、罗豪才、张克辉、周铁农、郝建秀、陈奎元、阿不来提·阿不都热西提、徐匡迪、李兆焯、李蒙出席闭幕会。

3月1日　中共中央、国务院、中央军委发出《关于进一步加强预备役部队建设的意见》。指出，要努力建设一支规模适度、结构合理、编成科学、可靠管用的预备役部队。

同　日　全国政协十届常委会在京举办第二次学习讲座，中共中央政治局常委、全国政协主席贾庆林主持学习讲座并讲话。他强调，各级政协组织和广大政协委员，特别是常委会组成人员，都要从事关国家富强、民族振兴的高度来认识学习的重要性，增强学习的自觉性，带头学习时事政治和现代科技知识，全面提高参政议政本领，更好地完成党和人民赋予的重任。中国航天科技集团公司党组书记、总经理张庆伟作了《我国航天技术发展的现状》的报告，介绍了我国和世界航天技术发展现状、前景以及“神舟五号”载人飞船发射的有关情况。贾庆林在讲话中提出了四点意见。第一，高度重视科学技术的重要作用。我们要深刻认识科学技术是第一生产力的科学论断，深刻认识创新对推动我国科学技术事业发展的重大意义，深刻认识科学技术对推动经济发展和社会进步的巨大作用，更好地运用科学技术的强大力量，促进我国先进生产力和先进文化的发展，维护和发展我国最广大人民的根本利益。第二，努力学习科学知识。面对现代科学技术迅猛发展、知识更新异常迅速的新形势，人民政协作为中国共产党领导的多党合作和政治协商的重要机构，只有坚持深入持久的学习，才能就国家的政治经济文化和社会生活中的重要问题提出科学合理的意见和建议，才能充分发挥政协组织的作用。第三，大力弘扬求真务实的科学精神。各级政协组织和广大政协委员，必须大力弘扬求真务实精神，大兴求真务实之风，坚持用科学精神来指导工作，不断增强贯彻科学精神和科学方法的自觉性和坚定性。在履行职能的各项工作中，要讲实话、报实情、出实招，自觉地为党和国家的中心工作服务。第四，积极为我国科学技术事业的发展献计出力。各级政协组织和广大政协委员，特别是科协和科技界的政协委员，要紧紧围绕国家重大战略的实施、科技规划的制定、科技体制的改革、重大科技决策的贯彻，进行深入调查研究，提出高水准的意见和建议，为我国科技事业的发展和社会主义现代化建设作出新的贡献。

3月2日　国务院总理温家宝主持召开国务院常务会议，研究部署中国银行、中国建设银行股份制改造试点的有关工作，提出改革试点工作的总体目标和主要任务。会议指出，国有独资商业银行股份制改造是我国金融业的一次全新的改革实践，意义重大。试点银行和有关部门要充分认识改革的必要性、复杂性和艰巨性，紧紧抓住改革管理体制、完善治理结构、转换经营机制、促进绩效进步这几个重要环节，总体规划，分步实施，加强领导，落实责任，用3年左右的时间将2家试点银行改造成为具有国际竞争力的现代股份制商业银行。推进银行股份制改造，核心是建立法人治理结构，重点抓好以下工作：一要建立规范的股东大会、董事会、监事会，建立对高级管理层授权经营的目标和问责制度；二要建立科学的决策体系、内部控制机制和风险管理体制，加强管理，实现自主经营，自负盈亏，自担风险，自我发展；三要稳步推进资本重组，公开、公平、公正地选择境内外战略投资者；四要建立市场化人力资源管理体制和有效的激励约束机制，引进人才，提高队伍素质；五要认真做好不良资产处置工作，严肃查处违法、违规案件，依法追究有关人员的责任；六要确保国家注资的安全，实现保值增值。会议强调，对银行股份制改革，要建立科学的绩效考核指标，各项指标的制定要实事求是，执行要认真负责，检查考核不得弄虚作假，确保各项改革目标的实现。会议还研究了其他事项。

3月3日—12日　全国政协十届二次会议召开。贾庆林作工作报告。经逐项表决，会议通过政协第十届全国委员会第二次会议关于常务委员会工作报告的决议、关于政协十届一次会议以来提案工作情况报告的决议、关于中国人民政治协商会议章程修正案的决议和政协十届二次会议的政治决议。会议还通过政协提案委员会关于政协十届二次会议提案审查情况的报告。

3月5日—14日　十届全国人民代表大会第二次会议举行。会议通过了中华人民共和国宪法修正案。修正案确立“三个代表”重要思想在国家政治和社会生活的指导地位，增加推动物质文明、政治文明和精神文明协调发展的内容，在统一战线的表述中增加社会主义事业的建设者，完善土地征用制度，进一步明确国家对发展非国有制经济的方针，完善对私有财产保护的规定，增加建立健全社会保障制度的规定，增加尊重和保障人权的规定，完善全国人民代表大会组成的规定，作出关于紧急状态的规定，规定国家主席进行国事活动的权职，修改乡镇政权任期的规定，增加对国歌的规定等。会议通过了温家宝的政府工作报告，表决通过了《关于2003年国民经济和社会发展计划执行情况与2004年国民经济和社会发展计划的决议》、《关于2003年中央和地方预算执行情况及2004年中央和地方预算的决议》。

3月6日　国家发改委近日发出紧急通知。国家发改委决定对化肥等农业生产资料价格过快上涨实行干预，同时在春耕期间适当调整进口化肥价格。3月下旬又发出《关于进一步加强化肥价格监管的通知》，要求全力稳定化肥价格。

3月10日　中央人口资源环境工作座谈会举行。胡锦涛、温家宝在会上讲话。胡锦涛指出，坚持以人为本，全面、协调、可持续的发展观，是我们以邓小平理论和“三个代表”重要思想为指导，从新世纪、新阶段党和国家事业发展全局出发提出的重大战略思想。

同　日　新华社报道：中国2003年有6名省部级官员因腐败受到法律的惩罚。这6位被判处的官员是：原云南省省长李嘉廷，原山东省政协副主席潘广田，原辽宁省高级人民法院院长田凤歧，原河北省常务副省长丛福奎，原浙江省副省长王钟麓和原中国建设银行行长王雪冰。他们受到的刑罚包括死缓、无期徒刑和12年—15年的监禁。

同　日　胡锦涛在中央人口资源环境工作座谈会上发表重要讲话，强调认真落实科学发展观的要求，切实做好人口资源环境工作。

3月11日　政协第十届全国委员会常务委员会第五次会议在京举行。中共中央政治局常委、全国政协主席贾庆林主持会议。全国政协秘书长郑万通在会上作了关于政协十届二次会议情况的综合汇报。他说，至3月5日提交大会发言稿截止，共收到大会发言706份、印发686份。到3月8日大会提案提交截止，共收到提案4 312件，经审查立案4 116件。郑万通说，大会开幕会后，胡锦涛、吴邦国、温家宝、贾庆林、曾庆红、黄菊、吴官正、李长春、罗干等党和国家领导人分别到小组看望委员，参加讨论，听取意见，共商国是。中共中央和国务院领导同志、有关部委和“两高”负责人听取大会发言、到小组和界别联组听取委员讨论共计160人次，是历年来最多的。这充分展现了以胡锦涛同志为总书记的中共中央重视发挥政协作用、倾听委员意见的民主作风。会议通过了政协十届二次会议关于常委会工作报告的决议草案、政协十届二次会议关于政协十届一次会议以来提案工作情况报告的决议草案、政协十届二次会议关于政协章程修正案的决议草案、政协十届二次会议政治决议草案，审议通过了政协十届全国委员会提案委员会关于政协十届二次会议提案审查情况的报告草案，决定将上述草案提请3月12日举行的全体会议进行表决。全国政协副主席王忠禹、刘延东、帕巴拉·格列朗杰、李贵鲜、张思卿、丁光训、马万祺、白立忱、罗豪才、张克辉、周铁农、郝建秀、陈奎元、阿不来提·阿不都热西提、徐匡迪、李兆焯、黄孟复、李蒙出席会议。

同　日　全国清理违法排污企业座谈会召开，曾培炎副总理出席会议，强调要深入开展环保专项整治行动。

同　日　国务院发出《关于进一步推进西部大开发的若干意见》。

3月中旬　经国务院批准，教育部等有关部门联合下发了《关于在全国义务教育阶段学校推行“一费制”收费办法的意见》。规定2004年秋季开学前，全国所有省份的公办义务教育都将推行“一费制”。2004年高校收费标准将继续保持稳定，不得设立新的项目。此后，教育部专门召开了推行“一费制”工作座谈会，并下发紧急通知，提出明确要求。目前各地正在积极制定“一费制”实施方案。在2004年秋季开学前，全国所有省份都将完成实施方案制定工作并开始推行。同时，2004年高校收费标准将继续保持稳定。中央纪委监察部负责人说，4月—5月，新闻出版总署会同发改委、教育部，对宁夏、陕西、云南、广西等西部4省区中小学教材价格情况进行了检查。6月中旬，发改委会同教育部、国务院纠风办对重庆、湖北、广西、山东4个省份的学校收费公示情况进行了抽查。各部门齐抓共管、综合治理教育乱收费的格局基本形成。据介绍，教育收费听证、收费公示、收费巡查督导、收费审计和校务公开、责任追究等6项制度，2004年有望全部推行。对19所部属高校2003年度财务收支和学校收费情况的审计工作，目前也正在进行。

3月16日　农业部宣布，自1月27日到目前，前一阶段确诊的49起高致病性禽流感疫情全部扑灭，这标志着中国的高致病性禽流感阻击战取得了阶段性胜利。

同　日　国务院总理温家宝主持召开国务院常务会议，讨论并原则通过《全面推进依法行政实施纲要（草案）》和《中华人民共和国传染病防治法（修订草案）》。会议认为，依法行政是依法治国的重要组成部分。制定全面推进依法行政实施纲要，确立建设法治政府的目标，明确今后10年全面推进依法行政的指导思想、基本原则、目标任务和措施要求，对于贯彻落实依法治国基本方略，进一步推进我国社会主义政治文明建设，具有十分重要的意义。会议原则同意这个纲要。会议指出，认真贯彻实施纲要，全面推进依法行政，是加强政府自身建设的一项重要任务。各级政府和政府各部门要从践行“三个代表”重要思想和执政为民的高度，充分认识全面推进依法行政的必要性和紧迫性，切实转变政府职能，深化行政管理体制改革，建立健全科学民主决策机制，加强法规建设，提高法规质量，理顺行政执法体制，完善行政监督制度，不断提高依法行政能力和水平。会议强调，各地区、各部门在贯彻实施纲要过程中，要处理好依法行政与推进改革和提高政府工作效率的关系，明确阶段任务，落实工作责任，抓好督促检查，加大宣传力度，保证纲要全面、正确的实施。会议认为，1989年9月起施行的《中华人民共和国传染病防治法》，对于预防、控制和消除传染病的发生与流行，保障公众健康，发挥了重要作用。十几年来，随着经济社会的发展，我国传染病防治形势发生了很大变化，有必要在总结传染病防治实践的基础上，对现行传染病防治法进行修改和完善。会议决定，《中华人民共和国传染病防治法（修订草案）》经进一步修改后，由国务院提请全国人大常委会审议。

3月18日　中共中央政治局常务委员会召开会议，对进一步学习和贯彻实施《中华人民共和国宪法》进行研究部署。中共中央总书记胡锦涛主持会议。会议强调，第十届全国人民代表大会第二次会议通过了《中华人民共和国宪法修正案》，这是我国政治生活中的一件大事，具有重大的现实意义和深远的历史意义。要以这次宪法修改为契机，在全党全国集中开展学习和贯彻实施宪法的活动，进一步动员广大党员、干部和人民群众投身全面建设小康社会的伟大事业。会议指出，宪法是国家的根本法，是治国安邦的总章程，是保持国家统一、民族团结、经济发展、社会进步和长治久安的法律基础，是中国共产党执政兴国、团结带领全国各族人民建设中国特色社会主义的法制保证。这次修改宪法，坚持中央提出的切实加强党的领导、充分发扬民主、广泛听取各方面意见、严格依法办事的原则，体现了宪法的稳定性和适应性的统一、党的主张和人民意志的统一、讲政治和讲法制的统一。经过这次修改，我国宪法更加完善，更加符合国情，更加反映时代精神，更加适应全面建设小康社会、开创中国特色社会主义事业新局面的要求，必将更好地发挥国家根本法的作用。会议强调，要在全面学习宪法的基础上，重点引导广大干部群众深刻理解中央确定的这次修改宪法总的原则，全面准确地领会和把握这次宪法修正案的精神实质，以更好地贯彻实施宪法。要全面准确地领会和把握确立“三个代表”重要思想在国家政治和社会生活中指导地位的重要意义，坚持以“三个代表”重要思想统一全党全国各族人民的思想和行动。要全面准确地领会和把握推动物质文明、政治文明和精神文明协调发展的科学内涵，牢固树立和认真落实科学的发展观，不断发展社会主义市场经济、社会主义民主政治和社会主义先进文化。要全面准确地领会和把握在统一战线表述中增加社会主义事业的建设者的重要意义，坚持党关于爱国统一战线的各项方针政策，最广泛、最充分地调动一切积极因素。要全面准确地领会和把握党和国家对发展非公有制经济的方针政策，坚持和完善社会主义初级阶段的基本经济制度，促进各种所有制经济在市场竞争中充分发挥各自优势，相互促进，共同发展。要全面准确地领会和把握保护公民的合法的私有财产权和继承权的科学内涵，在加快经济发展和不断提高人民生活水平的进程中，依照法律规定，切实保护全体公民的私有财产权和继承权，正确处理私有财产保护和公共利益需要的关系。要全面准确地领会和把握国家尊重和保障人权的科学内涵，依法维护人民群众的经济、政治、文化权益，不断推动我国社会主义人权事业的发展。会议要求，各级党委、国家机关和领导干部要把学习和贯彻实施宪法作为当前的一项重要工作，放在突出位置，切实加强领导，精心组织，抓好落实。要积极运用多种方式，开展丰富多彩、生动活泼的学习宪法活动，普及宪法知识，提高全民的宪法意识。要推动宪法在全社会的贯彻实施，进一步研究制定监督宪法和法律实施的措施，全面推进依法行政，坚持执法为民、公正司法，维护社会公平和正义。

3月19日　土地市场秩序整顿工作将进行阶段性查收。根据国务院统一部署，由国家发改委、监察部、国土资源部、建设部、审计署组成9个联合检查组，将从3月底开始，对各省（区、市）治理整顿土地市场秩序工作进行阶段性检查验收。

3月19日—20日　国务院西部开发工作会议在北京召开。温家宝总理在会上强调总结经验，完善政策，坚定不移地实施西部大开发战略。日前颁布《国务院关于进一步推进西部大开发的若干意见》。

3月20日　中共中央台湾工作办公室、国务院台湾事务办公室就台湾当局举行“公民投票”一事发表声明。当日，台湾当局举行的公民投票因投票人数未达总投票权人数的一半而无效，声明就此事指出“任何把台湾从中国分割出去的企图都是注定要失败的”。

3月22日　国务院印发《全面推进依法行政实施纲要》。要求经过10年左右坚持不懈的努力，基本实现建设法治政府的目标。

3月23日　国务院召开全国农业和粮食工作会议。会议作出部署，2004年在黑龙江、吉林2省先行免征农业税改革试点；河北、内蒙古、辽宁、江苏、安徽、江西、山西、山东、河南、湖北、湖南、四川等12个粮食主产省（区）降低农业税税率1个百分点。沿海及其他有条件的地区也可以进行免征农业税试点，同时对重点粮食品种实行最低收购价。

同　日　国务院召开振兴东北地区等老工业基地领导小组第一次会议。温家宝总理主持并发表重要讲话。他强调，提高认识、注重实效、认真实施东北地区等老工业基地振兴战略。会议提出，实施东北等老工业基地振兴战略，2004年要抓好四个方面的重点工作，一是加快体制创新和机制创新；二是大力推进产业结构优化升级；三是进一步扩大对内对外开放；四是切实做好就业和社会保障工作。

3月24日　新华社报道：中共中央最近发出《关于进一步繁荣发展哲学社会科学的意见》。《意见》强调，在全面建设小康社会、开创中国特色社会主义事业新局面、实现中华民族伟大复兴的历史进程中，哲学社会科学具有不可替代的作用，必须进一步提高对哲学社会科学重要性的认识，大力繁荣发展哲学社会科学。

同　日　国务院总理温家宝主持召开国务院常务会议，讨论并原则通过《中华人民共和国电子签名法（草案）》，审议通过《兽药管理条例（修订草案）》。会议认为，为了适应电子商务、电子政务发展的需要，保障电子商务交易安全，维护有关各方的合法权益，制定《中华人民共和国电子签名法》是十分必要的。会议决定，《中华人民共和国电子签名法（草案）》经进一步修改后，由国务院提请全国人大常委会审议。会议认为，《兽药管理条例》自1987年实施以来，对于加强兽药管理，防治动物疾病，促进养殖业的发展，保护人的身体健康，发挥了积极的作用。随着我国养殖业的快速发展，兽药管理中出现了一些新的情况和问题，现行条例的一些规定已不能适应现代养殖业的发展和畜产品质量安全的需要。对现行条例进行修改和完善很有必要。会议决定，《兽药管理条例（修订草案）》由国务院公布施行。会议还研究了其他事项。

同　日　中共中央纪律检查委员会、中共中央组织部最近发出通知，要求各地、各部门限期对党政领导干部在企业兼职问题进行清理。中央明确规定党政领导干部不得在各类经济实体中兼职。据了解，各地、各部门执行这一规定的情况总体上是好的，但也有的地方和部门安排了一些党政领导干部到企业兼任领导职务，有的企业负责人兼任党政机关领导职务。这一做法影响了市场主体的公平竞争，不利于政企分开原则的贯彻和企业法人治理结构的建立，不利于加强党风廉政建设和干部队伍建设。中央对此非常重视，要求认真清理，切实解决某些地方由于党政领导干部和企业负责人交叉兼职造成的政企不分问题。通知明确要求，各级党政机关要严格执行党政领导干部不得在企业兼职的规定。各地、各部门要对此前制定的有关政策和文件进行清理，凡与国家法律法规、中央规定不一致的，要予以废止。今后，各级党委、政府及其有关部门不得再审批党政领导干部到企业兼职。通知对清理工作作出了具体部署，要求各地、各部门2004年4月底以前完成清理工作。凡在企业兼职的党政领导干部，要免去或本人主动辞去其在企业的职务；凡企业负责人兼任党政领导职务，要免去其党政领导职务。由于历史原因形成的依托企业建立城市的地方，为协调企业和地方的关系，建市以来一直由企业负责人兼任地方领导职务，今后确需继续兼职的，可继续兼职一段时间，但要从严掌握，并由上一级党委组织部门审核批准。经选举担任人大、政协领导职务不驻会的企业负责人不在清理范围。国家法律、法规授权行使行政管理职能的事业单位，应遵照本通知执行；国家机关委托其行使管理职能的事业单位，可参照执行。今后，在换届选举中当选党政领导职务的企业负责人（不含经选举担任人大、政协领导职务不驻会的企业负责人），当选后必须辞去企业的领导职务。因工作需要，企业负责人调入党政机关担任领导职务，必须辞去企业的领导职务；党政领导干部调任企业负责人，必须辞去党政领导职务。通知强调，各省区市党委，中央各部委，中央国家机关各部委党组（党委）要从贯彻落实“三个代表”重要思想的高度，充分认识这项工作的重要性和必要性，切实加强领导，明确责任。要认真做好兼职人员的思想政治工作，教育和引导兼职人员自觉贯彻执行中央的有关规定和国家的法律法规。组织部门要认真做好清理的具体工作，纪检监察机关要加强监督检查，各有关部门要积极配合，共同把这次清理工作做好。对清理工作中的问题要区别不同情况妥善处理。

3月26日　国家发改委发出《关于进一步加强化肥价格监管的通知》（发改价格 [2004] 523号）。《通知》要求各级价格主管部门督促供电、供气和运输企业坚决落实国家对化肥生产用电、天然气和化肥运输的价格优惠政策，坚决纠正和查处不执行国家价格优惠政策的行为；配合有关部门做好税收减免工作，认真落实国家规定的税收优惠政策；切实加强化肥价格管理，从严核定列入地方定价目录的国产化肥出厂价格和进口化肥港口交货价格；尽快出台化肥价格干预措施，对未列入定价目录的国产化肥出厂价格、进口化肥港口交货价格以及化肥批发和零售价格，采取规定最高限价、进销差率、批零差率或实行提价申报制度、调价备案制度等措施进行干预，确保化肥价格基本稳定，使国家给予化肥生产经营企业的价格和税收优惠政策的好处真正落实到农民手中。国家发改委还先后下发了《关于立即开展全国农业生产资料价格专项检查的通知》（发改电字 [2003] 117号）和《关于在全国开展农业生产资料价格和涉农收费专项检查的通知》（发改价检 [2004] 136号），要求各地切实加强化肥价格监督检查，保证化肥价格政策的贯彻落实。

3月29日　中共中央政治局召开会议，研究支持粮食主产区和种粮农民的政策措施及干部人事制度改革等问题。中共中央总书记胡锦涛主持会议。会议认为，2004年以来，农业和农村经济形势很好。各地区各部门认真贯彻《中共中央、国务院关于促进农民增加收入若干政策的意见》，加强对农业和农村工作的领导，加大解决“三农”问题的工作力度，粮食主产区和农民种粮的积极性进一步提高，全国粮食生产稳定发展。会议强调，要坚持把解决好“三农”问题作为全党工作的重中之重，积极支持粮食生产，高度重视农民特别是种粮农民增收问题，保持国民经济持续快速协调健康发展。各地区各部门一定要把中央关于加强农业和鼓励粮食生产的各项政策措施落到实处。当前，要加大减免农业税的力度，并重点向粮食主产区倾斜，切实减轻种粮农民的负担。要在上半年把对主产区种粮农民的直接补贴基本兑现到户。在播种前把国家对重点产区农民的良种补贴发放到农民手中。对重点粮食品种实行最低收购价格制度，确保种粮农民增加收入。要保证化肥等农业生产资料的生产和供应，稳定农业生产资料价格，依法查处各种价格违法和欺诈农民的行为，保障广大农民的权益。会议就引进竞争机制、进一步完善干部选拔任用制度、加强干部监督管理等改革措施进行了研究。会议要求，各地区各部门要根据党的十六大对干部人事制度改革的总体部署，认真贯彻落实党的干部路线，坚持干部队伍“四化”方针，坚持德才兼备、注重实绩、群众公认的原则，在总结近年来各地区各部门实践经验的基础上，从整体上推进干部人事制度改革，努力形成广纳群贤、人尽其才、能上能下、充满活力的用人机制。

同　日　中共中央政治局进行第十一次集体学习，中共中央总书记胡锦涛主持。中共中央政治局这次集体学习安排的内容是当今世界农业发展状况和我国农业发展。农业大学程序教授和农业部农村经济研究中心柯炳生教授就这个题目进行了讲解，谈了他们对这个问题的研究体会。中央政治局各位同志认真听取了他们的讲解，并就有关问题进行了讨论。胡锦涛在主持学习时发表了讲话。他指出，加强农业基础地位，高度重视并大力发展农业，是我们党一贯坚持的战略思想。农业是国民经济的基础，也是社会发展的基础。进一步加快农业发展，对我们紧紧抓住并切实用好重要战略机遇期，实现全面建设小康社会的宏伟目标，加快推进社会主义现代化，具有十分重要的意义。胡锦涛强调，各级党委和政府都要切实保护和提高粮食综合生产能力。要实行最严格的耕地保护制度，采取更加有力的措施加强对基本农田的保护和建设，实施好优质粮食产业工程。

要加强对粮食生产的扶持力度，确保把支持粮食生产的各项措施落到实处，特别是要抓紧实施对种粮农民直接补贴的政策，抓紧在粮食主产区进行减免农业税的改革试点，抓紧扩大良种补贴范围和规模，抓紧对重点粮食品种实行最低收购价制度，保护种粮农民和粮食主产区生产粮食的积极性。要积极推广先进适用的粮食增产技术，加大对种粮农民的技术指导和培训，为种粮农民提供更广泛的科技服务。胡锦涛强调，要坚持把增加农民收入作为农业和农村工作的中心任务，坚持多予、少取、放活的方针，建立健全促进农民收入持续增长的长效机制。要继续推进农业和农村经济结构战略性调整，充分发挥各地的比较优势，不断开拓农民增收的空间。要积极推进农业产业化经营，加大对龙头企业的扶持力度，构建生产、加工、销售有机结合的高效农业产业体系，并同农民建立合理的利益联结机制，给农民带来实惠。要按照公平对待、合理引导、完善管理、搞好服务的方针，做好农民外出务工就业的组织、指导和服务工作，进一步清理和取消针对农民进城就业的各种歧视性规定和不合理收费，保障进城就业农民的合法权益，增加农民的工资性收入。胡锦涛指出，我国农业发展面临的环境和条件发生了很大变化，谋划农业发展，必须掌握和运用农业发展规律，根据新情况新问题，探索新思路新办法。要按照统筹城乡发展的要求，充分发挥城市对农村的辐射和带动作用，走城乡互动、工农互促的协调发展道路。要进一步深化农业和农村改革，健全农业社会化服务体系，加大对农业的投入，增强我国农业科技的创新能力、储备能力和转化能力，加快推进农业技术进步。要进一步加强以党组织为核心的农村基层组织建设，使农村基层组织真正成为贯彻落实中央关于解决好“三农”问题各项政策措施的坚实组织基础。中央和国家机关有关方面负责人参加了学习。

4月2日　国务院总理温家宝主持召开国务院常务会议，讨论并原则通过《国家优质粮食产业工程建设规划（2004-2010年）》和国务院2004年工作要点。会议认为，粮食安全事关国家经济发展和社会稳定大局。制定国家优质粮食产业工程建设规划，实施优质粮食产业工程，对于保持和提高粮食综合生产能力、增加主产区农民收入和促进区域经济发展、提高我国粮食产业国际竞争力、确保国家粮食安全具有十分重要意义，会议原则同意这个规划。会议指出，实施优质粮食产业工程，关键是保护和调动主产区政府和种粮农民的积极性，重点是加大对粮食主产区生产能力建设和扶持的力度。在组织实施中，要切实抓好以下工作：一是实行最严格的基本农田保护制度，从严控制用地规模，合理利用水资源，努力增加耕地面积；二是加强优质粮食产业基地基础设施建设，做好良种繁育、病虫害防治、粮田生态环境改善和现代农机装备推进工作，完善技术开发和推广应用体系，全面提升粮食生产的科技创新与服务能力；三是充分发挥市场机制作用，有效配置各类资源，促进优质粮食产业的发展；四是加强组织领导，建立分工明确的责任制度和激励机制，强化监督检查，确保规划的顺利实施。会议讨论通过了《国务院2004年工作要点》。根据十届全国人大二次会议通过的《政府工作报告》，国务院就加强和改善宏观调控，保持经济平稳较快发展；巩固和加强农业基础地位，实现农民增收和农业增产；统筹区域协调发展，推进西部大开发和东北地区等老工业基地振兴；大力实施科教兴国战略，走可持续发展之路；加快卫生文化体育事业发展，加强精神文明建设；抓住有利时机，深化经济体制改革；加强安全生产工作，整顿和规范市场经济秩序；积极参与国际合作，提高对外开放水平；做好就业和社会保障工作，不断提高人民生活水平；推进政府职能转变，加强政府自身建设等方面，部署了各项具体工作，落实到各个部门，明确了责任和要求。会议强调，2004年我国改革发展稳定的任务十分繁重，国务院各部门要认真履行职责，努力完成好各项任务。会议听取了国资委关于国有企业监事会工作汇报。

4月6日　十届全国人大常委会第八次会议表决通过修订后的对外贸易法、全国人大常委会关于《中华人民共和国香港特别行政区基本法》附件一第七条和附件二第三条的解释后，在人民大会堂闭会。国家主席胡锦涛签署第十五号主席令公布了修订后的对外贸易法。全国人大常委会委员长吴邦国主持。修订后的对外贸易法包括总则、经营者、货物进出口与技术进出口、国际服务贸易、与对外贸易有关的知识产权保护、对外贸易秩序、对外贸易调查、对外贸易救济、对外贸易促进、法律责任和附则等11章共70条。这部法律将于2004年7月1日起施行。会议表决通过的全国人大常委会关于香港基本法附件一第七条和附件二第三条的解释，对附件中关于“2007年以后”的含义、关于“如需”修改的含义、关于“如需”修改应由谁确定和应由谁提出修改法案及其修正案、关于“如果不作修改是否适用现行规定”等4个方面作出了明确的解释。在完成会议的议程后，吴邦国发表讲话。他说，这次会议审议通过了修订后的对外贸易法。这是在经济全球化不断发展，我国加入世贸组织的新形势下，为进一步扩大对外开放、发展对外贸易而修订的一部重要法律。这次全面修订对外贸易法，总结了我国改革开放20多年的实践经验，充分运用世贸组织规则，按照享有权利与履行义务相平衡的原则，进一步完善了统一、透明的对外贸易制度，为发展对外贸易，维护公开、公平、公正、自由的对外贸易秩序，保护对外贸易经营者的合法权益，保护国内产业的健康发展，提供了有力的法律保障。修订后的对外贸易法的实施，必将对我国进一步深化改革、扩大开放，更好地利用国内国外两个市场、两种资源，促进社会主义市场经济的发展，发挥重要的作用。吴邦国说，这次会议的又一项重要议程，是审议通过了全国人大常委会关于香港基本法附件一第七条和附件二第三条的解释。在会议期间，常委会组成人员对解释草案进行了认真审议。大家普遍认为，该解释草案符合“一国两制”方针和基本法的立法原意。全国人大常委会作出这一解释，是适时的、必要的，有利于释疑止争，有利于正确理解和执行香港基本法，有利于保持香港的长期繁荣稳定。吴邦国说，根据十届全国人大二次会议精神，最近委员长会议审议批准了2004年的常委会工作要点以及执法检查计划和听取工作报告安排。新的一年，全国人大常委会的各项工作都相当繁重，常委会工作一定要突出重点，抓住关键，讲求实效。无论是立法监督工作，还是调查研究、处理群众来信来访等工作，都要紧紧围绕党和国家工作大局来展开，要把事关全局和群众切身利益的重大问题作为重中之重，抓紧抓实抓好，切实抓出成效，为完成十届全国人大二次会议确定的各项任务，推动经济社会全面、协调、可持续发展，实现社会主义物质文明、政治文明和精神文明的共同进步，作出应有的贡献。副委员长王兆国、李铁映、司马义·艾买提、何鲁丽、丁石孙、成思危、许嘉璐、蒋正华、顾秀莲、热地、盛华仁、路甬祥、乌云其木格、韩启德、傅铁山出席会议。国务委员曹刚川、最高人民法院院长肖扬、最高人民检察院检察长贾春旺列席会议。

4月7日　中央纪委监察部对所派驻机构实行统一管理。新华社报道：中共中央决定，中央纪委监察部2004年要全面实行对派驻机构的统一管理，将派驻机构由中央纪委监察部和驻在部门双重领导改为由中央纪委监察部直接领导。当日，中纪委监察部派驻机构统一管理工作会议召开。吴官正强调，对派驻机构实行统一管理，是中央为改革和完善纪律检查体制作出的重大决策，是加强党内监督的一项重大举措。

4月8日　中共中央办公厅印发《公开选拔党政领导干部工作暂行规定》等5个法规文件。

4月9日—13日　中共中央总书记、国家主席胡锦涛赴陕西就推进西部大开发和进一步解决好“三农”问题等进行调研。胡锦涛强调，各级党委和政府必须全面贯彻落实中央关于发展粮食生产、增加农民收入的政策措施，始终坚持农业基础地位不动摇，始终坚持加强、支持、保护农业不动摇，努力开创农业和农村工作的新局面。从长远和根本上说，要开辟我国农业发展的广阔前景，关键在于农业技术进步。中央将继续坚定不移地推动西部大开发战略的实施，国家对西部大开发的扶持政策不会改变，支持力度不会减弱。推进西部大开发，必须坚持走新型工业化道路，努力走出一条科技含量高、经济效益好、资源消耗低、环境污染少、人力资源优势得到充分发挥的新路子。

4月9日　国务院总理温家宝主持召开国务院常务会议，分析一季度经济运行情况和走势，研究采取有针对性措施解决经济生活中

的突出问题。会议要求，要全面贯彻中央关于经济工作的一系列决策和部署，树立和落实科学发展观，切实把各方面加快发展的积极性保护好、引导好、发挥好，着力于深化改革、优化结构、提高效益，进一步采取有力措施，有效遏制投资过快增长势头，保持经济平稳较快发展。会议认为，必须清醒地看到，经济运行中出现的突出矛盾进一步显现，有些问题还在发展。集中表现在投资增长过快、新开工项目过多、在建规模过大，投资结构不合理，某些行业和地区盲目投资和低水平重复建设问题相当严重。由此带来煤电油运和重要原材料供求紧张状况进一步加剧，货币信贷增长再度加快，物价总水平继续上升。因此，必须继续加强宏观调控，坚决控制投资过快增长，防止通货膨胀，防止经济大起大落。这是当前经济工作十分重要而紧迫的任务。会议强调，当前加强宏观调控总的要求是，一要统一思想，狠抓落实。各方面的思想都要真正统一到中央对当前经济形势的判断上来，统一到中央关于经济工作的部署上来，认真落实中央宏观调控的各项措施。二要明确重点，区别对待。调控的重点是控制投资过快增长、缓解煤电油运和重要原材料供应紧张的矛盾、加强农业和粮食生产等薄弱环节。要坚持从实际出发，区别不同情况，分类指导，做到松紧适度，不急刹车，不“一刀切”。三要深化改革，完善机制。加快政企分开，更好地发挥市场配置资源的基础性作用，坚决纠正政府干预企业活动的行为。主要运用经济、法律手段，采取必要的行政手段，注重运用新思路、新机制、新办法解决问题，确保宏观调控的有力有效。四要统筹兼顾，协调发展。按照“五个统筹”的要求，更加重视农业和农村经济发展、社会事业发展和生态环境保护；更加重视转变经济增长方式，坚持速度和结构、质量、效益相统一，走节约资源、保护环境的发展路子。会议提出，根据形势发展，必须进一步采取有针对性的调控措施，严格控制新开工项目，认真清理在建项目；加强金融调控和信贷管理，适度控制货币信贷增长；严格土地管理，深入开展土地市场治理整顿；严肃查处重大违法违规的经济案件；加强经济运行调节，搞好煤电油运和重要原材料供需衔接；加强农业和粮食生产，搞好粮食市场调控；加强市场物价监管，依法严厉打击扰乱市场秩序的行为；大力开展资源节约活动，推进节约型社会建设。会议要求，各地区、各部门要认真履行职责，抓好各项政策措施的落实，加强宏观调控的协调和配合。

4月14日　国务院总理温家宝主持召开国务院常务会议，听取监察部关于中石油川东钻探公司井喷特大事故、北京市密云县“2·5”特大伤亡事故和吉林省吉林市中百商厦“2·15”特大火灾事故调查情况的汇报，并对有关责任人作出处理决定。温家宝作了重要讲话，他指出，对3起特大安全事故责任人作出严肃处理，表明党中央、国务院对人民生命财产安全高度负责的态度和从严治政、依法行政的决心。国务院副总理黄菊也讲了话。从2003年底到2004年初，先后发生了中石油川东钻探公司井喷等3起特大安全事故。党中央、国务院高度重视，立即派出调查组，协助地方救援和处理善后工作，调查事故原因和有关人员责任。现已查明，这3起特大事故都是责任事故，发生的原因主要是管理不严格、安全措施不落实，有关领导干部对此负有重要领导责任。事故调查组建议对3起事故涉及的68名责任人作出处理，其中移交司法机关处理13人，给予党纪、政纪处分及组织处理55人。中国石油天然气集团公司总经理马富才在川东钻探公司井喷特大事故发生后，多次表示对事故发生负有领导责任，并提出引咎辞职。会议经过讨论，鉴于这3起特大事故人员伤亡和损失惨重，造成重大社会影响，为了严肃法纪、政纪，教育干部，对国家和人民负责，同意接受马富才辞去中国石油天然气集团公司总经理职务的请求，决定给予中国石油天然气集团公司分管质量安全工作的副总经理任传俊记大过处分，责成北京市、吉林省和中石油集团分别对北京市密云县“2·5”特大伤亡事故、吉林省吉林市中百商厦“2·15”特大火灾事故和中石油川东钻探公司井喷特大事故负有重要责任的人员作出严肃处理。会议强调，各级政府和领导干部都要不负人民的重托，对人民高度负责，切实改进工作，建设人民满意的政府。（一）必须牢固树立以人为本、对人民负责的理念。坚持立党为公、执政为民，把人民的利益作为政府一切工作的出发点和落脚点，时刻把人民群众的安危冷暖放在心上。（二）必须恪尽职守，认真履行政府职责。各级领导干部都要忠于职守，做到在其位、谋其政、尽其责，绝不允许因为工作懈怠和失职给党和人民的事业造成损失。（三）必须坚持依法行政，严格按规章制度办事。要完善并严格执行安全管理法规，建立健全安全事故应急机制，层层落实安全责任，严格执法，严格管理，坚决纠正有法不依、有章不循的现象。（四）必须深入细致，狠抓落实。要切实转变工作作风，工作要求要具体，措施要到位，责任要明确，检查要严格，不搞形式主义。（五）必须从严治政，赏罚分明。要严格责任追究制度，严肃查处失职渎职行为，确保政令畅通，令行禁止。中国石油天然气集团公司新任总经理陈耕、北京市市长王岐山、吉林省省长洪虎列席了会议，并作了发言。据悉，中共中央已批准马富才引咎辞去中共中国石油天然气集团公司党组书记职务。国务院任命陈耕为中国石油天然气集团公司总经理。

4月15日　国务院办公厅发出《关于开展资源节约活动的通知》。《通知》决定2004年—2006年在全国范围内组织开展资源节约活动。

4月23日　温家宝总理主持国家中长期科学和技术发展规划领导小组会议。会议中温家宝总理强调了我国未来经济和社会发展必须走节约资源保护环境发展道路。

4月24日　胡锦涛对海南考察工作。中共中央总书记、国家主席胡锦涛在出席了博鳌亚洲论坛2004年年会后，在海南考察工作。

4月26日　中共中央政治局召开会议，分析当前我国经济形势，研究进一步做好经济工作的政策措施。中共中央总书记胡锦涛主持会议。会议认为，2004年以来，各地区、各部门认真贯彻落实十六大、十六届三中全会和中央经济工作会议精神，扎实做好各项工作，国民经济形势总体上是好的。农业生产向积极的方向发展，农民种粮积极性明显提高；工业企业利润继续提高，对外贸易增势强劲，利用外资保持较高水平；财政收入大幅度提高，城乡居民收入增长加快；各项改革继续推进，社会事业稳步发展。实践证明，党中央、国务院为深化改革、促进发展、扩大开放、保持稳定采取的一系列政策措施是完全正确的。会议指出，在充分看到经济社会发展取得新成就的同时，必须清醒地看到目前经济运行中出现的一些新的矛盾和问题，突出表现在固定资产投资规模过大，特别是一些行业投资增长过快，导致信贷投放增幅过大，造成煤电油运供应趋紧。这些虽然都是发展中的矛盾和问题，但是必须引起高度关注，并采取积极措施，切实、有效、妥善地加以解决。会议强调，我国经济发展正处在一个关键时期，各地区各部门要按照中央提出的统一思想、狠抓落实，明确重点、区别对待，深化改革、完善机制，统筹兼顾、协调发展的总体要求，集中精力抓好中央确定的各项宏观调控政策措施的落实，特别要抓紧解决经济运行中的突出矛盾和问题，适度控制货币信贷增长，切实加强土地管理，严格控制新开工项目，坚决遏制某些行业中的盲目投资和低水平扩张。会议要求各地区各部门认真贯彻和落实科学发展观，把各方面加快发展的积极性进一步引导到深化改革、优化结构、提高效益上来，继续保持国民经济持续快速协调健康发展的良好势头。4月28日，中共中央办公厅、国务院办公厅发出《关于当前经济形势问题的通知》。

同　日　中共中央政治局进行第十二次集体学习，中共中央总书记胡锦涛主持。中共中央政治局这次集体学习安排的内容是法制建设与完善社会主义市场经济体制。北京大学吴志攀教授、中国人民大学王利明教授就这个问题进行了讲解，谈了他们对这个问题的研究体会。胡锦涛在主持学习时发表了讲话。他指出，坚持依法治国、依法执政，对我们党贯彻落实“三个代表”重要思想，团结带领全国各族人民实现全面建设小康社会的宏伟目标，推动社会主义物质文明、政治文明和精神文明的协调发展，实现国家的长治久安，具有十分重要的意义。坚持依法治国、依法执政，关键是要适应全面建设小康社会的要求，抓住制度建设这个重要环节，推进建设社会主义法治国家的进程，不断实现经济、政治、文化和社会生活的法律化、制度化。胡锦涛强调，要坚持和完善社会主义民主的各项制度，丰富民主形式，发展基层民主，扩大公民有序的政治参与，保证人民依法实行民主选举、民主决策、民主管理、民主监督。要适应社会主义市场经济发展、社会全面进步的需要和中国加入世贸组织后的新形势，大力加强立法工作，提高立法质量，特别是要进一步建立健全市场主体和中介组织法律制度、产权法律制度、市场交易法律制度、信用法律制度，以及有关劳动、就业和社会保障等法律制度，加快形成中国特色社会主义法律体系。要坚持以人为本、全面、协调、可持续的发展观，在立法工作中体现统筹城乡发展、统筹区域发展、统筹经济社会发展、统筹人与自然和谐发展、统筹国内发展和对外开放的要求。要积极推进司法体制改革，强化司法监督，维护司法公正，提高执法水平，确保法律的严格实施，保障在全社会实现公平和正义。要进一步加强各项监督制度建设，把党内监督、专门机关监督、群众监督和舆论监督紧密结合起来，保证把人民赋予的权力真正用来为人民谋利益。胡锦涛指出，坚持依法治国、依法执政，是新形势新任务对我们党领导人民更好地治国理政提出的基本要求，也是提高党的执政能力的重要方面。全党同志特别是各级领导干部都要切实增强法制观念，带头学法守法，在全党全社会营造依法执政、依法治国、依法办事的良好氛围。要进一步加大以宪法为核心的法制宣传教育的力度，提高全民特别是各级领导干部和国家机关工作人员的宪法意识和法制观念。各级领导干部要努力提高依法执政、依法行政、依法办事的能力，自觉地在宪法和法律的范围内活动。越是工作重要，越是事情紧急，越是矛盾突出，越要坚持依法办事。要善于运用法律手段促进经济的繁荣发展和社会的全面进步，管理经济和社会事务，妥善处理人民内部矛盾和其他社会矛盾，切实维护广大人民群众的权益。要加强学习和研究，不断解决依法治国、依法执政实践中的新情况新问题，努力从理论和实践的结合上回答推进依法治国、依法执政提出的重大理论和现实问题，更好地带领广大人民群众为全面建设小康社会而奋斗。

同　日　十届全国人大常委会第九次会议表决通过全国人大常委会关于香港特别行政区2007年行政长官和2008年立法会产生办法有关问题的决定。全国人大常委会委员长吴邦国主持会议。会议决定，

2007年香港特别行政区第三任行政长官的选举，不实行由普选产生的办法；2008年香港特别行政区第四届立法会的选举，不实行全部议员由普选产生的办法，功能团体和分区直选产生的议员各占半数的比例维持不变，立法会对法案、议案的表决程序维持不变。会议还决定，在不违反上述前提下，2007年香港特别行政区第三任行政长官的具体产生办法和2008年香港特别行政区第四届立法会的具体产生办法，可按照香港基本法第四十五条、第六十八条的规定和附件一第七条、附件二第三条的规定作出符合循序渐进原则的适当修改。会议认为，有关香港特别行政区行政长官和立法会产生办法的任何改变，都应遵循与香港社会、经济、政治的发展相协调，有利于社会各阶层、各界别、各方面的均衡参与，有利于行政主导体制的有效运行，有利于保持香港的长期繁荣稳定等原则。会议认为，按照香港基本法的规定，在香港特别行政区根据实际情况，循序渐进地发展民主，是中央坚定不移的一贯立场。随着香港社会各方面的发展和进步，经过香港特别行政区政府和香港居民的共同努力，香港特别行政区的民主制度一定能够不断地向前发展，最终达至香港基本法规定的行政长官由一个有广泛代表性的提名委员会按民主程序提名后普选产生和立法会全部议员由普选产生的目标。在完成会议的议程后，吴邦国发表重要讲话。他说，这次会议通过的全国人大常委会关于香港特别行政区2007年行政长官和2008年立法会产生办法有关问题的决定，是全国人大常委会依法对香港特别行政区政治体制发展的有关问题作出的一项重大决定，对于全面贯彻落实“一国两制”方针和香港基本法，切实维护香港社会各阶层、各界别和广大香港同胞的利益，保障香港特别行政区的民主制度按照基本法的规定循序渐进地健康发展，保持和促进香港的长期繁荣稳定，具有重大而深远的意义。全国人大常委会的上述决定，是在认真审议香港特别行政区行政长官提交的有关报告、充分听取各方面意见的基础上，严格依照法定程序作出的。该决定的内容符合基本法规定的根据香港特别行政区的实际情况、循序渐进发展香港的民主制度等原则，体现了中央主张并支持在香港特别行政区发展民主的一贯立场。

吴邦国说，对于香港的政制发展问题，中央一直是高度重视和关注的。在2003年12月胡锦涛主席会见到北京述职的香港特别行政区行政长官董建华并表明中央政府对香港政制发展问题的高度关注和原则立场之后，中央有关部门围绕这一问题进行了大量的调查研究工作。在此过程中，本着对香港公众的整体利益和香港的未来高度负责的精神，充分听取了香港特别行政区政府和各界人士的意见，每一步都严格依照法律规定和法定程序办事。中央对于香港政制发展问题的处理是非常慎重的。吴邦国说，邓小平同志早就指出“香港的稳定，除了经济的繁荣外，还要有一个稳定的政治制度”。任何国家和地区民主制度的建设和发展都要经历一个渐进的过程，必须从本国或本地区的实际情况出发，不断探索和积累经验，逐步推进和完善。事实必将充分证明，全国人大常委会作出的决定，有利于维护香港社会的整体利益和长远利益，有利于保持香港的长期繁荣稳定。副委员长王兆国、李铁映、何鲁丽、丁石孙、成思危、蒋正华、顾秀莲、热地、盛华仁、路甬祥、乌云其木格、韩启德、傅铁山出席会议。国务委员华建敏，最高人民法院院长肖扬和最高人民检察院检察长贾春旺列席会议。

同　日　新华社报道：中共中央组织部近日颁布了《党政领导干部公开选拔和竞争上岗考试大纲》。其中对公开选拔党政领导干部和党政机关竞争上岗考试的科目、测评要素、内容、方式方法及实施程序等作出了明确规定。

同　日　保监会发布《保险资产管理公司管理暂行规定》，《规定》将于6月1日正式实施。

4月27日—28日　中央实施马克思主义理论研究和建设工程工作会议举行，胡锦涛会见全体代表并讲话。他指出，实施马克思主义理论研究和建设工程是关系党和国家事业发展的战略任务，是加强党的理论建设的重大举措。李长春在会上讲话，阐述实施马克思主义理论研究和建设工程的重大意义和面临的极好机遇，提出实施这项工程的总的要求和主要任务。

4月28日　国务院总理温家宝主持召开国务院常务会议，责成江

苏省和有关部门对江苏铁本钢铁有限公司违规建设钢铁项目有关责任人作出处理，研究部署土地市场治理整顿和严格土地管理工作。会议听取了发改委、国土资源部、监察部对江苏铁本钢铁有限公司违规建设钢铁项目检查情况的汇报。江苏铁本钢铁有限公司于2002年初筹划在常州市和扬中市建设设计能力为840万吨的大型钢铁联合项目，2003年6月开始施工。现已查明，该项目在建设过程中，当地政府及有关部门严重违反国家有关法律法规，越权分22次将投资高达105.9亿元的项目分拆审批，违规审批征用土地6 541亩，违规组织实施征地拆迁，对企业违法行为监管不力。这是一起典型的地方政府及有关部门严重失职违规，企业涉嫌违法犯罪并造成严重后果的案件。根据国务院常务会议决定，该项目已停止建设。为了严肃法纪、政纪，教育干部，维护国家和人民利益，会议决定，责成江苏省和金融监管部门对这一事件涉及的江苏省有关部门、常州市、扬中市，以及常州市有关金融机构的责任人员作出严肃处理。对铁本公司违法犯罪行为，司法部门正在依法查处。会议研究部署了深入开展土地市场治理整顿工作。会议决定，为制止乱占滥用土地，防止突击批地，抑制一些行业、地区固定资产投资过快增长，从现在开始，集中半年左右时间，对自2003年以来土地占用、土地审批、耕地占补平衡、新增建设用地土地有偿使用费的征收使用、征用农民集体土地补偿安置，以及经营性土地使用权招标、拍卖、挂牌出让情况继续进行治理整顿。会议指出，深入开展土地市场治理整顿，是2004年加强宏观调控，实现国民经济平稳较快发展的一项重要措施，各地区、各部门要明确责任，各司其职，密切配合，认真组织实施。会议还对严格土地管理工作提出了要求。会议强调，十分珍惜、合理利用土地和切实保护耕地是我国的一项基本国策，是维护国家粮食安全和社会稳定的重要内容。各地区和有关部门必须严格建设用地和建设项目的审批管理，切实保护基本农田，认真落实耕地占补平衡制度，加强对土地利用总体规划和年度计划执行情况的监督检查。对违法违纪行为要坚决查处。会议还审议并原则通过了《中华人民共和国道路交通安全法实施条例（草案）》，由国务院公布施行。

4月30日　人民银行、国家发改委、银监会联合下发《关于进一步加强产业政策和信贷政策协调配合，控制信贷风险有关问题的通知》。

同　日　纪念任弼时诞辰100周年座谈会在人民大会堂举行。

4月30日—5月6日　中共中央总书记、国家主席胡锦涛赴江苏，就落实科学发展观、加强党的建设等进行调研。胡锦涛强调，解决中国的发展问题，必须牢固树立和认真落实科学发展观。中央已经就遏制固定资产投资过快增长问题作出部署，各地、各部门一定要把思想统一到中央的决策上来，增强大局意识和责任意识，必须牢固树立和认真落实科学发展观。

5月10日—11日　中共中央在京召开全国加强和改进未成年人思想道德建设工作会议。这是建国以来中共中央第一次召开这样的会议。胡锦涛在会上强调，进一步加强和改进未成年人思想道德建设，是中央从推进新世纪党和国家事业发展、实现党和国家长治久安出发作出的一项重大决策，对于确保我国在激烈的国际竞争中始终立于不败之地，确保实现全面建设小康社会、进而实现现代化的宏伟目标，确保中国特色社会主义事业兴旺发达、后继有人，确保实现中华民族的伟大复兴，具有重大而深远的战略意义。

5月11日　高检在全国开展职权侵害的专项活动。最高人民检察院决定，2004年5月—2005年6月，检察机关在全国开展严肃查办国家机关工作人员利用职权侵犯人权犯罪专项活动，把查办的重点对准5类利用职权侵犯人权的犯罪案件：渎职造成人民生命财产重大损失的案件；非法搜查的案件；刑讯逼供，暴力取证的案件；破坏选举，侵犯公民民主权利的案件；虐待被监管人的案件。

5月13日　国家发改委发布《当前部分行业制止低水平重复建设目录》。

5月14日　国务院批准颁布和实行《经济适用住房管理办法》，就供应对象、面积标准、租售价格、换购行为等作出明确规定。

5月14日—16日　胡锦涛赴吉林，重点考察实施东北地区老工业基地振兴战略的情况。他强调，振兴东北老工业基地，关键是要大力促进观念创新和体制创新，引导广大干部群众牢固树立靠改革开放、靠市场机制、靠自力更生、靠艰苦创业实现振兴的观念，大力调整国有经济布局和结构，继续深化国有企业改革，放手发展非公有制经济，切实转变政府职能，充分发挥市场在资源配置中的基础性作用，着力形成新的经济增长机制。胡锦涛强调，坚定不移地树立和认真落实科学发展观，全面实施东北地区老工业基地振兴战略。

5月19日　国务院总理温家宝主持召开国务院常务会议，研究部署深化粮食流通体制改革和农村税费改革工作，审议并原则通过《粮食流通管理条例（草案）》和《危险废物经营许可证管理办法（草案）》。会议听取了发改委关于进一步深化粮食流通体制改革有关问题的汇报，审议并原则通过了《粮食流通管理条例（草案）》。会议认为，随着整个国民经济市场化程度的提高，粮食流通体制改革的深入和农村税费改革的全面实行，进一步推进粮食购销市场化改革的条件已经基本具备。按照党的十六届三中全会精神，会议决定，在总结经验、完善政策的基础上，2004年全面放开粮食收购市场，积极稳妥推进粮食流通体制改革。会议指出，深化粮食流通体制改革，搞活粮食流通，促进粮食生产，保证粮食安全，事关改革发展稳定的大局。各地区、各部门要从全局和战略的高度，充分认识做好粮食流通体制改革的重要性和紧迫性，切实做好以下工作：一要积极稳妥地放开粮食收购市场，建立统一、开放、竞争、有序的粮食市场体系；二要建立直接补贴机制，切实保护种粮农民利益；三要转换企业经营机制，加快推进国有粮食购销企业改革；四要改革粮食收购资金供应办法，完善信贷资金管理措施；五要加强粮食市场管理，维护粮食正常流通秩序；六要加强和改善粮食宏观调控，确保国家粮食安全。会议强调，在推进改革过程中，各地区、各有关部门要全面规划，分步实施，因地制宜，分别决策，加强领导，落实责任，及时总结经验，切实把改革的各项政策措施落实到位。要按照《粮食流通管理条例》依法加强对粮食收购、销售、储存、运输、加工等经营活动的管理，在当前粮食供求发生变化的情况下，尤其要加强市场监管，保持粮食市场稳定，确保改革的顺利实施。会议研究了进一步深化农村税费改革工作。会议认为，为了加强对危险废物收集、贮存和处置经营活动的监督管理，防治危险废物污染环境，根据《中华人民共和国固体废物污染环境防治法》，制定《危险废物经营许可证管理办法》是十分必要的。会议决定，《危险废物经营许可证管理办法（草案）》经进一步修改后，由国务院公布施行。

5月21日　国务院总理温家宝主持召开国务院常务会议，分析当前经济形势和中央宏观调控措施落实情况，研究下一步经济工作。会议认为，必须清醒地看到，由于经济运行的惯性作用，目前固定资产投资增幅仍然过大，货币信贷还在高位运行，煤电油运依然紧张，价格总水平继续上涨，经济运行中的突出矛盾和问题还没有根本解决。加强宏观调控的决心不能动摇，力度不能减弱，工作不能松懈。会议指出，必须全面地、准确地、积极地理解和贯彻中央加强宏观调控的方针政策。加强宏观调控的根本着眼点，是为了贯彻落实科学发展观，把各方面加快发展的积极性保护好、引导好、发挥好，及时消除经济运行中的不稳定、不健康因素，促进国民经济既快又好地平稳向前发展。宏观调控的基本原则是，坚持做到果断有力，适时适度，区别对待，注重实效。看准了的问题必须采取有力的果断措施，准确把握调控的时机、节奏和力度，从实际出发，分类指导，不“急刹车”，不搞“一刀切”。既注重运用经济办法，又重视综合运用经济手段、法律手段和必要的行政手段，对症施策，确保调控取得预期效果。会议强调，我国经济生活中存在的许多问题，从根本上说是结构问题、体制问题和增长方式问题。必须在坚持搞好总量调控的同时，着力推进结构调整、体制改革和增长方式转变。既要严格控制部分行业过度投资盲目发展，又要切实加强和支持经济发展中薄弱环节；既要坚决控制投资需求膨胀，又要努力扩大消费需求；既要着力解决当前的突出问题，又要着眼长远发展；既要从宏观上把该管的管住管好，又要充分发挥市场机制的作用。会议要求，必须坚定不移地落实好已出台的各项宏观调控措施，当前要重点做好以下工作：一是继续加强货币信贷调控，实施稳健的货币政策要采取适度从紧的取向。二是加强经济运行协调，运用价格杠杆有效缓解煤电油运供求矛盾。三是深入开展土地市场治理整顿，严格控制建设用地。四是认真做好固定资产投资项目清理工作，坚决纠正违法违规行为。五是加快结构调整，加大对农业、高技术产业、交通、能源等薄弱环节和教育、科技、卫生、生态环境等社会事业的支持力度；继续支持西部大开发和东北等老工业基地振兴；充分利用现有企业基础，积极引导社会投资参与国有企业改组改造，防止盲目铺新摊子。六是不失时机地推进各项改革，进一步做好对外开放工作。

5月23日　国务院发出《关于进一步深化粮食流通体制改革的意见》。《意见》决定，放开购销市场，直接补贴粮农，转换企业机制，维护市场秩序，加强宏观调控。26日，《粮食流通管理条例》公布施行。

5月26日　由世界银行和中国政府共同举办的全球扶贫大会在上海召开。改革开放以来，我国农村的极端贫困人口已从1978年的2.5亿减少到2003年底的2 900万，25年里农村贫困人口减少了88.4%，贫困发生率从30%下降到3%左右，贫困人口的温饱问题基本解决。

5月27日　中央纪委监察部2004年要全面实行对派驻机构的统一管理，将派驻机构由中央纪委监察部和驻在部门双重领导改为由中央纪委监察部直接领导。对派驻机构实行统一管理，有利于派驻机构保持相对的独立性，增强其权威性，强化派驻机构的监督检查职能，逐步完善对权力的监督制约机制。自2002年以来，中央纪委监察部按照“调整职能、理顺关系、总结经验、有序推进”的要求，先后在卫生部、发改委等8个部门进行派驻机构统一管理试点工作。派驻机构实行统一管理后，其主要职责是，监督检查驻在部门及所属系统贯彻执行党的路线方针政策和决议，遵守国家法律、法规，执行国务院决定、命令的情况；监督检查驻在部门党组和行政领导班子及其成员维护党的政治纪律，贯彻执行民主集中制，选拔任用领导干部，贯彻落实党风廉政建设责任制和廉政勤政的情况；经批准，初步核实驻在部门党组和行政领导班子及其成员违反党纪政纪的问题，参与调查驻在部门党组和行政领导班子及其成员违反党纪政纪的案件，调查驻在部门司局级干部违反党纪政纪的案件及其他重要案件；协助驻在部门党组和行政领导班子组织协调驻在部门及所属系统的党风廉政建设和反腐败工作；受理对驻在部门党组、党员和行政监察对象的检举、控告，受理驻在部门党员和行政监察对象不服处分的申诉；承办中央纪委监察部交办的其他事项。中央纪委监察部决定先对派驻机构的业务工作和干部工作实行直接管理，后勤管理仍按原有渠道和办法由驻在部门负责。同时，鉴于目前派驻机构的设置情况比较复杂，既有双派驻纪检、监察机构，又有单派驻纪检或监察机构，2004年先完成对双派驻机构的统一管理工作，同时对单派驻机构统一管理工作进行调研，适时作出部署。地方各级派驻纪检监察机构的统一管理工作，各地将根据情况，在试点取得经验的基础上稳步推行。

5月28日　中共中央政治局召开会议，研究健全和完善村务公开和民主管理制度。中共中央总书记胡锦涛主持会议。会议认为，在经济上保障农民的物质利益，在政治上尊重农民的民主权利，是十一届三中全会以来我们党领导我国亿万农民建设社会主义新农村的一条重要经验，必须长期坚持。近几年来，全国农村广泛实行了村务公开和民主管理制度，取得了积极成果，为促进农村改革发展稳定的良好局面发挥了重要作用。会议指出，当前，我国农村正处在全面建设小康社会的新的发展阶段，改革发展稳定的任务十分繁重。进一步健全和完善村务公开和民主管理制度，维护广大农民的根本利益，是实践“三个代表”重要思想的重要体现，是完善村民自治、发展社会主义民主的重要内容，是促进农村党风廉政建设、密切党群干群关系的有效途径，是进一步推进农村改革和发展、加快农村全面建设小康社会进程的必然要求。会议强调，要进一步健全村务公开制度、规范民主决策机制、完善民主管理制度、强化村务管理的监督制约机制，保障农民群众的知情权、决策权、参与权和监督权，努力推进农村基层民主的制度化、规范化、程序化。会议要求，各级党委和政府切实加强领导，把坚持党的领导、人民当家做主和依法治国有机统一于农村社会主义民主建设的实践之中，切实把村务公开和民主管理这一关系亿万农民切身利益的大事抓紧抓好，努力实现好、维护好、发展好广大农民群众的根本利益。

同　日　中共中央政治局进行第十三次集体学习，中共中央总书记胡锦涛主持。中共中央政治局这次集体学习安排的内容是繁荣和发展我国的哲学社会科学。上海财经大学程恩富教授、中国社会科学院李崇富教授就这个问题进行了讲解，谈了他们对这个问题的研究体会。中央政治局各位同志认真听取了他们的讲解，并就有关问题进行了讨论。胡锦涛在主持学习时发表了讲话。他指出，哲学社会科学的发展水平，体现着一个国家和民族的思维能力、精神状况和文明素质。中国特色社会主义事业的兴旺发达，离不开自然科学的繁荣发展，也离不开以马克思主义为指导的哲学社会科学的繁荣发展。在全面建设小康社会、加快推进社会主义现代化的历史进程中，在实现中华民族伟大复兴的历史进程中，哲学社会科学具有不可替代的重大作用。胡锦涛强调，马克思主义是我国哲学社会科学的根本指导思想，必须坚持用马克思列宁主义、毛泽东思想、邓小平理论和“三个代表”重要思想统领我国哲学社会科学工作，保证我国哲学社会科学始终沿着正确的方向发展。广大哲学社会科学工作者要刻苦学习马克思主义理论，坚持把马克思主义的立场、观点、方法贯穿到哲学社会科学工作中，用发展着的马克思主义指导哲学社会科学研究，同时为丰富和发展马克思主义理论作出自己的贡献。胡锦涛指出，紧密结合新的实践不断创新，是我国哲学社会科学繁荣发展的必由之路。哲学社会科学界要切实担负起自己的历史责任，瞄准学术发展前沿，打开认识视野，拓展思维空间，既立足当代又继承传统，既立足本国又学习外国，大力推进学术观点创新、学科体系创新和科研方法创新，努力建设具有中国特色、中国风格、中国气派的哲学社会科学。胡锦涛指出，造就一支高素质的哲学社会科学队伍，是繁荣发展哲学社会科学的关键。要全面贯彻人才强国战略，高度重视哲学社会科学人才的培养，努力营造有利于优秀人才脱颖而出、人尽其才的良好机制。要按照政治强、业务精、作风正的要求，努力造就一批用马克思主义武装起来、立足中国、面向世界、学贯中西的思想家和理论家，造就一批理论功底扎实、勇于开拓创新的学科带头人，造就一批年富力强、政治和业务素质良好、锐意进取的青年理论骨干。哲学社会科学界要大力发扬理论联系实际的优良学风，围绕改革开放和现代化建设亟待解决、广大干部群众关心的重大理论和现实问题，深入调查研究，深入钻研探索，组织协同攻关，努力拿出无愧于时代的成果，更好地为人民服务、为党和政府决策服务。胡锦涛强调，各级党委和政府都要认真贯彻落实《中共中央关于进一步繁荣发展哲学社会科学的意见》，努力把握哲学社会科学发展的规律，注意改进领导方式，提高领导水平。要经常就经济社会发展的重大问题听取哲学社会科学界专家的意见，在党委和政府的决策中重视运用哲学社会科学的成果。要尊重劳动、尊重知识、尊重人才、尊重创造，树立服务意识，关心哲学社会科学工作者的学习、工作和生活，充分调动他们的积极性、主动性、创造性。

5月31日　温家宝在各省、自治区、直辖市政府主要负责同志会议上发表讲话。他指出，加强宏观调控的目的和指导思想就是要真正贯彻落实科学发展观，把各方面加快发展的积极性保护好、引导好、发挥好，保持经济平稳较快发展。

同　日　银监会出台鼓励合格境外战略投资者参与银行业重组改造的系列措施。新出台的措施将单个外资机构入股中国银行业机构的比例由原来规定的15%提高到目前的20%；合计外资投资比例只要低于25%，被入股的国内银行的性质和业务范围均不发生改变。

6月2日　经国务院批准，国家发改委正式颁布实施新的《汽车产业发展政策》，1994年颁布的《汽车工业产业政策》即日起停止执行。

6月2日—6日　中国科学院第十二次院士大会、中国工程院第七次院士大会举行。胡锦涛在会上讲话时指出，必须坚定不移地依靠科技进步和创新来实现全面、协调、可持续发展。

6月3日　福建、江西、湖南、广东、广西、海南、四川、贵州、云南9省区人民政府和香港、澳门特别行政区政府共同签署《泛珠三角区域合作框架协议》。

同　日　商务部等16部门联合发布应急预案。为有效预防和及时消除因突发事件引发的生活必需品市场异常波动，满足居民日常基本生活需要，维护社会稳定，商务部等16部门联合发布全国生活必需品市场供应应急预案。

6月4日　国务院总理温家宝主持召开国务院常务会议。会议研究了控制城镇房屋拆迁规模、严格拆迁管理的有关问题，同意湖南省对嘉禾县珠泉商贸城建设中违法违规有关责任人所作出的严肃处理，听取了建设部关于城市房屋拆迁情况的汇报。会议指出，加强城镇房屋拆迁管理工作，关系到人民群众的切身利益，关系到经济发展和社会稳定，关系到中央宏观调控政策的落实。各地区、各部门必须站在贯彻“三个代表”重要思想的高度，从维护人民群众的利益出发，深刻认识做好城镇房屋拆迁管理工作的重要性，采取有效措施，解决存在问题。一要端正城市建设工作的指导思想。树立和落实科学的发展观和正确的政绩观，切实处理好推进城市化进程中的有关利益关系，坚持一切从实际出发，量力而行，坚决纠正城镇建设和房屋拆迁中急功近利、盲目攀比等导致的大拆大建行为。二要严格依据城市建设规划，合理确定城市拆迁规模，控制征用农用土地。不得随意改动规划扩大拆迁规模。需要占用耕地要严格履行审批程序，并及时给农民合理补偿。三要严格执行房屋拆迁程序，规范拆迁行为。要加强对拆迁单位的资质管理，严格市场准入和拆迁许可证发放，严禁违规拆迁、野蛮拆迁和滥用强制手段。四要认真落实补偿安置政策。拆迁项目的补偿资金，必须全额落实并及时足额补偿给被拆迁人，坚决纠正城镇房屋拆迁中侵害群众利益的行为。同时要认真做好拆迁中的群众思想工作。五要加强监督检查。对违反城市规划和审批程序盲目扩大拆迁规模、滥用职权强制拆迁造成严重后果、故意拖欠挤占挪用拆迁补偿资金等违法违纪行为，要严肃查处。会议强调，各地区和有关部门要把控制城市城镇房屋拆迁规模、严格拆迁管理，作为落实中央宏观调控政策和维护社会稳定的一项重要措施，明确领导责任，搞好协调配合，加强督促检查，严格责任追究制度，切实维护群众合法权益，维护社会稳定。会议审议并原则通过了《地震监测管理条例（草案）》。会议决定，该草案经进一步修改后，由国务院公布施行。

同　日　国务院总理温家宝主持召开国务院常务会议，研究部署当前煤电油运有关工作，审议并原则通过《中华人民共和国归侨侨眷权益保护法实施办法（修订草案）》。会议听取了发改委关于当前煤电油运的有关情况的汇报。会议认为，2004年以来，各地区、各部门认真贯彻落实中央经济工作会议精神和宏观调控措施，加强组织协调，挖掘生产潜力，煤电油运生产快速增长。但是，随着夏季用电高峰的到来，煤电油运供求形势仍然严峻。会议指出，缓解煤电油运的供需矛盾，最根本的是要搞好宏观调控，抑制部分行业盲目投资和低水平重复建设，减少不合理的需求。各地区和有关部门要在继续落实好已经出台各项宏观调控措施的基础上，进一步采取有针对性措施。当前重点要做好以下工作：一是加强电力需求侧管理，加大移峰填谷工作力度，确保居民生活、农业生产、重点单位和高科技等优势企业合理用电，限制高耗能、高污染企业用电；二是充分运用价格杠杆调节电力供求，实行差别电价，引导均衡、科学用电；三是优化电力调度，充分发挥现有设施潜力；四是继续做好运输保障工作，加大紧缺地区电煤运量，努力增加电煤库存；五是加快在建煤电油运项目的建设进度，努力提高供给能力；六是着力推进节能降耗工作，提高资源综合利用效率；七是加快制定和实施煤电油运建设布局规划，抓紧大型煤炭后备基地的勘探及建设前期准备工作；八是及时排查安全隐患，依法严厉打击各类破坏电力、输油气管道等设施的违法犯罪行为，确保煤电油运生产安全。会议要求，各地区、各部门要认真履行职责，加强协调配合，搞好监测预警，千方百计保证迎峰度夏煤电油运的供应，保障国民经济平稳较快发展。会议还审议并原则通过了《中华人民共和国归侨侨眷权益保护法实施办法（修订草案）》。会议决定，该草案经进一步修改后，由国务院公布施行。

6月10日　国土资源部和国家发改委发出关于建设用地的实施意见。国土资源部和国家发改委发出《关于在深入开展土地市场治理整顿期间，严格建设用地审批管理的实施意见》，明确暂停农用地转用审批和须报批项目用地范围、重点急需建设项目确认程序和用地审批报批程序、遗留建设用地项目清理事项。

6月16日　国务院总理温家宝主持召开国务院常务会议，分析经济形势，部署当前要重点抓好的有关工作。会议认为，当前经济形势总体是好的，宏观调控取得明显成效，经济运行中的不稳定、不健康因素得到抑制，国民经济继续快速增长，经济效益稳步提高。固定资产投资和部分过热行业生产增长过快的势头得到遏制，货币信贷增幅明显回落，基础产品价格涨势减缓，农业生产形势出现转机，消费市场稳中趋旺，对外贸易持续增长，财政收入大幅增加。这些充分表明，中央采取的一系列宏观调控措施是及时、正确、有效的。同时也要看到，当前经济运行中的一些矛盾和问题仍然比较突出，投资规模仍然偏大，煤电油运供求关系仍然紧张，宏观调控工作不可放松。会议要求，各地区、各部门要继续按照“果断有力、适时适度、区别对待、注重实效”的原则，进一步落实中央确定的各项宏观调控政策措施。当前要重点做好以下工作：一是根据经济运行和宏观调控中出现的新情况、新变化，继续严格控制货币信贷过快增长，加强土地管理。同时把握好调控的力度和重点，支持有市场、有效益的企业的正常流动资金贷款，支持符合国家产业政策和市场准入条件的建设项目。二是组织好夏粮收购、入库和夏种工作。切实加强粮食市场管理和对粮食企业的引导，落实收购资金，保持粮食收购价格基本稳定，保证农民增产增收。三是做好防汛抗旱工作。抓紧完善防洪和抗旱预案，安排好防汛抗旱物资和资金，确保安全度汛。四是落实好电力迎峰度夏的各项措施。认真组织实施电价调整方案，严格执行差别电价，切实抓好电力需求侧管理，努力增加电力供给。五是继续加强经济社会发展的薄弱环节。加大对农业、水利、生态环境和社会事业的支持力度。六是切实做好就业和再就业工作。七是加强食品安全监管和安全生产工作。深入开展食品安全专项整治工作，抓好食品生产、加工、流通等环节的监督管理，严厉打击扰乱食品市场秩序的违法犯罪行为。进一步抓好安全生产责任制的落实，完善并严格执行安全生产管理法规和各项制度，防止各类重特大事故发生。会议研究了实施《中华人民共和国行政许可法》的各项准备工作。会议强调，各地区、各有关部门要按照全面推进依法行政、建设法治政府的要求，以贯彻实施行政许可法为契机，进一步规范行政权力和行政行为，切实转变政府职能，努力提高政府管理经济和社会事务的能力和水平。

6月21日　《中华人民共和国企业破产法（草案）》首次提请十届全国人大常委会第十次会议审议。《草案》对破产案件的申请和受理、管理人、债务人财产、债权申报、债权人会议、重整、和解、破产清算以及法律责任等作了规定。

6月23日　国务院总理温家宝主持召开国务院常务会议，研究部署深化农村税费改革试点工作，听取了国务院农村税费改革工作小组关于深化农村税费改革试点工作有关问题的汇报。会议认为，农村税费改革是党中央、国务院为解决“三农”问题作出的一项重大决策。2000年以来，改革试点由点到面稳步推进，取得了阶段性成效，促进了农村经济社会发展，基本实现了“减轻、规范、稳定”的预期目标，但也出现了一些新的矛盾和问题，农民减负的基础还不牢固。会议指出，2004年中央决定加大税费改革力度，取消农业特产税，5年内取消农业税，是从源头上和制度上防止农民负担反弹的一项根本措施，标志农村税费改革试点进入新的阶段。各地区、各部门要按照国务院关于5年内取消农业税的总体安排，有计划地推进免征农业税改革试点工作，全面落实减免农业税的各项政策，积极稳妥地推进乡镇机构、农村义务教育管理体制和县乡财政体制等相关配套改革。中央和地方财政要增加对基层的转移支付，公共财政要向农村倾斜，保证基层政权正常运转和农村教育、卫生等社会事业健康发展。会议强调，农村税费改革涉及农村政治、经济和社会生活各个领域，关系农村改革发展稳定大局。各地区、各部门要充分估计这项改革的艰巨性、复杂性，坚持先行试点、积累经验，统筹兼顾、配套推进，积极稳妥、分类指导，及时研究解决深化税费改革中出现的新问题，确保改革试点工作顺利进行。会议还研究了其他事项。

同　日　国务院办公厅发出通知。要求做好电力迎峰度夏工作，强化电力需求侧管理，运用价格杠杆调节供求，充分发挥现有设施能力，制定应对事故应急预案，加快建设煤电油运项目。

6月25日　十届全国人大常委会第十次会议在通过农业机械化促进法，完成各项议程之后，在人民大会堂闭会。国家主席胡锦涛签署第十六号主席令，公布了农业机械化促进法。这部法律将自2004年11月1日起施行。吴邦国委员长主持全体会议。会议经表决，通过了全国人大常委会关于批准中国和新西兰领事协定的决定，关于批准关于修改2001年6月15日在上海签署的《打击恐怖主义、分裂主义和极端主义上海公约》的议定书、关于修改2002年6月7日在圣彼得堡签署的《上海合作组织宪章》的议定书和关于修改2002年6月7日在圣彼得堡签署的《上海合作组织成员国关于地区反恐怖机构的协定》的议定书的决定，关于批准中国和越南关于两国在北部湾领海、专属经济区和大陆架的划界协定的决定，关于批准关于持久性有机污染物的斯德哥尔摩公约的决定。会议经表决，通过了全国人大常委会关于批准2003年中央决算的决议。会议同意全国人大财经委员会提出的关于2003年中央决算的审查报告，决定批准2003年中央决算和关于2003年中央决算的报告。会议对审计工作报告表示满意。会议通过了全国人大常委会代表资格审查委员会关于补选代表的代表资格的审查报告。按照全国人大常委会发表的公告，当前十届全国人民代表大会实有代表2 984人。会议还通过了有关任免名单。完成各项议程后，吴邦国发表重要讲话。他说，本次会议审议并通过了农业机械化促进法。这部法律的颁布实施，对于鼓励和扶持使用先进适用的农业机械，促进农业机械化，提高农业劳动生产率，推进农业现代化进程，将发挥重要作用。会议还对企业破产法草案进行了初次审议，对传染病防治法修订草案、电子签名法草案进行了第二次审议。会后，请法律委员会会同有关方面根据常委会组成人员在审议中提出的意见和建议，对这3部法律草案作进一步修改完善，提请以后的常委会会议审议。吴邦国说，会议听取和审议了国务院关于2003年中央决算的报告，关于2003年中央预算执行和其他财政收支的审计工作报告，审查和批准了2003年中央决算。常委会组成人员对2003年财政和审计工作给予了充分肯定，认为2003年中央预算的执行情况总体是好的，尤其是在接受全国人大常委会建议，努力组织财政收入，保障"三农"、就业和社会保障等重点支出，认真解决出口退税拖欠问题，积极支持抗击非典的斗争，加大对公共卫生等社会事业的支持力度等方面，工作是有明显成效的。常委会组成人员也指出，当前中央固定资产管理方面还存在问题，并提出了进一步加强财政预算和审计工作的意见和建议。吴邦国说，本次会议的另一项重要内容是，听取和审议土地管理法执法检查报告、落实各项农业政策情况的调研报告和金融支农问题的调研报告。他要求常委会办公厅把这3个报告连同常委会组成人员的审议意见送交国务院，并请国务院在2004年8月召开的全国人大常委会第十一次会议上，在所作的增加农民收入发展农业生产的专题报告中作出反馈。下半年，全国人大常委会将继续对"三农"问题进行跟踪监督检查，促使涉农法律和支农政策措施真正落到实处。"三农"问题不仅仅是2004年人大工作的重点，也是人大必须长期抓下去的一项重要工作。今后，全国人大常委会每年都要围绕"三农"问题这个中心，结合人大工作的特点，开展监督和调研工作，并在执法检查和听取工作报告的计划中做出相应的安排。副委员长王兆国、李铁映、司马义·艾买提、何鲁丽、丁石孙、许嘉璐、蒋正华、顾秀莲、热地、盛华仁、路甬祥、乌云其木格、韩启德、傅铁山出席会议。国务院副总理曾培炎、最高人民法院院长肖扬、最高人民检察院检察长贾春旺列席会议。

同　日　第十届人大常委会听取了财政部长及审计署审计长的报告。第十届全国人民代表大会常务委员会第十次会议听取了财政部部长金人庆受国务院委托所作的《关于2003年中央决算的报告》和审计署审计长李金华受国务院委托所作的《关于2003年度中央预算执行和其他财政收支的审计工作报告》。会议对《2003年中央决算(草案)》和中央决算的报告进行了审查，同意全国人民代表大会财政经济委员会提出的《关于2003年中央决算的审查报告》，决定批准2003年中央决算和《关于2003年中央决算的报告》。会议对审计工作报告表示满意。会议要求，国务院要继续落实《第十届全国人民代表大会二次会议关于2003年中央和地方预算执行情况及2004年中央和地方预算的决议》，坚持科学发展观，准确把握经济形势，进一步落实宏观调控的各项政策措施，增强预算的科学性和严肃性，加强税收征管，保证重点领域的支出，规范财政转移支付制度，切实改进中央固定资产投资预算管理。对审计查出的问题，要依法严肃处理，坚决整改，努力做好财政工作，全面完成2004年预算工作。

6月26日　全国人大常委会副委员长盛华仁向十届全国人大常委会第十次会议报告，全国现已撤销开发区3 763个，退回土地面积1 600多平方公里。

6月29日　中共中央政治局召开会议，研究进一步做好新形势下发展党员工作。中共中央总书记胡锦涛主持会议。会议认为，近年来，发展党员工作取得了显著成绩，为党的队伍增添了生机和活力，同时也存在一些与新形势新任务不相适应的问题。各级党组织要从保持党的先进性、提高党的执政能力的高度，充分认识进一步做好新形势下发展党员工作的重要性和紧迫性，以对党的事业高度负责的精神，认真做好这项工作。会议指出，必须坚持以邓小平理论和“三个代表”重要思想为指导，按照十六大提出的要求，遵循“坚持标准、保证质量、改善结构、慎重发展”的方针，重点做好在工人、农民、知识分子、军人和干部中发展党员的工作，加强在生产、工作第一线和高知识群体、青年中发展党员的工作，注意把符合党员条件的其他社会阶层的先进分子吸收到党内来，为完成党的历史任务提供坚强组织保证。要把发展党员工作与加强党员教育管理结合起来，坚持不懈地用邓小平理论和“三个代表”重要思想武装广大党员，使广大党员认真遵守党的章程，牢记党的宗旨，发扬党的优良传统和作风。要建立健全党员队伍自我纯洁机制，严肃处置不合格党员，及时处分违纪党员。会议要求，各级党组织要把发展党员工作作为党的建设新的伟大工程的基础工程，加强对发展党员工作的领导。要注意研究在改革开放和社会主义市场经济条件下发展党员工作的特点和规律，形成常抓不懈的工作机制。要坚持党章规定的党员标准，严格工作程序，健全工作制度，加强督促检查，确保发展党员工作健康顺利进行。要加强入党积极分子队伍建设，主动开展教育引导工作，努力把社会各方面的先进分子凝聚在党组织周围。要不断加强和改进党的基层组织建设，重视党务干部队伍建设。

同 日　经国务院批准，9部委联合印发《关于清理规范焦炭行业的若干意见》，决定坚决关停土焦，对焦炭生产实行总量控制。

6月30日　国务院总理温家宝主持召开国务院常务会议，讨论并原则通过《能源中长期发展规划纲要（2004—2020年）》（草案）。会议认为，能源是经济社会发展和提高人民生活水平的重要物质基础。制定并实施能源中长期发展规划，解决好能源问题，直接关系到我国现代化建设的进程。必须坚持把能源作为经济发展的战略重点，为全面建设小康社会提供稳定、经济、清洁、可靠、安全的能源保障，以能源的可持续发展和有效利用支持我国经济社会的可持续发展。会议指出，解决我国能源问题，必须实行正确的指导方针。要坚持从我国国情出发，尊重自然规律和经济规律，借鉴国际经验，走中国特色的能源发展之路。为此，必须切实抓好以下几个方面：一、要坚持把节约能源放在首位，实行全面、严格的节约能源制度和措施，显著提高能源利用效率。二、要大力调整和优化能源结构，坚持以煤炭为主体、电力为中心、油气和新能源全面发展的战略。三、要搞好能源发展合理布局，兼顾东部地区和中西部地区、城市和农村经济社会发展的需要，并综合考虑能源生产、运输和消费合理配置，促进能源与交通协调发展。四、要充分利用国内外两种资源、两个市场，立足于国内能源的勘探、开发与建设，同时积极参与世界能源资源的合作与开发。五、要依靠科技进步和创新。无论是能源开发还是能源节约，都必须重视科技理论创新，广泛采用先进技术，淘汰落后设备、技术和工艺，强化科学管理。六、要切实加强环境保护，充分考虑资源约束和环境的承载力，努力减轻能源生产和消费对环境的影响。七、要高度重视能源安全，搞好能源供应多元化，加快石油战略储备建设，健全能源安全预警应急体系。八、要制定能源发展保障措施，完善能源资源政策和能源开发政策，充分发挥市场机制作用，加大能源投入力度。深化改革，努力形成适应全面建设小康社会和社会主义市场经济发展要求的能源管理体制和能源调控体系。会议强调，从根本上解决我国能源问题，必须牢固树立和认真贯彻科学发展观，切实转变经济增长方式，坚定不移走新型工业化道路。要大力调整产业结构、产品结构、技术结构和企业组织结构，依靠技术创新、体制创新和管理创新，在全国形成有利于节约能源的生产模式和消费模式，发展节能型经济，建设节能型社会。会议要求，要妥善处理当前与长远的关系，把加快中长期能源发展与缓解当前能源供求紧张的矛盾很好地结合起来，把能源规划纳入经济社会发展总体规划。要继续贯彻落实中央加强宏观调控的政策措施，加强煤电油运协调工作，挖掘各方面潜力，努力增加和改善能源供应。同时，坚决控制不合理需求，加强电力需求侧管理，落实差别电价措施，大力开展节能降耗。各地区、各部门要精心组织，密切配合，千方百计搞好迎峰度夏的能源供应，努力保证经济发展和人民生活的需要。

7月1日　《行政许可法》实施。该法规定，公民、法人或者其他组织对行政机关实施行政许可法，享有陈述权、申辩权；有权依法申请行政复议或者提起行政诉讼；其合法权益因行政机关违法实施行政许可法受到损害的，有权依法要求赔偿。行政许可法实施准备工作就绪，全国共清理行政项目1.8万多项、行政许可依据1.6万多件。

7月2日　新修订的《对外贸易法》正式实施。《对外贸易经营者备案登记办法》也同步实施，这标志着在放开外贸权方面我国提前半年履行了入世承诺。

7月5日—6日　温家宝总理在全国农村税费改革试点工作会议上强调，对农民“多予、少取”是一个需要长期坚持的方针，缩小城

乡差距是一项长期的历史性任务。农村税费改革分两步走，第一步，正税清费、治理“三乱”，取消“三提五统”，把过重的农民负担减下来。第二步，在规范农村税费制度的基础上，按照完善社会主义市场经济体制的要求，取消专门面向农民征收的各种税费，建立覆盖城乡的公共财政制度，建立精干高效的基层行政管理体制和运行机制，实现城乡经济社会协调发展。

7月7日　国务院总理温家宝主持召开国务院常务会议，研究侨务工作。会议听取了国务院侨办关于侨务工作的汇报。会议认为，近几年来，侨务工作在密切与海外华侨的联系，弘扬中华传统文化，推动华侨参与国内经济建设，促进祖国统一等方面都发挥了重要作用。我驻外使领馆在依法保护华侨正当权益方面也做了大量有效工作。会议指出，党中央、国务院历来重视侨务工作，要求广大华侨遵守住在国的法律，支持他们在住在国生活和发展，鼓励他们为增进我国与世界各国的友谊和合作，为国家现代化建设作出贡献。当前，各级政府要增强为华侨服务的观念，进一步做好侨务工作。一要适应形势发展的需要，完善侨务工作政策。二要加强华文教育工作，积极筹办好“中国海外华文教育基金会”。三要加强引进海外人才和智力工作，鼓励、吸引、扶持华侨专业人士回国创业和发展。四要进一步落实国务院有关规定，支持华侨农场的改革和发展，改善归侨的生产生活条件。五要充分发挥侨胞的独特作用，促进祖国和平统一大业早日实现。会议强调，各级政府要加强和改善对侨务工作的领导，充分发挥各有关部门的职能作用，推动侨务工作的全面发展。会议还研究了其他事项。

7月8日　政协十届全国委员会常务委员会第六次会议圆满完成各项议程后在京闭幕。中共中央政治局常委、全国政协主席贾庆林出席闭幕会并讲话。贾庆林指出，坚持以人为本，全面、协调、可持续的科学发展观，是以胡锦涛同志为总书记的中共中央以邓小平理论和“三个代表”重要思想为指导，从新世纪新阶段党和国家事业发展全局出发提出的重大战略思想，揭示了经济社会发展的客观规律，反映了我们党对发展问题的新认识。牢固树立和认真落实科学发展观，关系党和国家工作的战略全局，关系中国特色社会主义事业的长远发展，关系中华民族的伟大复兴，具有重大而深远的意义。贾庆林强调，各级政协组织和广大政协委员要加强对科学发展观的学习和宣传，把各党派团体和各族各界人士的思想与行动统一到中央的决策和部署上来。当前，人民政协学习和落实科学发展观的一个重要任务就是要全面、准确、积极地理解和贯彻中央关于加强宏观调控的政策措施。坚定不移地支持政府搞好宏观调控。要认识到，中央作出的关于加强宏观调控的决策，是在科学认识经济发展规律的基础上提出来的，是一种有预见性的、主动的行为，是树立和落实科学发展观的一次重要实践。要坚持以经济建设为中心，把促进发展作为人民政协履行职能的第一要务。发挥优势、精益求精、整合资源，不断提高建言献策的质量和水平。要坚持以人为本，把维护人民群众的根本利益作为政协工作的出发点和落脚点。广泛积极协助党和政府解决群众的实际困难。要适应形势发展要求，把增进团结、维护稳定作为政协履行职能的重要任务。贾庆林强调，各级政协组织和广大政协委员一定要从贯彻邓小平理论和“三个代表”重要思想的战略高度，从确保实现全面建设小康社会宏伟目标的战略高度，深刻认识科学发展观的科学内涵、基本要求和精神实质，深刻认识树立和落实科学发展观的重大现实意义和深远历史意义，自觉地坚持以科学发展观指导政协工作，把科学发展观的要求贯彻到人民政协履行职能的各项工作之中，更好地完成新世纪新阶段人民政协的历史任务。会议期间，常委会组成人员认真学习了胡锦涛同志在中央人口资源环境工作座谈会上的讲话及温家宝等中央领导同志关于树立和落实科学发展观问题的一系列讲话，听取了国务院副总理曾培炎所作的报告。与会人员围绕树立和落实科学发展观这一会议主题，提出了许多很好的意见和建议，表现出了高度的政治责任感和参政议政的水平，弘扬了人民政协团结和民主的优良传统。这次常委会议产生的一批重要成果将分别报送党中央和国务院有关部门。当日上午，全国政协召开第十六次主席会议，听取了郑万通秘书长关于常委会议进展情况的综合汇报，审议通过了《关于撤销韩桂芝政协第十届全国委员会委员资格的决定》（草案），并决定将这个草案提交常委会议审议。下午，常委会议听取了吴敬琏、洪绂曾、任玉岭、李其炎、翟泰丰、张洽、刘剑锋等7位常委代表各专题组讨论情况的汇报。会议还通过了《关于撤销韩桂芝政协第十届全国委员会委员资格的决定》。全国政协副主席王忠禹主持闭幕会。全国政协副主席廖晖、刘延东、李贵鲜、张思卿、马万祺、白立忱、罗豪才、张克辉、周铁农、郝建秀、陈奎元、阿不来提·阿不都热西提、徐匡迪、李兆焯、黄孟复、张怀西、李蒙，秘书长郑万通出席闭幕会。中共中央和国务院有关部门负责人应邀列席闭幕会。

7月9日　全国政协十届常委会在北京举办第三次学习讲座，中共中央政治局常委、全国政协主席贾庆林主持并讲话。他强调，要提倡学习历史，以史为鉴，吸取历史上成败兴衰的经验教训，认识历史发展和社会进步的规律，把握时代发展的大趋势，推动中国特色社会主义事业的不断发展。贾庆林指出，历史是一面镜子，记载着社会发展的轨迹，蕴涵着得失成败的经验教训。中国共产党人历来十分重视对历史经验的研究和运用，并善于从历史中认识和把握社会发展规律。贾庆林说，以史为鉴，就要总结世界各国发展的历史经验，吸取历史教训，与时俱进，加快发展，更加自觉地推进改革开放和现代化建设；就要坚持以辩证唯物主义和历史唯物主义为指导，不断提高对中国共产党执政规律、社会主义建设规律和人类社会发展规律的认识水平，不断提高运用规律的能力，牢固树立和认真落实科学发展观；就要紧紧抓住并用好发展的重要战略机遇期，增强主动精神和忧患意识，抓住机遇而不可丧失机遇，开拓进取而不可因循守旧，集中全党全国人民的智慧和力量，聚精会神搞建设，一心一意谋发展，确保全面建设小康社会宏伟目标的实现。贾庆林指出，2004年是邓小平同志诞辰100周年，也是人民政协成立55周年。各级政协组织和广大政协委员要把回顾和总结人民政协的历史，与学习中国近代史、中国现代史结合起来，进一步认识走中国特色社会主义道路的历史必然性，进一步认识中国共产党领导的多党合作和政治协商制度的特点和优势，进一步认识人民政协的性质、地位和作用，更好地团结动员各党派团体和各族各界人士，共同致力于建设中国特色社会主义伟大事业。全国政协十届常委会这次学习讲座的题目是《十五世纪以来世界主要国家发展历史考察》。南京大学历史系教授钱乘旦、首都师范大学教授齐世荣在报告中介绍了15世纪以来世界主要国家发展的历史，分析了它们从不发达走向发达、从传统社会走向现代社会的历史原因，总结了一些强国走向衰落的历史教训，并联系实际谈了自己的见解。全国政协副主席王忠禹、李贵鲜、张思卿、马万祺、白立忱、罗豪才、周铁农、郝建秀、陈奎元、阿不来提·阿不都热西提、徐匡迪、李兆焯、黄孟复、李蒙，秘书长郑万通出席了学习讲座。

7月11日　新加坡副总理李显龙不顾中方多次严正交涉，执意访问台湾地区，中国政府对此表示强烈不满和抗议。

同　日　《中共中央办公厅国务院办公厅关于健全和完善村务公开和民主管理制度的意见》正式发布。

7月14日　国务院总理温家宝主持召开国务院常务会议，分析上半年经济形势和宏观调控的情况，研究部署下半年经济工作。会议指出，加强宏观调控已取得明显成效，只要继续全面、正确、积极地贯彻落实中央的方针政策和工作部署，就一定能够把国民经济平稳较快发展的良好势头巩固和保持下去。会议认为，2004年以来，在以胡锦涛同志为总书记的党中央领导下，各地区各部门坚持以“三个代表”重要思想为指导，认真贯彻党的十六大精神和中央经济工作会议的部署，加强宏观调控的各项措施逐步落实并取得明显成效，国民经济保持平稳较快发展的良好势头。集中表现在，经济运行中的不稳定、不健康因素得到抑制。农业特别是粮食生产出现重要转机，夏粮增产，早稻和秋粮作物播种面积扩大，扭转了连续几年下滑的局面；固定资产投资过快增长势头得到遏制，某些过热行业投资和生产增长速度明显回落；货币供应量和贷款增幅放缓；土地市场治理整顿取得重要进展，乱征滥占耕地现象开始改变；基础产品价格涨势趋缓。与此同时，国民经济继续平稳较快增长，企业效益提高，财政收入大幅增加，对外贸易持续快速增长，消费需求趋旺，就业和再就业继续扩大，居民收入增加较多，特别是农民现金收入增长之快是多年所没有的。各项社会事业进一步发展，社会保持稳定。事实充分证明，中央关于加强和改善宏观调控的决策是十分必要的、非常及时的，所采取的指导方针和政策措施是完全正确的、有效的。会议指出，经济运行中的突出矛盾和问题还没有从根本上解决，固定资产投资规模仍然偏大，投资结构还不尽合理，煤电油运供求紧张的矛盾尚未有效缓解。要充分认识搞好宏观调控的艰巨性和复杂性，不能盲目乐观，不能放松工作，不能半途而废，坚持不懈地做好各项工作，确保实现国民经济持续快速协调健康发展。会议强调，做好下半年经济工作十分重要。要牢固树立和认真落实科学发展观，实行“稳定政策，冷静观察；巩固成果，防止反复；区别对待，调整结构；深化改革，加强法治；统筹兼顾，远近结合；统一思想，形成合力”的方针，稳定和落实中央已经确定的各项政策措施，并根据经济运行的变化适时加以完善。要真正把工作着力点放到加快结构调整、深化体制改革和转变经济增长方式上来，更加注重加强经济社会发展的薄弱环节，更加注重扩大消费需求，更加注重改善人民生活特别是保障困难群众的基本生活，更加注重推进改革开放，更加注重运用市场机制和经济、法律手段解决经济生活中的问题。会议提出，下半年要着力抓好以下重点工作：（一）继续加强农业特别是粮食生产，落实和完善促进粮食生产和农民增收减负的各项政策措施，推进粮食流通体制改革和农村税费改革。近期要切实抓好防汛救灾工作。（二）认真做好货币信贷工作，合理控制货币信贷总量，优化信贷结构，及时为有市场、有效益、有利于增加就业的企业提供正常流动资金贷款，切实支持符合国家产业政策和市场准入条件的项目建设。（三）进一步加大对经济社会发展薄弱环节的支持力度。认真落实西部大开发和振兴东北地区等老工业基地的措施。（四）加快固定资产投资项目清理，认真做好后续工作。抓紧完善国家产业政策，进一步明确限制和鼓励发展的产业，尽快制定和公布市场准入的标准和具体操作办法，引导市场主体行为。（五）切实搞好土地市场清理整顿工作，落实国务院明确允许的重点急需项目建设用地的政策，抓紧建立土地管理新体制和新制度。（六）积极做好煤电油运调节工作，努力缓解煤电油运供求紧张状况，切实加强安全生产。（七）努力引导和扩大消费。进一步做好就业和社会保障工作。继续抓紧清欠农民工工资工作。（八）扩大对外开放，做好进出口和利用外资工作。（九）深化经济体制改革。加快出台投资体制改革方案，推进国有企业改革，抓紧研究制定鼓励、支持和引导非公有制经济发展的政策措施。继续整顿和规范市场秩序，深入开展食品安全专项整治。（十）高度重视解决涉及群众切身利益，特别是土地占用和城镇拆迁中的矛盾和问题，维护社会稳定。会议强调，做好下半年工作，实现宏观调控预期目标，关键是各级领导干部要把思想进一步统一到中央的决策上来。各地区、各部门要加强领导，密切配合，改进作风，狠抓落实，扎扎实实把中央确定的各项政策措施落到实处。这次会议之前，国务院分别召开了省、自治区、直辖市政府负责同志，部分经济学家、民主党派经济专家以及国有企业、集体企业和非公有制企业负责人等一系列经济形势座谈会，广泛听取各方面意见。

7月15日　国务院常务会议分析上半年经济形势，研究部署下半年经济工作。会议认为，加强宏观调控已取得明显成效，国民经济保持平稳较快发展的良好势头，但经济运行中的突出矛盾和问题还没有从根本上解决，要充分认识宏观调控的艰巨性复杂性，坚持不懈地做好各项工作，确保实现国民经济持续快速协调健康发展。

同　日　新华社报道：中宣部等4部决定对先进工作者进行表彰。中宣部、民政部、人事部、文化部日前决定，对河北西柏坡中共中央旧址等34个全国爱国主义教育示范基地、重庆歌乐山革命纪念馆馆长厉华等50名先进工作者进行表彰。

7月17日　中国坚决反对美众议院通过所谓重申“与台湾关系法”的承诺的两院共同决议案。

7月23日　中共中央政治局召开会议，讨论研究了当前经济形势和经济工作。会议决定 2004年9月在北京召开中国共产党第十六届中央委员会第四次全体会议，主要议程是，中共中央政治局向中央委员会报告工作，研究加强党的执政能力建设问题。会议还讨论研究了当前的经济形势和经济工作。中共中央总书记胡锦涛主持了会议。会议认为，加强党的执政能力建设，是十六大根据新世纪新阶段党所面临的新形势新任务而作出的一项战略决策。加强党的执政能力建设，进一步为人民执好政、掌好权，是时代的要求、人民的要求。在国际形势深刻变化、国内改革发展处在关键时期的条件下，我们党要带领全国各族人民全面建设小康社会，实现推进现代化建设、完成祖国统一、维护世界和平与促进共同发展这三大历史任务，必须大力加强执政能力建设。这是一个关系社会主义事业兴衰成败、关系中华民族前途命运、关系党和国家长治久安的重大战略课题。只有解决好这一课题，才能保证我们党在建设中国特色社会主义的历史进程中始终成为坚强的领导核心。会议指出，执政能力建设是党执政后的一项根本建设。我们党执政55年来，团结带领全国各族人民，历经各种艰难和曲折，战胜各种风险和挑战，取得了举世瞩目的成就，党在实践中锻炼得更加成熟、更加坚强。党的执政能力同党肩负的重任和使命总体上是适应的。但是，面对新形势新任务，党在执政能力建设方面还存在一些必须高度重视并抓紧解决的问题。全党要坚持以马克思列宁主义、毛泽东思想、邓小平理论和“三个代表”重要思想为指导，解放思想、实事求是、与时俱进，认真总结党执政的历史经验，不断研究新情况、解决新问题，全面加强和改进党的建设，切实解决党的执政能力方面存在的突出问题，努力把党的执政能力提高到一个新的水平。会议认为，2004年以来，全党全国紧紧围绕全面建设小康社会的宏伟目标，坚持树立和落实科学发展观，聚精会神搞建设，一心一意谋发展，各项工作都取得了新的进展。会议指出，当前，宏观调控取得的成效还是初步的、阶段性的，经济运行中存在的突出矛盾和问题虽有所缓解，但还没有得到根本解决。宏观调控处在关键时刻。全党同志一定要充分认识搞好宏观调控的艰巨性和复杂性，坚持落实宏观调控的政策措施，决心不动摇，工作不放松，准确把握力度和节奏，保证宏观调控的科学性和有效性。会议强调，做好下半年的经济工作至关重要。各地区、各部门必须按照十六大和十六届三中全会精神，进一步把各级领导干部的思想认识统一到中央对经济形势的判断上来，统一到树立和落实科学发展观的要求上来，统一到中央关于宏观调控的工作部署上来，上下一心，形成合力，切实把经济发展的着力点放在调整结构、深化改革、转变经济增长方式上，把各方面的积极性引导好、保护好、发挥好，促进经济持续快速协调健康发展和社会全面进步。

同　日　中共中央召开党外人士座谈会。中共中央就当前经济形势和经济工作听取了各民主党派中央领导人、全国工商联领导人和无党派人士的意见和建议。胡锦涛主持会议并指出，越是改革发展的关键时期，越需要同党外人士团结一心，越需要各方面人士群策群力，为实现全面建设小康社会的宏伟目标而共同奋斗。

7月24日　中共中央政治局进行第十五次集体学习，中共中央总书记胡锦涛主持。中共中央政治局这次集体学习安排的内容是坚持国防建设与经济建设协调发展的方针。总装备部科技委员会郭桂蓉教授、国防科工委专家咨询委员会栾恩杰研究员就这个问题进行了讲解，谈了他们对这个问题的研究体会。中央政治局各位同志认真听取了他们的讲解，并就有关问题进行了讨论。胡锦涛在主持学习时发表了讲话。他指出，当前，国际局势总体上对我有利，我们要用好重要战略机遇期，切实抓好发展这个党执政兴国的第一要务，实现全面建设小康社会的宏伟目标。要高举和平、发展、合作的旗帜，坚持奉行独立自主的和平外交政策，坚定不移地走和平发展的道路，坚定不移地维护世界和平、促进共同发展。同时，我们必须始终把国家主权和安全放在第一位，坚决维护国家的根本利益，坚决维护国家主权和领土完整。胡锦涛说，正确认识和处理国防建设与经济建设的关系，是我国社会主义建设中一个带有全局性的重大问题。十六大提出的坚持国防建设与经济建设协调发展的方针，是我们党对国防建设和经济建设内在规律的科学总结。经济建设是国防建设的基本依托，经济建设搞不上去，国防建设就无从谈起。国防实力是综合国力的重要组成部分，国防建设搞不上去，经济建设的安全环境就难以保障。因此，我们在集中力量进行经济建设的同时，必须切实加强国防建设，使国防建设和经济建设协调发展，形成相互促进的良好局面。胡锦涛强调，各级党委、政府都要大力支持国防领域的改革发展，认真抓好国防建设相关工作的落实。要进一步搞好国防后备力量建设，建立完善快速高效的国防动员体制；进一步加强国防法制建设，使国防建设走上法制化、规范化的轨道；进一步加强军政军民团结，密切军政军民关系，认真抓好拥军优属各项工作的落实，努力创造有利于激励官兵安心服役、献身国防的良好社会环境。要高度重视和加强国防教育，大力弘扬爱国主义精神，增强民族自尊心、自豪感，形成全党全国关心国防、支持国防、建设国防的浓厚氛围。胡锦涛最后表示，再过几天，就是中国人民解放军建军77周年的纪念日，他代表党中央、国务院，向中国人民解放军全体指战员和武警官兵，向战斗在国防战线上的同志们，致以节日的热烈祝贺。

7月26日　《国务院关于投资体制改革的决定》颁布实施。决定提出了深化投资体制改革的指导思想和目标，指出要充分发挥市场配置资源的基础性作用，转变政府管理职能，确立企业的投资主体地位，完善政府投资体制，规范政府投资行为，加强和改善投资的宏观调控，加强和改进投资的监督管理。

7月26日—29日　中共中央总书记、国家主席胡锦涛就落实科学发展观、做好经济工作以及加强党的建设等问题赴上海调研。他强调，要牢固树立和认真落实科学发展观，深刻认识我国经济发展的特点和规律，研究治本之策，谋划长久之计，切实增强工作的预见性，不断提高驾驭社会主义市场经济的能力，努力形成有利于保持国民经济持续快速协调健康发展的一整套体制机制。他指出，加强党的执政能力建设是“党的建设的重中之重”。

8月5日　据新华社报道，英籍华人学者宋永华当选英国皇家工程院院士。他是获得此头衔的第一位留英华人。

8月11日　美国一个大陪审团对无端殴打中国公民赵燕的美国边境执法人员正式提出起诉。12日，美国一位检察官员代表美国政府向赵燕正式道歉。

同　日　温家宝总理主持召开国务院常务会议，分析全国煤炭供需形势，研究部署煤炭工作。会议提出，要坚持以煤炭为基础的能源发展战略，高度重视煤炭的生产、建设和有效利用。

8月13日—15日　中共中央总书记、国家主席胡锦涛在四川考察工作。他强调，要坚持以邓小平理论和“三个代表”重要思想为指导，坚持立党为公、执政为民，认真落实党的各项富民政策，扎扎实实地把关系人民群众切身利益的事情办好，带领人民群众不断创造更加美好的生活。

8月13日—29日　中国体育代表团在雅典奥运会上取得优异成绩。中国体育代表团在希腊雅典举行的第二十八届奥运会上获得32枚金牌、17枚银牌、14枚铜牌，金牌总数列第二位、奖牌总数列第三位的优异成绩，实现历史性突破。

8月15日　公安部、外交部联合发布《外国人在中国永久居留审批管理办法》。《办法》共29条，分别对外国人申请在中国永久居留的资格条件、申请材料、审批程序、审批权限、取消资格等方面做出了明确规定。

8月18日　国务院总理温家宝主持召开国务院常务会议，研究部署进一步做好当前金融工作，审议并原则通过《中华人民共和国进出口货物原产地条例（草案)》和《收费公路管理条例（草案)》。会议指出，一年多来，银行、证券、保险系统坚决贯彻中央关于加强宏观调控的决策和部署，做了大量很有成效的工作，在遏制固定资产投资过快增长、加强经济社会发展薄弱环节、促进经济平稳较快发展中发挥了重要作用。实践证明，在社会主义市场经济条件下，做好金融工作，对于加强和改善宏观调控起着重要和关键的作用。会议要求，金融系统要把思想进一步统一到中央对经济形势的判断上来，统一到中央关于宏观调控的决策和部署上来，全面、正确、积极地理解和贯彻中央确定的宏观调控政策措施。当前要着力做好以下几项工作：（一）进一步做好货币信贷工作。要按照加强和改善宏观调控的要求，继续合理控制货币信贷规模，着力优化信贷结构，把好信贷“闸门”。要强化金融企业内控机制，加强对商业银行的“窗口指导”，准确把握调控的力度和节奏。坚持有保有压、区别对待，防止“一刀切”。各金融机构都要围绕实现宏观调控预期目标和促进经济平稳较快发展，积极探索新形势下改进金融服务的机制和方法，加快金融业务和产品创新，提高金融服务水平。（二）高度重视防范和化解金融风险。要加快处理历史遗留的金融风险问题，积极防范和化解新的风险。对清理固定资产投资项目中停建、缓建项目的贷款，要认真做好善后处理工作。要以加强宏观调控为契机，加快建立金融企业风险管理机制，强化资本约束机制，完善信贷管理制度。（三）不失时机地推进金融改革。加快国有商业银行改革步伐，做好扩大农村信用社改革试点的工作。认真落实国务院关于推进资本市场改革开放和稳定发展的意见。加快推进保险业改革。深化投资体制改革，提高银行自主审贷能力。（四）进一步做好金融对外开放工作。要继续认真履行加入世贸组织的承诺，有步骤地扩大金融对外开放的地域和业务范围。抓紧修改和完善有关政策规定，加强对外资金融机构的引导、服务和管理，逐步形成内外资金融企业公平竞争的市场环境。（五）继续加强和改进金融监管。金融监管部门要加强协调合作，突出监管重点，着重加强对市场准入、公司治理结构、内部控制、重要金融业务和高级管理人员的监管。抓紧修订、完善金融监管法规制度。加快社会信用体系建设，创造良好的社会信用环境。（六）切实做好防范和打击金融犯罪活动工作。要按照综合治理、整体部署、分工合作、多管齐下、以防为主、防打结合的原则，防范和打击各类金融犯罪活动。积极采用先进手段和装备，提高防范金融犯罪的技术水平。进一步加强防范和打击金融犯罪的法律制度建设。加强国际合作与交流，防范和打击跨国金融犯罪。会议审议并原则通过了《中华人民共和国进出口货物原产地条例（草案）》和《收费公路管理条例（草案）》。会议决定，这2个草案经进一步修改后，由国务院公布施行。

8月20日　温家宝主持国务院会议，听取国家中长期科学和技术发展规划专题战略研究成果汇报。温家宝在讲话时指出，我国已基本具备建设创新型国家的基础和条件。

8月22日　邓小平同志诞辰100周年纪念大会在人民大会堂举行。中共中央、全国人大常委会、国务院、全国政协、中央军委在北京人民大会堂隆重举行大会，纪念伟大的马克思主义者，伟大的无产阶级革命家、政治家、军事家、外交家，中国社会主义改革开放和现代化建设的总设计师邓小平同志诞辰100周年。中共中央总书记、国家主席胡锦涛发表重要讲话，强调邓小平理论和“三个代表”重要思想是指引我们前进的旗帜，号召全党全国各族人民不断把中国特色社会主义事业推向前进。他指出，邓小平同志留给我们的最可宝贵的财富，就是他创立的邓小平理论和在这个理论指导下制定的党在社会主义初级阶段的基本路线，邓小平理论是指导中国人民胜利实现社会主义现代化的科学理论。“三个代表”重要思想同马克思列宁主义、毛泽东思想、邓小平理论是一脉相承而又与时俱进的科学体系，是马克思主义在中国发展的最新成果。我们要坚持以邓小平理论和“三个代表”重要思想为指导，紧密联系实践发展，紧紧围绕中国特色社会主义这个主题，不断把马克思主义的中国化推向前进，不断把中国特色社会主义伟大事业推向前进，不断把党的建设新的伟大工程推向前进。

8月23日　十届全国人大常委会第十一次会议审议公路法、公司法、证券法、票据法、拍卖法、野生动物保护法、渔业法、种子法、学位条例等9部法律修正案草案，对急需修改的行政许可的规定作出个别条款修改。按照全国人大常委会法制工作委员会副主任安建就这9部法律修正案草案所作的说明，这9部法律修正案草案主要进行了以下修改：对机动车超过限载标准行驶，由交通主管部门负责审批较为合适，不必由2个部门审批，公路法修正案草案中删去了对机动车超过限载标准行驶需经公安机关批准的相关规定；公司法修正案草案和证券法修正案草案删去了原有关于股票溢价发行须经国务院证券监管机构批准的规定；银行经批准设立后，就不必对其本票出票人资格再作审批。据此，票据法修正案草案删去了票据法中的相关规定；按照拍卖法修正案草案的要求，设立拍卖企业须经省级政府负责管理拍卖业的部门审批许可，公安部门依法履行日常监管职责，不必再由公安部门通过颁发特种行业许可证的办法实施设立审批；野生动物保护法修正案草案就建立对外国人开放的猎捕场所须经有关部门批准的条款进行了修改，规定建立对外国人开放的猎捕场所，应当报国务院野生动物行政主管部门备案；渔业法修正案草案对水产新品种推广须经有关部门批准的规定进行了修改，规定为，水产新产品必须经全国水产原种和良种审定委员会审定，由国务院渔业行政主管部门公告后推广；按照种子法修正案草案规定，对林业行政主管部门建立的种子基地生产的种子，应当采用市场化的办法选择收购单位，而不宜由行政主管部门“指定”；对收购珍贵的或限制收购的林木种子的审批权限，可以直接由省级政府林业行政主管部门行使，国务院林业主管部门不再审批；学位条例修正案草案删去了学位条例中关于学位评定委员会组成人员名单须“报主管部门批准”的规定。

8月25日—29日　第十次驻外使节会议举行。胡锦涛、温家宝在会上发表讲话。胡锦涛指出，要维护我国发展的重要战略机遇期，争取和平稳定的国际环境、睦邻友好的周边环境、平等互利的合作环境和客观友善的舆论环境。

8月25日　国家发改委公布了对全国钢铁、电解铝、水泥行业的清理结果。清理结果表明，已建和在建项目中，三大行业产能过度膨胀，在建规模偏大，供求失衡问题严重；行业技术装备水平偏低，产业结构、布局不合理问题突出；违法违规占地普遍，环保形同虚设。针对以上问题，发改委提出了3条处置措施。

8月27日　十届全国人大常委会第四次会议经过表决，以151票赞成，0票反对，1票弃权，通过了行政许可法。国家主席胡锦涛签署第七号主席令，公布这部法律。吴邦国委员长主持会议。会议经过表决，通过了全国人大常委会关于批准中国和南非关于刑事司法协助的条约的决定，关于批准中国和吉尔吉斯关于打击恐怖主义、分裂主义和极端主义的合作协定的决定，关于批准联合国打击跨国有组织犯罪公约的决定。会议经过表决，通过了全国人大常委会关于接受华福周辞去全国人大常委会委员、全国人大农业与农村委员会委员职务的请求的决定。会议表决通过，任命宋照肃为十届全国人大环境与资源保护委员会副主任委员，任命曹卫洲、王庆喜为全国人大常委会副秘书长，任命安建为全国人大常委会法制工作委员会副主任。香港特别行政区基本法委员会是全国人大常委会下设的工作委员会，由内地人士和香港人士各6人组成，任期5年。在27日的会议上，由副委员长李铁映主持，吴邦国向第二任全国人大常委会香港特别行政区基本法委员会组成人员颁发了任命书。圆满完成各项议程后，吴邦国发表讲话。他指出，立法工作要紧紧围绕党和国家的中心工作，把党中央的决策及时转变为国家意志，保障、促进改革开放和现代化建设事业的顺利进行。这次会议对银行业监督管理法草案、中国人民银行法修正案草案、商业银行法修正案草案进行了初步审议。希望法律委员会认真研究和吸收大家的意见和建议，把这3个草案修改得更好。会后同志们要继续开展调查研究，对法律草案细细推敲，为尽快出台法律，完善金融监管制度，确保金融机构安全、稳健、高效运行，做好基础性工作。

同　日　国务院决定自2004年9月起，用1年左右的时间在全国范围内开展保护知识产权专项行动。

8月28日　十届全国人大常委会第十一次会议表决通过修订后的传染病防治法、电子签名法等法律和公路法、公司法、证券法、票据法、拍卖法、野生动物保护法、渔业法、种子法、学位条例、土地管理法等10部法律修正案。国家主席胡锦涛分别签署第十七号—第二十八号主席令，公布了这些法律和法律修正案。全国人大常委会委员长吴邦国主持会议。经表决，会议还通过了全国人大常委会关于完善人民陪审员制度的决定，通过了关于加入联合国人员和有关人员安全公约的决定，批准了中国和乌兹别克斯坦关于打击恐怖主义、分裂主义和极端主义的合作协定，批准了保护非物质文化遗产公约，通过了任免名单。会议还表决通过了全国人大常委会代表资格审查委员会关于个别代表的代表资格终止的审查报告。按照全国人大常委会公告，十届全国人大现实有代表2 983人。本次常委会会议听取和审议了国务院关于2004年以来国民经济和社会发展计划执行情况的报告。常委会组成人员对2004年上半年的经济工作表示满意，认为当前我国国民经济总体上保持着良好的发展态势。针对经济运行中出现的突出矛盾和问题，中央采取的一系列加强和改善宏观调控的政策措施已见成效，经济运行中一些不稳定、不健康因素已经得到有效抑制。国务院和地方各级政府为此做了大量卓有成效的工作，应予充分肯定。同时也指出，宏观调控取得的成效还只是初步的、阶段性的，经济运行中存在的问题尚未根本解决，加强和改善宏观调控仍处在关键阶段。做好2004年下半年经济工作，任务还很繁重。要切实把经济发展的着力点放在调整结构、深化改革、转变增长方式上来，保障国民经济持续协调健康发展和社会全面进步。本次常委会会议还听取和审议了国务院关于当前农业和农村工作情况的报告，充分肯定了国务院的工作。常委会组成人员认为，各地区、各部门对解决“三农”问题总体上是高度重视的，贯彻落实中央关于解决“三农”问题的政策措施的情况总体上也是好的。中央采取的一系列加强农业的政策效应也已经显现，农民种粮积极性明显提高，农业在宏观调控中得到加强，粮食生产出现重要转机，农民收入增长出现可喜变化，农村经济结构调整迈出新的步伐，农业和农村形势总体上是好的。在我们这样一个人多地少、农村人口占大多数、农业发展水平比较落后的国家，确保粮食生产、解决好“三农”问题，始终是经济发展、社会稳定和国家安全的基础。要看到解决好“三农”问题是一个长期的过程，不可能一蹴而就，加强“三农”的决心不能动摇，扶持“三农”的力度不能减弱，强化“三农”的各项工作不能松懈。今后，全国人大常委会每年都要围绕“三农”问题这个中心，结合人大工作的特点，开展监督和调研工作，切实监督和支持国务院把有关“三农”问题的各项法律和政策措施落到实处。在完成会议各项议程后，吴邦国发表重要讲话。他说，会议通过的新修订的传染病防治法、电子签名法和关于完善人民陪审员制度的决定的颁布实施，在预防、控制传染病的发生、流行，促进电子商务的发展，加强人民群众对司法审判工作的监督等方面具有重要意义。这次对公路法等10部法律的个别条款的修改，是本着实事求是的精神，按照急需的、成熟的先改，急事急办的原则进行的，这样既有利于保障法制的统一，又能够适应现实的需要，保障法律的有效实施。这种做法，过去有过，但这次比较集中。这也是我们着眼于提高立法效率，保障法制统一的一次有益探索。在谈到人大监督工作时，吴邦国指出，监督权是宪法和法律赋予人大的重要职权，加强监督是人大的一项重要工作。这些年来，全国和地方各级人大及其常委会在加强和改善人大监督工作方面做了大量工作，进行了积极探索，取得了明显成效，应予充分肯定。在多年实践中，我们摸索到了一些监督的有效形式，并使之制度化、机制化。现在的问题是如何进一步提高监督质量，增强监督实效。他强调，要提高人大监督工作的质量，关键是监督的内容要紧紧围绕党和国家的工作大局，紧紧围绕改革发展稳定中的热点难点问题，紧紧围绕关系群众切身利益的问题。正是按照这个原则和思路，本届全国人大常委会从人大工作的定位和特点出发，集中力量，抓住重点，对出口退税、超期羁押和“三农”等问题开展了监督检查，督促有关方面解决了多年没有解决的问题，取得了实实在在的效果。吴邦国强调，做好人大的监督工作必须坚持党的领导的原则，必须遵循依法按程序办事的原则，必须遵循集体行使职权的原则，必须遵循不包办代替的原则，使人大的监督工作有利于加强和改善党的领导，有利于社会主义制度优越性的发挥，有利于充分调动人民群众的积极性，有利于维护国家统一、民族团结和社会稳定，有利于促进经济发展和社会全面进步。副委员长王兆国、李铁映、司马义·艾买提、何鲁丽、丁石孙、成思危、许嘉璐、蒋正华、顾秀莲、热地、盛华仁、路甬祥、乌云其木格、韩启德、傅铁山出席会议，国务委员唐家璇、最高人民法院院长肖扬、最高人民检察院检察长贾春旺列席会议。

8月29日　第二十八届奥运会在希腊雅典闭幕。中国健儿以32金、17银、14铜的成绩，历史性地在金牌榜上名列第二。9月2日，胡锦涛会见参加第二十八届奥运会中国体育代表团时高度评价体育健儿取得的优异成绩，热情赞扬体育健儿的昂扬精神风貌。

8月30日　曾培炎副总理在全国大型煤炭基地建设座谈会上强调，要加快大型煤炭基地建设，形成若干个亿吨级煤炭骨干企业。

8月31日　温家宝在浙江考察。温家宝总理考察时指出，要坚持公有制为主体、多种所有制经济共同发展的基本经济制度，毫不动摇地巩固和发展公有制经济，毫不动摇地鼓励、支持和引导非公有制经济发展。

同　日　杭州市中级人民法院对原浙江省副省长王钟麓犯受贿罪和国有公司人员滥用职权罪一案作出一审判决，被告人王钟麓一审被判有期徒刑12年。

9月1日　胡锦涛在人民大会堂与菲律宾总统阿罗约举行会谈。

同　日　温家宝总理签署国务院第四一四号令，任命何厚铧为澳门特别行政区第二任行政长官。国务院总理温家宝主持召开国务院第四次全体会议，就任命何厚铧为澳门特别行政区第二任行政长官作出了决定。温家宝总理签署了国务院第四一四号令，任命何厚铧为中华人民共和国澳门特别行政区第二任行政长官，于2004年12月20日就职。全体会议审议了澳门特别行政区政府上报的关于选举何厚铧为澳门特别行政区第二任行政长官人选的报告，并听取了国务院港澳事务办公室主任廖晖关于澳门特别行政区第二任行政长官人选产生过程的汇报。温家宝在会上作了重要讲话。他指出，澳门特别行政区第二任行政长官选举是澳门在回归后自行组织的对特区行政长官的第一次民主选举，也是我们贯彻“一国两制”、“澳人治澳”、高度自治方针的又一次重大实践。澳门特别行政区第二任行政长官人选的产生过程完全符合《澳门特别行政区基本法》和特区有关法律的规定。何厚铧先生就任澳门特别行政区行政长官以来，在中央人民政府的支持下，带领特区政府和广大澳门居民，积极进取，务实有为，及时确定符合澳门实际的经济、社会发展方向和政策措施，稳步推进各项改革，大力改善治安状况，加强与祖国内地的合作，积极扩大国际交流，使澳门呈现出社会稳定、市民安居乐业、经济持续快速增长的局面。何厚铧先生继续担任第二任行政长官，有利于保持澳门的繁荣稳定，有利于继续推进“一国两制”的伟大事业。

温家宝说，依据《中华人民共和国澳门特别行政区基本法》的规定，澳门特别行政区第二任行政长官人选产生后，需报请中央人民政府任命。我们相信，何厚铧先生一定会在下一届任期内，带领特区政府和澳门各界人士为澳门特区的发展作出更大的成绩。温家宝总理当即签署了任命何厚铧为中华人民共和国澳门特别行政区第二任行政长官的国务院第四一四号令。国务院副总理黄菊、吴仪、曾培炎，国务委员周永康、曹刚川、唐家璇、华建敏、陈至立，以及国务院全体会议其他组成人员出席了会议。

同　日　国务院总理温家宝主持召开国务院常务会议，研究解决高校贫困家庭学生的困难问题，审议并原则通过《中华人民共和国海关行政处罚实施条例（草案）》。会议听取了教育部关于切实解决高校贫困家庭学生困难问题的汇报。会议指出，帮助高校贫困家庭学生解决经济困难，使其顺利完成学业，是实践“三个代表”重要思想，贯彻落实科学发展观和实施科教兴国战略的要求，有利于高校坚持社会主义办学方向，加强思想政治工作。会议要求，各级政府及有关部门、有关金融机构和高校，必须密切配合，狠抓落实，使高校贫困家庭学生的经济困难及时得到解决。当前，要切实做好以下工作：（一）认真抓好国家助学贷款按新机制运行的各项工作，确保在新学期开学后，按新机制发放助学贷款。（二）加大国家对品学兼优的经济困难学生的助学奖励力度。中央财政将增加助学奖励经费，各地区也要设立面向品学兼优经济困难学生的政府助学奖学金，帮助和激励更多的贫困家庭学生勤奋学习。（三）端正办学思想，调整支出结构。高校每年要提取一定比例的经费，用于资助贫困家庭学生。（四）建立规范的勤工助学制度。高校要设立勤工助学岗位，组织贫困家庭学生通过勤工助学取得一定的资助报酬。（五）积极推进生源地助学贷款业务。各地区要适当增加财政贴息支持，有关部门要加强政策指导，确保贫困家庭新生顺利入学。（六）高校要加强内部管理，规范收费行为，努力减轻学生的经济负担。同时要把对贫困家庭学生资助工作同加强思想政治教育结合起来，形成勤奋好学、团结互助、艰苦奋斗的好校风。会议审议并原则通过了《中华人民共和国海关行政处罚实施条例（草案）》。会议决定，该草案经进一步修改后，由国务院公布施行。

同　日　国务院作出《关于进一步加强食品安全工作的决定》。

9月2日　国务院新闻办召开新闻发布会。国防科工委副主任张华祝在国务院新闻办召开的新闻发布会上说，最近中国政府对进一步推动核电发展作出了新的决策，把核电作为国家能源战略的重要组成部分，逐步提高核能在能源供应总量中的比例。

同　日　就俄罗斯发生恐怖爆炸和劫持人质事件，胡锦涛致电普京总统。

9月3日—5日　第三届亚洲政党国际会议在北京举行，来自亚洲34个国家的80多个政党和政治组织的代表与会。这是中国共产党首次主办国际性政党会议。会议围绕“交流、合作、发展”的主题，讨论“地区安全与多边合作、经济增长与社会进步、政党建设与国家发展”3个议题，通过了《北京宣言》。3日，胡锦涛会见出席第三届亚洲政党国际会议来宾和代表并举行欢迎宴会。

9月3日　全国再就业工作表彰大会在京举行，国务院隆重表彰全国再就业工作先进集体和先进个人，温家宝等会见与会代表并作重要讲话。

9月5日　温家宝总理出席全国再就业工作表彰大会。温家宝在会上强调，要把就业再就业工作放在经济社会发展的突出位置，特别要重视发展能够广纳就业的劳动密集型产业和个体、民营等非公有制经济，让更多的人找到岗位、改善生活。

9月6日　温家宝总理主持召开国务院常务会议，指出要提高矿产资源对经济发展的保障能力。会议审议并原则通过《全国危机矿山接替资源找矿规划纲要（2004—2010年）》和《中华人民共和国行政监察法实施条例（草案）》。会议听取了国土资源部关于制定全国危机矿山接替资源找矿规划纲要有关情况的汇报。会议认为，新中国成立以来，经过50多年的努力，我国矿业得到长足发展，为国家建设做出了重要贡献。但是，现在一批矿山资源枯竭，接替资源不足，其中煤矿、有色金属矿产尤为突出，直接影响到经济的可持续发展与社会稳定。探寻新的接替资源，延长矿山寿命，提高矿产资源对经济发展的保障能力，已是当前一项紧迫任务。会议指出，开展危机矿山接替资源找矿工作，必须制定总体规划，根据市场需求确定工作重点；必须注重综合研究、设计和评价，尽量采用新技术、新方法；必须科学论证，讲求经济效益；必须充分发挥现有地质队伍的作用，继续推进地质工作管理体制改革；必须运用市场机制，把国家必要扶持与企业自身发展结合起来。为此，要切实抓好以下工作：一是重点部署重要矿山接替资源勘查工作；二是优先安排具备资源条件和市场需求的大中型矿山的探矿，延长矿山服务年限；三是以矿山外围和深部找矿为主，努力扩大危机矿山的保有储量；四是统筹兼顾经济效益与社会效益，积极促进矿业体制改革；五是提高资源综合利用水平，保护生态环境。会议认为，《中华人民共和国行政监察法》自1997年颁布实施以来，对于完善我国行政监察制度，保障监察机关依法行使职权、履行职责，发挥了重要作用。为更好地贯彻落实《行政许可法》和《全面推进依法行政实施纲要》，以及依法行政、从严治政的要求，制定行政监察法的配套实施条例是十分必要的。会议决定，《中华人民共和国行政监察法实施条例(草案)》经进一步修改后，由国务院公布施行。

9月7日　中共中央政治局召开会议，讨论十六届三中全会以来中央政治局的工作，研究加强党的执政能力建设等问题。中共中央总书记胡锦涛主持了会议。中国共产党第十六届中央委员会第四次全体会议将于9月16日—19日在北京召开。当日，中共中央政治局会议听取了《中共中央关于加强党的执政能力建设的决定》稿在党内外一定范围征求意见的情况报告，决定根据这次会议讨论的意见进行修改后将文件稿提请十六届四中全会审议。会议认为，在这次征求意见的过程中，各地区、各部门、各有关方面和党的十六大代表对文件稿提出了许多很好的意见和建议，充分吸收和反映这些意见和建议，有利于集中全党和各方面的智慧，制定好中央关于加强党的执政能力建设的文件。会议指出，当前，国际形势继续发生深刻变化，我国改革发展正处于关键时期。我们党要适应新形势新任务的要求，团结带领全国各族人民推动全面建设小康社会的进程，必须大力加强党的执政能力建设，不断提高党的执政水平。要坚持以邓小平理论和“三个代表”重要思想为指导，认真总结我们党执政的历史经验，进一步认识和把握共产党执政规律、社会主义建设规律和人类社会发展规律，把加强党的执政能力建设建立在更加自觉地运用客观规律的基础之上。要明确加强党的执政能力建设的指导原则，坚持用发展着的马克思主义指导新的实践，坚持推进社会主义制度的自我完善，坚持抓好发展这个党执政兴国的第一要务，坚持立党为公、执政为民，树立和落实科学发展观，不断促进社会主义物质文明、政治文明和精神文明协调发展。要大力加强马克思主义执政理论建设，坚持理论联系实际，深入研究党的执政方略、执政体制、执政方式、执政基础等问题，为加强党的执政能力建设提供强有力的理论指导。要紧紧抓住制度建设这个更具根本性、全局性、稳定性、长期性的重要环节，积极稳妥地推进经济和政治体制改革，坚持和健全民主集中制，贯彻依法治国的基本方略，坚持依法执政，不断改进和完善党的领导方式和执政方式。

9月8日　新华社报道：中共中央办公厅印发5个干部人事制度改革文件。2004年3月，中央政治局会议审议通过了《公开选拔党政领导干部工作暂行规定》、《党政机关竞争上岗工作暂行规定》、《党的地方委员会全体会议对下一级党委、政府领导班子正职拟任人选和推荐人选表决办法》、《党政领导干部辞职暂行规定》和《关于党政领导干部辞职从事经营活动有关问题的意见》等5个干部人事制度改革文件，并于4月由中共中央办公厅印发。此前，经中央同意，中央纪委和中央组织部联合下发了《关于对党政领导干部在企业兼职进行清理的通知》。这6个文件的颁布，是中央从整体上不断推进干部人事制度改革的重要举措。

9月10日　胡锦涛在会见全国优秀教师代表时强调，全社会都要大力弘扬尊师重教的良好风气。胡锦涛在教师节期间考察北京教育工作时强调，要把帮助困难家庭孩子上学作为关心群众切身利益的重要工作来抓。

9月12日　2003年度中国纳税最多的100家企业名单公布。这100家纳税最多的企业共计纳税2 421.47亿元，较2002年度大幅上升30.47%，大庆油田以186亿元纳税额位居榜首。

9月13日　国际刑法学大会在京召开，吴邦国出席开幕式并发表重要讲话。

同　日　国务院总理温家宝主持召开国务院常务会议，研究当前经济形势，部署近期经济工作。审议并原则通过《企业事业单位内部治安保卫条例（草案）》。会议认为，当前经济平稳运行，继续向宏观调控预期目标发展，国民经济总体形势是好的。固定资产投资增幅下降，银行货币信贷增幅持续回落。与此同时，经济保持较快增长势头。夏粮和早稻增产，秋粮长势很好；工业生产稳定较快增长；经济效益稳步提高；国内市场消费继续扩大；进出口贸易持续快速增长；就业再就业人员进一步增加；各项社会事业不断发展。会议要求，当前要着重做好以下工作：（1）继续控制固定资产投资规模，坚持把紧土地、信贷两个闸门，防止投资反弹。（2）尽快完善土地管理制度，改革土地管理机制，健全土地管理法规，严格执行土地使用规划，建立明确的责任制和责任追究制度。（3）进一步抓好粮食和农业生产。深入贯彻落实中央关于促进粮食增产、农民增收的各项政策。继续控制农业生产资料价格上涨。切实做好新形势下的粮食收购工作。提早做好秋冬种工作。（4）认真做好货币信贷工作。合理控制货币信贷总量。努力改进金融服务，完善信贷管理和内控机制，着力调整信贷结构。加强和改进银行监管。（5）抓紧落实《国务院关于推进资本市场改革开放和稳定发展的若干意见》的各项政策措施，切实保护广大投资者利益，促进资本市场稳步健康发展。（6）做好市场供应和物价工作。保持粮食和食品价格在合理水平上的基本稳定。努力增加粮食和农副产品供给，搞好节日市场供应。加强市场物价监管，坚决制止哄抬物价的现象。（7）加大深化改革力度。认真做好粮食流通体制和农村税费改革工作；继续推进银行、证券、保险系统改革；深化国有企业改革，鼓励、支持和引导非公有制经济发展；加快财税、流通和社会领域改革步伐。

继续做好对外开放工作。（8）认真解决好关系广大群众切身利益的问题，继续做好就业再就业工作，关心城乡低收入居民的生活。妥善安排好灾区群众的生产生活。切实维护社会稳定。会议认为，制定《企业事业单位内部治安保卫条例》十分必要。会议决定，《企业事业单位内部治安保卫条例（草案）》经进一步修改后，由国务院公布施行。

9月15日　首都各界代表隆重集会，纪念全国人民代表大会成立50周年。胡锦涛发表重要讲话时强调，坚持和完善人民代表大会制度，使社会主义民主更加完善，社会主义法制更加完备，依法治国基本方略得到全面落实，人民的政治、经济、文化权益得到切实保障。胡锦涛指出，回顾50年来全国人民代表大会的历程，展望我国社会主义民主政治的前景，就是要把人民代表大会制度坚持好、完善好，继续推进依法治国、建设社会主义法治国家的进程。人民代表大会制度是我国的根本政治制度，是我们党把马克思主义基本原理同中国具体实际相结合的伟大创造。坚持和完善人民代表大会制度，是发展社会主义民主政治、建设社会主义政治文明的重要内容。

9月16日—19日　中国共产党第十六届中央委员会第四次全体会议在北京举行。胡锦涛总书记在会上作了重要讲话并受中央政治局委托作了工作报告。全会审议通过了《中共中央关于加强党的执政能力建设的决定》、《中国共产党第十六届中央委员会第四次全体会议关于同意江泽民同志辞去中共中央军事委员会主席职务的决定》和《中国共产党第十六届中央委员会第四次全体会议关于调整充实中共中央军事委员会组成人员的决定》。全会决定，胡锦涛任中共中央军委主席，并决定徐才厚任中共中央军委副主席，增补陈炳德、乔清晨、张定发、靖志远为中共中央军委委员。全会决定递补中央候补委员艾斯海提·克里木拜、王正伟为中央委员。全会审议并通过了《中共中央纪律检查委员会关于田凤山问题的审查报告》，决定撤销田凤山中央委员职务，给予其开除党籍处分。全会认为，加强党的执政能力建设，是时代的要求、人民的要求。全会认为，党执政的成功经验主要是：必须坚持党在指导思想上的与时俱进，用发展着的马克思主义指导新的实践；必须坚持推进社会主义的自我完善，增强社会主义的生机和活力；必须坚持抓好发展这个党执政兴国的第一要务，把发展作为解决中国一切问题的关键；必须坚持立党为公、执政为民，始终保持党同人民群众的血肉联系；必须坚持科学执政、民主执政、依法执政，不断完善党的领导方式和执政方式；必须坚持以改革的精神加强党的建设，不断增强党的创造力、凝聚力、战斗力。这些主要经验，也是加强党的执政能力建设的重要指导原则，必须在实践中长期坚持并继续丰富和完善。全会强调，加强党的执政能力建设，必须坚持以马克思列宁主义、毛泽东思想、邓小平理论和“三个代表”重要思想为指导，全面贯彻党的基本路线、基本纲领、基本经验，以保持党同人民群众的血肉联系为核心，以建设高素质干部队伍为关键，以改革和完善党的领导体制和工作机制为重点，以加强党的基层组织和党员队伍建设为基础，努力体现时代性、把握规律性、富于创造性。总体目标是，通过全党共同努力，使党始终成为立党为公、执政为民的执政党，成为科学执政、民主执政、依法执政的执政党，成为求真务实、开拓创新、勤政高效、清正廉洁的执政党，归根到底成为始终做到“三个代表”、永远保持先进性、经得住各种风浪考验的马克思主义执政党，带领全国各族人民实现国家富强、民族振兴、社会和谐、人民幸福。全会确定了当前和今后一个时期加强党的执政能力建设的主要任务和各项部署。要坚持把发展作为党执政兴国的第一要务，不断提高驾驭社会主义市场经济的能力，抓住经济建设这个中心不动摇，坚持科学发展观，坚持社会主义市场经济的改革方向，全面提高对外开放水平，完善党领导经济工作的体制机制和方式。要坚持党的领导、人民当家作主和依法治国的有机统一，不断提高发展社会主义民主政治的能力，推进社会主义民主的制度化、规范化和程序化，贯彻依法治国基本方略，推进决策的科学化、民主化，加强对权力运行的制约和监督，改革和完善党的领导方式。要坚持马克思主义在意识形态领域的指导地位，不断提高建设社会主义先进文化的能力，加强马克思主义理论研究和建设，深化文化体制改革，牢牢把握舆论导向，加强和改进思想政治工作，优先发展教育和科学事业。要坚持最广泛最充分地调动一切积极因素，不断提高构建社会主义和谐社会的能力，不断增强全社会的创造活力，妥善协调各方面的利益关系，推进社会管理体制创新，加强和改进新形势下的群众工作，维护社会稳定。要坚持独立自主的和平外交政策，不断提高应对国际局势和处理国际事务的能力，提高科学判断国际形势和进行战略思维的水平，掌握处理国际事务的主动权，增强同国际社会交往的本领，坚决维护国家安全。全党要紧紧围绕上述任务，不断研究新情况、解决新问题、创建新机制、增长新本领，全面加强和改进党的建设，使党的执政方略更加完善、执政体制更加健全、执政方式更加科学、执政基础更加巩固。

9月17日　温家宝总理签署第四一六号国务院令，颁布《中华人民共和国进出口货物原产地条例》。

同　日　纪念邓小平同志诞辰100周年展览闭幕，有27万人参观展览。

9月20日　中国共产党中央纪律检查委员会第四次全体会议在北京举行。出席这次全会的中共中央纪律检查委员会委员113人，列席11人。中央纪律检查委员会常务委员会主持了会议。这次全会的主要任务是，学习贯彻党的十六届四中全会精神，努力提高党的纪律检查工作能力，深入开展党风廉政建设和反腐败斗争，为加强党的执政能力建设提供坚强有力的保证。全会审议通过了中央纪律检查委员会书记吴官正代表中央纪委常委会所作的《认真贯彻落实十六届四中全会精神，为加强党的执政能力建设提供有力保证》的报告。全会认为，党的十六届四中全会是在我国改革发展处于关键时期召开的一次具有重大意义的会议。《中共中央关于加强党的执政能力建设的决定》，是指导我们全面推进中国特色社会主义伟大事业和党的建设新的伟大工程的纲领性文件。全会一致拥护四中全会审议通过的《决定》和各项决议，一致高度评价江泽民同志为党、为国家、为人民作出的杰出贡献，一致拥护胡锦涛同志代表中央政治局所作的工作报告和重要讲话。全会指出，加强党的执政能力建设，关系中国社会主义事业兴衰成败，关系中华民族前途命运，关系党的生死存亡和国家长治久安。各级纪委要在党委的领导下，全面履行党章赋予的职责，把加强党风廉政建设和反腐败斗争作为提高党的执政能力、巩固党的执政地位的一项重大政治任务抓紧抓实。要认真履行监督检查职责，坚决维护中央权威；切实加强思想政治建设，筑牢拒腐防变的思想道德防线；坚持从严治党，维护和执行党的纪律；进一步加强和改进党的作风建设，密切党同人民群众的血肉联系，从政治上、思想上、纪律上、作风上为加强党的执政能力建设提供有力保证。全会认为，提高党的纪律检查工作能力是加强党的执政能力建设的必然要求。各级纪律检查机关要不断提高适应完善社会主义市场经济体制要求的能力，提高对党员领导干部特别是主要领导干部有效监督的能力，提高依法执纪、依法办案的能力，提高发展党内民主、维护党员权利的能力，提高协助党委加强党风建设和组织协调反腐败工作的能力。要模范遵守宪法和法律，模范遵守党章和其他党内法规，严格执行办案纪律和保密纪律。在党委领导下，自觉接受党组织、党员和人民群众的监督，自觉接受民主党派、社会团体和新闻舆论的监督，不断加强自身队伍建设，为深入推进党风廉政建设和反腐败斗争，实现全面建设小康社会的宏伟目标作出新的贡献。全会强调，抓紧建立健全与社会主义市场经济体制相适应的教育、制度、监督并重的惩治和预防腐败体系，是当前和今后一个时期反腐倡廉的重大任务。要坚持标本兼治、综合治理、惩防并举、注重预防的方针，进一步加大反腐倡廉工作力度。要切实加强党风政风建设，促进领导干部廉洁自律。要以解决群众反映的突出问题为重点，坚决纠正损害群众利益的不正之风；以查处发生在领导机关和领导干部中滥用权力、谋取私利的违纪违法案件为重点，严厉惩处腐败分子。要严格执行党风廉政建设责任制，确保中央部署的反腐倡廉各项任务的全面完成。全会号召，全党同志要紧密团结在以胡锦涛同志为总书记的党中央周围，高举马克思列宁主义、毛泽东思想、邓小平理论和“三个代表”重要思想伟大旗帜，与时俱进，开拓创新，以党风廉政建设和反腐败斗争的新成效，保证党的十六届四中全会精神的贯彻落实。

9月21日　庆祝中国人民政治协商会议成立55周年大会举行。胡锦涛在会上讲话时指出，中国人民政治协商会议是中国共产党把马克思列宁主义统一战线理论同中国具体实践相结合的伟大创造，是中国共产党同各民主党派、人民团体和各族各界人士风雨同舟、团结奋斗的伟大成果。人民政协要坚持以邓小平理论和“三个代表”重要思想为指导，牢牢把握团结和民主两大主题，围绕党和国家的工作大局，切实加强自身建设，不断提高政治协商、民主监督、参政议政的水平。

9月22日　胡锦涛在人民大会堂会见日本众议院议长河野洋平。

同　日　中共中央发出关于印发《中国共产党党员权利保障条例》的通知。

9月23日　新华社报道：中央文明委日前颁发《全国文明城市测评体系（试行）》。这是第一个评价与考核群众性精神文明创建活动成效的指标体系。《测评体系》共设置了7个方面的测评项目，即主要考察城市的政务环境、法治环境、市场环境、人文环境、生活环境、生态环境和创建工作情况，明确规定了测评全国文明城市的119项具体内容。

同　日　胡锦涛在人民大会堂会见埃及国防和军工生产部长；温家宝出席上海合作组织成员国总理会议。

9月24日　国务院办公厅转发科技部、发改委等4部门联合制定的《2004—2010年国家科技基础条件平台建设纲要》。

9月25日　国务院颁布《收费公路管理条例》，自2004年11月1日起施行。

同　日　振兴东北暨东北亚合作国际研讨会在大连召开，曾培炎副总理出席并讲话，表示我国将确保老工业基地振兴战略顺利实施。

同　日　政协第十届全国委员会常务委员会第四次学习讲座在全国政协会议中心举行，中共中央政治局常委、全国政协主席贾庆林主持学习讲座并讲话。这次学习讲座由全国人大常委会副委员长、中国科学院院长路甬祥主讲，题目是“世界科学技术发展的新趋势及其影响”。他向常委会组成人员介绍了科学技术对经济社会发展的影响，世界主要国家科技发展政策，以及我国科技发展现状与对策等情况。贾庆林在主持学习讲座时指出，中国共产党要执政兴国、强国富民，必须不断提高自身的执政能力和水平。党的执政能力体现在管理国家的各项工作之中，包括大力实施科教兴国战略，引导和推进我国科技事业的发展。以宽广的眼界和开放的心态，正确认识和科学判断世界科技发展的趋势，高度重视科技的重大作用，清醒了解我国科技发展的优势和劣势，实行正确的科技发展战略，为我国的科技发展创造良好的制度和环境条件，这是党的执政能力、执政水平的具体体现，也是全心全意为人民服务宗旨的具体体现。贾庆林说，人民政协汇集并在工作中联系着大量科技界知识分子和专家学者，在推进我国科技事业发展中，具有特殊重要的地位和作用。各级政协组织和广大政协委员特别是常委会组成人员，要深刻认识我国科技工作面临的机遇和挑战，积极主动地学习现代科技知识，了解和把握现代科技发展的趋势，不断加强自身的科技修养。要积极围绕科教兴国、可持续发展、人才强国等战略的实施，围绕国家科技发展战略规划的制定、科技体制的改革、重大科技政策的执行等问题，进行深入调研，提出真知灼见，为党和政府的科学决策、民主决策提供咨询和建议。

9月26日　我国成功回收第十九颗返回式卫星，表明我国的卫星回收控制技术更加成熟。

9月27日　胡锦涛在人民大会堂会见南非副总统雅各布·祖马。

同　日　我国残疾人体育健儿在残奥会上取得优异成绩，中共中央国务院致电祝贺。

9月28日　国家发改委召开全国循环经济工作会议。马凯主任在题为“贯彻和落实科学发展观，大力推进循环经济发展”的讲话中指出，要采取10项措施，在5个环节加快推进循环经济发展。

9月30日　新华社报道：中宣部等7部门向社会推荐“三个一百”。为深入贯彻党的十六大精神，认真落实《中共中央国务院关于进一步加强和改进未成年人思想道德建设的若干意见》，大力弘扬以爱国主义为核心的伟大民族精神，中宣部、中央文明办、教育部、文化部、国家广电总局、国家新闻出版总署、共青团中央向社会推荐“百部爱国主义教育影片、百首爱国主义教育歌曲、百种爱国主义教育图书”（“三个一百”）。

同　日　国务院举行国庆招待会，热烈庆祝中华人民共和国成立55周年。胡锦涛、吴邦国等出席，温家宝发表讲话。

本　月　中共中央颁布《中国共产党党员权利保障条例》。10月24日，新华社受权全文播发这部条例。这次颁布的《中国共产党党员权利保障条例》，是在1995年颁布实施的《中国共产党党员权利保障条例（试行）》的基础上修订而成的。

10月2日　中共中央总书记、国家主席、中央军委主席胡锦涛到北京市考察工作，专程看望广大基层干部。他强调，各级党委和政府都要从提高党的执政能力、巩固党的执政地位、实现党的执政使命的战略高度，真正重视、真情关怀、真心爱护广大基层干部，满腔热忱地支持和帮助基层干部做好工作。

10月7日　国务院总理温家宝在出席于印度尼西亚巴厘岛举行的第八次东盟与中日韩（10+3）领导人会议上，提出了研究建立东亚自由贸易区的可行性建议。

10月10日　国务院在北京召开出口退税机制改革工作座谈会。温家宝总理强调，要统一思想，加强领导，精心实施，确保出口退税改革顺利进行。

10月11日　经国家发改委、中国人民银行、中国证监会批准，2004年中国铁路建设债券开始公开发行。

10月12日　温家宝总理主持召开会议。温家宝听取了中国可持续发展矿产资源战略研究汇报，强调实现全面建设小康社会和现代化目标，不能走过量消耗自然资源特别是不可再生矿产资源的老路。

10月13日　温家宝总理主持召开国务院常务会议，讨论《国务院关于深化改革严格土地管理的决定》，部署加强和改进土地管理工作。会议强调，通过深化改革，建立适应社会主义市场经济体制要求，符合我国国情，严格、科学、有效的土地管理制度，是一项重大任务。当前，要采取切实有力的措施，依法严格土地管理，防止乱占滥用耕地和盲目投资，促进节约用地，巩固宏观调控成果，保证经济社会可持续发展。会议要求认真做好以下几项工作：（一）严格执行土地管理法律法规。加大土地执法力度，严肃查处非法批地、占地等违法案件。（二）切实保护基本农田。全国现有基本农田总量不能减少，用途不能改变，质量不能下降。基本农田要落实到地块和农户，严禁擅自改变和占用。严格执行耕地占补平衡制度。（三）改革和完善土地管理制度。综合运用法律手段、经济手段和必要的行政手段，实行标本兼治，有效解决土地管理中存在的问题。加快推进土地管理体制改革。加强土地规划、计划和城乡建设规划管理。（四）运用价格机制调控用地。土地价格要反映土地价值。制定基准地价和协议出让土地最低价标准。（五）维护国有和集体土地所有者权益。不得违反国家规定低价出让土地和减免建设用地有偿使用费，防止国有和集体土地资产流失。稳定农村土地基本经营制度，维护农民土地承包经营权。（六）切实保障被征地农民的利益。完善征地补偿办法，妥善安置被征地农民。加快清理偿还拖欠的征地补偿安置费用。（七）大力推进节约和合理用地。严格控制建设用地增量，着力盘活土地存量，新上建设项目首先要利用存量土地。制定和实施新的土地使用标准，完善相关税制，促进土地利用集约化，防止闲置浪费土地。（八）继续深入开展土地市场治理整顿。清理开发区和纠正违法违规占地要一抓到底，违法违规设立的、不具备条件的各类开发区要坚决撤销，圈占的土地能复耕的要限期复耕。（九）强化耕地保护和土地管理责任制。进一步明确土地管理的权力和责任。地方各级政府要对本地区耕地保有量和基本农田保护面积负责。抓紧建立耕地保护责任考核体系，把保护耕地作为考核政绩的重要内容。严格土地管理责任追究制度。会议还审议并原则通过了《世界博览会标志保护条例（草案)》。

10月14日　新华社报道：中共中央、国务院最近发出《关于进一步加强和改进大学生思想政治教育的意见》。《意见》强调，加强和改进大学生思想政治教育，提高他们的思想政治素质，把他们培养成中国特色社会主义事业的建设者和接班人，对于全面实施科教兴国和人才强国战略，确保我国在激烈的国际竞争中始终立于不败之地，确保实现全面建设小康社会、加快推进社会主义现代化的宏伟目标，确保中国特色社会主义事业兴旺发达、后继有人，具有重大而深远的战略意义。

同　日　中国和俄罗斯签署《关于中俄国界东段的补充协定》。这标志着中俄边界线走向已经全部确定。

10月15日　胡锦涛在京观摩全国公安民警大练兵汇报演练。他强调，保持社会稳定，是推进改革开放和社会主义现代化建设的基本前提，是全面建设小康社会的重要保证，也是构建社会主义和谐社会的必然要求。他对全国公安机关提出了四点要求：第一，切实提高维护国家安全的能力；第二，切实提高驾驭社会治安局势的能力；第三，切实提高处置突发事件的能力；第四，切实提高为经济社会发展服务的能力。

同　日　用水量较大的工业行业的取水标准日前批准发布。国家质量监督检验检疫总局和国家标准化管理委员会日前批准发布了火力发电、钢铁、石油、印染、造纸、啤酒、酒精等7个用水量较大的工业行业的取水定额国家标准。标准将于2005年1月1日起实行。

10月18日—24日　首届全国宣传文化系统“四个一批”人才工程研讨班在北京举行。“四个一批”人才培养工程的主要目标是，用5—10年时间，培养造就一批全面掌握邓小平理论和“三个代表”重要思想、学贯中西、联系实际的理论家，一批坚持正确导向、深入反映生活、受到群众喜爱的名记者、名编辑、名主持人，一批熟悉党和国家方针政策、社会责任感强、精通业务知识的出版家，一批紧跟时代步伐、热爱祖国和人民、艺术水平精湛的作家、艺术家，使他们成为宣传文化系统各领域的领军人物和学术带头人。

10月20日　河南郑煤集团大平煤矿发生特大瓦斯爆炸事故，148名矿工遇难。事故发生后，胡锦涛主席、温家宝总理等中央领导立即要求千方百计抢救被困人员，认真查明事故原因，做好善后工作，保持矿区稳定。

同　日　国务院总理温家宝主持召开国务院常务会议，分析三季度经济形势，研究部署四季度经济工作。会议指出，必须清醒地看到，当前经济生活中仍存在不少矛盾和问题，突出表现是，农业基础不稳固，固定资产投资规模仍然偏大，物价上涨面临较大压力。因此，要毫不放松地做好第四季度经济工作。要继续贯彻落实宏观调控的政策措施，综合运用多种手段，更多地采取经济和法律手段，发挥市场机制作用，巩固宏观调控的成果，努力实现全年经济社会发展任务，并为2005年经济工作打下良好基础。会议要求，第四季度要突出做好以下工作：一是进一步做好“三农”工作。搞好秋粮收购，保证农民增产增收。抓好秋冬种，增加粮食播种面积。加强冬季农田水利基本建设。二是继续控制固定资产投资规模。通过实行市场准入、产业政策和行业规划等措施，加强对新上项目的引导、控制和监督，防止集中上项目。认真贯彻国务院关于深化改革严格土地管理的决定，依法管好土地。合理控制货币信贷总量，调整信贷结构，完善信贷管理机制。三是加强经济运行调节。做好煤炭、电力、铁路运输的组织协调工作，保证各地冬季生产生活的需要。四是认真做好财政税收工作。继续搞好增收节支，依法加强税收征管。在财政收入形势好的情况下，尤其要防止铺张浪费，防止年终突击花钱。五是加大市场和物价监管力度。保持物价基本稳定，严肃查处价格违法行为。六是重视解决关系群众切身利益的问题。年终岁末，特别要安排好城乡困难群众生活，继续做好就业再就业和社会保障工作。七是搞好安全生产，防止各类重大事故发生，保护群众生命安全。妥善处理各类社会矛盾，切实维护社会稳定。

10月21日　中共中央政治局召开会议，讨论并决定从2005年1月开始在全党开展以实践“三个代表”重要思想为主要内容的保持共产党员先进性教育活动。中共中央总书记胡锦涛主持会议。会议指出，党的先进性要通过广大党员模范行动来体现。新形势新任务，对保持共产党员的先进性提出了新的更高的要求。在全党开展保持共产党员先进性教育活动，是坚持用“三个代表”重要思想这一马克思主义在中国发展的最新成果武装全党的重要举措，是提高党的执政能力、推进党的建设新的伟大工程的重要举措，是实现全面建设小康社会宏伟目标、开创中国特色社会主义事业新局面的重要举措。会议强调，开展先进性教育活动，落实立党为公、执政为民的本质要求，坚持党要管党、从严治党的方针。要紧密联系改革发展稳定和党员队伍建设的实际，以实践“三个代表”重要思想为主要内容，组织广大党员学习贯彻党章，坚定理想信念，坚持党的宗旨，增强党的观念，发扬优良传统。要认真解决党员和党的组织在思想、组织、作风以及工作方面存在的突出问题，促进影响本地区本单位改革发展稳定、与群众生产生活和利益密切相关的热点难点问题的解决。要通过这次先进性教育活动，达到提高党员素质、加强基层组织、服务人民群众、促进各项工作的目标，切实增强党员队伍和党组织的创造力、凝聚力、战斗力，提高党的执政能力，为实现全面建设小康社会的宏伟目标提供坚强组织保证。

同　日　《国务院关于深化改革严格土地管理的决定》公开发表。

10月22日　中共中央政治局日下午进行第十六次集体学习，中共中央总书记胡锦涛主持。中央民族大学杨圣敏教授、中国社会科学院郝时远研究员就这个问题进行了讲解，并谈了他们对进一步做好我国民族工作的看法和建议。中央政治局各位同志认真听取了他们的讲解，并就有关问题进行了讨论。胡锦涛在主持学习时发表了讲话。他指出，民族问题始终是关系党和国家工作全局的一个重大问题。在革命、建设、改革的长期实践中，我们党坚持把马克思主义民族理论同我国民族问题具体实际相结合，走出了一条符合我国国情、具有中国特色的解决民族问题的正确道路，我国平等、团结、互助的社会主义民族关系不断发展和巩固，汉族离不开少数民族、少数民族离不开汉族、各少数民族之间也相互离不开的观念深入人心，民族地区呈现出蓬勃发展的良好局面。胡锦涛强调，全党同志特别是各级领导干部都要坚持学习和实践马克思主义民族理论，深入学习党的民族政策，学习民族学、人类学、社会学和宗教学等有关民族问题的知识，不断丰富自己为做好民族工作所需要的各方面知识。要坚持理论联系实际，加强调查研究，深入研究新情况、解决新问题，进一步认识和把握新的历史条件下民族问题发展变化的特点和规律，创新民族工作的思路和方法，不断提高驾驭和解决民族问题的能力。特别是要加强对那些前瞻性、战略性重大问题的研究，牢牢掌握工作主动权。要大力加强对马克思主义民族理论、党的民族政策和民族基本知识的宣传教育。不仅要教育群众，更要教育干部；不仅要教育少数民族干部，更要教育汉族干部；不仅要教育一般干部，更要教育领导干部。要通过广泛深入的宣传教育，在全社会形成自觉维护民族团结、促进民族地区发展的良好氛围。胡锦涛指出，本世纪前20年，是我国改革发展的重要战略机遇期，也是促进我国各民族共同繁荣进步的关键时期。必须围绕全面建设小康社会的宏伟目标，牢牢把握各民族共同团结奋斗、共同繁荣发展的主题，努力把民族工作提高到一个新的水平。要抓住国家实施西部大开发的历史机遇，牢固树立和落实科学发展观，加快少数民族和民族地区经济社会发展的步伐，不断改善少数民族群众的生活。要全面贯彻落实民族区域自治法，用法律法规来保障少数民族和民族地区经济社会发展，用发展的成就不断充实实行民族区域自治制度的物质基础。要在全社会广泛开展民族团结的宣传教育，真正做到各民族同呼吸、共命运、心连心。胡锦涛强调，要贯彻人才强国战略，把民族地区人才资源开发作为一项重大战略任务抓紧抓好，不断提高干部群众的综合素质，促进人的全面发展。要把少数民族干部队伍建设作为一件管根本、管长远的大事，加大工作力度，注重提高素质、改善结构，努力建设一支德才兼备的高素质少数民族干部队伍。胡锦涛指出，各级党委和政府要切实加强和改善对民族工作的领导，把民族工作摆上重要议事日程，经常研究，切实抓好。要关心少数民族群众生活，倾听少数民族群众呼声，下大气力解决少数民族群众特别是贫困群众生产生活中遇到的困难。要最广泛、最充分地把各族群众凝聚和团结在党和政府周围，不断巩固和发展我国各民族团结奋进、共谋发展的良好政治局面，万众一心地实现全面建设小康社会的伟大历史任务。

同　日　**全国新型农村合作医疗试点工作会议在京召开。**胡锦涛总书记和温家宝总理作出重要指示，强调要扎实推进试点工作。

10月24日　**中国保监会、中国证监会联合发布并实施《保险机构投资者股票投资管理暂行办法》，这标志着我国保险资金首次获准直接投资股票市场。**

10月25日　**温家宝总理主持召开国务院南水北调工程建设委员会第二次全体会议，强调要采取措施扎实推进南水北调工程建设。**

10月26日　**国务院总理温家宝主持召开国务院常务会议，讨论、审议并原则通过《中华人民共和国公证法（草案）》和《劳动保障监察条例（草案）》。**会议认为，为了规范公证活动，保障公证机构和公证员依法履行职责，预防民商事纠纷，保障公民、法人或者其他组织的合法权益，制定《中华人民共和国公证法》是十分必要的。会议决定，《中华人民共和国公证法（草案）》经进一步修改后，由国务院提请全国人大常委会审议。会议认为，根据劳动法和有关法律，制定并实施《劳动保障监察条例》，对于贯彻实施劳动和社会保障法律、法规和规章，规范劳动保障监察工作，维护劳动者的合法权益具有重要意义。会议决定，《劳动保障监察条例（草案）》经进一步修改后，由国务院公布施行。会议还研究了其他事项。

10月27日　**十届全国人大常委会第十二次会议表决通过全国人大常委会关于修改全国人民代表大会和地方各级人民代表大会选举法的决定。**国家主席胡锦涛签署第二十九号主席令，公布了这一决定。新华社受权全文播发了这一决定和修改后的选举法。修改后的选举法共有11章53条，约8 500字，分为总则，地方各级人民代表大会代表名额，全国人民代表大会代表名额，各少数民族的选举，选区划分，选民登记，代表候选人的提出，选举程序，对代表的监督、罢免和补选，对破坏选举的制裁，附则。根据修改后的选举法，省、自治区、直辖市的代表名额基数为350名，省、自治区每15万人可以增加1名代表，直辖市每2.5万人可以增加1名代表，但是代表总名额不得超过1 000名。修改后的选举法重新引入了预选程序。决定规定，由选民直接选举的人民代表大会代表候选人，由各选区选民和各政党、各人民团体提名推荐。如果所提候选人的人数超过本法规定的最高差额比例，由选举委员会交各该选区的选民小组讨论、协商，根据较多数选民的意见，确定正式代表候选人名单。对正式代表候选人不能形成较为一致意见的，进行预选，根据预选时得票多少的顺序，确定正式代表候选人名单。修改后的选举法规定，选举委员会可以组织代表候选人与选民见面，回答选民的问题，但是在选举日必须停止对代表候选人的介绍。修改后的选举法对选民罢免代表的条件作出了具体规定，即：对于县级的人民代表大会代表，原选区选民50人以上联名，对于乡级的人民代表大会代表，原选区选民30人以上联名，可以向县级的人民代表大会常务委员会书面提出罢免要求。针对贿选、伪造文件等破坏选举的行为，修改后的选举法规定，为保障选民和代表自由行使选举权和被选举权，对破坏选举，违反治安管理处罚规定的，依法给予治安管理处罚；构成犯罪的，依法追究刑事责任；以金钱或者其他财物贿赂选民或者代表，妨害选民和代表自由行使选举权和被选举权的；以暴力、威胁、欺骗或者其他非法手段妨害选民和代表自由行使选举权和被选举权的；伪造选举文件、虚报选举票数或者有其他违法行为的；对于控告、检举选举中违法行为的人，或者对于提出要求罢免代表的人进行压制、报复的，依法追究刑事责任。

同　日　温家宝总理在国家信息化领导小组会议上强调，信息化是覆盖现代化建设全局的重大战略举措。会议讨论了《关于加强信息资源开发利用工作的若干意见》和《关于加快我国电子商务发展的若干意见》。

10月29日　经国务院批准，中国人民银行决定自当日起上调金融机构存款基准利率并放宽人民币贷款利率浮动区间，允许人民币存款利率下浮，但不能上浮。

同　日　中国人民银行将1年期存款和贷款基准利率分别由现行的1.98%和5.31%提高到2.25%和5.58%。其他各档次存贷款利率相应调整，中长期上调幅度大于短期。

11月5日　国务院总理温家宝主持召开国务院常务会议，分析

2004年财政收支形势，部署继续做好财政工作，审议并原则通过《财政违法行为处罚处分条例（草案）》和《病原微生物实验室生物安全管理条例（草案）》。会议认为，2004年以来，国民经济朝着宏观调控的预期目标发展，保持平稳增长的良好势头。经济效益提高，财政收入大幅增长。财政工作认真贯彻落实中央宏观调控的政策措施，预算执行情况良好，财政、税务、海关系统立足全局，在加强财政预算管理和税收征管等方面做了大量卓有成效的工作。会议强调，在2004年还有不到2个月的时间里，财政工作丝毫不能放松。要继续做好增收节支工作，重点抓好以下几个方面：（一）依法加强税收征管，严格控制减免税，堵塞各种漏洞，切实做到应收尽收，确保财政收入应有增长。（二）合理安排财政支出结构。在保证重点支出的同时，严格控制一般性财政支出。各方面都要厉行节约，反对铺张浪费，坚决防止年终突击花钱。（三）妥善用好财政超收收入。中央财政超收部分，主要用于加强农业等薄弱环节，促进社会事业发展，支持改革，帮助困难地区和困难群众，解决财政历史遗留问题。地方财政超收部分，也要精打细算，保证重点支出。(四）严肃财经纪律。严格依法办事，坚决查处各种违反财经纪律行为。（五）认真做好2005年财政预算编制工作。贯彻落实科学发展观，统筹兼顾，调整结构，量入为出，留有余地，为明年改革、发展、稳定创造条件。（六）中央和地方各级财政收支安排和预算编制，都要自觉接受同级人民代表大会及其常委会的监督。会议认为，1987年6月国务院公布施行的《国务院关于违反财政法规处罚的暂行规定》，对于维护财经秩序，促进国民经济健康发展，发挥了重要作用。随着我国社会主义市场经济的发展和财政体制改革的深化，有必要在总结实施《处罚规定》经验的基础上，制定《财政违法行为处罚处分条例》。会议决定，《财政违法行为处罚处分条例（草案）》经进一步修改后，由国务院公布施行。会议还审议并原则通过了《病原微生物实验室生物安全管理条例（草案）》，由国务院公布施行。

11月7日　国家发改委主任马凯在中国循环经济发展论坛2004年年会上发言。他指出，我国将采取多种措施，深化改革，形成有利于促进循环经济发展的体制条件和政策环境；综合运用财税、投资、信贷、价格等政策条件，调节和影响市场主体的行为，建立自觉节约资源和保护环境的机制。

11月10日　国务院总理温家宝主持召开国务院常务会议，研究2008年北京奥运会筹办工作和改善农民进城就业环境问题。会议认为，北京市获得2008年奥运会举办权以来，做了大量卓有成效的工作，各项筹办工作进展顺利。目前奥运会筹办工作已进入关键阶段。会议要求，要贯彻以人为本、全面协调可持续的科学发展观，把绿色奥运、科技奥运、人文奥运落实到筹办工作的各个方面。要按照节俭办奥运的方针，推进奥运场馆及设施建设，并统筹考虑建设、管理和赛后利用，加强对资金使用和工程建设的监督，确保所有建设项目高质量按期完成。要把筹办奥运与首都城市发展、生态环境保护、精神文明建设结合起来，加强城市交通、通讯等基础设施建设，继续进行空气污染治理，开展奥运宣传、文化和教育工作，为开好奥运会创造良好的物质环境和人文环境。要继续加强与国际奥委会和有关国际组织的交流与合作。国务院各有关部门和社会各方面要大力支持和积极参与奥运会筹办工作。中国政府和人民有信心、有能力将2008年北京奥运会办成一次有特色、高水平的奥运会。会议听取了劳动和社会保障部关于进一步做好改善农民进城就业环境的工作汇报。会议认为，农民有序进城就业对于促进农村劳动力转移，增加农民收入，统筹城乡发展都具有重大意义。各级政府特别是城市政府要把改善农民工的就业环境作为重要职责，切实维护农民工的合法权益。会议要求，当前要重点做好几项工作：（一）继续清理拖欠农民工工资，2004年年底开展一次检查，督促地方和企业落实清欠计划。（二）加快清理和取消针对农民进城就业的歧视性规定、不合理限制和乱收费。（三）加大劳动监察执法力度，完善农民工劳动合同管理制度，落实最低工资制度，严厉查处拖欠克扣工资、随意延长工时、使用童工和劳动环境恶劣损害人身健康等问题。（四）改善就业服务，积极发展有组织的劳务输出，开放城市公共职业介绍机构，免费向农民工提供就业信息、职业指导和职业介绍服务，加强农民工职业技能培训。（五）整顿劳动力市场秩序，严厉打击职业介绍领域的各种违法犯罪活动，取缔非法职业中介机构，规范企业招用工行为。（六）以农民工集中、工伤和职业病风险程度比较高的建筑、矿山等行业作为重点，大力推进农民工工伤保险。

同　日　国务院召开全国抗旱和冬春农田水利基本建设电视电话会议。温家宝总理指示要求确保冬季农业生产，确保经济发展和群众生活用水。

同　日　中国人民银行对外发布《金融机构外汇存款准备金管理规定》。规定自2005年1月15日起金融机构外汇存款准备金率统一调整为3%。

11月11日—23日　胡锦涛对巴西、阿根廷、智利、古巴进行国事访问，并出席在智利首都圣地亚哥举行的亚太经济合作组织第十二次领导人非正式会议。12日，胡锦涛在巴西国会发表《携手共创中拉友好新局面》的演讲，希望中拉政治上相互支持，成为可信赖的全天候朋友；经济上优势互补，成为在新的起点上互利共赢的合作伙伴；文化上密切交流，成为不同文明积极对话的典范。

11月15日　振兴老工业基地工作座谈会在沈阳召开。温家宝总理在会上强调，要始终以改革为动力推进东北地区等老工业基地的振兴，重点要抓好8项任务。

11月16日　中国人民银行发布《个人财产对外转移售付汇管理暂行办法》，明确了移民财产和继承财产购汇对外转移的相关外汇管理政策。

11月17日　全国开展对整顿土地市场的情况的检查。由国土资源部、国家发改委、财政部、监察部、建设部、农业部和审计署等7部委组成的联合抽查验收小组分赴各地，对全国深入开展土地市场治理整顿的情况进行检查验收。

11月18日　中国人民银行宣布，即日起上调境内商业银行美元小额外币存款利率上限。中国银监会就商业银行投资设立基金管理公司提出3项原则。

11月19日　国务院办公厅转发《国务院安全生产委员会办公室

关于加强煤矿安全监督管理，进一步做好小煤矿关闭整顿工作意见》的紧急通知。通知要求各地区、各有关部门进一步做好小煤矿关闭工作，坚决遏制煤矿重特大事故的发生，促进煤矿安全生产形势的稳定好转。

11月21日　新华社报道：中共中央办公厅近日发出通知，转发《中共中央组织部关于进一步加强和改进街道社区党的建设工作的意见》。

11月23日　新华社报道：《中国共产党历届中央委员大辞典(1921–2003)》最近出版发行。由中共中央组织部、中共中央党史研究室共同编纂的大型政治性资料图书《中国共产党历届中央委员大辞典（1921—2003)》，最近由中共党史出版社出版发行。这是新中国成立以来出版的第一部正规、权威的历届中共中央委员人物辞典。

11月24日　新华社报道：经中央军委批准，解放军总参谋部、总政治部、总装备部近日联合颁布《军队领导干部经济责任审计规定》。《规定》指出，军队团级以上单位和机关部门负有经济责任的领导干部，在任现职2年以上、即将离任、干部考核或经济方面有反映的情况下，都应当按照规定接受审计。

11月25日　经国务院同意，国家发改委发布《节能中长期规划》。这是改革开放以来我国制定和发布的第一个节能中长期专项规划。

同　日　国土资源部发布公告。首批北京经济技术开发区等52家国家级经济技术开发区符合清理整顿的要求，已通过审核，恢复正常的建设用地供应。

11月26日　国务院总理温家宝主持召开国务院常务会议，研究当前农业和农村工作。会议认为，2004年以来，中央把加强农业特别是粮食生产作为宏观调控的重要任务，出台了一系列更直接、更有效的政策措施，粮食生产出现重要转机，农民收入实现较快增长，为保持经济社会稳定和发展提供了重要的物质基础。会议指出，必须清醒地看到，我国农业基础薄弱的局面并没有改变，加强农业仍然是2005年整个经济工作的首要任务。要认真贯彻党的十六届四中全会精神，增强落实党的农村政策的自觉性，围绕提高农业综合生产能力，实现粮食增产、农业增效、农民增收，继续加大农村改革力度和农业投入力度，加强农业和农村基础设施建设，加快农业科技创新和推广，努力把农业和农村发展的好势头保持下去。会议提出，2004年冬—2005年春要重点抓好以下七项工作：（一）要认真贯彻落实国务院关于深化改革严格土地管理的决定，稳定和完善农村土地承包关系，切实保护耕地，维护农民利益。（二）认真做好粮食购销工作，努力保持粮价在合理水平上基本稳定，保护农民种粮积极性。（三）切实抓好冬季农田水利基本建设，抓紧抗旱水源工程建设和水毁工程修复，推进大中型灌区工程配套，加强农村人畜饮水工程建设。（四）加强冬季农业生产和管理。落实科学管理措施，确保农作物安全越冬。加强动物疫病防控工作。（五）做好扶贫和救灾工作。要努力改善贫困村的生产生活条件。各级干部要深入灾区和贫困地区，帮助灾区群众解决生产生活问题。（六）落实好各项备耕措施。做好种子、化肥、柴油、农膜等生产资料供应工作。切实加强农资价格监管。动员组织好科技下乡活动。（七）全面落实已出台的各项支农政策，特别要抓好扶持粮食生产的各项补贴、减征和免征农业税、清理拖欠农民工工资、清理拖欠被征地农民补偿安置费等政策的落实。

11月29日　《人民日报》报道：中纪委、中组部、监察部、人事部、审计署近日联合发文。决定自2005年1月1日起，将党政领导经济责任审计范围从县级以下扩大到地厅级。

11月30日　新华社报道：中共中央纪委、中共中央组织部、中共中央宣传部、中央保持共产党员先进性教育活动领导小组联合发出《关于开展向牛玉儒同志学习活动的决定》。《决定》号召全体党员干部特别是领导干部，向新时期党员领导干部的楷模牛玉儒学习。牛玉儒生前任内蒙古自治区党委常委、呼和浩特市委书记。

同　日　新华社报道：中共中央组织部对9名同志作出表彰。中共中央组织部日前作出决定，授予艾买尔·依明、王光会、王秋明、朱子龙、张清、周英、徐国信、黄家斌8名同志“全国优秀组工干部”称号，追授祁爱群“全国优秀组工干部”称号，并对这9名同志予以表彰。

12月1日　中共中央政治局召开会议，分析当前经济形势和研究2005年经济工作。中共中央总书记胡锦涛主持会议。会议认为，2004年以来，全党全国各族人民在党的十六大和十六届三中、四中全会精神指引下，树立和落实科学发展观，坚持以经济建设为中心，继续推进改革开放，加强和改善宏观调控，大力发展农业特别是粮食生产，有效遏制固定资产投资过快增长，使经济运行中不健康、不稳定因素得到抑制，薄弱环节得到加强，人民生活进一步改善，经济建设和各项社会事业发展取得了新的成就。这为我们紧紧抓住和充分利用重要战略机遇期、促进经济平稳较快发展打下了重要基础。会议指出，2005年是“十五”计划的最后一年，也是进一步巩固和发展宏观调控成果、保持经济社会发展良好势头的关键一年。做好2005年的经济工作，对于全面实现“十五”计划目标，为“十一五”期间经济社会发展奠定坚实基础，具有十分重要的意义。会议指出，根据我国宏观经济形势的发展变化和巩固宏观调控成果的要求，2005年要实行稳健的财政政策和货币政策，加强各项宏观调控政策措施的协调配合，合理调控总量，着力调整结构，促进经济平稳较快增长。会议指出，要继续把解决好“三农”问题作为全党工作的重中之重，进一步加大对农业和农村经济发展的支持力度，促进粮食增产、农民增收。适应国内外市场需求变化和提高核心竞争力的要求，着力推进结构调整，严把土地、信贷闸门，继续控制固定资产投资规模。深化经济体制改革，提高对外开放的质量和水平。增强全民节约意识，大力节约能源和重要资源，加快发展循环经济。认真做好就业再就业和社会保障工作，进一步扩大居民消费，切实维护人民群众的切身利益。统筹经济社会发展，加快推进科技、教育等社会事业进步。正确处理改革发展稳定的关系，切实维护社会稳定。会议决定，近期召开中央经济工作会议，就相关工作进行研究部署。

同　日　中共中央政治局进行第十七次集体学习，中共中央总书记胡锦涛主持。中共中央政治局这次集体学习安排的内容是中国社会主义道路探索的历史考察。中央党校陈雪薇教授、刘海涛教授就这个问题进行讲解，并谈了他们的有关看法和建议。中央政治局各位同志认真听取了他们的讲解，并就有关问题进行了讨论。胡锦涛在主持学习时发表了讲话。他指出，当今世界和中国的实践都表明，一个国家要实现经济社会发展、实现长治久安，必须找到一条既适合自己国情、又符合时代要求的发展道路。从改革开放的伟大实践中，从历史比较和国际观察中，我们更加深刻地认识到，中国特色社会主义道路是我国进一步实现民族振兴、国家富强和人民幸福的必由之路、成功之路、胜利之路。我们必须从党和国家兴旺发达和长治久安的高度，从中华民族伟大复兴的高度，进一步增强坚持走中国特色社会主义道路的自觉性和坚定性，坚定不移地坚持党的基本理论、基本路线、基本纲领、基本经验，团结带领全国各族人民把中国特色社会主义事业不断推向前进。胡锦涛指出，只有善于科学总结经验、注重认真学习经验，才能把中国特色社会主义道路坚持好、发展好。社会主义是在实践中不断发展的，也是在总结经验中不断前进的。胡锦涛强调，中国特色社会主义的实践在发展，我们对社会主义建设规律的认识也在不断深化。我们要尊重实践、尊重群众，在人民创造历史的伟大实践中，不断深化对社会主义建设规律的认识，并创造性地运用规律来指导研究和解决我国改革开放和现代化建设中的重大问题，使我们的思想和行动更加符合客观实际、更加符合社会主义初级阶段的国情和时代发展的要求、更加符合人民群众的愿望和利益。胡锦涛指出，要坚持从我国国情出发，坚持以宽广的眼界观察世界，科学分析和判断我国社会主义社会的主要矛盾，全面把握我国经济、政治、文化和社会发展的基本特征，努力从推动我国生产关系同生产力、上层建筑同经济基础相适应的实践中深化对社会主义建设规律的认识。要坚持以人为本、全面协调可持续的科学发展观，正确认识和处理社会主义物质文明、政治文明、精神文明与和谐社会建设的关系，从促进经济社会协调发展和人的全面发展的实践中深化对社会主义建设规律的认识。要坚持全心全意为人民服务的宗旨，坚持以最广大人民的根本利益为各项工作的出发点和落脚点，正确反映和兼顾不同方面群众的利益，最广泛最充分地调动一切积极因素，在动员和组织全国各族人民投身社会主义事业的历史创造中深化对社会主义建设规律的认识。

12月3日—5日　中共中央、国务院在北京召开中央经济工作会议。中共中央总书记、国家主席、中央军委主席胡锦涛，中共中央政治局常委、全国人大常委会委员长吴邦国，中共中央政治局常委、国务院总理温家宝，中共中央政治局常委、全国政协主席贾庆林，中共中央政治局常委、国家副主席曾庆红，中共中央政治局常委、国务院副总理黄菊，中共中央政治局常委、中央纪委书记吴官正，中共中央政治局常委李长春，中共中央政治局常委、中央政法委书记罗干出席会议。胡锦涛从全局和战略的高度，全面分析了当前国际国内形势，明确提出了2005年经济工作的指导思想和总体要求及必须把握的原则，着重强调了2005年经济工作的主要任务。温家宝在讲话中全面总结了2004年的经济工作，阐述了2005年经济工作中需要高度重视的问题，并对2005年经济工作作出了具体部署。会议认为，当前，国际形势继续发生深刻变化。世界格局处于向多极化过渡的重要时期，经济全球化趋势继续在曲折中发展。总体看，和平、发展、合作是形势的主流，但影响世界和平与发展的不稳定、不确定因素也在增加。从当前世界经济形势及其发展趋势看，2005年我国经济发展面临的国际环境仍然是机遇和挑战并存，但总体上还是机遇大于挑战。我们必须增强忧患意识，积极进取，因势利导，趋利避害，紧紧抓住并切实用好重要战略机遇期，不断提高我国的综合国力，全面增强我国经济的整体竞争力。会议指出，2004年以来，针对经济生活中出现的新情况新问题，中央决定采取进一步加强和改善宏观调控的政策措施，抓住主要矛盾，抓准关键环节，抑制经济运行中的不健康不稳定因素，避免出现大的起落，保持了经济发展的良好势头。粮食生产出现重要转机，农民收入实现较快增长；部分行业投资过快增长的势头得到抑制，薄弱环节得到加强；经济效益继续提高，财政收入、企业利润大幅增加；各项改革继续推进，对外开放不断扩大；就业再就业工作取得新进展，人民生活进一步改善。实践证明，一年多来中央所采取的宏观调控政策措施是及时的、正确的、有效的。这次宏观调控以科学发展观为指导，是具有预见性的主动调控，是把握全局、有抑有扬的调控，是主要运用经济、法律手段的调控，是治标与治本相结合的调控。会议指出，2005年经济工作的总体要求是：以邓小平理论和“三个代表”重要思想为指导，认真贯彻党的十六大和十六届三中、四中全会精神，全面落实科学发展观，坚持发展这个党执政兴国的第一要务，进一步提高驾驭社会主义市场经济的能力，加强和改善宏观调控，着力推进改革开放，加快调整经济结构、转变经济增长方式，更好地利用重要战略机遇期，实现经济社会全面协调可持续发展。会议提出了2005年经济工作的主要任务：一、继续加强和改善宏观调控，确保经济平稳较快发展。全党同志要站在维护好和利用好重要战略机遇期的高度，充分认识社会主义市场经济条件下宏观调控的必要性、长期性和艰巨性，增强贯彻落实中央各项政策措施的自觉性，进一步巩固和发展来之不易的好形势。为保持经济平稳较快增长，必须合理确定经济增长的预期目标，妥善处理发展速度和质量效益的关系，把工作重点真正放在提高经济增长的质量和效益上。要实行稳健的财政政策和货币政策，继续控制固定资产投资规模的过快增长。在落实加强和改善宏观调控的各项政策措施时，要充分体现区别对待、有保有压的原则；要发挥市场配置资源的基础性作用，更加注重运用经济手段和法律手段；要不断调整投资和消费的关系，提高城乡居民消费能力，增强消费对经济增长的拉动作用。二、继续加大对“三农”的支持力度，保持农业和农村发展的好势头。2004年农村经济社会发展形势好，是多种有利因素共同作用的结果，许多方面带有恢复性质。继续保持农村经济发展的好势头，任务十分艰巨。必须坚持把解决好“三农”问题作为全党工作的重中之重，任何时候都不能放松。2005年各项支农措施的力度只能加大，不能减弱。已经实行的政策不能变，已经给农民的实惠不能减，随着国家财力物力的增强，还要逐步加大支农力度。要从提高农业综合生产能力出发，采取更加有力的措施，加强农业基础设施建设，改善农村的生产生活条件。要继续深化农村税费改革，不断开辟新的支农资金渠道，形成农业投入稳定增长的机制。要增加科技投入，加快农业科技创新，加强农业技术推广体系建设。积极发展农业产业化经营。要加快发展农村教育、卫生、文化等社会事业，加强农村基层组织建设、民主法制建设和精神文明建设，提高农村劳动者素质，促进农村经济社会全面发展，维护农村社会稳定。我国现在总体上已到了以工促农、以城带乡的发展阶段。我们应当顺应这一趋势，更加自觉地调整国民收入分配格局，更加积极地支持“三农”发展。要站在全局的高度重视发展农业，动员全党全社会都来关心和支持农业。三、大力推进结构调整，促进经济增长方式转变。当前和今后一个时期，要抓住影响结构优化和协调发展的重要环节，加大结构调整的力度。第一，提高自主创新能力是推进结构调整的中心环节。要健全技术研究和开发体系，坚持先进技术引进和消化、吸收、创新相结合，完善鼓励创新的政策体系，着力培育富有创新能力的各类人才。第二，节约能源、资源是优化结构的重要目标。必须坚决扭转高消耗、高污染、低产出的状况，全面转变经济增长方式。要坚持开发与节约并举，把节约放在首位，大力发展循环经济，逐步构建节约型的产业结构和消费结构，走出一条具有中国特色的节约型发展道路。第三，推进城镇化健康发展是结构调整的重要内容。我国正处于城镇化加快发展的重要时期，必须有效引导城镇化健康发展，妥善处理城乡关系，建立逐步改变城乡二元结构的机制。要注意保护和节约土地，维护农民的合法权益，合理把握城镇化进度。第四，促进区域经济协调发展是结构调整的重大任务。实施西部大开发，振兴东北等老工业基地，促进中部地区崛起，鼓励东部地区率先发展，实现相互促进、共同发展。要进一步发挥市场机制在区域发展中的重要作用，发挥各地区的比较优势，加大对欠发达地区和困难地区的扶持力度。四、着力推进经济体制改革，建立健全全面协调可持续发展的制度保障。着力推进改革，继续完善社会主义市场经济体制，是当前的一项重要任务。要抓住经济形势好、各方面改革意识增强的有利时机，按照党的十六大和十六届三中、四中全会的部署，着力推进改革，为经济社会发展提供强大动力，带动全局工作。2005年的改革要围绕解决影响发展全局的深层次矛盾和问题，突出重点、积极推进、稳步实施。要着眼于增强活力和竞争力，继续深化企业改革。完善国有资产监督管理体制，加快建立健全现代企业制度，积极推进国有经济布局和结构调整，防止国有资产流失。积极鼓励、支持和引导非公有制经济发展，改进服务和加强监管，不断提高非公有制经济的产业层次和企业素质。要着眼于完善宏观调控体系，增强调控的有效性。继续深化财税体制改革、金融体制改革、行政管理体制改革，落实投资体制改革方案。要着眼于完善现代市场体系，促进资源优化配置。加快资本、劳动力、技术等要素市场和社会信用体系建设。要着眼于理顺和规范经济关系，完善经济法律制度。当前，改革处于攻坚阶段，要坚持社会主义市场经济的改革方向，妥善处理好改革发展稳定的关系，既要敢于攻坚、锐意推进，又要兼顾各方、积极稳妥，把握好政策措施出台的时机、力度和节奏。要做好改革的总体指导、综合配套和统筹协调，使改革措施有机衔接、相互促进，真正落到实处。五、统筹国内发展和对外开放，增强国际竞争力。为适应经济全球化趋势和我国经济持续较快发展的新形势，要不断提高对外开放水平，加快转变外贸增长方式，推进贸易方式和市场多元化。要大力提高利用外资质量，以提升自主创新能力为出发点，不断优化利用外资结构，促进产业升级和技术创新。要继续实施“走出去”战略，加强同国外的经济技术合作，增强企业的技术和市场开发能力。六、坚持以人为本，努力构建社会主义和谐社会。要把广大人民群众迫切要求解决的问题，作为我们的工作重点。积极扩大就业，努力完善社会保障体系，逐步理顺分配关系，加快社会事业发展，是维护群众利益、促进社会公平、构建社会主义和谐社会的重要任务。要坚持在发展中解决就业问题，继续落实就业再就业的各项优惠政策，逐步完善社会保障体系，进一步完善城市居民最低生活保障制度，切实保障困难群众的基本生活。高度重视解决农村贫困人口的生活困难问题。整顿和规范收入分配秩序，合理调整国民收入分配格局。加大对社会事业的支持力度，更好地满足广大人民群众的需要。抓好国家中长期科技发展规划的制定和实施。加快普及农村九年义务教育，加强基层群众文化活动阵地建设，建立和完善疾病预防控制体系和医疗救治体系。要认真抓好安全生产，保护人民群众的生命财产安全。加强社会治安综合治理，依法惩处各种违法犯罪行为。会议对2005年的经济工作作出了全面部署：一、继续加强和改善宏观调控，正确把握调控的力度和重点，保持经济平稳较快发展和物价基本稳定；二、进一步加强"三农"工作，提高农业综合生产能力，促进粮食增产和农民增收；三、控制固定资产投资总规模，优化投资结构，调整投资与消费关系；四、坚持走新型工业化道路，加快经济结构调整和增长方式转变；五、促进东中西互动、优势互补，实现各地区共同发展；六、进一步实施科教兴国战略，加快各项社会事业发展；七、坚持以人为本，做好关系人民群众利益的各项工作，维护社会稳定；八、着力推进经济体制改革，全面提高对外开放水平。同时，2005年还要抓紧做好"十一五"规划和2020年远景目标的制定工作。出席这次会议的中央领导同志还有王乐泉、王兆国、回良玉、刘淇、刘云山、吴仪、张立昌、张德江、陈良宇、周永康、俞正声、贺国强、郭伯雄、曹刚川、曾培炎、王刚、徐才厚、何勇、顾秀莲、盛华仁、路甬祥、唐家璇、华建敏、陈至立、肖扬、贾春旺、王忠禹、廖晖、刘延东、白立忱、陈奎元、徐匡迪和周光召，以及中央军委委员梁光烈、李继耐、廖锡龙、陈炳德、乔清晨、张定发、靖志远。浙江、湖南、贵州和吉林的主要负责同志在大会上发了言。各省、自治区、直辖市和计划单列市、新疆生产建设兵团的党政主要负责人，党中央有关部门、国务院各部委和有关单位的主要负责人，军队及武警部队有关负责人出席了会议。

12月6日　财政部、国土资源部、中国人民银行联合发布《关于进一步加强新增建设用地土地有偿使用费征收使用管理的通知》。通知从严格用地审批、开展清欠工作、调整缴库方式以及强化管理监督等4个方面制定了具体措施。

12月8日　全国发展和改革工作会议在京举行。国家发改委主任马凯指出，2005年全国发展和改革工作的重点任务是，继续加强和改善宏观调控，保持经济平稳较快发展；加强农业综合生产能力建设，促进粮食增产和农民增收；着力推进经济结构战略性调整，加快经济增长方式转变；深化经济体制改革，消除制约经济健康发展的体制性障碍；充分利用两个市场、两种资源，努力提高对外开放水平；继续增加就业、扩大消费，着力促进经济社会协调发展。

12月9日　中共湖北省委原副书记、湖北省原省长张国光被天津市第二中级人民法院以受贿罪一审判处有期徒刑11年，受贿所得款物依法没收。

12月10日　国家发改委和商务部发布第二十四号令，公布《外商投资产业指导目录（2004年修订）》，《目录》自2005年1月1日起施行。

12月12日　新华社报道：经胡锦涛批准，中央军委近日下发《中央军委关于加强军队党组织能力建设的意见》。《意见》指出，加强军队党组织能力建设的主要任务是，按照全面推进军队革命化、现代化、正规化建设的要求，紧紧围绕实现建设信息化军队、打赢信息化战争的战略目标，不断提高加强军队思想政治建设、把握部队建设正确方向的本领，领导军事斗争准备、带领部队完成信息化条件下作战任务的本领，推进中国特色军事变革、推进部队机械化信息化建设的本领，依法从严治军，加强部队正规化建设的本领。

同　日　商务部新闻发言人谈话指出，中国政府决定自2005年起对部分纺织品加征出口税。2005年1月1日，长达40年的全球纺织品配额体制将宣告结束，纺织品国际贸易将实现自由化。

12月15日　国务院总理温家宝主持召开国务院常务会议。会议听取2003年度中央预算执行和其他财政收支审计查出问题整改情况的汇报，讨论并原则通过《中华人民共和国公司法（修订草案）》和《中华人民共和国公务员法（草案）》。会议指出，国务院高度重视审计查出问题的处理和整改工作，多次强调要坚决纠正存在的问题并切实加以整改，一定要给全国人大和人民群众一个认真负责、实事求是的答复。有关部门和单位按照国务院的要求，积极采取措施纠正存在的问题，并认真追究责任，严肃处理有关责任人。截至目前，已有754人（次）受到党纪政纪处分或被移送司法机关处理。有关部门和单位针对审计发现的问题，深入分析原因，建章立制，堵塞漏洞，改进管理，推进了法制化、制度化建设。据初步统计，有关部门和单位根据审计意见完善各项制度规定87项。这些制度的制定和完善，为从机制上预防各类违法违规问题的产生，从根本上提高财政财务管理水平，起到了积极作用。截至2004年10月底，审计查出应上缴财政的各项资金285.97亿元，已上缴208.72亿元，上缴率为73%，比2003年同期提高21个百分点，滞留资金已有98.78%拨付到位。总体看，整改工作进展较好。会议要求，一要严格执行各项财经法律法规，严肃财经纪律。政府的一切工作都必须严格依法办事，在法律规定的范围内行使好职权。坚决依法查处违犯财经纪律的行为。二要加强管理，严格责任制度。推进依法行政，预防和惩治腐败，必须从加强各部门、各单位的管理抓起，尤其要高度重视财政财务管理，完善管理制度，落实管理责任，努力提高管理水平。三要厉行节约，反对铺张浪费。坚持勤俭建国、勤俭办一切事业的方针。各部门、各单位都要精打细算，合理、节约使用财政资金，努力提高资金的使用效益。坚持科学民主决策，减少因决策失误、管理不善造成的损失浪费。四要加强审计监督，努力提高审计工作质量和水平。审计监督是宪法和审计法规定的一项制度。各部门、各单位要充分认识审计工作的重要性，积极配合审计部门的工作，自觉接受审计监督。审计机关要切实做到依法审计，坚持原则，客观公正，严谨细致，全面履行审计监督职责。要加强审计工作的规范化、制度化建设。会议讨论并原则通过了《中华人民共和国公务员法（草案）》，由国务院提请全国人大常委会审议。

12月17日　国务院总理温家宝主持召开国务院常务会议，讨论并原则通过《国家高速公路网规划》。会议认为，自20世纪90年代开始，我国高速公路步入了持续、快速发展的轨道，到2003年底，通车里程已达2.97万公里，位居世界第二，初步形成了首都连接东北、华北、华东、华南地区的高速公路通道，对促进经济和社会发展发挥了重要作用。会议指出，高速公路是重要的交通基础设施。制定国家高速公路网规划，对于确保高速公路项目建设有序进行，建立和完善综合交通运输体系，促进经济发展和社会进步，都具有重要作用。会议强调，高速公路网规划与实施，一是必须贯彻落实科学发展观。要从我国国情出发，坚持高速公路建设与经济社会发展相适应，使公路建设与区域发展、城乡发展和人口布局相衔接，满足经济社会发展和人民便捷、安全出行的要求。二是必须着眼于各类运输方式的总体布局。处理好高速公路与其他运输方式的关系，通过各种运输方式的协调发展，发挥运输体系的综合效益。三是必须充分发挥市场配置资源的基础性作用。要根据需要与条件，区别轻重缓急，确保重点，保障建设资金投入和使用效益，提高公路的运营效率。四是必须高度重视运用先进科学技术。积极推广利用新材料、新技术，提高建设质量，降低建设成本。五是必须集约利用国土资源。要通过优化设计，最大限度地节约用地、节约能源和保护生态环境。六是必须深化体制改革。建立与我国国情相适应的高速公路建设、运营管理体制和机制。会议还研究了其他事项。

12月20日　胡锦涛出席在澳门举行的庆祝澳门回归祖国5周年大会暨澳门特别行政区第二届政府就职典礼并发表讲话。胡锦涛指出，要坚持全面、准确地理解和贯彻“一国两制”方针，坚持按照特别行政区基本法办事，依法治港、依法治澳，坚持以爱国者为主体的“港人治港”、“澳人治澳”，坚持在爱国爱港、爱国爱澳的旗帜下实现最广泛的团结，而且团结的人越多越好。这是我们从香港、澳门回归以来的实践中得出的重要结论。

12月21日　全国财政工作会议在京召开。2005年财政工作的总体要求是，以邓小平理论和“三个代表”重要思想为指导，认真贯彻党的十六大、十六届三中、四中全会和中央经济工作会议精神，牢固树立和认真落实科学发展观，实行稳健的财政政策，着力支持经济改革，不断深化财税改革，进一步做大财政经济“蛋糕”，调整和优化支出结构，狠抓增收节支，加强财政监管，严肃财经纪律，促进经济社会全面协调可持续发展。

12月21日—22日　中共中央总书记、国家主席、中央军委主席胡

锦涛在出席庆祝澳门回归祖国5周年活动和澳门特别行政区第二届政府就职典礼后，到广东考察工作。他强调，科学发展观是我们党以邓小平理论和“三个代表”重要思想为指导，从新世纪新阶段党和国家事业发展全局出发提出的重要指导思想。必须坚持以科学发展观统领经济社会发展全局，确保经济社会发展沿着正确的方向前进。

12月22日　国务院总理温家宝主持召开国务院常务会议。会议审议并原则通过《长江三角洲、珠江三角洲、渤海湾区域沿海港口建设规划》、《铁路运输安全保护条例（修订草案)》和《著作权集体管理条例（草案)》，听取了发改委关于长江三角洲、珠江三角洲、渤海湾区域沿海港口建设规划的汇报。会议认为，长江三角洲、珠江三角洲、渤海湾区域港口建设和发展在国民经济和社会发展中占有重要地位。制定《长江三角洲、珠江三角洲、渤海湾区域沿海港口建设规划》很有必要。会议指出，长江三角洲、珠江三角洲、渤海湾区域沿海港口建设规划与实施，要面向世界、面向未来，服务于全国经济社会发展的大局。在工作中要坚持以下原则：一要树立全国一盘棋思想，统筹规划，合理布局，防止低水平重复建设；二要坚持以市场为导向，以实现规模化、集约化和现代化建设为目标，建立政企分开、市场化运作的建设和管理机制；三要完善港口功能，处理好港口建设与其他运输方式的关系，实现优势互补，共同发展；四要注意运用先进科学技术，加强港口建设和改造，扩大港口吞吐能力，提高技术装备水平，走内涵式发展道路；五要保护海岸资源，提高岸线使用效益。会议要求，在制定长江三角洲、珠江三角洲、渤海湾区域港口建设规划的基础上，抓紧制定全国沿海港口建设规划。会议认为，1989年国务院发布的《铁路运输安全保护条例》，对于保障铁路运输安全，减少铁路运输事故，维护人民群众的生命、财产安全，促进国民经济的发展，发挥了积极作用。随着铁路运输的快速增长，现行条例已经不适应当前铁路运输安全管理的实际需要，有必要在总结实施经验的基础上，对其进行修改完善。会议决定，《铁路运输安全保护条例（草案)》经进一步修改后，由国务院公布施行。会议审议并原则通过了《著作权集体管理条例(草案)》，由国务院公布施行。

12月24日 100名非公有制经济人士被授予“优秀中国特色社会主义事业建设者”称号。贾庆林会见表彰大会代表。这是中国首次表彰为改革开放和现代化建设作出贡献的非公有制经济人士。

同 日 国务院三峡工程建设委员会第十四次全体会议在京召开。温家宝总理主持会议并作重要讲话，强调全面落实科学发展观，高标准高质量完成建设。

12月27日 中共中央政治局召开会议。会议听取中央纪律检查委员会2004年工作汇报，分析党风廉政建设和反腐败工作面临的形势，研究部署2005年党风廉政建设和反腐败工作，审议《建立健全教育、制度、监督并重的惩治和预防腐败体系实施纲要》。中共中央总书记胡锦涛主持会议。会议指出，2004年以来，全党坚持以邓小平理论和“三个代表”重要思想为指导，认真学习贯彻党的十六大和十六届三中、四中全会精神，切实落实中央关于反腐倡廉的工作部署，中央纪委和各级纪检监察机关加大反腐倡廉的工作力度，党风廉政建设和反腐败工作取得了明显成效。当前，反腐倡廉的任务仍十分艰巨。全党同志要居安思危，增强忧患意识，坚定不移地做好党风廉政建设和反腐败工作。会议强调，深入开展反腐倡廉工作，对于密切党和政府同人民群众的血肉联系、推动经济社会又快又好地发展、维护改革发展稳定的大局具有重要意义。各级党委和纪检监察机关要按照中央的要求和部署，采取得力措施，坚决惩治腐败，不断加大预防腐败的力度。要坚决维护党的纪律，促进领导干部廉洁从政。要以解决群众反映的突出问题为重点，坚决纠正损害群众利益的不正之风。在整个反腐倡廉工作中，既要坚决查办违纪违法案件，又要积极推进治本抓源头工作，继续深化干部人事制度、司法体制、行政审批制度和财税金融体制、投资体制、国有资产监管等方面的改革，严格执行各项制度，形成靠制度管人管事的有效机制，不断取得党风廉政建设和反腐败工作的新成效。会议指出，坚持标本兼治、综合治理、惩防并举、注重预防的方针，抓紧建立健全惩治和预防腐败体系，是党中央从完成经济社会发展的重大任务和巩固党的执政地位的全局出发，为做好新形势下反腐倡廉工作作出的重大战略决策。建立健全惩治和预防腐败体系，必须紧紧围绕加强党的执政能力建设的战略任务，落实为民、务实、清廉的要求，坚持与完善社会主义市场经济体制、发展社会主义民主政治、建设社会主义先进文化、构建社会主义和谐社会相适应，坚持教育、制度、监督并重，坚持系统性、科学性、可行性相统一，坚持继承与创新相结合，用发展的思路和改革的办法防治腐败，不断提高预防腐败的能力和水平，逐步铲除腐败现象滋生蔓延的土壤和条件。会议认为，《实施纲要》是当前和今后一个时期深入开展党风廉政建设和反腐倡廉工作的指导性文件。各级党委和政府要深刻认识贯彻《实施纲要》的重要意义，把建立健全惩治和预防腐败体系的工作纳入经济社会发展的总体规划，建立健全有效的工作机制，切实把反腐倡廉的各项工作落到实处。会议同意2005年1月召开中央纪律检查委员会第五次全体会议。

同　日　中共中央政治局进行第十八次集体学习，中共中央总书记胡锦涛主持。中共中央政治局这次集体学习安排的内容是面向2020年的中国科技发展战略。中国科学院孙鸿烈研究员、同济大学万钢教授就这个问题进行讲解，并谈了他们的有关看法和建议。中央政治局各位同志认真听取了他们的讲解，并就有关问题进行了讨论。胡锦涛在主持学习时发表了讲话。他指出，科学技术是第一生产力，是经济社会发展的重要推动力量。当今世界，全球性科技革命蓬勃发展，高新技术成果向现实生产力的转化越来越快，特别是一些战略高技术越来越成为经济社会发展的决定性力量。我们必须认清形势，居安思危，奋起直追，按照科学发展观的要求，加快发展我国的科学技术，为推进经济结构调整优化、实现经济增长方式的根本性转变，为推动经济社会全面协调可持续发展，提供更加有力的科技支撑。胡锦涛指出，要坚持把推动自主创新摆在全部科技工作的突出位置，大力增强科技创新能力，大力增强核心竞争力，在实践中走出一条具有中国特色的科技创新的路子。要瞄准世界科技发展的前沿，加快国家创新体系建设，加强原始创新能力和集成创新能力。要坚持有所为有所不为的方针，抓住那些对我国经济、科技、国防、社会发展具有战略性、基础性、关键性作用的重大课题，努力把科技资源集中到事关现代化全局的战略高技术领域，集中到事关实现全面协调可持续发展的社会公益性研究领域，集中到事关科技事业自身持续发展的重要领域和基础研究领域，抓紧攻关，争取突破。胡锦涛指出，要坚持贯彻经济建设必须依靠科学技术、科学技术必须面向经济建设的战略方针，继续推进科技体制改革，形成科技与生产紧密结合的有效机制。要确立企业技术创新和科技投入的主体地位，增强企业的研究开发能力，坚持先进技术引进和消化、吸收、创新相结合，实现市场开拓、技术创新和生产经营一体化。要加强经济政策和科技政策的相互协调，营造有利于技术创新、发展高新技术和实现产业化的政策环境。要促进产学研相结合，加快高新技术产业发展和传统产业优化升级。国家要继续增加科技投入，同时要吸引社会资金参与科技开发，逐步形成多元化的科技投资体制。统筹城乡发展，统筹区域发展，统筹经济社会发展，统筹人与自然和谐发展，统筹国内发展和对外开放，既要从政策上采取得力措施，也需要从科技上给予有力支撑。要适应城乡、区域、经济社会协调发展以及人与自然和谐发展的需要，优化科技力量布局，加大对经济社会发展薄弱环节的科技力量投入。要坚持以人为本，加强对社会事业和公益事业的科技支持，加强直接涉及人民健康和生活质量的医药卫生、计划生育、环境保护、生产安全、社会公共安全等方面的技术攻关。要加强对节约能源资源的科技研究开发，促进循环经济发展，逐步建设节约型社会，真正走出一条生产发展、生活富裕、生态良好的文明发展道路。胡锦涛强调，各级党委和政府都要切实把科技工作摆上重要议事日程，扎扎实实地把科教兴国战略落到实处。要立足当前、着眼长远，制定和实施正确有效的科技政策措施，着力推动科技进步和创新。要抓住重点、集中力量，形成协调一致和分工合作的良性机制，切实提高科技资源的利用效率。要尊重知识、尊重人才，坚持把发现、培养、使用、凝聚优秀科技人才作为科技发展的重要任务，建立健全一整套有利于人才培养和使用的激励机制，促进创新人才特别是年轻人才脱颖而出。要大力弘扬科学精神、普及科学知识、树立科学观念、提倡科学方法，努力形成全社会共同促进科技进步和创新的良好氛围。

12月28日—29日　中央农村工作会议在京举行。会议认真总结了2004年农业和农村工作，深入分析了当前形势，全面部署了2005年农业和农村工作，着重研究了加强农业综合生产能力建设、促进粮食稳定增产和农民持续增收的政策措施。

12月29日　十届全国人大常委会第十三次会议经过表决，以全票通过全国人大常委会关于提请审议反分裂国家法草案的议案，决定提请十届全国人大三次会议审议。会议表决通过了新修订的固体废物污染环境防治法，国家主席胡锦涛签署第三十一号主席令，予以公布。这部法律自2005年4月1日起施行。吴邦国委员长主持会议。会议经过表决，通过了全国人大常委会关于刑法有关信用卡规定的解释。会议还表决通过了全国人大常委会关于召开十届全国人大三次会议的决定。按照这个决定，十届全国人大三次会议将于2005年3月5日在北京召开。会议经表决，通过全国人大常委会关于批准关于在国际贸易中对某些危险化学品和农药采用事先知情同意程序的鹿特丹公约的决定，关于批准上海合作组织成员国关于合作打击非法贩运麻醉药品、精神药物及其前体的协议的决定，关于批准中国与阿联酋关于民事和商事司法协助的协定的决定。会议还分别通过了全国人大法律委员会、全国人大教科文卫委员会、全国人大外事委员会、全国人大环境与资源保护委员会关于十届全国人大三次会议主席团交付审议的代表提出的议案审议结果的报告。表决通过了全国人大常委会代表资格审查委员会关于补选代表的代表资格的审查报告。按照全国人大常委会发表的公告，十届全国人大现实有代表2 979人。会议还表决通过了全国人大常委会澳门特别行政区基本法委员会组成人员名单和其他任免名单。会议完成各项议程后，吴邦国发表重要讲话。他说，2004年是全国人大及其常委会历史上具有重要意义的一年，是人大各项工作取得重要进展的一年。我们隆重纪念了全国人民代表大会成立50周年，人民代表大会制度这一国家根本政治制度更加深入人心。过去的一年，我们认真履行宪法和法律赋予的职责，为发展社会主义民主，健全社会主义法制，坚持和完善人民代表大会制度，开创人大工作新局面，促进物质文明、政治文明和精神文明的协调发展做了大量工作。人大工作在依法治国的进程中，发挥着越来越重要的作用。一是，围绕本届基本形成中国特色社会主义法律体系的立法目标，坚持以提高立法质量为重点，立法工作取得了显著成绩。二是，在增强监督实效上下功夫，监督工作的重点更加突出，效果更加明显。三是，继续做好代表工作，进一步加强代表议案、建议和意见的办理，更好地发挥代表作用。四是，与外国议会双边交往不断深化，与各国议会联盟等国际和地区议会组织的友好合作进一步加强。五是，自身建设继续加强，履职能力不断提高。吴邦国说，即将迎来的2005年，对人大工作提出了新的更高的要求。他强调，从现在开始，要着重抓好以下五个方面的工作：认真做好十届全国人大三次会议的各项筹备和组织工作，确保大会的顺利进行；按照5年立法规划，抓紧制定年度立法计划，进一步加强和改进立法工作，努力提高法律草案的起草和审议质量；按照围绕中心、突出重点、讲求实效的原则，尽快拟定2005年执法检查计划和听取专题工作报告的安排，保证宪法和法律的正确实施，促进依法行政和公正司法；尽快研究提出发挥人大代表作用、加强人大及其常委会组织制度和工作制度建设的意见，使人大代表的作用得到充分发挥；按照“政治坚定、业务精通、务实高效、作风过硬、团结协作、勤政廉洁”的要求，全面加强机关建设，不断提高工作质量和服务水平。副委员长王兆国、李铁映、司马义·艾买提、何鲁丽、丁石孙、成思危、许嘉璐、蒋正华、顾秀莲、热地、盛华仁、路甬祥、乌云其木格、韩启德出席会议。国务院副总理吴仪、最高人民法院院长肖扬、最高人民检察院检察长贾春旺列席会议。

同　日　十届全国人大常委会第七次会议在人民大会堂闭会。吴邦国委员长主持会议。会议经过表决，通过了全国人大常委会关于批准中国和韩国关于民事和商事司法协助的条约的决定。会议表决通过，将十届全国人大二次会议议程草案，提请十届全国人大二次会议预备会议审议。会议表决通过，将十届全国人大二次会议主席团和秘书长名单草案，提请十届全国人大二次会议预备会议选举。会议表决通过了全国人大常委会工作报告稿。会后根据委员们提出的意见进一步修改后，提请十届全国人大二次会议审议。十届全国人大常委会第七次会议经过表决决定，免去吕福源的商务部部长职务，任命薄熙来为商务部部长。国家主席胡锦涛签署第十四号主席令，公布全国人大常委会的这一决定。根据委员长会议的建议，吴邦国将代表常委会向十届全国人大二次会议作全国人大常委会工作报告。会议表决通过了全国人大常委会代表资格审查委员会关于选举、补选代表的代表资格的审查报告。十届全国人大现在实有代表2 984人。会议表决通过了十届全国人大二次会议列席人员名单，表决通过了有关任免名单。圆满完成各项议程后，吴邦国发表讲话。他说，即将召开的十届全国人大二次会议，是一次十分重要的会议。大会除听取和审议国务院、最高人民法院、最高人民检察院的工作报告外，一项重要议程是审议宪法修正案草案。修改宪法是我国政治生活中的一件大事，是全国人大的庄严使命。党中央对修宪工作高度重视，经过各方面共同努力，前一阶段的工作进展顺利。2003年12月召开的十届全国人大常委会第六次会议，到会常委会组成人员以对国家、对人民高度负责的精神，认真讨论了中共中央的修宪建议，通过了宪法修正案草案，为十届全国人大二次会议审议宪法修正案草案奠定了良好基础。二次大会期间，我们要与全体代表一道，按照中央确定的这次修改宪法的指导思想和原则，通过法定程序使党的主张成为国家意志，把宪法修改好、完善好。会议期间，常委会要向大会报告工作，请全国人大代表审议。这是常委会依法接受全国人民代表大会监督的重要内容。我们要虚心听取代表们的意见，自觉接受监督，以便进一步改进常委会的各项工作，不辜负广大人民群众和全国人大代表的信任和期望。吴邦国指出，前一时期，我国部分地区发生了高致病性禽流感疫情，对防治工作情况，全国人大常委会十分关注。这次会议，我们听取审议了国务院关于高致病性禽流感防治工作的报告。面对禽流感疫情，党中央、国务院高度重视，胡锦涛、温家宝同志作出重要批示。国务院成立了全国防治高致病性禽流感指挥部，及时明确了防治工作的指导方针和主要措施，对防止疫情扩散作了严密部署，并向各地派出督查组，检查工作、督促落实。国务院采取的措施是正确的、有力的。国务院还决定及时公布疫情，并和世界粮农组织、卫生组织进行良好合作。经过各有关地方、部门的扎实工作，以及广大人民群众的积极配合与参与，防治工作已经取得了明显成效。但也要清醒地看到，中国地大人多，经济发展不平衡，又是世界养殖大国，况且目前疫情还没有完全消除，要继续按照党中央、国务院的统一部署，严格执行动物防疫法，坚持科学防治，严防禽流感对人的感染，确保人民群众的身体健康和生命安全。同时，要抓好有关救助政策的落实工作，尽可能减少养殖户和相关产业的损失。副委员长王兆国、李铁映、司马义·艾买提、何鲁丽、丁石孙、成思危、许嘉璐、蒋正华、顾秀莲、热地、盛华仁、路甬祥、乌云其木格、韩启德、傅铁山出席会议。国务院副总理吴仪、最高人民法院院长肖扬、最高人民检察院检察长贾春旺列席会议。

同　日　国务院总理温家宝主持召开国务院常务会议，研究推进国有商业银行股份制改革问题。会议认为，一年来，中国银行、中国建设银行股份制改革试点工作取得重要进展。通过财务重组，财务状况有了显著改善；现代公司治理结构的基本框架初步建立；银行内部控制和风险管理工作有所加强，组织结构、业务流程和人力资源管理体制的改革稳步推进；结合不良资产处置，严肃查处了一批违法违规人员。实践证明，中央关于国有商业银行股份制改革的决策是完全正确的，但也要清醒看到，2家银行股份制改革试点工作取得的成果是初步的、阶段性的，改革的任务仍十分艰巨。会议要求，要进一步搞好中国银行、中国建设银行股份制改革试点各项工作。一是继续完善公司治理结构，确保新机制有效运行；二是加快完善内控机制和风险防范机制，强化资本约束，防止不良资产反弹；三是建立健全问责制，加大对不良资产责任人的追究，有效防止新的违规经营；四是引进战略投资者，引进先进的经营管理机制和各类人才；五是加强队伍建设，提高全员素质。会议指出，必须坚定不移地推进国有商业银行改革。要按照发展社会主义市场经济的要求，推进国有商业银行股份制改革、公司治理结构改革和内部控制机制改革。按照现代金融企业制度的要求，围绕转变经营机制这个核心，加强科学管理和队伍建设，着力提高银行市场竞争力和抗风险能力，加快建成资本充足、内控严密、运营安全、服务和效益良好的现代商业银行。会议还研究了其他事项。

同　日　西气东输工程全线建成并正式运营。

12月31日　中共中央、国务院发出《关于进一步加强农村工作提高农业综合生产能力若干政策的意见》。《意见》指出，要以严格保护耕地为基础，以加强农田水利建设为重点，以推进科技进步为支撑，以健全服务体系为保障，使农业综合效益和竞争力明显增强。

同　日　《中共中央国务院关于进一步加强农村工作提高农业综合生产能力若干政策的意见》出台。文件要求，坚持“多予、少取、放活”的方针，稳定、完善和强化各项支农政策。

是　年　中国共发展共产党员241.8万名。全国目前共有党的基层组织347.7万个，其中基层党委17.1万个、党总支20万个、党支部310.6万个。截至2004年底，全国党员总数为6 960.3万名，比上年净增137.1万名。

是　年　国内生产总值136 584.3亿元，比上年增长9.5%，其中，第一产业增长6.3%，第二产业增长11.1%，第三产业增长8.3%。全社会固定资产投资70 477.4亿元，其中国有单位完成固定资产投资25 027.6亿元。全国财政收入26 396.47亿元，比上年增长21.6%；财政支出28 468.89亿元，比上年增长15.6%。全年社会消费品零售总额53 950.1亿元，商品零售价格指数比上年增长2.8%。全国进出口贸易总额95 539.1亿元，其中出口49 103.3亿元，进口46 435.8亿元，出超2 667.5亿元。城镇居民家庭人均可支配收入9 421.6元，农村居民家庭人均纯收入2 936.4元。

第五卷

巨龙腾飞

（1999 年—2009 年）

（下）

2005年

2005年综述

2005年，全国各族人民在中国共产党的领导下，树立和落实科学发展观，加强和改善宏观调控，团结奋进，锐意进取，国民经济呈现增长比较快、效益比较好、价格比较稳的良好局面，完成了十届全国人大三次会议审议通过的国民经济和社会发展计划。

（一）经济继续保持平稳较快增长。经济运行的稳定性有所提高。全年国内生产总值达到18.2321万亿元，增长9.9%，4个季度分别增长9.9%、10.1%、9.8%和9.9%。规模以上工业增加值全年增长16.4%，4个季度分别增长16.2%、16.5%、16.2%和16.4%。

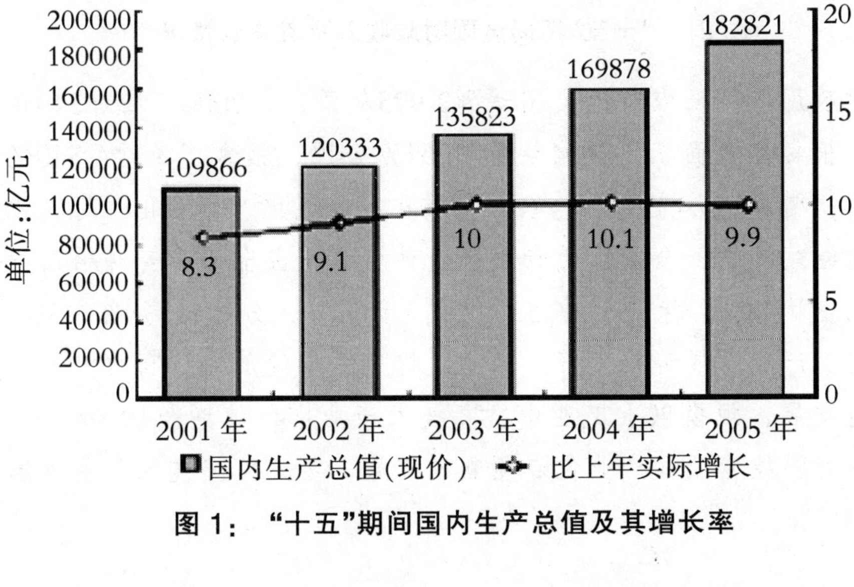

图1：“十五”期间国内生产总值及其增长率

经济发展的协调性有所改善。呈现增速较高、物价平稳的格局，全年居民消费价格总水平涨幅为1.8%。效益与速度同步提高，全年财政收入增长19.8%，增收5 231.5亿元，规模以上工业企业实现利润增长22.6%。经济增长支撑条件绷得过紧的状况有所缓解，煤炭产量21.9亿吨，增长9.9%；发电量2.47万亿千瓦小时，增长12.3%，迎峰度夏期间国家电网系统拉限电条次和损失电量同比分别减少61%和66%；重点物资运输得到较好保障。

（二）产业结构调整取得新进展。农业得到进一步加强。中

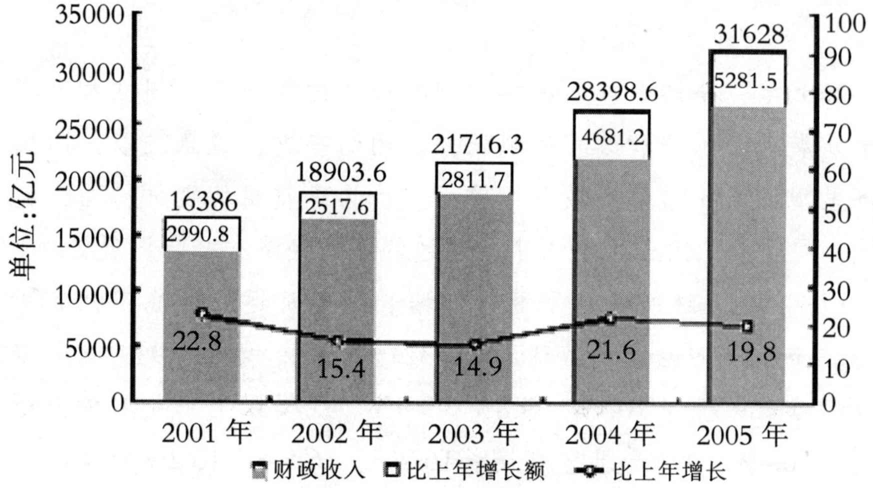

图 2：“十五”期间全国财政收入及其增长情况

央财政用于“三农”的支出达到2 975亿元，比2004年增加349亿元。粮食播种面积比2004年增加267万公顷，粮食产量达4 840亿公斤，增加145.4亿公斤。农业优质化、区域化、产业化和标准化程度继续提高，全国优质专用小麦种植面积占全部小麦种植面积的比重达48%，优质稻种植面积比重为64%，分别提高4%和3%。畜牧水产业发展势头良好。工业结构升级步伐加快。高技术产业快速发展，规模以上工业中，高技术产业增加值增长19.8%。一批重大科技专项和产业化专项顺利实施。重大关键技术和装备国

产化取得新进展。重型燃气轮机、城市轨道交通运输装备、大型水电和抽水蓄能机组的引进消化吸收工作顺利推进，百万吨级乙烯装备国产化依托工程开始启动，建成750千伏交流输变电示范工程。企业兼并重组步伐加快，淘汰了一批高耗能、高污染和不符合安全生产条件的落后生产能力，部分过度扩张行业投资增幅继续回落。基础设施建设继续加强。西电东送、南水北调等重点工程建设进展顺利。青藏铁路提前一年全线铺通。县际公路改造工程基本完成。新建公路13万公里，其中高速公路6 457公里。新建铁路投产里程1 203公里，新增电气化铁路863公里，新增铁路复线486公里。服务业继续稳定发展。政府和企业信息化应用水平进一步提高。邮电通信、现代物流、社区服务、旅游、会展等新兴服务业发展加快，商贸、餐饮等传统服务业保持良好发展势头。

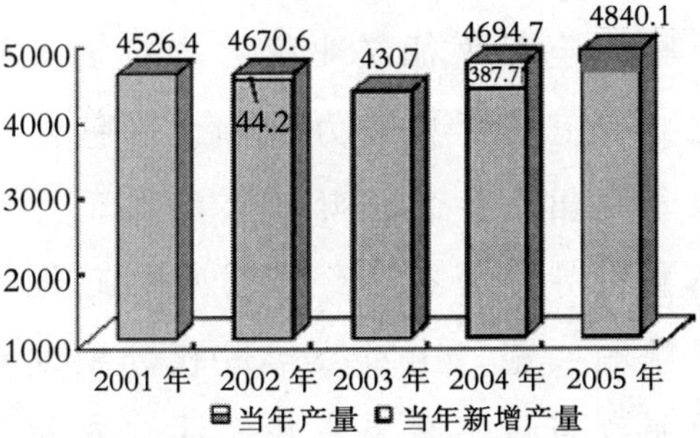

图3：“十五”期间粮食产量及增产情况(单位:亿公斤)

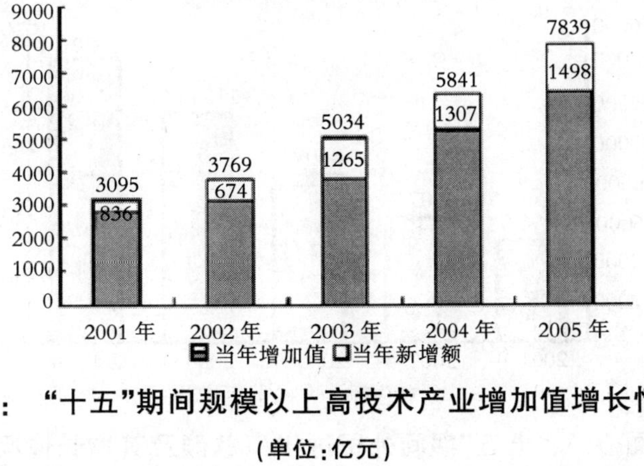

图4：“十五”期间规模以上高技术产业增加值增长情况

(单位:亿元)

（三）区域发展总体战略积极推进。西部大开发进展顺利，新开工重点工程10项，投资总规模1 360亿元。遂宁—重庆—怀化铁路建成投产，“五纵七横”国道主干线西部路段全部开工，重庆、西宁、满洲里等10个西部机场新建、改扩建工程先后完工，百色、紫坪铺等水利工程相继下闸蓄水。东北地区等老工业基地振兴战略扎实推进。以重大装备国产化和提升企业自主创新能力为重点，支持石化、钢铁、重大装备、造船、汽车和零部件等优势产业发展壮大。资源型城市经济转型试点取得阶段性成果，棚户区改造开始实施。研究制定了促进中部崛起的政策措施，中部地区农业基础进一步巩固，优势产业发展壮大，城市群的辐射带动作用增强。东部地区继续保持率先发展的良好态势，经济结构调整、增长方式转变取得新的成效。

（四）经济体制改革实现新突破。农村综合改革试点积极推进，取消了牧业税，全部免征农业税的省份扩大到28个。国有企业改革继续深化，国有资产监管力度加大。铁路、民航、烟草等行业管理体制改革迈出新步伐，邮政体制改革开始启动。制定并实施了鼓励支持和引导非公有制经济发展的政策措施。人民币汇率形成机制改革顺利实施。上市公司股权分置改革稳步推进。国有商业银行股份制改革迈出重要步伐。深化农村信用社改革试点全面展开。调整完善了出口退税机制。东北老工业基地增值税转

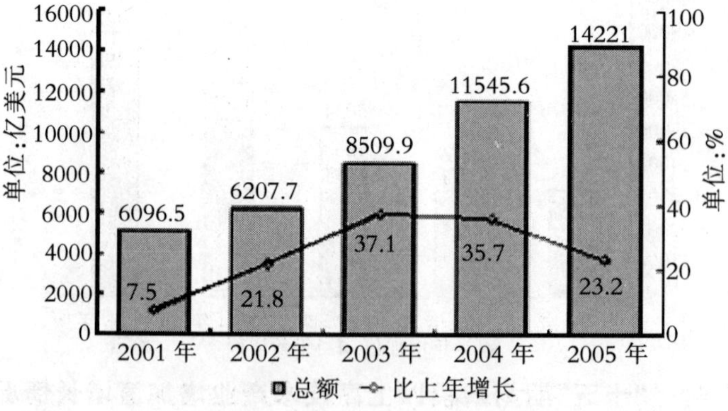

图 5：“十五”期间外贸进出口总额及其增长情况

型改革试点进展顺利。投资体制改革继续推进，企业投资项目核准制和备案制全面实施。天然气出厂价格改革方案顺利出台，煤电、煤热价格联动机制初步建立，水价改革稳步实施。

（五）对外开放迈出新步伐。外贸进出口总额14 221亿美元，增长23.2%。其中，出口7 620亿美元，增长28.4%；进口6 601亿美元，增长17.6%。机电产品和高新技术产品出口分别增长32%和31.8%。服务业对外开放进一步扩大。控制高耗能、高污染和资源性产品出口取得成效。利用外资继续保持较大规模，水平进一步提高，全年实际利用外商直接投资603亿美元。年末外汇储备8 189亿美元。企业“走出去”取得积极进展，全年对外直接投资（非金融部分）达69亿美元。

（六）资源节约和环境保护取得新成效。节能、节水、节材、节地、资源综合利用和发展循环经济工作力度加大。在重点行业、重点领域、产业园区和部分地区启动了国家第一批循环经济试点。对部分高耗电行业实行了差别电价政策，对部分高耗水行业制定了取水定额国家标准，对部分产品发布了强制性能效标准。万元国内生产总值用水量下降8.7%。节能建筑推广、墙体材料革新及木材节约和代用取得新进展。全社会资源忧患意识与节约意识进一步增强。“三河三湖”、三峡库区、南水北调工程沿线等重点流域区域水污染防治工作步伐加快，城镇污水、工业废

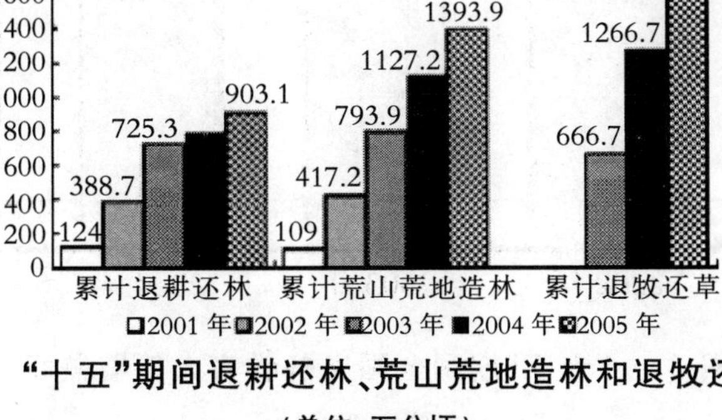

图6：“十五”期间退耕还林、荒山荒地造林和退牧还草情况

（单位：万公顷）

水、危险废物、火电厂二氧化硫污染治理进一步加强。城市污水处理率和工业固体废物综合利用率继续提高。部分空气污染严重城市的空气质量有所改善。退耕还林完成111.1万公顷，荒山荒地造林及封山育林266.7万公顷，退牧还草666.7万公顷。天然林资源保护、京津风沙源治理等重点生态建设工程进展顺利。“三化”草地治理、水土流失治理和矿山生态恢复面积分别为838万公顷、420万公顷和7.2万公顷。野生动植物资源保护得到加强。

（七）科技、教育、文化、卫生等社会事业全面发展。制定并公布实施《国家中长期科学和技术发展规划纲要（2006—2020年)》。国家创新体系、基础研究和科技基础设施建设进一步加强。“神舟六号”载人航天飞行取得圆满成功。龙芯2号高性能通用计算机芯片、禽用禽流感基因工程灭活疫苗研制成功。抗虫棉推广面积达300万公顷。全年共签订技术合同26.5万项；技术合同成交额达1 510亿元，比2004年增长13.2%。全国义务教育人口覆盖率超过95%。西部地区“两基”攻坚计划取得新进展。新

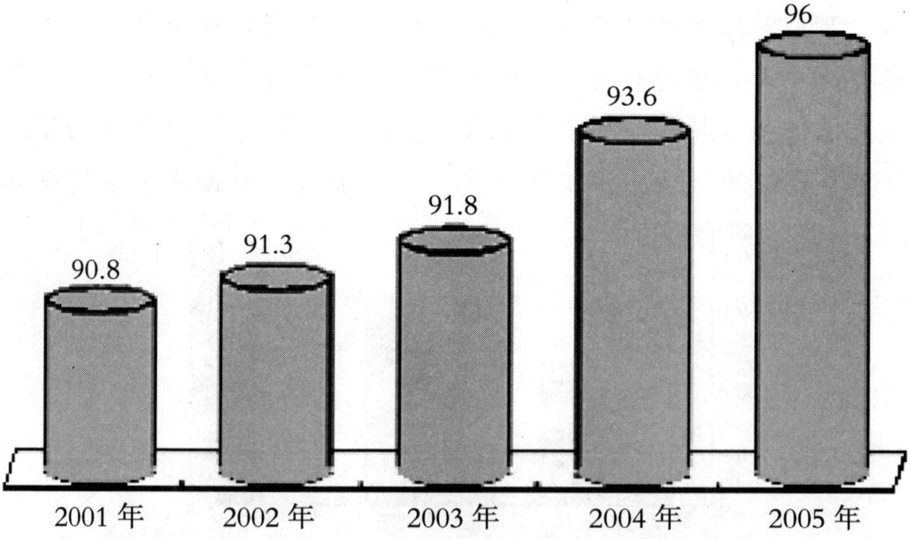

图 7：“十五”期间全国义务教育人口覆盖率

（单位：%）

建、改扩建农村寄宿制学校2 400多所，为16万个农村中小学和教学点配备了远程教育设施。中央和地方财政安排专项资金70多亿元，对592个重点贫困县1 700万名贫困家庭学生免除学杂费、免费提供教科书和补助寄宿生生活费，还为中西部地区1 700多万名贫困家庭学生免费提供教科书。中等职业学校和县级职教中心的校舍和实训设施建设步伐加快。高等教育“211工程”、“985工程”稳步推进。公共文化体系建设进一步加强。重大文化项目建设和自然文化遗产保护力度加大，基本实现县县有文化馆和图书馆。广播电视村村通工程取得新进展，新增覆盖人口2 700万。《全国红色旅游发展规划纲要》开始实施。全民健身运动深入开展，奥运场馆建设进展顺利。疾病预防控制体系基本建成。医疗救治体系建设进展顺利。农村卫生服务体系建设继续推进，以中西部乡镇卫生院为重点的农村卫生基础设施建设得到加强。新型农村合作医疗制度试点范围扩大到671个县，有1.77亿农民参加合作医疗。城市社区卫生服务发展加快。高致病性禽流感疫情防控取得初步成效。农村计划生育服务体系建设开始实施，全国人口自然增长率为5.89‰。

（八）人民生活进一步改善。城镇居民人均可支配收入和农村居民人均纯收入分别实际增长9.6%和6.2%。社会消费品零售总额增长12.9%。城镇新增就业970万人，城镇登记失业率4.2%。社

年份		2001	2002	2003	2004	2005
城镇居民人均可支配收入(元)		6859.6	7702.8	8472.2	9421.6	10493
实际增长(%)		8.5	13.4	9	7.7	9.6
农村居民人均纯收入(元)		2366.4	2475.6	2622.2	2936.4	3255
实际增长(%)		4.2	4.8	4.3	6.8	6.2
恩格尔系数	城镇居民家庭(%)	38.2	37.7	37.1	37.7	36.7
	农村居民家庭(%)	47.7	46.2	45.6	47.2	45.5

表8：“十五”期间城乡居民收入及恩格尔系数变化情况

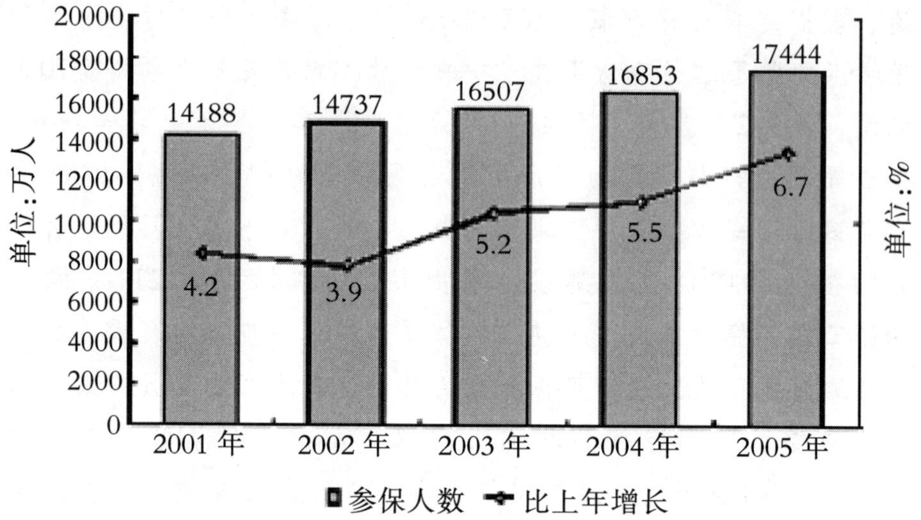

图 9：“十五”期间城乡居民收入及恩格尔系数变化情况

会保障覆盖范围继续扩大，“两个确保”进一步巩固，城乡困难群众基本生活得到保障。全国绝大多数地方已基本实现国有企业下岗职工基本生活保障向失业保险并轨，东北三省完善城镇社会保障体系试点顺利实施。经济社会发展在取得成绩的同时，也面临不少困难和挑战。制约我国经济健康发展的长期性、深层次问题仍然是：自主创新能力弱，经济结构不合理；增长方式粗放，资源环境约束加剧；城乡经济二元结构矛盾突出，经济社会发展不协调；体制机制不完善，法制环境不健全等。当前比较突出的是：（1）粮食增产和农民增收难度加大。农业基础薄弱的状况没有根本改变，依靠扩大种植面积增加粮食产量的余地不大。农业总体效益低，粮食价格下行压力较大，能源、原材料价格上涨导致农资生产成本提高，农民增加务工收入的制约因素较多。（2）固定资产投资增幅仍然偏高。2005年全社会固定资产投资增长25.7%，增速虽比2004年有所回落，但仍在高位运行。在建规模偏大，新开工项目偏多，有些行业投资增长过快，投资结构不合理，投资反弹压力较大。（3）部分行业产能过剩的不良后果开始显现。导致相关产品价格下跌，库存上升，企业利润增幅下降、亏损增加，金融潜在风险加大。（4）涉及群众切身利益的不少问题还没有得到很好解决。就业再就业压力加大，社会保障体系不健全，部分社会成员之间收入差距仍有继续拉大趋势，教育乱收费、群众看病难和看病贵问题没有明显改观。在环境保护、企业改制、土地征用、房屋拆迁、库区移民等方面还存在不少群众反映强烈的问题。高致病性禽流感和重大动植物疫病防控任务较重。（5）安全生产形势相当严峻。煤矿、交通等重特大事故频繁发生，给人民群众生命财产造成严重损失。对上述问题，要高度重视，积极采取措施，认真加以解决。

1月1日—2日　中共中央政治局常委、国务院总理温家宝专程来到陕西省铜川矿务局，代表党中央、国务院看望“11·28”矿难职工家属。

1月1日　第一次全国经济普查的登记工作拉开序幕。

1月3日　台湾海峡交流基金会董事长、国民党中央评议委员会主席团主席辜振甫在台北病逝。海峡两岸关系协会会长汪道涵、中共中央台湾工作办公室主任陈云林、海峡两岸关系协会及福建省有关方面分别发了唁电。

1月5日　中央保持共产党员先进性教育活动工作会议在北京召开。中共中央政治局常委、中央书记处书记曾庆红作了重要讲话。

同　日　国务院总理温家宝主持召开国务院常务会议，审议并原则通过了《信访条例（修订草案）》。会议认为，1995年10月国务院发布施行的《信访条例》，对于密切党和政府同人民群众的联系、保护信访人合法权益，发挥了重要作用。近年来，随着形势的发展和变化，信访工作出现了一些新的情况和问题，有必要在总结经验的基础上，对现行条例进行修改、完善。会议决定，《信访条例（修订草案）》经进一步修改后，由国务院公布施行。会议强调，各级政府及有关部门要发扬党和政府密切联系群众的优良传统，以对党和人民高度负责的精神，认真贯彻实施新的《信访条例》，切实加强信访工作。一要进一步畅通信访渠道，保障人民群众依法提出建议、意见和申诉的权利，自觉接受人民群众的监督；二要创新工作机制，建立统一领导、部门协调，统筹兼顾、标本兼治，各负其责、齐抓共管的信访工作格局，提高处理信访事项的效率和水平；三要强化各级政府、有关部门和信访工作机构的责任，依法、及时、合理地解决群众反映的问题，维护人民群众的合法权益；四要加强法律、法规的宣传和法制教育，抓紧做好信访条例的宣传教育和培训工作，引导群众以理性、合法的方式反映意见和建议，自觉维护正常的社会秩序，确保社会和谐稳定。会议还研究了其他事项。

1月6日　我国第十三亿个公民于当日24时2分诞生于北京妇产医院，这个小公民为男性。至此，中国人口（不包括香港、澳门特别行政区和台湾省)`达到13亿。

1月8日　宋任穷同志因病医治无效，于当日在北京逝世，享年96岁。

同　日　新华社报道：中纪委已会同广东省委、省纪委，严肃查处了广东省人大常委会原副主任张凯严重违纪一案，对其给予开除党籍处分。1月7日，广东省人大常委会通过了关于罢免张凯第十届全国人大代表职务的决定，罢免了其广东省人大代表职务，撤销了其省人大常委会副主任职务。

1月9日　中国南极内陆冰盖昆仑科考队登上了卫星遥测标识的南极内陆冰盖冰穹A的“北高点”。

同　日　新华社受权发布《中共中央关于在全党开展以实践“三个代表”重要思想为主要内容的保持共产党员先进性教育活动的意见》。中共中央决定，从2005年1月开始，用一年半左右的时间，在全党开展以实践“三个代表”重要思想为主要内容的保持共产党员先进性教育活动。

1月10日—11日　中国共产党中央纪律检查委员会第五次全体会议在北京举行。全会审议通过了中央纪委书记吴官正所作的《严肃党的纪律，加大预防力度，深入开展党风廉政建设和反腐败斗争》的报告。中国共产党中央委员会总书记胡锦涛出席全会第二次大会并发表了重要讲话。全会总结了2004年的工作，研究部署了2005年的工作任务。

1月12日　国务院总理温家宝主持召开国务院常务会议，讨论并原则通过《国务院关于鼓励支持和引导非公有制经济发展的若干意见》和《北京城市总体规划（2004-2020年）》。会议认为，公有制为主体、多种所有制经济共同发展是我国社会主义初级阶段的基本经济制度。毫不动摇地巩固和发展公有制经济，毫不动摇地鼓励、支持和引导非公有制经济发展，使两者在社会主义现代化进程中相互促进，共同发展，是必须长期坚持的基本方针。在巩固和发展公有制经济的同时，鼓励、支持和引导非公有制经济发展，有利于繁荣城乡经济、增加财政收入，有利于扩大就业、改善人民生活，有利于优化经济结构、促进经济发展，对于全面建设小康社会和加快社会主义现代化进程，具有重大的战略意义。会议指出，要为非公有制经济创造平等竞争、一视同仁的法治环境、政策环境和市场环境，实行鼓励、支持和引导非公有制经济发展的政策措施。进一步放宽市场准入，鼓励和支持非公有资本进入基础设施、垄断行业、公用事业以及法律法规未禁止的其他行业和领域；加大财税金融支持，拓宽企业融资渠道；完善对非公有制经济的社会服务，建立健全社会化服务体系；加强和改进政府服务和管理，维护非公有制企业的合法权益，保护企业正常经营活动。同时要引导非公有制企业贯彻科学发展观，依法经营，照章纳税，诚实守信；认真执行国家的产业政策和生产安全、卫生和环保等方面的市场准入标准和有关规定；自觉维护企业职工的合法权益，保障职工切身利益；深化改革，加快体制、机制、技术和管理创新，强化企业管理，建立健全各种规章制度。会议要求，要大力宣传党和国家促进非公有制经济发展的方针政策和法律法规，为非公有制经济的健康发展营造良好的舆论氛围。会议听取了北京市和建设部关于北京城市总体规划修编工作及审查情况的汇报。会议认为，这次规划修编采取“政府组织、依法办事、专家领衔、部门合作、公众参与、科学决策”的方式，突出了首都发展的战略性、前瞻性，抓住了若干重大问题，形成的总体规划比较成熟，符合北京市的实际情况和发展要求。会议指出，北京是首都，是全国的政治中心、文化中心，是世界著名古都和现代国际城市。北京城市发展建设，要贯彻落实科学发展观，按照经济、社会、人口、资源和环境相协调的可持续发展战略，体现为中央党、政、军领导机关的工作服务，为国家的国际交往服务，为科技和教育发展服务，为改善人民群众生活服务的要求。会议强调，总体规划是北京市城市发展、建设和管理的基本依据，必须认真组织实施。一要控制人口，合理布局，有效配置城市发展资源。二要促进经济社会协调发展，加快发展现代服务业、高新技术产业和现代制造业，大力发展科技、教育、文化、卫生、体育等社会事业。三要切实解决好保障城市持续发展的土地、水资源、能源、环境问题，坚持节约优先，积极推进资源的节约与合理利用，严格控制城镇建设用地规模，加强环境保护，建设节约型城市。四要坚持以人为本，切实解决好人居环境和交通、上学、就医等关系人民群众切身利益的问题，构建和谐社会。五要做好北京历史文化名城保护工作，完善旧城保护措施，严格控制旧城的建设总量和开发强度。六要处理好中央与地方、城乡和区域发展等方面的关系，积极推进京津冀以及环渤海地区经济合作与协调发展。七要编制好近期建设规划，尤其要安排好与奥运工程有关的环境、场馆、道路、市政基础设施的建设，确保2008年奥运会的成功举办。

1月13日　新华社报道：到2004年12月末，国家外汇储备余额为6 099亿美元，再创历史新高。2004年全年外汇储备比2004年增加2 067亿美元。

同　日　商务部宣布，2004年我国实际使用外资突破600亿美元。

同　日　新华社报道：针对日益严重的赌博违法犯罪问题，从2005年1月—5月，我国将在全国范围内组织开展集中打击赌博违法犯罪活动专项行动。

同　日　新华社报道：我国将用30年时间，形成8.5万公里国家高速公路网。新路网由7条首都放射线、9条南北纵向线和18条东西横向线组成，简称为“7918网”，将把我国人口超过20万的城市全部用高速公路连接起来。

1月15日　海峡两岸航空运输交流委员会与台北市航空运输商业同业公会就2005年春节包机事宜达成共识。双方商定：双方点对点对飞，经港澳上空不落地；包机时间为1月29日—2月20日；飞行地点为北京、上海、广州、台北、高雄；参与飞行的航空公司双方各6家，班次是双方各24个往返航班；对象是台商及家属。

同　日　据民政部介绍，截至当日，我国内地民间援助印度洋海啸灾区捐款累计达2.8亿元人民币。

1月16日　新华社受权播发中共中央关于印发《建立健全教育、制度、监督并重的惩治和预防腐败体系实施纲要》的通知。

同　日　新华社报道：为了深入学习贯彻江泽民关于执政党建设

的思想，把学习贯彻“三个代表”重要思想不断引向深入，经中央同意，由中共中央政策研究室、中共中央文献研究室编辑的《江泽民论加强和改进执政党建设》（专题摘编）一书，近日已由中央文献出版社、研究出版社出版，在全国发行。

1月17日　赵紫阳同志因长期患呼吸系统和心血管系统的多种疾病，多次住院治疗，经抢救无效，于当日在北京逝世，终年85岁。

1月19日　国务院总理温家宝主持召开国务院常务会议，严肃处理河南郑煤集团大平煤矿“10·20”特大瓦斯爆炸事故相关责任人，研究加强煤矿安全生产工作。2004年10月20日，河南省郑煤集团公司大平煤矿发生一起煤与瓦斯突出引发特别重大瓦斯爆炸事故，造成148人死亡。事故发生后，国务院立即派出调查组，并聘请专家协助调查。现已查明，这是一起特大型煤与瓦斯突出后引发瓦斯爆炸的责任事故。为了严肃法纪、政纪，教育干部，对国家和人民负责，会议经过讨论，决定给予对事故发生负有领导责任的分管工业和安全工作的河南省人民政府副省长史济春行政警告处分，同意对事故涉及的其他23名责任人作出处理，其中移交司法机关处理5人，给予党纪、政纪处分及组织处理18人。会议要求，要抓紧调查陕西铜川矿务局陈家山矿“11·28”瓦斯爆炸事故原因，对有关责任人作出严肃处理。会议指出，煤矿安全生产事关人民群众生命安全和切身利益。各级政府必须把加强煤矿安全生产摆上重要日程，坚持“以人为本”，贯彻“安全第一、预防为主”的方针，标本兼治、综合治理，强化基础、落实责任，采取更有力的措施，坚决改善煤矿安全生产条件，努力实现煤矿安全生产形势的根本好转。会议提出全面加强煤矿安全生产工作的五项措施。（一）加强安全管理，落实煤矿安全生产责任制。要加快健全“国家监察、地方监管、企业负责”的煤矿安全工作格局，加强煤炭安全监察工作，落实地方政府煤炭安全生产管理职责，健全煤炭企业安全生产责任制。认真执行《安全生产法》，严格责任追究制度。（二）加大安全投入，改善煤矿安全生产条件。煤炭企业作为安全生产的投资主体，要加快安全生产技术改造。中央和地方政府也要增加这方面的投入。（三）依靠科技进步，提高煤矿安全生产水平。加强煤矿安全生产的基础研究和应用研究，特别要加强防范和控制瓦斯灾害的科研攻关，推动煤层气综合开发利用，变害为利。切实转变煤炭生产增长方式，提升具有安全保障的煤炭生产能力。（四）推进改革创新，健全安全管理体制和机制。完善煤矿安全监察体系，提高监察执法的权威性和有效性。加大煤矿安全专项整治力度，严格实行安全生产许可制度。发挥大型煤矿人才、装备、技术和管理的优势，推动煤炭企业的兼并、联合和重组。（五）加强安全教育，形成重视煤矿安全生产的氛围。重点对煤矿负责人和主要技术工种实行强制性的安全培训，杜绝违章指挥、违规操作、违反劳动纪律的现象。会议还研究了其他事项。

1月21日　国务院总理温家宝主持召开国务院第五次全体会议，讨论即将提请十届全国人大三次会议审议的《政府工作报告（征求意见稿）》。会议决定，将此稿发往各省、自治区、直辖市和有关部门、单位广泛征求意见。温家宝在会上发表了讲话。他说，国务院向全国人民代表大会作政府工作报告，是一项法定的重要职责，也是政府接受人民监督的重要形式。一定要以对人民高度负责的精神和严肃认真的态度准备好《政府工作报告》。《报告》稿要广泛征求意见，包括征求各地方、各部门的意见，征求社会各界的意见，征求民主党派、工商联和无党派人士意见。要使《政府工作报告》的形成过程，成为发扬民主、反映民意、集中民智、凝聚民心的过程。温家宝说，要全面客观、实事求是地总结2004年的工作。过去一年，在党中央、国务院领导下，全国各族人民高举邓小平理论和“三个代表”重要思想伟大旗帜，认真贯彻党的十六大、十六届三中、四中全会精神，全面落实科学发展观，团结奋进，锐意创新，改革开放和社会主义现代化建设取得令人鼓舞的重大成就。我们要充分肯定各方面的显著成绩，坚定信心，也要看到存在的问题，保持清醒头脑。要高度重视政府改革和建设，进一步改进政府工作。要认真总结2004年丰富实践中积累的宝贵经验，这有利于进一步提高思想认识，有利于提高驾驭社会主义市场经济的能力，有利于提高政府的行政能力和领导水平。温家宝指出，2005年是巩固和发展宏观调控成果、保持经济社会发展良好势头，为“十一五”期间更大发展创造条件的重要一年。做好2005年工作，必须把握全局，突出重点。要坚持以科学发展观统领经济社会发展全局，着力搞好宏观调控，着力推进改革开放，着力建设和谐社会，实现社会主义物质文明、政治文明和精神文明共同进步。温家宝强调，做好2005年政府工作，首先要做好一季度工作，开好局、起好步。当前经济总体运行是好的，但经济运行中的一些矛盾和问题仍很突出。一季度要着重抓好七个方面的工作：第一，进一步加强“三农”工作，切实搞好春耕备耕。全面落实2005年中央1号文件精神，特别要落实好鼓励农民种粮的各项政策。积极组织好农业生产资料生产和供应。第二，继续控制固定资产投资规模，防止投资反弹。坚持严把土地审批和信贷投放两个闸门。认真贯彻国务院关于深化改革、严格土地管理的决定，从紧从严控制农用地转为非农建设用地。调整信贷结构，合理控制中长期贷款。第三，加强经济运行调节，缓解煤电油运紧张状况。努力增加供给，抑制不合理需求，进一步搞好供需协调工作。第四，扎实推进经济体制改革，提高对外开放水平。用更大的力量深化改革，推进体制机制创新。努力做好对外贸易和利用外资工作。第五，十分重视做好金融工作。加强和改进金融监管，保证金融平稳运行。促进证券市场健康发展。第六，关心群众特别是困难群众的生产生活。做好对农村“五保户”、贫困户和受灾群众的救济工作，继续采取有力措施解决拖欠农民工工资问题。做好城市特殊困难家庭的社会救助工作。加强市场和物价监管。第七，高度重视安全生产，坚决遏制重特大安全事故。全力维护社会稳定。温家宝最后说，我们坚信，在以胡锦涛同志为总书记的党中央正确领导下，紧紧依靠全国人民，一定能够抓住机遇，克服困难，不断把改革开放和社会主义现代化建设推向前进。国务院全体会议组成人员出席了会议，有关部门、单位负责人列席了会议。

1月23日　新华社报道：为认真贯彻落实党的十六大和十六届三中、四中全会精神，充分发挥中央企业党组织的政治核心作用，促进国有资产管理体制改革和中央企业改革发展，中共中央办公厅最

近转发了《中央组织部、国务院国资委党委关于加强和改进中央企业党建工作的意见》。

1月24日　中共中央政治局召开会议，研究加强中国共产党领导的多党合作和政治协商制度建设问题。会议讨论了《中共中央关于进一步加强中国共产党领导的多党合作和政治协商制度建设的意见(送审稿)》。会议指出，坚持和完善我国政治制度和政党制度，推进社会主义政治文明建设，必须从我国国情出发，坚持走中国特色政治发展道路。要借鉴人类政治文明的有益成果，绝不照抄、照搬别国政治制度的模式。

同　日　中共中央政治局进行第十九次集体学习，中共中央总书记胡锦涛主持。他强调，加强党的先进性建设，提高党的执政能力，最终要落实到实现好、维护好、发展好最广大人民的根本利益上来。这是衡量党的一切工作是非得失的根本标准，也是衡量党的先进性的根本标准。中共中央政治局这次集体学习安排的内容是研究新时期保持共产党员先进性。中央党史研究室李忠杰教授、全国党建研究会王庭大研究员就这个问题进行讲解，并谈了他们的有关看法和建议。中央政治局各位同志认真听取了他们的讲解，并就有关问题进行了讨论。胡锦涛在主持学习时发表了讲话。他指出，党的先进性建设是关系马克思主义政党生存发展的根本性问题，是马克思主义政党自身建设的根本任务。我们党要始终保持先进性，就必须顺应时代的发展和人民的要求，自觉、主动、持续地推进先进性建设，努力使党的全部理论和工作体现时代性、把握规律性、富于创造性，使我们党始终与时代发展同步伐、与人民群众共命运。胡锦涛强调，加强党的先进性建设，根本目的就是要使我们党始终代表中国先进生产力的发展要求，代表中国先进文化的前进方向，代表中国最广大人民的根本利益，不断提高执政能力、巩固执政地位、完成执政使命。要把先进性建设的要求贯穿于党的建设新的伟大工程的各个方面，从党的思想建设、组织建设、作风建设和制度建设上全面加以推进。要坚持用马克思列宁主义、毛泽东思想、邓小平理论和“三个代表”重要思想武装全党，引导全体党员坚定共产主义理想和中国特色社会主义信念。要坚持和健全民主集中制，着力把各级领导班子建设成为坚强团结的领导集体，切实把党的基层组织建设成为贯彻“三个代表”重要思想的组织者、推动者和实践者。要坚持立党为公、执政为民，牢记“两个务必”，大兴求真务实之风，始终保持同人民群众的血肉联系。要建立健全充分反映党员和党组织意愿的党内民主制度，充分发挥广大党员和基层党组织参与党内事务的积极性和主动性，不断从制度上落实严格要求、严格教育、严格管理、严格监督的要求。胡锦涛指出，加强党的先进性建设要同加强党的执政能力建设紧密结合起来，落实到提高治党治国治军的水平上来。要牢固树立和全面落实科学发展观，切实抓好发展这个党执政兴国的第一要务，发展社会主义民主政治，发展社会主义文化，不断推进经济社会协调发展和人的全面进步。要坚持把立党为公、执政为民具体、深入地落实到各项工作中去，时刻把群众的安危冷暖挂在心上，切实帮助群众解决生产生活中的困难，坚决反对和纠正各种损害群众利益的行为。

1月25日　国家统计局宣布，2004年我国国内生产总值同比增长9.5%。2004年我国经济没有出现大的起伏，经初步核算，全年国内生产总值达13.6515万亿元，同比增长9.5%。居民消费价格同比上涨3.9%。预计2005年我国居民消费价格指数（CPI）可控制在4%以内。

1月26日　国务院总理温家宝主持召开国务院常务会议，听取国家突发公共事件应急预案编制工作汇报，审议并原则通过了《国家突发公共事件总体应急预案》和《青海三江源自然保护区生态保护和建设总体规划》。会议指出，建立健全应对自然灾害、事故灾难、公共卫生和社会安全等方面的社会预警体系，形成统一指挥、功能齐全、反应灵敏、运转高效的应急机制，提高保障公共安全和处置突发事件的能力，是政府全面履行职能，特别是加强社会管理和公共服务职能的一项重要工作，也是构建和谐社会的一项重要任务。根据党中央、国务院的部署，各地区、各部门围绕编制突发公共事件应急预案，建立健全突发公共事件的应急机制、体制和法制，做了大量卓有成效的工作。经过一年多的努力，国家突发公共事件总体应急预案、105个专项和部门预案，以及绝大部分省级应急预案编制基本完成，全国应急预案框架体系初步建立。预案是在立足中国国情、认真总结实践经验、吸收借鉴国外成熟做法、广泛听取各方面意见的基础上形成的。提请会议审议的《国家突发公共事件总体应急预案》是全国应急预案体系的总纲，规定了国务院应对重大突发公共事件的工作原则、组织体系和运行机制，对于指导地方各级政府和各部门有效处置突发公共事件，保障公众生命财产安全，减少灾害损失，具有重要作用。会议认为，全国突发公共事件应急预案编制工作已取得阶段性成果，但各种预案还需要在实践中经受检验，不断完善。当前要重点抓好以下工作：一是进一步完善各类应急预案，特别要抓好基层，包括社区、农村、重点企事业单位应急预案的编制工作；二是加强应急队伍和应急信息平台建设，尽快形成统一指挥、功能齐全、反应灵敏、运转高效的应急救援机制；三是组织培训和应急演练，提高指挥和救援人员应急管理水平和专业技能；四是抓好以预防、避险、自救、互救、减灾等为主要内容的面向全社会的宣传教育工作，不断增强公众的危机意识和自救、互救能力。会议批准了《青海三江源自然保护区生态保护和建设总体规划》。会议指出，青海三江源区是我国最重要、影响范围最大的生态功能区。制定并实施青海三江源自然保护区生态保护和建设规划，保护和改善其生态环境，对于惠及三江源区、促进全国可持续发展，具有重要战略意义。会议强调，三江源自然保护区生态保护和建设，要以保护和恢复生态功能、促进人与自然和谐发展、实现农牧民小康生活为目标，统筹规划、加强领导、突出重点、分步实施。

1月28日　首都各界在人民大会堂集会，隆重纪念江泽民同志《为促进祖国统一大业的完成而继续奋斗》重要讲话发表10周年。全国政协主席贾庆林发表重要讲话。贾庆林在讲话中总结了10年来两岸关系发展的基本特点，阐述了新一届中国政府对当前台海局势的基本看法及对两岸关系重大问题的主张，进一步阐发了反分裂国家法的意义，特别是就两岸对话和谈判问题阐明了立场。

1月29日　上午7时40分，国航CA1087班机的起飞，为2005年台

商春节包机拉开序幕。这是56年来大陆航班首次以正常途径降落在台湾。两岸共有8家航空公司的9架客机往返两岸5座城市之间，当日共搭载约2 200人次往返两岸，2005年台商春节包机首日出现“开门红”。这次包机首次实现了“共同参与、多点开放、直接对飞、双向载客”，较2003年单向载客、经停香港有所突破，航点、航班数量也相应增加。

1月30日　新华社受权全文播发《中共中央国务院关于进一步加强农村工作提高农业综合生产能力若干政策的意见》。《意见》共27条，分9部分，约9 800字。包括：稳定、完善和强化扶持农业发展的政策，进一步调动农民的积极性；坚决实行最严格的耕地保护制度，切实提高耕地质量；加强农田水利和生态建设，提高农业抗御自然灾害的能力；加快农业科技创新，提高农业科技含量；加强农村基础设施建设，改善农业发展环境；继续推进农业和农村经济结构调整，提高农业竞争力；改革和完善农村投融资体制，健全农业投入机制；提高农村劳动者素质，促进农民和农村社会全面发展；加强和改善党对农村工作的领导。

2月2日　国务院总理温家宝主持召开国务院常务会议，研究国有企业关闭破产工作，审议并原则通过《农村公路建设规划》和《电力监管条例（草案)》。会议听取了国有企业关闭破产工作有关情况的汇报。会议认为，近几年来，国有企业关闭破产工作取得重要进展，一批长期亏损、资不抵债、扭亏无望的国有大中型困难企业和资源枯竭的矿山平稳有序地退出市场，对于调整国有经济布局和结构，维护企业和社会稳定，起到了重要作用。但也要看到，完成历史遗留的国有困难企业政策性关闭破产任务非常艰巨，必须认真总结经验，不断完善政策，继续抓紧做好这项工作。会议原则同意有关部门提出的国有企业关闭破产工作规划。会议要求，各地区、各部门要进一步加强领导，精心组织实施。要认真执行国家有关政策，按照法定程序规范操作，严格责任追究制度，防止国有资产流失。要切实维护关闭破产企业职工的合法权益，安排好下岗职工的基本生活，保持社会稳定。国有金融机构要认真履行审查职责，妥善处理有关债务，保证关闭破产工作顺利进行。同时鼓励有条件的企业实行兼并、重组，促进国有困难企业的改革和发展。会议指出，国有企业实施政策性关闭破产是在特定时期，为解决历史遗留问题而采取的一项特殊政策。在各方面条件具备后，要通过法律途径、市场方式解决企业退出问题。会议听取了发改委关于农村公路建设规划和近期实施意见的汇报。会议认为，农村公路是我国公路网的组成部分，是广大农村地区最主要的运输方式，是农村经济社会发展的重要基础设施。制定《农村公路建设规划》很有必要。会议要求，各级政府和有关部门要按照政府主导、分层负责，统筹规划、因地制宜，建养并重、协调发展的原则，认真组织实施，为促进农业发展、繁荣农村经济、方便农民群众的生活提供良好的交通条件。会议认为，为了加强电力监管，规范电力监管行为，完善电力监管制度，制定《电力监管条例》是十分必要的。会议决定，《电力监管条例（草案)》经进一步修改后，由国务院公布施行。

2月3日　国家主席胡锦涛在人民大会堂亲切接受了第十一世班禅额尔德尼·确吉杰布的拜见。胡锦涛希望第十一世班禅适应时代发展和社会进步的要求，加强自身修养，加强对宗教和文化知识的学习，成为爱国爱教的典范。

2月4日　辽宁省鞍山市中级人民法院依法对辽宁省原副省长刘克田受贿案作出一审判决，以受贿罪判处刘克田有期徒刑12年，受贿所得款物依法没收。刘克田在担任辽宁省副省长期间，利用职务之便，为有关单位谋取利益，非法收受31万澳元，折合人民币131.75万元。

同　日　据新华社报道，第十届全国人民代表大会第三次会议和政协第十届全国委员会第三次会议，将分别于2005年3月5日和3月3日在北京开幕。全国人大常委会办公厅和全国政协办公厅当日宣布，届时欢迎中外记者前来采访。

2月5日　卫生部常务副部长高强特别指出，当前我国流脑疫情处于平稳常态。面对社会普遍关注的安徽等省发生的局部地区流脑疫情，卫生部常务副部长高强特别指出，当前我国流脑疫情处于平稳常态，从目前情况分析，疫情不会出现大面积集中暴发。高强说，最近几天新闻媒体对我国的流脑疫情报道较多，充分反映了社会健康意识的增强。但有的媒体报道我国流脑出现了“暴发”、“流行”、“疫区”是不客观、不符合事实的。他列举了一系列数据来说明我国当前流脑的发病情况：2001年—2004年全国每年的流脑病例数分别为2 250例、2 551例、2 535例、2 698例，发病趋势基本平稳。从全球范围看，我国目前流脑的发病率低于欧美国家的发病率。

2月7日—11日　中共中央总书记、国家主席、中央军委主席胡锦涛春节期间专程到贵州考察工作，并同各族干部群众一起欢度春节。他强调，各级党委和政府要坚持以邓小平理论和“三个代表”重要思想为指导，全面落实科学发展观，始终把最广大人民的根本利益作为一切工作的出发点和落脚点，继续推动社会主义物质文明、政治文明、精神文明建设与和谐社会建设全面发展。

2月16日　国务院在京召开第三次廉政工作会议。温家宝总理在讲话中强调，各级政府要以邓小平理论和“三个代表”重要思想为指导，认真贯彻党的十六届四中全会精神和胡锦涛同志在中央纪委五次全会上的重要讲话精神，坚持标本兼治、综合治理、惩防并举、注重预防的方针，以改革统揽预防腐败的各项工作，推进反腐倡廉体制、机制和制度创新，加大从源头上防治腐败的力度，努力取得廉政建设和反腐败工作的新成效。国务院副总理黄菊、吴仪、曾培炎、回良玉，国务委员周永康、曹刚川、唐家璇、陈至立出席会议。国务委员兼国务院秘书长华建敏主持会议。中共中央政治局常委、中央纪委书记吴官正，中共中央书记处书记何勇应邀出席会议。温家宝指出，过去的一年，各级政府认真落实中央关于反腐倡廉的工作部署，按照国务院的要求，以解决损害群众利益的突出问题为重点，全面推进廉政建设和反腐败工作，取得了新的进展。拖欠农民的征地补偿费已基本偿还，建筑领域拖欠的农民工工资绝大部分已经偿还，一批城镇房屋拆迁、企业重组改制和破产中损害群众合法权益的问题得到处理，教育乱收费得到一定程度治理，农民负担及涉农负担恶性案件大幅度下降。推进依法行政，贯彻《行政许可法》，取消了一大批行政审批项目。查处了一批违纪违法案件，惩治了一批腐败分子。温家宝强调，建立惩防并举的反腐败体系，加大预防腐败的工作力度，必须坚持用改革的办法解决产生腐败现象的深层次问题，加快政府职能转变，加强制度建设，加大对权力运行的监督和制约。2005年重点抓好八个方面的改革和制度建设：一是改革和完善政府决策机制。要把科学决策、依法决策、民主决策作为政府决策的基本准则，健全决策规则，规范决策程序，强化决策责任。建立和完善重大事项集体决策制度、专家咨询和评估制度、决策听证和公示制度、决策责任追究制度。二是深化行政审批制度改革。继续清理现有的行政审批事项，不必要的或不适当的要取消或调整。严格规范备案、核准的范围和程序。设定行政许可事项必须依法有据。要探索建立“一个窗口对外”的审批和许可工作机制，简化手续，减少环节，提高工作效率和服务质量。三是加快财政管理体制改革。重点是加快部门预算改革，全面推行国库集中收付制度。中央部门要全面纳入国库集中收付改革范围，地方要全面推行国库集中收付制度改革。扩大政府采购的范围和规模。严格执行“收支两条线”管理规定。四是健全政府投资监管制度。界定政府投资范围，规范政府投资行为，加强对政府投资的监管。完善政府投资项目决策机制，实行政府投资项目公示制度和公开招投标制度，建立政府投资后评价制度和投资责任追究制度。要强化对交通、城建等重点领域及重点项目的监管。五是强化对国有资产的监管。完善监管法规体系、管理体制和监管方式。加强对国有企业产权交易的监管，防止国有资产流失。健全国有资产经营责任制度，在中央企业全面推行年度经营业绩责任制和经营者任期业绩考核责任制。特别要加强对国有金融机构的监管，健全规章制度，完善内控机制，加大重大金融案件的查处力度，严厉打击内外勾结的金融犯罪。六是严格规范和管理土地市场。健全并严格执行征地程序，加强土地批租管理，不得违反规定下放土地审批权，严禁规避法定审批权限将单个建设项目用地拆分审批。强化对协议出让土地的监管。划拨土地要实行公示制度。七是推进行政执法责任制。坚持权责一致，做到有权必有责、用权受监督、侵权要赔偿、违法要追究。加强行政执法程序建设，政府机关及其工作人员必须按法定程序办事。实行行政执法依据公开制度、执法过错追究制度和执法行为评议考核制度。八是大力推进政务公开。要使政务公开成为各级政府施政的一项基本制度。政府机关办理的行政事项，能够公开的都要向社会公开，提高政府工作的透明度，保障人民群众对政府工作的知情权、参与权和监督权。学校、医院和水、电、气、公交等与群众利益密切相关的公共部门和单位，要全面推行办事公开制度。温家宝强调，2005年要继续采取更有力的措施，解决损害群众利益的突出问题，特别要严格规范教育医疗收费。义务教育阶段公办学校要全面实行“一费制”，坚决制止高等院校与招生挂钩的乱收费，严格管理药品价格和医疗检查收费，切实解决群众上学难、上学贵和看病难、看病贵的问题。进一步加强安全生产工作，严格安全生产责任制，消除各种安全隐患，保障人民群众的生命安全。温家宝指出，加强政风建设，必须大力精简会议和文件，提倡开短会，讲短话，开解决问题的会，讲有实际内容的话。各级领导干部要腾出更多的时间，到基层去，到群众中去，到困难多、问题多的地方去，帮助基层解决问题，帮助群众解决困难。监察部、建设部、国资委、农业部、国土资源部的负责同志在会上分别发言。国务院各部委、各直属机构和办事机构主要负责人在主会场出席会议。中共中央有关部门、全国人大常委会办公厅、全国政协办公厅、中央军委办公厅，最高人民法院、最高人民检察院负责人，各人民团体、各民主党派中央、全国工商联和无党派人士应邀出席了会议。各省、自治区、直辖市政府主要负责人和分管廉政工作的负责人在分会场参加会议。

2月20日　新华社报道：《中央纪委、中央组织部、中央宣传部关于学习宣传贯彻〈建立健全教育、制度、监督并重的惩治和预防腐败体系实施纲要〉的意见》经党中央同意，中共中央办公厅近日发出通知，转发这个《意见》，并要求遵照执行。

同　日　外交部发言人孔泉答记者问时说，中国政府和人民坚决反对美日将涉及中国国家主权、领土完整和国家安全的台湾问题列入其2月19日发表的共同声明中。2月19日，美日安全磋商委员会会议在华盛顿举行，并发表共同声明，将鼓励通过对话和平解决台湾海峡相关问题以及鼓励中国增加军事透明度列入美日在亚太地区的共同战略目标。

2月21日　中共中央政治局进行第二十次集体学习，中共中央总书记胡锦涛主持学习。他强调，要加强对构建社会主义和谐社会重大问题的调查研究和理论研究，着力提高构建社会主义和谐社会的本领，把社会主义和谐社会建设的各项工作落到实处。中央政治局这次集体学习安排的内容是努力构建社会主义和谐社会。中国社会科学院社会学研究所李培林研究员、景天魁研究员就这个问题进行讲解，并谈了他们的有关看法和建议。中央政治局各位同志认真听取了他们的讲解，并就有关问题进行了讨论。胡锦涛在主持学习时发表了讲话。他指出，调查研究是我们的谋事之基、成事之道。各级党委、政府和领导干部要切实加强对本地区本部门和谐社会建设有关情况和工作的调查研究，全面分析和把握社会建设和管理的发展趋势，为制定政策、开展工作奠定坚实的基础。要加强对社会结构发展变化的调查研究，深入认识和分析阶层结构、城乡结构、区域结构、人口结构、就业结构、社会组织结构等方面情况的发展变化和发展趋势，以利于深入认识在发展社会主义市场经济和对外开放的条件下我国社会发展的特点和规律，更好地推进社会建设和管理。要加强对社会利益关系发展变化的调查研究，深入认识和分析我国社会利益结构、利益关系等方面情况的发展变化和发展趋势，以利于完善政策措施，更好地统筹各方面的利益关系和利益要求。要加强对维护社会稳定工作的调查研究，深入认识和分析公共安全、社会治安等方面情况的发展变化和发展趋势，以利于健全维护社会稳定的有效机制，保证广大人民群众安居乐业。各级领导干部要深入基层、深入群众、深入实际，通过开展广泛深入的调查研究，切实提高思想认识水平，切实提高政策水平，切实提高工作水平，努力把构建社会主义和谐社会的各项工作落实好。胡锦涛指出，做好任何一项工作都离不开理论指导。与社会主义经济、政治、文化建设一样，我们对社会主义社会建设的理论研究和实践探索还有大量工作要做，因而尤其需要在实践的基础上加强理论研究。要加强马克思列宁主义、毛泽东思想、邓小平理论和“三个代表”重要思想关于社会主义社会建设理论的研究，并用来指导我们构建社会主义和谐社会的各项工作。要加强对我国历史上关于社会建设理论的研究，按照去伪存真、去粗取精的要求，努力做到古为今用。要注意研究国外社会建设理论，借鉴其积极成果。要通过深入系统的理论研究，深化对构建社会主义和谐社会的规律性认识，使我们关于新形势下构建社会主义和谐社会的理论更加完备，使我们推进社会主义和谐社会建设的工作更加富有成效。胡锦涛强调，建设民主法治、公平正义、诚信友爱、充满活力、安定有序、人与自然和谐相处的社会主义和谐社会，要求我们必须提高管理社会事务的本领、协调利益关系的本领、处理人民内部矛盾的本领、维护社会稳定的本领。要适应社会主义市场经济发展和社会结构深刻变化的新情况，深入研究社会管理规律，更新社会管理观念，推进社会建设和管理的改革创新，尽快形成适应我国社会发展要求和人民群众愿望、更加有效的社会管理体制。要坚持把最广大人民的根本利益作为党和国家一切工作的根本出发点和落脚点，进一步增强决策的科学性、全面性、系统性，善于正确反映和兼顾不同方面的利益，努力使全体人民共享改革发展的成果，朝着共同富裕的方向不断前进。要加强对新形势下人民内部矛盾产生的原因特别是深层次原因的分析研究，完善各项政策措施和工作部署，转变工作作风，健全处理人民内部矛盾的方式方法，及时妥善处理人民内部矛盾。要正确把握改革发展稳定的关系，切实落实维护社会稳定的工作责任制，确保社会安定团结。

2月23日　国务院总理温家宝主持召开国务院常务会议，研究部署进一步加强煤矿安全生产工作，强调各级政府和煤炭企业要加强领导，落实责任，痛下决心，标本兼治，坚决防范煤矿重特大事故的发生。2005年2月14日，辽宁阜新矿业集团孙家湾煤矿发生特大瓦斯爆炸事故，给人民生命财产造成重大损失，在国内外造成严重影响。为了查明事故原因，追究责任，严肃纪律，国务院决定，辽宁省主管工业和安全生产工作的副省长刘国强停职检查，责成辽宁省政府对阜新矿业集团公司和孙家湾煤矿负责人采取组织措施，待事故原因和责任查明后再作进一步处理。国务院派出由监察部部长李至伦为组长的国务院事故责任处理小组，对这起事故进行认真调查，严肃追究相关人员的责任。会议指出，煤炭是我国一次能源的主体，煤炭行业又是高危行业，高瓦斯和瓦斯突出矿井占一半左右，煤矿安全是整个工业安全生产工作的重中之重。2004年四季度以来，煤炭供应持续紧张，部分地区煤矿超产严重，违规操作问题突出，国有大型煤矿连续发生3起特别重大瓦斯爆炸事故，煤炭安全生产形势十分严峻。必须充分认识加强煤炭安全生产的重要性，采取更加有力的措施，切实解决煤矿安全生产的突出问题，坚决防范煤矿重特大事故的发生。会议强调，要进一步强化“国家监察、地方监管、企业负责”的煤矿安全工作格局，落实安全生产责任制。国务院决定，把国家安全生产监督管理局升格为国家安全生产监督管理总局，同时专设由总局管理的国家煤矿安全监察局，提高监察的权威性，强化煤矿安全监察执法。要落实地方政府煤矿安全监督管理职责，建立地方政府领导分工联系本地区重点煤矿安全生产工作制度。强化企业安全生产主体地位，所有煤矿都要落实法人代表作为安全生产第一责任人的责任。坚持煤矿企业内部安全生产机构派驻制，严格执行煤矿领导干部下井带班作业制度，及时发现和消除事故隐患。会议提出，要按照企业负责、政府支持的原则，完善国家、地方和企业共同增加煤矿安全投入的机制，加快改善煤矿安全生产条件。国务院决定2005年安排30亿元基建资金，支持国有重点煤矿安全技术改造，主要用于瓦斯治理。各级地方政府也要筹措资金，支持煤矿安全技术改造。要监督企业履行投资主体责任，提足安全技改费用，并做到专款专用。在煤矿实行安全生产风险抵押金制度。会议确定，采取七项措施大力开展瓦斯集中整治，切实防范重特大瓦斯事故发生。一是对瓦斯灾害严重的45户重点煤矿派驻安全督导组，进行跟踪监察。二是从全国抽调煤矿安全专家，对瓦斯灾害严重和存在重大隐患的煤矿逐个进行安全评估，帮助制定具体的防范措施。三是严格执行“以风定产”的规定，凡超通风能力生产的矿井，必须把产量降到通风能力许可的范围内。四是历史上有过瓦斯动力现象，但未按突出矿井管理的，一律按突出矿井管理。五是推广数字化瓦斯远程监控系统，高瓦斯和高突矿井没有建立瓦斯抽放和监测系统的，一律限期整改。六是加快煤与瓦斯突出机理及预测预报科研攻关，尽快取得突破。七是成立国家煤层气工程研究中心，推进煤层气综合开发利用，变害为利。会议还听取了国家林业局关于全国防沙治沙规划有关情况的汇报。会议认为，防沙治沙，遏制沙化扩展，改善生态环境，是摆在我们面前一项十分艰巨而紧迫的任务。制定《全国防沙治沙规划》十分必要。会议要求，各有关地区和部门要以科学发展观为指导，按照统筹规划、突出重点，预防为主、防治结合，综合治理、讲求实效的原则，切实加强领导，严格项目管理，确保防沙治沙任务落到实处，尽快改变生态环境。

2月24日　新华社受权全文播发了《国务院关于鼓励支持和引导个体私营等非公有制经济发展的若干意见》。该《意见》针对非公有制经济发展中的突出问题，提出了放宽市场准入，公平待遇；改善金融服务，加大财税支持；发展社会中介服务，完善社会服务体系；维护非公有制企业和职工的合法权益；引导企业提高自身素质；改进政府监管；加强对发展非公有制经济的指导和政策协调等7个方面的政策措施。

同　日　新华社报道：中央文明办、教育部、科技部、团中央、全国妇联、中国科协近日联合命名中国科学技术馆等70个单位为全国青少年校外活动示范基地。这些示范基地包括校外活动营地、青少年宫、科技馆、植物园、儿童活动中心等。

2月25日　教育部公布了大学英语四、六级考试改革方案，方案将原来四、六级考试的100分制改为710分制，不设及格线，不颁发合格证书，只发成绩单。改革将突出听说能力的考查，将听力比例由原来的20%提至35%。记分体制改革将从2005年6月起全面实施。从2006年1月开始，教育部将从参加大学英语教学改革试点学校中试行改革后的四级考试，从2006年6月开始以同等方式试行新的六级考试。初步定于2007年1月全面实施改革后的四级考试，2007年6月全面实施改革后的六级考试。

2月27日　新华社报道：近日，中央文明办评选出60个未成年人思想道德建设工作创新奖。经网上评选和专家评审，最后评出北京“新童谣伴我快乐成长”等10个案例为一等奖，福建“校园心理剧”等20个案例为二等奖，广西“我是小主人”等30个案例为三等奖。

2月28日　为期3天的政协第十届全国委员会常务委员会第八次会议圆满完成各项议程在京闭幕。中共中央政治局常委、全国政协主席贾庆林出席并讲话。贾庆林指出，每年一次的“两会”是我国政治生活中的一件大事，我们要按照中共中央的要求，集中精力开好政协十届三次会议。贾庆林就开好政协十届三次会议提出了六点要求：第一，要认真贯彻会议的指导思想，坚持正确的政治方向。第二，要引导好委员议政建言，搞好对当前经济社会生活中重大问题的协商讨论。第三，要坚持发扬民主，努力增进团结。第四，要精心做好组织工作，注意提高会议实效。第五，要坚持正确的舆论导向，搞好宣传报道工作。第六，政协常委和政协委员中的共产党员要发挥表率和带头作用。贾庆林强调，2005年全国政协要着重抓好两项工作：一是紧紧围绕制定“十一五”规划和2020年远景目标建言献策。要精心组织，认真部署，力争出一批有价值的成果，推动政协履行职能工作迈上一个新台阶。二是为构建社会主义和谐社会作贡献。统一战线和人民政协要认真学习、切实贯彻胡锦涛总书记关于提高构建社会主义和谐社会能力的重要讲话，找准统一战线和人民政协在构建和谐社会中的位置，充分发挥统一战线和人民政协在构建和谐社会中的重要作用。会议通过了政协十届三次会议议程草案和日程、政协常委会工作报告、关于政协十届二次会议以来提案工作情况的报告，决定将上述草案和报告提请政协十届三次会议审议。会议通过了人事事项：决定郑万通为政协十届三次会议秘书长，赵喜明等21人为政协十届三次会议副秘书长（名单另发）；决定增补丁常云等80人为政协第十届全国委员会委员；因工作变动，朱小丹、吴爱英、张文岳不再担任政协第十届全国委员会委员；决定接受莫时仁辞去政协第十届全国委员会常务委员、委员职务；鉴于李达昌在任四川省副省长期间，滥用职权，已构成严重违纪，根据政协章程第二十九条的规定，决定撤销其政协第十届全国委员会委员的资格；决定任命王蒙为全国政协文史和学习委员会主任；决定增补朱树豪、张德邻、傅志煌为提案委员会副主任，王洛林、陈清泰、林毅夫、阎海旺、颜延龄为经济委员会副主任，何光玮、郑斯林为人口资源环境委员会副主任，王巨才、张文康、袁伟民为教科文卫体委员会副主任，伍绍祖、张福森为社会和法制委员会副主任，圣辉、任法融、刘江为民族和宗教委员会副主任，陈杰、唐闻生为港澳台侨委员会副主任，刘华秋、赵启正为外事委员会副主任，计佑铭为文史和学习委员会副主任；因工作调动，王巨禄不再担任政协第十届全国委员会副秘书长。

3月1日　政协第十届全国委员会常务委员会举行第五次学习讲座，中共中央政治局常委、全国政协主席贾庆林主持讲座。他强调，要从党和国家事业发展的全局和战略的高度，充分认识民族、宗教问题的重要性，进一步增强做好民族、宗教工作的责任感和紧迫感，为开创新世纪新阶段民族、宗教工作新局面作出应有的贡献。中国社会科学院郝时远研究员和中央民族大学杨圣敏教授作了《世界民族、宗教的形势和我国民族、宗教的几个问题》的报告，向常委会组成人员介绍了当今世界民族、宗教问题的历史背景、主要特征、总体态势和基本走向，中国民族、宗教问题的基本状况以及大家普遍关注的几个重大问题。贾庆林强调，我们要认真学习马克思主义民族、宗教理论，学习党和国家关于民族、宗教工作的方针政策和法律法规，学习民族学、人类学、社会学和宗教学等有关知识。要坚持理论联系实际的马克思主义的学风，不断研究新情况，探索新问题，进一步认识和把握新的历史条件下民族、宗教问题发展变化的特点和规律，积极协助党和政府做好民族、宗教工作。贾庆林指出，要发挥人民政协的优势，为促进民族团结、宗教和睦贡献力量。一是积极围绕民族、宗教问题建言献策。要注意选择民族、宗教方面具有综合性、全局性、前瞻性的问题，深入开展调查研究，提出有分量、有价值的意见和建议。二是为促进民族团结、维护宗教和睦多做实事。政协委员特别是民族和宗教界委员，要经常深入到少数民族群众和信教群众中去，了解他们的真实情况，反映他们的意见和要求，维护他们的合法权益。三是充分发挥中国宗教和平委员会的独特作用。要密切同各国宗教界和广大信教群众之间的交流与合作，为引导宗教与社会主义社会相适应、抵御境外利用宗教进行的渗透、完成祖国统一、促进世界和平与发展作出新贡献。

3月2日　国务院总理温家宝主持召开国务院常务会议，分析当前电力供求形势，研究电力工业发展问题。会议强调，电力工业是关系国民经济全局的重要基础产业，必须统筹规划，科学论证，合理布局，为经济和社会可持续发展及人民生活提供优质、可靠的电力保证。会议指出，近年来我国电力发展很快，但电力需求增长更快，供求矛盾突出。在加快电力建设的同时，一些地区和企业也出现违背客观规律、违反国家政策，盲目建设电站项目的问题。这种情况如果发展下去，势必导致发电能力大量过剩，严重影响国民经济的健康发展。会议要求，各地区、各有关部门和单位要认真清理违规项目，坚决制止电力无序建设现象。对未经国家批准或核准、未经充分论证、条件不具备的电站项目，要全面清理，不走过场。符合规划布局和产业政策要求的项目，要逐一严格核定，合理安排；不具备建设条件的项目，必须立即停止建设；已经投入运行的违规项目，要作出处理。会议强调，我国电力建设，必须实行正确的指导方针。既要坚持从我国国情出发，尊重自然规律和经济规律，加快电力建设，增加电力供应，满足经济社会发展的需求，又要运用市场、经济和法律手段抑制电力需求的过快增长。为此，必须切实抓好几方面的工作：一要合理确定电力发展规模，切实控制不合理需求，使电力发展速度与经济社会发展相适应。二要调整电源结构，大力开发水电，优化发展煤电，积极推进核电，适度发展天然气发电，鼓励新能源发电。三要坚持建设与节约并重，把节约用电放在优先位置，加强电力需求侧管理，提高资源利用效率。四要加强电网建设，推进西电东送、南北互济、全国联网，实现更大范围的资源优化配置。五要大力推进技术进步和产业升级，提高关键设备制造和供应能力。六要鼓励清洁发电，加强生态和环境保护。七要深化电力体制改革，完善法律法规和产业政策，强化规范管理，严格执法监督。八要切实加强电源、电网安全工作，进一步完善安全责任体系和电力保障应急机制，确保电力系统安全。

3月3日　全国政协十届三次会议在人民大会堂开幕。开幕会审议通过了政协十届三次会议议程，听取政协全国委员会常务委员会工作报告，听取政协全国委员会常务委员会关于政协十届二次会议以来提案工作情况的报告。

3月4日　中共中央总书记、国家主席、中央军委主席胡锦涛看望了参加全国政协十届三次会议民革、台盟、台联委员，并参加联组会，听取委员们的意见和建议。胡锦涛在听取了大家的发言后就新形势下发展两岸关系提出四点意见：第一，坚持一个中国原则决不动摇；第二，争取和平统一的努力决不放弃；第三，贯彻寄希望于台湾人民的方针决不改变；第四，反对“台独”分裂活动决不妥协。

3月5日　十届全国人大三次会议在人民大会堂开幕。国务院总理温家宝向大会作《政府工作报告》。他指出，2005年政府工作基本思路是，以邓小平理论和“三个代表”重要思想为指导，认真贯彻党的十六大和十六届三中、四中全会精神，坚持用科学发展观统领经济社会发展全局，加强和改善宏观调控，以改革开放为动力推进各项工作，构建社会主义和谐社会，推动社会主义物质文明、政治文明和精神文明共同进步。

3月12日　董建华当选政协副主席。董建华，1937年5月出生于上海，祖籍浙江舟山，大学学历。1947年随全家迁居香港。1960年毕业于英国利物浦大学，获海事工程理学士学位。其后，在美国通用有限公司及家族公司任职。1969年返港处理家族集团生意。1985年担任中华人民共和国香港特别行政区基本法咨询委员会委员。1992年被国务院港澳事务办公室、新华社香港分社聘为首批港事顾问。1992年10月任港英政府行政局议员。1995年12月任全国人大香港特别行政区筹备委员会副主任。1996年12月11日在香港特别行政区第一任行政长官选举中当选，同年12月16日被国务院任命为香港特别行政区第一任行政长官，1997年7月1日就职。2002年2月28日当选香港特别行政区第二任行政长官，同年7月1日就职。2005年3月10日，董建华在香港宣布，已正式向中央政府提出辞去香港特别行政区行政长官职务。3月12日，国务院总理温家宝签署国务院第四三三号令，批准董建华辞去香港特区行政长官职务。同日，在全国政协十届三次会议上，董建华被增选为十届全国政协副主席。董建华是第十届全国政协委员，2005年2月增补为第十届全国政协委员。

同　日　国务院总理温家宝主持召开国务院全体会议，批准董建华辞去香港特别行政区行政长官职务。温家宝总理签署了国务院第四三三号令，即日生效。当天的国务院全体会议审议了香港特别行政区行政长官董建华关于请求辞去香港特别行政区行政长官职务的报告，并听取了国务院港澳事务办公室主任廖晖就有关情况所作的汇报。温家宝总理在会上作了重要讲话。他指出，董建华在担任香港特别行政区行政长官期间，为“一国两制”、“港人治港”、高度自治方针在香港成功地付诸实践做了大量开创性的工作。董建华领导香港特别行政区政府全面贯彻香港基本法，依法施政，团结香港广大同胞，努力克服亚洲金融危机和国际经济环境变化等因素带来的种种困难和挑战，妥善处理了一系列重大的政治、经济和社会问题，维护了香港稳定繁荣的大局。董建华担任香港特别行政区行政长官以来，面对各种困难和压力，勤勤恳恳，任劳任怨，恪尽职守，廉洁奉公。中央政府对董建华和香港特别行政区政府的工作是充分肯定的。董建华经慎重考虑，提出辞去行政长官职务，并于3月10日向国务院呈送了辞职报告，体现了他对香港、对国家高度负责的态度。温家宝说，依据基本法的规定，国务院全体会议经过认真讨论和审议，批准董建华辞去香港特别行政区行政长官的职务。行政长官缺位后，香港特别行政区应依照基本法第四十五条和附件一的规定，在6个月内选举产生新的行政长官人选，报中央人民政府任命。温家宝强调，中央政府将继续坚定不移地贯彻“一国两制”、“港人治港”、高度自治的方针，严格按基本法办事，全力支持香港特别行政区行政长官和特区政府依法施政，促进香港的稳定繁荣和发展。

国务院副总理黄菊、吴仪、曾培炎、回良玉，国务委员周永康、曹刚川、唐家璇、华建敏、陈至立，以及国务院全体会议其他组成人员出席了会议。

3月13日　胡锦涛在当日举行的十届全国人大三次会议第四次全体会议上当选中华人民共和国中央军事委员会主席。本次全体会议的主要议程是，选举中华人民共和国中央军事委员会主席，补选第十届全国人民代表大会常务委员会委员等。在当天的大会上，还补选了宋照肃、陈秀榕、闻世震为第十届全国人民代表大会常务委员会委员。

3月14日　第十届全国人民代表大会第三次会议在批准政府工作报告、全国人大常委会工作报告及其他重要报告，通过《反分裂国家法》，圆满完成各项议程后，于当日上午在人民大会堂闭幕。2 901名代表出席闭幕会，符合法定人数。闭幕会由大会主席团常务主席、执行主席吴邦国主持。根据出席十届全国人大三次会议代表审议时提出的意见和建议，国务院、全国人大常委会委员长会议、最高人民法院、最高人民检察院分别对相关的工作报告进行了认真修改。同时根据代表们提出的意见，提交大会表决的各项报告的决议主题突出、内容从简，与往年相比，篇幅明显压缩。会议经过表决，通过了关于政府工作报告的决议，决定批准政府工作报告。会议经过表决，通过了关于2004年国民经济和社会发展计划执行情况与2005年国民经济和社会发展计划的决议，通过了关于2004年中央和地方预算执行情况及2005年中央和地方预算的决议。会议经过逐项表决，通过了关于全国人大常委会工作报告的决议、关于最高人民法院工作报告的决议、关于最高人民检察院工作报告的决议。按照宪法的有关规定，中华人民共和国中央军事委员会其他组成人员的人选，由中华人民共和国中央军事委员会主席提名，提请大会决定。会议宣读了中华人民共和国中央军事委员会主席胡锦涛的提名信。会议分别表决通过了关于决定补充任命中华人民共和国中央军事委员会组成人员名单，决定任命：徐才厚为中华人民共和国中央军事委员会副主席，陈炳德、乔清晨、张定发、靖志远为中华人民共和国中央军事委员会委员。会议经过表决，高票通过了《反分裂国家法》。随后，中华人民共和国主席胡锦涛签署第三十四号主席令，公布了《反分裂国家法》。这部法律自公布之日起施行。

同　日　十届全国人大三次会议在人民大会堂举行记者招待会，国务院总理温家宝应大会新闻发言人姜恩柱邀请同中外记者见面，并回答了记者提出的问题。在回答“三农”问题时，温家宝说，我们对中国农村的改革和发展是有长远考虑的，这可以划分为两个阶段：第一阶段，是实行家庭承包经营的基本经济制度，给农民生产经营的自主权，极大地解放了农村的生产力。第二阶段，是实行城市支持农村、工业反哺农业的方针，对农民“多予、少取、放活”。我们现在开始进入了第二阶段。在第二阶段我们要做好四件事：第一，推进以税费改革为主要内容的农村各项改革。第二，加强以农田水利设施建设和农业科技推广为主要内容的农业综合生产力建设。第三，发展农村教育、科技、文化、卫生等各项社会事业。第四，推进以村民自治、村级直接选举和村务公开、县乡政务公开为主要内容的农村基层民主建设。在回答日本朝日新闻记者问题时，温家宝说，加强和改善中日关系，要在恪守中日3个政治文件的基础上，遵循以下三个原则：第一，以史为鉴，面向未来。2005年是中国人民抗日战争胜利60周年。纪念这段历史，可以使我们回忆起战争给中国人民、亚洲人民以至日本人民带来的苦难，让历史的悲剧永远不再发生。我们希望日本方面也要把握这个机遇，促进中日友好。第二，坚持一个中国原则。日美安全同盟是日美双方的事情，中国之所以关心是因为它涉及了台湾问题。台湾问题是中国的内政，不允许任何国家直接地或间接地干预。第三，加强合作，共同发展。中日友好合作有很大的潜力，特别是在经贸方面，我们的目标是实现两国的共同发展。我还想提出三点建议：一是积极创造条件，促进中日高层的互访。二是由双方的外交部门共同着手对加强中日友好进行战略性研究。三是妥善处理历史遗留问题。在回答台湾年代电视台记者问题时，温家宝说，这个法（《反分裂国家法》）是一部加强和推进两岸关系的法，是一部和平统一的法，而不是针对台湾人民的，也不是一部“战争法”。在这部法律里明确规定了要鼓励和推进两岸人员的交往，鼓励和推进两岸经济合作和直接“三通”，鼓励和推进教育、科技、文化等各个领域的交流。在这部法律里规定了要保护台商的合法权益。这部法律是遏制和反对“台独”势力的。只有遏制和反对“台独”势力，台海才有和平，台海的和平和稳定有利于台商到大陆投资，也有利于外国到中国投资。你问到我采取什么措施，胡锦涛总书记在前不久就台湾问题的重要谈话已经讲到了。我们要保护台商在大陆的合法权益。只要是对台湾同胞有利的事情，我们都会去做。第一，要尽快将海峡两岸的客运包机由“节日化”转向常态化。第二，要采取措施，解决台湾特别是台湾中南部地区农产品到大陆的销售问题。第三，要尽快恢复和解决大陆渔工到台湾劳务合作的问题。我们还准备出台一系列有利于台湾同胞的优惠政策和方便措施。

3月16日　中共中央总书记、国家主席、中央军委主席胡锦涛给中国浦东干部学院、中国井冈山干部学院、中国延安干部学院发去贺信，祝贺3所干部学院建成并正式开学。

同　日　国务院总理温家宝主持召开国务院常务会议，研究落实政府工作报告提出的工作任务，审议并原则通过《环渤海京津冀地区、长江三角洲地区、珠江三角洲地区城际轨道交通网规划》和《疫苗流通和预防接种管理条例（草案）》。会议指出，《政府工作报告》已经十届全国人大三次会议通过，2005年政府工作的目标和任务已经明确，国务院及各部门一定要认真抓好落实。这是履行政府职能、对人民负责的重要体现。会议强调，当前要重点抓好三项工作：一要尽快拟定2005年国务院工作要点，把报告提出的工作任务分解到有关部门和单位，明确责任，落实措施。二要抓紧部署已经明确的各项改革任务，周密设计改革方案，加强规划和协调，把握好时机和节奏，积极稳妥地付诸实施。三要密切跟踪经济运行动态，认真分析并及时研究解决经济运行中出现的新问题，巩固和发展宏观调控成果，保持经济平稳较快发展。会议听取了发改委关于环渤海京津冀、长江三角洲、珠江三角洲地区城际轨道交通网规划的汇报。

会议认为，环渤海京津冀、长江三角洲和珠江三角洲地区是目前我国区域经济发展最具活力的地区。为适应区域旅客运输需求快速增长的需要，建立资源节约型和环境保护型现代化运输体系，加快区域经济一体化进程，制定并实施这一地区城际轨道交通网规划，很有必要。会议要求，各有关地区和部门要统筹规划，合理布局，因地制宜，分期建设。在组织实施中，要充分发挥现有交通设施的作用，注重各种运输方式的综合效益；要坚持引进技术与自主创新相结合，大力推进装备国产化工作，切实提高我国城际轨道交通装备水平；要重视土地集约利用，通过优化设计，最大限度地节约用地，保护生态环境。会议认为，为了加强对疫苗流通和预防接种的管理，预防、控制传染病的发生、流行，保障人体健康和公共卫生，有必要在总结实践经验的基础上，根据药品管理法和传染病防治法的规定，制定《疫苗流通和预防接种管理条例》。会议决定，《疫苗流通和预防接种管理条例（草案）》经进一步修改后，由国务院公布施行。

3月17日　中国人民银行决定从当日起调整商业银行自营性个人住房贷款政策。一是将现行的住房贷款优惠利率回归到同期贷款利率水平，实行下限管理，下限利率水平为相应期限档次贷款基准利率的0.9倍，商业银行法人可根据具体情况自主确定利率水平和内部定价规则。二是对房地产价格上涨过快城市或地区，个人住房贷款最低首付款比例可由现行的20%提高到30%。

3月19日　山西省朔州市平鲁区白堂乡细水煤矿发生爆炸。爆炸波及相邻的康家窑煤矿。此次矿难最终造成72名矿工遇难。

3月20日　新华社报道：中共中央颁发了《关于进一步加强中国共产党领导的多党合作和政治协商制度建设的意见》。这是我国政治生活中特别是统一战线和多党合作中的一件大事。

同　日　据新华社报道：中共中央宣传部、国家广播电影电视总局、国家新闻出版总署最近发出《关于新闻采编人员从业管理的规定（试行）》，以加强新闻职业道德建设，规范新闻采编人员行为，维护新闻界良好形象，促进新闻事业健康发展。

3月23日　国务院总理温家宝主持召开国务院常务会议，审议并

原则通过《2005-2006年农村饮水安全应急工程规划》和《营业性演出管理条例（修订草案）》。会议听取了发改委关于农村饮水安全应急工程规划的汇报。会议认为，解决农村饮水困难，对于改善农民的生活条件，提高农民的健康水平，促进农村经济与社会发展，具有重要意义。近几年中央和地方加大工作力度，解决了6 000万农村人口的饮水困难，深受群众欢迎。制定并实施2005年-2006年农村饮水安全应急工程规划，再解决2 000多万农村人口饮水困难，很有必要。会议要求，各地区、各有关部门要切实加强领导，各负其责，密切配合，确保规划的顺利实施。一要统筹规划，合理布局。要编制好分阶段工程规划，适度集中工程建设区域，优先解决对农民生活和身体健康影响较大的饮水安全问题。二要防治并重，综合治理。水源地保护要与水质处理相结合，特别要加强饮用水源地保护，严格监控化肥、农药的使用，水源地附近要禁止发展高污染工业，防止和逐步减轻对农村饮用水源的污染，让群众喝上干净水。三要因地制宜，建管并重。要合理选择饮水工程的建设形式、规模和标准，强化项目管理，建立产权明晰、责权统一的农村饮水管理体制与运行机制，实现农村饮水工程的良性运行。四要增加投入，确保工程所需资金足额、及时到位。会议认为，1997年8月国务院发布实施的《营业性演出管理条例》，对于满足人民群众日益增长的精神文化需求，促进演出市场健康有序发展，发挥了重要作用。但随着我国经济社会的发展，演出市场出现了许多新的情况和问题，有必要在总结实践经验的基础上对现行条例进行修改、完善。会议决定，《营业性演出管理条例（修订草案）》经进一步修改后，由国务院公布施行。会议还研究了其他事项。

3月28日　中共中央、国务院在北京隆重举行国家科学技术奖励大会。2004年度国家自然科学奖授奖项目二等奖28项；国家技术发明奖授奖项目28项，其中一等奖2项，二等奖26项；国家科学技术进步奖授奖项目244项，其中一等奖16项，二等奖228项；授予5名外籍科学家中华人民共和国国际科学技术合作奖。

3月28日—4月1日　中国国民党副主席江丙坤率领中国国民党参访团访问了广州、南京和北京。中共中央台湾工作办公室和有关部门的代表与参访团一行就加强两岸经贸等领域的交流与合作举行会谈，在两岸同胞关心的12项议题方面广泛交换了看法，取得初步成果。

3月29日　教育部颁布修订后的《普通高等学校学生管理规定》。该《规定》将于2005年9月1日起施行。

同　日　一辆在京沪高速公路行驶的罐式半挂车在江苏淮安段发生交通事故。事故引发车上罐装的液氯大量泄漏，造成29人死亡，436名村民和抢救人员中毒住院治疗。

3月30日　国务院总理温家宝主持召开国务院常务会议，讨论并通过《国务院2005年工作要点》和《关于推进2005年经济体制改革的意见》，会议还听取了2005年退耕还林、退牧还草任务安排及完善退牧还草政策措施的汇报。会议指出，十届全国人大三次会议通过了《政府工作报告》，2005年政府各项工作任务已经明确，各部门要认真抓好落实。特别要深入实际调查研究，掌握全面、真实的情况。要增强工作的预见性，采取有针对性的措施，及时发现和解决新问题。会议强调，越是形势好，越要保持头脑清醒。当前经济社会发展总体形势是好的，但存在的问题也不少，必须引起高度重视。要密切关注国内外经济形势变化，抓紧解决影响全局的重大问题。宁可把困难想得多一些，居安思危，未雨绸缪，做好各项应对准备。会议指出，深化经济体制改革是2005年政府工作的重点任务，要坚持以改革为动力，推动各项工作。通过深化改革，进一步消除经济运行中不健康不稳定因素，巩固和发展宏观调控成果；通过深化改革，解决经济生活中的深层次矛盾和问题，推进经济结构调整和经济增长方式转变；通过深化改革，促进各项社会事业发展，构建和谐社会。深化改革要突出重点，全面推进；立足当前，兼顾长远；创新制度，转换机制；把握大局，处理好改革发展稳定关系。会议强调，要统筹抓好各方面工作。兼顾农业和工业、农村和城市、经济与社会、国内发展与对外开放。各部门要切实转变职能，把工作重点放在研究解决宏观性和战略性问题上，放到解决与群众切身利益相关的重点和难点问题上。会议分析了当前钢铁供求形势和价格走势，强调要进一步搞好对钢铁工业发展的宏观调控，采取更直接、更有力的措施，应对国际铁矿石价格大幅上涨的问题。要严格控制钢铁产品出口，尽快落实取消对钢坯、钢锭出口退税措施；加强铁矿石进口协调和管理，整顿和规范铁矿石经营秩序；加大钢铁行业结构调整力度，抑制钢铁生产能力盲目扩张。同时，要加快推进经济结构调整和增长方式转变，努力实现由能源、资源消耗型向节约型转变，由数量扩张型向质量效益型转变。会议强调，严格控制固定资产投资过快增长，特别是控制房地产和城市建设规模，对于抑制钢铁等生产资料过旺需求，保持整个经济发展良好势头，都具有重要意义。要继续落实国务院关于控制固定资产投资的各项政策措施。会议强调，做好2005年政府工作，关键在于加强领导，狠抓落实。各项改革发展的任务，都要分解到各部门、各单位，明确责任，落到实处。各部门要认真履行职责，加强协调配合，相互支持。做好上半年工作十分重要，要周密安排，精心组织，扎实工作，为完成全年任务打下良好基础。

4月2日　我国远洋科学考察船“大洋一号”在青岛起航，开始执行我国首次环球大洋科学考察任务。

4月5—12日　温家宝总理对巴基斯坦、孟加拉国、斯里兰卡和印度进行正式访问，并出席在伊斯兰堡举行的亚洲合作对话第四次外长会议开幕式。访问期间，中巴、中印宣布确立战略合作伙伴关系，中孟、中斯宣布确立全面合作伙伴关系。

4月7日—10日　中共中央总书记、国家主席、中央军委主席胡锦涛在山东考察工作。他强调，要切实加强党的执政能力建设和先进性建设，确保先进性教育活动真正成为群众满意工程，更好地按照科学发展观的要求，推进社会主义经济建设、政治建设、文化建设与和谐社会建设全面发展。

4月13日　国务院总理温家宝主持召开国务院常务会议，分析一季度经济形势，讨论《中华人民共和国证券法》实施情况及修改的有关问题。会议认为，当前经济形势总体是好的。各地区各部门全面贯彻党的十六大、十六届三中、四中全会精神和中央经济工作会议部署，认真落实科学发展观，国民经济继续朝着宏观调控的预期方向发展，保持了平稳较快增长走势。工农业生产比较稳定，固定资产投资增幅继续回落，消费增长加快，进出口贸易持续扩大，经济改革有序推进，财税、金融运行基本正常，城乡居民收入进一步增加，社会保持稳定。会议指出，必须清醒地看到，当前经济运行中的一些突出矛盾还没有根本解决，经济发展中也出了一些新情况、新问题。主要是保持农业增产和农民增收的难度加大，固定资产投资规模依然偏大，对外贸易结构性矛盾突出，煤电油运还相当紧张，物价特别是生产资料价格上涨压力仍然较大。这说明目前经济走势还有一定的不确定性。保持经济平稳较快发展，防止大的起落，仍然是当前经济工作面临的首要任务。会议强调，要继续全面落实中央经济工作会议和十届全国人大三次会议精神，切实用科学发展观统领经济社会发展全局。坚持搞好宏观调控，保持基本政策的连续性和稳定性，注重运用经济手段调控经济运行；坚持推进经济结构调整和增长方式转变，注重能源资源节约和合理利用，加强薄弱环节；坚持以改革开放为动力推进各项工作，注重用改革的办法消除经济发展中的体制性机制性弊端；坚持统筹兼顾，注重解决关系人民群众利益的突出问题。当前要做好以下主要工作：一是切实抓好农业生产。认真落实中央各项扶持农业的政策。做好农业生产资料供应工作，特别要加强农资市场监管，坚决遏制农资价格过快上涨。切实做好防灾减灾工作。二是继续控制固定资产投资规模。坚持严把土地审批和信贷投放两个闸门。严格控制低水平重复建设和高耗能产业过度扩张。合理控制城市建设规模。要进一步采取综合措施，有效控制房地产投资和价格过快增长。三是加强煤电油运供求调节。继续加强电力需求管理，运用价格杠杆调节供求，调控高耗能工业用电和其他不合理电力需求。抓紧做好电力迎峰度夏的准备工作。优先保证煤炭、化肥等重要物资的运输。大力开展节约能源活动。四是调整进出口结构。积极运用税收手段，切实控制高耗能产品出口。适当增加能源、重要原材料和先进技术设备进口。五是加快推进经济体制改革。抓紧落实2005年深化经济体制改革的各项任务，通过改革巩固和发展宏观调控成果。六是重视做好财税、金融工作。

采取更加有力的措施搞好财政增收节支。调整信贷结构，继续控制中长期贷款过快增长，加大对农业和中小企业信贷支持力度。抓紧采取有力措施促进证券市场稳定健康发展，进一步强化金融监管。七是保持价格总体水平基本稳定。健全物价上涨监测预警机制。及时调控重要商品、公共产品和服务价格上涨幅度。八是努力做好关系群众切身利益的各项工作。积极落实促进就业和社会保障体系建设的各项政策措施。重视解决低收入和困难群众的基本生活问题。严格执行安全生产责任制，避免重特大事故的发生。全力维护社会稳定，促进和谐社会建设。会议认为，证券法自1999年施行以来，对规范证券发行及交易行为，保护投资者合法权益，促进社会主义市场经济发展，发挥了重要作用，实施情况总体是好的。随着金融体制改革的不断深化，现行的证券法已不能完全适应新形势下推进资本市场改革开放和稳定发展的客观要求。在全面总结证券市场改革发展和监管执法经验的基础上，对证券法适时进行修订，是加强我国证券市场基础性制度建设的重要举措。会议提出，证券法的修改应突出保护社会公众投资者特别是中小投资者合法权益，加强和完善对上市公司及证券公司的监管，防范和化解证券市场风险，同时要为资本市场制度创新和产品创新提供发展的空间。

4月14日　中共中央政治局委员、国务委员、国家禁毒委员会主任周永康在部署开展禁毒人民战争电视电话会议上发表讲话。他强调，各地区、各有关部门要认真贯彻胡锦涛总书记、温家宝总理等中央领导同志的重要指示精神，迅速组织开展广泛、深入的禁毒人民战争。

4月15日　中共中央政治局召开会议。会议听取中央政治局常委参加保持共产党员先进性教育活动民主生活会情况的通报。

4月16日　中共中央政治局进行第二十一次集体学习，中共中央总书记胡锦涛主持。他强调，只有坚持以科学发展观统领经济社会发展全局，从新世纪新阶段我国经济社会发展的阶段性特征出发，理清发展思路，创新发展模式，提高发展质量，夯实发展基础，增强发展后劲，才能更好地推动社会主义经济建设、政治建设、文化建设与和谐社会建设全面发展。中共中央政治局这次集体学习安排的内容是关于我国经济社会发展战略的若干问题。国务院发展研究中心刘世锦研究员、国家发展和改革委员会宏观经济研究院陈东琪研究员就这个问题进行了讲解，并谈了他们的有关看法和建议。中共中央政治局各位同志认真听取了他们的讲解，并就有关问题进行了讨论。胡锦涛在主持学习时发表了讲话。他指出，改革开放以来，我们坚定不移地贯彻邓小平同志提出的发展是硬道理的战略思想，聚精会神搞建设，一心一意谋发展，完成了现代化建设“三步走”战略的前两步目标，人民生活总体上达到小康水平，我国的综合国力和国际地位显著提高。同时，我们必须清醒地看到，我国正处于并将长期处于社会主义初级阶段，我国社会的主要矛盾仍然是人民日益增长的物质文化需要同落后的社会生产之间的矛盾。解决这个主要矛盾的根本途径是集中力量发展社会生产力。当前和今后一个时期，是我们实现全面建设小康社会宏伟目标的关键时期。我们必须紧紧抓住和用好重要战略机遇期，切实抓好发展这个党执政兴国的第一要务，实现经济社会又快又好地发展，不断为全面建设小康社会打下更为坚实的物质基础。胡锦涛指出，随着我国工业化、城镇化、市场化的不断发展和对外交往的不断扩大，经济社会发展呈现出一系列重要的阶段性特征。我们要坚持以邓小平理论和“三个代表”重要思想为指导，着眼于新的实践和新的发展，深入研究和分析我国经济社会发展的阶段性特征，既充分把握实现又快又好发展的有利条件，又清醒认识前进道路上的不利因素，不断提高领导经济社会发展的能力和水平，更好地把中国特色社会主义事业推向前进。胡锦涛强调，我们要在改革发展的关键时期实现经济社会又快又好地发展，就必须切实把科学发展观贯穿于经济社会发展的全过程，落实到经济社会发展的各个环节。要坚持以人为本，以实现人的全面发展为目标，不断满足人民群众日益增长的物质文化需要，让发展的成果惠及全体人民。要坚持走新型工业化道路，切实把经济工作的着重点转移到调整结构、深化改革、转变增长方式上来，切实提高经济增长的质量和效益。要下更大气力解决好“三农”问题，充分发挥城市对农村的辐射和带动作用，发挥工业对农业的支持和反哺作用，促进城乡良性互动、共同发展。要把提高科技自主创新能力作为推进结构调整和增长方式转变的重要环节，加速科技成果向现实生产力转化。要全面贯彻区域发展的总体战略，逐步缩小区域发展差距，实现优势互补、共同发展。要不失时机地推进改革开放，充分发挥市场在配置资源中的基础性作用，加强和改善宏观调控，努力从体制机制上解决制约经济社会又快又好发展的深层次问题。要不断提高对外开放的水平，充分利用国内国际两个市场、两种资源。要推动经济社会协调发展，加快社会事业发展，健全和创新社会管理体制和管理方法，促进和谐社会建设。要坚持实施可持续发展战略，大力发展循环经济，建设资源节约型、环境友好型社会。胡锦涛指出，目前，我们正在制定国民经济和社会发展“十一五”规划，尤其要注意分析和研究经济社会发展中的重大战略问题。要坚持从实际出发，在深入调查研究和广泛听取意见的基础上，分析新情况，把握新特点，提出新思路，确定符合实际的发展战略、发展目标、发展规划和发展重点，更加积极主动地做好改革发展稳定的各项工作，确保实现全面建设小康社会的宏伟目标。

4月17日　新华社全文播发了《国务院关于2005年深化经济体制改革的意见》。《意见》指出，2005年是改革攻坚的关键一年，要抓住当前有利时机，把改革放到突出位置上，用更大的力量推进经济体制改革。

同　日　外交部长李肇星与日本外务大臣町村信孝举行会谈。

4月20日—28日　国家主席胡锦涛对文莱、印度尼西亚和菲律宾进行国事访问，并出席在印尼举行的2005年亚非峰会和万隆会议50周年纪念活动。

4月20日　国务院总理温家宝主持召开国务院常务会议，审议并原则通过《钢铁产业发展政策》。会议认为，钢铁产业是国民经济的重要基础产业，是国家经济和社会发展水平、综合实力的重要标志。多年来，我国钢铁工业有了很大发展，对经济社会发展起了重要作用。但是，钢铁工业发展存在的问题也比较严重，主要是生产布局不合理，产业集中度低，产品结构矛盾突出，技术创新能力不强，低水平能力过大。特别是近年来一些地方和企业不顾资源、能源、环境、运输条件，竞相扩大钢铁生产能力，盲目投资、低水平扩张。有必要制定和实施钢铁产业发展政策和中长期发展规划，继续加强和改善宏观调控，引导和促进钢铁工业有序健康发展。会议指出，我国正处在加快工业化、城镇化阶段，对钢铁产品的需求还会增加，钢铁工业还要发展，这是总的趋势。但钢铁工业是技术、资金、资源、能源密集型产业，产业关联度大，对国民经济各方面都有重要影响，需要加强综合协调和引导。在指导思想上，要坚持科学发展观，继续加强和改善宏观调控，发展钢铁工业重在增加品种、提高质量，不能片面追求数量扩张；重在提高产业集中度，加强现有企业改组改造，不能靠铺新摊子、上新项目；重在集约经营、降低消耗，提高企业和产品竞争力，不能过度消耗资源、污染环境。要坚决走新型钢铁工业发展道路，努力把我国建成世界钢铁大国和具有国际竞争力的钢铁强国。为此，一要合理确定钢铁工业发展规模，使钢铁工业与经济社会发展的需要相适应。二要加大钢铁工业结构调整和钢铁企业重组力度，提高钢铁产业集中度。三要优化钢铁行业布局，有利于发展经济和保护环境。四要依靠科技进步和创新，提高钢铁工业技术水平。五要大力发展循环经济，降低钢铁能耗和物耗，提高综合利用水平。六要充分利用国内外两种资源，建立稳定的钢铁工业资源供给保障体系。七要着力提高钢材使用效率，鼓励开发使用新型替代材料。八要深化钢铁工业体制改革，完善法律法规和产业政策。会议强调，促进我国钢铁工业健康发展，当前要抓好三个方面的工作。第一，严格控制固定资产投资过快增长。在固定资产投资规模偏大的情况下，制定和实施钢铁产业发展政策，要十分注意防止钢铁工业规模的过度扩张。第二，加大产业结构调整力度，控制高耗能、高耗材、高污染产品发展，特别要严格控制这些产品出口。第三，加快推进经济增长方式转变，大力提高能源、资源利用效率，合理和节约使用钢材。

4月25日 **新华社受权发布《中共中央办公厅国务院办公厅关于**

进一步推行政务公开的意见》。

4月26日—5月3日　中国国民党主席连战率国民党大陆访问团访问大陆。在两党“正视现实，开创未来”的共同认识下，4月29日，胡锦涛总书记与连战在北京举行会谈。双方就促进两岸关系改善和发展的重大问题及两党交往事宜，广泛而深入地交换了意见。这是60年来国共两党主要领导人首次会谈，具有重大的历史和现实意义。

4月27日　十届全国人大常委会第十五次会议表决通过了公务员法。这是我国第一部干部人事管理的法律。

4月27日　国务院总理温家宝主持召开国务院常务会议，分析当前房地产市场形势，研究进一步加强房地产市场宏观调控问题。会议认为，近些年来房地产业持续快速发展，对经济和社会发展的作用不断增大。正确认识当前房地产市场形势，及时解决出现的突出问题，促进房地产业健康发展，对于巩固和发展宏观调控成果，保持国民经济平稳较快发展，具有重要意义。目前房地产市场存在主要问题是，房地产投资规模过大，商品房价格上涨过快，商品房结构不合理，房地产市场秩序比较混乱。会议强调，必须把解决房地产投资规模和价格上升幅度过大的问题，作为当前加强宏观调控的一个突出任务。基本原则是，积极稳妥，把握力度；突出重点，区别对待；因地制宜，分类指导；强化法治，加强监管。既要解决当前存在的突出问题，又要保持房地产业健康发展。会议提出，当前加强房地产市场引导和调控要采取以下措施：一是强化规划调控，改善商品房结构。各地区要尽快明确2005年和2006年普通商品住房和经济适用住房建设规模、项目布局以及进度安排，并向社会公布。二是加大土地供应调控力度，严格土地管理。各地区要在严格执行土地利用总体规划和土地利用计划的前提下，对居住用地土地价格、住房价格上涨过快的城市，适当增加中低价位普通商品住房和经济适用住房建设用地供应量。依法制止炒买炒卖土地行为。三是加强对普通商品住房和经济适用住房价格的调控，保证中低价位、中小户型住房的有效供应。经济适用住房价格要严格实行政府指导价。四是完善城镇廉租住房制度，保障最低收入家庭基本住房需求。着力扩大廉租住房制度覆盖面，城镇廉租住房制度建设情况要纳入省级政府对市（区）、县政府工作的目标责任制管理。五是运用税收等经济手段调控房地产市场，特别要加大对房地产交易行为的调节力度。六是加强金融监管。各商业银行要加强对房地产贷款和个人住房抵押贷款的信贷管理，防范贷款风险。七是切实整顿和规范市场秩序。强化法治，严肃查处违法违规销售行为。八是加强市场监测，完善市场信息披露制度。加强舆论引导，增强政策透明度。会议还讨论了其他事项。

4月29日　经国务院批准，中国证监会向各上市公司及其股东、保荐机构、沪、深证券交易所、中国证券登记结算公司下发了《关于上市公司股权分置改革试点有关问题的通知》，正式启动股权分置改革试点工作。

4月30日　2005年全国劳动模范和先进工作者表彰大会在北京隆重举行。

同　日　新华社报道：国家发改委发出通知，自5月1日起全国销售电价平均每千瓦时提高0.0252元钱。居民生活电价是否调整由省级政府提出意见，需要调整居民生活电价的，要依照法定程序召开听证会广泛听取公众意见。

同　日　连接镇江、扬州两座古城的润扬长江公路大桥正式通车。大桥北起扬州市绕城公路，跨经长江世业洲，南迄沪宁高速公路，全长35.66公里。其中，南汊桥主跨1 490米，是目前中国第一、世界第三的大跨径悬索桥。

4月5日　由共青团中央、教育部主办的首届"全国10佳中学生"表彰会在京举行。黑龙江省江川农场中学单洪波等10名同学受到表彰。

4月5—13日　亲民党主席宋楚瑜应中国共产党中央委员会总书记胡锦涛的邀请，率亲民党大陆访问团正式访问大陆。这是中国共产党与亲民党之间首次进行两党交流对话。5月12日，胡锦涛总书记与宋楚瑜在北京举行正式会谈，双方就促进两岸关系改善与发展的重大问题及两党交往事宜，坦诚、深入地交换了意见。

4月7日　中共中央发出通知，对中国人民抗日战争暨世界反法西斯战争胜利60周年纪念活动作出安排部署。

4月11日　据新华社报道，国务院办公厅发出通知，转发建设部等部门《关于做好稳定住房价格工作的意见》。

5月11日　国务院总理温家宝主持召开国务院常务会议，审议并原则通过《国务院实施〈中华人民共和国民族区域自治法〉若干规定（草案）》，严肃处理辽宁阜新矿业集团孙家湾煤矿“2·14”特大瓦斯爆炸事故相关责任人，研究兽医管理体制改革问题。会议认为，民族区域自治制度是我国的一项基本政治制度。为进一步坚持和完善我国的民族区域自治制度，全面贯彻实施《中华人民共和国民族区域自治法》，巩固和发展平等、团结、互助的社会主义民族关系，制定《国务院实施〈中华人民共和国民族区域自治法〉若干规定》是十分必要的。规定草案根据民族区域自治法，对加快民族自治地方经济和社会发展的若干问题作出了明确规定。强调要支持和帮助民族自治地方加强基础设施建设，优先安排资源开发和资源深加工项目；逐步加大对民族自治地方财政转移支付力度；帮助民族自治地方普及九年义务教育，发展普通高中教育、职业教育和成人教育；中央财政通过国家科技计划、科学基金、专项资金等方式，加大对民族自治地方科技工作的支持力度，从政策和资金上支持民族自治地方发展文化、卫生、体育等事业；积极培养使用民族自治地方各级各类人才等。会议决定，规定草案经进一步修改后，由国务院公布施行。会议强调，各地区、各部门要从树立和落实科学发展观、构建社会主义和谐社会的高度，认真贯彻实施《规定》，确保各项扶持措施落到实处，加快民族地区的发展，促进各民族共同繁荣进步。会议听取了国务院事故调查组对辽宁阜新矿业（集团）公司孙家湾煤矿“2·14”特别重大瓦斯爆炸事故调查和处理情况的汇报。2005年2月14日，辽宁省阜新矿业（集团）公司孙家湾煤矿海州立井发生特别重大瓦斯爆炸事故，造成214人死亡。经过调查，认定这是一起重大责任事故。辽宁省已对阜新矿业（集团）有限责任公司董事长、总经理梁金发给予行政撤职、撤销党内职务处分，并按照程序免去其董事长职务；其余31名事故责任人，4人移交司法机关处理，27人分别给予行政处分。会议决定，对负有领导责任的辽宁省人民政府副省长刘国强给予行政记大过处分，责成辽宁省人民政府向国务院作出书面检查。会议听取了农业部关于兽医管理体制改革有关问题的汇报。会议认为，兽医工作是公共卫生工作的重要组成部分，也是畜牧业健康稳定发展和农民增收的一项基础性工作。随着我国经济、社会的发展和对外开放进程的加快，现行兽医管理体制已明显不适应新形势和任务的要求，改革兽医管理体制已成为当前十分紧迫的任务。会议指出，兽医管理体制改革要坚持预防为主的方针，按照“精简、统一、效能”的原则，健全机构、明确职能、理顺关系、完善法规，逐步建立起科学、统一、透明、高效的兽医管理体制和运行机制，提高动物卫生监管执法水平和动物防疫能力，促进我国动物卫生工作全面发展。会议要求，各地区、各有关部门要密切配合，加强指导，积极稳妥地组织实施，确保改革的顺利进行。

5月13日　中共中央台湾工作办公室、国务院台湾事务办公室主任陈云林发表谈话。他宣布，大陆有关方面将进一步为台湾居民入出境提供便利，对在高等院校就读的台湾学生按照大陆学生标准同等收费，并逐步放宽台湾同胞在大陆就业的条件。

5月16日—18日　全球840多位商界巨头参加了2005年北京《财富》全球论坛。这次论坛的主题是“中国与新的亚洲世纪”。

5月18日　国务院总理温家宝主持召开国务院常务会议，讨论并原则通过《扶持人口较少民族发展规划（2005—2010年）》。会议听取了国家民委关于扶持人口较少民族发展规划有关情况的汇报。会议认为，改革开放以来，我国少数民族中的22个人口在10万以下的民族有了很大发展，群众生活有了明显改善。但是，由于历史、自然条件等方面的原因，这些少数民族的经济和社会发展总体水平还比较落后，贫困问题仍较突出。因此，制定扶持人口较少民族发展规划，采取特殊政策措施，帮助其加快发展，走上共同富裕道路很有必要。会议要求，各有关地区和部门要高度重视扶持人口较少民族发展工作，按照国家扶持、省（区）负总责、县抓落实、整村推进的原则，加大工作力度和资金投入，并组织沿海发达地区和大中城市、大型企业对口帮扶，通过5年左右努力，使这些地区经济社会发展达到当地中等或中等以上水平。重点要抓好以下工作：一是加强包括人畜饮水、交通、通电、广播电视、安居、基本农田等在内基础设施项目的建设，努力改善他们的生产生活条件；二是着力调整经济结构，立足发挥当地资源优势，发展特色产业，促进群众增收；三是大力发展科技、教育、卫生、文化等社会事业，促进社会进步；四是加大人才培训力度，加强科普工作，提高群众的科学文化素质和健康水平。会议还研究了其他事项。

5月22日　我国成功进行珠峰登顶测量。我国将在对取得的数据进行分析处理的基础上确定珠峰精确高程，并有望在8月向全世界公布。

5月23日　新华社报道：针对我国水资源紧缺而又浪费严重的问题，国家五部委联合发布了《中国节水技术政策5月大纲》。这是我国首次发布节水技术政策大纲。

5月25日　教育部出台进一步推进义务教育均衡发展意见。推进义务教育均衡发展，进一步促进教育公平与公正，是教育系统进一步实践“三个代表”重要思想，全面落实科学发展观的重要举措。教育部在开展保持共产党员先进性教育活动进入整改提高阶段时，针对人民群众高度关心的教育公平问题，日前印发了《关于进一步推进义务教育均衡发展的若干意见》。《意见》要求各级教育行政部门充分认识推进义务教育均衡发展在构建社会主义和谐社会中的重要作用，把今后义务教育工作重心进一步落实到办好每一所学校和关注每一个孩子健康成长上来，有效遏制城乡之间、地区之间和校际之间教育差距扩大的势头，逐步实现义务教育的均衡发展。《意见》强调，各级教育行政部门要把推进义务教育均衡发展作为今后制定各项教育政策的出发点和落脚点，在组织实施好国家各项推进义务教育均衡发展的重大工程和项目的同时，进一步强化地方政府和教育行政部门的责任，以区域推进为重点，优先解决好县（市、区）域内义务教育均衡的问题，把提高农村学校教育质量和改造城镇薄弱学校放在更加重要的位置，并此基础上力争在更大范围内逐步推进。《意见》提出各地当前推进义务教育均衡发展的主要任务是：一要制定出符合当地实际的义务教育阶段办学条件的基本要求，并采取积极措施，逐步缩小学校之间办学条件的差距，保证辖区内薄弱学校逐年减少。坚持义务教育阶段公办学校免试就近入学，不得举办或变相举办重点学校。要采取有效措施遏制义务教育阶段择校之风。二要加强县级政府对区域内教师资源的统筹，通过建立区域内骨干教师巡回授课、紧缺学科教师流动教学、城镇教师到乡村学校任教服务等制度，加大城乡教育对口支援力度，强化对农村教师的培训。三要建立有效机制，努力提高每所学校的教育教学质量。要逐步建立规范化、科学化、制度化的义务教育教学质量监测评估体系和教学指导体系，保证所有学校按照义务教育课程方案要求开齐课程，并达到教学基本要求。要面向全体学生，采取各种措施对学习困难学生给予更多的帮助，努力使所有学生共同进步。四要落实各项政策，切实保障弱势群体学生接受义务教育。要切实落实好资助家庭经济困难学生的“两免一补”政策，对在城市公办学校接受义务教育的进城务工农民子女做到“一视同仁”，并采取措施及时解决农村“留守儿童”在学习、生活等方面存在的问题和困难，不断提高残疾儿童少年义务教育普及程度。为切实推进义务教育均衡发展，《意见》要求县级教育行政部门建立和完善本地区义务教育均衡发展的监测制度，定期对辖区内义务教育学校间的办学条件、教师水平和教学质量等方面进行监测和分析，并以适当方式予以公布，接受社会监督。国家教育督导团和省级人民政府督导部门将把义务教育均衡发展作为督导评估地方各级人民政府教育工作的重要内容，作为考核地方主要领导干部政绩的重要指标和进行表彰奖励的依据。

同　日　中国第一座外海跨海大桥——东海大桥全线结构贯通。

5月27日　中央民族工作会议暨国务院第四次全国民族团结进步表彰大会在人民大会堂举行。国务院决定授予642个集体全国民族团结进步模范集体荣誉称号，授予676人全国民族团结进步模范个人荣誉称号。

5月30日　中国证监会、国资委联合发布《关于做好股权分置改革试点工作的意见》。

5月31日　新华社报道：国家发展和改革委员会启动节约和替代石油等10大重点节能工程，通过实施这10大工程，“十一五”期间我国将节约2.4亿吨标准煤。

同　日　新华网消息：大贪官杨秀珠已在荷兰被国际刑警组织抓获。中国政府正在积极办理有关引渡手续。杨秀珠曾任温州市副市长、浙江省建设厅副厅长。据介绍，杨秀珠案涉案金额达2.5亿元。

5月31日　中共中央政治局进行第二十二次集体学习，中共中央总书记胡锦涛主持。中共中央政治局这次集体学习安排的内容是经济全球化趋势与当前国际贸易发展的新特点。中国人民大学黄卫平教授、中国社会科学院裴长洪研究员就这个问题进行了讲解，并谈了他们的看法和建议。中共中央政治局各位同志认真听取了他们的讲解，并就有关问题进行了讨论。胡锦涛在主持学习时发表了讲话。他指出，改革开放以来，我们坚持对外开放，对外贸易和引进外资规模不断扩大、水平不断提高，取得了显著成就，为推动我国经济社会发展发挥了十分重要的作用。随着我国全方位开放日益发展，特别是在我国加入世界贸易组织后的新形势下，我国国内市场和国际市场的联系日益紧密，国内经济和国际经济的互动明显增强。这既给我国改革发展带来了难得机遇，也提出了严峻挑战。怎样以更加积极的姿态走向世界，充分利用国际国内两个市场、两种资源，在激烈的国际竞争中掌握主动权，推动我国经济又快又好的发展，始终是关系我国改革发展全局的一个重大问题。胡锦涛指出，要发挥好对外开放在推动我国经济社会发展中的重要作用，必须适应经济全球化趋势的新发展和我国改革发展的新形势，进一步树立全球战略意识，积极参与国际经济技术合作和竞争，全面提高对外开放水平。当前，尤其要重视以下几点：一是要着力转变对外贸易增长方式。要按照科学发展观的要求，进一步实施以质取胜的战略，优化对外贸易结构，提高出口竞争力，提高对外贸易的质量和效益。要在充分发挥我国比较优势的同时，扩大高新技术产品出口，扩大具有自主知识产权、自主品牌的产品和服务出口，扩大附加值高的产品出口，提高加工贸易的产业层次并增强国内配套能力。二是要着力提高利用外资的质量和水平。要根据我国发展的需要，进一步完善利用外资的法律法规和政策措施，不断优化引进外资的结构，提高利用外资的水平，更好地把引进外资同提升国内产业结构、技术水平结合起来，同促进区域协调发展、企业改革改组改造结合起来。要以提高自主创新能力为出发点，着重引进先进技术、管理经验和高素质人才，做好引进技术的消化吸收和创新提高。三是要着力实施“走出去”战略。要进一步完善对外投资的法律法规和服务体系，赋予企业更大的境外经营管理自主权，健全风险防范机制，促进形成“引进来”和“走出去”有机结合的双向对外开放格局。四是要着力深化涉外经济体制改革。要加强对外开放的制度保障，创造良好法制环境，完善公平贸易政策，规范市场运行秩序，健全市场信用体系，改进市场监管体系，形成稳定、透明的涉外经济管理体制。要完善对外贸易运行监控体系和国际收支预警机制，切实维护国家根本利益和保障国家经济安全。胡锦涛强调，各级党委和政府都要按照加强党的执政能力建设的要求，特别是要按照提高驾驭社会主义市场经济的能力、提高应对国际局势和处理国际事务的能力的要求，高度重视对外开放工作，加强对新形势下对外开放工作特点和规律的研究，进一步提高做好对外开放工作的本领。要紧紧围绕实现全面建设小康社会的宏伟目标，根据经济全球化趋势和国际贸易的新发展，抓紧研究和解决一些关系全面提高我国对外开放水平的重大问题，在充分调研的基础上，制定和完善政策措施，有针对性地部署和加强工作，推动我国对外开放工作不断迈上新台阶。

6月1日—3日　中国少年先锋队第五次全国代表大会在京举行。

6月2日　中国和俄罗斯在符拉迪沃斯托克互换《中华人民共和国和俄罗斯联邦关于中俄国界东段的补充协定》批准书。这标志着两国彻底解决了所有历史遗留的边界问题。

6月7日　中国政府发布《中国关于联合国改革问题的立场文件》。文件强调联合国改革应有利于推动多边主义，最大限度地满足所有会员国尤其是广大发展中国家的要求和关切。

6月8日　国务院总理温家宝主持召开国务院常务会议，审议《国家中长期科学和技术发展规划纲要（草案）》，讨论并原则通过

《关于促进东北老工业基地进一步扩大对外开放的实施意见》。会议听取了国家中长期科学和技术发展规划领导小组办公室关于规划纲要编制工作的汇报。根据党的十六大关于制定国家科学和技术长远发展规划的要求，2003年6月，国务院成立了规划领导小组，组织领导规划编制工作。2 000多位科技、经济、管理等方面的专家参与了规划战略研究和规划纲要编制工作。《纲要》草案广泛征求了有关部门、地方和中科院、工程院、社科院以及部分大型骨干企业的意见。会议充分肯定了规划编制工作。会议认为，历时2年、先后12易其稿形成的《纲要》草案，分析了我国科技发展面临的形势，明确了今后15年科技发展的指导方针、战略目标和总体部署，提出了科技发展的任务和重点领域，制定了科技体制改革、国家创新体系建设和科技保障等方面的政策措施。《纲要》草案体现了以下特点：一是突出自主创新，把自主创新摆在全部科技工作的首位；二是突出科技的引领作用，在继续发挥科技对经济社会发展支撑作用的基础上，强调科技引领未来经济社会发展；三是突出重点，选择具有一定基础和优势、关系国计民生和国家安全的关键技术，集中力量，重点突破，实现跨越式发展；四是突出企业技术创新的作用，把以企业为主体、产学研结合的技术创新体系，作为全面推进国家创新体系建设的突破口；五是突出军民结合，把发展军民两用技术作为提高国家竞争力的一项重大举措。会议认为，21世纪前20年，是我国经济发展的重要战略机遇期，也是科学技术发展的重要战略机遇期。制定并实施国家中长期科学和技术发展规划，对于指导我国科学技术发展，促进全面建设小康社会，加快现代化建设步伐，具有重要的意义。会议强调，对《纲要》草案要进一步修改完善，各有关部门要搞好科技规划同国民经济和社会发展“十一五”规划的衔接，抓紧制定配套政策措施。会议批准了关于促进东北老工业基地进一步扩大对外开放的实施意见。会议指出，进一步扩大对外开放，是实施东北地区等老工业基地振兴战略的重要组成部分，也是实现老工业基地振兴的重要途径。各有关地区和部门务必加强领导，狠抓落实。一要提高利用外资的质量和水平，加强政策引导，积极吸收外资加快重点行业和重点企业的技术改造，推进产业创新和技术创新。二要以发展现代服务业为重点，着力推进服务贸易领域对外开放，提升服务业发展水平。三要发挥区位优势，主动参与区域经济技术合作，积极开拓国际市场。四要加强基础设施建设，营造良好的发展环境，为加快对外开放提供保障。

6月9日　国家人口和计划生育委员会主任张维庆在北京评价农村部分计划生育家庭奖励扶助制度为一项重大改革和制度创新。

6月10日　大陆直接为台湾建造的第一艘现代巨轮“中华和平”号在上海交船下水。中国国民党主席连战的夫人连方瑀女士应邀为新船命名，全国政协副主席董建华出席命名仪式。“中华和平”号是一艘大陆自主开发建造的17.5万吨好望角型散货船。

同　日　黑龙江省牡丹江宁安市沙兰镇发生特大突发山洪灾害。包括沙兰镇中心小学103名学生、2名幼儿在内共117人遇难，直接经济损失初步计算为1.2亿元。

6月11日　中国商务部部长薄熙来与专程来访的欧盟贸易委员曼德尔森在上海就中国部分输欧纺织品问题签署了备忘录。欧盟承诺对源自中国的10类纺织品终止调查，中欧双方还就到2007年底这10类纺织品的对欧出口达成一致。

6月13日　中共中央在人民大会堂隆重举行大会，纪念伟大的无产阶级革命家、政治家，杰出的马克思主义者，中国社会主义经济建设的开创者和奠基人之一，党和国家久经考验的卓越领导人陈云同志诞辰100周年。中共中央总书记、国家主席、中央军委主席胡锦涛发表重要讲话。

6月16日　曾荫权当选香港特别行政区新的行政长官候任。6月24日，香港特别行政区新任行政长官宣誓就职仪式在人民大会堂香港厅举行。

6月17日　新华社报道：中共中央发出通知转发《中共全国人大常委会党组关于进一步发挥全国人大代表作用，加强全国人大常委会制度建设的若干意见》，要求各地区、各部门认真贯彻执行。

6月16日—17日　安徽省泗县大庄镇防保所未经批准，擅自组织

数名乡村医生，对该镇19所中小学的2 500多名学生接种甲肝疫苗，部分学生接种疫苗后出现不良反应。经初步调查，这是一起严重违反《疫苗流通和预防接种管理条例》规定，从不正规渠道购进疫苗，擅自开展群体性预防接种的事件。

6月20日　新华社报道：全国人大常委会办公厅出台《关于加强和规范全国人大代表活动的若干意见》，重点对代表参加闭会期间的活动作出具体规定，要求各省、自治区、直辖市和各有关部门应为代表在闭会期间的活动提供必要的条件和保障。

同　日　证监会推出上港集箱、宝钢股份、长江电力等42家第二批股权分置改革试点公司。

6月21日　总理温家宝主持召开国务院第七次全体会议。决定任命曾荫权为中华人民共和国香港特别行政区行政长官，即日起就职，任期至2007年6月30日。会议审议了香港特别行政区政府关于香港特别行政区行政长官补选结果的报告，听取了国务院港澳事务办公室主任廖晖关于新的行政长官候任人产生过程的汇报。温家宝在会上作了重要讲话。他指出，这次香港特别行政区行政长官选举，是在行政长官出缺后进行的一次补缺选举，不仅为香港特区社会各界，同时也为全国人民和国际社会广泛关注。这次选举是按照《中华人民共和国香港特别行政区基本法》和香港特别行政区《行政长官选举条例》等有关法律的规定进行的，体现了公开、公平、公正的原则。曾荫权先生在香港政府工作30多年，熟悉香港社会各方面的情况和政府运作。香港回归后，在担任香港特别行政区财政司司长、政务司司长期间，为维护"一国两制"方针和香港基本法，保持香港的繁荣稳定做了大量工作，具有较强的行政管理能力。曾荫权先生此次获得714名选举委员会委员的提名和支持，顺利当选，表明他得到了香港各界的广泛认同和支持。温家宝表示，相信曾荫权先生和香港特别行政区政府一定能够带领全体香港市民克服各种困难，为促进香港的繁荣、稳定和各项社会事业的进步作出更大的成绩。依据《中华人民共和国香港特别行政区基本法》的有关规定，国务院全体会议决定任命曾荫权为香港特别行政区行政长官。温家宝签署了任命曾荫权为中华人民共和国香港特别行政区行政长官的国务院第四三七号令。国务院副总理黄菊、吴仪、曾培炎、回良玉，国务委员周永康、曹刚川、唐家璇、华建敏、陈至立，以及国务院全体会议其他组成人员出席了会议。

同 日 根据中越政府间科技合作协定和中越科技合作联委会第五次会议议定书，中越科技合作联委会第六次会议在越南河内召开。会议由中国科技部国际合作司靳晓明司长和越南科技部国际合作司石勤司长共同主持，尚勇副部长和越南科技部裴孟海副部长出席了会议议定书的签字仪式。

6月23日 第二批保持共产党员先进性教育活动工作会议在北京举行。

同 日 中国海洋石油有限公司（简称中海油）收购美国优尼科石油公司迈出了决定性的一步。中海油宣布向优尼科公司发出要约，以每股67美元的价格全现金方式并购优尼科。

6月26日 北京奥组委宣布“同一个世界、同一个梦想”（One World，One Dream）为北京2008年奥运会主题口号。

6月26日—7月1日 十届全国人大常委会第十六次会议在京举行。委员长会议研究决定，将物权法草案向社会全文公布，广泛征求意见。

6月27日 中共中央政治局进行第二十三次集体学习，中共中央总书记胡锦涛主持。中共中央政治局这次集体学习安排的内容是国际能源资源形势和我国能源资源战略。国土资源部地质调查局张洪涛研究员、国家发展和改革委员会宏观经济研究院周大地研究员就这个问题进行了讲解，并谈了他们的看法和建议。中共中央政治局各位同志认真听取了他们的讲解，并就有关问题进行了讨论。胡锦涛在主持学习时发表了讲话。他指出，既积极做好开源工作，又优先做好节约工作，应该成为解决我国能源资源问题的基本思路。我们要继续坚持立足国内的基本方针，加大国内资源勘探力度，加强煤炭、石油、天然气的开发利用，积极开发水能资源，加快发展核电，鼓励发展新能源和可再生能源，优化能源结构。同时，要积极开展国际能源资源合作，充分利用国际国内两个市场、两种资源。胡锦涛强调，节约能源资源，走科技含量高、经济效益好、资源消耗低、环境污染少、人力资源优势得到充分发挥的路子，是坚持和落实科学发展观的必然要求，也是关系我国经济社会可持续发展全局的重大问题。我们必须立足当前、着眼长远，下更大的气力抓好节约能源资源的工作。一是要大力调整经济结构和转变经济增长方式，积极采用先进适用技术改造传统产业，加快发展高新技术产业，大力发展服务业，切实改变高投入、高消耗、高污染、低效率的增长方式。二是要加快建立能源资源技术支持体系，加大国家对能源资源技术开发资金的投入，加紧研究开发影响未来能源资源发展方向的重大技术，集中力量研究开发提高能源资源利用效率的技术，依靠科技进步增强节约能力。三是要注重优化消费结构，在消费领域全面推广和普及节约技术，合理引导消费方式，鼓励消费能源资源节约型产品，逐步形成节约型的消费方式。四是要推动发展循环经济，促进资源循环式利用，鼓励企业循环式生产，推动产业循环式组合，倡导社会循环式消费，大力推行清洁生产，努力实现废弃物的资源化、减量化、无害化。五是要建设促进能源资源节约的体制机制，实行能源资源效率和最低技术水平准入标准，实施高消耗落后技术、工艺和产品的强制性淘汰制度，促进建立市场化的能源资源节约体制机制，完善政府调控手段，形成有利于节约能源资源的市场环境和长效机制。六是要加强规划和政策引导，明确能源资源需求总量和能源资源效率的控制目标，研究制定有利于节约能源资源的财税、投资、价格和外贸政策，促进能源资源的节约和有效利用。七是要建立健全节约能源资源的法律法规和标准体系，认真实施有关法律，加大执法和监督检查力度，制定和实施强制性标准，推动生产、建筑、交通等方面的节约能源资源工作。八是要加强节约能源资源的宣传教育，开展形式多样的节约能源资源活动，提高人民群众特别是广大青少年的能源资源意识和节约意识，努力使节约能源资源成为全体公民的自觉行动。胡锦涛指出，各级党委和政府要从树立和落实科学发展观、实现全面建设小康社会宏伟目标和中华民族伟大复兴的战略高度，充分认识做好能源资源工作的重要性和紧迫性，加强组织领导，加大工作力度，明确目标，制定规划，落实政策，完善制度，力求不断取得新的成效。各级党委和政府要在节约能源资源方面率先垂范、先行一步，带动全社会广泛开展节约能源资源活动。

6月15日　国务院总理温家宝主持召开国务院常务会议，研究进一步加强艾滋病防治工作，审议、讨论并原则通过《中国人民解放军文职人员条例（草案）》和《中华人民共和国农产品质量安全法（草案）》。会议听取了卫生部关于我国艾滋病防治工作情况的汇报。会议指出，我国艾滋病防治正处于一个关键时期，必须充分认识艾滋病防治工作的重要性和紧迫性，进一步明确艾滋病防治工作的方针和思路。要坚持预防为主、防治结合、综合治理，把预防放在第一位；坚持政府主导、多部门合作、全社会参与，形成防治艾滋病的合力和工作机制；坚持依法防治、科学防治，不断提高防治工作水平；坚持突出重点、分类指导、注重实效，有效遏制艾滋病的流行和蔓延。会议要求，各级政府要从实践“三个代表”重要思想、坚持执政为民的高度，本着对国家、对人民高度负责的精神，把艾滋病防治工作摆到重要位置，加强领导，落实责任，扎实工作。全社会也要高度重视和积极参与艾滋病防治工作。会议提出了防治艾滋病的九项措施。一是制定行动规划，明确工作目标、任务和政策措施；把艾滋病防治作为公共卫生工作的重点纳入“十一五”规划，并制定专项计划，防治经费列入各级财政预算。二是加强宣传教育，普及艾滋病防治知识，使公众了解艾滋病、知道怎样预防艾滋病。三是加强疫情监测，建立健全艾滋病监测网络，全面掌握艾滋病流行态势。四是对重点人群实施干预措施，继续依法严厉打击贩毒吸毒、卖淫嫖娼等违法犯罪活动。五是进一步加强采供血管理，加强血站建设，严格血液管理责任制，坚决打击非法采供血活动。六是认真落实对艾滋病患者的救治关怀措施。继续落实好“四免一关怀”政策，即向艾滋病感染者免费提供抗病毒药物、免费匿名检测、免费提供母婴阻断药物、艾滋病患者的孤儿免费上学，对艾滋病患者家庭实施关怀救助。保障艾滋病感染者的合法权益，反对社会歧视。同时要加强对艾滋病感染者的道德教育和法制教育，增强他们的社会责任感。七是加强农村和流动人口的防治工作，加大对重点农村地区防治工作的支持，制定适应农村和流动人口特点的防治措施。八是加强艾滋病防治的科研攻关，加快艾滋病疫苗、治疗药物研制，探索中西医结合治疗艾滋病的有效方法，加强艾滋病防治专业技术队伍建设，搞好防治人员的培训。九是加强艾滋病防治的法制建设，依法规范和指导艾滋病防治工作有序进行。会议认为，鉴于利用社会人才资源为军队建设服务，规范军队文职人员的聘用和管理，适应军队革命化、现代化、正规化建设的需要，制定《中国人民解放军文职人员条例》是十分必要的。会议决定，该条例草案经进一步修改后，由国务院、中央军委公布施行。会议还讨论并原则通过了《中华人民共和国农产品质量安全法（草案)》，并提请全国人大常委会审议。

6月21日　国务院总理温家宝在人民大会堂与韩国总理李海瓒举行会谈，双方就双边关系和共同关心的地区及国际问题交换了意见。两位领导人一致表示将共同努力，不断深化中韩全面合作伙伴关系。温家宝说，中韩全面合作伙伴关系发展顺利。政治上，双方保持着频繁的高层接触，相互理解与信任日益加深。经济上，双方已互为最主要的经贸合作伙伴之一，双边贸易和投资发展较快。在地区和国际问题上，双方进行着密切的协调与配合，为促进地区和平、稳定和发展发挥了重要作用。温家宝强调，中方愿与韩方共同努力，进一步巩固两国关系的政治基础和经济基础，使中韩友好合作关系发展得更快、更好、更扎实。温家宝指出，不断扩大的经贸合作是中韩关系发展的一个显著特点。为使双方互利合作达到更高水平，两国应在以下方面作出进一步努力：一是做好两国经贸合作的长远规划，并将有关规划尽快落实到双方的具体合作领域中，争取尽早启动建立自贸区的政府谈判。二是不断拓宽合作领域，继续落实在高新技术、基础设施建设、服务业和大项目等方面的合作，欢迎韩国企业在投资中国东部沿海的同时，积极参与西部大开发和东北等老工业基地的振兴战略。三是妥善解决双边贸易中存在的问题，希望韩方重视双边贸易中存在的不平衡，继续在市场准入和扩大从中国进口方面采取更为积极有效的措施。在谈到地区和国际问题时，温家宝强调，中韩都是本地区的重要国家，应该进一步发挥各自的影响，共同致力于推进地区合作，实现共同繁荣。当前有关各方正在努力推动恢复朝核问题六方会谈。中方认为，对话与谈判是解决朝核问题的唯一正确选择，必须尽最大努力，使半岛核问题通过和平方式加以解决。有关各方要抓住时机，进一步显示灵活和诚意，为尽快复谈创造气氛和条件。中方愿继续劝和促谈，并为此同韩方保持密切协调与配合。李海瓒表示完全赞同温家宝对两国关系的积极评价，认为韩中全面合作伙伴关系不断取得进展符合双方利益。他还重申韩国政府在台湾问题上的立场没有改变。李海瓒认为，韩中建交13年来，经贸合作持续发展并展现出广阔的前景。他表示，韩方愿同中方共同努力，不断扩大双边经贸合作。韩方将积极推进关于建立自贸区的谈判，并将根据温总理的提议，拓宽两国合作领域并鼓励韩国企业到中国西部投资。韩方重视双边贸易中的不平衡问题，愿采取进一步措施改善这种状况。李海瓒还积极评价了中国在国际和地区事务中发挥的重要作用。

6月26日　第六届亚欧财长会议在中国天津举行。国务院总理温家宝出席开幕式并致辞。亚欧会议39个成员国的财政部长，以及国际货币基金组织、世界银行、亚洲开发银行及欧洲中央银行的高级代表出席会议，我国财政部部长金人庆作为本届会议主席主持了会议。会议中，财长们围绕“更紧密亚欧财金合作”的主题，就全球和区域经济形势、全球发展和进一步深化亚欧财金合作等问题进行了热烈讨论和认真磋商，交换了意见，并达成了广泛共识。财长们对全球和区域经济前景表示乐观，预期2005年世界经济将继续保持较快增长。财长们认识到全球和区域经济所面临的挑战，包括石油价格的不断上涨和波动，一些国家通货膨胀上涨的风险以及主要经济体利率的攀升，并对目前全球经济不平衡问题表达了深切关注。财长们敦促亚欧各方采取适当的政策措施，为全球经济的平衡有序发展做出贡献。财长们审议了联合国千年发展目标的实施进展情况，认为目前这种进展在全球范围内不均衡。亚欧财长再次承诺要在2015年前实现千年发展目标，并且呼吁国际社会要为此加大力度，捐资国要做出具体努力，以增加官方发展援助水平。财长们特别强调了贸易在促进可持续增长、减少贫困中的关键作用，呼吁多哈发展谈判取得实质性的、平衡的成果，为发展中国家带来真正利益。财长们强烈呼吁2005年12月举行的世界贸易组织部长级会议能就一系列问题达成共识，为2006年前结束世贸组织多哈发展谈判进程铺平道路。财长们对8国集团近期在减免重债贫国债务方面所提出的倡议表示欢迎，并呼吁国际社会在减轻重债贫国债务上做出更多努力。财长们还认为，国际货币基金组织各成员在该组织中的份额分配应反映世界经济的现状。财长们审议了亚欧财金合作所取得的进展，通过了促进亚欧更紧密财金合作的《天津倡议》，包括对亚欧信托基金的执行情况进行审议并研究该基金捐资的未来走向，批准了加强亚欧财金能力建设的2个项目，以及同意建立亚欧应对经济和金融突发事件紧急对话机制等。会议结束时发表了财长《主席声明》和《天津倡议》，并决定第七届亚欧财长会议将于2006年在奥地利举行。会后，与会财长举行了联合记者招待会，回答了中外记者提出的问题。中共中央政治局常委、国务院总理温家宝近日在天津考察时指出，加快天津滨海新区开发开放是环渤海区域及全国发展战略布局中重要的一步棋，走好这步棋，不仅对天津的长远发展具有重大意义，而且对于促进区域经济发展、实施全国总体发展战略部署、实现全面建设小康社会和现代化宏伟目标，都具有重大意义。

6月24日—26日　温家宝在中共中央政治局委员、天津市委书记张立昌，市长戴相龙的陪同下，考察了天津钢管、天津一汽丰田、天津港、污水处理厂等企业，了解企业生产经营情况，慰问一线职工和劳模代表，并主持召开经济技术开发区、保税区和企业负责人座谈会。考察期间，温家宝还看望了海关工作人员，到社区、学校看望居民和师生，了解群众生活和教育事业发展情况。温家宝听取了天津市委、市政府关于滨海新区建设发展的工作汇报。他指出，滨海新区具备多方面的比较优势和发展的有利条件，包括良好的区位环境、比较丰富的资源、较为完善的交通网络、比较雄厚的产业基础，有力的技术和智力支撑。要抓住机遇，发挥优势，鼓励、支持和推进滨海新区的改革开放和开发，把滨海新区建设成依托京津冀，服务环渤海，辐射“三北”，面向东北亚的现代化新区。温家宝指出，加快滨海新区发展，当前和今后一个时期要着力抓好以下几个方面的工作：第一，着力构筑高层次产业结构，加快建设现代化制造业和研发转化基地。重点发展高新技术产业，大力发展金融、物流、中介服务和旅游等现代服务业。第二，着力加快基础设施建设。发挥区位优势，加快海港、空港、铁路、公路建设。第三，着力搞好综合改革和对外开放。积极探索适应新形势发展要求的管理体制和运行机制，转变政府职能，提高管理水平。在更大范围、更广领域、更高层次参与国际经济合作与竞争。第四，着力实施科教优先发展和人才战略，推进产学研结合，实现科研、技术开发和生产应用一体化，加速科技成果转化，形成吸引人才、留住人才和发挥人才作用的新机制。

6月28日　国务院总理温家宝在人民大会堂与捷克总理帕劳贝克举行会谈，就中捷关系和共同关心的国际问题深入交换了意见。双方表示愿进一步努力，不断推进两国在各领域的友好合作。温家宝对中捷关系给予了积极评价。他指出，近年来中捷关系保持良好的发展势头。2004年克劳斯总统对中国的访问和此次帕劳贝克总理的来访，充分表明了捷方对发展中捷关系的重视，加深了两国政治互信。中捷经贸合作稳步发展，文化、教育、科技等领域的交流不断扩大。这些合作与交流不仅促进了彼此的经济和社会发展，也进一步巩固了两国关系的基础。温家宝说，中方对中捷关系的发展前景是有信心的，相信只要双方着眼长远，共同努力，中捷关系就一定能够得到更大更快的发展。他希望中捷两国继续保持目前的高层交往势头；鼓励双方企业进行直接接触，扩大在贸易、投资和环保等领域的互利合作；加强双方在人文等领域的交流，增进中捷人民之间的了解与友谊。温家宝在会谈中对捷克政府坚持一个中国政策、反对“台独”的立场表示赞赏。帕劳贝克表示，完全赞同温家宝对两国关系的评价。他说，进一步发展两国政治关系和深化双方各领域的互利合作符合两国人民的利益，也是他此次访华的目的。捷方愿与中方加强高层往来，不断扩大经贸、投资、电力、汽车制造等领域的合作，密切文化、体育等领域的交流，推动两国关系取得更快发展。帕劳贝克表示，捷克政府在台湾问题上的立场是明确的，始终认为台湾问题完全是中国的内部事务。外交部长李肇星等会谈时在座。

6月29日　国务院总理温家宝主持召开国务院常务会议，审议并原则通过《食品药品监督管理系统基础设施建设规划》和《中华人民共和国工业产品生产许可证管理条例（草案）》。会议听取了发改委关于食品药品监督管理系统基础设施建设规划的汇报。会议认为，食品药品安全是公共安全的重要组成部分，直接关系人民群众的身体健康和生命安全。食品药品监管是政府履行职责的重要内容。为切实加强食品药品监督管理工作，制定并实施全国食品药品监督管理系统基础设施建设规划，很有必要。会议原则同意食品药品监督管理系统基础设施建设有关项目的安排。项目包括中国药品生物制品检定所、国家口岸药检所、国家医疗器械检测中心的迁建、改造，国家药品不良反应监测体系建设，各地特别是中、西部地区食品药品监管基层行政执法机构基础设施建设和药检所改造等。通过这些项目的实施，使中央级基础设施适应食品药品监督管理工作和经济社会发展的需要，地方食品药品监管体系能够承担法律赋予的各项任务。会议要求，各建设项目要按照统一标准、合理适用、资源共享、分级负责的原则，统筹规划，合理布局，分步实施。会议强调，各地区和有关部门在搞好食品药品监督管理系统基础设施建设的同时，要认真抓好食品药品监督管理法律法规体系和行政执法体系建设，切实履行食品药品监管职能。会议认为，1984年4月国务院发布实施的《工业产品生产许可证试行条例》，对于保证直接关系公共安全、人体健康、生命财产安全的重要工业产品的质量安全，促进经济健康发展，发挥了重要作用。随着市场秩序的逐步规范和政府职能的转变，在总结试行条例施行以来实践经验的基础上，制定《中华人民共和国工业产品生产许可证管理条例》，进一步规范和完善生产许可证制度，是十分必要的。草案规定对直接关系人体健康的加工食品，可能危及人身、财产安全的产品，关系金融安全和通讯质量安全的产品，保障劳动安全的产品，影响生产安全、公共安全的产品，以及法律、行政法规要求实行生产许可证管理的其他产品的企业实行生产许可证制度。会议决定，该条例草案经进一步修改后，由国务院公布施行。会议还研究了其他事项。

6月30日　温家宝总理在全国做好建设节约型社会近期重点工作电视电话会议上发表讲话。他强调，加快建设节约型社会，事关现代化建设进程和国家安全，事关人民群众福祉和根本利益，事关中华民族生存和长远发展。

6月30日—7月7日　胡锦涛主席应邀对俄罗斯、哈萨克斯坦进行国事访问，出席上海合作组织阿斯坦纳峰会和在英国鹰谷举行的8国集团与中国、印度、巴西、南非、墨西哥5国领导人对话会。

7月4日—5日　大湄公河次区域经济合作第二次领导人会议在中国云南昆明举行。这是中国政府2005年主办的一次重要的区域合作会议，会议主题为“加强伙伴关系，实现共同繁荣”。

7月5日　政协十届全国委员会常务委员会第十次会议在京开幕。这次会议的主要议题是围绕构建社会主义和谐社会问题建言献策。中共中央政治局常委、全国政协主席贾庆林主持开幕会。贾庆林指出，构建社会主义和谐社会，是我们党从全面建设小康社会、开创中国特色社会主义事业新局面的全局出发提出的一项重大任务，是全党和全国人民的共同愿望，也是各级政协组织围绕中心、服务大局、履行职能、发挥作用的重要内容。贾庆林希望常委会组成人员围绕构建社会主义和谐社会问题，畅所欲言、各抒己见，形成一批成果，向党中央、国务院提供更多有参考价值的意见和建议。中共中央政治局委员、书记处书记、国务委员周永康应邀到会作了题为《提高认识，勇于实践，努力构建社会主义和谐社会》的报告。他指出，要认真学习、深刻领会、坚决贯彻落实胡锦涛总书记在省部级主要领导干部提高构建社会主义和谐社会能力专题研讨班上的重要讲话精神，积极投身构建社会主义和谐社会的伟大实践。周永康指出，胡锦涛总书记的重要讲话，是对马克思主义关于社会主义社会建设理论的重大创新，是对中国特色社会主义事业总体布局的科学拓展，是积极应对国内改革发展繁重任务和国际复杂局势的战略举措，是对提高党的执政能力和加强先进性建设的有力推动，是一篇马克思主义的纲领性文件，具有很强的思想性、针对性、指导性。这是以胡锦涛同志为总书记的新一届中央领导集体坚持解放思想、实事求是、与时俱进的思想路线，积极推动理论创新的重大成果，体现了我们党的政治智慧、历史眼光和理论创新勇气，具有重大的理论和实践意义。

7月6日　我国自行研制的“长征二号丁”运载火箭在酒泉卫星发射中心顺利升空，将“实践七号”科学试验卫星成功送入太空预定轨道。

7月6日—13日　由郁慕明率领的新党纪念抗战胜利60周年大陆访问团，访问广州、南京、大连、北京，此行名为“民族之旅”。

7月7日　由交通部、上海市人民政府共同举办的“2005年东海联合搜救演习”在上海洋山港水域举行。这是我国制定和实施《国家海上搜救应急预案》以来所举行的规模最大、参与单位最广的一次综合演习。

7月9日—10日　应中国外交部长李肇星的邀请，美国国务卿赖斯访华。

7月10日　国务院总理温家宝在中南海紫光阁会见了美国国务卿赖斯。温家宝指出，当前，中美关系总体发展势头良好，双方在广泛的领域进行了富有成效的合作。中美都是世界上有重要影响的国家，维护和促进两国关系的健康、稳定发展是双方的战略选择，符合两国人民的根本利益，有利于世界的和平与繁荣。中方愿与美方在相互尊重和平等互利的基础上进一步加强建设性合作关系。温家宝对中美经贸关系的快速发展给予了积极评价。他说，中美互惠互利的经贸联系不仅给两国人民带来了巨大实惠，也促进了两国乃至世界经济的发展，这是双边经贸合作的主流。希望中美两国严格遵循世贸组织的有关规定，在“发展、平等、互利”的原则下，通过平等对话和友好协商，妥善解决经贸合作中出现的问题，实现两国经贸合作的共赢局面。温家宝强调，中国坚持走和平发展道路，对内致力于经济建设，努力实现全面建设小康社会的目标，对外奉行独立自主的和平外交政策。我们争取和利用稳定的国际环境发展自己，又以自己的发展促进世界的和平与进步。中国现在没有、将来也不会干涉和威胁任何国家。赖斯说，美中两国在广泛领域开展了有成效的合作。美方期待双方不断增进了解，通过对话，为美中关系确立一个框架。赖斯说，中国经济增长迅速，美中经贸关系中的一些问题在美国国内引起了高度关注。美方不认为世界经济是个零和游戏，美方欢迎中国经济强大，认为中国经济的发展有利于世界经济发展。美方希望与中方建立一种开放的经济联系，妥善处理有关问题，加强合作。双方还就重大地区和国际问题交换了意见。

7月11日　新疆阜康神龙煤矿发生瓦斯爆炸。截至7月13日，有83名矿工遇难，4人生还。新疆维吾尔自治区副主席、事故调查领导小组副组长宋爱荣说，这是一起严重的责任事故。

7月13日　中共中央政治局常委吴官正在人民大会堂会见了由总书记普拉卡什·卡拉特率领的印度共产党（马克思主义）代表团。吴官正积极评价当前中印关系的发展。他说，2005年4月两国宣布建立面向和平与繁荣的战略合作伙伴关系，标志着中印关系被提升到一个新的高度。我们相信，只要双方不断深化在政治、经济等各领域的务实合作，两国关系一定能够变得更加紧密。我们对两国关系的未来充满信心。在谈到党际关系时，吴官正说，中印政党间保持密切的友好交往，为推动中印关系的发展发挥了积极作用。中国共产党感谢印共（马）长期以来为增进两国和两国人民的友谊与合作所做的巨大努力，愿进一步加强与包括印共（马）在内的印度各主要政党的友好交流与合作，为促进中印国家关系的发展做出新的贡献。普拉卡什·卡拉特说，印共（马）高度重视与中国共产党的传统友谊。两党持续几十年的友好交往，为印中两国深化睦邻友好合作关系发挥了重要作用。近年来，两国在各个领域的互利合作得到进一步发展，温家宝总理不久前对印度的成功访问充分证明了这一点。作为世界上最大的两个发展中国家，印中两国建立并深化战略合作伙伴关系，不但有利于两国，同时还有助于亚洲乃至全世界的和平与发展，有助于推动世界多极化的发展进程。宾主还介绍了各自的国内情况，并就联合国改革等重大国际问题交换了意见和看法。中联部副部长蔡武等参加了会见。

同　日　国务院总理温家宝主持召开国务院常务会议，听取国家发改委《关于上半年经济形势和下半年经济工作建议的汇报》，分析当前经济形势，研究下半年经济工作。近两个月来，国务院及有关部门着手进行经济形势分析，研究做好下一步工作的措施。国务院召开座谈会，听取了民主党派、专家学者和地方的意见和建议。

同　日　国务院总理温家宝在中南海会见了前来出席“中国改革高层论坛”的海外专家和学者，听取了他们对中国经济发展和改革的见解。温家宝对此次论坛的成功举行和专家、学者们提出的建议给予了积极评价。他说，中国的发展与世界的发展紧密相连。中国的发展主要依靠自己的力量，也需要加强对外合作。我们重视吸收和借鉴国外的成功经验。温家宝还应询介绍了当前中国的经济形势。他说，当前中国经济总体形势是好的。经济运行继续朝着宏观调控预期方向发展，经济体制改革力度加大，对外开放有序推进。同时中国经济发展还存在一些矛盾和问题。我们将保持宏观政策的连续性、稳定性，着力调整结构，转变经济增长方式，巩固和发展宏观调控成果。我们还将抓住有利时机，积极推进政府行政管理、财税、金融等重点领域的体制改革，解决影响经济发展的深层次矛盾和问题，促进经济平稳较快发展。

7月14日　国务院总理温家宝在京与欧盟委员会主席巴罗佐举行会谈，双方就中欧关系和共同关心的国际问题交换了意见，一致表示愿共同努力，推动中欧全面战略伙伴关系取得更大发展。温家宝说，近年来中欧关系始终稳步向前发展。双方不仅保持着密切的政治接触，共同致力于维护和促进世界的和平、稳定与发展，而且在其他领域也进行了富有成效的合作。中欧已互为重要的经贸合作伙伴，科技、金融、核能和空间合作不断向纵深发展，人员往来和文化、教育交流空前活跃。中方对中欧关系的顺利发展感到满意。温家宝表示，2005年是中欧建交30周年。30年的历程使我们得出一个结论，这就是：中欧发展更加紧密的关系符合双方的根本利益，有利于促进亚欧合作，也有利于世界的和平稳定与发展。当前，中欧都希望在国际事务中发挥更大作用，希望在和平安定的国际政治环境和公平有序的国际经济环境中发展自己，因而需要双方进一步加强合作。扩大和深化中欧全面战略伙伴关系是双方的正确选择，也应是中欧双方长期坚持的外交目标。温家宝指出，中欧关系正面临着良好的发展机遇，双方应从战略的高度认识和把握中欧关系，推动中欧全面战略伙伴关系不断向更高层次发展。为此，双方应对中欧关系发展作出进一步规划。要做好即将举行的第八次中欧领导人会晤的准备工作，包括抓紧探讨商签中欧伙伴合作协定的可行性和建立战略对话机制等。中欧都是世界上有重要影响的政治力量，双方应继续加强磋商与协调，推动国际关系民主化和文明多样性。中欧在经济上有较强的互补性，双方应积极拓展新的合作领域，扩大相互投资，提高经贸合作水平。温家宝对欧方长期以来坚持一个中国的政策表示赞赏，希望欧方继续恪守一个中国原则，反对“台独”。巴罗佐表示，欧盟将继续坚持一个中国政策。巴罗佐说，欧盟十分重视对华关系，始终视中国为重要战略伙伴。近年来欧中关系和各领域的合作都取得了新的进展，这是欧中全面战略伙伴关系不断发展的具体体现。中国的快速发展给欧中合作提供了更多机会，双方关系应该也完全有可能取得更大发展。欧方愿从战略高度看待和推进欧中关系，加强双方在能源、气候变化、科技、民航、空间等各领域的合作。欧盟将以欧中建交30周年为契机，与中方一道精心准备，确保第八次欧中领导人会晤取得实际成效。双方还就国际形势和朝核等问题交换了意见。外交部长李肇星、科技部长徐冠华、商务部长薄熙来等会谈时在座。

近日　中国地质大学（武汉）261名志愿到西部服务和就业的2005届本科毕业生给国务院总理温家宝写信，表达了他们愿把自己

的青春和智慧贡献祖国西部，为西部建设建功立业的强烈愿望。温家宝接到同学们的来信后批示指出，读了同学们的信，非常高兴。大家志愿到西部服务和就业的志向、勇气和决心使我深受感动。你们的选择是正确的。我深信你们在西部艰苦工作的磨炼，必将成为你们生命中最宝贵的财富。据了解，近年来中国地质大学（武汉）通过组织实施“西部计划”、“西部高水平人才培养计划”和“大学生志愿服务西部计划”等，积极鼓励和引导广大毕业生面向基层、面向西部服务和就业。同学们在信中介绍了学校“西部计划”实施以及广大师生深入新疆、甘肃、贵州等西部地区一线工作的情况，表达了自己扎根西部、服务基层的愿望，表示要以自己的实际行动回报祖国和人民的养育之恩，为西部地区的建设贡献自己的力量。日前，该校261名志愿到西部服务和就业的2005届本科毕业生带着温总理的嘱托，已经全部奔赴西部建设一线。

7月16日　在中国国民党主席选举中，马英九以72.36%的得票率击败另一位候选人王金平，当选为中国国民党新一任党主席。7月17日，中国共产党中央委员会总书记胡锦涛致电马英九，祝贺他当选为中国国民党主席。

7月19日　国务院总理、国家科技教育领导小组组长温家宝主持召开国家科技教育领导小组第三次全体会议。他强调，推进自主创新，是科学技术发展的战略基点，是调整产业结构、转变增长方式的中心环节，是经济社会发展的有力支撑。要努力创造有利于自主创新的体制和环境，深化科技体制改革，加快科技基础设施建设，加强高素质科技人才的培养，大力提高我国的原始创新能力、集成创新能力和引进消化吸收再创新能力。会议听取了北京市政府关于中关村科技园区建设的汇报、中科院关于实施知识创新工程试点第三阶段的汇报和发改委关于启动建设若干国家重大科技基础设施的汇报。会议认为，这3项工作是加快科技改革和发展的重要举措，也是实施国家中长期科学和技术发展规划《纲要》的重要组成部分。会议指出，要把提高自主创新能力摆到全部科技工作的突出位置，把提高自主创新能力作为国家战略，纳入国民经济和社会发展规划，贯彻到现代化建设的各个方面。会议认为，中科院知识创新工程试点以来，在基础科学研究、战略高技术创新和为经济社会发展服务等方面取得了一批重大成果，积累了宝贵经验。创新工程3期工作要同国家中长期科技发展规划和国民经济与社会发展“十一五”规划紧密结合，突出重点，合理布局，为加快国家创新体系建设和增强国家创新能力作出更大贡献。会议指出，要充分发挥国家高新技术产业开发区在自主创新中的作用。当前，国家高新区的建设正步入一个新的阶段。国家高新区要坚持提高自主创新能力，把发展高新技术产业作为根本任务；坚持深化体制改革，加强软环境建设，培育有国际竞争力的高新技术企业；坚持走集约化发展道路，合理和节约使用土地与其他资源。会议充分肯定了北京中关村科技园区创建近20年来取得的成绩，要求中关村继续优化发展环境，大力推进自主创新，为创建一流的科技园区而努力。会议强调，要努力创造有利于自主创新的体制和环境。一是深化科技体制改革。以服务国家目标和调动广大科技人员的积极性和创造性为出发点，以促进全社会科技资源高效配置和综合集成为重点，以建立企业为主体、产学研结合的技术创新体系为突破口，全面推进有中国特色的国家创新体系建设。二是加大知识产权保护力度。通过完善法律和加强执法，扩大宣传教育，把知识产权保护工作落实到各个环节，努力营造鼓励科技人员创新的社会环境。三是注重高素质人才的培养和引进。加快各类工程技术和管理人才的培养，创造条件吸引留学人员为国服务。四是继续增加科技投入。加快国家重大科技基础设施建设，为科学技术取得重大突破提供保障。会议认为，发改委会同有关部门提出国家重大科技基础设施具体实施方案是必要的。要在已有工作的基础上，进一步论证，逐项落实。中共中央政治局委员、北京市委书记刘淇，国务委员、国务院秘书长华建敏，国务委员、国家科技教育领导小组副组长陈至立，路甬祥、徐匡迪和其他国家科教领导小组成员及有关方面负责同志出席了会议。

7月20日　国务院总理温家宝主持召开国务院常务会议，听取对中央企业监督检查情况的汇报，讨论并原则通过《邮政体制改革方

案》。会议听取了国资委关于监事会2004年对中央企业监督检查情况及2005年工作安排的汇报。会议认为，2004年国有重点大型企业监事会在国有资产监管方面做了大量工作，为维护国有资产安全，防止国有资产流失，发挥了重要作用。中央企业认真贯彻落实党中央、国务院关于深化国有企业改革和宏观调控的一系列政策措施，积极推进结构调整，大力开拓市场，努力降低成本，加强财务管理，经济效益显著提高，为国民经济平稳较快发展做出了积极的贡献。会议强调，监事会要认真履行《国有企业监事会暂行条例》赋予的职责，积极探索国有企业监督的有效形式，努力提高国有资产监督能力和水平，促进中央企业的改革发展和国有资产的保值增值。中央企业要高度重视监事会检查提出的问题和建议，特别要解决好资产质量不高、管理方式粗放、内控机制不完善等问题，及时纠正违法违纪和违规行为，并对责任人作出严肃处理。会议原则同意监事会2005年工作的总体思路和安排。会议听取了发改委关于邮政体制改革方案的汇报。会议认为，邮政业是国家重要的社会公用事业，邮政网络是国家重要的通信基础设施。长期以来，邮政业在促进我国国民经济和社会发展、保障公民的基本通信权利等方面发挥了十分重要的作用。但是，随着经济体制改革的不断深化，我国邮政业现行管理体制已不能适应市场经济需要，进一步深化邮政体制改革已成为当前一项重要而紧迫的任务。会议批准了邮政体制改革方案。邮政体制改革的基本思路是：实行政企分开，加强政府监管，完善市场机制，保障普遍服务和特殊服务，确保通信安全；改革邮政主业和邮政储蓄管理体制，促进向现代邮政业方向发展。重新组建国家邮政局，作为国家邮政监管机构；组建中国邮政集团公司，经营各类邮政业务；加快成立邮政储蓄银行，实现金融业务规范化经营。通过改革，建立政府依法监管、企业自主经营的邮政体制，进一步促进我国邮政事业的健康发展。会议强调，邮政体制改革涉及面广，务必贯彻积极稳妥的方针，加强领导，精心组织，分步实施，配套推进，确保改革的顺利进行。

同　日　新华社报道：2005年上半年我国经济总体运行态势良

好。国家统计局的初步核算表明，上半年经济增长速度为9.5%，这一速度比2004年同期低0.2%。

7月21日　中国人民银行发布公告。公告称，自2005年7月21日起，我国开始实行以市场供求为基础、参考一篮子货币进行调节、有管理的浮动汇率制度，人民币汇率不再盯住单一美元，形成更富弹性的人民币汇率机制。当日19时，美元对人民币交易价格调整为1美元兑8.11元人民币。

7月22日　全国人大常委会委员长吴邦国、全国政协主席贾庆林在人民大会堂分别会见了西班牙首相萨帕特罗。吴邦国在会见时说，中西建交以来，双边关系发展一直很好。双方在通讯、交通、旅游、环保、能源等领域的合作具有良好的前景，两国还应加强中小企业间的合作，推动双边关系取得新的进展。吴邦国表示，近年来，中国全国人大与西班牙参、众两院保持着友好交往与合作。当前，中西两国都致力于发展本国经济和扩大对外交往，中国全国人大愿与西班牙议会加强各层次的交流，相互借鉴经验，加深两国人民友谊，推动双边关系发展。吴邦国还向客人介绍了中国民主法制建设的情况。萨帕特罗说，中国的改革是全面的改革，中国在民主法制建设方面取得了积极进展，在国际事务中发挥着重要作用。西班牙重视发展对华关系，愿加强在政治、经济、贸易、文化、旅游等领域的交流与合作。贾庆林在会见中说，中西都是文明古国，双方很早就有往来。建交32年来，中西友好的社会基础越来越牢固，两国关系的发展充满了蓬勃生机。贾庆林介绍了中国全国政协的有关情况。他说，全国政协的对外交往是中国总体外交的重要组成部分。近年来，中国全国政协同西班牙议会的友好往来明显加强，对双边关系的发展产生了积极推动作用。我们愿与西方共同努力，进一步加强交流与合作，增信释疑，不断扩大双方合作的基础。萨帕特罗说，增进两国人民的相互了解对推动双边关系发展具有重要意义。西班牙希望进一步促进两国各层次的交往，加强双方的旅游合作。

7月22日—23日　国务院在京召开全国应急管理工作会议。中共中央政治局常委、国务院总理温家宝出席会议并发表重要讲话。他强调，加强应急管理工作，是维护国家安全、社会稳定和人民群众利益的重要保障，是履行政府社会管理和公共服务职能的重要内容。各级政府要从实践“三个代表”重要思想，从坚持立党为公、执政为民、构建社会主义和谐社会和提高政府行政能力的高度，切实增强责任感、紧迫感，把这项安国利民的大事做好，为全面建设小康社会、加快现代化建设提供一个稳定、安全的社会环境。温家宝指出，建立健全社会预警体系，加强应急管理工作，就是要提高国家保障公共安全和处置突发公共事件的能力，预防和减少自然灾害、事故灾难、公共卫生和社会安全事件及其造成的损失，保障国家安全、保障人民群众生命财产安全、维护社会稳定。温家宝强调，加强全国应急体系建设和应急管理工作，必须做好健全组织体系、运行机制、保障制度等工作。第一，健全体制，明确责任。各地区各部门要在党中央、国务院统一领导下，建立健全分类管理、分级负责、条块结合、属地管理为主的应急管理体制，形成统一指挥、功能齐全、反应灵敏、运转高效的应急机制。各级政府要把加强应急管理摆在重要位置，把人力、财力、物力等公共资源更多地用于社会管理和公共服务。第二，居安思危，预防为主。要健全公共安全管理机制，健全监测、预测、预报、预警和快速反应系统，加强专业救灾抢险队伍建设，健全救灾物资储备制度，搞好培训和预案演练，全面提高国家和全社会的抗风险能力。不断完善各级各类应急预案，并认真抓好落实。第三，强化法治，依靠科技。要加快应急管理的法制建设，形成有中国特色的应急管理法制体系，把应急管理工作纳入规范化、制度化、法制化轨道。高度重视运用科技提高应对突发公共事件的能力，加强应急管理科学研究，提高应急装备和技术水平，加快应急管理信息平台建设，形成国家公共安全和应急管理的科技支撑体系。第四，协同应对，快速反应。各地区各部门要树立大局意识和责任意识，不仅要加强本地区本部门的应急管理，落实好自己负责的专项预案，还要按照总体应急预案的要求，做好纵向和横向的协同配合工作。健全应对突发公共事件的组织体系，明确各方面职责，确保一旦有事，能够有效组织、快速反应、高效运转、临事不乱。第五，加强基层，全民参与。要特别重视城乡基层和各项基础工作，做好社区、农村、学校、医院、企事业等基层单位应急管理工作，提高基层应对突发公共事件的处置能力。广泛宣传和普及公共安全知识、应急管理知识、灾害知识、防灾救灾和自救知识，提高群众参与应急管理能力和自救能力。

7月25日　卫生部新闻办公室、农业部办公厅新闻处联合通报。2005年6月下旬以来，四川省资阳市相继发生了人感染猪链球菌病疫情。另据新华社报道，截至8月3日12时，四川省累计报告人感染猪链球菌病病例206例，这些病例中，死亡38例。8月3日—8月8日，四川省已连续6天没有新发病病例，疫情已得到有效控制。

7月26日　国务院总理温家宝主持召开国务院常务会议，部署审计提出问题的整改工作，研究全面整顿和规范矿产资源开发秩序，讨论并原则通过《中华人民共和国个人所得税法修正案（草案）》，审议并原则通过《麻醉药品和精神药品管理条例（草案）》。会议部署了审计提出问题的整改工作。会议指出，审计署受国务院委托向全国人大常委会所作的2004年度中央预算执行和其他财政收支情况的审计报告公布后，引起社会各界广泛关注，审计监督发挥了重要作用。审计署对查出的违反财经法规问题，已依法下达审计决定；对涉嫌经济犯罪的案件线索，已移交司法机关及有关部门立案查处；对财政财务管理方面存在的漏洞，有针对性地提出了审计建议。会议要求，国务院各部门和有关单位要自觉接受审计监督，认真落实审计决定，坚决纠正存在的问题，要给人民群众一个负责、满意的答复。一要切实落实管理责任制。对部门自身存在的问题，由主要领导负责整改；对下属单位存在的问题，领导要履行职责，督促下属单位落实整改措施；对企业经营中存在的问题，除企业自身抓好整改外，主管部门和监管部门要负起监督的责任。二要严肃落实责任追究制。对重大违法违纪问题一查到底，追究相关人员责任。三要积极配合审计部门的工作。对审计提出的问题，要深入分析原因，完善制度，改进管理，不断提高财政财务管理水平。各有关部门要在2005年11月份向国务院报告整改情况，国务院在年底前向全国人大常委会作专题报告。会议听取了国土资源部关于全面整顿和规范矿产资源开发秩序有关情况的汇报。会议认为，矿产资源是国民经济和社会发展的重要物质基础。针对目前一些地区出现的群发性无证勘查和开采、越界开采、乱采滥挖等违法违规行为，开展全面整顿和规范矿产资源开发秩序，是实现矿产资源合理开发、永续利用、确保安全的重要措施，对于贯彻落实科学发展观，提高矿产资源对经济和社会可持续发展的保障能力，全面建设小康社会，都具有十分重要的意义。会议批准了全面整顿和规范矿产资源开发秩序工作部署。会议要求，要以煤炭资源开发为重点全面整顿和规范矿产资源开发秩序，力争用2年左右时间，实现五个方面的目标：一是使无证勘查和开采、乱采滥挖、浪费破坏矿产资源等违法行为进行全面遏制；二是对越界开采、非法转让探矿权和采矿权等违法行为进行全面清理和查处；三是矿山安全事故及破坏生态环境现象明显减少；四是矿山布局不合理的状况得到改善，矿产资源开发利用规模化、集约化程度明显提高；五是基层监管到位，建立依法、有序的开发秩序。通过整顿和规范，推动我国矿业发展走出一条科技含量高、经济效益好、资源利用率高、环境污染少、安全有保障、人力资源优势得到充分发挥的新路子。会议强调，各地区和有关部门要充分认识这项工作的重要性、紧迫性和艰巨性，加强领导，依法整顿，落实责任，强化督察，突出重点，分步推进，确保整顿和规范矿产资源开发秩序工作顺利进行。会议认为，个人所得税法施行以来，对加强我国个人所得税征收管理，调节收入分配，发挥了重要作用。但随着我国经济的不断发展和人民生活水平的不断提高，个人所得税法的有些规定已不适应新形势的要求，有必要进行修改。会议决定，《中华人民共和国个人所得税法修正案（草案）》经进一步修改后，由国务院提请全国人大常委会审议。会议还审议并原则通过了《麻醉药品和精神药品管理条例（草案）》，由国务院公布施行。

7月27日　全国人大常委会委员长吴邦国和国务院总理温家宝在北京分别会见了津巴布韦总统穆加贝。吴邦国在会见时说，中津建交25年来，两国关系一直健康、顺利发展。双方在政治、经济、文生等领域开展了真诚有效的合作，在国际和地区事务中相互好。中方对两国关系发展表示满意，愿与津方继续努力，不断扩大和深化两国友好交往和经贸合作。吴邦国说，中国全国人大与津巴布韦国民议会一直保持着良好的交流与合作。中国全国人大愿与津巴布韦国民议会加强各层次友好交往，在增进两国人民友谊、推动双边各领域合作方面发挥积极作用，促进中津关系全面发展。温家宝在会见中说，津巴布韦是中国在非洲的重要合作伙伴，长期以来坚定奉行一个中国政策，理解并支持中方在重大国际问题上的立场，我们对此表示赞赏。中方愿在矿业开发、电信网络建设、农村电网改造等方面与津方开展合作，希望津方对中国企业赴津巴布韦兴业提供便利。温家宝说，发展同非洲国家的团结与合作是中国对外政策的重要组成部分。密切中非关系不仅对促进南南合作，而且对消除贫困和实现人类社会共同进步都具有重要意义，中方愿为实现上述目标与非方进一步加强协调与配合。穆加贝说，津方高度重视对华关系，支持两国立法机构间的交往，将进一步努力推动两国各领域合作，巩固和深化传统友谊。他表示，津巴布韦政府将继续坚持一个中国政策的立场，反对“台独”。津巴布韦高度赞赏中国奉行的对非友好政策。

7月29日—31日　中共中央总书记、国家主席、中央军委主席胡锦涛到山西省考察，瞻仰抗战旧址，缅怀英雄业绩。胡锦涛强调，中华民族在抗日战争中表现出来的伟大民族精神，今天仍然是激励我们奋勇前进的强大力量。在新的历史条件下，我们要继承光荣传统，弘扬民族精神，发愤图强，开拓进取，为全面建设小康社会、实现中华民族的伟大复兴而团结奋斗。

本　月　中共中央纪委常委会讨论通过《关于纪委协助党委组织协调反腐败工作的规定（试行）》，自2005年7月26日起施行。

8月1日　从当日起，祖国大陆对原产于台湾地区的椰子、菠萝、番石榴等15种鲜（包括冷藏）水果正式实施零关税措施。

8月2日　我国第二十一颗返回式科学与技术试验卫星在酒泉卫星发射中心由“长征二号丙”运载火箭成功发射升空。

8月7日　广东兴宁市大兴煤矿发生特大透水事故。据初步调查显示，这是一起典型的违法、违规、违章的特别重大的煤矿安全事故。根据专家意见，指挥部经认真研究并报经广东省政府同意，决定于8月29日终止抢险救援工作。这次事故被困矿工123人全部遇难，只找到其中6具遗体。

8月8日　新华社受权播发了《国务院关于非公有资本进入文化产业的若干决定》。

8月10日　中国人民银行上海总部正式在上海挂牌成立。

同　日　国务院总理温家宝主持召开国务院常务会议，研究加快建立新型农村合作医疗制度问题，部署广东梅州兴宁市大兴煤矿透水事故的救援处理工作，审议并原则通过《中华人民共和国进出口商品检验法实施条例（修订草案）》、《直销管理条例（草案）》和《禁止传销条例（草案）》。会议听取了卫生部关于新型农村合作医疗试点工作有关情况的汇报。会议认为，新型农村合作医疗试点工作从2003年开展以来，进展顺利，取得比较明显的成效。试点地区的农民得到了实实在在的好处，农民的医疗经济负担有所减轻，因病致贫和因病返贫有所缓解，初步探索了新形势下建立农村合作医疗制度的新路子。会议指出，新型农村合作医疗制度直接关系我国几亿农民的健康和利益，是医疗体制改革的重要组成部分，对于统筹城乡发展、全面建设小康社会具有重要意义。要在总结试点经验的基础上，加大工作力度，加快推进新型农村合作医疗制度建设步伐。2006年和2007年要扩大试点范围，完善相关政策，到2008年在全国农村基本建立新型农村合作医疗制度。各地要从实际出发，因地制宜，不搞一刀切，不强求一律。东部有条件的地方进度可以快一些。会议强调，新型农村合作医疗制度是由政府组织、引导、支持，农民自愿参加，个人、集体和政府等多方筹资，以大病统筹为主的农民医疗互助共济制度。推进这项工作要贯彻自愿、互助、公开、服务的原则。坚持农民以家庭为单位自愿参加，尊重农民意愿，不搞强迫命令；坚持合作医疗制度的互助共济性质；坚持公开、公正、公平，规范操作，加强监管；坚持便民利民，真正让农民受益。会议

要求，要进一步加大中央和地方财政支持力度，2006年将试点的县（市、区）由目前占全国的21%扩大到40%左右，中央财政对参加合作医疗农民的补助标准在原有每人每年10元的基础上再增加10元，同时将中西部地区农业人口占多数的市辖区和东部地区部分参加试点的困难县（市），纳入中央财政补助范围。地方财政要相应增加补助。不提高农民的缴费标准，不增加农民负担。要进一步完善新型农村合作医疗管理运行机制，探索建立稳定的筹资机制，切实加强对合作医疗基金的监管。会议指出，要加强农村医疗卫生基础设施建设，巩固和健全县、乡、村三级农村医疗卫生服务体系和网络。2005年要完成县级疾病预防控制中心建设。重点加强乡镇卫生院建设，每个乡镇要保留一所公立卫生院，每个村至少有一个卫生室。加快农村卫生体制改革，打破部门和所有制界限，引进竞争机制，综合利用医疗卫生资源，推进农村药品供应和监督网络建设，并采取有效措施遏制农村医药费用不合理增长，为农民提供安全、有效、价廉的医疗卫生服务。切实加强农村基层医疗卫生队伍建设，培养农村需要的医护人员。会议研究了广东梅州兴宁市大兴煤矿8月7日发生的透水事故的救援处理工作。会议决定：（一）由广东省政府负责，继续抓紧救援工作，只要还有一线希望，就要尽最大努力，千方百计抢救被困人员。（二）成立由国家安全生产总局、监察部、公安部、煤监局、全国总工会等部门组成的国务院事故调查组，负责查明事故原因，依法追究责任。会议强调，各级政府、有关部门和生产经营单位都要从这起特大事故中吸取教训，采取更加有力的措施加强安全生产工作，进一步落实安全生产责任制，强化安全生产管理，加大对安全生产检查的执法力度。安全措施不落实、有令不行、有禁不止的要追究责任，严肃处理。会议认为，为保障《中华人民共和国进出口商品检验法》的实施，适应我国加入WTO的形势和需要，有必要在总结进出口商品检验监督管理经验的基础上，对现行条例进行修改、完善。会议决定，《中华人民共和国进出口商品检验法实施条例（草案）》经进一步修改后，由国务公布施行。会议讨论并原则通过了《直销管理条例（草案）》和《禁止传销条例

(草案)》，由国务院公布施行。

8月11日　新华社报道：为全面加强我国沿海防护林体系建设，切实增强沿海地区防御海啸、台风、风暴潮等自然灾害的能力，维护国土生态安全和人民群众的生命财产安全，“十一五”期间我国将全面加强沿海防护林体系建设。中共中央政治局常委、国务院总理温家宝，中共中央政治局委员、国务院副总理回良玉分别作出重要批示，要求各地和有关部门采取有力措施切实把沿海绿色屏障建设好。温家宝批示指出，沿海防护林建设是我国生态建设的重要内容，是沿海地区防灾减灾体系建设的重要组成部分，应列入“十一五”规划。《全国沿海防护林体系二期规划》的修订工作和《全国红树林保护和发展规划》的编制及相关立法工作要抓紧进行。回良玉批示指出，沿海防护林是我国生态建设的重要内容，是海啸和风暴潮等自然灾害防御体系的重要组成部分，要进一步明确任务，突出重点，采取有力的措施，切实把沿海的绿色屏障建设好。

8月14日　中共中央总书记、国家主席、中央军委主席胡锦涛参观了《伟大胜利——纪念中国人民抗日战争暨世界反法西斯战争胜利60周年大型主题展览》。

8月15日—16日　第四次全国妇女儿童工作会议在北京举行。

8月17日　台湾“3·19枪击案”匆匆宣布结案。检方声称：此案不是自导自演的枪击事件，由于涉案嫌疑人已死，全案以不起诉处分。对此，国民党与亲民党方面认为“非常荒唐、草率”，并表示将追查真相到底。（注：2004年3月19日，参加台湾地区领导人选举的民进党候选人陈水扁与吕秀莲在台南市进行街头造势活动时发生“遭枪击受轻伤事件”。次日的选举中陈与吕便以微弱多数领先连战和宋楚瑜。）

8月18日—25日“和平使命—2005”中俄联合军演在俄罗斯符拉迪沃斯托克和中国山东半岛及附近海域举行。

8月19日—23日　中共中央总书记、国家主席、中央军委主席胡锦涛在河南、江西、湖北考察工作，就“十一五”时期中国经济社会发展和落实科学发展观进行调查研究。

8月19日—20日　中国国民党第十七次党员代表大会在台北举行。新任主席马英九与卸任主席连战完成交接。卸任后的连战被推举为中国国民党荣誉党主席。原国民党主席连战与中共中央总书记胡锦涛达成的五项共同愿景列入大会通过的国民党政策纲领。

8月23日　中国证监会、国资委、财政部、中国人民银行、商务部联合发布《关于上市公司股权分置改革的指导意见》。

同　日　由全国政协办公厅、民革中央和中央文史研究馆联合主办的"纪念中国人民抗日战争胜利60周年美术作品展"在北京全国政协礼堂开幕。中共中央政治局常委、全国政协主席贾庆林出席开幕式并参观展览。本次展览的主题是"以史为鉴，面向未来；毋忘国耻，振兴中华"，共展出作品100余幅，这些作品来自全国各级政协委员、民革成员和文史馆员。展览通过美术作品的形式，展示抗日战争这段永远不能忘怀的历史，缅怀抗日英雄的不朽功勋，歌颂万众一心、不畏强暴、不怕牺牲、血战到底的中华民族精神，激励各界人士爱国奉献的热情。

8月23日—28日　十届全国人大常委会第十七次会议在京举行。会议通过了治安管理处罚法、公证法和全国人大常委会关于修改妇女权益保障法的决定等议案。

8月24日　在联合国第四次世界妇女大会在北京召开10周年之际，国务院新闻办公室发表了《中国性别平等与妇女发展状况》白皮书。

同　日　国务院总理温家宝主持召开国务院常务会议，总结2005年以来经济体制改革工作，研究部署深化改革的重点任务。会议听取了国家发改委关于2005年以来贯彻落实《国务院关于2005年深化经济体制改革的意见》情况的汇报。会议认为，2005年以来，经济社会发展总体形势是好的，经济运行继续朝着宏观调控的预期方向发展。根据党中央、国务院的部署，各地区、各部门积极推进经济体制改革，取得重要进展，特别是一些多年酝酿的重点领域和关键环节的改革有所突破。农村税费改革进入新阶段，国有企业股份制改革和国有资产管理体制改革不断深化，非公有制经济发展的体制和政策环境进一步改善，金融体制改革力度加大，财税、投资、流通、对外开放体制改革稳步推进，科技、教育、文化和卫生体制改革有了新进展，政府行政管理体制改革继续深入。改革的推进对于巩固和发展宏观调控成果、保持经济社会发展的良好形势，起了重要作用。会议提出，各地区、各部门要继续贯彻党中央、国务院对今后一个时期改革工作的部署，抓住宏观调控取得积极成效、经济保持平稳较快发展的有利时机，加大改革力度，重点推动四个方面的改革。（一）继续推进涉及经济结构调整和增长方式转变的改革。针对经济结构不合理、经营粗放，某些行业和领域建设过度扩张，高耗能、高耗材、高污染、低效益等问题，从体制、机制上采取有力的改革措施，为落实科学发展观、转变增长方式提供体制机制保障。（二）继续推进涉及政府职能转变的改革。政府不该管的事要坚决交给企业、中介组织和市场；政府该管的事一定要管好。国务院有关部门要更加注重宏观管理，既要使企业成为投资的主体，又要加强对全社会投资活动的指导、调控和监管，防止盲目投资和重复建设。（三）继续推进涉及维护人民群众根本利益的改革，尤其要做好就业、社会保障、教育、医疗、扶贫、环保、安全生产等方面的改革工作。（四）继续推进涉及对外开放的改革。完善涉外经济管理体制，做好加入世贸组织后过渡期的各项工作，妥善应对贸易摩擦，改善贸易结构，优化投资环境，提高利用外资水平。各方面的改革都要着眼于体制机制创新和制度建设。会议要求，各地区、各部门要进一步加强对改革工作的领导。要切实把深化改革摆在突出重要位置，坚持以改革为动力推进各项工作；进一步做好已确定改革任务的组织协调工作，做到有布置，有检查，注重实效；处理好改革发展稳定的关系，妥善处理改革中的各种矛盾，保持社会稳定和谐，为经济平稳较快增长和改革开放创造良好的环境。

同　日　国台办、教育部、财政部、国家发改委宣布，自2005年秋季开学起正式实施在大陆高校和科研院所就读的台湾学生与大陆学生同等收费政策。

8月26日　中共中央政治局进行第二十四次集体学习，中共中央总书记胡锦涛主持。中共中央政治局这次集体学习安排的内容是世界反法西斯战争的回顾与思考。军事科学院战争理论和战略研究部研究员江英、军事科学院世界军事研究部研究员罗援就这个问题进行了讲解，并谈了他们的看法和建议。中共中央政治局各位同志认真听取了讲解，并就有关问题进行了讨论。胡锦涛在主持学习时发表了讲话。他指出，中国人民抗日战争是世界反法西斯战争的重要组成部分，是中国人民进行的伟大的民族解放战争。在日本军国主义发动侵华战争、中华民族面临生死存亡的危急关头，全国各族人民紧密团结在中国共产党倡导建立的抗日民族统一战线的旗帜下，进行了艰苦卓绝的斗争，付出了巨大的民族牺牲，终于取得了抗日战争的伟大胜利，为世界反法西斯战争的胜利作出了不可磨灭的历史贡献。中国人民抗日战争暨世界反法西斯战争的胜利，消除了威胁世界和平的法西斯邪恶势力，壮大了世界进步力量，促进了世界范围内的民族解放运动，对世界和平事业产生了深远影响。胡锦涛强调，我们回顾中国人民抗日战争和世界反法西斯战争的历史，纪念那场战争的伟大胜利，就是要牢记历史、不忘过去、珍爱和平、开创未来，动员全国各族人民更好地推进改革开放和社会主义现代化建设，更好地履行维护世界和平、促进共同发展的庄严职责。胡锦涛指出，在波澜壮阔的抗日战争中，中国人民以气吞山河的气概、不屈不挠的精神、血战到底的勇气战胜了日本侵略者，在长期艰苦卓绝的斗争实践中积累了宝贵的历史经验，我们要深刻总结，并用来教育党员和人民，尤其要大力强调以下几个重要方面。第一，全国各族人民的大团结是我们战胜一切艰难困苦、实现奋斗目标的力量源泉。要大力巩固和加强全国各族人民的大团结，大力巩固和加强全体中华儿女的大团结，同心同德地为全面建设小康社会、实现中华民族的伟大复兴而奋斗。第二，以爱国主义为核心的伟大民族精神是中国人民团结奋进的精神动力。要在全社会深入持久地开展爱国主义教育，并坚持把爱国主义教育同集体主义、社会主义教育有机统一起来，把广大人民群众的爱国热情凝聚到全面建设小康社会的伟大事业上来，凝聚到胸怀全局、认真做好本职工作上来，更加自觉地为建设富强民主文明的社会主义现代化国家贡献力量。第三，提高综合国力是中华民族自立于世界民族之林的基本保证。我国今天这个繁荣发展、安定团结的局面来之不易，是无数仁人志士和革命先烈用鲜血和生命换来的，是我们党团结带领人民经过长期奋斗形成的。要珍惜难得的发展机遇，共同维护改革发展稳定的大局，抓住有利时机把国内的各项事情办好，不断增强我国的经济实力、科技实力、国防实力和民族凝聚力。第四，坚持走和平发展道路是实现我国发展目标的正确道路。要高举和平、发展、合作的旗帜，奉行独立自主的和平外交政策，坚持在和平共处五项原则的基础上同世界各国友好相处，同世界各国人民一道推进人类和平与发展的崇高事业。第五，紧紧依靠群众是我们党永远立于不败之地的根本保证。我们党要始终成为团结带领全国各族人民不断开拓前进的坚强领导核心，就必须牢牢坚持立党为公、执政为民的本质要求，真正做到权为民所用、情为民所系、利为民所谋，始终与人民群众心连心、同呼吸、共命运，万众一心地把党和人民的事业推向前进。

8月29日　第二十二颗返回式科学与技术试验卫星在酒泉卫星发射中心由“长征二号丁”运载火箭成功发射升空。

8月30日　中国人民银行宣布，经国务院批准，2005年版第五套人民币100元、50元、20元、10元、5元纸币和1角硬币于8月31日发行流通。

8月31日　国务院总理温家宝主持召开国务院常务会议，研究落实全国人大常委会安全生产执法检查意见的整改措施，审议并原则通过《国务院关于预防煤矿生产安全事故的特别规定（草案)》。会议听取了国家安全生产监督管理总局关于落实全国人大常委会安全生产法执法检查意见整改情况的汇报。会议认为，全国人大常委会对《安全生产法》实施情况进行执法检查，是对安全生产的高度重视和对政府工作的监督。国务院有关部门和地方政府对人大常委会执法检查报告中提出的意见要认真落实，采取更加严格的措施，加大整改工作力度，切实做好安全生产工作。会议指出，安全生产关系人民群众生命财产安全，关系改革开放、经济发展和社会稳定的大局。近年来，各方面做了大量工作，取得了一定成效，但安全生产特别是煤矿安全生产形势依然严峻。加强安全生产是一项紧迫和艰巨的任务。各级政府和煤矿等企业必须以对人民高度负责的精神，把安全生产放在更加突出的位置，从完善制度、严格管理、增加投入、深化改革、加强法治等方面，进行综合治理、标本兼治、常抓不懈。会议强调，为了把预防煤矿安全事故纳入法制化轨道，及时发现并排除煤矿安全生产隐患，落实煤矿安全生产责任，保证煤矿生产安全和职工生命安全，有必要制定和实施《国务院关于预防煤矿生产安全事故的特别规定》。针对当前煤矿安全生产中存在的突出问题，实行更加严格的制度和更加严厉的措施。（一）进一步明确规定必须立即停产的重大安全事故隐患。凡存在容易引发煤矿安全事故重大隐患的，应当立即停止生产，排除隐患；如继续非法生产，一经发现，要给予严厉处罚。（二）进一步明确规定强化煤矿停产关闭整顿的措施。对被责令停产整顿的煤矿要暂扣有关证照，经整顿验收合格方可恢复生产，验收不合格的要予以关闭。对关闭煤矿要吊销证照。（三）进一步明确规定预防煤矿重大生产安全事故的具体制度和措施。对井下工作人员必须进行安全生产教育、培训，未经教育培训或经教育培训不合格的人员，不得下井作业；煤矿企业负责人和生产经营管理人员要轮流带班下井。（四）进一步明确规定煤矿企业在预防煤矿生产安全事故中的主体责任。煤矿企业负责人对预防煤矿生产安全事故负主要责任；对不履行安全生产义务的企业负责人，要给予罚款、吊销资格证书、治安处罚乃至依法追究刑事责任。（五）进一步明确规定地方政府和有关部门在预防煤矿生产安全事故中的责任。国务院有关部门和地方政府应当建立和落实预防煤矿生产安全事故的责任制。会议要求，要切实做好贯彻落实《国务院关于预防煤矿生产安全事故的特别规定》的工作，真正把各项制度措施落到实处。一要统一思想认识，做到令行禁止，任何地方和单位不得为了局部和眼前利益，纵容和支持危及安全的生产行为。二要坚持依法行政，做好停产和关闭煤矿的善后工作，维护社会稳定。三要坚决打击官商勾结、权钱交易，严厉查处安全事故中的腐败行为。四要严格执法，对违反安全生产法律法规的，要坚决查处。会议还审议并原则通过了《放射性同位素与射线装置安全和防护条例（修订草案）》，由国务院公布施行。

9月1日　西藏各族各界2万多人欢聚在布达拉宫广场，举行庆祝西藏自治区成立40周年大会。

同　日　国务院新闻办公室发表《中国的军控、裁军与防扩散努力》白皮书。

9月3日　纪念中国人民抗日战争暨世界反法西斯战争胜利60周年大会在人民大会堂隆重举行。

9月4日　证监会制定的《上市公司股权分置改革管理办法》对外发布。

9月4日—9日　以“法治与国际和谐社会”为主题的第二十二届世界法律大会在北京、上海举行。来自60多个国家的1 500多名代表参加了会议。

9月5日—7日　由全国政协主办的“21世纪论坛”2005年会议在北京举行，主题是“可持续发展——中国与世界”。

9月5日　第八次中国—欧盟领导人会晤在北京举行。由中国商务部、欧盟委员会举办的中欧工商峰会也于当日在京举行。

同　日　新华社受权发布了《国务院关于预防煤矿生产安全事故的特别规定》。

9月7日　国务院台湾事务办公室主任陈云林与国家开发银行行长陈元在《关于支持台湾同胞投资企业发展开发性金融合作协议》上签字。该协议合作期限5年，开发性贷款额度为300亿元人民币。

同　日　国务院总理温家宝主持召开国务院常务会议，讨论并原则通过《铝工业发展专项规划》、《铝工业产业发展政策》和《中华人民共和国审计法修正案（草案）》。会议听取了发改委关于铝工业发展专项规划和产业发展政策有关情况的汇报。会议认为，铝工业是国民经济发展的重要基础原材料产业，同时也是高耗电产业。经过几十年的发展，我国已成为世界铝生产、消费大国。但我国铝工业配置资源能力、产业集中度、技术装备水平、产品竞争力、技术创新等方面与世界铝工业强国相比，仍有一定差距。必须进一步加强对铝工业发展的政策引导和宏观调控，促进铝工业健康有序发展。会议指出，我国铝工业的发展，在指导思想上，要坚持科学发展观，继续加强和改善宏观调控，重在控制总量，优化结构，合理布局，降低消耗，推动铝工业走新型工业化道路，实现由大到强的转变。当前，要着力抓好以下工作：一要通过制定和实施铝工业发展专项规划和产业发展政策，合理确定发展规模，规范投资行为，使铝工业发展与我国资源、能源和市场需求相适应。二要严格准入标准，严格新上电解铝项目，限制现有企业盲目扩大产能，严格氧化铝项目建设，确保氧化铝工业有序发展。三要加快产业结构调整，支持电解铝企业与上下游企业联合重组，鼓励铝电联营，提高产业集中度和企业竞争力。四要积极推进技术进步，淘汰落后的高耗电生产能力，重点发展技术含量和附加值高的铝合金、铝深加工产品，满足国民经济发展对铝产品品种、质量的需求。五要大力发展循环经济，开发和推广使用高性能、低成本、低消耗的新型铝产品，发展废杂铝回收再生产业，降低消耗，减少污染，提高铝资源利用率。六要充分利用国内外两种资源，建立稳定的铝工业资源供给保障体系。会议认为，《中华人民共和国审计法》自1995年1月1日颁布实施以来，对于健全国家审计制度，促进廉政建设，保障国民经济健康发展发挥了重要作用。随着我国社会主义市场经济体制的逐步完善，审计法的一些规定已不能适应实际情况的需要。为切实加强审计监督工作，进一步维护国家财政经济秩序，有必要在总结实践经验的基础上对现行审计法进行修改、完善。会议决定，《中华人民共和国审计法修正案（草案）》经进一步修改后，由国务院提请全国人大常委会审议。

9月8日—13日　国家主席胡锦涛对加拿大、墨西哥进行国事访问。9月13日，胡锦涛主席抵达纽约，同美国总统布什举行了会晤。9月14日，胡锦涛主席出席联合国成立60周年首脑会议。

9月9日　国务院国资委公布了《关于上市公司股权分置改革中国有股股权管理有关问题的通知》。

9月11日　新华社报道：近日，中央保持共产党员先进性教育活

动领导小组发出通知，要求各地区、各部门、各单位认真做好建立健全保持共产党员先进性长效机制工作。

9月12日　国家副主席曾庆红出席香港迪斯尼乐园开幕仪式。

9月15日　以“促进两岸经济交流与合作”为主题的第一届两岸民间菁英论坛在上海开幕。中共中央政治局常委、全国政协主席贾庆林，亲民党主席宋楚瑜出席开幕式并发表演讲。

9月21日　根据《中国人民银行关于人民币存贷款计结息问题的通知》，中国各银行即日起执行新的人民币存贷款计结息方式，其中引人注目的是活期存款由按年计结息改为按季度计结息。

同　日　国务院总理温家宝主持召开国务院常务会议，研究部署加强职业教育工作，讨论并原则通过《国务院关于大力发展职业教育的决定》。会议听取了教育部关于职业教育工作有关情况的汇报。会议指出，落实科教兴国战略和人才强国战略，大力发展职业教育，加快人力资源开发，是推进我国走新型工业化道路、解决“三农”问题、促进就业再就业的重大举措；是全面提高国民素质，提升我国综合国力的重要途径；是遵循教育规律，实施因材施教，促进基础教育、职业教育、普通高等教育协调发展的必然要求。各级政府和有关部门要进一步增强紧迫感和使命感，采取有力措施，切实加强职业教育工作。会议提出了今后一个时期职业教育改革发展的目标任务。到2010年，中等职业教育年招生规模达到800万人，大体相当于普通高中招生规模；高等职业教育年招生规模占高等教育招生规模的一半以上；职业教育办学条件普遍改善，师资队伍建设进一步加强。为此，会议要求，重点要抓好以下工作：一要坚持以服务社会主义现代化建设为宗旨，以就业为导向，继续深化职业教育教学改革，加强职业院校学生实践能力和职业技能的培养；二要加强县级职教中心、示范性职业院校和师资队伍建设，努力提高职业院校的办学水平和质量；三要积极推进体制改革与创新，办好公办职业院校，发展民办职业教育，推动职业院校与企业密切结合，增强职业教育发展活力；四要多渠道增加经费投入，建立职业教育学生资助制度，保证贫困家庭学生完成学业；五要加强对职业教育发展

规划、资源配置、条件保障、政策措施的统筹管理，为职业教育提供良好的发展环境。

9月25日　中国科学院院士、中国工程院院士、中国城市规划学会理事长周干峙在西安举行的2005中国城市规划年会上说，当前城市化发展中存在的主要问题是“4个透支”，即土地资源透支、环境资源透支、能源资源透支、水资源透支；“3个失衡”，即城市内贫富差距扩大、城乡经济差距扩大、沿海和内地差距扩大。周干峙表示，我国城市化还有一个发展较快的阶段，城市化速度不宜过快，每年增率在0.8%~1%较为适当。各地要有所不同，不要搞指标化，不要互相攀比。城市化发展中要提高农村生活水平，并保持一定的农业人口比例。要注重城市的文化内涵，保持和发扬城市特色。

9月27日　广受社会关注的个人所得税工薪所得减除费用标准听证会在北京举行。这次听证会由全国人大法律委员会、财政经济委员会和全国人大常委会法制工作委员会共同组织举行，是全国人大常委会在立法过程中的第一次立法听证会。

同　日　“北剑—2005”军事演习在北京军区朱日和合同战术训练基地举行。

9月28日　国家发改委宣布，降低22种药品的最高零售价格。平均降幅40%左右，最大降幅达到63%，按这些药品现在的销售量测算，降价金额约40亿元人民币。

9月28日　国务院总理温家宝主持召开国务院常务会议，研究部署第四季度经济社会发展工作，讨论并原则通过《国务院关于加快振兴装备制造业的若干意见》。会议认为，2005年以来，各地区、各部门认真贯彻落实中央确定的工作部署和方针政策，各项工作都取得新的成绩。集中表现为：一是经济保持平稳较快发展，工农业生产形势良好，投资、消费、对外贸易持续增长，财政、金融运行平稳，物价基本稳定；二是改革迈出重大步伐，一些重点领域和关键环节的改革有了突破；三是和谐社会建设取得新进展，人民生活进一步改善。但当前经济社会发展也面临一些问题，主要是：农业问题依然突出，固定资产投资规模过大，进出口贸易不平衡矛盾加剧，涉及群众利益的一些问题亟待解决，对此必须高度重视。会议指出，做好四季度工作，对于全面完成2005年经济社会发展任务，为2006年工作打好基础，对“十一五”开好头、起好步，具有重要意义。会议强调，各地各部门要按照中央的要求，全面落实《政府工作报告》提出的任务，着力抓好八项重点工作：（一）加强农业和农村工作。搞好秋收冬种，落实保护基本农田、稳定粮食价格和农业生产资料价格、增加粮食生产的各项措施。重视重大动物疫病防控和冬季森林、草原防火工作。（二）控制固定资产投资规模。坚持严把土地、信贷两个闸门，严格控制新开工项目，着力优化投资结构。认真落实对房地产发展调控的政策措施。（三）做好油品供应和价格调控。积极推进成品油流通体制改革。努力增加原油成品油生产，加强区域间油品供应调度。保证冬季取暖用煤和天然气供应。（四）提高对外经贸工作水平。优化进出口结构，严格控制高耗能、高污染和资源性产品的出口，适当扩大进口，妥善应对国际贸易摩擦。提高利用外资质量。（五）保持财政金融稳定。抓好财政增收节支，保障重点支出，严格控制一般性开支，坚决防止年底突击花钱。合理调控货币供应量，优化贷款结构。加强和改进金融监管。（六）推进经济体制改革。认真落实《国务院关于2005年深化经济体制改革的意见》，确保各项改革顺利进行。（七）加快社会事业发展，做好科技、教育、卫生和环保等方面工作。（八）解决好直接涉及人民群众切身利益的问题。进一步做好扩大就业和社会保障工作。继续清理建设领域拖欠工程款，确保农民工工资及时支付。落实各项安全生产措施。切实做好救灾工作。高度重视困难群众的过冬问题，帮助他们解决生活困难。搞好社会治安综合治理，维护社会和谐稳定。会议要求，各地区、各部门要安排好“十一”假期的工作，特别要加强旅游、交通、消防、公共场所安全管理。会议听取了发改委关于加快振兴装备制造业有关情况的汇报。会议指出，装备制造业是为国民经济发展提供技术装备的基础性产业。大力振兴装备制造业，是贯彻落实科学发展观、走新型工业化道路、提高国际竞争力、实现国民经济全面协调可持续发展的战略举措。加快振兴装备制造业，要坚持市场竞争和政策引导相结合，引进技术和自主创新相结合，产业结构调整和深化企业改革相结合，重点发展和全面提升相结合。要选择一批对国家经济安全有重要影响，对促进国民经济可持续发展有显著效果，对结构调整、产业升级有积极带动作用、能够尽快扩大自主装备市场占有率的重大技术装备和产品作为重点，加大政策支持和引导力度，实现关键领域的重大突破。

9月29日　中共中央政治局进行第二十五次集体学习，中共中央总书记胡锦涛主持。他强调，坚持走中国特色的城镇化道路，按照循序渐进、节约土地、集约发展、合理布局的原则，努力形成资源节约、环境友好、经济高效、社会和谐的城镇发展新格局。

10月1日—2日　中共中央总书记、国家主席、中央军委主席胡锦涛到天津市考察工作，看望、慰问节日期间坚守岗位的干部群众。

10月1日　新疆维吾尔自治区成立50周年庆祝大会在乌鲁木齐举行。中共中央、全国人大常委会、国务院、全国政协、中央军委向庆祝大会发来贺电。中共中央政治局常委、中央政法委书记、中央代表团团长罗干率中央代表团出席庆祝大会。

10月2日　受19号台风影响，福州地区因突降特大暴雨，当日傍晚造成山洪暴发，武警福州指挥学校训练基地突然受到山洪袭击。截止到10月4日17时，共找到遇难者遗体50具，还有36人下落不明。新华社11月13日报道，国务院、中央军委决定，分别给予负有重要领导责任的武警福建省总队总队长于得水、政治委员陈庆耀行政记大过处分并免职。

10月8日—11日　中国共产党第十六届中央委员会第五次全体会议（十六届五中全会）在北京举行。全会由中央政治局主持，中央委员会总书记胡锦涛作了重要讲话。出席这次全会的中央委员191人，候补中央委员150人。全会审议通过了《中共中央关于制定国民经济和社会发展第十一个五年规划的建议》。

10月9日　经国务院批准并授权，国家测绘局公布了2005年中国珠峰高程测量的结果。珠峰峰顶岩石面海拔高程为8 844.43米，精度为±0.21米，峰顶冰雪深度为3.5米。

10月10日　新华社报道：中国已构建起反腐倡廉法规制度体系的基本框架。中央纪委、监察部对改革开放以来涉及党风廉政建设和反腐败工作的文件已进行全面清理，决定废止115件。同时对法规制度进行了科学分类，编制了《2004年-2007年党风廉政和反腐败法规制度建设工作规划》。

10月12日—14日，中共中央总书记、国家主席、中央军委主席胡锦涛在出席第十届全国运动会开幕式后，在江苏就贯彻落实党的十六届五中全会精神进行考察。

10月12日—17日，我国成功进行了第二次载人航天飞行，也是我国第一次将2名航天员同时送上太空。

10月12日—23日　中华人民共和国第十届运动会在南京举行。

10月13日　政协第十届全国委员会常务委员会第十一次会议在北京开幕。这次会议的主要议题是学习贯彻中共十六届五中全会精神。中共中央政治局常委、国务院总理温家宝应邀到会作学习《中共中央关于制定国民经济和社会发展第十一个五年规划的建议》的报告。中共中央政治局常委、全国政协主席贾庆林主持开幕会。

10月15日　青藏铁路全线贯通庆祝大会在拉萨火车站举行，大会宣告青藏铁路西宁至拉萨全长1 956公里的路轨全线贯通。

10月17日　享誉海内外的文学大师巴金因病在上海逝世，享年101岁。

10月18日　新华社受权播发《中共中央关于制定国民经济和社会发展第十一个五年规划的建议》。《建议》于2005年10月11日在中国共产党第十六届中央委员会第五次全体会议通过。

10月19日　国务院总理温家宝主持召开国务院常务会议，讨论并通过《国务院关于完善企业职工基本养老保险制度的决定》，研究东北地区厂办大集体改革试点问题。会议认为，完善企业职工基本养老保险制度对于落实科学发展观、构建社会主义和谐社会具有重要意义。近年来，各地区和有关部门按照党中央、国务院的部署和要求，在建立企业职工基本养老保险制度上做了大量工作，取得了明显成效。基本养老金实现了按时足额发放。基本养老保险覆盖范围从国有、集体企业职工向多种所有制从业人员扩展。基本养老保险基金的多渠道筹资机制初步形成。随着人口老龄化、就业多样化和城市化的发展，企业职工基本养老保险工作出现了一些新情况和新问题，企业职工基本养老保险制度需要进一步改革和完善。会议指出，完善企业职工基本养老保险制度要统筹考虑当前和长远的关系，坚持覆盖广泛、水平适当、结构合理、基金平衡的原则，完善政策，健全机制，加强管理，实现可持续发展。当前和今后一个时期要做好以下工作：一是继续把确保企业离退休人员基本养老金按时足额发放作为首要任务，确保不发生新的拖欠。二是进一步扩大基本养老保险覆盖范围，统一非公有制企业、城镇个体工商户和灵活就业人员参保政策，帮助就业困难人员参保缴费。三是抓好东北三省做实个人账户试点工作，改革基本养老金计发办法。四是全面落实《社会保险费征缴暂行条例》的各项规定，严格实行收支两条线管理，进一步加强基本养老保险基金征缴和监管。会议强调，各地区和有关部门要按照国务院的部署，认真抓好贯彻落实工作，切实加强领导，精心组织实施。劳动保障部等有关部门要加强指导和监督检查，及时研究解决工作中遇到的问题，确保各项改革顺利推进。会议研究了东北地区厂办大集体改革试点问题。会议认为，厂办大集体曾经为发展经济和社会就业发挥了重要作用，但随着社会主义市场经济体制的逐步建立和国有企业改革的不断深化，市场环境发生较大的变化，一些厂办大集体企业停产、职工失业，已成为制约国有企业改革发展和影响社会稳定的重要因素。东北地区的厂办大集体问题尤为突出。妥善解决这一问题，是实施振兴东北老工业基地战略的重要举措。会议强调，厂办大集体涉及面广，情况复杂，要坚持"先试点、再推开"的原则，首先在东北地区选择部分城市和中央企业进行试点。会议原则同意财政部、国资委、劳动保障部提出的《东北地区厂办大集体改革试点工作的指导意见》，要求有关地区和部门精心组织，周密安排，在确保社会稳定的前提下，积极稳妥推进试点工作。

同　日　国务院新闻办公室发表《中国的民主政治建设》白皮书。

10月20日　截至当日，全国共报告登记在煤矿投资入股的国家机关工作人员和国有企业负责人4 578人，其中国家机关工作人员3 002人。登记入股金额6.53亿元，已经撤资4.73亿元。9月22日，是投资入股煤矿（依法购买上市公司股票的除外）的国家机关工作人员、国有企业负责人撤出投资的最后期限。

10月25日　纪念台湾光复60周年大会在北京人民大会堂隆重举行。

10月26日　荣毅仁同志因病在北京逝世，享年89岁。

同　日　全国精神文明建设工作表彰大会在北京人民大会堂举行。中共中央政治局常委、中央文明委主任李长春出席并讲话。会上宣读了表彰决定，授予12个全国文明城市（区）、494个全国文明村镇、1 001个全国文明单位和一批全国精神文明创建工作先进单位及100名全国精神文明建设先进工作者荣誉称号。

10月27日　十届全国人大常委会第十八次会议表决通过全国人大常委会关于修改个人所得税法的决定，起征点为1 600元，决定于2006年1月1日起施行。

10月28日　新华社报道：经国家禽流感参考实验室确诊，2005年入秋以来我国内蒙古自治区、安徽省、湖南省先后各发生一起H5N1亚型高致病性禽流感疫情。农业部当日公布了这3起疫情的有关防控情况，3起疫情均已扑灭。10月26日，辽宁省黑山县八道壕镇江台村养殖户饲养的鸡出现死亡。10月6日，辽宁省阜新市阜新蒙古族自治县大阪镇朝阳寺村、锦州市南站新区大岭村、锦州市北宁市、安徽省淮南市田家庵区曹庵镇范圩村养殖户饲养的家禽出现死亡。10月9日，新疆泽普县奎依巴格镇第一社区、乌鲁木齐县安宁渠镇北大路村二队养殖户饲养的家禽出现死亡。经国家禽流感参考实验室确诊，疫情为H5N1亚型高致病性禽流感。

同　日　国务院总理温家宝主持召开国务院常务会议。会议分析了2005年以来我国经济社会发展情况，并根据十六届五中全会审议通过的关于国民经济和社会发展“十一五”规划的建议，研究了2006年的经济工作。此前，国务院召开专家座谈会听取了意见。会议讨论并原则通过了《中华人民共和国劳动合同法（草案)》。会议认为，根据1994年7月施行的劳动法确立的劳动合同制度，对于建立与社会主义市场经济体制相适应的用人单位与劳动者双向选择的劳动用工制度，促进劳动关系和谐稳定，发挥了重要作用。随着市场主体和利益关系的多元化，现行劳动合同制度在实施中出现了一些新的情况和问题，有必要在总结实践经验的基础上，制定一部专门规范社会主义市场经济条件下劳动合同制度的法律。会议决定，该草案经进一步修改后，由国务院提请全国人大常委会审议。

10月28—30日　中共中央总书记、国家主席胡锦涛对朝鲜进行了正式友好访问。

10月31日—11月2日，中共中央总书记、国家主席胡锦涛对越南进行了正式友好访问。

11月1日　新华社报道：经国务院同意，国家发改委、环保总局等部门联合下发通知，正式启动国家循环经济试点工作。

11月2日　国务院总理温家宝主持召开国务院常务会议，分析研究当前高致病性禽流感疫情形势，部署进一步加强防控工作。会议指出，党中央、国务院高度重视高致病性禽流感防控工作，作出了重要部署。各地区、各部门积极采取措施，防控工作正在有序有效开展。但必须看到防控禽流感疫情面临形势的严峻性和紧迫性，保持高度警惕，绝不可掉以轻心。各级政府要以对人民高度负责的精神，扎扎实实地做好高致病性禽流感防控工作。会议强调，要坚持以人为本，坚持预防为主，严格执行《中华人民共和国动物防疫法》和《中华人民共和国传染病防治法》，认真贯彻“加强领导、密切配合，依靠科学、依法防治，群防群控、果断处置”的方针，采取综合措施，切实加强高致病性禽流感防控工作。（一）加强疫情监测，密切跟踪和及时掌握疫情动态，切实做好疫情预警预报。建立严格的疫情报告制度，做到早发现、早报告、早处置、早控制，对瞒报、漏报和缓报的责任人要依法严肃处理。（二）完善突发疫情应急机制和应急预案，落实各项保障措施，不存侥幸，不留死角。根据疫情发展态势，适时分级启动应急预案。（三）坚决控制和扑灭新发疫情。一旦有新的疫情发生，要采取果断措施进行扑杀、消毒和隔离，坚决把疫情扑灭在疫点上，严防疫情扩散和蔓延。认真落实对疫区家禽扑杀和受威胁区强制免疫实行合理补偿补助的政策。（四）严防禽流感对人的传播，这是防控工作的重点。完善突发人感染禽流感应急预案和防治方案，搞好医学监测和预防工作，加强活禽交易市场监管。（五）继续加大免疫力度，重点做好边境地区、养殖密集区和水网地区的免疫工作，切实加强水禽和散养家禽的免疫。安排好疫苗生产和供应，满足免疫需要。（六）开展防控科技攻关，重点做好诊断试剂、新型高效疫苗和治疗药物的研制和推广。（七）抓紧实施动物防疫体系建设规划，增加防疫基础设施建设投入。推进兽医管理体制改革，加强对基层兽医人员的培训，提高基层动物防疫工作能力。（八）改善家禽防疫条件，推进饲养方式转变，引导和支持标准化养殖、清洁养殖和集约化养殖，促进家禽养殖业持续健康发展。（九）建立信息发布机制，及时、准确、客观报道疫情。普及科学防疫知识，增强公众自我保护意识和防疫能力。（十）积极参与国际合作，及时向有关国际组织和有关国家、地区通报情况，加强配合和技术合作。（十一）中央财政从2005年预算总预备费中安排20亿元，设立高致病性禽流感防控基金。（十二）立即启动全国防控高致病性禽流感指挥部工作，加强防控工作的统一领导。会议强调，做好高致病性禽流感防控工作，事关人民群众健康安全，事关经济发展和社会稳定的大局。各级政府要认真贯彻党中央、国务院的决策和部署，切实加强对防控工作的领导，层层落实防控责任制，各有关方面要加强协调和配合，打好全面预防和控制高致病性禽流感疫情的战役。

11月6日　河北邢台县会宁镇尚汪庄康立石膏矿发生坍塌事故。截止到11月11日，矿难已经造成32人死亡，33人受伤，另有4人下落不明。

11月8日　国家主席胡锦涛乘专机离开北京，开始对英国、德国、西班牙、韩国进行国事访问，并于11月18日—19日出席在韩国釜山举行的亚太经合组织第十三次领导人非正式会议。

同　日　中共中央政治局常委、国务院总理温家宝赴辽宁黑山检

查禽流感防控工作。温家宝在辽宁省黑山县检查禽流感防控工作时指出，当前，防控高致病性禽流感处在关键时期，各级政府要充分认识疫情的极大危害性，把防控高致病性禽流感作为一件大事来抓，加强领导，狠抓落实，采取坚决果断措施控制和扑灭疫情。

同　日　中美纺织品磋商达成协议。中国商务部部长薄熙来和美国贸易代表波特曼在伦敦签署了《中华人民共和国政府与美利坚合众国政府关于纺织品和服装贸易的谅解备忘录》。至此，中美双方经过7轮磋商最终就纺织品问题达成协议。

11月9日　新华社受权发布《国务院关于大力发展职业教育的决定》。

同　日　国务院总理温家宝主持召开国务院常务会议，审议并原则通过《促进产业结构调整暂行规定》和《产业结构调整指导目录》。会议认为，推进产业结构调整是当前和今后时期改革和发展的重要任务。做好这项工作，对于全面提高我国产业素质和竞争力，加快推进经济增长方式转变，促进经济平稳较快协调发展，具有重要意义。会议提出，必须按照党的十六大和十六届五中全会的要求，全面贯彻落实科学发展观，坚持走新型工业化道路，以改革开放和科技进步为动力，增强自主创新能力，鼓励和支持发展先进生产能力，限制和淘汰落后生产能力，防止盲目投资和低水平重复建设，促进产业结构优化升级。会议指出，产业结构调整的方向和重点是：（一）巩固和加强农业基础地位，加快传统农业向现代农业转变。（二）加强基础工业和基础设施建设，增强经济社会发展的保障能力。（三）大力发展先进制造业，发挥其对经济发展的重要支撑作用。（四）加快发展高新技术产业，增强对经济增长全局的带动作用。（五）促进服务业全面快速发展，提高服务业比重和水平。（六）大力发展循环经济，加快建设资源节约型和环境友好型社会。（七）调整区域产业布局，优化产业组织结构。（八）统筹国内发展与对外开放，推动产业结构优化升级。会议强调，部分行业盲目投资、重复建设严重，生产能力过剩，是当前经济运行中的一个突出问题。必须把利用和消化好部分行业过剩生产能力作为产业结构调整的一项重要任务。要加大企业改革重组和改造力度，促进优胜劣汰。根据调整和优化产业结构的新要求，进一步完善和严格技术、质量、安全、环保等行业准入标准，提升产业素质，加强资源节约和环境保护。会议要求，在新的形势下调整和优化产业结构，要有新思路，采取新措施。关键是要继续深化投融资体制改革，充分发挥企业和市场的作用，更多地用经济和法律的手段加强对全社会投资的宏观调控。要完善财税、信贷、土地、进出口等相关政策，合理引导各类投资的方向。各地区要按照国家调整产业结构的总体要求和任务，结合本地实际情况，制定和落实具体措施。

11月11日　北京奥组委和国际奥委会官员揭晓了北京2008年奥运会吉祥物。最终入选的是：鱼形象的福娃贝贝、大熊猫形象的福娃晶晶、奥林匹克圣火形象的福娃欢欢、藏羚羊形象的福娃迎迎和燕子造型的福娃妮妮5个拟人化福娃。5种造型名字合在一起就意味着“北京欢迎你”!

11月13日　地处吉林省吉林市的中石油吉林石化公司双苯厂一化工车间13时40分连续发生爆炸。爆炸事故已造成5人死亡、1人失踪、60多人受伤。事故原因已初步查明，该厂苯胺装置硝化单元发生着火爆炸是因P—102塔发生堵塞、循环不畅，处理不当造成的。

11月14日　山西沁源县第二中学的学生在公路上跑步，一辆带挂车的大货车撞向学生队伍酿成特大交通事故。共有20名学生和1名教师遇难。

同　日　“人用禽流感疫苗研制”项目通过科技部课题验收。这标志着我国已经完成人用禽流感疫苗临床前研究，表明我国在这一领域的科研水平已与全球同步。

11月16日　正在韩国进行国事访问的国家主席胡锦涛当日下午在韩国总统府青瓦台同韩国总统卢武铉举行会谈。卢武铉首先表示，胡主席这次来访是韩中建交后中国国家元首第二次访韩，韩政府和人民热烈欢迎，并深信这次访问将使日益发展的韩中关系更上一层楼，为两国友好合作开辟新的前景。胡锦涛指出，2003年卢武铉总统访华、两国宣布建立全面合作伙伴关系以来，双方各领域合作全面展开，在国际和地区事务中保持着密切的沟通和协调。两国的共同利益增多，双边关系的重要性增加。中韩合作不仅促进了两国的发展，也为维护朝鲜半岛和东北亚的和平稳定做出了重要贡献。胡锦涛强调，中方高度重视中韩关系，愿同韩方一道努力，推动中韩全面合作伙伴关系不断得到新的发展。他就深化双方各领域合作提出了四点建议。一、在政治上增进互信。建议两国外长之间建立热线，及时就共同关心的重大问题交换意见、协调立场，在相互理解的基础上加强沟通和合作，妥善处理对方关切的事件。二、在经济上扩大合作。原定2008年双边年贸易额1 000亿美元的目标可望在2005年提前实现，建议制定新的目标，争取在2012年中韩建交20周年时实现双边年贸易额达到2 000亿美元。双方要拓宽合作领域、提高合作水平，使经贸合作给双方带来更大利益。三、在人文上相互借鉴。扩大两国人员往来和文化、教育、科技、卫生检疫、环保等领域的交流，为两国关系发展注入更多活力。加强两国青年交流，共同办好2007年“中韩交流年”活动。四、在国际事务上加强沟通。中韩在实现半岛无核化、区域经济一体化和联合国改革等方面保持着良好的沟通和合作，中方愿与韩方共同致力于建立公正合理的国际政治经济新秩序。卢武铉表示完全赞同胡锦涛提出的加强两国合作的四点建议，强调韩中有着广泛的共同利益和重要的共同认识，重申韩方高度重视对华关系，坚定奉行一个中国原则，这一立场不会有任何改变。他宣布，韩国政府决定承认中国的市场经济地位，愿意积极开展建立韩中自由贸易区的研究，推动两国企业扩大合作，妥善处理两国经贸合作快速发展中出现的问题，努力使双边经贸关系在现有基础上得到更快发展。他表示同意两国外长之间建立热线，并继续鼓励两国进一步加强政府、立法机构、政党和民间交流，扩大人员特别是青年的往来。他还对陕西法门寺佛指舍利来韩供奉表示感谢。在谈到朝鲜半岛核问题六方会谈时，卢武铉高度评价并感谢中国发挥的作用。胡锦涛重申了中方坚持半岛无核化、通过对话和平解决问题的原则立场，并强调，第五轮六方会谈第一阶段会议刚刚在北京结束，各方就落实共同声明进行了认真务实的讨论，达成一些共识。希望各方继续共同努力，推动六方会谈不断取得新的进展。会谈后，两国元首共同出席了两国政府有关部门关于促进贸易投资发展备忘录、合作繁殖东北虎协议等文件的签字仪式。胡锦涛和卢武铉还共同会见了中韩媒体记者。两国元首一致认为，这次访问具有重大意义，会谈坦诚友好，达成重要共识。他们表示将共同努力，推动中韩全面合作伙伴关系进一步向前发展，造福两国人民，为促进本地区的和平与发展做出更大贡献。当晚，卢武铉和夫人在总统府为胡锦涛和夫人刘永清举行盛大欢迎宴会。两国元首先后发表了热情洋溢的祝酒辞。国务委员唐家璇等中方陪同人员参加上述活动。

11月16日　国务院总理温家宝主持召开国务院常务会议，审议并原则通过《重大动物疫情应急条例（草案）》，研究应对禽流感疫情影响扶持家禽业发展政策措施。会议认为，根据《中华人民共和国动物防疫法》，制定并施行《重大动物疫情应急条例》，对于把高致病性禽流感等重大动物疫情的防控工作纳入法制化轨道，建立信息畅通、反应快捷、指挥有力、控制有效的疫情快速反应机制，依法保障养殖业生产安全，保护公众身体健康与生命安全，维护正常的社会秩序，具有十分重要意义。条例指明了重大动物疫情应急工作的原则和指导思想，对应急准备，疫情监测、报告和公布，应急处理，政府和有关部门、企业、个人的法律责任作了明确规定。会议决定，该条例草案经进一步修改后，由国务院公布施行。会议强调，各地区、各有关部门要做好《重大动物疫情应急条例》的宣传工作，并认真贯彻落实。要充分认识当前防控高致病性禽流感的严峻形势，防止麻痹松懈，切实按照加强领导、密切配合，依靠科学、依法防治，群防群控、果断处置的方针，及时发现，快速反应，严格处理，减少损失。会议听取了发改委关于扶持家禽业发展若干意见的汇报。会议认为，2005年入秋以来我国局部地区发生的高致病性禽流感疫情，已对全国家禽业的稳定发展带来明显冲击。为加强疫情防控工作，减少养殖企业和农户损失，帮助其尽快恢复正常生产，会议决定，按照企业和农户生产自救与国家适当扶持相结合、制定应急扶持措施与建立稳定发展长效机制相结合的原则，采取以下九个方面的扶持措施：（一）继续对家禽免疫和疫区家禽扑杀给予财政补贴。强制免疫所需疫苗费用由国家承担，认真落实补偿补助政策，尽快把补偿补助资金足额发放到位。（二）对有关企业免征2005年度企业所得税。从11月1日—2006年6月30日，对企业加工销售禽肉产品实行增值税即征即退。对禽类加工产品出口后的应退税款，及时足额退给企业。适当减免有关企业和个人2006年上半年城镇土地使用税、房产税和车船使用税。（三）对家禽养殖、加工企业和养殖农户暂时免征部分政府性基金和行政性收费，对出口的禽类产品免收出入境检验检疫费。（四）对从事家禽养殖、加工的国家级和省级龙头企业以及种禽企业，银行已经发放但尚未到期的流动资金贷款，可适当延长还款期限，财政给予部分贴息；对疫情期间已到期并发生流动资金贷款拖欠的企业，银行免收贷款罚息。（五）努力扩大生产，保障疫苗供应。加强疫苗质量监管，坚决查处非法生产、销售假劣疫苗行为。（六）保护种禽生产能力和家禽品种资源。祖代种禽场和家禽品种资源场优先享受国家有关流动资金贷款支持、免征企业所得税、减免收费等扶持政策。（七）维护正常的市场流通秩序。对非疫区持有有效证明的禽类产品的正常流通，任何地方不得人为设置障碍或采取封锁措施。（八）确保养殖农户得到政策实惠，受损企业职工生活得到基本保障。地方各级政府要组织受损农户特别是养殖大户开展生产自救，切实解决好他们的实际困难。受疫情影响企业被裁减的职工，按有关政策规定享受失业保险待遇或被纳入城市居民最低生活保障。（九）逐步推进家禽业由分散饲养、畜禽混养方式向规模化、标准化饲养方式转变，实施统一防疫和管理。国家对重点养殖小区和规模养殖场的防疫设施、粪污处理设施建设给予必要的支持。

同　日　卫生部通报，我国内地确定2例人感染高致病性禽流感H5N1病例。其中，湖南1例，安徽1例。

11月17日　国家主席胡锦涛在亚太经济合作组织工商领导人峰会上发表重要演讲。胡锦涛强调，应树立开放思维，构建和谐世界；增强相互信任，扩大经贸往来；注重对话协商，妥善解决争端；加强团结协作，维护安全稳定，共同努力实现合作共赢。当地时间下午16时30分胡锦涛发表题为《树立开放思维，实现合作共赢》的演讲。胡锦涛首先指出，自上个世纪70年代末以来，中国经济持续较快增长，综合国力不断增强，13亿中国人民的生活不断改善。中国经济的发展，不仅造福中国人民，也为世界各国提供了更多的投资机会和更广阔的市场，正在成为亚太地区和世界经济增长的重要推动力量。谈到能源问题时，胡锦涛说，要实现世界经济平衡有序发展，国际社会必须处理好能源问题。目前，最关键的是世界各国必须共同努力，保持世界能源市场稳定。中国愿加强同世界各国的能源对话与合作，共同维护世界能源的安全和稳定。胡锦涛强调，对全球贸易不平衡问题，应该用辩证的眼光、从世界经济发展的角度去看待。互利共赢仍然是国际贸易发展的主流。各国应该在互惠互利的基础上，进一步扩大国际贸易往来，努力形成优势互补的共赢局面。近年来，中国对外贸易快速发展，同时各国尤其是发达国家通过投资和服务贸易也从中国获得了丰厚收益。中国并不追求大额对外贸易顺差，巨大的国内需求和广阔的国内市场是中国经济发展的持续动力。中国愿通过转变外贸增长方式、扩大进口、加强知识产权保护，为全球贸易持续增长继续做出贡献。胡锦涛指出，求和平、促发展、谋合作，是世界各国人民的共同愿望。他就实现合作共赢提出四点看法。第一，树立开放思维，构建和谐世界。应该尊重各国自主选择本国发展道路的权利，以民主平等的精神，推动不同文明加强交流对话，相互借鉴，取长补短，兼容并蓄，共同建设一个持久和平、共同繁荣的和谐世界。第二，增强相互信任，扩大经贸往来。应该在相互信任的基础上，积极推动贸易和投资自由化、便利化，进一步减少技术出口限制，消除贸易壁垒，努力创造公平、公正、合理、开放的贸易环境。第三，注重对话协商，妥善解决争端。应该在平等互利的基础上，以互谅互让的精神和诚恳务实的态度，加强沟通和协商，化解矛盾和争端，尽最大努力推动国际经贸合作持续发展，造福各国人民。第四，加强团结协作，维护安全稳定。各国人民应该携起手来，精诚合作，协力应对各种挑战和风险，为共同发展繁荣提供稳定的安全环境。

11月18日　中共中央在北京人民大会堂举行座谈会，纪念胡耀邦同志诞辰90周年。中共中央政治局常委、国务院总理温家宝出席座谈会。中共中央政治局常委、国家副主席曾庆红在会上发表重要讲话。

同　日　正在韩国釜山出席亚太经合组织第十三次领导人非正式会议的国家主席胡锦涛，当日下午会见了俄罗斯联邦总统普京，双方在友好的气氛中就双边关系及其他共同关心的问题深入交换了看法。胡锦涛表示，2005年是中俄战略协作伙伴关系发展富有成果的一年。中方对中俄各领域合作取得的成果感到满意。我们发表了《中俄关于21世纪国际秩序的联合声明》，阐述了中俄对重大国际问题的共同主张。成功举行了首次联合军演，启动两国战略安全磋商机制和立法机构合作机制。两国总理第十次会晤取得重要成果。他强调，中方高度重视中俄关系，愿同俄方共同努力，把中俄战略协作伙伴关系提高到新水平。胡锦涛表示，中方高度重视同俄罗斯在扩大经贸等领域的合作，愿采取积极措施，增加从俄罗斯的进口，深入开展在能源、机电、基础设施建设特别是大项目方面的合作，实现互利共赢，给两国人民带来实实在在的好处。胡锦涛说，中方对即将在中国举行的"俄罗斯年"和在俄罗斯举行的"中国年"活动高度重视，中方组委会包括来自社会各界的代表，已全面展开有关筹备工作。希望双方密切磋商，通盘考虑，共同把这两项重要活动搞好，增进两国人民的相互了解和传统友谊。普京表示，俄中在所有领域的合作都在取得进展，体现了双方对加强两国友好关系的强烈愿望。俄方高度评价中国领导人和政府推动俄中关系发展的积极态度。俄方同中方一样深信，不断发展俄中战略协作伙伴关系符合两国人民的根本利益。他表示，俄方对同中方发展能源领域的合作始终持积极态度，愿同中方一道努力，不断推动合作取得新成果。他说，俄方希望加强两国在人文领域的合作，愿同中方一起积极准备2006年在中国举行的"俄罗斯年"和2007年在俄罗斯举行的"中国年"的活动，以此为两国社会各界增进了解和信任、加强合作和友谊提供新的平台，把两国务实合作不断引向深入。两国元首都强调支持两国毗邻地区加强交往，协调两国各自区域发展的战略，鼓励两国毗邻地区开展多种形式的交流和互利合作，造福两国人民。两国元首还就地区形势交换了看法，表示将继续同地区各国一道努力，维护地区和平稳定。

同　日　国家主席胡锦涛在釜山下榻的饭店会见了智利总统拉戈斯，双方进行了亲切友好的交谈，并共同出席了随后举行的《中华人民共和国政府和智利共和国政府自由贸易协定》签字仪式。胡锦涛对拉戈斯表示，中国同智利建立自由贸易区，是中国同拉美国家建立的第一个自由贸易区，不仅有助于推动两国政治、经贸关系深入发展，也为推动南南合作树立了典范。拉戈斯表示完全赞同。两国元首商定责成双方有关部门尽快落实协定，使两国人民早日从中受益。胡锦涛指出，近年来，中智关系得到了新的发展。双方高层互访频繁，政治互信不断增强，智利在拉美国家中率先承认中国的完全市场经济地位，有力促进了双边贸易的迅速增长。双方在投资领域的合作也在不断扩大。两国在地区和国际事务中继续保持着良好的协调和合作。胡锦涛强调，中智作为各自所在地区的重要国家，加强双边关系潜力很大，前景广阔。2005年是中智建交35周年，双方应以此为契机，加强在政治、经贸、文化等领域的合作，推动中智全面合作伙伴关系不断向前发展。拉戈斯说，胡主席2004年访问智利取得的成果，巩固了两国传统友谊，扩大了双方合作的领域，有力推动了智中关系发展。智方愿同中方充分利用建交35周年的契机，总结走过的道路，开辟新的美好未来。胡锦涛同拉戈斯还就国际问题交换了看法。他们一致表示，两国在许多重大国际和地区问题上有着相同的看法和主张，应加强在多边机构中的合作。随后，两国元首共同出席了《中华人民共和国政府和智利共和国政府自由贸易协定》的签字仪式并亲手互换了协定文本。

同　日　正在韩国釜山出席亚太经合组织第十三次领导人非正式会议的国家主席胡锦涛会见了前来与会的香港特别行政区行政长官曾荫权，并同他共进早餐。会见中，曾荫权介绍了香港近期社会经济的情况以及社会各界对特别行政区政府提出的政治体制发展建议方案的意见。胡锦涛向曾荫权表示，自其就任香港特别行政区行政长官以来，提出“强政励治、福为民开”的施政理念，带领特别行政区政府勤勉工作，积极团结香港各界人士，努力促进社会和谐与发展，取得的成绩有目共睹。中央政府将一如既往地全力支持香港特别行政区政府和行政长官依法施政。胡锦涛指出，当前，香港经济继续保持强劲的增长势头，广大香港市民和国际投资者对香港经济前景的信心显著增强。要在全社会巩固抓住机遇加快发展、包容共济促进和谐的社会共识，充分调动香港各方面的积极性和主动性，同心同德推进经济社会发展，不断改善民生，使广大香港市民都能安居乐业。胡锦涛强调，支持香港特别行政区依法循序渐进地发展适合香港实际的民主制度，是中央政府的一贯立场。他希望，香港社会各界人士在基本法和全国人大常委会有关解释及决定的基础上，从促进香港长期繁荣稳定的大局出发，理性探讨，凝聚共识，稳步、扎实、有序地推动香港政治体制向前发展，为最终达到基本法规定的行政长官和立法会全体议员由普选产生的目标积极创造条件。

同　日　中共中央在人民大会堂举行座谈会，纪念胡耀邦同志诞辰90周年。中共中央政治局常委、国务院总理温家宝出席座谈会。中共中央政治局常委、国家副主席曾庆红在会上发表重要讲话。座谈会由中共中央政治局常委、中央纪委书记吴官正主持。

11月19日　中国国家主席胡锦涛在出席了亚太经合组织第十三次领导人非正式会议后，当日离开韩国釜山回国。在釜山期间，胡锦涛在亚太经合组织工商领导人峰会上发表了重要演讲，参加了与亚太经合组织工商咨询理事会成员的对话，在领导人非正式会议上发表了重要讲话。会议期间，胡锦涛还会见一些参加会议的其他成员国的领导人。在釜山出席会议之前，胡锦涛对英国、德国、西班牙和韩国进行了国事访问。访问达到了增进互信、扩大共识、推进合作、加强友好的目的。

11月20日　国家主席胡锦涛在人民大会堂与来华访问的美国总统布什举行会谈，就中美关系和重大国际及地区问题深入交换意见，

达成了广泛而重要的共识。两国元首一致同意，增进了解，扩大共识，加深互信，全面推进21世纪中美建设性合作关系。胡锦涛积极评价近年来中美关系取得的进展。他指出，中美关系已远远超出双边范畴，越来越具有全球意义。中美在推进联合国改革、解决地区热点问题、防范和应对恐怖主义、防止大规模杀伤性武器扩散、预防自然灾害、防控流行性疾病等重大问题上拥有广泛的共同利益，肩负着重大的共同责任。中美在全球和亚太长期和睦相处、互利合作、共同发展，是全面推进中美建设性合作关系的必然要求，也是促进世界和平、稳定与繁荣的现实需要。胡锦涛就进一步发展中美建设性合作关系提出五点建议：第一，保持两国高层交往的积极势头。两国领导人可通过多种方式，就双边关系和共同关心的重大问题保持密切沟通和磋商。双方还应加强其他级别的对话和交流，以及两国议会的友好交往。第二，共同开创中美经贸合作的新局面。双方应坚持平等互利、共同发展的原则，不断拓展合作领域，实现互利共赢。努力在发展中逐步实现两国贸易平衡。通过对话和协商妥善处理两国经贸合作中出现的摩擦和问题。第三，加强两国在能源领域的互利合作。双方可就能源战略加强磋商。鼓励和支持双方企业在油气资源勘探和开发领域开展合作。共同开发清洁能源，妥善应对能源和环境挑战。第四，加强两国在反恐、防扩散、防控禽流感问题上的合作。在双向互利基础上深化反恐合作。在相互尊重和信任基础上，继续开展在防扩散问题上的建设性对话与合作。两国有关部门应尽快落实双方关于加强禽流感防控双边合作的共同倡议。第五，扩大两国在人文领域的交流与合作。双方应积极扩大文化交流，探讨建立中美文化合作对话协商机制。进一步发挥中美科技联委会的作用。鼓励两国政府主管部门、科研机构和产业界加强科技合作。胡锦涛表示，中方愿同美方一道，坚持从战略高度和长远角度看待和处理两国关系，牢牢把握共同利益，妥善处理彼此关切事件，全面拓展各领域互利合作，不断推进21世纪中美建设性合作关系，不断推进人类和平与发展的崇高事业，更好地造福两国人民和世界人民。布什说，中国是重要的国家，希望这次访华为两国进一步发展具有重要影响的双边关系提供机会。他表示赞同胡锦涛就发展双边关系提出的有关建议，认为美中两国应不断扩大交往，加强对话。布什赞赏中国在反恐问题上的坚定立场，赞同双方开展能源对话，支持中国在防控禽流感问题上发挥的作用。关于经贸合作，布什表示，中国经济发展已取得了不起的成就。有些人对此感到担心，但他并不担心。他欢迎中国经济对促进世界经济发展发挥更大作用。中国政府在市场开放和知识产权保护方面的措施十分重要，美方亦将继续努力，保持两国贸易的平稳发展。在谈到台湾问题时，胡锦涛强调，保持台海地区和平稳定，致力于实现和平统一，是我们对台政策的主旨。中方高度赞赏美方多次重申坚持一个中国政策、遵守中美3个联合公报、反对“台独”的做法。中美共同反对和遏制“台独”分裂势力及其活动，维护台海地区和平稳定，符合双方的共同利益。布什表示，美方坚持一个中国政策，反对“台独”，反对单方面改变台海现状。

同　日　中宣部公布了第三批66个全国爱国主义教育示范基地名单，旨在进一步推动各级各类爱国主义教育基地的工作。

同　日　新华社受权发布《重大动物疫情应急条例》。条例对疫情报告时间作出明确规定：重大动物疫情发生后，省、自治区、直辖市人民政府和国务院兽医主管部门应当在4小时内向国务院报告。条例还对瞒报谎报迟报重大动物疫情等6类行为作出明确规定，并公布了这些行为将承担的法律责任。

11月23日　国务院总理温家宝主持召开国务院常务会议，研究加强环境保护工作，讨论并原则通过《国务院关于落实科学发展观加强环境保护的决定》。会议指出，党中央、国务院高度重视环境保护，各地区、各部门做了大量工作，全国环境质量基本稳定，部分城市和地区环境质量有所改善，多数主要污染物排放总量得到控制，生态保护和治理明显加强。但也必须看到，我国环境形势依然严峻，主要污染物排放量超过环境承载能力。随着未来经济总量增加，资源、能源消耗持续增长，环境保护面临的压力越来越大。会议指出，加强环境保护，是贯彻十六届五中全会精神、落实科学发展观、建设环境友好型社会、实现人与自然和谐相处的重要举措。必须从国家长远发展全局的高度，把环境保护摆在更加重要的战略位置，坚持环境保护基本国策，在发展中解决环境问题。要把环境保护与经济结构调整结合起来，依靠科技进步，发展循环经济，倡导生态文明，强化环境法治，完善体制机制，推进环保事业的发展。会议提出了未来5年和15年环境保护的目标。到2010年重点地区和城市的环境质量得到改善，生态环境恶化趋势基本遏制，到2020年环境质量和生态状况明显改善。为此，会议要求，当前和今后一个时期要重点抓好以下工作：一要统筹经济、社会、环境协调发展。根据资源禀赋、环境容量、生态状况、人口数量，以及国家发展规划和产业政策，明确不同区域的功能定位和发展方向，形成各具特色、有利于环境保护的发展格局。二要切实解决关系国计民生的突出环境问题。加强水污染、大气污染防治，强化城市、农村重点污染源防治以及生态环境保护，确保核与辐射环境安全。三要强化环境法治。加强循环经济、生态保护和土壤、化学物质污染防治等领域的立法工作，健全环境法规和标准体系，建立对污染受害者的法律援助机制，依法打击各类环境违法行为。四要强化环境监管。严格实施污染物排放总量控制、排污许可证制度，禁止无证或超总量排污。完善环保部门统一监管、有关部门分工负责的环境保护协调机制。五要完善有关经济政策。建立健全有利于环保的价格、税收、信贷、贸易、土地和政府采购等政策体系。逐步形成政府、企业和社会多元化环保投融资机制，以及生态补偿机制。全面落实城市污水和生活垃圾处理收费政策，运用市场机制和价格杠杆推进污染治理进程。六要建立科学评价发展与环境保护成果机制，完善经济发展评价体系。将环境保护纳入地方政府和领导干部考核的重要内容，定期公布考核结果，严格责任追究。七要鼓励公众参与。规范环境信息的发布，对涉及公众环境权益的政策和立法、规划与建设项目，要充分听取公众意见。会议强调，各地区、各部门要进一步增强环境忧患意识，切实加强领导，加大宣传教育力度，落实责任，抓出成效，努力让人民群众在良好的生态环境中生产生活。

同　日　国家环保总局向媒体发布通报。受中国石油吉林石化公司爆炸事故影响，发现苯类污染物流入第二松花江，造成水质污染，吉林、黑龙江省人民政府启动了突发环境事件应急预案，采取措施确保群众饮水安全。为确保哈尔滨市生产、生活用水安全，11月23日23时起，松花江哈尔滨段取水口关闭，市政供水管网停止向市区供水。

11月25日　中共中央在中南海召开党外人士座谈会，就经济工作听取各民主党派中央、全国工商联的领导人和无党派人士的意见和建议。中共中央总书记胡锦涛主持座谈会并发表重要讲话。中共中央政治局常委温家宝、贾庆林、曾庆红出席座谈会。温家宝通报了当前我国经济运行的情况和做好2006年经济工作的考虑。座谈会上，民革中央主席何鲁丽、民盟中央主席丁石孙、民建中央主席成思危、民进中央主席许嘉璐、农工党中央主席蒋正华、致公党中央主席罗豪才、九三学社中央主席韩启德、台盟中央主席张克辉、全国工商联主席黄孟复、无党派人士陈章良先后发言。他们认为，2005年以来，在以胡锦涛同志为总书记的中共中央正确领导下，全党全国各族人民坚持以邓小平理论和“三个代表”重要思想为指导，全面贯彻落实科学发展观，我国经济继续保持平稳较快发展的良好态势，为“十一五”的发展提供了有利条件。大家在发言中就建设社会主义新农村、扩大内需、完善宏观调控、转变经济增长方式、增强自主创新能力、深化体制改革、提高对外开放水平、加强环境保护、加快循环经济建设、发展教育科技文化事业、构建和谐社会等提出了意见和建议。在听取了他们的发言后，胡锦涛说，大家提出了许多有见地的意见和建议，对部署和做好2006年的经济工作很有帮助，我们将认真研究采纳。胡锦涛指出，2005年以来，我们全面贯彻科学发展观，认真落实加强和改善宏观调控的政策措施，各项工作都取得了新的进展。这是全党全国各族人民包括各民主党派、工商联和无党派人士共同奋斗的结果。胡锦涛代表党中央、国务院向各民主党派、工商联和无党派人士表示衷心的感谢。胡锦涛指出，2006年是“十一五”的第一年，开好局、起好步，具有十分重要的意义。要保持宏观经济政策的连续性和稳定性，切实把工作的着力点放到调整经济结构、转变增长方式、深化体制改革、促进协调发展上来，推动经济社会又快又好发展。要扎实落实建设社会主义新农村的重大历史任务，按照统筹城乡发展的要求，提出具体规划、工作部署和主要举措，让广大农民得到实实在在的好处。要大力提高自主创新能力，把增强自主创新能力作为科学技术发展的战略基点和调整经济结构、转变经济增长方式的中心环节，着力解决制约经济社会发展的重大科技问题，为经济长期平稳较快发展提供重要支撑，为调整经济结构、转变经济增长方式提供重要支撑。要努力在重要领域和关键环节的改革上取得突破，重点在行政管理体制改革、国有企业改革、财税体制改革、金融体制改革、投资体制改革、现代市场体系建设等方面加以推进。要切实转变外贸增长方式，着力优化出口结构，提高出口商品的质量、档次和效益。要加快建设资源节约型、环境友好型社会，把节约能源的指标量化，建立有效的责任制和检查制度，广泛深入地开展节能降耗活动。要不断解决涉及群众切身利益的问题，坚持从解决群众最关心的现实问题入手，当前尤其要在就业再就业、社会保障、教育、医疗、收入分配、安全生产、社会治安等方面抓紧工作，正确处理人民内部矛盾，促进社会和谐。胡锦涛强调，中共十六届五中全会描绘的宏伟蓝图要变成美好的现实，需要各民主党派、工商联和无党派人士等统一战线广大成员发挥优势、献计出力。希望大家多搞实地调查，多作深入研究，多献务实之策，为制定和落实“十一五”规划多作贡献。希望大家结合新的形势和任务，认真总结经验，不断提高参政议政、民主监督的能力，使工作更加富有成效。希望大家全面加强自身建设，不断提高整体素质，更好地在中国特色社会主义民主政治中发挥积极作用。回良玉、曾培炎、王刚、华建敏、刘延东和中央有关部门负责人出席座谈会。出席座谈会的党外人士还有周铁农、张怀西、李蒙、张梅颖、张榕明、杜宜瑾、陈抗甫、林文漪、谢伯阳等。

同　日　中共中央政治局进行第二十六次集体学习，中共中央总书记胡锦涛主持。中共中央政治局这次集体学习安排的内容是世界

马克思主义研究与我国马克思主义理论研究和建设工程。黑龙江大学衣俊卿教授、中国社会科学院李景源研究员就这个问题进行讲解，并谈了他们的看法和建议。胡锦涛在主持学习时发表了讲话。他指出，马克思主义理论是指导马克思主义政党完成自己历史使命的强大思想武器。我们党领导人民长期奋斗的实践充分表明：思想理论建设是党的建设的根本，只有坚持马克思主义基本原理同中国具体实际相结合，不断在实践的基础上推进理论创新，用发展着的马克思主义指导实践，才能保持马克思主义的强大生命力，才能制定正确的路线方针政策，才能凝聚全党全国各族人民的意志共同为崇高理想和伟大目标而奋斗。新世纪新阶段，我们要抓住重要战略机遇期，全面建设小康社会、加快推进社会主义现代化，必须加强马克思主义理论研究和建设，不断开辟马克思主义发展的新境界。胡锦涛强调，在新的历史条件下，我们必须从理论和实践相结合的角度，坚持解放思想、实事求是、与时俱进，紧紧围绕建设中国特色社会主义这个主题，准确把握时代特征和中国国情，认真研究和回答我国社会主义经济建设、政治建设、文化建设、社会建设和党的建设面临的一系列重大问题，不断总结实践经验，不断扩展理论视野，不断作出理论概括。这既是推动党和人民事业发展的紧迫任务，也是坚持和发展马克思主义的必然要求。要自觉发扬理论联系实际的优良学风，坚持以最广大人民的实践为理论创新的不竭源泉，善于从人民群众火热的实践中提炼研究课题，善于把党和人民在实践中创造的新鲜经验升华为理论成果，努力回答改革开放和现代化建设进程中亟待解决、人民群众普遍关心的重大理论和现实问题。要瞄准当今世界的学术前沿，着力用马克思主义指导哲学社会科学提高学术创新能力，努力形成贯穿马克思主义立场观点方法、体现中国特色社会主义事业发展要求、吸收当代人类文明有益成果的哲学社会科学的学科体系和学术体系，不断增强马克思主义的吸引力和感召力。胡锦涛强调，中央决定实施马克思主义理论研究和建设工程，是推进中国特色社会主义事业的客观需要，是坚持和发展马克思主义的必然要求。在推进这项工程中，要坚持把基础理论研究与现实问题研究结合起来，把多出成果与多出人才结合起来，把发挥专家学者作用与动员全社会力量结合起来，把深入研究与宣传普及结合起来，以求真务实的精神狠抓落实，努力使马克思主义理论研究和建设工程真正成为精品工程。有关部门和地方党委要把实施马克思主义理论研究和建设工程作为一项重要任务抓紧抓好。胡锦涛强调，搞好马克思主义理论研究，很关键的一个问题是要建设一支政治强、业务精、作风正的马克思主义理论队伍。要加强对马克思主义理论拔尖人才的重点扶持，造就一批学贯中西、在国内外有广泛影响的马克思主义理论大家；加强对崭露头角的学术新秀的重点培养，造就一批各学科各专业的领军人物；加强对高校马克思主义专业人才的重点培养，造就一批具有较高素质、有志于从事马克思主义理论研究的后备人才。广大理论工作者要自觉把学术研究与社会责任统一起来，加强思想修养，打牢学问基础，提高研究水平，潜心钻研，严谨治学，为丰富和发展马克思主义作出新的贡献，努力成为对祖国对人民有贡献的专家。

11月26日　中共中央、国务院、中央军委在人民大会堂举行庆祝“神舟六号”载人航天飞行圆满成功大会。中共中央总书记、国家主席、中央军委主席胡锦涛为费俊龙、聂海胜颁发奖章和证书。

同　日　国务院总理温家宝到哈尔滨，察看松花江水体污染情况，了解群众生活用水供应情况，代表党中央、国务院，代表胡锦涛总书记看望了广大干部群众。近一个时期以来，吉林、山西、贵州、河北等一些地方相继发生重特大安全生产事故，给人民群众生命财产造成了严重损失，引起党中央、国务院高度关注，胡锦涛、温家宝等中央领导同志多次作出重要指示，要求有关部门迅速采取有效措施，切实加强安全生产工作，坚决遏制重特大事故多发势头，确保人民群众生命财产安全。

同　日　江西省九江地区发生了里氏5.7级地震。截至当日14时，地震已造成14人死亡、20人重伤。受江西地震影响，湖北东部一些县市学校出现学生拥挤踩踏事故，造成78名学生受伤，其中11人重伤。

11月27日　黑龙江七台河龙煤集团七台河分公司东风煤矿发生

爆炸事故。截至12月2日上午9时30分，井下遇难人员达到164名，仍有5名矿工下落不明。此外，事故还造成井上2人遇难。该事故已被确认为重大责任事故。

11月28日　国务院总理温家宝主持召开国务院常务会议，研究2006年农业和农村工作，部署推进产能过剩行业结构调整工作。会议认为，党的十六届五中全会提出了建设社会主义新农村的历史性任务，这是关系我国现代化建设全局的重大决策。2006年要坚持以发展农村经济为中心任务，全面推进社会主义新农村建设。主要是：进一步稳定、完善和强化对农业的扶持政策，稳定发展粮食生产，促进农民持续增收，加强农村基础设施建设，加快发展农村社会事业，全面深化农村改革。会议强调，切实加强农业和农村基础设施建设，是推进社会主义新农村建设的重大举措，具有重要的现实意义和深远影响。这关系到投资方向和结构的调整，是由以城市建设为主向更多地重视农村建设的重大转变；这关系到扩大国内需求，特别是开拓农村市场；这关系到提高农业综合生产能力，改善农民生产生活条件，改变农村落后面貌；这关系到拓宽农村就业门路，增加农民收入。2006年和此后几年要进一步调整投资方向，加大对农业和农村基础设施建设投入。会议还强调，要坚定不移地推进以乡镇机构、农村义务教育和县乡财政体制改革为主要内容的农村综合改革。这场改革既涉及农村生产关系的调整，也涉及农村上层建筑的变革，是巩固农村税费改革成果、解决当前农村面临许多问题的关键。会议要求，国务院各部门要明确自身在社会主义新农村建设中的职责和任务，调整工作思路，在制定发展规划、提出政策措施、安排建设投资和事业经费时更多地向农村倾斜，把各项任务落到实处，2006年要在建设社会主义新农村方面迈出有力的一步。会议听取了国家发改委关于加快推进产能过剩行业结构调整的汇报。会议认为，近几年来，各地区、各部门认真落实科学发展观，积极贯彻中央关于加强宏观调控的决策和部署，固定资产投资过快增长势头得到遏制，经济结构调整取得了积极进展。但必须看到，钢铁、水泥、有色等部分行业过度投资导致产能过剩的问题日渐突出，其不良后果已经显现，产品价格下跌，库存上升，企业利润增幅下降，亏损增加。目前一些地方和企业在这些行业仍继续上新的项目，生产能力供大于求的状况将更加严重。这个问题如果不抓紧解决，会进一步加剧产业结构不合理的矛盾，影响经济持续健康发展。会议强调，推动产能过剩行业的结构调整，是宏观调控的一项重要而艰巨的任务。要坚持以科学发展观为指导，按照“因势利导，区别对待，合理利用，控制增能，扶优汰劣，优化结构”的原则，充分发挥市场机制的作用，综合运用经济、法律和必要的行政手段，推进产业结构调整，积极稳妥地解决存在的问题。一是严格执行行业发展规划和产业政策。认真落实已经实施的行业规划和产业政策，并加强检查，尚未制定行业规划和产业政策的要抓紧制定。二是严格控制产能过剩行业的新增产能。根据新的情况，制定严格的技术、能耗、质量、环保、规模、安全等标准，提高市场准入门槛。继续清理整顿在建和拟建项目，严格控制新上项目。三是支持优势企业做大做强。按照市场原则，推动企业并购、重组、联合，发展规模经营，提高产业集中度。四是淘汰落后生产能力。依法关闭那些破坏资源、污染环境和不符合安全生产条件的企业。五是加大企业技术改造和技术创新力度。着力提升产业技术水平，改善品种，提高质量，降低消耗，加强综合利用、环境保护和安全生产。六是通过调整投资结构、扩大消费需求等措施，尽可能多地利用和消化一些已经形成的生产能力。七是加快推进改革，完善体制机制，从根本上解决导致盲目投资、产能过度扩张的深层次问题。会议强调，各地区、各部门要统一思想认识，增强全局观念，加强组织领导，密切协调配合，采取有力措施，积极而有序地推进这项工作，尽量减少损失，避免社会震动。

同　日　第三批保持共产党员先进性教育活动工作会议在北京召开。经中央批准，第三批先进性教育活动从2005年11月底开始，到2006年6月前基本结束。参加单位主要是村，同时还有部分党政机关及其他基层单位。第三批先进性教育活动共涉及80多万个基层党组织、2 600多万名党员，其中建制村党组织64.5万个，党员1 900多万名。

11月29日　深圳证券交易所发布《关于编制和发布中小企业板指数的公告》。公告称，为适应广大投资者需求，向市场提供反映中小企业板股票价格总体走势的参照指标，深交所决定于12月1日起正式编制和发布中小企业板指数。从指数发布之日起，中小企业板股票简称取消G股标志，恢复股权分置改革前的简称。

同　日　新华社报道：中共中央保持共产党员先进性教育活动领导小组日前下发了《第三批保持共产党员先进性教育活动指导意见》。根据中央的部署和要求，第三批先进性教育活动从2005年11月底开始，到2006年6月份前基本结束。参加单位主要是村、党的组织关系在村的基层组织。同时，还有一部分党政机关，以及安排在第二批开展先进性教育活动因情况特殊尚未启动的基层单位。

11月29日—12月1日　中共中央、国务院召开的中央经济工作会议在京举行。中共中央总书记、国家主席、中央军委主席胡锦涛，中共中央政治局常委、全国人大常委会委员长吴邦国，中共中央政治局常委、国务院总理温家宝，中共中央政治局常委、全国政协主席贾庆林，中共中央政治局常委、国家副主席曾庆红，中共中央政治局常委、国务院副总理黄菊，中共中央政治局常委、中央纪委书记吴官正，中共中央政治局常委李长春，中共中央政治局常委、中央政法委书记罗干出席会议。胡锦涛在会上发表重要讲话，全面分析了当前的国际国内形势，全面总结了2005年的经济工作，深入分析了"十五"时期经济社会发展工作的成就及取得的重要认识和经验，明确提出了2006年经济工作的指导思想、总体要求和主要任务。温家宝在讲话中着重全面分析了当前我国经济形势，阐述了2006年经济社会发展主要预期目标和需要解决的重点问题，具体部署了2006年的经济工作。会议指出，2005年是"十五"时期的最后一年，我们坚持以邓小平理论和"三个代表"重要思想为指导，深入贯彻党的十六大和十六届三中、四中、五中全会精神，牢固树立和认真落实科学发展观，紧紧抓住发展这个党执政兴国的第一要务，不断推进改革开放，继续加强和改善宏观调控，经济建设、政治建设、文化建设、社会建设和党的建设都取得新的进展，国防和军队现代化建设继续推进。国民经济呈现增长较快、效益较好、价格平稳、活力增强的态势，特别是经济运行的稳定性有所提高、发展的协调性有所改善、重要领域和关键环节的改革有所突破，“十五”计划提出的经济社会发展的主要指标可以顺利实现。会议强调，“十五”时期是我国历史进程中不平凡的5年。面对动荡起伏的国际环境，面对突如其来的非典疫情和重大自然灾害的严重冲击，面对经济运行中出现的不稳定不健康因素，我们正确判断形势，积极有效应对，牢牢把握改革发展稳定的大局，坚持以经济建设为中心，工业化、城镇化、市场化、国际化步伐加快，社会主义现代化建设取得举世瞩目的巨大成就。会议指出，2006年是实施“十一五”规划的开局之年。做好2006年国民经济和社会发展工作，意义十分重大。2006年经济工作的总体要求是：以邓小平理论和“三个代表”重要思想为指导，认真贯彻党的十六大和十六届五中全会精神，坚持以科学发展观统领经济社会发展全局，保持宏观经济政策的连续性和稳定性，着力加快改革开放，着力增强自主创新能力，着力推进经济结构调整和经济增长方式转变，着力提高经济增长的质量和效益，实现又快又好发展，促进和谐社会建设，为顺利实施“十一五”规划开好局、起好步。这个总体要求的精神实质，就是要推动经济社会发展切实转入科学发展的轨道。这是我国社会主义现代化建设面临的重大而紧迫的任务，2006年务必迈出实质性步伐。会议提出了2006年经济工作的8个主要任务。

11月30日　卫生部部长高强在国务院新闻办举行的新闻发布会上表示，我国政府对防治艾滋病已作出郑重承诺。一是各级政府要建立防治艾滋病协调领导机构。二是严厉打击非法采供血活动，有效遏制艾滋病经采供血传播。三是制定并落实“四免一关怀”政策。四是广泛开展艾滋病防治知识宣传教育。五是加大防治经费投入。六是加强疫情监测。七是推广行为干预和综合预防措施。

12月1日　一批法律、法规和部门规章正式实施。新修订的《妇女权益保障法》当日起实施，“禁止对妇女实施性骚扰，受害妇女有权向单位和有关机关投诉”首次写入法律条款。为加强对直销活动的监管，国务院公布了《直销管理条例》，明确规定7类人员不得招募为直销员。国家税务总局制定的《教育储蓄存款利息所得免征个人所得税实施办法》规定，储户若在12月1日后支取教育储蓄，提供的“证明”必须是由国家税务总局制定、省级国家税务局统一印制、由所在学校开具的“证明”。

12月2日　中共中央办公厅、国务院办公厅发布通报。松花江重大水污染事件发生后，国家环保总局作为国家环境保护主管部门，对事件重视不够，对可能产生的严重后果估计不足，对这起事件造成的损失负有责任。为此，解振华向党中央、国务院申请辞去国家环境保护总局局长职务，这一请求获得党中央、国务院批准。

12月3日　台湾地区“三合一”选举（县市长、县市议员、乡镇市长）揭晓，在总共23席县市长中，中国国民党由原来的8席增加至过半席次的14席，民进党则由原来的10席下降为6席，亲民党获1席，新党1席，无党籍1席。执政的民进党仅在6县市获胜，创下执政12年来新低，党主席苏贞昌宣布请辞。国民党则拿下14县市执政权。据台湾选务机构公布，在县市议员部分，共901个席次中，中国国民党取得了408席，民进党得到192席，亲民党获得31席，“台湾团结联盟”得到11席，新党2席，无党籍人士合计获得256席，另有一席因两位候选人同等票数，待抽签决定。在乡镇市长方面，共319个席次中，中国国民党获得了173席，民进党得到35席，亲民党获得3席，“台湾团结联盟”1席，无党籍人士合计获得107席。

12月13日—15日　中共中央总书记、国家主席、中央军委主席胡锦涛在青海考察工作时发表讲话。他强调，坚持立党为公、执政为民，坚持以人为本、全面协调可持续的科学发展观，坚持发展为了人民、发展依靠人民、发展成果由人民共享，切实解决人民群众最关心、最直接、最现实的利益问题，千方百计为困难群众多办好事实事，进一步凝聚起广大人民群众的力量，共同为全面建设小康社会而努力奋斗。

12月15日　北京市第一中级人民法院依法对黑龙江省原政协主席韩桂芝受贿案作出一审判决，以受贿罪判处韩桂芝死刑，缓期两年执行，剥夺政治权利终身，并处没收个人全部财产。韩桂芝利用职务之便，非法收受款物共计人民币702万余元。案发后，赃款、赃物已全部追缴。

12月19日　财政部部长金人庆宣布，预计2005年全国财政收入突破3万亿元。金人庆说，全国财政收入从1万亿元到2万亿元，用了5年时间；从2万亿元到3万亿元仅用了2年时间。这表明财政收入增长的稳定性进一步增强，财政发展的步伐不断加快。

同　日　国务院总理温家宝签署第四五二号国务院令，公布《国务院关于修改〈中华人民共和国个人所得税法实施条例〉的决定》。修订后的《条例》规定，单位为个人缴付的基本养老保险费、基本医疗保险费、失业保险费、住房公积金，从义务纳税人的应纳税所得额中扣除。另外，年所得12万元以上的义务纳税人，在年度终了后3个月内到主管税务机关办理纳税申报。

12月21日　国务院总理温家宝主持召开国务院常务会议，研究部署当前安全生产工作，听取2004年度审计查出问题纠正情况汇报，审议并原则通过《实施<国家中长期科学和技术发展规划纲要>的若干配套政策》。会议听取了安全监管总局关于遏制当前安全事故多发的措施及有关问题的汇报。会议指出，当前安全生产形势依然严峻，特别是煤矿等重点行业和领域的重特大事故接连发生，给人民群众生命财产造成很大损失。事故多发的原因主要是已经制定的各项安全措施没有真正落实；部分行业产品需求过旺，生产绷得过紧，加大了安全生产的压力；安全设施和生产设备落后，安全欠账较多；企业安全主体责任不到位，管理松弛，违章指挥、违章作业和违反劳动纪律的问题严重；采矿秩序混乱，安全执法不到位。会议指出，安全生产重于泰山。各地区、各部门必须以对人民生命安全高度负责的精神，把安全生产纳入经济社会发展的总体部署，并作为突出问题抓好落实。经济发展必须与安全生产相适应，要在保证安全的前提下发展，不能片面追求速度，忽视安全。会议提出了遏制当前煤矿等重特大事故多发的7项措施。主要是：加大煤矿事故隐患排查整改和对停产整顿矿井的监管力度，坚决关闭经整顿仍不具备安全生产条件的煤矿，规范煤矿资源整合，严格煤矿建设项目管理，抓好瓦斯集中整治，加大执法力度，严格责任追究。同时部署了煤矿、危险化学品生产企业、非煤矿山、烟花爆竹、道路交通和防火、航空客运安全，以及重点行业冬季安全等7个方面的安全督查活动，由有关部门立即派出督查组开展工作。会议强调，岁末年初，历来是事故的易发多发期。各地区、各部门要切实加强管理，健全责任，堵塞漏洞，严防各类事故发生。会议强调，加强安全生产工作，必须坚持标本兼治，要从健全法律法规、改革体制机制、完善经济政策、增加安全投入、严格责任管理着眼，建立源头治本、政策治本的长效机制。为此，会议决定，要抓紧研究解决以下问题：（一）制定安全发展规划，建立和完善安全生产指标及控制体系；（二）加强行业管理，修订行业安全标准和规程；（三）增加安全投入，扶持重点煤矿治理瓦斯等重大隐患；（四）推动安全科技进步，落实项目、资金；（五）研究出台经济政策，建立、完善经济调控手段；（六）加强教育培训，规范煤矿招工和劳动管理；（七）加快立法工作；（八）建立安全生产激励约束机制；（九）强化企业主体责任，严格企业安全生产业绩考核；（十）严肃查处责任事故，防范惩治失职渎职、官商勾结等腐败现象；（十一）倡导安全文化，加强社会监督；（十二）完善监管体制，加快应急救援体系建设。会议要求，有关部门要按照职责分工，抓紧开展工作，尽快制定具体政策措施。会议听取了审计署关于2004年度中央预算执行和其他财政收支审计查出问题纠正情况的汇报。会议认为，国务院各部门和有关单位按照国务院的部署要求，高度重视审计查出问题的整改工作，积极采取措施纠正存在的问题。审计查出的中央预算管理方面的问题已得到纠正和落实，预算执行方面的问题大部分得到纠正和落实，少数问题正在抓紧整改，各类违法犯罪案件已移交司法机关立案查处。会议要求，有关部门和单位要进一步加大审计整改力度，未完成整改的，要抓紧完成整改工作。会议听取了国家中长期科学和技术发展规划领导小组办公室关于实施《国家中长期科学和技术发展规划纲要》的若干配套政策情况的汇报。会议认为，制定并实施国家中长期科学和技术发展规划纲要的若干配套政策，对于全面贯彻落实《规划纲要》，加强自主创新，建设创新型国家，具有重要意义。《配套政策》从科技投入、税收激励、金融支持、政府采购、保护知识产权、人才队伍建设等方面提出了确保《规划纲要》得到落实的若干政策措施。会议要求，各有关部门要抓紧制定实施细则，并认真组织实施。

12月23日　国务院总理温家宝主持召开国务院常务会议，研究加强农村义务教育和深化农村义务教育经费保障机制改革问题。会议听取了财政部、教育部关于加强农村义务教育和深化农村义务教育经费保障机制改革的汇报。会议认为，党中央、国务院历来高度重视农村义务教育事业发展，特别是农村税费改革以来，各级政府进一步加大对农村义务教育的投入力度，实施了国家贫困地区义务教育工程、农村中小学现代远程教育工程、西部地区“两基”攻坚计划，以及农村贫困家庭中小学生“两免一补”政策，农村义务教育事业发展取得了显著成效。但也要看到，我国农村义务教育还存在教育经费保障机制不够完善，农村学校教育质量和师资水平偏低，农村学生辍学率较高等问题，普及和巩固农村义务教育的任务十分艰巨，需要通过深化改革、创新机制加以解决。会议要求，各地区、各部门要切实把农村义务教育摆在优先发展的战略地位，努力解决制约农村地区普及九年义务教育投入问题，保障农村义务教育持续健康发展。会议提出了深化农村义务教育保障机制改革的主要内容。一是从2006年开始，全部免除西部地区农村义务教育阶段学生学杂费，2007年扩大到中部和东部地区；对贫困家庭学生免费提供教科书并补助寄宿生生活费。二是根据农村中小学公用经费支出的合理需要，提高农村义务教育阶段中小学公用经费基本标准。三是建立农村义务教育阶段中小学校舍维修改造长效机制，校舍维修改造所需资金，中西部地区由中央和地方共同承担，东部地区主要由地方承担，中央适当给予奖励性支持。四是对中西部及东部部分地区农村中小学教师工资经费给予支持，确保农村中小学教师工资按照国家标准及时足额发放。会议强调，深化农村义务教育经费保障机制改革涉及面广，政策性强，任务艰巨。各地区、各有关部门要按照“明确各级责任、中央地方共担、加大财政投入、提高保障水平、分步组织实施”的原则，加强领导，周密部署，密切配合，协调推进，确保农村义务教育经费保障机制改革工作顺利进行。

12月24日　农业部宣布我国成功研制出世界上第一个禽流感—新城疫重组二联活疫苗，这种可防两病的新疫苗已于2005年12月23日正式批准生产储备。这种新疫苗在国际上处于领先水平，我国完全拥有独立知识产权。与传统疫苗相比，新型疫苗具有七大优越性。一是效率更高；二是使用更方便；三是免疫效果更理想；四是安全性更高；五是生产成本低；六是保存期更长；七是更有利于提高禽肉品质。

同　日　海峡两岸关系协会会长，原中顾委委员，中共上海市委原书记、上海市原市长汪道涵同志在上海逝世。汪道涵长期致力推动两岸关系，其中最为世人称道的是1993年的汪辜会谈。

12月27日　北京市第二中级人民法院依法对国土资源部原部长田凤山受贿一案作出一审判决，以受贿罪判处被告人田凤山无期徒刑，剥夺政治权利终身，并处没收个人全部财产。田凤山利用职务之便，非法收受他人贿赂共计人民币436万余元。

12月28日　国务院总理温家宝主持召开国务院常务会议。会议分析了2005年以来我国经济社会发展情况，并根据十六届五中全会审议通过的关于国民经济和社会发展“十一五”规划的建议，研究了2006年的经济工作。此前，国务院召开专家座谈会听取了意见。会议讨论并原则通过了《中华人民共和国劳动合同法（草案）》。会议认为，根据1994年7月施行的劳动法确立的劳动合同制度，对于建立与社会主义市场经济体制相适应的用人单位与劳动者双向选择的劳动用工制度，促进劳动关系和谐稳定，发挥了重要作用。随着市场主体和利益关系的多元化，现行劳动合同制度在实施中也出现了一些新的情况和问题，有必要在总结实践经验的基础上，制定一部专门规范社会主义市场经济条件下劳动合同制度的法律。会议决定，该草案经进一步修改后，由国务院提请全国人大常委会审议。

12月28日—29日　中央农村工作会议在北京举行。会议总结了2005年农业和农村工作，研究了“十一五”期间推进社会主义新农村建设，全面部署了2006年农业和农村工作。会议讨论了《中共中央、国务院关于推进社会主义新农村建设的若干意见（讨论稿）》。会议指出，2006年是实施“十一五”规划的第一年。做好农业农村工作，对于建设社会主义新农村意义重大。

12月29日　第十届全国人大常委会第十九次会议经表决决定，第一届全国人大常委会第九十六次会议于1958年6月3日通过的《农业税条例》自2006年1月1日起废止。国家主席胡锦涛签署第四十六号主席令，公布了关于废止《农业税条例》的决定。2004年，我国政府开始实行减征或免征农业税的惠农政策，到2005年已有近8亿农民直接受益。2005年12月29日表决通过的决定，把这项惠农政策上升为国家法律。

2006年

2006年综述

2006年，全国各族人民在党中央、国务院的领导下，以邓小平理论和“三个代表”重要思想为指导，坚持以科学发展观统领经济社会发展全局，努力构建社会主义和谐社会，认真贯彻落实宏观调控的各项政策措施，国民经济和社会发展取得重大成就。经济社会发展中存在的主要问题是，经济增长方式粗放，经济结构矛盾突出。

一、综合 初步核算，全年国内生产总值209 407亿元，比上年增长10.7%。其中，第一产业增加值24 700亿元，增长5%；

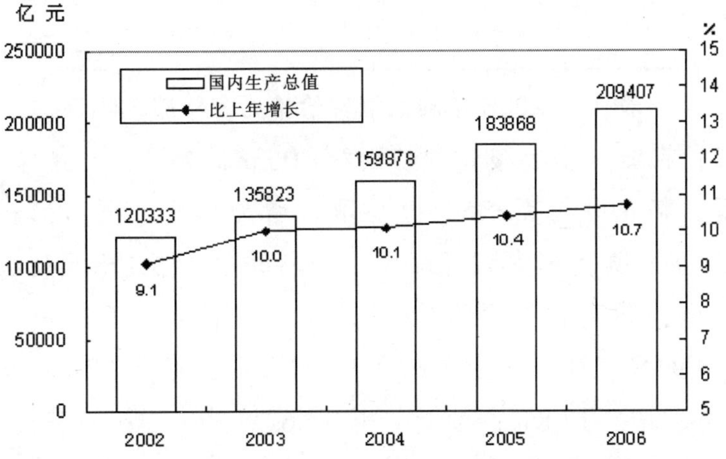

图1： 2002年-2006年国内生产总值及其增长速度

第二产业增加值102 004亿元，增长12.5%；第三产业增加值82 703亿元，增长10.3%。第一、第二和第三产业增加值占国内生产总值的比重分别为11.8%、48.7%和39.5%。居民消费价格比上年上涨1.5%，其中服务价格上涨1.8%。商品零售价格上涨1%。工业品出厂价格上涨3%。原材料、燃料、动力购进价格上涨6%。固定资产投资价格上涨1.5%。农产品生产价格上涨1.2%。70个大中城市房屋销售价格上涨5.5%。年末全国就业人员7.64亿人，比上年末增加575万人。其中城镇就业人员2.831亿人，新增加1 184万人，净增加979万人。年末城镇登记失业率为4.1%，比上年末下降0.1个百分点。年末国家外汇储备10 663亿美元，比上年末增加2 475亿美元。年末人民币汇率为1美元兑7.8087元人民币，比上年末升值3.35%。全年全国税收收入37 636亿元（不包括关税、耕地占用税和契税），比上年增加6 770亿元，增长21.9%。

单位:%

指标	全国	城市	农村
居民消费价格	1.5	1.5	1.5
食品	2.3	2.3	2.1
其中:粮食	2.7	2.7	2.9
烟酒及用品	0.6	0.6	0.3
衣着	–0.6	–0.6	–0.4
家庭设备用品及服务	1.2	1.3	1.0
医疗保健及个人用品	1.1	0.9	1.5
交通和通信	–0.1	–0.7	1.3
娱乐教育文化用品及服务	–0.5	0.0	–1.4
居住	4.6	4.7	1.5

表1： 2006年居民消费价格比上年涨跌幅度

二、农业 全年粮食种植面积1.0538亿公顷，比上年增加110万公顷；棉花种植面积540万公顷，增加34万公顷；油料种植面积1 380万公顷，减少52万公顷；糖料种植面积178万公顷，增加22万公顷；蔬菜种植面积1 818万公顷，增加46万公顷。全年粮食产量4.9746亿吨，比上年增加1 344万吨，增产2.8%；棉花产量673万吨，增产17.8%；油料产量3 062万吨，减产0.5%；糖料产量1.0987亿吨，增产16.2%。全年肉类总产量8 100万吨，比上年增长4.6%。其中，猪、牛、羊肉分别增长4.3%、5.3%和7.8%。全年水产品产量5 250万吨，增长2.8%。全年木材产量7 800万立方米，比上年增长40.3%。全年新增有效灌溉面积108万公顷，新增节水灌溉面积128万公顷。

单位:万吨

产品名称	产　量	比上年增长%
粮　食	49746	2.8
夏　粮	11381	7.0
早　稻	3187	0.0
秋　粮	35178	1.7
油　料	3062	–0.5
花　生	1461	1.8
油菜籽	1270	–2.7
棉　花	673	17.8
糖　料	10987	16.2
甘　蔗	9925	14.6
甜　菜	1062	34.6
烤　烟	247	1.3
茶　叶	102	9.0
水　果	17050	5.8
蔬　菜	58233	3.2

表2： 2006年主要农产品产量及其增长速度

三、工业和建筑业　全年全部工业增加值90 351亿元，比上年增长12.5%。规模以上工业增加值增长16.6%；产品销售率98.1%。全年一次能源生产总量22.1亿吨标准煤，比上年增长7.3%；发电量28 344亿千瓦小时，增长13.4%；原煤23.8亿吨，增长8.0%；原油1.84亿吨，增长1.7%。粗钢产量4.2亿吨，比上年增长19.7%；钢材4.7亿吨，增长25.3%；水泥12.4亿吨，增长15.5%；10种有色金属增长17.2%；硫酸、纯碱、烧碱、乙烯等主要化工产品增长9.6%~24.5%。汽车产量728万辆，比上年增长27.6%，其

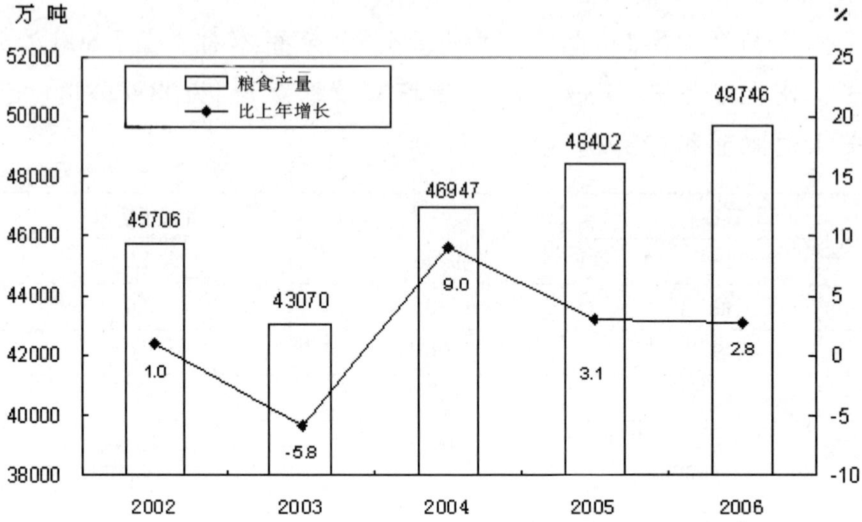

图 2： 2002 年-2006 年粮食产量及其增长速度

中轿车387万辆，增长39.7%。移动通信手持机、微型电子计算机等高技术产品产量分别比上年增长58.2%和15.5%。全年规模以上工业中，高技术产业增加值比上年增长18.7%。全年全国规模以上工业企业实现利润18 784亿元，比上年增长31 %。全年全社会

单位:亿元

指　标	增加值	比上年增长%
规模以上工业	79752	16.6
其中:国有及国有控股企业	28396	12.6
其中:集体企业	2558	11.6
股份制企业	39918	17.8
外商及港澳台投资企业	22502	16.9
其中:私营企业	15547	24.4
其中:轻工业	24314	13.8
重工业	55438	17.9

表 3： 2006 年规模以上工业增加值及其增长速度

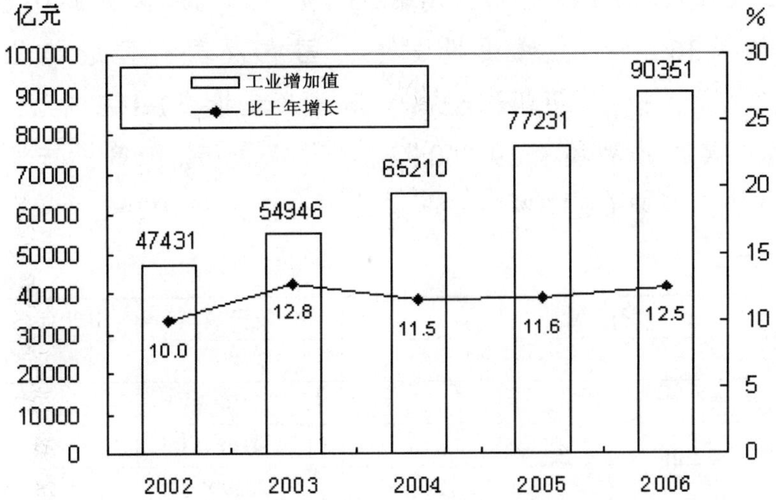

图 3： 2002 年-2006 年工业增加值及其增长速度

单位:亿元

指　标	利润总额	比上年增长%
规模以上工业	18784	31.0
其中:国有及国有控股企业	8072	27.0
其中:集体企业	561	29.5
股份制企业	10073	32.3
外商及港澳台投资企业	5162	26.7
其中:私营企业	2948	43.6

表 4： 2006 年规模以上工业企业实现利润及其增长速度

建筑业实现增加值11 653亿元，比上年增长12.4%。全国具有资质等级的总承包和专业承包建筑业企业实现利润1 071亿元，增长18.1%；上缴税金1 404亿元，增长21.0%。

四、固定资产投资　全年全社会固定资产投资109 870亿元，比上年增长24%。其中，城镇投资93 472亿元，增长24.5%；农村投资16 397亿元，增长21.3%。分地区看，东部地区完成54 546亿元，比上年增长19.3%；中部地区完成20 905亿元，增长30.6%；

西部地区完成21 916亿元，增长25.4%；东北地区完成10 520亿元，增长36.2%。在城镇投资中，国有及国有控股单位投资45 212亿元，比上年增长16.9%。第一产业投资1 102亿元，增长30.7%；第二产业投资39 760亿元，增长25.9%；第三产业投资52 611亿元，增长23.3%。全年房地产开发投资19 382亿元，比上

单位:亿元

行　业	投资额	比上年增长%
总　计	93472	24.5
农、林、牧、渔业	1102	30.7
采矿业	4168	28.9
制造业	26399	29.4
其中:化学原料及化学制品制造业	2556	19.9
非金属矿物制品业	1854	33.0
黑色金属冶炼及压延加工业	2247	-2.5
交通运输设备制造业	1974	25.2
通信设备、计算机及其他电子设备制造业	1687	38.7
电力、燃气及水的生产和供应业	8196	12.5
建筑业	997	50.1
交通运输、仓储和邮政业	11140	25.7
信息传输、计算机服务和软件业	1786	14.4
批发和零售业	1885	23.0
住宿和餐饮业	929	37.4
金融业	118	11.7
房地产业	21446	25.4
租赁和商务服务业	666	37.0
科学研究、技术服务和地质勘查业	465	9.5
水利、环境和公共设施管理业	7453	22.2
居民服务和其他服务业	182	34.5
教育	2114	7.5
卫生、社会保障和社会福利业	693	17.0
文化、体育和娱乐业	850	23.9
公共管理和社会组织	2885	18.3

表5：2006年分行业城镇固定资产投资及其增长速度

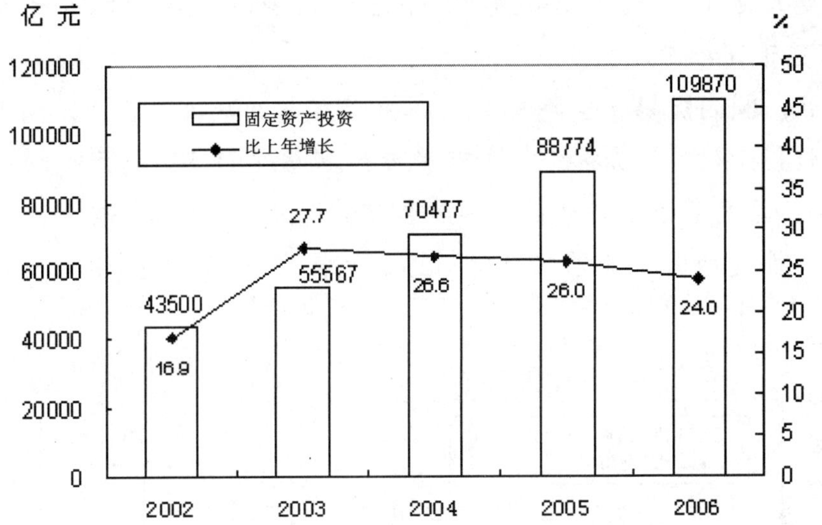

图4： 2002-2006年固定资产投资及其增长速度

指　标	单　位	绝对数
新增发电机组容量	万千瓦	10117
22万伏及以上变电设备	万千伏安	15531
新建铁路投产里程	公里	1605
增建铁路复线投产里程	公里	705
电气化铁路投产里程	公里	3960
新建公路	公里	93720
其中：高速公路	公里	4325
港口万吨级码头泊位新增吞吐能力	万吨	45726
新增局用交换机容量	万门	3067
新增光缆线路容量	万公里	19
新增数字蜂窝移动电话交换机容量	万户	12818

表6： 2006年固定资产投资新增主要生产能力

年增长21.8%，其中，商品住宅投资13 612亿元，增长25.3%。商品房竣工面积5.3019亿平方米，下降0.6%。商品房销售额20 510亿元。其中，期房销售额为14 366亿元，所占比重为70%。青藏铁路于2006年7月1日实现全线通车。南水北调东、中线1期工程累计完成投资119亿元。三峡工程建设累计完成投资1 313亿元。

三峡电站已投产机组全年发电492亿千瓦小时，累计发电已达1 461亿千瓦小时。

五、国内贸易 全年社会消费品零售总额76 410亿元，比上年增长13.7%。分城乡看，城市消费品零售额51 543亿元，增长14.3%；县及县以下消费品零售额24 867亿元，增长12.6%。分行业看，批发和零售业零售额64 326亿元，增长13.7%；住宿和餐

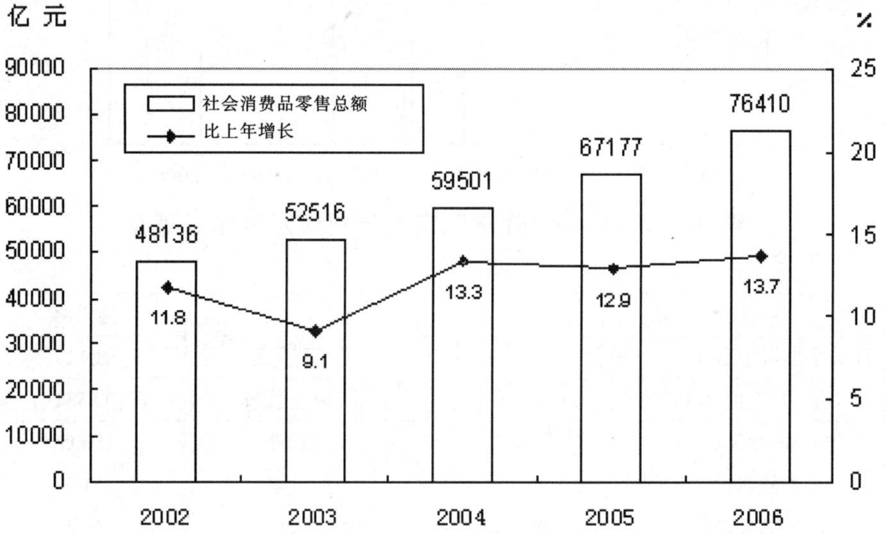

图5： 2002年–2006年社会消费品零售总额及其增长速度

饮业零售额10 345亿元，增长16.4%；其他行业零售额1 739亿元，增长2.3%。在限额以上批发和零售业零售额中，汽车类零售额比上年增长26.3%，石油及制品类增长36.2%，文化办公用品类增长14.5%，通讯器材类增长22%，家用电器和音像器材类增长19.2%，建筑及装潢材料类增长24%，日用品类增长15.7%，家具类增长21.3%，食品、饮料、烟酒类增长15.5%，服装类增长19.2%，化妆品类增长18.6%，金银珠宝类增长28.5%。

六、对外经济 全年进出口总额17 607亿美元，比上年增长23.8%。其中，出口9 691亿美元，增长27.2%；进口7 916亿美元，增长20%。出口大于进口1 775亿美元，比上年增加755亿美

单位:亿美元

指　标	绝对数	比上年增长%
进出口总额	17067	23.8
出口额	9691	27.2
其中:一般留易	4163	32.1
加工贸易	5104	22.5
其中:机电产品	5494	28.8
高新技术产品	2815	29.0
其中:国有企业	1913	13.4
外商投资企业	5638	26.9
其他企业	2139	43.6
进口额	7916	20.0
其中:一般贸易	3332	19.1
加工贸易	3215	17.3
其中:机电产品	4277	22.1
高新技术产品	2473	25.1
其中:国有企业	2252	14.2
外商投资企业	4726	22.0
其他企业	938	24.4
出口大于进口	1775	
其中:一般贸易	831	
加工贸易	1889	
其他贸易	–945	

表 7： 2006 年进出口总额及其增长速度

单位:亿美元

国家和地区	出口额	比上年增长%	进口额	比上年增长%
美国	2035	24.9	592	21.8
欧盟	1820	26.6	903	22.7
中国香港	1554	24.8	108	–11.8
日本	916	9.1	1157	15.2
东盟	713	28.8	895	19.4
韩国	445	26.8	898	16.9
中国台湾	207	25.3	871	16.6
俄罗斯	158	19.8	176	10.5

表 8： 2006 年对主要国家和地区进出口总额及其增长速度

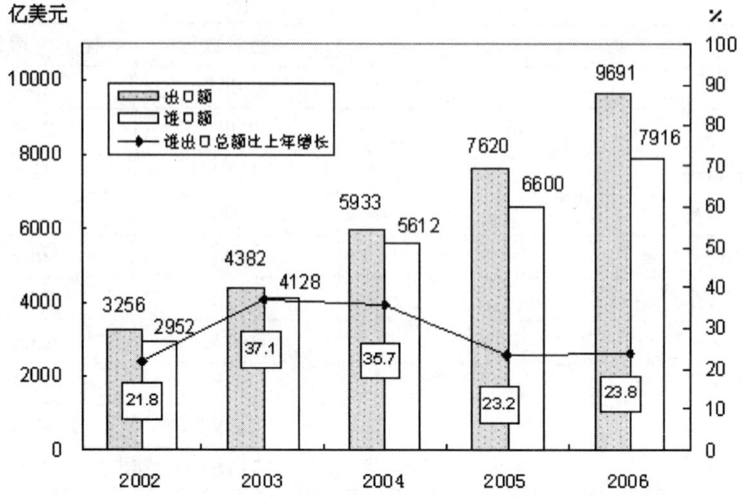

图 6： 2002 年–2006 年进出口总额及其增长速度

行业名称	合同项目（企业）(个)	比上年增长%	实际使用金额（亿美元）	比上年增长%
总　计	41485	–5.8	694.7	–4.1
家、林、牧、渔业	951	–10.1	6.0	–16.5
采矿业	208	–17.5	4.6	29.7
制造业	24790	–14.3	400.8	–5.6
电力、燃气及水的生产和供应业	375	–3.9	12.8	–8.1
建筑业	352	–23.0	6.9	40.4
交通运输、仓储和邮政业	665	–9.4	19.8	9.5
信息传输、计算机服务和软件业	1378	–7.7	10.7	5.5
批发和零售业	4664	79.3	17.9	72.3
住宿和餐饮业	1060	–12.2	8.3	47.8
金融业	64	10.3	67.4	–45.2
房地产业	2398	13.1	82.3	51.9
租赁和商务服务业	2885	–3.2	42.2	12.8
科学研究、技术服务和地质勘查业	1035	11.8	5.0	48.1
水利、环境和公共设施管理业	132	–5.0	2.0	40.4
居民服务和其他服务业	236	–28.3	5.0	93.9
教育	27	–47.1	0.3	65.6
卫生、社会保障和社会福利业	20	–9.1	0.2	–61.4
文化、体育和娱乐业	241	–11.4	2.4	–21.0
公共管理和社会组织	4		0.07	91.1

表 9： 2006 年分行业外商直接投资及其增长速度

元。全年新设立外商直接投资企业4.1485万家，比上年下降5.8%。实际使用外商直接投资金额694.7亿美元，下降4.1%。其中，制造业所占比重为57.7%；房地产业为11.8%；金融业为9.7%；租赁和商务服务业为6.1%；交通运输、仓储和邮政业为2.9%。全年对外直接投资额（非金融部分）161亿美元，比上年增长31.6%。全年对外承包工程完成营业额300亿美元，比上年增长37.9%；对外劳务合作完成营业额54亿美元，增长12.3%。

七、交通、邮电和旅游 全年交通运输、仓储和邮政业增加值12 032亿元，比上年增长8.3%。全年全国规模以上港口完成货物吞吐量45.6亿吨，比上年增长15.6%，其中外贸货物吞吐量15.7亿吨，增长16.8%。全国港口集装箱吞吐量9 300万标准箱，增长23%。年末全国民用汽车保有量达到4 985万辆（包括三轮汽车和低速货车1 399万辆），比上年末增长15.2%，其中年末私人汽车保有量2 925万辆，增长23.7%。民用轿车保有量1 545万辆，增长

指　标	单　位	绝对数	比上年增长%
货物运输总量	亿　吨	202.5	8.9
铁　路	亿　吨	28.8	7.1
公　路	亿　吨	146.1	8.9
水　运	亿　吨	24.4	11.0
民　航	亿　吨	349.4	13.9
管　道	亿　吨	3.2	6.7
货物运输周转量	亿吨公里	86921.2	8.4
铁　路	亿吨公里	21954.0	5.9
公　路	亿吨公里	9647.0	11.0
水　运	亿吨公里	53907.3	8.5
民　航	亿吨公里	94.3	19.5
管　道	亿吨公里	1318.2	29.5

表10： 2006年各种运输方式完成货物运输量及其增长速度

指　标	单　位	绝对数	比上年增长%
旅客运输总量	亿　人	200.8	8.7
铁　路	亿　人	12.6	8.7
公　路	亿　人	184.5	8.7
水　运	亿　人	2.2	6.3
民　航	亿　人	15961.3	15.4
旅客运输周转量	亿人公里	19202.7	9.9
铁　路	亿人公里	6622.0	9.2
公　路	亿人公里	10135.9	9.1
水　运	亿人公里	74.9	10.5
民　航	亿人公里	2369.9	15.9

表 11： 2006 年各种运输方式完成旅客运输量及其增长速度

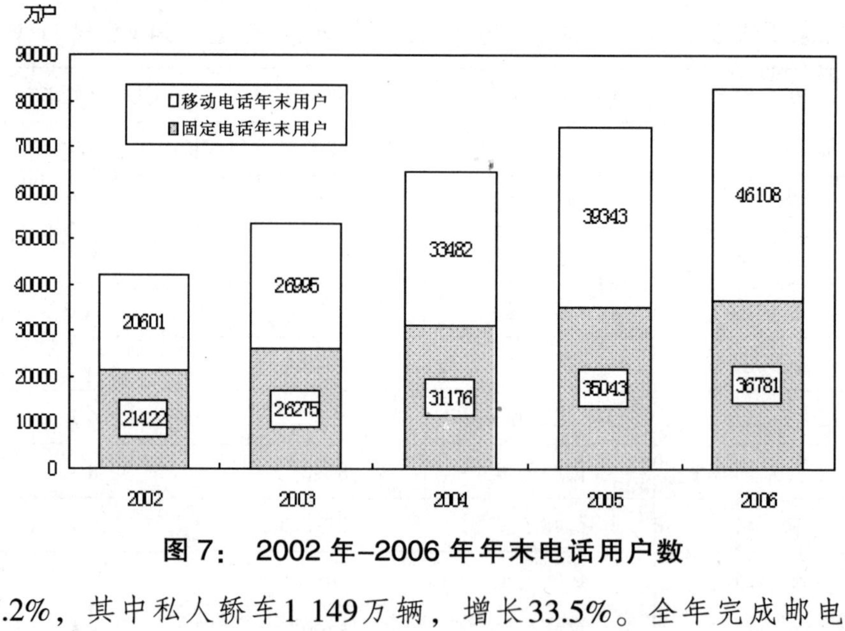

图 7： 2002 年–2006 年年末电话用户数

27.2%，其中私人轿车1 149万辆，增长33.5%。全年完成邮电业务总量15 321亿元，比上年增长25.6%。其中，邮政业务总量729亿元，增长16.9%；电信业务总量14 592亿元，增长26.1%。全年新增局用交换机3 067万门，总容量达到5亿门。新增固定电话用户1 737万户，年末达到3.6781亿户。其中，城市电话用户2.5139亿户，农村电话用户1.1642亿户。新增移动电话用户6 768万户，年末达到4.6108亿户。年末全国固定及移动电话用户总数达到8.2889亿户，比上年末增加8 505万户。电话普及率达到63部/百人。全年入境人数1.2494亿人次，比上年增长3.9%。其中，外国人2 221万人次，增长9.7%；香港、澳门和台湾同胞1.0273 亿人次，增长2.7%。在入境旅游者中，住宿人数4 991万人次，增长6.6%。国际旅游外汇收入339.5亿美元，增长15.9%。全年国内出境人数达3 452万人次，增长11.3%。其中因私出境2 880万人次，增长14.6%，占出境人数的83.4%。全年国内出游人数达13.9亿人次，增长15%；国内旅游总收入6 230亿元，增长17.9%。

八、金融、证券和保险 年末广义货币供应量（M2）余额为34.6万亿元，比上年末增长16.9%；狭义货币供应量（M1）余额为12.6万亿元，增长17.5%；流通中现金（M0）余额为2.7万亿元，增长12.7%。年末全部金融机构本外币各项存款余额34.8万亿元，增长16%；全部金融机构本外币各项贷款余额23.9万亿元，增长14.7%。全年农村金融合作机构（农村信用社、农村合作银行、农村商业银行）人民币贷款余额2.6万亿元，比上年末增加

单位：亿元

指　标	年末数	比上年末增长%
各项存款余额	348065	16.0
其中：企业存款	118881	16.8
城乡居民储蓄存款	166617	13.3
其中：人民币	161587	14.6
各项贷款余额	238519	14.7
其中：短期贷款	101762	10.9
中长期贷款	113173	21.3

表 12： 2006 年全部金融机构本外币存贷款及其增长速度

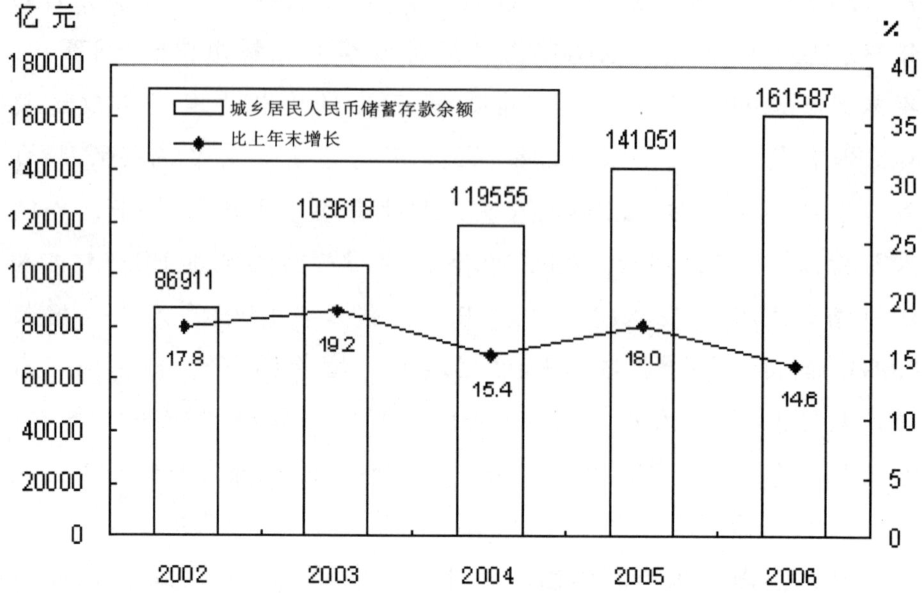

图8： 2002年-2006年城乡居民人民币储蓄存款余额及其增长速度

4 277亿元。全部金融机构人民币消费贷款余额2.4万亿元，增加2 068亿元。其中个人住房贷款余额1.99万亿元，增加1 439亿元。全年企业通过证券市场发行、配售股票共筹集资金5 594亿元，比上年增加3 712亿元。其中，发行A股(包括增发及可转债）128只，配股2只，筹集资金2 464亿元，增加2 126亿元；发行H股共34只，筹集资金3 131亿元，增加1 586亿元。年末境内上市公司（A、B股）数量由上年末的1 381家增加到1434家，市价总值89 404亿元，比上年末增长175.7%。全年发行企业债券1 015亿元，比上年增加361亿元；发行短期融资券2 943亿元，增加1 551亿元。全年保险公司保费收入5 641亿元，比上年增长14.4%，其中寿险业务保费收入3 593亿元；健康险和意外伤害险业务保费收入539亿元；财产险业务保费收入1 509亿元。支付各类赔款及给付1 439亿元，其中寿险业务给付465亿元；健康险和意外伤害险赔款及给付177亿元；财产险业务赔款796亿元。

九、教育和科学技术 全年研究生教育招生40万人，在学研究生110万人，毕业生26万人。普通高等教育招生540万人，在校生1 739万人，毕业生377万人。各类中等职业教育招生741万人，在校生1 809万人，毕业生476万人。全国普通高中招生871万人，在校生2 515万人，毕业生727万人。全国初中招生1 930万人，在校生5 958万人，毕业生2 072万人。普通小学招生1 729万人，在校生1.0712 亿人，毕业生1 928万人。特殊教育招生5万人，在校生36万人。幼儿园在园幼儿2 264万人。全年研究与试验发展(R&D) 经费支出2 943亿元，比上年增长20.1%，占国内生产总值的1.41%，其中基础研究经费148亿元。全年国家安排了1 409项科技支撑计划课题和2 841项“863” 计划课题。新建国家工程研究中心7个、国家工程实验室3个。国家认定企业技术中心达到438家。全年共取得省部级以上科技成果3.3万项。全年受理国内外专利申请57.3万件，其中国内申请47万件，占82.1%；受理国内外发明专利申请21万件，其中国内申请12.2万件，占58.1%；全年授予专利权26.8万件，其中国内授权22.4万件，占83.5%；授予发明专利权5.8万件，其中国内授权2.5万件，占43.4%。全年共签订

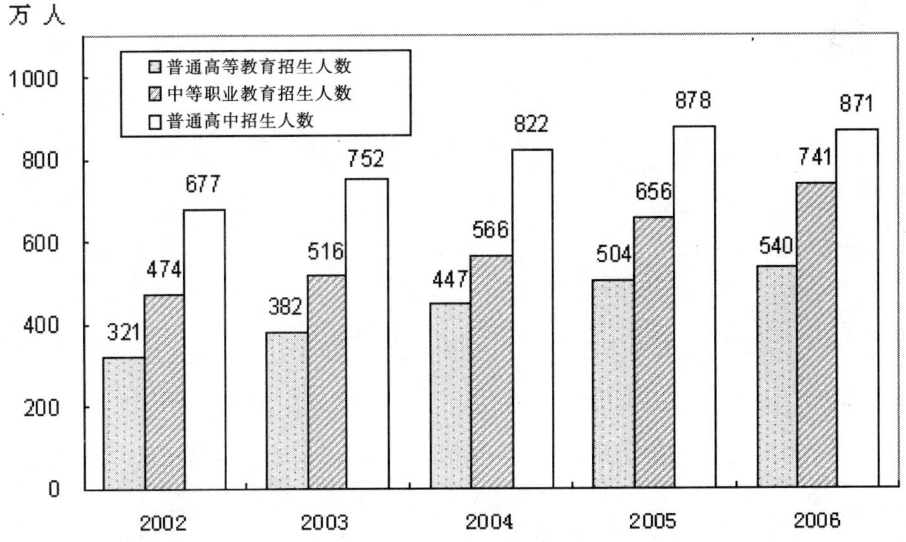

图9： 2002年-2006年各类教育招生人数

技术合同20.6万项，技术合同成交金额1 818亿元，比上年增长20.4%。年末全国共有产品检测实验室2.1458万个，其中国家检测中心325个。全国现有产品质量、体系认证机构184个，已累计完成对4.9万个企业的产品认证。全国共有法定计量技术机构3 750个，全年强制检定计量器具3 730万台(件)。全年制定、修订国家标准1 950项，其中新制定1 100项。全国共有各类气象台站1.8053 万个，其中国家气候观象台249个，国家气象观测站2 297个，区域气象观测站1.5507万个。全国共有地震台站1 253个，地震遥测台网31个。全国共有8 800个海洋观测站、监测站位。测绘部门公开出版地图1 779种，测绘图书532种。

1月4日　国务院总理温家宝主持召开国务院常务会议。会议讨论并原则通过《中华人民共和国义务教育法（修订草案）》，研究部署加快气象事业发展工作。会议听取了法制办关于义务教育法修订情况的汇报。会议认为，1986年7月施行的《中华人民共和国义务教育法》，对基本普及九年制义务教育、提高全民族素质，发挥了重要作用。但随着经济、社会的快速发展，义务教育出现了一些新的情况和问题，有必要在总结实践经验的基础上，对现行义务教育法进行修改、完善。这次修改的主要内容包括：保障义务教育经费，要求制定适应义务教育基本需求的有关经费标准，中央和地方各级政府根据职责共同负担义务教育经费并负责落实；实施素质教育，规范教学内容，严格课程管理，将德、智、体、美有机统一在教育教学活动中，培养学生独立思考和创新能力；合理配置义务教育资源，经费投入要向农村学校和城市薄弱学校倾斜，引导和鼓励高校毕业生和教师从事义务教育工作，特别是到农村任教，采取措施促进学校均衡发展；加强学校管理，保障学校安全，规范学校收费；加强教师培养和管理，提高教师思想道德和教学业务水平，改善其工作和生活条件；减少教科书种类，提高教科书质量，降低教科书成本，防止利用教科书非法牟利。草案还规定要建立实施义务教育的目标责任制，并对违反本法的行为规定了严格、具体的法律责任。会议决定，《中华人民共和国义务教育法（修订草案）》经进一步修改后，由国务院提请全国人大常委会审议。会议听取了气象局关于加快气象事业发展情况的有关汇报，提出了未来5年和15年气象事业发展的目标。到2010年，初步建成结构合理、布局适当、功能齐备的综合气象观测系统、气象预报预测系统、公共气象服务系统和科技支撑保障系统；到2020年，建成结构完善、功能先进的气象现代化体系。为实现这一目标，会议要求，要重点抓好以下工作：一要加强气象基础保障能力建设。加快综合气象观测系统建设，完善气象预报预测系统，建立气象灾害预警应急和公共气象服务体系，提高预报预测水平。二要发挥气象综合保障作用。积极开展应对气候变化研究，强化农业气象服务工作，加快交通、空间天气监测网络建设。三要科学合理开发利用气候资源。认真做好气候资源普查、规划和人工影响天气工作，建立应对突发灾害事件和人工影响天气应急作业机制。四要推进气象工作的法制、体制和机制建设。健全气象法规与标准体系，强化规划引导和行业管理，增强气象科技创新能力。

1月5日—6日　中央纪委第六次全体会议举行。这次会议的一个重要内容，是总结过去一年各地区各部门贯彻落实《建立健全教育、制度、监督并重的惩治和预防腐败体系实施纲要》的情况，分析形势，明确任务，对2006年党风廉政建设和反腐败工作作出部署。这次全会以邓小平理论和“三个代表”重要思想为指导，深入贯彻党的十六大和十六届三中、四中、五中全会精神，全面落实科学发展观，总结2005年工作，研究部署2006年党风廉政建设和反腐败工作任务。全会审议通过了中央纪委书记吴官正代表中央纪委常委会所作的《全面履行党章赋予的职责，进一步加大防治力度，不断开创党风廉政建设和反腐败工作新局面》的报告。中国共产党中央委员会总书记胡锦涛出席全会第二次会议并发表了重要讲话。吴邦国、温家宝、贾庆林、曾庆红、黄菊、吴官正、李长春、罗干等党和国家领导人出席会议。有关方面的负责同志参加了会议。全会认真学习了胡锦涛同志的重要讲话，一致认为，讲话从加强党的执政能力建设和先进性建设的战略高度，深刻阐述了新的历史条件下学习贯彻党章的重要性和必要性，明确提出要始终把学习党章、遵守党章、贯彻党章、维护党章作为全党的一项重大任务抓紧抓好，通过学习贯彻党章来推进反腐倡廉工作。胡锦涛同志的重要讲话，对于全面加强党的建设，维护党的纪律，不断把党风廉政建设和反腐败斗争引向深入，具有十分重要的指导意义。全党同志一定要认真学习领会，坚决贯彻执行。全会认为，在党中央、国务院坚强有力的领导下，经过全党全国人民共同努力，2005年党风廉政建设和反腐败工作在过去的基础上又取得了新的成效，呈现出良好发展态势。全会提出，2006年要坚持反腐倡廉战略方针，以改革和制度建设为重点，继续推进惩治和预防腐败体系建设，抓紧落实《建立健全教育、制度、监督并重的惩治和预防腐败体系实施纲要》具体意见和2007年底前工作要点，进一步加大防治力度，逐步铲除腐败现象滋生蔓延的土壤和条件，推动党风廉政建设和反腐败工作深入开展。第一，维护党的纪律，为全面贯彻落实科学发展观、构建社会主义和谐社会提供有力保证。各级纪委要按照十六届五中全会的要求，围绕加强宏观调控、做好“三农”工作、转变经济增长方式、增强自主创新能力、节约能源资源和保护环境等一系列重大政策和改革措施，加强监督检查。认真贯彻“八个坚持、八个反对”的要求，大力弘扬求真务实作风，发扬艰苦奋斗精神，坚决纠正讲排场、比阔气、奢侈挥霍等不良风气。认真执行党的纪律特别是政治纪律，自觉同党中央保持高度一致。第二，坚决纠正损害群众利益的不正之风。严肃查处学校乱收费和挤占、挪用、截留教育经费行为。认真清理整顿医药购销和医疗服务中乱加价、乱收费等问题。继续纠正在征收征用土地、城镇房屋拆迁、企业重组改制和破产中损害群众利益，拖欠建设工程款和农民工工资，以及面向农民的乱收费、乱罚款和各种摊派等问题。加强对安全生产的监督检查，坚决查处重大事故背后的腐败问题。认真开展治理商业贿赂专项工作，坚决纠正不正当交易行为，依法查处商业贿赂案件。适应建设社会主义新农村的需要，研究制定加强农村基层党风廉政建设的指导性意见。深入基层，切实改进信访工作。第三，运用先进性教育活动中创造的好做法好经验，深入开展反腐倡廉教育，特别是加强对领导干部的权力观和政绩观教育，促使党员干部做到为民、务实、清廉。大力推进廉政文化建设，树立以廉为荣、以贪为耻的道德观念。严格执行“四大纪律八项要求”和领导干部廉洁从政各项规定，继续查处党风方面存在的问题。严肃组织人事纪律，坚决防止用人上的不正之风，促进今年地方各级党委集中换届的顺利进行。严禁违反规定发放津贴补贴等行为，对顶风违纪的要坚决查处。第四，以查办发生在领导机关和领导干部中违反党纪的案件为重点，严肃查办领导干部滥用权力、贪污贿赂，利用人事权、司法权、审批权谋取私利的案件，以及国有资产严重流失的案件。查办金融、工程承包、土地管理、矿产开发和政府采购等领域的案件。注意查办严重侵害群众利益的案件，尤其是发生在安全生产、食品药品安全、环境保护和社会稳定等方面的失职渎职案件。对腐败分子要坚决惩处，决不姑息。加强反腐败国际合作。第五，深入推进从源头上预防腐败工作。按照中央的部署，各地及有关职能部门要各负其责，深入推进干部人事制度、司法体制和工作机制、行政审批制度、财政税收体制、投资体制、金融体制改革。完善并严格执行工程建设项目招标投标、经营性土地使用权出让、产权交易和政府采购等制度。第六，加强对权力运行的制约和监督。深入推进巡视工作，加大对金融机构的巡视力度，逐步开展对大型国有企业的巡视工作，省（区、市）的巡视范围要继续向县（市、区）延伸。加强纪检监察机关对派驻机构的统一管理。深入推行政务公开、厂务公开、村务公开及公用事业单位办事公开。逐步推进党务公开。完善国有企业监督制约机制，加强国有企业党风建设和反腐倡廉工作。全会要求，各级纪委要认真学习江泽民反腐倡廉重要思想和胡锦涛同志关于反腐倡廉一系列重要指示，在党委的领导下，全面履行党章赋予的职责，认真完成3项主要任务和5项经常性工作，切实维护党的纪律。按照中央的要求和人民的期望，不断改进工作和作风，自觉接受党和人民群众的监督。深入开展保持共产党员先进性教育活动，做党的忠诚卫士，当群众的贴心人。

1月6日　中共中央总书记胡锦涛在中央纪律检查委员会第六次全体会议上发表重要讲话。胡锦涛强调，当前要重点抓好以下工作，一是要把推动贯彻落实科学发展观作为党风廉政建设的重要内容，督促各级领导干部牢固树立科学发展观和正确政绩观，坚决防止和纠正违背科学发展观的错误行为。二是要把解决损害群众利益的突出问题作为党风政风建设的工作重点，严肃查处损害群众利益的突出问题，全面加强行风建设，深入开展专项治理，并建立健全巩固成果的长效机制。三是要加强对党员领导干部的反腐倡廉教育，认真落实“八个坚持、八个反对”的要求，深入开展理想信念和从政道德教育、党的优良传统和作风教育、党纪条规和国家法律法规教育，促进领导干部廉洁从政。四是要严肃查处违反党的纪律的行为，严肃查办领导干部滥用权力、谋取私利、贪污贿赂、失职渎职等方面的案件。五是要认真开展治理商业贿赂专项工作，坚决纠正不正当交易行为，依法查处商业贿赂案件。六是要坚持以改革统揽预防腐败的各项工作，积极推进制度建设和创新，抓紧建立健全教育、制度、监督并重的惩治和预防腐败体系，健全有利于防范腐败的体制机制，加强对权力运行的制约和监督，不断铲除腐败现象滋生蔓延的土壤和条件。胡锦涛指出，总结党自身建设包括党风廉政建设和反腐败工作的实践经验，可以得出一个重要结论，就是要始终把学习党章、遵守党章、贯彻党章、维护党章作为全党的一项重大任务抓紧抓好。只有把党章学习好、遵守好、贯彻好、维护好，才能确保我们党始终沿着正确的方向前进，始终成为中国特色社会主义事业的领导核心，始终凝聚起全党同志的意志和力量为实现党的理想和目标而共同奋斗。胡锦涛强调，要通过学习贯彻党章推进党风廉政建设、进一步加大防治腐败的力度。一是要进一步坚定理想信念，继续推动马克思列宁主义、毛泽东思想、邓小平理论和“三个代表”重要思想的学习，帮助广大党员、干部掌握和运用辩证唯物主义和历史唯物主义的强大思想武器，任何时候任何情况下都确保在理想信念上不犹疑、不含糊、不动摇，矢志不渝地为实现党在社会主义初级阶段的基本路线、基本纲领而奋斗。二是要进一步加强道德修养，教育引导党员、干部特别是领导干部牢固树立马克思主义世界观、人生观、价值观和正确的权力观、利益观、地位观，模范遵守社会公德、职业道德、家庭美德，坚决抵御各种腐朽落后思想文化的侵蚀，永葆共产党人的高风亮节。三是要进一步发展党内民主，坚持民主集中制，积极探索发展党内民主的有效途径和形式，健全党内议事和决策程序，认真贯彻党员权利保障条例，发挥各级党组织和广大党员的积极性和创造性。四是要进一步严明政治纪律，坚决维护中央权威，保证中央政令畅通。五是要进一步强化制约监督，不断完善党内监督制度，发挥各方面监督的积极作用，着力加强对领导干部行使权力的全方位、全过程监督，加强对腐败多发易发部位和领域的监督，确保权力正确行使。六是要进一步加强制度建设，加强以党章为核心的党内法规制度体系建设，着力提高制度的科学性、系统性、权威性，做到用制度管权、用制度管事、用制度管人，推进党风廉政建设和反腐败工作的制度化、规范化。

1月8日　国务院发布《国家突发公共事件总体应急预案》（以下简称总体预案）。总体预案是全国应急预案体系的总纲，明确了各类突发公共事件分级分类和预案框架体系，规定了国务院应对特别重大突发公共事件的组织体系、工作机制等内容，是指导预防和处置各类突发公共事件的规范性文件。在总体预案中，明确提出了应对各类突发公共事件的六条工作原则：以人为本，减少危害；居安思危，预防为主；统一领导，分级负责；依法规范，加强管理；快速反应，协同应对；依靠科技，提高素质。

1月9日—11日　中共中央、国务院召开全国科学技术大会，部署实施《国家中长期科学和技术发展规划纲要（2006-2020年）》。这是新世纪召开的第一次全国科技大会，是我国继1995年全国科技大会后，11年来召开的又一次科技盛会，也是1949年新中国成立以来的第四次全国科技大会。在开幕式上，国家主席胡锦涛发表了题为《坚持走中国特色自主创新道路，为建设创新型国家而努力奋斗》的重要讲话。讲话强调，要围绕建设创新型国家的奋斗目标，进一步深化科技改革，大力推进科技进步和创新，大力提高自主创新能力，推动经济社会发展切实转入科学发展的轨道。国务院总理温家宝出席了9日下午举行的第二次全体会议，并发表题为《认真实施科技发展规划纲要，开创我国科技发展的新局面》的重要讲话。26日，中共中央、国务院作出《关于实施科技规划纲要，增强自主创新能力的决定》。

1月10日—18日　金正日对我国进行了非正式访问。应中共中央总书记、国家主席胡锦涛的邀请，朝鲜劳动党总书记、国防委员会委员长金正日对我国进行了非正式访问，并在湖北、广东、北京等省市参观考察。在北京期间，胡锦涛同金正日举行会谈，并为金正日举行欢迎宴会，还陪同金正日参观中国农科院作物科学研究所。在会谈中，两党两国领导人在热烈、坦诚的气氛中就进一步发展中朝两党两国关系和共同关心的国际和地区问题深入地交换了意见，达成了重要和广泛的共识。

1月11日　胡锦涛会见全军后勤工作会议代表和“十五”时期全军后勤重大科技成果获奖单位、个人代表并发表讲话。胡锦涛指出，要依靠科技进步与创新，不断提高后勤保障的质量和效益，为有效履行新世纪新阶段我军历史使命提供坚强的保障。

同　日　国务院总理温家宝主持召开国务院常务会议。会议审议并原则通过《炼油工业中长期发展专项规划》、《乙烯工业中长期发展专项规划》、《烟花爆竹安全管理条例（草案）》和《农村五保供养工作条例（修订草案）》。会议听取了发展改革委关于炼油、乙烯工业中长期发展专项规划情况的汇报并指出，发展我国炼油、乙烯工业要坚持做好几个方面的工作：一要加大结构调整力度。依托和优化现有企业，实行炼油化工一体化，合理布局，规模发展，提高产业集中度和资源综合利用率。二要严格准入条件，特别要注重布局和生产过程中的环保和安全。三要加强科技攻关，重点开发节能降耗的新工艺和新技术，加大消化吸收再创新的力度，加快国产技术和装备的产业化进程。会议认为，为依法加强对烟花爆竹的安全管理，预防爆炸事故发生，保障公共安全和人身、财产安全，制定《烟花爆竹安全管理条例》是十分必要的。条例草案在总结经验教训的基础上，对烟花爆竹的生产、经营、运输、燃放活动的监督和管理，以及违法行为的处罚等作出了明确、具体的规定。会议决定，《烟花爆竹安全管理条例（草案）》经进一步修改后，由国务院公布施行。会议认为，1994年1月国务院发布施行的《农村五保供养工作条例》，对于规范农村五保供养工作、保障供养对象的基本生活，促进农村社会保障制度的建立，发挥了重要作用，但随着农村税费改革的推进，现行条例的有关规定已经不能适应农村五保供养工作的需要，有必要根据新的情况予以修订。修订后的条例规定了农村五保供养的资金渠道，完善了供养待遇的申请、审批程序，强化了供养工作的监督管理。会议决定，该修订草案经进一步修改后，由国务院公布施行。

1月12日　中国政府首次正式发表《中国对非洲政策文件》。文件指出，中国政府致力于建立和发展中非间政治上平等互信、经济上合作共赢、文化上交流互鉴的新型战略伙伴关系。

1月13日　劳动和社会保障工作座谈会举行。黄菊在会上讲话，强调要解决好人民群众最关心、最直接、最现实的就业、再就业、社会保障、劳动权益维护等问题。

1月18日　国务院总理温家宝主持召开国务院常务会议。会议审议并原则通过《国务院关于解决农民工问题的若干意见》、《艾滋病防治条例（草案）》和《娱乐场所管理条例（修订草案）》。会议指出，党中央、国务院高度重视农民工问题。2005年以来，由中央和地方有关部门以及专家组成的小组开展了专题调查研究，广泛听取各方面的意见，经过近一年时间，起草了《关于解决农民工问题的若干意见》。文件明确了做好农民工工作的指导思想、基本原则和政策措施，是解决农民工问题的重要指导性文件。贯彻这个文件，切实保障农民工合法权益，改善农民工就业环境，引导农村富余劳动力合理有序转移，对于促进城乡协调发展、全面建设小康社会，对于维护社会公平正义、保持社会和谐稳定，都具有重大意义。当前要着力做好以下几个方面工作：（一）抓紧解决农民工工资偏低和拖欠问题。严格规范用人单位工资支付行为，建立工资支付监控制度和工资保证金制度，确保农民工工资按时足额发放。严格执行最低工资制度，制定和推行小时最低工资标准。（二）依法规范农民工劳动管理。严格执行劳动合同制度，加强对用人单位订立和履行劳动合同的指导和监督。依法保障农民工职业安全卫生权益。切实保护女工和未成年工权益，严格禁止使用童工。（三）搞好农民工就业服务和职业技能培训。进一步清理和取消各种针对农民工进城就业的歧视性规定和不合理限制。（四）积极稳妥地解决农民工社会保障问题。依法将农民工纳入工伤保险范围，抓紧解决农民工大病医疗保障，探索适合农民工特点的养老保险办法。（五）切实为农民工提供相关公共服务。按照属地化管理的原则，逐步健全覆盖农民工的城市公共服务体系。保障农民工子女平等接受义务教育，搞好计划生育管理和服务，多渠道改善农民工居住条件。（六）健全维护农民工权益的保障机制。保障农民工依法享有的民主政治权利，保护农民工土地承包权益。加大维护农民工权益的执法力度。（七）促进农村劳动力就地就近转移。大力发展乡镇企业和县域经济，提高小城镇产业集聚和人口吸纳能力，扩大当地转移就业容量。

1月24日　国务院总理温家宝主持召开国务院常务会议。会议研究部署“十一五”扶贫工作，审议并原则通过《中西部地区基层派出所、乡镇司法所、人民法庭建设规划》、《取水许可和水资源费征收管理条例（草案）》。会议听取了扶贫办关于中国农村扶贫开发纲要（2001—2010年）实施情况和“十一五”扶贫工作意见的汇报。指出，扶贫开发是全面建设小康社会和建设社会主义新农村的一项重要任务。“十一五”时期扶贫工作的重点是：着力解决农村贫困人口的温饱问题，努力完成贫困村的整村推进扶贫规划，基本实现行政村通广播电视、有条件的通公路，自然村通电，进一步改善人畜饮水和医疗条件，全面普及九年义务教育。为此，会议要求，要切实抓好以下工作：一是瞄准贫困群体，采取有针对性的帮扶措施。对具有劳动能力的贫困人口，着力帮助提高自我发展能力；对丧失劳动能力的贫困人口，给予必要的救济、救助；财政扶贫资金重点向贫困户倾斜。二是因地制宜实施整村推进扶贫开发。重点抓好改善生产生活条件的基础设施建设，提高人口素质的社会事业建设，增加农民收入的产业建设，改变村容村貌的文明新风建设，规范有序的民主政治建设和以村党支部建设为核心的村级组织建设。三是加大培训力度，努力提高劳动者素质。根据劳动力市场的需要，不断提高培训质量，努力提供就业和维权服务。四是抓好产业化扶贫，调整农业结构，培育增收产业。五是加强扶贫资金管理，提高使用效益。改革和完善扶贫资金分配方式，健全、规范资金管理制度，加强审计、社会和舆论监督。六是动员社会各界积极参与扶贫开发。加大东部地区对中西部贫困地区对口帮扶力度，不断完善机关定点扶贫工作，鼓励和支持中介组织、民间组织参与扶贫项目的实施。会议听取了发展改革委关于中西部地区“两所一庭”建设规划情况的汇报。会议指出，公安派出所、乡镇司法所、人民法庭是政法机关维护治安、服务群众的最基层单位，在维护社会稳定、构建和谐社会方面发挥重要的作用。为加强中西部地区基层“两所一庭”基础设施建设，从2004年—2008年，中央安排74亿元资金，用于解决西部地区公安派出所、中西部地区乡镇司法所和人民法庭无房和危房问题，改善工作条件，为更好地履行执法任务奠定基础。会议认为，为加强水资源管理和保护，促进水资源的节约与合理开发利用，根据《中华人民共和国水法》，制定《取水许可和水资源费征收管理条例》是十分必要的。会议决定，条例草案经进一步修改后，由国务院公布施行。

同　日　在中国人民的传统节日春节到来之际，中共中央在中南海召开党外人士迎春座谈会。中共中央总书记、国家主席、中央军委主席胡锦涛代表中共中央、国务院，向各民主党派中央、全国工商联的领导同志和无党派人士，向统一战线的广大成员，致以新春的祝福。胡锦涛强调，伟大的事业需要坚强的团结，坚强的团结推进伟大的事业。统一战线是我党执政兴国的重要法宝，也是我们实现中华民族伟大复兴的重要法宝。我们要把中国特色社会主义伟大事业不断推向前进，必须最广泛地凝聚和发挥各党派、各团体、各民族、各阶层和各界人士的智慧和力量，求真务实，锐意进取，共同开创改革开放和社会主义现代化建设的新局面。座谈会由中共中央政治局常委、全国政协主席贾庆林主持。中共中央政治局常委、国家副主席曾庆红，中共中央政治局候补委员、书记处书记、中央办公厅主任王刚，全国政协副主席、中央统战部部长刘延东出席座谈会。座谈会上，民革中央主席何鲁丽、民盟中央主席蒋树声、民建中央常务副主席张榕明、民进中央主席许嘉璐、农工党中央常务副主席李蒙、致公党中央主席罗豪才、九三学社中央主席韩启德、台盟中央主席林文漪、全国工商联主席黄孟复、无党派代表人士陈竺先后发言。大家围绕如何做好2006年的工作，制定和实施好“十一五”规划纲要，提高自主创新能力、建设创新型国家等方面提出了意见和建议，并表示要坚持中国共产党领导的多党合作和政治协商制度，为实现全面建设小康社会的宏伟目标再立新功。胡锦涛希望各民主党派、工商联和无党派人士进一步加强自身建设，发挥各自优势，团结广大成员和所联系的群众，同心协力做好改革发展稳定的各项工作。胡锦涛就加强多党合作提出了四点希望。第一，着眼于全面落实科学发展观，为推动经济社会又快又好发展献计出力。要不断增强贯彻落实科学发展观的自觉性和坚定性，围绕制定和实施“十一五”规划，结合经济社会发展工作的总体部署，深入实际调查研究，为促进经济社会又快又好发展多献求真务实之策、多做开拓创新之事。第二，着眼于巩固民主团结的政治局面，为社会主义民主政治建设献计出力。要坚定不移地走中国特色政治发展道路，根据各民主党派章程规定的参政党建设目标和原则，坚持以思想建设为核心，以组织建设为基础，以制度建设为保障，全面加强自身建设，全面履行参政党职能，不断提高参政议政、民主监督的能力和水平。第三，着眼于实现国家长治久安，为构建社会主义和谐社会献计出力。要协助党和政府做好化解矛盾、理顺情绪的工作，积极引导各自成员和所联系群众正确认识改革发展中利益格局的变化，把竞争压力转化为奋发有为的动力，更好地支持和参与改革，为营造良好的社会环境贡献力量。第四，着眼于发展成果由人民共享，为解决关系群众切身利益的突出问题献计出力。改革开放和社会主义现代化建设是造福全国各族人民的伟大事业，也是需要全国各族人民为之团结奋斗的伟大事业。要进一步深入群众，倾听群众呼声，关心群众疾苦，协助党和政府全面准确把握社情民意，扎扎实实解决好人民群众最关心、最直接、最现实的利益问题，更好地实现发展为了人民、发展依靠人民、发展成果由人民共享。

1月25日　国家统计局公布2005年核算数据。《人民日报》报道：2005年我国GDP同比增长9.9%，总量达18.2万亿元，人均1 700美元。国家统计局局长李德水宣布，据初步核算，2005年我国国内生产总值182 321亿元，按可比价格计算，比上年增长9.9%。其中，第一产业增加值22 718亿元，增长5.2%；第二产业增加值86 208亿元，增长11.4%；第三产业增加值73 395亿元，增长9.6%。按2005年平均汇率计算，我国GDP折合为22 257亿美元，有望超过英国，从去年的世界第六位跃居为第四位。2006年是我国农村五保供养制度建立50周年，新修订的《农村五保供养工作条例》自3月1日正式施行，标志着我国农村五保供养制度进入了一个新阶段。条例规定农村五保供养资金将在地方人民政府财政预算中安排。各级人民政府应当为农村五保供养服务机构提供必要的设备、管理资金，并配备必要的工作人员，对农村五保供养对象在吃、穿、住、医、葬方面给予帮助。

同　日　中共中央政治局召开会议，研究加强人民政协工作，中共中央总书记胡锦涛主持会议。会议指出，在全面建设小康社会、加快推进社会主义现代化的新的发展阶段，提高党的执政能力，发展社会主义民主政治，构建社会主义和谐社会，推进中国特色社会主义的伟大事业，必须大力加强人民政协工作，充分发挥人民政协的作用。加强人民政协工作，有利于最大限度地团结一切可以团结的力量，巩固和壮大最广泛的爱国统一战线；有利于坚持和完善中国共产党领导的多党合作和政治协商制度，巩固中国共产党同各民主党派和无党派人士的团结合作；有利于建设社会主义政治文明，体现和发挥我国社会主义政治制度和政党制度的特点和优势。会议要求，各级党委要深刻认识人民政协工作的重要性，进一步加强和改善党对人民政协的领导，把人民政协工作纳入重要议事日程，支持人民政协依照章程独立负责、协调一致地开展工作，发挥人民政协组织中共产党员的先锋模范作用，积极推动关于人民政协的理论研究、宣传和教育工作，努力创造全党全社会重视和支持人民政协工作的新局面。

同　日　中共中央政治局进行第二十八次集体学习，中共中央总书记胡锦涛主持。胡锦涛在主持学习时发表了讲话。他强调，要从建设中国特色社会主义事业的全局出发，深刻认识建设社会主义新农村的重要性和紧迫性，切实增强做好建设社会主义新农村各项工作的自觉性和坚定性，积极、全面、扎实地把建设社会主义新农村的重大历史任务落到实处，使建设社会主义新农村成为惠及广大农民群众的民心工程。中共中央政治局这次集体学习安排的内容是关于建设社会主义新农村。农业部农业贸易促进中心钱克明研究员、中国社会科学院农村发展研究所张晓山研究员就这个问题进行讲解，并谈了他们的有关看法和建议。胡锦涛就抓好建设社会主义新农村的工作落实提出五点要求。一是要深入实际、调查研究，广泛听取基层干部和农民群众的意见和建议，深入掌握农业和农村发展的规律和特点，努力使建设社会主义新农村的各项工作切实符合实际、符合农民意愿。二是要因地制宜、搞好规划，立足当前、着眼长远，坚持从实际和现有条件出发，充分尊重自然规律、经济规律和社会发展规律，科学确定发展目标和实施步骤，指导社会主义新农村建设有计划、有步骤、有重点地逐步推进。三是要抓住重点、积极推进，坚持把广大农民群众的根本利益作为建设社会主义新农村的出发点和落脚点，从农民生产生活中最紧迫的实际问题入手，区分轻重缓急，突出建设重点，为农民群众多办好事、实事，做到不急于求成，不搞一刀切，不强迫命令，更不能搞形式主义。四是要完善机制、形成合力，建立党委领导、政府负责、部门齐抓共管、全社会积极参与的工作机制，加强民主决策、民主管理，充分调动广大农民群众的积极性和主动性，大力加强建设社会主义新农村的宣传教育，使全党全国以及全社会共同关心和热情参与社会主义新农村建设。五是要总结经验、分类指导，注重抓好试点，及时总结实践，发现典型经验，指导面上工作，不断开创建设社会主义新农村的新局面。

1月29日　国务院总理温家宝签署第四五八号国务院令，公布《娱乐场所管理条例》，自2006年3月1日起施行。为加强对娱乐场所的监督管理，新修订的《娱乐场所管理条例》规定，文化主管部门、公安部门和其他有关部门应当建立娱乐场所违法行为警示记录系统；对列入警示记录的娱乐场所，应当及时向社会公布，并加大监督检查力度。

1月31日　国务院发出《关于解决农民工问题的若干意见》。意见指出，要逐步建立城乡统一的劳动力市场和公平竞争的就业制度，建立保障农民工合法权益的政策体系和执法监督机制，建立惠及农民工的城乡公共服务体制和制度。

2月8日　国务院总理温家宝主持召开国务院常务会议。会议研究发展城市社区卫生服务工作，审议并原则通过《国务院关于发展城市社区卫生服务的指导意见》。会议听取了卫生部关于发展城市社区卫生服务工作意见的汇报。会议指出，发展社区卫生服务，要坚持公益性质，完善社区服务功能；坚持政府主导，鼓励社会参与，多渠道发展；坚持以调整和充分利用现有卫生资源为主，健全社区卫生服务网络；坚持公共卫生和基本医疗服务、中西医并重，防治结合；坚持以地方为主，因地制宜，稳步推进。到2010年，全国地级以上城市和有条件的县级市，基本建立起机构设置合理，服务功能健全，人员素质较高，运行机制科学，监督管理规范的城市社区卫生服务体系，居民在社区可以享受疾病预防控制等公共卫生服务和一般常见病、多发病的基本医疗服务。东中部地区地级以上城市和西部地区省会城市要加快发展，力争在二三年内取得明显进展。为此，要重点做好以下工作：（一）优化城市卫生资源结构，健全社区卫生服务网络，完善服务功能，满足群众基本卫生服务需求。（二）加大对社区公共卫生服务的经费投入。地方政府要建立稳定的社区卫生服务投入机制，中央财政对中西部地区给予必要的支持。鼓励社会力量参与发展社区卫生服务。（三）完善社区卫生服务运行机制。建立健全社区卫生服务机构、人员准入和退出机制，改革人事管理、收入分配制度和财政补偿制度及方式，确保服务质量。（四）发挥社区卫生服务在医疗保障中的作用。将社区卫生服务机构纳入城镇职工基本医疗保险定点医疗机构范围，引导参保职工到社区就诊。积极探索建立以社区卫生服务为基础的城市医疗救助制度。（五）加强社区卫生服务队伍建设。推进全科医师和护士岗位培训，建立医院和预防保健机构支援社区卫生服务的制度，鼓励和组织大中型医院医务人员到社区为居民服务。（六）加强社区卫生服务的监督管理。依法严格社区卫生服务机构、从业人员和医疗服务项目的资格准入，加强药品质量监管和民主监督，保证居民就医、用药安全。会议强调，发展社区卫生服务是各级政府的重要职责。国务院成立城市社区卫生工作领导小组，指导协调全国城市社区卫生服务工作。地方各级政府和有关部门要建立相应的领导协调机制，层层明确责任，密切协调配合，推动社区卫生服务健康持续发展。

2月9日　国务院发布《国家中长期科学和技术发展规划纲要(2006-2020年)》(以下简称《纲要》)。《纲要》确定到2020年，全社会研究开发投入占国内生产总值的比重提高到2.5%以上，力争科技进步贡献率达到60%以上，对外技术依存度降低到30%以下，本国人发明专利年度授权量和国际科学论文被引用数均进入世界前5位。

2月10日—11日　中国外交部副部长戴秉国同日本外务省事务次官谷内正太郎在日本举行第四次中日战略对话。双方着重就如何处理影响两国关系发展的突出问题坦率交换了意见。此次对话还涉及到双方关心的广泛问题。

2月13日　王选逝世。享誉海内外的著名科学家、中国计算机汉字激光照排技术创始人，杰出的社会活动家，中国共产党的亲密朋友，中国人民政治协商会议第十届全国委员会副主席，九三学社中央副主席，中国科学院院士、中国工程院院士，北京大学教授王选，因病于2006年在北京逝世，享年70岁。王选，1937年2月5日出生于上海，少年时代就读于上海南洋模范学校。1954年考入北京大学数学系，1958年毕业留校在无线电系任教，参与北大自行开发的中型计算机——红旗机的研制工作。1961年，开始从事软、硬件相结合的研究，探索软件对未来计算机体系结构的影响。1964年承担了国内较早的高级语言编译系统——DJS21机的ALGOL60编译系统的研制。1975年投入到“汉字精密照排系统”项目的研究中。1981年，主持研制成功中国第一台计算机汉字激光照排系统原理性样机华光I型。1985年—1993年，先后主持研制成功并推出了华光II型到方正93系统共5代产品，以及方正彩色出版系统。历任北京大学计算机研究所讲师、副教授、教授、博士生导师，副所长、所长，文字信息处理国家重点实验室主任。1991年当选中国科学院学部委员（院士），1993年当选第三世界科学院院士，1994年当选中国工程院院士。1994年后任电子出版新技术国家工程研究中心主任，北大方正技术研究院院长，方正控股有限公司董事局主席、首席科技顾问，中国科协副主席，国家中长期科学和技术发展规划总体战略顾问专家组成员，中国国际交流协会副会长，中国国际经济合作促进会理事长，中国印刷技术协会名誉会长，中国专利保护协会名誉会长，中国发明协会名誉理事长，中国青少年网络协会名誉会长。1995年后担任九三学社中央副主席。2003年当选为第十届全国政协副主席。第八届全国政协委员，第九届全国人大常委会委员、全国人大教科文卫委员会副主任委员。在国际上获得了广泛的赞誉。1985年获首届中国发明协会发明奖，1986年获日内瓦国际发明展览会金奖，1987年获首届毕昇奖，1987年和1995年两次获国家科技进步一等奖，1989年获中国专利金奖，1990年获陈嘉庚技术科学奖，1991年获国务院特殊津贴，1995年获联合国教科文组织科学奖、何梁何利科学与技术进步奖，获2001年度国家最高科学技术奖。

同　日　国务院发出《关于加快振兴装备制造业的若干意见》。《意见》指出了大力振兴装备制造业，是树立和落实科学发展观，走新型工业化道路，实现国民经济可持续发展的战略举措。

2月14日　中共中央举办的省部级主要领导干部建设社会主义新农村专题研讨班在中央党校开班。胡锦涛总书记在开班式上作了重要讲话。他指出，建设社会主义新农村，是我们党在深刻分析当前国际国内形势、全面把握我国经济社会发展阶段性特征的基础上，从党和国家事业发展的全局出发确定的一项重大历史任务。全党同志和全国上下要团结一心、扎实工作，真正使建设社会主义新农村成为惠及广大农民群众的民心工程，不断取得扎扎实实的成效。

2月14日—20日　中共中央举办省部级主要领导干部建设社会主义新农村专题研讨班。胡锦涛、温家宝先后在开班式和结业式上讲话。胡锦涛强调要真正使建设社会主义新农村成为惠及广大农民群众的民心工程。2006年4月—2007年1月，中央连续举办50期培训班，对全国5 474名县委书记、县长进行“建设社会主义新农村”专题培训。

2月15日　国务院总理温家宝主持召开国务院常务会议，研究促进中部地区崛起问题，部署行政监察工作。会议听取了发改委关于促进中部地区崛起的若干意见的汇报。会议指出，促进中部地区崛起，要以邓小平理论和“三个代表”重要思想为指导，全面贯彻落实科学发展观，坚持把改革开放和科技进步作为动力，着力增强自主创新能力、提升产业结构、转变增长方式、加强生态建设和环境保护、促进社会和谐，建设全国重要的粮食生产基地、能源原材料基地、高技术产业及现代装备制造基地和综合交通运输枢纽，在发挥承东启西和产业发展优势中崛起，实现中部地区经济社会全面协调可持续发展。会议研究了促进中部地区崛起的重点任务及政策措施。会议强调，中部地区崛起是一项长期的战略任务。各地区和有关部门要高度重视，加强领导，科学规划，精心组织，通力协作，扎扎实实做好促进中部地区崛起的各项工作。会议听取了监察部工作汇报。会议原则同意监察部提出的2006年政府廉政建设和行政监察工作的总体思路和主要任务，要求着力抓好以下工作：一是认真开展治理商业贿赂专项工作，重点查处政府机关公务员在其中利用行政权力收受贿赂的行为；二是围绕贯彻落实科学发展观开展监督检查，严肃查处有令不行、有禁不止的行为，保证中央重大决策的有效实施；三是坚决纠正损害群众利益的不正之风。把解决群众上学难、看病难作为纠风专项治理重点，继续纠正在征收征用土地、城镇房屋拆迁、企业重组改制中损害群众利益的问题，以及拖欠农民工工资问题；四是继续推进从源头上预防腐败的各项改革和制度建设，进一步清理、减少和规范行政审批事项，强化对行政许可和审批全过程的监督和制约；五是严肃查处领导干部违纪违法案件，认真查办严重侵害群众利益的案件。会议决定，近期召开国务院第四次廉政工作会议，部署2006年政府廉政建设工作。

2月21日　中共中央政治局召开会议。会议讨论国务院拟提请第十届全国人民代表大会第四次会议审议的政府工作报告稿和审查的中华人民共和国国民经济和社会发展第十一个五年规划纲要草案稿。中共中央总书记胡锦涛主持会议。会议指出，2005年，经过全党全国上下团结奋斗，我国保持经济平稳较快发展，改革开放迈出重大步伐，民主法制建设继续推进，社会事业取得新进展，人民生活进一步改善，社会安定团结，全面建设小康社会迈出新的坚实步伐。一年来的成就，是以胡锦涛同志为总书记的党中央驾驭全局、正确领导的结果，是广大干部群众共同努力、辛勤工作的结果。国务院和地方各级政府认真履行职责，做了大量卓有成效的工作。会议强调，2006年是“十一五”时期的第一年，改革发展稳定的任务十分繁重。各级党委和政府要按照中央的部署和要求，全面落实科学发展观，坚持加快改革开放和自主创新，坚持推进经济结构调整和增长方式转变，坚持把解决涉及人民群众切身利益的问题放在突出位置，全面加强社会主义经济建设、政治建设、文化建设、社会建设，为“十一五”时期的发展开好局、起好步。要保持宏观经济政策的连续性和稳定性，继续实施稳健的财政政策和货币政策，搞好宏观调控，重点扩大消费需求，保持固定资产投资适当规模，优化投资结构，继续推动经济平稳较快发展；要扎实推进社会主义新农村建设，加大对“三农”的支持力度，发展现代农业，促进粮食生产稳定发展和农民增收，加强农村基础设施建设，全面推进农村综合改革；要加大产业结构调整、资源节约和环境保护力度，加快转变经济增长方式，着力增强自主创新能力，提升产业层次和技术水平，大力发展循环经济，加快建设环境友好型社会，继续推动区域协调发展；要大力实施科教兴国战略，把加快科技发展放在更加突出的战略地位，大力普及和巩固九年义务教育，加强社会主义文化建设；要继续深化改革，在一些关系全局的重大体制改革上取得新进展，进一步扩大对外开放；要高度重视解决涉及群众切身利益的问题，继续实施积极的就业政策，加快推进社会保障体系建设，突出抓好医疗卫生工作，切实加强安全生产，加快建设社会治安防控体系，坚决维护社会稳定，推进和谐社会建设。会议认为，“十一五”时期是全面建设小康社会的关键时期。科学编制“十一五”规划纲要，对于紧紧抓住重要战略机遇期、促进我国经济社会又快又好发展具有十分重大的意义。会议指出，“十一五”时期要继续以邓小平理论和“三个代表”重要思想为指导，以科学发展观统领经济社会发展全局，坚持必须保持经济平稳较快发展、必须加快转变经济增长方式、必须提高自主创新能力、必须促进城乡区域协调发展、必须加强和谐社会建设、必须不断深化改革开放的指导原则。要针对发展中存在的突出矛盾和问题，进一步调整推动发展的思路、转变推动发展的方式、明确推动发展的政策导向。要立足扩大国内需求推动发展，立足优化产业结构推动发展，立足节约资源保护环境推动发展，立足增强自主创新能力推动发展，立足深化改革开放推动发展，立足以人为本推动发展。会议对“十一五”规划纲要草案提出的“十一五”时期我国经济社会发展的重大指标、战略重点、重大改革措施和主要政策取向等进行了讨论研究。会议强调，“十一五”规划纲要要阐明国家战略意图，明确政府工作重点，引导市场主体行为方向，成为政府履行经济调节、市场监管、社会管理和公共服务职责的重要依据。实现规划提出的目标和任务，主要依靠完善体制机制，更好地发挥市场在资源配置中的基础性作用，同时政府要正确履行职责，加强和改善宏观调控。会议要求，在将“十一五”规划纲要草案提交十届全国人大四次会议审查和全国政协十届四次会议讨论的过程中，要发扬民主、集思广益，以利于切实把规划纲要制定好、实施好。

同　日　中共中央政治局进行第二十九次集体学习，中共中央总书记胡锦涛主持。中共中央政治局这次集体学习安排的内容是世界产业结构调整的趋势和我国加快转变经济增长方式的战略抉择。国务院发展研究中心卢中原研究员、国家发展和改革委员会宏观经济研究院王一鸣研究员就这个问题进行讲解，并谈了他们的有关看法和建议。胡锦涛在主持学习时发表了讲话。他指出，我国正处在全面建设小康社会、加快推进社会主义现代化的新的发展阶段，国际经济正处在产业结构朝着技术、知识、服务密集的方向发展的新的调整时期。只有加快转变经济增长方式，才能不断提高国民经济的整体素质，确保实现党的十六届五中全会提出的发展目标。只有加快转变经济增长方式，才能切实推动经济发展和人口、资源、环境相协调，确保实现我国经济社会可持续发展。只有加快转变经济增长方式，才能应对激烈的国际经济、科技竞争，切实提高我国经济的国际竞争力和抗风险能力，确保在国际分工中取得有利地位。我们一定要从贯彻落实科学发展观、实现全面建设小康社会宏伟目标的战略高度，进一步增强自觉性和紧迫感，下更大的气力，采取更有力的措施，切实把加快转变经济增长方式的工作抓紧抓实、抓出成效。加快转变经济增长方式，是坚持以科学发展观统领经济社会发展全局、实现经济社会又快又好发展的重要着力点。要重点抓好以下几方面的工作：一是要按照建设创新型国家的要求，加快建设国家创新体系，建立以企业为主体、市场为导向、产学研相结合的技术创新体系，着力提高原始创新能力、集成创新能力和引进消化吸收再创新能力，为转变经济增长方式提供强大科技支撑。二是要加快推进经济结构的战略性调整，提升产业的整体技术水平，特别是要大力发展先进制造业和现代服务业，大力加强基础产业基础设施建设，大力促进区域协调发展。三是要坚持节约资源和保护环境的基本国策，大力发展循环经济，加强资源综合利用，全面推进清洁生产，加大环境保护和生态建设的力度，促进建设资源节约型、环境友好型社会。四是要进一步推进改革，努力形成有利于转变经济增长方式、促进全面协调可持续发展的体制机制，充分发挥市场机制对转变经济增长方式的引导作用。五是要树立人才资源是第一资源的观念，加强人力资源能力建设，努力造就数以亿计的高素质劳动者、数以千万计的专门人才和一大批拔尖的创新人才，积极营造人才辈出、人尽其才的社会氛围。胡锦涛强调，加快转变经济增长方式，关键是各级党委和政府要高度重视、加强领导、抓好落实。要全面把握科学发展观的内涵和要求，统一思想认识，加大工作力度，切实把科学发展观贯穿于经济社会发展的全过程、落实到经济社会发展的各个环节。要把转变经济增长方式作为经济社会发展的重要任务，进行深入分析，制定实施规划，抓住对转变经济增长方式具有重大作用的环节和问题，同改革发展工作有机结合起来，一起部署、一起推动，扎实加以推进。要建立健全有利于加快转变经济增长方式的干部政绩考核体系，综合考核投入和产出、速度和效益、经济和社会、发展和环境等方面的指标，激励广大干部树立和实践科学发展观和正确政绩观。要完善法律法规，加大执法力度，形成有利于转变经济增长方式的法制环境。要大兴求真务实之风，扎扎实实做好加快转变经济增长方式的各项工作，更好地推进全面建设小康社会进程。

同　日　国务院发出《关于发展城市社区卫生服务的指导意见》。要求大力发展社区卫生服务，解决群众看病难、看病贵问题。

2月22日　国务院总理温家宝主持召开国务院常务会议，研究加强和改进社区服务工作，听取北京奥运会筹办工作进展情况的汇报。会议认为，社区是城市的细胞。随着社会主义市场经济的发展和城镇化进程的加快，社区在城市经济社会发展和管理中的地位越来越重要。加强社区建设，改进社区服务工作，直接关系改革、发展、稳定的大局，关系群众的切身利益，对于提高人民生活质量、扩大就业、化解社会矛盾、促进和谐社会建设具有重要意义。为此，要重点做好以下工作：（一）大力推进公共服务体系建设，切实加强社区就业、社会保障、社会救助，以及医疗卫生、计划生育、文化、教育、体育、安全等服务工作，使政府公共服务落实到社区。（二）充分发挥社区党组织和居民自治组织在社区服务中的作用，加强社区服务工作队伍建设，不断提高其服务居民、管理社区的能力。（三）培育社区服务组织，积极开展社区志愿服务活动，并不断创新服务形式，提高服务水平。（四）鼓励和支持各类组织、企业和个人开展社区服务。（五）加强组织领导和社区服务监管。建立党和政府统一领导、民政部门牵头、有关部门配合、社会广泛参与的社区服务管理体制和工作机制，保证社区服务工作的健康发展。会议听取了北京奥组委关于奥运会筹办工作进展情况的汇报。会议认为，2005年，北京奥组委认真贯彻党中央、国务院指示精神，全面、扎实、高效地开展筹办工作，圆满完成了年度任务。奥运会新建场馆全面开工，宣传和文化工作取得良好社会效果，节俭办奥运的方针得到落实，国际合作和竞赛组织工作稳步推进，残奥会筹备工作进展顺利，得到国际奥委会的充分肯定。会议指出，2006年是北京筹办奥运会的关键之年、攻坚之年，要按照绿色奥运、科技奥运、人文奥运的理念，扎实做好各项筹办工作。要全面推进奥运会场馆设施和配套工程建设，年内基本完成新建场馆和奥运村、媒体村、会议中心等设施的主体结构工程。要重视和加强宣传、文化及教育工作，大力开展“迎奥运、讲文明、树新风”活动，营造全社会关注奥运、支持奥运、参与奥运的氛围。要加强大气污染治理，为举办奥运会创造良好的环境。要继续做好与国际奥委会和有关国际组织的交流与合作工作，努力提高筹办工作的国际化水平。要认真落实竞赛组织与管理工作，加强人员培训，积极推动筹办工作体制、机制向赛时转换，形成参与广泛、运行顺畅、各方紧密配合的局面。

2月24日　国务院第四次廉政工作会议举行。温家宝在会上强调，要把开展治理商业贿赂专项工作作为2006年反腐倡廉的重点。（一）充分认识治理商业贿赂的重要性和紧迫性。近年来，在市场交易活动中，经营者通过给予财物等手段获取交易机会或其他利益的商业贿赂，在一些行业和领域蔓延。商业贿赂直接危害我国经济社会健康发展，违背公平竞争的市场原则，破坏社会主义市场经济秩序，损害人民群众的切身利益，毒化社会风气，滋生腐败行为和经济犯罪。商业贿赂已成为经济社会生活中的一大公害，我们必须提高认识，坚决予以治理。（二）采取有力措施，解决突出问题。这次治理商业贿赂专项工作，要着力解决公益性强、与人民群众切身利益密切相关、破坏市场经济秩序的问题；重点治理工程建设、土地出让、产权交易、医药购销、政府采购以及资源开发和经销等领域的商业贿赂行为。一要通过专项治理，坚决遏制商业贿赂蔓延的势头，进一步规范市场秩序、企业行为和行政权力，加快建立防治商业贿赂的有效机制。开展治理商业贿赂专项工作，一方面，要坚决纠正企业事业单位及中介机构，在经营活动中违反商业道德和市场规则的不正当交易行为。各主管或监管部门要组织本行业企业事业等单位，认真进行自查自纠，检查纠正不正当交易问题。国有和国有控股企业尤其是中央企业和中央金融机构要带头遵守法律法规，自觉抵制商业贿赂。另一方面，要依法查处商业贿赂案件，突出查办大案要案。对行业自查和专项检查中发现的商业贿赂案件，要依法办案、依法处理，重大典型案件要予以曝光。治理商业贿赂根本要靠法制，依法治理要贯彻全过程。这是这项工作有序推进并取得成效的关键。商业贿赂虽然发生在经营者的交易活动中，但与一些政府机关及其工作人员滥用职权、以权谋私有密切关系。一些部门和单位在药品生产审批、出口配额许可、物资采购中发生的严重违法犯罪问题，说明商业贿赂直接涉及到政府部门，一些不法经营者与政府工作人员内外勾结，行贿受贿，危害甚大。治理商业贿赂，必须严肃查处政府工作人员利用职权参与或干预企业事业单位经营活动，谋取非法利益、索贿受贿行为。各级政府一要切实履行职责，严格执法，加强市场监管，规范市场秩序，坚决纠正不正当交易行为。二要对涉及政府工作人员的商业贿赂案件，对执法犯法、贪赃枉法的腐败分子，依法惩处，绝不手软，绝不姑息。三要强化对行政审批权和行政执法权的监督，开展规范行政审批权试点，推广运用信息网络技术对行政审批全程监控的做法，建立行政执法依据和程序公开制度，有效监督和制约行政权力运行，防患于未然。四要对政府工作人员严格要求，加强教育。政府工作人员不得参加影响公正执行公务的活动，要自觉抵制贿赂，做到防微杜渐，增强拒腐防变能力。（三）把握政策，稳步有序推进专项治理工作。各部门要对主管或监管的行业和单位的商业贿赂治理工作切实负起责任；各地区要结合本地实际，确定治理的重点领域，着力解决突出问题。治理商业贿赂涉及面广、政策性强。要坚持实事求是，严格把握政策，注意区分正常的商业活动与不正当交易行为的界限，区分违纪违规与违法犯罪的界限。（四）完善法规制度，建立健全防治商业贿赂的有效机制。治理商业贿赂从长期看需要推进改革、健全制度。要继续深化行政审批制度、财政管理体制、金融监管体制等改革，健全政府投资监管、国有资产监管等制度。要加快统一市场体系建设，打破市场垄断、行政壁垒和地区封锁。要进一步完善会计制度，坚决纠正和查处做假账行为；加强票据管理，减少现金交易，加大反洗钱工作力度。要研究提出修订《刑法》、《反不正当竞争法》等法律的建议，加快制定《反垄断法》工作，进一步完善规范市场竞争行为和惩治商业贿赂的法律规定。要加强商业道德和社会信用体系建设。市场经济是法治经济，也是信用经济。要结合治理商业贿赂专项工作，加快建立适合我国国情的企业和个人信用制度，实行企业诚信守法提醒制、警示制和公示制，发挥舆论监督作用，大力营造健康的商业文化。

2月24日—25日　国务院召开全国城市社区卫生工作会议，全面部署发展城市社区卫生服务工作。中共中央政治局委员、国务院副总理、国务院城市社区卫生工作领导小组组长吴仪出席会议并讲话，强调要统一思想，提高认识，创新机制，扎实工作，积极推进社区卫生服务的发展。《国务院关于发展城市社区卫生服务的指导意见》随即发布。

2月25日　中央发布通知。中组部、人事部、教育部、团中央等8个部门联合下发《关于组织开展高校毕业生到农村基层从事支教、支农、支医和扶贫工作的通知》。

2月26日　新华社报道了国务院近期发布4件公共卫生类突发公共事件专项应急预案。4件预案是：国家突发公共卫生事件应急预案，国家突发公共事件医疗卫生救援应急预案，国家突发重大动物疫情应急预案，国家重大食品安全事故应急预案。报道认为，编制公共卫生类突发公共事件专项应急预案，是为了有效预防、及时控制和消除公共卫生类突发公共事件及其危害，指导和规范相关应急处理工作，最大程度地减少对公众健康造成的危害，保障公众身心健康与生命安全。

2月27日　陈水扁在两岸同胞的强烈反对和国际社会的一片谴责声中，强行决定终止"国统会"运作和"国统纲领"适用。中共中央台湾工作办公室、国务院台湾事务办公室2月28日受权就陈水扁决定终止"国统会"运作和"国统纲领"适用发表声明。声明指出，当前陈水扁通过"宪改"进行"台湾法理独立"活动的冒险性、危险性继续上升，一旦得逞，势必造成两岸关系高度紧张，严重威胁台海地区乃至亚太地区的和平与稳定。坚决反对和制止陈水扁通过“宪改”进行“台湾法理独立”活动，是当前我们最重要、最紧迫的任务。当日，国家主席胡锦涛在会见瑞士国防部长施密德时重申，反对“台独”分裂势力及其活动，维护台海和平稳定，是我们坚定不移的意志和决心。我们将继续努力争取和平统一的前景，但决不允许把台湾从祖国分裂出去。任何逆历史潮流而动的人都逃脱不了失败的命运。

2月28日　十届全国人大常委会第二十次会议在人民大会堂闭会。会议表决通过了全国人大常委会关于修改审计法的决定。国家主席胡锦涛签署第四十八号主席令，公布了这一决定。决定将自2006年6月1日起施行。会议表决通过了全国人大常委会关于批准《制止向恐怖主义提供资助的国际公约》的决定。会议表决通过了关于全国人大常委会香港特别行政区基本法委员会部分组成人员的任免名单、关于全国人大常委会澳门特别行政区基本法委员会部分组成人员的任免名单。会议还表决通过了其他任免案。会议表决通过了十届全国人大四次会议议程草案，提请十届全国人大四次会议预备会议审议；表决通过了十届全国人大四次会议主席团和秘书长名单草案，提请十届全国人大四次会议预备会议选举；表决通过了十届全国人大四次会议列席人员名单。会议还表决通过了全国人大常委会代表资格审查委员会关于个别代表的代表资格的审查报告。按照全国人大常委会会后发表的公告，十届全国人大现实有代表2 988人。会议表决通过了全国人大常委会工作报告稿。委员长会议建议，由吴邦国委员长代表常委会向十届全国人大四次会议作工作报告。会议完成各项议程后，吴邦国发表重要讲话。他说，这次会议初次审议了义务教育法修订草案，再次审议了农产品质量安全法草案等，并作出了关于修改审计法的决定。修改后的审计法，进一步完善了审计监督制度，加大了审计监督力度，对维护财经秩序，提高财政资金使用效益，促进廉政建设将发挥重要作用。吴邦国指出，“三农”问题始终是关系党和人民事业发展的全局性和根本性问题。本届人大常委会一直把推进解决好“三农”问题作为监督工作的重点，在前两年对农村土地承包法和土地管理法进行执法检查的基础上，2005年检查了农业法的实施情况，本次会议又听取和审议了国务院关于当前农业和农村工作情况的报告，常委会组成人员对国务院的工作给予了充分肯定。大家强调，中央关于加强“三农”工作的方针政策非常明确，关键在于落实。各地区、各部门要结合实际创造性地开展工作，把中央的方针政策落实到具体措施上、落实到实际工作中，不断开创农业和农村工作的新局面。副委员长王兆国、李铁映、司马义·艾买提、何鲁丽、丁石孙、成思危、许嘉璐、顾秀莲、热地、盛华仁、路甬祥、乌云其木格、韩启德、傅铁山出席会议，国务院副总理曾培炎、最高人民法院院长肖扬、最高人民检察院检察长贾春旺列席会议。

同　日　十届全国人大常委会在人民大会堂举行第十九次专题讲座，讲座的题目是“关于建设社会主义新农村的重大历史任务”。吴邦国委员长主持讲座。副委员长王兆国、李铁映、司马义·艾买提、何鲁丽、丁石孙、成思危、许嘉璐、顾秀莲、盛华仁、路甬祥、乌云其木格、韩启德等听取了讲座。

同　日　中共中央台湾工作办公室、国务院台湾事务办公室受权就陈水扁决定终止“国统会”运作和“国统纲领”适用发表声明。声明指出，坚决反对和制止陈水扁通过“宪改”进行“台湾法理独立”活动，是当前我们最重要、最紧迫的任务。

3月1日　国务院总理温家宝主持召开国务院常务会议。审议并原则通过《农村卫生服务体系建设与发展规划》、《机动车交通事故责任强制保险条例（草案)》。会议指出，农村卫生服务体系建设与发展，要从实际出发，因地制宜，坚持加大投入与深化改革相结合，统一规划、分级负责，整合资源、合理布局，整体推进、分步实施。到2010年，初步建立起基本设施比较齐全的农村卫生服务网络、具有一定专业素质的农村卫生服务队伍、运转有效的农村卫生管理体制，使农民人人享有初级卫生保健服务。中央重点支持中西部地区的乡镇卫生院，贫困县、民族自治县、边境县的县医院、县中医院、民族医院和县级妇幼保健机构的建设。会议强调，在《规划》实施中，要重点做好以下工作：（一）建立稳定的农村卫生投入保障机制。要充分发挥中央和地方两个积极性，增加对农村卫生事业的投入。（二）深化农村卫生管理体制改革。整合县级卫生机构资源，合理调整乡镇卫生院的规划布局；积极探索多渠道办医途径，鼓励社会和个人参与农村卫生服务。（三）建立和完善新型农村合作医疗制度和医疗救助制度。（四）加强农村卫生服务队伍建设。大力培养农村适用卫生技术人才，引导、鼓励医科院校毕业生到农村服务；组织城市医疗卫生机构的医护人员到农村提供医疗卫生服务和技术指导。（五）加强农村医疗卫生机构管理。严格实行农村医疗卫生机构、服务项目准入制度和农村医生执业注册制度，规范农村卫生服务项目和收费标准，努力降低运行成本，为农民提供安全、有效、方便、廉价的卫生服务。会议认为，为了保障机动车道路交通事故受害人依法得到赔偿，促进道路交通安全，根据《中华人民共和国道路交通安全法》、《中华人民共和国保险法》，制定《机动车交通事故责任强制保险条例》是十分必要的。会议决定，该条例草案经进一步修改后，由国务院公布施行。

3月3日　全国政协十届四次会议在人民大会堂开幕。全国政协主席贾庆林受政协第十届全国委员会常务委员会的委托，向大会作工作报告。全国政协十届四次会议13日举行闭幕会，通过政协第十届全国委员会第四次会议关于常务委员会工作报告的决议，通过政协第十届全国委员会第四次会议关于政协十届三次会议以来提案工作情况报告的决议，通过政协第十届全国委员会提案委员会关于政协十届四次会议提案审查情况的报告，通过政协第十届全国委员会第四次会议政治决议。

3月4日　胡锦涛在参加全国政协十届四次会议民盟、民进联组讨论时发表讲话。讲话内容强调要引导广大干部群众特别是青少年树立以“八荣八耻”为主要内容的社会主义荣辱观。5月19日，中央精神文明建设指导委员会发出《关于深入学习实践社会主义荣辱观，大力加强思想道德建设的意见》。

3月5日—14日　十届全国人大四次会议举行。温家宝作政府工作报告。国务院总理温家宝作政府工作报告。吴邦国作全国人大常委会工作报告。十届全国人大四次会议14日举行闭幕会，表决通过了温家宝总理在开幕会上所作的政府工作报告，以及“十一五”规划纲要，表决通过了关于国民经济和社会发展第十一个五年规划纲要的决议，并决定批准这个规划纲要。新华社16日受权全文播发《中华人民共和国国民经济和社会发展第十一个五年规划纲要》。纲要共分为14篇：指导原则和发展目标；建设社会主义新农村；推进工业结构优化升级；加快发展服务业；促进区域协调发展；建设资源节约型、环境友好型社会；实施科教兴国战略和人才强国战略；深化体制改革；实施互利共赢的开放战略；推进社会主义和谐社会建设；加强社会主义民主政治建设；加强社会主义文化建设；加强国防和军队建设；建立健全规划实施机制。

3月11日　团中央发出《关于在青少年中大力开展社会主义荣辱观教育的通知》。

3月17日　中共中央、国务院转发《中央宣传部、司法部关于在公民中开展法制宣传教育的第五个五年规划》。

3月18日　据农业部统计，2005年以来，我国共发生35起高致病性禽流感疫情，共有19.4万只禽发病，死亡18.6万只，扑杀2 284.9万只。目前，所有疫情都已扑灭。国家首席兽医官、农业部兽医局局长贾幼陵当日接受记者采访时说，这35起高致病性禽流感疫情分布在青海、西藏、新疆、内蒙古、安徽、湖南、辽宁、湖北、山西、宁夏、云南、江西、四川、贵州14个省、自治区，其中2006年发生了3起疫情，但与2004年同期相比，下降了46起。由于各项防控措施到位，2006年春季出现禽流感疫情大面积发生的可能性很小。

3月21日　团中央下发《关于在全团开展“我与祖国共奋进”主题教育实践活动的通知》。

同　日　财政部、国家税务总局联合下发通知。通知主要内容为：从4月1日起，对我国现行消费税的税目、税率及相关政策进行调整。此次政策调整是1994年税制改革以来消费税最大规模的一次调整。

3月21日—22日　应中国国家主席胡锦涛邀请，俄罗斯联邦总统普京对中国进行了国事访问。两国元首全面探讨了深化中俄战略协作伙伴关系问题，并就共同关心的重大国际和地区问题广泛、深入地交换了意见。两国元首共同出席了“俄罗斯年”开幕式和中俄经济工商界高峰论坛开幕式。

3月22日　国务院总理温家宝主持召开国务院常务会议。审议并原则通过《核电中长期发展规划 (2005—2020年)》、《天津市城市总体规划(2005—2020年)》和《血吸虫病防治条例（草案)》。会议听取了发展改革委关于核电中长期发展规划的汇报。会议强调，实施核电发展规划，要着力抓好以下几个方面工作：一是推进体制改革和机制创新。建立健全现代企业制度，积极推动现有国内技术力量和设备制造企业重组，逐步建立与社会主义市场经济相适应的核电发展体制、核电建设与运营体系。二是完善核电安全保障体系，加快法律法规建设。依法强化核电安全监督工作，积极开展核安全研究，加强核应急系统建设。三是搞好运行与技术服务体系建设，加快核电人才培养，全面提高核电站安全、稳定运行水平。四是加快推进核电设备制造自主化，重点突破关键设备的设计和制造技术，努力提高成套设备生产能力。五是合理开发国内资源，积极利用国外资源，建立稳定的核电燃料供给保障体系。六是加大政策支持和引导力度，规范核电项目投资行为，促进核电事业健康发展。会议听取了天津市和建设部关于天津城市总体规划修编工作及审查情况的汇报。会议认为，此次规划修编进一步明确城市性质定位，符合天津市的实际情况和发展要求。会议指出，总体规划是天津市城市发展、建设和管理的基本依据，必须认真组织实施。一要按照全面落实科学发展观、构建社会主义和谐社会的要求，正确处理以经济建设为中心和全面发展、当前发展和长远发展的关系，促进经济、社会、人口、城乡、资源和环境的协调发展。二要突出天津的发展特色和比较优势，进一步推进滨海新区的开发开放，增强和完善滨海新区为区域服务的综合功能，充分发挥天津在环渤海区域的服务、辐射和带动作用。三要坚持可持续发展，加强环境保护和治理，大力发展循环经济，提高资源利用效率，实现节约发展、清洁发展和安全发展。努力把天津市建设成为国际港口城市、北方经济中心和生态城市。会议认为，为了预防、控制和消灭血吸虫病，保障疫区人体健康、动物健康和公共卫生，促进经济社会全面发展，根据传染病防治法、动物防疫法，制定《血吸虫病防治条例》是十分必要的。会议决定，《血吸虫病防治条例（草案）》经进一步修改后，由国务院公布施行。

3月27日　新华社受权发布《国务院关于解决农民工问题的若干意见》（以下简称《意见》）。《意见》指出，农民工问题事关我国经济和社会发展全局，维护农民工权益是需要解决的突出问题，解决农民工问题是建设中国特色社会主义的战略任务。《意见》全文分10个部分、40条，约9 000字，涉及了农民工工资、就业、技能培训、劳动保护、社会保障、公共管理和服务、户籍管理制度改革、土地承包权益等各个方面的政策措施。

同　日　中共中央政治局召开会议，研究促进中部地区崛起工作。中共中央总书记胡锦涛主持会议。会议指出，促进中部地区崛起，是党中央、国务院继作出鼓励东部地区率先发展、实施西部大开发、振兴东北地区等老工业基地战略后，从我国现代化建设全局出发作出的又一重大决策，是落实促进区域协调发展总体战略的重大任务。会议认为，实现中部地区经济社会又快又好发展，事关我国经济社会发展全局，事关全面建设小康社会全局。促进中部崛起，有利于提高我国粮食和能源保障能力，缓解资源约束；有利于深化改革开放、不断扩大内需，培育新的经济增长点；有利于促进城乡区域协调发展，构建良性互动的发展新格局。我们要抓住机遇，加快发展，充分发挥中部地区的区位、资源、产业、人才等综合优势，进一步形成东中西互动、优势互补、相互促进、共同发展的新格局。促进中部地区崛起，要以邓小平理论和“三个代表”重要思想为指导，全面贯彻落实科学发展观，坚持把改革开放和科技进步作为动力，着力增强自主创新能力、提升产业结构、转变增长方式、保护生态环境、促进社会和谐，努力建设全国重要的粮食生产基地、能源原材料基地、现代装备制造及高技术产业基地和综合交通运输枢纽，在发挥承东启西和产业发展优势中崛起，实现中部地区经济社会全面协调可持续发展，为全面建设小康社会作出新贡献。会议强调，中部地区崛起是一项长期的战略任务。要坚持深化改革和扩大对内对外开放，推进体制机制创新，发挥市场配置资源的基础性作用；坚持依靠科技进步和自主创新，走新型工业化道路；坚持突出重点，充分发挥比较优势，巩固提高粮食、能源原材料、制造业等优势产业，稳步推进城市群的发展，增强对全国发展的支撑能力；坚持立足现有基础，自力更生，国家给予必要的支持，着力增强自我发展能力；坚持以人为本，统筹兼顾，努力扩大就业，逐步减少贫困人口，提高城乡公共服务水平，加强生态建设和环境保护，促进城市与农村、经济与社会、人与自然和谐发展。会议要求，中部地区各级党委和政府以及有关部门高度重视，加强领导，更新观念，深化改革，科学规划，精心组织，通力协作，坚持从实际出发，按客观规律办事，全面落实中央确定的促进中部地区崛起的重点任务和政策措施，扎扎实实做好促进中部地区崛起的各项工作。

同　日　中共中央政治局进行第三十次集体学习，中共中央总书记胡锦涛主持。中共中央政治局这次集体学习安排的内容是国外安全生产的制度措施和加强我国安全生产的制度建设。清华大学公共安全研究中心范维澄教授、中国安全生产科学研究院刘铁民研究员就这个问题进行了讲解，并谈了他们的有关看法和建议。胡锦涛在主持学习时发表了讲话。他指出，安全生产关系人民群众生命财产安全，关系改革发展稳定的大局。党的十六届五中全会明确提出，要坚持节约发展、清洁发展、安全发展，把安全发展作为一个重要理念纳入我国社会主义现代化建设的总体战略。这是我们对科学发展观认识的深化。党和政府历来高度重视安全生产工作，为促进安全生产、保障人民群众生命财产安全和健康进行了长期努力，做了大量工作。胡锦涛强调，人的生命是最宝贵的。我国是社会主义国家，我们的发展不能以牺牲精神文明为代价，不能以牺牲生态环境为代价，更不能以牺牲人的生命为代价。重特大安全事故给人民群众生命财产造成了重大损害。我们一定要痛定思痛，深刻吸取血的教训，切实加大安全生产工作的力度，坚决遏制住重特大安全事故频发的势头。胡锦涛指出，加强安全生产工作，关键是要全面落实安全第一、预防为主、综合治理的方针，做到思想认识上警钟长鸣、制度保证上严密有效、技术支撑上坚强有力、监督检查上严格细致、事故处理上严肃认真。一是要坚决落实安全生产责任制，完善安全生产管理的体制机制，严格执行安全生产的各项规章制度，确保政府承担起安全生产监管主体的职责，确保企业承担起安全生产责任主体的职责，确保安全生产监管部门承担起安全生产监管的职责，把安全生产的各项要求落到实处。二是要加强安全生产法制建设，加紧完善安全生产法律法规体系，加快建立安全生产法治秩序，加大安全监管监察执法力度，增强政府、企业和全社会的安全生产法治观念，认真查处安全事故，严肃追究有关责任人员的责任。三是要抓好重点行业安全生产专项整治，坚决纠正违反安全生产的行为，切实消除安全隐患。四是要加大安全生产的治本力度，加大政府和企业对安全生产的投入，建立重特大安全事故监测预警系统，加快安全生产科技进步，加强安全生产培训教育，大力建设安全文化，形成有利于安全发展的经济增长方式，为安全发展打下坚实基础。胡锦涛强调，搞好安全生产，领导重视是关键。各级党委和政府要充分认识加强安全生产工作的长期性、艰巨性、复杂性，加强领导，转变作风，狠抓落实。要坚持把实现安全发展、保障人民群众生命财产安全和健康作为关系全局的重大责任，与经济社会发展各项工作同步规划、同步部署、同步推进，促进安全生产与经济社会发展相协调。要经常分析安全生产形势，深入把握安全生产的规律和特点，抓紧解决安全生产中的突出矛盾和问题，有针对性地提出加强安全生产工作的政策举措。要搞好舆论宣传和引导，开展各种形式的安全生产活动，动员全党全社会共同关心和支持安全生产工作，形成齐抓共管的最大合力，尽快实现我国安全生产状况的根本好转，为全面建设小康社会、加快推进社会主义现代化创造更加良好的社会环境。

3月29日　国务院总理温家宝主持召开国务院常务会议。会议审议并原则通过《松花江流域水污染防治规划（2006—2010年）》、《大中型水利水电工程建设征地补偿和移民安置条例（修订草案）》，核定第六批全国重点文物保护单位。会议指出，党中央、国务院高度重视松花江流域水污染防治工作，并把这项工作列入国民经济和社会发展“十一五”规划纲要。会议确定了松花江流域水污染防治的阶段目标。到2010年，大中城市集中式饮用水源得到治理和保护，完成重点城市污水处理和重点工业污染源的治理任务，重点污染隐患得到有效治理和监控，主要污染物排放总量得到有效控制，大中城市污染严重水域水质有所改善，流域水环境监管及水污染预警和应急处置能力显著增强。为此，要着力做好以下工作：（一）加强饮用水源地环境监管，让人民喝上干净的水。（二）强化工业污染防治，杜绝重大污染事故。（三）加快污水处理设施建设，控制城市污染。（四）强化分区保护战略，防治区域污染。（五）提升环境监管能力，严格环保执法监督。（六）建立政府、企业、社会多元化投入机制，落实规划项目。会议认为，1991年国务院发布实施的《大中型水利水电工程建设征地补偿和移民安置条例》，对于确保征地补偿和移民安置资金的合法使用、保障工程建设顺利进行，发挥了积极作用。根据形势发展的需要，有必要在总结实践经验的基础上，对现行条例进行修订。修订后的条例调整了征收耕地的土地补偿费和安置补助费标准，规范了移民安置的程序和方式，完善了对水库移民的后期扶持制度和移民管理体制。会议决定，该草案经进一步修改后，由国务院公布施行。会议还听取了国家文物局关于第六批全国重点文物保护单位评审工作的汇报，核定第六批全国重点文物保护单位1 081处。会议强调，加强和改善文化遗产保护工作，对于继承和发扬民族优秀文化传统，增强民族自信心和凝聚力，促进社会主义精神文明建设，具有重要而深远的意义。各地区、各部门要进一步提高认识，切实做好文物的保护、管理和合理利用工作，更好地展示中华民族的历史文化遗产。

3月31日　国家主席胡锦涛会见日本日中友好七团体负责人。胡锦涛在会见时强调，中国政府在对日关系上的立场是明确的、一贯的、坚定不移的。中国政府将始终从战略高度和长远角度看待中日关系，致力于两国和平共处、世代友好、互利合作、共同发展；中国政府将坚持《中日联合声明》等3个政治文件的原则，继续本着“以史为鉴、面向未来”的精神，通过平等协商，妥善处理两国间存在的问题，维护中日友好的大局。只要日本领导人明确作出不再参拜供奉有甲级战犯的靖国神社的决断，我愿就改善和发展中日关系与日本领导人进行会晤和对话。

4月1日　温家宝出访。应澳大利亚联邦总理霍华德、斐济群岛共和国总理恩加拉塞、新西兰总理克拉克和柬埔寨王国首相洪森邀请，国务院总理温家宝乘专机离开北京，赴上述4国进行正式访问，并出席在斐济举行的首届“中国——太平洋岛国经济发展合作论坛”会议开幕式。

4月2日　中共中央发出《关于认真做好今明两年省、自治区、直辖市党委换届工作的通知》。通知指出，要按照“明确方向、积极稳妥、突出重点、分步到位”的原则，在精简领导班子职数、减少副书记职数、适当扩大党政领导成员交叉任职等方面取得实质性进展。

4月11日　第十七届中美商贸联委会在美国首都华盛顿举行。中国国务院副总理吴仪与美国商务部部长古铁雷斯、贸易代表波特曼共同主持了联委会。双方同意，在中美商贸联委会框架下成立旨在推动中美高科技贸易的“中美高科技与战略贸易工作组”，继续开展“非正式钢铁对话”，启动并加强知识产权保护合作机制，进一步加强旅游合作。双方还就中方有条件恢复进口美国牛肉，美方推动进口中国熟制禽肉解禁等达成共识。

4月12日　国务院总理温家宝主持召开国务院常务会议。会议审议并原则通过《国务院关于完善粮食流通体制改革政策措施的意见》、《中华人民共和国濒危野生动植物进出口管理条例（草案)》。会议指出，随着粮食流通体制改革的推进，也出现了一些新的情况和问题，主要是国有粮食购销企业改革进展不够平衡，促进粮食稳定增产和农民持续增收的有效机制尚未建立，粮食宏观调控和流通监管体制有待健全。当前要着力做好以下几个方面的工作：（一）

加快推进国有粮食购销企业改革，切实转换企业经营机制，使国有粮食购销企业真正成为市场主体。（二）加快清理和剥离国有粮食企业财务挂账，继续做好国有粮食企业分流职工再就业和社会保障工作，抓紧库存陈化粮的定向销售，妥善解决企业历史包袱。（三）积极培育和规范粮食市场，加快建立全国统一开放、竞争有序的粮食市场体系。进一步培育和规范多种粮食市场主体，健全粮食收购市场准入制度，加强粮食市场监管执法，完善粮食市场体系建设，维护正常流通秩序。（四）加强粮食产销衔接，逐步建立产销区之间的利益协调机制。大力发展长期稳定的粮食产销合作关系，建立有利于产销区协作发展的支持体系，支持和引导产区与销区优势互补。（五）切实加强和改善粮食宏观调控，确保国家粮食安全。完善粮食直补和最低收购价政策，加大对主产区和种粮农民的支持力度，进一步加强和充实地方粮食储备，完善中央储备粮食管理体系，探索建立中长期粮食供求总量和品种结构的平衡机制，保证市场粮食的有效供应。会议认为，为了加强对濒危野生动植物及其产品的进出口管理，保护和合理利用野生动植物资源，更好履行《濒危野生动植物种国际贸易公约》，制定《中华人民共和国濒危野生动植物进出口管理条例》是十分必要的。会议决定，该条例草案经进一步修改后，由国务院公布施行。

4月14日　国务院总理温家宝主持召开国务院常务会议，分析一季度经济形势，部署当前经济工作。会议指出，必须清醒地看到，当前经济运行中的一些问题还比较突出，要引起高度重视。主要是固定资产投资增长过快，货币供应量偏高，信贷投放偏快，对外贸易结构性矛盾依然突出。会议强调，要坚持以科学发展观统领经济社会发展全局，继续实施稳健的财政政策和货币政策，保持宏观经济政策的连续性和稳定性，注重区别对待，分类指导，有针对性地解决当前的突出问题。重点要做好以下工作：一是切实抓好农业生产和农民增收。抓紧落实各项支农惠农政策，尽快将粮食直补、良种、农机具补贴以及农资综合直补发放到农民手中。稳定农业生产资料价格。搞好春耕生产，加强夏粮田间管理。二是加强固定资产投资调控。严格执行土地规划和计划，控制城市房屋拆迁规模，注重运用土地供给引导和优化投资结构，新上项目必须符合国家产业政策和市场准入标准，防止部分行业、地区投资过快增长。继续加大对农业农村、社会事业等重点领域和薄弱环节的投资力度。认真落实国家调控房地产市场的各项措施，稳定住房价格，调整住房供给结构，促进房地产业健康稳定发展。三是控制货币信贷投放。采取综合措施，解决银行货币信贷过快增长问题。着力优化贷款结构，合理控制中长期贷款，加大对农业农村经济和中小企业的信贷支持力度。继续促进资本市场稳定健康发展。加强对短期入境流动资本的监管，保持金融稳定运行。四是加强经济运行调节。对部分产能过剩行业进行调整和改造，控制新增产能，优化结构。搞好能源、原材料的节约和供求协调。尽快建立对各地区降低能耗、减少排污和保护耕地等方面的统计、考核和公布制度。2006年7月国家统计局将公布上半年各地区和主要行业的单位产值能源消耗情况。五是推进对外贸易方式转变。继续严格控制高能耗、高污染和资源性产品出口，鼓励先进技术、关键设备和资源类商品的进口。六是加快推进各项改革。抓住当前有利时机，加大改革力度，抓紧落实农村综合改革、国有企业改革、金融、价格、财税和投资体制改革的各项任务，特别要加快推进政府自身改革和建设。七是切实做好关系群众利益的工作。千方百计扩大就业。安排好灾区和困难群众的生活。严格执行安全生产责任制，遏制重特大事故的发生。会议要求，各地区、各部门要加强调查研究，深入、全面了解经济运行状况，抓紧研究解决影响经济平稳较快发展的重大问题，明确责任，狠抓落实，促进经济又快又好地发展。

4月14日—15日　两岸经贸论坛在北京举行。中共中央政治局常委、全国政协主席贾庆林与中国国民党荣誉主席连战一起出席论坛开幕式并分别发表演讲。中共中央台办主任陈云林15日下午在两岸经贸论坛闭幕式上，受权宣布和通报了大陆方面将进一步采取的促进两岸交流合作、惠及台湾同胞的15项政策措施。10月17日，两岸农业合作论坛在博鳌举行。大陆推出20项扩大和深化两岸农业合作的新政策措施。贾庆林先后参加这2次论坛的开幕式并发表讲话。

4月15日　中共中央、国务院发出《关于促进中部地区崛起的若干意见》。要求把中部地区建设成全国重要的粮食生产基地、能源原材料基地、现代装备制造及高技术产业基地和综合交通运输枢纽，使中部地区在发挥承东启西和产业发展优势中崛起。

4月16日　中共中央总书记胡锦涛在北京会见前来参加两岸经贸论坛的中国国民党荣誉主席连战和台湾各界人士。胡锦涛强调，和平发展理应成为两岸关系发展的主题，成为两岸同胞共同为之奋斗的目标。胡锦涛就推动两岸关系和平发展提出四点建议。第一，坚持“九二共识”，是实现两岸关系和平发展的重要基础。第二，为两岸同胞谋福祉，是实现两岸关系和平发展的根本归宿。第三，深化互利双赢的交流合作，是实现两岸关系和平发展的有效途径。第四，开展平等协商，是实现两岸关系和平发展的必由之路。

同　日　国家旅游局、公安部、国务院台湾事务办公室联合发布了《大陆居民赴台湾地区旅游管理办法》。该办法自发布之日起施行。《办法》共17条，规定大陆居民赴台湾旅游，由指定的大陆旅行社作为组团社组织，以旅游团形式整团往返。组团社由国家旅游局会同有关部门，从已批准的特许经营出境旅游业务的旅行社范围内指定。台湾地区接待大陆居民赴台旅游的旅行社也就是接待社，须经大陆有关部门会同国家旅游局确认。

4月17日—18日　第六次全国环境保护大会举行。温家宝在会上讲话，强调要综合运用法律、经济、技术和必要的行政办法解决环境问题。

4月18日—29日　胡锦涛出访。应美利坚合众国总统布什、沙特阿拉伯王国国王阿卜杜拉、摩洛哥王国国王穆罕默德六世、尼日利亚联邦共和国总统奥巴桑乔和肯尼亚共和国总统齐贝吉的邀请，国家主席胡锦涛对上述5国进行国事访问。胡锦涛主席于18日—21日对美国进行国事访问。其间，胡锦涛主席访问了西雅图、华盛顿等城市，还在耶鲁大学发表演讲。访问期间，胡锦涛主席与布什总统和其他美国领导人就中美关系和共同关心的重大国际和地区问题深入交换意见，并广泛接触美国工商界、学术界及各方面人士。

4月19日　国务院总理温家宝主持召开国务院常务会议。研究部署煤炭工业可持续发展试点工作，审议并原则通过《国防科技工业“十一五”发展和改革意见》。会议指出，煤炭工业可持续发展关系国民经济和能源安全大局。会议批准在山西省开展煤炭工业可持续发展政策措施试点。试点的主要任务是：（一）强化煤炭行业管理。优化资源配置和煤炭生产开发布局，提高煤矿准入标准，形成职责明确、相互协调、务实高效的管理体制和监管机制。（二）完善煤矿安全生产机制。落实安全生产责任制，建立联合执法机制，加强劳动用工管理，提高安全生产技术水平，保障煤炭工业安全发展。(三）深化煤炭企业改革。分离煤矿企业办社会职能，大力培育和发展大型煤炭企业集团，加快中小型煤矿股份制改革，完善煤炭成本核算办法，培育具有发展活力、依法经营、承担经济和社会责任的市场主体。（四）推进资源市场化管理。完善矿业权有偿取得制度，合理分配和使用矿业权出让收益，形成企业节约和合理开发煤炭资源的机制。（五）建立煤炭开采综合补偿和生态环境恢复补偿机制。制定生态环境恢复治理规划，完善生态环境评价及监管制度，提取矿山环境治理恢复保证金，征收煤炭可持续发展基金。（六）建立煤炭企业转产、煤炭城市转型发展有效机制。加大转产转型力度，建立煤矿转产发展基金，做好煤矿企业转产职工再就业和社会保障工作，促进产煤地区经济和社会协调发展。会议原则同意国防科工委提出的国防科技工业“十一五”发展和改革的意见。会议指出，国防科技工业的发展和改革要认真贯彻党的十六届五中全会精神，坚持军民结合，寓军于民，军民互动，协调发展；坚持强化基础，自主创新，提高科研和制造水平；坚持改革，扩大开放，建立和完善适应国防建设需要和市场经济发展要求的体制、机制；坚持实施人才战略，努力培养和造就一大批高素质的国防科技人才。

4月25日　团中央下发《关于加强社区共青团工作的意见》，并制定颁布了《中国共产主义青年团社区工作条例（试行)》。

4月26日　国务院总理温家宝主持召开国务院常务会议。会议主要研究推进天津滨海新区开发开放的意见，审议并原则通过《国务院关于进一步加强消防工作的意见》和《民用爆炸物品安全管理条例（修订草案)》。会议指出，天津滨海新区经过10多年的开发与建设，已经具备进一步加快发展的条件和基础。要抓住机遇，发挥优势，努力把滨海新区建设成为我国现代制造业和研发转化基地，北方的国际航运中心和现代国际物流中心，逐步成为经济繁荣、社会和谐、环境优美的宜居生态型新城区。会议强调，推进天津滨海新区的开发开放，要着力抓好以下工作：（一）全面贯彻落实科学发展观。坚持统筹兼顾，把调整结构和转变经济增长方式放在重要位置，节约和合理用地，注重生态建设和环境保护，促进经济社会和环境的协调发展。（二）坚持科技创新和自主创新。加强创新能力建设，大力发展高新技术产业，努力提高综合竞争力和区域服务能力。（三）突出发展特色。以改革促进开发开放，选择体现自身特点的建设模式。（四）推进管理创新。建立统一、协调、精简、高效的行政管理体制。会议研究了推进天津滨海新区开发开放的政策措施，批准滨海新区进行综合改革配套试点。会议提出了当前和今后一个时期消防工作的主要任务：一是构建政府统一领导、部门依法监管、单位全面负责、群众积极参与的消防工作格局。二是加强公共消防安全基础建设，提高全社会防控火灾能力。三是认真整治重点环节，预防和消除火灾隐患。四是建立健全考评机制，严格责任追究制度。会议认为，1984年1月国务院公布施行的《民用爆炸物品管理条例》，对于依法管理民用爆炸物品、保障公民生命财产安全和公共安全，发挥了重要作用，但民用爆炸物品安全管理仍存在很大隐患，有必要在总结实践经验的基础上，针对民用爆炸物品安全管理出现的新情况、新特点，对现行条例进行修改完善。修订后的《民用爆炸物品安全管理条例》，完善了民用爆炸物品安全管理制度，明确规定了民用爆炸物品的安全管理责任，加大了对违反民用爆炸物品管理行为的处罚力度。会议决定，该草案经进一步修改后，由国务院公布施行。

同　日　上海合作组织成员国国防部长会议在北京举行。根据会议联合公报，上合组织成员国将于2007年在俄罗斯联邦境内举行联合反恐军事演习。部长们商定，上海合作组织国防部长2007年例会将在吉尔吉斯斯坦共和国举行。

4月27日　新华社受权报道政府通知。新华社报道：中共中央、国务院前不久转发《中央宣传部、司法部关于在公民中开展法制宣传教育的第五个五年规划》，并发出通知，要求各地区各部门结合实际情况，做出具体安排，认真组织实施。通知指出，法制宣传教育是提高全民法律素质、推进依法治国基本方略实施、建设社会主义法治国家的一项基础性工作。继续深入开展法制宣传教育，是贯彻落实党的十六大和十六届五中全会精神的一项重要任务，是实施“十一五”规划、构建社会主义和谐社会和全面建设小康社会的重要保障。

4月29日　十届全国人大常委会第二十一次会议在人民大会堂闭会。会议表决通过了农产品质量安全法、护照法。国家主席胡锦涛签署第四十九号、第五十号主席令，公布了这2部法律。2部法律将分别自2006年11月1日和2007年1月1日起施行。会议分别表决通过了全国人大常委会关于加入《乏燃料管理安全和放射性废物管理安全联合公约》的决定、关于批准中国和巴西引渡条约的决定、关于批准中国和西班牙关于刑事司法协助的条约的决定、关于批准中国和西班牙引渡条约的决定、关于批准中国政府和法国政府关于刑事司法协助的协定的决定。会议表决通过了全国人大常委会关于加强法制宣传教育的决议，关于最高人民法院院长提请任免解放军军事法院院长的名单，决定免去曲大成的解放军军事法院院长职务，任命苏勇为解放军军事法院院长。会议还表决通过了其他任免案。完成各项议程后，吴邦国发表讲话。他指出，中央高度重视科技发展和自主创新，制定了国家中长期科技发展规划纲要，召开了全国科技大会，提出了建设创新型国家的目标。围绕这一目标，全国人大常委会把推动全国科技大会精神和有关法律政策的贯彻落实，作为2006年监督工作的一个重点。吴邦国强调，义务教育和素质教育事关青少年的健康成长，是实施科教兴国和人才强国战略的基础性工作，人民群众十分关注。他指出，把执法检查、审议专题工作报告与立法工作结合起来，既可以把各方面提出的比较成熟的意见和建议及时写进法律，提高立法的质量，同时也便于对工作提出意见和建议，推动有关部门改进工作、深化改革。为了进一步加强全国人大与省级人大的联系，全国人大常委会办公厅建立了视频会议系统并于今天启用。闭幕会通过这个系统向各省、自治区、直辖市人大直播。各省级人大组织相关人员收看了当天的闭幕会。副委员长王兆国、李铁映、司马义·艾买提、何鲁丽、丁石孙、成思危、许嘉璐、蒋正华、顾秀莲、热地、盛华仁、路甬祥、乌云其木格、韩启德、傅铁山出席会议。国务委员曹刚川、最高人民法院副院长曹建明、最高人民检察院副检察长张耕列席会议。

同　日　十届全国人大常委会在人民大会堂举行第二十次专题讲座，讲座的题目是“走中国特色自主创新之路，建设创新型国家”。吴邦国委员长主持讲座。主讲人是全国人大常委会副委员长、中国科学院院长路甬祥。他着重从人类发展历史的启迪、当今时代的特征、我国的国情与挑战、建设中国特色的创新型国家等方面作了讲述。路甬祥说，在人类社会发展的进程中，特别是近代科学和工业革命发生以来，以科学技术为基础的创新活动将社会生产力和人类文明不断推进到新的阶段，推动着人类社会生产方式、生活方式、思维方式和社会结构的变革。发展中国家现代化的不同路径表明，走劳动密集型、资源依赖型的发展模式或依赖外国资本和技术的发展模式，都无法实现追赶目标，只有依靠自主创新才能实现跨越发展、持续发展。路甬祥说，国情决定了我们必须建设创新型国家。只有走自主创新道路，建设创新型国家，我们才能继续保持经济的稳定高速增长，才能保持经济社会全面协调可持续发展，才能从容应对日趋激烈的国际竞争。与此同时，我国已基本具备建设创新型国家的综合国力、科技基础、文化氛围。路甬祥说，我国尚处在社会主义初级阶段，处在全面建设小康社会、加快社会主义现代化的关键机遇期，建设创新型国家，必须坚持从我国的基本国情以及当前和长远发展的需求出发，进一步明确发展目标、增加科技投入、建设国家创新体系，造就创新人才、创新体制机制、建设创新文化，实现创新能力的跨越发展。讲座还通过视频会议系统向各省、自治区、直辖市人大直播。各省级人大组织相关人员收看了讲座。副委员长王兆国、李铁映、司马义·艾买提、何鲁丽、丁石孙、成思危、许嘉璐、蒋正华、顾秀莲、热地、盛华仁、乌云其木格、韩启德听取了讲座。

同　日　全国人大常委会批准加入《乏燃料管理安全和放射性废物管理安全联合公约》。加入《公约》有利于加强中国乏燃料和放射性废物的安全管理，有利于拓宽对外合作并促进中国核工业的健康发展。全国人大常委会同时声明：（一）中华人民共和国政府对第二条(u）项以及第二十七条提及的“超越国界运输”的理解是：作为抵达国的《乏燃料管理安全和放射性废物管理安全联合公约》任何缔约方在同意来自另一缔约方的国内实体的超越国界运输前，应当向该超越国界运输的启运国确认该超越国界运输已得到该启运国的批准。（二）在中华人民共和国政府另行通知前，《乏燃料管理安全和放射性废物管理安全联合公约》暂不适用于中华人民共和国澳门特别行政区。《公约》于2001年6月18日正式生效。截至2006年2月20日，《公约》已有40个缔约国。

同　日　第十届全国人民代表大会常务委员会第二十一次会议通过关于加强法制宣传教育的决议。从2006年—2010年在全体公民中组织实施法制宣传教育第五个五年规划。一、根据国民经济和社会发展第十一个五年规划纲要提出的目标，确定法制宣传教育的内容。要进一步宣传普及宪法，使全体公民进一步掌握宪法的基本知识，忠于宪法、遵守宪法，维护宪法的权威。要适应公民学习和运用法律的需求，学习宣传与经济社会发展相关的法律法规，学习宣传与群众生产生活密切相关的法律法规，学习宣传整顿和规范市场经济秩序的法律法规，学习宣传维护社会和谐稳定和促进社会公平正义的相关法律法规，增强全体公民的社会主义法治理念和爱国意识、责任意识以及权利义务观念，培养全体公民自觉遵法守法的行为习惯，保障和促进政治、经济、文化和社会建设。二、突出重点，区别不同对象提出法制宣传教育的要求，增强法制宣传教育的针对性。要在继续做好全体公民法制宣传教育的基础上，重点做好公务员的法制宣传教育。各级领导干部要带头学法用法，提高依法决策和管理经济和社会事务的能力；所有公务员特别是司法和行政执法人员要牢固树立有权必有责、用权受监督、违法要追究的观念，切实提高依法行使公共权力的能力，确保国家法律的正确实施。要继续做好青少年的法制宣传教育，使青少年从小懂得应该遵循的基本行为准则，养成学法守法的行为习惯。企业经营管理人员要着力培养诚信守法观念和社会责任意识，提高依法经营和依法管理能力。要充分发挥法制宣传教育在推进社会主义新农村建设中的作用，引导广大农民依法参与村民自治活动和其他社会管理，了解和掌握维护自身合法权益、解决矛盾纠纷的法律途径和法律常识。三、坚持法制宣传教育与法治实践相结合，提高全社会法治化管理水平。要认真总结经验，全面开展地方和行业依法治理工作，进一步提高执法和管理水平；深化乡村、社区等基层依法治理，促进基层民主政治建设；围绕平安建设、和谐区域建设以及社会热点、难点问题，开展专项依法治理。要开展形式多样的主题活动，大力推进法制宣传教育进机关、进乡村、进社区、进学校、进企业、进单位，把法制宣传教育融入社会基层组织和人民群众的工作生产生活之中，形成崇尚法律、遵守法律、依法办事的社会氛围。四、创新和丰富法制宣传教育形式，强化大众传播媒体和新闻通讯单位的社会责任。电视、广播、报刊要开办法制栏目（专栏、专版）等，开展准确、通俗、生动活泼的法制宣传教育。繁荣法制文艺创作，努力提高作品的质量，不断提高法制宣传教育的吸引力和感染力。充分利用互联网平台开展法制宣传教育，政府网站和专业普法网站要努力成为群众学习法律知识、获得法律教育的有效途径。加强各种法制宣传教育园地、阵地建设，鼓励、引导和规范法制宣传教育志愿活动。五、加强法制宣传教育工作的组织领导，动员和依靠全社会力量共同参与。各国家机关和武装力量，各政党和各社会团体、各企事业单位和各类组织，都要高度重视法制宣传教育工作，建立法制宣传教育制度，面向社会开展法制宣传教育活动。要讲求实效，力戒形式主义。要大力加强基层法制宣传教育工作，尽力解决基层法制宣传教育在人员、教材、经费、设施等方面的困难，努力创造良好的法制宣传教育条件。六、加强对法制宣传教育工作的监督检查，保证本决议得到切实执行。各级人民代表大会常务委员会要把立法和对法律实施的监督工作与法制宣传教育工作结合起来，推动法制宣传教育工作的不断深入。

5月3日　中共中央作出《关于进一步加强人民法院、人民检察院工作的决定》。

5月8日　新华社受权发布通知。中共中央办公厅、国务院办公厅最近印发了《2006—2020年国家信息化发展战略》，并发出通知要求各地区各部门结合实际，认真贯彻落实。该发展战略提出了我国信息化发展的九大战略重点：推进国民经济信息化、推进电子政务、建设先进网络文化、推进社会信息化、完善综合信息基础设施、加强信息资源的开发利用、提高信息产业竞争力、建设国家信息安全保障体系、提高国民信息技术应用能力，造就信息化人才队伍。

5月9日　中国当选联合国人权理事会首届成员。

5月10日　国务院总理温家宝主持召开国务院常务会议。会议听取高等教育工作汇报，审议并原则通过《信息网络传播权保护条例(草案)》。会议认为，近几年来，我国高等教育的发展和改革取得了明显成就。2005年，全国普通高校招生504万人，是1998年的4.7倍，入学率为21%，高等学校在学人数达2 300万人，规模居世界第一。我国高等教育已步入大众化阶段，为现代化建设培养了大批高素质人才，为国家经济社会发展作出了重要贡献。但也要清醒看到，当前我国高等教育还面临许多矛盾和问题，特别是高等教育质量还不能完全适应经济社会发展的需要，高校教育观念、人才培养方式、教学内容和方法需要进一步转变，高校教师队伍水平亟待提高，高等教育投入增长跟不上规模发展，部分高校办学条件不足，高校毕业生就业面临较大压力。会议指出，高等教育的发展要全面贯彻落实科学发展观，切实把重点放在提高质量上。当前，要着力抓好以下工作：一要根据经济社会发展需求，合理确定办学规模，调整学科布局和专业设置，加快紧缺型人才培养，鼓励各高校办出水平、办出特色；二要以学生为本，以社会需求为导向，以培养高素质人才为目标，深化高校教育教学改革，建立和完善高等教育质量保证体系；三要提高教师队伍的整体素质，实行启发式教学，注重培养学生的社会责任感、实践能力和创造精神；四要推动高校科技创新与人才培养紧密结合，提高科研和创新能力；五要进一步加强高校内部管理，推进校风、学风和制度建设，确保学生健康成长和校园和谐。同时，继续增加投入，逐步改善办学条件。会议强调，根据当前高校的实际情况，有必要适当控制招生增长幅度，相对稳定招生规模，这样做，有利于集中必要的财力，改善办学条件，优化育人环境；有利于集中精力，加快学科专业结构调整，深化人才培养方式改革；有利于逐步解决当前高校存在的矛盾和问题，特别是缓解高校毕业生就业的压力，从而实现高等教育的可持续发展。高校招生规模的确定，要从实际出发，因地制宜，区别对待，不搞一刀切。在稳定高校招生规模的同时，要加强对应届高中毕业生的毕业教育和就业前的职业技能培训；大力发展中等职业教育、各种形式的成人和继续教育，为国民提供多样化的接受高等教育机会；要严格规范高校办学行为，坚决制止“乱收费”，对办学条件达不到国家规定要求的要限期整改。会议认为，为保护著作权人、表演者、录音录像制作者的信息网络传播权，鼓励有益于社会主义精神文明、物质文明建设作品的创作和传播，根据《中华人民共和国著作权法》，制定《信息网络传播权保护条例》是十分必要的。会议决定，该条例草案经进一步修改后，由国务院公布施行。

5月17日　国务院总理温家宝主持召开国务院常务会议。研究促进房地产业健康发展措施，审议并原则通过《中华人民共和国测绘成果管理条例（修订草案）》。会议指出，要认真落实2005年以来中央关于促进房地产市场健康发展的部署，根据当前存在的问题，进一步采取有针对性的措施：（一）切实调整住房供应结构。重点发展中低价位、中小套型普通商品住房、经济适用住房和廉租住房。各地都要制定和实施住房建设规划，对新建住房结构提出具体比例要求。（二）进一步发挥税收、信贷、土地政策的调节作用。严格执行住房开发、销售有关政策，完善住房转让环节税收政策，有区别地适度调整信贷政策，引导和调节住房需求。科学确定房地产开发土地供应规模，加强土地使用监管，制止囤积土地行为。（三）合理控制城市房屋拆迁规模和进度，减缓被动性住房需求过快增长。（四）进一步整顿和规范房地产市场秩序。加强房地产开发建设全过程监管，制止擅自变更项目、违规交易、囤积房源和哄抬房价行为。（五）加快城镇廉租住房制度建设，规范发展经济适用住房，积极发展住房二级市场和租赁市场，有步骤地解决低收入家庭的住房困难。（六）完善房地产统计和信息披露制度，增强房地产市场信息透明度，全面、及时、准确地发布市场供求信息，坚持正确的舆论导向。会议要求，各地区、各部门要统一思想，增强全局观念，齐心协力做好房地产市场的引导和调控工作。各地区、特别是城市政府要切实负起责任，把调整住房供应结构、控制住房价格过快上涨纳入经济社会发展工作的目标责任制，促进房地产市场健康发展。会议认为，1989年3月国务院发布的《中华人民共和国测绘成果管理规定》，对加强测绘成果的管理，促进测绘成果的应用，发挥了重要作用。但随着改革的深化和社会主义市场经济的发展，管理规定已不能适应新形势下测绘成果管理工作的需要，有必要在总结实践经验的基础上，对其进行修改和完善。会议决定，《中华人民共和国测绘成果管理条例（修订草案）》经进一步修改后，由国务院公布施行。

同　日　吴邦国出访。应罗马尼亚议会参议院议长沃克罗尤和众议院议长奥尔泰亚努、摩尔多瓦议会议长卢普、希腊议会议长贝纳基、俄罗斯联邦会议联邦委员会主席米罗诺夫和国家杜马主席格雷兹洛夫的邀请，全国人大常委会委员长吴邦国当日乘专机离开北京，前往上述4国进行正式友好访问，并出席在莫斯科举行的上海合作组织成员国议长会晤。吴邦国委员长夫人章瑞珍，全国人大常委会副委员长热地，中央外事办公室主任、外交部副部长戴秉国，全国人大常委会副秘书长王万宾，云南省人大常委会主任白恩培，全国人大法律委员会副主任委员洪虎，全国人大常委会副秘书长曹卫洲，全国人大常委会副秘书长、委员长办公室主任孙伟，商务部副部长于广洲等主要陪同人员同机离京。

5月19日　《工人日报》发表《重视知识产权重视自主创新》的文章。文章指出，全球范围内企业的竞争状况使我们越来越清醒地认识到，自主知识产权在打造企业核心竞争力中占据着无可替代的极其重要的地位。“中央企业及所属子企业中50%以上的企业主要产品及其工艺没有专利技术，40%以上的企业主要产品没有注册商标，相当程度上存在着‘有制造无创新，有创新无产权，有产权无应用，有应用无保护’的现象”——这是国资委问卷调查显示的结果。来自《人民日报》5月15日的报道说，科技投入、创新能力建设等指标将列入中央企业负责人考核体系，以建立起推动自主创新的激励约束机制。这意味着，今后央企负责人将对自主创新承担领导责任，企业有没有真正重视自主创新、自主创新成果如何，会影响到央企负责人的收入高低及未来发展。不久前，中共中央、国务院作出的《关于实施科技规划纲要增强自主创新能力的决定》强调，增强自主创新能力，建设创新型国家，是一项极其广泛而深刻的社会变革。要强化企业在技术创新中的主体地位，建立以企业为主体、市场为导向、产学研相结合的技术创新体系。而引导企业大力发展自主知识产权，则是增强企业创新力、建设创新型国家的关键环节之一。文章强调，中央企业是国民经济持续健康发展的柱石，而“中央企业及所属子企业中50%以上的企业主要产品以及工艺没有专利技术，40%以上的企业主要产品没有注册商标”，让我们看到了其在自主创新、打造核心竞争力上的令人担忧的一面。与此同时，目前国内企业知识产权发展的现状也同样令人担忧。一些企业不重视知识产权，不愿在自主知识产权发展上下工夫，而是热衷于模仿，满足于眼前的、产业低端的位置，缺乏长远的战略的发展眼光。近年来，一方面，我国产品在海外市场遭受反倾销调查的事件越来越多，另一方面，国外一些企业纷纷通过知识产权竞争“抢滩”国内市场，使得我国诸多行业面临着相当大的挑战和竞争压力。例如，我国家电业每年都要向国外专利技术持有人支付巨额的专利技术许可费用。一些垄断行业之所以极力维护自己的垄断利润，其中，与自己没有专利技术、缺乏核心竞争力而不敢直面市场竞争有着相当的关系。自主创新能力是企业生存的根本。当今，全球范围内企业的竞争状况使我们越来越清醒地认识到，自主知识产权在打造企业核心竞争力中占据着无可替代的极其重要的地位。在国际间的企业竞争中，通过知识产权限制或排除其他国家或企业的挑战的倾向越来越明显，知识产权已经成为部分跨国企业打压竞争对手、谋求更大利润的主要工具。没有专利技术等知识产权保护，无论是市场准入、价格机制等诸多竞争战略的实施都将受到牵制。缺乏核心技术，缺乏知识产权，缺乏创新能力，企业将没有发展潜力。部分中央企业存在的"有制造无创新，有创新无产权，有产权无应用，有应用无保护"的现象，从一个侧面给我们敲响了警钟。作为市场主体的企业，要真正树立起发展自主知识产权、自觉保护知识产权的意识。作为各级政府的职能部门，要营造良好的政策环境和激励机制，保护和鼓励发明人、科技人员的创新精神和创新热情，让广大企业担负起自主创新的重责，切实推进我国自主创新、实现建设创新型国家的目标。

同　日　国家主席胡锦涛在人民大会堂会见了联合国秘书长科菲·安南。胡锦涛强调，中国是联合国坚定的支持者，也是重要的合作伙伴。中国始终尊重和维护《联合国宪章》的宗旨和原则，忠实履行应尽的责任和义务，全面深入参与联合国各领域的活动，积极支持联合国及秘书长在国际事务中发挥更重要的作用。安南感谢胡锦涛主席的会见，感谢中国政府长期以来对联合国及他本人工作的宝贵支持。安南说，中国作为联合国安理会常任理事国和有影响力的大国，在联合国及国际舞台上发挥着重要作用，为世界和平与发展做出了积极贡献。

5月20日　世界规模最大的混凝土大坝三峡大坝在中国长江西陵峡全线建成。大坝全长2 309米。三峡大坝是三峡水利枢纽工程的核心，最后海拔高程为185米，总浇筑时间为3 080天。建设者在施工中综合运用了世界上最先进的施工技术，高峰期创下日均浇筑2万立方米混凝土的世界纪录。大坝全长2 309米。

5月22日　温家宝与德国总理默克尔举行了正式会谈，会谈后双方共同会见了记者。在回答有关知识产权的提问时，温家宝说："第一，中国认为保护知识产权不仅是履行国际义务，也有利于中国自身的发展。第二，我们做了很大的努力，但在知识产权保护上还存在很大问题。第三，我们要进一步加强知识产权保护的力度，关键是两条：一是全面加强行政保护；二是要加大司法保护知识产权的力度。"默克尔表示，随着中国经济的发展和科学技术的提高，中国也更重视自己的知识产权保护，今后德中应在这方面进一步加强对话。应温家宝邀请，默克尔21日晚抵达北京，开始对中国进行为期3天的正式访问。

5月23日　新华社发布《中央精神文明建设指导委员会关于深入学习实践社会主义荣辱观大力加强思想道德建设的意见》。

5月23日—26日　中国科学技术协会第七次全国代表大会在京举行。

5月24日　国务院总理温家宝主持召开国务院常务会议。听取国资委关于国有企业改革和国有资产监管工作的汇报，审议并原则通过《中国残疾人事业"十一五"发展纲要（2006年—2010年）》。会议指出，当前和今后一个时期，深化国有企业改革和国有资产管理体制改革要着力做好以下重点工作：（一）优化国有经济布局和结构，继续推动国有资本向关系国家安全和国民经济命脉的重要行业与关键领域集中，完善国有资本有进有退、合理流动的机制，充分发挥国有企业的骨干带动作用。（二）建立比较完善的现代企业制度，继续推进股份制改革，着力完善产权结构、公司法人治理结构和激励约束机制，推进企业制度创新、管理创新和技术创新。（三）加大垄断行业改革力度，放宽市场准入，推进市场主体和产权多元化，提高市场竞争和抗御风险能力。（四）切实规范国有企业改制和产权转让行为，防止国有资产流失，维护职工合法权益。（五）依法完善国有资产监管体系。国有资产监管机构要认真履行出资人职责，加强国有资产监管，规范监管方式，充分发挥监事会的作用。（六）

加强国有资产监管法制建设，建立完善国有资本经营预算制度、授权经营制度，建立科学的业绩考核体系和国有资产重大损失责任追究制度，积极探索国有资产监管和经营的有效形式。会议审议通过并决定由国务院批转中国残疾人事业“十一五”发展纲要。会议要求，“十一五”期间各级政府和有关部门要进一步加大工作力度，着力推进残疾人事业的发展。重点抓好以下工作：一是全面推进残疾人“人人享有康复服务”工作。建立和完善社会化康复服务体系，实施康复救助工程，使更多的残疾人得到不同程度的康复。二是切实保障残疾人接受教育的权利。完善学前教育、义务教育、高级中等教育、高等教育相互衔接的残疾人特殊教育体系，基本普及残疾儿童少年义务教育，保障符合国家录取标准的残疾考生接受高级中等以上教育。三是切实做好残疾人就业和社会保障工作。全面落实按比例安排残疾人就业政策，鼓励社会力量依法兴办福利企业，完善残疾人社会保障政策，扩大残疾人社会保险覆盖面。四是做好农村残疾人扶贫工作。加大扶贫力度，使1 000万农村贫困残疾人基本解决温饱，并稳定提高经济收入。五是丰富和活跃残疾人文化、体育生活，加强残疾人事业的法制建设及无障碍环境建设，完善综合服务设施，提高为残疾人服务的能力。六是大力弘扬人道主义思想，充分开发社会资源，倡导和鼓励社会各界关心、支持和参与残疾人事业。

同　日　中共中央总书记、国家主席胡锦涛在人民大会堂会见纳米比亚前总统、西南非洲人民组织（简称人组党）主席努乔马。胡锦涛首先代表中共中央对努乔马率团访华表示热烈欢迎，并高度评价努乔马为发展中纳关系和中非关系所做的贡献。

5月25日　中国—哈萨克斯坦石油管道正式对华输油，这标志着我国首次实现以管道方式从境外进口原油。

5月26日　中共中央政治局召开会议。会议研究改革收入分配制度和规范收入分配秩序问题。中共中央总书记胡锦涛主持会议。会议强调，改革收入分配制度，规范收入分配秩序，构建科学合理、公平公正的社会收入分配体系，关系到最广大人民的根本利益，关系到广大干部群众积极性、主动性、创造性的充分发挥，关系到全面建设小康社会、开创中国特色社会主义事业的全局，必须高度重视并切实抓好。要坚持和完善按劳分配为主体、多种分配方式并存的分配制度，坚持各种生产要素按贡献参与分配，在经济发展的基础上，更加注重社会公平，合理调整国民收入分配格局，加大收入分配调节力度，使全体人民都能享受到改革开放和社会主义现代化建设的成果。要积极推进收入分配制度改革，进一步理顺分配关系，完善分配制度，着力提高低收入者收入水平，扩大中等收入者比重，有效调节过高收入，取缔非法收入，努力缓解地区之间和部分社会成员收入分配差距扩大的趋势。会议指出，要按照《中华人民共和国公务员法》规定实行国家统一的职务与级别相结合的公务员工资制度的要求，深化公务员工资制度改革，建立科学完善的公务员薪酬制度，努力解决当前公务员收入分配领域存在的突出问题，逐步缩小地区间收入差距，适当向基层倾斜，以促进公务员队伍建设，促进党风廉政建设。要完善地区津贴制度特别是艰苦边远地区津贴制度。改革和完善事业单位工作人员收入分配制度。合理调整机关事业单位离退休人员待遇。完善机关工人工资制度。要随着经济发展，适当提高企业离退休人员基本养老金标准、各类优抚对象抚恤补助标准、城市低保对象补助标准，并注意提高其他低收入人员待遇水平。各地区、各部门要把思想统一到中央精神上来，坚决贯彻中央的决策部署，周密安排，精心组织，扎实工作，把各项政策落实到位，促进人民生活水平的提高，促进社会主义和谐社会建设。

同　日　中共中央政治局进行第三十一次集体学习，中共中央总书记胡锦涛主持。此次学习的内容是国际知识产权保护和我国知识产权保护的法律和制度建设。中国社会科学院法学所郑成思研究员、中南财经政法大学知识产权研究中心主任吴汉东教授就这个问题进行讲解，并谈了他们的有关看法和建议。中共中央政治局各位同志认真听取了他们的讲解，并就有关问题进行了讨论。胡锦涛在主持学习时发表了讲话。胡锦涛强调，知识产权工作在建设创新型国家中具有重要地位和作用。知识产权工作要以科学发展观为统领，围绕全面建设小康社会和建设创新型国家的重大战略任务，正确处理激励科技创新和鼓励科技运用的关系、自主创新和引进吸收国外先进技术的关系、保护知识产权和维护公众利益的关系、适应现阶段生产力发展水平和满足国家长远发展需要的关系，加强知识产权工作，完善知识产权制度，健全知识产权保护体系。

5月30日　吴邦国会见普京。正在俄罗斯进行正式友好访问并出席上海合作组织首次议长会晤的中国全国人大常委会委员长吴邦国，在克里姆林宫会见了俄罗斯总统普京，双方在诚挚友好的气氛中就中俄关系和共同关心的国际和地区问题深入交换了意见。吴邦国说，中俄互为最大邻国，两国建立战略协作伙伴关系和签署睦邻友好合作条约以来，双边关系全面深入快速发展，互利合作不断加深，人文交往日益扩大，战略协作更加密切。两国在涉及主权和领土等重大问题上相互理解和坚定支持，在国际和地区事务中保持着良好的磋商与配合。2006年是中俄关系发展进程中的重要一年，普京总统成功访华，与胡锦涛主席就中俄关系发展作出了长远规划。在中国举办的“俄罗斯年”活动成效显著，两国元首还将在上海合作组织峰会等多边场合会晤。中方愿与俄方一道，继续从战略和全局的高度加强政治互信，着力推动经贸、投资、能源、科技、人文等领域的务实合作，把中俄战略协作伙伴关系不断引向深入。普京说，上海合作组织成员国首次议长会晤，是该组织发展进程中的一件大事。加强上海合作组织成员国的议会合作，协调各成员国立法机构的有关活动，可以为该组织的发展与合作提供更加坚实的法律保障，促进地区的和平、稳定与发展。

同　日　吴邦国结束访问。在圆满结束对罗马尼亚、摩尔多瓦、希腊、俄罗斯正式友好访问并出席上海合作组织成员国首次议长会晤后，中国全国人大常委会委员长吴邦国乘专机离开莫斯科回国。吴邦国委员长夫人章瑞珍、全国人大常委会副委员长热地等陪同人员同机离开莫斯科回国。在结束访问俄罗斯之际，双方发表了吴邦国委员长访问俄罗斯新闻公报。公报说，访问期间，吴邦国委员长会见了普京总统和弗拉德科夫总理，与联邦委员会主席米罗诺夫和国家杜马主席格雷兹洛夫分别举行了会谈，并与米罗诺夫主席共同主持了中国全国人大与俄联邦委员会合作委员会第一次会议、与格雷兹洛夫主席共同主持了中国全国人大与俄国家杜马合作委员会第一次会议。在会见、会谈和会议中，双方就中俄双边关系、议会交往及共同关心的国际问题深入交换意见，达成广泛共识。双方对近年来两国议会合作取得的成果表示满意，表示将提高现有议会合作机制的作用，开展多层次多渠道的交流，将两国立法机构交流与合作进一步推向深入。

5月31日　国务院总理温家宝主持召开国务院常务会议。会议研究保险业改革发展问题，讨论并原则通过《中华人民共和国突发事件应对法（草案）》。会议指出，当前和今后一个时期保险业改革发展的主要任务是：（一）拓宽保险服务领域，不断提升服务水平。统筹发展城乡商业养老保险和健康保险，完善多层次社会保障体系；大力发展责任保险，健全安全生产保障和突发事件应急保险机制；积极稳妥推进农业保险试点，探索建立适合我国国情的发展模式；提高保险资金运用水平，为国民经济建设提供资金支持。（二）深化保险体制机制改革，完善保险公司治理结构，增强可持续发展能力，提高对外开放水平。（三）加强和改善监管，防范化解风险。加快保险信用体系建设，切实保护被保险人合法权益。（四）进一步完善保险法规政策，宣传普及保险知识，营造良好发展环境。会议认为，为了预防和减少自然灾害、事故灾难、公共卫生等突发事件的发生，控制、减轻和消除突发事件引起的严重社会危害，规范突发事件应对活动，保护人民生命财产安全，根据《中华人民共和国宪法》，制定《中华人民共和国突发事件应对法》是十分必要的。会议决定，《中华人民共和国突发事件应对法（草案）》经进一步修改后，由国务院提请全国人大常委会审议。

同　日　全国省（区、市）巡视工作座谈会在北京召开。中共中央政治局常委、中央纪委书记吴官正在会上强调，要坚持以邓小平理论和“三个代表”重要思想为指导，进一步提高巡视工作的质量和水平，建立和完善巡视制度，切实加强对领导班子特别是主要领导干部的监督。深入开展巡视工作，进一步加强和改进党内监督。

中共中央政治局委员、中央书记处书记、中央组织部部长贺国强，中共中央书记处书记、中央纪委副书记何勇分别主持了会议。吴官正指出，各级领导干部特别是主要负责人能否正确行使权力、清正廉洁，直接影响一个地方改革发展稳定大局，关系党和政府在人民群众中的威信和形象。加强对他们的监督，既是严格要求，也是关心爱护。巡视工作要向县（市、区）延伸，切实加强对这一级党政领导班子及其主要负责人的监督。吴官正强调，要进一步提高巡视工作质量，充分发挥监督作用。巡视组要按照党内监督条例的要求，认真履行职责，对领导班子和领导干部的基本情况必须掌握，对被巡视地区和部门党风廉政建设的情况要有总体估价。当前，要着重了解贯彻党的路线方针政策特别是科学发展观、领导干部廉洁自律、党风政风、执行民主集中制等方面的情况。了解掌握情况要准确真实，既注意发现地方和部门存在的问题，帮助被巡视的领导班子和领导干部查找不足、改进工作，又要了解他们的好做法、好经验，发现为民、务实、清廉的优秀干部。对巡视中发现的重要问题和线索，要及时转交有关部门处理。对腐败问题要坚决查处，决不手软；对不适合担任现职、需要调整和交流的领导干部，要及时提出组织处理的意见和建议；对苗头性、倾向性问题，要早打招呼、早提醒。要注意研究新情况，解决新问题，总结新经验，不断提高巡视工作的制度化、规范化水平。巡视干部要加强学习，严于律己，谦虚谨慎，自觉接受各方面包括被巡视地区和部门的监督。

6月3日　数学界重大难题被攻破。新华社报道：中山大学朱熹平教授和旅美数学家、清华大学兼职教授曹怀东破解了国际数学界关注上百年的重大难题——庞加莱猜想。

6月5日　中国科学院第十三次院士大会和中国工程院第八次院士大会在人民大会堂隆重开幕。中共中央总书记、国家主席、中央军委主席胡锦涛出席会议并发表重要讲话。吴邦国、温家宝、贾庆林、曾庆红、黄菊、吴官正、李长春、罗干出席大会。这次大会是中国科学技术和工程技术界最高学术团体召开的一次盛会。据悉，陈嘉庚科学奖、光华工程科技奖将在院士大会上颁发。中国科学院还将选举产生第七批外籍院士。中国科学院现有院士704名，出席院士大会的有552名。中国工程院现有院士701名，其中女院士39名，资深院士99名，出席大会的院士有550多名。

6月7日　国务院总理温家宝主持召开国务院常务会议。会议讨论并原则通过《中华人民共和国反垄断法（草案）》，研究改革和加强基层农业技术推广体系建设问题。会议认为，反垄断法是保护市场竞争，防止和制止垄断行为，维护市场秩序的重要法律制度。目前，我国有关法律、行政法规中的一些反垄断规定，已经不能适应我国发展社会主义市场经济和参与国际竞争的需要，有必要制定一部比较系统、全面的反垄断法，为营造公平有序的市场环境，保持我国经济活力，促进社会主义市场经济健康发展，进一步提供法律保障。草案从我国实际出发，借鉴国际有益经验，规定了禁止垄断协议、禁止滥用市场支配地位，以及对垄断行为的调查处理等内容。会议决定，《中华人民共和国反垄断法（草案）》经进一步修改后，由国务院提请全国人大常委会审议。会议指出，基层农业技术推广体系是实施科教兴农战略的重要载体，在推广先进适用农业新技术和新品种、防治动植物病虫害、搞好农田水利建设、提高农民素质等方面发挥了重要作用。为适应加快新阶段农业和农村经济发展、推进社会主义新农村建设的形势，要按照强化公益性职能、放活经营性服务的要求，加大改革力度，逐步建立起以国家农业技术推广机构为主导，农村合作经济组织为基础，农业科研、教育等单位和涉农企业广泛参与、分工协作、服务到位、充满活力的多元化基层农业技术推广体系。为此，要改革基层农业技术推广机构，明确基层农业技术推广机构承担的公益性职能，合理设置县乡农业技术推广机构，理顺管理体制。要发展社会化农业技术服务组织，积极稳妥地将可交由市场来办的一般技术推广和经营性服务分离出来，鼓励其他经济实体依法进入农业技术服务行业和领域，参与基层经营性推广服务实体的基础设施投资、建设和运营。要加大对基层农业技术推广体系的支持力度，保证履行公益性职能所需资金的供给。

6月10日　国务院公布首批非物质文化遗产名录是中国的第一个“文化遗产日”，主题是“保护文化遗产，守护精神家园”。国务院最近发出通知，公布了第一批国家级非物质文化遗产名录共计518项。通知要求各地区、各部门要按照《国务院关于加强文化遗产保护的通知》的精神和有关要求，认真贯彻“保护为主、抢救第一、合理利用、传承发展”的工作方针，切实做好非物质文化遗产的保护、管理和合理利用工作。

6月11日　北京市副市长刘志华因生活腐化堕落被免去职务。北京市第十二届人民代表大会常务委员会第二十八次会议审议认为，刘志华的错误事实清楚，证据确凿，情节严重，影响恶劣，决定免去其副市长职务。鉴于刘志华的行为已违反党纪、政纪，中央纪委、监察部决定对其立案审查。

6月14日　国务院总理温家宝主持召开国务院常务会议，分析当前经济形势，研究部署近期经济工作。会议认为，当前经济运行中存在的主要问题，仍然是固定资产投资增长过快、货币信贷投放过多，特别是结构性矛盾突出，能源资源和环境压力增大。会议强调，各地区、各部门要认真贯彻中央关于2006年经济工作的部署，真正把工作重点放在调整经济结构、转变增长方式和深化改革开放上来，坚决改变一味追求经济增长速度和盲目扩大投资规模的做法，注重优化经济结构，注重提高经济增长质量和效益，注重能源资源节约和环境保护，把经济社会发展切实转入全面协调可持续发展的轨道。会议指出，要进一步落实中央的一系列政策措施，主要用经济手段有针对性地解决经济运行中的突出问题。坚持突出重点、区别对待、有保有压、适度微调。近期，要着重抓好以下工作：一是继续加强农业和农村工作。抓好夏收、夏种、夏管，扩大秋粮播种面积，力争全年粮食生产稳定发展。抓好防汛抗旱救灾工作。正确引导社会主义新农村建设，重点是提高农业生产力和增加农民收入，坚持农村基本经济制度和经济政策，尊重农民意愿，力戒形式主义，防止急于求成和盲目攀比，防止乱占耕地和增加农民负担。二是坚决遏制固定资产投资过快增长。坚持把好土地、信贷两个闸门，严格执行技术、环保、安全等市场准入标准。坚决制止违法违规用地行为，严肃查处重大土地违法案件。从严控制新上项目，特别要严格控制产能过剩行业新上项目。严格控制城市建设规模。认真落实调整住房供应结构、稳定住房价格的各项措施。三是进一步抑制货币信贷过快增长。继续引导商业银行合理把握中长期贷款投放规模和节奏。加强对农业和中小企业的贷款支持。促进资本市场稳定健康发展。四是突出抓好节能降耗和环境保护工作。抓紧建立节能目标责任制和评价考核体系，狠抓重点领域和重点企业节能，对高耗能行业实行差别电价。加快实施重大节能工程。加大对高污染行业的环保监管和执法力度。五是促进对外贸易平衡发展。进一步控制高耗能、高污染和资源性产品的出口，扩大国内紧缺资源性产品、先进技术及设备的进口。继续做好改革开放各项工作，努力解决涉及人民群众利益的问题。

6月15日　上海合作组织成员国元首理事会第六次会议在上海举行。中国国家主席胡锦涛在上海国际会议中心迎接成员国哈萨克斯坦总统纳扎尔巴耶夫、吉尔吉斯斯坦总统巴基耶夫、俄罗斯总统普京、塔吉克斯坦总统拉赫莫诺夫和乌兹别克斯坦总统卡里莫夫。随后，6国元首举行小范围会谈。这次峰会的举行适逢上海合作组织成立5周年和“上海五国”机制建立10周年。胡锦涛主持会议并发表讲话，指出，要坚定不移地倡导和实践互信、互利、平等、协商，尊重多样文明，谋求共同发展的“上海精神”。6国元首共同签署《上海合作组织5周年宣言》。

6月17日　温家宝出访非洲。应埃及总理纳齐夫、加纳总统库福尔、刚果（布）总统萨苏、安哥拉总统多斯桑托斯、南非总统姆贝基、坦桑尼亚总统基奎特和乌干达总统穆塞韦尼的邀请，国务院总理温家宝乘专机离开北京，前往上述7国进行正式访问。

6月24日—27日　全军军事训练会议举行。胡锦涛在会上讲话指出，要以提高一体化联合作战能力为目标，围绕推进机械化条件下军事训练向信息化条件下军事训练转变的主题，把军事训练提高到一个新的水平。

6月28日　胡锦涛到第二炮兵机关考察。在中国战略导弹部队(第二炮兵)组建40周年之际，中共中央总书记、国家主席、中央军委主席胡锦涛强调要高举邓小平理论和“三个代表”重要思想伟大旗帜，牢固树立和认真落实科学发展观，加快推进中国特色军事变革，加紧做好军事斗争准备，加强二炮全面建设，努力做到在思想政治上非常过硬，在军事技术上非常过硬，在作风纪律上非常过硬，在遂行任务上非常过硬，不断开创二炮科学发展的新局面。

同　日　新华社受权发布《国务院关于加快振兴装备制造业的若干意见》。意见明确了我国加快振兴装备制造业的目标：到2010年，发展一批有较强竞争力的大型装备制造企业集团，增强具有自主知识产权重大技术装备的制造能力，基本满足能源、交通、原材料等领域及国防建设的需要。

6月29日　十届全国人大常委会在人民大会堂举行第二十一次专题讲座。讲座的题目是“努力实现节能降耗目标，建设节约型社会”。吴邦国委员长主持讲座。

同　日　十届全国人大常委会第二十二次会议在人民大会堂闭会。会议表决通过了刑法修正案（六）和修订后的义务教育法，国家主席胡锦涛签署第五十一号和第五十二号主席令，并予以公布。吴邦国委员长主持会议并作重要讲话。会议分别表决通过了全国人大常委会关于批准亚太空间合作组织公约的决定、关于批准防止倾倒废物及其他物质污染海洋的公约1996年议定书的决定、关于批准中国和西班牙关于移管被判刑人的条约的决定、关于批准中国和墨西哥关于刑事司法协助的条约的决定。会议表决通过了全国人大常委会关于批准2005年中央决算的决议，决定批准2005年中央决算。会议还表决通过了全国人大常委会代表资格审查委员会关于个别代表的代表资格的报告。会议表决决定，任命石秀诗为全国人大财经委副主任委员、曹伯纯为全国人大环资委副主任委员。会议还表决通过了其他任免事项。

同　日　中共中央政治局召开会议，总结在全党开展的以实践“三个代表”重要思想为主要内容的保持共产党员先进性教育活动。

中共中央总书记胡锦涛主持会议。会议指出，2005年1月，根据党中央的决定，在全党开展了保持共产党员先进性教育活动，到2006年6月已基本结束。这次先进性教育活动，按照党中央提出的关键是要取得实效、真正成为群众满意工程的要求，各级党组织精心组织，广大党员积极参加，人民群众大力支持，以学习实践“三个代表”重要思想为主线，全面落实科学发展观，坚持正面教育、自我教育为主，坚持理论联系实际，坚持教育活动与生产工作“两不误、两促进”，主题鲜明，领导有力，措施得当，工作扎实，基本实现了提高党员素质、加强基层组织、服务人民群众、促进各项工作的目标，取得了显著的实践成果、制度成果、理论成果。会议强调，这次先进性教育活动，是我们党参加人数最多、规模最大的一次党内集中教育活动，是我们党在改革开放和发展社会主义市场经济条件下用发展着的马克思主义武装全党的一项重大举措，是在全面建设小康社会、加快推进社会主义现代化的关键时期加强党的执政能力建设和先进性建设的一次成功实践，对推进党的建设新的伟大工程和中国特色社会主义伟大事业具有十分重大的意义。会议强调，各级党委要认真搞好总结，实事求是地分析取得的工作成绩和工作中存在的不足，切实抓好先进性教育活动整改提高的后续工作。要充分借鉴先进性教育活动创造的宝贵经验，从思想、组织、作风和制度等方面入手，全面加强领导班子建设、基层党组织建设和党员队伍建设，继续扎扎实实推进党的先进性建设。要认真贯彻落实中央下发的《关于加强党员经常性教育的意见》等4个保持共产党员先进性长效机制的文件，坚持把集中教育与经常性工作很好地衔接起来，在经常性工作中继续巩固和扩大先进性教育活动的成果。要深化党的先进性建设理论研究，逐步建立健全以党章为核心的党内制度体系，不断探索党的先进性建设的有效途径。会议认为，加强党的先进性建设是一项长期任务。必须把党的先进性建设作为我们党的根本性建设摆在突出位置，坚持用发展着的马克思主义武装全党、指导实践，切实把党的建设新的伟大工程同党领导的伟大事业紧密结合起来，坚决贯彻从严治党、党要管党的方针，不断实现好、维护好、发展好最广大人民的根本利益，始终保持党同人民群众的血肉联系，始终保持党的蓬勃生机和旺盛活力。

同　日　中共中央政治局进行第三十二次集体学习，中共中央总书记胡锦涛主持。这次集体学习安排的内容是坚持科学执政、民主执政、依法执政。胡锦涛在主持学习时发表了讲话。他指出，坚持科学执政、民主执政、依法执政，是新的历史条件下加强党的执政能力建设和先进性建设的重要内容。强调科学执政、民主执政、依法执政，反映了我们党对共产党执政规律认识的深化和对党长期执政正反两方面经验的科学总结，反映了我们党对自己所处的历史方位和所承担的历史使命的清醒认识，反映了我们党把推进党的建设新的伟大工程同推进中国特色社会主义伟大事业紧密结合的高度自觉。只有坚持科学执政、民主执政、依法执政，我党才能更加有效地完成人民和时代赋予我们党的庄严使命。胡锦涛强调，科学执政是马克思主义政党执政成功的前提条件。科学执政，就是坚持以马克思主义的科学理论为指导，不断探索和遵循共产党执政规律、社会主义建设规律、人类社会发展规律，以科学的思想、科学的制度、科学的方式组织和带领人民共同建设中国特色社会主义。要科学制定和实施党的理论和路线方针政策，科学设计、组织、开展各项执政活动。在当代中国，科学执政尤其要体现在切实抓好发展这个党执政兴国的第一要务上，坚持以科学发展观统领经济社会发展全局，不断实现好、维护好、发展好最广大人民的根本利益。要大力推进决策科学化、民主化，努力使我们作出的决策，特别是关系国计民生的重大决策符合客观规律和科学规律，符合人民群众的愿望。胡锦涛强调，民主执政是马克思主义政党执政的本质要求。民主执政，就是坚持为人民执政、靠人民执政，发展中国特色社会主义民主政治，推进社会主义民主政治的制度化、规范化、程序化，以民主的制度、民主的形式、民主的手段支持和保证人民当家作主。要牢牢坚持立党为公、执政为民，真正把最广大人民的根本利益作为一切工作的出发点和落脚点，切实做到权为民所用、情为民所系、利为民所谋。要进一步健全民主制度，保证人民依法实行民主选举、民主决策、民主管理、民主监督，充分发挥人民群众和社会各方面的积极性、主动性、创造性，共同做好改革发展稳定的各项工作。要不断完善和扩大党内民主，加强对权力的监督，保证把人民赋予的权力真正用来为人民谋利益。

同　日　十届全国人大常委会第二十二次会议通过修订后的《中华人民共和国义务教育法》。

6月30日　庆祝中国共产党成立85周年暨总结保持共产党员先进性教育活动大会在中南海怀仁堂礼堂隆重举行。中共中央总书记、国家主席、中央军委主席胡锦涛在大会上发表重要讲话。他强调，先进性是马克思主义政党的生命所系、力量所在。我党只有不断保持和发展自身的先进性，始终走在时代前列，才能巩固党的执政地位、提高党的执政能力、完成党的执政使命。必须清醒认识新的历史条件下加强党的自身建设的必要性、紧迫性、艰巨性、复杂性，全面把握党所肩负的历史使命和党员队伍的总体状况，扎扎实实加强党的先进性建设。会议指出，这次先进性教育活动，是我党参加人数最多、规模最大的一次马克思主义集中教育活动，实现了预期目标，取得了显著成效。保持和发展党的先进性是马克思主义政党自身建设的根本任务和永恒课题，必须把加强党的先进性建设作为一项重大战略任务更加突出、更加紧迫地提到全党面前。中共中央政治局常委吴邦国、温家宝、贾庆林、曾庆红、黄菊、吴官正、李长春、罗干出席大会。

同　日　国务院总理温家宝主持召开国务院常务会议。会议部署深化农村税费改革和推进农村综合改革工作，讨论并原则通过《中华人民共和国禁毒法（草案）》。会议指出，农村税费改革是涉及农村经济社会的一场深刻变革，任务十分艰巨、复杂，需要坚持不懈地继续推进。会议指出，巩固农村税费改革成果，关键在于继续推进以乡镇机构改革、农村义务教育改革和县乡财政管理体制改革为主的农村综合改革，解决好可能加重农民负担的重点和难点问题。这是社会主义新农村建设的一项重大任务。2006年要着力抓好以下工作：（一）扩大农村综合改革试点范围。鼓励有条件的省份开展全面试点，暂不具备全面试点条件的省份尽可能扩大市、县试点的范围。（二）扎实推进乡镇机构改革。重点转变乡镇政府职能，不仅要做到减人、减事、减支，而且要使农村社会管理和公共服务得到加强。（三）加强农村义务教育综合改革。全面落实农村义务教育经费保障机制改革措施，免除学生学杂费，规范课本等其他收费，坚决制止乱收费。加强教育人事制度改革，合理配置教育资源。(四）改革和完善县乡财政管理体制。加快建立覆盖农村的公共财政制度，明确界定县乡政府支出责任，加大对县乡政府的一般性转移支付力度，增强基层政府财政实力，落实和完善财政对村级的补助政策，确保农村税费改革后乡村组织正常运转，提高基层公共服务保障水平。（五）严格控制乡村债务。坚决制止发生新债，扎实开展化解乡村债务试点工作。（六）建立农民负担监管机制。加强对涉农行政事业性收费的管理，对农业生产性费用以及村集体收费严格监管，认真落实和完善减轻农民负担的各项制度。会议认为，禁毒工作关系国家和民族的兴衰存亡。2006年以来，经过各地区各有关部门的共同努力，我国禁毒工作取得了明显成效。但也要看到禁毒工作面临的形势仍然十分严峻，有必要在总结实践经验的基础上，制定一部专门的禁毒法律，为预防和惩治毒品违法犯罪行为进一步提供法律保障。《中华人民共和国禁毒法（草案)》遵循专群结合、预防与惩治结合、教育与救治结合的原则，规定了禁毒工作的方针和工作机制、毒品管制、隔离解毒、禁毒国际合作，以及法律责任等内容。会议决定，该草案经进一步修改后，由国务院提请全国人大常委会审议。

6月30日—7月1日　中央组织部在北京召开全国组织部长座谈会。参加座谈会的全体同志聆听了胡锦涛同志在庆祝中国共产党成立85周年暨总结保持共产党员先进性教育活动大会上的重要讲话，备感振奋，备受鼓舞。中共中央政治局委员、中央书记处书记、中央组织部部长贺国强在会上强调，要认真学习贯彻胡锦涛同志重要讲话精神，扎实做好保持共产党员先进性的经常性工作，高质量地完成组织工作的各项任务，为加强党的先进性建设作出新的更大的贡献。贺国强指出，胡锦涛同志的重要讲话，以邓小平理论和“三个代表”重要思想为指导，全面回顾总结了我们党85年来领导中国人民走过的光辉历程和加强党的先进性建设的宝贵经验，高度评价了在全党开展的保持共产党员先进性教育活动取得的成效，归纳概括了保持和发展党员队伍先进性的重要启示，深刻阐述了加强党的先进性建设需要解决的重大问题，进一步提出了加强党的先进性建设的主要任务和奋斗目标，是新形势下全面推进党的先进性建设的纲领性文献。各级组织部门要把学习贯彻讲话精神作为一项重要政治任务，深刻认识讲话的重大意义和精神实质，全面把握讲话对组织工作提出的新要求，进一步理清工作思路，明确工作重点，切实把讲话精神落实到组织工作的各个方面，努力把组织工作提高到一个新水平。贺国强指出，随着先进性教育活动的圆满结束，各级组织部门要把工作重点转移到做好保持共产党员先进性的经常性工作上来，切实巩固和充分运用先进性教育活动取得的重要成果，不断推进党的先进性建设。要坚持不懈地用发展着的马克思主义武装全党，继续抓好邓小平理论、“三个代表”重要思想和科学发展观的学习，继续抓好党章的学习；要积极探索有效办法，切实提高教育党员、管理党员、服务党员的工作水平；要大力加强党员队伍的作风建设，认真解决党员队伍中存在的与先进性要求不适应、不符合的问题；要大力加强和改进党的基层组织建设，进一步提高基层党组织的创造力、凝聚力和战斗力；要着力推进保持共产党员先进性长效机制建设，不断推进基层党建工作的制度化、规范化；要深入开展党的先进性建设的理论研究和舆论宣传，为保持共产党员先进性提供有力的理论支撑和良好的舆论环境。贺国强指出，最近，中央印发了《关于加强党员经常性教育的意见》等4个长效机制文件。这4个文件是按照当前急需、条件基本具备、在先进性教育活动中又积累了成功经验的原则制定的，具有较强的针对性、创新性和可操作性。要积极组织开展这4个文件的学习宣传，认真抓好贯彻执行，加强对贯彻执行情况的督促检查，确保落到实处。贺国强强调，要以先进性教育活动整改提高的后续工作和地方党委换届工作为重点，统筹抓好下半年的组织工作。要认真贯彻中央领导同志关于地方党委换届和领导班子建设的重要指示精神，切实加大选拔年轻干部的力度，努力扩大党内民主，坚决防止“带病上岗”“带病提拔”问题，搞好统筹协调，确保换届工作顺利进行。中央组织部常务副部长赵洪祝作了总结讲话。中央组织部部务会成员，各省区市党委组织部部长，中央和国家机关各部委、各人民团体干部人事部门的负责同志，部分国有重要骨干企业、金融机构、高等院校分管组织工作的负责同志参加了会议。

7月1日　青藏铁路全线建成通车。铁路全长1 956公里，最高点海拔5 072米，是世界上海拔最高、线路最长的高原铁路。胡锦涛出席庆祝大会并发表讲话，号召全党全国各族人民学习和弘扬挑战极限、勇创一流的青藏铁路精神。胡锦涛在出席青藏铁路通车庆祝大会后，在青藏铁路沿线进行了考察。他强调，青藏铁路沿线地区要紧紧抓住青藏铁路建成通车的历史机遇，全面贯彻落实科学发展观，大力弘扬挑战极限、勇创一流的青藏铁路精神，努力推动西部大开发不断取得新进展，更好地促进各民族共同团结进步、共同繁荣发展。中共中央政治局委员、国务院副总理曾培炎，中共中央政治局候补委员、中央书记处书记、中央办公厅主任王刚陪同考察。

7月5日　国务院总理温家宝主持召开国务院常务会议。部署对2005年度中央预算执行审计查出问题的整改工作，审议并原则通过《国家“十一五”时期文化发展规划纲要》、《黄河水量调度条例(草案)》。会议强调，编制和执行国家预算，是宪法赋予国务院的一项重要职责。国务院及有关部门要坚持依法行政、依法理财，严格执行全国人大批准的国家预算。要从审计发现的管理漏洞和薄弱环节入手，认真分析问题的原因，切实进行整改，要给人民群众一个认真、负责、满意的答复。一要加快深化改革，注重制度建设。继续推进预算编制改革，增强预算的透明度和刚性约束。改进收入预测管理，努力做到科学准确预测收入。抓紧研究将土地出让收入纳入预算管理的具体措施，完善各类开发区的财政税收政策。建立科学合理的预算支出标准和定额。进一步完善中央对地方财政转移支付制度，清理整合专项转移支付项目，严格控制和规范专项转移项目的设置。进一步深化投资体制改革，健全中央政府性投资管理制度，明确审批权限，做到政企分开。二要坚持依法办事，严格财经纪律。增强依法理财观念，严格执行人民代表大会批准的预算。加强对超收收入使用的管理，合理使用超收资金。加强财政财务管理的监督检查。三要切实强化管理，落实责任追究制度。对虚报冒领、挤占挪用财政资金等违法违规问题，要依法严肃查处，追究相关人员责任。各部门和有关单位都要进一步健全财务管理制度，并切实认真执行。四要自觉接受监督，加强协调配合。各部门和各单位都要积极支持审计部门的工作，增强审计监督意识，认真落实整改措施。对涉及体制机制、政策、法规方面的问题，有关部门要主动提出改进意见，相关部门要积极予以配合。各有关部门要在11月份向国务院报告整改情况，国务院在年底前向全国人大常委会作出专题报告。会议认为，为贯彻落实好国民经济和社会发展第十一个五年规划，编制国家“十一五”时期文化发展规划纲要很有必要，这对于进一步繁荣发展社会主义文化，满足人民群众日益增长的精神文化需求，稳步推进经济、政治、文化、社会协调发展，具有重要意义。会议原则同意这个纲要，要求国务院各有关部门认真抓好落实。会议认为，为加强黄河水量的统一调度，实现黄河水资源的可持续利用，促进黄河流域及相关地区经济社会发展和生态环境的改善，根据《中华人民共和国水法》，制定《黄河水量调度条例》是十分必要的。会议决定，该条例草案经进一步修改后，由国务院公布施行。

7月10日—12日　全国统战工作会议举行。胡锦涛在会上讲话，指出，要正确认识和处理政党关系、民族关系、宗教关系、阶层关系、海内外同胞关系，把统一战线建设成为坚持以人为本、具有强大凝聚力的统一战线，具有空前广泛性和巨大包容性的统一战线。24日，中共中央发出《关于巩固和壮大新世纪新阶段统一战线的意见》。

7月12日　刘翔打破世界纪录。在2006年瑞士洛桑田径超级大奖赛男子110米栏的比赛中，刘翔以12秒88的成绩打破了英国运动员保持13年之久的世界纪录并夺取该项目冠军。原来的世界纪录12秒91由英国的科林·杰克逊于1993年8月在斯图加特创造。

7月17日　胡锦涛出席在俄罗斯圣彼得堡举行的8国集团同发展中国家领导人对话会议并发表讲话。胡锦涛指出，中国高度重视能源问题。中国能源战略的基本内容是，坚持节约优先、立足国内、多元发展、保护环境，加强国际互利合作，努力构筑稳定、经济、清洁的能源供应体系。

7月19日　国务院总理温家宝主持召开国务院常务会议。会议讨论并原则通过《国务院关于加强节能工作的决定》，严肃处理齐齐哈尔第二制药有限公司制售假药案和黑龙江龙煤矿业集团东风煤矿“11·27”特大煤尘爆炸事故相关责任人。会议强调，加强节能工作需要着力抓好以下几个方面：（一）加快构建节能型产业体系。这是节能的根本性措施。要大力调整产业结构，推动能耗低、污染少的服务业加快发展，遏制高耗能行业过快增长。（二）着力抓好重点领域节能工作。抓好工业节能工作，特别是重点耗能行业和企业的节能工作，加快淘汰落后产品，改善建筑设计和材料，推进节能型综合运输体系建设，因地制宜发展多种能源，提高农村能源效率，做好政府机构节能工作。（三）大力推进节能技术进步。要加快先进节能技术、产品研发和推广应用，加大重点节能工程实施力度，培育节能服务体系，促进节能产业发展。（四）强化节能管理。健全节能法律法规和标准体系。建立节能目标责任制、评价考核制度和问责制，要将“十一五”规划确定的单位国内生产总值能耗降低目标分解落实到各级政府和重点耗能企业，向社会定期公布单位生产总值能耗、单位工业增加值能耗、重点企业能耗和单位产品综合能耗等指标，并纳入领导班子和领导干部的考核内容。（五）建立健全节能保障机制。逐步理顺能源价格，实行有利于节能的财税政策。从多方面增加节能投入，拓宽融资渠道。推进城镇供热体制改革。实行节能奖励制度。（六）加大宣传力度，培养和增强全社会节能意识，形成人人节约的良好风尚。会议要求，各地区、各部门要全面贯彻落实科学发展观，把节能工作摆在更加突出的战略位置，省级政府要对本地区节能工作负总责，把节能工作纳入政府重要议事日程。当前，要加强和改善宏观调控，继续推进体制改革，严格控制固定资产规模过快增长，坚决淘汰高耗能、高污染企业，切实把各项节能措施落到实处。会议听取了监察部关于齐齐哈尔第二制药有限公司制售“亮菌甲素注射液”假药案件调查和处理情况的汇报。同意对21名有关责任人员作出处理，其中移交司法机关处理10人，给予党纪政纪处分11人。国家药品监管部门已依法吊销齐齐哈尔第二制药有限公司药品生产许可证。会议认为，这起假药案件，暴露出我国药品生产和流通秩序存在的突出问题，也暴露出药品监管工作存在的漏洞，必须认真吸取教训。各级政府有关部门要加强和改进监管工作，下大力气整顿和规范药品市场秩序，坚决打击制售假劣药品的不法活动，保障人民群众的身体健康和生命安全。会议听取了国务院事故调查组关于黑龙江省龙煤矿业集团东风煤矿“11·27”特别重大事故调查情况的汇报。同意对事故涉及的33名责任人作出处理，其中移交司法机关处理11人，给予党纪政纪处分及组织处理22人。会议指出，近期一些地区安全事故频发的问题必须引起高度重视。各级政府和有关部门要认真落实安全生产的各项措施，强化安全管理，确保人民群众生命安全。

7月22日　中共中央政治局常委、国务院总理温家宝到湖南考察抗洪救灾工作。温家宝代表党中央、国务院看望受灾群众，慰问奋战在救灾一线的广大干部群众和人民解放军、武警部队官兵，并对灾后重建工作进行了部署。由于受第四号强热带风暴影响，湖南、福建、广东、广西等省区出现大范围强降雨过程，发生了2006年以来最为严重的洪涝灾害。

7月24日　中共中央政治局召开会议。决定2006年10月在北京召开中国共产党第十六届中央委员会第六次会议，主要议程是：中共中央政治局向中央委员会报告工作，研究构建社会主义和谐社会问题。会议还讨论研究了当前经济形势和经济工作。中共中央总书记胡锦涛主持会议。会议认为，构建社会主义和谐社会，是我们党从中国特色社会主义事业的总体布局和全面建设小康社会的全局出发提出的重大战略任务，反映了建设富强民主文明和谐的社会主义现代化国家的内在要求，体现了全党全国各族人民的共同愿望。在新世纪新阶段，我们党要团结带领人民抓住机遇、应对挑战，把中国特色社会主义伟大事业推向前进，必须坚持以经济建设为中心，全面加强社会主义经济建设、政治建设、文化建设、社会建设，把构建社会主义和谐社会摆到更加突出的地位。会议指出，目前，我国社会总体上是和谐的，但也存在不少影响社会和谐的矛盾和问题。全党同志要保持清醒头脑，居安思危，深刻认识我国发展的阶段性特征，科学分析影响我国社会和谐的矛盾和问题及其产生的原因，更加积极主动地正视矛盾、化解矛盾，最大限度地增加和谐因素，最大限度地减少不和谐因素，不断促进社会和谐。要按照民主法治、公平正义、诚信友爱、充满活力、安定有序、人与自然和谐相处的总要求，以解决人民群众最关心、最直接、最现实的利益问题为重点，着力发展社会事业、促进社会公平正义、增强社会创造活力，推动社会建设与经济建设、政治建设、文化建设协调发展，切实把构建社会主义和谐社会作为贯穿中国特色社会主义事业全过程的长期历史任务和全面建设小康社会的重大现实课题抓紧抓好。会议认为，2006年以来，全党全国按照十六届五中全会精神和“十一五”规划纲要提出的任务和要求，积极推动经济社会发展，国民经济总体形势是好的，保持了发展速度较快、物价水平较低、经济效益较好的势头，各方面工作都取得新的成绩。各地区、各部门贯彻落实科学发展观在认识上有了新的提高，实践上有了新的进展。当前经济发展的基本面是好的，但投资增长过快、货币信贷投放过多、能源消耗过多、环境压力增大等突出矛盾还没有得到有效解决。全党全国必须清醒认识存在的问题，进一步统一思想认识、完善调控措施、狠抓工作落实，切实推动经济社会发展转入科学发展的轨道。会议提出，做好下半年经济工作，要坚持以邓小平理论和“三个代表”重要思想为指导，全面贯彻落实科学发展观，把思想认识和工作重点统一到中央的决策和部署上来，更加重视调整经济结构和转变经济增长方式，更加重视节约资源和保护环境，更加重视社会发展和民生问题，增强宏观调控的预见性、针对性、综合性、有效性，注重从体制机制上解决问题，切实引导好、保护好、发挥好各方面促进发展的积极性。各地区各部门要认真贯彻落实中央的各项方针政策和工作部署，加强和改善对经济工作的领导，坚持讲全局、谋长远，有针对性地解决经济运行中的突出矛盾和问题，继续推动国民经济平稳较快协调发展，确保“十一五”时期发展的良好开局。

7月25日　中共中央政治局进行第三十三次集体学习，中共中央总书记胡锦涛主持。这次集体学习安排的内容是红军长征胜利的回顾和思考。军事科学院军事历史研究所陈力研究员、科研指导部副部长黄星研究员就这个问题进行讲解，并谈了对继承和发扬长征精神的意见。胡锦涛在主持学习时就学习、研究、宣传包括长征在内的中国革命史发表了讲话。他指出，长征是中国共产党领导中国人民英勇革命的壮丽史诗。包括长征在内的中国革命史，是我们党领导全国各族人民为争取民族独立、人民解放长期英勇奋斗的真实记录，是坚持马克思主义基本原理同中国革命具体实践相结合、推进理论创新的生动教材，是中国共产党人光荣革命传统和中华民族伟大民族精神的集中反映。我们应该十分珍惜和充分运用这个精神宝库。在改革发展任务艰巨繁重的新形势下，在深刻变化的国际环境中，我们要更加注重用中国历史特别是中国革命史来教育干部和人民。胡锦涛强调，要把学习中国革命史与推进马克思主义中国化紧密结合起来。学习中国革命史，首先要注重学习以毛泽东同志为代表的中国共产党人善于运用马克思主义的立场、观点、方法剖析中国社会的特点，研究中国革命实际问题、揭示中国革命发展规律的科学态度；学习他们善于把党和人民取得的实践经验不断上升为理论并在实践中不断检验、丰富、发展理论的创新精神；学习他们善于运用民族语言和人民大众喜闻乐见的形式回答和阐明中国革命理论和政策问题的理论方法。要坚持以毛泽东思想、邓小平理论和“三个代表”重要思想为指导，全面贯彻落实科学发展观，加强对中国特色社会主义经济建设、政治建设、文化建设、社会建设和党的建设的重大现实问题的理论研究，不断开拓马克思主义理论发展的新境界。胡锦涛强调，要把学习中国革命史与加强理想信念教育紧密结合起来。要注重学习和弘扬革命先辈对崇高理想矢志不渝、对党和人民无比忠诚、对革命事业锲而不舍的坚定信念，牢固树立中国特色社会主义共同信念和共产主义远大理想，做到任何时候任何情况下都坚持理想信念不动摇、革命意志不涣散、奋斗精神不懈怠，满怀信心地投身建设中国特色社会主义伟大事业。要把学习中国革命史与弘扬民族精神和时代精神紧密结合起来。爱国主义历来是中国共产党和中国人民团结奋斗的一面旗帜。要注重弘扬以爱国主义为核心的团结统一、爱好和平、勤劳勇敢、自强不息的伟大民族精神，同时坚持弘扬以改革创新为核心的时代精神，不断赋予民族精神新的时代内涵，引导广大党员和全体人民树立社会主义荣辱观，增强民族自尊心和自豪感，始终保持昂扬向上的精神状态。要把学习中国革命史与加强党的先进性建设紧密结合起来。要注重总结和发扬我们党在革命战争时期保持先进性的历史经验，坚持用时代发展的要求审视和认识自己，以改革的精神加强和完善自己，全面加强党的先进性建设，扎实做好保持共产党员先进性的各项工作，坚持立党为公、执政为民，牢记“两个务必”，切实把党的先进性体现到不断实现好、维护好、发展好最广大人民的根本利益的各项工作中去。

同　日　国务院总理温家宝主持召开国务院常务会议。会议研究落实国民经济和社会发展“十一五”规划纲要确定的主要目标和任务，部署进一步加强土地调控工作，审议并原则通过《劳动和社会保障事业发展第十一个五年规划纲要》。会议指出，为贯彻实施十届全国人大四次会议批准的《中华人民共和国国民经济和社会发展“十一五”规划纲要》，国务院决定按照明确政府职责和市场功能、落实责任主体、突出主要目标和重点任务的原则，将《纲要》确定的约束性指标、重大工程和项目、重大改革、重大政策、重要规划，以及相关法律法规的责任分解落实到各个部门，耕地保有量、单位国内生产总值能源消耗降低指标和主要污染物排放总量减少指标分解到各地区。会议认为，近年来，各地区、各部门积极落实中央关于加强土地管理和调控的政策措施，做了大量的工作，取得了初步成效。但也要看到，当前土地管理特别是土地调控中出现了一些新的情况和问题，建设用地总量增长过快，工业用地低成本过度扩张，违法违规用地、滥占耕地现象屡禁不止。会议强调，必须采取更严格的管理措施，切实加强土地调控。（一）调整利益机制。提高征地成本，征地补偿安置必须确保被征地农民原有生活水平不降低、长远生计有保障。规范土地出让收支管理，国有土地使用权出让总价款全额纳入地方预算，实行“收支两条线”管理。调整新增建设用地土地有偿使用费缴纳标准、城镇土地使用税征收标准和耕地占用税征收标准。建立工业用地出让最低价标准统一公布制度。（二）完善责任制度。地方各级人民政府主要负责人要对本行政区域内的土地管理和耕地保护负总责。坚决制止“以租代征”等违法违规用地行为。（三）健全法律机制。充分发挥国家土地督察机构的作用，强化对地方政府及土地管理部门执法行为的监督检查。严肃惩处土地违法行为，对重大土地违法违规案件要公开处理，构成犯罪的，要依法追究刑事责任。会议指出，做好劳动和社会保障工作，是政府的重要职责。编制《劳动和社会保障事业发展第十一个五年规划纲要》，对“十一五”时期扩大就业、健全社会保障体系、调节劳动关系、维护劳动者权益作出部署，对于提高人民生活水平，促进社会主义和谐社会建设，具有重要意义。会议提出了“十一五”期间劳动保障事业发展的目标任务：就业持续增长，实现城镇新增就业4 500万人，转移农业劳动力4 500万人，城镇登记失业率控制在5%；劳动者素质不断提高；社会保障体系比较完善，管理服务规范高效；劳动关系和谐稳定；劳动保障法制比较健全。为实现纲要提出的目标和任务，一要进一步加大政府投入和政策支持力度。逐步提高财政支出用于社会保障的比例，形成与劳动保障工作目标任务相适应的财政资金投入机制和激励机制。二要积极推进做实基本养老保险个人账户工作。建立基本养老金正常调整机制，初步形成基本养老保险、企业年金和个人储蓄养老保险相结合的多层次养老保险体系。积极探索建立农村社会养老保险制度。三要完善城镇居民医疗保障制度，逐步扩大覆盖面。四要加强劳动保障法制和能力建设，创新工作机制，全面提升系统管理服务能力。

8月6日　国务院作出《关于加强节能工作的决定》。

同　日　中国与乍得复交。中国外交部长李肇星与乍得外交和非洲一体化部长艾哈迈德·阿拉米分别代表各自政府，在北京签署《中华人民共和国和乍得共和国关于恢复外交关系的联合公报》，决定自2006年8月6日起恢复大使级外交关系。

8月6日—10日　全国青联和厦门市人民政府在厦门共同举办“首届两岸青年联欢节”。

8月10日　《江泽民文选》在全国出版发行。中共中央文献编辑委员会编辑的《江泽民文选》第一卷、第二卷、第三卷已由人民出版社出版，8月10日起在全国发行。《江泽民文选》的出版发行，是党和国家政治生活中的一件大事，也是马克思主义中国化发展进程中的一件大事，具有重大的现实意义和深远的历史意义。《江泽民文选》收入了江泽民同志在1980年8月—2004年9月这段时间内具有代表性和独创性的重要著作，共有报告、讲话、谈话、文章、信件、批示、命令、题词等203篇，很大一部分是第一次公开发表。

8月13日　中共中央作出《关于学习〈江泽民文选〉的决定》。15日，胡锦涛在中共中央举行的学习《江泽民文选》报告会上讲话，指出：《江泽民文选》为我们更深入地学习领会“三个代表”重要思想，更好地用“三个代表”重要思想武装头脑、指导实践、推动工作，继续推进中国特色社会主义伟大事业和党的建设新的伟大工程，提供了最好的教材。他还指出，党的十六大以来，党中央紧密结合新世纪新阶段国际国内形势的发展变化，提出以人为本、实现科学发展、构建社会主义和谐社会、建设社会主义新农村、建设创新型国家、树立社会主义荣辱观、推动建设和谐世界、加强党的先进性建设等重大战略思想和重大战略任务，就是我们在邓小平理论和“三个代表”重要思想指导下取得的重要成果。

8月15日　我国外交部发表声明，强烈抗议日本首相小泉纯一郎再次参拜靖国神社。声明指出，8月15日，日本首相小泉纯一郎又一次参拜供奉有二战甲级战犯的靖国神社。中国政府对这一严重伤害受害国人民感情、破坏中日关系政治基础的行径表示强烈抗议。

8月16日　国务院总理温家宝主持召开国务院常务会议。会议主要对内蒙古新丰电厂项目违规建设和发生的重大施工事故作出严肃处理，审议并原则通过《全国沿海港口布局规划》、《船舶工业中长期发展规划》。会议听取了发改委、监察部对内蒙古新丰电厂项目违规建设和发生的重大施工事故调查情况的汇报。为了严肃法纪、政纪，维护国家和人民利益，会议同意对直接责任人员作出严肃处理，其中给予党纪、政纪处分7人，移交司法机关处理2人，并责成对项目违规建设负有领导责任的内蒙古自治区人民政府主席杨晶，副主席岳福洪、赵双连向国务院作出书面检查。内蒙古自治区人民政府对国家电力体制改革和宏观调控的决策执行不力，全区违规建设电站规模高达860万千瓦，问题十分严重。会议决定，对内蒙古自治区人民政府予以通报批评，所有违规电站项目一律停止建设，认真进行整顿。会议强调，各地区、各部门都要从这起事件中吸取教训，引以为戒。要牢固树立和全面落实科学发展观，切实增强全局观念，认真贯彻中央各项宏观调控政策措施，坚决维护中央宏观调控的权威性，加强纪律，确保政令畅通。对有令不行、有禁不止并造成严重后果的行为，要严肃追究责任。会议指出，沿海港口布局要体现综合运输、突出重点、节约资源、区域协调、科学管理的原则，走集约化、规模化、效益优先的发展道路。2010年前，沿海港口的建设主要围绕煤炭、原油、铁矿石、集装箱4个运输系统进行，重点建设好大型、深水、高效的专业化码头；2010年以后，重点完善各个运输系统。通过规划的实施，逐步形成布局合理、结构优化的水路客、货运输系统，有效提升我国沿海港口的综合竞争力，基本适应国家经济、社会、贸易、国防发展的需要。会议指出，我国船舶工业是具有较强国际竞争力和综合发展优势显著的产业。未来10年是我国船舶工业发展的关键时期，要抓住机遇，通过制定并实施船舶工业发展规划，提高我国造船工业整体水平，促进船舶工业可持续发展。会议强调，船舶工业发展，要着力抓好以下几个方面：一是深化改革，促进体制创新和管理升级，提高生产效率；二是进一步优化船舶工业组织结构，整合产业资源，提高运行效益；三是大力开展技术创新，提高自主研发能力和船用设备配套能力；四是坚持引进来和走出去并举，鼓励企业大力开拓国际市场；五是加强船舶工业人才队伍建设。

同　日　团中央下发《关于组织广大团员青年学习〈江泽民文选〉的决定》。

8月21日—23日　中央外事工作会议在京举行。胡锦涛总书记在会上发表重要讲话，从全局和战略的高度，全面分析了当前国际形势发展变化的新趋势新特点，深刻阐述了新世纪新阶段做好外事工作的重要性和紧迫性，进一步明确了外事工作的指导思想、基本原则、总体要求和主要任务，对加强和改进党对外事工作的领导提出了具体要求。温家宝总理在讲话中分析了我国改革开放和社会主义现代化建设的形势，着重阐述了做好新形势下外事工作需要解决的重点问题，并对当前和今后一个时期的外事工作作出了具体部署。会议强调，新世纪新阶段的外事工作，要高举和平、发展、合作的旗帜，坚持独立自主的和平外交政策，坚定不移地走和平发展道路，全方位开展外事工作，维护和用好重要战略机遇期，维护国家主权、安全、发展利益，努力为我国改革开放和社会主义现代化建设营造良好国际环境和有利外部条件，为推动建设持久和平、共同繁荣的和谐世界作出贡献。

8月22日　查韦斯访华。应国家主席胡锦涛邀请，委内瑞拉玻利瓦尔共和国总统乌戈·拉斐尔·查韦斯·弗里亚斯抵达北京，对中国进行了为期6天的国事访问。国家主席胡锦涛8月24日与查韦斯举行会谈。双方一致同意，进一步深化两国各领域互利合作，推动中委共同发展的战略伙伴关系再上新台阶。这是查韦斯第四次访华。

8月24日—26日　中哈联合反恐演习“天山-1号（2006）”在哈萨克斯坦阿拉木图州和中国新疆维吾尔自治区伊宁市联合举行。这是上海合作组织框架内中哈执法安全部门首次举行的联合反恐演习。演习对于加强中哈两国在反恐领域的合作，提高联合反恐作战指挥协调能力，共同维护地区安全稳定，具有重要意义。

8月27日　十届全国人大常委会第二十三次会议在人民大会堂闭会。会议表决通过了各级人大常委会监督法、企业破产法和修订后的合伙企业法，国家主席胡锦涛分别签署第五十三号、第五十四号和第五十五号主席令，并予以公布。会议表决通过了全国人大常委会关于批准中国政府和巴基斯坦政府关于打击恐怖主义、分裂主义和极端主义的合作协定的决定，表决通过了全国人大常委会代表资格审查委员会关于个别代表的代表资格的报告。根据会后发表的全国人大常委会公告，现在十届全国人大代表实有2 981人。会议还表决通过了有关任免事项。在完成各项议程后，吴邦国发表重要讲话。他指出，监督法的颁布实施，对于各级人大常委会依法行使监督职权，健全监督机制，加强和改进监督工作，增强监督实效，促进依法行政和公正司法，更好地发挥人民代表大会制度的特点和优势，推进社会主义民主法治建设都具有重大的现实意义和深远的历史意义。吴邦国指出，2006年上半年国民经济和社会发展计划执行情况总体上是好的，实现了高增长、高就业、高效益和低通胀。国务院和地方政府做了大量工作，应予充分肯定。在看到成绩的同时，必须正视当前国民经济和社会发展中存在的突出矛盾和问题，按照中央的统一部署，采取切实有效措施，把2006年下半年的经济和社会发展工作进一步抓实、做好，确保完成2006年国民经济和社会发展的各项任务。吴邦国说，对节约能源法和有关环保法律开展执法检查，是2006年全国人大常委会监督工作的重点。从检查情况看，我国“十五”期间能源消费弹性系数明显高于“六五”至“九五”时期平均水平，环境保护的主要指标也没有完成。更应高度重视的是，2006年上半年，单位国内生产总值能耗不但没有降低，反而上升了0.8%；污染物排放总量不但没有减少，反而都在增加。这既反映了我国能源和环境形势的严峻程度，也说明粗放型经济增长方式和经济结构不合理的问题尚未根本改变，表明建设资源节约型和环境友好型社会的任务有多么艰巨，必须引起各级政府的高度重视。要扭转这一局面，关键是要坚持以科学发展观为指导，切实转变发展观念、创新发展模式、提高发展质量，要把转变经济增长方式作为战略重点，着力调整经济结构，大力开展节能降耗，重视加强环境保护，努力推进自主创新，真正把科学发展观落实到具体政策措施上、落实到各项实际工作中，使经济社会发展尽快转入科学发展的轨道。吴邦国说，常委会组成人员在审议法官法和检察官法执法检查报告过程中，充分肯定了法院和检察院在加强队伍建设、促进公正司法方面所做的工作。同时指出，法院、检察院要针对法官法和检察官法实施中存在的突出问题，进一步加强法院和检察院队伍建设，努力提高法官和检察官的政治、业务和职业道德素质。同时希望有关方面尽快解决基层法院和检察院工作经费保障问题，落实收支两条线，确保法院和检察院工作的正常开展。副委员长王兆国、李铁映、司马义·艾买提、何鲁丽、丁石孙、许嘉璐、蒋正华、顾秀莲、热地、盛华仁、路甬祥、乌云其木格、韩启德出席会议。国务委员曹刚川、最高人民法院院长肖扬、最高人民检察院检察长贾春旺列席会议。

同　日　十届全国人大常委会在人民大会堂举行第二十二次专题讲座，题目是“我国的禁毒工作和禁毒立法”。吴邦国委员长主持讲座。副委员长王兆国、李铁映、司马义·艾买提、何鲁丽、丁石孙、许嘉璐、蒋正华、顾秀莲、盛华仁、路甬祥、乌云其木格、韩启德听取了讲座。

同　日　人大常委会通过2项法案。十届全国人大常委会第二十三次会议通过《中华人民共和国各级人民代表大会常务委员会监督法》和《中华人民共和国企业破产法》。

8月28日—9月9日　吴邦国出访南美3国。全国人大常委会委员长吴邦国应邀对巴西、乌拉圭和智利3国进行正式友好访问，并访问总部设在巴西圣保罗的拉美议会。陪同出访的全国人大常委会副秘书长曹卫洲9日在回国途中向随行记者介绍了访问情况。曹卫洲说，巴西、乌拉圭、智利3国和拉美议会高度重视吴委员长的访问。访问期间，吴委员长与3国领导人和拉美议会议长举行了会见会谈；在巴西国会、中巴企业家委员会年会、中智经贸论坛上发表重要演讲；签署了中国全国人大与巴西众议院建立定期交流机制的谅解备忘录，正式启动中国全国人大与智利国会政治对话委员会；出席与3国经贸合作文件签字仪式；专程考察了巴西马瑙斯自由贸易区工业区的中资企业，亲切接见驻3国使领馆、中资机构和华侨华人代表等。曹卫洲指出，吴委员长此次拉美之行，是2006年我国领导人的一次重要外交活动，取得了实质性成果，对中拉关系发展必将产生重大而深远的影响。一是政治互信得到巩固和加强。吴委员长利用演讲、致辞、会见会谈等各种场合，介绍中国的内外政策，强调我贯彻落实科学发展观、构建社会主义和谐社会，致力于建设和谐世界，坚持以经济建设为中心不动摇、坚持改革开放不动摇、坚持走和平发展道路不动摇；并就台湾、西藏等问题作深入细致的工作，强调这是中国发展与其他国家关系的政治基础，增进了往访国政府、议会和民众对我内外政策的理解、认同和对我在台湾、西藏问题上原则立场的支持。3国领导人重申坚定奉行一个中国政策，这一立场不会改变。访问期间，双方再次表达了在国际和地区问题上相同或相似的看法，认为每个国家选择什么样的发展道路，只能由这个国家的人民根据本国国情来决定，表示愿进一步加强磋商与配合，共同维护发展中国家的权益。二是经贸合作取得实质性进展。吴委员长详细阐述了与3国经济的互补性、合作的互利性，明确指出互利合作的重点领域和方向，强调发挥企业在经贸合作中主体作用的重要性。3国领导人和地方官员均表示了与中国开展互利合作、加强人文交流的强烈愿望和积极态度。吴委员长的访问还大大推动了一些带动全局的大项目合作。访问期间，中巴双方签署了支线飞机、水电站建设、通信等重大项目的合作协议，中智双方签署了铜业合作谅解备忘录，使中巴、中智经贸合作规模明显扩大，技术含量明显提高，投资产业合作明显增多。吴委员长还与智利总统巴切莱特共同宣布中智自由贸易协定将于2006年10月1日起开始实施，正式启动中智自由贸易投资和服务贸易谈判，这标志着中智经贸合作又上了一个新台阶，对中拉经贸合作乃至中拉关系的发展将会起到推动和示范作用。三是议会交往迈出重要步伐。吴委员长与3国议会领导人相互通报了国内情况和本国的内外政策。3国议会领导人盛赞中国改革开放和经济建设取得的巨大成就；吴委员长也积极评价3国在发展民族经济、改善人民生活和致力于地区合作方面所作的努力。双方均表示，同为发展中国家大家庭成员，面临着相同的发展任务，应相互学习借鉴，促进共同发展。双方一致认为，议会交往是国家关系的重要组成部分，增进政治互信、促进务实合作是议会交往的重点，希望加强各层次友好交往，开展治国理政经验交流，密切在国际和地区议会组织中的协调与配合。吴委员长和巴西众议长共同签署了中国全国人大与巴西众议院定期交流机制的谅解备忘录，还与智利参众两院议长共同宣布两国议会政治对话委员会正式启动，标志着中巴议会、中智议会关系进入实质性交流的新阶段。

8月29日　中共中央政治局召开会议，研究党员领导干部报告个人有关事项的规定等问题。中共中央总书记胡锦涛主持会议。会议认为，加强党风廉政制度建设，完善党内监督制度，真正形成用制度规范从政行为、按制度办事、靠制度管人的有效机制，是加强党的执政能力建设和先进性建设的必然要求。制定党员领导干部报告个人有关事项的规定，是我们党为坚持党要管党、从严治党的方针，加强党员领导干部的监督管理、促进党员领导干部廉洁从政而采取的重要举措。随着我国改革开放和社会主义现代化建设的发展，应该根据新形势新情况，结合各地区、各部门的实践，本着实事求是、突出重点的精神，对原有规定进行修订和完善。要强调党员领导干部向党组织报告个人有关事项的职责，明确需要报告的事项，确定受理报告的机关，完善报告程序，强化监督检查，使这项制度更加切合实际，更加具有可操作性。会议认为，《关于党员领导干部报告个人有关事项的规定》是重要的党内法规，体现了对党员领导干部加强监督管理和关心爱护的精神。颁布实施《关于党员领导干部报告个人有关事项的规定》，对保证党员领导干部队伍的纯洁性和先进性，推动党风廉政建设深入开展，具有重要意义。会议要求，各级党组织和各级党员领导干部要始终坚持立党为公、执政为民，坚持权为民所用、情为民所系、利为民所谋，发扬党的优良传统和作风，深刻认识制定《关于党员领导干部报告个人有关事项的规定》

的重要意义，正确把握规定的精神实质和基本内容，自觉执行规定的各项要求。纪检机关和组织人事部门要加强对贯彻执行规定的监督检查，切实把报告个人有关事项作为考察和考核党员领导干部的一项重要内容落到实处。

同　日　中共中央政治局进行第三十四次集体学习，中共中央总书记胡锦涛主持。这次集体学习安排的内容是世界教育发展趋势和深化我国教育体制改革。浙江师范大学校长徐辉教授、教育部教育发展研究中心主任张力研究员就这个问题进行讲解，并谈了他们对促进我国教育发展的意见。胡锦涛在主持学习时发表了讲话。他指出，坚持把教育摆在优先发展的战略地位，是我们党和国家提出并长期坚持的一项重大方针，也是发挥我国人力资源优势、建设创新型国家、加快推进社会主义现代化的必然选择。胡锦涛强调，教育涉及千家万户，惠及子孙后代，是体现发展为了人民、发展依靠人民、发展成果由人民共享的重要方面。保证人民享有接受教育的机会，是党和政府义不容辞的职责，也是促进社会公平正义、构建社会主义和谐社会的客观要求。要坚持党的教育方针，坚持以科学发展观统领我国教育事业发展全局，坚持教育为社会主义现代化建设服务、为人民服务，全面实施素质教育，深化教育体制改革，统筹城乡、区域教育，统筹各级各类教育，统筹教育发展的规模、结构、质量、效益，努力办好让人民群众满意的教育。胡锦涛强调，全面实施素质教育，核心是要解决好培养什么人、怎样培养人的重大问题，这应该成为教育工作的主题。要坚持育人为本、德育为先，把立德树人作为教育的根本任务，努力培养德智体美全面发展的社会主义建设者和接班人。要加强爱国主义教育，深入开展理想信念教育，引导学生树立正确的世界观、人生观、价值观、荣辱观，增强学生热爱祖国、服务人民的使命感和责任感。要激发学生发展的内在动力，提高学生的创新精神和实践能力。要形成全社会推进素质教育的强大合力和良好环境。胡锦涛强调，普及和巩固义务教育，大力发展职业教育，提高高等教育质量，是“十一五”规划纲要对教育事业发展提出的3项主要任务，必须切实抓紧抓实抓好。胡锦涛指出，各级党委和政府要把发展教育作为战略任务，摆上重要议事日程，确保教育优先发展落到实处。要强化政府对义务教育的保障责任，完善帮助贫困家庭学生上学的资助制度和扶持政策，完善支持高校毕业生就业的政策措施，坚决制止教育乱收费。胡锦涛指出，推动我国教育事业发展，必须充分发挥广大教师的重要作用。要进一步在全社会弘扬尊师重教的良好风尚，进一步培养教师爱岗敬业、教书育人的高尚精神，全面提高教师素质，切实帮助教师特别是农村基层教师解决工作生活中的实际困难，把广大教师的积极性、主动性、创造性更好地发挥出来。

8月30日　国务院总理温家宝主持召开国务院常务会议。会议审议并原则通过《全国农村饮水安全工程“十一五”规划》、《防治海洋工程建设项目污染损害海洋环境管理条例（草案）》。会议指出，目前一些农村地区饮水不安全的问题仍然比较突出，不少地方供水方式落后，局部地区饮用水严重不足。各级政府要把解决农村饮水安全问题摆到优先位置，加快实施饮水安全工程规划，让农民群众早日喝上干净水。一要明确目标，突出重点。“十一五”期间要解决1.6亿农村人口的饮水安全问题。重点解决饮用水高氟、高砷、苦咸、污染及微生物病害等严重影响身体健康的水质问题，以及局部地区的严重缺水问题，优先解决人口较少民族、水库移民、血吸虫病区和农村学校的饮水安全问题。二要防治结合，综合治理。切实保护好饮用水源，特别要防治采矿、工业等引起的污染。加强农村环境卫生综合整治，引导农民科学施用化肥、农药，搞好废污水、垃圾处理，减少面源污染。建立水质监测体系，保障供水安全。三要因地制宜，注重实效。工程建设要充分考虑水资源条件，做好论证。有条件的地方可发展集中式供水，提倡饮用水和其他生活用水分质供水。加强水资源调度，合理安排生活与生产用水，优先保证生活用水。四要建管并重，完善机制。改进农村饮水项目建设和管理办法，确保工程质量，落实管理主体和责任，提高资金使用效率，形成良性运行机制。农村饮水安全工程以政府投资为主，吸引社会力量参与，鼓励农民投工投劳，但要防止加重农民负担。要加强健康教育，宣传普及饮水安全知识，大力提倡节约用水。会议认为，为了更好地执行《中华人民共和国海洋环境保护法》，加强对海洋工程污染损害海洋环境的防治，维护海洋生态平衡，保护海洋资源，制定《防治海洋工程建设项目污染损害海洋环境管理条例》十分必要。会议决定，该草案经进一步修改后，由国务院公布施行。

8月31日　国务院发出《关于加强土地调控有关问题的通知》。通知指出，必须采取更严格的管理措施，切实加强土地调控，解决建设用地总量增长过快，低成本工业用地过度扩张，违法违规用地、滥占耕地等问题。

9月1日—2日　国务院在北京召开全国农村综合改革工作会议。中共中央政治局常委、国务院总理温家宝出席会议并发表重要讲话。他指出，农村综合改革不仅涉及经济领域的改革，而且涉及政治、社会、文化等领域的改革，是一次重大的制度创新和社会变革，要在试点的基础上全面推进。有条件的地方要在全省范围内开展试点，暂不具备条件的省份要进一步扩大市县试点范围，力争5年期间或更长一点时间基本完成乡镇机构、农村义务教育和县乡财政管理体制改革的任务。

9月5日　国务院出台土地调控通知。新华社受权全文播发《国务院关于加强土地调控有关问题的通知》。通知指出，当前土地管理特别是土地调控中出现了一些新动向、新问题，建设用地总量增长过快，低成本工业用地过度扩张，违法违规用地、滥占耕地现象屡禁不止，严把土地“闸门”任务仍然十分艰巨。这是继2004年《国务院关于深化改革严格土地管理的决定》出台后，我国政府在土地管理和调控政策上的又一次重大调整。这次出台的土地调控新政着重解决当前土地管理和调控中存在的突出问题，与以往政策相比，改革的力度比较大，内容更加具体、务实，相关措施更有针对性。

同　日　第三届全国少数民族文艺会演在京举行。第三届全国少数民族文艺会演在北京人民大会堂隆重开幕。党和国家领导人胡锦涛、温家宝、贾庆林、曾庆红、李长春、罗干等出席开幕式文艺晚会。第三届全国少数民族文艺会演由国家民委、文化部、广电总局和北京市政府联合主办。来自全国各少数民族的4 500多名演职员，定于9月5日—25日在北京分别展演33台优秀节目。

9月6日　国务院总理温家宝主持召开国务院常务会议。会议主要听取对中央企业监督检查情况的汇报，审议并原则通过《风景名胜区条例(草案)》。会议认为，一年来，国有重点大型企业监事会依法履行职责，较好地完成了对中央企业的监督检查任务。监事会要进一步完善监督职责，改进监督工作方法，不断增强监督的权威性和有效性，促进中央企业深化改革，规范管理，防范风险，确保国有资产保值增值。会议指出，必须高度重视国有企业的改革和监管工作：一要进一步健全公司法人治理结构、投资风险控制机制和内部监督管理机制。二要规范企业改制、国有产权转让和经营行为。三要严格财务管理，加大高风险业务的清理和管理力度。四要加强对垄断性行业和亏损企业的监管。五要研究建立国有资本经营预算制度，加强对国有企业收入分配的监督，用好国有资本收益，继续推进国有经济布局的战略性调整，加快国有企业结构调整和技术进步创新。六要加强企业领导班子建设。会议认为，为了更好地保护和合理利用风景名胜资源，有效制止破坏风景名胜资源的违法行为，有必要对1985年6月国务院公布施行的《风景名胜区管理暂行条例》进行修订，并制定新的《风景名胜区条例》。会议决定，《风景名胜区条例(草案)》经进一步修改后，由国务院公布施行。

9月12日　最高人民法院院长肖扬在北京宣布，最高人民法院和高级人民法院两级新闻发布体制正式建立。至此，全国各高级人民法院都已设立新闻发言人，加上此前最高人民法院设立的2位新闻发言人，两级法院现共有新闻发言人65位。肖扬强调，人民法院新闻发言人制度建立后，原则上，重大事项统一由新闻发言人发布，并接受记者采访。法院其他工作人员因工作需要接受新闻媒体采访，应由新闻宣传部门统一管理，严格履行审批手续。

9月24日　中共中央政治局召开会议，审议了中共中央纪律检查委员会《关于陈良宇同志有关问题初核情况的报告》。根据目前调查的情况，陈良宇同志涉及上海市劳动和社会保障局违规使用社保资金、为一些不法企业主谋取利益、袒护有严重违纪违法问题的身边工作人员、利用职务上的便利为亲属谋取不正当利益等严重违纪问题，造成了恶劣的政治影响。中央决定，依据《中国共产党章程》和《中国共产党纪律检查机关案件检查工作条例》的有关规定，由中共中央纪律检查委员会对陈良宇同志的问题立案检查，免去陈良宇同志上海市委书记、常委、委员职务，停止其担任的中央政治局委员、中央委员职务。中央认为，对陈良宇同志严重违纪问题的查处，充分表明我们党加强党风廉政建设和反腐败的坚强决心和鲜明态度，不论是谁，不论其职务多高，只要触犯党纪国法，都要受到严肃追究和严厉惩处。中央强调，广大党员干部特别是领导干部一定要进一步认识反腐败斗争的长期性、复杂性、艰巨性，牢固树立正确的世界观、人生观、价值观和权力观、地位观、利益观，常修为政之德、常思贪欲之害、常怀律己之心，真正经受住权力、金钱、美色的考验。各级党组织要切实加强对党员干部特别是领导干部的教育和管理，加强制度建设和体制创新，加强对权力运行的制约和监督，毫不动摇地推进党风廉政建设和反腐败工作。中央相信，在以胡锦涛同志为总书记的党中央坚强领导下，经过全党同志和广大人民群众不懈努力，一定能够有效遏制腐败现象的滋生蔓延、促进党风和社会风气的根本好转，一定能够把中国特色社会主义伟大事业不断推向前进。

9月25日　中共中央决定，韩正同志代理中共上海市委书记职务。韩正1954年生，浙江慈溪人，1979年5月加入中国共产党，1975年12月参加工作，经济学硕士，高级经济师。曾任上海市化工局团委书记，市化工专科学校党委副书记，上海胶鞋六厂党委书记、副厂长，上海大中华橡胶厂党委书记、副厂长，共青团上海市委副书记、书记，中共上海市卢湾区委副书记、代区长、区长，上海市政府副秘书长、市计委主任、党组书记。1997年12月—2002年5月任中共第七届上海市委常委。1998年2月当选为上海市副市长。2002年5月当选为第八届中共上海市委常委、副书记。2002年10月任上海市常务副市长。2003年2月20日在上海市第十二届人民代表大会第一次会议上当选为上海市市长。2006年9月，中共中央决定韩正代理中共上海市委书记职务。2007年3月，中共中央决定韩正不再代理上海市委书记职务。2007年5月28日，在中共上海市第九届委员会第一次全体会议上当选为市委副书记。2008年1月30日，在上海市第十三届人民代表大会第一次全体会议上当选为上海市市长。是中共“十四大”、“十五大”代表，十六届、十七届中央委员。

9月26日　中共中央政治局25日召开会议，讨论十六届五中全会以来中央政治局的工作，研究构建社会主义和谐社会等问题。中共中央总书记胡锦涛主持了会议。会议决定，中国共产党第十六届中央委员会第六次全体会议于10月8日—11日在北京召开。中共中央政治局听取了《中共中央关于构建社会主义和谐社会若干重大问题的决定》稿在党内外一定范围征求意见的情况报告，决定根据这次会议讨论的意见进行修改后将文件稿提请十六届六中全会审议。会议认为，在这次征求意见的过程中，各地区、各部门、各有关方面和党的十六大代表对文件稿提出了许多很好的意见和建议，要充分吸收和反映这些意见和建议，集中全党和各方面的智慧，制定好中央关于构建社会主义和谐社会的文件，使之成为当前和今后一个时期全党全国推进社会主义和谐社会建设的指导性文件。会议指出，我们要构建的社会主义和谐社会，是在中国特色社会主义道路上，中国共产党领导全体人民共同建设、共同享有的和谐社会。构建社会主义和谐社会，必须坚持以人为本，始终把最广大人民的根本利益作为党和国家一切工作的出发点和落脚点，不断满足人民日益增长的物质文化需要，做到发展为了人民、发展依靠人民、发展成果由人民共享；必须切实抓好发展这个党执政兴国的第一要务，统筹城乡发展，统筹区域发展，统筹经济社会发展，统筹人与自然和谐发展，统筹国内发展和对外开放，转变增长方式，提高发展质量，切实把经济社会发展转入科学发展的轨道；必须坚持社会主义市场经济的改革方向，适应社会发展要求，推进经济体制、政治体制、文化体制、社会体制改革和创新，进一步扩大对外开放，建立健全充满活力、富有效率、更加开放的体制机制；必须加强社会主义民主政治建设，实施依法治国基本方略，建设社会主义法治国家，树立社会主义法治理念，逐步形成社会公平保障体系，促进社会公平正义；必须把改革的力度、发展的速度和社会可承受的程度统一起来，以改革促进和谐、以发展巩固和谐、以稳定保障和谐，确保人民安居乐业、社会安定有序、国家长治久安；必须坚持科学执政、民主执政、依法执政，发挥党的领导核心作用，维护人民群众的主体地位，团结一切可以团结的力量，调动一切积极因素，形成促进社会和谐的强大合力。会议强调，构建社会主义和谐社会，关键在党。必须充分发挥党的领导核心作用，坚持立党为公、执政为民，以党的执政能力建设和先进性建设推动社会主义和谐社会建设，为构建社会主义和谐社会提供坚强有力的政治保证。各级党委要把和谐社会建设放在全局工作的突出位置，切实担负起领导责任，大兴求真务实之风，激励干部真抓实干，加强社会建设理论和社会政策的学习研究和教育培训，不断提高各级领导班子和领导干部管理社会事务、协调利益关系、开展群众工作、激发社会创造活力、处理人民内部矛盾、维护社会稳定的本领，确保中央的方针政策和工作部署落到实处。

9月27日　国务院总理温家宝主持召开国务院常务会议，严肃处理郑州市违法批准征收占用土地建设龙子湖高校园区问题。会议听取了国土资源部、监察部对郑州市违法批准征收占用土地建设龙子湖高校园区案件调查情况的汇报。会议认为，这是一起严重违反土地利用总体规划、违法批准征收占用土地数量巨大的案件。河南省和郑州市政府及有关部门对这起案件负有责任：河南省政府对国家治理整顿土地市场秩序和严把土地供应“闸门”的决策执行不力，有关负责人明示或默许违法批准征收占用土地，省国土资源厅不依法履行监管职责。郑州市政府和郑东新区建设领导小组违法决定征收占用土地，郑东新区管委会违法实施征地，龙子湖建设指挥部违法组织实施征地拆迁。为严肃法纪，维护国家和人民利益，维护土地利用总体规划的严肃性和权威性，会议决定，对河南省人民政府予以通报批评，责成其向国务院作出深刻检查，并对有关责任人员作出严肃处理。中央纪委常委会已决定，分别给予河南省委常委、政法委书记李新民（原任河南省副省长）和河南省委常委、郑州市委书记王文超（原任郑州市市长）党内严重警告处分。

10月5日　商务部新闻发言人崇泉就欧盟通过对中国皮鞋采取反倾销措施的决定发表谈话。崇泉表示，中方注意到，欧盟在此案上将反倾销措施由通常的5年期限改为2年，终裁税率比初裁税率有所下降。中方认为欧盟在此案立案、调查和裁决过程中存在诸多与WTO规则和欧盟反倾销法不符的法律缺陷，欧方对中国皮鞋采取反倾销措施缺乏法律与事实依据，损害了中国皮鞋企业的正当权利，中方将密切关注和评估事态的进一步发展，保留采取相应措施的权利。

10月8日　胡锦涛会见来访的日本首相安倍晋三。胡锦涛指出，中日双方必须从战略高度和长远角度来审视和把握两国关系，坚持和平共处、世代友好、互利合作、共同发展的大目标，坚定不移地推动中日关系长期健康稳定向前发展。同日，温家宝与安倍晋三举行会谈。双方同意，努力构筑基于共同战略利益的互惠关系。

同　日　中共中央作出《关于构建社会主义和谐社会若干重大问题的决定》。主要内容：一、构建社会主义和谐社会的重要性和紧迫性。社会和谐是中国特色社会主义的本质属性，是国家富强、民族振兴、人民幸福的重要保证。社会和谐是我们党不懈奋斗的目标。新世纪新阶段，我们面临的发展机遇前所未有，面对的挑战也前所未有。目前，我国社会总体上是和谐的。但是，也存在不少影响社会和谐的矛盾和问题，主要是城乡、区域、经济社会发展很不平衡，人口资源环境压力加大；就业、社会保障、收入分配、教育、医疗、住房、安全生产、社会治安等方面关系群众切身利益的问题比较突出；体制机制尚不完善，民主法制还不健全；一些社会成员诚信缺失、道德失范，一些领导干部的素质、能力和作风与新形势新任务的要求还不适应；一些领域的腐败现象仍然比较严重；敌对势力的渗透破坏活动危及国家安全和社会稳定。任何社会都不可能没有矛盾，人类社会总是在矛盾运动中发展进步的。构建社会主义和谐社会是一个不断化解社会矛盾的持续过程。我们要始终保持清醒头脑，居安思危，深刻认识我国发展的阶段性特征，科学分析影响社会和谐的矛盾和问题及其产生的原因，更加积极主动地正视矛盾、化解矛盾，最大限度地增加和谐因素，最大限度地减少不和谐因素，不断促进社会和谐。二、构建社会主义和谐社会的指导思想、目标任务和原则。我们要构建的社会主义和谐社会，是在中国特色社会主义道路上，中国共产党领导全体人民共同建设、共同享有的和谐社会。必须坚持以马克思列宁主义、毛泽东思想、邓小平理论和“三个代表”重要思想为指导，坚持党的基本路线、基本纲领、基本经验，坚持以科学发展观统领经济社会发展全局，按照民主法治、公平正义、诚信友爱、充满活力、安定有序、人与自然和谐相处的总要求，以解决人民群众最关心、最直接、最现实的利益问题为重点，着力发展社会事业、促进社会公平正义、建设和谐文化、完善社会管理、增强社会创造活力，走共同富裕道路，推动社会建设与经济建设、政治建设、文化建设协调发展。到2020年，构建社会主义和谐社会的目标和主要任务是，社会主义民主法制更加完善，依法治国基本方略得到全面落实，人民的权益得到切实尊重和保障；城乡、区域发展差距扩大的趋势逐步扭转，合理有序的收入分配格局基本形成，家庭财产普遍增加，人民过上更加富足的生活；社会就业比较充分，覆盖城乡居民的社会保障体系基本建立；基本公共服务体系更加完备，政府管理和服务水平有较大提高；全民族的思想道德素质、科学文化素质和健康素质明显提高，良好道德风尚、和谐人际关系进一步形成；全社会创造活力显著增强，创新型国家基本建成；社会管理体系更加完善，社会秩序良好；资源利用效率显著提高，生态环境明显好转；实现全面建设惠及十几亿人口的更高水平的小康社会的目标，努力形成全体人民各尽其能、各得其所而又和谐相处的局面。构建社会主义和谐社会，要遵循以下原则，必须坚持以人为本，必须坚持科学发展，必须坚持改革开放，必须坚持民主法治，必须坚持正确处理改革发展稳定的关系，必须坚持在党的领导下全社会共同建设。坚持科学执政、民主执政、依法执政，发挥党的领导核心作用，维护人民群众的主体地位，团结一切可以团结的力量，调动一切积极因素，形成促进和谐人人有责、和谐社会人人共享的生动局面。三、坚持协调发展，加强社会事业建设。（一）扎实推进社会主义新农村建设，促进城乡协调发展。（二）落实区域发展总体战略，促进区域协调发展。（三）实施积极的就业政策，发展和谐劳动关系。（四）坚持教育优先发展，促进教育公平。（五）加强医疗卫生服务，提高人民健康水平。（六）加快发展文化事业和文化产业，满足人民群众文化需求。（七）加强环境治理保护，促进人与自然相和谐。四、加强制度建设，保障社会公平正义。（一）完善民主权利保障制度，巩固人民当家作主的政治地位。（二）完善法律制度，夯实社会和谐的法治基础。（三）完善司法体制机制，加强社会和谐的司法保障。（四）完善公共财政制度，逐步实现基本公共服务均等化。（五）完善收入分配制度，规范收入分配秩序。（六）完善社会保障制度，保障群众基本生活。五、建设和谐文化，巩固社会和谐的思想道德基础。（一）建设社会主义核心价值体系，形成全民族奋发向上的精神力量和团结和睦的精神纽带。马克思主义指导思想，中国特色社会主义共同理想，以爱国主义为核心的民族精神和以改革创新为核心的时代精神，社会主义荣辱观，构成社会主义核心价值体系的基本内容。（二）树立社会主义荣辱观，培育文明道德风尚。（三）坚持正确导向，营造积极健康的思想舆论氛围。（四）广泛开展和谐创建活动，形成人人促进和谐的局面。六、完善社会管理，保持社会安定有序。（一）建设服务型政府，强化社会管理和公共服务职能。（二）推进社区建设，完善基层服务和管理网络。（三）健全社会组织，增强服务社会功能。（四）统筹协调各方面利益关系，妥善处理社会矛盾。（五）完善应急管理体制机制，有效应对各种风险。（六）加强社会治安综合治理，增强人民群众安全感。（七）加强国家安全工作和国防建设，保障国家稳定安全。七、激发社会活力，增进社会团结和睦。（一）增强全社会创造活力，形成万众一心共创伟业的生动局面。（二）巩固和壮大最广泛的爱国统一战线，充分调动各方面积极性。（三）加强海内外中华儿女的团结，为实现中华民族的伟大复兴而奋斗。（四）坚持走和平发展道路，营造良好外部环境。八、加强党对构建社会主义和谐社会的领导。（一）提高各级领导班子和领导干部领导社会主义和谐社会建设的本领。（二）加强基层基础工作。（三）建设宏大的社会工作人才队伍。（四）深入开展党风廉政建设和反腐败斗争。决定指出，和谐凝聚力量，和谐成就伟业。构建社会主义和谐社会是建设中国特色社会主义的重大战略任务，是对我们党执政能力的重大考验。

10月8日—11日　中共十六届六中全会举行。全会审议通过《中共中央关于构建社会主义和谐社会若干重大问题的决定》。吴邦国就《决定（讨论稿）》作说明。全会充分肯定党的十六届五中全会以来中央政治局的工作。全会全面分析了当前的形势和任务，研究了构建社会主义和谐社会的若干重大问题。一致认为，社会和谐是中国特色社会主义的本质属性，是国家富强、民族振兴、人民幸福的重要保证。构建社会主义和谐社会，是我们党以马克思列宁主义、毛泽东思想、邓小平理论和“三个代表”重要思想为指导，全面贯彻落实科学发展观，从中国特色社会主义事业总体布局和全面建设小康社会全局出发提出的重大战略任务，反映了建设富强民主文明和谐的社会主义现代化国家的内在要求，体现了全党全国各族人民的共同愿望。胡锦涛在会上报告中央的工作并发表讲话。他指出，我国发展已站在一个新的历史起点上，经济体制深刻变革，社会结构深刻变动，利益格局深刻调整，思想观念深刻变化，深层次矛盾逐步显现，必须把构建社会主义和谐社会摆在更加突出的地位。他指出：建设社会主义核心价值体系，最根本是要坚持马克思主义的指导地位，坚持不懈地用马克思主义中国化的最新成果武装全党、教育人民。他强调，要把各方面的积极性引导到实现科学发展上来，扎实促进经济又好又快发展。

10月13日　国防科工委、总装备部在京隆重召开中国航天事业创建50周年纪念大会。中共中央总书记、国家主席、中央军委主席胡锦涛为大会发来贺信。中共中央政治局常委、国务院总理温家宝出席大会并发表重要讲话。温家宝强调，我国航天事业站在新的起点上，面临着新的形势和任务。要按照经济社会发展和国防建设的要求，贯彻自主创新、重点跨越、支撑发展、引领未来的方针，实施载人航天工程和月球探测工程等国家重大科技专项，在航天装备研制和空间技术、空间应用、空间科学领域取得新的突破。中共中央政治局委员、国务院副总理曾培炎，中共中央政治局委员、中央军委副主席、国务委员曹刚川和中央军委委员、总政治部主任李继耐，中央军委委员、总装备部部长陈炳德出席会议。

同　日　国家主席胡锦涛在人民大会堂与来华进行工作访问的韩国总统卢武铉举行会谈。双方就两国关系及共同关心的国际和地区问题深入交换意见，达成了重要共识。两国元首一致同意，不断深化中韩全面合作伙伴关系，为维护和促进半岛及东北亚和平、稳定与发展而共同努力。胡锦涛表示，在当前复杂敏感的形势下，中韩加强政治沟通，扩大战略共识，拓展交流合作，对维护地区和平安全、促进两国共同发展具有重要意义。中方愿与韩方一道，继续从战略高度出发，进一步落实双方达成的有关共识，不断充实两国关系的内涵，推进中韩全面合作伙伴关系。卢武铉说，韩中是友好近邻，各领域交往日益密切，共同为促进本地区的和平与发展作出了积极贡献，是名副其实的全面合作伙伴关系。韩方珍视韩中友谊，愿与中方加强交流，扩大合作，推动两国关系深入向前发展。关于半岛局势，胡锦涛说，中国政府已表明反对朝鲜进行核试验的立场，认为在当前形势下，应坚定不移地坚持半岛无核化目标，反对核扩散，坚持通过对话谈判和平解决的大方向，避免可能导致局势升级和失控的行动，维护半岛和东北亚和平稳定，这符合有关各方共同利益。中方愿同包括韩方在内的有关各方加强磋商，密切配合，冷静应对，推动六方会谈进程，为实现半岛无核化目标、维护半岛和东北亚和平稳定继续发挥建设性作用。卢武铉积极评价中方为和平解决半岛核问题所发挥的重要作用，赞同胡锦涛所阐述的中方看法，表示愿与中方加强磋商，共同努力，坚持半岛无核化目标，早日重启六方会谈，推动对话和平解决问题，维护地区的和平与稳定。外交部长李肇星、商务部长薄熙来等参加了会谈。

10月14日　中共中央总书记、国家主席、中央军委主席胡锦涛为中央社会主义学院建院50周年致贺信。贺信全文如下，“中央社会主义学院：值此中央社会主义学院建院50周年之际，我谨代表中共中央，向中央社会主义学院表示热烈的祝贺！中央社会主义学院是在毛泽东同志等老一辈革命家亲切关怀下创办的具有统一战线性质的政治学院，是民主党派和无党派人士的联合党校。建院50年来特别是改革开放以来，在中共中央重视和关心下，中央社会主义学院始终坚持社会主义的办学方向，牢固树立‘爱国、团结、民主、求实’的良好校风，突出办学特色，注重培训质量，为培养一大批同中国共产党亲密合作的民主党派、无党派人士和其他方面代表人士、促进统一战线工作和多党合作事业发展发挥了重要作用。要把中国特色社会主义伟大事业不断推向前进，必须最广泛地凝聚和发挥各党派、各团体、各民族、各阶层和各界人士的智慧和力量。中央社会主义学院在培养统一战线人才、推动统一战线工作方面肩负着重要职责。希望你们坚持以邓小平理论和‘三个代表’重要思想为指导，全面贯彻落实科学发展观，继承和发扬优良传统，进一步探索办学规律，不断提高教学和科研水平，充分发挥学院作为统一战线的人才培养基地、理论研究基地、方针政策宣传基地的作用，为开创新世纪新阶段统一战线工作新局面，为实现全面建设小康社会宏伟目标和中华民族伟大复兴作出新的更大贡献”。

10月15日　第一〇〇届中国出口商品交易会开幕式暨庆祝大会在广州隆重举行。中共中央政治局常委、国务院总理温家宝出席大会并作重要讲话。温家宝说，广交会半个世纪的历程，反映了新中国对外开放的历史，展示了改革开放以来对外贸易的新发展和新成就，表明中国对外开放的道路越走越宽广。温家宝宣布，为了更好地适应对外开放的新形势，扩大进口，增加出口，推动进出口贸易的协调平衡发展，中国政府决定，从第一〇一届开始，广交会更名为中国进出口商品交易会。

10月15日—17日　日本参议院议长扇千景于率团访华。加之正在东京举行的“中日执政党交流机制”会议和两国外交部门的定期战略对话机制，中日关系打破僵局之后在议会、政党和政府等各层次的政治交流开始重现活跃势头。胡锦涛将扇千景的中国之行称为“继安倍首相成功访华以来中日两国高层进行的又一次重要访问”。他对中国全国人大和日本参议院建立定期交流机制表示祝贺。“议会交流是中日友好交流的重要组成部分。中国全国人大与日本参议院建立定期交流机制，为两国立法机构的交流提供了新的重要平台。”胡锦涛说，在建立定期交流机制的谅解备忘录中，中日双方确信“进一步开凿各领域的交流与合作有利于中日两国国民的根本利益。加强议会间交流有利于增进相互理解和信赖，扩大两国间合作。双方建立定期交流机制，为实现此目的奠定了有效的基础”。双方商定，将定期召开议员会议，就双边关系、国际和地区问题以及两国在国际社会中的作用与合作等交换意见。

10月16日　中央领导人参观纪念长征的展览。中共中央总书记、国家主席、中央军委主席胡锦涛到中国人民革命军事博物馆，参观“伟大壮举，光辉历程——纪念中国工农红军长征胜利70周年展览”。中共中央政治局常委、全国人大常委会委员长吴邦国，中共中央政治局常委、国务院总理温家宝，中共中央政治局常委、国家副主席曾庆红，中共中央政治局常委、国务院副总理黄菊，中共中央政治局常委、中央纪委书记吴官正，中共中央政治局常委李长春，中共中央政治局常委、中央政法委书记罗干等也分别参观了展览。胡锦涛指出，70年前中国共产党领导红军进行的震惊世界的长征，实现了中国革命从挫折走向胜利的重大转折，谱写了我们党、军队和中华民族历史上的壮丽篇章。在艰苦卓绝的斗争中培育的伟大的长征精神，一直是激励我们战胜困难、勇往直前的强大动力和宝贵财富。胡锦涛强调，我们纪念红军长征，就是要缅怀革命先辈的不朽功勋，继承光荣革命传统，发扬伟大长征精神，同心同德、艰苦奋斗，在建设富强民主文明和谐的社会主义现代化国家、实现中华民族伟大复兴的新长征道路上不断创造新的业绩。王兆国、回良玉、刘淇、刘云山、周永康、贺国强、郭伯雄、曹刚川、曾培炎、王刚、宋平、徐才厚、何勇、司马义·艾买提、热地、盛华仁、华建敏、陈至立、肖扬、贾春旺、周铁农、陈奎元、阿不来提·阿不都热西提、徐匡迪、李蒙、张榕明和张万年、姜春云、钱其琛、李锡铭、布赫、任建新、孙孚凌、陈锦华，中央军委委员李继耐、廖锡龙王克等也参观了展览。

10月17日　两岸农业合作论坛在海南博鳌隆重开幕。中共中央政治局常委、全国政协主席贾庆林和中国国民党荣誉主席连战出席论坛开幕式。受财政部、农业部、商务部、交通部等部门的委托，中共中央台办主任陈云林在闭幕式上宣布了一系列扩大和深化两岸农业合作的新政策措施。这些新政策措施涉及四大方面，共20项。

10月18日　国务院总理温家宝主持召开国务院常务会议，分析2006年前3季度经济形势，研究部署第四季度经济社会发展工作。会议认为，经济社会发展中存在的主要问题是：农民持续增收难度加大，固定资产投资、货币信贷增幅回落的基础还不稳固，节能降耗和污染减排形势严峻，国际收支不平衡矛盾仍在加剧，一些涉及人民群众切身利益的问题有待解决。会议强调，要高度重视做好第四季度经济社会发展工作，这对于全面完成2006年各项任务，为2007年改革和发展打好基础，有着重要意义。要抓好六项工作。（一）加强“三农”工作。认真抓好秋粮收购和秋冬种，进一步落实各项支农措施，稳定粮食价格和农业生产资料价格。组织好冬季农田水利基本建设，特别要抓紧水毁工程修复和抗旱水源工程建设。加强动物疫病、农作物病虫害防控，加强森林、草原防火。（二）坚持把好土地、信贷闸门和市场准入门槛。严格审批新增建设用地，加快落实国家土地督察制度。严格控制中长期贷款。控制固定资产投资规模，优化投资结构，把房地产调控措施落实到每个城市。（三）全面落实节能降耗和污染减排目标责任制。继续抓好重点企业节能和重大节能工程，加快淘汰高耗能、高污染行业的落后生产能力，严格环境执法，扎实推进降耗减排工作。（四）搞好经济运行调节。加强冬季煤电油运综合协调和应急保障工作，重点做好发电、供热的用煤用气，保证成品油市场稳定供应。（五）做好财税金融工作。继续抓好财税增收节支，优化财政支出结构，保障重点支出，严格控制一般性支出，防止年终突击花钱。厉行勤俭节约，反对铺张浪费。继续加强金融调控、服务和监管。（六）进一步解决关系群众切身利益的问题。积极扩大就业，加强社会保障工作。督促按时足额发放农民工工资。妥善安排受灾群众和困难群体的生产生活。进一步整顿市场秩序，严厉打击各种损害消费者权益等违法行为。搞好食品药品安全专项整治。强化重点行业、重点企业安全生产，防止重特大事故的发生。做好冬春季重大疫病防治工作。全力维护社会和谐稳定。

10月22日　国际反贪局联合会第一次年会暨会员代表大会在北京开幕。国家主席胡锦涛出席开幕式并发表重要讲话。他强调，坚决惩治和积极预防腐败，是中国政府的一贯立场。反对腐败是关系国家发展全局、关系最广大人民根本利益、关系社会公平正义和社会和谐稳定的重大问题和紧迫任务。中国政府将继续旗帜鲜明、毫不动摇地开展反腐败斗争，以实现好、维护好、发展好最广大人民的根本利益。胡锦涛在讲话中首先代表中国政府和人民对会议的召开表示祝贺，对参加会议的各国总检察长、司法部长、内务部长、监察部长、反贪机构负责人、国际组织领导人以及各位代表表示欢迎。胡锦涛指出，维护和平，谋求发展，促进和谐，是世界各国人民的共同愿望。倡导廉政，反对腐败，营造公平正义、清明廉洁、和谐稳定的良好社会氛围，是实现国家经济社会发展的必然要求，对促进世界和平与发展也具有重要意义。反对腐败，是各国面临的一项重大任务，也是国际社会面临的共同课题。加强反腐败国际合作，有利于各国更加有效地惩治和预防腐败，也有利于实现各国人民要求政治廉洁的共同期盼。胡锦涛强调，中国政府高度重视在反腐败领域同世界各国和有关国际组织进行合作。我们主张，各国应该在互相尊重主权的前提下开展互利互惠的国际合作，在尊重各国国情的基础上加强反腐败务实合作。中国政府将在所承诺的公约义务范围内认真承担相应的国际责任。胡锦涛最后表示，这次会议必将对推动反腐败国际合作产生重要影响，也必将对推动建设持久和平、共同繁荣的和谐世界产生积极作用。开幕式前，胡锦涛会见了出席会议的各个国家和地区的高级官员及有关国际组织领导人。出席开幕式的还有周永康、何勇、顾秀莲、唐家璇、肖扬。最高人民检察院检察长贾春旺主持了开幕式。来自137个国家和地区、12个国际组织和机构的近千名代表出席大会。

同　日　纪念红军长征胜利70周年大会在北京人民大会堂隆重举行。中共中央总书记、国家主席、中央军委主席胡锦涛发表重要讲话强调，70年前，中国共产党领导红军将士完成了震惊世界的长征，开辟了中国革命继往开来的光明道路，奠定了中国革命胜利前进的重要基础。这一伟大历史事件，是中国共产党人的骄傲，是人民军队的光荣，是中华民族的自豪。我们纪念红军长征胜利，就是要激励全党全军全国各族人民在中国特色社会主义道路上继续奋勇前进。

10月23日　中共中央政治局召开会议，研究2006年—2010年全国干部教育培训规划。中共中央总书记胡锦涛主持会议。会议指出，“十一五”时期干部教育培训工作的主要任务是，根据“十一五”时期经济社会发展需要和干部队伍的实际，把政治理论培训作为首要任务，全面加强政策法规、业务知识、文化素养培训和技能训练；把干部教育培训的普遍性要求与不同类别、不同层次、不同岗位干部的特殊需要结合起来，调动干部的积极性和主动性，增强教育培训的针对性和实效性。会议强调，要以马克思主义中国化的最新成果为中心内容，进一步加大理论武装力度。深入开展马克思列宁主义、毛泽东思想、邓小平理论和“三个代表”重要思想的教育培训。重点进行《江泽民文选》和党的十六大以来以胡锦涛同志为总书记的党中央提出的科学发展观、构建社会主义和谐社会等重大战略思想的教育培训。引导广大干部全面准确地掌握和运用马克思主义中国化的最新成果。要切实加强党的路线方针政策和国家法律法规的教育培训，大力开展党和国家在经济、政治、文化、社会、外交、国防等方面重大部署和要求的培训，着力提高广大干部科学执政、民主执政、依法执政的水平和推进经济社会又好又快发展的本领。要坚持学习理论与指导实践相结合，坚持改造客观世界与改造主观世界相结合，坚持运用理论与发展理论相结合，引导和帮助广大干部认真研究解决本地区本部门改革发展稳定中的重大问题、群众生产生活中的迫切问题、党的建设中存在的突出问题，引导和帮助广大干部提高思想政治水平、加强道德品质修养，引导和帮助广大干部从理论和实践的结合上研究新情况、解决新问题，不断开拓理论和实践的新境界。会议要求，各地区各部门要按照分级分类和全员培训的原则，统筹安排，整体部署，为干部教育培训提供有力保障，全面落实“十一五”时期干部教育培训任务。

同　日　中共中央政治局进行第三十五次集体学习。这次集体学习安排的内容是国外医疗卫生体制和我国医疗卫生事业发展。胡锦涛在主持学习时发表讲话，指出，要走中国特色医疗卫生改革发展道路，坚持公共医疗卫生的公益性质，建设覆盖城乡居民的基本卫生保健制度。他强调，医疗卫生事业是造福人民的事业，关系广大人民群众的切身利益，关系千家万户的幸福安康，也关系经济社会协调发展，关系国家和民族的未来。各级党委和政府都要切实把发展医疗卫生事业、提高人民群众健康水平放在更加重要的位置，走中国特色医疗卫生改革发展道路，加快医疗卫生事业改革发展步伐，努力满足人民群众日益增长的医疗卫生服务需求。

10月24日—26日　中华全国新闻工作者协会第七届理事会第一次会议在北京召开。大会开幕前，中共中央总书记、国家主席、中央军委主席胡锦涛会见全体理事和会议代表，向大会表示热烈祝贺，向全国新闻工作者致以崇高的敬意和诚挚的问候。中共中央政治局常委、国务院总理温家宝，中共中央政治局常委、国家副主席曾庆红，中共中央政治局常委李长春参加了会见。参加会见和开幕式的领导同志还有：刘云山、周永康、贺国强、王刚、徐才厚、何勇、陈至立、陈奎元。这次会议是全国新闻界的一次盛会。由中央新闻单位，各省、自治区、直辖市记协及全国性专业记协等团体会员和有关部门推举出的450多名理事和特邀理事，代表全国70多万新闻从业人员，将在为期3天的会议上，审议中国记协第六届理事会工作报告，修改中国记协章程，选举产生中国记协第七届理事会领导机构。开幕式由大会执行主席田聪明主持。中国记协主席邵华泽致开幕词。中国文联党组书记胡振民代表出席大会的8个人民团体致贺词。受第六届理事会委托，中国记协党组书记翟惠生作了工作报告。中国记协党组副书记赵晨伃就修改《中华全国新闻工作者协会章程》作了说明。中央有关部门和首都主要新闻单位负责人，中国记协第六届理事会部分常务理事和老新闻工作者代表参加了会议。香港、澳门特别行政区新闻传媒代表应邀出席开幕式。中华全国新闻工作者协会第七届理事会第一次会议圆满完成各项议程于26日闭幕。新华社社长田聪明在大家热烈的掌声中当选新一届中国记协主席。本次大会是在党的十六届六中全会之后，我国新闻界的一次重要会议。大会充满了团结、民主、务实、鼓劲的氛围。与会代表认真学习十六届六中全会精神和李长春同志代表党中央在大会开幕式上的讲话，深感使命光荣，任务艰巨，大有可为，大家纷纷表示要把党和人民的信任化为动力，不断开创新局面。邵华泽被大会推举担任本届记协名誉主席，翟惠生、张研农、胡占凡、何平、胡孝汉、王梦云、梅宁华、尹明华、李厚朴、杨兴锋、任贤良、张崇银12位同志当选为副主席。常务理事会任命翟惠生（兼）、赵晨伃、祝寿臣、李存厚、顾勇华为书记处书记。

10月25日　国务院总理温家宝主持召开国务院常务会议，讨论通过《关于鼓励和规范我国企业对外投资合作的意见》。会议认为，支持有条件的企业按照国际通行规则对外投资和跨国经营，是对外开放新阶段的重大举措，对于更好地利用国际国内两种资源、两个市场，推进经济结构调整，增强企业国际竞争力，促进国际交流合作、共同发展，具有重要意义。会议指出，改革开放以来，我国企业的对外投资、工程承包、劳务合作等有了很大发展，一些企业的跨国经营能力逐步提高，形成了一批具有比较优势的产品和产业，增强了经济发展的动力和后劲。但从总体上看，我国企业的对外投资合作还处于起步阶段，迫切需要正确引导，及时规范。会议认为制定《关于鼓励和规范我国企业对外投资合作的意见》是完全必要的。为了抓住经济全球化和区域合作的机遇，鼓励有条件的企业积极稳妥地参与国际经济技术合作，进一步提高对外开放水平，会议强调：（一）坚持相互尊重，平等互利，优势互补，合作共赢。

(二) 加强政策引导，统筹协调，规范秩序，合理布局，防止无序竞争，维护国家利益。(三) 完善决策机制，落实企业境外投资自主权，科学论证，审慎决策，防范投资和经营风险。(四) 加强境外国有资产监管，健全评价考核监督体系，建立项目安全风险评估和成本核算制度，实现资产保值增值。(五) 遵守当地法律法规，坚持工程项目承包公开公正透明，重信守诺，履行必要的社会责任，保障当地员工合法权益，注重环境资源保护，关心和支持当地社会民生事业。(六) 提高境外工程承包建设水平，提高产品质量和效益，不断增强企业的综合竞争力。(七) 加强安全教育，健全安全生产责任制，保障境外中资企业、机构的人员和财产安全。(八) 加快人才培养，注重培养适应国际化经营的优秀人才，提高企业跨国经营管理能力。(九) 营造友好的舆论环境，宣传我走和平发展道路的政策主张，维护我国的良好形象和企业的良好声誉。

10月29日　我国自行研制的新一代大功率通信广播卫星“鑫诺二号”，在西昌卫星发射中心用“长征三号乙”运载火箭发射成功。“鑫诺二号”卫星是基于“东方红四号”卫星公用平台的首颗卫星，重约5.1吨，采用标准的广播卫星频段，有22个转发器，具有长寿命、大容量、安全可靠等技术特点，设计寿命15年，在轨服务寿命12年。该卫星将主要为中国内地及港澳台地区广播电视、数字电视、直播电视和数字宽带多媒体系统等用户提供服务。

10月30日　中国—东盟建立对话关系15周年纪念峰会在广西南宁荔园山庄国际会议中心举行。中国国务院总理温家宝与文莱苏丹博尔基亚、柬埔寨首相洪森、印度尼西亚总统苏西洛、老挝总理布阿索内、马来西亚总理巴达维、缅甸总理梭温、菲律宾总统阿罗约、新加坡总理李显龙、泰国总理素拉育和越南总理阮晋勇共同出席会议。会议由温家宝和东盟轮值主席国菲律宾总统阿罗约共同主持。会后，各国领导人签署了《中国—东盟纪念峰会联合声明》。

同　日　全国人大常委会委员长吴邦国、国家副主席曾庆红在人民大会堂分别会见了比利时众议长德克罗。吴邦国首先对德克罗在中比建交35周年之际来访表示欢迎。他说，在双方的共同努力下，中比关系保持了健康稳定的发展势头。中方重视发展中比关系，愿同比方一道，进一步加强两国各领域的务实合作，推动中比关系不断向前发展。吴邦国积极评价了中国全国人大与比利时议会间的友好交往。他表示，中国全国人大愿继续深化与比利时众议院的交流与合作，保持多层次的交往，加强各专门委员会、友好小组和办事机构间的联系，为进一步增进两国人民间的相互了解与友谊，推动两国关系的发展发挥更加重要的作用。

10月31日　胡锦涛签署主席令。十届全国人大常委会第二十四次会议表决通过了《反洗钱法》、《农民专业合作社法》、《关于修改银行业监督管理法的决定》、《关于修改人民法院组织法的决定》，国家主席胡锦涛分别签署第五十六号、第五十七号、第五十八号和第五十九号主席令，并予以公布。

同　日　十届全国人大常委会在北京人民大会堂举行第二十三次专题讲座，讲座的题目是“我国的税收法律制度”。吴邦国委员长主持讲座。全国人大常委会副委员长王兆国、李铁映、司马义·艾买提、何鲁丽、丁石孙、成思危、许嘉璐、蒋正华、热地、盛华仁、路甬祥、乌云其木格、韩启德听取了讲座。

同　日　十届全国人大常委会第二十四次会议在北京人民大会堂闭会。吴邦国委员长主持闭幕会。会议表决通过了关于授权香港特别行政区对深圳湾口岸港方口岸区实施管辖的决定关于批准1981年职业安全和卫生及工作环境公约的决定，关于批准中国和土库曼斯坦关于打击恐怖主义、分裂主义和极端主义的合作协定的决定，关于批准中国和澳大利亚关于刑事司法协助的条约的决定，关于批准中国和阿富汗睦邻友好合作条约的决定，关于批准中国和阿塞拜疆引渡条约的决定。会议分别表决通过了全国人大内务司法委员会、财政经济委员会关于十届全国人大四次会议主席团交付审议的代表提出的议案审议结果的报告，全国人大常委会代表资格审查委员会关于个别代表的代表资格的报告。根据会后发表的全国人大常委会公告，现在十届全国人大代表实有2 976人。会议表决决定，任命徐荣凯为全国人大教育科学文化卫生委员会副主任委员、黄智权为全国人大环境与资源保护委员会副主任委员。会议还表决通过了其他任免事项。完成各项议程后，吴邦国发表讲话。

同　日　**十届全国人大常委会第二十四次会议通过《中华人民共和国农民专业合作社法》和《关于修改〈中华人民共和国人民法院组织法〉的决定》。**

本　月　**劳动部发出《关于做好2006年企业工资总额同经济效益挂钩工作的通知》。**《通知》要求，一、充分认识现阶段做好工资总额同经济效益挂钩工作的重要意义。各地要继续认真执行《关于进一步做好企业工资总额同经济效益挂钩工作的通知》（劳社部发［2003］31号）的规定，积极完善地方工效挂钩政策，指导、督促企业建立工资与经济效益相联系的机制，使企业工资总额和工资水平增长与经济效益增长保持合理关系。二、严格按照国家政策规定审核工效挂钩方案。对工资增长过快、工资水平过高的企业，尤其是2005年企业在岗职工平均工资相当于当地城镇在岗职工平均工资2倍以上的企业，要从严审核其挂钩经济效益基数、工资总额基数，将其浮动比例下调至0.6以下，并严格执行新增效益工资分档计提办法。有关主管部门要加强对企业工资总额发放的调控，避免工资水平过快增长。对效益下降的企业，要严格按照国家工效挂钩政策核减企业效益工资，切实建立工资能升能降的机制。对挂钩的经济效益基数与工资总额基数倒挂的企业，要视其工资水平和经济效益情况，适当降低挂钩浮动比例。三、对已经完成公司制改建的非国有控股企业，可以不再实行工效挂钩政策。企业应按照《公司法》的有关规定，与职工代表协商确定职工的劳动报酬。四、铁道部、水利部、民航总局、国家烟草专卖局、国家邮政局等部门应于2006年12月20日前将所属企业工效挂钩方案报劳动保障部和财政部审批。上报的材料中需附上年劳动工资统计年报、经中介机构审计确认的会计报表或财政部门批复的年度财务决算、工资清算表及其他相关材料。无特殊原因不按时上报工效挂钩方案的单位，国家有关部门将不予审核其当年的工效挂钩方案。五、各省、自治区、直辖市劳动保障、财政部门应参照本通知的有关精神，并结合当地情况，制定具体实施办法，切实做好本地区2006年工效挂钩工作，保证企业工资分配工作顺利进行。

11月1日　国务院总理温家宝主持召开国务院常务会议。会议审议并原则通过《关于“十一五”深化电力体制改革的实施意见》和《公安机关组织管理条例（草案）》。会议指出，“十一五”时期要抓住电力供需矛盾缓解的有利时机，巩固已有改革成果，把电力体制改革继续推向深入，重点解决电源结构不合理、电网建设相对滞后、市场在电力资源配置中的基础性作用发挥不够等突出问题。要通过体制机制创新和法制建设，转变电力工业增长方式，促使电力企业提高效率、降低成本、改善服务，促进电力行业稳定、健康、协调发展和安全运行，为经济社会又好又快发展提供可靠保障。“十一五”期间深化电力体制改革的基本原则是，坚持以改革促发展，坚持市场化改革方向，坚持整体规划、分步实施、重点突破。主要任务是：（一）抓紧处理厂网分开遗留问题，逐步推进电网企业主辅分离改革。（二）加快电力市场建设，着力构建符合国情的统一开放的电力市场体系，形成与市场经济相适应的电价机制，实行有利于节能环保的电价政策。（三）进一步转变政府职能，坚持政企分开，健全电力市场监管体制。会议强调，电力工作直接关系国民经济发展、社会稳定和群众生活，电力体制改革必须坚持从中国实际出发，处理好发挥市场在电力资源配置中的基础性作用与加强改善市场监管的关系，处理好改革、发展、稳定、安全的关系，处理好电力建设与电网建设的关系，处理好电源、调度、售电之间的关系。要切实加强对电力体制改革的领导，精心组织，稳妥推进，毫不放松安全生产，确保电力安全可靠供应，确保人民群众得到质优价廉的电力服务。会议认为，为了规范公安机关组织管理，保障公安机关及人民警察依法履行职责，根据《中华人民共和国公务员法》和《中华人民共和国人民警察法》，制定《公安机关组织管理条例》十分必要。《条例》对公安机关的机构设置、警察职务、编制经费、管理和待遇等方面作出了明确、具体的规定。会议决定，《公安机关组织管理条例（草案）》经进一步修改后，由国务院公布施行。

11月4日—5日　中非合作论坛北京峰会在北京隆重举行。48个非洲国家元首、政府首脑或代表及国际组织代表出席开幕式。中国国家主席胡锦涛在会上发表了重要讲话。胡锦涛强调，中国是最大的发展中国家，非洲是发展中国家最集中的大陆。没有中国和非洲的和平与发展，就没有世界的和平与发展。胡锦涛在会上宣布中国政府将采取8项政策措施促进中非合作。此次峰会一致同意建立政治上平等互信、经济上合作共赢、文化上交流互鉴的中非新型战略伙伴关系。中非合作论坛北京峰会5日在北京闭幕，中国国家主席胡锦涛、埃塞俄比亚总理梅莱斯、埃及总统穆巴拉克共同宣读了峰会通过的《中非合作论坛北京峰会宣言》。峰会还通过了《中非合作论坛—北京行动计划（2007—2009年）》。

11月6日　团中央召开常委会议。会议认真学习党的十六届六中全会精神，讨论通过了《关于认真学习贯彻党的十六届六中全会精神，团结带领广大团员青年在构建社会主义和谐社会中充分发挥生力军作用的决议》。

11月8日　国务院总理温家宝主持召开国务院常务会议。会议研究国有资本调整和国有企业重组工作，审议并原则通过《中华人民共和国外资银行管理条例（草案）》。会议认为，近年来，我国国有资产管理体制改革取得重大突破，国有经济布局和结构调整取得重要进展，国有企业改革不断深化、经济效益显著提高，对完善社会主义市场经济体制、促进国民经济持续快速健康发展，发挥了重要作用。会议指出，实行国有资本调整和国有企业重组，完善国有资本有进有退、合理流动的机制，是经济体制改革的一项重大任务。必须坚持公有制为主体、多种所有制经济共同发展的基本经济制度；坚持政府引导和市场调节相结合，充分发挥市场配置资源的基础作用；坚持加强监管，严格产权交易和股权转让程序，防止国有资产流失，确保国有资产保值增值；坚持维护职工合法权益，充分调动和保护广大职工参与国有企业改革重组的积极性；坚持加强领导，统筹规划，慎重决策，稳妥推进，维护企业正常的生产经营秩序，确保企业和社会稳定。会议提出，要通过国有资本调整和国有企业重组，进一步提高国有经济的控制力、影响力和带动力。为此，一要推进国有资本向关系国家安全和国民经济命脉的重要行业和关键领域集中，加快形成一批拥有自主知识产权和知名品牌、国际竞争力较强的优势企业。二要加快国有企业股份制改革，完善公司法人治理结构，提高上市公司质量，增强企业活力和竞争力。三要加快国有大型企业的调整和重组，促进企业资源优化配置。四要加快建立国有资本经营预算制度，统筹使用好国有资本收益，促进企业结构调整和技术进步。会议认为，为适应对外开放和经济发展的需要，加强和完善对外资银行的监督管理，促进银行业稳健运行，有必要制定《中华人民共和国外资银行管理条例》。会议决定，《中华人民共和国外资银行管理条例（草案）》经进一步修改后，由国务院公布施行。

11月10日—14日　中国文学艺术界联合会第八次全国代表大会、中国作家协会第七次全国代表大会举行。胡锦涛在会上讲话，指出：繁荣社会主义先进文化，建设和谐文化，为构建社会主义和谐社会作出贡献，是现阶段我国文化工作的主题。他强调：要找准我国文化发展的方位，创造民族文化的新辉煌，增强我国文化的国际竞争力，提升国家软实力。

11月12日　中国作家协会第七届全国委员会第一次会议在北京举行，选出新一届领导机构。中国当代著名女作家铁凝当选新一届中国作协主席，接替上届作协主席巴金，从而成为继茅盾和巴金之后中国作协57年历史中的第三任主席。第八次文代会同日选举产生了中国文联新一届领导机构，文化部部长孙家正当选为新一届文联主席，他也是中国文联成立以来继郭沫若、周扬、曹禺、周巍峙之后的第五位文联主席。

11月13日　新华社受权全文播发《中共中央办公厅国务院办公厅关于加强农村基层党风廉政建设的意见》。《意见》共分6部分16条。《意见》要求，大力开展农村基层反腐倡廉教育，增强教育的针对性和时效性，完善农村基层党员、干部行为规范。《意见》强调，进一步加强农村基层党风廉政制度建设，建立和完善对农村基层干部的监督制度；建立健全农村集体资金、资产和资源管理制度；

深化改革，逐步消除滋生腐败的条件。

11月15日　新华社受权全文播发公布《中华人民共和国外资银行管理条例》。为了适应对外开放和经济发展的需要，加强和完善对外资银行的监督管理，促进银行业的稳健运行，我国政府对《中华人民共和国外资金融机构管理条例》进行了修订，更名为《中华人民共和国外资银行管理条例》。根据加入世贸组织承诺，我国将在2006年12月11日前向外资银行开放对我国境内公民的人民币业务，并取消开展业务的地域限制以及其他非审慎性限制，在承诺基础上对外资银行实行国民待遇。11月28日，银监会发布《外资银行管理条例实施细则》。银监会正式公布了《中华人民共和国外资银行管理条例实施细则》（以下简称《细则》），并将与《中华人民共和国外资银行管理条例》（以下简称《条例》）一同自2006年12月11日起施行。《细则》全面体现了履行加入世贸组织承诺、取消非审慎性规定、对外资银行实行国民待遇的原则；明确了外资银行设立机构、开展业务包括从事人民币业务的条件、申请程序和审批时限；明确了外资银行初次经营人民币业务仍须满足“开业3年、连续2年盈利”的条件。具体内容包括：外资银行最早2007年1月可吸收存款，75%存贷比宽限期为5年，10%贷款集中度宽限期为3年，外国银行代表处将纳入《条例》及《细则》规范范围等。

11月22日　国务院总理温家宝主持召开国务院常务会议。会议听取社会保险基金审计情况的汇报，讨论并原则通过《中华人民共和国城乡规划法（草案）》，严肃处理中石油吉林石化分公司双苯厂“11·13”爆炸事故及松花江水污染事件相关责任人。会议听取了审计署对2005年企业职工基本养老保险基金、城镇职工基本医疗保险基金和失业保险基金管理使用审计情况的汇报。2006年9月，审计署在对上海市进行专门审计的同时，组织力量对除西藏外的29个省、区、市本级、省会城市、计划单列市及部分延伸城市的3项保险基金进行了审计。这次审计覆盖面广，工作比较深入，基本摸清了情况。从29个省审计结果看，社会保险基金的管理运用总体上是好的，征收覆盖范围逐步扩大，基金规模不断增加，运营和管理进一步规范，维护了职工利益，促进了社会和谐稳定。但一些地方存在政策执行不严、管理不够规范、甚至侵占挪用等问题，有的问题还比较严重，必须引起高度重视。会议指出，社会保障制度是社会的安全网和稳定器，是建设社会主义和谐社会的重要内容。社会保险基金必须切实管好用好，确保安全完整、保值增值，这是政府的重要责任。社会保险基金是“高压线”，任何人都不得侵占挪用。有关部门和各地政府要对审计发现的问题认真整改，侵占挪用的资金要限期归还，损失的资金要采取措施补足，违法违纪问题要一查到底，严肃追究有关人员责任。要着力在完善制度，加强管理上下功夫。一是劳动保障、财政、民政、税务、银行、审计、监察等部门要按照各自职责，协同配合，认真做好社会保险基金的征收、支付、管理和监督工作，做到应收尽收、支付合理、管理严格、监督有力。二是抓紧完善基金运营管理办法。对养老、失业、医疗、工伤、生育等社会保险基金，必须严格实行收支两条线管理，形成严格的制约机制。全国社会保障基金理事会要按规定管好全国社保基金，确保安全，努力提高运营效益。三是提高基金管理的透明度，定期向社会公布筹集、管理、使用和运作情况，接受监督。审计署要将这次对社会保险基金的审计情况向社会公布。四是进一步研究基金保值增值的政策措施，加大支持力度，提高资金回报水平，给人民群众带来更多实惠。会议认为，为加强城乡规划管理，协调城乡空间布局，节约资源特别是土地资源，保护环境和历史文化遗产，促进城乡经济社会全面协调可持续发展，制定《中华人民共和国城乡规划法》十分必要。会议决定，《中华人民共和国城乡规划法（草案）》经进一步修改后，由国务院提请全国人大常委会审议。会议听取了关于中国石油天然气股份有限公司吉林石化分公司双苯厂“11·13”爆炸事故及松花江水污染事件调查处理的汇报。2005年11月13日，中石油吉林石化分公司双苯厂发生爆炸事故，造成8人死亡，60人受伤，并引发松花江水污染事件。这是一起特大安全生产责任事故和特别重大水污染责任事件。会议同意给予中国石油天然气集团公司、吉林省环保局等单位有关责任人员相应的党纪、政纪处分。会议强调，当前正值冬春事故高发期，各地区、各部门必须把加强安全生产和妥善应对突发公共事件的工作放在更加突出的位置，进一步落实安全生产责任制，深入开展重点行业安全生产专项整治，切实加强危险化学品的安全监督管理和环境监测工作，维护人民群众生命和财产安全，维护改革发展稳定大局。要贯彻有法必依、执法必严、违法必究的原则，不放过一起事故的处理。

同　日　国务院总理温家宝在人民大会堂与来华进行正式访问的蒙古总理恩赫包勒德举行会谈。会谈中，两国总理就加强双边各领域合作达成以下共识：（一）保持高层互访和各层次交往的良好势头，增进彼此了解与信任，不断巩固和发展睦邻互信伙伴关系。（二）继续将基础设施建设和能源开发作为两国经贸合作的重点领域，加强双方在蒙电站、公路、铁路建设等方面的合作；尽快制定两国经贸关系发展的中期规划，统筹双边经贸安排；充分发挥双边经贸科技合作委员会的作用，推进两国的重点项目合作。（三）拓展两国在自然保护、防灾救灾、传染病防治等方面的合作。（四）扩大双边人文领域的交流与合作，逐步增加互派留学生名额，适时举办"国家日"等活动。（五）密切两国在"上海合作组织"内的沟通与协调，加强中蒙俄3国协商机制，共同维护地区稳定和促进区域合作；加紧就反恐、打击非法毒品交易等问题进行磋商，争取早日达成有关协议。温家宝对蒙方坚持一个中国政策和在台湾等问题上给予中方的支持表示赞赏。会谈后，两国总理共同出席了中蒙政府经济技术合作协定等双边合作文件的签字仪式。

11月28日　温家宝会见部分到任大使及美中贸委会代表团和陈冯富珍。国务院总理温家宝在人民大会堂分别会见了美中贸易委员会董事会代表团、部分国家离到任大使和世界卫生组织候任总干事陈冯富珍。在会见美中贸委会董事会代表团时，温家宝表示，中美既是利益攸关方，又是建设性合作者。建立长期健康稳定的双边关系符合各自的根本利益，也是两国人民的共同愿望。中美互为重要的贸易伙伴。尽管两国存在一些经贸摩擦，但优势互补、互利共赢是两国经贸关系的主流。希望两国工商协会和企业加强沟通与合作，为促进中美经贸关系的顺利发展做出贡献。在会见离到任大使时，温家宝对即将离任的大使在任期内为发展中国和有关国家的双边关系和友好合作所做的努力表示赞赏，对新到任的大使表示欢迎，希望他们在任期内为促进中国与这些国家的友好合作关系做出贡献，并表示中国政府将对他们在华期间的工作给予方便和支持。参加会见的离任大使是：法国驻华大使高毅、澳大利亚驻华大使唐茂思和泰国驻华大使祝立鹏。参加会见的到任大使是：委内瑞拉驻华大使马内罗、突尼斯驻华大使巴斯里、利比亚驻华大使格鲁西、利比里亚驻华大使托尔伯特、瓦努阿图驻华大使罗治伟、马其顿驻华大使杰拉迪尼、卡塔尔驻华大使米夫塔赫、阿尔巴尼亚驻华大使佩卡、毛里求斯驻华大使钟律芳、科特迪瓦驻华大使科菲、莱索托驻华大使蒂贝利、埃塞俄比亚驻华大使海尔基洛斯、菲律宾驻华大使布蕾迪、日本驻华大使宫本雄二、乌干达驻华大使瓦吉多索、马耳他驻华大使雪瑞布、塞尔维亚驻华大使乌多维契基、白俄罗斯驻华大使托济克、塞内加尔驻华大使法勒、摩尔多瓦驻华大使季姆丘克、智利驻华大使雷耶斯、布隆迪驻华大使萨布希米克、马里驻华大使特拉奥雷、古巴驻华大使佩雷拉、冰岛驻华大使贡纳尔松、坦桑尼亚驻华大使马普里、伊朗驻华大使曼苏里、西班牙驻华大使布拉斯科、印度驻华大使拉奥、葡萄牙驻华大使桑托斯、立陶宛驻华大使贝尔诺塔斯。温家宝在会见陈冯富珍时对她当选世界卫生组织总干事表示祝贺。温家宝说，中国政府高度重视公共卫生事业，把提高人民的健康水平作为政府工作的重要任务。近些年来，中国政府建立了覆盖全国的疾病防控体系和突发公共卫生事件医疗救治体系，及时、公开、透明的发布疫情信息，有效地控制了重大传染疾病的蔓延。同时推进医疗卫生体制改革，建立新型农村合作医疗制度，加强城市社区卫生服务。温家宝强调，中国政府始终支持世界卫生组织的工作，双方建立起了良好的合作关系。中方愿继续与世卫组织保持密切协调与配合，为推进世界卫生事业的发展做出贡献。陈冯富珍表示将加强与各成员国的沟通，为促进全球卫生事业的发展竭尽所能。

11月30日　中共中央政治局进行第三十六次集体学习，中共中

央总书记胡锦涛主持。这次集体学习安排的内容是我国社会主义基层民主政治建设研究。胡锦涛在主持学习时发表了讲话。他指出，人民通过自己选出的代表组成全国人大和地方各级人大，行使管理国家事务、管理经济和文化事业、管理社会事务的权力，同时在基层实行群众自治等形式的直接民主，这是我国社会主义民主政治的一大创造，是我国人民民主制度优越性的重要体现。发展社会主义基层民主政治，有利于坚持和巩固人民当家做主的政治地位，有利于反映和实现人民群众的意志和愿望，有利于密切党和政府同人民群众的联系，有利于调动一切积极因素为改革开放和社会主义现代化建设服务，有利于实现好、维护好、发展好最广大人民的根本利益，有利于促进社会和谐、实现国家长治久安。胡锦涛强调，发展社会主义基层民主政治，最根本的是要依法保证人民群众在基层政权机关、基层自治组织、企事业单位中依法直接行使民主权利，管理基层公共事务和公益事业，对干部实行民主监督。要从办得到的事情做起，从广大人民群众最关心的事情入手。要加强社会主义基层民主政治的制度建设，重点围绕保证人民依法实行民主选举、民主决策、民主管理、民主监督，制定和完善法律法规，健全各项民主管理制度，完善各项公开办事制度，改进工作机制，依靠制度保证人民群众依法直接行使民主权利。要丰富社会主义基层民主政治的实现形式，适应我国经济社会发展和人民群众参与愿望增强的要求，从基层经济、政治、文化、社会生活等方面，扩大人民群众的有序参与，引导和组织人民群众在社会主义基层民主政治的实践中提高自我管理水平。胡锦涛强调，社会主义基层民主政治的实践主体是人民群众，人民群众的关心、支持、参与决定着社会主义基层民主政治建设的成效。要把解决好群众最关心、最直接、最现实的利益问题作为出发点和落脚点，紧密围绕关系人民群众切身利益问题尤其是难点热点问题开展工作，通过发扬民主、集思广益、共同管理，妥善处理各种利益关系，积极化解各种矛盾，使社会主义基层民主政治建设在促进基层经济社会发展、促进人民生活改善、促进社会和谐中发挥重要作用。胡锦涛指出，各级党委要把发展社会主义基层民主政治摆上重要议事日程，建立健全党委统一领导、部门负责、有关单位密切配合、全社会积极参与的领导体制和工作机制，加强工作指导，加强督促检查，确保各项工作落实到位。要适应城乡基层形势的深刻变化，统筹安排，因地制宜，分类指导，切实把中央的方针政策同本地的具体实际紧密结合起来，把发展基层民主政治同加强基层党组织建设、基层政权建设、基层干部队伍建设紧密结合起来，同在基层形成有效的利益协调机制、诉求表达机制、矛盾调处机制、权益保障机制紧密结合起来，推动改革发展稳定各项工作的落实。要深入把握新形势下发展社会主义基层民主政治的规律和特点，尊重人民群众的首创精神，善于把人民群众在社会主义基层民主政治实践中创造的好经验好做法上升为政策，把成熟的政策上升为法律法规，不断提高社会主义基层民主政治建设的水平。

同　日　中华人民共和国中央军事委员会主席胡锦涛签署命令、通令，给1个单位、2名个人授予荣誉称号，给2个单位、7名个人记功。授予解放军总医院南楼临床部“模范医疗保健集体”荣誉称号，授予总装备部某基地高级工程师刘政崇同志“科技创新模范”荣誉称号，追授上海警备区司令部通信站原副教导员王庆平同志“真诚爱兵科学带兵的模范基层干部”荣誉称号，给青藏兵站部某团高级工程师姚志祥同志记一等功，给装甲兵装备技术研究所原高级工程师胡卫同志追记一等功，给第二炮兵指挥学院教授张金城同志记一等功，给北京军区某集团军防空旅记一等功，给济南军区某师记二等功，给海军工程大学教授马伟明同志记二等功，给南京军区疾病预防控制中心流行病微生物学研究所所长唐家琪同志记二等功，给国防大学战略教研部副主任金一南同志记二等功，给国防科技大学教授沈振康同志记二等功沈振康。

同　日　中共中央政治局召开会议，分析当前经济形势、研究2007年经济工作，讨论人口和计划生育工作。中共中央总书记胡锦涛主持会议。会议指出，在当前的好形势下，我们必须看到，我国经济运行中的一些突出矛盾虽有所缓解，但基础还很不稳固，经济结构不合理、增长方式粗放、体制机制不完善等深层次矛盾还没有根本解决，必须保持清醒头脑，增强忧患意识，充分估计面临的问题和困难，做好应对各种挑战和风险的准备。会议要求，做好2007年的经济工作，要把握全局，统筹安排，突出重点，狠抓落实，全面贯彻中央确定的各项部署。务必保持经济平稳较快增长，避免出现大的起伏；务必在调整经济结构和转变经济增长方式上有更大成效，努力提高经济增长的质量和效益；务必在解决群众切身利益问题上有新举措，推动构建社会主义和谐社会取得积极进展。人口问题始终是制约我国全面协调可持续发展的重大问题，是影响经济社会发展的关键因素。实行计划生育以来，我国人口和计划生育工作取得巨大成就，有力促进了经济发展和社会进步。以人的全面发展统筹解决人口问题，变人口压力为人力资源优势，为经济社会发展提供持久动力，是实现中华民族伟大复兴的战略选择。全党务必从全面建设小康社会、构建社会主义和谐社会的高度，从对中华民族未来发展负责的高度，坚持不懈地做好人口和计划生育工作。各地区、各部门要清醒认识全面加强人口和计划生育工作的重要性和紧迫性，坚定不移地走中国特色统筹解决人口问题的道路，进一步开创人口和计划生育工作新局面。必须坚持长期实行计划生育的基本国策，稳定和完善人口政策和生育政策；坚持人口与发展综合决策，加强统筹协调和督促检查；坚持国家指导与群众自愿、宣传教育与利益导向、行政管理与群众工作、整体推进与分类指导相结合，加强并改进人口和计划生育工作，促进人的全面发展；坚持理论创新、体制创新、管理创新、科技创新，不断提高人口和计划生育依法行政、社会管理、公共服务水平；坚持依法行政、思想政治教育与利益导向相结合，综合运用法律、行政、教育、经济等手段，建立健全依法管理、村（居）民自治、优质服务、政策推动、综合治理的长效工作机制，建立和完善政府为主、社会补充的人口和计划生育利益导向政策体系。人口和计划生育工作思路必须由单纯控制数量为主向在稳定低生育水平的基础上统筹解决人口问题转变，工作方式必须由行政制约为主向依法管理、优质服务、综合施治转变，着重抓好稳定低生育水平、提高出生人口素质、综合治理出生人口性别比偏高问题、完善流动人口管理服务体系、积极应对人口老龄化等重点任务。各级党委和政府要切实加强领导，坚持党政一把手亲自抓、负总责，进一步完善人口和计划生育工作领导机构和协调机制，完善人口计划生育法律法规体系，建立稳定增长的投入保障机制，加强人口和计划生育队伍职业化建设，稳定健全基层工作机构和队伍，加强人口和计划生育宣传教育，加快推进人口和计划生育信息化建设，积极推动计划生育生殖健康科技创新，确保人口和计划生育事业持续健康发展。会议决定近期召开中央经济工作会议。

12月1日　有29部法规、规章、规范性文件开始实施，其中国家级法规8部，地方级21部。3部涉及旅游景区保护法规在严格保护景区生态环境不受破坏的同时，更加强调生态保护与旅游和谐发展。此外，国家通过规范律师风险代理收费，让诉讼当事人的钱花得明确；通过鼓励音像店连锁经营，加大打击盗版的力度。

12月4日　中央决定，胡春华任团中央书记处第一书记。

12月5日—7日　中共中央、国务院召开的中央经济工作会议在北京举行。胡锦涛在会上发表重要讲话，全面分析了当前的国内经济形势和国际经济环境，明确提出了2007年经济工作的指导思想和总体要求，深刻阐述了做好2007年经济工作需要把握的原则和主要任务。温家宝在讲话中就2007年经济工作的主要目标、任务和有关重大问题作了具体部署。会议指出，2006年是"十一五"时期的开局之年，我们高举邓小平理论和"三个代表"重要思想伟大旗帜，全面贯彻落实科学发展观，认真实施"十一五"规划，社会主义经济建设、政治建设、文化建设、社会建设和党的建设都取得了新成绩。国防和军队现代化建设继续推进。针对我国经济社会发展的新情况新变化和经济运行中的突出矛盾，我们继续加强和改善宏观调控，推进改革开放，发展条件进一步改善，发展环境进一步优化，发展势头进一步趋好，国民经济呈现出增长速度较快、经济效益较好、物价水平较低的态势，实现了"十一五"时期的良好开局。国民经济保持平稳较快发展，社会主义新农村建设扎实推进，经济结构继续改善，重点领域和关键环节的改革取得新进展，对外开放水平继续提高，社会事业加快发展。总体来看，经过全党全国各族人民共同努力，我国经济实力和综合国力持续提高，国际影响力继续上升，人民生活不断改善，我们向全面建设小康社会的目标又迈出了坚实一步。这些成绩表明，各地区、各部门认真贯彻落实科学发展观，认识上有了新提高，政策上有了新举措，实践上有了新进展。在充分肯定成绩的同时，我们必须清醒地看到经济社会发展中存在的突出矛盾和问题，特别要充分认识影响我国发展全局的重大问题，充分认识长期积累的体制机制性矛盾，充分认识发展中出现的新情况新问题，居安思危，未雨绸缪，更加积极主动地做好工作。总结近几年的经验，结合当前经济社会发展面临的新形势，我们在贯彻落实科学发展观方面又有了一些新体会，主要是，必须深刻认识又好又快发展是全面落实科学发展观的本质要求，必须坚持把“三农”问题放在经济社会发展全局的突出位置，必须在结构优化中促进总量平衡，必须把促进国际收支平衡作为保持宏观经济稳定的重要任务，必须不断强化企业激励机制和约束机制，必须坚持促进经济社会协调发展。这些体会和认识，归结到一点，就是要不断深化对科学发展观的认识，不断丰富科学发展观的内涵，不断完善落实科学发展观的政策体系，努力开创科学发展的新局面。会议认为，综观国际经济环境，我国发展既面临着良好机遇，也面对着严峻挑战，总体上仍然是机遇大于挑战。我们要坚定不移地聚精会神搞建设，一心一意谋发展，集中力量把自己的事情办好。要抓住经济全球化和国际产业调整转移的宝贵机遇，继续坚定不移地实行对外开放的基本国策，实施互利共赢的开放战略，改善和发展同各国的友好合作关系，扩大同各国的经贸合作。会议指出，2007年是深入贯彻落实科学发展观、积极推进社会主义和谐社会建设的重要一年。做好2007年经济工作，保持经济社会发展良好势头，对于迎接党的十七大胜利召开，意义十分重大。2007年经济工作的总体要求就是要坚持以科学发展观统领经济社会发展全局，切实把科学发展观落到实处，努力实现速度、质量、效益相协调，消费、投资、出口相协调，人口、资源、环境相协调，真正做到又好又快发展。会议提出了2007年经济工作的主要任务：一、坚持加强和改善宏观调控，保持和扩大经济发展的良好势头。必须保持宏观经济政策的连续性和稳定性，进一步落实调控政策措施，并根据经济运行新的发展变化，适时适度进行预调和微调，主动引导社会预期，确保经济平稳较快发展。要正确处理好投资和消费、内需和外需的关系，最根本的是扩大国内消费需求。当前工作的着力点，就是要合理控制投资增长，努力优化投资结构。坚持以增加居民消费尤其是农民消费为重点，加快调整国民收入分配格局，努力提高农民和城镇低收入者收入水平和消费能力。在保持出口和利用外资合理增长的同时，积极扩大进口，积极有序地扩大境外投资合作。要继续实施稳健的财政政策和货币政策，加大对重点领域和薄弱环节的支持力度；综合运用多种货币政策工具，加强流动性管理，合理控制信贷投放和优化信贷结构。要注意加强对房地产市场的合理引导和有效调控。要加强财政政策、货币政策、产业政策、土地政策和社会发展政策的协调配合，继续综合运用经济、法律和必要的行政手段，提高宏观调控的科学性和有效性。要在政策落实上狠下功夫，确保中央各项方针政策和工作部署落到实处。二、坚持以发展农村经济为重点，扎实推进社会主义新农村建设。坚持解决好“三农”问题是全党工作重中之重的战略思想丝毫不能动摇，促进农业稳定发展、农民持续增收的各项任务丝毫不能放松，扎实推进新农村建设的工作力度丝毫不能减弱。要坚持统筹城乡经济社会发展，实行工业反哺农业、城市支持农村和多予少取放活的方针，切实巩固和加强农业基础，全面发展农村经济，努力增加农民收入，逐步建立工农协调发展的机制。特别要抓住当前经济发展较快和财政增收较多的时机，继续巩固、完善、加强各项支农惠农政策，切实加大对“三农”的投入，实实在在为农民办一些实事。要把发展现代农业作为推进社会主义新农村建设的着力点。要全面提高农民素质，发挥好亿万农民的主体作用。要加强农村基础设施建设和加快农村社会事业发展。要继续推进农村综合改革。三、坚持以节约能源资源和保护生态环境为切入点，积极促进产业结构优化升级。我国经济结构不合理，经济增长方式粗放，又处在工业化进程和消费结构升级加快的历史阶段，节约能源资源和保护生态环境形势十分严峻，完成节能降耗和污染减排的任务非常艰巨。必须进一步统一认识，下最大决心、用最大气力，力求取得实际成效。必须采取有力措施，充分挖掘潜力，努力实现节能降耗和污染减排的约束性目标。要继续把淘汰落后生产能力作为调整和优化产业结构的重要途径。把强化政府责任作为实现节能降耗和污染减排目标的关键环节。把完善市场调节机制作为节能降耗和污染减排的基本手段。把加强依法治理作为节能降耗和污染减排的重要保证。要充分发挥舆论监督的作用，大力倡导健康、节约、环保的消费模式和良好社会风气，使全社会都积极投身建设资源节约型、环境友好型社会。四、坚持提高自主创新能力，加快建设创新型国家。国际科技进步和我国现代化建设都要求我们加紧建设创新型国家。必须坚持走中国特色自主创新道路，按照国家中长期科技发展规划纲要提出的目标任务，真抓实干，奋起直追，不断提高开放条件下的原始创新能力、集成创新能力和引进消化吸收再创新能力。确立企业在技术创新中的主体地位，完善体制机制和政策环境，加快实施国家重大科技专项。建设创新型国家的目标已经确定，必须下定决心，敢于攻关，严谨、扎实、顽强地实现提高自主创新能力的重大历史使命。五、坚持落实区域发展总体战略，推进城镇化健康发展。要健全全国统一市场，完善区域互动机制，发挥各地区比较优势，支持特色产业发展，鼓励东部地区向中西部地区进行产业转移，深化分工合作，在更大范围内实现资源优化配置。加大国家对欠发达地区基础设施建设和公共服务的支持力度，加快革命老区、民族地区、边疆地区、贫困地区的社会发展。要分层次推进主体功能区规划工作，为促进区域协调发展提供科学依据。要继续推进西部地区基础设施和生态环境建设，建设一批重点工程，着力支持科技、教育、特色产业、重点区域发展。加强东北地区粮食综合生产能力建设，支持重大装备研发制造，力争在装备制造业振兴方面取得突破。落实促进中部崛起的政策，支持中部地区承接东部地区和境外的产业转移。东部地区必须在走新型工业化道路上率先开拓，不断推动体制机制创新，加快经济结构优化升级和经济增长方式转变。推进城镇化，要以提高城市综合承载能力为核心，更好地带动农村劳动力有序转移。要建立健全廉租住房制度，改进规范经济适用房制度，不断改善城镇低收入困难群众的住房条件。加强对发展城市群的研究和规划，引导大中小城市协调发展。六、坚持深化体制改革，加快形成落实科学发展观的体制机制保障。建立健全贯彻落实科学发展观的体制机制，是今后一个时期深化改革的主要任务。必须坚持社会主义市场经济的改革方向，加大改革攻坚力度，推动经济社会发展加快转入科学发展的轨道。要针对造成经济增长方式粗放、宏观经济运行不稳定以及不利于社会和谐的体制机制性矛盾，稳步务实地推进重点领域和关键环节的改革。以提高竞争力和控制力为重点深化国有企业改革。以转变政府职能为重点加快行政管理、投资、财税体制等改革。以完善金融企业法人治理结构和优化金融结构为重点深化金融体制改革。以建立社会公平保障体系为目标加快社会领域体制改革。在推进改革的过程中，要正确把握改革发展稳定的关系，不断提高改革决策的科学性、改革措施的协调性，坚定推进各项比较成熟的改革举措，妥善处理改革引起的利益关系调整，确保改革顺利推进。七、坚持互利共赢的开放战略，提高对外开放水平。随着加入世贸组织过渡期的结束，我国对外开放面临着新的形势。要在巩固和扩大已有开放成果的基础上，加快调整和完善对外经济发展模式，提高对外贸易和利用外资质量和水平，有效应对服务业扩大开放面临的新情况新问题，增强参与经济全球化和维护国家经济安全的能力，促进对外经济工作迈上新台阶。以优化进出口商品结构为重点，加快转变外贸增长方式。以引进先进技术、先进管理和海外智力为重点，提高利用外资质量。要继续实施“走出去”战略。八、坚持以人为本，不断促进社会和谐。切实做好扩大就业和收入分配工作，高度重视零就业家庭的就业，加强对大学毕业生就业的指导和服务。完善工资协商和调解机制，有效维护劳动者合法权益。要适当提高初次分配中劳动报酬比例，以提高低收入者收入水平。完善政策，稳步扩大中等收入者比重。加强税收征管，有效调节过高收入，加强对垄断行业收入分配的监管。加快社会保障体系建设，积极扩大城镇社会保险覆盖面，尽快使养老保险、医疗保险、工伤保险覆盖到各种所有制企业。进一步完善城市低保制度。加强社保资金的监督管理。加快发展教育、卫生、文化事业。要积极促进教育公平，大力加强素质教育，更加注重教育的普惠性，推动公共教育资源向农村、中西部地区、贫困地区、边疆地区、民族地区倾斜。落实好奖学金、助学金和助学贷款政策，使贫困家庭的子女也能享有受教育机会。要坚持公共医疗卫生的公益性质，加快建立覆盖城乡居民的基本卫生保健制度，完善公共卫生和医疗服务体系，抓紧研究医药卫生体制改革方案。加快发展文化事业和文化产业，提供形式多样和价格合理的文化服务，更好地满足人民群众的文化需要。坚决打击各类犯罪活动，广泛开展平安创建活动，切实做好维护社会稳定的各项工作。完善安全生产体制机制，坚决遏制重特大事故频发的势头，保障人民群众生命财产安全。会议提出，做好2007年经济工作，最重要的是全面落实科学发展观，保持经济平稳较快发展，防止出现大的起落。实现2007年经济工作的目标和任务，必须稳定、完善、落实政策，必须加强和改善宏观调控，必须发挥好中央和地方两个积极性，必须以更大气力推进改革开放。在经济工作具体部署上，要坚持把解决好“三农”问题放在重中之重，调整产业结构和促进区域协调发展，注重节能降耗、保护环境和集约用地，深化经济体制改革，提高对外开放水平，促进社会和谐，推进行政管理体制改革和政府自身建设。会议强调，贯彻落实科学发展观，加强和改善党对经济工作的领导，迫切需要提高领导干部贯彻落实科学发展观的知识水平和工作能力。各级领导干部要进一步加强学习，提高贯彻落实科学发展观的能力。要继续深入学习马克思列宁主义、毛泽东思想、邓小平理论和“三个代表”重要思想，重点掌握贯穿其中的基本观点和基本方法，全面理解、准确把握中央关于经济社会发展的指导方针和一系列战略决策，不断增强贯彻落实科学发展观的自觉性和坚定性。要根据履行职责的要求，学习相关领域的知识，不断完善知识结构，提高业务素质，努力成为领导科学发展的行家里手。要学习现代经济知识，提高驾驭市场经济的能力。学习科技知识，提高推进自主创新的组织领导能力。学习社会管理知识，提高管理社会的能力。学习法律知识，提高依法办事的能力。会议指出，科学发展观是指导发展的世界观和方法论的集中体现，是运用马克思主义的立场、观点、方法认识和分析社会主义现代化建设的丰富实践，深化对经济社会发展一般规律认识的成果，是我们推进经济建设、政治建设、文化建设、社会建设必须长期坚持的根本指导方针。深刻领会和准确把握科学发展观的科学体系，要求我们必须认真学习马克思主义哲学。要深入学习辩证唯物主义，坚持解放思想、实事求是、与时俱进，一切从实际出发，勇于开拓创新，善于用全面的、联系的、发展的观点认识和解决经济社会发展中的问题，努力促进人与人、人与社会、人与自然相和谐。要深入学习历史唯物主义，牢固树立人民群众是历史创造者的观点，坚持以人为本，充分发挥人民群众的积极性、主动性、创造性，始终把人民群众的根本利益放在首位。会议强调，完成2007年经济工作的各项任务，做好改革发展稳定的各项工作，必须要树立和发扬好的作风。当前，要特别注意抓好三个问题。一是要大力发扬求真务实精神。要按照中央的工作部署，密切结合各地实践，聚精会神、心无旁骛地抓好各项工作的落实，真正在务求实效上狠下功夫。各级领导干部一定要集中时间和精力，多做一些深入实际的调查研究，多解决一些影响改革发展稳定的突出问题，多办一些为广大人民群众排忧解难的实事。二是要大力提倡勤俭节约的风气。各级党政机关和广大干部要始终牢记“两个务必”，大力发扬艰苦奋斗和勤俭节约的精神，真正把钱用在刀刃上。要认认真真察民情，诚诚恳恳听民意，实实在在帮民富，兢兢业业保民安。坚决反对铺张浪费和大手大脚，坚决反对拜金主义、享乐主义和奢靡之风。三是要切实搞好反腐倡廉建设。针对腐败现象易发多发的重点领域和环节，完善相关法律和制度，强化权力运行的制约和监督，切实防止以权谋私。

12月7日 **中共中央政治局常委、中央书记处书记曾庆红主持中**

央书记处办公会议，听取团中央工作汇报。

同　日　国家主席胡锦涛在人民大会堂与塞浦路斯总统帕帕佐普洛斯举行会谈。双方就进一步发展中塞友好合作关系和共同关心的国际及地区问题深入交换了意见，达成广泛共识。塞方感谢中方在塞浦路斯问题上一贯坚持公正立场，愿与中方加强在联合国等多边机构中的合作。会谈后，两国元首共同出席了中塞文化、卫生等领域双边合作文件的签字仪式。

12月8日　国务院总理温家宝主持召开国务院常务会议。会议审议并原则通过《西部大开发“十一五”规划》和《诉讼费用交纳办法(草案)》。会议指出，实施西部大开发，促进区域协调发展，是调整经济结构、构建社会主义和谐社会的重要任务。“十一五”时期西部大开发的目标是，努力实现西部地区经济又好又快发展，人民生活水平持续稳定提高，基础设施和生态环境建设取得新突破，重点区域和重点产业的发展达到新水平，教育、卫生等基本公共服务均等化取得新成效，构建社会主义和谐社会迈出扎实步伐。着重抓好以下工作：（一）扎实推进社会主义新农村建设，提高农业综合能力，改善农村生产生活条件，加大扶贫开发力度，千方百计增加农牧民收入。（二）继续加强基础设施建设，完善综合交通运输网络，加强水利设施建设，改善重点区域基础设施。（三）大力发展特色优势产业，促进资源优势转化为产业优势和经济优势。（四）支持重点区域优先开发，加快培育和形成区域经济增长极，带动周边地区发展。（五）巩固发展退耕还林、退牧还草成果，强化资源节约和综合利用，加大环境保护力度，推进主体功能区建设。（六）着力改善基本公共服务，加强教育、卫生、科技、文化体育事业，健全就业服务体系和社会保障体系，解决好关系人民群众切身利益的实际问题。（七）加强人才队伍建设，完善和创新人才开发机制，大力培养实用技能人才，进一步缓解西部人才流失趋势。（八）增加支持西部大开发的投入，促进革命老区、民族地区、边疆地区和贫困地区加快经济社会发展，不断完善政策措施，建立推进西部大开发的保障机制。（九）扩大西部对内对外开放，加强与毗邻国家的经济技术交流与合作，大力发展与周边国家的贸易和边境贸易。会议强调，西部地区要加快改革开放步伐，突出体制机制创新，切实转变经济增长方式，不断提高发展质量，增强自我发展能力。要发挥各地区比较优势，鼓励东部地区向中西部地区进行产业转移，在更大范围内实现资源优化配置，形成互惠互利格局，促进东中西地区良性互动。会议审议并原则通过了《诉讼费用交纳办法（草案)》。会议决定，该草案经进一步修改后，由国务院公布施行。

同　日　8时53分，我国在西昌卫星发射中心用“长征三号甲”运载火箭，成功将“风云二号D”气象卫星送入预定轨道。“风云二号D”气象卫星可全天候对地球进行连续气象监视，获取地球空间环境白天可见光云图、昼夜红外云图和水汽分布图；收集和转发气象、海洋、水文等观测数据；监测太阳X射线和空间粒子辐射数据等。

12月9日　台湾地区第三届台北、高雄市长选举结果揭晓。据新华社报道，台湾地区新一届台北、高雄市长及市议员选举投票结果于当晚揭晓。中国国民党籍候选人郝龙斌当选台北市长，民进党籍候选人陈菊当选高雄市长，得票率分别为54%和49%。

12月11日　周济透露2007年农村教育工作重点。教育部部长周济透露，2007年是农村教育的关键年，全国农村义务教育阶段中小学生将全部免收学杂费，同时要完成西部“两基”攻坚计划和全国农村远程教育系统。免除学杂费将惠及全国农村近1.5亿名中小学生。免除学杂费后，平均每个小学生年减负140元，初中生年减负180元，贫困寄宿生可减负500元。

同　日　中国银行业全面对外开放。按照加入世贸组织时的承诺，根据《中华人民共和国外资银行管理条例》及《中华人民共和国外资金融机构管理条例实施细则》规定，从2006年12月11日起，中国将取消外资银行在中国境内经营人民币业务的地域和客户对象限制，在承诺和审慎监管的框架下，对外资银行实行国民待遇。外资法人银行可经营全面外汇和人民币业务，外资银行分行在现有业务范围的基础上，可以吸收中国境内公民每笔不少于100万元人民币的定期存款。

12月13日　国家主席胡锦涛在人民大会堂会见了美国前总统乔治·布什。胡锦涛赞赏布什为中美关系发展作出的重要贡献。他说，近年来，中美两国领导人交往密切，各级别对话交流活跃，经贸合作势头强劲，双方在执法、文化、教育、科技、两军等领域的交流与合作不断扩大。中美建设性合作关系的建立和发展，为新世纪的中美关系注入了新的活力，开辟了新的前景。胡锦涛表示，中美作为世界上有重要影响的国家，在维护地区和世界的和平与稳定、促进本国和世界经济的增长与繁荣方面，都拥有广泛而重要的共同利益。中美双方应立足大局，着眼长远，从战略高度认识和把握两国关系，不断巩固两国关系发展取得的成果，妥善处理彼此的分歧和关切，推动中美建设性合作关系健康稳定向前发展。布什表示，美中关系处于历史最好时期，双方在许多领域进行了良好合作，他对此感到高兴。外交部副部长戴秉国、对外友协会长陈昊苏、中国改革开放论坛理事长郑必坚、美国驻华大使雷德等参加了会见。

12月14日　海军原司令员张定发逝世。中国共产党的优秀党员，久经考验的忠诚的共产主义战士，中国人民解放军的优秀军事指挥员、海军现代化建设的优秀领导者，中央军委委员、海军原司令员张定发同志因病医治无效，于当日3时30分在北京逝世，享年63岁。张定发，1960年7月在上海市入伍，1964年3月加入中国共产党。历任潜艇艇长、潜艇支队副支队长，海军北海舰队参谋长助理，海军某基地参谋长，海军北海舰队参谋长、副司令员，济南军区副司令员兼海军北海舰队司令员，海军副司令员，军事科学院院长等职。是中共第十五届、十六届中央候补委员。2004年9月晋升海军上将。张定发同志病重期间和逝世后，胡锦涛、江泽民、吴邦国、温家宝、贾庆林、曾庆红、黄菊、吴官正、李长春、罗干等同志，前往医院看望或通过各种形式对张定发同志的逝世表示沉痛哀悼并向其家属表示深切慰问。

同　日　胡锦涛讲话的少数民族文字版本面向全国发行。中共中央总书记、国家主席、中央军委主席胡锦涛在纪念朱德同志诞辰120周年座谈会上的讲话的蒙古、藏、维吾尔、哈萨克、朝鲜等5种少数民族文字单行本已由中国民族语文翻译局翻译、民族出版社出版，即日起向全国发行。

12月14日—15日　首次中美战略经济对话在北京举行。吴仪和保尔森分别作为中国国家主席胡锦涛和美国总统布什的特别代表共同主持了为期2天的战略经济对话。对话15日上午在北京闭幕，中国国务院副总理吴仪和美国财政部长保尔森在共同会见记者时表示，此次对话非常成功，双方的讨论"坦率而富有成果"。吴仪说，在这次对话过程中，中美双方就贸易、投资、金融、资源、能源、环保和可持续发展等事关中美两国经济发展的全局性、战略性和长期性问题进行了讨论。通过讨论，双方增进了相互了解，也促进了相互信任。中美战略经济对话影响深远。差不多10年前，中国政府首次公布了《关于中美贸易平衡问题》白皮书。当时（1996年），中美贸易总额达到了428.4亿美元，贸易开始成为影响中美关系的重要问题。中国政府发表白皮书，就是为了说明中美贸易更多的是互补，必将会促进两国经济的发展。中美战略经济对话事关两国民生。外界普遍注意到，这是中美现有磋商机制中级别最高的对话，也是迄今规格最高的中美经济主管官员交流活动，双方能否通过对话加强经贸合作，显然为全球所瞩目。经济对话机制启动，彰显中美战略内涵。中美战略经济对话机制启动，是近年来中美关系史上具有里程碑意义的一件大事。这表明，当中美两国在经济领域的互动已经具备全球性和战略性的影响力后，协商对话的意义已经从战术层面进入到了战略层面。

12月15日　胡锦涛会见保尔森一行。国家主席胡锦涛在人民大会堂会见了来华参加首次中美战略经济对话的美国总统布什的特别代表、财政部长保尔森等美方代表团主要成员。胡锦涛积极评价当前的中美关系，祝贺首次中美战略经济对话取得成功。在谈到中美经贸关系时，胡锦涛说，中美经贸关系是当今世界发展最快、最重要的经贸关系之一。在经济全球化趋势加快发展的大背景下，中美经贸关系越来越密切，经贸合作越来越广泛。双方应本着互利共赢、共同发展的精神，把两国经贸合作的良好势头保持和发展下去。同时应通过坦诚对话、友好协商，以积极的态度处理两国经贸合作中存在的问题，在更高层次、更广领域推进两国经贸合作，共同开创中美经贸关系更加美好的未来。在谈到中美战略经济对话时，胡锦涛说，中美战略经济对话，既加深了相互了解，也为双方的合作提供了新的契机，不仅有利于继续推进中美经贸合作，而且对地区和世界经济的稳定发展也将产生积极影响。胡锦涛表示，中美战略经济对话刚刚起步，还有大量工作有待深入，希望双方充分利用好这一新的工作平台，认真总结经验，加强沟通协调，努力使这一机制越办越好，为全面推进中美建设性合作关系作出更大贡献。保尔森表示，自从布什总统和胡锦涛主席决定建立战略经济对话机制以来，双方做了大量准备工作，首次对话取得实质性进展，具有长远意义。对话的机制化将进一步加强美中经贸关系，美方将继续为两国经贸合作的发展作出努力，在能源安全和效率、环境保护、市场开放、医疗卫生、知识产权保护和推动多哈回合谈判进程方面与中方加强合作。国务院副总理吴仪、财政部部长金人庆、国家发展和改革委员会主任马凯、科技部部长徐冠华、劳动和社会保障部部长田成平、铁道部部长刘志军、交通部部长李盛霖、信息产业部部长王旭东、商务部部长薄熙来、卫生部部长高强、人民银行行长周小川、国家质检总局局长李长江、国家环保总局局长周生贤等，以及美方代表团主要成员：卫生与公众服务部部长莱维特、能源部部长博德曼、商务部部长古铁雷斯、劳工部部长赵小兰、贸易代表施瓦布、环境保护署署长约翰逊等参加了会见。为期一天半的首次中美战略经济对话在北京人民大会堂闭幕。中国国家主席胡锦涛的特别代表、国务院副总理吴仪同美国总统布什的特别代表、财政部长保尔森共同主持闭幕式。

同　日　金人庆介绍中美经济对话的相关问题。中国和美国在为期2天的首次战略经济对话中不仅讨论了宏观经济问题，还在证券、金融、能源、航空等领域达成了一系列实质性协定。中国财政部部长金人庆15日介绍，在此次战略经济对话中，中美双方同意在中国设立纽约证券交易所和纳斯达克代表处。他说，美国支持中国加入泛美开发银行；双方缔结了促进美国对华出口的融资便利协定；中国将加入“未来发电计划”政府指导委员会；中美同意于2007年1月重新启动双边航空服务谈判。金人庆说，中美还同意利用现有机制，增加在更有效而且环境可持续性的能源利用、促进个人旅游和商务活动、发展援助和多边开发银行贷款等方面的双边合作。首次中美战略经济对话的主题为“中国的发展道路和中国经济发展战略”，来自中美双方财政、能源、商务、贸易、金融、交通、环保、卫生等多个部门的20余位政府部长及官员出席了会议。第二次中美战略经济对话将于2007年5月在美国华盛顿举行。

12月15日—16日　由中国共产主义青年团和中国国民党青年团共同主办的两岸青年论坛在京举行。

12月17日　中共中央、国务院作出《关于全面加强人口和计划生育工作统筹解决人口问题的决定》。

12月18日—20日　共青团十五届五中全会在京召开。中共中央政治局委员王兆国出席会议并作重要讲话。胡春华作了题为《深入学习贯彻党的十六届六中全会精神，奋发有为推动共青团事业实现新发展》的讲话。

12月20日　国家主席胡锦涛在人民大会堂同哈萨克斯坦总统纳扎尔巴耶夫举行会谈。两国元首热烈祝贺中哈建交15周年，高度评价两国关系发展取得的成果，签署了指导两国关系发展的新文件，就共同关心的重大国际及地区问题深入交换了意见，并达成广泛共识。胡锦涛表示，中哈战略伙伴关系的建立，为新世纪两国关系的发展确定了新方向。中方愿与哈方一道，从以下四个方面进一步充实和推进这一关系：（一）巩固政治互信，加强战略合作。深化两国高层交往，促进多层次交流。在涉及对方核心利益的重大问题上继续相互坚定支持。共同落实好新签署的《中哈21世纪合作战略》等文件。（二）深化务实合作，实现互利双赢。中方同意确定2015年两国年贸易额达到150亿美元的新目标。双方要共同努力，改善贸易结构，增加高附加值和高技术含量商品的贸易比重；加快中哈霍尔果斯国际边境合作中心等大项目建设；鼓励和支持双方企业扩大在对方国家的投资。两国政府要为双方企业加强合作及开展正常商务活动，创造良好的政策环境。（三）扩大人文合作，加深传统友谊。加强双方在文化、教育、体育、旅游等领域的交流合作，鼓励地方和民间团体扩大友好交往。中方愿配合哈方办好2007年在华举办的“哈萨克斯坦文化节”，共同搞好两国建交15周年庆祝活动，让中哈友好世代相传。（四）加强安全合作，密切多边协作。双方要继续共同防范和打击“三股势力”和跨国犯罪，加强在重大国际和地区问题上的磋商与协调，扩大在联合国、上海合作组织、“亚信”论坛等多边框架内的合作，共同维护地区和世界和平稳定，促进地区国家共同发展。纳扎尔巴耶夫赞同胡锦涛的建议。他说，哈方愿与中方增强政治互信，扩大在经贸、能源、基础设施建设、高新科技和人文等领域的合作，继续共同打击“三股势力”，加强在地区和国际组织中的沟通与协调。

12月22日—23日　中央农村工作会议全面部署2007年农业和农村工作中央农村工作会议在北京举行。会议总结了2006年农业和农村工作，深入分析当前形势，着重研究了积极发展现代农业、扎实推进社会主义新农村建设的政策措施，全面部署了2007年农业和农村工作。会议明确提出，要下大力气转变农业增长方式，建设现代农业，促进农业又好又快发展。

12月22日　国际反贪局联合会第一次年会暨会员代表大会在北京开幕。国家主席胡锦涛出席开幕式并发表重要讲话。他强调，坚决惩治和积极预防腐败，是中国政府的一贯立场。反对腐败是关系国家发展全局、关系最广大人民根本利益、关系社会公平正义和社会和谐稳定的重大问题和紧迫任务。中国政府将继续旗帜鲜明、毫不动摇地开展反腐败斗争，以实现好、维护好、发展好最广大人民的根本利益。

12月25日　中共中央政治局召开会议。会议听取中央纪律检查委员会2006年工作汇报，分析当前党风廉政建设和反腐败工作形势，研究部署2007年党风廉政建设和反腐败工作。中共中央总书记胡锦涛主持会议。会议认为，全党高举邓小平理论和“三个代表”重要思想伟大旗帜，全面贯彻落实科学发展观，学习党章、遵守党章、贯彻党章、维护党章，在全面推进改革开放和社会主义现代化建设的伟大进程中，落实《教育、制度、监督并重的惩治和预防腐败体系实施纲要》，扎实开展党风廉政建设，推进反腐倡廉制度创新，加大从源头上防治腐败力度，党风廉政建设和反腐败斗争取得了新进展新成效，特别是在严肃党纪政纪、治理商业贿赂、查处腐败案件、纠正损害群众利益的不正之风方面取得了较好效果。同时也要看到，当前一些领域的腐败现象仍然比较严重，一些损害群众利益的突出问题还没有从根本上得到解决，反腐倡廉任务仍然艰巨。全党同志务必保持清醒头脑，居安思危，坚定不移地把反腐倡廉这项重大政治任务抓紧抓好。会议强调，全党要进一步统一思想，深刻认识党风廉政建设和反腐败斗争的长期性、复杂性、艰巨性，坚持反腐倡廉战略方针，适应中国特色社会主义事业总体布局的要求，把反腐倡廉工作融入经济建设、政治建设、文化建设、社会建设和党的建设之中，推进惩治和预防腐败体系建设，拓展从源头上防治腐败工作领域。要坚持标本兼治、综合治理、惩防并举、注重预防的方针，突出重点，继续抓好领导干部的教育、监督和廉洁自律，继续抓好大案要案查处，继续抓好纠正损害群众利益的不正之风，继续抓好源头治理、推进体制机制创新，以更坚决的态度、更有力的措施、更扎实的工作，深入开展党风廉政建设和反腐败斗争。要大力发扬求真务实、真抓实干的精神，大力提倡艰苦奋斗、勤俭节约的风气，加强思想道德教育和党纪国法教育，加强对科学发展观贯彻落实情况的监督检查，加强对各项反腐倡廉规定落实情况的监督检查，促进社会主义和谐社会建设。会议同意2007年1月召开中央纪律检查委员会第七次全体会议。

同　日　中共中央政治局进行第三十七次集体学习，中共中央总书记胡锦涛主持。这次集体学习安排的内容是关于我国建设资源节约型社会。胡锦涛在主持学习时发表了讲话。他指出，能源资源是人类社会生存和发展的重要物质基础，也是我们全面建设小康社会、加快推进社会主义现代化的重要物质基础。坚持节约资源的基本国策，加快建设资源节约型、环境友好型社会，促进经济发展与人口、资源、环境相协调，是贯彻落实科学发展观、走新型工业化道路的必然要求，是实现可持续发展、保障经济安全和国家安全的必然要求。我们必须以对国家和人民高度负责、对子孙后代高度负责的精神，把节约能源资源工作放在更加突出的战略位置，切实做到节约发展、清洁发展、安全发展、可持续发展，坚定不移地走生产发展、生活富裕、生态良好的文明发展道路。胡锦涛强调，“十一五”是我国全面建设小康社会、加快推进社会主义现代化的关键时期，也是加快建设资源节约型社会的重要时期。要坚持开发与节约并举、节约优先的方针，紧紧围绕实现经济增长方式的根本性转变，以提高能源资源利用效率为核心，以节能、节水、节地、节材、能源资源综合利用和发展循环经济为重点，把节约能源资源工作贯穿于生产、流通、消费各个环节和经济社会发展各个领域，加快形成节约型生产方式和消费方式，提高全社会能源资源利用水平，力争在较短的时间内取得明显进展。胡锦涛指出，要把节约能源资源作为转变经济增长方式的主攻方向，大力推进产业结构优化升级，大力发展集约化农业和生态农业，大力发展服务业，积极发展高技术产业，加快用高新技术和先进适用技术改造传统产业，坚决淘汰严重耗费能源资源和污染环境的落后生产能力，加大循环经济试点力度，努力提高生产活动的循环化、生态化水平。要提高全民族的节约意识，在全社会倡导节俭、文明、适度、合理的消费理念，倡导绿色消费等现代消费方式，提高消费质量和效益。要加快构建节约能源资源的技术支撑体系，加强能源资源节约和循环利用技术的攻关和产业化，培育节能服务体系。要抓紧制定和修订与社会主义市场经济体制相适应的促进能源资源节约和有效利用的法律法规，注重运用价格、财税、金融等手段促进能源资源节约和有效利用，加快建立科学的节能减排指标体系、考核体系、监测体系，依法加大执法和监督检查力度，堵塞能源资源浪费漏洞。胡锦涛指出，建设资源节约型社会既是长期的战略任务，也是当前的紧迫工作，关键是要加强领导、抓好落实。各级党委和政府要把加快建设资源节约型社会作为重要内容列入经济社会发展总体规划和各类专项规划，加大工作力度，加强监督检查，及时解决存在的问题，务求取得实效。各类企业都要进一步加强管理，加快技术改造，推行清洁生产，充分发挥节约能源资源的主力军作用。各地区和重点企业要抓好落实，确保完成节能降耗和污染减排的任务。各级党政机关和全体党员、干部都要厉行节约、反对浪费，在建设资源节约型社会中发挥带头作用。要深入开展节约能源资源和环境保护的宣传教育，让节约能源资源深入人心，使节约能源资源成为全社会的自觉行动。

12月26日　十届全国人大常委会组成人员分组审议了劳动合同法草案。常委会组成人员对劳动合同法立法中坚持民主立法、科学立法的系列举措给予高度评价。吴邦国委员长参加审议。根据常委会组成人员的审议意见和社会各方面的意见，草案对适用范围、企业规章制度、订立书面劳动合同、试用期、劳动合同短期化、服务期、竞业限制、拖欠工资和社会保险费、经济性裁员、集体合同、劳务派遣等社会广泛关注的10多个方面的内容作了较大幅度的修改，许多条文更加具体，操作性更强。许多常委会组成人员表示，长期以来，除公务员和参照公务员法管理的工作人员外，事业单位中签订聘用合同的人员由于行政管理权限划分的原因，不适用劳动法的规定，发生争议时无法可依。修改后的草案将事业单位签订聘用合同的人员纳入了劳动合同法的适用范围，有利于加强对这部分劳动者合法权益的保护。许多常委会组成人员认为，实践中一些用人单位滥用试用期、压低试用期工资、试用期间任意解除劳动合同等侵害劳动者权益的问题比较突出，劳动者反映强烈。草案据此作了修改，一方面按照劳动合同期限的长短来规定相应的试用期，另一方面又明确规定劳动者试用期的工资不得低于同岗位最低工资或者劳动合同约定工资的80%，在试用期间不得随意解除劳动合同。这些规定很有针对性，有利于防止用人单位滥用试用期侵害劳动者合法权益。拖欠工资是劳动者反映最为强烈的问题。许多常委会组成人员认为，草案二审稿规定劳动者在遇到拖欠工资时，可以向当地人民法院申请支付令，多了一种追讨工资的法律手段；规定用人单位拖欠工资要承担相应的法律责任，加大了拖欠行为的违法成本。这样的规定，有利于解决劳动者关心的拖欠问题，有利于维护劳动者依照合同获得报酬的权利。常委会组成人员还对劳动合同法草案中的其他问题进行了审议。

12月27日　国务院总理温家宝主持召开国务院常务会议。会议审议并原则通过《国家教育事业发展“十一五”规划纲要》和《中华人民共和国车船税暂行条例（草案）》。会议认为，“十五”时期，我国教育事业取得显著成就，九年义务教育进入全面普及新阶段，高中阶段教育尤其是中等职业教育加快发展，高等教育规模显著扩大、步入大众化发展阶段，农村教育面貌发生深刻变化，人民群众关心的教育问题得到高度重视并在逐步解决。教育发展为我国科技创新、经济增长和社会进步作出了重要贡献。同时应当看到，我国人均受教育水平仍然不高，创新型人才和高技能人才明显不足，杰出人才缺乏，城乡、区域、各级各类教育之间发展不均衡，教育投入不足，一些关系群众切身利益的问题还没有得到很好解决。会议强调，各级政府必须切实把教育摆在优先发展的战略地位。要坚持全面贯彻党的教育方针，坚持教育的公益性原则、促进教育公平，坚持教育为社会主义现代化建设服务、为人民服务。要统筹城乡、区域教育，统筹各级各类教育，统筹教育发展的规模、结构、质量和效益，构建现代国民教育体系和终身教育体系，保障人民群众接受良好教育的机会，办好让人民满意的教育。会议提出，“十一五”时期我国教育发展的目标是，巩固和普及九年义务教育，大力发展职业教育，提高高等教育质量，保持教育事业持续健康发展，教育体系更加完善，区域发展趋于协调，城乡差距逐步缩小，国民受教育水平进一步提高。重点做好以下工作：（一）全面实施素质教育，促进学生德智体美全面发展。（二）以中西部农村地区为重点，普及和巩固九年义务教育；以培养高素质劳动者和技能型人才为重点，大力发展职业教育；以培养学生创新精神和实践能力为重点，着力提高高等教育质量。（三）分区规划、分类指导，坚持新增教育经费和公共教育资源向农村、中西部地区、贫困地区、边疆地区和民族地区倾斜，逐步缩小城乡、区域教育发展差距，推动公共教育协调发展。（四）认真解决人民群众关心的教育问题，保障家庭经济困难学生受教育机会，促进教育公平。(五）加强教师队伍建设，完善现代教师管理制度，改进校长选拔任用机制。（六）深化教育管理体制、学校管理体制和教学改革，提高教育对外开放水平。会议认为，为统一税政、简化税制，有必要对现行《车船使用牌照税暂行条例》和《中华人民共和国车船使用税暂行条例》进行修改合并，制定《中华人民共和国车船税暂行条例》。会议决定，《中华人民共和国车船税暂行条例（草案)》经进一步修改后，由国务院公布施行。

12月29日　十届全国人大常委会第二十五次会议通过表决，决定将物权法草案、企业所得税法草案提请十届全国人大五次会议审议。中共中央政治局常委、全国人大常委会委员长吴邦国就此发表重要讲话。吴邦国指出，物权法律制度是基本的民事法律制度。我国宪法为建立中国特色社会主义物权制度提供了宪法依据。民法通则规定了财产所有权和与财产所有权有关的财产权。担保法、土地管理法等单行法律，也从民事的、行政管理的角度，对有关物权作了大量特别的补充性规定。随着改革开放和社会主义现代化建设的深入发展，需要依据宪法精神，在总结实践经验的基础上制定物权法，对涉及物权制度的共性问题和迫切需要规范的问题作出规定，从而进一步明确物的归属，发挥物的效用，保护权利人的物权，为完善中国特色社会主义物权制度提供有力的法律保障。吴邦国强调，本届全国人大常委会高度重视物权法的立法工作，投入很大精力，做了大量工作。在九届全国人大常委会初次审议基础上，本届全国人大常委会又审议了6次，座谈会、论证会开了上百次，还全文向社会公布草案，广泛征求意见。根据各方面的意见，我们对草案做了重大修改。需要指出的是，我们在立法过程中始终强调物权法的政治方向，强调物权法的中国特色，强调一切从实际出发。审议中，大家一致认为，物权法草案坚持以邓小平理论和"三个代表"重要思想为指导，以宪法为依据，体现了我国的基本经济制度，遵循了平等保护的市场法则，加大了对国有资产的保护力度，反映了现阶段党在农村的基本政策，重点解决了现实生活中迫切需要规范的问题，维护了最广大人民群众的根本利益，充分体现了党的主张和人民意志的统一。草案凝聚了常委会组成人员、人大代表、专家学者和广大人民群众的集体智慧。吴邦国说，企业所得税法是一部关系经济社会发展全局的重要法律。党的十六届三中全会明确提出统一各类企业税收制度的改革目标。十届全国人大二次会议以来，共有541位全国人大代表提出16件议案，要求制定统一的企业所得税法。国务院在深入调查研究、广泛听取意见的基础上，提出企业所得税法草案的议案。审议中，大家普遍认为，改革现行企业所得税制度，统一内外资企业所得税，是进一步完善我国社会主义市场经济体制的迫切需要，有利于创造公平竞争的市场环境，具有重大的现实意义和深远的历史意义。吴邦国指出，制定物权法和企业所得税法是我国立法工作的大事，是当前全国人大及其常委会的重要任务。考虑到这两部法律专业性强，代表们很关心，会后由常委会办公厅将这两部法律草案及有关参阅材料送全国人大代表审阅，并组织专家到各地进行讲解，以便代表们更好地了解草案的主要内容，为十届全国人大五次会议审议这2部法律草案做好充分的准备。

同　日　十届全国人大常委会在北京人民大会堂举行第二十四次专题讲座，讲座的题目是“国际条约的法律制度”。吴邦国委员长主持讲座。副委员长王兆国、李铁映、司马义·艾买提、何鲁丽、丁石孙、许嘉璐、顾秀莲、热地、盛华仁、路甬祥、乌云其木格、韩启德听取了讲座。

同　日　十届全国人大常委会第二十五次会议批准《关于修改2002年6月7日在圣彼得堡（俄罗斯联邦）签署的〈上海合作组织宪章〉的议定书》。该议定书是上海合作组织成员国经友好谈判达成的。中国外交部部长李肇星说，上海合作组织秘书处于2004年1月在北京启动，随着上海合作组织各领域合作不断深入和拓展，对外交往日趋活跃，秘书处的工作面临着一些新情况和新问题。成员国建议加强秘书处的职能，使其在协调该组织框架内活动、促进有关合作的开展、推动国际交往等方面发挥更大作用。议定书于2006年6月在上海签署，主要内容包括：重新定位上海合作组织秘书处的职能，规定秘书处是该组织主要的常设执行机构，为该组织活动提供协调、信息分析、法律和组织技术保障，就开展该组织框架内的合作和国际交往提出建议，监督该组织各机构决议的执行，对《上海合作组织宪章》中涉及秘书处负责人职务名称的条款作出了修改，将“主任”改为“秘书长”等。全国人大外事委员会认为，议定书的签署和生效将为推动上海合作组织在维护地区安全稳定、促进成员国共同发展方面发挥更加积极的作用，符合中国的利益。

12月31日　中共中央、国务院发出《关于积极发展现代农业扎实推进社会主义新农村建设的若干意见》。

同　日　胡锦涛发表新年贺词。国家主席胡锦涛通过中国国际广播电台、中央人民广播电台、中央电视台，发表了题为《共同谱写和平、发展、合作的新篇章》的新年贺词。

2007年

2007年综述

2007年，全国各族人民在党中央、国务院的领导下，以邓小平理论和“三个代表”重要思想为指导，深入贯彻落实科学发展观，团结一致，开拓进取，国民经济和社会发展取得新的成就。

一、综合 初步核算，全年国内生产总值246 619亿元，比上年增长11.4%。分产业看，第一产业增加值28 910亿元，增长3.7%；第二产业增加值121 381亿元，增长13.4%；第三产业增加值96 328亿元，增长11.4%。第一产业增加值占国内生产总值的

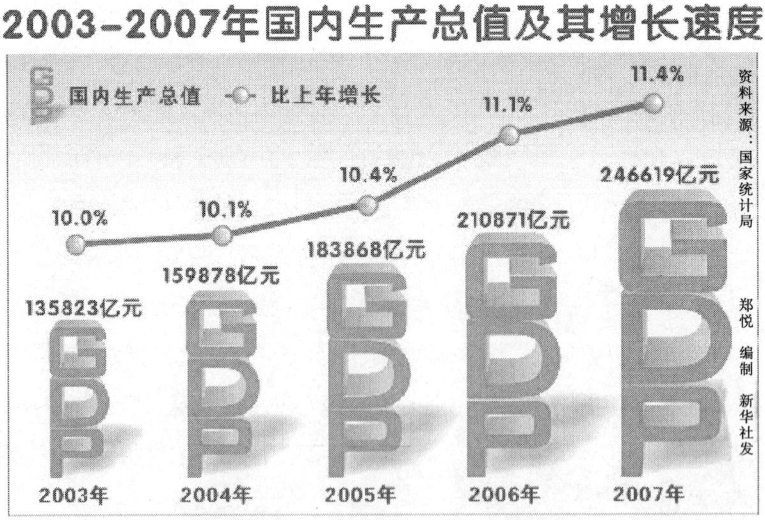

图1：2003-2007年国内生产总值及其增长速度

图2：2003-2007年居民消费价格涨跌幅度

比重为11.7%，与上年持平；第二产业增加值比重为49.2%，上升0.3个百分点；第三产业增加值比重为39.1%，下降0.3个百分点。分季度看，1季度增长11.1%，2季度增长11.9%，3季度增长11.5%，4季度增长11.2%。居民消费价格比上年上涨4.8%，其中食品价格上涨12.3%。商品零售价格上涨3.8%。固定资产投资价格上涨3.9%。工业品出厂价格上涨3.1%，其中生产资料价格上涨3.2%，生活资料价格上涨2.8%。原材料、燃料、动力购进价格上涨4.4%。农产品生产价格上涨18.5%。70个大中城市房屋销售价

2007年全国居民消费价格比上年上涨4.8%

单位：%

指　标	全国	城市	农村
居民消费价格	4.8	4.5	5.4
食品	12.3	11.7	13.6
烟酒及用品	1.7	1.8	1.6
衣着	-0.6	-0.9	0.2
家庭设备用品及服务	1.9	1.9	2.1
医疗保健及个人用品	2.1	1.7	2.8
交通和通信	-0.9	-1.6	0.6
娱乐教育文化用品及服务	-1.0	-0.7	-1.6
居住	4.5	4.5	4.4

资料来源：国家统计局

图3：2007年全国居民消费价格比上年上涨4.8%

图4：2007年末国家外汇储备15 282亿美元

格上涨7.6%，其中新建商品住宅价格上涨8.2%，二手住宅价格上涨7.4%，房屋租赁价格上涨2.6%。2007年全国居民消费价格比上年上涨4.8%。年末全国就业人员7.699亿人，比上年末增加590万人。其中城镇就业人员2.935亿人，净增加1 040万人，新增加1 204万人。年末城镇登记失业率为4%，比上年末下降0.1个百分点。年末国家外汇储备15 282亿美元，比上年末增加4 619亿美元。年末人民币汇率为1美元兑7.3046元人民币，比上年末升值6.9%。全年税收收入49 449亿元（不包括关税、耕地占用税和契税），比上年增加11 813亿元，增长31.4%。

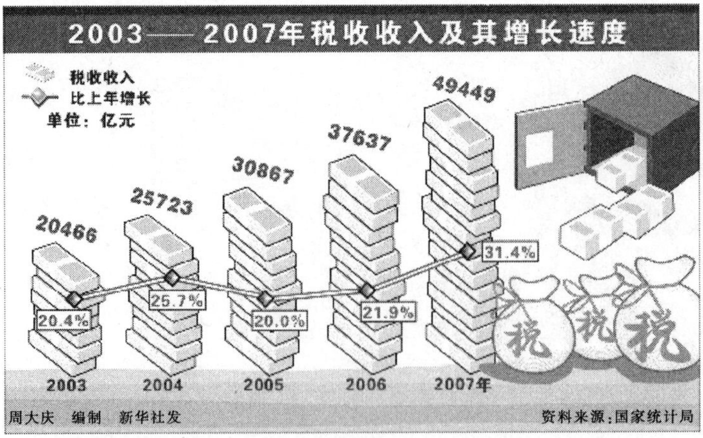

图5：2003—2007年税收收入及其增长速度

二、农业 全年粮食种植面积1.0553亿公顷，比上年增加70万公顷；棉花种植面积559万公顷，增加7万公顷；油料种植面积1 094万公顷，减少60万公顷；糖料种植面积167万公顷，增加10万公顷。全年粮食产量5.015亿万吨，比上年增加350万吨，增产0.7%，其中，夏粮产量1.1534亿吨，增产1.3%；早稻产量3 196万吨，增产0.3%；秋粮产量3.542亿吨，增产0.6%。全年棉花产量760万吨，比上年增产1.3%。油料产量2 461万吨，减产4.2%。糖料产量1.111亿吨，增产11.4%。烤烟产量239万吨，减产3.9%。茶叶产量114万吨，增产10.9%。全年肉类总产量6 800万吨，比上年减少3.5%。其中，猪肉减少9.2%；牛、羊肉分别增长6.1%和5.8%。全年水产品产量4 737万吨，增长3.3%。全年木材产量6 974万立方米，增长5.5%。全年新增有效灌溉面积107万公顷，新增节水灌溉面积136万公顷。

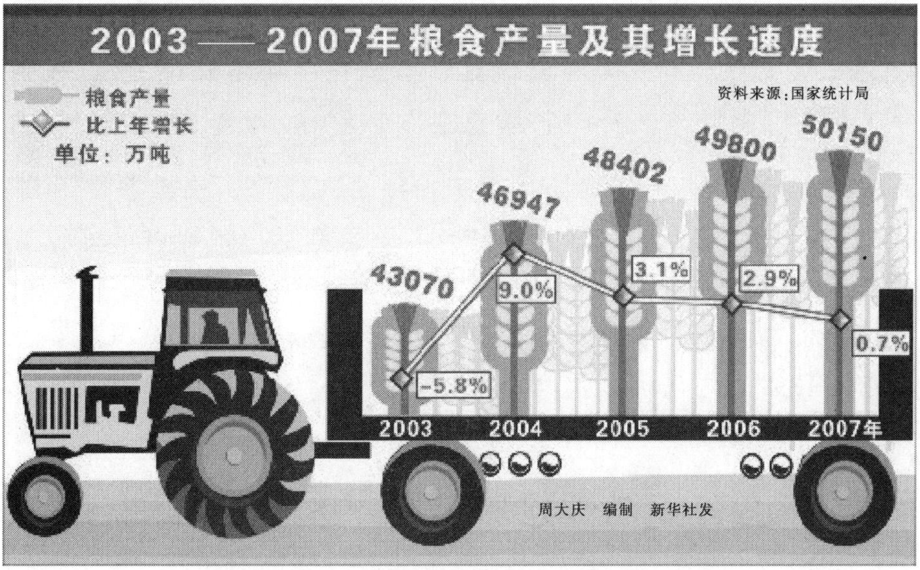

图6：2003—2007年粮食产量及其增长速度

三、工业和建筑业 全年全部工业增加值107 367亿元，比上年增长13.5%。规模以上工业增加值增长18.5%，其中国有及国有控股企业增长13.8%，集体企业增长11.5%，股份制企业增长

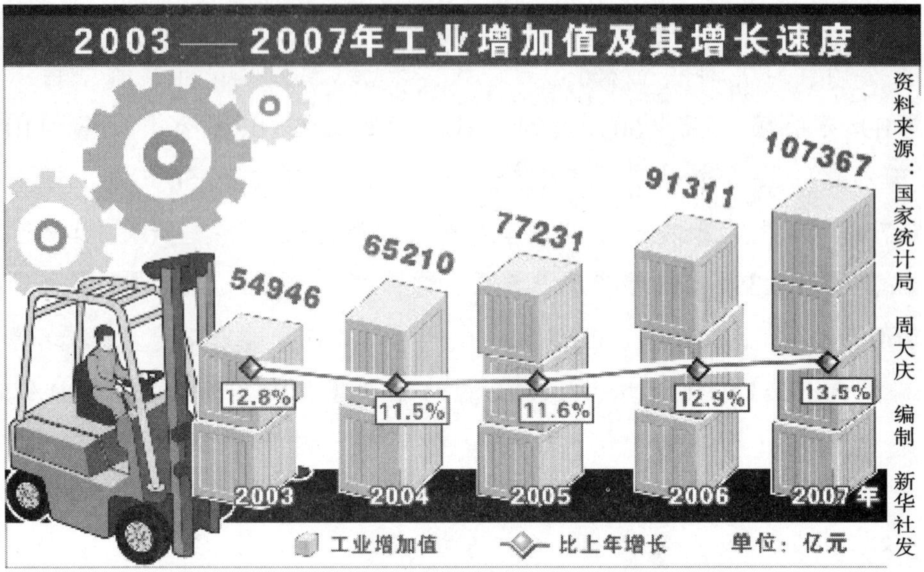

图7：2003—2007年工业增加值及其增长速度

20.6%，外商及港澳台投资企业增长17.5%，私营企业增长26.7%。分轻重工业看，轻工业增长16.3%，重工业增长19.6%。全年规模以上工业中，煤炭开采和洗选业增加值比上年增长18.1%，石油和天然气开采业增长3.9%，纺织业增长16.2%，农副食品加工业增长16.9%，通用设备制造业增长24.2%，交通运输设备制造业增长26.2%，通信设备、计算机及其他电子设备制造业增长18%，电气机械及器材制造业增长21.5%。6大高耗能行业比上年增长18.9%，其中，非金属矿物制品业增长24.7%，黑色金属冶炼及压延加工业增长21.4%，化学原料及化学制品制造业增长21%，有色金属冶炼及压延加工业增长17.8%，电力热力的生产和供应业增长13.8%，石油加工

产品名称	单位	产量	比上年增长%
纱	万吨	2000.0	14.7
布	亿米	660.0	10.3
成品糖	万吨	1271.4	34.0
卷烟	亿支	21413.8	5.9
彩色电视机	万台	8433.0	0.7
家用电冰箱	万台	4397.1	24.5
房间空气调节器	万台	8014.3	17.0
一次能源生产总量	亿吨标准煤	23.7	7.0
原煤	亿吨	25.36	6.9
原油	亿吨	1.87	1.1
天然气	亿立方米	693.1	18.4
发电量	亿千瓦小时	32777.2	14.4
粗钢	万吨	48966.0	16.8
钢材	万吨	56894.4	21.3
十种有色金属	万吨	2350.8	22.7
汽车	万辆	888.7	22.1
移动通信手持机	万台	54857.9	14.3
微型电子计算机	万台	12073.4	29.3

资料来源：国家统计局 冯琦 编制 新华社发

图8：2007年主要工业产品产量及其增长速度

炼焦及核燃料加工业增长13.4%。高技术产业增加值比上年增长17.8%。1月–11月全国规模以上工业企业累计实现利润22 951亿元，比上年同期增长36.7%。全年全社会建筑业实现增加值14 014亿元，比上年增长12.6%。全国具有资质等级的总承包和专业承包建筑业企业实现利润1 470亿元，增长23.2%；上缴税金1 661亿元，增长18.5%。

指标	利润总额	比上年同期增长%
规模以上工业	22951	36.7
其中 国有及国有控股企业	9662	29.6
其中 集体企业	566	25.2
股份制企业	12209	35.1
外商及港澳台投资企业	6126	34.3
其中 私营企业	4000	50.9

图9：2007年1–11月规模以上工业企业实现利润及其增长速度

四、固定资产投资 全年全社会固定资产投资137 239亿元，比上年增长24.8%。分城乡看，城镇投资117 414亿元，增长

2003–2007年固定资产投资及其增长速度

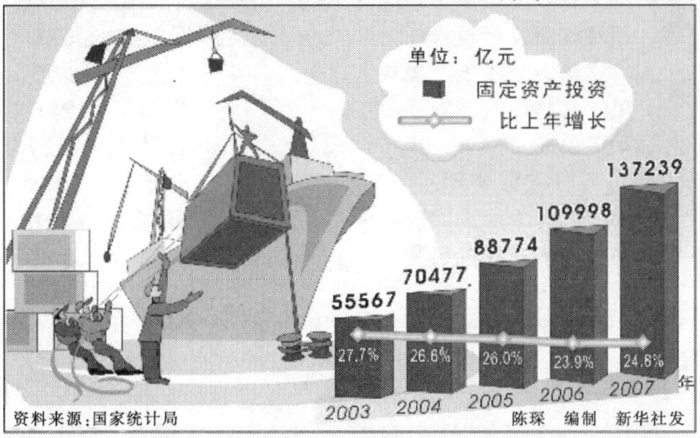

图10：2003–2007年固定资产投资及其增长速度

25.8%；农村投资19 825亿元，增长19.2%。分地区看，东部地区投资72 314亿元，比上年增长19.9%；中部地区34 283亿元，增长33.3%；西部地区28 194亿元，增长28.2%。在城镇投资中，第一产业投资1 466亿元，比上年增长31.1%；第二产业投资51 020亿元，增长29%；第三产业投资64 928亿元，增长23.2%。全年房地产开发投资25 280亿元，比上年增长30.2%，其中商品住宅投资18 010亿元，增长32.1%。商品房竣工面积5.8236亿平方米，增长4.3%。商品房销售面积7.6193亿平方米，增长23.2%，其中商品住宅6.9104亿平方米，增长24.7%。

2007年分行业城镇固定资产投资及其增长速度

单位：亿元

行业	投资额	比上年增长%
总计	117414	25.8
农、林、牧、渔业	1466	31.1
采矿业	5271	26.9
制造业	35497	34.8
电力、燃气及水的生产和供应业	9070	9.8
建筑业	1182	48.5
交通运输、仓储和邮政业	12844	14.4
信息传输、计算机服务和软件业	1796	1.3
批发和零售业	2444	28.9
住宿和餐饮业	1326	41.2
金融业	149	25.4
房地产业	28543	32.2
水利、环境和公共设施管理业	9177	22.3
居民服务和其他服务业	236	28.8
教育	2212	3.9
卫生、社会保障和社会福利业	803	13.4
文化、体育和娱乐业	1124	31.0

资料来源：国家统计局　秦迎　编制　新华社发

图11：2007年分行业城镇固定资产投资及其增长速度

2007年固定资产投资新增主要生产能力

指标	单位	绝对数
新增发电机组容量	万千瓦	10009
22万伏及以上变电设备	万千伏安	18848
新建铁路投产里程	公里	678
增建铁路复线投产里程	公里	480
电气化铁路投产里程	公里	938
新建公路	公里	143595
其中：高速公路	公里	8059
港口万吨级码头泊位新增吞吐能力	万吨	43916
新增局用交换机容量	万门	836
新增光缆线路长度	万公里	146
新增数字蜂窝移动电话交换机容量	万户	24284

资料来源：国家统计局

图12：2007年固定资产投资新增主要生产能力

五、国内贸易 全年社会消费品零售总额89 210亿元，比上年增长16.8%。分地域看，城市消费品零售额60 411亿元，增长17.2%；县及县以下消费品零售额28 799亿元，增长15.8%。分行业看，批发和零售业零售额75 040亿元，增长16.7%；住宿和餐饮业零售额12 352亿元，增长19.4%；其他行业零售额1 818亿元，增长4.5%。在限额以上批发和零售业零售额中，粮油类零售额比上年增长38.3%，肉禽蛋类增长40.9%，服装类增长28.7%，汽车类增长36.9%，石油及制品类增长20.5%，日用品类增长26.5%，文化办公用品类增长22.6%，通讯器材类增长8.8%，家用电器和音像器材类增长23.4%，建筑及装潢材料类增长43.6%，家具类增长43.2%，化妆品类增长26.3%，金银珠宝类增长41.7%，中西药品类增长25.1%。

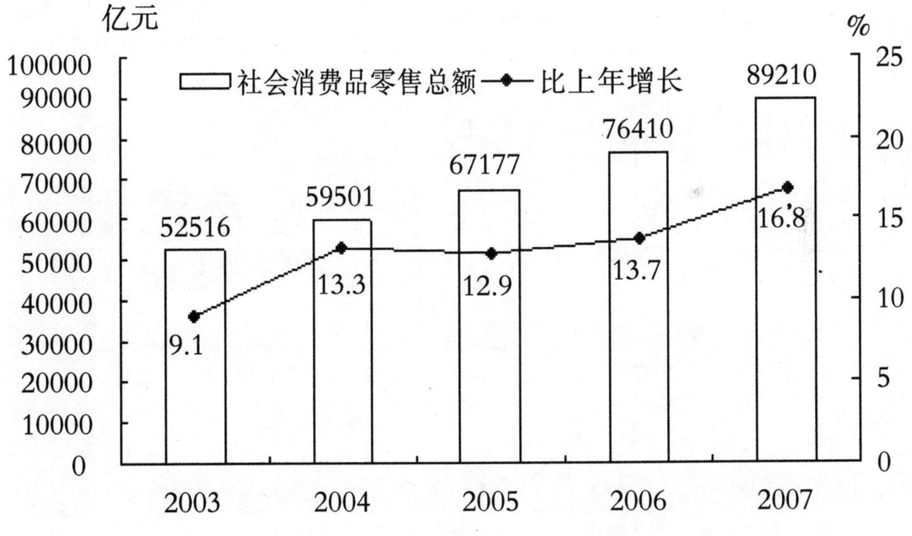

图13：2003-2007年社会消费品零售总额及其增长速度

六、对外经济 全年货物进出口总额21 738亿美元，比上年增长23.5%。其中，货物出口12 180亿美元，增长25.7%；货物进口9 558亿美元，增长20.8%。出口大于进口2 622亿美元，比上年增加847亿美元。全年非金融领域新批外商直接投资企业3.7871亿家，比上年减少8.7%。实际使用外商直接投资金额748亿美元，增长13.6%。其中，制造业占54.7%；房地产业占22.9%；租赁和商务服务业占5.4%；批发和零售业占3.6%；交通运输、仓储和邮政业占2.7%。全年对外直接投资额（非金融部分）187亿美元，比上年增长6.2%。全年对外承包工程完成营业额406亿美元，比上年增长35.3%；对外劳务合作完成营业额68亿美元，增长26%。

2007年货物进出口总额及其增长速度

单位：亿美元

指标	绝对数	比上年增长%
货物进出口总额	21738	23.5
货物出口额	12180	25.7
其中：一般贸易	5386	29.4
加工贸易	6177	21.0
其中：机电产品	7012	27.6
高新技术产品	3478	23.6
其中：国有企业	2248	17.5
外商投资企业	6955	23.4
其他企业	2977	39.2
货物进口额	9558	20.8
其中：一般贸易	4286	28.7
加工贸易	3684	14.6
其中：机电产品	4990	16.7
高新技术产品	2870	16.0
其中：国有企业	2697	19.8
外商投资企业	5594	18.4
其他企业	1267	35.1
出口大于进口	2622	47.7
其中：一般贸易	1099	32.2
加工贸易	2493	32.0
其他贸易	-970	2.6

资料来源：国家统计局　　秦迎　编制　新华社发

图14：2007年货物进出口总额及其增长速度

2007年我国对主要国家和地区货物进出口总额及其增长速度

2007年

（单位：亿美元）

国家和地区	货物出口额	比上年增长%	货物进口额	比上年增长%
欧盟	2452	29.2	1110	22.4
美国	2327	14.4	694	17.2
中国香港	1844	18.8	128	18.9
日本	1021	11.4	1340	15.8
东盟	942	32.1	1084	21.0
韩国	561	26.1	1038	15.6
俄罗斯	285	79.9	197	12.1
印度	240	64.7	146	42.4
中国台湾	235	13.1	1010	16.0

资料来源：国家统计局

图15：2007年我国对主要国家和地区货物进出口总额及其增长速度

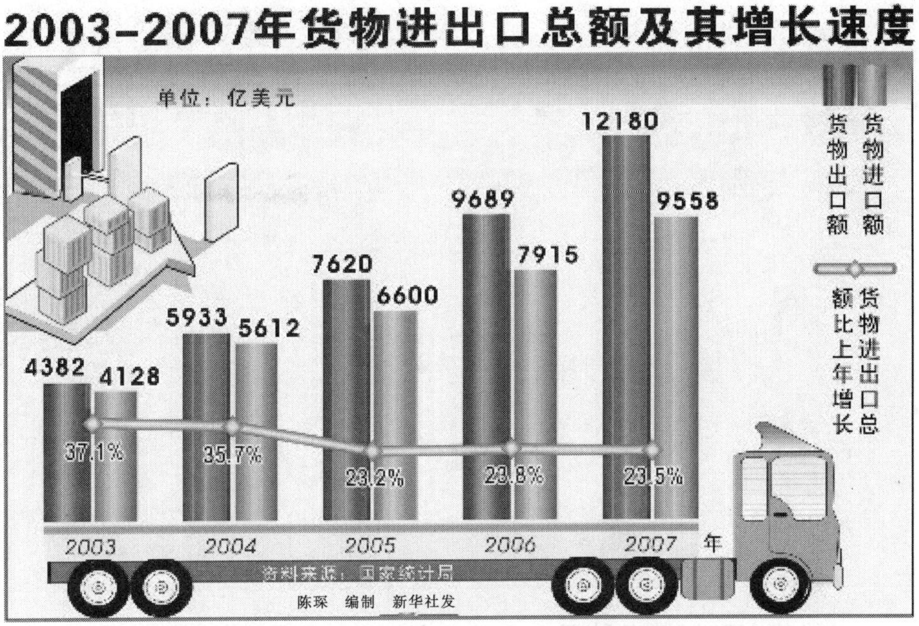

图16：2003-2007年货物进出口总额及其增长速度

2007年部分行业外商直接投资及其增长速度

2007年

行业名称	企业数（家）	比上年增长%	实际使用金额（亿美元）	比上年增长%
总计	37871	-8.7	747.7	13.6
农、林、牧、渔业	1048	10.2	9.2	54.2
制造业	19193	-22.6	408.6	-4.6
电力、燃气及水的生产和供应业	352	-6.1	10.7	-16.6
信息传输、计算机服务和软件业	1392	1.0	14.9	38.7
批发和零售业	6338	35.9	26.8	49.6
住宿和餐饮业	938	-11.5	10.4	25.8
金融业	51	-1.9	2.6	-12.4
房地产业	1444	-39.8	170.9	107.3
租赁和商务服务业	3539	22.7	40.2	-5.2
科学研究、技术服务和地质勘查业	1716	65.8	9.2	81.8
教育	15	-44.4	0.3	10.4
卫生、社会保障和社会福利业	13	-35.0	0.1	-23.7
文化、体育和娱乐业	207	-14.1	4.5	86.9

图17：2007年部分行业外商直接投资及其增长速度

七、交通、邮电和旅游　全年交通运输、仓储和邮政业增加值13 649亿元，比上年增长9.7%。全年规模以上港口完成货物吞

指标	单位	绝对数	比上年增长%
货物运输总量	亿吨	225.3	10.7
铁路	亿吨	31.4	9.0
公路	亿吨	162.8	11.0
水运	亿吨	27.3	9.7
民航	万吨	401.8	15.0
管道	亿吨	3.8	17.9
货物运输周转量	亿吨公里	99180.5	11.8
铁路	亿吨公里	23797.0	8.4
公路	亿吨公里	11257.6	15.4
水运	亿吨公里	62182.2	12.[illegible]
民航	亿吨公里	116.4	23.5
管道	亿吨公里	1827.3	27.4

图18：2007年各种运输方式完成货物运输量及其增长速度

吐量52.1亿吨，比上年增长13.4%，其中外贸货物吞吐量17.8亿吨，增长12.6%。港口集装箱吞吐量1.1179亿标准箱，增长21.5%。年末全国民用汽车保有量达到5 697万辆（包括三轮汽车和低速货车1 468万辆），比上年末增长14.3%，其中私人汽车保有量3 534万辆，增长20.8%。民用轿车保有量1 958万辆，增长26.7%，其中私人轿车1 522万辆，增长32.5%。全年完成邮电业务总量19 361亿元，比上年增长26.4%。其中，邮政业务总量815亿元，增长11.8%；电信业务总量18 545亿元，增长27.1%。全年新增局用交换机836万门，总容量达到5.1亿门。固定电话用户年末达到3.6545亿户。其中，城市电话用户2.4859亿户，农村电话用户1.1686亿户。新增移动电话用户8 623万户，年末达到5.4729亿户。年末全国固定及移动电话用户总数达到9.1273亿户，比上年末增加8 389万户。电话普及率达到69部/百人。互联网上网人数2.1亿人，宽带上网人数1.63亿人。全年入境旅游人数1.3187亿人次，比上年增长5.5%。其中，外国人2 611万人次，增长

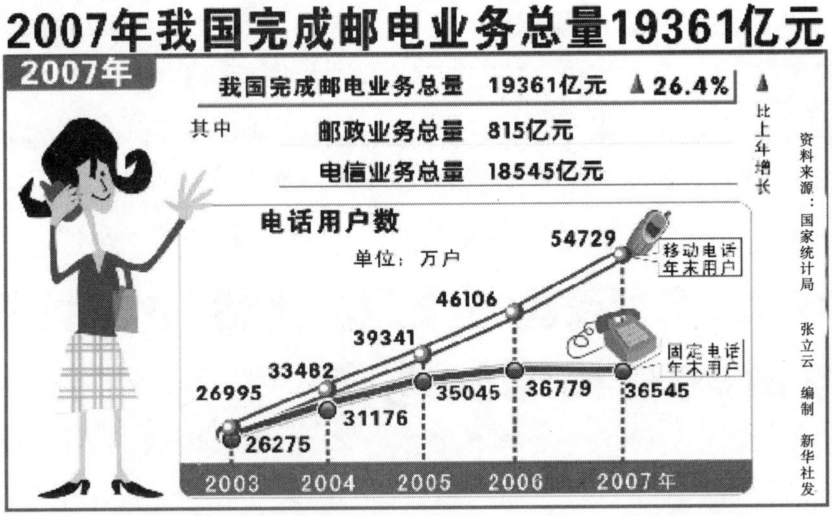

图19：2007年我国完成邮电业务总量19 361亿元

17.6%；香港、澳门和台湾同胞1.0576亿人次，增长2.9%。在入境旅游者中，住宿旅游人数5 472万人次，增长9.6%。国际旅游外汇收入419亿美元，增长23.5%。国内居民出境人数达4 095万人次，增长18.6%。其中，因私出境3 492万人次，增长21.3%，占出境人数的85.3%；国内出游人数达16.1亿人次，增长15.5%；国内旅游总收入7 771亿元，增长24.7%。

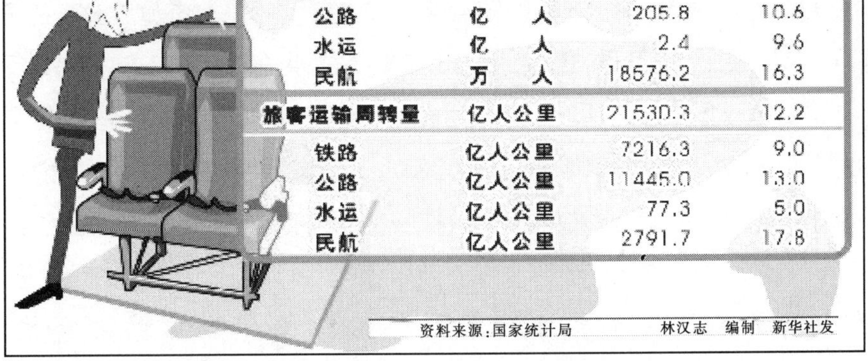
2007年各种运输方式完成旅客运输量及其增长速度

指标	单位	绝对数	比上年增长%
旅客运输总量	亿人	223.7	10.5
铁路	亿人	13.6	8.0
公路	亿人	205.8	10.6
水运	亿人	2.4	9.6
民航	万人	18576.2	16.3
旅客运输周转量	亿人公里	21530.3	12.2
铁路	亿人公里	7216.3	9.0
公路	亿人公里	11445.0	13.0
水运	亿人公里	77.3	5.0
民航	亿人公里	2791.7	17.8

资料来源：国家统计局　林汉志　编制　新华社发

图20：2007年各种运输方式完成旅客运输量及其增长速度

八、金融、证券和保险 年末广义货币供应量（M2）余额为40.3万亿元，比上年末增长16.7%；狭义货币供应量（M1）余额为15.3万亿元，增长21.1%；流通中现金（M0）余额为3万亿元，增长12.2%。年末全部金融机构本外币各项存款余额40.1万亿元，增长15.2%；全部金融机构本外币各项贷款余额27.8万亿元，增

2007年我国全部金融机构本外币存贷款及其增长速度

单位：亿元

指标	年末数	比上年末增长（%）
各项存款余额	401051	15.2
其中：企业存款	144814	21.8
城乡居民储蓄存款	176213	5.8
其中：人民币	172534	6.8
各项贷款余额	277747	16.4
其中：短期贷款	118900	16.8
中长期贷款	138579	22.4

资料来源：国家统计局　　冯印澄　编制　新华社发

图21：2007年我国全部金融机构本外币存贷款及其增长速度

长16.4%。全年农村金融合作机构（农村信用社、农村合作银行、农村商业银行）人民币贷款余额3.1万亿元，比年初增加5 085亿元。全部金融机构人民币消费贷款余额3.3万亿元，增加8 699亿元。其中个人住房贷款余额2.7万亿元，增加7 147亿元。全年企业通过证券市场发行、配售股票共筹集资金8 432亿元，比上年增加2 838亿元。其中，发行A股（包括增发及可转债）283只，配股7只，筹集资金7 728亿元，增加5 264亿元；发行H股共14只，筹集资金704亿元，减少2 427亿元。年末境内上市公司(A、B股）数量由上年末的1 434家增加到1 550家，市价总值327 141亿元，比上年末增长265.9%。全年企业共发行债券17 084亿元，比上年增加3 520亿元。其中，金融债券11 913亿

元，增加2 308亿元；企业（公司）债券1 821亿元，增加806亿元；短期融资券3 349亿元，增加406亿元。全年保险公司原保险保费收入7 036亿元，比上年增长25%，其中寿险业务原保险保费收入4 464亿元；健康险和意外伤害险业务原保险保费收入574亿元；财产险业务原保险保费收入1 998亿元。支付各类赔款及给付2 265亿元，其中寿险业务给付1 064亿元；健康险和意外伤害险赔款及给付180亿元；财产险业务赔款1 021亿元。

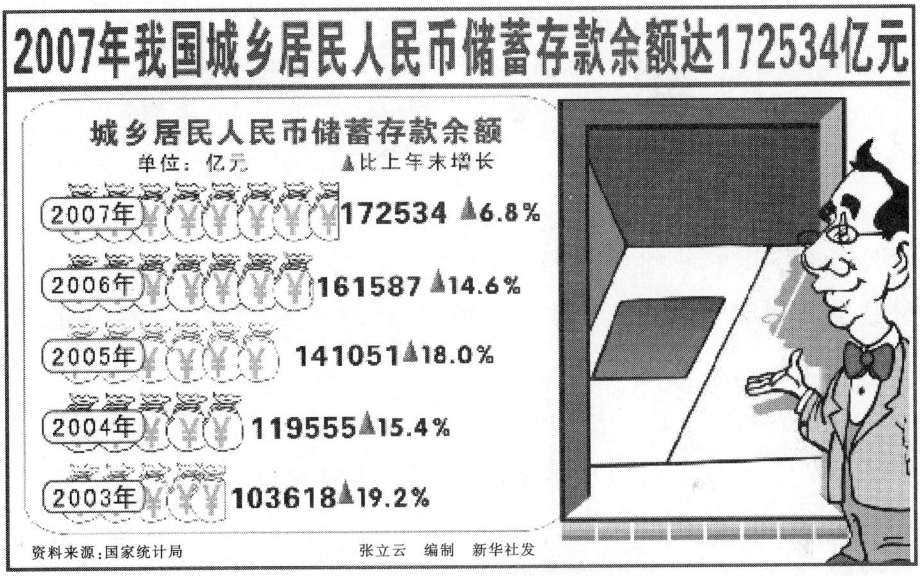

图22：2007年我国城乡居民人民币储蓄存款余额达172 534亿元

九、教育和科学技术 全年研究生教育招生42万人，在学研究生120万人，毕业生31万人。普通高等教育招生566万人，在校生1 885万人，毕业生448万人。各类中等职业教育招生800万人，在校生2 000万人，毕业生530万人。全国普通高中招生840万人，在校生2 522万人，毕业生788万人。全国初中招生1 869万人，在校生5 736万人，毕业生1 964万人。普通小学招生1 736万人，在校生1.0564亿人，毕业生1 870万人。特殊教育招生6万人，在校生41万人。幼儿园在园幼儿2 349万人。全年研究与试验发展（R&D）经费支出3 664亿元，比上年增长22%，占国内生产总值

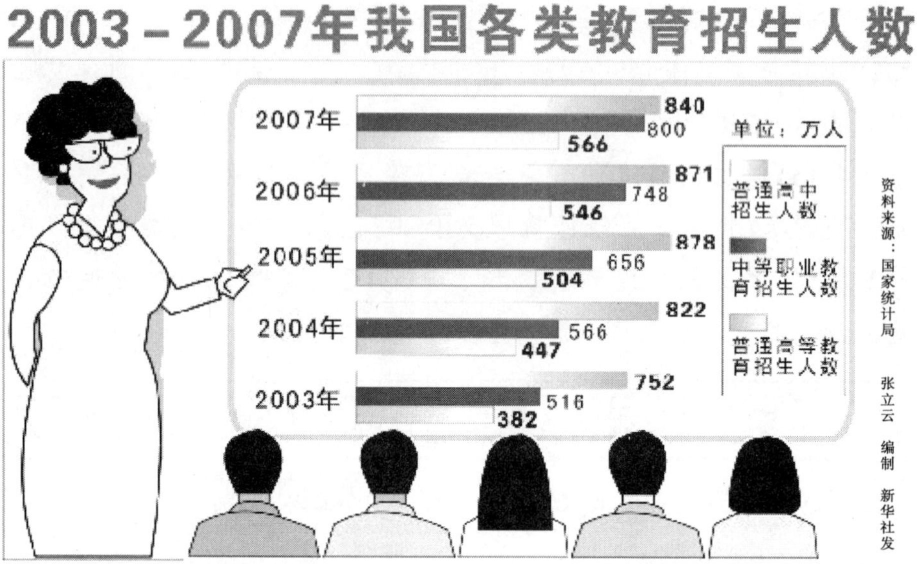

图23：2003—2007年我国各类教育招生人数

的1.49%，其中基础研究经费180亿元。全年国家安排了1 540项科技支撑计划课题，2 541项“863”计划课题。新建国家工程研究中心9个，国家工程实验室6个。国家认定企业技术中心达到499家。省级企业技术中心达到4 023家。全年受理国内外专利申请69.4万件，其中国内申请58.7万件，占84.5%。受理国内外发明专利申请24.5万件，其中国内申请15.3万件，占62.4%。全年授予专利权35.2万件，其中国内授权30.2万件，占85.7%。授予发明专利权6.8万件，其中国内授权3.2万件，占47%。全年共签订技术合同21万项，技术合同成交金额2 200亿元，比上年增长21%。全年成功发射卫星10次，“嫦娥一号”绕月探测卫星成功发射。年末全国共有产品检测实验室2.47万个，其中国家检测中心356个。全国现有产品质量、体系认证机构184个，已累计完成对近7万个企业的产品认证。全国共有法定计量技术机构3 720个，全年强制检定计量器具4 218万台（件）。全年制定、修订国家标准1 411项，其中新制定747项。全年共发布气象预警信号3 350次，警报690次。全国共有地震台站1 314个，地震遥测台网31个。全国共有66个海洋观测站、9 200个海洋监测站位。测绘部门公开出版地图1 946种，测绘图书417种。

十、文化、卫生和体育 年末全国共有艺术表演团体2 856个，文化馆2 921个，公共图书馆2 791个，博物馆1 634个。广播电台263座，电视台287座，广播电视台1 993座，教育台44个。有线电视用户1.5118亿户，有线数字电视用户2 616万户。年末广播综合人口覆盖率为95.4%；电视综合人口覆盖率为96.6%。全年生产故事影片402部，科教、纪录、动画和特种影片58部。出版各类报纸439亿份，各类期刊29亿册，图书66亿册（张）。年末全国共有档案馆3 952个，已开放各类档案6 787万卷（件）。年末全国共有卫生机构31.5万个，其中医院、卫生院6万个，妇幼保健院（所、站）3 007个，专科疾病防治院（所、站）1 400个，疾病预防控制中心（防疫站）3 540个，卫生监督所（中心）2 590个。卫生技术人员468万人，其中执业医师和执业助理医师204万人，注册护士147万人。医院和卫生院床位327.9万张。社区卫生服务中心（站）2.4万个。乡镇卫生院3.9万个，床位67.5万张，卫生技术人员86.3万人。全年报告甲、乙类传染病发病人数358.1万例，报告死亡1.2954万人；报告传染病发病率272.4/10万，死亡率0.99/10万。全年运动健儿在22个项目中共获得了123个世界冠军，8人2队10次创10项世界纪录。群众体育运动蓬勃开展。

十一、人口、人民生活和社会保障 年末全国总人口为13.2129亿人，比上年末增加681万人。全年出生人口1 594万人，出生率为12.1‰；死亡人口913万人，死亡率为6.93‰；自然增长率为5.17‰。出生人口性别比为120.22。全年农村居民人均纯收入4 140元，扣除价格上涨因素，比上年实际增长9.5%；城镇居民人均可支配收入1.3786万元，实际增长12.2%。农村居民家庭恩格尔系数（即居民家庭食品消费支出占家庭消费总支出的比重）为43.1%，城镇居民家庭恩格尔系数为36.3%。按农村绝对贫困人口标准低于785元测算，年末农村贫困人口为1 479万人，比上年末减少669万人；按低收入人口标准786-1 067元测算，年末农村低收入人口为2 841万人，减少709万人。年末全国参加城镇基本养老保险人数为2.0107亿人，比上年末增加1 341万人。其中参保职工1.5156亿人，参保离退休人员4 951万人。参加城镇基本医疗保险的人数2.2051亿人，增加6 319万人。其中，参加城镇职工基本医疗保险人数1.7983亿人，参加城镇居民基本医疗保险人数4 068万人。参加城镇医疗保险的农民工3 131万人，增加764万人。参加失业保险的人数1.1645亿人，增加458万人。参加工伤保险的人数1.2155亿人，增加1 887万人。其中参保农民工3 966万人，增加1 429万人。参加生育保险的人数7 755万人，增加1 296万人。2 448个县（市、区）开展了新型农村合作医疗工作，7.3亿农民参加了新型农村合作医疗，参合率85.7%。新型农村合作医疗基金累计支出总额为220亿元，累积受益2.6亿人次。全年城市医疗救助407万人次，比上年增长117.2%。农村医疗救助603万人次，增长150.1%。民政部门资助农村合作医疗的人数达2 306万人次。年末全国领取失业保险金人数为286万人。全年2 271万城镇居民得到政府最低生活保障，比上年增加31万人；3 452万农村居民得到政府最低生活保障，增加1 859万人。年末全国各类收养性社会福利单位床位205万张，收养各类人员163万人。城镇建立各种社区服务设施12.8万

2007年我国人口数及其构成

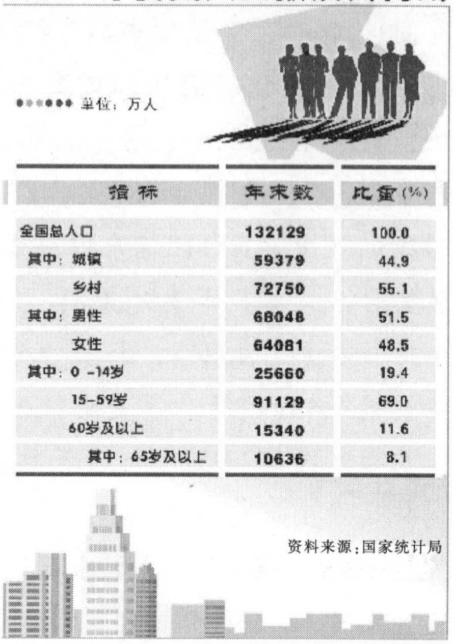

单位：万人

指标	年末数	比重(%)
全国总人口	132129	100.0
其中：城镇	59379	44.9
乡村	72750	55.1
其中：男性	68048	51.5
女性	64081	48.5
其中：0 -14岁	25660	19.4
15-59岁	91129	69.0
60岁及以上	15340	11.6
其中：65岁及以上	10636	8.1

资料来源：国家统计局

图24：2007年我国人口数及其构成

个，综合性社区服务中心1.0299万个。全年销售社会福利彩票632亿元，筹集社会福利资金217亿元，直接接收社会捐赠款42亿元。

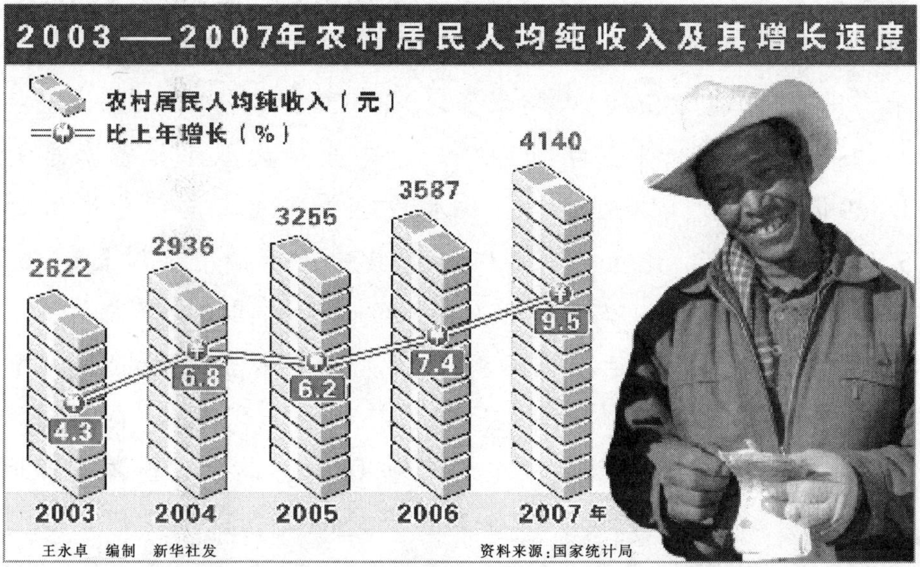

图25：2003—2007年农村居民人均纯收入及其增长速度

图26：2003—2007年城镇居民人均可支配收入及其增长速度

十二、资源、环境和安全生产 全年建设占用耕地18.83万公顷。灾毁耕地1.79万公顷。生态退耕2.54万公顷。因农业结构调整减少耕地0.49万公顷。土地整理复垦开发补充耕地19.58万公顷。当年净减少耕地4.07万公顷。全年水资源总量24 690亿立方米，比上年减少2.5%；人均水资源1 873立方米，减少3%。全年平均降水量608毫米，增加1.9%。年末全国大型水库蓄水总量1 869亿立方米，比上年末多蓄水52亿立方米。全年总用水量5 760亿立方米，比上年减少0.6%。其中，生活用水增长1.6%，工业用水增长2.7%，农业用水减少2.2%。万元国内生产总值用水量253立方米，比上年下降10.8%。万元工业增加值用水量139立方米，下降9.5%。人均用水量437立方米，下降1.1%。国土资源调查及地质勘查新发现大中型矿产地208处，其中，能源矿产地50处，金属矿产地73处，非金属矿产地82处，水气矿产地3处。有77种矿产新增查明资源储量，其中石油12.1亿吨，天然气6 974亿立方米，原煤406.2亿吨。全年完成造林作业面积520万公顷，完成造林成活面积371万公顷，其中人工造林完成256万公顷。林

图27：2003—2007年能源消费总量及其增长速度

业重点工程造林成活面积268万公顷，占完成造林成活面积的72.2%。全民义务植树22.7亿株。截至2007年底，自然保护区达到2 531个，其中国家级自然保护区303个，自然保护区面积1.5188亿公顷，占国土面积的15%。新增综合治理水土流失面积3.9万平方公里，新增实施水土流失地区封育保护面积3.3万平方公里。初步测算，全年能源消费总量26.5亿吨标准煤，比上年增长7.8%。煤炭消费量25.8亿吨，增长7.9%；原油消费量3.4亿吨，增长6.3%；天然气消费量673亿立方米，增长19.9%；电力消费量32 632亿千瓦小时，增长14.1%。主要原材料消费中，钢材5.2亿吨，增长17.4%；精炼铜399万吨，增长13%；电解铝1 112万吨，增长27.6%；乙烯1 048万吨，增长11.4%；水泥13.3亿吨，增长10.5%。7大水系的408个水质监测断面中，有50%的断面满足国家地表水三类标准；26.5%的断面为四–五类水质；超过五类水质的断面比例占23.5%。与上年相比，7大水系水质状况无明显变化。近岸海域296个海水水质监测点中，达到国家一类、二类海水水质标准的监测点占62.8%，比上年下降4.9 个百分点；三类海水占11.8%，上升3.8个百分点；四类、劣四类海水占25.4%，上升1.1个百分点。未达到清洁海域水质标准的海域面积14.5万平方公里，比上年减少0.4万平方公里，其中严重污染海域面积为2.9万平方公里。渤海严重污染海域面积0.6万平方公里。在监测的557个城市中，有389个城市空气质量达到2级以上（含2级）标准，占监测城市数的69.8%；有152个城市为3级，占27.3%；有16个城市为劣3级，占2.9%。在监测的342个城市中，城市区域声环境质量好的城市占6.1%，较好的占64.6%，轻度污染的占28.1%，中度污染的占1.2%。全年平均气温为10.1℃，比上年高0.2℃。全年共有8个台风在我国登陆，增加2个。 年末城市污水处理厂日处理能力达7 000万立方米，比上年末增长10%；城市污水处理率达到59%，提高3.3个百分点；集中供热面积28.5亿平方米，增长

7.1%；建成区绿化覆盖率达到36%，提高1个百分点。全年各类自然灾害造成直接经济损失2 363亿元，比上年下降6.5%。全年农作物受灾面积4 899万公顷，上升19.2%。其中，绝收575万公顷，上升6.2%。全年共发生森林火灾9 260起，上升13.3%。无特大森林火灾发生。全年因洪涝灾害造成直接经济损失826亿元，上升46.9%；死亡1 168人，上升54.9%。全年因旱灾造成直接经济损失785亿元，上升10.9%。全年因海洋灾害造成直接经济损失88.4亿元，减少59.5%。全年累计发生赤潮面积1.161万平方公里，减少41.5%。全年实际发生各类地质灾害2.5万起，共造成598人死亡，直接经济损失24.8亿元。全年大陆地区共发生5级以上地震6次，成灾3次，造成直接经济损失20.2亿元。全年生产安全事故死亡10.148万人，比上年下降10.1%。亿元国内生产总值生产安全事故死亡人数为0.413人，下降26.3%；工矿商贸企业就业人员10万人生产安全事故死亡人数为3.05人，下降8.4%；煤矿百万吨死亡人数为1.485人，下降27.2%。全年共发生道路交通事故32.7万起，造成8.2万人死亡，38万人受伤，直接财产损失12亿元；道路交通万车死亡人数为5.1人，减少1.1人。

1月1日　中共中央总书记、国家主席、中央军委主席胡锦涛在茶话会上发表重要讲话。他强调，我们要完成2007年改革发展稳定的各项任务，必须发扬锐意进取、真抓实干、团结和谐的精神，适应国内外形势的新发展新变化，针对改革发展稳定遇到的新情况新问题，顺应人民对党和国家工作的新期待新要求，深刻认识我们在前进道路上面临的各种挑战和风险，坚持用科学发展和深化改革的办法解决前进中的问题，坚持求真务实思想，弘扬艰苦奋斗精神，提倡勤俭节约风尚，继续万众一心地为全面建设小康社会、实现中华民族伟大复兴而奋斗。胡锦涛指出，在过去的一年里，全党全国各族人民认真贯彻科学发展观，紧密团结、扎实工作，深化改革开放，推动社会主义经济建设、政治建设、文化建设、社会建设和党的建设取得新的成就，实现了"十一五"时期的良好开局。2006年取得的成就，为做好2007年的各项工作创造了良好条件。胡锦涛强调，在新的一年里，我们要坚定不移地走改革开放之路，正确处理改革发展稳定的关系，全面推进社会主义经济建设、政治建设、文化建设、社会建设和党的建设，加快构建社会主义和谐社会，为党的十七大召开创造良好的环境和条件。在新的一年里，我们要坚持"一国两制"、"港人治港"、"澳人治澳"、高度自治的方针，加强内地同香港、澳门的交流合作，在爱国爱港、爱国爱澳的旗帜下，团结香港、澳门各界人士，保持香港、澳门长期繁荣稳定。我们要牢牢把握两岸关系和平发展的主题，扩大两岸人员往来和经贸文化交流，促进两岸直接"三通"，认真落实两岸政党交流达成的共识和我们主动宣布的政策措施，尽最大努力为两岸同胞谋和平、谋发展、谋福祉，使两岸同胞感情更融洽、合作更深化，促进两岸关系发展，维护台海和平稳定。我们要高举和平、发展、合作的旗帜，坚持独立自主的和平外交政策，坚定不移地走和平发展道路，实施互利共赢的开放战略，积极同世界各国发展友好合作关系，同世界各国人民一道推动建设持久和平、共同繁荣的和谐世界。我们要发挥人民政协作为中国共产党领导的多党合作和政治协商制度重要政治形式和组织形式的作用，发挥人民政协协调关系、汇集力量、建言献策、服务大局的作用，发挥人民政协作为各党派、各团体、各民族、各阶层大团结大联合组织的作用，支持人民政协充分履行职能，巩固全国各族人民的大团结，巩固海内外中华儿女的大团结。

1月4日　中央组织部、人事部联合印发《公务员考核规定（试行）》（以下简称《规定》）。《规定》以公务员法为依据，吸收近年来实践证明行之有效的公务员考核政策措施，对公务员考核的基本原则、内容和标准、程序、结果的使用以及相关事宜作出了全面的规定，共6章31条。对公务员的考核，以公务员的职位职责和所承担的工作任务为基本依据，全面考核德、能、勤、绩、廉，重点考核工作实绩。《规定》明确，公务员年度考核的结果分为优秀、称职、基本称职和不称职4个等次。新《规定》试行后，1994年3月8日人事部印发的《国家公务员考核暂行规定》同时废止。

1月5日　中国航空工业第一集团公司在北京举行新闻发布会。会上介绍了中国一航研制的具有完全自主知识产权的第三代战斗机——歼-10战斗机的相关情况。中国航空工业第一集团公司副总经理耿汝光说，歼-10飞机、太行发动机和新一代空空导弹的研制成功，标志着我国成为世界上第四个能同时自主研发先进战斗机、航空发动机和导弹的国家，缩短了与发达国家的差距。

同　日　为配合和落实2月1日我国将实施的《个人外汇管理办法》，国家外汇管理局制定发布了《个人外汇管理办法实施细则》。其中，明确境内个人年度购汇总额由以前的2万美元大幅提高到5万美元，这将有利于更好满足境内个人的用汇需求，藏汇于民。国家外汇管理局称，《细则》规定个人年度结汇总额为5万美元，应能基本满足个人正常的结汇需要，并有利于抑制违规资金通过个人渠道流入境内。

1月8日　全国人大常委会委员长吴邦国在人民大会堂会见了来访的乌拉圭众议长卡多索。吴邦国愉快地回顾了2006年9月访问乌拉圭时的情景后说，中乌两国虽然相距遥远，国情迥异，但都是发展中国家，两国人民彼此都怀有友好的感情，两国关系发展有着牢固的政治基础。建交19年来，双方在各领域的互利合作日益密切，水平不断提升，特别是两国经济的互补、互利性持续增强，为两国人民带来了实实在在的利益。中乌合作的可持续发展具有许多有利条件，只要双方完善机制，创新方式，扩大领域，必将推动两国平等互利的合作关系稳定、持续向前发展。吴邦国赞赏乌方在台湾问题上给予中方的支持。谈到议会关系时，吴邦国说，中乌双方议会领导人都高度重视发展与对方的关系，两国议会高层在半年内实现互访就是有力的印证。中国全国人大愿与乌拉圭议会加强治国理政和民主与法制建设等方面的交流，发挥专门委员会、友好小组的作用，推动政党、企业和地方交流与合作，为增进两国人民的友谊、深化中乌务实合作做出新的贡献。卡多索表示，乌方钦佩中国经济社会发展取得的巨大成就。乌拉圭国会将一如既往地加强与中国全国人大的友好交往，共同推动两国在经贸等各领域的务实合作，为乌中关系发展发挥更加重要的作用。

同　日　经国务院批准，财政部、国家税务总局制定下发了《关于豁免东北老工业基地企业历史欠税有关问题的通知》。这是我国出台的又一支持东北老工业基地振兴的重要政策措施。财政部和国家税务总局有关负责人1月9日说，根据这一政策措施，我国将对东北老工业基地各类企业在1997年12月31日前形成至今尚未清缴入库的工商税收欠税予以豁免，并规定了具体的豁免程序及相关的单证要求。

1月8日—10日　中国共产党中央纪律检查委员会第七次全体会议在北京举行。中央纪委常务委员会主持了会议。这次全会总结2006年工作，研究部署2007年党风廉政建设和反腐败工作任务。全会审议通过了中央纪委书记吴官正代表中央纪委常委会所作的《拓展从源头上防治腐败工作领域，深入推进党风廉政建设和反腐败斗争》的报告。中国共产党中央委员会总书记胡锦涛出席全会第二次大会并发表了重要讲话。吴邦国、温家宝、贾庆林、曾庆红、吴官正、李长春、罗干等党和国家领导人出席了会议。有关方面的负责同志参加了会议。全会认真学习了胡锦涛同志的重要讲话，一致认为，讲话从贯彻落实科学发展观、加强党的执政能力建设和先进性建设的战略高度，深入分析了当前党风廉政建设和反腐败斗争面临的形势，明确提出了加强反腐倡廉工作的重点任务，深刻阐述了加强领导干部作风建设的极端重要性和紧迫性，强调要在领导干部中大力倡导八个方面的良好风气，全面加强领导干部作风建设，为构建社会主义和谐社会提供有力保障。胡锦涛同志的重要讲话，对于进一步加强党的建设，深入开展党风廉政建设和反腐败斗争，继续加强各级纪律检查机关领导班子和干部队伍建设，具有十分重大的现实意义和深远的历史意义。全党同志一定要认真学习领会，坚决贯彻执行。全会认为，2006年，经过全党全国人民的共同努力，党风廉政建设和反腐败斗争不断深入，取得了新进展、新成效，特别是在严肃党纪政纪、治理商业贿赂、深挖腐败分子、纠正损害群众利益的不正之风方面取得了较好效果。全会提出，2007年，全党要进一步统一思想，深刻认识党风廉政建设和反腐败斗争的长期性、复杂性、艰巨性，适应中国特色社会主义事业总体布局的要求，把反腐倡廉工作融入经济建设、政治建设、文化建设、社会建设和党的建设之中，拓展从源头上防治腐败工作领域。要坚持标本兼治、综合治理、惩防并举、注重预防的战略方针，贯彻落实《建立健全教育、制度、监督并重的惩治和预防腐败体系实施纲要》。要全面加强领导干部作风建设，促进领导干部作风进一步转变。要全面履行党章赋予的职责，突出重点，继续抓好领导干部的教育、监督和廉洁自律，继续抓好大案要案的查处，继续抓好纠正损害群众利益的不正之风，继续抓好源头治理、推进体制机制制度创新。以更坚决的态度、更有力的措施、更扎实的工作，深入开展党风廉政建设和反腐败斗争，为党的十七大胜利召开营造良好的政治氛围。第一，加强对科学发展观贯彻落实情况的监督检查，促进社会主义和谐社会建设。各级纪委要以解决人民群众最直接、最关心、最现实的利益问题为重点，紧紧围绕加强和改善宏观调控等政策措施，加强监督检查，促进各项任务的落实。认真解决领导干部在思想作风、学风、工作作风、领导作风、生活作风等方面存在的突出问题。大力发扬求真务实的精神，坚决克服形式主义、官僚主义。大力提倡勤俭节约的风气，始终保持艰苦奋斗的政治本色。认真执行中央有关厉行节约、反对铺张浪费的规定。切实加强反腐倡廉建设，严格执行党风廉政建设责任制，促进各级领导班子和领导干部提高领导社会主义和谐社会建设的本领。第二，加强思想道德教育和党纪国法教育，使领导干部切实做到为民、务实、清廉。认真学习《江泽民文选》特别是江泽民关于反腐倡廉的论述，学习党中央关于反腐倡廉的重要指示。坚持社会主义核心价值体系，严格执行党的纪律尤其是政治纪律。深入推进廉政文化建设。对领导干部利用职权和职务影响，在商品房买卖置换中以明显低于市场价格购置或以劣换优谋取不正当利益的，以借为名占用他人住房、汽车的，参与赌博或以变相赌博等形式收钱敛财的，借委托他人投资证券或其他委托理财的名义获取不正当利益的，为本人谋取预期的不正当利益或以各种方式为配偶、子女和其他亲友谋取不正当利益的，要坚决清理纠正。第三，严肃党纪国法，保持查办案件工作力度。严厉查办官商勾结、权钱交易的案件，特别是违规发放、核销贷款的案件，在政府投资项目中搞虚假招标投标的案件，非法批地、低价出让土地或擅自变更规划获取利益的案件，违规审批探矿权和采矿权、参与矿产开发的案件，在企业重组改制中隐匿、私分、转移、贱卖国有资产的案件等。认真查办商业贿赂案件，完善规范市场竞争行为和惩治商业贿赂的法律制度，探索并形成防治商业贿赂的长效机制。第四，加强党风政风建设，认真治理和纠正损害群众利益的不正之风。督促和会同有关部门严厉打击制售假冒伪劣食品药品、假劣农资和哄抬农资价格等行为，加强对安全生产的监督检查，深入治理企业违法排污问题。继续做好治理教育乱收费、纠正医药购销和医疗服务中的不正之风等专项工作。认真贯彻落实中央关于加强农村基层党风廉政建设的意见，促进社会主义新农村建设。第五，深化体制改革和制度创新，推进治本抓源头工作。各地区及有关职能部门要按照中央的部署，以制度建设为重点，继续深化干部人事制度、司法体制和工作机制、行政审批制度、财政管理制度、投资体制、金融体制等方面的改革。严格执行规章制度，不断提高反腐倡廉的制度化水平。第六，认真执行党内监督条例，加强对领导干部特别是主要领导干部的监督。

加强对民主生活会、述职述廉、诫勉谈话和函询等制度执行情况的检查。严格执行党员领导干部报告个人有关事项的规定。认真落实地方党委委员、纪委委员开展党内询问和质询的制度。深入开展巡视工作，继续抓好对领导班子特别是主要负责人的监督。加强对纪检监察派驻机构的统一管理。充分发扬党内民主，积极推进党务公开。深入推进政务公开、厂务公开、村务公开，加强人民群众、民主党派和无党派人士、新闻舆论等监督。进一步加强国有企业党风建设和反腐倡廉工作。全会要求，各级纪检监察机关要加强自身建设，继续开展“做党的忠诚卫士、当群众的贴心人”主题实践活动。广大纪检监察干部要努力学习，加强党性锻炼，不断改进工作和作风，自觉接受党组织和人民群众的监督。全会增选干以胜同志为中央纪委副书记。全会号召，我们要紧密团结在以胡锦涛同志为总书记的党中央周围，高举邓小平理论和“三个代表”重要思想伟大旗帜，全面贯彻落实科学发展观，深入开展党风廉政建设和反腐败斗争，以实际行动迎接党的十七大胜利召开。胡锦涛在会上讲话指出，要在各级领导干部中大力倡导勤奋好学、学以致用，心系群众、服务人民，真抓实干、务求实效，艰苦奋斗、勤俭节约，顾全大局、令行禁止，发扬民主、团结共事，秉公用权、廉洁从政，生活正派、情趣健康等8个方面的良好风气。吴官正作《拓展从源头上防治腐败工作领域，深入推进党风廉政建设和反腐败斗争》的工作报告。

1月9日　中共中央总书记胡锦涛在中央纪律检查委员会第七次全体会议上发表重要讲话。他强调，切实抓好领导干部作风建设，使领导干部始终保持振奋的精神和良好的作风，始终坚持党的根本宗旨，是我们党在执政情况下必须面对的考验。我们要从党和人民事业兴衰成败的高度，从全面建设小康社会、构建社会主义和谐社会的全局出发，充分认识加强领导干部作风建设的极端重要性和紧迫性，切实把加强领导干部作风建设放在更加突出的位置，下决心抓紧、抓实、抓出成效。要在各级领导干部中大力倡导勤奋好学、学以致用，心系群众、服务人民，真抓实干、务求实效，艰苦奋斗、勤俭节约，顾全大局、令行禁止，发扬民主、团结共事，秉公用权、廉洁从政，生活正派、情趣健康等8个方面的良好风气。

同　日　备受瞩目的A股保险第一股——中国人寿（601628）在上海证券交易所挂牌上市。由此，中国人寿成为中国乃至世界第一家分别在纽约、香港、上海三地上市的保险公司，也是2007年A股上市的第一只新股。中国人寿共有6亿股无流通限制股份上市，开盘价每股37元，较发行价上涨约96%。作为中国“保险第一股”，中国人寿A股上市创下了中国股市多个新纪录：申购冻结资金高达8 325亿元，发行价对应的市盈率高达92.6倍。

1月10日　国务院总理温家宝主持召开国务院常务会议。会议讨论并原则通过《中华人民共和国就业促进法（草案）》，同意进一步扩大香港人民币业务。会议指出，就业是民生之本，实现就业比较充分是经济社会发展的重要目标。党和政府一贯高度重视就业工作，制定并实施了积极的就业政策，城镇新增劳动者就业、农村富余劳动者转移就业和失业人员再就业工作不断取得进展。但是，我国人口多、就业压力大的问题将长期存在，劳动力供求总量矛盾和结构性矛盾突出，人才和劳动力市场不够规范、职业教育和培训工作相对滞后、下岗失业人员就业难的问题还比较普遍。为了促进就业，发展和谐劳动关系，实现经济发展与扩大就业良性互动，保持社会和谐稳定，有必要在总结经验的基础上，制定专门法律，将国家促进就业的方针政策进一步制度化和具体化。《中华人民共和国就业促进法（草案）》对促进就业的原则、工作机制、政府职责和政策支持体系，以及人才和劳动力市场秩序、职业教育和培训、就业服务和就业援助、监督检查和法律责任等内容作了明确规定。会议决定，草案经进一步修改后，由国务院提请全国人大常委会审议。会议同意将为香港银行办理人民币业务提供平盘及清算安排的范围，进一步扩大到内地金融机构在香港发行人民币金融债券筹集的资金，具体工作由中国人民银行负责组织实施。

同　日　中国铁道部新闻发言人王勇平宣布，2007年铁路春运各类旅客列车一律不再实行票价上涨，今后也不再上浮。自2006年春运，中国铁路对以农民工、高校学生为主要客流的所有临时旅客列车实行票价不上浮后，受到广大旅客和社会各界的欢迎。2007年春运，铁路机构将在更大范围内实行这一惠民政策，在各类旅客列车中均不再实行票价上浮。

1月13日　中央军委发出《“十一五”期间推进军队后勤保障和其他保障社会化的意见》。

1月14日　根据国际市场原油价格大幅回落的情况，国家发改委决定，将汽油价格每吨降低220元，将航空煤油价格每吨降低90元。同时规定，中石油、中石化集团公司及社会成品油零售企业可在零售基准价格上下8%的浮动幅度内，自主制定具体零售价格。此次油价下调是近年来少有的价格下调，最近的一次价格下调是在2005年5月23日。因此，这是时隔20个月之后的一次价格下调。在此期间，油价经历了4次上涨。

1月16日　全国人大常委会委员长吴邦国在人民大会堂分别会见了塔吉克斯坦总统拉赫莫诺夫、欧盟委员会对外关系委员瓦尔德纳。在会见拉赫莫诺夫时，吴邦国说，发展中塔睦邻友好符合双方共同利益，有利于地区和平与稳定。中方愿与塔方认真落实《中塔睦邻友好合作条约》，加强各领域的合作，永做好邻居、好朋友、好伙伴。中国全国人大和塔吉克斯坦议会一直保持着良好合作，为两国关系的顺利发展提供了良好的法律保障。中国全国人大愿与塔吉克斯坦议会加强高层交往，保持各专门委员会、友好小组、办事机构的交流与合作，相互借鉴立法监督经验，密切在上海合作组织等多边场合的合作，为推动两国关系全面深入发展作出新贡献。拉赫莫诺夫说，塔吉克斯坦政府支持塔中立法机构加强合作，为促进两国关系发展发挥更大作用。中欧自1975年建交以来，高层交往频繁，政治对话与磋商更加深入，在重大国际和地区热点问题上共识不断增加，双方贸易互补性很强，在科技、教育、文化等各领域合作富有成果。中方一向重视发展中欧关系，愿与欧盟共同努力，推动中欧全面战略伙伴关系健康深入发展。吴邦国表示，议会交往与合作是中欧关系的重要组成部分。多年来，中国全国人大与欧洲议会有着很好的关系，定期磋商、互访机制为双方加强交流、增进了解、建立信任提供了重要平台，也为中欧关系发展发挥了重要作用。双方应进一步加强友好交往，为增进双方人民间的友谊，深化中欧务实合作做出新的贡献。瓦尔德纳表示，欧盟将恪守一个中国的原则立场，支持中国和平统一，愿继续加强和扩大与中国在各领域的友好交往与合作。

同　日　中国国务院总理温家宝在马尼拉分别会见了菲律宾参议长维拉和众议长德贝内西亚。温家宝说，中菲是友好的邻邦，合作的伙伴。在经济全球化和区域一体化加速发展的时代，中菲两国的联系从未像当前这样紧密，两国的共同利益从未像当前这样广泛。双方应站在战略的高度，以更宽广的视野看待和处理两国关系。中菲建立致力于和平与发展的战略性关系，既是时代的要求，也是两国人民的共同愿望。中方将坚定地奉行“与邻为善、以邻为伴”的周边外交方针，与菲方增进互信，加强合作，推动两国关系不断向前发展。温家宝表示，此次对该国的访问富有成果。同阿罗约总统就扩大和深化双边合作达成了许多新的共识。双方一致决定加快制订中菲战略性合作共同行动计划，以更好地规划两国的长远合作。两国有关部门还签署了多项重要合作文件，这必将使两国在各领域的合作达到一个新的水平。温家宝指出，立法机构的交往是中菲关系的重要组成部分，对增强相互了解、促进双方合作发挥着重要作用。中方重视同菲参、众两院进一步加强友好交往与合作，为推动两国关系的发展作出更大贡献。维拉和德贝内西亚一致表示，菲中关系的发展令人振奋。两国在诸多领域保持着良好合作，政党和议会交往密切。温家宝总理的到访给两国关系注入了新的活力。在实现发展的道路上，菲律宾愿与中国相互交流，相互借鉴，携手并进。菲议会将继续坚定支持菲中关系的发展。会见德贝内西亚后，温家宝接受了菲律宾众议院授予的“国会成就勋章”。当天，温家宝还出席了中菲农业合作情况交流会，向黎刹英雄纪念碑敬献了花圈，并会见了中国驻菲使馆工作人员、中资机构、留学生和华侨华人代表。

1月17日　国务院总理温家宝主持召开国务院常务会议。会议讨论并原则通过《中华人民共和国动物防疫法（修订草案）》，审议并原则通过《中华人民共和国政府信息公开条例（草案）》，批准2006年度国家科学技术奖获奖项目和人选。会议认为，修订1998年1月施行的《中华人民共和国动物防疫法》，对于加强动物防疫管理，促进养殖业发展，保护人民群众身体健康，维护公共卫生安全，具有重要意义。随着我国畜牧业的快速发展，防疫工作面临更高的要求，有必要认真总结近年来防控重大动物疫病工作经验，进一步明确饲养者、经营者的防疫责任，强化各级政府在动物防疫方面的职能，加强动物疫情防控措施，完善动物防疫管理体制。《中华人民共和国动物防疫法（修订草案）》重点对免疫、检疫、疫情报告和处理等制度作了修改和完善，增加了疫情预警、疫情认定、无规定动物疫病区建设、执业兽医管理、动物防疫保障机制等方面的内容。会议决定，修订草案经进一步修改后，由国务院提请全国人大常委会审议。会议认为，推行政府信息公开，是推进社会主义民主、完善社会主义法制、建设法治国家的重要举措，是建立行为规范、运转协调、公正透明、廉洁高效的行政管理体制的重要内容。为进一步推进和规范全国政府信息公开工作，更好地发挥政府信息对人民群众生产生活和经济社会活动的服务作用，有必要制订专门的法规。《中华人民共和国政府信息公开条例（草案）》对政府信息公开的范围和主体、方式和程序、监督和保障等内容做出了具体规定。会议决定，草案经进一步修改后，由国务院公布施行。会议要求，各地区、各部门要高度重视政府信息公开工作，把人民群众普遍关心和涉及人民群众切身利益的问题作为政府信息公开的重点内容，进一步完善工作机制，不断提高政府信息公开的效率和水平，切实保障人民群众的知情权、参与权和监督权，努力建设人民满意的法治政府。会议听取了关于2006年度国家科学技术奖评审工作的汇报，批准了获奖人选、奖励种类和等级。

1月19日—20日　全国金融工作会议在北京举行。此次会议的主要任务是，总结近几年来的金融工作，分析当前金融形势，统一思想认识，全面部署今后一个时期的金融工作，继续深化国有银行改革，加快建设现代银行制度，加快农村金融改革发展，完善农村金融体系大力发展资本市场和保险市场，构建多层次金融市场体系，全面发挥金融的服务和调控功能，促进经济社会协调发展积极稳妥推进金融业对外开放，提高金融监管能力，强化金融企业内部管理，保障金融稳定和安全。根据会议精神，在4大国有商业银行中包袱最重、资产质量最差的中国农业银行的股份制改革将稳步有序地推进。此外，从国家开发银行开始，长期以来只承担国家政策性业务的政策性银行的改革也正式启动。与此同时，农村金融体系将加快完善，资本市场改革发展将继续推进。中共中央政治局常委、国务院总理温家宝在讲话中指出，2002年以来金融工作取得显著成绩，金融业迅速发展壮大，金融改革迈出重大步伐，金融各项功能进一步发挥，金融领域对外开放稳步扩大，金融监管和法制建设明显加强，整个金融业发生了历史性变化，在经济社会发展中发挥重要的支撑和促进作用。当前，金融领域仍存在不少矛盾和问题，主要是金融体系不健全，金融结构不合理，金融企业公司治理和经营机制不完善，国际收支不平衡加剧，金融风险隐患还不少。对此，必须高度重视，采取有力措施加以解决。温家宝强调，我国金融改革发展面临新的形势，金融业处在一个重要转折期，也处在一个重要发展期。必须进一步增强做好金融工作的紧迫感和责任感，努力把金融改革发展推向新阶段，全面深化金融改革，促进金融业持续健康安全发展，为实现国民经济又好又快发展和构建社会主义和谐社会做出更大贡献。温家宝指出，要着力抓好以下几项工作：（一）继续深化国有银行改革，加快建设现代银行制度。（二）加快农村金融改革发展，完善农村金融体系。（三）大力发展资本市场和保险市场，构建多层次金融市场体系。（四）全面发挥金融的服务和调控功能，促进经济社会协调发展。（五）积极稳妥推进金融业对外开放。（六）提高金融监管能力，强化金融企业内部管理，保障金融稳定和安全。温家宝最后强调，要加强和改善党和政府对金融工作的领导，为金融业持续健康安全发展提供坚强保证。坚持政企分开，自觉按照经济规律、金融规律、市场规律办事，充分保障金融企业的经营自主权。着力提高从业人员的思想政治素质、业务素质和职业道德素质，建设一支高素质的金融队伍。严厉惩治各种腐败和犯罪行为。各地区、各部门要积极支持金融部门的工作。29日，中共中央、国务院发出《关于全面深化金融改革促进金融业持续健康安全发展的若干意见》。

1月20日　2007年全国研究生招生考试初试拉开帷幕。此次考试报名人数达到128.2万人，比2006年增加0.7万人。应届本科毕业生仍是考研队伍的主力，占报名总人数的55.7%。2007年报考人数最多的10个招生单位是北京大学、武汉大学、四川大学、中国人民大学、华中科技大学、浙江大学、中山大学、吉林大学、厦门大学、复旦大学。

本　月　人民银行强调2007年人民币汇率工作重点。中国人民银行表示，2007年将进一步发挥市场供求在人民币汇率形成中的基础性作用，完善有管理的浮动汇率制度，增强人民币汇率弹性，保持人民币汇率在合理均衡水平上的基本稳定。目前，人民币汇率的变动引发世界关注，同样也关系着中国促进国际收支平衡的政策布局。

本　月　中央纪委、监察部严肃查处了国家统计局原局长邱晓华严重违纪案件。经查，邱晓华在任国家统计局领导职务期间，收受不法企业主所送现金，生活腐化堕落，涉嫌重婚犯罪。根据《中国共产党纪律处分条例》、《中华人民共和国公务员法》的有关规定，经中央纪委审议并报中共中央批准，决定给予邱晓华开除党籍处分；经监察部报请国务院批准，决定给予邱晓华行政开除处分；建议依法撤销其全国政协委员资格。对其涉嫌犯罪问题移送司法机关依法处理。

1月22日　全国人大常委会委员长吴邦国在人民大会堂会见了智利众议长莱亚尔和日本自民党国会对策委员会委员长二阶俊博。在会见莱亚尔时，吴邦国说，在双方共同努力下，中智关系已进入快速发展的新时期。政治互信不断加深，在对方关切问题上相互理解和支持，实施了中智自由贸易协定并启动投资与服务贸易谈判，经贸合作质量得到提升、速度明显加快。吴邦国指出，中国高度重视发展与智利的关系，愿与智方一道，将两国关系发展为国家关系的典范。他说，中国全国人大与智利议会已有很好的合作基础，实现了领导层互访，为国家关系发展发挥了重要作用。他表示，中国全国人大将进一步加强与智利议会友好交往，扩大各层次的人员往来，开展立法等领域的经验交流，推动贸易等领域的务实合作，为两国关系的发展充实新的内容、注入新的活力。莱亚尔对中国人民取得的伟大成就表示钦佩，对中国政府的内外政策表示赞赏。他强调，发展对华关系是智利朝野各界的广泛共识，智利众议院将继续加强与中国全国人大的交流与合作，在智中关系发展中作出新的贡献。在会见日本客人时，吴邦国指出，2007年是中日邦交正常化35周年，两国关系面临着重要发展机遇。双方应以此为契机，按照中日联合声明等3个政治文件原则精神，进一步增进政治互信，认真落实两国领导人达成的共识，扩大能源、环保、科技等领域的合作，加强民间和人员往来，特别是青年人之间的友好交流，加深两国人民的传统友谊，推动中日关系健康稳定向前发展。二阶俊博表示将继续发挥自身的影响力，为促进日中关系发展、推动民间友好往来多做实事。

1月23日　中共中央政治局召开会议，研究部署金融改革发展工作。中共中央总书记胡锦涛主持会议。会议认为，我国金融工作取得显著成绩和进步，金融改革迈出重大步伐，金融业持续快速发展，金融领域对外开放稳步推进，金融监管得到加强，金融秩序明显好转，金融在我国经济社会发展中发挥了重要作用。我们要认真总结金融改革发展积累的成功经验，同时也要清醒地看到当前金融领域存在的矛盾和问题，充分认识金融改革发展任务的重要性和艰巨性，坚持不懈地做好各项金融工作。会议指出，我国金融领域面临着新情况新问题，国际金融发展也出现了新趋势。切实做好新形势下的金融工作，全面推进金融改革，促进金融业持续健康安全发展，对于实现国民经济又好又快发展，构建社会主义和谐社会，具有十分重要的意义。会议强调，坚持以金融改革开放和科技进步为动力，着力推进现代金融体系和制度建设，着力提升金融创新能力和服务水平，着力提高金融运行效率和金融企业经营效益，着力加强金融调控和监管，着力维护金融稳定和安全，显著增强我国金融业的综合实力、竞争力和抗风险能力，促进经济社会全面协调可持续发展，充分发挥金融对全面建设小康社会、加快推进社会主义现代化的重要作用。会议强调，今后时期金融工作的主要任务是，进一步推动金融业持续健康发展，不断满足经济社会日益增长的多样化金融需求；进一步优化金融结构，完善多层次金融市场体系和城乡、地区金融布局，加大对“三农”、中小企业和欠发达地区金融支持力度；进一步深化各类金融企业改革，完善公司治理，强化内部管理，加快转换经营机制；进一步完善金融服务功能和调控机制，促进国民经济平稳较快发展；进一步推进金融业对外开放，学习借鉴国外先进金融管理经验和技术，增强在扩大开放条件下我国金融业发展能力和竞争能力；进一步健全金融法制，依法强化金融监管，促进金融安全高效稳健运行。会议强调，要完善金融工作领导和管理体制，切实加强各类金融机构各级领导班子建设，全面提高金融从业人员思想政治素质、业务素质和职业道德素质，大力实施金融人才发展战略，加强金融系统党风廉政建设，强化监督约束机制，加大打击商业贿赂工作力度，严厉惩治腐败行为，坚决反对挥霍浪费、追求奢华的不良风气。

同　日　中共中央政治局进行第三十八次集体学习，中共中央总书记胡锦涛主持。中共中央政治局这次集体学习安排的内容是世界网络技术发展和我国网络文化建设与管理。中央外宣办网络宣传局李伍峰、信息产业部电信研究院曹淑敏教授级高级工程师就这个问题进行讲解，并谈了对我国网络文化建设与管理的意见和建议。中共中央政治局各位同志认真听取了他们的讲解，并就有关问题进行了讨论。胡锦涛在主持学习时发表了讲话。他指出，我国网络文化的快速发展，为传播信息、学习知识、宣传党的理论和方针政策发挥了积极作用，同时也给我国社会主义文化建设提出了新的课题。能否积极利用和有效管理互联网，能否真正使互联网成为传播社会主义先进文化的新途径、公共文化服务的新平台、人们健康精神文化生活的新空间，关系到社会主义文化事业和文化产业的健康发展，关系到国家文化信息安全和国家长治久安，关系到中国特色社会主义事业的全局。胡锦涛强调，加强我国网络文化建设和管理，必须从中国特色社会主义事业总体布局和文化发展战略出发，坚持以邓小平理论和“三个代表”重要思想为指导，全面贯彻落实科学发展观，按照发展社会主义先进文化的要求，坚持积极利用、大力发展、科学管理，以先进技术传播先进文化，促进和谐文化建设，更好地满足人民群众日益增长的精神文化需要，为全面建设小康社会提供有力的思想保证和舆论支持。胡锦涛就加强网络文化建设和管理提出五项要求。一是要坚持社会主义先进文化的发展方向，唱响网上思想文化的主旋律，努力宣传科学真理、传播先进文化、倡导科学精神、塑造美好心灵、弘扬社会正气。二是要提高网络文化产品和服务的供给能力，提高网络文化产业的规模化、专业化水平，把博大精深的中华文化作为网络文化的重要源泉，推动我国优秀文化产品的数字化、网络化，加强高品位文化信息的传播，努力形成一批具有中国气派、体现时代精神、品位高雅的网络文化品牌，推动网络文化发挥滋润心灵、陶冶情操、愉悦身心的作用。三是要加强网上思想舆论阵地建设，掌握网上舆论主导权，提高网上引导水平，讲求引导艺术，积极运用新技术，加大正面宣传力度，形成积极向上的主流舆论。四是要倡导文明办网、文明上网，净化网络环境，努力营造文明健康、积极向上的网络文化氛围，营造共建共享的精神家园。五是要坚持依法管理、科学管理、有效管理，综合运用法律、行政、经济、技术、思想教育、行业自律等手段，加快形成依法监管、行业自律、社会监督、规范有序的互联网信息传播秩序，切实维护国家文化信息安全。胡锦涛指出，各级党委和政府要从加强规划、完善制度、规范管理、充实队伍等方面采取措施，加强信息产业发展与网络文化发展的统筹协调，切实把一手抓发展、一手抓管理的要求贯彻到网络技术、产业、内容、安全等各个方面。要制定政策、创造条件，加强政府网站建设，扶持拥有优秀网络文化内容的网站，积极开发具有自主知识产权的网络文化产品，加强和改善与人民群众生产生活密切相关的信息和服务。要加快网络文化队伍建设，形成与网络文化建设和管理相适应的管理队伍、舆论引导队伍、技术研发队伍，培养一批政治素质高、业务能力强的干部。各级领导干部要重视学习互联网知识，提高领导水平和驾驭能力，努力开创我国网络文化建设的新局面。

1月24日　国务院总理温家宝主持召开国务院常务会议。会议听取监察部关于国家食品药品监督管理局原局长郑筱萸严重违纪违法案件调查情况汇报，对进一步查处案件提出了明确要求，对加强食品药品监管和政府廉政建设作出了部署。会议认为，郑筱萸等人的案件是一起严重失职渎职、以权谋私的违纪违法典型案件。郑筱萸在药品监管工作中，严重失职渎职，利用审批权收受他人贿赂，袒护、纵容亲属及身边工作人员违规违法，性质十分恶劣。案件造成的危害极大，威胁人民群众身体健康，严重败坏了党和政府的形象。会议要求，对郑筱萸的违纪违法问题要彻底查清，依法严肃处理。要继续大力整顿和规范药品市场秩序，深化药品审批制度改革，切实保障人民群众用药安全。政府监管部门要从郑筱萸案件中吸取教训，正确履行职责，维护好社会和公众利益。会议指出，坚持依法行政、从严治政，做到为民、务实、清廉，是政府履行职责的根本要求。国家机关各部门和各级行政机关领导干部要认真落实胡锦涛同志在中央纪委第七次全会上的讲话精神，牢固树立八个方面的良好风气，要以郑筱萸案件为鉴戒，加强党风廉政建设和反腐败工作，加强政府自身建设。一要坚定不移地查处大案要案，坚决清除腐败分子。对那些以权谋私、官商勾结、贪赃枉法、腐化堕落的案件，要抓住不放，一查到底，对涉案人员要严肃处理，形成对腐败分子的强大威慑。二要大力推进制度建设，加强从源头上防治腐败。要把制度建设作为重点，用制度管权、制度管人、制度管事。关键是要规范行政权力运行，防止滥用权力。要进一步完善规范政府行为的相关制度，建立健全有效监督行政权力的体制机制。加快转变政府职能，认真贯彻行政许可法，继续深化行政审批制度改革。完善审批运行机制，做到分工合理、职责清晰、相互制约、相互监督。

推进行政审批公开，实行“阳光”透明审批。三要抓好领导干部廉洁自律教育，加强干部队伍建设。各级领导干部要带头执行好中央关于党政干部廉洁自律的各项规定。对机关干部特别是行政执法部门的干部要严格要求、严格教育、严格管理、严格监督，不断提高队伍整体素质。

1月25日　国家统计局局长谢伏瞻宣布，初步核算显示，2006年我国GDP为209 407亿元，增长10.7%，增速比上年加快0.3个百分点。2006年我国国民经济总体呈现增长速度较快、经济效益较好、价格涨幅较低、群众受惠较多的良好发展态势，经济社会发展的协调性增强，实现了“十一五”良好开局。

1月26日　国务院总理温家宝主持召开国务院第九次全体会议。讨论即将提请十届全国人大五次会议审议的《政府工作报告（征求意见稿）》。温家宝总理在会上说，2007年是本届政府任期的最后一年，我们要一如既往，毫不懈怠，把政府工作做得更好，向人民交出满意的答卷。要把握大局，突出重点，最重要的，是坚持以科学发展观统领经济社会发展全局，保持经济平稳较快发展，防止出现大的起落。着力调整经济结构和转变增长方式，着力加强资源节约和环境保护，着力推进改革开放和自主创新，着力促进社会发展和解决民生问题，推动经济社会发展切实转入科学发展的轨道。

同　日　全国人大常委会委员长吴邦国在人民大会堂会见了苏里南国民议会议长保罗·斯拉梅特·索摩哈尔乔。吴邦国说，中苏建交30多年来，两国关系发展顺利，政治互信不断增强。中方感谢苏里南坚持一个中国原则和在国际组织中给予中方的宝贵支持。他指出，中苏同属发展中国家，求和平、谋发展是双方共同的愿望。加强平等互利的友好合作符合两国和两国人民的根本利益。中方愿与苏方一道，加强两国议会、政府和政党间的交往，扩大基础设施建设、渔业、森林资源开发等领域的务实合作，拓展人文领域的交流，使中苏友好合作关系长期稳定地向前发展，造福两国人民。吴邦国在积极评价双方议会关系后说，中国全国人大愿与苏里南国民议会进一步开展多层次的交流，增进了解，相互学习，为国家关系发展注入新的活力。索摩哈尔乔说，苏里南人民感谢中国人民长期以来给予的无私帮助，苏里南议会重视发展对华关系并愿为此做出积极努力。他强调，坚持一个中国政策是苏里南坚定不移的政治原则，永远不会改变。

1月28日　第六届亚洲冬季运动会开幕式在吉林省长春市隆重举行。中共中央总书记、国家主席、中央军委主席胡锦涛出席并宣布开幕。第六届亚洲冬季运动会的举行为展示亚洲冬季体育项目的水平提供了平台，为增进亚洲人民的友谊和合作创造了契机。运动员们经顽强拼搏，创造了一大批优异成绩，共有66人（队）次打破12项亚洲纪录。中国代表团在本届亚冬会上共获得19枚金牌、19枚银牌和23枚铜牌，无论金牌数还是奖牌总数，均列各参赛代表团首位。

1月29日　新华社受权全文播发《中共中央国务院关于积极发展现代农业扎实推进社会主义新农村建设的若干意见》。该文件指出，加强“三农”工作，积极发展现代农业，扎实推进社会主义新农村建设，是全面落实科学发展观、构建社会主义和谐社会的必然要求，是加快社会主义现代化建设的重大任务。这是2004年以来，中共中央、国务院连续出台的第四个指导“三农”工作的中央1号文件。

2月1日　全国人大常委会委员长吴邦国在人民大会堂会见了葡萄牙总理苏格拉底。吴邦国说，当前，中葡关系发展势头很好。两国良好的政治关系有力地推动了双方在经贸、文化、教育、科技等领域的交流与合作。中国重视发展同葡萄牙的关系，希望双方在现有合作的基础上，进一步拓宽合作的领域，提高合作的水平，不断推动中葡关系取得更大的发展。吴邦国积极评价两国议会友好合作关系的发展。他表示，中国全国人大愿与葡萄牙议会加强高层交往及各专门委员会之间的交流与合作，及时就共同关心的问题交换看法，密切协调与配合，为两国关系全面发展注入新的活力。苏格拉底说，葡方关注并钦佩中国经济、社会发展取得的成就，视中方为良好的合作伙伴。葡方愿与中方进一步增进相互信任，加强经贸等领域的合作，积极支持两国议会加强联系，共同推动两国关系不断发展。

同　日　中国农业银行行长杨明生说，按照“面向三农、整体改制、商业运作、择机上市”的改革思路，农行股改大幕正式开启。股改成为农行2007年各项工作的重中之重。农行改制的核心是由现在的国有独资商业银行变成股份公司，农行已着手进行财务重组、法人治理结构设计和监管计划制订等工作。财务审计工作将于2月底完成，人力资源改革将于下半年在全行推开，但在此次股份制改革中，农行将不会裁减员工。

2月2日—7日　中共中央举办省部级主要领导干部学习《江泽民文选》专题研讨班。李长春、曾庆红先后在开班式和结业式上讲话。

2月3日—4日　中共中央政治局常委、国务院总理温家宝先后到吉林省长春市、松原市的企业、农村、医院、学校考察。在考察期间，谈到医院改革时，温总理说，医院改革的方向是，一要发挥医院公共资源的作用；二要调动医护人员的积极性和创造精神；三要改善医院管理，提高医疗服务水平；四要提高医药使用效率，降低群众看病成本；五要加强药品监管，确保安全。

2月3日—5日　应赞比亚共和国总统利维·帕特里克·姆瓦纳瓦萨邀请，中华人民共和国主席胡锦涛对赞比亚共和国进行国事访问。访问期间，胡锦涛主席同利维·帕特里克·姆瓦纳瓦萨总统举行正式会谈，并会见了国民议会议长阿穆萨·姆瓦纳姆万布瓦。两国领导人在诚挚、友好的气氛中就落实中非合作论坛北京峰会成果、中赞双边关系以及共同关心的国际和地区问题深入交换了意见，达成广泛共识。双方签署了旨在加强中赞合作的多项协议。双方对建交42年来两国友好合作关系在和平共处五项原则基础上健康、稳定发展表示满意，一致同意要加强磋商与对话，拓展互利合作，扩大人文交流，加强国际合作，为中赞友好关系不断发展作出努力。双方承诺在涉及各自主权、领土完整、国家稳定和政治经济发展的问题上继续相互支持。中方支持赞比亚维护国家稳定、发展经济的努力。赞方重申坚持奉行一个中国政策，反对包括“法理台独”在内的任何形式的“台湾独立”，反对台湾加入任何只有主权国家才能参加的国际和地区组织，不同台湾发生任何官方关系和进行任何官方往来，支持中方为实现国家统一所作的努力。中方对赞方的这一原则立场表示高度赞赏。

2月4日　第十届全国人民代表大会第五次会议和政协第十届全国委员会第五次会议，将分别于2007年3月5日和3月3日在北京开幕。全国人大常委会办公厅和全国政协办公厅欢迎中外记者届时前来采访。2个会议将在北京西城区西单教育街3号院设立新闻中心，负责接待和安排中外记者采访会议。新闻中心将于2月26日正式启用。

2月5日　国务院总理温家宝在人民大会堂同斯洛伐克总理菲乔举行会谈。温家宝积极评价中斯关系的良好发展。他说，自斯洛伐克1993年独立以来，中斯关系在原有基础上稳步向前发展，双方在各领域的交流与合作富有成果。中方对斯洛伐克政府一贯坚持一个中国原则表示赞赏。温家宝说，斯洛伐克是中国在中东欧地区的重要合作伙伴。不断巩固中斯关系符合两国人民的根本利益。中方愿与斯方携手努力，继续推进两国友好合作。第一，密切两国政府、立法机构和政党之间的交往，经常就双边关系和重大国际问题进行磋商与对话。第二，促进相互投资，深化在农业、科技和信息产业等领域的合作，提高经贸合作的规模和水平。中方欢迎斯洛伐克企业扩大对华出口，逐步实现双边贸易的基本平衡。第三，深化人文领域交流，扩大双方文艺团体的互访和大学之间的联系。中方愿采取措施，为两国公民旅行提供便利。第四，加强多边合作，特别是在联合国等国际组织中的协调与配合，共同致力于促进世界的繁荣与稳定。菲乔说，斯中之间不存在任何悬而未决的问题。斯洛伐克政府对进一步发展对华关系抱有强烈愿望。斯方坚定奉行一个中国政策，希望同中方加强在各领域的友好合作。斯方欢迎中国企业到斯洛伐克投资兴业，扩大能源、农业合作，鼓励开展文化、教育交流，将积极参加2010年上海世博会。菲乔对斯中在联合国等国际机构中进行的良好合作表示满意，希望两国继续加强在多边事务中的磋商与协调。温家宝说，当前，中欧关系总体发展良好。中方始终从战略高度和长远角度看待和发展中欧关系。中国是欧盟的伙伴，而不是威胁和对手。中方愿与包括斯洛伐克在内的欧盟各成员国共同努力，继续加强政治互信，加快推进伙伴合作协定谈判，深化务实合作，在相互尊重的基础上，通过平等对话，妥善处理彼此关切的问题，推动中欧全面战略伙伴关系不断向前发展。菲乔说，斯洛伐克全力支持欧盟与中国发展全面战略伙伴关系。双方还就当前重大国际和地区问题交换了看法。会谈后，两国总理出席了农业、教育等领域合作文件的签字仪式。会谈前，温家宝总理在人民大会堂北大厅为菲乔总理访华举行欢迎仪式。民盟中央副主席索丽生、农业部部长孙政才、外交部副部长戴秉国、中国驻斯洛伐克大使黄忠坡等出席。

2月7日　国务院召开国务院常务会议。总理温家宝主持讨论并原则通过《国务院关于加快发展服务业的若干意见》，审议并原则通过《期货交易管理条例（修订草案）》。会议认为，服务业是国民经济的重要组成部分，服务业的发展水平是一个国家现代化程度的重要标志。加快发展服务业，提高服务业在三次产业结构中的比重，尽快使服务业成为国民经济的主导产业，是推进经济结构调整、加快转变经济增长方式的必由之路，对于解决民生问题、增加就业、促进消费、减少能耗和污染具有重要意义。会议指出，要把加快发展服务业作为一项重大而长期的战略任务，合理规划布局，深化改革开放，优化发展环境，促进服务业扩大规模、提升水平、增加就业，实现又好又快发展。着重抓好以下工作：（一）优化服务业结构。发展生活性服务业，积极拓展新型服务领域；发展生产性服务业，促进现代制造业与服务业加快融合、互动发展；培育充满活力的服务业市场主体，优化服务业组织结构。（二）科学调整服务业布局。充分发挥市场机制的作用，促进服务业资源优化配置。有条件的大中城市要加快形成以服务经济为主的产业结构，经济发达地区和交通枢纽城市要强化物流基础设施整合，形成区域性物流中心，中西部地区要积极发展具有比较优势的服务业和传统服务业。（三）积极发展农村服务业。加快构建和完善包括生产销售、科技、信息、金融和生活服务的农村社会化服务体系，改善农村基础设施，加快发展农村教育、医疗卫生、文化等社会事业，促进农村富余劳动力转移就业。（四）深化服务业改革开放。加快服务企业改革，建立现代企业制度。建立公开、平等、规范的服务业准入制度，鼓励社会资金投入服务业，提高非公有制经济在服务业中的比重。履行加入世贸组织的承诺，提高服务业对外开放的水平，积极发展服务贸易，为国内企业“走出去”提供市场、法律、信息、金融和管理等服务。（五）创造有利于发展服务业的良好环境。加大政策扶持，完善财税、信贷、土地和价格等相关政策措施，加快服务业标准化，规范市场秩序。会议认为，修订1999年9月施行的《期货交易管理暂行条例》，对于规范期货交易行为，维护期货市场秩序，防范风险，保护期货交易各方的合法权益和社会公共利益，促进期货市场积极稳妥发展，具有重要意义。修订后的《期货交易管理条例》将规范的内容由商品期货扩展到金融期货和期权交易，扩大了期货公司的业务范围，进一步强化了风险控制和监督管理。会议决定，该修订草案经进一步修改后由国务院公布施行。会议还研究了其他事项。《期货交易管理条例》将规范的内容由商品期货扩展到金融期货和期权交易，扩大了期货公司的业务范围，进一步强化了风险控制和监督管理。

同　日　全国人大常委会委员长吴邦国在人民大会堂分别会见了斯洛伐克总理菲乔和塞浦路斯议长赫里斯托菲亚斯。在会见菲乔时，吴邦国说，中斯关系很好，两国间不存在任何影响双边关系发展的问题，政治上相互信任，经济上互利合作，在国际和地区问题上有着相同或相似的看法。中国愿与斯方一道，推动中斯友好合作关系更快更好地向前发展。吴邦国说，中国全国人大支持中斯关系的发展，愿加强与斯国民议会的合作，扩大专门委员会和友好小组间的交往，相互学习和借鉴民主法制建设和治国理政等方面的经验，为促进中斯关系全面深入发展做出新的贡献。菲乔说，中国发展取得的巨大成就为斯中合作提供了更加广阔的空间。斯洛伐克新政府将积极致力于巩固和发展对华关系，扩大在各领域的互利合作。他表示，斯方在任何情况下都将坚定奉行一个中国的政策。在会见赫里斯托菲亚斯时，吴邦国说，中塞是传统友好国家。近年来，双方建立在相互尊重、相互信任基础上友好合作关系深入发展。中方高度重视发展与塞浦路斯的关系，着力推动经贸领域的务实合作，将中塞关系提升到一个新的水平。吴邦国赞赏塞方在台湾等问题上给予中方的理解与支持。吴邦国还积极评价了中国全国人大与塞议会间的关系，希望通过议长先生的访问进一步加强双方的友好往来，促进两国政治、经贸、人文等领域交流与合作，为深化中塞关系发挥更加积极的作用。赫里斯托菲亚斯积极评价中国内外政策及其取得的成就。他表示，塞浦路斯议会愿加强与中国全国人大的交流与合作，为两国关系发展做出更多的贡献。

同　日　人民币汇率中间价再创汇改以来新高。1美元对人民币7.7496元，人民币汇率中间价再创汇改以来新高。这意味着进入2月份以来，人民币汇率中间价已相继突破了7.77、7.76和7.75三大关口，“加速跑”态势显露无遗。这也是2007年以来，人民币汇率中间价第十二次创出汇改以来新高。西方7国财长会议关注对冲基金和汇率等问题。

2月9日　国务院在北京召开第五次廉政工作会议。温家宝总理发表讲话。他指出，这次会议的主要任务是，贯彻中央纪委第七次全体会议和胡锦涛同志在会议上的重要讲话精神，总结政府系统近几年的廉政建设和反腐败工作，部署2007年的任务。要全面贯彻中央关于党风廉政建设和反腐败的部署和要求，围绕规范行政权力运行，推进体制改革和制度建设，继续抓好商业贿赂专项治理和解决损害群众利益的突出问题，加强政风建设，把政府廉政建设和反腐败工作引向深入。国务院副总理吴仪、曾培炎、回良玉，国务委员周永康、曹刚川、陈至立出席会议。国务委员兼国务院秘书长华建敏主持会议。中共中央政治局常委、中央纪委书记吴官正，中共中央书记处书记何勇应邀出席会议。温家宝指出，本届政府成立以来，认真贯彻中央的部署，按照建设为民、务实、清廉政府的要求，政府系统反腐倡廉工作不断取得新进展。全面推进法治政府建设，依法行政能力不断提高；不断完善反腐倡廉制度，推进行政审批制度、财政管理体制、投资管理体制改革；大力推行政务公开，方便群众办事和监督；开展治理商业贿赂专项工作，严厉打击以权谋私、官商勾结、权钱交易的行为；着力解决损害群众利益的突出问题，加大治理教育、医药购销、医疗服务中的不正之风，努力解决在土地征用、房屋拆迁、企业重组改制等方面损害群众利益的问题；查处了一批严重失职渎职和以权谋私的重大案件，严肃追究有关领导干部的责任。温家宝指出，当前政府廉政建设还存在不少问题，主要是规范权力运行的法制不健全，有法不依、执法不严、违法不究的现象依然存在；官商勾结、以权谋私、滥用行政权力的问题比较严重，腐败大案要案不断发生，少数领导干部特别是高级干部违法违纪行为影响恶劣；一些损害群众利益的突出问题没有从根本上得到解决；铺张浪费现象比较普遍，行政成本高。2007年要围绕规范行政权力运行，深入推进廉政建设和反腐败斗争，重点抓好五项工作。第一，深化体制改革和加强制度建设。遏制腐败要把制度建设作为重点，从根本上消除滥用权力的问题。要继续深化行政审批制度改革，下决心再取消和调整一批行政许可项目，对确需保留的行政许可事项，要进一步规范审批程序、完善审批方式，实行“阳光”审批。要完善政务公开制度，把涉及人民群众切身利益的各类权力运行过程作为政务公开的重点内容，方便群众监督。要健全对行政权力监督的体制机制，推行行政问责制度，抓紧建立政府绩效评估制度。进一步强化政府内部的专门监督，严肃查处有令不行、有禁不止和失职渎职等行为。第二，继续深入开展治理商业贿赂专项工作。进一步加大查办商业贿赂大案要案的力度，对行政机关公务员搞官商勾结、权钱交易的案件，要一查到底，决不姑息。对商业贿赂比较严重的工程建设、土地出让、产权交易、医药购销、政府采购、资源开发等领域的案件要重点查办。抓紧研究制定法规制度，强化对经营者和从业者的引导、约束和监管。发挥社会舆论的监督作用。第三，坚决刹住违规建设楼堂馆所的不良风气。对于违反规定拟建和在建的楼堂馆所，坚决停建和缓建，已建的要根据有关规定严肃处置。现有办公楼已经达到标准的，一律不准改扩建或购买办公楼。各级政府及其部门不得批准新建培训中心项目。要完善项目建设审批程序和监管机制，严格控制党政机关办公楼建设规模、占地面积、装修及设备标准、项目工程造价和资金来源。严格公共财政支出管理制度，增强预算透明度。第四，进一步加强政风建设。要大力弘扬艰苦奋斗作风，办一切事情都要勤俭节约，精打细算，讲求实效，反对大手大脚，奢侈浪费。要严格控制公务消费，规范政府机关公务接待，严格管理和规范政府机关和国有企业的职务消费。要下大力气解决会风文风问题，进一步精简会议和文件。全面清理和严格控制各种名目的节庆、达标评比和表彰活动。第五，继续认真解决损害群众利益的突出问题。坚持把解决民生问题摆在更加突出的位置。要促进教育发展和教育公平，严格规范学校办学和收费行为。要继续整顿和规范食品药品生产、流通秩序，切实规范医疗机构的诊疗和收费行为。要解决城市住房方面的突出问题，建立健全廉租房制度，改进和规范经济适用房制度，深入整顿和规范房地产市场秩序。继续查处拖欠和克扣农民工工资等问题。同时，还要坚决纠正其他侵害群众利益的突出问题。温家宝要求，各地方、各部门要进一步加强领导，把廉政建设和反腐败措施落到实处。要强化党风廉政建设责任制，各级主要负责同志要带头执行中央关于党员干部廉洁自律的各项规定。领导干部特别是高级干部要严格管束子女、亲属和身边工作人员。要加强领导干部廉洁自律教育和干部队伍建设。各级政府领导干部和每一个公务员都要忠于职守、奉公守法、秉公用权，全心全意为人民服务。

2月10日　农业部部长孙政才表示，农业部已经采取四大措施确保春节期间老百姓能吃上安全、可靠、放心的农产品。一是在全国开展农产品质量安全专项执法行动。二是派出9个督察组在全国进行农产品质量安全督查。三是在全国开展例行监测和监督抽查。四是以实施“农产品质量安全监管加强行动”为抓手，逐步建立管理、服务、监督、处罚、应急为一体的监管工作格局，全面提高农产品质量监管水平。

2月12日　湖北省公安厅宣布破获“熊猫烧香”病毒案。根据统一部署，湖北网监在浙江、山东、广西、天津、广东、四川、江西、云南、新疆、河南等地公安机关的配合下，一举侦破了制作传播

"熊猫烧香"病毒案，抓获李俊、雷磊等多名犯罪嫌疑人。这是我国破获的国内首例制作计算机病毒的大案。

同　日　桂敏杰在打击非法证券活动工作会议上讲话。中国证监会副主席桂敏杰在证券监管系统打击非法证券活动工作会议上表示，证券监管将依靠省级政府，整合执法力量，建立打击非法证券活动工作的长效机制，将各种非法证券活动消灭在萌芽状态。桂敏杰表示，尽管证监系统现有的监管力量、监管手段等方面还存在很多困难，但证券监管干部要积极配合地方政府，依法严厉打击非法证券活动。

2月13日　台湾地区"检方"宣布，马英九在"特别费"案中涉嫌贪污而被起诉。马英九随后宣布辞去中国国民党主席职务，并决定2008年参选台湾地区领导人。马英九表示，自己虽尊重司法，但是无法接受检察官的指控，对于被起诉感到"痛心疾首"，将为自己的清白奋战到底。马英九被起诉，在岛内引发强烈争议。

2月14日　国务院总理温家宝主持召开国务院常务会议。审议并原则通过《残疾人就业条例（草案)》、《地方各级人民政府机构设置和编制管理条例（草案)》和《国家自然科学基金条例（草案)》。会议指出，残疾人是全社会最需要关心和帮助的特殊困难群体，也是全面建设小康社会、构建社会主义和谐社会的重要力量。保障和促进残疾人就业，是残疾人改善生活状况、提高社会地位、参与社会生活的基本前提和重要途径。根据《中华人民共和国残疾人保障法》拟订的《残疾人就业条例（草案)》，对保障和促进残疾人就业的责任和措施作出明确规定：各地区、各有关部门要把残疾人就业工作纳入国民经济和社会发展规划，按照集中就业和分散就业相结合的方针，制定优惠政策，采取扶持保护措施；坚持政府扶持和社会帮助相结合，鼓励社会组织和个人通过多种渠道、多种形式，帮助、支持残疾人就业；继续引导和督促用人单位落实好按比例安排残疾人就业的政策，为残疾人提供适当的工种、岗位和劳动保护；进一步拓宽残疾人就业渠道，积极开发适合残疾人就业的公益性岗位；为残疾人提供更加有效的就业援助和职业培训，帮助残疾人提高自身素质，增强就业能力；鼓励和扶持残疾人自主择业、自主创业。条例的实施，将更好地促进残疾人就业，有效保障残疾人的劳动权利。会议认为，地方机构设置和编制管理工作是国家机构编制管理工作的重要组成部分。为促进依法行政，规范地方机构设置和编制管理工作，实现机构和编制的法定化，制定《地方各级人民政府机构设置和编制管理条例》十分必要。地方各级政府要按照精简、统一、效能的原则，切实加强机构和编制管理，全面履行职能。根据2006年9月20日国务院常务会议精神，国务院法制办向社会公布了《国家自然科学基金条例（草案)》，广泛征求各界意见。有关部门对收到的建议进行了认真研究，对条例（草案）再次作了修改。会议决定，以上3个条例草案经进一步修改后，由国务院公布施行。

2月15日　中共中央政治局进行第三十九次集体学习。中共中央总书记胡锦涛主持。中共中央政治局这次集体学习安排的内容是国外区域发展情况和促进我国区域协调发展。国务院发展研究中心李善同研究员、中国科学院地理科学与资源研究所樊杰研究员就这个问题进行讲解，并谈了他们对促进我国区域协调发展的意见和建议。中共中央政治局各位同志认真听取了他们的讲解，并就有关问题进行了讨论。胡锦涛在主持学习时发表了讲话。他指出，从新世纪新阶段党和国家事业发展全局出发，党的十六届五中全会在总结我国社会主义现代化建设经验的基础上，进一步提出了我国区域发展总体战略，强调要继续推进西部大开发，振兴东北地区等老工业基地，促进中部地区崛起，鼓励东部地区率先发展，形成合理的区域发展格局。这是实现我国经济社会又好又快发展、确保实现全面建设小康社会、进而基本实现现代化宏伟目标的重大举措，是发挥我国社会主义制度优越性、促进社会和谐稳定的重大举措，也是保证我国各族人民共享改革发展成果、逐步实现共同富裕的重大举措。胡锦涛强调，实施区域发展总体战略，关键是要根据资源环境承载能力、发展基础和潜力，按照发挥比较优势、加强薄弱环节、享受均等化基本公共服务的要求，进一步明确区域发展的战略布局、功能定位、发展重点、政策导向等重大问题，抓好各项工作部署和政策措施的落实，逐步形成主体功能定位清晰、东中西良性互动、基本公共服务和人民生活水平差距趋向缩小的区域协调发展格局。胡锦涛指出，当前和今后一个时期，要重点抓好四项工作。第一，坚持统筹城乡区域发展。要从新世纪新阶段我国发展的新形势新任务出发，统筹制定城乡发展规划、区域发展规划，并扎扎实实加以落实。要根据西部地区、中部地区、东北地区、东部地区的不同情况，加强统筹规划、细化政策，通过深化改革、扩大开放，形成更加科学合理的体制机制，加快产业结构调整和增长方式转变，加强基础设施建设和生态环境保护，加快科技、教育、卫生事业发展和人才开发，增强国际竞争力和可持续发展能力。第二，加快形成主体功能区。要统筹考虑未来我国人口分布、经济布局、国土利用、城镇化格局，明确不同区域的功能定位，优化生产力空间布局，规范空间开发秩序，逐步形成合理的空间开发结构。第三，健全区域协调互动机制。要加快健全有利于促进区域协调发展的市场机制、合作机制、互助机制、扶持机制。要加大国家对欠发达地区支持力度，加快革命老区、民族地区、边疆地区、贫困地区经济社会发展，引导发达地区通过对口支援、社会捐助等方式帮扶欠发达地区。东部地区发展是支持区域协调发展的重要基础，要在率先发展中带动和帮助中西部地区发展。第四，完善分类管理的区域政策。要完善财政政策、投资政策、产业政策、土地政策、人口管理政策，提高区域政策的有效性和针对性，推动形成主体功能区，促进区域协调发展。胡锦涛强调，实现我国区域协调发展，是一个长期的历史过程和一个巨大的系统工程，需要持之以恒地进行努力。我们要在深入调查研究的基础上，制定科学的区域规划和区域政策，加强对区域发展的协调和指导。各地区要遵循区域发展规律，树立新观念、明确新思路、采取新举措，既充分认识自身优势、明确自身定位，又统筹兼顾区域整体利益、加强区域内的协调沟通，不断在促进区域协调发展方面取得新的明显进展。

2月16日—19日　中央领导和基层群众共迎新春。从农历腊月二十九到大年初二，中共中央总书记、国家主席、中央军委主席胡锦涛在甘肃走乡村、进企业，看望各族干部群众，慰问节日值班的干部职工，同大家一起过年，共祝祖国繁荣和谐、人民幸福安康。

2月17日　温家宝慰问辽宁省各界群众。中共中央政治局常委、国务院总理温家宝先后到辽宁清原、沈阳等地农村、学校、医院和企业，代表党中央、国务院看望和慰问各界群众，向他们表示新春的祝福。

2月25日　人民银行决定，上调人民币存款准备金率0.5个百分点，由9.5%调至10%。这是2007年第二次、自2006年7月份以来的第五次同幅上调。有关专家认为，上调存款准备金率对百姓理财的影响相比加息要小，其最直接的影响是银行，因为银行可用于放贷的资金少了，单靠吃贷存差获利的空间就小了。

2月26日　中共中央台湾工作办公室、国务院台湾事务办公室负责人就陈水扁推动废除"国统会"和"国统纲领"发表谈话。谈话全文如下：近一段时间来，陈水扁一再声称要废除"国统会"和"国统纲领"，并着手炮制方案，准备付诸实施，公然迈出全盘推翻"四不一没有"承诺的危险一步。这不仅标志着陈水扁政治诚信和道德人格的彻底破产，而且更进一步暴露了他预谋进行新的分裂活动，特别是要为通过所谓"宪政改造"谋求"台湾法理独立"铺平道路。陈水扁选择在这个时候废除"国统会"和"国统纲领"，有着特定的背景和险恶的用心。2005年以来，通过两岸同胞的共同努力，两岸关系出现和平稳定发展的良好势头，使陈水扁推行"台独"分裂路线更为困难。在此形势下，陈水扁不仅不思悔改，反而拿台海和平与台湾人民的利益做赌注，实行更为极端的"台独"分裂路线。他为了个人权位和一己私利，更加疯狂地在台湾内部挑起争端，撕裂台湾社会；执意进一步挑衅大陆，制造两岸关系紧张，离间两岸同胞感情，企图转移台湾社会舆论对他造成台湾经济不振、社会动荡的谴责及对某些弊案丑闻的追究，以摆脱困境。他把"国统会"和"国统纲领"视为推动"台湾法理独立"的一大障碍，迈出"废统"这一步后，将进而彻底背弃残存的"四不"承诺，力图加紧通过"宪改"实现"台湾法理独立"。陈水扁推动"台独"分裂活动步步升级，势必引发台海地区的严重危机，破坏亚太地区和平与稳定。这充分说明，“台独”分裂活动是威胁台海和平的最大乱源。事实一再证明，陈水扁确实是台湾岛内、两岸关系、亚太地区的麻烦制造者。2004年5月17日，我办受权就两岸关系发表声明指出，有两条道路摆在台湾当权者面前，一条是促进两岸关系发展，一条是进行“台独”分裂活动，何去何从，必须作出选择。陈水扁的所作所为表明，他执意要走第二条道路。陈水扁的冒险和挑衅，已招致包括广大台湾同胞在内的中华儿女的同声谴责，受到国际舆论的强烈抨击。他企图以损害人民福祉的方式摆脱困境，必将陷入更大的困境，他色厉内荏的闹剧，终将以失败而收场。我们正告陈水扁，立即停止在葬送两岸和平合作双赢的邪路上一意孤行，不要再给台湾同胞和两岸关系带来更大的危害。经由十几年来两岸关系的发展，两岸同胞已经结成实实在在的“命运共同体”。两岸关系继续和平稳定发展，再创合作互利双赢，是两岸同胞的共同愿望。我们将继续以最大的诚意、尽最大的努力维护和促进两岸关系和平稳定发展的局面，争取和平统一的前景。同时，我们绝不容忍“台独”，绝不允许“台独”分裂势力把台湾从祖国分割出去。

同　日　国务院召开常务会议，原则批准大型飞机研制重大科技专项正式立项，同意组建大型客机股份公司。会议通过了十届全国人大五次会议议程草案，提请十届全国人大五次会议预备会议审议；表决通过了十届全国人大五次会议主席团和秘书长名单草案，提请十届全国人大五次会议预备会议选举；表决通过了十届全国人大五次会议列席人员名单。会议表决通过了全国人大常委会工作报告稿。

2月27日　国家科学技术奖励大会在京隆重举行。胡锦涛出席并向获奖代表颁奖。中国科学院院士、中国科学院遗传发育所研究员李振声获得2006年度国家最高科学技术奖，“歼-10飞机工程”项目获得国家科学技术进步奖特等奖，其余国家自然科学奖一等奖、国家技术发明奖一等奖等重大奖项也各有得主。在此前的历年奖项名单上，四大奖项都曾出现过空缺。

同　日　两市股指大幅下挫。在投资者还沉浸在新春开市大吉的喜悦中时，两市股指却掉头向下，最终上证综指收于2 771.79点，下跌268.81点，跌幅8.84%；深成指报收于7 790.82点，下跌797点，跌幅9.29%。这是1996年设立涨跌幅限制10年来很少见的现象，已创出本轮行情以来最大跌幅，而绝对下跌点数则创出历史新纪录。

同　日　最高人民法院发布《关于复核死刑案件若干问题的规定》，对死刑复核案件裁判方式作出重大改革。这一司法解释改变了以往对于死刑复核案件可以作出核准、改判或者发回重审的传统做法，规定对于报请复核的死刑案件，最高人民法院原则上只作出核准死刑或者不核准死刑的裁定。只有在少数特定情况下，可以依法改判。

同　日　国土资源部暂停煤炭探矿权审批国土资源部发出通知。通知指出，为避免因煤炭勘查投资过热而出现产能过剩，自2007年2月2日起至2008年12月31日止，在全国范围内暂停受理新的煤炭探矿权申请(包括以招标、拍卖、挂牌等竞争方式出让煤炭探矿权)。

2月28日　十届全国人大常委会在人民大会堂举行第二十五次专题讲座。讲座的题目是《完善我国促进就业的法律制度》。吴邦国委员长主持讲座。此次讲座的主讲人是劳动和社会保障部劳动科学研究所副所长、研究员莫荣。他从我国就业的现状和问题、就业促进立法是建立就业长效机制的必然选择、对就业立法的几点建议等3个方面作了讲解。莫荣说，就业是民生之本、安国之策。改革开放以来，我国城乡就业规模不断扩大，就业结构不断优化，公共就业服务体系不断发展完善，体制转轨和结构调整中下岗失业人员的再就业问题得到成功解决，劳动者素质有所提高，就业工作取得了巨大的成就。但是，我国仍将长期面临严峻的就业形势，表现在：劳动力供大于求的基本格局长期存在；就业的结构性矛盾越来越突出；新成长劳动力、农村富余劳动力、下岗失业人员“三碰头”导致就业矛盾更加突出。莫荣说，立法成为世界各国促进就业最普遍最重要的手段。虽然我国宪法、劳动法已有就业促进的法律规定，但解决如此艰巨而复杂的就业问题需要专门立法。而我国积极就业政策的实践和促进就业工作机制的形成，已为就业促进立法创造了条件。

莫荣还提出了有关就业促进立法的具体建议：要坚持扩大就业、市场就业、平等就业、统筹就业等4项原则。要明确政府促进就业的职责，强化政府促进就业的责任；完善市场导向就业机制，建立统一的劳动力市场；建立面向全体劳动者的促进就业制度，形成促进就业的工作体系。副委员长王兆国、李铁映、司马义·艾买提、何鲁丽、丁石孙、成思危、许嘉璐、蒋正华、顾秀莲、盛华仁、路甬祥、乌云其木格、韩启德听取了讲座。

3月1日　中央纪委、监察部宣布，国家食品药品监督管理局原局长郑筱萸严重违纪受到开除党籍、行政开除处分。对其涉嫌犯罪问题移送司法机关依法处理。经查，郑筱萸在任国家食品药品监督管理局局长期间，利用职务便利，为一些医药企业谋取非法利益，本人或伙同其妻、其子收受财物折合人民币数百万元；在药品监管工作中严重失职渎职，造成严重后果。

同　日　新型农村金融业务开始试点。中国第一家村镇银行——四川仪陇惠民村镇银行，在四川省仪陇县金城镇挂牌开业，标志着中国银监会放宽农村地区银行业金融机构准入政策进入实施阶段。同日，由中国银监会批准的第一家贷款公司——四川仪陇惠民贷款公司在四川仪陇县马鞍镇挂牌营业。3月9日，吉林省梨树县闫家村百信农村资金互助社正式挂牌，这是我国第一家经银行业监督管理机构批准挂牌营业的村级农村资金互助社。

3月3日—15日　全国政协十届五次会议举行。贾庆林作全国政协常委会工作报告。3月3日，中国人民政治协商会议第十届全国委员会第五次会议在人民大会堂开幕。来自各党派团体和各族各界的2 000多名政协委员围绕关系国计民生的重大问题，切实履行政治协商、民主监督、参政议政的职能。

3月5日—16日　第十届全国人民代表大会第五次会议北京开幕。来自全国各地的近3 000名人大代表聚集人民大会堂，听取温家宝总理所作的政府工作报告。吴邦国作全国人大常委会工作报告。会议通过《中华人民共和国物权法》和《中华人民共和国企业所得税法》。

3月10日　中共中央、国务院发出《关于进一步加强新时期信访

工作的意见》。

3月11日　国防科工委最近发布我国《“十一五”空间科学发展规划》。提出我国“十一五”空间发展六大目标：一是实施国家中长期科技发展规划中的载人航天和月球探测工程；二是自主研制硬X射线调制望远镜，实现我国空间天文卫星零的突破，在黑洞物理研究等领域取得突破；三是发射“实践-10号”返回式空间科学实验卫星；四是参与中俄火星空间环境探测计划和世界空间紫外天文台计划以及中法太阳爆发探测小卫星计划；五是进一步深化空间太阳望远镜的关键技术研究；六是开展空间科学相关领域的关键技术和科学研究。

3月15日　第二十五个国际消费者权益日。“消费和谐”是中国消费者协会为2007年确定的主题。所谓“消费和谐”，就是全社会在消费领域中树立一种“消费和谐”的理念，经营者、消费者、政府和相关部门要履行应尽的社会责任，共同努力营造一个“消费和谐”的市场环境，推动扩大内需，促进我国经济又好又快发展，维护社会稳定，促进社会主义和谐社会建设。

同　日　中国人民政治协商会议第十届全国委员会第五次会议圆满完成各项议程后在人民大会堂闭幕。会议通过了政协第十届全国委员会第五次会议关于常务委员会工作报告的决议、政协第十届全国委员会提案委员会关于政协十届五次会议提案审查情况的报告和政协第十届全国委员会第五次会议政治决议。

3月16日　胡锦涛签署主席令。第十届全国人民代表大会第五次会议在批准政府工作报告、全国人大常委会工作报告及其他重要报告，表决通过物权法、企业所得税法和其他决定，圆满完成各项议程后，在人民大会堂闭幕。物权法和企业所得税法通过后，中华人民共和国主席胡锦涛签署第六十二号、第六十三号主席令，公布了这2部法律。物权法自2007年10月1日起施行，企业所得税法自2008年1月1日起施行。

3月17日　国务院下发《关于加快发展服务业的若干意见》。《意见》提出，要建立公开、平等、规范的服务业准入制度。鼓励社会资金投入服务业，大力发展非公有制服务企业，提高非公有制经济在服务业中的比重。凡是法律法规没有明令禁入的服务领域，都要向社会资本开放；凡是向外资开放的领域，都要向内资开放。该《意见》要求，进一步打破市场分割和地区封锁，推进全国统一开放、竞争有序的市场体系建设，各地区凡是对本地企业开放的服务业领域，应全部向外地企业开放。

3月18日　中国人民银行决定自当日起上调金融机构人民币存贷款基准利率。中国人民银行宣布，金融机构1年期存款基准利率上调0.27个百分点，由现行的2.52%提高到2.79%；1年期贷款基准利率上调0.27个百分点，由现行的6.12%提高到6.39%；其他各档次存贷款基准利率也相应调整。

3月21日　国务院总理温家宝主持召开国务院常务会议。会议讨论并原则通过《国务院2007年工作要点》和《卫生事业发展“十一五”规划纲要》。会议指出，十届全国人大五次会议审议通过的《政府工作报告》，明确了2007年政府工作的基本思路、目标任务和政策措施。《国务院2007年工作要点》把报告提出的任务逐项分解到国务院组成部门、直属机构和办事机构。各部门、各单位要以对人民高度负责的精神，认真履行职责，加倍努力工作，切实完成全年的各项任务，向人民交出满意的答卷，为党的十七大胜利召开创造良好的环境和条件。在工作中要总揽全局，突出重点，抓住关键环节，着力解决经济社会发展中的突出矛盾，解决群众迫切需要解决的问题。要建立健全责任制和行政问责制，加强督促检查，提高执行力，把各项工作落到实处。会议指出，推进卫生事业发展，是政府全面履行职责的重要任务，是建设和谐社会的重要内容。“十一五”时期，要在全国初步建立覆盖城乡居民的基本卫生保健制度框架，包括比较规范的公共卫生服务体系、新型农村合作医疗制度和县、乡、村三级医疗卫生服务体系、比较完善的城市社区卫生服务体系、比较规范的国家基本药物制度和公立医院管理制度，促进人人享有公共卫生和基本医疗服务，进一步提高人民群众健康水平。实现这一目标，必须全面贯彻党的卫生工作方针，坚持卫生事业为人民健康服务的方向，深化医药卫生体制改革，推进制度创新；坚持以政府为主导，强化政府责任，坚持公共医疗卫生的公益性质；坚持以公共卫生、农村卫生和社区卫生为重点，优化卫生资源配置；坚持中西医、中西药并重，实现中西医药协调发展；坚持加大政府卫生投入，加强资金管理和监督，完善公共卫生体系建设，全面提高服务能力；坚持鼓励、引导社会力量积极参与，多渠道发展医疗卫生事业，扩大医疗卫生服务供给。会议要求，各级政府要把发展医疗卫生事业、增进人民健康摆上重要议事日程，切实加强和改善对卫生工作的领导。全社会要关心和支持卫生事业发展，尊重医学科学，共建健康和谐的医患关系，积极推动医疗卫生事业与经济社会建设协调发展。同时，会议审议并原则通过《人体器官移植条例（草案)》。

3月22日　第十五个“世界水日”开始。联合国将2007年的主题确定为“应对水短缺”，以强调国际和地方的合作对解决水资源短缺具有重要意义。第二十个“中国水周”也于当天开始，我国纪念“世界水日”和“中国水周”的宣传主题是“水利发展与和谐社会”。

同　日　17个部门对1亿多农民进行培训。全国农民科学素质行动协调小组组长、农业部副部长危朝安表示，农业部、中国科协、中组部、中宣部等17个部门将面向1亿多农民开展农民教育、科技培训、技术推广、科学普及等工作，提高广大农民科学生产和生活能力，实现进一步增产增收。

3月23日　中共中央政治局进行第四十次集体学习，中共中央总书记胡锦涛主持。中共中央政治局这次集体学习安排的内容是关于制定和实施物权法的若干问题。中国社会科学院法学研究所梁慧星研究员、中国人民大学法学院王利明教授就这个问题进行了讲解，并谈了实施好物权法的意见和建议。中共中央政治局各位同志认真听取了他们的讲解，并就有关问题进行了讨论。胡锦涛在主持学习时发表了讲话。他指出，十届全国人大五次会议通过了《中华人民共和国物权法》，将于2007年10月1日起施行。这是推动形成中国特色社会主义法律体系的重要步骤，是贯彻依法治国基本方略、建设社会主义法治国家的重要举措。制定和实施物权法，完善中国特色社会主义物权制度，对于坚持和完善国家基本经济制度、完善社会主义市场经济体制，对于实现好、维护好、发展好最广大人民的根本利益和激发全社会创造活力，对于全面建设小康社会、加快构建社会主义和谐社会，具有十分重要的意义。各级党委和政府要从坚持依法治国基本方略的高度，充分认识制定和实施物权法的重大意义，认真实施好物权法。胡锦涛强调，要突出把握好以下几个重大问题。一是要牢固树立物权观念。要通过多种途径提高广大干部群众对物权法的认识，充分认识依据宪法和法律对国家、集体和私人的物权给予平等保护的重大意义，牢固树立依法平等保护和正确行使财产权利的物权观念，为实施物权法营造广泛的社会思想基础。二是要全面坚持国家基本经济制度。毫不动摇地巩固和发展公有制经济，毫不动摇地鼓励、支持、引导非公有制经济发展。要按照解放和发展社会生产力的要求，继续深化改革，加大攻坚力度，坚决消除各种体制性障碍，着力完善社会主义市场经济体制，着力形成更加公平、更加开放的市场竞争秩序，为增强公有制经济活力和促进非公有制经济发展提供更加有力的法制保障。三是要切实维护广大人民群众的权益。要按照物权法的规定，切实维护人民群众的土地承包经营权、宅基地使用权、房屋所有权及其他财产权利。要坚持和完善农村基本经营制度，坚决制止侵害农民合法权益的行为。四是要加快完善相关法律制度。要配合物权法的实施，着眼于保障权利、维护秩序、促进竞争，抓紧建立健全民商法律制度，发挥民商法律制度在推动社会主义市场经济发展、促进社会和谐方面的重要作用。胡锦涛指出，要在全社会深入宣传制定和实施物权法的重要性和必要性，深入宣传物权法的立法主旨、基本内容和各项规定，为实施物权法营造良好舆论氛围。要利用实施物权法的有利时机，在全社会广泛倡导全体公民学法辨是非、知法明荣辱、用法止纷争，增强依法行使权利、履行义务的公民意识。胡锦涛强调，各级党委、政府和领导干部要带头学习和实施物权法，全面落实保障一切市场主体的平等法律地位和发展权利的法律要求，正确处理行使国家权力和保障公民权利的关系，充分运用物权法等法律手段提高促进经济社会发展、管理经济社会事务的水平，增强解决社会矛盾、促进社会和谐的能力。各有关部门要各司其职、各负其责，通力协作、加强配合，共同推进物权法的实施。要依法严厉打击各种侵犯国家、集体和私人财产权益的违法犯罪行为。要做好法律援助和司法救助工作，规范和拓宽法律服务，公正有效地解决群众的司法诉求。

3月26日—27日　全国防沙治沙大会举行。温家宝会见与会代表并讲话。他指出，防沙治沙工作要坚持科学防治、综合防治和依法防治的方针。

3月26日—28日　中国国家主席胡锦涛对俄罗斯进行为期3天的国事访问并参加“中国年”开幕式等活动。胡锦涛同普京总统和其他俄罗斯领导人会晤，就进一步加强中俄战略协作伙伴关系和共同关心的重大国际和地区问题深入交换意见。两国元首签署了《中俄联合声明》。双方在声明中表示，愿共同努力，不断深化务实合作，加强战略协作，提高中俄战略协作关系水平。访问期间，胡锦涛还同普京共同出席俄罗斯“中国年”开幕式、中国国家展开幕式并参观了展览。

3月27日—28日　第六次全国信访工作会议在北京举行。中共中央政治局常委、国务院总理温家宝对信访工作提出四点要求：第一，“热情”，就是要对来信、来访的群众满腔热情。要做到热情，首先要有感情，只有对人民群众有深厚的感情，爱得深、理解得深，才能有热情。第二，“依法”，就是信访工作要依法办事。要引导群众合理的诉求通过法律的渠道来解决。各地和各部门对群众反映的问题要按照法律和政策办事。第三，“负责”，就是对人民群众负责，对党和政府负责。真正做到对于群众的来信、来访“件件有着落，事事有回音”。第四，“奉献”，就是信访工作人员要有无私奉献的精神。做到不辞辛苦、任劳任怨、鞠躬尽瘁，把自己的一切献给祖国和人民。

3月28日　国务院总理温家宝主持召开国务院常务会议。审议并原则通过《生产安全事故报告和调查处理条例（草案）》、《中华人民共和国水文条例（草案）》和《中华人民共和国船员条例（草案）》。会议指出，安全生产关系人民群众生命财产安全，关系改革发展稳定大局。各级政府要认真贯彻“安全第一，预防为主，综合治理”的方针，切实做好安全生产工作。生产安全事故的处理，是一件十分严肃的事情，必须做到原因未查清不放过、责任人员未处理不放过、整改措施未落实不放过、有关人员未受到教育不放过。《生产安全事故报告和调查处理条例（草案）》全面规范了生产经营中的事故报告和调查处理程序与责任。草案规定，事故报告应当及时、准确、完整，任何单位和个人不得迟报、谎报、瞒报和漏报；事故调查处理应当坚持实事求是、尊重科学，及时、准确地查清事故经过、原因和损失，查明事故性质，认定责任，总结教训，提出整改措施，并依法追究责任，任何单位和个人不得阻挠和干涉对事故的报告和依法调查处理；事故处理的情况要向社会公布。草案还对事故发生单位及其有关责任人员的法律责任，事故调查组成员、有关人民政府和有关部门的负责人的责任，作了明确规定。会议认为，水文事业是重要的基础性公益事业。水文工作通过监测和分析水位、流速、流量、降水量等水文要素，研究水资源的量、质及其时空分布变化规律，监测、预报洪水和旱情，为科学配置、利用、保护水资源和防灾减灾提供信息依据。制定《中华人民共和国水文条例》，对加强水文管理，规范水文工作，充分发挥水文工作在政府决策、经济社会发展和社会公众服务中的作用，具有重要意义。会议认为，我国是航运大国和船员大国。为加强船员管理，提高船员素质，维护船员的合法权益，保障水上交通安全和保护水域环境，有必要在总结我国船员管理经验的基础上，借鉴国际通行做法，制定《中华人民共和国船员条例》。会议决定，以上3个条例草案经进一步修改后，由国务院公布施行。

3月31日　国务院办公厅发出《关于进一步加强药品安全监管工作的通知》。

4月2日　国务院总理温家宝主持召开国务院第十次全体会议。会议签署了国务院第四九〇号令，任命曾荫权为中华人民共和国香港特别行政区第三任行政长官，曾荫权将于2007年7月1日就职。温家宝指出，曾荫权先生自2005年6月经补选接任行政长官以来，带领香港特别行政区政府强政励治，致力发展经济、改善民生，积极、稳妥地处理公众关注的各方面问题，促进社会和谐，得到了香港社会各界的广泛好评。中央政府希望曾荫权先生在下一届任期内，带领香港特区政府和全体香港人民，全面贯彻落实《中华人民共和国香港特别行政区基本法》、坚持“一国两制”、“港人治港”、高度自治的方针，再接再厉，为香港的长期繁荣、稳定作出新的更大的贡献。

同　日　首批4家外资法人银行正式开业作为首批获准改制为中国本地法人银行的外资银行。东亚银行（中国）有限公司、汇丰银行(中国）有限公司、花旗银行（中国）有限公司和渣打银行（中国）有限公司正式开业。在经过银行监管部门的验收之后，这4家外资法人银行近期内将可以向中国内地提供全面的人民币及外汇服务，包括针对内地居民开展人民币业务。

4月4日　国务院总理温家宝主持召开国务院常务会议。会议研究部署启动城镇居民基本医疗保险试点，审议并原则通过《行政机关公务员处分条例（草案)》。会议决定，从2007年开始，在有条件的省份选择一两个市，进行建立以大病统筹为主的城镇居民基本医疗保险制度的试点。试点地区凡未纳入城镇职工基本医疗保险制度覆盖范围的中小学生、少年儿童和其他非从业城镇居民，都可参加城镇居民基本医疗保险。会议强调，启动以大病统筹为主的城镇居民基本医疗保险试点，是加快卫生事业改革发展、建设覆盖城乡全体居民的基本医疗保障体系的一项重要任务。试点工作直接关系广大群众切身利益，政策性很强，必须统筹规划、规范引导、稳步推进。要根据经济发展水平和各方承受能力，合理确定筹资水平和保障标准；坚持自愿原则，调动地方积极性，尊重个人意愿；加强保险基金监管，保证基金安全；切实加强领导，精心组织实施，确保试点工作顺利进行，努力解决好广大城镇居民的基本医疗保障问题。会议指出，为严肃行政机关纪律，规范行政机关公务员的行为，促进行政机关及其公务员勤政廉政、依法履行职责，根据有关法律制定《行政机关公务员处分条例》十分必要。《行政机关公务员处分条例（草案）》在总结多年来行政惩戒工作实践经验的基础上，对行政机关公务员处分的原则、种类、适用、权限、程序和申诉等作了具体规定。会议决定，该条例草案经进一步修改后，由国务院公布施行。

4月5日　国务院发布《中华人民共和国政府信息公开条例》。

4月9日　国家新闻出版总署与教育部、公安部等8部门联合下发《关于保护未成年人身心健康实施网络游戏防沉迷系统的通知》。该通知规定，网络游戏防沉迷系统从4月15日起在全国推行，7月16日全面实施。该系统将针对所有在中国运营的网络游戏，不仅包括大型网游，还包括腾讯和联众运营的休闲网游。

4月9日—10日　全国纠风工作会议在广州召开。中共中央政治局常委、国务院总理温家宝会前对纠风工作进行重要批示。会议强调，2007年，各地区、各部门要以解决群众反映的突出问题为重点，不断开拓专项治理的新途径；以为群众办实事办好事为基本要求，不断强化行风建设的新举措；以民主评议为载体，不断搭建密切联系群众的新平台；以源头防治为着眼点，不断完善预防不正之风的新机制；以人民群众满意为根本标准，不断取得纠风工作的新成效。

4月10日—13日　温家宝对韩国、日本进行正式访问。2007年是中韩建交15周年，也是中韩交流年。10日，温家宝与韩国总统卢武铉举行会谈，就中韩关系提出保持高层交往、深化经贸合作等5点建议。11日，温家宝与日本首相安倍晋三举行会谈时指出，为构建中日战略互惠关系，双方要从战略的高度和长远的角度来把握两国关系的方向；希望日方切实遵循中日3个政治文件的原则，妥善处理历史问题，维护和发展两国关系来之不易的改善势头。

4月11日—14日　中共中央总书记、国家主席、中央军委主席胡锦涛到宁夏回族自治区考察工作。胡锦涛强调，要坚持以邓小平理论和“三个代表”重要思想为指导，全面落实科学发展观，以更加开放的思想观念、更加执著的奋斗精神、更加扎实的工作作风，奋力开创改革开放和社会主义现代化建设新局面。

4月14日　国务院发出《关于鼓励和规范企业对外投资合作的意

见》。

4月15日　2008年奥运会门票开始面向全球公众预售。根据2008年奥运会票务计划，从当日起，总数超过700万张的北京奥运会门票开始接受公众预订。其中，2008年奥运会门票国内销售的部分约占75%，海外销售部分约占25%。

同　日　中国进出口商品交易会开幕第一〇一届广交会在广州举行。从本届开始，广交会名称正式由“中国出口商品交易会”更名为“中国进出口商品交易会”。广交会是中国对外开放的重要窗口，被称为“中国第一展”。第一〇一届广交会首次增加进口功能，为国外优质商品进入中国市场提供一个新的重要渠道，并为进一步优化进口商品结构提供重要的平台。

4月16日　第三届世界植物园大会在武汉开幕。这是亚洲国家首次承办国际植物园界最高规格会议。来自世界89个国家和地区的近千名代表，围绕《构建可持续发展的未来：植物园的作用》这一主题，展开深入交流。

4月17日　国务院总理温家宝在人民大会堂会见了希腊议长贝纳基。温家宝说，当前，中希关系正处在良好的发展阶段，两国高层接触频繁，议会交往密切，经贸合作发展迅速。2007年是中希建交35周年，也是希腊在中国举办的文化年，希望双方以此为契机，继续扩大和加深两国在各领域的合作，特别是在经济、文化和奥运会方面的交流，把两国关系推向更高的水平。贝纳基完全同意温家宝对两国关系的评价和建议。希方愿积极推进欧中关系的发展，进一步开展双方多层次、各领域的务实合作，推动希中全面战略伙伴关系深入发展。

同　日　中共中央办公厅、国务院办公厅最近印发《关于进一步严格控制党政机关办公楼等楼堂馆所建设问题的通知》。通知要求，所有新建、扩建、迁建、购置、装修改造党政机关办公楼项目，必须严格履行审批程序。通知再次显示出我党加强领导干部作风建设的坚定决心。干部队伍作风的好坏，直接关系到党和国家事业的生死存亡。从这一点上讲，中央狠刹违规建设楼堂馆所的不良风气，是出于保持领导干部队伍先进性、维护党和国家长治久安的长远考虑。

同　日　国务院总理温家宝在人民大会堂与巴基斯坦总理阿齐兹举行会谈。双方同意共同努力将中巴战略合作伙伴关系提升到新的水平。温家宝祝贺巴基斯坦独立60周年，对勤劳、智慧的巴基斯坦人民在国家建设事业中取得的辉煌成就给予了高度评价。温家宝说，中巴是山水相连的好邻居，高度信任的好朋友，互利合作的好伙伴，患难与共的好兄弟。2005年两国签署了《中巴睦邻友好合作条约》，将中巴两国人民世代友好的愿望以法律的形式固定下来。2006年，胡锦涛主席和穆沙拉夫总统成功互访，两国元首共同规划了中巴战略合作伙伴关系的发展方向。这些都标志中巴关系进入新的发展阶段。温家宝指出，加强同巴传统友谊、深化同巴的全面合作是中国政府坚定不移的方针。中方愿与巴方共同努力，把中巴战略合作伙伴关系提升到新的水平。阿齐兹说，巴基斯坦人民对中国人民怀有友好情谊。巴基斯坦人民为巴中友谊感到自豪，为中国在各领域取得的成就感到高兴。巴中全天候关系经受了时间的考验，两国人民真诚友好，相互支持，双方在各层次的频繁互访推动了两国各领域合作不断拓展。阿齐兹表示，发展与中国的友好关系是巴基斯坦对外关系的重要组成部分，巴方愿不断密切与中方的互利合作，增进双方的友谊与信任，进一步推动两国关系深入发展。两国领导人就深化中巴各领域合作达成以下共识：一、积极落实《中巴自由贸易协定》和《中巴经贸合作五年发展规划》，加快自贸区服务贸易谈判，鼓励两国企业增加相互投资，调整贸易结构，推动两国经贸关系快速、平衡发展。二、扩大人文交流，进一步增进相互理解，巩固传统友谊。三、加强在非传统安全领域的合作，共同打击“东突”势力和跨国犯罪等。四、密切在多边事务中的沟通与配合，推进南亚地区的稳定与发展。

4月18日　国务院总理温家宝主持召开国务院常务会议，分析一季度经济运行情况，部署当前经济工作。会议认为，2007年以来，国民经济和社会发展总体形势是好的。经济保持平稳快速增长势头，农业生产形势平稳，结构调整取得新进展，经济效益继续提高，改革开放有序推进，就业和城乡居民收入明显增加，各项社会事业加快发展。会议指出，必须清醒地看到，当前经济运行中还存在一些突出矛盾和问题。主要是粮食增产和农民增收困难增多，节能减排任务繁重，货币信贷增长过快，固定资产投资存在反弹压力，贸易顺差继续增加。会议强调，做好下一步经济工作，必须认真落实中央经济工作会议和十届全国人大五次会议精神，坚持以科学发展观统领经济社会发展全局，保持宏观经济政策的连续性、稳定性。根据经济运行中出现的新情况新问题，及时采取以经济和法律手段为主的综合措施，加强宏观调控，加快经济结构调整和增长方式转变，防止经济由偏快转为过热，避免出现大的起落，努力实现国民经济又好又快发展。重点要做好以下工作：一、大力促进农业生产和农民增收。加大支农惠农政策落实力度，尽快将粮食生产直补、良种、农机具购置和农业生产资料综合补贴等财政资金落实到位、兑现到户。抓好春耕生产和夏粮后期田间管理。做好防汛抗旱准备工作。稳定农资特别是化肥价格。加强粮食市场调控，完善最低收购价政策，2007年价格水平不低于2006年。努力拓宽农民增收渠道。二、切实加大节能减排工作力度。要把遏制高耗能产品过快增长，作为当前以至全年宏观调控的重点。加快淘汰落后生产能力。尽快落实限制高耗能产品出口的各项政策。限期落实差别电价政策。多渠道加大对节能减排的投入。抓紧制定和完善科学、完整、统一的节能减排指标体系、监测体系和考核体系，严格实行问责制。三、继续加强固定资产投资调控。严把新上项目的市场准入标准，在节能、环保等方面制定和执行更加严格的条件，不符合标准的一律不得开工建设。认真执行禁止类、限制类项目用地的规定，抓紧完善和严格执行节约集约用地标准，进一步清理和查处违法违规用地行为。控制城市建设规模，深入清理和规范各类开发区。正确引导社会投资方向，优化投资结构。四、抓紧缓解流动性过剩矛盾。加强金融机构窗口指导和流动性管理，抑制货币信贷过快增长。加强对资本尤其是短期资本跨境流动的监管。改进外汇管理，拓展对外投资渠道。

促进资本市场健康发展。加强金融调控和监管，防范各种金融风险。五、有效抑制贸易顺差过快增长。清理不合理的出口优惠政策。严格对加工贸易的监管。积极扩大先进技术设备和关键零部件等产品进口。六、努力保持价格总水平基本稳定。合理把握价格改革的力度和节奏，充分考虑价格上涨和出台调整价格措施对低收入群众生活的影响。加强市场价格监测，保证市场供应。继续整顿价格秩序，规范教育、医药价格和收费。强化房地产市场监管，遏制房价过快上涨。七、认真解决关系民生的突出问题。围绕就业、社保、教育、卫生、住房等直接关系民生的问题，加大投入力度，加快改革步伐，加强政策落实工作。加大保障农产品、食品、药品安全工作力度。强化安全生产。加强公共安全的监督检查。努力维护社会和谐稳定。国家统计局数据显示，一季度中国经济同比增长11.1%，增速比2006年同期加快0.7个百分点。

同　日　中国铁路第六次大面积提速全面实施，中国铁路发展进入到一个新的历史阶段。零时，中国铁路盼望已久的高速时代终于变成了现实，无论是一次提速到时速200公里线路里程总量，还是最高速度值，中国都走在世界前列。

4月23日　中共中央政治局召开会议，研究加强青少年体育工作和网络文化建设工作。中共中央总书记胡锦涛主持会议。会议强调，广大青少年身心健康、体魄强健、意志坚强、充满活力，是一个民族旺盛生命力的体现，是社会文明进步的标志。体育对青少年的思想品德、智力发育、审美素养的形成都有不可替代的重要作用。要全面贯彻党的教育方针，高度重视青少年体育工作，使广大青少年在增长知识、培养品德的同时，锻炼和发展身体的各项素质和能力，成长为中国特色社会主义事业的合格建设者和接班人。会议强调，网络文化建设和管理，要坚持社会主义先进文化的前进方向，坚持正确的宣传导向，坚持把社会效益放在首位，坚持一手抓建设、一手抓管理。

同　日　中共中央政治局进行第四十一次集体学习，中共中央总书记胡锦涛主持。中共中央政治局这次集体学习安排的内容是我国农业标准化和食品安全问题研究。中国农业大学食品科学与营养工程学院罗云波教授、中国农业科学研究院质量标准与检测技术研究所叶志华研究员就这个问题进行了讲解，并谈了对实施农业标准化和保障食品安全的意见和建议。中共中央政治局各位同志认真听取了他们的讲解，并就有关问题进行了讨论。胡锦涛在主持学习时发表了讲话。他指出，解决好13亿人口的吃饭问题，促进农业增效、农民增收，必须加快实施农业标准化。实施农业标准化是建设现代农业的重要抓手，是增强我国农业市场竞争力的重要举措，是保障食品安全的基础条件。只有把农业产前、产中、产后全过程纳入标准化轨道，才能加快农业从粗放经营向集约经营转变，才能提高农业科技含量和经营水平，才能完善适应现代农业要求的管理体系和服务体系。食品安全关系广大人民群众身体健康和生命安全。实施农业标准化，实现从农田到餐桌全程质量控制，对保障食品安全至关重要。胡锦涛强调，没有农业标准化，就没有农业现代化，就没有食品安全保障。要坚持政府大力推动、市场有效引导、龙头企业带动、农民积极实施，以提高农产品质量和市场竞争力为重点，推进农产品清洁生产、节约生产、安全生产，加快推进农业标准化，全面加强食品安全工作。要进一步形成科学、统一、权威的农业标准化体系，努力使生产经营每个环节都有标准可依、有规范可循，提高我国农业标准的科学性、先进性、适用性。要进一步推广农业标准化生产，广泛普及农业标准化知识，积极推进农业标准化生产示范区建设，把推进农业标准化与发展农业产业化结合起来，加快发展无公害农产品、绿色食品、有机食品，促进优质农产品生产发展。要进一步净化农产品产地环境，加大农产品产地环境监测力度，加强农产品产地环境保护，发展循环农业、生态农业，促进农业可持续发展。要进一步严格农业投入品管理，健全农业投入品质量监测体系，普及农业投入品安全使用知识，引导农民合理施肥、科学用药。胡锦涛强调，保障食品安全，必须树立全程监管理念，坚持预防为主、源头治理的工作思路。要切实抓好食品安全专项整治，继续推进无公害食品行动计划、“三绿工程”、食品药品放心工程，提高整治成效。要切实加强食品安全制度建设，努力建立健全保障食品安全的长效机制，严格实施食品质量市场准入制度，全面落实食品质量市场检验检测制度。要切实加强食品安全法制建设，完善食品安全法律法规，严格执法监督，把食品安全法律法规落到实处。要切实完善食品安全监管体制和支撑体系，搞好食品监测基础设施建设，完善检验技术手段，加强食品安全宣传，完善食品安全信息发布机制，提高群众食品安全意识，形成全社会关心、理解、支持食品安全工作的良好氛围。胡锦涛强调，各级党委和政府要增强责任感，切实把实施农业标准化和保障食品安全作为一件大事，纳入经济社会发展总体规划，列入重要议事日程，加大对农业标准化和食品安全的投入，加强农业标准化技术推广队伍和食品安全监管队伍建设。各级领导干部要努力学习农业标准化和食品安全知识，加强调查研究，及时研究解决实践中出现的新情况新问题，不断开创农业标准化和食品安全工作新局面，造福广大人民群众。

4月24日　新华社发布《中华人民共和国政府信息公开条例》。该条例共5章38条，分总则、公开的范围、公开的方式和程序、监督和保障、附则。制定这一条例旨在保障公民、法人和其他组织依法获取政府信息，提高政府工作的透明度，促进依法行政，充分发挥政府信息对人民群众生产、生活和经济社会活动的服务作用。这一条例自2008年5月1日起施行。

同　日　十届全国人大常委会第二十七次会议在人民大会堂举行。继续审议劳动合同法草案，首次审议城乡规划法草案、动物防疫法修订草案。会议通过了关于国务院总理提请任免外交部、科技部、国土资源部和水利部部长的名单。会议表决通过了十一届全国人大代表名额分配方案、十一届全国人大少数民族代表名额分配方案、台湾省出席十一届全国人大代表协商选举方案；表决通过了全国人大常委会关于批准中国和纳米比亚引渡条约的决定、关于批准中国和安哥拉引渡条约的决定；表决通过了全国人大常委会代表资格审查委员会关于个别代表的代表资格的报告。

同　日　国家发展和改革委员会规划司公布的一份报告提出了

“十一五”中国金融改革的总体目标。这份由中国金融发展战略总体研究课题组撰写的金融发展战略总体研究报告，提出了金融改革的五个总体目标：一、健全金融调控机制，提高宏观调控水平，充分发挥金融在宏观调控中的重要作用；二、深化金融企业改革，建立资本充足、内控严密、运营安全、服务与效益良好的现代金融企业制度；三、加快金融市场的发展，努力提高各类直接融资比重，优化金融结构；四、进一步完善金融监管体制，努力提高金融监管水平，建立防范和化解系统性金融风险的长效机制，维护金融稳定和金融安全；五、加快支付清算、征信等金融服务体系建设，为金融业发展夯实基础。

4月25日　国务院总理温家宝主持召开国务院常务会议。会议研究部署加强节能减排工作，听取2007年上海世界特殊奥运会筹备工作汇报。会议认为，实现“十一五”规划提出的节能降耗和污染减排目标，是贯彻落实科学发展观、构建社会主义和谐社会的重大举措，是建设资源节约型、环境友好型社会的必然选择，对于调整经济结构、转变增长方式、提高人民生活质量、维护中华民族长远利益，具有极其重要而深远的意义。会议指出，实现节能减排目标面临的形势十分严峻，一些高耗能、高污染产业过快增长，各方面工作仍存在认识不到位、责任不明确、措施不配套、政策不完善、投入不落实、协调不得力等问题。各地区各部门必须充分认识节能减排的重要性和紧迫性，把这项工作作为宏观调控的重点，作为结构调整的突破口和重要抓手，切实抓紧抓好，使经济增长建立在节能减排的基础之上。要发挥政府的主导作用，充分认识节能减排约束型指标是强化政府责任的指标，实现这个目标是政府对人民的庄严承诺，切实增强责任感。要强化企业作为节能减排的主体责任，严格遵守节能环保法律法规和标准，落实目标责任。要采取果断措施，动员全社会的力量，迎难而上，扎扎实实地开展工作，通过不懈的努力，力争实现节能减排进度与“十一五”规划实施进度保持同步，为实现“十一五”节能减排目标打下坚实基础。会议同意国家发展改革委会同有关部门制定的《节能减排综合性工作方案》，决定成立国务院节能减排工作领导小组，由温家宝总理任组长，曾培炎副总理任副组长。国务院将于近日召开全国电视电话会议进行部署。

4月27日　全国节能减排工作电视电话会议举行。会议指出，要把节能减排作为当前宏观调控重点，作为调整经济结构、转变增长方式的突破口和重要抓手，坚决遏制高耗能、高污染产业过快增长，切实保证节能减排、保障民生等工作所需资金投入。

4月28日—29日　第三届两岸经贸文化论坛在北京举行。开幕式前，中共中央总书记胡锦涛会见率团前来出席论坛的中国国民党荣誉主席连战，随后与连战共同会见参加两岸经贸文化论坛的全体代表。中共中央台办常务副主任郑立中在闭幕式上宣读了本届论坛6点共同建议。教育部、公安部、人事部、国家旅游局等负责人分别在闭幕式上发言，一共宣布了13项进一步促进两岸交流交往与合作的政策措施。本届论坛由中共中央台办海研中心与中国国民党国政基金会共同主办。

4月29日　国务院总理温家宝签署第四九五号国务院令，公布《行政机关公务员处分条例》。《行政机关公务员处分条例》规定，行政机关公务员有包养情人的行为，将被给予撤职或者开除处分。这部将于2007年6月1日起施行的条例还规定，行政机关公务员吸食、注射毒品或者组织、支持、参与卖淫、嫖娼、色情淫乱活动的，给予撤职或者开除处分。条例同时明确，行政机关公务员有拒不承担赡养、抚养、扶养义务的行为，有虐待、遗弃家庭成员的行为，或有严重违反社会公德的行为，将被给予警告、记过或者记大过处分；情节较重的，给予降级或撤职处分；情节严重的，给予开除处分。

5月3日　中国石油天然气集团公司宣布：在渤海湾滩海地区发现储量规模10亿吨的冀东南堡油田。这是40多年来我国石油勘探又一个激动人心的发现。新发现的冀东南堡油田位于河北省唐山市境内（曹妃甸港区），地质上为渤海湾盆地黄骅坳陷北部的南堡凹陷，属中石油冀东油田公司勘探开发范围。

5月7日　中共中央、国务院发出《关于加强青少年体育增强青少年体质的意见》。

5月10日　周生贤提出治理松花江水体的措施。国家环保总局局长周生贤在长春举行的松花江流域水污染防治工作会议上提出，要让松花江休养生息，并宣布，“十一五”期间，将停批所有向松花江水体排放重金属和难降解有机污染物的项目。周生贤强调，让松花江休养生息，当前和今后一段时期要重点落实好提高环境准入“门槛”，严控污染排放与污染增量等6项政策措施。

5月11日　国务院办公厅印发《国家食品药品安全“十一五”规划》。这是我国在食品药品安全领域编制发布的第一个国家专项规划，也是对食品药品安全领域5年发展的战略部署。

5月12日—20日　中华人民共和国第七届残疾人运动会在云南昆明市和玉溪市举行。第七届全国残运会共设20个竞赛项目，是我国历史上规模最大、人数最多、影响最广的一届残运会。

5月13日　中共中央办公厅、国务院办公厅印发《关于进一步加强西部地区人才队伍建设的意见》。《意见》指出，大力加强西部地区人才队伍建设，是人才强国战略的重要组成部分，是党中央、国务院为保证西部大开发顺利实施而采取的一项重要举措。

同　日　国务院发出《关于建立健全普通本科高校高等职业学校和中等职业学校家庭经济困难学生资助政策体系的意见》。

5月14日　24时01分，在西昌卫星发射中心，中国“长征三号乙”运载火箭成功将尼日利亚通信卫星一号送上太空。这是中国首次以火箭、卫星以及发射支持的整体方式为国际用户提供商业卫星服务，也是首次为非洲国家发射卫星。

同　日　第三十六届世界期刊大会开幕。由新闻出版总署、北京市人民政府、国际期刊联盟主办的第三十六届世界期刊大会在北京开幕，国务委员陈至立出席开幕式并致辞。本届世界期刊大会是中国期刊界首次举办的大规模国际盛会，大会的主题是“杂志丰富你的世界”。在2天的会议期间，来自全球45个国家和地区的1 000多位期刊出版业代表围绕“传统期刊出版的数字化发展战略”等热点问题展开研讨。

5月16日　2007年非洲开发银行集团理事会年会在中国上海国际

会议中心开幕，国务院总理温家宝出席开幕式并致辞。本届非行年会的主题是“非洲与亚洲：发展伙伴”，主要讨论非洲基础设施建设、地区一体化以及消除贫困等问题。这是非行首次选择在中国举行年会，也是非行第二次在非洲以外的地方举行年会。本届非行年会的会期为2天。

5月17日　中国国家主席胡锦涛在人民大会堂同越南国家主席阮明哲举行会谈。双方一致同意，继续遵循“长期稳定、面向未来、睦邻友好、全面合作”的方针，推动中越关系向新的广度和深度迈进。会谈后，胡锦涛主席和阮明哲主席一起出席了两国经济、文化、运输和人力资源培训等领域合作文件的签字仪式。

5月18日　中国人民银行宣布，从2007年6月5日起，上调存款类金融机构人民币存款准备金率0.5个百分点。从2007年5月19日起，上调金融机构人民币存贷款基准利率。这是近10年来中国首次同时宣布上调存款准备金率和存贷款基准利率。

5月23日　国务院总理温家宝主持召开国务院常务会议。会议研究部署在全国建立农村最低生活保障制度工作，审议并原则通过《中华人民共和国行政复议法实施条例（草案）》。根据十届人大五次会议通过的《政府工作报告》的要求，会议决定，2007年在全国建立农村最低生活保障制度，将符合条件的农村贫困人口纳入保障范围，重点保障病残、年老体弱、丧失劳动能力等生活常年困难的农村居民。建立农村最低生活保障制度以地方人民政府为主，实行属地管理，中央财政对财政困难地区给予适当补助。会议指出，改革开放以来，随着经济持续快速发展和三农工作的加强，我国扶贫开发和社会救助力度也不断加强。近几年，部分地区从实际出发，进行了建立农村最低生活保障制度的探索，取得了一些经验。目前，在全国农村普遍建立最低保障制度，条件基本具备。做好这项工作，对于稳定地解决农村贫困人口温饱问题，逐步缩小城乡差距，维护社会公平，促进社会主义和谐社会建设，具有重要意义。各地区、各有关部门要切实加强领导，周密部署，扎实细致地做好工作：（一）合理确定保障标准和范围。我国地域广阔，发展很不平衡，保障标准和范围都要从实际出发，与各地经济社会发展水平、财力状况和当地生活水平相适应。（二）加强制度建设。坚持公开、公平、公正的原则，规范申请、审核和审批程序，实行民主评议、社会公示、动态管理，做到制度完善、程序明确、操作规范；加强保障资金的管理和监督，确保资金安全。（三）做好农村最低生活保障制度与其他农村社会保障政策和补助措施的衔接工作，保持农村各项救助、优抚制度的基本稳定。（四）继续加强扶贫开发，改善贫困地区的生产和生活条件。积极推进农村劳动力培训和转移就业工作，扶持有劳动能力的贫困人口自强自立、发展生产，加快脱贫致富。会议认为，行政复议是县级以上各级人民政府及其部门依法解决行政争议、化解社会矛盾、加强层级监督的一项重要法律制度。为充分体现建设法治政府、服务政府、责任政府的要求，提高行政复议质量和效率，有必要把《中华人民共和国行政复议法》规定的各项制度具体化，进一步增强行政复议制度的可操作性。《中华人民共和国行政复议法实施条例（草案）》在总结近年来行政复议实践经验的基础上，对行政复议申请制度、受理程序、审理方式、决定的权限和程序、指导监督及法律责任等作了具体规定。会议决定，该条例草案经进一步修改后，由国务院公布施行。

5月24日　新华社受权全文播发《中共中央国务院关于加强青少年体育增强青少年体质的意见》。意见提出，通过5年左右的时间，使我国青少年普遍达到国家体质健康的基本要求，耐力、力量、速度等体能素质明显提高，营养不良、肥胖和近视的发生率明显下降。

5月25日　由全国妇联等13部门联合开展的“共享蓝天”全国关爱农村留守流动儿童大行动在京启动。全国人大常委会副委员长、全国妇联主席顾秀莲强调，当前推动解决农村留守流动儿童问题，必须重点做好以下三方面工作：一是在完善法律政策、保障农村留守流动儿童权益上下工夫；二是在强化政府主导，源头解决问题上下工夫；三是要在扩大宣传倡导，动员社会关爱上下工夫。据了解，目前我国农村留守儿童已达2 000多万。

同　日　世界动物卫生组织（OIE）第七十五届国际大会以压倒

多数通过决议，恢复中华人民共和国在OIE的合法权益。决议重申一个中国原则，指出中华人民共和国作为主权国家成员加入OIE，中国台湾作为非主权地区成员参加OIE活动。

5月30日　国务院总理温家宝主持召开国务院常务会议，研究部署试行国有资本经营预算工作。根据党的十六大和十六届三中全会的要求，财政部、国资委研究提出了试行国有资本经营预算的具体意见。实行国有资本经营预算，是国家以所有者身份取得企业国有资本收益，用于支持实施产业发展规划、国有经济布局和结构调整、企业技术进步，补偿国有企业改革成本以及补充社会保障。会议同意财政部、国资委提出的意见，决定从2007年开始在中央本级试行国有资本经营预算，地方试行的时间、范围和步骤由各省（区、市）及计划单列市人民政府决定。会议强调，建立和实施国有资本经营预算制度，统筹用好国有资本收益，是完善社会主义市场经济体制的一项重要举措，对于深化国有企业收入分配制度改革、增强政府宏观调控能力、合理配置国有资本、促进企业技术进步、提高企业核心竞争力，都具有重要意义。试行国有资本经营预算，要坚持以下原则：一是统筹兼顾、适度集中。统筹兼顾企业自身积累、发展和国有经济结构调整及国民经济宏观调控的需要，合理确定国有资本收益分配比例。二是相对独立、相互衔接。国有资本经营预算与政府公共预算分别编制，既保持国有资本经营预算的完整性和相对独立性，又要与政府公共预算相互衔接。三是分级编制、逐步实施。按照国有资产分级管理体制，国有资本经营预算分级编制，并根据条件逐步实施。

同　日　国务院总理温家宝主持召开国务院常务会议，审议并决定颁布《中国应对气候变化国家方案》。根据《联合国气候变化框架公约》的规定，以及中国国情和落实科学发展观的内在要求，按照国务院部署，国家发展改革委组织有关部门和几十名专家，历时两年，编制了《中国应对气候变化国家方案》。《国家方案》回顾了我国气候变化的状况和应对气候变化的不懈努力，分析了气候变化对我国的影响与挑战，提出了应对气候变化的指导思想、原则、目标以及相关政策和措施，阐明了我国对气候变化若干问题的基本立场及国际合作需求。我国的《国家方案》是发展中国家颁布的第1部应对气候变化国家方案。会议认为，全球气候变暖已是不争的事实，并对自然生态系统和人类生存环境产生了严重影响。气候变化对我国生态系统、农业、林业、水资源，以及经济社会发展和人民生活产生的影响日益明显。我国高度重视应对气候变化问题，采取一系列政策措施，推进结构调整，转变增长方式，节约能源、发展可再生能源，实施生态建设工程，控制人口增长等，为减缓全球气候变化做出了贡献。会议指出，应对气候变化，事关我国经济社会发展全局和人民群众的切身利益，事关国家的根本利益。各地区、各部门要充分认识应对气候变化的重要性和紧迫性。要坚持以科学发展观为指导，统筹经济发展与生态建设、国际与国内、当前与长远，把应对气候变化与实施可持续发展战略，加快建设资源节约型社会、环境友好型社会和创新型国家结合起来，纳入国民经济和社会发展总体规划和地区规划，努力控制温室气体排放，不断提高适应气候变化的能力，促进我们经济发展与人口、资源、环境相协调，为改善全球气候做出贡献。会议强调，应对气候变化要坚持五个原则，一是坚持在可持续发展框架下应对气候变化，二是坚持“共同但有区别的责任”，三是坚持减缓与适应并重，四是坚持综合治理，五是坚持广泛合作。气候变化无国界。应对全球气候变化是国际社会共同面临的重大挑战，要依靠世界各国共同努力。会议要求，要加强应对气候变化的领导，各地区、各部门要认真贯彻落实《中国应对气候变化国家方案》中各项政策措施。不断增强应对气候变化的能力，加强应对气候变化的宣传，提高全社会保护环境意识。充分发挥科技进步和科技创新的基础和支撑作用。完善政策，健全体制与机制，努力形成应对气球变化的合力。6月3日国务院印发《中国应对气候变化国家方案》。

5月31日　党中央、国务院批准设立国家预防腐败局。

6月2日　黄菊逝世。中国共产党中央委员会、中华人民共和国全国人民代表大会常务委员会、中华人民共和国国务院、中国人民政治协商会议全国委员会沉痛宣告：中国共产党的优秀党员，久经考验的忠诚的共产主义战士，党和国家的卓越领导人，中共中央政治局常委、国务院副总理黄菊同志，因病医治无效，于2007年6月2日2时3分在北京逝世，享年69岁。6月5日，黄菊同志的遗体在北京八宝山革命公墓火化。胡锦涛、江泽民、吴邦国、温家宝、贾庆林、曾庆红、吴官正、李长春、罗干等到八宝山革命公墓送别。

6月3日　太湖蓝藻暴发引起的无锡市饮用水危机得到缓解。截至下午，无锡市出厂自来水的水质基本合格，蓝藻污染导致的臭味基本清除。市民除饮用和做饭仍依赖纯净水外，其他生活用水已经正常。据介绍，2007年4月以来，太湖流域高温少雨，太湖水位正常偏低，梅梁湖等湖湾出现大规模蓝藻现象，无锡市太湖饮用水水源地受到严重威胁。

同　日　5时34分，云南省普洱市宁洱哈尼族彝族自治县发生6.4级强烈地震。截至6月5日，地震已造成3人死亡，300多人受伤，普洱市受灾人数达100多万。地震发生后，党中央、国务院十分关注。胡锦涛、温家宝和回良玉等中央领导同志作出重要指示，要求云南省委、省政府一定要以对人民极端负责的精神，切实做好抗震救灾工作。根据中央领导同志的指示精神，由民政部负责同志带队，有关部门组成的国务院工作组已于当日下午抵达灾区，核查灾情，慰问灾区群众，协助当地开展抗震救灾工作。

6月5日　中共中央、国务院、中央军委印发《关于进一步做好军队转业干部安置工作的意见》。

6月6日　纪念中华人民共和国香港特别行政区基本法实施10周年座谈会举行。吴邦国在讲话中指出，准确把握基本法的精神实质，最重要的是维护国家主权、实行高度自治、保障繁荣稳定。

6月6日—9日　我国南方部分地区降雨强度大，洞庭湖水系湘江上游等发生较大洪水；沅江上游、西江上游部分支流发生洪水。江南南部、华南、西南地区东部降下大到暴雨，其中贵州西部和南部、湖南南部、广西北部、广东中北部、江西南部、福建南部的部分地区降下大暴雨。持续强降雨导致山洪暴发、河水猛涨，部分地区引发严重的洪涝、山体滑坡和泥石流灾害，造成福建、江西、湖南、广东、广西、贵州6个省（区）不同程度受灾。

6月6日—10日　胡锦涛出席在德国海利根达姆举行的8国集团同发展中国家领导人对话会议，并对瑞典进行国事访问。胡锦涛在会议上发表讲话时指出，气候变化归根到底是发展问题，国际社会要坚持共同但有区别的责任原则，帮助更多国家走上既能保护生态环境又能实现发展目标的清洁发展之路。

6月7日　国务院总理温家宝主持召开国务院常务会议，审议并原则通过《可再生能源中长期发展规划》。会议指出，开发利用可再生能源，对于保障能源安全、保护生态环境、实现可持续发展具有重要意义。要把发展可再生能源作为一项重大战略举措，切实抓紧抓好。当前和今后一个时期，要加快水电、太阳能、风能、生物质发电、沼气的开发利用。总体目标是，提高可再生能源在能源结构中的比重，解决偏远地区无电人口供电问题，改善农村生产、生活条件，推行有机废弃物的能源化利用，推进可再生能源技术的产业化发展。会议要求，开发利用可再生能源，要与推进节能降耗、应对全球气候变化相结合，坚持以下原则：一要根据可再生能源发展的目标要求，抓紧制定和完善相关配套政策；二要采取有效措施，培育持续稳定的可再生能源市场；三要加大财政投入，实施税收优惠政策，重点支持可再生能源科学技术研究、应用示范和产业化发展；四要科学规划，因地制宜，合理布局，有序开发，不得占用耕地，不得大量消耗粮食，不得破坏生态环境。

6月8日　国务院总理温家宝在人民大会堂与巴巴多斯总理阿瑟举行会谈，双方就进一步加强两国友好合作达成广泛共识。温家宝说，中巴建交30年来，两国关系稳步推进，双方在政治、经济、文化、教育等领域的合作取得了丰硕成果，在国际和多边事务中进行了良好合作。温家宝指出，国家不论大小，都是国际社会平等一员。中国政府愿在和平共处五项原则基础上，继续深化中巴互利合作。中方建议：一、密切相互交往，增强政治互信，巩固两国关系的政治基础。二、挖掘潜力，创新合作方式，拓展在贸易、金融、农业、旅游等方面的合作。中方将继续向巴方提供力所能及的援助，鼓励更多的中国企业赴巴投资兴业。三、扩大在人文领域的交流，增进两国人民之间的相互了解和友谊。四、加强在南南合作和南北对话的框架下的协作，维护发展中国家的共同利益。温家宝对巴方长期奉行一个中国政策，支持中国统一大业的立场表示赞赏。阿瑟高度评价巴中关系。他说，巴中建交30年来，双方友好、务实合作关系不断深化。巴支持中国和平统一大业，感谢中方把巴列为旅游目的地国家，这为双方互利合作开创了新渠道。中国持续强劲的发展有利于世界和平与稳定，为巴以及加勒比地区与中方的合作带来了更多机遇。巴愿与中方共同努力，相互支持，为确保世界和平与正义发挥积极作用。会谈后，温家宝和阿瑟出席了《中国政府帮助巴巴多斯政府进行巴国家体育场维修扩建可行性考察项目的换文》签字仪式。

同　日　中华人民共和国主席胡锦涛在德国海利根达姆出席了8国集团同发展中国家领导人对话会议，并发表重要讲话。胡锦涛就加强国际发展领域合作提出四点建议。第一，共同努力，促进世界经济均衡稳定发展。世界经济失衡，国际金融市场不稳定因素增多，增加了世界经济的风险。国际社会应该共担责任，通过扩大国内需求、削减财政赤字、加快结构调整、深化体制改革等举措，主动促进对世界经济失衡的有序调整；应该加强对国际金融市场特别是短期资本活动的监管，维护主要储备货币汇率稳定；应该支持多边贸易体制，反对贸易保护主义，推动多哈回合谈判早日取得全面、均衡的结果，达成发展回合的目标。第二，加强合作，实现互利共赢。共享经济发展成果，是实现世界经济持续发展的必然要求。国际社会应该深化经济技术合作，充分发挥各国比较优势，努力拓展发展空间，促进共同发展；应该增强紧迫感，抓紧落实千年发展目标，缩小南北差距，尤其是满足非洲发展的特殊需要。发展中国家应该根据自己的国情制定发展战略和政策，努力发展经济。发达国家应该进一步向发展中国家增加援助、减免债务、开放市场、转让技术。第三，统筹兼顾，推动可持续发展。可持续发展要求经济增长、社会发展、环境保护相协调。国际社会应该落实可持续发展世界首脑会议等达成的共识，推动绿色增长，发展循环经济，建设资源节约型、环境友好型社会。第四，民主协商，妥善解决分歧和矛盾。发展没有统一的模式。国际社会应该尊重各国自主选择社会制度和发展道路的权利，着力帮助发展中国家增强自我发展能力。国际经济体系改革应该充分反映世界经济格局的变化，增加发展中国家的发言权和代表性。总之，经济全球化使各国相互依存、利益交织，建立平等、互利、共赢的新型全球发展伙伴关系应该成为我们的共同选择。

6月10日　国家主席胡锦涛在斯德哥尔摩出席瑞中贸易委员会举行的欢迎晚宴并发表重要讲话。胡锦涛指出，中国将坚持互利共赢的开放战略，长期坚持对外开放的基本国策，不断扩大同各国各地区的经贸合作，促进共同发展繁荣。胡锦涛指出，半个多世纪以来，在双方共同努力下，中瑞关系不断发展、日臻成熟，正处于最好的发展时期。不断扩大的经贸合作，是中瑞关系发展的一大亮点。中国已连续4年成为瑞典在亚洲的最大贸易伙伴。这些成绩的取得，是同在座各位企业家和两国工商界的辛勤努力分不开的。胡锦涛强调，走和平发展道路，符合中华文化几千年发展形成的民族精神，符合当代中国人民热爱和平、珍惜和平的崇高追求，符合时代发展潮流和人类社会前进的方向。走和平发展道路，是中国实现现代化目标的必然要求。中国最需要和平的国际环境。我们希望，既通过维护世界和平发展自己，又通过自身的发展促进世界和平。胡锦涛说，热爱和平，关注发展，促进合作，积极参与国际事务，积极援助发展中国家，是北欧国家的共同特点。中国重视北欧国家在国际事务中所发挥的积极作用，愿同北欧国家一道维护世界和平、促进共同发展。胡锦涛指出，加强中国同北欧国家的互利合作，实现优势互补，前景广阔。希望北欧国家的工商企业家抓住机遇，积极开拓中国市场。胡锦涛就中国同北欧国家的互利合作提出以下建议：扩大贸易规模，优化贸易结构，完善贸易合作和对话机制，营造更加便利、高效的贸易环境，提高合作水平；深化新能源和环境保护合作，特别是在建筑节能、混合能源、清洁能源开发等方面加强合作；鼓励双方中小企业加强技术合作，积极为中小企业搭建合作平台；利用北京奥运会和上海世博会的机会，拓展合作领域，特别是在场馆建设、设施利用、运筹管理等方面加强合作。瑞中贸易委员会主席鲍兰鼎、瑞典工商界代表、瑞典企业联合会主席泰斯库和瑞典教育和文化大臣莱永堡在晚宴上分别讲话、致辞，积极评价中瑞两国在包括经贸在内的各领域合作，表达了深化互利合作的愿望，祝贺胡锦涛主席访问取得成功。国务委员唐家璇出席晚宴。

6月11日　国家环保总局发布《2006年国家城市环境管理和综合整治年度报告》。《报告》公布2006年度全国城市环境综合整治定量考核最新结果。根据年度报告，目前全国城市的环境问题仍然相当突出。主要表现在三个方面：一是全国城市的空气污染问题突出；二是全国城市环境基础设施建设问题突出；三是一些城市工业污染控制水平低，重点工业企业主要污染物排放达标率不足20%，工业污染控制任务十分艰巨。

同　日　国务院太湖水污染防治座谈会在江苏省无锡市召开。中共中央政治局常委、国务院总理温家宝作出重要批示：太湖水污染治理工作开展多年，但未能从根本解决问题。太湖水污染事件给我们敲响了警钟，必须引起高度重视。要认真调查分析水污染的原因，在已有工作的基础上，加大综合治理的力度，研究提出具体的治理方案和措施。中共中央政治局委员、国务院副总理曾培炎出席太湖水污染防治座谈会并讲话。他指出，太湖水环境关系太湖流域和长江三角洲地区经济社会发展全局，关系人民群众切身利益。沿湖各地政府要本着对人民群众高度负责的精神，全面贯彻落实科学发展观，按照构建社会主义和谐社会的要求，正确处理经济发展与环境保护的关系，把环境保护放在现代化建设的重要位置，远近结合、标本兼治，进一步加强应急处置和事故防范工作，切实防止太湖流域水源地受到污染，确保城乡居民饮水用水安全，实行更高水平更加严格的环境保护标准，坚持不懈地推进全面、系统、科学的污染治理，努力从根本上解决太湖污染问题。曾培炎说，太湖流域水污染防治是国家环保工作的重点，对全国环境保护具有重要的示范作用。多年来，经过各方面的共同努力，太湖治污工作取得了一定成效。但太湖严重污染的状况还没有从根本上改变，特别是富营养化问题十分突出。要充分认识治理太湖污染的重要性和紧迫性，充分认识防污治污工作的艰巨性和复杂性，痛下决心，加大力度，打一场太湖治污的攻坚战。

6月12日　国家统计局发布的最新统计数据。数据显示，2007年5月全国居民消费价格总水平（CPI）同比上涨3.4%。从月环比看，居民消费价格总水平比上月上涨0.3%。这是全国居民消费价格连续3个月同比上涨达到3%以上。2007年1月—5月份累计，全国居民消费价格总水平同比上涨2.9%。

6月13日　国务院总理温家宝主持召开国务院常务会议。会议研究当前经济工作中的突出问题，讨论并原则通过《中华人民共和国律师法(修订草案)》。会议认为，2007年以来，经济继续保持平稳快速发展，农业生产基本稳定，工业结构有所改善，财政收入持续大幅增长，市场销售更加旺盛，改革开放有序推进，城乡居民收入明显增加，就业人员增多，社会事业加快发展。实践证明，中央实行的方针政策和一系列调控措施是正确的、有效的。会议指出，当前经济运行中存在的突出问题主要是，工业增长偏快，外贸顺差过大，投资增速继续在高位运行，流动性过剩问题依然突出，价格上涨压力加大，节能减排形势严峻。对这些问题必须高度重视，继续加强和改善宏观调控，有效防止经济增长由偏快转向过热。会议强调，要认真贯彻中央经济工作会议和十届全国人大五次会议的部署，全面落实科学发展观和中央确定的方针政策。稳定、完善和落实宏观调控的各项政策措施，坚持实施稳健的财政政策和货币政策，财政政策要加大对结构调整的支持力度，货币政策要稳中适度从紧，促进经济平稳较快发展，为党的十七大召开创造良好的环境和条件。会议要求，当前要着力抓好以下重点工作：（一）促进农业生产稳定发展。认真落实各项支农惠农政策，特别要抓紧落实小麦最低收购价政策和农资综合补贴政策，及早启动早稻最低收购价预案。做好夏收、夏种工作。完善扶持生猪稳定生产的措施和机制，加强奶业发展的宏观指导和调控。（二）防止固定资产投资反弹。控制新开工项目，严格执行市场准入标准，切实控制对高耗能高污染行业建设项目的供地和贷款，严肃查处各种违法违规用地行为。（三）控制对外贸易顺差过快增长。实施调整部分产品的出口退税和出口关税政策，完善扩大进口的支持政策，积极增加进口。（四）努力缓解流动性过剩矛盾。综合运用金融、财税等手段，引导和调控资金流动。拓宽外汇使用和资本流出渠道。发展多层次资本市场体系。(五）保持价格总水平基本稳定。积极搞好食品市场供应，加强食品质量和市场价格监管，严厉打击哄抬物价等扰乱市场秩序的行为。调整住房供应结构，加快廉租住房制度建设，搞好房地产市场调控，遏制房价过快上涨。（六）加大节能减排工作力度。抓紧建立和完善科学、完整、统一的节能减排统计指标体系、监测体系和考核体系，严格落实节能减排责任制和问责制，发挥科技在节能减排中的重要作用，推进重点节能工程、重点企业节能技术改造，积极运用价格手段和财税、金融政策加快淘汰落后产能，促进节能减排。(七）搞好防汛救灾工作。目前全国陆续进入主汛期，要立足于防大灾、抗大灾，做好充分准备，确保安全渡汛。（八）重视做好涉及人民群众切身利益的工作。继续解决就业、教育、医疗、社保、住房、农村土地征用、城镇房屋拆迁等方面的问题。建立和完善治理乱收费、乱罚款问题的制度并严格执行。强化安全生产。加大食品药品、饮用水等安全保障力度。会议认为，修订《中华人民共和国律师法》，进一步完善律师执业许可制度，规范律师执业机构组织形式，明确律师的权利、义务和法律责任，对于更好地发挥律师在建设社会主义法治国家中的作用，维护司法公正和社会正义具有重要意义。会议决定，《中华人民共和国律师法（修订草案)》经进一步修改后，由国务院提请全国人大常委会审议。

6月15日　中国保监会公布《机动车交通事故责任强制保险费率浮动暂行办法（草案)》并向社会各界征求意见。征求意见截止时间为6月25日。根据草案规定，从2007年7月1日开始，交强险费率将与每位车主的交通事故和交通违章记录挂钩，实行上、下最高30%的浮动。

6月16日　中共中央政治局召开会议，研究加强公共文化服务体系建设。中共中央总书记胡锦涛主持会议。会议指出，加强公共文化服务体系建设，坚持社会主义先进文化的前进方向，坚持以政府为主导、鼓励社会力量积极参与，坚持城乡、区域文化协调发展，坚持把建设的重心放在基层和农村，统筹规划、加大投入、因地制宜、分步实施，着力改善农村和中西部地区公共文化服务网络，着力提高公共文化产品供给能力，着力解决人民群众最关心、最直接、最现实的基本文化权益问题，推动文化建设与经济建设、政治建设、社会建设协调发展。加强公共文化服务体系建设的目标任务是，按照结构合理、发展平衡、网络健全、运行有效、惠及全民的原则，以政府为主导、以公益性文化单位为骨干、鼓励全社会积极参与，努力建设公共文化产品生产供给、设施网络、资金人才技术保障、组织支撑和运行评估为基本框架的覆盖全社会的公共文化服务体系，切实保障人民群众看电视、听广播、读书看报、进行公共文化鉴赏、参加大众文化活动等基本文化权益。会议强调，当前，要大力加强重大公益性文化工程建设，认真组织实施广播电视村村通、全国文化信息资源共享、乡镇综合文化站和基层文化阵地建设、农村电影放映、农家书屋建设等公共文化服务工程。要建立健全公共文化设施网络，充分发挥现有文化设施作用，积极开展公益性文化活动，加大产业支撑和市场供给，增强公共文化产品的生产供给能力。要推进文化事业单位改革，创新文化服务方式，创新公共文化服务技术，创新公共文化服务运行机制。会议要求，各级党委和政府要深刻认识公共文化服务体系建设的重要意义，把公共文化服务体系建设放在全局工作的重要位置，切实加强领导，建立健全工作机制，加大投入力度，完善投入机制，加强队伍建设，立足当前，着眼长远，有重点分阶段地把公共文化服务体系建设抓紧抓好。

6月20日　国务院总理温家宝主持召开国务院常务会议。会议听取了劳动保障部、公安部、全国总工会联合调查组关于山西“黑砖窑”事件调查处理初步情况的汇报，研究退耕还林的有关工作。会议指出，山西“黑砖窑”不仅存在严重非法用工问题，而且存在黑恶势力拐骗、限制人身自由、强制劳动、雇佣童工、故意伤害甚至致人死命等严重违法犯罪行为。要彻底查清、严肃处理这一事件，严厉打击违法犯罪行为和黑恶势力，解救全部受害人员、严惩违法犯罪分子，坚决维护人民群众特别是未成年人和智障人员的合法权益，维护社会公平正义。会议要求，山西省政府要高度重视，加强领导，进一步做好山西“黑砖窑”事件查处和善后工作。公安部、劳动保障部、民政部等有关部门要加强协调和指导。要全力做好受害人的解救工作，依法惩处犯罪分子，严肃查处有关工作人员的腐败和失职渎职问题。会议决定，近期要在全国范围内以乡、村的小砖窑、小煤窑、小作坊等为重点，开展一次劳动用工大检查，重点是依法打击雇佣童工、强迫劳动、恶意伤害等违法犯罪行为。同时，进一步完善劳动用工制度，加强用工管理，规范用工行为。会议认为，各级人民政府和国务院各部门要从山西“黑砖窑”事件中吸取教训，以对人民高度负责的态度，认真履行政府职责，切实加强工作的薄弱环节，健全制度，依法行政和依法监督。当前要特别重视解决涉及群众利益的问题，加强就业和社会保障工作，搞好扶贫开发，完善城乡社会救助体系，确保困难群众的基本生活，让群众安居乐业。会议指出，实行退耕还林，是党中央、国务院为改善生态环境作出的重大决策。1999年退耕还林工程实施以来，在恢复林草植被、改善生态环境方面取得了明显成效。同时，退耕还林补助直接增加了农民收入，退耕农户生活得到改善。为了解决退耕农户的生活困难和长远生计，进一步巩固退耕还林成果，会议决定，延长退耕还林政策补助期，即现行补助期满后，中央财政在一定时期内继续对退耕农户给予适当补助，要抓紧制定延长期退耕还林补助资金的使用管理办法。

同　日　中国证监会公布《合格境内机构投资者境外证券投资管理试行办法》和相关通知。这意味着基金管理公司、证券公司等为境内居民提供境外理财服务的业务即将展开。办法对QDII准入条件、产品设计、资金募集、境外投资顾问、资产托管、投资运作、信息披露等方面进行了原则性规定，相关通知则对办法有关内容及其实施做出了详尽的规定。办法和相关通知将于7月5日实施。

6月22日　国务院总理温家宝在中南海紫光阁分别会见了伊拉克总统塔拉巴尼和第六十一届联合国大会主席哈亚·拉希德·阿勒哈利法女士。在会见塔拉巴尼时，温家宝表示，中国政府高度重视发展中伊关系，愿与伊方共同努力，在相互尊重和平等互利的基础上，推动两国在各领域的友好合作不断发展。

6月24日—29日　十届全国人大常委会第二十八次会议在人民大会堂举行。会议通过了劳动合同法和全国人大常委会关于修改个人所得税法的决定；决定免去高强的卫生部部长职务，任命陈竺为卫生部部长。国家主席胡锦涛签署第六十五号、第六十六号、第六十七号主席令，公布了有关法律和任命。

6月25日　中共中央总书记、国家主席、中央军委主席胡锦涛在中央党校省部级干部进修班发表重要讲话。胡锦涛强调，中国特色社会主义，是当代中国发展进步的旗帜，是全党全国各族人民团结奋斗的旗帜。我们必须始终不渝地坚持以邓小平理论和“三个代表”重要思想为指导，深入贯彻落实科学发展观，毫不动摇地坚持和发展中国特色社会主义。胡锦涛指出，解放思想，是党的思想路线的本质要求，是我们应对前进道路上各种新情况新问题、不断开创事业新局面的一大法宝，必须坚定不移地加以坚持。改革开放，是解放和发展社会生产力、不断创新充满活力的体制机制的必然要求，是发展中国特色社会主义的强大动力，必须坚定不移地加以推进。科学发展，社会和谐，是发展中国特色社会主义的基本要求，是实现经济社会又好又快发展的内在需要，必须坚定不移地加以落实。全面建设小康社会，是我们党和国家到2020年的奋斗目标，是全国各族人民根本利益所在，必须坚定不移地为之奋斗。做到这4个坚定不移，对保持党和国家事业顺利发展的大局至关重要。在当前国际国内形势下，我国发展面临的机遇前所未有，面对的挑战也前所未有，既有许多有利条件，也有不少不利因素，关键看我们工作做得怎么样。我们要清醒认识当今世界和当代中国发展的大势，全面把握我国发展的新要求和人民群众的新期待，认真总结我们党治国理政的实践经验，科学制定适应时代要求和人民愿望的行动纲领和大政方针，从新的历史起点出发，带领人民继续全面建设小康社会、加快推进社会主义现代化，完成时代赋予的崇高使命。胡锦涛强调，改革开放，是我们党在新的时代条件下带领人民进行的一次新的伟大革命。新时期29年来，我国改革开放和社会主义现代化建设的成就举世瞩目。事实雄辩地证明，改革开放是发展中国特色社会主义、实现中华民族伟大复兴的必由之路。改革开放以来我们党带领人民开辟了中国特色社会主义道路，这条道路之所以正确、之所以能够引领中国发展进步，关键在于我们既坚持了科学社会主义的基本原则，又根据我国实际赋予其鲜明的中国特色。我们要继续深化对中国特色社会主义的研究和探索，努力使中国特色社会主义道路越走越宽广。胡锦涛指出，全党同志特别是党的高级干部，必须牢记社会主义初级阶段基本国情，认清全面建设小康社会、实现我国基本现代化、巩固和发展社会主义制度的重要性、长期性、艰巨性，增强聚精会神搞建设、一心一意谋发展的坚定性，提高想问题、办事情决不可脱离实际的自觉性，清醒而又顽强地为实现党的历史使命而扎实奋斗、不懈奋斗。新世纪新阶段，我国发展站在了新的历史起点上。我们必须科学分析我国全面参与经济全球化的新机遇新挑战，深刻把握工业化、城镇化、市场化、国际化深入发展形势下我国各项事业发展面临的新课题、新矛盾，深入贯彻落实科学发展观，更加自觉地促进科学发展，奋力开拓中国特色社会主义更为广阔的发展前景。胡锦涛强调，科学发展观，第一要义是发展，核心是以人为本，基本要求是全面协调可持续，根本方法是统筹兼顾。发展对于全面建设小康社会、加快推进社会主义现代化具有决定性意义，解放和发展社会生产力始终是社会主义的根本任务，要牢牢扭住经济建设这个中心，为发展中国特色社会主义打下坚实物质基础。我们党的根本宗旨是全心全意为人民服务，党的一切奋斗和工作都是为了造福人民，要始终把实现好、维护好、发展好最广大人民的根本利益作为党和国家一切工作的出发点和落脚点，做到发展为了人民、发展依靠人民、发展成果由人民共享。

6月26日　新华社全文播发土地调查方案。总体方案对第二次全国土地调查的目的和意义、目标和主要任务、技术路线与方法、主要成果、组织实施等作了明确规定。按照方案，2007年1月开始启动第二次土地调查工作，1月—6月开展第二次土地调查的有关准备工作，完成调查方案编制、技术规范制定，以及试点经验总结、业务培训和舆论宣传等。7月1日全面启动调查工作，2009年上半年完成调查工作。

6月27日　国务院总理温家宝在中南海紫光阁会见了西班牙国王卡洛斯。温家宝说，中国与西班牙友好交往源远流长。早在16世纪，两国就开辟了举世闻名的海上丝绸之路，促进了东西方贸易往来和文化交流。建交34年来，双方在各领域的友好合作不断取得新成果。中方对两国关系发展的良好势头感到高兴。温家宝赞赏西班牙坚持一个中国政策，感谢西班牙为发展中欧关系所做的积极努力。他指出，西班牙是中国在南欧的重要伙伴。两国建立全面战略伙伴关系，充分体现出双边关系的密切程度和发展水平。相信在双方的共同努力下，两国关系一定会取得更大的发展。关于两国经贸关系，温家宝表示，近年来，中国和西班牙的经贸合作成效显著，但仍有很大发展空间。今后双方要充分发挥经济部门和商会的协调作用，增加企业间的直接接触，继续优化贸易结构，加强新能源、环保、金融、电信、海运、旅游等领域的合作，共同开拓国际市场。卡洛斯表示，西中全面战略伙伴关系结下了丰硕成果，两国领导人频繁互访表明双边关系在不断发展。西班牙文化年在中国成功举办促进了两国人民相互了解。西方希望继续改善和发展两国经贸关系，加强投资、能源等领域合作，扩大文化、教育、新闻交流，增进两国人民友谊，使两国关系发展到更高水平。同日，温家宝还会见了中国银监会国际咨询委员会全体委员。中国银监会主席刘明康等参加了会见。

同　日　金人庆发表讲话。财政部部长金人庆说，我国将从2007年秋季学期开始，进一步建立健全我国家庭经济困难学生资助政策体系，2007年将为此投入经费154亿元。他表示，今后，我国高等教育将形成国家奖学金、国家励志奖学金、国家助学金、国家助学贷款和勤工助学等多种方式并举的资助政策体系。其中，解决家庭经济困难学生学费、住宿费问题，将以国家助学贷款为主，以国家励志奖学金等为辅；解决生活费问题，以国家助学金为主，以勤工助学等为辅；中等职业教育将形成以国家助学金为主，以学生工学结合、顶岗实习、学校减免学费等为辅的资助政策体系。财政部、教育部最近印发通知，对国家奖学金、国家励志奖学金、国家助学金等3项高校奖助学金制度的覆盖范围、申请办法和审核制度等作出明确规定。

同　日　中国金融期货交易所（简称“中金所”）正式发布《交易规则》，其配套实施细则于当日发布。《交易规则》及其实施细则的正式发布，是股指期货准备工作中的阶段性成果，标志着股指期货的准备工作取得了重大进展。在《交易规则》及其实施细则出台之后，市场参与各方将依据相关规则加快准备工作。

6月29日　十届全国人大常委会第二十八次会议通过《中华人民共和国劳动合同法》。

6月30日　国务院总理温家宝指出，把“三湖”治理摆在更突出的位置。温家宝在江苏无锡召开的太湖、巢湖、滇池治理工作座谈会上指出，要把治理“三湖”作为国家工程摆在更加突出、更加紧迫、更加重要的位置，科学规划、加强领导、明确责任，坚持高标准，严要求，坚定信心，坚持不懈地把“三湖”治理好。2007年5月，太湖蓝藻大规模暴发，水源地水质遭受严重污染，给无锡市群众生活带来很大影响。巢湖、滇池也不同程度出现蓝藻。党中央、国务院对此高度重视，多次作出明确指示。6月29日，温家宝专程到江苏无锡对太湖污染及治理情况进行调查研究，代表党中央、国务院看望广大干部群众，并主持召开“三湖”流域水污染综合治理工作座谈会，就“三湖”治理工作作出具体部署。

7月1日　庆祝香港回归祖国10周年大会暨香港特别行政区第三届政府就职典礼在香港会展中心隆重举行。中共中央总书记、国家主席、中央军委主席胡锦涛出席并发表重要讲话。他指出，中央政府关于香港大政方针的宗旨，就是为了香港好、为了香港明天更好，就是为了香港同胞好、为了香港同胞明天更好。胡锦涛表示相信，在新的历史起点上，广大香港同胞同祖国人民心连心、肩并肩，一定能够创造香港发展的新辉煌，一定能够为实现中华民族的伟大复兴作出新贡献。胡锦涛说，10年来，我们在实践中获得了许多宝贵经验，最重要的是，坚持全面准确地理解和贯彻执行“一国两制”方针，坚持严格按照基本法办事，坚持集中精力发展经济、改善民生，坚持维护社会的和谐稳定。

同　日　国家规范国有单位转让、受让上市公司股份行为。国务院国资委、中国证监会公布了《国有股东转让所持上市公司股份管理暂行办法》、《国有单位受让上市公司股份管理暂行规定》，以及《上市公司国有股东标识管理暂行办法》3个政策性文件，对股权分置改革后国有单位转让和受让上市公司的方式、定价原则、审核程序、转让或受让方资格、协议签订、价款支付等方面作了规范性要求，并明确了相关各方的责任。

7月4日　国务院总理温家宝主持召开国务院常务会议。会议研究部署对2006年度中央预算执行审计查出问题的整改工作，讨论并原则通过《中华人民共和国水污染防治法（修订草案)》，审议并原则通过《民用核安全设备监督管理条例（草案)》。会议听取了审计署关于2006年度中央预算执行和其他财政收支审计发现问题初步整改情况的汇报，发展改革委、财政部、农业部、民航总局、三峡办等就本部门及所属单位存在的问题和整改情况作了检查和汇报。会议指出，这次审计署受国务院委托向全国人大常委会所作的审计工作报告，突出反映了预算执行情况、国有控股金融机构和国有企业领导人员经济责任审计情况。从审计情况看，中央预算和财务管理存在的主要问题是，一些地方和部门预算执行随意性较大，预算约束力不强；中央转移支付资金项目设置交叉重复、投向分散；部门所属单位依托部门全力收费问题比较突出；一些部门和单位预算管理不规范、违法违规，造成损失和浪费。会议指出，这次审计反映的问题，主要涉及行政管理体制特别是财政体制上的问题，整改工作必须着眼制度建设，完善体制和机制，从源头上杜绝预算执行中的违规违纪问题。（一）完善预算管理制度，提高预算编制的科学性和准确性，规范转移支付制度，强化预算审计，维护预算的权威性和严肃性。（二）切实加强中央政府投资管理，健全投资管理制度，强化监督制约机制。（三）加强机关内部财务管理，把责任落实部门、岗位和人员。（四）加强对部门所属单位的管理，规范政府授权行为，大力推进政事分开，严格执行“收支两条线”管理规定。（五）落实责任追究制度，执行中央预算，部门主要负责人既要对部门出现的问题负责，也要对下属单位出现的问题负责。会议要求，各有关部门和单位必须按照全国人大常委会的要求和审计署依法下达的审计决定，切实做好整改工作，并对相关责任人做出严肃处理。对审计发现的违法违规资金问题一定要坚决纠正，该上缴财政的要上缴，该归还原资金渠道的要归还，该追究责任的要追究。会议强调，国务院各部门、各单位要严格执行国家的法律法规，在全国起模范带头作用。每个政府工作人员都要牢记，手中的权力是人民赋予的，掌管的每一分钱都是属于人民的，必须用来为人民服务，决不能用来为小团体、小单位和个人谋私利。会议指出，为保护和改善环境，保障人民群众的健康，保证水资源的有效利用，促进经济社会可持续发展，需要对现行的《中华人民共和国水污染防治法》进行修订。这次修订着重对建立水环境质量监测和信息统一发布制度、全面推行排污许可制度、健全饮用水水源保护区分级管理制度、完善水污染事故应急处置程序等作出了规定，强化了违法排污者的民事责任和治理责任，加大了对违法行为的处罚力度。会议决定，《中华人民共和国水污染防治法（修订草案)》经进一步修改后，由国务院提请全国人大常委会审议。会议认为，为加强对民用核安全设备的监督管理，保证民用核设施的安全运行，预防核事故，保障工作人员和公众的健康，保护环境，制定《民用核安全设备监督管理条例》十分必要。会议决定，该条例草案经进一步修改后，由国务院公布施行。

7月6日—9日　江苏、安徽大部普降暴雨，淮河干流普遍超过警戒水位。10日，淮河王家坝开闸分洪，向蒙洼蓄洪区蓄洪。国家防汛抗旱总指挥部办公室副主任程殿龙11日说，淮河发生了1954年以来第二位流域性大洪水。截至16日，淮河洪灾导致直接经济损失120亿元，农作物受灾面积3 370万亩，受灾人口2 042万人。

7月10日　国务院印发《关于开展城镇居民基本医疗保险试点的指导意见》。23日—24日，全国城镇居民基本医疗保险试点工作会议举行。温家宝与出席会议的部分代表进行座谈并讲话，指出，建立城镇居民基本医疗保险制度，是我国在建立城镇职工基本医疗保险制度和新型农村合作医疗制度之后又一重大举措，主要解决城镇非从业人员，特别是中小学生、少年儿童、老年人、残疾人等群体看病就医问题。

7月11日　国务院总理温家宝主持召开国务院常务会议。会议研究部署当前节能减排和应对气候变化工作，讨论并原则通过《中华人民共和国科学技术进步法（修订草案）》。会议对下半年节能减排和应对气候变化重点工作做了部署。（一）坚决遏制高耗能高污染行业过快增长，继续严把土地、信贷闸门，提高节能环保市场准入门槛，对重点地区和行业要实行更加严格的标准，坚决纠正各地违反国家规定对高耗能高污染行业实行的优惠政策。（二）加快淘汰落后生产能力，重点抓好火电、钢铁、电解铝、铁合金、焦炭、水泥等13个行业淘汰落后产能工作。（三）依靠科学技术，着力抓好重大节能减排工程和重点污染治理工程，推进节能技术改造项目建设，建立政府强制采购节能产品制度，加大“三河三湖”和松花江等重点流域治理的力度。（四）加快实施有利于节能减排的政策措施，充分发挥市场机制的作用，综合运用价格、财税等经济杠杆和法律、行政手段，促进企业节能减排工作。（五）加大节能减排工作执法力度，深入开展节能环保专项执法检查，当前特别要加大对违法排污的整治，一经发现，就要严肃查处，决不手软。（六）认真落实应对气候变化国家方案，积极参加国际谈判和对话，深化国际合作。（七）充分调动各方面参与节能减排工作的积极性，全社会动员、全民参与，使节能减排成为每个企业、每个社区、每个单位、每个家庭、每个社会成员的自觉行动。（八）加强宣传工作，重点宣传各地区、部门和企业推进节能减排的进展情况和先进典型。发挥舆论监督作用，揭露那些浪费能源资源、严重污染环境的恶劣现象。（九）健全节能减排责任制和问责制，完善科学、完整、统一的节能减排指标体系、监测体系和考核体系，抓紧建立健全节能减排工作监督和奖惩制度。会议审议同意《2007年各部门节能减排工作安排》、《2007年各部门应对气候变化工作安排》、《单位GDP能耗统计指标体系监测体系和考核体系实施方案》。会议认为，1993年10月施行的《中华人民共和国科学技术进步法》，对于促进我国科技进步发挥了重要作用。随着经济、社会的发展，我国推动科技进步工作面临一些新情况、新问题，对该法律进行修改和完善是必要的。《中华人民共和国科学技术进步法（修订草案）》，主要对激励自主创新、促进企业成为技术创新主体、合理配置科技资源、推动产学研结合、促进新技术产业化等方面的内容进行了修改和补充，对科技人员的培养、奖励和权益保障等作出了明确规定。会议决定，该修订草案经进一步修改后，由国务院提请全国人大常委会审议。

同　日　国务院发出《关于在全国建立农村最低生活保障制度的通知》。要求将符合条件的农村贫困人口全部纳入保障范围，稳定、持久、有效地解决全国农村贫困人口的温饱问题。

7月12日　国家统计局局长谢伏瞻在新闻发布会上公布了2006年全国及各地区单位GDP能耗的情况。2006年从全年能源消费情况看，能源利用效率有所提高，能源消费结构有所优化，单位GDP能耗3年来首次由升转降。但是，全国除北京以外，其他地区都没有完成2006年单位GDP能耗降低率的目标任务。

7月16日—8月20日　中央领导同志参观国防成就展。为了庆祝中国人民解放军建军80周年，《我们的队伍向太阳——新中国成立以来国防和军队建设成就展》展出。胡锦涛、江泽民等参观展览。展出期间，有248万余人观看。

7月16日　山西省发布“黑砖窑”案处理结果。山西省纪律检查委员会、山西省监察委员会在太原联合召开新闻发布会宣布，因洪洞县广胜寺镇曹生村发生“黑砖窑”案件，洪洞县委书记高洪元受到党内严重警告处分，有关部门已免去洪洞县委副书记、县长孙延林的县委副书记职务，并建议免去其县长职务。芮城县县长陈杰受到行政记大过处分。截至16日，山西省共有95名党员干部、公职人员因“黑砖窑”事件受到党纪政纪处分。

7月25日　国务院总理温家宝主持召开国务院常务会议，研究加强产品质量和食品安全工作。审议并原则通过《国务院关于加强食品等产品安全监督管理的特别规定（草案）》。会议指出，产品质量和食品安全，关系人民群众生命健康和切身利益，关系企业信誉，关系国家形象，必须高度重视。要把全面提高产品质量和食品安全水平，作为一项重要任务。一要从源头上加强管理，建立严密的食品监管网络，对种植养殖、生产加工、包装、储运、销售各环节实行全过程监管，确保食品安全；二要加强标准体系建设，完善国家标准，主要指标符合国际标准；三要加强进出口商品检验检疫，严格执行质量追溯和退市召回制度；四要定期发布产品质量和食品安全信息，有效保护人民群众的知情权和监督权；五要加强国际交流合作，积极做好信息沟通工作；六要加强质量法制建设和诚信体系建设，树立企业诚信、负责形象。会议决定，成立国务院产品质量和食品安全领导小组，协调解决产品质量和食品安全工作中的重大问题。会议审议并原则通过了《国务院关于加强食品等产品安全监督管理的特别规定（草案）》。该草案严格规定了生产经营者的行为规范，强化了地方人民政府和监督管理部门的职责，加大了对违法行为的处罚力度。会议决定，该草案经进一步修改后，由国务院公布施行。

同　日　国务院总理温家宝主持召开国务院常务会议，研究部署促进生猪生产发展和稳定市场供应工作。会议指出，由于近几年生猪价格过低，饲养成本上升，部分地区发生疫情等因素的影响，我国生猪生产下降。2007年4月以来，生猪及猪肉供应偏紧，价格出现较大幅度上涨。对此，国务院高度重视，采取了一系列促进生猪生产、保持市场稳定的措施。会议强调，抓好生猪生产，保持合理的价格水平，对稳定市场供应、满足消费需求、增加农民收入具有重要意义。必须从建立保障生猪生产稳定发展的机制入手，千方百计提高农民养猪的积极性，从根本上解决生猪生产、流通、消费和市场调控方面存在的矛盾和问题。会议提出，当前要重点抓好以下几项工作：（一）加大对生猪生产扶持力度。尽快将中央财政已安排的饲养母猪补贴资金落实到农户和养殖场，积极推进母猪政策性保险；完善生猪良种繁育体系，对推广良种猪人工授精技术给予适当补贴；扶持生猪标准化规模饲养，对规模养殖场（小区）的粪污处理和沼气池等基础设施建设给予支持；对生猪调出大县（农场）给予奖励；支持信用担保和保险机构为规模养殖场和养殖户提供信用担保和保险服务，解决养猪"贷款难"问题。（二）强化生猪防疫。对一类动物疫病和高致病性猪蓝耳病实行免费强制免疫；对因防疫需要扑杀生猪的养殖场（户）给予适当补助。（三）做好猪肉等副食品供应工作。完善猪肉储备体系，增加牛羊肉、禽肉和禽蛋生产，加强产销衔接，健全应急调运机制，保证供应不断档、不脱销。（四）加强市场监管。严防不合格猪肉进入市场，严厉查处非法经营、囤积居奇、哄抬价格等行为；取缔非法收费，减轻经营企业（户）的不合理负担。（五）落实"菜篮子"市长负责制。地方政府切实负起发展生猪生产、稳定市场供应的责任，取消各种不合理的生猪禁养限养规定，保持必要的养猪规模和猪肉自给率。（六）采取适当提高低保标准、发放临时补贴等措施，确保低收入居民生活水平不降低。稳定学生食堂饭菜价格，对家庭经济困难学生给予必要补助。

7月26日　中共中央政治局召开会议，分析研究当前经济形势和经济工作。会议提出，要坚持把遏制经济增长由偏快转为过热作为当前宏观调控的首要任务；坚持把解决好"三农"问题作为全党工作的重中之重；坚持把节能减排作为调整结构和转变增长方式的重要抓手；坚持以人为本，抓住经济平稳增长和财政收入大幅增加的有利时机，中央和地方都要加大对涉及群众切身利益和关系经济长远发展的投入；坚持标本兼治、远近结合，用改革的办法推进深层次矛盾的解决。中共中央政治局会议审议了中共中央纪律检查委员会《关于陈良宇严重违纪问题的审查报告》，决定给予陈良宇开除党籍、开除公职处分，对其涉嫌犯罪问题移送司法机关依法处理。

同　日　中共中央政治局进行第四十二次集体学习，中共中央总书记胡锦涛主持。中共中央政治局这次集体学习安排的内容是南昌起义和井冈山革命根据地的建立。军事科学院齐德学研究员、黄迎旭研究员就这个问题进行了讲解，并谈了对新的历史条件下大力弘扬井冈山精神的意见和建议。中共中央政治局各位同志认真听取了他们的讲解，并就有关问题进行了讨论。胡锦涛在主持学习时发表了讲话。他指出，在中国人民解放军建军80周年前夕，我们重温南昌起义和井冈山革命根据地的光辉历史，具有十分重要的意义。南昌起义和井冈山革命根据地的建立，在我们党和人民军队发展史上具有极为重要的地位和极其深远的意义。南昌起义和井冈山革命根据地的建立，是我们党把马克思主义基本原理同中国革命具体实践相结合、创立中国化的马克思主义的伟大开篇，是中国共产党发展马克思主义军事学说、创建党的军事指导理论、缔造一支新型人民军队的光辉起点。胡锦涛强调，在南昌起义和井冈山斗争的艰苦岁月里，在探索中国革命道路的艰辛实践中，我们党和人民军队培育了崇高革命精神和优良革命传统，特别是培育了井冈山精神。井冈山精神，集中体现了我们党和人民军队的性质和宗旨，深刻反映了中国共产党人的崇高思想和高尚情操，对中国革命历史进程产生了广泛而深远的影响，也是我们党团结带领人民夺取革命、建设、改革胜利的强大精神力量。胡锦涛强调，弘扬崇高革命精神和优良革命传统，就是要始终坚持崇高理想、坚定信念，始终坚持解放思想、实事求是，始终坚持依靠人民、服务人民，始终坚持艰苦奋斗、自觉奉献。我们要坚持用中国特色社会主义共同理想激励广大党员、干部和人民群众，不断巩固和发展全党全国各族人民团结奋斗的共同思想基础，不断增强建设中国特色社会主义的自信心和自豪感，毫不动摇地走中国特色社会主义道路。我们要继续解放思想、实事求是、与时俱进，科学分析世情、国情、党情的新变化，认真总结人民群众在实践中创造的新经验，深入研究和解决改革开放和现代化建设的新课题，不断以理论创新推动制度创新、科技创新、文化创新以及其他各方面的创新，使我们的思想和行动更加符合时代发展的要求、更加符合人民群众的期待，奋发有为地开创中国特色社会主义事业新局面。我们要牢记人民群众是历史创造者的观点，坚持党的群众路线，坚持立党为公、执政为民，始终同人民群众心连心、同呼吸、共命运，从党和国家工作各个方面、各个环节实现好、维护好、发展好最广大人民的根本利益，使党和国家事业不断获得最广泛、最可靠的群众基础和力量源泉。胡锦涛强调，艰苦奋斗、自觉奉献，是我们党克服各种艰难困苦的重要保证，也是我们党带领人民不断开创事业新局面的重要保证。我们党是靠艰苦奋斗起家的，也是靠艰苦奋斗发展壮大的。我们党带领人民夺取政权、建立新中国的斗争充满艰辛，我们党带领人民巩固政权、实现现代化的实践同样充满艰辛。我们要大力发扬戒骄戒躁、艰苦奋斗的光荣传统，大力发扬一心为民、自觉奉献的优良作风，团结带领广大人民群众，扎扎实实把中国特色社会主义伟大事业推向前进。

7月27日　中共中央召开党外人士座谈会征求对中共十七大报告的意见。中共中央在中南海召开党外人士座谈会，就中共十七大报告征求意见稿听取各民主党派中央、全国工商联领导人和无党派人士的意见和建议。中共中央总书记胡锦涛主持座谈会并发表重要讲话。他强调，实践充分证明，中国特色社会主义道路是当代中国发展进步的唯一正确道路。走中国特色社会主义道路，是历史的选择、人民的选择、时代的选择，是我们夺取全面建设小康社会新胜利、推进社会主义现代化、实现中华民族伟大复兴的必由之路。中共中央政治局常委贾庆林、曾庆红出席。座谈会上，胡锦涛首先介绍了中共十七大报告征求意见稿的形成过程，并就报告主要内容作了说明。他欢迎党外人士畅所欲言、各抒己见，对中共十七大报告征求意见稿提出意见。民革中央主席何鲁丽、民盟中央常务副主席张梅颖、民建中央第一副主席张榕明、民进中央主席许嘉璐、农工党中央主席蒋正华、致公党中央主席罗豪才、九三学社中央主席韩启德、台盟中央主席林文漪、全国工商联主席黄孟复、无党派人士袁隆平先后发言。他们认为，中共十六大以来，以胡锦涛同志为总书记的中共中央，坚持以邓小平理论和“三个代表”重要思想为指导，深入贯彻落实科学发展观，推动我国社会主义经济建设、政治建设、文化建设、社会建设取得了显著成就，人民生活得到了新的改善。中共十七大报告征求意见稿旗帜鲜明，内涵丰富，思想深刻，全面把握我国发展所处的历史方位，科学描绘我国改革开放和社会主义现代化建设的发展前景，是中国共产党面向世界、面向未来的政治宣言，是引领全国各族人民继续为实现全面建设小康社会目标而团结奋斗的行动纲领。他们就深化改革开放，推动国民经济又好又快发展，推进社会主义政治文明建设，坚持和完善中国共产党领导的多党合作和政治协商制度，实施科教兴国战略、人才强国战略、可持续发展战略，发展社会主义先进文化，加强社会事业建设、改善民生，促进社会公平正义和社会和谐等提出了意见和建议。听取了大家的发言后，胡锦涛作了重要讲话。他指出，同志们本着知无不言、言无不尽的精神，提出了许多好的意见和建议，对修改好报告很有帮助。胡锦涛代表中共中央向大家表示感谢，并要求报告起草组认真研究吸收大家提出的意见。胡锦涛强调，建设中国特色社会主义，是包括广大统一战线成员在内的全国各族人民团结奋斗的共同理想。把中国特色社会主义伟大事业不断推向前进，是中国共产党和各民主党派、工商联和无党派人士的共同事业，也是我们的共同责任。在前进道路上，我们要始终不渝坚持中国特色社会主义道路，共同打牢中国共产党领导的多党合作的思想政治基础。他希望同志们积极投身全面建设小康社会的伟大实践，努力为发展中国特色社会主义作出新的更大的贡献。胡锦涛强调，坚持走中国特色社会主义政治发展道路，是各民主党派、工商联和无党派人士在同中国共产党风雨同舟、患难与共的历程中取得的最基本、最重要的政治共识。面对艰巨的使命和繁重的任务，中国共产党和各民主党派要进一步加强合作共事，巩固和发展最广泛的爱国统一战线，最大限度把各方面的智慧和力量凝聚起来，最大限度把全社会的积极性和创造性发挥出来，坚定不移地继续解放思想，坚定不移地坚持改革开放，坚定不移地推动科学发展、促进社会和谐，坚定不移地实现全面建设小康社会的宏伟目标，共同开创中国特色社会主义事业新局面。刘云山、曾培炎、王刚、刘延东和中央有关部门负责人出席座谈会。出席座谈会的党外人士有周铁农、张怀西、李蒙和索丽生、陈昌智、杜宜瑾、陈抗甫、吴国祯、辜胜阻、叶朗等。

同　日　全国质量工作会议举行。温家宝在会上强调，产品质量关系人民群众切身利益，关系企业的生存和发展，关系国家形象。

7月30日　国务院发出《关于促进生猪生产发展稳定市场供应的意见》。

8月1日　中共中央、国务院和中央军委在人民大会堂隆重举行庆祝中国人民解放军建军80周年暨全军英雄模范代表大会。中共中央总书记、国家主席、中央军委主席胡锦涛在会上发表重要讲话。

同　日　国务院总理温家宝主持召开国务院常务会议。会议讨论并原则通过《国务院关于解决城市低收入家庭住房困难的若干意见》，研究调整企业退休人员基本养老金的有关政策。会议认为，改革开放以来我国城市住宅建设快速发展，城市居民住房条件得到较大改善。但城市廉租住房制度建设相对滞后，经济适用住房制度不够完善，部分城市低收入家庭住房还比较困难。要把解决城市低收入家庭住房困难作为住房建设和住房制度改革的重要内容，作为政府公共服务的一项重要职责，加快建立健全以廉租住房制度为重点、多渠道解决城市低收入家庭住房困难的政策体系。会议指出，廉租住房制度的基本政策框架是，为住房困难的低保家庭和无力购买经济适用住房的低收入家庭发放租赁补贴或提供廉租住房。要着重做好以下工作：（一）扩大保障范围。“十一五”期末，廉租住房制度保障范围要由城市最低收入住房困难家庭扩大到低收入住房困难家庭。（二）各地要根据经济社会发展水平等因素，统筹研究、合理确定廉租住房保障标准。（三）努力增加廉租住房房源。采取政府新建、收购、改建及社会捐赠等方式多渠道筹集房源，积极发展住房租赁市场。（四）确保保障资金来源。各地要将廉租住房保障资金纳入年度财政预算，提高土地出让净收益和公积金净收益用于廉租住房保障资金的比例。中央财政对中西部地区给予专项支持。（五）落实用地政策。对廉租住房建设用地实行行政划拨，在土地供应计划中优先安排。（六）规范住房供应管理，完善申请、审核、公示和退出制度。会议要求，在加快建立健全廉租住房制度的同时，要规范经济适用住房建设和管理制度，严格审查购房者资格，合理确定住房标准，严格上市交易管理，加强单位集资合作建房管理。要加快棚户区改造，推进旧住宅区综合整治，逐步改善外来务工人员居住条件。解决城市低收入家庭住房困难是各级人民政府尤其是城市人民政府的重要职责，要切实加强领导，确保各项工作的落实。会议指出，我国企业退休人员有4 000多万人，他们为国家建设作出过重要贡献。妥善解决他们的退休待遇，让他们安度晚年，是政府的重要职责。近些年来，党和政府高度重视企业退休人员基本生活保障问题。自2005年起，国家连续3年提高企业退休人员基本养老金。这项政策受到广大企业退休人员和社会各方面的普遍欢迎。会议要求各地区各部门按照国务院已经批准的方案，抓紧落实2007年提高养老金的工作，务必在8月底前将增加的养老金发放到企业退休人员手中。会议认为，尽管国家连续多次提高企业退休人员基本养老金，但目前这部分人员收入水平仍然较低。为进一步缓解收入差距的矛盾，国务院决定，2008年—2010年连续3年继续提高企业退休人员基本养老金标准，提高幅度高于前3年的水平，并继续向有高级职称的企业退休科技人员以及退休早、基本养老金相对偏低的人员倾斜。会议强调，各地区、各有关部门要周密部署，精心组织，加强基金征缴，加大财政投入，把工作做细，把好事办好，确保调整政策落实到位，严防产生新的拖欠。要建立和完善基本养老金正常调整机制，积极发展企业年金和商业保险，形成提高企业退休人员养老保险金总体水平的长效机制。

同　日　庆祝中国人民解放军建军80周年暨全军英雄模范代表大会举行。胡锦涛在会上讲话指出，在80年的顽强奋斗中，人民解放军培育和形成了优良革命传统，集中起来就是听党指挥、服务人民、英勇善战。他强调，在新世纪新阶段，我们必须坚持以毛泽东军事思想、邓小平新时期军队建设思想、江泽民国防和军队建设思想为指导，把科学发展观作为加强国防和军队建设的重要指导方针，在更高的起点上推进国防和军队现代化。

8月2日　按照党中央的统一部署，党的十七大代表选举工作已经顺利完成。2007年4月—6月底，全国各选举单位分别召开党代表大会或党代表会议，选举产生了出席党的十七大代表2 217名。党的十七大代表，是严格按照党章和中央关于做好代表选举工作的要求及规定程序选举产生的。出席党的十七大的代表资格，届时还需经党的十七大代表资格审查委员会确认。

8月7日　国务院发出《关于解决城市低收入家庭住房困难的若干意见》。要求以城市低收入家庭为对象，进一步建立健全城市廉租住房制度，改进和规范经济适用住房制度，加大棚户区、旧住宅区改造力度，力争到“十一五”期末，使低收入家庭住房条件得到明显改善，农民工等其他城市住房困难群体的居住条件得到逐步改善。

8月8日　中共中央、全国人大常委会、国务院、全国政协、中央军委致电祝贺内蒙古自治区成立60周年。中央代表团团长曾庆红出席在呼和浩特举行的庆祝大会并讲话。

8月9日　国务院发出《关于完善退耕还林政策的通知》。

8月13日　国务院发出紧急通知。通知要求各地区、各部门进一步落实促进生猪等副食品生产供应的各项政策措施，保证市场供应，维护副食品价格稳定。

同　日　国务院发布关于在全国建立农村最低生活保障制度的通知。通知明确，我国将通过在全国范围建立农村最低生活保障制度，将符合条件的农村贫困人口全部纳入保障范围，稳定、持久、有效地解决全国农村贫困人口的温饱问题。

同　日　16时45分，湖南省湘西自治州凤凰县沱江大桥发生坍塌事故，造成人员严重伤亡。党中央、国务院高度重视，温家宝总理作出重要批示，要求地方和有关部门尽快组织各方面做好抢救和善后工作，查明原因，严肃处理。

8月14日—18日　胡锦涛出访。胡锦涛对吉尔吉斯斯坦、哈萨克斯坦进行国事访问，并出席在吉尔吉斯斯坦首都比什凯克举行的上海合作组织成员国元首理事会第七次会议，赴俄罗斯观摩上海合作组织成员国联合反恐军事演习。胡锦涛与出席上海合作组织比什凯克峰会的各成员国元首共同签署《上海合作组织成员国长期睦邻友好合作条约》。

8月15日　国务院总理温家宝主持召开国务院常务会议，研究部署抗灾救灾工作。会议指出，2007年以来，我国气候异常，极端天气事件频繁，多灾并发，点多面广，部分地区重复、连年受灾，局部地区雨情、汛情、旱情超过历史记录，灾情明显重于2006年和常年同期。灾区各级党委、政府按照党中央、国务院的统一部署，带领广大干部群众奋力抗灾救灾，减少灾害损失，保持了经济发展和社会稳定。会议强调，目前我国仍处于主汛期，黄河、海河等流域处于集中降雨期，江南、华南东北部和东北等地旱情还在持续，台风活动正处于活跃期，自然灾害形势还相当严峻，抗灾救灾任务十分艰巨。各地各部门务必高度重视，继续做好抗灾救灾各项工作。一要做好灾害监测和预报预警工作，抓好大江大河等重要堤防的防守和中小型水库安全度汛、山洪和台风等灾害防御，高度重视并切实抓好抗旱工作。二要做好灾后恢复生产工作，抓紧水毁耕地和农田水利设施的修复，及时组织群众抢种、补种和改种；加快基础设施和公用设施修复，尽快恢复灾区生产生活秩序。三要妥善安排受灾群众生活，特别要做好因灾转移群众的生活保障和安置等工作。四要全力帮助倒房群众重建家园，确保入冬前能搬入新居。五要完善救灾资金管理办法，从制度上确保救灾资金专款专用，并大力提倡勤俭节约，提高资金使用效益。会议决定：（一）中央财政根据灾害情况增加并及时拨付防汛抗旱经费，保证防汛抗旱需要。（二）提高倒房重建补助标准，将因灾倒塌房屋重建的补助标准由每间600元提高到1 500元，地震灾害损房补助标准也相应提高。（三）行蓄洪区移民迁建，按每户2.04万元标准给予补助。淮河流域行蓄洪区移民迁建工作，纳入淮河治理工程统筹考虑。（四）提高受灾群众冬春生活困难补助标准，由每人126元调整为150元。（五）增加旱灾救助项目，对因旱灾造成生活困难、需要政府救济的群众给予适当补助。(六)追加农业生产救灾资金，用于解决灾区恢复生产所需的农业生产资料及灾后动物防疫。（七）增加医疗卫生救灾补助资金，加大对灾区防疫的支持力度。根据上述各项需要，中央财政在已安排抗灾救灾资金67亿元的基础上，追加到115.4亿元。此外，在确保大中型病险水库除险加固资金投入的同时，中央及地方财政专门安排资金，用于重点小型病险水库的除险加固。会议强调，抗灾救灾工作事关人民群众生命财产安全，事关经济社会发展全局。各地各部门要加强领导，周密部署，精心组织，狠抓落实，动员全社会力量，齐心协力，努力夺取抗灾救灾工作的全面胜利，确保2007年经济社会发展各项目标的顺利实现。会议还听取了财政部等部门关于在文化体制改革中加强国有文化资产管理工作的汇报。会议指出，加强国有文化资产管理，是深化文化体制改革的重要内容，对于促进文化事业和文化产业健康发展具有重要意义。有关部门要切实履行监督管理职责，严格规范国有文化资产变动及改变使用方向等事项的办理程序，建立健全国有文化资产绩效考评机制，保证公益性国有文化资产安全完整、经营性国有文化资产保值增值。

本　月　国家发改委部署专项检查打击价格串通、哄抬价格。近一段时期，由于粮食、食用植物油、猪肉等产品价格上涨，导致以这些产品为原材料的部分行业成本上升压力较大。部分企业借食品价格上涨之机，趁机搭车涨价。有的企业相互串通、操纵市场价格，个别经营者囤积居奇、哄抬价格，触犯了价格法等有关法律法规。为此，国家发改委已下发通知，要求各地价格主管部门对粮食、食用植物油、肉禽蛋奶及其食品制成品等群众基本生活必需品，以及成品油价格开展专项检查，重点查处价格串通、哄抬价格等违法行为。

8月9日—17日　上海合作组织成员国武装力量，携手并肩进行了一场举世瞩目的“和平使命—2007”联合反恐军事演习。

8月22日　国务院总理温家宝主持召开国务院常务会议，研究做好城市饮用水安全保障工作。会议指出，饮用水安全直接关系广大人民群众身体健康和生命安全，关系正常的生产生活秩序。各级政府十分重视这项工作，近几年来，我国城市供水水源、净水厂、供水管网的建设和改造取得较大进展，污染源治理和饮用水监督管理力度不断加大。但是，饮用水不安全问题仍然存在，一些城市水源地水质不合格、水源地污染和水量不足问题比较突出，有的供水管网建设落后，导致二次污染，有的水质监测和检测能力不足，应急供水能力较低。要在实施全国农村饮水安全工程的同时，切实做好城市饮用水安全保障工作。会议要求，"十一五"期间，要重点解决205个水量不足或水质尚未达标的城市和350个问题突出的县级政府所在地城镇饮用水安全问题；到2020年，要全面改善设市城市和县级政府所在地城镇的饮用水安全状况。为此，要按照统筹规划、综合治理，突出重点、分步实施，创新机制、强化监管的原则，切实抓好以下工作：（一）加强水源地保护和水污染防治。科学规划水源保护区，建设水源地隔离防护设施，实施污染源综合治理和生态修复工程，保障水质安全。（二）在节约用水的前提下，合理调配水源。科学改造和扩建现有水源地，科学规划新建水源地工程，提高供水能力。（三）加快城市供水设施改造和建设。改进净水工艺，改造供水管网设施，统筹安排新增供水工程。（四）建立健全从水源地到供水末端全过程的饮用水安全监测体系，制定和完善应急供水预案。（五）加大投入力度，理顺价格机制，完善饮用水安全法律法规和评价标准体系。会议强调，地方各级政府要把这项工作摆到重要位置，切实负起责任，抓好落实。各部门要密切配合，形成信息共享、沟通顺畅、运转高效的饮用水安全保障工作机制。会议讨论并原则同意发展改革委、水利部、建设部、环保总局、卫生部等部门编制的《全国城市饮用水安全保障规划》。

8月23日　沪指跨越5 000点关口。沪深股市在上升通道中收盘，上证综合指数收于5 032.49点的历史新高，这是中国股市成立近18年来沪指首次跨越5 000点这一整数关口。与此同时，沪深两市总账户出现大幅增长，每日A股新增开户数2007年曾经持续33天保持在20万户以上。两市账户总数在5月28日突破1亿户，目前已经超过1.15亿户。

8月24日—25日　全国城市住房工作会议在京召开。中共中央政治局委员、国务院副总理曾培炎出席会议并讲话。他指出，住房问题是重要的民生问题。要积极采取措施，加强廉租住房制度建设，解决好城市低收入家庭住房困难。继续调整住房结构，稳定住房价格，促进房地产市场健康发展。会议决定，全国要逐步扩大廉租住房制度的保障范围。2007年年底前，在所有设区城市，凡符合规定住房困难条件、申请租赁补贴的低保家庭，基本做到应保尽保，2008年年底前，覆盖到所有县城。2008年底前，东部地区和其他有条件的地区，要率先把保障对象扩大到低收入住房困难家庭；全国城市低收入住房困难家庭2010年底前都要纳入保障范围。

8月28日　中共中央政治局进行第四十三次集体学习，中共中央总书记胡锦涛主持。中共中央政治局这次集体学习安排的内容是世界金融形势和深化我国金融体制改革。国务院发展研究中心巴曙松研究员、中国银行业监督管理委员会李伏安高级经济师就这个问题进行了讲解，并谈了对深化金融体制改革的意见和建议。中共中央政治局各位同志认真听取了他们的讲解，并就有关问题进行了讨论。胡锦涛在主持学习时发表了讲话。他指出，金融是现代经济的核心。随着经济全球化深入发展，随着我国经济持续快速发展和工业化、城镇化、市场化、国际化进程加快，金融日益广泛地影响着我国经济社会生活的各个方面，金融也与人民群众切身利益息息相关。在金融对经济社会发展的作用越来越重要、国内外金融市场联系和相互影响越来越密切的形势下，做好金融工作，保障金融安全，是推动经济社会又好又快发展的基本条件，是维护经济安全、促进社会和谐的重要保障，越来越成为关系全局的重大问题。胡锦涛强调，要全面推进金融改革发展，着力加强现代金融体系和制度建设，创新金融组织体系和发展模式，创新金融产品和服务，创新金融调控和监管方式。要以建设现代银行制度为目标，继续推进各类银行改革，着力转换经营机制，加快形成一批资本充足、内控严密、运营安全、服务优质、效益良好、创新能力和竞争力强的现代化银行。要把农村金融改革发展作为金融工作的重点，健全农村金融基础服务体系，充分发挥各类农村金融组织作用，加快建立健全适应“三农”特点的多层次、广覆盖、可持续的农村金融体系。要大力发展资本市场，加强资本市场基础性制度建设，促进资本市场主体健康发展。胡锦涛强调，要充分发挥金融服务功能，更加注重发挥金融配置资源、调节经济、服务发展的功能，更加有效地运用金融手段搞好宏观调控，推动解决经济运行中的突出矛盾和问题，保持经济平稳快速发展。金融企业要围绕国家发展战略和目标任务，积极调整服务方向和重点，在努力增加盈利、提高效益的同时，加大对经济社会发展支持力度，积极为调整经济结构、推动自主创新、节约能源资源、保护生态环境、促进区域协调发展、改善人民生活发挥作用。要继续扩大金融对外开放，着力提高对外开放质量和水平，同时要切实加强扩大开放条件下的金融风险防范工作，确保国家金融安全。胡锦涛指出，金融越发展，越要加强监管。要坚持把金融监管作为金融工作的重中之重，加快金融法制建设，不断完善金融监管体制机制，改进金融监管方式和手段，健全金融监管协调机制，做好金融重点领域和重点环节监管，加快构建金融安全网，依法打击各种金融违法犯罪行为，不断提高监管能力和水平。胡锦涛强调，做好金融工作，任务艰巨，责任重大，需要各方面共同努力。各级党委和政府要切实加强和改进对金融工作的领导，认真贯彻中央关于金融工作的大政方针和决策部署，树立现代金融观念，自觉按照经济规律办事，高度重视和支持金融工作，支持金融监管部门加强监管。各级领导干部要带头学习金融理论特别是现代金融知识，努力提高领导金融工作能力。要建立健全符合现代金融企业制度要求的选人用人机制，加强金融职业培训，大力培养各类金融人才。要加强金融系统党风廉政建设，全面提高金融从业人员特别是各级领导干部思想政治素质、业务素质、职业道德素质，弘扬新风正气，反对歪风邪气，形成良好行业风气。

8月29日　国务院总理温家宝主持召开国务院常务会议。会议研究部署进一步加强安全生产工作，审议并原则通过《大型群众性活动安全管理条例（草案）》。会议听取了安全监管总局关于当前全国安全生产形势及下一步工作安排的汇报。会议认为，当前安全生产形势依然严峻，特别是近一段时间连续发生湖南省凤凰县堤溪大桥垮塌、山东省新泰市华源矿业有限公司河岸决口引发溃水淹井、山东省邹平县魏桥创业集团铝母线铸造分厂铝水外溢等特别重大事故，造成严重损失。这些事故说明，一些地方和企业存在安全生产责任不落实、措施不得力、监管不到位、现场管理混乱等严重问题，防范自然灾害引发事故灾难还存在薄弱环节，预警机制很不健全，教训十分深刻。国务院对因事故遇难的所有人员表示深切哀悼，对他们的亲属表示亲切慰问。会议指出，安全生产事关人民群众生命财产安全，事关经济发展和社会稳定大局，时时刻刻都要重视，任何时候不能放松。要坚持标本兼治，重在制度建设，以更加严密的管理、更加科学的方法、更加有力的措施，加强安全防范，抓好安全生产。一要完善安全生产法律法规，严格执法监管，把安全生产工作真正纳入法制化轨道。二要严格安全生产责任制和责任追究制，把责任落实到每一个单位、每一个岗位、每一个生产经营者。三要加大科技投入，加强安全科研开发和技术改造，用现代科技手段提高各行业事故防范和处置能力。四要排查事故隐患，做到经常化、制度化，不留死角。对典型事故要深入剖析，举一反三，防止同类事故重复发生。五要深入开展专项整治，特别要紧紧盯住工作不力的地方和单位，确保整改到位。对隐患突出、不具备安全生产条件的企业，该退出的要坚决退出，该关闭的要坚决关闭。六要高度重视防范自然灾害引发事故灾难，当前尤其要加强水害事故防范，配足抢险救灾所需设备和物资。七要全面完善应急预案。各种预案都要一目了然，具体管用，切实增强针对性和可操作性。八要按照“四不放过”原则严肃查处事故。对近期发生的几起重特大事故，要在查明性质和原因的基础上，依法追究责任，及时公布调查处理结果。会议认为，为加强对大型群众性活动的安全管理，保护公民生命财产安全，维护社会治安秩序和公共安全，有必要制定《大型群众性活动安全管理条例》。该条例草案明确了大型群众性活动举办者、活动场所管理者的安全责任以及公安机关的职责，规定了举办大型群众性活动的安全条件、安全许可制度以及安全保障措施，对参加大型群众性活动人员的行为作出了规范。会议决定，该条例草案经进一步修改后，由国务院公布施行。

8月30日　十届全国人大常委会第二十九次会议在人民大会堂举行。表决通过了反垄断法、突发事件应对法、就业促进法、修改后的动物防疫法和全国人大常委会关于修改城市房地产管理法的决定。本次会议还初次审议了劳动争议调解仲裁法草案、循环经济法草案和水污染防治法修订草案等。会议经表决，决定免去张云川的国防科学技术工业委员会主任职务，任命张庆伟为国防科学技术工业委员会主任；免去许永跃的国家安全部部长职务，任命耿惠昌为国家安全部部长；任命马驭为监察部部长；免去金人庆的财政部部长职务，任命谢旭人为财政部部长；免去张柏林的人事部部长职务，任命尹蔚民为人事部部长。国家主席胡锦涛签署第六十八号、第六十九号、第七十号、第七十一号、第七十二号、第七十三号主席令，公布了有关法律和任免决定。

9月1日　由中央17个部门联合举办的"节能减排全民行动"系列活动，在人民大会堂举行启动仪式。中共中央政治局委员、国务院副总理曾培炎出席并讲话。曾培炎强调，节能减排关系经济社会可持续发展，关系广大人民群众切身利益，需要全民动员，从现在做起，从点滴做起，成为每个公民每个家庭每个单位的自觉行动。

9月3日—9日　胡锦涛对澳大利亚进行国事访问并出席在悉尼举行的亚太经济合作组织第十五次领导人非正式会议。在商业峰会开幕式上，胡锦涛发表《推进全面合作，实现持续发展》的演讲。

9月6日—8日　首届夏季达沃斯论坛在大连举行。温家宝出席开幕式并讲话。

9月12日　国务院总理温家宝主持召开国务院常务会议。会议听取2010年上海世界博览会筹办情况汇报，研究加快新疆经济社会发展工作。会议指出，2010年5月1日—10月31日举办的上海世博会，是我国首次举办的大规模综合性世界博览会，届时约有200个国家和国际组织参展，数千万观众参观。办好上海世博会，对于展现我国社会、经济、文化和科技领域成就，促进我国与世界各国的交流与合作，推动我国经济社会发展，具有重要意义。会议指出，新疆在我国发展和稳定大局中具有特殊重要的战略地位。新疆是我国重要的能源资源战略基地，是西部地区经济增长的重要支点，是对外开放的重要门户，是西北边疆的战略屏障。改革开放以来，特别是实施西部大开发战略以来，新疆经济快速发展，民生明显改善，社会大局稳定，民族团结和睦，是历史上发展和稳定的最好时期。同时应当看到，新疆建设和发展的任务还非常艰巨，必须坚定不移地贯彻中央关于新疆发展与稳定的总体部署，紧紧抓住和用好重要战略机遇期，大力实施稳疆兴疆、富民固边战略，促进新疆经济社会又好又快发展，使新疆各族人民受益。会议指出，新疆经济社会发展，要坚持以人为本，促进科学发展；坚持改革开放，创新体制机制；坚持立足当前，着眼长远发展；坚持市场导向，发展特色产业；坚持维护稳定，促进社会和谐；坚持自力更生，加大支持力度。着力抓好以下工作：（一）推进优势资源开发。加快建设石油、天然气、煤炭及煤层气等矿产资源开发利用基地和优势农副产品生产加工基地，逐步把资源优势转化为经济优势。（二）加强薄弱环节的基础能力建设。加强农业和水利基础设施建设，发展特色农业，合理开发利用水资源，统筹兼顾生产、生活和生态用水，建设节水型社会。统筹规划交通建设，构筑综合交通运输体系。高度重视生态建设和环境保护，保护绿洲，加强城市环境整治。以改善民生为重点，加强基本公共服务体系建设，大力发展社会事业。（三）着力推进区域协调发展。采取特殊措施，加大扶贫力度，重点扶持南疆喀什、和田、克州发展，集中力量改善农牧民生产生活条件。优化发展天山北坡经济带，推动天山南麓经济发展。继续支持新疆生产建设兵团加快发展。（四）重点面向中亚扩大对外开放。大力发展面向中亚的外向型产业，加快口岸基础设施建设，完善边境贸易政策，推进双边或区域贸易自由化的进程，形成西部陆上开放和东部沿海开放并进的对外开放新格局。（五）坚持不懈加大对口援疆工作力度，促进民族地区经济、政治、文化、社会全面进步。会议研究提出了支持新疆经济社会发展的若干政策措施。

9月14日　中国人民银行宣布，自9月15日起，上调金融机构人民币存贷款基准利率0.27个百分点。这是央行继上周刚刚宣布上调存款准备金率之后，短期内再次出台紧缩性调控措施。央行表示，此次加息旨在加强货币信贷调控，引导投资合理增长。截至目前，央行已经7次上调存款准备金率、5次加息、5次发放定向央票。

9月16日　国务院台湾事务办公室发言人就陈水扁鼓吹"台独"分裂言论一事发表谈话。指出，近一时期，陈水扁继续大肆煽动"入联公投"、"申请入联"，再次鼓噪"台湾是主权独立国家"的谎言。我们将继续密切关注，并做好了应对严重状况的必要准备。第六十二届联合国大会全体会议批准联大总务委员会的决定，拒绝将所谓"台湾申请加入联合国"提案列入联大议程。

9月17日　中共中央政治局召开会议。会议研究拟提请十六届七中全会讨论的十六届中央委员会向中国共产党第十七次全国代表大会的报告稿和《中国共产党章程（修正案）》稿。会议认为，党的十七大是在我国改革发展关键阶段召开的一次十分重要的大会，对于鼓舞和动员全党全国各族人民开创中国特色社会主义事业新局面具有重大意义。全党同志要坚持以邓小平理论和"三个代表"重要思想为指导，深入贯彻落实科学发展观，坚持党的基本路线、基本纲领、基本经验，继续解放思想，坚持改革开放，推动科学发展，促进社会和谐，为夺取全面建设小康社会新胜利而奋斗。

同　日　甘藏春发表讲话。国家土地副总督察甘藏春在的新闻发布会上宣布，以查处"以租代征"为重点，包括查处违反土地利用总体规划扩大开发区用地规模、"未批先用"等土地违法行为在内的全国土地执法百日行动启动。全国土地执法百日行动的主要目标是，治标与治本相结合，遏制土地违法违规上升的态势，保证国家土地法律法规的执行，保证国家土地调控政策的实施。对百日行动中发现的影响恶劣的典型地方、典型案例要予以曝光，保持舆论的高压态势。

9月18日　中央文明办、全国总工会、共青团中央、全国妇联作出《关于表彰全国道德模范的决定》。胡锦涛、李长春会见全国道德模范。

同　日　国家统计局发布《从十六大到十七大经济社会发展回顾系列报告》。指出，党的十六大以来，国民经济不仅增长速度快，而且持续的时间长、稳定性好。2003年-2006年我国国内生产总值年平均增长10.4%。2002年我国国内生产总值120 333亿元，2006年达到210 871亿元，突破20万亿元，在世界的位次由第六位跃居第四位。2002年我国人均国民总收入首次超过1 000美元，在短短的4年内于2006年又超过2 000美元，在世界的位次也由第一三二位上升到第一二九位。按照世界银行的划分标准，我国已经由低收入国家步入了中等收入国家的行列。

9月19日　国务院总理温家宝主持召开国务院常务会议，研究促进油料生产和奶业发展工作。会议指出，油料生产和奶业发展，直接关系城乡居民生活和农民收入。我国油料生产和奶业发展有很大潜力，正处在关键时期。各级政府要高度重视油料生产和奶业发展，坚持以农为本，理顺利益关系；坚持市场导向，加大政策扶持；依靠科技进步，发展规模化经营；规范企业行为，维护市场秩序；促进油料生产迅速恢复发展，促进奶业持续健康发展。会议确定了扶持油料生产的政策措施。一是鼓励主产区恢复种植面积。长江流域主要通过开发冬闲田扩大冬油菜种植面积，东北、黄淮海等地区主要通过合理轮作、间作套种恢复大豆种植面积。重点提高单产，避免与粮棉争地。二是增加投入。继续对东北三省和内蒙古种植高油大豆实行良种补贴，补贴规模由目前的1 000万亩扩大到4 000万亩。从2007年起，在长江流域油菜优势区实行油菜良种补贴，中央财政对农民种植油菜每亩补贴10元。三是开展油料作物保险试点，逐步将油料作物纳入农业保险范围并给予保费补贴。四是加快油料生产基地建设，统筹研究对油料生产大县和产粮大县的奖励政策。五是提升油料科研创新能力，加快新品种新技术推广，提高油料生产机械化水平。六是建立健全大豆和食用植物油储备制度，培育油脂、油料期货市场，建立产销预警体系。严格控制油菜转化生物柴油项目。会议强调，2007年秋冬生产即将开始，各有关地区和部门要全面落实促进油料生产的各项政策措施，及早安排油料生产，稳定增加播种面积，并帮助农民搞好田间管理。要加强市场调节和监管，做好食用植物油供应和市场稳定工作。会议明确了促进奶业持续健康发展的主要任务和政策。一是加强良种繁育和推广，提高奶牛生产水平；二是加快推进规模化、标准化养殖，推广科学饲养技术，提高原料奶质量；三是大力发展产业化经营，尽快形成合理的原料奶定价机制；四是优化奶业区域布局，提高乳品加工企业素质；五是健全质量标准体系和标识制度，规范市场秩序；六是积极引导乳品消费，努力开拓奶业市场。为此，国家将加大政策扶持力度，将全部产奶的奶牛纳入良种补贴范围；对养殖优质后备母牛给予一次性补贴；建立奶牛政策性保险制度，政府对参保奶农给予一定保费补贴；加强对奶牛养殖户的信贷支持，帮助部分还贷困难农户渡过难关；将布氏杆菌病、结核病列入畜禽疫病扑杀补贴范围；将牧业和挤奶机械纳入农机具购置补贴范围；增加财政补助，支持建设标准化奶牛养殖小区；抓紧完善乳品加工产业政策，促进企业合理布局和有序发展。会议要求，地方各级政府要切实加强对奶业发展的领导，把推进奶业持续健康发展作为一项重大而紧迫的任务，加大工作力度，狠抓政策落实，确保奶农得到实惠。有关部门要按照职责分工，抓紧制定和完善具体办法，确保2007年年底前将扶持政策落到实处。

9月20日　中央文明办、全国总工会、共青团中央、全国妇联作出决定。决定在2007年第五个“公民道德宣传日”　评选表彰全国道德模范，并印发《关于在“公民道德宣传日”评选表彰全国道德模范的方案》，确保全国道德模范评选表彰工作顺利完成，推动公民道德建设深入发展，以文明和谐的社会氛围迎接党的十七大胜利召开。目前，全国各地迅速掀起了学道德模范事迹、树文明公德新风的热潮。自7月底全国道德模范评选表彰活动开展以来，社会各界高度重视，各地民众正以各种方式向各级活动组委会办公室积极推荐自己身边的道德模范。

9月24日　2007中国互联网大会在北京开幕。本届大会以“和谐网络、品质服务”为主题，倡导互联网服务商提高服务质量，弘扬绿色网络文化，营造和谐、健康的网络环境，共建人人受益的互联网。我国互联网发展迅猛，目前，我国网民人数已经达到1.62亿，互联网普及率为12.3%。

9月26日　国务院总理温家宝主持召开国务院常务会议。会议讨论并原则通过《国家环境保护“十一五”规划》，决定取消和调整186项行政审批项目。会议认为，当前，我国经济社会发展与资源环境约束的矛盾日益突出，环境保护面临严峻的挑战。必须立足于深入贯彻科学发展观，转变经济发展方式，切实解决危害人民群众健康和影响经济社会可持续发展的突出环境问题，努力建设环境友好社会。会议指出，《国家环境保护“十一五”规划》紧紧围绕实现国家“十一五”规划确定的主要污染物排放总量控制目标，把防治污染作为重中之重，对水、大气、固体废物、生态安全、农村污染防治、海洋、核与辐射环境安全等重点领域的环保工作作出了全面规划，明确了目标、任务和措施。各地区、各部门要认真落实，保证规划执行的严肃性。一要加大结构调整力度，强化环境准入，所有新建、扩建和改建项目必须符合环境要求，所有企业排放污染物必须稳定控制在排放标准和总量指标之内，严重浪费资源、污染环境的工艺、设备和落后生产手段必须坚决淘汰，历史遗留的环境问题必须积极解决。二要坚持依法行政，完善监管体制，严格环境执法，综合运用法律、经济、技术和必要的行政手段解决环境问题，从源头防治污染和生态破坏。三要依靠科技，创新机制。大力发展环境科学技术，以技术创新促进环保工作。建立政府、企业、社会多元化投入机制和部分污染治理设施市场化运营机制。四要加强部门、地方政府之间的组织协调，妥善解决跨区域、跨流域的重大环境问题。五要加强环境宣传教育，增强全社会生态文明意识。积极开展环境保护国际合作。会议认为，2001年10月以来，国务院全面推行行政审批制度改革，先后3批取消和调整行政审批项目1 806项，为合理界定政府在经济调节、市场监管中的职能，更有效地发挥政府的社会管理和公共服务职能，奠定了良好基础。会议决定，在此基础上，再取消和调整186项行政审批项目，其中取消行政审批项目128项，调整行政审批项目58项。取消和调整这些审批项目，有利于进一步理顺政府与市场、政府与企业、政府与社会、政府与公民的关系，推动政府职能转变，促进管理创新。会议指出，经过各方面的共同努力，行政审批制度改革已取得重要的阶段性成果，行政审批事项过多过滥的状况明显改变，但行政审批领域仍然存在不少问题，“重审批轻监管”、“以批代管”的现象依然存在。要继续深化行政审批制度改革，依法对行政审批项目实行动态管理，加强对行政审批权的监督制约，不断规范审批行为，创新审批方式，完善配套制度，建设法治政府。

9月27日　中国人民银行、中国银监会联合下发关于加强商业性房地产信贷管理的通知。根据通知，对已利用贷款购买住房、又申请购买第二套（含）以上住房的，贷款首付款比例不得低于40%。通知指出，将严格住房消费贷款管理和严格房地产开发贷款。

同　日　国家发改委副主任张晓强说，目前我国高技术产业规模跃居世界第二，出口总额跻身世界前两位，步入新的发展阶段。2006年中国高技术产品出口达到2 815亿美元，是2002年的4倍多，占全国外贸出口总额的29%。预计2007年高技术产业总收入将超过6.3万亿元，高技术产品出口将达到3 500亿美元。

9月28日　中共中央政治局进行第四十四次集体学习，中共中央总书记胡锦涛主持。中共中央政治局这次集体学习安排的内容是扩大对外开放和维护国家经济安全。上海对外贸易学院王新奎教授、国务院发展研究中心隆国强研究员就这个问题进行了讲解，并谈了对我国扩大对外开放和维护经济安全的建议。中共中央政治局各位同志认真听取了他们的讲解，并就有关问题进行了讨论。胡锦涛在主持学习时发表了讲话。他指出，实行对外开放，是党的十一届三中全会以来我们党根据国际形势的发展变化和党的中心工作的要求制定的重大战略，是建设中国特色社会主义的一项基本国策。实践充分证明，实行对外开放，充分利用国际国内两个市场、两种资源，有利于推动我国经济社会发展，有利于促进我国科技进步和创新，有利于提高我国国际竞争力和影响力，有利于为我国发展营造有利的国际环境，是推进我国社会主义现代化建设的必由之路。胡锦涛指出，随着经济全球化深入发展和我国社会主义市场经济体制不断完善，我国对外开放面临的内外条件正在发生深刻变化，既为我们扩大对外开放、推动经济又好又快发展提供了良好机遇，也对我们在日趋激烈的国际竞争中牢牢掌握我国发展的主动权、切实维护国家经济安全提出了严峻挑战。我们要坚持以邓小平理论和“三个代表”重要思想为指导，深入贯彻落实科学发展观，全面分析我国发展面临的新形势新任务，抓住和用好重要战略机遇期，在新的历史起点上继续扩大对外开放，不断开创对外开放新局面。胡锦涛在讲话中就全面提高开放型经济水平提出五点要求。一是要加快转变外贸增长方式，坚持以质取胜，优化进出口商品结构，努力促进对外贸易从数量增加为主向质量提高为主转变，提高对外贸易质量和效益。二是要优化对外开放结构和布局，提高利用外资质量，积极引进先进技术、管理经验和高素质人才，加强对外资的产业和区域投向引导，做好引进技术的消化吸收和创新提高，扩大高新技术产业和先进制造业对外开放。三是要深入实施“走出去”战略，从我国经济发展的战略需要出发，支持有条件的企业按照国际通行规则对外直接投资和跨国经营，完善对境外投资的协调机制和风险管理，健全对外投资服务体系，办好境外经济贸易合作区，支持当地发展经济、改善民生。四是要扎实促进互利共赢，维护和完善全球经贸体系，主动承担与我国发展水平和能力相适应的国际责任，力所能及地加大对发展中国家的援助和支持，妥善处理产品质量、气候变化、生态环境、知识产权等问题，维护企业合法权益和国家利益。五是要切实维护国家经济安全，完善维护国家经济安全的法律法规，构建有效的国家经济安全体制机制，增强国家经济安全监测和预警、危机反映和应对的能力，依法保护我国海外资产和人员安全。胡锦涛强调，各级党委和政府要加强和改进对外开放工作的领导，认真贯彻中央关于对外开放的决策部署，全面分析对外开放形势，完善对外开放政策措施，自觉维护国家经济安全，不断提高统筹国内发展和对外开放的能力。要深化涉外经济体制改革，完善促进生产要素跨境流动和优化配置政策法律和体制机制，健全保障公平贸易的管理制度，优化投资环境。各级领导干部要提高驾驭对外开放的本领，认真研究和解决对外开放中的新情况新问题，使对外开放更好地服务于改革发展稳定大局。

同　日　国务院总理温家宝晚应约就缅甸问题与英国首相布朗通电话。布朗说，当前缅甸局势备受国际社会关注，希望缅甸尽快恢复局势稳定，实现和解并开始政治进程。英方希望中方为缅甸问题的妥善解决继续发挥积极影响力，英方愿与中方加强沟通。温家宝表示，中国对目前的缅甸局势十分关注。我们希望缅甸有关各方保持克制，通过和平手段，尽快恢复局势稳定，促进内部和解，实现民主与发展。我们认为，国际社会应为缅甸问题的最终解决提供建设性的帮助。中国政府将继续同国际社会一道，积极促进缅甸问题的妥善解决。双方还就两国关系及其他共同关心的国际问题交换了意见。

9月29日　国务院总理温家宝在中南海紫光阁会见来华出席中俄总理定期会晤委员会第十一次会议的俄罗斯副总理茹科夫。温家宝对中俄总理定期会晤委员会以及人文合作委员会工作给予了高度评价。他表示，两个委员会会议取得了丰硕成果，为中俄总理第十二次定期会晤做好了充分准备。温家宝说，2007年是中俄战略协作伙伴关系第二个十年的起始之年。目前中俄关系进入高质量、高水平的发展阶段，各领域合作稳步发展，在国际事务中的配合日益密切。中方愿与俄方继续加强合作，推动中俄战略协作伙伴关系不断向前发展。茹科夫表示，俄中战略协作伙伴关系持续发展，给两国各个领域的互利合作创造了良好的条件。当前，俄中经贸、能源、核能、航空航天等领域的合作日益深化，并显现出巨大的潜力和广阔的发展前景。两国人文领域合作快速发展，在俄罗斯举行的“中国年”

影响巨大。俄方期待着即将举行的俄中总理第十二次定期会晤能取得丰硕成果。相信此次会晤将为俄中战略协作伙伴关系及双方各领域互利合作注入新的动力。国务院副总理吴仪参加了会见。

9月30日　国务院在人民大会堂举行国庆招待会，热烈庆祝中华人民共和国成立58周年。胡锦涛、吴邦国、温家宝、贾庆林、曾庆红、吴官正、李长春、罗干等党和国家领导人与1 500余名中外人士欢聚一堂，共庆佳节。国务院总理温家宝发表热情洋溢的讲话。内容如下："各位来宾、各位朋友、各位同志：今天，我们欢聚在人民大会堂，隆重庆祝中华人民共和国成立58周年。我代表党中央、国务院，向全国各族人民和各界人士，致以节日的祝贺！向港澳同胞、台湾同胞和海外侨胞，致以亲切的问候！向出席招待会的各国朋友，向所有关心和支持我国现代化建设的国际友人，表示衷心的感谢！新中国成立以来，我们国家发生了巨大变化，特别是改革开放，极大地调动了人们的积极性和创造性，开创了国家经济、政治、文化、社会全面发展的崭新局面，综合国力大幅提升，人民生活显著改善，城乡面貌日新月异，国际地位不断提高。我们走的中国特色社会主义道路，是一条富民强国、振兴中华的康庄大道。在我们这样一个有着十几亿人口的大国进行现代化建设，是人类历史上前所未有的壮举。我们已经取得了伟大的成就，但前面的路还很长。在前进的道路上既有机遇也有挑战。我们坚信，只要坚定不移地走中国特色社会主义道路，坚持改革开放，就一定能够把中国建设成为富强民主文明和谐的社会主义现代化国家。我们对中国的未来充满希望，我们伟大祖国的前程无限光明！来宾们、朋友们、同志们！我们要贯彻'一国两制'、'港人治港'、'澳人治澳'、高度自治的方针，严格按照基本法办事，维护和促进香港、澳门的长期繁荣稳定。我们要与广大台湾同胞一道，共同反对和遏制'台独'分裂活动，携手推进祖国和平统一大业。我们要走和平发展道路，实施互利共赢的开放战略，维护世界和平，促进共同发展。中国共产党第十七次全国代表大会即将召开，这是在我国改革发展关键阶段召开的一次十分重要的大会。我们要在以胡锦涛同志为总书记的党中央领导下，坚持以邓小平理论和‘三个代表’重要思想为指导，深入贯彻落实科学发展观，为夺取全面建设小康社会新胜利而奋斗！现在，我提议，为庆祝中华人民共和国成立58周年，为祖国的繁荣富强和各族人民的幸福，为中国人民同世界人民的友谊与合作，为来宾们、朋友们和同志们的健康，干杯！”

10月2日　2007年世界夏季特殊奥林匹克运动会在上海体育场隆重开幕。国家主席胡锦涛出席开幕式并宣布运动会开幕。世界特殊奥林匹克运动会是面向智障人士的综合性大型运动会。这次在上海举办的特奥会，是第一次在发展中国家、在亚洲举办的夏季特奥会，是迄今为止我国举办的参赛国家和地区、参赛人员最多的国际体育赛事。本届特奥会设有21个比赛项目和4个表演项目，有1万多名运动员、教练员参加。全部比赛于10月11日结束。

10月9日—12日　中国共产党第十六届中央委员会第七次全体会议在北京举行。会议由中央政治局主持。中央委员会总书记胡锦涛作了重要讲话。会议决定，中国共产党第十七次全国代表大会于2007年10月15日在北京召开。会议听取和讨论了胡锦涛受中央政治局委托作的工作报告。全会讨论并通过了党的十六届中央委员会向党的第十七次全国代表大会的报告，讨论并通过了《中国共产党章程(修正案)》，决定将这2份文件提请党的第十七次全国代表大会审议。胡锦涛就党的十六届中央委员会向党的第十七次全国代表大会的报告讨论稿向全会作了说明。吴邦国就《中国共产党章程（修正案)》讨论稿向全会作了说明。全会充分肯定了党的十六届六中全会以来中央政治局的工作。一致认为，中央政治局坚持以邓小平理论和“三个代表”重要思想为指导，认真贯彻党的十六大和十六届三中、四中、五中、六中全会精神，深入贯彻落实科学发展观，团结带领全党全国各族人民围绕推动科学发展、促进社会和谐，加强和改善宏观调控，着力调整经济结构和转变发展方式，着力加强资源节约和环境保护，着力推进改革开放和自主创新，着力促进社会发展和解决民生问题，全面推进社会主义经济建设、政治建设、文化建设、社会建设，全面推进党的建设新的伟大工程，各项事业取得了新的显著成绩，朝着党的十六大确立的全面建设小康社会的目标迈出了坚实步伐，为召开党的第十七次全国代表大会创造了良好条件。全会总结了党的十六大以来五年的工作。一致认为，这五年是不平凡的五年。面对复杂多变的国际环境和艰巨繁重的改革发展任务，以胡锦涛同志为总书记的党中央带领全党，紧紧依靠全国各族人民，坚持以邓小平理论和“三个代表”重要思想为指导，提出并贯彻科学发展观等重大战略思想，战胜各种困难和风险，推动党和国家工作取得新的重大成就。经济实力大幅提升，改革开放取得重大突破，人民生活显著改善，民主法制建设取得新进步，文化建设开创新局面，社会建设全面展开，国防和军队建设取得历史性成就，香港、澳门保持繁荣稳定，对台工作进一步加强，全方位外交取得重大进展，党的建设新的伟大工程扎实推进，开创了中国特色社会主义事业新局面。全会按照党章规定，决定递补中央委员会候补委员朱祖良、杜学芳、杨传堂、邱衍汉为中央委员会委员。全会审议并通过了《中共中央纪律检查委员会关于陈良宇问题的审查报告》、《中共中央纪律检查委员会关于杜世成问题的审查报告》，确认中央政治局2007年7月26日、4月23日分别作出的给予陈良宇、杜世成开除党籍的处分。全会全面分析了当前的形势和任务，深入讨论了从新的历史起点出发继续推进中国特色社会主义伟大事业和党的建设新的伟大工程的若干重大问题，为召开党的第十七次全国代表大会作了充分准备。

10月11日—12日　中国共产党中央纪律检查委员会第八次全体会议在北京举行。中央纪律检查委员会委员112人出席了会议，列席了中国共产党第十六届中央委员会第七次全体会议。中央纪律检查委员会常务委员会主持了会议，中共中央政治局常委、中央纪律检查委员会书记吴官正作了重要讲话。全会审议并通过了中共中央纪律检查委员会向党的第十七次全国代表大会的工作报告，同意将报告提请党的第十七次全国代表大会审查。全会认为，党的十六大以来，中央纪委和各级纪委在以胡锦涛同志为总书记的党中央领导下，坚持以邓小平理论和“三个代表”重要思想为指导，深入贯彻落实科学发展观，认真履行党章赋予的职责，扎实推进党风廉政建设和反腐败工作。经过全党全社会的共同努力，反腐倡廉在继承中发展，在改革中创新，取得新的明显成效。但是，也要清醒地看到，消极腐败现象仍然比较严重，反腐倡廉形势仍然严峻，必须充分认识反腐败斗争的长期性、复杂性、艰巨性。全会强调，要把反腐倡廉建设放在更加突出的位置，坚持标本兼治、综合治理、惩防并举、注重预防的方针，加强以保持党同人民群众血肉联系为重点的作风建设，加强以完善惩治和预防腐败体系为重点的反腐倡廉建设，在坚决惩治腐败的同时，更加注重治本，更加注重预防，更加注重制度建设，努力拓展从源头上防治腐败的工作领域，进一步提高反腐倡廉工作水平，推动科学发展，促进社会和谐，为实现党的十七大作出的各项重大决策和战略部署提供有力保证。全会要求，各级纪委要更加紧密地团结在以胡锦涛同志为总书记的党中央周围，高举中国特色社会主义伟大旗帜，坚持党的基本路线不动摇，锐意进取，扎实工作，不断取得党风廉政建设和反腐败斗争的新成效，为夺取全面建设小康社会新胜利、开创中国特色社会主义事业新局面而努力奋斗！

10月11日　国务院总理温家宝在中南海紫光阁会见了美籍华裔物理学家、诺贝尔奖获得者朱棣文教授。全国人大常委会副委员长、中国科学院院长路甬祥参加了会见。

10月21日　中国共产党第十七次全国代表大会选举产生新一届中央委员会和中央纪律检查委员会。中国共产党第十七届中央委员会委员名单（204名，按姓氏笔画为序），于幼军、卫留成、习近平、马驭(女)、马凯、马晓天、王刚、王君、王珉、王晨、王毅、王万宾、王太华、王正伟（回族）、王东明、王乐泉、王兆国、王旭东、王岐山、王沪宁、王国生（军队）、王金山、王胜俊、王家瑞、王鸿举、王喜斌、乌云其木格（女，蒙古族）、尹蔚民、邓楠（女）、邓昌友、艾斯海提·克里木拜（哈萨克族）、石宗源（回族）、卢展工、田成平、田修思、白立忱（回族）、白志健、白恩培、白景富、令计划、司马义·铁力瓦尔地（维吾尔族）、吉炳轩、列确（藏族）、吕祖善、回良玉（回族）、朱之鑫、朱维群、华建敏、向巴平措（藏族）、刘京、刘淇、刘鹏、刘源、刘云山、刘冬冬、刘永治、刘成军、刘延东(女)、刘志军、刘奇葆、刘明康、刘晓江、刘家义、许其亮、孙大发、孙忠同、孙春兰（女)、孙政才、孙晓群、苏荣、杜青林、李斌(女)、李长才、李长江、李长春、李从军、李世明、李成玉（回族)、李兆焯（壮族)、李克强、李学举、李学勇、李建国、李荣融、李海峰（女)、李继耐、李盛霖、李景田（满族)、李源潮、李毅中、杨晶（蒙古族)、杨元元、杨传堂、杨衍银（女)、杨洁篪、杨崇汇、肖捷、吴双战、吴邦国、吴胜利、吴爱英（女)、吴新雄、何勇、汪洋、沈跃跃（女)、宋秀岩（女)、迟万春、张平、张阳、张又侠、张云川、张文岳、张玉台、张左己、张庆伟、张庆黎、张宝顺、张春贤、张高丽、张海阳、张德江、陆兵（壮族)、陆浩、阿不来提·阿不都热西提（维吾尔族)、陈雷、陈至立（女)、陈国令、陈建国、陈奎元、陈炳德、范长龙、林树森、尚福林、罗保铭、罗清泉、周济、周强、周小川、周生贤、周永康、周伯华、房峰辉、孟学农、孟建柱、赵乐际、赵克石、赵洪祝、胡春华、胡锦涛、柳斌杰、俞正声、姜大明、姜伟新、姜异康、贺国强、秦光荣、袁纯清、耿惠昌、聂卫国、贾庆林、贾治邦、钱运录、徐才厚、徐光春、徐守盛、徐绍史、高强、郭伯雄、郭金龙、郭庚茂、黄小晶、黄华华、黄晴宜(女)、黄献中、曹建明、盛光祖、常万全、符廷贵、康日新、章沁生、梁光烈、梁保华、彭小枫、彭清华、葛振峰、董贵山、蒋巨峰、韩正、韩长赋、喻林祥、储波、童世平、温家宝、谢旭人、强卫、路甬祥、靖志远、蔡武、廖晖、廖锡龙、薄熙来、戴秉国（土家族)、戴相龙、魏礼群。中国共产党第十七届中央委员会候补委员名单(167名，按得票多少为序排列)，王新宪、焉荣竹、王学军、王建平、刘石泉、杜宇新、符跃兰（女，黎族)、马飚（壮族)、王光亚、旦科（藏族)、朱小丹、全哲洙（朝鲜族)、李玉妹（女)、张连珍(女)、林左鸣、罗正富（彝族)、罗志军、郑立中、赵宪庚、袁荣祥、黄建国、申维辰、任亚平、刘慧（女，回族)、刘振起、孙建国、李希、李买富、杨刚、杨松、余远辉（瑶族)、余欣荣、张成寅、张国清、张裔炯、陈存根、陈敏尔、努尔·白克力（维吾尔族)、林军、骆惠宁、黄康生（布依族）、魏凤和、于革胜、王伟光、艾虎生、朱发忠、刘学普（土家族）、刘振来（回族）、孙金龙、苏士亮、李长印、岳福洪、金振吉（朝鲜族）、秦银河、徐一天、薛延忠、王宪魁、巴音朝鲁（蒙古族）、叶冬松、史莲喜（女）、刘晓凯（苗族）、吴定富、张耕、张基尧、陈宝生、苗圩、林明月（女）、赵爱明(女)、胡泽君（女）、胡振民、咸辉（女，回族）、袁家军、息中朝、徐乐江、徐粉林、黄兴国、谌贻琴（女，白族）、王玉普、王国生(江苏)、尤权、李金城、肖钢、肖亚庆、何立峰、张仕波、张晓刚、金壮龙、胡晓炼（女）、白春礼（满族）、多吉（藏族）、刘伟、刘伟平、刘粤军、江泽林、李克（壮族）、李安东、冷溶、陈润儿、鹿心社、谢和平、王儒林、石大华、叶小文、吉林、苏树林、李康（女，壮族）、李崇禧、杨利伟、杨焕宁、张轩（女）、陈政高、武吉海(苗族）、项俊波、舒晓琴（女）、詹文龙、潘云鹤、刀林荫（女，傣族）、王荣、汤涛、李纪恒、宋爱荣（女）、张杰、陈左宁（女）、竺延风、骆琳、铁凝（女）、褚益民、蔡英挺、邢元敏、李鸿忠、陈川平、梅克保、曹清、焦焕成、雷春美（女，畲族）、翟虎渠、丁一平、闵维方、郭树清、王侠（女）、陈元、陈德铭、姜建清、郭声琨、董万才、蔡振华、王明方、沈素琍（女）、张岱梨（女）、陈全国、乌兰（女，蒙古族）、付志方、夏宝龙、王安顺、吴显国、张瑞敏、赵勇、栗战书、车俊、蒋洁敏、王晓初、刘玉浦、王三运、殷一璀(女)、楼继伟、刘振亚、贾廷安。中国共产党中央纪律检查委员会委员名单（127名，按姓氏笔画为序），干以胜、于起龙、马驭(女)、马志鹏、王伟、王勇、王为璐、王正福（苗族）、王立英（女）、王华元、王华庆、王寿祥、王志刚、王忠民、王和民、王俊莲（女）、王洪章、王冠中、王莉莉（女）、支树平、仁青加（藏族）、仇保兴、勾清明、巴特尔（蒙古族）、邓天生、叶青纯、田力普、令狐安、冯寿淼、冯敏刚、年福纯、朱明国（黎族）、朱保成、刘玉亭、刘亚洲、刘建华(女)、刘春良、刘晓榕、安立敏（女）、许云昭、许达哲、孙忠同、孙宝树、孙思敬、杜鹃（女）、杜学芳（女）、杜恒岩、李刚、李熙、李小雪、李玉赋、李立国、李汉柏（白族）、李延芝

(女)、李金章、李法泉、李适时、李洪峰、李清印、杨士秋、杨传升、杨利民、杨建亭、吴玉良、吴毓萍（女)、邱学强、何平、何勇、沈德咏、宋育英（女)、张军、张毅、张汝成、张纪南、张建平、张研农、张铁健、张惠新、陈希、陈文清、陈训秋、陈际瓦(女)、陈新权、陈冀平、邵明立、邵琪伟、范印华、欧泽高（藏族)、尚勇、金书波、金道铭（满族)、周英（女)、屈万祥、项宗西、赵铁锤、胡玉敏（女)、段录定、祝春林、姚增科、贺邦靖(女，白族)、贺国强、袁贵仁、徐斌、徐天亮、徐敬业、奚国华、高武生、郭永平、郭炎炎、黄作兴、黄树贤、黄殿中、曹康泰、符强、董君舒、蒋文兰(女)、傅成玉、傅雯娟（女)、谢伏瞻、解学智、解振华、蔡继华、臧胜业、臧献甫、雒树刚、翟小衡、魏家福。

10月22日　中国共产党第十七届中央委员会第一次全体会议在北京举行。会议选举胡锦涛、吴邦国、温家宝、贾庆林、李长春、习近平、李克强、贺国强、周永康为中央政治局常委，胡锦涛再次当选中共中央总书记。新一届中央政治局常委中，胡锦涛、吴邦国、温家宝、贾庆林、李长春再次当选，习近平、李克强、贺国强、周永康为新任常委。出席会议的有中央委员204人，候补中央委员166人。中央纪律检查委员会委员列席会议。胡锦涛同志主持会议并作了重要讲话。全会选举了中央政治局委员、中央政治局常务委员会委员、中央委员会总书记；根据中央政治局常务委员会的提名，通过了中央书记处成员；决定了中央军事委员会组成人员；批准了中央纪律检查委员会第一次全体会议选举产生的书记、副书记和常务委员会委员人选。名单如下：一、中央政治局委员（按姓氏笔画为序）习近平、王刚、王乐泉、王兆国、王岐山、回良玉（回族)、刘淇、刘云山、刘延东（女)、李长春、李克强、李源潮、吴邦国、汪洋、张高丽、张德江、周永康、胡锦涛、俞正声、贺国强、贾庆林、徐才厚、郭伯雄、温家宝、薄熙来。二、中央政治局常务委员会委员胡锦涛、吴邦国、温家宝、贾庆林、李长春、习近平、李克强、贺国强、周永康。三、中央委员会总书记胡锦涛。四、中央书记处书记习近平、刘云山、李源潮、何勇、令计划、王沪宁。五、中央军事委员会主席、副主席、委员，主席胡锦涛，副主席郭伯雄、徐才厚，委员梁光烈、陈炳德、李继耐、廖锡龙、常万全、靖志远、吴胜利、许其亮。六、中央纪律检查委员会书记、副书记、常务委员会委员，书记贺国强，副书记何勇、张惠新、马驭（女）、孙忠同、干以胜、张毅、黄树贤、李玉赋，常务委员会委员（按姓氏笔画为序）干以胜、马驭（女）、王伟、令狐安、孙忠同、杜学芳（女）、李玉赋、吴玉良、吴毓萍（女）、邱学强、何勇、张军、张毅、张纪南、张惠新、屈万祥、贺国强、黄树贤、蔡继华。

10月23日　十七届中共中央政治局召开第一次会议，专门对学习宣传贯彻党的十七大精神进行研究部署。中共中央总书记胡锦涛主持会议。会议指出，党的十七大是在我国改革发展关键阶段召开的一次十分重要的大会。大会批准的胡锦涛同志代表十六届中央委员会所作的报告，描绘了在新的时代条件下继续全面建设小康社会、加快推进社会主义现代化的宏伟蓝图，为我们继续推动党和国家事业发展指明了前进方向，是我们党团结带领全国各族人民坚定不移走中国特色社会主义道路、在新的历史起点上继续发展中国特色社会主义的政治宣言和行动纲领。大会通过的党章修正案，体现了党的理论创新和实践发展的成果，体现了党的十七大报告确立的重大理论观点、重大战略思想、重大工作部署，对坚持和改善党的领导、加强和改进党的建设提出了明确要求。认真学习宣传贯彻党的十七大精神，关系党和国家工作全局，关系中国特色社会主义事业长远发展，对于动员全党全国各族人民，在以胡锦涛同志为总书记的党中央领导下，高举中国特色社会主义伟大旗帜，奋力夺取全面建设小康社会新胜利、开创中国特色社会主义事业新局面，具有重大现实意义和深远历史意义。会议强调，当前和今后一个时期的首要政治任务，就是学习宣传和全面贯彻落实党的十七大精神，为实现党的十七大确定的奋斗目标和工作任务而扎实努力。要认真学习宣传贯彻党的十七大精神，把全党全国各族人民的思想统一到党的十七大精神上来，把力量凝聚到实现党的十七大确定的各项任务上来。要认真研读党的十七大文件，原原本本地学习党的十七大报告和党章，全面准确地学习领会党的十七大精神。要深刻领会党的十七大的主题，深刻领会党的十六大以来所取得的成绩，深刻领会改革开放的伟大历史进程和宝贵经验，深刻领会中国特色社会主义道路和中国特色社会主义理论体系，深刻领会科学发展观的科学内涵、精神实质、根本要求，深刻领会实现全面建设小康社会奋斗目标的新要求，深刻领会社会主义经济建设、政治建设、文化建设、社会建设等方面的重大部署，深刻领会以改革创新精神推进党的建设新的伟大工程的重大任务。会议指出，学习宣传贯彻党的十七大精神，要坚持理论联系实际，紧密联系本地区本部门的工作实际，紧密联系广大党员的思想实际，坚持学以致用、用以促学，把用党的十七大精神武装头脑、指导实践、推动工作作为学习的出发点和落脚点。要通过学习宣传贯彻党的十七大精神，更加坚定不移地高举中国特色社会主义伟大旗帜，坚持中国特色社会主义道路和中国特色社会主义理论体系不动摇；增强贯彻落实科学发展观的自觉性和坚定性，更加自觉地走科学发展道路，把科学发展观贯彻落实到经济社会发展各个方面；进一步明确本地区本部门的具体奋斗目标，提出改革发展的新思路新举措，推动经济建设、政治建设、文化建设、社会建设全面发展；努力解决人民最关心、最直接、最现实的利益问题，使发展成果更多体现到改善民生上，促进社会和谐，维护社会稳定；全面推进党的建设新的伟大工程，提高党的执政能力，始终保持党的先进性。会议强调，要认真组织好党的十七大精神的宣传。要精心筹划、周密安排，开展多种形式的宣讲活动，发挥各类媒体优势和特色，广泛深入宣传党的十七大精神。要加强对党的十七大精神的理论研究，组织理论界进行深入研究，努力推出一批理论成果。会议要求，各级党委要切实抓好学习宣传贯彻党的十七大精神的工作，按照中央的部署，结合本地区本部门实际提出具体要求，及时了解学习宣传贯彻情况，总结推广经验，把学习宣传贯彻党的十七大精神不断引向深入。要坚持以县（处）级以上领导干部为重点，推动全党的学习与贯彻。要切实抓好党的十七大精神进教材、进课堂、进学生头脑的工作。企业、农村、机关、学校、部队、社区的基层党组织，要通过多种形式组织好广大党员和群众的学习，引导人们为全面建设小康社会而勤奋工作。

10月24日　我国在西昌卫星发射中心用“长征三号甲”运载火箭将“嫦娥一号”卫星成功送入太空。“嫦娥一号”是我国自主研制的第一颗月球探测卫星，它的发射成功，标志着我国实施绕月探测工程迈出重要一步。今后一段时间，“嫦娥一号”在地球轨道上将进行4次变轨，让卫星不断加速，进入地月转移轨道。到达月球引力范围后，将通过3次近月制动，建立起距月球200公里的绕月球两极飞行的圆轨道，进行绕月探测飞行。

同　日　国务院总理温家宝主持召开国务院常务会议，研究部署第四季度经济社会发展工作。会议认为，2007年以来，各地区、各部门按照党中央、国务院的工作部署，进一步加强和改善宏观调控，着力推动科学发展，积极促进社会和谐，各方面工作取得显著成绩。但是实现2007年各项工作目标，任务还很繁重。各地区、各部门要再接再厉，开拓进取，切实做好第四季度的各项工作，为2008年打下良好基础。（一）继续抓好“三农”工作。认真做好秋粮收购和秋冬粮食播种工作。搞好水利建设特别是水毁工程修复。进一步落实促进生猪生产、油料生产、奶业发展的政策措施，加强动物疫病防控。（二）继续抑制固定资产投资增长过快和信贷投放过多。严格执行土地利用计划，防止年底前违规批地用地。目前，新上项目增长较快，必须从严控制新开工项目，特别是高耗能、高排放和产能过剩行业的新开工项目。密切监测贷款投放进度和投向，引导商业银行控制规模、优化结构，对资本金不到位的新开工项目暂缓发放贷款。继续控制高耗能产品出口。（三）全面落实节能降耗和污染减排目标责任制，发布节能减排统计指标、监测、考核实施方案和管理办法，加快制定出台节能减排综合性工作方案配套政策。加强对淘汰落后产能工作的督促检查，加大环保监控和执法力度。（四）搞好经济运行调节。做好煤电油运的组织协调工作，保障冬季取暖用煤、燃气供应以及生产生活用电。提前做好2008年春运各项准备工作。（五）加强市场监管，抑制消费品价格过快上涨。

密切监测主要农产品市场供求和价格变动情况，保证市场供应。加大价格监督检查力度，坚决打击各种价格违法行为。年底前，原则上不出台政府调价项目。（六）深化重点领域改革。按照金融工作会议确定的任务，推进金融体制改革。积极做好准备工作，推进财税体制改革、行政管理体制改革和其他各项改革。（七）认真落实关系民生的各项政策。加强劳动监察执法，确保企业用工合法有序和农民工工资及时足额发放。妥善安排好受灾群众和困难群体的生产生活。全面落实房地产调控政策，大力推进廉租房制度建设，着力解决困难群众的住房问题，努力控制房价过快上涨。抓紧完成医药卫生体制改革总体方案。深入开展产品质量和食品安全专项整治。（八）加强重点行业、重点企业的安全生产监管，全面排查和治理重大安全隐患，防止各类重特大事故发生。加强社会治安综合治理，维护社会和谐稳定。（九）加强廉政建设，厉行勤俭节约。严格财政支出管理，严格控制一般性支出，尤其要防止铺张浪费，防止年底突击花钱。

10月24日—28日　十届全国人大常委会第三十次会议在京举行。会议经表决，通过了城乡规划法、全国人大常委会关于修改民事诉讼法的决定、修改后的律师法和节约能源法。决定免去周永康兼任的公安部部长职务，任命孟建柱为公安部部长。国家主席胡锦涛签署第七十四号至七十八号主席令，公布了上述法律和任命。

10月28日　第四届中国—东盟博览会在广西南宁开幕。国务院副总理曾培炎和文莱王储比拉、柬埔寨首相洪森、老挝总理波松、越南总理阮晋勇等东盟国家领导人出席开幕式，共同为博览会揭幕。

10月31日　国务院总理温家宝主持召开国务院常务会议。会议讨论并原则通过《中华人民共和国食品安全法（草案）》，审议并原则通过《综合交通网中长期发展规划》。会议认为，加强食品安全工作，必须有严格的法制作保障。在现行食品卫生法基础上拟定的《中华人民共和国食品安全法（草案）》，针对当前食品安全监管中的薄弱环节，对食品卫生安全制度作了重要的补充和完善。一是建立食品安全风险监测和评估制度，把食品安全风险评估结果作为制定食品安全标准、确定食源性疾病控制对策的重要依据。统一发布食品安全重大信息，做到及时、客观、准确。二是建立食品生产、加工、包装、运输、储藏和销售等各个环节的质量安全相关制度，防患于未然。三是建立食品生产经营许可制度、查验记录制度、标签制度、索票索证制度和不安全食品召回制度，强化生产经营者作为保证食品安全第一责任人的责任，加大对食品生产经营违法行为的处罚力度。四是加强食品进出口质量管理。进口到我国境内的食品、食品添加剂以及相关产品应当符合我国食品安全国家标准。出口食品应当符合进口国（地区）的强制性要求，并经出入境检验合格。五是健全食品安全监督体制，进一步明确地方政府对本行政区域的食品安全监管负总责，赋予行政机关必要的监管权力，不依法履行职责的必须承担法律责任。六是建立畅通、便利的消费者权益救济渠道，食品消费者有权检举、控告侵害消费者权益的行为，有权依法获得赔偿。会议决定，该草案经进一步修改后，由国务院提请全国人大常委会审议。会议指出，《综合交通网中长期发展规划》为配合国家总体发展战略，统筹考虑经济布局、人口和资源分布、国土开发等对交通运输的要求，对涵盖铁路、公路、水运、民航和管道5种交通运输方式的综合交通网建设作出了规划，明确了今后一个时期重点建设的综合运输大通道、国际区域运输通道和全国性综合交通枢纽。会议强调，实施《综合交通网中长期发展规划》，要从实际出发，充分发挥各种交通运输方式的优势和效益，要贯彻可持续发展战略，注重资源保护和节能减排，特别要做到节约和集约利用土地、以最小的资源和环境代价满足经济社会发展对交通运输的总体需求。

同　日　国家发改委发出通知，自11月1日零时起将汽油、柴油和航空煤油价格每吨各提高500元。成品油价格调整后，相关的铁路货运、民航客运、公路运输等服务价格或收费需适当调整。为减少对群众生活的影响，铁路客运、城市公交、农村道路客运和民用天然气价格不做调整。同时，国家对农业、林业、渔业、城市公共交通和农村道路客运、出租车行业给予适当补贴。

本　月　为切实加强对京沪高速铁路建设工作的领导，国务院决定成立京沪高速铁路建设领导小组，国务院副总理曾培炎担任组长。京沪高速铁路建设领导小组的主要职责是统筹指导京沪高速铁路建设工作，协调解决建设中的重大问题。京沪高速铁路全长1 318公里，速度目标值为时速350公里，初期运营时速300公里。京沪高铁投入使用后，从北京到上海只需5小时，年单方向预计输送旅客8 000余万人次，每年输送旅客预计高达1.6亿人次。

11月1日　中共中央印发了《关于认真学习宣传贯彻党的十七大精神的通知》。通知指出，认真学习宣传贯彻党的十七大精神，关系党和国家工作全局，关系中国特色社会主义事业长远发展，对于动员全党全国各族人民在以胡锦涛同志为总书记的党中央领导下，高举中国特色社会主义伟大旗帜，奋力开创中国特色社会主义事业新局面，具有重大现实意义和深远历史意义。

11月3日　燃烧了10天的城运会火炬在武汉缓缓熄灭，第六届全国城市运动会以一种体育“嘉年华”的方式闭幕。在城运会赛场，来自74个代表团的6 353名运动员，在24个大项288个小项的比赛中，1人1次打破1项世界纪录，2人2次平1项世界纪录。此外，还有4人4次改写4项全国纪录。第七届全国城运会将于2011年在南昌举行。

11月5日　第八届中国艺术节在湖北开幕。第八届中国艺术节举办时间为11月5日—20日，由文化部主办、湖北省人民政府承办。主会场在武汉市，分会场设在宜昌、黄石、襄樊、荆门、鄂州。本届艺术节的主题是“繁荣先进文化，建设和谐文化”。

同　日　中央领导人电贺卫星近月制动成功。中共中央总书记、国家主席、中央军委主席胡锦涛，中共中央政治局常委、国务院总理温家宝，致电祝贺“嫦娥一号”卫星第一次近月制动取得圆满成功。胡锦涛在贺电中说，欣闻“嫦娥一号”第一次近月制动取得圆满成功，卫星已进入环月轨道，我谨向参与“嫦娥一号”研制、指挥、测控和保障的全体同志表示热烈祝贺和亲切慰问！望再接再厉，夺取绕月探测的新胜利！温家宝在贺电中说，欣悉“嫦娥一号”绕月探测卫星成功实现近月制动，进入绕月轨道，我谨向参与工程的全体同志表示热烈的祝贺和亲切的慰问！希望同志们继续按照高标准、高质量、高效率的要求，一丝不苟，精益求精，大力协同，扎实工作，确保绕月探测工程取得圆满成功！

11月12日　第二十四次南极科学考察队从中国极地考察内基地码头启程。队员们乘坐改装一新的“雪龙”号极地科学考察船，奔赴南极，执行我国2007—2008年度科学考察和后勤保障任务。我国第二十四次南极考察是第四次“国际极地年”（IPY）中国行动计划的首航，是我国在南极内陆建第三个考察站的起步年，具有重要意义。

同　日　全国农村人口和计划生育工作会议在河南郑州市召开。会议期间，国家人口计生委、国家发改委、农业部、教育部、卫生部、公安部、财政部、民政部等14个部委联合发出《关于全面加强农村人口和计划生育工作的若干意见》，全面指导各地加强农村人口计生工作。

11月13日　全国青年作家创作会议在北京召开。中共中央政治局常委李长春出席会议并讲话。他希望广大青年作家认真学习贯彻党的十七大精神和胡锦涛总书记在第八次全国文代会、第七次全国作代会上的重要讲话，进一步增强责任感、使命感，积极投身社会主义文化建设，创作出更多符合时代要求、反映人民愿望，思想性、艺术性俱佳的精品力作，为兴起社会主义文化建设新高潮建功立业。

11月14日　国务院总理温家宝主持召开国务院常务会议，研究部署稳定市场供应和保障困难群众生活工作。会议指出，当前和今后一段时期，要在继续加强和改善宏观调控、切实防止经济增长由偏快转为过热的基础上，进一步采取措施，发展生产，保障供给，基本稳定价格总水平，妥善安排人民群众生活，维护市场和社会稳定。

同　日　国务院总理温家宝主持召开国务院常务会议，研究部署稳定市场供应和保障困难群众生活工作。会议认为，2007年以来，国际市场油价高涨、粮食减产，国内部分生产资料和消费品价格上升，特别是猪肉、食用油和柴油、液化气等价格上涨较多。国务院对此高度重视，及时采取措施，扶持生猪、油料生产和奶业发展，控制玉米深加工盲目发展，增加公益性行业补贴，提高低收入人群社会保障标准，保证了市场基本平稳。会议指出，我国粮食连续4年丰收，库存充足，国内消费品供应总体上能够满足需求，工业品价格基本稳定，目前的物价上涨是结构性的，但价格总水平上涨的压力较大。当前和今后一段时期，要在继续加强和改善宏观调控、切实防止经济增长由偏快转为过热的基础上，进一步采取措施，发展生产，保障供给，基本稳定价格总水平，妥善安排人民群众生活，维护市场和社会稳定。（一）努力抓好农业生产。加强农业基础设施建设，认真落实扶持粮食、油料、生猪、奶业发展的政策措施，提高农业综合直补标准，稳定粮食播种面积，增加油料生产，扩大冬季蔬菜生产，做好畜禽防疫工作。（二）采取综合措施，扩大原油生产和加工，切实保障成品油供应。（三）加强经济运行调度。铁路、交通部门要优先安排居民生活必需品运输，畅通农产品运输“绿色通道”。加强消费品货源组织和产销衔接，大中城市要保持一定数量的肉禽蛋奶储备。（四）充分利用国际国内两个市场。完善关税政策，适时增加部分消费品进口，调节市场余缺。（五）加强市场监管，严厉打击串通定价、合谋涨价、囤积居奇、哄抬价格等行为，维护市场正常秩序。（六）妥善安排城乡低收入家庭和困难群众生活。适当提高企业离退休人员基本养老金标准，提高城乡低保补助水平，提高最低工资标准。完善企业工资正常增长机制。落实学校食堂以及公共交通等公益性行业补贴政策。继续清理企业拖欠职工和农民工工资问题，确保按时足额发放工资。落实解决城市低收入家庭住房困难的政策措施。（七）大力提倡勤俭节约。中央国家机关要带头节电节水节能。充分发动社会各界组织开展多种形式的捐助活动。（八）落实“米袋子”省长负责制和“菜篮子”市长负责制。各地有关部门要把人民群众生活摆在第一位，采取切实措施，保证重要消费品的生产、供应和市场稳定。

11月15日　国务院新闻办公室发表《中国的政党制度》白皮书。白皮书全文近1.5万字，分前言、中国社会历史发展的必然选择、中国的一项基本政治制度、社会主义民主的重要体现、多党合作制度中的政治协商、多党合作制度与国家政权建设、多党合作制度与人民政协、多党合作制度与现代化建设、结束语、附录等部分。

同　日　国家法定节假日调整方案民意调查结束。据初步统计，除无效投票外，大约155万网民参加了此项调查。在国家发改委拟定的各调查选项中，法定节假日总天数由10天增加到11天的支持率约为89%，调整五一长假并增加3个传统节日为法定假日的支持率约为68%，保留十一和春节两个黄金周的支持率约为82%，将春节放假时间提前到除夕的支持率约为81%，将元旦、五一及3个新增法定假日与前后周末调整成连续3天“小长假”的支持率约为77%，全面推行职工带薪休假制度的支持率约为90%。综合以上调查结果，约有80%的网民支持法定节假日调整方案。所有收集的意见都将被归纳和汇总，然后上报国务院。最终的国家法定节假日调整方案有望年内正式公布。

11月25日—27日　应国家主席胡锦涛邀请，法国总统萨科齐对我国进行为期3天的国事访问。这是萨科齐2007年5月入主爱丽舍宫以来首次访华，也是他作为法国国家元首出访的第一个亚洲国家。两国领导人就双边关系和共同关心的重大国际及地区问题全面、深入地交换了意见，达成广泛共识，达到了增进互信和进一步推动中法战略伙伴关系发展的重要目的。

11月26日　9时41分　中国国家航天局正式公布“嫦娥一号”卫星传回并制作完成的第一幅月面图像。首幅月图的完成和公布，标志着中国首次月球探测工程“取得圆满成功”。

11月27日　中共中央政治局召开会议，分析当前经济形势，研究2008年经济工作。中共中央总书记胡锦涛主持会议。会议强调，做好2008年的经济工作十分重要。要紧紧围绕转变经济发展方式和完善社会主义市场经济体制，继续加强和改善宏观调控，积极推进改革开放和自主创新，着力优化经济结构和提高经济增长质量，切实加强节能减排和生态环境保护，更加重视改善民生和促进社会和谐，推动国民经济又好又快发展。会议提出，要坚持稳中求进，保持经济持续平稳较快协调发展，把防止经济增长由偏快转为过热、防止价格由结构性上涨演变为明显通货膨胀作为宏观调控的首要任务。要坚持好字优先，促进经济发展方式加快转变，坚持扩大内需的方针，着力增强消费对经济增长的拉动作用。要坚持改革开放，力争在完善体制机制上取得新突破，推动解决经济社会发展中的深层次矛盾。要坚持以人为本，努力在改善民生上取得更大成效，把发展成果更好地体现到提高人民生活水平和质量上，特别是要着力改善低收入群众生活。会议强调，要进一步巩固和强化农业基础地位，保持农业农村经济发展和农民增收的良好势头；继续把节能减排作为转变发展方式、优化经济结构的重要抓手，采取更有力的措施，切实抓出更大成效；继续严格控制固定资产投资过快增长，加大对经济社会发展薄弱环节和重点领域建设的支持力度；加强重要商品生产、供应和市场调控，保持价格总水平基本稳定；合理调整国民收入分配，逐步提高居民特别是低收入劳动者收入，完善消费环境，着力扩大消费需求；积极发展服务业、高技术产业和装备制造业，大力推进自主创新，提升产业结构和市场竞争力；统筹国内发展和对外开放，进一步提高对外开放质量和水平；发挥区域比较优势，支持欠发达地区提高自我发展能力，推动区域协调发展；加快教育、就业、社会保障、收入分配、卫生、住房保障等制度建设，加强公共文化服务体系建设，有计划、有步骤地解决涉及群众切身利益的热点难点问题；把深化改革放在更加突出的位置，协调推进重要领域和关键环节的改革，深化企业、财税、金融、价格、行政管理等方面的体制改革。会议强调，明年经济社会发展任务很重，要把握全局，统筹兼顾，突出重点，狠抓落实，切实把各方面发展的积极性引导到贯彻落实党的十七大精神上来，引导到科学发展上来，努力夺取全面建设小康社会新胜利。

同　日　十七届中共中央政治局以完善中国特色社会主义法律体

系和全面落实依法治国基本方略为题进行了第一次集体学习。中国政法大学徐显明教授、中国社会科学院信春鹰研究员就学习内容进行讲解，并谈了对建设社会主义法治国家的意见和建议。中共中央政治局各位同志认真听取了他们的讲解，并就有关问题进行了讨论。胡锦涛在主持学习时发表了讲话。他指出，党的十七大明确提出，要全面落实依法治国基本方略，加快建设社会主义法治国家，并对加强社会主义法制建设作出了全面部署。这是我们党从夺取全面建设小康社会新胜利、开创中国特色社会主义事业新局面的战略高度提出的重大任务。我们要深刻认识到，全面落实依法治国基本方略、加快建设社会主义法治国家，是保证人民当家作主的必然要求，是发展中国特色社会主义的必然要求，是促进社会和谐稳定、实现党和国家长治久安的必然要求。胡锦涛在讲话中就全面落实依法治国基本方略提出四点要求。一是要加强和改进立法工作，进一步提高立法质量。坚持科学立法、民主立法，紧紧围绕党和国家工作大局，抓紧完善改革开放和社会主义现代化建设迫切需要、与人民群众利益密切相关、对中国特色社会主义法律体系起支架作用的重要法律，按照法定的立法程序，扩大公民对立法的有序参与，推动解决好人民最关心、最直接、最现实的利益问题，维护人民合法权益和社会公平正义。二是要加强宪法和法律实施，维护社会主义法制的统一、尊严、权威。要坚持公民在法律面前一律平等，全面推进依法行政，规范行政执法行为，深化司法体制改革。各级党组织和全体党员要自觉在宪法和法律范围内活动，带头维护宪法和法律权威，为全社会作出表率。三是要加强对执法活动的监督，确保法律正确实施。完善权力制约和监督机制，综合运用各种监督形式，增强监督合力和实效，真正做到有权必有责、用权受监督、违法要追究。四是要深入开展法制宣传教育，弘扬法治精神。要坚持不懈地开展法制宣传教育，认真组织实施“五五”普法规划，加强公民意识教育，形成全社会自觉学法守法用法的良好风尚。要深入开展社会主义法治理念教育，增强各级党委依法执政的意识，增强各级政府依法行政的能力和水平，增强各级干部和国家机关工作人员依法办事的素质和本领。胡锦涛强调，各级党委要按照党的十七大的要求，坚持党的领导、人民当家作主、依法治国有机统一，把全面落实依法治国基本方略、加快建设社会主义法治国家摆在更加突出的位置、纳入重要议事议程，统筹规划，加大投入，扎实推进，抓好落实。要加强党对依法治国工作的领导，在法制轨道上共同推进改革发展稳定各项工作，实现好、维护好、发展好最广大人民的根本利益，促进社会和谐，不断推进全面建设小康社会进程。

11月28日　国务院总理温家宝主持召开国务院常务会议。会议研究部署促进资源型城市可持续发展工作，讨论并原则通过《中华人民共和国社会保险法（草案）》，审议并原则通过《中华人民共和国企业所得税法实施条例（草案）》。会议认为，长期以来，以本地区矿产、森林等自然资源开采、加工为主导产业的资源型城市，为国家建设做出了重要贡献。但这些城市在发展过程中累积了许多矛盾和问题，主要是经济结构单一、缺乏发展后劲，环境污染、生态破坏严重，失业和贫困人口多。中央和地方政府都要重视资源型城市尤其是资源枯竭型城市的发展，加大支持力度，尽快建立有利于资源型城市可持续发展的体制机制。会议指出，促进资源型城市可持续发展，要以增加就业、消除贫困、改善人居条件、健全社会保障体系、维护社会稳定为基本目标，坚持深化改革、扩大开放，坚持以人为本、统筹规划，坚持远近结合、标本兼治，坚持政府调控、市场导向，通过调整产业结构，转变经济发展方式，努力增强资源型城市的发展活力与后劲。（一）建立资源开发补偿机制和衰退产业援助机制。按照权益与责任相一致的原则，明确企业的资源补偿和环境保护主体责任。加快资源价格改革，把环境治理、安全设施投入、企业退出和转产费等列入资源产品的成本构成。（二）发展壮大接续替代产业。用高新技术、先进适用技术改造传统产业，积极培育新兴产业。安排国债资金和中央预算内基本建设资金，集中扶持建设一批接续替代产业。（三）着力解决困难群众生活问题。认真落实就业再就业扶持政策，大力开发公益性工作岗位，鼓励自主创业和企业吸纳就业，支持发展职业教育。完善社会保险制度和社会救助制度。加快改造棚户区，抓紧解决厂办大集体等历史遗留问题。（四）加强环境整治、环保监管和生态保护。新建矿区要加强环境影响评价，对可能造成严重生态破坏和重大经济损失的，应禁止开采。积极推广先进适用的开采技术、工艺和设备，大力推广清洁生产技术。（五）加大政策支持力度。设立针对资源枯竭型城市的财力性转移支付。改革资源税制度，调整资源税负水平，增加资源开采地的财政收入。鼓励金融机构对资源型城市和资源型企业提供金融支持，设立可持续发展专项贷款。会议强调，资源型城市的可持续发展工作由省级人民政府负总责，各有关部门要切实履行职责，抓紧落实配套政策措施。会议指出，社会保险涉及人民群众切身利益，加快社会保险立法十分必要。《中华人民共和国社会保险法（草案）》从我国的基本国情出发，坚持广覆盖、保基本、多层次、可持续的方针，明确了我国社会保险制度的基本法律框架，对社会保险的覆盖范围、社会保险费的征收、社会保险基金的管理和运营、社会保险经办机构的职责和社会保险监督等作出了规定。会议决定，《中华人民共和国社会保险法（草案）》经进一步修改后，由国务院提请全国人大常委会审议。会议指出，十届全国人大第五次会议通过的《中华人民共和国企业所得税法》将于2008年1月1日起施行。为了保障企业所得税法的贯彻实施，有必要制定实施条例。会议审议并原则通过《中华人民共和国企业所得税法实施条例（草案）》，该条例草案经进一步修改后，由国务院公布施行。

11月30日　中共中央总书记、国家主席、中央军委主席胡锦涛到北京市朝阳区考察艾滋病防治工作。他代表党中央，向奋战在艾滋病防治第一线的医疗卫生工作者，向积极参与艾滋病防治工作的志愿者，致以诚挚的问候和崇高的敬意。

12月3日—5日　中央经济工作会议在北京召开。这是中共十七大之后召开的第一个中央经济工作会议。会议提出，2008年经济工作的总体要求是：全面贯彻党的十七大精神，高举中国特色社会主义伟大旗帜，以邓小平理论和“三个代表”重要思想为指导，深入贯彻落实科学发展观，紧紧围绕转变经济发展方式和完善社会主义市场经济体制，继续加强和改善宏观调控，积极推进改革开放和自主创新，着力优化经济结构和提高经济增长质量，切实加强节能减排和生态环境保护，更加重视改善民生和促进社会和谐，推动国民经济又好又快发展。会议特别提出，要把防止经济增长由偏快转为过热、防止价格由结构性上涨演变为明显通货膨胀作为当前宏观调控的首要任务，按照控总量、稳物价、调结构、促平衡的基调做好宏观调控工作。胡锦涛在会上发表重要讲话，全面分析了当前我国经济形势和国际经济环境，明确提出了2008年经济工作的指导思想和总体要求，深刻阐述了做好2008年经济工作的大政方针和主要任务。温家宝在讲话中进一步阐述了2008年经济工作的重大问题，并就明年经济工作的主要目标、任务作了具体部署。会议指出，在充分肯定成绩的同时，也要清醒地看到，当前我国经济运行中一些长期积累的突出矛盾和问题还没有得到根本解决，同时还出现了一些值得注意的新情况新问题。经济增长由偏快转为过热的趋势尚未缓解，价格上涨压力加大，农业基础依然薄弱，节能减排形势相当严峻，涉及人民群众切身利益的问题还比较突出。我们必须增强忧患意识，始终居安思危，高度重视并及时化解前进道路上的各种困难和问题。会议强调，我国正处于改革发展的关键阶段，也处于工业化、现代化的重要时期。当前经济发展中出现的很多情况和问题，在很大程度上是我国基本国情和发展阶段性特征的客观反映。党的十七大强调要加快转变经济发展方式，走中国特色新型工业化道路，促进经济增长由主要依靠投资、出口拉动向依靠消费、投资、出口协调拉动转变，由主要依靠第二产业带动向依靠第一、第二、第三产业协同带动转变，由主要依靠增加物质资源消耗向主要依靠科技进步、劳动者素质提高、管理创新转变。这是总结我国现代化建设长期实践得出的重要结论，是党的十六大以来我们贯彻落实科学发展观的重要体会，是根据现阶段我国发展的客观实际提出的重大战略思想，是推动我国经济社会发展必须坚持的正确方向。必须深刻认识加快转变经济发展方式、走好中国特色新型工业化道路对于夺取全面建设小康社会新胜利、开创中国特色社会主义事业新局面的重大战略意义和紧迫现实意义，扎扎实实地把党的十七大提出的这项关系经济社会发展全局的战略任务落到实处。在工作中，要突出把握好几个重大问题，必须坚持创新驱动，为转变发展方式、推动产业结构优化升级提供有力和持久的技术支撑，加快从工业大国向工业强国转变的历史进程；必须坚持城乡统筹，形成城乡经济社会发展一体化的格局，努力实现城乡共同繁荣；必须坚持节约资源、保护环境，把推进现代化与建设生态文明有机统一起来，把建设资源节约型、环境友好型社会放在工业化、现代化发展战略的突出位置；必须坚持内外协调，统筹利用好国内国际两个市场、两种资源，努力促进我国发展和各国共同发展的良性互动；必须坚持以人为本，更加注重改善民生，切实实现好、维护好、发展好最广大人民的根本利益。会议认为，推动经济社会又好又快发展，必须更加注重统筹国内国际两个大局，准确把握世界经济走势，增强做好经济工作的系统性、预见性、主动性。要进一步提高统筹国内国际两个大局的能力，妥善应对来自各方面的挑战，全面提高对外经济工作质量和水平，牢牢掌握对外开放的主动权。会议提出了2008年经济工作的主要任务。一、完善和落实宏观调控政策，保持经济平稳较快发展的好势头。要把防止经济增长由偏快转为过热、防止价格由结构性上涨演变为明显通货膨胀作为当前宏观调控的首要任务，按照控总量、稳物价、调结构、促平衡的基调做好宏观调控工作。2008年要实施稳健的财政政策和从紧的货币政策。继续合理把握财政支出规模，着力促进结构调整和协调发展，优化支出结构，较大幅度增加对社会保障、卫生、教育、住房保障等方面的支出。进一步发挥货币政策在宏观调控中的重要作用，严格控制货币信贷总量和投放节奏，更好地调节社会总需求和改善国际收支平衡状况，维护金融稳定和安全。严格控制新开工项目，防止投资反弹，促使经济增长保持在合理水平。要采取有力措施抑制价格总水平过快上涨，加强粮食、食用植物油、肉类等基本生活必需品和其他紧缺商品的生产，完善储备体系，提高价格调控预见性，加强价格监测，加强市场监管，及时完善和落实因基本生活必需品价格上涨对低收入群众的补助办法。二、切实加强农业基础地位，增强农业和农村经济发展活力。做好“三农”工作，对稳定经济社会发展大局具有特殊重要的意义。必须增强做好“三农”工作的紧迫感，粮食安全的警钟要始终长鸣，巩固农业基础的弦要始终紧绷，解决好“三农”问题作为全党工作重中之重的要求要始终坚持。要走中国特色农业现代化道路，创新“三农”工作思路，转变农业发展方式，不断提高“三农”工作水平。要加大统筹城乡发展力度，巩固完善强化支农惠农政策。突出加强农村基础建设，提高农业综合生产能力，拓宽农民增收渠道，着力解决农村民生问题，扎实推进社会主义新农村建设。要着力抓好农业生产，发挥广大农民务农种粮的积极性，力争粮食生产再获好收成。要切实改善以水利为重点的农业生产条件，加快农业科技创新，提高农业抵御自然风险能力。完善农村最低生活保障制度，深入推进扶贫开发，让广大农民更好共享发展成果。三、提高自主创新能力，推进产业结构优化升级。必须坚持需求导向，着力突破制约经济社会发展的核心技术和关键技术，加快组织实施国家重大科技专项，努力实现优势领域的战略突破。必须强化企业主体地位，完善鼓励技术创新和科技成果产业化的法制保障、政策体系、激励机制、市场环境，发挥国有企业在自主创新中的重要作用，大力实施知识产权战略。必须与产业结构优化升级紧密结合，发挥我国比较优势，发展现代产业体系，增强国际竞争力，加快形成以科技进步和创新为基础的新竞争优势。四、加大攻坚力度，确保节能减排取得重大进展。2008年是完成“十一五”节能减排约束性目标的关键一年，必须把节能减排作为促进科学发展的重要抓手，加大力度、迎难而上，尽快形成以政府为主导、企业为主体、全社会共同推进的工作格局，打好节能减排攻坚战、持久战。必须完善政策法规，强化激励和约束机制，更加注重用法律手段促进节能减排，加快出台和实施有利于节能减排的价格、财税、金融等激励政策，加快制定和实施促进节能减排的市场准入标准、强制性能效标准和环保标准。强化企业社会责任，突出抓好重点行业、重点领域节能减排工作，加快先进适用技术推广应用，有效遏制高耗能、高排放行业过快增长，坚决淘汰落后生产能力，认真落实工作责任制，把节能减排目标完成情况作为检验经济发展成效的重要标准。增强全社会节能环保意识，深入开展节能减排全民行动。五、促进区域协调发展，积极稳妥推进城镇化。要继续推进国家区域发展总体战略，健全市场机制，打破行政区划局限，促进生产要素有序流动和引导产业合理布局，提高区域发展协调性。要按照主体功能区要求和基本公共服务均等化原则，加大国家对欠发达地区财政转移支付力度，大力扶持革命老区、民族地区、边疆地区、贫困地区经济社会发展，着力缩小地区间公共服务水平差距。推进形成主体功能区，加强规划和政策引导。要按照走中国特色城镇化道路的总体要求，加强规划引导，坚持节约集约利用土地，努力提高城镇综合承载能力，突出增强可持续发展能力，促进城镇化健康发展。六、全面深化改革，完善推动科学发展、促进社会和谐的体制机制。改革始终是推动经济社会发展的强大动力。过去取得的成就靠改革，今后的发展仍然要靠改革。要按照党的十七大提出的着力构建充满活力、富有效率、更加开放、有利于科学发展的体制机制的要求，提高改革决策的科学性，增强改革措施的协调性，处理好改革发展稳定的关系，积极推进各方面体制创新。要深化政府机构改革，加快转变政府职能。继续推进国有企业改革，进一步完善所有制结构。深化财税、价格、投资体制改革，促进经济发展方式转变。深化金融体制改革，构建现代金融体系，加强和改进金融监管，防范金融风险。加快推进社会管理体制改革，完善公共服务体制。七、提高开放型经济水平，开创对外开放新局面。要统筹安排对内对外经济工作，把“引进来”和“走出去”更好结合起来，创新对外开放工作思路，扩大开放领域、优化开放结构、提高开放质量，形成经济全球化条件下参与国际经济合作和竞争新优势。要加快转变外贸增长方式，优化进出口商品结构，坚持以质取胜，增强应对国际市场波动的能力。创新利用外资方式，优化利用外资结构。继续实施“走出去”战略，创新对外投资和合作方式。推进实施自由贸易区战略，加强双边多边经贸合作。

八、着力改善民生，促进社会和谐。党的十七大在改善民生方面提出了明确的目标要求，这是我们党对人民群众的庄严承诺。要从人民最关心、最直接、最现实的利益问题入手，加大对改善民生的投入力度。对各类民生问题，要区分轻重缓急，突出重点，扎实加以解决。要实施扩大就业的发展战略，促进以创业带动就业，健全创业服务体系，健全职业培训制度，积极做好高校毕业生就业工作，及时帮助零就业家庭解决就业困难。要合理调整国民收入分配，提高城乡居民收入水平，提高劳动报酬在初次分配中的比重，增加低收入者收入，建立企业职工工资正常增长机制和支付保障机制。要完善社会保障体系，扩大城镇职工基本养老保险和基本医疗保险覆盖面，探索建立农村养老保险制度，扩大城镇居民基本医疗保险试点，普及新型农村合作医疗制度。大力发展教育卫生事业，加大财政对教育的投入力度，全面实施城乡免费义务教育，着力改善农村办学条件，进一步提高国民素质。要坚持公共医疗卫生的公益性质，稳步实施医药卫生体制改革，为人民群众提供更好的医药卫生服务。要完善住房保障体系，加快廉租住房建设，改进和规范经济适用房制度，着力解决城市低收入家庭住房困难。推动社会主义文化大发展大繁荣，加快构建覆盖全社会的公共文化服务体系，更好地满足人民文化需求。完善社会管理，维护安定团结。会议指出，实现2008年经济工作的目标和任务，必须坚持稳中求进，保持经济平稳较快发展；必须坚持好字优先，加快转变经济发展方式；必须坚持改革开放，在完善体制机制上取得新突破；必须坚持以人为本，更加重视改善民生。在工作具体部署上，要把发展现代农业、繁荣农村经济放在社会主义新农村建设的首位，控制固定资产投资规模和扩大消费需求，加快转变经济发展方式和结构调整，做好节能减排和产品质量安全工作，保持物价基本稳定，加快推进以改善民生为重点的社会建设，深化经济体制改革、提高对外开放水平，推进行政管理体制改革和政府自身建设。

12月7日　国务院总理温家宝主持召开国务院常务会议。会议研究农业和农村工作，听取湖南省凤凰县堤溪沱江大桥坍塌事故调查处理情况汇报，审议并原则通过《国务院关于修改<全国年节及纪念日放假办法>的决定（草案）》和《职工带薪年休假条例（草案）》。会议认为，2007年农业农村继续保持良好发展势头，粮食连续4年稳定增产，农民收入增长较快，农村基础设施建设得到加强，社会事业和扶贫开发取得新进展，农村社会稳定和谐。但是，当前农业和农村发展仍然存在许多矛盾和困难，资源环境制约日趋严峻，农产品供求总量趋紧、结构性矛盾上升，保持农业稳定发展、农民持续增收难度加大。会议指出，做好明年农业和农村工作，关系经济发展和社会稳定的大局。要深入贯彻党的十七大和中央经济工作会议精神，坚持城乡统筹，发展现代农业，繁荣农村经济。突出加强农业基础建设，大幅度增加农业和农村投入，切实保护耕地，全面落实各项涉农政策，努力保障粮食等主要农产品供给，继续增加农民收入。坚持农村基本经营制度，全面深化农村改革。加强农村社会建设，切实解决农村民生问题，扎实推进社会主义新农村建设。会议听取了国务院事故调查组关于湖南省湘西自治州凤凰县堤溪沱江大桥"8·13"特别重大坍塌事故调查处理情况的汇报，湖南省省长周强代表省政府作了深刻检查。2007年8月13日，正在建设的堤溪沱江大桥发生坍塌，造成64人死亡、22人受伤。这是一起严重的责任事故。会议同意事故调查组提出的对相关责任人和责任单位的处理意见，要求湖南省政府对负有直接责任的24人依法移送司法机关追究刑事责任，对负有领导责任的相关人员依纪给予纪律处分，并向社会公布事故调查处理结果。会议强调，各地区、各部门要认真吸取教训，严格执行安全生产法律法规，落实责任制。当前，要全面排查和治理重大安全隐患，特别要抓好重点行业和重点领域的安全生产工作，坚决防止发生各类重特大事故，维护正常的生产生活秩序和社会稳定。会议审议并原则通过了《国务院关于修改<全国年节及纪念日放假办法>的决定（草案）》和《职工带薪年休假条例（草案）》。会议决定，上述法规草案经进一步修改后，由国务院公布施行。

12月8日　中国人民银行宣布，从2007年12月25日起，上调存款

类金融机构人民币存款准备金率1个百分点。此次调整后，普通存款类金融机构将执行14.5%的存款准备金率标准，该标准创20余年历史新高。此次上调也是央行2007年以来第十次上调人民币存款准备金率。

12月11日　国务院总理温家宝签署第五一二号国务院令。国务院令公布了《中华人民共和国企业所得税法实施条例》，新华社受权发布了该条例。条例自2008年1月1日起施行。1991年6月30日国务院发布的《中华人民共和国外商投资企业和外国企业所得税法实施细则》和1994年2月4日财政部发布的《中华人民共和国企业所得税暂行条例实施细则》同时废止。

同　日　国务院总理温家宝主持召开国务院常务会议，研究促进节约集约用地和依法严格管理农村集体建设用地。会议强调，城镇居民不得到农村购买宅基地、农民住宅或“小产权房”，单位和个人不得非法租用、占用农民集体土地搞房地产开发。研究促进节约集约用地和依法严格管理农村集体建设用地，批准2007年度国家科学技术奖获奖项目和人选。会议指出，我国耕地资源紧缺，土地供需矛盾突出，但土地利用方式粗放的现象相当普遍，节约用地的潜力很大。守住18亿亩耕地的红线，解决发展用地和保护耕地的矛盾，不仅要实行最严格的土地管理制度，还要切实解决用地浪费问题，大力促进节约用地和集约用地，保障经济社会可持续发展。会议要求，按照约束要硬、激励要实、责任要明、监管要严的原则，提高各项政策措施的针对性和可操作性，推动节约集约用地取得明显成效。（一）严格审查调整各类用地规划和标准。强化土地利用总体规划的整体控制作用，统筹协调各类基础设施建设规划，严格土地使用标准，切实解决用地规模过大、标准过宽、城市用地过度扩张等问题。（二）大力提高建设用地利用效率。把空闲、废弃、闲置和低效利用的土地作为挖掘土地利用潜力的重点，鼓励对地上地下空间进行立体利用，严格执行闲置土地处置政策。（三）充分发挥市场配置土地资源的基础性作用，深入推进土地有偿使用制度改革，严格限定划拨用地范围；积极探索基础设施用地的有偿使用，对其中经营性用地先实行有偿使用；完善和落实鼓励节约集约用地的财税政策。（四）强化农村土地管理，搞好乡镇土地利用总体规划和村庄、集镇建设规划，加强农民住宅建设管理，农民住宅建设用地应首先安排利用空闲地、闲置宅基地，严格执行农村一户一宅政策。(五）建立健全土地市场动态监测制度，及时公开供地计划、公告、结果、实际开发利用情况等动态信息；加强对各地新增建设用地、耕地减少和违法用地等情况的监测，结果要向社会公开；重点查处严重破坏、浪费、闲置土地资源的违法违规案件。会议指出，近来一些地方违法违规将农用地转为建设用地，并有蔓延上升之势，必须坚决遏制。会议强调：（一）严格执行土地用途管制制度，任何涉及土地管理制度的试验和探索都不能违反国家的土地用途管制制度。（二）严格规范使用农民集体所有土地进行建设，严禁非法占用（租用）农民集体土地进行非农业建设。城镇居民不得到农村购买宅基地、农民住宅或“小产权房”，单位和个人不得非法租用、占用农民集体土地搞房地产开发。（三）严格控制集体建设用地规模，禁止通过“村改居”等方式非法将农民集体所有土地转为国有土地。(四）严格禁止和严肃查处“以租代征”等违法违规行为，坚决刹住乱占滥用农用地之风。会议听取了关于2007年度国家科学技术奖评审工作的汇报，批准了获奖人选、奖励种类和等级。

同　日　国家统计局发布最新统计。统计指出，受食品价格持续上涨等因素影响，2007年11月全国居民消费价格指数（CPI）同比上涨6.9%，创2007年月度新高。从月环比上看，比上月上涨0.7%，1月—11月累计，居民消费价格总水平同比上涨4.6%。

12月12日　中共中央、国务院和中央军委在人民大会堂举行大会，隆重庆祝我国首次月球探测工程圆满成功。中共中央总书记、国家主席、中央军委主席胡锦涛发表重要讲话时指出，我国首次月球探测工程的成功，是继人造地球卫星、载人航天飞行取得成功之后我国航天事业发展的又一座里程碑，实现了中华民族的千年奔月梦想，开启了中国人走向深空探索宇宙奥秘的时代，标志着我国已经进入世界具有深空探测能力的国家行列。

12月16日　国务院正式颁布修改后的《全国年节及纪念日放假办法》，自2008年1月1日起施行。全体公民放假的节日是：一、新年，放假1天（1月1日）；二、春节，放假3天（农历除夕、正月初一、初二）；三、清明节，放假1天（农历清明当日）；四、劳动节，放假1天（5月1日）；五、端午节，放假1天（农历端午当日）；六、中秋节，放假1天（农历中秋当日）；七、国庆节，放假3天（10月1日、2日、3日）。

12月18日　中共中央政治局召开会议，研究推进农业和农村发展工作，研究部署2008年党风廉政建设和反腐败工作。中共中央总书记胡锦涛主持会议。会议认为，我国农业基础薄弱的局面没有根本改变，城乡发展差距扩大的趋势尚未根本扭转。转变农业发展方式，提高农业综合生产能力，确保农产品供求平衡，保持农民收入稳步增长的良好势头，促进城乡经济社会协调发展，仍然要进行长期艰苦努力。全党必须增强做好"三农"工作的紧迫感，粮食安全的警钟要始终长鸣，巩固农业基础地位的弦要始终紧绷，解决好"三农"问题作为全党工作重中之重的要求要始终坚持。会议强调，按照形成城乡经济社会发展一体化新格局的要求，走中国特色农业现代化道路，突出加强农业基础建设，积极促进农业稳定发展、农民持续增收，努力保障农产品基本供给，切实解决农村民生问题，扎实推进社会主义新农村建设。会议强调，要加快构建强化农业基础的长效机制，切实加大"三农"投入力度，加大支农惠农政策力度，形成农业增效、农民增收良性互动机制；稳定和促进粮食等主要农产品的生产，切实抓好"菜篮子"产品的生产，支持农业产业化发展，加强和改善农产品市场调控；抓好农业基础设施建设，狠抓小型农田水利建设，大力发展节水灌溉，抓紧实施病险水库除险加固，加强耕地保护和土壤改良，加快推进农业机械化，继续加强生态建设；加强农业科技和服务体系建设，加快推进农业科技研发和推广应用，建立健全动植物疫病防控体系，大力培养农村实用人才，积极发展农业专业合作社和农村服务组织，加强农村市场体系建设，积极推进农村信息化；逐步提高农村基本公共服务水平，提高农村义务教育水平，增强农村基本医疗服务能力，繁荣农村公共文化，建立健全农村社会保障体系，不断提高扶贫开发水平，大力发展农村公共交通，继续改善农村人居环境；稳定完善农村基本经营制度和深化农村改革，切实保障农民土地权益，全面加强农民工权益保障；扎实推进农村基层组织建设，健全基层党组织领导的农村基层群众自治机制，加强农村基层干部队伍建设，保证农民享有更多更切实的民主权利。会议在对当前党风廉政建设和反腐败工作的形势进行认真分析后指出，党的十七大对全面推进党的建设新的伟大工程作出了总体部署，要求全党以改革创新精神加强党的思想建设、组织建设、作风建设、制度建设和反腐倡廉建设。各级党委要准确把握党的十七大对党风廉政建设和反腐败斗争提出的新要求，坚决贯彻落实中央的决策部署，充分认识反腐败斗争的长期性、复杂性、艰巨性，把反腐倡廉建设放在更加突出的位置，推动党风廉政建设和反腐败斗争深入开展。会议强调，要贯彻标本兼治、综合治理、惩防并举、注重预防的方针，加强以保持党同人民群众血肉联系为重点的作风建设，加强以完善惩治和预防腐败体系为重点的反腐倡廉建设，坚持改革创新，突出工作重点，加大工作力度，狠抓任务落实。要认真开展对中央重大决策部署执行情况的监督检查，推动深入贯彻落实科学发展观；加大专项治理力度，坚决纠正损害群众利益的不正之风；继续保持查办案件工作力度，坚决惩治腐败；扎实开展反腐倡廉教育，加强领导干部廉洁自律工作；深化改革和制度创新，进一步推进治本抓源头工作；深入推进监督工作，促使领导干部正确行使权力；加强国有企业党风建设和反腐倡廉工作，促进企业健康发展。抓紧制定并实施《建立健全惩治和预防腐败体系2008-2012年工作规划》，为全面建设小康社会提供有力保证。会议决定近期召开中央农村工作会议，同意2008年1月召开中国共产党第十七届中央纪律检查委员会第二次全体会议。

同　日　中共中央政治局进行第二次集体学习，中共中央总书记胡锦涛主持。中共中央政治局这次集体学习安排的内容是当代世界宗教和加强我国宗教工作。中国社会科学院卓新平研究员、中央民族大学牟钟鉴教授就这个问题进行了讲解，并谈了对做好新形势下宗教工作的意见和建议。中共中央政治局各位同志认真听取了讲解，并就有关问题进行了讨论。胡锦涛在主持学习时发表了讲话。他指出，正确认识和处理宗教问题，切实做好宗教工作，关系党和国家工作全局，关系社会和谐稳定，关系全面建设小康社会进程，关系中国特色社会主义事业发展。我们要从战略的高度，充分认识做好新形势下宗教工作的重要性。在长期实践中，我们党坚持把马克思主义宗教观同我国实际相结合，确立了我们党关于宗教问题的基本理论和基本方针。在新的历史条件下，我们要坚持马克思主义的立场、观点、方法，全面认识宗教在社会主义社会将长期存在的客观现实，全面认识宗教问题同政治、经济、文化、民族等方面因素相交织的复杂状况，全面认识宗教因素在人民内部矛盾中的特殊地位，努力探索和掌握宗教自身的规律，不断提高宗教工作水平。胡锦涛指出，党的十七大强调，要全面贯彻党的宗教工作基本方针，发挥宗教界人士和信教群众在促进经济社会发展中的积极作用。这是对做好新形势下宗教工作的根本要求。各级党委和政府要坚持以邓小平理论和“三个代表”重要思想为指导，深入贯彻落实科学发展观，坚持党的宗教工作基本方针，着力激发信教群众的爱国热情和建设中国特色社会主义事业的积极性，把他们同不信教群众团结在一起，共同为经济社会发展作贡献。胡锦涛就做好新形势下的宗教工作提出三点要求。一是要坚持党的宗教工作基本方针。发挥宗教界人士和信教群众在促进经济社会发展中的积极作用，关键是要把党的宗教工作基本方针贯彻好、落实好。要全面贯彻党的宗教信仰自由政策，坚持依法管理宗教事务，坚持独立自主自办，坚持积极引导宗教与社会主义社会相适应，鼓励我国宗教界发扬爱国爱教、团结进步、服务社会的优良传统，支持他们为民族团结、经济发展、社会和谐、祖国统一多作贡献。二是要加强信教群众工作。做好信教群众工作是宗教工作的根本任务。要坚持以人为本，最大限度地把信教群众团结起来，把他们的智慧和力量凝聚到实现全面建设小康社会、加快推进社会主义现代化的共同目标上来。要坚持政治上团结合作、信仰上互相尊重，努力使宗教界人士和信教群众在拥护中国共产党的领导和社会主义制度、热爱祖国、维护祖国统一、促进社会和谐等重大问题上增进共识。要真心实意关心信教群众特别是生活困难的信教群众，帮助他们解决实际困难，组织和支持他们积极发展生产、改善生活、勤劳致富，使信教群众切实感受到党和政府的关怀和温暖。三、是要加强宗教教职人员队伍建设。要加大培养、选拔、使用工作力度，努力造就一支政治上靠得住、学识上有造诣、品德上能服众的合格宗教教职人员队伍。要发挥爱国宗教团体的积极作用，帮助和指导他们增强自养能力，依法依章搞好自我管理，反映信教群众意愿，切实维护宗教界合法权益。胡锦涛强调，各级党委和政府要从党和国家事业发展全局的战略高度，适应新形势新任务的要求，进一步加强和改善对宗教工作的领导，推动宗教工作不断迈上新台阶。

同　日　我国2010年上海世博会吉祥物“海宝”正式揭晓。“海宝”——一个头发翘起、圆眼含笑、腿臂舒展，外形就像中国传统汉字“人”的蓝色小孩，意为“四海之宝”。

12月19日　国务院总理温家宝主持召开国务院常务会议，研究进一步扶持发展生猪生产，部署加强市县政府依法行政工作。会议认为，2007年7月《国务院关于促进生猪生产发展稳定市场供应的意见》实施以来，各地区、各有关部门高度重视，国家各项扶持政策得到落实，生猪生产正在逐步恢复。为进一步促进生猪生产，保证市场供给，稳定价格总水平，保障城乡居民生活。会议决定：（一）增加能繁母猪补贴，2007年政策到期后下一年度继续补贴，标准从50元提高到100元。（二）坚持实施能繁母猪保险政策，扩大覆盖面，力争做到“能保尽保”。（三）加大扶持生猪规模养殖力度，2008年中央财政继续安排25亿元，扶持生猪标准化规模饲养场。（四）2008年中央财政继续安排资金，补贴生猪良种，推进品种改良。（五）切实做好生猪强制免疫和高致病性猪蓝耳病的防控工作，疫苗生产和供应必须满足需要；对因疫病需要扑杀的投保能繁母猪，财政给予补助，保险公司予以赔付。（六）做好中央储备玉米的调运和拍卖工作，切实控制饲料价格上涨。（七）加强和改进金融服务，切实解决生猪生产贷款难问题。（八）做好货源组织、采购和投放，确保猪肉供应不断档、不脱销。加强市场监管，依法严厉查处各类违法经营、囤积居奇、哄抬价格等行为。认真落实鲜活农产品“绿色通道”政策，降低生猪运输成本。（九）对生猪调出大县继续给予奖励。（十）建立健全生猪生产预警监测体系和信息报送与发布机制。会议指出，市县政府承担着管理地方经济社会事务的重要职责，是国家法律法规和政策的重要执行者。市县政府的行政行为直接涉及人民群众具体利益，各种社会矛盾和纠纷大多发生在基层并需要市县政府处理和化解。加强市县政府依法行政，是建设法治政府的重要基础。会议强调，为深入贯彻依法治国基本方略，加快推进市县政府依法行政、建设法治政府的进程，应当着眼制度和机制建设，作出必要的规定。一要加强依法行政教育，大力提高市县政府工作人员依法行政的意识和能力。二要完善市县政府行政决策机制，建立健全重要行政决策听证制度、合法性论证制度、集体决定制度、实施情况反馈制度和决策责任追究制度。三要加强对规范性文件的监督管理，不得违法创设行政许可、行政收费等行政权力，不得违法增加公民、法人或其他组织的义务。四要完善行政执法程序，规范执法行为，防止滥用行政处罚裁量权，严禁无行政执法资格的人员从事执法工作。五要强化对行政行为的监督，及时纠正违法或者不当的行政行为。会议审议并原则通过了《生猪屠宰管理条例（修订草案）》和《武器装备科研生产许可管理条例（草案）》。

12月20日　中国人民银行宣布，自12月21日起上调金融机构人民币存贷款基准利率。这是央行2007年第六次上调银行基准利率。根据决定，自2007年12月21日起，1年期存款基准利率由3.87%提高到4.14%，上调0.27个百分点；1年期贷款基准利率由7.29%提高到7.47%，上调0.18个百分点；其他各档次存、贷款基准利率相应调整。个人住房公积金贷款利率保持不变。

12月22日—23日　中央农村工作会议在北京举行。会议回顾总结了过去5年的农业农村工作，重点研究了加强农业基础建设、促进农业发展农民增收的政策措施，安排部署了2008年及今后一个时期的农业农村工作。会议讨论了《中共中央、国务院关于切实加强农业基础建设，进一步促进农业发展农民增收的若干意见（讨论稿）》。胡锦涛总书记、温家宝总理对确保国家粮食安全、促进农民收入持续较快增长做出了重要指示，进一步指明了当前和今后一个时期农业农村工作的努力方向。

12月23日—29日　十届全国人大常委会第三十一次会议在京举行。审议禁毒法草案、劳动争议调解仲裁法草案、道路交通安全法修正案草案、科学技术进步法修订草案、水污染防治法修订草案，首次审议国境卫生检疫法修正案草案、文物保护法修正案草案、个人所得税法修正案草案、国有资产法草案、食品安全法草案和社会保险法草案。

12月24日　中国政府网发布《国务院关于促进资源型城市可持续发展的若干意见》。《意见》提出了促进资源型城市可持续发展的工作目标。这一目标是，2010年前，资源枯竭城市存在的突出矛盾和问题得到基本解决，大多数资源型城市基本建立资源开发补偿机制和衰退产业援助机制，经济社会可持续发展能力显著增强。2015年前，在全国范围内普遍建立健全资源开发补偿机制和衰退产业援助机制，使资源型城市经济社会步入可持续发展轨道。

12月26日　中国国务院新闻办公室发表长达1.6万字的《中国的能源状况与政策》白皮书。白皮书强调“中国过去不曾、现在没有、将来也不会对世界能源安全构成威胁”。这是中国首次以国家名义发布能源文件，详细介绍中国能源发展现状、能源发展战略和目标、全面推进能源节约、提高能源供给能力、促进能源产业与环境协调发展、深化能源体制改革以及加强能源领域的国际合作等政策措施。

同　日　国务院总理温家宝主持召开国务院常务会议。会议审议并原则通过新一代宽带无线移动通信网、水体污染控制与治理和重大新药创制3个国家科技重大专项实施方案，听取对中央企业监督检查情况的汇报。会议指出，《国家中长期科学和技术发展规划纲要》确定的一批国家科技重大专项，对提高我国企业自主创新能力和产业竞争力，具有重要意义。经过科学、民主、严格的论证，新一代宽带无线移动通信网、水体污染控制与治理和重大新药创制3个重大专项的实施方案已基本成熟，具备了启动实施的条件。新一代宽带无线移动通信代表了信息技术的主要发展方向，实施这一专项将大大提升我国无线移动通信的综合竞争实力和创新能力，推动我国移动通信技术和产业向世界先进水平跨越。水体污染控制与治理重大专项将重点围绕"三河、三湖、一江、一库"，集中攻克一批节能减排迫切需要解决的水污染防治关键技术，为实现节能减排目标和改善重点流域水环境质量提供有力支撑。重大新药创制专项将重点针对重大疾病的防治，研制一批具有自主知识产权的创新药物，为群众提供安全、有效、价廉的医药产品。会议要求，各有关部门要根据会议提出的意见进一步完善方案，抓紧组织实施。要切实加强领导，建立有效的组织管理体系；完善政策体系和激励机制，建立以企业为主体、市场为导向、产学研相结合的技术创新体系；统筹和优化科技资源配置，集中力量突破核心技术和关键技术；营造良好的创新环境，吸引优秀人才参与重大专项实施；创新管理机制，建立有效的监督评估制度和动态调整制度，确保重大专项顺利实施。会议听取了国资委关于监事会对中央企业监督检查情况的汇报。会议认为，国有企业监事会认真履行职责，较好地完成了对中央企业的监督检查任务。中央企业深化改革，加快结构调整，总体上保持了持续快速发展的良好势头，但一些企业负债水平偏高、主业获利能力不强、体制机制转换不到位、违法违规问题时有发生。会议强调，必须重视国有企业改革和国有资产监管工作，促进国有企业健康发展。一要进一步推动国有资本调整和国有企业重组，优化国有经济布局和结构。二要加大企业自主创新投入，提高企业创新能力，增强核心竞争力。三要完善国有资产管理体制和制度，深化国有企业公司制股份制改革，健全现代企业制度，规范国有企业改制和国有产权转让行为，维护国有资产安全。四要强化企业内部权力制约和外部有效监督，进一步完善监事会制度。

12月31日　胡锦涛致新年祝福。中国国家主席胡锦涛通过中国国际广播电台、中央人民广播电台和中央电视台发表了题为《共同推进人类和平与发展的崇高事业》的新年贺词，向全国各族人民，香港、澳门、台湾同胞和海外侨胞，向世界各国朋友致以新年祝福。

2008年

2008年综述

2008年，全国各族人民在党中央、国务院的领导下，以邓小平理论和“三个代表”重要思想为指导，深入贯彻落实科学发展观，万众一心，顽强拼搏，努力克服历史罕见的特大自然灾害和国际金融危机冲击的不利影响，国民经济保持较快发展，各项社会事业取得新的进步。

一、综合 初步核算，全年国内生产总值300 670亿元，比上年增长9%。分产业看，第一产业增加值34 000亿元，增长5.5%；第二产业增加值146 183亿元，增长9.3%；第三产业增加值120 487亿元，增长9.5%。第一产业增加值占国内生产总值的

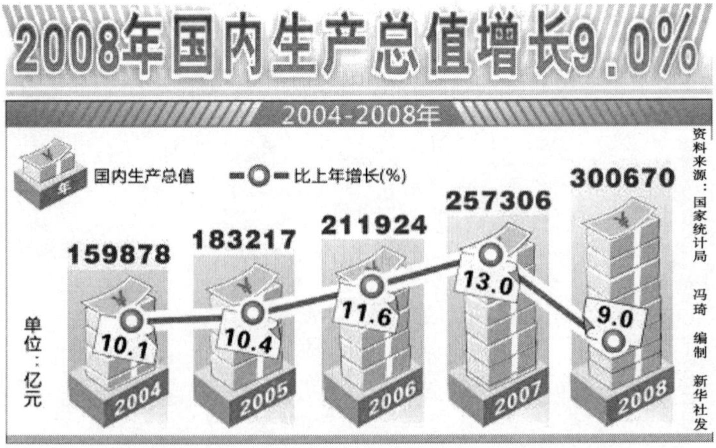

图1：2008年国内生产总值增长9% （新华社发）

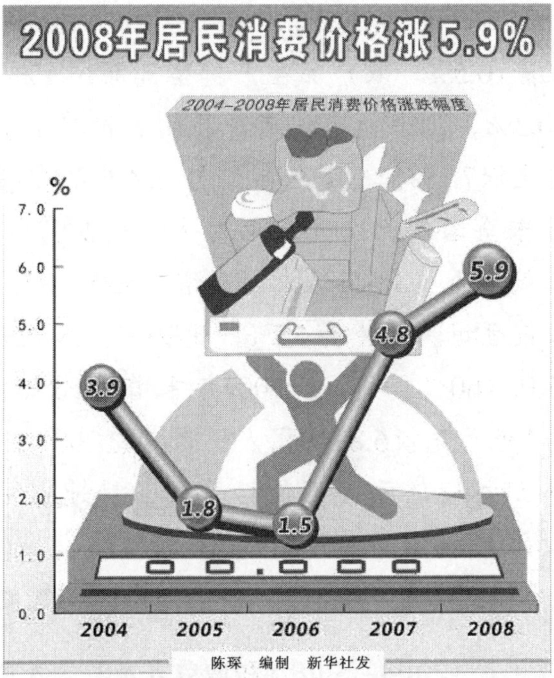

图2：2008年居民消费价格涨5.9% （新华社发）

比重为11.3%，比2007年上升0.2%；第二产业增加值比重为48.6%，上升0.1%；第三产业增加值比重为40.1%，下降0.3%。居民消费价格比2007年上涨5.9%，其中食品价格上涨14.3%。固定资产投资价格上涨8.9%。工业品出厂价格上涨6.9%，其中生产

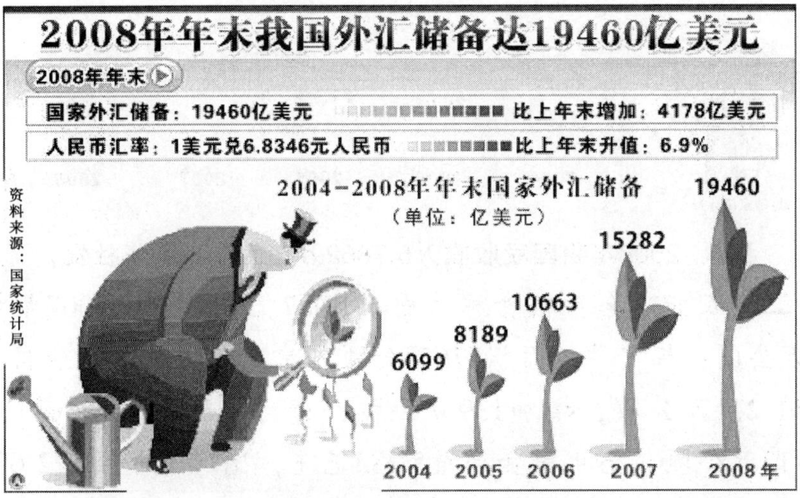

图3：2008年末我国外汇储备达19 460亿美元 （新华社发）

资料价格上涨7.7%，生活资料价格上涨4.1%。原材料、燃料、动力购进价格上涨10.5%。农产品生产价格上涨14.1%。农业生产资料价格上涨20.3%。70个大中城市房屋销售价格上涨6.5%，其中新建住宅价格上涨7.1%，二手住宅价格上涨6.2%；房屋租赁价格上涨1.4%。年末全国就业人员7.748亿人，比2007年末增加490万人。其中城镇就业人员3.021亿人，净增加860万人，新增加1 113万人。年末城镇登记失业率为4.2%，比2007年末上升0.2%。年末国家外汇储备19 460亿美元，比2007年末增加4 178亿美元。年末人民币汇率为1美元兑换6.8346元人民币，比2007年末升值6.9%。全年税收收入57 862亿元（不包括关税、耕地占用税和契税），比2007年增加8 413亿元，增长17%。

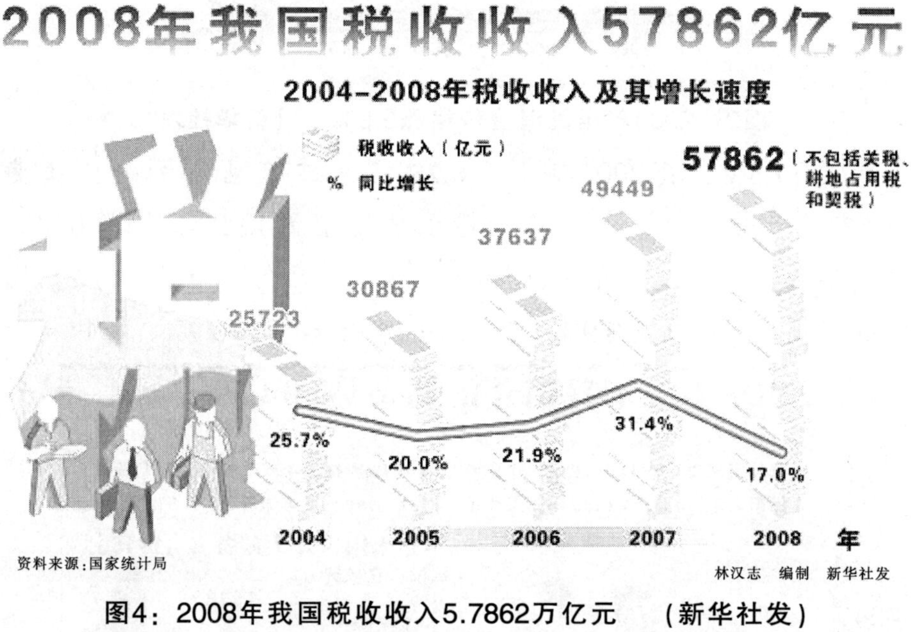

图4：2008年我国税收收入5.7862万亿元 （新华社发）

二、农业 全年粮食种植面积1.067亿公顷，比2007年增加106万公顷；棉花种植面积576万公顷，减少17万公顷；油料种植面积1 271万公顷，增加139万公顷；糖料种植面积193万公顷，增加13万公顷。全年粮食产量5.285亿吨，比2007年增加2 690万吨，增产5.4%。其中，夏粮产量1.2041亿吨，增产2.6%；早稻产量3 158万吨，与2007年基本持平；秋粮产量3.7651亿吨，增产6.7%。全年棉花产量750万吨，比2007年减产1.6%。油料产量2 950万吨，增产14.8%。糖料产量1.3亿吨，增产6.7%。烤烟产量260万吨，增产19.6%。茶叶产量124万吨，增产6.4%。全年肉类总产量7 269万吨，比2007年增长5.9%。其中，猪肉产量4 615万吨，增长7.6%；牛肉产量610万吨，下降0.5%；羊肉产量376万吨，下降1.8%。生猪年末存栏4.6264亿头，增长5.2%；生猪出栏6.096亿头，增长7.9%。牛奶产量3 651万吨，增长3.6%；禽蛋产量2 638万吨，增长4.3%。全年水产品产量4 895万吨，增长3.1%。其中，养殖水产品产量3 426万吨，增长4.5%；捕捞水产品产量1 469万吨，与2007年持平。全年木材产量7 894万立方米，增长13.2%。全年新增有效灌溉面积117.9万公顷，新增节水灌溉面积139万公顷。

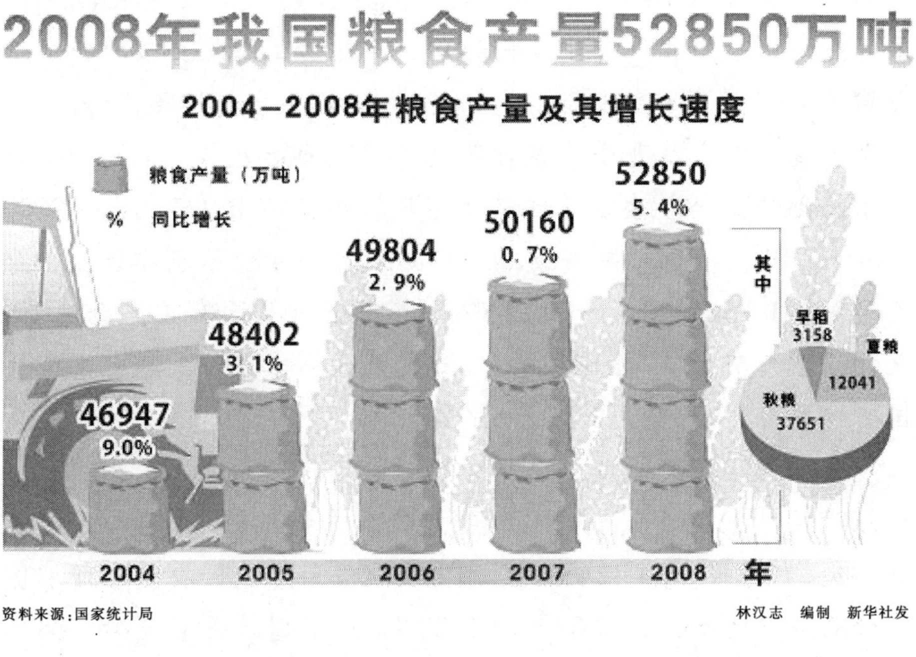

图5：2008年我国粮食产量5.285亿吨 （新华社发）

三、工业和建筑业 全年全部工业增加值129 112亿元，比2007年增长9.5%。规模以上工业增加值增长12.9%，其中国有及国有控股企业增长9.1%；集体企业增长8.1%，股份制企业增长15.0%，外商及港澳台商投资企业增长9.9%；私营企业增长20.4%。分轻重工业看，轻工业增长12.3%，重工业增长13.2%。全年规模以上工业中，煤炭开采和洗选业增加值比2007年增长19.1%，石油和天然气开采业增长6.1%，文教体育用品制造业增长18.2%，燃气生产和供应业增长26.8%，农副食品加工业增长15.0%，通用设备制造业增长16.9%，交通运输设备制造业增长15.2%，通信设备、计算机及其他电子设备制造业增长12.0%，电气机械及器材制造业增长18.1%，化学纤维制造业增长2.2%。6大高耗能行业比2007年增长10%，其中，非金属矿物制品业增长16.9%，黑色金属冶炼及压延加工业增长8.2%，化学原料及化学制品制造业增长10%，有色金属冶炼及压延加工业增长12.3%，电力热力的生产和供应业增长8.6%，石油加工炼焦及核燃料加工业增长4.3%。高技术制造业增加值比2007年增长14%。1月—11月全国规模以上工业企业累计实现利润24 066亿元，比2007年同期增长4.9%。全年全社会建筑业实现增加值17 071亿元，比2007年增长7.1%。全国具有资质等级的总承包和专业承包建筑业企业实现利润1 756亿元，增长12.5%，其中国有及国有控股企业509亿元，增长21.8%；上缴税金2 058亿元，增长20%，其中国有及国有控股企业771亿元，增长24.7%。

四、固定资产投资 全年全社会固定资产投资172 291亿元，比2007年增长25.5%。分城乡看，城镇投资148 167亿元，增长26.1%；农村投资24 124亿元，增长21.5%。分地区看，东部地区投资87 412亿元，比2007年增长20.9%；中部地区投资45 384亿元，增长32.6%；西部地区投资35 839亿元，增长26.9%。在城镇投资中，第一产业投资2 256亿元，比2007年增长54.5%；第二产

图6：2008年我国固定资产投资同比增长25.5%　（新华社发）

业投资65 036亿元，增长28%；第三产业投资80 875亿元，增长24.1%。全年房地产开发投资30 580亿元，比2007年增长20.9%。其中，东部地区18 325亿元，增长17.1%；中部地区6 287亿元，增长31.7%；西部地区5 967亿元，增长22.7%。按工程用途分，商品住宅投资22 081亿元，增长22.6%；办公楼投资1 112亿元，增长7.4%；商业营业用房投资3 200亿元，增长14.9%。

五、国内贸易　全年社会消费品零售总额108 488亿元，比2007年增长21.6%。分地域看，城市消费品零售额73 735亿元，增长22.1%；县及县以下消费品零售额34 753亿元，增长20.7%。分行业看，批发和零售业零售额91 199亿元，增长21.5%；住宿和餐饮业零售额15 404亿元，增长24.7%；其他行业零售额1 885亿元，增长3.7%。在限额以上批发和零售业零售额中，粮油类零售额比2007年增长22.7%，肉禽蛋类增长22.3%，服装类增长25.9%，汽车类增长25.3%，石油及制品类增长39.9%，日用品类增长17.1%，文化办公用品类增长17.9%，通讯器材类增长1.4%，

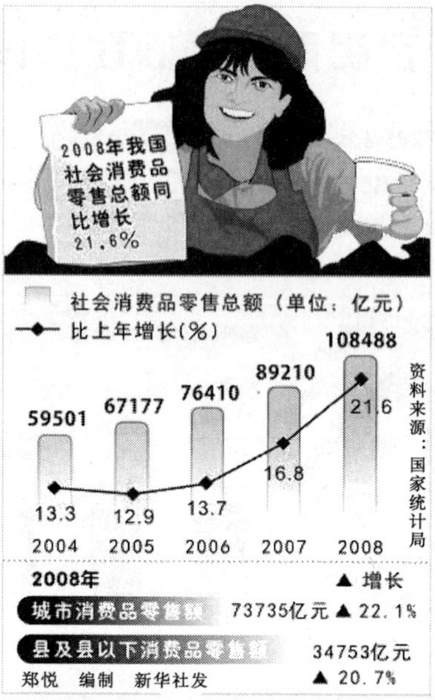

图7：2008年我国社会消费品零售总额同比增长21.6%（新华社发）

家用电器和音像器材类增长14.2%，建筑及装潢材料类下降12%，家具类增长22.6%，化妆品类增长22.1%，金银珠宝类增长38.6%，中西药品类增长14.8%。

六、对外经济 全年货物进出口总额25 616亿美元，比2007年增长17.8%。其中，货物出口14 285亿美元，增长17.2%；货物进口11 331亿美元，增长18.5%。进出口差额（出口减进口）2 955亿美元，比2007年增加328亿美元。全年非金融领域新批外商直接投资企业27 514家，比2007年减少27.3%。实际使用外商直接投资金额924亿美元，增长23.6%。其中，制造业占54%；房地产业占20.1%；租赁和商务服务业占5.5%；批发和零售业占4.8%；交通运输、仓储和邮政业占3.1%。全年非金融领域对外直接投资额407亿美元，比2007年增长63.6%。全年对外承包工程完成营业额566亿美元，比2007年增长39.4%；对外劳务合作完成营业额81亿美元，增长19.1%。

七、交通、邮电和旅游 全年交通运输、仓储和邮政业增加值16 590亿元，比2007年增长7.6%。全年规模以上港口完成货物吞吐量58.7亿吨，比2007年增长11.5%，其中外贸货物吞吐量19.2亿吨，增长7%。港口集装箱吞吐量1.2835亿标准箱，增长12.2%。年末全国民用汽车保有量达到6 467万辆（包括三轮汽车和低速货车1 492万辆），比2007年末增长13.5%，其中私人汽车保有量4 173万辆，增长18.1%。民用轿车保有量2 438万辆，增长24.5%，其中私人轿车1 947万辆，增长28.0%。全年完成邮电业务总量23 841亿元，比2007年增长20.7%。其中，邮政业务总量1 402亿元，增长15.5%；电信业务总量22 440亿元，增长21%。全年减少局用交换机156万门，总容量5.1亿门。固定电话年末用户3.4081亿户。其中，城市电话用户2.32亿户，农村电话用户1.0881亿户。新增移动电话用户9 392万户，年末达到6.4123亿户。年末全国固定及移动电话用户总数达到9.8204亿户，比2007年末增加6 909万户。电话普及率达到74.3部/百人。互联网上网人数3亿人，其中宽带上网人数2.7亿人。全年入境旅游人数1.3003亿人次，比2007年下降1.4%。其中，外国人2 433万人次，下降6.8%；香港、澳门和台湾同胞1.057亿人次，下降0.1%。在入境旅游者中，住宿旅游者5 305万人次，下降3.1%。国际旅游外汇收入408亿美元，下降2.6%。国内居民出境人数达4 584万人次，增长11.9%。其中因私出境4 013万人次，增长14.9%，占出境人数的87.5%。国内出游人数达17.1亿人次，增长6.3%；国内旅游收入8 749亿元，增长12.6%。

八、金融 年末广义货币供应量（M2）余额为47.5万亿元，比2007年末增长17.8%；狭义货币供应量（M1）余额为16.6万亿元，增长9.1%；流通中现金（M0）余额为3.4万亿元，增长12.7%。年末全部金融机构本外币各项存款余额47.8万亿元，增长19.3%；全部金融机构本外币各项贷款余额32.0万亿元，增长17.9%。全年农村金融合作机构（农村信用社、农村合作银行、农村商业银行）人民币贷款余额3.7万亿元，比年初增加5 908亿元。全部金融机构人民币消费贷款余额3.7万亿元，增加4 609亿元。其中个人短期消费贷款余额0.4万亿元，增加1 035亿元；个人中长期消费贷款余额3.3万亿元，增加3 575亿元。全年上市公司通过境内市场累计筹资3 396亿元，比2007年减少3 947亿元。其中，首次公开发行A股75只，筹资1 066亿元，减少3 487亿元；A股再筹资（包括配股、公开增发、非公开增发、认股权证）筹资1 332亿元，减少1 046亿元；上市公司通过发行可转债、可分离债、公司债筹资998亿元，增加587亿元。全年企业共发行债券20 520亿元，比2007年增加3 437亿元。其中，金融债券11 797亿元，减少116亿元；企业（公司）债券2 655亿元，增加834亿元；短期融资券4 332亿元，增加982亿元；中期票据1 737亿元，增加1 737亿元。全年保险公司原保险保费收入9 784亿元，比2007年增长39.1%，其中寿险业务原保险保费收入6 658亿元；健康险和意外伤害险业务原保险保费收入789亿元；财产险业务原保险保费收入2 337亿元。支付各类赔款及给付2 971亿元，其中寿险业务给付1 315亿元；健康险和意外伤害险赔款及给付238亿元；财产险业务赔款1 418亿元。

九、教育和科学技术 全年研究生教育招生44.6万人，在学研究生128.3万人，毕业生34.5万人。普通高等教育招生607.7万人，在校生2 021万人，毕业生512万人。各类中等职业教育招生810万人，在校生2 056.3万人，毕业生570.6万人。全国普通高中招生837万人，在校生2 476.3万人，毕业生836.1万人。全国初中招生1 856.2万人，在校生5 574.2万人，毕业生1 862.9万人。普通小学招生1 695.7万人，在校生10 331.5万人，毕业生1 865万人。特殊教育招生6.2万人，在校生41.7万人。幼儿园在园幼儿2 475万人。全年研究与试验发展（R&D）经费支出4 570亿元，比2007年增长23.2%，占国内生产总值的1.52%，其中基础研究经费

200亿元。全年国家安排了922项科技支撑计划课题，1 205项“863”计划课题。新建国家工程研究中心7个，国家工程实验室51个。国家认定企业技术中心达到575家。省级企业技术中心达到4 886家。全年受理国内外专利申请82.8万件，其中国内申请71.7万件，占86.6%。受理国内外发明专利申请29万件，其中国内申请19.5万件，占67.1%。全年授予专利权41.2万件，其中国内授权35.2万件，占85.5%。授予发明专利权9.4万件，其中国内授权4.7万件，占49.7%。截至2008年底，有效专利119.5万件，其中国内有效专利92.5万件，占77.4%；有效发明专利33.7万件，其中国内有效发明专利12.8万件，占37.9%。全年共签订技术合同22.6万项，技术合同成交金额2 665亿元，比2007年增长19.7%。全年成功发射卫星11次，“神舟七号”载人航天飞行圆满成功。年末全国共有产品检测实验室24 300个，其中国家检测中心376个。全国现有产品质量、体系认证机构170个，已累计完成对3.8万个企业的产品认证。全国共有法定计量技术机构3 701个，全年强制检定计量器具4 190万台（件）。全年制定、修订国家标准6 373项，其中新制定2 714项。全国共有地震台站1 314个，地震遥测台网31个。全国共有海洋观测站67个、海洋监测站位9 200多个。测绘部门公开出版地图1 834种，测绘图书309种。

十、文化、卫生和体育　年末全国共有艺术表演团体2 575个，文化馆3 171个，公共图书馆2 825个，博物馆1 798个。广播电台257座，电视台277座，广播电视台2 069座，教育台45个。有线电视用户1.6342亿户，有线数字电视用户4 503万户。年末广播节目综合人口覆盖率为96%，电视节目综合人口覆盖率为97%。全年生产故事影片406部，科教、纪录、动画和特种影片73部。出版各类报纸445亿份，各类期刊30亿册，图书69亿册（张）。年末全国共有档案馆3 987个，已开放各类档案7 267万卷（件）。年末全国共有卫生机构30万个，其中医院、卫生院6万个，社区卫生服务中心（站）2.8万个，妇幼保健院（所、站）3 020个，专科疾病防治院（所、站）1 344个，疾病预防控制中心（防疫站）3 560个，卫生监督所（中心）2 591个。卫生技术人员492万人，其中执业医师和执业助理医师205万人，注册护士162万人。医院和卫生院床位369万张。乡镇卫生院3.9万个，床位82万张，卫生技术人员87.4万人。全年甲、乙类法定报告传染病发病人数354.1万例，报告死亡1.2433万人；报告传染病发病率268.01/10万，死亡率0.94/10万。全年运动健儿在24个项目中共获得了120个世界冠军，11人2队16次创16项世界纪录。在北京奥运会上，我国运动员共获得51枚金牌，21枚银牌，28枚铜牌，奖牌总数100枚，位列奥运会金牌榜第一，奖牌榜第二。在北京残奥会上，我国运动员共获得89枚金牌，70枚银牌，52枚铜牌，蝉联金牌榜和奖牌榜的第一位。群众体育运动蓬勃开展。

十一、人口、人民生活和社会保障 年末全国总人口为13.2802亿人，比2007年末增加673万人。全年出生人口1 608万人，出生率为12.14‰；死亡人口935万人，死亡率为7.06‰；自然增长率为5.08‰。出生人口性别比为120.56。全年农村居民人均纯收入4 761元，扣除价格上涨因素，比2007年实际增长8%；城镇居民人均可支配收入1.5781万元，实际增长8.4%。农村居民家庭食品消费支出占家庭消费总支出的比重为43.7%，城镇居民家庭为37.9%。按2008年农村贫困标准1 196元测算，年末农村贫困人口为4 007万人。年末全国参加城镇基本养老保险人数为2.189亿万人，比2007年末增加1 753万人。其中参保职工1.6597亿人，参保离退休人员5 293万人。参加城镇基本医疗保险的人数3.1698亿人，增加9 387万人。其中，参加城镇职工基本医疗保险人数2.0048亿人，参加城镇居民基本医疗保险人数1.165亿人。参加城镇医疗保险的农民工4 249万人，增加1 118万人。参加失业保险的人数1.24亿人，增加755万人。参加工伤保险的人数

1.381亿人，增加1 637万人。其中参加工伤保险农民工4 976万人，增加996万人。参加生育保险的人数9 181万人，增加1 406万人。2 729个县（市、区）开展了新型农村合作医疗工作，新型农村合作医疗参合率91.5%。新型农村合作医疗基金累计支出总额为429亿元，累积受益3.7亿人次。全年城市医疗救助513万人次，比2007年增长16%。农村医疗救助936万人次，增长148.0%。民政部门资助农村合作医疗的人数达2 780万人次。年末全国领取失业保险金人数为261万人。全年2 334万城市居民得到政府最低生活保障，比2007年增加62万人；4 291万农村居民得到政府最低生活保障，增加725万人。年末全国各类收养性社会福利单位床位235万张，收养各类人员189万人。城镇建立各种社区服务设施10.9万个，社区服务中心9 871个。全年销售社会福利彩票604亿元，筹集福利彩票公益金211亿元，直接接收社会捐赠款482亿元。

十二、资源、环境和安全生产　全年建设占用耕地19.16万公顷。灾毁耕地2.48万公顷。生态退耕0.76万公顷。因农业结构调整减少耕地2.49万公顷。土地整理复垦开发补充耕地22.96万公顷。当年净减少耕地1.93万公顷。全年水资源总量27 127亿立方米，比2007年增加7.4%；人均水资源2 048立方米，增加6.9%。全年平均降水量659毫米，增加8%。年末全国大型水库蓄水总量1 962亿立方米，比2007年末多蓄水93亿立方米。全年总用水量5 840亿立方米，比2007年增长0.4%。其中，生活用水增长0.6%，工业用水增长1.8%，农业用水减少0.2%，生态补水减少0.7%。万元国内生产总值用水量231.8立方米，比2007年下降7.9%。万元工业增加值用水量130.3立方米，下降7%。人均用水量440.9立方米，下降0.1%。国土资源调查及地质勘查新发现大中型矿产地209处，其中，能源矿产地38处，金属矿产地90处，非金属矿产地79处，水气矿产地2处。有57种矿产新增查明资源储量，其中，石油13.4亿吨，天然气6 472亿立方米，原煤231.1亿吨。全年完成造林面积477万公顷，其中人工造林329万公顷。林业重点工程完成造林面积312万公顷，占全部造林面积的65.4%。全民义务植树23.1亿株。截至2008年底，自然保护区达到2 538个，其中国家级自然保护区303个。新增综合治理水土流失面积4.7万平方公里，新增实施水土流失地区封育保护面积2.6万平方公里。初步测算，全年能源消费总量28.5亿吨标准煤，比2007年增长4%。煤炭消费量27.4亿吨，增长3%；原油消费量3.6亿吨，增长5.1%；天然气消费量807亿立方米，增长10.1%；电力消费量34 502亿千瓦小时，增长5.6%。全国万元国内生产总值能耗下降4.59%。主要原材料消费中，钢材消费量5.4亿吨，增长4.2%；精炼铜消费量538万吨，增长6.9%；电解铝消费量1 260万吨，增长4.3%；乙烯消费量998万吨，下降2.9%；水泥消费量13.7亿吨，增长3.5%。7大水系的409个水质监测断面中，一—三类水质断面比例占55.0%，比2007年提高5.1%；劣五类水质断面比例占20.8%，比2007年下降2.8%。7大水系水质总体上持续好转，部分流域污染仍然严重。近岸海域301个海水水质监测点中，达到国家一类、二类海水水质标准的监测点占70.4%，比2007年上升7.6%；三类海水占11.3%，下降0.5%；四类、劣四类海水占18.3%，下降7%。全国海域未达到清洁海域水质标准的海域面积13.7万平方公里，比2007年减少0.8万平方公里，其中，严重污染海域面积为2.5万平方公里。渤海严重污染海域面积0.3万平方公里。在监测的519个城市中，有399个城市空气质量达到2级以上（含2级）标准，占监测城市数的76.9%；有113个城市为3级，占21.8%；有7个城市为劣3级，占1.3%。在监测的392个城市中，城市区域声环境质量好的城市占7.9%，较好的占63.8%，轻度污染的占27.0%，中度污染的占1.3%。全年平均气温为9.6℃，比2007年低0.5℃。全年共有10个台风在我国登陆，增加2个。年末城市污水处理厂日处理能力达 8 295万立方米，比2007年末增长16.1%；城市污水处理率达到65.3%，提高2.4%；集中供热面积32.1亿平方米，增长6.6%；建成区绿地率达到31.6%，提高0.3%。全年各类自然灾害造成直接经济损失11 752亿元，比2007年增加4倍。全年农作物受灾面积 3 999万公顷，下降18.4%。其中，绝收403万公顷，下降29.8%。全年共发生森林火灾1.3万起，上升45.2%。全年因洪涝灾害造成直接经济损失635亿元，下降23.1%；死亡686人，下降41.3%。全年因旱灾造成直接经济损失307亿元，下降60.9%。全年因海洋灾害造成直接经济损失206亿元，增加1.3倍。全年累计发生赤潮面积1.3738万平方公里，增加18.3%。全年低温冷冻和雪灾造成直接经济损失1 595亿元，死亡162人。全年实际发生各类地质灾害2.7万起，直接经济损失183.7亿元，死亡656人。全年大陆地区共发生5级以上地震87次，成灾17次，造成直接经济损失8 523亿元，死亡近7万人。其中，四川汶川地震震级达8级，造成直接经济损失8 451亿元。全年生产安全事故死亡9.1172万人，比2007年下降10.2%。亿元国内生产总值生产安全事故死亡人数为0.312人，下降24.5%；工矿商贸企业就业人员10万人生产安全事故死亡人数为2.82人，下降7.5%；煤矿百万吨死亡人数为1.182人，下降20.4%。全年共发生道路交通事故26.5万起，造成7.3万人死亡，30.5万人受伤，直接财产损失10.1亿元；道路交通万车死亡人数为4.3人，减少0.8人。

1月4日　国务院召开第一次全国污染源普查电视电话会议。国务院部署全国污染源普查工作，国务院副总理曾培炎出席并讲话，强调坚持全面调查，科学普查，依法普查，保证质量，把普查污染源与健全环境统计体系、监测体系、评价体系结合起来，为促进经济社会又好又快发展提供科学、翔实、全面的环境信息。

1月6日　证监会首次查处利用虚假申报操纵证券市场案件。证监会通报，已依法查处了周建明利用虚假申报手段操纵证券市场的案件，没收周建明违法所得176万余元，并处以罚款176万余元。这是证监会首次查处利用虚假申报操纵证券市场的案件。

1月8日　中共中央、国务院在北京隆重举行国家科学技术奖励大会。会前，胡锦涛等党和国家领导人接见了2007年度国家科学技术奖励获奖代表。会上，颁布了2007年度国家科学技术奖励获奖人选和项目。2007年度国家自然科学奖二等奖获奖项目39项；国家技术发明奖获奖项目51项，其中一等奖1项、二等奖50项；国家科学技术进步奖获奖项目255项，其中特等奖1项、一等奖19项、二等奖235项；授予4名外籍科学家和1个外国组织中华人民共和国国际科学技术合作奖。

1月9日　国务院总理温家宝主持召开国务院常务会议。研究部署保持物价稳定工作，作出修改《价格违法行为行政处罚规定》的决定。国务院强，调近期不得调整油电气价格。指出，近期，成品油、天然气、电力价格不得调整，确因成本上升需调整的，必须按规定报政府价格主管部门批准。1月13日，温家宝签署了第五一五号国务院令，公布《国务院关于修改〈价格违法行为行政处罚规定〉的决定》，新规自公布之日起施行。

1月11日—14日　中共中央总书记、国家主席、中央军委主席胡锦涛来到安徽省考察工作。4天里，胡锦涛总书记在安徽省委书记王金山和代省长王三运等陪同下，先后到芜湖、阜阳、合肥等地，深入企业车间、乡村地头、水利设施、科研院所和城市社区，深入受灾地区，同干部群众共话强省富民大计。国务院办公厅下发《关于限制生产销售使用塑料购物袋的通知》，明确要求从6月1日起，在全国范围内禁止生产、销售、使用厚度小于0.025毫米的超薄塑料购物袋，同时禁止超市、商场、集贸市场等零售场所免费提供塑料购物袋。专家分析认为，此次“限塑令”的颁布实施，将使国内一半左右的生产企业受到直接影响，同时随着环保门槛的不断提高，整个塑料包装行业将加速“洗牌”。

1月14日—16日　中国共产党第十七届中央纪律检查委员会第二次全体会议在北京举行。中国共产党中央委员会总书记胡锦涛出席并发表了重要讲话。会议公报提出，2008年要突出以下七项工作重点：第一，认真开展对十七大重大决策部署执行情况的监督检查，深入贯彻落实科学发展观。第二，加大专项治理力度，坚决纠正损害群众利益的不正之风。第三，继续保持查办案件工作力度，坚决惩治腐败。第四，扎实开展反腐倡廉教育，加强领导干部廉洁自律工作。第五，深化改革和创新制度，进一步推进治本抓源头工作。第六，深入推进监督工作，促使领导干部正确行使权力。第七，加强国有企业党风建设和反腐倡廉工作，促进企业健康发展。

1月15日　国务院总理温家宝签署第五一六号国务院令，公布《国务院关于废止部分行政法规的决定》，共92件行政法规被废止或宣布失效。经过清理，国务院决定：一、对主要内容被新的法律或者行政法规所代替的49件行政法规，予以废止；二、对适用期已过或者调整对象已经消失，实际上已经失效的43件行政法规，宣布失效。

1月16日　央行2008年首次上调存款准备金率。为落实从紧的货币政策，中国人民银行宣布，从1月25日起，上调存款类金融机构人民币存款准备金率0.5%。这是央行2008年首次动用这一货币政策工具。央行称，这一举措是为落实从紧的货币政策要求，继续加强银行体系流动性管理，抑制货币信贷过快增长。

同　日　国家发改委启动临时价格干预措施。国家发展和改革委员会宣布，经国务院批准，发改委15日公布了《关于对部分重要商品及服务实行临时价格干预措施的实施办法》，规定了实行临时价格干预措施的品种范围、干预形式和具体办法。

1月19日　国务院总理温家宝主持召开国务院第十一次全体会议，讨论即将提请十一届全国人大一次会议审议的《政府工作报告

(征求意见稿)》。会议决定，将此稿发到中央党政军群各部门和各省区市征求意见，并采取多种形式广泛听取意见。温家宝在会上发表了讲话。他指出，我们的政府是人民的政府，政府的全部工作都是为了人民，都要向人民负责。起草和修改好《政府工作报告》十分重要。一个好的《报告》应当是人民群众关心和参与的报告，是充分反映人民群众利益、愿望和要求的报告。《报告》稿征求意见要充分发扬民主，范围要广泛，方式要创新，认真听取社会各界和广大群众意见，集思广益，真正使《报告》起草和修改过程成为集中民智、反映民意、凝聚民心、激励民力的过程。温家宝说，本届政府的5年任期即将结束。这5年是不平凡的5年，改革发展任务十分艰巨繁重。各级政府和全国各族人民坚持以邓小平理论和“三个代表”重要思想为指导，全面落实科学发展观，齐心协力，顽强拼搏，战胜种种困难和挑战，在中国特色社会主义道路上奋勇前进，改革开放和现代化建设取得了举世瞩目的重大成就。国民经济平稳快速发展，经济效益不断提高，经济实力大幅提升；农村、企业、金融、财税、外经贸和行政管理体制等改革迈出重大步伐，开放型经济进入新阶段；就业、社会保障、教育、卫生、文化等社会事业加快发展，人民群众得到更多实惠。5年来，本届政府紧紧围绕全党和全国工作大局，忠实履行职责，尽心尽力工作，认真完成各项任务。同时也要清醒地看到，前进道路上还面临不少问题和困难，政府工作同形势的要求和人民的期望还有不小差距。温家宝指出，在丰富的实践中，我们积累了许多宝贵经验。主要是：必须坚持解放思想。破除迷信，与时俱进，坚持一切从实际出发，敢于冲破不合时宜的观念束缚，尊重群众的首创精神，鼓励探索、实践和创造；必须坚持落实科学发展观。始终以经济建设为中心，着力调整经济结构和转变发展方式，注重统筹兼顾，促进社会和谐，努力实现以人为本、全面协调可持续发展；必须坚持改革开放。按照社会主义市场经济的改革方向，全面深化经济体制改革，同时推进政治体制、文化体制、社会体制等各方面改革，坚持对外开放基本国策不动摇；必须坚持搞好宏观调控。充分发挥市场在资源配置中的基础性作用，不断增强发展活力，同时根据形势变化，加强和改善宏观调控，使国民经济平稳运行；必须坚持执政为民。政府的一切权力都是人民赋予的。要牢记全心全意为人民服务是政府工作的根本宗旨，努力做到一切属于人民，一切为了人民，一切依靠人民，一切归功于人民；必须坚持依法行政。严格按照宪法和法律规定的权限和程序行使权力、履行职责，自觉接受监督，从根本上增强政府的执行力和公信力。这些既是宝贵的精神财富，也是今后政府工作的努力方向。温家宝说，过去5年的成就和进步来之不易，这是在改革开放多年来奠定的基础上取得的，是以胡锦涛同志为总书记的党中央驾驭全局、正确领导的结果，是各地区、各部门和全国各族人民奋发进取、共同努力的结果。温家宝指出，本届政府任期还有不到两个月的时间，我们要以对国家和人民高度负责的态度，恪尽职守，善始善终做好每一项工作。当前要做好的重点工作是：确保市场供应和价格基本稳定；加强冬春农业生产；防止固定资产投资过快增长；认真做好财政金融工作；妥善安排好群众生活；抓好安全生产和社会稳定工作。温家宝强调，十一届全国人大一次会议和全国政协十一届一次会议即将召开，国务院组成人员和各部门负责人要按照大会要求，集中精力参加会议，虚心听取代表、委员意见，诚恳接受监督。国务院全体组成人员出席了会议，有关部门、单位负责人列席了会议。

1月21日　国务院派出督察组。从1月21日—29日，分11个组在全国22个省区市，对保障市场供应、加强市场监管和稳定市场价格情况进行检查，督促各地将党中央、国务院关于保障市场供应、加强市场监管、稳定市场价格的政策措施落到实处。

1月22日　在遭遇“黑色周一”之后，沪深股市延续前一交易日的下挫势头，继续大幅下挫，跌幅双双超过7%，并均创下A股市场历史下跌点数之最及2007年6月4日以来的最大单日跌幅。两市个股普跌，将近千只个股跌停。

同　日　中共中央总书记、国家主席、中央军委主席胡锦涛在全国宣传思想工作会议代表座谈上发表讲话。他强调，要牢牢掌握宣传思想工作的领导权和主动权，高举伟大旗帜，唱响奋进凯歌，振奋民族精神，服务人民大众，以更深刻的认识、更开阔的思路、更有效的政策、更得力的措施，着力建设社会主义核心价值体系，着力巩固壮大主流思想舆论，着力推进改革创新，推动社会主义文化大发展大繁荣，提高国家文化软实力，为继续解放思想、坚持改革开放、推动科学发展、促进社会和谐营造良好氛围，为夺取全面建设小康社会新胜利、开创中国特色社会主义事业新局面提供强大思想文化保证。

1月23日　中宣部、财政部、文化部、国家文物局联合下发《关于全国博物馆、纪念馆免费开放的通知》。根据通知，2008年起全国各级文化文物部门归口管理的公共博物馆、纪念馆、全国爱国主义教育示范基地将全部实行免费开放。

1月24日　国家统计局公布2007年重要经济数据。国家统计局局长谢伏瞻说，2007年我国全年国内生产总值（GDP）比2007年增长11.4%；居民消费价格指数（CPI）上涨4.8%，涨幅比2007年提高3.3%。

1月25日　为进一步加强鲜活农产品（包括蔬菜、水果、活畜活禽）的运输和销售，保障春节市场供应，保持价格基本稳定，经国务院同意，国务院办公厅发布《关于进一步加强鲜活农产品运输和销售工作的通知》，决定从2008年1月26日—2月5日，启动鲜活农产品运输应急机制。

1月27日　国务院召开电视电话会议，针对当前大范围雨雪冰冻灾害给煤电油运造成的严重影响，部署各项保障工作。会议要求把做好煤电油运保障工作、抗御雨雪冰冻灾害作为当前最紧迫的任务，国家发改委、铁道部、交通部、安全监管总局、国家电监会、国家电网公司等多部门为力保煤电供应纷纷作出部署。

1月28日—30日　温家宝总理在湖南、广东考察抗灾救灾和春运工作。研究部署抢险抗灾和煤电油运保障工作。

1月29日　中共中央政治局召开会议，专门研究当前雨雪冰冻灾情，部署做好保障群众生产生活工作。中共中央总书记胡锦涛主持会议。会议认为，近期我国部分地区出现罕见的低温、雨雪冰冻极端天气，持续时间长，影响范围大，给受灾地区生产生活秩序带来严重影响。党中央、国务院对此高度重视，及时作出部署，各有关地区和部门紧急行动，团结协作，顽强奋战，克服困难，积极抗灾救灾，为保障群众生产生活和煤电油运工作作出了重大贡献。会议强调，未来几天，我国南方大部分地区仍将有雨雪天气，有的地区有大到暴雪，将给这些地区群众生产生活、特别是交通运输、能源供应等带来严重影响。各有关地区和部门要按照中央部署，充分认识灾情的严重性，把抗灾救灾作为当前最紧迫的任务，以对人民群众高度负责的精神，进一步做好思想准备和工作准备，紧紧依靠广大人民群众，全力开展抗灾救灾，坚决打好这场抗灾救灾的硬仗。会议指出，各地区各部门要加强对抗灾救灾的组织领导，强化应急机制，明确工作责任，加强经济运行调节，加强煤电油运工作，加强安全生产，加强舆论宣传引导，加强社会治安。当务之急是要千方百计保证交通运输通畅和电力供应。要克服一切困难，增加煤炭生产，优先保证电煤供应。要切实把群众利益放在第一位，满腔热情地帮助受灾群众排忧解难，急群众之所急，办群众之所需，解群众之所难，保障生活必需品供给，保障油气正常生产和调运，尤其是要安排好受灾地区群众的生产生活，确保广大人民群众过一个欢乐祥和的春节。会议指出，各地区各部门都要紧急行动起来，牢固树立全国一盘棋的思想，大力发扬一方有难、八方支援的精神，同心同德，团结协作，自觉支援和帮助受灾地区，各级领导干部和广大党员要深入抗灾救灾第一线、充分发挥先锋模范作用，努力把这场灾害造成的损失减少到最低程度，确保人民生命财产安全，确保经济平稳正常运行，确保社会和谐稳定。

1月30日　新华社受权全文播发《中共中央国务院关于切实加强农业基础建设进一步促进农业发展农民增收的若干意见》。意见指出，推动科学发展，促进社会和谐，夺取全面建设小康社会新胜利，必须加强农业基础地位，走中国特色农业现代化道路，建立以工促农、以城带乡长效机制，形成城乡经济社会发展一体化新格局。

1月31日　胡锦涛在山西大同、河北秦皇岛考察煤炭生产和电煤

供应情况。中共中央总书记、国家主席、中央军委主席胡锦涛高度关注当前电煤供应的严峻形势。胡锦涛先后来到山西省大同市和河北省秦皇岛市，深入大同煤矿集团大唐塔山煤矿有限公司、大秦铁路湖东站和秦皇岛港煤码头，实地考察煤炭生产和电煤供应情况，代表党中央、国务院，向奋战在煤炭生产和电煤运输第一线的广大干部职工表示诚挚的问候和衷心的感谢。

同　日　北京奥组委发布公告。公告称，因近期我国南方大部分地区和西北地区出现了持续大范围低温、雨雪和冰冻的天气，给广大人民群众的生活带来极大不便，北京奥运票务中心决定将奥运会开、闭幕式门票购票人提交照片和身份信息的截止时间推迟至2月22日。

2月1日　国务院新闻办举行新闻发布会。民政部救灾救济司副司长邹铭表示，截至1月31日18时，2008年1月10日以来的低温雨雪冰冻灾害造成浙江、江苏、安徽、江西、河南、湖北、湖南、广东、广西、重庆、四川、贵州、云南、陕西、甘肃、青海、宁夏、新疆和新疆生产建设兵团等19个省（区、市、兵团）不同程度受灾。全国农作物受灾面积增至1.41亿亩，农业部提升应急响应级别。随着西北东部和南方大部地区严重低温雨雪冰冻天气的持续影响，各地农作物低温冻害进一步加重。湖南、湖北、江西、贵州等20个省份的作物受灾面积发展到1.41亿亩，其中成灾6 629万亩，绝收1 628万亩。针对迅速发展的灾情，农业部按照《农业重大自然灾害突发事件应急预案》规定，将湖南和贵州的应急响应提升为一级响应，将湖北省的应急响应提升为二级响应，对江西省、重庆市分别启动一级和三级应急响应。据介绍，持续低温雨雪和冰冻天气共造成60人死亡（因房屋倒塌、滑倒和溺水等原因），失踪2人，紧急转移安置175.9万人（含铁路、公路滞留需救助66.7万人）；农作物受灾面积7 270.8千公顷；倒塌房屋22.3万间，损害房屋86.2万间；因灾直接经济损失537.9亿元。其中，湖南、湖北、贵州、广西、江西、安徽6省（区）受灾最为严重。

同　日　中台办、国台办就陈水扁当局公告举办“入联公投”发表受权声明。声明称，陈水扁当局不顾两岸同胞的强烈反对和国际社会的谴责，公然决定于3月22日举办所谓以台湾名义加入联合国的公投。祖国大陆十分关注“入联公投”事态的发展。陈水扁当局一意孤行，铤而走险，必将付出沉重代价。

本　月　春节期间，正在广西壮族自治区考察工作的中共中央总书记、国家主席、中央军委主席胡锦涛，先后到南宁、百色等地，看望慰问坚守岗位的基层干部职工和武警官兵，同广西各族干部群众一起过年。胡锦涛代表党中央、国务院，祝愿全国各族人民在新的一年里幸福安康。

2月10日　中央军委对部队支援灾区恢复重建工作作出部署。中共中央总书记、国家主席、中央军委主席胡锦涛作出重要指示，要求部队在前一段积极投身抢险救灾斗争的基础上，继续支持受灾地区搞好恢复重建，为夺取抗灾救灾全面胜利作出更大贡献。

2月13日　信息产业部、国家发改委公布，3月1日起实行手机漫游费上限标准新方案。即主叫上限标准降为每分钟0.6元，被叫上限标准降为每分钟0.4元。占用国内长途电路不再另行加收国内长途通话费。

2月18日　中共中央总书记、国家主席、中央军委主席胡锦涛在同全国组织工作会议代表座谈时发表讲话。他强调，能不能始终带领人民走在时代前列，能不能始终保持同人民群众的血肉联系，能不能始终成为中国特色社会主义事业的坚强领导核心，是对党的最根本的考验。

同　日　据国家统计局公布的最新统计，2008年1月份我国工业品出厂价格（PPI）较2007年同期增长6.1%，增速创下3年来新高，显示未来消费物价的上涨压力也将相应增加。其中，食品类价格上涨超过10%，原材料、燃料、动力购进价格同比上涨8.9%。2月19日，国家统计局公布数据显示，受春节和雪灾等因素影响，2008年1月份我国居民消费价格指数（CPI）同比上涨7.1%，创1997年以来月度新高。

2月19日　国务院在京召开全国农业抗灾减灾和春耕生产工作会议，部署灾后恢复农业生产、春耕备耕工作。中共中央政治局委员、国务院副总理回良玉在会上强调，各地区、各部门要认真贯彻党中央、国务院关于抗灾减灾和灾后重建的决策部署，全面落实中央1号文件精神，尽快恢复农业生产，尽早开展春耕备耕，坚决打好农业抗灾减灾和春耕生产这场硬仗，力争夏季粮油和全年农业丰收。

同　日　中国政府网公布了《国务院关于做好促进就业工作的通知》。通知指出，当前及今后一个时期，我国促进就业任务十分繁重，各地区、各部门要切实做好促进就业工作。

2月22日—27日　中共中央政治局召开会议，决定2月25日—27日在北京召开中国共产党第十七届中央委员会第二次全体会议。中共中央总书记胡锦涛主持会议。会议讨论了《关于深化行政管理体制改革的意见》、《国务院机构改革方案（草案）》稿。会议认为，深化行政管理体制和机构改革，是发展社会主义市场经济和发展社会主义民主政治的必然要求，是我国全面改革的重要组成部分。要按照党的十七大提出的加快行政管理体制改革、建设服务型政府的要求，立足我国改革开放和社会主义现代化的新形势新任务，统筹兼顾、突出重点、积极稳妥、分步实施，坚定不移地把行政管理体制和机构改革推向前进，着力转变职能、理顺关系、优化结构、提高效能，为改革开放和社会主义现代化建设提供重要体制保障。会议讨论了向第十一届全国人民代表大会第一次会议推荐的国家机构领导人员建议人选和向政协第十一届全国委员会第一次会议推荐的全国政协领导人员建议人选。会议确定将以上两个方面的内容作为十七届二中全会的议题。会议讨论了国务院拟提请第十一届全国人民代表大会第一次会议审议的《政府工作报告》稿。会议指出，第十届全国人民代表大会第一次会议以来的五年，全国各族人民在中国共产党领导下，高举中国特色社会主义伟大旗帜，坚持以邓小平理论和“三个代表”重要思想为指导，深入贯彻落实科学发展观，万众一心，顽强拼搏，继续推进改革开放和社会主义现代化建设，全面推进社会主义经济建设、政治建设、文化建设、社会建设，战胜各种艰难险阻，全面建设小康社会取得新的重大成就。我国经济发展迈上新台阶，人民得到更多实惠，综合国力显著增强，国际地位不断提高。五年来，各级政府认真履行职责，做了大量卓有成效的工作。2008年是全面贯彻党的十七大作出的战略部署的第一年，各级党委和政府要按照中央的部署和要求做好工作。会议同意国务院将《政府工作报告》稿提请第十一届全国人民代表大会第一次会议审议。会议还研究了其他事项。

2月25日—27日　中国共产党第十七届中央委员会第二次全体会议在北京举行。全会审议通过了中央政治局在广泛征求党内外意见、反复酝酿协商基础上提出的拟向十一届全国人大一次会议推荐的国家机构领导人员人选建议名单和拟向全国政协十一届一次会议推荐的全国政协领导人员人选建议名单，决定将这两个建议名单分别向十一届全国人大一次会议主席团和全国政协十一届一次会议主席团推荐。全会审议通过了在广泛征求意见的基础上提出的《关于深化行政管理体制改革的意见》和《国务院机构改革方案》，同意把《国务院机构改革方案》提请十一届全国人大一次会议审议。

2月26日　国家主席胡锦涛、国务院总理温家宝分别会见了美国国务卿赖斯。胡锦涛说，两国立法机构交往势头良好，双方在反恐、经贸、能源、环保等双边领域的交流合作以及在国际事务中的沟通协调富有成效。温家宝表示，当前，中美关系总体上是好的，双方正在积极落实两国领导人就全面推进21世纪中美建设性合作关系达成的共识，各领域的交流与合作不断取得新进展。

2月28日　国务院新闻办公室发表《中国的法治建设》白皮书。这是中国政府首次发表法治建设白皮书。该书全面介绍了新中国成立近60年来，特别是改革开放30年来，在建设中国特色社会主义的伟大实践中，中国的法治建设取得的巨大成就。

2月29日　国务院总理温家宝主持召开国务院常务会议，研究部署事业单位工作人员养老保险制度改革试点工作。会议讨论并原则通过了《事业单位工作人员养老保险制度改革试点方案》，确定在山西、上海、浙江、广东、重庆5省市先期开展试点，与事业单位分类改革配套推进。

2月23日—3月2日　第四十九届世界乒乓球锦标赛团体赛在广州举行。中国队包揽了本次世乒赛团体赛的2项冠军。

3月3日　中国人民政治协商会议第十一届全国委员会第一次会

议在人民大会堂开幕。党和国家领导人胡锦涛、吴邦国、温家宝、曾庆红、李长春、习近平、李克强、贺国强、周永康到会祝贺。贾庆林代表政协第十届全国委员会常务委员会，向大会报告过去五年的工作。报告提出：中共十七大描绘了在新的时代条件下继续全面建设小康社会、加快推进社会主义现代化的宏伟蓝图。面向未来，人民政协要继续肩负起时代赋予的光荣使命，在推动国家各项事业的发展中再创新的辉煌。

3月4日　中共中央总书记、国家主席、中央军委主席胡锦涛看望了参加全国政协十一届一次会议的民革、台盟、台联委员，听取委员们的意见和建议。他强调，要牢牢把握两岸关系和平发展的主题，真诚为两岸同胞谋福祉、为台海地区谋和平，维护国家主权和领土完整，维护中华民族根本利益。事实已经并将继续证明：两岸关系和平发展，有利于两岸发展和稳定，必定造福两岸同胞；“台独”分裂活动，有害于两岸发展和稳定，必定贻祸两岸同胞。实现两岸关系和平发展，是两岸同胞的共同利益所系、共同责任所在。经过两岸同胞长期共同努力，推动两岸关系和平发展已经具有更为坚实的基础、更为强劲的动力、更为有利的条件，是大势所趋、人心所向。我们再次呼吁，两岸同胞团结起来，牢牢把握两岸关系和平发展的主题，共同开创两岸关系和平发展新局面，共同促进中华民族伟大复兴。

同　日　新华社受权发布2月27日中国共产党第十七届中央委员会第二次全体会议通过的《关于深化行政管理体制改革的意见》(以下简称《意见》)。加快行政管理体制改革，建设服务型政府，是党的十七大作出的重要战略部署。党的十七届二中全会审议通过了《意见》，确立了我国深化行政管理体制改革的指导思想、基本原则，确立了到2020年我国深化行政管理体制改革的总体目标和今后五年的重点任务，确立了组织实施这项重大改革的具体要求。《意见》把行政管理体制改革放在改革开放和经济社会发展的全局中通盘考虑、总体谋划，在广泛征求意见中集思广益、科学论证，具有长远的指导意义和现实意义。

3月5日　第十一届全国人民代表大会第一次会议在人民大会堂开幕。国务院总理温家宝向大会作政府工作报告。报告对过去5年的工作进行了回顾，总结了取得的宝贵经验，提出了2008年的主要任务。报告指出，政府工作的基本思路和主要任务是：高举中国特色社会主义伟大旗帜，以邓小平理论和“三个代表”重要思想为指导，深入贯彻落实科学发展观，更加重视加强和改善宏观调控，更加重视推进改革开放和自主创新，更加重视调整经济结构和提高发展质量，更加重视节约资源和保护环境，更加重视改善民生和促进社会和谐，推进社会主义经济建设、政治建设、文化建设、社会建设，加快全面建设小康社会进程。

同　日　北京奥组委奥运村和残奥村建设团队副主任于德斌透露，北京奥运会最大的非竞赛场馆奥运村、残奥村开闭村时间已全部确定。奥运村7月27日正式开村，8月27日闭村。残奥村8月30日正式开村，9月20日闭村。

3月9日　香港发布2009年东亚运动会吉祥物。第五届东亚运动会筹备委员会揭晓了本届运动会的吉祥物“东仔”和“亚妹”。吉祥物的设计师毛沛巇和梁伯强在介绍吉祥物时表示，“东仔”和“亚妹”的头发象征火焰，代表香港人的活力，身上的烟花斑纹与2009年东亚运动会会徽相呼应，绽放出奥运五环的颜色，代表着发扬体育精神。

3月13日　全国政协十一届一次会议在人民大会堂举行第四次全体会议。大会选举中共中央政治局常委贾庆林为全国政协主席，同时选出25位全国政协副主席。中国人民政治协商会议第十一届全国委员会第一次会议在圆满完成各项议程后，于3月14日在人民大会堂闭幕。

3月14日　拉萨发生打砸抢烧事件。3月17日，西藏自治区主席向巴平措在国务院新闻办公室召开的新闻发布会上说，拉萨市区发生了打砸抢烧事件，暴徒共砸烂、烧毁车辆56辆，烧死或砍死无辜群众13人。拉萨打砸抢烧事件是达赖集团有组织、有预谋、精心策划煽动，境内外“藏独”分裂势力相互勾结制造的。事件发生后，自治区党委、政府正确果断处置，拉萨社会秩序很快得到恢复。

3月15日　全国人大批准国务院机构改革方案。第十一届全国人民代表大会第一次会议听取了时任国务委员兼国务院秘书长华建敏关于国务院机构改革方案的说明，审议并批准了该方案。根据这一方案，国务院将新组建工业和信息化部、交通运输部、人力资源和社会保障部、环境保护部、住房和城乡建设部。改革后，除国务院办公厅外，国务院组成部门设置27个。这次国务院机构改革涉及调整变动的机构共15个，正部级机构减少4个。

同　日　十一届全国人大一次会议选出新一届国家领导人。第十一届全国人民代表大会第一次会议于当日上午以无记名投票方式，选举胡锦涛为中华人民共和国主席、中华人民共和国中央军事委员会主席；选举吴邦国为第十一届全国人民代表大会常务委员会委员长；选举习近平为中华人民共和国副主席。16日上午，十一届全国人大一次会议在人民大会堂举行第六次全体会议，决定温家宝为中华人民共和国国务院总理。17日下午，根据国务院总理温家宝的提名，决定了国务院其他组成人员，李克强、回良玉、张德江、王岐山为国务院副总理，刘延东、梁光烈、马凯、孟建柱、戴秉国为国务委员。十一届全国人大一次会议在圆满完成各项议程，产生新一届国家机构组成人员后，3月18日在人民大会堂闭幕。会议经过表决，通过了关于政府工作报告的决议，批准了政府工作报告。会议表决通过了关于2007年国民经济和社会发展计划执行情况与2008年国民经济和社会发展计划的决议，批准了2008年国民经济和社会发展计划；表决通过了关于2007年中央和地方预算执行情况与2008年中央和地方预算的决议，批准了2008年中央预算。会议还表决通过了关于全国人大常委会工作报告的决议、关于最高人民法院工作报告的决议、关于最高人民检察院工作报告的决议，决定批准这3个报告。国家主席胡锦涛在闭幕会上发表了重要讲话。闭幕会后，国务院总理温家宝应大会新闻发言人的邀请，在人民大会堂与采访大会的中外记者见面并回答了记者提出的问题。

3月18日　温家宝总理在十一届全国人大一次会议举行的记者招待会上回答印度记者的有关提问。他说，中印关系这些年有了显著改善和发展。我们对于印度政府在对待达赖策划的所谓“独立”活动所采取的立场和措施表示赞赏。“西藏问题是中印关系的一个敏感问题。在这个问题上，我同瓦杰帕伊总理和辛格总理都有广泛的共识。我希望印度政府能够依照中印两国达成的共识，正确地对待和处理西藏问题。”温家宝指出，两国边界问题已经确立了解决的政治指导原则，并且开展了多轮谈判。这个历史遗留的十分复杂的问题，不是一朝一夕能够解决的。但是，只要中印双方都抱有诚意，本着平等相待、互谅互让的原则，解决边界问题的谈判会有新的进展。

同　日　十一届全国人大常委会第一次委员长会议在人民大会堂举行。会议决定3月19日举行十一届全国人大常委会第一次会议。全国人大常委会委员长吴邦国主持会议。委员长会议建议十一届全国人大常委会第一次会议的议程是，任命全国人大常委会副秘书长，吴邦国委员长发表讲话。会议听取了全国人大常委会副委员长、秘书长李建国作的关于十一届全国人大常委会第一次会议议程草案和日程安排意见的汇报、关于十一届全国人大常委会副秘书长任命事项的汇报。全国人大常委会副委员长王兆国、路甬祥、乌云其木格、韩启德、华建敏、陈至立、周铁农、司马义·铁力瓦尔地、蒋树声、陈昌智、严隽琪、桑国卫出席会议。依照宪法和全国人大组织法的规定，委员长会议负责处理全国人大常委会的重要日常工作；决定常委会每次会议的会期，拟定会议议程草案；对向常委会提出的议案，决定交由有关的专门委员会审议或者提请常委会全体会议审议；指导和协调各专门委员会的日常工作；处理常委会其他重要日常工作等。

3月19日　十一届全国人大常委会一次会议在北京人民大会堂举行。国务院总理温家宝主持，新一届国务院开始全面履行职责。会议研究确定了国务院领导同志工作分工；讨论并原则通过《国务院工作规则》，决定将《国务院工作规则》提交即将召开的国务院第一次全体会议审议。根据十一届全国人大一次会议批准的国务院机构改革方案，会议讨论并通过了国务院直属机构和单位的设置，对国务院议事协调机构和临时机构进行了精简和规范。会议还研究了当前工作。会议要求，国务院各部门要认真贯彻党的十七大和十一届全国人大一次会议精神，按照各自职责，抓紧落实各项工作部署。要在以胡锦涛同志为总书记的党中央领导下，继续解放思想，勇于改革创新，以更加饱满的精神状态、更加强烈的责任感和使命感，奋发进取，扎实工作，努力开创政府工作新局面。根据通过的议程，常委会会议经表决，任命王万宾、乔晓阳、张少琴、曹卫洲、王庆喜、李连宁、何晔晖、孙伟、刘振伟为全国人大常委会副秘书长。吴邦国在会上发表重要讲话。他说，十一届全国人大常委会和各专门委员会已经开始依法履行职责。我们要恪尽职守，勤勉工作，竭诚为国家和人民服务，不辜负全国各族人民的重托。他强调，坚持正确政治方向是做好人大工作的根本。我们在这个重大原则问题上，头脑要十分清醒，立场要十分坚定，旗帜要十分鲜明，绝不能有丝毫动摇。要增强坚持中国特色社会主义道路的自觉性和坚定性，增强坚持中国特色社会主义理论体系的自觉性和坚定性，增强坚持和完善人民代表大会制度的自觉性和坚定性。一要充分认识实行人民代表大会制度的必然性，坚定不移地走自己的路。二要充分认识人民代表大会制度的本质特征，理直气壮地坚持自己的特色。他强调，我国人民代表大会制度与西方资本主义国家政体有着本质区别，人民代表大会与西方议会有着本质区别，人大和“一府两院”的关系与西方国家国家机关间的关系有着本质区别，人大代表与西方议员有着本质区别。三要充分认识坚持和完善人民代表大会制度的核心所在，毫不动摇地坚持党的领导。坚持和完善人民代表大会制度，根本的是坚持党的领导、人民当家作主、依法治国有机统一，核心是坚持党的领导。我们必须自觉坚持党的领导，把党的领导贯穿于人大依法履职整个过程、落实到人大工作各个方面。吴邦国说，我们走的是中国特色社会主义政治发展道路，这是中国共产党领导中国人民选择的符合我国国情和实际的唯一正确道路，是我国发展社会主义民主政治的唯一正确道路。我们深化政治体制改革，目的是不断推进包括人民代表大会制度在内的社会主义政治制度自我完善和发展，必须坚持正确的政治方向。要坚持发挥党总揽全局、协调各方的领导核心作用，保证党领导人民有效治理国家，使党始终成为中国特色社会主义事业的坚强领导核心。要切实保证国家一切权力属于人民，扩大人民民主，保证人民当家作主。要全面落实依法治国基本方略，加快建设社会主义法治国家。要坚持发挥社会主义政治制度的特点和优势，推进社会主义民主政治制度化、规范化、程序化，为党和国家兴旺发达、长治久安提供政治和法律保障。我们要积极借鉴人类社会创造的文明成果包括政治文明的有益成果，但绝不照搬西方那一套，绝不搞多党轮流执政、“三权鼎立”、两院制。吴邦国指出，要努力把人大工作提高到一个新水平。要在提高立法质量的前提下，确保到2010年形成中国特色社会主义法律体系并不断加以完善。要从中国国情和实际出发完善法律体系，要始终把提高立法质量作为加强和改进立法工作的重点，积极推进科学立法、民主立法，并使之制度化、规范化、程序化。要在充分调查研究的基础上，立足长远、着眼当前，切实抓住那些带有普遍性和倾向性、经过努力可以解决的突出问题作为监督工作的突破口，从而增强人大监督工作的针对性。要充分发挥专门委员会的作用，特别是发挥各专门委员会人才荟萃、知识密集的特点和优势。要按照民主集中制原则，依照法定程序，集体行使职权，集体决定问题。吴邦国指出，加强常委会自身建设，对于充分发挥全国人大及其常委会作为最高国家权力机关、依法履行职责的工作机关和密切联系人民群众的代表机关的作用至关重要。要加强学习，深入学习党的十七大精神，深刻领会邓小平理论和“三个代表”重要思想，准确把握科学发展观的科学内涵、精神实质和根本要求。要抓紧学习宪法和法律，熟悉人大工作的议事规则和议事程序，掌握人大工作的必备知识。要广泛学习各方面的知识，坚持理论联系实际，把加强学习与提高能力结合起来，更好地推动常委会各项工作。要完善制度，把加强常委会制度建设作为坚持和完善人民代表大会制度的重要内容。要改进作风，坚持走群众路线，坚持以人为本，把实现好、维护好、发展好最广大人民群众的根本利益作为人大一切工作的出发点和落脚点，自觉接受人大代表和人民群众的监督，以饱满的政治热情、良好的精神风貌做好人大工作。

同　日　国务院总理温家宝应约与英国首相布朗通电话。温家宝说，当前中英关系进入新的发展阶段，中方愿与英方一道，保持高层交往，通过一系列双边交流机制，增进了解，加深互信，扩大合作，推动中英全面战略伙伴关系进一步发展。布朗表示，英国致力于不断发展英中关系，愿与中方在广泛领域加强合作。他将赴华观摩北京奥运会，相信北京奥运会将取得成功。温家宝还应询介绍了近日拉萨发生的打砸抢烧严重暴力犯罪事件的真相，并阐述了中国政府有关原则立场。布朗表示，英方也反对暴力犯罪行为。

3月20日　国务院总理温家宝在中南海紫光阁会见了秘鲁总统加西亚。温家宝说，中秘建交37年来，关系发展顺利，已成为全方位的合作伙伴。中方从战略高度重视发展中秘关系，愿同秘方共同努力，推动两国关系迈向更高水平。温家宝表示，秘鲁是中国在拉美重要的贸易伙伴和主要投资对象国。中方赞赏秘方承认中国完全市场经济地位。希望双方积极推进中秘自贸区谈判，争取早日达成一致，造福于两国人民。中方鼓励和支持企业对秘鲁投资，也欢迎秘鲁企业家来华开拓市场。双方还可以在基础设施、能矿、农业、林业、渔业等领域开展多种形式的经济技术合作。加西亚说，秘方希望继续加深两国政治互信，扩大人员交往，拓展合作领域，使双边关系进一步得到实质性提升。他表示，中国在处理对外关系时，一贯本着平等相待、互利互惠的原则，从不将自己的意识形态和发展模式强加于人，这为世界各国树立了好的榜样。加西亚还说，秘方坚决反对台湾当局搞“入联公投”，认为最近发生在拉萨的破坏事件背后的原因非常清楚。秘鲁人民将永远与中国人民站在一起，坚定支持中国政府和人民维护国家主权、领土完整的正义事业。

同　日　国务院总理温家宝在北京中南海会见韩国外交通商部长官柳明桓一行。双方就中韩关系和其他共同关心的问题交换了意见。在谈到台湾问题时，柳明桓表示，韩国政府将坚定不移地奉行一个中国政策。台湾当局进行的所谓“入联公投”只会制造两岸关系紧张，破坏台海局势稳定，韩方对此表示反对。外交部长杨洁篪会见时在座。

3月21日　国务院总理温家宝主持召开新一届国务院第一次全体会议，并发表了重要讲话。会议宣布了国务院领导同志分工和国务院机构设置，讨论通过了《国务院工作规则》。会议分析了国内外形势，对当前政府工作作出部署。温家宝指出，本届政府任期的5年，是全面建设小康社会的关键时期，任务艰巨而光荣。我们面临难得的机遇和条件，也面临许多困难和风险，要居安思危，增强忧患意识，紧紧抓住机遇，积极应对挑战，坚定信心，知难而进。他要求国务院组成人员，在以胡锦涛同志为总书记的党中央领导下，忠实履行宪法和法律赋予的职责，继续解放思想，勇于改革创新，勤勉尽责，锐意进取，兢兢业业做好新一届政府工作，绝不辜负党和人民的信任与重托，努力开创政府工作的新局面。温家宝指出，本届政府工作总的任务是：全面贯彻党的十七大精神，高举中国特色社会主伟大旗帜，以邓小平理论和“三个代表”重要思想为指导，深入贯彻落实科学发展观，继续解放思想，坚持改革开放，推动科学发展，促进社会和谐，加强社会主义经济建设、政治建设、文化建设、社会建设，使国民经济有一个更大的发展、人民生活水平有一个更大的提高、社会公平正义有一个更大的推进、改革开放迈出更大的步伐，夺取全面建设小康社会的新胜利。温家宝强调，2008年是全面贯彻党的十七大精神的第一年，也是本届政府的开局之年。我们要按照党的十七大部署和刚刚结束的十一届全国人大一次会议精神，认真扎实地做好政府各项工作，促进经济社会又好又快发展。当前，要着重抓好九件事：（一）抓紧组织实施国务院机构改革方案。切实转变职能，进一步理顺部门职责分工和权限，突出强化部门责任，着力解决职责交叉、权责脱节问题。6月底前基本完成定职能、定机构、定编制的“三定”工作。（二）继续搞好灾后重建。抓紧电力、通信、供水、公路等基础设施的修复和重建，高度重视农业、林业、畜牧业的恢复生产，支持灾区农民开展生产自救。全面保障受灾群众的基本生活，确保春荒季节灾区缺粮农户的粮油供应，6月底前全面完成倒塌房屋恢复重建任务。（三）切实抓好春季农业生产。鼓励和引导农民扩大春播粮食、油料、蔬菜等农作物面积。

认真落实促进粮食、生猪、奶业、油料发展和扶持蛋鸡养殖的政策措施。抓紧研究更加有力的支持农业生产政策措施。加强防控高致病性禽流感等重大动物疫病工作。组织好化肥等农业生产资料生产和供应。加强春季森林草原防火工作。搞好抗旱水源工程和农田水利建设。（四）努力保持物价基本稳定。关键是千方百计增加市场供应，抓好粮油肉菜等生活必需品的货源组织和市场调度。加强市场监管，依法实施对部分重要商品及服务的临时价格干预。（五）加强固定资产投资调控。坚持控制投资过快增长，着力优化投资结构。加大对发展薄弱环节的投入，进一步控制高耗能、高排放和产能过剩行业新上扩能项目，严格执行项目建设程序和市场准入条件。（六）加大节能减排工作力度。抓紧落实2008年度分行业分地区淘汰落后产能的目标任务。加强节能减排工作评估考核。加快节减排重点工程建设，推进企业节能减排技术改造。（七）认真抓好改革工作。积极推进集体林权制度改革，深化财税、金融改革，研究制定深化医药卫生体制改革方案，认真做好全部免除城市义务教育学杂费的准备工作。保持对外贸易政策基本稳定。（八）积极解决涉及群众切身利益的问题。切实做好高校毕业生、复转军人、残疾人和困难群体的就业服务工作。根据物价上涨情况，及时增加对低收入群众和受灾群众的补助，尽快将增加普通高校学生伙食补贴资金发放到学生手中。加强重大疾病防控。强化安全生产监管。维护社会大局稳定。（九）加强廉政建设和反腐败工作。近期将召开国务院廉政工作会议作出具体部署。温家宝指出，要认真贯彻落实党的十七大和十七届二中全会精神，按照依法行政、务实高效、公开透明、勤政廉洁的要求，努力建设人民群众满意的政府。认真执行国务院工作规则，实行科学民主决策，坚持依法行政，大力推进政务公开，健全监督制度，加强廉政建设。温家宝说，为了适应新形势新任务，国务院及各部门必须在领导作风、思想作风、工作作风方面有一个大的转变。一要解放思想，与时俱进；二要牢记宗旨，执政为民；三要恪尽职守，严格纪律；四要求真务实，开拓创新；五要戒骄戒躁，艰苦奋斗；六要顾全大局，加强团结。他特别强调，国务院组成人员和各级领导干部要在廉洁自律、轻车简从、精简会议方面约法三章，并提出了具体要求。国务院全体会议组成人员出席了会议。国务院其他部门、单位的负责人列席了会议。

3月22日　台湾地区领导人选举结束。经过投票选举，中国国民党籍候选人马英九、萧万长获胜，得票765.87万张，得票率为58.45%；民进党籍候选人谢长廷、苏贞昌得票544.52万张，得票率为41.55%。

同　日　遭台湾民众否定，陈水扁当局不顾海内外强烈反对而执意推动的所谓“入联公投”举行，因投票人数未达总投票权人数的一半，投票率仅35.8%，公投未获通过。公投结果说明，“台独”不得人心。同时举办的由国民党所提出的“返联公投”投票率仅35.7%，同样因投票人数不足而未获通过。

3月24日　第二十九届北京夏季奥运会圣火在希腊古奥林匹亚遗址成功点燃。随着希腊著名跆拳道运动员尼克拉泽斯举起手中的火炬，奥林匹克圣火在希腊境内的传递活动也正式拉开帷幕。

3月26日　国务院总理温家宝主持召开国务院常务会议，研究扶持农业生产的政策措施，讨论并原则通过《国务院2008年工作要点》和《中华人民共和国消防法（修订草案）》。会议指出，加强农业，对于保持经济又好又快发展，抑制通货膨胀，维护大局稳定，具有关键性的作用。为了更好地调动农民种粮积极性，保证农副产品的充足供给，会议决定，立即采取增加农资综合直补、增加良种补贴、提高粮食最低收购价格等一系列综合措施，进一步加大对农业和粮食生产的政策支持力度。近日将进行专门部署。会议指出，为落实十一届全国人大一次会议审议通过的《政府工作报告》，加强全年工作的计划性和系统性，国务院制定了2008年工作要点，把任务分解到各部门、各单位，做到各负其责，以利监督检查，增强政府执行力和公信力。会议要求，国务院各部门、各单位要认真履行职责，立足全局，突出重点，抓紧制定本部门、本单位的工作要点，并狠抓落实。要加强调查研究，注意发现新情况，解决新问题，及时完善相关政策和工作措施，确保实现全年经济社会发展目标。会议对

《中华人民共和国消防法》进行修订。修订草案进一步完善了消防安全管理制度，规范了消防责任主体的义务和责任，强化了对消防机构依法履行职责的监督，加大了对火灾隐患的查处力度。会议决定，《中华人民共和国消防法（修订草案）》经进一步修改后，由国务院提请全国人大常委会审议。会议还研究了其他事项。

3月28日　中共中央政治局召开会议，对促进残疾人事业发展作出部署。中共中央总书记胡锦涛主持会议。会议认为，关心残疾人是社会文明进步的重要标志，残疾人事业是中国特色社会主义事业的重要组成部分。残疾人是一个数量众多、特性突出、特别需要帮助的社会群体。新中国成立特别是改革开放以来，我国残疾人事业不断发展，残疾人状况明显改善，残疾人生活水平和质量不断提高。同时，我国残疾人社会保障措施还不够完善，残疾人事业基础还比较薄弱，残疾人总体生活状况与社会平均水平存在较大差距。我国有8 300多万残疾人，涉及2.6亿家庭人口。促进残疾人事业发展，改善残疾人状况，已成为全面建设小康社会和构建社会主义和谐社会一项重要而紧迫的任务。各级党委和政府要从坚持立党为公、执政为民的高度，充分认识发展残疾人事业的重要意义，进一步增强责任感和使命感，切实采取有力措施，促进残疾人事业在新的起点上加快发展。会议指出，促进残疾人事业发展，必须高举中国特色社会主义伟大旗帜，以邓小平理论和“三个代表”重要思想为指导，深入贯彻落实科学发展观，紧紧围绕全面建设小康社会奋斗目标，着眼于解决残疾人最关心、最直接、最现实的利益问题，完善促进残疾人事业发展的政策和法律，健全残疾人社会保障制度，加强残疾人服务体系建设，营造残疾人平等参与的社会环境，缩小残疾人生活状况与社会平均水平的差距，实现残疾人事业与经济社会协调发展，努力使残疾人同全国人民一道向着更高水平的小康社会迈进。会议强调，要加强残疾人医疗康复和残疾预防工作，保障残疾人享有基本医疗卫生服务，完善残疾人康复服务保障措施。要保障残疾人基本生活，按照重点保障和特殊扶助的要求，做好残疾人生活救助工作，建立残疾人参加社会保险制度，发展残疾人社会福利和慈善事业。要促进残疾人全面发展，发展残疾人教育，促进残疾人就业，繁荣残疾人文化体育事业。要改善对残疾人的服务，健全残疾人服务体系，加快无障碍建设，发展残疾人服务业。要优化残疾人事业发展环境，大力弘扬人道主义思想和中华民族传统美德，增强全社会扶残助残意识，加强残疾人事业法律和制度建设，推进国际交流合作。会议要求，各级党委和政府要加强对残疾人工作的领导，进一步完善残疾人工作领导体制，把残疾人工作列入重要议事日程。要把残疾人事业纳入国民经济和社会发展总体规划、相关专项规划和年度计划，建立稳定的经费保障机制。各级政府残疾人工作委员会要强化职责，统筹协调有关促进残疾人事业发展的方针、政策、法规、规划的制定与实施。各有关部门要切实提高为残疾人提供社会保障和公共服务的水平。要充分发挥残疾人组织作用，加强残疾人专职、专业和志愿者队伍建设。各级残联要切实履行职能，代表残疾人共同利益，维护残疾人合法权益，努力为残疾人服务。社会各界要积极参与、支持残疾人事业。会议还研究了其他事项。

同　日　国家发展和改革委员会宣布，考虑到2008年粮食生产成本上升较多，为提高农民种粮积极性，进一步促进粮食生产发展，国家决定从新粮上市起再次提高2008年生产的稻谷和小麦最低收购价格。

3月31日　象征着和平、友谊、希望的奥林匹克圣火，当日上午抵达首都北京。北京2008年奥运会圣火欢迎仪式暨火炬接力启动仪式随即在天安门广场隆重举行。中共中央总书记、国家主席胡锦涛在仪式上亲手点燃圣火盆，并宣布北京2008年奥运会火炬接力开始。

4月2日　国务院总理温家宝主持召开国务院常务会议，研究部署太湖流域水环境综合治理工作，审议并原则通过《历史文化名城名镇名村保护条例（草案）》。会议讨论了国家发改委会同有关部门和地方编制的《太湖流域水环境综合治理总体方案》。会议指出，太湖流域是我国经济最发达的地区之一，随着经济快速发展，当地的污染物排放量不断增加。虽然近些年来太湖流域各地区积极加大水污染治理力度，取得一定成效，但太湖流域水环境问题依然严重，边治理、边污染现象依然存在，水环境恶化的趋势还在发展。这种状况不仅严重影响广大群众的正常生活，也影响这个地区经济社会可持续发展。切实加强太湖流域水环境综合治理，意义重大，刻不容缓。会议强调，实施太湖流域水环境综合治理必须坚持高标准、严要求，坚持以人为本、科学发展，坚持统筹规划、标本兼治，着力调整产业结构与工业布局，加强工业点源、农村面源、城镇污水以及内源污染治理，加强生态修复，加大执法力度，建立健全流域水环境监测体系、管理体制与运行机制，努力恢复太湖山青水美的自然风貌，为流域经济社会发展提供切实保障，为全国河湖水环境综合治理、建设环境友好型社会提供有益经验。会议原则同意《方案》提出的太湖流域治理目标，要求到2012年，太湖湖泊富营养化趋势得到遏制，湖体水质有所改善，主要饮用水水源地水质基本达到三类。实现这一目标，一要优先保障饮用水安全，完善区域供水安全保障体系和蓝藻事故防范措施，建设饮用水安全监测系统和预警体系。2008年要全力防止因水质黑臭影响饮用水安全。二要严格控污减排，对工业点源、农村面源及内源污染实行全方位控制，并逐级分解到行政区域予以考核。三要努力修复生态，适当扩大引江济太工程规模，恢复和建设重要湿地及生态林。四要切实加强水环境保护能力建设，建立健全工业企业环保准入制度，制定农村面源污染控制标准，加强重大科技问题攻关，加快现有科技成果推广应用，完善流域监测网络和执法体系。五要加强组织领导和区域、部门协作，充分调动社会公众参与治理工作的主动性和积极性，落实地方各级政府水环境治理责任，以更大的决心、更大的力度，把太湖治理好，让人民群众满意放心。会议认为，为保持和延续历史文化名城、名镇、名村的传统格局和历史风貌，维护历史文化遗产的真实性和完整性，继承和弘扬中华民族优秀传统文化，根据《中华人民共和国文物保护法》和《中华人民共和国城乡规划法》，制定《历史文化名城名镇名村保护条例》很有必要。条例草案明确了历史文化名城、名镇、名村的申报条件与批准程序；强调了保护规划的权威性，规定经依法批准的保护规划不得擅自修改；强化了保护措施，规定历史文化名城、名镇、名村应当整体保护，城市和县人民政府应当对历史建筑设置保护标志，建立档案。草案还明确规定了政府及其有关主管部门的法律责任，对破坏传统格局和历史风貌的行为设定了严格的法律责任。会议决定，该条例草案经进一步修改后，由国务院公布施行。会议还研究了其他事项。

4月8日　新华社报道：国务院批准设立天津滨海新区综合保税区。这是继国务院批复滨海新区综合配套改革试验总体方案后，支持滨海新区开发开放做出的又一重要举措。

4月9日　国务院总理温家宝主持召开国务院常务会议，审议并原则通过《国家知识产权战略纲要》。会议原则同意知识产权局等部门研究起草的《国家知识产权战略纲要》。会议指出，当今世界科技进步日新月异，知识经济迅猛发展，经济全球化步伐明显加快，知识产权已经成为国际经济和企业竞争的一个焦点，并在经济社会发展中发挥着越来越重要的作用。制定和实施国家知识产权战略纲要，是一项关系国家前途和民族未来的大事。要通过不断优化和完善知识产权制度，鼓励社会成员的创造性劳动，激发全民族的创新精神，让一切创造活力竞相迸发，让一切创新才华充分施展，让一切创新成果得到尊重，将我国丰富的人力资源转化为智力资源，将我国巨大的市场潜力转化为对国际智力资源的巨大引力，加快创新型国家建设步伐，提高国家的核心竞争力。会议指出，实施国家知识产权战略，要实行激励创造、有效运用、依法保护、科学管理的方针。一要优化知识产权制度，制定和完善知识产权法律法规，建立健全合理协调的知识产权体制和机制，加强行政执法体系建设，发挥司法保护的主渠道作用。二要推动企业成为知识产权创造的主体，充分发挥高等院校、科研院所在知识产权创造中的重要作用，鼓励群众性发明创造。三要鼓励和支持市场主体依法运用知识产权，促进各种创新和发明成果加快转化为现实生产力，造福社会，造福人民。四要切实加大知识产权执法力度，依法打击侵权行为，降低维权成本，提高侵权代价。五要合理界定知识产权界限，有效维护正常市场竞争秩序和社会公众的合法权益。六要加强国际合作，积极参与国际知识产权秩序的构建，遵守国际规则，促进人类文明成果的合理共享。七要大力培育知识产权文化，提高全社会的知识产权意识，形成尊重知识、鼓励创新、诚信守法的舆论氛围。会议还研究了其他事项。

同　日　新华社报道：国际奥协主席拉涅亚当日在第十六届国际奥协代表大会表示，全世界205个国家和地区奥委会都将参加北京奥运会。这意味着，北京奥运会将成为历史上参赛国家和地区最多的一届奥运会。

4月10日　国家统计局公布了2006年GDP数据最终核实结果以及2007年GDP数据初步核实结果。经最终核实，2006年GDP现价总量为21.1923万亿元，比初步核实数增加了1 052亿元，按不变价格计算，比2007年增长11.6%，比初步核实数提高了0.5%。经初步核实，2007年GDP现价总量为24.953万亿元，比初步核算数增加了2 911亿元，按不变价格计算，比2007年增长11.9%，比初步核算数提高了0.5%。

4月11日　外交部发言人姜瑜在答记者问时表示，中方对欧洲议会通过涉藏决议表示坚决反对和强烈愤慨。4月14日，外交部发言人姜瑜就美国参议院通过涉藏决议案答记者问时表示，中方对此表示强烈不满和坚决反对。4月16日晚，外交部新闻司司长刘建超召见美国有线电视新闻网（CNN）驻京分社负责人，就该台主持人卡弗蒂发表恶毒攻击中国人民言论事提出严正交涉。外交部严正要求CNN和卡弗蒂本人向中国人民道歉。

4月12日　博鳌亚洲论坛2008年年会在海南博鳌开幕。本次年会的主题是“绿色亚洲：在变革中实现共赢”。

4月15日　十一届全国人大常委会第二次委员长会议在人民大会堂举行。吴邦国委员长主持会议。委员长会议决定，十一届全国人大常委会第二次会议于4月22日—24日在北京举行。会议听取了全国人大常委会副委员长、秘书长李建国作的关于十一届全国人大常委会第二次会议议程草案和日程安排意见以及相关工作事项的汇报，听取了全国人大相关专门委员会负责人关于十一届全国人大常委会第二次会议有关议程情况的汇报。还审议通过了全国人大常委会2008年工作要点、全国人大常委会2008年立法工作计划、全国人大常委会2008年监督工作计划。

4月16日　国务院总理温家宝主持召开国务院常务会议，分析当前经济形势，安排部署下阶段经济工作。会议认为，2008年以来，面对国际经济环境变化和国内发生历史罕见的低温雨雪冰冻灾害，中央及时采取有力应对措施，在十分困难的情况下，夺取了抗灾救灾和灾后重建的重大胜利，保持了国民经济平稳快速发展。当前总体经济形势比预想的要好。农业稳定发展，工业较快增长；投资增长过快、货币投放过多、外贸顺差过大的矛盾有所缓解；结构调整取得新进展；财政收支状况较好；改革开放继续推进；就业和居民收入增加较多，人民生活进一步改善；社会大局保持稳定。这些情况说明，经济运行朝着宏观调控的预期方向发展，我国经济具有应对各种困难的强大动力与活力。会议指出，目前国际经济环境复杂严峻，世界经济增长减缓、金融市场动荡，国际粮食、石油等初级产品价格持续上涨；国内经济运行中最突出的矛盾是价格总水平仍处于高位；制约农业生产和农民增收的因素比较多；固定资产投资反弹压力仍然存在；节能减排形势依然严峻。对面临的困难和问题，绝不能掉以轻心。会议强调，要继续贯彻落实中央经济工作会议和十一届人大一次会议精神，推进经济结构调整和经济发展方式转变，坚持稳健的财政政策和从紧的货币政策，保持宏观经济政策的稳定性和连续性。要把防止经济增长由偏快转为过热、防止价格由结构性上涨演变为明显通货膨胀作为宏观调控的首要任务，特别要把控制物价上涨、抑制通货膨胀放在更加突出的位置。同时密切跟踪经济形势新变化，把握好促进经济增长与抑制通货膨胀的平衡点，保持经济平稳较快增长。会议对加强农业和粮食生产、搞好市场和物价调控、合理控制固定资产投资规模、做好财政和金融工作、保持外贸平稳增长、推进重要领域和关键环节改革、保障和改善民生等工作作了部署。会议要求，各地区、各部门要在落实上狠下功夫，各项工作都要周密部署，明确责任，加强督促检查。要坚决维护中央宏观调控的统一性、权威性和有效性，增强政府公信力和执行力，确保政令畅通，把中央确定的各项政策措施真正落到实处，努力实现经济又好又快发展。

同　日　国家统计局新闻发言人李晓超说，面对罕见的低温雨雪冰冻灾害、国际次贷危机不断蔓延和加深的严峻形势，我国国民经济保持了平稳较快发展。2008年一季度，国内生产总值（GDP）同比增长10.6%。经济增速出现回落，符合宏观调控的预期。2008年一季度全国价格总水平处于高位，房屋销售价格继续上涨，其中居民消费价格总水平上涨8%（3月份同比上涨8.3%，环比下降0.7%），涨幅比2007年同期高5.3%。

4月18日　温家宝总理出席京沪高速铁路开工典礼，并宣布京沪高速铁路全线开工。京沪高速铁路自北京南站至上海虹桥站，新建双线铁路全长1 318公里，是世界上一次建成线路最长、标准最高的高速铁路，也是新中国成立以来一次投资规模最大的建设项目。项目建成后，乘坐火车从北京至上海只需要5个小时。

4月20日　根据十一届全国人大常委会第二次委员长会议的决定，全国人大常委会办公厅向社会全文公布食品安全法草案，广泛征求各方面意见和建议，更好地修改、完善这部法律草案。

4月22日—24日　十一届全国人大常委会第二次会议在北京举行。会议经表决，通过了修订后的残疾人保障法，国家主席胡锦涛签署第三号主席令予以公布。吴邦国委员长主持闭幕会。会议表决通过了全国人大常委会关于批准中国和澳大利亚引渡条约的决定，关于批准中国和法国引渡条约的决定，关于批准中国和科威特关于民事和商事司法协助的协定的决定，并批准了这3个条约。会议表决通过了全国人大常委会代表资格审查委员会主任委员、副主任委员、委员名单，黄镇东为主任委员，李建华、何晔晖、严以新为副主任委员。会议经表决，任命于均波为全国人大华侨委员会副主任委员，房凤友为全国人大农业与农村委员会副主任委员；免去曹建明、姜兴长的最高人民法院副院长、审判委员会委员职务，任命沈德咏为最高人民法院副院长、审判委员会委员、审判员。会议还表决通过了其他任免案。完成各项议程后，吴邦国发表讲话。他说，关心残疾人是社会文明进步的重要标志，体现了尊重和保障人权的宪法精神。促进残疾人事业发展，改善残疾人状况，是全面建设小康社会、构建社会主义和谐社会的一项重要任务。修订后的残疾人保障法，充实了禁止歧视残疾人的有关规定，并从康复、教育、劳动就业、文化生活、社会保障和无障碍环境建设等方面强化了对残疾人权利的保障，增强了法律的适用性和可操作性。它的颁布实施，对于维护残疾人合法权益，增强全社会扶残助残意识，促进残疾人平等参与社会生活，共享社会物质文化成果具有重要意义。吴邦国说，2008年1月中旬—2月上旬，我国南方地区遭受历史罕见的低温雨雪冰冻灾害。灾情发生后，党中央、国务院高度重视，及时作出部署，采取有力措施，在受灾地区干部群众的共同努力和全国人民的大力支援下，夺取了抗灾救灾和灾后重建工作的重大胜利。十一届全国人大一次会议期间，代表们对抗灾救灾工作给予高度评价，并十分关心灾后重建工作。根据代表们的意见，这次常委会会议专门安排听取和审议了国务院关于抗击低温雨雪冰冻灾害及灾后重建工作情况的报告。审议中，常委会组成人员和列席会议的同志充分肯定国务院、地方政府和有关方面的工作，希望各地区、各部门再接再厉，继续做好灾后重建和生产自救工作，切实保障受灾群众基本生活。同时希望认真总结这次抗灾救灾和灾后重建工作的经验，完善应急体制机制，提高防灾减灾能力和水平，促进经济社会又好又快发展。吴邦国在讲话中还就加强和改进人大工作提出五点要求。一要坚持正确政治方向。人大主要是通过会议形式，按照民主集中制原则，依照法定程序，集体行使职权，集体决定问题。所以，人大工作坚持正确政治方向，要靠大家共同来把握。二要处理好与“一府两院”的关系。我国的国家机关虽然分工不同、职责不同，但目标是完全一致的，都是在中国共产党领导下、在各自职权范围内贯彻落实党的路线方针政策和宪法法律，为建设中国特色社会主义服务。人大开展监督工作，要紧紧围绕党和国家工作大局，抓住关系改革发展稳定全局、影响社会和谐、人民群众反映强烈的突出问题，着力推动有关方面改进工作，建立解决问题的长效机制。三要为老百姓办实事。人大代表人民行使国家权力，也是反映民意的地方，一定要为老百姓办实事。老百姓关心的问题，人大就要关心。要继续坚持以人为本，把改善人民生活作为正确处理改革发展稳定关系的结合点，准确把握最广大人民的根本利益、现阶段群众的共同利益和不同群众的特殊利益的关系，推动有关方面从制度上机制上解决人民最关心、最直接、最现实的利益问题。四要调动好各方面的立法积极性。中国特色社会主义法律体系是协调统一的有机整体，不能在国家法律体系之下或以外，再搞自己部门或专门委员会的“法律体系”。人大常委会、各专门委员会要多在提高审议质量上下功夫。五要组织开展对现行法律的清理工作，分轻重缓急，进行分类处理，使中国特色社会主义法律体系在基本形成的基础上尽快完善，以适应我国社会主义经济建设、政治建设、文化建设、社会建设的客观需要。

4月23日　国务院总理温家宝主持召开国务院常务会议，审议并原则通过《证券公司监督管理条例（草案)》、《证券公司风险处置条例（草案)》和两个国家科技重大专项实施方案。会议认为，经过十多年的改革和发展，我国资本市场基础性制度建设明显加强，上市公司质量不断提高，投资者结构逐步改善，市场监管进一步加强，市场运行机制改革不断深化。资本市场已经成为国民经济的重要组成部分，增强了经济发展的活力。会议指出，要清醒地认识到，我国资本市场建立发育时间还不长，许多方面不够成熟，亟待完善，构建透明高效、结构合理、功能完善、运行安全的资本市场是一项长期任务。要坚持以科学发展观为指导，不断深化对资本市场发展和运行规律的认识，继续强化基础性制度建设和市场监管，维护公开公平公正的市场秩序，充分发挥市场机制的作用，推动资本市场稳定健康发展。会议决定，《证券公司监督管理条例（草案)》和《证券公司风险处置条例（草案)》，经进一步修改后，由国务院公布施行。会议指出，“核心电子器件、高端通用芯片及基础软件产品”和“极大规模集成电路制造装备及成套工艺”两个国家科技重大专项方案，是21世纪信息战略高技术的发展重点。要通过专项的实施，逐步实现核心电子器件的国产化，形成具有国际竞争力的高端通用芯片和基础软件研发与产业化体系；掌握具有自主知识产权的集成电路制造成套先进工艺与所需新材料技术，带动装备制造业和材料产业的发展，促进产业结构调整，提高国家核心竞争力。会议认为，以上两个重大专项方案经过科学、民主、严格的论证，已基本成熟，具备启动实施的条件，各有关部门要根据会议提出的意见进一步完善方案，抓紧组织实施。

4月24日　经国务院批准，财政部、国家税务总局决定，从当日起，调整证券（股票）交易印花税税率，由3‰调整为1‰。在证券交易印花税调降等利好政策下，沪深股市当日放量大涨，上证综指和深证成指双双出现9%以上的巨大涨幅，创下近7年来最大单日涨幅。4月21日—25日，沪深两市周升幅分别达到14.96%和16.05%，创近12年来最大单周涨幅。

同　日　首次中欧经贸高层对话在京举行。欧盟委员会主席巴罗佐抵京对中国进行为期3天的正式访问。巴罗佐此访随行人员包括9名欧盟委员会委员及其他官员共约60人。首次中欧经贸高层对话4月25日在人民大会堂举行。

4月26日　海南各族各界群众在海南省人大会堂隆重集会，热烈庆祝海南建省办经济特区20周年。中共中央政治局常委、国务院副总理李克强出席庆祝大会，代表党中央、国务院发表重要讲话，强调要深入贯彻落实科学发展观，坚持以改革创新精神全面推进海南各项建设。

4月28日　中共中央政治局召开会议，研究部署推进集体林权制度改革，审议并通过《建立健全惩治和预防腐败体系2008年—2012年工作规划》，讨论党代表大会代表任期制暂行条例。中共中央总书记胡锦涛主持会议。会议认为，集体林地是国家重要的土地资源，是林业重要的生产要素，是农民重要的生活保障。实行集体林权制度改革，在坚持集体林地所有权不变的前提下，依法将林地承包经营权和林木所有权承包及落实到本集体经济组织的农户，确立农民作为林地承包经营权人的主体地位，对于充分调动广大农民发展林业生产经营的积极性，促进农民脱贫致富，推进社会主义新农村建设，建设生态文明，推动经济社会可持续发展，具有重大意义。会议指出，集体林权制度改革，是农村生产关系的一次变革，事关全局，影响深远。必须坚持农村基本经营制度，确保农民平等享有集体林地承包经营权；坚持统筹兼顾各方利益，确保农民得实惠、生态受保护；坚持尊重农民意愿，确保农民的知情权、参与权、决策权；坚持依法办事，确保改革规范有序；坚持分类指导，确保改革符合实际。各地区各部门要切实加强组织领导，在认真总结试点经验的基础上，依法明晰产权、放活经营、规范流转、减轻税费，全面推进集体林权制度改革，逐步形成集体林业的良性发展机制，实现资源增长、农民增收、生态良好、林区和谐的目标。会议指出，加强以完善惩治和预防腐败体系为重点的反腐倡廉建设，是从提高党的执政能力、保持和发展党的先进性的全局高度作出的重大决策，是发展中国特色社会主义、推进党的建设新的伟大工程的必然要求。改革开放以来，特别是党的十六大以来，反腐倡廉工作不断取得新的成效。但是，党风廉政建设和反腐败斗争面临的形势仍然严峻，任务仍然艰巨。全党必须充分认识反腐败斗争的长期性、复杂性、艰巨性，旗帜鲜明地反对腐败。要坚持党要管党、从严治党，全面坚持标本兼治、综合治理、惩防并举、注重预防的方针，把反腐倡廉建设放在更加突出的位置，扎实推进惩治和预防腐败体系建设。要把惩治与预防、教育与监督、深化改革与完善法律制度有机结合起来，在坚决惩治腐败的同时，更加注重治本，更加注重预防，更加注重制度建设，做到惩治和预防两手抓、两手都要硬，形成有利于反腐倡廉建设的思想观念、文化氛围、体制条件、法制保证。会议强调，《建立健全惩治和预防腐败体系2008—2012年工作规划》是今后5年推进惩治和预防腐败体系建设的指导性文件。各级党委要把贯彻落实工作规划作为学习贯彻党的十七大精神、加强反腐倡廉建设的重要政治任务，列入议事日程，深入学习宣传，认真组织实施。

同　日　胶济铁路发生重特大交通事故。当日4时38分，北京—青岛的T195次下行到胶济线周村至王村区间时，客车尾部第九—第十七节车厢脱轨，与上行的烟台—徐州的5034次客车相撞，致使机车和5节车厢脱轨，造成70多人死亡、400多人受伤，伤者中包括4名法国旅客。铁道部已作出决定，免除济南铁路局党政主要负责人的职务，接受审查，听候处理。

4月29日　西藏自治区拉萨市中级人民法院举行宣判大会，对参与拉萨“3·14”打砸抢烧严重暴力事件的部分被告人进行了公开宣判。当日，有30名被检方提起公诉的被告人，分别被法院判处3年—20年不等的有期徒刑和无期徒刑。旁听人员表示，拉萨“3·14”打砸抢烧事件参与者的行为令人发指，审判结果大快人心。

同　日　北京奥运会火炬接力境外第19站的传递在越南胡志明市顺利结束，为奥运圣火“和谐之旅”的国外行程画上了句号。北京奥运圣火于4月30日乘包机飞往我国香港。5月2日，北京奥运会火炬接力传递在香港举行。

4月30日　国务院总理温家宝主持召开国务院常务会议，研究部署进一步加强安全生产工作。会议听取了安全监管总局关于全国安全生产形势及下一步工作安排的汇报。会议指出，近日发生的“4·28”胶济铁路特别重大安全事故，充分暴露出一些单位安全生产管理上存在责任不落实、措施不到位等严重问题和重大隐患，教训十分深刻。国务院对事故遇难者表示深切哀悼，对伤员及伤亡人员亲属表示亲切慰问。会议要求抓紧进行事故调查，依照法纪严肃追究责任。会议强调，各地区、各部门要深刻吸取这次特别重大事故的教训，牢固树立以人为本、安全发展的理念，以对人民生命财产高度负责的精神，把安全生产摆在更加重要的位置，一刻都不能放松。一要切实加强领导，把安全生产责任落实到每一个单位、每一个岗位、每一个员工；二要深入排查安全隐患，不留死角，不留后患，防患于未然；三要全面落实生产领域安全防范措施，特别要抓好煤矿安全，加强非煤矿山、油气井以及易燃易爆、化学危险品等重点防控；四要做好铁路、公路、水运、民航等各类交通安全工作，坚决遏制重特大事故发生；五要加强旅游、消防等安全管理，确保公共场所安全；六要采取措施严防重大环境污染事件；七要狠抓综合治理，加强基层基础工作，加强体制机制建设，严格执法监督，严肃查处事故。会议还研究了其他事项。

5月1日　世界最长的跨海大桥——杭州湾跨海大桥的通车仪式在大桥中央海中平台附近桥面举行。杭州湾跨海大桥是中国自行设计、自行管理、自行投资、自行建造的特大型交通基础设施。北起嘉兴市海盐郑家埭，跨越杭州湾海域，止于宁波市慈溪水路湾，全长36公里。杭州湾跨海大桥是世界上工程难度最大的桥梁之一，在这样的海域架桥，世界上还没有先例。

5月3日　新华社报道：截至5月2日，阜阳市累计报告手足口病3 736例，其中痊愈1 460例，死亡22例，重症30例，病危12例。2008年3月上旬以来，阜阳市几家医院陆续收治了以发热伴口腔、手、足、臀部皮疹为主的疾病患者，少数伴有脑、心、肺严重损害。3月27日发现第一例死亡病例，经卫生部专家确定，该病为肠道病毒EV71感染。各有关方面的防控和救治工作还在进行中。

5月7日　国务院总理温家宝主持召开国务院常务会议。会议听取卫生部关于大力开展夏季爱国卫生运动、加强传染病防治工作的汇报，研究部署加强电力系统抗灾能力建设，审议并原则通过《对外承包工程管理条例（草案）》。会议强调，夏季是传染病高发季节，大力开展爱国卫生运动，加强传染病防治工作，对于提高人民群众健康水平，促进经济社会发展，具有重要意义。各地区、各有关部门要高度重视，坚持以人为本，把维护人民群众健康放在第一位。一要大力开展爱国卫生运动，动员和组织基层单位和群众搞好环境卫生，加强食品卫生监管，防止病毒性传染病和食源性传染病发生。二要广泛宣传普及预防疾病的卫生知识，引导群众正确认识疫病，养成良好卫生习惯。三要对各类传染病实行依法防治、科学防治，做到早发现、早诊断、早报告、早治疗，有效阻断传播途径，防止蔓延。当前，要集中力量，按照统一部署，做好手足口病防控工作。会议指出，电力工业是关系国计民生的基础产业和公用事业。在2008年初我国南方地区遭受的大范围低温雨雪冰冻灾害中，电力设施大面积损坏，暴露出电力系统存在薄弱环节。主要是：重要电力设施设防标准偏低，电网各电压等级设施发展不协调，配电网建设相对滞后等。会议强调，必须认真总结抗击低温雨雪冰冻灾害的经验教训，努力提高电力系统抵御自然灾害的能力，最大限度减少自然灾害造成的损失，保障国家能源安全和国民经济正常运行。一要优化电源电网结构布局，坚持电网、电源协调发展。二要充分考虑自然灾害对电力安全的影响，电网输电线路应尽量避开自然灾害易发区和设施维护困难地区。三要对重要电力设施和线路实行差异化设计，适当提高设防标准。四要积极创新电力抗灾技术，兼顾安全性和经济性，修订和完善适合我国国情的电力建设标准和规范。五要高度重视工程建设质量管理，认真执行国家质量监督管理有关规定，健全安全保障体系。六要加强监测预报，气象、环保、国土和水利等部门要将与电网安全相关的数据纳入日常观测范围，提高灾害预测和预警能力。七要做好灾害防范应对，地方各级人民政府要制定并完善本地区抗御严重自然灾害的预案。八要严格执法，切实做好电力安全监管，督促电力企业强化安全意识，加强安全管理，提高电力系统安全水平。会议认为，为提高我国对外承包工程的总体水平，有必要制定专门的行政法规，将对外承包工程纳入法制轨道，依法促进我国对外承包工程的健康持续发展。会议决定，《对外承包工程管理条例（草案)》经进一步修改后，由国务院公布施行。

5月8日　奥运火炬登顶珠峰。当日9时17分，人类首次将象征“和平、友谊、进步”的奥运火炬在世界最高峰珠穆朗玛峰峰顶点燃。北京奥运火炬接力珠峰传递登山队19名优秀的中华儿女，站在珠峰峰顶，高举起“祥云”火炬。百年奥运圣火，第一次到达地球第三极，来到海拔8 844.43米的绝对高度。在现代奥林匹克运动诞生112年、距北京奥运会开幕前3个月之际，以“和谐之旅”命名的北京奥运火炬全球传递，在地球之巅奏响了最为华彩的乐章。这一刻，将以深远的象征意义载入奥林匹克运动史，也将写入中华民族伟大复兴的历史篇章。

5月6日—10日　应日本国政府邀请，中国国家主席胡锦涛对日本进行了“暖春之旅”的国事访问，开创了中日关系新局面。访问期间，胡锦涛主席会见了日本天皇，同首相福田康夫举行了富有成果的会谈，会见了众参两院议长、朝野主要政党领导人及老朋友，并与两国经济界领导人、友好团体主要负责人以及青少年和民众进行了广泛接触。胡锦涛主席访日期间，双方发表了《中日关于全面推进战略互惠关系的联合声明》，还发表了《中日两国政府关于加强交流与合作的联合新闻公报》，涵盖了两国70项具体合作项目。

5月11日　中国商用飞机有限责任公司成立大会在上海隆重举行。中共中央政治局委员、国务院副总理张德江，中共中央政治局委员、上海市委书记俞正声出席成立大会并为公司揭牌。全国政协副主席、科技部部长万钢，全国政协原副主席、中国工程院院长徐匡迪等出席。张德江在讲话时代表党中央、国务院对中国商用飞机有限责任公司的成立表示热烈的祝贺，强调要树立雄心壮志，锐意改革创新，让中国的大飞机早日飞上蓝天。

5月12日　当日14时28分，四川省汶川县发生里氏8级强烈地震，震中位于北纬31度，东经103.4度。此次地震造成四川、甘肃、陕西、重庆、云南、山西、贵州、湖北等省市不同程度受灾。地震发生后，中共中央总书记、国家主席、中央军委主席胡锦涛立即作出重要指示，要求尽快抢救伤员，确保灾区人民群众生命安全。国务院总理温家宝第一时间飞抵四川地震灾区，现场指挥抗震救灾工作。为加强对抗震救灾工作的领导，国务院成立了抗震救灾总指挥部，由温家宝任总指挥。中共中央政治局常务委员会多次召开会议，全面部署抗震救灾工作。5月16日上午，胡锦涛总书记乘飞机赶赴四川，慰问灾区干部群众，看望抗震救灾一线的部队官兵和医护人员。为表达全国各族人民对汶川大地震遇难同胞的深切哀悼，国务院5月18日发布公告，决定2008年5月19日—21日为全国哀悼日。在此期间，全国和各驻外机构下半旗志哀，停止公共娱乐活动，外交部和我国驻外使领馆设立吊唁簿。5月19日14时28分起，全国人民默哀3分钟，汽车、火车、舰船鸣笛，防空警报鸣响。为表达对在地震中遇难同胞的深切哀悼，5月18日北京奥组委决定5月19日—21日，奥运圣火在内地的传递活动暂停3天。

5月21日　国务院总理温家宝主持召开国务院常务会议，研究部署当前抗震救灾和经济工作。会议指出，5月12日发生在四川汶川的8级特大地震，给人民生命财产造成重大损失。在党中央、国务院的统一部署和直接指挥下，灾区干部群众，解放军、武警官兵和公安民警迅速行动，奋力抗震救灾。全国人民万众一心，众志成城，一方有难，八方支援。在抗震救灾中涌现出许多感天动地的英雄事迹，表现出不屈不挠、团结奋斗的民族精神，凝聚了海内外华人的情感和力量，增强了全国各族人民战胜灾害的信心和勇气。目前，抗震救灾还面临许多困难和问题：重灾区道路抢通、保通难度大，一些边远乡村救灾物资运入和伤员运出困难；灾区环境卫生条件差，极易发生传染病疫情；不少水库、水电站、堤防等存在安全隐患，地震形成不少堰塞湖，次生灾害隐患多；大量受灾群众的吃饭、饮水、穿衣、住宿等问题亟待解决，大量孤儿、孤老、孤残需要安置和抚慰；一些基层组织遭到很大损失，社会管理恢复正常的难度较大；灾区生产恢复和灾后重建任务十分艰巨。会议分析了经济形势。当前经济运行继续保持总体平稳态势，农业生产形势较好，夏季粮油有望获得较好收成，生猪生产恢复势头继续向好，工业生产基本平稳，市场消费持续较旺。存在的突出矛盾主要是价格上涨压力仍然存在，部分地区煤电油供应较紧，财政支出压力较大等。汶川地震对灾区经济造成严重影响，也对整体经济运行增加了一些新的不确定因素，但不会改变经济发展的基本面。会议强调，抗震救灾仍处在刻不容缓的紧要关头，要继续把抗震救灾作为当前最重要最紧迫的任务。要以科学发展观统揽全局，坚持“两手抓”，一手要毫不松懈地抓抗震救灾，坚持以人为本，加强领导，统筹协调，科学调度，强化责任，严明纪律，做好各项抗震救灾工作；一手要坚定不移地抓经济发展，进一步加强和改善宏观调控，着力控制物价上涨，着力保持经济平稳较快发展。第一，全力做好抗震救灾工作。继续全力搜救被困人员，尽快将重伤员抢运到条件较好的医疗机构救治，增派和充实专业防疫力量，强化灾区防疫工作。做好灾区群众安置工作，确保灾区群众有饭吃、有衣穿、有干净水喝、有安全住处。抓紧抢修灾毁基础设施，重点抢护发生险情的水库、水电站和堰塞湖，严防次生灾害造成新的损失。中央财政安排250亿元，加大对抗震救灾的资金投入。第二，及早谋划和适时开展恢复生产和灾后重建工作。在国务院领导下，尽快组织专门力量研究制定灾后重建规划和具体实施方案，充分考虑当地地质条件和资源环境承载能力，合理确定城镇、工农业生产布局和建设标准。举全国之力多渠道筹集灾后重建资金。中央财政2008年先安排700亿元，建立灾后恢复重建基金，2009年和2010年继续作相应安排。建立严格的监管制度，管好用好捐赠款物。灾区干部群众要自力更生，奋起开展生产自救。第三，保持经济平稳较快发展。切实加强农业生产，组织好小麦跨区机收，统筹做好夏种工作，稳定扩大玉米、水稻等粮食作物面积，做好防汛抗旱的各项准备，努力夺取全年农业丰收。抑制物价过快上涨，强化物价管理，加强重点商品价格监测预测预警，依法严厉打击价格违法和囤积居奇。确保煤电油运稳定供应，把保障电煤供应作为2008年迎峰度夏的首要任务。搞好安全生产，加强社会治安综合治理，维护社会稳定。在全国开展支援灾区全民节约活动，各级党政机关和国有企事业单位要减少会议、接待、差旅和公车使用支出，压缩出国团组。严格控制公车购置，暂停审批党政机关办公楼项目。中央国家机关2008年的公用经费支出一律比预算减少5%，用于抗震救灾。会议指出，在党中央、国务院的坚强领导下，我们有决心、有信心、有能力克服一切艰难险阻，坚决打胜抗震救灾和促进经济社会又好又快发展这两场硬仗。

5月22日　十一届全国人大常委会举行第四次委员长会议，听取国务院关于四川汶川大地震抗震抢险及救灾工作情况的汇报。中共中央政治局常委、全国人大常委会委员长吴邦国主持会议并发表重要讲话。他强调，要把思想和行动统一到中央的决策部署上来，同心同德，坚定信心，全力以赴夺取抗震救灾斗争全面胜利，奋发图强实现经济社会又好又快发展。中共中央政治局常委、国务院副总理、国务院抗震救灾总指挥部副总指挥李克强列席会议并代表国务院作了汇报。

5月23日—24日　应国家主席胡锦涛邀请，俄罗斯联邦总统梅德韦杰夫5月23日—24日对中国进行为期2天的国事访问。两国元首高度评价中俄战略协作伙伴关系的建立和发展，一致同意继往开来，共同努力，推动中俄战略协作伙伴关系更好地向前发展。

5月27日　应国家主席胡锦涛邀请，韩国总统李明博抵达北京，

对中国进行为期4天的国事访问。这是李明博2008年2月就任韩国总统后首次访华。两国元首一致同意，顺应两国关系发展的现实需要和长远要求，将中韩全面合作伙伴关系提升为战略合作伙伴关系，共同开创中韩关系更加美好的未来。

5月28日　中共中央总书记胡锦涛同中国国民党主席吴伯雄举行了会谈。胡锦涛强调，在国共两党和两岸同胞共同努力下，台湾局势发生了积极变化，两岸关系发展面临着难得的历史机遇。这一局面来之不易，值得备加珍惜。希望国共两党和两岸双方共同努力，建立互信、搁置争议、求同存异、共创双赢，继续依循并切实落实"两岸和平发展共同愿景"，以富有成效的努力，扎扎实实推动两岸关系不断取得实际进展，增强广大台湾同胞对两岸关系和平发展的信心。

同　日　国务院总理温家宝主持召开国务院常务会议，研究部署当前煤电油气运和农资供应工作。会议指出，做好煤电油气运和农资供应工作，是推进灾区救灾和恢复重建、夺取全年农业丰收、促进经济社会又好又快发展的重要保证。当前我国煤电油气运和化肥供需总量基本平衡，但一些地区的电煤、柴油及电力供应仍比较紧张，稳定化肥等农资价格的压力加大，必须进一步采取有力措施，科学调度，协调配合，统筹解决突出矛盾。一是全力保障灾区煤电油运需要。在确保生产安全的前提下，加快恢复四川煤炭生产；继续组织电煤和成品油支援灾区，保证救灾和恢复重建急需；抓紧抢修电力设施，尽快恢复灾区供电。二是全力做好电力迎峰度夏工作。把保障电煤供应作为迎峰度夏的首要任务，努力增加煤炭生产；在迎峰度夏、度冬和举办奥运会期间，对主要煤炭运输公路开辟"绿色通道"；加强发输电设备检修维护，确保电网安全稳定运行；压缩高耗能、高污染排放企业和产能过剩行业用电，引导企业和居民错峰、避峰用电。三是做好成品油总量平衡和市场供应工作。抓紧投产新建炼油能力，加强产运销组织协调，支持企业增加生产。四是千方百计保证农业"三夏"用油。增加重点地区柴油投放数量，为农机作业提供快速加油通道、农业加油卡、送油到田间等服务。五是保证化肥供应，稳定化肥价格。保障重点化肥生产企业煤、电、气和原料的正常供应；充分挖掘潜力，增加国产钾肥供给；严格控制化肥及其原料出口，搞好淡季储备；整顿规范化肥市场秩序，加强价格、质量监管；推广测土配方施肥技术，引导农民合理施肥，鼓励增施有机肥。六是大力推进产业结构调整，引导能源合理消费。鼓励节约用能，抑制不合理需求。会议还研究了其他事项。

5月30日　中共中央总书记、国家主席胡锦涛当日下午在人民大会堂与越南共产党中央委员会总书记农德孟举行会谈。双方一致同意，在“长期稳定、面向未来、睦邻友好、全面合作”十六字方针和做“好邻居、好朋友、好同志、好伙伴”精神指导下，为发展中越全面战略合作伙伴关系而共同努力。

6月1日　按照国务院办公厅下发的《关于限制生产销售使用塑料购物袋的通知》。当日起，在全国范围内禁止生产、销售、使用厚度小于0.025毫米的塑料购物袋；所有超市、商场、集贸市场等商品零售场所实行塑料购物袋有偿使用制度，一律不得免费提供塑料购物袋。中国告别免费使用塑料袋时代。

6月4日　国务院总理温家宝主持召开国务院常务会议，研究部署当前农业生产工作，审议并原则通过《汶川地震灾后恢复重建条例（草案）》。会议决定，该《条例》草案经进一步修改后，由国务院公布施行。《条例》草案明确了以人为本、科学规划、统筹兼顾、分步实施、自力更生、国家支持、社会帮扶的方针和相关原则。会议指出，2008年以来，党中央、国务院制定了一系列加强农业的政策措施，各地区、各有关部门加大工作力度，调动了农民的积极性，夏季粮油丰收在望。会议对搞好“三夏”生产，力争全年农业丰收作出部署。一是抓好抢收抢种。保障柴油供给，确保跨区机收顺利进行；关注天气变化，突击抢收抢打，确保颗粒归仓；扩大玉米、水稻等粮食作物面积，确保不荒田。二是加强技术指导服务。推广增产增效实用技术，搞好田间管理，加强病虫害监测和防治。三是加强监测预警，落实防范洪涝、干旱、台风等灾害的措施。四是落实化肥生产扶持政策，加强农资市场调控和监管，组织好农资供应，稳定农资价格。五是加快农资综合直补和良种补贴拨付进度，将各项支农惠农政策及时兑现到户；要加大支农投入力度，形成促进农业稳定发展的政策合力。六是认真执行粮食最低收购价政策，做好当前夏粮收购工作，保护农民种粮积极性。会议指出，汶川地震灾后恢复重建时间紧、任务重，涉及方方面面，制定《汶川地震灾后恢复重建条例》，把灾后恢复重建工作纳入法制轨道十分必要。《条例》草案重点作了以下规定：一是明确了以人为本、科学规划、统筹兼顾、分步实施、自力更生、国家支持、社会帮扶的方针和相关原则。二是对过渡性安置的方式方法、安置地点选址、配套设施建设以及资金和物资的分配使用等作了明确规定，要求安置资金、物资和临时住所的分配使用公开透明。三是对地震灾害调查评估、损毁的重要公共设施的工程质量鉴定以及地震资料收集、保存、建档提出了明确要求。四是明确了恢复重建规划的编制主体、原则、要求和程序，要求编制规划吸收有关部门、专家参加，充分听取地震灾区干部群众意见，批准的规划要及时公布。五是对实施恢复重建的责任主体和相关环节等作了明确规定，要求灾后恢复重建优先安排交通、通信、电力、供水、住房、学校、医院等，并对学校、医院等公用设施的抗震设防提出特殊要求。六是明确了恢复重建的资金筹集与政策扶持原则。七是对恢复重建资金、物资和工程质量监管作出了严格规定。会议决定，该《条例》草案经进一步修改后，由国务院公布施行。会议还研究了其他事项。

6月7日　唐家山堰塞湖泻流槽开始泄流，泄流高程为740.37米。经过前方621名、后方400名武警官兵、水利专家连续6天昼夜奋战，截至5月31日22时，唐家山堰塞湖应急疏通工程建设任务正式完成。

同　日　为加强银行体系流动性管理，中国人民银行当日宣布上调存款准备金率1%。这是我国2008年以来第五次上调存款准备金率，上调后的存款类金融机构人民币存款准备金率达到了17.5%的历史高位。同时，考虑到灾区重建的需要，地震重灾区法人金融机构暂不上调。

6月8日　国务院总理温家宝签署第五二六号国务院令，公布《汶川地震灾后恢复重建条例》，自公布之日起施行。这是我国首个针对一个地方地震灾后恢复重建的专门条例，将灾后恢复重建工作纳入法制化轨道。

6月10日—13日　中国共产主义青年团第十六次全国代表大会在北京召开。胡锦涛在同团中央新一届领导班子成员和团十六大部分代表座谈时，希望广大青年把火红的青春奉献给中国特色社会主义壮丽事业。

6月11日　国务院总理温家宝主持召开国务院常务会议，研究部署地震灾区恢复生产工作，审议并原则通过大型油气田及煤层气开发、艾滋病和病毒性肝炎等重大传染病防治两个国家科技重大专项实施方案。会议认为，做好地震灾区恢复生产工作，对于搞好抗震救灾，促进灾区经济社会发展，具有重要意义。会议指出，开展地震灾区恢复生产工作，必须贯彻落实科学发展观，充分发挥地方、企业和广大干部群众的主体作用，坚持自力更生、生产自救，加大政府支持力度，鼓励社会广泛援助，调动各方面积极性，形成合力。一要统筹安排，确保重点。以修复重要基础设施、搞好重点工程、抓好农业抢收抢种、搞活商贸流通、保障群众生活为重点，分类指导，分步实施。二要调整结构，优化布局。坚持恢复生产与调整区域生产力布局和产业结构相结合，贯彻国家产业政策，按照市场需求，结合当地资源、环境条件，发展优势产业；推进节能减排，淘汰落后生产能力，推动产业升级，促进可持续发展。三要主动自救，多方支援。加大国家政策支持和社会帮扶力度，充分依靠灾区各级人民政府，组织受灾企业和干部群众开展生产自救，减轻灾害损失。四要注重安全，维护稳定。加强地震监测，防范次生灾害，加强隐患排查治理，严格安全审查验收，确保在安全条件下恢复生产。五要广开渠道，扩大就业。实施多种形式的就业援助，开展以工带赈，增加就业机会。六要加强领导，协调配合。把恢复生产和灾后重建摆在更加突出的位置，建立健全强有力的恢复生产领导体制。各级政府和有关部门要认真负责、加强协调，切实抓好灾区工业、农业、商贸流通、金融服务、旅游、基础设施等重点行业和领域的恢复生产工作。会议审议了大型油气田及煤层气开发、艾滋病和病毒性肝炎等重大传染病防治2个国家科技重大专项实施方案。会议要求，要通过实施大型油气田及煤层气开发重大专项，突破陆上油气、海洋油气、煤层气等勘探开发关键技术，整体提升我国石油天然气和煤层气产业自主创新和开发能力，为国家油气需求提供可靠保障。要通过艾滋病和病毒性肝炎等重大传染病防治重大专项的实施，研发传染病诊断、预防和防护产品，建立适合我国国情的重大传染病临床治疗方案，全面提高我国传染病预防、诊断、治疗和控制水平，造福人民群众，造福子孙后代。会议认为，以上2个重大专项实施方案经过科学、民主、严格的论证，已基本成熟，各有关部门要根据会议提出的意见进一步完善方案，抓紧组织实施。要充分发挥专项领导小组、牵头组织单位和专家的作用，精心组织，形成合力；坚持科技体制改革与创新，加强产学研结合，优化科技资源配置；注意跟踪世界前沿科学发展和先进技术的新突破，建立健全科学合理的动态调整机制，确保重大专项方案顺利实施并实现预期目标。

6月12日　国家统计局公布，5月份居民消费价格总水平（CPI）同比上涨7.7%，涨幅比上月回落0.8%。这是中国CPI同比涨幅在连续3个月8%高位后，首度回落到8%以内。国家统计局6月11日公布5月份工业品出厂价格（PPI）同比涨幅为8.2%。中国PPI已连续3个月在8%的高位平台上加速前行，将对物价总水平产生重要影响。

同　日　海峡两岸关系协会会长陈云林与海峡交流基金会董事长江丙坤在北京钓鱼台国宾馆举行会谈。这标志着中断近10年的两会协商谈判正式恢复。6月13日上午，陈云林与江丙坤签署了《海峡两岸包机会谈纪要》与《海峡两岸关于大陆居民赴台湾旅游协议》。纪要与协议都自签署之日起7日后生效。

6月13日　中共中央、国务院在北京召开省区市和中央部门主要负责同志会议。这次会议是在国际国内形势出现不少新的复杂因素、党和国家工作面临不少新的严峻挑战的情况下召开的。胡锦涛在会上发表重要讲话，全面分析了当前形势，提出了做好抗震救灾和恢复重建、推动经济社会又好又快发展、筹办北京奥运会等工作的总体要求和主要任务。

6月14日　中华人民共和国中央军事委员会主席胡锦涛签署命令，授予成都军区某陆航团“抗震救灾英雄陆航团”荣誉称号。胡锦涛还签署通令，给邱光华同志追记一等功。5月31日，成都军区某陆航团副师职飞行员邱光华同志率机组执行运送受伤群众任务，因高山峡谷局部气候瞬时变化、突遇低云大雾和强气流撞山失事，与机组成员一起不幸遇难，以身殉职。

6月16日　十一届全国人大常委会第五次委员长会议在人民大会堂举行。吴邦国委员长主持会议。委员长会议决定，十一届全国人大常委会第三次会议于6月24日—26日在北京举行，建议会议审议国务院关于四川汶川特大地震抗震救灾及灾后恢复重建工作情况的报告等议案。委员长会议建议十一届全国人大常委会第三次会议的其他议程是：审议国务院关于提请审议2008年中央预算调整方案草案的议案；审议国有资产法草案、循环经济法草案、消防法修订草案；审议国务院关于提请审议批准残疾人权利公约的议案、关于提请审议批准上海合作组织成员国长期睦邻友好合作条约的议案、关于提请审议批准中国和阿尔及利亚关于刑事司法协助的条约的议案、关于提请审议批准中国和阿尔及利亚引渡条约的议案；审议代表资格审查委员会关于个别代表的代表资格的报告；审议任免案等。鉴于抗震救灾和灾后重建工作任务十分繁重，委员长会议同意对原计划安排常委会第三次会议审议的保险法修订草案、防震减灾法修订草案，国务院关于年度决算的报告和审计工作报告的审议延后安排。委员长会议听取了全国人大常委会副委员长兼秘书长李建国作的关于十一届全国人大常委会第三次会议议程草案和日程安排意见以及相关工作事项的汇报，听取了全国人大相关专门委员会负责人关于十一届全国人大常委会第三次会议有关议程情况的汇报。

6月18日　外交部发言人姜瑜发表谈话。谈话指出，中日双方经过认真磋商，同意在实现有关海域划界前的过渡期间，在不损害双方各自法律立场的情况下进行合作，在东海选定适当的区域迈出共同开发第一步。

同　日　国务院总理温家宝主持召开国务院常务会议，研究支持

汶川地震灾后恢复重建的政策措施，审议并原则通过《关于推进海南农垦管理体制改革的意见》，部署在中央和国家机关开展节能活动。会议指出，为支持灾区人民开展生产自救、重建家园，必须统筹各方力量，加大政策扶持力度。会议决定，主要从财政、金融、税收、土地、就业和粮食收购等方面采取措施，大力支持灾后恢复重建。一是建立中央财政灾后恢复重建基金，统筹和引导地方财政、社会捐赠、对口支援、银行贷款等各类资金，重点对城乡居民倒塌房屋、公共服务设施、基础设施恢复重建以及工农业恢复生产给予支持。二是减轻受灾严重地区企业、单位和个人的税收及行政事业性收费等负担，促进企业尽快恢复生产，对受灾严重地区基础设施、房屋建筑物等恢复重建给予税收优惠，并实施鼓励社会各界支持抗震救灾和灾后恢复重建以及促进就业的税收政策。三是尽快全面恢复金融机构服务功能，实施向受灾地区倾斜的信贷政策，对重点基础设施、中小企业和“三农”发展加大信贷支持力度。四是大力开展就业援助，将因地震灾害造成就业困难的人员及时纳入就业援助范围，优先保证零就业家庭至少一人就业；大力开发公益性岗位，对失业人员创业和灵活就业人员等给予适当补贴和信贷支持。五是采取产业扶持政策和土地矿产资源政策，支持受灾地区恢复生产，调整产业结构，优化布局。六是完善稻谷最低收购价政策，稳定受灾地区粮食市场，保障困难群众口粮供应；粮食直补和农资综合直补政策适当向灾区倾斜，促进粮食生产和农民增收。会议强调，要注重发挥政策的引导作用，鼓励灾区人民自力更生、艰苦奋斗。会议认为，半个多世纪来，海南农垦为支持国家经济建设、开发建设海南作出了重要贡献。随着经济社会发展形势的变化，需要对海南农垦的现行管理体制进行改革。会议决定，按照政企分开、社企分离、建立现代企业制度的总体要求，深化海南农垦管理体制改革，由海南省全面管理海南农垦，使海南农垦的体制融入地方、管理融入社会、经济融入市场，促进海南农垦和海南省经济社会又好又快发展。推进海南农垦管理体制改革，要妥善处理国家、企业和职工的利益关系，解决职工群众最关心、最直接、最现实的问题，充分调动广大干部职工的积极性，确保改革顺利进行。会议听取了国务院机关事务管理局关于中央和国家机关节能减排有关情况的汇报。会议指出，搞好节能减排，完成"十一五"规划的约束性指标，是一项十分艰巨的任务，需要采取综合措施，需要全体人民共同努力。中央和国家机关要在节能减排和建设节约型社会中起表率作用，采取有效措施，严格管理制度，切实抓好节油、节电工作，确保2008年公务用车油耗降低20%，以实际行动节约能源资源，减少公用经费支出，支援抗震救灾，服务北京奥运会。

6月20日　在人民日报创刊60周年之际，中共中央总书记、国家主席、中央军委主席胡锦涛和中共中央政治局常委李长春等来到人民日报社考察工作。胡锦涛等同人民日报社编委会全体成员、各部门主要负责人和一线编辑记者代表进行了座谈。胡锦涛在讲话中着重就提高舆论引导能力从5个方面提出了明确要求。

同　日　国家发改委发出通知。决定自6月20日起将汽油、柴油价格每吨提高1 000元，航空煤油价格每吨提高1 500元；自7月1日起，将全国销售电价平均每千瓦时提高0.025元。液化气、天然气价格不作调整。

6月22日　新华社道：中共中央印发《建立健全惩治和预防腐败体系2008—2012年工作规划》。这是当前和今后一个时期推进惩治和预防腐败体系建设的指导性文件，是以完善惩治和预防腐败体系为重点加强反腐倡廉建设的重要举措。今后，中国一些重要领域和关键环节权力行使将面临更加严格的监督。

6月23日—27日　中国科学院第十四次、中国工程院第九次院士大会6月23日—27日在北京举行。中共中央总书记、国家主席、中央军委主席胡锦涛出席会议并发表重要讲话。

6月24日—26日　十一届全国人大常委会第三次会议召开。通过关于抗震救灾及灾后恢复重建工作报告的决议。吴邦国主持并发表讲话。会议经表决，通过了关于四川汶川特大地震抗震救灾及灾后恢复重建工作情况报告的决议，批准了国务院提出的2008年中央预算调整方案。本次常委会会议审议了国务院关于四川汶川特大地震抗震救灾及灾后恢复重建工作情况的报告，通过了关于这个报告的决议。决议充分肯定并高度评价前一阶段的抗震救灾工作，同意报告提出的关于灾后恢复重建工作的安排。会议经表决，通过了关于批准2008年中央预算调整方案的决议，决定批准国务院提出的2008年中央预算调整方案。会议还表决通过了全国人大常委会关于批准《残疾人权利公约》的决定，关于批准《上海合作组织成员国长期睦邻友好合作条约》的决定，关于批准中国和阿尔及利亚关于刑事司法协助的条约的决定、关于批准中国和阿尔及利亚引渡条约的决定。会议表决通过了全国人大常委会香港特别行政区基本法委员会组成人员名单。吴邦国为第三任香港特别行政区基本法委员会组成人员颁发了任命书。会议表决通过了全国人大常委会代表资格审查委员会关于个别代表的代表资格的报告。根据常委会的有关公告，十一届全国人大现在实有代表2 987人。会议还表决通过了其他任免案。

6月25日　中共中央总书记、国家主席、中央军委主席胡锦涛实地考察了北京市奥运会配套交通设施，并亲切看望工程建设者和技术人员。

同　日　国务院总理温家宝主持召开国务院常务会议，审议通过部分国务院组成部门、直属机构和部委管理国家局的《主要职责、内设机构和人员编制规定》。会议指出，制定和完善职责、机构和编制的“三定”规定，是贯彻落实党的十七届二中全会精神、进一步深化行政管理体制改革的重要举措，是实施国务院机构改革的中心环节，对于全面正确履行政府职能，建设服务政府、责任政府、法治政府和廉洁政府具有重要意义。这次“三定”工作的主要特点：一是紧紧围绕转变政府职能这个核心，按照政企分开、政资分开、政事分开、政府与市场中介组织分开的原则，取消、下放或移交了一些不该管的事项，加强了能源管理、环境保护以及涉及群众切身利益、关系国计民生的社会管理和公共服务职责。二是按照一件事情由一个部门负责的原则，明确部门职能分工，理顺部门职责关系，解决了一些长期存在的职责交叉问题；对确需多个部门办理的事项，明确牵头部门，分清主次责任，建立健全协调配合机制。三是按照权责一致的原则，在赋予部门职能的同时，明确应承担的责任，做到有权必有责、权责对等，为推行行政问责制、加强责任追究提供必要的依据。四是按照精简、统一、效能的原则，严格控制人员编制和领导职数。会议强调，我国经济社会发展形势总体上是好的。但是，改革发展的任务十分艰巨，在改善宏观调控、强化公共服务等方面还有大量繁重的工作，国际国内形势出现不少新的复杂因素，政府工作面临不少新的严峻挑战，需要我们全面提高综合协调能力和抵御风险能力。各部门要尽快按照新的“三定”规定运转起来，提高国务院工作整体效能，确保全面完成各方面任务，努力创造经得起实践、人民、历史检验的实绩。会议还研究了其他事项。

6月27日　“抗震救灾英雄少年”评选结果公布。为了大力表彰灾区少年儿童在抗震救灾中所表现出的英雄行为和高尚品质，用他们的感人事迹激励广大未成年人奋发向上、健康成长，中央文明办、教育部、共青团中央、全国妇联组织开展了“抗震救灾英雄少年”评选表彰活动。林浩等20名同学荣获“抗震救灾英雄少年”称号，马小凤等30名同学荣获“抗震救灾优秀少年”称号。

6月28日　贵州省瓮安县，因对一名女中学生死因鉴定结果不满，死者家属聚集到县政府和县公安局上访。在有关负责人接待过程中，一些人煽动不明真相的群众冲击县公安局、县政府和县委大楼，最终酿成严重打砸抢烧事件。为此，贵州省委决定严查彻究在此次事件中严重失职渎职的干部特别是领导干部的责任。瓮安县委政法委书记、县公安局政委罗来平，县公安局局长申贵荣，县委书记王勤，县长王海平先后被免职。

7月2日　国务院总理温家宝主持召开国务院常务会议，讨论并原则通过《国家粮食安全中长期规划纲要》和《吉林省增产百亿斤商品粮能力建设总体规划》。会议指出，粮食安全关系国民经济发展和社会稳定的全局，党中央、国务院始终高度重视，把这项工作摆在突出的位置。当前我国粮食安全总体形势是好的，粮食综合生产能力稳步提高，食物供给日益丰富，供需基本平衡。但随着工业化、城镇化发展，人口增加和人民生活水平提高，粮食消费需求呈刚性增长；耕地减少、水资源短缺、气候变化等因素对粮食生产的约束日益突出，我国粮食供需将长期处于紧平衡状态，保障粮食安全面临严峻挑战。会议强调，必须立足于基本靠国内保障供给，加大政策和投入的支持力度，依靠科技进步，提高粮食综合生产能力，加快构建适应社会主义市场经济发展要求、符合我国国情的粮食安全保障体系。要通过实施《国家粮食安全中长期规划纲要》，使粮食自给率稳定在95%以上，2010年粮食综合生产能力稳定在1万亿斤以上，2020年达到1.08万亿斤以上。实现这个目标，必须下大的决心，有大的举措：（一）坚持家庭承包经营责任制长期稳定不变，推进农业经营体制机制的创新。（二）采取强有力的措施保护耕地，不能有丝毫松懈。全国耕地保有量不低于18亿亩，基本农田不低于15.6亿亩。（三）下大力气加强农业基础设施建设，特别是农田水利建设，稳步提高耕地基础地力和产出能力。（四）努力增加农民收入。国家财政支出重点向农村倾斜，逐步理顺粮食价格，逐年较大幅度增加对农民的种粮补贴。（五）强化科技支撑，大力推进农业关键技术研究，着力提高粮食单产，力争有大的突破。（六）继续深化粮食流通体制改革，健全粮食市场体系，加强粮食物流体系建设。（七）完善粮食储备体系，优化储备布局和品种结构，健全储备粮调控机制。（八）健全农业服务体系，加大金融对农村、农业的支持力度。（九）引导科学、节约用粮，在全社会形成爱惜粮食、反对浪费的良好风尚。会议强调，保障国家粮食安全，必须建立健全中央和地方粮食安全分级责任制，形成有效的粮食安全监督检查和绩效考核体系，全面落实粮食省长负责制。不断完善政策，进一步调动各地、各部门和广大农民发展粮食生产的积极性。会议指出，吉林是我国粮食主产省之一，也是粮食增产潜力较大的重点区域。组织实施《吉林省增产百亿斤商品粮能力建设总体规划》，用5年左右时间，使吉林省粮食生产能力提高100亿斤以上，对于保障国家粮食安全具有重要战略意义。实施这一《规划》，要坚持内涵式开发的原则，根据市场需求合理确定增产粮食的品种结构。加强水资源论证和节水工作，完善生态环境保护的对策措施。坚持多渠道筹措资金，加大对吉林省粮食生产的支持力度。会议要求，国务院有关部门和粮食增产潜力较大的地区要抓紧研究增加粮食生产的规划和措施。

7月4日　大陆居民赴台旅游暨两岸周末包机启动。上午8时05分，东航MU5001航班从南京出发飞往台湾，这是南京首次发出两岸周末包机。该航班与北京、上海、广州、厦门同日发出的飞机一同开启两岸交流新篇章。海协会会长陈云林等参加了两岸周末包机暨大陆居民赴台旅游南京首航首发仪式。

7月9日　国务院总理温家宝主持召开国务院常务会议，审议并原则通过《关于2008年深化经济体制改革工作的意见》和转基因生物新品种培育科技重大专项。会议指出，我国改革开放走过了30年的历程，社会主义市场经济体制初步建立，经济社会发展取得了举世瞩目的成就。当前我国正处在全面建设小康社会的重要时期，改革发展的任务十分艰巨。在新的形势下，我们要以纪念改革开放30周年为契机，解放思想，凝聚共识，全面贯彻党的十七大精神，高举中国特色社会主义伟大旗帜，深入贯彻落实科学发展观，进一步加大改革开放力度，注重制度建设和创新，坚持以改革推动经济发展，以改革推进改善民生，以改革促进社会和谐，以改革解决发展中的深层次矛盾和问题，努力实现经济社会又好又快发展。会议审议并原则通过的《关于2008年深化经济体制改革工作的意见》，按照“十一五”规划关于经济体制改革的总体部署，围绕重点领域和关键环节，进一步明确了具体任务，确定了各项改革任务的牵头负责部门和实施步骤。会议要求，各地区、各部门要加强领导，搞好改革的总体规划和统筹部署；突出重点，力求在关系经济社会发展全局的重大体制改革方面取得突破性进展；明确责任分工，认真督促落实，全面完成各项目标任务。会议认为，实施转基因生物新品种培育科技重大专项，对于增强农业科技自主创新能力，提升我国生物育种水平，促进农业增效和农民增收，提高我国农业国际竞争力，具有重大战略意义。实施这一重大专项的目标，是要获得一批具有重要应用价值和自主知识产权的基因，培育一批抗病虫、抗逆、优质、高产、高效的重大转基因生物新品种，提高农业转基因生物研究和产业化整体水平，为我国农业可持续发展提供强有力的科技支撑。会议指出，专项实施方案经过科学、民主、严格的论证，已基本成熟，各有关部门要充分认识实施这项重大工程的重要性和紧迫性，进一步完善方案，抓紧组织实施。

7月10日　西藏自治区政府常务副主席白玛赤林在拉萨表示，西藏司法部门已经对参与拉萨“3·14”打砸抢烧严重暴力犯罪事件的42名不法分子判刑。这些犯罪分子涉及19起放火、盗窃、扰乱社会秩序和冲击国家机关等案件。

7月12日　温家宝总理主持召开国务院抗震救灾总指挥部第二十三次会议。会议决定，在3个月临时生活救助政策到期后，政府对生活仍不稳定的受灾群众继续给予救助。救助对象主要包括“三孤”人员等。后续救助政策以现金补助为主，不再发放口粮。人均每月补助200元，在此基础上适当提高“三孤”等人员的补助标准。后续救助政策到期后，对于生活困难需救助的灾区群众，可分别纳入城乡低保、农村五保供养和冬春灾民临时生活困难救助制度，保障其基本生活。

7月13日　北京市政府发布通知，要求从7月20日—9月20日北京市各单位实行错时上下班。除承担城市运行和服务保障任务的企事业单位、社会团体、学校外，北京市其他各级国有企业上下班时间分别调整为9时和17时，大型商场上午开始营业时间调整为10时，晚上适当延长营业时间，其他事业单位和社会团体上下班时间分别调整为9时30分和17时30分。同时，鼓励适宜网上办公的企事业单位试行网上办公，适宜弹性工作制的企事业单位也可试行弹性工作制。根据通知内容，7月20日—9月20日，北京市各级党委、政府及其所属部门、北京市各级人大、政协办公厅的上下班时间不作调整。

7月14日　《中共中央国务院关于全面推进集体林权制度改革的意见》（简称《意见》）正式发布。《意见》明确提出，将用5年左右时间基本完成明晰产权、承包到户的改革任务，并规定集体林地承包期为70年，承包期满，可以按照国家相关规定继续承包。根据《意见》，国家还将通过一系列与明晰产权的基础改革相配套的措施，真正做到还山于民、还利于民、还权于民，确保“农民得实惠、生态受保护”。这是对我国农村家庭承包经营制度的丰富和完善。

7月15日　新华社记者从中纪委了解到，中央纪委发布了《国有企业领导人员违反廉洁自律“七项要求”适用〈中国共产党纪律处分条例〉若干问题的解释》。该《解释》就国有企业领导人员中的共产党员违反第十七届中央纪委第二次全会提出的廉洁自律“七项要求”行为适用《党纪处分条例》的规定给予处分的若干问题作出了明确规定。

同　日　北京警方正式启动巡逻防控“3道治安防线”，对进京车辆和人员实施安全检查。北京的3道治安防线由数百个卡点组成，民警、武警、辅警、治安保卫人员编制为联合工作小组。第一道防线是在外省市直接进入北京的高速公路，国道，市、区（县）、乡镇及村级道路上设置治安检查站点，民警带领辅警和民兵承担巡逻防控任务；在首都国际机场，设置检查岗亭，安装安检设备，对过往人员和货物进行检查；对进京的重点列车，民警实施登车检查。第二道防线是在北京市环城带地区的门头沟、房山、通州、顺义、昌平、大兴等6区直接进入市区，或通过5环路、6环路进入市区的主要道路上设置卡点，加强巡逻防控工作。第三道防线是在北京城8区的主干道、联络线以及2环路、4环路路口设置卡点，在各条高速公路设置的卡点与第一道防线的相关卡点要形成复式卡。

同　日　外交部发言人刘建超在例行记者会上表示，应俄方邀请，中国四川地震灾区中小学生共1 000人将于7月17日—8月5日期间在俄罗斯符拉迪沃斯托克市、图阿普谢市、鄂木斯克州、新西伯利亚州、克麦罗沃州和克拉斯诺亚尔斯克边疆区等地疗养。这是俄方邀请的1 570名中小学生的第一批，第二批将于2009年赴俄疗养。刘建超说，邀请中国地震灾区中小学生赴俄疗养是俄总统梅德韦杰夫的倡议，是中俄两国元首达成的重要共识，体现了俄罗斯人民对中国人民的深情厚谊，显示出中俄战略协作伙伴关系的高水平和特殊性。

7月17日　在上半年国民经济运行情况新闻发布会上，国家统计局新闻发言人李晓超说，我国国民经济继续朝着宏观调控的预期方

向发展，总体保持了平稳较快运行的态势。根据国家统计局公布的数据，上半年我国GDP同比增长10.4%；CPI上涨7.9%；我国城镇居民人均可支配收入8 065元，同比实际增长6.3%，农村居民人均现金收入2 528元，实际增长10.3%；上半年全国70个大中城市房屋销售价格同比上涨10.2%，涨幅比2007年同期高4.2%。

7月23　国务院总理温家宝主持召开国务院常务会议，研究部署加强节油节电工作和开展全民节能行动，审议并原则通过《公共机构节能条例（草案）》和《民用建筑节能条例（草案）》。会议指出，随着工业化、城镇化加速发展，能源供应紧张已成为制约经济社会发展的重要因素。与此同时，我国能源消费不合理、利用效率低的状况仍然比较严重，国家机关、企事业单位、大型公共建筑、城市景观以及家庭用电等方面还存在许多浪费现象，节约潜力很大。解决我国能源问题，必须坚持节约与开发并举、节约优先的方针，把节油节电工作摆在更加突出的位置。会议强调，要突出重点，抓住汽车、锅炉、电机系统、空调、照明等应用面广、潜力大、见效快的关键领域，采取综合配套措施，形成有效的激励机制，大幅度提高能源利用效率。一要抓好汽车节油。严格执行车辆淘汰制度，对节能环保型汽车实行消费税优惠政策，提高大排量汽车消费税率，大力发展公共交通。二要抓好锅炉节油。把关停燃油发电机组作为关停小火电的重点，加大对节约和替代石油项目的支持力度。三要抓好电机系统节电。制定低效落后电机及拖动设备淘汰目录和淘汰计划，加快淘汰进度。鼓励使用节能专用设备，实施节能改造。四要抓好空调节电。实行鼓励消费者购买高效节能空调的财税政策。五要抓好照明节电。加大高效照明产品推广力度，2008年和2009年大中城市政府机关、城市道路照明、宾馆饭店、公共场所等全部淘汰低效照明产品。六要抓好办公节能。会议要求，要突出抓好重点用电用油单位的节能工作，加强电力需求侧管理，落实节油节电的价格政策，依法查处各种浪费石油和电力的行为，保证各项节能措施的落实。会议强调，节约能源是全体人民的共同责任。会议决定在全国开展全民节能行动，主要包括开展能源紧缺体验活动、每周少开一天车、严格控制室内空调温度、减少电梯使用、控制路灯和景观照明、普及使用节能产品、使用节能环保购物袋、减少使用一次性用品、夏季公务活动着便装、培养良好节约习惯等10项举措。要通过深入开展全民节能行动，进一步增强能源忧患意识和节能意识，在全社会大力倡导节约型生产方式、消费模式和生活方式，促进经济社会可持续发展。会议指出，国家机关、事业单位和团体组织等公共机构带头节能，对增进全社会节能意识具有重要的引导和示范意义。为推动公共机构节约能源，提高公共机构能源利用效率，有必要制定《公共机构节能条例》。条例草案明确了公共机构及其负责人在节能工作中的责任，规定公共机构应建立健全节能管理规章制度，提高节能管理水平，及时发现和纠正能源浪费现象，并接受社会监督。2007年6月，根据国务院常务会议精神，《民用建筑节能条例（草案)》向社会公布，广泛征求意见。有关部门根据收集到的意见和建议对草案进行了修改。修改后的草案进一步明确了民用建筑节能标准的适用范围，规定了既有建筑节能改造的原则、要求、范围以及国家机关办公建筑节能改造的程序和要求，强调国家推广使用节能新技术、新工艺、新材料和新设备，限制使用或禁止使用高耗能的技术、工艺、材料和设备，并规定了相应的法律责任。会议决定，上述条例草案经进一步修改后，由国务院公布施行。

7月24日　中共中央纪委、监察部、人力资源和社会保障部、国家信访局，就颁布实施《关于违反信访工作纪律适用〈中国共产党纪律处分条例〉若干问题的解释》和《关于违反信访工作纪律处分暂行规定》联合召开新闻发布会。《解释》和《规定》明确界定了信访工作的“领导责任”，归纳概括了16种信访工作中需要追究领导责任的违纪行为，并规定了相应的党纪、政纪处分量纪标准，增强了责任追究的可操作性。

7月25日　中共中央政治局召开会议。会议决定2008年10月在北京召开中国共产党第十七届中央委员会第三次全体会议，主要议程是，中共中央政治局向中央委员会报告工作，研究推进农村改革发展问题。

同　日　中共中央政治局召开会议，讨论研究当前经济形势和经济工作。会议决定2008年10月在北京召开中国共产党第十七届中央委员会第三次全体会议，主要议程是，中共中央政治局向中央委员会报告工作，研究推进农村改革发展问题。会议还研究了当前经济形势和经济工作。中共中央总书记胡锦涛主持会议。会议认为，农业、农村、农民问题关系党和国家事业发展全局。会议指出，在新形势下推进农村改革发展，坚定不移地继续推进社会主义新农村建设，坚定不移地走中国特色农业现代化道路，坚定不移地加快形成城乡经济社会发展一体化新格局，坚持工业反哺农业、城市支持农村和多予少取放活方针，始终把实现好、维护好、发展好广大农民根本利益作为农村一切工作的出发点和落脚点，充分调动广大农民的积极性、主动性、创造性，大力推进改革创新，加强农业基础地位，提高农业综合生产能力，加快发展农村公共事业，促进农民全面发展、农村全面进步，推动农村经济社会又好又快发展。会议认为，2008年以来，我国经济社会发展经受了严峻的挑战和重大的考验。在党中央、国务院坚强领导下，全党全国各族人民团结一心、共同奋斗，有效应对历史罕见的严重自然灾害，保持了经济平稳较快发展。农业保持良好发展势头，经济发展协调性增强，发展质量和效益进一步提高，改革开放迈出新步伐，改善民生取得积极成效。总的来看，国际经济不利因素和严重自然灾害没有改变我国经济发展的基本面，国民经济继续朝着宏观调控预期方向发展，成绩来之不易。当前，国际环境中不确定不稳定因素增多，国内经济运行中的一些矛盾也比较突出，保持经济平稳较快发展面临的挑战和困难增大。我们既要坚定信心，看到促进经济社会又好又快发展具有很多有利条件和积极因素，又要保持清醒头脑，增强忧患意识，扎实做好应对各种困难局面的准备。会议强调，做好下半年经济工作，对于夺取抗震救灾全面胜利、办好北京奥运会、纪念改革开放30周年意义十分重大。要深入贯彻落实科学发展观，把保持经济平稳较快发展、控制物价过快上涨作为宏观调控的首要任务，把抑制通货膨胀放在突出位置。继续加强和改善宏观调控，保持宏观经济政策的连续性和稳定性，着力解决经济运行中的突出矛盾和问题，增强宏观调控的预见性、针对性、灵活性，把握好调控重点、节奏、力度；深化改革开放，着力推进经济结构调整和发展方式转变，提高经济发展质量和效益，切实加强节能减排和生态环境保护；更加注重改善民生，促进经济社会又好又快发展。各地区、各部门要把思想和行动统一到中央对形势的分析判断和总体部署上来，不折不扣地把中央确定的各项方针政策落到实处，保持经济平稳较快发展，着力抑制物价过快上涨，毫不放松地抓好农业生产，促进对外经济平稳发展，加强和改善财政、金融调控，坚定不移地推进结构调整和节能减排，扎实做好震后恢复重建工作，积极推进重点领域和关键环节改革，着力改善人民生活，夺取经济社会发展更大成绩。会议还讨论了其他事项。

7月30日　国务院总理温家宝主持召开国务院常务会议，研究部署全面免除城市义务教育阶段学生学杂费工作，审议并原则通过《中华人民共和国专利法修正案（草案）》。会议决定，从2008年秋季学期开始，在全国范围内全部免除城市义务教育阶段学生学杂费。对享受城市居民最低生活保障政策家庭的义务教育阶段学生，继续免费提供教科书，对家庭经济困难的寄宿学生补助生活费。会议指出，在全面实施农村义务教育经费保障机制改革的基础上，免除城市义务教育阶段学生学杂费，进一步强化政府对义务教育的保障责任，对推动义务教育均衡发展，促进教育公平，具有重要意义。各地区、各有关部门要统一思想，提高认识，精心组织，确保免除城市义务教育阶段学生学杂费工作顺利实施，把好事切实办好。一要完善城市义务教育经费保障机制，加强预算管理，严格按照预算办理各项支出，严禁挤占、截留、挪用义务教育经费。二要规范城市义务教育阶段服务性收费和代收费。收费项目和标准要经省级人民政府审定，坚持学生自愿和非营利原则，严格执行教育收费公示制度。三要切实解决好进城务工人员随迁子女就学问题。进城务工人员随迁子女接受义务教育以流入地为主、公办学校为主解决；对符合当地政府规定接收条件的随迁子女，要统筹安排在就近的公办学校就读，免除学杂费，不收借读费。四是在接受政府委托、承担义务教育任务的民办学校就读的学生，按照当地公办学校免除学杂费标准，享受补助。会议强调，在免除城市义务教育阶段学生学杂费的同时，各地要进一步加大农村义务教育支持力度，经费投入继续向农村倾斜，重点加固和改造存在安全隐患的校舍，加强农村寄宿制学校建设，增加对家庭经济困难寄宿学生的补助，逐步解决好农村义务教育教师待遇和农村留守儿童在校学习生活问题。会议指出，为提高自主创新能力，建设创新型国家，促进技术推广应用，行使我国参加的国际公约赋予的权利，需要对现行专利法加以修改。专利法修正案草案对专利权的授予标准和程序、专利权人的保护、专利技术的推广运用等现行规定，进一步作了补充和完善。会议决定，该草案经进一步修改后，由国务院提请全国人大常委会审议。会议还研究了其他事项。

8月1日　素有“经济宪法”之称的《中华人民共和国反垄断法》于当日起施行。这是我国市场经济法制建设走向完善过程中迈出的重要步伐。

同　日　国务院总理温家宝主持召开国务院常务会议。会议讨论并原则通过《中华人民共和国保险法（修订草案）》，审议并原则通过《中华人民共和国外汇管理条例（修订草案）》和《国务院关于经营者集中申报标准的规定（草案）》。会议认为，为进一步规范保险公司的经营行为，加强对被保险人利益的保护，加强和改善对保险市场的监管，有效防范和化解风险，促进保险业健康发展，有必要针对我国保险业快速发展中出现的新情况、新问题，对现行保险法进行修改。保险法修订草案进一步明确了保险活动当事人的权利、义务，对保险行业的基本制度和自律规定作了进一步补充、完善，并强化了保险监管机构的职责和监管手段，规定了相应的法律责任。会议决定，《中华人民共和国保险法（修订草案）》经进一步修改后，由国务院提请全国人大常委会审议。会议指出，为适应国际收支形势的变化和深化外汇管理体制改革的需要，有必要修订外汇管理条例。修订草案以便利贸易投资活动、促进国际收支平衡和国民经济健康发展为目标，对均衡管理外汇资金的流入流出，完善人民币汇率形成机制及金融机构外汇业务管理制度，建立国际收支应急保障制度，强化跨境资金流动监测，健全外汇监管手段和措施等作出了规定，并相应明确了有关法律责任。会议认为，经营者通过合并或取得股权、资产等方式实现对其他经营者的控制等经营者集中行为，直接关系正常的市场竞争秩序。控制经营者集中是反垄断法确立的一项重要制度。为防止因经营者集中导致排除、限制市场竞争，有必要立足我国实际，借鉴国际经验，制定关于经营者集中申报标准的规定。草案根据参与集中的经营者上一年度全球营业额和境内营业额两个指标，明确规定了经营者集中的申报标准。经营者集中达到规定标准的，应当事先向国务院商务主管部门申报。会议决定，《中华人民共和国外汇管理条例（修订草案）》和《国务院关于经营者集中申报标准的规定（草案）》经进一步修改后，由国务院公布施行。会议还研究了其他事项。

8月6日　新华社报道：为全力保持经济平稳较快发展，支持中小企业解决生产经营困难，中国人民银行不久前与商业银行召开会议，提出商业银行在下半年信贷方面可加大对中小企业的支持，对全国性商业银行在原有信贷规模基础上调增5%，对地方性商业银行调增10%。

8月8日　当日晚20时，第二十九届奥林匹克运动会开幕式在北京国家体育场隆重举行。国家主席胡锦涛出席开幕式并宣布本届奥运会开幕。80多个国家和地区的领导人及贵宾聚首北京奥运会。204个国家和地区的1万多名运动员参加本届奥运会。名为《美丽的奥林匹克》的开幕式文艺表演，历经3年多的精心准备，近2万名中外艺术家和文艺工作者用奇妙的创意、高科技的手段、动人的表现手法，奉献给全世界一台经典的奥林匹克视听盛宴。海外媒体纷纷进行显著报道，称赞北京奥运会开幕式表演美轮美奂，令人震撼。

8月12日　国家汶川地震灾后重建规划组发布公告，全文公布《国家汶川地震灾后恢复重建总体规划（公开征求意见稿）》，即日起向国内外各界人士，特别是灾区广大干部群众征求意见和建议，以便进一步完善。据悉，恢复重建资金总需求经测算约为1万亿元。

同　日　国务院总理温家宝主持召开国务院常务会议，审议并原则通过《进一步推进长江三角洲地区改革开放和经济社会发展的指导意见》。会议指出，长江三角洲地区是我国综合实力最强的区域，在社会主义现代化建设全局中具有重要战略地位和带动作用。在新形势下，加快提升长江三角洲地区经济整体素质和国际竞争力，促进这一地区科学发展、和谐发展、率先发展、一体化发展，对全国改革开放和经济社会发展具有重大意义。会议指出，推进长江三角洲地区改革开放和经济社会发展，必须坚持走科学发展之路，加快经济发展方式转变和经济结构调整，显著增强区域综合实力、创新能力和可持续发展能力；全面深化改革开放，推进体制机制创新，增强发展的动力；加快推进区域一体化进程，促进区域协调和城乡统筹发展；强化服务和辐射功能，充分发挥对周边地区、长江流域及其他地区的带动作用；加强政治、经济、文化、社会建设，推动物质文明、精神文明、政治文明、生态文明共同进步。会议要求，要重点抓好以下工作：一是加快调整产业结构，努力形成以现代服务业为主的产业结构。二是全面推进工业结构优化升级，努力建设国际先进制造业基地。三是统筹城乡发展，全面深化农村改革，大力发展现代农业。四是坚持走新型城市化道路，构建完备的城镇体系，完善和提升城市功能。五是大力推进自主创新，营造鼓励自主创新的政策环境，加强创新人才的培养和引进，构建具有国际竞争力的区域创新体系。六是积极推进重大基础设施一体化建设，增强区域发展支撑能力。七是提高土地节约和集约利用水平，大力推进节能降耗和环境保护，全面提高可持续发展能力。八是推进教育、卫生、文化、体育等社会事业发展，加快完善就业和社会保障体系，促进经济社会协调发展。九是继续推进重大改革试验，加快建设统一开放的市场体系，率先建立完善的社会主义市场经济体制。十是全面提升对外开放水平，加快转变外贸增长方式，提高利用外资质量。会议强调，推进长江三角洲地区改革开放和经济社会发展是一项系统工程，上海、江苏、浙江和中央有关部门要加强统筹协调，完善合作机制，创造性地开展工作，促进长江三角洲地区在高起点上争创新优势，实现新跨越。

8月13日　国务院总理温家宝主持召开国务院常务会议，审议并原则通过《全国土地利用总体规划纲要（2006—2020年）》。会议指出，土地利用总体规划是落实土地宏观调控和土地用途管制、规划城乡建设的重要依据，是实行最严格土地管理制度的一项基本手段。科学制定并严格实施土地利用总体规划，关系国家和人民的长远利益，必须坚持节约资源和保护环境的基本国策，坚持保护耕地和节约集约用地的根本指导方针，统筹土地利用与经济社会协调发展，不断提高土地资源对经济社会全面、协调、可持续发展的保障能力。新修订的《纲要》围绕全面建设小康社会的总体目标，从保障粮食安全、经济安全和社会稳定出发，提出了坚守18亿亩耕地红线的目标，到2010年和2020年，全国耕地保有量分别保持在18.18亿亩和18.05亿亩。围绕规划目标，《纲要》明确了土地利用的主要任务：一是保护和合理利用农用地。严格控制非农建设占用耕地，严格落实补充耕地的法定义务，加强基本农田保护和建设，提高农用地综合利用效益。二是节约集约利用建设用地。严格控制新增建设用地规模，引导城镇用地内部结构调整，加强农村宅基地管理，提高基础设施用地效率，重点加强对城乡建设用地扩展边界的控制。三是协调土地利用和生态建设。加强天然林、天然草场等基础性生态用地保护，强化土地生态环境整治，因地制宜改善土地生态环境。四是统筹区域土地利用。根据各地区土地资源条件、利用现状和潜力，加强各类主体功能区域的土地利用调控，实行差别化的区域土地利用政策，强化对省级行政辖区土地利用的调控。五是完善规划实施保障措施。严格执行保护耕地和节约集约用地目标责任制，强化土地利用总体规划的整体控制作用，健全保护耕地和节约集约用地的市场调节机制。推进土地利用规划立法，从严制定用地标准和供地政策。会议强调，各地区要根据《纲要》确定的主要目标和任务，组织修编好各级土地利用总体规划。要严格依据土地利用总体规划，从严审查各类规划用地规模和标准，凡不符合土地利用总体规划的，必须及时调整和修改，核减用地规模，调整用地布局；加强规划实施动态监管，切实落实土地用途管制制度。地方政府主要负责人对本行政区域内土地利用总体规划和年度计划执行情况负总责。会议还研究了其他事项。10月23日，经过长达数年的研究论证修改，国务院决定实施的《全国土地利用总体规划纲要（2006—2020年）》由新华社受权发布。

同　日　新华社报道：我国调整汽车消费税政策。财政部、国家税务总局发出通知，决定从2008年9月1日起调整汽车消费税政策。具体调整为：一是提高大排量乘用车的消费税税率，排气量在3升—4升（含4升）的乘用车，税率由15%上调至25%，排气量在4升以上的乘用车，税率由20%上调至40%；二是降低小排量乘用车的消费税税率，排气量在1升（含1升）以下的乘用车，税率由3%下调至1%。此举旨在抑制大排量汽车的生产和消费，鼓励小排量汽车的生产和消费，有利于降低汽柴油消耗、减少空气污染，促进国家节能减排工作目标的实现。

8月19日　新华社报道：国家发改委发出通知，决定自8月20日起，将全国火力发电企业上网电价平均每千瓦时提高0.02元，电网经营企业对电力用户的销售电价不作调整。

8月20日　中共中央总书记、国家主席、中央军委主席胡锦涛和中共中央政治局常委、中央书记处书记、国家副主席习近平实地考察了中国体育代表团备战北京残奥会和北京市社区残疾人服务情况。这次中国体育代表团共547人，将参加北京残奥会全部20个大项、295个小项的比赛，是我国历次参加残奥会规模最大的代表团。

同　日　国务院总理温家宝主持召开国务院常务会议，审议并原则通过《关于进一步促进宁夏经济社会发展的若干意见（送审稿）》、《废弃电器电子产品回收处理管理条例（草案）》和《中华人民共和国畜禽遗传资源进出境和对外合作研究利用审批办法（草案）》。会议指出，改革开放以来，特别是实施西部大开发战略以来，宁夏经济社会发展明显加快，进入了历史上最好的发展时期。在新起点上实现宁夏经济社会发展的新跨越，对于促进区域协调发展，提高各族人民生活水平，实现各民族共同发展、共同繁荣，具有重要意义。

会议强调，要在全国改革开放的大背景下，进一步明确宁夏经济社会发展的战略定位、发展重点和重大政策措施，着力转变经济发展方式和开发优势资源，着力加强基础设施建设和保护生态环境，着力改善民生和提高公共服务水平，着力深化改革和发展内陆开放型经济，着力促进民族团结和社会和谐，走出一条符合宁夏实际、有特色的新路子，努力实现全面建设小康社会和现代化建设的宏伟目标。为此，要重点做好以下工作：一是优化水资源配置，推进生态建设和环境保护，建设节水型社会。二是强化农业基础地位，大力发展特色农业和特色农产品加工业，拓宽农民就业和增收渠道。三是加快建设宁东能源化工基地，推动产业结构优化升级，注重节能节水降耗，促进资源型城市可持续发展。四是加大扶贫开发力度，改善中部干旱带和南部山区群众基本生存条件。五是加快发展综合交通运输体系和现代物流，发展旅游和金融等服务业。六是大力推动社会事业发展，把保障和改善民生作为宁夏发展的根本目的。七是不断深化改革，继续提高对内对外开放水平。八是巩固和加强民族团结，保持社会和谐稳定。会议要求，中央有关部门和单位要把支持和促进宁夏经济社会发展摆到重要议事日程，增强指导工作的针对性、预见性和有效性，特别要重视发挥市场机制作用，加强政策引导。要加强对宁夏的帮扶工作。宁夏回族自治区要立足发挥自身优势，发扬自力更生、艰苦奋斗的创业精神，开创各项工作新局面。会议指出，我国是电器电子产品生产和消费大国。随着经济社会发展和人民生活水平提高，各种废弃淘汰的电器电子产品大量增加。为促进资源综合利用，发展循环经济，建设节约型社会，并防止和减少环境污染，保障人体健康，有必要制定专门的行政法规，规范废弃电器电子产品处理活动。条例草案规定对废弃电器电子产品处理实行目录管理、多渠道回收和集中处理制度，国家建立废弃电器电子产品处理专项基金。草案还规定了电器电子产品生产者、销售者、维修机构、售后服务机构、回收经营者和处理企业的责任及政府监督管理职责。会议认为，为加强对畜禽遗传资源进出境和对外合作研究利用的管理，保护和合理利用畜禽遗传资源，促进我国畜牧业持续健康发展，有必要根据《中华人民共和国畜牧法》，制定《中华人民共和国畜禽遗传资源进出境和对外合作研究利用审批办法》。办法草案规定了畜禽遗传资源进出境和对外合作研究利用的条件，规范了畜禽遗传资源进出境和对外合作研究利用的审批程序，加强了对外转让畜禽遗传资源信息的管理，并明确了相关法律责任。会议决定，上述草案经进一步修改后，由国务院公布施行。

同　日　中国共产党的优秀党员，久经考验的忠诚的共产主义战士，无产阶级革命家，曾担任党和国家重要领导职务的华国锋同志，因病医治无效，于2008年8月20日12时50分在北京逝世，享年87岁。

8月22日　新华社报道：经国务院批准，财政部、国家发改委、国家工商总局联合发出通知，决定从2008年9月1日起在全国统一停止征收个体工商户管理费和集贸市场管理费。停征个体工商户管理费和集贸市场管理费，有利于减轻个体工商户和私营企业负担，实现市场经营主体公平竞争，促进个体、私营等非公有制经济持续健康发展；有利于加强和改进工商行政管理，促进工商行政管理部门依法行政和公正执法。

同　日　正在四川地震灾区考察的温家宝总理来到北川中学临时学校参加开学典礼。温家宝总理发表讲话说，地震过去整整110天了，北川站起来了，北川中学站立起来了，独立无惧、坚忍不拔，靠自己的双腿站立起来了。

8月24日　第二十九届奥林匹克运动会闭幕式当日晚在国家体育场隆重举行。来自204个国家和地区的1万余名运动员刷新了38项世界纪录和85项奥运会纪录，多个国家和地区实现了奥运会金牌和奖牌零的突破。作为东道主的中国，为把北京奥运会办成一届有特色、高水平的奥运会作出了巨大努力，完善的比赛场馆设施，出色的组织服务工作，赢得了奥林匹克大家庭和国际社会的广泛好评。中国体育代表团取得了51枚金牌、100枚奖牌的优异成绩，名列奥运会金牌榜首位，创造了中国体育代表团参加奥运会以来的最好成绩。

8月25日—30日　国家主席胡锦涛应邀对韩国、塔吉克斯坦、土库曼斯坦进行国事访问，出席上海合作组织杜尚别峰会。陪同胡锦涛主席出访的外交部长杨洁篪介绍了胡锦涛主席此行的成果。杨洁篪指出，胡锦涛主席此访是中国成功举办北京奥运会后首次出访，是对周边地区的一次重大外交行动，在当前国际和地区形势发生重要变化的情况下，此访对加强同有关国家关系、促进上海合作组织合作、维护地区局势和平稳定具有重要战略意义。

8月25日—29日　十一届全国人大常委会第四次会议在北京人召开。会议经表决，通过了循环经济促进法。吴邦国委员长主持闭幕会。国家主席胡锦涛签署第四号主席令予以公布。会议表决通过了全国人大常委会关于批准《万国邮政联盟组织法第七附加议定书》的决定，关于批准中华人民共和国和纳米比亚共和国关于刑事司法协助条约的决定，关于批准中华人民共和国政府和巴基斯坦伊斯兰共和国政府关于刑事司法协助协定的决定，关于批准中华人民共和国和日本国关于刑事司法协助条约的决定。会议表决通过了全国人大常委会关于批准2007年中央决算的决议，决定批准2007年中央决算。会议表决通过了全国人大常委会代表资格审查委员会关于个别代表的代表资格的报告。根据全国人大常委会发表的公告，十一届全国人大代表实有2 986人。会议还表决通过有关任免名单。完成各项议程后，吴邦国发表讲话。

8月27日　国务院总理温家宝主持召开国务院常务会议，审议并原则通过《汶川地震灾后恢复重建总体规划》。会议指出，根据国务院抗震救灾总指挥部第二十四次会议要求，发改委将《汶川地震灾后恢复重建总体规划》公开征求国内外社会各界意见，并在充分吸收各方面意见和建议的基础上，对总体规划做了修改完善，进一步明确了恢复重建的指导思想、基本原则、重建目标、重点任务和政策措施。总体规划是开展恢复重建工作的重要依据，对加快灾区经济社会发展，重建美好家园，具有重要指导作用。会议指出，修改后的总体规划围绕用3年左右时间使灾区的基本生活条件和经济社会发展达到或超过灾前水平的重建目标，提出了灾后恢复重建的主要任务。一是根据资源环境承载能力，科学安排恢复重建的空间布局，将规划区的国土空间划分为适宜重建、适度重建、生态重建3类，并分别明确这3类重建区城乡、产业布局和人口安置的基本原则。二是根据城乡居民住房建设和消费的不同特点，明确居民住房恢复重建的要求和相关政策。三是按照恢复完善功能、统筹安排的要求，优化城镇布局，增强防灾能力，改善人居环境。四是与统筹城乡综合配套改革、新农村建设和扶贫开发相结合，恢复重建农村生产生活设施，建设一批优质粮油、特色经济等生产基地。五是根据城乡布局和人口规模，推进教育科研、医疗卫生、文化体育、自然遗产、就业和社会保障等公共服务设施建设。六是根据地质地理条件和城乡经济社会发展需要，合理确定建设标准，恢复交通、通信、能源、水利设施，增强安全保障能力。七是合理引导受灾企业原地重建、异地新建和关停并转，支持发展特色优势产业。八是加强防灾减灾体系和综合减灾能力建设，提高灾害预防和紧急救援能力。九是尊重自然、尊重规律、尊重科学，加强生态修复和环境治理，促进人口、资源、环境协调发展。十是弘扬抗震救灾精神和中华民族优秀传统文化，重塑灾区群众积极乐观向上的精神面貌，抢救和保护具有历史价值、民族特色的非物质文化遗产。规划明确了财政、税费、金融、土地、产业、对口支援、社会援助等方面的政策要求，对资金、项目和重要物资的监管等作出了具体规定。会议强调，汶川地震灾后恢复重建任务异常繁重，工作十分艰巨，必须切实加强党和政府的领导，紧紧依靠灾区广大干部群众，切实搞好地区之间对口支援与合作，精心规划，精心组织，精心实施，使灾区人民在恢复重建中赢得新的发展机遇，与全国人民共同全面建设小康社会。

8月28日　北京2008年残奥会圣火采集暨火炬接力启动仪式在天坛公园祈年殿南广场举行。温家宝总理点燃圣火盆并宣布火炬接力开始。北京2008年残奥会火炬接力以“点燃激情，奉献关爱”为口号，自8月29日起，将分为“中华文明”和“时代风采”两条线路，前往11个省区市的11个城市进行传递。9月6日，圣火将到达残奥会主会场——国家体育场，点燃残奥会的主火炬。

8月29日　包括63位奥运冠军在内的北京奥运会内地金牌运动员代表团抵达香港，进行为期3天的交流访问。在结束香港的访问后，

8月31日傍晚，内地金牌运动员代表团抵达澳门，进行为期3天的访问和公开表演。

8月30日　当日16时30分，在四川省攀枝花市仁和区和凉山彝族自治州会理县交界处发生里氏6.1级地震。震中位于攀枝花市区东南约50公里山区，震源深度约为10公里。截至9月2日，攀枝花地震已造成38人死亡、109.7万人受灾。

9月1日　中国实现了城乡义务教育全部免除学杂费。短短3年，中国义务教育事业发展实现了从农村到城市，从试点到推广，全面免除城乡义务教育学杂费的“四大步跨越”。2004年，启动国家西部地区“两基”攻坚计划；2007年春，免除全国农村义务教育学杂费；2007年秋，实施新的高校和中职学校家庭经济困难学生资助政策；2008年秋季，全国所有城市免除义务教育学杂费。免除城市义务教育阶段学杂费，将惠及2 800多万中小学生。

9月3日　国务院总理温家宝主持召开国务院常务会议，研究部署2007年度中央预算执行审计查出问题的整改工作，审议并原则通过《中华人民共和国劳动合同法实施条例（草案）》。会议指出，2008年上半年，审计署对中央预算执行和其他财政收支情况进行了审计，最近向全国人大常委会作了报告，并向社会公布了审计结果，引起了社会各界的广泛关注。总体看，有关地区、部门和单位对审计查出的问题高度重视，认真整改，及时、主动纠正存在问题，并着眼治本，加强建章立制工作，中央预算执行和管理情况有了较大改善。会议强调，审计监督是《宪法》和《审计法》赋予审计机关的重要职责，是规范政府运作，提高资金使用效益的重要机制保障。各地区、各部门、各单位要自觉接受审计监督，进一步做好2007年度审计查出问题的整改工作，着力健全制度，严格依法行政、依法理财。一是建立整改工作责任制。审计署要将促进整改作为一项重要工作来抓，逐步建立促进整改的长效机制；各地区、各部门和单位主要负责人要亲自过问、督促和检查整改情况，把整改措施落到实处。二是大力推进预算公开。要根据政务公开的要求，在2007年11个中央部门预算公开的基础上，继续扩大公开范围。三是加强制度建设。

及时修订和完善有关法律法规，用制度规范管理，不断提高预算执行和财务管理水平。把审计监督与行政监察、行政问责结合起来，建立健全预算执行和管理问责制度。四是继续深化改革。从完善体制、机制角度，认真分析和研究审计查出的问题，做到标本兼治。会议要求，有关地区、部门和单位在10月底前将整改情况报告国务院。国务院将在年底前向全国人大常委会报告。会议认为，《中华人民共和国劳动合同法》是促进劳动关系和谐稳定的一部重要法律，自公布施行以来，对规范用人单位与劳动者的劳动关系产生了重要的积极作用。为更好地贯彻实施劳动合同法，增强劳动合同制度的可操作性，有必要制定《中华人民共和国劳动合同法实施条例》。为制定好条例，2008年5月国务院法制办等部门公开向社会各界征求意见。条例草案进一步细化了劳动合同法的一些条款，对社会普遍关注的劳动合同的订立、解除和终止，劳务派遣及相关法律责任，经济补偿与赔偿金的关系等作出了具体规定。会议要求，有关部门要加强劳动合同法及实施条例的培训，加大劳动监察力度，使用人单位和劳动者全面、准确理解劳动合同法及实施条例的精神和主要内容，自觉遵守劳动法规，努力构建和谐稳定的劳动关系。会议决定，草案经进一步修改后，由国务院公布施行。会议还研究了其他事项。

9月5日　中共中央政治局召开会议，决定从2008年9月开始，用一年半左右时间，在全党分批开展深入学习实践科学发展观活动。中共中央总书记胡锦涛主持会议。会议认为，科学发展观，是对党的三代中央领导集体关于发展的重要思想的继承和发展，是马克思主义关于发展的世界观和方法论的集中体现，是同马克思列宁主义、毛泽东思想、邓小平理论和“三个代表”重要思想既一脉相承又与时俱进的科学理论，是我国经济社会发展的重要指导方针，是发展中国特色社会主义必须坚持和贯彻的重大战略思想。党的十七大决定在全党开展深入学习实践科学发展观活动，这是用中国特色社会主义理论体系武装全党的重大举措，是推动经济社会又好又快发展的迫切需要，是提高党的执政能力、保持和发展党的先进性的必然要求。全党必须坚持不懈地走科学发展道路，奋力开拓中国特色社会主义更为广阔的发展前景。

9月6日　当日晚20时，第十三届残奥会开幕式在北京国家体育场隆重举行。中国国家主席胡锦涛出席开幕式并宣布本届残奥会开幕。147个国家的4 000多名运动员参加了开幕式，国际残奥委会主席克雷文在致辞中表示，北京残奥会无论是运动员人数、参赛国家和地区数量还是体育项目数量，都超过往届残奥会，这是残奥运动史上的一座里程碑。参加开幕式演出的演员中有400多名是残疾人。海外媒体认为，精彩感人的开幕式实现了中国提出的“两个奥运，同样精彩”的目标。

9月8日　山西省临汾市新塔矿业有限公司尾矿库发生溃坝事故，事故已造成至少260人遇难。国务院调查组初步分析认定，山西襄汾溃坝事故是一起重大责任事故。依据《国务院关于特大安全事故行政责任追究的规定》和其他有关规定，经党中央、国务院批准，同意接受孟学农同志辞去山西省省长职务的请求，同意免去张建民同志的山西省副省长职务。对此次事故涉及的其他责任人员，由山西省委、省政府提出处理意见；涉嫌犯罪的，移送司法机关依法追究刑事责任。

9月8日—10日　在党的十七届三中全会召开前夕，中共中央总书记、国家主席、中央军委主席胡锦涛于9月8日—10日来到河南省考察工作。胡锦涛先后到焦作、郑州等地，同基层干部群众共商推进新形势下农村改革发展大计。座谈会上胡锦涛发表重要讲话指出，要始终坚持农业基础地位，始终坚持保障农民权益，始终坚持农村改革的社会主义市场经济取向，始终坚持统筹城乡经济社会发展，始终坚持党对农村工作的领导。

9月10日　国务院总理温家宝主持召开国务院常务会议，审议《关于深化医药卫生体制改革的意见》，决定再次向社会公开征求意见。《意见》提出了医药卫生体制改革的方向、目标、基本原则和主要措施。会议指出，根据国务院的部署，发改委、卫生部等部门组织各方面力量，深入调查研究，广泛听取意见，用两年多的时间，形成了《关于深化医药卫生体制改革的意见》。国务院领导同志多次召开专题座谈会，直接听取各行各业代表的意见，对文件又作了修改完善。《意见》提出了医药卫生体制改革的方向、目标、基本原则和主要措施。总体目标是，到2020年，基本建立覆盖城乡居民的基本医疗卫生制度，包括比较完善的公共卫生服务体系和医疗服务体系，比较健全的医疗保障体系，比较规范的药品供应保障体系，比较科学的医疗卫生机构管理体制和运行机制，为群众提供安全、有效、方便、价廉的医疗卫生服务，实现人人享有基本医疗卫生服务，不断提高人民群众健康水平。为此，必须深入贯彻落实科学发展观，坚持公共医疗卫生的公益性质，坚持预防为主、以农村为重点、中西医并重，积极探索政事分开、管办分开、医药分开、营利性和非营利性分开，努力建立协调统一的医药卫生管理体制、高效规范的医药卫生机构运行机制、政府主导的多元卫生投入机制、科学合理的医药价格形成机制、严格有效的医药卫生监管体制、可持续发展的医药卫生科技创新机制和人才保障机制、实用共享的医药卫生信息系统，建立健全医药卫生法律制度。会议强调，医药卫生体制改革涉及面广、难度大，需要经过艰苦努力和坚持不懈的探索；需要统筹兼顾，把完善制度体系与解决当前突出问题结合起来。近期要从解决群众反映强烈的“看病难”、“看病贵”问题入手，重点抓好五项改革：一是加快推进覆盖城乡的基本医疗保障制度建设。较大幅度提高参保率，妥善解决流动人口医保问题，健全城乡医疗救助制度。二是建立国家基本药物制度。科学合理确定基本药物，控制基本药物价格，减轻群众药费负担。三是健全基层医疗卫生服务体系。加快农村乡镇卫生院、村卫生室和城市社区卫生服务机构建设。完善基层医疗卫生机构经费保障机制，加强队伍建设，提高服务水平。四是促进基本公共卫生服务均等化。完善城乡公共卫生服务体系，提高服务效率和质量。五是推进公立医院改革试点。改革公立医院管理体制和运行机制，推进结构调整和合理布局。加大政府投入，规范收支管理。改进医院内部管理，优化服务流程，规范诊疗行为。会议还研究了其他事项。

9月11日　卫生部指出，近期甘肃等地报告多例婴幼儿泌尿系统

结石病例，调查发现患儿多有食用“三鹿牌婴幼儿配方奶粉”的情况。9月13日，卫生部党组书记高强在三鹿牌奶粉重大安全事故情况发布会上指出，“三鹿牌婴幼儿配方奶粉”事故是一起重大的食品安全事故。三鹿牌部分批次的婴幼儿配方奶粉中含有的三聚氰胺，是不法分子为增加原料奶或奶粉的蛋白含量而人为加入的。9月13日，党中央、国务院启动国家重大食品安全事故1级响应机制，成立应急处置领导小组，全力救治患病婴幼儿，并对2008年8月6日前生产的“三鹿牌婴幼儿配方奶粉”全部停止销售，立即下架销毁，对所有奶制品实行全面检测，同时彻查事故责任。

9月17日　为期12天的北京残奥会圆满结束，闭幕式于当晚在国家体育场隆重举行。在残奥会赛场上，来自147个国家和地区的4 000多名残疾人运动员顽强拼搏、奋勇争先，刷新了279项残疾人世界纪录和339项残奥会纪录。中国体育代表团获得89枚金牌、211枚奖牌，在金牌榜和奖牌榜上均名列首位，创造了中国体育代表团参加残奥会以来的最好成绩。

同　日　国务院总理温家宝主持召开国务院常务会议。会议决定在全国全面检查奶制品，整顿奶制品行业。会议认为，三鹿牌婴幼儿奶粉事件的发生，反映出奶制品市场混乱，监管机制存在漏洞，监管工作不力，必须认真吸取教训，以对人民高度负责的态度，做好事故处理，完善检验监督体制，加强监管工作。会议决定：一、要认真落实中央最近作出的部署和各项政策。全力救治患者，落实免费治疗政策，尤其要重视对农村和边远地区婴幼儿患者的检查。二、不合格的产品要全部下架、封存和销毁，不留死角。三、对奶制品进行全面检查，整顿奶制品行业，使奶制品的质量安全和市场秩序有一个根本性的改变。四、严格监管奶制品生产企业，监管部门派出驻厂人员，对每一批次出厂产品进行严格检验，确保生产的乳制品质量安全。五、尽快修订监管法规，严格法律追究制度。六、对奶农实施扶持政策，支持产品质量好的企业增加生产，确保市场供应，尽快恢复奶制品行业的健康发展。七、彻底查明事故原因，及时公布调查结果。坚决依法惩处违法犯罪分子，对负有责任的企业、监管部门和行政负责人要严肃追究责任，向人民作出交代。

9月21日　中共中央政治局常委、国务院总理温家宝来到北京市医院、社区和商场，看望在“三鹿奶粉”事件中患病的儿童，了解救治情况和奶制品市场。“三鹿奶粉”事件发生后，党中央、国务院高度重视，及时部署了对这一事件的处置工作。根据《国家重大食品安全事故应急预案》，国务院启动了重大食品安全事故1级应急响应，成立了国家处理三鹿牌婴幼儿奶粉事件领导小组。为继续做好“奶粉事件”处置工作，国务院督查组开始对有关政策措施落实情况进行全面督促检查。

9月23日　宁夏各族各界群众欢聚在银川览山剧场，热烈庆祝宁夏回族自治区成立50周年。中央人民政府向宁夏赠送由胡锦涛总书记亲笔题写鼎名的“民族团结宝鼎”，祝贺自治区成立50周年。

9月25日　国务院总理温家宝在纽约联合国总部出席了联合国千年发展目标高级别会议和第六十三届联合国大会并作主旨发言。温家宝宣布，为促进千年发展目标的实现，中方愿意采取增加援建发展中国家农业技术示范中心数量、向联合国粮农组织捐款设立信托基金、向粮食紧缺的国家增加出口和援助、向发展中国家增加来华留学奖学金名额、免除最不发达国家有关贷款以及为发展中国家援建清洁能源项目等6项行动。

同　日　北京时间21时10分4秒，我国航天事业又迎来一个历史性时刻，我国自行研制的“神舟七号”载人飞船在酒泉卫星发射中心发射升空，21时19分43秒准确进入预定轨道。9月27日16时41分，中国航天员翟志刚打开“神舟七号”载人飞船轨道舱舱门，首度实施空间出舱活动，茫茫太空第一次留下中国人的足迹。9月28日17时37分，“神舟七号”飞船返回舱成功降落在内蒙古中部预定区域。航天员翟志刚、刘伯明、景海鹏安全自主出舱，返回舱状态良好，中国“神舟七号”载人航天飞行获得圆满成功。

9月27日　第二届夏季达沃斯论坛年会在天津滨海新区开幕，国务院总理温家宝出席开幕式并致辞。他强调，改革开放是决定当代中国命运的关键抉择。只有坚持改革开放，坚定不移地走中国特色社会主义道路，国家才有光明的前途。改革开放一定要贯穿于中国现代化建设的全过程。

9月28日　中共中央政治局召开会议，讨论党的十七大和十七届一中全会以来中央政治局的工作，研究推进农村改革发展等问题。中共中央总书记胡锦涛主持会议。会议决定，中国共产党第十七届中央委员会第三次全体会议于10月9日—12日在北京召开。中共中央政治局听取了《中共中央关于推进农村改革发展若干重大问题的决定》稿件在党内外一定范围征求意见的情况报告，决定根据这次会议讨论的意见进行修改后将文件稿提请十七届三中全会审议。会议认为，在这次征求意见的过程中，各地区、各部门、各有关方面和党的十七大代表对文件稿提出了许多很好的意见和建议，文件稿修改要充分吸收和反映，以集中全党和各方面智慧，制定好文件，使之成为当前和今后一个时期全党全国推进农村改革发展的指导性文件。会议强调，当前，国际形势继续发生深刻变化，我国改革发展进入关键阶段。我们要抓住和用好重要战略机遇期，胜利实现全面建设小康社会的宏伟目标，加快推进社会主义现代化，就要更加自觉地把继续解放思想落实到坚持改革开放、推动科学发展、促进社会和谐上来，毫不动摇地推进农村改革发展。推进新形势下的农村改革发展，必须巩固和加强农业基础地位，始终把解决好十几亿人口吃饭问题作为治国安邦的头等大事，坚持立足国内实现粮食基本自给方针，加大国家对农业支持保护力度，加快现代农业建设，实现农业全面稳定发展；必须切实保障农民权益，始终把实现好、维护好、发展好广大农民根本利益作为农村一切工作的出发点和落脚点，坚持以人为本，尊重农民意愿，着力解决农民最关心最直接最现实的利益问题，充分发挥农民主体作用和首创精神，紧紧依靠亿万农民建设社会主义新农村；必须不断解放和发展农村社会生产力，始终把改革创新作为农村发展的根本动力，加强和改善国家对农业农村发展的调控和引导，健全符合社会主义市场经济要求的农村经济体制，使农村经济社会发展充满活力；必须统筹城乡经济社会发展，始终把着力构建新型工农、城乡关系作为加快推进现代化的重大战略，统筹工业化、城镇化、农业现代化建设，加快建立健全以工促农、以城带乡长效机制，使广大农民平等参与现代化进程、共享改革发展成果；必须坚持党管农村工作，始终把加强和改善党对农村工作的领导作为推进农村改革发展的政治保证，坚持党在农村的基本政策，保持党同农民群众的血肉联系，形成推进农村改革发展强大合力。会议指出，推进农村改革发展，关键在党。要把党的执政能力建设和先进性建设作为主线，以改革创新精神全面推进农村党的建设，增强各级党组织的创造力、凝聚力、战斗力，不断提高党领导农村工作水平。各级党委和政府要坚持把农村工作摆上重要议事日程，在政策制定、工作部署、财力投放、干部配备上切实体现全党工作重中之重的战略思想，加强对农村改革发展重大理论和实践问题的调查研究，坚持因地制宜、分类指导，创造性地开展工作。会议还研究了其他事项。

10月1日　党和国家领导人胡锦涛、吴邦国、温家宝、贾庆林、李长春、习近平、李克强、贺国强、周永康等，同首都各界代表一起来到天安门广场，向人民英雄纪念碑敬献花篮，深切缅怀为实现民族独立、人民解放和国家富强、人民幸福英勇献身的革命先烈。

10月3日　美国政府不顾中方一再严正交涉，通知国会决定向台湾出售“爱国者-3”反导系统、“E-2T”预警机升级系统、“阿帕奇”直升机等武器装备，总价值达64.63亿美元。外交部副部长何亚非已奉命召见美国驻华使馆临时代办，向美方提出强烈抗议。外交部发言人刘建超10月4日就美政府通知国会决定售台武器发表谈话时表示，中国政府和人民坚决反对和谴责美方这一严重损害中国利益和中美关系的行径。

10月5日　中国证监会有关部门负责人表示，经国务院同意，证监会将于近期启动证券公司融资融券业务试点工作。这位负责人说，融资融券业务将按照试点先行、逐步推开的原则进行。根据证券公司的净资本规模、合规状况、风险控制指标和试点方案的准备情况择优批准首批试点公司，之后根据试点情况，逐步扩大范围。

10月6日　国务院总理温家宝主持召开国务院常务会议，听取婴

幼儿奶粉事件处置情况汇报，研究部署奶业整顿和振兴工作，审议并原则通过《乳品质量安全监督管理条例（草案）》。针对三鹿牌婴幼儿奶粉事件暴露出的问题，条例草案进一步严格和细化了奶畜养殖、生鲜乳收购以及乳制品生产、乳制品销售、乳制品进出口等各个环节的质量安全管理制度，进一步明确了有关部门在乳品质量安全监管方面的职责。对在乳品中添加有毒有害物质、违反婴幼儿奶粉质量安全制度和监管人员不依法履行职责等行为，条例草案进一步明确了相应的法律责任，突出规定了违法行为的刑事责任，加大了惩处力度。会议指出，三鹿牌婴幼儿奶粉事件发生后，党中央、国务院高度重视，果断决策部署，各地区、各有关部门迅速处置，全力实施对患儿的免费救治，紧急开展原料奶和乳制品全面检查，抓紧调查事故责任，组织合格奶制品供应。目前，各项工作措施初见成效，整个态势在向好的方向发展。会议指出，三鹿牌婴幼儿奶粉事件引发的奶制品安全事件，给婴幼儿的生命健康造成很大危害，给我国奶业以至整个食品行业声誉带来极坏的影响。这一事件的发生，直接原因是一些不法分子和企业置人民生命安全于不顾，见利忘义，违法制售有害奶制品。同时，暴露出我国奶制品生产流通秩序混乱、监管严重缺失的突出问题。痛定思痛，必须深刻吸取教训，依法重典治乱，下决心抓好从田地到餐桌每一个环节的监管，使我国食品行业的声誉得以恢复，消费者的信心得以增强，人民生命健康得到可靠的保障。会议强调，要以对人民高度负责的精神，坚持以人为本、确保安全，明确职责、加强监管，全程控制、信息公开，健全制度、完善标准，依法行政、责任追溯的原则，进一步做好事件处置、奶业整顿和振兴的各项工作。一要精心组织，妥善做好善后处理工作。继续做好婴幼儿食用问题奶粉免费检查、治疗工作，使患儿得到及时治疗，尽快恢复健康。统筹安排医院检查力量，着力加强农村和边远地区婴幼儿的排查和患儿收治工作。二要查清原因，严肃追究相关人员责任。对负有责任的企业、经营户、国家机关工作人员，要依法依纪追究责任、严肃处理，构成犯罪的移送司法机关依法惩处。通过事件的处理，对人民有交待，对企业有警示，对社会有教益，促使地方各级政府、部门和食品行业切实负起责任，强化对整个食品行业和产品质量的监管。三要全面整顿，恢复奶制品市场的正常秩序。对产品质量不合格、生产销售秩序混乱、质量保证体系不健全的企业明令停产整顿，对违法违规设立的企业坚决依法取缔。整顿和规范奶站，提高准入门槛，实施标准化管理。整个食品行业都要建立健全质量标准，完善检验检测手段，落实产品标识制度，确保食品质量安全。四要制定并落实好促进奶业振兴和持续健康发展的政策措施。对重点地区奶农实施救助政策，提高产业素质，重塑消费者信心，重振民族品牌，全面建设现代奶业。五要明确职责，严格食品安全监管。抓紧制定权责一致、监管到位的食品监管体系改革方案，严格实行行政问责和责任追溯制度，地方各级人民政府要对当地食品安全负总责。六要健全法制，为食品安全监管提供法律保障。严格落实执法责任，督促企业规范经营，切实履行社会责任。会议原则通过《乳品质量安全监督管理条例（草案)》。针对三鹿牌婴幼儿奶粉事件暴露出的问题，条例草案进一步严格和细化了奶畜养殖、生鲜乳收购以及乳制品生产、乳制品销售、乳制品进出口等各个环节的质量安全管理制度，进一步明确了有关部门在乳品质量安全监管方面的职责。对在乳品中添加有毒有害物质、违反婴幼儿奶粉质量安全制度和监管人员不依法履行职责等行为，条例草案进一步明确了相应的法律责任，突出规定了违法行为的刑事责任，加大了惩处力度。会议讨论并原则通过了《中华人民共和国防震减灾法（修订草案)》和《中华人民共和国邮政法（修订草案)》。决定这两个修订草案经进一步修改后，由国务院提请全国人大常委会审议。会议还研究了其他事项。

10月9日　中国证监会正式发布《关于修改上市公司现金分红若干规定的决定》，提高了上市公司申请再融资时的现金分红标准，以带给投资者实实在在的回报。正式发布《关于上市公司以集中竞价交易方式回购股份的补充规定》，不再对回购期间的现金分红作出强制限制，同时增加了加强实时监测防范内幕交易的内容。

10月9日—12日　中国共产党第十七届中央委员会第三次全体会

议在北京举行。会议的主要议程是研究推进中国农村改革发展问题。全会听取和讨论了胡锦涛受中央政治局委托作的工作报告，审议通过了《中共中央关于推进农村改革发展若干重大问题的决定》。全会提出了到2020年我国农村改革发展6方面的基本目标任务，指出农民人均纯收入比2008年翻一番。全会对当前和今后一个时期推进农村改革发展作出了部署，强调要大力推进改革创新，加强农村制度建设；积极发展现代农业，提高农业综合生产能力；加快发展农村公共事业，促进农村社会全面进步。

10月10日　中国社会科学院发布的《2008年秋季报告》认为，总体来看，国际经济不利因素和严重自然灾害没有改变中国经济发展的基本面，国民经济继续朝着宏观调控预期方向发展。报告认为，中国经济保持了增长速度较快、价格涨幅趋缓、结构有所改善的较好态势。综合各方面的情况来看，2008年—2009年经济增长速度的减缓属于经济增长调整性波动，出现所谓下行拐点的证据尚不充分。

10月14日　国家发改委网站将《关于深化医药卫生体制改革的意见（征求意见稿）》全文公布，向社会征求意见。意见稿中提出，要坚持公共医疗卫生的公益性质，坚持预防为主、以农村为重点、中西医并重的方针，实行政事分开、管办分开、医药分开、营利性和非营利性分开，强化政府责任和投入，完善国民健康政策，健全制度体系，加强监督管理，创新体制机制，鼓励社会参与，建设覆盖城乡居民的基本医疗卫生制度，不断提高全民健康水平，促进社会和谐。深化医药卫生体制改革的总体目标是：建立覆盖城乡居民的基本医疗卫生制度，为群众提供安全、有效、方便、价廉的医疗卫生服务。

10月15日　国务院总理温家宝主持召开国务院常务会议，研究部署支持青海、四川、云南、甘肃省藏区经济社会发展工作。会议指出，青海、四川、云南、甘肃省藏区是藏族与其他民族共同聚居的民族自治地方，是长江、黄河、澜沧江等江河的发源地及水源涵养区，是我国重要的高原生态屏障。改革开放特别是实施西部大开发战略以来，这些地区生态保护得到加强，经济得到发展，民生得到改善，正处在历史上最好的发展时期。但这些地区地处高寒缺氧地带，生态环境脆弱，自然灾害频繁，基础设施薄弱，自我发展能力不强。为加快这些地区经济社会发展，国务院有关部门在深入调查研究的基础上，制定了支持青海等省藏区经济社会发展的意见。会议强调，支持青海等省藏区经济社会发展，要深入贯彻落实科学发展观，坚持民族区域自治制度，从青海等省藏区实际出发，以加强生态保护和建设为重点，以改善民生为核心，把生态建设、改善民生、发展经济与维护稳定更紧密地结合起来。争取到2012年，使这些地区生态环境局部有明显改善，城乡居民收入接近或达到西部地区平均水平，基础设施进一步加强，重点产业和特色经济初具规模；到2020年，生态环境总体改善，城乡居民收入接近全国平均水平，基础设施比较完善，特色优势产业形成规模，全面实现小康社会目标。为此，要重点抓好以下工作：一是强化生态保护和建设。加强青海三江源地区、青海湖流域等重要生态功能区的保护和建设，加快建立生态补偿机制，切实解决好转产转业农牧民的长远生计。二是加大扶贫开发力度，切实改善农牧区生产生活条件，增加农牧民收入。加快发展生态畜牧业和高原特色农业，加快解决农牧区饮水难、行路难、用电难、通讯难等突出问题。三是大力发展社会事业，提高公共服务能力。优先发展教育事业，提高寄宿生补助标准，解决学校取暖问题。完善州、县、乡三级公共卫生和基本医疗服务体系，发展民族文化体育和广播影视事业，逐步提高社会保障水平。四是加强基础设施建设，提高区域发展支撑能力。支持青海等省藏区加强水利建设，完善公路路网结构，消除铁路瓶颈制约，完善航空网络布局，促进电力、煤炭、天然气、生物质能和太阳能综合利用体系建设。五是促进优势特色产业发展，培育新的经济增长点。加快柴达木优势资源综合开发利用和循环经济试验区建设，发展特色旅游业和商贸服务业，扶持高原特色加工业发展，严格限制污染企业向藏区转移。会议还研究了其他事项。

10月17日　国务院总理温家宝主持召开国务院常务会议，分析当前经济形势，安排部署四季度经济工作。会议强调，做好四季度经济工作，对于全面完成2008年任务，为2009年的发展打下良好基础，尤为重要。要按照科学发展观的要求，采取灵活审慎的宏观经济政策，尽快出台有针对性的财税、信贷、外贸等政策措施，继续保持经济平稳较快增长。同时，推进结构调整和发展方式转变。会议认为，2008年以来，我国经济社会发展经受了多方面严峻考验，党中央、国务院带领全国各族人民，克服了特大自然灾害和世界经济金融形势急剧变化造成的冲击，保持了国民经济平稳较快发展和社会和谐稳定。物价总水平涨幅得到控制，就业持续增加，粮食连续5年增产，调整经济结构和节能减排取得积极成效，改革开放继续深化，以改善民生为重点的社会建设进一步加强。总体看，国际不利因素和国内严重自然灾害没有改变我国经济发展的基本态势，我国经济发展具有抵御风险的能力和强劲活力。会议指出，当前国际金融市场急剧动荡，世界经济增长明显放缓，国际经济环境中不稳定因素明显增多，对我国的影响逐步显现，国内经济运行中出现了一些新情况、新问题。主要是经济增长放缓趋势明显，企业利润和财政收入增速下降，资本市场持续波动和低迷。我们既要充分估计国际环境的复杂性和严峻性，深刻认识保持我国经济平稳较快发展的重要性和艰巨性，增强忧患意识，又要正确认识我们的有利条件和积极因素，坚定信心，冷静观察，多管齐下，有效应对，努力把好的形势巩固和发展下去。（一）认真贯彻十七届三中全会的部署，加大强农惠农政策力度。较大幅度提高粮食最低收购价格，制定并发布增加各项农业补贴的方案，扩大补贴范围，提高补贴标准。做好粮棉收购工作，尽快出台振兴奶业和稳定生猪生产的政策，做好重大动物疫病防控工作。（二）促进中小企业的发展。完善中小企业担保体系，鼓励金融机构增加对中小企业贷款，拓宽中小企业直接融资渠道，加大对中小企业技术创新的财政支持力度。（三）保持进出口稳定增长。提高服装、纺织等劳动密集型产品和高附加值机电产品出口退税率，支持优势企业和产品出口，增加国内需要的产品进口，促进国际收支基本平衡。（四）加大投资力度。加快地震灾区恢复重建，抓紧农业、水利、能源、交通、城镇等基础设施和民生等领域的重大项目建设，保持合理的投资规模。（五）继续控制价格上涨。改善主要农产品和能源等基础产品的供求关系，加大价格监督检查力度。积极稳妥推进价格改革，抓紧理顺重要能源资源产品的价格关系。（六）扎实推进节能减排工作。全面落实节能降耗和污染减排目标责任制，加强对节能减排工作的监督和行政执法，督促地方和企业淘汰落后产能，严格环保监控，强化重点污染源监管。（七）抓好财政增收节支工作。加强税收征管，规范非税收入管理，对用于解决民生问题的支出，要确保资金及时足额拨付到位，严格控制一般性支出，特别是防止年底突击花钱，坚决制止各种铺张浪费。（八）加强金融监管，防范金融风险。继续加强资本市场基础性制度建设，努力保持资本市场稳定健康发展。（九）认真做好食品安全和安全生产工作。抓紧落实《乳品质量安全监督管理条例》，加快制定配套规章和工作方案。加大重点行业、重点领域的安全隐患排查力度，确保安全生产。（十）努力解决好涉及民生的问题。出台并落实保障低收入群众和特殊群体基本生活的政策措施。对高校家庭经济困难学生发放临时伙食补贴，对汶川地震重灾区高中和高等教育阶段家庭经济困难学生给予特别资助。提高优抚对象等人员抚恤和生活补助标准。加大保障性住房建设规模，降低住房交易税费，支持居民购房。继续做好困难群众就业帮扶工作，特别要做好受灾地区劳动力就业和倒闭、转产企业职工的社会保障工作。加快灾区公共设施建设，确保群众安全过冬。

10月19日　党的十七届三中全会通过的《中共中央关于推进农村改革发展若干重大问题的决定》公布。文件明确了新形势下推进农村改革发展的指导思想、目标任务、重大原则和战略举措，是指导当前和今后一个时期推进农村改革发展的行动纲领。文件指出，按照依法自愿有偿原则，允许农民以转包、出租、互换、转让、股份合作等形式流转土地承包经营权，发展多种形式的适度规模经营。文件提到，有条件的地方可以发展专业大户、家庭农场、农民专业合作社等规模经营主体。土地承包经营权流转，不得改变土地集体所有性质，不得改变土地用途，不得损害农民土地承包权益。

10月20日　国家统计局发布数据。2008年前3季度我国国内生产总值增长9.9%；居民消费价格涨幅连续5个月回落，9月份同比涨幅已回落到4.6%，控制通货膨胀取得明显成效。国家统计局新闻发言人李晓超说，我国经济发展的基本态势未发生改变，主要表现在经济仍然保持平稳较快增长，消费价格涨幅回落趋势明显，结构调整取得积极进展，经济运行质量继续提高等4个方面。

同　日　中央纪委、中央组织部联合印发《关于深入整治用人上不正之风进一步提高选人用人公信度的意见》。《意见》提出要坚持预防、监督、查处并举，把严格监督、严肃纪律贯穿干部选拔任用工作的始终，进一步遏制用人上的不正之风，使人民群众对干部选拔任用工作的满意度明显提高、对整治用人上不正之风的满意度明显提高。《意见》强调，要进一步严明用人纪律。对行贿买官、受贿卖官的，按照组织程序，一律先予免职，再依据党纪政纪和有关法律法规追究责任。

10月21日　国务院总理温家宝主持召开国务院常务会议，审议并原则通过《农业银行股份制改革实施总体方案》，核准了一批基础设施建设项目。会议指出，中国农业银行作为大型国有商业银行，多年来在服务“三农”、服务经济社会发展中作出了重要贡献。近年来，农业银行按照中央关于推进国有商业银行改革的部署，积极进行股份制改革准备工作，目前已基本具备条件。会议要求，农业银行改革要以建立完善现代金融企业制度为核心，以服务“三农”为方向，稳步推进整体改制，成为资本充足、治理规范、内控严密、运营安全、服务优质、效益良好、创新能力和国际竞争力强的现代化商业银行。要紧紧围绕农村经济社会发展的金融需求，进一步强化面向“三农”的市场定位和责任，稳定和发展在农村地区的网点和业务，建立县域事业部制管理体制，不断增加对“三农”的信贷支持，全面改进金融服务。要继续深化内部改革，强化监督管理，转换经营机制，建立完善公司治理结构和风险控制体系，为推进农村改革发展服务。会议研究了加强基础设施建设，核准了公路、机场、核电站、抽水蓄能电站等一批建设项目，决定加快南水北调中、东线1期工程建设进度。会议还研究了其他事项。

10月23日—28日　十一届全国人大常委会第五次会议在京召开。在完成各项议程后，28日下午在北京人民大会堂闭会。会议经表决，通过了企业国有资产法和修订后的消防法，国家主席胡锦涛分别签署第五号、第六号主席令予以公布。吴邦国委员长主持会议。会议表决通过了全国人大常委会关于批准《核材料实物保护公约》修订案的决定、关于批准《移动设备国际利益公约》和《移动设备国际利益公约关于航空器设备特定问题的议定书》的决定、关于批准《中华人民共和国和葡萄牙共和国引渡条约》的决定，并批准了上述条约。会议分别表决通过了全国人大民族委员会、内务司法委员会、财政经济委员会关于十一届全国人大一次会议主席团交付审议的代表提出的议案审议结果的报告。会议表决通过了全国人大常委会代表资格审查委员会关于个别代表的代表资格的报告。根据全国人大常委会发表的公告，十一届全国人大代表目前实有2 983人。会议经表决，决定接受朱志刚辞去十一届全国人大常委会委员、全国人大财政经济委员会副主任委员职务的请求，决定免去其全国人大常委会预算工作委员会主任职务。会议经表决，免去黄松有的最高人民法院副院长、审判委员会委员、审判员职务。会议还表决通过了其他任免案。

10月27日　国家统计局公布的报告显示，中国经济总量占世界经济的份额已从1978年的1.8%提高到2007年的6%。中国进出口贸易总额居世界位次已由1978年的第二十九位跃升到2007年的第三位，占世界贸易总额的比重也由0.8%提高到7.7%。报告还指出，中国与世界主要发达国家的差距缩小。30年来，中国GDP居世界的位次由第十位上升到第四位，仅次于美国、日本和德国。按照世界银行的划分标准，中国已经由低收入国家跃升至世界中等偏下收入国家行列。

10月28日　十一届全国人大常委会经表决高票通过企业国有资产法。这部法律明确规定，本法所称的国有资产，是指国家对企业各种形式的出资所形成的权益。这意味着包括金融企业国有资产在内的各类企业国有资产都适用本法规定。有关人士表示，这是我国国有资产立法迈出的第一步。

10月28日—31日　中国妇女第十次全国代表大会在北京人民大会堂举行。会议通过了关于中华全国妇女联合会第九届执行委员会报告的决议。大会还通过了关于《中华全国妇女联合会章程（修正案）》的决议，决定这一修正案自通过之日起生效。会议推举陈慕华、彭珮云为全国妇联名誉主席。会议以无记名投票方式选举陈至立为全国妇联主席。

10月29日　中国政府发表《中国应对气候变化的政策与行动》白皮书。白皮书指出，中国高度重视应对气候变化，充分认识到应对气候变化的重要性和紧迫性。中国愿与世界各国一道，为实现全球可持续发展，保护人类共有的气候系统不断作出新贡献。

11月1日　历时7天的第六届全国农民运动会在福建省泉州闭幕。快乐、共享、进步，成为本届农运会的3个关键词。本届农运会共设15个大项、180多个小项，来自全国各地的3 000多名运动员参加了比赛，比赛项目和运动员人数均是规模最大的一届。

11月3日—7日　海峡两岸关系协会会长陈云林率海协会协商代表团访问台湾，这是大陆海协会会长首次访问台湾，实现了两岸关系历史性的突破，是两岸关系改善的重要标志。11月4日，陈云林与海基会董事长江丙坤在台北签署了《海峡两岸空运协议》、《海峡两岸海运协议》、《海峡两岸邮政协议》和《海峡两岸食品安全协议》4项协议。两岸同胞盼望已久的两岸直接通航、通邮即将变成现实。

11月5日　国务院总理温家宝主持召开国务院常务会议，研究部署进一步扩大内需促进经济平稳较快增长的措施。会议认为，近两个月来，世界经济金融危机日趋严峻，为抵御国际经济环境对我国的不利影响，必须采取灵活审慎的宏观经济政策，以应对复杂多变的形势。当前要实行积极的财政政策和适度宽松的货币政策，出台更加有力的扩大国内需求措施，加快民生工程、基础设施、生态环境建设和灾后重建，提高城乡居民特别是低收入群体的收入水平，促进经济平稳较快增长。会议确定了当前进一步扩大内需、促进经济增长的十项措施。一是加快建设保障性安居工程。加大对廉租住房建设支持力度，加快棚户区改造，实施游牧民定居工程，扩大农村危房改造试点。二是加快农村基础设施建设。加大农村沼气、饮水安全工程和农村公路建设力度，完善农村电网，加快南水北调等重大水利工程建设和病险水库除险加固，加强大型灌区节水改造。加大扶贫开发力度。三是加快铁路、公路和机场等重大基础设施建设。重点建设一批客运专线、煤运通道项目和西部干线铁路，完善高速公路网，安排中西部干线机场和支线机场建设，加快城市电网改造。四是加快医疗卫生、文化教育事业发展。加强基层医疗卫生服务体系建设，加快中西部农村初中校舍改造，推进中西部地区特殊教育学校和乡镇综合文化站建设。五是加强生态环境建设。加快城镇污水、垃圾处理设施建设和重点流域水污染防治，加强重点防护林和天然林资源保护工程建设，支持重点节能减排工程建设。六是加快自主创新和结构调整。支持高技术产业化建设和产业技术进步，支持服务业发展。七是加快地震灾区各项灾后重建工作。八是提高城乡居民收入。提高明年粮食最低收购价格，提高农资综合直补、良种补贴、农机具补贴等标准，增加农民收入。提高低收入群体等社保对象待遇水平，增加城市和农村低保补助，继续提高企业退休人员基本养老金水平和优抚对象生活补助标准。九是在全国所有地区、所有行业全面实施增值税转型改革，鼓励企业技术改造，减轻企业负担1 200亿元。十是加大金融对经济增长的支持力度。取消对商业银行的信贷规模限制，合理扩大信贷规模，加大对重点工程、“三农”、中小企业和技术改造、兼并重组的信贷支持，有针对性地培育和巩固消费信贷增长点。初步匡算，实施上述工程建设，到2010年底约需投资4万亿元。为加快建设进度，会议决定，2008年四季度先增加安排中央投资1 000亿元，2009年灾后重建基金提前安排200亿元，带动地方和社会投资，总规模达到4 000亿元。会议要求，扩大投资出手要快，出拳要重，措施要准，工作要实。要突出重点，认真选择，加强管理，提高质量和效益。要优先考虑已有规划的项目，加大支持力度，加快工程进度，同时抓紧启动一批新的建设项目，办成一些群众期盼、对国民经济长远发展关系重大的大事。坚持既有利于促进经济增长，又有利于推动结构调整；既有利于拉动当前经济增长，又有利于增强经济发展后劲；既有效扩大投资，又积极拉动消费。要把促进增长和深化改革更好地结合起来，在国家宏观调控下充分发挥市场对资源的配置作用；发挥中央和地方两个积极性。会议强调，尽管我们面临不少困难，但我国内部需求的潜力巨大，金融体系总体稳健，企业应对市场变化的意识和能力较强，世界经济调整为我国加快结构升级、引进国外先进技术和人才等带来新的机遇。只要我们及时果断采取正确的政策措施，把握机遇，应对挑战，就一定能够保持经济平稳较快发展。

11月9日　国务院总理温家宝主持召开国务院常务会议，研究部署促进轻纺工业健康发展的政策措施，讨论并原则通过《中华人民共和国农村土地承包经营纠纷仲裁法（草案）》，审议并原则通过《草原防火条例（修订草案）》和《森林防火条例（修订草案）》。会议认为，轻纺工业是我国的传统优势产业。保持轻纺工业稳定健康发展，对于保障就业，改善民生，拉动消费，促进经济平稳较快增长，维护社会和谐稳定，具有重要意义。近几个月来，受国内外经济形势变化的影响，轻纺工业发展面临前所未有的严峻形势，必须采取切实有效的措施，进一步加大扶持力度，帮助轻纺企业克服困难，渡过难关。会议研究确定了促进轻纺工业健康发展的六项政策措施。（一）扩大国内需求，在全国推广“家电下乡”，对农民购买家电实行财政补贴，加大对地震灾区和边疆少数民族地区的支持力度，拉动消费带动生产。（二）增加各级财政扶持中小企业发展专项资金规模，支持市场前景好、带动就业明显、经济社会效益显著的轻纺项目，加大对信用担保体系和服务体系建设的投入。（三）进一步减轻企业税费负担，缓解成本压力。继续适当提高纺织品、服装和部分轻工产品出口退税率，清理和取消涉及轻纺企业的各种不合理收费。（四）积极扩大出口，巩固和开拓国际市场。暂停轻纺加工贸易台账保证金“实转”政策，充分利用中央外贸发展基金扶持轻纺企业开展营销、研发和并购活动。（五）鼓励和引导金融机构加大金融支持力度。积极支持金融机构扩大信贷资金投放，简化审批流程，开辟信贷“绿色通道”，推进融资产品创新，推广和发展出口信用保险等业务，鼓励和支持信用担保机构发展，切实解决轻纺中小企业融资难问题。（六）加大轻纺工业技术改造力度，推动产业升级。企业要加强技术研发及成果产业化应用和品牌建设，提高市场竞争力和抗风险能力。安排中央预算内资金，支持轻纺等重点行业开展专项技术改造。会议指出，为有效预防和扑救草原、森林火灾，保障人民生命财产安全，保护草原、森林资源，有必要在总结实践经验的基础上，对《草原防火条例》和《森林防火条例》进行修订。两个修订草案对政府防火工作职责，防火组织体系，防火责任和义务，火灾预防、扑救和灾后处理及相关法律责任作出了明确规定。会议决定，两个修订草案经修改后，由国务院公布施行。

11月11日—13日　中国残联第五次全国代表大会在京举行。大会选举邓朴方为中国残联第五届主席团名誉主席，选举张海迪为中国残联第五届主席团主席。

11月12日　国务院总理温家宝主持召开国务院常务会议，决定在全国范围实施增值税转型改革。会议审议并原则通过《中华人民共和国增值税暂行条例（修订草案）》、《中华人民共和国消费税暂行条例（修订草案）》和《中华人民共和国营业税暂行条例（修订草案）》。会议指出，经国务院批准，自2004年7月1日起，东北、中部等部分地区先后进行增值税转型改革试点，取得预期成效。为扩大国内需求，降低企业设备投资的税收负担，促进企业技术进步、产业结构调整和转变经济增长方式，会议决定，自2009年1月1日起，在全国所有地区、所有行业推行增值税转型改革。改革的主要内容是：允许企业抵扣新购入设备所含的增值税，同时，取消进口设备免征增值税和外商投资企业采购国产设备增值税退税政策，将小规模纳税人的增值税征收率统一调低至3%，将矿产品增值税税率恢复到17%。经测算，2009年实施该项改革将减少当年增值税收入约1 200亿元、城市维护建设税收入约60亿元、教育费附加收入约36亿元，增加企业所得税约63亿元，增减相抵后将减轻企业税负共约1 233亿元。会议决定，上述草案经进一步修改后，由国务院公布施行。

同　日　依据“嫦娥一号”卫星拍摄数据制作的中国第一幅全月球影像图于当日15时05分正式公布。我国此次公布的全月球影像图，是目前世界上已公布的月球影像图中最完整的一张。

同　日　国务院总理温家宝主持召开国务院常务会议。为落实中央关于扩大内需，促进经济平稳较快增长的决策部署，会议研究决定四项实施措施。一、核准审批固定资产投资项目。会议核准自宁夏中卫经11个省（区、市）至广州、香港的西气东输二线项目东段工程，总投资930亿元。该项目的建设，对于提高清洁能源比重，缓解天然气供应紧张局面，促进沿线地区经济和社会发展，造福沿线地区人民群众，具有重要意义。核准总投资955亿元的广东阳江核电工程和浙江秦山核电厂扩建工程。还审批了总投资174亿元的新疆生产建设兵团玛纳斯河肯斯瓦特、贵州省黔中、江西省峡江等水利枢纽工程和内蒙古巴彦淖尔、安徽省池州九华山等一批民用机场项目。二、提高部分产品出口退税率，调整部分产品出口关税。为扶持劳动密集型中小企业，支持产业优化升级，会议决定，在2008年下半年两次调高出口退税率的基础上，自2008年12月1日起，进一步提高部分劳动密集型产品、机电产品和其他受影响较大产品的出口退税率。这次调整总共涉及3 770项产品，约占全部出口产品的27.9%。根据国内生产消费及国际市场变化，会议同时决定，取消部分钢材、化工品和粮食的出口关税，降低部分化肥出口关税并调整征税方式，对个别产品开征或提高出口关税。三、确定中央财政地震灾后恢复重建基金的具体安排方案。一是以中央财政地震灾后恢复重建基金3 000亿元为主导，统筹安排受灾地区财政投入、社会捐赠、对口支援、银行贷款等各类恢复重建资金。二是基金重点支持恢复重建总体规划确定的51个县（市、区），对规划范围以外的其他灾区，中央加大财政转移支付和扶贫开发等支持力度。三是对恢复重建总体规划确定的城乡住房、城镇建设、农村建设、公共服务、基础设施、产业重建、防灾减灾、生态环境、精神家园等，分别确定补助原则、标准和恢复重建基金安排规模。会议强调，要加强部门指导，落实地方政府主体责任，统筹协调各类恢复重建资金，发挥组合优势，加快恢复重建工作。要严格财经纪律，加强监督检查，增加透明度，确保资金使用安全、合规、有效。四、提出进一步加强支持林业生态恢复重建的政策措施。会议指出，2008年年初在我国南方发生的特大雨雪冰冻灾害和“5·12”汶川特大地震灾害，使林业遭受严重损失。会议确定，到2010年，基本恢复林区生活条件和基本生产能力，受灾林农和林区职工得到妥善安置，灾区恢复重建取得显著进展。为此，必须进一步加强有关政策措施。一是中央财政安排专项资金支持灾后林业生态恢复重建。对林业基层单位职工因灾损毁的住房重建给予适当补助，对林木良种繁育给予适当支持。二是制定受灾木竹最低收购保护价，中央和地方财政对受灾木竹收购加工企业所需流动资金贷款给予贴息。三是对雨雪冰冻和地震灾害形成的难以偿还的造林债务，根据灾情给予优惠或适当豁免。四是将林业灾害救助纳入中央和地方政府相关救灾资金渠道统筹安排。

同　日　陈水扁因涉嫌贪污、侵占公款、利用职务诈取财物、收贿及违反洗钱防制法等罪被台北地方法院裁定羁押禁见，成为首位被羁押的卸任“当局领导人”。被羁押后，陈水扁在台北看守所内持续不愿进食，11月16日晚出现左胸闷痛、呼吸困难、心电图异常现象，经看守所医师评估后被送至附近的台北县亚东医院诊疗，17日再转往位于板桥的台北县县立医院观察治疗。经过两天三夜的戒护就医，陈水扁身体状况好转，19日下午从台北县县立医院出院，被押回台北看守所。

11月13日　国家发展和改革委员会公布了《国家粮食安全中长期规划纲要（2008—2020年）》。纲要提出，解决我国粮食问题必须坚持立足于基本依靠国内保障粮食供给，提出了粮食自给率要稳定在95%以上，稻谷和小麦保持自给，玉米保持基本自给等目标。这是我国政府编制的第一个中长期粮食安全规划，对保障我国10多亿人口吃饭和经济社会发展具有重大战略意义。

11月14日　国家主席胡锦涛离京出访。前往出席在美国华盛顿举行的20国集团领导人金融市场和世界经济峰会、在秘鲁利马举行的亚太经济合作组织第十六次领导人非正式会议，并对哥斯达黎加、古巴、秘鲁、希腊进行国事访问。

11月26日　国务院总理温家宝主持召开国务院常务会议，研究部署解决企业困难，促进经济发展的政策措施；审议成品油价格和燃油税费改革方案，决定向社会公开征求意见。会议指出，近段时间以来，中央采取扩大内需促进经济平稳较快增长的一系列措施，对稳定市场、改善预期、增强信心、促进增长发挥了重要作用。当前，国际金融危机还在继续蔓延，对我国经济影响更加明显，必须进一步抓好中央确定的政策措施的贯彻落实，并有针对性、有重点地制定相关配套措施，稳定生产，稳定就业，帮助企业克服困难，增强企业活力和竞争力，加快推进产业结构调整和发展方式转变，保持经济平稳较快发展。会议研究确定了解决企业困难，促进经济发展的政策措施。（一）大力支持重点产业发展。抓紧制定实施钢铁、汽车、造船、石化、轻工、纺织、有色金属、装备制造和电子信息等重点产业振兴规划。（二）加快推进企业技术改造、自主创新和兼并重组。推进重点领域技术进步，制定促进企业兼并重组的政策措施，支持企业自主研发，推动高技术产业化。（三）加大重要物资、资源的国家收储和商业收储力度，增加和充实物资储备。(四）大力支持中小企业发展。抓紧完善中小企业担保体系，加大银行信贷支持力度，提高中小企业产品的政府采购比重。（五）加快服务业发展。落实鼓励服务业发展的政策，大力发展交通运输、现代物流等生产性服务业。（六）加大就业和社会保障支持力度。扩大失业保险基金使用范围，帮扶困难企业稳定就业岗位，积极发展各类教育和培训，把失业人员和返乡农民工纳入培训计划。会议要求各地区、各部门加强政策协调，抓紧细化配套措施，并尽快落实到位，确保各项政策措施取得实效。会议认为，完善成品油价格形成机制，实施燃油税费改革，对于扩大内需，促进经济结构调整，公平和规范税负，鼓励节约能源和保护环境，保持经济平稳较快发展，具有重要意义。会议决定，向社会公布成品油价格和燃油税费改革方案，广泛征求各方面意见。会议讨论了《中华人民共和国统计法（修订草案)》。会议认为，为进一步提高统计数据质量，预防和惩处在统计上弄虚作假的违法行为，维护被调查者权益，促进统计信息社会共享，有必要对现行统计法进行修订。会议决定，修订草案经修改后，由国务院提请全国人大常委会审议。会议还研究了其他事项。

同　日　央行再次下调存款准备金利率。中国人民银行宣布，从2008年11月27日起，下调金融机构1年期人民币存贷款基准利率各1.08%；自12月5日起，下调工商银行等大型存款类金融机构人民币存款准备金率1%，下调中小型存款类金融机构人民币存款准备金率2%。这是央行自2008年9月份以来第四次下调利率、第三次下调存款准备金率。此次调整力度之重，为央行近年货币政策调控历史上所罕见。

11月28日　中共中央政治局召开会议，分析研究2009年经济工作，讨论深化司法体制改革工作。会议指出，当前国际金融危机仍在扩散和蔓延，对全球实体经济的冲击和造成的损失将进一步扩大，对我国经济发展的影响也将更加明显，我国经济社会发展中的一些矛盾可能更加突出。我们在充分看到保持我国经济平稳较快发展有利条件的同时，一定要增强忧患意识，统筹国内国际两个大局，把困难估计得更充分一些，把措施准备得更周密一些，坚定必胜信心，扎实做好工作，迎接各种挑战，奋力渡过难关，努力夺取经济社会发展新胜利。

11月29日　中共中央政治局进行第九次集体学习，中共中央总书记胡锦涛主持。他强调，在复杂的国内外经济条件下，我们要有效解决前进中遇到的各种矛盾和问题，保持经济平稳较快发展，全面提高综合国力、国际竞争力、可持续发展能力，必须坚定不移地坚持发展是硬道理的战略思想，坚持走科学发展道路。

12月1日　卫生部通报指出，截至11月27日8时，全国累计报告因食用三鹿牌奶粉和其他个别问题奶粉导致泌尿系统出现异常的患儿29万余人。通报说，自9月10日卫生部每日统计临床现症病例以来至11月27日，未接到因泌尿系统结石致肾功能衰竭的现症病例死亡报告。

12月3日　国务院会议确定金融促进发展九项政策措施。国务院总理温家宝主持召开国务院常务会议，研究部署当前金融促进经济发展的九项政策措施。会议指出，应对国际金融危机，保持经济平稳较快发展，必须认真实行积极的财政政策和适度宽松的货币政策，进一步加大金融对经济发展的支持力度。要通过完善配套政策措施和创新体制机制，调动商业银行增加信贷投放的积极性，增强金融机构抵御风险能力，形成银行、证券、保险等多方面扩大融资、分散风险的合力，更好地发挥金融支持经济增长和促进结构调整的作用。会议研究确定了金融促进经济发展的政策措施。（一）落实适度宽松的货币政策，促进货币信贷稳定增长。综合运用存款准备金率、利率、汇率等多种手段，保持银行体系流动性充分供应，追加政策性银行2008年度贷款规模1 000亿元。（二）加强和改进信贷服务，满足资金合理需求。鼓励地方政府通过资本注入、风险补偿等多种方式增加对信用担保公司的支持；设立多层次中小企业贷款担保基金和担保机构，提高对中小企业贷款比重；对符合条件的中小企业信用担保机构免征营业税；建立农村信贷担保机制，扩大农村有效担保物范围，积极探索发展农村多种形式担保的信贷产品；积极扩大住房、汽车和农村消费信贷市场。（三）加快建设多层次资本市场体系，发挥市场的资源配置功能。稳定股票市场运行，推动期货市场稳步发展，扩大债券发行规模，优先安排与基础设施、民生工程、生态环境建设和灾后重建等相关的债券发行。（四）发挥保险的保障和融资功能，促进经济社会稳定运行。积极发展“三农”、住房和汽车消费、健康、养老等保险业务，引导保险公司以债权等方式投资交通、通信、能源等基础设施和农村基础设施项目。（五）创新融资方式，通过并购贷款、房地产信托投资基金、股权投资基金和规范发展民间融资等多种形式，拓宽企业融资渠道。（六）改进外汇管理，大力推动贸易投资便利化。适当提高企业预收货款结汇比例，方便企业特别是中小企业贸易融资，提高外汇资金使用效率，支持外贸发展。（七）加快金融服务现代化，全面提高金融服务水平。进一步丰富支付工具体系，扩大国库直接支付涉农、救灾补贴等政府性补助基金范围，优化出口退税流程，继续推动中小企业和农村信用体系建设。（八）加大财税政策支持力度，发挥财政资金的杠杆作用，增强金融业化解不良资产和促进经济增长的能力。（九）深化金融改革，完善金融监管体系，强化风险监测和管理，切实维护金融安全稳定。会议听取和审议了关于2008年度国家科学技术奖评审工作的汇报，批准了有关获奖人选、奖励种类和等级。

12月5日　《成品油价税费改革方案》公开征求意见。国家发改委、财政部、交通运输部和国家税务总局联合发布公告，就《成品油价税费改革方案》公开征求意见。公告指出，取消公路养路费、航道养护费、公路运输管理费、公路客货运附加费、水路运输管理费、水运客货运附加费等6项收费，并逐步有序取消已审批的政府还贷二级公路收费。同时，在不提高现行成品油价格的前提下，将汽油消费税单位税额由每升0.2元提高到1元，柴油由每升0.1元提高到0.8元，其他成品油单位税额相应提高。这次调整税额形成的成品油消费税收入主要用于替代公路养路费等6项收费的支出，补助各地取消已审批的政府还贷二级公路收费，并对种粮农民、部分困难群体和公益性行业给予必要扶持。

12月8日—10日　中央经济工作会议在北京举行。会议指出，贯彻落实2009年经济工作的总体要求，必须抓住关键、突出重点，必须把保持经济平稳较快发展作为2009年经济工作的首要任务要着力在保增长上下功夫，把扩大内需作为保增长的根本途径，把加快发展方式转变和结构调整作为保增长的主攻方向，把深化重点领域和关键环节改革、提高对外开放水平作为保增长的强大动力，把改善民生作为保增长的出发点和落脚点。中共中央总书记、国家主席、中央军委主席胡锦涛，中共中央政治局常委、全国人大常委会委员长吴邦国，中共中央政治局常委、国务院总理温家宝，中共中央政治局常委、全国政协主席贾庆林，中共中央政治局常委李长春，中共中央政治局常委、中央书记处书记、国家副主席习近平，中共中央政治局常委、国务院副总理李克强，中共中央政治局常委、中央纪委书记贺国强，中共中央政治局常委、中央政法委书记周永康出席会议。胡锦涛在会上发表重要讲话，全面分析了当前国际国内形势，明确提出了2009年经济工作的总体要求和重点任务，阐述了做好2009年经济工作需要把握的原则。温家宝在讲话中全面分析了当前我国经济形势，阐述了2009年经济社会发展主要预期目标和需要解决的重点问题，具体部署了2009年经济工作。会议指出，2008年在党和国家发展进程中是很不寻常、很不平凡的一年。一年来，我们接连经历了一些难以预料、历史罕见的重大挑战和考验。面对严峻形势，我们党团结带领全国各族人民同心同德、顽强拼搏，成功夺取抗击南方部分地区严重低温雨雪冰冻灾害和四川汶川特大地震灾害斗争重大胜利，成功举办北京奥运会、残奥会，成功完成"神舟七号"载人航天飞行任务，成功举办第七届亚欧首脑会议，沉着应对国际金融危机冲击，社会主义经济建设、政治建设、文化建设、社会建设以及生态文明建设和党的建设取得新的显著成就，社会大局保持稳定，我国国际地位和国际影响力进一步提高。2008年下半年以来，国际经济环境急转直下，国内经济困难明显增加，根据形势发展变化，我们及时把宏观调控的首要任务调整为保持经济平稳较快发展、控制物价过快上涨，近期又果断实施积极的财政政策和适度宽松的货币政策，采取一系列进一步扩大内需、促进经济增长的政策措施，全力保持经济平稳较快发展。我国经济呈现增长较快、价格回稳、结构优化、民生改善的良好局面。在历史罕见的挑战和风险面前，我们能够取得这些成绩，确实来之不易。这充分显示了改革开放30年我国形成的强大经济实力和综合国力，充分证明了中国特色社会主义道路的正确性，充分表明了社会主义制度能够集中力量办大事的优越性，充分体现了中华民族不畏艰险、自强不息的英雄气概和强大凝聚力。会议指出，在充分肯定成绩的同时，必须清醒地看到，2008年以来，世界经济金融形势复杂多变，不稳定不确定因素明显增多。次贷危机引发的金融危机愈演愈烈，迅速从局部发展到全球，从发达国家传导到新兴市场国家和发展中国家，从金融领域扩散到实体经济领域，酿成了一场历史罕见、冲击力极强、波及范围很广的国际金融危机。在国际金融危机冲击下，实体经济增速大幅下滑。目前，这场金融危机不仅本身尚未见底，而且对实体经济的影响正进一步加深，其严重后果还会进一步显现。受国际金融危机快速蔓延和世界经济增长明显减速的影响，加上我国经济生活中尚未解决的深层次矛盾和问题，目前我国经济运行中的困难增加，经济下行压力加大，企业经营困难增多，保持农业稳定发展、农民持续增收难度加大，金融领域潜在风险增加。会议强调，尽管我国经济发展面临着来自国际国内的严重困难和严峻挑战，但我国经济发展的基本面和长期趋势没有改变，我们遇到的困难和挑战是前进中的问题。经过改革开放30年的持续快速发展，我国积累了雄厚物质基础，经济实力、综合国力、抵御风险能力显著增强；我国工业化、城镇化快速发展，基础设施建设、产业发展、居民消费、生态环境保护等方面有巨大发展空间，扩大内需潜力巨大；社会主义市场经济体制不断完善，形成了较好的体制环境；金融体系总体稳健，财政赤字规模较小，外汇储备充足，国内储蓄率较高，宏观经济政策调整有较大余地。只要我们审时度势、科学决策、周密部署、扎实工作，充分发挥自身优势，加快解决突出问题，完全有条件变压力为动力、化挑战为机遇，把国际金融危机的不利影响降到最低程度，继续推动经济社会又好又快发展，继续推进全面建设小康社会进程。会议认为，中央对经济全球化作出的判断是完全正确的，我国发展的重要战略机遇期仍然存在，不会因为这场金融危机而发生逆转。我们必须坚持社会主义市场经济的改革方向，坚持对外开放的基本国策，不为任何风险所惧，不被任何干扰所惑，坚定不移地推进改革开放和社会主义现代化建设。这场金融危机给我国发展既提出了前所未有的挑战，也带来了前所未有的机遇。我们既要把困难估计得更充分一些，把应对措施考虑得更周密一些，又要注重从变化的形势中捕捉和把握难得发展机遇、在逆境中发现和培育有利因素，统筹好国内国际两个大局，善于从国际国内条件的相互转化中用好发展机遇、从国际国内资源的优势互补中创造发展条件，更好地利用国际国内两个市场、两种资源，扎扎实实办好自己的事情。会议强调，战胜国际金融危机严重冲击，做好2009年经济工作，对于维护改革发展稳定大局，实现“十一五”规划确定的目标任务，推进全面建设小康社会进程，具有十分重要的意义。会议提出，2009年经济工作的总体要求是，全面贯彻党的十七大和十七届三中全会精神，以邓小平理论和“三个代表”重要思想为指导，深入贯彻落实科学发展观，立足扩大内需保持经济平稳较快增长，加快发展方式转变和结构调整提高可持续发展能力，深化改革开放增强经济社会发展活力和动力，加强社会建设加快解决涉及群众利益的难点热点问题，促进经济社会又好又快发展。会议强调，科学发展观第一要义是发展，越是在经济发展面临较大困难的时候，我们越是要坚定不移地贯彻发展是硬道理的战略思想，牢牢扭住经济建设这个中心，始终做到聚精会神搞建设、一心一意谋发展，我们所谋求的发展必须是讲求质量和效益的发展，必须是以人为本、全面协调可持续的发展。在实现保增长目标的努力中，要更加自觉地深入贯彻落实科学发展观，尤其要把握好几个重大问题：坚持扩大内需为主和稳定外需相结合，进一步增强抵御外部经济风险能力；坚持保持增长速度和提高质量效益相统一，进一步提高经济发展质量和水平；坚持推进结构升级和扶持就业创业相协调，进一步增强经济竞争优势和吸纳就业能力；坚持推进金融创新和提高金融监管能力相适应，进一步发挥金融对促进经济发展的积极作用；坚持加强政府调控和发挥市场机制作用相促进，进一步增强经济发展内在活力。会议提出了2009年经济工作的重点任务：一、加强和改善宏观调控，实施积极的财政政策和适度宽松的货币政策。要较大幅度增加公共支出，保障重点领域和重点建设支出，支持地震灾区灾后恢复重建，实行结构性减税，优化财政支出结构，继续加大对“三农”、就业、社会保障、教育、医疗、节能减排、自主创新、先进装备制造业、服务业、中小企业、重大改革等方面的支持力度，加大对低收入家庭的补贴和救助力度。实施积极的财政政策，要注意准确把握政策导向，按照产业结构优化升级和优胜劣汰的要求，着重缓解和消除发展的瓶颈制约，切实淘汰落后生产能力和加快产品更新换代，增强自主创新能力和产业竞争力。搞建设项目，要严格按照项目审批和建设程序办事，坚决防止高耗能、高污染、低水平重复建设，绝不能降低工程质量，绝不能搞劳民伤财的“形象工程”和脱离实际的“政绩工程”。要提高公共投资的经济效益、社会效益、带动效应，拓宽民间投资领域和渠道，增强拉动经济增长的社会合力。要发挥货币政策反周期调节和保障流动性供给的重要作用，促进货币信贷供应总量合理增长，坚持区别对待、有保有压，引导和改善市场预期，保持人民币汇率在合理均衡水平上的基本稳定，进一步改善国际收支状况。要支持能够扩大最终消费需求、带动中间需求的项目，支持在国际分工中具有长期竞争优势的先进生产能力建设，支持内部治理结构完善、就业容量大的劳动密集型企业，有效引导结构调整。要保持资本市场和房地产市场稳定健康发展。加强资本市场基础性制度建设，提高上市公司质量和治理水平，加强资本市场监管，增强投资者信心。要把满足居民合理改善居住条件愿望和发挥房地产业支柱产业作用结合起来，增加保障性住房供给，减轻居民合理购买自住普通商品住房负担，发挥房地产在扩大内需中的积极作用。二、巩固和发展农业农村经济好形势，保障农产品有效供给、促进农民持续增收。一定要更加重视农业、农村、农民工作，千方百计确保农业特别是粮食安全不出问题，要把提高农民收入、夯实农业基础作为扩大内需的重要内容。高度重视粮食生产和主要农产品供给，千方百计调动农民种粮、地方政府抓粮的积极性，及时采取调控和引导措施，确保粮食和其他主要农产品生产稳定、市场稳定。大幅度增加对“三农”投入，保证各级财政对农业投入增长幅度高于经常性收入增长幅度，大幅度增加国家对农村基础设施建设和社会事业发展的投入，大幅度提高政府土地出让收益、耕地占用税新增收入用于农业的比例，大幅度增加对中西部地区农村公益性建设项目的投入。要完整、准确、严格贯彻党的十七届三中全会精神，农村现有土地承包关系要保持稳定并长久不变，在依法、自愿、有偿流转土地承包经营权的过程中，不得改变土地集体所有性质，不得改变土地用途，不得损害农民土地承包权益。要高度重视农民工就业和促进农民增收出现的新情况，最大限度拓展农村劳动力就业渠道和农村内部增收空间。三、加快发展方式转变，推进经济结构战略性调整。虽然我们面临着保增长的繁重任务，但加快发展方式转变、推进经济结构战略性调整的大方向不能动摇。必须坚持把保增长、扩内需、调结构有机结合起来。要以增强发展协调性和可持续性、提高自主创新能力为目标，通过扩大最终消费需求，带动中间需求，有效吸收和消化国内生产能力，形成发展新优势。一是要以提高居民收入水平和扩大最终消费需求为重点，调整国民收入分配格局。提高居民收入在国民收入中的比重，继续做好调整企业退休人员养老金工作，提高居民财产性收入，大力促进农民消费，稳定发展住房消费和汽车消费，着力发展服务消费和旅游消费，不断增强最终消费能力。二是要以提高自主创新能力和增强三次产业协调性为重点，优化产业结构。着力突破制约产业转型升级的重要关键技术，精心培育一批战略性产业，加快企业兼并重组、支持重点企业技术改造，加快发展生产性服务业和生活性服务业，加强铁路、水利等基础设施建设。要全面加强节能、节水、节地、节材和资源综合利用工作，突出抓好节能减排、生态环境保护重点工程建设。三是要以推进城镇化和促进城乡经济社会发展一体化为重点，改善城乡结构。促进大中小城市和小城镇协调发展，有重点地培育一批综合承载能力强、辐射作用大的城市群，使其成为拉动内需的重要增长极。四是要以缩小区域发展差距和优化生产力布局为重点，调整地区结构。继续实施西部大开发、东北地区等老工业基地振兴、中部地区崛起、东部地区率先发展的区域发展总体战略，促进区域间生产要素合理流动和梯度转移。落实国家主体功能区规划，配套出台分类调控的区域政策。四、深化改革开放，完善有利于科学发展的体制机制。坚持社会主义市场经济的改革方向，抓住时机推出有利于实现保增长、扩内需、调结构的改革措施，是提振市场信心的最好办法。要深化价格体制改革，加快建立能够充分反映市场供求关系、资源稀缺程度、环境损害成本的资源要素价格形成机制。推进公共财政管理体制改革，深化预算制度改革，健全中央政府和地方政府财力与事权相匹配的体制。加快金融体制改革，建立健全货币政策和金融发展、金融监管相协调的机制，改善金融结构和服务，加强金融监管和创新。推进投资体制改革，健全政府投资管理体制。深化国有企业改革，继续推进国有经济布局调整，加快健全现代企业制度，推进垄断行业分类改革。毫不动摇地鼓励、支持、引导非公有制经济发展。要扩大对外开放，转变对外经济发展方式，走以质取胜、集约化、多元化的发展路子，努力保持出口稳定增长，增加进口先进技术、关键设备、重要能源原材料，提高利用外资质量，更加积极稳妥地实施“走出去”战略，在对外开放中不断提高我国经济的国际竞争力和抗风险能力。五、着力解决涉及群众利益的难点热点问题，切实维护社会稳定。必须实施更加积极的就业政策，全方位促进就业增长，确保就业形势基本稳定。加快完善城乡社会保障体系，扩大城镇职工基本养老保险、基本医疗保险和城镇居民基本医疗保险覆盖面，研究和推出全国统一的社会保险关系转续办法，积极开展农村社会养老保险试点，制定农民工养老保险办法，切实保障农村贫困家庭、城镇困难家庭、离退休职工、在校贫困大学生基本生活水平不下降。加强各级各类教育和培训，大力发展职业教育特别是农村中等职业教育，全面推进素质教育。积极推进医药卫生体制改革，为人民群众提供安全、有效、方便、价廉的医疗卫生服务。高度重视并切实抓好食品药品质量安全和生产安全，建立最严格的食品药品和安全生产标准，建立权责利相对应的法律追究惩治体系。严厉打击各种违法违规生产经营行为，坚决遏制重特大安全事故。深入开展社会主义精神文明建设，为经济社会发展提供思想保证、舆论支持、文化条件。加强和完善社会管理，健全应急管理体制机制，下大气力解决群众反映强烈的突出问题，全力维护社会稳定。会议指出，实现2009年经济工作的目标和任务，要继续实施灵活审慎的宏观经济政策，核心是提高宏观调控的应变能力和实际效果，要切实增强调控的预见性、针对性，努力提高调控的科学性、实效性。在工作具体部署上，要积极扩大国内需求，进一步巩固和加强农业基础地位，加快经济结构战略性调整，坚定不移地推进改革开放，着力做好就业和社会保障工作，全面提高产品质量和安全生产水平，加快发展社会事业。会议强调，我们要更加紧密地团结在以胡锦涛同志为总书记的党中央周围，高举中国特色社会主义伟大旗帜，万众一心，振奋精神，锐意进取，扎实工作，全面做好2009年经济工作，以优异成绩迎接新中国成立60周年。

12月10日　国务院总理温家宝主持召开国务院常务会议，部署做好当前农民工工作，决定增加农机具购置补贴。会议指出，2008年以来，我国就业形势总体良好，但也出现不少新情况。由于国际金融危机的影响不断加深，国内部分企业生产经营遇到困难，就业压力明显增加。对此，必须采取更加积极的就业政策，尤其要高度重视农民工的就业，这直接关系农村经济发展和农民增收，关系经济社会发展全局。各地区、各有关部门要深入调查研究，全面掌握情况，采取有效措施，切实做好当前农民工工作。一要广开农民工就业门路。积极扶持劳动密集型企业，稳定农民工就业。对生产经营遇到暂时困难的企业，引导其采取灵活用工、弹性工时、组织培训等多种措施稳定就业岗位。大力发展劳务经济带动农民工转移就业。二要加强农民工就业能力培训。有关部门和教育培训机构要增加农民工培训投入，扩大培训规模，改进培训方式，注重提高实用技能和就业能力。三要扶持有条件、有能力的农民工返乡创业，在用地、收费、信息、工商登记、纳税服务等方面降低门槛，搞好金融服务，落实小额担保贷款，符合规定的给予财政贴息。鼓励返乡农民工参加农业和农村基础设施建设。四要确保农民工工资按时足额发放。完善工资保证金制度，加强工资保证金账户管理，强化工资支付监控。妥善处理农民工与用人单位的劳动争议，维护农民工合法权益。企业关闭破产必须严格依法进行，对恶意欠薪逃匿的业主要严肃查处。五要做好农民工社会保障和公共服务。积极引导返乡农民工参加新型农村合作医疗，保障农民工工伤保险权益，抓紧制定农民工社会保险关系异地转移与接续办法，加强返乡农民工疾病防控、计划生育及子女义务教育、适龄儿童预防接种等公共服务。六要切实保障返乡农民工的土地承包权益。加强对土地承包经营权流转的管理和服务，依法解决土地纠纷，任何组织和个人都不得截留、扣缴或以其他方式侵占返乡农民工的土地流转收益。会议认为，实施农机具购置补贴政策，对于提高农业机械化水平，拉动农机工业发展，促进经济增长都有重要作用，是一项一举多得、深受农民和企业欢迎的好政策。增加农机具购置补贴，扩大补贴范围，是“家电下乡”后又一个拉动内需的重要举措。会议决定，2009年增加农机具购置补贴。中央安排农机具购置补贴资金100亿元，比2008年增加60亿元。补贴范围覆盖全国所有农牧业县（场），并向粮棉油种植大县、养殖大县和血吸虫病防疫区及汶川地震重灾区县倾斜，补贴对象包括农民、农场职工及直接从事农机作业的农业生产经营组织，允许农民以拟购买的农机具作为抵押物向金融机构贷款。会议要求，有关部门严格招投标制度，把好农机具选型的质量关，将先进适用、技术成熟、安全可靠、节能环保、服务到位的农机具纳入补贴目录并尽快公布。各地农机具购置补贴资金使用方案要向社会公布，严禁采取不合理政策保护本地区的落后生产能力，严禁强行向购机农民推荐产品，严禁借国家扩大农机具购置补贴之机乱涨价。会议还研究了其他事项。

12月12日—14日　胡锦涛总书记到辽宁考察工作。胡锦涛同基层干部群众共商如何更好地完成保持经济平稳较快发展这项2009年经济工作的首要任务，如何着力在保增长上下功夫。胡锦涛勉励大家坚定信心、迎难而上，奋力夺取经济社会发展新胜利。

12月13日　中国政府网发布了《国务院办公厅关于当前金融促进经济发展的若干意见》。意见包括9方面内容，共30条。意见要求，要落实适度宽松的货币政策，促进货币信贷稳定增长。保持银行体系流动性充足，促进货币信贷稳定增长。根据经济社会发展需要，创造适度宽松的货币信贷环境，以高于GDP增长与物价上涨之和约3%~4%的增长幅度作为2009年货币供应总量目标，争取全年广义货币供应量增长17%左右。

12月15日　备受海内外瞩目的两岸空运直航、海运直航及直接通邮正式启动。中共中央台办、国务院台办主任王毅在天津港举行的两岸海运直航首航仪式上指出，两岸“三通”迈出历史性的步伐，两岸同胞期待已久的梦想终于实现，两岸各界长达30年的努力终于有了收获。可以预料，实现“三通”后，两岸关系将呈现“大交流、大合作、大融合、大发展”的崭新局面。

同　日　十一届全国人大常委会第十五次委员长会议在北京人民大会堂举行。吴邦国委员长主持会议。会议决定，十一届全国人大常委会第六次会议于12月22日—27日在北京举行，建议会议继续审议防震减灾法修订草案、专利法修正案草案、刑法修正案（七）草案、社会保险法草案、保险法修订草案、侵权责任法草案，首次审议农村土地承包经营纠纷仲裁法草案、统计法修订草案等。委员长会议建议常委会第六次会议还审议国务院关于提请审议批准《上海合作组织成员国关于举行联合军事演习的协定》的议案、《中华人民共和国和阿拉伯联合酋长国关于刑事司法协助的条约》的议案，审议国务院关于“十一五”规划实施情况的中期评估报告、关于积极采取措施应对国际金融危机确保我国国民经济平稳较快发展情况的报告、关于稳定物价情况的报告、关于水污染防治工作进展情况的报告。委员长会议还建议常委会第六次会议审议委员长会议关于提请审议《全国人民代表大会常务委员会关于召开第十一届全国人民代表大会第二次会议的决定（草案）》的议案，审议全国人大常委会执法检查组关于检查义务教育法、劳动合同法实施情况的报告，审议全国人大法律委员会、教育科学文化卫生委员会、外事委员会、华侨委员会、环境与资源保护委员会、农业与农村委员会关于十一届全国人大一次会议主席团交付审议的代表提出的议案审议结果的报告。

12月17日　国务院常务会议研究部署促进房地产市场健康发展的政策措施，决定出台成品油价格和税费改革方案。国务院总理温家宝主持召开国务院常务会议，研究部署促进房地产市场健康发展的政策措施。会议指出，近期国家采取扩大内需、促进经济平稳较快增长的政策措施，已对房地产市场产生积极影响，不少城市商品住房成交量有所回升。当前，要坚持住房市场化基本方向，坚持对低收入住房困难群众实行住房保障制度的原则，加大政策力度，加快保障性住房建设，进一步鼓励和支持住房消费，保持合理的房地产开发投资规模，促进房地产市场健康发展。会议研究确定了以下政策措施。（一）加大保障性住房建设力度。争取用3年时间，解决近750万户城市低收入住房困难家庭和240万户林区、垦区、煤矿等棚户区居民的住房问题，并积极推进农村危房改造。中央继续加大廉租住房建设和棚户区改造投资支持力度，适当提高中西部地区补助标准。选择部分有条件的地区试点，将本地区部分住房公积金闲置资金补充用于经济适用住房等建设。（二）进一步鼓励普通商品住房消费。对已贷款购买一套住房但人均面积低于当地平均水平，再申请购买第二套普通自住房的居民，比照执行首次贷款购买普通自住房的优惠政策。对住房转让环节营业税暂定1年实行减免政策。其中，将现行个人购买普通住房超过5年（含5年）改为超过2年（含2年）转让的，免征营业税；将个人购买普通住房不足2年转让的，由按其转让收入全额征收营业税，改为按其转让收入减去购买住房原价的差额征收营业税。（三）引导房地产开发企业积极应对市场变化，促进商品住房销售。支持合理融资需求，加大对中低价位、中小套型普通商品住房建设特别是在建项目的信贷支持，对有实力有信誉的房地产开发企业兼并重组提供融资和相关金融服务。按照法定程序取消城市房地产税。会议要求，各地区要在执行中央统一政策的前提下，结合当地实际，进一步采取促进房地产市场健康发展的政策措施。要继续加强房地产市场监测分析，准确把握房地产市场走势，及时发现市场运行中的新情况、新问题，提高调控措施的预见性、针对性和有效性。要加强督促检查，强化对国家补助资金使用和建设工程质量的监督。会议还研究了其他事项。

同　日　国务院总理温家宝主持召开国务院常务会议，决定出台成品油价格和税费改革方案，审议并原则通过《珠江三角洲地区改革发展规划纲要》。会议指出，根据国务院的部署，近期已将成品油价格和税费改革方案向社会公开征求意见，有关部门对改革方案又作了进一步修改完善。目前，方案出台的时机和条件已基本成熟。会议决定，批准成品油价格和税费改革方案，自2009年1月1日起实施成品油税费改革，取消公路养路费等6项收费，逐步有序取消政府还贷二级公路收费，同时相应提高成品油消费税单位税额，在价内征收，即在征收时不提高成品油价格。自方案正式公布即日起，实施完善后的成品油价格形成机制，并根据当前国际市场原油价格变化情况，降低成品油价格。会议要求各地区、各有关部门切实强化组织领导，加强统筹协调，保证改革方案平稳实施。会议指出，珠江三角洲地区是改革开放的先行区和重要的经济中心区域。改革开放30年来，珠江三角洲地区锐意改革，率先开放，开拓进取，实现了经济社会发展的历史性跨越，为全国改革开放和社会主义现代化建设作出了重要贡献。当前，珠江三角洲地区正处在保持经济平稳较快发展，推进经济结构调整和发展方式转变的关键时期，要进一步解放思想，深入贯彻落实科学发展观，坚持改革开放，着力构建现代产业体系，加快转变经济发展方式，率先建立资源节约型和环境友好型社会；着力推进科技进步，增强自主创新能力，率先建立创新型区域；着力解决民生问题，促进城乡区域协调发展，率先构建和谐社会；着力深化改革，创新体制机制，率先建立完善的社会主义市场经济体制；着力加强与港澳合作，扩大对内对外开放，率先建立更加开放的经济体系，为我国全面建设小康社会加快推进社会主义现代化作出新贡献。会议指出，当前，国际金融危机对我国经济的影响日益加深，珠江三角洲地区中小企业多，外向型企业多，对外依存度高，受到的冲击比较大。必须把保持经济平稳较快发展作为当前的首要任务，通过发展促增长、调结构、保民生，把扩大内需与经济增长、社会建设、民生改善更好地结合起来，进一步深化改革，提高开放水平，这是克服面临困难、实施规划纲要、保证珠江三角洲地区长远发展的基础。会议要求，广东省要认真组织实施规划纲要，国务院各有关部门要进一步加强对广东改革开放和现代化建设的支持和指导。会议还研究了其他事项。

12月18日　纪念党的十一届三中全会召开30周年大会在人民大会堂举行。胡锦涛总书记在会上发表重要讲话。他强调，我们要充分认识改革开放的重大意义和伟大成就，深刻总结改革开放的伟大历程和宝贵经验，坚持党的十一届三中全会精神，高举中国特色社会主义伟大旗帜，以马克思列宁主义、毛泽东思想、邓小平理论和

"三个代表"重要思想为指导，深入贯彻落实科学发展观，在中国特色社会主义道路上，继续把改革开放伟大事业推向前进。

12月20日　外交部发言人刘建超宣布，中国政府决定近期派海军舰艇赴亚丁湾、索马里海域，执行护航任务。中国欢迎国际社会就打击索马里海盗开展有效合作，支持有关国家根据国际法和安理会决议派军舰打击索马里海盗的努力。近年来，亚丁湾、索马里海域频繁发生海盗袭击、劫持过往船舶事件。海盗问题已成为一大国际公害，对国际航运、海上贸易和海上安全构成严重威胁。

12月21日　第四届两岸经贸文化论坛在上海闭幕。中共中央台办主任王毅就加强两岸合作、携手应对国际金融危机，宣布了大陆各有关部门为此制定的支持大陆台资企业发展、加强台资企业融资服务、支持和帮助大陆台资企业转型升级、鼓励和扶持台资企业自主创新、推动两岸双向投资、加强两岸产业合作、携手促进平板显示产业发展、拓展两岸农业合作平台、扩大台湾鲜活农产品在大陆销售、允许符合条件的台湾居民在大陆从事律师职业等10项政策措施。

同　日　国务院总理温家宝主持召开国务院常务会议，审议并原则通过《关于义务教育学校实施绩效工资的指导意见》。会议指出，义务教育学校实施绩效工资，是贯彻落实义务教育法，深化事业单位收入分配制度改革的具体措施，对于吸引和鼓励各类优秀人才长期从教、终身从教，促进教育事业发展，具有重要意义。人力资源社会保障部等部门经过1年调研论证、广泛听取意见，起草了《关于义务教育学校实施绩效工资的指导意见》。会议审议批准了这个意见，决定从2009年1月1日起，在全国义务教育学校实施绩效工资，确保义务教育教师平均工资水平不低于当地公务员平均工资水平，同时对义务教育学校离退休人员发放生活补贴。会议要求，地方各级政府要高度重视，加强领导，周密部署，认真组织实施。要坚持多劳多得、优绩优酬，重点向一线教师、骨干教师和作出突出成绩的其他工作人员倾斜，把义务教育学校实施绩效工资同深化学校人事制度改革、完善义务教育经费保障机制、规范学校收费行为和经费管理紧密结合，注意研究解决实施中出现的问题，妥善处理各种关系，积极稳妥做好工作。要按照管理以县为主、经费省级统筹、中央适当支持的原则，确保实施绩效工资所需资金落实到位。

12月22日　中国人民银行宣布，再度下调“双率”。根据公告，从2008年12月23日起，我国下调1年期人民币存贷款基准利率各0.27%，其他期限档次存贷款基准利率作相应调整。

12月22日—27日　十一届全国人大常委会第六次会议在京举行。会议经表决，通过了修订后的防震减灾法和全国人大常委会关于修改专利法的决定，国家主席胡锦涛分别签署的第七号、第八号主席令予以公布。

12月23日　赠台大熊猫“团团”、“圆圆”搭乘台湾长荣航空公司专机抵达台北机场。随后换乘专车，抵达它们的新家——台北市立木栅动物园新光特展馆。这标志着“团团”、“圆圆”的赴台行程画上圆满句号。

12月24日　国务院总理温家宝主持召开国务院常务会议，研究部署搞活流通扩大消费和保持对外贸易稳定增长的政策措施。会议指出，搞活流通是促进消费、扩大内需的重要切入点。必须进一步完善政策，采取有力措施，积极扩大国内消费，切实增强消费对经济增长的拉动作用。一要健全农村流通网络。2009年和2010年再新建和改造一批农家店和农村商品配送中心，增加配送品种，增强综合服务功能。在重点销售区和产区新建或改造一批农产品批发和农贸市场，搞活农产品流通，促进农民增收。二要进一步扩大品种，加大“家电下乡”推广力度。中央财政再增加补贴，并根据各地农村需求，选择和增加补贴品种。要保证下乡家电的质量，搞好售后服务。三要完善城市社区便民服务设施，选择一批菜市场进行标准化改造，满足居民便利消费、放心消费需要。四要促进城市耐用品消费升级换代。规范并大力发展旧货市场，加快不同收入群体联动消费。鼓励生产和零售企业开展“收旧售新”、“以旧换新”，带动新产品销售和资源节约。五要促进流通企业发展，降低消费成本。支持大型流通企业跨区域兼并重组，增强经营优势，降低成本，让利于消费者。支持中小商贸企业发展，金融机构要制定差别化的授信条件，解决中小商贸企业贷款抵押问题。六要积极培育新的消费热点，大力促进节假日和会展消费，促进消费升级。七要加强流通企业食品质量安全监管，切实提高食品安全保障能力。为支持流通业发展，2009年中央财政将增加农村物流服务体系发展专项资金和促进服务业发展专项资金规模。会议研究确定了缓解出口企业困难，保持对外贸易稳定增长的政策措施。一是加大财税政策支持力度。提高部分技术含量和附加值高的机电产品出口退税率。适当扩大中央外贸发展基金规模。二是稳步推进加工贸易转型升级。调整加工贸易禁止类和限制类目录，将符合国家产业政策，不属于高耗能、高污染的产品以及具有较高技术含量的产品从禁止类目录中剔除，将部分劳动密集型产品和技术含量较高、环保节能的产品从限制类目录中剔除。鼓励加工贸易向中西部转移，在部分重点承接地增加保税物流功能。完善海关特殊监管区域功能，引导先进制造业和现代生产型服务业入区发展。三是改善进出口金融服务。适当扩大政策性银行出口买方信贷，鼓励商业银行开展出口退税账户托管贷款业务，扩大保单融资规模，缓解中小外贸企业融资困难。对广东和长江三角洲地区与港澳地区、广西和云南与东盟的货物贸易进行人民币结算试点。四是扩大国内有需求的产品进口。重点增加先进技术、关键设备及元器件和重要能源原材料等产品进口。五是促进投资和贸易互动。鼓励外资投向高新技术、节能环保产业和现代服务业，大力发展国际服务外包，将苏州工业园区技术先进型服务企业有关税收试点政策扩大到国家认定的服务外包基地城市和示范园区。六是提高贸易便利化水平。海关和出入境检验检疫实行24小时预约通关，2009年继续减免出口农产品的出入境检验检疫费，降低出口纺织、服装产品检验费用。七是加强和改善多双边经贸关系，积极化解国际贸易摩擦，妥善处理出口产品质量安全问题，营造良好国际环境。支持企业开拓新兴市场。会议还研究了其他事项。

同　日　国务院常务会议，研究部署保障化肥生产供应，促进化肥行业改革和发展的政策措施，审议并原则通过高档数控机床与基础制造装备科技重大专项实施方案。会议指出，化肥是重要的农业生产资料，是农业生产发展和国家粮食安全的重要保障。经过多年快速发展，国内化肥实现了供需总量基本平衡。但也存在结构不合理、价格形成机制和经营体制不适应等问题。必须采取综合配套措施，深化改革，完善调控机制，促进化肥行业稳定健康发展，促进农业发展和农民增收。会议研究确定了保障化肥生产供应，促进化肥行业稳定健康发展的政策措施。（一）积极调整结构。适当控制磷肥、氮肥产能，加强钾肥资源勘探开发建设，合理有序增加钾肥生产。（二）加快建立以市场为主导的化肥价格形成机制。适时将所有化肥出厂价格及除钾肥以外的一般贸易进口化肥港口交货价格，由政府指导价改为市场调节价，取消对化肥生产流通的临时价格干预措施，继续对市场集中度较高的进口钾肥实行适度价格监管。暂时保留对化肥生产用电、用气、铁路运输价格的优惠政策和税收优惠政策。（三）完善农资综合直补调整机制，确保农民种粮收益不因农资价格上涨而下降。（四）推进化肥流通体制改革。允许各类投资者进入化肥流通领域，鼓励和扶持发展大型化肥流通企业。（五）加强进出口调节，完善化肥储备调控。2008年冬2009年春化肥淡储量要达到春耕用肥的20%以上。（六）引导农民科学施肥。加大对测土配方施肥的支持力度，逐步扩大补贴范围，节约农民支出，减少环境污染。会议要求，各地区、各有关部门要明确工作职责，密切协调配合，强化市场监管，确保各项政策措施落到实处，发挥实效。会议认为，实施高档数控机床与基础制造装备科技重大专项方案，对于提升我国数控机床和基础制造装备产业的自主创新能力和核心竞争力，带动装备制造业结构调整和相关产业发展，扩大内需，具有重要意义。专项的实施方案经过科学、民主、严格论证，已基本成熟，具备启动实施的条件。有关部门要根据会议提出的意见进一步完善方案，抓紧组织实施。会议讨论并原则通过了《中华人民共和国国防动员法（草案）》，决定由国务院、中央军委提请全国人大常委会审议；审议并原则通过了《军服管理条例（草案）》，决定该草案经进一步修改后，由国务院、中央军委公布施行。

12月25日　石家庄市人民政府举行新闻发布会称，石家庄市中

级人民法院已经受理了对三鹿集团进行破产清算的申请，三鹿集团进入破产程序。据介绍，目前三鹿集团净资产为负11.03亿元（不包括2008年10月31日后企业新发生的各种费用），已经严重资不抵债。

12月26日　中共中央政治局召开会议，听取中央纪律检查委员会2008年工作汇报，分析当前党风廉政建设和反腐败工作形势，研究部署2009年党风廉政建设和反腐败工作。中共中央总书记胡锦涛主持会议。会议指出，2008年以来，我们党全面把握国内外发展大局，在推进社会主义经济建设、政治建设、文化建设、社会建设和党的建设的同时，按照党的十七大作出的战略部署，加强以保持党同人民群众血肉联系为重点的作风建设，加强以完善惩治和预防腐败体系为重点的反腐倡廉建设，以改革创新精神全面推进反腐倡廉各项工作，取得了新的明显成效，反腐倡廉建设方向更加明确、思路更加清晰。同时，必须清醒地看到，腐败现象在一些部门和领域仍然易发多发，反腐倡廉建设面临不少新情况新问题，反腐败斗争形势仍然严峻。全党必须坚持反腐倡廉常抓不懈、拒腐防变警钟长鸣，进一步加大工作力度，把党风廉政建设和反腐败斗争不断引向深入。会议强调，2009年，我们要全面贯彻党的十七大和十七届三中全会精神，高举中国特色社会主义伟大旗帜，以邓小平理论和“三个代表”重要思想为指导，深入贯彻落实科学发展观，严格落实党风廉政建设责任制，坚持标本兼治、综合治理、惩防并举、注重预防方针，以完善惩治和预防腐败体系为重点，以改革创新精神抓好《建立健全惩治和预防腐败体系2008—2012年工作规划》的落实，加强对中央关于推动科学发展、实现经济平稳较快增长政策措施的监督检查，着力解决党员干部在党性党风党纪方面存在的突出问题，以党风廉政建设和反腐败斗争的新成效取信于民，为改革发展稳定提供坚强保证。在2009年的党风廉政建设和反腐败工作中，要严明党的政治纪律，确保党的路线方针政策和科学发展重大决策部署的贯彻落实；切实加强领导干部作风建设，进一步密切党群干群关系；加强党风廉政教育，认真抓好领导干部廉洁自律工作；加大查办案件工作力度，维护党纪国法的严肃性；坚决纠正损害群众利益的不正之风，着力解决群众反映强烈的突出问题；推进重点领域和关键环节改革，深化治本抓源头工作；切实加强对领导干部特别是主要领导干部的监督，确保权力正确行使；加强基层党风廉政建设，促进社会和谐稳定。会议同意2009年1月召开第十七届中央纪律检查委员会第三次全体会议。会议还研究了其他事项。

12月27日—28日　2009年中央农村工作会议在北京举行。会议强调，扩大国内需求，最大潜力在农村；实现经济平稳较快发展，基础支撑在农业；保障和改善民生，重点难点在农民。2009年农业农村工作的总体要求是，把保持农业农村经济平稳较快发展作为首要任务，围绕稳粮、增收、强基础、重民生，进一步强化惠农政策，增强科技支撑，加大投入力度，优化产业结构，推进改革创新，千方百计保证国家粮食安全和主要农产品有效供给，千方百计促进农民收入持续增长，为经济社会又好又快发展继续提供有力保障。

12月31日　纪念《告台湾同胞书》发表30周年座谈会在人民大会堂隆重举行。中共中央总书记、国家主席、中央军委主席胡锦涛出席座谈会并发表重要讲话。他强调，我们要牢牢把握两岸关系和平发展的主题，把坚持大陆和台湾同属一个中国作为推动两岸关系和平发展的政治基础，把深化交流合作、推进协商谈判作为推动两岸关系和平发展的重要途径，把促进两岸同胞团结奋斗作为推动两岸关系和平发展的强大动力，携手共进，戮力同心，努力开创两岸关系和平发展新局面。

同　日　国务院总理温家宝主持召开国务院常务会议，研究部署推进重庆市统筹城乡改革和发展，同意启动第三代移动通信牌照发放工作。会议认为，重庆是我国中西部地区唯一的直辖市，集大城市、大农村、大库区、大山区和民族地区于一体，在区域协调发展和改革开放大局中具有重要战略地位。加快重庆统筹城乡改革和发展，对于深入实施西部大开发战略，形成沿海与内陆联动开发开放新格局，保障长江流域生态环境安全，具有重要意义。会议强调，在新形势下加快重庆改革发展，必须贯彻落实科学发展观，推进统筹城乡综合配套改革，着力解决“三农”问题，发展内陆开放型经济，改善城乡人居环境，搞好环境保护和资源节约，加快社会事业发展，努力把重庆建设成为西部地区的重要增长极、长江上游地区的经济中心和城乡统筹发展的直辖市，在西部地区率先实现全面建设小康社会的目标。一要加强库区建设。落实移民扶持政策，发展特色优势产业，促进移民安稳致富，健全生态环境保护体系，把三峡库区建成长江流域的重要生态屏障。二要发展现代农业。优化农业结构和布局，改善农村生产生活条件，加快渝东南等地区扶贫开发，推进新农村建设。三要加快老工业基地改造。深化国有企业改革，大力发展非公有制经济，优化产业结构，建设国家重要的现代制造业基地，长江上游地区金融中心、现代商贸物流中心、科技创新中心和旅游基地。四要加快北部新区和保税港区建设，积极开展区域经济合作，改善内陆开放的政策环境，大力提高开放水平。五要加快水利、交通、能源等基础设施建设，形成长江上游地区综合交通枢纽。六要加快转变发展方式，大力推进节能减排，发展循环经济。七要大力发展教育、卫生、文化、体育等社会事业，提高公共服务水平。八要积极推进改革试验，建立统筹城乡发展体制。会议指出，重庆市城乡二元结构矛盾突出，老工业基地改造振兴任务繁重，统筹城乡发展任重道远。在当前应对国际金融危机的关键时期，重庆市要认真贯彻落实中央的决策部署，把保持经济平稳较快发展作为首要任务，将解决当前困难与谋求长期发展结合起来，不断增强发展活力，为重庆经济社会长期保持又好又快发展打下坚实基础。会议要求，各有关部门要通力合作，认真落实支持重庆统筹城乡改革和发展的各项政策措施。会议指出，TD-SCDMA作为第三代移动通信国际标准，是我国科技自主创新的重要标志，国家将继续支持研发、产业化和应用推广。发放第三代移动通信牌照对于拉动内需，优化电信市场竞争结构，促进TD-SCDMA产业链成熟，具有重要作用。目前，电信企业改革重组工作基本完成，已具备发放第三代移动通信TD-SCDMA和WCDMA、CDMA2000牌照的条件。会议同意工业和信息化部按照程序，启动牌照发放工作。会议还研究了其他事项。

2009年

1月4日　国家主席胡锦涛应约同美国总统布什通电话。胡锦涛和布什相互祝贺中美建交30年来两国关系发展取得的成果，并预祝中美建交30周年纪念活动取得成功。胡锦涛赞同布什对中美关系的积极评价，并表示赞赏布什为发展中美建设性合作关系作出的努力。胡锦涛强调，在新的历史时期，中美双方通过共同努力，一定能够牢牢把握两国建设性合作关系的大方向，推动中美关系健康稳定、全面深入向前发展。布什表示，在过去30年中，美中进行了良好合作，值得庆贺。他本人也非常高兴在担任美国总统期间同胡锦涛主席进行了良好合作。在谈到中东局势时，胡锦涛表示，中方对巴以冲突升级、中东局势动荡加剧深表关切，对加沙地带出现的人道主义危机深感担忧。我们希望有关各方立即停止军事行动和武装冲突，推动局势走向缓和，为通过政治手段解决争端创造条件。

1月7日　国务院总理温家宝主持召开国务院常务会议，部署做好高校毕业生就业工作。会议指出，高校毕业生是我国宝贵的人力资源。面对当前国际金融危机蔓延、我国就业形势十分严峻的情况，必须把高校毕业生就业摆在就业工作的首位。会议研究确定了加强高校毕业就业工作的七项措施。（一）鼓励和引导毕业生到城乡基层就业。要大力开发基层管理和服务岗位，对到农村基层和城市社区工作的毕业生，给予薪酬或生活补贴，并按规定参加社会保险；对到中西部和艰苦边远地区县以下农村基层就业，并履行一定服务期限的毕业生，实施相应学费和助学贷款代偿；对应征入伍服义务兵役的高校毕业生实行学费补偿和助学贷款代偿。扩大中央有关部门实施的面向基层就业项目规模。（二）鼓励毕业生到中小企业和非公有制企业就业。对企业招用非本地户籍普通高校专科以上毕业生，直辖市以外的各地城市要取消落户限制。企业吸纳登记失业高校毕业生，可享受相关就业扶持政策。（三）鼓励骨干企业和科研项目吸纳和稳定高校毕业生就业。鼓励国有大中型企业特别是创新型企业更多吸纳高校毕业生，支持困难企业保留大学生技术骨干。承担国家和地方重大科研项目的单位要积极聘用优秀毕业生，高校的科研专项可吸收毕业生参与研究，其劳务性费用和有关社会保险费从项目经费中列支。（四）鼓励和支持毕业生自主创业。高校要积极开展创业教育和实践活动，建设完善一批大学生创业园和创业孵化基地，为高校毕业生创业提供“一条龙”服务。对高校毕业生从事个体经营符合条件的，免收行政事业性收费，落实税收优惠、小额担保贷款及贴息等扶持政策。（五）强化毕业生就业服务。高校及教育、人力资源社会保障部门要采取多种方式为毕业生提供免费就业信息和各类就业服务。（六）提升毕业生就业能力。所有高校都要确保毕业生在离校前都能参加学习实践活动。完善离校未就业毕业生见习制度，从2009年起，用3年时间组织100万未就业高校毕业生开展见习。在高等职业院校实施毕业证书和职业资格证书“双证书”制度。（七）建立和完善困难毕业生援助制度。积极为离校后未就业回原籍的高校毕业生提供就业服务，将登记失业的高校毕业生纳入当地失业人员扶持政策体系，对就业困难和困难家庭毕业生给予重点帮扶。会议要求，各地区、各有关部门要加强对高校毕业生就业工作的组织领导，强化协调配合，共同推动工作。要做好宣传教育工作，引导大学生树立正确就业观和成才观。要深化高等教育改革，调整人才培养结构，改进教学方法和课程设置，切实解决学科专业结构设置与就业市场需求脱节的问题，着力提高学生的创新意识和实践能力，提高毕业生就业能力，使高等教育进一步适应国民经济和社会发展需要。会议还研究了其他事项。

1月12日—14日　中国共产党第十七届中央纪律检查委员会第三次全体会议在北京举行。会议总结了党的十七大以来党风廉政建设和反腐败工作，研究部署了2009年的任务。全会审议通过了中央纪委书记贺国强代表中央纪委常委会所作的《深入贯彻落实科学发展观，以完善惩治和预防腐败体系为重点，扎实推进党风廉政建设和反腐败斗争》的工作报告。中国共产党中央委员会总书记胡锦涛出席全会第二次大会并发表了重要讲话。全会认为，党的十七大以来，在党中央、国务院坚强有力的领导下，各级党委、政府和纪检监察机关深入学习贯彻党的十七大精神，以改革创新精神全面推进党风廉政建设和反腐败斗争，取得了新的成绩，反腐倡廉建设方向更加明确、思路更加清晰。全会提出，2009年坚持标本兼治、综合治理、惩防并举、注重预防的方针，以完善惩治和预防腐败体系为重点加强反腐倡廉建设，以改革创新精神抓好《建立健全惩治和预防腐败体系2008—2012年工作规划》的落实，严格执行党风廉政建设责任制，加强对中央关于推动科学发展、保持经济平稳较快发展政策措施执行情况的监督检查，着力解决党员干部在党性党风党纪方面存在的突出问题，以党风廉政建设和反腐败斗争的新成效取信于民，为改革发展稳定提供坚强保证。第一，严明党的政治纪律，推动科学发展重大决策部署的贯彻落实。坚决纠正有令不行、有禁不止的现象，确保中央政令畅通。第二，切实加强领导干部作风建设，进一步密切党群干群关系。积极推行党政领导干部问责制，严肃追究给国家利益、公共利益和公民合法权益造成严重损害的行为。第三，加强党风廉政教育，认真抓好领导干部廉洁自律工作。严禁领导干部违反规定收送现金、有价证券、支付凭证和收受干股等行为；落实领导干部配偶和子女从业、投资入股、到国（境）外定居等规定和有关事项报告登记制度；治理违规建房、超标准建房等问题；严禁领导干部利用和操纵招商引资项目、资产重组项目，为本人或特定关系人谋取私利；严禁领导干部相互请托，违反规定为对方的特定关系人谋取不正当利益。第四，加大查办案件工作力度，维护党纪国法的严肃性。以查办发生在领导机关和领导干部中的案件为重点，严肃查办官商勾结、权钱交易和利用人事权、司法权、行政执法权、行政审批权索贿受贿、徇私舞弊的案件。严肃查办工程建设、土地管理、矿产资源开发、环境保护、金融和国有企业等领域的案件。

第五，坚决纠正损害群众利益的不正之风，着力解决群众反映强烈的突出问题。第六，推进重点领域和关键环节改革，深化治本抓源头工作。加大改革和制度创新力度，把规范权力运行、健全市场机制、强化监管惩处结合起来，力争在治理重点领域的突出问题方面取得新突破。第七，切实加强对领导干部特别是主要领导干部的监督，确保权力正确行使。积极探索监督关口前移的方式和途径。充分发挥行政监察职能作用，加强执法监察、廉政监察、效能监察。第八，加强基层党风廉政建设，促进社会和谐稳定。认真贯彻落实关于加强农村党风廉政建设的意见。加强国有企业（含金融机构）党风建设和反腐倡廉工作。推进高等学校和城市社区党风廉政建设。全会要求，各级纪检监察机关要讲政治、顾大局、抓落实、作表率。

1月13日　中共中央总书记胡锦涛在中国共产党第十七届中央纪律检查委员会第三次全体会议上发表重要讲话。他强调，必须坚持不懈地加强领导干部党性修养，使各级领导干部始终保持共产党人的政治本色，发扬党的光荣传统和优良作风，树立和坚持正确的事业观、工作观、政绩观，以优良作风带领广大党员、群众迎难而上、锐意改革、共克时艰。中共中央政治局常委吴邦国、温家宝、贾庆林、李长春、习近平、李克强、周永康出席会议，中共中央政治局常委、中央纪律检查委员会书记贺国强主持会议。胡锦涛在讲话中强调，党的十七大以来，各级党委、政府和纪检监察机关围绕中心、服务大局，坚决维护党的纪律，保证中央大政方针贯彻落实，深入推进惩治和预防腐败体系建设，保持惩治腐败强劲势头，坚决纠正损害群众利益的突出问题，坚持深化改革和创新制度，党风廉政建设和反腐败斗争呈现良好发展态势。要充分认识反腐败斗争的长期性、复杂性、艰巨性，毫不动摇地加强党风廉政建设和反腐败斗争，坚持标本兼治、综合治理、惩防并举、注重预防的方针，以党风廉政建设和反腐败斗争的新成效取信于民，为改革发展稳定提供坚强保证。胡锦涛指出，当前，要重点抓好以下几方面工作。第一，认真履行监督检查职责，推动科学发展重大决策部署的贯彻落实。要开展对中央扩大内需、促进经济增长政策措施执行情况的检查，保证中央政策措施落实到位。第二，加强对领导干部的教育和监督，保证权力正确行使。要增强领导干部廉洁自律意识，抓好领导干部廉洁自律各项规定的贯彻落实。要加强党内监督，增强党内监督实效。第三，加大查办案件工作力度，着力解决重点领域的腐败问题。要严肃查处领导机关和领导干部中滥用职权、贪污贿赂、腐化堕落、失职渎职的案件，决不让腐败分子逃脱党纪国法的惩处。要加大预防腐败力度，切实提高监管水平。第四，切实解决群众反映强烈的突出问题，坚决维护群众切身利益。要重点解决群众反映强烈的问题，既要深入开展纠风专项治理，又要形成防治不正之风的长效机制。

1月14日　国务院总理温家宝主持召开国务院常务会议，审议并原则通过汽车产业和钢铁产业调整振兴规划。会议认为，汽车、钢铁产业是国民经济重要支柱产业，涉及面广、关联度高、消费拉动大。制定实施汽车和钢铁产业调整振兴规划，对于推进汽车、钢铁产业结构优化升级，增强企业素质和国际竞争力，促进相关产业和国民经济平稳较快发展，都具有重要意义。会议强调，加快汽车产业调整和振兴，必须实施积极的消费政策，稳定和扩大汽车消费需求，以结构调整为主线，推进企业联合重组，以新能源汽车为突破口，加强自主创新，形成新的竞争优势。一要培育汽车消费市场。从2009年1月20日—12月31日，对1.6升及以下排量乘用车减按5%征收车辆购置税。从2009年3月1日—12月31日，国家安排50亿元，对农民报废三轮汽车和低速货车换购轻型载货车以及购买1.3升以下排量的微型客车，给予一次性财政补贴。增加老旧汽车报废更新补贴资金，并清理取消限购汽车的不合理规定。二要推进汽车产业重组。支持大型汽车企业集团进行兼并重组，支持汽车零部件骨干企业通过兼并重组扩大规模。三要支持企业自主创新和技术改造。今后3年中央安排100亿元专项资金，重点支持企业技术创新、技术改造和新能源汽车及零部件发展。四要实施新能源汽车战略。推动电动汽车及其关键零部件产业化。中央财政安排补贴资金，支持节能和新能源汽车在大中城市示范推广。五要支持汽车生产企业发展自主品牌，加快汽车及零部件出口基地建设，发展现代汽车服务业，完善汽车消费信贷。会议指出，加快钢铁产业调整和振兴，必须以控制总量、淘汰落后、联合重组、技术改造、优化布局为重点，推动钢铁产业由大变强。一要统筹国内外两个市场。落实扩大内需措施，拉动国内钢材消费。实施适度灵活的出口税收政策，稳定国际市场份额。二要严格控制钢铁总量，淘汰落实产能，不得再上单纯扩大产能的钢铁项目。三要发挥大集团的带动作用，推进企业联合重组，培育具有国际竞争力的大型和特大型钢铁集团，优化产业布局，提高集中度。四要加大技术改造、研发和引进力度，在中央预算内基建投资中列支专项资金，推动钢铁产业技术进步，调整品种结构，提升钢材质量。五要整顿铁矿石进口市场秩序，规范钢材销售制度，建立产销风险共担机制。会议审议并原则通过了《国务院关于修改〈特种设备安全监察条例〉的决定（草案）》，决定该草案经进一步修改后，由国务院公布施行。会议还研究了其他事项。

1月15日　中共中央总书记胡锦涛在中国共产党第十七届中央纪律检查委员会第二次全体会议上发表重要讲话。他强调，准确把握党风廉政建设和反腐败斗争面临的形势和任务，充分认识反腐败斗争的长期性、复杂性、艰巨性，坚持反腐倡廉常抓不懈，坚持拒腐防变警钟长鸣，把反腐倡廉建设贯穿于社会主义经济建设、政治建设、文化建设、社会建设各个领域，体现在党的思想建设、组织建设、作风建设、制度建设各个方面，不断把党风廉政建设和反腐败斗争引向深入。

1月19日　国务院总理温家宝在北京主持召开国务院第二次全体会议，讨论即将提请十一届全国人大二次会议审议的《政府工作报告（征求意见稿）》。会议决定，将此稿发往各省、自治区、直辖市和中央有关部门、单位征求意见。温家宝在会上发表讲话。他说，2009年在应对国际金融危机的特殊情况下，政府工作报告备受国内外关注，人民群众寄予厚望。一定要对党和国家事业、对人民群众高度负责的精神，认真写好这个《报告》。要把《报告》稿征求意见和修改的过程，作为统一认识、增强信心的过程，作为应对危机、克服困难的过程，作为集思广益、科学决策的过程，作为完善措施、狠抓落实的过程。温家宝指出，过去的一年，是极不寻常、极不平凡的一年。我们全面夺取抗击两场突如其来特大自然灾害的重大胜利，积极应对历史罕见国际金融危机的严重冲击，克服国际市场初级产品价格剧烈波动的不利影响，保持了国民经济平稳较快发展和物价基本稳定。我们正确把握宏观调控的方向、重点、力度和节奏，根据经济形势的变化，适时对宏观经济政策做出重大调整。特别是下半年，针对国际金融危机对我国经济的不利影响，我们果断提出灵活审慎的宏观经济政策，将宏观调控的重点转向保持经济平稳较快增长，明确提出实施积极的财政政策和适度宽松的货币政策，迅速推出扩大内需、促进经济平稳较快增长的十项措施。实践证明，中央采取的一系列宏观调控政策是及时的、正确的、有效的，使我们在应对国际金融危机中赢得了时间，争取了主动，稳定了局势。温家宝指出，2009年是我国进入新世纪以来经济发展最困难的一年。做好一季度经济工作，将为完成全年国民经济和社会发展各项任务赢得主动，奠定基础，也可起到振奋精神、坚定信心、鼓舞士气的作用。要全力做好一季度经济工作，尽快扭转经济增速下滑趋势，千方百计实现2009年经济工作的良好开局。（一）抓紧落实近期出台的扩大内需、促进经济增长的一揽子计划，加快制定和实施重点产业调整振兴规划。做到尽早完善政策规划和科技支撑规划，尽早核准项目计划，尽早安排财政资金，尽早下达银行贷款，尽早落实各项措施。（二）抓好冬春农业生产。要抓紧落实各项强农惠农政策，特别是粮食直补、良种补贴、农资综合补贴和农机具购置补贴政策要及早兑现到户。搞好越冬农作物管理，大力加强冬春农田水利和高标准农田建设，提前做好春耕备耕工作。（三）促进工业平稳较快发展。要引导企业调整产品结构，加强内部管理，降低经营成本，积极开拓市场，稳定就业岗位。亏损企业要尽快实现扭亏增盈。落实调整振兴产业各项规划。大力扶持中小企业发展。（四）搞好春节商品供应和服务，扩大城乡居民消费。认真落实“家电下乡”、“汽车下乡”、农机补贴等政策。（五）努力保持对外贸易稳定增长。要继续实施以质取胜和市场多元化战略，积极开拓新兴市场，努力提高出口产品质量。落实国务院保持外贸稳定增长的政策措施。(六) 维护金融稳定和金融安全。要妥善应对国际金融危机的变化，既要严密防范外来冲击，也要加强防范和化解内部风险，始终保持我国银行业稳健运行。温家宝指出，我们的政府是人民的政府，必须始终坚持以人为本的执政理念。越是困难的时候，越要重视民意、体察民情、关注民生，维护社会和谐稳定。各地区、各部门要坚决落实中央关于保障和改善民生的一系列部署，着力解决关系人民群众切身利益的热点难点问题。一是高度重视做好就业工作。2009年就业形势十分严峻，各地区、各部门要逐项落实国务院加强高校毕业生就业工作的7项措施和做好当前农民工工作的6项措施。二是关心困难群众生产生活。各级领导同志要经常深入灾区、贫困地区和困难企业，认真解决群众面临的各种实际问题，确保他们吃饱穿暖、安全过冬。认真落实中央确定的对灾区扶持政策，积极做好对口支援工作。三是抓好安全生产和社会稳定。全面开展安全生产隐患排查治理，加强公共聚集地的安全防范，抓好重点行业和重点企业的安全管理。强化社会治安综合治理，积极化解各类社会矛盾。各地方要精心组织丰富多彩、健康向上的群众文化活动，深入开展科技、文化、卫生“三下乡”活动，确保全国人民过一个欢乐、祥和、平安的春节。温家宝最后说，2009年政府工作艰巨而又繁重。我们要在以胡锦涛同志为总书记的党中央领导下，紧紧依靠全国人民，抓住机遇，迎接挑战，克服困难，以经济社会又好又快发展的新成绩迎接新中国成立60周年！国务院全体会议组成人员出席了会议，有关部门、单位负责人列席了会议。

1月21日　国务院总理温家宝主持召开国务院常务会议，审议并原则通过《关于深化医药卫生体制改革的意见》和《2009—2011年深化医药卫生体制改革实施方案》。会议指出，根据国务院部署，2008年9月《关于深化医药卫生体制改革的意见》再次向社会公开征求意见，引起各方面积极反响。有关部门认真吸纳各方面的建议，对《意见》作了修改完善，重点围绕群众关心的问题，明确了今后3年的阶段性工作目标：到2011年，基本医疗保障制度全面覆盖城乡居民，基本医疗卫生可及性和服务水平明显提高，居民就医费用负担明显减轻，“看病难、看病贵”问题明显缓解。会议决定，从2009年到2011年，重点抓好基本医疗保障制度等五项改革。一是加快推进基本医疗保障制度建设。3年内使城镇职工和居民基本医疗保险及新型农村合作医疗参保率提高到90%以上。2010年，对城镇居民医保和新农合的补助标准提高到每人每年120元，并适当提高个人缴费标准，提高报销比例和支付限额。二是初步建立国家基本药物制度。建立科学合理的基本药物目录遴选调整管理机制和供应保障体系。将基本药物全部纳入医保药品报销目录。三是健全基层医疗卫生服务体系。重点加强县级医院（含中医院）、乡镇卫生院、边远地区村卫生室和困难地区城市社区卫生服务中心建设。四是促进基本公共卫生服务逐步均等化。制定并实施国家基本公共卫生服务项目，从2009年开始，逐步在全国建立统一的居民健康档案。增加公共卫生服务项目，提高经费标准。充分发挥中医药作用。五是推进公立医院改革。2009年开始试点，2011年逐步推开。改革公立医院管理体制和运行、监管机制，提高公立医疗机构服务水平。推进公立医院补偿机制改革。加快形成多元化办医格局。初步测算，为保障上述五项改革，3年内各级政府预计投入8 500亿元。会议指出，推进五项改革，旨在落实医疗卫生事业的公益性质，把基本医疗卫生制度作为公共产品向全民提供，努力实现人人享有基本医疗卫生服务，并为全面实现《意见》确定的目标创造条件，奠定基础。会议强调，医药卫生体制改革涉及面广，情况复杂，政策性强，一些重大改革要先行试点，稳步推进，在实践中积累经验。会议指出，为加强对旅行社的管理，保障旅游者和旅行社合法权益，维护旅游市场秩序，促进旅游业健康发展，有必要对现行《旅行社管理条例》进行全面修订。《旅行社条例（草案）》统一了国内旅游和入境旅游业务的准入条件和程序，严格了经营出境旅游业务的条件，完善了质量保证金制度，放宽了外商投资旅行社的限制，并对旅行社的经营行为作了进一步规范。会议决定，该草案经进一步修改后，由国务院公布施行。会议批准了2008年享受政府特殊津贴人员名单。

1月23日　中共中央政治局召开会议，听取中央政治局常委参加深入学习实践科学发展观活动专题民主生活会情况的通报。中共中央总书记胡锦涛主持会议。会议认为，在全党开展深入学习实践科学发展观活动，是用中国特色社会主义理论体系武装全党的重大举措，是深入推进改革开放、推动经济社会又好又快发展、促进社会和谐稳定的迫切需要，是提高党的执政能力、保持和发展党的先进性的必然要求。在民主生活会上，常委同志紧紧围绕贯彻落实科学发展观，认真回顾中央政治局常委会工作和自身建设情况，既肯定成绩、总结经验，又正视问题、查找不足，进一步明确了今后的工作思路和努力方向。会议指出，党的十六届一中全会以后，中央政治局常委会围绕全面建设小康社会，继续推进中国特色社会主义事业。在工作中，中央政治局常委会继承和发展党的三代中央领导集体关于发展的重要思想，集中全党智慧，总结我国发展实践，借鉴国外发展经验，适应新世纪新阶段我国发展呈现的一系列新的阶段性特征和新的发展要求，提出了以人为本、全面协调可持续发展的科学发展观。中央政治局常委会以邓小平理论和"三个代表"重要思想为指导，深入贯彻落实科学发展观，紧紧抓住重要战略机遇期，全面推进社会主义经济建设、政治建设、文化建设、社会建设以及生态文明建设和党的建设，团结带领全党全国各族人民经受住各种困难和风险的考验，夺取了改革开放和社会主义现代化建设的新胜利。我们始终把保持经济平稳较快发展、防止出现大的起落作为促进科学发展的首要目标，不断发现和解决经济运行中的突出矛盾，增强宏观调控的预见性、针对性、有效性，着力转变发展方式、调整经济结构，努力保障和改善民生。会议强调，在看到成绩的同时，必须清醒地看到，我国经济社会发展还面临着一些突出矛盾和问题。从当前看，主要是受国际金融危机快速蔓延和世界经济增长明显减速的影响，我国经济下行压力加大，企业经营困难，就业问题突出。从长期看，发展方式粗放和结构性矛盾仍然突出，产业结构不合理，自主创新能力不强，保持农业稳定发展、农民持续增收难度加大，经济增长的资源环境代价过大，安全生产和食品药品质量安全形势严峻，关系群众切身利益的问题需要加大解决力度。这些矛盾和问题，必须引起高度重视，并努力加以解决。会议指出，贯彻落实科学发展观，关键是要把科学发展观转化为自觉行动，转化为推动科学发展的坚强意志、谋划科学发展的正确思路、领导科学发展的实际能力、促进科学发展的政策措施，落实到实际工作中去，在推动经济社会又好又快发展上不断见到实实在在的成效，不断让广大人民群众得到实实在在的利益。会议强调，当前，贯彻落实科学发展观，最重要的就是要进一步抓好保持经济平稳较快发展的首要任务，着力在保增长上下功夫，切实做好应对国际金融危机冲击工作。要坚定信心、迎难而上、狠抓落实，把中央关于扩大内需、促进经济增长的一系列政策措施落到实处，把压力转化为动力、变挑战为机遇，切实把保增长、保民生、保稳定各项任务落到实处。会议指出，办好中国的事情，关键在党，关键在各级领导班子和领导干部。要按照党的十七大对党的建设作出的总体部署，以改革创新精神全面推进党的建设新的伟大工程，坚持党要管党、从严治党，不断提高党的执政能力、保持和发展党的先进性，把党的政治优势和组织优势转化为推动经济社会又好又快发展的强大力量。要切实抓好深入学习实践科学发展观活动，增强广大党员、干部贯彻落实科学发展观的自觉性和坚定性，突出实践特色，注重把学习实践活动同应对国际金融危机冲击、克服经济发展困难更加紧密地结合起来，着力提高各级领导班子和领导干部推动科学发展、促进社会和谐的能力，真正达到党员干部受教育、科学发展上水平、人民群众得实惠的目标，努力把各级党组织建设成为贯彻落实科学发展观的坚强堡垒、把干部队伍建设成为贯彻落实科学发展观的骨干力量。会议还研究了其他事项。

同　日　中共中央政治局进行第十一次集体学习。中国农业大学何秀荣教授、国务院发展研究中心韩俊研究员就这个问题进行讲解，并谈了他们对推进农村改革发展的意见和建议。中共中央政治局各位同志认真听取了他们的讲解，并就有关问题进行了讨论。胡锦涛在主持学习时发表了讲话。他指出，走中国特色农业现代化道路，是顺应世界农业发展普遍规律、立足我国国情的必然选择，是统筹城乡发展、协调推进工业化和城镇化的必然要求，是建设社会主义新农村、促进农业可持续发展的必由之路。各级党委和政府要按照党的十七届三中全会确立的新形势下推进农村改革发展的总体思路，把建设社会主义新农村作为战略任务，把走中国特色农业现代化道路作为基本方向，把加快形成城乡经济社会发展一体化新格局作为根本要求，坚持工业反哺农业、城市支持农村和多予少取放活方针，推动农村经济社会又好又快发展。胡锦涛强调，在当前形势下，保持农业农村经济持续稳定发展，对于党和国家工作全局具有更为重大的意义。保增长的基础支撑在农业，扩内需的最大潜力在农村，保民生的重点难点在农民。尤其要抓好以下三项工作。一是要大力保障国家粮食安全和主要农产品供给。落实最严格的耕地保护制度和最严格的节约用地制度，稳定粮食种植面积，继续提高单产，保护和提高粮食生产能力。较大幅度增加对农业的补贴，继续提高粮食最低收购价格，加快落实国家扶持油料、生猪、奶业生产的各项政策措施。严格农产品质量安全全程监控，确保食品质量安全。二是要大力加强农村基础设施建设和社会事业发展，改善农民生活。抓住国家实施积极财政政策的时机，大幅度增加对农村基础设施建设和社会事业发展的投入，大力推进农村文化惠民工程，巩固农村义务教育普及成果，巩固和发展新型农村合作医疗，加强县乡村医疗卫生公共服务体系建设。农村最低生活保障要做到应保尽保，并逐步提高低保标准和补助水平。对农村尚未解决温饱的贫困人口、低收入人口全面实施扶贫政策，帮助他们尽快稳定解决温饱并实现脱贫致富。三是要大力促进农民增收，开拓农村市场。积极谋划促进农民增收的新思路，最大限度拓展农村内部增收空间。加快完善农村消费品流通网络，改善农村消费环境，大力推进家用电器和汽车、摩托车下乡工作。发展先进适用、安全可靠、节能环保的各类农业机械，加强农机技术培训和售后服务。严厉查处坑农害农行为，严禁假冒伪劣商品流向农村市场。胡锦涛强调，要采取有力措施，统筹城乡劳动就业，努力扩大农民就业空间。引导企业履行社会责任，支持企业多留用农民工。配合中央扩大内需项目的实施，尽量多安排农民工参与城乡基础设施建设和新农村建设项目。大规模开展针对性、实用性强的农民工技能培训，增强农民创业就业技能。落实农民工返乡创业扶持政策，支持农民工返乡创业。胡锦涛指出，各级党委和政府要按照中央统一部署，立足当前、着眼长远，统筹兼顾、综合规划，认真抓好党在农村各项政策的落实。要结合深入学习实践科学发展观活动，全面分析农业农村经济发展的阶段性特征和面临的新形势新问题，充分估计农业农村经济发展面临的严峻挑战和复杂局面，深入实际，把握动态，摸清实情，找准对策，切实解决影响农业农村经济发展的突出矛盾和问题，积极主动做好农村改革发展稳定各项工作。

1月30日　国家主席胡锦涛应约同美国总统奥巴马通电话。胡锦涛首先对奥巴马就任美国总统表示祝贺，向他致以新春佳节的问候和良好的祝愿，并对近日美国中部部分地区遭受冰雪灾害表示慰问。胡锦涛强调，在新的历史时期，中方愿同美方一道，牢牢把握两国关系发展的大方向，加强对话，增进互信，扩大合作，尊重和照顾彼此核心利益，共同应对各种全球性挑战，推动中美关系持续稳定发展。奥巴马表示，美国政府愿同中方共同努力，发展更加积极、更富有建设性的中美关系。对中美两国而言，没有比两国关系更为重要的双边关系。双方有着许多共同利益。中美两国加强建设性对话和合作不仅有利于两国，而且有利于世界。美方期待着在重大国际和地区问题上同中方加强合作。胡锦涛对奥巴马表示重视并致力于发展更加积极、更富有建设性的中美关系予以赞赏。胡锦涛表示，当前，国际金融危机仍在扩散和蔓延，给世界各国经济发展和人民生活带来严重影响。国际社会应该进一步加强协调、密切合作，共同应对这一全球性挑战。胡锦涛指出，我们积极评价美方为稳定金融、刺激经济所做的努力，愿同美方进一步加强宏观经济政策的沟通和协调，坚决反对贸易和投资保护主义，共同推动伦敦20国集团金融峰会取得积极成果，促进世界经济金融健康稳定发展。奥巴马表示，作为世界上两个最重要的经济体，中美两国加强合作至关重要。美方期待着同中方在双边和多边场合进行合作，努力稳定世界经济，应对国际金融危机，反对贸易保护主义。胡锦涛邀请奥巴马在双方方便的时候尽早访华，奥巴马表示期待着早日访问中国，也期待着胡锦涛访问美国。双方同意2009年4月在伦敦20国集团金融峰会期间会见。双方还就朝鲜半岛核问题、伊朗核问题及应对气候变化问题等交换了意见。

2月4日　国务院总理温家宝主持召开国务院常务会议，审议并原则通过纺织工业和装备制造业调整振兴规划。会议认为，纺织工业是我国国民经济传统支柱产业和重要的民生产业，也是国际竞争优势明显的产业，在繁荣市场、扩大出口、吸纳就业、增加农民收入、促进城镇化发展等方面发挥着重要作用。加快振兴纺织工业，必须以自主创新、技术改造、淘汰落后、优化布局为重点，推进结构调整和产业升级，巩固和加强对就业和惠农的支撑地位，推进我国纺织工业由大到强的转变。一要统筹国际国内两个市场。积极扩大国内消费，开发新产品，开拓农村市场，促进产业用纺织品的应用。拓展多元化出口市场，稳定国际市场份额。二要加强技术改造和自主品牌建设。在新增中央投资中设立专项，重点支持纺纱织造、印染、化纤等行业技术进步，推进高新技术纤维产业化，提高纺织装备自主化水平，培育具有国际影响力的自主知名品牌。三要加快淘汰落后产能。制定和完善准入条件，淘汰能耗高、污染重等落后生产工艺和设备。对优势骨干企业兼并重组困难企业给予优惠支持。四要优化区域布局。东部沿海地区要重点发展技术含量高、附加值高、资源消耗低的纺织产品。推动和引导纺织服装加工企业向中西部转移，建设新疆优质棉纱、棉布和棉纺织品生产基地。五要加大财税金融支持。将纺织品服装出口退税率由14%提高至15%，对基本面较好但暂时出现经营和财务困难的企业给予信贷支持。加大中小纺织企业扶持力度，鼓励担保机构提供信用担保和融资服务，减轻纺织企业负担。中央、地方和企业都要加大棉花和厂丝收购力度。会议指出，装备制造业是为国民经济各行业提供技术装备的战略性产业，关联度高、吸纳就业能力强、技术资金密集，是产业升级、技术进步的重要保障和国家综合实力的集中体现。加快振兴装备制造业，必须依托国家重点建设工程，大规模开展重大技术装备自主化工作；通过加大技术改造投入，增强企业自主创新能力，大幅度提高基础配套件和基础工艺水平；加快企业兼并重组和产品更新换代，促进产业结构优化升级，全面提升产业竞争力。一要依托高效清洁发电、特高压输变电、煤矿与金属矿采掘、天然气管道输送和液化储运、高速铁路、城市轨道交通等领域的重点工程，有针对性地实现重点产品国内制造。二要结合钢铁、汽车、纺织等大产业的重点项目，推进装备自主化。三要提升大型铸锻件、基础部件、加工辅具、特种原材料等配套产品的技术水平，夯实产业发展基础。四要推进结构调整，转变产业增长方式。支持装备制造骨干企业进行联合重组，发展具有工程总承包、系统集成、国际贸易和融资能力的大型企业集团。加快完善产品标准体系，发展现代制造服务业。会议要求，充分利用增值税转型政策，推动企业技术进步；在新增中央投资中安排产业振兴和技术改造专项；建立使用国产首台（套）装备风险补偿机制；增加出口信贷额度，支持装备产品出口；鼓励开展引进消化吸收再创新，对部分确有必要进口的关键部件及原材料，免征关税和进口环节增值税；加强企业管理和职工培训，改进生产组织方式，提高生产效率和产品质量；推进以企业为主体的产学研结合，鼓励科研院所走进企业，支持企业培养壮大研发队伍。

2月5日—9日　中共中央政治局常委、全国人大常委会委员长吴邦国在浙江调研。吴邦国先后来到宁波、嘉兴、金华和杭州等地，就贯彻落实中央经济工作会议精神进行专题调研。吴邦国在调研时强调，要坚持以科学发展观为指导，认真贯彻落实中央经济工作会议精神，在结合实际狠抓落实上下功夫，把解决当前困难与长远发展结合起来，在保持经济平稳较快发展的同时，大力推进经济发展方式转变、结构调整和产业升级，着力保障和改善民生，促进社会和谐稳定。

2月6日—13日　国务院总理温家宝在中南海主持召开5次座谈会，征求对即将提请十一届全国人大二次会议审议的《政府工作报

告》（征求意见稿）的意见。各民主党派中央、全国工商联负责人和无党派人士，经济、社会领域专家学者，科技、教育、卫生、文化、体育界代表，企业界代表和工人、农民等基层群众代表，分别出席了座谈会。在座谈会上，大家一致认为，2008年是我国发展进程中极不寻常、极不平凡的一年。在党中央、国务院领导下，全国各族人民迎难而上，奋力拼搏，全面夺取抗击特大自然灾害的重大胜利，成功举办北京奥运会，积极应对历史罕见国际金融危机的严重冲击，全力保持国民经济平稳较快增长，切实加强以改善民生为重点的社会建设，努力提高城乡居民生活水平，改革开放和现代化事业取得了振奋人心的重大成就。《报告》稿估价过去一年取得的成绩和进步实实在在、恰如其分，分析存在的困难和问题清醒深刻、抓住要害；部署2009年政府工作思路清晰，措施有力，贯穿了应对国际金融危机冲击、保持经济平稳较快发展的主线，重点解决关系经济社会发展全局的重大问题，以及人民群众关心的热点难点问题。大家一致赞同《报告》稿的框架结构和主要内容，并就《报告》的具体修改和做好政府工作，提出了意见和建议。

2月6日　胡锦涛任免驻外大使。中华人民共和国主席胡锦涛根据全国人民代表大会常务委员会的决定，任免下列驻外大使：一、免去张九桓的中华人民共和国驻泰王国特命全权大使职务；任命管木为中华人民共和国驻泰王国特命全权大使。二、免去邱小琪的中华人民共和国驻西班牙王国特命全权大使兼驻安道尔公国特命全权大使职务；任命朱邦造为中华人民共和国驻西班牙王国特命全权大使兼驻安道尔公国特命全权大使。三、免去叶大波的中华人民共和国驻斯里兰卡民主社会主义共和国特命全权大使兼驻马尔代夫共和国特命全权大使职务；任命杨秀萍（女）为中华人民共和国驻斯里兰卡民主社会主义共和国特命全权大使兼驻马尔代夫共和国特命全权大使。四、免去管木的中华人民共和国驻缅甸联邦特命全权大使职务；任命叶大波为中华人民共和国驻缅甸联邦特命全权大使。

2月10日—17日　国家主席胡锦涛于对沙特阿拉伯、马里、塞内加尔、坦桑尼亚、毛里求斯进行国事访问。在胡锦涛主席结束访问回国途中，陪同出访的外交部长杨洁篪向随行记者介绍了访问成果。杨洁篪说，这次访问巩固和深化了中国同亚非国家的友好合作关系，加深了中国人民同发展中国家人民的友谊，取得了丰硕成果，主要体现在以下四个方面：一、就共同应对国际金融危机挑战达成新共识。胡锦涛主席此次访问亚非5国，全面阐述了中方提出的应对国际金融危机的看法和主张，强调国际社会要关注和尽量减少危机对发展中国家特别是最不发达国家造成的损害，中方愿与包括广大发展中国家在内的国际社会加强合作，协调行动。胡锦涛表示，支持增加广大发展中国家在国际金融体系改革问题上的代表权和发言权，呼吁国际社会切实帮助发展中国家特别是非洲国家克服困难。针对中国是否会减少对非援助的担心，胡锦涛主席郑重承诺，尽管中国自身也面临困难，但是中方将认真落实中非合作论坛北京峰会确定的各项援非举措，在力所能及的范围内继续增加对非援助、减免非洲国家债务，扩大对非贸易和投资、加强中非务实合作。胡锦涛主席强调，越是在困难的时候，中非越要相互支持、通力合作、共克时艰。往访国领导人对胡锦涛主席的上述主张表示高度赞赏和热烈欢迎，认为这将有利于加强发展中国家的协调与合作，增强共同应对国际金融危机的信心。二、推动中国同亚非国家关系迈上新台阶。访问期间，胡锦涛主席同各国领导人就进一步推动双方友好合作，认真落实中非合作论坛北京峰会援非举措，深化中非新型战略伙伴关系等重大问题进行了深入讨论，达成了广泛共识。访问沙特期间，胡锦涛主席同阿卜杜拉国王举行了会谈，会见了海湾合作委员会秘书长阿提亚，就进一步巩固和加强中沙战略性友好关系，全面推进各领域务实合作，深化中国与海合会集体合作提出指导原则和举措。访问马里期间，胡锦涛主席同杜尔总统举行了会谈，并会见特拉奥雷议长，双方就进一步发展传统友好关系、落实中非合作论坛北京峰会成果等问题达成了广泛共识。访问塞内加尔期间，胡锦涛主席与瓦德总统进行了会谈，并会见了两院议长，双方对两国复交以来双边关系的快速发展表示满意，此访为进一步增进两国人民的了解和友谊，推动两国关系深入发展指明了方向。访问坦桑尼亚期间，胡锦涛主席与基奎特总统举行了会谈，并会见桑给巴尔总统卡鲁姆，双方积极评价两国全天候友好关系，并表示将进一步巩固中坦传统友谊、深化各领域合作，将两国友好合作关系推向新的水平。访问毛里求斯期间，胡锦涛主席同拉姆古兰总理举行了会谈，并会见了贾格纳特总统和战斗党领袖贝朗热，双方共同回顾了中毛传统友谊，表示将携手努力，拓展合作领域，丰富合作内容，推动两国友好合作关系进一步发展。胡锦涛主席还同往访5国领导人就中东、非洲形势及国际和地区问题深入交换了意见。胡锦涛表示，作为发展中国家，中方愿与往访5国在国际上加强合作与配合，共同维护广大发展中国家权益，携手促进南南合作和南北对话。胡锦涛主席此次5国之行包括4个非洲国家。胡锦涛主席在坦桑尼亚的演讲中着重阐述了新形势下发展中非关系的6条主张，强调无论过去、现在、将来，中国人民都珍视同非洲的传统友谊，始终视非洲人民为完全可信赖和可依靠的全天候朋友，愿同非洲人民永做好兄弟、好伙伴。中方愿同非方一道努力，扎实推进中非新型战略伙伴关系。胡锦涛主席提出的重要主张得到非洲各国的高度重视和积极评价。非洲4国领导人表示，非中关系堪称友好合作的典范，非洲愿与中国加强友好合作，共同推动双方关系取得更大发展。三、促进互利共赢的务实合作取得新进展。杨洁篪说，胡锦涛主席此次往访5国均为发展中国家，通过此次访问，中国同这些国家在各领域的合作得到进一步深化。此次访问期间，中方与5国共签署了20多项合作文件，内容涉及经贸、投资、能源、质检、卫生、文化、基础设施建设等各个领域，进一步拓展了双方务实合作的深度和广度。访问非洲4国期间，胡锦涛主席表示，中方将继续落实好已经确定的合作项目，愿本着互利共赢、优势互补的原则，加强同非方在农业、纺织、基础设施等领域的合作，继续鼓励和支持有实力的中国企业到非洲投资。杨洁篪说，中国长期以来致力于同非洲4国发展全面友好关系，并给予无私的援助。此次胡锦涛主席专程访问这些国家，就如何加强双边经贸往来、深化务实合作达成许多共识。这充分说明，中非合作是全方位、多领域、着眼长远的，建立在平等互利、互惠共赢基础上，潜力巨大，前景广阔。四、为增进人民友好往来创造新亮点。杨洁篪说，胡锦涛主席此访亮点不断，生动印证了中沙、中非友谊深入人心、深得民心。往访5国民众对胡锦涛主席到访热烈欢迎和盛情接待。胡锦涛主席深入到各国民众之中，在机场、会场、体育场、工地、医院、课堂等多种场合同往访国各界人士亲切交流，出现许多感人场面。尽管行程十分紧张，胡锦涛主席抽出时间在每一个国家均与媒体会面，向往访国人民传达中国人民的美好祝福，播撒友谊的种子。

2月11日　国务院总理温家宝主持召开国务院常务会议，审议并原则通过船舶工业调整振兴规划和《中华人民共和国抗旱条例（草案）》，听取2010年上海世界博览会筹办情况汇报。会议认为，船舶工业是为水上交通、海洋开发及国防建设提供技术装备的现代综合性产业，对钢铁、化工、轻纺、装备制造、电子信息等重点产业发展具有较强的带动作用。当前，我国船舶工业正处在由大到强转变的关键时期，制定和实施船舶工业调整和振兴规划，对于巩固和提升我国船舶工业的国际地位，促进国民经济平稳较快发展，具有重要战略意义。会议强调，加快船舶工业调整和振兴，必须采取积极的支持措施，稳定造船订单，化解经营风险，确保产业平稳较快发展；控制新增造船能力，推进产业结构调整，提高大型企业综合实力，形成新的竞争优势；加快自主创新，开发高技术高附加值船舶，发展海洋工程装备，培育新的经济增长点。一要稳定船舶企业生产。加大信贷融资支持力度，支持大型船舶企业和航运企业按期履行造船合同，采取鼓励措施支持购买弃船。指导船舶企业合理安排生产计划，保持生产连续性。二要扩大船舶市场需求。加快老旧船舶报废更新和单壳油轮淘汰，积极发展远洋渔船、特种船、工程船、工作船等专用船舶。努力开拓国际市场，扩大高技术高附加值船舶、海洋工程装备国际市场份额。三要发展海洋工程装备。支持造船企业研究开发新型自升式钻井平台等海洋工程装备，鼓励开发海洋工程动力及传动系统等关键系统和配套设备。四要积极发展修船业务。鼓励造船企业利用现有造船设施开展修船业务，增强大型船舶、特种船舶、海洋工程装备修理和改装能力。规范发展拆船业。五要支持企业兼并重组。鼓励骨干船舶制造企业实施兼并重组，推动大型船舶企业与上下游企业组成战略联盟，引导中小船舶企业调整业务结构。六要加强技术改造，提高自主创新能力。对散货船、油船、集装箱船三大主流船型进行优化升级，提升高技术高附加值船舶设计开发能力，支持填补国内空白、节能环保效果显著及产能不能满足市场需求的船舶、海洋工程装备和配套产品研发。会议决定，鼓励金融机构加大船舶出口买方信贷资金投放；将现行内销远洋船财政金融支持政策延长到2012年；抓紧研究出台鼓励老旧船舶报废更新和单壳油轮强制淘汰政策；今后3年暂停现有船舶生产企业新上船坞、船台扩建项目；在新增中央投资中安排产业振兴和技术改造专项，支持高技术新型船舶、海洋工程装备及重点配套设备研发。会议指出，干旱灾害是我国的主要自然灾害之一。近年来，随着气候变化、经济发展和用水需求增长，我国干旱缺水问题日益突出。为预防和减轻干旱灾害及其造成的损失，保障生活用水，协调生产、生态用水，促进经济社会全面、协调、可持续发展，有必要根据《中华人民共和国水法》，制定抗旱条例。《中华人民共和国抗旱条例（草案）》从旱灾预防、加强农田水利基础设施建设、抗旱减灾和灾后恢复等方面，规定了各级人民政府、有关部门和单位的职责，明确了不同等级旱灾发生时的抗旱措施，规范了水量调度，并设定了相应的法律责任。会议决定，该草案经进一步修改后，由国务院公布施行。会议指出，经过上海市和全国各省（区、市）、中央有关部门的共同努力，上海世博会各项筹办工作有力、有序推进。目前已有185个国家和46个国际组织确认参展。办好世博会，对于提振市场信心，推进世界各国经济、技术和文化交流与合作，共同应对金融危机，促进可持续发展，具有重要意义。2009年是上海世博会筹办的关键之年，必须坚持科学办博、勤俭办博、廉洁办博、安全办博，举全国之力，集世界智慧，做深、做细、做实每项工作，为世博会会期运营做好充分准备。一要加强促展和参展服务。为国际参展方建馆、布展提供全面、高效服务，力争按时布展、按时开馆。组织和服务好各省（区、市）和港澳台地区的展览等工作。二要加快场馆及配套设施建设进度，确保安全和质量，深化展览展示设计，及时启动布展。三要全面开展运营准备工作。2009年要基本搭建好运营组织架构，做好安保、交通组织、通信服务等各项准备工作。四要加快推进世博科技各项工作，加强最新科技成果在世博会建设、运营和展览展示中的应用，加大对参展者、组织者等的知识产权保护力度。会议要求，各省（区、市）和有关部门要全力以赴，继续扎实推进各项筹办工作，努力办好一届成功、精彩、难忘的世博会。会议还研究了其他事项。

2月13日　中共中央政治局常委、全国人大常委会委员长吴邦国在人民大会堂会见了来华出席“2009经济全球化与工会”国际论坛的外国工会组织领导人，并对论坛的成功举行表示祝贺。吴邦国说，此次论坛以“科学发展、体面劳动、职工权益”为主题进行深入探讨，对于在国际金融危机影响不断加深的情况下，更好地维护广大劳动者权益具有重要意义。他应询介绍了中国的经济形势、中国政府为保持国民经济平稳较快发展、推进经济结构调整、保障和改善民生所采取的一系列重大决策措施。他表示，中国党和政府高度重视工会组织的地位和作用，支持中国工会与国际工会组织和各国工会组织加强交流与合作，发展互相尊重、友好合作、民主和谐的国际工会关系，更好地维护职工权益。外国工会组织领导人代表、非洲工会统一组织主席坎杜里高度赞赏中国在保护劳动者合法权益方面所做的工作，积极评价中国政府为应对国际金融危机采取的政策措施，认为这充分体现了中国党和政府以人为本、科学发展的执政理念，值得学习借鉴。中共中央政治局委员、全国人大常委会副委员长、中华全国总工会主席王兆国会见时在座。

2月17日　国家主席胡锦涛在路易港会见毛里求斯总统贾格纳特。胡锦涛表示，中毛两国人民有着深厚传统友谊。两国建交后，双方高度重视发展两国关系，在政治、经贸、文化、教育、旅游等领域积极开展合作，取得丰硕成果。近年来，两国高层交往频繁，政治互信增强，经贸合作不断取得新成果，文化交流活跃。中毛关系发展给两国和两国人民带来了实实在在的利益。贾格纳特热烈欢迎胡锦涛来访，表示毛中有着长期传统友谊，感谢中国长期以来对毛里求斯经济社会发展提供大力支持和帮助，相信胡锦涛主席这次访问必将巩固和加强毛中友好关系，祝愿两国人民友谊万古长青。毛方愿同中方加强在应对国际金融危机方面的合作。感谢中国近年来加强对非合作，这符合中国和非洲的共同利益。同日，胡锦涛还会见了毛里求斯总理拉姆古兰。

同　日　十一届全国人大常委会第十八次委员长会议在人民大会堂举行。吴邦国委员长主持会议。会议决定，十一届全国人大常委会第七次会议2月25日—28日在北京举行。根据委员长会议建议的议程，十一届全国人大常委会第七次会议将继续审议食品安全法草案、刑法修正案（七）草案、保险法修订草案；审议国务院关于提请审议批准《中华人民共和国和秘鲁共和国关于民事和商事司法协助的条约》的议案、关于提请审议批准《中华人民共和国和墨西哥合众国引渡条约》的议案、关于提请审议批准《中华人民共和国和日本国领事协定》的议案；审议全国人大常委会代表资格审查委员会关于个别代表的代表资格的报告；审议有关任免案等。十一届全国人大常委会第七次会议的一项重要任务是为即将举行的十一届全国人大二次会议做准备工作。为此，本次常委会会议还将审议全国人大常委会工作报告稿，审议十一届全国人大二次会议议程草案、主席团和秘书长名单草案、列席人员名单草案。委员长会议上，全国人大常委会副委员长兼秘书长李建国就本次常委会议程草案、日程安排意见和十一届全国人大二次会议议程草案、日程草案等作了汇报。全国人大有关专门委员会、全国人大常委会代表资格审查委员会及常委会有关方面负责人就十一届全国人大常委会第七次会议其他议程和十一届全国人大二次会议表决议案办法草案作了汇报。委员长会议还讨论并同意印发《关于法律配套法规制定的工作程序》，听取了关于《国务院关于安排发行2009年地方政府债券的报告》有关情况的汇报。全国人大常委会副委员长王兆国、路甬祥、乌云其木格、韩启德、华建敏、陈至立、周铁农、司马义·铁力瓦尔地、蒋树声、陈昌智、桑国卫等出席会议。

2月18日　全国人大常委会委员长吴邦国在人民大会堂会见了智利众议长恩西纳。吴邦国积极评价了中智关系取得的新进展。他说，近年来，两国政党、立法机构和政府间的高层交往更加频繁，政治互信不断加深，双边经贸关系提升到了新的水平，在国际事务中保持密切协调与配合。吴邦国指出，中智之间不存在任何悬而未决的问题，发展中智关系符合两国和两国人民的根本利益。面对国际金融危机，双方应进一步发挥两国经济互补优势，继续保持贸易增长势头，努力培育新的贸易增长点，积极扩大相互投资，携手应对困难与挑战，共同推动两国全面合作伙伴关系迈上新台阶。中国全国人大愿与智利议会一道，为加深人民友谊、增进政治互信、扩大互利合作，促进双边关系的深入发展作出新的贡献。恩西纳说，他此次率领智利各党派议员代表访华充分体现了智利各政党和社会各界对积极发展对华关系的强烈愿望。他强调，议会交往是国家关系重要组成部分，智利议会希望与中国全国人大加强对话与交流，加深了解与信任。他重申，智利政府和议会坚定奉行一个中国政策。

同　日　国务院总理温家宝主持召开国务院常务会议，审议并原则通过电子信息产业调整振兴规划和西藏生态安全屏障保护与建设规划。会议认为，电子信息产业是国民经济战略性、基础性和先导性支柱产业。在当前国际市场需求急剧下降、全球电子信息产业深度调整的形势下，振兴我国电子信息产业，必须强化自主创新，完善产业发展环境，加快信息化与工业化融合，着力以重大工程带动技术突破，以新的应用推动产业发展。会议确定了今后3年电子信息产业的三大重点任务：一是完善产业体系，确保骨干产业稳定增长，着重增强计算机产业竞争力，加快电子元器件产品升级，推进视听产业数字化转型。二是立足自主创新，突破关键技术，着重建立自主可控的集成电路产业体系，突破新型显示产业发展瓶颈，提高软件产业自主发展能力。三是以应用带发展，大力推动业务创新和服务模式创新，强化信息技术在经济社会各领域的运用，着重在通信设备、信息服务和信息技术应用等领域培育新的增长点。为此，一要落实内需带动，拓展电子信息产品应用和产业发展空间。二要加大投入，集中力量实施集成电路升级、新型显示和彩电工业转型、第三代移动通信产业新跨越、数字电视推广、计算机提升和下一代互联网应用、软件及信息服务培育六大工程，鼓励引导社会资金投向电子信息产业。三要强化自主创新能力建设。加快实施相关国家科技重大专项，支持优势企业兼并重组，完善公共技术服务平台。四要促进发展服务外包，支持企业“走出去”建立研发、生产基地和营销网络。五要加强政策扶持。加大鼓励软件和集成电路产业发展政策实施力度。落实数字电视产业政策，推进“三网融合”。调整高新技术企业认定目录和标准。继续保持电子信息产品出口退税力度，进一步发挥出口信贷和信用保险的支持作用。扩大中小企业集合发债试点。会议指出，西藏是青藏高原的主体，是众多河流的发源地，生态系统独特多样，生态地位十分重要。中央和西藏自治区政府高度重视高原生态环境保护和建设，生态保护取得积极进展。但是，由于全球气候变化的影响，生态环境保护和建设任务繁重。要坚持生态环境保护优先，重视自然恢复，通过必要的保护和建设措施，实现西藏生态系统的良性循环，保障国家生态安全，改善农牧区生产生活条件，促进农牧民增收。会议强调，推进西藏生态环境保护和建设要科学规划，合理布局，突出重点，分步实施。继续开展退牧还草工程，加大防沙治沙工作力度，促进天然草地恢复；加强自然保护区、湿地和防护林体系建设，强化森林防火、有害生物防治和野生动植物保护，提高森林覆盖率；推进小流域综合治理，改善重点治理区生态系统；推进农牧区传统能源替代工程，积极实施小水电代燃料、农村沼气和太阳能建设；积极推广先进适用技术，加强监测体系和能力建设，提高生态治理的科学性。会议要求，西藏自治区政府要加强领导，做好规划组织实施，国务院有关部门要加强指导协调，共同推进西藏生态环境建设。会议还研究了其他事项。

2月19日　国务院总理温家宝主持召开国务院常务会议，审议并原则通过轻工业和石化产业调整振兴规划，决定进一步加大“家电下乡”政策实施力度。会议认为，轻工业是丰富人民物质文化生活的重要产业，承担着繁荣市场、扩大就业、服务“三农”的重要任务。振兴轻工业，必须采取综合措施，努力扩大城乡市场需求，巩固和开拓国际市场；加快自主创新，推动结构调整和产业升级，走绿色生态、质量安全和循环经济的新型发展之路。一要积极扩大城乡消费，增加国内有效供给。改善外贸服务，保持出口市场份额。二要加快技术进步。重点推进装备自主化和关键技术产业化，加快造纸、家电、塑料等行业的技术改造。建立产业退出机制，推进节能减排和环境保护。三要强化食品安全。整顿食品加工行业，提高准入门槛，健全召回和退市制度，加大对制售假冒伪劣产品违法行为的惩处力度。四要加强自主品牌建设，支持优势品牌企业跨地区兼并重组，提高产业集中度。五要加强产业政策引导，推动产业转移，培育发展轻工业特色区域和产业集群。六要加强企业管理，全面提高轻工产品质量。会议决定，对部分劳动密集型和技术含量高、节能环保的产品取消加工贸易限制。进一步提高部分轻工产品出口退税率。加大对中小轻工企业的财税和信贷支持。进一步扩大“家电下乡”补贴品种，将微波炉、电磁炉两类产品纳入补贴范围，并将每类产品每户只能购买1台的限制放宽到2台，中央财政加大对民族地区和地震重灾区的支持力度。会议指出，石化产业资源资金技术密集，产业关联度高，经济总量大，对促进相关产业升级和拉动经济增长具有举足轻重的作用。振兴石化产业，必须在稳定石化产品市场的同时，加快结构调整，优化产业布局，着力提高创新能力和管理水平，不断增强产业竞争力。一要保持产业平稳运行。落实国家扩大内需、振兴重点产业和粮食增产等综合措施，拉动石化产品消费。加强进出口监管，完善能源产品价格形成机制。二要提高农资保障能力。调整化肥农药生产结构，优化资源配置，降低成本，增加供给。完善化肥淡储制度，加强农用柴油供应网络建设。三要统筹重大项目布局，大力推进技术改造。抓紧组织实施在建炼油、乙烯重大项目，增强产业发展后劲。推广资源综合利用和废弃物资源化技术，发展循环经济。四要控制总量、淘汰落后产能。停止审批单纯扩大产能的焦炭、电石等煤化工项目，坚决遏制煤化工盲目发展势头。五要加大政策扶持。抓紧落实成品油储备，完善税收政策，增加技改投入，加大对石化企业的信贷支持。六要完善公司治理结构，加强科学决策，增强风险防控能力，提高石化企业管理水平。会议审议通过了部分国务院组成部门、直属机构、办事机构和部委管理国家局的主要职责、内设机构和人员编制规定。会议还研究了其他事项。

2月21日　国家主席胡锦涛在人民大会堂会见了美国国务卿希拉里·克林顿。胡锦涛说，中美两国都是世界上有重要影响的国家。两国在事关世界和平与发展的重大问题上，具有广泛的共同利益，都肩负着重要责任。21世纪中美关系是世界上最重要的双边关系之一。在当前国际金融危机不断扩散和蔓延、各种全球性挑战日益突出的背景下，进一步深化和发展中美关系比以往任何时候都更为重要。中国政府始终从战略高度和长远角度看待中美关系，愿同美方一道，抓住机遇，共迎挑战，推动中美关系进一步向前发展。胡锦涛说，欢迎奥巴马总统方便时尽早访华，期待着同他就双边关系和共同关心的问题深入交换意见，也期待着4月初在伦敦与他会晤。胡锦涛表示，中方愿与美方进一步加强在经贸、反恐、执法、科教、文卫、能源、环保等领域的交流与合作，以及在重大国际和地区问题上的磋商与协调，共同抵御国际金融危机冲击，有效应对气候变化等全球性挑战，推动两国关系健康顺利发展。希拉里·克林顿说，美中关系开启了积极合作的新时代，双方在众多领域和全球性问题上拥有广泛共同利益，美方愿进一步加强同中方在各领域合作。外交部部长杨洁篪等参加了会见。

2月22日　当日2时23分，山西省焦煤集团屯兰煤矿发生特大瓦斯爆炸事故。党中央、国务院高度重视，胡锦涛总书记、温家宝总理立即作出重要批示，要求采取紧急措施，千方百计抢救被困人员，同时要保障救援人员安全，防止次生事故发生。张德江副总理受党中央、国务院委托于当日晚赶往山西焦煤集团屯兰煤矿事故现场，指导事故抢险救援工作，看望慰问遇难者家属和受伤人员，并宣布成立国务院山西焦煤集团屯兰煤矿瓦斯爆炸事故调查组。新华网北京电：山西焦煤集团西山煤电公司屯兰矿22日凌晨发生一起特大事故，目前已造成74人遇难，有114名伤员在医院接受观察、治疗，其中5人病情危重。截至18时，井下搜救工作结束，未发生次生事故。

2月23日　中共中央政治局召开会议，讨论国务院拟提请第十一届全国人民代表大会第二次会议审议的《政府工作报告》稿。中共中央总书记胡锦涛主持会议。会议指出，2008年是极不平凡的一年。我国经济社会发展经受住了历史罕见的重大挑战和考验，改革开放和社会主义现代化建设取得新的重大成就。我们及时果断调整宏观经济政策，积极应对国际金融危机的严重冲击，国民经济继续保持平稳较快发展，改革开放深入推进，社会事业加快发展，人民生活进一步改善，全面夺取抗击特大自然灾害的重大胜利，成功举办北京奥运会、残奥会，圆满完成“神舟七号”载人航天飞行。这些成就，标志着我国在中国特色社会主义道路上迈出新的坚实步伐，极大地增强了全国各族人民战胜困难的勇气和力量。过去一年的成就来之不易，是党中央统揽全局、正确领导的结果，是全党全军全国各族人民同心同德、团结奋斗的结果。国务院和地方各级政府认真履行职责，积极进取，攻坚克难，做了大量卓有成效的工作。会议强调，2009年是实施“十一五”规划的关键之年，也是进入新世纪以来我国经济发展最为困难的一年，改革发展稳定的任务十分繁重。我们一定要深刻认识国际国内经济形势的严峻性和复杂性，增强危机意识和忧患意识，充分利用有利条件，积极应对各种挑战，振奋精神，共克时艰，努力做好工作。各级党委和政府要按照中央的部署和要求，高举中国特色社会主义伟大旗帜，以邓小平理论和“三个代表”重要思想为指导，深入贯彻落实科学发展观，把保持经济平稳较快发展作为经济工作的首要任务，加强和改善宏观调控，着力扩大国内需求特别是消费需求，着力转变发展方式、加快经济结构战略性调整，着力深化改革、提高对外开放水平，着力改善民生、促进社会和谐，全面推进社会主义经济建设、政治建设、文化建设、社会建设以及生态文明建设，以新的优异成绩迎接中华人民共和国成立60周年。会议指出，做好2009年的政府工作，必须把握好扩内需、保增长，调结构、上水平，抓改革、增活力，重民生、促和谐的原则。要以应对国际金融危机、促进经济平稳较快发展为主线，统筹兼顾，突出重点，全面实施促进经济平稳较快发展的一揽子计划，大规模增加政府投资，大范围实施调整振兴产业规划，大力推进自主创新，大幅度提高社会保障水平。要加强和改善宏观调控，保持经济平稳较快发展；积极扩大国内需求特别是消费需求，增强内需对经济增长的拉动作用；巩固和加强农业基础地位，促进农业稳定发展和农民持续增收；加快转变发展方式，大力推进经济结构战略性调整；继续深化改革开放，进一步完善有利于科学发展的体制机制；大力发展社会事业，着力保障和改善民生，维护社会和谐稳定；推进政府自身建设，提高驾驭经济社会发展全局的能力。全党全国要在党中央领导下，坚定必胜信心，勇敢面对挑战，齐心协力，扎实工作，锐意进取，奋力把改革开放和社会主义现代化建设推向前进。

同　日　中共中央政治局进行第十二次集体学习。中共中央政治局这次集体学习安排的内容是世界经济形势和推动我国经济又好又快发展。国务院发展研究中心赵晋平研究员、国家发展和改革委员会宏观经济研究院毕吉耀研究员就这个问题进行讲解，并谈了意见和建议。中共中央政治局各位同志认真听取了他们的讲解，并就有关问题进行了讨论。胡锦涛在主持学习时发表了讲话。他指出，当前，世界经济形势严峻复杂，国际金融危机尚未见底，我国经济增长下行压力加大。越是困难的时候，越是要坚定信心。要全面分析形势，准确把握和充分运用我国经济发展的有利条件。一是我国经济发展的基本态势没有发生根本变化，中央及时采取积极的财政政策和适度宽松的货币政策，果断出台一系列应对国际金融危机冲击的有针对性的政策措施，我国经济在世界各国经济增长中仍然处在前列。二是我国经济发展的优势条件没有发生根本变化，我国社会主义市场经济体制已基本建立，改革开放30年的持续快速发展为我国打下了应对各种风险和挑战的坚实物质基础。三是我国工业化、城镇化加快发展的趋势没有发生根本变化，我国经济发展的内在动力依然强劲。四是我国发展的外部环境没有发生根本变化，和平、发展、合作仍然是当今世界的潮流，全球经济面临的调整和重组也为我国经济发展带来了新的机遇。党的坚强领导，社会主义制度的优越性，全国各族人民的团结奋斗，是我们众志成城、共克时艰、抵御国际金融危机冲击的强大力量。胡锦涛强调，关于2009年的经济工作，中央已经作出全面部署，要抓住关键、突出重点、统筹兼顾、全面落实。要坚持扩大内需为主和稳定外需相结合，采取更强有力的措施扩大国内需求特别是扩大消费需求，以拉动经济增长。要坚持保增长和调结构、增效益相统一，把保增长建立在提高质量、优化结构、增加效益、降低消耗、保护环境的基础之上，努力形成新的经济增长点和竞争优势。要坚持把改革开放作为保增长的强大动力，抓住时机、掌握节奏、把握力度，积极推进重点领域和关键环节改革，加快形成充满活力、富有效率、更加开放、有利于科学发展的体制机制，通过改革创新增强应对国际金融危机冲击能力、增强解决我国发展深层次矛盾和问题能力。要坚持把改善民生作为保增长的出发点和落脚点，注重把保增长、扩内需同改善民生紧密结合起来，急群众所急，解群众所难，进一步解决好人民最关心最直接最现实的利益问题，切实维护社会稳定。胡锦涛强调，完成保持经济平稳较快发展的首要任务，关键在领导。各级党委和政府要深入贯彻落实科学发展观，坚持一切从实际出发，创造性地贯彻落实中央的决策部署，把宏观调控政策措施的积极效应充分发挥出来。要认真分析国际金融危机走势及其影响，增强工作的预见性、主动性、创造性，既要为当前保持经济平稳较快发展积极采取措施，又要为今后实现经济又好又快发展创造条件，提高驾驭复杂局面能力。要坚持问政于民、问需于民、问计于民，使保增长、保民生、保稳定的政策措施和工作部署更加符合实际、更加符合群众要求。要坚持艰苦奋斗、勤俭节约，切实转变作风，坚持重实际、鼓实劲、求实效，不断开创经济社会又好又快发展新局面。

2月25日—27日　政协第十一届全国委员会常务委员会第四次会议在京召开。会议圆满完成各项议程后，于27日在北京闭幕。中共中央政治局常委、全国政协主席贾庆林出席并讲话。中共中央政治局委员、全国政协副主席王刚主持闭幕会。会议审议通过了关于召开政协第十一届全国委员会第二次会议的决定，通过了政协第十一届全国委员会第二次会议议程（草案）和日程，原则通过了政协常务委员会工作报告和政协十一届一次会议以来提案工作情况的报告，通过了政协第十一届全国委员会第二次会议秘书长、副秘书长名单。决定增补蒋效愚为政协第十一届全国委员会教科文卫体委员会副主任。贾庆林在讲话中指出，2009年是应对国际国内环境重大挑战、推动党和国家事业实现新发展的关键一年。人民政协要围绕保增长、保民生、保稳定的工作大局，发挥独特优势，继续为改革开放和社会主义现代化建设贡献智慧、凝聚人心、增添力量，以优异的成绩迎接新中国成立60周年和人民政协成立60周年。要紧紧围绕保持经济平稳较快发展这一首要任务，深入进行调研，增强建言献策的针对性和有效性，为党和政府的决策提供参考和依据。要为维护和促进社会和谐稳定贡献力量，坚持以人为本，履职为民，更加关注、持续跟踪民生问题，提出有价值的意见和建议。贾庆林强调，要认真贯彻会议的指导思想，以对国家、对人民高度负责的精神，积极开展经济社会发展重大问题的协商讨论，建有据之言，献务实之策。

2月25日—28日　十一届全国人大常委会第七次会议继续审议食品安全法草案、刑法修正案（七）草案、保险法修订草案；审议国务院关于提请审议批准《中华人民共和国和秘鲁共和国关于民事和商事司法协助的条约》的议案、关于提请审议批准《中华人民共和国和墨西哥合众国引渡条约》的议案、关于提请审议批准《中华人民共和国和日本国领事协定》的议案；审议全国人大常委会代表资格审查委员会关于个别代表的代表资格的报告；审议有关任免案等。会议经表决，通过了食品安全法、刑法修正案（七）和修订后的保险法。会议表决通过了全国人大常委会关于批准《中华人民共和国和秘鲁共和国关于民事和商事司法协助的条约》的决定、关于批准《中华人民共和国和墨西哥合众国引渡条约》的决定、关于批准《中华人民共和国和日本国领事协定》的决定，并批准了上述条约。十一届全国人大常委会第七次会议的一项重要任务是为即将举行的十一届全国人大二次会议做准备工作。为此，本次常委会会议还将审议全国人大常委会工作报告稿，审议十一届全国人大二次会议议程草案、主席团和秘书长名单草案、列席人员名单草案。

2月25日　国务院总理温家宝主持召开国务院常务会议，审议并原则通过有色金属产业和物流业调整振兴规划，研究部署发挥科技支撑作用，促进经济平稳较快发展。会议认为，有色金属产品种类多，应用领域广，关联度大，在经济社会发展中发挥着重要作用。推进有色金属产业调整和振兴，要以控制总量、淘汰落后、技术改造、企业重组为重点，推动产业结构调整和优化升级。一要稳定和扩大国内市场，改善出口环境。调整产品结构，满足电力、交通、建筑、机械、轻工等行业需求。支持技术含量和附加值高的深加工产品出口。二要严格控制总量，加快淘汰落实产能。三要加大技术改造和研发力度，推动技术进步。开发前沿共性技术，提高装备工艺水平和关键材料加工能力。四要促进企业重组，优化产业布局，加强企业管理和安全监管，提高产业竞争力。五要充分利用国内外两种资源，增强资源保障能力。六要加快建设覆盖全社会的有色金属再生利用体系，发展循环经济，提高资源综合利用水平。会议决定，国家安排贷款贴息支持企业技术改造，抓紧建立国家收储机制，调整产品出口退税率结构。会议指出，物流业是融合运输、仓储、货运代理和信息等行业的复合型服务产业，涉及领域广，吸纳就业人数多，促进生产、拉动消费作用大。但是，我国物流业总体水平落后，严重制约国民经济效益的提高。必须加快发展现代物流，建立现代物流服务体系，以物流服务促进其他产业发展。一要积极扩大物流市场需求，促进物流企业与生产、商贸企业互动发展，推进物流服务社会化和专业化。二要加快企业兼并重组，培育一批服务水平高、国际竞争力强的大型现代物流企业。三要推动能源、矿产、汽车、农产品、医药等重点领域物流发展，加快发展国际物流和保税物流。四要加强物流基础设施建设，提高物流标准化程度和信息化水平。会议确定了振兴物流业的9大重点工程，包括多式联运和转运设施、物流园区、城市配送、大宗商品和农村物流、制造业和物流业联动发展、物流标准和技术推广、物流公共信息平台、物流科技攻关及应急物流等。会议要求，各地区、各有关部门要加强组织协调，深化物流管理体制改革，完善政策法规体系，多渠道增加投入，加快物流人才培养，促进我国物流业平稳较快发展。会议指出，加强科技创新，充分发挥科学技术的支撑作用，对于应对国际金融危机、增强发展后劲，具有重要意义。当前要着力抓好以下工作：(一) 抓紧实施与扩内需、保增长紧密相关的科技重大专项。优先安排对当前产业发展和扩大内需具有直接作用、已有较好基础、可以尽快形成具有市场竞争力产品的攻关任务，加快实施进度，尽快取得一批重大成果。（二）加快研发制约重点产业发展的关键技术，为产业振兴提供强有力的科技支撑。对成熟的技术和产品要加大产业化、商业化和规模化应用力度。（三）大力支持企业提高自主创新能力。鼓励骨干企业承担国家重大科技攻关任务，建立面向企业开放共享的技术创新服务平台，加快先进技术向中小企业转移。(四) 加快发展高新技术产业集群。发挥国家高新技术产业开发区作用，大力支持新能源、生物、新材料、信息等战略性高新技术产业，积极发展创意、动漫、游戏、应用软件等新兴产业，培育新的经济增长点。（五）动员科研院所和高等院校科技力量主动服务企业。支持科研院所与企业联合研发技术、开发产品，促进人才向企业流动。鼓励科研院所为企业提供检测、标准等服务。加强科技人才的引进和培养。会议决定，调整优化科技重大专项和国家科技计划财政投入结构，2009年和2010年中央和地方财政集中1 000亿元，加大对实施上述任务的投入；支持自主创新产品推广应用，鼓励使用国产首台（套）装备；加大对科技创新的金融支持力度，推进多层次资本市场建设。

2月26日　中共中央组织部正式开通“12380”举报网站，主要受理反映县处级以上领导班子和领导干部违反《党政领导干部选拔任用工作条例》选人用人问题的举报。据悉，中央组织部“12380”举报网站的网址为http://www.12380.gov.cn。开通“12380”举报网站，是中央组织部加大整治用人上不正之风工作力度的一项重要措施。2008年5月，中央组织部会同中央纪委联合印发了《关于深入整治用人上不正之风进一步提高选人用人公信度的意见》，提出要采取有力措施进一步遏制用人上的不正之风，使人民群众对干部选拔任用工作的满意度明显提高、对整治用人上不正之风的满意度明显提高。为了进一步拓宽群众反映问题的渠道，更好地发挥社会监督的作用，中央组织部作出了开通网上举报的决定。中央组织部有关负责人表示，充分发挥人民群众的力量，是整治用人上不正之风工作取得实效的重要保证。要以“12380”举报网站开通为契机，进一步加强群众举报的受理工作，对违规用人问题切实做到及时发现、迅速查处、严格问责；对涉嫌违纪违法的，及时移交纪检监察机关和司法机关依纪依法惩处。要切实保护举报人的合法权益，严肃查处打击报复举报人的行为，使“12380”举报网站成为群众有效监督的可信窗口。近年来，中央组织部和地方各级党委组织部门在建立健全“便利、安全、高效”的举报机制方面先后推出了多项举措。1998年，中央组织部成立举报中心，专门负责受理反映选人用人问题的举报。2004年3月，开通了全国组织系统“12380”专用举报电话，共在各级组织部门设立举报受理点486个。通过开通“12380”举报网站，已形成了网上举报、电话举报和信访举报“三位一体”的举报网络。

2月28日　十一届全国人大常委会第七次会议在人民大会堂闭会。会议经表决，通过了食品安全法、刑法修正案（七）和修订后的保险法，国家主席胡锦涛分别签署第九号、第十号、第十一号主席令，予以公布。吴邦国委员长主持会议并讲话。会议表决通过了全国人大常委会关于批准《中华人民共和国和秘鲁共和国关于民事和商事司法协助的条约》的决定、关于批准《中华人民共和国和墨西哥合众国引渡条约》的决定、关于批准《中华人民共和国和日本国领事协定》的决定，并批准了上述条约。会议表决通过了全国人大常委会工作报告稿。会后根据常委会组成人员提出的意见进一步修改完善后，提请十一届全国人大二次会议审议。根据委员长会议的建议，吴邦国将代表常委会向十一届全国人大二次会议作全国人大常委会工作报告。会议表决通过了全国人大常委会代表资格审查委员会关于个别代表的代表资格的报告。根据全国人大常委会发表的公告，十一届全国人大代表现在实有2 985人。会议表决通过了十一届全国人大二次会议议程草案，提请十一届全国人大二次会议预备会议审议；表决通过了十一届全国人大二次会议主席团和秘书长名单草案，提请十一届全国人大二次会议预备会议选举；表决通过了十一届全国人大二次会议列席人员名单。会议经表决，任命高强为全国人大财政经济委员会副主任委员、全国人大常委会预算工作委员会主任。会议还表决通过了其他任免案。完成各项议程后，吴邦国发表讲话，提出三点要求。一要充分发扬民主，严格依法办事。要充分尊重和保障代表的民主权利，坚持讲大局、议大事，提倡重实际、求实效，充分反映民意，广泛集中民智。要同全体代表一道，认真贯彻党的十七大、十七届三中全会和中央经济工作会议精神，把思想和行动统一到中央对形势的分析判断和对工作的决策部署上来，把这次大会开成一个民主、团结、求实、奋进的大会，进一步动员和团结全国各族人民坚定信心、艰苦奋斗、扎实工作，以优异的成绩迎接新中国成立60周年。二要虚心听取意见，自觉接受监督。大会期间，常委会要向代表大会报告工作，这是常委会接受代表大会监督的重要内容。要认真参加会议审议，虚心听取代表意见，自觉接受人民监督，不断加强和改进常委会工作，更好地行使宪法和法律赋予的职权，不辜负人民的重托。三要加强团结协作，精心搞好服务。一个多月来，各有关方面按照明确分工、落实责任、集中精力、精心组织、统筹安排的要求，做了大量扎实细致的工作，大会各项筹备工作已经基本就绪。会议期间，服务保障任务更加繁重，各有关方面要精诚团结、密切合作，精益求精地做好各项服务工作，确保大会顺利进行。

同　日　十一届全国人大常委会第八讲专题讲座举行。吴邦国主持讲座。此次专题讲座的主讲人是全国人大常委会委员、全国人大法律委员会主任委员胡康生，题目是“学习宪法　忠于宪法　维护宪法权威”。他从宪法确定的基本原则，我国的根本政治制度，社会主义初级阶段的基本经济制度，国家尊重和保障人权以及保障宪法实施、维护宪法权威等5个方面作了详细讲解。会议指出，宪法是国家的根本大法，它确认了我国各族人民奋斗的成果，规定了国家的根本制度、根本任务、公民的基本权利和义务以及国家生活的基本原则，在中国特色社会主义法律体系中居核心地位、起统帅作用，是治国安邦的总章程，是保持国家统一、民族团结、经济发展、社会进步和长治久安的基础，是党执政兴国、带领全国各族人民建设和发展中国特色社会主义的法制保障，具有最大的权威性和最高的法律效力。吴邦国强调，在人大工作的同志要带头学习宪法，模范遵守宪法，深入领会宪法精神，牢固树立宪法意识，在重大原则问题上保持清醒头脑，增强政治敏锐性和政治鉴别力，从巩固党的执政地位、保障最广大人民根本利益、实现国家长治久安的高度，旗帜鲜明地维护宪法的尊严和权威。全国人大常委会副委员长王兆国、路甬祥、乌云其木格、韩启德、华建敏、陈至立、周铁农、李建国、司马义·铁力瓦尔地、蒋树声、陈昌智、严隽琪、桑国卫等听取讲座。

3月1日　中华人民共和国工业和信息化部部长李毅中签署中华人民共和国工业和信息化部第七号令。《建立卫星通信网和设置使用地球站管理规定》已经2009年2月4日中华人民共和国工业和信息化部第六次部务会议审议通过，现予公布，自2009年4月10日起施行。原中华人民共和国信息产业部2002年6月21日公布的《建立卫星通信网和设置使用地球站管理规定》（中华人民共和国信息产业部令第二十一号）同时废止。

同　日　中华人民共和国工业和信息化部部长李毅中签署中华人民共和国工业和信息化部第九号令。第九号令宣布，《软件产品管理办法》已经2009年2月4日中华人民共和国工业和信息化部第六次部务会议审议通过，现予公布，自2009年4月10日起施行。原中华人民共和国信息产业部2000年10月27日发布的《软件产品管理办法》（中华人民共和国信息产业部令第五号）同时废止。

3月3日　中国人民政治协商会议第十一届全国委员会第二次会议在人民大会堂开幕。大会首先审议通过了政协第十一届全国委员会第二次会议议程。贾庆林代表政协第十一届全国委员会常务委员会，向大会报告工作。贾庆林从6个方面总结了过去一年人民政协的工作。他指出，2008年，是党和国家事业发展进程中很不寻常、很不平凡的一年，也是十一届全国政协的开局之年。人民政协高举爱国主义、社会主义旗帜，牢牢把握团结和民主两大主题，坚持中国特色社会主义政治发展道路，充分发挥协调关系、汇聚力量、建言献策、服务大局的重要作用，与祖国和人民同呼吸、共命运，众志成城、共克时艰，经受了一场又一场重大考验和精神洗礼，为全面建设小康社会、加快推进社会主义现代化、促进祖国和平统一大业作出了重要贡献，实现了本届政协的良好开局。贾庆林强调，2009年，是新中国成立60周年，是人民政协成立60周年，也是妥善应对国际金融危机冲击、推动党和国家事业实现新发展的关键一年。人民政协工作的总体思路是：全面贯彻中共十七大和十七届二中、三中全会精神，高举中国特色社会主义伟大旗帜，以邓小平理论和“三个代表”重要思想为指导，深入贯彻落实科学发展观，继续贯彻《中共中央关于加强人民政协工作的意见》，系统总结人民政协成立60年的宝贵经验，把保持经济平稳较快发展作为首要任务，把维护社会和谐稳定作为重要责任，认真履行政治协商、民主监督、参政议政职能，坚定信心、迎难克艰，为继续全面建设小康社会、加快推进社会主义现代化凝聚强大力量，做出积极贡献。贾庆林指出，新的一年，人民政协要着力用科学发展观指导推动工作，着力推动经济平稳较快发展，着力促进民生改善与社会和谐稳定，着力加强同港澳台侨同胞的大团结大联合，着力拓展人民政协的对外友好交往，着力加强人民政协的自身建设，在中国特色社会主义政治发展道路上把人民政协事业不断推向前进。张榕明代表政协第十一届全国委员会常务委员会，向大会报告政协十一届一次会议以来的提案工作情况。一年来，政协委员、政协各参加单位、政协各专门委员会共提交提案5 056件，经审查，立案4 738件。截至2009年2月20日，99.03%的提案已经办复。

同　日　中华人民共和国海关总署署长盛光祖签署中华人民共和国海关总署第一八三号令。《中华人民共和国海关关于〈中华人民共和国知识产权海关保护条例〉的实施办法》已于2009年2月17日经海关总署署务会议审议通过，现予公布，自2009年7月1日起施行。

2004年5月25日海关总署令第一一四号公布的《中华人民共和国海关关于〈中华人民共和国知识产权海关保护条例〉的实施办法》同时废止。

3月9日　十一全国人大二次会议在人民大会堂举行第二次全体会议。受全国人大常委会委托，吴邦国委员长向大会作工作报告。报告共分两个部分：一、过去一年的主要工作，二、今后一年的主要任务。大会主席团常务主席、执行主席王兆国主持会议。吴邦国强调，2009年全国人大常委会要在发挥代表作用、开展对外交往、加强自身建设等方面取得新进展。吴邦国说，要继续深入贯彻落实中央9号文件精神，从坚持和完善人民代表大会制度出发，坚持尊重代表主体地位，坚持为代表服务的思想，加强服务保障，扩大代表对常委会、专门委员会工作的参与，认真听取代表的批评意见，提高代表议案办理质量，拓宽代表知情知政渠道，开展代表专题培训，努力把代表依法履职的积极性保护好、引导好、发挥好。吴邦国说，要继续加强和改进人大对外交往，巩固和完善全国人大与外国议会定期交流机制，认真筹办与有关国家议会的机制交流活动，广泛开展与外国议会友好往来，更好地发挥人大对外交往的独特作用。吴邦国说，要加强和改进人大宣传工作，充分利用广播电视、报刊和网络媒体，深入宣传中国特色社会主义政治发展道路和人民代表大会制度，加强人大立法和监督工作的宣传报道，增强全社会法律意识。吴邦国说，要继续加强自身建设，牢牢把握人大工作正确政治方向，牢固树立党的观念、政治观念、大局观念、群众观念和法治观念。深入学习宪法，增强宪法意识，维护宪法权威。坚持依法按程序办事，完善常委会议事程序和工作规则，改进工作作风，加强调查研究，办好专题讲座。加强专门委员会工作协调，进一步提高整体工作质量和水平。加强与地方人大联系，共同推动社会主义民主法制建设。全国人大机关要巩固深入学习实践科学发展观活动成果，不断完善工作体制机制，全面提高干部队伍素质能力，搞好服务保障，当好集体参谋助手。吴邦国说，2009年可能是进入新世纪以来我国经济发展最为困难的一年，既面临严峻挑战，也蕴含重大机遇，改革发展稳定任务十分繁重。全国人大常委会要把推动中央重大决策部署贯彻落实作为人大监督工作的重中之重，全面贯彻实施监督法，综合运用多种监督形式，督促和支持“一府两院”按照工作报告提出的目标任务做好各项工作，确保中央重大决策部署的贯彻落实，确保全年经济社会发展任务的顺利完成。一要加强对经济工作的监督。计划听取审议国务院关于转变经济发展方式、促进中小企业发展、大气污染防治工作情况等专项工作报告，听取审议国务院关于中央决算、审计工作和计划执行情况的报告，审查批准2008年中央决算，努力促进经济平稳较快发展，大力推进经济发展方式转变。二要加强对解决民生问题的监督。计划听取审议国务院关于农村社会保障体系建设、促进就业再就业、四川汶川特大地震灾后恢复重建、职业教育发展等专项工作报告，听取审议最高人民法院、最高人民检察院有关加强民事执行工作、加强渎职侵权案件检察工作的报告，检查工会法、食品安全法、畜牧法等法律的实施情况，着力保障和改善民生，努力促进社会和谐稳定。吴邦国说，为了更好地贯彻实施监督法，提高人大监督工作实效，需要强调：一是，监督权是宪法法律赋予人大的重要职权，人大监督是代表国家和人民进行的具有法律效力的监督，是不可替代的。人大监督包括法律监督和工作监督，内容非常丰富，任务相当繁重，是大有可为的。二是，人大监督与“一府两院”的工作，目标是完全一致的，不是相互掣肘，不是唱“对台戏”。人大依法搞好监督，有利于推动“一府两院”改进工作；“一府两院”依法自觉接受人大监督，有利于依法行政和公正司法。三是，做好人大监督工作关键在于突出重点、增强实效。吴邦国说，2009年要在形成中国特色社会主义法律体系上迈出决定性步伐。

3月11日　中共中央总书记、国家主席、中央军委主席胡锦涛出席十一届全国人大二次会议解放军代表团全体会议。胡锦涛认真听取代表们的发言后发表了重要讲话。胡锦涛强调，全军和武警部队要大力加强新形势下的思想政治建设，深入扎实做好军事斗争准备，着力深化国防和军队改革，全面提高履行新世纪新阶段我军历史使命能力，努力开创国防和军队现代化建设新局面，以优异成绩迎接新中国成立60周年。他在深刻分析国际国内形势后指出，要充分认清国家安全形势的新发展新变化，进一步增强政治意识、大局意识、忧患意识、使命意识，大力推进国防和军队现代化建设，坚决捍卫国家主权、安全、领土完整，为维护国家发展利益和社会大局稳定提供强大力量支撑和保证。胡锦涛强调，要着眼有效履行新世纪新阶段我军历史使命，努力推进国防和军队建设科学发展。必须始终坚持把思想政治建设摆在军队各项建设的首位，坚持不懈地用中国特色社会主义理论体系武装全军，扎实抓好深入学习实践科学发展观活动，大力倡导和培育“忠诚于党，热爱人民，报效国家，献身使命，崇尚荣誉”的当代革命军人核心价值观，深化我军历史使命教育、理想信念教育、战斗精神教育和社会主义荣辱观教育，从思想上、政治上、组织上确保我军始终成为党绝对领导下的人民军队，确保国防和军队建设科学发展，确保有效履行新世纪新阶段我军历史使命。必须坚持以军事斗争准备为龙头带动军队现代化建设，重点加强核心军事能力建设，同时统筹抓好非战争军事行动能力建设，兴起大抓军事训练热潮。要切实把依法治军、从严治军贯彻到军队建设的各个领域和全部实践，狠抓条令条例和规章制度贯彻落实，在抓基层、打基础上下更大功夫。必须积极稳妥地推进国防和军队改革，为推进国防和军队建设科学发展提供强大动力和体制机制保障。胡锦涛指出，军队要自觉服从服务于党和国家工作大局，积极为促进经济发展、维护社会稳定贡献力量。要在圆满完成以军事斗争准备为龙头的各项任务前提下，积极参加支援国家经济建设和社会事业发展；大力弘扬伟大抗震救灾精神，勇于承担并积极完成抢险救灾等急难险重任务；坚持勤俭建军，勤俭办一切事业。军队要大力发扬拥政爱民的光荣传统，始终与人民群众心连心、同呼吸、共命运。地方各级党委和政府要积极关心、支持国防和军队建设，为国防和军队建设提供强大后盾。

3月12日　中国人民政治协商会议第十一届全国委员会第二次会议在人民大会堂圆满闭幕。全国政协主席贾庆林主持闭幕会。会议号召，人民政协的各级组织、各参加单位和广大政协委员，紧密团结在以胡锦涛同志为总书记的中共中央周围，高举中国特色社会主义伟大旗帜，以邓小平理论和“三个代表”重要思想为指导，深入贯彻落实科学发展观，以坚定的信心担负起责任和使命，以昂扬的斗志应对困难和挑战，以扎实的工作完成目标和任务，为夺取改革开放和社会主义现代化建设新的伟大胜利而奋斗。会议通过了政协第十一届全国委员会第二次会议关于常务委员会工作报告的决议、政协第十一届全国委员会提案委员会关于政协十一届二次会议提案审查情况的报告、政协第十一届全国委员会第二次会议政治决议。贾庆林在讲话中总结了这次大会的主要成果。他指出，政协第十一届全国委员会第二次会议，是在全党全国各族人民积极应对国际金融危机冲击、努力保持经济平稳较快发展的形势下召开的。这是一次坚定信心谋发展、群策群力促和谐的大会，是一次发扬民主聚共识、加强团结鼓实劲的大会。广大政协委员围绕保持经济平稳较快发展这一首要任务，围绕维护社会和谐稳定这一大局，紧密联系实际，积极协商讨论，提出了许多真知灼见，为党和政府决策提供了重要参考和依据。贾庆林指出，2009年是应对国际国内环境重大挑战、推动党和国家事业实现新发展的关键一年。人民政协的各级组织、各参加单位和广大政协委员要认真学习、宣传和贯彻全国两会精神，切实把思想和行动统一到中共中央对经济形势的分析判断上来、统一到中共中央的决策部署上来，铭记人民重托，勇挑时代重任，为实现2009年经济社会发展的各项目标作出积极贡献。贾庆林强调，要不断夯实团结合作的共同思想政治基础，坚定不移地把中国特色社会主义作为共同理想信念、共同前进方向、共同奋斗目标，确保人民政协事业始终沿着正确方向前进。要紧紧围绕保持经济平稳较快发展履行职能，精心选择课题，深入调查研究，搞好协商议政，增强建言献策的预见性、针对性和有效性。要坚持以人为本、履职为民，始终重视民生，时刻关注民生，协助党和政府协调好、解决好涉及群众切身利益的重大问题，努力维护社会和谐稳定。要切实发挥政协委员的主体作用，尊重委员首创精神，维护委员民主权利，积极探索新形势下委员发挥作用的新思路、新载体和新机制，引导广大委员深入实际、走向基层、贴近群众，在报效国家、服务人民的伟大实践中施展才华、建功立业。